LAROUSSE
DE BOLSILLO
2006
EDICIÓN ACTUALIZADA

**LENGUA
Y
CULTURA**

EL LAROUSSE DE BOLSILLO 2006

EDICIÓN ACTUALIZADA

LENGUA Y CULTURA

LAROUSSE

Aribau 197-199 3ª planta *08021 Barcelona*	*Dinamarca 81* *México 06600, D. F.*	*Valentín Gómez 3530* *1191 Buenos Aires*	*21 Rue du Montparnasse* *75298 París Cedex 06*

EDICIÓN LAROUSSE MÉXICO

Director editorial para América Latina
Aarón Alboukrek

Editor adjunto
Luis Ignacio de la Peña

Coordinación editorial
Verónica Rico

Formación y composición tipográfica
Ricardo Viesca

Revisión de pruebas
Rossana Treviño

EDICIÓN ORIGINAL

Dirección editorial
María Cardona

Coordinación editorial
José Luis Gómez
Inés Lara

Consejera editorial
Anne Tavard

Consejo de redacción
Caterina Berthelot, Carlos Bidon-Chanal, Víctor Compta, Montserrat Lamarca, Lucas Vermal

Dirección informática
Josep Tugas
Con la colaboración de Dolors Camps, Martí Domenech, Pilar Rodríguez

"D. R." © MMV, por Ediciones Larousse, S. A. de C. V.
  Dinamarca núm. 81, México 06600, D. F.

Esta obra no puede ser reproducida, total o
parcialmente, sin autorización escrita del editor.

PRIMERA EDICIÓN

ISBN 970-22-1250-2

**Larousse y el logotipo Larousse son
marcas registradas de Larousse, S. A.**

Impreso en México — Printed in Mexico

ABREVIATURAS EMPLEADAS EN ESTA OBRA

A.	Antes de	CLIMAT.	Climatología	ESTADÍST.	Estadística
A. J.C.	Antes de Jesucristo	Col.	Colección, colegio	Etc.	Etcétera
Abrev.	Abreviatura	Colomb.	Colombia	ETNOL.	Etnología
Act.	Actualmente	Com.	Comuna	ETOL.	Etología
ACÚST.	Acústica	COM.	Comercio	F.	Femenino
Adj.	Adjetivo	Conj.	Conjunción	F. C.	Ferrocarril
Adj. num. cardin.	Adjetivo numeral cardinal	Conj. advers.	Conjunción adversativa	Fam.	Familiarmente
Adj. num. ordin.	Adjetivo numeral ordinal	Conj. caus.	Conjunción causal	FARM.	Farmacia
Adv.	Adverbio, adverbial	Conj. comp.	Conjunción comparativa	Febr.	Febrero
Adv. afirm.	Adverbio de afirmación	Conj. conc.	Conjunción concesiva	FEUD.	Feudal, feudalismo
Adv. c.	Adverbio de cantidad	Conj. cond.	Conjunción condicional	Fig.	Figurado
Adv. d.	Adverbio de duda	Conj. cop.	Conjunción copulativa	Filip.	Filipinas
Adv. l.	Adverbio de lugar	Conj. distrib.	Conjunción distributiva	FILOL.	Filología
Adv. m.	Adverbio de modo	Conj. disyunt.	Conjunción disyuntiva	FILOS.	Filosofía
Adv. neg.	Adverbio de negación	Conj. fin.	Conjunción final	FIN.	Finanzas, financiero
Adv. ord.	Adverbio de orden	Conj. temp.	Conjunción temporal	FÍS.	Física
Adv. t.	Adverbio de tiempo	CONSTR.	Construcción	FÍS. NUCL.	Física nuclear
AERON.	Aeronáutica	CONTAB.	Contabilidad	FISIOL.	Fisiología
AERON. MIL.	Aeronáutica militar	Contemp.	Contemporáneo	FITOL.	Fitología
Afl.	Afluente	CONTR.	Contrario	FONÉT.	Fonética
Ag.	Agosto	COREOGR.	Coreografía	FORT.	Fortificación
AGRIC.	Agricultura	COST.	Costura	FOT.	Fotografía
ALBAÑ.	Albañilería	Crist.	Cristiano	Fr.	Francés
Alem.	Alemán	CRONOL.	Cronología	Galic.	Galicismo
ALP.	Alpinismo	CULINAR.	Culinaria	Gall.	Gallego
ALQ.	Alquimia	D.	Después de	GENÉT.	Genética
Alt.	Altura	D. J.C.	Después de Jesucristo	GEOD.	Geodesia
Amér.	América	Dan.	Danés	GEOGR.	Geografía
Amér. Central	América Central	Def.	Defectivo	GEOL.	Geología
Amér. Merid.	América Meridional	DEF.	Defensa	GEOMETR.	Geometría
ANAT.	Anatomía	Dem.	Demostrativo	GEOMORFOL.	Geomorfología
Anch.	Anchura	DEMOGR.	Demografía	Gr.	Griego
Anglic.	Anglicismo	Dep.	Departamento	GRAB.	Grabado
Ant.	Antigüedad, antiguo	DEP.	Deportes	GRAM.	Gramática
ANT.	Antigüedad	DER.	Derecho	Guat.	Guatemala
ANT. CLÁS.	Antigüedad clásica	DER. ADM.	Derecho administrativo	Hab.	Habitante
ANT. GR.	Antigüedad griega	DER. ANT.	Derecho antiguo	Hebr.	Hebreo, hebraico
ANT. ROM.	Antigüedad romana	DER. CAN.	Derecho canónico	HERÁLD.	Heráldica
ANTROP.	Antropología	DER. CIV.	Derecho civil	HIDROGR.	Hidrografía
ANTROP. CULT.	Antropología cultural	DER. FEUD.	Derecho feudal	HIDROL.	Hidrología
APIC.	Apicultura	DER. FISC.	Derecho fiscal	HIST.	Historia
Aprox.	Aproximadamente	DER. FOR.	Derecho foral	HIST. NAT.	Historia natural
Ár.	Árabe	DER. INTERN.	Derecho internacional	HIST. REL.	Historia religiosa
ARBOR.	Arboricultura	DER. MERC.	Derecho mercantil	HIST. ROM.	Historia romana
Argent.	Argentina	DER. MIL.	Derecho militar	HISTOL.	Histología
ARM.	Armamento	DER. PEN.	Derecho penal	Hond.	Honduras
ARQ.	Arquitectura	DER. POL.	Derecho político	HORT.	Horticultura
ARQUEOL.	Arqueología	DER. ROM.	Derecho romano	Húng.	Húngaro
Art.	Artículo	DERMATOL.	Dermatología	Id.	Idem
ART.	Arte	Desp.	Despectivo	Impers.	Impersonal
ART. CONTEMP.	Arte contemporáneo	Det.	Determinado	IMPR.	Imprenta
ART. DEC.	Artes decorativas	DIB.	Dibujo	Indef.	Indefinido
ART. GRÁF.	Artes gráficas	Dic.	Diciembre	Indet.	Indeterminado
ASTROL.	Astrología	Dim.	Diminutivo	INDUSTR.	Industria
ASTRON.	Astronomía	Distr.	Distrito	INFORMÁT.	Informática
ASTRONÁUT.	Astronáutica	Dom.	República Dominicana	Ingl.	Inglés
AUTOM.	Automovilismo	E	Este	Inst.	Institución, instituto
AV.	Aviación	ECOL.	Ecología	Interj.	Interjección
B. ART.	Bellas Artes	ECON.	Economía	Interrog.	Interrogativo
B. Y BOLS.	Banca y Bolsa	ECON. POL.	Economía política	Intr.	Intransitivo
BACTER.	Bacteriología	Ecuad.	Ecuador	Irón.	Irónicamente
BIOL.	Biología	Ed.	Edición, editora, editorial	Irreg.	Irregular
BIOQUÍM.	Bioquímica	EDAFOL.	Edafología	Ital.	Italiano
Bol.	Bolivia	Egipc.	Egipcio	J. C.	Jesucristo
BORD.	Bordados	Ej.	Ejemplo	JARD.	Jardinería
BOT.	Botánica	ELECTR.	Electricidad	JOY.	Joyería
C.	Ciudad	ELECTROACÚST.	Electroacústica	JUEG.	Juego
C.	Circa	ELECTRÓN.	Electrónica	Lám.	Lámina
C. p.	Cabeza de partido	EMBRIOL.	Embriología	Lat.	Latín, latitud
C. Rica	Costa Rica	En.	Enero	LING.	Lingüística
Cab.	Cabecera, cabeza	Encicl.	Enciclopedia	LIT.	Literatura
Can.	Canarias	ENCUAD.	Encuadernación	LITURG.	Liturgia
Cap.	Capital, capítulo	ENOL.	Enología	LITURG. CATÓL.	Liturgia católica
CARN.	Carnicería	ENSEÑ.	Enseñanza	Loc.	Locución
Cat.	Catalán	ENTOM.	Entomología	LÓG.	Lógica
Cat.	Católico	EPISTEMOL.	Epistemología	Long.	Longitud
CIB.	Cibernética	EQUIT.	Equitación	M.	Masculino
CIN.	Cinematografía	Escand.	Escandinavo	MAGNET.	Magnetismo
CINEGÉT.	Cinegética	ESCULT.	Escultura	MAR.	Marina, marítimo
CIR.	Cirugía	ESGR.	Esgrima	MAR. MIL.	Marina militar
CIT.	Citología	Esp.	Español	MAT.	Matemáticas
Clás.	Clásico	Est.	Estado	MEC.	Mecánica

MED.	Medicina, medieval
MED. ANT.	Medicina antigua
Merid.	Meridional
METAL.	Metalurgia
METEOROL.	Meteorología
MÉTRIC.	Métrica
MÉTRIC. ANT.	Métrica antigua
MÉTRIC. CLÁS.	Métrica clásica
METROL.	Metrología
Méx.	México
MIL.	Militar
MIN.	Minas, minería
MINER.	Mineralogía
MIT.	Mitología
MIT. GR.	Mitología griega
MIT. ROM.	Mitología romana
Mons.	Monseñor
MONT.	Montería
Mun.	Municipio, municipal
MÚS.	Música
MÚS. ANT.	Música antigua
N	Norte
N.	Nombre
N. c.	Nombres comunes
N. m. o f.	Nombre de género ambiguo
N. m. y f.	Nombre de género común
NE	Noreste
NEUROL.	Neurología
Nicar.	Nicaragua
NO	Noroeste
Nov.	Noviembre
NUMISM.	Numismática
O	Oeste
OBR. PÚBL.	Obras Públicas
OBST.	Obstetricia
Occ.	Occidental
OCEANOGR.	Oceanografía
Oct.	Octubre
OFTALM.	Oftalmología
Onomat.	Onomatopeya, onomatopéyico
ÓPT.	Óptica
Or.	Oriental, orilla
Or. der.	Orilla derecha
Or. izq.	Orilla izquierda
ORFEBR.	Orfebrería
ORNITOL.	Ornitología
P.	Página, participio, partido
P. j.	Partido judicial
P. Rico	Puerto Rico
PALEOGR.	Paleografía
Pan.	Panamá
PAPEL.	Industria del papel
Par.	Paraguay
PATOL.	Patología
Pers.	Persona, personal
PESC.	Pesca
PETRÓL.	Petróleo
PINT.	Pintura
PIROTECN.	Pirotecnia
Pl.	Plural
Pobl.	Población
Poét.	Poético
POL.	Política
Por ej.	Por ejemplo
Port.	Portugués
Poses.	Posesivo
Pral.	Principal
PREHIST.	Prehistoria
Prep.	Preposición
Pres.	Presente
Prof.	Profundidad
Pron.	Pronombre, pronominal
Prov.	Provincia
Provenz.	Provenzal
QUÍM.	Química
R.	Río
RADIOL.	Radiología
RADIOTECN.	Radiotecnia
REL.	Religión
REL. CATÓL.	Religión católica
RELOJ.	Relojería
Rep.	República
RET.	Retórica
Rom.	Romano
S	Sur
Salv.	El Salvador
Sánscr.	Sánscrito
SE	Sureste
Set.	Setiembre
SICOANÁL.	Sicoanálisis
SICOL.	Sicología
SICOPATOL.	Sicopatología
SICOSOCIOL.	Sicosociología
SILVIC.	Silvicultura
SIN.	Sinónimo
Sing.	Singular
SIQUIATR.	Siquiatría
SO	Suroeste
SOCIOL.	Sociología
Ss.	Siglos, siguientes
Superl.	Superlativo
T.	Término, tomo
TAUROM.	Tauromaquia
TEATR.	Teatro
TECNOL.	Tecnología
TELECOM.	Telecomunicaciones
TELEV.	Televisión
TEOL.	Teología
TEOL. CATÓL.	Teología católica
TERAP.	Terapia
TÉRM.	Térmica
TEXT.	Textiles
TOP.	Topografía
Tr.	Transitivo
Trad.	Traducción
URBAN.	Urbanismo
Urug.	Uruguay
V.	Véase, verbo, villa
V.	Volumen (medida)
Vasc.	Vascuence
Venez.	Venezuela
VET.	Veterinaria
VITIC.	Viticultura
Vol., vols.	Volumen, volúmenes
Vulg.	Vulgar, vulgarismo
ZOOL.	Zoología
ZOOTECN.	Zootecnia
n	Véase
*	Véase
†	Fallecido

MODELOS DE LAS CONJUGACIONES

El número y variedad de irregularidades que afecta a los verbos españoles aconseja una presentación original de su conjugación, por lo que se ha procedido a una meticulosa verificación de todas las formas en cada uno de los verbos (en número superior a doce mil) y al establecimiento de un código que permita, en cada caso, conocer con exactitud la forma correcta de conjugación. Se recogen hasta noventa y tres formas distintas de conjugación, agrupadas en treinta y una conjugaciones fundamentales. A cada una de ellas corresponde un número, que es la base del código; la letra acompañante, si la hay, indica la existencia de una variación secundaria respecto de la conjugación fundamental señalada por el número.

Todos los verbos contenidos en esta obra van acompañados del código correspondiente; éste remite a los modelos. Bastará aplicar al verbo objeto de consulta la conjugación del modelo para obtener todas sus formas de flexión. La nomenclatura de los tiempos verbales es la normativa de la *Gramática* de la Real academia española; entre paréntesis figura la nomenclatura de Andrés Bello, seguida en países hispanoamericanos.

Por ejemplo, el verbo *ordenar*. Su código es [1]. El modelo de conjugación correspondiente es, por tanto, el de este número: *am-ar*. Apliquense las desinencias consignadas en el modelo a la raíz *orden* y se obtienen *orden-o, orden-as; orden-aba, orden-abas; orden-é, orden-aste*, etc.

Infinitivo	1 amar*	1a sacar	1b pagar	1c aguar	1d regar
Gerundio	amando	sacando	pagando	aguando	regando
Participio	amado	sacado	pagado	aguado	regado
Indicativo presente	amo	saco	pago	aguo	riego
	amas	sacas	pagas	aguas	riegas
	ama	saca	paga	agua	riega
	amamos	sacamos	pagamos	aguamos	regamos
	amáis	sacáis	pagáis	aguáis	regáis
	aman	sacan	pagan	aguan	riegan
Indicativo imperfecto (copretérito)	amaba	sacaba	pagaba	aguaba	regaba
	amábamos	sacábamos	pagábamos	aguábamos	regábamos
Indicativo indefinido (pretérito)	amé	saqué	pagué	agüé	regué
	amaste	sacaste	pagaste	aguaste	regaste
	amó	sacó	pagó	aguó	regó
	amamos	sacamos	pagamos	aguamos	regamos
	amasteis	sacasteis	pagasteis	aguasteis	regasteis
	amaron	sacaron	pagaron	aguaron	regaron
Indicativo futuro imperfecto (futuro)	amaré	sacaré	pagaré	aguaré	regaré
	amaremos	sacaremos	pagaremos	aguaremos	regaremos
Subjuntivo presente	ame	saque	pague	agüe	riegue
	ames	saques	pagues	agües	riegues
	ame	saque	pague	agüe	riegue
	amemos	saquemos	paguemos	agüemos	reguemos
	améis	saquéis	paguéis	agüéis	reguéis
	amen	saquen	paguen	agüen	rieguen
Subjuntivo imperfecto (subjuntivo pretérito)	amara, -ase	sacara, -ase	pagara, -ase	aguara, -ase	regara, -ase
Subjuntivo futuro	amare	sacare	pagare	aguare	regare
Potencial simple (pospretérito)	amaría	sacaría	pagaría	aguaría	regaría
Imperativo	ama	saca	paga	agua	riega
	ame	saque	pague	agüe	riegue
	amemos	saquemos	paguemos	agüemos	reguemos
	amad	sacad	pagad	aguad	regad
	amen	saquen	paguen	agüen	rieguen

* Paradigma de los verbos regulares de la primera conjugación (infinitivo terminado en *ar*).

Infinitivo	1e empezar	1f trocar	1g cazar	1h andar	1i desosar
Gerundio	empezando	trocando	cazando	andando	desosando
Participio	empezado	trocado	cazado	andado	desosado
Indicativo presente	empiezo	trueco	cazo	ando	deshueso
	empiezas	truecas	cazas	andas	deshuesas
	empieza	trueca	caza	anda	deshuesa
	empezamos	trocamos	cazamos	andamos	desosamos
	empezáis	trocáis	cazáis	andáis	desosáis
	empiezan	truecan	cazan	andan	deshuesan
Indicativo imperfecto (copretérito)	empezaba	trocaba	cazaba	andaba	desosaba
	empezábamos	trocábamos	cazábamos	andábamos	desosábamos
Indicativo indefinido (pretérito)	empecé	troqué	cacé	anduve	desosé
	empezaste	trocaste	cazaste	anduviste	desosaste
	empezó	trocó	cazó	anduvo	desosó
	empezamos	trocamos	cazamos	anduvimos	desosamos
	empezasteis	trocasteis	cazasteis	anduvisteis	desosasteis
	empezaron	trocaron	cazaron	anduvieron	desosaron
Indicativo futuro imperfecto (futuro)	empezaré	trocaré	cazaré	andaré	desosaré
	empezaremos	trocaremos	cazaremos	andaremos	desosaremos
Subjuntivo presente	empiece	trueque	cace	ande	deshuese
	empieces	trueques	caces	andes	deshueses
	empiece	trueque	cace	ande	deshuese
	empecemos	troquemos	cacemos	andemos	desosemos
	empecéis	troquéis	cacéis	andéis	desoséis
	empiecen	truequen	cacen	anden	deshuesen

Subjuntivo imperfecto (subjuntivo pretérito)	empezara, -ase	trocara, -ase	cazara, -ase	anduviera, -ese	desosara, -ase
Subjuntivo futuro	empezare	trocare	cazare	anduviere	desosare
Potencial simple (pospretérito)	empezaría	trocaría	cazaría	andaría	desosaría
Imperativo	empieza	trueca	caza	anda	deshuesa
	empiece	trueque	cace	ande	deshuese
	empecemos	troquemos	cacemos	andemos	desosemos
	empezad	trocad	cazad	andad	desosad
	empiecen	truequen	cacen	anden	deshuesen

Infinitivo	1j pensar	1k errar	1m rogar	1n forzar	1ñ jugar
Gerundio	pensando	errando	rogando	forzando	jugando
Participio	pensado	errado	rogado	forzado	jugado
Indicativo presente	pienso	yerro	ruego	fuerzo	juego
	piensas	yerras	ruegas	fuerzas	juegas
	piensa	yerra	ruega	fuerza	juega
	pensamos	erramos	rogamos	forzamos	jugamos
	pensáis	erráis	rogáis	forzáis	jugáis
	piensan	yerran	ruegan	fuerzan	juegan
Indicativo imperfecto (copretérito)	pensaba	erraba	rogaba	forzaba	jugaba
	pensábamos	errábamos	rogábamos	forzábamos	jugábamos
Indicativo indefinido (pretérito)	pensé	erré	rogué	forcé	jugué
	pensaste	erraste	rogaste	forzaste	jugaste
	pensó	erró	rogó	forzó	jugó
	pensamos	erramos	rogamos	forzamos	jugamos
	pensasteis	errasteis	rogasteis	forzasteis	jugasteis
	pensaron	erraron	rogaron	forzaron	jugaron
Indicativo futuro imperfecto (futuro)	pensaré	erraré	rogaré	forzaré	jugaré
	pensaremos	erraremos	rogaremos	forzaremos	jugaremos
Subjuntivo presente	piense	yerre	ruegue	fuerce	juegue
	pienses	yerres	ruegues	fuerces	juegues
	piense	yerre	ruegue	fuerce	juegue
	pensemos	erremos	roguemos	forcemos	juguemos
	penséis	erréis	roguéis	forcéis	juguéis
	piensen	yerren	rueguen	fuercen	jueguen
Subjuntivo imperfecto (subjuntivo pretérito)	pensara, -ase	errara, -ase	rogara, -ase	forzara, -ase	jugara, -ase
Subjuntivo futuro	pensare	errare	rogare	forzare	jugare
Potencial simple (pospretérito)	pensaría	erraría	rogaría	forzaría	jugaría
Imperativo	piensa	yerra	ruega	fuerza	juega
	piense	yerre	ruegue	fuerce	juegue
	pensemos	erremos	roguemos	forcemos	juguemos
	pensad	errad	rogad	forzad	jugad
	piensen	yerren	rueguen	fuercen	jueguen

Infinitivo	1p dar	1q agorar	1r contar	1s actuar	1t vaciar
Gerundio	dando	agorando	contando	actuando	vaciando
Participio	dado	agorado	contado	actuado	vaciado
Indicativo presente	doy	agüero	cuento	actúo	vacío
	das	agüeras	cuentas	actúas	vacías
	da	agüera	cuenta	actúa	vacía
	damos	agoramos	contamos	actuamos	vaciamos
	dais	agoráis	contáis	actuáis	vaciáis
	dan	agüeran	cuentan	actúan	vacían
Indicativo imperfecto (copretérito)	daba	agoraba	contaba	actuaba	vaciaba
	dábamos	agorábamos	contábamos	actuábamos	vaciábamos
Indicativo indefinido (pretérito)	di	agoré	conté	actué	vacié
	diste	agoraste	contaste	actuaste	vaciaste
	dio	agoró	contó	actuó	vació
	dimos	agoramos	contamos	actuamos	vaciamos
	disteis	agorasteis	contasteis	actuasteis	vaciasteis
	dieron	agoraron	contaron	actuaron	vaciaron
Indicativo futuro imperfecto (futuro)	daré	agoraré	contaré	actuaré	vaciaré
	daremos	agoraremos	contaremos	actuaremos	vaciaremos
Subjuntivo presente	dé	agüere	cuente	actúe	vacíe
	des	agüeres	cuentes	actúes	vacíes
	dé	agüere	cuente	actúe	vacíe
	demos	agoremos	contemos	actuemos	vaciemos
	deis	agoréis	contéis	actuéis	vaciéis
	den	agüeren	cuenten	actúen	vacíen
Subjuntivo imperfecto (subjuntivo pretérito)	diera, -ese	agorara, -ase	contara, -ase	actuara, -ase	vaciara, -ase
Subjuntivo futuro	diere	agorare	contare	actuare	vaciare
Potencial simple (pospretérito)	daría	agoraría	contaría	actuaría	vaciaría
Imperativo	da	agüera	cuenta	actúa	vacía
	dé	agüere	cuente	actúe	vacíe
	demos	agoremos	contemos	actuemos	vaciemos
	dad	agorad	contad	actuad	vaciad
	den	agüeren	cuenten	actúen	vacíen

Infinitivo	1u aislar	1v ahincar	1w aunar	1x arcaizar	1y avergonzar
Gerundio	aislando	ahincando	aunando	arcaizando	avergonzando
Participio	aislado	ahincado	aunado	arcaizado	avergonzado
Indicativo presente	aíslo	ahínco	aúno	arcaízo	avergüenzo
	aíslas	ahíncas	aúnas	arcaízas	avergüenzas
	aísla	ahínca	aúna	arcaíza	avergüenza
	aislamos	ahincamos	aunamos	arcaizamos	avergonzamos
	aisláis	ahincáis	aunáis	arcaizáis	avergonzáis
	aíslan	ahíncan	aúnan	arcaízan	avergüenzan
Indicativo imperfecto (copretérito)	aislaba	ahincaba	aunaba	arcaizaba	avergonzaba
	aislábamos	ahincábamos	aunábamos	arcaizábamos	avergonzábamos
Indicativo indefinido (pretérito)	aislé	ahinqué	auné	arcaicé	avergoncé
	aislaste	ahincaste	aunaste	arcaizaste	avergonzaste
	aisló	ahincó	aunó	arcaizó	avergonzó
	aislamos	ahincamos	aunamos	arcaizamos	avergonzamos
	aislasteis	ahincasteis	aunasteis	arcaizasteis	avergonzasteis
	aislaron	ahincaron	aunaron	arcaizaron	avergonzaron
Indicativo futuro imperfecto (futuro)	aislaré	ahincaré	aunaré	arcaizaré	avergonzaré
	aislaremos	ahincaremos	aunaremos	arcaizaremos	avergonzaremos
Subjuntivo presente	aísle	ahínque	aúne	arcaíce	avergüence
	aísles	ahínques	aúnes	arcaíces	avergüences
	aísle	ahínque	aúne	arcaíce	avergüence
	aislemos	ahinquemos	aunemos	arcaicemos	avergoncemos
	aisléis	ahinquéis	aunéis	arcaicéis	avergoncéis
	aíslen	ahínquen	aúnen	arcaícen	avergüencen
Subjuntivo imperfecto (subjuntivo pretérito)	aislara, -ase	ahincara, -ase	aunara, -ase	arcaizara, -ase	avergonzara, -ase
Subjuntivo futuro	aislare	ahincare	aunare	arcaizare	avergonzare
Potencial simple (pospretérito)	aislaría	ahincaría	aunaría	arcaizaría	avergonzaría
Imperativo	aísla	ahínca	aúna	arcaíza	avergüenza
	aísle	ahínque	aúne	arcaíce	avergüence
	aislemos	ahinquemos	aunemos	arcaicemos	avergoncemos
	aislad	ahincad	aunad	arcaizad	avergonzad
	aíslen	ahínquen	aúnen	arcaícen	avergüencen

1z cabrahigar. Aunque por la terminación podría asimilarse a *pagar*, se suma la particularidad de que las vocales *a*, *i* forman hiato, señalado por el acento ortográfico, cuando el radical es tónico. Indicativo presente: cabrahígo, cabrahígas, cabrahíga, cabrahigamos, cabrahigáis, cabrahígan. Subjuntivo presente: cabrahígue, cabrahígues, cabrahígue, cabrahiguemos, cabrahiguéis, cabrahíguen. Imperativo: cabrahíga, cabrahígue, cabrahiguemos, cabrahigad, cabrahíguen.

Infinitivo	2 temer*	2a mecer	2b coger	2c nacer	2d tender	2e mover
Gerundio	temiendo	meciendo	cogiendo	naciendo	tendiendo	moviendo
Participio	temido	mecido	cogido	nacido	tendido	movido
Indicativo presente	temo	mezo	cojo	nazco	tiendo	muevo
	temes	meces	coges	naces	tiendes	mueves
	teme	mece	coge	nace	tiende	mueve
	tememos	mecemos	cogemos	nacemos	tendemos	movemos
	teméis	mecéis	cogéis	nacéis	tendéis	movéis
	temen	mecen	cogen	nacen	tienden	mueven
Indicativo imperfecto (copretérito)	temía	mecía	cogía	nacía	tendía	movía
	temíamos	mecíamos	cogíamos	nacíamos	tendíamos	movíamos
Indicativo indefinido (pretérito)	temí	mecí	cogí	nací	tendí	moví
	temiste	meciste	cogiste	naciste	tendiste	moviste
	temió	meció	cogió	nació	tendió	movió
	temimos	mecimos	cogimos	nacimos	tendimos	movimos
	temisteis	mecisteis	cogisteis	nacisteis	tendisteis	movisteis
	temieron	mecieron	cogieron	nacieron	tendieron	movieron
Indicativo futuro imperfecto (futuro)	temeré	meceré	cogeré	naceré	tenderé	moveré
	temeremos	meceremos	cogeremos	naceremos	tenderemos	moveremos
Subjuntivo presente	tema	meza	coja	nazca	tienda	mueva
	temas	mezas	cojas	nazcas	tiendas	muevas
	tema	meza	coja	nazca	tienda	mueva
	temamos	mezamos	cojamos	nazcamos	tendamos	movamos
	temáis	mezáis	cojáis	nazcáis	tendáis	mováis
	teman	mezan	cojan	nazcan	tiendan	muevan
Subjuntivo imperfecto (subjuntivo pretérito)	temiera, -ese	meciera, -ese	cogiera, -ese	naciera, -ese	tendiera, -ese	moviera, -ese
Subjuntivo futuro	temiere	meciere	cogiere	naciere	tendiere	moviere
Potencial simple (pospretérito)	temería	mecería	cogería	nacería	tendería	movería
Imperativo	teme	mece	coge	nace	tiende	mueve
	tema	meza	coja	nazca	tienda	mueva
	temamos	mezamos	cojamos	nazcamos	tendamos	movamos
	temed	meced	coged	naced	tended	moved
	teman	mezan	cojan	nazcan	tiendan	muevan

* Paradigma de los verbos regulares de la segunda conjugación (infinitivo terminado en *er*).

Infinitivo	2f torcer	2g yacer	2h oler	2i leer	2j ver
Gerundio	torciendo	yaciendo	oliendo	leyendo	viendo
Participio	torcido	yacido	olido	leído	visto
Indicativo presente	tuerzo	yazco, yazgo o yago	huelo	leo	veo
	tuerces	yaces	hueles	lees	ves
	tuerce	yace	huele	lee	ve
	torcemos	yacemos	olemos	leemos	vemos
	torcéis	yacéis	oléis	leéis	veis
	tuercen	yacen	huelen	leen	ven
Indicativo imperfecto (copretérito)	torcía	yacía	olía	leía	veía
	torcíamos	yacíamos	olíamos	leíamos	veíamos
Indicativo indefinido (pretérito)	torcí	yací	olí	leí	vi
	torciste	yaciste	oliste	leíste	viste
	torció	yació	olió	leyó	vio
	torcimos	yacimos	olimos	leímos	vimos
	torcisteis	yacisteis	olisteis	leísteis	visteis
	torcieron	yacieron	olieron	leyeron	vieron
Indicativo futuro imperfecto (futuro)	torceré	yaceré	oleré	leeré	veré
	torceremos	yaceremos	oleremos	leeremos	veremos
Subjuntivo presente	tuerza	yazca, yazga o yaga	huela	lea	vea
	tuerzas	yazcas, yazgas o yagas	huelas	leas	veas
	tuerza	yazca, yazga o yaga	huela	lea	vea
	torzamos	yazcamos, yazgamos o yagamos	olamos	leamos	veamos
	torzáis	yazcáis, yazgáis o yagáis	oláis	leáis	veáis
	tuerzan	yazcan, yazgan o yagan	huelan	lean	vean
Subjuntivo imperfecto (subjuntivo pretérito)	torciera, -ese	yaciera, -ese	oliera, -ese	leyera, -ese	viera, -ese
Subjuntivo futuro	torciere	yaciere	oliere	leyere	viere
Potencial simple (pospretérito)	torcería	yacería	olería	leería	vería
Imperativo	tuerce	yace o yaz	huele	lee	ve
	tuerza	yazca, yazga o yaga	huela	lea	vea
	torzamos	yazcamos, yazgamos o yagamos	olamos	leamos	veamos
	torced	yaced	oled	leed	ved
	tuerzan	yazcan, yazgan o yagan	huelan	lean	vean

Infinitivo	2k tañer	2m carecer	2n volver	2ñ proveer	2q prever
Gerundio	tañendo	careciendo	volviendo	proveyendo	previendo
Participio	tañido	carecido	vuelto	provisto, proveído	previsto
Indicativo presente	taño	carezco	vuelvo	proveo	preveo
	tañes	careces	vuelves	provees	prevés
	tañe	carece	vuelve	provee	prevé
	tañemos	carecemos	volvemos	proveemos	prevemos
	tañéis	carecéis	volvéis	proveéis	prevéis
	tañen	carecen	vuelven	proveen	prevén
Indicativo imperfecto (copretérito)	tañía	carecía	volvía	proveía	preveía
	tañíamos	carecíamos	volvíamos	proveíamos	preveíamos
Indicativo indefinido (pretérito)	tañí	carecí	volví	proveí	preví
	tañiste	careciste	volviste	proveíste	previste
	tañó	careció	volvió	proveyó	previó
	tañimos	carecimos	volvimos	proveímos	previmos
	tañisteis	carecisteis	volvisteis	proveísteis	previsteis
	tañeron	carecieron	volvieron	proveyeron	previeron
Indicativo futuro imperfecto (futuro)	tañeré	careceré	volveré	proveeré	preveré
	tañeremos	careceremos	volveremos	proveeremos	preveremos
Subjuntivo presente	taña	carezca	vuelva	provea	prevea
	tañas	carezcas	vuelvas	proveas	preveas
	taña	carezca	vuelva	provea	prevea
	tañamos	carezcamos	volvamos	proveamos	preveamos
	tañáis	carezcáis	volváis	proveáis	preveáis
	tañan	carezcan	vuelvan	provean	prevean
Subjuntivo imperfecto (subjuntivo pretérito)	tañera, -ese	careciera, -ese	volviera, -ese	proveyera, -ese	previera, -ese
Subjuntivo futuro	tañere	careciere	volviere	proveyere	previere
Potencial simple (pospretérito)	tañería	carecería	volvería	proveería	prevería
Imperativo	tañe	carece	vuelve	provee	prevé
	taña	carezca	vuelva	provea	prevea
	tañamos	carezcamos	volvamos	proveamos	preveamos
	tañed	careced	volved	proveed	preved
	tañan	carezcan	vuelvan	provean	prevean

2p romper. Como *temer*, excepto el participio irregular: roto.

Infinitivo	3 partir*	3a zurcir	3b surgir	3c delinquir	3d asir
Gerundio	partiendo	zurciendo	surgiendo	delinquiendo	asiendo
Participio	partido	zurcido	surgido	delinquido	asido
Indicativo presente	parto	zurzo	surjo	delinco	asgo
	partes	zurces	surges	delinques	ases
	parte	zurce	surge	delinque	ase
	partimos	zurcimos	surgimos	delinquimos	asimos
	partís	zurcís	surgís	delinquís	asís
	parten	zurcen	surgen	delinquen	asen

Indicativo imperfecto (copretérito)	partía	zurcía	surgía	delinquía	asía
	partíamos	zurcíamos	surgíamos	delinquíamos	asíamos
Indicativo indefinido (pretérito)	partí	zurcí	surgí	delinquí	así
	partiste	zurciste	surgiste	delinquiste	asiste
	partió	zurció	surgió	delinquió	asió
	partimos	zurcimos	surgimos	delinquimos	asimos
	partisteis	zurcisteis	surgisteis	delinquisteis	asisteis
	partieron	zurcieron	surgieron	delinquieron	asieron
Indicativo futuro imperfecto (futuro)	partiré	zurciré	surgiré	delinquiré	asiré
	partiremos	zurciremos	surgiremos	delinquiremos	asiremos
Subjuntivo presente	parta	zurza	surja	delinca	asga
	partas	zurzas	surjas	delincas	asgas
	parta	zurza	surja	delinca	asga
	partamos	zurzamos	surjamos	delincamos	asgamos
	partáis	zurzáis	surjáis	delincáis	asgáis
	partan	zurzan	surjan	delincan	asgan
Subjuntivo imperfecto (subjuntivo pretérito)	partiera, -ese	zurciera, -ese	surgiera, -ese	delinquiera, -ese	asiera, -ese
Subjuntivo futuro	partiere	zurciere	surgiere	delinquiere	asiere
Potencial simple (pospretérito)	partiría	zurciría	surgiría	delinquiría	asiría
Imperativo	parte	zurce	surge	delinque	ase
	parta	zurza	surja	delinca	asga
	partamos	zurzamos	surjamos	delincamos	asgamos
	partid	zurcid	surgid	delinquid	asid
	partan	zurzan	surjan	delincan	asgan

* Paradigma de los verbos regulares de la tercera conjugación (infinitivo terminado en *ir*).

Infinitivo	3e discernir	3f adquirir	3g lucir	3h mullir	3i embaír
Gerundio	discerniendo	adquiriendo	luciendo	mullendo	embayendo
Participio	discernido	adquirido	lucido	mullido	embaído
Indicativo presente	discierno	adquiero	luzco	mullo	
	disciernes	adquieres	luces	mulles	
	discierne	adquiere	luce	mulle	
	discernimos	adquirimos	lucimos	mullimos	embaímos
	discernís	adquirís	lucís	mullís	embaís
	disciernen	adquieren	lucen	mullen	
Indicativo imperfecto (copretérito)	discernía	adquiría	lucía	mullía	embaía
	discerníamos	adquiríamos	lucíamos	mullíamos	embaíamos
Indicativo indefinido (pretérito)	discerní	adquirí	lucí	mullí	embaí
	discerniste	adquiriste	luciste	mulliste	embaíste
	discernió	adquirió	lució	mulló	embayó
	discernimos	adquirimos	lucimos	mullimos	embaímos
	discernisteis	adquiristeis	lucisteis	mullisteis	embaísteis
	discernieron	adquirieron	lucieron	mulleron	embayeron
Indicativo futuro imperfecto (futuro)	discerniré	adquiriré	luciré	mulliré	embairé
	discerniremos	adquiriremos	luciremos	mulliremos	embairemos
Subjuntivo presente	discierna	adquiera	luzca	mulla	
	disciernas	adquieras	luzcas	mullas	
	discierna	adquiera	luzca	mulla	
	discernamos	adquiramos	luzcamos	mullamos	
	discernáis	adquiráis	luzcáis	mulláis	
	disciernan	adquieran	luzcan	mullan	
Subjuntivo imperfecto (subjuntivo pretérito)	discerniera, -ese	adquiriera, -ese	luciera, -ese	mullera, -ese	embayera, -ese
Subjuntivo futuro	discerniere	adquiriere	luciere	mullere	embayere
Potencial simple (pospretérito)	discerniría	adquiriría	luciría	mulliría	embairía
Imperativo	discierne	adquiere	luce	mulle	
	discierna	adquiera	luzca	mulla	
	discernamos	adquiramos	luzcamos	mullamos	
	discernid	adquirid	lucid	mullid	embaíd
	disciernan	adquieran	luzcan	mullan	

3k imprimir, 3m abrir, 3n escribir. Como *partir* excepto participios: impreso, abierto, escrito.

Infinitivo	3j pudrir*	3ñ abolir	3p distinguir	3q cohibir	3r reunir
Gerundio	pudriendo	aboliendo	distinguiendo	cohibiendo	reuniendo
Participio	podrido	abolido	distinguido	cohibido	reunido
Indicativo presente	pudro		distingo	cohíbo	reúno
	pudres		distingues	cohíbes	reúnes
	pudre		distingue	cohíbe	reúne
	pudrimos	abolimos	distinguimos	cohibimos	reunimos
	pudrís	abolís	distinguís	cohibís	reunís
	pudren		distinguen	cohíben	reúnen
Indicativo imperfecto (copretérito)	pudría	abolía	distinguía	cohibía	reunía
	pudríamos	abolíamos	distinguíamos	cohibíamos	reuníamos
Indicativo indefinido (pretérito)	pudrí	abolí	distinguí	cohibí	reuní
	pudriste	aboliste	distinguiste	cohibiste	reuniste
	pudrió	abolió	distinguió	cohibió	reunió
	pudrimos	abolimos	distinguimos	cohibimos	reunimos
	pudristeis	abolisteis	distinguisteis	cohibisteis	reunisteis
	pudrieron	abolieron	distinguieron	cohibieron	reunieron

Indicativo futuro imperfecto (futuro)	pudriré	aboliré	distinguiré	cohibiré	reuniré
	pudriremos	aboliremos	distinguiremos	cohibiremos	reuniremos
Subjuntivo presente	pudra		distinga	cohíba	reúna
	pudras		distingas	cohíbas	reúnas
	pudra		distinga	cohíba	reúna
	pudramos		distingamos	cohibamos	reunamos
	pudráis		distingáis	cohibáis	reunáis
	pudran		distingan	cohíban	reúnan
Subjuntivo imperfecto (subjuntivo pretérito)	pudriera, -ese	aboliera, ese	distinguiera, -ese	cohibiera, -ese	reuniera, -ese
Subjuntivo futuro	pudriere	aboliere	distinguiere	cohibiere	reuniere
Potencial simple (pospretérito)	pudriría	aboliría	distinguiría	cohibiría	reuniría
Imperativo	pudre		distingue	cohíbe	reúne
	pudra		distinga	cohíba	reúna
	pudramos		distingamos	cohibamos	reunamos
	pudrid	abolid	distinguid	cohibid	reunid
	pudran		distingan	cohíban	reúnan

* O **podrir**. De la forma antigua de este verbo sólo subsisten el infinitivo, bastante usado todavía, y el participio.

Infinitivo	4 estar*	5 poner	6 poder	7 querer	8 tener
Gerundio	estando	poniendo	pudiendo	queriendo	teniendo
Participio	estado	puesto	podido	querido	tenido
Indicativo presente	estoy	pongo	puedo	quiero	tengo
	estás	pones	puedes	quieres	tienes
	está	pone	puede	quiere	tiene
	estamos	ponemos	podemos	queremos	tenemos
	estáis	ponéis	podéis	queréis	tenéis
	están	ponen	pueden	quieren	tienen
Indicativo imperfecto (copretérito)	estaba	ponía	podía	quería	tenía
	estábamos	poníamos	podíamos	queríamos	teníamos
Indicativo indefinido (pretérito)	estuve	puse	pude	quise	tuve
	estuviste	pusiste	pudiste	quisiste	tuviste
	estuvo	puso	pudo	quiso	tuvo
	estuvimos	pusimos	pudimos	quisimos	tuvimos
	estuvisteis	pusisteis	pudisteis	quisisteis	tuvisteis
	estuvieron	pusieron	pudieron	quisieron	tuvieron
Indicativo futuro imperfecto (futuro)	estaré	pondré	podré	querré	tendré
	estaremos	pondremos	podremos	querremos	tendremos
Subjuntivo presente	esté	ponga	pueda	quiera	tenga
	estés	pongas	puedas	quieras	tengas
	esté	ponga	pueda	quiera	tenga
	estemos	pongamos	podamos	queramos	tengamos
	estéis	pongáis	podáis	queráis	tengáis
	estén	pongan	puedan	quieran	tengan
Subjuntivo imperfecto (subjuntivo pretérito)	estuviera, -ese	pusiera, -ese	pudiera, -ese	quisiera, -ese	tuviera, -ese
Subjuntivo futuro	estuviere	pusiere	pudiere	quisiere	tuviere
Potencial simple (pospretérito)	estaría	pondría	podría	querría	tendría
Imperativo	está	pon	puede	quiere	ten
	esté	ponga	pueda	quiera	tenga
	estemos	pongamos	podamos	queramos	tengamos
	estad	poned	poded	quered	tened
	estén	pongan	puedan	quieran	tengan

* A partir del modelo número 4 no se han destacado las formas irregulares puesto que se trata de verbos donde éstas constituyen una constante de su conjugación.

Infinitivo	9 valer	10 traer	11 hacer*	12 saber	13 caber
Gerundio	valiendo	trayendo	haciendo	sabiendo	cabiendo
Participio	valido	traído	hecho	sabido	cabido
Indicativo presente	valgo	traigo	hago	sé	quepo
	vales	traes	haces	sabes	cabes
	vale	trae	hace	sabe	cabe
	valemos	traemos	hacemos	sabemos	cabemos
	valéis	traéis	hacéis	sabéis	cabéis
	valen	traen	hacen	saben	caben
Indicativo imperfecto (copretérito)	valía	traía	hacía	sabía	cabía
	valíamos	traíamos	hacíamos	sabíamos	cabíamos
Indicativo indefinido (pretérito)	valí	traje	hice	supe	cupe
	valiste	trajiste	hiciste	supiste	cupiste
	valió	trajo	hizo	supo	cupo
	valimos	trajimos	hicimos	supimos	cupimos
	valisteis	trajisteis	hicisteis	supisteis	cupisteis
	valieron	trajeron	hicieron	supieron	cupieron
Indicativo futuro imperfecto (futuro)	valdré	traeré	haré	sabré	cabré
	valdremos	traeremos	haremos	sabremos	cabremos
Subjuntivo presente	valga	traiga	haga	sepa	quepa
	valgas	traigas	hagas	sepas	quepas
	valga	traiga	haga	sepa	quepa
	valgamos	traigamos	hagamos	sepamos	quepamos
	valgáis	traigáis	hagáis	sepáis	quepáis
	valgan	traigan	hagan	sepan	quepan

Subjuntivo imperfecto (subjuntivo pretérito)	valiera, -ese	trajera, -ese	hiciera, -ese	supiera, -ese	cupiera, -ese
Subjuntivo futuro	valiere	trajere	hiciere	supiere	cupiere
Potencial simple (pospretérito)	valdría	traería	haría	sabría	cabría
Imperativo	vale	trae	haz	sabe	cabe
	valga	traiga	haga	sepa	quepa
	valgamos	traigamos	hagamos	sepamos	quepamos
	valed	traed	haced	sabed	cabed
	valgan	traigan	hagan	sepan	quepan

* **11a satisfacer.** Como hacer. En el imperativo: satisfaz o satisface. **11b rehacer.** Como hacer. En el indicativo indefinido (pretérito): rehíce, rehízo.

Infinitivo	14 haber	15 ser	16 caer	17 placer	18 ir
Gerundio	habiendo	siendo	cayendo	placiendo	yendo
Participio	habido	sido	caído	placido	ido
Indicativo presente	he	soy	caigo	plazco	voy
	has	eres	caes	places	vas
	ha (hay)	es	cae	place	va
	hemos (habemos)	somos	caemos	placemos	vamos
	habéis	sois	caéis	placéis	vais
	han	son	caen	placen	van
Indicativo imperfecto (copretérito)	había	era	caía	placía	iba
	habíamos	éramos	caíamos	placíamos	íbamos
Indicativo indefinido (pretérito)	hube	fui	caí	plací	fui
	hubiste	fuiste	caíste	placiste	fuiste
	hubo	fue	cayó	plació	fue
	hubimos	fuimos	caímos	placimos	fuimos
	hubisteis	fuisteis	caísteis	placisteis	fuisteis
	hubieron	fueron	cayeron	placieron	fueron
Indicativo futuro imperfecto (futuro)	habré	seré	caeré	placeré	iré
	habremos	seremos	caeremos	placeremos	iremos
Subjuntivo presente	haya	sea	caiga	plazca	vaya
	hayas	seas	caigas	plazcas	vayas
	haya	sea	caiga	plazca	vaya
	hayamos	seamos	caigamos	plazcamos	vayamos
	hayáis	seáis	caigáis	plazcáis	vayáis
	hayan	sean	caigan	plazcan	vayan
Subjuntivo imperfecto (subjuntivo pretérito)	hubiera, -ese	fuera, -ese	cayera, -ese	placiera, -ese	fuera, -ese
Subjuntivo futuro	hubiere	fuere	cayere	placiere	fuere
Potencial simple (pospretérito)	habría	sería	caería	placería	iría
Imperativo	he	sé	cae	place	ve
	haya	sea	caiga	plazca	vaya
	hayamos	seamos	caigamos	plazcamos	vayamos
	habed	sed	caed	placed	id
	hayan	sean	caigan	plazcan	vayan

Infinitivo	19 decir	19a bendecir	20 conducir	21 venir	22 sentir
Gerundio	diciendo	bendiciendo	conduciendo	viniendo	sintiendo
Participio	dicho	bendecido	conducido	venido	sentido
Indicativo presente	digo	bendigo	conduzco	vengo	siento
	dices	bendices	conduces	vienes	sientes
	dice	bendice	conduce	viene	siente
	decimos	bendecimos	conducimos	venimos	sentimos
	decís	bendecís	conducís	venís	sentís
	dicen	bendicen	conducen	vienen	sienten
Indicativo imperfecto (copretérito)	decía	bendecía	conducía	venía	sentía
	decíamos	bendecíamos	conducíamos	veníamos	sentíamos
Indicativo indefinido (pretérito)	dije	bendije	conduje	vine	sentí
	dijiste	bendijiste	condujiste	viniste	sentiste
	dijo	bendijo	condujo	vino	sintió
	dijimos	bendijimos	condujimos	vinimos	sentimos
	dijisteis	bendijisteis	condujisteis	vinisteis	sentisteis
	dijeron	bendijeron	condujeron	vinieron	sintieron
Indicativo futuro imperfecto (futuro)	diré	bendeciré	conduciré	vendré	sentiré
	diremos	bendeciremos	conduciremos	vendremos	sentiremos
Subjuntivo presente	diga	bendiga	conduzca	venga	sienta
	digas	bendigas	conduzcas	vengas	sientas
	diga	bendiga	conduzca	venga	sienta
	digamos	bendigamos	conduzcamos	vengamos	sintamos
	digáis	bendigáis	conduzcáis	vengáis	sintáis
	digan	bendigan	conduzcan	vengan	sientan
Subjuntivo imperfecto (subjuntivo pretérito)	dijera, -ese	bendijera, -ese	condujera, -ese	viniera, -ese	sintiera, -ese
Subjuntivo futuro	dijere	bendijere	condujere	viniere	sintiere
Potencial simple (pospretérito)	diría	bendeciría	conduciría	vendría	sentiría
Imperativo	di	bendice	conduce	ven	siente
	diga	bendiga	conduzca	venga	sienta
	digamos	bendigamos	conduzcamos	vengamos	sintamos
	decid	bendecid	conducid	venid	sentid
	digan	bendigan	conduzcan	vengan	sientan

Infinitivo	23 erguir	24 ceñir	25 reír*	26 oír	27 dormir**
Gerundio	irguiendo	ciñendo	riendo	oyendo	durmiendo
Participio	erguido	ceñido	reído	oído	dormido
Indicativo presente	yergo o irgo	ciño	río	oigo	duermo
	yergues o irgues	ciñes	ríes	oyes	duermes
	yergue o irgue	ciñe	ríe	oye	duerme
	erguimos	ceñimos	reímos	oímos	dormimos
	erguís	ceñís	reís	oís	dormís
	yerguen o irguen	ciñen	ríen	oyen	duermen
Indicativo imperfecto (copretérito)	erguía	ceñía	reía	oía	dormía
	erguíamos	ceñíamos	reíamos	oíamos	dormíamos
Indicativo indefinido (pretérito)	erguí	ceñí	reí	oí	dormí
	erguiste	ceñiste	reíste	oíste	dormiste
	irguió	ciñó	rió	oyó	durmió
	erguimos	ceñimos	reímos	oímos	dormimos
	erguisteis	ceñisteis	reísteis	oísteis	dormisteis
	irguieron	ciñeron	rieron	oyeron	durmieron
Indicativo futuro imperfecto (futuro)	erguiré	ceñiré	reiré	oiré	dormiré
	erguiremos	ceñiremos	reiremos	oiremos	dormiremos
Subjuntivo presente	yerga o irga	ciña	ría	oiga	duerma
	yergas o irgas	ciñas	rías	oigas	duermas
	yerga o irga	ciña	ría	oiga	duerma
	yergamos o irgamos	ciñamos	riamos	oigamos	durmamos
	yergáis o irgáis	ciñáis	riáis	oigáis	durmáis
	yergan o irgan	ciñan	rían	oigan	duerman
Subjuntivo imperfecto (subjuntivo pretérito)	irguiera, -ese	ciñera, -ese	riera, -ese	oyera, -ese	durmiera, -ese
Subjuntivo futuro	irguiere	ciñere	riere	oyere	durmiere
Potencial simple (pospretérito)	erguiría	ceñiría	reiría	oiría	dormiría
Imperativo	yergue o irgue	ciñe	ríe	oye	duerme
	yerga o irga	ciña	ría	oiga	duerma
	yergamos o irgamos	ciñamos	riamos	oigamos	durmamos
	erguid	ceñid	reíd	oíd	dormid
	yergan o irgan	ciñan	rían	oigan	duerman

* **25a freír.** Como *reír*, excepto participio: frito.
** **27a morir.** Como *dormir*, excepto participio: muerto.

Infinitivo	28 salir	29 huir	30 pedir	30a seguir*	31 argüir
Gerundio	saliendo	huyendo	pidiendo	siguiendo	arguyendo
Participio	salido	huido	pedido	seguido	argüido
Indicativo presente	salgo	huyo	pido	sigo	arguyo
	sales	huyes	pides	sigues	arguyes
	sale	huye	pide	sigue	arguye
	salimos	huimos	pedimos	seguimos	argüimos
	salís	huis	pedís	seguís	argüís
	salen	huyen	piden	siguen	arguyen
Indicativo imperfecto (copretérito)	salía	huía	pedía	seguía	argüía
	salíamos	huíamos	pedíamos	seguíamos	argüíamos
Indicativo indefinido (pretérito)	salí	huí	pedí	seguí	argüí
	saliste	huiste	pediste	seguiste	argüiste
	salió	huyó	pidió	siguió	arguyó
	salimos	huimos	pedimos	seguimos	argüimos
	salisteis	huisteis	pedisteis	seguisteis	argüisteis
	salieron	huyeron	pidieron	siguieron	arguyeron
Indicativo futuro imperfecto (futuro)	saldré	huiré	pediré	seguiré	argüiré
	saldremos	huiremos	pediremos	seguiremos	argüiremos
Subjuntivo presente	salga	huya	pida	siga	arguya
	salgas	huyas	pidas	sigas	arguyas
	salga	huya	pida	siga	arguya
	salgamos	huyamos	pidamos	sigamos	arguyamos
	salgáis	huyáis	pidáis	sigáis	arguyáis
	salgan	huyan	pidan	sigan	arguyan
Subjuntivo imperfecto (subjuntivo pretérito)	saliera, -ese	huyera, -ese	pidiera, -ese	siguiera, -ese	arguyera, -ese
Subjuntivo futuro	saliere	huyere	pidiere	siguiere	arguyere
Potencial simple (pospretérito)	saldría	huiría	pediría	seguiría	argüiría
Imperativo	sal	huye	pide	sigue	arguye
	salga	huya	pida	siga	arguya
	salgamos	huyamos	pidamos	sigamos	arguyamos
	salid	huid	pedid	seguid	argüid
	salgan	huyan	pidan	sigan	arguyan

* **30b regir.** Transforma la g del radical en *j*, delante de *a, o*. Indicativo presente: rijo, riges, rige, regimos, regís, rigen. Subjuntivo presente: rija, rijas, rija, rijamos, rijáis, rijan. Imperativo: rige, rija, rijamos, regid, rijan.

Aa

A n. f. (pl. aes). Primera letra del alfabeto español y primera de sus vocales. **2.** Símbolo del *amperio*. **3.** Símbolo del *área*. **4.** Símbolo del *angström* (Å).
A prep. (lat. *ad*). Expresa fundamentalmente idea de movimiento material o figurado: *va a la zarzuela*. **2.** Introduce los complementos del adjetivo: *trabajo útil al país; semejante a ti.* **3.** Introduce el complemento directo de persona o cosa personificada del verbo: *quiero a mi madre; temo a la muerte.* **4.** Introduce el complemento indirecto del verbo: *escribo una carta a mi padre; legó sus bienes a los pobres.* **5.** Introduce distintos complementos circunstanciales: *iremos a Madrid; de cara al norte.*
A/m, símbolo de *amperio por metro*.
a. l., símbolo de *año luz*.
a. m., abrev. de las voces *ante meridiem*.
A POSTERIORI loc. (voces lat., *posteriormente a la experiencia*). Se aplica a los razonamientos que se basan en la experiencia.
A PRIORI loc. (voces lat., *partiendo de lo anterior*). Dícese de lo que se admite fundándolo en datos anteriores a la experiencia o que no provienen de ella.
AACHEN → *Aquisgrán*.
AARÓN, hermano mayor de Moisés y primer sumo sacerdote de Israel.
ABACÁ n. m. Banano de las Filipinas, que proporciona una fibra textil llamada *cáñamo de Manila*. (Familia musáceas.) **2.** Esta misma fibra.
ABACERÍA n. f. Establecimiento del abacero.
ABACERO, A n. Persona que tiene por oficio vender aceite, vinagre, legumbres secas, etc.
ÁBACO n. m. (lat. *abacum*). Cuadro de madera con alambres en los que se deslizan unas bolas, utilizado para calcular. **2.** Pieza prismática saliente que forma la parte superior del capitel.
ABACORAR v. tr. [1]. *Cuba, P. Rico y Venez.* Hostigar, perseguir a alguien.
ABAD n. m. Superior de un monasterio de hombres que ostenta el título de abadía.
ABAD (Diego José), poeta y humanista mexicano (Jiquilpan, Michoacán, 1727-Bolonia 1779). Jesuita, escribió obras de carácter científico. Su *Cursus philosophicus* (1745) renovó la enseñanza de la filosofía en Nueva España.
ABAD Y QUEIPO (Manuel), prelado español (Asturias 1751-† 1825). Obispo de Michoacán, participó en la independencia mexicana.
ABADEJO n. m. Bacalao. **2.** Pez comestible acantopterigio del mar Caribe. (Familia serránidos.) **3.** Pez teleósteo que vive en el Atlántico. (Familia gádidos.)
ABADESA n. f. Superiora de un monasterio o convento regular.
ABADÍA n. f. Dignidad de abad o de abadesa. **2.** Edificio o conjunto de edificios que albergan una comunidad, al frente de la cual está un abad o una abadesa. **3.** Territorio, jurisdicción y bienes pertenecientes al abad o a la abadesa.

ABADÍA MÉNDEZ (Miguel), político y escritor colombiano (Vega de los Padres, Tolima, 1867-Bogotá 1947). Miembro del Partido conservador, fue presidente de la república (1926-1930).
ABAJEÑO, A adj. y n. Natural de El Bajío, región del centro de México. **2.** *Amér.* De las costas y tierras bajas.
ABAJERA n. f. *Argent.* y *Urug.* Sudadero que se coloca debajo del aparejo de las caballerías.
ABAJO adv. I. En un lugar más bajo que aquel en que está el que habla u otro que se toma como referencia, o en dirección hacia él: *está abajo; voy abajo.* **2.** En lugar posterior de un escrito. **3.** Pospuesto a un nombre de lugar, en dirección a la parte más baja de él: *calle abajo.* ♦ interj. **4.** Grito de hostilidad: *¡abajo la tiranía!*
ABALANZAR v. tr. [**1g**]. Igualar, equilibrar: *abalanzar las fuerzas.* ♦ v. tr. y pron. **2.** Lanzar, impeler violentamente: *abalanzar la pelota.* ♦ **abalanzarse** v. pron. **3.** Dirigirse violentamente hacia un sitio: *se abalanzó sobre mí.*
ABALEAR v. tr. [**1**]. *Amér.* Disparar contra alguien.
ABALIZAR v. tr. [**1**]. Señalar con balizas.
ABALORIO n. m. Conjunto de cuentecillas de vidrio agujereadas con que se hacen adornos, collares y labores. **2.** Cada una de estas cuentecillas.
ABANCAY, c. de Perú, cap. del dep. de Apurímac (Inca); 19 807 hab. Agricultura e industrias derivadas.
ABANDERADA, A Persona que se destaca en la defensa de una causa. ♦ n. m. **2.** Oficial subalterno que lleva la bandera en las formaciones. **3.** El que lleva bandera en las procesiones u otros actos públicos.
ABANDERAR v. tr. y pron. [**1**]. DER. Matricular, inscribir o registrar bajo la bandera de determinado estado a un buque de nacionalidad extranjera.
ABANDERIZAR v. tr. y pron. [**1g**]. Dividir un grupo o colectividad en banderías. ♦ **abanderizarse** v. pron. **2.** Afiliarse a un grupo o partido.
ABANDONADO, A adj. Descuidado, sucio, desaseado: *ir muy abandonado.*
ABANDONAR v. tr. [**1**]. (fr. *abandonner*). Dejar, desamparar una persona o cosa que se tiene obligación de cuidar o atender: *abandonar a los hijos.* **2.** Desistir, renunciar: *ha abandonado sus actividades habituales.* **3.** Dejar un lugar: *abandonar la ciudad.* **4.** Prescindir. ♦ v. tr. y pron. **5.** Confiar o dejar el cuidado de algo a alguien o algo que se expresa: *abandonó la decisión al azar.* ♦ **abandonarse** v. pron. **6.** *Fig.* Dejarse caer en un estado de ánimo depresivo o dejarse llevar de la exaltación: *abandonarse a los instintos, a la pereza.* **7.** *Fig.* Dejar de tener consigo los cuidados habituales de limpieza o arreglo personal.
ABANDONO n. m. Acción y efecto de abandonar o abandonarse: *abandono de la familia.*

ABANICAR v. tr. y pron. [**1a**]. Hacer aire con el abanico: *se abanicaba para refrescarse.*
ABANICO n. m. Instrumento para hacer o hacerse aire, especialmente el plegable y de figura semicircular. **2.** *Fig.* Cosa en figura de abanico: *el abanico de una palmera.* **3.** *Fig.* Despliegue de elementos que ofrecen gran diversidad: *un abanico de posibilidades, de soluciones.* **4.** Señal que se usa en los ferrocarriles para indicar la bifurcación de una vía. • **Bóveda de abanico,** la que tiene los nervios en forma de abanico o de palma, abarcando toda la extensión del intradós.
ABANIQUEO n. m. Acción de abanicar o abanicarse.
ABANTO n. m. Ave rapaz parecida al buitre, pero más pequeña y con la cabeza y el cuello cubiertos de pluma.
ABAÑEEME n. m. Guaraní moderno, hablado en la actualidad en Paraguay y regiones vecinas.
ABARAJAR v. tr. [**1**]. *Amér.* Coger o tomar al vuelo. **2.** *Argent., Par.* y *Urug.* Con el cuchillo, parar los golpes de un adversario. **3.** *Argent. Fig.* Adivinar las intenciones de alguien.
ABARATAR v. tr. y pron. [**1**]. Disminuir el precio de una cosa: *la competencia abarata los precios.*
ABARCA n. f. Calzado rústico de cuero que se ata con unas cuerdas o correas.
ABARCAR v. tr. [**1a**]. Ceñir, rodear con los brazos o con las manos. **2.** Comprender, contener, implicar o encerrar en sí: *el artículo abarca varios temas.* **3.** Alcanzar con la vista: *abarcar un soberbio paisaje.* **4.** Tomar uno a su cargo muchas cosas a un tiempo: *con su actividad abarca diversos asuntos.* **5.** *Amér.* Acaparar, adquirir, retener cosas. **6.** *Ecuad.* Empollar los huevos la gallina.
ABARITONADO, A adj. Dícese de la voz parecida a la del barítono y de los instrumentos cuyo sonido tiene timbre semejante.
ABARQUILLADO, A adj. Alabeado, combado.
ABARQUILLAMIENTO n. m. Acción y efecto de abarquillar o abarquillarse.
ABARQUILLAR v. tr. y pron. [**1**]. Encorvar un cuerpo, ancho y delgado, como un barquillo.
ABARRAGANARSE v. pron. [**1**]. Amancebarse.
ABARRANCAMIENTO n. m. Formación de fuertes hendiduras en el terreno donde se concentra la escorrentía.
ABARROTAR v. tr. [**1**]. Ocupar totalmente un espacio: *el público abarrotaba la sala.* SIN.: llenar.
ABARROTERÍA n. f. *Amér. Central.* Abacería.
ABARROTERO, A n. *Amér.* Persona que tiene tienda de abarrotes.
ABARROTES n. m. pl. *Amér.* Artículos de comercio, como conservas alimenticias, especias, papel, velas, etc.
ABASOLO (Mariano), militar mexicano (Dolores, Guanajuato, c. 1783-Cádiz 1816). Tomó parte en la guerra de independencia

ABA

mexicana y fue hecho prisionero por los realistas en 1811.

ABASTECER v. tr. y pron. [**2m**]. Proveer de bastimentos u otras cosas a una persona, ciudad, etc.

ABASTECIMIENTO n. m. Acción y efecto de abastecer o abastecerse.

ABASTERO n. m. *Amér.* Proveedor de frutas, hortalizas, ganado y otros géneros. **2.** *Chile* y *Cuba.* Persona que compra reses vivas, las sacrifica y vende su carne al por mayor.

ABASTO n. m. Provisión de bastimentos, y especialmente de víveres: *inspección de abastos.* **2.** *Amér. Merid.* Matadero. **3.** *Venez.* Tienda de comestibles.

ABATANAR v. tr. [**1**]. Golpear el paño en el batán.

ABATATAR v. tr. y pron. [**1**]. *Argent., Par.* y *Urug. Fam.* Avergonzar, turbar.

ABATE n. m. (ital. *abate*). Eclesiástico extranjero, especialmente francés o italiano.

ABATÍ n. m. (voz guaraní). *Argent.* y *Par.* Maíz. **2.** *Par.* Aguardiente de maíz.

ABATIBLE adj. Que se puede abatir.

ABATIDO, A adj. Falto de fuerzas o de ánimo.

ABATIMIENTO n. m. Postración física o moral de una persona. SIN.: *desánimo.*

ABATIR v. tr. y pron. (lat. *abbattuere*) [**3**]. Derribar, echar por tierra: *abatir una torre.* **2.** *Fig.* Humillar: *abatir el orgullo.* **3.** *Fig.* Hacer perder las fuerzas, el ánimo o el vigor: *la enfermedad le abatió.* **4.** GEOMETR. Superponer un plano con otro mediante una rotación con eje en la recta común. ♦ v. tr. **5.** Hacer que algo baje. **6.** Inclinar, poner tendido: *abatir la cabeza.* **7.** Desarmar, descomponer: *abatir una tienda de campaña.* ♦ **abatirse** pron. **8.** Bajar, descender en su vuelo las aves, generalmente las de rapiña.

ABCISIÓN n. f. (lat. *abcisionem*). MER. Corte o separación de un miembro.

ABDICACIÓN n. f. Acción y efecto de abdicar. **2.** Documento en que consta la abdicación.

ABDICAR v. tr. (lat. *abdicare*) [**1a**]. Ceder o renunciar a la soberanía de un pueblo; renunciar a otras dignidades o empleos: *abdicó la corona en su hijo.* ♦ v. e intr. **2.** Dejar, abandonar derechos, creencias, opiniones: *abdicar los principios.*

ABDOMEN n. m. (lat. *abdomen*). Región inferior del tronco del hombre y de los mamíferos, separada del tórax por el diafragma y limitada en su parte inferior por la pelvis. **2.** Parte posterior del cuerpo de los artrópodos, separada a continuación de los apéndices locomotores.

ABDOMINAL adj. Relativo al abdomen. ♦ **abdominales** n. m. pl. **2.** Ejercicios de gimnasia para fortalecer el abdomen: *hacer abdominales.*

ABDUCCIÓN n. f. Razonamiento por el que se restringe el número de hipótesis susceptibles de explicar un fenómeno dado, desechando espontáneamente teorías erróneas. **2.** FISIOL. Movimiento de separación de un miembro del plano medio del cuerpo.

ABDUCTOR adj. y n. m. ANAT. Dícese del músculo que produce abducción.

ABECÉ n. m. Abecedario. **2.** *Fig.* Rudimentos de una ciencia, facultad, etc.: *no sabe ni el abecé de las matemáticas.*

ABECEDARIO n. m. (lat. *abecedarium*). Serie ordenada de las letras de un idioma: *aprender el abecedario.* SIN.: *alfabeto.* **2.** Cartel o librito para aprender las primeras letras.

ABEDUL n. m. Árbol que crece en los países fríos y templados, que puede alcanzar los 30 m de alt., de corteza y madera blancas. (Familia betuláceas.) **2.** Madera de este árbol.

ABEJÓN n. m. Zángano, abeja macho. **2.** Abejorro, insecto.

ABEJORRO n. m. Insecto de cuerpo velloso y abdomen anillado, parecido a la abeja pero que vive en grupos menos numerosos. (Orden himenópteros; familia ápidos.) **2.** *Fig.* Persona de conversación pesada y molesta. • **Abejorro sanjuanero,** insecto coleóptero cuya larva, o gusano blanco, vive bajo tierra durante tres años.

ABEL, segundo hijo de Adán y Eva, a quien mató por celos su hermano Caín.

ABEL (Niels Henrik), matemático noruego (en la isla de Finnøy 1802-Arendal 1829). Creador de la teoría de las integrales elípticas, demostró la imposibilidad de resolver mediante radicales la ecuación algebraica general de 5.° grado.

ABELARDO (Pedro), en fr. **Pierre Abélard,** teólogo y filósofo francés (Le Pallet, cerca de Nantes, 1079-en el Priorato de Saint-Marcel, cerca de Chalon-sur-Saône, 1142). Escribió emotivas cartas de amor a Eloísa. Próximo al conceptualismo, fue uno de los fundadores del método escolástico, y defendió la limitación de la fe por la razón (*Dialéctica,* 1121), ideas condenadas por la Iglesia en 1121 y 1140.

ABELIANO, A adj. MAT. Dícese de las funciones introducidas por Abel en análisis. • **Grupo abeliano,** grupo cuya ley de composición es conmutativa. SIN.: *grupo conmutativo.*

ABENEZRA → *'Ezra* (Abraham ibn).

ABERDEEN, c. y puerto de Gran Bretaña, al NO de Escocia, junto al mar del Norte; 216 000 hab. Explotación de petróleo. Pesca. Metalurgia.

ABERRACIÓN n. f. Desviación de lo que parece natural y lógico. **2.** Desplazamiento de la imagen de una estrella en el telescopio. **3.** Conjunto de defectos de los sistemas ópticos que no dan imágenes nítidas.

ABERRANTE adj. Que se desvía de lo normal.

ABERTURA n. f. Acción y efecto de abrir o abrirse: *una abertura a nuevas empresas.* **2.** Hendidura, agujero, grieta o rendija. **3.** Grieta formada en la tierra por la sequedad o los torrentes. **4.** Terreno ancho y abierto entre dos montañas. **5.** Ensenada. **6.** FONÉT. Anchura del canal bucal, durante la articulación de una fonema. **7.** MIN. Espesor de un estrato o filón. **8.** ÓPT. Superficie útil de un sistema óptico. • **Abertura de un ángulo** (MAT.), magnitud correspondiente a la separación de los dos lados del ángulo. || **Abertura de un compás,** separación de las puntas de sus dos ramas. || **Abertura de un puente,** distancia horizontal que media entre los estribos, a nivel de los arranques. || **Abertura relativa de un objetivo fotográfico,** razón entre el diámetro del diafragma y la distancia focal.

ABETAL n. m. Terreno poblado de abetos.

ABETO n. m. (lat. *abietem*). Árbol resinoso común en las altas montañas de Europa occidental, de hojas perennes, puede alcanzar 40 m de alt. (Orden coníferas.) **2.** Madera de este árbol.

ABEY n. m. (voz antillana). Árbol, que crece en Cuba, de unos 20 m de alt., cuyas hojas se utilizan como alimento del ganado. (Familia cesalpiniáceas.) • **Abey macho,** árbol, que crece en América Central, Brasil y Argentina, de madera blancoamarillenta, fuerte y compacta, empleada en carpintería. (Familia bignoniáceas.)

ABICHARSE v. pron. [**1**]. *Amér.* Agusanarse una planta o la carne de un animal.

ABIDJÁN, c. pral. de Costa de Marfil, junto a la laguna Ebrié; 2,5 millones de hab. aprox. Universidad. Puerto. Aeropuerto internacional. Fue la capital del país desde 1934 hasta 1983.

ABIERTO, A adj. (lat. *appertum*). No cerrado: *ventana abierta.* **2.** Separado o extendido: *con los brazos abiertos; abierto de cuernos.* **3.** Llano, raso, sin edificios ni árboles que obstaculicen la visión: *llanura abierta.* **4.** No murado o cercado. **5.** *Fig.* Franco, espontáneo o expansivo. **6.** *Fig.* Dícese de la persona que acepta con facilidad las costumbres, ideas, etc., de los demás. **7.** *Fig.* Patente, indubable, claro. **8.** FONÉT. Dícese del fonema caracterizado por una abertura más o menos grande del canal vocal. **9.** MAT. Dícese de un intervalo]*a*, *b*[que no incluye sus extremos *a* y *b*. • **Conjunto abierto** (MAT.), conjunto que no contiene su frontera. ♦ n. m. **10.** *Colomb.* Abra, campo abierto y amplio situado entre bosques.

ABIETÁCEO, A adj. y n. f. Relativo a una familia de árboles resinosos de hojas aciculares y fruto en estróbilo que se abre al madurar, y hojas aciculares, que comprende la mayoría de las especies de coníferas como el pino, el abeto, la picea, etc. SIN.: *pináceo.*

ABIGARRADO, A adj. De varios colores mal combinados: *tela abigarrada.* **2.** Heterogéneo, inconexo: *una abigarrada muchedumbre.*

ABIGARRAR v. tr. [**1**]. Poner a una cosa varios colores combinados en desorden.

ABIGEATO n. m. (lat. *abigeatum*). DER. En las antiguas leyes españolas, hurto o robo de ganado.

ABISAL adj. Relativo a las profundidades oceánicas adonde no llega la luz solar: *fauna, región abisal.*

ABISINIA, ant. nombre del macizo etíope o, en general, de Etiopía.

ABISINIO, A adj. y n. De Abisinia o Etiopía, país de África. ♦ *adj.* **2. Rito abisinio** (REL.), rito de la Iglesia ortodoxa de Etiopía.

ABISMAL adj. Perteneciente al abismo. **2.** *Fig.* Muy profundo, insondable, incomprensible: *entre ellos existe una diferencia abismal.*

ABISMAR v. tr. y pron. [**1**]. Hundir en un abismo. **2.** *Fig.* Confundir, abatir: *abismar el intelecto.* ♦ **abismarse** v. pron. **3.** Entregarse del todo a la contemplación, al dolor, al vicio, al placer, etc. **4.** *Amér. Merid.* Asombrarse.

ABISMO n. m. Profundidad grande, imponente y peligrosa. **2.** Infierno, lugar de eterno castigo. **3.** *Fig.* Cosa inmensa, insondable e incomprensible.

ABJASIA, república autónoma de Georgia, junto al mar Negro; 8700 km²; 537 000 hab. Cap. *Sujumi.* Los abjasios, pueblo caucasiano en parte musulmán, desarrollaron un movimiento secesionista del gobierno central georgiano (combates desde 1992; firma de la paz en 1997).

ABJURACIÓN n. f. (lat. *abiurationem*). Acción y efecto de abjurar.

ABJURAR v. tr. e intr. (lat. *abiurare*) [**1**]. Retractar con juramento una doctrina religiosa: *abjurar del protestantismo.* **2.** Renunciar solemnemente a un error, opinión o estado.

ABLACIÓN n. f. (lat. *ablationem*). CIR. Acción de extirpar un órgano, un tumor, etc. SIN.: *exéresis.* • **Ablación glaciar** (GEOL.), fusión de una lengua glaciar.

ABLANDADOR, RA adj. Que ablanda.

ABLANDAR v. tr. y pron. [**1**]. Poner blando. **2.** *Fig.* Mitigar la fiereza o enojo, enternecer: *se le ablandó el corazón.* **3.** Laxar, suavizar: *las ciruelas ablandan el vientre.* ♦ v. intr. y pron. **4.** Ceder en sus rigores o fuerza el frío o el viento.

ABLANDE n. m. *Argent.* Rodaje de un automóvil.

ABLATIVO n. m. LING. Caso de la declinación indoeuropea que expresa relaciones diversas, explicables todas ellas como complementos circunstanciales. • **Ablativo absoluto,** expresión elíptica que sólo como antecedente se vincula al resto de la frase de la cual depende por el sentido.

ABLUCIÓN n. f. (lat. *ablutionem*). Lavatorio, acción de lavarse. **2.** En determinados cultos orientales, purificación religiosa consistente en lavarse el cuerpo o una parte de él. **3.** En la liturgia católica, ceremonia de purificar el cáliz y de lavarse los dedos el sacerdote después de consumir. ♦ **abluciones** n. f. pl. **4.** Agua y vino destinados a la purificación del cáliz en la liturgia católica.

ABNEGACIÓN n. f. Sacrificio o renuncia de la voluntad, afectos o bienes materiales en servicio de Dios, del prójimo, etc.

ABNEGADO, A adj. n. f. Que tiene abnegación.

ABOBADO, A adj. Que parece bobo, o de bobo.

ABOCADO, A adj. Predestinado: *abocado a la desaparición.* ♦ adj. y n. m. **2.** Dícese del vino que tiene mezcla de seco y dulce.

ABOCAR v. tr. [1a]. Verter el contenido de un recipiente en otro, sobre todo cuando para ello se aproximan las bocas de ambos. ♦ v. tr. y pron. **2.** Acercar, aproximar, avecinar. ♦ v. intr. **3.** MAR. Comenzar a entrar en un canal, puerto, etc. ♦ **abocarse** v. pron. **4.** Juntarse una o más personas con otra para tratar un negocio. **5.** *Argent., Méx. y Urug.* Entregarse con fuerza y entusiasmo a la realización de algo, dedicarse plenamente.

ABOCHORNAR v. tr. y pron. [1]. Causar bochorno el excesivo calor. **2.** *Fig.* Avergonzar: *aquella acción le abochornó.* ♦ **abochornarse** v. pron. **3.** Enfermar las plantas a causa del calor.

ABOFETEAR v. tr. [1]. Dar de bofetadas a uno.

ABOGACÍA n. f. Profesión y ejercicio del abogado.

ABOGADERAS n. f. pl. *Amér. Merid.* Argumentos capciosos.

ABOGADO, A n. (lat. *advocatum*). Persona legalmente autorizada para defender en juicio los derechos de los litigantes, y para dar dictamen sobre las cuestiones legales que se le consultan. • *Fig.* Intercesor o medianero. • **Abogado de oficio,** el designado por la ley para defender a las personas consideradas legalmente pobres. || **Abogado del diablo,** promotor de la fe.

ABOGAR v. intr. (lat. *advocare*) [1b]. Defender en juicio. **2.** *Fig.* Interceder, hablar en favor de alguien.

ABOLENGO n. m. Ascendencia de abuelos o antepasados: *este nombre le viene de abolengo.* **2.** DER. Patrimonio o herencia que proviene de los abuelos o antepasados. SIN.: *bienes de abolengo.*

ABOLICIÓN n. f. Acción y efecto de abolir.

ABOLICIONISMO n. m. Actitud y doctrina de quienes propugnan la abolición de una ley o costumbre, especialmente la esclavitud, en el s. XIX.

ABOLICIONISTA adj. y n. m. y f. Relativo al abolicionismo; que está a favor del abolicionismo.

ABOLIR v. tr. (lat. *abolere*) [3ñ]. Derogar, dejar sin vigor una precepto o costumbre, suprimir.

ABOLLADURA n. f. Acción y efecto de abollar.

ABOLLAR v. tr. [1]. Producir una depresión con un golpe: *abollar un coche.*

ABOMBAR v. tr. [1]. Dar forma convexa: *abombar una lámina de metal.* **2.** *Fig. y fam.* Asordar, aturdir: *el ruido me abombó la cabeza.* ♦ **abombarse** v. pron. **3.** *Amér.* Empezar a corromperse. **4.** *Argent.* Quedar imposibilitada para andar una caballería, por el calor y el cansancio. **5.** *Argent. y Urug.* Aturdirse a causa de la bebida, la comida o el cansancio. **6.** *Chile, Ecuad. y Nicar.* Embriagarse.

ABOMEY, c. de Benín; 41 000 hab. Ant. cap. del reino de Dahomey, creado en torno a ella en el s. XVII. Universidad. Museo en los palacios reales del s. XIX.

ABOMINABLE adj. Digno de ser abominado.

ABOMINACIÓN n. f. Acción y efecto de abominar. **2.** Cosa abominable.

ABOMINAR v. tr. e intr. (lat. *abominari*) [1]. Condenar, maldecir: *abominar la mentira; abominó de la masonería.* ♦ v. tr. **2.** Aborrecer, odiar.

ABONABLE adj. Que puede o debe ser abonado.

ABONADO, A adj. Que es de fiar: *es persona abonada.* **2.** Dispuesto a decir o hacer una cosa: *es abonado para todo.* ♦ n. **3.** Persona que ha tomado un abono para asistir a algún espectáculo o recibir algún servicio.

ABONADOR, RA adj. n. **2.** Persona que abona al fiador, y en su defecto se obliga a responder por él.

ABONAR v. tr. [1]. Acreditar o calificar de bueno: *su sinceridad le abona.* **2.** Salir por fiador de algo o alguien: *le abonó su propio jefe.* **3.** Mejorar en su condición o estado, especialmente beneficiar la tierra con materias fertilizantes. **4.** Dar por cierto y seguro: *yo abono esas declaraciones.* **5.** Pagar, tomar en cuenta, admitir algo en parte de pago. **6.** Pagar lo que se debe; pagar derechos de las mercancías. **7.** Sentar en las cuentas corrientes las partidas que corresponden al Haber. ♦ v. tr. y pron. **8.** Inscribir a alguno mediante pago para que pueda disfrutar de alguna comodidad o servicio, generalmente de uso periódico.

ABONARÉ n. m. Documento expedido por un particular o una entidad en representación de una partida de cargo sentada en cuenta o de un saldo preexistente. **2.** Pagaré.

ABONO n. m. Acción y efecto de abonar o abonarse: *hablar en abono de alguien.* **2.** Derecho que adquiere el que se abona y documento que lo acredita. **3.** Producto incorporado al suelo para mantener o incrementar su fertilidad. **4.** Cada uno de los pagos parciales de un préstamo o de una compra hecha a plazos. **5.** Lote de entradas o boletos que permite el uso periódico o limitado de un servicio, espectáculo, etc.

ABORDABLE adj. Que se puede abordar.

ABORDAJE n. m. Acción y efecto de abordar.

ABORDAR v. tr. e intr. [1]. Chocar o rozar una embarcación con otra, ya sea por accidente, ya para atacarla. ♦ v. tr. **2.** *Fig.* Acercarse a alguno para tratar con él de un asunto: *me abordó en plena calle.* **3.** *Fig.* Emprender o plantear un negocio o asunto que ofrezca dificultades o peligros: *abordar una cuestión.* **4.** Atracar una nave a un desembarcadero, muelle o batería.

ABORIGEN adj. (lat. *aboriginem*). Originario del suelo en que vive. ♦ **aborígenes** n. m. pl. y adj. **2.** Naturales de un país, en oposición a los que acuden a establecerse en él: *los aborígenes de la Galia.*

ABORRECER v. tr. (lat. *abhorrescere*) [2m]. Tener aversión. **2.** Abandonar las aves el nido, los huevos o las crías.

ABORRECIBLE adj. Digno de ser aborrecido.

ABORRECIMIENTO n. m. Acción y efecto de aborrecer. **2.** Aburrimiento.

ABORTAR v. tr. e intr. [1]. Practicar o sufrir un aborto. ♦ v. intr. **2.** *Fig.* Fracasar, malograrse: *la conjura abortó.* **3.** BOT. Ser nulo o incompleto en las plantas el desarrollo de alguna de sus partes orgánicas. ♦ v. tr. **4.** Producir alguna cosa imperfecta o abominable: *abortar una idea.*

ABORTIVO, A adj. Dícese del feto no viable. ♦ adj. y n. m. Que provoca el aborto.

ABORTO n. m. Expulsión espontánea o provocada del feto antes de que sea viable. **2.** Cosa abortada.

ABOTARGARSE o **ABOTAGARSE** v. pron. [1b]. Hincharse el cuerpo, generalmente por enfermedad.

ABOTONAR v. tr. y pron. [1]. Ajustar una prenda de vestir con botones. ♦ v. intr. **2.** BOT. Echar botones las plantas.

ABOVEDADO, A adj. Cubierto de una bóveda.

ABOVEDAR v. tr. [1]. Cubrir un espacio con bóveda. **2.** Dar figura de bóveda.

ABRA n. f. Ensenada o bahía en una costa elevada. **2.** Puerto de montaña muy amplio y despejado. **3.** Grieta en un terreno producida por sacudidas sísmicas. **4.** *Amér.* Campo abierto y amplio situado entre bosques. **5.** *Colomb.* Hoja de una ventana o puerta.

ABRABANEL (Yehudá) → **Hebreo** (León).

ABRAHAM, patriarca bíblico (s. XIX a. J.C.). Originario de Ur, se estableció con su clan en Palestina, donde llevó una vida de pastor seminómada. Antepasado de los pueblos judío y árabe a través de sus hijos Isaac e Ismael, también los cristianos le consideran un patriarca.

ABRASADOR, A adj. Que abrasa.

ABRASAMIENTO n. m. Acción y efecto de abrasar o abrasarse.

ABRASAR v. tr. y pron. [1]. Reducir a brasa, quemar: *abrasar leña.* **2.** Secar el excesivo calor o frío una planta, agostar. ♦ v. tr. **3.** *Fig.* Gastar, despilfarrar. **4.** *Fig.* Producir una sensación de dolor ardiente, de sequedad acritud o picor: *la sed le abrasaba la garganta.* **5.** *Fig.* Confundir, avergonzar. **6.** *Fig.* Agitar, consumir o producir una pasión, o estar muy agitado por ella: *los celos le abrasan.* ♦ v. tr. intr. **7.** Calentar demasiado. ♦ **abrasarse** v. pron. **8.** Sentir demasiado calor o ardor.

ABRASIÓN n. f. (lat. *abrasionem*). TECNOL. Acción de desgastar o arrancar por fricción. • **Plataforma de abrasión,** superficie en suave pendiente formada por la erosión marina de la costa.

ABRASIVO, A adj. y n. m. Relativo a la abrasión o que la produce. **2.** Dícese de toda sustancia dura capaz de desgastar y pulimentar por frotamiento.

ABRAZADERA n. f. Pieza de metal, madera u otra materia que sirve para sujetar ciñendo.

ABRAZAR v. tr. y pron. [1g]. Ceñir con los brazos: *abrazarse a un tronco.* **2.** Estrechar entre los brazos en señal de cariño. **3.** *Fig.* Prender, dando vueltas, algunas plantas trepadoras. ♦ v. tr. **4.** *Fig.* Rodear, ceñir: *un tipo abraza aquel pueblo.* **5.** *Fig.* Comprender, contener, incluir: *abarcar la conferencia abraza varios temas.* **6.** Admitir, seguir, aceptar: *abrazar la carrera eclesiástica.* **7.** *Fig.* Tomar uno algo a su cargo.

ABRAZO n. m. Acción y efecto de abrazar o abrazarse, ceñir, estrechar entre los brazos.

ABRECARTAS n. m. (pl. *abrecartas*). Instrumento a modo de cuchillo para abrir cartas o cortar papel. SIN.: *plegadera.*

ABRELATAS n. m. (pl. *abrelatas*). Utensilio que sirve para abrir las latas de conservas. SIN.: *abridor.*

ABREU GÓMEZ (Ermilo), escritor mexicano (Mérida, Yucatán, 1894-México 1974), autor de teatro, relatos sobre leyendas indígenas (*Canek*, 1940), novelas (*Naufragio de indios*, 1951), y ensayos.

ABREVADERO n. m. Lugar donde se abreva el ganado.

ABREVAR v. tr. [1]. Dar de beber al ganado.

ABREVIACIÓN n. f. Acción y efecto de abreviar.

ABREVIADO, A adj. Parvo, escaso.

ABREVIAR v. tr. e intr. (lat. *abbreviare*) [1]. Acortar, reducir a menos tiempo o espacio: *abreviar un texto.* ♦ v. tr. **2.** Acelerar, apresurar.

ABREVIATURA n. f. (lat. *abbreviaturam*). Representación abreviada de la palabra en la escritura. **2.** Palabra escrita en la escritura de este modo. **3.** MÚS. Signo o representación convencional para simplificar la escritura y lectura musicales.

ABRIBOCA n. com. *Argent. y Urug.* Persona que suele estar distraída. ♦ n. f. **2.** Arbusto, que crece en Argentina, de

ramas espinosas, hojas lanceoladas y flores pequeñas. (Familia celastráceas.)
ABRIDOR, RA adj. Que abre. ♦ n. m. **2.** Abrelatas. **3.** Abrebotellas.
ABRIGAR v. tr. y pron. (lat. *apricare*) [**1b**]. Defender, resguardar del frío, lluvia, viento, etc.: *le abrigó con una manta*. ♦ v. tr. **2.** *Fig.* Auxiliar, amparar: *abrigar a un desvalido*. **3.** *Fig.* Tratándose de ideas, afectos, etc., tenerlos: *abrigar una esperanza, una sospecha*.
ABRIGO n. m. Lugar para resguardar de la lluvia, el viento, el frío, el peligro, etc.; instalación construida a este efecto. **2.** Cosa que abriga. **3.** Prenda de vestir larga, provista de mangas, que se pone sobre las demás para abrigar. **4.** *Fig.* Auxilio: *nadie le prestó abrigo*. **5.** PREHIST. Emplazamiento situado en una oquedad rocosa poco profunda.
ABRIL n. m. (lat. *aprilem*). Cuarto mes del año. **2.** *Fig.* Primera juventud. • **Estar hecho,** o **parecer, un abril,** estar lucido, hermoso, galán. ♦ **abriles** n. m. pl. **3.** Años de la primera juventud.
ABRILLANTADO o **ABRILLANTAMIENTO** n. m. Acción de abrillantar.
ABRILLANTAR v. tr. [**1**]. Iluminar o dar brillantez. **2.** *Fig.* Dar más valor o lucimiento: *abrillantar un discurso*. **3.** Labrar las facetas más pequeñas de una piedra preciosa: *abrillantar un diamante*. **4.** Dar aspecto brillante a una superficie metálica.
ABRIR v. tr. y pron. (lat. *aperire*) [**3m**]. Descubrir lo que está cerrado u oculto: *abrir una caja*. **2.** *Fig.* Hacer accesible: *abrir un camino*. **3.** Mover un artificio o mecanismo que sirve para mantener cerrado un conducto: *abrir un grifo*. **4.** Extender u ocupar mayor espacio lo que estaba doblado o encogido: *abrir el paraguas*. **5.** Hender, rasgar, dividir: *abrir un melón*. **6.** Romper la continuidad de una materia, fachada, etc.: *abrir una ventana en el muro*. **7.** *Fig.* Vencer, apartar o destruir cualquier obstáculo: *abrir paso entre la gente*. ♦ v. tr., intr. y pron. **8.** Separar las hojas de una puerta o cortina, descorrer un cerrojo, tirar de un cajón, etc., para descubrir lo que está cerrado u oculto: *abrir un cajón, el pestillo; la puerta se abrió*. **9.** Separar, esparcir, ocupar mayor espacio: *abrir un ejército en dos columnas*. ♦ v. tr. **10.** Dejar en descubierto una cosa, haciendo que aquellas que la ocultan se aparten o separen las unas de las otras: *abrir los ojos, los pétalos de una flor*. **11.** Tratándose de partes del cuerpo o de cosas compuestas de piezas unidas por goznes, tornillos, etc., separar en ángulo las unas de las otras: *abrir los dedos, un compás*. **12.** Cortar por los dobleces los pliegos de un libro: *abrir las hojas de un libro*. **13.** Romper o despegar cartas, paquetes, etc.: *abrir un sobre*. **14.** Con nombres como *agujero, ojal, camino,* etc., hacer: *abrir un hoyo*. **15.** Grabar, esculpir: *abrir un molde*. **16.** *Fig.* Inaugurar, iniciar las sesiones o las tareas de un establecimiento, organismo, etc.: *abrir las cortes*. **17.** *Fig.* Comenzar ciertas cosas o darles principio: *abrir el baile*. **18.** Ir a la cabeza o delante: *abrir la procesión*. • **Abrir los ojos,** salir o hacer que uno salga de un error. ‖ **Abrir un circuito** (ELECTR.), suprimir las conexiones de conductores que permiten el paso de la corriente. ♦ v. intr. **19.** Empezar a clarear o serenarse el tiempo. **20.** Iniciar sus tareas un establecimiento, organismo, etc.: *las tiendas no abren los domingos*. ♦ **abrirse** v. pron. **21.** Con las prep. *a* y *con*, confiar en alguien: *abrirse a un amigo*. **22.** Ser receptivo, aceptar las ideas, costumbres, etc., ajenas. **23.** *Amér. Fig.* Hacerse a un lado en un asunto, deshentenderse, separarse. **24.** *Argent.* y *Urug.* En competiciones de velocidad, desviarse hacia el exterior de la pista. **25.** *Argent.* y *Venez.* Apartarse, desviarse.

ABROCHADORA n. f. *Argent.* Utensilio de oficina utilizado para unir papeles mediante grapas, grapadora.
ABROCHAR v. tr. y pron. [**1**]. Cerrar o ajustar, especialmente prendas de vestir, con broches, corchetes, botones, etc.: *abrochar una blusa*. **2.** *Amér.* Asir a uno para castigarle; reprender, castigar.
ABROGAR v. tr. (lat. *abrogare*) [**1b**]. Abolir, revocar una ley, decreto, etc.
ABROGATORIO, A adj. DER. Que abroga.
ABROJILLO n. m. Hierba anual, que crece en Argentina, de hasta 1,15 m de altura, tallos ramosos y puntas cubiertas de espinas.
ABROJO n. m. Nombre dado a varias plantas espinosas, perjudiciales para los sembrados, pertenecientes a diversas familias. **2.** Fruto de estas plantas.
ABROQUELARSE v. pron. [**1**]. Cubrirse con el broquel. **2.** *Fig.* Valerse de cualquier medio de defensa, protegerse.
ABROTAÑO n. m. Planta arbustiva originaria de oriente, de hojas muy finas y blanquecinas. (Familia compuestas.) SIN.: *abrótano macho.*
ABRUMADOR, RA adj. Que abruma.
ABRUMAR v. tr. [**1**]. Agobiar con algún grave peso: *la carga le abruma.*
ABRUMARSE v. pron. [**1**]. Llenarse de bruma la atmósfera.
ABRUPTO, A adj. (lat. *abruptum*). Escarpado.
ABS n. m. (siglas del alemán *Antiblockiersystem*). AUTOM. Sistema antibloqueo.
ABSALÓN o **ABSALOM** (s. x a. J.C.), hijo de David. Conspiró contra su padre y fue vencido en combate. Huyó, pero su cabellera quedó enredada en las ramas de un árbol del que quedó colgando. Joab, que lo perseguía, lo mató.
ABSCESO n. m. (lat. *abscessum*). Acumulación de pus en una parte del organismo.
ABSCISA n. f. (lat. *abscissam*). MAT. En un eje orientado, distancia de un punto al origen, medida algebraicamente. **2.** MAT. Primera de las dos coordenadas con que se fija la posición de un punto en un plano, siendo la otra la *ordenada*.
ABSCISIÓN n. f. (lat. *abscissionem*). Separación de una parte pequeña de un cuerpo con por instrumento cortante.
ABSENTISMO n. m. Costumbre de residir el propietario fuera de la localidad en que radican sus bienes inmuebles. **2.** Ausencia frecuente del puesto de trabajo.
ABSIDAL adj. Relativo al ábside.
ÁBSIDE n. m. o f. (lat. *absidem*). Parte posterior, en forma de semicírculo, del presbiterio de una iglesia.
ABSOLUCIÓN n. f. Acción y efecto de absolver.
ABSOLUTISMO n. m. Régimen político en que todos los poderes se hallan bajo la autoridad única del jefe del estado.
ABSOLUTISTA adj. y n. m. y f. Relativo al absolutismo; partidario de este régimen político.
ABSOLUTO, A adj. (lat. *absolutum*). Sin restricción, limitación o condición: *dueño absoluto*. **2.** FILOS. Que tiene en sí mismo su razón de ser: *Dios absoluto*. **3.** LING. Dícese generalmente, por oposición a *relativo*, de toda forma, significación o empleo que no depende de nada. • **Valor absoluto de un número real**, el mismo número, si es positivo, y su opuesto, si es negativo, se escribe [a]. ♦ n. m. **5.** Lo que existe independientemente de toda condición.
ABSOLUTORIO, A adj. (lat. *absolvere*) [**2n**]. Dar por libre de algún cargo u obligación. **2.** DER. Declarar no culpable. **3.** Remitir los pecados.
ABSORBENCIA n. f. Acción de absorber.
ABSORBENTE adj. y n. m. y f. Que absorbe: *materia absorbente*. **2.** Dominante, que impone su autoridad personal: *persona absorbente*.

ABSORBER v. tr. (lat. *absorbere*) [**2**]. Atraer o embeber un cuerpo y retener entre sus moléculas las de otro en estado líquido o gaseoso: *las plantas absorben oxígeno*. **2.** *Fig.* Consumir, anular, acabar por completo: *absorber toda la producción*. **3.** *Fig.* Atraer a sí, cautivar: *la lectura lo absorbe*.
ABSORBIBLE adj. Que puede ser absorbido.
ABSORCIÓN n. f. Acción de absorber: *la absorción de un líquido*.
ABSORTO, A adj. Admirado, pasmado, distraído.
ABSTEMIO, A adj. y n. (lat. *abstemium*). Que se abstiene de toda bebida alcohólica.
ABSTENCIÓN n. f. Acción de abstenerse.
ABSTENCIONISMO n. m. No participación en una votación.
ABSTENCIONISTA adj. y n. m. y f. Relativo al abstencionismo; partidario de esta postura.
ABSTENERSE v. pron. (lat. *abstinere*) [**8**]. Privarse de alguna cosa: *abstenerse de opinar, de beber*.
ABSTINENCIA n. f. Acción de abstenerse. **2.** Privación total o parcial de satisfacer los apetitos. **3.** Privación de comer carne por motivos religiosos: *día de abstinencia*. • **Síndrome de abstinencia**, conjunto de molestias que aparecen en algunas personas habituadas a un determinado tóxico, al cesar bruscamente su empleo.
ABSTRACCIÓN n. f. Acción y efecto de abstraer o abstraerse: *capacidad de abstracción*.
ABSTRACTO, A adj. Que procede de una operación de abstracción: *concepto abstracto*. **2.** General, vago, alejado de la realidad: *idea abstracta*. • **Arte abstracto**, arte que no se vincula a la representación de la realidad tangible. SIN.: *no figurativo*. ‖ **En abstracto**, con exclusión del sujeto en que la realidad cualquier cualidad: *presentar una cuestión en abstracto*. ♦ n. m. **3.** Resumen.
ABSTRAER v. tr. (lat. *abstrahere*) [**10**]. Aislar mentalmente o considerar por separado las cualidades de un objeto. **2.** Considerar un objeto en su esencia. ♦ **abstraerse** v. pron. **3.** Enajenarse de los objetos sensibles para entregarse a la consideración de lo que se tiene en el pensamiento.
ABSURDO, A adj. (lat. *absurdum*). Contrario a la razón: *argumento absurdo*. **2.** FILOS. Se dice de toda idea que contiene una contradicción interna. **3.** FILOS. Según los existencialistas, dícese de la condición del hombre caracterizada por la ausencia de sentido de su existencia y del universo. ♦ n. m. **4.** Dicho o hecho repugnante a la razón: *contestar con un absurdo*. **5.** Corriente de pensamiento que traduce una toma de conciencia, a menudo dramática, de la irracionalidad del mundo y del destino de la humanidad.
ABŪ DĀBĪ → *Abū Z̧abī*.
ABŪ Z̧ABĪ o **ABŪ DĀBĪ**, emirato de la Unión de Emiratos Árabes, junto al golfo Pérsico; 74 000 km²; 670 000 hab. Cap. *Abū Z̧abī* (243 000 hab.), cap. también del estado federal. Petróleo.
ABUBILLA n. f. Ave de plumaje rojizo, con franjas transversales blancas y negras, que tiene en la cabeza un gran copete de plumas.
ABUCHEAR v. tr. [**1**]. Manifestar ruidosamente al público su desagrado o protesta.
ABUCHEO n. m. Acción de abuchear.
ABUELO, A n. Padre o madre del padre o de la madre. **2.** *Fig.* Persona anciana. ♦ **abuelos** n. m. pl. **3.** El abuelo y la abuela. **4.** Ascendientes o antepasados de que desciende una persona.
ABUJA, c. y cap. federal de Nigeria, en el centro del país; 379 000 hab.
ABULENSE adj. y n. m. y f. De Ávila. SIN.: *avilés*.

ABULIA n. f. (gr. *abulia*). Ausencia patológica de voluntad, sin que exista trastorno somático ni intelectual.

ABÚLICO, A adj. y n. Relativo a la abulia; afecto de abulia.

ABULÓN n. m. Caracol marino comestible de concha anacarada, que abunda en las costas de Baja California.

ABULONAR v. tr. [1]. *Argent*. Sujetar con bulones.

ABULTAMIENTO n. m. Acción de abultar. **2.** Bulto, hinchazón, prominencia.

ABULTAR v. tr. [1]. Aumentar el bulto: *el sombrero le abulta la cabeza*. **2.** Hacer de bulto o relieve. **3.** Aumentar la cantidad, intensidad, grado, etc.: *abultar el tamaño de algo*. **4.** Fig. Ponderar, exagerar: *abultar una noticia*. ♦ v. intr. **5.** Tener o hacer bulto: *el paquete abulta mucho*.

ABUNDAMIENTO n. m. Abundancia.

ABUNDANCIA n. f. Gran cantidad: *haber abundancia de alimentos*. **2.** Riqueza, bienestar: *vivir en la abundancia*.

ABUNDANTE adj. Copioso, en gran cantidad: *una cena abundante*.

ABUNDAR v. intr. (lat. *abundare*) [1]. Haber gran cantidad de una cosa: *aquí abundan las flores*. **2.** Estar adherido a una idea u opinión.

ABURGUESAMIENTO n. m. Acción y efecto de aburguesarse: *aburguesamiento de las costumbres*.

ABURGUESARSE v. pron. [1]. Volverse burgués.

ABURRIMIENTO n. m. Fastidio, tedio.

ABURRIR v. tr. (lat. *abhorrere*) [3]. Molestar, cansar, fastidiar: *su conversación me aburre*. ♦ **aburrirse** v. pron. **2.** Fig. Fastidiarse, cansarse: *aburrirse de esperar*.

ABUSADO, A adj. *Guat*. y *Méx*. Que sabe aprovechar la ocasión, listo, perspicaz.

ABUSAR v. intr. [1]. Usar mal o indebidamente de una cosa: *abusar de la autoridad, de un medicamento*. **2.** Hacer objeto de trato deshonesto.

ABUSIVO, A adj. Que se introduce o practica por abuso: *tratar de forma abusiva*.

ABUSO n. m. (lat. *abusum*). Acción y efecto de abusar: *abuso de confianza*.

ABYECCIÓN n. f. Bajeza, envilecimiento: *los vicios le condujeron a la abyección*. **2.** Abatimiento, humillación: *vivir en estado de abyección*.

ABYECTO, A adj. (lat. *abiectum*). Bajo, vil.

Ac, símbolo químico del actinio.

ACÁ adv. l. Denota un lugar cercano, como *aquí*, pero más indeterminado, y admite grados de comparación: *viene hacia acá*. ♦ adv. t. **2.** Precedido de preposición o de *desde* y una expresión de tiempo, denota lo presente: *de ayer acá*.

ACABADO, A adj. Perfecto, completo, terminado: *una obra acabada*. **2.** Destruido, viejo: *un hombre acabado*. ♦ n. m. **3.** Perfeccionamiento o último retoque que se da a una obra o labor: *el acabado de un cuadro, de un tejido*.

ACABANGARSE v. pron. [1b]. *Amér*. *Central*. Sentirse acongojado.

ACABAR v. tr. y pron. [1]. Poner o dar fin, terminar: *acabar un trabajo*. ♦ v. tr. **2.** Poner mucho esmero en la conclusión de una cosa. **3.** Apurar, consumir: *acabar la paciencia*. ♦ v. intr. **4.** Rematar, finalizar: *el cuchillo acaba en punta*. **5.** Con la prep. *con*, destruir, aniquilar: *las penas acabarán con él*. **6.** Morir, fenecer. **7.** Con la prep. *de* y un infinitivo, haber ocurrido algo un poco antes de lo que indica este último verbo: *acaba de llegar*. **8.** Con la prep. *por* y un infinitivo, llegar el momento de producirse un suceso: *acabó por ceder*. ♦ v. intr. **9.** Extinguirse, aniquilarse: *su vida ya ha acabado*.

ACACHARSE v. pron. [1]. *Chile*. Paralizarse la venta de algún artículo.

ACACIA n. f. Planta leñosa de flores blancas y olorosas, que crece espontánea en América del Norte. (Familia papilionáceas.) **2.** Madera de este árbol.

ACADEMIA n. f. (lat. *academiam*). Sociedad científica, literaria o artística establecida con autoridad pública. **2.** Dícese particularmente de la Academia española. **3.** Junta de académicos; lugar en que se reúnen: *ayer hubo academia*. **4.** Centro docente, de carácter privado, destinado a impartir enseñanza elemental y secundaria o enseñanzas específicas: *academia de danza*. **5.** B. ART. Figura entera, pintada o dibujada, de un modelo desnudo. • **Academia militar**, centro de enseñanza superior militar.

ACADEMICISMO n. m. Imitación carente de originalidad de reglas y modelos tradicionales. **2.** Acción y efecto de academizar.

ACADÉMICO, A adj. Relativo a la academia. **2.** Dícese de los estudios o títulos que causan efectos legales, como los de abogado, médico, etc. **3.** Dícese de las obras de arte en que se observan con rigor las normas clásicas, y también del autor de estas obras. ♦ n. **4.** Miembro de una academia.

ACADEMIZAR v. tr. [1]. Proporcionar o atribuir carácter académico a una obra o actuación.

ACADIO, A adj. y n. Del país de Acad. **2.** De Acadia. ♦ n. m. **3.** Antigua lengua semítica hablada en Mesopotamia.

ACAECER v. intr. [2m]. Suceder, acontecer.

ACAHUAL n. m. *Méx*. Nombre genérico del girasol y de otras plantas de tallo grueso que suelen crecer en los barbechos. (Familia compuestas.)

ACAJÚ n. m. Árbol de América, de madera rojiza muy dura y apreciada en carpintería. **2.** Madera africana de aspecto análogo.

ACALAMBRARSE v. pron. [1]. Contraerse los músculos a causa del calambre.

ACALLAR v. tr. [1]. Hacer callar: *acallar un rumor*. **2.** Fig. Aplacar, aquietar: *acallar el hambre*.

ACALORAMIENTO n. m. Ardor, arrebato de calor. **2.** Fig. Apasionamiento, enardecimiento: *el acaloramiento de una discusión*.

ACALORAR v. tr. [1]. Dar o causar calor: *el vino me acalora*. **2.** Fig. Proteger, fomentar, avivar, enardecer: *la disputa le acaloró*. ♦ v. tr. y pron. **3.** Encender, fatigar con el trabajo o ejercicio: *la carrera le ha acalorado*. ♦ **acalorarse** v. pron. **4.** Fig. Enardecerse en la discusión: *durante el debate se acaloró*. **5.** Fig. Hacerse viva y ardiente la misma disputa o conversación: *la discusión se fue acalorando*.

ACAMAPICHTLI, primer soberano (tlatoani) de los aztecas [1376-c. 1396]. Se alió con los tepanecas.

ACAMAYA n. f. Langostino de agua dulce, de color gris perla, que crece en los ríos del golfo de México.

ACAMPANAR v. tr. y pron. [1]. Dar figura de campana: *acampanar una falda*.

ACAMPAR v. tr., intr. y pron. [1]. Detenerse, permanecer en despoblado: *acampar en un llano*.

ACANA n. m. o f. Árbol de América meridional, cuyo tronco, de 8 a 10 m de alt., es de madera compacta y recia y se emplea en construcción. (Familia sapotáceas.) **2.** Madera de este árbol.

ACANALADO, A adj. Que pasa por canal o lugar estrecho: *el agua fluía acanalada*. **2.** De figura larga y abarquillada: *uñas acanaladas*. **3.** De figura de estría o con estrías. ♦ adj. y n. m. **4.** Dícese de un tejido cuya superficie aparece cubierta de relieves o realces separados por surcos paralelos.

ACANALADURA n. f. ARQ. Canal o estría. **2.** GEOMORFOL. Ranura de perfil redondeado que se excava en las rocas desnudas bajo la acción de procesos de erosión externa.

ACANALAR v. tr. [1]. Hacer canales o estrías. **2.** Dar forma de canal o teja.

ACANTILADO, A adj. Dícese del fondo del mar cuando forma escarpes o cantiles. ♦ adj. y n. m. **2.** Dícese de la costa cortada verticalmente. ♦ n. m. **3.** Escarpa casi vertical de un terreno, especialmente la formada en la costa por la acción del mar.

ACANTO n. m. (lat. *acanthum*). Planta ornamental, de hojas largas (50 cm), regularmente dentadas, de color verde y con flores blancas, que vive en rocallas y lugares frescos. SIN.: *branca ursina*. **2.** Motivo ornamental arquitectónico que imita la hoja de esta planta y es característico del capitel corintio.

ACANTONAMIENTO n. m. MIL. Acción de acantonar fuerzas militares que están en operaciones de guerra o maniobras.

ACANTONAR v. tr. y pron. [1]. MIL. Distribuir y alojar tropas en diversos lugares o cantones.

ACANTOPTERIGIO, A adj. y n. Relativo a un grupo de peces óseos con aleta dorsal espinosa, como el atún y la caballa.

ACAPARADOR, RA adj. y n. Que acapara.

ACAPARAMIENTO n. m. Acción y efecto de acaparar.

ACAPARAR v. tr. [1]. Adquirir determinadas mercancías en cantidad suficiente para crear su escasez en el mercado y provocar un alza en sus precios. **2.** Fig. Apropiarse de algo tratando de que otros no lo posean: *acaparar una herencia*. **3.** Fig. Absorber la atención o la actividad: *acaparar todas las miradas*.

ACÁPITE n. m. *Amér*. Párrafo.

ACAPULCO, mun. de México (Guerrero), en la bahía de Acapulco; 592 212 hab. Cab. *Acapulco de Juárez* (515 374 hab.). Puerto, centro comercial y principal centro turístico del país. Aeropuerto. Industrias alimentarias, textiles y mecánicas. En la época virreinal fue el puerto comercial más importante del Pacífico (*nao de Acapulco* o galeón de Manila en comercio con Oriente).

ACARAMELAR v. tr. [1]. Bañar de caramelo. ♦ **acaramelarse** v. pron. Fig. y fam. Mostrarse excesivamente cariñoso, dulce o galante.

ACARICIADOR, RA adj. y n. Que acaricia.

ACARICIAR v. tr. [1]. Hacer caricias: *acariciar a un niño*. **2.** Fig. Tocar suavemente, rozar: *la brisa acariciaba su rostro*. **3.** Fig. Complacerse en pensar algo con deseo o esperanza de conseguirlo o llevarlo a cabo: *acariciar un proyecto, una idea*.

ACARIGUA, c. de Venezuela (Portuguesa); 116 551 hab. Centro comercial y de comunicaciones.

ÁCARO adj. y n. m. Relativo a un orden de arácnidos que comprende animales de pequeño tamaño (de algunos milímetros a lo sumo), que pueden transmitir el germen de determinadas enfermedades, y algunos de los cuales son parásitos.

ACARREADO, A n. m. *Méx*. *Fam*. Persona a la que han obligado o pagado para asistir a un mitin político.

ACARREAR v. tr. [1]. Transportar en carro o de cualquier otra manera: *acarrear las maletas*. **2.** Fig. Ocasionar, causar: *acarrear disgustos*.

ACARREO n. m. Acción de acarrear. **2.** Precio que se cobra por acarrear.

ACARTONAMIENTO n. m. Acción y efecto de acartonarse.

ACARTONARSE v. pron. [1]. Ponerse como cartón: *acartonarse el cutis*.

ACASO n. m. Casualidad, suceso imprevisto: *lo encontré por un acaso*. ♦ adv. d. **2.** Quizá, tal vez: *acaso venga hoy*. • **Por si acaso**, o **si acaso**, refuerza el sentido condicional o hipotético de la conj. *si*.

ACATABLE adj. Digno de acatamiento o respeto.

ACATAMIENTO n. m. Acción y efecto de acatar.

ACA

ACATANGA n. f. Argent. y Bol. Escarabajo pelotero. **2.** Bol. Excremento.

ACATAR v. tr. [1]. Tributar homenaje de sumisión y respeto, aceptar: *acatar la autoridad del rey*.

ACATARRAR v. tr. [1]. Resfriar, constipar: *el frío me acatarró*. **2.** Méx. Importunar. ♦ **acatarrarse** v. pron. **3.** Contraer catarro: *se acatarra muy a menudo*.

ACAUDALADO, A adj. Que tiene mucho caudal.

ACAUDALAR v. tr. [1]. Hacer o reunir caudal de una cosa: *acaudalar riquezas, esperanzas*.

ACAUDILLAR v. tr. [1]. Mandar gente de guerra en calidad de jefe. **2.** Ser jefe de un partido o bando.

ACAY (nevado de), cerro de los Andes argentinos (Salta); 5 950 m de alt.

ACCEDER v. intr. (lat. accedere) [2]. Consentir en lo que otro solicita o quiere: *acceder de buen grado*. **2.** Ceder uno en su opinión, conviniendo con un dictamen o una idea de otro: *acceder a un parecer*. **3.** Tener paso o entrada a un lugar: *acceder al recinto*. **4.** Tener acceso a una situación, condición o grado superiores, llegar a alcanzarlos: *acceder al generalato*.

ACCESIBILIDAD n. f. Calidad de accesible.

ACCESIBLE adj. Que tiene acceso.

ACCÉSIT n. m. (lat. accessit) [pl. accésit]. En un certamen, recompensa inmediatamente inferior al premio.

ACCESO n. m. (lat. accessum). Acción de llegar o acercarse: *el acceso a la ciudad fue lento*. **2.** Entrada o paso: *acceso prohibido*. **3.** Fig. Acción y efecto de alcanzar u obtener algo, o de acercarse a alguien. **4.** Arrebato o exaltación: *acceso de celos*. **5.** INFORMÁT. Procedimiento de búsqueda o de registro de un dato en una memoria electrónica. **6.** MED. Conjunto de trastornos morbosos, como epilepsia, histeria, neuralgia, etc., que aparecen a intervalos regulares o no.

ACCESORIO, A adj. Que depende de lo principal o se le une por accidente; secundario: *detalles accesorios; nervios accesorios*. ♦ n. m. **2.** Instrumento, aparato, etc., que no es parte integrante de una máquina o que sirve para una actividad particular.

ACCIDENTADO, A adj. Turbado, agitado, revuelto, borrascoso: *una vida accidentada*. **2.** Escabroso, abrupto: *sendero accidentado*. ♦ adj. y n. **3.** Que ha sido víctima de un accidente.

ACCIDENTAL adj. No esencial: *un adorno accidental*. **2.** Casual, contingente: *encuentro accidental*. **3.** Que desempeña ocasionalmente un cargo.

ACCIDENTAR v. tr. [1]. Producir accidente. ♦ **accidentarse** v. pron. **2.** Sufrir un accidente.

ACCIDENTE n. m. (lat. accidentem). Lo que altera el curso regular de las cosas; suceso eventual, especialmente desgraciado: *accidente automovilístico*. **2.** Indisposición que repentinamente priva de sentido o de movimiento. **3.** FILOS. Lo que no existe por sí mismo, que no tiene naturaleza propia (por oposición a *sustancia, esencia*). **4.** GRAM. Modificación que sufren en su forma las palabras variables para expresar diversas categorías gramaticales. **5.** MÚS. Cada uno de los signos que sirven para alterar las notas (sostenido, bemol, becuadro). • **Accidente del terreno**, desigualdad del relieve.

ACCIÓN n. f. (lat. actionem). Ejercicio de una potencia: *la acción de la voluntad*. **2.** Efecto de hacer, hecho: *una acción humanitaria*. **3.** Operación u cualquier acto del agente en el paciente: *la acción erosiva del agua*. **4.** Actividad, movimiento, dinamismo: *un hombre, una película de acción*. **5.** Fam. Posibilidad o facultad de hacer alguna cosa, especialmente acometer o defenderse: *entrar en acción*. **6.** Ejercicio de un derecho en justicia: *intentar una acción judicial*. **7.** Trama de cualquier tipo de representación, narración, etc.: *la acción de una novela*. **8.** ART. CONTEMP. Sucesión de gestos o actitudes, generalmente mudas, cuyo desarrollo constituye la obra del artista. SIN.: *performance*. **9.** DER. MERC. Cada una de las partes en que se considera dividido el capital de una sociedad anónima, y también, a veces, el que aportan los socios no colectivos a algunas comanditarias, que entonces se llaman comanditarias por acciones. **10.** DER. MERC. Título que acredita y representa el valor de cada una de las partes. **11.** MEC. Fuerza con que un cuerpo actúa sobre otro.

ACCIONAMIENTO n. m. Acción y efecto de accionar o mover.

ACCIONAR v. intr. [1]. Hacer movimientos y gestos para dar a entender alguna cosa o para acompañar la palabra: *accionar con las manos*. ♦ v. tr. **2.** Dar movimiento a un mecanismo o parte de él.

ACCIONISTA n. m. y f. Poseedor de una o varias acciones en una sociedad financiera, industrial o comercial.

ACCRA, c. y cap. de Ghana, puerto junto al golfo de Guinea; 800 000 hab. Refinería de petróleo.

ACEBO n. m. Árbol o arbusto de sotobosque, de hojas brillantes, espinosas y persistentes, cuya corteza sirve para fabricar la liga. **2.** Madera de este árbol.

ACECHANZA n. f. Acecho, espionaje, persecución cautelosa.

ACECHAR v. tr. (lat. assectari) [1]. Observar, aguardar cautelosamente con algún propósito: *acechar a la presa*. **2.** Amenazar: *un peligro le acecha*.

ACECHO n. m. Acción de acechar: *el acecho del enemigo*. **2.** Lugar desde el cual se acecha. • **Al acecho**, observando a escondidas.

ACEDERA n. f. Hortaliza de hojas comestibles, cuyo sabor ácido se debe a la presencia de ácido oxálico. (Familia poligonáceas.) **2.** Cuba. Vinagrera.

ACÉFALO, A adj. (gr. akephalos). Falto de cabeza. ♦ adj. y n. m. **2.** Bivalvo.

ACEITADO n. m. Acción y efecto de lubricar o engrasar con aceite.

ACEITAR v. tr. [1]. Untar con aceite.

ACEITE n. m. (ár. al-zayt). Producto de origen mineral, animal o vegetal, fluido a temperatura ordinaria, y constituido, en el primer caso, por hidrocarburos pesados, y, en los otros dos, por una mezcla de glicerinas.

ACEITERA n. f. Recipiente destinado a contener aceite. ♦ **aceiteras** n. f. pl. **2.** Vinagreras.

ACEITERO, A adj. y n. Relativo al aceite.

ACEITOSO, A adj. Que tiene aceite, grasiento: *agua aceitosa*. **2.** Parecido al aceite.

ACEITUNA n. f. (ár. al-zaytūna). Fruto del olivo. SIN.: *oliva*.

ACEITUNADO, A adj. De color de aceituna verde.

ACEITUNERO, A n. Persona que tiene por oficio coger, acarrear o vender aceitunas.

ACEITUNO n. m. Olivo. **2.** Nombre dado a diversos árboles maderables que crecen en América Central. (Familia simarubáceas.)

ACELERACIÓN n. f. Acción y efecto de acelerar o acelerarse. **2.** Variación de la velocidad, por unidad de tiempo, de un cuerpo en movimiento. **3.** ECON. Principio según el cual cualquier incremento de la demanda de bienes de consumo se origina hacia la demanda de bienes de producción (destinados a satisfacer la primera) con una intensidad mayor.

ACELERADA n. f. Argent., Chile, Méx. y Urug. Acelerón.

ACELERADOR, RA adj. y n. Que acelera. ♦ n. m. **2.** Mecanismo que regula la admisión de la mezcla gaseosa en el motor de explosión para variar su velocidad. **3.** Sustancia que aumenta la velocidad de una reacción química. **4.** Producto que reduce el tiempo de fraguado y endurecimiento del hormigón. **5.** FÍS. NUCL. Aparato que comunica grandes velocidades a las partículas cargadas, con el fin de estudiar las estructuras de la materia.

ACELERAR v. tr. y pron. (lat. accelerare) [1]. Hacer más rápido, más vivo un movimiento, un proceso, etc. **2.** Accionar el mecanismo acelerador de un vehículo automóvil para que éste o su motor se muevan con mayor rapidez. ♦ v. tr. **3.** Hacer que una cosa suceda antes del tiempo adecuado: *acelerar un acontecimiento*.

ACELERATRIZ adj. Dícese de la fuerza que aumenta la velocidad de un movimiento.

ACELGA n. f. Planta hortense cultivada como verdura por sus hojas, grandes y carnosas, y sus peciolos aplanados.

ACELOMADO, A adj. y n. Dícese de los animales desprovistos de celoma.

ACÉMILA n. f. (ár. al-zamila). Mula o macho de carga. **2.** Asno, persona ruda.

ACENDRAR v. tr. [1]. Purificar los metales por la acción del fuego: *acendrar la plata*. **2.** Fig. Depurar, dejar sin mancha ni defecto: *acendrar las virtudes*.

ACENTO n. m. (lat. accentum). Elevación de la voz en una sílaba de una palabra o en un grupo de palabras: *acento prosódico; acento métrico*. **2.** Signo gráfico que se coloca sobre una vocal para precisar su valor: *acento agudo (´), grave (`) y circunflejo (^)*. SIN.: *acento ortográfico*. **3.** Pronunciación particular de un grupo lingüístico. **4.** Modulación de la voz expresiva de pasiones o sentimientos o característica de determinados estilos de dicción o declamación: *acento irritado*.

ACENTUACIÓN n. f. Acción y efecto de acentuar.

ACENTUAR v. tr. (lat. accentuare) [1s]. Dar o poner acento a las palabras. **2.** Fig. Recalcar, hablar con énfasis. **3.** Fig. Realzar, resaltar: *acentuar las diferencias*. **4.** Fig. Intensificar, aumentar: *acentuar el dolor*. ♦ **acentuarse** v. pron. **5.** Tomar cuerpo: *acentuarse la violencia*.

ACEPCIÓN n. f. Cada uno de los sentidos o significados en que se toma una palabra o frase. • **Acepción de personas**, acción de favorecer arbitrariamente a unas personas más que a otras.

ACEPILLAR v. tr. [1]. Cepillar, alisar con cepillo la madera o los metales.

ACEPTABLE adj. Que se puede aceptar.

ACEPTACIÓN n. f. Acción y efecto de aceptar. **2.** Aprobación, aplauso: *la obra tuvo gran aceptación*.

ACEPTANTE adj. y n. m. y f. Que acepta.

ACEPTAR v. tr. (lat. acceptare) [1]. Recibir uno, voluntariamente, lo que se le da, ofrece o encarga: *aceptar un regalo*. **2.** Aprobar, dar por bueno.

ACEQUIA n. f. (ár. al-sāqiya). Zanja o canal por donde se conducen las aguas para regar y para otros fines.

ACERA n. f. Parte lateral de la calle, más elevada que la calzada, y reservada a la circulación de los peatones. **2.** Fila de casas a cada lado de la calle o plaza.

ACERACIÓN n. f. Operación que permite comunicar a determinados metales la dureza del acero.

ACERADO, A adj. Parecido al acero; que contiene acero; recubierto de acero. **2.** Fig. Fuerte, de mucha resistencia. **3.** Fig. Incisivo, mordaz, penetrante: *lengua acerada*.

ACERAR v. tr. [1]. Dar a un hierro las propiedades del acero, en particular convertir en acero el corte o las puntas de las armas o herramientas: *acerar un sable*. ♦ v. tr. y pron. **2.** Fortalecer, vigorizar: *acerar la voluntad*.

ACERBO, A adj. (lat. acerbum). Áspero al gusto: *licor acerbo*. **2.** Fig. Cruel, riguroso, despacible.

ACERCA DE, sobre la cosa de que se trata, en orden a ella: *tratar acerca de un robo*.

ACO

ACERCAMIENTO n. m. Acción y efecto de acercar o acercarse.

ACERCAR v. tr. y pron. [1a]. Poner cerca o a menor distancia.

ACERÍA o **ACERERÍA** n. f. Establecimiento industrial especializado en la fabricación de acero.

ACERO n. m. (bajo lat. *aciarium*). Aleación de hierro y carbono que contiene menos del 1,8 % de este último elemento, susceptible de adquirir, por tratamientos mecánicos y térmicos, propiedades muy variadas. **2.** *Fig.* Arma blanca. ♦ **aceros** n. m. pl. **3.** Temple y corte de las armas blancas. **4.** *Fig.* Ánimo, brío, resolución: *persona de buenos aceros.*

ACERO DE LA CRUZ (Antonio), pintor, arquitecto y poeta colombiano (Santa Fe de Bogotá, principios s. xvii-d. 1667). En Bogotá se conservan diversas obras suyas (*La Virgen del Rosario, Las Aguas; Inmaculada, San Francisco*).

ACÉRRIMO, A adj. (lat. *acerrimum*). Muy fuerte, decidido o tenaz: *partidario, creyente acérrimo.*

ACERTADO, A adj. Que tiene o incluye acierto: *tiro acertado.*

ACERTAR v. tr. [1j]. Dar en el punto previsto o propuesto: *acertar un tiro en el blanco.* **2.** Conseguir el fin propuesto o adecuado. **3.** Dar con lo cierto: *contestó segura de que acertaba.* ♦ v. tr. e intr. **4.** Encontrar, hallar: *acertar con la puerta a oscuras.* ♦ v. intr. **5.** Con la prep. a y un infinitivo, suceder por casualidad: *acertó a pasar por allí.*

ACERTIJO n. m. Enigma para entretenerse en acertarlo. **2.** Cosa o afirmación muy problemática.

ACERVO n. m. (lat. *acervum*). Montón de cosas menudas, como trigo, legumbres, etc. **2.** Haber que pertenece en común a los que forman una pluralidad o colectividad de personas: *el acervo cultural de un país.*

ACETAMIDA n. f. Amida del ácido acético, CH_3-CONH_2.

ACETATO n. m. QUÍM. Sal del ácido acético. **2.** TEXT. Fibra artificial obtenida por la acción del anhídrido y el ácido acético sobre la celulosa.

ACÉTICO, A adj. Dícese del ácido CH_3CO_2H, que da al vinagre su sabor característico, y de los compuestos derivados de él.

ACETIFICAR v. tr. y pron. [1a]. Convertir en ácido acético.

ACETILCELULOSA n. f. Éster acético de la celulosa.

ACETILENO n. m. Hidrocarburo no saturado gaseoso con triple enlace C_2H_2, que se obtiene por la acción del agua sobre el carburo cálcico.

ACETILSALICÍLICO, A adj. *Ácido acetilsalicílico,* denominación científica de la aspirina.

ACETONA n. f. Líquido incoloro CH_3COCH_3, de olor peculiar, volátil e inflamable, con una función cetona, utilizado como disolvente.

ACEVEDO DÍAZ (Eduardo), escritor y político uruguayo (Montevideo 1851-Buenos Aires 1921), autor de una trilogía sobre la independencia y las guerras civiles (1888-1893) y de otras novelas. — Su hijo **Eduardo Acevedo Díaz,** escritor y jurisconsulto argentino (Dolores, Buenos Aires, 1882-Buenos Aires 1959), escribió novelas, libros de derecho y ensayos.

ACEVEDO Y GÓMEZ (José), patriota colombiano (Bogotá 1775-† 1817). Dirigió la lucha por la emancipación en 1810.

ACHABACANAR v. tr. y pron. [1]. Hacer chabacano.

ACHACAR v. tr. [1a]. Atribuir, imputar.

ACHACOSO, A adj. Que padece achaques o indisposición habitual.

ACHAFLANAR v. tr. [1]. Dar forma de chaflán, biselar.

ACHANCHAR v. tr. y pron. [1]. *Amér.* Debilitarse. **2.** *Argent.* Perder potencia un motor. **3.** *Colomb., Ecuad.* y *Perú.* Hacer vida sedentaria.

ACHANTAR v. tr. y pron. [1]. *Vulg.* Apabullar, humillar, acobardar. ♦ **achantarse** v. pron. **2.** *Fam.* Ocultarse mientras dura un peligro.

ACHAPARRADO, A adj. Bajo y extendido; rechoncho: *árbol achaparrado.*

ACHAQUE n. m. Indisposición o enfermedad habitual.

ACHAROLADO, A adj. Parecido al charol.

ACHATAMIENTO n. m. Acción y efecto de achatar o achatarse.

ACHATAR v. tr. y pron. [1]. Poner chato.

ACHICAMIENTO n. m. Acción y efecto de achicar o achicarse.

ACHICAR v. tr. y pron. [1a]. Amenguar el tamaño. **2.** *Fig.* Humillar, acobardar: *achicarse ante la amenaza.* ♦ v. tr. **3.** Extraer el agua de un dique, una mina, una embarcación, etc.

ACHICHARRAR v. tr. y pron. [1]. Freír, asar o tostar un manjar hasta que tome sabor a quemado. **2.** *Fig.* Calentar demasiado: *achicharrarse de calor.*

ACHICHINCLE n. m. *Méx. Fam.* Ayudante, empleado cercano al jefe.

ACHICORIA n. f. (voz mozárabe). Planta herbácea de la familia compuestas, cuyas hojas se consumen como ensalada. **2.** Raíz torrefacta de una variedad de achicoria, que se mezcla a veces con el café.

ACHINADO, A adj. Dícese de las personas o de las facciones parecidas a las de los individuos de la raza mongoloide. **2.** *Amér.* Aplebeyado. **3.** *Argent., Par.* y *Urug.* Que tiene facciones que denotan ascendencia india.

ACHIOTE n. m. *Amér. Central, Bol.* y *Méx.* Árbol de pequeño tamaño, que da un fruto oval y carnoso cuya pulpa se usa como condimento y sus semillas se emplean para hacer un tinte de color rojo vivo. (Familia bixáceas.)

ACHIRA n. f. *Amér. Merid.* Planta herbácea propia de terrenos húmedos, cuya raíz se utiliza, en medicina popular, contra la epilepsia.

ACHISPAR v. tr. y pron. [1]. Poner casi ebrio.

ACHOCOLATADO, A adj. De color de chocolate o que lo contiene.

ACHOLADO, A adj. *Amér. Merid.* Que tiene la tez o el pelo del mismo color que la del cholo. **2.** *Chile.* Avergonzado.

ACHUCHAR v. tr. [1]. *Fam.* Aplastar, estrujar. **2.** *Fam.* Empujar. **3.** *Fam.* Dar estrujones, manosear. **4.** Azuzar a los perros. ♦ **achucharse** v. pron. **5.** *Argent.* Asustarse. **6.** *Argent., Par.* y *Urug.* Contraer el paludismo. **7.** *Argent., Par.* y *Urug.* Tener escalofríos.

ACHUCHÓN n. m. *Fam.* Acción y efecto de achuchar. **2.** *Fig.* y *fam.* Indisposición pasajera.

ACHUNCHAR v. tr. [1]. *Bol., Chile, Ecuad.* y *Perú.* Avergonzar a alguien, atemorizar.

ACHUNTAR v. tr. [1]. *Bol.* y *Chile. Fam.* Acertar, dar en el blanco.

ACHURA n. f. (voz quechua). *Amér. Merid.* Cualquier intestino o menudo del animal vacuno, lanar o cabrío. **2.** *Amér. Merid.* Desperdicio de una res.

ACHURAR v. tr. [1]. *Amér. Merid.* Matar con arma blanca. **2.** *Amér. Merid.* Matar cruelmente. **3.** *Amér. Merid.* Sacar las achuras de una res.

ACIAGO, A adj. Infausto, de mal agüero.

ACÍBAR n. m. (ár.) Áloe, planta. **2.** Sustancia amarga obtenida por maceración de varias especies de áloe y coloquíntida. **3.** *Fig.* Amargura, disgusto.

ACIBARAR v. tr. [1]. Echar acíbar en una cosa. **2.** *Fig.* Turbar el ánimo con algún pesar.

ACICALADO, A adj. Extremadamente pulcro.

ACICALAMIENTO n. m. Acción y efecto de acicalar o acicalarse.

ACICALAR v. tr. [1]. Limpiar, bruñir, principalmente las armas blancas. ♦ v. tr. y pron. **2.** *Fig.* Adornar, aderezar: *acicalarse para agradar.* **3.** *Fig.* Afinar, aguzar.

ACICATE n. m. Espuela con sólo una punta de hierro. **2.** *Fig.* Aliciente, incentivo.

ACICATEAR v. tr. [1]. Incitar, estimular.

ACÍCLICO, A adj. Que se produce sin ciclo. **2.** Dícese de los compuestos orgánicos de cadena abierta.

ACICULAR adj. De figura de aguja. **2.** BOT. Que termina en punta. **3.** MINER. Que cristaliza en finas agujas.

ACIDEMIA n. f. Acidosis.

ACIDEZ n. f. Calidad de ácido. **2.** QUÍM. Carácter ácido de una sustancia.

ACIDIFICACIÓN n. f. QUÍM. Acción de acidificar.

ACIDIFICAR v. tr. [1a]. Hacer ácido. **2.** QUÍM. Transformar en ácido.

ACIDIMETRÍA n. f. Medida de la concentración de un ácido.

ÁCIDO, A adj. Que tiene sabor parecido al del vinagre o a el del limón. **2.** *Fig.* Áspero, desabrido. **3.** QUÍM. Que posee las propiedades de los ácidos: *solución ácida.* ♦ **Roca ácida** (GEOL.), roca endógena que contiene del 65 % de sílice. ♦ n. m. **4.** En el lenguaje de la droga, variedad de L.S.D., compuesto del ácido lisérgico.

ACÍDULO, A adj. Ligeramente ácido.

ACIERTO n. m. Acción y efecto de acertar. **2.** *Fig.* Destreza, habilidad. **3.** *Fig.* Cordura, tino.

ÁCIMO adj. Ázimo.

ACIMUT o **AZIMUT** n. m. (ár. *al-sumūt*) [pl. *acimuts* o *azimuts*]. ASTRON. Ángulo diedro orientado, de arista vertical, que forma el plano vertical que pasa por un punto dado con el plano meridiano del lugar. ♦ **Acimut magnético,** ángulo formado por una dirección y el norte magnético.

ACIMUTAL o **AZIMUTAL** adj. Relativo al acimut.

ACIÓN n. f. Correa que sostiene el estribo de la silla de montar.

ACIONERA n. f. *Argent., Chile* y *Urug.* Pieza de metal o de cuero, fija en la silla de montar, de la que cuelga la ación.

ACIVILARSE v. pron. [1]. *Chile.* Contraer matrimonio civil.

ACLAMACIÓN n. f. Acción y efecto de aclamar.

ACLAMAR v. tr. (lat. *acclamare*) [1]. Dar voces la multitud en honor y aplauso de una persona: *aclamar a la reina.* **2.** Conferir por voz común algún cargo u honor: *aclamar como caudillo.*

ACLARACIÓN n. f. Acción y efecto de aclarar o aclararse.

ACLARADO n. m. Acción de aclarar con agua lo que está enjabonado.

ACLARAR v. tr. y pron. (lat. *acclarare*) [1]. Hacer menos oscuro o menos espeso: *aclarar un color.* **2.** Hacer más perceptible la voz. **3.** Aguzar o ilustrar los sentidos o facultades: *aclarar la mente.* **4.** *Fig.* Poner en claro, manifestar, explicar, dilucidar. ♦ v. tr. **5.** Enjuagar con abundante agua lo que está enjabonado: *aclarar los platos, la ropa.* **6.** AGRIC. Proceder al aclareo. ♦ v. intr. y pron. **7.** Amanecer, clarear, serenarse el tiempo. ♦ **aclararse** v. pron. **8.** Purificarse un líquido.

ACLARATORIO, A adj. Que aclara, explica.

ACLIMATACIÓN n. f. Acción y efecto de aclimatar o aclimatarse.

ACLIMATAMIENTO n. m. Aclimatación.

ACLIMATAR v. tr. y pron. [1]. Acostumbrar a un ser organizado a un clima que no le era habitual.

ACNÉ n. m. (gr. *akmé*). Enfermedad cutánea, caracterizada por pequeñas pústulas y comedones, principalmente en la cara.

ACOBARDAMIENTO n. m. Acción y efecto de acobardarse.

ACOBARDAR v. tr., intr. y pron. [1]. Amedrentar, causar miedo.

ACOCIL o **ACOCILI** n. m. Crustáceo, parecido al camarón, muy común en lagos y ríos mexicanos. (Familia astácidos.)

ACO

ACOCOTE n. m. Calabaza larga, agujereada por ambos extremos, que se usa en México para extraer, por succión, el aguamiel del maguey.

ACODADO, A adj. Doblado en forma de codo.

ACODADURA n. f. Acción y efecto de acodar.

ACODALAR v. tr. [1]. ARQ. Poner codales a un vano o a una excavación.

ACODAR v. tr. y pron. (lat. *accubitare*) [1]. Apoyar el codo sobre alguna parte: *acodarse en la mesa*. ♦ v. tr. **2.** Acodillar, doblar. **3.** Meter debajo de tierra el vástago de una planta, arqueándolo en forma de U, sin separarlo del tronco y dejando fuera el cogollo, para que la parte encerrada eche raíces y forme una nueva planta.

ACOGEDOR, RA adj. y n. Que acoge.

ACOGER v. tr. (lat. *accolligere*) [2b]. Admitir uno en su casa o compañía a otra u otras personas. **2.** Dar refugio una cosa a uno: *la cueva acoge a los pastores*. **3.** Recibir con un sentimiento o manifestación especial la aparición de personas o hechos: *acoger con una sonrisa*. **4.** Proteger, amparar. **5.** Dar acceso o admitir; aceptar, aprobar: *acoger la propuesta*. ♦ **acogerse** v. pron. **6.** Refugiarse, tomar amparo. **7.** Valerse de pretextos para esquivar algo. **8.** Beneficiarse de una disposición legal, un reglamento, una costumbre.

ACOGIDA n. f. Aceptación o aprobación: *tener una obra buena acogida*. **2.** Afluencia de aguas y por extensión de otro líquido. **3.** *Fig.* Aceptación o aprobación: *tener una obra buena acogida*.

ACOGIDO, A n. Persona mantenida en establecimiento de beneficencia.

ACOGIMIENTO n. m. Acogida, recibimiento, refugio, aceptación. • *Acogimiento familiar* (DER.), entrega de menores, huérfanos o abandonados, con carácter permanente o temporal, a personas que se obligan a prestarles los cuidados propios de un padre de familia, sin hacerles objeto de explotación.

ACOGOTAR v. tr. [1]. Matar a una persona o animal con herida o golpe en el cogote. **2.** *Fam.* Derribar a una persona sujetándola por el cogote. **3.** *Fig.* Dominar, vencer: *acogotar al enemigo*.

ACOJONAR v. tr. y pron. [1]. *Vulg.* Acobardar.

ACOLCHADO, A adj. Dícese de los tejidos reforzados mediante la adición de tramas suplementarias, o del conjunto formado por dos telas basteadas entre las que se ha introducido un relleno de algodón, seda, lana u otra fibra. ♦ n. m. **2.** Acción y efecto de acolchar. **3.** *Argent.* Cobertor relleno de materia suave que se pone sobre la cama para adorno o abrigo.

ACOLCHAR v. tr. [1]. Poner lana, algodón, etc., entre dos telas y bastearlas.

ACOLHUA, pueblo amerindio del grupo nahua que en el s. XIII ocupó el valle de México; tuvo su capital en *Acolhuacan* y posteriormente en Texcoco.

ACÓLITO n. m. (gr. *akolythos*). Clérigo o laico que ha recibido el acolitado. **2.** Monaguillo, el que ayuda a misa. **3.** Persona que acompaña y sirve a otra; cómplice.

ACOLLAR v. tr. [1r]. AGRIC. Poner nueva tierra al pie de una planta; cubrir de tierra.

ACOLLARAR v. tr. [1]. *Argent., Chile y Urug.* Unir por el cuello dos animales. ♦ v. tr. y pron. **2.** *Amér. Fig.* Unir dos personas o cosas.

ACOMEDIRSE v. pron. [30]. *Amér.* Prestarse espontáneamente a hacer un servicio.

ACOMETEDOR, RA adj. y n. Que acomete.

ACOMETER v. tr. [1]. Embestir, arremeter. **2.** Emprender, intentar, generalmente con ímpetu o energía: *acometer una ardua empresa*. **3.** Venir súbitamente: *acometer la tos, la risa*.

ACOMETIDA n. f. Acción y efecto de acometer. **2.** ELECTR. Punto de toma de un sistema de distribución de electricidad.

ACOMETIMIENTO n. m. Acometida. **2.** Ramal de la cañería que desemboca en la alcantarilla o conducto general de desagüe.

ACOMETIVIDAD n. f. Propensión a acometer o embestir. **2.** *Fig.* Brío, decisión.

ACOMODADIZO, A o **ACOMODATICIO, A** adj. Que se aviene fácilmente a todo: *persona acomodadiza*. **2.** Dícese de la interpretación, significado, manera de pensar, que pueden aplicarse a diversas circunstancias. SIN.: *elástico*.

ACOMODADO, A adj. Conveniente, oportuno. **2.** Rico, abundante de medios: *familia acomodada*. **3.** Moderado en el precio. ♦ n. **4.** *Argent.* Persona que tiene acomodo.

ACOMODADOR, RA n. Persona que indica a los concurrentes a un espectáculo, ceremonia, etc., el sitio que deben ocupar.

ACOMODAMIENTO n. m. Transacción, ajuste, convenio. **2.** Comodidad, conveniencia.

ACOMODAR v. tr. (lat. *accommodare*) [1]. Ordenar, componer, ajustar una cosa con otra. **2.** *Fig.* Aplicar, adaptar: *acomodar un traje a la moda*. ♦ v. tr. e intr. **3.** Agradar, parecer o ser conveniente. ♦ v. tr., intr. y pron. **4.** *Fig.* Armonizar, ajustar a una norma: *acomodar a la ley vigente*. ♦ v. tr. y pron. **5.** Proporcionar ocupación o empleo. **6.** Poner en sitio conveniente. **7.** *Argent.* Enchufar, colocar a alguien en un puesto por medio de influencias. ♦ **acomodarse** v. pron. **8.** Avenirse, conformarse: *acomodarse a la pobreza*.

ACOMODO n. m. Empleo, ocupación, conveniencia. **2.** Lugar conveniente o apropiado para vivir. **3.** *Argent.* Enchufe, puesto que se obtiene por medio de influencias.

ACOMPAÑAMIENTO n. m. Acción y efecto de acompañar. **2.** Gente que acompaña a alguien: *el acompañamiento de una boda*. **3.** Guarnición de una comida. **4.** MÚS. Parte o partes accesorias instrumentales o vocales, que dan soporte a una parte principal vocal o instrumental.

ACOMPAÑANTE adj. y n. m. y f. Dícese de la persona que acompaña.

ACOMPAÑAR v. tr. y pron. [1]. Estar o ir en compañía de otro. **2.** Existir una cosa junta o simultánea con otra. **3.** MÚS. Dar soporte al canto mediante un acompañamiento. ♦ v. tr. **4.** Juntar, agregar una cosa a otra. **5.** Compartir con otro un afecto o un estado de ánimo. **6.** Existir o hallarse algo en una persona, como fortuna, estados, cualidades o pasiones.

ACOMPASADO, A adj. Hecho o puesto a compás. *Fig.* Que habla o anda pausadamente.

ACOMPASAR v. tr. [1]. Compasar.

ACOMPLEJAR v. tr. y pron. [1]. Causar un complejo síquico o inhibición.

ACONCAGUA, pico de los Andes argentinos (Mendoza), junto a la frontera chilena; 6 959 m. Es el pico más alto del continente americano.

ACONCAGUA, r. de Chile (Valparaíso); 192 km. Nace en los Andes, al NO del Aconcagua, y desemboca en el Pacífico junto a Concón.

ACONCHARSE v. pron. [1]. *Chile.* Clarear un líquido por sedimentación de los pasos en el fondo del recipiente.

ACONDICIONADO, A adj. De bueno o mal genio o condición. **2.** Que está en las debidas condiciones, o al contrario: *mercancía bien, mal acondicionada*. • *Aire acondicionado*, aire al que se ha dado una temperatura y un grado higrométrico determinados.

ACONDICIONADOR n. m. Aparato que permite dar a la atmósfera de un recinto las características de temperatura, presión y humedad que se desean.

ACONDICIONAMIENTO n. m. Acción y efecto de acondicionar.

ACONDICIONAR v. tr. [1]. Dar cierta condición o calidad. **2.** Disponer una cosa a un determinado fin. **3.** Poner en determinadas condiciones físicas, hablando de la atmósfera de un recinto. SIN.: *climatizar*. **4.** Embalar una mercancía con vistas a su presentación comercial.

ACONGOJAR v. tr. y pron. [1]. Oprimir, afligir.

ACONQUIJA (*sierra del*), sierra del NO de Argentina, que forma parte de las sierras Pampeanas. Culmina en el cerro del Bolsón (5550 m).

ACONSEJABLE adj. Que se puede aconsejar.

ACONSEJAR v. tr. [1]. Dar consejo: *aconsejar a los hijos*. **2.** Indicar a uno lo que debe hacer. ♦ **aconsejarse** v. pron. **3.** Tomar consejo o pedirlo a otro: *aconsejarse de los mayores*.

ACONSONANTAR v. intr. [1]. Ser una palabra consonante de otra: *higuera aconsonanta con ribera*. **2.** En prosa, incurrir en la consonancia. ♦ v. tr. **3.** Rimar los versos en forma consonante.

ACONTECER v. intr. [2m]. Suceder, efectuarse un hecho.

ACONTECIMIENTO n. m. Suceso importante.

ACOPIAR v. tr. [1]. Juntar, reunir: *acopiar datos*.

ACOPIO o **ACOPIAMIENTO** n. m. Acción y efecto de acopiar.

ACOPLADO, n. m. *Amér. Merid.* Vehículo para ser remolcado, remolque.

ACOPLADOR, RA adj. Que acopla. ♦ n. m. **2.** Dispositivo de acoplamiento.

ACOPLAMIENTO n. m. Acción y efecto de acoplar, ajustar, unir. **2.** Dispositivo que permite unir dos o más elementos de un mecanismo.

ACOPLAR v. tr. [1]. Unir dos piezas u objetos de modo que ajusten. **2.** Unir, conectar entre sí dos o varios aparatos eléctricos: *acoplar dos motores en serie*. **3.** Parear dos animales para yunta o tronco. **4.** *Argent., Chile, Perú, Par.* y *Urug.* Unir, agregar un vehículo a otro para que lo remolque. ♦ v. tr. y pron. **5.** Aparejar el macho y la hembra con fines de reproducción. ♦ **acoplarse** v. pron. **6.** *Argent., Perú y Urug.* Unirse a otra u otras personas para acompañarlas.

ACOQUINAMIENTO n. m. Acción y efecto de acoquinar o acoquinarse.

ACOQUINAR v. tr. y pron. (fr. *acoquiner*) [1]. *Fam.* Acobardar, amilanar.

ACORANGO, pico de los Andes bolivianos (Oruro); 6530 m.

ACORAZADO, A adj. Dícese de lo que tiene sus elementos principales protegidos por un blindaje: *buque acorazado; vehículo acorazado*. ♦ n. m. **2.** Buque de guerra dotado de una artillería poderosa y protegido por gruesos blindajes.

ACORAZAMIENTO n. m. Acción de acorazar.

ACORAZAR v. tr. [1g]. Revestir con planchas de hierro o acero buques de guerra, fortificaciones u otras cosas.

ACORAZONADO, A adj. De figura de corazón.

ACORDADA n. f. DER. Comunicación de oficio entre autoridades. **2.** DER. En ciertos países americanos, fallo solemne dado por el tribunal superior con asistencia de todos sus miembros.

ACORDADO, A adj. Hecho con acuerdo y madurez. **2.** Cuerdo, sensato, prudente: *persona acordada*. ♦ n. m. **3.** DER. Referencia que se hace a una resolución reservada de carácter disciplinario.

ACORDAR v. tr. [1r]. Resolver algo varias personas de común acuerdo o por mayoría de votos: *acordar un pacto*. **2.** Determinar o resolver algo una persona sola: *el marido acordó pedir el divorcio*. **3.** Armonizar los colores de una pintura. **4.** DER. Dictar los jueces y tribunales alguna providencia que debe comunicarse a las partes. **5.** MÚS. Templar las voces o instrumentos para que no disuenen. ♦ v. tr. y pron. **6.** Recordar, traer a la memoria: *acordarse de la niñez*. ♦ v. intr. **7.** Concordar una cosa con otra.

ACORDE adj. Conforme, de un mismo dictamen: *opiniones acordes*. **2.** Con la prep. *con*, en armonía, en consonancia: *traje acorde con la ceremonia*. ♦ n. m. MÚS. Superposición de notas que guardan las reglas de la armonía.
ACORDEÓN n. m. (fr. *acordéon*). Instrumento musical portátil, provisto de teclado, que produce el sonido mediante unas lengüetas metálicas a las que hace vibrar un chorro de aire.
ACORDEONISTA n. m. y f. Músico que toca el acordeón.
ACORDONADO, A adj. Dispuesto en forma de cordón.
ACORDONAMIENTO n. m. Acción y efecto de acordonar.
ACORDONAR v. tr. [1]. Ceñir o sujetar con un cordón. **2.** Rodear o incomunicar un sitio con un cordón de gente. **3.** Formar el cordoncillo en el canto de las monedas.
ACORRALAMIENTO n. m. Acción y efecto de acorralar.
ACORRALAR v. tr. y pron. [1]. Encerrar el ganado en el corral. ♦ v. tr. **2.** *Fig.* Tener a uno rodeado para que no pueda escaparse. **3.** *Fig.* Dejar confundido: *acorralar con preguntas maliciosas*. **4.** *Fig.* Intimidar, acobardar: *la amenaza le acorraló*. **5.** EQUIT. Hacer que se encabrite el caballo.
ACORTAMIENTO n. m. Acción y efecto de acortar o acortarse.
ACORTAR v. tr., intr. y pron. [1]. Disminuir la longitud, duración o cantidad.
ACOSADOR, RA adj. y n. Que acosa.
ACOSAR v. tr. [1]. Perseguir sin dar tregua. **2.** *Fig.* Importunar, fatigar con molestias y trabajos. **3.** Hacer galopar al caballo.
ACOSO o **ACOSAMIENTO** n. m. Acción y efecto de acosar.
ACOSTA (José de), naturalista, historiador y jesuita español (Medina del Campo 1540-Salamanca 1600). Vivió en el virreinato del Perú y de Nueva España y escribió *Historia natural y moral de las Indias* (1590) y catecismos bilingües (aymara-español; quechua-español).
ACOSTA (Julio), político costarricense (1876-San José de Costa Rica 1954), presidente de la república (1920-1924).
ACOSTA (Santos), político, médico y militar colombiano (Miraflores, Boyacá, 1829-Bogotá 1901), presidente interino de la república (1867-1868).
ACOSTAR v. tr. y pron. [1r]. Echar o tender a uno para que descanse, especialmente en la cama. **2.** MAR. Arrimar o acercar al costado de una embarcación. ♦ v. intr. y pron. **3.** Inclinarse hacia un lado, especialmente los edificios. ♦ v. intr. **4.** MAR. Llegar a la costa. ♦ **acostarse** v. pron. **5.** *Fam.* Cohabitar.
ACOSTUMBRAR v. tr. y pron. [1]. Hacer adquirir costumbre: *acostumbrarse a una nueva vida*. ♦ v. intr. **2.** Tener costumbre.
ACOTACIÓN n. f. Acotamiento. **2.** Señal puesta en la margen de algún escrito o impreso. **3.** Nota que en una obra teatral advierte y explica todo lo relativo a la acción o movimiento de las personas.
ACOTADO n. m. Terreno de propiedad privada limitado por hitos, cotos o mojones.
ACOTADO, A adj. Que tiene acotaciones. **2.** MAT. Que posee una cota.
ACOTAMIENTO n. m. Acción y efecto de acotar, amojonar. **2.** *Méx.* Arcén.
ACOTAR v. tr. [1]. Amojonar un terreno con cotos: *acotar una finca*. **2.** Fijar, limitar.
ACOTAR v. tr. [1]. Poner acotaciones al margen de un escrito. **2.** Indicar mediante cifras en un plano, croquis, etc., las dimensiones correspondientes a sus diversos elementos, con arreglo a determinada escala.

ACRACIA n. f. Doctrina que niega la necesidad de un poder y de una autoridad políticos. **2.** Anarquía.
ÁCRATA adj. y n. m. y f. Partidario de la acracia. **2.** Anarquista.
ACRE n. m. (ingl. *acre*). Medida inglesa de superficie que equivale a 40 a y 47 ca.
ACRE adj. (lat. *acrem*). Áspero y picante al gusto y al olfato: *sabor acre*. **2.** *Fig.* Dícese del lenguaje o genio áspero y desabrido. **3.** MED. Dícese del calor febril acompañado de una sensación pruriginosa.
ACRE o **AKKO** en ár. **'Akkā**, c. y puerto de Israel, junto al Mediterráneo; 37 000 hab. Ant. fortaleza de los cruzados (*San Juan de Acre*), formó parte del reino de Jerusalén.
ACRECENCIA n. f. Acrecentamiento. **2.** DER. Derecho de los coherederos o colegatarios sobre las porciones de la herencia que quedan vacantes.
ACRECENTADOR, RA adj. Que acrecienta.
ACRECENTAMIENTO n. m. Acción y efecto de acrecentar.
ACRECENTAR v. tr. y pron. [1j]. Aumentar: *acrecentar la fortuna*. ♦ v. tr. **2.** Mejorar, enriquecer, enaltecer: *acrecentar la sensibilidad*.
ACRECIÓN n. f. Acción y efecto de crecer un cuerpo por adición de partículas desde el exterior.
ACREDITADO, A adj. Afamado, ilustre, reputado. **2.** Dícese de la persona autorizada oficialmente para representar a su país, a su empresa o a un grupo de personas, o para ejercer determinada profesión.
ACREDITAR v. tr. y pron. [1]. Hacer digna de crédito una cosa. **2.** Afamar, dar crédito o reputación: *acreditar un producto*. ♦ v. tr. **3.** Dar testimonio en documento fehaciente de que una persona tiene facultades para desempeñar una comisión. **4.** Abrir un crédito por medio de una carta credencial que el banco remite a su cliente. **5.** CONTAB. Abonar. ♦ **acreditarse** v. pron. **6.** Lograr fama o reputación.
ACREDITATIVO, A adj. Que acredita.
ACREEDOR, RA adj. y n. Que tiene derecho a pedir el cumplimiento de una obligación, especialmente de pago. ♦ **2.** Que tiene mérito para obtener alguna cosa.
ACREENCIA n. f. *Amér.* Crédito.
ACRECENTE adj. BOT. Dícese de las partes de la flor distintas del ovario que siguen creciendo tras la fecundación.
ACRIBILLAR v. tr. (lat. *cribellare*) [1]. Abrir muchos agujeros en una cosa. **2.** Hacer muchas heridas o picaduras: *le acribillaron los mosquitos*. **3.** *Fig.* y *fam.* Molestar mucho y con frecuencia.
ACRÍDIDO, A adj. y n. m. Relativo a una familia de insectos ortópteros saltadores, voladores, generalmente vegetarianos y con fuerte tendencia al gregarismo, lo que convierte a algunas especies en verdaderas plagas, como la langosta. (Abar. 10 000 especies.)
ACRÍLICO, A adj. Dícese del ácido obtenido por oxidación de la acroleína, cuyos ésteres se polimerizan formando vidrios orgánicos. **2.** Dícese de la fibra textil sintética obtenida por polimerización simultánea del acrilonitrilo con otros monómeros. ♦ n. m. **3.** QUÍM. Nombre genérico de una familia de polímeros o de copolímeros de los ácidos acrílico o metacrílico y sus derivados.
ACRIMONIA n. f. Aspereza de las cosas al gusto o al olfato. **2.** Condición de los humores acres. **3.** Aspereza en las palabras o en el carácter.
ACRIOLLARSE v. pron. [1]. *Amér.* Contraer un extranjero los usos y costumbres del país.
ACRISOLAR v. tr. [1]. Depurar los metales en el crisol. **2.** *Fig.* Purificar, apurar: *acrisolar la virtud*. ♦ v. tr. y pron. **3.** *Fig.* Aclarar y poner de manifiesto una cualidad moral por medio de pruebas o testimonios: *acrisolar el patriotismo*.
ACRITUD n. f. Acrimonia, aspereza.
ACROBACIA n. f. Acrobatismo.
ACRÓBATA n. m. y f. (gr. *akrobatos*). Persona que da saltos y hace habilidades sobre la cuerda floja, el alambre y el trapecio, o ejecuta otros ejercicios gimnásticos.
ACROBÁTICO, A adj. Apto para facilitar que una persona suba a lo alto: *máquina acrobática*. **2.** Concerniente al acróbata: *saltos acrobáticos*.
ACROCEFALIA n. f. Malformación patológica del cráneo.
ACROCÉFALO, A adj. y n. Afecto de acrocefalia.
ACROMÁTICO, A adj. Que deja pasar la luz blanca sin descomponerla. **2.** Dícese de los componentes celulares que no son teñidos por los colorantes.
ACROMATISMO n. m. Supresión de las irisaciones que acompañan a la imagen de un objeto obtenida mediante una lente.
ACRÓNIMO n. m. Palabra formada por las primeras letras de las palabras de una expresión compuesta, como por ej.
ÁCRONO, A adj. (gr. *akronos*). Intemporal, fuera del tiempo.
ACRÓPOLIS n. f. Parte más elevada de las ciudades griegas, que servía de ciudadela.
ACRÓSTICO, A adj. y n. m. (gr. *akrostikhion*). Dícese de la composición poética en la cual las letras iniciales, medias o finales de los versos forman, leídas verticalmente, un vocablo o frase.
ACSU n. f. *Bol.* ~ *Perú.* Saya o túnica usada por las collas quechuas.
ACTA n. f. (lat. *acta*). Relación escrita de lo tratado o acordado en una junta, asamblea, etc. **2.** Certificación en que consta la elección de una persona para cierto cargo: *acta de diputado*. ♦ **actas** n. f. pl. **3.** Memorias de algunas sociedades, congresos, etc. **4.** Hechos de la vida de un mártir referidos en historia coetánea autorizada.
ACTINIA n. f. Anémona de mar.
ACTÍNICO, A adj. Dícese de las radiaciones que producen acciones químicas, como las de los rayos ultravioleta.
ACTINIO n. m. Metal radiactivo (Ac), de número atómico 89.
ACTINOLOGÍA n. f. Ciencia que estudia el efecto de la luz y de las radiaciones sobre las funciones humanas y animales.
ACTINOMICETAL adj. n. m. y f. Relativo a ciertos hongos microscópicos muy parecidos a las bacterias.
ACTITUD n. f. (ital. *attitudine*). Postura del cuerpo humano. **2.** Postura de un animal cuando por algún motivo llama la atención. **3.** *Fig.* Disposición de ánimo manifestada exteriormente.
ACTIVACIÓN n. f. Acción y efecto de activar. **2.** Excitación de las propiedades químicas, físicas o biológicas de un cuerpo. **3.** Conversión de un elemento químico en radiactivo por acción de las radiaciones (en general de neutrones).
ACTIVADO, A adj. QUÍM. Dícese del átomo o molécula que ha adquirido mayor capacidad de reacción.
ACTIVADOR, RA adj. y n. Sustancia que aumenta la actividad de un catalizador.
ACTIVANTE n. m. Producto que se adiciona a un material para mejorar o acentuar algunas de sus características.
ACTIVAR v. tr. [1] Avivar, acelerar, excitar, mover.
ACTIVIDAD n. f. Calidad de activo, facultad de obrar. **2.** Diligencia, prontitud en el obrar. **3.** Conjunto de tareas u operaciones de una persona o entidad: *actividad literaria, política*. **4.** FÍS. NUCL. Número de desintegraciones nucleares espontáneas que una fuente radiactiva sufre por unidad de tiempo.

ACT

ACTIVISMO n. m. Actitud moral que insiste en la necesidad de la vida y de la acción, más que en los principios teóricos. **2.** Propaganda activa al servicio de una doctrina.

ACTIVISTA n. m. y f. Propagandista o militante de una doctrina política.

ACTIVO, A adj. Que obra o tiene virtud de obrar: *carácter activo*. **2.** Diligente, eficaz: *secretaria activa*. **3.** Que produce sin dilación su efecto: *veneno activo*. **4.** ÓPT. Dícese de la sustancia que hace girar el plano de polarización de la luz. • **Forma, o voz activa** (LING.), toda forma verbal que expresa la realización por el sujeto de la acción representada por el verbo. ∥ **Método activo**, sistema pedagógico que utiliza material real y que exige la participación individual de los alumnos para la adquisición y utilización de los conocimientos escolares. ♦ n. m. **5.** Conjunto de bienes que se poseen.

ACTO n. m. (lat. *actum*). Hecho o acción: *acto de bondad*. **2.** Hecho público o solemne: *acto inaugural*. **3.** Coito. **4.** Cada una de las partes en que se dividen las obras teatrales. **5.** FILOS. Estado de realidad o existencia real, en oposición a posibilidad o existencia posible. • **Acto de conciliación** (DER.), comparecencia ante el juez municipal competente del actor y demandado, para procurar la avenencia. ∥ **Acto jurídico** (DER.), todo manifestación de voluntad que crea o produce efectos jurídicos.

ACTOR n. m. El que representa uno de los personajes en una obra escénica, cinematográfica, radiofónica o televisiva. **2.** DER. Persona que toma la iniciativa procesal, ejercitando una acción legal.

ACTORA n. f. DER. Femenino de *actor*.

ACTRIZ n. f. Femenino de *actor*, que representa un personaje.

ACTUACIÓN n. f. Acción y efecto de actuar. ♦ **actuaciones** n. f. pl. **2.** DER. Conjunto de actos, diligencias y trámites que componen un expediente, proceso o pleito.

ACTUAL adj. Presente; que ocurre o sucede ahora: *momentos actuales*. **2.** Que existe, sucede o se usa en el tiempo de que se habla: *moda actual*.

ACTUALIDAD n. f. Tiempo presente. **2.** Estado presente o condición de presente, contemporaneidad: *la actualidad histórica*. **3.** Cosa o suceso nuevo que atrae la atención de la gente. • **De actualidad**, de moda.

ACTUALIZACIÓN n. f. Acción y efecto de actualizar. **2.** FILOS. Paso de la potencia al acto o de la virtualidad a la realidad.

ACTUALIZAR v. tr. [1g]. Convertir una cosa pasada en actual: *actualizar una vieja comedia*.

ACTUALMENTE adv. m. En el tiempo presente. **2.** FILOS. En acto, en realidad.

ACTUAR v. tr. y pron. [1s]. Poner en acto o acción: *actuar un mecanismo*. ♦ v. intr. **2.** Ejercer una persona o cosa actos propios de su naturaleza: *actuar eficazmente un medicamento*. **3.** Ejercer las funciones propias de un oficio: *actuar de médico*. **4.** Representar un papel en obras de teatro, cine o televisión. **5.** DER. Realizar actuaciones.

ACTUARIO n. m. Especialista en la aplicación de la estadística, principalmente del cálculo de probabilidades, a las operaciones financieras y seguros.

ACUARELA n. f. (ital. *acquarella*). Pintura realizada con colores diluidos en agua, sobre papel o cartón.

ACUARELISTA n. m. y f. Persona que pinta a la acuarela.

ACUARIO n. m. (lat. *aquarium*). Depósito donde se cuidan plantas y animales de agua dulce o salada.

ACUARIO, constelación zodiacal. — Decimoprimer signo del zodíaco que el Sol atraviesa del 20 de enero al 19 de febrero.

ACUARTELAMIENTO n. m. Acción y efecto de acuartelar o acuartelarse. **2.** Lugar donde se acuartela.

ACUARTELAR v. tr. [1]. Obligar a la tropa a permanecer en el cuartel.

ACUÁTICO, A adj. Que vive en el agua: *insecto acuático*. **2.** Relativo al agua: *esquí acuático*.

ACUCHILLAR v. tr. y pron. [1]. Herir, cortar o matar con cuchillo o con otras armas blancas.

ACUCIADOR, RA o **ACUCIANTE** adj. Que acucia: *deseo acuciador; necesidad acuciante*.

ACUCIAR v. tr. [1]. Estimular, dar prisa: *acuciar al caballo*. **2.** Desear con vehemencia.

ACUCLILLARSE v. pron. [1]. Ponerse en cuclillas.

ACUDIR v. intr. [3]. Ir uno a un sitio adonde le conviene o es llamado: *acudir a la cita*. **2.** Frecuentar un sitio: *acudir al colegio*. **3.** Venir, presentarse, sobrevenir: *acudir una imagen a la memoria*.

ACUEDUCTO n. m. (lat. *aquaeductum*). Canal para transportar agua. **2.** ANAT. Nombre que reciben algunas estructuras anatómicas: *acueducto de Falopio; acueducto del vestíbulo*.

ACUERDO n. m. Unión, armonía entre dos o más personas: *vivir en perfecto acuerdo*. **2.** Resolución tomada en común por varias personas, especialmente por una junta, asamblea o tribunal: *tomar un acuerdo*. **3.** Pacto, tratado: *acuerdo comercial*. **4.** *Argent*. Pleno de ministros que se reúne para deliberar sobre asuntos de estado por convocatoria del presidente. **5.** *Argent*. Conformidad que otorga el senado a algunos nombramientos hechos por el poder ejecutivo. **6.** *Argent*. Reunión plenaria para salas que celebran los miembros de un tribunal de justicia para resolver casos judiciales o administrativos. **7.** *Colomb.* y *Méx.* Reunión de una autoridad gubernativa con algunos de sus colaboradores o subalternos para tomar alguna decisión en forma conjunta.

ACUICULTOR, RA adj. Perteneciente o relativo a la acuicultura. ♦ n. **2.** Persona que practica la acuicultura.

ACUICULTURA n. f. Arte de la cría de animales y plantas acuáticos. **2.** Cultivo de plantas terrestres en un suelo estéril regado con una solución de sales minerales.

ACUÍFERO, A adj. Que contiene agua.

ACULEADO, A adj. m. Relativo a un suborden de insectos himenópteros provistos de un aguijón venenoso en la extremidad del abdomen, como la abeja o la hormiga.

ACULLÁ adv. L. En parte alejada del que habla: *acá y acullá*.

ACULLICO n. m. *Argent., Bol.* y *Perú*. Bola de hojas de coca que se masca para extraer su jugo estimulante.

ACULTURACIÓN n. f. Adaptación, forzada o voluntaria, a una nueva cultura, creencia o comportamiento.

ACULTURAR v. intr. y pron. [1]. Integrar o integrarse un pueblo en un proceso de aculturación.

ACUMULABLE adj. Que puede acumularse.

ACUMULACIÓN n. f. Acción y efecto de acumular. **2.** Amontonamiento de materiales bajo la acción de las aguas corrientes, los glaciares, el viento, el mar, etc. **3.** ECON. Parte del producto obtenido por una colectividad durante un período determinado, no consumido durante el mismo.

ACUMULADOR n. m. Aparato que almacena energía para su posterior consumo. **2.** INFORMÁT. Registro del órgano de cálculo de un ordenador en el que pueden acumularse una serie de números positivos o negativos.

ACUMULAR v. tr. (lat. *accumulare*) [1]. Juntar y amontonar: *acumular riqueza, pruebas*.

ACUNAR v. tr. [1]. Mecer al niño en la cuna.

ACUÑA (Manuel), poeta mexicano (Saltillo 1849-México 1873). Cofundador de la sociedad literaria Nezahualcóyotl, de su obra (*Poesías*, 1874) destacan *Nocturno a Rosario* y *Ante un cadáver*.

ACUÑA (Hernando de), poeta español (Valladolid c. 1520-Granada 1580). Petrarquista (*Poesías varias*, 1591), debe su fama al soneto «Al rey nuestro señor».

ACUÑA DE FIGUEROA (Francisco), poeta uruguayo (Montevideo 1790-*id.* 1862), autor de la letra del himno nacional uruguayo y de poemas (*La Malambrunada*).

ACUÑACIÓN n. f. Acción y efecto de acuñar.

ACUÑADO n. m. Acción de acuñar una pieza metálica entre dos moldes.

ACUÑAR v. tr. [1]. Imprimir y sellar una pieza de metal por medio de cuño o troquel. **2.** Hacer o fabricar moneda.

ACUÑAR v. tr. [1]. Meter cuñas. **2.** *Fig.* Fijar, consolidar: *acuñar una expresión*.

ACUOSIDAD n. f. Calidad de acuoso.

ACUOSO, A adj. Abundante en agua: *terreno acuoso*. **2.** Parecido a ella: *sustancia acuosa*. **3.** Dícese de una solución cuyo solvente es el agua. • **Humor acuoso**, líquido contenido en la cámara anterior del ojo.

ACUPUNTURA n. f. Tratamiento médico de origen chino, consistente en clavar agujas en determinados puntos del organismo localizados en las líneas de fuerza vitales.

ACURRUCARSE v. pron. [1a]. Encogerse para resguardarse del frío, viento, etc.: *acurrucarse junto a la lumbre*.

ACUSACIÓN n. f. Acción y efecto de acusar. **2.** Ministerio público. **3.** Exposición de los delitos que se imputan a un acusado por el ministerio público.

ACUSADO, A adj. Destacado, manifiestamente perceptible: *rasgos acusados*. ♦ n. **2.** Persona a quien se imputa una infracción penal.

ACUSADOR, RA adj. y n. Que acusa. ♦ n. m. **2.** DER. Persona que mantiene la acusación ante los tribunales y juzgados, en una causa criminal.

ACUSAR v. tr. (lat. *accusare*) [1]. Imputar a alguien un delito o causa vituperable. **2.** Censurar, reconvenir, reprender. • **Acusar recibo**, notificar al expedidor la recepción de una cosa. ♦ v. tr. y pron. **3.** Delatar, descubrir, hacer notorio, revelar, manifestar: *acusar cansancio*. ♦ **acusarse** v. pron. **4.** Confesar, declarar las culpas.

ACUSATIVO n. m. LING. Caso de la declinación en que se pone la palabra que expresa el objeto inmediato de la acción del verbo.

ACUSE n. m. Acción y efecto de acusar recibo.

ACUSÓN, NA adj. y n. *Fam.* Que tiene el vicio de acusar.

ACÚSTICA n. f. Parte de la física que estudia los sonidos. **2.** Condiciones de un local desde el punto de vista de la propagación de los sonidos.

ACÚSTICO, A adj. (gr. *akustikos*). Relativo a la acústica.

ACUTÁNGULO, A adj. Dícese del triángulo que tiene los tres ángulos agudos.

A.D., abreviatura de *anno Domini*, equivalente a *después de Jesucristo* (d. J.C.).

AD HOC loc. (voces lat.). A propósito, especial para aquello de que se trata: *escribir ad hoc*.

AD LITTERAM loc. (voces lat., *a la letra*). Literalmente, al pie de la letra.

ADAGIO n. m. (lat. *adagium*). Sentencia breve y generalmente moral.

ADAGIO adv. m. (ital. *adagio*). MÚS. Lentamente. ♦ n. m. **2.** MÚS. Fragmento ejecutado en tiempo lento. **3.** COREOGR. Ejercicio lento destinado a perfeccionar el equilibrio de los bailarines y la línea de su movimiento. **4.** COREOGR. Primera parte de un paso a dos.

ADALID n. m. Caudillo de gente de guerra. **2.** Guía o cabeza de algún partido o escuela.

ADAMASCAR v. tr. [**1a**]. Dar a las telas aspecto semejante al damasco.

ADÁMICO, A adj. Relativo a Adán.

ADAMS, familia norteamericana que desempeñó un papel importante en la historia de Estados Unidos. Sus miembros más conocidos son: **Samuel** (Boston 1722-id. 1803), pionero de la independencia norteamericana; — **John**, su primo (Braintree 1735-id. 1826), participó en la redacción de la constitución y fue el segundo presidente de E.U.A. (1797-1801); — **John Quincy** (Braintree 1767-Washington 1848), hijo de John, fue el sexto presidente de E.U.A. (1825-1829).

ADÁN, el primer hombre, según la Biblia. Dios, quien le había creado y a quien ensoberdeció, lo expulsó, junto con Eva, del Paraíso terrenal.

ADÁN (Rafael **de la Fuente, Martín**), escritor peruano (Lima 1908-id. 1985). Rigor formal y experimentalismo lingüísticos definen su obra (*La casa de cartón*, 1928, novela breve; poesía: *Travesía de extramares*, 1950; *La mano desasida*, 1964).

ADAPTABLE adj. Capaz de ser adaptado.

ADAPTACIÓN n. f. Acción y efecto de adaptar o adaptarse.

ADAPTADOR, RA adj. y n. Que adapta. ♦ n. m. **2.** Cualquier dispositivo o aparato que sirve para acomodar elementos de distinto uso, diseño, tamaño, necesidad, etc.

ADAPTAR v. tr. y pron. (lat. *adaptare*) [**1**]. Acomodar, acoplar una cosa a otra: *adaptar el mango al cuchillo*. **2.** Hacer que algo destinado a una cosa sirva para otra determinada: *adaptar una novela al cine*. ♦ **adaptarse** v. pron. **3.** *Fig.* Acomodarse, avenirse a circunstancias, condiciones, etc.

ADAPTATIVO, A adj. Que contribuye a la adaptación de un organismo a su medio.

ADARGA n. f. ARM. Escudo ovalado o en forma de corazón formado por dos cueros cosidos entre sí. **2.** ARM. Escudo.

ADARME n. m. Porción mínima de algo.

ADARVE n. m. Parte superior de una muralla, donde se levantan las almenas.

ADDIS-ABEBA o **ADDIS-ABABA**, c. y cap. de Etiopía, a 2500 m de alt; 1 250 000 hab. Sede de la Organización de la unidad africana. Museos.

ADECENTAR v. tr. y pron. [**1**]. Poner decente.

ADECUACIÓN n. f. Acción y efecto de adecuar o adecuarse: *adecuación al medio*.

ADECUADO, A adj. Conveniente.

ADECUAR v. tr. y pron. (lat. *adaequare*) [**1**]. Proporcionar, acomodar una cosa a otra.

ADEFESIO n. m. *Fam.* Persona o cosa muy fea o extravagante.

ADELAIDA, en inglés **Adelaide**, c. de Australia, junto al océano Índico, cap. de Australia Meridional; 1 023 700 hab. Universidad. Metalurgia. Refinería de petróleo.

ADELANTADO, A adj. Precoz, aventajado, atrevido: *un niño adelantado*. ♦ n. m. **2.** Funcionario que ostentaba la máxima autoridad en un distrito o adelantamiento en la monarquía castellanoleonesa, durante la baja edad media.

ADELANTAR v. tr. y pron. [**1**]. Mover o llevar hacia adelante: *adelantar la mano*. ♦ v. tr. **2.** Acelerar, apresurar: *adelantar el paso*. **3.** Hablando del reloj, correr hacia adelante las agujas; tocar el registro para que ande más de prisa. ♦ v. tr. e intr. **4.** Anticipar: *adelantar la boda*. ♦ v. intr. **5.** Ganar la delantera a alguno andando o corriendo. ♦ v. intr. **6.** Progresar en estudios, empleos, salud, crecimiento, etc. ♦ v. intr. y pron. **7.** Andar el reloj con más velocidad de la que debe.

ADELANTE adv. l. Más allá: *mirar adelante*. **2.** *Méx.* Delante. ♦ adv. t. **3.** Denota tiempo futuro: *se hará adelante*. ♦ interj.

4. Se usa para indicar a alguien que puede entrar, continuar haciendo lo que hacía o emprender algo.

ADELANTO n. m. Anticipo: *pedir un adelanto*. **2.** Adelantamiento: *hacer un adelanto peligroso*. **3.** Progreso.

ADELFA n. f. Planta arbustiva de hoja persistente parecida a la del laurel, cultivada por sus flores decorativas, rosadas o blancas. (Familia epocináceas.) **2.** Flor de esta planta.

ADELGAZAMIENTO n. m. Acción y efecto de adelgazar o adelgazarse.

ADELGAZAR v. tr. y pron. [**1g**]. Poner delgado. ♦ v. intr. **2.** Enflaquecer.

ADEMÁN n. m. Movimiento o actitud con que se manifiesta un afecto del ánimo, gesto: *hacer ademán de saludo*. ♦ **ademanes** n. m. pl. **2.** Modales.

ADEMÁS adv. c. A más de esto o aquello: *es lista y además guapa*. **2.** También: *no sólo es bueno, sino que además te conviene*.

ADÉN, c. y puerto de Yemen, junto al golfo de Adén; 285 000 hab. Fue capital de la República Democrática Popular del Yemen de 1970 a 1990.

ADENDA n. m. o f. (lat. *addenda*, lo que se ha de añadir). Notas adicionales al final de una obra, escrito, etc.

ADENINA n. f. Base nitrogenada contenida en todas las células vivas, derivada de la purina.

ADENOCARCINOMA n. m. Tumor maligno de un epitelio glandular.

ADENOIDE adj. Parecido al tejido glandular.

ADENOMA n. m. Tumor benigno de las glándulas.

ADENTRARSE v. pron. [**1**]. Ir hacia la parte más interna u oculta de algo: *adentrarse en la selva*.

ADENTRO adv. l. A o en lo interior: *pasar adentro*. ♦ interj. **2.** Se usa para ordenar que se entre. ♦ **adentros** n. m. pl. **3.** Lo interior del ánimo, fuero interno: *decir para sus adentros*.

ADEPTO, A adj. y n. (lat. *adeptum*). Afiliado, miembro, partidario.

ADEREZAR v. tr. [**1g**]. Guisar, especialmente condimentar los manjares, componer algunas bebidas.

ADEREZO n. m. Acción o efecto de aderezar o aderezarse. **2.** Arreos de las caballerías. **3.** Juego de joyas compuesto generalmente de pendientes, collar, brazaletes y pulsera.

ADEUDAR v. tr. y pron. [**1**]. Meter en deudas o entrampar. **2.** Deber o tener deudas. ♦ v. tr. **3.** Hacer una anotación en el Debe.

ADEUDO n. m. Deuda, obligación de pagar algo. **2.** Anotación registrada en el Debe de una cuenta.

ADHERENCIA n. f. Acción y efecto de adherir o adherirse, pegarse. **2.** Parte añadida. **3.** Cualidad del rodaje de un vehículo, que depende de las superficies en contacto. **4.** ANAT. y PATOL. Soldadura de dos órganos del cuerpo. • **Adherencia de un conjunto A** (MAT.), conjunto formado por los puntos adherentes a A.

ADHERENTE adj. Anexo o unido a una cosa. **2.** BOT. Dícese del órgano que está soldado con otro. • **Punto adherente** (MAT.), en un conjunto A contenido en un espacio métrico E, punto de E tal que todos sus entornos tienen intersección no vacía con A.

ADHERIR v. tr. y pron. (lat. *adhaerere*) [**22**]. Pegar una cosa con otra. ♦ v. intr. **2.** *Fig.* Convenir en un dictamen. **3.** Abrazar una doctrina, partido, etc.

ADHESIÓN n. f. Adherencia, unión física. **2.** Acción y efecto de adherir o adherirse. **3.** Convenir en un dictamen o partido y abrazarlo. **4.** DER. INTERN. Procedimiento por medio del cual un estado se compromete a respetar los términos de un acuerdo o tratado del que no fue firmante inicial.

ADHESIVIDAD n. f. Calidad de adhesivo.

ADHESIVO, A adj. Capaz de adherirse o pegarse. ♦ n. m. **2.** Etiqueta, generalmente de carácter publicitario, que tiene un lado preparado de modo que pueda ser adherido sobre cualquier superficie.

ADICCIÓN n. f. Hábito de quien se deja dominar por el consumo de alguna droga.

ADICIÓN n. f. (lat. *additionem*). Acción y efecto de añadir o agregar. **2.** Palabra añadida en alguna obra o escrito. **3.** DER. Aclaración que se hace a una sentencia después de publicada, con relación a puntos discutidos en el litigio. **4.** MAT. Primera de las cuatro operaciones aritméticas fundamentales, que reúne en una sola dos o más cantidades de igual naturaleza.

ADICIONAL adj. Que se añade a una cosa.

ADICIONAR v. tr. [**1**]. Hacer o poner adiciones o añadidos a una cosa.

ADICTO, A adj. y n. Dedicado, apegado. **2.** Partidario. **3.** Dícese de la persona dominada por el uso de ciertas drogas: *es adicto a la heroína*.

ADIESTRADOR, RA adj. y n. Que adiestra.

ADIESTRAMIENTO n. m. Acción y efecto de adiestrar o adiestrarse.

ADIESTRAR v. tr. y pron. [**1**]. Enseñar, instruir.

ADIGUESIA o **AADIGUEI** (*República de*), república de la Federación de Rusia, en el Cáucaso; 7600 km²; 432 000 hab. Cap. *Maikop*.

ADINERADO, A adj. Acaudalado, rico.

ADINERARSE v. pron. [**1**]. *Fam.* Hacerse rico.

ADIÓS n. m. (pl. *adioses*). Despedida. ♦ interj. **2.** Expresión de despedida o saludo.

ADIPOSIDAD n. f. Acumulación de grasa en los tejidos.

ADIPOSIS n. f. Exceso de grasa en el organismo.

ADIPOSO, A adj. Grasiento, gordo; de la naturaleza de la grasa. • **Tejido adiposo**, variedad de tejido conjuntivo que incluye una importante proporción de vacuolas grasas.

ADITAMENTO n. m. Añadidura.

ADITIVO, A adj. MAT. Dícese de las cantidades que pueden o deben sumarse. ♦ adj. y n. m. **2.** Dícese de la sustancia que se agrega a otras para darles cualidades que carecen o para mejorar las que poseen.

ADIVINACIÓN n. f. Acción y efecto de adivinar.

ADIVINADOR, RA adj. y n. Que adivina.

ADIVINAMIENTO n. m. Adivinación.

ADIVINANZA n. f. Adivinación. **2.** Acertijo.

ADIVINAR v. tr. [**1**]. Predecir el futuro o descubrir las cosas ocultas. **2.** Descubrir lo que no se sabe por conjeturas o sin fundamento lógico: *adivinar las intenciones de alguien*.

ADIVINATORIO, A adj. Que incluye adivinación o se refiere a ella: *artes adivinatorias*.

ADIVINO, A n. Persona que adivina.

ADJETIVACIÓN n. f. Acción y efecto de adjetivar o adjetivarse.

ADJETIVAR v. tr. [**1**]. Aplicar adjetivos. ♦ v. tr. y pron. **2.** GRAM. Dar valor de adjetivo a una palabra, frase u oración.

ADJETIVO, A adj. Que pertenece al adjetivo o que participa de su índole o naturaleza. **2.** Que dice relación a una cualidad o accidente. ♦ n. m. **4.** Parte variable de la oración que sirve para calificar o determinar al nombre y al pronombre (adjetivo calificativo) o determinarlos (adjetivo determinativo). • **Adjetivo sustantivado**, adjetivo usado como nombre.

ADJUDICACIÓN n. f. Acción y efecto de adjudicar o adjudicarse. **2.** En derecho español, uno de los modos de adquirir la propiedad. **3.** Venta de bienes o contra-

ADJ

tación de obras o servicios hecha con publicidad y concurrencia.
ADJUDICADOR, RA adj. y n. Que adjudica.
ADJUDICAR v. tr. (lat. *adjudicare*) [**1a**]. Declarar que una cosa corresponde a una persona o conferírsela en satisfacción de algún derecho. ♦ **adjudicarse** v. pron. **2.** Apropiarse uno una cosa o de una cosa.
ADJUDICATARIO, A n. Beneficiario de una adjudicación.
ADJUNTAR v. tr. [**1**]. Acompañar o remitir adjunto: *adjuntar una muestra*.
ADJUNTO, A adj. y n. (lat. *adjunctum*). Unido con o a otra cosa: *copia adjunta al original*. **2.** Dícese de la persona que acompaña a otra en un cargo o trabajo: *adjunto a la dirección*.
ADLÁTERE n. m. y f. Secuaz, seguidor, partidario.
ADMINÍCULO n. m. Lo que sirve de ayuda para una cosa o intento. **2.** Utensilio.
ADMINISTRACIÓN n. f. Acción y efecto de administrar. **2.** Cargo de administrador. **3.** Casa u oficina donde el administrador ejerce su cargo. • **Administración legal**, la conferida por la ley a determinadas personas sobre los bienes de otros.
ADMINISTRADOR, RA adj. y n. Que administra. ♦ n. **2.** Persona que se dedica a administrar los bienes o negocios de otro.
ADMINISTRAR v. tr. (lat. *administrare*) [**1**]. Gobernar, regir. **2.** Cuidar la economía de una persona o una entidad. **3.** *Vulg.* e *irón.* Aplicar, dar: *administrar una paliza*. ♦ v. tr. y pron. **4.** Aplicar o hacer tomar los medicamentos: *administrar una vacuna*. **5.** Conferir o dar los sacramentos.
ADMINISTRATIVO, A adj. Relativo a la administración. • **Acto administrativo** (DER.), cualquier acto de los órganos del estado en ejercicio de funciones administrativas sujetas al derecho público. || **Área,** o **división administrativa**, unidad territorial, con funciones y responsabilidades delimitadas por un orden jerárquico, en que se dividen los estados. ♦ n. y adj. **2.** Empleado de oficina.
ADMIRABLE adj. Digno de admiración.
ADMIRACIÓN n. f. Acción de admirar o admirarse. • **Punto de admiración** (¡!), signo de puntuación colocado delante y detrás de una exclamación o de una interjección.
ADMIRADOR, RA adj. y n. Que admira.
ADMIRAR v. tr. (lat. *admirari*) [**1**]. Causar sorpresa la vista o consideración de alguna cosa extraordinaria o inesperada. **2.** Tener en singular estimación a una persona o cosa que de algún modo sobresale en su línea. ♦ v. tr. y pron. **3.** Ver, contemplar o considerar con sorpresa y placer alguna cosa admirable: *admirar la belleza*.
ADMIRATIVO, A adj. Capaz de causar admiración. **2.** Que denota admiración: *voz admirativa*.
ADMISIBILIDAD n. f. Calidad de admisible.
ADMISIÓN n. f. Acción y efecto de admitir. **2.** Entrada de la mezcla carburante en el cilindro del motor: *válvula de admisión*.
ADMITANCIA n. f. ELECTR. Relación entre la corriente y la tensión en magnitud inversa a la impedancia.
ADMITIR v. tr. (lat. *admittere*) [**3**]. Recibir o dar entrada a uno: *admitir en una organización*. **2.** Aceptar, recibir voluntariamente: *admitir un consejo*. **3.** Permitir o sufrir: *admitir dilación*.
ADMONICIÓN n. f. Amonestación. **2.** Reconvención.
ADMONITORIO, A adj. Con carácter de admonición: *carta admonitoria*.
A.D.N. n. m. Abrev. de *ácido desoxirribonucleico*, constituyente esencial de los cromosomas del núcleo celular.
ADOBAR v. tr. [**1**]. Componer, reparar. **2.** Mejorar los vinos. **3.** Poner o echar en adobo las carnes u otras cosas para sazonarlas y conservarlas. **4.** Curtir pieles.
ADOBE n. m. Masa de barro, mezclada con paja o heno, moldeada en forma de ladrillo y secada al aire, que se emplea en construcciones rurales.
ADOBO n. m. Acción y efecto de adobar. **2.** Salsa o caldo para sazonar y conservar las carnes y otros manjares. **3.** Mezcla de ingredientes para curtir las pieles o dar cuerpo y lustre a las telas.
ADOCENARSE v. pron. [**1**]. Caer o permanecer en la mediocridad.
ADOCTRINAMIENTO n. m. Acción y efecto de adoctrinar.
ADOCTRINAR v. tr. [**1**]. Instruir, adiestrar, especialmente en lo que se debe decir o hacer.
ADOLECER v. intr. [**2m**]. Caer enfermo o padecer alguna enfermedad: *adolecer de asma*. **2.** *Fig.* Tener algún defecto o vicio. **3.** Carecer de algo.
ADOLESCENCIA n. f. (lat. *adulescentiam*). Período de la vida entre la pubertad y la edad adulta.
ADOLESCENTE adj. y n. m. y f. Que está en la adolescencia.
ADOLFO ALSINA, dep. de Argentina (Río Negro); 44 582 hab. Cab. *Viedma*. – Partido de Argentina (Buenos Aires); 18 045 hab. Nudo ferroviario. Balneario.
ADONAY (mi señor), título dado a Dios en el Antiguo testamento y en la Biblia hebrea.
ADONDE adv. l. A la parte que: *va adonde le mandan*.
ADÓNDE adv. interrog. A qué parte: *¿adónde vas?*
ADONDEQUIERA adv. l. A cualquier parte. **2.** Dondequiera.
ADONIS n. m. Persona de gran belleza.
ADONIS, dios fenicio de la vegetación, amante de Astarté, adorado en el mundo grecorromano.
ADOPCIÓN n. f. Acción y efecto de adoptar. **2.** DER. Acto jurídico solemne que crea entre dos personas vínculos de parentesco civil, análogos a los que se derivan de la paternidad y filiación legítimas.
ADOPTABLE adj. Que puede ser adoptado.
ADOPTADOR, RA adj. y n. Que adopta.
ADOPTAR v. tr. (lat. *adoptare*) [**1**]. Recibir como hijo, con las solemnidades que establecen las leyes, al que no lo es naturalmente. **2.** Recibir o admitir alguna opinión, parecer o doctrina, aprobándola o siguiéndola. **3.** Tomar resoluciones o acuerdos con previa deliberación. **4.** Adquirir o recibir una configuración determinada.
ADOPTIVO, A adj. Dícese de la persona adoptada o de la que adopta. **2.** Dícese de la persona o cosa que uno elige para tenerla por la que realmente no es con respecto a él: *patria adoptiva*.
ADOQUÍN n. m. Bloque de piedra de forma rectangular o de paralelepípedo, empleado para pavimentar. **2.** *Fig.* Hombre torpe y rudo.
ADOQUINADO n. m. Acción y efecto de adoquinar. **2.** Pavimento de adoquines.
ADOQUINAR v. tr. [**1**]. Pavimentar con adoquines.
ADORABLE adj. Digno de adoración.
ADORACIÓN n. f. Acción y efecto de adorar. • **Adoración de los Reyes** (REL.), epifanía.
ADORADOR, RA adj. y n. Que adora. **2.** *Fig.* Enamorado, pretendiente de una mujer.
ADORAR v. tr. (lat. *adorare*) [**1**]. Reverenciar y adorar a Dios con el culto religioso que le es debido. **2.** Reverenciar a un ser como cosa divina. **3.** *Fig.* Amar con extremo: *adorar la riqueza*.
ADORATRIZ n. f. y adj. Profesa de alguna de las diversas congregaciones dedicadas a la adoración del Santísimo Sacramento.
ADORMECEDOR, RA adj. Que adormece.
ADORMECER v. tr. y pron. [**2m**]. Dar o causar sueño. ♦ v. tr. **2.** *Fig.* Calmar, sosegar: *adormecer las pasiones*. ♦ **adormecerse**. v. pron. **3.** Empezar a dormirse. **4.** Entorpecerse, entumecerse.
ADORMECIMIENTO n. m. Acción y efecto de adormecer o adormecerse.
ADORMIDERA n. f. Planta de hojas anchas y flores ornamentales, de fruto capsular del cual se extrae el opio. (Familia papaveráceas.) **2.** Fruto de esta planta.
ADORMILARSE o **ADORMITARSE** v. pron. [**1**]. Dormirse a medias.
ADORNAR v. tr. y pron. (lat. *adornare*) [**1**]. Engalanar, poner adornos. **2.** *Fig.* Concurrir en una persona ciertas circunstancias favorables o dotarla de perfecciones o virtudes: *le adornan muchas cualidades*. ♦ v. tr. **3.** Servir de adorno.
ADORNO n. m. Lo que sirve para adornar. **2.** MÚS. Grupo de notas que ornamentan y enriquecen algunos intervalos o notas de una melodía.
ADOSAR v. tr. (fr. *adosser*) [**1**]. Arrimar una cosa por su espalda o envés a otra.
ADOUM (Jorge Enrique), escritor ecuatoriano (Ambato 1923). Tras *Los cuadernos de la tierra* (1952), su poesía adquirió un tono más hermético e intimista (*Dios traJo la sombra*, 1960; *Yo me fui con tu nombre por la tierra*, 1964). Ha publicado también crítica literaria, novela y teatro.
ADQUIRIBLE adj. Que puede adquirirse.
ADQUIRIDO, A adj. **Caracteres adquiridos** (GENÉT.), aquellos de que el individuo está desprovisto cuando nace y que la adaptación al medio hace surgir.
ADQUIRIDOR, RA o **ADQUISIDOR, RA** adj. y n. Que adquiere.
ADQUIRIR v. tr. (lat. *acquirere*) [**3f**]. Ganar, conseguir: *adquirir bienes*. **2.** Coger, empezar a poseer.
ADQUISICIÓN n. f. Acción y efecto de adquirir. **2.** Cosa adquirida.
ADQUISITIVO, A adj. Que sirve para adquirir.
ADREDE adv. m. Con deliberada intención.
ADRENALINA n. f. Hormona secretada por la porción medular de las glándulas suprarrenales que acelera el ritmo cardíaco, aumenta la presión arterial, dilata los bronquios, estimula el sistema nervioso central y se utiliza como medicamento hemostático.
ADRIAN (sir Edgar Douglas), médico británico (Londres 1889-Cambridge 1977), autor de trabajos sobre el sistema nervioso. (Premio Nobel de medicina 1932.)
ADRIANO (Itálica, Bética, 76-Bayas 138), emperador romano [117-138], sucesor de Trajano, que lo había adoptado. Tendió a unificar la legislación (*Edicto perpetuo*, 131) y defendió el Imperio de los bárbaros por medio de muros y fortificaciones.
ADRIANÓPOLIS, ant. nombre de la ciudad turca de *Edirne*. El zar firmó en ella con los turcos un tratado que reconoció la independencia de Grecia (1829). Disputada a los turcos por los países balcánicos, fue anexionada a Turquía en 1923.
ADRIÁTICO (mar), mar anejo al Mediterráneo, entre Italia y la península balcánica. El Po es su principal tributario.
ADSCRIBIR v. tr. (lat. *adscribere*) [**3n**]. Inscribir, atribuir algo a una persona o cosa. ♦ v. tr. y pron. **2.** Agregar una persona al servicio de un cuerpo o entidad.
ADSCRIPCIÓN n. f. Acción y efecto de adscribir o adscribirse.
ADSORBER v. tr. [**2**]. FÍS. Fijar por adsorción.
ADSORCIÓN n. f. FÍS. Penetración superficial de un gas o de un líquido en un sólido.
ADUANA n. f. Administración encargada de percibir los derechos impuestos sobre las mercancías que pasan la frontera. **2.** Ofi-

cina de esta administración. **3.** Derechos percibidos: *pagar aduana.*
ADUANERO, A adj. Relativo a la aduana. ♦ n. **2.** Empleado en la aduana.
ADUCCIÓN n. f. ANAT. Movimiento que acerca un miembro al plano medio del cuerpo.
ADUCIR v. tr. (lat. *adducere*) [20]. Presentar, alegar pruebas, razones.
ADUCTOR adj. y n. m. Dícese del músculo que produce un movimiento de aducción.
ADUEÑARSE v. pron. [1]. Apoderarse de una cosa. **2.** Dominar a alguien una pasión o estado de ánimo: *el terror se adueñó de ella.*
ADULACIÓN n. f. Acción y efecto de adular.
ADULADOR, RA adj. y n. Que adula.
ADULAR v. tr. [1]. Halagar a uno servilmente, para ganar su voluntad.
ADULTERACIÓN n. f. Acción y efecto de adulterar o adulterarse.
ADULTERAR v. tr. y pron. (lat. *adulterare*) [1]. Desnaturalizar una cosa mezclándole una sustancia extraña: *adulterar el vino.* **2.** Falsificar.
ADULTERINO, A adj. Relativo al adulterio. ♦ adj. y n. **2.** Dícese del hijo nacido fuera de matrimonio.
ADULTERIO n. m. (lat. *adulterium*). Acción de sostener una persona casada relaciones sexuales con otra persona distinta de su cónyuge.
ADÚLTERO, A adj. y n. Que comete adulterio. ♦ adj. **2.** Relativo al adulterio.
ADULTO, A adj. y n. (lat. *adultum*). Que ha llegado al término de la adolescencia. ♦ adj. **2.** Llegado a su mayor crecimiento: *animal adulto.*
ADUSTO, A adj. (lat. *adustum*). Quemado, tostado, ardiente: *terreno adusto.* **2.** *Fig.* Seco, rígido, desabrido en el trato: *persona adusta.*
ADVECCIÓN n. f. METEOROL. Desplazamiento de una masa de aire en sentido horizontal.
ADVENEDIZO, A adj. y n. Extranjero o forastero. **2.** Dícese de la persona de origen humilde que pretende figurar entre gente de mayor posición social.
ADVENIMIENTO n. m. Venida o llegada, en especial la que es esperada y solemne. **2.** Ascenso de un sumo pontífice o de un soberano al trono.
ADVENIR v. intr. (lat. *advenire*) [21]. Venir o llegar.
ADVENTICIO, A adj. (lat. *adventicium*). Extraño o que sobreviene, a diferencia de lo natural o propio: *circunstancias adventicias.* **2.** BOT. Dícese de las plantas que crecen en un terreno cultivado sin haber sido sembradas en él, como la amapola o la cizaña. **3.** BOT. Dícese de las raíces que crecen lateralmente sobre un tallo, o de las ramas que crecen sobre una raíz. • **Cono adventicio**, cono volcánico secundario, que aparece a consecuencia de una nueva erupción.
ADVENTISTA n. m. y f. y adj. Miembro de un movimiento evangélico mundial que espera un segundo advenimiento del Mesías.
ADVERBIAL adj. Que tiene los caracteres de un adverbio. **2.** Como un adverbio: *frase, locución adverbial.*
ADVERBIO n. m. (lat. *adverbium*). GRAM. Parte invariable de la oración cuya función es modificar el sentido de un verbo, de un adjetivo o de otro adverbio.
ADVERSARIO, A n. Persona o colectividad contraria y enemiga.
ADVERSATIVO, A adj. GRAM. Dícese de una conjunción o un adverbio que señalan una oposición, como *pero, sin embargo,* no obstante.
ADVERSIDAD n. f. Infortunio, desgracia.
ADVERSO, A adj. (lat. *adversum*). Contrario, desfavorable: *situación adversa.*
ADVERTENCIA n. f. Acción y efecto de advertir. **2.** Observación o nota en que se advierte algo al lector.

ADVERTIR v. tr. e intr. (lat. *advertere*) [22]. Fijar la atención, reparar, observar: *advertir un error.* **2.** Atender, tener en cuenta: *advertir todas las posibilidades.* ♦ v. tr. **3.** Llamar la atención sobre algo, prevenir: *te advierto que te equivocas.*
ADVOCACIÓN n. f. Título que se da a algunas imágenes para distinguirlas de otras. **2.** Dedicación de algún templo, capilla o altar a Dios, a la Virgen o a un santo.
ADYACENTE adj. Que está situado en la inmediación o proximidad de otra cosa. • **Ángulos adyacentes** (MAT.), ángulos que tienen el vértice común y un lado común que los separa.
ADZHARIA, república autónoma de Georgia, junto al mar Negro; 2 900 km²; 393 000 hab. Cap. Batumi.
AEDO n. m. (gr. *aoidos*). Poeta griego de la época primitiva que cantaba o recitaba acompañándose con la lira.
AÉREO, A adj. De aire: *espacio aéreo.* **2.** Relativo al aire: *fenómeno aéreo.* **3.** BOT. Dícese de todo órgano que se desarrolla en el aire.
AERÍFERO, A adj. Que conduce el aire.
AERÓBIC n. m. Modalidad de gimnasia que combina series de movimientos rápidos y ritmo musical de acompañamiento.
AEROBIO, A adj. y n. m. Dícese de los seres vivos cuya existencia depende de la presencia de oxígeno. CONTR.: *anaerobio.* ♦ adj. **2.** AERON. Dícese del motor que utiliza el oxígeno del aire para alimentar la reacción de combustión que produce la energía utilizable.
AEROBIOLOGÍA n. f. Ciencia que estudia los seres vivos que se encuentran en la atmósfera, sin contacto con el suelo.
AERODINÁMICA n. f. Ciencia que estudia los fenómenos que acompañan a todo movimiento entre un cuerpo y el aire que lo rodea.
AERODINÁMICO, A adj. Relativo a la aerodinámica. **2.** Dícese de la forma dada a un objeto para reducir al mínimo la resistencia del aire a su movimiento.
AERÓDROMO n. m. Terreno acondicionado para el despegue y aterrizaje de aviones.
AEROESPACIAL adj. Relativo a la vez a la aeronáutica y a la astronáutica: *industria aeroespacial.*
AEROFAGIA n. f. Deglución espasmódica de aire.
AEROGASTRIA n. f. Presencia de un exceso de aire en el estómago.
AEROGENERADOR n. m. Generador de corriente eléctrica que utiliza la energía eólica.
AERÓGRAFO n. m. Aparato utilizado para proyectar colores líquidos por la presión de aire comprimido.
AEROLÍNEA n. f. Compañía de transporte aéreo regular.
AEROLITO n. m. Meteorito.
AEROMODELISMO n. m. Técnica de la construcción de modelos reducidos de aviones.
AEROMOTOR n. m. Motor accionado por el viento.
AEROMOZA n. f. *Amér. Merid.* y *Méx.* Azafata.
AERONAUTA n. m. y f. Persona que practica la navegación aérea.
AERONÁUTICA n. f. Ciencia de la navegación aérea. **2.** Conjunto de medios dedicados al transporte aéreo.
AERONÁUTICO, A adj. Relativo a la aeronáutica.
AERONAVAL adj. Relativo a la vez a la marina y la aviación.
AERONAVE n. f. Nombre genérico de todos los aparatos capaces de volar.
AERONAVEGACIÓN n. f. Navegación aérea.
AEROPLANO n. m. Avión.
AEROPUERTO n. m. Conjunto de las instalaciones necesarias para el tráfico de las líneas de transporte aéreo.

AEROSOL n. m. Suspensión de partículas muy finas, sólidas o más frecuentemente líquidas, en un gas. **2.** Envasado especial a presión provisto de una válvula de mando, con ayuda de un agente llamado propulsor, permite proyectar en el aire un líquido en forma de partículas muy finas (como una neblina) o distribuir productos tales como cremas, lacas para el cabello, espumas, etc. SINS.: *spray.*
AEROSTÁTICA n. f. Estudio del equilibrio de los gases.
AERÓSTATO n. m. Aparato cuya sustentación en el aire se consigue mediante el empleo de un gas más ligero que el aire.
AEROTECNIA n. f. Técnica que tiene por objeto la aplicación de la aerodinámica al estudio y a la puesta a punto de una aeronave o de un ingenio espacial.
AEROTERMODINÁMICA n. f. Ciencia que estudia los fenómenos caloríficos provocados por las corrientes aerodinámicas a grandes velocidades.
AEROTERRESTRE adj. Relativo al aire y a la tierra.
AEROTRANSPORTADO, A adj. Transportado por vía aérea: *tropas aerotransportadas.*
AEROTRÉN n. m. Vehículo con colchón de aire, que se desplaza a gran velocidad sobre una vía especial.
AFABILIDAD n. f. Calidad de afable.
AFABLE adj. (lat. *affabilem*). Agradable, suave en la conversación y el trato.
AFAMADO adj. Acreditado, ilustre, reputado.
AFAMAR v. tr. y pron. [1]. Hacer famoso, dar fama.
AFÁN n. m. Trabajo excesivo, solicito y penoso: *luchar con afán.* **2.** Anhelo vehemente.
AFANAR v. intr. y pron. [1]. Entregarse al trabajo con solicitud. **2.** Hacer diligencias con anhelo para conseguir algo. ♦ v. tr. **3.** *Vulg.* Hurtar o engañar vendiendo.
AFAROLARSE v. pron. [1]. *Amér.* Hacer aspavientos.
AFEAR v. tr. (lat. *affectare*) [1]. Hacer o poner feo, desfavorecer: *una cicatriz le afea el rostro.* **2.** *Fig.* Tachar, vituperar: *afear el comportamiento de alguien.*
AFECCIÓN n. f. (lat. *affectionem*). Afición o inclinación del sentimiento: *afección materna.* **2.** Estado patológico, enfermedad: *afección pulmonar.*
AFECTACIÓN n. f. Acción de afectar. **2.** Falta de sencillez y naturalidad: *hablar con afectación.*
AFECTADO, A adj. Que adolece de afectación: *lenguaje afectado.* **2.** Aparente, fingido: *humildad afectada.* **3.** Aquejado, molestado: *afectado por una desgracia.*
AFECTAR v. tr. (lat. *affectare*) [1]. Poner demasiado estudio o cuidado en las palabras, movimientos, adornos, etc.: *afectar la voz.* **2.** Fingir, dar a entender lo que no es cierto: *afectar ignorancia.* **3.** Atañer, interesar, concernir: *este asunto no me afecta.* **4.** MED. Producir alteración en un órgano. ♦ v. tr. y pron. **5.** Producir impresión, causar emoción, emocionar: *la noticia le ha afectado.*
AFECTIVIDAD n. f. SICOL. Conjunto de los fenómenos afectivos como las emociones o las pasiones.
AFECTIVO, A adj. Relativo al afecto.
AFECTO n. m. (lat. *affectum*). Amistad, cariño. **2.** SICOL. Aspecto inanalizable y elemental de la afectividad, diferente de la emoción, que es su traducción neurovegetativa, y de los sentimientos más elaborados socialmente.
AFECTO, A adj. Inclinado, aficionado a algo o a alguien: *personas afectas a una idea.* **2.** Que padece alguna enfermedad, vicio, emoción, etc. **3.** Dícese de las posesiones o rentas sujetas a cargas u obligaciones. **4.** Dícese de la persona destinada a ejercer funciones o a prestar sus servicios en determinada dependencia.
AFECTUOSIDAD n. f. Calidad de afectuoso.

AFE

AFECTUOSO, A adj. Amoroso, cariñoso: *una persona afectuosa.*

AFEITADA n. f. Afeitado.

AFEITADO n. m. Acción y efecto de afeitar, raer. SIN.: *rasurado.*

AFEITADORA n. f. Máquina de afeitar eléctrica.

AFEITAR v. tr. y pron. (lat. *affectare*) [1]. Raer con la navaja o maquinilla la barba, el bigote o pelo en general. 2. TAUROM. Mermar las puntas de las astas del toro.

AFEITE n. m. Cosmético.

AFELIO n. m. Punto más alejado del Sol en la órbita de un planeta. CONTR.: *perihelio.*

AFELPADO, A adj. Hecho o tejido en forma de felpa o parecido a ella: *tejido afelpado.* ♦ n. m. 2. Tejido de lana con el envés fibroso. 3. Trabajo de acabado que consiste en dar a los cueros un aspecto aterciopelado.

AFEMINADO, A adj. y n. m. Dícese del que en su persona, acciones o adornos se parece a las mujeres. ♦ adj. 2. Que parece de mujer.

AFEMINAR v. tr. y pron. (lat. *affeminare*) [1]. Hacer perder a uno las cualidades varoniles, o inclinarle a que en sus modales, acciones o adorno de su persona se parezca a las mujeres.

AFERENTE adj. (lat. *afferentem*). ANAT. Dícese del vaso, especialmente sanguíneo, que desemboca en otro o que llega a un órgano, y del nervio que conduce los estímulos a un determinado centro o sinapsis.

AFÉRESIS n. f. (gr. *aphaíresis*). FONÉT. Supresión de una sílaba o sonido al principio de una palabra. (Ej.: *norabuena* por *enhorabuena.*)

AFERRAMIENTO n. m. Acción y efecto de aferrar o aferrarse.

AFERRAR v. tr. e intr. (cat. *aferrar*) [1]. Agarrar fuertemente, asegurar: *aferrar las riendas.* ♦ **aferrarse** v. pron. 2. Obstinarse en una idea u opinión.

AFGANISTÁN, estado de Asia, entre Pakistán e Irán; 650 000 km²; 16 600 000 hab. *(Afganos.)* CAP. KABUL. LENGUAS: pashto y dari (persa moderno). MONEDA: afghani.

GEOGRAFÍA
En su mayor parte es un país montañoso (especialmente al N: Hindú Kūš) y árido (a menudo menos de 250 mm de pluviosidad), atravesado por valles (Amú Daryá al N, Helmand al S) y con una población diversificada, islamizada. Al pie de los relieves, parcialmente irrigados, se desarrollan los cultivos de cereales y frutales, y se localizan las principales ciudades (Kabul, Qandahār, Harāt). El resto del país es básicamente dominio del pastoreo nómada ovino. La ganadería y el gas natural son los principales recursos.

HISTORIA
El Afganistán antiguo. La región, provincia del imperio iraní aqueménida (ss. VI-IV a. J.C.), helenizada tras la conquista de Alejandro Magno (329 a. J.C.), particularmente en Bactriana, formó parte del imperio Kuṣāna (s. I a. J.C.-s. V d. J.C.), influido por el budismo.
Dentro del mundo musulmán. Ss. VII-XII: la islamización, iniciada con la conquista árabe de Harāt (651), avanzó con los gaznawíes. 1221-1222: el país fue arrasado por las invasiones de los mongoles. Ss. XVI-XVII: tras el renacimiento tīmūrí (s. XV), quedó dividido entre el Irán ṣafawī y la India mogol.
El Afganistán moderno. 1838-1973: Afganistán fue gobernado por soberanos procedentes de un mismo clan pashto. La independencia, conseguida en 1747 con el establecimiento de un poder nacional, amenazada por el avance de los británicos en la India (guerras de 1839-1842 y 1878-1880) y por el de los rusos en Asia central, fue reconocida en 1921. Tras la instauración de la república (1973), y luego el golpe de estado comunista (1978), la U.R.S.S., comprometida políticamente desde 1955, intervino militarmente en favor del régimen (dic. 1979), enfrentándose a los mujahiddín. En 1988-1989, las tropas soviéticas se retiraron. En 1992, tras la caída del régimen comunista, se estableció un gobierno islámico. En 1996 la guerrilla integrista talibán tomó Kabul y proclamó el Estado islámico. En 1997 el régimen talibán cambió el nombre del país por Emirato Islámico. 2001: en represalia por los atentados terroristas del 11 de septiembre en Nueva York y Washington, Estados Unidos inicia la guerra contra este país. H. Karzai fue nombrado presidente (reafirmado por elecciones en 2004).

AFGANO, A adj. y n. De Afganistán. ♦ adj. 2. Lebrel afgano, raza de lebrel de pelo largo y sedoso.

AFIANZAMIENTO n. m. Acción y efecto de afianzar.

AFIANZAR v. tr. [1g]. Dar fianza por alguno. 2. DER. Garantizar el cumplimiento de una obligación. ♦ v. tr. y pron. 3. Afirmar, asegurar con puntales, clavos, etc.: *afianzar una puerta.* 4. *Fig.* Afirmar, fundamentar, asegurar: *su fama se ha afianzado.*

AFICHE n. m. *Amér. Merid.* Cartel.

AFICIÓN n. f. (lat. *affectionem*). Inclinación, amor hacia una persona o cosa: *afición a la música.* 2. Ahínco: *trabajar con afición.* 3. Conjunto de los aficionados a un arte, deporte, etc.

AFICIONADO, A adj. y n. Que cultiva algún arte o profesión sin tenerlo por oficio: *aficionado al teatro; teatro de aficionados.* 2. Amante, que gusta de algo: *aficionado a los deportes.* ♦ n. 3. DEP. El que a diferencia del profesional, practica un deporte sin retribución económica. SIN.: *amateur.*

AFICIONAR v. tr. [1]. Inducir a uno a que guste de una persona o cosa. ♦ **aficionarse** v. pron. 2. Prendarse de alguna persona o cosa.

AFÍDIDO, A adj. y n. m. Relativo a una familia de insectos del orden homópteros, dañinos para las plantas, como los pulgones.

AFIEBRADO, A adj. *Amér.* Que tiene fiebre.

AFIJO n. m. adj. (lat. *affixum*). LING. Elemento que se coloca al principio (*prefijo*) o al final (*sufijo*) de las palabras para modificar su sentido o su función. ♦ n. m. 2. MAT. Número complejo que define la posición de un punto en un plano.

AFILADOR, RA adj. Que afila. ♦ n. m. 2. Obrero o artesano que afila herramientas o instrumentos. 3. *Chile, Méx. y Perú.* Piedra de afilar.

AFILADORA n. f. Máquina para afilar herramientas.

AFILAR v. tr. [1]. Sacar filo o punta a un arma o instrumento. 2. *Fig.* Afinar la voz o hacer más sutil algo inmaterial. 3. *Argent., Parag. y Urug.* Flirtear. 4. *Chile. Vulg.* Realizar el acto sexual, joder. ♦ **afilarse** v. pron. 5. *Fig.* Adelgazarse la cara, nariz o dedos. 6. *Bol. y Urug.* Prepararse, disponerse cuidadosamente para realizar algo.

AFILIACIÓN n. f. Acción y efecto de afiliar o afiliarse. 2. DER. Nombre genérico que designa diversas formas de tomar, recibir o acoger a una persona como hijo.

AFILIADO, A adj. y n. Que pertenece a una sociedad, corporación, etc.

AFILIAR v. tr. y pron. [1]. Entrar o hacer entrar a uno como miembro en una sociedad, corporación, secta, etc.: *afiliarse a un partido.*

AFILIGRANADO, A adj. De filigrana o parecido a ella: *trabajo afiligranado.* 2. *Fig.* Pequeño, muy fino y delicado: *cara afiligranada.*

AFILIGRANAR v. tr. [1]. Hacer filigrana en una cosa. 2. *Fig.* Pulir, hermosear.

AFÍN adj. Próximo, contiguo: *casas afines.* 2. Que tiene afinidad con otra cosa, semejante: *ideas afines.* 3. MAT. Dícese de una función real de variable real *x*, de la forma $x \to f(x) = ax + b$, siendo *a* y *b* reales. ♦ **Geometría afín**, geometría en que las propiedades son invariantes por transformaciones de primer grado. ♦ n. m. y f. 4. Pariente por afinidad.

AFINACIÓN o **AFINADURA** n. f. Acción y efecto de afinar o afinarse.

AFINADO n. m. Purificación de determinados productos por eliminación de las materias extrañas que contienen.

AFINADOR n. m. El que afina los instrumentos músicos. 2. Utensilio para afinar dichos instrumentos.

AFINAMIENTO n. m. Afinación. 2. Finura.

AFINAR v. tr. y pron. [1]. Hacer fino, sutil o delicado. ♦ v. tr. 2. Purificar los metales. 3. Eliminar las burbujas gaseosas del vidrio fundido. 4. MÚS. Poner los sonidos de un instrumento en tono con el diapasón. 5. Poner en tono unos instrumentos con otros. ♦ v. intr. 6. Cantar o tocar entonando con perfección.

AFINCAR v. intr. y pron. [1a]. Fincar, adquirir o tener fincas. 2. *Fig.* Estar fijo y constante en una cosa o lugar, perseverar: *afincarse en la ciudad.*

AFINIDAD n. f. Analogía o semejanza de una cosa con otra: *afinidad entre la pintura y la música.* 2. Atracción o adecuación de caracteres, opiniones, gustos, etc., que existe entre dos o más personas. 3. BIOL. Parentesco zoológico o botánico. 4. QUÍM. Tendencia de un átomo o molécula a reaccionar o combinarse con átomos o moléculas de diferente constitución química. 5. MAT. Tipo de transformación puntual en el plano. 6. DER. Parentesco que por el matrimonio se origina entre cada cónyuge y los deudos por consanguinidad del otro.

AFIRMACIÓN n. f. Acción y efecto de afirmar. ♦ **Adverbio de afirmación** (GRAM.), el que asevera el significado del verbo o de toda la oración en que figura.

AFIRMAR v. tr. y pron. (lat. *affirmare*) [1]. Poner firme, dar firmeza. ♦ v. tr. 2. Asegurar o dar por cierta una cosa. 3. Consolidar un terreno para que pueda sostenerse el edificio que se proyecta construir sobre el mismo. ♦ **afirmarse** v. pron. 4. Estribar o asegurarse en algo. 5. Ratificarse en lo dicho.

AFIRMATIVO, A adj. Que denota o implica la acción de afirmar: *respuesta afirmativa.* 2. GRAM. y LÓG. Dícese de la oración, proposición o juicio que establece la conformidad del sujeto con el predicado. SIN.: *asertivo.*

AFLAUTAR v. tr. [1]. Tener o adquirir voz de flauta, atiplar la voz.

AFLICCIÓN n. f. Acción y efecto de afligir o afligirse, dolor.

AFLICTIVO, A adj. Que causa aflicción. ♦ **Pena aflictiva** (DER.), la de mayor gravedad, de las de carácter personal, contenida en un código.

AFLIGIMIENTO n. m. Aflicción.

AFLIGIR v. tr. y pron. (lat. *affligere*) [3b]. Causar molestia o sufrimiento físico: *afligir una grave enfermedad.* 2. Causar tristeza o angustia moral.

AFLOJAR v. tr. y pron. [1]. Disminuir la presión o la tirantez: *aflojar una cuerda.* ♦ v. tr. 2. *Fig. y fam.* Soltar, entregar: *aflojar dinero.* ♦ v. tr. e intr. 3. *Fig.* Perder fuerza, flaquear en un esfuerzo.

AFLORAMIENTO n. m. Acción y efecto de aflorar. 2. GEOL. Punto en que la roca constituyente del subsuelo aparece en la superficie.

AFLORAR v. intr. [1]. Asomar a la superficie de un terreno un filón o capa mineral. 2. *Fig.* Asomar, surgir, aparecer suavemente, de un modo lento.

AFLUENCIA n. f. Acción de afluir: *afluencia de gente.* **2.** Abundancia.

AFLUENTE n. m. Corriente de agua que desemboca en otra.

AFLUIR v. intr. (lat. *affluere*) [29]. Acudir en abundancia o en gran número a un lugar: *los manifestantes afluyeron a la plaza.* **2.** Acudir, llegar a, desembocar: *la sangre afluye al cerebro.* **3.** Verter un río o arroyo sus aguas en las de otro o en las de un lago o mar.

AFLUJO n. m. Afluencia excesiva de líquidos a un tejido orgánico: *aflujo de sangre.*

AFLUS adv. m. Amér. Sin dinero, sin nada.

AFMO., abreviatura de *afectísimo.*

AFONÍA n. f. Disminución de la cantidad de las emisiones vocales y cambio de su timbre y tono.

AFÓNICO, A adj. Afecto de afonía.

AFORADO, A adj. y n. DER. Dícese de las personas o entidades que gozan de algún fuero en materia de jurisdicción o de ciertos privilegios.

AFORAR v. tr. [1]. Valuar los géneros o mercancías para el pago de derechos; en general, determinar el valor de los mismos. **2.** METROL. Calcular la capacidad de un recipiente o la cantidad de líquido, grano, etc., contenidos en el mismo. **3.** METROL. Medir la cantidad o volumen de agua que lleva una corriente o que pasa por un conducto en una cantidad de tiempo.

AFORISMO n. m. Sentencia breve y doctrinal que se propone como regla en alguna ciencia o arte.

AFORO n. m. Acción y efecto de aforar. **2.** Número de localidades de un teatro, cinematógrafo, etc.

AFORTUNADO, A adj. Que tiene fortuna o buena suerte: *afortunado en el juego.* **2.** Que es resultado de la buena suerte. **3.** Feliz, que produce felicidad o es resultado de ella: *hogar afortunado.*

AFRENTA n. f. Vergüenza y deshonor que resulta de algún dicho o hecho.

AFRENTAR v. tr. [1]. Causar afrenta. ♦ **afrentarse** v. pron. **2.** Avergonzarse, sonrojarse.

AFRENTOSO, A adj. Que causa afrenta.

ÁFRICA, uno de los cinco continentes del mundo; 30 310 000 km²; 646 millones de hab.

GEOGRAFÍA
Atravesada casi en su mitad por el ecuador y comprendida en su mayor parte entre los trópicos, África es un continente cálido, donde los climas y los tipos de vegetación se individualizan más en función de las variaciones pluviométricas que térmicas. Aparte de los extremos N y S, de clima mediterráneo, el rasgo dominante es el clima cálido. La aparición de una estación seca y su prolongación, a medida que se aleja del ecuador, ocasionan el paso del clima ecuatorial y de la selva densa a los climas tropicales, que van acompañados de sabanas claras, y luego de sabanas y estepas. El desierto aparece cerca de los trópicos (Sahara, Kalahari). Más de la mitad de África carece de salida hacia el mar, surcada por los grandes ríos (Nilo, Zaire, Níger, Zambeze). El escaso poblamiento se debe a las condiciones climáticas y edafológicas, a menudo desfavorables para el hombre, y a la sangría en el pasado, de la trata de esclavos. Pero la colonización europea, que combatió las epidemias y la elevada mortalidad infantil, fue la base de una recuperación demográfica iniciada a fines del s. XIX. Actualmente, la población crece con gran rapidez (aproximadamente un promedio del 3 % anual) y se caracteriza por su gran juventud (más de la mitad de los africanos tienen menos de 15 años), y por una urbanización rápida. La colonización es también responsable en gran parte de la estructura política actual (fragmentación en una multitud de estados) y de la naturaleza de la economía, por las formas que ha adquirido (colonias de explotación o de repoblación). Ello explica en gran medida la importancia de las plantaciones (cacao, café, aceite de palma, cacahuate), de la extracción minera (petróleo, cobre, manganeso, diamantes, metales raros y preciosos) y, en contrapartida, la frecuente insuficiencia de los cultivos de subsistencia y de las industrias de transformación. El acceso a la independencia sólo ha modificado esta situación de forma parcial y local.

PREHISTORIA Y ARQUEOLOGÍA
Son numerosos los hallazgos —Omo (Etiopía), Olduvai (Tanzania), lago Turkana (Kenya), Rift Valley (Etiopía) —que hacen de África la cuna de la humanidad, y de los australopitecos que vivían en ella hace unos 3,5 millones de años, los antepasados del hombre y los inventores del utillaje de piedra tallada. Los homínidos se fueron sucediendo: *Homo erectus* con la industria de tipo achelense (c. 1,5 millones de años en Olduvai); el hombre del tipo de Neanderthal con la industria musteriense (conocido sobre todo por un yacimiento marroquí al E de Safi); *Homo sapiens* de facies líticas diversificadas (ateriense, capsiense, etc.). A partir del neolítico, cazadores-ganaderos adornaron los abrigos y cuevas del Sahara y los peñascos de Nubia con pinturas y grabados rupestres. Durante el I milenio a. JC. se desarrollaron la cultura de Nok en Nigeria, el reino de Meroé en Sudán y, con la era cristiana, el reino de Aksum que le sucedió, la cultura de los sao al S del lago Chad y, más tarde, el floreciente reino de Ifé (ss. X-XIV), que transmitió su técnica del arte del bronce al reino de Benín. En el E africano, Zimbabwe conoció entonces una arquitectura monumental en piedra.

HISTORIA
El África precolonial. IV milenio a. J.C.: en el valle del Nilo nació la civilización egipcia. II milenio: la desecación del Sahara separó el Mogreb del África negra. 825-146 a. J.C.: Cartago estableció su imperio en el norte. C. 450 a. J.C.: Hannón exploró las costas atlánticas. S. V a. J.C.: el Mogreb se convirtió en provincia romana de África. S. v d. J.C.: los vándalos se apoderaron de ella. S. VI: fueron expulsados por Bizancio. S. VII: la conquista árabe estuvo acompañada de la islamización; ésta, a través de las caravanas, se extendió al África negra a partir del s. XI, a pesar de la resistencia, en particular, de los principales cristianos (Nubia y Etiopía). Mientras tanto, se formaron estados que llegaron a convertirse en verdaderos imperios. En la región del río Senegal y del Alto Níger, los principales fueron Ghana (antiguo reino de Ouagadougou, apogeo en el s. XI), Malí (apogeo en el s. XIV) y Songay (apogeo en el s. XVI), islamizados, así como Bornu (apogeo en el s. XVI); en la costa guineana se formaron más tarde algunos reinos, entre los que destacó el de Benín, creado por los yoruba (apogeo en los ss. XV-XVI), y el de los mossi, hostiles al islam; por último, al sur del paralelo 5, los bantúes desarrollaron una civilización original basada en estados bien organizados, los principales de los cuales fueron el reino del Kongo (fundado a comienzos del s. XIV) y, en la parte central y oriental de África, el de Monomotapa (apogeo c. 1500).

El período colonial. Los portugueses fueron los primeros en interesarse por África. 1488: Bartolomeu Dias dobló el cabo de Buena Esperanza. 1497-1498: Vasco da Gama realizó la circunnavegación de la costa este. Ss. XVI-XVII: se multiplicaron las factorías, portuguesas (Angola, Mozambique), inglesas y holandesas (Guinea) o francesas (Guinea, Senegal). El interior, inexplorado, decayó a causa de la trata. S. XIX: los europeos se disputaban el continente. Francia conquistó Argelia (1830-1864) y Senegal (1858-1864); se exploró el interior (Caillié, Nachtigal, Livingstone y Stanley). Lesseps construyó el canal de Suez (1869). A partir de 1870 toda África estaba parcelada, a costa de conflictos entre los europeos (británicos y franceses en Sudán —Fachoda— y en África occidental —Nigeria—, franceses, españoles y alemanes en Marruecos, etc.), y entre éstos y los colonos (guerra del Transvaal entre británicos y bóers, 1899-1902). 1918: las colonias alemanas pasaron a soberanía británica, belga y francesa.

El África independiente. Se aceleró el movimiento de emancipación, iniciado antes de la segunda guerra mundial. 1955-1966: la mayoría de las colonias francesas y británicas accedieron a la independencia; en 1968 Guinea Ecuatorial lo haría de España. 1975-1993: en África austral, las colonias portuguesas (Angola, Cabo Verde, Guinea-Bissau, Mozambique) se independizaron en 1975, mientras que en Zimbabwe la minoría blanca permaneció en el poder hasta 1980; Namibia se emancipó de la tutela sudafricana en 1990, y Etiopía y Eritrea solucionaron su conflicto con la independencia de esta última (1993).

AFRICADO, A adj. y n. f. FONÉT. Dícese de la consonante caracterizada por ser oclusiva al principio de su emisión y fricativa al final.

AFRICANISMO n. m. Influencia ejercida por las razas africanas y por sus lenguas, costumbres, artes, etc. **2.** Simpatía por lo africano.

AFRICANISTA n. m. y f. Especialista en lenguas y civilizaciones africanas.

AFRICANO, A adj. y n. De África.

AFRIKAANS n. m. Lengua neerlandesa que se habla en la República de Sudáfrica.

AFRIKANER adj. y n. f. En la República de Sudáfrica, dícese de la persona que habla el afrikaans.

AFRO adj. Relativo a usos y costumbres africanas: *música afro.* **2.** Dícese de un corte de pelo rizado que forma como un casco alrededor de la cara.

AFROAMERICANO, A adj. y n. Relativo a los negros de América.

AFROASIÁTICO, A adj. Relativo a Asia y África conjuntamente.

AFROCUBANISMO n. m. Movimiento de revalorización de las raíces africanas y de culto de lo primitivo en la cultura cubana.

AFROCUBANO, A adj. y n. Relativo a los negros cubanos de origen africano. ♦ adj. **2.** MÚS. Dícese del ritmo bailable moderno, casi siempre en compás de 4 por 8 y movimiento relativamente moderado.

AFRODISÍACO, A o **AFRODISIACO, A** adj. y n. m. Dícese de ciertas sustancias que excitan el apetito sexual.

AFRODITA, diosa griega de la belleza y del amor, que los romanos asimilaron a Venus.

AFRONTAMIENTO n. m. Acción y efecto de afrontar.

AFRONTAR v. tr. e intr. [1]. Poner una cosa enfrente de otra. ♦ v. tr. **2.** Carear, poner a uno en presencia de otro: *afrontar a dos testigos.* **3.** Arrostrar, desafiar: *afrontar el peligro.* ♦ v. tr. y pron. **4.** Hacer frente al enemigo.

AFTA n. f. (gr. *aphta*). Lesión superficial de la mucosa bucal.

AFTOSO, A adj. Caracterizado por la presencia de aftas. ♦ **Fiebre aftosa**, enfermedad epizoótica debida a un virus, que afecta al ganado.

AFUERA adv. l. Fuera del sitio en que uno está: *salir afuera.* **2.** En la parte exterior: *afuera hay alguien que espera.* ♦ interj. **3.** Se emplea para que una persona deje el paso o se retire de un lugar: *¡Afuera!*

¡Largo de aquí! ♦ **afueras** n. f. pl. **4.** Alrededores de una población, terreno despejado alrededor de una plaza fuerte, contorno.

AFUSTE n. m. (fr. *affût*). ARM. Armazón que sirve de soporte o vehículo a una boca de fuego.

Ag, símbolo químico de la *plata*.

AGACHADA n. f. *Argent.* Evasiva desleal o cobarde. **2.** *Chile.* Inclinación, reverencia, adulación. **3.** *Urug.* Pillería, artimaña.

AGACHADIZA n. f. Ave zancuda semejante a la becada, de unos 30 cm de long., que vuela muy bajo y se esconde en los lugares pantanosos.

AGACHAR v. tr. e intr. [1]. *Fam.* Inclinar hacia abajo o bajar alguna parte del cuerpo: *agachar la cabeza.* ♦ **agacharse** v. pron. **2.** *Fam.* Encogerse, doblando el cuerpo hacia abajo.

AGALLA n. f. Branquia de los peces. (Suele usarse en plural.) **2.** Cada uno de los costados de la cabeza del ave, correspondientes a las sienes. • **Tener agallas,** ser de ánimo esforzado. ♦ **agallas** n. f. pl. **3.** Anginas.

AGALLA n. f. (lat. *gallam*). Excrecencia producida en los vegetales bajo la influencia de determinados parásitos, como insectos u hongos. SIN.: *cecidia.*

AGALLÓN n. m. *Amér.* Anginas.

AGALLONES n. m. pl. *Amér.* Agallón.

AGAMENÓN, rey legendario de Micenas y Argos, jefe de los griegos que asediaron Troya. Para aplacar la ira de Artemisa y calmar los vientos contrarios, sacrificó a su hija Ifigenia. A su regreso de Troya, fue asesinado por su esposa Clitemnestra y el amante de ésta, Egisto.

AGAMI n. m. Ave de América del Sur, del tamaño de un gallo, de plumaje negro con reflejos metálicos azul y verde. (Orden ralliformes.)

AGAMUZADO n. m. Curtido de las pieles mediante tratamiento con aceites de pescado.

ÁGAPE n. m. (gr. *agapē*). En los primeros tiempos del cristianismo, comida que los fieles tomaban en común. **2.** Banquete, comida.

AGAR, personaje bíblico. Esclava egipcia de Abraham y madre de Ismael, fue expulsada con su hijo por la esposa de Abraham, Sara, cuando ésta dio a luz a Isaac.

AGARICÁCEO, A adj. y n. f. Relativo a una familia de hongos basidiomicetes, que agrupa numerosas especies, muchas comestibles, pero otras tóxicas e incluso letales.

AGÁRICO n. m. (lat. *agaricum*). Nombre de varios hongos que viven parásitos en el tronco de los árboles, algunos de los cuales se usan en medicina. (Familia agaricáceas.)

AGARRADA n. f. *Fam.* Altercado, riña.

AGARRADERAS n. f. pl. Favor o influencia: *tener agarraderas en el ministerio.*

AGARRADERO n. m. Parte de un cuerpo que ofrece proporción para asirlo o asirse de él. **2.** *Fig.* Amparo, recurso.

AGARRADO, A adj. y n. *Fam.* Mezquino, avaro. ♦ adj. y n. m. **2.** *Fam.* Dícese del baile en que la pareja va enlazada.

AGARRADOR n. m. Almohadilla para coger las cosas calientes.

AGARRAR v. tr. y pron. [1]. Asir fuertemente: *le agarró por el brazo.* ♦ v. tr. **2.** Coger, tomar: *agarrar un libro.* **3.** *Fig.* y *fam.* Conseguir lo que se intentaba: *agarrar un buen empleo.* **4.** *Fam.* Coger una enfermedad: *agarrar un resfriado.* ♦ **agarrarse** v. pron. **5.** *Fig.* y fam. Reñir o contender: *agarrarse a puñetazos.* **6.** Apoderarse una enfermedad del paciente con tenacidad: *agarrarse la tos.* **7.** Pegarse un guiso: *la paella se ha agarrado.*

AGARRÓN n. m. Acción de agarrar y tirar con fuerza. **2.** *Amér.* Acción de tomar o sujetar con fuerza. **3.** *Chile.* Riña, altercado. **4.** *Méx. Fam.* Pleito, gresca.

AGARROTADO, A adj. Rígido, tieso.

AGARROTAMIENTO o **AGARROTADO** n. m. MEC. Avería debida al roce de dos superficies en contacto, que por falta de engrase, quedan fuertemente adheridas.

AGARROTAR v. tr. [1]. Oprimir material o moralmente: *nos agarrotan con tanto trabajo.* **2.** Estrangular en el patíbulo o garrote, o por cualquier otro sistema: *agarrotar a un reo.* ♦ **agarrotarse** v. pron. **3.** Ponerse rígidos los miembros del cuerpo humano. **4.** Adherirse fuertemente las piezas mecánicas por falta de engrase.

AGASAJADOR, RA adj. y n. Que agasaja o sirve para agasajar.

AGASAJAR v. tr. [1]. Tratar con atención y afecto: *agasajar a los invitados.* **2.** Halagar, obsequiar.

AGASAJO n. m. Acción de agasajar. **2.** Muestra de afecto o consideración.

ÁGATA n. f. Roca silícea, variedad de calcedonia, constituida por bandas paralelas o concéntricas de distintos colores.

AGATEADOR n. m. Pájaro trepador de pequeño tamaño que vive en casi todo el mundo, excepto América del Sur y Madagascar, de color pardo y pico largo y curvado que se caracteriza por trepar en espiral por el tronco de los árboles. (Familia cértidos.)

AGATOCLES, tirano y rey de Siracusa (Termas c. 361-289 a. J.C.). Luchó contra la supremacía de Cartago.

AGAUCHARSE v. pron. [1]. *Amér. Merid.* Adquirir aspecto o costumbres de gaucho.

AGAVE n. m. o f. Planta crasa de gran tamaño y hojas carnosas, que florece una sola vez, con un bohordo de hasta 10 m de alt. (Familia amarilidáceas.)

AGAVILLADOR, RA adj. y n. Que agavilla o sirve para agavillar.

AGAVILLADORA n. f. Dispositivo que se adapta a una cosechadora o batidora y que tiene como finalidad atar las gavillas.

AGAVILLAR v. tr. [1]. Formar gavillas.

AGAZAPARSE v. pron. [1]. Agacharse, encogerse.

AGENCIA n. f. Empresa comercial que se ocupa de diferentes asuntos. **2.** Sucursal de un establecimiento financiero o de determinadas empresas.

AGENCIAR v. tr., intr. y pron. [1]. Procurar o conseguir algo con diligencia o maña: *agenciar un buen cargo; agenciarse un billete.* ♦ **agenciarse** v. pron. **2.** Componérselas, arreglarse con los propios medios: *agenciártelas como pueda.*

AGENCIERO, A n. *Argent.* Persona encargada de una agencia de lotería o de venta de automotores. **2.** *Cuba* y *Méx.* Agente de mudanzas. **3.** *Chile. Vulg.* Prestamista.

AGENDA n. f. (lat. *agenda*). Cuaderno para anotar lo que se ha de hacer o se ha de recordar.

AGENTE adj. (lat. *agentem*). Que obra o tiene la virtud de obrar. **2. Complemento agente** (LING.), complemento de un verbo pasivo que sería sujeto en la frase activa correspondiente. (Va precedido generalmente de la preposición *por* o *de*.) ♦ n. m. **3.** Todo fenómeno que tiene una acción determinante: *el agente de una infección.* ♦ n. m. y f. **4.** El que está encargado de llevar y administrar los asuntos de estado, de una sociedad o de un particular: *agente de seguros; agente de la propiedad inmobiliaria.* **5.** Persona que realiza actos que pueden producir efectos jurídicos. • **Agente de cambio,** o **de cambio y bolsa,** funcionario encargado de la negociación de los valores públicos cotizables en bolsa. ‖ **Agente literario,** intermediario entre los editores y los autores o traductores.

AGIGANTADO, A adj. De estatura mucho mayor que la regular.

AGIGANTAR v. tr. y pron. [1]. Conferir proporciones gigantescas.

ÁGIL adj. (lat. *agilem*). Ligero, suelto, pronto, expedito: *persona ágil.*

AGILIDAD n. f. Calidad de ágil.

AGILITAR v. tr. y pron. [1]. Agilizar.

AGILIZAR v. tr. y pron. [1g]. Hacer ágil.

AGIO n. m. (ital. *aggio*). Beneficio que se obtiene del cambio de moneda, o de descontar letras, pagarés, etc. **2.** Especulación en la que se negocia utilizando las oscilaciones y diferencias de los precios de las mercancías. **3.** Agiotaje.

AGIOTAJE n. m. Especulación sobre los fondos públicos, los cambios, etc.

AGITACIÓN n. f. Acción y efecto de agitar.

AGITADOR, RA adj. y n. Que agita: *viento agitador.* ♦ n. m. **2.** Pequeña varilla de vidrio que se utiliza para remover los líquidos.

AGITANARSE v. pron. [1]. Parecerse o adoptar las costumbres o características de los gitanos.

AGITAR v. tr. y pron. (lat. *agitare*) [1]. Mover con frecuencia y violentamente una cosa: *agitar un líquido.* **2.** *Fig.* Inquietar, intranquilizar. ♦ v. tr. **3.** Movilizar a grupos, sectores o masas con el fin de plantear reivindicaciones laborales o políticas.

AGLOMERACIÓN n. f. Acción y efecto de aglomerar: *aglomeración de gente.* **2.** Grupo de viviendas que forman un pueblo o una ciudad, independientemente de los límites administrativos.

AGLOMERADO n. m. Briqueta combustible, hecha con polvo de hulla mezclado con alquitrán, seco y comprimido. **2.** Material de construcción prefabricado en hormigón.

AGLOMERANTE n. m. Cuerpo que sirve para aglomerar.

AGLOMERAR v. tr. (lat. *agglomerare*) [1]. Reunir en una masa compacta: *aglomerar arena y cemento.* ♦ **aglomerarse** v. pron. **2.** Reunirse en un montón, en una masa compacta.

AGLUTINACIÓN n. f. Acción y efecto de aglutinar o aglutinarse. **2.** BIOL. Fenómeno general de defensa de los organismos contra las agresiones microbianas o parasitarias. **3.** LING. Adición de afijos a una raíz para expresar las diversas relaciones gramaticales.

AGLUTINANTE adj. y n. m. Que aglutina. ♦ adj. **2. Lenguas aglutinantes,** lenguas que expresan las relaciones gramaticales mediante la aglutinación de afijos a las raíces.

AGLUTINAR v. tr. y pron. (lat. *agglutinare*) [1]. Pegar fuertemente una cosa con otra. **2.** Formar palabras por aglutinación.

AGNATO, A adj. y n. m. Relativo a un grupo de vertebrados acuáticos, con respiración branquial y desprovistos de mandíbulas.

AGNÓN (Šemuel Joseph **Czaczkes,** llamado **Šemuel),** escritor israelí en lenguas yiddish y hebrea (Buczacz, Galitzia, 1888-Rehovot 1970), autor de novelas dedicadas a la vida de los judíos de Polonia y a los pioneros de la colonización de Palestina (*Las abandonadas,* 1908; *El ajuar de la desposada,* 1931; *Cuentos de Jerusalén,* 1959). [Premio Nobel de literatura 1966.]

AGNOSIA n. f. (gr. *agnósia,* ignorancia). Trastorno en el reconocimiento e identificación de objetos materiales, colores e imágenes debido a una lesión cerebral.

AGNOSTICISMO n. m. Toda doctrina que declara lo absoluto como inaccesible para el entendimiento humano o que considera toda metafísica como fútil.

AGNÓSTICO, A adj. y n. Relativo al agnosticismo; partidario del mismo.

AGOBIADOR, RA o **AGOBIANTE** adj. Que agobia.

AGOBIAR v. tr. [1]. Causar gran fatiga, molestia o preocupación: *este trabajo me agobia.* **2.** *Fig.* Rendir, deprimir, abatir: *el calor le agobia.*

AGOBIO n. m. Acción y efecto de agobiar.

AGOLPAMIENTO n. m. Acción y efecto de agolpar o agolparse.

AGOLPAR v. tr. y pron. [1]. Juntar o juntarse de golpe en un lugar: *agolpar los escombros en un rincón; la gente se agolpó en la plaza.* ♦ **agolparse** v. pron. 2. Venir juntas y de golpe ciertas cosas.

AGONÍA n. f. (gr. *agōnía*, combate). Momento de la vida que precede inmediatamente a la muerte: *estar en la agonía.* 2. Lenta desaparición: *la agonía de un régimen político.*

AGÓNICO, A adj. Que se halla en la agonía. 2. Relativo a la agonía.

AGONIZANTE adj. y m./m. y f. Que está en la agonía.

AGONIZAR v. intr. (lat. *agonizare*) [1]. Estar en la agonía: *el régimen agonizaba.*

ÁGORA n. f. En la antigüedad griega, plaza rodeada de edificios públicos, centro de la vida política, religiosa y económica de la ciudad.

AGORAFOBIA n. f. Sensación morbosa de angustia ante los espacios abiertos y extensos, como plazas, calles anchas, etc.

AGORAR v. tr. [1q]. Augurar.

AGORERO, A adj. y n. Que adivina por agüeros o cree en ellos. 2. Que predice males o desdichas.

AGOSTAMIENTO n. m. Acción y efecto de agostar o agostarse.

AGOSTAR v. tr. y pron. [1]. Secar o abrasar el excesivo calor las plantas.

AGOSTO n. m. Octavo mes del año. • **Hacer** uno **su agosto** (*Fam.*), lucrarse aprovechando ocasión oportuna para ello.

AGOTABLE adj. Que se puede agotar.

AGOTADO, A adj. Exhausto, extenuado.

AGOTADOR, RA adj. Que agota.

AGOTAMIENTO n. m. Acción y efecto de agotar.

AGOTAR v. tr. y pron. [1]. Extraer todo el líquido que hay en un sitio: *agotar un pozo de agua.* 2. *Fig.* Gastar del todo, consumir: *agotar los víveres; agotarse la paciencia.* 3. Cansar mucho.

AGOTE (Luis), médico argentino (Buenos Aires 1868-*id.* 1954). Ideó un procedimiento de conservación de la sangre, sin coagular, para su utilización en hemoterapia.

ÁGRA, c. de la India (Uttar Pradesh), junto al Yamuná; 955 694 hab. Ciudad imperial de Báber. Numerosos monumentos, entre ellos la obra maestra de la arquitectura mogol, el Tāŷ Maḥall, mausoleo del s. XVII.

AGRACIADO, A adj. y n. Que tiene gracia o es gracioso. 2. Hermoso, lindo. 3. Favorecido con un premio en un sorteo.

AGRACIAR v. tr. [1]. Dar o aumentar gracia y buen parecer: *un lunar agracia su rostro.* 2. Hacer o conceder una gracia o merced.

AGRADABLE adj. Que agrada: *carácter agradable.*

AGRADAR v. intr. [1]. Complacer, gustar, placer: *el espectáculo agradó mucho.*

AGRADECER v. tr. [2m]. Corresponder con gratitud a un favor: *agradezco tus consejos.* 2. Dar las gracias. 3. *Fig.* Corresponder una cosa al trabajo empleado en conservarla: *la tierra agradece sus cuidados.*

AGRADECIDO, A adj. y n. Que agradece.

AGRADECIMIENTO n. m. Acción y efecto de agradecer.

AGRADO n. m. Afabilidad. 2. Voluntad, gusto, complacencia. 3. *Amér. Merid.* Obsequio.

AGRAMATICAL adj. LING. Dícese de una frase que no responde a los criterios de la gramaticalidad.

AGRAMATISMO n. m. Trastorno del lenguaje caracterizado por un defecto en la construcción de las palabras y frases.

AGRANDAMIENTO n. m. Acción y efecto de agrandar.

AGRANDAR v. tr. y pron. [1]. Hacer más grande.

AGRARIO, A adj. (lat. *agrarium*). Relativo a las tierras: *el área es la unidad de medida de las superficies agrarias.* 2. Dícese de los partidos políticos del N de Europa que defienden los intereses de los agricultores.

AGRARISMO n. m. Conjunto de intereses referentes a la explotación agraria. 2. Tendencia política que los defiende.

AGRAVACIÓN n. f. Agravamiento.

AGRAVAMIENTO n. m. Acción y efecto de agravar.

AGRAVANTE adj. y n. m. Que agrava.

AGRAVAR v. tr. [1]. Aumentar la gravedad o el peligro de algo: *agravar un delito.* 2. Oprimir con gravámenes o tributos: *agravar al pueblo.* ♦ v. tr. y pron. 3. Hacer una cosa más peligrosa o grave.

AGRAVIADOR, RA adj. y n. Que agravia.

AGRAVIAR v. tr. [1]. Hacer agravio. ♦ **agraviarse** v. pron. 2. Ofenderse o mostrarse resentido por algún agravio.

AGRAVIO n. m. Ofensa que se hace a uno en su honra o fama. 2. Perjuicio irrogado a uno en sus derechos o intereses. 3. DER. Daño o perjuicio que el apelante expone ante el juez superior al haberle irrogado la sentencia del inferior.

AGRAZ n. m. Uva sin madurar. 2. Zumo ácido que se saca de la uva no madura. • **En agraz**, antes de su sazón y tiempo.

AGREDIR v. tr. (lat. *aggredi*) [3ñ]. Acometer a uno para hacerle daño: *agredir con arma blanca.*

AGREGACIÓN n. f. Agrupación de partes homogéneas formando un todo. 2. Agregaduría.

AGREGADO, A adj. y n. Unido, anexionado. 2. En España, dícese del profesor de enseñanza media con categoría inferior a la de catedrático. ♦ n. m. 3. Conjunto de cosas homogéneas que forman un cuerpo. 4. Empleado adscrito a un servicio del cual no es titular. 5. Agregación, añadidura o anejo. 6. Caserío aislado que forma parte de un municipio. 7. *Amér. Par.* y *Urug.* Persona que vive en casa ajena a costa del dueño. 9. ECON. Magnitud característica obtenida combinando los asientos de la contabilidad nacional. 10. EDAFOL. Agrupación relativamente estable de las partículas del suelo.

AGREGAR v. tr. y pron. (lat. *aggregare*) [1b]. Unir unas personas o cosas a otras. ♦ v. tr. 2. Destinar accidentalmente un empleado a un servicio, o asociarlo a otro empleado. 3. Decir o escribir algo sobre lo ya dicho o escrito.

AGREMIAR v. tr. y pron. [1]. Reunir en gremio.

AGRESIÓN n. f. Acción y efecto de agredir. 2. DER. INTERN. Ataque perpetrado por un estado contra la integridad o la independencia de otro.

AGRESIVIDAD n. f. Acometividad. 2. Carácter agresivo. 3. SICOL. Tendencia a realizar actos o a proferir palabras hostiles contra los demás.

AGRESIVO, A adj. Que implica agresión, provocación o ataque: *actitud agresiva.* 2. Propenso a faltar al respeto, a ofender a los demás. 3. *Anglic.* Activo, dinámico, emprendedor.

AGRESOR, RA adj. y n. Que comete agresión.

AGRESTE adj. (lat. *agrestem*). Relativo al campo: *vida agreste.* 2. Áspero, inculto, lleno de maleza: *terreno agreste.* 3. *Fig.* Grosero, falto de educación: *modales agrestes.*

AGRIAR v. tr. y pron. [1]. Poner agrio: *la leche se ha agriado.* 2. *Fig.* Exasperar los ánimos.

AGRÍCOLA adj. (lat. *agricolam*). Perteneciente a la agricultura: *labor agrícola.*

AGRICULTOR, RA n. Persona que cultiva la tierra.

AGRICULTURA n. f. Actividad económica que tiene por objeto obtener los vegetales útiles al hombre, en particular los que están destinados a su alimentación.

AGRIDULCE adj. Que tiene mezcla de agrio y de dulce: *fruta agridulce; palabras agridulces.*

AGRIETAMIENTO n. m. Acción y efecto de agrietar.

AGRIETAR v. tr. y pron. [1]. Abrir grietas o hendiduras.

AGRIMENSOR, RA n. Profesional que se dedica a la agrimensura.

AGRIMENSURA n. f. Medición de la superficie de las tierras.

AGRIO, A adj. (lat. *acrem*, agudo). Ácido. 2. Acre, desabrido: *voz agria.* 3. Difícilmente tolerable: *un agrio castigo.* ♦ n. m. 4. Zumo ácido: *el agrio del limón.* ♦ **agrios** n. m. pl. 5. Nombre colectivo con que se designan el limón y frutos parecidos, como la naranja y la mandarina. SIN.: *cítricos.*

AGRIPARSE v. pron. *Chile, Colomb.* y *Méx.* Coger la gripe.

AGRISAR v. tr. y pron. [1]. Dar color gris.

AGRO n. m. (lat. *agrum*). Campo.

AGROALIMENTARIO, A adj. Dícese de los productos agrícolas acondicionados o transformados por la industria.

AGROINDUSTRIA n. f. Explotación agraria organizada como una empresa industrial.

AGROLOGÍA n. f. Ciencia que trata del conocimiento de las tierras cultivables.

AGRONOMÍA n. f. Ciencia de la agricultura.

AGRONÓMICO, A adj. Relativo a la agronomía.

AGRÓNOMO n. m. y adj. (gr. *agronomos*). Persona que profesa la agronomía.

AGROPECUARIO, A adj. Que concierne a la vez a la agricultura y a la ganadería.

AGROQUÍMICO, A adj. y n. f. Dícese de la industria química con aplicaciones en el campo, como la de los fertilizantes e insecticidas.

AGRUPACIÓN n. f. Acción y efecto de agrupar. 2. Conjunto de personas o cosas agrupadas: *agrupación de vecinos.* 3. MIL. Unidad homogénea, de importancia semejante a la del regimiento.

AGRUPAMIENTO n. m. Acción y efecto de agrupar.

AGRUPAR v. tr. y pron. [1]. Reunir en grupo: *agrupar libros.* 2. Constituir una agrupación.

AGRURA n. f. Sabor acre o ácido. ♦ **agruras** n. f. pl. 2. Agrios.

AGUA n. f. (lat. *aquam*). Líquido incoloro, transparente, inodoro e insípido, compuesto por oxígeno e hidrógeno combinados. 2. Infusión, disolución y emulsión de flores, plantas o frutos, que se usan en medicina y perfumería: *agua de rosas.* 3. Lágrimas, secreción de la glándula lagrimal. 4. Lluvia: *cae mucha agua.* • **Agua de borrajas**, o **de cerrajas**, cosa de poca trascendencia o sustancia: *quedar algo en agua de borrajas.* ‖ **Agua de Colonia**, disolución de esencias aromáticas en alcohol. SIN.: *colonia.* ‖ **Agua de constitución**, agua que forma parte integrante de la molécula de un compuesto. ‖ **Agua de cristalización**, agua en combinación química con ciertas sustancias en estado cristalino. ‖ **Agua de Seltz**, solución de gas carbónico bajo presión natural o artificial. ‖ **Agua mineral**, a que contiene una solución de sustancias minerales empleada en terapéutica. ‖ **Agua termal**, agua de manantial que mana a una temperatura elevada. ‖ **Agua viva**, *Argent.* y *Urug.*, medusa. ♦ **aguas** n. f. pl. 5. Visos y ondulaciones que tienen algunas telas, plumas, piedras, maderas, etc. 6. Visos o destellos de las piedras preciosas. 7. Manantial de aguas mineromedicinales. 8. Las del mar inmediatas a determinada costa: *en aguas de Cartagena.* ‖ **Aguas abajo, aguas arriba**, en relación con un punto considerado, parte del curso fluvial comprendido entre este punto y la desembocadura, o entre aquél y el nacimiento. ‖ **Aguas blancas** (*Venez.*),

AGU

agua potable. ‖ **Aguas jurisdiccionales**, las que bañan las costas de un estado y están sujetas a su jurisdicción, de acuerdo con el derecho internacional. ‖ **Aguas mayores**, excremento humano. ‖ **Aguas menores**, orina del hombre. ‖ **Aguas muertas**, débil marea que se produce en los cuartos de luna. ‖ **Romper aguas**, romperse la bolsa que envuelve al feto y derramarse el líquido amniótico.

AGUA, volcán de Guatemala, en la región Central; 3 766 m. Centro turístico.

AGUACATE n. m. (voz mexicana). Árbol originario de América, de unos 10 m de alt, y hojas siempre verdes, cultivado por su fruto, de pulpa espesa y perfumada. (Familia lauráceas.) **2.** Fruto de este árbol.

AGUACERO n. m. Lluvia repentina, impetuosa y de poca duración.

AGUACHENTO, A adj. *Amér.* Dícese de lo que pierde sus jugos y sales por haber estado impregnado de agua mucho tiempo.

AGUACIL n. m. Alguacil. **2.** *Argent.* y *Urug.* Libélula, caballito del diablo.

AGUADA n. f. Procedimiento utilizado en dibujo y pintura, consistente en una preparación a base de sustancias colorantes desleídas en agua. **2.** Sitio en que hay agua potable y a propósito para surtirse de ella. **3.** *Amér. Merid.* Depósito de agua al que acude el ganado para beber, abrevadero.

AGUADA (La), volcán de los Andes argentinos (Catamarca); 5 795 m.

AGUADILLA, c. de Puerto Rico, en el O de la isla; 59 335 hab. Agricultura (caña azúcar, café, tabaco, etc.) e industrias derivadas. Aeropuerto. Turismo (playas).

AGUADOR, RA n. Persona que tiene por oficio llevar o vender agua.

AGUADULCE n. m. *C. Rica.* Bebida hecha con agua y miel.

AGUADULCE, distr. de Panamá (Coclé), en la llanura del Pacífico; 26 192 hab. Centro comercial.

AGUAFIESTAS n. m. y f. (pl. *aguafiestas*). Persona que turba una diversión o regocijo.

AGUAFUERTE n. m. o f. (pl. *aguafuertes*). Disolución de ácido nítrico empleada por los grabadores para atacar el cobre. **2.** Estampa obtenida con una plancha atacada por este mordiente.

AGUAITACAIMÁN n. m. Ave zancuda de Cuba, con la cabeza adornada de plumas largas de color metálico y la garganta y pecho blancos. (Familia ardeidos.)

AGUAITACAMINO n. m. Pájaro morfológicamente muy parecido al chotacabras, que vive en América. (Familia caprimúlgidos.)

AGUAITAR v. intr. [1]. *Amér. Merid.* Estar al acecho, observando y esperando atentamente.

AGUAJÍ n. m. *Cuba.* y *Dom.* Salsa hecha de ajo, cebolla, ají, zumo de limón y agua.

AGUALATE n. m. *Colomb.* Chocolate muy poco espeso.

AGUAMANIL n. m. Jarro con pico para echar agua en la jofaina o en la pila donde se lavan las manos. **2.** Palangana o pila utilizada para lavarse las manos.

AGUAMANOS n. m. (pl. *aguamanos*). Agua para lavar las manos. **2.** Aguamanil, jarro.

AGUAMARINA n. f. Piedra fina considerada como una variedad transparente del berilo, de color parecido al del agua del mar y muy apreciada en joyería.

AGUAMIEL n. f. *Amér.* Bebida hecha con agua, caña de azúcar o papelón. **2.** *Méx.* Jugo de maguey que, fermentado, produce el pulque.

AGUANIEVE n. f. Lluvia mezclada con nieve.

AGUANTABLE adj. Que se puede aguantar.

AGUANTADERO n. m. *Argent.* y *Urug.* Lugar en el que se ocultan delincuentes, guarida.

AGUANTAR v. tr. (ital. *agguantare*) [1]. Detener, contener: *aguantar la respiración.* **2.** Sostener, resistir. **3.** Sufrir o tolerar algo molesto o desagradable: *aguantar bromas pesadas.* **4.** Mantenerse firme; capear un temporal: *aguantar la marea, el viento.* **5.** TAUROM. Entrar a matar al toro en la misma postura en que se le cita, resistiendo la acometida de la res y sin rehuir el lance. ♦ **aguantarse** v. pron. **6.** Callarse, contenerse, reprimirse.

AGUANTE n. m. Sufrimiento, paciencia: *persona de mucho aguante.* **2.** Fuerza, vigor, resistencia.

AGUAPÉ n. m. (voz guaraní). Planta acuática, que crece en Argentina y Brasil, de tallo esponjoso y blando y flor pequeña, cuyas hojas se usan contra la insolación. (Familia ninfeáceas.)

AGUAR v. tr. y pron. [1c]. Mezclar agua con vino u otra bebida: *aguar la leche.* **2.** *Fig.* Tratándose de cosas halagüeñas, turbarlas o frustrarlas. ♦ **aguarse** v. pron. **3.** Llenarse de agua algún lugar.

AGUARÁ n. m. (voz guaraní). Cánido suramericano de largas patas y pelaje en forma de crin de color amarillo rojizo, y negro en el hocico y las patas.

AGUARDAR v. tr. [1]. Esperar que llegue alguien o que suceda algo: *aguardar noticias.* **2.** Dar tiempo o espera a una persona, especialmente al deudor, para que pague: *aguardar un día más.* **3.** Haber de ocurrir a una persona o estarle reservado algo para el futuro: *te aguarda una sorpresa.*

AGUARDENTOSO, A adj. Que contiene aguardiente o se parece a él. **2.** Dícese de la voz áspera, bronca.

AGUARDIENTE n. m. Bebida alcohólica que por destilación se obtiene del vino o de otras sustancias.

AGUARIBAY n. m. (voz guaraní). *Amér.* Árbol de 8 a 10 m de alt., de tronco torcido y corteza rugosa, cuyo fruto es una baya pequeña y redondeada, de color rojizo. (Familia anacardiáceas.)

AGUARICO, r. de Ecuador y Perú, afl. del Napo (or. izq.), frontera entre ambos países; 675 km.

AGUARRÁS n. m. Esencia de trementina.

AGUAS BLANCAS, volcán de los Andes argentinos (Catamarca); 5780 m.

AGUASADO, A adj. *Chile.* Dícese del que se comporta como un guaso o rústico.

AGUASCALIENTES (*estado de*), est. de México, en la sierra Madre occidental; 5589 km²; 719 659 hab. Cap. Aguascalientes.

AGUASCALIENTES, c. de México, cap. del est. homónimo; 506 274 hab. Centro industrial y comercial. Nudo ferroviario. Monumentos del s. XVIII: catedral, palacio del gobierno, iglesias de Guadalupe, del Encino, San Marcos y Santo Domingo. — Sede de la *convención de Aguascalientes* (oct. 1914), convocada por Carranza para resolver las diferencias entre las distintas facciones revolucionarias a la caída del régimen de V. Huerta.

AGUATERO, A n. *Amér.* Aguador, el que lleva o vende agua.

AGUATINTA n. f. Grabado al aguafuerte que imita el lavado. ♦ n. m. **2.** Estampa que se obtiene por este procedimiento.

AGUATURMA n. f. Planta de origen americano, cultivada por sus tubérculos alimenticios, que recuerdan la patata. (Familia compuestas.) **2.** Raíz de esta planta.

AGUAY n. m. (voz guaraní). Árbol de tronco recto y elevado, hojas estrechas y fruto del tamaño de un higo, de sabor muy dulce. (Familia apocináceas.)

AGUAYTÍA, r. de Perú, afl. del Ucayali (or. izq.); 209 km. Puente en la carretera Huánuco-Pucallpa (705 m).

AGUDEZA n. f. Sutileza o delgadez en el corte o punta de armas, instrumentos u otras cosas. **2.** Viveza y penetración del dolor. **3.** *Fig.* Perspicacia de la vista, oído u olfato. **4.** *Fig.* Perspicacia o viveza de ingenio. **5.** *Fig.* Dicho agudo.

AGUDIZACIÓN n. f. Acción y efecto de agudizar o agudizarse: *la agudización de la crisis económica.*

AGUDIZAR v. tr. [1g]. Hacer agudo: *agudizar el ingenio.* ♦ **agudizarse** v. pron. **2.** Hablando de enfermedades, problemas, etc., agravarse.

AGUDO, A adj. (lat. *acutum*). Terminado en punta; acerado, afilado: *lámina aguda.* **2.** *Fig.* Sutil, perspicaz: *oído agudo; vista aguda.* **3.** *Fig.* Vivo, gracioso, oportuno: *comentario agudo.* **4.** Dícese del olor subido y del sabor penetrante. **5.** Que alcanza su paroxismo: *dolor agudo; crisis aguda; conflicto agudo.* ♦ **Ángulo agudo**, ángulo menor que un recto. ♦ adj. y n. m. **6.** Dícese del sonido elevado.

AGUEDITA n. f. Árbol de América, de 5 a 7 m de alt., con flores pentámeras y hojas y corteza amargas y febrífugas. (Familia terebintáceas.)

AGÜERO n. m. (lat. *augurium*). Presagio, señal, pronóstico.

AGÜERO (Joaquín), político cubano (Camagüey 1816- † 1851). Lideró un alzamiento independentista en 1851; al fracasar éste, fue fusilado.

AGÜERO (Juan Miguel **de**), arquitecto hispanoamericano activo en Cuba y México en la segunda mitad del s. XVI. Trabajó en las fortificaciones de La Habana y en la catedral nueva de México.

AGÜEROS (Cristóbal), dominico mexicano (San Luis de la Paz, Michoacán, 1600- † d. 1670), autor de *Vocabulario de la lengua zapoteca* y de *Miscelánea espiritual* (1666), en zapoteca.

AGUERRIDO, A adj. Valiente.

AGUIJADA n. f. Vara larga con una punta de hierro en un extremo, para picar a la yunta. **2.** Vara larga con una paleta de hierro en un extremo, con que se separa la tierra pegada a la reja del arado.

AGUIJAR v. tr. [1]. Picar con la aguijada a los bueyes, mulas, etc.; en general, avivarlos con la voz o de otro modo. **2.** *Fig.* Estimular, incitar.

AGUIJÓN n. m. Punta de la aguijada. **2.** Dardo de las abejas y avispas. **3.** *Fig.* Estímulo, incitación. **4.** BOT. Espina, de origen epidérmico, del rosal.

AGUIJONEAR v. tr. [1]. Picar con el aguijón. **2.** Estimular.

ÁGUILA n. f. (lat. *aquilam*). Ave rapaz diurna, de gran tamaño (80 a 90 cm), de vista muy perspicaz, fuerte musculatura y vuelo rapidísimo. (Orden falconiformes.) **2.** *Fig.* Persona de mucha viveza y perspicacia: *ser un águila en los negocios.* **3.** Insignia de decoración en que figura un águila: *el águila negra de Prusia.* **4.** Formato de papel o de cartón de 74 × 105 cm (gran águila) o de 60 × 94 cm (pequeña águila). **5.** Insignia militar coronada por un águila: *águila romana, napoleónica.* **6.** HERALD. Figura que representa un águila. ♦ **Águila culebrera**, la de pico corto y robusto y alas pequeñas, que habita en las regiones cálidas del antiguo continente. ‖ **Águila imperial**, la de color oscuro que se encuentra en el S de la península Ibérica. ‖ **Águila pescadora**, la de plumaje liso y oleoso, que anida cerca del mar, ríos y lagos. ‖ **Águila real**, la de 2,5 m de envergadura, que se caracteriza por la fuerza y potencia del pico y las garras y por la elegancia de su vuelo planeado.

AGUILEÑA n. f. Planta que se cultiva por sus flores, de cinco pétalos y colores diversos. (Familia ranunculáceas.)

AGUILEÑO, A adj. Relativo al águila. **2.** Dícese del rostro largo y afilado y de la persona que lo tiene así. ♦ **Nariz aguileña**, la delgada y de perfil convexo.

AGUILILLA adj. *Amér.* Dícese del caballo veloz en el paso.

AGUILÓN n. m. Madero colocado diagonalmente en las armaduras de faldón. **2.** Teja o pizarra cortada oblicuamente para ajustarla en la lima tesa del ángulo saliente del tejado. **3.** Parte superior, de forma triangular, de un muro de un edificio cubierto a dos aguas. **4.** Brazo de una grúa que soporta en su extremo la polea receptora del cable.

AGUILUCHO n. m. Ave rapaz, de cuerpo alargado, esbelta y robusta, que presenta a ambos lados de la cabeza un disco facial. (Familia accipítricos.) **2.** Pollo del águila.

AGUINALDO (Emilio), político filipino (Imus, cerca de Cavite, 1869-Manila 1964). Dirigió la lucha por la independencia, primero contra España y luego contra E.U.A., y fue presidente del gobierno revolucionario (1897-1901).

AGUIRRE (Julián), compositor y pianista argentino (Buenos Aires 1868-*id.* 1924). Su obra se inspira en temas criollos (*Aires nacionales*, *Suite*).

AGUIRRE (Lope **de**), conquistador español (Oñate, entre 1511 y 1516-Barquisimeto 1561). Enrolado en la expedición de Pedro de Ursúa por el Amazonas en busca de El Dorado (1559), se rebeló en 1561 y emprendió una sangrienta marcha hasta que fue asesinado por sus compañeros.

AGUIRRE CERDA (Pedro), político chileno (Pocuro, Aconcagua, 1879-Santiago 1941), presidente de la república (1938-1941).

AGUJA n. f. Barrita de metal, hueso, madera, etc., con un extremo terminado en punta y el otro provisto de un ojo por donde se pasa un hilo, cuerda, etc., para coser, bordar o tejer. **2.** Pequeña varilla de metal utilizada para diversos usos: *aguja de tricotar; aguja de reloj*. **3.** Adorno usado en el tocado de las mujeres. **4.** Punta de metal o zafiro que recorre los surcos de los discos fonográficos para reproducir las vibraciones inscritas en ellos. **5.** Pez de hocico alargado en forma de aguja. (Familia belónidos.) **6.** ARQ. Obelisco, flecha o pináculo agudos. **7.** BOT. Hoja estrecha de las coníferas: *agujas de pino*. **8.** CONSTR. Barra redonda de madera, con agujeros y pasadores, que sirve para mantener paralelos los tableros de un tapial. SIN.: *codal*. **9.** CONSTR. Pieza de madera para apuntalar un puente. **10.** F.C. Segmento de carril móvil alrededor de un punto fijo, que sirve para realizar los cambios de vía. **11.** F.C. Aparejo de cambio o cruzamiento. **12.** GEOGR. Cumbre afilada de una montaña recortada. ◆ **Aguja de mar**, pez marino de cuerpo muy largo y delgado y hocico tubular. (Familia singnátidos.) ‖ **Aguja magnética**, brújula, aguja imanada que marca la dirección del meridiano magnético. ‖ **Vino de agujas** (ENOL.), vino picante. ◆ **agujas** n. f. pl. **13.** En una res, región del cuarto delantero; carne o costillas de esta región.

AGUJEREAR o **AGUJERAR** v. tr. y pron. [**1**]. Hacer uno o más agujeros a una cosa, horadar: *agujerearse los calcetines*.

AGUJERO n. m. Abertura más o menos redonda en una cosa. **2.** En el golf, pequeña cavidad hacia la que debe enviar la pelota el jugador. **3.** Recorrido entre dos agujeros. ‖ **Agujero negro** (ASTRON.), astro cuyo campo de gravitación es tal que ninguna radiación puede salir de él y que se manifiesta a la observación de las perturbaciones que ejerce por las radiaciones de materia que captura.

AGUJETA n. f. *Amér.* Aguja de hacer punto. **2.** *Méx.* Cordón para amarrarse los zapatos. ◆ **agujetas** n. f. pl. **3.** Sensación dolorosa que se manifiesta en las regiones musculadas después de un esfuerzo intenso.

AGUJETERO n. m. *Amér.* Alfiletero.

AGUSANARSE v. pron. [**1**]. Llenarse de gusanos una cosa.

AGUSTÍN (san), doctor de la Iglesia latina (Tagaste [act. Souq-Ahras] 354-Hipona 430). Hijo de santa Mónica, fue convertido en Milán por las predicaciones de san Ambrosio (387). Desde 396 fue obispo de Hipona. «Doctor de la gracia», se opuso al maniqueísmo, al donatismo y al pelagianismo. Además de sus *Cartas*, sus principales obras son *La ciudad de Dios* y las *Confesiones*.

AGUSTINI (Delmira), poeta uruguaya (Montevideo 1886-*id.* 1914). Su obra es de temática erótico-espiritual, con símbolos de intenso lirismo (*El libro blanco*, 1907; *Cantos a la mañana*, 1910; *Los cálices vacíos*, 1913).

AGUSTINIANO, A adj. Referente a san Agustín o a los religiosos agustinos. ◆ n. y adj. **2.** Seguidor de la doctrina de san Agustín. ◆ n. m. **3.** Nombre que tomaron los jansenistas, quienes pretendían ser los verdaderos discípulos de san Agustín.

AGUSTINISMO o **AGUSTINIANISMO** n. m. Doctrina conforme al espíritu de san Agustín. **2.** Denominación que suele darse a la doctrina de los jansenistas.

AGUSTINO, A adj. y n. Religioso que sigue la regla de san Agustín. ◆ **Agustinos de la Asunción**, asuncionistas.

AGUTÍ n. m. (voz guaraní). Roedor del tamaño de la liebre, con orejas y cola cortas y patas altas, que vive en América Central, Antillas y gran parte de América del Sur.

AGUZADO, A adj. Que tiene forma aguda.

AGUZAMIENTO n. m. Acción y efecto de aguzar, afilar.

AGUZANIEVES n. f. (pl. *aguzanieves*). Pájaro insectívoro, de color gris en su parte superior, blanco en el vientre y negro en el resto, provisto de una larga cola que mueve constantemente al caminar.

AGUZAR v. tr. [**1g**]. Hacer o sacar punta a una cosa o arma: *aguzar una herramienta*. **2.** Preparar los animales los dientes o las garras para comer o despedazar. **3.** *Fig.* Forzar algún sentido para que preste más atención o se haga más perspicaz.

Ah, símbolo del *amperio hora*.

¡AH! interj. Denota generalmente pena, admiración o sorpresa.

AHERROJAMIENTO n. m. Acción y efecto de aherrojar.

AHERROJAR v. tr. [**1**]. Poner a uno prisiones de hierro. **2.** *Fig.* Oprimir, subyugar.

AHÍ adv. l. En ese lugar o a ese lugar: *no te muevas de ahí*. **2.** En esto o en eso: *ahí está el daño*. **3.** Precedido de la prep. de, señala el tiempo que se acaba de hablar. **4.** Precedido de la prep. *de o por*, con un matiz de derivación o procedencia. **5.** He aquí. **6.** Allí, en aquel lugar. ◆ **Por ahí**, por lugar indeterminado: *salir a pasear por ahí*.

AHIJADO, A n. Cualquier persona respecto a sus padrinos.

AHIJAR v. tr. [**1u**]. Prohijar, adoptar un hijo. **2.** Atribuir o imputar a uno la obra o cosa que no ha hecho. **3.** Acoger un animal al hijo ajeno para criarlo.

¡AHIJUNA! interj. *Argent., Chile* y *Urug.* Expresa enfado o asombro.

AHILAMIENTO n. m. Acción y efecto de ahilar o ahilarse.

AHILAR v. tr. [**1u**]. Poner en fila. **2.** Poner en forma de hilo o delgado como un hilo. ◆ v. intr. **3.** Ir uno tras otro formando hilera. ◆ **ahilarse** v. pron. **4.** Adelgazarse por causa de alguna enfermedad. **5.** AGRIC. Alargarse de un modo anormal los entrenudos del tallo.

AHINCAR v. tr. [**1v**]. Instar con ahínco, insistir, estrechar a uno. **2.** Hincar: *ahincar las rodillas*. ◆ **ahincarse** v. pron. **3.** Apresurarse. **4.** Afirmarse, aferrarse, esforzarse.

AHÍNCO n. m. Empeño grande en hacer o solicitar algo.

AHITAMIENTO n. m. Acción y efecto de ahitar o ahitarse.

AHITAR v. tr. e intr. [**1u**]. Causar ahíto: *el pan le ha ahitado*. ◆ **ahitarse** v. pron. **2.** Comer hasta padecer ahíto, hartarse: *ahitarse de dulces*. **3.** *Fig.* Hartarse de hacer algo, repetir muchas veces una acción.

AHÍTO, A adj. (lat. *infictum*). Que padece alguna incigestión o embarazo de estómago. **2.** *Fig.* Cansado, fastidiado o enfadado. **3.** *Fig.* Repleto, lleno: *calles ahitas de gente*. ◆ n. m. **4.** Indigestión o embarazo de estómago.

AHMADĀBĀD o **AHMEDABAD**, c. de la India, ant. cap. del Gujarāt; 3 297 655 hab. Centro textil. Ciudad antigua con numerosos monumentos de los ss. XV, XVI y XVII (mausoleos, mezquitas, palacios).

AHOGAMIENTO n. m. Acción y efecto de ahogar o ahogarse. **2.** *Fig.* Ahogo.

AHOGAR v. tr. y pron. (lat. *offocare*) [**1b**]. Matar o morir por asfixia. **2.** Matar a las plantas el exceso de agua o la falta. ◆ v. tr. y pron. **3.** Causar opresión o ahogamiento o la acción de otras plantas nocivas. **3.** *Fig.* Extinguir, apagar: *ahogar un deseo*. ◆ v. tr. **4.** Apagar, sofocar el fuego con una cosa sobrepuesta que dificulte la combustión. **5.** Sumergir en el agua, encharcar. **6.** *Fig.* Soslayar, olvidar voluntariamente un asunto. **7.** En el ajedrez, hacer que el rey contrario no pueda moverse sin quedar en jaque. **8.** Echar en el cemento o en la cal, al hacer el mortero, excesiva agua. **9.** *Amér.* Rehogar. ◆ v. tr., intr. y pron. **10.** Oprimir, acongojar, fatigar. ◆ **ahogarse** v. pron. **11.** Sentir sofocación: *ahogarse de calor*. **12.** MAR. Embarcar un buque agua por la proa, por exceso de velocidad o de escora.

AHOGO n. m. Opresión y fatiga en el pecho, que impide respirar con libertad. **2.** *Fig.* Aprieto, congoja o aflicción grande. **3.** *Fig.* Apremio, prisa. **4.** *Fig.* Penuria, falta de recursos. **5.** *Colomb.* Salsa para sazonar ciertas comidas.

AHONDAMIENTO n. m. Acción y efecto de ahondar.

AHONDAR v. tr. [**1**]. Hacer más hondo. **2.** Cavar profundizando, excavar. ◆ v. tr. e intr. **3.** *Fig.* Escudriñar lo más recóndito de un asunto: *ahondar en un problema*. ◆ v. tr. y pron. **4.** *Fig.* Acentuar: *ahondarse una pasión*. ◆ v. tr., intr. y pron. **5.** Introducir una cosa muy dentro de otra.

AHORA adv. t. (lat. *hac hora*). En este momento, en el tiempo actual, presente: *ahora voy*. **2.** *Fig.* Hace poco tiempo: *ahora ha salido*. **3.** *Fig.* Dentro de poco tiempo: *ahora iré*. ◆ conj. **4.** Enuncia o introduce un pensamiento. **5.** Indica alternancia entre dos oraciones. **6.** Indica oposición entre dos oraciones: *ahora ríe, ahora llora*.

AHORCADO, A n. Persona ajusticiada en la horca.

AHORCADURA n. f. Ahorcamiento.

AHORCAJARSE v. pron. [**1**]. Ponerse a montar a horcajadas.

AHORCAMIENTO n. m. Acción y efecto de ahorcar.

AHORCAR v. tr. y pron. [**1a**]. Quitar la vida a uno por estrangulación, colgándolo con una cuerda atada alrededor del cuello. **2.** *Fig.* Hablando de hábitos religiosos, estudios, etc., dejarlos.

AHORITA adv. t. *Amér.* Ahora mismo, inmediatamente.

AHORMAR v. tr. y pron. [**1**]. Ajustar una cosa, especialmente el calzado, a su horma o molde.

AHORQUILLAR v. tr. [**1**]. Afianzar con horquillas las ramas de los árboles. ◆ v. tr. y pron. **2.** Dar figura de horquilla.

AHORRADOR, RA adj. y n. Que ahorra.

AHORRAR v. tr. [**1**]. No malgastar, reservar dinero separándolo del gasto ordinario. **2.** *Fig.* Evitar, excusar algún trabajo, riesgo, dificultad, etc.

AHORRATIVO, A adj. Inclinado a ahorrar.

AHORRISTA n. m. y f. *Argent.* y *Venez.* Persona que tiene cuenta de ahorros en un establecimiento de crédito.

AHORRO n. m. Acción y efecto de ahorrar. **2.** Lo que se ahorra. **3.** Fracción de la renta individual o nacional que no se ve afectada por el consumo. ‖ **Caja de ahorros**, institución financiera, de carácter inicialmente no lucrativo, cuyo objeto

AHU

es la captación de ahorros familiares, que destina a la financiación de operaciones de poco riesgo o que tengan un reconocido interés social.

AHUACHAPÁN *(departamento de)*, dep. de El Salvador, junto a la frontera de Guatemala; 1222 km² y 260 563 hab. Cap. *Ahuachapán* (40 359 hab.).

AHUECADOR n. m. Herramienta de acero, acodillada hacia la punta, con que los torneros ahuecan las piezas cóncavas.

AHUECAMIENTO n. m. Acción y efecto de ahuecarse. **2.** *Fig.* Engreimiento, envanecimiento.

AHUECAR v. tr. [1a]. Poner hueco o cóncavo: *ahuecar las manos*. **2.** *Fig.* Afectar la voz. ♦ v. tr. y pron. **3.** Mullir, hacer menos compacto. ♦ v. intr. **4.** *Fam.* Ausentarse de una reunión. • **Ahuecar el ala** *(Fam.)*, marcharse. ♦ **ahuecarse** v. pron. **5.** *Fig. y fam.* Engreírse.

AHUEHUÉ o **AHUEHUETE** n. m. Conífera arbórea, de madera elástica, de gran calidad, y fruto en piña, debajo de cuyas escamas existen las semillas. (Familia abietáceas.)

AHUESADO, A adj. Parecido al hueso en el color o en la dureza: *papel ahuesado*.

AHUEVAR v. tr. [1]. Dar limpidez a los vinos con claras de huevo.

AHUITZOTL, soberano azteca [1486-1502], bajo cuyo reinado el imperio alcanzó su máxima extensión.

AHULADO, A adj. *Amér.* Dícese de la tela o prenda impermeabilizada con hule o goma elástica.

AHUMADO, A adj. Dícese de los cuerpos transparentes que tienen color sombrío. **2.** Dícese del vidrio ennegrecido con humo, a través del cual pueda observarse el Sol. **3.** Dícese del alimento que ha sido sometido al proceso de exposición al humo: *salmón ahumado*. ♦ n. m. **4.** Acción y efecto de ahumar.

AHUMAR v. tr. [1w]. Exponer al humo para secar y conservar: *ahumar jamones*. **2.** Echar humo, en las operaciones apícolas, para evitar las picaduras de las abejas. ♦ v. tr. y pron. **3.** Llenar de humo. ♦ *Fam.* Emborrachar. ♦ v. intr. **5.** Echar o despedir humo lo que se quema: *ahumar una hoguera*. ♦ **ahumarse** v. pron. **6.** Tomar los guisos sabor de humo. **7.** Ennegrecerse con el humo.

AHUSADO, A adj. De figura de huso.

AHUSAMIENTO n. m. Acción y efecto de ahusarse.

AHUSAR v. tr. [1w]. Dar forma de huso. ♦ **ahusarse** v. pron. **2.** Adelgazarse en figura de huso.

AHUYENTADOR, RA adj. y n. Que ahuyenta.

AHUYENTAR v. tr. [1]. Hacer huir a personas o animales. **2.** *Fig.* Desechar de sí lo que molesta, asusta, etc.: *ahuyentar el pesimismo*. ♦ **ahuyentarse** v. pron. **3.** Alejarse huyendo.

AIMARA n. m. Pez comestible común en los ríos suramericanos.

AIMARA adj. y n. m. y f. Aymara.

AINDIADO, A adj. v. n. *Amér.* Que se parece a los indios en las facciones y el color.

AIR BAG n. m. (marca registrada). Dispositivo destinado a proteger, en caso de accidente, a los pasajeros de los asientos delanteros de un automóvil, consistente en un cojín que se hincha instantáneamente al producirse un fuerte impacto.

AIRADO, A adj. Dícese de la vida desordenada y viciosa.

AIRAR v. tr. (lat. *adirare*) [1u]. Irritar, hacer sentir ira. ♦ v. tr. **2.** Agitar, alterar violentamente.

AIRE n. m. (lat. *aerem*). Gas que forma la atmósfera. **2.** Viento, corriente de aire: *entrar aire por la ventana*. **3.** Aspecto de una persona o cosa: *mujer de aire distraído*. **4.** Parecido, semejanza: *aire de familia*. **5.** *Fig.* Garbo, brío, gallardía en las acciones, como en el andar, danzar, etc. **6.** *Fam.* Ataque de parálisis, dolor o resfriado: *le dio un aire*. **7.** Cada una de las maneras de andar las caballerías a distintas velocidades. **8.** MÚS. Movimiento de presteza o lentitud con que se ejecuta una obra musical. **9.** Música de una canción. • **Aire comprimido**, aire cuyo volumen se ha reducido por medio de un aumento de presión, al objeto de utilizar el movimiento que se produce al permitir su expansión. ‖ **Aire líquido**, aire que, bajo la acción de sucesivas compresiones y expansiones, ha sido reducido al estado líquido. ‖ **En el aire** *(Fam.)*, pendiente de decisión; (RADIOTECN.), realizando una emisión. ‖ **Montar al aire** (ORFEBR.), engastar o montar las piedras preciosas de modo que queden sujetas sólo por los bordes. ♦ interj. **10.** *Fam.* Se usa para dar prisa a uno que está haciendo. (Suele usarse repetido.) **11.** Se emplea para indicar a uno que se vaya cuanto antes de un lugar: *¡Lárgate ya, aire!*

AIREADO, A adj. Dícese del hormigón que ha sido tratado con un producto portador de aire, por lo que lleva adosadas de pequeñísimas burbujas.

AIREAR v. tr. [1]. Poner al aire, ventilar. • **Airear la tierra**, mullirla. ♦ **airearse** v. pron. **2.** Resfriarse, contraer enfriado. **3.** Ponerse o estar al aire para refrescarse, ventilarse o respirar con más desahogo.

AIROSO, A adj. Dícese del tiempo o sitio en que hace mucho aire. **2.** *Fig.* Garboso o gallardo. **3.** *Fig.* Con los verbos *salir* y *quedar*, llevar a cabo una empresa con honor, felicidad o lucimiento: *salir airoso en los exámenes*.

AISÉN DEL GENERAL CARLOS IBÁÑEZ DEL CAMPO, región del S de Chile; 109 025 km²; 82 071 hab. Cap. *Coihaique*.

AISLABLE adj. Que se puede aislar.

AISLACIONISMO n. m. Actitud de un país que se aísla política y económicamente de los países vecinos.

AISLACIONISTA adj. y n. m. y f. Relativo al aislacionismo; partidario de esta actitud política.

AISLADO, A adj. Solo, suelto, individual. **2.** FÍS. Dícese de un sistema de cuerpos sin intercambio de energía con el exterior.

AISLADOR, RA adj. Que aísla. ♦ adj. y n. m. **2.** Dícese de los cuerpos que interceptan el paso a la electricidad y al calor. ♦ n. m. **3.** Soporte de un conductor eléctrico, hecho de materia aislante.

AISLAMIENTO n. m. Acción y efecto de aislar o aislarse. **2.** *Fig.* Incomunicación, desamparo. **3.** Conjunto de medios utilizados para impedir que el ruido penetre en un local. **4.** Dispositivo para evitar el paso de la electricidad o del calor por conducción.

AISLANTE adj. y n. m. Aislador, aísla. ♦ adj. **2.** LING. Dícese de las lenguas en que las frases están formadas por palabras sin variación morfológica, normalmente monosilábicas, y en que las relaciones gramaticales no están señaladas más que por la colocación de los términos, como el chino. ♦ n. m. **3.** Cuerpo no conductor del calor o de la electricidad.

AISLAR v. tr. [1u]. Cercar de agua por todas partes un sitio o lugar. **2.** Evitar el contacto de un cuerpo con otros que son buenos conductores de la electricidad o del calor. **3.** QUÍM. Separar un elemento de aquellos con los cuales estaba combinado. ♦ v. tr. y pron. **4.** Dejar solo y separado. **5.** *Fig.* Separar a una persona o colectividad del trato de los demás. **6.** Cortar las comunicaciones.

AIX-EN-PROVENCE, c. de Francia (Bouches-du-Rhône); 126 854 hab. Universidad (s. XV). Fundación romana (123 a. J.C.). Catedral gótica (ss. XI-XV) con baptisterio (s. V) y claustro (s. XII).

AIZENBERG (Roberto), pintor argentino (en Entre Ríos 1928). Su obra se inscribe en el surrealismo, con influencia de la pintura metafísica.

¡AJÁ! o **¡AJAJÁ!** interj. *Fam.* Denota complacencia o aprobación.

AJACCIO, c. de Francia, cap. de Córcega y del dep. de Corse-du-Sud, en la costa O de la isla; 59 318 hab. Turismo. Catedral (s. XVI).

AJACHO n. m. *Bol.* Bebida muy fuerte hecha de chicha y ají.

AJAMIENTO n. m. Acción y efecto de ajar.

AJANTÁ *(montes)*, montañas de la India, en el N del Decán. Santuarios rupestres budistas (s. II a. J.C. - pr. s. VII d. J.C.) con pinturas y esculturas.

AJAR n. m. Terreno sembrado de ajos.

AJAR v. tr. y pron. [1]. Maltratar o deslucir. **2.** *Fig.* Tratar mal de palabra a uno para humillarle.

AJEDRECISTA n. m. y f. Persona que juega al ajedrez.

AJEDRECÍSTICO, A adj. Relativo al ajedrez.

AJEDREZ n. m. (ár. *al-šiṭranŷ*). Juego que se practica en un tablero de 64 casillas o escaques con 32 piezas de distintos valores. **2.** Conjunto de piezas que sirven para este juego.

AJEDREZADO, A adj. Que forma cuadros de dos colores, como los escaques del ajedrez.

AJENJO n. m. (lat. *absinthium*). Planta aromática que crece en lugares incultos y contiene una esencia amarga y tóxica. (Familia compuestas.) **2.** Licor alcohólico aromatizado con esta planta.

AJENO, A adj. (lat. *alienum*). Perteneciente a otro: *problemas ajenos*. **2.** Diverso, distinto. **3.** *Fig.* Distante, lejano, libre de alguna cosa. **4.** *Fig.* Impropio o no correspondiente. **5.** *Fig.* Distraído, abstraído.

AJETREARSE v. prn. [1]. Fatigarse con algún trabajo o yendo y viniendo de una parte a otra.

AJETREO n. m. Acción de ajetrearse.

AJÍ n. m. Planta solanácea de América Meridional. **2.** *Amér.* Ajiaco. **3.** *Amér. Merid. y Antillas.* Pimiento pequeño y muy picante.

AJIACO n. m. *Amér. Merid.* Guiso hecho generalmente a base de carne, patatas, pimientos picantes, cebollas y legumbres. **2.** *Amér. Merid.* Salsa hecha de ajíes. **3.** *Cuba.* Tumulto, revuelo.

AJISECO adj. y n. m. *Amér.* Dícese del pimiento o ají colorado, desecado al Sol y poco picante. **2.** *Amér.* Dícese del gallo de pelea con plumaje de color purpúreo semejante al del ají o pimiento maduro.

AJIZAL n. m. Terreno sembrado de ají.

AJMAN, AŶMAN o **AYYMAN**, uno de los emiratos de la Unión de Emiratos Árabes, en el sector oriental del golfo Pérsico; 250 km²; 64 000 hab. Cap. *Ajman*.

AJNATÓN o **AKNATÓN** → *Amenofis IV.*

AJO n. m. (lat. *alium*). Planta herbácea cuyo bulbo (cabeza), de fuerte olor característico, se utiliza como condimento. (Familia liliáceas.) **2.** *Fig. y fam.* Negocio o asunto, generalmente reservado, que se está tratando entre varias personas: *andar en el ajo*. **3.** *Fig.* Palabrota.

¡AJO! o **¡AJÓ!** interj. Se usa para estimular a los niños a que empiecen a hablar.

AJOLOTE, AXOLOTE o **AXOLOTL** n. m. (voz azteca). Vertebrado anfibio urodelo de los lagos mexicanos y norteamericanos, capaz de reproducirse en estado larvario y que raramente consigue la forma adulta.

AJONJEAR v. tr. [1]. *Colomb.* Mimar, acariciar.

AJONJOLÍ n. m. (ár. *al-ŷulŷulān*). Planta anual, gamopétala, cultivada desde muy antiguo en Asia tropical por sus semillas, que proporcionan hasta un 50 % de aceite. SIN.: sésamo. **2.** Semilla de esta planta.

AJORCA n. f. (ár. *aš-šurga*). Argolla de, por lo común de metal, usada como adorno en los brazos, muñecas, piernas o tobillos.

AJUAR n. m. Conjunto de muebles, enseres y ropas de uso común en la casa. **2.** Conjunto de muebles, ropas de uso doméstico y demás objetos que aporta la mujer al matrimonio o al entrar en religión. **3.** ARQUEOL. Conjunto de objetos de uso que forman un hallazgo arqueológico.

AJUMAR v. tr. y pron. [1]. *Vulg.* Emborrachar.

AJUNTARSE v. pron. [1]. Unirse en matrimonio o tener ayuntamiento carnal.

AJUSTADO, A adj. Justo, recto. ♦ n. m. **2.** Acción y efecto de ajustar.

AJUSTADOR, RA adj. y n. Que ajusta. ♦ n. m. **2.** Jubón ajustado al cuerpo. **3.** Anillo, por lo común liso, con que se impide que se salga una sortija que viene ancha al dedo. ♦ **ajustadores** n. m. pl. **4.** *Cuba.* Prenda interior femenina para el busto, sujetador.

AJUSTAR v. tr. y pron. [1]. Proporcionar y adaptar una cosa de modo que venga justo con otra. **2.** Ceñir, apretar, encajar: *ajustarse el vestido a la cintura.* **3.** Acomodar, arreglar: *ajustar una tapa a una caja.* **4.** Contratar u obligar a una persona para algún servicio. **5.** *Amér. Central y Colomb.* Contratar a alguien a destajo. ♦ v. tr. **6.** Reconciliar a los enemistados. **7.** Concertar el precio de una cosa. **8.** Comprobar una cuenta y liquidarla. **9.** *Fig.* Saldar una cuenta con la justicia. **10.** DER. Concertar alguna cosa, como el casamiento, los pactos, los pleitos. **11.** IMPR. Distribuir las galeradas en planas. SIN.: *compaginar.* **12.** MEC. Dar forma a un material hasta dejarlo exacto a un patrón o modelo, valiéndose de un determinado número de herramientas. ♦ v. intr. **13.** Venir justo, casar. ♦ **ajustarse** v. pron. **14.** Ponerse de acuerdo unas personas con otras en algún ajuste o convenio. **15.** Conformar con su opinión, voluntad o gusto con otros.

AJUSTE o **AJUSTAMIENTO** n. m. Acción y efecto de ajustar o ajustarse. **2.** ESTADÍST. Construcción de una curva continua que aproxime óptimamente un conjunto de puntos representativos de valores aislados. **3.** MEC. Conjunto de operaciones de acabado en un proceso de fabricación, generalmente manuales, para conseguir que las diversas piezas, componentes de un bloque por montar, adquieran las características dimensionales que permiten su correcta ensambladura. **2.** MEC. Resultado de dichas operaciones.

AJUSTICIADO, A n. Reo en quien se ha ejecutado la pena de muerte.

AJUSTICIAMIENTO n. m. Acción y efecto de ajusticiar.

AJUSTICIAR v. tr. [1]. Castigar a un reo con la pena de muerte, ejecutar.

AJUSTÓN n. m. *Ecuad.* Apretón.

AKI-HITO, emperador de Japón (Tōkyō 1933). A la muerte de su padre Hiro-Hito (1989), le sucedió en el trono.

AKMOLA, hasta 1961 **Akmólinsk**, de 1961 a 1992 **Tselinograd**, c. y cap. de Kazajstán; 277 000 hab. Capital del país desde 1997.

AKRON, c. de Estados Unidos (Ohio), junto al lago Erie; 223 019 hab. Centro mundial de la industria del caucho (neumáticos).

AKSANA n. m. Lengua precolombina del extremo meridional de América del Sur. SIN.: *kaueskar.*

AL, contracción de la prep. *a* y el art. *el.*

Al, símbolo químico del *aluminio.*

ALA n. f. (lat. *alam*). Órgano de vuelo, formado por las extremidades anteriores en las aves, los murciélagos, y fijado en uno de los dos últimos anillos del tórax en los insectos. **2.** Parte inferior del sombrero que rodea la copa. **3.** Cada una de los planos de sustentación de un avión. **4.** Hilera o fila. **5.** Aspa de molino. **6.** Paleta de la hélice. **7.** Cada una de las diversas tendencias en un partido, organización o asamblea, referidas, sobre todo, a sus posiciones extremas: *ala radical.* **8.** Cada una de las partes membranosas que limitan por los lados las ventanas de la nariz. **9.** Alero, parte inferior de un tejado. **10.** ARQ. Cuerpo de edificio construido en el extremo de un edificio principal. **11.** MAR. Vela suplementaria que se añade a otra mayor para recoger más viento: *ala de gavia, de juanete.* **12.** MIL. Parte lateral de un ejército terrestre o naval en orden de batalla. **13.** DEP. Extremidad de la línea de ataque de un equipo. • **Ala delta**, aparato que sirve para el vuelo libre, formado por una estructura ligera sobre la que está tensado un tejido sintético, y un arnés del que va suspendido el tripulante. ♦ **Formar en ala** (MIL.), hacerlo en una sola línea o fila. ♦ **alas** n. f. pl. **14.** *Fig.* Osadía, libertad, engreimiento con que una persona hace su gusto o se levanta a mayores por el cariño que otros le tienen o la protección que le dispensan: *tomar alas; dar alas.* • **Cortar, quebrantar, ò quebrar las alas** a uno, quitarle el ánimo cuando intenta ejecutar o pretende alguna cosa; privarle de los medios o de la libertad que tiene para hacer su gusto.

¡ALA! interj. (ár. *yallāh*). ¡Hala!

ALÁ, dios único de los musulmanes.

ALABAMA, estado del Sur de Estados Unidos; 133 667 km²; 4 040 587 hab. Cap. *Montgomery.* Explorada por Hernández de Soto (1540) y por franceses, la región formó parte de la Luisiana. Se convirtió en estado en 1813.

ALABANZA n. f. Acción y efecto de alabar o alabarse. **2.** Expresión o conjunto de expresiones con que se alaba.

ALABAR v. tr. [1]. Celebrar con palabras a una persona o hecho. ♦ **alabarse** v. pron. **2.** Jactarse, vanagloriarse.

ALABARDA n. f. (fr. *hallebarde*). Arma enastada de hierro puntiagudo por un lado y cortante por el otro.

ALABARDERO n. m. Soldado armado con una alabarda. **2.** *Fig.* y *fam.* El que alaba en los teatros, por asistir de balde o recibir otra recompensa.

ALABASTRINA n. f. Láminas delgadas de alabastro yesoso o espejuelo, que suelen usarse en lugar de vidrieras en las claraboyas de los templos.

ALABASTRINO, A adj. De alabastro o parecido a él.

ALABASTRO n. m. (gr. *alabastros*). Piedra blanca, blanda, traslúcida y compacta, utilizada en escultura. **2.** *Fig.* Vaso de alabastro, sin asas, en que se guardaban los perfumes.

ALABEADO, A adj. Que tiene alabeo.

ALABEAR v. tr. [1]. Dar a una superficie forma combada. ♦ **alabearse** v. pron. **2.** Torcerse o combarse una pieza de madera.

ALABEO n. m. Deformación de una superficie plana, vicio que toma una pieza de madera al alabearse. **2.** Comba de una superficie que presenta la forma de una pieza de madera alabeada.

ALACALUF n. m. Familia de lenguas habladas por las tribus que habitan el extremo meridional de América del Sur.

ALACALUF, pueblo amerindio de Chile, que habita en un territorio insular entre el golfo de Penas y las islas occidentales de Tierra del Fuego.

ALACENA n. f. Hueco practicado en una pared, provisto de estanterías y puertas, que solía utilizarse para guardar utillaje o comida.

ALACRÁN n. m. Arácnido cuya cola, formada por seis segmentos, termina en un aguijón venenoso. **2.** Pieza del freno de las caballerías que sujeta la barbada al bocado. **3.** Cada una de las astillas con que se hacen los botones de metal.

ALACRANEAR v. intr. [1]. *Argent.* Hablar mal de alguien, difamar.

ALACRANERA n. f. Lugar donde abundan los alacranes.

ALACRIDAD n. f. (lat. *alacritatem*). Alegría y presteza del ánimo.

ALADO, A adj. Que tiene alas. **2.** *Fig.* Ligero, veloz.

ALAGAR v. tr. y pron. [1b]. Llenar de lagos o charcos un terreno.

ALAGARTADO, A adj. Semejante, por la variedad de colores, a la piel del lagarto.

ALAJUELA, prov. de Costa Rica, en el centro-norte del país; 9718 km² y 499 600 hab. Cap. *Alajuela.*

ALAJUELA, c. de Costa Rica, cap. de la prov. homónima; 150 968 hab. Industria alimentaria Catedral colonial. En la ciudad se proclamó la independencia de Costa Rica (25 nov. 1821).

ALAMA n. f. Planta leguminosa de flores amarillas, que se emplea para pasto del ganado.

ALAMÁN (Lucas), político, economista e historiador mexicano (Guanajuato 1792-México 1853). Conservador, ministro de Relaciones Interiores y Exteriores, fomentó la industria y la minería. Es autor de una *Historia de México* (1849-1852).

ALAMAR n. m. Presilla y botón, u ojal sobrepuesto, que se cose a la orilla del vestido o capa. **2.** Cairel, adorno de pasamanería. **3.** MIL. Nombre genérico de los galones, cordones y flecos cosidos al uniforme.

ALAMBICADO, A adj. Dado con escasez y poco a poco. **2.** *Fig.* Sutil, agudo, perspicaz.

ALAMBICAMIENTO n. m. Acción y efecto de alambicar.

ALAMBICAR v. tr. [1a]. Destilar. **2.** Examinar atentamente una cosa para desentrañar su significado o sus cualidades. **3.** *Fig.* Sutilizar excesivamente. **4.** *Fig.* y *fam.* Reducir todo lo posible la ganancia en una mercancía.

ALAMBIQUE n. m. (ár. *al-anbīq*). Aparato para destilar.

ALAMBRADA n. f. Valla de alambre grueso de espino, especialmente la que se emplea para estorbar el avance de las tropas enemigas.

ALAMBRADO, ■. m. Alambrera, red de alambres.

ALAMBRAR v. tr. [1]. Cercar un sitio con alambre. **2.** Poner los cencerros a una yeguada, recua o parada de cabestros.

ALAMBRE n. m. Hilo de metal. • **Alambre de espino**, el galvanizado que a intervalos lleva entrelazadas púas del mismo material y se utiliza para construir alambradas.

ALAMBRERA n. f. Red de alambre que se pone en las ventanas y en otras partes para resguardar los cristales. **2.** Cobertera de red de alambre con que se ponen los braseros, o que sirve para preservar los manjares.

ALÁMBRICO, A adj. Dícese de los medios de transmisión que utilizan el alambre como medio conductor de las señales que se transmiten.

ALAMEDA n. f. Terreno poblado de álamos. **2.** Paseo con árboles, especialmente con álamos.

ÁLAMO n. m. Árbol de gran tamaño, de anchas hojas ovaladas y madera blanca y ligera, que crece en las regiones templadas y húmedas. (Familia salicáceas.) **2.** Madera de este árbol. • **Álamo balsámico**, el de ramas con corteza pardo rojiza y hojas con el envés blanquecino, originario de América del Norte. ‖ **Álamo blanco**, el de corteza gris y hojas verdes por una cara y blanquecinas por la otra. ‖ **Álamo falso**, olmo. ‖ **Álamo negro**, el de corteza oscura y hojas verdes por los dos caras, y la más poblada del eje del tronco. ‖ **Álamo temblón**, álamo blanco, cuyas hojas de pecíolo aplomado, se mueven a la más débil ráfaga de viento.

ALANINA n. f. Aminoácido común en las proteínas constituyentes de los seres vivos.

ALANO, A adj. y n. Relativo a un pueblo bárbaro de origen iranio; individuo de

ALA

este pueblo. ♦ n. m. **2.** Raza de perros de cabeza grande, pecho ancho, extremidades cortas, muy fuertes, y pelo corto y áspero, de color rojo.

ALANTOIDES n. m. y adj. Una de las tres membranas del embrión de los vertebrados superiores.

ALAR n. m. *Colomb.* Acera.

ALARCÓN (Fabián), abogado y político ecuatoriano (Quito 1947). Centrista, presidente del Congreso ecuatoriano, fue nombrado presidente de la república en 1997, tras la destitución de A. Bucaram.

ALARCÓN (Juan **Ruiz de**) → *Ruiz de Alarcón.*

ALARCÓN (Pedro Antonio **de**), escritor español (Guadix 1833-Madrid 1891). En relatos y novelas como *El sombrero de tres picos* (1874) —su obra más conocida—, *El escándalo* (1875) o *El niño de la bola* (1878) destacan sus dotes de narrador. Es también autor de teatro (*El hijo pródigo,* 1857).

ALARDE n. m. Formación militar en que se hacía reseña de los soldados y de sus armas. **2.** Lista o registro en que se inscribían los nombres de los soldados. **3.** Revista, inspección, especialmente la de los soldados y sus armas. **4.** *Fig.* Ostentación y gala que se hace de una cosa.

ALARDEAR v. intr. [1]. Hacer alarde.

ALARDEO n. m. Acción de alardear.

ALARGADOR, RA adj. Que alarga. ♦ n. m. **2.** Pieza, instrumento o dispositivo que sirve para alargar.

ALARGAMIENTO n. m. Acción y efecto de alargar. **2.** Prolongación. **3.** Propiedad que presentan los metales y sus aleaciones de alargarse cuando se los somete a efectos de tracción.

ALARGAR v. tr. y pron. [1b]. Dar más longitud: *alargar vestidos.* **2.** Prolongar una cosa: *alargar la vida.* **3.** Retardar, dilatar el tiempo. ♦ v. tr. **4.** Llevar más allá los límites. **5.** *Fig.* Aplicar o alcanzar a nuevos objetos o límites una facultad o actividad. **6.** Estirar, desencoger, extender: *alargar los brazos.* **7.** Aplicar con interés el sentido de la vista o del oído. **8.** Hacer que adelante o avance alguna gente. **9.** Alcanzar algo y darlo a otro que está apartado: *alargóle la botella.* **10.** *Fig.* Ceder o dejar a otro lo que uno tiene. **11.** *Fig.* Aumentar la cantidad al número señalado: *alargar el sueldo.* **12.** MAR. Dar cuerda o ir soltando poco a poco algún cabo, maroma o cosa semejante: *alargar las escotas.*

ALARICO (Perice, delta del Danubio, c. 370-Cosenza 410), rey de los visigodos [396-410]. Asoló el Imperio de Oriente, invadió Italia y saqueó Roma (410). — **Alarico II,** rey de los visigodos [484-507]. Fue derrotado y muerto por Clodoveo en Vouillé (507). Promulgó el *Breviario de Alarico* (506), compilación de legislación romana.

ALARIDO n. m. Grito de guerra de los moros al entrar en batalla. **2.** Grito, en especial el de dolor o espanto.

ALARMA n. f. *Fig.* Inquietud, sobresalto repentino. **2.** Conmoción ocasionada por un acontecimiento repentino y temeroso. **3.** Sonido producido por un mecanismo para avisar un peligro.

ALARMANTE adj. Que alarma: *noticia alarmante.*

ALARMAR v. tr. [1]. Dar una señal para avisar, advertir y prevenir un peligro. ♦ v. tr. y pron. **2.** *Fig.* Inquietar, asustar; poner a uno alerta.

ALARMISTA n. m. y f. Persona que hace cundir noticias alarmantes o que se alarma fácilmente.

ALAS (Leopoldo) → *Clarín.*

ALASKA, estado de Estados Unidos (desde 1959), al NO de América septentrional; 1 530 000 km²; 550 043 hab. Cap. *Juneau.* La región fue cedida en 1867 por Rusia a E.U.A. La Brooks Range separa las llanuras del N de la depresión central, avenada por el Yukón. Al S se yergue la *cadena de Alaska* (6194 m en el monte McKinley), en parte volcánica, que prosigue en la *península de Alaska.*

ALASKIANO, A adj. y n. De Alaska.

ÁLAVA (*provincia de*), prov. de España, en el País Vasco; 3 047 km² y 276 547 hab. (*Alaveses.*) Cap. *Vitoria-Gasteiz.* En la vertiente S de las montañas vascas.

ALAVENSE adj. y n. m. y f. Alavés.

ALAVÉS, SA adj. y n. De Álava. ♦ n. m. **2.** Castellano hablado en Álava, con algunos elementos riojanos y vascos.

ALAZÁN, NA adj. y n. m. Dícese del color parecido al de la canela, con variaciones de pálido, dorado, tostado, etc. ♦ adj. y n. **2.** Dícese del caballo o yegua de este color.

ALBA n. f. (lat. *albam*). Tiempo durante el cual amanece, apunta el día. **2.** Primera luz del día antes de salir el Sol. **3.** LIT. Composición poética cantada, de forma estrófica variable, pero con un estribillo que introduce casi siempre la palabra «alba». **4.** LITURG. Vestidura larga de tela blanca utilizada para la celebración de determinadas ceremonias religiosas. • **Quebrar, rayar, reír,** o **romper, el alba,** amanecer.

ALBACEA n. m. y f. (ár. *al-wasi*). Persona a la que el testador confía la ejecución de su testamento.

ALBACEAZGO n. m. Cargo del albacea.

ALBACETE (*provincia de*), prov. de España, en Castilla-La Mancha; 14 862 km² y 341 847 hab. (*Albacetenses* o *albaceteños.*) Cap. *Albacete.* En el extremo SE de la Meseta.

ALBACETE, c. de España, cap. de la prov. homónima y ob. ecl.; 135 889 hab. (*Albacetenses* o *albaceteños.*) Industria agroalimentaria, textil y cerámica. Catedral (s. XVI). Museo arqueológico.

ALBACETEÑO, A adj. y n. De Albacete.

ALBACORA n. f. Pez parecido al bonito, de carne apreciada, que vive en el Atlántico y el Mediterráneo.

ALBADA n. f. Alborada, composición poética o musical para cantar la mañana.

ALBAHACA n. f. (ár. *al-habaq*). Planta aromática originaria de Asia, de hierbas hojas lanceoladas y flores blancas. (Familia labiadas.)

ALBÁN (Francisco), pintor quiteño de mediados del s. XVIII, autor de pinturas sobre san Ignacio (1760-1764) y sobre santo Domingo (1783-1788). — Su hermano **Vicente** fue autor de estampas populares (museo de América, Madrid).

ALBANÉS, SA o **ALBANO, A** adj. y n. De Albania. ♦ n. m. **2.** Lengua indoeuropea hablada en Albania.

ALBANIA, en albanés **Shqipëria,** estado de la península balcánica; 29 000 km²; 3 300 000 hab. (*Albaneses.*) CAP. *Tirana.* LENGUA OFICIAL: *albanés.* MONEDA: *lek.*

GEOGRAFÍA

Las cadenas Dináricas, en gran parte cubiertas de bosque, ocupan el conjunto del país, a excepción de la parte central, donde, a orillas del Adriático, se extienden llanuras y colinas que agrupan a la mayor parte de una población antiguamente islamizada y de rápido crecimiento. El clima es mediterráneo en una estrecha franja litoral; en otras regiones es de tipo continental. La agricultura (maíz, trigo, frutales y tabaco), la extracción minera (petróleo y cromo) y la ganadería son las bases de la economía.

HISTORIA

Dos mil años de dominio extranjero. Tierra romana y luego bizantina, constantemente invadida (eslavos, búlgaros, serbios), la antigua Iliria recibió su nombre de Carlos I de Anjou, llegado en 1270. S. XV: la costa se encontraba bajo la influencia veneciana; el país cayó bajo dominación otomana, pese a la resistencia del héroe Skanderberg. Aunque proporcionaba soldados al sultán, también se rebeló contra él, sobre todo bajo el mando de 'Ali Bajá de Tebelen (1822).

La Albania independiente. 1912-1913: Albania se sublevó y obtuvo su autonomía. 1914-1920: independiente, reconocida por Italia, entró en la S.D.N. 1922-1939: Ahmed Zogú fue presidente de la república y luego rey (Zogú I). 1939-1943: Italia invadió u ocuparla. 1946: proclamación de la república popular. Dirigida por Enver Hoxha, quien rompió con la U.R.S.S. (1961) y con China (1978). 1985: Ramiz Alia sucedió a E. Hoxha. 1990: frente a una fuerte oposición, el régimen hubo de aceptar el pluripartidismo. 1991: tras un largo aislamiento, Albania normalizó sus relaciones con los países occidentales y se celebraron las primeras elecciones legislativas libres desde 1946. 1992: la oposición, dirigida por Sali Berisha, ganó las elecciones legislativas; tras la dimisión de R. Alia, S. Berisha le sucedió al frente del estado. 1996-1997: tras un importante escándalo político-financiero, se produjeron masivas movilizaciones populares contra el gobierno de Berisha, que degeneraron en una caótica rebelión armada; pacificado el país con la intervención de la Fuerza internacional de protección de la O.S.C.E, se celebraron elecciones legislativas ganadas por los socialistas. Berisha aceptó su derrota y dimitió; fue nombrado presidente del socialista Rexhep Mejdani, que tomó juramento al nuevo gobierno dirigido por F. Nano. 1998: se aprobó la primera constitución democrática.

ALBANY, c. de Estados Unidos, cap. del estado de Nueva York, junto al Hudson; 101 082 hab.

ALBAÑAL o **ALBAÑAR** n. m. Canal o conducto que da salida a las aguas inmundas. **2.** Depósito de inmundicias. **3.** *Fig.* Lo repugnante o inmundo.

ALBAÑIL n. m. Maestro u oficial de albañilería.

ALBAÑILERÍA n. f. Arte de construir edificios u obras en que se emplean piedra, ladrillo, cal, etc. **2.** Obra de albañilería.

ALBAR adj. Blanco, del color de la nieve: *tomillo albar.* ♦ n. m. **2.** Terreno de secano, especialmente tierra blancuzca en altos y lomas.

ALBARDA n. f. Pieza principal del aparejo de las caballerías de carga.

ALBARDADO, A adj. Dícese del animal que tiene el pelo del lomo de un color diferente al resto del cuerpo.

ALBARDAR v. tr. [1]. Enalbardar.

ALBARDERÍA n. f. Establecimiento del albardero. **2.** Oficio del albardero. **3.** Calle o barrio donde están las tiendas de los albarderos.

ALBARDILLA n. f. Silla para domar potros. **2.** Almohadilla que llevan los aguadores sobre el hombro. **3.** Coronación de una pared, en forma de tejadillo, para facilitar la evacuación del agua. **4.** Caballete o lomo de barro que en los caminos resulta de transitar por ellos después de arar.

ALBARDÓN n. m. Aparejo más alto y hueco que la albarda, para las caballerías para montar en ellas. **2.** *Argent., Parag.* y *Urug.* Loma o elevación situada en terrenos bajos y anegadizos que, cuando suben las aguas, se convierten en islote. **3.** *Guat.* y *Hond.* Caballete de un muro.

ALBARDÓN n. m. dep. de Argentina (San Juan); 16 431 hab. Cultivo de la vid. Canteras de mármol.

ALBARICOQUE n. m. (ár. *al-barqūq*). Fruto del albaricoquero, de hueso liso y piel y carne amarillas. **2.** Albaricoquero.

ALBARICOQUERO n. m. Árbol de flores blancas o rosadas, que aparecen antes que las hojas, cultivado por sus frutos. (Familia rosáceas.)

ALBARIZO, A adj. Dícese de los terrenos blanquecinos. ♦ n. m. **2.** Albero, terreno albarizo.

ALBATROS n. m. Ave palmípeda de los mares australes, de 3 m de envergadura, color blanco, con alas y cola muy largas, excelente voladora y muy voraz. (Orden procelariformes.)

ALBAYALDE n. m. (ár. *al-bayāḍ*). Carbonato básico de plomo, de color blanco, que se incluye en la composición de determinadas pinturas.

ALBEAR v. intr. [1]. Blanquear.

ALBEDO n. m. Fracción de la luz recibida que difunde un cuerpo no luminoso.

ALBEDRÍO n. m. (lat. *arbitrium*). Potestad de obrar por reflexión y elección; facultad que posee la voluntad de tomar una decisión en vez de otra. SIN.: *arbitrio, libre albedrío*. **2.** La voluntad no gobernada por la razón, sino por el apetito o capricho.

ALBÉNIZ (Isaac), pianista y compositor español (Camprodón 1860-Cambo-les-Bains 1909). Sus mejores obras son para piano, inspiradas en el folklore español: *Rapsodia española, Suite española, Recuerdos de viaje, Cantos de España, Iberia* (1906-1909). Compuso también óperas.

ALBERCA n. f. Depósito artificial de agua con muros de fábrica. **2.** Balsa donde se pone el cáñamo o el lino, para enriar. **3.** Alcantarilla, cloaca descubierta. **4.** *Méx.* Piscina.

ALBERDI (Juan Bautista) jurista y político argentino (Tucumán 1810-París 1884). Opuesto a la dictadura de Rosas, tras la caída de éste redactó las *Bases para la organización política de la confederación argentina* (1852), que inspiraron la constitución argentina de 1853.

ALBERGAR v. tr. [1b]. Dar albergue a una persona. **2.** *Fig.* Tener ciertos sentimientos, ideas o intenciones. ♦ v. intr. y pron. **3.** Tomar albergue.

ALBERGUE n. m. Lugar o edificio en que una persona halla hospedaje o resguardo. **2.** Cueva en que se recogen los animales, especialmente las fieras. **3.** Casa destinada para la crianza y refugio de niños huérfanos o desamparados.

ALBERTA, prov. de Canadá, entre Columbia Británica y Saskatchewan; 661 000 km²; 2 545 553 hab. Cap. *Edmonton*. Yacimientos de petróleo y de gas natural. Trigo.

ALBERTI (Rafael), poeta español (Puerto de Santa María 1902-*id*. 1999). Inclinado a la pintura, se centró en la poesía a partir de *Marinero en tierra* (1925, premio nacional de literatura) y *Sobre los ángeles* (1929). Tras la guerra civil, residió en Argentina: *Entre el clavel y la espada* (1941), *Coplas de Juan Panadero* (1949), *Retornos de lo vivo lejano* (1952), poemas; *La arboleda perdida*, memorias (2 vols., 1942 y 1987); *El adefesio* (1944), teatro. En 1963 se estableció en Roma (*Roma, peligro para caminantes*, 1968), y en 1977 regresó a España (*Abierto a todas horas*, 1979; *Canciones para Altair*, 1988). [Premio Miguel de Cervantes 1983.]

ALBERTO (lago), lago de África ecuatorial, compartido por Uganda y Zaire, donde se denomina lago **Mobutu Sese Seko**, atravesado por el Nilo; 4 500 km².

ALBERTO Magno (san), dominico, teólogo y filósofo alemán (Lauingen *c.* 1193-Colonia 1280). Dio a conocer el pensamiento de Aristóteles y fue maestro de santo Tomás de Aquino.

ALBIGENSE adj. y n. m. Dícese de los adeptos de la doctrina cátara en el mediodía de Francia, que se presentó como un retorno a la pureza de los primeros tiempos del cristianismo.

ALBINISMO n. m. Ausencia congénita y hereditaria del pigmento melánico en la piel y el pelo, que son de color blanquecino, mientras que los ojos son rojizos.

ALBINO, A adj. y n. Que padece albinismo. ♦ adj. **2.** Relativo a los seres albinos: *cabello albino*.

ALBINONI (Tommaso), compositor italiano (Venecia 1671-*id.* 1750), autor de sonatas y conciertos.

ALBIÓN, primer nombre histórico conocido de Gran Bretaña.

ALBIZU CAMPOS (Pedro), político puertorriqueño (1893-1965), fundador del Partido nacionalista (1928).

ALBO, A adj. (lat. *album*). Blanco.

ALBÓNDIGA n. f. Bola de carne o pescado picado y trabado con ralladuras de pan, huevos y especias, que se come frita.

ALBOR n. m. (lat. *alborem*). Albura, blancura. **2.** Luz del alba. (Suele usarse en plural.) **3.** *Fig.* Comienzo, principio de una cosa: *en los albores de la historia*. **4.** *Fig.* Infancia o juventud de una persona. (Suele usarse en plural.)

ALBORADA n. f. Tiempo de amanecer. **2.** Toque o música militar al amanecer. SIN.: *diana*. **3.** Acción de guerra al amanecer. **4.** Composición poética o musical destinada a cantar la mañana. **5.** Serenata dada al amanecer ante la puerta o bajo las ventanas de alguien a quien se desea festejar.

ALBOREAR v. intr. [1]. Amanecer, apuntar el día.

ALBORNOZ n. m. Tela de estambre muy torcido y fuerte. **2.** Especie de capote con capucha, usado por los árabes. **3.** Bata holgada de tejido de toalla, que suele usarse para secarse o abrigarse después del baño.

ALBOROTADIZO, A adj. Que se alborota fácilmente.

ALBOROTADO, A adj. Que obra precipitada e irreflexivamente: *persona alborotada*.

ALBOROTADOR, RA adj. y n. Que alborota.

ALBOROTAR v. tr. y pron. [1]. Inquietar, alterar, desordenar, conmover, perturbar. **2.** Amotinar, sublevar, revolucionar. ♦ v. intr. **3.** Causar alboroto, ruido. ♦ **alborotarse** v. pron. **4.** Encresparse el mar.

ALBOROTO n. m. Griterío o estrépito. **2.** Desorden, asonada, motín. **3.** Sobresalto, inquietud. ♦ **alborotos** n. m. pl. **4.** *Amér. Central.* Palomitas de maíz con miel.

ALBOROZADOR, RA adj. y n. Que alboroza o causa alborozo.

ALBOROZAR v. tr. y pron. [1g]. Causar o sentir alborozo.

ALBOROZO n. m. Extraordinario regocijo, placer o júbilo. **2.** Alboroto, vocerío o trépito.

ALBRICIAS n. f. pl. (ár. *al-bišāra*). Regalo que se da al primero que trae una buena noticia. **2.** Regalo que se da o pide por motivo de un fausto suceso. ♦ interj. **3.** Expresa júbilo.

ALBUFERA n. f. Extensión de agua salada separada del mar por un cordón litoral.

ÁLBUM n. m. (lat. *album*) [pl. *álbumes* y *álbums*]. Libro en blanco, para escribir en sus hojas poesías, piezas de música, etc., o coleccionar firmas, fotografías, etc. **2.** Disco de larga duración.

ALBUMEN n. m. (voz latina). Solución acuosa de albúminas que rodea la yema de los huevos. SIN.: *clara*. **2.** Tejido rico en reservas nutritivas, que envuelve el embrión de ciertas semillas, como los cereales.

ALBÚMINA n. f. (fr. *albumine*). Sustancia nitrogenada, viscosa, soluble en agua, coagulable por el calor, contenida en la clara de huevo, el plasma, la leche, etc.

ALBUMINADO, A adj. Que contiene albúmina.

ALBUMINOIDE n. m. y adj. Proteína natural sencilla, insoluble en agua y en disoluciones diluidas de ácidos, bases y sales.

ALBUMINOIDEO, A adj. De la naturaleza de la albúmina.

ALBUMINOSO, A adj. Que contiene albúmina.

ALBUQUERQUE, c. de Estados Unidos (Nuevo México), junto al río Grande; 384 736 hab. Fundada en 1660 en honor del virrey de México. Iglesia del s. XVIII y antigua universidad.

ALBUQUERQUE (Alfonso **de**), conquistador portugués (Alhandra, cerca de Lisboa, 1453-Goa 1515). Virrey de las Indias (1509), ocupó Goa y Malaca, fundando la potencia portuguesa de las Indias.

ALBUR n. m. Contingencia, azar a que se fía el resultado de una empresa. **2.** *Dom. y Méx.* Juego apoyado en palabras. **3.** *P. Rico.* Mentira.

ALBURA n. f. Blancura perfecta. **2.** Clara de huevo.

ALCACHOFA n. f. (ár. *al-jaršūt*). Hortaliza cuya voluminosa inflorescencia proporciona, antes de abrirse, un receptáculo y fondo que, al igual que la base de las brácteas u hojas, es comestible. (Familia compuestas, género *Cynara*.) **2.** Cabezuela de esta planta, de la de cardo y otras semejantes. **3.** Receptáculo redondeado con muchos orificios que, sumergido en una cavidad que contiene agua estancada o corriente, permite la entrada de ésta en un espacio destinado a elevarla.

ALCACHOFAL o **ALCACHOFAR** n. m. Terreno plantado de alcachofas. **2.** Terreno en que abundan las alcauciles.

ALCACHOFERA n. f. Alcachofa, hortaliza.

ALCAHUETE, A n. Persona que procura, encubre o facilita un amor ilícito. **2.** Persona o cosa que sirve para encubrir lo que se quiere ocultar. **3.** *Fig. y fam.* Correvedile, chismoso.

ALCAHUETEAR v. tr. [1]. Solicitar o inducir a una mujer para trato lascivo con un hombre. ♦ v. intr. **2.** Hacer oficios de alcahuete.

ALCAHUETERÍA n. f. Acción de alcahuetear. **2.** Oficio de alcahuete. **3.** *Fig.* Acción de encubrir los actos reprobables de una persona. **4.** *Fig. y fam.* Medio artificioso que se emplea para seducir o corromper. **5.** *Fig. y fam.* Astucia.

ALCAIDE n. m. El que tenía a su cargo la guardia y defensa de una fortaleza. SIN.: *castellano*. **2.** En las alhóndigas y otros establecimientos, persona encargada de su custodia y buen orden. **3.** *Amér.* Director de la prisión.

ALCALÁ DE HENARES, c. de España (Madrid), cab. de p.j.; 162 780 hab. (*Alcalaínos* o *complutenses*.) Centro industrial. Es la *Complutum* romana. Cuna de Miguel de Cervantes. Iglesias góticas y barrocas. Universidad iniciada por Cisneros en 1498. Edificios universitarios, del plateresco al barroco.

ALCALAÍNO, A adj. y n. De Alcalá de Henares.

ALCALDE n. m. (ár. *al-qāḍī*). Presidente del ayuntamiento de un municipio, que actúa como jefe de la administración municipal y como delegado del gobierno. **2.** En algunas danzas, el principal de ellos o el que gobierna una cuadrilla. **3.** Juego de naipes. **4.** En el tresillo y otros juegos de naipes, persona que da las cartas y no juega.

ALCALDESA n. f. Mujer que ejerce el cargo de alcalde. **2.** Mujer del alcalde.

ALCALDÍA n. f. Empleo de alcalde. **2.** Oficina del alcalde. **3.** Territorio de su jurisdicción.

ALCALESCENCIA n. f. Estado de las sustancias en que se forma amoníaco espontáneamente.

ÁLCALI n. m. QUÍM. Hidróxido de un metal alcalino.

ALCALIMETRÍA n. f. Determinación del título de una solución básica o alcalina.

ALCALINIDAD n. f. Estado alcalino.

ALCALINO, A adj. Relativo a los álcalis: *sabor alcalino*. • **Metales alcalinos**, metales monovalentes, como el litio, sodio, potasio, rubidio, cesio y francio, que combinados con el oxígeno dan álcalis.

ALCALINOTÉRREO, A adj. Dícese del grupo de metales formado por el calcio, estroncio, bario y radio.

ALCALIZAR o **ALCALINIZAR** v. tr. [**1g**]. Conferir propiedades alcalinas.

ALCALOIDE n. m. Sustancia orgánica similar a los álcalis por sus propiedades, como la morfina, la atropina, etc.

ALCANCE n. m. Seguimiento, persecución. **2.** Distancia a que llega el brazo o mano de una persona: *estar algo al alcance de la mano*. **3.** Distancia máxima a la que un arma puede lanzar un proyectil. **4.** *Fig.* Capacidad o talento: *persona de pocos alcances.* **5.** *Fig.* Tratándose de obras del espíritu, trascendencia, resultado importante: *obra de gran alcance.* **6.** *Fig.* Noticias periodísticas recibidas a última hora.

ALCANCÍA n. f. Vasija cerrada, con una hendidura por donde se echan monedas para guardarlas. **2.** Artificio de fuego arrojadizo con que se prendía fuego al barco enemigo en los abordajes. **3.** *Amér.* Cepillo para limosnas.

ALCANFOR n. m. (ár. *al-kāfūr*). Sustancia aromática cristalizada, extraída del alcanforero.

ALCANFORADO, A adj. Que contiene alcanfor.

ALCANFORERO n. m. Árbol originario de Asia oriental y Oceanía, del que se extrae el alcanfor por destilación de la madera.

ALCÁNTARA (Francisco de Paula), general venezolano (1785-1848), que se distinguió en la guerra de la independencia americana.

ALCANTARILLA n. f. Puentecillo en un camino. **2.** Conducto subterráneo y estanco destinado a recoger las aguas de lluvia y residuales.

ALCANTARILLADO n. m. Conjunto de alcantarillas. **2.** Obra en forma de alcantarilla.

ALCANTARILLAR v. tr. [**1**]. Hacer o poner alcantarillas: *alcantarillar una calle.*

ALCANTARILLERO n. m. Obrero encargado de la limpieza y mantenimiento de las alcantarillas.

ALCANTUZ (Lorenzo), dirigente de los comuneros de Nueva Granada (nacido en Oiba-Santa Fe de Bogotá 1782). Murió en la horca.

ALCANZABLE adj. Que se puede alcanzar.
ALCANZADO, A adj. Empeñado, adeudado. **2.** Falto, escaso, necesitado.
ALCANZADURA n. f. Contusión o herida que se hacen las caballerías con los cascos traseros en el pulpejo de las manos.
ALCANZAR v. tr. [**1g**]. Llegar o juntarse con una persona o cosa que va delante y que generalmente se persigue: *alcanzar al fugitivo.* **2.** Llegar a igualarse con otro. **3.** Poder tocar algo desde donde uno está. **4.** Coger alguna cosa alargando la mano. **5.** Llegar a percibir con la vista, el oído o el olfato. **6.** Hablando de una persona, haber uno nacido ya, o no haber muerto aún, cuando ella vivía. **7.** *Fig.* Haber uno vivido en el tiempo de lo que se habla, o presenciado el suceso de que se trata. **8.** *Fig.* Llegar a poseer lo que se busca o solicita, lograr: *alcanzar una fortuna.* **9.** Llegar a un punto, a un lugar determinado. **10.** Llegar a un punto determinado de la vida, de la historia, de un estado: *alcanzar la madurez.* **11.** En las armas arrojadizas o en las de tiro, llegar el proyectil a cierto término o distancia. **12.** *Fig.* Ser suficiente una cosa para algún fin, bastar. **13.** Poner al alcance, hacer asequible una cosa, alargar, acercar. ♦ v. intr. **14.** Llegar hasta cierto punto o término. ♦ **alcanzarse** v. pron. **15.** Llegar a tocarse o juntarse.

ALCAPARRA n. f. Arbusto espinoso mediterráneo, cuyos botones florales se comen confitados en vinagre. (Género *Capparis*; familia caparidáceas). SIN.: *alcaparrera.* **2.** Botón de la flor de esta planta. SIN.: *tápara.*
ALCAPARRAL n. m. Terreno poblado de alcaparras.

ALCAPARRÓN n. m. Fruto de la alcaparra.
ALCARAVÁN n. m. Ave zancuda crepuscular y nocturna, de cuello largo, cola corta y plumaje de gran colorido, que vive en el centro y sur de Europa, en Asia y en África. (Familia burínidos.)
ALCARAVEA n. f. Planta herbácea de flores blancas, cuyas semillas, pequeñas y oblongas, tienen propiedades estomacales y carminativas, y se usan como condimento. (Familia umbelíferas). SIN.: *comino de prado.* **2.** Semilla de esta planta.
ALCARREÑO, A adj. y n. De La Alcarria.
ALCATRAZ n. m. Ave pelecaniforme de gran tamaño y plumaje pardo amarillento en el dorso y blanco en el pecho, que anida en las costas rocosas y se zambulle en el agua para capturar peces.
ALCAUCÍ o **ALCAUCIL** n. m. Alcachofa silvestre.
ALCAUDÓN n. m. Ave paseriforme, agresiva, que se lanza sobre sus presas, las mata golpeándolas con el pico y con frecuencia las clava en plantas espinosas, para alimentarse de ellas en las épocas desfavorables.
ALCAYATA n. f. Escarpia, clavo.
ALCÁZAR n. m. (ár. *al-gasr*). Palacio fortificado construido en lugar estratégico para seguridad y defensa de los soberanos o del gobernador de una ciudad. **2.** Cualquier casa o residencia magnífica, especialmente si es morada de príncipes o magnates.
ALCE n. m. (lat. *alcem*). Mamífero rumiante, parecido al ciervo, de cornamenta aplanada y gran corpulencia, que vive en Escandinavia, Siberia y Canadá. (Familia cérvidos.) SIN.: *ante.*
ALCE n. m. En los juegos de naipes, porción de cartas que se corta después de barajarlas y antes de distribuirlas. **2.** *Cuba.* Recolección de la caña de azúcar.
ALCÍBAR (José de), pintor mexicano (c. 1730-1810), uno de los fundadores de la Academia de pintores de México (1753), de la que fue director (*Adoración de los Reyes*, San Marcos, Aguascalientes).
ALCIBÍADES, general ateniense (c. 450-en Frigia 404 a. J. C.). Fue discípulo de Sócrates. Jefe del partido democrático, arrastró a los atenienses a emprender la arriesgada expedición siciliana (415). Murió asesinado en el exilio.
ALCIÓN n. m. Pájaro fabuloso que sólo anidaba en el mar en calma, razón por la cual era considerado como símbolo de paz. **2.** Animal que vive fijado a los fondos marinos, formando colonias de pequeños pólipos. (Subtipo cnidarios; orden alcionarios.)
ALCIONARIO, A adj. y n. m. ZOOL. Relativo a un orden de celentéreos provistos de ocho tentáculos, que viven generalmente en colonias, como el coral y el alción.
ALCISTA adj. Dícese de la tendencia al alza en los precios. ♦ n. m. y f. **2.** Persona que juega al alza en la bolsa.
ALCOBA n. f. (ár. *al-qubba*). Aposento destinado para dormir. **2.** Conjunto de muebles de este aposento.
ALCOHILACIÓN n. f. Fijación de un radical alcohilo a una molécula.
ALCOHILO n. m. Nombre genérico de los radicales univalentes obtenidos por eliminación de un átomo de hidrógeno de un alcano.
ALCOHOL n. m. (ár. *al-kuhl*). Líquido obtenido por destilación del vino y de otros zumos fermentados. **2.** Cualquier bebida espirituosa. **3.** Compuesto químico cuyas propiedades son análogas a las del alcohol de vino **4.** Polvo negro usado como afeite por las mujeres.
ALCOHOLATO n. m. Resultado de la destilación de una sustancia aromática.
ALCOHOLATURO n. m. Sustancia que se obtiene por maceración de una planta en alcohol.

ALCOHOLEMIA n. f. Presencia de alcohol en la sangre: *tasa de alcoholemia.*
ALCOHOLERA n. f. Fábrica de alcohol.
ALCOHOLERO, A adj. Relativo a la producción y comercio del alcohol: *la industria alcoholera.*
ALCOHÓLICO, A adj. Que contiene alcohol: *bebida alcohólica.* **2.** Referente al alcohol. ♦ adj. y n. **3.** Que bebe alcohol con exceso y habitualmente.
ALCOHOLIFICACIÓN n. f. Transformación de una sustancia en alcohol por fermentación.
ALCOHOLÍMETRO o **ALCOHÓMETRO** n. m. Densímetro utilizado para medir, en los vinos y licores, la proporción de alcohol o grado alcohólico. **2.** Dispositivo para medir la cantidad de alcohol presente en el aire espirado por una persona.
ALCOHOLISMO n. m. Abuso de bebidas alcohólicas, que cuando se da regularmente de forma intensa provoca trastornos fisiológicos y síquicos.
ALCOHOLISTA n. m. y f. *Argent.* y *Urug.* Alcohólico.
ALCOHOLIZACIÓN n. f. Producción o adición de alcohol en los líquidos.
ALCOHOLIZADO, A adj. y n. Dícese del que por abuso de bebidas alcohólicas padece los efectos de la saturación del organismo por alcohol.
ALCOHOLIZAR v. tr. [**1g**]. Añadir alcohol a un líquido. ♦ **alcoholizarse** v. pron. **2.** Contraer alcoholismo.
ALCOHOMETRÍA n. f. Conjunto de procedimientos empleados para determinar el grado alcohólico de un líquido.
ALCOR n. m. Colina, collado.
ALCORÁN n. m. Corán.
ALCORÁNICO, A adj. Coránico.
ALCORIZA (Luis), director de cine mexicano de origen español (Badajoz 1918-Cuernavaca 1992). Guionista de L. Buñuel (*Los olvidados*, 1951; *Él*, 1952), fue también un interesante director (*Tiburoneros*, 1962; *Tarahumara*, 1964; *Mecánica nacional*, 1974; *Presagio*, 1974; *Lo que importa es vivir*, 1988).
ALCORNOCAL n. m. Terreno poblado de alcornoques.
ALCORNOQUE n. m. Árbol de hojas persistentes, muy parecido a la encina, cuya corteza, gruesa y leve, proporciona el corcho. **2.** Madera de este árbol. ♦ n. m. y f. y adj. **3.** Persona estúpida, necia.
ALCORQUE n. m. Hoyo hecho al pie de las plantas para detener el agua de los riegos.
ALCOY o **ALCOI**, c. de España (Alicante), cab. de p. j.; 64 579 hab. (*Alcoyanos.*) Centro agrícola y principalmente industrial. Poblados ibéricos del Puig (s. IV a. J. C.) y la Serreta (ss. IV-I a. J. C.), con santuario de época romana (museo municipal).
ALCOYANO, A adj. y n. De Alcoy.
ALCUBILLA n. f. Arca de agua.
ALCURNIA n. f. Ascendencia, linaje, en especial si pertenece a la nobleza: *damas de alta alcurnia.*
ALCUZA n. f. Vasija de forma cónica en que se tiene el aceite para el uso diario.
ALCUZCUZ n. m. (ár. *al-kuskus*). Especialidad culinaria del N de África, preparada con sémola de trigo, carne, legumbres y salsas.
ALDABA n. f. Pieza metálica que se pone en las puertas para llamar. **2.** Argolla de hierro fija en la pared para atar en ella las caballerías. **3.** Pieza de metal o madera con que se aseguran, después de cerrados, los postigos o las puertas. ● **Agarrarse a**, o **tener, buenas aldabas**, arrimarse a una buena protección o contar con ella.
ALDABADA n. f. Golpe dado con la aldaba. SIN.: *aldabazo.* **2.** *Fig.* Aviso que causa sobresalto.
ALDABILLA n. f. Gancho de hierro que entrando en una hembrilla sirve para cerrar puertas, cofres, etc.

ALDABÓN n. m. Aldaba de gran tamaño. **2.** Asa grande de cofre, arca, etc.
ALDABONAZO n. m. Golpe dado con la aldaba o el aldabón.
ALDAMA (Juan), político y político mexicano (¿1769?-Chihuahua 1811). Nombrado teniente general por Hidalgo, participó en el asalto a Guanajuato (1810). Fue fusilado por los realistas.
ALDAMA (Francisco **de**), poeta español (en el reino de Nápoles 1537-Alcazarquivir 1578). Militar, luchó en Flandes y contra los turcos. Es autor de sonetos y canciones y de seis epístolas.
ALDEA n. f. Núcleo de población concentrada de corto vecindario, generalmente sin jurisdicción propia.
ALDEANISMO n. m. Vocablo o giro propio de los aldeanos. **2.** Mentalidad rústica.
ALDEANO, A adj. y n. Habitante u originario de una aldea. ♦ adj. **2.** Relativo a la aldea. **3.** *Fig.* Inculto.
ALDEHÍDO n. m. QUÍM. Compuesto químico obtenido por deshidrogenación u oxidación controlada de un alcohol primario.
ALDERREDOR adv. l. Alrededor.
ALDUNATE (Manuel), arquitecto chileno (Santiago de Chile 1815-Valparaíso 1898). Realizó el Congreso, el parque Consiño y el paseo de Santa Lucía en Santiago, y la casa consistorial en Valparaíso.
ALEACIÓN n. f. Sustancia de características metálicas obtenida por la incorporación de uno o varios elementos a un metal.
ALEAR v. tr. [**1**]. Mezclar dos o más metales fundiéndolos.
ALEATORIO, A adj. Relativo a todo acontecimiento incierto, que depende de la suerte o del azar. **2.** ART. CONTEMP. Dícese de una obra plástica, en especial cinética, cuya configuración procede de una combinatoria que explota las posibilidades del azar. **3.** ESTADÍST. Dícese de la variable que puede tomar un valor cualquiera de un conjunto especificado, con una probabilidad que expresa, para este valor particular, la fracción del número total de valores en que puede presentarse.
ALEBRESTARSE v. pron. [**1**]. *Méx.* y *Venez.* Excitarse, violentarse.
ALECCIONADOR, RA adj. Que aleccciona o sirve para aleccionar.
ALECCIONAMIENTO n. m. Acción y efecto de aleccionar.
ALECCIONAR v. tr. y pron. [**1**]. Instruir, enseñar.
ALEDAÑO, A adj. Confinante, lindante: *regiones aledañas.* ♦ adj. y n. **2.** Dícese del campo, pueblo o tierra considerado como parte accesoria del pueblo, campo, etc., con el que linda. ♦ n. m. **3.** Confín, término. (Suele usarse en plural.)
ALEF n. m. Primera letra del alfabeto hebreo. **2.** MAT. Número cardinal que caracteriza la potencia de un conjunto.
ALEGACIÓN n. f. Acción y efecto de alegar. **2.** DER. Alegato.
ALEGAR v. tr. (lat. *allegare*) [**1b**]. Citar, traer una o favor de su argumento con prueba o defensa, un hecho, dicho, etc. **2.** Tratándose de méritos, servicios, etc., exponerlos para fundar en ellos alguna pretensión. **3.** Discutir. ♦ v. tr. e intr. **4.** DER. Citar el abogado preceptos legales, jurisprudencia, motivos y argumentos en defensa de la causa que patrocina.
ALEGATO n. m. (lat. *allegatum*). Discurso pronunciado ante un tribunal para defender una causa: *un largo alegato.* **2.** Escrito en el que una persona expone los fundamentos del derecho de su cliente e impugna los del adversario. **3.** Razonamiento o exposición generalmente amplios, aun fuera de lo forense. **4.** *Amér.* Disputa, altercado.
ALEGATORIO, A adj. Relativo a la alegación.

ALEGORÍA n. f. (gr. *allēgoría*). Ficción en virtud de la cual una persona o cosa representa o simboliza otra distinta. **2.** Composición literaria o artística que utiliza esta forma de ficción, generalmente con fines didácticos.
ALEGÓRICO, A adj. Relativo a la alegoría.
ALEGORIZAR v. tr. (lat. *allegorizare*) [**1b**]. Interpretar alegóricamente una cosa; darle un sentido alegórico.
ALEGRAR v. tr. [**1**]. Causar alegría. **2.** *Fig.* Avivar, hermosear. **3.** *Fig.* Avivar la luz o el fuego. **4.** MAR. Aflojar un cabo. ♦ v. tr. y pron. ♦ **alegrarse** v. pron. **5.** Sentir alegría. **6.** *Fig.* y *fam.* Achisparse.
ALEGRE adj. Que siente o manifiesta alegría. **2.** Propenso a ella. **3.** *Fig.* y *fam.* Excitado ligeramente por la bebida. **4.** Que ocasiona alegría: *noticia alegre.* **5.** *Fig.* y *fam.* Ligero, arriesgado, irreflexivo. **6.** *Fig.* Dícese de los colores vivos y frescos. **7.** *Fig.* y *fam.* Algo libre o deshonesto: *mujer de vida alegre.*
ALEGREMENTE adv. m. De modo irreflexivo o frívolo; sin meditar el alcance o las consecuencias.
ALEGRÍA n. f. Sentimiento de placer originado generalmente por una viva satisfacción y que, por lo común, se manifiesta con signos exteriores. **2.** Palabras, gestos o actos que manifiestan el júbilo. **3.** Irresponsabilidad, ligereza. ♦ **alegrías** n. f. pl. **4.** Danza característica del cante flamenco.
ALEGRÍA (Ciro), novelista peruano (en Huamachuco 1909-Lima 1967), representante de la corriente indigenista. Además de *Los perros hambrientos* (1938) y *El mundo es ancho y ajeno* (1941), su obra maestra, son notables sus memorias (*Mucha suerte con harto palo,* 1976).
ALEGRÍA (Claribel), escritora salvadoreña (Managua 1924). Destaca su poesía: *Huésped de mi tiempo* (1961), *Pagaré a cobrar y otros poemas* (1973) y *Sobrevivo* (1978, premio Casa de las Américas), y su novelística: *Cenizas de Izalco* (1966), *Pueblo de Dios y de mandinga* (1986).
ALEGRÍA (Fernando), escritor chileno (Santiago 1918), autor de novelas (*Caballo de copas,* 1957; *Mañana los guerreros,* 1964) y cuentos (*El poeta que se volvió gusano,* 1956) y crítico literario.
ALEIXANDRE (Vicente), poeta español (Sevilla 1898-Madrid 1984). Miembro de la generación del 27, con *Ámbito* (1928) se inició en la poesía pura, camino que abandonaría en sus obras siguientes: *Espadas como labios* (1932) y los poemas en prosa de *Pasión de la tierra* (1935). De su producción posterior destacan: *Sombra del paraíso* (1944); *Historia del corazón* (1954); *Poemas de la consumación* (1968); *Diálogos del conocimiento* (1974). [Premio Nobel de literatura 1977.]
ALEJAMIENTO n. m. Acción y efecto de alejar.
ALEJANDRÍA, en ár. *Al-Iskandariyya,* c. y puerto de Egipto, al O del delta del Nilo; 2 719 000 hab. Centro comercial y financiero, intelectual (universidad) e industrial (metalurgia, textil). Fundada por Alejandro Magno (332 a. J.C.), célebre por su faro, fue, en tiempo de los Tolomeos, el centro artístico y literario de oriente, y uno de los principales focos de la civilización helenística (museo, biblioteca). La Iglesia de Alejandría desempeñó, en el desarrollo del cristianismo, un papel fundamental.
ALEJANDRINO, A adj. y n. De Alejandría, Egipto. **2.** Neoplatónico. ♦ adj. ♦ **Arte alejandrino,** arte cultivado principalmente en Alejandría a partir del s. III a. JC.
ALEJANDRINO, A adj. Relativo a Alejandro Magno. ♦ adj. y n. Dícese del verso de catorce sílabas, compuesto de dos hemistiquios de siete sílabas.
ALEJANDRO MAGNO (Pela, Macedonia, 356-Babilonia 323 a. J.C.), rey de Macedonia [336-323], hijo de Filipo II y de Olimpia. Discípulo de Aristóteles, sometió a la Grecia rebelde, se hizo nombrar jefe de los griegos contra los persas y atravesó el Helesponto. Venció a las tropas de Darío III en el Gránico (334) y en Issos (333), y ocupó Tiro y Egipto. Fundó Alejandría y más tarde, atravesando el Éufrates y el Tigris, derrotó a los persas entre Gaugamela y Arbelas (331). Se apoderó de Babilonia y Susa, quemó Parsa (Persépolis) y alcanzó el Indo. Pero, debido al agotamiento de su ejército, regresó a Babilonia. Su imperio no le sobrevivió. Después de su muerte fue repartido entre sus generales.
ALEJAR v. tr. y pron. [**1**]. Poner o traer lejos o más lejos: *alejarse del ruido.*
ALELADO, A adj. Atontado, embobado, lelo.
ALELAMIENTO n. m. Acción y efecto de alelar.
ALELAR v. tr. y pron. [**1**]. Poner lelo, embobado.
ALELO n. m. Gen alelomorfo.
ALELOMORFO adj. BIOL. Dícese de un carácter hereditario opuesto a otro. ♦ **Gen alelomorfo,** uno de entre dos o varias formas de un gen que ocupa el mismo lugar en un cromosoma particular. SIN.: alelo.
ALELUYA n. m. o f. (hebr. *hal.lelû-yah*). Aclamación litúrgica judía y cristiana. ♦ n. m. **2.** Tiempo de pascua: *por el aleluya nos veremos.* ♦ n. f. **3.** Cada uno de los dibujos pertenecientes a una serie que, con ayuda de pareados, cuenta una historia. **4.** *Fig.* y *fam.* Alegría, sentimiento de placer: *hoy es día de aleluya.* **5.** *Fig.* Noticia que alegra. **6.** BOT. Acederilla. **7.** MÉTRIC. Composición poética que consta generalmente de versos octosílabos pareados con rima consonante. ♦ interj. **8.** Expresa para demostrar júbilo.
ALEMÁN, NA adj. y n. De Alemania. ♦ n. m. **2.** Lengua indoeuropea del grupo germánico, hablada principalmente en Alemania y Austria.
ALEMÁN (Arnoldo), político y abogado nicaragüense (Managua 1946). Alcalde de Managua (1990-1995) y líder de la derechista Alianza liberal, fue elegido presidente del país tras las elecciones de 1996.
ALEMÁN (Mateo), escritor español (Sevilla 1547-México c. 1615), autor del *Guzmán de Alfarache* (1599 y 1604), prototipo de la novela picaresca española.
ALEMÁN (Miguel), político mexicano (Sayula, Veracruz, 1900-México 1983). Miembro del P.R.I., fue presidente de la república (1946-1952).
ALEMANA (**República Democrática**) [R.D.A.], en alem. **Deutsche Demokratische Republik (D.D.R.)**, denominación de la parte oriental de Alemania de 1949 a 1990. (CAP. Berlín Este.) Organizada económica y políticamente según el modelo soviético, estaba dirigida por el Partido socialista unificado (S.E.D.). ▪

HISTORIA

– **1949**: proclamación de la República Democrática Alemana en la zona de ocupación soviética. W. Pieck se convirtió en presidente y O. Grotewohl en primer ministro. **1950**: W. Ulbricht fue elegido primer secretario del S.E.D. La R.D.A. reconoció la línea Oder-Neisse como frontera con Polonia y se adhirió al Comecon. **1952**: abandonó su estructura federal para convertirse en un estado centralizado. **1953**: estallaron disturbios obreros. **1955**: la R.D.A. se adhirió al pacto de Varsovia. **1958**: la U.R.S.S. denunció el estatuto cuatripartito de Berlín. **1960**: W. Ulbricht sucedió a Pieck al frente del estado (presidente del consejo de estado), conservando la dirección del S.E.D. **1961**: a fin de acabar con la intensa emigración de los alemanes del E hacia la R.F.A. se construyó un muro que separaba Berlín Este y Berlín Oeste. **1963**: se flexibilizó

ALE

sistema de planificación económica. 1964: W. Stoph sucedió a Grotewohl como jefe de gobierno. 1971: E. Honecker se convirtió en primer secretario del S.E.D. en sustitución de Ulbricht, que siguió al frente del estado. 1972: se firmó el tratado fundamental entre la R.F.A. y la R.D.A., que abrió el camino al reconocimiento de la R.D.A. por parte de los países occidentales. 1976: Honecker sucedió a W. Stoph (jefe del estado desde 1973) y acumuló la dirección del partido y del estado. Stoph recuperó la dirección del gobierno. 1989: un éxodo masivo de ciudadanos de la R.D.A. hacia la R.F.A. e importantes manifestaciones que reclamaban la democratización del régimen provocaron a partir de octubre profundos cambios: dimisión de los principales dirigentes (entre ellos Honecker y Stoph), apertura del muro de Berlín y de la frontera interalemana, abandono de toda referencia al papel dirigente del S.E.D. 1990: en las primeras elecciones libres (marzo), la Alianza por Alemania, en la cual la C.D.U. era la formación mayoritaria, obtuvo una amplia victoria. Su líder, Lothar de Maizière, formó un gobierno de coalición. Se reconstituyeron los Länder de Brandeburgo, Mecklemburgo-Antepomerania, Sajonia, Sajonia-Anhalt y Turingia (julio) y, con el Land de Berlín, se adhirieron a la R.F.A. La unificación de Alemania se proclamó el 3 de octubre.

ALEMANIA, en alem. **Deutschland**, estado de Europa formado por 16 Länder (estados): Baden-Württemberg, Baviera, Berlín, Brandeburgo, Bremen, Hamburgo, Hesse, Mecklemburgo-Antepomerania, Renania del Norte-Westfalia, Renania-Palatinado, Sarre, Sajonia, Baja Sajonia, Sajonia-Anhalt, Schleswig-Holstein y Turingia; 357 000 km²; 79 500 000 hab. *(Alemanes.)* CAP. *Berlín*. LENGUA OFICIAL: alemán. MONEDA: marco alemán.

GEOGRAFÍA

Alemania es la primera potencia económica de Europa, de la que constituye también el estado más poblado, después de Rusia. La historia, más que el medio natural (la superficie es relativamente reducida), explica esta primacía y, en particular, la precocidad y amplitud del desarrollo comercial e industrial (este último favorecido por la abundante hulla del Ruhr). El carácter relativamente reciente de la unidad alemana (segunda mitad del s. XIX) es asimismo responsable, a pesar del peso adquirido por Berlín, de la presencia de grandes ciudades (Hamburgo, Munich, Frankfurt, Colonia, Stuttgart, Bremen, Hannover, Leipzig, Dresde) que desempeñan una función importante en la vida económica, social y cultural del país. Aproximadamente el 85 % de los alemanes viven en ciudades. La población es densa (próxima a los 220 hab. por km²) especialmente en las regiones renanas. No obstante, ha disminuido recientemente, debido a un índice de natalidad muy bajo, del orden del 11 ‰, inferior al índice de mortalidad, induido por un sensible envejecimiento. Cerca del 40 % de la población activa trabaja en el sector industrial, tradicional base de las exportaciones, concentrado en sus estructuras, pero diversificado en sus producciones. Se sitúan en primer lugar las construcciones mecánicas (entre ellas, la industria del automóvil), eléctricas y la química, muy por delante de los sectores tradicionales en declive (extracción hullera, siderurgia o industria textil). La agricultura ocupa sólo el 5 % de la población activa, pero satisface la mayor parte de las necesidades nacionales en cereales, productos lácteos, azúcar, patatas, carne, frutas y verduras. Los servicios emplean a más de la mitad de la población activa, lo cual atestigua el nivel de desarrollo de la economía. Aproximadamente el 30 % de la producción (productos industriales sobre todo) se exporta (la mitad hacia los socios de la C.E.). Este índice, excepcionalmente alto si se tiene en cuenta la importancia del mercado interior, permite compensar el tradicional déficit de la balanza en los servicios (inversiones en el extranjero, saldo negativo del turismo). No obstante, existen problemas, en particular los de la integración de la parte oriental, que adolece de la obsolescencia de los equipos industriales y la mediocre productividad de la agricultura, así como la degradación frecuente del hábitat y del medio ambiente. Los Länder del E están poco preparados para soportar las exigencias de la economía de mercado, especialmente el paro.

HISTORIA

Los orígenes. I milenio a. J.C.: los germanos se instalaron entre el Rin y el Vístula, rechazando a los celtas hacia las Galias. 55 a. J.C.-16 d. J.C.: tras el desastre de Varo (9 d. J.C.), Roma sólo se estableció en la orilla izquierda del Rin, gracias a la victoria de Germánico sobre Arminio. Entre el *limes*, que la protegió a partir de Trajano, y los bárbaros, se extendían los *campos Decumates*. Ss. V-IX: tras el declive del Imperio romano de Occidente, se crearon varios reinos germánicos. El más importante, el reino franco, formó en 800 el Imperio carolingio. 842-843: el reino de Germania nació de la división de este imperio (tratado de Verdún).

El Sacro imperio. 962: el sajón Otón I el Grande, rey de Germania y de Italia, fundó el Sacro imperio romano germánico. 1024: la casa de Franconia, que sucedió a la de Sajonia, chocó con el papado: se produjo la querella de las Investiduras, marcada por la humillación de Enrique V en Canosa (1077). 1138: los suabos (Hohenstaufen), con Federico I Barbarroja (1152-1190) y Federico II (1220-1250), iniciaron las luchas entre el papado y el Imperio que terminaron también a favor de Roma. 1250-1273: el gran interregno, período de anarquía, favoreció la emancipación de los principados. 1273: Rodolfo I de Habsburgo fue elegido emperador. 1356: Carlos IV, mediante la Bula de oro, estableció las reglas de la elección imperial. S. XVI: el Imperio, en su apogeo con Maximiliano I (1493-1519) y Carlos Quinto (1519-1556), vio rota su unidad por la Reforma protestante. S. XVII: la guerra de los Treinta años (1618-1648) asoló el país. Los tratados de Westfalia confirmaron la división religiosa y política (350 estados) del país. S. XVIII: los Hohenzollern, que obtuvieron el título de reyes en Prusia (1701), dominaron Alemania durante el reinado de Federico II (1740-1786), mecenas de la Ilustración *(Aufklärung).*

El ascenso de Prusia. 1806: Napoleón sustituyó el Sacro imperio por una Confederación del Rin que excluía a Prusia. Apoyado por ésta, despertó el nacionalismo alemán, dirigido contra Francia. 1815: en el congreso de Viena, la Confederación del Rin fue sustituida por una Confederación germánica (39 estados autónomos) que englobaba Prusia y Austria. 1815-1861: se multiplicaron en Alemania los movimientos nacionalistas y liberales (1848). Austria y Prusia lucharon por confirmarse en su beneficio una «gran» o «pequeña» Alemania. 1860-1871: Prusia, con Bismarck, eliminó a Austria (Sadowa, 1866), venció a Francia (1870), proclamó el «Imperio alemán» en Versalles y le anexionó Alsacia-Lorena por el tratado de Frankfurt (1871). 1871-1890: Bismarck se enfrentó a la resistencia católica frente a la política del Kulturkampf. La notable expansión industrial fue acompañada de la formación de un potente partido socialista. 1890-1914: Guillermo II añadió a su política colonial pretensiones pangermanistas. 1914-1918: la primera guerra mundial acabó con la derrota de Alemania (tratado de Versalles, 28 junio 1919), que perdió Alsacia-Lorena y sus colonias; los soberanos del Imperio abdicaron.

De Weimar al III Reich. 1919-1933: la República de Weimar (17 estados o Länder) reprimió el movimiento espartaquista (1919). La humillación debida al *diktat* de Versalles, la ocupación del Ruhr por Francia (1923-1925) y la miseria provocada por una terrible inflación favorecieron la ascensión del nacionalsocialismo. 1933-1934: Hitler, führer y canciller, inauguró el III Reich, un estado dictatorial y centralizado, basado en un partido único, la eliminación de la oposición (ilegalización de los comunistas tras el incendio del Reichstag; eliminación de las S.A. en la noche de los cuchillos largos), el racismo (en particular hacia los judíos y los gitanos) y una política anexionista, aplicada en nombre del «espacio vital». 1936-1939: tras la remilitarización de Renania (1936), la anexión de Austria *(Anschluss)* y de los Sudetes (1938) y la de Bohemia y Moravia (1939), el ataque a Polonia (asunto del corredor de Danzig) desencadenó la segunda guerra mundial. 1940-1945: Alemania invadió y ocupó Francia y la mayor parte de los países europeos, pero fracasó ante la resistencia de Gran Bretaña y de la U.R.S.S. aliadas con E.U.A. Capituló el 8 de mayo de 1945.

De la ocupación a la división. 1945-1946: el territorio alemán, ocupado por los ejércitos aliados de E.U.A., Francia, Gran Bretaña y la U.R.S.S., quedó limitado al E por la línea Oder-Neisse. Las minorías alemanas fueron expulsadas de Hungría, Polonia y Checoslovaquia. El tribunal de Nuremberg juzgó a los criminales de guerra nazis. 1948: E.U.A., Francia y Gran Bretaña decidieron la creación de un estado federal en sus zonas de ocupación. La U.R.S.S. bloqueó los accesos de Berlín Oeste (hasta mayo de 1949). 1949: la división quedó consagrada tras la creación de la República Federal de Alemania o R.F.A. (23 mayo) y, en la zona de ocupación soviética, de la República Democrática Alemana o R.D.A. (7 oct.). No obstante, estos dos estados precisaron en sus constituciones que Alemania era una república indivisible y que el pueblo alemán debería concluir su unidad.

La República Federal de Alemania. 1949-1963: tras las elecciones ganadas por la C.D.U., la R.F.A. fue gobernada por el canciller K. Adenauer. Beneficiándose de la ayuda norteamericana (plan Marshall), inició una rápida recuperación económica. Tras la abolición del estatuto de ocupación (1952), E.U.A., Francia y Gran Bretaña preconizaron por el acuerdo de París (1954) la restauración de la soberanía de la R.F.A., que reconocieron como único representante del pueblo alemán. La R.F.A. entró en la O.T.A.N. (1955) y se adhirió a la C.E.E. (1958). La crisis de Berlín, desencadenada por la U.R.S.S. en 1958, desembocó en la construcción del muro (1961). 1963-1966: durante el mandato del canciller L. Erhard, también democristiano, prosiguió el «milagro económico». 1966-1969: el canciller K. Kiesinger, democristiano, formó un gobierno de «gran coalición» C.D.U.-S.P.D. 1969-1974: el canciller W. Brandt, socialdemócrata, formó un gobierno de «pequeña coalición» con el Partido liberal. Centró su política en la apertura al E (Ostpolitik). Tras concluir un tratado con la U.R.S.S. y reconocer la línea Oder-Neisse como frontera de Polonia (1970), la R.F.A. firmó con la R.D.A. el tratado interalemán de 1972. 1974-1982: con el canciller H. Schmidt, socialdemócrata, se mantuvo en el poder la coalición con los liberales. 1982-1987: el canciller H. Kohl, democristiano, formó un gobierno de coalición con el Partido liberal; los Verdes entraron en el Bundestag en 1983. 1987: la coalición C.D.U.-Partido liberal ganó las elecciones y Kohl siguió siendo canciller. 1989: la R.F.A. se enfrentó a los problemas planteados por una afluencia masiva de refugiados de la Alemania del E y por los cambios sobrevenidos en la R.D.A. El tratado de Moscú entre los dos estados alemanes, E.U.A., Francia, Gran Bretaña y la U.R.S.S. estableció las fronteras de la Alemania unida, y su completa soberanía. Se proclamó la unificación de Alemania. Las primeras elecciones de la Alemania reunificada fueron ganadas por la coalición C.D.U.-Partido liberal, dirigida por Kohl, al igual que las de 1994. 1998: el S.P.D. venció en las elecciones. G. Schröder formó coalición con los Verdes. 2004: Horst Kohler resulta electo como presidente de la república (mayo).

ALEMÁNICO n. m. Grupo de dialectos del alto alemán.

ALEMBERT (Jean Le Rond d'), matemático y filósofo francés (París 1717-id. 1783). Escéptico en religión y defensor de la tolerancia, expuso en el discurso preliminar de la *Enciclopedia* la filosofía natural y el espíritu científico. Estudió la resolución de las ecuaciones diferenciales. Su obra principal es el *Tratado de dinámica* (1743).

ALENTADOR, RA adj. Que infunde aliento.

ALENTAR v. intr. [**1j**]. Respirar, absorber el aire. ♦ v. tr. y pron. **2.** *Fig.* Animar, infundir aliento, dar vigor: *alentar a los jugadores*.

ALENTEJO, en port. *Alemtejo*, región de Portugal, al S del Tajo. Se distinguen el *Alto Alentejo* (cap. Évora) y el *Bajo Alentejo* (cap. Beja).

ALEONADO, A adj. Leonado.

ALERCE n. m. (ár. al-arza). Árbol que mide entre 20 y 35 m de alt., crece en las montañas por encima de la zona de los abetos, de agujas caducas, agrupadas en fascículos. (Orden coníferas). **2.** Madera de este árbol.

ALERGENO o **ALÉRGENO** n. m. Sustancia capaz de provocar una alergia en el organismo.

ALERGIA n. f. Estado de un individuo que, sensibilizado ante una sustancia, presenta después ante ella, acentuadas reacciones de carácter respiratorio, nervioso o eruptivo. **2.** Sensibilidad extremada y contraria respecto a determinados temas, personas o cosas.

ALÉRGICO, A adj. y n. Relativo a la alergia; que sufre alergia.

ALERO n. m. Parte inferior del tejado, que sobresale de la pared. **2.** Guardabarros del automóvil. **3.** En baloncesto, el que juega en los laterales de la cancha.

ALERÓN n. m. Aleta de algunos peces. **2.** AERON. Aleta articulada colocada en el borde de salida de un ala en un avión, y que mediante su maniobra permite la inclinación o el enderezamiento lateral del aparato.

ALERTA n. m. o f. (ital. *all'erta*, en la cuesta). Señal que previene del peligro. **2.** MIL. Aviso dado a una fuerza militar para que se prepare y esté en situación de intervenir en un plazo fijado. ♦ adv. m. **3.** Con vigilancia y atención: *vivir alerta*. ♦ interj. **4.** Se emplea para prevenir de un peligro o para excitar a la vigilancia.

ALERTAR v. tr. y pron. [**1**]. Poner alerta.

ALERTO, A adj. Vigilante: *tener la mirada alerta*. (Suele usarse la forma *alerta* y su plural *alertas* para los dos géneros.)

ALESSANDRI (Arturo), político chileno (Longaví, Linares, 1868-Santiago 1950). Liberal, fue presidente de la república en dos ocasiones (1920-1924, 1925 y 1932-1938). — Su hijo **Jorge** (Santiago 1896-*id.* 1986),

también presidente (1958-1964), apoyó el golpe militar y la dictadura de Pinochet.

ALETA n. f. Miembro o apéndice corto y plano, que permite nadar a numerosos animales acuáticos como los peces, cetáceos, tortugas, etc. **2.** Calzado en forma de aleta de pez, generalmente de goma, que se adapta a los pies para facilitar la natación. **3.** Lámina saliente de un radiador, que favorece su refrigeración. **4.** Paleta del rotor de una turbina. **5.** Alero de un tejado. **6.** Guardabarros del automóvil. **7.** AERON. Parte del ala o de un timón que puede ser maniobrada a fin de modificar la forma de la superficie principal y, consiguientemente, las características aerodinámicas. **8.** ANAT. Nombre dado a una parte de un órgano debido a su estructura: *aletas nasales*.

ALETARGAMIENTO n. m. Acción y efecto de aletargar o aletargarse.

ALETARGAR v. tr. [**1b**]. Causar letargo. ♦ **aletargarse** v. pron. **2.** Padecer letargo.

ALETEAR v. intr. [**1**]. Mover las alas frecuentemente sin echar a volar; mover las alas para volar. **2.** Mover los peces frecuentemente las aletas. **3.** Mover los brazos. **4.** *Fig.* Cobrar fuerzas el convaleciente. **5.** Moverse una cosa de modo parecido a las alas.

ALETEO n. m. Acción y efecto de aletear. **2.** *Fig.* Palpitación violenta del corazón.

ALEUTIANAS (*islas*), en ingl. *Aleutian Islands*, archipiélago de islas volcánicas, en la costa NO de América, que prolonga Alaska y pertenece a Estados Unidos. Bases aéreas. Pesca.

ALEVE adj. y n. m. y f. Alevoso.

ALEVILLA n. f. Mariposa común en España, parecida a la del gusano de seda, y de alas blancas.

ALEVÍN n. m. Cría de pez o pez pequeño destinado a la repoblación de las aguas de estanques y ríos. **2.** *Fig.* Joven principiante que se inicia en una disciplina o profesión.

ALEVOSÍA n. f. Traición, perfidia. **2.** DER. Cautela con que el delincuente asegura la comisión de un delito contra personas, evitando el riesgo procedente de la defensa del ofendido.

ALEVOSO, A adj. y n. Dícese del que comete alevosía. ♦ adj. **2.** Que implica alevosía o se hace con ella: *puñal alevoso*.

ALFA n. f. Primera letra del alfabeto griego (α). ♦ **Alfa y omega** (*Fig.*), principio y fin. ‖ **Radiación alfa**, radiación formada por corpúsculos emitidos por cuerpos radiactivos, compuesta por dos neutrones y dos protones. ‖ **Ritmo α**, ondas rápidas, regulares y de pequeña amplitud, recogidas por procedimientos electroencefalográficos, que señalan una reacción activa del córtex.

ALFABÉTICO, A adj. Relativo al alfabeto.

ALFABETIZACIÓN n. f. Acción y efecto de alfabetizar: *campaña de alfabetización*.

ALFABETIZAR v. tr. [**1g**]. Poner por orden alfabético. **2.** Enseñar a leer y escribir.

ALFABETO n. m. (lat. *alphabetum*). Lista de todas las letras utilizadas en la transcripción de los sonidos de una lengua, enumerados según un orden convencional. **2.** Conjunto de signos empleados en un sistema de comunicación: *el alfabeto de los sordomudos*.

ALFAGUARA n. f. Manantial copioso.

ALFAJOR n. m. Nombre dado a distintas golosinas. **2.** Alajú. **3.** *Argent.*, *Chile* y *Urug.* Dulce formado por dos bizcochos circulares unidos entre sí por dulce de leche, chocolate, etc. **4.** *Venez.* Pasta de papelón, harina de yuca, piña y jengibre.

ALFALFA n. f. Planta forrajera, de pequeñas flores violáceas, que enriquece el suelo en nitrógeno.

ALFALFAL o **ALFALFAR** n. m. Terreno sembrado de alfalfa.

ALFANDOQUE n. m. Pasta hecha con melado, queso y anís o jengibre, propia de América.

ALFANJE n. m. Especie de sable ancho y curvo, usado por los orientales.

ALFANUMÉRICO, A adj. Dícese de una clasificación establecida simultáneamente a partir de las letras del alfabeto y de los números. **2.** INFORMÁT. Dícese de los caracteres alfabéticos (A a Z), numéricos (0 a 9) o codificados mediante signos convencionales (., §, &, ...), que constituyen una serie de esos diversos símbolos.

ALFANÚMERO n. m. Cada uno de los números de una serie de números y letras combinados que se emplea como clave para operar con el ordenador.

ALFARERÍA n. f. Arte de fabricar vasijas de barro. **2.** Obrador donde se fabrican. **3.** Tienda o puesto donde se venden.

ALFARERO n. m. El que tiene por oficio hacer objetos de barro. **2.** Cacharrero, el que vende dichos objetos.

ALFARO (Eloy), general y político ecuatoriano (Montecristi 1842-Quito 1912). Fundó el Partido radical-liberal (1895) y fue presidente de la república (1895-1901 y 1906-1911). Derrocado por los militares, fue muerto en la cárcel.

ALFARO SIQUEIROS → *Siqueiros*.

ALFÉIZAR n. m. Vuelta o derrame que hace la pared en el corte de una puerta o ventana. **2.** Rebajo en ángulo recto que forma el telar de una puerta o ventana con el derrame donde se encajan las hojas de la puerta o el de la que se cierra.

ALFEÑIQUE n. m. Pasta de azúcar, en forma de barras delgadas y retorcidas, cocida en aceite de almendras. **2.** *Fig.* y *fam.* Persona de complexión débil. **3.** *Fig.* y *fam.* Remilgo, afeite.

ALFÉREZ n. m. Oficial del ejército en el grado y empleo inferior de la carrera. **2.** *Amér. Merid.* Persona elegida para pagar los gastos en un baile o en cualquier otra fiesta. ♦ **Alférez de fragata, de navío**, grados de la marina de guerra que equivalen, respectivamente, a los de alférez y teniente del ejército. ‖ **Alférez mayor del rey**, o **de Castilla**, el que portaba el pendón en la batalla y la espada del rey en las ceremonias palatinas.

ALFIL n. m. En el ajedrez, cada una de las dos piezas de cada bando que se mueven en diagonal.

ALFILER n. m. Clavillo de metal con punta por uno de sus extremos y una cabecilla por el otro. **2.** Joya semejante al alfiler común, o de figura de broche, que toma los nombres del lugar donde se coloca: *alfiler de corbata*. ♦ **Alfiler de gancho** (*Amér. Merid.*), imperdible. ‖ **alfileres** n. m. pl. **3.** Cantidad de dinero señalada a una mujer para costear el adorno de su persona.

ALFILERAZO n. m. Punzada de alfiler. **2.** *Fig.* Pulla.

ALFILERILLO n. m. *Argent.* y *Urug.* Nombre de diversas plantas de la familia de las geraniáceas. **2.** *Méx.* Nombre común a varias plantas cactáceas. **3.** *Méx.* Insecto que ataca a la planta del tabaco.

ALFILETERO n. m. Canuto para guardar alfileres.

ALFOMBRA n. f. (ár. *al-jumra*). Tejido con que se cubre el piso de las habitaciones y escaleras. **2.** *Fig.* Conjunto de cosas que cubren el suelo.

ALFOMBRADO n. m. Conjunto de alfombras de una casa o salón. **2.** Operación de alfombrar.

ALFOMBRAR v. tr. [**1**]. Cubrir el suelo con alfombras. **2.** Cubrir el suelo con flores, hojas, etc.

ALFONSÍN (Raúl), abogado y político argentino (Chascomús 1926). Líder de la Unión cívica radical, durante su mandato como presidente de la república (1983-1989), caracterizado por una grave crisis

ALF

económica y política, fue procesada por la cúpula militar de la dictadura.

ALFONSO X *el Sabio* (Toledo 1221-Sevilla 1284), rey de Castilla y de León [1252-1284]. Hijo de Fernando III, fracasó en la pugna por la corona del Sacro imperio romano germánico. Fomentó la actividad cultural (escuela de traductores de Toledo), y él fue excelente poeta en gallego. De su extensa obra, jurídica, científica, histórica y literaria, destacan el *Fuero real de Castilla*, el *Código de las Siete Partidas*, las *Tablas alfonsíes*, la *Crónica general*, la *General e grand estoria* y las *Cantigas de Santa María*, así como el *Lapidario* y los *Libros de ajedrez, dados y tablas*.

ALFORJA n. f. Especie de talega, abierta por el centro y cerrada por los extremos, formando dos bolsas grandes. (Suele usarse en plural.) **2.** Provisión de los comestibles necesarios para el camino. **3.** *Amér.* Adorno, colgajo.

ALFORZA n. f. Dobladillo o pliegue que suele hacerse en la parte inferior de las faldas y otras ropas, ya sea como adorno o para poder alargarlas cuando sea necesario.

ALFVÉN (Hannes), físico sueco (Norrköping 1908-Estocolmo 1995). Estudió el plasma de la magnetosfera y descubrió las ondas que se propagan en este medio *(ondas de Alfvén).* [Premio Nobel de física 1970.]

ALGA n. f. (lat. *algam*). Vegetal clorofílico sin raíces ni vasos, que vive en el agua, salada o dulce, o en ambientes húmedos.

ALGARABÍA n. f. Lengua árabe. **2.** *Fig.* y *fam.* Lengua o lectura ininteligible. **3.** *Fig.* y *fam.* Manera de hablar atropelladamente. **4.** *Fig.* y *fam.* Griterío confuso: *armar algarabía.*

ALGARADA n. f. Algara. **2.** Alboroto, vocerío grande causado por un tropel de gente.

ALGARROBA n. f. Planta leguminosa de flores blancas y semilla parda que una vez seca se utiliza como pienso. (Familia papilionáceas.) **2.** Semilla de dicha planta. **3.** Fruto del algarrobo.

ALGARROBAL n. m. Terreno sembrado de algarrobas o de algarrobos.

ALGARROBO n. m. Árbol mediterráneo, que alcanza hasta 10 m de alt. cuyo fruto, la algarroba, es una vaina de unos 10 cm de long., que contiene una pulpa azucarada. (Familia cesalpiniáceas.)

ALGAZARA n. f. (ár. *al-gazāra*). Vocerío de moros y otras tropas al acometer al enemigo. **2.** Ruido, griterío de una o muchas personas, por lo común alegre.

ÁLGEBRA n. f. Rama de las matemáticas que trata de la generalización del cálculo aritmético a expresiones compuestas por números y letras que representan cantidades variables (álgebra clásica) y que, a partir de la teoría de los conjuntos, estudia las estructuras *(álgebra moderna).* 2. Libro que trata de esta ciencia. • **Álgebra de Boole**, álgebra creada por Boole, basada en el estudio de las relaciones lógicas.

ALGEBRAICO, A o **ALGÉBRICO, A** adj. Relativo al álgebra.

ALGEBRISTA n. m. y f. Especialista en álgebra.

ALGECIRAS, c. de España (Cádiz), cab. de p. j.; 101 556 hab. *(Algecireños.)* En el Campo de Gibraltar. Importante tráfico portuario. Refinería de petróleo; metalurgia. Se desarrolló tras la ocupación británica de Gibraltar (s. XVIII).

ALGIDEZ n. f. Estado de lo que es álgido.

ÁLGIDO, A adj. (lat. *algidum*). Muy frío. **2.** Dícese del momento o período culminante, decisivo o crítico de algunos procesos. **3.** Dícese de las afecciones caracterizadas por sensaciones de frío: *fiebre álgida.*

ALGO pron. indef. (lat. *aliquod*). Expresa el concepto general de cosa en contraposición a nada: *tramar algo.* **2.** Significa cosa de consideración, de cierta importancia: *creerse algo.* **3.** Denota cantidad indeterminada. **4.** Con la prep. *de,* significa parte o porción: *tenía algo de mulato.* ♦ adv. c. **5.** Un poco, no del todo, hasta cierto punto.

ALGODÓN n. m. (ár. *al-qutun*). Fibra textil natural que recubre la semilla del algodonero. **2.** Hilo o tela que se fabrica con esta fibra. **3.** Algodonero. • **Algodón en rama**, borra de las semillas del algodonero comprimida formando balas, tal como se recibe en las hilaturas. SIN.: *algodón en crudo.* ‖ **Algodón pólvora**, explosivo compuesto de nitrocelulosa, que se obtiene al tratar el algodón con una mezcla de ácidos nítrico y sulfúrico. ‖ **Estar criado entre algodones**, estar criado con mucha o excesiva delicadeza.

ALGODONAL n. m. Plantación de algodoneros.

ALGODONERO, A adj. Relativo al algodón. ♦ n. **2.** Obrero empleado en la industria del algodón. ♦ n. m. **4.** Planta herbácea o leñosa originaria de la India, de 0,50 a 1,50 m de alt., cultivada en todos los países cálidos por el algodón que envuelve sus semillas, las cuales proporcionan un aceite comestible. (Familia malváceas.)

ALGOL n. m. (de *algo* [*rithmic*] / [*language*]). INFORMÁT. Lenguaje utilizado para la programación de problemas científicos o técnicos en los ordenadores.

ALGONQUINO, A adj. y n. m. GEOL. Dícese de la parte superior del precámbrico, que sigue al arcaico.

ALGONQUINO, A adj. y n. Relativo a un conjunto de pueblos amerindios de América del Norte; individuo de estos pueblos. ♦ n. m. **2.** LING. Lengua hablada por estos pueblos.

ALGORÍTMICO, A adj. Relativo al algoritmo. **2.** INFORMÁT. Dícese de los lenguajes creados para facilitar la expresión concisa y precisa de algoritmos.

ALGORITMO n. m. MAT. Proceso de cálculo que permite llegar a un resultado final.

ALGUACIL o **AGUACIL** n. m. Oficial inferior de justicia, que ejecuta las órdenes de un tribunal. **2.** Funcionario subalterno de un ayuntamiento.

ALGUIEN pron. indef. Significa una persona cualquiera sin determinación: *preguntar por alguien.* ♦ n. **2.** Persona importante.

ALGÚN adj. Apócope de *alguno*. (Sólo se emplea antepuesto a nombres masculinos.)

ALGUNO, A adj. Dícese de personas, animales o cosas indeterminadas con respecto a varias o a muchas: *algunos espectadores silbaron.* **2.** Expresa una cantidad imprecisa pero no muy abundante: *tener algunos bienes.* **3.** Pospuesto al nombre, tiene valor negativo: *no sufrir cambio alguno.* ♦ pron. indef. **4.** Alguien. **5.** Con la prep. *de* o *entre* y referido a un nombre próximo, tiene carácter partitivo.

ALHAJA n. f. Joya, pieza de oro, plata, platino o pedrería. **2.** *Fig.* y *fam.* Persona o animal de excelentes cualidades. ♦ adj. m. y f. **3.** *Argent., Bol., Ecuad.* y *Méx.* Bonito, agradable.

ALHAJAR v. tr. y pron. [1]. Adornar con alhajas. SIN.: *enjoyar.*

ALHAJERO n. m. *Amér.* Joyero, cofre. SIN.: *alhajera.*

ALHARACA n. f. Demostración excesiva, por ligero motivo, de la vehemencia de algún sentimiento.

ALHARMA n. f. Planta de flores blancas muy olorosas, cuyas semillas se comen tostadas. (Familia rutáceas.)

ALHELÍ n. m. (ár. *al-jirī*). Planta ornamental de flores aromáticas de colores variados, que se cultiva en jardinería. (Familia cruciferas.) **2.** Flor de esta planta.

ALHEÑA n. f. Arbusto de 2 a 3 m de alt., con flores blancas en racimos, oloroso, común en la península Ibérica. (Familia oleáceas.) **2.** Flor de este arbusto. **3.** Polvo a que se reducen las hojas de la alheña cogidas en primavera y secadas al aire libre, y que se usa para teñir.

ALHEÑAR v. tr. y pron. [1]. Teñir con polvo de alheña.

ALHÓNDIGA n. f. Local público para la venta, compra y depósito de granos y otros comestibles.

ALHUCEMA n. f. Espliego.

ALIÁCEO, A adj. Perteneciente al ajo, que tiene su olor o sabor.

ALIADO, A adj. y n. Unido o coligado con otro u otros. • **aliados** n. m. pl. Conjunto de naciones que lucharon contra Alemania en las dos guerras mundiales.

ALIAGA n. f. Planta arbustiva, lampiña, con ramas espinosas en su extremo y fuertes espinas laterales. (Familia papilionáceas.) SIN.: *aulaga.*

ALIANZA n. f. Acción de aliarse dos o más naciones, gobiernos o personas. **2.** Pacto o convención. **3.** Conexión o parentesco contraído por casamiento. **4.** Anillo de boda. **5.** *Fig.* Unión de cosas que concurren a un mismo fin. **6.** *Chile.* Mezcla de varios licores en un mismo vaso. **7.** HERÁLD. Figura del escudo que representa dos manos diestras asidas. • **Antigua alianza**, la que, según la Biblia, estableció Dios con Adán, Noé, Abraham y Moisés. ‖ **Nueva alianza**, la religión cristiana y sus libros sagrados.

ALIARIA n. f. Planta de 1 m de alt. con flores blancas que exhalan olor a ajo. (Familia cruciferas.)

ALIARSE v. pron. [1t]. Unirse, coligarse los estados o príncipes unos con otros; en general, unirse o coligarse con otro. **2.** Juntarse dos o más cosas.

ALIAS adj. (lat. *alias*, de otro modo). De otro nombre, por otro nombre. ♦ n. m. **2.** Apodo.

ALICAÍDO, A adj. Caído de alas. **2.** *Fig.* y *fam.* Triste, desanimado. **3.** *Fig.* y *fam.* Débil, sin fuerzas.

ALICANTE *(provincia de),* prov. de España, en la Comunidad Valenciana; 5863 km²; 1 334 545 hab. *(Alicantinos.)* Cap. *Alicante.*

ALICANTE o **ALACANT**, c. de España, cap. de la prov. homónima y cab. de p. j.; 275 111 hab. *(Alicantinos.)* Centro turístico. Castillo de Santa Bárbara (ss. XIII-XVIII) con muralla exterior e interior. Iglesia barroca de Santa María. Museos: arqueológico y de arte del s. XX.

ALICANTINO, A adj. y n. De Alicante.

ALICATES n. m. pl. Tenacillas de acero de puntas fuertes, empleadas en varios oficios.

ALICIENTE n. m. (lat. *allicientem*). Atractivo, incentivo: *los alicientes de un viaje.*

ALICORTO, A adj. Que tiene las alas cortas. **2.** *Fig.* Que no tiene aspiraciones ni ideales.

ALICREJO n. m. *Amér. Central.* Caballo viejo y flaco.

ALÍCUOTA adj. MAT. Que está contenido un número entero de veces en un todo.

ALICURCO, A adj. *Chile.* Sagaz, astuto.

ALIDADA n. f. Regla graduada incorporada a determinados instrumentos de topografía para medir ángulos verticales. **2.** Parte móvil de un teodolito.

ALIENABLE adj. Enajenable.

ALIENACIÓN n. f. Acción y efecto de alienar. **2.** FILOS. Desposeimiento de una cualidad de un hombre en detrimento de otro. • **Alienación mental**, locura.

ALIENADO, A adj. y n. Afecto de alienación mental.

ALIENANTE adj. Que aliena.

ALIENAR v. tr. y pron. (lat. *alienare*) [1]. Enajenar. **2.** Privar al hombre de su libertad, hacerle olvidar su condición humana.

ALIENÍGENA adj. (lat. *alienigenas*). **1.** Extranjero: *costumbres alienígenas.* **2.** Extraterrestre.

ALIENISTA n. m. y f. y adj. Siquiatra.

ALIENTO n. m. Acción de alentar. **2.** Respiración, aire que se respira: *llegar sin aliento*. **3.** Aire espirado, vaho. **4.** *Fig.* Vigor del ánimo, esfuerzo, valor. (Suele usarse en plural.)

ALIGÁTOR n. m. Caimán.

ALIGERAMIENTO n. m. Acción y efecto de aligerar.

ALIGERAR v. tr. y pron. [1]. Hacer ligero o menos pesado: *aligerar peso*. **2.** *Fig.* Aliviar, atenuar, moderar: *aligerarse el dolor*. ♦ v. tr., intr. y pron. **3.** Abreviar, acelerar: *aligerar el paso*.

ALÍGERO, A adj. (lat. *aliger*). Poét. Alado o veloz.

ALIJAR v. tr. (fr. ant. *alegier*) [1]. Aligerar la carga de una embarcación, o desembarcarla toda. **2.** Transbordar o echar en tierra géneros de contrabando.

ALIJO n. m. Acción y efecto de alijar. **2.** Conjunto de géneros de contrabando.

ALILAYA n. f. *Colomb.* y *Cuba*. Excusa frívola.

ALIMAÑA n. f. (lat. *animalia*). Animal perjudicial a la caza menor o a la ganadería.

ALIMAÑERO n. m. Hombre que se dedica a cazar alimañas.

ALIMENTACIÓN n. f. Acción y efecto de alimentar o alimentarse. **2.** Comercio e industria de los productos alimenticios: *trabajar en la alimentación*. **3.** Operación que consiste en colocar las municiones en un arma de fuego, suministrar combustible a un motor, etc.

ALIMENTADOR, RA adj. y n. Que alimenta. ♦ n. m. Canalización, eléctrica o de otro tipo, que vincula directamente la planta generadora o una subestación a un punto de la red de distribución, sin ninguna derivación en su recorrido.

ALIMENTAR v. tr. y pron. [1]. Dar al organismo lo que necesita para mantenerse en vida. ♦ v. tr. **2.** Suministrar a una máquina la materia necesaria para su funcionamiento. **3.** *Fig.* Fomentar las pasiones, sentimientos, costumbres, etc.

ALIMENTARIO, A adj. Propio de la alimentación o referente a ella: *industria alimentaria*.

ALIMENTICIO, A adj. Que alimenta o tiene la propiedad de alimentar: *productos alimenticios*.

ALIMENTO n. m. (lat. *alimentum*). Todo aquello que sirve para alimentar: *digestión de los alimentos*. ♦ **alimentos** n. m. pl. **2.** DER. Lo que es necesario para el sustento, habitación, vestido y asistencia médica de una persona.

ALIMÓN. Al alimón, conjuntamente, en colaboración: *torear al alimón*.

ALINDAR v. tr. Señalar los lindes de un terreno. ♦ v. intr. **2.** Lindar.

ALINEACIÓN n. f. Acción y efecto de alinear o alinearse. **2.** Formación de un equipo deportivo.

ALINEADO, A adj. Dícese del grupo de países o de estados que adoptan una posición política de rechazo a cualquier alineación política.

ALINEAMIENTO n. m. Alineación.

ALINEAR v. tr. y pron. [1]. Poner en línea recta: *los gimnastas se alinean*. **2.** Incluir a un jugador en un equipo deportivo. ♦ **alinearse** v. pron. **3.** Adscribirse un estado o un determinado bloque político-militar, a una región geopolítica, etc.

ALIÑAR v. tr. y pron. [1]. Adornar, arreglar, asear: *aliñarse para salir*. **2.** Condimentar ciertos alimentos: *aliñar la verdura*. ♦ v. tr. **3.** *Chile*. Colocar en los huesos dislocados.

ALIÑO n. m. Acción y efecto de aliñar. **2.** Aquello con que se aliña.

ALISADOR, RA adj. y n. Que alisa. ♦ n. m. **2.** Instrumento que sirve para alisar papel, cemento, etc.

ALISADORA n. f. Máquina empleada para alisar pieles, papel, cartón, etc.

ALISAR v. tr. [1]. Poner liso. ♦ v. tr. **2.** Peinar ligeramente el cabello.

ALISIO adj. y n. m. Dícese de los vientos regulares que soplan constantemente sobre casi la tercera parte de la superficie del globo, desde las altas presiones subtropicales hacia las bajas presiones ecuatoriales. (En el hemisferio N sopla de NE a SO, y en el hemisferio S, de SE a NO.)

ALISMÁCEO, A adj. y n. f. Relativo a una familia de plantas monocotiledóneas que viven en el agua o en pantanos.

ALISO n. m. Árbol que alcanza hasta los 20 m de alt., de hojas escotadas en el ápice, que crece a menudo al borde del agua. (Familia betuláceas.)

ALISTAMIENTO n. m. Acción y efecto de alistar o alistarse.

ALISTAR v. tr. y pron. [1]. Sentar o escribir en lista a uno. ♦ **alistarse** v. pron. **2.** Sentar plaza en la milicia: *alistarse en el ejército*.

ALITERACIÓN n. f. Repetición de uno o varios sonidos iguales o semejantes en una palabra o enunciado. Ej.: *Bajo el ala aleve del leve abanico* (Rubén Darío). **2.** RET. Paronomasia.

ALIVIADERO n. m. Desagüe del agua que rebasa el nivel de un embalse, depósito o canal.

ALIVIADOR, RA adj. y n. Que alivia.

ALIVIAR v. tr. (lat. *alleviare*) [1]. Aligerar, hacer menos pesado. **2.** *Fig.* Acelerar el paso o cualquier actividad. **3.** *Fig.* Disminuir un mal físico o moral.

ALIVIO n. m. Acción y efecto de aliviar o aliviarse. • **De alivio,** de cuidado, de naturaleza de causar daño o trastorno.

ALJABA n. f. Caja portátil para flechas o saetas. SIN.: *carcaj*.

ALJAMÍA n. f. Lengua castellana transcrita en caracteres árabes.

ALJAMIADO, A adj. Escrito en aljamía. • **Literatura aljamiada,** producción literaria en lengua romance con caracteres árabes o en algunos casos hebreos.

ALJIBE n. m. Cisterna. **2.** Pozo de agua.

ALJÓFAR n. m. Perla o conjunto de perlas pequeñas de figura irregular.

ALLÁ adv. l. (lat. *illac*). Indica lugar alejado del que habla, pero más o menos determinado y preciso que el que se denota con *allí* y por esto, admite grados de comparación: *ponerse más para allá*. **2.** El lugar en donde: *cuando tú vayas, estaré allá*. **3.** El lugar adonde: *voy allá*. **4.** Precedido a nombres significativos de lugar, denota lejanía. ♦ adv. t. **5.** Precediendo a nombres significativos de tiempo, denota el remoto pasado. • **El más allá,** el otro mundo, la vida de ultratumba.

ALLAHABAD, ant. **Ilahābād,** c. de la India, en la confluencia del Ganges y el Yamuna; 858 213 hab. Centro de peregrinación. Columna de Aśoka (c. 240 a. J.C.). Fuerte de Akbar (1583). Museo.

ALLAIS (Maurice), economista francés (París 1911). Estudió la economía matemática y el equilibrio económico (moneda y crédito). [Premio Nobel de Economía 1988.]

ALLANADOR, RA adj. y n. Que allana.

ALLANAMIENTO n. m. Acción y efecto de allanar o allanarse. **2.** *Amér.* Registro policial de un domicilio.

ALLANAR v. tr., intr. y pron. [1]. Poner llana o igual una cosa: *allanar el piso de la carretera*. ♦ v. tr. **2.** Reducir una construcción o un terreno al nivel del suelo, derribando o llenando. **3.** *Fig.* Vencer o superar alguna dificultad o inconveniente: *allanar los obstáculos*. **4.** Entrar a la fuerza en casa ajena y recorrerla contra la voluntad de su dueño. ♦ **allanarse** v. pron. **5.** Conformarse, avenirse, acceder a alguna cosa.

ALLEGADO, A adj. Partidario de, que tiene algo que ver, amigo; *hombre allegado a la justicia*. ♦ adj. y n. **2.** Pariente, de la misma familia. **3.** Parcial, que sigue el partido de otro, o está de su parte.

ALLEGAR v. tr. (lat. *aplicare*) [1b]. Recoger, juntar. **2.** Agregar, añadir. **3.** Recoger la parva en montones después de trillada. ♦ v. tr. y pron. **4.** Arrimar o acercar una cosa a otra. ♦ v. intr. y pron. **5.** Llegar, venir, arribar. ♦ **allegarse** v. pron. **6.** Adherirse o convenir con un dictamen o idea.

ALLEGRETTO adv. m. (voz italiana). MÚS. Menos vivo que el *allegro*. ♦ n. m. **2.** Composición musical o parte de ella, ejecutada en movimiento allegretto.

ALLEGRO adv. m. (voz italiana). MÚS. Vivamente, con alegría. ♦ n. m. **2.** Parte de una composición musical interpretada en movimiento allegro.

ALLEN (Allen Stewart **Konigsberg**, llamado **Woody**), guionista, director y actor de cine norteamericano (Nueva York 1935). Encarna cierto tipo de humor judío neoyorquino, hecho de lucidez y autocrítica, tras varias comedias satíricas se decantó por obras de tono más grave (*Toma el dinero y corre*, 1969; *Annie Hall*, 1977; *Interiores*, 1978; *Manhattan*, 1979; *Hannah y sus hermanas*, 1986; *Otra mujer*, 1988; *Delitos y faltas*, 1989; *Alice*, 1990; *Sombras y niebla*, 1991; *Maridos y mujeres*, 1992; *Misterioso asesinato en Manhattan*, 1993; *Balas sobre Broadway*, 1994, *Poderosa afrodita*, 1995; *Deconstructing Harry*, 1997).

ALLENDE prep. Más allá de, la parte de allá de: *estar allende el mar*.

ALLENDE (Ignacio María **de**), patriota mexicano (San Miguel el Grande, Guanajuato, 1779-Chihuahua 1811). Participó con Hidalgo en la lucha independentista, y fue nombrado generalísimo (1811).

ALLENDE (Isabel), escritora chilena (Lima 1942). En su obra, lo fantástico y lo real se mezclan según las pautas del realismo mágico (*La casa de los espíritus*, 1982; *Paula*, 1994; *Afrodita*, 1997).

ALLENDE (Pedro Humberto), compositor chileno (Santiago 1885-*id*. 1959), fundador de la escuela musical moderna chilena (*La voz de las calles* y *Concierto para violín y violonchelo*).

ALLENDE (Salvador), político chileno (Valparaíso 1908-Santiago 1973). Miembro fundador del Partido socialista (1933), presidente (1970), en representación de la Unidad popular, fue derrocado por el golpe militar de 1973, durante el cual encontró la muerte.

ALLÍ adv. l. (lat. *illic*). En aquel lugar preciso. **2.** A aquel lugar: *ir allí*. **3.** En correlación con *aquí*, suele designar sitio o paraje indeterminado. ♦ adv. t. **4.** Entonces, en tal ocasión.

ALMA n. f. (lat. *animam*). Principio espiritual que informa el cuerpo humano y con él constituye la esencia del hombre. **2.** Parte moral y emocional del hombre. **3.** *Fig.* Ser humano, individuo. **4.** *Fig.* Persona o cosa que da vida, aliento y fuerza. **5.** *Fig.* Viveza, espíritu, energía: *cantar con toda el alma*. **6.** *Fig.* Parte interior de los objetos que les da la mayor solidez, resistencia, etc.: *alma de un bastón*. **7.** Gran madero vertical que sostiene un andamio. **8.** ARM. Interior del cañón de un arma de fuego. **9.** MÚS. Pequeña varilla cilíndrica de madera que, situada en el interior de un instrumento de cuerda, comunica las vibraciones a todas las partes del mismo. • **Alma de un cable,** hilo, torón o cordaje colocado siguiendo el eje de un cable. ‖ **Alma de un electrodo de soldadura,** hilo central metálico rodeado de un revestimiento.

ALMA ATÁ, act. **Almaty,** c. y cap. de Kazajstán, hasta 1997, al S del lago Balkasj; 1 128 000 hab. Centro industrial y cultural. Universidad. Museos.

ALMACÉN n. m. (ár. *al-majzan*). Lugar donde se guardan géneros de cualquier clase. **2.** Local donde se venden géneros al por mayor. **3.** Cavidad de un arma de repetición donde se aloja el cargador. ♦ *Amér. Merid.* Tienda de comestibles. ♦ **almacenes** n. m. pl. **5.** Gran establecimiento

ALM

venta que agrupa numerosos departamentos especializados. SIN.: *grandes almacenes*.

ALMACENAJE n. m. Almacenamiento. **2.** Derecho pagado por almacenar.

ALMACENAMIENTO n. m. Acción y efecto de almacenar. **2.** Conjunto de mercancías almacenadas.

ALMACENAR v. tr. [1]. Poner o guardar en almacén. **2.** Reunir o guardar muchas cosas.

ALMACENERO, A n. *Argent., Par.* y *Urug*. Dueño o encargado de una tienda de comestibles.

ALMACENISTA n. m. y f. Dueño de un almacén. **2.** Persona encargada de la custodia de las mercancías depositadas en un almacén. **3.** Comerciante mayorista.

ALMÁCIGA n. f. (ár. *al-masriyya*). Lugar donde se siembran las semillas de las plantas para trasplantarlas después.

ALMACIGADO, A adj. *Amér*. Dícese del ganado de color cobrizo subido. **2.** *Perú*. Moreno, de raza mezclada.

ALMADRABA n. f. Pesca de atunes. **2.** Lugar donde se hace esta pesca. **3.** Red o cerco de redes con que se pescan los atunes.

ALMAFUERTE (Pedro Bonifacio **Palacios**, llamado), poeta argentino (San Justo 1854-La Plata 1917). Por sus *Evangélicas* (prosas, 1915) se le considera un romántico neto. En su obra destacan *Lamentaciones* (1906), *Poesías* (1917), *Amorosas* (1917) y *Nuevas poesías* (1918).

ALMAGRO (Diego **de**), conquistador español (Almagro 1475-Cuzco 1538). Acompañó a Pizarro en la conquista del Perú y en 1535 emprendió una expedición hacia los territorios del actual Chile. Tras ocupar Cuzco (1537), entró en conflicto con los Pizarro, que lo derrotaron y ejecutaron. — Su hijo, **Diego** (Panamá 1518-Cuzco 1542), llamado *el Mozo*, participó en la conjura que asesinó a F. Pizarro (1541) y fue vencido por Vaca de Castro (1542).

ALMANAQUE n. m. (ár. *al-manāj*). Calendario impreso en hojas sueltas o formando libro, con indicaciones astronómicas, meteorológicas y otras relativas a festividades religiosas, actos civiles, etc.

ALMEJA n. f. Molusco bivalvo comestible, que vive en las costas de la península Ibérica, en lugares arenosos. (Familia venéridos.) • **Almeja de río**, molusco lamelibranquio de agua dulce, comestible. (Familia unióndios.)

ALMENA n. f. Cada uno de los prismas, generalmente rectangulares, que coronan los muros de las antiguas fortalezas.

ALMENADO, A adj. Provisto de almenas: *torre almenada*.

ALMENDRA n. f. (lat. *amygdalam*). Semilla comestible del almendro, rica en sustancias grasas y en glúcidos. **2.** Semilla carnosa de cualquier fruto drupáceo.

ALMENDRADO, A adj. De figura de almendra: *ojos almendrados*. ♦ n. m. **2.** Dulce o salsa hechos a base de almendras. **3.** *Perú*. Guiso preparado con salsa de almendras.

ALMENDRAL n. m. Terreno plantado de almendros.

ALMENDRO n. m. Árbol originario de Asia, de 7 m de alt., madera dura y flores blancas o rosadas, cultivado por sus semillas comestibles, las almendras. (Familia rosáceas.)

ALMERÍA (provincia de), prov. de España, en Andalucía; 8774 km²; 465 662 hab. (*Almerienses*.) Cap. *Almería*.

ALMERÍA, c. de España, cap. de la prov. homónima y cab. de p. j.; 159 587 hab. (*Almerienses*.) Puerto exportador de productos agrícolas y minerales. Turismo. Alcazaba (s. VIII), con torre del homenaje (s. XII). Catedral (s. XVI). Plaza neoclásica de la Constitución (s. XIX). Museo arqueológico.

ALMERIENSE adj. y n. m. y f. De Almería.

ALMÍBAR n. m. Azúcar disuelto en agua y espesado a fuego lento. **2.** *Fig*. Dulzura y cortesía extremadas.

ALMIBARADO, A adj. Dícese del lenguaje excesivamente meloso y de la persona que lo emplea.

ALMIBARAR v. tr. [1]. Bañar con almíbar. **2.** *Fig*. Suavizar las palabras para ganarse la voluntad de otro.

ALMIDÓN n. m. Poliósido que constituye la sustancia de reserva de los vegetales, como las semillas de cereales, tubérculos de patatas, etc.

ALMIDONAR v. tr. [1]. Impregnar de almidón especialmente la ropa blanca, antes de plancharla. ♦ **almidonarse** v. pron. *Amér*. **2.** Arreglarse excesivamente.

ALMIDONERO n. m. Variedad de trigo de espiga gruesa, cuadrada y vellosa.

ALMIRANTAZGO n. m. Alto tribunal o consejo de la armada. **2.** Dignidad de almirante. **3.** Término de su jurisdicción.

ALMIRANTE n. m. En la marina militar el que tiene el cargo superior de la armada, que en la actualidad equivale al grado de teniente general en los ejércitos de tierra.

ALMIRANTE BROWN, partido de Argentina (Buenos Aires); 449 105 hab. Forma parte del Gran Buenos Aires. — Dep. de Argentina (Chaco); 20 669 hab. Agricultura.

ALMIREZ n. m. Mortero de metal para machacar o moler.

ALMIZCLE n. m. Sustancia odorífera utilizada en perfumería y producida por ciertos mamíferos, en particular por el almizclero macho.

ALMIZCLEÑO, A adj. Que huele a almizcle.

ALMIZCLERO, A adj. Almizcleño. ♦ n. m. **2.** Pequeño rumiante carente de cuernos y parecido al cabrito, que vive en África y Asia.

ALMOHADA n. f. Colchoncillo que sirve para reclinar sobre él la cabeza en la cama. **2.** Funda en que se mete este colchoncillo. **3.** Colchoncillo para sentarse o apoyarse sobre él.

ALMOHADILLA n. f. Cojincillo para clavar agujas y alfileres. **2.** Relleno de materia blanda que se pone en algunas prendas de vestir para levantar los hombros. **3.** Almohada para sentarse o apoyarse. **4.** Tampón para humedecer los sellos. **5.** ARQ. Resalto de aristas, generalmente achaflanadas, labrado en un sillar.

ALMOHADILLADO, A adj. n. Acolchado, relleno: *sillón almohadillado*. **2.** ARQ. Capa de materiales diversos para amortiguar ruidos, golpes, etc. **3.** ARQ. Sillar cuya parte saliente se ha obtenido labrándolo en el martillo de aristas vivas. **4.** ARQ. Paramento de piedra que forma un saliente con respecto a sus juntas.

ALMOHADÓN n. m. Colchoncillo a manera de almohada para sentarse, recostarse o apoyar los pies en él. SIN.: *cojín*.

ALMOHAZA n. f. Instrumento de hierro, formado por pequeñas láminas dentadas, para sacar la suciedad que se adhiere al pelo de los caballos.

ALMONEDA n. f. Subasta de bienes. **2.** Venta de géneros a bajo precio.

ALMONEDAR o **ALMONEDEAR** v. tr. [1]. Vender en almoneda.

ALMORRANA n. f. Hemorroide. (Suele usarse en plural.)

ALMORZAR v. intr. [1n]. Tomar el almuerzo: *almorzar tarde*. ♦ v. tr. **2.** Comer en el almuerzo.

ALMUERZO n. m. Desayuno. **2.** Comida de mediodía o primeras horas de la tarde. **3.** Acción de almorzar.

¡ALÓ! interj. *Amér*. Se emplea para contestar por teléfono; ¡diga!, ¡dígame!

ALOCADO, A adj. y n. Que parece loco, irreflexivo, precipitado: *comportamiento alocado*.

ALOCUCIÓN n. f. (lat. *allocutionem*). Discurso breve, dirigido por un superior a sus inferiores o súbditos.

ALOE n. m. (gr. *aloé*). Planta originaria de África, de hojas carnosas que proporcionan un jugo resinoso utilizado como purgante y colorante. (Familia liliáceas.) **2.** Jugo de esta planta.

ALOFANA n. f. Grupo de silicatos de aluminio hidratados, productos típicos de la meteorización de todas las rocas silicatadas.

ALÓFONO n. m. FONÉT. Cada una de las variantes que se dan en la pronunciación de un mismo fonema, según el entorno fónico.

ALÓGENO, A adj. De distinta raza que los autóctonos.

ALOJA n. f. *Argent., Bol.* y *Chile*. Bebida refrescante hecha generalmente con semillas de algarroba blanca, machacadas y fermentadas.

ALOJADO, A n. *Chile* y *Ecuad*. Huésped.

ALOJAMIENTO n. m. Acción y efecto de alojar o alojarse. **2.** Lugar en que uno está alojado. **3.** Lugar o cavidad donde se sitúa una pieza móvil de un mecanismo.

ALOJAR v. tr., intr. y pron. [1]. (cat. *allotjar*) [1]. Hospedar, aposentar: *¿dónde te alojas?* ♦ v. tr. y pron. **2.** Dar alojamiento: *alojar a la tropa*. **3.** Introducir una cosa dentro de otra.

ALOMORFO adj. QUÍM. Dícese de la sustancia que tiene la misma composición química que otra pero distinta estructura cristalina. ♦ adj. y n. m. **2.** LING. Dícese de cada una de las variantes de un morfema en función del contexto. SIN.: *alomorfema*.

ALÓN n. m. Ala sin plumas de cualquier ave.

ALONDRA n. f. Ave de entre 17,5 y 19,5 cm de long., cola ahorquillada y plumaje pardo, común en los campos, que nunca se posa en los árboles. (Familia aláudidos.)

ALONSO (Alicia **Martínez**, llamada *Alicia*), bailarina cubana (La Habana 1920). Desde 1941 actuó con el Ballet theatre y con el Ballet ruso de Montecarlo. En 1948 fundó su propia compañía, que en 1962 se convirtió en Ballet nacional de Cuba, del que es directora. De 1986 a 1992 dirigió también el Gran teatro de La Habana.

ALONSO Y TRELLES (José María), escritor uruguayo (Ribadeo, España, 1857-Tala, Uruguay, 1924). Con el seudónimo de **el viejo Pancho** colaboró en el periódico *El Tala cómico*. Su libro de poemas *Paja brava* (1915) se inscribe en la corriente gauchesca.

ALOPATÍA n. f. Tratamiento de las enfermedades con remedios de naturaleza contraria a la de dichas enfermedades.

ALOPÁTRICO, A adj. BIOL. Dícese de dos o más grupos taxonómicos, por lo general subespecies o razas pertenecientes a una misma especie, que viven en territorios distintos pero a menudo contiguos, y sin tener contacto alguno entre sí.

ALOPECIA n. f. (lat. *alopeciam*). Caída, generalmente temporal y localizada, del cabello y a veces del pelo.

ALOTROPÍA n. f. QUÍM. Propiedad que poseen ciertos cuerpos, como el carbono y el fósforo, de presentarse en diversos estados con propiedades físicas diferentes.

ALOTRÓPICO, A adj. Relativo a la alotropía.

ALÓTROPO n. m. LING. Cada una de las formas divergentes procedentes de un mismo étimo. SIN.: *doblete*.

ALPACA n. f. (voz aymara). Rumiante parecido a la llama, originario de América del Sur por su largo pelaje. **2.** Fibra textil, suave y sedosa, obtenida de este animal. **3.** Paño que se fabrica con esta fibra. **4.** Tejido de algodón abrillantado.

ALPACA n. f. Aleación de aspecto parecido al de la plata, que contiene estaño aleado a otros metales, utilizada para la fabricación de cubiertos.

ALPARGATA n. f. Calzado de tela, con la suela de esparto trenzado.

ALPARGATERÍA n. f. Taller y establecimiento del alpargatero.

ALPARGATERO, A n. El que hace o vende alpargatas.

ALPES, principal sistema montañoso de Europa, que se extiende sobre más de 1000 km, desde el Mediterráneo hasta Viena (Austria), dividido entre Alemania, Austria, Francia, Italia, Suiza o Eslovenia; 4807 m en el Mont Blanc. A pesar de su altitud, los Alpes son penetrables gracias a profundos valles (Ródano y Rin, Isère, Inn, Enns, Drava, Adigio), ensanchados por los glaciares cuaternarios. La cadena es atravesada, en algunos lugares por túneles, numerosas carreteras y ferrocarriles (Mont Blanc, Gran San Bernardo, Simplon, San Gotardo, Brennero). Las condiciones naturales (relieve accidentado, clima riguroso) no resultan demasiado favorables para el hombre; sin embargo, el poblamiento es antiguo y relativamente denso.

ALPINISMO n. m. Deporte que consiste en la ascensión a las cumbres de altas montañas.

ALPINISTA n. m. y f. Persona que practica el alpinismo.

ALPINO, A adj. (lat. *alpinum*). Relativo a los Alpes o a las regiones de alta montaña. **2.** Relativo al alpinismo. **3.** Dícese de los movimientos orogénicos del terciario y de las formas características de su relieve. • **Cabra alpina,** raza de cabra de pelo ralo, cabeza triangular y orejas erizadas en forma de cucurucho. ‖ **Raza alpina,** individuos braquicéfalos, bajos y rechonchos.

ALPISTE n. m. (voz mozárabe). Gramínea cultivada por sus semillas, que sirven de alimento a los pájaros en cautividad. **2.** Semilla de esta planta. **3.** *Fig.* y *fam.* Cualquier bebida alcohólica: *dicen que le gusta el alpiste.*

ALPUJARREÑO, A adj. y n. De La Alpujarra.

ALPUY (Julio), pintor y escultor uruguayo (Tacuarembó 1919). Discípulo de Torres García, su pintura está cerca de las pictografías del arte rupestre.

ALQUENO o **ALKENO** n. m. Hidrocarburo etilénico.

ALQUERÍA n. f. Casa o conjunto de casas de labor.

ALQUILABLE adj. Que puede ser alquilado.

ALQUILACIÓN n. f. QUÍM. Sustitución de un átomo de hidrógeno por un radical alquilo en una molécula.

ALQUILAR v. tr. [1]. Dar o tomar una cosa para su uso, con ciertas condiciones y por un precio convenido. **2.** Contratar los servicios de alguien para algún trabajo. ♦ **alquilarse** v. pron. **3.** Ponerse a servir a otro por cierto estipendio.

ALQUILER n. m. Acción de alquilar. **2.** Precio por el que se alquila alguna cosa, renta.

ALQUIMIA n. f. (ár. *al-kimiya*). Rama de la filosofía natural que buscaba la panacea universal e intentaba la trasmutación de los metales.

ALQUÍMICO, A adj. Relativo a la alquimia.

ALQUIMISTA n. m. y adj. El que profesaba la alquimia.

ALQUITRÁN n. m. (ár. *al-qitrān*). Sustancia oscura y viscosa que se obtiene, por destilación, de la hulla, madera, petróleo, etc.

ALQUITRANADO, A adj. De alquitrán. ♦ n. m. **2.** Acción y efecto de alquitranar.

ALQUITRANADOR, RA adj. Que alquitrana. ♦ n. m. **3.** Obrero que prepara o emplea el alquitrán.

ALQUITRANADORA n. f. Máquina de alquitranar.

ALQUITRANAR v. tr. [1]. Recubrir con alquitrán.

ALREDEDOR adv. l. Denota la situación de lo que rodea alguna cosa: *alrededor de una mesa.* ♦ adv. c. **2.** Cerca, sobre poco más o menos: *alrededor de un kilómetro.* ♦ n. m. **3.** Contorno: *los alrededores de la ciudad.* (Suele usarse en plural.)

ALSACIA, en fr. **Alsace,** región histórica y administrativa del E de Francia, a orillas del Rin, en la vertiente E de los Vosgos; 8 280 km²; 1 624 372 hab. Cap. *Estrasburgo.* Centro comercial histórico, fue uno de los focos del humanismo y la Reforma. Germánica desde la disolución del imperio carolingio (s. IX), centro de la región renana, en el s. XVII quedó bajo soberanía francesa. Formó parte de Alemania en 1870-1919 (Alsacia-Lorena) y en 1940-1944.

ALSACIANO, A adj. y n. De Alsacia. ♦ n. m. **2.** Conjunto de hablas germánicas de Alsacia.

ALTA n. f. Ingreso de una persona en un cuerpo, profesión, carrera, etc. **2.** Acto en que el contribuyente declara a la hacienda el ejercicio de profesiones o industrias sujetas a impuesto. **3.** Reanudación de una actividad, trabajo, etc. **4.** Declaración médica que indica el restablecimiento de una persona enferma. • **Dar de alta,** o **el alta** a un enfermo, declararlo curado. ‖ **Darse de alta,** ingresar en el número de los que ejercen una profesión u oficio reglamentados.

ALTA GRACIA → **Santa María,** dep. de Argentina.

ALTA VERAPAZ (departamento de) → **Verapaz (Alta).**

ALTAGRACIA (La), prov. de la República Dominicana, en el extremo E del país; 3085 km²; 109 600 hab. Cap. *Salvaleón de Higüey.*

ALTAGRACIA, c. de Venezuela (Zulia), en el lago Maracaibo; 24 375 hab. Puerto terminal del oleoducto de Mene de Mauroa.

ALTAGRACIA DE ORITUCO, c. de Venezuela (Guárico); 26 217 hab. Yacimientos de hulla y yeso.

ALTAI (República del), república de la Federación de Rusia; 92 600 km²; 112 000 hab. Cap. *Gorno-Altaisk.*

ALTAMENTE adv. m. En extremo, en gran manera: *altamente perjudicial.*

ALTAMIRANO (Ignacio Manuel), escritor y político mexicano (Tixtla 1834-San Remo, Italia, 1893). De ascendencia india, luchó con Juárez en la guerra de la Reforma. En 1880 publicó sus *Rimas,* pero mayor interés tiene su obra narrativa: *Clemencia* (1869), *La Navidad en las montañas* (1870), *Cuentos de invierno* (1880) y sobre todo *El Zarco* (1901).

ALTANERÍA n. f. *Fig.* Altivez, soberbia. **2.** Vuelo alto de algunas aves. **3.** Cetrería.

ALTANERO, A adj. Dícese de las aves de alto vuelo. **2.** *Fig.* Altivo, soberbio.

ALTAR n. m. (lat. *altar*). Antiguamente, mesa destinada a los sacrificios. **2.** Mesa donde se celebra la misa. • **Altar mayor,** el principal del templo.

ALTAR o **CÁPAC-URCU,** pico de los Andes ecuatorianos, volcán extinguido; 5319 m.

ALTAVOZ n. m. Aparato que convierte en ondas acústicas las corrientes eléctricas correspondientes a los sonidos musicales o vocales.

ALTEA n. f. Planta herbácea de hojas alternas y flores solitarias o en racimos, que crece en terrenos salinos y praderas húmedas.

ALTER EGO n. m. (voces latinas). Persona muy identificada con las opiniones o empresas de otra, que goza de toda su confianza o que le parece mucho: *es su alter ego.*

ALTERABLE adj. Que puede alterarse.

ALTERACIÓN n. f. Acción y efecto de alterar: *alteración de letras en un escrito.* **2.** Sobresalto, movimiento de una pasión. **3.** Altercado, disputa. **4.** Alboroto, tumulto, motín.

ALTERAR v. tr. pron. (lat. *alterare*) [1]. Cambiar la esencia, forma o cualidades de una cosa: *alterar las costumbres.* **2.** Perturbar, inquietar: *alterar la calma.* **3.** Estropear, dañar, descomponer.

ALTERCADO n. m. Disputa violenta.

ALTERCAR v. intr. (lat. *altercari*) [1a]. Disputar, porfiar.

ALTERIDAD n. f. FILOS. Cualidad de lo que es otro.

ALTERNACIÓN n. f. Acción y efecto de alternar.

ALTERNADO, A adj. MAT. Dícese de la función que, cuando se permutan dos variables, cambia de signo sin variar los valores absolutos. **2.** Dícese de la serie numérica cuyos términos, a partir de uno determinado, son alternativamente positivos y negativos.

ALTERNADOR n. m. Generador de corriente eléctrica alterna. (Se llaman monofásicos, bifásicos o trifásicos según el número de fases de la corriente que proporciona.)

ALTERNANCIA n. f. Acción y efecto de alternar. **2.** Característica de un sistema político en el que se incluyen dos o más partidos que pueden sucederse en el poder dentro del marco de las instituciones existentes. **3.** Semiperíodo de una corriente alterna.

ALTERNAR v. tr. (lat. *alternare*) [1]. Variar las acciones haciendo o diciendo cosas diversas por turnos y sucesivamente. **2.** Distribuir alguna cosa entre personas o cosas que se turnan. ♦ v. intr. **3.** Tener trato las personas entre sí, relacionarse. **4.** En ciertos bares o salas, tratar mujeres contratadas para ello con los clientes, para que éstos consuman. **5.** Entrar a competir con uno. **6.** Hacer o decir una persona varias cosas, por turno. **7.** Sucederse unas cosas a otras repetidamente. **8.** Sucederse varias personas por turno en un cargo, oficio o acción.

ALTERNATIVA n. f. Acción o derecho para ejecutar alguna cosa o gozar de ella alternando con otra. **2.** Opción entre dos cosas. **3.** Efecto de alternar, hacer o decir una cosa, desempeñar un cargo varias personas por turno. **4.** Sucesión de hechos o estados prósperos y adversos. **5.** TAUROM. Acto por el cual un matador de toros eleva a su misma categoría a un matador de novillos.

ALTERNATIVO, A adj. Que se dice, hace o sucede con alternación. **2.** Que cambia de sentido periódicamente.

ALTERNO, A adj. (lat. *alternum*). Alternativo. **2.** Dícese de la corriente eléctrica que cambia periódicamente de sentido. **3.** MAT. Dícese de los ángulos situados a distinto lado de una recta (secante) que corta a otras dos. • **Ángulos alternos externos,** los situados exteriormente a las dos rectas y a diferentes lados de la secante. ‖ **Ángulos alternos internos,** los situados interiormente a las dos rectas y a diferentes lados de la secante. ‖ **Hojas, flores alternas,** las dispuestas a lo largo del tallo, una a una, en espiral.

ALTEZA n. f. Elevación, sublimidad, excelencia. **2.** Tratamiento dado a los hijos de los reyes, a los infantes de España y a algunos príncipes a quienes se concedía el monarca.

ALTIBAJO n. m. Golpe derecho que se da con la espada de alto a bajo. ♦ n. m. pl. **2.** *Fam.* Desigualdades de altos y bajos de un terreno cualquiera. **3.** *Fig.* y *fam.* Alternativa de bienes y males o de sucesos prósperos y adversos.

ALTILLANO n. m. Altiplanicie.

ALTILLO n. m. Cerrillo o lugar elevado. **2.** Construcción en alto, en el interior de una tienda, taller o almacén, a fin de aprovechar todo el espacio de la planta baja.

ALTIMETRÍA n. f. Medida de alturas.

ALTÍMETRO n. m. Aparato para medir la altura.

ALTIPAMPA n. f. *Argent* y *Bol.* Altiplanicie.

ALTIPLANICIE n. f. Meseta de mucha extensión y gran altitud.

ALTIPLANO n. m. Extensión de escaso relieve y elevada altitud.

ALT

ALTIPLANO (El), nombre dado, por antonomasia, a la altiplanicie comprendida entre las ramas occidental y oriental de los Andes centrales. Abarca territorios de Perú, Bolivia, Argentina y Chile; 3400 m de altitud media. Gran riqueza minera.

ALTISONANCIA n. f. Calidad de altisonante.

ALTISONANTE o **ALTÍSONO, A** adj. Altamente sonoro, enfático: *lenguaje altisonante.*

ALTITUD n. f. (lat. *altitudinem*). Elevación vertical de un punto sobre el nivel medio del mar.

ALTIVEZ n. f. Orgullo, soberbia.

ALTIVO, A adj. Orgulloso, soberbio. **2.** Erguido, elevado.

ALTO n. m. (germ. *halt*). Voz que se usa para que otro suspenda la conversación, discurso o cosa que esté haciendo. **2.** Detención o parada, especialmente la de la tropa que va marchando.

ALTO, A adj. (lat. *altum*). Levantado, elevado sobre la tierra. **2.** De gran estatura. **3.** Dícese de la calle, el pueblo, territorio o país que está más elevado con respecto a a otro y de los habitantes de éstos. **4.** *Fig.* Noble, santo, excelente: *tener altas aspiraciones.* **5.** De superior categoría o condición: *alto clero.* **6.** *Fig.* Caro, subido: *pagar un precio alto.* **7.** *Fig.* Fuerte, agudo: *voz alta.* **8.** *Fig.* Avanzado: *altas horas de la noche.* **9.** Dícese de las hembras de ciertos animales cuando están en celo. • **Alta mar,** parte de mar alejada de la costa. ‖ **Alta traición,** la cometida contra el honor, la soberanía, la seguridad o la independencia del estado; delito de orden político cometido por un jefe de estado. ♦ adv. l. **10.** En lugar o parte superior: *volar alto.* ♦ adv. m. **11.** En voz fuerte. ‖ *Pasar por alto,* dejar de lado, omitir, eludir. ♦ n. m. **12.** Altura, dimensión de los cuerpos perpendicular a su base. **13.** Sitio elevado en el campo. **14.** Cada uno de los distintos órdenes de habitaciones que, sobrepuestos, forman un edificio. **15.** MÚS. En las voces femeninas, tesitura de contralto y en las masculinas, las más agudas. **16.** Instrumentos cuyo registro responde a estas voces. **17.** *Amér.* Noroeste. ♦ **altos** n. m. pl. **18.** *Argent., Chile* y *Perú.* Piso o pisos altos de una casa.

ALTO PARAGUAY (departamento del) → *Paraguay (Alto).*

ALTO PARANÁ (departamento del) → *Paraná (Alto).*

ALTO PERÚ, nombre que recibió durante la época colonial la región que coincide aproximadamente con la actual Bolivia.

ALTO VOLTA → *Burkina Faso.*

ALTOCÚMULO o **ALTOCÚMULUS** n. m. Conjunto de nubes medias cuya altura no sobrepasa los 4000 m, dispuestas en forma de mechones de perfiles limpios, en grupo o formando filas.

ALTOESTRATO o **ALTOSTRATUS** n. m. Conjunto de nubes medias, entre los 3000 y 4000 m de alt., en forma de velo filamentoso, de color gris.

ALTOPARLANTE n. m. *Amér.* Altavoz.

ALTORRELIEVE n. m. ESCULT. Relieve cuyas figuras son muy abultadas, casi independientes del fondo.

ALTOZANO n. m. Monte de poca altura en terreno llano. **2.** Lugar más alto de ciertas poblaciones. **3.** *Amér.* Atrio de una iglesia.

ALTRUISMO n. m. (fr. *altruisme*). Cuidado desinteresado del bien ajeno, aun a costa del propio y fundado en una moral puramente natural.

ALTRUISTA adj. y n. m. y f. Que tiene altruismo.

ALTURA n. f. Elevación que tiene un cuerpo sobre la superficie de la tierra. **2.** Dimensión de los cuerpos perpendicular sobre su base, y considerada por encima de ésta. **3.** *Fig.* Alteza, sublimidad, excelencia. **4.** *Fig.* Mérito, valor. **5.** COREOGR. Posición de danza en la que la pierna se levanta hasta la altura de la cadera. **6.** MAR. Situación relativa de un punto con otro. **7.** MAT. Longitud de la perpendicular bajada desde el vértice de una figura geométrica a la base: *altura de un triángulo.* **8.** MAT. Nombre dado a la propia recta perpendicular. • **Altura de un astro,** ángulo formado por la visual al astro y el plano horizontal del lugar de observación. ‖ **Altura de un sonido,** característica ligada a la frecuencia de vibraciones de un sonido audible. ♦ **alturas** n. f. pl. **9.** Cielo, mansión de los bienaventurados: *ascendió a las alturas.*

ALUBIA n. f. Judía.

ALUCINACIÓN n. f. SIQUIATR. Percepción sin estímulo externo en la que el sujeto tiene conciencia plena de realidad.

ALUCINADOR, RA adj. y n. Que alucina.

ALUCINAR v. tr. y pron. (lat. *alucinari*) [1]. Producir alucinación. **2.** Cautivar, fascinar; impresionar vivamente. ♦ v. intr. **3.** Confundirse, ofuscarse, desvariar.

ALUCINATORIO, A adj. SIQUIATR. Perteneciente o relativo a la alucinación.

ALUCINÓGENO, A adj. y n. m. Dícese de las sustancias icodislépticas que crean artificialmente alucinaciones.

ALUD n. m. Masa de nieve que se derrumba de los montes con violencia. **2.** *Fig.* lo que se desborda y precipita impetuosamente.

ALUDIDO, A adj. Nombrado, mencionado.

ALUDIR v. tr. (lat. *alludere*) [3]. Referirse a una persona o cosa sin nombrarla, mencionarla. **2.** Nombrar incidentalmente a alguien o algo en una conversación o discurso.

ALUMBRADO, A adj. Que tiene mezcla de alumbre o participa de su naturaleza; que ha sido tratado con alumbre.

ALUMBRADO, A adj. Que se ilumina o sale a la luz. ♦ n. m. **2.** Conjunto de luces que iluminan un pueblo o lugar.

ALUMBRADO, A n. y adj. Miembro de determinadas corrientes de espiritualidad y renovación religiosa que se produjeron en España a lo largo de los ss. XVI y XVII.

ALUMBRADOR, RA adj. y n. Que alumbra o sirve para alumbrar.

ALUMBRAMIENTO n. m. Acción y efecto de alumbrar o alumbrarse. **2.** Última fase del parto. **3.** *Fig.* Parto.

ALUMBRAR v. tr., intr. y pron. [1]. Iluminar, poner luz o acompañar con luz. ♦ v. tr. **2.** Descubrir algo subterráneo y sacarlo a la superficie. ♦ v. intr. **3.** Parir la mujer. **4.** Expulsar la placenta y anexos durante el parto. ♦ **alumbrarse** v. pron. **5.** *Fam.* Embriagarse.

ALUMBRAR v. tr. [1]. Mordentar con alumbres.

ALUMBRE n. m. (lat. *aluminem*). Sulfato doble de aluminio y potasio, o compuesto análogo que tiene propiedades astringentes y sirve para fijar los tintes y aclarar el agua.

ALÚMINA n. f. (lat. *alumen*). QUÍM. Óxido de aluminio (Al_2O_3), que constituye un grupo de piedras preciosas diferenciadas según su coloración, entre ellas el rubí, el zafiro, etc.

ALUMINADO n. m. Proceso de recubrimiento protector por medio de una capa de aluminio.

ALUMINATO n. m. Sal en la cual la alúmina actúa con carácter ácido: *aluminato de potasio.*

ALUMÍNICO, A adj. Que contiene aluminio.

ALUMINIO n. m. Metal (Al), de número atómico 13 y masa atómica 26,98, blanco brillante, ligero, dúctil, maleable y poco alterable por el aire.

ALUMINOSIS n. f. Alteración que experimentan los elementos estructurales de un edificio construido con un tipo de cemento a base de bauxita, caliza o cal por acción del calor y la humedad, consistente en una pérdida de estabilidad del cemento que puede acarrear la destrucción del elemento.

ALUMINOSO, A adj. Que contiene alúmina.

ALUMINOTERMIA n. f. Reacción del aluminio en polvo con diversos óxidos metálicos que produce altas temperaturas y sirve para aislar algunos metales, en la soldadura del acero y en las bombas incendiarias.

ALUMNADO n. m. Conjunto de alumnos que reciben su instrucción en determinado centro de enseñanza.

ALUMNO, A n. (lat. *alumnum*). Persona respecto del que lo educó desde su niñez. **2.** Discípulo respecto de su maestro, de la materia que aprende, de la escuela donde estudia, etc., estudiante.

ALUNIZAJE n. m. Acción y efecto de alunizar.

ALUNIZAR v. intr. [1g]. Posarse en la superficie lunar una aeronave.

ALUSIÓN n. f. (lat. *allusionem*). Acción y efecto de aludir. **2.** Palabras con que se alude.

ALUSIVO, A adj. Que alude o implica alusión.

ALUVIAL adj. Producido por aluviones.

ALUVIÓN n. m. (lat. *alluvionem*). Avenida fuerte de agua, inundación. **2.** *Fig.* Cantidad de personas o cosas agolpadas. • **De aluvión,** dícese de los terrenos o depósitos de tierra acumulados por la acción mecánica de las corrientes de agua. ♦ **aluviones** n. m. pl. **3.** Depósitos de sedimentos dejados por una corriente de agua cuando el caudal o la pendiente son insuficientes.

ALUZAR v. tr. e intr. [1g]. *Amér. Central, Colomb.* y *Méx.* Alumbrar. ♦ v. tr. **2.** *Dom.* y *P. Rico.* Examinar al trasluz.

ALVA IXTLIXÓCHITL (Fernando), historiador mexicano (Teotihuacán c. 1575-† 1648). Describió la conquista española en su obra *Horribles crueldades de los conquistadores de México y de los indios que les auxiliaron* (publicada en 1829).

ALVARADO (Pedro de), conquistador español (Badajoz 1485-Guadalajara, México, 1541). Colaborador de Cortés en la conquista de México, su actuación provocó el levantamiento azteca (1520). Fue gobernador de Guatemala y Honduras.

ALVARADO TEZOZÓMOC (Hernando de), cronista mexicano (c. 1525-c. 1600), nieto de Moctezuma. Autor de *Crónica mexicana* (c. 1598), en español, y de *Crónica Mexicáyotl,* en náhuatl.

Álvarez (José Sixto), escritor argentino (Gualeguaychú 1858-Buenos Aires 1903), llamado **Fray Mocho.** Autor costumbrista (*Un viaje al país de los matreros*, 1897; *Cuadros de la ciudad*, 1906), fundó la revista *Caras y caretas* (1898). En *Memorias de un vigilante* (1897) y otras obras refleja su experiencia como policía.

Álvarez (Juan), militar y político mexicano (Atoyac, Guerrero, 1790-La Providencia, Guerrero, 1867). Proclamó el plan de Ayutla (1854) y fue presidente de la república (1855-1856).

Álvarez (Mario Roberto), arquitecto argentino (Buenos Aires 1913), perteneciente al movimiento racionalista. Autor de numerosos edificios privados y del Centro cultural General San Martín, su obra más emblemática, en Buenos Aires.

Álvarez Bravo, familia de fotógrafos mexicanos: **Manuel** (1902-2002) y **Lola** (1907-1993), representantes de la fotografía social y testimonial.

Álvarez Quintero (hermanos), comediógrafos españoles: **Serafín** (Utrera 1871-Madrid 1938) y **Joaquín** (Utrera 1873-Madrid 1944). Destacaron en comedias y sainetes por su habilidad en el tratamiento del lenguaje y de los tipos populares: *El patio* (1900); *Puebla de las mujeres* (1912); *Mariquilla Terremoto* (1930). Su teatro más serio roza el sentimentalismo (*Malvaloca*, 1912).

ALVEAR (Carlos de), militar y político argentino (Santo Ángel, Misiones Orientales, 1789-Nueva York 1852). Fomentó la revolución de 1812, combatió Montevideo y fue nombrado director supremo (1815), año en que fue derrocado y desterrado a Brasil. Destacó en la guerra contra Brasil (1826-1827) y fue varias veces ministro.
ALVEAR (Máximo Marcelo Torcuato de), político argentino (Buenos Aires 1868-id. 1942). Presidente de la república (1922-1928), y desde 1831 jefe del partido radical.
ALVEOLADO, A adj. Provisto de alvéolos.
ALVEOLAR adj. Relativo o semejante a los alvéolos. ♦ adj. y n. f. 2. Dícese de la forma articulada a la altura de los alvéolos, y de la letra que lo representa.
ALVEOLITIS n. f. Inflamación de los alvéolos pulmonares.
ALVÉOLO o **ALVEOLO** n. m. Cada una de las celdillas que forman los panales. 2. Cavidad de los maxilares en la que se encaja un diente. 3. Cavidad abierta en el tejido del lóbulo pulmonar. 4. Hueco habilitado en un embalaje para colocar en él el artículo que se quiere presentar.
ALVERJADO n. m. Chile. Guiso de arvejas, guisantes.
ALZA n. f. Elevación, subida, aumento. 2. Pedazo de vaqueta con que se aumenta la forma del zapato. 3. Cada una de las piezas de madera que, a modo de ballestas, se colocan sobre los ejes de las ruedas de un carromato, y donde se apoya la caja del vehículo. 4. Papel que se pega sobre el tímpano de las prensas manuales, sobre el cilindro de las mecánicas, o debajo de ciertas partes de la forma, para realzar o igualar la impresión. 5. Cada uno de los maderos con que se cierra el portillo de un embalse, dique, etc., por la parte de aguas arriba. 6. ARM. Aparato colocado sobre el cañón de un arma de fuego, que sirve para apuntar.
ALZADA n. f. Estatura del caballo. 2. DER. Recurso de apelación en lo administrativo.
ALZADO, A adj. Dícese de la persona que quiebra fraudulentamente. 2. Dícese del ajuste o precio fijado en determinada cantidad. 3. HERÁLD. Dícese de una pieza cuando está a mayor altura que la correspondiente. 4. Amer. Dícese del animal en celo. 5. Amer. Merid. Dícese del animal doméstico que se vuelve bravío. 6. Amér. Merid. Dícese del animal amontado, cimarrón. ♦ v. y n. 7. Amér. Fig. Engreído, soberbio e insolente. ♦ n. m. 8. GEOMETR. Diseño de un edificio, máquina, etc, en su proyección geométrica o vertical. 9. ART. GRÁF. Reunión, por el orden de signaturas, de los cuadernos que forman un libro.
ALZAMIENTO n. m. Acción y efecto de alzar o alzarse. 2. MIL. Levantamiento, sublevación.
ALZAPRIMA n. f. Palanca, barra para levantar pesos. 2. Cuña empleada para realzar alguna cosa. 3. Argent. y Par. Carro. 4. Argent. y Urug. Cadena.
ALZAR v. tr. y pron. [**1g**]. Mover de abajo hacia arriba. 2. Poner una cosa en lugar alto. 3. Poner vertical o inclinado o tumbado. 4. Fig. Rebelar, sublevar. ♦ v. tr. 5. Frotándose de los ojos, la mirada, la puntería, etc., dirigirlos hacia arriba. 6. Recoger o quitar una cosa de donde está: alzar los manteles. 7. Poner lo extendido para guardarlo. 8. Fig. Aumentar, subir. 9. Fig. Tratándose de la voz, darle mayor fuerza, hacer que suene más. 10. Dar la primera vuelta al rastrojo. 11. Fig. Retirar del campo la cosecha. 12. Construir, fabricar, edificar. 13. ART. GRÁF. Poner en rueda todas las signaturas de una impresión y sacar los pliegos uno a uno para ordenarlos. ♦ v. intr. 14. En la misa, elevar la hostia y el cáliz después de la consagración. ♦ **alzarse** v. pron. 15. Sobresalir, elevarse sobre una superficie o plano. 16. Iniciarse o acentuarse un fenómeno meteorológico: alzarse el viento. 17. Amér. Fugarse el animal doméstico y hacerse montaraz. || **Alzarse en armas**, revolucionarse, disponerse para una guerra, rebelarse.
ALZATE (José Antonio de), científico y sacerdote mexicano (Ozumba 1737-México 1799). Es autor de tratados y ensayos sobre ciencias naturales, física, minería y metalurgia, y astronomía.
Am, símbolo químico del americio.
AMA. n. f. Femenino de amo. 2. Criada principal de una casa. 3. Criada superior que suele haber en casa del clérigo o del seglar que vive solo. 4. Mujer que amamanta una criatura ajena; se llama especialmente ama de cría o de leche. ♦ **Ama de brazos** (Amér.), niñera. || **Ama de gobierno** o **de llaves**, criada encargada de las llaves o de la economía de la casa.
AMABILIDAD n. f. Calidad de amable.
AMABLE adj. Digno de ser amado. 2. Afable, complaciente, afectuoso.
AMACHETEAR v. tr. [**1**]. Dar machetazos.
AMACURO, r. de Venezuela, tributario del Atlántico, que marca la frontera con Guyana; 250 km.
AMADO, A adj. y n. Persona amada.
AMADO (Jorge), escritor brasileño (Pirangí, Bahía, 1912 – Salvador 2001), autor de novelas que compaginan la crítica social y la inspiración folklórica (Tierras del sinfín, 1942; Gabriela, clavo y canela, 1958; Tereza Batista cansada de guerra, 1972; Tocaia Grande, 1984).
AMADOR, RA adj. y n. Que ama.
AMADOR GUERRERO (Manuel), político panameño (Turbaco 1833-Cartagena 1909), primer presidente de la república de Panamá (1904-1908).
AMADRINAR v. tr. [**1**]. Unir dos caballerías con la correa llamada madrina. 2. Amér. Merid. Acostumbrar al ganado caballar a seguir a una tropilla detrás de la yegua madrina. ♦ v. tr. y pron. 3. Fig. Apadrinar.
AMAESTRADOR, RA adj. y n. Que amaestra.
AMAESTRAMIENTO n. m. Acción y efecto de amaestrar.
AMAESTRAR v. tr. y pron. [**1**]. Enseñar, adiestrar. 2. Domar los animales, enseñarles ciertas habilidades. 3. Colocar a plomo los listones llamados maestras que sirven de guía para levantar paredes.
AMAGAMIENTO n. m. Amér. Quebrada honda y estrecha.
AMAGAR v. tr. e intr. [**1b**]. Dejar ver la intención o disposición de ejecutar próximamente alguna cosa. 2. Amenazar. 3. Fingir que se va a hacer o decir alguna cosa, especialmente en lenguaje militar. ♦ v. intr. 4. Estar una cosa próxima a sobrevenir. 5. Manifestarse los primeros síntomas de una enfermedad. 6. Hacer además o demostración de favorecer o hacer daño. ♦ **amagarse** v. pron. 7. Fam. Ocultarse, esconderse.
AMAGO n. m. Acción de amagar. 2. Señal, indicio de algo.
AMAINAR v. intr. [**1**]. Aflojar, perder su fuerza el viento, lluvia, tormenta, etc.: el aguacero amaina. ♦ v. intr. y tr. 2. Fig. Aflojar, ceder. ♦ v. tr. 3. MAR. Recoger en todo o en parte las velas de una embarcación para que no avance tanto.
AMAINE n. m. Acción y efecto de amainar.
AMALGAMA n. f. Aleación de mercurio y otro metal. 2. Fig. Mezcla de elementos heterogéneos. 3. MED. Aleación de plata y estaño empleada para practicar las obturaciones dentales.
AMALGAMACIÓN n. f. Acción y efecto de amalgamar.
AMALGAMADOR, RA adj. y n. Que amalgama.
AMALGAMAMIENTO n. m. Amalgamación.
AMALGAMAR v. tr. y pron. [**1**]. Hacer una amalgama.

AMA

AMAMANTAMIENTO n. m. Acción y efecto de amamantar.
AMAMANTAR v. tr. [**1**]. Dar de mamar.
AMAMBAY (departamento de), dep. de Paraguay, en la selva, junto a la frontera con Brasil; 12 933 km^2; 97 158 hab. Cap. Pedro Juan Caballero.
AMANCEBAMIENTO n. m. Unión de un hombre y una mujer en vida matrimonial sin estar casados.
AMANCEBARSE v. pron. [**1**]. Unirse en amancebamiento.
AMANECER v. intr. (lat. admanescere) [**2m**]. Apuntar el día. 2. Llegar o estar en un paraje o condición determinados al apuntar el día. 3. Aparecer de nuevo o manifestarse alguna cosa al rayar el día. 4. Fig. Empezar a manifestarse alguna cosa.
AMANECER n. m. Tiempo durante el cual amanece.
AMANERADO adj. que adolece de amaneramiento. ♦ adj. y n. m. 2. Afeminado.
AMANERAMIENTO n. m. Acción y efecto de amanerar o amanerarse. 2. Falta de naturalidad o espontaneidad.
AMANERAR v. tr. [**1**]. Dar un artista a cierta monotonía y uniformidad a sus obras, contraria a la verdad y a la variedad. ♦ **amanerarse** v. pron. 2. Contraer una persona, por afectación, vicio semejante en el modo de accionar, hablar, etc.
AMANITA n. f. Hongo de diversos colores, con un anillo bajo el sombrero y esporas blancas, algunas de cuyas especies son comestibles y otras muy venenosas.
AMANSADOR, RA adj. y n. Que amansa. ♦ n. m. 2. Amér. Domador de caballos.
AMANSADORA n. f. Argent. y Urug. Antesala, espera prolongada.
AMANSAMIENTO n. m. Acción y efecto de amansar.
AMANSAR v. tr. y pron. [**1**]. Hacer manso, domesticar. 2. Domar un carácter violento. 3. Fig. Sosegar, apaciguar. ♦ v. intr. 4. Apaciguarse, amainar algo. 5. Ablandarse una persona en su carácter.
AMANTE adj. Que ama. ♦ n. m. y f. 2. Hombre o mujer amancebados. ♦ **amantes** n. m. pl. 3. Personas que se aman.
AMANUENSE n. m. y f. (lat. amanuensem). Persona que escribe al dictado. 2. Escribiente, persona que copia.
AMAÑAR v. tr. [**1**]. Arreglar, urdir, generalmente de forma poco escrupulosa o chapucera. ♦ **amañarse** v. pron. 2. Darse maña.
AMAÑO n. m. Disposición para hacer con maña alguna cosa. 2. Fig. Traza o artificio para conseguir algo. (Suele usarse en plural.) ♦ **amaños** n. m. pl. 3. Instrumentos a propósito para alguna maniobra.
AMAPA n. f. Planta del Amazonas que exuda una goma de aplicaciones industriales. (Familia apocináceas.)
AMAPOLA n. f. Planta herbácea de flores rojas, común en los campos de cereales, donde constituye una mala hierba. (Familia papaveráceas.) 2. Flor de esta planta.
AMAR v. tr. (lat. amare) [**1**]. Tener amor a personas o cosas. 2. Desear. 3. Estimar, apreciar.
AMARAJE n. m. Acción de amarar.
AMARANTÁCEO, A adj. y n. f. BOT. Relativo a una familia de plantas herbáceas o arbustivas pertenecientes al orden quenopodiáceas, como el amaranto.
AMARANTO n. m. (gr. amarantos). Nombre de diversas plantas, algunas de ellas cultivadas como ornamentales por sus flores rojas agrupadas en racimos largos. ♦ adj. y n. m. 2. Dícese del color carmesí.
AMARAR v. intr. [**1**]. Posarse en la superficie del agua una aeronave.
AMARCHANTARSE v. pron. [**1**]. Cuba, Méx. y Venez. Hacerse cliente de alguna tienda.
AMARGADO, A adj. y n. Resentido, en actitud hostil hacia la sociedad y el mundo.

AMA

AMARGAR v. intr. y pron. [**1b**]. Tener alguna cosa sabor o gusto desagradable al paladar, parecido al de la hiel, el acíbar, etc. ♦ v. tr. **2.** Comunicar sabor o gusto desagradable a una cosa, en sentido propio y figurado. ♦ v. tr. y pron. **3.** *Fig.* Causar aflicción o disgusto.

AMARGO, A adj. Que amarga, de sabor amargo. **2.** *Fig.* Que causa o denota aflicción o disgusto. ♦ n. m. **3.** Amargor, sabor amargo. **4.** Licor confeccionado con almendras amargas.

AMARGÓN n. m. Planta compuesta de hojas dentadas, cuyos brotes tiernos se comen como ensalada, con pequeños frutos secos rematados por un vilano que facilita su diseminación por el viento. SIN.: diente de león.

AMARGOR n. m. Amargura.

AMARGURA n. f. Aflicción, disgusto: *las amarguras de la vida*. **2.** Gusto amargo.

AMARICONADO, A adj. *Fam.* Afeminado.

AMARILIDÁCEO, A adj. y n. f. BOT. Relativo a una familia de plantas monocotiledóneas, como el narciso y el agave.

AMARILLEAR v. intr. [**1**]. Tirar a amarillo. **2.** Palidecer.

AMARILLECER v. intr. [**2m**]. Ponerse amarillo.

AMARILLENTO, A adj. Que tira a amarillo.

AMARILLEO n. m. Acción y efecto de amarillear.

AMARILLEZ n. f. Calidad de amarillo.

AMARILLO, A adj. y n. Dícese del color comprendido entre el verde y el anaranjado en el espectro solar. **2.** Dícese de las organizaciones sindicales controladas o inspiradas por los patronos, y del obrero encuadrado en ellas. ♦ adj. **3.** De color amarillo. • **Cuerpo amarillo** o **lúteo**, masa de color blanco amarillento, de función endocrina, que se desarrolla en el ovario cuando el óvulo ha sido fecundado y que segrega una hormona, la progesterona, que condiciona la gestación. || **Fiebre amarilla**, enfermedad contagiosa de los países tropicales que se debe a un virus transmitido por un mosquito y que se caracteriza por la coloración amarilla de la piel y por vómitos de sangre negra.

AMARILLO (*mar*), mar del océano Pacífico, entre China y Corea.

AMARILLO (*río*) → *Huang He*.

AMARIZAJE n. m. Acción y efecto de amarizar.

AMARIZAR v. intr. [**1g**]. Amarar, posarse en el agua una aeronave.

AMARO n. m. (lat. *amarum*). Planta herbácea de 40 a 80 cm de alt., y olor desagradable, cuyas hojas se han usado como estomacales y para curar heridas. (Familia labiadas.)

AMAROMAR v. tr. [**1**]. Amarrar, atar con cuerdas, maromas, etc.

AMARRA n. f. Cualquier cosa que sirva para ligar, atar o sujetar. **2.** Correa que se pone a los caballos para que no levanten la cabeza. **3.** MAR. Cabo para asegurar la embarcación en el paraje donde da fondo. ♦ **amarras**, n. f. pl. **4.** *Fig.* y *fam.* Protección, apoyo. **5.** AERON. Cable usado para sostener una aeronave. **6.** MAR. Conjunto del cable y ancla que forman la amarradura y sujeción del buque.

AMARRADERO n. m. Poste, pilar o argolla donde se amarra algo. **2.** Lugar donde se amarran los barcos.

AMARRADO, A adj. *Antillas* y *Chile.* Dícese de la persona de acciones y movimientos lentos. **2.** *Cuba* y *Méx.* Mezquino, tacaño.

AMARRADURA n. f. Acción y efecto de amarrar.

AMARRAJE n. m. Impuesto que se paga por el amarre de las naves en un puerto.

AMARRAR v. tr. (fr. *amarrer*) [**1**]. Atar, asegurar por medio de cuerdas, cadenas, etc. **2.** *Fig.* Asegurar: *amarrar un resultado.* **3.** MAR. Sujetar el buque en el puerto o fondeadero. ♦ v. intr. **4.** *Fig.* y *fam.* Dedicarse con afán al estudio, empollar.

AMARRE n. m. Amarradura. **2.** MAR. Espacio destinado en un puerto para amarrar.

AMARRETE, A adj. y n. (voz lunfarda). Usurero, egoísta, mezquino. *Amér. Merid.* Tacaño.

AMARROCAR v. tr. e intr. [**1a**]. *Argent.* y *Urug.* Juntar dinero con avaricia.

AMARTELAMIENTO n. m. Acción y efecto de amartelarse.

AMARTELARSE v. pron. [**1**]. Adoptar los enamorados una actitud muy cariñosa.

AMARTILLAR v. tr. [**1**]. En un arma de fuego, poner el disparador en disposición de hacer fuego, montarla: *amartillar una pistola.*

AMASADERA n. f. Artesa en que se amasa. **2.** Aparato mecánico que sirve para heñir o trabajar la masa en las panaderías. **3.** Recipiente empleado para hacer el mortero en gran cantidad.

AMASADERO n. m. Local donde se amasa el pan.

AMASADO n. m. Acción de amasar los materiales que integran los morteros y argamasas.

AMASADOR, RA adj. y n. Que amasa.

AMASADURA n. f. Acción y efecto de amasar. **2.** Amasijo, porción de harina amasada.

AMASANDERÍA n. f. *Chile, Colomb.* y *Venez.* Panadería.

AMASAR v. tr. [**1**]. Formar o hacer masa. **2.** *Fig.* Combinar, reunir, juntar: *amasar una fortuna.*

AMASIATO n. m. *C. Rica, Méx.* y *Perú.* Concubinato.

AMASIAR v. tr. [**1**]. *Argent.* y *Urug.* Dar una fuerte paliza a alguien.

AMASIJO n. m. Porción de harina amasada para hacer pan. **2.** Porción de masa hecha con yeso, tierra, etc., y agua u otro líquido. **3.** Acción de amasar. **4.** *Fig.* y *fam.* Mezcla o unión de ideas o cosas distintas que causan confusión.

AMATE n. m. (voz mexicana). Higuera que crece en las regiones cálidas de México. **2.** Pintura hecha sobre la albura de este árbol.

AMATEUR n. m. y f. y adj. (voz francesa). Aficionado.

AMATEURISMO n. m. Cualidad de amateur.

AMATISTA n. f. (lat. *amethystum*). Piedra fina, variedad del cuarzo.

AMATORIO, A adj. Relativo al amor. **2.** Que induce a amar.

AMAUTA n. m. Entre los quechuas, encargado de servirse de los hechos históricos para recitarlos públicamente en las fiestas del Sol.

AMAZACOTADO, A adj. Pesado, hecho a manera de mazacote. **2.** *Fig.* Dícese de obras literarias o artísticas pesadas, confusas, desproporcionadas, etc.

AMAZONA n. f. (lat. *amazonem*). Mujer de alguna de las razas guerreras que suponían los antiguos haber existido en los tiempos heroicos. **2.** *Fig.* Mujer que monta a caballo. **3.** Hormiga que posee mandíbulas propias para la defensa. (Familia formícidos.)

AMAZONAS, r. de América del Sur, tributario del Atlántico; el primero del mundo por su caudal (200 000 m³/s de promedio) y por la amplitud de su cuenca, la Amazonia. Nace en la confluencia del Ucayali y el Marañón, y recorre 6 500 km hasta desembocar en un gran delta que incluye la isla de Marajó. Formado por ríos andinos, recibe luego por la izq. al Negro, Trombetas, Paru, etc., y por la der. al Madeira, Tapajós, Xingu, Tocantins. De régimen pluvial, es navegable hasta Iquitos, en Perú (para gran tonelaje sólo hasta Óbidos, en Brasil). Su desembocadura fue alcanzada por Américo Vespucio (1499); Y. Yáñez Pinzón recorrió su estuario (1500), y la expedición de F. de Orellana, su curso alto hasta la desembocadura (1542).

AMAZONAS (*departamento del*), dep. del S de Colombia, en la selva amazónica; 109 665 km²; 30 327 hab. Cap. *Leticia.*

AMAZONAS (*departamento del*), dep. del N de Perú (Nor-Oriental del Marañón), en la transición de los Andes a la llanura amazónica; 39 249 km²; 343 400 hab. Cap. *Chachapoyas.*

AMAZONAS (*estado*), estado de Venezuela, fronterizo con Brasil y Colombia; 175 750 km²; 59 690 hab. Cap. *Puerto Ayacucho.*

AMAZONIA, región de América del Sur, que comprende la cuenca central e inferior del río Amazonas (7 millones de km²) en las Guayanas, Venezuela, Colombia, Ecuador, Perú, Bolivia y, fundamentalmente, Brasil. De clima cálido y húmedo, es un dominio del bosque ombrófilo, difícil de penetrar. La población se reduce a unas 150 000 personas que practican una agricultura itinerante, la caza y la recolección. Trusts privados se han dedicado a la explotación de las reservas forestales y minerales (hierro, manganeso, oro, petróleo), con consecuencias catastróficas para los aborígenes y el medio natural. La Conferencia de las Naciones unidas en Río de Janeiro (1992) acordó medidas para la protección y desarrollo del área, la mayor reserva ecológica del planeta.

AMAZÓNICO, A adj. Relativo a las amazonas. **2.** Relativo al río Amazonas o a su cuenca.

AMBA n. f. Fruto del mangle.

AMBAGES n. m. pl. (lat. *ambages*). Rodeos de palabras o circunloquios. (Suele usarse en la loc. *sin ambages.*)

ÁMBAR n. m. (ár. *al-anbar*). Resina fósil, más o menos transparente, amarilla o rojiza, procedente de coníferas del período oligoceno, emplazadas en la zona del Báltico. SIN.: ámbar amarillo, succino. **2.** Perfume delicado. • **Ámbar gris**, concreción intestinal del cachalote que, al flotar un largo período de tiempo en el mar, forma bloques grises y porosos formados por estructuras cristalinas largas, delgadas y entremezcladas, utilizadas en la fabricación de perfumes.

AMBARINO, A adj. Perteneciente al ámbar, o que tiene su color y aspecto.

AMBATO, c. de Ecuador, cap. de la prov. de Tungurahua; 124 166 hab. Centro agrícola. Cabecera de una vía de penetración a la selva amazónica.

AMBERES, en neerlandés **Antwerpen**, en fr. **Anvers**, c. de Bélgica, cap. de la prov. homónima; 467 518 hab. Actividad mineral. Importante puerto y activo centro industrial. Capital económica de Europa (s. XV), fue desplazada por Amsterdam. Con la independencia de Bélgica (1830) renovó su pujanza. Catedral gótica (ss. XIV-XVI); pinturas de Rubens). Notable conjunto de la Grote Markt (ayuntamiento, s. XVI). Museo real de bellas artes (escuela flamenca, Rubens). — La **provincia de Amberes**, en la región de Flandes, tiene 2867 km² y 1 605 167 hab.

AMBICIÓN n. f. (lat. *ambitionem*). Pasión por conseguir poder, dignidades, fama, etc.

AMBICIONAR v. tr. [**1**]. Tener ambición por una cosa, desear: *ambicionar la fama.*

AMBICIOSO, A adj. y n. Que tiene ambición; que tiene ansias o deseo vehemente de algo. ♦ adj. **2.** Dícese de aquellas cosas en que se manifiesta ambición: *empresa ambiciosa.*

AMBIDEXTRO, A o **AMBIDIESTRO, A** adj. y n. Dícese de la persona que emplea con igual soltura la mano izquierda que la derecha.

AMBIENTACIÓN n. f. Acción y efecto de ambientar.

AMBIENTADOR n. m. Líquido usado para desodorizar y perfumar locales cerrados.

AMBIENTAL adj. Relativo al ambiente.

AMBIENTAR v. tr. [1]. B. ART. Rodear a un personaje, situación, etc., de notas evocadoras de algún medio social, época o lugar determinados. ◆ **ambientarse** v. pron. **2.** Encontrarse bien, a gusto, en un lugar o ambiente. **3.** Proporcionar a un lugar un ambiente adecuado mediante decoración, luces, objetos, etc.

AMBIENTE adj. y n. m. (lat. *ambientem*). Dícese del fluido material y de las circunstancias físicas y morales en que alguien o algo está inmerso. ◆ n. m. **2.** Grupo, estrato o sector social. **3.** Disposición de un grupo social o de un conjunto de personas respecto de alguien o de algo: *tener mal ambiente en el trabajo.* **4.** *Argent., Chile* y *Urug.* Habitación de una casa o departamento.

AMBIGÚ n. f. (fr. *ambigu*). Comida, por lo regular nocturna, en que se sirven todos los platos a la vez. **2.** En los locales para reuniones o espectáculos públicos, sitio donde se sirven manjares calientes o fríos.

AMBIGÜEDAD n. f. Calidad de ambiguo.

AMBIGUO, A adj. (lat. *ambiguum*). Que puede admitir distintas interpretaciones: *palabras ambiguas.* **2.** Incierto, dudoso, poco claro. • **Género ambiguo** (GRAM.), género atribuido por la gramática tradicional a los nombres o sustantivos que pueden usarse indistintamente en masculino o en femenino: *mar, azúcar, puente.*

ÁMBITO n. m. (lat. *ambitum*). Espacio comprendido dentro de límites determinados. **2.** Esfera de influencias o intereses. **3.** Ambiente, grupo social.

AMBIVALENCIA n. f. Propiedad que consiste en presentar dos aspectos contradictorios o distintos. **2.** SICOL. Relación con un objeto en la que el sujeto experimenta simultáneamente sentimientos contradictorios, principalmente amor y odio.

AMBIVALENTE adj. Relativo a la ambivalencia.

AMBLAR v. intr. (lat. *ambulare*) [1]. Andar los cuadrúpedos moviendo a un tiempo el pie y la mano de un mismo lado.

AMBO n. m. *Argent., Chile* y *Urug.* Conjunto de chaqueta y pantalón cortados de la misma tela.

AMBOS, AS adj. pl. y pron. pl. (lat. *ambo*). El uno y el otro; los dos.

AMBROSÍA n. f. (gr. *ambrosia*). Manjar o alimento de los dioses, que confería la inmortalidad. **2.** Planta herbácea de flores en capítulos amarillo verdosos, reunidos en espigas o racimos, de olor suave y gusto agradable. (Familia compuestas.) **3.** *Fig.* Cualquier manjar o bebida de gusto suave y delicado. **4.** *Fig.* Cosa deleitosa al espíritu.

AMBULANCIA n. f. Vehículo destinado al transporte sanitario, en especial de enfermos y heridos.

AMBULANTE adj. (lat. *ambulantem*). Que va de un lugar a otro sin tener asiento fijo.

AMBULAR v. intr. (lat. *ambulare*) [1]. Andar, ir de una parte a otra.

AMBULATORIO, A adj. Dícese de la enfermedad que permite continuar la vida normal de su tratamiento. ◆ n. m. **2.** Dispensario.

AMEBA o **AMIBA** n. f. (gr. *amoibē*). Ser unicelular que vive en aguas dulces o saladas, y se desplaza por medio de seudópodos, una de cuyas especies es parásito intestinal humano. (Subtipo rizópodos.)

AMEBIANO, A adj. Relativo a las amebas o a las lesiones causadas por ellas.

AMEDRENTADOR, RA adj. y n. Que amedrenta.

AMEDRENTAMIENTO n. m. Acción y efecto de amedrentar.

AMEDRENTAR o **AMEDRANTAR** v. tr. y pron. [1]. Infundir miedo, atemorizar, acobardar.

AMEGHINO (Florentino), paleontólogo argentino (Luján 1854-La Plata 1911). Estudió el poblamiento y la población primitiva de América y la evolución de los mamíferos en Suramérica.

AMELCOCHAR v. tr. y pron. [1]. *Amér.* Dar a un dulce el punto espeso de la melcocha. ◆ **amelcocharse** v. pron. **2.** *Méx. Fig.* y *fam.* Reblandecerse.

AMÉN n. m. Voz hebrea que significa *ciertamente* y con la que se pone término a algunas oraciones. ◆ interj. **2.** Úsase para manifestar deseo de que tenga efecto lo que se dice.

AMÉN adv. m. Excepto, a excepción. ◆ adv. c. **2.** Además, además.

AMENAZA n. f. Acción de amenazar. **2.** Dicho o hecho con que se amenaza.

AMENAZADOR, RA adj. Que amenaza.

AMENAZAR v. tr. [1g]. Dar a entender con actos o palabras que se quiere hacer algún mal a otro. ◆ v. tr. e intr. **2.** *Fig.* Presagiar la proximidad de algún daño o peligro, anunciarlo.

AMENGUAL (René), compositor chileno (Santiago 1911-*id.* 1954). De su obra destacan *Cuartetos* (1944), *Diez preludios* (1950) y *Concierto para arpa* (1950).

AMENGUAMIENTO n. m. Acción y efecto de amenguar.

AMENGUAR v. tr. e intr. [1c]. Disminuir, menoscabar.

AMENIDAD n. f. Calidad de ameno.

AMENIZAR v. tr. [1g]. Hacer ameno.

AMENO, A adj. (lat. *amoenum*). Grato, deleitable, placentero.

AMENOFIS IV o **AJNATÓN** (*el que agrada a Atón*), rey de Egipto [1372-1354]. De temperamento místico, instauró, con el apoyo de la reina Nefertiti, el culto de Atón, dios supremo y único. Trasladó su capital de Tebas (ciudad del dios Amón) a Ajtatón (Amarna), pero su reforma no le sobrevivió.

AMENORREA n. f. Ausencia de menstruación, cualquiera que sea la causa.

AMENTO n. m. BOT. Inflorescencia constituida por una espiga de flores muy pequeñas, a menudo alargada, como la de la encina y el avellano.

AMERENGADO, A adj. Semejante al merengue. **2.** Dícese de la persona empalagosa, excesiva o afectadamente amable.

AMÉRICA, uno de los cinco continentes del mundo; 42 millones de km²; 717 millones de hab.

GEOGRAFÍA
América es el continente más alargado (más de 15 000 km de N a S). Está formada por dos amplias masas triangulares (*América del Norte* y *América del Sur*), unidas por un estrecho istmo (*América Central*). Unas cadenas montañosas, al O recientes y elevadas (Rocosas y Andes), y al E antiguas y erosionadas (Apalaches, macizo de las Guayanas, escudo Brasileño) enmarcan amplias cuencas aluviales avenadas por los principales ríos (Mississippi, Orinoco, Amazonas, Paraná y Paraguay). La extensión en latitud es causa de la variedad de los climas (de tendencia dominante templada y fría en América del Norte, ecuatorial y tropical en América Central y en América del Sur) y de la vegetación (tundra del N canadiense, a la que sucede, hacia el S, el bosque de coníferas; estepa desértica de las mesetas de México y de una parte de la fachada marítima de Chile y Perú; bosque denso de la Amazonia, etc.). América fue totalmente transformada por la colonización europea, más temprana en las Antillas, América Central y América del Sur. Los pueblos precolombinos, numéricamente poco importantes, fueron asimilados por el mestizaje (frecuente en Iberoamérica), confinados en reservas (indios de América del Norte) o exterminados. Los negros, introducidos desde el s. XVI como esclavos, forman un elemento aislado en E.U.A. y más o menos mezclado con los demás grupos humanos en el resto del continente. El origen de los inmigrantes y elementos económicos y socioculturales permiten distinguir dos subconjuntos; por una parte la *América anglosajona*, que abarca Estados Unidos y Canadá, el área de mayor desarrollo económico relativo, cuya población es predominantemente blanca (en su mayor parte descendientes de inmigrantes provenientes de las islas Británicas y, en general, de Europa septentrional), aunque existe una importante minoría negra y una importante inmigración de habla hispana (chicanos, puertorriqueños, cubanos); por otra, la *América latina*, donde la población criolla, descendiente de inmigrantes de Europa meridional (españoles, portugueses, italianos) se halla en proporciones muy variables, según las regiones, junto con mestizos, amerindios, mulatos y negros.

AMÉRICA CENTRAL o **CENTROAMÉRICA**, sector central del continente americano, entre el istmo de Tehuantepec (México) y el de Panamá. Comprende los estados de Guatemala, Honduras, Belice, Nicaragua, Costa Rica, El Salvador y Panamá, además de la porción meridional de México.

AMÉRICA DEL NORTE o **NORTEAMÉRICA**, parte septentrional del continente americano, que comprende Canadá, Estados Unidos y la mayor parte de México (hasta el istmo de Tehuantepec).

AMÉRICA DEL SUR, SURAMÉRICA o **SUDAMÉRICA**, sector meridional del continente americano, desde el istmo de Panamá al cabo de Hornos. Comprende, de N a S: los estados de Colombia, Venezuela, Guyana, Surinam, Trinidad y Tobago (insular), Brasil, Ecuador, Perú, Bolivia, Paraguay, Uruguay, Argentina y Chile, así como la Guayana Francesa.

AMÉRICA ESPAÑOLA, conjunto de las antiguas colonias españolas del Nuevo mundo (virreinatos de Nueva España, Nueva Granada, Perú y Río de la Plata; capitanías generales de Guatemala, Chile, Venezuela y Cuba), que se independizaron de España en el s. XIX.

AMÉRICA LATINA o **LATINOAMÉRICA**, sector del continente americano que comprende las tierras continentales e insulares situadas al S del río Grande del Norte; 21 527 960 km² y 440 millones de hab.

GEOGRAFÍA
El mestizaje, con el aflujo de mano de obra africana y en menor medida asiática, y la inmigración europea, han configurado un mosaico etnocultural muy complejo; predomina la población europea en Argentina, Uruguay, Chile y S de Brasil; negroafricana en el área antillana y en el noreste brasileño, e indomestiza en la región andina, México y Centroamérica. La economía sigue en buena parte basada en la exportación de materias primas agropecuarias y mineras. El comercio interlatinoamericano es débil (en torno al 15 % del total de intercambios), aunque se dan diversos esfuerzos de integración, bien a través de organismos interamericanos regionales como el Sistema económico latinoamericano (S.E.L.A.) o la Comisión económica para América Latina (C.E.P.A.L.) de la O.N.U., bien a través de acuerdos regionales: grupo Andino, pacto Amazónico, Caricom, Mercaco común centroamericano, Mercosur o el Tratado de libre comercio (T.L.C.) entre México, E.U.A. y Canadá.

HISTORIA
Descubrimiento y colonización del Nuevo mundo. De los grupos que poblaron América latina destacaron principalmente cuatro pueblos, con una civilización adelantada: mayas, aztecas, chibchas e incas. Con la llegada de Colón a la isla de Guanahaní (Antillas) en 1492 se abrió el Nuevo mundo a la conquista. 1493: Colón llegó a La Española. 1498: F. de Ojeda y A. Vespucio recorrieron el litoral venezolano. 1500: P. Álvares Cabral

AME

llegó a Brasil, e inició el asentamiento portugués en la zona. 1513: Núñez de Balboa cruzó el istmo de Panamá y descubrió el Pacífico. 1515: Pérez de la Rúa recorrió las costas peruanas. 1516: Díaz de Solís llegó al Río de la Plata. 1517: Hernández de Córdoba analizó las costas del golfo de México. 1520: Magallanes alcanzó la Tierra del Fuego y franqueó el estrecho que llevaría su nombre. A partir de 1520 se sucedieron las expediciones militares de conquista y sometimiento de las poblaciones indígenas. 1521: H. Cortés culminó la conquista del imperio azteca. 1531-1536: F. Pizarro conquistó el imperio inca. 1534: Belalcázar entró en Quito. 1535-1537: el Río de la Plata y Paraguay fueron sometidos por P. de Mendoza y J. de Ayolas. 1540: Valdivia inició la conquista de Chile. A partir de 1550 se consolidó el marco jurídico que dotó al Imperio español de una estructura económica (encomiendas) y política característica: virreinatos de Nueva España (1535), Perú (1542), Tierra Firme o Nueva Granada (1717) y Río de la Plata (1776); audiencias (Santo Domingo, Santa Fe de Bogotá); capitanías generales (Guatemala, Cuba, Venezuela y Chile). Los efectos que el proceso colonizador tuvo entre la población indígena se pueden resumir en una grave crisis de valores y de forma de vida y una gran mortandad, denunciada, entre otros, por fray Bartolomé de las Casas. Ello movió a los colonizadores a importar negros africanos (esclavos) como mano de obra. El cruce de razas fomentó el mestizaje de la población.
El proceso hacia la independencia. En el marco general de las revoluciones del s. XVIII, la población criolla fue adquiriendo una conciencia de emancipación que se tradujo en las primeras tentativas independentistas: creación de juntas de gobierno (Ecuador, 1809; Venezuela y Paraguay, 1811; Colombia, 1813); levantamiento del cura Hidalgo en México (1810-1811). En esta primera oleada revolucionaria (1806-1816), los españoles sofocaron la mayor parte de las revueltas. La segunda (1821-1825), en cambio, se saldó con la victoria de los independentistas sobre las tropas de Fernando VII: emancipación de las Provincias Unidas del Río de la Plata (1816); San Martín liberó Chile y Perú (1816-1821); Iturbide, México (1821); Bolívar y Sucre, la parte N de América del Sur (Venezuela, Ecuador, Colombia y Bolivia, 1824). También Brasil accedió a la independencia en 1822. Tras la independencia, una serie de tentativas unificadoras resultaron fallidas: Provincias Unidas de América Central (1823-1838); República de la Gran Colombia (Colombia, Ecuador y Venezuela, 1819-1830); Confederación Perú-boliviana (1837-1839); Confederación de Honduras, El Salvador y Nicaragua (1842-1844); de sus respectivos procesos de desmembración quedaron establecidos los marcos estatales actuales. En 1865 la República Dominicana obtuvo la independencia definitiva, y Cuba en 1898.
El siglo XX. Desde principio de siglo E.U.A. proyectó su hegemonía sobre América latina, fragmentada y en vías de desarrollo. La inestabilidad política (expresada en numerosos pronunciamientos militares), junto con un crecimiento económico dependiente de las potencias capitalistas condicionó la evolución socioeconómica de la región. A nivel político, tras la experiencia revolucionaria mexicana de los años veinte, aparecieron diversos movimientos revolucionarios y, en particular, la revolución cubana (1959). En los años siguientes Estados Unidos aumentó su influencia en la región. El triunfo de diversas tentativas izquierdistas (Allende, 1971-1973) fue contrarrestado por diversos regímenes militares, que dominaron la vida política en muchos países (Nicaragua somocista, Chile, Argentina, Paraguay) durante los años setenta y parte de los ochenta. En la década de los ochenta Centroamérica se vio convulsionada por los conflictos armados. El retorno a la paz y a la democracia se vio ensombrecido en los años noventa por graves problemas económicos y la repercusión social del duro ajuste económico.

AMERICANA n. f. Femenino de americano. **2.** Chaqueta de hombre. **3.** Faetón o charabán de cuatro ruedas.
AMERICANISMO n. m. Calidad, condición o carácter de americano. **2.** Afición a las cosas de América o dedicación al estudio de ellas. **3.** Palabra procedente de una lengua indígena americana. **4.** Vocablo o giro propios del habla hispanoamericana. **5.** Tendencia religiosa, de origen americano, que sacrifica la contemplación a la acción y que fue condenada por León XIII en 1902.
AMERICANISTA adj. Relativo a las cosas de América. ♦ n. m. y f. **2.** Especialista en el estudio de América.
AMERICANIZACIÓN n. f. Acción de americanizar.
AMERICANIZAR v. tr. [**1g**]. Dar carácter americano. ♦ v. tr. y pron. **2.** Aficionar a lo americano.
AMERICANO, A adj. y n. De América. **2.** Norteamericano.
AMERICIO n. m. Elemento químico artificial y radiactivo (Am), de número atómico 95.
AMERINDIO, A adj. y n. Dícese de los indios de América: *tribu amerindia*. (→ *indio*.)
AMERITAR v. tr. y pron. [**1**]. *Amér.* Dar méritos. ♦ v. intr. **2.** *Amér. Central y Méx.* Merecer, hacer méritos.
AMERIZAJE n. m. Amarizaje.
AMERIZAR v. intr. [**1g**]. Amarar, posarse en el mar una aeronave.
AMESTIZADO, A adj. Con algunos caracteres de mestizo.
AMETRALLADORA n. f. Arma automática, de pequeño calibre (inferior a 20 mm), de tiro continuo o a ráfagas, montada sobre afuste.
AMETRALLAMIENTO n. m. Acción de ametrallar.
AMETRALLAR v. tr. [**1**]. Disparar metralla. **2.** Someter al fuego de ametralladora.
AMÉTRICO, A adj. Dícese de aquellos versos que no se sujetan a un mismo número de sílabas.
AMÉTROPE adj. Afecto de ametropía.
AMETROPÍA n. f. Anomalía de la visión debida a un defecto de los medios refringentes del ojo que comprende la miopía, la hipermetropía y el astigmatismo.
AMÉZAGA (Juan José), político y jurisconsulto uruguayo (Montevideo 1881-*id.* 1956), presidente de la república (1943-1947).
AMIANTO n. m. (gr. *amiantos*, incorruptible). Silicato natural hidratado de calcio y magnesio, de contextura fibrosa.
AMIDA n. f. Compuesto orgánico derivado del amoníaco por la sustitución de al menos un hidrógeno por un radical acilo.
AMIDOPIRINA n. f. Antipirético y analgésico administrado por vía oral.
AMIENS, c. de Francia, cap. de la región de Picardía y del dep. de Somme; 136 234 hab. Industria. Industria alimentaria. Gran centro comercial medieval. Catedral gótica (s. XIII), la mayor de Francia.
AMIGABLE adj. Atable, amistoso.
AMÍGDALA n. f. (gr. *amygdalê*, almendra). Órgano linfoide de la garganta. • **Amígdala faríngea**, la situada en la parte superior de la faringe. ‖ **Amígdala lingual**, la situada en la base de la lengua. ‖ **Amígdala palatina**, cada una de las situadas a ambos lados del istmo de las fauces.
AMIGDALITIS n. f. Inflamación de las amígdalas.

AMIGO, A adj. y n. (lat. *amicum*). Que tiene amistad. **2.** Dícese de la persona que mantiene relaciones sexuales irregulares con otra. **3.** Tratamiento afectuoso que se usa aunque no haya verdadera amistad. ♦ adj. **4.** Aficionado o inclinado a algo. **5.** *Poét.* Benéfico, benigno, grato, apacible.
AMIGOTE n. m. *Fam.* Compañero de juergas y diversiones.
AMIGUISMO n. m. Tendencia a conceder cargos o trabajos a amigos en perjuicio del mejor derecho de terceras personas.
AMILÁCEO, A adj. De la naturaleza del almidón. **2.** Que contiene almidón.
AMILANADO, A adj. Cobarde, perezoso, flojo.
AMILANAMIENTO n. m. Acción y efecto de amilanar o amilanarse.
AMILANAR v. tr. [**1**]. Causar tal miedo a uno que quede aturdido y sin acción. **2.** Desanimar. ♦ **amilanarse** v. pron. **3.** Abatirse, acobardarse, desanimarse.
AMILASA n. f. Enzima causante de la hidrólisis de los glúcidos.
AMINA n. f. Compuesto derivado del amoníaco por sustitución del hidrógeno por uno o varios radicales alquilos.
AMINOÁCIDO n. m. Sustancia orgánica con una función ácida y una función amina, que constituye la base de las proteínas.
AMINORACIÓN n. f. Minoración.
AMINORAR v. tr. [**1**]. Disminuir.
AMISTAD n. f. Afecto personal, puro y desinteresado, ordinariamente recíproco. **2.** Afinidad, conexión, hablando de cosas. ♦ **amistades** n. f. pl. **3.** Personas con las que se tiene amistad.
AMISTAR v. tr. y pron. [**1**]. Unir en amistad. **2.** Reconciliar a dos enemistados.
AMISTOSO, A adj. Relativo a la amistad. **2.** Dícese del encuentro deportivo que no es de competición. **3.** Como de amigo.
AMITOSIS n. f. División celular directa, simplificada, por estrangulamiento del núcleo y citoplasma de la célula. SIN.: *mitosis*.
'AMMĀN, c. y cap. de Jordania; 1 213 300 hab. Teatro romano. Museos.
AMNESIA n. f. Disminución o pérdida total de la memoria.
AMNÉSICO, A adj. y n. Afecto de amnesia.
AMNIOS n. m. (gr. *amnios*). La más interna de las membranas que rodean el feto de los mamíferos, aves y reptiles. **2.** Cubierta gelatinosa del saco embrionario que rodea el embrión de las semillas jóvenes.
AMNIOTA n. m. Animal vertebrado cuyo embrión está rodeado por un amnios.
AMNIÓTICO, A adj. Relativo al amnios.
AMNISTÍA n. f. (gr. *amnestia*, perdón). Perdón concedido por el poder público para ciertos delitos, particularmente políticos.
AMNISTIAR v. tr. [**1t**]. Conceder amnistía.
AMO, A n. Cabeza de la casa o de la familia. **2.** Poseedor de alguna cosa: *el amo de un taller*. **3.** Persona que tiene uno o más criados, respecto a ellos. **4.** Persona que tiene ascendiente decisivo sobre otra u otras. ♦ n. m. **5.** Mayoral o capataz.
AMODORRAMIENTO n. m. Acción y efecto de amodorrarse.
AMODORRAR v. tr. y pron. [**1**]. Causar modorra o caer en ella.
AMOHOSARSE v. pron. [**1**]. *Amér.* Enmohecerse.
AMOJONAR v. tr. [**1**]. Señalar con mojones los linderos de una propiedad o de un término jurisdiccional.
AMOLADO, A adj. *Méx.* Enfermo. **2.** *Méx.* En malas condiciones. ♦ n. m. **3.** *Méx.* Amolado.
AMOLADOR n. m. El que tiene por oficio amolar, afilar.
AMOLADURA n. f. Acción de amolar.
AMOLAR v. tr. [**1r**]. Afilar o aguzar un arma o instrumento cortante o punzante con la muela. **2.** *Fig. y fam.* Fastidiar, molestar con pertinacia. **3.** Desbastar, trabajar con la muela una pieza u objeto. ♦ **amolarse** v. pron. **4.** Aguantarse.

AMOLDABLE adj. Capaz o susceptible de amoldarse.
AMOLDADOR, RA adj. y n. Que amolda.
AMOLDAMIENTO n. m. Acción y efecto de amoldar o amoldarse.
AMOLDAR v. tr. y pron. [1]. Ajustar una cosa al molde. ♦ **amoldarse** v. pron. 2. Ajustarse a la razón; acomodarse a las exigencias de la realidad; someterse a las circunstancias.
AMÓN o **AMMÓN**, dios egipcio de Tebas. Durante el Imperio nuevo sus sacerdotes constituyeron una casta influyente. Posteriormente fue asimilado a Ra.
AMÓN o **AMMÓN**, personaje bíblico, hijo de Lot y hermano de Moab, antepasado epónimo de los ammonitas.
AMONEDAR v. tr. [1]. Convertir un metal en moneda.
AMONESTACIÓN n. f. Acción y efecto de amonestar. **2.** Advertencia, prevención. ♦ **amonestaciones** n. f. pl. **3.** Publicación en la iglesia de los nombres de los que van a contraer matrimonio.
AMONESTADOR, RA adj. y n. Que amonesta.
AMONESTAR v. tr. [1]. Hacer presente alguna cosa a uno para que la considere, procure o evite. **2.** Advertir, prevenir, reprender. **3.** Publicar en la iglesia los nombres de los que quieren contraer matrimonio.
AMONIACAL adj. Que contiene amoníaco o posee sus propiedades.
AMONÍACO o **AMONIACO** n. m. (lat. *ammoniacum*). Gas de olor muy penetrante, formado por nitrógeno e hidrógeno combinados, de fórmula NH_3. ♦ adj. • **2. Gas amoníaco**, amoníaco. ‖ **Sal amoníaca**, cloruro amónico.
AMÓNICO, A adj. Relativo al amonio. **2.** Dícese de las sales de amonio.
AMONIO n. m. Radical $-NH_4$ que entra en la composición de las sales derivadas del amoníaco.
AMONITA n. f. Amonites.
AMONITAS, pueblo de origen amorrita instalado en el s. XIV a. J.C. al E del Jordán. Rivales de los hebreos, fueron sometidos por David.
AMONITES n. m. Fósil característico de la era secundaria. (Clase cefalópodos.)
AMONTONADOR, RA adj. y n. Que amontona.
AMONTONAMIENTO n. m. Acción y efecto de amontonar o amontonarse.
AMONTONAR v. tr. y pron. [1]. Poner en montón, colocar unas cosas sobre otras desordenadamente: *amontonar cajas*. **2.** Apiñar personas o animales. **3.** *Fig.* Juntar y mezclar sin orden ni elección: *amontonar textos, sentencias, palabras*. ♦ v. tr. **4.** Juntar, reunir en abundancia: *amontonar riqueza*. ♦ **amontonarse** v. pron. **5.** Sobrevenir muchos sucesos en poco tiempo. **6.** *Fig.* y *fam.* Amancebarse.
AMOR n. m. (lat. *amorem*). Afecto por el cual el ánimo busca el bien verdadero o imaginado, y apetece gozarlo. **2.** Sentimiento que atrae una persona hacia otra. **3.** Persona amada. **4.** Esmero con que se trabaja una obra deleitándose en ella. • **Al amor de**, cerca de, junto a. ‖ **Amor platónico**, el que idealiza a una persona amada sin establecer con ella una relación real. ‖ **Hacer el amor**, enamorar, galantear; realizar el acto sexual. ‖ **Por amor al arte** (*Fam.*), gratuitamente, por el gusto representado por el trabajo. ♦ **amores** n. m. pl. **5.** Relaciones amorosas. **6.** Expresiones de amor, caricias, requiebros. ‖ **Con, o de, mil amores**, con mucho gusto.
AMORAL adj. Indiferente con respecto a la moral o que carece de sentido moral. ♦ adj. y n. **2.** Partidario del amoralismo.
AMORALIDAD n. f. Calidad de amoral.
AMORATAR v. tr. [1]. Golpear a uno causándole moretones. ♦ v. tr. y pron. **2.** Poner o ponerse de color morado: *amoratarse un ojo*.
AMORDAZADOR, RA adj. y n. Que amordaza.
AMORDAZAMIENTO n. m. Acción y efecto de amordazar.
AMORDAZAR v. tr. [1g]. Poner mordaza. **2.** Impedir hablar a alguien.
AMORFO, A adj. (gr. *amorphos*). Sin forma determinada. **2.** Dícese del mineral sin estructura cristalina.
AMORIM (Enrique), escritor uruguayo (Salto 1900-*id.* 1960). Sus novelas de ambientación rural recrean la Pampa (*La carreta*, 1929; *El paisano Aguilar*, 1934; *El caballo y su sombra*, 1941). En *La victoria no viene sola* (1952) aborda temas políticos.
AMORÍO n. m. *Fam.* Aventura, romance.
AMOROSO, A adj. Que siente, denota o manifiesta amor.
AMORRAR v. intr. y pron. [1]. Bajar o inclinar la cabeza. ♦ **amorrarse** v. pron. **2.** Aplicar los morros o labios a una fuente u otro conducto.
AMORTAJAMIENTO n. m. Acción de amortajar.
AMORTAJAR v. tr. [1]. Poner la mortaja a un difunto. **2.** Cubrir, envolver, esconder. **3.** Ejecutar una muesca o abertura rectangular (mortaja) en una pieza de madera para ensamblarla con otra pieza o su espiga. **4.** Ensamblar las piezas de carpintería así preparadas. **5.** Tallar engranajes o piezas dentadas con la mortajadora.
AMORTECER v. tr. e intr. [2m]. Amortiguar. ♦ **amortecerse** v. pron. **2.** Desmayarse, quedar como muerto.
AMORTIGUACIÓN n. f. Amortiguamiento.
AMORTIGUADOR, RA adj. Que amortigua. ♦ n. m. **2.** Dispositivo que sirve para amortiguar la violencia de un choque, la intensidad de un sonido o la vibración de una máquina.
AMORTIGUAMIENTO n. m. Acción y efecto de amortiguar. **2.** *Fís.* Reducción progresiva de la amplitud de un movimiento oscilatorio.
AMORTIGUAR v. tr. y pron. (lat. *admortificare*) [1c]. Moderar, disminuir, hacer menos violento.
AMORTIZABLE adj. Que puede amortizarse.
AMORTIZACIÓN n. f. Acción y efecto de amortizar.
AMORTIZAR v. tr. [1g]. Suprimir empleos o plazas en un cuerpo o en una oficina. **2.** *Fig.* Usar mucho o sacar mucho provecho a algo. **3.** DER. Rembolsar una deuda por anualidades. **4.** ECON. Reconstituir progresivamente el capital empleado en la adquisición de los medios de producción de una empresa, de un inmueble, de un automóvil, etc.
AMOSCAMIENTO n. m. Acción de amoscarse.
AMOSCARSE v. pron. [1a]. *Fam.* Enfadarse.
AMOSTAZAR v. tr. y pron. [1g]. *Fam.* Irritar, enojar.
AMOTINADO, A adj. y n. Que toma parte en un motín.
AMOTINADOR, RA adj. y n. Que amotina.
AMOTINAMIENTO n. m. Acción y efecto de amotinar.
AMOTINAR v. tr. y pron. [1]. Alzar en motín a una multitud.
AMOVIBLE adj. Que puede separarse del lugar que ocupa. **2.** Dícese del cargo o beneficio del que puede ser libremente separado el que lo ocupa.
AMOVILIDAD n. f. Calidad de amovible.
AMPARADOR, RA adj. y n. Que ampara.
AMPARAR v. tr. [1]. Favorecer, proteger. ♦ **ampararse** v. pron. **2.** Valerse del favor o protección de alguno. **3.** Defenderse, guarecerse.
AMPARO n. m. Acción y efecto de amparar o ampararse. **2.** Abrigo, defensa, auxilio. **3.** Persona o cosa que ampara.

AMP

AMPATO (nevado de), volcán de Perú (Arequipa), en la cordillera Occidental o Marítima; 6310 m.
AMPERE n. m. Nombre del amperio en la nomenclatura internacional.
AMPÈRE (André Marie), físico y matemático francés (Lyon 1775-Marsella 1836). Autor de la teoría del electromagnetismo, sentó las bases de la teoría electrónica de la materia e inventó el telégrafo eléctrico, y, con Arago, el electroimán.
AMPERÍMETRO n. m. Instrumento para medir la intensidad de una corriente eléctrica.
AMPERIO n. m. (de A. M. *Ampère*). ELECTR. Unidad de medida de la intensidad de la corriente eléctrica (símbolo A), equivalente a la intensidad de una corriente constante, que circula por dos conductores paralelos, rectilíneos, de longitud infinita, sección despreciable, situados entre sí a la distancia de 1 m, en el vacío, y capaz de producir una fuerza de atracción entre los mismos de $2 \cdot 10^{-7}$ newtons por metro de longitud. **2.** Unidad de medida de la fuerza magnetomotriz (símbolo A), equivalente a la fuerza magnetomotriz producida a lo largo de una curva cerrada cualquiera que rodea una sola vez a un conductor recorrido por una corriente eléctrica de un amperio. • **Amperio hora**, unidad de cantidad de electricidad (símbolo Ah) equivalente a la cantidad de electricidad transportada en 1 hora por la corriente de 1 amperio.
AMPLIABLE adj. Que puede ampliarse.
AMPLIACIÓN n. f. Acción y efecto de ampliar. **2.** Copia fotográfica ampliada.
AMPLIADOR, RA adj. y n. Que amplía.
AMPLIADORA n. f. FOT. Aparato para realizar ampliaciones.
AMPLIAR v. tr. (lat. *ampliare*) [1t]. Hacer más extenso. **2.** Reproducir una fotografía, impreso, etc., en tamaño mayor del que tenía.
AMPLIFICACIÓN n. f. (lat. *amplificationem*). Acción y efecto de amplificar. **2.** RADIOTECN. Aumento de tensión, de intensidad de corriente o de potencia eléctrica, obtenido mediante un aparato amplificador.
AMPLIFICADOR, RA adj. y n. Que amplifica. ♦ n. m. **2.** Aparato o dispositivo que permite aumentar la intensidad de una magnitud física (en particular, una señal eléctrica) sin distorsión notable. **3.** Elemento de una cadena acústica que precede a los altavoces.
AMPLIFICAR v. tr. (lat. *amplificare*) [1a]. Ampliar. **2.** Aumentar la intensidad de una magnitud física mediante un aparato.
AMPLIFICATIVO, A adj. Que amplifica o sirve para amplificar.
AMPLIO, A adj. (lat. *amplum*). Dilatado, espacioso. **2.** *Fig.* Dícese de la persona comprensiva y con capacidad para abarcar valores universales.
AMPLITUD n. f. (lat. *amplitudinem*). Extensión; calidad de amplio. **2.** Valor máximo de una magnitud que varía periódicamente. **3.** Capacidad de comprensión: *amplitud de miras*.
AMPOLLA n. f. Lesión elemental de la piel sobreelevada y llena de liquido. **2.** Burbuja formada en el agua cuando hierve o cuando llueve con fuerza. **3.** Vasija de vidrio o cristal, de cuello largo y angosto y cuerpo ancho y redondo. **4.** Recipiente de vidrio que contiene un medicamento.
AMPOLLERA n. f. *Méx.* Ampolla, recipiente de vidrio que contiene un medicamento.
AMPOLLETA n. f. Reloj de arena. **2.** En este reloj, tiempo que invierte la arena en pasar de una ampolla a la otra. **3.** *Chile.* Bombilla eléctrica.
AMPULOSIDAD n. f. Calidad de ampuloso.
AMPULOSO, A adj. Hinchado y redundante.
AMPUTACIÓN n. f. Acción y efecto de amputar.
AMPUTAR v. tr. (lat. *amputare*) [1]. Cortar y separar enteramente del cuerpo un

miembro o porción de él. **2.** Quitar algo necesario.

AMSTERDAM, c. y cap. de Países Bajos (Holanda Septentrional) desde 1815 (aunque no sede de los poderes públicos), en la confluencia del Amstel y del Ij; 702 444 hab. (1 038 000 en la aglomeración). Ciudad industrial (talla de diamantes, construcciones mecánicas, industrias químicas y alimentarias) y puerto activo en el golfo del Ij, unido al mar del Norte y al Rin por dos canales. La ciudad, construida sobre numerosos canales secundarios, conserva bellos monumentos. Rijksmuseum (obras maestras de la pintura holandesa), casa de Rembrandt, Stedelijk Museum (arte moderno), museo Van Gogh, etc.

AMUCHACHADO, A adj. Que parece un muchacho o propio de un muchacho.

AMUCHAR v. intr. y pron. [1]. *Argent., Bol. y Chile.* Aumentar. ♦ **amucharse** v. pron. **2.** *Argent., Bol. y Chile.* Juntarse apretadamente varias personas.

AMUEBLADO n. m. *Argent. y Urug.* Hotel por horas al que las parejas acuden para mantener relaciones sexuales.

AMUEBLAR v. tr. [1]. Dotar de muebles algún lugar.

AMUJERADO, A adj. Afeminado.

AMUJERAMIENTO n. m. Afeminación.

AMULATADO, A adj. Parecido a los mulatos en su porte o condición.

AMULETO n. m. (lat. *amuletum*). Objeto portátil al que supersticiosamente se atribuye alguna virtud sobrenatural.

AMUNDSEN (Roald), explorador noruego (Borge, Østfold, 1872-en el Ártico 1928). Fue el primero en cruzar el paso del Noroeste (1906) y alcanzó el polo S en 1911.

AMUR, en chino *Heilong Jiang*, r. del NE de Asia, formado por el Argún y el Shilka. Sirve de frontera entre Siberia y el NE de China y desemboca en el mar de Ojotsk; 4 440 km.

AMURA n. f. MAR. Parte de los costados del buque donde éste se estrecha para formar la proa. **2.** Cabo que hay en cada una de las velas de cruz para llevarlo hacia la proa y afirmarlo.

AMURADA n. f. MAR. Cada uno de los costados del buque por la parte interior.

AMURALLAR v. tr. [1]. Cercar con muro o muralla.

AMURAR v. tr. [1]. Sujetar con la amura los puños de las velas.

AMURRIARSE v. pron. [1]. Amohinarse, ponerse triste.

AMUSGO, pueblo y lengua amerindios, pertenecientes al grupo mixteco-trique cuyo territorio se reduce actualmente a las proximidades de la ciudad mexicana de Ometepec.

AMUSTIAR v. tr. y pron. [1]. Poner mustio.

ANA (*santa*), esposa de san Joaquín y madre de la Virgen.

ANA BOLENA o **BOLEYN** (c. 1507-Londres 1536), segunda esposa de Enrique VIII, rey de Inglaterra (1533). Acusada de adulterio, fue decapitada.

ANA ESTUARDO (Londres 1665-*id.* 1714), reina de Gran Bretaña e Irlanda (1702-1714), hija de Jacobo II. Luchó contra Luis XIV y reunió en un solo estado los reinos de Escocia e Inglaterra (1707).

ANABAPTISMO n. m. Doctrina de los anabaptistas.

ANABAPTISTA adj. y n. m. y f. Relativo a los grupos cristianos surgidos de la Reforma que, considerando nulo el bautismo de los niños debido a la ausencia de todo acto personal de fe, instituyeron nuevamente a los adultos; individuo de este grupo.

ANABOLISMO n. m. BIOL. Conjunto de síntesis moleculares que conducen a la asimilación.

ANABOLIZANTE adj. Dícese de una sustancia que favorece la síntesis de las proteínas y atenúa su excesiva desintegración. **2.** Perteneciente o relativo a esta sustancia. ♦ n. m. **3.** Sustancia anabolizante.

ANACARDIÁCEO, A adj. y n. f. Terebintáceo.

ANACARDO n. m. Árbol maderable de América tropical de hasta 20 m de alt., con tronco grueso y copa muy poblada. (Familia terebintáceas.) **2.** Fruto de este árbol, cuyo pedúnculo es comestible y se conoce con el nombre de zarzaparrilla de los pobres.

ANACO n. m. (voz quechua). Tela que a modo de manteo se ciñen a la cintura las indias de Ecuador y Perú.

ANACO, c. de Venezuela (Anzoátegui); 61 386 hab.

ANACOLUTO n. m. Falta de ilación en la construcción de una frase, oración o cláusula, o en el sentido general de la elocución.

ANACONDA n. f. Serpiente de gran tamaño (7 m), que vive en América del Sur y se alimenta de aves y mamíferos. (Orden ofidios.)

ANACORETA n. m. y f. Persona que vive en lugar solitario, entregada a la contemplación y a la penitencia.

ANACREONTE, poeta lírico griego (Teos, Jonia, s. VI a. J.C.). Las *Odas* que se le han atribuido son cantos al amor y a la buena mesa, e inspiraron la poesía llamada *anacreóntica* del renacimiento.

ANACREÓNTICA n. f. Composición poética de carácter hedonístico.

ANACREÓNTICO, A adj. Propio y característico del poeta Anacreonte o parecido a sus temas y estilo. **2.** Relativo a la anacreóntica.

ANACRÓNICO, A adj. Que adolece de anacronismo.

ANACRONISMO n. m. (gr. *anakhronismos*). Error de cronología que consiste en atribuir a una época elementos pertenecientes a otra. **2.** Antigualla, mueble, traje, etc., en desuso.

ANACRUSIS o **ANACRUSA** n. f. MÉTRIC. Sílaba o sílabas átonas que se hallan delante del primer acento rítmico de un verso. **2.** MÚS. Nota o grupo de notas no acentuadas que preceden a un tiempo acentuado del que forman parte.

ÁNADE n. m. o f. (lat. *anatem*). Pato. **2.** Cualquier ave que tenga manifiestas analogías con el pato.

ANAEROBIO, A adj. y n. m. Dícese de los microorganismos o de ciertos tejidos que se desarrollan en medios carentes de aire, o sea sin oxígeno, extrayendo la energía que precisan para vivir de las sustancias orgánicas que descomponen.

ANAFASE n. f. Tercera fase de la división celular por mitosis.

ANAFILAXIA o **ANAFILAXIS** n. f. Aumento de la sensibilidad del organismo con respecto a una sustancia determinada, por la previa penetración en el cuerpo, por inyección o ingestión, de una dosis, aunque mínima, de ella.

ANÁFORA n. f. (gr. *anaphora*). RET. Repetición de una misma palabra, al iniciar frases sucesivas.

ANAFÓRICO, A adj. Dícese de un término que hace referencia a una palabra o frase anterior, como los pronombres.

ANAFRODISIA n. f. Ausencia de deseo sexual.

ANAGRAMA n. m. (gr. *anagramma*). Palabra formada con las letras de otra palabra colocadas en un orden distinto.

ANAHEIM, c. de Estados Unidos (California); 266 406 hab. Turismo (*Disneyland*).

ANÁHUAC, parte S de la altiplanicie mexicana, que abarca el Distrito Federal y varios estados aledaños. Por extensión, se ha dado este nombre a todo el territorio mexicano.

ANAL adj. Relativo al ano.

ANALECTAS n. f. pl. (gr. *analektos*, recopilado). Fragmentos en prosa o en verso escogidos de uno o varios autores.

ANALES n. m. pl. Obra que refiere lo sucedido año por año.

ANALFABETISMO n. m. Ausencia de instrucción.

ANALFABETO, A adj. y n. Que no sabe leer ni escribir. **2.** Ignorante, inculto.

ANALGESIA n. f. Abolición de la sensibilidad al dolor.

ANALGÉSICO, A adj. y n. m. Que produce analgesia.

ANÁLISIS n. m. (gr. *analysis*). Descomposición de una sustancia en sus principales componentes: *análisis del agua, del aire*. CONTR.: *síntesis*. **2.** Estudio realizado para separar las distintas partes de un todo: *análisis de una obra, de un sueño, de una frase.* SIN.: *sicoanálisis*. **3.** ESTADÍST. Parte de la metodología estadística que concierne a los métodos correctos de interpretación de las estadísticas, por oposición a la que trata de su elaboración y de su presentación en cuadros o gráficos. **4.** FILOS. Método que procede de lo compuesto a lo simple. **5.** FILOS. Movimiento filosófico actual de carácter antiespeculativo, y especialmente antimetafísico. **6.** INFORMÁT. Conjunto de trabajos que comprenden el estudio detallado de un problema, la concepción de un método que permita resolverlo y la definición precisa del tratamiento correspondiente en el ordenador. **7.** LING. Procedimiento por el que, dado un texto (oral o escrito), pretende descubrir unidades (fonema, morfema, palabra, etc.) y las relaciones que fundamentan tales unidades. **8.** MAT. Parte de las matemáticas que estudia las funciones, los límites, las derivadas y las primitivas. **9.** SICOL. y SICOANÁL. Procedimiento de investigación del siquismo de un individuo o del funcionamiento del grupo, generalmente con finalidades terapéuticas. ● **Análisis clínico** (MED.), examen de ciertos componentes o sustancias del organismo según métodos especializados con el fin de analizar el estado de salud; resultado de este examen. SIN.: *analítica*.

ANALISTA n. m. y f. Especialista en análisis. **2.** Técnico en informática responsable de la fase de análisis de un problema para su resolución mediante ordenador. **3.** Sicoanalista.

ANALISTA n. m. y f. Autor de anales.

ANALÍTICA n. f. Análisis clínico.

ANALÍTICO, A adj. Relativo al análisis. **2.** Que procede por vía de análisis.

ANALIZABLE adj. Que se puede analizar.

ANALIZADOR, RA adj. y n. Que analiza. ♦ n. m. **2.** Aparato que permite efectuar análisis.

ANALIZAR v. tr. [1g]. Hacer el análisis de algo.

ANALOGÍA n. f. (gr. *analogia*). Relación de semejanza entre cosas distintas.

ANALÓGICO, A adj. Análogo. **2.** Relativo a la analogía. **3.** INFORMÁT. Dícese de una señal cuyas variaciones son continuas.

ANÁLOGO, A adj. Semejante.

ANAMORFOSIS n. f. (gr. *anamorphōsis*, transformación). Imagen deformada de un objeto, dado por un espejo curvo o por un sistema óptico no regular, así como por los aparatos de rayos X.

ANANÁS n. m. (voz guaraní). Planta originaria de América tropical, de unos 50 cm de alt. y flores de color morado, cultivada en muchas regiones cálidas por sus grandes frutos compuestos, parecidos a la piña, con pulpa azucarada y sabrosa. (Familia bromeliáceas.) SIN.: *piña, piña americana.* **2.** Fruto de esta planta.

ANAPESTO n. m. (gr. *anapaistō*, golpear hacia atrás). Pie de verso griego o latino, compuesto de dos sílabas breves seguidas de una larga.

ANAQUEL n. m. Cada una de las tablas puestas horizontalmente en los muros, armarios, etc.

ANARANJADO, A adj. y n. m. Dícese del color comprendido entre el rojo y el amarillo en el espectro solar. • **Anaranjado de metilo,** heliantina. ♦ adj. **2.** De color anaranjado. SIN.: naranjado.

ANARCOSINDICALISMO n. m. Doctrina que atribuye a los sindicatos la organización de la sociedad.

ANARCOSINDICALISTA adj. y n. m. y f. Relativo al anarcosindicalismo; el que lo profesa.

ANARQUÍA n. f. (gr. anarkhía). **2.** Situación de un país caracterizada por la ausencia de un gobierno con la autoridad necesaria, y que está sumido en conflictos desordenados. **3.** Desorden, confusión.

ANÁRQUICO, A adj. Relativo a la anarquía.

ANARQUISMO n. m. Ideología que desecha toda autoridad, en particular la del estado, y preconiza la libertad absoluta y la espontaneidad del individuo.

ANARQUISTA adj. y n. m. y f. Relativo al anarquismo o a la anarquía; partidario de esta ideología política.

ANARQUIZAR v. tr. [**1g**]. Propagar el anarquismo.

ANASTIGMÁTICO, A adj. y n. Referido a un objetivo fotográfico, desprovisto de astigmatismo.

ANATEMA n. m. o f. (gr. anathēma). Excomunión solemne: pronunciar un anatema contra alguien. **2.** Maldición, imprecación.

ANATEMATIZAR v. tr. [**1g**]. Pronunciar un anatema.

ANÁTIDO, A adj. y n. m. ZOOL. Relativo a una familia de aves palmípedas integrada por unos 150 especies, como el pato.

ANATOLIA n. f. Estudio de la estructura en turco **Anadolu,** del gr. **Anatolé** (el Levante), nombre que se da a Asia Menor, que designa el conjunto de la Turquía asiática.

ANATOMÍA n. f. Estudio de la estructura de los seres orgánicos mediante la disección, para examinar la forma y disposición de los órganos.

ANATÓMICO, A adj. Relativo a la anatomía. ♦ n. **2.** Anatomista.

ANATOMISTA n. m. y f. Especialista en anatomía.

ANAXÁGORAS, filósofo griego (Clazómenas c. 500-Lámpsaco c. 428 a. J.C.). Consideró la inteligencia como el principio de todo el universo. Realizó importantes descubrimientos científicos.

ANAXIMANDRO, filósofo griego de la escuela jonia (Mileto c. 610c. 547 a. J.C.). Consideró lo infinito, lo indefinido, como principio o elemento primordial de todas las cosas. Realizó numerosos descubrimientos astronómicos y trazó un mapamundi.

ANAXÍMENES de Mileto, filósofo griego de la escuela jonia (s. VI a. J.C.). Para él todo proviene del aire y a él retorna.

ANCA n. f. (fráncico hanka, cadera). Cada una de las mitades laterales de la parte posterior de las caballerías y otros animales. **2.** Parte semejante del cuerpo de las personas.

ANCASH (departamento de), dep. del centro de Perú, en la Sierra, que constituye la región de Chavín; 40 627 km²; 1 020 000 hab. Cap. Huaraz.

ANCESTRAL adj. Relativo a los antepasados remotos.

ANCESTRO n. m. Antepasado. (Suele usarse en plural.)

ANCHETA n. f. Colomb. y Venez. Dádiva.

ANCHO, A adj. Que tiene anchura o mucha anchura: llanura ancha. **2.** Holgado, amplio: mangas anchas. **3.** Fig. Desembarazado, libre de agobio, ufano. ♦ n. m. **4.** Anchura: dos metros de ancho.

ANCHOA o **ANCHOVA** n. f. Boquerón.

ANCHORAGE, c. de Estados Unidos (Alaska); 226 338 hab. Aeropuerto.

ANCHOVETA n. f. Especie de sardina que se pesca en abundancia en las costas de Perú.

ANCHURA n. f. La menor de las dos dimensiones principales de los cuerpos. **2.** Holgura, espacio libre.

ANCHUROSO, A adj. Muy ancho o espacioso.

ANCIANIDAD n. f. Último período de la vida del hombre.

ANCIANO, A adj. y n. Dícese de la persona que tiene muchos años.

ANCLA n. f. (lat. ancoram). Instrumento de hierro o de acero compuesto por una barra y dos brazos formando pico, pendiente de un cable o una cadena, que se aferra en el fondo del mar. **2.** Pieza fijada al extremo de un tirante, para asegurar un muro o un elemento del armazón. **3.** Dispositivo que une dos elementos de construcción para evitar el derrumbamiento.

ANCLAJE n. m. Acción de anclar. **2.** Elemento para asegurar la fijación de una obra o de un elemento de construcción sometido a un esfuerzo de tracción o a un empuje.

ANCLAR v. intr. [**1**]. Echar el ancla, fondear. **2.** Quedar sujeta la nave por medio del ancla.

ANCOHUMA (cerro), macizo andino de la cordillera Real de Bolivia (La Paz); 6380 m.

ÁNCORA n. f. (lat. ancoram). Ancla para sujetar una nave. **2.** Pieza de relojería que regula el movimiento del péndulo.

ANDADA n. f. Acción y efecto de andar. • **Volver a las andadas** (Fam.), reincidir en un vicio o mala costumbre.

ANDADERAS n. f. pl. Artificio o aparato en que se coloca a los niños para que aprendan a andar sin riesgo de caídas.

ANDADERO, A adj. Dícese del lugar donde se puede andar fácilmente: camino andadero.

ANDADOR, RA adj. y n. Que anda mucho o con velocidad: andador infatigable. ♦ n. m. **2.** Andaderas. ♦ **andadores** n. m. pl. **3.** Tiras de tela o piel para sostener a los niños cuando aprenden a andar.

¡ÁNDALE! interj. Méx. Se emplea para dar ánimo, equivalente a ¡venga!, ¡vamos!

ANDALUCÍA, región de España que constituye una comunidad autónoma formada por las provincias de Almería, Cádiz, Córdoba, Granada, Huelva, Jaén, Málaga y Sevilla; 87 268 km²; 7 040 627 hab. (Andaluces.) Cap. Sevilla.

GEOGRAFÍA

Ocupa el sector meridional de la península Ibérica. La sierra Morena, al N, la separa de la Meseta; el centro está ocupado por la depresión bética, regada por la cuenca del Guadalquivir, al S se levantan las cordilleras Béticas, con las cimas más altas de la Península (Mulhacén, 3481 m; La Veleta, 3392 m). Es una región fundamentalmente agrícola, con dominio de los latifundios. Destacan los cultivos tradicionales de cereales (valle del Guadalquivir), vid (Campiña de Jerez) y olivos (Jaén), junto a otros más modernos: arroz (marismas del Guadalquivir), caña de azúcar (valle del Genil), hortalizas y frutas tempranas (hoyas de Málaga, Motril y Adra; enarenados de Granada y Almería). La industria se concentra en los núcleos de Sevilla, Huelva (química), Cádiz (astilleros), el campo de Gibraltar (petroquímica, siderurgia) y el polígono industrial de Córdoba. Minería en sierra Morena. Importante desarrollo turístico (Costa del Sol, Costa de Almería).

HISTORIA

S. XI a. J.C.: Los metales del reino de Tartessos atrajeron a los fenicios. C. 500 a. J.C.: destrucción de Tartessos por los cartagineses. S. III a. J.C.: los romanos invadieron la región (segunda guerra púnica), e impusieron su cultura y administración (Bética). S. V-VI: ocupación de los vándalos y luego de los visigodos, tras un paréntesis bizantino. 711: la victoria musulmana en la batalla del Guadalete marcó el fin del dominio visigodo. 711-929: emirato de Córdoba. 929-1031: califato de Córdoba. Ss. XI-XIII: reinos de taifas. 1091-1146: invasión almorávide. 1146-1269: dominio almohade. 1333: invasión benimerín. 1231-1492: reino nazarí de Granada. 1492: culminación de la reconquista con la toma de Granada por los Reyes Católicos; incorporación definitiva al reino de Castilla. 1500-1501 y 1568-1571: sublevaciones moriscas de La Alpujarra. Ss. XVI-XVIII: los puertos andaluces (Sevilla, Cádiz) prosperaron gracias al comercio con América, ▼ se consolidó la estructura latifundista de la propiedad agraria (s. XIX). 1981: aprobación del estatuto de autonomía.

ANDALUCISMO n. m. Amor o apego a las cosas andaluzas. **2.** Tendencia o doctrina que defiende los valores políticos, económicos y culturales de Andalucía. **3.** Vocablo, giro o modo de hablar propios del dialecto andaluz.

ANDALUZ, ZA adj. y n. De Andalucía. **2.** Dícese de una raza de caballos originaria de Andalucía, caracterizada por su cuello encorvado, perfil acarnerado y formas redondeadas. ♦ n. m. **3.** Dialecto del español hablado en Andalucía.

ANDAMIAJE n. m. Conjunto de andamios.

ANDAMIO n. m. Armazón provisional de tablones o metálico, montado para la construcción, mantenimiento o reparación de edificios.

ANDANADA n. f. Andana. **2.** Localidad cubierta con gradas, situada en la parte más alta de las plazas de toros. **3.** Descarga simultánea de todas las baterías de uno de los costados de una nave: soltar, lanzar andanadas. **4.** Fig. y fam. Reprensión severa.

ANDANTE adv. m. (voz italiana). MÚS. Con movimiento moderado. ♦ n. m. **2.** Movimiento musical ejecutado con moderación.

ANDANTINO adv. m. (voz italiana). MÚS. Más vivo que el andante. ♦ n. m. **2.** Parte ejecutada en un movimiento musical más vivo que el andante.

ANDANZA n. f. Caso, suceso, aventura: contar las andanzas.

ANDAQUÍ, pueblo amerindio de la familia lingüística chibcha que habita en los Andes colombianos, en las fuentes de los ríos Magdalena, Fragua y Yapurá.

ANDAR v. intr. y pron. [**1h**]. Ir de un lugar a otro dando pasos. **2.** Trasladarse lo inanimado: este coche anda muy despacio. ♦ v. intr. **3.** Funcionar un mecanismo. **4.** Junto con algunos adjetivos, estar, sentir o tener la calidad que ellos significan: andar cansado. **5.** Entender, ocuparse en algo: andar en pleitos. **6.** Hablando del tiempo, pasar. **7.** Con la prep. con o sin y algunos nombres, tener o padecer lo que éstos significan, o al contrario: andar con recelo; andar sin trabajo. **8.** Seguido de la prep. a y de nombres que indican acciones violentas, efectuar dichas acciones: andar a puñetazos. **9.** Con la prep. en y un rúmero que indique años, estar para cumplir éstos: andar en los cuarenta. **10.** Fam. Seguido de la prep. con, manejar, usar, manipular: andar con fuego. **11.** Con gerundios denota la acción que expresan éstos: anda pensando en su futuro. **12.** Fam. Ir, moverse de un lugar hacia otro: andar de aquí para allá. ♦ v. tr. **13.** Recorrer un espacio o lugar: andar un buen trecho. ♦ **andarse** v. pron. **14.** Con la prep. con, usar o emplear: no te andes con rodeos.

ANDAR n. m. Andadura. ♦ **andares** n. m. pl. **2.** Modo de andar la persona.

ANDARIEGO, A adj. y n. Que anda mucho y sin parar.

ANDARÍN, NA adj. y n. Dícese de la persona andadora.

ANDAS n. f. pl. (lat. amites, perchas). Tablero sostenido por dos barras horizontales y paralelas para llevar personas o

AND

cosas, especialmente imágenes en las procesiones.
ANDÉN n. m. En las estaciones de ferrocarril, acera o plataforma que se extiende a lo largo de las vías. **2.** *Amér. Central y Colomb.* Acera. **3.** *Amér. Merid.* Bancal en las laderas de un monte para establecer cultivos.
ANDERSEN (Hans Christian), escritor danés (Odense 1805-Copenhague 1875), célebre autor de *Cuentos* (1835-1872), notables por la ironía o la melancolía del relato.
ANDERSON (Carl David), físico norteamericano (Nueva York 1905-San Marino, California, 1991). Estudiando los rayos cósmicos, descubrió el electrón positivo o positrón. (Premio Nobel de física 1936.)
ANDES *(cordillera de los)*, sistema montañoso de América del Sur, que bordea el litoral pacífico desde el N de Venezuela hasta Tierra del Fuego (8500 km); su alt. media sobrepasa los 3500 m, y culmina a 6959 (Aconcagua). No constituye una cadena única: en Colombia y Ecuador comprende una serie de serranías separadas por profundos valles; en el S del Perú y Bolivia los distintos ramales enmarcan una extensa meseta, el Altiplano; los Andes meridionales, que marcan la divisoria entre Argentina y Chile, se estrechan progresivamente hacia el S.
ANDES (Los), com. de Chile (Valparaíso); 50 622 hab. Centro industrial y turístico.
ANDESITA n. f. Roca volcánica, negra o gris, vacuolar, constituida principalmente de plagioclasas y piroxeno.
ĀNDHRA PRADESH, estado de la India, en el Decán, junto al golfo de Bengala; 275 068 km²; 66 508 008 hab. Cap. *Hyderābād*.
ANDINISMO n. m. *Amér.* Alpinismo.
ANDINISTA n. m. y f. *Amér.* Montañero, alpinista.
ANDINO, A adj. n. De los Andes.
ANDORRA, pequeño estado de los Pirineos, entre España y Francia; 465 km²; 48 400 hab. *(Andorranos.)* Cap. Andorra la Vella (18 000 hab.). LENGUA OFICIAL: catalán. MONEDA: *peseta* y *franco*. Unión postal con España y Francia. Turismo y comercio. Plaza financiera que se beneficia de exenciones fiscales. El nacimiento de Andorra como entidad política data de la época carolingia. Propiedad del obispo de Urgel desde el s. x, en 1278 se firmaron los Pariatges, que acordaron la soberanía compartida por dos copríncipes, el obispo de Urgel y el conde de Foix (más tarde el soberano y luego el presidente de Francia). En 1993 se aprobó la primera constitución de su historia, que declaró la soberanía nacional, y Andorra ingresó en la O.N.U.
ANDORRANO, A adj. y n. De Andorra.
ANDRAJO n. m. Jirón de ropa muy usada. **2.** *Fig.* Persona o cosa muy despreciable.
ANDRAJOSO, A adj. Que anda cubierto de andrajos.
ANDRÉIEV (Leonid Nikoláievich), escritor ruso (Oriol 1871-Mustamäggi, Finlandia, 1919), uno de los mejores representantes del simbolismo ruso, por sus relatos *(Abismo*, 1902) y teatro *(Vida humana*, 1907).
ANDRÉS *(san)*, apóstol (s. i), hermano de san Pedro. Según la tradición fue crucificado en Patrás.
ANDRÉS A. CÁCERES, región administrativa del centro de Perú, que comprende los departamentos de Huánuco, Junín y Pasco; 105 431 km²; 2 105 000 hab.
ANDRIĆ (Ivo), novelista yugoslavo en lengua bosnia (Dolac 1892-Belgrado 1975). Evoca Bosnia y las luchas políticas de su país (*La crónica de Travnik, Un puente sobre el Drina*, 1945; *Un amor en la qasba*, 1963). [Premio Nobel de literatura 1961.]

ANDROCEO n. m. Parte de la casa griega que se reservaba a los hombres. **2.** Conjunto de estambres u órganos masculinos de la flor.
ANDRÓGENO n. m. Sustancia que provoca el desarrollo sexual de los machos.
ANDROGINIA n. f. Carácter de andrógino.
ANDRÓGINO, A adj. y n. m. Que posee los dos sexos. **2.** Dícese de las plantas que tienen a la vez flores masculinas y flores femeninas, como el nogal.
ANDROIDE adj. Que presenta caracteres masculinos: *constitución androide*. ♦ n. m. **2.** Autómata de figura humana.
ANDROLOGÍA n. f. MED. Parte de la medicina que estudia el aparato genital del hombre, su funcionamiento y sus enfermedades.
ANDRÓLOGO, A n. Especialista en andrología.
ANDRÓMACA, en la *Ilíada*, esposa de Héctor y madre de Astianacte. Inspiró las tragedias de Eurípides (c. 426 a. J.C.) y la de Racine (1667).
ANDROPAUSIA n. f. Disminución de la actividad genital en el hombre, a partir de cierta edad.
ANDROSTERONA n. f. Hormona sexual masculina.
ANDÚJAR, c. de España (Jaén), cab. de p. j., 35 803 hab. *(Andujareños.)* Cerámica. Iglesias de Santa María y San Miguel con portadas platerescas.
ANDURRIAL n. m. Paraje extraviado o fuera de camino. (Suele usarse en plural.)
ANEA n. f. Espadaña.
ANÉCDOTA n. f. Relato breve de algún rasgo o suceso curioso.
ANECDOTARIO n. m. Colección de anécdotas.
ANECDÓTICO, A adj. Que tiene carácter de anécdota. **2.** Marginal, no sustancial.
ANEGACIÓN n. f. Acción y efecto de anegar.
ANEGADIZO, A adj. n. m. Que frecuentemente se anega o inunda: *terreno anegadizo*.
ANEGAMIENTO n. m. Anegación.
ANEGAR v. tr. y pron. (lat. *anecare*, matar) **[1b]**. Inundar, cubrir con agua u otro líquido. **2.** *Fig.* Abrumar, agobiar, molestar.
ANEJAR v. tr. [1]. Anexionar.
ANEJO, A adj. Anexo a otra cosa: *hojas anejas al documento*. ♦ n. m. **2.** Cosa aneja a otra.
ANÉLIDO, A adj. y n. m. Relativo a un tipo de gusanos anillados, formados por una serie de segmentos, sin patas, todos ellos aproximadamente de la misma constitución, como la lombriz.
ANEMIA n. f. Disminución del número de glóbulos rojos en la sangre o de su contenido en hemoglobina.
ANÉMICO, A adj. y n. Relativo a la anemia; afecto de anemia.
ANEMOFILIA n. f. BOT. Modo de polinización de las plantas por medio del viento.
ANEMÓFILO, A adj. BOT. Dícese de las plantas cuya polinización se efectúa por medio del viento.
ANEMÓMETRO n. m. Instrumento que sirve para indicar la dirección y velocidad del viento.
ANÉMONA o **ANEMONA** n. f. (lat. *anemonem*). Planta herbácea con un bulbo en la raíz, y pocas hojas en los tallos, alguna de cuyas especies se cultiva en jardinería por el colorido de sus flores. (Familia ranunculáceas.) **2.** Flor de esta planta. • **Anémona de mar**, animal marino que vive fijado a las rocas litorales, de cuerpo carnoso y provisto de numerosos tentáculos. (Subtipo cnidarios; clase antozoos.)
ANENCEFALIA n. f. Ausencia de cerebro.
ANERGIA n. f. Ausencia de reacción de un organismo frente a la aplicación interna o externa de una sustancia dada.

ANEROIDE adj. y n. m. Dícese del barómetro que funciona por la acción de la presión atmosférica sobre una membrana elástica de metal.
ANESTESIA n. f. (gr. *anaisthēsis*). Privación más o menos completa de la sensibilidad general, o de la sensibilidad de una región del cuerpo en particular, producida por una enfermedad o por un agente anestésico.
ANESTESIAR v. tr. **[1]**. Adormecer con un anestésico; suprimir artificialmente la sensibilidad del dolor.
ANESTÉSICO, A adj. Relativo a la anestesia. ♦ adj. y n. m. **2.** Dícese de las sustancias que, como el éter, el protóxido de nitrógeno, etc., producen anestesia.
ANESTESIOLOGÍA n. f. Especialidad médica que estudia la anestesia y sus actividades complementarias.
ANESTESIÓLOGO, A n. Anestesista.
ANESTESISTA n. m. y f. Médico o auxiliar médico encargado de aplicar la anestesia.
ANEURISMA n. f. y m. (gr. *aneurysma*). Dilatación localizada de un vaso sanguíneo.
ANEURISMÁTICO, A adj. Relativo a un aneurisma.
ANEXIÓN n. f. Acción y efecto de anexionar.
ANEXIONAR o **ANEXAR** v. tr. y pron. **[1]**. Unir una cosa a otra con dependencia a ella, especialmente un territorio o un estado a otro con un beneficio eclesiástico a otro.
ANEXIONISMO n. m. Política que propugna la anexión de ciertos territorios.
ANEXIONISTA adj. y n. m. y f. Dícese del partidario o defensor del anexionismo o de una anexión. **2.** Que se propone la anexión de otro país.
ANEXO, A adj. y n. m. (lat. *annexum*). Unido o agregado a otra cosa: *documento anexo a un informe; un anexo del hotel*. ♦ **anexos** n. m. pl. **2.** Nombre que reciben diversas estructuras cuya importancia está supeditada a la de un órgano principal: *los pelos son anexos*.
ANFETAMINA n. f. Sustancia que estimula el sistema nervioso central, empleada a veces en terapéutica.
ANFIBIO, A adj. y n. m. Dícese de los animales y plantas que pueden vivir dentro y fuera del agua, como la rana, el cocodrilo, etc. ♦ adj. **2.** Que puede moverse por tierra y por agua. ♦ adj. y n. m. **3.** Relativo a una clase de vertebrados de piel desnuda y temperatura variable, cuyas larvas son acuáticas, y están provistas de branquias. SIN.: *batracio*.
ANFIBIOSIS n. f. Forma de vida de los animales y plantas anfibios.
ANFÍBOL n. m. Mineral negro, pardo o verde, de las rocas eruptivas y metamórficas.
ANFIBOLITA n. f. Roca metamórfica, de color verde, compuesta principalmente de anfíbol.
ANFIBOLOGÍA n. f. Ambigüedad de sentido o interpretación de una frase o palabra. (Ej.: *el profesor castiga a los alumnos culpables* [= los alumnos que son culpables o que los alumnos son culpables].)
ANFIBOLÓGICO, A adj. De doble sentido; ambiguo.
ANFÍPODO, A adj. y n. m. Relativo a un orden de crustáceos de pequeño tamaño, con el cuerpo comprimido lateralmente y el abdomen encorvado hacia abajo, antenas largas, siete pares de patas torácicas locomotoras y seis pares de patas abdominales.
ANFISBENA n. f. Reptil cavador de América tropical. (Orden lacertilios.) **2.** Culebra fabulosa de dos cabezas.
ANFITEATRO n. m. (gr. *amphitheatron*). Edificio de planta generalmente elíptica, con gradas y arena, construido por los romanos a partir de fines del s. I a. J.C., y

en el cual se celebraban combates de gladiadores, fieras, etc. **2.** En cines, teatros y otros locales, parte de la sala compuesta de asientos instalados sobre gradas. • **Anfiteatro anatómico**, espacio destinado en los centros médicos a la disección de los cadáveres.

ANFITRIÓN, NA n. (de *Anfitrión*, n. pr.). El que tiene convidados, con respecto a éstos.

ÁNFORA n. f. (lat. *amphoram*). Vasija de forma ovoide, con dos asas simétricas, cuello estrecho, con o sin pie, muy usada por los antiguos griegos y romanos.

ANFRACTUOSIDAD n. f. Calidad de anfractuoso. **2.** Depresión y elevación de varias formas que se repiten en la superficie de algunos cuerpos.

ANFRACTUOSO, A adj. Quebrado, sinuoso, tortuoso, desigual.

ANGARILLAS n. f. pl. Andas pequeñas para llevar a mano alguna carga. **2.** Armazón de cuatro palos en cuadro de los que penden unas bolsas grandes de redes para transportar en cabalgaduras vidrios, loza, etc. **3.** Vinagreras para servir en la mesa.

ÁNGEL n. m. (lat. *angelum*). Espíritu celeste creado por Dios para su ministerio. **2.** *Fig.* Gracia, simpatía. **3.** *Fig.* Persona en quien se suponen las cualidades propias de los espíritus angélicos. **Ángel custodio**, o **de la guarda**, el que Dios ha señalado a cada persona para su guarda o custodia. || **Ángel malo**, o **de tinieblas**, diablo, demonio. || **Salto del ángel** (COREOGR.), el que se ejecuta con los brazos abiertos y con las piernas juntas y dobladas hacia atrás; (DEP.), en natación, salto de zambullida con los brazos extendidos a los lados hasta juntarlos en la inmersión.

ANGEL (salto del), cascada de Venezuela, en el río Churún, descubierta por J. C. Angel (1937); es la mayor salto ininterrumpido del mundo (1000 metros).

ÁNGELES (Los), com. de Chile (Biobío); 142 136 hab. Centro industrial, comercial y turístico.

ANGELICAL o **ANGÉLICO, A** adj. Relativo a los ángeles. **2.** *Fig.* Que parece de ángel.

ANGÉLICO (Guidolino di Pietro, en religión Fra Giovanni da Fiesole, llamado el **Beato** y, con mayor frecuencia, **Fra o Fray**), pintor y dominico italiano (en el Mugello c. 1400-Roma 1455). Es uno de los maestros de la escuela florentina y uno de los más profundos intérpretes de la iconografía cristiana (frescos y retablos del convento de San Marcos en Florencia; capilla de Nicolás V en el Vaticano). Fue beatificado en 1982.

ANGELITO n. m. Niño de muy poca edad, por su inocencia. **2.** *Fig.* Criatura que acaba de fallecer. **3.** *Argent.* y *Chile.* Cadáver de un niño arreglado para el velatorio.

ANGELOTE n. m. *Fam.* Figura grande de ángel que aparece en retablos, pinturas, etc. **2.** *Fig.* y *Fam.* Niño muy gordo y de condición apacible. **3.** *Fig.* y *Fam.* Persona muy sencilla y apacible. **4.** Escualiforme de unos 2 m de long., con forma intermedia entre los tiburones y las rayas, inofensivo, que vive en el Atlántico y el Mediterráneo.

ÁNGELUS n. m. Oración en latín, encabezada por esta palabra, que se reza o canta por la mañana, al mediodía y al atardecer. **2.** Toque de campana que anuncia la hora de rezar esta oración.

ANGEVINO, A adj. y n. De Angers o de Anjou.

ANGINA n. f. Nombre aplicado a todas las afecciones inflamatorias, muy variadas, de la faringe. (Suele usarse en plural.) • **Angina de pecho**, afección del corazón que se manifiesta por crisis dolorosas acompañadas por sensación de angustia. SIN.: *angor pectoris*.

ANGIOLOGÍA n. f. Parte de la medicina que estudia el sistema vascular.

ANGIOMA n. m. Tumor en los vasos sanguíneos, generalmente benigno.

ANGIOSPERMO, A adj. y n. f. Relativo a una subdivisión del reino vegetal que agrupa las plantas fanerógamas cuyas semillas están encerradas en un fruto. (Las angiospermas pueden ser *monocotiledóneas* y *dicotiledóneas*.)

ANGLERÍA (Pedro Mártir **de**), en ital. **Pietro Martire d'Anghiera**, erudito italiano (Arona 1459-Granada 1526). Cronista de la corte de los Reyes Católicos y de Indias, sus obras son valiosas fuentes para la historia española y de los descubrimientos *(De orbe novo decades octo; De rebus occeanicis)*.

ANGLICANISMO n. m. Conjunto de las doctrinas, principios e instituciones de la iglesia oficial de Inglaterra desde el reinado de Enrique VIII.

ANGLICANIZADO, A adj. Influido por las costumbres, ideas, etc., de los ingleses o por su lengua.

ANGLICANO, A adj. y n. Relativo al anglicanismo; que profesa el anglicanismo.

ANGLICISMO n. m. Término propio de la lengua inglesa, incorporado a otra lengua.

ANGLO, A adj. y n. Relativo a un pueblo germánico procedente del Schleswig, que invadió Gran Bretaña y dio su nombre a Inglaterra (s. V); individuo de este pueblo. **2.** Inglés.

ANGLOAMERICANO, A adj. Perteneciente a ingleses y americanos. ♦ adj. y n. **2.** Dícese del individuo de origen inglés nacido en América. **3.** Norteamericano.

ANGLOFILIA n. f. Afición o simpatía por lo inglés o los ingleses.

ANGLÓFILO, A adj. y n. Que simpatiza con Inglaterra y los ingleses.

ANGLOFOBIA n. f. Aversión a lo inglés o a los ingleses.

ANGLÓFOBO, A adj. y n. Desafecto a Inglaterra y a los ingleses.

ANGLÓFONO, A adj. y n. Que habla inglés.

ANGLOMANÍA n. f. Afición exagerada a imitar las costumbres inglesas.

ANGLONORMANDO, A adj. y n. Dícese de los normandos que se establecieron en Inglaterra. ♦ n. m. **2.** Dialecto francés hablado a ambos lados del canal de la Mancha tras la conquista de Inglaterra por los normandos.

ANGLOSAJÓN, NA adj. y n. Relativo a los pueblos germánicos (anglos, jutos, sajones) de Frisia y Alemania del Norte que invadieron Gran Bretaña en los ss. V y VI; individuo de estos pueblos. **2.** Relativo a los pueblos de lengua y civilización inglesa. ♦ n. m. **3.** Lengua germánica de los anglosajones, de la cual procede el inglés. SIN.: *inglés antiguo*.

ANGOL, com. de Chile (Araucanía); 46 003 hab. Centro industrial (productos lácteos, curtidos).

ANGOLA, estado de África austral, junto al Atlántico; 1 246 700 km² (incluido el enclave de Cabinda); 8 500 000 hab. *(Angoleños.)* CAP. **Luanda**. LENGUA OFICIAL: *portugués*. MONEDA: *kwanza*. Está formado por una altiplanicie que domina una llanura costera desértica. Producción de café, petróleo, hierro y diamantes.

HISTORIA
La región, habitada desde el neolítico, fue ocupada en el I milenio d. J.C. por los bantúes, en la actualidad aún mayoritarios. S. XV: recibió su nombre de la dinastía N'gola (reino Ndongo). El descubrimiento del país por Diogo Cão inició el establecimiento portugués (1484). 1580-1625: los portugueses lucharon contra el reino Ndongo. La trata se convirtió en la primera actividad del país. 1877-1879: Serpa Pinto exploró el interior. 1889-1901: unos tratados fijaron los límites del país. 1899 y 1911: prestaciones personales obligatorias sustituyeron la antigua esclavitud. 1955: Angola recibió el estatuto de provincia portuguesa. 1961: la insurrección de Luanda inició la guerra de independencia, pero el movimiento nacionalista estaba dividido. 1975: se proclamó la independencia, y estalló una cruenta guerra civil, que, salvo algunos cortos períodos de paz (1976-1979 y 1989-1992), continuó hasta 1997, año en que asumió el poder el Gobierno de Unidad y Reconciliación Nacional (G.U.R.N.).

ANGOLANO, A, ANGOLEÑO, A o **ANGOLÉS, SA** adj. y n. De Angola.

ANGORA adj. y n. Dícese de determinados gatos, conejos y cabras de pelo largo y sedoso. **2.** Dícese de la fibra textil animal que procede de las cabras de angora.

ANGORA → **Ankara**.

ANGOSTO, A adj. (lat. *angustum*). Estrecho, reducido.

ANGOSTURA n. f. Calidad de angosto. **2.** Estrechura o paso estrecho. **3.** Corteza de ciertos árboles, con la que se prepara una sustancia amarga, tónica y estimulante.

ANGSTRÖM n. m. Fís. Unidad de medida de longitudes de onda y dimensiones atómicas (símbolo Å), que equivale a una diezmilmillonésima de milímetro.

ANGSTRÖM (Anders Jonas), físico sueco (Lödgö 1814-Uppsala 1874). Especialista en el análisis espectral, determinó los límites del espectro visible.

ANGUIANO (Raúl), pintor mexicano (Guadalajara 1915). Miembro fundador del Taller de gráfica popular (1936), realizó pinturas murales socialmente comprometidas (1936-1937) en Morelia y México, y en el Museo Nacional de Antropología (1964). Excelente retratista.

ANGUILA n. f. (lat. *anguillam*). Pez óseo de carne apreciada, cuerpo alargado, de 1 m de long., aletas reducidas y piel viscosa, que vive en los cursos de agua dulce; pero efectúa su reproducción en la desembocadura de los ríos. (Familia *anguílidos*.) **2.** MAR. Cada una de las piezas de madera trabadas que se levanta en el armazón de un buque. • **Anguila de mar**, congrio.

ANGUILERA n. f. Vivero de anguilas.

ANGUÍLIDO, A adj. y n. m. Relativo a una familia de peces ápodos, a la que pertenecen la anguila y el congrio.

ANGULA n. f. (voz vasca). Cría de la anguila que remonta del mar a los ríos.

ANGULADO, A adj. Anguloso. **2.** HERÁLD. Dícese de la pieza, cruz o aspa de cuyos ángulos sale otra pieza.

ANGULAR adj. (lat. *angularem*). Relativo al ángulo. **2.** De figura de ángulo. • **Distancia angular entre dos puntos**, ángulo formado por las visuales que unen el ojo del observador con los dos puntos. || **Piedra angular**, piedra fundamental que en los edificios hace esquina, sosteniendo dos paredes. ♦ adj. y n. m. **3.** TECNOL. Dícese del perfil laminado que tiene dos alas en ángulo recto. ♦ n. m. **4. Gran angular**, objetivo fotográfico que abarca una gran amplitud de campo de visión.

ANGULEMA, en fr. **Angoulême**, c. de Francia, cap. del dep. de Charente, a orillas del Charente; 46 194 hab. Catedral románica reformada. Salón anual del cómic.

ÁNGULO n. m. (lat. *angulum*, 'rincón'). Figura formada por dos semirrectas, o *lados*, o por dos semiplanos, o *caras* que se cortan. **2.** Rincón. **3.** *Fig.* Cada uno de los aspectos o puntos de vista desde los que puede considerarse o juzgarse una cosa.

ANGULOSO, A adj. Que tiene ángulos.

ANGURRIA n. f. *Amér.* Hambre incontrolada. **2.** *Amér.* Egoísmo, avaricia.

ANGUSTIA n. f. (lat. *angustiam*, 'angostura'). Estado de desasosiego psíquico, de inquietud profunda, que se acompaña de manifestaciones sicomotrices y vegetativas. **2.** Aflicción, congoja. **3.** Para los filósofos existencialistas, experiencia metafísica por la cual el hombre toma conciencia del ser.

ANGUSTIAR v. tr. y pron. (lat. *angustiare*) [1]. Causar angustia.

ANGUSTIOSO, A adj. Que causa angustia o la padece: *horas angustiosas*.

ANHELAR v. intr. (lat. *anhelare*) [1]. Respirar con dificultad. ♦ v. intr. y tr. **2.** Tener anhelo de conseguir una cosa, desear.

ANHELO n. m. Deseo vehemente, afán.

ANHELOSO, A adj. Dícese de la respiración anhelante. **2.** Que tiene, siente o causa anhelo.

ANHÍDRIDO n. m. Cuerpo químico que produce un ácido al combinarse con el agua.

ANHIDRO, A adj. QUÍM. Que no contiene agua.

ANÍ n. m. Ave de plumaje de color negro, tronco esbelto, cola bastante larga y pico convexo y largo que vive en América Central.

ANÍBAL, general y estadista cartaginés (247-Bitinia 183 a. J.C.), hijo de Amílcar Barca. De 221 a 219 amplió las conquistas púnicas en la península Ibérica, pero desencadenó la segunda guerra púnica al atacar Sagunto, aliada de Roma (219). Llegó a Italia atravesando los Pirineos y los Alpes, venció a los romanos en Trasimeno (217) y Cannas (216), pero no pudo tomar Roma. Fue reclamado por Cartago (203) y vencido en Zama (202) por Escipión el Africano.

ANIDAR v. intr. y pron. [1]. Hacer nido las aves o vivir en él. **2.** Morar, habitar en un sitio. ♦ v. intr. **3.** *Fig.* Hallarse o existir algo en una persona o cosa. ♦ v. tr. **4.** *Fig.* Abrigar, acoger.

ANILINA n. f. Amina cíclica $C_6H_5NH_2$, derivada del benceno, descubierta en la destilación del índigo y actualmente extraída de la hulla, que se usa en la elaboración de los colorantes sintéticos.

ANILLA n. f. Anillo que sirve para colgar o sujetar. **2.** Aro que se fija a la pata de un ave para identificarla. **3.** Fajita de papel que rodea los cigarros. ♦ **anillas** n. f. pl. **4.** Aparato de gimnasia consistente en dos aros metálicos que están pendientes de cuerdas.

ANILLADO, A adj. Que tiene anillos. **2.** Dícese del cabello rizado. • **Columna anillada** (ARQ.), columna decorada con anillos. ♦ n. m. **3.** Colocación de una anilla en la pata de un ave para su identificación en estudios sobre las migraciones o, en avicultura, para la selección.

ANILLAR v. tr. [1]. Dar forma de anillo. **2.** Sujetar con anillos. **3.** Efectuar el anillado.

ANILLO n. m. (lat. *anellum*). Aro pequeño. **2.** Aro, generalmente de metal, que se lleva en los dedos de la mano. SIN.: *sortija*. **3.** Anilla para las aves. **4.** Redondel de la plaza de toros. **5.** ANAT. Nombre que reciben diversas estructuras anatómicas por su disposición circular: *anillo inguinal*. **6.** ARQ. Moldura que rodea una columna. **7.** ASTRON. Zona circular de materia que rodea ciertos planetas (Júpiter, Saturno, Urano), poblada por una multitud de fragmentos sólidos de pequeño tamaño que se desplazan cada uno a su propia velocidad. **8.** BOT. Aro o collar que, en la parte superior, rodea el pie de numerosos hongos adultos. **9.** BOT. Capa concéntrica de un árbol cortado transversalmente. **10.** MAT. Conjunto provisto de dos leyes de composición interna; la primera le confiere la estructura de grupo conmutativo, la segunda es asociativa y distributiva respecto de la primera. **11.** ZOOL. Cada uno de los segmentos de un artrópodo. • **Anillo calibrador**, instrumento para medir el diámetro exterior de una pieza cilíndrica. ∥ **Anillo de almacenamiento**, máquina en la que se almacenan las partículas elementales procedentes de un acelerador. ∥ **Anillo de colisión, o de almacenamiento** (FÍS.), conjunto de anillos de almacenamiento que presentan zonas de intersección en las que las partículas almacenadas entran en colisión.

ÁNIMA n. f. Alma de los difuntos, particularmente las que se supone están en el purgatorio. **2.** Alma, hueco interior de algunos objetos. **3.** Coraza formada por láminas de acero imbricadas, análoga al pectoral o guardacorazón de los romanos. ♦ **ánimas** n. f. pl. **4.** Toque de campanas a cierta hora de la noche, con que se invita a rogar a Dios por las ánimas del purgatorio. **5.** Hora en que se hace este toque.

ANIMACIÓN n. f. Acción y efecto de animar o animarse. **2.** Viveza en las acciones, palabras o movimientos. **3.** Concurso de gente en un lugar. **4.** Conjunto de medios y de métodos desplegados para hacer participar activamente a los miembros de una colectividad en la vida del grupo. **5.** Técnica cinematográfica que proporciona apariencia de movimiento a dibujos, muñecos, etc.

ANIMADO, A adj. Dotado de alma: *seres animados*. **2.** Con animación, alegre, divertido: *fiesta animada*. **3.** Que está dotado de movimiento.

ANIMADOR, RA adj. y n. Que anima. ♦ n. **2.** Presentador o cantante en algunos espectáculos. **3.** Persona que dentro de un grupo o colectividad se ocupa de los trabajos de animación (propone actividades, facilita la relación entre los miembros, etc.). **4.** *Amér.* Persona que anima un espectáculo.

ANIMADVERSIÓN n. f. (lat. *animadversionem*). Enemistad, ojeriza, antipatía.

ANIMAL n. m. Ser organizado, dotado de movimiento y sensibilidad, capaz de ingerir alimentos sólidos por medio de una boca. **2.** En sentido más estricto, ser animado privado de razón. ♦ adj. Relativo al animal. **3.** Relativo a lo sensitivo, a diferencia de lo racional o espiritual: *instinto animal*. ♦ adj. y n. **4.** *Fig.* Incapaz, grosero o muy ignorante.

ANIMALIDAD n. f. (lat. *animalitatem*). Calidad de animal, perteneciente al animal.

ANIMALISTA adj. Dícese del pintor o escultor especializado en la representación de animales, así como de aquellas artes que los toman como tema principal.

ANIMALIZACIÓN n. f. Acción y efecto de animalizarse.

ANIMAR v. tr. [1]. Infundir alma o vida a un ser. **2.** Dar ánimo, comunicar mayor vigor, intensidad y movimiento: *animar al apático*. **3.** Impulsar, mover. ♦ v. tr. y pron. **4.** Dar movimiento, calor y vida a un grupo de gente, o un paraje: *animar la fiesta*. ♦ **animarse** v. pron. **5.** Cobrar ánimo y esfuerzo. **6.** Alegrarse, sentir ganas de diversión.

ANÍMICO, A adj. Síquico: *estado anímico*.

ANIMISMO n. m. Creencia que atribuye a los fenómenos naturales y que trata de hacerlos favorables por medio de prácticas mágicas.

ANIMISTA adj. y n. m. y f. Relativo al animismo o partidario de esta creencia.

ÁNIMO n. m. Alma o espíritu en cuanto es principio de la actividad humana: *tener el ánimo airado*. **2.** Valor, esfuerzo, energía: *tener ánimo suficiente*. **3.** Intención, voluntad: *sin ánimo de ofender*. **4.** *Fig.* Atención o pensamiento. ♦ interj. **5.** Se usa para alentar.

ANIMOSIDAD n. f. (lat. *animositatem*). Animadversión, enemistad, antipatía.

ANIMOSO, A adj. (lat. *animosum*). Que tiene ánimo, valor.

ANIÑADO, A adj. Que se parece a los niños.

ANIÓN n. m. Ion cargado negativamente.

ANIÓNICO, A adj. Relativo a los aniones. • **Emulsión aniónica**, emulsión estable en un medio básico alcalino.

ANIQUILABLE adj. Que fácilmente se puede aniquilar.

ANIQUILACIÓN n. f. Acción y efecto de aniquilar o aniquilarse. **2.** FÍS. Reacción en la que una partícula y su antipartícula desaparecen, liberando energía.

ANIQUILADOR, RA adj. y n. Que aniquila.

ANIQUILAMIENTO n. m. Aniquilación.

ANIQUILAR v. tr. y pron. [1]. Reducir a la nada. **2.** *Fig.* Destruir o arruinar por completo. ♦ **aniquilarse** v. pron. **3.** *Fig.* Deteriorarse mucho alguna cosa. **4.** Anonadarse, desanimarse.

ANÍS n. m. Planta aromática cuya semilla se emplea en la confección de dulces y licores. (Familia umbelíferas.) **2.** Semilla de esta planta. **3.** Aguardiente anisado. **4.** Grano de anís con un baño de azúcar. • **Anís estrellado**, o **de China**, fruto del badián.

ANISAR n. m. Terreno sembrado de anís.

ANISAR v. tr. [1]. Echar anís o esencia de anís a una cosa.

ANISÓTROPO, A adj. Dícese de los cuerpos y objetos físicos que por sus propiedades difieren según la dirección considerada.

ANIVERSARIO n. m. (lat. *aniversarium*, que vuelve cada año). Día en que se cumplen años de algún suceso. **2.** Oficio y misa que se celebran, en sufragio de un difunto, el día que se cumple el año de su fallecimiento.

ANJOU, región histórica de Francia, centrada alrededor del Loira, entre Bretaña y Turena. Cap. *Angers*. En el s. XII, los condes de Anjou, conocidos como los Plantagenet, fue el centro de un vasto imperio francoinglés. El condado pasó a Carlos de Anjou (1246), fundador de la segunda dinastía. Ducado con los Valois (s. XIV), Luis XI la anexionó a Francia (1481).

ANKARA, ant. **Ancira**, posteriormente **Angora**, c. y cap. de Turquía (desde 1923), en Anatolia central, a unos 1000 m de alt.; 2 559 471 hab. Museos.

ANN ARBOR, c. de Estados Unidos (Michigan), al O de Detroit; 109 592 hab. Universidad.

ANNAN (Kofi), economista y político ghanés (Kumasi 1938), secretario general de la O.N.U., desde 1997.

ANNAPURNÁ o **ANNAPURNÀ**, una de las cumbres del Himalaya (8078 m), en el Nepal.

ANNUNZIO (Gabriele d'), escritor italiano (Pescara 1863-Gardone Riviera, Brescia, 1938). Es autor de poemas, obras de teatro y novelas (*El placer*, 1889; *El fuego*, 1900), donde se mezclan el culto a la belleza y el refinamiento simbólico aplicado tanto a la vida como a la obra de arte.

ANO n. m. (lat. *anum*, anillo). Orificio externo del recto, por el cual se expulsan los excrementos.

ANOCHE adv. t. En la noche de ayer.

ANOCHECER v. intr. [2m]. Empezar a faltar la luz del día, venir la noche. **2.** Hallarse en determinado lugar, condición o estado al empezar la noche.

ANOCHECER n. m. Tiempo durante el cual anochece. SIN.: *anochecida*.

ANOCHECIDO adv. t. Al empezar la noche.

ANÓDICO, A adj. Relativo al ánodo.

ANODINO, A adj. Ineficaz, insustancial, insignificante: *palabras anodinas*.

ANODIZACIÓN n. f. TECNOL. Oxidación superficial de una pieza metálica que actúa como ánodo en una electrólisis. SIN.: *anodizado*.

ÁNODO n. m. Electrodo de entrada de corriente en un voltámetro o electrodo que recoge el fluido eléctrico en un tubo de descarga. **2.** Polo positivo de una pila eléctrica.

ANODONTIA n. f. Ausencia total de dientes.

ANOFELES n. m. Mosquito cuya hembra transmite el paludismo.

ANOMALÍA n. f. Irregularidad, calidad de irregular: *notar anomalías en su conducta*. **2.** BIOL. Nombre genérico con que se designan múltiples alteraciones biológicas, de origen congénito o adquirido.

ANÓMALO, A adj. Irregular, extraño.

ANOMÍA o **ANOMIA** n. f. Estado de una sociedad caracterizado por la desintegración de las normas que aseguran el orden social.

ANONÁCEO, A adj. y n. f. Relativo a una familia de árboles y arbustos de los países cálidos, como el chirimoyo.

ANONADAMIENTO n. m. Acción y efecto de anonadar. SIN.: *anonadación*.

ANONADAR v. tr. y prnl. [1]. **1.** Humillar, abatir. **2.** Maravillar, dejar estupefacto. ♦ v. tr. **3.** *Fig.* Apocar, reducir mucho una cosa.

ANONIMATO n. m. Estado o condición de anónimo.

ANONIMIA n. f. Calidad de anónimo.

ANÓNIMO, A adj. y n. (gr. *anonymos*). Dícese de la obra, escrito, etc., que no lleva el nombre de su autor. **2.** Dícese del autor de nombre desconocido. ♦ adj. **3. Sociedad anónima** (DER.), sociedad que se forma por acciones, con responsabilidad circunscrita al capital que representa. ♦ n. m. **4.** Escrito sin firma, o con firma falsa, en el que, por lo común, se dice algo ofensivo: *recibir anónimos*. **5.** Secreto del que oculta su nombre.

ANORAK n. m. (voz esquimal) [pl. *anoraks*]. Chaqueta corta impermeable, con capuchón, especialmente empleada por esquiadores y excursionistas.

ANOREXIA n. f. Pérdida del apetito, cualquiera que sea su causa.

ANORÉXICO, A adj. y n. Relativo a la anorexia; afecto de anorexia.

ANORMAL adj. Dícese de lo que accidentalmente se halla fuera de su natural estado o de las condiciones que le son inherentes. ♦ n. m. y f. **2.** Persona privada de alguno de los sentidos corporales.

ANORMALIDAD n. f. Calidad de anormal. **2.** Anomalía, irregularidad.

ANOTACIÓN n. f. Acción y efecto de anotar.

ANOTADOR, RA adj. y n. Que anota.

ANOTAR v. tr. (lat. *annotare*) [1]. Poner notas en un escrito, cuenta, libro, etc. **2.** Apuntar, tomar nota por escrito: *anotar el pedido*. **3.** DEP. Conseguir un tanto: *anotar una canasta*.

ANOTICIAR v. tr. e intr. [1]. *Argent.* y *Chile.* Dar noticias.

ANOVULACIÓN n. f. Falta de ovulación durante el ciclo menstrual.

ANOVULATORIO, A adj. y n. **1.** Dícese del ciclo menstrual en el curso del cual la menstruación no ha sido precedida de una ovulación. **2.** Dícese de ciertas sustancias que inhiben la ovulación.

ANOXEMIA n. f. Falta de oxigenación de la sangre.

ANOXIA n. f. Falta de oxígeno, causante de trastornos y de la muerte provocada por asfixia.

ANQUILOSAMIENTO n. m. Acción y efecto de anquilosarse: *anquilosamiento ideológico*.

ANQUILOSARSE v. prnl. [1]. **1.** Producirse una anquilosis: *anquilosarse las extremidades*. **2.** Envejecer, inmovilizarse, detenerse el progreso de lo material o de lo inmaterial: *anquilosarse en el pasado*.

ANQUILOSIS n. f. Desaparición total o parcial de los movimientos de una articulación.

ANQUILOSTOMA n. m. Gusano parásito del intestino humano. (Clase nematodos.)

ANSA n. f. Hansa.

ÁNSAR n. m. (lat. *anser*). Ganso. **2.** Ave palmípeda de gran tamaño y plumaje denso, de la que proceden la mayoría de gansos domésticos. (Familia anátidos.)

ANSARINO, A adj. Relativo al ánsar. ♦ n. m. **2.** Pollo del ánsar.

ANSEÁTICO, A adj. Hanseático.

ANSERIFORME adj. y n. f. Relativo a un orden de aves palmípedas con pico provisto de láminas córneas, como los gansos, patos y cisnes.

ANSIA n. f. (lat. *anxiam*). Congoja o fatiga que causa en el cuerpo inquietud o agitación violenta: *sentir ansia por la tardanza*. **2.** Anhelo, deseo vivo.

ANSIAR v. tr. [1t]. Desear con ansia una cosa: *ansiar la muerte*.

ANSIEDAD n. f. (lat. *anxietatem*). Estado de inquietud o zozobra del ánimo. **2.** Angustia que acompaña a muchas enfermedades. **3.** SICOL. Estado tenso de la sique frente a un peligro indeterminado e inminente, acompañado de un sentimiento de inseguridad.

ANSIOLÍTICO n. m. y adj. Fármaco que apacigua la ansiedad.

ANSIOSO, A adj. Acompañado de ansias, congojas, angustias.

ANTA n. f. Dep. de Argentina (Salta); 39 466 hab. Cap. *El Piquete*. Maíz, vid. Ganadería.

ANTAGÓNICO, A adj. Que denota o implica antagonismo: *posturas antagónicas*.

ANTAGONISMO n. m. Oposición, lucha, rivalidad, incompatibilidad: *antagonismo de dos doctrinas*; *antagonismo entre patronos y obreros*.

ANTAGONISTA n. m. y f. (gr. *antagónistés*, el que lucha contra alguien). Persona o cosa opuesta o contraria a otra. ♦ adj. **2.** Que actúa en sentido opuesto: *músculos antagonistas*.

ANTANANARIVO, ant. Tananarive, c. y cap. de Madagascar, en la meseta de Imerina, entre 1200 y 1500 m de altitud; 1 050 000 hab.

ANTAÑO adv. t. (lat. *ante natum*). En el año que precedió al corriente. **2.** En tiempo antiguo: *modas de antaño*.

ANTARA n. f. Especie de flauta de Pan, propia de los indios peruanos.

ANTÁRTICO, A adj. (gr. *antartikos*). Relativo al polo S y a las regiones que lo rodean. CONTR.: *ártico*.

ANTÁRTIDA, conjunto continental e insular del hemisferio sur, comprendido casi por completo dentro del círculo polar austral; 16,5 millones de km² aprox. Esta zona, recubierta casi en su totalidad por una enorme masa de hielo cuyo espesor medio supera los 2000 m, muy fría (la temperatura se eleva raramente por encima de 10 °C), desprovista de flora y de fauna terrestres, está deshabitada, excepto las estaciones científicas, protegida por el tratado antártico de 1991. (→ *polares* [regiones].) — En ocasiones, el término *Antártida* designa globalmente el continente y la masa oceánica que lo rodea.

ANTE, n. m. Alce. **2.** Piel de algunos animales, especialmente el alce, adobada y curtida.

ANTE prep. En presencia de, delante de: *hincarse ante el rey*. **2.** En comparación de, respecto de: *opinar ante un asunto*. ♦ n. m. **3.** *Guat.* Almíbar de harina de garbanzos y frijoles. **4.** *Méx.* Postre de bizcocho mezclado con dulce de huevo y coco. **5.** *Perú.* Bebida refrescante.

ANTE MERIDIEM loc. (voces lat. *antes del mediodía*). Indica las horas del día desde la medianoche hasta el mediodía y suele abreviarse *a.m.*

ANTEANOCHE adv. t. Durante la noche de anteayer.

ANTEAYER adv. t. El día inmediatamente anterior a ayer.

ANTEBRAZO n. m. Parte de la extremidad superior comprendida entre el codo y la muñeca. **2.** En el caballo, región de la extremidad anterior desde el codo hasta la rodilla.

ANTECÁMARA n. f. Pieza situada ante una cámara o sala principal. **2.** MEC. Cámara auxiliar, en un motor de combustión, intercalada ante el inyector de combustible y el cilindro, y en la que la turbulencia del gas, al mejorar la combustión del combustible, facilita su encendido.

ANTECEDENTE adj. Que antecede o precede: *el día antecedente a los sucesos*. **2.** Que se ha asentado antes de una transformación tectónica: *valle antecedente*. ♦ n. m. **3.** Acción, dicho o circunstancia anterior, que sirve para juzgar hechos posteriores: *buscar algún antecedente del caso*. **4.** LING. Nombre o pronombre que precede al pronombre relativo y con el que guarda relación. **5.** LÓG. y MAT. El primero de los dos términos de una relación de implicación, por oposición a *consecuente*. **6.** MAT. Para un elemento *b* del conjunto B, en el que se aplica un conjunto C, elemento *a* de C del que se deduce *b* por esta aplicación. ♦ **antecedentes** n. m. pl. ♦ **7. Antecedentes penales**, constancia jurídica de las condenas recaídas en un individuo; conducta anterior del procesado que debe tenerse en cuenta para la graduación de la pena.

ANTECEDER v. tr. (lat. *antecedere*) [2]. Preceder: *la causa antecede al efecto*.

ANTECESOR, RA n. Persona que precedió a otra en un empleo o cargo. ♦ n. m. **2.** Antepasado, ascendiente: *tener antecesores ilustres*.

ANTECOPRETÉRITO n. m. LING. En la nomenclatura de los tiempos verbales de Bello, pretérito pluscuamperfecto.

ANTEDICHO, A adj. Dícese de algo o alguien que se ha nombrado antes: *el suceso antedicho*.

ANTEDILUVIANO, A adj. Anterior al diluvio universal. **2.** *Fig.* Muy antiguo: *un coche antediluviano*.

ANTEFUTURO n. m. LING. En la nomenclatura de los tiempos verbales de Bello, futuro perfecto.

ANTELACIÓN n. f. Anticipación con que, en orden al tiempo, sucede una cosa respecto a otra.

ANTEMANO. De antemano, con anticipación, anteriormente: *lo sabía de antemano*.

ANTENA n. f. (lat. *antennam*). Dispositivo formado por conductores de forma apropiada, que permite emitir y recibir ondas radioeléctricas. **2.** Órgano alargado, móvil, situado en la cabeza de los insectos y crustáceos, dotado del sentido del tacto y, a veces, del olfato.

ANTEOJERA n. f. Caja donde se guardan los anteojos. **2.** Parte de la brida que protege el ojo del caballo y le impide ver por los lados. (Suele usarse en plural.)

ANTEOJO n. m. Instrumento óptico formado por un sistema de lentes adecuadamente dispuestas en el interior de un tubo, con el que se obtienen imágenes aumentadas de objetos lejanos. SIN.: *anteojo de larga vista*, *catalejo*. ♦ **Anteojo astronómico**, instrumento óptico utilizado para la observación de los cuerpos celestes. SIN.: *telescopio refractor*. ♦ **anteojos** n. m. pl. **2.** Instrumento óptico constituido por un doble sistema de lentes, dispuestas de forma que permiten la visión binocular, utilizado para la observación de objetos lejanos. SIN.: *gemelos*. **3.** Instrumento óptico compuesto por dos lentes montadas en una armadura que permite tenerlo sujeto delante de los ojos. **4.** *Amér.* Gafas.

ANTEPALCO n. m. *Amér.* Habitación que da acceso al palco.

ANTEPASADO n. m. Ascendiente, persona de la que otro desciende. (Suele usarse en plural.)

ANTEPECHO n. m. Pretil que se coloca en parajes altos para proteger de caídas. **2.** Reborde de ventana colocado a suficiente

ANT

altura para que se puedan apoyar los codos en él.
ANTEPENÚLTIMO, A adj. y n. Inmediatamente anterior al penúltimo.
ANTEPONER v. tr. y pron. (lat. *anteponere*) [5]. Poner delante o inmediatamente antes: *anteponer una palabra a otra*. **2.** Preferir, dar la preferencia: *anteponer el bien común al propio interés*.
ANTEPOSPRETÉRITO n. m. LING. En la nomenclatura de los tiempos verbales de Bello, potencial compuesto.
ANTEPRESENTE n. m. LING. En la nomenclatura de los tiempos verbales de Bello, pretérito perfecto.
ANTEPRETÉRITO n. m. LING. En la nomenclatura de los tiempos verbales de Bello, pretérito anterior.
ANTEPROYECTO n. m. Estudio preparatorio del proyecto de una obra. • **Anteproyecto de ley,** primera redacción sucinta a propuesta provisional de una ley.
ANTEQUERA, c. de España (Málaga), cab. de p. j.; 38 827 hab. (*Antequeranos.*) Centro comercial e industrial. Restos de una alcazaba (s. XIII). Iglesias barrocas. En las cercanías, tres dólmenes (cuevas de Menga, del Romeral y de Viera, c. 2000 a. J.C.), y el parque natural del *Torcal de Antequera*.
ANTERA n. f. (der. del gr. *anthos*, flor). BOT. Parte superior del estambre de las plantas con flores, que se abre al madurar para dejar escapar los granos de polen formados en su interior.
ANTERIDIO n. m. BOT. Célula esencial de los anterozoides.
ANTERIOR adj. Que precede en lugar o tiempo: *la parte anterior del cuerpo; época anterior.* CONTR.: *posterior.* **2.** FONÉT. Dícese de un fonema cuyo punto de articulación se sitúa en la parte anterior de la cavidad bucal. **3.** MAT. En una relación de orden, dícese de un elemento que precede a otro: *si a es anterior a b, se escribe* a < b.
ANTERIORIDAD n. f. Precedencia temporal o espacial de una cosa con respecto a otra.
ANTEROZOIDE n. m. Gameto masculino de algunos vegetales. SIN.: *espermatozoide*.
ANTES adv. l. y t. Denota prioridad en el espacio y en el tiempo: *ya te lo dije antes.* (Suele preceder a la preposición *de* y a las conjunciones *que* o *de que*: *antes de salir; antes que o de que saliese.*) ♦ adv. ord. **2.** Denota preferencia o prioridad. ♦ adj. **3.** Con sustantivos que implican divisiones de tiempo, expresa anterioridad: *la noche antes.* ♦ conj. advers. **4.** Denota idea de contrariedad y preferencia de una oración respecto a otra: *no le molesta, antes le divierte.* (Suele usarse con el adv. *bien.*)
ANTESALA n. f. Pieza delante de la sala: *esperar en la antesala.* **2.** *Fig.* Estado, categoría o posición inmediatamente anterior a otra superior. • **Hacer antesala,** aguardar en una habitación a ser recibido: *hacer dos horas de antesala.*
ANTEVÍSPERA n. f. Día inmediatamente anterior al de la víspera.
ANTIÁCIDO, A adj. y n. m. Dícese de un material que resiste el ataque de ácidos fuertes. **2.** Dícese del medicamento empleado para combatir la hiperacidez gástrica neutralizándola, sin disminuir la secreción de ácido clorhídrico.
ANTIAÉREO, A adj. Que se opone a la navegación o a la acción aéreas.
ANTIÁLGICO, A adj. y n. m. MED. Analgésico.
ANTIATÓMICO, A adj. Que se opone a los efectos de las radiaciones o proyectiles atómicos.
ANTIÁTOMO n. m. Átomo de antimateria.
ANTIAUTORITARISMO n. m. Tendencia doctrinal y práctica que defiende la libre expresión y el autogobierno de los individuos socialmente organizados ante la autoridad.
ANTIBES, c. y puerto de Francia (Alpes-Maritimes), en la Costa Azul; 70 688 hab. Turismo. Museo arqueológico y museo Picasso en el castillo Grimaldi.
ANTIBIÓTICO, A adj. y n. m. Dícese de cuerpos de diversas procedencias que impiden el desarrollo o multiplicación de ciertos microbios o los destruyen.
ANTIBLOQUEO n. m. AUTOM. Dícese de un sistema de control del frenado para evitar que las ruedas queden bloqueadas.
ANTICANCEROSO, A adj. Apropiado para combatir el cáncer.
ANTICAPITALISMO n. m. Doctrina o actitud que se opone a la totalidad del sistema capitalista, proponiendo sustituirlo por alternativas colectivistas que disuelvan la propiedad privada y acaben con la división social del trabajo, en el camino hacia una sociedad sin clases.
ANTICAPITALISTA adj. y n. m. y f. Relativo al anticapitalismo; partidario de esta doctrina.
ANTICARRO adj. Que se opone a la acción de los ingenios blindados.
ANTICÁTODO n. m. Lámina metálica, situada en el interior de un tubo electrónico, que recibe los rayos catódicos y emite rayos X.
ANTICICLÓN n. m. Centro de altas presiones atmosféricas: *el anticiclón de las Azores.*
ANTICIPACIÓN n. f. Acción y efecto de anticipar o anticiparse. **2.** ECON. Previsión de los sujetos económicos en relación a la evolución futura de una variable que les interesa.
ANTICIPADO, A adj. Que ocurre antes de tiempo o de lo previsto: *convocar elecciones anticipadas.*
ANTICIPAR v. tr. y pron. (lat. *anticipare*) [1]. Hacer que ocurra u ocurrir una cosa antes del tiempo regular o señalado. ♦ v. tr. **2.** Dar o entregar dinero antes del tiempo regular o señalado: *le anticipé mil pesetas.* ♦ **anticiparse** v. pron. **3.** Adelantarse en la ejecución de alguna cosa.
ANTICIPO n. m. Pago parcial a cuenta de una cantidad debida: *cobrar un anticipo.*
ANTICLERICAL adj. y n. m. y f. Opuesto a la influencia o injerencia del clero en los asuntos públicos.
ANTICLERICALISMO n. m. Actitud o política anticlerical.
ANTICLINAL adj. y n. m. GEOL. Dícese de un pliegue cuya convexidad está orientada hacia arriba. CONTR.: *sinclinal.*
ANTICOAGULANTE adj. y n. m. Que impide o retarda la coagulación de la sangre.
ANTICOLONIALISMO n. m. Oposición al colonialismo.
ANTICOLONIALISTA adj. y n. m. y f. Opuesto al colonialismo.
ANTICOMUNISMO n. m. Actitud hostil respecto al comunismo.
ANTICOMUNISTA adj. y n. m. y f. Opuesto al comunismo.
ANTICONCEPTIVO, A adj. y n. m. Dícese de los métodos y productos que pueden impedir la fecundación de manera temporal y reversible.
ANTICONFORMISMO n. m. Oposición a las costumbres establecidas.
ANTICONFORMISTA adj. y n. m. y f. Opuesto a las costumbres establecidas.
ANTICONGELADOR n. m. y adj. Dispositivo o producto que impide la formación de hielo en los aviones.
ANTICONGELANTE n. m. y adj. Producto que se añade al agua del radiador de un motor para impedir que se hiele.
ANTICONSTITUCIONAL adj. Inconstitucional.
ANTICONTAMINANTE adj. Que impide la contaminación.
ANTICORROSIVO, A adj. y n. m. Dícese de la sustancia que impide el ataque exterior a un metal.
ANTICRESIS n. f. (lat. *antichresis*). Contrato en que el deudor consiente que su acreedor goce de los frutos de la finca que le entrega en garantía, con la obligación de aplicarlos al pago de los intereses y a la amortización del capital.
ANTICRISTO, adversario de Cristo que, según san Juan, aparecerá algún tiempo antes del fin del mundo para oponerse al establecimiento del reino de Dios.
ANTICUADO, A adj. Que no está de moda o no se usa ya.
ANTICUARIO, A n. (lat. *antiquarium*). Comerciante en objetos antiguos.
ANTICUARSE v. pron. (lat. *antiquare*) [1s]. Hacerse anticuado.
ANTICUCHO n. m. *Bol., Chile y Perú.* Pedacito de carne asada o frita que se vende ensartado en una caña o palo.
ANTICUERPO n. m. Sustancia de defensa que aparece en el organismo por la introducción de un antígeno, y cuyo mecanismo coincide con el de la inmunidad.
ANTIDEPORTIVO, A adj. Contrario al espíritu deportivo.
ANTIDEPRESIVO, A adj. y n. m. Dícese del medicamento que actúa contra la depresión mental.
ANTIDISTURBIOS adj. Dícese de una brigada de la policía cuya misión es combatir los disturbios.
ANTIDOPING adj. Dícese de todo lo que se opone a la práctica del doping en los deportes.
ANTÍDOTO n. m. (lat. *antidotum*). Contraveneno de un tóxico determinado. **2.** *Fig.* Medio con que se evita o previene un mal.
ANTIER adv. t. *Amér.* Anteayer.
ANTIESPASMÓDICO, A adj. y n. m. Dícese de la sustancia que se utiliza contra los espasmos.
ANTIESTÁTICO, A adj. y n. m. Dícese de una sustancia que impide o limita el desarrollo de electricidad estática en la superficie de las materias plásticas.
ANTIESTÉTICO, A adj. Feo.
ANTIFAZ n. m. Velo o máscara con que se cubre la cara.
ANTÍFONA n. f. (gr. *antiphōnē*, canto alternado). Estribillo cantado antes y después de un salmo.
ANTIFONARIO o **ANTIFONAL** adj. y n. m. Dícese del libro litúrgico que contiene el conjunto de cantos interpretados por el coro en los oficios o la misa.
ANTÍFRASIS n. f. Modo de expresión que consiste en decir lo contrario de lo que se piensa, con sentido irónico o eufemístico.
ANTÍGENO n. m. Sustancia (microbio, célula de una especie diferente, sustancia química u orgánica, etc.) que, introducida en el organismo, puede provocar la formación de anticuerpos.
ANTÍGONA, personaje legendario griego, hija de Edipo y Yocasta y hermana de Eteocles y Polinices. Fue condenada a muerte por haber enterrado a su hermano Polinices, contra las órdenes del rey Creonte. — La leyenda de Antígona inspiró la tragedia de Sófocles (c. 442 a. J.C.) y las tragedias de Alfieri (1783), de J. Anouilh (1944) y de S. Espriu (1955).
ANTIGUA GUATEMALA, c. de Guatemala, cap. del dep. de Sacatepéquez; 15 081 hab. Fue cap. del país desde su fundación (1543) hasta 1776. Rico conjunto barroco, declarado bien cultural de la humanidad por la Unesco (1979): catedral, convento de la Merced, iglesias de San Pedro y San Francisco, ayuntamiento, universidad (actual museo colonial).
ANTIGUA Y BARBUDA, estado de las Antillas, formado por las islas de *Antigua* y *Barbuda* y el islote deshabitado de *Redonda;* 442 km[2]; 83 000 hab. CAP. *Saint John's.* LENGUA OFICIAL: *inglés.* MONEDA: *dólar del Caribe oriental.* Azúcar, turismo. Antigua fue descubierta por Colón (1493) y pasó a los ingleses en

1625 y Barbuda en 1628. En 1981 accedieron a la independencia dentro de la Commonwealth.

ANTIGUALLA n. f. Objeto de mucha antigüedad o que ya no está de moda.

ANTIGÜEDAD n. f. Período de la historia correspondiente a las civilizaciones más antiguas: *la antigüedad oriental; la antigüedad clásica*. **2.** Calidad de antiguo: *la antigüedad de una estatua*. **3.** Tiempo que se lleva en un cargo o empleo: *ascendió a coronel por antigüedad*. ♦ **antigüedades** n. f. pl. **4.** Monumentos u objetos antiguos.

ANTIGUO, A adj. (lat. *antiquum*). Que existe desde hace mucho tiempo: *monumentos antiguos*. **2.** Que existió o sucedió en tiempo remoto: *los antiguos iberos*. ♦ adj. y n. **3.** Dícese de la persona que lleva mucho tiempo en un empleo, profesión, comunidad, etc.: *el socio más antiguo del club; los más antiguos de la empresa*. ♦ n. m. **4.** Modelo, principalmente escultórico, de la antigüedad griega o romana. ♦ **antiguos** n. m. pl. **5.** Los que vivieron en siglos remotos.

ANTIHÉROE n. m. Personaje de una obra literaria cuyas características son contrarias a las del héroe tradicional.

ANTIHIGIÉNICO, A adj. Contrario a la higiene.

ANTIHISTAMÍNICO, A adj. y n. Dícese de la sustancia que se opone a la acción nociva de la histamina y que se emplea principalmente en el tratamiento de las enfermedades alérgicas.

ANTIIMPERIALISMO n. m. Actitud y doctrina fundada en la oposición al imperialismo.

ANTIIMPERIALISTA adj. y n. Opuesto al imperialismo.

ANTIINFLACIONISTA adj. Que se opone a la inflación.

ANTIINFLAMATORIO, A adj. y n. m. Dícese del medicamento empleado para combatir las inflamaciones.

ANTILLANO, A adj. y n. De las Antillas.

ANTILLAS, archipiélago de América Central situado entre el océano Atlántico y el mar Caribe, formado al N por las *Grandes Antillas* o *Antillas Mayores* (Cuba, La Española, Jamaica, Puerto Rico) y, al E y al S, por las *Pequeñas Antillas* o *Antillas Menores*. Las Pequeñas Antillas se subdividen en islas de Barlovento (Guadalupe, Dominica, Martinica, Santa Lucía, San Vicente y las Granadinas, Barbados, Granada hasta Trinidad) y en islas de Sotavento (Aruba, Bonaire, Curaçao, Margarita), frente a las costas de Venezuela. El archipiélago presenta un relieve variado, a menudo volcánico, y goza de un clima tropical, suavizado por el alisio, que ocasiona lluvias más o menos abundantes según la exposición. La población (35 millones de antillanos en 240 000 km² aprox.) es heterogénea (los indígenas fueron sustituidos por blancos y sobre todo por esclavos negros, que forman actualmente, con los mestizos, la mayoría de la población). Tiene un nivel de vida bajo, acrecentado además por el rápido crecimiento demográfico.

HISTORIA

Pobladas por pueblos arawak y caribes, fueron la primera tierra americana pisada por Colón (Guanahaní, 12 oct. 1492). La colonización española a la que en el s. XVII se sumaron ingleses y franceses, menguó la población indígena y llevó gran cantidad de esclavos negros a las islas, en las que se extendió la agricultura de plantación. En s. XIX: decadencia de las Grandes Antillas (Haití, 1804; República Dominicana, 1865; Cuba, 1898). A partir de 1960: proceso de emancipación en las Pequeñas Antillas y Jamaica (1962).

ANTILLAS (*mar de las*) → **Caribe.**

ANTILLAS NEERLANDESAS, conjunto de las posesiones neerlandesas de las Antillas, correspondiente esencialmente a las dos islas, Curaçao y Bonaire situadas frente a las costas de Venezuela (otras islas son Saba, Sint Eustatius y parte de Sint Maarten); 800 km² aprox.; 200 000 hab. Cap. *Willemstad* (en la isla de Curaçao). Turismo. Refino de petróleo. Plaza financiera. Las islas son posesión de Países Bajos desde el s. XVII.

ANTILOGARITMO n. m. MAT. Número al que corresponde un logaritmo dado.

ANTÍLOPE n. m. (ingl. *antelope*). Nombre dado a diversos rumiantes salvajes de gran tamaño, con cornamenta persistente, como la gacela.

ANTIMATERIA n. f. Conjunto formado por antipartículas.

ANTIMERIDIANO n. m. y adj. Semicírculo que forma con la línea de los polos, opuesto en 180° al semicírculo (*meridiano*) que pasa por un punto dado.

ANTIMILITARISMO n. m. Hostilidad hacia las instituciones y espíritu militares.

ANTIMILITARISTA adj. y n. Opuesto a las instituciones y espíritu militares.

ANTIMISIL n. m. y adj. Arma, dispositivo o cualquier tipo de medida que se utiliza para interceptar la acción de los misiles.

ANTIMONIO n. m. Cuerpo simple, sólido (Sb), de color blancoazulado, quebradizo, de densidad aproximada 6,7, que funde a los 630 °C y es parecido al arsénico.

ANTIMONIURO n. m. Combinación del antimonio con un cuerpo simple.

ANTINAZI adj. y n. y f. Hostil a los nazis.

ANTINEURÁLGICO, A adj. Que calma las neuralgias.

ANTINEUTRÓN n. m. Antipartícula del neutrón.

ANTINOMIA n. f. (lat. *antinomiam*). Contradicción entre dos ideas o principios. **2.** LÓG. Contradicción dentro de una teoría deductiva.

ANTINÓMICO, A adj. Que implica antinomia.

ANTINUCLEAR adj. Hostil al empleo de energía nuclear. **2.** Que protege de los efectos de una explosión nuclear: *traje, refugio antinuclear*. SIN.: antiatómico.

ANTIOQUIA (*departamento de*), dep. de Colombia, avenado por el Magdalena, el Cauca y el Atrato; 63 612 km²; 3 888 067 hab. Cap. *Medellín*.

ANTIOQUIA, c. de Colombia (Antioquia); 18 555 hab. Fue fundada en 1541 por Jorge Robledo.

ANTIOQUÍA, en turco **Antakya**, c. de Turquía, junto al Orontes inferior; 123 871 hab. Museo arqueológico (mosaicos antiguos). Ruinas. Capital del reino seléucida y de la provincia romana de Siria, fue una de las grandes metrópolis de oriente y foco del cristianismo en sus comienzos. La invasión persa (540) y la conquista árabe (636) pusieron fin a su apogeo. Los cruzados hicieron de ella la capital del *principado de Antioquía* (1098), estado latino conquistado por los mamelucos en 1268.

ANTIOXIDANTE adj. y n. m. Dícese del producto que protege ciertos materiales o compuestos orgánicos de la oxidación o deterioro gradual.

ANTIPAPA n. m. Papa elegido irregularmente y no reconocido por la Iglesia.

ANTIPARALELO, A adj. MAT. Dícese de dos rectas que, sin ser paralelas, forman ángulos iguales con una tercera.

ANTIPARÁSITO, A adj. Que se opone a la producción o acción de perturbaciones que afectan o alteran la recepción de emisiones radiofónicas y televisivas.

ANTIPARRAS n. f. pl. *Fam.* Anteojos, gafas.

ANTIPARTÍCULA n. f. Partícula elemental (positrón, antiprotón, antineutrón), de igual masa pero de propiedades electromagnéticas y de carga bariónica o leptónica opuestas a las de la partícula correspondiente.

ANTIPATÍA n. f. (gr. *antipatheia*). Sentimiento instintivo que inclina a rechazar algo o a alguien.

ANTIPÁTICO, A adj. y n. Que causa antipatía.

ANTIPATIZAR v. intr. [**1g**]. *Amér.* Sentir antipatía por alguien.

ANTIPIRÉTICO, A adj. y n. m. Que reduce la fiebre. SIN. *febrífugo*.

ANTÍPODA adj. y n. m. y f. (gr. *antipodes*). Dícese de un habitante de la Tierra, con respecto a otro que more en un lugar diametralmente opuesto. (Suele usarse en plural.) **2.** *Fig.* y *fam.* Contrario a otro. **3.** BOT. Dícese de cada una de las células del saco embrionario opuesta a la oosfera. ♦ **antipodas** n. f. pl. **4.** Tierras situadas en lugar diametralmente opuesto.

ANTIPOLILLA adj. y n. m. Dícese de un producto insecticida que protege lanas, pieles, alfombras y tapices contra la polilla.

ANTIPROTECCIONISTA adj. y n. m. y f. Opuesto al sistema protector o al proteccionismo.

ANTIPROTÓN n. m. Antipartícula del protón, de carga negativa.

ANTIRRÁBICO, A adj. y n. f. Dícese del tratamiento y especialmente de la vacunación contra la rabia.

ANTIRRADAR n. m. Dícese de los medios empleados para reducir o anular la eficacia del radar.

ANTIRREPUBLICANO, A adj. y n. Opuesto a la república y a los republicanos.

ANTIRROBO adj. y n. m. Dícese del dispositivo de seguridad destinado a impedir robos.

ANTISATÉLITE adj. DEF. Dícese de todo medio que se opone a la utilización de satélites militares por el adversario.

ANTISEGREGACIONISTA adj. y n. m. y f. Que se opone a la separación de razas.

ANTISEMITA adj. y n. m. y f. Hostil a los judíos.

ANTISEMÍTICO, A adj. Relativo al antisemitismo.

ANTISEMITISMO n. m. Doctrina o actitud de hostilidad sistemática hacia los judíos.

ANTISEPSIA n. f. (gr. *anti*, contra, y *sepsis*, putrefacción). Conjunto de métodos que preservan de la infección, destruyendo los microbios.

ANTISÉPTICO, A adj. y n. m. Que previene contra la infección.

ANTISÍSMICO, A adj. Relativo a la construcción concebida para resistir los seísmos.

ANTISOCIAL adj. Dícese de las conductas que atentan al orden social. **2.** Contrario a los intereses de los trabajadores: *medidas antisociales*.

ANTISUBMARINO, A adj. Dícese del arma o procedimiento que sirve para descubrir o combatir a los submarinos.

ANTISUDORAL, n. m. *Amér.* Sustancia que se aplica contra el mal olor de la transpiración del cuerpo humano, desodorante.

ANTITANQUE adj. Contracarro.

ANTITERRORISMO n. m. Conjunto de acciones que tienen por objeto la supresión del terrorismo.

ANTITERRORISTA adj. y n. m. y f. Relativo al antiterrorismo.

ANTÍTESIS n. f. (gr. *antithesis*). Oposición entre dos palabras o expresiones que manifiestan ideas contrarias. (Ej.: *la naturaleza es grande en las pequeñas cosas*.) **2.** Persona o cosa opuesta a otra.

ANTITETÁNICO, A adj. y n. Utilizado contra el tétanos.

ANTITÉTICO, A adj. Que implica antítesis.

ANTITÓXICO, A adj. y n. m. Dícese de las sustancias o funciones por las que el organismo destruye determinados productos tóxicos.

ANTITOXINA n. f. Anticuerpo elaborado por el organismo, que neutraliza la acción de una toxina.
ANTITRANSPIRANTE n. m. *Méx.* Desodorante.
ANTITRUST adj. Que se opone a la creación o extensión de un trust.
ANTITUBERCULOSO, A adj. Que combate la tuberculosis.
ANTIVIRUS n. m. Sustancia que se opone al desarrollo de los virus.
ANTOFAGASTA *(región de)*, región del N de Chile; 726 444 km²; 407 409 hab. Cap. *Antofagasta.*
ANTOFAGASTA, c. de Chile, cap. de la región homónima; 226 749 hab. Gran centro industrial y puerto exportador de las regiones mineras.
ANTOFALLA *(salar de)*, desierto salado de Argentina (Catamarca), en La Puna; 573 km². Al O se levanta el volcán *Antofalla* (6100 m).
ANTOJADIZO, A adj. Que tiene antojos o caprichos con frecuencia.
ANTOJARSE v. pron. [1]. Hacerse una cosa objeto de vehemente deseo, especialmente por capricho: *todas las tardes se le antoja un helado.* **2.** Considerar algo como probable: *se me antoja que es bueno.*
ANTOJITOS n. m. pl. *Méx.* Pequeñas porciones de comida que se toman fuera de las comidas principales, y como aperitivo, tapas.
ANTOJO n. m. (lat. *ante oculum*). Deseo caprichoso y pasajero de algo, especialmente el que tienen las mujeres durante el embarazo. ♦ v. tr. y pron. pl. **2.** Lunares, manchas, etc., que suele presentarse en la piel.
ANTOLOGÍA n. f. (gr. *anthologia*). Colección escogida de fragmentos literarios o musicales. • **De antología**, de gran relevancia: *una actuación de antología.*
ANTOLÓGICO, A adj. Relativo a la antología. **2.** De gran relevancia: *un discurso antológico.*
ANTÓN, distr. de Panamá (Coclé), en el litoral del Pacífico; 30 610 hab. Centro ganadero.
ANTONIMIA n. f. LING. Carácter de las palabras antónimas.
ANTÓNIMO, A adj. y n. m. LING. Dícese de la palabra que tiene un sentido opuesto al de otra; contrario: «*fealdad*» y «*belleza*» son antónimos.
ANTONIO Abad *(san)*, uno de los iniciadores de la vida monástica cristiana (Qeman, Alto Egipto, 251-en el monte Golzim 356), llamado también **el Ermitaño.** Eremita, fundó, para satisfacer a sus discípulos, los primeros monasterios conocidos.
ANTONIO (Marco) → **Marco Antonio.**
ANTONIO ANTE, cantón de Ecuador (Imbabura); 23 787 hab. Centro agrícola y ganadero. Textiles.
ANTONIONI (Michelangelo), director de cine italiano (Ferrara 1912). Su obra, rigurosa y sobria, de una gran búsqueda formal, expresa la soledad y la incomunicación: *La aventura* (1959), *La noche* (1960), *El eclipse* (1961), *Blow up* (1966), *El reportero* (1974), *Más allá de las nubes* (1995).
ANTONOMASIA n. f. (gr. *antonomasia*). RET. Sustitución de un nombre común por un nombre propio o una perífrasis que enuncia su cualidad esencial, y viceversa, como *el sabio* por *Salomón.* • **Por antonomasia**, por excelencia.
ANTORCHA n. f. Hacha, vela grande y gruesa. **2.** *Fig.* Lo que sirve de guía para el entendimiento.
ANTOZOO adj. y n. m. Relativo a una clase de cnidarios que comprende pólipos aislados o coloniales, como la anémona de mar, la madrépora y el coral.
ANTRACITA n. f. Carbón de muy débil proporción en materias volátiles (menos del 6 al 8 %), que arde con llama corta de color azul pálido, sin humear.
ÁNTRAX n. m. (gr. *anthrax*, *akos*, carbón). Infección estafilocócica de la piel, caracterizada por la aparición de varios forúnculos agrupados, que se extiende por el tejido conjuntivo subcutáneo.
ANTRO n. m. (lat. *antrum*). Caverna, cueva, gruta. **2.** *Fig.* y *fam.* Lugar de condiciones desagradables, especialmente por su incomodidad y, a veces, por su mala fama.
ANTROPOCÉNTRICO, A adj. Relativo al antropocentrismo.
ANTROPOCENTRISMO n. m. Doctrina o teoría que sitúa al hombre en el centro del universo.
ANTROPOFAGIA n. f. (gr. *anthrōpophagia*). Costumbre de comer carne humana. SIN.: *canibalismo.*
ANTROPÓFAGO, A adj. y n. Que come carne humana. SIN.: *caníbal.*
ANTROPOIDE n. m. Antropomorfo.
ANTROPOLOGÍA n. f. Estudio del hombre como especie animal: *antropología biológica, antropología física.* **2.** Estudio diferencial de las creencias e instituciones de una cultura concebidas como base de las estructuras sociales. SIN.: *antropología cultural.* **3.** FILOS. Teoría filosófica que sitúa al hombre en el centro de su investigación.
ANTROPOLÓGICO, A adj. Relativo a la antropología.
ANTROPÓLOGO, A n. Especialista en antropología.
ANTROPOMETRÍA n. f. Parte de la antropología que estudia las proporciones y las medidas del cuerpo humano.
ANTROPOMÓRFICO, A adj. Relativo al antropomorfismo.
ANTROPOMORFISMO n. m. Creencia o doctrina que concibe la divinidad a imagen del hombre.
ANTROPOMORFO, A adj. y n. Dícese de los monos más parecidos al hombre, que se caracterizan por carecer de cola, como el gorila, el chimpancé, y el orangután. SIN.: *antropoide.* ♦ adj. **2.** De figura humana. **3.** Dícese de un vaso o de una urna funeraria que tiene forma de cuerpo o de cabeza humanos.
ANTROPONIMIA n. f. Estudio de los nombres de personas.
ANTROPÓNIMO n. m. Nombre propio de persona.
ANTROPOPITECO n. m. Nombre que se daba a los antecesores del hombre, tales como el pitecantropo y el sinantropo.
ANTROPOZOICO, A adj. Dícese de la era cuaternaria, caracterizada por la aparición del hombre.
ANTWERPEN → **Amberes.**
ANUAL adj. (lat. *annualem*). Que sucede o se repite cada año; que dura un año.
ANUALIDAD n. f. Calidad de anual. **2.** Importe anual de una renta o carga periódica.
ANUARIO n. m. Libro que se publica de año en año y contiene convenientemente ordenados los datos que interesan a los que cultivan ciertas materias o ejercen determinada profesión: *anuario de ciencias médicas, histórico.*
ANUBARRADO, A adj. Nubloso, cubierto de nubes.
ANUBIS, dios funerario del antiguo Egipto, representado con cabeza de chacal. Introducía a los muertos en el otro mundo.
ANUDADO n. m. Operación textil consistente en anudar los hilos de una urdimbre terminada a una de la nueva que le sucede.
ANUDAMIENTO n. m. Acción y efecto de anudar o anudarse. SIN.: *anudadura.*
ANUDAR v. tr. y pron. [1]. Hacer nudos o unir con nudos. **2.** *Fig.* Juntar, unir: *anudar una sólida amistad.* **3.** *Fig.* Embargar, entorpecer el uso de la palabra: *anudar-se la voz en la garganta.* ♦ v. tr. **4.** *Fig.* Continuar lo interrumpido.
ANUENCIA n. f. Consentimiento.
ANUENTE adj. y n. agente, consciente.
ANULABLE adj. Que se puede anular.
ANULACIÓN n. f. Acción y efecto de anular.
ANULADOR, RA adj. y n. Que anula.
ANULAR adj. (lat. *anularem*). Relativo al anillo o de figura de anillo. • **Eclipse anular del Sol**, eclipse durante el cual el Sol sobresale alrededor del disco lunar como un anillo luminoso. ♦ adj. y n. m. **2.** Dícese del cuarto dedo de la mano empezando por el pulgar.
ANULAR v. tr. (bajo lat. *annullare*) [1]. Dar por nula, dejar sin fuerza una disposición. ♦ v. tr. y pron. **2.** Aniquilar, reducir a nada. **3.** *Fig.* Incapacitar, desautorizar.
ANUNCIACIÓN n. f. Acción y efecto de anunciar. **2.** Mensaje del arcángel san Gabriel a la Virgen María para anunciarle el misterio de la Encarnación.
ANUNCIADOR, RA adj. y n. Que anuncia o sirve para anunciar.
ANUNCIANTE adj. y n. m. y f. Que anuncia. **2.** Dícese de la persona o entidad que pone un anuncio publicitario.
ANUNCIAR v. tr. (lat. *annuntiare*) [1]. Dar noticia de una cosa, proclamar, hacer saber. **2.** Pronosticar: *anunciar catástrofes.* ♦ v. tr. y pron. **3.** Dar a conocer mediante algún medio de difusión la existencia y cualidades de artículos comerciales o industriales, servicios, etc.
ANUNCIO n. m. Acción y efecto de anunciar. **2.** Conjunto de palabras o signos con que se anuncia algo. **3.** Pronóstico, acción y efecto de pronosticar; señal por donde se sacan conjeturas.
ANURĀDHAPURA, c. de Sri Lanka, cap. de prov.; 36 200 hab. Ant. capital de Ceilán (s. III a. J.C.-s. X). Importantes restos búdicos, preservados en un amplio enclave arqueológico.
ANURO, A adj. y n. m. Relativo a un orden de anfibios que, en estado adulto, están desprovistos de cola, como la rana y el sapo.
ANVERS → **Amberes.**
ANVERSO n. m. (lat. *anteversum*). Lado de una moneda o medalla que lleva la imagen o inscripción principal. SIN.: *cara.* CONTR.: *reverso.* **2.** Cara en que va impresa la primera página de un pliego.
ANZOÁTEGUI *(estado)*, est. del N de Venezuela, lindante con el Caribe; 43 300 km²; 917 485 hab. Cap. *Barcelona.*
ANZOÁTEGUI (José Antonio), general y patriota venezolano (Barcelona, Venezuela, 1789-Bogotá 1819). Actuó en las campañas de Bolívar para liberar Venezuela y Bogotá, y en la batalla de Boyacá.
ANZUELO n. m. Arponcillo de metal que, pendiente de un sedal y puesto en él algún cebo, sirve para pescar. **2.** *Fig.* Atractivo, aliciente.
AÑADIDO n. m. Postizo. **2.** Añadidura. **3.** Añadidura hecha a un manuscrito o a unas pruebas de imprenta.
AÑADIDURA n. f. Lo que se añade a alguna cosa. • **Por añadidura**, además.
AÑADIR v. tr. [3]. Agregar una cosa a otra: *añadir azúcar al postre.* **2.** Aumentar, ampliar.
AÑAGAZA n. f. Señuelo para coger o amaestrar aves. **2.** *Fig.* Artificio para atraer con engaño, carnada: *utilizar añagazas para convencer.*
AÑAL adj. (lat. *annalem*). Anual. ♦ adj. m. y f. **2.** Dícese del cordero, becerro o cabrito que tiene un año cumplido.
AÑARES n. m. pl. *Argent.* Muchos años, mucho tiempo. (Suele usarse con el verbo *hacer.*)
AÑEJAR v. tr. [1]. Hacer añejo. ♦ **añejarse** v. pron. [1]. Mejorarse o deteriorarse el vino, comestibles, etc., con el tiempo.

AÑEJO, A adj. (lat. *anniculum*). Que tiene mucho tiempo: *vino añejo*.
AÑERO, A adj. *Chile*. Dícese de la planta que da frutos alternos.
AÑICOS n. m. pl. Pedacitos en que se divide alguna cosa al romperse.
AÑIL adj. y n. m. Dícese del color comprendido entre el azul y el violeta en el espectro solar. ♦ adj. **2.** De color añil: *cielo añil*. ♦ n. m. **3.** Planta arbustiva leguminosa, de flores rojizas y fruto en vaina, de cuyos tallos y hojas se obtiene por maceración una pasta colorante azul. (Familia papilionáceas.)
AÑO n. m. (lat. *annum*). Período de tiempo convencional aproximadamente igual al período de revolución de la Tierra alrededor del Sol. **2.** Período de doce meses. **3.** Tiempo que tarda un planeta en efectuar una revolución alrededor del Sol: *año de Júpiter*. • **Año civil**, año que comienza el 1 de enero a las 0 horas y finaliza el 31 de diciembre a las 24 horas. ‖ **Año escolar**, tiempo transcurrido entre el inicio de las clases y las vacaciones de verano. ‖ **Año luz**, unidad de longitud (símbolo a. l.), equivalente a la distancia recorrida por la luz en un año, en el vacío, o sea, 9461 × 10^{12} km. ‖ **Año nuevo**, el que está a punto de empezar o recién empezado. ‖ **Año santo**, o **jubilar**, año durante el cual se abre en Roma un jubileo. ‖ **Año sideral**, intervalo de tiempo que separa dos pasos consecutivos del Sol por el mismo punto de su órbita aparente. ‖ **Año trópico**, tiempo transcurrido entre dos pasos consecutivos del Sol por el punto equinoccial de primavera. ‖ **Día de año nuevo**, el primero del año.
AÑORANZA n. f. Soledad, melancolía que se siente por una ausencia o pérdida: *sentir añoranza de épocas pasadas*.
AÑORAR v. tr. e intr. (cat. *enyorar*) [1]. Sentir añoranza.
AÑOSO, A adj. (lat. *annosum*). De muchos años.
AÑUMA n. m. Ave de una envergadura superior a los 2 m, que vive en las zonas pantanosas del Amazonas y tiene dos grandes espolones en las alas.
AORTA n. f. (gr. *aortē*, vena). Arteria que nace en la base del ventrículo izquierdo del corazón y constituye el tronco común de las arterias que llevan la sangre oxigenada hacia todas las partes del cuerpo.
AÓRTICO, A adj. Relativo a la aorta.
AOVADO, A adj. De figura de huevo.
AOVAR v. intr. [1]. Poner huevos algunos animales, especialmente las aves.
AOVILLARSE v. pron. [1]. *Fig.* Encogerse mucho, hacerse un ovillo.
APABULLAMIENTO n. m. *Fam.* Acción y efecto de apabullar.
APABULLAR v. tr. [1]. *Fam.* Abrumar, dejar confuso.
APACENTADOR, RA adj. y n. Que apacienta.
APACENTAMIENTO n. m. Acción de apacentar o apacentarse. **2.** Pasto, cualquier cosa que sirve para el sustento del animal.
APACENTAR v. tr. y pron. (de *pacer*) [1j]. Dar pasto al ganado. **2.** *Fig.* Instruir, enseñar. **3.** *Fig.* Cebar los deseos, sentidos o pasiones. ♦ **apacentarse** v. pron. **4.** Pacer el ganado.
APACHE adj. y n. m. y f. Relativo a un conjunto de pueblos amerindios que descendieron del N de América c. 1000 d. J.C. y se establecieron en Nuevo México y Arizona; individuo de dicho pueblo. **2.** Relativo a un tipo de ladrones y bandidos que existían en las grandes ciudades, especialmente en París.
APACHETA n. f. *Amér. Merid.* Montón de piedras colocado por los indios en las mesetas de los Andes, como signo de devoción a la divinidad.
APACIBILIDAD n. f. Calidad de apacible.
APACIBLE adj. Dulce, agradable y sereno.

APACIGUADOR, RA adj. y n. Que apacigua.
APACIGUAMIENTO n. m. Acción y efecto de apaciguar.
APACIGUAR v. tr. y pron. [1c]. Poner en paz, aquietar.
APADRINADOR, RA adj. y n. Que apadrina.
APADRINAMIENTO n. m. Acción y efecto de apadrinar.
APADRINAR v. tr. [1]. Desempeñar las funciones propias de padrino. **2.** *Fig.* Patrocinar, proteger: *apadrinar un proyecto*. ♦ **apadrinarse** v. pron. **3.** Ampararse, valerse, acogerse.
APAGADIZO, A adj. Que arde con dificultad.
APAGADO, A adj. De genio muy sosegado y apocado. **2.** Amortiguado, sordo.
APAGADOR, RA adj. y n. Que apaga. ♦ n. m. **2.** Pieza cónica de metal para apagar luces. **3.** Mecanismo con el cual se paran súbitamente las vibraciones en las cuerdas de un instrumento musical.
APAGAMIENTO n. m. Acción y efecto de apagar o apagarse.
APAGAR v. tr. y pron. [1b]. Extinguir el fuego o la luz. **2.** *Fig.* Aplacar, disipar, extinguir: *apagar la sed.* **3.** Disminuir o apaciguar la acción de la lluvia u otras causas, la violencia de las olas. **4.** Interrumpir el funcionamiento de un aparato desconectándolo de su fuente de energía. • **Apagar la cal**, echar agua a la cal viva para que pueda emplearse en obra de fábrica. ‖ **Apagar las velas** (MAR.), cerrar los bolsos o senos que en viento forma en las velas recogidas, apretándolas contra la verga o el palo. ‖ **Apagar los colores**, suavizarlos, amortiguar su tono dándoles una capa o mano de barniz. ♦ **apagarse** v. pron. **5.** *Fig.* Marchitarse, perder la frescura, el brillo.
APAGÓN n. m. Corte súbito, pasajero y accidental de la energía eléctrica.
APAISADO, A adj. Que es más ancho que alto.
APAJARADO, A adj. *Chile*. Atolondrado.
APALABRAR v. tr. [1]. Concertar o contratar de palabra: *apalabrar una cita, un negocio*.
APALACHE, pueblo amerindio de la familia muscogi, que habitaba al NO de la península de la Florida. Fue aniquilado por los británicos en 1705.
APALACHES (montes), cordillera del E de América del Norte (Estados Unidos y Canadá), entre Alabama y el estuario del San Lorenzo, precedida al O por la *meseta Apalachiana*, y al E por la *meseta de Piedmont*, que domina la llanura costera; 2037 m en el *monte Mitchell*. Yacimientos hulleros.
APALACHIANO, A adj. Relativo a los Apalaches. • **Relieve apalachiano**, relieve que se caracteriza por presentar crestas paralelas, separadas por depresiones alargadas, originadas al reanudarse la erosión en una región de viejas montañas plegadas, reducidas al estado de penillanuras.
APALANCADO adj. Acomodado en un lugar o en un estado.
APALANCAMIENTO n. m. Acción y efecto de apalancar.
APALANCAR v. tr. [1a]. Levantar, mover con una palanca: *apalancar la puerta*. ♦ **apalancarse** v. pron. **2.** Acomodarse en un lugar, permanecer inactivo en él.
APALEADOR, RA adj. y n. Que apalea.
APALEAMIENTO n. m. Acción y efecto de apalear.
APALEAR v. tr. [1]. Golpear o sacudir, especialmente con un palo. **2.** Varear, derribar con golpes de vara los frutos de los árboles.
APALEAR v. tr. [1]. Aventar con la pala el grano, a fin de limpiarlo.
APALEO n. m. Acción y efecto de apalear, aventar el grano. **2.** Tiempo de apalear, aventar el grano.

APANÁS, lago artificial de Nicaragua, uno de los mayores de Centroamérica; 51 km^2.
APANTANAR v. tr. y pron. [1]. Llenar de agua un terreno. ♦ **apantanarse** v. pron. **2.** Hundirse, atascarse en un pantano.
APAÑADO, A adj. Que apaña.
APAÑADURA n. f. Acción y efecto de apañar o apañarse.
APAÑAR v. tr. [1]. Recoger y guardar una cosa. **2.** Apoderarse de una cosa capciosa e ilícitamente. **3.** Acicalar, ataviar. **4.** Aderezar la comida. **5.** *Fam.* Remendar lo que está roto. **6.** *Argent., Bol., Nicar.* y *Urug.* Encubrir, ocultar o proteger a alguien. • **Estar apañado**, estar apurado, en situación difícil. ♦ **apañarse** v. pron. **7.** *Fam.* Darse maña para saber una cosa.
APAÑO n. m. Apañadura. **2.** *Fam.* Amaño, chanchullo, componenda. **3.** *Fam.* Maña, habilidad. **4.** *Fam.* Lío amoroso.
APAPACHADO, A adj. *Cuba* y *Méx.* Mimado.
APAPORIS, r. de Colombia, afl. del Caquetá, que forma un tramo de la frontera con Brasil; 685 kilómetros.
APARADOR n. m. Mueble destinado a contener la vajilla y todo lo concerniente al servicio de comedor. **2.** Escaparate.
APARAR v. tr. (lat. *apparare*) [1]. Disponer las manos u otra cosa para recibir algo que se da o dicha. (Suele usarse en imperativo: *apare usted el pañuelo*.)
APARATO n. m. (lat. *apparatum*). Instrumento o conjunto de instrumentos necesarios para la realización de un trabajo, la observación de un fenómeno o la realización de determinadas mediciones: *aparatos electrodomésticos*; *aparato fotográfico*. **2.** Conjunto de cosas que acompañan a algo o a alguien y le dan importancia o vistosidad. **3.** Circunstancia o señal que precede o acompaña a alguna cosa. **4.** Conjunto de los que deciden la política de un partido o gobierno. **5.** Se usa en determinadas ocasiones para designar, específicamente, un avión, un teléfono, un soporte de luz, etc. **6.** ANAT. Conjunto de órganos que realizan la misma función: *aparato respiratorio*. **7.** CIR. Denominación dada a algunos instrumentos que se emplean en traumatología u ortopedia: *aparatos ortopédicos.* **8.** GEOL. Conjunto de rocas resultante de una dinámica común: *aparato volcánico, sedimentario*.
APARATOSIDAD n. f. Calidad de aparatoso.
APARATOSO, A adj. Acompañado de aparato, espectacular.
APARCAMIENTO n. m. Acción y efecto de aparcar. **2.** Lugar destinado a este efecto.
APARCAR v. tr. [1a]. Colocar, situar en un lugar coches u otros vehículos. **2.** MIL. Disponer convenientemente cualquier clase de material en un campamento o parque.
APARCERÍA n. f. Convenio por el cual una persona se obliga a ceder a otra el disfrute de ciertos bienes, a cambio de obtener una parte alícuota de los frutos o utilidades que produzcan.
APARCERO, A n. Persona que cultiva la tierra, cría el ganado o explota un establecimiento fabril o mercantil bajo contrato de aparcería.
APAREAMIENTO n. m. Acción y efecto de aparear.
APAREAR v. tr. [1]. Ajustar una cosa con otra de forma que queden iguales. ♦ v. tr. y pron. **2.** Unir o juntar dos cosas de manera que formen un par. **3.** Juntar o juntarse dos animales de distinto sexo para la reproducción.
APARECER v. intr. (lat. *apparescere*) [2m]. Manifestarse, dejarse ver, por lo común repentinamente: *aparecer la imagen en pantalla*. **2.** Estar, hallarse. **3.** Parecer. **4.** Darse a conocer al público un libro, un producto, etc.; salir a la luz.
APARECIDO n. m. Espectro de un difunto.

APA

APAREJADO, A adj. Apto, idóneo. **2.** MAR. Dícese del buque que está preparado para emprender la navegación.

APAREJADOR, RA n. Técnico de la construcción, especializado en el trazado de planos parciales de una obra partiendo del plano total.

APAREJAR v. tr. y pron. [1]. Preparar, prevenir, disponer. **2.** Vestir con esmero, adornar. ♦ v. tr. **3.** Poner su aparejo a un animal o a una embarcación. **4.** Dar los doradores la mano de cola, yeso y bol armónico a la pieza que se ha dorar. **5.** PINT. Imprimar.

APAREJO n. m. Conjunto de cosas necesarias para hacer algo: *aparejos de pesca; aparejo de anclar*. **2.** Forma o modo en que aparecen colocados los ladrillos, sillares o mampuestos en una construcción. **3.** Conjunto de útiles o instrumentos de una profesión, oficio o arte. **4.** Arreo necesario para montar o cargar las caballerías. **5.** MAR. Arboladura, velamen y jarcias de las embarcaciones a vela. **6.** MAR. Tipo o clase de velas de una embarcación o de una nave: *aparejo de abanico*. **7.** MEC. Mecanismo elevador de pesos consistente en un sistema de poleas.

APARENTAR v. tr. [1]. Manifestar o dar a entender lo que no es o no hay. **2.** Tener aspecto de determinada cosa, especialmente de tener cierta edad.

APARENTE adj. (lat. *apparentem*). Que parece y no es: *obrar con aparente serenidad*. **2.** Conveniente, oportuno, adecuado: *emplear las palabras más aparentes*. **3.** Que aparece y se muestra a la vista: *no tener motivo aparente para obrar*. **4.** Ostensible, notable, considerable: *gafas aparentes*.

APARICIÓN n. f. Acción y efecto de aparecer. **2.** Aparecido, espectro: *tener apariciones*. **3.** REL. En el rito mozárabe, cada una de las nueve partes en que el sacerdote divide la hostia. **4.** REL. Fiesta católica que celebra la aparición de Cristo a sus apóstoles tras la resurrección.

APARIENCIA n. f. (lat. *apparentam*). Aspecto o parecer exterior: *terrible apariencia externa*. **2.** Cosa que parece y no es: *fiarse de las apariencias*. **3.** Verosimilitud, probabilidad.

APARTADO, A adj. Retirado, distante, remoto: *lugares apartados*. ♦ n. m. **2.** Párrafo o grupo de párrafos de un escrito o documento dedicado a una materia concreta o a un aspecto de la misma. **3.** DER. Cada uno de los dieciséis miembros que elige la asociación general de ganaderos en sustitución de los que antiguamente eran designados por el concejo de la Mesta. **4.** METAL. Operación por la que se determina la ley del oro o de la plata. **5.** MIN. Conjunto de operaciones realizadas con el oro para obtenerlo puro. **6.** TAUROM. Acción de encerrar los toros en los chiqueros, horas antes de la corrida. • **Apartado de correos**, casilla o compartimento en que, en una oficina de correos, se coloca la correspondencia dirigida a un determinado destinatario, y que éste recoge directamente.

APARTAMENTO n. m. Vivienda situada en un edificio donde existen otras viviendas análogas, generalmente de dimensiones más reducidas que un piso.

APARTAMIENTO n. m. Acción y efecto de apartar. **2.** Lugar apartado. **3.** Apartamento. **4.** DER. Acto procesal con que alguien desiste de la acción o recurso que tiene deducido.

APARTAR v. tr. y pron. [1]. Separar, alejar, retirar. **2.** Quitar a una persona o cosa del lugar donde estaba para dejarlo desembarazado: *la gente se apartaba de la plaza*. ♦ v. tr. **3.** *Fig.* Disuadir a uno de alguna cosa o hacer que desista de ella.

APARTE adv. l. En otro lugar **2.** A distancia, desde lejos. **3.** En lugar retirado. ♦ adv. m. **4.** Separadamente, con distinción. **5.** Indica con omisión o preterición de: *aparte algunas personas; aparte de lo dicho*. ♦ n. m. **6.** Tirada especial de algún artículo o estudio, separada de la revista o publicación de que forma parte. **7.** Párrafo, cada una de las divisiones de un escrito. **8.** Lo que, en una conversación entre varias personas, una de ellas dice a otra u otras sin que lo oigan las demás. **9.** Lo que, en las representaciones escénicas, dice un personaje cualquiera como hablando para sí o con otro u otros, y suponiendo que no lo oyen los demás.

APARTHEID n. m. (voz afrikaans). En la República de Sudáfrica, segregación sistemática de las poblaciones de razas no blancas.

APASIONADO, A adj. Con carácter de pasión. **2.** Dícese de las personas que sienten entusiasmo por algo o son por temperamento inclinadas a apasionarse.

APASIONAMIENTO n. m. Acción y efecto de apasionar o apasionarse.

APASIONAR v. tr. y pron. [1]. Causar, excitar alguna pasión. ♦ **apasionarse** v. pron. **2.** Aficionarse con exceso a una persona o cosa.

APASTE o **APLASTE** n. m. *Guat.* y *Hond.* Lebrillo hondo de barro y con asas.

APATÍA n. f. (lat. *apathiam*). Impasibilidad, indiferencia, abulia, dejadez.

APÁTICO, A adj. Que adolece de apatía.

APATITO n. m. Fosfato de calcio existente en numerosas rocas eruptivas, especialmente en la pegmatita. SIN.: *apatita*.

APÁTRIDA adj. y n. m. y f. Dícese de la persona que no tiene patria por haber perdido la nacionalidad y no haber adquirido legalmente otra.

APEADERO n. m. Poyo o sillar en los zaguanes o junto a la puerta de las casas, para montar en las caballerías. **2.** F.C. En los trayectos ferroviarios, punto de parada donde pueden subir o bajar viajeros, pero desprovisto de estación.

APEAR v. tr. y pron. [1]. Desmontar o bajar de un vehículo o de una caballería: *apearse del tren*. **2.** Cortar un árbol por el pie o árbitro. **3.** *Fig.* y *fam.* Disuadir, convencer. ♦ v. tr. **4.** Apiolar las caballerías. **5.** Calzar un vehículo. **6.** Deslindar, fijar los límites de una finca midiéndola. **7.** *Fig.* Sortear, superar una dificultad. **8.** Apuntalar una construcción. ♦ **apearse** v. pron. **9.** Hospedarse, alojarse. **10.** *Cuba.* Comer sin protocolo, con las manos, prescindiendo del cubierto. • **Apear el tratamiento**, suprimir la fórmula de tratamiento que corresponde a una persona al dirigirse a ella.

APECHUGAR v. intr. [1g]. Aceptar una cosa, venciendo la repugnancia que causa o el esfuerzo que supone. SIN.: *apechar*.

APEDREADO, A adj. Manchado, salpicado de varios colores.

APEDREADOR, RA adj. y n. Que apedrea.

APEDREAMIENTO o **APEDREO** n. m. Acción y efecto de apedrear o apedrearse.

APEDREAR v. tr. [1]. Tirar piedras a una persona o cosa. ♦ v. intr. **2.** Caer pedrisco, granizo. ♦ **apedrearse** v. pron. **3.** Padecer daño los árboles, las mieses y especialmente las viñas con el granizo.

APEGARSE v. pron. [1b]. Cobrar apego.

APEGO n. m. *Fig.* Afición, inclinación, cariño: *sentir apego por un lugar*.

APELABLE adj. Que admite apelación.

APELACIÓN n. f. Acción y efecto de apelar.

APELADO, A adj. y n. DER. Dícese del litigante favorecido con la sentencia contra la cual se apela.

APELAR v. intr. (lat. *appellare*) [1]. Recurrir al juez o tribunal superior para que enmiende o anule la sentencia dada por el inferior. ♦ v. intr. y pron. **2.** Recurrir a una persona o cosa para hallar favor, solución o remedio: *apelar a un último recurso*. ♦ v. intr. y pron. **3.** Dar o recibir algún apelativo.

APELATIVO n. m. y adj. Sobrenombre. **2.** Nombre común, por oposición al nombre propio. ♦ n. m. *Amér.* Apellido, nombre de familia.

APELLIDAR v. tr. y pron. [1]. Nombr. **2.** Tener un determinado apellido: *se apellida López*.

APELLIDO n. m. Nombre de familia con que se distinguen las personas.

APELMAZAR v. tr. y pron. [1g]. Hacer más compacto y apretado de lo requerido. **2.** *Fig.* Hacer una cosa aburrida, pesada. **3.** *Salv.* Apisonar la Tierra. ♦ v. tr. **4.** *Fig.* Sobrecargar, aumentar la pesadez de un objeto.

APELOTONAR v. tr. y pron. [1]. Formar pelotones, amontonar: *apelotonarse por los pasillos*.

APENAR v. tr. y pron. [1]. Causar o sentir pena, afligir. ♦ **apenarse** v. pron. **2.** *Méx.* Avergonzarse.

APENAS adv. c. y m. Con dificultad, muy poco. ♦ adv. t. **2.** Denota la inmediata sucesión de dos acciones: *apenas reunida la asamblea, acabó con el ministro*.

APENCAR v. intr. [1a]. *Fam.* Apechugar, aceptar una labor desagradable.

APÉNDICE n. m. (lat. *appendicem*). Cosa adjunta a otra, de la cual es como prolongamiento o parte accesoria. **2.** Denominación de ciertas prolongaciones ventrolaterales del cuerpo de los insectos y crustáceos (patas, antenas y piezas bucales). • **Apéndice ileocecal**, o **vermicular**, o **apéndice** (ANAT.), divertículo hueco, en forma de dedo de guante, que comunica con el ciego.

APENDICULAR adj. ANAT. Relativo a los apéndices.

APENINOS, cordillera que recorre Italia, de Liguria a Calabria y el NE de Sicilia, a lo largo de casi 1500 km; culmina en los Abruzos, en el Gran Sasso (2914 m).

APENSIONARSE v. pron. [1]. *Argent., Chile, Colomb., Méx.* y *Perú*. Entristecerse. **2.** *Colomb.* Sobresaltarse, inquietarse.

APEO n. m. Acción y efecto de apear un árbol. **2.** Acción de apear, de medir o deslindar tierras. **3.** DER. Instrumento jurídico que acredita el deslinde y demarcación.

APEPÚ n. m. *Argent.* y *Par.* Naranjo de corteza gris oscura, flores blancas muy perfumadas, frutos rugosos de color anaranjado rojizo y pulpa jugosa, que tiene un sabor entre agrio y amargo.

APERAR v. tr. [1]. *Argent., Nicar.* y *Urug.* Ensillar, colocar el apero.

APERCIBIMIENTO n. m. Acción y efecto de apercibir. SIN.: *percibimiento*. **2.** DER. Aviso, advertencia de una autoridad.

APERCIBIR v. tr. y pron. [3]. Disponer, preparar: *apercibirse a contestar la carta*. (Suele usarse con las prep. *a* o *para*.) **2.** Percibir, observar, notar: *me apercibí de ello*. ♦ v. tr. **3.** Amonestar, advertir: *apercibir a los revoltosos*. **4.** DER. Hacer saber a la persona requerida las sanciones a que está expuesta: *apercibir a los morosos*.

APEREÁ n. f. (voz guaraní). Cobaya muy parecida al conejillo de Indias, que vive en América Meridional.

APERGAMINADO, A adj. Parecido al pergamino.

APERGAMINARSE v. pron. [1]. *Fig.* y *fam.* Acartonarse, enflaquecerse: *apergaminarse el rostro*.

APERITIVO, A adj. v. tr. (lat. *aperitivum*). Que abre el apetito. ♦ n. m. **2.** Bebida que se toma antes de las comidas, generalmente acompañada de tapas.

APERO n. m. (lat. *apparium*). Conjunto de instrumentos y demás objetos de un oficio, especialmente los necesarios para la labranza. (Suele usarse en plural.) **2.** *Amér. Merid.* y *P. Rico.* Recado de montar que en ciertos países es más lujoso que el común.

APERSONARSE v. pron. [1]. Personarse, avistarse, presentarse personalmente. **2.** DER. Comparecer como parte en un negocio el que, por sí mismo o por otro, tiene interés en él.

APERTURA n. f. (lat. aperturam). Acción de abrir. **2.** Acto de dar o volver a dar principio a las funciones de una asamblea, teatro, escuela, etc. **3.** Fig. Tendencia favorable a la aceptación o comprensión de ideas o actitudes más avanzadas que las vigentes. **4.** En ciertos juegos, principio de una partida.

APERTURISTA adj. y n. m. y f. Relativo a la apertura; partidario de esta tendencia.

APESADUMBRAR o APESARAR v. tr. y pron. [1]. Causar pesadumbre, afligir.

APESTAR v. tr. y pron. [1]. Causar o comunicar la peste. ◆ v. tr. e intr. **2.** Arrojar o comunicar mal olor. ◆ v. tr. **3.** Fig. Corromper, viciar. **4.** Fig. y fam. Causar hastío, fastidiar.

APESTOSO, A adj. Que apesta.

APÉTALO, A adj. Que carece de pétalos.

APETECEDOR, RA adj. Que apetece.

APETECER v. tr. y pron. [2m]. Tener gana de comer o beber algo: apetecer un café. **2.** Fig. Desear: le apetece descansar. ◆ v. intr. **3.** Gustar, agradar.

APETECIBLE adj. Digno de apetecerse.

APETENCIA n. f. (lat. appentientiam). Gana de comer. **2.** Fig. Ansia o gana de algo, anhelo.

APETITO n. m. (lat. appetitum). Tendencia a satisfacer las necesidades orgánicas, especialmente la de comer: quitar el apetito; apetito carnal.

APETITOSO, A adj. Que excita el apetito.

ÁPEX n. m. ASTRON. Punto de la esfera celeste situado en la constelación de Hércules, hacia el cual parece dirigirse el sistema solar con una velocidad del orden de 20 km/s.

APIADAR v. tr. [1]. Causar piedad. **2.** Tratar con piedad. ◆ **apiadarse** v. pron. **3.** Tener piedad de uno o de algo: apiadarse de los pobres.

APICAL adj. Perteneciente al ápice, extremo superior o punta de una cosa. **2.** ANAT. Dícese de la parte que forma la punta de un órgano. CONTR.: basal. **3.** FONÉT. Dícese del fonema que se articula con la punta de la lengua acercada al paladar.

ÁPICE n. m. (lat. apicem). Extremo superior o punta de una cosa. **2.** Fig. Punto culminante. **3.** Fig. Parte pequeñísima: no tener un ápice de cultura. **4.** BIOL. Punta, cima de un órgano.

APÍCOLA adj. Relativo a la apicultura.

APICULTOR, RA n. y adj. Persona dedicada a la apicultura.

APICULTURA n. f. Arte de criar abejas.

ÁPIDO, A adj. y n. m. Relativo a una familia de insectos himenópteros que comprende especies solitarias y sociales, como la abeja.

APILAMIENTO n. m. Acción y efecto de apilar.

APILAR v. tr. [1]. Poner una sobre otra varias cosas formando pila: apilar los libros.

APIÑADO, A adj. De figura de piña.

APIÑAMIENTO n. m. Acción y efecto de apiñar. SIN.: apiñadura.

APIÑAR v. tr. [1]. Juntar o agrupar estrechamente: apiñarse el público en la sala.

APIÑONADO, A adj. Méx. Dícese de las personas ligeramente morenas.

APIO n. m. (lat. apium). Planta hortense, comestible, con tallo grueso y jugoso, hojas largas y flores blancas muy pequeñas. (Familia umbelíferas, género Apium.)

APIOLAR v. tr. [1]. Fam. Prender, apresar. **2.** Fam. Matar.

APIRI n. m. Amér. Merid. Operario que transporta mineral en las minas. **2.** Amér. Merid. Mozo de cuerda.

APIS, dios del antiguo Egipto, adorado bajo la forma de un toro sagrado.

APISONADO n. m. AGRIC. Labor consistente en aplanar el suelo, aplastando los terrones de tierra.

APISONADOR, RA adj. y n. Que apisona. ◆ n. m. **2.** Pisón. **3.** Rodillo con que se apisona.

APISONADORA n. f. Máquina automotora, con ruedas a modo de rodillos de gran diámetro y muy pesados, para extender y nivelar material.

APISONAMIENTO n. m. Acción y efecto de apisonar.

APISONAR v. tr. [1]. Apretar fuertemente, aplanar la tierra, el asfalto, etc.

APITIGUARSE v. pron. [1c]. Chile. Desmoronarse, abatirse.

APIZARRADO, A adj. De color negro azulado.

APLACABLE adj. Fácil de aplacar.

APLACADOR, RA adj. Que aplaca.

APLACAMIENTO n. m. Acción y efecto de aplacar.

APLACAR v. tr. y pron. [1a]. Amansar, suavizar, mitigar: aplacar el dolor, la ira.

APLANADERA n. f. Instrumento para aplanar el suelo, terreno, etc. **2.** Mazo de los alfareros para aplanar las planchas.

APLANADO n. m. Operación que tiene por objeto corregir las deformaciones ocasionadas en los materiales por el mecanizado o accidentalmente, eliminando las abolladuras o marcas de golpes de martillo, etc.

APLANADOR, RA adj. y n. Que aplana. ◆ n. m. **2.** Instrumento para el aplanado de los metales.

APLANADORA n. f. Amér. Apisonadora.

APLANAMIENTO n. m. Acción y efecto de aplanar o aplanarse. **2.** GEOMORFOL. Forma plana resultante de acciones externas, por las que deben truncar necesariamente las formaciones geológicas.

APLANAR v. tr. [1]. Allanar, poner llano. **2.** Fig. y fam. Dejar a uno pasmado con alguna cosa inesperada. ◆ **aplanarse** v. pron. **3.** Perder el vigor, desalentarse.

APLASTAMIENTO n. m. Acción y efecto de aplastar.

APLASTAR v. tr. y pron. [1]. Deformar una cosa, aplanándola o disminuyendo su grueso. **2.** Vencer, aniquilar: aplastó a su rival. **3.** Fig. y fam. Apabullar, dejar confuso.

APLATANARSE v. pron. [1]. Sentirse deprimido con tendencia a la inactividad.

APLAUDIR v. tr. (lat. applaudere) [3]. Dar palmadas en señal de aprobación o entusiasmo. **2.** Celebrar, aprobar, asentir: aplaudo tu decisión.

APLAUSO n. m. (lat. applausum). Acción y efecto de aplaudir: estruendosos aplausos.

APLAZABLE adj. Que puede aplazarse.

APLAZAMIENTO n. m. Acción y efecto de aplazar.

APLAZAR v. tr. [1g]. Diferir, retardar la ejecución de una cosa: aplazar una entrevista. **2.** Amér. No aprobar un examen, suspender.

APLICABLE adj. Que puede o debe aplicarse.

APLICACIÓN n. f. Acción y efecto de aplicar o aplicarse. **2.** Fig. Afición o asiduidad con que se hace alguna cosa: estudiar con aplicación. **3.** En varias artes, partes o materiales que se añaden o superponen al cuerpo principal de la obra. **4.** Adorno de bordado que se distingue del fondo por la materia o por la ejecución. **5.** INFORMÁT. Programa o conjunto de programas concebidos para la realización de una tarea determinada. **6.** MAT. Operación que consiste en hacer corresponder a todo elemento a de un conjunto c, un elemento b de otro conjunto d. (En el caso de conjunto de números, la noción de aplicación coincide con la de función.)

APLICADO, A adj. Fig. Que estudia o trabaja con interés. **2.** Dícese de la parte de la ciencia enfocada en razón de su utilidad y también de las artes manuales o artesanales como la cerámica, la ebanistería, etc.

APLICADOR n. m. Aparato que permite la aplicación directa sobre el cuerpo de diversos productos, sin contacto manual. **2.** Tipo de envase provisto de un tapón permeable, que permite extender un producto de mantenimiento sobre una superficie.

APLICAR v. tr. (lat. applicare) [1a]. Poner una cosa sobre otra en contacto con otra. **2.** Fig. Hacer uso de una cosa o poner en práctica los conocimientos o procedimientos adecuados para conseguir un fin. **3.** Fig. Destinar, adjudicar. **4.** Fig. Atribuir, imputar a uno algún dicho o hecho. **5.** Imponer una sanción o castigo. ◆ v. tr. y pron. **6.** Fig. Referir a un individuo o a un caso particular lo que se ha dicho en general de otro individuo. ◆ **aplicarse** v. pron. **7.** Fig. Poner esmero en ejecutar una cosa: aplicarse en aprender.

APLIQUE n. m. Lámpara, candelero, cornucopia u otra pieza usual y decorativa que se fija en la pared.

APLOMADO, A adj. Que tiene aplomo, reflexivo, grave. **2.** Plomizo, de color del plomo. **3.** Fig. Tardo, pesado.

APLOMAR v. tr. y pron. [1]. Hacer mayor la pesantez de una cosa. ◆ v. tr. [1]. Dar peso, aplomo, gravedad a las palabras. **3.** Poner las cosas verticalmente: aplomar una moldura. **4.** v. tr e intr. **5.** CONSTR. Examinar, valiéndose de la plomada, la verticalidad de una obra. ◆ **aplomarse** v. pron. **6.** Cobrar aplomo.

APLOMO n. m. Gravedad, serenidad, circunspección: perder el aplomo. **2.** Verticalidad. ◆ **aplomos** n. m. pl. **3.** Hablando de un cuadrúpedo, dirección que deben seguir sus miembros, de manera que el cuerpo esté sostenido de la forma más sólida y a la vez más favorable para ejecutar movimientos.

APNEA n. f. Suspensión transitoria, en mayor o menor grado voluntaria, del acto respiratorio.

APOCADO, A adj. De poco ánimo, tímido, encogido, medroso: expresión tímida y apocada.

APOCALÍPTICO, A adj. Relativo al Apocalipsis: literatura apocalíptica. **2.** Fig. Fantástico, enigmático: animales apocalípticos. **3.** Terrorífico, espantoso.

APOCAMIENTO n. m. Cortedad de ánimo.

APOCAR v. tr. y pron. [1a]. Intimidar, encoger.

APOCINÁCEO, A adj. y n. f. BOT. Relativo a una familia de plantas gamopétalas de flores pentámeras con corola en copa, como la adelfa.

APOCOPAR v. tr. [1]. Hacer apócope en una palabra.

APÓCOPE n. f. (gr. apokopé, amputación). Caída de un fonema o de una o más sílabas al final de una palabra: algún y cine son ejemplos de apócopes.

APÓCRIFO, A adj. y n. m. (gr. apokryphos, oculto, secreto). Supuesto, fingido, falso: testamento apócrifo. **2.** REL. Dícese de todo libro atribuido a autor sagrado que no está declarado canónico.

APODAR v. tr. [1]. Poner o decir apodos. ◆ **apodarse** v. pron. **2.** Usar el apodo con preferencia al apellido.

APODERADO, A adj. y n. DER. Que tiene poderes de otro para representar o proceder en su nombre.

APODERAMIENTO n. m. Acción y efecto de apoderar o apoderarse. **2.** Acto de conferir un poder.

APO

APODERAR v. tr. [1]. Dar poder una persona a otra para que la represente. ♦ **apoderarse** v. pron. 2. Hacerse dueño de una persona o cosa violentamente.

APODÍCTICO, A adj. FILOS. Dícese de una sentencia o proposición necesarias.

APODO n. m. Nombre que se da a una persona, tomado de sus defectos o de otra circunstancia. SIN.: *alias, mote, sobrenombre*.

ÁPODO, A adj. ZOOL. Falto de pies. ♦ adj. y n. m. **2.** Relativo a un suborden de peces teleósteos, como la anguila.

APÓDOSIS n. f. (gr. *apodosis*). LING. Oración principal, colocada después de una subordinada condicional (prótasis).

APÓFISIS n. f. (gr. *apophysis*, retoño). ANAT. Eminencia natural de la superficie de un hueso.

APOGEO n. m. (gr. *apogeios*, que viene de la tierra). Grado superior que puede alcanzar alguna cosa, como la gloria, etc. **2.** ASTRON. Punto de la órbita de un cuerpo en movimiento alrededor de la Tierra (astro o satélite artificial), en el que la distancia a ésta es máxima. CONTR.: *perigeo*.

APOLILLAR v. tr. y pron. [1]. Roer la polilla una cosa.

APOLÍNEO, A adj. (lat. *apollineum*). Relativo a Apolo o a las Musas. **2.** Apuesto, bien plantado. **3.** FILOS. Según Nietzsche, todo lo que es equilibrado y mesurado, por oposición a dionisíaco.

APOLITICISMO n. m. Actitud del que se coloca al margen de toda doctrina o actividad política.

APOLÍTICO, A adj. y n. Ajeno a la política.

APOLLINAIRE (Wilhelm Apollinaris de Kostrowitzky, llamado **Guillaume**), escritor francés (Roma 1880-París 1918). Apoyó a todas las vanguardias artísticas. Poeta teórico, fue precursor del surrealismo (*Alcoholes*, 1913; *Caligramas*, 1918).

APOLO, dios griego de la belleza, de la claridad, de las artes y de la adivinación. Tenía en Delfos un santuario célebre donde su profetisa, la Pitia, transmitía los oráculos del dios. Las más célebres representaciones son las del frontón O del templo de Zeus en Olimpia, el *Apolo del Pireo* (Atenas, museo nacional), el *Apolo Saurócteno* (Louvre), copia de Praxíteles, el *Apolo Kassel* (museo de Kassel), copia de Fidias, y el *Apolo del Belvedere* (Vaticano), atribuido a Leocares.

APOLOBAMBA (nudo de), macizo de la cordillera Real boliviana; 6040 m en el Chaupi Orco.

APOLOGÉTICA n. f. Parte de la teología cuyo objeto es demostrar la credibilidad racional e histórica de la fe cristiana.

APOLOGÉTICO, A adj. Relativo a la apología.

APOLOGÍA n. f. (gr. *apologia*, defensa). Discurso o escrito que defiende o justifica a alguien o algo. SIN.: *defensa, encomio, panegírico*. **2.** *Fam.* Elogio, alabanza.

APOLOGISTA n. m. y f. El que hace apología de una persona o cosa. ♦ n. m. **2.** Nombre dado a los escritores cristianos de los primeros siglos, que defendían la fe cristiana contra judíos, paganos, emperadores y filósofos.

APÓLOGO n. m. Fábula con intención moralizante.

APOLONIO de Perga o de Pérgamo, astrónomo y matemático griego (*c.* 262-*c.* 190 a. J.C.), autor de una obra sobre las secciones cónicas.

APOLTRONAMIENTO n. m. Acción y efecto de apoltronarse.

APOLTRONARSE v. pron. [1]. Hacerse poltrón. **2.** Arrellanarse cómodamente en el asiento.

APONEUROSIS n. f. Membrana conjuntiva que recubre los músculos y cuyas prolongaciones o tendones fijan los músculos a los huesos.

APOPLEJÍA n. f. Cuadro clínico consecutivo a la hemorragia o embolia cerebral. SIN.: *ictus apopléctico*.

APORCAR v. tr. [1f]. Cubrir con tierra ciertas hortalizas para que se pongan más tiernas y blancas. **2.** Acollar, cobijar con tierra el pie de los árboles, y principalmente el tronco de las vides y otras plantas.

APORÍA n. f. (gr. *aporia*, carencia de camino). FILOS. Incertidumbre o contradicción insoluble.

APORREADO, A adj. Arrastrado, pobre, fatigoso, pícaro. ♦ n. m. **2.** *Cuba.* Guiso que entre otros ingredientes cuenta con carne de vaca, manteca, tomate y ajo.

APORREAR v. tr. y pron. [1]. Golpear a una persona o cosa, especialmente con porra. ♦ v. tr. **2.** *Fig.* Machacar, importunar, molestar.

APORREO n. m. Acción y efecto de aporrear.

APORTACIÓN n. f. Acción y efecto de aportar. **2.** Conjunto de bienes aportados. **3.** Acción y efecto de acompañar, presentar documentos o pruebas junto con un escrito.

APORTAR v. intr. [1]. Arribar a puerto. **2.** *Fig.* Llegar a lugar no pensado después de haber andado perdido. **3.** Acudir a determinado lugar, acercarse, llegarse.

APORTAR v. tr. (lat. *apportare*) [1]. Llevar, conducir: *aportar aires a los pulmones*. **2.** Dar o proporcionar. **3.** DER. Llevar cada cual la parte que le corresponde a la sociedad de que es miembro.

APORTE n. m. Aportación. **2.** Acción y efecto de depositar materiales un río, un glaciar, el viento, etc.: *aporte fluvial, glaciar, eólico*.

APORTILLAR v. tr. y pron. [1]. Romper, derribar una muralla o pared para poder entrar por la abertura resultante de ello. ♦ **aportillarse** v. pron. **2.** Caerse alguna parte de muro o pared.

APOSENTADERAS n. f. pl. Nalgas; asentaderas.

APOSENTAMIENTO n. m. Acción y efecto de aposentar. **2.** Aposento, hospedaje.

APOSENTAR v. tr. y pron. [1]. Alojar, hospedar.

APOSENTO n. m. Cuarto o pieza de una casa. **2.** Posada, hospedaje.

APOSICIÓN n. f. (lat. *appositionem*). LING. Construcción que consiste en determinar a un sustantivo por medio de otro sustantivo yuxtapuesto. (Ej.: *Buenos Aires, capital de Argentina*.)

APÓSITO n. m. MED. Material terapéutico que se aplica sobre una lesión.

APOSTA adv. m. (lat. *appositam rationem*). Adrede: *hacer algo aposta*.

APOSTADERO n. m. Paraje donde hay personas o gente apostada.

APOSTAR v. tr. [1r]. Pactar entre sí los que tienen alguna disputa a hacer algún pronóstico, de manera que quien acierte gana cierta cantidad o cosa estipulada de antemano. **2.** Arriesgar cierta cantidad de dinero en la creencia de que alguna cosa, como juego, contienda deportiva, etc., tendrá tal o cual resultado. ♦ v. intr. y pron. **3.** *Fig.* Competir, rivalizar.

APOSTAR v. tr. y pron. [1]. Poner a una o más personas o caballerías en determinado paraje para algún fin: *apostarse en la esquina*.

APOSTASÍA n. f. Abandono público de una religión o doctrina.

APÓSTATA n. m. y f. Persona que comete apostasía. SIN.: *renegado*.

APOSTATAR v. intr. [1]. Hacer acto de apostasía.

APOSTILLA n. f. Acotación que interpreta, aclara o completa un texto.

APOSTILLAR v. tr. [1]. Poner apostillas a un texto. SIN.: *marginar, postillar*.

APOSTILLARSE v. pron. [1]. Llenarse de postillas.

APÓSTOL n. m. (gr. *apostolos*). Denominación aplicada a los doce discípulos elegidos por Jesucristo. **2.** Nombre dado a los primeros mensajeros del Evangelio (san Pablo y san Bernabé). **3.** El que ha llevado por primera vez el evangelio a una ciudad o país. **4.** Propagandista de una doctrina: *apóstol del socialismo*. • **El apóstol de las gentes**, san Pablo. ‖ **El príncipe de los apóstoles**, san Pedro.

APOSTOLADO n. m. (lat. *apostolatum*). Misión de un apóstol o de los apóstoles: *el apostolado de san Pablo*. **2.** Congregación de los santos apóstoles. **3.** Predicación de una doctrina, trabajos en favor de una causa: *apostolado social*.

APÓSTOLES, dep. de Argentina (Misiones); 28 938 hab. La cab. fue fundada por los jesuitas (1638).

APOSTÓLICO, A adj. Relativo a los apóstoles: *doctrina apostólica*. **2.** Relativo al papa o que dimana de su autoridad: *bendición apostólica*.

APOSTROFAR v. tr. [1]. Dirigir apóstrofes, reprender.

APÓSTROFE n. m. o f. (gr. *apostrophe*, acción de apartarse). Interpelación brusca y poco cortés. **2.** Figura de estilo consistente en dirigirse directamente a personas o cosas personificadas.

APÓSTROFO n. m. (gr. *apostrophos*, que se aparta). Signo gráfico (') que indica la elisión de una vocal.

APOSTURA n. f. Calidad de apuesto. **2.** Actitud, ademán, aspecto.

APOTEGMA n. m. (gr. *apophtegma*). Sentencia breve e instructiva, especialmente la atribuida a una persona ilustre.

APOTEMA n. f. MAT. Perpendicular trazada desde el centro de un polígono regular a uno de sus lados. **2.** MAT. Perpendicular trazada desde el vértice de una pirámide regular a uno de los lados del polígono de la base.

APOTEÓSICO, A adj. Relativo a la apoteosis.

APOTEOSIS n. f. (gr. *apothéosis*). Deificación de los héroes entre los paganos. **2.** *Fig.* Glorificación, ensalzamiento de una persona por la muchedumbre, colectividad, etc. **3.** Final brillante, especialmente de un espectáculo.

APOYACABEZAS n. m. (pl. *apoyacabezas*). Reposacabezas.

APOYAR v. tr. (ital. *appoggiare*) [1]. Hacer que una cosa descanse sobre otra: *apoyar la cabeza sobre una mano*. **2.** Basar, fundar. **3.** *Fig.* Favorecer, patrocinar, ayudar: *apoyar a los rebeldes*. **4.** *Fig.* Confirmar, probar, sostener alguna opinión o doctrina. ♦ v. intr. y pron. **5.** Estribar, cargar o estar sobre algo. ♦ **apoyarse** v. pron. **6.** *Fig.* Servirse de una persona o cosa como soporte, sostén, protección o fundamento: *apoyarse en la familia, en la tradición*.

APOYATURA n. f. (ital. *appoggiatura*). MÚS. Nota de adorno que precede a la nota principal y que se escribe en caracteres más finos. **2.** MÚS. Apoyo.

APOYO n. m. Lo que sirve para sostener. SIN.: *soporte, sostén*. **2.** *Fig.* Protección, auxilio. **3.** Fundamento, confirmación o prueba de una opinión o doctrina. **4.** En resistencia de materiales, nombre genérico de todo elemento capaz de producir reacciones que pueden equilibrar el sistema de fuerzas exteriores. **5.** EQUIT. Impresión producida en la mano del jinete por la tensión que el caballo ejerce sobre las riendas.

APOZARSE v. pron. [1g]. *Chile* o *Colomb.* Rebalsarse.

APPLETON (*sir* Edward Victor), físico británico (Bradford 1892-Edimburgo 1965). Midió la altitud de la ionosfera y participó en la realización del radar. (Premio Nobel de física 1947.)

APRECIABILIDAD n. f. Calidad de apreciable.

APRECIABLE adj. Bastante grande o intenso para ser apreciado o tasado: *diferencias apreciables*. **2.** *Fig.* Digno de aprecio o estima: *apreciable amigo*.
APRECIACIÓN n. f. Acción y efecto de apreciar, valorar.
APRECIADOR, RA adj. y n. Que aprecia.
APRECIAR v. tr. (lat. *appretiare*) [1]. Sentir afecto: *apreciar a los amigos*. **2.** *Fig.* Reconocer y estimar el mérito de las personas o de las cosas: *apreciar la ayuda prestada*. **3.** Formar juicio de la magnitud, intensidad o importancia de las cosas. ♦ v. tr. y pron. **4.** Aumentar el valor o cotización de una moneda en el mercado de divisas.
APRECIATIVO, A adj. Perteneciente al aprecio o estimación hecho de alguna persona o cosa.
APRECIO n. m. Acción y efecto de apreciar, estimar. **2.** Apreciación. **3.** Estimación afectuosa de una persona.
APREHENDER v. tr. (lat. *apprehendere*; doble etim. *aprender*) [2]. Coger, prender a alguien o algo, especialmente si es de contrabando. **2.** Aprender, llegar a conocer. **3.** FILOS. Conocer algo, sin afirmar ni negar nada acerca de ello.
APREHENSIBLE adj. Capaz de ser comprendido.
APREHENSIÓN n. f. Acción y efecto de aprehender.
APREHENSIVO, A adj. Perteneciente a la facultad de aprehender. **2.** Que es capaz de aprehender las cosas.
APREMIANTE adj. Que apremia.
APREMIAR v. tr. [1]. Oprimir, apretar. **2.** Dar prisa, compeler a uno a que haga prontamente alguna cosa: *apremiar a salir*. **3.** Imponer apremio o recargo. **4.** Obligar a uno con mandamiento de autoridad a que haga alguna cosa. **5.** DER. Presentar instancia un litigante para que su contrario actúe en el procedimiento.
APREMIO n. m. Acción y efecto de apremiar. **2.** DER. Mandamiento judicial o gubernativo para compeler al cumplimiento de alguna cosa.
APRENDER v. tr. (lat. *apprehendere*) [2]. Adquirir el conocimiento de una cosa por medio del estudio, ejercicio o experiencia. **2.** Fijar algo en la memoria.
APRENDIZ, ZA n. Persona que trabaja para un empresario o patrono con el fin de aprender un arte u oficio.
APRENDIZAJE n. m. Acción de aprender algún arte u oficio. **2.** Tiempo que en ello se emplea. **3.** DER. Conjunto de relaciones existentes entre el aprendiz y su patrono.
APRENSIÓN n. f. Temor, escrúpulo, desconfianza. **2.** Opinión infundada o extraña. (Suele usarse en plural.) **3.** Miramiento, delicadeza, reparo.
APRENSIVO, A adj. Que tiene aprensión. **2.** Que exagera la gravedad de sus dolencias.
APRESADOR, RA adj. y n. Que apresa.
APRESAMIENTO n. m. Acción y efecto de apresar.
APRESAR v. tr. (lat. *apprensare*) [1]. Asir, coger, especialmente por fuerza o con las garras o colmillos. **2.** Aprisionar, encarcelar, detener. **3.** Tomar por fuerza una nave, un convoy, etc.
APRESTAR v. tr. y pron. (bajo lat. *apprestare*) [1]. Preparar, disponer lo necesario. **2.** Someter al aparesto.
APRESTO n. m. Acción y efecto de aprestar. **2.** Operación preparatoria o de acabado a que se someten determinados materiales y productos (cueros, telas, fibras, etc.) antes de trabajarlos o ponerlos a la venta. **3.** Preparación que se aplica sobre una tela para dejarla en condiciones de servir de soporte a una pintura. **4.** Materia que se utiliza en estas operaciones.

APRESURAMIENTO n. m. Acción y efecto de apresurar. SIN.: *apresuración*.
APRESURAR v. tr. y pron. [1]. Dar prisa, acelerar.
APRETAR v. tr. [1j]. Estrechar con fuerza, oprimir. **2.** Aumentar la tirantez de lo que sirve para estrechar, para que haga mayor presión: *apretarse el cinturón*. **3.** Estrechar algo o reducirlo a menor volumen, apiñar. **4.** Acosar, estrechar a uno persiguiéndolo o atacándole: *apretar con preguntas*. **5.** Tratar con excesivo rigor, con estricto ajustamiento a ley o regla: *apretar a los alumnos*. **6.** Activar, tratar de llevar a efecto con urgencia o insistencia: *apretar el paso*. ♦ v. tr. e intr. **7.** Constreñir, tratar de reducir con amenazas, ruegos o razones: *apretar al testigo para que hable*. ♦ v. tr. y pron. **8.** Quedar un vestido u otra prenda semejante muy ajustados al cuerpo. ♦ v. intr. **9.** Obrar con mayor esfuerzo o intensidad que de ordinario: *el calor apretaba*.
APRETÓN n. m. Presión muy fuerte y rápida. **2.** Acción de obrar con mayor esfuerzo que de ordinario. **3.** Apretura de gente.
APRETUJAR v. tr. [1]. *Fam.* Apretar mucho o reiteradamente. ♦ **apretujarse** v. pron. **2.** Oprimirse varias personas en un recinto demasiado estrecho o pequeño: *apretujarse en el vagón del tren*.
APRETUJÓN n. m. *Fam.* Acción y efecto de apretujar.
APRETURA n. f. Opresión causada por la excesiva concurrencia de gente. **2.** *Fig.* Conflicto, apuro. **3.** Escasez, falta, especialmente de víveres o de dinero: *apreturas económicas*.
APRIETO n. m. Apretura, opresión. **2.** *Fig.* Conflicto, apuro: *salir de un aprieto*.
APRIORISMO n. m. Método de razonamiento *a priori*.
APRIORÍSTICO, A adj. Que es o procede *a priori*.
APRISA adv. Con celeridad o prontitud: *subir aprisa*.
APRISIONAR v. tr. [1]. Poner en prisión. **2.** *Fig.* Atar, sujetar, asir.
APROBACIÓN n. f. Acción y efecto de aprobar.
APROBADO n. m. Nota inferior de aptitud en la calificación usual de exámenes.
APROBADOR, RA adj. y n. Que aprueba.
APROBAR v. tr. (lat. *approbare*) [1r]. Calificar o dar por buena una acción, o el producto de ella: *aprobar una conducta*. **2.** Asentir a una opinión, doctrina, proposición, ruego, etc. **3.** Declarar apto o adecuado, calificar de competente. ♦ v. tr. e intr. **4.** Alcanzar en un examen la calificación de aprobado.
APROBATORIO, A adj. Que aprueba o implica aprobación.
APRONTAR v. tr. [1]. Prevenir, disponer una cosa con prontitud. **2.** Entregar sin dilación, especialmente dinero.
APROPIABLE adj. Que puede ser apropiado o hecho propio de alguno.
APROPIACIÓN n. f. Acción y efecto de apropiar.
APROPIADO, A adj. Adecuado para el fin a que se destina: *palabras apropiadas a cada caso*.
APROPIAR v. tr. (lat. *appropriare*) [1]. Hacer propia de alguno una cosa. **2.** Aplicar a cada cosa lo que es más propio o conveniente: *apropiar los gestos a las palabras*. **3.** *Fig.* Acomodar o aplicar con propiedad las circunstancias o moralidad de un suceso al caso de que se trata. ♦ **apropiarse** v. pron. **4.** Tomar para sí una cosa haciéndose dueño de ella: *apropiarse cosas ajenas*.
APROVECHABLE adj. Que se puede aprovechar.
APROVECHADO, A adj. Dícese del que saca provecho de todo, utilizando lo que otros desprecian. **2.** Aplicado, diligente. ♦ adj. y n. **3.** Dícese del que intenta beneficiarse de cualquier circunstancia, sin tener escrúpulos.
APROVECHADOR, RA adj. Que aprovecha.
APROVECHAMIENTO n. m. Acción y efecto de aprovechar o aprovecharse.
APROVECHAR v. intr. [1]. Servir de provecho una cosa. ♦ v. intr. y pron. **2.** Adelantar, mejorar. ♦ v. tr. **3.** Emplear útilmente una cosa: *aprovechar las sobras*. ♦ **aprovecharse** v. pron. **4.** Sacar utilidad de alguna cosa, generalmente abusando.
APROVISIONAR v. tr. [1]. Abastecer.
APROXIMACIÓN n. f. Acción y efecto de aproximar o aproximarse: *aproximación de dos astros*. **2.** Modo de abordar un tema o problema. **3.** En la lotería nacional, cada uno de los premios concedidos a los números anterior y posterior y a los de la centena de los primeros premios de un sorteo.
APROXIMAR v. tr. y pron. [1]. Acercar, arrimar: *aproximarse a la orilla*. **2.** Obtener un resultado tan cercano al exacto como sea necesario para un propósito determinado. ♦ **aproximarse** v. pron. **3.** Estar próximo a suceder, obtener o alcanzar: *se aproximan las vacaciones*.
APROXIMATIVO, A o **APROXIMADO, A** adj. Que se aproxima o se acerca más o menos a lo exacto.
ÁPSIDE n. m. ASTRON. Punto orbital de un astro que gira alrededor de otro, para el que la distancia entre ambos es máxima o mínima. ♦ **Línea de los ápsides**, eje mayor de la órbita de un planeta.
ÁPTERO, A adj. (gr. *apteros*). Sin alas: *la pulga es un insecto áptero*. **2.** Dícese de las estatuas antiguas de divinidades representadas sin alas. **3.** Dícese de los templos antiguos rectangulares sin columnas laterales.
APTITUD n. f. (lat. *aptitudinem*). Cualidad que hace que un objeto sea apropiado para un fin. **2.** Capacidad y disposición para ejercer una actividad. **3.** DER. Capacidad de obrar, ejecutar determinados actos, desempeñar una función o cargo, o realizar alguna cosa.
APTO, A adj. (lat. *aptum*). Que tiene aptitud. **2.** Dícese de los espectáculos en los que se autoriza la presencia de los menores de edad: *película apta*. **3.** DER. Dícese de la persona que reúne las condiciones requeridas por la ley para ostentar un derecho o ejercitar una acción. ♦ n. m. **4.** En los exámenes, calificación que garantiza la suficiente preparación.
APUESTA n. f. Acción y efecto de apostar, pactar. **2.** Cosa o cantidad que se apuesta.
APUESTO, A adj. Arrogante, gallardo, elegante.
APULEYO, escritor latino (Madaura, Numidia, c. 125-Cartago c. 180), autor de *Metamorfosis* (o *El asno de oro*).
APUNARSE v. pron. [1]. *Amér. Merid.* Indisponerse por la falta de oxígeno que hay en las grandes alturas.
APUNTACIÓN n. f. Apuntamiento. **2.** Nota explicativa añadida al texto de una obra. **3.** MÚS. Acción de escribir música. **4.** MÚS. Notación musical.
APUNTADO, A adj. Que termina en punta. **2.** Dícese del vino que empieza a tener punta de agrio. **3.** HERÁLD. Dícese de las piezas que se tocan o unen por sus puntas. ♦ **Arco apuntado**, arco típico del arte gótico, que forma ángulo en la clave.
APUNTADOR, RA adj. y n. Que apunta. ♦ n. **2.** En las representaciones teatrales, persona que permanece cerca de la que actúa para susurrarle las palabras cuando le falla la memoria.
APUNTALAMIENTO n. m. Acción y efecto de apuntalar: *trabajos de apuntalamiento*.
APUNTALAR v. tr. [1]. Poner puntales a una cosa. ♦ v. tr. y pron. **2.** *Fig.* Sostener, afirmar.
APUNTAMIENTO n. m. Acción y efecto de apuntar. **2.** DER. Resumen o extracto que

APU

de los autos forma el secretario de la sala o el relator de un tribunal colegiado. **3.** Defecto de los vinos apuntados.

APUNTAR v. tr. [1]. Señalar hacia algún lugar u objeto determinado. **2.** En lo escrito, notar o señalar alguna cosa con una raya, estrella u otra nota, para encontrarla fácilmente. **3.** Tomar nota por escrito. **4.** Concertar, convenir en pocas palabras. **5.** *Fig.* Señalar o indicar: *apuntar defectos.* **6.** Insinuar o sugerir. **7.** Unir o fijar provisionalmente. **8.** Colocar un arma, antes de hacer el disparo, en la dirección del objeto que se quiere alcanzar. **9.** En la representación de obras dramáticas, ir el apuntador leyendo a los actores lo que han de recitar. ♦ v. tr. y pron. **10.** Inscribir en una lista o registro. ♦ v. tr. e intr. **11.** En varios juegos de naipes, poner sobre una carta o junto a ella la cantidad que se quiere jugar. ♦ v. intr. **12.** Empezar a manifestarse alguna cosa: *apuntar canas.* ♦ **apuntarse** v. pron. **13.** Hablando del vino, empezar a tener punta de agrio.

APUNTE n. m. Apuntamiento, acción y efecto de apuntar. **2.** Nota que se toma por escrito. **3.** Dibujo o pintura hecho rápidamente con pocas líneas o pinceladas. **4.** Puesta, cantidad que apuesta cada jugador. **5.** Apuntador de actores. ♦ **apuntes** n. m. pl. **6.** Extracto de las explicaciones de un profesor.

APUÑALAR v. tr. [1]. Dar puñaladas.

APURADO, A adj. Pobre, necesitado. **2.** Dificultoso, peligroso. **3.** Exacto, esmerado. **4.** Apresurado, con prisas.

APURAR v. tr. [1]. Extremar, llevar hasta el cabo, acabar, agotar. **2.** Averiguar o examinar una cosa con ahínco, o exponerla sin omisión. **3.** *Fig.* Apremiar, dar prisa. **4.** *Fig.* Molestar a uno o impacientarlo. ♦ **apurarse** v. pron. **5.** Afligirse, preocuparse.

APURE, r. de Venezuela, afl. del Orinoco (or. izq.), formado por la confluencia del Uribante y el Sarare; 805 km. Navegable en gran parte de su curso.

APURE (estado), est. del S de Venezuela, avenado por el Orinoco y sus afluentes; 76 500 km²; 302 623 hab. Cap. *San Fernando de Apure.*

APUREÑO, A adj. y n. De Apure.

APURÍMAC, r. de Perú, en los Andes; 885 km. Junto con el Urubamba, forma el Ucayali.

APURÍMAC (departamento de), dep. del S de Perú (Inca), en la Sierra, entre la cordillera Oriental y el Altiplano; 15 757 km²; 194 000 hab. Cap. *Abancay.*

APURO n. m. Aprieto, escasez grande. **2.** Aflicción, conflicto: *salir de un apuro.* **3.** Apremio, prisa, urgencia. **4.** Vergüenza: *me da apuro entrar solo.*

AQUEJAR v. tr. [1]. Afectar a alguien un padecimiento o una enfermedad: *aquejarle un mal.*

AQUEL, LLA pron. dem. y adj. dem. (pl. *aquellos, aquellas*). Designa lo que está lejos de la persona que habla y de la persona con quien se habla: *está allí, sobre aquella mesa.* (Suele acentuarse cuando existe riesgo de anfibología.) ♦ n. m. **2.** *Fam.* Gracia, atractivo, donaire: *tener un aquel agradable.* (Suele usarse precedido de *el* o *un*.) **3.** *Fam.* Cualidad que no se quiere o acierta a decir: *temer el aquel del qué dirán.*

AQUELARRE n. m. (vasc. *akelarre*). Conciliábulo nocturno de brujos. **2.** Jaleo, ruido.

AQUELLO pron. dem. neutro. Aquella cosa: *no sé si aquello me lo dijo en serio.*

AQUENIO n. m. BOT. Fruto seco indehiscente, con una sola semilla, como la bellota.

AQUERENCIARSE v. pron. [1]. Tomar querencia a un lugar, especialmente los animales.

AQUÍ adv. l. (lat. *eccum hic*). En este lugar: *estoy aquí.* **2.** A este lugar: *venid aquí.* **3.** En este punto, en esta cuestión: *aquí está la dificultad.* **4.** A este punto. **5.** En correlación con *allí,* designa sitio o paraje indeterminado. ♦ adv. t. **6.** Ahora, en este momento: *te espero de aquí a tres días.* **7.** Entonces, en tal ocasión. • **He aquí,** se usa para mostrar algo o presentar algo ante la vista.

AQUIESCENCIA n. f. (lat. *acquiescentiam*). Calidad de aquiescente.

AQUIESCENTE adj. Que consiente, permite o autoriza.

AQUIETAR v. tr. y pron. [1]. Apaciguar, sosegar.

AQUILATAMIENTO n. m. Acción y efecto de aquilatar.

AQUILATAR v. tr. [1]. Examinar y graduar los quilates del oro, perlas o piedras preciosas. **2.** *Fig.* Examinar y apreciar debidamente el mérito de una persona o la verdad de una cosa: *aquilatar conocimientos.* **3.** Apurar, purificar.

AQUILES, héroe tesalio, hijo de Tetis y de Peleo, y rey de los mirmidones. Personaje central de la *Ilíada.*

AQUILINO, A adj. *Poét.* Aguileño, de rostro largo y afilado.

AQUILLADO, A adj. De figura de quilla. **2.** Dícese del buque largo de quilla.

AQUINTRALARSE v. pron. [1]. *Chile.* Enfermarse de quintral las sandías, los melones y otras plantas. **2.** *Chile.* Recubrirse de quintral un terreno.

AQUISGRÁN, en alem. **Aachen,** en fr. *Aix-la-Chapelle,* c. de Alemania (Renania del Norte-Westfalia); 236 987 hab. Estación termal. Catedral gótica, cuyo centro es la capilla palatina de 805. Museos. Fue residencia de Carlomagno.

AQUITANIA, en fr. *Aquitaine,* región histórica y administrativa del SO de Francia (Dordogne, Gironde, Landes, Lot-et-Garonne y Pyrénées-Atlantiques); 41 308 km²; 2 795 830 hab. Cap. *Burdeos.* Corresponde a la parte O de la cuenca homónima. Carlomagno la constituyó en reino (781-877). La dinastía de Poitou fue soberana del ducado de Aquitania hasta 1137. Formó parte del imperio angloangevino (en los ss. XIII-XV fue denominada Guyena), y Carlos VII la unió a Francia en 1453.

AQUITANO, A adj. y n. (lat. *aquitanum*). De Aquitania.

Ar, símbolo químico del *argón.*

ARA n. f. (lat. *aram*). Altar en que se inmola la víctima y se ofrecen sacrificios. **2.** Piedra consagrada, con una cavidad que contiene generalmente reliquias de mártires, sobre la cual extiende el sacerdote los corporales para celebrar la misa. • **En aras de,** en obsequio o en honor de: *luchar en aras de los suyos.*

ÁRABE adj. y n. m. y f. (ár. *'arab*). De Arabia. **2.** Relativo a los pueblos de habla árabe. • **Cifras árabes,** los diez signos de la numeración decimal. SIN.: *cifras arábigas.* ♦ n. m. **3.** Lengua semítica hablada por los pueblos árabes.

ÁRABE UNIDA (República) [**R.A.U.**]**,** federación de Egipto y Siria (1958-1961).

ARABESCA n. f. Composición musical breve, basada en una escritura melódica ricamente ornamentada.

ARABESCO, A adj. Arábigo. ♦ n. m. **2.** Decoración pintada o esculpida, a base de dibujos geométricos entrelazados, que se emplea en pisos, zócalos y cenefas.

ARABIA, n. f. *Cuba, Ecuad.* y *P. Rico.* Tela de algodón, lista a cuadros.

ARABIA, vasta península que constituye el extremo SO de Asia, entre el mar Rojo y el golfo Pérsico, en el *mar de Arabia* (o mar de Omán); 3 millones de km²; 28 millones de hab. aprox. Comprende Arabia Saudí, Yemen, Omán, la Unión de Emiratos Árabes, Qatar, Bahrayn y Kuwait.

ARABIA (mar de), **MAR ARÁBIGO** o **MAR DE OMÁN,** parte noroeste del océano Índico, entre Somalia, la península arábiga, la costa india y los archipiélagos de las Maldivas y las Laquedivas; 7 500 000 km². Comunica con el mar Rojo y con el golfo Pérsico.

ARABIA SAUDÍ, estado que ocupa la mayor parte de la península de Arabia; 2 150 000 km²; 15 500 000 hab. (*Saudíes.*) CAP. *Riyād.* LENGUA OFICIAL: *árabe.* MONEDA: *riyal.*

GEOGRAFÍA
El país, vasto pero en su mayor parte desértico, debe su importancia política y económica al petróleo. Miembro influyente de la O.P.E.P., es uno de los grandes productores y sobre todo exportadores de petróleo, del que posee aproximadamente la cuarta parte de las reservas mundiales. El petróleo ha atraído a numerosos inmigrantes, sin alterar una estructura social, aún semifeudal, en esta cuna del islam (ciudades santas de Medina y sobre todo de La Meca, que atraen cada año a miles de peregrinos).

HISTORIA
Arabia Saudí nació en 1932 de la unión en un solo reino de las provincias conquistadas por 'Abd al-'Azīz III ibn Sa'ūd desde 1902. 1932-1953: el rey Ibn Sa'ūd modernizó el país gracias a los fondos del petróleo, descubierto en 1930 y explotado desde 1945 por los norteamericanos. 1953-1964: Sa'ūd ibn 'Abd al-'Azīz fue rey; cedió en 1958 el poder a su hermano Fayṣal ibn 'Abd al-'Azīz. 1964-1975: Fayṣal se convirtió en líder del panislamismo y protector de los regímenes conservadores árabes. 1975-1982: Jālid ibn 'Abd al-'Azīz reinó en el país. 1982: le sucedió Fahd. 1991: la fuerza multinacional, desplegada en el territorio saudí tras la invasión de Kuwait por los iraquíes (guerra del Golfo), intervino contra Iraq y liberó Kuwait. 2001: junto con Kuwait, Bahrein, Qatar, Omán y los Emiratos Árabes Unidos, firma el primer pacto de defensa de la región del Golfo Pérsico.

ARÁBIGO, A adj. y n. m. Árabe. • **Numeración arábiga,** numeración decimal.

ARÁBIGO (golfo) → *Rojo* (mar).

ARÁBIGO (mar) → *Arabia* (mar de).

ARABISMO n. m. Ideología del nacionalismo árabe. **2.** Palabra o giro árabe incorporado a otra lengua.

ARABISTA n. m. y f. y adj. Persona que estudia la lengua o civilización árabes.

ARACAR (cerro), pico de los Andes argentinos (Salta), próximo a la frontera chilena; 6020 m.

ARÁCNIDO, A adj. y n. m. Relativo a una clase de artrópodos en cuyo cuerpo se distingue un prosoma o cefalotórax con seis pares de apéndices y un opistosoma o abdomen siempre ápodo, como la araña y el escorpión.

ARACNOIDES n. f. y adj. ANAT. Una de las tres meninges, situada entre la piamadre y la duramadre.

ARADA n. f. Acción de arar. **2.** Tierra labrada con el arado.

ARADO n. m. (lat. *aratrum*). Instrumento o máquina para arar. **2.** Reja, labor o vuelta dada a la tierra con el arado.

ARADOR, RA adj. Que ara. ♦ n. m. **2. Arador de la sarna,** ácaro parásito, casi microscópico, que produce la sarna.

ʻARAFĀT (Yāsir), político palestino (Jerusalén 1929-París 2004). Presidente, desde 1969, de la Organización para la liberación de Palestina (O.L.P.), en 1989 fue nombrado presidente del Estado palestino proclamado por la O.L.P. En 1994 asumió la presidencia de la Autoridad nacional palestina para gestionar la autonomía de Gaza y Cisjordania, y fue elegido democráticamente en 1996. (Premio Nobel de la paz 1994.)

ARAGÓN, región de España, que constituye una comunidad autónoma formada por las provincias de Huesca, Teruel y Zaragoza; 47 650 km²; 1 221 546 hab. (*Aragoneses*.) Cap. Zaragoza.

GEOGRAFÍA
Está configurada por una depresión central, el valle del Ebro, dominado por dos somontanos, oscense e ibérico, y por dos grandes cordilleras, los Pirineos al N (Aneto, 3404 m) y el sistema Ibérico al S (Moncayo, 2313 m). Destacan la ganadería (Huesca) y los cultivos de cereales, frutales, vid (Cariñena) y olivo. La minería (más del 90 % de la producción nacional de lignito) predomina en la provincia de Teruel. Explotación de gas natural en El Serrablo (Huesca) y producción hidroeléctrica en la cuenca del Ebro. La actividad industrial de transformación y manufacturera (metálica, química, textil, agroalimentaria) se localiza preferentemente en Zaragoza (que concentra la mitad de la población aragonesa) y en el corredor del Ebro, con centros menores como Calatayud, Monzón, Sabiñánigo y Jaca.

HISTORIA
C. 197 a. J.C.: Aragón, poblada en sus orígenes por vascones, celtíberos e iberos, cayó en poder de Roma. *S. v*: invasiones germánicas. *S. viii*: ocupación musulmana, sobre todo en el valle del Ebro. *S. ix*: aparecen núcleos independientes, apoyados por los francos, en los Pirineos (conde Aureolo). *1031-1118*: reino taifa de Zaragoza. *1118*: toma de Zaragoza por Alfonso I el Batallador. *1137*: el reino de Aragón se unió al principado de Cataluña y formó la Corona de Aragón. *1412*: compromiso de Caspe. *1469*: matrimonio de Fernando de Aragón e Isabel de Castilla (Reyes Católicos), que supuso la unión de ambos reinos. *1494*: creación del Consejo de Aragón por Fernando el Católico. *1585*: alteraciones de Aragón, motín fuerista contra Felipe II que terminó con el ajusticiamiento del justicia mayor Lanuza (1591). *1707*: Felipe V derogó los fueros de Aragón, que perdió su condición de reino. *1982*: aprobación del estatuto de autonomía.

ARAGONÉS, SA adj. y n. De Aragón. ♦ n. m. **2.** Dícese de una variedad de uva tinta, cuyos racimos son muy grandes, gruesos y apiñados. ♦ n. m. **3.** Dialecto hablado en Aragón y parte de Navarra.

ARAGONICISMO n. m. Palabra o giro propio del aragonés. **2.** Tendencia o doctrina que defiende los valores políticos, económicos y culturales de Aragón.

ARAGUA (*estado*), est. del N de Venezuela, accidentado por la cordillera de la Costa; 7014 km²; 1 192 410 hab. Cap. Maracay.

ARAGUÁN n. m. Madera fina, susceptible de pulido y de fácil trabajo, que se obtiene de un árbol que crece en Venezuela y se emplea en carpintería y construcciones navales.

ARAHUACO, A adj. y n. Arawak.

ARAL (*mar de*), gran lago salado de Asia, entre Kazajstán y Uzbekistán; 39 000 km². Recibe el Syr Daryá y al Amú Daryá, cuya aportación no puede impedir el descenso de su nivel, provocado por la intensidad del regadío.

ARAMBURU (Pedro Eugenio), general y político argentino (Río Cuarto, Córdoba, 1903-Carlos Tejedor 1970). Participó en el derrocamiento de Perón y asumió la presidencia provisional (1955-1958). Fue asesinado por los montoneros.

ARAMEO, A adj. y n. Relativo a un pueblo semítico, al principio nómada, que a partir del s. xii a. J.C. fundó varios estados en Siria y Mesopotamia; individuo de este pueblo. ♦ n. m. **2.** Lengua semítica que tuvo una gran difusión en el O de Asia, desde el s. viii a. J.C. hasta el s. vii d. J.C.

ARANA OSORIO (Carlos), militar y político guatemalteco (Guatemala 1918). Líder de la extrema derecha, fue presidente entre 1970 y 1974.

ARANCEL n. m. Tarifa oficial que determina los derechos que se han de pagar en varios ramos, como el de costas judiciales, aduanas, etc. **2.** Tasa, valoración, norma, ley.

ARANCELARIO, A adj. Relativo al arancel, especialmente el de aduanas: *derechos arancelarios.*

ARANDA DE DUERO, v. de España (Burgos), cab. de p. j.; 29 446 hab. (*Arandinos.*) Iglesia de Santa María (s. xvi), de estilo Isabel. Centro industrial.

ARÁNDANO n. m. Arbusto de hojas caducas y fruto comestible en forma de baya de color negro. (Familia ericáceas; género *Vaccinium.*) **2.** Fruto de este arbusto.

ARANDELA n. f. Pieza delgada, generalmente redonda, con un agujero en el centro en el que se puede introducir un vástago.

ARANEIDO, A adj. y n. m. Relativo a una subclase de arácnidos caracterizados por presentar quelíceros provistos ordinariamente de glándulas venenosas, y cefalotórax indiviso, como la araña.

ARANGO (Doroteo) → *Villa* (Pancho).

ARANJUEZ, v. de España (Madrid), cab. de p. j.; 35 872 hab. Industrias mecánicas, químicas y alimentarias. Real sitio, residencia veraniega de los monarcas españoles desde Felipe II hasta Carlos IV. Ciudad típicamente barroca que se extiende alrededor del *palacio de Aranjuez*, con intervención de Caro, J. B. de Toledo, J. de Herrera, P. Caro, S. Bonavía, Sabatini; Parterre de palacio y jardín de la Isla (s. xviii) y jardín del Príncipe (ss. xviii-xix) con la neoclásica Casita del Príncipe. Plaza e iglesia de San Antonio (1768).

ARAÑA n. f. (lat. *araneam*). Artrópodo articulado, con cuatro pares de patas, un par de apéndices bucales venenosos y abdomen no segmentado, en cuyo extremo tienen las hileras u órganos productores de un hilo de seda con el que cazan sus presas y se trasladan de un lugar a otro. (Clase arácnidos; subclase araneidos.) **2.** Lámpara de varios brazos que se cuelga del techo. **3.** Pez, de 20 a 50 cm de long., que vive en el mar o escondido en la arena de las playas, temido por sus espinas venenosas. • **Araña de mar**, cangrejo de mar de largas patas, muy espinoso.

ARAÑAR v. tr. y pron. [1]. Rasgar ligeramente el cutis, especialmente con las uñas. ♦ v. tr. **2.** Rayar una superficie lisa. **3.** *Fig. y fam.* Recoger en cantidades pequeñas y procedentes de varias partes lo necesario para algún fin: *arañar segundos.*

ARAÑAZO n. m. Herida superficial, rasguño.

ARAONA, pueblo amerindio de Perú, perteneciente al grupo tacana de la familia lingüística arawak.

ARAOZ DE LAMADRID (Gregorio), militar argentino (Tucumán 1795-Buenos Aires 1857). Combatió a los españoles durante la guerra de la independencia.

ARAPAJÓ, pueblo amerindio algonquino de América del Norte, que vive en reservas en Wyoming y Oklahoma.

ARAPASSÚ n. m. Pájaro de América Meridional, parecido al pico carpintero, de pico curvado, pecho verdoso y cabeza manchada de negro.

ARAR v. tr. [1]. Abrir surcos en la tierra con el arado.

ARARAT (*monte*), macizo volcánico de Turquía oriental (Armenia), donde, según la Biblia, embarrancó el arca de Noé; 5165 m.

ARASÁ o **ARAZÁ** n. m. Árbol de copa ancha y madera flexible, que crece en Argentina, Paraguay y Uruguay. **2.** Fruto de este árbol, con el que se hacen confituras.

ARATICÚ n. m. (voz guaraní). Árbol silvestre de América Meridional, parecido al chirimoyo, y de fruto amarillo. (Familia anonáceas.)

ARAUÁ n. m. Grupo lingüístico de América del Sur, perteneciente a la familia arawak, que comprende diversos dialectos.

ARAUACO, A adj. y n. Arawak.

ARAUCA, r. de Venezuela y Colombia, afl. del Orinoco (or. izq.); 1300 km (navegable unos 600 km). Forma parte de la frontera entre los dos países. En la or. der. colombiana: *parque nacional de Arauca.*

ARAUCA (*departamento del*), dep. del NE de Colombia, en la frontera con Venezuela; 23 818 km²; 70 085 hab. Cap. *Arauca.*

ARAUCA, c. de Colombia, cap. del dep. homónimo, en la or. der. del Arauca; 21 279 hab. Frente a la c. venezolana de El Amparo.

ARAUCANÍA (*región de la*), región del centro-sur de Chile; 31 760 km²; 774 959 hab. Cap. Temuco.

ARAUCANO, A adj. y n. Relativo a Arauco o a la Araucanía; habitante u originario de esta región. ♦ n. m. **2.** Lengua de América del Sur que antes de la conquista española se hablaba en el centro de Chile y se extendió por el S hasta cerca de Buenos Aires. (Actualmente el mayor grupo hablante es el mapuche.) ♦ n. m. y adj. **3.** Nivel del mioceno continental, en la Patagonia.

ARAUCARIA n. f. Árbol abietáceo de Chile, que alcanza unos 50 m de alt.

ARAUCO, país de los araucanos.

ARAUCO, c. de Chile (Biobío); 29 896 hab. Centro industrial y activo puerto en el *golfo de Arauco.*

ARAURE, c. de Venezuela (Portuguesa); 55 299 hab. Unida a Acarigua. Aeropuerto nacional.

ARAVICO n. m. Poeta de los antiguos peruanos.

ARAWAK adj. y n. y m. f. Relativo a un pueblo amerindio cuyas numerosas tribus están diseminadas por una extensa porción desde la costa venezolana hasta los ríos Pilcomayo y Paraguay; individuo de este pueblo. SIN.: arahuaco, arauaco, arauaco, arawac, arawak. ♦ n. f. **2.** Familia lingüística de Sudamérica que comprende más de un centenar de dialectos hablados en las Antillas al Chaco y el Pacífico en el Atlántico.

ARAXES → *Araks*.

ARAZÁ n. m. Arbusto de Uruguay.

ARAZÁ n. m. *Arasá.*

ARBITRABLE adj. Que pende del arbitrio.

ARBITRAJE n. m. Acción o facultad de arbitrar. **2.** Resolución o juicio de un árbitro. **3.** Regulación de un litigio por un árbitro, o de un conflicto entre naciones por jueces elegidos por ellas y sobre la base del respeto al derecho; sentencia así dictaminada. **4.** ECON. Operación de bolsa que consiste en vender ciertos títulos para comprar otros, o comprar y vender un mismo valor negociado en varios mercados para aprovechar las diferencias de cotización.

ARBITRAL adj. Relativo al árbitro.

ARBITRAR v. tr. (lat. *arbitrare*). [1]. Proceder uno con arreglo a su libre albedrío: *el hombre arbitra sus acciones.* **2.** Allegar, disponer, reunir: *arbitrar recursos.* **3.** Dar o proponer arbitrios. **4.** Juzgar como árbitro: *arbitrar un partido.*

ARBITRARIEDAD n. f. Acto o proceder regido por la voluntad o capricho, sin sujeción a la justicia o a la razón: *la arbitrariedad de una decisión.*

ARBITRARIO, A adj. Que depende del arbitrio. **2.** Que incluye arbitrariedad:

órdenes arbitrarias. **3.** LING. Dícese de la palabra o morfema que no expresa en sí misma la idea que representa, la cual se determina por las relaciones de este signo con los otros signos.

ARBITRIO n. m. **1.** Facultad de resolver o decidir. **2.** Autoridad, poder. **3.** Voluntad no gobernada por la razón, sino por el apetito o capricho: *estar al arbitrio de alguien*. **4.** DER. Sentencia del juez árbitro. ♦ **arbitrios** n. m. pl. **5.** Derechos o impuestos para gastos públicos: *arbitrios municipales*.

ARBITRISMO n. m. Proyectismo.

ARBITRISTA n. m. y f. Persona que propone proyectos para acrecentar o mejorar la hacienda pública.

ÁRBITRO, A adj. y n. (lat. *arbiter*). Dícese del que puede obrar por sí solo, con toda independencia. ♦ n. m. **2.** Persona elegida por las partes interesadas para dirimir una diferencia. **3.** Persona encargada de dirigir un encuentro deportivo y de vigilar que se cumplan las reglas.

ÁRBOL n. m. (lat. *arborem*). Planta leñosa vivaz, que puede alcanzar considerable altura, cuyo tallo, o tronco, fijado al suelo por raíces, está desprovisto de ramificaciones hasta determinada altura, a partir de la cual se ramifica y forma la copa. **2.** LING. e INFORMÁT. Representación convencional de una estructura. **3.** MAR. Palo de un navío. **4.** MEC. Eje utilizado para transmitir un movimiento o transformarlo: *árbol de levas*. ♦ **Árbol de la ciencia del bien y del mal**, el que, según la doctrina católica, Dios puso en el Paraíso, prohibiendo al hombre comer su fruto. ‖ **Árbol genealógico**, tabla que indica, bajo la forma de un árbol con sus ramificaciones, la filiación de los miembros de una familia. ‖ **Árbol motor** (MEC.), árbol que va unido directamente al motor.

ARBOLADO, A adj. Dícese del terreno poblado de árboles. ♦ n. m. **2.** Conjunto de árboles.

ARBOLADURA n. f. MAR. Conjunto de mástiles y vergas de un buque.

ARBOLAR v. tr. [**1**]. Enarbolar, levantar en alto. **2.** MAR. Poner la arboladura a una embarcación. ♦ v. intr y pron. **3.** MAR. Elevarse mucho las olas.

ARBOLEDA n. f. Sitio poblado de árboles.

ARBORECER o **ARBOLECER** v. intr. [**2m**]. Hacerse árbol.

ARBÓREO, A adj. Relativo al árbol o parecido a él. **2.** Dícese del estrato de vegetación ocupado por árboles.

ARBORESCENCIA n. f. Crecimiento y cualidad de arborescente. **2.** Semejanza de ciertos minerales o cristalizaciones con la forma de un árbol.

ARBORESCENTE adj. Que tiene la forma o las características de un árbol.

ARBORÍCOLA adj. Que vive en los árboles.

ARBORICULTOR, A n. m. Persona que se ocupa de la arboricultura.

ARBORICULTURA n. f. Cultivo de los árboles. **2.** Enseñanza relativa al modo de cultivarlos.

ARBOTANTE n. m. En los edificios góticos, arco exterior que descarga el empuje de las bóvedas sobre un contrafuerte separado del muro. **2.** MAR. Palo o hierro que sobresale del casco del buque en el cual se asegura para sostener cualquier objeto.

ARBUSTIVO, A adj. Que tiene la naturaleza o cualidades de arbusto.

ARBUSTO n. m. (lat. *arbustum*, bosquecillo). Vegetal leñoso, que se eleva a poca altura (1 a 4 m), y cuyo tallo está ramificado desde la base.

ARCA n. f. (lat. *arcam*). Caja grande, comúnmente de madera, sin forrar y con tapa plana. **2.** Caja de caudales. **3.** Horno utilizado para recocer el vidrio. ♦ **Arca de agua**, depósito especial para recibir el agua y repartirla. ‖ **Arca de la alianza**, o **del testamento**, aquella en que se guardaban las tablas de la ley. ‖ **Arca del diluvio**, o **de Noé**, especie de embarcación que, según la Biblia, se salvaron del diluvio Noé, su familia y un par de animales de cada especie.

ARCABUCEAR v. tr. [**1**]. Tirar arcabuzazos. **2.** Matar a uno con una descarga de arcabucería.

ARCABUCERÍA n. f. Tropa armada de arcabuces. **2.** Conjunto de arcabuces. **3.** Fuego de arcabuces.

ARCABUCERO n. m. Soldado armado de arcabuz.

ARCABUZ n. m. (fr. *arquebuse*). Arma de fuego portátil, de carga por la boca, que apareció entre los ss. XIV y XVI. **2.** Arcabucero.

ARCABUZAZO n. m. Tiro de arcabuz. **2.** Herida que causa.

ARCADA n. f. Serie de arcos. **2.** Ojo, espacio entre dos estribos de un puente. **3.** MAR. Cada una de las divisiones que suelen hacerse en las bodegas de un buque. **4.** PATOL. Contracción en el tracto digestivo alto que acompaña a las náuseas y precede con frecuencia a los vómitos. (Suele usarse en plural.) ♦ **Arcada dental**, borde de cada uno de los huesos maxilares, en los que están situados los alveolos dentales.

ARCADE n. m. y f. Arcadio.

ARCADIA, región de Grecia, en la parte central del Peloponeso, que la tradición poética clásica convirtió en un país idílico — Nomo de Grecia; 4419 km[2]; 103 840 hab. Cap. *Trípolis*.

ARCADIO, A adj. y n. De la Arcadia.

ARCAICO, A adj. De los primeros tiempos del desarrollo de una civilización: *época arcaica*. **2.** Anticuado. ♦ adj. y n. **3.** GEOL. Relativo al período más antiguo de la era precámbrica.

ARCAÍSMO n. m. (gr. *arkhaismos*). Voz o frase que no están en uso. **2.** Carácter de arcaico.

ARCAIZANTE n. m. y f. Que usa o presenta arcaísmos.

ARCÁNGEL n. m. Ángel de un orden superior: *la Biblia cita a los arcángeles Gabriel, Miguel y Rafael*.

ARCANO, A adj. (lat. *arcanum*). Secreto, recóndito. ♦ n. m. **2.** Cosa incomprensible: *los arcanos del alma humana*.

ARCE n. m. (lat. *acer*). Planta arbórea de hasta 40 m de alt., que crece en las regiones templadas, de fruto seco, provisto de un par de alas, que es dispersado por el viento. **2.** Madera de este árbol.

ARCE (Aniceto), político boliviano (Tarija 1824-Sucre 1906). Dirigente conservador, fue presidente de la república (1888-1892).

ARCE (José), médico y diplomático argentino (Lobería 1881-Buenos Aires 1968). Describió un signo radiológico para diagnosticar las tumoraciones intratorácicas.

ARCE (Manuel José), militar y político salvadoreño (1787-1847). Presidente de las Provincias Unidas de Centroamérica (1824-1828), una guerra civil le condujo al destierro (1829).

ARCEDIANO n. m. Dignidad de los cabildos catedralicios. SIN.: *archidiácono*.

ARCÉN n. m. Espacio comprendido entre la cuneta y la calzada de una carretera.

ARCHIDIÁCONO n. m. Arcediano.

ARCHIDIOCESANO, A adj. Perteneciente a una archidiócesis.

ARCHIDIÓCESIS n. f. Diócesis arzobispal.

ARCHIPIÉLAGO n. m. (ital. *arcipelago*, mar principal). Conjunto de islas dispuestas en grupo.

ARCHIVADOR, RA adj. y n. Que archiva. ♦ n. m. **2.** Mueble o caja destinada a guardar documentos o fichas. **3.** Carpeta preparada para guardar documentos, fichas o apuntes ordenadamente.

ARCHIVAR v. tr. [**1**]. Poner o guardar papeles o documentos en un archivo: *archivar facturas*. **2.** *Fig.* Guardar o retener en la mente: *archivar conocimientos*. **3.** *Fig.* Dar por terminado un asunto.

ARCHIVERO, A n. Persona que tiene a su cargo un archivo o trabaja en él como técnico. **2.** *Méx.* Archivador, mueble o caja para documentos o fichas.

ARCHIVÍSTICA n. f. Ciencia de los archivos.

ARCHIVÍSTICO, A adj. Relativo a los archivos.

ARCHIVO n. m. **1.** Local en que se guardan documentos. **2.** Conjunto de estos documentos. **3.** INFORMÁT. Fichero.

■ En Hispanoamérica destacan, con el nombre genérico de *archivo general de la nación*, los archivos de la Ciudad de México, Buenos Aires y Lima, y el archivo nacional de Bogotá.

ARCILLA n. f. (lat. *argillam*). Roca sedimentaria pulverulenta, impermeable, formada por silicatos de aluminio, y que, embebida en agua, adquiere plasticidad.

ARCILLOSO, A adj. Que contiene arcilla; parecido a ella.

ARCINIEGAS (Germán), escritor colombiano (Bogotá 1900). Ensayista fecundo, comprometido con la realidad latinoamericana (*América, tierra firme*, 1937; *Entre la libertad y el miedo*, 1952; *América en Europa*, 1975; *El revés de la historia*, 1979), ha escrito también novela y biografías.

ARCIPRESTE n. m. (lat. *archipresbyter*). Dignidad en el cabildo catedral. **2.** Título otorgado a los párrocos de ciertas iglesias que les confiere preeminencia sobre los otros párrocos de su circunscripción.

ARCIPRESTE DE HITA → *Hita*.

ARCIPRESTE DE TALAVERA → *Talavera*.

ARCO n. m. (lat. *arcum*). Porción de curva continua comprendida entre dos puntos. **2.** Arma formada por una varilla elástica que se mantiene curvada mediante una cuerda sujeta a sus dos extremos, y que sirve para lanzar flechas. **3.** En el fútbol, portería. **4.** ANAT. Nombre genérico que toman diversas estructuras anatómicas en función de su forma: *arco aórtico; arco zigomático*. **5.** ARQ. Componente arquitectónico que describe una o más curvas. **6.** MÚS. Varilla de madera flexible que mantiene tensas unas fibras con las que, por frotamiento, se hace vibrar las cuerdas de determinados instrumentos: violín, violonchelo, etc. **7.** TECNOL. Resorte curvado utilizado para comunicar a una herramienta un movimiento de vaivén. ♦ **Arco de triunfo**, monumento en forma de arco, adornado con inscripciones y esculturas. ‖ **Arco eléctrico**, descarga eléctrica a través de un gas, que produce una temperatura muy elevada y luz brillante. ‖ **Arco iris**, o **de san Martín**, fenómeno luminoso en forma de arco, que a veces se observa en el cielo durante una tormenta. ‖ **Arco reflejo** (FISIOL.), el recorrido, por el impulso nervioso, desde el estímulo de los receptores o nervios sensitivos hasta que se ejecuta la respuesta por los órganos efectores.

ARCÓN n. m. Arca grande.

ARDEN QUIN (Carmelo), pintor y escultor uruguayo (Rivera 1913). En Buenos Aires, junto a Kosice y Maldonado, fundó la revista *Arturo* (1944) y organizó exposiciones del grupo. En 1946 fundó el grupo de arte abstracto Madí.

ARDENAS, en fr. **Ardenne**, macizo de arenisca y esquistos, de relieve aplanado pero cortado por valles profundos (Mosa), cuya mayor parte está situada en Bélgica, pero que penetra en Francia y Luxemburgo. Es una región de entre 400 a 700 m de alt., poco habitada y cubierta de bosques, landas y turberas.

ARDENNES, dep. del NE de Francia (Champagne-Ardenne); 5229 km^2; 296 357 hab. Cap. *Charleville-Mézières*.

ARDER v. intr. (lat. *ardere*) [**2**]. Estar encendido o ser susceptible de quemarse:

arder la mecha. **2.** *Fig.* Estar muy agitado por una pasión o estado de ánimo: *arder en deseo de saber.* **3.** *Fig.* Estar agitado por algo: *arder en guerras civiles.*

ARDID n. m. Artificio, habilidad para el logro de algún intento: *ardid para engañar.*

ARDIENTE adj. Que arde, causa ardor o parece que abrasa: *cirio ardiente.* **2.** Vehemente, apasionado: *ardiente defensor de una idea.* **3.** *Poét.* De color rojo encendido. **4.** MAR. Dícese del barco de vela que tiene tendencia a dirigir su proa de cara al viento.

ARDILLA n. f. Mamífero roedor arborícola, de unos 25 cm de long. y 20 cm de cola, pelaje generalmente rojizo y cola larga y tupida, que se alimenta esencialmente de semillas y frutos secos.

ARDITA n. f. *Colomb.* y *Venez.* Ardilla.

ARDITE n. m. Moneda de vellón acuñada en Cataluña en los ss. XVI y XVII, y en Navarra en los ss. XVII y XVIII con valor equivalente a un dinero. **2.** Cosa de poco valor: *no valer un ardite.*

ARDOR n. m. Calidad de ardiente. **2.** *Fig.* Brillo, resplandor. **3.** *Fig.* Encendimiento, enardecimiento de los afectos y pasiones: *querer con ardor.* **4.** *Fig.* Intrepidez, valor. **5.** *Fig.* Viveza, ansia, anhelo: *el ardor de una mirada.*

ARDOROSO, A adj. Relativo al ardor.

ARDUO, A adj. (lat. *arduum*). Muy difícil.

ÁREA n. f. (lat. *aream*). Parte de una superficie o extensión, especialmente de la terrestre. **2.** Dominio al que se extiende la acción o influencia de una persona, colectividad, etc. **3.** Terreno, orden de materia o de ideas de que se trata. **4.** En fútbol y otros deportes de equipo, zona marcada delante de la meta, dentro de la cual son castigadas con sanciones especiales las faltas cometidas por el equipo que defiende aquella meta. **5.** Zona acondicionada a intervalos regulares al borde de las autopistas para descansar (área de descanso) o para adquirir combustible, realizar compras, comer, etc. (área de servicio). **6.** ANAT. Localizaciones topográficas de las diversas estructuras anatómicas, a las que se les reconoce una particular constitución o función. **7.** MAT. Medida de una superficie: *área de un triángulo.* **8.** MAT. Unidad de medida de superficie (símbolo a), que vale 10^2 metros cuadrados. ♦ **Área administrativa,** área unitaria menor, con funciones y responsabilidades limitadas por un orden jerárquico, en que se dividen los estados. ‖ **Área cultural,** conjunto geográfico donde se agrupan sociedades cuya cultura, lengua y organización social presentan rasgos comunes. ‖ **Área lingüística,** dominio que ocupa un fenómeno o un conjunto de fenómenos lingüísticos.

ARENA n. f. (lat. *arenam*). Conjunto de partículas, generalmente de cuarzo, disgregadas de las rocas. **2.** *Fig.* Lugar del combate o lucha, especialmente en los circos romanos. **3.** TAUROM. Ruedo de las plazas de toros. ♦ **Arenas movedizas,** arena húmeda, poco consistente, en la que uno puede hundirse hasta quedar atascado; arenas secas que los vientos desplazan.

ARENAL n. m. Extensión grande de terreno arenoso.

ARENAS (Reinaldo), escritor cubano (Holguín 1943-Nueva York 1990). Autor de *El mundo alucinante* (1969), evocación fantástica de la vida de fray Servando Teresa de Mier; *Con los ojos cerrados* (1972), relatos; *El palacio de las blanquísimas mofetas* (1980), novela; *Antes que anochezca* (1992), memorias. En 1980 se exilió a E.U.A.

ARENERO, A n. Persona que vende arena. ♦ ⛏. m. F.C. Depósito que contiene arena destinada a impedir que las ruedas patinen sobre los raíles.

ARENGA n. f. Discurso solemne y enardecedor. **2.** *Fig.* y *fam.* Razonamiento largo e impertinente.

ARENGADOR, RA adj. y n. Que arenga.

ARENGAR v. tr. e intr. [**1b**]. Pronunciar en público una arenga.

ARENÍCOLA adj. y n. m. y f. Que vive en la arena.

ARENILLA n. f. Cuerpo pulverulento, que se echaba en los escritos recientes para secarlos. ♦ **arenillas** n. f. pl. **2.** PATOL. Finos corpúsculos que aparecen en el sedimento urinario de ciertos enfermos.

ARENISCA n. f. Roca sedimentaria formada por granos de arena unidos por un cemento silícico o calcáreo, que se utiliza en construcción y pavimentación. SIN.: gres.

ARENISCO, A adj. Que tiene mezcla de arena.

ARENOSO, A adj. Que tiene arena en abundancia en ella: *terreno arenoso.* **2.** Parecido a la arena o que participa de sus características: *rocas arenosas.*

ARENQUE n. m. (fr. *hareng*). Pez de 20 a 30 cm de long., con el dorso azul verdoso y el vientre plateado, abundante en el Atlántico norte, y muy apreciado por su carne. (Familia clupeidos.)

AREOLA o **ARÉOLA** n. f. ANAT. Círculo pigmentado que rodea el pezón del seno. **2.** PATOL. Círculo rojizo que rodea un punto inflamatorio.

AREOLAR adj. Relativo a la aréola. **2.** GEOGR. Dícese de la erosión, que actúa, sobre todo, lateralmente.

AREOPAGITA n. m. Miembro del areópago de Atenas.

AREÓPAGO n. m. (lat. *areopagus*, del gr. *Areios pagos,* colina de Ares). Antiguo tribunal de Atenas.

AREPA n. f. (voz caribe). *Amér.* Pan de maíz, amasado con huevos y manteca.

AREPERA n. f. *Colomb.* y *Venez.* Local en el que se venden arepas.

AREPITA n. f. *Colomb.* Tortita de papelón, maíz y queso.

AREQUIPA c. del *Perú*. Postre de leche.

AREQUIPA, región administrativa del S de Perú, entre la cordillera Occidental y el Pacífico, que comprende el departamento homónimo; 63 345 km²; 1 003 000 hab. ♦ Cap. Arequipa.

AREQUIPA, c. de Perú, cap. del dep. homónimo; 591 700 hab. Centro industrial y cultural. Fundada por Pizarro en 1540. Centro del barroco arequipeño: iglesia de la Compañía de Jesús, conventos de la Merced, San Agustín, edificios civiles.

ARES, dios griego de la guerra, identificado con el *Marte* de los romanos.

ARETE n. m. Aro pequeño, especialmente el que se lleva como pendiente.

ARÉVALO (Juan José), político guatemalteco (Taxisco 1904-Guatemala 1990), presidente de la república (1945-1951), impulsó la O.D.E.C.A.

ARÉVALO MARTÍNEZ (Rafael), escritor guatemalteco (Quezaltenango 1884-Guatemala 1975). Poeta modernista en *Las rosas de Engaddi* (1915), destacó por su narrativa cerebral e introspectiva, «sicozoológica»: *El hombre que parecía un caballo* (1915), *El señor Monitot* (1922), *El hechizado* (1933).

AREZZO, c. de Italia (Toscana), cap. de prov.; 90 577 hab. Monumentos medievales. Frescos de Piero della Francesca en la iglesia de San Francisco. Plaza mayor remodelada por Vasari.

ARGAMASA n. f. Mezcla de cal, arena y agua.

ARGEL adj. *Argent.* y *Par.* Antipático.

ARGEL, en fr. *Alger,* en ár. *al-Yazā'ir,* c. y cap. de Argelia y del vilayato; 2 600 000 hab. en la aglomeración. Capital de Argelia durante la dominación otomana (desde el s. XVI), fue tomada por los franceses en 1830. Fue sede del gobierno provisional de la república francesa en 1944. Importante foco rebelde durante la guerra de liberación argelina, de Argel partieron los acontecimientos responsables de la caída de la IV república francesa (13 mayo 1958).

ARGELIA, en fr. *Algérie,* en ár. *Barr al-Yazā'ir,* estado del NO de África, junto al Mediterráneo, entre Marruecos al O y Tunicia al E; 2 380 000 km²; 26 millones de hab. ♦ Cap. *Argel.* LENGUA OFICIAL: árabe. MONEDA: dinar argelino.

GEOGRAFÍA

Argelia, muy vasta, está aún globalmente poco poblada. La mayor parte del país forma parte del Sáhara. La población, que actualmente crece a un ritmo rápido (por lo menos un 3 % anual) se concentra en el litoral o en las proximidades, de clima mediterráneo. Yuxtapone a habitantes de lengua árabe (ampliamente mayoritarios) y beréber (Aurès, Cabilia). El elevado índice de natalidad (49 ‰) explica la gran juventud de los argelinos (más de la mitad de los argelinos tienen menos de 20 años) y los problemas que se plantean, sobre todo en los campos de la educación y el empleo. La urbanización (más del 50 % de la población) ha progresado con mayor rapidez que la industria, favorecida no obstante por los ingresos procedentes de la extracción de petróleo y gas natural, recursos esenciales. La ganadería ovina continúa dominando en las altiplanicies (entre las cadenas del Tell que bordean la franja mediterránea y el Atlas sahariano, límite N del desierto). Tras la independencia, la socialización de la economía (parcialmente puesta en tela de juicio en la actualidad) no estimuló la productividad. La emigración (hacia Francia) no acabó con el aumento del paro. La disminución, más reciente, de los ingresos de los hidrocarburos ha incrementado la deuda exterior. Estos problemas se relacionan o yuxtaponen con las dificultades provocadas por la demografía galopante, las tensiones locales entre habitantes de lengua árabe y habitantes de lengua beréber y la presión creciente del integrismo islámico.

HISTORIA

La Argelia antigua. Argelia, habitada por los beréberes, recibió la influencia de las civilizaciones fenicia y cartaginesa. Masinisa fundó en ella el reino de Numidia, que pasó bajo denominación romana tras la derrota de Yugurta (105 a. J.C.). El país formó una provincia próspera y urbanizada (Timgad, Lambaesis, etc.), inmersa no obstante en revueltas. Cristianizado en los ss. II-III, fue devastado por los vándalos en los ss. V y reconquistado por Bizancio en 533 (Belisario).

Tras la conquista árabe. Fines del s. VII: la llegada de los árabes (incursiones de 'Uqba ibn Nafi' 681-682), cambió la suerte del país, política y religiosamente (islamización). Ss. VIII-X: la resistencia beréber se expresó mediante la constitución de principados jāriŷes en el Mogreb central. S. X: la instalación de la dinastía fatimí chiíta puso fin a estos principados: sus representantes, los ziríes, rechazaron a los beréberes hacia las montañas. Ss. XI-XII: los almorávides, y luego los almohades, dinastías beréberes, provenientes del Mogreb y al-Andalus. Ss. XII-XIV: el país volvió a fragmentarse: el reino de los 'Abd al-wādides (1235-1250) hizo de su capital Tremecén un brillante

La regencia de Argel. 1518: llamado por los habitantes de Argel, el pirata turco Barbarroja expulsó a los españoles establecidos en los puertos. 1520: situó a Argel bajo la soberanía otomana. La ciudad, gobernada por y a partir del s. XVII, se convirtió en capital de un estado

ARG

autónomo y uno de los principales centros del Mediterráneo.
La colonización francesa. 1827: tras varios incidentes, comenzó la ocupación francesa. 1830: toma de Argel. 1830-1839: ocupación restringida. 1839-1847: ocupación total, tras la declaración de guerra de Abd el-Kader. 1852-1870: la dominación se extendió a la Cabilia (1857) y a los confines saharianos. París dudaba entre el régimen militar y el civil (que triunfó); y entre la asociación («reino árabe» de Napoleón III) y la asimilación (que predominó). Se instalaron numerosos colonos, sobre todo a partir de 1870 (984 000 *pieds-noirs* en 1954). La colonización estableció una auténtica segregación entre los colonos y los autóctonos, y el campesinado árabe, desposeído de sus tierras, se empobreció.
La guerra de Argelia. El nacionalismo y el reformismo musulmanes, desarrollados a partir de 1930, se radicalizaron durante la segunda guerra mundial (levantamiento de Constantina, 1945). 1954: estalló la rebelión en la Gran Cabilia y el Aurés; Ben Bella fundó el Frente de liberación nacional (F.L.N.), con un Ejército de liberación nacional. Se inició así una guerra de liberación que no terminaría hasta 1962, fecha en que se produjo en alto el fuego tras los acuerdos de Évian.
La Argelia independiente. 1963: Ben Bella, presidente de la nueva república, puso en marcha reformas socialistas. 1965: fue depuesto por Bumedián, quien orientó la política exterior, al principio antiimperialista, hacia una posición neutralista. 1979: Chadli Bendjedid, candidato único en las elecciones, le sucedió a su muerte. 1988: estallaron graves disturbios. Chadli lanzó un programa de reformas políticas y económicas. 1989: se aprobó una nueva constitución. El F.L.N. perdió el estatuto de partido único y se instauró el pluripartidismo. 1992: tras el éxito obtenido por el fundamentalista Frente islámico de salvación (F.I.S.) en la primera vuelta de las elecciones legislativas (dic. 1991), Chadli dimitió (en.). Se suspendió el proceso electoral y se instauró un Alto comité de estado, presidido por Mohamed Budiaf, asumió el poder. Se instauró el estado de emergencia (febr.) y se disolvió el F.I.S. (marzo). M. Budiaf fue asesinado (junio) y le sucedió Ali Kafi (julio). 1993: se prorrogó el estado de excepción y se continuó la dura represión contra el integrismo, que se mantuvo activo. 1994: L. Zeroual fue nombrado jefe de estado. 1995: las elecciones presidenciales pluralistas confirmaron a Liamine Zeroual como presidente de la república. 1997: a pesar de la victoria en las primeras elecciones legislativas democráticas del partido apadrinado por Zerual, el país continuó en guerra civil latente. 1999: A. Buteflika, candidato único, nuevo presidente. 2001: Disturbios contra el gobierno de Buteflika, quien amnistió a siete mil presos comunes por el 47 aniversario de la revolución argelina contra la ocupación francesa.

ARGELINO, A adj. y n. De Argel o Argelia.
ARGENTADO, A adj. Plateado.
ARGÉNTEO, A adj. (lat. *argenteum*). De plata o semejante a ella: *un brillo argénteo.*
ARGENTERÍA n. f. Bordadura o filigrana de plata u oro. 2. Platería.
ARGENTÍFERO, A adj. Que contiene plata.
ARGENTINA, estado de América del Sur, en la fachada atlántica de la parte meridional del continente. La superficie de sus tierras emergidas correspondientes al continente americano y a la provincia de Tierra de Fuego, Antártida e islas del Atlántico sur es de 3 761 274 km²; 36 000 000 hab. (*Argentinos.*) CAP. Buenos Aires. LENGUA OFICIAL: *castellano.* MONEDA: *peso.*

GEOGRAFÍA

Componen el territorio cuatro grandes regiones: al O los Andes (con el pico culminante de América, el Aconcagua, 6969 m), flanqueados en el sector septentrional por otros alineamientos montañosos (la Precordillera); dos extensas áreas mesetarias, al NO (la Puna) y al S del país (la Patagonia); las llanuras chaqueña, mesopotámica y pampeana, que representan más de la mitad del territorio y el sector preponderante desde el punto de vista demográfico y económico. La población, predominantemente blanca, se distribuye de manera muy desigual: el litoral reúne el 70 % del total; la población urbana asciende al 86 %, y la aglomeración del Gran Buenos Aires representa por sí sola el 38 % del conjunto del país. La inmigración europea (en especial de italianos y españoles en la primera mitad del s. XX) ha sido determinante, ya que el crecimiento vegetativo muestra una perenne tendencia a descender. La agricultura cerealista (trigo en particular) y la ganadería vacuna, concentradas en las provincias pampeanas, son la base de la economía del país y el renglón principal de la exportación. Importancia especial revisten las industrias relacionadas con la ganadería: cárnicas, servidas por una red de frigoríficos altamente tecnificada, y de derivados lácteos. Destacan también la producción de vinos (viñedos de Mendoza y San Juan), maíz, caña de azúcar (en el Noroeste), algodón y tabaco. El potencial hidroeléctrico es aprovechado mediante grandes centrales (El Chocón, en el río Limay; Salto Grande, en el río Uruguay; Yaciretá, en el río Paraná entre otras), y se explotan yacimientos petrolíferos en las provincias de Chubut, Neuquén, Mendoza, Salta y Tierra del Fuego. Argentina se sitúa a la cabeza de los productores de energía suramericanos, y cubre el 90 % de su consumo interno. Por el contrario, sus recursos mineros son modestos y situados en áreas muy alejadas de los centros industriales: estaño, plomo, cinc, manganeso y cobre en las faldas de los Andes; hierro en Jujuy y Río Negro. La siderurgia (Palpalá, San Nicolás de los Arroyos, Villa Constitución, Ramallo) recurre a mineral de importación. La industria ligera (metalurgia, construcciones metálicas, textil, alimentaria) se concentra en las provincias que cuentan con las mayores aglomeraciones urbanas (Buenos Aires, Córdoba, Santa Fe). Desde los años setenta, el sector entró en una crisis aguda debido a políticas económicas basadas en la exportación de materias primas agropecuarias, lo que motivó el desmantelamiento de buena parte del aparato industrial. A la drástica contracción de la demanda interna y la crisis de inversiones se vino a sumar la sobrevaluación de la moneda nacional, que estimuló la especulación financiera, generando una deuda externa que alcanzaba los 65 000 millones de dólares a principios de los años noventa, y una altísima inflación. Las medidas de saneamiento económico y monetarias (vuelta al peso, 1992) contuvieron la inflación y permitieron una recuperación general de la economía. En 1991 Argentina, con Brasil, Paraguay y Uruguay, constituyeron el Mercado común del Sur (Mercosur).

HISTORIA

El poblamiento precolombino. La actual Argentina estaba habitada antes de la conquista por un heterogéneo mosaico de pueblos. Las tierras andinas y preandinas las ocupaban pueblos agrícolas, sometidos a la influencia incaica, como los lules y tonocotes de Tucumán, los sanavirones y comechingones de Córdoba y San Luis, o los huarpes de San Juan y Mendoza. Corrientes y Misiones pertenecían al espacio guaraní, asimismo agrícola. En el Chaco vivían cazadores-recolectores del grupo guaicurú: tobas, mataguayos y abipones. En la Pampa, Patagonia y Tierra del Fuego, pueblos cazadores y pescadores como los querandíes, tehuelches, puelches y fueguinos.
La conquista española. 1516: descubrimiento del Río de la Plata por Juan Díaz de Solís. 1520: Magallanes exploró la Patagonia. 1536: primera fundación de Buenos Aires por Pedro de Mendoza; 1580: la segunda y definitiva la realizó Juan de Garay. Durante dos siglos ocupó una posición marginal dentro del imperio español, hasta que en el s. XVIII se expandió la ganadería del litoral y la actividad comercial del puerto de Buenos Aires. 1776: se constituyó el virreinato del Río de la Plata, con capital en Buenos Aires, con lo que reforzó su posición de enlace entre Perú y Europa.
La independencia. 1806-1807: dos incursiones británicas, que ocuparon Buenos Aires y Montevideo, desencadenaron la crisis de la autoridad virreinal y la militarización de la población criolla. 1808-1810: la ocupación de España por los franceses reforzó la posición de los criollos, que en mayo de 1810 impusieron en Buenos Aires una Junta de gobierno. 1810-1812: la Junta de Buenos Aires estableció su autoridad en el virreinato, a excepción del Alto Perú (Bolivia), Paraguay y la Banda Oriental (Uruguay). 1812-1816: mientras San Martín emprendía la emancipación de Chile y Perú, el congreso de Tucumán proclamó la independencia (1816).
El caudillismo y la Confederación rosista. 1816-1829: las luchas entre los caudillos provinciales y la confrontación entre federalistas y unitarios impidió la constitución efectiva del nuevo estado, que estuvo a punto de disgregarse. Rivadavia restableció el predominio de Buenos Aires e impulsó una nueva constitución unitaria (1826), pero la guerra con Brasil (1825-1827) acarreó su caída y el restablecimiento de una laxa Confederación argentina. 1829-1852: Rosas controló la gobernación de Buenos Aires, y desde ella impuso su hegemonía sobre el país, unido de hecho, aunque no institucionalmente. El bloqueo francés (1838-1843) y anglofrancés (1845-1848), que reclamaba la libre navegación del Río de la Plata, la represión contra sus oponentes en Buenos Aires, y el enfrentamiento con los caudillos del litoral, erosionaron la posición de Rosas, que en 1852 fue derrocado por una coalición integrada por Entre Ríos, Corrientes, Montevideo y Brasil.
La organización nacional y la expansión de la economía exportadora. 1852-1860: mientras Buenos Aires se separó de la Confederación, el resto aprobó la constitución de 1853, que estableció una república federal con un poder ejecutivo nacional fuerte, y eligió a Urquiza como presidente. 1859-1860: la guerra entre Buenos Aires y la Confederación, acabó con el reingreso de Buenos Aires, reafirmada su posición capital en el estado argentino. 1862-1868: el porteño Bartolomé Mitre fue presidente de la república unificada. 1865-1880: la guerra de la Triple alianza contra Paraguay (1865-1870) y la definitiva conquista de la Pampa, con el sometimiento de la población india tras las campañas militares de Alsina y Roca (1877-1880), consolidaron el nuevo estado, su posición regional hegemónica y la expansión de la economía, basada en las exportaciones agropecuarias:

cueros, lana, cereales y carne. 1880-1886: presidencia de Roca, que proporcionó la estabilidad política que precisaba esa expansión y subrayó el absoluto predominio de la gran propiedad terrateniente aliada con la élite comercial porteña. El sobresalto de la revolución de 1890 no alteró las bases del régimen oligárquico, pero dio lugar al nacimiento de un nuevo movimiento político: el radicalismo.
Del radicalismo a la intervención militar. 1891-1910: la Unión cívica radical, fundada en 1891 por L. Alem, se constituyó en la oposición política al régimen oligárquico; apoyada por un amplio abanico social, que se extendía por las clases medias e incluía también a sectores trabajadores y elementos terratenientes, muy presentes en sus instancias directivas, fue liderada desde 1897 por Hipólito Yrigoyen. 1911-1912: el presidente Roque Sáenz Peña concedió la reforma electoral, garantizando el sufragio masculino, universal y secreto. 1916-1930: la U.C.R. accedió por primera vez al poder durante las presidencias de Yrigoyen (1916-1922), Alvear (1922-1928) y de nuevo Yrigoyen (1928-1930); el populismo de este último suscitó el golpe de 1930, que lo derrocó e inició un largo ciclo de intervencionismo militar.
La restauración conservadora y el peronismo. 1930-1943: la oligarquía recuperó el poder bajo la tutela del ejército, pero la crisis económica mundial y la caída del comercio exterior pusieron en entredicho la hegemonía del sector exportador. 1943-1945: un segundo golpe militar, con inclinaciones germanófilas, incubó un nuevo movimiento populista, vertebrado por el coronel Perón, con el apoyo de sectores sindicales (C.G.T.) y disidentes del radicalismo. 1946-1952: Perón accedió a la presidencia con una amplia mayoría del electorado, e inició un cambio en la política económica, fomentando el mercado interior y el desarrollo industrial a costa de los réditos proporcionados por el sector exterior; organizó su propia formación política, el Partido justicialista, e hizo reformar la constitución (1949) para permitir su reelección. 1952-1955: en su segundo mandato Perón tuvo que hacer frente a las dificultades de su programa de industrialización; buscó el apoyo de E.U.A., pero reforzó la orientación represiva de su política interior y se enfrentó a la Iglesia católica. En 1955 fue derribado por un golpe militar.
Los regímenes militares. 1955-1958: el gobierno del general Aramburu proscribió al peronismo y restauró la hegemonía conservadora. El ejército controló la situación política indirectamente durante las presidencias de Frondizi (1959-1962) e Illía (1962-1966), a los que obligó en ambos casos a dimitir ante la reanudación de la movilización obrera y peronista. 1966-1970: el general Onganía implantó una dictadura militar directa, que se mantuvo firme hasta el estallido social de la insurrección de Córdoba (*Cordobazo*, 1969), que acabó motivando su dimisión. 1970-1973: el régimen militar negoció con Perón el retorno al orden constitucional y la plena legalización del peronismo, que, tras los mandatos de Levingston y Lanusse, triunfó de nuevo en las elecciones de 1973. 1973-1976: Perón asumió de nuevo la presidencia, pero murió poco después y le sucedió su esposa María Estela Martínez; mientras, el peronismo se desgarraba en una guerra interna entre sus facciones de izquierda y extrema derecha, y se desencadenaba una incipiente actividad guerrillera. El deterioro social fue aprovechado por el ejército, que estableció una dictadura militar. 1976-1982: el gobierno militar, presidido sucesivamente por los generales Videla, Viola y Galtieri, se caracterizó por su sangrienta represión contra la izquierda y los movimientos populares. **El retorno al orden constitucional.** 1982: la derrota ante la escuadra británica, y el subsiguiente fracaso de la ocupación militar de las Malvinas, obligó a los militares a abandonar el poder y convocar elecciones libres, en las que triunfó la candidatura radical de Alfonsín. 1983-1989: Alfonsín impulsó el procesamiento de los principales responsables de la represión de la pasada dictadura, aunque se vio sometido a una constante presión militar; sin embargo, el fracaso total de su política económica le acarreó una creciente impopularidad. 1989: el triunfo electoral de C. S. Menem volvió a situar al peronismo en el poder. Menem atemperó el tradicional populismo peronista, se alió a los grupos exportadores y consiguió estabilizar la situación económica. 1994: elecciones para la asamblea constituyente de reforma de la constitución. 1995: reelección de C. S. Menem. 1999: F. de la Rúa, elegido presidente. 2001: grave crisis económica y política. Renuncia el presidente De la Rúa. Le sustituye, en calidad de provisional, Adolfo Rodríguez Saá, quien renuncia al cargo a los nueve días, siendo ocupada la presidencia (ene. 2002) por el peronista Eduardo Duhalde. 2003: asumió la presidencia N. Kirchner.

ARGENTINISMO n. m. Giro o modo de hablar propio de los argentinos.
ARGENTINO, A n. y adj. 1. n. De Argentina. ♦ adj. 2. Argénteo. 3. *Fig.* Dícese del sonido claro y bien timbrado: *voz argentina*. ♦ n. m. 4. Modalidad adoptada por el español en Argentina. 5. Antigua moneda de oro de Argentina.
ARGENTINO (*lago*), lago de Argentina (Santa Cruz); 1415 km²; 200 m de prof. Centro turístico.
ARGENTITA n. f. MINER. Argirosa.
ARGENTOSO, A adj. Que tiene mezcla de plata.
ARGOLLA n. f. Aro grueso que sirve de amarre o asidero. 2. Anilla.
ARGÓN n. m. Elemento químico (Ar), de número atómico 18 y de masa atómica 39,94. Es un gas incoloro, que constituye aproximadamente la centésima parte de la atmósfera terrestre.
ARGONAUTA n. m. Cada uno de los héroes de la mitología griega, que bajo el mando de Jasón en la nave Argos llegaron a la Cólquida, en donde se apoderaron del vellocino de oro. 2. Molusco de los mares cálidos, cuya hembra fabrica una concha calcárea blanca para protegerla su puesta. (Clase cefalópodos.)
ARGOS o **ARGUS**, príncipe mitológico argivo que tenía cien ojos, la mitad de los cuales permanecían abiertos durante el sueño. Hermes lo mató y Hera sembró sus ojos en la cola del pavo real.
ARGOT n. m. (voz francesa) [pl. *argots*]. Lenguaje especial de un grupo social o profesional.
ARGUCIA n. f. (lat. *argutiam*). Sutileza, sofisma, argumento falso presentado con agudeza.
ARGUEDAS (Alcides), escritor y político boliviano (La Paz 1879-Chulumani 1946). Fue diplomático y jefe del partido liberal. Su novela *Raza de bronce* (1919) es uno de los primeros documentos indigenistas. Escribió también una *Historia de Bolivia* (1920-1929) y sus memorias.
ARGUEDAS (José María), escritor peruano (Andahuaylas 1911-Lima 1969). Criado en una comunidad indígena, aprendió el quechua antes que el castellano, lo que le llevó a una búsqueda expresiva que se refleja en sus primeras obras (*Agua*, 1935; *Yawar Fiesta*, 1941), y que culmina en *Los ríos profundos* (1959), su principal novela. Destacan también *El sexto* (1961) y *Todas las sangres* (1965), así como sus obras de antropólogo e investigador del folklore indígena.
ARGÜIR v. tr. (lat. *arguere*) [31]. Sacar en claro, deducir :*como consecuencia natural.* 2. Descubrir, probar, dejar ver con claridad. 3. Echar en cara, acusar. ♦ v. intr. 4. Poner argumentos a favor o en contra de algo: *argüir sobre una opinión*.
ARGUMENTACIÓN n. f. Conjunto de argumentos y explicaciones que apoyan o niegan una afirmación.
ARGUMENTAL adj. Relativo al argumento.
ARGUMENTAR v. tr., intr. y pron. [1]. Presentar argumentos, pruebas. 2. LÓG. Sacar consecuencias.
ARGUMENTO n. m. (lat. *argumentum*). Asunto o materia de que trata una obra. 2. Prueba dada para apoyar o negar una afirmación. 3. LIT. Sumario de un libro, de una narración o de una obra de teatro. 4. LÓG. Proposición o conjunto de proposiciones de las que se busca sacar una consecuencia. • **Argumento de una función** (LÓG.), elemento cuyo valor permite determinar el valor de la función dada.
ARIA n. f. (voz italiana). Composición musical de carácter melódico, generalmente vocal, con acompañamiento de uno o más instrumentos. SIN.: *romanza*.
ARIADNA, personaje mitológico, hija de Minos y de Pasífae. Proporcionó a Teseo, llegado a Creta para combatir contra el Minotauro, el hilo que le permitió salir del Laberinto tras matar al monstruo.
ARIAS (Arnulfo), político panameño (Penonomé 1901-Miami 1988). Presidente de la república en 1940-1941, 1949-1951 y 1968, las tres veces fue derrocado.
ARIAS (Harmodio), político y jurisconsulto panameño (Penonomé 1886-en E.U.A. 1962). Presidente de la república (1932-1936), negoció con E.U.A. un tratado sobre el canal más favorable para su país.
ARIAS (Óscar), político costarricense (Heredia 1941). Socialdemócrata del Partido de liberación nacional, fue presidente de la república (1986-1990). Su mediación pacificadora en Centroamérica le valió el premio Nobel de la paz (1987).
ARIAS DÁVILA (Pedrc) → **Pedrarias Dávila.**
ARICA, c. y puerto de Chile (Tarapacá), a orillas del Pacífico; 169 217 hab. Centro industrial y pesquero. Ferrocarril desde La Paz (Bolivia), que transporta para la exportación el mineral boliviano.
ARIDEZ n. f. Calidad de árido: *aridez de la tierra*.
ÁRIDO, A adj. (lat. *aricum*). Seco, estéril: *tierras áridas*. 2. *Fig.* Falto de amenidad: *tema árido*. ♦ **áridos** n. m. pl. 3. Granos, legumbres y otros cuerpos sólidos a los que se aplican medidas de capacidad. 4. CONSTR. Conjunto de los constituyentes inertes (arenas, gravas, etc.) de morteros y hormigones.
ARIES o **CARNERO**, constelación zodiacal del hemisferio austral. — Primer signo del zodíaco, en el que el Sol entra en el equinoccio de primavera.
ARIETE n. m. (lat. *arietem*, carnero). Máquina de guerra que se utilizaba para romper las defensas o las puertas de una ciudad o de un castillo asediado. 2. En un equipo de fútbol, delantero centro. • **Ariete hidráulico**, máquina para elevar agua.
ARILADO, A adj. BOT. Provisto de arilo.
ARILO n. m. Radical derivado de los compuestos bencénicos.
ARILO n. m. (bajo lat. *arillum*, grano de uva). BOT. Tegumento que envuelve la semilla, desarrollado después de la fecundación.
ARIO, A adj. y n. Relativo a un conjunto de tribus de origen indoeuropeo que, a

ARI

partir del s. XVIII a. J.C., se difundieron por Irán y el N de la India; individuo de este pueblo. Su lengua es el antepasado común de las lenguas indias [sánscrito, páli] e iraníes [avéstico, antiguo persa]. SIN.: *āryo*. **2.** Relativo a la raza blanca, en las doctrinas racistas.

ARIOSTO (Ludovico Ariosto, llamado **el**), poeta italiano (Reggio nell'Emilia 1474-Ferrara 1533), autor del poema épico *Orlando furioso*, obra maestra del renacimiento, y de *La Cassaria*, considerada la primera comedia italiana del renacimiento.

ARISCO, A adj. Áspero, intratable, huidizo.

ARISNEGRO, A adj. Dícese del trigo y de la espiga de aristas negras.

ARISTA n. f. (lat. *aristam*). Ángulo saliente que forman dos caras planas o curvas. **2.** Línea que separa dos vertientes de una montaña. **3.** BOT. Apéndice recto, filiforme, en que terminan ciertos órganos. **4.** MAT. Línea de intersección de dos planos o dos superficies que se cortan. **5.** MAT. En un poliedro, segmento con extremos en dos vértices contiguos.
• **Bóveda de arista**, aquella cuya estructura resulta, en el caso más simple, de la intersección en ángulo recto de dos bóvedas de cañón de la misma altura.
♦ **aristas** n. f. pl. **6.** *Fig.* Dificultades en un asunto.

ARISTA (Mariano), militar y político mexicano (San Luis Potosí 1802-en el Atlántico 1855), ministro de Guerra y Marina (1848-1851) y presidente de la república (1851-1853).

ARISTADO, A adj. Que tiene aristas.

ARISTARAIN (Adolfo), director de cine argentino (Buenos Aires 1943). Influido por los géneros populares, sobre todo el cine negro (*La parte del león*, 1978; *Últimos días de la víctima*, 1982), aúna crítica social y compromiso ético (*Tiempo de revancha*, 1981; *Un lugar en el mundo*, 1992; *Martín (Hache)*, 1997).

ARISTARCO de Samos, astrónomo griego (Samos 310-† c. 230 a. J.C.). Fue el primero en emitir la hipótesis de la rotación de la Tierra sobre sí misma y alrededor del Sol, y en intentar medir las distancias de la Tierra a la Luna y al Sol.

ARISTOCRACIA n. f. (gr. *aristokratia*). Clase de los nobles. **2.** Gobierno ejercido por una clase privilegiada, generalmente hereditaria. **3.** Élite.

ARISTÓCRATA n. m. y f. Miembro de la aristocracia.

ARISTOCRÁTICO, A adj. Relativo a la aristocracia. **2.** Fino, distinguido: *modales aristocráticos*.

ARISTOCRATIZAR v. tr. y pron. [**1x**]. Dar o infundir carácter aristocrático.

ARISTÓFANES, comediógrafo griego (Atenas c. 445-c. 386 a. J.C.). Las once obras suyas conservadas constituyen variaciones satíricas sobre temas coetáneos y defienden las tradiciones contra las ideas nuevas. *Los caballeros* (424), *Los arcanenses* (425), *La paz* (421) y *Lisístrata* (411) denuncian a los demócratas, que prosiguen la guerra contra Esparta; *Las avispas* (422) parodian la manía pleitista de los atenienses; *Las tesmoforiazusas* (411) y *Las ranas* (405) critican a Eurípides; Sócrates es atacado en *Las nubes* (423); en *La asamblea de las mujeres* (392) y *Las aves* (414) se satirizan las utopías políticas; *Pluto* (388) marca el paso del teatro «comprometido» a la alegoría de carácter moralizador.

ARISTÓTELES, filósofo griego (Estagira, Macedonia, 384-Calcis, Eubea, 322 a. J.C.). Fue preceptor de Alejandro Magno y el fundador del Liceo de Atenas, en donde nació la escuela peripatética. Su sistema se basa en una concepción rigurosa del universo. Es autor de un gran número de tratados de lógica, de política, de biología (anatomía comparada, clasificación de los animales), de física y de metafísica. De su obra destacan *Ética a Eudemo*, *Ética a Nicómaco*, *Organon*, *Retórica*, *Poética*, *Política*, *Física* y *Metafísica*, etc. Es el fundador de la lógica formal. Su obra marcó la filosofía y la teología cristianas de la edad media y desempeñó una función decisiva en los comienzos de la ciencia y de la filosofía del islam.

ARISTOTÉLICO, A adj. y n. Relativo a Aristóteles o a su doctrina; partidario del aristotelismo.

ARISTOTELISMO n. m. Doctrina de Aristóteles. **2.** Corriente filosófica medieval que interpretó la obra de Aristóteles a partir de las teologías cristiana o musulmana.

ARITMÉTICA n. f. (lat. *arithmeticam*). Ciencia que estudia las propiedades de los números y las operaciones que con ellos pueden realizarse (sentido clásico) o que contempla la teoría de los números que intervienen en los métodos de la geometría algebraica y la teoría de grupos (sentido moderno).

ARITMÉTICO, A adj. Relativo a la aritmética. ♦ n. **2.** Persona que se dedica a la aritmética.

ARIZARO *(salar de)*, desierto salado de Argentina, en la Puna; 2375 km².

ARIZONA, estado del SO de Estados Unidos; 295 000 km²; 3 665 228 hab. Cap. *Phoenix*. Turismo (Gran Cañón). Extracción de cobre. — En el s. XVI, la región fue recorrida por Vázquez Coronado. Tras la guerra con México, E.U.A. obtuvo la cesión del territorio (1848), que adquirió el rango de estado en 1912.

ARKANSAS, estado del S de Estados Unidos, al O del Mississippi, avenado por el *río Arkansas* (2300 km), afl. del Mississippi (or. der.); 138 000 km²; 2 350 725 hab. Cap. *Little Rock*. Bauxita.

ARLEQUÍN n. m. Gracioso o bufón cuya vestimenta imita a la de Arlequín.

ARLEQUINADA n. f. Acción o ademán ridículo.

ARLEQUINESCO, A adj. Propio del arlequín o perteneciente a él.

ARLES, c. de Francia (Bouches-du-Rhône), a orillas del Ródano; 52 593 hab. Importante ciudad romana, conserva teatro, acueducto y anfiteatro (donde se halló la *Venus de Arles*). Catedral románica de San Trófimo (s. XII).

ARLINGTON, c. de Estados Unidos (Texas), entre Dallas y Fort Worth; 261 721 hab.

ARLINGTON, c. de Estados Unidos (Virginia), junto al Potomac, frente a Washington; 170 936 hab. Cementerio nacional (1864) en el que se hallan enterradas numerosas personalidades.

ARLT (Roberto), escritor argentino (Buenos Aires 1900-íd. 1942). Sus novelas (*El juguete rabioso*, 1926; *Los siete locos*, 1929; *Los lanzallamas*, 1931) y su teatro (*Saverio el cruel*, 1936) narran la aniquilación de las relaciones humanas por un entorno desquiciado.

ARMA n. f. (lat. *arma*). Instrumento, medio o máquina destinada a atacar o defenderse. **2.** MIL. Cada uno de los cuerpos militares que forman el ejército combatiente. **3.** *Fig.* Medio de defensa o ataque: *el arma de la calumnia*. • **Arma blanca**, la ofensiva de hoja de acero, como la espada. || **Arma de fuego**, la que emplea la fuerza explosiva de la pólvora. || **Armas especiales**, conjunto de armas nucleares, biológicas o químicas, por oposición a las denominadas clásicas o convencionales. ♦ **armas** n. f. pl. **4.** Tropas de un estado. **5.** Milicia o profesión militar. **6.** HERÁLD. Blasones que figuran en el escudo. **7.** *Fig.* Medios que sirven para conseguir alguna cosa: *mis armas son la verdad y la justicia*. || **Alzarse en armas**, sublevarse. || **De armas tomar**, dícese de la persona que muestra brios y resolución. || **Pasar por las armas**, fusilar, ejecutar una sentencia con armas de fuego. || **Presentar armas**, hacer la tropa los honores militares a quienes por la ordenanza corresponde, poniendo el fusil frente al pecho, con el disparador hacia fuera. || **Rendir las armas**, rendir la tropa las armas al enemigo reconociéndose vencido.

ARMADA n. f. Conjunto de fuerzas navales de un estado. **2.** Escuadra.

ARMADÍA n. f. Conjunto de maderos unidos formando una plataforma flotante, que sirve para pasar los ríos. **2.** Conjunto de maderos que se transportan río abajo.

ARMADILLO n. m. Mamífero desdentado de América, cuyo dorso y cola están cubiertos por placas córneas articuladas, que le permiten arrollarse en bola para protegerse.

ARMADO, A adj. Provisto de armas. **2.** Provisto de un armazón interno de metal o de una cubierta protectora: *hormigón armado*. ♦ n. m. **3.** Nombre de diversos peces de agua dulce de los ríos de Argentina que carecen de escamas y poseen tres pares de barbillas alrededor de la boca y una fuerte espina aserrada en el inicio de la aleta dorsal y de las pectorales.

ARMADOR n. m. Propietario de un navío que lo destina al transporte de mercancías, realizado por un fletador, a cuya disposición el armador debe poner el navío.

ARMADURA n. f. Pieza o conjunto de piezas sobre las que se arma una cosa. **2.** Esqueleto, armazón ósea. **3.** Conjunto de defensas metálicas que protegían el cuerpo de los combatientes (ss. XIII-XVI). **4.** Armazón de piezas de madera o metal que sirve para sostener las construcciones y, en particular, los tejados. **5.** ELECTR. Cuerpo conductor que forma parte de un condensador eléctrico; barra de hierro dulce que une los dos polos de un imán.

ARMAMENTISMO n. m. MIL. Acumulación de armamento como medio de disuasión.

ARMAMENTISTA adj. Relativo al armamento o al armamentismo.

ARMAMENTO n. m. Acción de armar. **2.** Conjunto de armas y material al servicio del ejército, de un cuerpo armado o de un individuo. **3.** Explotación comercial de un navío por parte de un armador.

ARMAR v. tr. y pron. (lat. *armare*) [**1**]. Proveer de armas. **2.** Disponer para la guerra. **3.** *Fig.* Disponer, formar, fraguar: *armar una tempestad*. **4.** *Fig.* y *fam.* Mover, causar, producir: *armar pelea*. ♦ v. tr. **5.** Aprestar una arma para disparar. **6.** Montar los elementos o piezas de que consta cualquier objeto. **7.** MAR. Aprestar una embarcación o proveerla de todo lo necesario. • **Armar caballero**, vestir las armas al que iba a ser caballero. || **Armar, o armarse, hasta los dientes**, cubrir de toda clase de armas. || **Armarla** *(Fam.)*, promover riña o alboroto. ♦ **armarse** v. pron. **8.** Disponerse a hacer la guerra, tomar las armas. **9.** *Fig.* Disponer del ánimo para lograr algún fin o resistir una contrariedad: *armarse de valor, paciencia*. **10.** *Amér.* Plantarse, pararse un animal y resistirse a avanzar.

ARMARIO n. m. (lat. *armarium*). Mueble con puertas y anaqueles. • **Armario empotrado**, el que está hecho de obra de albañilería en la pared y cerrado con puertas.

ARMATOSTE n. m. Máquina o mueble grande, tosco y pesado. **2.** *Fig.* Persona corpulenta y torpe. **3.** Armadijo, armazón de palos.

ARMAZÓN n. m. o f. Armadura, pieza o conjunto de piezas sobre las que se arma o construye algo. **2.** *Fig.* Base, principio esencial de algo.

ARMELLA n. f. Anillo de metal con una espiga o tornillo para clavarlo en parte sólida. **2.** Cada uno de los anillos en que se engancha una falleba.

ARMENIA, en armenio **Hayastan**, región geográfica e histórica del Próximo oriente repartida ac. entre Turquía (la mayor parte), la República de Armenia e Irán. Modernamente el término Armenia designa al país situado entre los lagos Van y Seván y el curso superior de los ríos Murat, Éufrates y Çoruh.

HISTORIA
La Armenia antigua y medieval. 189 a. J.C.: el antiguo Urartu reconquistó su independencia, formando los reinos de la Pequeña Armenia y la Gran Armenia. 66 a. J.C.-640 d. J.C.: tras el brillante reinado de Tigranes II (95-54 a. J.C.), Armenia, convertida al cristianismo desde fines del s. III y más tarde núcleo de la doctrina monofisita, pasó a estar bajo dominación romana y luego parta. 640: los árabes invadieron el país. 885-1079: la dinastía local de los bagrátides aseguró al país una relativa prosperidad. Ss. X-XIV: expansión de una escuela de arquitectura y de pintura mural (Aghtamar, Ani, etc.). Mediados s. XI-comienzos s. XV: la Gran Armenia fue asolada por las invasiones turcas y mongolas. 1080-1375: la Pequeña Armenia, creada en Cilicia por Rubén, apoyó a los cruzados en su lucha contra el islam y luego sucumbió bajo los ataques de los mamelucos.
De los otomanos a los rusos. Ss. XIV-XVII: los otomanos sometieron toda Armenia (salvo algunos khanatos anexionados a Irán) y colocaron a los armenios bajo la autoridad del patriarca armenio de Constantinopla. 1813-1828: los rusos conquistaron Armenia oriental. 1915: el gobierno de los Jóvenes turcos hizo perpetrar el genocidio (1 500 000 víctimas). 1918: se proclamó una república independiente de Armenia. 1920: los aliados se pronunciaron en favor de la creación de una Gran Armenia (tratado de Sèvres, ag.), pero las tropas turcas kemalistas y el ejército rojo ocuparon el país. (→ *Armenia* [República de].)

ARMENIA (República de), estado del Cáucaso; 29 800 km²; 3 283 000 hab. (Armenios.) CAP. Ereván. LENGUA OFICIAL: armenio. MONEDA: rublo.

GEOGRAFÍA
Armenia constituye un conjunto de tierras altas, de relieve poco uniforme, cortado por cuencas (en ocasiones lacustres) y acidentado por cumbres, a menudo volcánicas (4000 m en los Aragats). Ereván concentra más de un tercio de una población étnicamente homogénea.

HISTORIA
1922: la República Socialista Soviética de Armenia, proclamada en nov. de 1920, se integró en la Federación transcaucasiana y en la U.R.S.S. 1936: se convirtió en una república federada de la U.R.S.S. 1988: los armenios reclamaron la anexión de Alto Karabaj (Azerbaiyán) a la república de Armenia; los gobiernos de la U.R.S.S. y de Azerbaiyán se opusieron. 1990: el movimiento nacional armenio obtuvo la victoria en las primeras elecciones republicanas libres. 1991: el soviet supremo proclamó la independencia del país, que se adhirió a la C.E.I. 1992-1994: enfrentamientos armados entre armenios y azeríes, en Alto Karabaj y Najichevan. 1997: tratado de cooperación con Rusia. 1998: R. Kocharián, presidente.

ARMENIA, c. de Colombia, cap. del dep. de Quindío; 187 130 hab. Elaboración y exportación de café. Industria textil, química. Aeropuerto.

ARMENIO, A adj. y n. Relativo a un pueblo del grupo indoeuropeo que habita en la República de Armenia y en varias regiones del Cáucaso y Rusia, y que forma una importante diáspora (E.U.A., Próximo oriente y Europa occidental); individuo de este pueblo. ♦ n. m. **2.** Lengua indoeuropea de la región del Cáucaso.

ARMERÍA n. f. Arte de fabricar armas. **2.** Establecimiento en que se venden armas. **3.** Lugar donde se conservan o almacenan las armas. **4.** Heráldica.

ARMERO n. m. El que fabrica, vende o está encargado de custodiar y conservar armas. **2.** Armazón de madera, o metal, en el cual se guardan ordenadamente las armas portátiles.

ARMIÑO n. m. Mamífero carnívoro, de unos 27 cm de long., parecido a la comadreja, cuyo pelaje, rojizo en verano, se vuelve blanco en invierno, excepto el extremo de la cola, que siempre es negro, y constituye entonces una piel muy apreciada. **2.** Piel de este animal. **3.** Tira de piel de armiño, fijada a determinados vestidos de ceremonia.

ARMISTICIO n. m. Convención por la que los beligerantes suspenden las hostilidades sin poner fin al estado de guerra.

ARMÓN n. m. (fr. *armon*). Juego delantero de los carruajes de artillería ligera de campaña, de tracción animal.

ARMONÍA n. f. (gr. *harmonia*). Unión y combinación de sonidos simultáneos y diferentes, pero acordes. **2.** Conveniente proporción y concordancia de unas cosas con otras. **3.** *Fig.* Amistad y buena correspondencia: *vivir en armonía.* **4.** MÚS. Arte de la formación y encadenamiento de los acordes.

ARMÓNICA n. f. Pequeño instrumento musical de forma rectangular, cuyo sonido es producido por unas lengüetas metálicas libres que vibran al soplar y al aspirar.

ARMÓNICO, A adj. (gr. *harmonikos*). Relativo a la armonía. **2.** De sonido agradable: *voz armónica.* ♦ n. m. **3.** Cada uno de los sonidos accesorios, cuyas frecuencias son múltiplos del sonido principal, que se añaden a este sonido y cuyo conjunto da lugar al timbre.

ARMONIO o **ARMÓNIUM** n. m. Instrumento musical de viento, con lengüetas libres y teclado.

ARMONIOSO, A adj. Que tiene armonía.

ARMONIZACIÓN n. f. Acción y efecto de armonizar.

ARMONIZAR v. tr. [**1g**]. Poner en armonía. **2.** MÚS. Apoyar una melodía con un acompañamiento (en general con acordes). **3.** MÚS. Afinar los tubos de un órgano para darles la sonoridad requerida. ♦ v. intr. y pron. **4.** Estar en armonía: *sus canas armonizaban con su piel arrugada.*

A.R.N., abrev. de *ácido ribonucleico.*

ARNÉS n. m. (fr. *harnais*). Armadura de guerra. ♦ **arneses** n. m. pl. **2.** Arreos, guarniciones de las caballerías o animales de tiro.

ÁRNICA n. f. Planta, de unos 50 cm de alt., que crece en las montañas elevadas, de flores amarillas, con la que se prepara una tintura útil para las contusiones. (Familia compuestas.) **2.** Tintura alcohólica preparada con las flores de esta planta.

ARNO, r. de Italia que pasa por Florencia y Pisa y desemboca en el Mediterráneo; 241 km.

ARO n. m. Pieza en figura de circunferencia. **2.** *Argent.* y *Chile.* Pendiente, arete. **3.** TECNOL. Anillo metálico que sirve para mantener fija una polea, un engranaje, etc., para limitar el recorrido de una pieza o para disimular una juntura en las superficies cilíndricas. **4.** TECNOL. Segmento de los pistones del motor.

ARO n. m. Planta de pequeñas flores unisexuales dispuestas en espigas envueltas por una espata verdusca. (Familia aráceas.) SIN.: *jaro, yaro.*

AROA, c. de Venezuela (Yaracuy), junto al río Aroa; 24 615 hab. Minas de cobre y pirita.

AROMA n. f. *lat. aromam*). Flor del aromo. ♦ n. m. **2.** Perfume, olor muy agradable. ♦ n. m. o f. **3.** Goma, bálsamo, leño o hierba de mucha fragancia.

AROMÁTICO, A adj. Que tiene aroma, perfume.

AROMATIZACIÓN n. f. Acción de aromatizar.

AROMATIZANTE adj. y n. m. Dícese de una sustancia que sirve para aromatizar.

AROMATIZAR v. tr. [**1g**]. Dar o comunicar aroma.

AROMO n. m. Árbol, variedad de acacia, de ramas espinosas y flores amarillas muy olorosas, que puede alcanzar los 17 m de alt. (Familia mimosáceas.)

ARONA, v. de España (Santa Cruz de Tenerife), en Tenerife; 41 636 hab. Centro turístico (playas).

AROSEMENA (Florencio Harmodio), político e ingeniero panameño (Panamá 1872-Nueva York 1945), presidente de la república (1928-1931).

AROSEMENA (Juan Demóstenes), político panameño (1879-Balboa 1939), hermano Florencio Arosemena. Fue presidente de la república (1936-1939).

AROSEMENA (Pablo), político panameño (Panamá 1836-*id.* 1920), presidente de la asamblea constituyente (1903) y de la república (1910-1912).

AROSEMENA MONROY (Carlos Julio), político ecuatoriano (Guayaquil 1920-*id.* 2004). Presidente de la república (1961-1963), fue derrocado por los militares.

ARPA n. f. (fr. *harpe*). Instrumento de música triangular, con cuerdas que se hieren con ambas manos, cuyo origen se remonta a la más lejana antigüedad.

ARPADO, A adj. Dícese de un arma cuyo hierro presenta dientecillos puntiagudos, como de sierra: *flecha arpada.*

ARPEGIO n. m. (ital. *arpeggio*). MÚS. Ejecución sucesiva de las notas de un acorde.

ARPÍA n. f. (gr. *Harpya*). Divinidad griega, mitad mujer mitad ave, proveedora de los infiernos. **2.** *Fig.* Mujer perversa. **3.** *Fig.* y *fam.* Persona codiciosa que con arte o maña saca cuanto puede.

ARPILLERA n. f. Tejido de estopa muy basta.

ARPISTA n. m. y f. Músico que toca el arpa.

ARPÓN n. m. Instrumento de hierro que termina en forma de dardo dentado, provisto de un mango, que se utiliza para la captura de ballenas y peces de gran tamaño. **2.** PREHIST. Arma arrojadiza, cuya punta se separa del mango cuando alcanza la presa.

ARPONADO, A adj. De forma de arpón o parecido a él.

ARPONAR o **ARPONEAR** v. tr. [**1**]. Cazar o pescar con arpón.

ARPONERO n. m. El que pesca o caza con arpón. **2.** Ballenero, barco.

ARQUEADA n. f. MÚS. Paso del arco por las cuerdas de un instrumento músico, sin cambiar la dirección.

ARQUEADO, A adj. Curvado en arco.

ARQUEAR v. tr. y pron. [**1**]. Dar a una cosa figura de arco, enarcar.

ARQUEAR v. tr. MAR. Medir la capacidad de una embarcación.

ARQUEO n. m. Acción y efecto de arquear.

ARQUEO n. m. MAR. Volumen interior total o parcial de un barco mercante, expresado en toneladas de arqueo (2,83 m³) y calculado mediante reglas muy precisas. **2.** MAR. Cálculo de esta capacidad.

ARQUEO n. m. CONTAB. Operación por la que se procede al recuento de las existencias de caja.

ARQUEOLÍTICO, A adj. Relativo a la edad de piedra.

ARQUEOLOGÍA n. f. Ciencia que, por medio del análisis de los vestigios de la actividad humana, permite estudiar no sólo las antiguas civilizaciones, sino también entrever el entorno ecológico y la evolución de los procesos culturales de los períodos más remotos.

ARQUEOLÓGICO, A adj. Relativo a la arqueología. **2.** *Fig.* Antiguo, sin importancia actual.

ARQUEÓLOGO, A n. Persona que se dedica a la arqueología.

ARQUERÍA n. f. Serie de arcos.

ARQUERO n. m. Soldado armado con arco y flechas. **2.** En los deportes de equipo, portero.

ARQUETÍPICO, A adj. Relativo al arquetipo.

ARQUETIPO n. m. (lat. *archetypum*). Tipo supremo, prototipo ideal de las cosas o de las acciones. **2.** *Fig.* Modelo original y primario en el arte u otra cosa.

ARQUÍMEDES, sabio griego (Siracusa 287-id. 212 a. J.C.). Sus trabajos sobre el cálculo de las áreas y de los volúmenes curvilíneos constituyen el cenit de la geometría alejandrina. Perfeccionó el sistema numérico griego y llevó a cabo los primeros trabajos de geometría infinitesimal (área de un segmento de parábola, de la esfera, del cilindro). Obtuvo una buena aproximación de π gracias a la medición de polígonos inscritos en el círculo y circunscritos a éste. Fundador, en física, de la estática de los sólidos y de la hidrostática, formuló el principio que lleva su nombre: *Todo cuerpo sumergido en un fluido experimenta un empuje vertical, dirigido de abajo a arriba, igual al peso del fluido que desaloja*. Se le atribuyen diversos inventos mecánicos: polea móvil, palancas, muflas, ingenios bélicos, con los que durante tres años tuvo en jaque a los romanos, que asediaban Siracusa.

ARQUITECTO, A n. (lat. *architectum*). Persona que concibe la creación de un edificio, inmueble, etc., y controla su ejecución. • **Arquitecto técnico**, director de la construcción, antes llamado aparejador.

ARQUITECTÓNICO, A adj. Relativo a la arquitectura.

ARQUITECTURA n. f. (lat. *architecturam*). Arte de proyectar y construir edificios según reglas técnicas y cánones estéticos determinados; ciencia de la arquitectura. **2.** *Fig.* Estructura, forma. **3.** INFORMÁT. Organización de los diversos elementos constitutivos de un sistema informático.

ARQUITRABE n. m. ARQ. Parte inferior de un entablamento.

ARRABAL n. m. Barrio extremo de una población.

ARRABALERO, A adj. y n. Dícese del habitante de un arrabal. **2.** *Fig.* y *fam.* Dícese de la persona que en su forma de vestir o comportarse da muestras de mala educación.

ARRABIATAR v. tr. [1]. *Amér.* Rabiatar, atar un animal a la cola de otro. ♦ **arrabiatarse** v. pron. **2.** *Amér.* Someterse servilmente a la opinión de otro.

ARRABIO n. m. Producto obtenido en la colada directa del alto horno.

ARRACADA n. f. Arete con adorno colgante.

ARRACIMARSE v. pron. [1]. Unirse en forma de racimo.

ARRAIGAR v. intr. y pron. [1b]. Echar raíces una planta, enraizar, prender. **2.** *Fig.* Hacerse firme una virtud, vicio o costumbre. **3.** DER. Afianzar la responsabilidad de un juicio con bienes raíces o depósito en metálico. ♦ v. tr. **4.** *Fig.* Establecer, fijar firmemente una cosa. **5.** *Fig.* Establecer y afirmar algo o a alguien en una virtud, vicio o costumbre. ♦ **arraigarse** v. pron. **6.** Establecerse en un lugar, adquiriendo en él bienes.

ARRAIGO n. m. Acción y efecto de arraigar o arraigarse.

ARRAIJÁN, distr. de Panamá (Panamá); 37 186 hab. Cultivos hortícolas. Industrias químicas.

ARRAMBLAR v. tr. [1]. Dejar un río o torrente cubierto de arena en el suelo por donde pasa. **2.** *Fig.* Arrastrar, llevarse con abuso o violencia. ♦ **arramblarse** v. pron. **3.** Cubrirse el suelo de arena a causa de una avenida.

ARRANCADA n. f. Partida o salida violenta. **2.** Comienzo del movimiento de una máquina o vehículo que se pone en marcha. **3.** En halterofilia, movimiento que se efectúa en un solo tiempo, de modo que la barra pase directamente del suelo a la altura de los manos, con los brazos tensos en posición vertical.

ARRANCAR v. tr. [1a]. Sacar de raíz. **2.** Sacar con violencia una cosa del lugar a que está adherida o sujeta, o de que forma parte. **3.** *Fig.* Obtener o conseguir algo de una persona con esfuerzo, violencia o astucia: *arrancar dinero a alguien*. **4.** *Fig.* Separar o quitar a una persona de una determinada costumbre, creencia o vicio. **5.** *Fig.* Hacer salir la flema arrojándola; dícese también de la voz, suspiros, etc. **6.** TAUROM. Entrar a matar al toro, avanzando el diestro hacia la res. ♦ v. intr. **7.** Iniciar el funcionamiento de una máquina o el movimiento de traslación de un vehículo. ♦ v. intr. **8.** Partir de carrera. **9.** Principiar el arco o bóveda, tomando su curva sobre el salmer o la imposta.

ARRANCHAR v. tr. y pron. [1]. Juntar en ranchos. ♦ v. tr. **2.** *Amér.* Arrebatar, quitar.

ARRANQUE n. m. Acción y efecto de arrancar. **2.** Comienzo, principio, punto de donde arranca algo. **3.** *Fig.* Ímpetu de un sentimiento o una acción: *tener un arranque de celos*. **4.** CONSTR. Nacimiento de un arco o de una bóveda. **5.** CONSTR. Parte que constituye la transición entre la jamba y el arco. **6.** MEC. Dispositivo para la puesta en funcionamiento de un motor.

ARRAS n. f. pl. Suma de dinero que una parte entrega a la otra en el momento de efectuar un contrato para asegurar su ejecución. **2.** Donación que, en algunos lugares, el novio hace a la novia por razón del matrimonio.

ARRASAR v. tr. [1]. Allanar una superficie: *arrasar un campo*. **2.** Echar por tierra, destruir. ♦ v. tr. y pron. **3.** *Fig.* Llenarse los ojos de lágrimas.

ARRASTRADA n. f. *Argent.* Mujer de mala vida.

ARRASTRADERO n. m. Camino por donde se hace el arrastre de maderas.

ARRASTRADO, A adj. *Fam.* Pobre, desastrado, fatigoso. **2.** Dícese del juego de naipes en que es obligatorio servir a la carta jugada. **3.** *Méx. Fam.* Dícese de la persona que ruega para pedir afecto. ♦ adj. y n. **4.** *Fam.* Pícaro, bribón. **5.** *Méx. Fam.* Servil.

ARRASTRAR v. tr. [1]. Mover a una persona o cosa tirando de ella: *arrastrar la carretilla*. **2.** *Fig.* Impulsar un poder o fuerza irresistible a la voluntad ajena: *sus vicios le arrastran*. **3.** *Fig.* Llevar o soportar algo penosamente. **4.** *Fig.* Tener por consecuencia inevitable: *la guerra arrastra calamidades*. ♦ v. intr. **5.** Pender hasta el suelo: *el traje le arrastra por detrás*. **6.** En varios juegos de naipes, jugar carta a que deben servir los demás jugadores. ♦ v. tr., intr. y pron. **7.** Trasladar o mover rozando contra el suelo: *arrastrar los pies; arrastrarse hasta la puerta*. ♦ **arrastrarse** v. pron. **8.** *Fig.* Humillarse indignamente.

ARRASTRE n. m. Acción de arrastrar, mover, trasladar. **2.** Acción de arrastrar en los juegos de naipes. • **Pesca de**, o **al, arrastre**, la que se efectúa llevando las redes a remolque de la embarcación.

ARRASTRERO, A adj. y n. m. Dícese del buque o embarcación que se dedica a la pesca de arrastre.

ARRAU (Claudio), pianista chileno (Chillán 1903-Mürzzuschlag, Austria, 1991). Debutó a los cinco años y desarrolló una brillante carrera como intérprete de obras de Chopin, Schumann y Liszt.

ARRAYÁN n. m. Mirto.

¡ARRE! interj. Se usa para arrear a las bestias.

ARREADOR n. m. *Argent., Colomb., Perú* y *Urug.* Látigo.

ARREAR v. tr. [1]. Estimular a las bestias para que anden o para que aviven el paso. **2.** Dar, asestar: *arrear un puntapié*. **3.** *Argent.* Robar ganado. ♦ v. intr. **4.** Apresurar: *empezó a llover y salí arreando*. **9.** ¡Arrea! (*Fam.*), expresa asombro.

ARREAR v. tr. [1]. Poner arreos, adornar.

ARREBATADOR, RA adj. y n. Que arrebata, atrae.

ARREBATAMIENTO n. m. Acción de arrebatar o arrebatarse.

ARREBATAR v. tr. [1]. Quitar, tomar o llevarse con violencia, fuerza o precipitación: *arrebatar algo de las manos*. **2.** *Fig.* Atraer la atención, el ánimo. ♦ v. tr. y pron. **3.** *Fig.* Conmover poderosamente, embelesar. ♦ **arrebatarse** v. pron. **4.** Enfurecerse, dejarse llevar de alguna pasión.

ARREBATIÑA n. f. Acción de arrojarse a recoger algo disputado entre muchos.

ARREBATO n. m. Furor, ímpetu de un sentimiento o de ira: *un arrebato de ira*. **2.** Éxtasis.

ARREBOL n. m. Color rojo de las nubes iluminadas por los rayos del sol. **2.** Color rojo de las mejillas.

ARREBOLAR v. tr. y pron. [1]. Poner rojo.

ARREBUJAR v. tr. [1]. Coger o amontonar con desaliño, haciendo un rebujo, cosas flexibles, especialmente prendas de vestir. SIN.: *rebujar*. ♦ v. tr. y pron. **2.** Cubrir y envolver bien con ropa.

ARRECIAR v. tr., intr. y pron. [1]. Dar o cobrar fuerza, violencia o intensidad.

ARRECIFE n. m. (ár. *al-rasif*). Roca o grupo de rocas casi a flor de agua en el mar, en general cerca de las costas.

ARREDRAR v. tr. [1]. Asustar, amedrentar, atemorizar.

ARREGLAR v. tr. [1]. Poner algo en la forma en que es conveniente o necesario, o de modo que tenga un aspecto agradable. **2.** Poner de nuevo en condiciones de servir lo estropeado, o acomodar algo de forma que se adapte a otro uso: *arreglar un reloj*. **3.** Aclarar, desenredar, desenmarañar lo revuelto, confuso o complicado. ♦ v. tr. **4.** *Fam.* En frases que envuelven amenaza, corregir a uno, castigarle. ♦ **arreglarse** v. pron. **5.** Ingeniarse para salir de un apuro.

ARREGLISTA n. m. y f. Persona que realiza arreglos de obras musicales.

ARREGLO n. m. Acción y efecto de arreglar o arreglarse: *arreglo de la casa; arreglo personal*. **2.** Acuerdo concertado entre particulares o entre estados. **3.** Transformación de una obra musical escrita para determinadas voces, instrumentos o conjuntos, para que pueda ser ejecutada por voces, instrumentos o conjuntos distintos. **4.** *Fam.* Lío amoroso. • **Con arreglo a**, según.

ARRELLANARSE v. pron. [1]. Extenderse en un asiento con toda comodidad: *arrellanarse en la butaca*. SIN.: *apoltronarse, repanchigarse, repantigarse*.

ARREMANGAR v. tr. y pron. [1b]. Recoger hacia arriba las mangas o la ropa: *arremangarse la camisa*. ♦ **arremangarse** v. pron. **2.** *Fig.* Tomar enérgicamente una resolución.

ARREMETER v. intr. [2]. Acometer con ímpetu.

ARREMETIDA n. f. Acción de arremeter.

ARREMOLINARSE v. pron. [1]. Formar remolinos un líquido o un gas. **2.** *Fig.* Amontonarse desordenadamente gente, animales o cosas en movimiento.

ARRENDABLE adj. Que puede o suele arrendarse.

ARRENDADOR, RA adj. y n. Que da en arrendamiento alguna cosa. **2.** Arrendatario.

ARRENDAMIENTO o **ARRIENDO** n. m. Acción de arrendar. **2.** Precio en que se arrienda, renta.

ARRENDAR v. tr. [1j]. Ceder o adquirir el aprovechamiento y uso temporal de una cosa u obligarse a la ejecución de una obra o prestación de un servicio, por un precio determinado. SIN.: *alquilar*.

ARRENDATARIO, A adj. y n. Que toma en arrendamiento alguna cosa.

ARREO n. m. Atavío, adorno. ♦ **arreos** n. m. pl. **2.** Guarniciones o jaeces de las caballerías de montar o de tiro. SIN.: *arneses*.

ARREOLA (Juan José), escritor mexicano (Ciudad Guzmán, 1918 – Guadalajara 2001). Maestro del relato corto (*Varia invención*, 1949; *Confabulario*, 1952), de tipo fantástico, su prosa poética se consolida en su novela *La feria* (1963). Cultivó también el teatro: *La hora de todos* (1954).

ARRHENIUS (Svante), físico y químico sueco (Wijk, cerca de Uppsala 1859-Estocolmo 1927), autor de la *teoría de los iones* y de la hipótesis de la *panespermia*. (Premio Nobel de química 1903.)

ARRIAGA (Ponciano), político mexicano (San Luis Potosí 1811-*id.* 1863). Redactó la constitución de 1857, y luchó junto a Juárez tras el golpe de estado de 1859.

ARRIAR v. tr. [1t]. Bajar una vela o bandera que estaba izada. **2.** Aflojar o soltar un cebo, cadena, etc.

ARRIATE n. m. Parterre estrecho para plantas de adorno junto a las paredes de los jardines y patios.

ARRIBA adv. l. Hacia un lugar superior: *voy arriba*. **2.** En lugar superior o más alto: *está arriba*. **3.** Pospuesto a un nombre de lugar, en dirección a la parte más alta de él: *huyó escaleras arriba*. **4.** En la parte superior de la proposición social: *el orden viene de arriba*. • **De arriba abajo**, del principio al fin: *lo leí de arriba abajo*; con desdén: *mirar de arriba abajo*. ♦ interj. **5.** Se usa para excitar a uno a levantarse, subir o para que recobre ánimos.

ARRIBADA n. f. Acción de arribar.

ARRIBAR v. intr. [1]. Llegar, especialmente una nave al puerto.

ARRIBEÑO, A adj. y n. *Amér.* Dícese de los habitantes de las tierras altas.

ARRIBISTA n. m. y f. adj. Persona que quiere progresar en la vida por medios rápidos y sin escrúpulos.

ARRIBO n. m. Llegada.

ARRIENDO n. m. Arrendamiento.

ARRIERO n. m. El que tiene por oficio trajinar con bestias de carga.

ARRIESGADO, A adj. Osado, temerario.

ARRIESGAR v. tr. y pron. [1b]. Poner a riesgo: *arriesgar la vida*. SIN.: *arriscar*.

ARRIMADERO n. m. Cosa que puede servir de apoyo o a la que uno puede arrimarse.

ARRIMADO, A n. *Méx.* Persona que vive en casa de otro sin pagar nada.

ARRIMAR v. tr. y pron. [1]. Acercar, poner en contacto: *arrimar una silla a la puerta*. ♦ **arrimarse** v. pron. **2.** Apoyarse sobre una cosa para descansar o sostenerse. **3.** *Fig.* Acogerse a la protección de alguien. **4.** TAUROM. Acercarse mucho el diestro al toro al realizar las suertes.

ARRIMO n. m. Apoyo, ayuda, auxilio: *buscar el arrimo de la madre*. **2.** *Amér.* Cerca que separa las heredades.

ARRINCONAMIENTO n. m. Acción y efecto de arrinconar o arrinconarse.

ARRINCONAR v. tr. [1]. Poner una cosa en un rincón, especialmente retirarla del uso: *arrinconar muebles viejos*. **2.** Perseguir a uno, acosarlo hasta que no pueda huir. **3.** *Fig.* Privar a uno del favor que gozaba. ♦ **arrinconarse** v. pron. **4.** *Fig.* y *fam.* Retirarse del trato de las gentes.

ARRIÑONADO, A adj. De figura de riñón.

ARRISCADO, A adj. Lleno de riscos: *una cima arriscada*. **2.** Atrevido, arriesgado.

ARRITMIA n. f. Alteración del ritmo del corazón, caracterizada por una irregularidad de frecuencia y una desigualdad de sus contracciones. **2.** Falta de ritmo regular.

ARRÍTMICO, A adj. Relativo a la arritmia.

ARROBA n. f. Unidad de peso usada en España y en numerosos países de América del Sur. **2.** Medida de capacidad cuyo valor varía según las regiones y países. • **Por arrobas**, a montones.

ARROBAR v. tr. [1]. Embelesar.

ARROBO o **ARROBAMIENTO** n. m. Éxtasis, embelesamiento: *escuchar con arrobo*.

ARROCERO, A adj. Relativo al arroz. ♦ n. **2.** Cultivador de arroz.

ARRODILLAR v. tr. [1]. Poner de rodillas. ♦ v. intr. y pron. **2.** Ponerse de rodillas.

ARRODRIGAR v. tr. [1b]. AGRIC. Arrodrigonar.

ARRODRIGONADO n. m. Operación que consiste en sujetar una planta, rama, tallo, etc., a una estaca para mantenerlos en una dirección determinada. **2.** El soporte mismo.

ARRODRIGONAR v. tr. [1]. AGRIC. Sujetar con un arrodrigonado.

ARROGACIÓN n. f. Acción y efecto de arrogar o arrogarse.

ARROGANCIA n. f. Calidad de arrogante.

ARROGANTE adj. Orgulloso, soberbio: *hablar en tono arrogante*. **2.** Gallardo, airoso.

ARROGAR v. tr. (lat. *arrogare*) [1b]. DER. ROM. Adoptar como hijo al huérfano o al emancipado. ♦ **arrogarse** v. pron. **2.** Atribuirse, apropiarse indebidamente: *se arrogó derechos ajenos*.

ARROJADIZO, A adj. Que se puede arrojar o tirar: *arma arrojadiza*.

ARROJADO, A adj. Resuelto, osado, imprudente.

ARROJAR v. tr. [1]. Lanzar con violencia. **2.** Echar, hacer que algo vaya a parar a alguna parte: *arrojar flores a los artistas*. **3.** Echar, despedir de sí una cosa. **4.** Echar a alguien de algún lugar, apartarle con violencia, por desprecio, castigo, etc. **5.** Echar, deponer a uno de su empleo o dignidad. **6.** *Fig.* Tratándose de cuentas, documentos, etc., presentar, dar de sí como consecuencia o resultado: *la liquidación arroja un saldo positivo*. ♦ **arrojarse** v. pron. **7.** Precipitarse, dejarse ir con violencia de alto a bajo: *arrojarse por el balcón*. **8.** *Fig.* Ir violentamente hacia alguien o algo.

ARROJO n. m. *Fig.* Osadía, intrepidez.

ARROLLABLE adj. Que se puede arrollar.

ARROLLADO n. m. *Argent.* y *Chile.* Carne de vaca o cerdo cocida y aliñada que se envuelve en la piel, también cocida, del mismo animal y se ata en forma de rollo. **2.** *Argent.* y *Chile.* Matambre, fiambre envuelto en forma de rollo. **3.** *Argent.* Brazo de gitano, pastel.

ARROLLADOR, RA adj. Que arrolla: *éxito arrollador*. ♦ n. m. y adj. **2.** MEC. Cilindro de una grúa, torno, cabrestante, etc., en que se arrollan las cuerdas.

ARROLLAMIENTO n. m. Acción y efecto de arrollar. **2.** Bobina de una máquina eléctrica.

ARROLLAR v. tr. [1]. Envolver en forma de rollo: *arrollar el hilo*. **2.** Llevar consigo la fuerza del viento o del agua una cosa: *la riada ha arrollado la cosecha*. **3.** *Fig.* Derrotar, vencer, dominar, superar: *las tropas arrollaron al enemigo*. **4.** *Fig.* Atropellar, especialmente un vehículo.

ARS

ARROPAMIENTO n. m. Acción y efecto de arropar.

ARROPAR v. tr. y pron. [1]. Cubrir, abrigar, especialmente con ropa.

ARROSTRAR v. tr. [1]. Hacer cara, resistir: *arrostrar el peligro*.

ARROTADO, A adj. *Chile*. Dícese de la persona de baja condición o con modales de roto.

ARROW (Kenneth Joseph), economista norteamericano (Nueva York 1921), autor de estudios sobre las opciones colectivas y la teoría del bienestar. (Premio Nobel de economía 1972.)

ARROYADA n. f. GEOGR. Corriente rápida de las aguas pluviales sobre pendientes de terrenos.

ARROYAR v. tr. y pron. [1]. Formar la lluvia arroyadas en un terreno. ♦ v. tr. **2.** Formar la lluvia arroyos.

ARROYO n. m. Corriente de agua de escaso caudal y cauce por donde corre. **2.** Parte de la calle por donde corren las aguas. **3.** Calle, vía en poblado. **4.** *Fig.* Afluencia, corriente de cualquier cosa líquida: *un arroyo de lágrimas*.

ARROZ n. m. (ar. *al-ruzz*). Planta herbácea anual, cultivada en terrenos húmedos y cálidos, de 8 a 18 dm de altura, de hojas largas y ásperas y espiga grande, estrecha y colgante, cuyo fruto, un grano harinoso y blanco, constituye el alimento de base de una tercera parte de la población mundial. (Familia gramíneas.) **2.** Grano de esta planta. • **Agua de arroz**, bebida astringente que se obtiene haciendo cocer arroz en agua. || **Paja de arroz**, paja que se obtiene de la parte leñosa del arroz, utilizada para la confección de sombreros. || **Papel de arroz**, papel especial fabricado con la médula del árbol del pan o con tallos jóvenes de bambú.

ARROZAL n. m. Terreno sembrado de arroz.

ARRUGA n. f. (lat. *rugam*). Pliegue de la piel, generalmente por efecto de la edad. **2.** Pliegue irregular que se hace en cualquier cosa flexible: *las arrugas de la ropa*.

ARRUGAMIENTO n. m. Acción y efecto de arrugar.

ARRUGAR v. tr. y pron. [1b]. Hacer arrugas. ♦ **arrugarse** v. pron. **2.** Encogerse, acobardarse: *arrugarse de vergüenza*.

ARRUINAR v. tr. y pron. [1]. Causar ruina: *su afición al juego le arruinó*. **2.** *Fig.* Destruir, ocasionar grave daño: *la sequía arruinó la cosecha*.

ARRULLADOR, RA adj. y n. Que arrulla.

ARRULLAR v. tr. [1]. Emitir el palomo o el tórtolo su voz natural. **2.** Adormecer al niño meciéndolo o cantándole suavemente. ♦ v. tr. y pron. **3.** Cortejar el palomo o el tórtolo a la hembra, o al contrario. **4.** *Fig.* y *fam.* Decir palabras cariñosas especialmente el enamorado.

ARRULLO n. m. Acción y efecto de arrullar.

ARRUMACO n. m. *Fam.* Demostración de cariño: *cautivar con arrumacos*. (Suele usarse en plural.)

ARRUMAR v. tr. [1]. MAR. Distribuir y colocar la carga en un buque. ♦ **arrumarse** v. pron. **2.** MAR. Cargarse de nubes el horizonte.

ARRUMBAR v. tr. (fr. *arrumer*) [1]. Poner una cosa como inútil en lugar apartado: *arrumbar trastos viejos*. **2.** *Fig.* Apartar a alguien, no hacerle caso.

ARRUMBAR v. tr. [1]. MAR. Determinar la dirección que sigue una costa. ♦ v. intr. **2.** MAR. Fijar el rumbo a que se navega o se debe navegar.

ARRUME n. m. *Colomb.* y *Venez.* Montón.

ARRURRUZ n. m. (ingl. *arrow-root*, raíz de la flecha). Fécula comestible, extraída de los rizomas de diversas plantas tropicales, especialmente de las Antillas.

ARSENAL n. m. Establecimiento en que se construyen, reparan y conservan embarcaciones. SIN.: *astillero, atarazana, dársena*.

ARS

2. Almacén general de armas y efectos bélicos. **3.** *Fig.* Conjunto o depósito de herramientas, noticias, datos, etc.: *el arsenal de un médico; su memoria es un arsenal de fechas.*
ARSÉNICO n. m. (lat. *arsenicum*). Elemento químico (As), de número atómico 33, de masa atómica 74,92, de densidad 5,7, de color gris ferroso y brillo metálico, que al calentarlo, se sublima hacia los 450 °C, despidiendo olor a ajo. ♦ adj. y n. m. **2.** Dícese del anhídrido As_2O_3 y del ácido H_3AsO_4.
ARSENIURO n. m. Combinación del arsénico con un cuerpo simple.
ARTE n. m. o f. (lat. *artem*). Actividad humana específica, para la que se recurre a ciertas facultades sensoriales, estéticas e intelectuales; conjunto de obras artísticas de un país o una época: *el arte italiano; el arte romano.* **2.** Conjunto de reglas que rigen en una profesión o una actividad: *arte militar, culinario.* **3.** Habilidad con que se hace algo: *tener arte para arreglarse; convencer con arte.* **4.** Cautela, astucia: *con sus artes consigue lo que quiere.* (Suele usarse en plural.) • **Arte poética**, obra, en verso o en prosa, que define la concepción y las técnicas de la creación poética de un escritor o una escuela literaria. ‖ **Arte popular**, conjunto de objetos utilitarios o decorativos, sin referencia explícita a una estética a la que se refieren habitualmente las clases dominantes; conjunto de la producción material de objetos familiares, utilitarios, culturales, religiosos, etc., realizados por un grupo étnico. ‖ **Artes de pesca**, conjunto de redes, cables y flotadores que se utilizan para pescar.
ARTECHE (Oswaldo **Salinas Arteche**, llamado **Miguel**), escritor chileno (Cautín 1926), poeta de acento religioso (*Solitario, mira hacia la ausencia,* 1953) y novelista (*La otra orilla,* 1956; *La disparatada vida de Félix Palissa,* 1975).
ARTEFACTO n. m. (lat. *arte factum*, hecho con arte). Obra mecánica, artificio, máquina, aparato. **2.** Cualquier carga explosiva.
ARTEJO n. m. (lat. *articulum*). Nudillo de las falanges de los dedos. **2.** ZOOL. Cada una de las piezas articuladas que forman los apéndices de los artrópodos.
ARTEMISA o **ARTEMIS**, divinidad griega de la naturaleza, protectora de los animales salvajes y de la caza, identificada con la *Diana* de los romanos.
ARTERIA n. f. Vaso que conduce la sangre desde el corazón a los órganos. **2.** *Fig.* Calle de una población, a la cual afluyen muchas otras. **3.** *Fig.* Medio importante de comunicación.
ARTERIAL adj. Relativo a las arterias.
ARTERIOLA o **ARTERÍOLA** n. f. Pequeña arteria.
ARTERIOSCLEROSIS, ARTERIOSCLEROSIS o **ARTEROSCLEROSIS** n. f. Enfermedad involutiva de la pared de las arterias, que conduce a su endurecimiento.
ARTERIOSCLERÓTICO, A adj. y n. Relativo a la arteriosclerosis; afecto de arteriosclerosis.
ARTERO, A adj. Astuto, malintencionado.
ARTESA n. f. Recipiente en forma de tronco de pirámide invertido, para amasar pan, dar de comer a los animales o para otros usos. **2.** Cajón o cosa en que se mezcla el mortero o el yeso. **3.** Valle cuyo perfil transversal, con vertientes empinadas y fondo plano, es parecido al de una artesa.
ARTESANADO n. m. Conjunto de los artesanos. **2.** Artesanía, obra de artesano.
ARTESANAL adj. Relativo a la artesanía.
ARTESANÍA n. f. Calidad de artesano. **2.** Obra de artesano.
ARTESANO, A adj. Relativo a la artesanía. ♦ n. y adj. **2.** Persona que ejerce un arte u oficio manual.
ARTESIANO, A adj. y n. Del Artois. ♦ adj. **2. Pozo artesiano**, pozo en el que el agua asciende por su propia presión.
ARTESÓN n. m. ARQ. Compartimiento hueco, adornado con molduras o pinturas, utilizado en la decoración de los techos. **2.** ARQ. Artesonado.
ARTESONADO n. m. ARQ. Techo adornado con artesones.
ARTESONAR v. tr. [1]. Adornar con artesones un techo o bóveda.
ÁRTICAS (*regiones*) o **ÁRTICO**, conjunto constituido por el océano Ártico y la región continental e insular (*tierras árticas*) situada al N del círculo polar ártico, que engloba el N de América, de Europa y de Siberia, Groenlandia y las Svalbard. Las tierras Árticas, de clima muy frío, poseen, al menos en sus franjas meridionales, aparte de una vegetación muy pobre (tundra), una fauna terrestre (reno) y marina. Los grupos humanos están muy dispersos (esquimales, lapones, samoyedos).
ÁRTICO, A adj. (lat. *articum*). Dícese de las regiones polares septentrionales.
ÁRTICO (*archipiélago*), conjunto de las islas de Canadá, entre el continente y Groenlandia (tierra de Baffin, Ellesmere, isla Victoria).
ÁRTICO (*océano*), conjunto de los mares situados en la parte boreal del globo, limitado por las costas septentrionales de Asia, América y Europa, y por el círculo polar ártico.
ARTICULACIÓN n. f. (lat. *articulationem*). Acción de articular los sonidos de una lengua. **2.** Unión no rígida entre las piezas mecánicas. **3.** ANAT. Zona de unión entre dos o más huesos. **4.** ZOOL. Zona de tegumento de los artrópodos donde la quitina se adelgaza permitiendo los movimientos de los segmentos.
ARTICULADO, A adj. Que tiene una o varias articulaciones. **2.** Enunciado, expresado claramente: *palabra mal articulada.* ♦ n. m. **3.** Conjunto de artículos de una ley o reglamento.
ARTICULAR adj. Relativo a las articulaciones. SIN.: articulario.
ARTICULAR v. tr. y pron. (lat. *articulare*) [1]. Unir, enlazar las partes de un todo en forma generalmente funcional. ♦ v. tr. **2.** Producir los sonidos de una lengua disponiendo adecuadamente los órganos de la voz. **3.** Pronunciar las palabras clara y distintamente.
ARTICULATORIO, A adj. Relativo a la articulación de los sonidos del lenguaje.
ARTICULISTA n. m. y f. Persona que escribe artículos para periódicos o publicaciones análogas.
ARTÍCULO n. m. (lat. *articulum*). Cada una de las partes en que suelen dividirse los escritos. **2.** Escrito de cierta extensión e importancia, inserto en un periódico o revista. **3.** Mercancía, cosa que se comercia. **4.** DER. Cada una de las disposiciones numeradas de un tratado, ley, etc. **5.** IN-FORMÁT. La menor cantidad de información accesible en un fichero. **6.** LING. Palabra accesoria que se antepone a los nombres para individualizarlos y concretizarlos, y para indicar su género y número. **7.** ZOOL. Artejo. • **Artículo de fe**, verdad que se debe creer como revelada por Dios, y propuesta, como tal, por la Iglesia.
ARTÍFICE n. m. y f. Artista, persona que ejercita una de las bellas artes o ejerce un arte manual. **2.** *Fig.* Autor, el que es causa de alguna cosa.
ARTIFICIAL adj. Hecho por mano o arte del hombre: *flores artificiales.* **2.** No natural, falso.
ARTIFICIERO n. m. Especialista en la manipulación de explosivos. **2.** Persona que fabrica los fuegos de artificio.
ARTIFICIO n. m. Arte, habilidad. **2.** *Fig.* Disimulo, doblez. **3.** ARM. Término genérico que designa cualquier composición fulminante capaz de desencadenar una acción explosiva. • **Fuegos de artificio**, preparación química detonante y luminosa empleada en festejos.
ARTIFICIOSO, A adj. Hecho con artificio, habilidad o disimulo.
ARTIGA n. f. Modo de fertilización y preparación del terreno para cultivo, que consiste en arrancar previamente las hierbas y maleza que lo cubren y, después de apilarlas y quemarlas, esparcir las cenizas sobre el suelo.
ARTIGAR v. tr. [1b]. Efectuar la artiga.
ARTIGAS, ant. **San Eugenio**, c. de Uruguay, cap. del dep. homónimo; 34 551 hab. Extracción de ágatas y amatistas. Aeropuerto. — El *departamento de Artigas* tiene 12 145 km² y 69 000 hab.
ARTIGAS (José Gervasio), fundador de la nacionalidad uruguaya (Montevideo 1764-Ibiray, cerca de Asunción, 1850). Se enfrentó al gobernador español de Montevideo (sitio de 1811) y al gobierno centralista de Buenos Aires (1814-1820), exigiendo un régimen federal en el antiguo virreinato. En 1816 hizo frente a la invasión luso-brasileña hasta su derrota definitiva en Tacuarembó (1820). El gobernador de Entre Ríos, Ramírez, que aspiraba a sustituirle al frente de los federalistas, le declaró la guerra y lo venció (batalla de la Bajada, 1820), por lo que Artigas huyó a Paraguay.
ARTILLERÍA n. f. (fr. *artillerie*). Arte de construir, conservar y usar las armas, las máquinas y las municiones de guerra. **2.** Conjunto de materiales de guerra que comprende las bocas de fuego, las municiones y los vehículos encargados de su transporte. **3.** Cuerpo militar que, con el carácter de arma, está destinado a este servicio.
ARTILLERO, A adj. Relativo a la artillería. ♦ n. m. **2.** Militar que sirve en la artillería.
ARTILUGIO n. m. *Desp.* Mecanismo, artificioso, pero de poca importancia. **2.** Trampa, enredo.
ARTIMAÑA n. f. Trampa, engaño. **2.** *Fam.* Astucia, disimulo.
ARTIODÁCTILO, A adj. y n. m. Relativo a un orden de ungulados que poseen un número par de dedos en cada pata, como los rumiantes y los porcinos.
ARTISTA n. m. y f. Persona que ejercita las bellas artes. **2.** Persona dotada de las disposiciones necesarias para el cultivo de las bellas artes. **3.** Persona que interpreta una obra musical, teatral, cinematográfica, etc., o que actúa en un espectáculo. **4.** Persona que hace una cosa con mucha perfección: *es un artista del bisturí.*
ARTÍSTICO, A adj. Relativo al arte o hecho con arte: *monumento artístico; decoración artística.*
ARTRÍTICO, A adj. y n. Relativo a la artritis; afecto de artritis o artritismo.
ARTRITIS n. f. MED. Inflamación de una articulación.
ARTRITISMO n. m. MED. Conjunto de afecciones diversas (gota, reumatismo, eccema, diabetes, etc.) a las que se les atribuía no obstante una causa común, generalmente un trastorno de la nutrición.
ARTROPATÍA n. f. MED. Afección de una articulación.
ARTRÓPODO adj. y n. m. Relativo a un tipo de animales invertebrados caracterizados por un esqueleto externo quitinoso, cuerpo dividido en anillos y miembros formados por segmentos móviles gracias a la presencia de articulaciones, como los insectos, los crustáceos, etc.
ARTROSIS n. f. MED. Afección crónica degenerativa de las articulaciones.
ARTÚS o **ARTURO**, jefe galés legendario, que animó la resistencia de los celtas a la conquista anglosajona (fines s. V-inicios s. VI) y cuyas aventuras dieron origen a las novelas del llamado *ciclo artúrico,*

también denominado *ciclo bretón* o *materia de Bretaña*.

ARUBA, isla de las Antillas, dependencia de Países Bajos, frente a la costa de Venezuela; 193 km²; 65 000 hab. Posee un estatuto de autogobierno muy amplio desde 1986.

ARVEJA n. f. (lat. *ervillam*). Planta leguminosa de tallo trepador de 3 a 6 dm, flores de color violeta o blanquecino, cuyo fruto es una legumbre que sirve de alimento a las aves. **2.** Semilla de esta planta. **3.** *Argent., Chile, Colomb.* y *Urug.* Guisante.

ARVEJAL o **ARVEJAR** n. m. Terreno que está poblado de arvejas.

ARVEJERA n. f. Arveja, planta leguminosa.

ARZOBISPADO n. m. Dignidad de arzobispo. **2.** Territorio en el que el arzobispo ejerce jurisdicción. **3.** Palacio del arzobispo.

ARZOBISPAL adj. Relativo al arzobispo.

ARZOBISPO n. m. Prelado que está al frente de una provincia eclesiástica que agrupa varias diócesis.

ARZÓN n. m. Fuste de la silla de montar.

ARZÚ (Álvaro), político guatemalteco (Guatemala 1946). Cofundador y secretario general del Partido de avanzada nacional (P.A.N.), es presidente de la república desde 1996. En diciembre de 1997 firmó con la guerrilla un acuerdo de paz que puso fin a 36 años de guerra civil.

AS n. m. (lat. *assem*, unidad monetaria). Naipe que lleva el número uno. **2.** En los dados, la cara que tiene un solo punto. **3.** *Fig.* Persona que sobresale en un ejercicio o profesión. **4.** Unidad de peso, moneda y medida, entre los antiguos romanos.

As, símbolo químico del *arsénico*.

ASA n. f. (lat. *ansam*). Parte que sobresale de un objeto y que sirve para asirlo. **2.** *Fig.* Asidero, ocasión o pretexto.

ASA n. f. Jugo que fluye de diversas plantas umbelíferas.

ASADO n. m. Carne asada.

ASADOR n. m. Utensilio de cocina o aparato mecánico para asar.

ASADURA n. f. Conjunto de las entrañas comestibles de un animal. (Suele usarse en plural.)

ASAETEAR v. tr. [1]. Disparar saetas. **2.** Herir o matar con saetas. **3.** *Fig.* Importunar.

ASALARIADO, A adj. y n. Dícese de la persona que presta algún servicio a cambio de un salario.

ASALARIAR v. tr. Dar o señalar salario a una persona.

ASALTAR v. tr. [1]. Acometer una plaza o fortaleza para apoderarse de ella: *asaltar la ciudad*. **2.** Acometer repentinamente y por sorpresa, especialmente para robar: *asaltar un banco, a un transeúnte*. **3.** *Fig.* Ocurrir de pronto una enfermedad, un pensamiento, etc., a uno: *asaltar una duda*.

ASALTO n. m. Acción y efecto de asaltar. **2.** Robo a mano armada. **3.** Cada una de las partes en un combate de boxeo. SIN.: *round*. **4.** Combate amistoso de esgrima.

ASAMBLEA n. f. (fr. *assemblée*). Reunión numerosa de personas convocadas para algún fin. **2.** Cuerpo político deliberante.

ASAMBLEÍSTA n. m. y f. Persona que participa o forma parte de una asamblea.

ASAR v. tr. (lat. *assare*) [1]. Preparar un manjar por la acción directa del fuego o la del aire caldeado de un horno. **2.** Tostar, abrasar. **3.** *Fig.* Importunar, molestar insistentemente: *me asaba con recomendaciones*. ♦ **asarse** v. pron. **4.** Sentir mucho calor o ardor: *asarse de calor*.

ASAZ adv. y adj. *Poét.* Bastante, harto, muy, mucho: *asaz inteligente*.

ASBESTO n. m. (gr. *asbestos*, inextinguible). Sustancia mineral fibrosa e inalterable al fuego.

ASCÁRIDE n. f. (lat. *ascaridem*). Lombriz parásita del intestino delgado del hombre y del caballo, de unos 10 a 25 cm de long. (Clase nematodos.)

ASCÁSUBI (Francisco Javier), patriota y militar ecuatoriano († Quito 1810), precursor del movimiento independentista en Quito (1809).

ASCASUBI (Hilario), poeta argentino (Fraile Muerto, Córdoba, 1807-Buenos Aires 1875). En Montevideo escribió los poemas gauchescos de *Paulino Lucero* (1853), contra la tiranía de Rosas. Tras su caída, editó en Buenos Aires el periódico político y satírico *Aniceto el Gallo* (1853-1859). Su gran obra es *Santos Vega o Los mellizos de la Flor* (1872), relato en verso en el que creó el prototipo del gaucho y poetizó la pampa.

ASCENDENCIA n. f. Conjunto de ascendientes de una persona. **2.** *Fig.* Ascendiente, influjo moral. **3.** METEOROL. Corriente aérea dirigida de abajo arriba.

ASCENDER v. intr. (lat. *ascendere*) [2d]. Subir, pasar a un lugar más alto. **2.** Importar una cuenta o cantidad: *los gastos ascendieron a un millón*. **3.** *Fig.* Pasar a una mejor posición social o a una categoría superior. ♦ v. tr. **4.** Dar o conceder un ascenso.

ASCENDIENTE n. m. y f. Con respecto a una persona, otra de quien ella desciende. ♦ n. m. **2.** Predominio moral o influencia que ejerce una persona sobre otra.

ASCENSIÓN n. f. Acción y efecto de ascender, subir. **2.** Elevación de Jesucristo a los cielos; día en el cual la Iglesia la celebra. (Suele escribirse en mayúscula.) • **Ascensión recta**, arco del ecuador celeste comprendido entre el punto vernal y el círculo horario de un astro, tomado en sentido directo. (La ascensión recta es una de las coordenadas ecuatoriales celestes de un astro.)

ASCENSIONAL adj. Dícese del movimiento de un cuerpo ascendente y de la fuerza que lo produce.

ASCENSO n. m. Subida, acción y efecto de subir. **2.** Promoción a mayor dignidad o categoría.

ASCENSOR n. m. Aparato elevador que sirve para transportar personas.

ASCENSORISTA adj. y n. m. y f. Dícese de la persona que tiene a su cargo el manejo del ascensor.

ASCESIS n. f. Conjunto de ejercicios practicados para alcanzar el perfeccionamiento espiritual.

ASCETA n. m. y f. Persona que practica el ascetismo. **2.** Persona que lleva una vida austera.

ASCÉTICA n. f. Ascetismo.

ASCÉTICO, A adj. Relativo a los ascetas o al ascetismo. **2.** Dícese de la persona que se dedica particularmente a la práctica y ejercicio de la perfección espiritual.

ASCETISMO n. m. Conjunto de prácticas de penitencia con fines espirituales o religiosos. **2.** Vida austera.

ASCIDIO n. m. BOT. Órgano en forma de cucurucho o ampolla, constituido por las hojas de determinadas plantas carnívoras.

ASCII (siglas de *american standard code for information interchange*), código utilizado para el intercambio de datos informáticos, que define las representaciones de un juego de caracteres con la ayuda de combinaciones de siete elementos binarios.

ASCO n. m. Alteración del estómago, causada por la repugnancia que se siente hacia algo. **2.** *Fig.* Impresión desagradable causada por una cosa que repugna, fastidia o aburre: *da asco una casa tan sucia*. **3.** *Fig.* Cosa que repugna, que fastidia, tedia, birria.

ASCO n. m. (gr. *askos*, odre). Órgano esporífero propio de ciertos hongos.

ASCOMICETE adj. y n. m. Relativo a una clase de hongos superiores cuyas esporas se forman en ascos.

ASCÓRBICO, A adj. **Ácido ascórbico**, vitamina C o antiescorbútica.

ASCUA n. f. Pedazo de materia que está ardiendo sin dar llama. • **En ascuas** (Fam.), inquieto, sobresaltado.

ASEADO, A adj. Limpio, pulcro.

ASEAR v. tr. y pron. [1]. Adecentar y componer con curiosidad y limpieza.

ASECHANZA n. f. Engaño o artificio para dañar a otro. (Suele usarse en plural.)

ASECHAR v. tr. [1]. Poner asechanzas.

ASEDAR v. tr. [1]. Poner suave como la seda.

ASEDIADOR, RA adj. y n. Que asedia.

ASEDIAR v. tr. [1]. Cercar una plaza o fortaleza para impedir que salgan los que están en ella, o que reciban socorro: *asediar una ciudad*. **2.** *Fig.* Importunar a uno sin descanso con pretensiones.

ASEDIO n. m. Acción y efecto de asediar.

ASEGURADOR, RA adj. y n. Que asegura o sirve para asegurar.

ASEGURAMIENTO n. m. Acción y efecto de asegurar.

ASEGURAR v. tr. [1]. Establecer, fijar sólidamente. **2.** Poner a una persona en condiciones que le impidan huir o defenderse. **3.** Garantizar, dejar seguro de la certeza de una cosa. **4.** Dar garantía con hipoteca o prenda del cumplimiento de una obligación. ♦ v. tr. y pron. **5.** Afirmar la certeza de lo que se dice. **6.** DER. Concertar un seguro.

ASEMÁNTICO, A adj. Dícese de cualquier elemento lingüístico carente de significación.

ASEMEJAR v. intr. y pron. [1]. Tener, mostrar semejanza: *las dos hermanas se asemejan mucho*. ♦ v. tr. y pron. **2.** Representar una cosa como semejante a otra: *el poeta asemeja los ríos a la vida*. ♦ v. tr. **3.** Hacer una cosa con semejanza a otra.

ASENDEREADO, A adj. Agobiado de trabajos o adversidades. **2.** *Fig.* Práctico, experto.

ASENSO n. m. (lat. *assensum*). Acción y efecto de asentir. SIN.: *asentimiento*. • **Dar asenso**, creer.

ASENTADERAS n. f. pl. *Fam.* Nalgas.

ASENTADOR, RA n. El que asienta o cuida de que asiente una cosa. **2.** Persona que contrata al por mayor víveres para un mercado público. ♦ n. m. **3.** Instrumento a manera de formón, para repasar su obra el herrero. **4.** Pedazo de cuero, o utensilio de otra clase, para suavizar el filo de las navajas de afeitar.

ASENTAMIENTO n. m. Acción y efecto de asentar o asentarse. **2.** Fase final del movimiento migratorio, en el cual la familia emigrada se establece permanentemente o se afinca en el lugar de nueva residencia.

ASENTAR v. tr. [1j]. Poner o colocar alguna cosa de modo que permanezca firme. **2.** Tratándose de pueblos o edificios, situar, fundar. **3.** Presuponer o hacer supuesto de alguna cosa. ♦ v. intr. **4.** Sentar, cuadrar o convenir una cosa a otra o a una persona. ♦ **asentarse** v. pron. **5.** Establecerse en un lugar. **6.** Posarse un líquido.

ASENTIMIENTO n. m. Asenso. **2.** Consentimiento. **3.** Aceptación, adhesión a la opinión sostenida por otro.

ASENTIR v. intr. (lat. *assentire*) [22]. Admitir como cierta o conveniente una cosa.

ASENTISTA n. m. y f. Persona que se encarga por contrato del suministro de víveres y otros efectos.

ASEO n. m. Limpieza, pulcritud: *aseo personal*. **2.** Baño, cuarto o lugar para bañarse.

ASÉPALO, A adj. Que carece de sépalos.

ASEPSIA n. f. Ausencia de microorganismos patógenos. **2.** *Fig.* Limpieza, frialdad, desapasionamiento.

ASE

ASÉPTICO, A adj. Relativo a la asepsia. **2.** Libre de gérmenes infecciosos.

ASEPTIZAR v. tr. [**1g**]. Hacer aséptico.

ASEQUIBLE adj. Que se puede conseguir o alcanzar: *hacer la cultura asequible a las masas.*

ASERCIÓN n. f. (lat. *assertionem*). Acción de afirmar, asegurar. **2.** Proposición en que se afirma o da por cierta alguna cosa. **3.** LÓG. Operación consistente en exponer la verdad de una proposición, generalmente simbolizada por el signo colocado ante dicha proposición.

ASERRADERO n. m. Lugar donde se asierra la madera.

ASERRADO, A adj. Que tiene dientes como la sierra. ♦ n. m. **2.** Acción de aserrar. **3.** Transformación de los troncos en piezas de forma y dimensiones apropiadas para los diversos usos industriales.

ASERRADOR, RA adj. Que sierra. ♦ n. **2.** Persona que tiene por oficio aserrar.

ASERRADURA n. f. Corte que hace la sierra. **2.** Parte donde se ha hecho el corte. ♦ **aserraduras** n. f. pl. **3.** Serrín.

ASERRAR v. tr. [**1j**]. Serrar.

ASERRUCHAR v. tr. [**1**]. *Amér.* Cortar con serrucho.

ASERTIVO, A adj. Afirmativo.

ASERTO n. m. Aserción. **2.** Palabra con que se afirma.

ASESINAR v. tr. [**1**]. Matar alevosamente, por dinero, o con premeditación, a una persona. **2.** *Fig. y fam.* Representar o interpretar algo muy mal.

ASESINATO n. m. Acción y efecto de asesinar.

ASESINO, A adj. y n. Que asesina. **2.** Reo de un asesinato.

ASESOR, RA adj. y n. (lat. *assessorem*). Que asesora. **2.** DER. Dícese del letrado a quien, por razón de oficio, incumbe aconsejar o ilustrar con su dictamen a un juez lego.

ASESORA n. f. Femenino de asesor. • **Asesora del hogar** (*Chile*), empleada de hogar.

ASESORAMIENTO n. m. Acción y efecto de asesorar o asesorarse.

ASESORAR v. tr. [**1**]. Dar consejo o dictamen: *asesorar a sus hijos.* ♦ **asesorarse** v. pron. **2.** Tomar consejo.

ASESORÍA n. f. Oficio de asesor. **2.** Oficina del asesor.

ASESTAR v. tr. [**1**]. Descargar contra alguien o algo un proyectil o el golpe de un arma u objeto semejante.

ASEVERACIÓN n. f. Acción y efecto de aseverar. SIN.: *afirmación.*

ASEVERAR v. tr. (lat. *asseverare*) [**1**]. Afirmar o asegurar lo que se dice.

ASEVERATIVO, A adj. Que asevera. • **Oración,** o **frase aseverativa** (GRAM.), aquella cuyo enunciado es afirmativo. SIN.: *afirmativo, asentivo.*

ASEXUADO, A adj. Que carece de sexo.

ASEXUAL adj. Sin sexo. • **Reproducción asexual,** la que se realiza sin intervención de células reproductoras, o gametos, por ej. la gemación. SIN.: *reproducción vegetativa.*

ASFALTADO n. m. Acción de asfaltar. **2.** Pavimento hecho con asfalto.

ASFALTAR v. tr. [**1**]. Revestir de asfalto.

ASFÁLTICO, A adj. Que contiene asfalto.

ASFALTO n. m. Sustancia bituminosa, negra y compacta, que se utiliza como revestimiento de calzadas.

ASFIXIA n. f. Suspensión o dificultad en la respiración. **2.** *Fig.* Sensación de agobio producida por el excesivo calor, por el enrarecimiento del aire, por demasiado trabajo, etc.

ASFIXIADOR, RA adj. y n. Que asfixia.

ASFIXIAR v. tr. [**1**]. Producir o sufrir asfixia.

ASHANTI, pueblo akan de Ghana central. Vencieron a los denkyera y constituyeron (1695) un poderoso reino, cuya capital, Kumasi, fue destruida por los británicos (1874).

ASÍ adv. m. De esta o esa manera: *está bien así.* **2.** En correlación con *como, según, cual,* se usa en oraciones comparativas de cualidad: *según trabajes, así te será pagada.* **3.** Expresa deseo, con sentido peyorativo: *así te mueras.* **4.** En correlación con la conj. *que* significa en tanto grado, de tal manera, tanto. **5.** Precedido generalmente de la conj. *y,* sirve para introducir una consecuencia: *no exigió lo que le ocurría y así le va.* **6.** En oraciones concesivas, equivale a aunque. • **Así, así,** medianamente; más bien poco. ‖ **Así como así,** de cualquier suerte, de todos modos. ‖ **Así mismo,** asimismo. ‖ **Así que,** en consecuencia, por lo cual. ‖ **Así sea** (LITURG.), fórmula final de casi todas las oraciones de la Iglesia católica. ‖ **Así y todo,** a pesar de eso, de todos modos. ♦ adj. **7.** De este talante: *con gente así no se puede vivir.*

ASIA, uno de los cinco continentes, situado casi por completo en el hemisferio N, el más extenso (44 millones de km²) y el más poblado (3200 millones de hab.). Presenta un relieve accidentado y fragmentado en penínsulas (Kamchatka, Corea, Malaysia) y en archipiélagos (Japón, Insulindia), y está formada por regiones bajas al NO (Siberia occidental, depresión aralocaspiense) y por amplias mesetas de rocas antiguas al S (Arabia, Decán), separadas por montañas (Cáucaso, Zagros, Himalaya, Tian Shan, Altái), que, a su vez, rodean a altas tierras (Anatolia, meseta iraní, Tíbet). Aparte de Siberia, Mongolia y el Tíbet, de clima continental acentuado (inviernos muy fríos), y una estrecha franja mediterránea, existen dos grandes ámbitos climáticos: un *Asia occidental* (al O de Pakistán) seca, y, en el resto del continente, un *Asia húmeda,* el *Asia de los monzones,* de lluvias estivales. El clima más que el relieve condiciona el establecimiento de la población. Se concentra en casi las nueve décimas partes en el Asia monzónica (30 % de la superficie del continente), especialmente en las llanuras y los deltas de los ríos Indo, Ganges y Brahmaputra, Mekong, río Rojo, Yangzi Jiang, Huang He. En esta región, la población se dedica aún principalmente al cultivo del arroz, base de la alimentación. La sequía del Asia occidental explica la escasez de su poblamiento y la subsistencia de la ganadería nómada, excepto en los focos de agua, donde se siembran las cultivos, y en los centros urbanos o industriales (petróleo), donde se concentra una parte creciente de la población. En dic. de 2004 un terremoto de 9 grados Richter, con epicentro en las costas de Sumatra, provocó maremotos que arrasaron las costas de Indonesia y el Golfo de Bengala y llegaron hasta África, causando cerca de 280 000 víctimas.

ASIA CENTRAL, parte de Asia que se extiende desde el mar Caspio hasta China y que corresponde al S de Kazajstán, Uzbekistán, Turkmenistán, Kirguistán, Tayikistán y el O de la provincia china de Xinjiang.

ASIA MENOR, nombre que se daba en historia antigua a la región occidental de Asia al S del mar Negro. Corresponde a la actual Turquía.

ASIA MERIDIONAL, parte de Asia que engloba la India, Bangladesh, Sri Lanka y el Sureste asiático.

ASIA OCCIDENTAL o **ASIA ANTERIOR,** parte de Asia que comprende desde el contorno E del Mediterráneo hasta Afganistán y Pakistán.

ASIÁTICO, A adj. y n. De Asia.

ASIDERO n. m. Parte por donde se coge alguna cosa. **2.** *Fig.* Ocasión, pretexto, motivo.

ASIDUIDAD n. f. Calidad de asiduo.

ASIDUO, A adj. y n. (lat. *assiduum*). Frecuente, puntual, perseverante: *colaboración asidua.*

ASIENTO n. m. Emplazamiento, situación. **2.** Cualquier mueble destinado para sentarse en él. **3.** Parte de estos muebles sobre la que uno se sienta. **4.** Localidad en los espectáculos públicos. **5.** Permanencia, estabilidad. **6.** Anotación, inscripción en un libro, registro, cuenta, etc. **7.** *Amér.* Territorio y población de las minas. **8.** CONSTR. Descenso que puede producirse en la obra edificada, debido a la compresión de los materiales o del terreno de apoyo. **9.** JOY. Lugar que ha de ocupar la piedra que debe engastarse. • **Tomar asiento,** sentarse.

ASIGNABLE adj. Que se puede asignar.

ASIGNACIÓN n. f. Acción y efecto de asignar. **2.** Sueldo, paga.

ASIGNAR v. tr. (lat. *assignare*) [**1**]. Señalar lo que le corresponde a una persona o cosa. **2.** Destinar, designar: *asignar una plaza vacante.*

ASIGNATARIO, A n. *Amér.* Persona a quien se asigna una herencia o legado.

ASIGNATURA n. f. Cada una de las materias que se enseñan en un centro docente y que forman parte de un plan académico de estudios.

ASILADO, A n. Persona acogida en un asilo. • **Asilado político,** persona que por motivos políticos se refugia en un país o embajada extranjera.

ASILAR v. tr. y pron. [**1**]. Albergar en un asilo. ♦ v. tr. **2.** Dar asilo. ♦ **asilarse** v. pron. **3.** Verse obligado a pedir asilo por motivos políticos, religiosos, etc.

ASILO n. m. (lat. *asilum*). Lugar privilegiado de refugio para los delincuentes. SIN.: *sagrado.* **2.** Establecimiento benéfico en que se recogen los menesterosos o se les dispensa alguna asistencia. **3.** *Fig.* Amparo, protección, favor. **4.** DER. e HIST. Suspensión momentánea y limitada de las facultades jurisdiccionales de un estado sobre alguno o algunos de sus súbditos, en consideración a la naturaleza particular, religiosa, territorial o diplomática del lugar en que los mismos se hallan acogidos. • **Asilo político,** protección que un estado concede a los perseguidos por motivos políticos.

ASIMETRÍA n. f. Falta de simetría.

ASIMÉTRICO, A adj. Que no guarda simetría.

ASIMILABLE adj. Que puede asimilarse.

ASIMILACIÓN n. f. Acción y efecto de asimilar. **2.** FISIOL. Propiedad que poseen los organismos vivos de reconstituir su propia sustancia a partir de elementos tomados del medio, que son transformados por la digestión. **3.** FONÉT. Modificación aportada a la articulación de un fonema por los fonemas vecinos, y que consiste en dar a dos fonemas en contacto características comunes. CONTR.: *disimilación.*

ASIMILAR v. tr. y pron. (lat. *assimilare*) [**1**]. Asemejar, comparar. **2.** FONÉT. Transformarse un sonido por influencia de otro de la misma palabra. ♦ v. tr. **3.** *Fig.* Comprender lo que se aprende e incorporarlo a los conocimientos previos: *asimilar la enseñanza fácilmente.* **4.** DER. Conceder a los individuos de una carrera o profesión derechos y honores iguales a los que tienen los individuos de otra. **5.** FISIOL. Transformar, convertir en su propia sustancia. **6.** SOCIOL. Homogeneizar grupos sociales. ♦ v. intr. o pron. **7.** Ser semejante, parecerse.

ASIMILATIVO, A adj. Que puede hacer semejante una cosa a otra.

ASIMISMO o **ASÍ MISMO** adv. m. De este o del mismo modo. ♦ adv. afirm. **2.** También.

ASINCRÓNICO, A adj. Que no es sincrónico. • **Proceso asincrónico** (INFORMÁT.), proceso susceptible de desarrollarse con independencia del desarrollo de otros procesos o tareas.

ASINCRONISMO n. m. Falta de coincidencia o simultaneidad.

ASÍNDETON n. m. (gr. *asyndeton*). LING. Eliminación de los términos de enlace (conjunciones y adverbios) en una frase o entre dos frases.

ASINERGIA n. f. Falta de coordinación entre los movimientos de los músculos que participan en un movimiento.

ASÍNTOTA n. f. MAT. Recta tal que la distancia de un punto de una curva a esta recta tiende a cero cuando el punto se aleja hacia el infinito sobre la curva.

ASINTÓTICO, A adj. Relativo a la asíntota. • **Curvas asintóticas**, curvas, en número de dos, de ramas infinitas, tales que, si un punto se aleja indefinidamente sobre una de ellas, existe sobre la otra un punto variable cuya distancia al primero tiende a cero. ‖ **Plano asintótico de una superficie**, plano tangente cuyo punto de contacto está en el infinito. ‖ **Punto asintótico de una curva**, punto P tal que, si un punto recorre la curva, su distancia a P tiende a cero.

ASIR v. tr. [3d]. Tomar, coger, prender. ♦ **asirse** v. pron. 2. Agarrarse: *asirse a la barandilla al bajar.* 3. Aferrarse a una idea, recuerdo, etc.; vincularse.

ASIRIA, imperio mesopotámico que dominó el Oriente antiguo en los ss. XIV-XIII y IX-VII a. J.C. Del III milenio a la segunda mitad del II milenio la ciudad-estado de Assur creó un imperio enfrentado a la rivalidad de los acadios, de Babilonia y de Mitanni. Del s. XIV al s. XI a. J.C., el *primer imperio asirio*, Asiria se convirtió en un estado poderoso de Asia occidental (Salmanasar I, 1275-1245). Este imperio fue asolado por las invasiones arameas. Du el s. IX al s. VII, con el *segundo imperio asirio*, Asiria recuperó su poder, cuyo apogeo se situó durante el reinado de Assurbanipal (669-c. 627). En 612 a. J.C., la caída de Nínive, que sucumbió ante los ataques de los medos (Ciaxares) aliados con los babilonios, puso fin definitivamente al poder asirio. Una arquitectura de proporciones colosales y una decoración (ladrillos esmaltados o frisos adornados con relieves) inspirada en los relatos mitológicos y las hazañas del soberano caracterizan el arte asirio que se difundió entre los siglos XIII y VII a. J.C.

ASIRIO, A adj. y n. (lat. *assyrium*). De Asiria.

Asís, en ital. *Assisi*, c. de Italia, en Umbría (Perugia); 24 088 hab. Cuna de san Francisco de Asís (quien fundó allí la orden de los franciscanos) y de santa Clara. Basílica de San Francisco, formada por dos iglesias superpuestas (primera mitad s. XIII); frescos de Cimabue, Giotto, P. Lorenzetti y S. Martini.

ASÍSMICO, A adj. Que no presenta fenómenos sísmicos.

ASISTENCIA n. f. Acción de estar o hallarse presente: *asistencia a un acto.* 2. Acción de asistir a una persona: *asistencia sanitaria.* 3. Conjunto de personas que están presentes en un acto. 4. DEP. En baloncesto, pase de un jugador a otro que pone a este último en situación de conseguir una canasta fácil. • **Asistencia de oficio**, asistencia jurídica prestada como servicio social y en forma gratuita por los abogados a las personas necesitadas de su patrocinio, al objeto de reclamar un derecho o de ser defendidas en juicio. ‖ **Asistencia jurídica**, servicio que los abogados prestan a las personas que precisan de sus servicios jurídicos. ‖ **Asistencia letrada al detenido**, asistencia jurídica prestada por el abogado al detenido en las diligencias de detención y prisión provisional. ‖ **Asistencia pública**, organización benéfica del estado, encaminada a asegurar los servicios sociales mediante organismos adecuados. ‖ **Asistencia respiratoria** (MED.), técnica que por distintos medios permite paliar temporal o definitivamente una insuficiencia respiratoria aguda. SIN.: *respiración asistida.* ‖ **Asistencia social**, conjunto de medidas económicas, sanitarias, educacionales, sicológicas, etc., para auxiliar a personas o grupos con escasos recursos. SIN.: *trabajo social.* ‖ **Asistencia técnica**, ayuda que se presta a los países en vías de desarrollo.

ASISTENCIAL adj. Relativo a la asistencia pública.

ASISTENTA n. f. Criada de una casa particular que no pernocta en ella.

ASISTENTE n. m. Soldado destinado al servicio personal de un oficial. ♦ adj. y n. m. y f. 2. Que asiste: *público asistente.* ♦ n. m. y f. • **Asistente social**, profesional de la asistencia social.

ASISTIDO, A adj. Que se hace con ayuda de medios mecánicos: *fecundación asistida.* 2. TECNOL. Provisto de un dispositivo destinado a ampliar, regular o repartir el esfuerzo realizado por el usuario gracias a un aporte exterior de energía: *dirección asistida*, *respiración asistida.* • **Asistido por ordenador**, dícese de las actividades en las que el ordenador aporta una ayuda: *diseño asistido por ordenador.*

ASISTIR v. tr. (lat. *assistere*, hallarse cerca) [3]. Acompañar a uno en un acto público. 2. Socorrer, favorecer, cuidar, ayudar: *asistir a un enfermo.* 3. Estar la razón, el derecho, etc., de parte de una persona. ♦ v. intr. 4. Ir asiduamente a un lugar: *asistir a un cursillo de gramática.* 5. Estar o hallarse presente: *asistir a una representación teatral.* 6. En ciertos juegos de naipes, echar cartas del mismo palo que el de aquella que se jugó primera.

ASKENAZÍ o **ASKENAZI** adj. y n. m. y f. Dícese de los judíos originarios de Europa central, oriental y septentrional, por oposición a los originarios de los países mediterráneos, llamados sefardíes.

ASMA n. m. (gr. *asthma*, respiración difícil). Afección caracterizada por accesos de disnea espiratoria.

ASMARA, c. y cap. de Eritrea, a 2400 m de alt.; 374 000 hab.; unida por ferrocarril al mar Rojo.

ASMÁTICO, A adj. y n. Relativo al asma; afecto de esta enfermedad.

ASNADA n. f. Necedad, tontería.

ASNAL o **ASNUNO, A** adj. (lat. *asinalem*). Relativo al asno.

ASNO, n. m. (lat. *asinum*). Mamífero próximo al caballo, pero más pequeño y de orejas más largas, que suele emplearse como animal de carga. (Familia équidos.) ♦ v. adj. 2. Fig. Persona ruda y de muy poco entendimiento.

ASOCIABLE adj. Que se puede asociar a otra cosa.

ASOCIACIÓN n. f. Acción de asociar o asociarse. 2. Conjunto de los asociados para un mismo fin. 3. Entidad que por estructura propia persigue un fin común para sus asociados. 4. Grado de dependencia existente entre dos o más caracteres, generalmente cualitativos, observados entre los individuos de un mismo grupo. 5. ASTRON. Grupo difuso de estrellas jóvenes en curso de formación, sumergidas en la materia interestelar de la que emanan. • **Asociación de ideas**, hecho sicológico que consiste en que una idea o imagen evocan a otra. ‖ **Asociación libre** (SICOANÁL.), método sicoanalítico por el cual el paciente es invitado a expresar todo lo que le viene a la imaginación, sin crítica y a ser posible, sin reticencia.

ASOCIACIONISMO n. m. FILOS. Doctrina que hace de la asociación de ideas la base de la vida mental y el principio del conocimiento. 2. Movimiento social partidario de crear asociaciones cívicas, políticas, culturales, etc.

ASOCIADO, A adj. y n. Dícese de la persona que acompaña a otra en alguna comisión ♦ n. 2. Socio, persona que forma parte de una asociación o compañía.

ASOCIAL adj. n. m. y f. Que presenta una resistencia efectiva a la integración social.

ASOCIAR v. tr. (lat. *associare*) [1]. Juntar personas o cosas para que cooperen en un mismo fin. 2. Relacionar ideas, sentimientos, etc. ♦ **asociarse** v. pron. 3. Reunirse, juntarse para algún fin.

ASOCIATIVO, A adj. Relativo a la asociación.

ASOCIO n. m. *Amér.* Asociación, colaboración.

ASOLACIÓN n. f. Asolamiento.

ASOLADOR, RA adj. Que asuela, destruye.

ASOLAMIENTO n. m. Acción y efecto de asolar, destruir.

ASOLANAR v. tr. y pron. [1]. Dañar el viento solano las frutas, mieses, vino, etc.

ASOLAR v. tr. (lat. *assolare*) [1r]. Destruir, arrasar. ♦ **asolarse** v. pron. 2. Posarse los líquidos.

ASOLAR v. tr. y pron. [1]. Echar a perder el calor, una sequía, etc., los frutos del campo.

ASOLEADA n. f. *Chile, Colomb., Guat.* y *Méx.* Insolación.

ASOLEAR v. tr. [1]. Tener al sol una cosa por algún tiempo. ♦ **asolearse** v. pron. 2. Asolearse tomando el sol. 3. Ponerse muy moreno por haber tomado el sol. 4. *Méx.* Tomar el sol.

ASOMADA n. f. Acción y efecto de manifestarse por poco tiempo.

ASOMAR v. intr. [1]. Empezar a mostrarse: *asomar la luz del día.* ♦ v. tr. y pron. 2. Sacar o mostrar una cosa por alguna abertura: *asomar la cabeza por la ventana.* ♦ **asomarse** v. pron. 3. Empezar a enterarse de una cosa sin propósito de profundizar en su estudio: *asomarse a nuevas tendencias.*

ASOMBRAR v. tr. y pron. [1]. Causar asombro.

ASOMBRO n. m. Susto, espanto: *mostrar su asombro ante la desgracia.* 2. Admiración, sorpresa. 3. Persona o cosa asombrosa.

ASOMBROSO, A adj. Que causa asombro.

ASOMO, n. m. Acción de asomar. 2. Amago, indicio o señal: *contestar sin asomo de alegría.* • **Ni por asomo**, de ningún modo.

ASONADA n. f. Reunión numerosa para conseguir tumultuariamente algún fin.

ASONANCIA n. f. En dos o más versos, igualdad de los sonidos vocálicos a partir de la última vocal acentuada.

ASONANTAR v. intr. [1]. Ser una palabra asonante de otra. ♦ v. tr. 2. Emplear en la rima una palabra como asonante de otra.

ASONANTE adj. y n. m. Dícese de cualquier voz con respecto a otra de la misma asonancia.

ASOROCHARSE v. pron. [1]. *Amér. Merid.* Padecer soroche, angustiarse por falta de oxígeno de las alturas.

ASPA n. f. Figura en forma de X. 2. Armazón exterior del molino de viento y cada una de sus brazos. 3. Utensilio usado para hacer madejas de hilo.

ASPADO, A adj. Que tiene forma de aspa.

ASPAR v. tr. [1]. Hacer madeja el hilo en el aspa. 2. Clavar a alguien en una aspa. 3. *Fig.* y *fam.* Mortificar o molestar mucho a uno. ♦ **asparse** v. pron. 4. *Fig.* Mostrar con quejidos y contorsiones dolor o enojo: *asparse a gritos.*

ASPAVENTAR v. tr. [1j]. Atemorizar o espantar.

ASPAVIENTO n. m. Demostración excesiva o afectada de temor, admiración o sentimiento. (Suele usarse en plural.)

ASPECTO n. m. (lat. *aspectum*). Manera de aparecer o presentarse a la vista: *tener*

ASP

aspecto simpático. **2.** LING. Categoría gramatical que comprende todas las representaciones relativas a la duración, desarrollo y terminación de los procesos indicados por los verbos. **3.** *Fig.* Punto de vista.

ASPEREZA n. f. Calidad de áspero: *la aspereza de la piel; contestar con aspereza.* **2.** Desigualdad del terreno, que lo hace escabroso y difícil para caminar por él. SIN.: *asperidad.*

ASPERJAR v. tr. [1]. Rociar, esparcir un líquido en gotas menudas. **2.** Hisopear.

ÁSPERO, A adj. (lat. *asperum*). Falto de suavidad al tacto, por tener la superficie desigual: *manos ásperas.* SIN.: *rasposo.* **2.** Abrupto: *tierras ásperas.* **3.** Desapacible, inclemente, tempestuoso. **4.** *Fig.* Falto de afabilidad en el trato: *unas palabras ásperas.*

ASPERÓN n. m. Arenisca de cemento silíceo o arcilloso, usada generalmente para la construcción, o en piedras de amolar.

ASPERSIÓN n. f. Acción de asperjar. • **Riego por aspersión,** sistema de riego en que el agua cae como una lluvia fina sobre las hojas de las plantas.

ASPERSOR n. m. Instrumento rotativo de riego que funciona a baja presión.

ASPERSORIO n. m. Instrumento con que se asperja. **2.** LITURG. Hisopo.

ÁSPID n. m. (lat. *aspidem*). Víbora muy venenosa, que apenas se diferencia de la culebra común, que vive en los Pirineos y en casi todo el centro y el N de Europa. **2.** Culebra venenosa, pequeña, de color verde amarillento con manchas pardas y cuello extensible, propia de Egipto.

ASPIDISTRA n. f. Planta de interior, cultivada por sus anchas hojas lisas de color verde oscuro. (Familia liliáceas.)

ASPILLERA n. f. Abertura estrecha practicada en el muro de una obra fortificada, que permite disparar a cubierto.

ASPIRACIÓN n. f. Acción y efecto de aspirar. **2.** Tiempo respiratorio en que entra aire en los pulmones. SIN.: *inspiración* **3.** FONÉT. Acción de emitir un sonido acompañándolo de un soplo claramente percibido.

ASPIRADO, A adj. n. f. FONÉT. Dícese de la vocal o consonante acompañada de una aspiración.

ASPIRADOR, RA adj. Que aspira el aire. ♦ n. m. **2.** Denominación aplicada a diversos aparatos que sirven para aspirar fluidos, polvo o residuos de reducidas dimensiones. SIN.: *aspiradora.*

ASPIRADORA n. f. Electrodoméstico que sirve para limpiar el polvo, absorbiéndolo.

ASPIRANTE n. m. y f. Persona que ha obtenido derecho a ocupar un cargo público. **2.** Candidato.

ASPIRAR v. tr. (lat. *aspirare*) [1]. Atraer el aire exterior a los pulmones. **2.** FONÉT. Pronunciar con aspiración. ♦ v. intr. **3.** Con la prep. *a*, pretender algún empleo, dignidad u otra cosa: *aspira a ser diputado.*

ASPIRATORIO, A adj. Relativo a la aspiración.

ASPIRINA n. f. (marca registrada). Derivado del ácido salicílico, utilizado como analgésico y febrífugo.

ASQUEAR v. tr. e intr. [1]. Causar o sentir asco: *le asquea la suciedad.* **2.** Aburrir, fastidiar.

ASQUEROSIDAD n. f. Cosa asquerosa.

ASQUEROSO, A adj. Que causa asco. **2.** Soez.

ASSAM, estado del NE de la India, entre Bangla Desh y Birmania; 78 523 km²; 22 414 322 hab. Cap. *Dispur.* Región avenada por el Brahmaputra, muy húmeda y boscosa. Plantaciones de té.

ASSURBANIPAL o **AŠŠUR-BAN-APLI,** rey de Asiria [669-c. 627 a. J.C.]. Con la conquista de Egipto, la sumisión de Babilonia y la destrucción del imperio elamita condujo a su apogeo el poder asirio. En las ruinas de su palacio, en Nínive, se ha encontrado parte de su biblioteca.

ASTA n. f. (lat. *hastam,* pica). Arma ofensiva usada por los romanos. **2.** Palo de la lanza, pica, venablo, etc. **3.** Lanza o pica. **4.** Palo en que se iza una bandera. **5.** Cuerno. **6.** Nombre que se da a la posición del ladrillo colocado en obra a tizón. **7.** MAR. Extremo superior de un mastelerillo. • **A media asta,** se dice de la bandera a medio izar, en señal de luto.

ASTADO, A adj. y n. m. Que tiene astas; dícese por antonomasia del toro.

ASTARTÉ, AŠTART o **IŠTAR,** principal divinidad del panteón fenicio, diosa del amor y de la fecundidad. Los griegos la asimilaron a Afrodita.

ASTÁTICO, A adj. Que presenta un estado de equilibrio indiferente: *sistema astático.*

ASTATO n. m. Elemento químico artificial y radiactivo (At) de número atómico 85.

ASTENIA n. f. Estado de fatiga y agotamiento sin causa orgánica.

ASTÉNICO, A adj. y n. m. Relativo a la astenia; afecto de astenia. ♦ adj. y n. m. **2.** ANAT. Dícese de uno de los biotipos fundamentales, formado por las personas muy altas y delgadas. SIN.: *leptosómico.*

ASTENOSFERA n. f. GEOL. Capa viscosa situada en el interior de la Tierra, sobre la cual se encuentra la litosfera.

ASTER n. m. Planta cultivada a menudo por sus flores decorativas, de diversos colores. (Familia compuestas.)

ASTERISCO n. m. Signo ortográfico (*) empleado para usos convencionales. SIN.: *estrella.*

ASTEROIDE n. m. Cada uno de los pequeños planetas que circulan entre las órbitas de Marte y Júpiter. SIN.: *planetoide.*

ASTEROIDEO, A adj. y n. m. Relativo a una clase de equinodermos formada por las estrellas de mar.

ASTIGMÁTICO, A adj. y n. Afecto de astigmatismo.

ASTIGMATISMO n. m. Defecto de un instrumento óptico que no da una imagen puntual de un objeto puntual. **2.** Anomalía de la visión, debida a desigualdades de curvatura de la córnea transparente o a una falta de homogeneidad en la refringencia de los medios transparentes del ojo.

ASTIL n. m. (lat. *hastilem*). Mango, ordinariamente de madera, de las hachas, azadas, picos, etc. **2.** Varilla de la saeta. • **Astil de la balanza, de la romana,** varilla metálica horizontal en cuyas extremidades se suspenden los platillos de una balanza o por la que se desliza el pilón de la romana.

ASTILLA n. f. Fragmento irregular que se desprende de la madera al romperla. **2.** MINER. Fragmento que salta o queda del pedernal y otros minerales al romperlos.

ASTILLAR v. tr. [1]. Hacer astillas.

ASTILLERO n. m. Establecimiento o factoría donde se efectúa la construcción y reparación de buques. SIN.: *arsenal, atarazana, dársena.*

ASTON (Francis William), físico británico (Harbone 1877-Cambridge 1945). Descubrió la existencia de los isótopos de los elementos químicos. (Premio Nobel de química 1922.)

ASTRACÁN n. m. (de *Astraján,* c. de Rusia). Piel de cordero karakul nonato o recién nacido, muy fina y con el pelo rizado. **2.** Tejido grueso de lana o de pelo de cabra, que forma rizos en la cara exterior.

ASTRÁGALO n. m. (gr. *astragalos*). ANAT. Hueso del tarso que se articula con la tibia y el peroné. **2.** ARQ. Anillo, moldura que señala el límite entre el capitel y el fuste. **3.** BOT. Planta arbustiva o herbácea algunas de cuyas especies orientales producen la goma tragacanto.

ASTRAL adj. Relativo a los astros.

ASTREÑIR v. tr. [24]. Astringir.

ASTRICCIÓN n. f. Acción y efecto de astringir.

ASTRICTIVO, A adj. Que astringe.

ASTRINGENCIA n. f. MED. Calidad de astringente.

ASTRINGENTE adj. y n. m. MED. Que contrae los tejidos o disminuye la secreción.

ASTRINGIR v. tr. [3b]. Estrechar, contraer alguna sustancia los tejidos orgánicos. **2.** *Fig.* Sujetar, constreñir.

ASTRO n. m. (lat. *astrum*). Cuerpo celeste de forma bien determinada. **2.** *Fig.* Persona que destaca poderosamente en la esfera de sus actividades: *conocido astro de la pantalla.*

ASTROBIOLOGÍA n. f. Rama de las ciencias aplicadas que estudia la posibilidad de existencia de formas vivas en otras regiones del universo distintas de la Tierra.

ASTROFÍSICA n. f. Parte de la astronomía que estudia la constitución, propiedades físicas y evolución de los astros, y de los distintos medios que los componen.

ASTROFÍSICO, A adj. Relativo a la astrofísica. ♦ n. **2.** Especialista en astrofísica.

ASTROLABIO n. m. Instrumento que se utilizaba para observar la posición de los astros y determinar su altura sobre el horizonte.

ASTROLOGÍA n. f. (gr. *astrologia*). Arte adivinatoria que consiste en determinar la influencia de los astros sobre el curso de los acontecimientos terrestres, y en hacer predicciones sobre el futuro.

ASTROLÓGICO, A adj. Relativo a la astrología.

ASTRÓLOGO, A n. Persona que profesa la astrología.

ASTRONAUTA n. m. y f. Piloto o pasajero de una astronave.

ASTRONÁUTICA n. f. Ciencia de la navegación en el espacio. **2.** Conjunto de disciplinas científicas y técnicas que hacen posibles los vuelos espaciales.

ASTRONAVE n. f. Vehículo espacial.

ASTRONOMÍA n. f. (gr. *astronomia*). Ciencia que estudia la posición, movimientos y constitución de los cuerpos celestes. **2. Astronomía de posición,** astrometría.

ASTRONÓMICO, A adj. Relativo a la astronomía: *observación astronómica.* **2.** *Fig.* Enorme, exagerado: *cifras astronómicas.*

ASTRÓNOMO, A n. Especialista en astronomía.

ASTROSO, A adj. (lat. *astrosum*). Desgraciado, desaseado, roto.

ASTUCIA n. f. Calidad de astuto. **2.** Ardid para lograr un intento.

ASTURIANISMO n. m. Giro o modo de hablar propio de los asturianos.

ASTURIANO, A adj. y n. De Asturias. ♦ n. **2. Arte asturiano,** designación del arte que se desarrolló en el reino de Asturias durante los ss. VIII-XI. ♦ n. m. **3.** Bable.

ASTURIAS (Principado de), región del N de España que constituye una comunidad autónoma uniprovincial; 10 565 km²; 1 098 725 hab. *(Asturianos.)* Cap. *Oviedo.*
GEOGRAFÍA
Región montañosa, accidentada al N por un conjunto de colinas y pequeñas sierras, y al S por un sector de la cordillera Cantábrica (Picos de Europa al E, 2 648 m en Torrecerredo). En el sector central se abre la cuenca de Oviedo. La ganadería extensiva, en el interior, y la agricultura en la región costera, se han visto perjudicadas con la entrada de España en la C.E. Pesca y turismo en el litoral. La minería (carbón) se halla en regresión, y la industria siderúrgica ha sido objeto de una drástica reconversión, ambas muy dependientes del sector público. El sector terciario, en alza, se concentra en los grandes núcleos urbanos (Oviedo, Avilés, Gijón).
HISTORIA
S I a. J.C.: Asturias, hasta entonces poblada por astures y cántabros, cayó en po-

der de Roma. Ss. V-VI: fue ocupada por los suevos y luego (585) por los visigodos. 718: Pelayo formó el reino de Asturias, tras la invasión musulmana de 711. 722: batalla de Covadonga, inicio de la reconquista. 914: Ordoño II trasladó la capital de Oviedo a León; el reino de Asturias pasó a ser una provincia de la corona leonesa o castellano-leonesa. 1388: Asturias recibió el título de principado. 1717: la audiencia reemplazó a la Junta del Principado como órgano principal de la administración. S. XVIII: mejora económica (nuevos cultivos); explotación de las minas de carbón. S. XIX: impulso de la industrialización; aumento del proletariado y arraigo del socialismo y el anarquismo. S. XX: 1934: revolución de octubre y toma de Oviedo. 1982: aprobación del estatuto de autonomía.

ASTURIAS (Miguel Ángel), escritor guatemalteco (Guatemala 1899-Madrid 1974). Se inició con *Leyendas de Guatemala* (1930), recreación poética de relatos populares mayas. Su primera y más famosa novela es *El señor Presidente* (1946), satírica denuncia de la dictadura de Estrada Cabrera. Tras *Hombres de maíz* (1949) se acentúa en su obra la crítica político-social: la trilogía *Viento fuerte* (1950), *El papa verde* (1954) y *Los ojos de los enterrados* (1960), sobre las duras condiciones de vida en las plantaciones bananeras; *Week-end en Guatemala* (1956) y *Mulata de tal* (1963). Notable es también su poesía (*Clarivigilia primaveral*, 1965) y su teatro. (Premio Nobel de literatura, 1967.)

ASTURLEONÉS, SA adj. y n. Relativo a Asturias y León.

ASTUTO, A adj. Hábil para engañar o evitar el engaño.

ASUÁN, c. de Egipto meridional, junto al Nilo, cerca de la primera catarata; 215 000. Presa de Saàd al-'Ali (111 m de alt.; 3,6 km de long.), una de las mayores del mundo, que permite el embalse del lago Nasser (60 000 km²).

ASUETO. n. m. Descanso breve, vacaciones cortas.

ASUMIR v. tr. (lat. *asumere*) [**3**]. Atraer a sí, tomar para sí. **2.** Hacerse cargo de una cosa tomando conciencia de ella o responsabilizándose. **3.** *Galic.* Tomar incrementos cosas naturales: *asumir grandes proporciones*.

ASUNCENO, A o **ASUNCIO, A** adj. y n. De Asunción, Paraguay.

ASUNCIÓN n. f. Acción y efecto de asumir. **2.** Elevación de la Virgen María al cielo. (Con este significado suele escribirse con mayúscula.) **3.** Día en que la Iglesia católica celebra este misterio (15 ag.).

ASUNCIÓN, c. y cap. de Paraguay, que constituye una entidad especial; 502 426 hab. (*Asunceños.*) En la orilla izquierda del río Paraguay, frente a la desembocadura del Pilcomayo. Fundada en 1537, fue reedificada en el s. XIX (catedral, palacio del Congreso, Panteón nacional, museo histórico).

ASUNCIONISTA n. m. y adj. Miembro de una congregación religiosa fundada en Nimes (1345) por el padre E. Daudí d'Alzon y consagrada a la enseñanza, la organización de peregrinaciones y la prensa. SIN.: *agustino de la Asunción*.

ASÚNSOLO (Ignacio), escultor mexicano (Hacienda de San Juan Bautista 1890-México 1965). Profesor y director de la Escuela de bellas artes de México, realizó esculturas monumentales.

ASUNTO n. m. (lat. *assumptum*). Materia de que se trata: *conocer el asunto*. **2.** Tema o argumento de una obra. **3.** Negocio, ocupación: *ocúpate de tus asuntos*. **4.** DER. Caso, pleito.

ASUSTADIZO, A adj. Que se asusta con facilidad.

ASUSTAR v. tr. y pron. [**1**]. Dar o causar susto.

At, símbolo químico del astato.

ATABACADO, A adj. De color de tabaco.

ATABAL n. m. Timbal, tambor. **2.** Tamboril que suele tocarse en fiestas públicas.

ATABAPO, r. fronterizo entre Venezuela y Colombia, afl. del Orinoco; 245 km. Navegable.

ATACADO, A adj. *Fam.* Encogido, irresoluto. **2.** *Fig.* y *fam.* Miserable, mezquino.

ATACAMA (desierto de), desierto de N Chile; 132 000 km². Al E se prolonga en la *puna de Atacama*, región andina de Chile, de 4000 m de alt., en la que abundan los salares.

ATACAMA (fosa de), depresión marina del Pacífico, frente a las costas chilenas; 7364 m de prof.

ATACAMA (región de), región del N de Chile; 78 268 km²; 230 786 hab. Cap. Copiapó.

ATACAMEÑO, A adj. y n. Relativo a un pueblo amerindio del grupo diaguita-atacameño que habita en el valle del Loa; individuo de dicho pueblo. ♦ n. m. **2.** Lengua de América del Sur que se hablaba en el N de Chile.

ATACAR v. tr. (ital. *attacare*) [**1a**]. Acometer, embestir: *atacar al enemigo*. **2.** Afectar dañosamente, irritar: *la humedad le atacaba las articulaciones*. **3.** Impugnar, combatir: *atacar el problema con resolución*. **4.** *Fig.* Afectar, influir, producir efecto dañino: *atacar las fiebres*. **5.** *Fig.* Apretar o estrechar a una persona en algún argumento o sobre alguna pretensión: *atacarle por el lado del amor propio*. **6.** Atestar, atiborrar: *atacar de comida al niño*. **7.** MÚS. Producir un sonido súbitamente, de modo que destaque de los demás. **8.** QUÍM. Actuar una sustancia sobre otra. ♦ v. tr. y pron. **9.** Abrochar, ajustar al cuerpo una pieza del vestido.

ATACIR n. m. ASTROL. División de la bóveda celeste en 12 partes iguales o casas.

ATADERO n. m. Lo que sirve para atar. **2.** Parte por donde se ata una cosa. **3.** Gancho, anillo, etc., en que se ata alguna cosa.

ATADO, A adj. Dícese de la persona apocada. ♦ n. m. **2.** Conjunto de cosas atadas. **3.** *Argent., Par.* y *Urug.* Cajetilla de cigarrillos.

ATADURA n. f. Acción y efecto de atar. **2.** Cosa con que se ata. **3.** *Fig.* Unión o enlace.

ATAHUALPA (1500-Cajamarca 1533), soberano inca [1525-1533], hijo menor de Huayna Cápac y último emperador de Perú. Pugnó con su hermano Huáscar, a quien venció, por la herencia de su padre. Fue apresado en Cajamarca por los españoles y ejecutado por orden de F. Pizarro.

ATAHUALPA (Juan Santos, llamado) [Cajamarca o Cuzco c. 1710-San Luis de Shuaro 1756], jefe de una revuelta indígena peruana contra los españoles (1742-1756).

ATAJACAMINOS n. m. (pl. *atajacaminos*). Nombre de diversas aves nocturnas, de alas y cola largas, cabeza grande y pico málaga parduzco, que viven en Argentina. (Familia caprimúlgidos.)

ATAJADERO n. m. Obstáculo que se pone en acequias, regueras, etc., para dirigir el agua.

ATAJADIZO n. m. Tabique u otra cosa con que se ataja un terreno. **2.** Porción menor del terreno atajado.

ATAJAR v. intr. [**1**]. Ir o tomar por el atajo. ♦ v. tr. **2.** Salir al encuentro entorpeciendo el paso. **3.** Impedir el curso de una cosa. **4.** Interrumpir al que está hablando. **5.** Cortar, tajar, separar.

ATAJO n. m. Senda por donde se abrevia el camino: *cortar por el atajo para llegar antes*. **2.** *Fig.* Procedimiento o medio rápido. **3.** *Fig.* Conjunto, abundancia. **4.** Pequeño grupo de cabezas de ganado: *atajo de puercos*.

ATALAJES n. m. pl. Conjunto de las correas que sujetan al piloto a su asiento expulsable o a su paracaídas.

ATALANTAR v. tr. [**1**]. Agradar, convenir.

ATALAYA n. f. (ár. *al-talā'i*, centinelas). Torre construida generalmente en lugar alto, para vigilar el campo o el mar. **2.** Cualquier eminencia, promontorio o edificio desde donde se divisa mucho espacio de tierra o de mar. **3.** Estado o posición desde la que se aprecia bien algo. ♦ n. m. **4.** El encargado de vigilar desde la atalaya.

ATALAYADO, A adj. Dícese de los castillos, torres, etc., que rematan en una especie de cornisa volada con ladroneras para observar.

ATALAYAR v. tr. [**1**]. Observar desde una atalaya, otear. ♦ v. tr. y pron. **2.** *Fig.* Acechar las acciones de otros.

ATAÑER v. tr. (lat. *attangere*, llegar a tocar) [**2k**]. Tocar o pertenecer: *en lo que a mí me atañe, no tengo nada que decir*. SIN.: *concernir*.

ATAPASCO, A adj. y n. Relativo a una familia de pueblos amerindios de amplia distribución geográfica (Alaska, norte y centro de Canadá, zona costera de California y N de México) cuyos grupos más conocidos son los *apaches* y *navajos*; individuo de esta familia. ♦ n. m. **2.** Familia lingüística americana, que comprende numerosas lenguas y dialectos, con grandes diferencias fonéticas, hablados por las tribus de este nombre.

ATAQUE n. m. Acción de atacar o acometer. **2.** *Fig.* Pendencia, altercado. **3.** DEP. Acción ofensiva ejecutada por los jugadores. **4.** MIL. Fase principal del combate ofensivo cuyo fin se materializa en la conquista de uno o varios objetivos. **5.** PATOL. Crisis aguda de una enfermedad, que se presenta en forma brusca y aparatosa.

ATAR v. tr. (lat. *aptare*, adaptar, sujetar) [**1**]. Unir, juntar o sujetar con ligaduras o nudos: *atar paquetes*. **2.** *Fig.* Impedir o quitar movimiento o libertad de acción. **3.** *Fig.* Juntar, relacionar, conciliar. ◆ **Atar corto** (*Fam.*), reprimir a alguien, sujetarle, darle poca libertad. ♦ **atarse** v. pron. **4.** Embarazarse, no saber cómo salir de un apuro. **5.** *Fig.* Ceñirse o reducirse a una materia determinada.

ATARANTAR v. tr. y pron. [**1**]. Aturdir, causar aturdimiento.

ATARAXIA n. f. (gr. *ataraxia*). FILOS. Quietud absoluta del alma, que es, según el epicureísmo y el estoicismo, el principio de la felicidad.

ATARAZANA n. f. Arsenal, establecimiento para la construcción y reparación de embarcaciones.

ATARDECER v. intr. [**2m**]. Empezar a caer la tarde.

ATARDECER n. m. Tiempo durante el cual atardece.

ATAREAR v. tr. [**1**]. Señalar tarea a uno. ♦ **atarearse** v. pron. **2.** Entregarse mucho al trabajo.

ATARUGAR v. tr. [**1b**]. Asegurar el carpintero un ensamblado con tarugos, cuñas o clavijas. **2.** Hablando de un tonel o de un recipiente, taponar con un tarugo o bitoque. **3.** *Fig.* y *fam.* Atestar, henchir, rellenar. ♦ v. tr. y pron. **4.** *Fig.* y *fam.* Hacer callar a uno. **5.** *Fig.* y *fam.* Atracar, hartar de comida. ♦ **atarugarse** v. pron. **6.** *Fig.* y *fam.* Atragantarse. **7.** Embotarse el entendimiento, mostrarse lento en el discurrir.

ATASCADERO n. m. Sitio donde se atascan los vehículos o las personas. **2.** *Fig.* Impedimento, estorbo para un proyecto, empresa, etc.

ATASCAR v. tr. [**1a**]. Tapar con tascos o estopones las aberturas que hay entre tabla y tabla o las hendiduras de ellas.

ATA

2. *Fig.* Detener, impedir a alguno que prosiga lo comenzado. ♦ v. tr. y pron. **3.** Obstruir el paso por un conducto alguna cosa que se detenga en él: *atascarse una cañería.* ♦ **atascarse** v. pron. **4.** Quedarse detenido en un terreno cenagoso, enlodarse. **5.** *Fig.* Quedarse detenido por cualquier obstáculo; especialmente al hablar, sin poder proseguir. **6.** Refiriéndose a las diferentes partes de las máquinas, forzar la una contra la otra hasta el punto de impedir todo funcionamiento.

ATASCO o **ATASCAMIENTO** n. m. Impedimento que no permite el paso. **2.** Obstrucción de un conducto. **3.** Embotellamiento, congestión de vehículos en una vía.

ATATÜRK → **Kemal paşa**.

ATAÚD n. m. Caja donde se coloca el cadáver para enterrarlo. SIN.: *féretro.*

ATAVIAR v. tr. y pron. [1t]. Vestir y adornar a alguien.

ATÁVICO, A adj. Relativo al atavismo.

ATAVÍO n. m. Compostura, adorno. **2.** *Fig.* Vestido, conjunto de piezas de vestir. ♦ **atavíos** m. pl. **3.** Objetos para adorno. SIN.: *traeres.*

ATAVISMO n. m. Reaparición de determinados caracteres procedentes de un antepasado y que no se habían manifestado en las generaciones intermedias. **2.** *Fig.* Instintos hereditarios; costumbres ancestrales.

ATE n. m. *Méx.* Dulce de membrillo.

ATEÍSMO n. m. Corriente de pensamiento materialista propia de los ateos.

ATEÍSTA adj. y n. m. y f. Ateo.

ATELES n. m. Mono de América del Sur, llamado *mono araña* por la gran longitud de sus miembros.

ATEMORIZAR v. tr. y pron. [1g]. Causar o sentir temor: *su terrible aspecto atemorizaba.*

ATEMPERACIÓN n. f. Acción y efecto de atemperar.

ATEMPERAR v. tr. y pron. (lat. *attemperare*) [1]. Moderar, templar: *la medicina atemperó su dolor.* **2.** Acomodar una cosa a otra.

Atenas, en gr. *Athenaia*, c. y cap. de Grecia, en el Ática; 748 110 hab. (3 096 775 en la aglomeración, que incluye el puerto de El Pireo y es la mitad del potencial industrial de Grecia). Es uno de los grandes centros turísticos del mundo, gracias a la belleza de sus monumentos antiguos en la Acrópolis (Partenón, Erecteión, Propileos, etc.) y a la riqueza de sus museos.

HISTORIA

La ciudad, establecida sobre la roca de la Acrópolis, se fue extendiendo al pie de la antigua fortaleza, reuniendo todas las pequeñas tribus de los alrededores. Dirigida al principio por los eupátridas, Solón la reorganizó (594 a. J.C.), Pisístrato le dio su esplendor (560-527) y Clístenes la dotó de sus instituciones democráticas (507). A comienzos del s. V a. J.C. era, junto con Esparta, una de las primeras ciudades griegas; poseía ya su doble carácter de ciudad mercantil con sus puertos de El Pireo, Falera y Muniquia, y de ciudad democrática, mientras que Esparta era una ciudad militar y aristocrática. La victoria sobre los persas en las guerras médicas (s. V a. J.C.) hizo de Atenas la primera ciudad de Grecia. El período subsiguiente fue el más brillante de la historia de Atenas: dueña de los mares griegos, dirigió la liga de Delos y brilló, en tiempos de Pericles (461-429 a. J.C.), con un esplendor incomparable. Durante el triunfal siglo de Pericles la Acrópolis se pobló de espléndidos monumentos (Partenón); las obras de Fidias, las tragedias de Esquilo y Sófocles le dieron una fama universal. No obstante, la rivalidad con Esparta dio origen a la guerra del Peloponeso (431-404); Atenas perdió su poder político en favor de Esparta, aunque mantuvo su supremacía intelectual y artística. Tiranizada entonces por los Treinta, recuperó su libertad y su grandeza cuando Tebas aplastó a Esparta (371). Más tarde apareció, con Demóstenes, como modelo de ciudad libre contra el conquistador Filipo de Macedonia, que la venció en Queronea (338 a. J.C.). A pesar de algunos intentos de organizar la resistencia contra los sucesores de Alejandro, cayó, con toda Grecia, bajo la dominación romana (146). Sin embargo, continuó siendo uno de los centros de la cultura helenística, y Roma recogió su legado.

ATENAZAR v. tr. [1g]. Apretar, sujetar fuertemente. **2.** Atormentar un pensamiento o idea.

ATENCIÓN n. f. (lat. *attentionem*). Acción de atender: *prestar atención.* **2.** Demostración de respeto o cortesía: *colmar de atenciones.* ♦ interj. **3.** Suele usarse para que se aplique especial cuidado a lo que se va a decir o hacer.

ATENDER v. tr. (lat. *attendere*) [2d]. Aguardar, esperar. ♦ v. tr. e intr. **2.** Acoger favorablemente, o satisfacer, un deseo, un ruego o mandato. **3.** Aplicar voluntariamente el entendimiento a un objeto espiritual o sensible: *atender a las explicaciones.* **4.** Mirar por alguna persona o cosa, cuidar de ella: *le atendieron en el hospital.* **5.** Despachar, ocuparse del público en un establecimiento. ♦ v. intr. **6.** Tener en cuenta o consideración alguna cosa: *atender a las circunstancias.*

Atenea, diosa griega del pensamiento, las artes, las ciencias y la industria, hija de Zeus y divinidad epónima de Atenas. De la *Minerva* de los romanos. Una de las más célebres representaciones de la diosa —aparte de la *Atenea Pártenos* de Fidias, conocida por réplicas— es la de una estela funeraria (museo de la Acrópolis, Atenas) donde se muestra con casco, pensativa, apoyada sobre su lanza.

ATENEÍSTA n. m. y f. Socio de un ateneo.

ATENEO n. m. (lat. *athenaeum*). En Atenas, templo de Atenea, donde los poetas y oradores leían sus obras. **2.** Entidad o asociación cultural. **3.** Local de dicha entidad.

ATENERSE v. pron. [8]. Acogerse o adherirse a la protección de una persona o cosa. **2.** Ajustarse, sujetarse, limitarse: *atenerse a las reglas.*

ATENIENSE adj. y n. m. y f. De Atenas.

ATENTADO n. m. Agresión contra la vida, la integridad física o moral, los bienes o los derechos de una persona. **2.** Acción contraria a una institución o principio establecidos: *atentado a la libertad.*

ATENTAR v. tr. (lat. *attentare*, emprender) [1]. Ejecutar una cosa con infracción de lo dispuesto. **2.** Intentar algo, especialmente un delito. ♦ v. intr. **3.** Cometer atentado.

ATENTATORIO, A adj. Que implica atentado.

ATENTO, A adj. Que tiene fija la atención en alguna cosa. **2.** Cortés, amable.

ATENUACIÓN n. f. Acción y efecto de atenuar.

ATENUADO, A adj. Dícese del microorganismo patógeno cuya virulencia está disminuida.

ATENUANTE adj. y n. m. o f. Que atenúa.

ATENUAR v. tr. [1s]. Poner tenue o delgada una cosa. **2.** *Fig.* Minorar o disminuir: *atenuar el calor.*

ATEO, A adj. y n. (gr. *atheos*). Que niega la existencia de toda divinidad.

ATERCIOPELADO, A adj. Semejante al terciopelo.

ATERIDO, A adj. Helado, yerto.

ATERIMIENTO n. m. Acción y efecto de aterir.

ATERIR v. tr. y pron. [22]. Enfriar mucho.

ATÉRMICO, A o **ATÉRMANO, A** adj. Mal conductor del calor.

ATERRADOR, RA adj. Que aterroriza.

ATERRAR v. tr. [1j]. Bajar al suelo. **2.** Derribar, echar por tierra. **3.** Cubrir con tierra. ♦ v. intr. **4.** Llegar a tierra. ♦ **aterrarse** v. pron. **5.** Poner pie en tierra firme. **6.** MAR. Acercarse a tierra los buques en su derrota.

ATERRAR v. tr. y pron. [1]. Causar terror. ♦ v. tr. **2.** *Fig.* Postrar, abatir, desanimar.

ATERRIZADOR n. m. *Amér.* Tren de aterrizaje.

ATERRIZAJE n. m. Acción de aterrizar.

ATERRIZAR v. intr. [1g]. Posarse sobre la superficie terrestre una aeronave. **2.** *Fig.* y *fam.* Aparecer en un lugar de manera inesperada.

ATERRORIZAR v. tr. y pron. [1g]. Aterrar, causar terror: *aterrorizar a los niños.*

ATESORAMIENTO n. m. Acción y efecto de atesorar.

ATESORAR v. tr. [1]. Reunir y guardar dinero o cosas de valor. **2.** *Fig.* Tener virtudes o cualidades.

ATESTACIÓN n. f. Deposición de testigo o de persona que afirma alguna cosa.

ATESTADO n. m. DER. Documento oficial en que se hace constar como cierta alguna cosa.

ATESTADURA n. f. Atestamiento. **2.** ENOL. Porción de mosto con que se atiestan las cubas de vino.

ATESTAMIENTO n. m. Acción y efecto de atestar, rellenar con mosto las cubas de vino.

ATESTAR v. tr. [1j]. Henchir una cosa hueca, apretando lo que se mete en ella. **2.** Rellenar con mosto las cubas de vino para suplir la merma producida por la fermentación.

ATESTAR v. tr. [1]. DER. Testificar, probar algo con testigos; deponer como testigo.

ATESTIGUACIÓN n. f. Acción de atestiguar. SIN.: *atestiguamiento.*

ATESTIGUAR v. tr. [1c]. Declarar, afirmar como testigo: *atestiguar en un juicio.* SIN.: *atestar, testificar, testimoniar.* **2.** Ofrecer indicios ciertos de algo.

ATEZAR v. tr. [1g]. Poner liso, terso o lustroso. ♦ v. tr. y pron. **2.** Poner negra la piel morena.

ATI n. m. Gaviota de América Meridional, con la cabeza y punta del ala negras, pico desarrollado y cola poco escotada.

ATIBORRAMIENTO n. m. Acción y efecto de atiborrar.

ATIBORRAR v. tr. [1]. Atestar, llenar completamente. ♦ v. tr. y pron. **2.** *Fig.* y *fam.* Atracar, hartar de comida a alguien: *atiborrarse de pan.* **3.** Llenar la cabeza de lecturas, ideas, etc.

Ática, en gr. *Attiké*, península de Grecia donde se encuentra Atenas.

ÁTICO, A adj. y n. (gr. *attikos*). Del Ática o de Atenas. ♦ n. m. **2.** Último piso de un edificio, que en las casas antiguas es más bajo de techo que los inferiores y se construía para encubrir el arranque de la techumbre, y que en los edificios modernos suele estar provisto de terrazas.

ATIESAR v. tr. y pron. [1]. Poner tieso: *atiesar el bigote.*

ATIGRADO, A adj. Manchado como la piel de tigre.

Átila o **Atila**, rey de los hunos [434-453]. Invadió el imperio romano de oriente (441) y la Galia, pero fue vencido en los campos Cataláunicos (451), en 452 saqueó Italia, pero renunció a Roma persuadido por el papa León I el Grande. Su imperio desapareció con él.

ATILDAMIENTO n. m. Acción y efecto de atildar.

ATILDAR v. tr. y pron. [1]. *Fig.* Componer, asear con esmero minucioso.

ATINAR v. intr. [1]. Acertar a dar en el blanco. **2.** Hallar lo que se busca a tientas sin ver el objeto: *atinar con el inte-*

rruptor. **3.** Acertar una cosa por conjeturas. ♦ v. intr. y tr. **4.** Hallar, conseguir, acertar por sagacidad o casualidad lo que se busca.

ATINGENCIA n. f. *Amér.* Conexión, relación. **2.** *Perú.* Incumbencia.

ATINGIR v. tr. [**3b**]. *Amér.* Oprimir, tiranizar.

ATIPICIDAD n. f. Cualidad de atípico.

ATÍPICO, A adj. Que se sale de la normalidad.

ATIPLADO, A adj. Dícese de la voz o del sonido agudo.

ATIPLAR v. tr. [**1**]. Agudizar el tono de un instrumento o de la voz. ♦ **atiplarse** v. pron. **2.** Volverse la cuerda del instrumento, o la voz, del tono grave al agudo.

ATIRANTAR v. tr. [**1**]. Poner tirante.

ATISBADURA n. f. Acción de atisbar.

ATISBAR v. tr. [**1**]. Mirar, observar disimuladamente: *atisbar desde la ventana*. ♦ v. tr. y pron. **2.** Ver débilmente, vislumbrar.

ATISBO n. m. Atisbadura. **2.** Indicio, sospecha.

ATITLÁN (*lago de*), lago de Guatemala (Sololá); 125 km². Pesca. Turismo. En sus proximidades se encuentra el *volcán Atitlán* (3537 m de alt.).

ATIZADOR, RA adj. n. Que atiza. ♦ n. m. **2.** Barra metálica que se emplea para avivar o atizar el fuego en los hogares de chimeneas.

ATIZAR v. tr. [**1g**]. Remover el fuego, o añadirle combustible: *atizar el brasero*. **2.** *Fig.* Excitar pasiones o discordias. **3.** *Fig.* y *fam.* Con voces expresivas de golpes o de daño, dar. • **¡Atiza!**, denota sorpresa.

ATIZONAR v. tr. [**1**]. ALBAÑ. Asegurar la trabazón de una obra de mampostería con piedras colocadas a tizón. **2.** Asentar la cabeza de un madero en el espesor de la pared. ♦ **atizonarse** v. pron. **3.** Contraer tizón los cereales u otras gramíneas.

ATL (Gerardo **Murillo**, llamado **Doctor**), pintor y escritor mexicano (Guadalajara 1875-México 1964). Formado en Europa, introdujo en México el interés por el muralismo renacentista italiano, el postimpresionismo y el fauvismo (1904), y organizó el movimiento de pintores revolucionarios en el que participaron Orozco, Siqueiros y Rivera (1922). Realizó paisajes, sobre todo de volcanes.

ATLANTA n. m. y adj. GEOL. Formación del eoceno medio de Ecuador.

ATLANTA, cap. de Estados Unidos, cap. de Georgia; 394 017 hab. (2 833 511 en el área metropolitana). Aeropuerto. Universidad.

ATLANTE n. m. Estatua de hombre que sirve de soporte. SIN.: *telamón*.

ATLÁNTICO, A adj. Relativo al océano Atlántico o a los países o regiones que lo bordean. **2.** Relativo a la Organización del tratado del Atlántico norte: *la defensa atlántica*.

ATLÁNTICO (*océano*), océano que separa Europa y África de América; 106 millones de km² (si se cuentan sus mares). Está formado por una serie de grandes cubetas por debajo de la plataforma continental, desarrolladas sobre todo en el hemisferio N, donde se localizan el mar Mediterráneo, el mar del Norte y el mar Báltico, y el mar Caribe). Estas cubetas, o cuencas oceánicas, están separadas, en la parte central del océano, por una larga dorsal submarina meridiana, cuyas cimas constituyen islas (Azores, Ascensión, Tristán da Cunha).

ATLÁNTICO (*departamento del*), dep. del N de Colombia, en la costa del Caribe; 3338 km²; 1 428 601 hab. Cap. *Barranquilla*.

ATLÁNTIDA, isla hipotética del Atlántico, sumergida en el fondo, que ha inspirado desde Platón numerosos relatos legendarios.

ATLÁNTIDA (*departamento de*), dep. de Honduras, a orillas del Caribe; 4251 km²; 262 000 hab. Cap. *La Ceiba*.

ATLAS n. m. Colección de mapas, dibujos, cuadros o tablas relativos a un tema determinado, presentada generalmente en forma de libro: *atlas geográfico, lingüístico, histórico*. **2.** ANAT. Primera vértebra cervical.

ATLAS, conjunto montañoso del N de África, formado por varias cadenas. En Marruecos, el *Alto Atlas* o *Gran Atlas*, parte más elevada del sistema (4 165 m en el yébel Tubkal), está separado del *Atlas Medio*, al N, por el Muluya y del *Antiatlas*, al S, por el uadi Sus. En Argelia, el *Atlas telliano* y el *Atlas sahariano* o *presahariano* rodean las Altas Mesetas.

ATLAS o **ATLANTE**, titán que se rebeló contra los dioses y fue condenado por Zeus a cargar sobre los hombros la bóveda del cielo.

ATLATL n. m. Instrumento utilizado por las culturas lacustres del valle de México para la caza, pesca y guerra.

ATLETA n. m. y f. Persona que practica un deporte, especialmente el atletismo. **2.** Persona robusta y fuerte.

ATLÉTICO, A adj. Relativo al atleta. ♦ n. m. **2.** Uno de los tres biotipos característicos en la clasificación de Kretschmer.

ATLETISMO n. m. Conjunto de deportes individuales que comprende carreras pedestres y concursos (saltos y lanzamientos).

ATMÓSFERA o **ATMOSFERA** n. f. Capa gaseosa que envuelve un planeta o un satélite, particularmente la Tierra. **2.** Ambiente de un local. **3.** Conjunto de condiciones e influencias que rodean a alguien o algo. **4.** *Fig.* Estado de ánimo de un conjunto de personas: *atmósfera tensa*. **5.** Unidad de medida de presión, numéricamente igual al peso de una columna de mercurio de 76 cm de altura y 1 cm² de base: *presión de diez atmósferas*.

ATMOSFÉRICO, A adj. Relativo a la atmósfera.

ATO, prefijo (símbolo a) que, colocado delante de una unidad, la multiplica por 10^{-18}.

ATOCHA n. f. Esparto.

ATOK n. m. Carnívoro parecido al zorro gris, que vive en los Andes del Perú. (Familia cánidos.)

ATOLLADERO n. m. Atascadero. **2.** *Fig.* Punto muerto, situación que no ofrece salida favorable.

ATOLLAR v. intr. y pron. [**1**]. Dar en un atolladero. ♦ **atollarse** v. pron. **2.** *Fig.* y *fam.* Atascarse.

ATOLÓN n. m. Isla de forma anular de los mares tropicales, formada por arrecifes coralinos que rodean una laguna central.

ATOLONDRADO, A adj. Que actúa sin serenidad y reflexión.

ATOLONDRAMIENTO n. m. Acción de atolondrar.

ATOLONDRAR v. tr. y pron. [**1**]. Aturdir, causar aturdimiento: *atolondrarse al caer*.

ATOMICIDAD n. f. Número de átomos contenidos en una molécula.

ATÓMICO, A adj. Relativo a los átomos. • **Arma atómica**, arma utilizada por primera vez en 1945, basada en reacciones de fisión del plutonio o del uranio. || **Energía atómica**, energía liberada en las reacciones nucleares. || **Masa atómica**, o **peso atómico**, masa relativa de los átomos de los distintos elementos, siendo tal el carbono, por convención, igual a 12. || **Notación atómica**, notación química fundada en la consideración de las masas atómicas. || **Número atómico**, número de un elemento en la clasificación periódica. Es igual al número de electrones que giran alrededor del núcleo.)

ATOMISMO n. m. Filosofía materialista que considera el universo como constituido por un número infinito de átomos asociados en combinaciones fortuitas y puramente mecánicas.

ATOMISTA adj. n. m. y f. Partidario del atomismo.

ATOMÍSTICA n. f. Estudio de las propiedades de los átomos.

ATOMÍSTICO, A adj. Relativo al atomismo y a la atomística.

ATOMIZACIÓN n. f. Acción y efecto de atomizar.

ATOMIZADOR n. m. Aparato que sirve para la pulverización molecular de líquidos.

ATOMIZAR v. tr. y pron. [**1g**]. Dividir en partes sumamente pequeñas. **2.** Pulverizar un líquido.

ÁTOMO n. m. Partícula de un elemento químico que forma la cantidad más pequeña que puede entrar en combinación. **2.** Partícula material de pequeñez extremada.

ÁTOMO-GRAMO n. m. (pl. *átomos-gramo*). Valor en gramos de la masa atómica de un elemento químico.

ATONAL adj. MÚS. Escrito según las reglas de la atonalidad.

ATONALIDAD n. f. MÚS. Sistema de escritura musical que exime de las reglas tonales de la armonía tradicional. SIN.: *atonalismo*.

ATONÍA n. f. Falta de energía.

ATÓNICO, A adj. Que resulta de la atonía.

ATÓNITO, A adj. Pasmado, estupefacto.

ÁTONO, A adj. (gr. *átonos*). GRAM. Dícese de la palabra, sílaba o vocal que carecen de acento prosódico.

ATONTADO, A adj. Dícese de la persona tonta o que no sabe cómo conducirse.

ATONTAMIENTO n. m. Acción y efecto de atontar.

ATONTAR v. tr. y pron. [**1**]. Aturdir, atolondrar. **2.** Entontecer.

ATORAMIENTO n. m. Acción de atorarse.

ATORAR v. tr., intr. y pron. (lat. *obturare*) [**1**]. Atascar, obstruir. ♦ **atorarse** v. pron. **2.** Atragantarse.

ATORMENTAR v. tr. y pron. [**1**]. Causar dolor o molestia física o moral.

ATORNILLAR v. tr. [**1**]. Introducir un tornillo haciéndolo girar alrededor de su eje. **2.** Sujetar una cosa con tornillos.

ATORRANTE adj. n. m. y f. *Argent., Par.* y *Urug.* Vagabundo, holgazán, haragán. **2.** *Argent., Par.* y *Urug.* Persona desvergonzada. ♦ n. f. **3.** *Argent., Par.* y *Urug.* Mujer de mala vida.

ATOSIGAMIENTO n. m. Acción de atosigar.

ATOSIGAR v. tr. y pron. [**1b**]. Apremiar, importunar, dar prisa.

ATRABANCAR v. tr. e intr. [**1a**]. Hacer algo con precipitación.

ATRABILIARIO, A adj. Relativo a la atrabilis. ♦ adj. y n. **2.** *Fam.* Irascible, irritable, de genio desigual.

ATRACADA n. f. Acto de atracar una embarcación. **2.** *Cuba, Méx.* y *Perú.* Atracada.

ATRACADERO n. m. Lugar de una vía marítima o fluvial especialmente destinado para atracar las embarcaciones.

ATRACADOR, RA n. Persona que atraca o saltea en poblado.

ATRACAR v. tr. e intr. [**1a**]. MAR. Arrimar o acercar una embarcación a otra o a otra embarcación: *atracar los botes*. ♦ v. tr. **2.** Hacer comer o beber con exceso: *atracarse de pasteles*. SIN.: *atiborrar*. **3.** Asaltar con armas para robar. **4.** *Chile.* Empujar, pegar, zurrar. **5.** *Argent.* y *Chile. Vulg.* Acosar a una persona con fines sexuales. ♦ **atracarse** v. pron. **6.** *Antillas* y *Hond.* Reñir, disputar. **7.** *Argent., Chile* y *Perú. Fig.* Ponerse junto a cualquier objeto.

ATRACCIÓN n. f. Acción de atraer. **2.** Fuerza con que se atrae. **3.** Número que se representa en un programa de variedades, una revista, o en el intermedio de un programa cinematográfico o de una

ATR

obra teatral. • **Ley de la atracción universal**, o **ley de Newton**, ley según la cual todos los cuerpos materiales se atraen mutuamente en razón directa a sus masas y en razón inversa al cuadrado de sus distancias. ♦ **atracciones** n. f. pl. **4.** Espectáculos o diversiones que se celebran en un mismo lugar o forman parte de un mismo programa.

ATRACO. n. m. Acción de atracar con armas para robar.

ATRACÓN n. m. *Fam.* Acción y efecto de atracar o atracarse de comida o bebida.

ATRACTIVO, A adj. (lat. *attractivum*). Que atrae. ♦ n. m. **2.** Cualidad o conjunto de cualidades de una persona que atrae a otra u otras.

ATRAER v. tr. (lat. *attrahere*) [10]. Traer o hacer venir hacia el lugar en que alguien se halla o hacia un determinado lugar: *atraer público; atraer con un imán.* **2.** *Fig.* Captar la voluntad, atención, etc.: *atraer las miradas.* **3.** *Fig.* Ocasionar, acarrear o hacer que recaiga algo en uno.

ATRAGANTAMIENTO n. m. Acción y efecto de atragantarse.

ATRAGANTARSE v. pron. [1]. No poder tragar algo que se atraviesa en la garganta: *al reírse se atragantó*. **2.** *Fig.* y *fam.* Turbarse en la conversación: *se le atragantaron las palabras.* **3.** *Fig.* y *fam.* Resultarle a uno una persona o cosa desagradable, antipática o difícil.

ATRANCAR v. tr. [1a]. Asegurar la puerta o ventana con una tranca. ♦ v. tr. y pron. **2.** Atascar, obstruir: *esta puerta se atranca a veces.* ♦ v. intr. **3.** *Fam.* Dar trancos o pasos largos. **4.** *Fig.* y *fam.* Leer muy de prisa, suprimiendo palabras. ♦ **atrancarse** v. pron. **5.** Encerrarse asegurando la puerta.

ATRANCO o **ATRANQUE** n. m. Atolladero. **2.** Embarazo o apuro.

ATRAPAMOSCAS n. m. (pl. *atrapamoscas*). Planta cuyas hojas terminan en lóbulos oponibles capaces de juntarse y retener insectos. (Familia droseráceas.)

ATRAPAR v. tr. (fr. *attraper*) [1]. Coger, aprisionar a alguien o algo, especialmente si escapa o tiende a escapar. **2.** *Fig* y *fam.* Conseguir una cosa de provecho: *atrapar un premio.* **3.** Engañar, atraer a uno con maña.

ATRAQUE. N. m. Acción de atracar una nave. **2.** Muelle donde se atraca.

ATRÁS adv. l. Hacia la parte que está a las espaldas de uno: *dar un paso atrás.* **2.** Detrás: *quedarse atrás.* ♦ adv. t. **3.** Tiempo pasado: *pocos días atrás.* ♦ interj. **4.** Se usa para mandar retroceder a alguien: *¡atrás!, no dé un paso más.*

ATRASAR v. tr. y pron. [1]. Retrasar.

ATRASO n. m. Efecto de atrasar. SIN.: retraso. **2.** Falta o insuficiencia de desarrollo en la tecnología o en las costumbres. ♦ **atrasos** n. m. pl. **3.** Pagos o rentas vencidos y no cobrados.

ATRATO, de Colombia, en la vertiente atlántica; 750 km. Navegable en sus cursos alto y medio.

ATRAVESADO, A adj. Que bizquea. **2.** De mala intención. **3.** Dícese del animal cruzado o híbrido.

ATRAVESAR v. tr. [1j]. Poner algo de una parte a otra. **2.** Poner algo delante para impedir el paso. **3.** Pasar una cosa sobre otro; hallarse puesto sobre él oblicuamente. **4.** Pasar circunstancialmente por una situación: *atravesamos un mal momento.* **5.** Pasar de una parte a la opuesta. **6.** Traspasar, pasar un cuerpo penetrándolo de parte a parte: *atravesarle el cuerpo de un disparo.* ♦ v. tr. y pron. **7.** MAR. Poner la nave al pairo o a la capa. ♦ **atravesarse** v. pron. **8.** *Fig.* Mezclarse en los asuntos de otros. **9.** Encontrarse con alguno. **10.** Tener pendencia, no poder soportar, sufrir una cosa, ser antipática.

ATRAYENTE adj. Que atrae.

ATRECHAR v. intr. [1]. *P. Rico.* Tomar un atajo.

ATRENZO n. m. *Amér.* Conflicto, apuro, dificultad.

ATREVERSE v. pron. [2]. Determinarse a algo arriesgado: *atreverse a saltar en paracaídas.* **2.** Insolentarse, descararse.

ATREVIDO, A adj. y n. Que se atreve. ♦ adj. **2.** Hecho o dicho con atrevimiento.

ATREVIMIENTO n. m. Acción y efecto de atreverse.

ATRIBUCIÓN n. f. Acción de atribuir. **2.** Facultad de una persona por razón de su cargo.

ATRIBUIR v. tr. y pron. (lat. *attribuere*) [29]. Aplicar hechos o cualidades a una persona o cosa. **2.** Señalar o asignar una cosa a alguno como de su competencia: *se atribuyó toda la responsabilidad del caso.* **3.** *Fig.* Achacar, imputar.

ATRIBULACIÓN n. f. Tribulación.

ATRIBULAR v. tr. y pron. [1]. Causar o padecer tribulación.

ATRIBUTIVO, A adj. Que indica o enuncia un atributo o cualidad. • **Oración atributiva** (GRAM.), oración formada por un verbo copulativo.

ATRIBUTO n. m. Cada una de las propiedades de un ser. **2.** Insignias, condecoraciones, trajes, etc., propios de un cargo o autoridad. **3.** Objeto con que se representa simbólicamente una potestad. **4.** LING. Función de una palabra que expresa una manera de ser que se afirma del sujeto o del objeto por medio de un verbo expreso o sobrentendido.

ATRICIÓN n. f. (lat. *attritionem*). TEOL. Pesar de haber ofendido a Dios, causado por un motivo humano, como por ejemplo la vergüenza o el temor al castigo.

ATRIL n. m. Mueble para sostener libros o papeles abiertos.

ATRINCHERAMIENTO n. m. Conjunto de trincheras.

ATRINCHERAR v. tr. [1]. MIL. Fortificar con atrincheramientos. ♦ **atrincherarse** v. pron. **2.** Ponerse en trincheras a cubierto del enemigo.

ATRIO n. m. (lat. *atrium*). Pieza principal de la casa romana, cuya abertura el *compluvium*, en el centro del tejado, permitía recoger las aguas de la lluvia en el *impluvium*. **2.** Espacio cubierto que sirve de acceso a algunos templos, palacios o casas.

ATROCIDAD n. f. (lat. *atrocitatem*). Cualidad de atroz. **2.** Cosa atroz.

ATROFIA n. f. Defecto de nutrición de un tejido, órgano u organismo, que ocasiona una disminución de volumen y trastornos diversos. **2.** Pérdida o disminución de alguna facultad: *atrofia intelectual.*

ATROFIAR v. tr. y pron. [1]. Producir o padecer atrofia.

ATRÓFICO, A adj. y n. Relativo a la atrofia; afecto de atrofia.

ATRONADOR, RA adj. Que atruena.

ATRONAMIENTO n. m. Acción de atronar o atronarse. **2.** Enfermedad que padecen algunas caballerías en los cascos de pies y manos, y suele proceder de algún golpe. SIN.: alcanzadura.

ATRONAR v. tr. [1r]. Ensordecer o perturbar con ruido. **2.** Aturdir, causar aturdimiento. **3.** TAUROM. Matar a un toro hiriéndolo en medio de la cerviz. ♦ **atronarse** v. pron. **4.** Aturdirse y quedarse como muerto un animal con el ruido de los truenos.

ATROPAR v. tr. y pron. [1]. Juntar gente en tropas o en cuadrilla. ♦ v. tr. **2.** Juntar, reunir.

ATROPELLAR v. tr., intr. o pron. [1]. Pasar precipitadamente por encima de alguien o algo, empujar, derribar. ♦ v. tr. **2.** *Fig.* Agraviar abusando de la fuerza, poder o superioridad que se tiene. **3.** *Fig.* Oprimir o abatir a uno al tiempo, los achaques o desgracias. **4.** *Fig.* Hacer una cosa con precipitación y sin el cuidado necesario. ♦ v. tr. e intr. **5.** Proceder sin miramientos a leyes o al respeto. ♦ **atropellarse** v. pron. **6.** *Fig.* Apresurarse demasiado en las obras o palabras.

ATROPELLO o **ATROPELLAMIENTO** n. m. Acción y efecto de atropellar o atropellarse.

ATROPINA n. f. Alcaloide extraído de la belladona, que calma los espasmos y dilata la pupila.

ATROZ adj. (lat. *atrocem*). Fiero, inhumano. **2.** Muy intenso o grande: *dolor atroz.* **3.** Muy malo o desagradable: *una comida atroz; un sueño atroz.*

ATUEL, r. de Argentina, afl. del Salado; 482 km. En su desembocadura origina la región pantanosa de los *Bañados del Atuel.* Central hidroeléctrica.

ATUENDO n. m. Atavío, vestido.

ATUFAR v. tr. [1]. *Fig.* Trastornar con el tufo. **2.** *Fig.* Enfadar, enojar: *no te atufes por tan poco.* ♦ **atufarse** v. pron. **3.** Recibir tufo. **4.** Agriarse los licores, especialmente el vino.

ATÚN n. m. (ár. *al-tūn*). Pez marino, excelente nadador, que efectúa migraciones en el Mediterráneo y en el Atlántico, muy apreciado por su carne. (El *atún blanco* alcanza 1 m de long.; el *atún rojo*, de 2 a 3 m.)

ATUNA n. f. *Perú.* Espátula para remover el maíz.

ATUNERO, A n. Persona que trata en atún. **2.** Pescador de atún. ♦ n. m. y adj. **3.** Embarcación destinada a la pesca del atún.

ATURDIDO, A adj. Atolondrado.

ATURDIDOR, RA adj. Que aturde.

ATURDIMIENTO n. m. Perturbación debida a un golpe u otra causa física o moral. **2.** *Fig.* Torpeza, falta de serenidad y reflexión.

ATURDIR v. tr. y pron. [3]. Causar aturdimiento. **2.** *Fig.* Desconcertar, pasmar, asombrar.

ATURES (rápidos de), rápidos del Orinoco, en la frontera entre Venezuela y Colombia, cerca de las desembocaduras del Guaviare y el Meta.

ATURULLAMIENTO n. m. Atolondramiento.

ATURULLAR o **ATURRULLAR** v. tr. y pron. [1]. Confundir, turbar, aturdir.

ATUSAR v. tr. [1]. Recortar e igualar el pelo. **2.** Alisar el pelo con la mano o el peine.

Au, símbolo químico del oro.

AUCANQUILCHA (cerro), pico de los Andes chilenos, cerca de la frontera con Bolivia; 6233 m de altura.

AUCKLAND, principal ciudad, puerto y centro industrial de Nueva Zelanda, en la isla del Norte; 840 000 hab. Museo maorí. Universidad.

AUDACIA n. f. Osadía, atrevimiento: *jugar con audacia.*

AUDAZ adj. Osado, atrevido: *conducta audaz.*

AUDIBLE adj. Que se puede oír.

AUDICIÓN n. f. Acción de oír. **2.** Concierto, recital o lectura en público. **3.** Sesión de prueba de un artista. **4.** Función del sentido del oído: *perturbaciones de la audición.*

AUDIENCIA n. f. Acto de oír los soberanos u otras autoridades a las personas que acuden a ellos: *dar audiencia.* **2.** *Fig.* Crédito o atención que se presta a alguien o a algo: *la audiencia de la radio.* **3.** Conjunto de personas que escuchan. **4.** Público efectivo o potencial, destinatario del mensaje de los medios de comunicación. **5.** Difusión efectiva de un mensaje publicitario. **6.** DER. Acto de oír el juez o el tribunal a las partes, a los efectos de decidir una causa. **7.** DER. Tribunal colegiado. **8.** DER. Lugar donde actúa dicho tribunal. **9.** DER. Distrito de la jurisdicción del mismo tribunal. **10.** Cada una de las sesiones de un tribunal. • **Audiencia nacional**, órgano judicial con competencia en todo el territorio.

AUS

‖ **Audiencia provincial,** la que sólo tiene jurisdicción en lo penal, limitada a una provincia. ‖ **Audiencia territorial,** tribunal de segunda instancia o de apelación en materia civil sobre varias provincias o una región histórica.

AUDÍFONO o **AUDIÓFONO** n. m. Pequeño aparato acústico, utilizado por personas con deficiencias auditivas, para percibir mejor los sonidos.

AUDÍMETRO n. m. Audiómetro. **2.** Aparato para medir la audiencia en la radio o la televisión.

AUDIO adj. Dícese de toda técnica o dispositivo relativo al registro o a la transmisión de los sonidos.

AUDIOLOGÍA n. f. Ciencia que estudia la audición.

AUDIOMETRÍA n. f. Medición de la agudeza auditiva.

AUDIÓMETRO n. m. Instrumento para medir la agudeza auditiva y establecer los audiogramas. SIN.: *audímetro.*

AUDIOVISUAL adj. Relativo a la vista y al oído conjuntamente. ♦ adj. y n. m. **2.** Relativo a los métodos de información, comunicación y enseñanza que utilizan la representación de imágenes, películas y registros sonoros.

AUDITAR v. tr. [1]. Realizar una auditoría en una empresa u organización.

AUDITIVO, A adj. Relativo a la audición: *memoria auditiva.* • **Conducto auditivo** (ANAT.), canal (de aproximadamente 25 mm de long.) que comunica el pabellón con el oído medio y termina en el tímpano.

AUDITOR n. m. ECON. Especialista en auditorías.

AUDITORÍA n. f. Empleo de auditor. **2.** Tribunal o despacho del auditor. **3.** Revisión de la contabilidad de una empresa u organización para garantizar la veracidad y regularidad de las cuentas y elaborar un dictamen sobre la calidad y el rigor de la gestión.

AUDITORIO n. m. Concurso de oyentes: *tenía un buen auditorio.* **2.** Lugar acondicionado para escuchar conferencias, discursos, lecturas, etc. SIN.: *auditorium.*

AUGE n. m. Apogeo, momento o situación de máximo esplendor, intensidad o influencia de algo.

AUGUR n. m. Sacerdote romano que interpretaba los presagios derivados del vuelo y canto de los pájaros, los rayos, etc.

AUGURAL adj. Relativo a los augures.

AUGURAR v. tr. (lat. *augurare*) [1g]. Predecir lo futuro. **2.** *Fig.* Presentir y anunciar desdichas sin fundamento racional.

AUGURIO n. m. Agüero.

AUGUSTO, A adj. Que infunde respeto y veneración. ♦ n. m. **2.** Título de los emperadores romanos. **3.** Cómico que forma pareja con el clown.

AUGUSTO (Cayo Julio César Octavio), emperador romano (Roma 63 a. J.C.-Nola 14 d. J.C.), al principio conocido con el nombre de *Octavio* y luego de *Octaviano,* sobrino nieto de César y su heredero. Asociado con Marco Antonio y Lépido en un triunvirato (43), conservó para sí Italia y occidente, y vengó la muerte de César en la batalla de Filipos. Único dueño del poder tras su victoria de Actium sobre Marco Antonio (31), recibió, con el nombre de *Augusto* (27), los poderes repartidos hasta entonces entre las distintas magistraturas. Organizó una sociedad basada en el retorno a las tradiciones antiguas y administrada por un cuerpo de funcionarios reclutados en las clases superiores (orden senatorial y orden ecuestre), y dividió Roma en 14 regiones para facilitar su administración y vigilancia. Reorganizó las provincias, divididas en *provincias senatoriales* y *provincias imperiales.* Acabó la conquista de Hispania y llevó la frontera del Imperio hasta el Danubio; pero, en Germania, su lugarteniente Varo sufrió un desastre. Designó a su sucesor (Marcelo, Agripa y luego Tiberio) y, a su muerte, fue venerado como un dios. El principado de Augusto constituye una de las etapas más brillantes de la historia romana *(siglo de Augusto).*

AULA n. f. (lat. *aulam*). Sala destinada a dar clases en un centro de enseñanza.

ÁULICO, A adj. Perteneciente a la corte o al palacio. ♦ adj. y n. **2.** Cortesano o palaciego.

AULLADOR, RA adj. Que aúlla.

AULLAR v. intr. (lat. *ululare*) [1w]. Dar aullidos.

AULLIDO o **AÚLLO** n. m. Voz triste y prolongada del lobo, el perro y otros animales.

AUMENTABLE adj. Que se puede aumentar.

AUMENTAR v. tr., intr. y pron. (lat. *augmentare*) [1]. Hacer más grande, numeroso o intenso.

AUMENTATIVO, A adj. Que aumenta. **2.** GRAM. Dícese de los sufijos que adopta el nombre para acrecentar o aumentar su significación. ♦ n. m. y adj. **3.** Sustantivo, adjetivo, adverbio y gerundio con sufijo aumentativo.

AUMENTO n. m. Acción y efecto de aumentar: *aumento de tarifas eléctricas.* **2.** ÓPT. Relación entre la longitud de una imagen y la longitud del objeto.

AUN adv. (lat. *adhuc*). Incluso, hasta, también: *iremos todos, aun tú.* **2.** Denota encarecimiento o ponderación: *cada día y aun cada hora.* ♦ conj. conc. **3.** Unido a *cuando,* a un gerundio o a un participio, significa aunque: *aun llegando tarde, pudo entrar.*

AÚN adv. f. (lat. *adhuc*). Todavía: *aún vive.*

AUNAR v. tr. y pron. [1w]. Poner juntas o armonizar varias cosas. **2.** Unificar. **3.** Unir, confederar para algún fin: *aunar los esfuerzos.*

AUNG SAN SUU KYI, política birmana (Rangún 1945). Líder de la oposición democrática, fue mantenida por el régimen militar en residencia vigilada de 1989 a 1995. (Premio Nobel de la paz 1991).

AUNQUE conj. conc. Introduce una objeción real o posible a pesar de la cual puede ser u ocurrir una cosa: *aunque estoy enfermo no faltaré a la cita.* **2.** Se usa en correlación con los adv. *todavía, con todo, donde, entonces, pero* y *más: aunque está muy viejo, todavía lo uso.* **3.** Algunas veces hace la función de conj. adversativa: *no traigo nada de rico, aunque sí cosas similares.*

AUPAR v. tr. y pron. [1w]. Levantar o subir a una persona: *aupar al pequeño a hombros.* **2.** *Fig.* Ensalzar, enaltecer: *aupar a alguien en un cargo.*

AURA n. f. (lat. *auram*). Viento suave y apacible. **2.** Hálito, aliento, soplo. **3.** Irradiación luminosa de carácter paranormal, que algunas personas dicen percibir alrededor de los cuerpos.

AURA n. f. Ave rapaz diurna americana, de unos 80 cm de long. y 160 de envergadura, con la cabeza desnuda en la parte anterior y plumaje de color pardo oscuro. (Familia catártidos.)

AURELIANO (Lucio Domicio) [c. 214-275], emperador romano [270-275]. Venció a Zenobia, reina de Palmira (273), y edificó alrededor de Roma un muro fortificado que aún existe *(muralla de Aureliano).* Fue el primer emperador divinizado en vida.

ÁUREO, A adj. (lat. *aureum*). De oro. **2.** Parecido al oro o dorado. ♦ n. m. **3.** Moneda de oro del Imperio romano. **4.** Moneda de oro que circulaba en el reino de Castilla en tiempos de Fernando III el Santo.

AUREOLA o **AURÉOLA** n. f. (lat. *aureolam,* de *aureus*). Círculo luminoso que suele figurarse detrás de la cabeza de las imágenes de los santos. **2.** *Fig.* Fama o admiración que rodea a alguien. **3.** ASTRON. Corona sencilla o doble que en los eclipses de Sol rodea el disco lunar.

AUREOLAR v. tr. [1]. Adornar con aureola.

ÁURICO, A adj. De oro. **2.** QUÍM. Dícese de los compuestos de oro trivalente: *cloruro áurico.*

AURÍCULA n. f. (lat. *auriculam*). Cavidad del corazón que recibe la sangre de las venas. (El corazón humano posee dos aurículas, que comunican, cada una, con un ventrículo.) **2.** Pabellón de la oreja. **3.** BOT. Apéndice foliáceo, generalmente de pequeño tamaño, situado en el pecíolo o en la base de la lámina foliar.

AURICULAR adj. Relativo a las aurículas del corazón.

AURICULAR adj. Relativo al oído. ♦ adj. y n. m. **2.** *Dedo auricular,* meñique. ♦ n. m. **3.** Receptor destinado a ser aplicado al oído.

AURICULOVENTRICULAR adj. Relativo a las aurículas y los ventrículos.

AURIENSE adj. y n. m. y f. De Orense.

AURÍFERO, A o **AURÍGERO, A** adj. Que lleva o contiene oro.

AURIGA n. m. (lat. *aurigam,* cochero). En la antigüedad griega y romana, conductor de carruajes.

AURORA n. f. (lat. *auroram*). Luz difusa que precede inmediatamente a la salida del sol. **2.** *Fig.* Principio o primeros tiempos de una cosa. • **Aurora polar** (**boreal** o **austral**), fenómeno luminoso que se produce en el cielo de las regiones polares.

AURORAL adj. Relativo a la aurora.

AUSANGATE, macizo montañoso de Perú (Cuzco); 6384 m en el *nevado de Ausangate.* Glaciares.

AUSCHWITZ, en polaco **Oświęcim,** c. de Polonia, cerca de Katowice; 45 100 hab. En las proximidades, los alemanes crearon el mayor campo de concentración y exterminio *(Auschwitz-Birkenau).* Museo de la deportación.

AUSCULTACIÓN n. f. MED. Acción de escuchar los sonidos emitidos por los órganos, sea directamente *(auscultación inmediata)* aplicando la oreja sobre el cuerpo, sea indirectamente *(auscultación mediata)* por medio del estetoscopio, para establecer un diagnóstico.

AUSCULTAR v. tr. (lat. *auscultare*). Practicar una auscultación.

AUSENCIA n. f. Acción y efecto de ausentarse o de estar ausente. **2.** Tiempo en que alguno está ausente: *una larga ausencia.* **3.** Falta o privación. **4.** DER. Estado de la persona cuya prolongada desaparición hace incierta su existencia. **5.** MED. Pérdida breve del conocimiento.

AUSENTARSE v. pron. (lat. *absentare*) [1]. Alejarse de un lugar o separarse de una persona o lugar.

AUSENTE adj. y n. m. y f. Que está separado de alguna persona o lugar: *estar ausente de casa.* **2.** Distraído: *tener la mirada ausente.* **3.** DER. Desaparecido cuya existencia es jurídicamente incierta.

AUSPICIAR v. tr. [1]. Propiciar, fomentar. **2.** Favorecer, patrocinar, amparar.

AUSPICIO n. m. (lat. *auspicium*). Agüero. **2.** Protección, favor. **3.** Entre los romanos, presagios que se deducían del vuelo, del canto o del modo de comer de los pájaros. (Suele usarse en plural.) ♦ **auspicios** n. m. pl. **4.** Señales que presagian un resultado favorable o adverso.

AUSTEN (Jane), novelista británica (Steventon, Hampshire, 1775-Winchester 1817), autora de novelas que evocan la pequeña burguesía provincial inglesa *(Orgullo y prejuicio,* 1813; *Emma,* 1814).

AUSTERIDAD n. f. Calidad de austero.

AUSTERO, A adj. (lat. *austerum*). Agrio, áspero al gusto. **2.** Que obra y vive con rigidez y severidad. **3.** Sobrio, moderado.

71

AUS

AUSTIN, c. de Estados Unidos, cap. de Texas, junto al Colorado; 465 622 hab. Universidad.

AUSTRAL adj. Relativo a la parte S de la Tierra o de cualquier astro. CONTR.: *boreal*. ◆ n. m. 2. Unidad monetaria principal de Argentina, que estuvo en vigor desde 1985 hasta 1991.

AUSTRAL o **ANTÁRTICO** *(océano)*, nombre que recibe la parte de los océanos Atlántico, Pacífico e Índico que forma un cinturón ininterrumpido alrededor de la Antártida.

AUSTRALASIA, conjunto geográfico formado por Australia, Nueva Zelanda y Nueva Guinea.

AUSTRALIA, estado federal de Oceanía, constituido por seis estados (Nueva Gales del Sur, Victoria, Queensland, Australia Meridional, Australia Occidental y Tasmania) y dos territorios (Territorio Federal de la capital y Territorio del Norte); 7 700 000 km²; 17 500 000 hab. *(Australianos.)* CAP. *Canberra*. LENGUA OFICIAL: *inglés*. MONEDA: *dólar australiano*.

GEOGRAFÍA

Australia, con una vasta extensión que hace considerarla a veces un continente, está poco habitada. Es un país desértico, excepto los extremos E y S, de clima templado, donde se concentra la población: las cinco ciudades principales (Sydney, Melbourne, Brisbane, Adelaida y Perth) agrupan el 60% de la población australiana, urbanizada en total en más del 85%. Los aborígenes representan aproximadamente el 1% de la población, cuyo crecimiento natural se acerca al 0,8%, mientras que el saldo migratorio resulta excedentario. La agricultura emplea solamente al 5% de la población activa, pero es notable la producción, mecanizada y extensiva: trigo, azúcar, ganadería bovina y sobre todo ovina (primer productor mundial de lana). El subsuelo, muy rico, proporciona abundantes cantidades de productos energéticos (hulla, hidrocarburos y uranio) y minerales (bauxita [primer productor mundial], hierro, plomo, cinc, oro). La industria (28% de la población activa) se beneficia de las materias primas (siderurgia y metalurgia de transformación, química, aluminio). El equilibrio del comercio exterior depende de las cotizaciones de las materias primas, base de las exportaciones.

HISTORIA

El descubrimiento y la colonización británica.
El continente australiano, ocupado parcialmente por poblaciones denominadas australoides, cuyas huellas de actividad se remontan a unos 40 000 años, atrajo a partir del s. XVII a los navegantes neerlandeses e ingleses. A. J. Tasman dio la vuelta a Australia y descubrió Tasmania (1642-1644); la exploración periférica fue terminada por Bougainville (1768) y Cook (1770). 1788: el desembarco de los primeros *convictos* británicos en Portk Jackson (Sydney) constituyó el núcleo de la colonia de Nueva Gales del Sur. 1809-1821: el gobernador Lachlan Macquarie introdujo en Australia la oveja merina y prosiguió la exploración del interior.

Afirmación y expansión.
1823-1859: se crearon sucesivamente las seis colonias (actuales estados). 1851-1880: se establecieron gobiernos responsables ante los parlamentos en cada colonia. El descubrimiento de oro aceleró la inmigración británica, y se desarrolló el ferrocarril, así como la exportación de trigo. 1880-1900: prosiguió el desarrollo económico, mientras se formaba un sindicalismo bien estructurado. En 1901: se proclamó oficialmente la *Commonwealth* de Australia. El país participó activamente en las dos guerras mundiales junto a sus aliados.

Australia a partir de 1945.
Australia, convertida en una nación dotada de una industria potente y moderna, se afirmó como el aliado privilegiado de E.U.A. en la zona del Pacífico. 1999: un referéndum decidió la continuidad de la monarquía.

AUSTRALIANO, A adj. y n. Relativo a los pueblos aborígenes de Australia que comprendían los aranda, los murgin, los kariera, etc.; individuo de estos pueblos. (Actualmente viven en reservas.) **2.** De Australia.

AUSTRALOPITECO adj. y n. m. Dícese de un grupo de homínidos reconocido en África, autor de los primeros útiles tallados.

AUSTRIA *(casa de)*, nombre con el que se designa también a la familia de los Habsburgo, y en especial a su rama española que reinó durante los ss. XVI y XVII. Carlos I (1516-1556, emperador [Carlos Quinto], de 1519 a 1556), Felipe II (1556-1598), Felipe III (1598-1621), Felipe IV (1621-1665) y Carlos II (1665-1700); a la muerte de este último subió al trono la casa de Borbón. El período de los Austrias abarca el ciclo completo de ascenso, apogeo y comienzo de la decadencia del imperio español.

AUSTRIA, en alem. **'sterreich**, estado federal de Europa central, formado por nueve provincias o Länder (Baja Austria, Alta Austria, Burgenland, Carintia, Estiria, Salzburgo, Tirol, Viena y Vorarlberg); 84 000 km²; 7 700 000 hab. *(Austríacos.)* CAP. *Viena*. LENGUA OFICIAL: *alemán*. MONEDA: *chelín*.

GEOGRAFÍA

El país se extiende en su mayor parte (70%) sobre los Alpes, y culmina en los Hohe Tauern (3796 m en el Gross Glockner), a menudo heladas y cortadas por profundos valles (Inn, Salzach, Enns, Mur, Drava), que abren cuencas donde se concentra la vida humana (Klagenfurt). Las llanuras y las colinas sólo se extienden en el N (valle del Danubio) y en el E (Burgenland). El clima varía en función de la altitud y de la exposición solar. La ganadería (bovina) domina en las vertientes de los valles alpinos. Los cultivos (trigo y remolacha azucarera) se localizan sobre todo en las llanuras. La industria (38% de la población activa, menos del 10% en la agricultura), de antigua raigambre, se ha visto favorecida sobre todo por el desarrollo de la hidroelectricidad. Bastante diversificada (siderurgia, metalurgia de transformación, textil, química, instrumental de precisión) se localiza principalmente en las grandes ciudades: Linz, Graz y Viena. El turismo, muy activo, anima las regiones montañosas antiguamente aisladas (Vorarlberg y Tirol), y contribuye a compensar el déficit de la balanza comercial.

HISTORIA

Los orígenes.
Austria, centro de la civilización de Hallstatt en el I milenio a. J.C., fue ocupada por los romanos, cuyos campamentos militares formaron el núcleo de las ciudades (Viena, Linz, etc.). 796 d. J.C.: Carlomagno venció a los bárbaros que habían invadido la región entre los ss. III y VII y constituyó la marca del Este (*'sterreich* desde 996). 1156: se convirtió en un ducado hereditario en manos de los Babenberg, que le anexionaron Estiria y una parte de Carniola. 1253-1278: el ducado fue anexionado a Bohemia y luego conquistado por Rodolfo I de Habsburgo, emperador en 1273.

La Austria de los Habsburgo.
Los Habsburgo, dueños del país, llevaron también el título imperial a partir de 1438. 1493-1519: Maximiliano I fue el artífice de la grandeza de la casa de Austria: a través de su matrimonio con María de Borgoña (1477), obtuvo los Países Bajos y el Franco Condado; casó a su hijo con la heredera de España y concertó el matrimonio de sus nietos con los del rey de Bohemia y Hungría. 1521: Fernando I recibió de su hermano Carlos Quinto (emperador desde 1519) los dominios austríacos. 1526: se convirtió en rey de Bohemia y Hungría. Ss. XVI-XVII: Austria fue el baluarte de Europa frente al avance otomano (asedios de Viena, 1529 y luego 1683; tratado de Karlowitz [1699] por el que Austria obtuvo Transilvania). Centro de la Contrarreforma, fracasó en su intento de evitar el desmembramiento político y religioso de Alemania (tratados de Westfalia, 1648). El s. XVIII estuvo marcado por el reinado ilustrado de María Teresa (1740-1780) y por el centralista de José II (1780-1790), así como por las guerras: contra Francia (en 1714, Austria obtuvo los Países Bajos y una parte de Italia); de la Sucesión de Austria (perdió Silesia); y de los Siete años. En el primer reparto de Polonia (1772), obtuvo Galitzia. 1804: Francisco II, derrotado dos veces por Napoleón (1797-1800), reunió sus estados con el nombre de Imperio de Austria (conservó hasta 1806 el título de emperador romano germánico). 1814: en el tratado de Viena, los territorios conquistados por Napoleón fueron devueltos a Austria, que dominaba el N de Italia, presidía la liga germánica y aparecía como árbitro de Europa. 1859: ante los francopiamonteses, perdió Lombardía. 1866: la victoria de Prusia en Sadowa marcó el fin de la liga. Austria perdió el Véneto. 1867: el reparto del poder entre Austria y Hungría (compromiso austro-húngaro) marcó el inicio de la monarquía austrohúngara (Austria-Hungría) pero no resolvió las tensiones nacionalistas. 1879-1882: Austria firmó con Alemania e Italia la Triple alianza. 1908: se anexionó Bosnia-Herzegovina. 1914: el asesinato del archiduque Francisco Fernando, heredero del trono, en Sarajevo (28 junio), desencadenó la primera guerra mundial. 1916: Carlos I sucedió a Francisco José. 1918: la derrota provocó la desaparición de la monarquía austrohúngara.

La república de Austria.
1919-1920: los tratados de Saint-Germain y de Trianón reconocieron la existencia de los estados nacionales nacidos de la doble monarquía. 1920: la república de Austria, proclamada en Viena, se dotó de una constitución federativa (9 Länder). A pesar de la política de los cancilleres cristianosociales Seipel, Dollfuss y Schuschnigg, Austria fue absorbida por Alemania como consecuencia del golpe de estado nacionalsocialista del 11 de marzo de 1938 (*Anschluss*) y formó parte del Reich hasta la derrota alemana de 1945. 1945-1955: Austria, de nuevo república federal, quedó dividida en cuatro zonas de ocupación. 1955: el tratado de paz hizo de Austria un estado neutral. 1969: se firmó un acuerdo con Italia a propósito de las poblaciones germánicas del Alto Adigio. Desde 1945 se alternaron en el poder, por separado o formando una coalición, el Partido populista (católico), con el canciller L. Figl (1945-1953), y el partido socialista, con el presidente K. Renner (1945-1950) y los cancilleres B. Kreisky (1970-1984) y F. Sinowatz (1983-1986). 1986: Kurt Waldheim fue elegido presidente de la república; el socialista Vranitzky, canciller. 1989: apertura de fronteras con Hungría y Checoslovaquia; solicitud de adhesión a la Comunidad Europea. 1992: el populista Thomas Klestil es elegido presidente. 1995: Austria entra en la Unión europea. 1997: dimisión del canciller Vranitzky; le sustituye el también socialista V. Klima. 1998: reelección de T. Klestil. 2000: W. Schüssel, democristiano, nombrado canciller.

AUSTRÍACO, A o **AUSTRIACO, A** adj. y n. De Austria.
AUSTRIA-HUNGRÍA o **IMPERIO AUSTROHÚNGARO**, nombre dado, de 1867 a 1918, a la monarquía doble que comprendía: el imperio de Austria, o Cisleithania (cap. Viena), y el reino de Hungría, o Transleithania (cap. Budapest), pero conservando una dinastía común, la de los Habsburgo. Austria-Hungría era en 1914 un territorio de 676 615 km², habitado por unos 51 millones de hab., austríacos, húngaros, checos, serbios, eslovenos, polacos, rutenos, etc. Tras la derrota de los imperios centrales (1918), el tratado de Saint-Germain (1919) disolvió el Imperio, que fue sustituido por estados independientes.
AUSTRO n. m. (lat. austrum). Sur. **2.** Viento del sur.
AUSTROHÚNGARO, A adj. Relativo al imperio de Austria-Hungría.
AUTARQUÍA n. f. (gr. autarkeia). Situación de autosuficiencia económica en un determinado país. **2.** Régimen político y doctrina que preconizan esta situación.
AUTÁRQUICO, A adj. Relativo a la autarquía.
AUTENTICAR v. tr. [**1a**]. Autorizar o legalizar. **2.** Acreditar con autoridad legal.
AUTENTICIDAD n. f. Calidad de auténtico.
AUTÉNTICO, A adj. (lat. authenticum). Acreditado de cierto y positivo: hechos auténticos. **2.** DER. Autorizado, legalizado: documento auténtico.
AUTENTIFICACIÓN o **AUTENTICACIÓN** n. f. Acción y efecto de autentificar o autenticar.
AUTENTIFICAR v. tr. [**1a**]. Autorizar o legalizar.
AUTILLO n. m. Ave rapaz nocturna, de 21 cm de long., con alas y patas largas, cabeza redondeada, pico corto muy curvado hacia la base y plumaje gris claro. (Familia estrígidos.)
AUTISMO n. m. Aislamiento patológico del individuo que se encierra en sí mismo, con pérdida de contacto con la realidad e imposibilidad de comunicación con los demás.
AUTISTA adj. y n. m. y f. Relativo al autismo; afecto de autismo.
AUTO n. m. Automóvil.
AUTO n. m. DER. Forma de resolución judicial, fundada, que decide cuestiones para las que no se requiere sentencia. **2.** LIT. Nombre dado en Castilla durante la edad media a representaciones escénicas (actos) de no muy extensa acción. • **Auto de fe**, proclamación solemne de las sentencias dictadas por el tribunal de la Inquisición española, seguida de la abjuración de los errores o de la ejecución de la sentencia. ‖ **Auto de procesamiento**, resolución judicial por la que se declara procesado al presunto culpable, en virtud de existir contra él mismo indicios racionales de criminalidad. ‖ **Auto sacramental**, representación dramática alegórica en un acto, referente al misterio de la eucaristía. ♦ **autos** n. m. pl. **3.** DER. Conjunto de las diferentes piezas o partes que comprenden una causa criminal o un pleito civil.
AUTOALIMENTACIÓN n. f. TECNOL. Alimentación en energía de un dispositivo automático, regulada por ese mismo dispositivo.
AUTOANÁLISIS n. m. Introspección sicológica.
AUTOANALIZARSE v. pron. [**1g**]. Practicar un autoanálisis.
AUTOBIOGRAFÍA n. f. Vida de una persona escrita por ella misma.
AUTOBIOGRÁFICO, A adj. Relativo a la propia vida de un autor.
AUTOBÚS n. m. (fr. autobus). Gran vehículo automóvil de transporte público, de trayecto fijo.

AUTOCAR n. m. Gran vehículo automóvil de transporte colectivo, interurbano o turístico.
AUTOCARRIL n. m. Bol., Chile y Nicar. Autovía, automotor.
AUTOCENSURA n. f. Censura efectuada por alguien sobre su propia obra.
AUTOCENSURARSE v. pron. [**1**]. Practicar la autocensura.
AUTOCINE n. m. Espacio o lugar al aire libre en el que se puede asistir a proyecciones cinematográficas sin salir del automóvil.
AUTOCINESIA n. f. FISIOL. Capacidad de movimiento propio de que está dotada la materia viva. **2.** FISIOL. Movimiento voluntario.
AUTOCLAVE adj. Que se cierra por sí mismo. ♦ n. m. o f. **2.** Recipiente de paredes gruesas y cierre hermético, destinado para realizar a presión una reacción industrial o la cocción o esterilización al vapor.
AUTOCONTROL n. m. Control realizado por uno mismo de un cierto número de funciones fisiológicas o de comportamientos generalmente involuntarios.
AUTOCRACIA n. f. Sistema político en el cual el soberano dispone de poder absoluto.
AUTÓCRATA n. m. y f. (gr. autokratēs). Monarca absoluto.
AUTOCRÁTICO, A adj. Relativo a la autocracia.
AUTOCRÍTICA n. f. Juicio que una persona realiza sobre su conducta o su obra, particularmente en el ámbito político. **2.** Breve noticia de una obra teatral, escrita por el mismo autor pasa que se publique antes del estreno. SIN.: antecrítica.
AUTÓCTONO, A adj. y n. (gr. autokhthōn). Originario del país que habita y cuyos antecesores han vivido siempre en dicho país. SIN.: aborigen.
AUTODEFENSA n. f. Acción de defenderse uno mismo por sus propios medios.
AUTODESTRUCCIÓN n. f. Destrucción sicológica o física de un sujeto por sí mismo.
AUTODESTRUCTOR, RA adj. Que tiende a destruirse a sí mismo. ♦ adj. y n. m. **2.** ARM. Dispositivo que provoca la autodestrucción de un arma, proyectil o material militar.
AUTODESTRUIRSE v. pron. [**29**]. Destruirse uno mismo sicológica o físicamente.
AUTODETERMINACIÓN n. f. Derecho de un pueblo a decidir por sí mismo el régimen político que le conviene.
AUTODIDÁCTICO, A adj. CIB. Dícese de un sistema capaz de autoaprendizaje.
AUTODIDACTO, A adj. y n. (gr. autodidaktos). Dícese de una persona que se instruye a sí misma.
AUTODIRECCIÓN n. f. Procedimiento que permite a un móvil dirigir su propio movimiento hacia la misión que le ha sido previamente asignada.
AUTODIRIGIDO, A adj. Dícese de todo aparato que, gracias a los instrumentos de que está dotado, se mueve automáticamente en una determinada dirección.
AUTODISCIPLINA n. f. Disciplina voluntaria que se impone un individuo o un grupo, sin control del exterior.
AUTÓDROMO n. m. Pista para carreras y pruebas de automóviles.
AUTOEDICIÓN n. f. INFORMÁT. Conjunto de los procesos electrónicos e informáticos que permiten editar libros u otras obras impresas de pequeña tirada.
AUTOELEVADOR, RA adj. TECNOL. Dícese de un ingenio capaz de modificar una de sus dimensiones verticales mediante desplazamiento de alguno de sus elementos.
AUTOENCENDIDO n. m. Encendido espontáneo de la mezcla detonante en el cilindro de un motor, provocado frecuentemente por los residuos de la combustión del carburante.

AUTOESCUELA r. f. Escuela donde se enseña la conducción de automóviles.
AUTOESTABLE adj. Dícese de un avión que tiende a recobrar la posición de equilibrio cada vez que una turbulencia lo desplaza del plano de estabilidad. **2.** Dícese de un sistema particular de frenado de un automóvil, que impide que las ruedas traseras de vehículo derrapen.
AUTOESTIMA n. f. Valoración del individuo con relación a sí mismo.
AUTOESTOP n. m. Auto-stop.
AUTOESTOPISTA n. f. Auto-stopista.
AUTOFECUNDACIÓN n. f. BOT. Fecundación de los óvulos de una flor por el polen de la misma flor.
AUTOFINANCIACIÓN n. f. Financiación que la empresa realiza por sus propios medios, independientemente del concurso de los socios o accionistas y de los préstamos, destinada esencialmente a la realización de inversiones.
AUTOFOCO n. m. FOT. Dispositivo de una cámara que enfoca automáticamente.
AUTÓGENO, A adj. Dícese de la soldadura de dos piezas del mismo metal por fusión, con o sin aporte de un metal de igual composición.
AUTOGESTIÓN n. f. Gestión de una empresa o colectividad por los propios trabajadores. **2.** Sistema de gestión colectiva en economía socialista.
AUTOGESTIONARIO, A adj. Relativo a la autogestión.
AUTOGIRO n. m. Aeronave cuya sustentación se debe al movimiento circular de un rotor que gira libremente bajo la acción de la corriente de aire creada por el desplazamiento horizontal del aparato.
AUTOGOBERNARSE v. pron. [**1**]. Regirse un país o institución mediante normas elaboradas por sí mismos.
AUTOGOBIERNO n. m. Acción y efecto de autogobernarse.
AUTÓGRAFO, A adj. y n. m. (gr. autographos). Dícese del escrito realizado de mano de su mismo autor: carta autógrafa. ♦ n. m. **2.** Firma de una persona famosa.
AUTOGUIADO n. m. ARM. Sistema mediante el cual un misil es dirigido automáticamente hacia su objetivo, modificando su trayectoria final.
AUTOINDUCCIÓN n. f. Inducción electromagnética imputable, en un circuito eléctrico, a la corriente que circula por él. SIN.: selfinducción.
AUTOINDUCTANCIA n. f. Coeficiente de autoinducción.
AUTOINMUNIZACIÓN n. f. Fenómeno por el cual un organismo segrega anticuerpos dirigidos contra algunos de sus propios componentes.
AUTOLISIS n. f. BIOL. Destrucción de tejidos animales o vegetales por las enzimas que ellos mismos contienen.
AUTOMACIÓN n. f. Creación de autómatas. **2.** Técnica que se vale de un conjunto de medios nuevos para conseguir que grupos de producción funcionen sin el concurso de mano de obra.
AUTÓMATA n. m. gr. automatos, que se mueve por sí mismo). Máquina que imita el movimiento de un ser animado. **2.** Instrumento o aparato que encierra en sí un mecanismo para efectuar determinados movimientos. **3.** Dispositivo que asegura un encadenamiento automático y continuo de operaciones aritméticas y lógicas. **4.** Fig. y fam. Persona que se deja dirigir por otra o que no presta atención a lo que hace.
AUTOMÁTICA n. f. Ciencia y técnica de la automatización, que estudian los métodos científicos y tecnológicos utilizados para la concepción y construcción de sistemas automáticos.
AUTOMATICIDAD n. f. Cualidad de un aparato, de una máquina o de una instalación, que funciona automáticamente.

AUTOMÁTICO, A adj. Relativo al autómata. **2.** Que obra o se regula por sí mismo. **3.** *Fig.* Maquinal o indeliberado: *movimiento automático.* **4.** Que se produce indefectiblemente en determinadas circunstancias: *cese automático.* **5.** Que opera por medios mecánicos: *teléfono automático.* ♦ n. m. **6.** Especie de corchete que se cierra sujetando el macho con los dientes de la hembra, que actúan como un resorte.
AUTOMATISMO n. m. Cualidad de automático. **2.** Mecanismo o sistema automático. **3.** Conjunto de movimientos que se realizan con carácter inconsciente, fruto del hábito o de la asociación refleja.
AUTOMATIZACIÓN n. f. Ejecución automática de tareas industriales, administrativas o científicas sin intervención humana intermediaria.
AUTOMATIZAR v. tr. [**1g**]. Hacer automático un funcionamiento.
AUTOMOCIÓN n. f. Sector de la industria relativo al automóvil.
AUTOMOTOR, RA adj. y n. m. Dícese de un vehículo capaz de desplazarse por sus propios medios. ♦ adj. y n. **2.** Dícese de un tren compuesto de vehículos enganchados entre ellos de modo que constituyen una unidad reversible indeformable.
AUTOMOTRIZ adj. y n. f. Automotora.
AUTOMÓVIL adj. Que se mueve por sí mismo. ♦ n. m. **2.** Vehículo provisto de un motor y destinado al transporte individual o familiar. SIN.: *coche.*
AUTOMOVILISMO n. m. Conjunto de conocimientos teóricos y prácticos referentes a la construcción, funcionamiento y manejo de los vehículos automóviles. **2.** Deporte que se practica con el automóvil.
AUTOMOVILISTA n. m. y f. Persona que conduce un automóvil.
AUTOMOVILÍSTICO, A adj. Relativo al automovilismo: *industria automovilística.*
AUTONOMÍA n. f. Libertad para que un gobierno, un país, etc., se rija por sus propias leyes. **2.** Libertad para que un individuo disponga de sí mismo. **3.** Potestad de la que pueden gozar, dentro de un estado, nacionalidades, regiones, provincias, municipios u otras entidades, para regir sus propios intereses mediante normativas y poderes propios. **4.** Para un vehículo a motor, distancia franqueable a una velocidad dada, correspondiente al consumo total del combustible cargado.
AUTONÓMICO, A adj. Relativo a la autonomía.
AUTONOMISTA adj. y n. m. y f. Partidario de la autonomía política.
AUTÓNOMO, A adj. Que goza de autonomía: *gobierno, región autónoma.* CONTR.: *heterónomo.*
AUTOPISTA n. f. Vía de dos calzadas separadas, de accesos especialmente dispuestos, concebida para la circulación rápida de automóviles, y exenta de cruces a nivel.
AUTOPROPULSADO, A adj. Que garantiza su propia propulsión. **2.** ARM. Dícese de la pieza de artillería, blindada o no, montada sobre una cureña de tipo oruga. • **Proyectil autopropulsado,** proyectil que evoluciona en la atmósfera o en el espacio por autopropulsión.
AUTOPROPULSIÓN n. f. Propiedad que tienen ciertas máquinas de trasladarse por su propia fuerza motriz.
AUTOPROPULSOR, RA adj. Dícese del dispositivo que garantiza la autopropulsión.
AUTOPSIA n. f. MED. Examen y disección de un cadáver, para determinar las causas de la muerte. SIN.: *necrosia.*
AUTOR, RA n. (lat. *autorem*). El que es causa de alguna cosa. **2.** El que inventa alguna cosa. **3.** Persona que ha realizado una obra literaria, artística, etc. **4.** DER. Sujeto activo de un delito. **5.** Persona de quien proviene el derecho de otra. • **Derecho de autor,** derecho exclusivo de explotación reconocido a alguien sobre toda creación original, sean obras literarias, científicas o artísticas.
AUTORÍA n. f. Calidad de autor.
AUTORIDAD n. f. (lat. *auctoritatem*). Derecho y poder de mandar y de hacerse obedecer: *imponer su autoridad.* **2.** Poder político, administrativo o religioso. **3.** Persona que desempeña cada uno de estos poderes. **4.** Crédito y fe que se da a una persona en determinada materia: *es una autoridad en bioquímica.* **5.** Autor o texto que se alega o cita en apoyo de lo que se dice.
AUTORITARIO, A adj. Que impone su poder de forma absoluta.
AUTORITARISMO n. m. Carácter o sistema autoritario.
AUTORIZACIÓN n. f. Acción y efecto de autorizar. **2.** Documento que autoriza.
AUTORIZAR v. tr. [**1g**]. Dar facultad para hacer alguna cosa: *autorizar a salir.* **2.** Aprobar. **3.** Confirmar una cosa con autoridad, texto o testimonio.
AUTORREGULACIÓN n. f. Regulación de una función o de una máquina por sí misma.
AUTORREGULADOR, RA adj. Que produce una autorregulación.
AUTORRETRATO n. m. Retrato de una persona, realizado por ella misma.
AUTOSERVICIO n. m. Acto de servirse uno mismo en un establecimiento público. **2.** Establecimiento comercial en que el cliente se sirve a sí mismo.
AUTOSOMA n. m. Variedad de cromosoma que no interviene en la determinación del sexo.
AUTO-STOP o **AUTOSTOP** n. m. Modo de viajar que consiste en pedir un peatón a los automovilistas en la carretera que le lleven en su vehículo gratuitamente.
AUTO-STOPISTA o **AUTOSTOPISTA** n. m. y f. Persona que practica el auto-stop.
AUTOSUFICIENCIA n. f. Calidad de autosuficiente. **2.** Suficiencia, presunción.
AUTOSUFICIENTE adj. Dícese de la persona o entidad que se basta a sí misma. **2.** Suficiente, que habla o actúa con suficiencia o presunción.
AUTOSUGESTIÓN n. f. Influencia en la vida síquica y el comportamiento de una idea voluntariamente dominante.
AUTOSUGESTIONARSE v. pron. [**1**]. Experimentar autosugestión.
AUTOTOMÍA n. f. Mutilación refleja de una parte del cuerpo, observada en ciertos animales (apéndices de los crustáceos, cola de los lagartos).
AUTOTROFIA n. f. Modo de nutrición de las especies autótrofas.
AUTÓTROFO, A adj. y n. m. Dícese de los organismos vegetales que son capaces de elaborar sus alimentos orgánicos a partir de elementos minerales.
AUTOVÍA n. m. Vehículo ferroviario para pasajeros, propulsado por motor térmico. ♦ n. f. **2.** Vía de circulación de automóviles parecida a la autopista, especialmente por la existencia de varios carriles de circulación, pero carente de algunas de las características de aquélla (accesos adecuados, ausencia de cruces a nivel, etc.).
AUTUMNAL adj. Otoñal.
AUXILIAR adj. y n. m. y f. Que completa o ayuda. ♦ adj. y n. m. **2.** Dícese de los verbos que, al perder su significación particular, sirven para formar los tiempos compuestos de otros verbos o para expresar diversos matices del pensamiento. ♦ n. m. **3.** Empleado que no tiene la calidad de funcionario titular. **4.** Funcionario subalterno. **5.** Profesor que sustituye al titular o le ayuda en su labor. • **Auxiliar de vuelo,** persona encargada de asegurar a bordo de los aviones comerciales los diversos servicios para la comodidad y seguridad de los pasajeros.
AUXILIAR v. tr. (lat. *auxiliare*) [**1**]. Dar auxilio. **2.** Ayudar a bien morir.
AUXILIARÍA n. f. Empleo de profesor auxiliar.
AUXILIO n. m. (lat. *auxilium*). Ayuda, socorro, amparo. ♦ **auxilios** n. m. pl. **2. Auxilios espirituales** (REL.), sacramentos que se administran en trance de muerte.
AUYAMA n. f. *Antillas, Colomb., C. Rica y Venez.* Calabaza.
AVAL n. m. (fr. *aval*). Acto por el cual una persona responde de la conducta religiosa, moral y política o de la solvencia económica de otra. **2.** Garantía que se da sobre un efecto comercial o en el momento de la concesión de un crédito, por un tercero que se compromete a pagar el importe en caso de que no sea liquidado por el signatario o el beneficiario.
AVALADOR, RA n. Persona que da su garantía en favor de un tercero.
AVALANCHA n. f. (fr. *avalanche*). Alud.
AVALAR v. tr. [**1**]. Garantizar por medio de aval.
AVANCE n. m. Acción de avanzar. **2.** Anticipo o adelanto: *avance de información.* **3.** Insinuación, sugerencia. **4.** Parte que sobresale de una galería, alero, etc. **5.** CIN. Fragmentos de una película cinematográfica que sirven de publicidad antes de su presentación. **6.** MEC. Desplazamiento de la herramienta en el sentido del espesor de las virutas, durante el mecanizado.
AVANTE adv. l. y t. MAR. Adelante.
AVANZADA n. f. Partida de soldados destacada del cuerpo principal para observar de cerca al enemigo y precaver sorpresas.
AVANZADILLA n. f. Puesto de soldados que se adelanta a la avanzada, del que destacan los centinelas y escuchas. **2.** MAR. Muelle de pilotaje que se adelanta hacia el mar y por debajo del cual pasa el agua.
AVANZADO, A adj. y n. Adelantado, de ideas o doctrinas muy nuevas.
AVANZAR v. tr. (bajo lat. *abantiare*) [**1g**]. Adelantar, mover o prolongar una cosa hacia adelante: *avanzó un pie.* **2.** Adelantar, anticipar: *le avancé la paga.* **3.** *Cuba y Dom.* Vomitar. ♦ v. intr. **4.** *Fig.* Adelantar, progresar en la acción, condición o estado. ♦ v. intr. y pron. **5.** Ir hacia adelante: *avanzar hasta la puerta.* **6.** Acercarse a su fin en tiempo determinado: *avanzaba el curso o se acercaba la época de exámenes.*
AVARICIA n. f. (lat. *avaritiam*). Afán desordenado de adquirir y atesorar riquezas.
AVARIENTO, A o **AVARICIOSO, A** adj. y n. Avaro.
AVARO, A adj. y n. Que tiene avaricia. **2.** *Fig.* Que reserva, oculta o escatima alguna cosa: *avaro de su tiempo.*
AVASALLADOR, RA adj. y n. Que avasalla.
AVASALLAMIENTO n. m. Acción y efecto de avasallar.
AVASALLAR v. tr. [**1**]. Hacer obedecer a alguien contra su voluntad, por la fuerza y contra la razón. **2.** Atropellar, actuar a despecho de los derechos ajenos.
AVATAR n. m. En la India, nombre de las encarnaciones de Visnú. ♦ **avatares** n. m. pl. **2.** Transformaciones, cambios en la fortuna, vicisitudes.
AVE n. f. (lat. *avem*). Vertebrado ovíparo, cubierto de plumas, de respiración pulmonar y sangre caliente, cuyas extremidades posteriores sirven para andar, las anteriores, o alas, para volar, y cuyos maxilares forman un pico córneo. • **Ave de rapiña,** ave de pico y garras recurvadas y aceradas, adaptada de manera especial al régimen carnívoro. *(Fam.),* persona que se apodera con violencia o astucia de lo que no es suyo. ‖ **Ave del**

paraíso, paseriforme de Nueva Guinea y del extremo norte de Australia, cuyo macho posee un plumaje de colores variados y brillantes. ‖ **Ave del paraíso** (BOT.), planta ornamental, originaria de África meridional. (Familia musáceas.) ‖ **Ave lira**, paseriforme de Australia, del tamaño de un faisán, que debe su nombre a las largas plumas curvadas de la cola de los machos. ‖ **Ave martillo**, ciconiforme de pico más largo que la cabeza, con un copete de plumas en el occipucio, que vive en África tropical.

AVECINAR v. tr. y pron. [1]. Acercar, aproximar: *se avecina una tormenta*. 2. Avecindar.

AVECINDAMIENTO n. m. Acción y efecto de avecindarse.

AVECINDAR v. tr. [1]. Dar vecindad o admitir a uno en el número de vecinos de un pueblo. ♦ **avecindarse** v. pron. 2. Establecerse en algún pueblo en calidad de vecino.

AVEFRÍA n. f. Nombre de diversas aves limícolas caracterizadas por presentar un copete de plumas largas y finas que sobresale de la parte posterior de la cabeza. (Familia carádridos.)

AVEJENTAR v. tr. y pron. [1]. Hacer que uno parezca más viejo de lo que es. SIN.: *aviejar*.

AVELLANA n. f. Fruto comestible del avellano, casi esférico, marronoso, de 1 a 2 cm de diámetro, que contiene una semilla rica en aceite. 2. Carbón mineral de la cuenca de Puertollano, lavado y clasificado, cuyos trozos han de tener un tamaño reglamentario entre 15 y 25 mm.

AVELLANADO n. m. Acción y efecto de avellanar.

AVELLANAL, AVELLANAR o **AVELLANEDO** n. m. Terreno poblado de avellanos.

AVELLANEDA, (Alonso **Fernández de**), seudónimo, no identificado, del autor del *Quijote* apócrifo (1614).

AVELLANEDA (Gertrudis **Gómez de**) → *Gómez de Avellaneda*.

AVELLANEDA (Nicolás), político argentino (Tucumán 1836-en el Atlántico 1885). Presidente de la república (1874-1880), durante su mandato se terminó la conquista de la Patagonia (1879) y se federalizó la ciudad de Buenos Aires (1880).

AVELLANEDO n. m. Avellanal.

AVELLANERO, A n. El que vende avellanas.

AVELLANO n. m. Arbusto que crece en los bosques, de unos alt. máxima de 7 m, cuyo fruto es la avellana. (Familia betuláceas.) 2. Madera de este arbusto.

AVEMARÍA o **AVE MARÍA** n. f. Oración que comienza con las palabras con que el arcángel san Gabriel saludó a la Virgen.

AVENA n. f. Cereal cuyos granos, contenidos en espiguillas colgantes, se utilizan para la alimentación del ganado, especialmente del caballar. (Familia gramíneas.) 2. Grano de esta planta. • **Avena loca**, avena silvestre que crece en los lugares incultos.

AVENAMIENTO n. m. Acción y efecto de avenar.

AVENAR v. tr. [1]. Dar salida a la excesiva humedad de los terrenos abriendo en ellos zanjas de desagüe. 2. GEOMORFOL. Concentrarse y evacuarse las aguas de una región a través del sistema fluvial.

AVENENCIA n. f. Convenio, transacción: *hallar una forma de avenencia*. 2. Conformidad y unión. 3. DER. Resultado del acto de conciliación, que concluye con la conformidad de las partes.

AVENIDA n. f. Creciente impetuosa de un río o arroyo. SIN.: *arroyada, crecida, riada, venida*. 2. Camino que va a un pueblo o paraje determinado. 3. Calle ancha e importante de una ciudad. 4. *Fig.* Concurrencia de varias personas o cosas.

AVENIDO, A adj. Con los adv. *bien* o *mal*, concorde o al contrario.

AVENIMIENTO n. m. Acción y efecto de avenir o avenirse.

AVENIR v. tr. y pron. (lat. *advenire*, llegar) [21]. Concordar, ajustar las partes opuestas. ♦ **avenirse** v. pron. 2. Entenderse bien una persona con otra, llevarse bien: *avenirse madre e hija*. 3. Ponerse de acuerdo en materia de opiniones o pretensiones. 4. Hablando de cosas, hallarse en armonía o conformidad. 5. Amoldarse, hallarse a gusto, conformarse o resignarse: *avenirse a razones*.

AVENTADOR, RA adj. y n. Dícese del que avienta los granos. ♦ **aventar**. 2. Dícese del aparato que sirve para aventar y limpiar los granos después de la trilla: *máquina aventadora*. ♦ n. m. 3. Ruedo pequeño generalmente de esparto, para aventar el fuego y otros usos. ♦ **aventadores** n. m. pl. 4. Abertura simple o doble, de la nariz de los cetáceos.

AVENTAJADO, A adj. Que aventaja a lo ordinario o común en su línea; notable, digno de llamar la atención. 2. Ventajoso, provechoso, conveniente.

AVENTAJAR v. tr. y pron. [1]. Adelantar, dejar atrás. 2. Llevar ventaja, exceder en algo.

AVENTAMIENTO n. m. Acción de aventar.

AVENTAR v. tr. [1j]. Hacer o echar aire a algo. 2. Echar al viento una cosa, especialmente los granos en la era para limpiarlos. 3. Impeler el viento una cosa. 4. *Fig. y fam.* Echar o expulsar. 5. *Cuba.* Exponer el azúcar al sol y al aire. 6. *Méx.* Arrojar, tirar. ♦ **aventarse** v. pron. 7. Llenarse de viento algún cuerpo. 8. *Fig. y fam.* Huir, escapar. 9. *Colomb.* Arrojarse sobre alguien o algo. 10. *P. Rico.* Comenzar la carne a corromperse.

AVENTÓN n. m. *Guat.* y *Méx. Fam.* Autostop. 2. *Guat., Méx., Nicar.* y *Perú.* Empujón.

AVENTURA n. f. Suceso o empresa extraordinaria o peligrosa. 2. Riesgo, peligro inopinado. 3. Relación amorosa pasajera. 4. LIT. Episodio de una novela de acción medieval o caballeresca.

AVENTURAR v. tr. y pron. [1]. Arriesgar: *aventurar mucho dinero en negocios*. ♦ v. tr. 2. Decir una cosa atrevida o de la que se duda: *aventurar una pregunta*.

AVENTURERO, A adj. y n. Que busca aventuras. 2. Aplícase a la persona de malos antecedentes, que por medios reprobados trata de conquistar en la sociedad un puesto que no le corresponde.

AVERGONZAR v. tr. y pron. [1y]. Causar, tener o sentir vergüenza.

AVERÍA n. f. Daño que padecen las mercancías o géneros. 2. Desperfecto que impide el funcionamiento de un aparato, vehículo, etc.

AVERIAR v. tr. y pron. [1t]. Producir o sufrir avería.

AVERIGUABLE adj. Que se puede averiguar.

AVERIGUACIÓN n. f. Acción y efecto de averiguar.

AVERIGUADOR, RA adj. y n. Que averigua.

AVERIGUAMIENTO n. m. Averiguación.

AVERIGUAR v. tr. [1c]. Inquirir, indagar la verdad de una cosa: *averiguar lo que ocurre*. ♦ v. intr. 2. *Amér. Central* y *Méx.* Discutir.

AVERNO n. m. *Poét.* Infierno.

AVERNO, lago de Italia, cerca de Nápoles, que desprende emanaciones sulfurosas. En la antigüedad se le consideraba la entrada a los infiernos. En sus orillas se encontraba la cueva de la sibila de Cumas.

AVERROES (Abū-l-Walīd Muḥammad **ibn Rušd**, conocido como), filósofo y médico hispanoárabe (Córdoba 1126-Marrakech 1198). Sus extensos *Comentarios* a Aristóteles, mezcla de elementos peripatéticos, neoplatónicos y religiosos, dieron lugar a numerosas controversias en las universidades europeas (*averroísmo*). Son importantes sus escritos sobre medicina (1162-1169). Su racionalismo le llevó a refutar a Algazel (*La destrucción de la destrucción*, 1180).

AVERROÍSMO n. m. Doctrina filosófica de Averroes, basada en una interpretación de la metafísica de Aristóteles a la luz del Corán. (Se desarrolló en los s. XIII - XVIII.)

AVERROÍSTA adj. y n. m. y f. Relativo al averroísmo; partidario de esta doctrina filosófica.

AVERSIÓN n. f. (lat. *aversionem*). Oposición y repugnancia: *sentir aversión*.

AVES *(islas de)*, islas coralinas de Venezuela, en el Caribe, deshabitadas. Refugio de aves marinas.

AVÉSTICO n. m. Lengua irania del Avesta.

AVESTRUZ n. m. Ave de gran tamaño, de 2,60 m de alt., que vive en grupos en las estepas y desiertos africanos, con alas pequeñas, incapacitada para volar, pero capaz de correr a una velocidad de 40 km/h, gracias a sus patas fuertes y largas. (Subclase ratites.)

AVEZAR v. tr. y pron. [1g]. Acostumbrar.

AVIACIÓN n. f. (fr. *aviation*). Modalidad de locomoción que se sirve de los aviones. 2. Conjunto de aviones. • **Aviación comercial**, conjunto de aviones, instalaciones y personal empleados en el transporte de viajeros y mercancías. ‖ **Aviación militar**, aquella que ha sido concebida y empleada con fines militares.

AVIADOR, RA adj. y n. Dícese de la persona que tripula un aparato de aviación. ♦ n. m. 2. Militar de aviación. 3. *Méx.* Persona que cobra un sueldo en la nómina de una oficina de gobierno pero que en realidad no trabaja allí.

AVIAR v. tr. [1t]. Prevenir o disponer alguna cosa para el camino. 2. *Fam.* Despachar y apresurar lo que se está haciendo. 3. *Amér.* Prestar dinero o efectos al labrador, minero o ganadero. ♦ v. tr. y pron. 4. Preparar, aprestar. 5. *Fam.* Proporcionar a uno lo que le hace falta para algún fin, especialmente dinero.

AVIARIO, A adj. Aviar. ♦ n. m. 2. Colección de aves, vivas o disecadas, ordenadas para exhibición o estudio.

AVICEBRÓN → *Gabirol*.

AVICENA (Abū 'Alī al-Ḥusayn **ibn Sīnā**, conocido como) médico y filósofo iraní (Afsana, cerca de Bujārā, 980-Hamadān 1037). Fue uno de los sabios más notables de oriente. Su *Canon de la medicina* y su interpretación de Aristóteles (*Libro de la curación* [del alma], *Libro de la ciencia*) tuvieron un papel considerable en Europa hasta el s. XVII y en Persia.

AVÍCOLA adj. Relativo a las aves.

AVICULTOR, RA n. Persona que se dedica a la avicultura.

AVICULTURA n. f. Arte de criar las aves y aprovechar sus productos.

AVIDEZ n. f. Cualidad de ávido: *comer con avidez*.

ÁVIDO, A adj. (lat. *avidum*). Ansioso, codicioso.

AVIEJAR v. tr. y pron. [1]. Avejentar.

AVIESO, A adj. (lat. *aversum*, desviado). Torcido, irregular. 2. *Fig.* Perverso o mal intencionado.

ÁVILA *(pico del)*, cumbre de Venezuela, en la cordillera de la Costa; 2160 m. Centro del *parque nacional de Ávila*, unido por teleférico a Caracas.

ÁVILA *(provincia de)*, prov. de España, en Castilla y León; 8048 km² y 173 021 hab. (*Abulenses* o *avileses*.) Cap. *Ávila*. Se halla en la Meseta Central. Está regada por los sistemas del Duero, al N, y del Tajo, al S.

ÁVILA, c. de España, cap. de la prov. homónima y cab. de p. j.; 49 868 hab. *(Abulenses* o *avileses.)* Conjunto monumental declarado monumento histórico y artístico nacional (1884) y bien cultural de la humanidad por la Unesco (1985): Murallas (c. 1100; 2,5 km, con 90 torreones y 9 puertas). Palacios (ss. XV-XVI). Catedral (ss. XII-XV). Monasterios de San Vicente (ss. XII-XIV), con cimborrio y portada románicos, y de Santo Tomás (s. XV), residencia de los Reyes Católicos y sede de la Inquisición. Palacios renacentistas. Conventos carmelitas (ss. XVI y XVII).

ÁVILA CAMACHO (Manuel), militar y estadista mexicano (Teziutlán 1897-México 1955). Secretario de Guerra y de Marina con Cárdenas, fue presidente de la república (1940-1946). En 1942 entró en la segunda guerra mundial con los aliados.

AVILENSE adj. n. m. y f. De Avilés.

AVILÉS, SA adj. y n. Abulense.

AVILÉS, v. de España (Asturias), cab. de p. j.; 84 582 hab. *(Avilenses* o *avilesinos.)* Centro industrial: siderurgia, aluminio, química, mecánica, textil, alimentaria, vidrio. Pesca. Importante puerto.

AVILESINO, A adj. y n. Avilense.

AVILLANAR v. tr. y pron. [**1**]. Hacer que uno proceda como villano.

AVINAGRAR v. tr. y pron. [**1**]. Poner agrio, especialmente el vino. ♦ **avinagrarse** v. pron. **2.** Volverse áspero el carácter de una persona.

AVIÑÓN, en fr. **Avignon**, c. de Francia, cap. del dep. de Vaucluse, a orillas del Ródano; 89 440 hab. Fue sede pontificia de 1309 a 1376 y residencia de los papas de Aviñón durante el cisma de occidente (1378-1417). Fue gobernada por la iglesia hasta 1791. Festival de teatro desde 1947. Murallas. Catedral románica. Palacio de los Papas (gótico).

AVIÑONENSE adj. y n. m. y f. Aviñonés.

AVIÑONÉS, SA adj. y n. De Aviñón.

AVÍO n. m. Prevención, apresto. **2.** Provisión que los pastores llevan al hato. **3.** Préstamo que se hace al labrador, ganadero o minero. ♦ **avíos** n. m. pl. **4.** Utensilios necesarios para algo.

AVIÓN n. m. (fr. *avion*). Aparato de navegación aérea más pesado que el aire, provisto de alas y motor a hélice o a reacción. SIN.: *aeroplano*. • **Avión carguero**, avión de gran tonelaje destinado únicamente al transporte de carga pesada y voluminosa. ‖ **Avión cisterna**, **nodriza**, avión que transporta carburante destinado a repostar otros aparatos en vuelo.

AVIÓN n. m. Nombre de varias especies de pájaros semejantes a las golondrinas. (Familia hirundínidos.)

AVIONETA n. f. Avión de pequeñas dimensiones, con motor de poca potencia.

AVISADO, A adj. Prudente, sagaz.

AVISADOR, RA adj. y n. Que avisa.

AVISAR v. tr. (fr. *aviser*) [**1**]. Dar noticia de algún hecho. **2.** Advertir, aconsejar, llamar la atención. **3.** Llamar a alguien para que preste algún servicio: *avisar al médico*.

AVISO n. m. Noticia dada a alguien. **2.** Prudencia, discreción. **3.** Indicio, señal. **4.** Advertencia, consejo. **5.** *Amér.* Anuncio. **6.** TAUROM. Advertencia que hace la presidencia de la corrida al matador cuando éste prolonga la faena de matar más tiempo del prescrito por el reglamento. • **Sobre aviso**, prevenido, enterado, al corriente.

AVISPA n. f. (lat. *vespam*). Insecto social, de abdomen formado por anillos amarillos y negros, que construye nidos anuales o avisperos, compuestos de una envoltura acartonada, donde se desarrollan las larvas. (Orden himenópteros.) **2.** *Fig.* Persona muy astuta.

AVISPAR v. tr. [**1**]. Avivar a las caballerías. ♦ v. tr. y pron. **2.** *Fig.* y *fam.* Hacer despierto y avisado a uno. ♦ **avisparse** v. pron. **3.** *Fig.* Inquietarse.

AVISPERO n. m. Nido de avispas. **2.** *Fig.* y *fam.* Lugar o asunto que ofrece peligro. **3.** PATOL. Denominación vulgar del ántrax.

AVISPÓN n. m. Avispa de gran tamaño, de picadura muy dolorosa, cuyo nido puede alcanzar 60 cm de diámetro.

AVISTAR v. tr. [**1**]. Alcanzar con la vista alguna cosa. ♦ **avistarse** v. pron. **2.** Reunirse una persona con otra para tratar de algún negocio.

AVITAMINOSIS n. f. Enfermedad producida por falta de vitaminas, como el escorbuto, el beriberi o la pelagra.

AVITUALLAMIENTO n. m. Acción y efecto de avituallar.

AVITUALLAR v. tr. [**1**]. Proveer de vituallas. SIN.: *vitualiar*.

AVIVADOR, RA adj. Que aviva. ♦ n. m. **2.** Ranura o pequeño espacio hueco, de unos 3 mm de ancho, que se labra entre dos molduras. **3.** Cepillo especial con hierro cortante, con que se hacen dichas ranuras.

AVIVAMIENTO n. m. Acción y efecto de avivar.

AVIVAR v. tr. [**1**]. Dar viveza, excitar, animar: *avivar la esperanza*. **2.** *Fig.* Encender, acalorar: *avivar las pasiones*. **3.** *Fig.* Hacer que arda más el fuego o que la luz artificial dé más claridad. **4.** *Fig.* Poner más vivos los colores. ♦ v. intr. **5.** Cobrar vida y vigor.

AVIZOR, RA adj. v. n. Que avizora.

AVIZORAR v. tr. [**1**]. Acechar.

AVOCAR v. tr. (lat. *advocare*) [**1a**]. DER. Reservarse una causa que debía ser examinada por una jurisdicción inferior.

AVOCASTRO n. m. *Chile* y *Perú.* Persona muy fea.

AVOCETA n. f. Ave que vive al borde de las aguas, de 45 cm de alt., de pico largo y curvado hacia arriba, plumaje negro y blanco y tamaño de un faisán. (Orden caradriformes.)

AVOGADRO (Amedeo **di Quaregna**, *conde*), químico italiano (Turín 1776-*id.* 1856), autor de la hipótesis según la cual existe el mismo número de moléculas en volúmenes iguales de gases diferentes a la misma temperatura y a la misma presión. El *número de Avogadro* ($6,023 \cdot 10^{23}$) es el número de moléculas contenidas en una molécula gramo.

AVORA n. f. Palmera que se cultiva en América tropical, de cuyos frutos se obtiene la manteca de corozo. (Familia palmáceas.)

AVULSIÓN n. f. (lat. *avulsionem*). MED. Acción de arrancar, extracción.

AVUTARDA n. f. Ave zancuda, de 0,40 m a 1,20 m en las especies europeas, de carrera rápida y vuelo pesado, muy apreciada por su sabrosa carne. (Familia otídidos.)

AXAYÁCATL, soberano azteca [1469-1481]. Impuso el poder azteca en Tenochtitlan, y lo extendió hacia la Huasteca y Tehuantepec. Hizo construir el templo de Coahuatlán y la Piedra del Sol.

AXIAL o **AXIL** adj. Relativo al eje.

AXILA n. f. (lat. *axillam*). ANAT. Concavidad situada debajo de la espalda, entre la parte superior del brazo y el tórax. **2.** BOT. Región situada encima de la inserción de una hoja con el tallo, en el vértice del ángulo formado por ambos.

AXILAR adj. Relativo a la axila: *nervio axilar*. • **Yema axilar** (BOT.), yema lateral situada en la axila de una hoja.

AXIOLOGÍA n. f. Teoría de los valores morales.

AXIOLÓGICO, A adj. Relativo a la axiología.

AXIOMA n. m. (gr. *axioma*, lo que parece justo). Proposición primitiva o evidencia no susceptible de demostración y sobre la cual se funda una ciencia. **2.** LÓG. Principio enunciado hipotéticamente como base de una teoría deductiva.

AXIOMÁTICA n. f. Conjunto de primeras nociones *(axiomas)* admitidas sin demostración, que forman la base de una rama de las matemáticas. • **Axiomática formal** (LÓG.), teoría axiomática en la que no se da sentido a los términos primitivos de la teoría.

AXIOMÁTICO, A adj. Incontrovertible, evidente. • **Teoría axiomática** (LÓG.), teoría deductiva construida a partir de proposiciones primitivas *(axiomas)* y desarrollada por medio de reglas de inferencia.

AXIOMATIZACIÓN n. f. Procedimiento que consiste en enunciar en forma de principios indemostrables las proposiciones primitivas de las que se deducen los teoremas de una teoría deductiva.

AXIOMATIZAR v. tr. [**1g**]. Transformar en axiomas.

AXIS n. m. ANAT. Segunda vértebra cervical.

AXO n. m. Pedazo cuadrado de tela de lana que forma parte del vestido de las indias del Perú.

AXOLOTE o **AXOLOTL** n. m. Ajolote.

AXÓN n. m. Prolongación de la neurona, cuya longitud puede alcanzar varios decímetros, que transporta el influjo nervioso desde el cuerpo celular hacia la periferia. SIN.: *cilindroeje*.

AXONOMETRÍA n. f. Forma de representación gráfica de una figura de tres dimensiones, en la cual las aristas del triedro de referencia se proyectan según rectas que forman entre sí ángulos de 120°.

AXONOMÉTRICO, A adj. Relativo a la axonometría.

AY n. m. Suspiro, quejido. (Suele usarse en plural.) ♦ interj. **2.** Expresa generalmente aflicción o dolor. **3.** Con la prep. *de* seguida de un pronombre, denota pena, temor, conmiseración o amenaza; *¡ay de mí!*

AYACUCHO (*departamento de*), dep. del S de Perú (Los Libertadores-Wari), en la Sierra; 48 501 km^2; 723 200 hab. Cap. *Ayacucho*.

AYACUCHO, c. de Perú, cap. de dep. homónimo; 83 000 hab. Fundada por Pizarro en 1539, Bolívar le dio su nombre actual en memoria de la batalla librada en sus proximidades (1824), en la que Sucre venció a las tropas españolas del virrey La Serna y que significó la independencia definitiva del Perú y la expulsión de los españoles del país. Conserva numerosos edificios religiosos de los ss. XVI a XVIII.

AYACUCHO, partido de Argentina (Buenos Aires); 19 663 hab. Industrias textiles. Planta hidroeléctrica. — Dep. de Argentina (San Luis); 15 251 hab. Centro ganadero. Serrerías. Minas (oro, estaño).

AYALA (Eligio), político paraguayo (Mbuyapey 1880-† 1930). Presidente de la república (1923-1928), ocupó el Chaco. Murió en un atentado.

AYALA (Eusebio), político y jurisconsulto paraguayo (Barrero Grande 1875-Buenos Aires 1942). Presidente de la república (1921-1923, provisional, y 1932-1936), afrontó la guerra del Chaco (1932-1935), tras la cual fue derrocado.

AYATE n. m. *Méx.* Tela de fibra de maguey que fabrican los indios.

AYATOLLAH n. m. Título honorífico otorgado a los principales jefes religiosos del islam chiita.

ÁYAX, nombre de dos héroes griegos de la guerra de Troya.

AYER adv. t. En el día que precede inmediatamente al de hoy: *ayer noche*. **2.** *Fig.* Hace poco tiempo, en tiempo pasado.

AYERS ROCK, montaña sagrada de los aborígenes, en el centro de Australia; 867 m. Turismo.

AYLLU n. m. Antiguo sistema de organización social practicado por los aymara y los quechua.

AYLWIN (Patricio), político chileno (Viña del Mar 1918). Presidente de la república (1990-1994), impulsó el retorno a un régimen democrático tras la dictadura de Pinochet.

AYMARA, AYMARÁ o **AIMARA** adj. y n. m. y f. Relativo a un pueblo amerindio que habita en el Altiplano andino que bordea el lago Titicaca (Bolivia y Perú); individuo de dicho pueblo. ♦ n. m. **2.** Lengua hablada por dicho pueblo.

AYO, A n. Persona encargada de la custodia, crianza o educación de un niño.

AYORA (Isidro), político ecuatoriano (Loja 1879-† 1978). Presidente de la república (1926-1931), durante su mandato se elaboró una nueva constitución (1928).

AYOTERA n. f. Planta cucurbitácea parecida a la calabaza, que crece en México y América Central. SIN.: *ayote*.

AYUBÍ o **AYYUBÍ** adj. y n. m. y f. Relativo a los Ayubíes, dinastía musulmana.

AYUDA n. f. Acción y efecto de ayudar. **2.** Persona o cosa que ayuda. **3.** Medios de los cuales se sirve el jinete para mandar sobre su caballo. **4.** Lavativa. ♦ n. m. **5.** MAR. Cabo o aparejo que se pone para mayor seguridad de otro. • **Ayuda de cámara**, criado que cuida especialmente del vestido de su amo.

AYUDANTA n. f. Mujer que realiza los trabajos subalternos, generalmente en oficios manuales.

AYUDANTE n. m. y f. Persona que ayuda. • **Ayudante técnico sanitario** (ATS), diplomado sanitario auxiliar del médico. ♦ n. m. **2.** MIL. En algunos cuerpos, oficial subalterno. || **Ayudante de campo** (MIL.), cargo que desempeña un oficial afecto a una unidad orgánica. || **Ayudante de plaza** (MIL.), oficial destinado a las órdenes de un jefe superior.

AYUDANTÍA n. f. Empleo de ayudante. **2.** Oficina del ayudante. **3.** MAR. Cada uno de los distritos en que se dividen las provincias marítimas españolas.

AYUDAR v. tr. (lat. *adiuvare*) [1]. Prestar cooperación. **2.** Auxiliar, socorrer. ♦ **ayudarse** v. pron. **3.** Hacer un esfuerzo, poner los medios para el logro de alguna cosa. **4.** Con las prep. *de* o *con*, valerse de la cooperación o ayuda de otra persona o cosa.

AYUINÉ n. m. (voz guaraní). Árbol de América Meridional que exuda una sustancia aromática.

AYUNADOR, RA adj. Que ayuna.

AYUNAR v. intr. [1]. Abstenerse total o parcialmente de comer o beber; especialmente guardar el ayuno eclesiástico. **2.** *Fig.* Privarse de algún gusto.

AYUNO, A adj. (lat. *ieiunum*). Que no ha comido. **2.** *Fig.* Privado de algún gusto o deleite. **3.** *Fig.* Que no sabe o no comprende nada de cierta cosa. ♦ n. m. **4.** Acción de ayunar. **5.** Abstinencia que se hace por motivos religiosos o por precepto eclesiástico de alguna de las comidas diarias o de ciertos manjares.

AYUNTAMIENTO n. m. Corporación compuesta de un alcalde y varios concejales para la administración de un municipio. SIN.: *cabildo, concejo*. **2.** Casa consistorial. **3.** Cópula carnal.

AZABACHE n. m. Variedad de lignito, de color negro brillante. (Se talla como las piedras preciosas.) ♦ **azabaches** n. m. pl. **2.** Conjunto de dijes de azabache.

AZADA n. f. Instrumento agrícola que consiste en una lámina o pala cuadrangular de hierro, con uno de los lados cortante y el opuesto provisto de un anillo donde encaja el mango.

AZADÓN n. m. Azada de pala algo curva y más larga que ancha.

AZAFATA n. f. Criada que servía a la reina. **2.** Empleada que se ocupa de los pasajeros en los aeropuertos o a bordo de los aviones comerciales, o que atiende a los visitantes de ferias, congresos, etc.

AZAFRÁN n. m. (ár. *al-zafrān*). Planta cultivada por sus flores, cuyos estigmas se emplean para condimentar alimentos. (Familia iridáceas.) **2.** Estigmas de esta planta o polvo preparado con ellos, utilizados como condimento. • **Azafrán bastardo,** cólquico.

AZAFRANADO, A adj. De color de azafrán.

AZAFRANAR v. tr. [1]. Mezclar azafrán con otra cosa. **2.** Teñir de color anaranjado.

AZAHAR n. m. Flor del naranjo, del limonero y del cidro, de color blanco, usada en medicina y perfumería.

AZALEA n. f. (gr. *azaleos*, seco). Arbusto originario de las montañas de Asia, del que se cultivan diversas especies por la belleza de sus flores. (Familia ericáceas.) **2.** Flor de esta planta.

AZÁNGARO o **ASÁNGARO**, c. de Perú (Puno); 20 761 hab. Minas de plata, plomo, cobre y sal.

AZAR n. m. Causa a la que se atribuyen acontecimientos que se consideran sometidos únicamente a la probabilidad o cuya causa real se desconoce. **2.** Imprevisión, caso fortuito. **3.** Desgracia imprevista.

AZARAR v. tr. y pron. (de *azorar*) [1]. Turbar, sobresaltar, avergonzar. ♦ **azararse** v. pron. **2.** Ruborizarse, sonrojarse.

AZARARSE v. pron. (de *azar*) [1]. Estropearse o malograrse algo, especialmente en el juego.

AZAREARSE v. pron. [1]. *Amér. Central, Chile* y *Perú*. Avergonzarse. **2.** *Chile* y *Perú*. Irritarse, enfadarse.

AZAROSO, A adj. Abundante en peligros o percances: *vida azarosa del aventurero*.

AZCAPOTZALCO, delegación de México (Distrito Federal) 601 524 hab. Centro industrial en el área metropolitana de la ciudad de México. Fue cap. de los tlatelcas y luego de los tepanecas, que llegaron a dominar todo el valle del Texcoco hasta su derrota ante los aztecas en 1428.

AZCONA HOYO (José Simón), político hondureño (La Ceiba 1927). Liberal, fue presidente de la república (1986-1990).

AZERBAIYÁN, en persa **Adarbayyān**, región de Asia occidental, actualmente repartida entre la República de Azerbaiyán e Irán. En 1828, Irán cedió a Rusia la zona septentrional del Azerbaiyán.

AZERBAIYÁN (*República de*), estado del Cáucaso, junto al mar Caspio; 87 000 km²; 7 000 000 de hab. (*Azerbaiyaneses* o *azeríes*.) CAP. **Bakú.** LENGUA OFICIAL: *azerí*. MONEDA: *rublo*.

GEOGRAFÍA

El país está habitado en más del 80% por azeríes, musulmanes, pero existe una importante minoría armenia (Alto Karabaj, Najicheván). Está situado en la depresión del Kura y en su contorno montañoso. El subsuelo contiene petróleo y gas. El algodón es el principal recurso agrícola.

HISTORIA

1918: se proclamó una república independiente en la parte septentrional de Azerbaiyán, integrada al imperio ruso en 1828. 1920: fue ocupada por el Ejército rojo y sovietizada. 1922: se incorporó a la Federación transcaucásica y a la U.R.S.S. 1923-1924: se crearon la república autónoma de Najicheván y la región autónoma del Alto Karabaj, que fueron anexionadas a Azerbaiyán. 1936: Azerbaiyán se convirtió en una república federada de la U.R.S.S. 1988: se opuso a las reivindicaciones armenias sobre el Alto Karabaj. Se desarrolló el nacionalismo azerí y se produjeron pogroms antiarmenios, que continuaron en los años siguientes. 1991: el soviet supremo declaró la independencia del país (ag.), que se adhirió a la C.E.I. (dic). 1993: los comunistas recuperaron el poder. 1994: acuerdo con Armenia para poner fin al conflicto del Alto Karabaj. 1995: nueva constitución, que aprueba un régimen presidencialista.

AZERBAIYANÉS, SA adj. y n. De Azerbaiyán. ♦ n. m. **2.** LING. Azén.

AZERÍ adj. y n. m. y f. Relativo a un pueblo turco musulmán que habita en el Azerbaiyán caucásico e iraní; individuo de este pueblo. ♦ n. m. **2.** Lengua turca hablada en Azerbaiyán. SIN.: *azerbaiyanés*.

ÁZIGOS n. f. y adj. Ácigos.

ÁZIMO o **ÁCIMO** adj. y n. m. (gr. *azymos*). Dícese del pan sin levadura, utilizado ritualmente en la celebración de la Pascua judía. **2.** Dícese del pan utilizado por la iglesia latina en el sacrificio eucarístico.

AZIMUT n. m. (pl. *azimuts*). Acimut.

AZIMUTAL adj. Acimutal.

AZNAR (José María), político español (Madrid 1953). Presidente de la junta de Castilla y León (1987-1989) y, desde 1990, del Partido popular, tras las elecciones legislativas de 1996, ganadas por el Partido popular, fue investido presidente del gobierno, con el apoyo de las fuerzas políticas nacionalistas. Permaneció en el cargo hasta 2004.

AZOE n. m. Nombre dado al nitrógeno por Lavoisier.

AZÓFAR n. m. Latón.

AZOGAMIENTO n. m. Acción y efecto de azogar o azogarse.

AZOGAR v. tr. [1b]. Cubrir con azogue cristales u otras cosas. ♦ **azogarse** v. pron. **2.** Contraer la enfermedad producida por la absorción de los vapores de azogue.

AZOGUE n. m. Nombre vulgar del mercurio.

AZOGUE n. m. Durante la edad media, plaza o mercado de cada localidad.

AZOGUES, c. de Ecuador, cap. de la prov. de Cañar; 68 351 hab. Artesanía. Fábrica de cemento.

AZOICO, A adj. Relativo al ázoe. **2.** Dícese de un medio desprovisto de animales o de un terreno desprovisto de fósiles. ♦ adj. y n. m. **3.** Dícese de ciertos compuestos orgánicos nitrogenados.

AZOLVE n. m. *Méx.* Basura, o lodo que obstruye un conducto de agua.

AZOR n. m. Ave rapaz diurna, de gran tamaño (60 cm de long.), cabeza pequeña y pico notablemente curvado, que ataca a las piezas de caza y a las aves de corral, muy apreciada en cetrería. (Familia accipítridos.)

AZORA n. f. Cada uno de los capítulos del Corán.

AZORAMIENTO n. m. Acción o efecto de azorar.

AZORAR v. tr. y pron. [1]. Azarar. ♦ v. tr. **2.** Asustar, perseguir o alcanzar el azor a las aves.

AZORES, en port. **Açores**, archipiélago portugués del Atlántico; 2247 km²; 241 794 hab. Cap. *Ponta Delgada*. Las principales islas, volcánicas y montañosas, son São Miguel, Pico y Terceira. Bases aéreas norteamericanas en las islas de Santa María y Terceira. El archipiélago fue ocupado por los portugueses (1432-1457) y constituyó una escala de los navíos españoles en su regreso de América. Posee un estatuto de autonomía desde 1980.

AZORÍN (José **Martínez Ruiz**, llamado), escritor español (Monóvar 1873-Madrid 1967). Tras sus primeros escritos políticos, alcanzó la madurez literaria con la trilogía novelesca *La voluntad* (1902), *Antonio Azorín* (1903) y *Las confesiones de un pequeño filósofo* (1904), cuyo protagonista le sirvió para hacer el autoanálisis de su propia desilusión, típica de la generación del 98 de la que fue exponente. Escribió ensayos sobre paisajes y temas españoles (*España*, 1909; *Castilla,*

AZO

1912) y sobre literatura castellana (*La ruta de Don Quijote*, 1905; *Clásicos y modernos*, 1913); su novela *Don Juan* (1922), fue seguida de un intento de renovación vanguardista (*Félix Vargas*, «etopeya», 1928). Estrenó varias obras de teatro (*Lo invisible*, 1927). Posteriormente publicó memorias, novelas (*El escritor*, 1941) y ensayos literarios. (Real academia 1924.)

AZOTADOR n. m. Oruga mexicana cubierta de pelillos, que tiene propiedades urticantes.

AZOTAINA o **AZOTINA** n. f. *Fam.* Zurra de azotes: *propinar una azotaina.*

AZOTAR v. tr. y pron. [1]. Dar azotes. **2.** *Fig.* Golpear repetida y violentamente.

AZOTAZO n. m. Golpe fuerte dado con el azote. **2.** Manotada en las nalgas.

AZOTE n. m. Vara, vergajo o cualquier instrumento para azotar. **2.** Azotazo. **3.** *Fig.* Calamidad, desgracia: *la sequía es el gran azote de esta tierra.* **4.** *Fig.* Persona que es causa o instrumento de ellas.

AZOTEA n. f. Cubierta llana de un edificio por la cual se puede andar.

AZOTEHUELA n. f. *Méx.* Patio de luces.

AZOV *(mar de)*, mar interior, poco profundo, situado entre Ucrania y Rusia meridional; comunica con el mar negro y recibe al Don; 38 400 km².

AZTECA adj. y n. m. y f. Relativo a un pueblo amerindio que se instaló en el valle de México en el s. XIII y que dominó cultural y políticamente el país durante el s. XV y el primer cuarto del XVI; individuo de dicho pueblo. ◆ n. m. **2.** Conjunto de lenguas precolombinas habladas en México. **3.** Moneda de oro mexicana de veinte pesos.

■ En 1325 los aztecas fundaron Tenochtitlan. De 1376 a 1427 estuvieron sometidos al reino tepaneca de Azcapotzalco, durante los reinados de Acamapichtli (1376-1396), Huitzilihuitl (1396-1417) y Chimalpopoca 1417-1427). Itzcoatl (1427-1440) fundó el imperio azteca, que estableció en 1433 una federación entre Tenochtitlan, Texcoco y Tlacopan. Moctezuma Ilhuicamina (1440-1469) consolidó y extendió el imperio, que con Ahuitzotl (1486-1502) alcanzó su máxima extensión. Moctezuma Xocoyotzin (1502-1520) hizo frente a la llegada de los españoles, quienes en 1525 ejecutaron a Cuauhtémoc, último soberano azteca. Los aztecas establecieron una compleja organización política, militar y religiosa de tipo piramidal, regida por una biarquía formada por el tlatoani y el cihuacoatl.

La economía se basaba en la agricultura (maíz). Los aztecas desarrollaron dos tipos de calendarios, uno ceremonial y otro solar de 365 días. Destaca la escultura, simbolista y abstracta (*Piedra del Sol, Coatlicue*) o naturalista, la pintura mural (altares de Tizatlán), la cerámica (platos, copas), la orfebrería y el arte lapidario. Su arquitectura se inspira en la de Teotihuacán y la tolteca. Utilizaron la escritura jeroglífica en códices, poemas, anales, etc., algunos de ellos transcritos en caracteres latinos (en náhuatl y en castellano). En literatura destacó el poeta Netzahualcóyotl. Los principales dioses aztecas son: Quetzalcóatl, dios del bien y de la vida; Tezcatlipoca, dios de los hechiceros y de los jóvenes guerreros; Huitzilopochtli, dios de la guerra y del sol; Tláloc, dios de la lluvia, y Coatlicue, diosa madre y la tierra.

Aunque en toda la extensión del imperio azteca se hablaron numerosas lenguas, su lengua de cultura fue el náhuatl, que engloba, entre otras, las lenguas shoshón, pima, papago, tarahumara, tepehua y huichol.

AZTLÁN, lugar donde decían provenir los aztecas cuando llegaron al Valle de México (1215).

AZUA *(provincia de)*, prov. de la Rep. Dominicana, a orillas del Caribe; 2430 km² y 184 200 hab. Cap. *Azua de Compostela.*

AZUA DE COMPOSTELA, c. de la Rep. Dominicana, cap. de la *prov. de Azua*; 65 352 hab. Puerto en la bahía de Ocoa. Aeropuerto internacional.

AZUAY *(provincia de)*, prov. de Ecuador, en la región interandina; 7804 km²; 506 546 hab. Cap. *Cuenca.*

AZÚCAR n. m. o f. (ár. *al-sukkar*). Alimento de sabor dulce, cristalizado, que se extrae de la caña de azúcar o de la remolacha azucarera. **2.** QUÍM. Compuesto perteneciente al grupo de los glúcidos. • **Azúcar cande**, o **candi**, azúcar formado por cristales transparentes y grandes, obtenido por evaporación lenta de un jarabe. ǁ **Azúcar de lustre**, el molido y pasado por cedazo. ǁ **Azúcar moreno**, o **negro**, el de color oscuro, más dulce que el blanco.

AZUCARADO, A adj. Semejante al azúcar en el gusto. **2.** Que contiene azúcar.

AZUCARAR v. tr. [1]. Bañar o endulzar con azúcar. **2.** *Fig.* Suavizar, endulzar. **3.** *Amér.* Cristalizarse el azúcar.

AZUCARERA n. f. Fábrica de azúcar. **2.** Azucarero, recipiente.

AZUCARERO, A adj. Relativo al azúcar. ◆ n. m. **2.** Recipiente para servir el azúcar. **3.** Técnico en la fabricación de azúcar. **3.** *Amér.* Dueño de un ingenio de azúcar o fabricante de azúcar.

AZUCARILLO n. m. Pasta azucarada, esponjosa, preparada con clara de huevo batida y zumo de limón. **2.** Terrón de azúcar.

AZUCENA n. f. (ár. *al-sūsāna*). Denominación dada a diversas plantas de las familias liliáceas, amarilidáceas, apocináceas y orquídeas, la más conocida de las cuales (*azucena común*) da unas flores blancas y olorosas, agrupadas en racimos grandes. **2.** Flor de la azucena común.

AZUELA n. f. Especie de hacha de hoja curva y perpendicular al mango, que utilizan los carpinteros para labrar y desbastar la madera.

AZUELA (Arturo), novelista mexicano (México 1938), nieto de Mariano, autor de *El tamaño del infierno* (1974), *Un tal José Salomé* (1975), *Manifestación de silencio* (1978, premio nacional de novela), *El don de la palabra* (1984), *El matemático* (2001), *Extravíos y maravillas* (2002), etc.

AZUELA (Mariano), novelista mexicano (Lagos de Moreno, Jalisco, 1873-México 1952). En *Los fracasados* (1908) y *Mala yerba* (1909) abordó los males sociales desde una perspectiva naturalista. *Andrés Pérez, maderista* (1911) anticipa el realismo histórico de sus tres grandes novelas sobre la revolución: *Los de abajo* (1916), *Los caciques* (1917) y *Las moscas* (1918). Las vanguardias europeas influyeron en *La luciérnaga* (1932). Sus últimas novelas suponen una vuelta a la crónica y la sátira política y social (*Nueva burguesía*, 1941; *La mujer domada*, 1946; *Sendas perdidas*, 1949).

AZUERO PLATA (Juan Nepomuceno), sacerdote y político colombiano (El Socorro 1780-† 1857), y su hermano **Vicente** (Oiba 1787-† 1844), jurisconsulto y político, destacaron en la lucha por la independencia de Colombia.

AZUFRADO, A adj. Sulfuroso. **2.** Parecido en el color al azufre.

AZUFRADOR n. m. Aparato para azufrar las plantas.

AZUFRAMIENTO o **AZUFRADO** n. m. Acción y efecto de azufrar.

AZUFRAR v. tr. [1]. Impregnar de azufre. **2.** Espolvorear azufre sobre los vegetales para luchar contra las enfermedades criptogámicas. **3.** Quemar azufre dentro de un tonel con el fin de destruir los microorganismos.

AZUFRE n. m. (lat. *sulfur*). Metaloide sólido (S), de número atómico 16, de masa atómica 32,06, densidad 2 y color amarillo, insípido e inodoro.

AZUFRERA n. f. Lugar de donde se extrae el azufre.

AZUFROSO, A adj. Que contiene azufre.

AZUL adj. y n. m. Dícese del color comprendido entre el verde y el añil en el espectro solar. ◆ **Azul celeste**, el más claro. ǁ **Azul mar**, o **marino**, el oscuro. ǁ **Azul de Prusia**, sulfuro azul. ◆ adj. **2.** De color azul. ǁ **Enfermedad azul**, cualquier enfermedad que cursa con gran cianosis, principalmente cardiopatías congénitas que provocan defectos de oxigenación de la sangre. ǁ **Niño azul**, niño que padece la enfermedad azul. ǁ **Zona azul**, zona urbana donde la duración del estacionamiento de los automóviles es limitada. ◆ n. m. **3.** *Poét.* El cielo o espacio. **4.** QUÍM. Diversos pigmentos y colorantes azules: *azul ultramar.*

AZUL *(río)* → *Yangzi Jiang.*

AZUL, partido de Argentina (Buenos Aires); 62 385 hab. Centro ganadero e industrial.

AZULADO, A adj. De color azul o que tira a él.

AZULAR v. tr. [1]. Dar o teñir de azul.

AZULEAR v. intr. [1]. Mostrar una cosa el color azul que en sí tiene. **2.** Tirar a azul.

AZULEJAR v. tr. [1]. Revestir de azulejos, ladrillos. SIN.: *alicatar.*

AZULEJO n. m. Ladrillo pequeño o baldosín vidriado, de cualquier color y decorado o no con dibujos.

AZULEJO, A adj. *Amér.* Azulado. ◆ adj. y n. m. **2.** *Argent.* y *Urug.* Dícese del caballo entrepelado de blanco y negro que presenta reflejos azules. ◆ n. m. **3.** Pájaro de unos 17 cm de long., de coloración azul celeste uniforme, algo blanquecino en la región ventral. (Familia tráupidos.)

AZUR n. m. y adj. HERÁLD. Uno de los cinco colores del blasón: el azul oscuro.

AZURDUY DE PADILLA (Juana), patriota boliviana (1781-1862), una de las heroínas de la lucha por la independencia de Bolivia.

AZUZAR v. tr. [1g]. Incitar a un animal para que embista. **2.** *Fig.* Irritar, estimular.

Bb

B n. f. Segunda letra del alfabeto español, y primera de sus consonantes. (Es una bilabial sonora.) **2.** Símbolo químico del *boro*. **3.** Símbolo del *barn*.

Ba, símbolo químico del *bario*.

BAAL o **BA'AL**, ant. **Bodegas**, c. de Ecuador, cap. de la prov. de Los Ríos; 105 785 hab. Puerto fluvial.

BABBAGE (Charles), matemático británico (Teignmouth, Devon, 1792-Londres 1871). Proyectó, sin llegar a realizarla, una máquina de calcular de tarjetas perforadas que puede considerarse precursora de los ordenadores modernos.

BABEAR v. intr. [1]. Expeler o echar de sí la baba. **2.** *Fig. y fam.* Hacer demostraciones de excesivo rendimiento ante una persona o cosa.

BABEL n. m. o f. *Fam.* Desorden, confusión. **2.** *Fig. y fam.* Lugar en que hay gran desorden y confusión o en el que hablan muchos sin entenderse.

BABEO n. m. Acción de babear.

BABERO n. m. Pedazo de lienzo u otra materia que se pone a los niños en el pecho, sobre el vestido, para que no lo manchen. **2.** Prenda de vestir que se pone a los niños encima del traje para protegerlos.

BABIA. Estar en babia *(Fam.)*, hallarse distraído y como ajeno a aquello de que se trata.

BABILLA n. f. En los cuadrúpedos, región formada por los músculos y tendones que articulan el fémur con la tibia y la rótula. **2.** Parte de la carne del buey correspondiente al corvejón, entre la falda y el jarrete.

BABILONIA, nombre dado a la baja Mesopotamia, llamada tardíamente *Caldea*. C. pral. *Babilonia, Ur, Behistún*.

BABILONIA, c. de la baja Mesopotamia, cuyas imponentes ruinas, a orillas del Éufrates, están a 160 km al SE de Bagdad. Su fundación debe atribuirse a los acadios (2325-2160 a. J.C.).

BABILÓNICO, A adj. Relativo a Babilonia. **2.** *Fig.* Fastuoso.

BABILONIO, A adj. y n. De Babilonia.

BABLE n. m. Dialecto leonés hablado en Asturias. SIN.: *asturiano*.

BABOEN n. m. Madera obtenida de diversos árboles americanos, de coloración ocre, empleada en carpintería ligera y contraplacados.

BABOR n. m. (fr. *babord*). Costado izquierdo de una embarcación, en el sentido de la marcha hacia adelante. CONTR.: *estribor*.

BABOSA n. f. (de *baba*). Gasterópodo pulmonado terrestre, sin concha, alargado y con una especie de escudo adornado de estrías. (Familia limácidos.) **2.** Pez de cuerpo alargado, cuya piel segrega gran cantidad de mucus.

BABOSEAR v. tr. [1]. Llenar de babas.

BABOSEO n. m. *Fam.* Acción de babosear.

BABOSO, A adj. Que echa muchas babas. **2.** *Fig. y fam.* Que no tiene edad o condiciones para lo que hace o dice. **3.** *Fig. y fam.* Bobo, tonto.

BABUCHA n. f. (fr. *babouche*). Zapato ligero y sin tacón, usado especialmente por los moros. **2.** *Amér.* Zapato de pala ancha, cerrada con un cordón. **3.** *Amér.* Zapato femenino de paño con la punta formada de cuero. • **A babucha** *(Argent. y Urug.)*, a cuestas.

BABUINO n. m. Papión cinocéfalo.

BACA n. f. Soporte dispuesto en la parte superior de los vehículos donde se pueden colocar los equipajes.

BACACO o **BACACU** n. m. Paseriforme de vistoso plumaje, propio de las comarcas del Orinoco y del Amazonas. (Familia cotíngidos.)

BACALADERO, A adj. Relativo al bacalao, o a su pesca y comercio. ♦ n. m. y adj. **2.** Buque especializado en la pesca del bacalao y especies afines. **3.** Persona que se dedica a la pesca del bacalao.

BACALAO n. m. Pez marino de los mares árticos, que alcanza 1,50 m de long., cuya carne se come fresca, salada o curada. (Familia gádidos.) • **Cortar el bacalao** *(Fam.)*, tener superioridad o dominio en alguna cosa.

BACÁN n. m. y adj. *Argent.* Persona adinerada o aburguesada. ♦ n. m. **2.** *Cuba.* Masa de carne de cerdo, tomate y ají, envuelta en hojas de plátano.

BACANAL adj. (lat. *bacchanalem*). Relativo al dios Baco. ♦ n. f. **2.** Orgía. ♦ **bacanales** n. f. pl. **3.** Fiestas romanas de Baco y de los misterios dionisíacos, caracterizadas por el desenfreno o el crimen.

BACANTE n. f. (lat. *bacchantem*). Mujer que tomaba parte en las bacanales. **2.** *Fig.* Mujer ebria y lúbrica.

BACARÁ o **BACARRÁ** n. m. (fr. *bacarra* o *baccarat*). Juego de naipes que se juega con dos barajas francesas y en el que uno de los participantes actúa como banquero.

BACH, familia de músicos alemanes cuyo miembro más ilustre es **Johann Sebastian** (Eisenach 1685-Leipzig 1750). Sus obras de música religiosa, vocal o instrumental, deben su valor a la riqueza de la escritura, la riqueza de la inspiración, la audacia del lenguaje armónico y la elevada espiritualidad (*Cantatas, Pasiones, Misa en «si», Preludios, Fugas, Corales para órgano, Clave bien temperado, Partitas, Conciertos brandeburgueses, Suites para orquesta, Conciertos para clavecín y orquesta, Conciertos para violín y orquesta, Suites para violonchelo, Sonatas para flauta y clave, para violín y clave, Ofrenda musical* y *El arte de la fuga*). Tres de sus hijos fueron compositores de fama: **Wilhelm Friedemann** (Weimar 1710-Berlín 1784); **Karl Philipp Emanuel** (Weimar 1714-Hamburgo 1788) y **Johann Christian** (Leipzig 1735-Londres 1782), partidario de una estética galante en sus obras instrumentales, que anuncian la escuela vienesa.

BACHATA n. f. *Antillas.* Juerga, diversión bulliciosa.

BACHE n. m. Hoyo que se forma en una calzada o camino a causa del tránsito rodado, lluvia, etc. **2.** *Fig.* Descenso, período de decadencia. **3.** Zona atmosférica de baja densidad, que provoca un descenso súbito y momentáneo del avión.

BACHICHA n. m. y f. *Amér. Merid.* Apodo con que se designa al italiano y a su lengua.

BACHILLER n. m. Título que se recibe al cursar satisfactoriamente los estudios de bachillerato. ♦ n. m. y f. **2.** Persona que ha obtenido el grado que se concede al terminar la enseñanza media.

BACHILLER, RA n. *Fig.* Persona que habla mucho y con impertinencia.

BACHILLERATO n. m. Estudios de la educación secundaria que facultan para poder seguir estudios universitarios o estudios profesionales cualificados. **2.** Grado de bachiller.

BACHILLEREAR v. intr. [1]. *Fam.* Hablar mucho e impertinentemente.

BACÍA n. f. Vasija para líquidos y alimentos. **2.** Especie de jofaina con una escotadura semicircular en el borde, que usaban los barberos para remojar la barba.

BACILAR adj. Relativo a los bacilos. **2.** Producido por un bacilo: *enfermedad bacilar*.

BACILO n. m. (lat. *bacillum*, bastoncillo). Microbio en forma de bastoncillo. **2.** Insecto herbívoro, de 10 cm de long., frágil, alargado y de patas largas, parecido a una ramita. (Familia fásmidos.)

BACÍN n. m. Orinal alto y cilíndrico.

BACKGROUND n. m. (voz inglesa). Formación anterior de una persona (conocimientos, experiencias personales, etc.).

BACK-UP n. m. INFORMÁT. Salvaguarda.

BACLE (César Hipólito), litógrafo y naturalista francés (Ginebra 1797-Santa Fe 1838). Realizó litografías de retratos de hombres ilustres vistas de Buenos Aires y la serie *Trajes y costumbres de la provincia de Buenos Aires* (1835).

BACO, nombre que dieron los romanos a *Dioniso*.

BACON n. m. (voz inglesa). Tocino magro ahumado.

BACON (Francis), barón **de Verulam**, canciller de Inglaterra y filósofo (Londres 1561-id. 1626). Su obra *Instauratio magna* (1623) desarrolla una teoría empirista del conocimiento y su *Novum organum* (1620) propone una clasificación de las ciencias.

BACON (Roger), filósofo inglés, llamado **el Doctor admirable** (Ilchester, Somerset, o Bisley, Gloucester, c. 1220-Oxford 1292), uno de los mayores sabios de la edad media. Preconizó la ciencia experimental por oposición a la escolástica, por lo que

BAC

fue condenado (Syllabus de 1277) y encarcelado.

BACTERIA n. f. (gr. *baktería*, bastón). Denominación genérica de los microbios unicelulares de forma alargada (*bacilos*), esférica (*cocos*) o espiral (*espirilos*), que carecen de membrana nuclear y se alimentan como los vegetales.

BACTERIANO, A adj. Relativo a las bacterias.
BACTERICIDA adj. y n. m. Dícese de la sustancia que destruye las bacterias.
BACTERIÓFAGO n. m. Virus que destruye activamente determinadas bacterias.
BACTERIOLOGÍA n. f. Parte de la microbiología que estudia las bacterias.
BACTERIOLÓGICO, A adj. Relativo a la bacteriología. **2.** MIL. Que utiliza las bacterias: *guerra bacteriológica*.
BACTERIÓLOGO, A n. Especialista en bacteriología.
BÁCULO n. m. (lat. *baculum*, bastón). Palo o cayado para apoyarse en él. **2.** Fig. Alivio, arrimo, consuelo: *el báculo de su vejez*. • **Báculo pastoral**, el que usan los obispos como símbolo de su autoridad.
BADAJO n. m. Pieza que pende en el interior de las campanas, cencerros y esquilas para hacerlas sonar. **2.** Fig y fam. Persona habladora y necia.
BADAJOCENSE adj. y n. m. y f. De Badajoz. SIN.: *badajoceño, pacense*.
BADAJOZ (*provincia de*), prov. de España, en Extremadura; 21 657 km²; 647 654 hab. Cap. *Badajoz*. En el O de la Meseta Sur.
BADAJOZ, c. de España, cap. de la prov. homónima y cab. de p. j.; 130 247 hab. (*Badajocenses, badajoceños o pacenses*.) Industrias agropecuarias. Murallas medievales. Catedral (ss. XIII-XVI). Iglesia de la Concepción (s. XVIII). Museo arqueológico. En época musulmana fue capital del reino de los aftasíes (s. XI).
BADALONA, c. de España (Barcelona), cab. de p. j.; 218 171 hab. (*Badaloneses*.) Centro industrial. Temas romanas. Monasterio de San Jerónimo de la Murtra (ss. XV-XVIII), antigua residencial real.
BADALONÉS, SA adj. y n. De Badalona.
BADANA n. f. (ár. *al-bitana*, forro). Piel de carnero u oveja curtida que se emplea en guarnicionería, marroquinería, encuadernación, etc. • **Zurrar** a uno **la badana** (*Fam.*), darle de golpes o maltratarle de palabra. ♦ n. m. y f. **2.** *Fam*. Persona floja y perezosa.
BADÉN n. m. (ár. *batn*, hondonada). Zanja que forma en el terreno el paso de las aguas llovedizas. **2.** Depresión o cauce que se construye en un camino o carretera para que por él puedan discurrir las aguas de un torrente. **3.** Vado.
BADMINTON n. m. Juego parecido al tenis, que en lugar de pelota utiliza una semiesfera de corcho o goma con plumas.
BADULACADA n. f. *Chile y Perú*. Bellaquería, calaverada.
BADULAQUE n. m. y f. y adj. *Fam*. Persona necia e informal.
BAENA (*Juan Alfonso de*), poeta español (Baena 1406-† 1454). Recopiló el *Cancionero de Baena* (1445), gran antología poética castellana que incluye parte de su obra.
BAEYER (*Adolf von*), químico alemán (Berlín 1835-Starberg, Baviera, 1917). Realizó la síntesis del índigo. (Premio Nobel de química 1905.)
BÁEZ (*Buenaventura*), político dominicano (Azúa 1810-en Puerto Rico 1884). Presidente de la república en 1849-1853 y 1856-1858, y de nuevo tras la independencia del país (1865), fue derrocado por Cabral (1866), pero volvió al poder en 1868-1873.
BAFFLE n. m. (voz inglesa, *pantalla*). Pantalla rígida sobre la que se monta el altavoz para obtener la reproducción de los sonidos graves. **2.** Caja acústica.

BAGAJE n. m. (fr. *bagage*). Equipaje militar de una fuerza o ejército en marcha. **2.** Bestia, con carro o sin él, que para conducir el equipaje militar se tomaba en los pueblos por vía de carga concejil. **3.** Fig. Conjunto de conocimientos o noticias de que dispone una persona: *bagaje cultural*.
BAGATELA n. f. (ital. *bagatella*). Cosa fútil. **2.** MÚS. Pieza sencilla, de estilo ligero, generalmente destinada al piano.
BAGAZO n. m. Residuo de las cosas que se exprimen para sacarles el zumo: *bagazo seco de uva*. **2.** Residuo sólido de las cañas de azúcar, que queda después de haber sido trituradas por el molino. **3.** Cáscara que queda después de deshecha la baga y separado el hilo del lino.
BAGDAD, c. y cap. de Iraq, junto al Tigris; 3 844 608 hab. Monumentos de los ss. XIII-XIV. Museos. Capital de los Abasíes (ss. VIII-XIII) y fue destruida por los mongoles en 1258.
BAGRE n. m. Pez de agua dulce, sin escamas y tres pares de barbillas en la cabeza, que suele habitar en los fondos de ríos y lagunas americanos y llega a medir 60 cm de largo. **2.** *Amér. Merid.* Mujer fea. **3.** *Hond. y Salv.* Persona muy lista.
BAGRERO, A adj. n. m. *Ecuad. y Perú*. Dícese del hombre que suele enamorar mujeres feas.
BAGUAL, LA adj. y n. (De *Bagual*, cacique de los indios querandíes). *Amér. Merid.* Indócil, indómito. ♦ adj. y n. m. **2.** *Amér*. Dícese del caballo o potro no domado.
BAGUALA n. f. Canción popular del N de Argentina de repetidos ascensos tonales y coplas octosilábicas.
BAGUALADA n. f. *Amér*. Fig. Barbaridad, necedad, salvajada. **2.** *Argent*. Conjunto de baguales, caballos o potros no domados.
BAGUARÍ n. m. (voz guaraní). Ave de cuerpo blanco y alas y cola negras, que vive en Argentina. (Familia cicónidos.)
BAGUILLA n. f. TEXT. Hilo obtenido dando a los cabos diferente torsión, de modo que al menos retorcido forma bucles alrededor del otro.
¡BAH! interj. Denota incredulidad o desdén.
BAHAMAS, islas **Lucayas**, estado insular del Atlántico, al SE de Florida; 13 900 km²; 300 000 hab. CAP. *Nassau*. LENGUA OFICIAL: *inglés*. MONEDA: *dólar de las Bahamas*. Turismo. Plaza financiera y sede de empresas. Descubiertas por Colón, las islas fueron colonia británica desde el s. XVII e independientes desde 1973.
BAHÍA n. f. Penetración del mar en la costa, de extensión considerable y de entrada ancha, generalmente menor que el golfo: *bahía de Cádiz*.
BAHÍA o **BAÍA**, estado del NE de Brasil; 561 000 km²; 11 801 810 hab. Cap. *Salvador*.
BAHÍA BLANCA, c. de Argentina (Buenos Aires); 271 467 hab. Centro industrial y turístico. Puerto exportador. Universidad nacional del Sur.
BAHORUCO → *Baoruco*.
BAHRÉIN, estado del Golfo Pérsico, constituido por un archipiélago de 33 islas; 660 km²; 500 000 hab. CAP. *Manāma*. LENGUA OFICIAL: *árabe*. MONEDA: *dinar de Bahréin*. Plaza financiera. Petróleo. El emirato de Bahréin, protectorado británico en 1914, se independizó en 1971. En 2001, junto con Arabia Saudita, Kuwait, Qatar, Omán y Los Emiratos Árabes Unidos, firmó el primer pacto de defensa de la región del Golfo Pérsico.
BAHUTU → *hutu*.
BAIKAL, lago de Rusia (Siberia meridional), que vierte sus aguas en el Yeniséi a través del Angará; 31 500 km²; long. 640 km.
BAILABLE adj. y n. m. Que se puede bailar.

BAILADOR, RA adj. y n. Que baila. ♦ n. **2.** Bailarín profesional que ejecuta bailes populares de España.
BAILANTA n. f. *Argent*. Fiesta de pueblo en la que se baila.
BAILAOR, RA n. Bailarín de flamenco.
BAILAR v. intr. y tr. [**1**]. Mover el cuerpo al son de la música y de forma acompasada. **2.** Moverse más o menos rápidamente sin salir de un espacio determinado. ♦ v. intr. **3.** No estar una cosa fija o segura en su lugar o ir ancha una cosa. **4.** IMPR. En una composición tipográfica, estar desniveladas los renglones, letras o líneas.
BAILARÍN, NA adj. y n. Que baila. ♦ n. **2.** Persona que se dedica profesionalmente al baile.
BAILE n. m. Acción de bailar. **2.** Cada una de las maneras particulares de bailar. **3.** Lugar donde se baila. **4.** Fiesta en que se juntan varias personas y se baila. **5.** Espectáculo teatral en que se ejecutan varias danzas y se representa una acción por medio de la mímica. ‖ **Cuerpo de baile**, conjunto de los bailarines de un teatro que no son solistas ni estrellas.
BAILE n. m. (cat. *batlle*). En Cataluña, durante la alta edad media, oficial que representaba al señor entre sus vasallos y que estaba encargado del gobierno de una determinada zona. **2.** Título que llevaban los gobernadores de las colonias venecianas en el Mediterráneo oriental.
BAILECITO n. m. Danza popular boliviana, de origen europeo, en compás de seis por ocho.
BAILONGO n. m. Baile de poca categoría.
BAILOTEAR v. intr. [**1**]. Bailar sin formalidad.
BAILOTEO n. m. Acción y efecto de bailotear.
BAJA n. f. Disminución del precio, valor o estimación de una cosa en el mercado. **2.** Acto por el que se declara el cese de industrias o profesiones sometidas a impuestos: *darse de baja*. **3.** Cese temporal de una persona en un determinado trabajo por enfermedad o accidente. **4.** Documento en que se formula. **5.** MAR. Fase descendente de la marea. **6.** MIL. Pérdida o falta de un individuo. • **Dar, ir de, o ir en baja,** perder valor o estimación. ‖ **Darse de baja,** dejar de pertenecer voluntariamente a una sociedad. ‖ **Jugar a la baja,** especular, negociar en la bolsa o en el mercado, previendo la baja de los valores. ♦ **bajas** n. f. pl. Pérdidas.
BAJÁ n. m. Título dado a los gobernadores de provincias en el Imperio otomano.
BAJADA n. f. Acción de bajar. **2.** Camino o senda por donde se baja. **3.** *Argent. y Urug.* Disminución del caudal de un río o arroyo. **4.** ARQ. Cañón de bóveda inclinado con relación al plano horizontal. • **Bajada de aguas,** conducto por donde bajan las aguas de los tejados a las alcantarillas.
BAJADOR n. m. *Argent*. Tiento que une la cinta con la hociquera y sujeta la cabeza del ganado.
BAJAMAR n. f. Fin del reflujo del mar: *la hora de bajamar*. **2.** Tiempo que éste dura.
BAJAR v. intr. y pron. [**1**]. Ir desde un lugar a otro que esté más bajo: *bajar al sótano*. ♦ v. intr. **2.** Disminuir, rebajar el nivel, la intensidad o la altura: *bajar el nivel del agua; bajar la fiebre*. ♦ v. tr. **3.** Poner alguna cosa en lugar inferior a aquel en que estaba: *bajar las maletas del altillo*. **4.** Hacer que un sonido sea menos agudo: *bajar la voz*. **5.** Inclinar hacia abajo: *bajar la cabeza*. **6.** Abaratar: *bajar los precios*. ♦ v. tr. y pron. **7.** Fig. Humillar, abatir. ♦ v. tr., intr. y pron. **8.** Apearse de un transporte: *bajar del tren*. ♦ **bajarse**. v. pron. **9.** Inclinarse hacia el suelo.
BAJAREQUE n. m. *Amér*. Enrejado de palos entretejidos con cañas y barro. **2.** *Cuba*. Choza, caserón muy pobre. **3.** *Pan.* Llovizna menuda.

BAJATIVO n. m. *Amér. Merid.* Licor que se toma después de las comidas para facilitar la digestión; digestivo.
BAJEL n. m. (cat. *vaixell*). Buque, barco.
BAJERO, A adj. Que se usa o pone debajo de otra cosa: *sábana bajera*.
BAJEZA n. f. Acción vil. **2.** Calidad de bajo. **3.** *Fig.* Abatimiento, humillación, condición de humildad o inferioridad.
BAJIAL n. m. *Perú*. Tierra baja que se suele inundar con las crecidas.
BAJÍO n. m. En el mar y aguas navegables, elevación del fondo que impide el paso de las embarcaciones. **2.** *Amér.* Terreno bajo.
BAJISTA adj. Dícese de la tendencia a la baja de precios en el mercado o en la bolsa. CONTR.: *alcista*. ♦ n. m. y f. **2.** Persona que, en la bolsa, especula sobre la baja de los valores mobiliarios.
BAJISTA n. m. y f. Persona que toca el bajo, instrumento musical.
BAJO adv. I. Abajo, a en una parte inferior: *acá bajo*. ♦ adv. m. **2.** En voz que apenas se oiga: *hablar bajo*. • **Por lo bajo**, recatada o disimuladamente: *reírse por lo bajo*. ♦ prep. **3.** Debajo de. **4.** Sometido a o en el tiempo de: *bajo los romanos*.
BAJO, A adj. (bajo lat. *bassum*, gordo y poco alto). Que tiene pequeña la dimensión vertical: *chico bajo*; *mesa baja*. **2.** Que está situado a poca distancia del suelo u otra superficie: *planta baja*. **3.** Inclinado hacia abajo, en dirección al suelo: *anda con la frente baja*. **4.** Que tiene un grado de inferioridad con respecto a otras cosas de la misma naturaleza: *clase baja*; *precio bajo*; *temporada baja*. **5.** Dícese de las festividades móviles que caen más pronto que otros años: *la Pascua cae baja este año*. **6.** *Fig.* Humilde, despreciable. **7.** *Fig.* Tratándose de sonido, grave. **8.** Aplícase a la época con respecto a otra viene después en el tiempo: *baja latinidad*. **9.** GEOGR. Dícese de la parte de un río cercana a la desembocadura o a su confluente. • **Baja tensión**, diferencia de potencial muy débil. ∥ **Bajo latín**, latín del bajo imperio. ∥ **Bajos fondos**, barrios o sectores de las grandes ciudades en que generalmente actúan o viven los profesionales del delito. ∥ **Costa**, o **tierra, baja**, tierra poco elevada que se ve al llegar hondo. **11.** Bajío. **12.** ACÚST. Sonido grave. **14.** MÚS. Voz o instrumento que ejecuta los sonidos más graves. **14.** MÚS. Parte de música escrita para ser ejecutada por un cantor o un instrumentista de la cuerda de bajos. ♦ **bajos** n. m. pl. **15.** Piso bajo de la casa que tiene dos o más pisos. **16.** Manos o pies del caballo. **17.** Parte inferior del traje de las mujeres, y especialmente de la ropa interior. **18.** Por ext. Parte baja de las máquinas, automóviles, etc.
BAJÓN n. m. *Fam*. Notable disminución en el caudal, la salud, las facultades mentales, etc.
BAJORRELIEVE n. m. En escultura, relieve cuyos motivos tienen poco resalte.
BAJOS DE HAINA, c. de la República Dominicana (San Cristóbal); en el Caribe; 34 924 hab.
BAJURA n. f. Falta de elevación. • **Pesca de bajura**, la que se realiza cerca de la costa.
BAKELITA n. f. Baquelita.
BAKER, r. de Argentina y Chile. Nace en el lago Buenos Aires y desemboca en el Pacífico; 440 km.
BAKÚ, c. y cap. de la República de Azerbaiján, junto al mar Caspio, en la Península de Apsheron; 1 757 000 hab. Centro petrolero.
BAKUNIN (Mijaíl Alexándrovich), revolucionario ruso (Priamujino 1814-Berna 1876). Participó en las revoluciones de 1848 en París, Fraga y Dresde. Miembro de la I Internacional (1868-1872), se opuso a Marx y fue el principal teórico del anarquismo (*Catecismo revolucionario*, 1866; *El estado y la anarquía*, 1873).
BALA n. f. (ital. *palla*, pelota de jugar). Proyectil que disparan las armas de fuego. **2.** Por ext., conjunto de bala y casquillo. • **Bala perdida**, la que sigue una trayectoria distinta de la que se espera; persona alocada y libertina. ∥ **Bala rasa**, la sólida y esférica empleada por la artillería lisa. ∥ **Como una bala** (*Fam.*), con prontitud. ∥ **Tirar con bala** (*Fam.*), hablar con mala intención.
BALA n. f. (cat. *bala*, del fr. *balle*). Fardo apretado de mercancías. **2.** Atado de diez resmas de papel.
BALACEAR v. tr. [1]. *Amér.* Disparar reiteradamente, tirotear.
BALACERA n. f. *Amér.* Tiroteo.
BALADA n. f. (provenz. *balada*, *danza*). En la edad media, poema lírico, de origen coreográfico, que primero se cantaba y más tarde se destinó sólo a ser recitado. **2.** Desde fines del s. XVIII, pequeño poema narrativo en estrofas, que generalmente desarrolla una leyenda popular o una tradición histórica. **3.** MÚS. En su origen, canción para ser bailada; pieza instrumental a la vocal de forma libre, recuperada por los románticos.
BALADÍ adj. (ár. *baladî*, indígena). Fútil, poco importante: *aventurilla baladí*.
BALADRONADA n. f. Fanfarronada.
BALADRONEAR v. intr. [1]. Hacer o decir fanfarronadas.
BALAGUER (Joaquín), político dominicano (Santiago de los Caballeros 1906-Santo Domingo 2002). Presidente de la república en 1960-1962, ocupó con el apoyo de E.U.A. ocupó de nuevo el cargo de 1966 a 1978. Volvió a la presidencia en 1986 (reelegido en 1990 y 1994).
BALAITOUS, pico granítico de los Pirineos aragoneses, en la frontera con Francia; 3 146 m.
BALALAICA o **BALALAIKA** n. f. Laúd de forma triangular, con tres cuerdas, que se utiliza en Rusia.
BALANCE n. m. (de *balanza*). Movimiento de un cuerpo que se inclina a un lado y a otro. **2.** Vacilación, inseguridad. **3.** *Fig.* Comparación de hechos favorables y desfavorables. **4.** *Cuba*. Mecedora. **5.** Instrumento contable que resume la situación de una unidad económica, de acuerdo con un sistema de cuentas establecido legalmente. **6.** Inventario, homogéneamente resumido. **7.** MAR. Balanceo.
BALANCEAR v. intr. y pron. [1]. Dar o hacer balances. ♦ v. intr. **2.** *Fig.* Dudar, vacilar. ♦ v. tr. **3.** Igualar, poner en equilibrio. **4.** MAR. Establecer en el velamen el equilibrio entre las velas de delante y la de detrás del centro vélico.
BALANCEO n. m. Acción y efecto de balancear. **2.** MAR. Movimiento oscilatorio que hace un barco inclinándose alternativamente hacia un u otro de sus costados, como consecuencia del viento o del oleaje. SIN.: *balance*. **3.** *Amér.* Equilibrado de las ruedas de un automóvil.
BALANCHINE (Gueorgui Melitónovich **Balanchivadze**, llamado George), bailarín y coreógrafo ruso (San Petersburgo 1904-Nueva York 1983), nacionalizado norteamericano. Colaborador de Diáguilev, creador de la American school of ballet, animador del New York city ballet, fue maestro del ballet abstracto.
BALANCÍN n. m. Mecedora. **2.** En jardines o terrazas, asiento colgante provisto de toldo. **3.** Pieza de madera o de metal unida a la caja de un carruaje, o al bastidor de un arado, etc., y a la que se enganchan los tirantes de las caballerías. **4.** Palo largo, usado por los volatineros y otros acróbatas para mantenerse en equilibrio. **5.** Órgano estabilizador de los dípteros, que en estos insectos sustituye a las alas posteriores.
BALANDRA n. f. (fr. *balandre*). Embarcación pequeña con cubierta y un solo palo.
BALANDRO n. m. Balandra deportiva, fina y alargada.
BÁLANO o **BALANO** n. m. Glande. **2.** Pequeño crustáceo de 1 cm, que se fija en las rocas litorales o sobre moluscos y está rodeado de placas calcáreas blancas que forman una especie de cráter. (Subclase cirrípedos).
BALANZA n. f. bajo lat. *bilancia*). Instrumento que sirve para comparar masas, generalmente formado por un astil móvil y dos platillos, uno para colocar el cuerpo que quiere pesarse y el otro para las pesas. **2.** *Fig.* Comparación, juicio. • **Balanza comercial**, estado comparativo de las importaciones y exportaciones de bienes y servicios de un país. ∥ **Balanza de pagos**, documento en el que se recogen el conjunto de operaciones económicas entre un país o un grupo de países y otro país o el resto del mundo. ∥ **Inclinarse la balanza** (*Fig.*), inclinarse un asunto a favor de alguien o algo.
BALANZA → *Libra*.
BALANZÓN n. m. *Méx.* Platillo de la balanza que se utiliza para pesar frutas y verduras.
BALAR v. intr. (lat. *balare*) [1]. Dar balidos.
BALASTO n. m. (ngl. *ballast*). Conjunto de piedras machacadas que mantienen las traviesas de una vía férrea a las sujetan.
BALATA n. f. Árbol maderable que crece en las Guayanas y Venezuela. (Familia sapotáceas). **2.** Resina extraída de este árbol. Utilizada en la fabricación de aislantes, correas de transmisión. **3.** *Chile* y *Méx.* Parte del mecanismo de freno de vehículos motorizados consistente en un elemento de tejido grueso o de plástico, colocado en el lugar de fricción.
BALAUSTRADA n. f. ARQ. Línea de balaustres coronada por una repisa. **2.** Muro de poca altura que puede tener diferentes calados.
BALAUSTRE o **BALAÚSTRE** n. m. (ital. *balaústro*). Columnilla o pequeño pilar que generalmente se une con otros por una repisa para formar un soporte, una barandilla o un motivo decorativo.
BALAY n. m. *Amer.* Cesta de mimbre o de carrizo. **2.** *Colomb.* Cedazo de bejuco. **3.** *Cuba* y *Dom.* Batea para aventar el arroz antes de cocerlo.
BALAZO n. m. Golpe de bala disparado con arma de fuego. **2.** Herida causada por una bala. **3.** *Argent.*, *Chile* y *Urug.* Ser alguien un *balazo*, ser muy activo para ejecutar, ser muy rápido.
BALBOA (Silvestre de), poeta español (Las Palmas c. 1570-Puerto Príncipe c. 1640), autor del primer poema épico cubano, *Espejo de paciencia* (1608).
BALBOA (Vasco *Núñez de*) → *Núñez de Balboa*.
BALBUCEAR v. tr. e intr. [1]. Balbucir.
BALBUCEO n. m. Acción y efecto de balbucir.
BALBUCIR v. tr. e intr. [3]. Hablar articulando las palabras de una manera vacilante y confusa. (Sólo suele conjugarse en las formas que tienen *i* en la terminación.)
BALBUENA (Bernardo **de**), poeta español (Valdepeñas 1568-San Juan de Puerto Rico 1627). Escribió el gran poema épico *Bernardo o la victoria de Roncesvalles* (1624). Vivió en México (*Grandeza mexicana*, 1604) y fue obispo de San Juan de Puerto Rico.
BALCANES (*montes*), larga cadena montañosa de Bulgaria; 2 376 m en el *pico Botev*.
BALCANES (*península de los*) o **PENÍNSULA BALCÁNICA**, la más oriental de las penínsulas de Europa meridional, limitada aproximadamente al N por el Sava y el Danubio,

BAL

ocupada por Albania, Bosnia-Herzegovina, Bulgaria, Croacia, Grecia, Macedonia, Montenegro, Serbia y Turquía europea.
BALCÁNICO, A adj. y n. De los Balcanes.
BALCANIZACIÓN n. f. Proceso que lleva a la fragmentación en numerosos estados de lo que constituía una sola entidad territorial y política.
BALCANIZAR v. tr. [**1g**]. Fragmentar mediante balcanización.
BALCARCE, partido de Argentina (Buenos Aires); 41 284 hab. Industria del mueble. Turismo.
BALCARCE (Antonio **González**), militar y político argentino (Buenos Aires 1777-id. 1819). Derrotó en Suipacha a las tropas realistas (1810) y fue gobernador de Buenos Aires (1814) y director de las Provincias Unidas del Río de la Plata (1816).
BALCÓN n. m. (ital. *balcone*). Hueco abierto desde el suelo, en la pared exterior de una habitación, con barandilla generalmente saliente. **2.** Esta barandilla.
BALCONCILLO n. m. MAR. Pequeño balcón de algunos buques de guerra, para uso del almirante o del capitán. **2.** TEATR. Galería baja delante de la primera fila de palcos.
BALDADO, A adj. Tullido.
BALDAQUÍN o **BALDAQUINO** n. m. (de *Baldac*, ant. nombre español de Bagdad). Sedería que se suspende formando dosel sobre un trono, catafalco, lecho, etc. **2.** Obra de madera, mármol, metal, etc., que corona el altar de una iglesia.
BALDAR v. tr. y pron. (ár. *baṭal*) [**1**]. Impedir una enfermedad o accidente el uso de un miembro: *baldarse los brazos*. **2.** Fig. Dejar maltrecho por golpes o esfuerzo excesivo: *baldar a palos*.
BALDE n. m. Cubo para sacar o transportar agua, especialmente en las embarcaciones.
BALDE. De balde, sin motivo, gratis: *asistir a clases de balde*. ǁ **En balde,** en vano: *los años no pasan en balde*.
BALDEAR v. tr. [**1**]. Regar con baldes, especialmente las cubiertas de los buques. **2.** Extraer el agua de una excavación por medio de baldes.
BALDEO n. m. Acción de baldear.
BALDÍO, A adj. y n. m. Yermo, estéril. ♦ adj. **2.** Vano, sin fundamento. **3.** Vagabundo, ocioso: *gente baldía*. ♦ n. m. **4.** *Argent., Guat., Par.* y *Urug.* Terreno urbano sin edificar, solar. ♦ **baldíos** n. m. pl. **5.** Parte de las tierras comunales que era utilizada en común por los vecinos para pastos, etc.
BALDO, A adj. *Colomb.* y *P. Rico.* Dícese de la persona baldada.
BALDOMIR (Alfredo), político uruguayo (Montevideo 1884-*id.* 1948). Miembro del Partido colorado, fue presidente de la república (1938-1943). Reformó la constitución de 1934.
BALDÓN n. m. (fr. adel. *bandon*). Ofensa, injuria. **2.** Oprobio, afrenta.
BALDOSA n. f. Ladrillo, generalmente fino, para solar.
BALDOSÍN n. m. Baldosa esmaltada para recubrir paredes, pequeña y fina.
BALDUQUE n. m. *Chile* y *Colomb.* Belduque, cuchillo puntiagudo y grande.
BALDWIN (James), escritor norteamericano (Nueva York 1924-Saint-Paul-de-Vence 1987). Hijo de un pastor protestante negro, buscó la solución de los conflictos raciales con una revolución moral (*Otro país*, 1962; *Harlem quartet*, 1978).
BALEAR adj. n. m. y f. De las islas Baleares. ♦ n. m. **2.** Dialecto catalán hablado en las islas Baleares.
BALEAR v. tr. [**1**]. *Amér.* Tirotear, disparar balas.
BALEARES (*islas*) o **ILLES BALEARS**, archipiélago español del Mediterráneo que constituye una comunidad autónoma uniprovincial; 5014 km²; 745 944 hab. Cap. *Palma de Mallorca.*
GEOGRAFÍA
Las Baleares comprenden las islas principales de Mallorca, Menorca, Ibiza, Formentera y Cabrera, y otros islotes menores; las islas constituyen una de las mayores zonas turísticas de España.
HISTORIA
II milenio a. J.C.: cultura megalítica de los talayots en Mallorca y Menorca. S. VII a. J.C.: los cartagineses ocuparon Ibiza. 122 a. J.C.: Roma conquistó el archipiélago. 426: los vándalos ocuparon las islas. 554: invasión de los bizantinos. 902: inicio del dominio musulmán. 1080: independencia de la taifa de Mallorca. S. XIII: conquista de las islas por Jaime I. 1276: nació el reino de Mallorca. 1343: reincorporación a la Corona de Aragón. 1450: levantamiento campesino en Mallorca (revolución de los forenses o *forans*). 1521-1523: sublevación de los Germanías en Mallorca. Tras la guerra de Sucesión, Menorca fue ocupada por Gran Bretaña (1708-1802) y Mallorca e Ibiza perdieron sus privilegios por el decreto de Nueva planta (1715). 1983: aprobación del estatuto de autonomía.
BALEÁRICO, A adj. Relativo a las islas Baleares.
BALEO n. m. *Amér.* Tiroteo.
BALERO n. m. Molde para fundir balas de plomo. **2.** *Amér.* Boliche, juguete, generalmente de madera, compuesto por un palo en cuya punta se ensarta la bocha. **3.** *Argent.* y *Urug.* Fig. Cabeza humana.
BALI, isla de Indonesia, separada de Java por el *estrecho de Bali;* 5 561 km²; 2 470 000 hab. (*Balineses.*) Turismo.
BALIDO n. m. Voz del carnero, el cordero, la oveja, la cabra, el gamo y el ciervo.
BALÍN n. m. Bala de calibre inferior a 6,35 mm.
BALINÉS, SA adj. y n. De Bali.
BALÍSTICA n. f. Ciencia que estudia los movimientos de los proyectiles.
BALÍSTICO, A adj. Relativo al arte de lanzar proyectiles.
BALIZA n. f. (port. *baliza*). Dispositivo mecánico, óptico, sonoro o radioeléctrico destinado a señalar un peligro o a delimitar una vía de circulación marítima o aérea. **2.** Marca que indica el trazado de un canal, vía férrea o pista de aviación.
BALIZAMIENTO o **BALIZAJE** n. m. Acción de colocar balizas. **2.** Conjunto de señales dispuestas para indicar los peligros que deben evitarse y la ruta a seguir.
BALIZAR v. tr. [**1g**]. Abalizar.
BALLAGAS (Emilio), poeta cubano (Camagüey 1908-La Habana 1954), exponente de la poesía pura y del «negrismo»: *Poesía negra* (1934) y dos antologías sobre el tema.
BALLENA n. f. (lat. *ballaenam*). Mamífero marino, el mayor de los animales, que puede alcanzar hasta 30 m de long., y 150 t de peso y habita principalmente en los mares polares. (Orden cetáceos.) **2.** Cada una de las láminas córneas y elásticas que tiene la ballena en la mandíbula superior. **3.** Cada una de las tiras en que se cortan dichas láminas para aplicarlas a diversos usos. **4.** Lámina flexible, de metal o plástico, utilizada para reforzar prendas de vestir o accesorios.
BALLENATO n. m. Cría de la ballena. **2.** Mamífero marino de pequeño tamaño, el más pequeño de su género. (Familia balaenoptéridos.)
BALLENERO, A adj. Relativo a la pesca de la ballena. ♦ n. m. **2.** Barco equipado para la pesca de grandes cetáceos y para tratar su carne. SIN.: *arponero.* **3.** Persona que pesca ballenas.
BALLESTA n. f. (lat. *ballistam,* balista). Arco montado sobre una caja y tensado con un resorte. • **Ballestas de suspensión,** muelles o resortes laminados usa- dos en la suspensión del material rodante de ferrocarriles, automóviles u otros vehículos. ǁ **Pez ballesta,** pez de los arrecifes coralinos.
BALLESTERO n. m. Soldado armado de ballesta.
BALLESTILLA n. f. Balancín, madero al que se enganchan los tirantes de las caballerías.
BALLET n. m. (voz francesa) [pl. *ballets*]. Composición coreográfica, destinada a ser representada en el teatro, con acompañamiento musical o sin él, e interpretada por uno o varios bailarines. **2.** Suite instrumental compuesta para ilustrar o crear una acción dramática bailada. **3.** Compañía fija o itinerante que representa espectáculos coreográficos.
BALLIVIÁN (José), general y político boliviano (La Paz 1805-Río de Janeiro 1852). Participó en la lucha por la independencia. En 1839 se alzó en armas y se proclamó jefe supremo provisional de la república. Derrotó a los peruanos en Ingavi (1841), y en 1843 fue elegido presidente, pero en 1847 tuvo que dejar el poder a causa de su despotismo.
BALMA n. f. Concavidad en la parte inferior de un escarpe, menos profunda que una cueva o caverna.
BALMACEDA (José Manuel), político chileno (Santiago 1838-*id.* 1891). Reformista, fue presidente de 1886 a 1891. Chocó con conservadores y liberales, lo que llevó a la guerra civil. Derrotado, renunció al poder.
BALMES, filósofo y teólogo español (Vic 1810-*id.* 1848). En filosofía fue la figura más importante del s. XIX español, con un escolasticismo influido por la filosofía del sentido común (*El criterio,* 1843; *Filosofía fundamental,* 1846).
BALNEARIO, A adj. (lat. *balnearium*). Relativo a los baños públicos: *estación balnearia.* ♦ n. m. **2.** Establecimiento de baños medicinales.
BALNEOTERAPIA n. f. Tratamiento médico mediante baños y aguas minerales.
BALOMPIÉ n. m. Fútbol.
BALÓN n. m. (ital. *pallone*). Pelota grande utilizada en deportes de equipo, casi siempre redonda, formada generalmente por una vejiga hinchada de aire recubierta de cuero. **2.** Recipiente esférico destinado a contener un líquido o un gas. **3.** *Chile, Colomb.* y *Perú.* Recipiente metálico utilizado para contener gas combustible. **4.** MED. Pequeña bolsa de goma u otro material, hinchable, empleada para diversas técnicas terapéuticas o clínicas.
BALONCESTISTA n. m. y f. Persona que juega al baloncesto.
BALONCESTO n. m. Deporte de equipo que consta de dos equipos de cinco jugadores y que consiste en introducir un balón en una cesta suspendida. SIN.: *basket, basketball.*
BALONMANO n. m. Deporte de equipo que consta de dos equipos de siete jugadores y que se juega con una pelota esférica y únicamente con las manos.
BALONVOLEA n. m. Voleibol.
BALOTA n. f. Bolilla para votar.
BALOTAJE n. m. (fr. *ballottage*). Resultado negativo obtenido en una elección cuando ninguno de los candidatos ha alcanzado la mayoría requerida y ha de procederse a un nuevo escrutinio. **2.** *Perú.* Acción y efecto de balotar.
BALOTAR v. intr. [**1**]. Votar con balotas.
BALSA n. f. Hueco o depresión del terreno que se llena de agua. **2.** En los molinos de aceite, estanque donde se para las heces. • **Balsa de aceite** (*Fam.*), lugar o grupo de gente muy tranquilo.
BALSA n. f. Conjunto de maderos que, unidos, forman una plataforma flotante. SIN.: *almadía, armedía, jangada.* **3.** Árbol de crecimiento rápido, propio de Améri-

ca Central y del Sur. (Familia bombacáceas.) **3.** Madera de este árbol.

BALSÁMICO, A adj. y n. m. Que tiene las propiedades del bálsamo.

BÁLSAMO n. m. (lat. *balsamus*). Resina aromática que segregan ciertos árboles. **2.** Perfume aromático. **3.** *Fig.* Consuelo, alivio. **4.** Árbol de 15 a 20 m de alt., de hojas compuestas y flores blancas, agrupadas en racimos de pequeño tamaño que crece desde México hasta el N de América meridional. (Familia papilionáceas.) **5.** Medicamento compuesto de sustancias aromáticas, empleado en el tratamiento tópico y en el de afecciones respiratorias.

BALSAS, r. de México, tributario del Pacífico; 880 km. – La *depresión del Balsas*, entre la cordillera Neovolcánica y la sierra Madre del sur, posee grandes recursos mineros e hidroeléctricos.

BALTA (José), militar y político peruano (Lima 1814-*id.* 1872). Encabezó en el N el levantamiento conservador contra el dictador Prado (1867). Fue presidente de 1868 a 1872.

BÁLTICO, A adj. y n. Dícese de los países y de las poblaciones ribereñas del mar Báltico. ♦ n. m. **2.** Grupo de lenguas indoeuropeas que comprende el letón y el lituano.

BÁLTICO (*mar*), mar interior del Atlántico nororiental, que bordea Alemania, los países Bálticos, Dinamarca, Finlandia, Polonia, Rusia y Suecia; 385 000 km². Se comunica con el mar del Norte a través de los estrechos daneses y forma entre Suecia y Finlandia el golfo de Botnia. Poco profundo, con un índice de salinidad muy bajo y sin mareas notables, acostumbra a estar congelado con bastante frecuencia

BÁLTICOS (*países*), nombre que recibe el conjunto formado por las repúblicas de Estonia, Letonia y Lituania y la región de Kaliningrad (Rusia).

BALTIMORE, c. y puerto de Estados Unidos (Maryland), en la bahía de Chesapeake; 736 014 hab. (2 382 172 en la aglomeración). Universidad Johns Hopkins. Centro industrial. Museos.

BALUARTE n. m. FORT. Obra que forma un ángulo saliente en un trazado fortificado. **2.** Lo que forma una defensa sólida. **3.** *Fig.* Protección, defensa.

BALUMA o **BALUMBA** n. f. *Colomb.* y *Ecuad.* Tumulto, alboroto, ruido.

BALUMBA n. f. Volumen que ocupan muchas cosas juntas. **2.** Conjunto desordenado y excesivo de cosas.

BALZAC (Honoré **de**), escritor francés (Tours 1799-París 1850). Autor de *La comedia humana*, que retrata la sociedad francesa desde la Revolución hasta 1848 en 90 novelas (costumbristas, filosóficas y analíticas) que influyeron en la literatura realista y naturalista europea, sus novelas principales son: *La piel de zapa* (1831), *Eugenia Grandet* (1833), *Papá Goriot* (1834-1835), *La búsqueda del absoluto* (1834), *Las ilusiones perdidas* (1837), *Grandeza y decadencia de César Birotteau* (1837), *La prima Belle* (1846). Escribió también cuentos y obras de teatro.

BAMAKO, c. y cap. de Malí, a orillas del Níger; 745 787 hab. Aeropuerto.

BAMBA n. f. Bambarria, acierto casual. **2.** Música y baile cubano. **3.** *Amér.* Moneda de diversos valores.

BAMBALEAR v. intr. y pron. [1]. Bambolear. **2.** *Fig.* No estar firme.

BAMBALINA n. f. Cada una de las tiras de lienzo o papel pintado que cuelgan del telar de una escena, completando la decoración.

BAMBOLEAR v. intr. y pron. [1]. Balancearse de un lado a otro sin cambiar de sitio.

BAMBOLEO n. m. Acción y efecto de bambolear.

BAMBÚ n. m. (voz malaya). Gramínea leñosa de los países cálidos cuya caña alcanza hasta 25 m de alt. **2.** Caña hecha con un tallo de bambú.

BAMBUCHE n. m. *Ecuad.* Figura de barro ridícula.

BAMBUCO n. m. Baile popular colombiano. **2.** Tonada de este baile.

BANAL adj. (fr. *banal*). Trivial, vulgar: *discutir por cosas banales*.

BANALIDAD n. f. Insustancialidad, trivialidad: *decir banalidades*.

BANANA n. f. Banano.

BANANAL n. m. *Amér.* Conjunto de plátanos o bananos que crecen en un lugar.

BANANERO, A adj. Relativo al banano. **2.** Dícese del terreno plantado de bananos. ♦ n. m. **3.** Árbol que produce bananos. ♦ n. m. y adj. **4.** Buque especialmente adaptado para el transporte de bananos.

BANANO n. m. Planta tropical de hojas largas y enteras de hasta 2 m, que se cultiva en las regiones cálidas, cuyos frutos se presentan agrupados en racimos. (Familia musáceas.) [→ **plátano**.] **2.** Fruto de esta planta, rico en almidón.

BANASTO n. m. Cesto grande redondo. SIN.: banasta.

BANCA n. f. (de *banco*, asiento). Asiento sin respaldo. **2.** Banquisa. **3.** Iceberg. **4.** Embarcación pequeña y estrecha usada en Filipinas, que se gobierna con la papaya. **5.** *Méx.* Asiento largo para varias personas, generalmente con respaldo.

BANCA n. f. (fr. *banque*). Conjunto de organismos que facilitan los pagos de los particulares y las empresas, por medio de préstamos e incluso, a veces, mediante la creación de medios pagos. **2.** Conjunto de operaciones efectuadas por los establecimientos bancarios. **3.** El cuerpo, la totalidad de los banqueros. **4.** En ciertos juegos, fondos en dinero que tiene quien dirige el juego. **5.** Parte que mantiene y dirige el juego: *la banca pierde; la banca gana*. **6.** *Amér.* Banco, asiento. **7.** *Amér.* Casa de juego. **8.** *Argent., Par.* y *Urug.* Escaño. • **Tener banca** (*Argent.* y *Par.*), tener influencia o apoyo.

BANCADA n. f. Especie de banco. **2.** En las embarcaciones menores, banco donde se sientan los remeros. **3.** Parte del basamento de una máquina que sirve de soporte a unas guías horizontales que se desplazan las mesas o los carros. **4.** *Argent., Par., Perú* y *Urug.* Conjunto de legisladores de un mismo partido.

BANCAL n. m. Rellano de tierra en una pendiente, que se aprovecha para cultivar. **2.** Espacio de tierra comprendido entre dos hileras consecutivas de árboles. **3.** Arena amontonada a la orilla del mar, al modo de la que se amontona dentro de él dejando poco fondo.

BANCAR v. tr. [**1a**]. *Argent. Fam.* Mantener o respaldar a alguien ♦ v. tr. y pron. **2.** *Argent. Fam.* Soportar, aguantar a alguien o una situación difícil. ♦ **bancarse** v. pron. **3.** *Argent. Fam.* Responsabilizarse, hacerse cargo.

BANCARIO, A adj. Relativo a la banca mercantil.

BANCARROTA n. f. Cesación que hace un comerciante de su giro y tráfico comercial con incumplimiento de sus obligaciones de pago. **2.** Situación caótica de crédito de un establecimiento en un estado, o desmerecimiento de una moneda. **3.** *Fig.* Desastre, hundimiento, descrédito.

BANCO n. m. (germ. *bank*). Asiento largo y estrecho para varias personas. **2.** Masa de materia que constituye una capa de forma alargada: *banco de arcilla, de arena*. **3.** Bandada de peces de la misma especie. **4.** Soporte, caballete o mesa de metal o madera, que sirve para diferentes usos en numerosos oficios. **5.** *Méx.* Asiento para una sola persona sin respaldo. **6.** MAR. e HIDROL. Elevación del fondo del mar o de un curso de agua. • **Banco de pruebas**, instalación que permite determinar las características de una máquina en diferentes regímenes de marcha.

BANCO n. m. (ital. *banca*). Organismo público o de crédito. **2.** Lugar donde se ejercen las operaciones de banca. • **Banco de datos** (INFORMÁT.), conjunto de informaciones de naturaleza semejante almacenadas en un ordenador. ‖ **Banco de sangre, de ojos, de órganos, de esperma**, servicio público o privado destinado a recoger, conservar y distribuir a los pacientes sangre, córneas para trasplantes oculares, etc.

BANDA n. f. (fr. ant. *bande*, cinta). Faja o lista que se lleva atravesada desde el hombro al costado opuesto. **2.** Cinta, tira. **3.** *Amér.* Faja para ceñir los calzones a la cintura. **4.** ANTROP. CULT. Forma de organización social de las sociedades cazadoras-recolectoras consistente en la agrupación de varios linajes o clanes que comparten un mismo territorio. **5.** AUTOM. Parte exterior del neumático o cubierta que rodea la cámara. • **Banda de frecuencias** (RADIOTECN.), conjunto de frecuencias comprendidas entre dos límites. ‖ **Banda sonora o de sonido**, parte de la cinta cinematográfica en la que se registra el sonido. ‖ **Línea de banda** (DEP.), cada una de las líneas que delimitan el terreno de juego.

BANDA n. f. (gót. *handwo*, signo). Asociación armada organizada con fines criminales. **2.** Partido, facción. **3.** Bandada. **4.** MÚS. Conjunto instrumental de viento y percusión.

BANDA n. f. (origen incierto). Lado o costado de una persona. **2.** Cada uno de los cuatro lados o bordes que limitan la mesa de billar: *realizó una jugada a tres bancas*. **3.** *Cuba.* Cada una de las dos partes longitudinales en que se divide la res al sacrificarla. **4.** *Guat.* Fuente. **5.** *Guat.* Hoja de puerta o ventana. • **Cerrarse uno a la banda, o de banda**, mantenerse firme en sus propósitos.

BANDA, dep. de Argentina (Santiago del Estero); 104 664 hab. Curtidurías; industrias lácteas.

BANDA ORIENTAL, denominación de los territorios españoles del Río de la Plata situados al E del río Uruguay. Comprendía el actual territorio de Uruguay y otras zonas integradas en Brasil.

BANDADA n. f. Número crecido de aves que vuelan juntas. **2.** Tropel o grupo bullicioso de personas.

BANDAR SERI BEGAWAN, c. y cap. de Brunei; 50 000 hab.

BANDARSE v. pron. [1]. *Perú.* Ser investido con la banda de profesor, al finalizar los estudios universitarios.

BANDAZO n. m. Balance violento o inclinación brusca de una embarcación hacia babor o estribor.

BANDEAR v. tr. [1]. Mover a una y otra banda. ♦ **bandearse** v. pron. **2.** Arreglárselas para vivir o para salvar dificultades.

BANDEJA n. f. (port. *bandeja*, sopillo). Pieza plana con pie de borde para servir, llevar o poner cosas. • **Servir en bandeja, o en bandeja de plata** (*Fam.*), dar grandes facilidades para conseguir algo.

BANDERA n. f. Trozo de tela de figura comúnmente rectangular, unida a un asta, que se emplea como insignia o señal. **2.** Trozo rectangular de papel o tela que se usa como adorno en fiestas, como estandarte, como señalización, etc. **3.** MIL. Unidad táctica de las fuerzas armadas españolas cuya organización y efectivos son análogos a un batallón. • **Bandera blanca**, bandera que indica que se quiere parlamentar o rendirse. ‖ **De bandera**, excelente en su línea. ‖ **Jura de bandera**, promesa de lealtad y servicio a la nación.

BAN

BANDERAS (Quintín), guerrillero cubano (Santiago de Cuba 1834-† 1906). Destacó en la guerra por la independencia. En 1905 se alzó contra Estrada Palma cuando éste pidió la intervención de los E.U.A., y fue asesinado.

BANDERÍA n. f. Bando o parcialidad.

BANDERILLA n. f. Palo adornado por lo general con papel de diversos colores y armado de una lengüeta de hierro que se clava al toro en la cerviz. **2.** Tapa de aperitivo pinchada en un palillo. **3.** *Fig.* y *fam.* Dicho picante o satírico; pulla.

BANDERILLEAR v. tr. [1]. TAUROM. Clavar banderillas a los toros.

BANDERILLERO n. m. TAUROM. Torero que clava las banderillas.

BANDERÍN n. m. Bandera pequeña. **2.** DEP. Bandera pequeña que se emplea para señalar los límites de un terreno de juego, el recorrido de una prueba o una meta. **3.** MIL. Sucursal de un depósito de reclutas voluntarios: *banderín de enganche de la legión*.

BANDEROLA n. f. Bandera pequeña. **2.** *Argent., Par.* y *Urug.* Montante, ventana sobre una puerta.

BANDIDAJE n. m. Actividad de bandidos. **2.** Circunstancia de existir bandidos.

BANDIDO, A adj. y n. (ital. *bandito*). Persona fugitiva de la justicia. **2.** Bandolero. **3.** Granuja, truhán.

BANDO n. m. (fr. *ban*). Mandato solemne, publicado por la autoridad para dar a conocer sus disposiciones a todos los ciudadanos.

BANDO n. m. (gót. *bandwo*, signo). Facción, parcialidad o número de gente que favorece o sigue una idea o partido. **2.** Bandada. **3.** Banco de peces.

BANDOLERA n. f. Correa de tela o de cuero que cruza el pecho en diagonal y sirve para sostener un arma. • **En bandolera**, en forma de bandolera, cruzando desde el hombro a la cadera contraria: *llevar el bolso en bandolera*.

BANDOLERISMO n. m. Forma de delincuencia caracterizada por el robo a mano armada y el secuestro, generalmente en despoblado, realizado por una cuadrilla en situación de rebeldía.

BANDOLERO n. m. (cat. *bandoler*). Salteador de caminos.

BANDOLÓN n. m. Instrumento de cuerda parecido a la bandurria, aunque de proporciones algo mayores y con 18 cuerdas.

BANDONEÓN n. m. Instrumento musical de aire, compuesto de lengüetas de metal, con un pequeño teclado y fuelle. (Introducido en Argentina por los alemanes, es parecido al acordeón y se emplea para interpretar tangos.)

BANDURRIA n. f. Instrumento popular de cuerda, parecido a la guitarra pero de menor tamaño y con 12 cuerdas.

BANGKOK, en thai **Phra Nakhon** o **Krung Thep**, c. y cap. de Tailandia, en el delta del Menam; 5 154 000 hab. Aeropuerto. Monumentos del s. XVIII.

BANGLADESH, estado de Asia, correspondiente al antiguo Pakistán Oriental; 143 000 km²; 116 600 000 hab. CAP. *Dhaka (Dacca)*. LENGUA OFICIAL: *bengali*. MONEDA: *taka*.

GEOGRAFÍA
Bangladesh se extiende sobre la mayor parte del delta del Ganges y del Brahmaputra. Es una región muy húmeda (con frecuentes inundaciones), productora sobre todo de arroz y yute (principal producto de exportación). Es uno de los estados más pobres del mundo y sobrevive con la ayuda internacional.

HISTORIA
En 1971, el Pakistán Oriental se levantó contra el gobierno central; apoyado por la India, se convirtió en el estado independiente de Bangladesh, y Mujibur Rahmān, líder de la liga Awami, fue designado jefe del gobierno. 1975: M. Rahmān, ya presidente de la república, fue depuesto y asesinado durante un golpe militar dirigido por Ziaur Rahmān. 1978-1981: Ziaur Rahmān fue presidente de la república. 1982: las fuerzas armadas llevaron al poder al general Ershad. La creciente presión contra el régimen obligó a Ershad a dimitir en 1990. 1991: tras las elecciones legislativas, la begum Jaleda Zia, viuda de Z. Rahmān, fue nombrada primera ministra y Abdur Rahmān Biswas, presidente. 1996: reelección de J. Zia (febr.) y posterior dimisión (marzo); nuevas elecciones (junio): Hasina Wajed, hija de M. Rahmān, primera ministra.

BANGUI, c. y cap. de la República Centroafricana, a orillas del Ubangui; 400 000 hab.

BANÍ, c. de la República Dominicana, cap. de la prov. de Peravia; 30 412 hab. Regadíos.

BANIANO n. m. Árbol notable por sus raíces adventicias aéreas, que sostienen los extremos de las ramas.

BANIVA o **BANIUA**, pueblo amerindio de la familia lingüística arawak que habita en la zona fronteriza entre Venezuela y Colombia.

BANJO n. m. Instrumento musical de cuerda cuya caja de resonancia, redonda, está cubierta por una piel tensada.

BANJUL, ant. **Bathurst**, c. y cap. de Gambia, en el estuario del río Gambia; 103 000 hab.

BANQUEAR v. tr. [1]. *Colomb.* Nivelar un terreno.

BANQUERO, A n. Persona que dirige una banca. **2.** Persona que se dedica a operaciones bancarias. **3.** JUEG. Persona que lleva la banca.

BANQUETA n. f. Asiento o banco sin respaldo. **2.** Banquillo o taburete para reposar los pies. **3.** Espaldón dispuesto en los declives de las zanjas o de los terraplenes para darles mayor estabilidad. **4.** *Méx.* Acera.

BANQUETE n. m. (fr. *banquet*). Comida a que concurren muchas personas, para agasajar a alguien o para celebrar algún suceso. **2.** Comida espléndida.

BANQUETEAR v. tr., intr. y pron. [1]. Dar banquetes o asistir a ellos.

BANQUILLO n. m. (dim. de *banco*). Asiento sin respaldo que, en los tribunales de justicia, ocupan los procesados. **2.** En determinados deportes, lugar donde se sientan los jugadores suplentes y entrenadores, fuera del terreno de juego.

BANQUINA n. f. *Amér.* Arcén, margen lateral de una carretera no pavimentada.

BANQUISA n. f. (fr. *banquise*). Capa de hielo que se forma en las regiones polares por la congelación del agua del mar.

BANTING (sir Frederick **Grant**), médico canadiense (Alliston, Ontario, 1891-Musgrave Harbor 1941). Participó en el descubrimiento de la insulina. (Premio Nobel de fisiología y medicina 1923.)

BANTÚ adj. y n. m. y n. Relativo a un conjunto de pueblos de África surecuatorial, que hablan lenguas de la misma familia, pero tienen rasgos culturales específicos; individuo de estos pueblos. ◆ n. m. **2.** Conjunto de lenguas negroafricanas.

BANTUSTÁN n. m. Entidad territorial organizada en la República de Sudáfrica y en Namibia, con diversos grados de autonomía. SIN.: *homeland*.

BÄNZER (Hugo), militar y político boliviano (Santa Cruz 1926-2002). Asumió el poder después del golpe de estado de 1971. Tras participar en coaliciones de gobierno (1985-1993), fue elegido presidente en 1997.

BAÑADERA n. f. *Amér.* Baño, bañera. **2.** *Argent.* Terrenos pantanosos y bajos de Río de la Plata. **3.** *Argent.* Ómnibus descubierto en el que se realizaban excursiones. **4.** *Urug.* Ómnibus viejo de alquiler.

BAÑADO n. m. *Amér.* Terreno húmedo y cenagoso.

BAÑADOR n. m. Recipiente para bañar algunas cosas. **2.** Traje de baño.

BAÑAR v. tr. y pron. (lat. *balneare*) [1]. Meter el cuerpo o parte de él en un líquido. **2.** Sumergir alguna cosa en un líquido. **3.** Humedecer con agua u otro líquido. **4.** Tocar algún paraje el agua del mar, de un río, etc. **5.** Cubrir una cosa con una capa de otra sustancia: *bañar de plata los candelabros*. **6.** Dar el sol, la luz, etc., sobre algo.

BAÑERA n. f. Recipiente para bañarse.

BAÑERO, A n. Persona que cuida de los baños y sirve a los bañistas.

BAÑISTA n. m. y f. Persona que concurre a tomar baños.

BAÑO n. m. (lat. *balneum*). Acción y efecto de bañar. **2.** Líquido, vapor o aire comprimido preparados para bañarse. **3.** Líquido en que se sumerge una sustancia para someterla a una operación cualquiera. **4.** Capa de otra materia con que queda cubierta la cosa bañada. **5.** Bañera. **6.** Servicio, retrete. **7.** Cuarto, o lugar para bañarse o asearse. **8.** Cárcel donde los moros encerraban a los cautivos. **9.** *Fig.* Noción superficial de una ciencia. • **Baño María**, agua caliente en la que se coloca un recipiente que contiene lo que se desea calentar. ◆ **baños** n. m. pl. **10.** Balneario de aguas medicinales.

BAO n. m. (fr. *bau*). MAR. Elemento transversal de la estructura de un buque.

BAOBAB n. m. Árbol de las regiones tropicales de África y Australia. (Familia bombáceas.)

BAORUCO o **BAHORUCO** (*provincia de*), prov. de la República Dominicana, en el SO del país; 1376 km²; 86 100 hab. Cap. *Neiba*.

BAPTISTA (Mariano), político boliviano (Sucre 1832-† 1907). Miembro del Partido conservador, fue presidente de la república de 1892 a 1896.

BAPTISTERIO n. m. (gr. *baptisterion*). Edificio o anexo de una iglesia destinado a la administración del bautismo. **2.** Pila bautismal.

BAQUEANO, A adj. y n. *Amér.* Persona diestra en determinada actividad, especialmente el buen conocedor de un terreno y sus caminos.

BAQUELITA o **BAKELITA** n. f. Resina sintética obtenida mediante la condensación de un fenol con el aldehído fórmico, que se emplea como sucedáneo del ámbar, el carey, etc.

BAQUERIZO MORENO (Alfredo), político y escritor ecuatoriano (Guayaquil 1859-Nueva York 1950), presidente de la república en 1916-1920 y 1931.

BAQUETA n. f. (ital. *bacchetta*). Varilla para limpiar las armas de fuego. • **Tratar a baqueta**, o **a la baqueta** (*Fam.*), tratar con desprecio o severidad. ◆ **baquetas** n. f. pl. **2.** MÚS. Mazos o palillos de los instrumentos de percusión.

BAQUETAZO n. m. Batacazo.

BAQUETEADO, A adj. Avezado, curtido, experimentado.

BAQUETEAR v. tr. [1]. Maltratar, castigar, incomodar. **2.** *Fig.* Adiestrar, ejercitar.

BAQUÍA n. f. Conocimiento práctico de las vías de comunicación de un país. **2.** *Amér.* Destreza para los trabajos manuales.

BÁQUICO, A adj. (lat. *bacchicum*). Relativo a Baco.

BAR n. m. (ingl. *bar*). Establecimiento de bebidas o manjares, que suelen tomarse de pie o sentado ante el mostrador.

BAR n. m. Unidad de medida de presión, cuyo símbolo es *bar*, utilizada en meteorología y para medir la presión de los fluidos.

BARADERO, partido de Argentina (Buenos Aires); 28 493 hab. Puerto en el *río Baradero*, brazo del Paraná.

BARAHONA, c. de la República Dominicana, cap. de la prov. homónima; 67 100 hab. Centro azucarero y puerto exportador. Aeropuerto. – *La provincia de Barahona tiene 2528 km² y 151 300 hab.*

BARAHÚNDA o **BARAÚNDA** n. f. Desorden, confusión, gritería.

BARAJA n. f. Conjunto de naipes que sirve para varios juegos. **2.** *Fig.* Conjunto de posibilidades, soluciones múltiples. • **Jugar con dos barajas** *(Fam.)*, actuar con doblez.

BARAJAR v. tr. [1]. Mezclar unos naipes con otros antes de repartirlos. **2.** Considerar varias posibilidades antes de tomar una determinación. ♦ v. tr. y pron. **3.** *Fig.* Mezclar o revolver unas personas o cosas con otras. ♦ v. intr. **4.** Reñir, altercar.

BARALT (Rafael María), escritor y político venezolano (Maracaibo 1810-Madrid 1860). Autor de una *Historia de Venezuela* (1841), fue también poeta y filólogo *(Diccionario de galicismos*, 1855). [Real academia 1853.]

BARANDA n. f. Barandilla. **2.** Banda de la mesa de billar.

BARANDAL n. m. Listón sobre el que se sientan los balaustres, o que los sujeta por la parte superior. **2.** Barandilla.

BARANDILLA n. f. Antepecho compuesto de balaustres y barandales.

BÁRÁNY (Robert), médico austríaco (Viena 1876-Uppsala 1936). Obtuvo en 1914 el premio Nobel por sus trabajos sobre la fisiología y las enfermedades del oído.

BARATA n. f. *Chile* y *Perú. Fam.* Cucaracha. **2.** *Méx.* Venta a bajos precios.

BARATEAR v. tr. [1]. Dar una cosa por menos de su precio. **2.** Regatear en la compra.

BARATERÍA n. f. Engaño, fraude en compras, ventas o permutas.

BARATERO, A adj. v. n. *Chile, Colomb.* y *Méx.* Dícese del que vende barato.

BARATIJA n. f. Cosa menuda y de poco valor.

BARATILLO n. m. Conjunto de cosas de poco precio, que se venden en lugar público. **2.** Tienda, puesto fijo en que se venden dichos objetos. **3.** *Argent.* y *Chile.* Mercería, tienda.

BARATO, A adj. De bajo precio. **2.** Que se logra con poco esfuerzo. ♦ n. m. **3.** Venta a bajo precio.

BARATO adv. m. Por poco precio.

BARATURA n. f. Bajo precio de las cosas vendibles.

BARAÚNDA n. f. Barahúnda.

BARAYA (Antonio), patriota colombiano (Girón, Santander, 1768-Bogotá 1816). Formó parte de la junta insurreccional de Santa Fe, y venció en Popayán (1811) a los españoles, que lo fusilaron.

BARBA n. f. (lat. *barbam*, pelo de la barba). Parte de la cara que está debajo de la boca. **2.** Pelo que nace en esta parte de la cara y en las mejillas. **3.** Mechón que crece en la quijada inferior de algunos animales. **4.** Lámina de hueso adherida al maxilar superior de la ballena, que las posee en número de varios centenares. • **En las barbas de uno,** en su presencia, delante de él. ‖ **Hacer la barba,** afeitar *(Méx. Fam.),* adular, lisonjear a una persona para conseguir un favor: *hacerle la barba al jefe.* ‖ **Por barba,** por persona. ♦ **barbas** n. f. pl. **5.** Filamentos que guarnecen el astil de la pluma de las aves.

BARBA JACOB (Porfirio) → ***Osorio*** (Miguel Ángel).

BARBACANA n. f. (ár. *bâbal-baqara*). ARQ. Abertura estrecha que proporciona luz y ventilación a un local. **2.** FORT. Tronera para disparar a cubierto.

BARBACOA n. f. Parrilla usada para asar al aire libre carne o pescado. **2.** Alimento asado de este modo. **3.** *Amér.* Zarzo que sirve de camastro. **4.** *Amér.* Andamio en que se pone el que guarda los maizales.

5. *Amér.* Choza construida sobre árboles o estacas. **6.** *Guat.* y *Méx.* Conjunto de palos de madera verde a manera de parrilla para asar carne que se pone en un hoyo en la tierra. **7.** *Guat.* y *Méx.* Carne asada de este modo.

BARBACOA, pueblo amerindio del grupo talamanca-barbacoa, de la familia lingüística chibcha, que vive en la zona andina del S de Colombia.

BARBADOS, estado insular de las Pequeñas Antillas (islas de Sotavento); 431 km²; 300 000 hab. CAP. *Bridgetown.* LENGUA OFICIAL: inglés. MONEDA: *dólar de Barbados.* Turismo. Descubierta por los españoles en 1519, fue inglesa desde el s. XVII. Accedió a la independencia en 1966, en el marco de la Commonwealth.

BARBAJÁN adj. y n. *Cuba* y *Méx.* Hombre tosco y grosero.

BARBÁRICO, A adj. Relativo a los bárbaros.

BARBARIDAD n. f. Calidad de bárbaro. **2.** Dicho o hecho necio, imprudente o brutal. **3.** Atrocidad, exceso: *come una barbaridad.*

BARBARIE n. f. Falta de cultura o atraso en un pueblo. **2.** *Fig.* Fiereza, crueldad.

BARBARISMO n. m. Vicio de dicción que consiste en pronunciar o escribir mal las palabras o en emplear vocablos impropios. **2.** Voz o giro extranjero. **3.** Dicho o hecho temerario. **4.** Barbarie, falta de cultura.

BARBARIZAR v. tr. [1g]. Adulterar una lengua con barbarismos. ♦ v. intr. **2.** *Fig.* Decir barbaridades.

BÁRBARO, A adj. y n. (lat. *barbarum*). Relativo a todos los pueblos, incluidos los romanos, que no pertenecían a la civilización griega; individuo de dichos pueblos. Más tarde, los romanos se asimilaron ellos mismos a los griegos. La historia ha denominado bárbaros a los godos, vándalos, burgundios, suevos, hunos, alanos, francos, etc., que, del s. III al s. VI de la era cristiana, invadieron el Imperio romano y fundaron estados más o menos duraderos.]

BARBEAR v. tr. [1]. *Colomb.* Retorcer por el cuello o una res hasta derribarla, sujetándola por el cuerno y el hocico. **2.** *Méx.* Hacer la barba, adular.

BARBECHAR v. tr. [1]. Arar la tierra para la siembra. **2.** Arar la tierra para que se meteorice y descanse.

BARBECHO n. m. (lat. *vervactum*). Tierra de labor que no se siembra en uno o más años.

BARBERÍA n. f. Establecimiento y oficio del barbero. SIN.: *peluquería.*

BARBERIL adj. *Fam.* Propio de barbero.

BARBERO, A adj. *Méx. Fam.* Halagador, adulador. ♦ n. m. **2.** El que tiene por oficio afeitar y cortar el pelo.

BARBIERI (Vicente), poeta argentino (Buenos Aires 1903-*id.* 1956). Con *El bailarín* (1953) obtuvo el premio nacional de poesía. Cultivó también la novela y el teatro.

BARBILAMPIÑO, A adj. De escasa barba.

BARBILLA n. f. Punta de la barba, mentón. **2.** Corte dado oblicuamente en la cara de un madero para que encaje con el hueco de otro. **3.** Apéndice cutáneo filamentoso que tienen algunos peces alrededor de la boca.

BARBIQUEJO n. m. Cabo de una embarcación que mantiene firme al bauprés en su sitio. **2.** *Amér.* Barboquejo. **3.** *Ecuad.* y *Méx.* Cuerda con que se sujeta la boca del caballo para guiarlo. **4.** *Perú.* Pañuelo que se ata rodeando la cara.

BARBITÚRICO, A adj. y n. m. Dícese de un radical químico (malonilurea) que forma la base de numerosos hipnóticos y sedantes del sistema nervioso. **2.** Dícese del medicamento que contiene este radical.

BARBOQUEJO o **BARBUQUEJO** n. m. Cinta con que se sujeta el sombrero, casco, etc., por debajo de la barba.

BARBOTAR v. intr. y tr. [1]. Mascullar.

BARBOTEAR v. intr. y tr. [1]. Mascullar. **2.** QUÍM. Hacer pasar un gas a través de un líquido.

BARBOTEO n. m. Acción de barbotear.

BARBUDA, isla de las Pequeñas Antillas que forma parte del estado de Antigua y Barbuda.

BARBUDO, A adj. De muchas barbas.

BARBULLAR v. intr. [1]. *Fam.* Hablar atropellada y confusamente.

BARCA n. f. Embarcación pequeña para pescar o navegar cerca de la costa o en los ríos.

BARCADA n. f. Carga que transporta una barca.

BARCAJE n. m. Servicio de barcas que aseguran la comunicación de los navíos entre sí o con la costa. **2.** Flete pagado por este servicio. **3.** Derecho que se abona por pasar en barca de una orilla a otra de un río.

BARCAROLA n. f. (ital. *barcarola*). Canción de barquero, especialmente de los gondoleros venecianos. **2.** MÚS. Pieza vocal o instrumental, de ritmo balanceado.

BARCAZA n. f. Barca de gran capacidad que se utiliza para transportar pasajeros o mercancías de los buques a tierra o viceversa.

BARCELONA (provincia de), prov. de España, en Cataluña; 7733 km²; 4 690 996 hab. Cap. *Barcelona.* El relieve comprende tres unidades básicas: las sierras Prelitoral y Litoral, el Pirineo y la depresión Central.

BARCELONA, c. de España, cap. de Cataluña y de la prov. de p. j.; 1 681 132 hab. (*Barceloneses* o *barcelonenses*.) De la época romana se conserva parte de la muralla. Abundan los edificios de los ss. XII-XV: catedral (fachada del s. XX), Santa María del Mar, palacio real mayor, palacio de la Generalidad, Atarazanas, monasterio de Pedralbes. Al modernismo se adscriben las obras de A. Gaudí, el Palau de la música catalana, etc. Museos.

BARCELONA, c. de Venezuela, cap. del est. Anzoátegui; 221 792 hab. Centro comercial e industrial en una región agrícola y petrolera. Edificios coloniales.

BARCELONÉS, SA adj. y n. De Barcelona.

BÁRCENA n. f. Terreno en pendiente de gran amplitud.

BARCHILÓN, NA n. *Amér.* Enfermero de hospital.

BARCO n. m. Construcción de madera, metal u otra materia dispuesta para flotar y deslizarse por el agua, impulsada por el viento, por remos o por ruedas o hélices movidas por un motor. • **Barco compuerta,** cajón de forma especial que sirve para cerrar un dique seco.

BARCO (Virgilio), político colombiano (Cúcuta 1921). Líder del Partido liberal, fue presidente de la república de 1986 a 1990.

BARDA n. f. Armadura con que se guarnecía el caballo para la guerra y los torneos (ss. XII-XVI). **2.** *Argent.* Ladera acantilada o barrancosa. **3.** *Méx.* Tapia, muro que rodea o separa un terreno.

BARDA n. f. *Amér. Merid.* Extenso manto de roca basáltica, de color oscuro y terminaciones abruptas.

BARDANA n. f. Planta ruderal, de 1 m de alt., cuyo fruto en aquenios rugosos, se adhiere a la ropa y al pelaje de los animales. (Familia compuestas.)

BARDEEN (John), físico norteamericano (Madison, Wisconsin, 1908-Boston 1991). Compartió en dos ocasiones el premio Nobel de física: en 1956, por la puesta a punto del transistor de germanio, y en 1972, por una teoría de la superconductividad.

BARDEM (Juan Antonio), director de cine español (Madrid 1922-2002). Junto con L. G. Berlanga, originó la renovación temática y formal del cine español durante

BAR

el franquismo: *Muerte de un ciclista* (1955), *Calle Mayor* (1956).
BARDO n. m. (lat. *bardum*). Poeta y cantor celta. **2.** Poeta heroico y lírico.
BARÉ o **BARE**, pueblo amerindio de la familia arawak que habita en los límites de Colombia y Venezuela y junto al río Xié, afl. del Negro, en Brasil.
BAREMO n. m. Libro o tabla de cuentas ajustadas. **2.** Lista o repertorio de tarifas. **3.** Escala convencional de valores que se utiliza como base para valorar o clasificar los elementos de un conjunto.
BARGUEÑO n. m. Escritorio de madera muy usado en los ss. XVI y XVII.
BARI, c. y puerto de Italia, cap. de Apulia y cap. de prov., a orillas del Adriático; 341 273 hab. Universidad. Centro industrial. Majestuosa basílica románica de San Nicolás (fines s. XI-S. XII).
BARICENTRO n. m. Centro de gravedad.
BARILLAS (Manuel Lisandro), político guatemalteco (Quezaltenango 1844-México 1907). Presidente de la república (1886-1892), gobernó dictatorialmente.
BARILOCHE, dep. de Argentina (Río Negro); 94 774 hab. Centro turístico (deportes de invierno).
BARINAS (*estado*), est. de Venezuela, en Los Llanos; 35 200 km²; 452 458 hab. Cap. *Barinas*.
BARINAS, c. de Venezuela, cap. del est. homónimo; 153 630 hab. Centro de una rica región agrícola. Aeropuerto. Universidad. Centro turístico.
BARIO n. m. (gr. *barys*, pesado). Metal alcalinotérreo (Ba), n.º 56, de masa atómica 137,34, blanco plateado, que funde a 710 °C, y de densidad 3,7.
BARIÓN n. m. Nombre genérico de las partículas elementales de masa por lo menos igual a la del protón.
BARITA n. f. Óxido de bario (BaO), de color blanquecino y densidad 5,5.
BARITINA n. f. Sulfato de bario natural.
BARÍTONO n. m. Voz intermedia entre la de tenor y la de bajo. **2.** Persona que tiene esta voz.
BARIZO n. m. Mono platirrino de América tropical, de larga cola y hocico poco prominente.
BARJOLETA adj. *Amér.* Mentecato, tonto.
BARKLA (Charles Glover), físico británico (Widnes, Lancashire, 1877-Edimburgo 1944). Premio Nobel de física (1917) por sus investigaciones sobre los rayos X y las ondas radioeléctricas.
BARLOVENTEAR v. intr. [1]. Navegando de bolina, avanzar contra el viento. **2.** *Fig.* y *fam.* Vagabundear.
BARLOVENTO n. m. MAR. Parte de donde viene el viento.
BARLOVENTO, islas de las Pequeñas Antillas, entre Puerto Rico y Trinidad, divididas en dos grupos: Leeward al N y Windward al S, según la denominación inglesa.
BARMAN n. m. (voz inglesa). Camarero que trabaja en la barra de un bar.
BARN n. m. Unidad de medida de sección eficaz (símbolo *b*) empleada en física nuclear que vale 10⁻²⁸ m².
BARNARD (Christian), cirujano sudafricano (Beaufort West, El Cabo, 1922-Chipre 2001). En 1967 realizó el primer trasplante de corazón.
BARNECHEA (Lo), com. de Chile (Santiago); 48 615 hab. Forma parte de la conurbación de Santiago.
BARNIZ n. m. Mezcla de aglomerantes, disolventes y eventualmente de diluyentes, que al aplicarse sobre una superficie forma una película adherente. **2.** Especie de vidriado más o menos transparente, muy plomífero, utilizado en las cerámicas cocidas a baja temperatura. **3.** *Fig.* Noción superficial de algo. **4.** BOT. Resina líquida natural que preserva las maderas.
BARNIZADO n. m. Acción y efecto de barnizar.

BARNIZADOR, RA n. Persona que barniza.
BARNIZAR v. tr. [1g]. Dar barniz.
BAROJA (Pío), novelista español (San Sebastián 1872-Madrid 1956). Exponente de la generación del 98, cultivó el periodismo, el ensayo, las memorias (*Desde la última vuelta del camino*, 7 vols., 1944-1949), el teatro y la poesía. Escribió más de setenta novelas, agrupándolas en trilogías; *La lucha por la vida* (*La busca*, 1904; *Mala hierba*, 1904; *Aurora roja*, 1905) y *Tierra vasca* (*La casa de Aizgorri*, 1900; *El mayorazgo de Labraz*, 1903; *Zalacaín el aventurero*, 1909) son las más notables, junto con las novelas *Aventuras, inventos y mixtificaciones de Silvestre Paradox* (1901), *Camino de perfección* (1902), *César o nada* (1910), *El árbol de la ciencia* (1911) y *La sensualidad pervertida* (1920), y las *Memorias de un hombre de acción* (22 vols., 1913-1935). (Real academia 1934.)
BAROMETRÍA n. f. Parte de la física que trata de las medidas de la presión atmosférica.
BAROMÉTRICO, A adj. Relativo al barómetro.
BARÓMETRO n. m. Instrumento para medir la presión atmosférica.
BARÓN n. m. Título de dignidad que en España sigue al de vizconde.
BARONESA n. f. Mujer titular de una baronía. **2.** Esposa de un barón.
BARONÍA n. f. Dignidad de barón. **2.** Territorio o lugar sobre el que recae la jurisdicción de este título.
BARQUERO n. m. Persona que conduce o guía una barca.
BARQUILLA n. f. Pequeña embarcación de remos y sin mástil. **2.** Cesto o plataforma suspendida de un aeróstato, donde se coloca la tripulación. **3.** Carenaje en el que se sitúa el grupo propulsor de un avión.
BARQUILLERO, A n. Persona que hace o vende barquillos.
BARQUILLO n. m. Hoja delgada de pasta de harina sin levadura, azúcar y alguna esencia, a la que se da forma de canuto.
BARQUINAZO n. m. Tumbo o vuelco de un carruaje.
BARQUISIMETO, c. de Venezuela, cap. del estado Lara; 625 450 hab. Centro industrial. Universidad.
BARRA n. f. Pieza rígida, mucho más larga que gruesa. **2.** Palanca de hierro para levantar cosas de mucho peso. **3.** Barandilla que en un tribunal separa a los magistrados del público. **4.** Mostrador de las cafeterías, bares, etc. **5.** Pieza de pan de forma alargada. **6.** Lingote de forma alargada. **7.** Cada uno de los espacios entre los incisivos y los molares del caballo, del buey y del conejo. **8.** *Amér.* Prisión a modo de cepo. **9.** *Amér. Merid.* Público que asiste a las sesiones de un tribunal. **10.** *Amér. Merid.* Pandilla de amigos. **11.** *Amér. Merid.* En un espectáculo deportivo, grupo de personas que animan a sus favoritos, hijo. **12.** COREOGR. Varilla de madera que sirve de punto de apoyo a los bailarines para efectuar los ejercicios de flexibilidad. **13.** COREOGR. Conjunto de estos ejercicios. **14.** GEOGR. Acumulación de arenas, por acción de las olas al batir con fuerza contra determinados litorales. **15.** GEOGR. Banco que se forma a la entrada de los estuarios en el contacto de la corriente fluvial y de las olas del mar. **16.** MIL. Estrechas franjas metálicas o bordadas, situadas bajo el emblema de determinados cuerpos u organismos militares, que sirven para indicar el tiempo que se ha pertenecido a éstos. • **Barra fija** (DEP.), aparato formado por un travesaño horizontal rendondo, sostenido por dos montantes. ‖ **Barras asimétricas** (DEP.), aparato compuesto por dos barras paralelas al suelo, pero a diferente altura, sostenidas por unos montantes verticales.

‖ **Barras paralelas** (DEP.), aparato compuesto por dos barras paralelas situadas a la misma altura, sostenidas por soportes verticales.
BARRABÁS, agitador político cuya liberación, según los Evangelios, reclamaron los judíos en lugar de la de Jesús.
BARRABASADA n. f. *Fam.* Travesura grave, trastada.
BARRACA n. f. (cat. *barraca*). Caseta construida toscamente y con materiales ligeros. **2.** En la huerta valenciana y murciana, casa de labor de cañas, paja y adobe, con un techo a dos vertientes muy levantado. **3.** Chabola. **4.** *Amér.* Depósito o almacén para productos destinados al tráfico. **5.** *Chile.* y *Urug.* Edificio destinado a depósito y venta de madera, hierro u otros elementos de construcción. **6.** *Chile.* Golpes diversos.
BARRACÓN n. m. Construcción provisional destinada a albergar soldados, refugiados, etc.
BARRACUDA n. f. Pez de gran tamaño perteneciente a la familia esfirénidos.
BARRAGÁN (Luis), arquitecto mexicano (Guadalajara 1902-† 1988). Su obra combina el minimalismo moderno con elementos tradicionales mediterráneos, mexicanos (indígenas e hispanocoloniales) y norteafricanos, e incorpora el color.
BARRAJAR v. tr. *Amér.* Derribar con fuerza.
BARRANCA n. f. *Méx.* Barranco.
BARRANCABERMEJA, c. de Colombia (Santander); 153 296 hab. Centro petrolero (refinerías, punto de partida de oleoductos). Central térmica.
BARRANCO n. m. Despeñadero, precipicio. **2.** Hendidura profunda que hacen en la tierra las aguas.
BARRANQUILLA, c. de Colombia, cap. del dep. de Atlántico, en la desembocadura del Magdalena, en el Caribe; 899 781 hab. Industria textil y mecánica, astilleros. Pesca. El puerto canaliza la mayor parte del comercio exterior del país.
BARRAQUERO, A adj. Relativo a la barraca. ♦ n. **2.** *Amér.* Dueño o administrador de una barraca, o almacén.
BARREDA (Gabino), médico, filósofo y político mexicano (Puebla 1818-México 1881). Introdujo el positivismo en México e influyó en la reforma de la enseñanza (ley de 1867).
BARREDERO, A adj. Que arrastra o se lleva cuanto encuentra a su paso: *viento barredero*.
BARREDURA n. f. Acción de barrer. ♦ **barreduras** n. f. pl. **2.** Inmundicia que se barre.
BARREIRO (Miguel), político uruguayo (Montevideo 1780-íd. 1847). Colaborador de Artigas y gobernador delegado de Montevideo (1815-1817), no pudo impedir la invasión portuguesa de 1816.
BARRENA n. f. Útil para taladrar la madera. **2.** Barra de hierro para agujerear peñascos, sondar terrenos, etc. **3.** Figura de acrobacia aérea. **4.** Descenso de un avión girando sobre sí mismo, por pérdida de estabilidad, sin intervenir la voluntad del piloto. **5.** Molusco bivalvo de concha blanca, que excava cavidades en las rocas (long. 10 cm).
BARRENAR v. tr. [1]. Abrir agujeros con barrena o barreno. **2.** *Fig.* Desbaratar, estropear los planes. **3.** Agujerear un barco por debajo de su línea de flotación para hundirlo.
BARRENDERO, A n. Persona que tiene por oficio barrer las calles.
BARRENO n. m. Barrena grande, instrumento para taladrar. **2.** Agujero hecho con barrena. **3.** Agujero relleno de materia explosiva, hecho en una roca o en una obra de fábrica, para hacerla volar. **4.** Carga explosiva destinada a la voladura de grandes rocas. • **Pico barreno**, pájaro carpintero.

BARREÑO n. m. Recipiente usado para la limpieza doméstica.
BARRER v. tr. (lat. *verrere*) [12]. Limpiar el suelo con la escoba. **2.** *Fig.* Llevarse todo lo que había en alguna parte. **3.** Quitar completamente algo material o inmaterial de un sitio. • **Barrer hacia dentro,** o **para dentro,** comportarse interesada o egoístamente.
BARRERA n. f. Cualquier dispositivo con el que se obstaculiza el paso por un sitio. **2.** *Fig.* Obstáculo entre una cosa y otra. **3.** DEP. En fútbol y balonmano, cuando se ejecuta un golpe franco, grupo de jugadores que se alinean apretadamente para proteger la propia portería. **4.** TAUROM. Valla de madera situada alrededor del ruedo. **5.** TAUROM. Primera fila de las localidades destinadas al público. • **Barrera del sonido,** conjunto de los fenómenos aerodinámicos que se producen cuando un móvil se desplaza en la atmósfera a una velocidad próxima a la del sonido.
BARRERA (Gran), formación coralina que bordea la costa NE de Australia; 2500 km aprox.
BARRETÓN n. m. *Colomb.* Piqueta del minero.
BARRIADA n. f. Barrio. **2.** Parte de un barrio.
BARRICA n. f. Tonel de mediana cabida.
BARRICADA n. f. Obstáculo improvisado hecho de la acumulación de materiales diversos, para interceptar el acceso de una calle o un paso.
BARRIDO n. m. Acción y efecto de barrer. **2.** En un motor de combustión interna, fase del ciclo de combustión durante la cual los gases procedentes de ésta son totalmente expulsados al exterior. **3.** Exploración o análisis de los elementos de una imagen que son transmitidos mediante señales eléctricas en función de sus luminosidades relativas. **4.** CIN. Panorámica muy rápida. **5.** TELECOM. Desplazamiento del punto de impacto de un haz luminoso o electrónico durante el análisis de una imagen con vistas a su transmisión por televisión o telescopio, o del punto correspondiente una vez producida la síntesis de la imagen en el receptor.
BARRIENTOS (Réné), militar y político boliviano (Tarata 1919-Arque, Cochabamba, 1969). Al caer Paz Estenssoro presidió una junta militar (1964-1965). Fue presidente de la república (1966-1969).
BARRIGA n. f. Vientre. **2.** *Fig.* Parte media abultada de una vasija. **3.** *Fig.* Comba que hace una pared.
BARRIGÓN, NA adj. Barrigudo, de gran barriga. ♦ n. **2.** *Cuba* y *P. Rico.* Niño de corta edad.
BARRIGUDO, A adj. De gran barriga. ♦ n. m. **2.** Mono de América del Sur, de 50 cm de long., de pelo denso y lanoso y sin cola.
BARRIL n. m. Tonel pequeño. **2.** Medida de capacidad, de símbolo *bbl*, que equivale aproximadamente a 159 l, utilizada en especial para los productos petrolíferos. **3.** Medida de capacidad para líquidos, con valor local variable.
BARRILETE n. m. Depósito cilíndrico y móvil del revólver, destinado a colocar los cartuchos. **2.** Caja cilíndrica que contiene el muelle real o resorte motriz de un reloj o de un péndulo. **3.** Utensilio acodado para sujetar la madera en el banco de carpintero. **4.** *Argent.* Cometa, juguete.
BARRILLO n. m. Barro, granillo en el rostro.
BARRIO n. m. Cada una de las partes en que se dividen las poblaciones grandes o sus distritos. **2.** Caserío dependiente de una población aunque esté apartado de ella. **3.** Arrabal, sitio extremo de una población. **4.** En una región de población dispersa, conjunto de casas aisladas que guardan entre sí alguna relación espacial. • **Barrio administrativo,** barrio en el que se localizan los servicios públicos, los organismos del gobierno, los ministerios. ‖ **Barrio chino,** zona urbana de ciertas ciudades, por lo general portuarias, donde se agrupa la prostitución y otras formas de malvivir. ‖ **Barrio comercial,** barrio constituido, casi exclusivamente, por inmuebles comerciales. ‖ **Barrio residencial,** barrio destinado a vivienda. ‖ **El otro barrio** (*Fam.*), el otro mundo, la eternidad.

BARRIOBAJERO, A adj. y n. Relativo a los barrios bajos. **2.** *Fig.* Ordinario, vulgar, grosero.
BARRIOS (Eduardo), escritor chileno (Valparaíso 1884-Santiago 1963). Dentro de un realismo sicologista, escribió relatos y novelas: *El niño que enloqueció de amor* (1915); *Un perdido* (1917); *El hermano asno* (1922); *Gran señor y rajadiablos* (1948); *Los hombres del hombre* (1950).
BARRIOS (Gerardo), general y político salvadoreño (Sesori 1811-San Salvador 1865). Presidente de la república desde 1859, en 1863 entró en guerra con Guatemala. Fue vencido y fusilado.
BARRIOS (Justo Rufino), general y político guatemalteco (San Lorenzo 1835-Chalchuapa, El Salvador, 1885). Ocupó la presidencia de la república desde 1873 y promulgada la constitución de 1879, fue reelegido presidente (1880-1885).
BARRITAR v. intr. [1]. Emitir el elefante o el rinoceronte su voz característica.
BARRITO n. m. Grito del elefante o del rinoceronte.
BARRIZAL n. m. Sitio lleno de barro o lodo.
BARRO n. m. Masa que resulta de la unión de tierra y agua. SIN.: *cieno, lama, limo*. **2.** Lodo que se forma en las calles cuando llueve. **3.** Búcaro, vasija hecha de barro. **4.** *Fig.* Cosa despreciable. **5.** GEOL. Depósito en los grandes fondos oceánicos.
BARRO n. m. (lat. *varum*). Granillo de color rojizo que sale en el rostro. SIN.: *barrillo*. **2.** Tumorcillo que sale al ganado mular y vacuno.
BARROCO, A adj. (fr. *baroque*). Relativo al barroco: *iglesia barroca.* **2.** Excesivamente ornamentado, ampuloso. **3.** Se aplica a la cosa, material o no material, por ejemplo al lenguaje o al estilo literario, complicada, retorcida o con adornos superfluos. ♦ n. m. **4.** Estilo artístico que nació en Italia al amparo de la Contrarreforma y que se impuso en Europa e Hispanoamérica desde fines del s. XVI hasta mediados del s. XVIII. **5.** Tendencia artística que, por oposición al clasicismo, da primacía a la sensibilidad.
BARRÓN n. m. Planta utilizada para la fijación de la arena de las dunas. (Familia gramíneas.)
BARROQUISMO n. m. Tendencia a lo barroco.
BARROS ARANA (Diego), historiador y pedagogo chileno (Santiago 1830-íd. 1907). Liberal, se exilió al subir al poder Santa María. Publicó una *Historia general de Chile* (16 vols., 1884-1902).
BARROS GREZ (Daniel), escritor chileno (Colchagua 1834-† 1904), autor de novelas (*Pipiolos y pelucones,* 1876), cuentos, teatro y ensayos sobre temas folklóricos.
BARROS LUCO (Ramón), político chileno (Santiago 1835-† 1919). Presidente de la república (1910-1915).
BARROTE n. m. Barra gruesa. **2.** Barra de hierro para afianzar algo.
BARRUNDIA (José Francisco), político guatemalteco (Guatemala 1784-Nueva York 1854). Fue presidente de la Federación centroamericana (1829-1830), y en 1837 presidió la asamblea de Guatemala.
BARRUNTAR v. tr. [1]. Prever, conjeturar, presentir: *barruntar un peligro.*
BARRUNTO n. m. Acción de barruntar. **2.** Indicio, noticia.

BARTÓK (Béla), compositor húngaro (Nagyszentmiklós [act. en Rumania] 1881-Nueva York 1945). Su lenguaje culto se enriqueció en contacto con una música popular auténtica (*El castillo de Barba Azul*, 1918; *El mandarín maravilloso*, 1919; *Mikrokosmos*, 1926-1937).
BARTOLEAR v. intr. [1]. *Argent.* No saber aprovechar una oportunidad.
BARTOLINA n. f. *Méx.* Calabozo oscuro y estrecho.
BARTOLOMÉ (san), uno de los apóstoles de Cristo, llamado también *Natanael*.
BARTOLOMÉ MITRE, partido de Argentina (Buenos Aires); 24 576 hab. Agricultura y ganadería.
BARTULEAR o **EARTULAR** v. tr. [1]. *Chile.* Devanarse los sesos, cavilar.
BÁRTULOS n. m. pl. Enseres de uso corriente. • **Liar los bártulos** (*Fam.*), disponerse para un viaje, mudanza u otra empresa.
BARÚ, distr. de Panamá (Chiriquí), en el Pacífico; 46 627 hab. Cap. *Puerto Armuelles.*
BARULLO n. m. (port. *barulho*). Confusión, desorden.
BARUTA, c. de Venezuela (Miranda); 182 941 hab. Forma parte del área metropolitana de Caracas.
BASA n. f. Base, fundamento o apoyo en que estriba una cosa. **2.** Asiento del fuste de una columna, pilastra, pedestal o estatua.
BASADA n. f. Armazón que se pone en la grada, debajo del buque, y sirve para botarlo al agua.
BASADRE (Jorge), historiador peruano (Tacna 1903-Lima 1980), autor de numerosos estudios sobre su país. Fue director de la biblioteca nacional.
BASAL adj. Situado en la base de una formación orgánica o de una construcción.
BASÁLTICO, A adj. Formado de basalto.
BASALTO n. m. (fr. *basalte*). Roca volcánica básica, generalmente de color oscuro, formada esencialmente por plagioclasa, piroxeno y olivino, que forma coladas extensas.
BASAMENTO n. m. Parte inferior y maciza de una construcción, que la eleva por encima del nivel del suelo. **2.** Cuerpo formado por la basa y el pedestal de la columna.
BASAR v. tr. [1]. Asentar algo sobre una base. ♦ v. tr. y pron. **2.** *Fig.* Fundar, apoyar.
BASASEACHIC (*salto de*), cascada de México (Chihuahua), en el arroyo de Basaseachic; 311 m.
BASCA n. f. Ansia, desazón en el estómago cuando se quiere vomitar. (Suele usarse en plural.) SIN.: *náusea*. **2.** *Fam.* Pandilla, grupo de amigos.
BASCO, A adj. Vasco.
BASCONGADO, A adj. y n. Vascongado.
BASCOSO, A adj. *Colomb.* y *Ecuad.* Soez, grosero, indecente.
BÁSCULA n. f. (fr. *bascule*). Aparato para medir pesos, generalmente grandes, provisto de una plataforma sobre la que se coloca lo que ha de pesarse. **2.** Palanca que se apoya en un punto fijo central, o en un punto situado hacia uno de sus extremos, y cuyos brazos pueden oscilar en sentido ascendente o descendente alternativamente.
BASCULAR v. intr. y pron. [1]. Oscilar, tener movimiento vertical de vaivén. **2.** Levantarse la caja de ciertos vehículos de carga para descargar.
BASE n. f. (lat. *basem*). Parte inferior de un cuerpo sobre la que éste reposa: *la base de una copa.* **2.** Conjunto de los militantes de un partido político, central sindical, etc. **3.** Cuerpo inferior de una figura: *base del cráneo, del corazón.* **5.** MAT. Cantidad fija y distinta de la unidad, que ha de elevarse a una potencia dada para que resulte un número determinado. **6.** MAT. Super-

BAS

ficie o lado de una figura geométrica en que se supone que ésta se apoya. **7.** MIL. Zona de reunión y de tránsito de los medios necesarios para llevar a cabo operaciones militares; organismo encargado de estas misiones: *base aérea, naval.* **8.** QUÍM. Sustancia que, combinada con un ácido, produce una sal y agua. • **Base de datos** (INFORMÁT.), conjunto de informaciones almacenadas en un ordenador, constituido por una serie de ficheros a través de los cuales se organizan, estructuran y jerarquizan los datos. ‖ **Base de lanzamiento** (ASTRONÁUT.), lugar donde están reunidas las instalaciones necesarias para la preparación, lanzamiento, control en vuelo y, eventualmente, el guiado radioeléctrico de vehículos espaciales.

BASEBALL n. m. Béisbol.

BASEL → *Basilea.*

BASHKORTOSTÁN (*República de*), ant. **Bashkiria**, república de la Federación de Rusia, en el S de los Urales, habitada mayoritariamente por rusos y bashkir; 143 000 km²; 3 952 000 hab. Cap. *Ufá.* Petróleo.

BASHŌ (Matsuo Munefusa, llamado), poeta japonés (Ueno, Iga, 1644-Osaka 1694), uno de los grandes clásicos de la literatura japonesa (*Sendas de Oku,* 1689-1692).

BASICIDAD n. f. QUÍM. Propiedad que posee un cuerpo de actuar como base.

BÁSICO, A adj. Fundamental: *conocimientos básicos.* **2.** Que tiene las propiedades de una base.

BASIDIO n. m. Expansión microscópica que lleva dos o cuatro esporas en la mayoría de los hongos superiores. (Las esporas maduran en el exterior del basidio que las ha producido, lo que distingue el *basidio* del *asco.*)

BASIDIOMICETE adj. y n. m. Relativo a una clase de hongos cuyas esporas aparecen sobre basidios.

BASIDIOSPORA n. f. Espora formada por un basidio.

BASILEA, en alem. **Basel**, en fr. **Bâle**, c. de Suiza, cap. de un semicantón, *Basilea Ciudad* (37 km²; 178 428 hab.), a orillas del Rin; 365 000 hab. en la aglomeración. Importante puerto fluvial. Industrias químicas y mecánicas. Catedral románica y gótica. Museos. — Concilio en el que se proclamó la superioridad del concilio sobre el papa (1431-1449). En 1883, debido a una guerra civil, el cantón quedó dividido en dos semicantones: *Basilea Ciudad* (199 411 hab.) y *Basilea Comarca.* Los dos semicantones constituyen el *cantón de Basilea.*

BASÍLICA n. f. (lat. *basilicam*). Edificio romano, en forma de gran sala rectangular, que termina generalmente en un ábside. **2.** Iglesia cristiana construida sobre la misma planta. **3.** Título que se da a una iglesia que goza de ciertos privilegios.

BASILIENSE, BASILEENSE o **BASILENSE** adj. y n. m. y f. De Basilea.

BASILISCO n. m. (gr. *basilískos,* reyezuelo). Monstruo fabuloso nacido de un huevo puesto por un gallo e incubado por un sapo. **2.** Fig. Persona de carácter agrio. **3.** Saurio semejante a la iguana, de 80 cm de long., con cresta dorsal escamosa y de costumbres semiacuáticas, que vive en América tropical. • **Estar hecho un basilisco** (*Fam.*), estar muy enojado, muy enfadado.

BASKETBALL o **BASKET** n. m. (voz inglesa). Baloncesto.

BASOV (Nikolái Guennádievich), físico ruso (Usman, cerca de Voronezh, 1922). En 1956 realizó un oscilador molecular con amoníaco y posteriormente trabajó con láseres a gas y láseres semiconductores. (Premio Nobel de física, 1964.)

BASTA n. f. Hilván.

BASTANTE adv. c. Ni mucho ni poco, ni más ni menos de lo regular: *yo tengo bastante.* **2.** Algún tanto: *está bastante mejor.*

BASTAR v. intr. y pron. [1]. Ser suficiente. **2.** Abundar, haber gran cantidad.

BASTARDEAR v. intr. [1]. Degenerar de su naturaleza o pureza primitiva. **2.** *Fig.* Apartarse las personas de lo que conviene a su origen.

BASTARDÍA n. f. Calidad de bastardo.

BASTARDILLO, A adj. y n. f. Dícese de la letra de imprenta cursiva.

BASTARDO, A adj. y n. Dícese del hijo nacido fuera de matrimonio. ♦ adj. **2.** Que degenera de su origen o naturaleza. **3.** Dícese del animal que no es de pura raza.

BASTEAR v. tr. [1]. Hilvanar.

BASTEDAD o **BASTEZA** n. f. Calidad de basto.

BASTIDOR n. m. Especie de marco o armazón que tiene varios usos: *bastidor de bordar; bastidor de una ventana.* **2.** *Amér.* Central. Colchón de tela metálica. **3.** *Chile.* Celosía. **4.** MEC. Armazón metálico indeformable que sirve como soporte a la carrocería, motor, etc., de un vehículo automóvil, locomotora, vagón de ferrocarril, o de cualquier otra estructura o conjunto mecánico. ♦ **bastidores** n. m. pl. **5.** Partes de un teatro situadas a los lados y detrás de la escena, entre el decorado y las paredes del escenario. • **Entre bastidores** (*Fam.*), dícese de lo que se trama o prepara reservadamente.

BASTILLEAR v. tr. [1]. *Chile.* Rematar una tela con hilvanes pequeños para que no se deshilache.

BASTIÓN n. m. (ital. *bastione*). Baluarte.

BASTO, A adj. Tosco, sin pulimento. **2.** *Fig.* Inculto, tosco o grosero. ♦ n. m. **3.** Cualquiera de los naipes del palo de bastos. **4.** *Chile.* Cuero curtido de oveja que se coloca debajo de la montura para proteger el lomo del caballo. **5.** *Ecuad.* Almohadilla de la silla de montar. ♦ **bastos** n. m. pl. **6.** Uno de los cuatro palos de la baraja española.

BASTÓN n. m. Vara o palo que sirve para apoyarse al andar. **2.** Insignia de mando o de autoridad. **3.** Palo que ayuda al esquiador a avanzar o a mantener el equilibrio.

BASTONAZO n. m. Golpe dado con el bastón.

BASTONERA n. f. Mueble para poner bastones y paraguas.

BASURA n. f. Desperdicios, suciedad. **2.** Estiércol de las caballerías. **3.** Cosa vil y despreciable.

BASURAL n. m. *Amér.* Basurero, vertedero.

BASUREAR v. tr. [1]. *Argent., Perú* y *Urug.* Insultar a alguien.

BASURERO, A n. Persona que tiene por oficio recoger la basura. ♦ n. m. **2.** Sitio donde se amontana la basura.

BATA n. f. Prenda de vestir que se usa al levantarse de la cama o para estar por casa. **2.** Prenda de vestir que se usa para el trabajo profesional en clínicas, talleres, etc. **3.** Traje de cola y volantes que llevan las bailadoras y cantadoras.

BATACAZO n. m. Golpe fuerte que se da al caer. SIN.: *baquetazo, porrazo.* **2.** *Argent., Chile, Perú* y *Urug.* Cualquier suceso afortunado y sorprendente.

BATAHOLA o **BATAOLA** n. f. *Fam.* Bulla, ruido grande.

BATALLA n. f. (lat. *battualia,* esgrima). Combate importante entre dos fuerzas militares. **2.** Justa o torneo. **3.** *Fig.* Agitación e inquietud interior del ánimo: *librar una batalla consigo mismo.* **4.** Distancia que separa los ejes de un vehículo. • **De batalla,** dícese de las prendas, utensilios u objetos de uso ordinario.

BATALLAR v. intr. [1]. Pelear, reñir con armas. **2.** *Fig.* Disputar, debatir. **3.** *Fig.* Fluctuar, vacilar.

BATALLÓN, NA adj. Que apasiona, exalta o causa discordia: *una cuestión batallona.*

BATALLÓN n. m. (ital. *battaglione*). Unidad táctica del arma de infantería, compuesta de varias compañías. **2.** Unidades similares de otras armas o servicios. **3.** Grupo numeroso de personas.

BATÁN n. m. Máquina preparatoria de la hilatura del algodón. **2.** Edificio en que funcionan estas máquinas.

BATANADO n. m. Operación consistente en tratar las pieles en el batán. SIN.: *batanadura.*

BATANAR v. tr. [1]. Abatanar.

BATANEAR v. tr. [1]. *Fam.* Sacudir o dar golpes a uno.

BATAOLA n. f. Bataola.

BATATA n. f. (voz antillana). Planta de tallo rastrero, cultivada por sus tubérculos comestibles. (Familia convolvuláceas.) **2.** Raíz de esta planta. SIN.: *boniato, moniato.*

BATATAZO n. m. *Chile.* Suerte inesperada en las carreras de caballos. **2.** *Chile.* Resultado sorpresivo de algo. (Se usa con el verbo *dar.*)

BATAVIA → *Yakarta.*

BÁTAVO, A adj. y n. De la República Bátava.

BATE n. m. (ingl. *bat*). En béisbol, críquet, etc., bastón o pala que sirve para golpear la pelota.

BATEA n. f. **1.** Bandeja. **2.** Embarcación de borde bajo y fondo plano, usada para cargar y descargar buques. **3.** *Argent., Chile, Colomb., Cuba* y *Perú.* Artesa para lavar.

BATEADOR n. m. Jugador que batea.

BATEAR v. tr. [1]. Golpear la pelota con el bate.

BATERÍA n. f. (fr. *batterie*). ELECTR. Agrupación de diversos aparatos como acumuladores, pilas, condensadores, etc., dispuestos en serie o en paralelo. **2.** MIL. Conjunto de piezas de artillería dispuestas para una misma misión. **3.** MIL. Lugar donde se concentran. **4.** MIL. Conjunto de cañones situados en el puente de un navío. **5.** MIL. Unidad táctica del arma de artillería, compuesta de varias piezas. **6.** MÚS. En una orquesta, conjunto de instrumentos de percusión. **7.** MÚS. Instrumento formado al unir varios instrumentos de percusión. **8.** TEATR. En los teatros, fila de luces del proscenio. • **Batería de cocina,** conjunto de utensilios de metal empleados en una cocina. ‖ **En batería,** modo de aparcar vehículos colocándolos paralelamente unos a otros. ♦ n. m. y f. **9.** Persona que en la orquesta toca la batería.

BATEY n. m. En las fincas agrícolas de Antillas, lugar ocupado por las viviendas, barracones, almacenes, etc.

BATIAL adj. (der. del gr. *bathys,* profundo). Relativo a una zona oceánica que corresponde aproximadamente al talud continental.

BATIBURRILLO o **BATIBORRILLO** n. m. Mezcla de cosas que desdicen entre sí o de especies inconexas.

BATIDA n. f. Acción de batir el monte para levantar la caza. **2.** Reconocimiento de algún paraje en busca de malhechores o enemigos. **3.** Acción de batir o acuñar. **4.** Irrupción de la policía en un local donde se desarrollan actividades delictivas.

BATIDO, A adj. Dícese del camino muy andado y trillado. **2.** Dícese de los tejidos de seda que resultan con visos distintos. ♦ n. m. **3.** Acción de batir. **4.** Bebida refrescante no alcohólica, hecha principalmente a base de leche y frutas, todo ello mezclado por medio de una batidora.

BATIDOR, RA adj. Que bate, especialmente oro y plata. ♦ n. m. **2.** Instrumento para batir. **3.** Persona que se encarga de levantar la caza en las batidas. **4.** MIL. Explorador que va delante de una tropa y que descubre y reconoce el terreno. **5.** MIL. Cada uno de los soldados de caballería o de artillería que preceden al regimiento. ♦ n. **6.** *Argent.* y *Urug. Vulg.* Persona que delata o denuncia.

BATIDORA n. f. Aparato electrodoméstico destinado a mezclar productos alimenticios.

BATIENTE n. m. Parte del cerco o cuadro en que se detienen y baten las puertas o ventanas al cerrarse. **2.** Cada una de las hojas de una puerta o ventana. **3.** Lugar donde el mar bate al pie de una costa o dique.

BATIR v. tr. (lat. *battuere*) [3]. Dar golpes, golpear. **2.** Destruir, derribar, echar por tierra alguna pared, edificio, etc. **3.** Dar directamente el sol, el agua o el aire. **4.** Mover una cosa con cierta rapidez: *batir las alas*. **5.** Mover y revolver una cosa para hacerla más fluida o condensarla: *batir un huevo*. **6.** Martillar una pieza de metal hasta reducirla a chapa. **7.** Ganar, superar un récord o marca. **8.** Derrotar al enemigo. **9.** Recorrer y reconocer un lugar en busca de enemigos, gente escondida, caza, etc. **10.** Acuñar moneda, fabricarla. **11.** *Chile, Guat.* y *Méx.* Aclarar la ropa enjabonada. **12.** *Méx.* Ensuciar, manchar algo por completo. ♦ **batirse** v. pron. **13.** Combatir, pelear. • **Batirse en retirada,** ceder el campo ante el empuje del enemigo.

BATISCAFO n. m. Aparato autónomo y habitable de inmersión que permite explorar el fondo del mar.

BATISFERA n. f. Esfera muy resistente que, suspendida de un cable, permite explorar el fondo de los mares.

BATISTA n. f. Tela de lino o algodón muy fina y tupida.

BATISTA (Fulgencio), político y militar cubano (Banes 1901-Guadalmina, Málaga, 1973). Fue presidente de la república de 1940 a 1944. En 1952, derribó a Prío Socarrás y se proclamó jefe del estado y del ejército. Gobernó dictatorialmente, en beneficio de E.U.A. Fue derrocado por la revolución de Castro (1959).

BATLLE (Lorenzo), político y militar uruguayo (Montevideo 1810-† 1887). Miembro del Partido colorado, presidente de 1868 a 1872, su política partidista provocó un movimiento revolucionario dirigido por el Partido blanco.

BATLLE BERRES (Luis), político uruguayo (Montevideo 1897-*id.* 1964). Diputado del Partido colorado, fue presidente de la república en 1947-1951 y 1955-1956.

BATLLE Y ORDÓÑEZ (José), estadista uruguayo (Montevideo 1854-*id.* 1929). Presidente de la república (1903-1907) y (1911-1915), aprobó leyes progresistas y estimuló la diversificación agrícola.

BATON ROUGE, c. de Estados Unidos, cap. de Luisiana, junto al Mississippi; 219 531 hab.

BATRACIO n. m. Anfibio.

BATUQUE n. m. *Amér.* Confusión, barullo. **2.** *Amér.* Baile desordenado de hombres y mujeres.

BATUQUEAR v. tr. [1]. *Amér.* Alborotar, agitar.

BATURRO, A adj. y n. Aragonés rústico.

BATUTA n. f. (ital. *battuta*, compás). Bastón corto con que el director de una orquesta, banda u orfeón marca el compás. • **Llevar la batuta** (*Fam.*), dirigir algo.

BAUDELAIRE (Charles), escritor francés (París 1821-*id.* 1867). Sus poemas (*Las flores del mal*, 1857) y su crítica (*El arte romántico*, 1868) representan la apertura a la modernidad.

BAUDÓ, serranía de Colombia (Chocó); 1 810 m en Alto del Buey, donde nace el *río Baudó* (160 kilómetros).

BAÚL n. m. Cofre, mueble parecido al arca. **2.** *Argent.* Lugar de un vehículo donde se lleva el equipaje, maletero. • **Baúl mundo,** el grande y de mucho fondo.

BAULERA n. f. *Argent.* Armario o altillo donde se guardan las maletas.

BAUPRÉS n. m. (fr. *beaupré*). Palo grueso colocado oblicuamente en la proa de un navío.

BAURÉS, r. de Bolivia (Beni), afl. del Iténez (or. der.), formado por el San Martín y el Blanco; 520 kilómetros.

BAUTISMAL adj. Relativo al bautismo.

BAUTISMO n. m. (lat. *baptismum*). Primero de los sacramentos de las iglesias cristianas, que constituye el signo jurídico y sagrado de pertenencia a la Iglesia. **2.** Bautizo. • **Bautismo de aire** (AERON.), primer vuelo. ǁ **Bautismo de fuego,** primera vez que un soldado combate.

BAUTISTA n. m. El que bautiza. • **El Bautista,** por antonomasia, san Juan Bautista. ♦ adj. y n. m. y f. **2.** Baptista.

BAUTISTERIO n. m. Baptisterio.

BAUTIZAR v. tr. [1g]. Administrar el sacramento del bautismo. **2.** *Fig.* Poner nombre a una persona o a una cosa. **3.** Rebajar el vino con agua.

BAUTIZO n. m. Acción de bautizar y fiesta que se celebra. SIN.: *bateo, cristianismo*.

BAUXITA n. f. Roca sedimentaria de color rojizo, compuesta básicamente de alúmina, con óxido de hierro y sílice, que se explota como mineral de aluminio.

BÁVARO, A adj. y n. De Baviera.

BAVIERA, en alem. **Bayern**, estado (Land) de Alemania que comprende la *Baviera* propiamente dicha (antepaís alpino al S del Danubio) y la parte septentrional de la *cuenca de Suabia y de Franconia*; 70 550 km²; 11 220 735 hab. (Bávaros.) Cap. *Múnich*. C. pral. *Augsburgo, Nuremberg, Ratisbona* y *Bayreuth*.

HISTORIA

A principios del s. X Baviera era uno de los ducados más importantes del Imperio germánico. 1070-1180: fue gobernada por la dinastía de los Güelfos, expoliada del ducado en 1180 por los Wittelsbach, que reinaron en Baviera hasta 1918. 1467-1508: el duque Alberto IV el Sabio unificó sus estados, que se convirtieron en un bastión de la Contrarreforma. 1623: Maximiliano I obtuvo el título de elector. 1806: Maximiliano I José, aliado de Napoleón I, obtuvo el título de rey. 1825-1886: Luis I (1825-1848) y Luis II (1864-1886) fueron grandes constructores. 1866: Baviera, aliada de Austria, fue derrotada por Prusia. 1871: se incorporó al Imperio alemán. 1918-1919: se convirtió en un Land dentro de la república de Weimar. 1923: el golpe de estado organizado por Hitler en Múnich fracasó. 1949: el estado libre de Baviera pasó a ser un Land de la R.F.A.

BAYA n. f. (fr. *baie*). Nombre genérico que se da a los frutos carnosos con semillas, como la uva, la grosella, el melón, etc.

BAYADERA n. f. Bailarina y cantante de la India.

BAYAMÉS, SA adj. y n. De Bayamo.

BAYAMO, c. de Cuba, cap. de la prov. de Granma; 154 797 hab. Metalurgia, azúcar, tabaco.

BAYETA n. f. Tela de lana floja y poco tupida. **2.** Paño para fregar el suelo.

BAYO, A adj. y n. (lat. *badium*). De color blanco amarillento. **2.** Dícese del caballo de este color.

BAYONETA n. f. (fr. *baionnette*). Arma blanca, puntiaguda, complementaria del fusil, a cuyo cañón se adapta exteriormente junto a la boca. • **Fijación de bayoneta,** dispositivo de fijación de un objeto semejante al empleado por las bayonetas.

BAYREUTH, c. de Alemania (Baviera), junto al Main; 71 527 hab. Festival anual de óperas wagnerianas, de fama internacional.

BAYÚ n. m. *Cuba.* Casa donde se ejerce la prostitución.

BAYUNCO, A adj. y n. *C. Rica* y *Guat.* Rústico, grosero, zafio.

BAZA n. f. Número de naipes que en ciertos juegos recoge el que gana la mano. **2.** Ventaja. • **Meter baza,** intervenir en una conversación o asunto.

BAZAR n. m. Mercado público oriental. **2.** Tienda de productos diversos.

BAZO n. m. Órgano linfoide situado en el hipocondrio izquierdo, entre el estómago y las falsas costillas.

BAZOFIA n. f. (ital. *bazzoffia*). Mezcla de heces o desechos de comidas. **2.** *Fig.* Cosa baja y despreciable. **3.** Comida mala o mal hecha.

BAZOOKA n. m. (voz inglesa). Lanzagranadas.

B. C. G. n. m. (siglas con que se designa el *bacilo Calmette-Guérin*). Vacuna contra la tuberculosis.

BE n. f. Nombre de la letra *b*. • **Be chica** (*Méx.*), nombre de la letra *uve*. ǁ **Be corta** (*Amér.*), nombre de la letra *uve*. ǁ **Be grande** (*Méx.*), nombre de la letra *be*. ǁ **Be larga** (*Amér.*), nombre de la letra *be*.

BE n. m. Voz onomatopéyica. Balido.

Be, símbolo químico del berilio.

BEAGLE (*canal*), canal de Tierra del Fuego (Argentina y Chile), entre la isla Grande y las de Hoste y Navarino.

BEAMONTÉS, SA adj. y n. Beaumontés.

BEATERÍA n. f. Acción de exagerada o afectada virtud.

BEATERIO n. m. Casa en que viven las religiosas en comunidad.

BEATIFICACIÓN n. f. Acción de beatificar.

BEATIFICAR v. tr. [1a]. Declarar el papa que alguien goza de eterna bienaventuranza y se le puede dar culto. **2.** Hacer bienaventurado o venerable.

BEATÍFICO, A adj. Que hace bienaventurado.

BEATITUD n. f. Bienaventuranza completa.

BEATNIK n. m. y f. (voz angloamericana). Adepto de un movimiento social y literario norteamericano nacido en los años cincuenta como reacción contra las formas de vida de E.U.A. y de la sociedad industrial moderna.

BEATO, A adj. (lat. *beatum*). Feliz o bienaventurado. ♦ adj. y n. **2.** Dícese de la persona cuya santidad reconoce la Iglesia. **3.** Dícese de las religiosas de ciertas órdenes: *beatas dominicas*. **4.** Dícese de la persona muy devota. SIN.: *misero, santurrón*. ♦ n. **5.** Persona de hábito religioso sin vivir en comunidad ni seguir regla determinada.

BEAUJOLAIS, comarca francesa, en el borde oriental del macizo Central, entre el Loira y la Saona, una de las grandes regiones vitícolas de Francia (*beaujolais*).

BEAUMARCHAIS (Pierre Augustin **Caron de**), escritor francés (París 1732-*id.* 1799). Aventurero y libertino, sus comedias *El barbero de Sevilla* (1775) y *Las bodas de Fígaro* (1784) fueron una crítica atrevida e ingeniosa de la sociedad francesa.

BEAUVOIR (Simone **de**), escritora francesa (París 1908-*id.* 1986). Compañera de Sartre y feminista, escribió ensayos (*El segundo sexo*, 1949), novelas (*Los mandarines*, 1954), teatro y memorias.

BEBE, A n. *Argent., Perú* y *Urug.* Bebé, niño pequeño.

BEBÉ n. m. Nene muy pequeño que aún no anda.

BEBEDERA n. f. *Colomb.* y *Méx.* Acción de beber sin contención.

BEBEDERO, A adj. Que es bueno o fácil de beber. ♦ n. m. **2.** Vaso en que se pone la bebida a los pájaros y aves domésticas. **3.** Abrevadero.

BEBEDIZO, A adj. Potable. ♦ n. m. **2.** Filtro, bebida a la que supersticiosamente se atribuía virtud para conciliar el amor de otras personas. **3.** Bebida que contiene veneno. **4.** Bebida medicinal.

BEBEDOR, RA adj. Que bebe. ♦ adj. y n. **2.** *Fig.* Que abusa de las bebidas alcohólicas.

BEB

BEBENDURRIA n. f. *Amér.* Cogorza, borrachera.

BEBER v. tr. e intr. (lat. *bibere*) [2]. Ingerir un líquido haciendo que pase de la boca al estómago. **2.** Consumir bebidas alcohólicas. **3.** *Fig.* Absorber, devorar, consumir. ♦ v. intr. **4.** Brindar. • **Beber los vientos,** anhelar.

BEBEZÓN n. f. *Colomb., Cuba, Guat.* y *Venez.* Bebida, especialmente la alcohólica.

BEBIDA n. f. Acción y efecto de beber. **2.** Líquido que se bebe.

BEBIDO, A adj. Casi borracho.

BEBO, A n. *Argent.* Bebé, niño pequeño.

BECA n. f. Ayuda económica que percibe un estudiante, investigador o artista para cursar sus estudios, realizar sus obras, etc.

BECAR v. tr. [1a]. Conceder una beca.

BECARIO, A n. Persona que disfruta de una beca.

BECERRIL adj. Perteneciente o parecido al becerro.

BECERRO, A n. Toro o vaca que no ha cumplido tres años. ♦ n. m. **2.** Piel de ternero, curtida y dispuesta para varios usos.

BECHAMEL, BESAMEL o **BESAMELA** n. f. Salsa blanca hecha a base de harina, leche y mantequilla.

BECHUANALANDIA → *Botswana.*

BECKER (Gary Stanley), economista norteamericano (Pottsville, Pennsylvania, 1930). Ha contribuido a una profunda renovación de la ciencia económica al extender el análisis económico al estudio de las relaciones y de los comportamientos humanos. (Premio Nobel de economía 1992.)

BECKET (*santo* Tomás) → **Tomás Becket.**

BECKETT (Samuel), escritor irlandés (Foxrock, cerca de Dublín, 1906-París 1989), autor, en inglés y luego en francés, de novelas (*Molloy,* 1951; *El innombrable,* 1953) y de obras de teatro que expresan lo absurdo de la condición humana (*Esperando a Godot,* 1952; *Final de partida,* 1957; *Días felices,* 1961). [Premio Nobel de literatura 1969.]

BÉCQUER (Gustavo Adolfo), poeta español (Sevilla 1836-Madrid 1870). Es el más genuino —bien que tardío— representante del romanticismo español. Sus temas predilectos son la poesía y la lengua poética, el amor, el desengaño, la soledad y el destino final del hombre, y la expresó lo plasmó tanto en las *Cartas literarias a una mujer* (1861) como en las *Rimas.* Lo fantástico predomina en las *Leyendas* (1857-1864), muestra excepcional de la prosa poética del s. XIX, en las *Cartas desde mi celda* (1864).

BECQUEREL (Henri), físico francés (París 1852-Le Croisic 1908) descubrió la radiactividad. (Premio Nobel de física 1903, conjuntamente con los esposos Curie.)

BECUADRO n. m. (ital. *bequadro*). MÚS. Signo de alteración que devuelve a su tono natural una nota antes elevada por un sostenido o rebajada por un bemol.

BEDEL, LA n. Empleado que en las universidades, institutos y dependencias administrativas, cuida del orden y de otros menesteres.

BEDUINO, A adj. y n. Dícese de los árabes nómadas de Arabia, Siria, Iraq, Jordania y Sahara.

BEETHOVEN (Ludwig **van**), compositor alemán (Bonn 1770-Viena 1827). Niño prodigio (dio su primer concierto a los ocho años), partidario de las ideas de libertad y justicia de la Revolución francesa, fue el cantor de la generosidad y de la alegría, a pesar de la sordera que le afectó a partir de 1802. Heredero de Mozart y del clasicismo vienés (*Fidelio*), despertó el romanticismo germánico con sus 17 cuartetos de cuerdas (1800-1826), sus 32 sonatas para piano (*Patética, Claro de luna, Appassionata*) [1795-

1822], sus 5 conciertos para piano y sus 9 sinfonías (1800-1824) [la 3.ª llamada *Heroica,* la 6.ª llamada *Pastoral,* la 9.ª con solistas y coros].

BEFA n. f. (ital. *beffa*). Burla grosera e insultante.

BEFAR v. intr. [1]. Mover los caballos el belfo. ♦ v. tr. **2.** Burlar, escarnecer.

BEFO, A adj. y n. Belfo. **2.** De labios abultados o gruesos. **3.** Zambo o zancajoso. ♦ n. m. **4.** Belfo, labio de un animal. **5.** Especie de mico.

BEGIN (Menahem), político israelí (Brest-Litovsk 1913-Tel-Aviv 1992). Jefe del Irgún (1942) y luego líder del Likud, primer ministro (1977-1983), firmó (1979) un tratado de paz con Egipto. (Premio Nobel de la paz, 1978.)

BEGONIA n. f. Planta originaria de América del Sur, cultivada por sus hojas decorativas y sus flores vivamente coloreadas. (Familia begoniáceas.) **2.** Flor de esta planta.

BEHAVIORISMO n. m. SICOL. Conductismo.

BEHRING (*estrecho* y *mar de*) → **Bering.**

BEHRING (Emil **von**), médico y bacteriólogo alemán (Hansdorf 1854-Marburgo 1917), uno de los creadores de la sueroterapia. (Premio Nobel de fisiología y medicina 1901.)

BEIGE adj. y n. m. (voz francesa). Dícese del color natural de la lana, amarillento.

BEIJING → **Pekín.**

BEIRUT, en ár. **Bayrūt,** c. y cap. del Líbano, junto al Mediterráneo; 1 100 000 hab. Importante museo arqueológico. La ciudad fue asolada, de 1975 a 1990, por la guerra civil.

BÉISBOL n. m. (ingl. *base-ball*). Deporte que se practica con una pelota y un bate, y bases que jalonan el recorrido que cada jugador debe seguir después de golpear la pelota. SIN.: *baseball.*

BEJARANO (*fray* Francisco), pintor de la escuela limeña de principios del s. XVII. Obras: cuadros en el convento de San Agustín, Lima; retrato del virrey conde de Chinchón (1633).

BEJUCAL n. m. Sitio donde se crían bejucos.

BEJUCO n. m. Nombre de diversas plantas tropicales, sarmentosas, de tallos largos y delgados, que se emplean para ligaduras, jarcias, tejidos, muebles, etc.

BEJUQUEAR v. tr. [1]. *Amér. Central, Ecuad.* y *P. Rico.* Varear, apalear.

BEL n. m. Unidad relativa de intensidad sonora.

BELALCÁZAR o **BENALCÁZAR** (Sebastián de), conquistador español (Belalcázar c. 1480-Cartagena de Indias 1551). Desde 1524 participó en las expediciones a Panamá y Nicaragua y desde 1530 con Pizarro en la de Perú. Con Almagro, fundó Santiago de Quito (1534), Guayaquil (1535) y Popayán (1536).

BELAÚNDE TERRY (Fernando), político y arquitecto peruano (Lima 1912). Presidente de la república en 1963, fue derrocado por el general Velasco Alvarado (1968). Exiliado a E.U.A., volvió tras el golpe de Morales Bermúdez (1975) y fue presidente (1980-1985).

BELCEBÚ, deformación del apelativo dado a una divinidad cananea, *Baal-Zebub* (Baal el Príncipe) que para los judíos y los cristianos es el príncipe de los demonios.

BELDAD n. f. Belleza.

BELDUQUE n. m. *Colomb.* Cuchillo grande de hoja puntiaguda.

BELEMNITA n. f. Molusco cefalópodo fósil, característico de la era secundaria.

BELÉN, dep. de Argentina (Catamarca); 20 926 hab. Centro vitivinícola y textil.

BELÉN, en ár. **Bayt Lahm,** c. de Cisjordania, al S de Jerusalén (24 100 hab.), patria de David y lugar de nacimiento tradicional de Jesús.

BELEÑO n. m. Planta arbustiva de hojas vellosas y flores amarillentas con listas púrpura, muy tóxica. (Familia solanáceas.)

BELFAST, c., cap. y puerto de Irlanda del Norte; 325 000 hab. (600 000 en la aglomeración). Centro comercial e industrial.

BELFO, A adj. y n. (lat. *bifidum*). Que tiene el labio inferior más grueso que el superior. SIN.: *befo.* ♦ n. m. **2.** Cualquiera de los dos labios del caballo y otros animales.

BELGA adj. y n. m. y f. De Bélgica.

BÉLGICA, en fr. **Belgique,** en neerlandés **België,** estado de Europa occidental, a orillas del mar del Norte; 30 500 km²; 9 980 000 hab. *(Belgas.)* CAP. Bruselas. LENGUAS OFICIALES: flamenco, francés y alemán. MONEDA: franco belga.

GEOGRAFÍA
Territorio de relieve moderado (se eleva hacia el SE a una altitud de 694 m) y clima oceánico, suave y húmedo, es uno de los estados más densamente poblados del mundo (325 hab. por km² aprox.), debido a su estratégica posición geográfica, en el centro de la parte más dinámica del continente y abierto al mar del Norte. La magnitud de los intercambios económicos se incrementó con la integración en el Benelux y, después, en la C.E.E. El 30 % de la población activa trabaja en la industria (siderurgia, metalurgia de transformación, química, alimentaria y textil), aunque algunos sectores (industria pesada y textil) se encuentran en crisis. La agricultura y la ganadería, muy intensivas, emplean sólo el 5 % de la mano de obra. Los servicios (destacan los transportes) ocupan al resto de la población activa (65 %), resultado del alto índice de urbanización.

HISTORIA
La provincia romana. 57-51 a. J.C.: la Galia Belga, poblada por los celtas, fue ocupada por César. Ss. IV-VI: invasión de los francos.
La edad media. Tratado de Verdún (843): división del país entre Francia y Lotaringia (unida al reino de Germania en 925). Ss. IX-XV: formación de principados y de centros comerciales (paños flamencos). Ss. XIV-XV: integración en unos Países Bajos dominados por los duques de Borgoña.
La dominación de los Habsburgo. Por el matrimonio entre María de Borgoña y Maximiliano de Austria (1477) los Países Bajos pasaron a la casa de Habsburgo. 1555-1556: Felipe II de España accedió al trono. 1572: su absolutismo y los excesos del duque de Alba provocaron la insurrección de los Países Bajos. 1579: independencia del N (Provincias Unidas). Y el S quedó bajo soberanía española. S. XVII: se trazaron las fronteras actuales. Tratado de Utrecht (1713): los Países Bajos españoles pasaron a la casa de Austria.
De la sublevación a la independencia. 1789: las reformas del emperador José II provocaron una insurrección (proclamación de los Estados belgas unidos, 1790). 1795-1815: Francia ocupó el país. 1815: unificación con las Provincias Unidas (reino de los Países Bajos, gobernado por el conde Guillermo de Orange, Guillermo I). 1830: los desaciertos del rey provocaron la secesión e independencia de las provincias belgas.
El reino de Bélgica. 1831: la conferencia de Londres reconoció la independencia de Bélgica, Leopoldo I, primer rey. Reinado de Leopoldo II (1865-1909): desarrollo de la industria. 1908: el rey legó el Congo a Bélgica. Alemania invadió Bélgica durante las guerras mundiales, a pesar de su neutralidad (reinados de Alberto I y Leopoldo III).
La posguerra. 1951: Leopoldo III abdicó en favor de su hijo, Balduino I. Bélgica se adhirió a la O.N.U. (1945), al Benelux (1948) y a la O.T.A.N. (1949). 1960:

independencia del Congo belga. 1977: el pacto de Egmont dividió Bélgica en tres regiones (Flandes, Valonia y Bruselas capital). 1988: se inició el proceso de descentralización. 1989: Bruselas adoptó un estatuto especial. 1993: revisión constitucional (estado federal). Tras la muerte de Balduino I (ag.), su hermano, Alberto de Lieja, accedió al trono (Alberto II).

BELGRADO, en serbio **Beograd**, c. y cap. de Serbia y c. cap. federal de Yugoslavia, en la confluencia del Danubio con el Sava; 1 445 000 hab. Centro comercial e industrial. Museos.

BELGRANO, lago de Argentina (Santa Cruz), junto a la frontera chilena, en los Andes; 67,34 km².

BELGRANO, dep. de Argentina (Santa Fe); 38 866 hab. Agricultura (frutas y cereales). Ganadería.

BELGRANO (Manuel), militar y político argentino (Buenos Aires 1770-id. 1820). Miembro activo del movimiento independentista, participó en la primera junta de gobierno (1810) y fue el creador de la bandera argentina (1812). Derrotó a los realistas en Tucumán y Salta, pero, vencido en el Alto Perú, tuvo que retirarse (1814).

BELIAL, nombre dado a Satán en la Biblia y en la literatura judía.

BELICE, en ingl. **Belize**, ant. **Honduras Británica**, estado de América Central, en el Caribe; 23 000 km²; 200 000 hab. CAP. *Belmopan*. C. pral. *Belice* (47 000 hab.). LENGUA OFICIAL: *inglés*. MONEDA: *dólar de Belice*. Cultivos de caña de azúcar y agrios. Turismo.
HISTORIA
Habitado por los mayas, durante la segunda mitad del s. XVI perteneció al virreinato de Nueva España. España concedió licencia de establecimiento a los ingleses (1713). Fue reclamado por México y después por Guatemala tras su independencia. Gran Bretaña lo erigió en colonia (Honduras Británica, de 1862 a 1973), y le concedió la independencia (1981), que Guatemala reconoció en 1991, mismo año en que ingresó a la O.E.A.

BELICISMO. n. m. Actitud o pensamiento de los belicistas.

BELICISTA adj. y n. m. y f. Que preconiza el empleo de la fuerza en las relaciones internacionales.

BÉLICO, A adj. (lat. *bellicum*). Relativo a la guerra.

BELICOSIDAD n. f. Calidad de belicoso.

BELICOSO, A adj. Guerrero, marcial. **5.** *Fig.* Agresivo, pendenciero.

BELIGERANCIA n. f. Estado de beligerante.

BELIGERANTE adj. y n. m. y f. Dícese de un estado, pueblo o fuerza armada que participa en un conflicto armado.

BELIO n. m. Bel.

BELL (Alexander Graham), físico norteamericano de origen británico (Edimburgo 1847-Baddeck, Canadá, 1922), uno de los inventores del teléfono (1876).

BELLA VISTA, dep. de Argentina (Corrientes), en la c. izq. del Paraná; 31 014 hab.

BELLACO, A adj. **1.** Malo, pícaro, ruin. **2.** *Amér.* Dícese de la cabalgadura que tiene resabios y es difícil de gobernar.

BELLADONA n. f. Planta herbácea que vive en los espesuras o los escombros, con bayas negras del tamaño de una cereza. (Es muy venenosa y contiene un alcaloide, la atropina, se utiliza en medicina. [Familia solanáceas.])

BELLAQUEAR v. intr. [1]. Hacer bellaquerías.

BELLAQUERÍA o **BELLACADA** n. f. Acción o dicho propio de bellaco.

BELLEZA n. f. Conjunto de cualidades cuya manifestación sensible produce un deleite espiritual, un sentimiento de admiración. **2.** Persona notable por su hermosura.

BELLI (Carlos Germán), poeta peruano (Chorrillos 1927). En su lírica, influida por el surrealismo, se mezclan elementos arcaizantes y barrocos: *¡Oh hada cibernética!* (1962), *En alabanza del bolo alimenticio* (1979).

BELLINI, familia de pintores venecianos cuyos miembros más notables son **Jacopo** (c. 1400-1470) y sus hijos **Gentile** (c. 1429-1507) y **Giovanni**, llamado **Giambellino** (c. 1430-1516). Este último dio una orientación decisiva a la escuela veneciana mediante un sentido nuevo de la organización espacial (en parte tomada de Mantegna), de la luz y del color.

BELLO, A adj. (lat. *bellum*). Que tiene belleza.

BELLO (Andrés), humanista venezolano (Caracas 1781-Santiago, Chile, 1865). Poeta, filólogo, legislador, fue el pionero de la instrucción en la América liberada. Su principal obra (*Gramática de la lengua castellana*, 1847) muestra su preocupación por la conservación de la unidad de la lengua. Sus poemas *Alocución a la poesía* (1823) y la silva *A la agricultura de la zona tórrida* (1826), anticipan el romanticismo nativista americano.

BELLONI (José Leoncio), escultor uruguayo (Montevideo 1882-*id.* 1965). Realizó grupos escultóricos y monumentos.

BELLOTA n. f. Fruto de la encina, roble y otros árboles. **2.** Botón o capullo del clavel sin abrir. **3.** *Vulg.* Glande.

BELLOW (Saul), escritor norteamericano (Lachine, Quebec, 1915). Sus novelas hacen de las vicisitudes de la comunidad judía norteamericana un modelo de las angustias y del destino humanos (*Las aventuras de Augie March*, 1953; *Carpe diem*, 1956; *Herzog*, 1964; *El legado de Humboldt*, 1975; *El diciembre del decano*, 1981). [Premio Nobel de literatura, 1976.]

BELO HORIZONTE, c. de Brasil, cap. de Minas Gerais; 2 048 861 hab. (3 461 905 en la aglomeración). Centro industrial.

BELUGA n. f. Cetáceo semejante al narval, de color blanco, que mide entre 3 y 4 m de long. y habita en los mares árticos. (Familia monodóntidos.)

BELVEDERE n. m. Pabellón, mirador, lugar desde el que se descubre un amplio panorama.

BELZÚ (Manuel Isidro), general y político boliviano (La Paz 1811-*id*. 1865). Levantó a los indios y mestizos contra la aristocracia criolla. Siendo presidente de la república (1850-1855), hizo frente a unos cuarenta movimientos para derrocarle.

BEMBO, A adj. *Cuba*. Dícese de la persona de origen africano. ◆ n. m. **2.** *Cuba, Ecuad., Perú* y *P. Rico.* Bezo.

BEMOL n. m. MÚS. Signo de alteración que rebaja en un semitono la nota a la que precede. • **Doble bemol**, signo que rebaja en un tono la nota a la que afecta. ‖ **Tener bemoles** alguna cosa (*Fam.*), ser grave, dificultosa. ◆ adj. **2.** Dícese de la nota que ha sido afectada por dicho signo.

BEMOLADO, A adj. Con bemoles.

BEN BELLA (Ahmed), político argelino (Maghnia, Oranesado, 1916). Uno de los dirigentes de la insurrección de 1954, fue encarcelado en Francia de 1956 a 1962. Fue el primer presidente de la república argelina (1963-1965).

BEN GURIÓN (David), político israelí (Płońsk, Polonia, 1886-Tel-Aviv 1973), uno de los fundadores del Estado de Israel, jefe de gobierno de 1948 a 1953 y de 1955 a 1963.

BEN YEHUDA (Eliezer Perelman, llamado Eliezer), lingüista y lexicógrafo judío (Lushki, Lituania, 1858-Jerusalén 1922). Preparó el *Gran diccionario de lengua hebrea antigua y moderna*, que fue el origen del renacimiento del hebreo.

BENALCÁZAR (Sebastián de) → *Belalcázar*.

BENARÉS o **VĀRĀNASI**, c. de la India (Uttar Pradesh), junto al Ganges; 1 026 467 hab. Ciudad santa del hinduismo.

BENAVENTE (Jacinto), comediógrafo español (Madrid 1866-*id*. 1954). Su teatro, renovador pero apartado de las vanguardias europeas abarca desde la alta comedia (*Rosas de otoño*, 1905) hasta la tragedia rural (*La malquerida*, 1913) y la imitación de la commedia dell'arte (*Los intereses creados*, 1907). [Premio Nobel de literatura 1922.]

BENAVIDES (Óscar Raimundo), general y político peruano (Lima 1876-*id.* 1945). Presidente de la república en 1914-1915 (provisional) y 1933-1939.

BENCENO n. m. (fr. *benzène*). Primer término de la serie de los hidrocarburos aromáticos, de fórmula C_6H_6, líquido incoloro, volátil y combustible, obtenido a partir de la hulla y principalmente del petróleo.

BENCÍLICO, A adj. Dícese de los compuestos químicos que contienen el radical bencilo: *alcohol bencílico.*

BENCINA n. f. Primitiva denominación del benceno. **2.** Gasolina.

BENCINERA n. f. *Chile.* Instalación con surtidores para la venta de gasolina, gasolinera.

BENCINERO, A n. *Chile.* Persona que expende combustible en una bomba para tal efecto.

BENDECIR v. tr. (lat. *benedicere*) [**19a**]. Alabar, engrandecer, ensalzar: *bendecir a su protector.* **2.** Invocar la protección divina en favor de una persona, o sobre una cosa. **3.** Consagrar personas o cosas al culto divino, mediante determinada ceremonia: *bendecir un templo.* **4.** Conceder la providencia su protección o colmar de bienes.

BENDICIÓN n. f. Acción y efecto de bendecir. ◆ **bendiciones** n. f. pl. **2.** Ceremonias con que se celebra el sacramento del matrimonio.

BENDITO, A adj. y n. Santo o bienaventurado. **2.** De pocos alcances. ◆ adj. **3.** Feliz, dichoso

BENEDETTI (Mario), escritor uruguayo (Paso de los Toros 1920). Comprometido con la izquierda (*El escritor latinoamericano y la revolución posible*, 1974), es autor de cuentos (*Montevideanos*, 1959), novelas (*La tregua*, 1960; *Andamios*, 1997), poesías (*Poemas de la oficina*, 1956; *Preguntas al azar*, 1986; *Rincón de Haikus*, 1999; *El mundo que respiro*, 2001) y ensayos.

BENEFACTOR, RA adj. y n. Bienhechor.

BENEFICENCIA n. f. (lat. *beneficentiam*). Virtud de hacer bien. **2.** Práctica de obras buenas, ejercicio de caridad. **3.** Conjunto de fundaciones benéficas.

BENEFICIADO n. m. El que goza de un beneficio eclesiástico que no es curato o prebenda.

BENEFICIAR v. tr. y pron. [**1**]. Hacer bien, aprovecharse. ◆ v. tr. **2.** Hacer que una cosa produzca rendimiento o beneficio: *beneficiar un terreno.* **3.** Dar o conceder un beneficio eclesiástico. **4.** *Cuba, Chile* y *P. Rico.* Descuartizar una res y venderla al menudeo. **5.** MIN. Extraer de una mina las sustancias útiles. **6.** MIN. Someter estas sustancias al tratamiento metalúrgico.

BENEFICIARIO, A adj. y n. Que se beneficia de una situación favorable, de una donación, acción, seguro, etc.

BENEFICIO n. m. Bien que se hace o que se recibe. **2.** Utilidad, provecho, ganancia: *obtener beneficios.* **3.** Función de teatro u otro espectáculo público cuyo producto se concede a una persona o institución. **4.** Derecho que compete a uno por ley o privilegio. **5.** Ganancia realizada por una empresa y que corresponde a la diferencia entre los gastos

BEN

requeridos para la producción de un bien o de un servicio y los ingresos correspondientes a la venta de los bienes producidos en el mercado. **6.** HIST. Concesión, donación o detención temporal de tierras hechas por emperadores y reyes a los veteranos, fieles, vasallos, etc., como pago de servicios prestados o como recompensa. • **Beneficio eclesiástico,** cualquier cargo de la iglesia católica desde el pontificado hasta la auxiliaría de una capilla; renta anexa al cargo.

BENEFICIOSO, A adj. Provechoso, útil.

BENÉFICO, A adj. Que hace bien. **2.** Relativo a la beneficencia: *rifa benéfica.*

BENEMÉRITO, A adj. Digno de galardón.

BENEPLÁCITO n. m. Aprobación, permiso.

BENEVENTO, c. de Italia (Campania), cap. de prov.; 62 683 hab. Monumentos antiguos y medievales.

BENEVOLENCIA n. f. Simpatía y buena voluntad hacia las personas.

BENEVOLENTE adj. Que tiene benevolencia, favorable.

BENÉVOLO, A adj. Que tiene buena voluntad o afecto. **2.** Indulgente, tolerante.

BENGALA n. f. Fuego artificial compuesto de varios ingredientes y que despide claridad muy viva y de diversos colores.

BENGALA *(golfo de),* golfo situado en el océano Índico, entre la India, Bangladesh y Birmania; 220 000 km².

BENGALA, región del S de Asia, entre el Himalaya y el golfo de Bengala. Pasó bajo dominación británica a partir de 1757. En 1947, *Bengala Occidental* (88 000 km²; 67 982 732 hab. Cap. *Calcuta*) fue anexionada a la Unión India como estado, y *Bengala Oriental* se convirtió en el Pakistán Oriental, act. Bangladesh.

BENGALÍ adj. y n. m. y f. De Bengala. ♦ n. m. **2.** Lengua hablada en Bengala. **3.** Pájaro pequeño, de plumaje azul y pardo, originario de África tropical, que a menudo se cría en cautividad. (Familia ploceidos.)

BENI, r. de Bolivia; 1 700 km. Se une al Mamoré en la frontera brasileña, formando el Madeira.

BENI *(departamento de),* dep. de Bolivia, en la transición entre la Amazonia y el Chaco; 213 564 km²; 251 390 hab. Cap. Trinidad.

BENIDORM, v. de España (Alicante); cab. de p. j.; 75 322 hab. *(Benidormenses.)* Centro turístico.

BENIGNIDAD n. f. Calidad de benigno.

BENIGNO, A adj. Afable, benévolo: *carácter benigno.* **2.** *Fig.* Templado, apacible: *tiempo benigno.* **3.** Dícese de la enfermedad que reviste poca gravedad clínica y de los tumores no malignos.

BENÍN, antiguo reino de la costa del golfo de Guinea, al O del delta del Níger, en la actual Nigeria. Se convirtió en protectorado británico en 1892.

BENÍN, ant. **Dahomey,** estado de África occidental, junto al *golfo de Benín;* 113 000 km²; 4 800 000 hab. CAP. *Porto-Novo.* LENGUA OFICIAL: francés. MONEDA: franco C.F.A.

GEOGRAFÍA

Al S, ecuatorial y parcialmente boscoso, se opone al N, tropical y recubierto de sabanas. La mandioca es la base de la alimentación; el aceite de palma, el algodón y el cacahuete son los principales productos de exportación, que pasan por el puerto de Cotonou, ciudad principal.

HISTORIA

S. XVI: se constituyeron principados adja, en particular los de Porto-Novo, Allada y Abomey. Ss. XVII-XVIII: la supremacía de este último principado condujo a la creación del reino de Dan Homé. S. XIX: aumentó la influencia francesa. S. XX: República independiente desde 1960, Dahomey se convirtió en 1975 en República Popular de Benín. 1990: abandono del marxismo-leninismo e instauración de un régimen presidencial.

BENITO JUÁREZ, ant. **Juárez,** partido de Argentina (Buenos Aires); 20 502 hab. Ganadería vacuna.

BENJAMÍN, NA n. Hijo menor.

BENJAMÍN, último de los doce hijos de Jacob y Raquel, fundador de la *tribu de Benjamín (benjaminitas),* establecida en el S de Palestina.

BENJUÍ n. m. Resina aromática.

BENTEVEO o **BIENTEVEO** n. m. Ave de unos 20 cm de long., dorso pardo, cola y pecho amarillos y una franja blanca en la cabeza, que vive en Argentina. (Familia tiránidos.)

BENTÓNICO, A adj. Que forma parte del bentos.

BENTOS n. m. Conjunto de seres que viven fijos sobre el fondo del mar o de las aguas dulces.

BENZ (Carl), ingeniero alemán (Karlsruhe 1844-Ladenburg 1929). En 1878 construyó un motor de gas de dos tiempos y en 1886 patentó su primer coche: un triciclo con motor de gasolina.

BENZOICO, A adj. Dícese del ácido que se encuentra en el benjuí y se prepara industrialmente a partir del tolueno.

BENZOL n. m. Mezcla de benceno y tolueno, extraída del alquitrán de hulla.

BEOCIA, región de la ant. Grecia; cap. *Tebas.* Beocia, con Epaminondas, impuso su hegemonía sobre Grecia de 371 a 362 a. J.C.

BEOCIO, A adj. y n. De Beocia.

BEODEZ n. f. Embriaguez o borrachera.

BEODO, A adj. y n. Borracho, ebrio.

BEOGRAD → *Belgrado.*

BEORÍ n. m. Tapir americano.

BERAZATEGUI, partido de Argentina (Buenos Aires); 243 690 hab. Forma parte del Gran Buenos Aires.

BERBEO (Juan Francisco), capitán de los comuneros de Nueva Granada (El Socorro, Colombia, *c.* 1731-† 1795). Comandante de los comuneros, tras su derrota colaboró con los españoles, que le nombraron corregidor.

BERBERECHO n. m. Molusco bivalvo comestible, que vive en la arena de las playas.

BERBERÍA o **PAÍS DE LOS BEREBERES,** nombre que se daba a las tierras altas del NO de África: Marruecos, Argelia, Tunicia, regencia de Trípoli.

BERBIQUÍ n. m. (fr. *vilebrequin).* Instrumento por medio del cual se imprime un movimiento de rotación a una barrena, broca, etc., para taladrar.

BERCEO (Gonzalo de), poeta español (¿Berceo? fines s. XII), primer representante del mester de clerecía. Su obra, marcada por el sentimiento religioso y la intención didáctica, se nutre de fuentes latinas en prosa: *Vidas de santos (Vida de santo Domingo, Vida de san Millán y Vida de santa Oria);* obras marianas *(Milagros de Nuestra Señora),* y obras de tipo religioso en general.

BERÉBER o **BEREBERE** adj. y n. m. y f. Relativo a un conjunto de pueblos de lengua beréber, de religión musulmana orientada hacia el chiísmo, que ocupan África septentrional. ♦ n. m. **2.** La más antigua de las lenguas del norte de África, hablada por los bereberes.

BERENJENA n. f. Planta de tallo peloso y espinoso, cuyo fruto, oval o alargado, es comestible. (Familia solanáceas.) **2.** Fruto de esta planta.

BERENJENAL n. m. Terreno plantado de berenjenas. • **Meterse en un berenjenal** *(Fam.),* meterse en asuntos enredados y dificultosos.

BERG (Alban), compositor austríaco (Viena 1885-*id.* 1935), discípulo de Schönberg y uno de los pioneros del dodecafonismo serial.

BERGAMÍN (José), escritor español (Madrid 1895-San Sebastián 1983). Influido por Unamuno y el neocatolicismo francés, escribió ensayos *(El cohete y la estrella,* 1923; *Disparadero español,* 1936-1940; *Fronteras infernales de la poesía,* 1957), poesía y teatro.

BÉRGAMO, c. de Italia (Lombardía), cap. de prov., junto a los Alpes; 115 655 hab. Iglesia de Santa María Maggiore (ss. XII-XVI). Pinacoteca.

BERGAMOTA n. f. Variedad de lima, muy aromática, cuya esencia se emplea en perfumería. **2.** Variedad de pera muy jugosa y aromática.

BERGAMOTO n. m. (ital. *bergamotta).* Limero de cuyo fruto se extrae una esencia de olor muy agradable. **2.** Peral que produce la bergamota, variedad de pera.

BERGANTÍN n. m. Velero de dos palos, trinquete y mayor, compuestos de palo macho y dos masteleros.

BERGIUS (Friedrich), químico alemán (Goldschmieden, cerca de Wrocław, 1884-Buenos Aires 1949). Llevó a cabo la síntesis industrial de carburantes por hidrogenación catalítica (1921). [Premio Nobel de química 1931.]

BERGMAN (Ingmar), director de cine y de teatro sueco (Uppsala 1918). Su obra gira en torno a varios temas principales: el sentido de la vida, el bien y el mal, Dios, la incomunicación de la pareja: *El séptimo sello* (1957), *Fresas salvajes* (1957), *Persona* (1966), *La vergüenza* (1968), *Gritos y susurros* (1972), *Fanny y Alexander* (1982).

BERGSON (Henri), filósofo francés (París 1859-*id.* 1941). Hizo de la intuición el único medio para llegar al conocimiento de la duración, los hechos de la conciencia, la vida *(Materia y memoria,* 1896; *La risa,* 1900; *La evolución creadora,* 1907). [Premio Nobel de literatura 1927.]

BERILIO n. m. Cuerpo simple metálico (Be), n.° 4, de masa atómica 9,012 y densidad 1,85, utilizado en los reactores nucleares y en la industria aeroespacial.

BERILO n. m. Silicato natural de aluminio y de berilio. La variedad verde es la esmeralda; la azul irisada de verde, la aguamarina; la rosada, la morganita; la amarilla, el heliodoro.)

BERING o **BEHRING** *(estrecho de),* estrecho entre Asia (Siberia) y América (Alaska), que comunica el océano Pacífico con el Ártico. Debe su nombre al navegante danés Vitus Bering (1681-1741).

BERING o **BEHRING** *(mar de),* parte N del Pacífico, entre Asia y América, que comunica con el Ártico.

BERISSO, partido de Argentina (Buenos Aires), a orillas del Río de la Plata; 74 012 hab.

BERKELEY, c. de Estados Unidos (California), cerca de San Francisco; 102 724 hab. Universidad.

BERKELIO n. m. (de *Berkeley,* c. de E.U.A.). Elemento químico (BK), n.° 97, artificial y radiactivo.

BERLANGA (Luis García), director de cine español (Valencia 1921). Es autor de películas corales, a veces recorridas por una inspiración esperpéntica: *¡Bienvenido, Mr. Marshall!* (1951), *Los jueves milagro* (1957), *Plácido* (1961), *El verdugo* (1962), *La escopeta nacional* (1978), *La vaquilla* (1985).

BERLÍN, c. y cap. de Alemania, que constituye un Land, a orillas del Spree; 883 km²; 3 409 737 hab. *(Berlineses.)* Centro administrativo, industrial y comercial. — Monumentos de los ss. XVIII-XX. Importantes museos, entre ellos los de la isla del Spree y los del área suburbana de Dahlem.

HISTORIA

Capital del reino de Prusia y después del imperio alemán (1871), del II y del III Reich. Conquistada por las tropas soviéticas en 1945, fue dividida en cuatro sectores de ocupación administrados por los aliados. Los tres sectores de ocupación occidentales se unificaron en 1948, y la U.R.S.S. respondió con el bloqueo de Berlín (hasta 1949). Mientras el sector de ocupación soviética, *Berlín Este*, fue proclamado capital de la R.D.A. en 1949, *Berlín Oeste* se convirtió en una dependencia de la R.F.A. La R.D.A. construyó en 1961 un muro que separaba Berlín Este de Berlín Oeste. La libre circulación entre las dos partes de la ciudad se restableció en 1989. En 1990, Berlín pasó a ser la capital de la Alemania reunificada.

BERLINA n. f. (fr. *berline*). Coche hipomóvil, suspendido, con cuatro ruedas y provisto de capota. **2.** Automóvil de cuatro a seis plazas, con cuatro puertas y cuatro lunas laterales.

BERLINÉS, SA adj. y n. De Berlín.

BERLIOZ (Hector), compositor francés (La Côte-Saint-André 1803-París 1869), autor de gran sentimiento dramático y soberana escritura orquestal (*Sinfonía fantástica*, 1830; *Benvenuto Cellini*, ópera, 1838; *Réquiem*, 1837; *Romeo y Julieta*, 1839; *La condenación de Fausto*, ópera, 1828-1846).

BERMA n. f. *Chile*. Franja lateral exterior de una carretera, arcén.

BERMEJO, A adj. Rubio rojizo. **2.** Rojo.

BERMEJO, r. de Bolivia y Argentina, afl. del Paraguay; 1780 km. Forma frontera entre los dos países y desemboca al N de Resistencia.

BERMEJO, dep. de Argentina (Chaco); 23 124 hab. Centro agrícola (vid y frutales). Destilerías.

BERMELLÓN n. m. Sulfuro de mercurio pulverizado, o cinabrio, de un bello color rojo vivo. **2.** Rojo vivo parecido al color del cinabrio.

BERMUDAS n. m. o f. pl. Pantalón cuyas perneras llegan hasta la parte alta de la rodilla.

BERMUDAS, en ingl. **Bermuda**, archipiélago británico del Atlántico, al NE de las Antillas; 53,5 km²; 70 000 hab. Cap. *Hamilton*. Turismo. Descubierto c. 1515 por los españoles, inglés en 1612, goza desde 1968 de un régimen de autonomía interna.

BERNA, en alem. **Bern**, en fr. **Berne**, c. y cap. federal de Suiza y del cantón homónimo, a orillas del Aare; 136 338 hab. Universidad. Museos. Sede de la Unión postal universal. Ciudad imperial, ingresó, junto con su cantón, en la Confederación Helvética (1353). Es cap. federal desde 1848. — El *cantón de Berna* tiene 6 050 km² y 958 192 habitantes.

BERNAL (Miguel), compositor mexicano (Morelia 1910-México 1956), autor de ballets *(Navidad en Pátzcuaro)*, un poema sinfónico, una ópera, etc.

BERNÁRDEZ (Francisco Luis), poeta argentino (Buenos Aires 1900-*id.* 1978). Tras un contacto con el ultraísmo *(Alcándara*, 1925), su poesía trató una temática religiosa *(El buque*, 1935; *La ciudad sin Laura*, 1938; *El ruiseñor*, 1945; *La flor*, 1951).

BERNARDIN DE SAINT-PIERRE (Henri), escritor francés (Le Havre 1737-Eragny-sur-Oise 1814), famoso por su novela *Pablo y Virginia* (1788), de exotismo sentimental.

BERNARDO, A adj. y n. Dícese del monje o monja de la orden del Cister.

BERNARDO de Claraval (san), doctor de la Iglesia (Fontaine-lès-Dijon 1090-Clairvaux 1153). Monje del Cister (1112), cuna de los benedictinos reformados, o cistercienses, fundó la abadía de Clairvaux (1115), y predicó la segunda cruzada (1146).

BERNEGAL n. m. *Venez.* Tinaja pequeña que sirve para recoger el agua que destila el filtro.

BERNÉS, SA adj. y n. De Berna.

BERNI (Antonio), pintor argentino (Rosario 1905-Buenos Aires 1981). Reflejó temas populares argentinos en obras de gran expresividad, con diversas técnicas y materiales.

BERNINI (Gian Lorenzo), arquitecto, escultor y pintor italiano (Nápoles 1598-Roma 1680). Maestro del barroco monumental y decorativo, realizó numerosos trabajos para las iglesias de Roma.

BERREAR v. intr. [1]. Emitir berridos. **2.** *Fig.* Emitir gritos estridentes.

BERRENDO, A adj. Manchado de dos colores: *trigo berrendo.* **2.** TAUROM. Dícese del toro con manchas de color distinto del de la capa. ♦ n. m. **3.** Bóvido conocido también con el nombre de antílope americano. (Familia antilocápridos.)

BERREO n. m. Acción de berrear.

BERRETÍN n. m. *Amér.* Capricho, antojo.

BERRIDO n. m. Voz del becerro y otros rumiantes. **2.** *Fig.* Grito del que berrea.

BERRINCHE n. m. *Fam.* Rabieta, enfado o llanto violentos y cortos.

BERRINCHUDO, A adj. *Amér.* Enojadizo.

BERRO n. m. Planta herbácea que se cultiva en los berrizales y es apreciada por sus partes verdes, comestibles. (Familia crucíferas.)

BERRO (Bernardo Prudencio), político uruguayo (1779-Montevideo 1868). Miembro del Partido blanco, fue presidente de la república (1816-1868).

BERROQUEÑO, A adj. y n. f. **Piedra berroqueña**, granito, roca de cuarzo.

BERRUECO n. m. Roca granítica que ha adquirido una forma más o menos redondeada. **2.** Denominación popular de una lesión de aspecto verrugoso que aparece en la pupila.

BERTOLUCCI (Bernardo), director de cine italiano (Parma 1940). Sus películas, evocación de sus obsesiones o representación de la historia, revelan una constante preocupación formal *(El último emperador*, 1987; *El cielo protector*, 1990; *Pequeño Buda*, 1993; *Belleza robada*, 1997).

BERTONI (Moisés), naturalista paraguayo (Tessino 1857-Puerto Bertoni 1929). Estudió la flora y el clima de Paraguay y realizó hallazgos arqueológicos.

BERTRAND (Francisco), político hondureño († 1926). Presidente de la república (provisional, en 1911-1912, y de 1913 a 1919).

BERUTTI (Arturo), compositor argentino (San Juan 1862-Buenos Aires 1938). Revalorizó los temas de inspiración nacional: *Sinfonía argentina* (1890) y óperas, como *Pampa* (1897). — Su hermano **Pablo** (San Juan 1870-Buenos Aires 1916), escribió óperas y fundó un conservatorio en Buenos Aires.

BERZA n. f. Col.

BERZAL n. m. Terreno plantado de berzas.

BERZOTAS adj. y n. m. y f. (pl. *berzotes*). *Fam.* Torpe, necio.

BESALAMANO n. m. (pl. *besalamanos*). Comunicación escrita que empieza con la abreviatura B. L. M. redactada en tercera persona y sin firma.

BESAMANOS n. m. (pl. *besamanos*). Recepción oficial en la que los reyes o personas que los representan reciben el saludo de los concurrentes. **2.** Modo de saludar a alguien besándole la mano.

BESAMEL o **BESAMELA** n. f. Bechamel.

BESANA n. f. Labor de surcos paralelos que se hace con el arado.

BESANÇON, c. de Francia, cap. de la región de Franco Condado y del dep. de Doubs, a orillas del Doubs; 119 194 hab. Catedral románica y gótica. Edificios del renacimiento. Ciudadela de Vauban. Museos.

BESAR v. tr. y pron. (lat. *basiare*) [1]. Tocar u oprimir con un movimiento de los labios, en señal de amor, amistad, saludo o reverencia. **2.** *Fig.* Estar en contacto cosas inanimadas. ♦ v. pron. **3.** Tropezar una persona con otra, dándose un golpe.

BESO n. m. Acción de besar. • **Beso de Judas**, el que se da con doble y falsa intención.

BESTIA n. f. (lat. *bestiam*). Animal cuadrúpedo, especialmente el doméstico de carga. ♦ adj. y n. m. y f. **2.** *Fam.* Rudo e ignorante.

BESTIAL adj. Brutal, irracional. **2.** *Fig.* y *fam.* Desmesurado, extraordinario: *una obra bestial.*

BESTIALIDAD n. f. Brutalidad, irracionalidad. **2.** Relación sexual de una persona con una bestia.

BESTIALIZARSE v. pron. [1g]. Hacerse bestial, vivir o proceder como las bestias.

BESTIARIO n. m Hombre que luchaba con las fieras en los circos romanos. **2.** Conjunto de la iconografía animalística medieval.

BEST-SELLER n. m. (voz inglesa) [pl. *best-sellers*]. Libro de gran tirada que constituye un éxito editorial.

BESUCAR v. tr. [1a]. *Fam.* Besuquear.

BESUGO n. m. Pez óseo acantopterigios de carne blanca y delicada que cuando son adultos presentan una mancha negra en la axila de las aletas torácicas. (Familia espáridos.)

BESUGUERA n. f. Recipiente ovalado para guisar besugos y otros pescados.

BESUQUEAR v. tr. [1]. *Fam.* Besar repetidamente.

BETA n. f. Segunca letra del alfabeto griego (β). • **Rayos beta**, flujo de electrones o de positrones emitido por ciertos elementos radiactivos.

BETABEL n. f. *Méx.* Remolacha.

BETANCES (Ramón Emeterio), llamado **el Antillano**, escritor y médico puertorriqueño (Cabo Rojo 1830-París 1898), líder del abolicionismo de la esclavitud y de la independencia de Puerto Rico y Cuba.

BETANCOURT (Esteban), escultor cubano (Camagüey 1893-La Habana 1942), autor de monumentos *(Monumento a Martí*, Puerto Padre; *Amor y muerte; Aurora).*

BETANCOURT (Rómulo), político y periodista venezolano (Guatire, Miranda, 1908-Nueva York 1981), fundador de Acción democrática (1941). Dio un golpe de estado contra Medina Angarita y encabezó una junta revolucionaria (1945-1948). Fue presidente de la república de 1959 a 1964.

BETANCUR (Belisario), político colombiano (Amaga, Antioquia, 1923). Fue presidente de la república en 1982-1986.

BETARRAGA o **BETARRATA** n. f. Remolacha.

BETHE (Hans Albrecht), físico alemán nacionalizado norteamericano (Estrasburgo 1906). En 1938 descubrió el ciclo de transformaciones termonucleares explicativo del origen de la energía del Sol y de las estrellas. (Premio Nobel de física 1967.)

BETSABÉ o **BETHSABÉE**, madre de Salomón.

BETULÁCEO, A adj. y n. f. Relativo a una familia de plantas arborescentes apétalas, a la que pertenecen el aliso y el abedul.

BETÚN n. m. Materia mineral natural, rica en carbono y en hidrógeno, que arde con una llama y olor peculiar. **2.** Mezcla de varios ingredientes con que se lustra el calzado. **3.** *Méx.* Mezcla de clara de huevo y azúcar batidos que sirve para bañar muchas clases de dulces.

BETUNERO, A n. Persona que elabora o vende betunes. **2.** Limpiabotas.

BEYLE (Henri) → **Stendhal**.

BEZO n. m. Labio grueso.

BHADGÁUN, BHATGAON o **BHAKTAPUR**, c. de Nepal; 84 000 hab. Ant. ciudad fundada en la s. IX, y cap. de la dinastía Malla (s. XIII-XIV). Monumentos de los ss. XV-XVII.

BHUTÁN o **BUTÁN**, estado de Asia situado junto al Himalaya; 47 000 km²; 1 400 000 hab. CAP. *Thimbu*. LENGUA OFICIAL: tibetano. MONEDAS: *ngultrum* y *rupia india*. Reino vasallo de la India en

1865, sometido primero a un semiprotectorado británico (1910) y luego indio (1949), es independiente desde 1971.

BHUTTO (Zulfikar 'Alī), estadista paquistaní (Lar kana 1928-Rawalpindi 1979). Presidente de la república (1971-1973) y luego primer ministro hasta 1977, fue derrocado y ejecutado por el general Zia ul-Haq. – Su hija **Benazir** (Karachi 1953) fue primera ministra de 1988 a 1990 y de 1993 a 1996.

Bi, símbolo químico del *bismuto*.

BIAFRA (*República de*), nombre que adoptó la región suroriental de Nigeria, habitada mayoritariamente por ibo, durante la secesión armada de 1967 a 1970.

BIAJAIBA n. f. Perciforme de 30 cm de long., aleta dorsal y pectoral de color rojo y cola ahorquillada, que vive en las costas de las Antillas. (Familia mesopriónidos.)

BIANUAL adj. Bienal.

BIAXIAL adj. Que posee dos ejes, que se efectúa o se ejerce según dos ejes.

BIBELOT n. m. (pl. *bibelots*). Galic. Muñeco, figurilla, chuchería, etc.

BIBERÓN n. m. Envase en forma de pequeña botella, con un extremo provisto de una tetina, empleado en la lactancia artificial de los recién nacidos.

BIBLIA n. f. (gr. *biblia*, libros). Conjunto de libros santos judíos y cristianos, constituido por el Antiguo testamento y el Nuevo testamento. San Jerónimo realizó una traducción latina de los dos testamentos, la *Vulgata* (s. IV), que se convirtió en la versión oficial de la Iglesia de Occidente. **2.** *Fig.* Libro de cabecera, libro doctrinal que hay que consultar muy a menudo. • **Papel biblia**, papel muy delgado pero suficientemente opaco para su impresión.

BÍBLICO, A adj. Relativo a la Biblia.

BIBLIÓFILO, A n. Persona aficionada a los libros raros y valiosos.

BIBLIOGRAFÍA n. f. Conjunto de libros escritos sobre un tema o sobre un autor. **2.** Ciencia que tiene por objeto la investigación, descripción y clasificación de los textos impresos.

BIBLIOGRÁFICO, A adj. Relativo a la bibliografía.

BIBLIÓGRAFO, A n. Especialista en bibliografía.

BIBLIOLOGÍA n. f. Estudio general del libro en sus aspectos histórico y técnico.

BIBLIOMANÍA n. f. Pasión excesiva por los libros.

BIBLIORATO n. m. *Argent.* y *Urug.* Carpeta de cartón, de lomo ancho, con anillas, para archivar documentos, facturas, etc.

BIBLIOTECA n. f. (lat. *bibliothecam*). Colección de libros o manuscritos. **2.** Lugar en que se guardan. **3.** Mueble con estantes donde se colocan los libros. **4.** INFORMÁT. Librería.

BIBLIOTECARIO, A n. Persona que tiene a su cargo la dirección o el cuidado de una biblioteca.

BICAMERAL adj. Relativo al bicameralismo.

BICAMERALISMO n. m. Sistema político basado en dos asambleas legislativas.

BICARBONATO n. m. Carbonato ácido, y en particular sal de sodio $NaHCO_3$.

BICÉFALO, A adj. Que tiene dos cabezas.

BÍCEPS adj. De dos cabezas, dos puntas, dos cintas o cabos. ♦ n. m. **2.** ANAT. Nombre de dos músculos, uno en la extremidad superior y otro en la inferior, cuyos extremos comprenden dos cuerpos musculares distintos y que tienen dos tendones de inserción en cada extremo.

BICHA n. f. *Fam.* Culebra.

BICHE adj. *Amér.* Canijo y enteco. **2.** *Colomb.* y *Par.* Dícese de la fruta verde o de las cosas que no han alcanzado completo desarrollo. **3.** *Perú.* Dícese de una olla de gran tamaño.

BICHEADERO n. m. *Argent.* Atalaya.

BICHEAR v. tr. e intr. [1]. *Argent.* Vigilar, espiar, explorar.

BICHERO n. m. Punta de hierro, con uno o dos garfios, fijada al extremo de un asta de madera y que se utiliza para aferrar cables, brandales, escalas, etc., así como las maniobras de atraque y desatraque de las embarcaciones menores. **2.** Arpón de mango largo.

BICHO n. m. Animal pequeño. **2.** Bestia. **3.** *Fig.* Persona de figura ridícula o de mal genio. **4.** TAUROM. Toro de lidia. • **Bicho de luz** (*Argent.*), luciérnaga. ‖ **Bicho viviente**, persona. ‖ **Mal bicho**, persona malintencionada.

BICHOCO, A adj. y n. *Amér. Merid.* Dícese de la persona o animal que por debilidad o vejez no puede apenas moverse.

BICICLETA n. f. Vehículo con dos ruedas de igual diámetro, de las cuales la trasera está accionada por un sistema de pedales que actúa sobre una cadena. (Suele abreviarse *bici*.)

BICICLO n. m. Vehículo con dos ruedas de diámetros diferentes, que se utilizó a fines del s. XIX.

BICOCA n. f. *Fam.* Cosa muy ventajosa y que cuesta poco.

BICOLOR adj. De dos colores.

BICÓNCAVO, A adj. Que presenta dos caras cóncavas opuestas.

BICONVEXO, A adj. Que presenta dos caras convexas opuestas.

BICOQUE n. m. *Amér.* Coscorrón dado con los nudillos en la cabeza.

BICORNIO n. m. Sombrero de dos picos.

BICROMÍA n. f. Impresión o grabado en dos colores.

BICUADRADO, A adj. MAT. Dícese del trinomio de cuarto grado $ax^4 + bx^2 + c$ y de la ecuación de cuarto grado $ax^4 + bx^2 + c = 0$. (Esta ecuación se resuelve con la ayuda de la incógnita auxiliar $y = x^2$.)

BICÚSPIDE adj. De dos cúspides o puntas. ♦ adj. y n. f. **2.** ANAT. Dícese de la válvula mitral.

BIDÉ o **BIDET** n. m. (fr. *bidet*). Aparato sanitario para la higiene íntima.

BIDÓN n. m. Recipiente de hojalata o de chapa, que sirve para envasar petróleo, aceite, etc.

BIEDMA, dep. de Argentina (Chubut); 45 583 hab. Cab. *Puerto Madryn*, puerto exportador.

BIELA n. f. Barra que, mediante articulaciones fijadas en sus extremos, une dos piezas móviles y sirve para transmitir y transformar un movimiento.

BIELDO n. m. Instrumento de madera para aventar las mies.

BIELORRUSIA, en bielorruso *Bielarus*, ant. Rusia Blanca, Estado de la Europa oriental, junto a Polonia; 208 000 km²; 10 260 000 hab. (*Bielorrusos.*) CAP. *Minsk*. LENGUA OFICIAL: bielorruso. MONEDA: rublo.

GEOGRAFÍA
El país, habitado por casi un 80 % de bielorrusos de origen, presenta un relieve poco contrastado y goza de un clima fresco y húmedo; está parcialmente cubierto de bosques. La ganadería (bovina y porcina) está asociada a menudo con los cultivos (patatas, remolacha). La industria (construcciones mecánicas, eléctricas y electrónicas) se resiente de la pobreza del subsuelo: yacimientos de potasa, turba utilizada para centrales térmicas.

HISTORIA
Ss. IX-XII: la región, habitada por eslavos orientales, formaba parte de la Rusia de Kiev. Ss. XIII-XIV: se integró en el gran ducado de Lituania, unido a Polonia a partir de 1385. Ss. XIV-XVII: se diferenciaron tres ramas de eslavos orientales, bielorrusos, rusos y ucranianos. La influencia polaca se hizo preponderante y la cultura bielorrusa sólo se extendió entre los campesinos. 1772-1793: los dos primeros repartos de Polonia concedieron Bielorrusia al imperio ruso. 1919: se proclamó la República Socialista Soviética de Bielorrusia, independiente. 1921: la parte occidental de Bielorrusia fue anexionada a Polonia. 1922: la R.S.S. de Bielorrusia se adhirió a la U.R.S.S. 1939: le fue incorporada la Bielorrusia occidental. 1945: la R.S.S. de Bielorrusia se convirtió en miembro de la O.N.U. 1991: el soviet supremo proclamó la independencia del país (ag.), que se adhirió a la C.E.I. (dic.). 1996: acuerdo con Rusia para la creación de la Comunidad de repúblicas soberanas (C.R.S.), marco de una futura unión política y económica; aprobación por referéndum de una nueva constitución. 1997: firma de un tratado de la Unión con Rusia, aunque manteniendo cada país su independencia. 2001: El presidente A. Lukashensko es reelecto.

BIELORRUSO, A adj. De Bielorrusia. ♦ n. m. **2.** Lengua eslava oriental que se habla en Bielorrusia.

BIEN adv. m. Según es debido, de manera razonable, acertada o perfecta: *portarse bien*. **2.** Según se apetece o requiere: *vendía bien sus pinturas*. **3.** Sin inconveniente o dificultad. **4.** Con buena salud, sano: *no encontrarse bien*. **5.** De buena gana, con gusto. **6.** Denota cálculo o lo aproximado, y equivale a *cierta* o *seguramente*: *bien se gastaron mil pesetas*. **7.** Denota condescendencia o asentimiento: *¿quieres ir?* – *Bien*. **8.** Mucho, muy, bastante: *me gusta la sopa bien caliente*. • **Tener a bien**, o **por bien**, estimar justo o conveniente. ♦ conj. **9.** Se usa repetido, como partícula distributiva. **10.** Partícula concesiva en *bien que*, *si bien*, *aunque*. **11.** Denota ilación en *pues bien*. **12.** Partícula ilativa en *y bien* y suele, además, introducir una pregunta.

BIEN n. m. Aquello que se ofrece a la voluntad como fin propio. **2.** Lo que es bueno, útil o agradable. **3.** Utilidad, beneficio. **4.** ECON. Todo lo que se reconoce como apto para satisfacer una necesidad humana y disponible para esta función. • **Bienes de consumo** (ECON.), bienes que sirven para satisfacer las necesidades directas del público. ‖ **Bienes de producción**, bienes que sirven para la elaboración de bienes de consumo. • **bienes** n. m. pl. **5.** Hacienda, riqueza, caudal.

BIENAL adj. Que se repite cada bienio. **2.** Que dura un bienio. ♦ n. f. **3.** Exposición o manifestación artística organizada cada dos años.

BIENANDANZA n. f. Felicidad, dicha, fortuna.

BIENAVENTURADO, A adj. y n. Que goza de la bienaventuranza eterna. **2.** *Irón.* Excesivamente cándido. ♦ adj. **3.** Afortunado, feliz.

BIENAVENTURANZA n. f. Visión beatífica, vista y posesión de Dios en el cielo. **2.** Prosperidad o felicidad humana. ♦ **bienaventuranzas** n. f. pl. **3.** Grupo de ocho sentencias con las que al principio el sermón de la montaña, que empiezan con la palabra «Bienaventurados», y fueron recogidas en los Evangelios.

BIENESTAR n. m. Comodidad, abundancia de las cosas necesarias para vivir a gusto. **2.** Satisfacción, tranquilidad de espíritu.

BIENHABLADO, A adj. Que habla con corrección o con finura.

BIENHADADO, A adj. Afortunado.

BIENHECHOR, RA adj. y n. Que hace bien a otro.

BIENINTENCIONADO, A adj. Que tiene buena intención.

BIENIO n. m. Período de dos años.

BIENQUISTAR v. tr. y pron. [1]. Conciliar, congraciar.

BIENVENIDO, A n. f. Llegada feliz. **2.** Parabién que se da a uno por haber llegado con felicidad.

BIES n. m. Tira de tela cortada al sesgo. • **Al bies**, oblicuamente.

BIFÁSICO, A adj. Dícese de un sistema de dos corrientes eléctricas alternas iguales, procedentes del mismo generador.

BIFE n. m. *Argent., Chile* y *Urug.* Bistec. **2.** *Argent., Perú* y *Urug. Fig.* y *fam.* Cachetada, bofetada.

BÍFIDO, A adj. Dividido en dos partes: *lengua bífida.*

BIFOCAL adj. Dícese del cristal corrector cuyas partes superior e inferior presentan distintas distancias focales diferentes.

BIFURCACIÓN n. f. Acción y efecto de bifurcarse. **2.** Lugar en que un camino, vía férrea, etc., se bifurca.

BIFURCARSE v. pron. [1a]. Dividirse en dos ramales, brazos o puntas.

BIGAMIA n. f. Estado de bígamo.

BÍGAMO, A adj. y n. Casado con dos personas al mismo tiempo.

BÍGARO n. m. Gasterópodo marino de concha oscura, que vive en las aguas del litoral, y cuya carne es apreciada. (Familia litorínidos.)

BIGATTI (Alfredo), escultor argentino (Buenos Aires 1898-*id.* 1964). Destaca su *Monumento al general Mitre* (La Plata, 1942).

BIG-BANG n. m. (voces inglesas). Fase inicial del universo correspondiente a un factor de escala nulo, prevista por los modelos cosmológicos relativistas, que describen un universo homogéneo e isótropo.

BIGNONE (Reynaldo), político y militar argentino (Morón 1928). Participó en el golpe de estado militar de 1976, y fue presidente de la república de 1982 a 1983.

BIGNONIA n. f. Arbusto trepador, originario de América o de Asia, a menudo cultivado por sus grandes flores anaranjadas. (Familia bignoniáceas.)

BIGORNIA n. f. Especie de yunque muy alargado, con dos puntas opuestas.

BIGOTE n. m. Pelo que nace sobre el labio superior. **2.** *Méx.* Croqueta. • **De bigotes,** estupendo, muy bien.

BIGOTERA n. f. Tira de tejido que servía para cubrir los bigotes durante el sueño, para que no se desrizasen. **2.** Compás pequeño que permite trazar arcos o circunferencias de radio muy corto.

BIGOTUDO, A adj. Que tiene mucho bigote.

BIGUA n. m. Ave americana de unos 70 cm de long., de color pardo negruzco uniforme, que vive en Argentina y Uruguay.

BIJA n. f. Árbol de poca altura, de flores rojas y olorosas y fruto oval, que se cultiva en las regiones cálidas de América y la India. (Familia bixáceas.) **2.** Fruto y semilla de este árbol. **3.** Pasta tintórea que se prepara con dicha semilla.

BIJAO n. m. Planta de grandes hojas, que aprovechan los campesinos de Venezuela para cubrir sus viviendas. (Familia musáceas.)

BIJIRITA n. m. y f. Cubano de padre español.

BIKINI o **BIQUINI** n. m. Bañador de dos piezas, de dimensiones reducidas.

BIKINI, atolón de Micronesia (islas Marshall).

BILABIADO, A adj. BOT. Dícese de la corola y del cáliz divididos en dos.

BILABIAL adj. y n. f. Dícese de la consonante que se pronuncia con los dos labios (p, b, m).

BILATERAL adj. Dícese de lo que se refiere a ambas partes o aspectos de una cosa, de un organismo, etc. **2.** DER. Dícese del contrato en virtud del cual se crean obligaciones para ambas partes.

BILBAÍNO, A adj. De Bilbao.

BILBAO o **BILBO,** v. de España, cap. de la prov. y de c. aut. de p. j.; 372 074 hab. *(Bilbaínos.)* La c. forma con otras vecinas una extensa conurbación y un complejo económico que se extiende por la ría del Nervión. Es el principal núcleo industrial del País Vasco (siderurgia), cuyo desarrollo se inició a fines del s. XIX y culminó con la creación de Altos hornos de Vizcaya. También destaca la química y el refino de petróleo. Importante actividad portuaria, cuya prosperidad data de los ss. XV-XVI, y financiera. Aeropuerto. Catedral gótica de Santiago (1404). Edificios civiles del s. XIX. Museo de bellas artes. Museo Guggenheim. Santuario de Begoña.

BILBILITANO, A adj. y n. De la antigua Bílbilis o de la actual Calatayud.

BILET n. m. *Méx.* Lápiz de labios.

BILIAR adj. Relativo a la bilis.

BILINGÜE adj. Que habla dos lenguas. **2.** Escrito en dos idiomas.

BILINGÜISMO n. m. Cualidad de un individuo o de una población bilingüe.

BILIOSO, A adj. Relativo a la bilis. **2.** Abundante en bilis.

BILIRRUBINA n. f. Pigmento de la bilis.

BILIS n. f. (lat. *bilis*). Líquido viscoso, amargo, ligeramente alcalino, segregado de modo continuo por el hígado. **2.** *Fig.* Cólera, ira, irritabilidad.

BILLAR n. m. Juego que se realiza con bolas de marfil, impulsadas mediante un taco sobre una mesa rectangular rodeada de bandas elásticas. **2.** La propia mesa. **3.** Sala donde se practica.

BILLETAJE n. m. Conjunto de billetes de un espectáculo, transporte público, rifa, etc.

BILLETE n. m. Carta breve. **2.** Tarjeta o cédula que da derecho para entrar u ocupar asiento en un local, vehículo, etc. **3.** Cédula que acredita participación en una rifa o lotería. • **Billete de banco,** instrumento de pago considerado actualmente como moneda.

BILLETERO n. m. Cartera de bolsillo que sirve para llevar billetes de banco. SIN.: *billetera.* **2.** *Méx.* y *Pan.* Persona que se dedica a vender billetes de lotería.

BILLINGHURST (Guillermo), político peruano (Arica 1851-† 1915). Demócrata, fue presidente de la república (1912). El ejército lo derrocó en 1914.

BILLINI (Francisco Gregorio), escritor, político y pedagogo dominicano (1844-1898). Presidente de la república (1884-1885), renunció al cargo y se dedicó a la literatura y el periodismo.

BILLÓN n. m. Un millón de millones (10^{12} o 1 000 000 000 000).

BILLONÉSIMO, A adj. y n. Dícese de cada una de las partes iguales de un todo dividido en un billón de ellas. ♦ adj. **2.** Que ocupa el último lugar en una serie ordenada de un billón.

BÍMANO, A adj. Que tiene dos manos.

BIMEMBRE adj. De dos miembros o partes.

BIMENSUAL adj. Que se hace u ocurre dos veces al mes.

BIMESTRAL adj. Que se repite cada dos meses. **2.** Que dura dos meses.

BIMESTRE adj. Bimestral. ♦ n. m. **2.** Tiempo de dos meses. **3.** Cantidad que se cobra o paga cada dos meses.

BIMOTOR, adj. y n. m. Que está provisto de dos motores: *avión bimotor.*

BINARIO, A adj. MAT. Dícese de una relación que une dos elementos. **2.** MAT. Dícese del sistema de numeración que tiene por base 2: *número binario.* **3.** MÚS. Dícese de los compases formados por tiempos pares y de las composiciones divididas en dos partes. • **Código decimal binario,** sistema de numeración de los ordenadores electrónicos en el cual las cifras decimales están representadas por su equivalente binario.

BINGARROTE n. m. Aguardiente que se elabora en México destilando el binguí.

BINGO n. m. Juego que consiste en ir señalando las casillas numeradas de unos cartones, a medida que van extrayéndose los números de un bombo, ganando quien primero rellena todas las casillas de su cartón. SIN.: *lotería.* **2.** Sala donde se realiza este juego. **3.** Premio que recibe el que gana este juego.

BINGUÍ n. m. Bebida mexicana fermentada extraída del tronco del maguey.

BINOCULAR adj. Que se realiza mediante los dos ojos: *visión binocular.* **2.** Dícese del aparato óptico con dos oculares.

BINÓCULO, n. m. Anteojos que se sujetan a la nariz.

BINOMIO n. m. MAT. Expresión algebraica formada por la suma o la diferencia de dos términos o monomios. (Ej.: $a + b$; $b^2 - 4ac$.) • **Binomio de Newton,** fórmula mediante la cual Newton dio el desarrollo de las potencias de un binomio afectado de un exponente cualquiera.

BIOBÍO o **Bío-bío,** r. de Chile, en el Valle Central; 370 km. Navegable (transporte de maderas).

Biobío (región del), región del centro de Chile; 36 929 km²; 1 729 920 hab. Cap. *Concepción.*

BIOCLIMA n. m. BIOL. Cada uno de los tipos de clima que se distinguen atendiendo al complejo de factores climáticos que afectan al desarrollo de los seres vivos.

BIOCLIMATOLOGÍA n. f. Estudio de la influencia de los factores climáticos sobre el desarrollo de los organismos vivientes.

BIODEGRADABLE adj. Dícese del producto industrial que, una vez desechado, es destruido por las bacterias u otros agentes biológicos.

BIODEGRADACIÓN n. f. Destrucción de un producto biodegradable.

BIODIVERSIDAD n. f. Diversidad de las especies vivientes y de sus caracteres genéticos.

BIOELEMENTO n. m. Elemento constitutivo de los seres vivos.

BIOENERGÍA n. f. Energía renovable obtenida por transformación química de la biomasa.

BIOFÍSICA n. f. Estudio de los fenómenos biológicos aplicando métodos propios de la física.

BIOGÉNESIS n. f. Aparición de la vida en la Tierra.

BIOGEOGRAFÍA n. f. Estudio de la distribución de los vegetales, y a menudo también de los animales, en la superficie terrestre.

BIOGRAFÍA n. f. Historia de la vida de una persona.

BIOGRAFIAR v. tr. [1t]. Hacer una biografía.

BIOGRÁFICO, A adj. Relativo a la biografía.

BIÓGRAFO, A n. Persona que escribe una biografía.

BIOLOGÍA n. f. Ciencia de la vida, y especialmente del ciclo reproductor de las especies.

BIOLÓGICO, A adj. Relativo a la biología. **2.** Que se refiere a productos naturales, no tratados químicamente: *productos biológicos.* • **Agricultura biológica,** tipo de agricultura que no utiliza ni abonos ni pesticidas químicos. | **Arma biológica,** arma que utiliza organismos vivos o toxinas para provocar la enfermedad o la muerte de los hombres o de los animales.

BIÓLOGO, A n. Especialista en biología.

BIOMA n. m. Cada uno de los grandes medios del planeta: océano, bosque, pradera, conjunto de las aguas dulces, etc.

BIOMASA n. f. Masa total de los seres vivos animales y vegetales que subsisten en equilibrio en una extensión dada de terreno o en un volumen determinado de agua de mar o dulce.

BIOMBO n. m. Mampara plegable compuesta de varios bastidores articulados.

BIOMETRÍA n. f. Parte de la biología que aplica sobre los seres vivos los métodos estadísticos.

BIÓNICA n. f. Ciencia que estudia determinados procesos biológicos con objeto de aplicar resultados análogos a fines militares o industriales.

BIOPSIA n. f. Estudio diagnóstico, por lo común microscópico, de una porción

BIO

tejido extraída de un cuerpo vivo: *biopsia de matriz*.
BIOQUÍMICA n. f. Parte de la química que estudia la constitución de la materia viva y sus reacciones.
BIOQUÍMICO, A adj. Relativo a la bioquímica. ♦ n. **2.** Especialista en bioquímica.
BIORRITMO n. m. Todo fenómeno periódico en los reinos animal y vegetal. SIN.: *ritmo biológico*.
BIOSFERA n. f. Conjunto que forman los seres vivos con el medio en que se desarrollan. SIN.: *ecosfera*.
BIOSÍNTESIS n. f. Formación de una sustancia orgánica en el seno de un ser vivo.
BIOTA n. f. Conjunto de la fauna y la flora de un determinado lugar.
BIOTECNOLOGÍA n. f. Parte de la ciencia que estudia la obtención de productos útiles a partir de células vivas.
BIOTERAPIA n. f. Empleo de los seres vivos en el tratamiento de las enfermedades.
BIÓTICO, A adj. ECOL. Relativo a la vida o que permite su desarrollo.
BIOTIPO n. m. Tipo biológico caracterizado por la constancia de ciertos caracteres físicos y síquicos, que permite individualizar un grupo.
BIOTIPOLOGÍA n. f. Ciencia que estudia las correlaciones que se pueden establecer entre la forma corporal, fisiologismo y comportamiento sicológico del individuo. SIN.: *tipología*.
BIOTOPO n. m. ECOL. Área geográfica correspondiente a una agrupación de seres vivos sometidos a condiciones relativamente constantes o cíclicas.
BIÓXIDO n. m. Dióxido.
BIOY CASARES (Adolfo), escritor argentino (Buenos Aires 1914). Exponente de la literatura fantástica (*La invención de Morel*, 1940; *Historia prodigiosa*, 1956), en ocasiones opta por una ambientación más real (*El sueño de los héroes*, 1954; *Diario de la guerra del cerdo*, 1969; *Dormir al sol*, 1973; *Historias desaforadas*, 1986; *Memoria sobre la pampa y los gauchos*, 1996), sin abandonar lo sobrenatural. (Premio Cervantes 1990.)
BÍPARO, A adj. Que produce dos seres en el parto o nacimiento.
BIPARTICIÓN n. f. División de una cosa en dos partes.
BIPARTIDISMO n. m. Régimen político caracterizado por la alternancia en el poder de dos partidos.
BIPARTIDO, A adj. Dícese de todo órgano que está dividido en dos segmentos: *hoja bipartida*.
BIPARTITO, A adj. Bipartido. **2.** Dícese de la reunión, convenio, etc., en que figuran dos partes contratantes: *conferencia bipartita*.
BÍPEDO, A adj. y n. m. De dos pies. ♦ n. **2.** Conjunto de dos remos en un caballo.
BIPLANO n. m. y adj. Avión cuyas alas están formadas por dos planos de sustentación.
BIPLAZA n. m. y adj. Vehículo, y particularmente avión, de dos plazas.
BIPOLAR adj. Que tiene dos polos.
BIPOLARIDAD n. f. Condición de bipolar.
BIQUINI n. m. Bikini.
BIRARO o **BIRARÓ** n. m. Planta arbórea de madera pardo rosada que crece en América Meridional. (Familia cesalpiniáceas.)
BIRIJÍ n. m. Diversos árboles maderables que crecen en las Antillas, cuyo fruto sirve de alimento para el ganado de cerda. (Familia mirtáceas.)
BIRLAR v. tr. [1]. *Fam.* Hurtar, quitar algo valiéndose de intrigas.
BIRLIBIRLOQUE. **Por arte de birlibirloque** (*Fam.*), por medios ocultos y extraordinarios.
BIRMANIA o **MYANMAR**, en ingl. **Burma**, estado de Indochina occidental que ocupa en una federación de los 7 estados o provincias de la ant. colonia británica de Birmania y a 7 estados «periféricos» habitados por minorías étnicas; 678 000 km²;

42 100 000 hab. (*Birmanos*.) CAP. *Rangún* (*Yangon*). LENGUA OFICIAL: *birmano*. MONEDA: *kyat*.
GEOGRAFÍA
Situado en el dominio del monzón, es un país casi exclusivamente agrícola, notable productor de arroz. Los demás cultivos, de subsistencia o comerciales (algodón, cacahuete, té, hevea), son secundarios. La explotación forestal (teca, bambú) es el principal recurso (con la adormidera) de las regiones periféricas.
HISTORIA
Los reinados de los thai (shan), los môn y los birmanos. 832: la antigua civilización de los pyu desapareció ante los ataques de los thai. S. IX: los môn instauraron en la baja Birmania el reino de Pegu y los birmanos procedentes del noreste llegaron a Birmania central. S. XI: constituyeron un estado en torno a Pagan (fundada en 849), que sucumbió ante los ataques de los mongoles y de los shan (1287-1299). 1347-1752: los birmanos reconstituyeron un reino cuya capital era Toungoo. 1539-1541: conquistaron el territorio môn y controlaron a partir de 1555 la región que gobernaba desde 1364 la dinastía shan de Ava. 1752: los môn se adueñaron de Ava y pusieron fin al reino de Toungoo. 1752-1760: Alaungpaya reconstituyó el imperio birmano. 1816-1824: éste se amplió con Manipur y Assam, que los británicos le arrebataron en 1826. 1852-1855: estos últimos conquistaron Pegu y anexionaron Birmania al imperio de las Indias. 1942-1948: Birmania, invadida por los japoneses (1942) y reconquistada por los aliados en 1944-1945, accedió a la independencia (1948).
La Birmania independiente. 1948-1962: U Nu, primer ministro de la Unión Birmana (1948-1958; 1960-1962), se enfrentó a la guerra civil desencadenada por los comunistas y la rebelión de los karen (1949-1955). 1962: el general Ne Win se hizo con el poder, implantó un partido único y aplicó un programa de construcción del socialismo. No obstante, las rebeliones étnicas se reanudaron y las tensiones entre las minorías hinduista, musulmana y cristiana, y la mayoría budista se mantuvieron. 1981: Ne Win fue sustituido por el general San Yu al frente del estado, aunque conservó el poder efectivo. 1988: Ne Win y San Yu dimitieron de sus cargos; la oposición al poder militar se extendió y reclamó la democratización del régimen. 1990: la oposición ganó las elecciones pero los militares conservaron el poder. 1992: el general Tan Shwe es nombrado presidente de la junta militar y primer ministro. 1997: Birmania ingresa en la A.S.E.A.N. 2004: olas gigantes provocadas por un terremoto en Sumatra (Indonesia) llegaron al país y causaron 60 muertos y más de 3 000 personas sin hogar.
BIRMANO, A adj. y n. De Birmania. ♦ n. **2.** Lengua hablada en Birmania, perteneciente al mismo grupo que el tibetano.
BIRMINGHAM, c. de Gran Bretaña, en los Midlands; 934 900 hab. (2,5 millones en la aglomeración). Centro metalúrgico. Centro de una región rica en carbón y en hierro (act. en declive).
BIRMINGHAM, c. de Estados Unidos (Alabama); 265 968 hab. Metalurgia.
BIROME n. f. *Argent. y Urug.* Bolígrafo.
BIRREME adj. y n. m. ANT. ROM. Dícese de un navío con dos filas de remos.
BIRRETE n. m. Gorro de forma prismática coronado por una borla, que sirve de distintivo en determinados actos a los licenciados y doctores de las facultades universitarias y a los magistrados, jueces y abogados. **2.** Gorro.
BIRRIA n. f. Persona o cosa fea o ridícula. **2.** *Colomb. y Pan.* Odio, tirria, obstina-

ción, capricho. **3.** *Méx.* Guiso que se prepara con carne de chivo en trozos o deshebrada.
BIS adj. (lat. *bis*, dos veces). Se emplea para indicar que algo está repetido o debe repetirse: *número 3 bis*.
BISABUELO, A n. Respecto de una persona, el padre o la madre de su abuelo o de su abuela.
BISAGRA n. f. Herraje de puertas, ventanas, tapas, etc., compuesto de dos planchas metálicas unidas por un eje común, una de las cuales puede moverse alrededor de dicho eje. **2.** *Fig.* Denominación aplicada a cualquier partido, sindicato, entidad, etc., que ocupa un espacio determinado entre otros dos.
BISBISEAR v. tr. [1]. *Fam.* Musitar.
BISBISEO n. m. Acción de bisbisear.
BISCOTE n. m. (fr. *biscotte*). Rebanada de pan especial, tostada en el horno, que se puede conservar durante mucho tiempo.
BISCUIT n. m. Bizcocho, porcelana. • **Biscuit glacé**, bizcocho helado.
BISECCIÓN n. f. MAT. División en dos partes iguales.
BISECTOR adj. MAT. Que divide en dos partes iguales. • **Plano bisector** (MAT.), semiplano que pasa por la arista de un ángulo diedro y que divide a dicho ángulo en dos diedros iguales.
BISECTRIZ n. f. y adj. MAT. Semirrecta que parte del vértice de un ángulo y lo divide en dos partes iguales.
BISEL n. m. Borde cortado oblicuamente, en vez de formar arista en ángulo recto.
BISELADO n. m. Acción y efecto de biselar.
BISELAR v. tr. [1]. Hacer biseles.
BISEXUAL adj. y n. m. y f. Dícese del individuo en el que se dan características físicas o síquicas de ambos sexos.
BISEXUALIDAD n. f. Cualidad de bisexual.
BISHKEK, de 1925 a 1991 **Frunze**, c. y cap. de Kirguizistán; 616 000 hab. Construcciones mecánicas.
BISIESTO adj. y n. m. (lat. *bisextum*). Dícese del año de 366 días.
■ Los años son bisiestos cuando el número que le designa es divisible por cuatro. Sin embargo, los años seculares (los acabados en dos ceros) sólo son bisiestos en el caso de que sean también divisibles por 400: así el año 2000 fue bisiesto, pero no fue así en los casos de 1700, 1800 y 1900.
BISÍLABO, A o **BISILÁBICO, A** adj. De dos sílabas.
BISMARCK (Otto, *príncipe* **von**), estadista prusiano (Schönhausen 1815-Friedrichsruh 1898). Presidente del consejo de Prusia (1862), tras la guerra franco-alemana (1870-1871), hizo proclamar el Imperio alemán, en Versalles (18 en. 1871). Canciller del Reich, practicó una política autoritaria. Abandonó el poder poco después del advenimiento de Guillermo II (1890).
BISMUTINA n. f. Sulfuro natural de bismuto.
BISMUTO n. m. (alem. *Wismut*). Metal (Bi) n.° 83, de masa atómica 208,98, y densidad 9,8, de color blanco grisáceo algo rojizo, que funde a 270 °C disminuyendo de volumen y se rompe y se reduce a polvo con facilidad.
BISNIETO, A n. Biznieto.
BISOJO, A adj. y n. Bizco.
BISONTE n. m. (lat. *bisontem*). Bóvido salvaje de gran tamaño, caracterizado por el pelo espeso en la parte anterior del cuerpo y por el cuello giboso. (Actualmente existen dos especies, la americana y la europea, que viven sólo en las reservas.)
BISOÑÉ n. m. Peluca que cubre la parte anterior de la cabeza.
BISOÑO, A adj. y n. Dícese del soldado inexperto en la milicia. **2.** *Fig. y fam.* Inexperto.
BISQUERTT (Próspero), compositor chileno (Santiago 1881-*id.* 1959), autor de *Minuet-*

to (1907) para cuerda, la sinfonía *Poema lírico* (1910), la ópera *Sayeda* (1918), etc.

BISSAU, c. y cap. de Guinea-Bissau; 110 000 hab. Aeropuerto. Puerto en el estuario del Geba.

BISTEC o **BISTÉ** n. m. (ingl. *beefsteak*) [pl. *bistecs* o *bistés*]. Lonja de carne para asar o freír.

BISTURÍ n. m. Pequeño cuchillo de cirugía que sirve para hacer incisiones en la carne.

BISULFATO n. m. Sulfato ácido.

BISULFITO n. m. Sal ácida del ácido sulfuroso.

BISULFURO n. m. Compuesto sulfurado cuya molécula contiene dos átomos de azufre.

BISUTERÍA n. f. Industria que produce objetos de adorno y joyas, hechos con materiales no preciosos. **2.** Estos mismos objetos.

BIT n. m. (ingl. *binary digit*) [pl. *bits*]. Unidad elemental de información que solamente puede tomar dos valores distintos, para los que generalmente se adoptan las notaciones 1 y 0.

BITÁCORA n. f. En los buques, especie de armario o caja cilíndrica en que se pone la brújula.

BITENSIÓN n. f. Característica de un aparato eléctrico que se puede conectar indistintamente a dos tensiones diferentes.

BÍTER o **BITTER** n. m. Licor amargo obtenido por infusión de diversas plantas.

BITOQUE n. m. *Amér.* Cánula de la jeringa. **2.** *Chile* y *Colomb.* Llave de agua, grifo.

BITUMINOSO, A adj. Que contiene betún o alquitrán, o que lo produce por destilación.

BIUNÍVOCO, A adj. MAT. Dícese de la correspondencia entre dos conjuntos tal que a cada elemento de uno le corresponde un elemento y solo uno del otro.

BIVALENCIA n. f. Carácter de bivalente.

BIVALENTE adj. Que presenta un doble significado o que cumple dos funciones. **2.** Que su valencia química es 2.

BIVALVO, A adj. y n. m. Relativo a los moluscos, como el mejillón y la ostra, y a los braquiópodos, cuya concha está formada por dos valvas.

BIZANCIO, ant. colonia griega fundada en el s. VII a. J.C., en el emplazamiento de la futura Constantinopla.

BIZANTINISMO n. m. Corrupción por lujo en la vida social, o por exceso de ornamentación en el arte. **2.** Tendencia a discusiones bizantinas. **3.** Especialización en el estudio de la civilización bizantina.

BIZANTINISTA n. m. y f. Especialista en estudios relativos a Bizancio.

BIZANTINO, A adj. y n. (lat. *byzantinum*). De Bizancio o del Imperio bizantino. ♦ adj. **2.** *Discusión bizantina,* discusión baldía o demasiado sutil.

BIZANTINO (*imperio*) o **IMPERIO ROMANO DE ORIENTE,** estado que se constituyó en la parte oriental del Imperio romano (330-1453). 330: Constantino fundó Constantinopla en el emplazamiento de Bizancio. 395: Teodosio I dividió el Imperio romano; el Imperio de oriente fue confiado a Arcadio. 610-717: con los heráclidas, el Imperio dejó de ser romano para convertirse en grecooriental. 717-802: durante la dinastía isáurica estalló la querella de las imágenes (iconoclastia). 1054: el papa León IX y el patriarca Miguel Cerulario se excomulgaron recíprocamente (cisma de oriente). 1071: los turcos llegaron a Asia Menor. 1081-1185: la dinastía de los Comneno no pudo resistir a los turcos ni a los normandos. 1185-1204: los Ángelo no pudieron evitar el hundimiento del Imperio. 1204: los cruzados tomaron Constantinopla. 1204: la dinastía de los Paleólogos, que reconquistó Constantinopla (1261), aseguró la supervivencia del Imperio. 1453: los turcos tomaron Constantinopla. El imperio sobrevivió en parte hasta 1461 con el nombre de Imperio de Trebisonda.

BIZARRÍA n. f. Cualidad de bizarro.

BIZARRO, A adj. (ital. *bizarro,* iracundo). Valiente, esforzado. **2.** Generoso, espléndido, lucido.

BIZBIRINDO, A adj. *Méx.* Vivaracho, alegre.

BIZCO, A adj. y n. Que bizquea, estrábico. **2.** TAUROM. Dícese del toro que tiene un cuerno más alto que otro.

BIZCOCHO n. m. Pan sin levadura que se cuece dos veces para que se conserve mucho tiempo. **2.** Masa compuesta de harina, huevos y azúcar, que se emplea en pastelería. **3.** Porcelana que, tras la cochura, se conserva mate, no esmaltada, y tiene aspecto parecido al del mármol blanco.

BIZCORNETO, A adj. y n. m. y f. *Colomb.* y *Méx. Fam.* Persona bizca.

BIZET (Georges), compositor francés (París 1838-Bougival 1875), autor de obras maestras del teatro lírico (*La arlesiana,* 1872; *Carmen,* 1875).

BIZNAGA n. f. Planta cactácea, carnosa y de forma cilíndrica o redonda, con espinas gruesas y largas que crece en América. (Con la pulpa de alguna de sus especies se prepara un dulce cristalizado.)

BIZNIETO, A o **BISNIETO, A** n. Respecto de una persona, hijo de su nieto.

BIZQUEAR v. intr. [1]. *Fam.* Torcer la vista al mirar. **2.** Guiñar un ojo.

BIZQUERA n. f. *Fam.* Estrabismo.

BJÖRNSON (Björnstjerne), escritor noruego (Kvikne 1832-París 1910). Uno de los principales autores dramáticos de su país (*Una quiebra,* 1875; *Más allá de las fuerzas humanas,* 1883-1895), influyó en el despertar de la conciencia nacional noruega. (Premio Nobel de literatura 1903.)

BK, símbolo químico del berkelio.

BLACKETT (Patrick), físico británico (Londres 1897-*id.* 1974), especialista en los rayos cósmicos. (Premio Nobel de física 1948.)

BLAIR (Anthony Charles Lynton, llamado **Tony**), político británico (Edimburgo 1953). Líder del Partido laborista desde 1994, fue elegido primer ministro tras las elecciones legislativas de 1997.

BLAKE (William), poeta y pintor británico (Londres 1757-*id.* 1827). Autor de poemas líricos y épicos, fue representante de la primera generación romántica, con un ideario entre un cristianismo libertario y quietista.

BLANCA n. f. Nota musical cuyo valor equivale a la mitad de la redonda, a dos negras o a cuatro corcheas. • *Estar sin blanca o no tener blanca,* no tener dinero.

BLANCA (*bahía*), bahía de Argentina (Buenos Aires), sobre el Atlántico. Lugar turístico.

BLANCA (*cordillera*), cordillera andina del N del Perú. Alcanza notables altitudes (Huascarán, 6 750 m; Hualcán, 6 950 m).

BLANCO, A adj. y n. m. (germ. *blank*). Dícese del color que resulta de la combinación de todos los colores del espectro solar. ♦ adj. y n. **2.** Dícese del individuo perteneciente a la raza blanca. ♦ adj. **3.** De color blanco. **4.** Dícese de las cosas que sin ser blancas tienen color más claro que otras de la misma especie: *pan blanco.* • *Vino blanco,* el de color claro o ambarino. ♦ n. m. **5.** Hueco o intermedio entre dos cosas. **6.** Espacio en los escritos que se deja sin llenar. **7.** Objeto situado lejos para ejercitarse en el tiro y puntería. **8.** Todo objeto sobre el que se dispara un arma de fuego. **9.** *Fig.* Fin al que se dirigen los deseos o acciones: *ser el blanco de todas las miradas.* • *Blanco de España,* carbonato de calcio natural, extremadamente puro. ∥ *Blanco de uña,* faja blanquecina en el nacimiento de la uña. ∥ *Blanco del ojo,* región anterior de la esclerótica. ∥ *Dar en el blanco* o *hacer blanco,* acertar.

BLANCO (Andrés Eloy), escritor y político venezolano (Cumaná 1897-Ciudad de México 1955). Combatió la dictadura de J. V. Gómez, sufriendo la cárcel y el exilio, y ocupó cargos políticos. Gran poeta popular (*Tierras que me oyeron,* 1921; *Poda,* 1934; *Barco de piedra,* 1937; *Giraluna,* 1955), fue también dramaturgo y ensayista.

BLANCO (Salvador Jorge), político dominicano (nacido en 1926). Fue presidente de la república 1982-1986) con el Partido revolucionario dominicano.

BLANCO FOMBONA (Rufino), escritor venezolano (Caracas 1874-Buenos Aires 1944). Representante del modernismo, fue poeta, narrador (*Cuentos americanos,* 1904) y novelista (*El hombre de hierro,* 1907). Notable es su diario *Camino de imperfección* (1929) y su labor como historiador y crítico literario.

BLANCURA n. f. Calidad de blanco.

BLANCUZCO, A adj. Que tira a blanco o es de color blanco sucio.

BLANDENGUE adj. *Desp.* Blando, dócil.

BLANDIR v. tr. (fr. *brandir*). Mover un arma u otra cosa con movimiento vibratorio: *blandir el sable.*

BLANDO, A adj. (lat. *blandum*). Que cede fácilmente a la presión, tierno: *colchón, pan blando.* **2.** *Fig.* Suave, benigno. **3.** *Fig.* De genio y trato apacibles. **4.** *Fig.* y *fam.* Cobarde, pusilánime. **5.** Cómodo, muelle: *vida blanda.* ♦ adv. **6.** Falto de dureza, de violencia, de fuerza, fortaleza, energía o intensidad: *carácter, padre blando.*

BLANDURA n. f. Calidad de blando.

BLANES, v. de España (Gerona), cab. de p. j.; 25 408 hab. (*Blandenses.*) Industria textil y de la construcción. Turismo. Iglesia del s. XIV.

BLANES (Juan Manuel), pintor uruguayo (Montevideo 1830-Pisa 1901), iniciador de la pintura de historia en Río de la Plata.

BLANQUEADOR, RA adj. y n. Que blanquea.

BLANQUEAR v. tr. [1]. Poner blanco: *la lejía blanquea la ropa.* **2.** Dar la mano de cal a las paredes o techos. **3.** Blanquecer. **4.** Ajustar a la legalidad fiscal el dinero procedente de negocios delictivos o injustificables. ♦ v. intr. **5.** Mostrar una cosa la blancura que tiene. **6.** Tirar a blanco.

BLANQUECER v. tr. [2m]. Limpiar y sacar su color al oro, plata y otros metales. **2.** Blanquear, poner blanco.

BLANQUECINO, A o **BLANQUINOSO, A** adj. Que tira a blanco.

BLANQUEO o **BLANQUEAMIENTO** n. m. Acción y efecto de blanquear.

BLANQUILLO, A adj. y n. m. Dícese del trigo y del pan candeal. ♦ n. m. **2.** *Chile* y *Perú.* Durazno de cáscara blanca. **3.** *Guat.* y *Méx.* Huevo.

BLASCO IBÁÑEZ (Vicente), novelista español (Valencia 1367-Menton, Francia, 1928). Naturalismo y realismo confluyen en sus novelas (*La barraca* (1898) o *Cañas y barro,* 1902), centradas en su tierra valenciana.

BLASFEMAR v. intr. (lat. *blasphemare*) [1]. Decir blasfemias: *blasfemar contra Dios.* **2.** *Fig.* Maldecir, vituperar: *blasfemar de todo.*

BLASFEMIA n. f. (lat. *blasphemiam*). Palabra injuriosa contra Dios o personas y cosas santas. **2.** *Fig.* Palabra gravemente injuriosa contra o algo digno de respeto.

BLASFEMO, A adj. Que contiene blasfemia. ♦ adj. y n. **2.** Que dice blasfemias.

BLASÓN n. m. Cada una de las figuras que componen un escudo de armas. **2.** Arte de explicar y describir los escudos de armas. **3.** *Fig.* Honor y gloria.

BLASONAR v. tr. [1]. Disponer el escudo de armas según las reglas del arte. ♦ v.

BLA

intr. 2. *Fig.* Hacer ostentación de algo con alabanza propia.

BLASTODERMO n. m. Conjunto de células embrionarias que forman las paredes de la blástula.

BLASTOMA n. m. Denominación genérica de los tumores.

BLASTÓMERO n. m. ZOOL. Nombre dado a las células que provienen de la división del huevo, durante los primeros estadios del desarrollo embrionario.

BLASTOMICETE adj. y n. m. Relativo a determinados hongos que se reproducen por brote, como las levaduras de la cerveza y del vino.

BLÁSTULA n. f. ZOOL. Fase de desarrollo del embrión en que éste tiene forma de una esfera hueca de pared epitelial.

BLEDO n. m. Planta comestible de tallo rastrero, hojas de color verde oscuro y flores rojas. (Familia quenopodiáceas.) • **Dársele**, **importar**, **valer**, etc., **un bledo**, despreciar, considerar insignificante.

BLENDA n. f. (alem. *blende*). Sulfuro natural de cinc ZnS que constituye el principal mineral de este metal.

BLENORREA n. f. Blenorragia o gonococia crónicas.

BLEST GANA (Alberto), novelista chileno (Santiago 1830-París 1920), exponente del realismo. Tras *La aritmética del amor* (1860) su narrativa se consolidó con *Martín Rivas* (1862), *Durante la reconquista* (1897, hito de la novela histórica latinoamericana del s. XIX) y *Los trasplantados* (1904), que constituyen un fresco de la vida chilena durante la independencia.

BLINDADO, A adj. Recubierto por un blindaje. **2.** ELECTR. Dícese de un aparato eléctrico protegido contra los fenómenos magnéticos exteriores. ♦ n. m. **3.** *Amér.* Acorazado.

BLINDAJE n. m. Acción de blindar. **2.** Revestimiento, generalmente metálico, que protege contra los efectos de los proyectiles. **3.** Dispositivo protector contra las radiaciones electromagnéticas y nucleares. **4.** Conjunto de dispositivos que hacen inviolable una puerta.

BLINDAR v. tr. (alem. *blenden*, cegar) [1]. Proteger con un blindaje.

BLOC n. m. (ingl. *block*, masa) [pl. *blocs*]. Conjunto o masa apretada de objetos análogos y separables: *un bloc de fichas*. **2.** Taco de hojas de papel.

BLOCAR v. tr. [**1a**]. En fútbol, detener el balón con el pie antes de lanzarlo. **2.** En fútbol, parar el balón por el portero y sujetarlo fuertemente contra el cuerpo.

BLOFEAR o **BLUFEAR** v. intr. [**1**]. *Amér.* Engañar con fingidas apariencias, fanfarronear.

BLOK (Alexander Alexándrovich), poeta ruso (San Petersburgo 1880-*id.* 1921), principal representante del simbolismo ruso (*La ciudad*, 1904-1911; *Los doce*, 1918).

BLONDA n. f. Encaje de seda fina, que puede hacerse con bolillos o con aguja.

BLONDO, A adj. *Poét.* Rubio.

BLOQUE n. m. (fr. *bloc*). Trozo grande de hormigón o de piedra sin labrar: *un bloque de mármol*. **2.** Manzana de casas. **3.** Edificio que comprende varios pisos o varias casas de la misma altura. **4.** Paralelepípedo rectangular de materia dura. **5.** Bloc. **6.** Conjunto sólido en el que todas las partes dependen unas de otras: *estos elementos forman un bloque*. **7.** Grupo de partidos políticos, estados, etc., unidos por intereses o ideales comunes: *bloque atlántico*. • **Bloque diagrama** (GEOGR.), representación de una región en perspectiva, acompañada de cortes geológicos. || **En bloque**, en conjunto, sin distinción.

BLOQUEAR v. tr. [**1**]. Asediar. **2.** Interrumpir la marcha de un proceso mecánico o eléctrico mediante la acción de un agente externo: *bloquear la dirección de un vehículo*. **3.** Interceptar o impedir un proceso en cualquiera de sus fases. **4.** DEP. Blocar.

BLOQUEO n. m. Acción y efecto de bloquear. • **Bloqueo comercial**, obstáculos que una potencia impone a un país para impedirle las relaciones comerciales internacionales.

BLUEFIELDS, c. de Nicaragua, cap. del dep. de Zelaya, en la *bahía de Bluefields*; 35 730 hab. Industria. Puerto exportador de El Bluff.

BLUES n. m. (pl. *blues*). Canción del folklore negro norteamericano, caracterizada por una fórmula armónica constante y un ritmo de cuatro tiempos.

BLUFF n. m. (voz inglesa) [pl. *bluffs*]. Ficción, falsa apariencia, aparatosidad, finta.

BLUM (León), político francés (París 1872-Jouy-en-Josas 1950). Líder de la S.F.I.O., presidió un gobierno del Frente popular (1936-1937 y 1938). Fue deportado a Alemania (1943). Fue de nuevo presidente del gobierno en 1946-1947.

BLÚMER n. m. *Méx.* Calzón largo de mujer que cubre los muslos.

BLUSA n. f. Guardapolvo o bata que emplean determinados trabajadores. **2.** Prenda femenina de medio cuerpo, semejante a una camisa.

BLUSÓN n. m. Blusa larga que se lleva por encima de la falda o de los pantalones.

BOA n. f. (lat. *boam*). Serpiente de gran tamaño de América tropical, que llega a medir 4 m, no venenosa, y que se nutre de vertebrados de sangre caliente. (Familia boidos.) ♦ n. m. **2.** Prenda de piel o plumas en forma de culebra, usada por las mujeres para abrigo o adorno del cuello.

BOACO (*departamento de*), dep. de Nicaragua, en el Escudo central; 4982 km²; 117 900 hab. Cap. *Boaco* (24 758 hab.).

BOARDILLA n. f. Buhardilla.

BOATO n. m. Ostentación en el porte exterior.

BOBADA o **BOBERÍA** n. f. Dicho o hecho necio.

BOBALICÓN, NA adj. y n. *Fam.* Bobo.

BOBEAR v. intr. [**1**]. Hacer o decir bobadas.

BOBINA n. f. (fr. *bobine*). Pequeño cilindro de madera, metal o materia plástica, sobre el cual se arrolla cualquier material flexible. **2.** Cilindro hueco sobre el cual se encuentra arrollado un hilo metálico aislado por el que puede circular una corriente eléctrica. **3.** Parte del sistema de encendido por batería de un motor de explosión, en la que se efectúa la transformación de la corriente.

BOBINADO n. m. Acción de bobinar. SIN.: *devanado*.

BOBINAR v. tr. [**1**]. Arrollar o devanar seda, hilo, etc., en una bobina. **2.** Instalar el conjunto de los conductores que integran un circuito eléctrico en un aparato o máquina eléctrico.

BOBITO n. m. Pájaro de pequeño tamaño propio de Cuba. (Familia tirénidos.)

BOBO, A adj. y n. (lat. *balbum*, tartamudo). De muy corto entendimiento. **2.** Extremadamente cándido. ♦ n. m. **3.** Gracioso de las farsas o entremeses. **4.** *Cuba*. Mona, juego de naipes.

BOBSLEIGH o **BOB** n. m. (voz inglesa). Trineo articulado que se desliza sobre pistas de hielo o nieve.

BOCA n. f. (lat. *bucam*, mejilla). Parte inicial del tubo digestivo del hombre y de algunos animales. **2.** Los labios: *besar en la boca*. **3.** *Fig.* Entrada o salida: *boca del puerto*; *boca del metro*. **4.** *Fig.* Abertura, agujero: *boca del pozo*. **5.** *Fig.* Persona o animal a quien se mantiene y da de comer. **6.** Pinza con que termina cada una de las patas delanteras de los crustáceos. **7.** Gusto o sabor de los vinos. **8.** En ciertas herramientas, parte afilada que cortan. **9.** *Amér. Central.* Pequeña cantidad de comida que se suele tomar como aperitivo acompañada de bebida, tapa. • **A boca de jarro**, bocajarro. || **A pedir de boca**, a medida del deseo. || **Abrir boca**, despertar el apetito con algún manjar o bebida. || **Boca a boca**, método de respiración artificial. || **Boca abajo**, tendido con la cara hacia el suelo. || **Boca arriba**, tendido de espaldas. || **Boca de dragón**, planta herbácea de tallos lampiños en la base, hojas enteras oblongas y flores rosadas. || **Boca del estómago** (ANAT.), parte central de la región epigástrica; cardias. || **Boca de fuego** (ARM.), cualquier arma que se carga con pólvora. || **Boca de riego**, caja o cofre de hierro fundido que contiene un tubo y una espita de toma de agua.

BOCACALLE n. f. (pl. *bocacalles*). Entrada de una calle. **2.** Calle secundaria que afluye a otra.

BOCACOSTA n. f. (pl. *bocacostas*). GEOGR. Nombre dado en México a las regiones situadas alrededor de los 1 000 m de alt., en las que es característica la vegetación de helechos arborescentes.

BOCADILLO n. m. Panecillo cortado a lo largo, o bien dos rebanadas de pan, rellenos de alimentos. **2.** Alimento que se suele tomar entre almuerzo y comida. **3.** Espacio que encierra las palabras de los personajes en las viñetas de los cómics, chistes gráficos, fotonovelas, etc. **4.** *Amér.* Dulce hecho según las regiones con guayaba, coco o boniato y huevo.

BOCADO n. m. Porción de comida que cabe de una vez en la boca. **2.** Un poco de comida. **3.** Mordedura o herida que se hace con los dientes. **4.** Pedazo de cualquier cosa que se saca o arranca con la boca. **5.** Parte del freno que se coloca en la boca de la caballería. **6.** El mismo freno. **7.** *Argent.* y *Chile.* Correa que atada a la quijada inferior de un potro sirve de freno para manejarlo. • **Bocado de Adán** (ANAT.), nuez del cuello.

BOCAJARRO. A bocajarro, de improviso, inopinadamente; tratándose del disparo de un arma de fuego, desde muy cerca.

BOCAL n. m. Jarro de boca ancha y cuello corto.

BOCALLAVE n. f. (pl. *bocallaves*). Ojo de la cerradura.

BOCAMANGA n. f. (pl. *bocamangas*). Parte de la manga más cercana a la muñeca.

BOCAMEJORA n. f. *Amér. Merid.* Pozo auxiliar que comunica con el principal de una mina.

BOCANA n. f. Canal estrecho entre una isla y la costa de tierra firme, por el que se arriba a un gran puerto o bahía.

BOCANADA n. f. Cantidad de líquido, humo o aliento que se echa por la boca de una vez. **2.** Afluencia, tropel.

BOCANEGRA (Matías de), jesuita y poeta mexicano (Puebla de los Ángeles 1612-México 1668). En *Canción a la vista de un desengaño* exalta la vida religiosa sobre los placeres mundanos.

BOCAS DEL TORO (*provincia de*), prov. de Panamá, a orillas del Caribe; 8 917 km²; 93 361 hab. Cap. *Bocas del Toro* (12 000 hab.).

BOCATERO, A adj. y n. *Amér. Central.* Jactancioso, fanfarrón.

BOCAZAS o **BOCERAS** n. m. y f. (pl. *bocazas* o *boceras*). *Fam.* Persona que habla más de lo que aconseja la discreción.

BOCCACCIO (Giovanni), escritor italiano (Certaldo, Toscana, 1313-*id.* 1375). Autor de idilios mitológicos, alegóricos (*Ninfale fiesolano*, 1344-1346) o sicológicos (*Elegia di madonna Fiammetta*, c. 1343), y del *Decamerón* (1348-1353), fue el primer gran prosista italiano.

BOCERA n. f. Lo que queda pegado en los labios después de haber comido o bebido. **2.** Boquera.

BOCETO n. m. (ital. *bozetto*). Esbozo de una pintura, escultura u otra obra decorativa. **2.** Cualquier obra artística que no tenga forma acabada.

BOCHA n. f. (ital. bòccia). Bola de madera, de mediano tamaño, con que se juega a las bochas. ♦ **bochas** n. f. pl. **2.** Juego entre dos o más personas, que consiste en tirar a cierta distancia con unas bolas medianas a otra más pequeña que se ha tirado previamente.
BOCHINCHE n. m. Tumulto, barullo.
BOCHINCHERO, A adj. y n. *Amér. Merid.* Dícese de la persona que arma alboroto.
BOCHORNO n. m. **1.** Viento cálido que sopla en verano. **2.** Calor sofocante. **3.** Sofocamiento producido por algo que ofende, molesta o avergüenza.
BOCHORNOSO, A adj. Que causa o bochorno.
BOCINA n. f. (lat. *bucinam*). Instrumento de metal en forma de trompeta con que se refuerza un sonido. **2.** Aparato avisador provisto de una lengüeta que se hace vibrar por insuflación: *la bocina de un automóvil*. **3.** Cuerno, instrumento músico de viento. **4.** *Amér.* Trompetilla para sordos. **5.** *Méx.* De los aparatos telefónicos, parte de los mismos a la que se acerca la boca para hablar. **6.** *Méx.* Altavoz.
BOCINAZO n. m. Ruido fuerte producido con una bocina. **2.** *Fig.* Grito para reprender o amonestar a alguien.
BOCIO n. m. MED. Aumento de volumen del cuerpo tiroides.
BOCK n. m. (alem. *Bockbier*, cerveza muy fuerte) [pl. *bocks*]. Jarra de cerveza de un cuarto de litro de capacidad.
BOCÓN, NA adj. *Chile.* Difamador, murmurador. ♦ n. m. **2.** *Amér.* Trabuco.
BODA n. f. (lat. *vota*, votos). Casamiento y fiesta con que se solemniza. • **Bodas de diamante**, sexagésimo aniversario del casamiento o de algún acontecimiento importante. ‖ **Bodas de oro**, quincuagésimo aniversario. ‖ **Bodas de plata**, vigésimo quinto aniversario.
BODEGA n. f. Lugar donde se guarda y cría el vino. **2.** Despensa en que se guardan comestibles. **3.** Pieza baja que sirve de granero. **4.** Cosecha o mucha abundancia de vino en algún lugar. **5.** Tienda de vinos. **6.** Espacio interior de los buques desde la cubierta inferior hasta la quilla. **7.** *Chile.* En los ferrocarriles, almacén para guardar las mercancías. **8.** *Cuba.* Pequeño comercio, tienda de ultramarinos. **9.** *Méx.* Almacén, depósito.
BODEGÓN n. m. Tienda donde se guisan y dan de comer viandas ordinarias. **2.** Pintura de naturalezas muertas o en que se representan escenas de taberna, mercado, etc.
BODEGUERO, A o **BODEGONERO, A** n. Dueño o encargado de una bodega.
BODENSEE → **Constanza** (lago de).
BODOQUE n. m. Bola de barro moldeada y endurecida al aire que se empleaba como proyectil. **2.** Burujo, bulto pequeño. ♦ n. m. y f. y adj. **3.** *Fam.* Persona de cortos alcances.
BODORRIO n. m. *Fam.* Bodijo. **2.** *Méx.* Fiesta con que se celebra una boda.
BODRIO n. m. Guiso mal aderezado. **2.** *Fig.* Cosa mal hecha.
BOECIO, filósofo y poeta latino (Roma c. 480-cerca de Pavía 524). Autor de *Consolación de la filosofía* (c. 523-524) y de otros tratados sobre filosofía, aritmética, música, etc.
BÖER, adj. n. m. y n. y f. Dícese de los colonos neerlandeses del África austral.
BOFE n. m. Pulmón, órgano de la respiración. (Suele usarse en plural.) • **Echar el bofe**, o **los bofes** (*Fam.*), trabajar mucho, afanarse.
BOFETADA n. f. Golpe que se da en el carrillo con la mano abierta.
BOFETÓN n. m. Bofetada dada con fuerza.
BOGA n. f. Acción de bogar o remar.
BOGA n. f. (fr. *vogue*). Buena aceptación, fama o felicidad crecientes. • **Estar en boga**, estar de moda, llevarse.

BOGAR v. intr. [**1b**]. Remar. **2.** Navegar. **3.** *Chile.* Quitar la escoria a los metales.
BOGAVANTE n. m. Crustáceo marino, cuyo cuerpo puede alcanzar los 50 cm de long., de color azul veteado de amarillo, provisto de grandes pinzas.
BOGOTÁ, r. de Colombia, afl. del Magdalena; 280 km. Avena la *sabana de Bogotá*, y sus embalses suministran agua y energía a la capital.
BOGOTÁ, oficialmente desde 1991 **Santa Fe de Bogotá D.C.**, c. de Colombia, cap. de la república y del dep. de Cundinamarca, que constituye el Distrito Capital de 1587 km² y 4 236 490 hab. (*Bogotanos.*) Se extiende al pie de los cerros de Monserrate y Guadalupe. Centro industrial (textil, química, metalurgia), financiero y cultural (universidades). Catedral barroca; numerosas iglesias de la época hispanocolonial y edificios civiles posteriores en torno a la plaza de Bolívar (barrios de la Candelaria, Santa Bárbara, Belén). Quinta y museo de Bolívar, el museo de bellas artes, el museo colonial y el museo del Oro del Banco de la República (arte precolombino), notable museo numismático en la Casa de la Moneda. Fundada en 1538 por Gonzalo Jiménez de Quesada, fue capital del virreinato de Nueva Granada en el s. XVIII, y en 1810 sede de la Junta suprema que inició el movimiento independentista.
BOGOTANO, A adj. y n. De Bogotá.
BOHARDILLA n. f. Buhardilla.
BOHEMIA, antiguo estado de Europa central que constituye la región occidental de la República Checa. Está formada por macizos hercinianos que enmarcan una meseta y la llanura (Polabí) avenada por el Elba; 52 678 km²; 6 400 000 hab. Cap. Praga.

HISTORIA
La Bohemia medieval. Fines del s. VIII-principios del s. X: los eslavos, establecidos en la región desde el s. V, organizaron el imperio de la Gran Moravia. S. X: los príncipes checos de la dinastía Přemysl unificaron las tribus eslavas de la región. 1212: vasallos del Sacro imperio romano germánico, obtuvieron el título de rey. 1278: Otakar II Přemysl (1253-1278), dueño de Austria desde 1251, fue vencido por su rival Rodolfo I de Habsburgo. 1306: la dinastía Přemysl se extinguió. A partir del s. XIII se establecieron en Bohemia colonos alemanes. 1310-1437: la dinastía de los Luxemburgo concluyó la anexión de Moravia, Silesia y Lusacia a la corona de Bohemia. Durante el reinado de Carlos IV (1346-1378), que hizo de Praga la capital del Sacro imperio romano germánico, la Bohemia medieval estaba en su apogeo. Tras el suplicio de Jan Hus, una guerra civil (1420-1436) enfrentó a sus partidarios, los husitas, con los cruzados de Segismundo IV. 1458-1526: dieta eligió rey a Jorge de Podĕbrady (1458-1471), a quien sucederion Ladislao II Jagellón (1471-1516) y Luis II Jagellón (1516-1526), y a continuación a Fernando de Habsburgo (1526-1564).
La dominación de los Habsburgo. 1526-1648: la unión con Austria, renovada en cada elección real, fue reforzada por la constitución de 1627, que dio la corona de Bohemia a título hereditario a los Habsburgo. Los protestantes se sublevaron contra su autoridad (defenestración de Praga, 1618) y fueron vencidos en la Montaña Blanca (1620). El país fue asolado por la guerra de los Treinta años (1618-1648). S. XIX: los checos participaron en la revolución de 1848 y reivindicaron la igualdad con los alemanes. Tras el compromiso austrohúngaro (1867), reclamaron un régimen análogo al de Hungría. El país experimentó un enorme auge económico gracias a la industrialización. 1918: Bohemia y Moravia, junto con Eslovaquia, accedie-

ron a la independencia y formaron Checoslovaquia. 1939-1945: protectorado nazi de Bohemia-Moravia. 1993: la República Checa (Bohemia y Moravia) accedió a la independencia.
BOHEMIO, A adj. y n. **1.** De Bohemia. **2.** Gitano. **3.** Dícese de aquellas personas, en especial escritores y artistas, de costumbres no convencionales y comportamiento inconformista respecto a las normas sociales. ♦ adj. y n. f. **4.** Dícese de la vida y costumbres de estas personas.
BOHÍO n. m. (voz araucana). Cabaña o casa rústica en ciertas zonas de América.
BÖHL DE FABER (Cecilia) → **Caballero** (Fernán).
BOHR (Niels), físico danés (Copenhague 1885-*id.* 1962). Estableció el principio de complementariedad según el cual un objeto cuántico no puede describirse al mismo tiempo en términos de ondas y de partículas. (Premio Nobel de física 1922.)
BOICOT n. m. (pl. *boicots*). Acuerdo tácito o explícito para infligir un perjuicio pecuniario o moral a un individuo o país, evitando toda relación con él.
BOICOTEAR v. tr. [**1**]. Someter a boicot.
BOICOTEO n. m. Acción de boicotear.
BOILER n. m. *Méx.* Calentador de agua.
BOINA n. f. (voz vasca). Gorra sin visera, de una sola pieza y redonda.
BOÎTE n. f. (voz francesa). Sala de fiestas.
BOJ o **BOJE** n. m. (lat. *buxum*). Arbusto de tallos ramosos, con pequeñas hojas ovales, muy utilizado como planta de jardín, y cuya madera es apreciada por su dureza. (Familia buxáceas.) **2.** Madera de esta planta. **3.** B. ART. Grabado en boj.
BOJOTE n. m. *Colomb.*, *Dom.*, *Ecuad.*, *Hond.*, *P. Rico* y *Venez.* Lío, bulto, paquete.
BOL n. m. Ponchera. **2.** Taza grande y sin asas.
BOLA n. f. Cuerpo esférico de cualquier materia. **2.** *Fig.* y *fam.* Embuste, mentira. **3.** Masa envenenada que se da a los perros para matarlos. **4.** Betún, mezcla para lustrar. **5.** Juego que consiste en tirar con la mano una bola de hierro o en el cual gana el jugador que consigue impulsar su bola más lejos. **6.** *Amér.* Interés que se presta a algo o a alguien. **7.** *Méx.* Tumulto, riña. **8.** *Méx.* Conjunto grande de cosas: *una bola de libros*. **9.** *Méx. Fam.* Grupo de personas: *una bola de amigos*. **10.** *Méx.* Grupo armado o violento de personas, especialmente los que participaron en la revolución mexicana. • **Bola de nieve**, arbusto de unos 3 o 4 m de alt. y flores blancas agrupadas en forma de bola. ‖ **Dar**, o **darle bola** a alguien (*Amér.*), hacer caso. ♦ **bolas** n. f. pl. **11.** Carbón aglomerado en forma de esfera. **12.** *Amér. Merid. Vulg.* Testículos.
BOLACEAR v. tr. [**1**]. *Argent.*, *Colomb.* y *Urug.* Decir mentiras o cosas muy exageradas, disparatar.
BOLACERO, A adj. y n. *Argent. Fam.* Dícese de la persona que acostumbra a mentir o disparatar.
BOLADA n. f. Tiro que se hace con la bola. **2.** *Argent.*, *Par.* y *Urug.* Buena oportunidad para hacer un negocio. **3.** *Perú.* Jugarreta, embuste.
BOLADO n. m. Azucarillo. **2.** *Amér.* Negocio, asunto.
BOLAZO n. m. *Argent.* Mentira, embuste, engaño.
BOLCHEVIQUE adj. y n. m. y f. Dícese de los miembros del Partido obrero socialdemócrata ruso que apoyaron a Lenin en 1903, y que tomaron el poder en 1917. **2.** Comunista.
BOLCHEVISMO o **BOLCHEVIQUISMO** n. m. Doctrina de los bolcheviques.
BOLDO n. m. (voz araucana). Árbol de Chile, con cuyas hojas se prepara una infusión.

BOLEA n. f. Jugada por la cual se devuelve la pelota al terreno contrario sin que bote en el suelo.
BOLEADA n. f. *Amér.* Partida de caza cuyo objeto es bolear animales, especialmente los cimarrones.
BOLEADO, A adj. *Argent.* *Fig.* Confundido, aturullado.
BOLEADORAS n. f. Instrumento de caza que se usa en América del Sur para aprehender animales vivos.
BOLEANO, A adj. MAT. Relativo a las teorías de George Boole. **2.** MAT. Dícese de la variable susceptible de tomar dos valores que se excluyen mutuamente, como por ejemplo 0 y 1.
BOLEAR v. tr. [1]. Arrojar, lanzar una cosa con fuerza. **2.** *Argent.* y *Urug.* Echar las boleadoras a un animal. ♦ v. tr. y pron. **3.** *Argent.* Confundir, aturullar. **4.** *Argent.* y *Urug.* *Fig.* Enredar a uno, hacerle una mala partida. **5.** *Méx.* Lustrar los zapatos.
BOLEO n. m. Acción de bolear.
BOLERA n. f. Terreno o local donde se practica el juego de bolos.
BOLERA n. f. Centro y danza de la costa venezolana.
BOLERO, A adj. y n. Novillero, que hace novillos. **2.** *Fig.* y *fam.* Que miente mucho.
BOLERO, A n. Bailarín de bolero. ♦ n. m. **2.** Baile español del último tercio del s. XVIII. **3.** Música y canto de este baile. **4.** Canción y danza antillana, de ritmo binario. (Es originario de la región oriental de Cuba.) **5.** Chaquetilla femenina que no pasa de la cintura. **6.** *Guat.* y *Hond.* Chistera, sombrero de copa alta. **7.** *Méx.* Limpiabotas.
BOLETA n. f. Cédula para entrar en alguna parte. **2.** *Amér.* Papeleta. **3.** *Amér.* Factura o recibo de una compra.
BOLETERÍA n. f. *Amér.* Taquilla o despacho de billetes. **2.** *Argent.* *Fam.* Mentira o sarta de mentiras.
BOLETERO, A n. *Amér.* Taquillero, expendedor de billetes. **2.** *Argent.* *Fam.* Mentiroso.
BOLETÍN n. m. (ital. *bolletino*). Cédula de suscripción a una obra o empresa. **2.** Publicación periódica sobre una materia determinada: *boletín comercial.* **3.** Libramiento para cobrar dinero. • **Boletín oficial,** periódico oficial del estado, de un ministerio, de una provincia, etc.
BOLETO n. m. (ital. *bolletta,* salvoconducto). Billete que acredita la participación en una rifa o lotería. **2.** *Amér.* Billete de teatro, tren, etc. **3.** *Amér.* Cédula de garantía de que al derecho al apostante a participar en las quinielas deportivas. • **Boleto de venta,** o **de compraventa** (*Argent.* y *Par.*), promesa, contrato preparatorio de compraventa.
BOLICHE n. m. Bola pequeña que se emplea en diversos juegos. **2.** Juego de bolos. **3.** Bolera. **4.** Juguete compuesto de una bola taladrada sujeta con un cordón a un palito aguzado. **5.** Adorno esférico de madera torneada que sirve de remate en algunos muebles. **6.** Arte de pesca análogo a la jábega. **7.** Pescado menudo que se saca con ella. **8.** *Argent.* *Fam.* Bar, discoteca. **9.** *Argent.*, *Par.* y *Urug.* Establecimiento comercial modesto, especialmente el de bebidas y comestibles.
BOLICHEAR v. intr. [1.]. *Argent.* *Fam.* Frecuentar bares o boliches.
BOLICHERO, A n. *Argent.* *Fam.* Persona que acostumbra frecuentar bares o boliches. **2.** *Argent.*, *Par.* y *Urug.* Propietario o encargado de un boliche, establecimiento comercial.
BÓLIDO n. m. Cualquiera de los meteoritos más importantes. **2.** *Fig.* Vehículo o persona que va muy de prisa.
BOLÍGRAFO n. m. Utensilio para escribir que lleva una carga de tinta pastosa muy grasa y, en vez de plumilla, una bolita de metal duro.
BOLILLA n. f. *Argent.*, *Par.* y *Urug.* Bola numerada que se usa en los sorteos. **2.** *Argent.*, *Par.* y *Urug.* Cada una de las grandes partes en que se divide el programa de una materia de estudio. • **Dar bolilla** (*Argent.*), dar bola.
BOLILLERO n. m. *Argent.*, *Par.* y *Urug.* Bombo, caja esférica que contiene las bolillas de un sorteo.
BOLILLO n. m. Palito torneado para hacer encajes y pasamanería. **2.** *Colomb.* Porra de caucho o madera usada por la policía. **3.** *Méx.* Pan de mesa alargado, esponjoso, de corteza dura, con los extremos rematados con dos bolitas.
BOLINA n. f. Cabo que sirve para halar hacia proa la relinga de barlovento de una vela, al objeto de que reciba mejor el viento. **2.** Sonda. • **Ir,** o **navegar, de bolina,** dar bordadas para ceñirse lo más posible al viento.
BOLITA n. f. *Argent.* Canica, juego de niños y bolitas con que se juega.
BOLÍVAR, pico de Colombia (Magdalena), en la sierra Nevada de Santa Marta; 5780 m.
BOLÍVAR, pico de Venezuela, punto culminante de la sierra Nevada de Mérida (5007 m) y del país.
BOLÍVAR (*departamento de*), dep. del N de Colombia; 25 978 km²; 1 197 623 hab. Cap. *Cartagena.*
BOLÍVAR (*estado*), estado fed. del SE de Venezuela; 238 000 km²; 964 650 hab. Cap. *Ciudad Bolívar.*
BOLÍVAR (*provincia de*), prov. de Ecuador, en la Sierra, avenada por el Chimbo; 4271 km²; 155 088 hab. Cap. *Guaranda.*
BOLÍVAR, partido de Argentina (Buenos Aires); 32 797 hab. Centro agropecuario e industrial.
BOLÍVAR (Simón), llamado **el Libertador,** héroe venezolano de la independencia americana (Caracas 1783-San Pedro Alejandrino, cerca de Santa Marta, Colombia, 1830). En 1810 se incorporó a la lucha por la independencia. Las derrotas frente a los realistas le llevaron a exiliarse (Curaçao, Cartagena, 1812). En 1813 recibió el título de *Libertador,* por sus victorias en Nueva Granada y Venezuela, pero la reacción realista le obligó a exiliarse (*Carta de Jamaica* [1815], su programa político y revolucionario). Reanudada la lucha en 1816, se afincó en la Guayana venezolana (Angostura). Después de la decisiva victoria de Boyacá (1819), que liberó Colombia, el congreso, convocado en Angostura, logró la aprobación de la ley fundamental de la República de la Gran Colombia (territorios actuales de Colombia, Panamá, Ecuador y Venezuela). Tras un armisticio con España (nov. 1820), se retomó la fase militar de la emancipación, que concluyó con las victorias de Bolívar en Venezuela (Carabobo, 1821) y Perú (Junín, 1824) y de Sucre en Perú (Ayacucho, 1824). En el Alto Perú en 1825 se constituyó la República Bolívar (act. Bolivia), de la que Bolívar redactó la constitución. En 1827 prestó juramento en Bogotá como presidente de la república de la Gran Colombia (nombrado Dictador en 1829). No obstante, decepcionado, renunció al cargo en 1830.
BOLIVIA, estado de América del Sur, en la región andina; 1 098 581 km²; 7 322 000 hab. (*Bolivianos.*) CAP. *La Paz* (capital administrativa y sede del gobierno) y *Sucre* (capital constitucional). LENGUAS OFICIALES: *español, quechua* y *aymara.* OTRAS LENGUAS: *lenguas de la familia tupí-guaraní.* MONEDA: *boliviano.*

GEOGRAFÍA
El relieve está dominado por los dos grandes ramales andinos: la cordillera Occidental (6550 m en el pico Sajama), y la Oriental, formada por una compleja superficie de aplanamiento, la Puna, por encima de los 4000 m, interrumpida por grandes macizos volcánicos (Illampu, 7014 m). Entre ambas está situada la región de El Altiplano, con los lagos Titicaca y Poopó, y grandes salares (Uyuni). El Oriente, que se extiende desde el pie de los Andes hacia el río Paraguay, es una tierra de llanuras y bajas mesetas, cubierta por la selva. Cerca de la mitad de la población es amerindia (aymara en el Altiplano, quechua en los valles); los mestizos representan casi un tercio de la población, y el resto son criollos. Los cultivos, en general con métodos tradicionales y bajos rendimientos, cubren apenas un 3 % de la superficie del país; es notable la producción de hoja de coca. Dada la debilidad de la industria, reducida a la transformación de productos agrícolas, el textil y, recientemente, la petroquímica, la economía descansa en la exportación de minerales: estaño (5.° productor mundial), cinc, volframio, antimonio, plomo y hierro, a los que se han venido a añadir recientemente el petróleo (Oriente, Chaco) y el gas natural, primer producto de exportación. Los principales socios comerciales son Argentina, Brasil, E.U.A., Gran Bretaña, Alemania y Japón. La balanza comercial arroja un déficit creciente, y el P.N.B. por habitante bajo.

HISTORIA
El poblamiento precolombino. Con anterioridad a la conquista española el territorio que constituye la actual Bolivia estaba ocupado por pueblos pukina y aymara; entre éstos se desarrolló la cultura de Tiahuanaco (500-1000 d. J.C.), a la que siguió la etapa «chullpa», hasta que fue sometido por el imperio inca (c. 1450).
La conquista y colonización española. 1535-1538: Gonzalo y Hernando Pizarro consumaron la conquista del Alto Perú. 1544: el descubrimiento de los yacimientos de plata del Potosí nucleó su explotación colonial. 1551: la audiencia de Charcas, integrada en el virreinato del Perú, configuró el marco territorial del futuro estado boliviano. 1776: el Alto Perú pasó a formar parte del virreinato del Río de La Plata.
La independencia. 1809: sublevaciones criollas en La Paz, Chuquisaca, Potosí, Cochabamba y Santa Cruz, reprimidas por el ejército virreinal que derrotó también a la tropas enviadas por la junta de Buenos Aires. 1810: el Alto Perú, reincorporado al virreinato peruano, constituyó el último reducto de la dominación española en Sudamérica. 1825: Sucre, enviado por Bolívar, convocó una asamblea constituyente que proclamó la independencia de Bolivia como un estado diferenciado del Perú y de las Provincias Unidas del Río de la Plata.
La consolidación del nuevo estado. 1826-1828: Sucre fue proclamado presidente vitalicio, pero las disidencias criollas internas y la presión peruana le obligaron a dimitir. 1829-1839: su sucesor, Santa Cruz, organizó el nuevo país y promovió la Confederación Perú-boliviana (1837-1839), disuelta por la oposición de Argentina y Chile, cuyo ejército derrotó a Santa Cruz. 1841: una última invasión de Bolivia por tropas peruanas pudo ser detenida en la batalla de Ingavi, ratificándose así la independencia boliviana.
La era de los caudillos y la pérdida del litoral. Bolivia quedó en poder de una serie de caudillos, que se sucedieron violentamente en el poder, como Belzú (1848-1855), Melgarejo (1864-1871) y Daza (1876-1880). Sus gobiernos despóticos mantuvieron el orden social colonial en una época marcada por el declive de la minería tradicional. 1879-1883: el control de las explotaciones salitreras del

litoral desencadenó la guerra con Chile (guerra del Pacífico), al cabo de la cual Bolivia perdió su región litoral en beneficio de Chile.

La república oligárquica. 1882-1889: el partido conservador, representante de los intereses de la aristocracia tradicional, gobernó el país desde el acceso a la presidencia del rico minero potosino Gregorio Pacheco (1884-1888); sin embargo, la decadencia de las explotaciones argentíferas socavó la hegemonía conservadora. 1889-1920: la revolución de 1899 llevó al poder al partido liberal; su gestión en la que destacó el general Montes, dos veces presidente de la república (1904-1909 y 1913-1917), estuvo significada por el traslado de la capital a La Paz y la expansión de la minería del estaño. Una nueva revolución, en 1920, acabó con la hegemonía liberal, pero ni el gobierno del republicano Saavedra (1921-1925) ni el nacionalismo autoritario de Siles (1926-1930) generaron un sistema político estable.

La guerra del Chaco y el M.N.R. 1932-1935: la derrota ante Paraguay (guerra del Chaco) precipitó la quiebra de la república oligárquica. 1936-1946: una generación de militares (Toro, Busch, Villarroel) asumió el poder con un programa nacionalista y de reformas sociales, sistematizado por el Movimiento nacionalista revolucionario. 1952-1966: la insurrección popular de 1952 entregó el poder al M.N.R.; durante las presidencias de Paz Estenssoro y Siles Zuazo, el M.N.R. nacionalizó el estaño e impulsó una reforma agraria. 1964: la ruptura con los sindicatos obreros, encabezados por Lechín, marcó el inicio del declive del M.N.R.

Entre el nacionalismo populista y el autoritarismo militar. 1966-1969: el general Barrientos, que liquidó el foco guerrillero del Che Guevara (1967), inició un nuevo período de gobiernos militares, que oscilaron entre la experiencia izquierdista de Torres (1970-1971) y la dictadura derechista de Bánzer (1971-1978). 1978-1982: sucesivos golpes militares impidieron el acceso a la presidencia de Siles Zuazo, vencedor en las elecciones de 1978, 1979 y 1980; en esta nueva fase de dictaduras militares la tradicional alianza con la oligarquía del estaño fue sustituida por la implicación de sectores militares en el narcotráfico.

El retorno a un régimen civil. 1982-1989: el descrédito interno e internacional de los gobiernos militares propició finalmente la entrega del poder a Siles Zuazo, quien moderó su programa de reformas ante la crítica situación económica. Esa línea de acción fue seguida por su sucesor, Paz Zamora (1989-1993), líder del Movimiento de izquierda revolucionaria y anterior aliado de Siles Zuazo, que accedió a la presidencia con el apoyo de Bánzer. La estabilización económica y el alejamiento del ejército de la acción política propició el retorno al poder del M.N.R., con G. Sánchez de Lozada como presidente, en 1993. Tras su victoria en las elecciones de 1997, Hugo Bánzer, líder de Acción democrática nacionalista, asumió la presidencia con el apoyo de Paz Zamora. 2001: a causa de una enfermedad, renuncia al presidente Bánzer. Lo sustituye Jorge Quiroga Ramírez. 2002: muere Bánzer. Gonzalo Sánchez de Lozada, presidente. 2003: caída del gobierno de Sánchez de Lozada, tras casi un mes de protestas y conflictos; presidencia interina de Carlos Mesa.

BOLIVIANISMO n. m. Vocablo o giro privativo de Bolivia.

BOLIVIANO, A adj. y n. De Bolivia. ♦ n. m. **2.** Modalidad adoptada por el español en Bolivia. **3.** Unidad monetaria principal de Bolivia.

BÖLL (Heinrich), escritor alemán (Colonia 1917-Langenbroich, cerca de Düren, 1985). Marcado por sus convicciones católicas, evocó la Alemania de la posguerra, en el hundimiento de la derrota (*El tren llegó puntual*, 1949; *Opiniones de un payaso*, 1963) y en su recreamiento basado en los placeres materiales (*Retrato de grupo con señora*, 1971; *El honor perdido de Katharina Blum*, 1975; *Mujeres ante un paisaje fluvial*, 1985). [Premio Nobel de literatura 1972.]

BOLLO n. m. Panecillo de diversas formas y tamaños, hecho de harina amasada con huevos, leche, etc. **2.** Convexidad que resulta en una de las caras de una pieza por golpe dado o presión en la cara opuesta. **3.** *Fig.* Chichón. **4.** *Fig.* Trapisonda, alboroto, confusión: *armarse un bollo*. **5.** *Argent., Chile., Hond.* y *Urug.* Puñetazo. **6.** *Chile.* Cantidad de barro necesaria para hacer una teja. **7.** *Colomb.* Empanada de maíz y carne.

BOLO n. m. Pieza de madera torneada, cónica o cilíndrica, que puede tenerse en pie. **2.** Gira de artistas para dar funciones en distintos pueblos: *hacer un bolo.* ♦ n. m. y adj. **3.** *Fam.* Hombre ignorante o necio. ♦ **bolos** n. m. pl. **4.** Deporte en el que el jugador lanza una bola hacia un grupo de bolos, con objeto de derribar el mayor número.

BOLO n. m. **Bolo alimenticio,** masa formada por alimentos, correspondiente a una deglución.

BOLO, A adj. *Amér. Central* y *Cuba.* Ebrio.

BOLONIA, en ital. **Bologna,** c. de Italia, cap. de Emilia y de prov.; 404 322 hab. Monumentos medievales y renacentistas. Sede de una importante escuela de derecho en los ss. XII y XIII y de una escuela de pintura en los ss. XVI-XVII (los Carracci, Reni, Guercino, etc.). Museos. Colegio español de Bolonia, fundado en el s. XIV.

BOLOÑÉS, SA adj. y n. De Bolonia. ♦ adj. **2. Salsa boloñesa,** salsa hecha con cebolla, carne y tomate.

BOLSA n. f. Recipiente de materia flexible, para llevar o guardar alguna cosa. **2.** Caudal o dinero de una persona. **3.** Arruga que hace un vestido o una tela. **4.** Estructura anatómica en forma de saco. **5.** Cantidad convenida para ser disputada en un combate de boxeo. **6.** Ayuda complementaria que se otorga a los estudiantes: *bolsa de matrícula; bolsa de viaje.* **7.** Gran cantidad de fluido contenido en una cavidad subterránea: *bolsa de gas.* **8.** *Méx.* Bolso de mano. **9.** MINER. Parte del criadero donde un mineral está reunido en mayor abundancia y en forma redondeada. • **Bolsa de pastor,** pequeña planta que crece en los lugares incultos, cuyo fruto seco tiene forma de corazón. (Familia crucíferas.) ‖ **Bolsa sinovial** (ANAT.), bolsa conjuntiva anexa a los tendones de los músculos en las proximidades de las articulaciones.

BOLSA n. f. Edificio público donde se realizan las operaciones financieras relativas a mercancías, valores mobiliarios, etc. **2.** Conjunto de estas operaciones. • **Bajar,** o **subir la bolsa,** bajar o subir los precios de los valores fiduciarios que se cotizan en ella. ‖ **Bolsa del trabajo,** entidad de carácter público o privado, que se encarga de facilitar trabajo a los que lo solicitan.

BOLSEAR v. tr. [1]. *Amér.* Entre amantes, dar calabazas. **2.** *Amér. Central* y *Méx.* Quitar a uno furtivamente algo del bolsillo.

BOLSENA (lago), lago de Italia, al N de Viterbo; 115 km².

BOLSILLO n. m. Abertura practicada en una prenda de vestir y prolongada hacia el interior mediante un saquillo de tela. **2.** Pedazo de tejido que se aplica sobre una prenda de vestir después un ojal por el forro libre. **3.** Bolsa o saquillo para llevar dinero. **4.** *Fig.* Bolsa, dinero. • **De bolsillo,**

dícese de lo que es más pequeño de lo normal.

BOLSIQUEAR v. tr. [1]. *Amér. Merid.* Registrar a uno los bolsillos.

BOLSISTA n. m. y f. Persona que realiza, como profesión, operaciones de bolsa. **2.** *Amér. Central.* Carterista.

BOLSO n. m. Bolsa en la que se llevan objetos de uso personal.

BOLUDEZ n. f. *Argent.* y *Urug.* Expresión o acción propia de boludo.

BOLUDO, A n. *Argent.* y *Urug.* Persona que se comporta de una manera estúpida.

BOMBA n. f. (der. de *bombarda*). Proyectil metálico cargado con un explosivo y provisto de un dispositivo detonador que provoca su explosión. **2.** Cualquier proyectil explosivo. **3.** *Fig.* Sorpresa, noticia que coge desprevenido, cosa que causa sensación. **4.** *Colomb., Dom.* y *Hond.* Pompa, burbuja de agua. **5.** *Cuba.* Chistera. **6.** *Ecuad., Guat., Hond.* y *Perú. Fig.* y *fam.* Borrachera. **7.** *Méx.* Copla improvisada que los músicos intercalan en la interpretación de ciertos sones populares del SE de México.

BOMBA n. f. (voz onomatopéyica). Aparato para aspirar, impeler o comprimir fluidos. **2.** Globo de cristal de algunas lámparas, para difundir suavemente la luz. • **Bomba de calor,** aparato que aplica el principio de las máquinas frigoríficas a la extracción de calor de un fluido a baja temperatura para transferirlo a otro de temperatura más elevada. ‖ **Bomba de gasolina,** bomba que envía la gasolina procedente del depósito al carburador del automóvil. ‖ **Bomba de inyección,** bomba que, en un motor de combustión interna, sustituye al carburador e introduce directamente combustible a presión en los cilindros.

BOMBACHAS n. f. pl. *Amér.* Bragas, prenda interior femenina.

BOMBACHO, A adj. y n. m. Dícese del pantalón muy ancho, ceñido por la parte inferior.

BOMBAL (María Luisa), escritora chilena (Viña del Mar 1910-Santiago 1980). Sus novelas (*La última niebla*, 1935; *La amortajada*, 1938) y cuentos (*La historia de María Griselda*, 1946) indagan en la sicología femenina.

BOMBARDA n. f. Boca de fuego que disparaba proyectiles de piedra o de hierro y se utilizó durante los ss. XIV-XV.

BOMBARDEAR v. tr. [1]. Atacar con bombas, obuses, etc. **2.** FÍS. Proyectar partículas, a gran velocidad, contra los átomos de un elemento.

BOMBARDEO n. m. Acción de bombardear. • **Bombardeo del átomo** (FÍS.), proyección de partículas sobre un blanco, emitidas por una sustancia radiactiva o aceleradas por aparatos especiales.

BOMBARDERO, A adj. Dícese de la lancha que lleva un cañón u obús montado. ♦ adj. y n. m. **2.** Dícese del aparato de aviación de bombardeo. ♦ n. m. **3.** Artillero destinado al servicio de las bombardas o del mortero.

BOMBAY o **MUMBAY,** c. y puerto de la India, cap. del est. de Mahārāshtra, junto al océano Índico; 12 571 720 hab. Museo. Industria textil, mecánica y química.

BOMBAZO n. m. Noticia inesperada.

BOMBEAR v. tr. [1]. Arrojar o disparar bombas de artillería contra una cosa. **2.** Lanzar una pelota haciendo que siga una trayectoria parabólica. **3.** *Argent. Fam.* Perjudicar intencionadamente a alguien.

BOMBEAR v. tr. [1]. Extraer agua de un pozo por medio de una bomba.

BOMBEO n. m. Comba, convexidad. **2.** TECNOL. Acción de desplazar un fluido con ayuda de una o varias bombas.

BOMBERO n. m. Miembro de un cuerpo organizado para extinguir incendios y prestar ayuda en caso de siniestro. **2.** Operario encargado del funcionamiento de una bomba hidráulica. **3.** *Amér.* Empleado de una gasolinera. • **Idea,** o **ideas, de bombero** *(Fam.),* proyecto descabellado.

BOMBILLA. n. f. Globo de vidrio dentro del cual va colocado un filamento que al paso de la corriente eléctrica se pone incandescente. **2.** *Amér. Merid.* Caña o tubo delgado que se usa para sorber el mate. **3.** MAR. Especie de farol usado a bordo.

BOMBILLO n. m. Aparato con sifón para evitar la subida del mal olor en los desagües, retretes, etc. **2.** Tubo con un ensanche en la parte inferior para sacar líquido. **3.** *Amér. Central, Antillas, Colomb.* y *Venez.* Bombilla eléctrica.

BOMBÍN n. m. Sombrero hongo.

BOMBO n. m. Instrumento de percusión que consiste en un tambor de grandes dimensiones. **2.** Músico que toca el bombo. **3.** *Fig.* Elogio exagerado. **4.** Caja redonda y giratoria, destinada a contener bolas, cédulas, etc., de un sorteo. **5.** TECNOL. Recipiente en forma de tambor que forma parte de muchas máquinas. • **Dar bombo** *(Fam.),* elogiar con exageración. || **Ir** o **irse al bombo** *(Argent. Fam.),* fracasar, perder. || **Tirar** o **mandar al bombo** *(Argent. Fam.),* perjudicar, hacer fracasar, bombear.

BOMBÓN n. m. Especie de confite, generalmente de chocolate. **2.** *Fig.* Joven muy agraciada.

BOMBONA n. f. Garrafa. **2.** Vasija metálica de cierre hermético, que se usa para contener gases a presión y líquidos muy volátiles.

BOMBONERA n. f. Caja pequeña para bombones. **2.** Vivienda de pequeñas dimensiones acogedora y agradable.

BONACHÓN, NA adj. y n. De genio dócil, crédulo.

BONACHONERÍA n. f. Calidad de bonachón.

BONAERENSE adj. y n. m. y f. De Buenos Aires. ♦ n. m. y adj. **2.** Piso del pleistoceno inferior típico del Río de la Plata, extendido por Argentina, Paraguay y Uruguay.

BONANCIBLE adj. Tranquilo, sereno, suave.

BONANZA n. f. Tiempo tranquilo y sereno en el mar. **2.** *Fig.* Prosperidad. **3.** Zona de una mina muy rica en mineral.

BONAO, c. de la República Dominicana, cap. de la prov. de Monseñor Nouel; 30 046 hab. Centro de la región azucarera de Bonao.

BONAPARTE, familia francesa de origen italiano. **Charles Marie** (Ajaccio 1746-Montpelier 1785), de una rama establecida en Córcega, casó con **Maria Letizia Ramolino** (Ajaccio 1750-Roma 1836). Sus descendientes principales fueron: **José** (→ *José I Bonaparte*). — **Napoleón I,** emperador de los franceses, padre de Napoleón II (→ *Napoleón I*). — **María Ana,** llamada **Elisa** (Ajaccio 1777-cerca de Trieste 1820), *princesa* **de Lucca** y **de Piombino,** *gran duquesa* **de Toscana.** — **Luis** (Ajaccio 1778-Livorno 1846), rey de Holanda [1806-1810], padre de Carlos Luis (→ *Napoleón III*). — **Paulina** (Ajaccio 1780-Florencia 1825), *princesa* **Borghese** y *duquesa* **de Guastalla.** — **María Anunciata,** llamada **Carolina** (Ajaccio 1782-Florencia 1839), reina de Nápoles [1808-1814], y **Jerónimo** (Ajaccio 1784-Villegenis, Seine-et-Oise, 1860), rey de Westfalia [1807-1813].

BONAPARTISMO n. m. Sistema de gobierno en que el poder está en manos de la dinastía de los Bonaparte. **2.** Forma de gobierno autoritario y plebiscitario, ratificado por sufragio universal.

BONAPARTISTA adj. y n. m. y f. Relativo al bonapartismo; partidario del bonapartismo.

BONDAD n. f. Calidad de bueno. **2.** Natural inclinación a hacer el bien.

BONDADOSO, A adj. Lleno de bondad.

BONETE n. m. (cat. *bonet*). Especie de gorra usada antiguamente por los eclesiásticos, colegiales y graduados. **2.** Gorro redondo, de tela o de punto, flexible y sin ala. **3.** Redecilla de los rumiantes.

BONETERÍA n. f. *Amér.* Mercería. **2.** *Méx.* Tienda donde se vende ropa interior femenina.

BONETERO n. m. Arbusto decorativo de hojas brillantes, originario de Japón, cultivado frecuentemente como seto. (Familia celastráceas.)

BONGO n. m. Especie de canoa usada por los indios de América. **2.** *Cuba.* Canoa.

BONGÓ n. m. Instrumento de percusión de origen latinoamericano, formado por dos pequeños tambores.

BONHOMÍA n. f. *Galic.* Ingenuidad, afabilidad.

BONIATO n. m. Batata.

BONIFAZ NUÑO (Rubén), poeta mexicano (México 1923). Desde una poesía de corte clásico (*La muerte del ángel,* 1945) derivó hacia un estilo más libre y coloquial: *Canto llano a Simón Bolívar* (1958); *Fuego de pobres* (1961); *Siete de espadas* (1966).

BONIFICACIÓN n. f. Acción y efecto de bonificar. **2.** Descuento hecho sobre el precio estipulado. **3.** Reducción del tipo de impuesto o de la cuota tributaria, que concede el Tesoro. **4.** GEOGR. Conjunto de trabajos destinados a desecar y sanear tierras sometidas a la invasión de las aguas.

BONIFICAR v. tr. **[1a].** Hacer buena o útil alguna cosa, mejorarla. **2.** Admitir algo en parte del pago de lo que se debe. **3.** Asentar en las cuentas corrientes las partidas que corresponden al haber.

BONILLA (Manuel), político y militar hondureño (Juticalpa 1849-Tegucigalpa 1913). Presidente de la república en 1903-1907, gobernó dictatorialmente. Ocupó de nuevo la presidencia en 1912-1913.

BONILLA (Policarpo), político hondureño (Tegucigalpa 1858-Nueva Orleans 1926). Jefe del partido liberal, fue presidente de la república (1894-1898).

BONITAMENTE adv. m. Con tiento, maña o disimulo.

BONITO, A adj. Lindo, agraciado, de cierta proporción y belleza. **2.** *Irón.* Malo, temible, inútil. ♦ n. m. **3.** Pez comestible azul y negro en la región superior y plateado en la inferior, que vive en el Atlántico y el Mediterráneo. (Familia escómbridos.)

BONN, c. de Alemania (Renania del Norte-Westfalia), a orillas del Rin; 287 117 hab. Universidad. Monumentos antiguos. Museos. Fue la capital de la República Federal de Alemania de 1949 a 1990.

BONO n. m. Billete o vale que autoriza a recibir, bien sea efectos en especie, bien una cantidad de dinero, de una persona designada. **2.** Título de la deuda, emitido por el estado u otra corporación pública. **3.** Tarjeta de abono que da derecho a la utilización de un servicio durante un determinado número de veces.

BONSAI n. m. Forma de cultivo, típico de Japón, por el que se reduce al mínimo el tamaño normal de un árbol. **2.** Árbol tratado con esta técnica.

BONZO, A n. Monje budista.

BOÑIGA n. f. Excremento del ganado vacuno o caballar.

BOÑIGO n. m. Cada una de las piezas del excremento del ganado vacuno o caballar.

BOOLE (George), matemático británico (Lincoln 1815-Ballintemple, cerca de Cork, 1864), creador de la lógica matemática moderna.

BOOM n. m. (voz inglesa). Prosperidad, auge o éxito súbito e inesperado.

BOOMERANG n. m. (voz inglesa). Bumerang.

BOQUEADA n. f. Acción de abrir la boca los moribundos.

BOQUERA n. f. Boca que se hace en el caz, para el riego. **2.** Ventana por donde se mete la paja en el pajar. **3.** Proceso inflamatorio superficial en las comisuras de los labios. SIN.: *bocera.*

BOQUERIENTO, A adj. *Chile.* Dícese de la persona que sufre de boquera. **2.** *Chile.* Dícese de una persona despreciable.

BOQUERÓN n. m. Pez de cuerpo comprimido lateralmente y cubierto de grandes escamas caducas, que vive en bancos más o menos grandes en el Mediterráneo y el Atlántico a unos 100 m de prof. (Familia engrándidos. Preparado con sal muera se le conoce con el nombre de anchoa.)

BOQUERÓN (*departamento de*), dep. de Paraguay, en el Gran Chaco, junto a la frontera argentina; 91 669 km²; 26 292 hab. Cap. *Mariscal Estigarribia*.

BOQUETA adj. y n. m. y f. *Colomb.* Dícese de la persona de labios hendidos.

BOQUETE n. m. Agujero, brecha, abertura irregular.

BOQUÍ n. m. (voz araucana). Enredadera sarmentosa que se emplea en la fabricación de cestos y canastos. (Familia lardizabaláceas.)

BOQUIABIERTO, A adj. Que tiene la boca abierta. **2.** *Fig.* Asombrado, pasmado, sorprendido.

BOQUIFLOJO, A adj. *Méx.* Hablador, chismoso.

BOQUILLA n. f. Pieza hueca que se adapta al tubo de varios instrumentos de viento para producir el sonido al soplar en ella. **2.** Tubo pequeño de ámbar, madera, etc., en uno de cuyos extremos se pone el cigarro para fumarlo por el opuesto. **3.** Parte de la pipa que se introduce en la boca. **4.** Abertura que se hace en las acequias para el riego. **5.** *Méx.* Cadena de arrecifes.

BOQUINCHE adj. y n. m. y f. *Colomb.* Boqueta.

BOQUINETO, A adj. *Colomb.* y *Venez.* Dícese de la persona con labio leporino.

BOQUIQUE adj. y n. m. y f. *Perú.* Hablador, parlanchín.

BORATO n. m. Sal del ácido bórico.

BÓRAX n. m. Sal blanca compuesta de ácido bórico, sosa y agua. SIN.: *atincar.*

BORBOLLAR, BORBOLLEAR o **BORBOLLONEAR** v. intr. **[1].** Hacer borbollones un líquido. **2.** *Fig.* Bullir.

BORBOLLÓN n. m. Erupción que hace el agua, elevándose sobre la superficie.

BORBORIGMO n. m. Ruido producido por el desplazamiento de gases y líquidos en el tubo digestivo.

BORBOTAR o **BORBOTEAR** v. intr. **[1].** Manar o hervir un líquido impetuosamente.

BORBOTEO n. m. Acción de borbotar.

BORBOTÓN n. m. Borbollón. • **Hablar a borbotones,** hablar acelerada y apresuradamente.

BORCEGUÍ n. m. Calzado que llega hasta más arriba del tobillo, abierto por delante y ajustado por medio de cordones.

BORDA n. f. (de *borde,* orilla). Parte superior del costado de un buque. • **Arrojar,** o **echar, por la borda,** echar al mar; malgastar, desprenderse inconsideradamente de una persona o cosa.

BORDA n. f. Choza.

BORDABERRY (Juan María), político uruguayo (Montevideo 1928). Elegido presidente por el Partido colorado en 1971, gobernó dictatorialmente. Fue destituido por el ejército en 1976.

BORDADA n. f. Camino que hace entre dos viradas una embarcación avanzando a barlovento.

BORDADO n. m. Acción y efecto de bordar. **2.** Labor de adorno hecha con diversidad de puntos.

BORDAR v. tr. **[1].** Hacer bordados **2.** *Fig.* Ejecutar o explicar una cosa embelle-

ciéndola o perfeccionándola: *bordar un papel en el teatro.*
BORDE n. m. (fr. *bord*). Extremo, orilla: *el borde de la mesa.* **2.** MAR. Bordo. • **Al borde de,** a punto de suceder: *estar al borde de la locura.*
BORDE adj. Silvestre, no cultivado: *limonero borde.* ♦ adj. y n. m. y f. **2.** Nacido fuera de matrimonio. **3.** *Desp.* Malintencionado, perverso.
BORDEAR v. intr. [1]. Ir por el borde, o cerca del borde u orilla: *bordear el río.* **2.** Encontrarse una cosa o serie de cosas alrededor de otra u otras. **3.** *Fig.* Estar cerca, frisar, acercarse: *bordear el éxito.*
BORDEAUX → **Burdeos.**
BORDELÉS, SA adj. y n. De Burdeos.
BORDET (Jules), médico y microbiólogo belga (Soignies 1870-Bruselas 1961). Descubrió el bacilo de la tos ferina y la reacción serológica de fijación del complemento. (Premio Nobel de fisiología y medicina 1919.)
BORDILLO n. m. Línea de piedras en el borde de la acera, de un andén, etc.
BORDO n. m. (fr. *bord*). Costado exterior de la nave, desde la superficie del agua hasta la borda. • **A bordo,** en un barco o en un avión.
BORDÓN n. m. Bastón con punta de hierro, de mayor altura que la de un hombre. **2.** *Fig.* Persona que guía y sostiene a otra. **3.** Verso quebrado que se repite al final de cada copla. **4.** Voz o frase que por vicio repite una persona en la conversación. **5.** MÚS. La cuerda más grave del laúd, de la guitarra y de otros instrumentos de cuerda.
BORDONA n. f. *Argent., Par.* y *Urug.* Cualquiera de las tres cuerdas más graves de la guitarra, preferentemente la sexta.
BORDONEAR v. intr. [1]. Pulsar el bordón de la guitarra.
BORDONEO n. m. Sonido ronco del bordón de la guitarra. **2.** Ruido sordo.
BOREAL adj. (de *bóreas*). Del norte: *hemisferio boreal.* CONTR.: *austral.*
BÓREAS n. m. (lat. *boreas*) [pl. *bóreas*]. Viento norte.
BORGES (Jacobo), pintor, dibujante y grabador venezolano (Caracas 1931), representante destacado de la nueva figuración hispanoamericana.
BORGES (Jorge Luis), escritor argentino (Buenos Aires 1899-Ginebra 1986). En 1921 se vinculó a las revistas *Prisma, Proa* y *Martín Fierro,* y dotó de expresión nueva a viejos temas bonaerenses en los poemas de *Fervor de Buenos Aires* (1923), *Luna de enfrente* (1925) y *Cuaderno de San Martín* (1929). Con *Historia universal de la infamia* (1935) comenzó su carrera de narrador dentro del género fantástico: *El jardín de los senderos que se bifurcan* (1941); *Ficciones* (1944), *El Aleph* (1949), *El hacedor* (1960), en prosa y verso; *El informe de Brodie* (1970), *El libro de arena* (1975), *Los conjurados* (1985). Su narrativa se funde con su labor crítica y ensayística: *Inquisiciones* (1925), *Evaristo Carriego* (1930), *Discusión* (1932), *Historia de la eternidad* (1936), *Otras inquisiciones* (1952). (Premio Cervantes 1979.)
BORGOÑA, en fr. *Bourgogne,* región histórica y administrativa del E de Francia (Côte-d'Or, Nièvre, Saône-et-Loire y Yonne); 31 582 km²; 1 609 653 hab. Cap. Dijon.
BORGOÑÓN, NA adj. y n. De Borgoña.
BÓRICO, adj. Dícese de un ácido oxigenado derivado del boro (H_3BO_3).
BORINQUEÑO, A adj. y n. Puertorriqueño.
SIN.: *boricua.*
BORIQUEN o **BORINQUÉN,** nombre dado por los arawak a la isla de Puerto Rico.
BORJA o **BORGIA,** familia de origen aragonés, establecida en Valencia desde el s. XIII y desde mediados del s. XV en Italia, donde fue conocida como **Borgia.** — **Alonso** (1378-1458) pasó a Italia con Alfonso V y obtuvo el papado con el nombre de Calixto III (1455). — Su sobrino **Rodrigo** fue el papa Alejandro VI. — **César** (Roma c. 1475-Pamplona 1507), hijo del anterior, duque de Valentinois y gonfalonero de la Iglesia, fue un político hábil, pero pérfido y cruel (Maquiavelo lo tomó como modelo en su libro *El príncipe*). — **Lucrecia** (Roma 1480-Ferrara 1519), hermana del anterior, famosa por su belleza, protectora de las artes y las letras, fue un mero instrumento de la política de su familia más que un criminal como pretende su fama. San **Francisco de Borja** fue miembro de la familia.
BORJA (Rodrigo), político ecuatoriano (Quito 1936). Líder de Izquierda democrática, socialdemócrata, fue presidente de la república de 1988 a 1992.
BORJA y ARAGÓN (Francisco de), *príncipe de Esquilache,* poeta español (c. 1577-Madrid 1658). Virrey del Perú, compuso poesía de corte clásico (*Obras en verso,* 1639) y el poema épico *Nápoles recuperada* (1651).
BORLA n. f. Conjunto de hilos o cordones sujetos por un extremo que se emplea como adorno. **2.** Insignia de los graduados de doctores y licenciados. **3.** Utensilio para empolvarse la cara.
BORN (Max), físico alemán (Breslau 1882-Gotinga 1970) nacionalizado británico. Fue pionero de la interpretación probabilista de la mecánica cuántica. (Premio Nobel de física 1954.)
BORNE n. m. (fr. *borne*). Linde, límite. **2.** Extremo del hierro de la lanza de justar. **3.** Pieza fija en un aparato eléctrico, que permite unir o conectar conductores.
BORNEAR v. tr. [1]. Dar vuelta, torcer o ladear una cosa. **2.** Labrar en contorno una columna. ♦ v. intr. **3.** MAR. Hacer un borneo. ♦ **bornearse** v. pron. **4.** Torcerse la madera.
BORNEO, la tercera isla del mundo, la mayor de Insulindia; 750 000 km². La mayor parte (540 000 km², al S (Kalimantan), pertenece a Indonesia (8 232 000 hab.); el N de la isla forma dos territorios miembros de Malasia (Sabah y Sarawak) y un sultanato independiente (Brunei).
BORO n. m. (de *bórax*). Metaloide (B) n.º 5, de masa atómica 10,81, densidad 2,4, sólido, duro y negruzco, parecido al carbono o al silicio, pero trivalente.
BORODÍN (Alexandr), compositor ruso (San Petersburgo 1833-*id.* 1887), miembro del grupo de los Cinco. Autor de *El príncipe Igor* (1869-1887), *En las estepas de Asia central* (1880), cuartetos y sinfonías.
BORONA n. f. Pan de maíz. **2.** *Amér. Central, Colomb.* y *Venez.* Migaja de pan.
BORRA n. f. (bajo lat. *burra*). Cordera de un año. **2.** Parte más grosera de la lana. **3.** Pelusa del algodón. **4.** Pelusa polvorienta formada en los bolsillos, rincones, etc. **5.** Poso que forman el café, aceite, tinta, etc.
BORRACHERA n. f. Efecto de emborracharse. **2.** *Fig.* Exaltación extremada: *borrachera de fama.*
BORRACHO, A adj. y n. Ebrio: *estar borracho.* **2.** Que se embriaga habitualmente. ♦ adj. **3.** *Fig.* Vivamente poseído de una pasión: *borracho de poder.* ♦ n. m. y adj. **4.** Bizcocho empapado de licor.
BORRADOR n. m. Escrito de primera intención que se copia después de enmendarle. **2.** Apunte, croquis trazado rápidamente. **3.** Utensilio que se emplea para borrar.
BORRAJA n. f. Planta anual muy ramosa, con grandes flores azules, que crece entre los escombros. (Familia borragináceas.)
BORRAR v. tr. y pron. [1]. Hacer desaparecer por cualquier medio lo representado con tinta, lápiz, etc.: *borrar un escrito.* **2.** *Fig.* Desvanecer, hacer olvidar: *borrar un recuerdo.* **3.** INFORMÁT. Destruir un fichero de datos. ♦ v. tr. **4.** *Fig.* Anular, eclipsar: *su belleza borra a las demás.*
BORRASCA n. f. Tempestad fuerte. **2.** *Fig.* Peligro o contratiempo que se padece en algún asunto. **3.** METEOROL. Perturbación atmosférica con fuertes vientos y precipitaciones, acompañada de una acusada depresión barométrica.
BORRASCOSO, A adj. Que causa borrascas: *viento borrascoso.* **2.** Propenso a borrascas: *zonas borrascosas.* **3.** *Fig.* Agitado, desordenado, desenfrenado, violento: *una vida borrascosa.*
BORREGO, A n. Cordero de uno o dos años. ♦ adj. y n. **2.** Dícese de la persona sencilla o ignorante. **3.** Dícese de la persona excesivamente dócil. ♦ n. m. **4.** *Cuba* y *Méx.* Noticia engañosa y falsa.
BORRICO, A n. Asno. ♦ n. y adj. **2.** Persona necia.
BORRIQUEÑO, A o **BORRIQUERO, A** adj. **Cardo borriqueño,** o **borriquero,** cardo de hasta 3 m de alt., con las hojas rizadas y espinosas, y flores purpúreas en cabezuelas terminales.
BORRIQUETE n. m. Armazón en forma de trípode, utilizado por diversas clases de artesanos y en obras de construcción.
BORRÓN n. m. Mancha de tinta hecha en el papel. **2.** Borrador, escrito de primera intención. **3.** *Fig.* Imperfección que desluce o afea. **4.** *Fig.* Acción deshonrosa. • **Borrón y cuenta nueva,** expresa la decisión de olvidar lo pasado obrando como si no hubiere existido.
BORROSIDAD n. f. Calidad de borroso, confuso.
BORROSO, A adj. Lleno de borra, poso. **2.** Confuso, impreciso.
BORUCA n. f. *Méx.* Ruido, alboroto.
BORUCA o **BRUNKA,** pueblo amerindio del grupo talamanca de la familia chibcha, que habita en la zona costera entre Costa Rica y Panamá.
BOSCAJE n. m. Espesura, conjunto de árboles y matas muy espesos.
BOSCÁN (Juan), poeta español (Barcelona 1487-1492-*id.* 1542). Introdujo la métrica italiana en la poesía castellana, con la adhesión de Garcilaso. Es autor de poesías en metros tradicionales castellanos, pero sobre todo de sonetos, canciones renacentistas y octavas reales.
BOSCH (Carl), químico e industrial alemán (Colonia 1874-Heidelberg 1940). Consiguió en 1909, con Haber, la síntesis industrial del amoníaco. (Premio Nobel de química 1931.)
BOSCH (Juan), político y escritor dominicano (La Vega 1909 – Santo Domingo 2001). Elegido presidente de la república en 1962, fue derrocado por un golpe de estado en jul. 1963.
BOSCO (Hieronymus Van Aeken o Aken, llamado **Jerónimo Bosch** y, en España, **el),** pintor brabanzón ('s-Hertogenbosch c. 1450-*id.* 1516). Trató temas religiosos o populares con un simbolismo extraño y una imaginación sin par, que se servía de una alta calidad pictórica (*La nave de los locos,* Louvre; *El jardín de las delicias,* Prado).
BOSCOSO, A adj. Poblado de bosque.
BÓSFORO, estrecho entre Europa y Asia, que comunica el mar de Mármara y el Mar Negro. De unos 30 km de long. y de 300 a 3000 m de anch., desde 1973 está cruzado por dos puentes. En la costa S se halla Istanbul.
BÓSFORO (*reino del*), reino griego establecido en Crimea (cap. *Panticapea*). Fundado en el s. V a. J.C., pasó a ser protectorado romano en 63 a. J.C.
BOSNIA-HERZEGOVINA, en serbocroata **Bosna i Hercegovina,** estado de la Europa balcánica; 51 100 km²; 2 600 000 hab. (*Bosnios* o *bosníacos*.) CAP. *Sarajevo.* LENGUA OFICIAL: *serbocroata.* MONEDA: *dinar.*

BOS

GEOGRAFÍA
En el momento de su independencia el país estaba habitado por un 40 % aproximadamente de musulmanes (población de lengua serbocroata dotada del estatuto de nacionalidad en 1969), por casi un 30 % de serbios (ortodoxos) y un 20 % aproximadamente de croatas (católicos). La viabilidad del nuevo estado (compartimentado por el relieve, prácticamente sin acceso al mar) se vio comprometida por la guerra civil iniciada en 1992 que provocó destrucciones y desplazamientos de población, así como la partición de hecho del territorio.

HISTORIA
La región fue conquistada por los otomanos (Bosnia en 1463, Herzegovina en 1482) e islamizada. Administrada por Austria-Hungría (1878) y anexionada por ésta en 1908, se integró en el Reino de los serbios, croatas y eslovenos (1918) y luego se convirtió en una república de Yugoslavia (1945-1946). Tras la proclamación de la independencia (1992), reconocida por la O.N.U., una sangrienta guerra enfrentó a las milicias serbias, apoyadas por la nueva República Federal de Yugoslavia, a musulmanes y croatas. A partir de 1993 la U.E. y la O.N.U. trataron de mediar para que los beligerantes aceptasen una solución negociada del conflicto. En 1995 se firmaron los acuerdos de paz de Dayton (en E.U.A.) entre bosnios, serbios y croatas, quedando la Federación croata-musulmana y la República Srpska (serbobosnia) integradas en un estado independiente de presidencia colegiada. 1996: primeras elecciones democráticas, que confirmaron el predominio de los partidos nacionalistas. Se ha mantenido una partición de hecho.

BOSNIO, A adj. y n. De Bosnia.
BOSÓN n. m. Partícula cuántica que obedece a la estadística de Bose-Einstein.
BOSQUE n. m. (cat. *bosc*). Gran extensión de terreno cubierta de árboles. **2.** Conjunto de los árboles que ocupan o cubren esta extensión.
BOSQUEJAR v. tr. (cat. *bosquejar*, desbastar) [**1**]. Trazar un bosquejo. **2.** *Fig.* Indicar con vaguedad una idea: *bosquejar un proyecto.*
BOSQUEJO n. m. Traza primera y no definitiva de una obra. **2.** *Fig.* Idea vaga de algo.
BOSQUIMANO, A adj. y n. Relativo a un pueblo nómada africano que vive de la caza y la recolección en el desierto de Kalahari (Namibia). ♦ n. m. **2.** Lengua hablada por los bosquimanos.
BOSTA n. f. Excremento del ganado vacuno o del caballar.
BOSTEZAR v. intr. [**1g**]. Abrir la boca con un movimiento espasmódico y hacer inspiración lenta y después espiración, también lenta y prolongada.
BOSTEZO n. m. Acción de bostezar.
BOSTON, c. y puerto de Estados Unidos, cap. de Massachusetts; 574 283 hab. (2 870 669 en la aglomeración). Centro industrial, cultural (universidad de Harvard, Instituto de tecnología de Massachusetts), comercial y financiero. Museos.
BOTA n. f. Recipiente pequeño de cuero, que remata en un cuello con brocal por donde se llena de vino y se bebe. **2.** Cuba para líquidos.
BOTA n. f. Calzado que cubre el pie y parte de la pierna a toda ella. • **Ponerse las botas,** enriquecerse o lograr un provecho extraordinario.
BOTADERO n. m. *Chile, Colomb.* y *Perú.* Basural. **2.** *Colomb.* Parte de un río que es navegable.
BOTADO, A adj. y n. *Amér.* Expósito. **2.** *Amér.* Barato o a muy bajo precio.
BOTADOR, RA adj. Que bota. **2.** *Amér. Central, Chile* y *Ecuad.* Derrochador.

BOTADURA n. f. Operación de echar al agua un buque, que se ha construido en grada. SIN.: *lanzamiento.*
BOTALÓN n. m. (port. *botaló*). Palo que se saca hacia el exterior de la embarcación cuando conviene establecer sobre el mismo velas salientes. **2.** *Amér.* Poste, estaca.
BOTAMANGA n. f. *Amér. Merid.* En un pantalón, pliegue que se hace en la parte inferior, bajo.
BOTANA n. f. Remiendo que tapa los agujeros de los odres. **2.** *Cuba* y *Méx.* Vaina de cuero que se pone a los gallos de pelea en los espolones. **3.** *Guat.* y *Méx.* Pequeña cantidad de comida que se suele tomar como aperitivo acompañada de bebida, tapa.
BOTÁNICA n. f. Ciencia que estudia los vegetales.
BOTÁNICO, A adj. (gr. *botanikos*). Relativo a la botánica. ♦ n. **2.** Especialista en botánica.
BOTAR v. tr. [**1**]. Arrojar o echar fuera algo: *botar un cigarro por la ventana.* **2.** Despedir o echar a una persona. **3.** Realizar una botadura. **4.** Hacer saltar una pelota arrojándola contra el suelo. ♦ v. intr. **5.** Saltar, levantarse del suelo con impulso o ligereza.
BOTARATE n. m. y f. y adj. *Fam.* Persona alborotada y de poco juicio. **2.** *Amér.* Derrochador.
BOTAREL n. m. ARQ. Contrafuerte.
BOTAREL o **BOTARETE** Arbotante.
BOTE n. m. Salto que da la pelota u otra cosa elástica al chocar con una superficie dura. **2.** Salto que da una persona, animal, etc., botando como una pelota: *dar botes de alegría.*
BOTE n. m. (cat. *pot*). Vasija pequeña y generalmente cilíndrica para guardar o conservar cosas. **2.** Vasija que hay en algunos establecimientos públicos para poner las propinas. **3.** Propina.
BOTE n. m. (ingl. *boat*). Pequeña embarcación a remo o con motor fuera borda.
BOTE. **De bote en bote,** completamente lleno.
BOTELLA n. f. Recipiente de forma y materia variables, de cuello estrecho, que sirve para contener líquidos. **2.** Su contenido. **3.** Medida de capacidad para líquidos equivalente a 0,75 l. • **Botella de Leiden** (fís.), primer condensador eléctrico.
BOTELLAZO n. m. Golpe dado con una botella.
BOTELLERÍA n. f. Fábrica de botellas. **2.** Conjunto de botellas.
BOTELLERO, A n. Persona que tiene por oficio hacer o vender botellas. ♦ n. m. **2.** Aparato o utensilio para colocar, llevar o guardar botellas.
BOTELLÍN n. m. Botella pequeña.
BOTELLÓN n. m. *Méx.* Botella de vidrio grande, garrafón.
BOTERO (Fernando), pintor colombiano (Medellín 1932). Su estilo se caracteriza por la figuración irónica de personajes voluminosos representados con una técnica muy cuidada y una plástica que él reconoce como heredera de Piero della Francesca. También ha realizado esculturas.
BOTHE (Walter), físico alemán (Oranienburg, cerca de Berlín, 1891-Heidelberg 1957). Con H. Becker, obtuvo en 1930, mediante la acción de los rayos alfa sobre el berilio, una radiación penetrante formada por neutrones. (Premio Nobel de física 1954.)
BOTICA n. f. (gr. *apothéké*, depósito, almacén). Farmacia. **2.** Conjunto de medicamentos.
BOTICARIO, A n. Farmacéutico.
BOTIJA n. f. Vasija de barro redonda y de cuello corto y angosto.
BOTIJERO, A n. Persona que tiene por oficio hacer o vender botijas o botijos.
BOTIJO n. m. Vasija de barro, de vientre abultado, con asa en la parte superior,

una boca para llenarla y un pitón para beber.
BOTILLERÍA n. f. *Chile.* Tienda donde se venden licores y vinos embotellados.
BOTÍN n. m. (fr. *butin*). Lo que se toma del enemigo vencido. **2.** Producto de un saqueo, robo, etcétera.
BOTÍN n. m. Calzado que cubre la parte superior del pie y el tobillo.
BOTIQUÍN n. m. (de *botica*). Habitación, mueble o maleta portátil, donde se guardan medicinas para casos de urgencia. **2.** Conjunto de estas medicinas. **3.** *Venez.* Taberna.
BOTOCUDO, pueblo amerindio, de lengua independiente, que habita en la cuenca del río Doce (Minas Gerais, Brasil).
BOTÓN n. m. Tipo particular de yema que al abrirse da una flor. **2.** Capullo. **3.** Pieza pequeña, generalmente redonda, para abrochar o adornar los vestidos. **4.** Pieza cilíndrica o esférica que, atornillada en algún objeto, sirve de tirador, asidero, etc.: *botón de una puerta.* **5.** *Amér. Vulg.* Agente de policía. **6.** *Argent. Fam.* Cuentero, alcahuete. **7.** ELECTR. Pieza que sirve para accionar los mandos de un aparato eléctrico. • **Botón de oro,** nombre usual que se da a diversas ranunculáceas de flores amarillas. || **Botón de plata,** matricaria.
BOTONADURA n. f. Juego de botones para un traje o prenda de vestir.
BOTONES n. m. (pl. *botones*). En hoteles y otros establecimientos, muchacho encargado de hacer recados y otras comisiones.
BOTOTO n. m. *Amér.* Calabaza que se usa para llevar agua. **2.** *Chile.* Zapato tosco.
BOTSUANA o, ant., **Bechuanalandia,** estado del África austral; 570 000 km²; 1 300 000 hab. CAP. *Gaborone.* LENGUAS OFICIALES: *tswana* e *inglés.* MONEDA: *pula.* Protectorado británico de 1885 a 1966 (Bechuanalandia), junto con un sector de la provincia sudafricana de El Cabo integró el actual territorio de estado independiente (1966).
BOTTICELLI (Sandro **Filipepi,** llamado), pintor italiano (Florencia 1445-id. 1510). Es autor de gran número de cuadros de inspiración religiosa (*Adoración de los magos,* c. 1477, Uffizi) o mitológica (*La primavera,* c. 1478; *El nacimiento de Venus,* 1484, Uffizi).
BOTULISMO n. m. (lat. *botulus,* embutido). Envenenamiento grave producido por el agente patógeno *Clostridium botulinum,* que aparece en alimentos envasados en malas condiciones y puede provocar parálisis.
BOUQUET n. m. (voz francesa). Aroma de ciertos vinos. **2.** Ramo de flores.
BOURGOGNE → Borgoña.
BOUTIQUE n. f. (voz francesa). Tienda, generalmente pequeña, donde se venden prendas de vestir de moda.
BÓVEDA n. f. Obra de fábrica de sección curva que sirve para cubrir el espacio entre dos muros o varios pilares. **2.** Habitación cuya cubierta es de bóveda. **3.** *Amér.* Cámara acorazada; caja de caudales. **4.** INDUSTR. Parte superior de un horno de reverbero, que está dispuesta en forma de cúpula. • **Bóveda celeste,** el firmamento. || **Bóveda palatina** (ANAT.), parte superior de la caja ósea del cráneo. || **Bóveda palatina,** la que forma la pared superior de la boca y la inferior de las fosas nasales.
BOVEDILLA n. f. Bóveda pequeña entre viga y viga en un techo.
BOVET (Daniel), farmacólogo italiano (Neuchâtel 1907-Roma 1992). Sus trabajos sobre los antihistamínicos y el curare sintéticos le valieron en 1957 el premio Nobel de fisiología y medicina.
BÓVIDO, A adj. y n. m. (lat. *boven,* buey). Relativo a una familia de rumiantes que se caracterizan por sus cuernos, forma-

dos por una prominencia del hueso frontal y una envoltura córnea.

BOVINO, A adj. (lat. *bovinum*). Relativo al buey o a la vaca. ♦ adj. y n. m. **2.** Relativo a una subfamilia de bóvidos que comprende el buey, el búfalo, el bisonte, etc.

BOWLING n. m. (voz inglesa). Juego de bolos de origen americano. **2.** Lugar donde se practica este juego.

BOX n. m. *Amér.* Boxeo.

BOX n. m. Pequeño recinto reservado para el alojamiento individual de caballos. **2.** En los circuitos de carreras, cada uno de los recintos destinados a los coches participantes. **3.** Recinto para aislar a un enfermo en un centro hospitalario.

BOXEADOR n. m. El que se dedica profesionalmente al boxeo, púgil.

BOXEAR v. intr. [1]. Practicar el boxeo, especialmente de forma profesional. **2.** Pelear a puñetazos.

BOXEO n. m. Deporte de combate en el que los dos adversarios se enfrentan a puñetazos, siguiendo ciertas reglas.

BÓXER adj. y n. m. Dícese de una raza de perros parecidos al dogo alemán y al bulldog.

BÓXER n. m. Miembro de una sociedad secreta china que originó un movimiento xenófobo.

BOXÍSTICO, A adj. Relativo al boxeo.

BOYA n. f. (fr. *bouée*). Cuerpo flotante fijado al fondo del mar por una cadena, que sirve para indicar los escollos o para señalar un punto determinado. **2.** Corcho que se pone en la red para indicar su situación.

BOYACÁ (*departamento de*), dep. de Colombia, en la cordillera Oriental; 23 189 km²; 1 097 618 hab. Cap. *Tunja*.

BOYADA n. f. Manada de bueyes.

BOYANTE adj. Que boya. **2.** *Fig.* Que tiene fortuna o felicidad creciente. **3.** Dícese de un buque que no cala lo suficiente.

BOYAR v. intr. [1]. *Amér.* Flotar, mantenerse a flote.

BOYER (Paul D.), bioquímico norteamericano (Provo, Utah, 1918). Director del Instituto de biología molecular de UCLA (Los Ángeles), obtuvo el premio Nobel de química (1997) junto con John E. Walker y Jens C. Skou por sus trabajos innovadores en el dominio de las enzimas que participan en el metabolismo de la molécula energética, trifosfato de adenosina (ATP).

BOYERO, A n. Persona que guarda o conduce bueyes. SIN.: *boyerizo, bueyero*. ♦ n. m. **2.** Nombre de diversos pájaros pequeños, de plumaje negro, que viven en Argentina y Uruguay, y se caracterizan por su nido colgante en forma de bolsa.

BOYLE (Robert), físico y químico irlandés (Lismore Castle 1627-Londres 1691). Enunció la ley de compresibilidad de los gases y descubrió el papel del oxígeno en la combustiones.

BOY-SCOUT n. m. (voz inglesa que significa *muchacho explorador*) [pl. *boy-scouts*]. Niño o adolescente que forma parte de una asociación de escultismo. SIN.: *explorador*.

BOZAL adj. y n. m. y f. Dícese del negro recién sacado de su país. **2.** Bisoño, inexperto. ♦ adj. **3.** Dícese de las caballerías cerriles. ♦ n. m. **4.** Pieza que se pone en el hocico de ciertos animales para impedirles morder, mamar o comer en los sembrados. **5.** *Amér.* Bozo, cabestro.

BOZO n. m. Vello que apunta sobre el labio superior. **2.** Parte exterior de la boca. **3.** Cabestro.

Br, símbolo químico del *bromo*.

BRABANTE, en fr. y neerlandés **Brabant**, región histórica de Europa occidental, act. dividida entre Bélgica y Países Bajos.

BRABANTE, en fr. y neerlandés **Brabant**, prov. del centro de Bélgica; 3358 km²; 2 245 890 hab. Cap. *Bruselas*. De lengua francesa al S y flamenca al N.

BRACEAR v. intr. (de *brazo*) [1]. Mover repetidamente los brazos. **2.** Nadar volteando los brazos fuera del agua. **3.** *Fig.* Esforzarse, forcejear.

BRACEO n. m. Acción de bracear.

BRACERO n. m. Peón, jornalero. **2.** *Méx.* Campesino que emigra a una región próspera para emplearse como jornalero.

BRACHO (Julio), director de teatro y de cine mexicano (Durango 1909-México 1978). De su trabajo teatral destaca *El sueño de Quetzalcóatl*, de tema nacionalista y revolucionario, y del cinematográfico, *La sombra del caudillo* (1960).

BRACO, A adj. y n. m. Dícese de un perro de caza de pelo corto y de orejas colgantes.

BRÁCTEA n. f. Pequeña hoja de forma especial situada en la base del pedúnculo floral.

BRACTÉOLA n. f. Bráctea o brácteas que se hallan sobre un eje lateral de cualquier inflorescencia.

BRADLEY (James), astrónomo británico (Sherborne, Gloucestershire, 1693-Chalford, Gloucestershire, 1762), descubridor de la aberración de la luz de las estrellas (1727) y de la nutación del eje terrestre (1748).

BRAGA n. f. (lat. *bracam*). Prenda interior femenina que cubre desde la cintura hasta el arranque de las piernas, con aberturas para el paso de éstas. **2.** Conjunto de plumas que cubren las patas de las aves calzadas.

BRAGADO, A adj. Dícese de los animales que tienen la bragadura de diferente color que el resto del cuerpo. **2.** *Fig.* Dícese de la persona de intención perversa. **3.** *Fig.* y *fam.* Dícese de las personas de resolución enérgica y firme.

BRAGADO, partido de Argentina (Buenos Aires); 40 449 hab. Cereales y ganado vacuno.

BRAGADURA n. f. Entrepiernas.

BRAGG (*sir* William Henry), físico británico (Wigton, Cumberland, 1862-Londres 1942). Recibió en 1915 el premio Nobel de física con su hijo *sir* **William Lawrence** (1890-1971) por sus trabajos sobre la difracción de los rayos X en los cristales.

BRAGUERO n. m. Aparato para contener las hernias.

BRAGUETA n. f. Abertura delantera del pantalón.

BRAGUETAZO n. m. **Dar braguetazo**, casarse un hombre pobre con una mujer rica.

BRAGUETERO, A adj. *Amér.* Dícese del pobre que se casa con mujer rica.

BRAHE (Tycho), astrónomo danés (Knudstrup 1546-Praga 1601). Construyó un observatorio astronómico que equipó con grandes instrumentos, gracias a los cuales efectuó las observaciones astronómicas más precisas antes de la invención del anteojo. Las del planeta Marte permitieron a Kepler enunciar las leyes del movimiento de los planetas.

BRAHMĀ, uno de los principales dioses del panteón hindú (asociado a *Šiva* y *Višnu*), primer ser creado y creador de todas las cosas.

BRAHMÁN n. m. (sánscr. *brāhmana*). Miembro de la casta sacerdotal, primera de las castas hindúes.

BRAHMÁNICO, A adj. y n. Relativo al brahmanismo; adepto del brahmanismo.

BRAHMANISMO n. m. Sistema religioso que en el hinduismo representa la corriente más ortodoxa, más directamente inspirada en el vedismo.

BRAHMAPUTRA, r. de la India y de Bangla Desh que nace en el Tíbet y mezcla sus aguas con las del Ganges en un gran delta que desemboca en el golfo de Bengala; 2900 km (cuenca de 900 000 km²).

BRAHMS (Johannes), compositor alemán (Hamburgo 1833-Viena 1897), célebre por sus *lieder*, su música de cámara, sus obras para piano, sus cuatro sinfonías, sus oberturas y sus conciertos.

BRAILLE n. m. (de L. *Braille*, su inventor). Escritura en relieve para el uso de ciegos.

BRAILLE (Louis), inventor francés (Coupvray 1809-Paris 1852). Ciego desde los 3 años, ideó una escritura en relieve para invidentes (*braille*).

BRAMA n. f. Acción y efecto de bramar. **2.** Época anual de celo de los venados.

BRAMADERO n. m. *Amér.* Poste al cual se amarran los animales para herrarlos, domesticarlos o matarlos.

BRAMANTE n. m. y adj. Cordel delgado hecho de cáñamo.

BRAMAR v. intr. [1]. Dar o emitir bramidos. **2.** Manifestar uno con voces articuladas o inarticuladas y con violencia la ira de que está poseído. **3.** Hacer ruido estrepitoso el viento, el mar, etc., cuando están agitados.

BRAMIDO n. m. Voz del toro y otros animales salvajes. **2.** *Fig.* Grito humano debido a una pasión. **3.** *Fig.* Estrépito del aire, del agua, etc.

BRANCA n. f. **Branca ursina**, acanto. ∥ **Branca ursina bastarda**, planta común en los lugares húmedos, que mide entre 1 y 1,50 m de alt., con grandes umbelas de flores blancas. (Familia umbelíferas.)

BRANDAR v. intr. [1]. MAR. Girar el buque en sentido longitudinal hacia uno u otro costado.

BRANDEBURGO, en alem. **Brandenburg**, Land de Alemania; 26 000 km²; 2 641 152 hab. Cap. *Potsdam*. Ocupa la parte occidental del Brandeburgo histórico en torno a Berlín, que formó parte de la R.D.A. de 1949 a 1990. (→ *Prusia*.)

BRANDEBURGO, c. de Alemania (Brandeburgo), a orillas del Havel, al O de Berlín; 93 441 hab.

BRANDSEN, ant. **Coronel Brandsen**, partido de Argentina (Buenos Aires); 18 452 hab.

BRANDT (Herbert Karl Frahm, llamado **Willy**), político alemán (Lübeck 1913-Unkel, cerca de Bonn, 1992). Canciller de la R.F.A. (1969-1974), orientó la diplomacia alemana hacia la apertura al este (Ostpolitik). Presidió la Internacional socialista de 1976 a 1992. (Premio Nobel de la paz 1971.)

BRANDY n. m. (voz inglesa). Coñac.

BRANQUIA n. f. (gr. *brankhía*). Órgano respiratorio de numerosos animales acuáticos, como peces, crustáceos, cefalópodos, etc.

BRANQUIAL adj. Relativo a las branquias: *respiración branquial*.

BRANQUIÓPODO, A adj. y n. m. Relativo a una subclase de crustáceos inferiores, como las pulgas de agua.

BRAQUIAL adj. (lat. *brachium*, brazo). ANAT. Relativo al brazo: *nervio braquial*.

BRAQUICEFALIA n. f. Cualidad de braquicéfalo.

BRAQUICÉFALO, A adj. y n. Dícese de la persona cuyo cráneo, visto desde arriba, es casi tan ancho como largo. CONTR.: *dolicocéfalo*.

BRAQUIÓPODO, A adj. y n. m. Relativo a una clase de animales provistos de una concha de dos valvas, una dorsal y la otra ventral.

BRASA n. f. Ascua, trozo incandescente de leña, carbón o cualquier otra materia combustible.

BRASEAR v. intr. [1]. Cocer entre brasas.

BRASERO n. m. Recipiente metálico, en forma de bacía, en el que se quema carbón menudo, para caldear habitaciones.

BRASIER n. m. *Colomb., Cuba, Méx.* y *Venez.* Sostén, prenda interior femenina.

BRASIL n. m. Planta arbórea de Brasil y Paraguay, cuya madera se usa con el nombre de palo brasil. (Familia cesalpiniáceas.)

BRASIL, estado de América del Sur; 8 512 000 km²; 153 300 000 hab. (*Brasileños.*) CAP. *Brasilia*. LENGUA OFICIAL: *portugués*. MONEDA: *real*.

BRA

GEOGRAFÍA
Brasil es el gigante de América del Sur, de la que ocupa la mitad de su superficie y concentra una parte equivalente de la población. La población brasileña es muy variada, y en ella se mezclan (a partes iguales) blancos, negros, indios y asiáticos, en su mayoría mestizos. Crece a un ritmo rápido (aproximadamente un 2 % anual) y se concentra en sus dos terceras partes en las ciudades, de las cuales una docena superan el millón de habitantes. La población es más densa en el litoral. El interior (al NO, selva amazónica, cálida y húmeda; más al E y al S, mesetas a menudo áridas y de suelos mediocres) está deshabitado, excepto los yacimientos mineros y los frentes de colonización de las rutas transamazónicas. La agricultura emplea aún a más del 25 % de la población activa. La colonización y el clima tropical favorecieron los cultivos de plantación. Brasil es el primer o segundo productor mundial de café, cacao, cítricos, azúcar y soja. La ganadería bovina está también muy desarrollada. La industria (aproximadamente un 25 % de la población activa) se beneficia de abundantes recursos mineros: hierro, bauxita, manganeso e incluso petróleo. El potencial hidroeléctrico está parcialmente aprovechado. A pesar de la riqueza de recursos, el crecimiento está frenado por una estructura agraria arcaica (numerosas grandes propiedades subexplotadas y una masa de campesinos sin tierra), las irregularidades climáticas también, el aumento de población demasiado rápido (que acelera el éxodo rural, ligado aún a un subempleo considerable). A las desigualdades sociales se añaden contrastes regionales de desarrollo, sobre todo entre el Nordeste, a menudo degradado, y las ciudades del Sudeste, más dinámicas. Una parte importante de la industria de transformación (montaje de automóviles, química, electrónica) se halla bajo control extranjero. La deuda exterior, vinculada sobre todo a una política de industrialización rápida en los años sesenta y setenta, sigue siendo enorme. Su pago sigue condicionando la orientación económica. Brasil forma parte de Mercosur desde 1991.

HISTORIA
El período colonial. 1500: Pedro Álvarez Cabral descubrió Brasil, que pasó a depender portuguesa. 1532-1560: los intentos franceses de instalación acabaron con la victoria de los portugueses. 1624-1654: atraídos por la riqueza azucarera del país, los holandeses ocuparon las costas brasileñas, antes de tener que retroceder hasta el mar. 1720-1770: la búsqueda de oro provocó la creación del Brasil interior, dominio de los mestizos, que abandonaron la costa a los blancos. Se desarrollaron las grandes plantaciones (cultivo de algodón, cacao y tabaco), que aseguraron la renovación económica del país. 1775: la esclavitud india fue abolida y se incrementó el recurso a la mano de obra negra. 1777: después de una guerra con España, por el tratado de San Ildefonso y de El Pardo (1778) Portugal delimitó su frontera Sur con la Banda Oriental. 1808-1821: la familia real portuguesa, en su huida ante los ejércitos napoleónicos, se instaló en Río de Janeiro. 1815: Juan VI elevó a Brasil al rango de reino.
El imperio brasileño. 1822-1889: durante el reinado de Pedro I (1822-1831) y Pedro II (1831-1889), Brasil, imperio independiente, experimentó un considerable auge demográfico (inmigración) y económico (café, vías férreas); guerra argentino-brasileña por la posesión de la Banda Oriental (1825-1828); sus fronteras se rectificaron tras la guerra con Paraguay (1865-1870). La abolición de la esclavitud negra creó un creciente descontento entre la aristocracia terrateniente (1888).
La república de los «coroneles». 1889: Pedro II fue derrocado por el ejército, y se proclamó una república federal. No obstante, el poder real estaba en manos de las oligarquías que poseían la tierra y los hombres. El cultivo del café siguió siendo preponderante, asegurando la prosperidad; se desarrolló la producción de trigo y caucho. 1917: Brasil declaró la guerra a Alemania.
La era Vargas. 1930: la crisis económica acarreó la caída del régimen; Getúlio Vargas accedió al poder. 1937: Vargas se convirtió en dictador por seis años. 1942: la participación de Brasil en la segunda guerra mundial junto a los aliados trajo consigo el auge económico del país. 1945: Vargas fue depuesto por los militares. 1950: Vargas fue reelegido presidente. Acosado por la oposición, ligada a los intereses extranjeros, se suicidó (1954).
Los militares en el poder. 1956-1964: se sucedieron varios gobiernos reformistas, blanco de la influencia de las compañías multinacionales. 1960: Brasília se convirtió en la capital del país. 1964-1985: como consecuencia de un golpe de estado militar, los generales accedieron al poder (Castello Branco, Costa e Silva, Garrastazú, Médici, Geisel, Figueiredo). La economía nacional quedó muy subordinada a la dominación del capital extranjero. ***El retorno a la democracia.*** 1985: los civiles volvieron al poder. El presidente José Sarney (1985-1990) y su sucesor, Fernando Collor de Mello (elegido en 1989 por sufragio universal, por primera vez en 29 años), enfrentaron una situación económica y financiera difícil. 1992: acusado de corrupción, F. Collor de Mello dimitió. Le sucedió el vicepresidente Itamar Franco. 1994: llegó a la presidencia F. H. Cardoso. 2003: L. I. Lula da Silva, asumió la presidencia.

BRASILEÑO, A adj. y n. De Brasil. ◆ n. m. **2.** Modalidad del portugués hablada en Brasil.

BRASILERO, A adj. y n. Brasileño.

BRASILETE n. m. Árbol de madera de color más oscuro que el brasil. (Familia cesalpiniáceas.) **2.** Madera de este árbol.

BRASÍLIA, c. y cap. de Brasil y del distrito federal (5 814 km²; 1 596 274 hab.), en las mesetas del interior, a unos 1 100 m de alt. Construida a partir de 1957, es obra del urbanista L. Costa y el arquitecto O. Niemeyer.

BRATISLAVA, en alem. **Pressburg,** c. y cap. de Eslovaquia, a orillas del Danubio; 441 453 hab. Centro comercial, cultural e industrial. Monumentos antiguos (catedral gótica, iglesias) y museos.

BRAUN (Karl Ferdinand), físico alemán (Fulda 1850-Nueva York 1918), inventor de la antena dirigida y del osciloscopio catódico. (Premio Nobel de física 1909.)

BRAVATA n. f. (ital. *bravata*). Amenaza proferida con arrogancia. **2.** Baladronada, fanfarronada.

BRAVEZA n f. Bravura, cualidad de bravo. **2.** Ímpetu y fuerza de los elementos: *la braveza del mar.*

BRAVÍO, A adj. Feroz, indómito. **2.** Rústico por falta de educación o de trato con la gente.

BRAVO, A adj. Valiente. **2.** Bueno, excelente. **3.** Dícese de los animales fieros e indómitos. **4.** Dícese del mar embravecido. **5.** Áspero, inculto, fragoso: *la brava serranía.* **6.** De genio áspero. **7.** Picante. ◆ adv. m. **8.** Con firmeza, fuerte, seguro. ◆ interj. **9.** Denota aplauso o entusiasmo.

BRAVO o **GRANDE DEL NORTE,** r. de México y Estados Unidos; 3034 km. Desde El Paso hasta su desembocadura en el golfo de México (2092 km), marca la frontera entre los dos países. Aprovechado para riego y centrales hidroeléctricas (presas del Elefante, en E.U.A., y Falcón, en México).

BRAVO (Nicolás), militar y político mexicano (Chilpancingo 1776-*id.* 1854). Se unió al movimiento insurgente (1811). Fue miembro del poder ejecutivo (1823-1824) y presidente sustituto (1842 y 1846). Luchó contra la invasión norteamericana (1847).

BRAVUCÓN, NA adj. y n. *Fam.* Que presume de valiente sin serlo.

BRAVUCONADA o **BRAVUCONERÍA** n. f. *Fam.* Dicho o hecho propio del bravucón.

BRAVUCONEAR v. intr. [1]. Echar bravatas.

BRAVURA n. f. Cualidad de bravo. **2.** Bravata.

BRAY n. m. GEOGR. Depresión alargada, abierta por la erosión en un abombamiento anticlinal.

BRAZA n. f. (lat. *brachia*). Longitud que miden los dos brazos extendidos, desde la extremidad de una mano hasta la extremidad de la otra. **2.** Medida de longitud, generalmente usada en la marina. **3.** Estilo de natación que se practica con el cuerpo descansando sobre el vientre, mientras brazos y piernas se mueven simétricamente y dan impulso mediante distensiones simultáneas.

BRAZADA n. f. Movimiento que se hace con los brazos extendiéndolos y encogiéndolos como cuando se rema. **2.** Cantidad de algo que se coge con los brazos: *una brazada de heno.* **3.** *Chile, Colomb.* y *Venez.* Braza, medida de longitud.

BRAZAL n. m. Faja de tela que rodea el brazo: *un brazal de la Cruz Roja.* **2.** ARM. Parte de la armadura destinada a cubrir los brazos. SIN.: *brazalete.*

BRAZALETE n. m. (fr. *bracelet*). Aro que, como adorno, se lleva alrededor de la muñeca. **2.** Brazal.

BRAZO n. m. (lat. *bracchium*). Parte del miembro superior comprendida entre las articulaciones del hombro y del codo. **2.** Miembro del cuerpo que comprende desde el hombro hasta la extremidad de la mano. **3.** Cada una de las patas delanteras de los cuadrúpedos. **4.** *Fig.* Valor, esfuerzo, poder: *el brazo de la ley.* **5.** Rama de árbol. **6.** Cada uno de los soportes laterales que se destacan del respaldo del sillón, butaca o asiento hacia delante. **7.** En las arañas y demás aparatos de iluminación, candelero que sale del cuerpo central y sirve para sostener las luces. **8.** En la balanza, cada una de las dos mitades de la barra horizontal, de cuyos extremos cuelgan o en los cuales se apoyan los platillos. **9.** Subdivisión lateral de un curso de agua separada de las otras por islas. **10.** Apéndice tentacular de los moluscos cefalópodos. • **A brazo partido,** con los brazos solos, sin usar armas; con gran esfuerzo y voluntad: *discutir a brazo partido.* ‖ **Brazo de gitano,** pastel formado de una capa de bizcocho rellena de crema, nata, etc., que se arrolla en forma de cilindro. ‖ **Brazo de mar,** porción estrecha y alargada de mar que penetra en la tierra. ‖ **Con los brazos abiertos,** con agrado, con amor: *recibir con los brazos abiertos a un amigo.* ‖ **Cruzarse de brazos,** estar o quedarse sin hacer nada; abstenerse de obrar o de intervenir en un asunto. ‖ **Del brazo,** denota que dos personas van asidas una del brazo de la otra: *pasear del brazo.* ‖ **Ser el brazo derecho** de uno, ser la persona de su mayor confianza. ◆ **brazos** n. m. pl. **11.** Protectores, valedores. **12.** *Fig.* Braceros, jornaleros.

BRAZUELO n. m. Parte de las patas delanteras de los cuadrúpedos entre el codo y la rodilla.

BRAZZAVILLE, c. y cap. de la República del Congo, a orillas del Malebo Pool; 937 579 hab. Un ferrocarril (Congo-Océano) une la ciudad con la costa atlántica. Universidad. Aeropuerto.

BREA n. f. (fr. *brai*). Residuo pastoso de la destilación de la hulla o del petróleo. **2.** MAR. Mezcla de brea, pez, sebo y aceite, que se usa para calafatear.
BREAR v. tr. [**1**]. *Fam.* Maltratar, molestar.
BREBAJE n. m. Bebida, especialmente la de aspecto o sabor desagradables.
BRECHA n. f. Rotura que hace la artillería en una muralla o en un obstáculo material. **2.** Abertura practicada en una pared o muro. **3.** Herida, especialmente en la cabeza. **4.** *Méx.* Camino estrecho y sin asfaltar. • **Abrir brecha**, persuadir, impresionar. ‖ **Estar siempre en la brecha**, estar siempre preparado para defender un negocio o interés.
BRECHT (Bertolt), poeta y dramaturgo alemán (Augsburgo 1898-Berlín 1956). Es famoso por haber creado, en oposición al teatro tradicional, donde el espectador se identifica con el protagonista, el teatro épico, que invita al actor a presentar a su personaje sin confundirse con él (*La ópera de cuatro cuartos*, 1928; *Madre Coraje y sus hijos*, 1941; *La buena persona de Sezuan*, 1943; *El señor Puntilla y su criado Matti*, 1948; *El círculo de tiza caucasiano*, 1948; *La resistible ascensión de Arturo Ui*, 1959).
BRÉCOL n. m. Variedad de col común.
BREDA, c. de Países Bajos (Brabante Septentrional); 124 794 hab. Castillo; gran iglesia del s. XV. Fue tomada por los tercios españoles de Spínola en 1625.
BREGA n. f. Acción de bregar, luchar. **2.** *Fig.* Chasco, burla.
BREGAR v. intr. [**1b**]. Luchar, reñir unos con otros. **2.** Ajetrearse, trabajar afanosamente. **3.** *Fig.* Luchar con los riesgos y dificultades.
BREMEN o **BREMA**, c. de Alemania, cap. del *Land* de Bremen (404 km²; 673 684 hab.), a orillas del Weser; 544 327 hab. Centro comercial, financiero e industrial.
BRENES (Roberto), escritor costarricense (San José 1874-*id.* 1947). Poeta modernista (*En el silencio*, 1907), de tendencia filosófica y esotérica (*Los dioses vuelven*, 1928), escribió asimismo ensayos filosóficos y de crítica literaria.
BREÑA n. f. Tierra quebrada y poblada de maleza.
BRESCA n. f. Panal de miel. **2.** Fragmento de cera sacado de la colmena.
BREST, c. de Francia (Finistère), en la or. N de la *rada de Brest*; 153 099 hab. Universidad. Puerto y bases militares.
BRETAÑA, en fr. *Bretagne*, región histórica del O de Francia, que act. constituye una región administrativa; 27 208 km²; 2 795 638 hab. Cap. *Rennes*. La Bretaña histórica englobaba también el act. dep. de Loire-Atlantique.
BRETE n. m. Cepo de hierro que se pone a los reos en los pies. **2.** *Fig.* Aprieto, dificultad: *estar, poner en un brete*. **3.** *Argent., Par.* y *Urug.* Pasadizo corto entre dos estacas, para conducir el ganado en las estancias y estaciones de ferrocarril.
BRETON (André), escritor francés (Tinchebray, Orne, 1896-París 1966). Fundador del surrealismo (*Manifiestos del surrealismo*, 1924-1930) y autor de obras narrativas (*Nadja*, 1928; *El amor loco*, 1937) y poéticas.
BRETÓN, NA adj. y n. De Bretaña. ♦ n. m. **2.** Lengua céltica hablada en Bretaña.
BRETÓN, NA adj. y n. f. Dícese de una variedad de col cuyo tronco echa muchos brotes.
BREUGHEL → *Bruegel.*
BREVE adj. (lat. *brevem*). De corta extensión o duración: *una breve pausa.* **2.** GRAM. Dícese de la palabra llana. • **En breve**, muy pronto, en seguida. ♦ n. m. **3.** Documento pontificio que trata sobre una cuestión de orden.
BREVEDAD n. f. (lat. *brevitatem*). Cualidad de breve.

BREVIARIO n. f. (lat. *breviarium*, compendioso). Libro que contiene el rezo eclesiástico de todo el año. **2.** Compendio, tratado poco extenso de una materia.
BREZAL n. m. Terreno poblado de brezos.
BREZAR v. tr. e intr. [**1g**]. Mecer, acunar.
BREZO n. m. Arbusto de flores violetas o rosadas que crece con preferencia en suelos silíceos. (Familia ericáceas.)
BRIAGO, A adj. *Méx.* Borracho.
BRIAND (Aristide), político francés (Nantes 1862-París 1932). 11 veces presidente del gobierno, fue uno de los artífices de la Sociedad de Naciones. (Premio Nobel de la paz 1926.)
BRIBÓN, NA adj. y n. Granuja, persona que engaña, estafa o roba. **2.** Travieso, pícaro, pillo.
BRIBONADA n. f. Acción propia de bribón.
BRIBONERÍA n. f. Actividad o vida de bribón.
BRICOLAJE o **BRICOLAGE** n. m. (fr. *bricolage*). Trabajo manual casero realizado por uno mismo, y no por un profesional.
BRIDA n. f. (fr. *bride*). Parte de los arreos de una caballería que se emplea para facilitar el manejo de ésta. **2.** MED. Fragmento de tejido conjuntivo que une anormalmente los órganos. **3.** TECNOL. Traba metálica, en forma de abrazadera o semicircular, ajustada a un objeto cualquiera, a fin de asegurarlo o de unir las piezas que lo componen.
BRIDGE n. m. Juego de naipes que se juega entre cuatro personas, dos contra dos.
BRIDGMAN (Percy Williams), físico norteamericano (Cambridge, Massachusetts, 1882-Randolph, New Hampshire, 1961), premio Nobel de física (1946) por sus investigaciones sobre las ultrapresiones.
BRIE n. m. Queso de pasta blanda fermentada, fabricado con leche de vaca.
BRIGADA n. f. (fr. *brigade*). Unidad orgánica compuesta por varios regimientos o batallones y mandada por un general. **2.** Conjunto de personas reunidas para ciertos trabajos. ♦ n. m. **3.** MIL. Suboficial que ostenta un grado comprendido entre los de sargento primero y subteniente.
BRIGADIER n. m. (fr. *brigadier*). Oficial general cuya categoría era inmediatamente superior a la de coronel.
BRILLANTE adj. Que brilla: *luz brillante*. **2.** *Fig.* Admirable, sobresaliente en su línea: *brillante escritor*. ♦ n. m. **3.** Diamante tallado en facetas.
BRILLANTEZ n. f. Cualidad de brillante.
BRILLANTINA n. f. Cosmético usado para dar brillo al cabello.
BRILLAR v. intr. [**1**]. Resplandecer, despedir rayos de luz propia o reflejada. **2.** *Fig.* Lucir o sobresalir.
BRILLAZÓN n. f. *Argent.* y *Bol.* Espejismo.
BRILLO n. m. Lustre o resplandor. **2.** *Fig.* Lucimiento, gloria. **3.** ASTRON. Cantidad que caracteriza la intensidad luminosa de un astro.
BRILLOSO, A adj. *Amér.* Brillante.
BRIN n. m. *Argent., Chile, Cuba, Perú* y *Urug.* Tela de lino ordinaria que se usa comúnmente para forros y para pintar al óleo.
BRINCAR v. intr. [**1a**]. Dar brincos. *Fig.* Resentirse o alterarse con viveza: *brincar por la menor cosa*.
BRINCO n. m. (port. *brinco*, juguete). Movimiento que se va levantando los pies del suelo con ligereza. **2.** Contracción muscular instantánea e inconsciente motivada por susto o sorpresa.
BRINDAR v. intr. (de *brindis*) [**1**]. Manifestar un deseo, levantando la copa al ir a beber. ♦ v. intr., tr. y pron. **2.** Ofrecer voluntariamente a uno alguna cosa: *brindar un servicio; brindarse a acompañarle*. ♦ v. intr. y tr. **3.** Atraer, convidar las cosas a que uno goce de ellas o de sus efectos. **4.** TAUROM. Hacer un brindis.
BRINDIS n. m. Acción de brindar el ir a beber. **2.** Lo que se dice al brindar. **3.** TAU-

ROM. Dedicación de una suerte a una persona o al público en general.
BRINDISI o **BRINDIS**, c. del S de Italia (Apulia), cap. de prov., a orillas del Adriático; 91 778 hab. Puerto de viajeros. Petroquímica.
BRÍO n. m. (célt. *brigos*, fuerza). Pujanza: *hombre de bríos*. **2.** *Fig.* Espíritu de resolución: *actuar con brío*. **3.** *Fig.* Garbo, gallardía.
BRIOCHE n. m. (voz francesa). Bollo hecho con harina, levadura, mantequilla y huevos.
BRIÓFITO, A adj. y n. m. BOT. Relativo a una subdivisión de vegetales verdes sin raíces ni vasos, pero generalmente provistos de hojas.
BRIOSO, A adj. Que tiene brío: *un brioso corcel.*
BRIOZOO adj. y n. ZOOL. Relativo a una clase de invertebrados, generalmente marinos, que viven en colonias fijadas sobre rocas, conchas, etc.
BRISA n. f. Viento del nordeste. **2.** Viento suave y agradable.
BRISA n. f. Orujo de la uva.
BRISTOL n. m. y adj. Cartulina satinada.
BRISTOL, c. y puerto de Gran Bretaña, a orillas del Avon; 370 300 hab. Catedral e iglesia de Saint Mary Redcliffe, de estilo gótico flamígero.
BRITÁNICAS (*is.as*), conjunto formado por Gran Bretaña (y sus dependencias) e Irlanda.
BRITÁNICO, A adj. y n. De Gran Bretaña o del Reino Unido de Gran Bretaña e Irlanda del Norte.
BRITTEN (Benjamin), compositor británico (Lowestoft, Suffolk, 1913-Aldeburgh, Suffolk, 1976), autor de óperas (*Peter Grimes*, 1945; *The turn of the screw*, 1954) y de música religiosa.
BRIZNA n. f. Filamento o parte muy delgada de algo: *briznas de paja*. **2.** Hebra que tiene en la sutura la vaina de la judía y de otras legumbres. **3.** *Fig.* Parte pequeña de algo inmaterial.
BROAD PEAK o **PALCHAN KANGRI**, cumbre de la India, en el Karakorum, cerca del K2; 8047 m.
BROCA n. f. (cat. *broca*). Herramienta cortante de acero que sirve para hacer agujeros en la madera, la piedra, los metales, etc.
BROCADO n. m. Paño de seda recamada de oro y plata. **2.** Tejido fuerte de seda, con dibujos de distinto color que el del fondo.
BROCAL n. m. Antepecho alrededor de la boca de un pozo.
BROCATEL n. m. Tejido, mezcla de cáñamo y seda, semejante al damasco.
BROCEARSE v. pron. [**1**]. *Amér. Merid.* Esterilizarse una mina. **2.** *Amér. Merid.* Estropearse un negocio.
BROCH (Hermann), escritor austríaco (Viena 1886-New Haven, Connecticut, 1951). Su obra novelística es una meditación sobre la evolución de la novela alemana y sobre el sentido de la obra literaria (*La muerte de Virgilio*, 1945).
BROCHA n. f. Especie de pincel usado por los pintores para extender los colores o el barniz sobre la tela. **2.** Instrumento de los pintores de albañilería formado por fibras animales o artificiales fijas a un mango. **3.** Escobilla de cerdas usada para afeitarse.
BROCHAZO n. m. Cada uno de los golpes que se dan con la brocha al pintar.
BROCHE n. m. (fr. *broche*). Conjunto de dos piezas, por lo común de metal, una de las cuales engancha o encaja en la otra. **2.** Joya que se lleva prendida en la ropa. **3.** *Chile.* Tenacilla metálica que se utiliza para mantener pliegos de papel unidos. • **Broche de oro** (*Fig.*), final ostentoso y feliz de una acción. ‖ **broches** n. m. pl. **4.** *Ecuad.* y *P. Rico.* Gemelos para los puños de las camisas.

BROCHETA n. f. Broqueta.
BROCOLI n. m. Méx. Bróculi.
BRÓCULI n. m. Variedad de coliflor.
BRODSKY o **BRODSKI** (Joseph), poeta ruso, nacionalizado norteamericano (Leningrado [act. San Petersburgo] 1940-Nueva York 1996). Emigró en 1972 a Occidente (*Versos y poemas*, 1965; *Menos que uno*, 1981; *To Urania*, 1988). [Premio Nobel de literatura 1987.]
BROGLIE (Louis, *príncipe*, después *duque de*), físico francés (Dieppe 1892-Louveciennes 1987). Desarrolló la mecánica ondulatoria de la materia, base de la mecánica cuántica. (Premio Nobel de física 1929.)
BROMA n. f. Algazara, diversión. **2.** Chanza, burla sin mala intención. ♦ **Broma pesada,** la que causa mucha molestia o perjuicio.
BROMATOLOGÍA n. f. Ciencia que estudia los alimentos y la nutrición.
BROMATÓLOGO, A n. Persona versada en la bromatología.
BROMAZO n. m. Broma pesada.
BROMEAR v. intr. y pron. [1]. Hacer uso de bromas y chanzas.
BROMELIÁCEO, A adj. y n. f. Relativo a una familia de plantas monocotiledóneas de los países tropicales, a menudo epífitas, como el ananás.
BROMHÍDRICO, A adj. Dícese de un ácido que se forma por combinación del bromo y el hidrógeno, cuya fórmula es HBr.
BROMISTA adj. y n. m. y f. Aficionado a dar bromas.
BROMO n. m. (gr. *brōmos*, hedor). QUÍM. Cuerpo simple (Br_2) de la familia de los halógenos, líquido a temperatura ordinaria. (Elemento químico de símbolo Br.)
BROMO n. m. Planta herbácea muy común en los bosques, pastos y lugares incultos. (Familia gramíneas.)
BROMURO n. m. Combinación del bromo con un cuerpo simple.
BRONCA n. f. *Fam.* Riña, disputa: *armar bronca.* **2.** *Fam.* Represión áspera y violenta: *echar una bronca.* **3.** *Amér.* Enfado, rabia.
BRONCE n. m. (ital. *bronzo*). Aleación de cobre y estaño. **2.** *y poét.* Cañón de artillería, campana, clarín o trompeta. **3.** ♦ B. ART. *Fig.* Estatua o escultura de bronce. ♦ **Edad del bronce**, período prehistórico correspondiente al desarrollo de la metalurgia, que sigue al neolítico durante el tercer milenio.
BRONCEADO n. m. Acción y efecto de broncear o broncearse.
BRONCEADOR, RA adj. y n. m. Dícese del producto que se utiliza para broncearse.
BRONCEAR v. tr. [1]. Dar color de bronce. ♦ **broncearse** v. pron. **2.** Tomar color moreno la piel por la acción del sol o de compuestos químicos.
BRONCO, A adj. Tosco, sin desbastar. **2.** *Fig.* De genio y trato áspero. **3.** *Fig.* Dícese de la voz y de los instrumentos de sonido áspero y desagradable.
BRONCONEUMONÍA n. f. Enfermedad respiratoria que afecta a los bronquios y los alvéolos pulmonares, debido a un germen o a un virus.
BRONQUIAL adj. Relativo a los bronquios.
BRONQUIO n. m. (gr. *bronkhía*). Cada uno de los conductos situados a continuación de la tráquea y por los cuales se introduce el aire en los pulmones.
BRONQUIOLO o **BRONQUÍOLO** n. m. Cada una de las ramificaciones terminales de los bronquios.
BRONQUÍTICO, A adj. y n. Relativo a la bronquitis; afecto de esta enfermedad.
BRONQUITIS n. f. Inflamación de los bronquios.
BRONTË (Charlotte), escritora británica (Thornton 1816-Haworth 1855), evocadora de las exigencias sociales y pasionales de la mujer (*Jane Eyre*, 1848). — Su hermana **Emily** (Thornton 1818-Haworth 1848) es autora de la novela lírica *Cumbres borrascosas* (1847). — Su hermana **Anne** (Thornton 1820-Scarborough 1849) publicó novelas didácticas y morales (*Agnes Grey*, 1847).
BROQUA (Alfonso), compositor uruguayo (Montevideo 1876-París 1946), autor de óperas, ballets y piezas para guitarra.
BROQUETA o **BROCHETA** n. f. Aguja o estaquilla en que se ensartan piezas de carne, pescado, etc., para asarlas. **2.** Plato así preparado.
BROTAR v. intr. (de *brote*) [1]. Nacer o salir la planta de la tierra: *brotar el trigo*. **2.** Salir en las plantas renuevos, o echar la planta hojas o renuevos. **3.** Manar el agua de los manantiales. **4.** Manar un líquido por cualquier abertura: *brotar sangre de una herida.* **5.** *Fig.* Tener principio, manifestarse, nacer. **6.** *Fig.* Manifestarse en la piel síntomas de una enfermedad. ♦ v. tr. **7.** Echar la tierra plantas, hierbas, etcétera.
BROTE n. m. Pimpollo o renuevo que empieza a desarrollarse. **2.** Acción de brotar, tener principio o manifestarse alguna cosa. **3.** Manifestación súbita de una enfermedad.
BROWN (Guillermo), marino argentino de origen irlandés (1777-Barracas 1857). Participó en el sitio de Montevideo y apoyó la campaña de San Martín. Mandó la armada durante la guerra con Brasil y el bloqueo francés del Río de la Plata (1838).
BROWN (Robert), botánico británico (Montrose, Escocia, 1773-Londres 1858). Descubrió el movimiento desordenado de las partículas diminutas en suspensión en un líquido o un gas (*movimiento browniano*).
BROWNING (Elizabeth Barrett), escritora británica (cerca de Durham 1806-Florencia 1861), autora de los *Sonetos del portugués* (1850) y de la novela en verso *Aurora Leigh* (1857). — Su marido, **Robert Browning** (Camberwell, Londres, 1812-Venecia 1889), poeta de inspiración romántica, auguró la desilusión en plena época victoriana.
BROZA n. f. Despojo de las plantas. **2.** Maleza, espesura de plantas. **3.** Desecho de cualquier cosa. **4.** Bruza. **5.** Cosas inútiles que se hablan o escriben.
BRUCES. A, o **de bruces,** boca abajo.
BRUCKNER (Anton), compositor austríaco (Ansfelden 1824-Viena 1896), autor de monumentales sinfonías, motetes y misas, de escritura a menudo contrapuntística.
BRUEGEL o **BREUGHEL**, familia de pintores flamencos. — **Pieter,** llamado **Bruegel el Viejo** (h. 1525/1530-Bruselas 1569), establecido en Bruselas en 1563, es autor de paisajes rústicos (*Los cazadores en la nieve*, 1565, Viena) o históricos refleja una visión humanística, a menudo trágica, del destino humano (*Los ciegos*, 1568, Nápoles). — Tuvo dos hijos pintores: **Pieter II,** llamado **Bruegel d'Enfer** (*del Infierno*) [Bruselas 1564-Amberes 1638], que trabajó siguiendo su ejemplo, y **Jan,** llamado **Bruegel de Velours** (*de terciopelo*) [Bruselas 1568-Amberes 1625].
BRUJA n. f. Femenino de brujo. **2.** *Fam.* Mujer fea y vieja. **3.** Arpía, mujer de mal carácter o intenciones malignas. **4.** *Amér.* Fantasma, aparición. ♦ adj. y n. m. y f. **5.** *Méx.* Pobre en extremo: *anda bruja porque se lo gastó todo en vacaciones.* ♦ **Caza de brujas,** persecución de minorías políticas o religiosas disidentes.
BRUJAS, en neerlandés **Brugge,** en fr. **Bruges,** c. de Bélgica, cap. de Flandes Occidental; 117 063 hab. Canal que enlaza con el antepuerto de Zeebrugge, en el mar del Norte. Ciudad comercial próspera en el s. XIV. Monumentos medievales y renacentistas. Catedral. Museos (pintura de primitivos flamencos). Turismo.
BRUJERÍA n. f. Forma maléfica de hechicería, practicada por quienes se supone han hecho pacto con espíritus malignos o con el demonio.
BRUJO, A n. (origen incierto). Persona que, según superstición popular, tiene un poder sobrenatural o mágico emanado de un pacto con el diablo. **2.** Muy atractivo: *ojos brujos.* **3.** *Chile.* Falso, fraudulento. ♦ adj. y n. m. **4.** *Cuba, Méx.* y *P. Rico.* Pobre, miserable.
BRÚJULA n. f. (ital. *bussola*, cajita). Aparato compuesto por un cuadrante en el que una aguja imantada, que gira libremente sobre un pivote, señala la dirección del N. ♦ **Perder la brújula,** perder el tino en un asunto, situación o negocio.
BRULL (Mariano), poeta cubano (Camagüey 1891-Marianao 1956). Posmodernista en *La casa del silencio* (1916), se convirtió en el máximo exponente de la poesía pura de las Antillas.
BRUM (Baltasar), político uruguayo (Artigas 1883-Montevideo 1933). Militante del Partido colorado, fue presidente de la república (1919-1923).
BRUMA n. f. (lat. *brumam*, invierno). Alteración de la atmósfera que disminuye la visibilidad sin rebajarla por debajo de 1 km. **2.** MAR. Niebla de mar.
BRUMOSO, A adj. Cubierto de bruma.
BRUNEI, estado del N de Borneo; 5765 km²; 300 000 hab. CAP. *Bandar Seri Begawan.* LENGUA OFICIAL: *malayo.* MONEDA: *dólar de Brunei.* Petróleo y gas natural. Protectorado británico desde 1906, el sultanato se independizó (1984) en el marco de la Commonwealth.
BRUNELLESCHI (Filippo), arquitecto italiano (Florencia 1377-íd. 1446). Orfebre y admirador de las ruinas de la antigüedad, se convirtió, en Florencia, en el iniciador del renacimiento.
BRUNET (Marta), escritora chilena (Chillán 1901-Montevideo 1967). Sus novelas (*María Nadie*, 1957; *Amasijo*, 1963) y sus relatos tratan dramas rurales.
BRUNO n. m. (lat. *prunum*). Ciruela pequeña y muy negra. **2.** Árbol que la da.
BRUNO, A adj. De color negro u oscuro.
BRUNO (Giordano), filósofo italiano (Nola 1548-Roma 1600). Fue uno de los primeros en romper con la concepción aristotélica de un universo cerrado, defendió la tesis de Copérnico y desembocó en un humanismo panteísta. Fue quemado vivo como hereje por orden del Santo Oficio.
BRUNSWICK, península del S de Chile, entre el estrecho de Magallanes y el seno Otway.
BRUNSWICK (*estado de*), en alem. **Braunschweig,** antiguo estado de Alemania.
BRUÑIDO n. m. Acción y efecto de bruñir un metal.
BRUÑIDOR, RA adj. y n. Que bruñe. ♦ n. m. **2.** Herramienta de orfebre, de dorador o de grabador para bruñir las obras de oro, plata, etc.
BRUÑIR v. tr. (provenz. *brunir*) [3h]. Pulir la superficie de los metales para darles un aspecto brillante. **2.** *C. Rica, Guat.* y *Nicar.* Amolar, fastidiar.
BRUSCO, A adj. Falto de amabilidad o de suavidad: *carácter brusco; frenazo brusco.*
BRUSCO n. m. (lat. *ruscum*). Arbusto de pequeñas ramas en forma de hoja y bayas rojas. (Familia liliáceas.)
BRUSELAS, en fr. **Bruxelles,** en neerlandés **Brussel,** c. y cap. de Bélgica y cap. de la prov. de Brabante, a orillas del Senne; 136 424 hab. La ciudad y su aglomeración constituyen la región de *Bruselas* (161 km² y 1 millón de hab. aprox., mayoritariamente francófonos), con estatuto federal (1993). Universidad. Centro administrativo, cultural, comercial e industrial. Catedral de San Miguel, ant. colegiata (ss. XIII-XVII); mayor ayuntamiento (s. XV) en la plaza Mayor; plaza Real (s. XVIII). Museos. Bruselas es una de las capitales de la Unión europea, sede del Consejo permanente de la

O.T.A.N. desde 1967 y de la U.E.O. desde 1993.

BRUSELENSE adj. y n. m. y f. De Bruselas.

BRUSQUEDAD n. f. Calidad de brusco. **2.** Acción o procedimiento bruscos.

BRUTAL adj. Que imita o asemeja a los brutos, violento. **2.** Colosal, extraordinario.

BRUTALIDAD n. f. Calidad de bruto. **2.** *Fig.* Acción falta de prudencia o medida. **3.** *Fig.* Acción brutal.

BRUTO, A adj. y n. (lat. *brutum*). Falto de inteligencia y de instrucción, incapaz. ♦ adj. **2.** Tosco, sin pulimento: *metal bruto.* **3.** Dícese, por oposición a neto, de las cosas no afectadas por ciertas deducciones, ciertos ajustes: *beneficio bruto.* • **En bruto,** sin labrar ni pulimentar; sin rebajar la tara. || **Peso bruto,** peso total de un bulto (mercancía y embalaje) o de un vehículo con su carga. || **Petróleo bruto,** petróleo que no ha sido refinado. ♦ n. m. **4.** Animal irracional, especialmente cuadrúpedo.

BRUTO (Marco Junio), político romano (Roma c. 85-† 42 a. J.C.). Participó con Casio en la conjuración para asesinar a César. Se suicidó tras ser vencido por Marco Antonio y Octavio en Filipos.

BRYCE ECHENIQUE (Alfredo), escritor peruano (Lima 1939). En sus cuentos (*Huerto cerrado*, 1968) y novelas (*Un mundo para Julius*, 1970; *La vida exagerada de Martín Romaña*, 1981) retrata con ironía la sociedad limeña tradicional. En 1993 publicó *Permiso para vivir* (*Antimemorias*).

BÚBALO n. m. Antílope africano de 1,30 m de alt., con cuernos en U o en forma de lira.

BUBÓN n. m. Tumefacción inflamatoria de los ganglios inguinales. SIN.: *buba.*

BUBÓNICO, A adj. Relativo al bubón.

BUCAL adj. Relativo a la boca: *cavidad bucal.*

BUCANERO n. m. (fr. *boucanier*). Nombre de los corsarios y filibusteros que en los ss. XVII y XVIII saquearon los dominios españoles de ultramar. **2.** Pirata.

BUCARAM (Abdalá Jaime), político y abogado ecuatoriano (Guayaquil 1952), fundador y director supremo del populista Partido roldosista ecuatoriano, alcalde de Guayaquil de 1984 a 1985, fue elegido presidente de la república en 1996 y destituido por el parlamento «por incapacidad mental» en 1997.

BUCARAMANGA, c. de Colombia, cap. del dep. de Santander; 352 326 hab. Centro industrial y cultural. Universidad. Aeropuerto internacional.

BUCARE n. m. Planta arbórea de unos 10 m de alt., con espesa copa, que se emplea para proteger del sol las plantaciones de café y tabaco de América Meridional. (Familia papilionáceas.)

BUCARELI Y URSÚA (Antonio María), militar y administrador español (Sevilla 1717-México 1779). Fue gobernador de Cuba (1766-1771) y virrey de Nueva España (1771-1779).

BUCAREST, en rumano **Bucureşti,** c. y cap. de Rumania, a orillas del Dîmboviţa, subafl. del Danubio; 2 064 474 hab. Centro administrativo e industrial. Iglesias de marcada influencia bizantina (ss. XVI-XVIII). Museos.

BÚCARO n. m. Vasija de cerámica utilizada para poner flores.

BUCEADOR, RA n. Persona que bucea. **2.** Buzo.

BUCEAR v. intr. (de *buzo*) [1]. Nadar o mantenerse debajo del agua, conteniendo la respiración. **2.** Trabajar como buzo. **3.** *Fig.* Explorar acerca de algún asunto: *bucear entre los archivos.*

BUCEO n. m. Acción de bucear.

BUCHACA n. f. Bolsa, bolsillo. **2.** *Colomb., Cuba* y *Méx.* Bolsa de la tronera de billar.

BUCHADA n. f. Líquido retenido en la boca.

BUCHANAN (James M.), economista norteamericano (Murfreesboro, Tennessee, 1919). Es autor de importantes trabajos sobre las elecciones colectivas y el gasto público. (Premio Nobel de economía 1986.)

BUCHE n. m. En las aves e insectos, bolsa formada por dilatación del esófago y en la que los alimentos permanecen tras el paso de un tiempo antes de pasar al estómago. **2.** En algunos cuadrúpedos, estómago. **3.** Buchada. **4.** *Fam.* Estómago del hombre.

BUCHNER (Eduard), químico alemán (Munich 1860-Focşani, Rumania, 1917). Demostró que los fermentos actúan mediante enzimas. (Premio Nobel de química 1907.)

BUCK (Pearl S.), novelista norteamericana (Hillsboro, Virginia, 1892-Danby, Vermont, 1973), autora de novelas sobre China (*La buena tierra*, 1931). [Premio Nobel de literatura 1938.]

BUCKLAND n. m. Formación geológica típica chilena que se extiende en mantos por la Tierra del Fuego.

BUCLE n. m. (fr. *boucle*). Rizo de cabello. **2.** Curva en forma de rizo: *un bucle de carreteras.* **3.** CIB. Sucesión de efectos tales que el último de ellos actúa sobre el primero. **4.** INFORMÁT. Conjunto de instrucciones de un programa cuya ejecución se repite hasta la verificación de un criterio dado o la obtención de un determinado resultado.

BUCÓLICA n. f. Composición poética del género bucólico.

BUCÓLICO, A adj. Relativo a un género de poesía o a una composición poética en que se trata de asuntos pastoriles o campestres. ♦ adj. y n. **2.** Dícese del poeta que cultiva este tipo de poesía.

BUDA n. m. Nombre dado por los budistas a todo ser que, superados todos los deseos, alcanza una iluminación parecida a la de Buda. **2.** Estatua o estatuilla religiosa que representa a un buda.

BUDA (*el iluminado*), **SIDDHĀRTA** o **ŚĀKYAMUNI,** nombres con los que se designa al fundador del budismo, *Gautama* (c. 560-c. 480 a. J.C.), personaje histórico, hijo del jefe del clan śākya.

BUDAPEST, c. y cap. de Hungría, a orillas del Danubio; 2 016 774 hab. Formada por la unión (1873) de *Buda,* la ciudad alta, en la or. der. del río, y de *Pest,* en la or. izq. Centro administrativo, intelectual, comercial e industrial. Monumentos barrocos, neoclásicos y eclécticos del s. XIX. Museos.

BUDARE n. m. *Amér.* Plato de barro o hierro empleado para cocer el pan de maíz.

BÚDICO, A adj. Relativo al budismo.

BUDÍN n. m. (ingl. *pudding*). Plato compuesto de una masa pastosa con algún ingrediente, que se hace en molde: *budín de pescado.* SIN.: *pudín.*

BUDIÓN n. m. Pez marino comestible, de labios carnosos y recubierto de sustancia pegajosa, muy común en España.

BUDISMO n. m. Una de las grandes religiones del mundo fundada por Buda.

BUDISTA adj. y n. m. y f. Relativo al budismo; partidario de esta religión.

BUEN adj. Apócope de *bueno,* usado delante del sustantivo masculino singular: *un buen padre.*

BUENA ESPERANZA (*cabo de*), ant. **cabo de las Tormentas,** cabo del S de África, descubierto por Bartolomeu Dias (1488) y doblado por Vasco da Gama, en ruta hacia las Indias (1497).

BUENAMENTE adv. Fácilmente, sin mucha fatiga. **2.** Voluntariamente.

BUENAVENTURA n. f. (pl. *buenaventuras*). Buena suerte. **2.** Adivinación supersticiosa que hacen las gitanas.

BUENAVENTURA, c. de Colombia (Valle del Cauca); 193 185 hab. Puerto exportador en el Pacífico.

BUENO adv. **rn.** Denota aprobación o conformidad: *—¿Vendrás? —Bueno.*

BUENO, A adj. (lat. *bonum*). Que posee todas las cualidades propias de su naturaleza y de su función: *estas perlas son buenas; una buena profesora.* **2.** Útil, beneficioso, conveniente: *el ejercicio es bueno para la salud.* **3.** Gustoso, agradable, apetecible, divertido: *el pastel está bueno; una buena ocurrencia.* **4.** Grande, que excede a lo común y regular: *una buena reprimenda.* **5.** Demasiado sencillo. **6.** Sano, de buena salud: *ya está bueno.* **7.** No deteriorado y que puede servir: *este vestido todavía está bueno.* **8.** Bastante, suficiente: *tiene buenos dineros para pagar.* **9.** Dícese de las personas de gran atractivo físico y sexual: *¡tía buena!* • **A,** o **por buenas, o por las buenas,** de grado, voluntariamente. || **De buenas a primeras,** a primera vista, en el principio, al primer encuentro, de repente.

BUENO, r. de Chile, en la vertiente pacífica, el más caudaloso de los del Valle Central; 150 km.

BUENOS AIRES (*lago*), lago compartido entre Argentina (Santa Cruz) y Chile (Aisén del General Carlos Ibáñez del Campo), donde se le conoce con el nombre de *lago General Carrera;* 2240 km².

BUENOS AIRES (*provincia de*), prov. de Argentina, en la región pampeana; 307 804 km²; 12 582 321 hab. Cap. *La Plata.*

BUENOS AIRES, c. de Argentina, cap. del país, en la or. der. del estuario del Plata; 2 960 976 hab. ♦10 911 403 el *Gran Buenos Aires*). [*Porteños.*] El Gran Buenos Aires concentra la mitad de los establecimientos industriales del país (metalurgia, química, del automóvil, etc.); el sector terciario está así mismo muy desarrollado por su carácter de capital del estado y principal puerto y centro cultural. Fundada en 1536 y definitivamente por Juan de Garay en 1580, adquirió auge con la creación del virreinato del Río de La Plata en 1776. Ocupada temporalmente por los británicos (1806), fue luego cuna del movimiento independentista, y a partir de la década de 1860 consolidó su capitalidad. La arquitectura colonial está representada por la catedral, el Cabildo y los templos de la Merced, San Francisco y las Catalinas, todos del s. XVIII. Del siglo XIX hay notables edificios de estilo segundo imperio francés. Ya en el s. XX destacan el palacio del Congreso nacional, el teatro Colón y el parque de Palermo y diversas edificaciones modernas. Entre los numerosos museos, destacan los de bellas artes, arte hispanoamericano, arte moderno, histórico nacional, etc.

BUEY n. m. (lat. *bovem*). Toro castrado. • **Buey marino,** vaca marina.

BUFA n. f. (ital. *buffa*). Burla, bufonada. **2.** *Fam.* Borrachera.

BÚFALO n. m. Mamífero rumiante de la familia bóvidos, parecido al toro, que vive en Asia y África. **2.** Bisonte. **3.** Utensilio para pulir.

BUFANDA n. f. Pieza de tela, bastante más larga que ancha, con que se abriga el cuello y a veces la boca.

BUFAR v. intr. [1]. Resoplar con ira y furor el toro y otros animales. **2.** *Fig.* y *fam.* Manifestar enojo.

BUFEO n. m. *Argent.* y *Perú.* Delfín.

BUFET n. m. (fr. *buffet*). Aparador, mueble de comedor para guardar los servicios de mesa. **2.** En restaurantes, hoteles, reuniones, etc., mesa en que se disponen diferentes platos, bebidas, etc., para que los comensales se sirvan.

BUFETE n. m. (fr. *buffet*). Mesa de escribir, con cajones. **2.** Despacho de un abogado. **3.** Clientela del abogado. • **Abrir bufete,** empezar a ejercer la abogacía.

BUFFALO, c. de EE UU (Nueva York), junto al lago Erie, cerca del Niágara; 328 123 hab. (968 532 en el área

BUF

metropolitana). Universidad. Puerto fluvial. Centro industrial. Museo.

BUFFALO BILL (William Frederick **Cody**, llamado), pionero norteamericano (en Scott, Iowa, 1846-Denver 1917). Hábil tirador, luchó contra los indios, y sus aventuras se hicieron legendarias.

BUFIDO n. m. Voz de animal que bufa.
2. *Fig.* Expresión de enojo o enfado.

BUFO, A adj. Dícese de lo cómico que raya en grotesco y burdo. **2.** Bufón, chocarrero. **3.** Dícese de la ópera cómica y burlesca, nacida en Italia en el s. XVIII.
♦ adj. y n. **4.** Dícese del cantante que tiene un papel divertido o alegre en una ópera.

BUFÓN, NA n. Persona que vivía en palacio y estaba destinada a hacer reír a los reyes y a sus cortesanos con sus gracias. **2.** Persona que trata de divertir a otras, generalmente por servilismo.

BUFONADA n. f. Dicho o hecho propio de bufón.

BUFONESCO, A adj. Bufo, chocarrero.

BUGA, c. de Colombia (Valle del Cauca); 94 753 hab. Cultivos de plantación. Mercado cafetero.

BUGAMBILLA n. f. *Méx.* Buganvilla.

BUGANVILLA n. f. Planta trepadora originaria de América, cultivada como planta ornamental por sus largas brácteas de color rojo violáceo, rosado, blanco o amarillento. (Familia nictagináceas.)

BUHARDILLA n. f. Ventana que sobresale verticalmente en el tejado de una casa. **2.** Desván.

BÚHO n. m. Ave rapaz nocturna, de ojos grandes y colocados en la parte anterior de la cabeza, que se alimenta de roedores. **2.** *Fig.* y *fam.* Persona huraña.

BUHONERÍA n. f. Conjunto de baratijas que llevan algunos vendedores ambulantes.

BUHONERO, N m. El que lleva o vende cosas de buhonería.

BUIN, com. de Chile (Santiago), avenado por el Maipo; 52 475 hab. Centro vinícola.

BUITRE n. m. (lat. *vulturem*). Ave rapaz diurna de gran tamaño caracterizada por la ausencia de plumas en la cabeza y cuello, que se alimenta de carroña. **2.** *Fig.* y *fam.* Persona aprovechada y egoísta.

BUITREADA n. f. *Amér.* Acción y efecto de buitrear.

BUITREAR v. tr. [**1**]. *Amér.* Vomitar.

BUITRÓN n. m. Dispositivo formado por un conjunto de setos que se van estrechando hasta terminar en una hoya grande donde caen las reses acosadas por los ojeadores. **2.** Pequeña red que se utiliza en la caza de la perdiz. **3.** Arte de pesca en forma de cono truncado. **4.** Cenicero del hogar en los hornos metalúrgicos. **5.** Horno de manga usado en América para fundir minerales argentíferos. **6.** Era honda y solada donde, en las minas de América, se benefician los minerales argentíferos.

BUJA n. f. *Méx.* Pieza cilíndrica de hierro que se atraviesa por el eje en las ruedas de los coches.

BUJARÁ, c. de Uzbekistán, en el oasis de Zeravshán; 224 000 hab. Turismo. Monumentos de los ss. IX-XVI.

BUJARRÓN adj. y n. Sodomita.

BUJE n. m. (lat. *buxidem*, cajita). Pieza central para la sujeción de las piezas destinadas a girar en torno de un eje. **2.** En las ruedas de los vehículos, pieza central atravesada por el eje. **3.** *Argent.* Cojinete de una sola pieza.

BUJÍA n. f. Vela de cera o de parafina. **2.** Candelero en que se pone. **3.** Dispositivo para el encendido eléctrico de la mezcla gaseosa contenida en el cilindro de un motor de explosión. **4.** Antigua unidad de medida de intensidad luminosa.

BUJUMBURA, ant. **Usumbura,** c. y cap. de Burundi; 276 000 hab.

BULA n. f. (lat. *bullam*). Documento que lleva el sello pontificio: *bula de excomunión.* **2.** Sello de plomo que va pendiente de ciertos documentos pontificios.

BULARIO n. m. Conjunto de las bulas.

BULBAR adj. Relativo al bulbo, en especial al bulbo raquídeo.

BULBO. n. m. (lat. *bulbum,* cebolla). Órgano vegetal formado por un capullo subterráneo, que permite a la planta reformar cada año sus partes aéreas: *bulbo de la cebolla, del jacinto.* • **Bulbo raquídeo,** porción inferior del encéfalo de los vertebrados situado por encima de la médula espinal.

BULBOSO, A adj. Provisto o formado por un bulbo.

BULE n. m. *Méx.* Calabaza. **2.** *Méx.* Vasija hecha de este fruto, ya seco.

BULERÍAS n. f. pl. Canto popular andaluz. **2.** Baile que se ejecuta al son de este cante.

BULEVAR n. m. (fr. *boulevard*). Calle ancha adornada con árboles.

BULGARIA, en búlgaro **Balgarija,** estado del SE de Europa, junto al mar Negro; 111 000 km²; 9 millones de hab. (*Búlgaros.*) CAP. *Sofía.* LENGUA OFICIAL: *búlgaro.* MONEDA: *lev.*

GEOGRAFÍA

La mayoría de la población se concentra en cuencas interiores (Sofía) y llanuras (parte meridional del valle del Danubio y valle del Marica) separadas por los Balcanes (precedidos de N por una serie de mesetas). El macizo del Ródope ocupa el S del país. El clima es continental con tendencia a la aridez. La agricultura proporciona trigo y maíz, así como tabaco, fruta, rosas y vinos, principales productos de exportación. Junto a las tradicionales industrias textiles y alimentarias, favorecidas por la explotación de lignito, plomo, cinc y cobre y por la hidroelectricidad, han desarrollado la siderurgia, la metalurgia y la industria química.

HISTORIA

Los orígenes. En el territorio, habitado por los tracios, los griegos establecieron colonias, en el litoral, a partir del s. VIII a. J.C. La región fue conquistada por los romanos (s. I d. J.C.) y perteneció más tarde al imperio bizantino. Los eslavos se establecieron en ella a partir del s. VI.
De los imperios búlgaros a la dominación otomana. C. 680: los protobúlgaros, de origen turco, se instalaron en el bajo Danubio y fundaron el primer imperio búlgaro. 852-889: Boris I, tras su conversión al cristianismo, organizó una Iglesia nacional de lengua eslava. 893-927: Simeón I el Grande instauró un patriarcado independiente (919). 1014: los bizantinos vencieron al zar Samuel (997-1014), que pasó a reinar sólo en Bulgaria occidental. 1018-1187: Bulgaria constituyó una provincia del imperio bizantino. 1187: Juan y Pedro Asen fundaron el segundo imperio búlgaro. Mediados del s. XIV: Bulgaria, amenazada por los mongoles, establecidos en sus fronteras desde 1241, y por los tártaros, fue dividida en varios principados. No pudo resistir la conquista turca. 1396-1878: Bulgaria fue parcialmente islamizada (turcos establecidos en su parte oriental, pomak por formaban una comunidad musulmana de lengua búlgara). La Iglesia búlgara, unida al patriarcado de Constantinopla, obtuvo la creación de un exarcado independiente en 1870.
La Bulgaria independiente. 1878: tras la guerra ruso-turca (1877-1878), el congreso de Berlín decidió crear una Bulgaria autónoma y mantener la administración otomana en Macedonia y en Rumelia oriental. 1885: esta última fue anexionada a Bulgaria, gobernada por Alejandro I de Battenberg (1879-1886). 1908: el país accedió a la independencia durante el reinado de Fernando I de Sajonia-Coburgo (1887-1918), quien tomó el título de zar. 1912: Bulgaria entró en guerra contra el imperio otomano junto a Serbia, Grecia y Montenegro. 1913: en desacuerdo con sus antiguos aliados a propósito del reparto de Macedonia, declaró la guerra a los otomanos y fue derrotada. 1915: Entró en la primera guerra mundial junto a los imperios centrales. Set. 1918: pidió el armisticio tras la ofensiva de Franchet d'Esperey. 1918-1943: Boris III gobernó una Bulgaria privada del acceso al mar Egeo y de la mayor parte de Macedonia por el tratado de Neuilly (1919). Tras un considerable avance de los socialdemócratas y de la Unión agraria, la reacción tomó el poder a partir de 1923. 1941: Bulgaria, al principio neutral en la segunda guerra mundial, se adhirió al pacto tripartito. 1944: mientras el país era ocupado por el ejército rojo, un gobierno formado tras la insurrección del 9 de setiembre de 1944 entró en la guerra al lado de la U.R.S.S. La república, proclamada en 1946, fue dirigida por los comunistas V. Kolarov y G. Dimitrov. V. Červenkov y T. Zhivkov, primeros secretarios del partido comunista, se mantuvieron fieles a la alineación con la U.R.S.S. 1989: T. Zhivkov dimitió. 1990: el partido renunció a su papel dirigente; ganó las primeras elecciones libres, y se formó un gobierno de unidad nacional. 1991: la oposición democrática formó un nuevo gobierno. 1992: Z. Zhélev, presidente desde 1990, fue reelegido democráticamente. 1995: gobierno socialista. 1997: el conservador P. Stoyánov, investido presidente. Elecciones legislativas anticipadas: mayoría absoluta de la coalición conservadora Unión de fuerzas democráticas, cuyo líder, Iván Kústov, fue nombrado primer ministro. 2001: El ex rey Simeón II ganó las elecciones generales. Bulgaria entra a formar parte del Consejo de Seguridad de la ONU. Triunfa en las presidenciales el ex comunista Gueorgui Parvanov, del Partido Socialista Búlgaro.

BÚLGARO, A adj. y n. De Bulgaria. ♦ n. m. **2.** Lengua eslava hablada en Bulgaria.

BULIMIA n. f. Deseo irrefrenable de ingerir una cantidad no controlada y excesiva de alimentos.

BULÍMICO, A adj. y n. Relativo a la bulimia; afecto de bulimia.

BULÍN n. m. (voz lunfarda). Habitación. **2.** *Perú.* Burdel. **3.** *Argent.* y *Urug.* Apartamento que el hombre usa para sus citas amorosas.

BULLA n. f. Gritería o ruido de personas. **2.** Concurrencia de mucha gente.

BULLANGA n. f. Tumulto, bullicio.

BULLANGUERO, A adj. y n. Alborotador, amigo de bullangas.

BULLDOG adj. y n. m. (voz inglesa). Dícese de una raza de perros de presa de cara aplastada y pelaje corto, blanco y rojizo.

BULLDOZER n. m. (voz inglesa). Máquina niveladora constituida por un tractor oruga, muy potente, provisto de una fuerte pala de acero en la parte delantera.

BULLICIO n. m. (lat. *bullitionem*). Ruido y rumor que causa mucha gente reunida. **2.** Alboroto, tumulto.

BULLICIOSO, A adj. Que produce bullicio ♦ adj. y n. **2.** Inquieto, desasosegado, alborotador.

BULLIDOR, RA adj. y n. Que bulle o se mueve con vivacidad: *hombre bullidor.*

BULLIR v. intr. (lat. *bullire*) [**3h**]. Hervir el agua u otro líquido. **2.** Agitarse algo con movimiento parecido al del agua que hierve: *bullir el mar.* **3.** *Fig.* Moverse, agitarse: *la gente bullía en la plaza.* **4.** *Fig.* Moverse mucho una persona u ocuparse en muchas cosas. ♦ v. intr. y pron. **5.** Moverse como dando señales de vida.

BULLRICH (Silvina), novelista argentina (Buenos Aires 1915-Ginebra 1990). Describió con sencillez el mundo de la clase media y alta: *Los burgueses* (1964), *La creciente* (1967), *Los monstruos sagrados* (1971), *Los despiadados* (1978).

BULLTERRIER adj. y n. m. Dícese de una raza inglesa de perros, buenos cazadores de ratones.

BULNES, com. de Chile (Biobío); 20 971 hab. Nudo de comunicaciones (carretera y ferrocarril).

BULNES (Manuel), militar y estadista chileno (Concepción 1799-Santiago 1866). Participó en las luchas por la independencia. Intervino contra la Confederación Perú-boliviana. Sucedió a Prieto en la presidencia de la república (1841-1851).

BULO n. m. Noticia falsa que se propaga con algún fin.

BULÓN n. m. *Argent.* Tornillo grande de cabeza redondeada.

BULTO n. m. (lat. *vultum*, figura). Volumen o tamaño de cualquier cosa: *esto hace mucho bulto.* **2.** Cuerpo del que sólo se percibe confusamente la forma: *divisar un bulto en la oscuridad.* **3.** Fardo, maleta, caja, etc.: *dos bultos por pasajero.* **4.** Elevación causada por cualquier hinchazón. **5.** *Amér.* Cartapacio, vademécum, bolsa. ♦ **A bulto,** por aproximación, sin medir ni contar. ‖ **De bulto,** muy importante: *error de bulto.* ‖ **Hablar,** o **contar algo de bulto** (*Méx.*), acompañar el relato de algo con gestos o ademanes que lo ilustran.

BUMEDIÁN (Muhammad **Būkharrūba,** llamado **Huari**), militar y político argelino (Heliópolis 1932-Argel 1978). Fue presidente de la república (1965-1978).

BUMERANG n. m. Arma arrojadiza de los aborígenes australianos, capaz de girar para volver a su punto de partida. ♦ **Efecto bumerang,** resultado contrario al que se busca por la mala utilización de un método.

BUNGALOW n. m. (voz inglesa). Casa de campo o playa de una planta y de construcción ligera.

BUNGE (Mario), físico y filósofo de la ciencia argentina (Buenos Aires 1919), especializado en epistemología y semántica (*Ética y ciencia,* 1960; *Teoría y realidad,* 1972; *Epistemología,* 1980).

BUNIN (Iván Alexéievich), escritor ruso (Vorónezh 1870-París 1953), fiel al realismo clásico en sus novelas y relatos (*La aldea,* 1910; *La vida de Atséniev,* 1938). [Premio Nobel de literatura 1933.]

BUNKER o **BÚNKER** n. m. (alem. *Bunker*). Casamata, reducto fortificado. **2.** Denominación dada en España a los medios políticos más proclives al inmovilismo.

BUNSEN (Robert Wilhelm), químico y físico alemán (Gotinga 1811-Heidelberg 1899). Construyó una pila eléctrica, inventó un mechero de gas (*mechero Bunsen*) con Kirchhoff, creó el análisis espectral.

BUNYAN (John), escritor inglés (Elstow 1628-Londres 1688), autor de una alegoría religiosa (*El viaje del peregrino,* 1678-1684).

BUÑUEL (Luis), director de cine español (Calanda, Aragón, 1900-México 1983), nacionalizado mexicano. Surrealista en sus inicios, autor de películas vanguardistas (*Un perro andaluz,* 1928; *La edad de oro,* 1930, ambas en col. con S. Dalí), es autor de una obra considerada la más importante del cine en castellano: *Los olvidados* (1950), *Nazarín* (1959), *Viridiana* (1961), *El ángel exterminador* (1962), *Belle de jour* (1966), *Tristana* (1970), *El fantasma de la libertad* (1974), *Ese oscuro objeto del deseo* (1977).

BUÑUELO n. m. Masa de harina, agua y, generalmente, otras sustancias que le dan sabor, que una vez frita, adquiere la forma de una bola hueca. **2.** *Fig. y fam.* Cosa hecha mal y atropelladamente.

BUONARROTI → **Miguel Ángel.**

BUPRESTO n. m. Insecto coleóptero, a menudo de colores vivos, cuyas larvas son perjudiciales para los árboles en los que excavan galerías.

BUQUE n. m. Embarcación provista de cubierta, destinada a la navegación en alta mar.

BUQUÉ n. m. Bouquet.

BURBUJA n. f. Glóbulo de aire u otro gas que se forma en el interior de un líquido.

BURBUJEAR v. intr. [1]. Hacer burbujas.

BURBUJEO n. m. Acción de burbujear.

BURDEL n. m. Casa de prostitución.

BURDEOS n. m. (pl. *burdeos*). Vino producido en los viñedos del Bordelais.

BURDEOS, en fr. **Bordeaux,** c. del SO de Francia, cap. de la región de Aquitania y del dep. de Gironde, a orillas del Garona; 213 274 hab. Universidad. Puerto. Vinos. Monumentos medievales (catedral, ss. XIII-XIV). Conjunto neoclásico del s. XVIII (plaza de la Bolsa, teatro).

BURDO, A adj. Tosco, grosero, basto: *tela burda.* **2.** Carente de sutileza: *burdas mentiras.*

BUREAR v. tr. [1]. *Colomb.* Burlar, chasquear.

BURELA n. f. HERÁLD. Faja disminuida.

BURETA n. f. QUÍM. Tubo de vidrio graduado y provisto de una llave.

BURGALÉS, SA adj. y n. De Burgos.

BURGO n. m. Población pequeña sin jurisdicción propia. **2.** Núcleo fortificado o fuerte de una población medieval.

BURGOMAESTRE n. m. (alem. *Burgmeister*). Primer magistrado en las ciudades de Bélgica, Alemania, Suiza, Países Bajos, etc.

BURGOS (*provincia de*), prov. de España, en Castilla y León; 14 328 km²; 355 646 hab. Cap. *Burgos.* Encharcada al N por la cordillera Cantábrica y el E por las sierras ibéricas, se suceden de N a S las llanuras de La Lora y La Bureba, el Páramo y, ya en la línea del Duero, la fértil Ribera burgalesa.

BURGOS, c. de España, cap. de la prov. homónima y cab. de p. j.; 169 111 hab. (*Burgaleses.*) Industria (textil, química). Situada en la confluencia de varias vías del camino de Santiago. Catedral gótica (ss. XIII-XVI), con fachada realizada por Juan de Colonia, declarada bien cultural de la humanidad por la Unesco (1984); notables edificios civiles (casa del Cordón, s. XV), arcos de Santa María (s. XVI, en la antigua muralla), iglesia de San Nicolás, cartuja de Miraflores, monasterio de las Huelgas.

BURGUÉS, SA adj. y n. Relativo al burgo. **2.** Relativo a la burguesía, miembro de dicha clase social.

BURGUESÍA n. f. Categoría social que comprende a las personas relativamente acomodadas que no ejercen un oficio de tipo manual.

BURIL n. m. (cat. *buri*). Instrumento de acero templado para cortar y grabar metales y madera.

BURILAR v. tr. [1]. Trabajar con buril, grabar.

BURKINA FASO, ant. **Alto Volta,** estado de África occidental; 275 000 km²; 9 400 000 hab. CAP. *Ouagadougou.* LENGUA OFICIAL: francés. MONEDA: franco C.F.A.

GEOGRAFÍA
Enclavado en el corazón del Sahel y habitado básicamente por mossi, es un país pobre, a menudo árido, con una mediocre agricultura de subsistencia (sorgo, mijo) y algunas plantaciones comerciales (algodón, cacahuete). La ganadería (bovina y sobre todo ovina) se resiente de la sequía.

HISTORIA
El período precolonial. Ss. XII-XVI: los mossi y los gurmanché fundaron reinos belicosos en el E del país. Los mossi, que en la actualidad constituyen el grupo mayoritario, se resistieron a la islamización. S. XVIII: los diula del reino de Kong (act. Costa de Marfil) unificaron el O del país creando Gwiriko, en torno a Bobo-Dioulasso.
La colonización y la independencia. 1898: tras las exploraciones de Binger (1886-1888) y de Monteil (1890-1891), Francia ocupó Bobo-Dioulasso. 1919: Incluido en el Alto Senegal-Níger (1904), Alto Volta se convirtió en territorio. 1932: fue repartido entre Sudán, Costa de Marfil y Níger. 1947: reconstituido el país, se desarrolló en él un movimiento nacionalista dirigido por Maurice Yaméogo. 1960: se proclamó independiente. 1984: cambió el nombre del país por el de Burkina Faso.

BURLA n. f. Acción o palabra con que se procura poner en ridículo a personas o cosas. **2.** Chanza. **3.** Engaño.

BURLADERO n. m. Trozo de valla que se coloca delante de las barreras de las plazas de toros para que pueda guarecerse el lidiador, burlando al toro que le persigue. **2.** Emplazamiento construido en medio de las calzadas muy anchas para que los peatones las puedan cruzar en dos tiempos.

BURLADOR, RA adj. y n. Que burla. ♦ n. m. **2.** Libertino.

BURLAR v. tr. [1]. Engañar, hacer creer lo que no es verdad. **2.** Frustrar, esquivar, evitar: *burlar la vigilancia.* ♦ v. tr. y pron. **3.** Chasquear, dar chascos. ♦ v. intr. y pron. **4.** Hacer burla.

BURLESCO, A adj. *Fam.* Festivo, jocoso.

BURLETE n. m. (fr. *bourrelet*). Tira de materia flexible que se fija a los cantos de las hojas de puertas y ventanas, para evitar el paso del aire.

BURLÓN, NA adj. y n. Inclinado a decir o hacer burlas. ♦ adj. **2.** Que implica o denota burla.

BURNABY, c. de Canadá en la aglomeración de Vancouver; 158 858 hab.

BURNS (Robert), poeta británico (Alloway, Ayrshire, 1759-Dumfries 1796), autor de *Poemas* (1786) en dialecto escocés.

BURÓ n. m. (fr. *bureau*). Escritorio o tablero para escribir. **2.** Órgano dirigente de ciertos partidos políticos. **3.** *Méx.* Mesilla de noche.

BUROCRACIA n. f. (fr. *bureaucratie*). Influencia excesiva de los funcionarios en la administración pública. **2.** Conjunto de burócratas.

BURÓCRATA n. m. y f. Persona que pertenece a la burocracia.

BUROCRÁTICO, A adj. Relativo a la burocracia.

BUROCRATISMO n. m. Predominio de la burocracia en las actividades de un estado o de una organización. **2.** Tendencia al predominio de las soluciones administrativas y formales en los asuntos públicos y privados.

BUROCRATIZACIÓN n. f. Acción de burocratizar.

BUROCRATIZAR v. tr. y pron. [1g]. Adquirir las cualidades de la burocracia.

BURRADA n. f. Manada de burros. **2.** *Fig. y fam.* Dicho o hecho necio: *no digas burradas.* **3.** *Fig. y fam.* Cantidad grande de algo.

BURRITO n. m. *Méx.* Tortilla de harina de trigo rellena de queso o de alguna otra cosa. SIN.: *burrita.*

BURRO, A n. Asno, animal. ♦ **Apearse, o caer, uno del burro** (*Fam.*), reconocer que se ha equivocado. ‖ **Burro de carga** (*Fig. y fam.*), persona laboriosa y de mucho aguante. ‖ **No ver tres en un burro** (*Fam.*), ser muy corto de vista; ver muy poco. ♦ n. y adj. **2.** *Fig. y fam.* Asno, persona de pocos alcances y entendimiento. ♦ n. m. **3.** Armazón para sujetar el madero que se ha de aserrar. **4.** Cierto juego de naipes. **5.** *Argent. Fig. y fam.* Caballo de carrera. **6.** *Méx.* Escalera de mano formada por dos que se unen

BUR

mediante una bisagra por arriba. **7.** *Méx.* Tabla de planchar. ‖ **Burro de arranque** (*Argent.*), dispositivo eléctrico que sirve para poner en marcha un automotor.

BURROUGHS (Edgar Rice), escritor norteamericano (Chicago 1875-Encino, California, 1950), creador del personaje de Tarzán.

BURROUGHS (William), escritor norteamericano (Saint Louis, Missouri, 1914-Laurence, Kansas, 1997), uno de los principales representantes de la beat generation (*El almuerzo desnudo*, 1959; *Tierras del Occidente*, 1988).

BURSÁTIL adj. Relativo a la bolsa, a las operaciones de bolsa y a los valores cotizables.

BURTON (Robert), escritor inglés (Lindley, Leicestershire, 1577-Oxford 1640), autor de *La anatomía de la melancolía* (1621).

BURTON (sir Richard), viajero británico (Torquay 1821-Trieste 1890). Descubrió el lago Tanganyika junto con Speke (1858).

BURUCUYÁ n. m. *Argent.*, *Par.* y *Urug.* Pasionaria.

BURUNDI, ant. **Urundi**, estado de África central; 28 000 km²; 5 800 000 hab. CAP. Bujumbura. LENGUAS OFICIALES: francés y kirundi. MONEDA: franco de Burundi. Parte meridional del antiguo territorio de Rwanda-Urundi, es un país de altas mesetas, exclusivamente agrícola, densamente poblado (por los hutu, mayoritarios, y los tutsi).

HISTORIA

Burundi, reino africano fundado probablemente a fines del s. XVII, formó parte del África oriental alemana a partir de fines del s. XIX. De 1916 a 1962 estuvo, con Rwanda-Urundi, bajo mandato y luego bajo tutela belga. Se independizó en 1962, y la monarquía fue abolida en beneficio de la república en 1966. La vida política está dominada por las rivalidades étnicas entre los tutsi y los hutu (matanzas de 1972, 1988; los primeros han ocupado el poder tradicionalmente). 1992: nueva constitución que lleva al pluripartidismo. 1993: elecciones presidenciales; el presidente M. Ndadaye es depuesto y asesinado en golpe militar. En 1994 el nuevo presidente, C. Ntasyamira, muere junto con su homólogo de Ruanda en un atentado, se desata otra matanza interétnica; S. Ntibantunganya, investido presidente. 1996: recrudecimiento de los conflictos entre hutu y tutsi, por el regreso al país de los refugiados que habían huido de las masacres de 1994; el ejército, formado en su mayor parte por tutsi, toma el poder con P. Buyoya. 2001: intento de golpe de Estado que fracasa.

BUS n. m. Abrev. de *autobús*.

BUSCA n. f. Acción de buscar. **2.** *Méx.* Provecho que se obtiene de algún cargo o empleo.

BUSCADOR, RA adj. y n. Que busca.

BUSCAPIÉS n. m. (pl. *buscapiés*). Cohete sin varilla que, encendido, corre por el suelo.

BUSCAPLEITOS o **BUSCARRUIDOS** n. m. y f. (pl. *buscapleitos* o *buscarruidos*). Persona inquieta y pendenciera.

BUSCAR v. tr. [**1a**]. Hacer diligencias para hallar o encontrar a una persona o cosa. **2.** Provocar: *te lo has buscado*. **3.** *Argent.* y *Chile.* Provocar, irritar. • **Buscárselas**, ingeniárselas para poder subsistir.

BUSCAVIDAS n. m. y f. (pl. *buscavidas*). *Fam.* Persona muy curiosa en averiguar las vidas ajenas. **2.** *Fig.* y *fam.* Persona diligente en buscarse la subsistencia.

BUSCH (Germán), militar y político boliviano (1904-La Paz 1939). Dio el golpe militar que situó al coronel Toro en el poder (1936), le desplazó (1937) y se hizo elegir presidente constitucional.

BUSCÓN, NA adj. y n. Que busca.

BUSCONA n. f. Ramera.

BUSETA n. f. *Colomb.*, *Ecuad.* y *Venez.* Autobús pequeño.

BUSH n. m. (voz inglesa). GEOGR. Formación vegetal cerrada de las regiones tropicales húmedas.

BUSH (George Herbert Walker), político norteamericano (Milton, Massachusetts, 1924). Republicano, vicepresidente (1981-1989) y presidente (1989-1993) del país.

BUSH (George Walker), político estadounidense (New Haven 1946). Republicano, fue gobernador de Texas (1994-2000) y desde 2001 es presidente de E.U.A. Ordenó las intervenciones militares en Afganistán y, posteriormente, en Iraq. En 2004 fue elegido por segunda vez como presidente de los Estados Unidos.

BUSILIS n. m. *Fam.* Punto en que estriba la dificultad del asunto de que se trata: *dar en el busilis*.

BÚSQUEDA n. f. Busca.

BUSTAMANTE (Anastasio), militar y estadista mexicano (Jiquilpan, Michoacán, 1780-San Miguel Allende, Querétaro, 1853). Derrocó a Guerrero y fue presidente del ejecutivo (1830-1832). Exiliado tras una insurrección (1832-1836), volvió a la presidencia (1837-1841).

BUSTAMANTE (Carlos María), político e historiador mexicano (Oaxaca 1774-México 1848). Luchó por la independencia y fue una figura principal del partido conservador. Es autor de *Cuadro histórico de la revolución mexicana* (1823-1832).

BUSTAMANTE RIVERO (José Luis), político y jurista peruano (Arequipa 1894-Lima 1989). Presidente de la república (1945-1948), fue derrocado por el ejército. Presidió el Tribunal internacional de La Haya (1967-1970).

BUSTO n. m. (lat. *bustum*). Parte superior del cuerpo humano. **2.** Pecho femenino. **3.** Representación pintada, esculpida, etc., de la cabeza y parte superior del tórax.

BUTACA n. f. (voz caribe). Asiento blando, de brazos, con el respaldo inclinado hacia atrás. **2.** Asiento y billete de entrada de teatros y cines.

BUTANERO n. m. Persona que trabaja repartiendo butano. **2.** Buque especializado en el transporte de butano a presión.

BUTANO n. m. y adj. Hidrocarburo gaseoso saturado de fórmula C_4H_{10}, empleado como combustible y que se expende comercialmente en botellas metálicas, licuado a baja presión.

BUTEN. De buten (*Vulg.*), excelente, lo mejor en su clase.

BUTIFARRA n. f. (cat. *botifarra*). Embutido, de carne de cerdo, que se elabora principalmente en Cataluña, Baleares y Valencia.

BUTOR (Michel), escritor francés (Mons-en-Baroeul 1926). Su poesía, su obra crítica y sus novelas constituyen una exploración metódica de todos los ámbitos de la cultura.

BUXÁCEO, A adj. y n. f. BOT. Relativo a una familia de plantas dicotiledóneas, leñosas, de hojas enteras y flores unisexuales, como el boj.

BUZO n. m. (port. *búcio*). El que tiene por oficio trabajar sumergido en el agua, provisto o no de una escafandra. **2.** *Argent.*, *Chile*, *Perú* y *Urug.* Vestimenta para hacer deporte, chándal. • **Ponerse buzo** (*Méx. Fam.*), ponerse en situación de alerta, actuar con cuidado e inteligencia.

BUZÓN n. m. Abertura por donde se echan las cartas para el correo. **2.** Caja provista de abertura para el mismo fin.

BUZONERO n. m. *Chile.* Funcionario de correos que recoge las cartas de los buzones.

BUZZATI (Dino), artista italiano (Belluno 1906-Milán 1972). Pintor, músico y escritor, su obra narrativa mezcla inspiración fantástica y realismo (*El desierto de los tártaros*, 1940).

BYRON (George **Gordon**, llamado **lord**), poeta británico (Londres 1788-Missolonghi 1824). Sus poemas denuncian el dolor de vivir (*La peregrinación de Childe Harold*, 1812) o exaltan a los héroes rebeldes (*Manfred*, 1817; *Don Juan*, 1824). Su muerte entre los insurgentes griegos, combatiendo por su independencia, hizo de él el prototipo del héroe y del escritor románticos.

BYTE n. m. (voz inglesa). INFORMÁT. Unidad de información constituida por un cierto número de bits, en general, 4, 6 u 8.

Ccc

c n. f. Tercera letra del alfabeto español y segunda de las consonantes. (Representa un sonido oclusivo sordo ante consonante o ante las vocales *a, o, u: cabo, cola, cubo*; ante *e, i* es una interdental fricativa sorda: *celo, cifra*; en las zonas de seseo se pronuncia como *s*.) **2.** Cifra romana que vale cien. **3.** Símbolo químico del *carbono*. **4.** Símbolo del *culombio*. **5.** Símbolo del *grado Celsius* (ºC). **6.** MAT. Símbolo que representa el conjunto de los números complejos. **7.** MÚS. Nombre de la nota *do* en inglés y en alemán.

ca, símbolo de la *centiárea*.

Ca, símbolo químico del *calcio*.

¡CA! interj. (lat. *quia*). Denota negación o duda.

CAACUPÉ, c. de Paraguay, cap. del dep. de Cordillera; 25 103 hab. Centro agropecuario. Turismo.

CAAGUAZÚ (*departamento de*), dep. de Paraguay, junto a la frontera con Brasil; 11 474 km²; 382 319 hab. Cap. *Coronel Oviedo*.

CAAGUAZÚ, distr. de Paraguay (Caaguazú); 65 391 hab. Bosques. Ganadería. Industria maderera.

CAAMAÑO (José María Plácido), político ecuatoriano (Guayaquil 1838-Sevilla 1901), presidente del país (1883-1888) tras derrocar al dictador Veintimilla.

CAAZAPÁ (*departamento de*), dep. de Paraguay, entre el Campo y la Selva; 9496 km²; 128 550 hab. Cap. *Caazapá* (20 658 hab.).

CABAL adj. Completo, exacto, justo, sin faltar nada: *a los dos meses cabales*. **2.** Sensato, juicioso: *un hombre cabal*. ♦ **No estar, o no hallarse, uno en sus cabales**, estar loco, trastornado o perturbado.

CABAL (José María), militar y naturalista colombiano (Buga 1770-Bogotá 1816). Presidente de la Confederación de ciudades del Cauca (1812) y general en jefe del ejército (1814-1816), fue fusilado por los españoles.

CÁBALA n. f. (hebr. *gabbalá*, tradición). Interpretación judía esotérica y simbólica de la Biblia. **2.** *Fig. y fam.* Negociación secreta y artificiosa. **3.** Conjetura, suposición: *hacer cábalas*.

CABALGADURA n. f. Bestia para cabalgar o de carga.

CABALGAR v. intr. y tr. [**1b**]. Montar en un caballo o en otra montura. **2.** Andar a caballo. **3.** Ir una cosa sobre otra, de forma parecida a como va un jinete sobre su montura.

CABALGATA n. f. (ital. *cavalcata*). Grupo de personas que cabalgan juntas. **2.** Desfile de personas, carruajes, bandas de música, etc., con motivo de una festividad: *cabalgata de los reyes magos*.

CABALLA n. f. Pez marino de carne estimada, de hasta 40 cm de long. y lomo azul verdoso con bandas transversales negras. (Familia escómbridos.)

CABALLADA n. f. Manada de caballos. **2.** *Amér. Fig.* Animalada.

CABALLAR adj. Relativo al caballo.

CABALLAZO n. m. *Chile y Perú*. Encontronazo que da un jinete a otro o a uno de a pie, echándole encima el caballo.

CABALLERANGO n. m. *Méx.* Mozo que cuida y ensilla los caballos, en las haciendas.

CABALLERESCO, A adj. Propio de caballero: *modales caballerescos*. **2.** Relativo a la caballería medieval: *torneos caballerescos*.

CABALLERÍA n. f. Cualquier animal solípedo que sirve para cabalgar en él. **2.** HIST. Institución militar feudal cuyos miembros eran investidos en una ceremonia religiosa. **3.** MIL. Cuerpo de soldados montados a caballo o en vehículos motorizados. ♦ **Libro de caballerías**, obra narrativa en prosa, que trata asuntos caballerescos y describe la vida y aventuras de los caballeros andantes.

CABALLERIZA n. f. Sitio destinado a caballerías y bestias de carga.

CABALLERO, A adj. Que cabalga, anda o pasea a caballo. **2.** Obstinado, firme: *caballero en su opinión*. ♦ n. m. **3.** Combatiente a caballo, soldado de caballería. **4.** Individuo de las clases que gozaban de preponderancia social. **5.** Miembro de una orden de caballería. **6.** Hombre que se conduce con distinción, cortesía y dignidad. **7.** Señor, tratamiento de cortesía. ♦ **Caballero andante**, en los libros de caballerías, personaje que anda por el mundo buscando aventuras.

CABALLERO (Bernardino), militar y político paraguayo (Ibicuy, Argentina, 1839-Asunción 1912). Héroe de la guerra de la Triple alianza (1860-1870), fue presidente de la república (1880-1886).

CABALLERO (Cecilia Böhl de Faber, llamada **Fernán**), escritora española (Morges, Suiza, 1796-Sevilla 1877). Sus novelas, escritas originalmente en francés o alemán, representan el tránsito del romanticismo costumbrista al realismo.

CABALLERO (Luis), pintor colombiano (Bogotá 1943-*id.* 1995), centrado en el tema del cuerpo masculino con un estilo realista, influido por el manierismo y Bacon.

CABALLERO CALDERÓN (Eduardo), escritor colombiano (Bogotá 1910), autor de novelas (*El Cristo de espaldas*, 1952; *Caín*, 1969), relatos y ensayos.

CABALLEROSO, A adj. Propio de caballeros o de la caballería.

CABALLETE n. m. Elevación que la nariz suele tener en su parte media. **2.** Soporte que forma un triángulo con la línea del suelo, utilizado como plano de trabajo. **3.** Potro de tormento. **4.** Línea de un tejado o cumbrera de la cual arrancan dos vertientes. **5.** Extremo de la chimenea. **6.** Soporte que utilizan los pintores para sostener los cuadros en curso de ejecución. **7.** Puntal que sirve de apoyo en las reparaciones.

CABALLITO n. m. Mecedor de los niños pequeños. **2.** *Perú*. Especie de balsa compuesta de dos cabos de totora de la que sólo puede navegar un hombre. ♦ **Caballito de mar**, pez marino de unos 15 cm de long. que vive camuflado entre las algas y cuya cabeza, horizontal y parecida a la de un caballo, se prolonga con un cuerpo vertical que finaliza en una cola prensil. ‖ **Caballito de totora** (*Amér.*), haz de totora, de tamaño suficiente para que, puesta sobre el a horcajadas, una persona pueda mantenerse a flote en el agua; (*Amér.*), embarcación hecha de totora. ‖ **Caballito del diablo**, insecto provisto de cuatro alas reticulares estrechas e iguales, que habita en las orillas de ríos y estanques. ♦ **caballitos** n. m. pl. **3.** Tiovivo.

CABALLO n. m. (lat. *caballum*, jamelgo). **CABALLO** n. m. Cab. *caballum*, jamelgo). Mamífero doméstico, caracterizado por la longitud de sus miembros y por poseer un solo dedo en cada pata, lo que le convierte en un destacado corredor en una montura de uso casi universal. (Orden ungulados; familia équidos.) **2.** Naipe de la baraja española que representa un caballo con su jinete. **3.** Pieza del juego de ajedrez. **4.** En gimnasia, potro de saltos. **5.** *Fam.* Heroína, droga. ♦ **A caballo**, montado en una caballería; entre dos cosas contiguas o participando de ambas: *a caballo entre dos siglos*. ‖ **Caballo de batalla** (*Fig.*), aquello en que sobresale el que profesa un arte o ciencia y en lo que más suele ejercitarse; punto principal de una controversia. ‖ **Caballo de Troya**, gigantesco caballo de madera que los troyanos introdujeron en su ciudad y gracias al cual los griegos, escondidos en su interior, pudieron conquistarla. ‖ **Caballo de vapor**, unidad de potencia (símbolo CV), que equivale a 75 kilográmetros por segundo, o sea, aproximadamente 736 watios.

CABALLÓN n. m. Lomo de tierra arada que se forma entre dos surcos.

CABAÑA n. f. Casita tosca y rústica construida principalmente a base de productos vegetales. **2.** Conjunto de cabezas de ganado de una determinada región o clase: *cabaña lechera española*. **3.** Establecimiento rural destinado a la cría de ganado de raza.

CABAÑAS (*departamento de*), dep. de El Salvador, junto a la frontera con Honduras; 1104 km²; 136 293 hab. Cap. *Sensuntepeque*.

CABARET n. m. (fr. *cabaret*, taberna) [pl. *cabarets*]. Establecimiento donde, especialmente de noche, el público puede bailar, consumir bebidas y presenciar un espectáculo de variedades.

CABARETERA n. f. y adj. Mujer que trabaja en un cabaret. **2.** Prostituta.

CABARGA n. f. *Bol. y Perú*. Envoltura de cuero que en lugar de la herradura se pone al ganado vacuno.

CABE prep. *Poet.* Cerca de, junto a. ♦ n. m. **2.** *Fam.* En fútbol, cabezazo que se da al balón. **3.** *Perú*. Zancadilla.

CABECEAR v. intr. r. [**1**]. Mover la cabeza a un lado y a otro o arriba y abajo. **2.** Inclinarse lo que debiera estar en equilibrio: *los cipreses cabeceaban*. **3.** Moverse la embarcación bajando y subiendo de proa a popa. **4.** Moverse un carruaje con un fuerte vaivén. **5.** DEP. Golpear el balón con la cabeza. **6.** TAUROM. Mover el toro la ca-

CAB

beza haciendo incierta la embestida o el derrote.

CABECEO n. m. Acción y efecto de cabecear. **2.** Movimiento de oscilación de un barco, avión, etc., que se produce en sentido longitudinal.

CABECERA n. f. Principio, origen de alguna cosa. **2.** Parte principal de algunas cosas, lugar de referencia: *la cabecera del estadio*. **3.** Parte de la cama donde se ponen las almohadas. **4.** Tabla o barandilla que se suele poner en la parte superior de la cama. **5.** Titular de encabezamiento en cada página de un libro, periódico, etc. **6.** Población principal de un territorio o división administrativa. **7.** Sector más alto de la cuenca de un río o valle fluvial. **8.** Sector de una bahía, ensenada o puerto, más apartada de su boca.

CABECIDURO, A adj. *Colomb.* y *Cuba.* Testarudo.

CABECILLA n. m. Jefe de rebeldes. **2.** Líder de un movimiento o grupo, ya sea cultural, político, etc.

CABELLERA n. f. Pelo de la cabeza, especialmente el largo y tendido sobre la espalda. **2.** ASTRON. Nebulosidad que envuelve el núcleo de un cometa. **3.** BOT. Conjunto de subdivisiones y fibrillas de la raíz de algunas dicotiledóneas.

CABELLO n. m. (lat. *capillum*). Cada uno de los pelos que nacen en la cabeza del hombre. **2.** Conjunto de todos ellos. • **Ponérsele a uno los cabellos de punta** (*Fam.*), erizársele a uno el cabello; sentir gran pavor. ♦ **cabellos** n. m. pl. **3.** Barbas de la mazorca del maíz.

CABELLUDO, A adj. De mucho cabello. • **Cuero cabelludo**, piel de la cabeza donde nace el cabello.

CABER v. intr. (lat. *capere*) [**13**]. Poder contenerse una cosa dentro de otra. **2.** Tener lugar o entrada. **3.** Tocarle a uno alguna cosa. **4.** Ser posible o natural. ♦ v. tr. **5.** Tener capacidad.

CABESTREAR v. intr. [**1**]. Seguir la bestia al que la lleva del cabestro. ♦ v. tr. **2.** *Amér.* Llevar del cabestro. **3.** *Amér.* Guiar una embarcación al que va por delante de ella, nadando delante de ella.

CABESTRILLO n. m. Tipo de vendaje que anudándose alrededor del cuello permite mantener apoyado el antebrazo en flexión.

CABESTRO n. m. (lat. *capistrum*). Ramal atado a la cabeza de la caballería para llevarla o asegurarla. **2.** Buey manso que domesticado se utiliza para facilitar el manejo del ganado bravo.

CABEZA n. f. Parte superior del cuerpo humano, y anterior de numerosos animales (vertebrados e invertebrados superiores), que contiene la boca, el cerebro y los órganos de numerosos sentidos. **2.** En el hombre y algunos mamíferos, cráneo. **3.** *Fig.* Persona, individuo de la especie humana. **4.** *Fig.* Intelecto, talento, juicio: *tener cabeza para los negocios*. **5.** Principio o parte extrema de una cosa, especialmente cuando es abultada: *la cabeza de un alfiler*. **6.** Res: *rebaño de cien cabezas*. **7.** En las carreras de caballos, longitud de la cabeza de un caballo, que sirve para medir distancias. • **A la, o en, cabeza,** delante, con prioridad. || **Cabeza abajo,** invertido, con la parte superior hacia abajo. || **Cabeza arriba,** en la posición normal. || **Cabeza de ajo,** o **de ajos,** conjunto de los dientes que forman el bulbo del ajo. || **Cabeza de borrado, de lectura,** o **de grabación,** parte de un aparato de registro que borra, lee o graba los sonidos sobre el soporte. || **Cabeza de chorlito** (*Fig.* y *fam.*), persona de poco juicio. || **Cabeza de partido,** población de cada partido judicial en que radica el juzgado de primera instancia e instrucción. || **Cabeza de puente,** fortificación que la defiende; posición militar en la orilla de un río o estrecho, situada en territorio enemigo. || **Cabeza de turco** (*Fig.* y *fam.*), persona a quien siempre se le acusa de todo con cualquier pretexto. || **Cabeza nuclear,** ojiva atómica. ♦ n. m. **8.** Superior, jefe, caudillo, que gobierna una comunidad, corporación o muchedumbre. || **Cabeza de familia** (DER.), el mayor de edad o emancipado, bajo cuya dependencia conviven otras personas en un mismo domicilio.

CABEZA DE VACA (Álvar Núñez), conquistador español (Jerez de la Frontera 1507-Sevilla 1559). Entre 1527 y 1536 exploró el S de E.U.A. entre Florida y México, y relató sus aventuras en *Naufragios*. Nombrado adelantado del Río de la Plata, realizó una infructuosa expedición al río Paraná y fundó el puerto de los Reyes (1543).

CABEZADA n. f. Golpe que se da con la cabeza o se recibe en ella. **2.** Inclinación que involuntariamente hace con la cabeza el que se duerme sin estar acostado. **3.** Inclinación de cabeza como saludo de cortesía. **4.** Correaje que ciñe la cabeza de una caballería. **5.** *Argent.* Tiento que ciñe la frente y la cabeza del caballo para mantener el freno. **6.** *Argent.* y *Cuba.* Cabecera de un río. **7.** *Ecuad.* y *Par.* Arzón de la silla de montar. **8.** MAR. Acción de cabecear.

CABEZAL n. m. Almohada pequeña. **2.** Almohada larga que ocupa toda la cabecera de la cama. **3.** Órgano de una máquina que recibe un árbol de transmisión o sirve de punto fijo a un mecanismo de rotación.

CABEZAZO n. m. Cabezada, golpe dado con la cabeza.

CABEZUDO, A adj. Que tiene grande la cabeza. **2.** *Fig.* y *fam.* Terco, obstinado. ♦ n. m. **3.** Cada una de las figuras de enanos de gran cabeza que desfilan en ciertas fiestas y procesiones.

CABIBLANCO n. m. *Amér.* Cuchillo de cintura.

CABIDA n. f. Espacio o capacidad que tiene una cosa para contener otra. **2.** Área o extensión de un terreno.

CABILDANTE n. m. *Amér. Merid.* Individuo de un cabildo.

CABILDEAR v. intr. [**1**]. Procurar con maña, ganarse las voluntades en una corporación o cabildo.

CABILDO n. m. Comunidad de eclesiásticos capitulares de una iglesia. **2.** Junta que celebra esta comunidad. **3.** Ayuntamiento, corporación compuesta por el alcalde y los concejales. **4.** HIST. Denominación que se daba al municipio en la América española. || **Cabildo insular,** corporación que en Canarias representa a los ayuntamientos de cada isla y administra sus intereses comunes y los peculiares de la isla.

CABIMAS, c. y puerto de Venezuela (Zulia); 165 755 hab. Pozos petrolíferos. Refinerías. Oleoducto.

CABINA n. f. (fr. *cabine*). Departamento para el uso individual del teléfono. **2.** En cines, salas de conferencias, etc., recinto aislado donde se encuentran los operadores, los encargados de dirigir el vehículo: *cabina espacial*; *cabina de camión*. **4.** Espacio destinado a mudarse de ropa, en instalaciones deportivas, playas, etc.

CABINERA n. f. *Colomb.* Azafata.

CABIO n. m. Listón atravesado a las vigas para formar suelos y techos. **2.** Madero sobre el que asientan los del suelo. **3.** Travesaño superior e inferior que forman el marco de puertas y ventanas.

CABIZBAJO, A adj. Que tiene cabeza inclinada hacia abajo, por tristeza, preocupación o vergüenza.

CABLE n. m. (fr. *cable*). Maroma gruesa, de fibras vegetales o de hilos metálicos. **2.** Conjunto de hilos metálicos protegidos por envolturas aislantes, que sirve para el transporte de la electricidad, así como para la telegrafía y la telefonía subterráneas o submarinas. **3.** Cablegrama. • **Cable hertziano,** enlace efectuado mediante ondas hertzianas, en sustitución de un cable. || **Cable óptico,** conjunto de fibras ópticas dispuestas en una funda común, que las protege mecánicamente. || **Echar un cable,** ayudar al que se halla en un apuro.

CABLEADO, A adj. INFORMÁT. Dícese de las operaciones, instrucciones, órdenes y funciones de un ordenador, realizadas directamente por los circuitos existentes en la máquina. ♦ n. m. **2.** Operación consistente en establecer las conexiones de un aparato eléctrico o electrónico. **3.** Conjunto de dichas conexiones.

CABLEGRAFIAR v. tr. [**1t**]. Transmitir un cablegrama.

CABLEGRAMA n. m. Telegrama transmitido por cable submarino. SIN.: *cable*.

CABO n. m. (lat. *caput*, cabeza). Última porción de un objeto alargado. **2.** Parte pequeña que queda de una cosa: *un cabo de vela*. **3.** Fin o consumación de una cosa: *dar cabo a una aventura*. **4.** Sector de la costa que se adelanta en el mar. **5.** El grado menos elevado de la jerarquía militar. **6.** Cualquiera de las cuerdas que se emplean a bordo de las embarcaciones o en los arsenales. **7.** Trozo corto de hilo, cuerda, etc. • **Al cabo,** al fin, por último. || **Cabo suelto** (*Fig.*), circunstancia imprevista o que queda sin resolver. || **De cabo a cabo,** o **de cabo a rabo,** del principio al fin. || **Estar al cabo de la calle** (*Fam.*), haber entendido bien algo. || **Llevar a cabo,** ejecutar, concluir. ♦ **cabos** n. m. pl. **8.** Puntos varios que se han tocado en algún asunto o discurso. • **Atar, juntar, recoger,** o **unir, cabos,** reunir premisas o antecedentes para sacar una consecuencia.

CABO (Ciudad de El), en ingl. **Cape Town,** en afrikaans **Kaapstad,** c. y cap. legislativa de la República de Sudáfrica y cap. de la prov. del Cabo Occidental. Activo puerto en el extremo sur del continente africano, en la bahía de la Tabla, a 50 km del cabo de Buena Esperanza; 1 911 521 hab. en el área metropolitana. Astilleros. Centro industrial, turístico, cultural y artístico (museos).

CABO VERDE, estado insular del Atlántico, al E de Senegal, constituido por el *archipiélago de Cabo Verde*; 4000 km²; 400 000 hab. (*Caboverdianos*.) CAP. *Praia,* en la isla principal de São Tiago (o Santiago). LENGUA OFICIAL: *portugués.* MONEDA: *escudo de Cabo Verde.* Pesca. Colonia portuguesa desde 1456 (Ca'da Mosto), se independizó en 1975.

CABOTAJE n. m. Navegación mercante a lo largo de las costas, entre los puertos de un mismo país, por oposición a la navegación de altura. **2.** *Argent.* Transporte público aeronáutico entre puntos de un mismo país.

CABRA n. f. (lat. *capram*). Rumiante cubierto de pelo áspero, con cuernos arqueados hacia atrás, del que existen numerosas razas salvajes y domésticas, buenas trepadoras y saltadoras. **2.** Piel de este animal. **3.** *Chile.* Carruaje ligero de dos ruedas. **4.** *Fig.* y *fam.* Muchacha. **5.** *Colomb., Cuba* y *Venez.* Dado trucado. **6.** *Colomb., Cuba* y *Venez.* Trampa hecha en los dados o en el dominó. • **Como una cabra,** o **más loco que una cabra,** de poco juicio, extravagante. ♦ **cabras** n. f. pl. **7.** Cabrillas, manchas que salen en las piernas.

CABRAL (José María), militar y político dominicano (Santo Domingo 1819-Santo Domingo 1899). Luchó por la independencia. Presidente (1865 y 1866-1868), obtuvo la renuncia española a la posesión de Santo Domingo.

CABRAL (Manuel del), escritor dominicano (Santiago 1907-Santo Domingo 1999), uno de los grandes poetas de la negritud (*Compadre Mon,* 1943), y autor asimismo

de cuentos, novelas y de una interesante autobiografía (*Historia de mi voz*, 1964).
CABRALES n. m. Queso de pasta dura, que se elabora con leche de vaca, oveja y cabra mezcladas.
CABREAR v. tr. y pron. [1]. *Fam.* Enfadar, irritar, poner malhumorado.
CABRERA (Miguel), pintor mexicano (Oaxaca 1695-† 1768), famoso por su *Retrato de sor Juana Inés de la Cruz* (1751). Hay obras suyas en las catedrales de México y Puebla y en Tasco.
CABRERA INFANTE (Guillermo), escritor cubano (Gibara 1929), nacionalizado británico (1979). El lenguaje experimental y la evocación de la ciudad perdida caracterizan sus novelas (*Tres tristes tigres*, 1967; *La Habana para un infante difunto*, 1979). Es también un destacado crítico de cine y ensayista (*Cine o sardina*, 1997). [Premio Cervantes, 1997.]
CABRERO, A o **CABRERIZO, A** n. Pastor de cabras.
CABRERO, com. de Chile (Biobío); 21 684 hab. Centro agrícola y nudo de comunicaciones.
CABRESTANTE o **CABESTRANTE** n. m. Torno de eje vertical, empleado en las maniobras que exigen grandes esfuerzos.
CABRIA n. f. Aparato que sirve para levantar pesos considerables.
CABRILLA n. f. Especie de soporte en el que se sujeta una pieza de madera para aserrarla. ♦ **cabrillas** n. f. pl. **2.** Manchas que aparecen en las piernas de permanecer mucho tiempo cerca del fuego. **3.** Pequeñas olas cubiertas de espuma, que se forman en el mar cuando sopla una brisa de fuerza media.
CABRIO n. m. Pieza oblicua de una vertiente de tejado, que sirve para sostener las latas o tablas delgadas sobre las que se colocan las tejas o pizarras de revestimiento.
CABRÍO, A adj. Relativo a las cabras.
CABRIOLA n. f. (ital. *capriola*). Voltereta, vuelta ligera dada en el aire. **2.** COREOGR. Brinco que dan los que danzan, cruzando varias veces los pies en el aire.
CABRIOLÉ n. m. (fr. *cabriolet*). Automóvil descapotable. **2.** Coche hipomóvil ligero, de dos ruedas, provisto generalmente de una capota.
CABRITA n. f. *Chile*. Palomitas de maíz.
CABRITILLA n. f. Piel curtida de cabrito, cordero, etc.
CABRITO n. m. Cría de la cabra.
CABRO n. m. *Amér.* Macho cabrío. **2.** *Bol., Chile* y *Ecuad. Chico*, chaval.
CABRÓN, NA n. y. *Vulg.* Dícese de la persona malintencionada que se aprovecha de los demás o que perjudica a otros: *esa cabrona quiere robarnos*. **2.** *Méx.* Dícese de lo que es muy complicado: *estuvo cabrón el examen.* ♦ n. m. **3.** Macho de la cabra. ♦ n. m. y adj. **4.** *Desp.* y *vulg.* El que consiente el adulterio de su mujer. **5.** *Amér. Merid.* Rufián, el que trafica con prostitutas. **6.** *Chile*. Director de una casa de prostitución.
CABRONADA n. f. *Vulg.* Acción infame o malintencionada contra otro. **2.** *Fig.* y *vulg.* Cualquier incomodidad grave e importuna que hay que aguantar por alguna consideración.
CACA n. f. En lenguaje infantil, excremento humano, especialmente el de los niños pequeños. **2.** Suciedad. **3.** Cosa de poco valor o mal hecha.
CACA-ACA o **HUAYNA POTOSÍ**, pico de Bolivia (La Paz), en los Andes; 6190 m de alt.
CACAHUAL o **CACAOTAL** n. m. Plantación de cacao. **2.** Árbol del cacao.
CACAHUATE n. m. *Méx.* Cacahuete.
CACAHUATERO, A n. *Méx.* Persona que en un puesto ambulante vende cacahuetes.
CACAHUETE, CACAHUATE o **CACAHUÉ** n. m. Planta tropical originaria de Brasil, cuyas semillas producen un aceite utilizado en cocina y jabonería, y son también aptas para el consumo una vez torrefactadas. (Familia papilionáceas.) **2.** Fruto de esta planta.
CACALOTE n. m. *Amér. Central.* Rosetas de maíz. **2.** *Cuba.* Disparate, despropósito.
CACAMATZIN, soberano chichimeca, señor de Texcoco (1516), enfrentado a su hermano Ixtlilxóchitl. Aliado de Cortés (1519), quien le encarceló, murió en prisión. Escribió composiciones poéticas.
CACAO n. m. (voz náhuatl). Árbol originario de América del Sur, de tronco liso de 10 a 12 m de alt., cuyo fruto es una vaina que contiene las semillas. (Familia esterculiáceas.) **2.** Semilla de esta planta, de la que se extraen materias grasas (*manteca de cacao*) y un polvo que se utiliza para fabricar el chocolate. **3.** Polvo soluble, extraído de la semilla, utilizado como alimento. **4.** *Fig.* y *fam.* Barullo, jaleo. **5.** En la América precolombina, moneda que consistía en granos de cacao.
CACAOTAL n. m. Cacahual.
CACAREAR v. intr. [1]. Dar voces repetidas el gallo o la gallina. ♦ v. intr. y tr. **2.** *Fig.* y *fam.* Ponderar excesivamente de cosas propias.
CACARIZO, A adj. *Méx.* Picado de viruelas.
CACATÚA n. f. (voz malaya). Pájaro de Australia, de plumaje blanco, con fuerte copete eréctil, encorvado o rojo. (Familia sitácidos.)
CACAZTLE n. m. *Guat.* y *Méx.* Enrejado de madera que sirve para llevar algo a cuestas.
CACEREÑO, A adj. y n. De Cáceres.
CÁCERES (provincia de), prov. de España, en Extremadura; 19 945 km²; 408 884 hab. Cap. Cáceres. El Tajo y sus afl. avenan la penillanura que ocupa el centro de la prov., mientras que al N se alzan las alineaciones del sistema Central (Gredos, Béjar, Gata, Peña de Francia) y al S los montes de Toledo.
CÁCERES, c. de España, cap. de la prov. homónima y cab. de cp.; 84 319 hab. (*Cacereños.*) Centro terciario. Universidad. Fue la *Norba Caesarina* romana y plaza fuerte musulmana, reconquistada en 1227. Recinto amurallado. Conjunto arquitectónico (ss. XIV-XVI), declarado patrimonio cultural de la humanidad por la Unesco (1986).
CÁCERES (Andrés Avelino), militar y político peruano (Ayacucho 1833-Lima 1923). Encabezó la resistencia a la ocupación chilena durante la guerra del Pacífico (1879-1883). Presidente de la república (1886-1890), accedió de nuevo al cargo tras un golpe de estado (1894-1895).
CACERÍA n. f. Partida de caza.
CACEROLA n. f. Utensilio de cocina, metálico, redondo, más ancho que hondo y provisto de asas.
CACHA n. f. Nalga. **2.** Cada una de las dos piezas que constituyen el mango de un arma blanca o la culata de ciertas armas de fuego. (Suele usarse en plural.) **3.** Cada una de las ancas de la caza menor, como liebres, conejos, etc.
CACHACO, A adj. *Colomb.* Dícese del joven elegante, servicial y caballeroso. **2.** *Colomb., Ecuad.* y *Venez.* Lechuguino, petimetre. ♦ n. m. **3.** *Perú. Desp.* Policía. ♦ n. **4.** *P. Rico.* Persona de la zona rural de la isla a los españoles acomodados.
CACHADA n. f. *Argent., Par.* y *Urug.* Broma hecha a una persona. **2.** *Chile, Colomb., Ecuad., Hond., Nicar., Salv.* y *Urug.* Cornada.
CACHAFAZ adj. y n. *Amér. Merid.* Pícaro, sinvergüenza.
CACHALOTE n. m. Mamífero cetáceo, de tamaño igual al de las ballenas, pero que difiere de éstas por la situación de dientes fijados a la mandíbula inferior.
CACHAÑA n. f. *Chile*. Mofa, burla, molestia. **2.** *Chile*. Impertinencia.
CACHAÑAR v. tr. [1]. *Chile*. Hacer burla.
CACHAPA n. f. *Venez.* Panecillo de maíz.
CACHAPEAR v. tr [1]. *Venez.* Alterar la marca de hierro de una res ajena para que parezca propia.
CACHAR v. tr. [1]. *Amér. Central.* Hurtar. **2.** *Amér. Central, Chile* y *Colomb.* Cornear, dar cornadas. **3.** *Amér. Central, Colomb., Salv.* y *Venez.* En algunos juegos, coger al vuelo una pelota. **4.** *Amér. Central, Colomb., Salv.* y *Venez.* Agarrar al vuelo cualquier objeto pequeño que una persona lanza a otra. **5.** *Amér. Merid.* y *C. Rica. Fig.* y *fam.* Burlarse de una persona, hacerle una broma, tomarle el pelo. **6.** *Argent., Chile* y *Méx. Fig.* y *fam.* Sorprender a alguien, descubrirle. **7.** *Argent., Chile* y *Urug. Vulg.* Darse cuenta de algo, captar. **8.** *Argent., Nicar.* y *Urug. Vulg.* Agarrar, asir, coger. **9.** *Chile*. Sospechar.
CACHARPARI n. m. *Bol.* y *Perú.* Fiesta de despedida con los amigos de un alguien antes de un viaje. **2.** *Perú.* Baile que con tal motivo se celebra.
CACHARPAS n. f. pl. (voz quechua). *Amér. Merid.* Trastos.
CACHARPAYA n. f. *Argent.* Fiesta con la que se despide el carnaval y, en ocasiones, al que se va de viaje.
CACHARPEARSE v. pron. [1]. *Chile*. Adornarse con las mejores galas. **2.** *Chile*. Vestirse con prendas nuevas.
CACHARRERÍA n. f. Establecimiento del cacharrero. **2.** Conjunto de cacharros.
CACHARRERO, A n. Persona que tiene por oficio vender cacharros y loza ordinaria. **2.** *Colomb.* Buhonero.
CACHARRO n. m. Recipiente, especialmente el tosco y de poco valor. **2.** *Desp.* Cualquier máquina o aparato viejos que funcionan mal: *ese coche es un cacharro.* **3.** *Colomb.* Chuchería, baratija.
CACHATIVA n. f. *Chile*. Perspicacia.
CACHAZA n. f. *Fam.* Lentitud, sosiego, flema. **2.** Espuma e impureza que se separa del jugo de la caña de azúcar. **3.** Aguardiente de melaza.
CACHAZO n. m. *Amér.* Cornada, cachada.
CACHE adj. *Argent.* Mal arreglado o ataviado.
CACHEAR v. tr. [1]. Registrar a alguien para ver si lleva algo oculto, especialmente armas. **2.** *Chile* y *Méx.* Cachar, acornear.
CACHEMIR n. m. Tejido muy fino, fabricado con lana de cabra de Cachemira. SIN.: *cachemira, casimir*
CACHEMIRA o **KASHMIR**, ant. estado de la India, act. repartido entre la India (estado de Jammu y Kashmir), Pakistán y China. Región montañosa atravesada por el Jhelum, que riega la cuenca de Srinagar. Reino hindú hasta que fue conquistado por un aventurero musulmán (1346), fue anexionado más tarde por el Imperio mogol (1586). Los enfrentamientos interétnicos y las disputas fronterizas son frecuentes en la región.
CACHERO, A adj. *C. Rica* y *Venez.* Mentiroso, embustero. **2.** *Salv.* Pedigüeño, ansioso.
CACHETADA n. f. *Amér.* Tortazo, bofetada.
CACHETE n. m. Golpe dado con los dedos de la mano en la cabeza o en la cara. **2.** Carrillo, especialmente el abultado. **3.** TAUROM. Puntilla.
CACHETEAR v. tr. [1 . *Amér.* Abofetear.
CACHETERO n. m. *Colomb.* Peso fuerte.
CACHETÓN, NA adj. *Amér.* Carrilludo, que tiene abultados los carrillos.
CACHÍ (nevado de), pico de Argentina (Salta), en la Puna; 6350 m de alt.
CACHICAMO n. m. *Amér.* Armadillo.
CACHICHA n. f. *Hond.* Enojo, berrinche.
CACHIFO, A n. *Colomb.* y *Venez.* Muchacho.
CACHIMBA n. f. Pipa para fumar. **2.** *Argent.* Cacimba u hoyo que se hace en la playa.
CACHIMBO n. m. *Amér.* Cachimba, pipa. **2.** *Cuba.* Pequeño ingenio de azúcar. **3.** *Perú. Despect.* Guardia nacional. **4.** *Perú.* Estudiante de enseñanza superior que cursa el primer año. **5.** MÚS. Danza y

CAC

ción típicas de Chile, particularmente de las zonas salineras.
CACHIPOLLA n. f. Insecto que, en estado adulto, sólo vive uno o dos días, y que se distingue por los tres largos filamentos que se prolongan a partir de su abdomen. (Orden efemerópteros.)
CACHIPORRA n. f. Palo con una bola o cabeza abultada en uno de sus extremos. ♦ adj. 2. *Chile*. Farsante, vanidoso.
CACHIPUCO, A adj. *Hond*. Dícese de la persona que tiene un carrillo más abultado que otro.
CACHIRÍ n. m. *Venez*. Licor de yuca o batata fermentado que hacen los indios.
CACHIRLA n. f. *Argent*. Nombre de diversos pájaros pequeños americanos, de color pardo, que anidan entre los pastos o en cuevas.
CACHIRULA n. f. *Colomb*. Mantilla de punto.
CACHIRULO n. m. Vasija para el aguardiente u otros licores.
CACHIVACHE n. m. *Desp*. Cacharro, trasto.
CACHO n. m. Pedazo pequeño de algo: *un cacho de pan*. 2. Pez de cuerpo macizo, de 15 a 20 cm de long., con la boca pequeña, muy oblicua y grandes escamas. (Familia cipriínidos.) 3. *Amér*. Cuerno de animal. 4. *Amér. Merid*. Cubilete de los dados. 5. *Argent., Par. y Urug*. Racimo de bananas. 6. *Chile y Guat*. Cuerna. 7. *Chile y Guat*. Objeto inservible. 8. *Chile*. Artículo de comercio que ya no se vende. 9. *Ecuad*. Chascarrillo, generalmente obsceno.
CACHONDEARSE v. pron. [1]. *Vulg*. Burlarse.
CACHONDO, A adj. *Vulg*. Sexualmente excitado. 2. *Fig. y vulg*. Gracioso, divertido.
CACHORRO, A n. Cría de algunos mamíferos, especialmente del perro.
CACHUA n. f. Danza que bailan los indios de Perú, Ecuador y Bolivia.
CACHUCHA n. f. *Chile*. Bofetada. 2. *Chile*. Cometa pequeña con forma similar al cucurucho.
CACHUDO, A adj. *Amér. Merid. y Méx*. Dícese del animal que tiene los cuernos grandes. 2. *Chile*. Ladino.
CACHUMBO n. m. *Amér*. Gachumbo. 2. *Colomb*. Rizo de cabello, tirabuzón.
CACHUPÍN, NA n. Español que se establece en América.
CACHUPINADA n. f. *Desp. e irón*. Convite casero.
CACHUREAR v. intr. [1]. *Chile*. Remover las basuras u otras cosas abandonadas, para recoger las que puedan tener todavía algún valor.
CACHURECO, A adj. *Amér. Central*. Conservador en política. 2. *Méx*. En Jalisco, torcido, deformado.
CACHUREO n. m. *Chile*. Acción y efecto de cachurear. 2. *Chile*. Cosas u objetos abandonados.
CACIGAL (Juan Manuel), matemático venezolano (Nueva Barcelona 1802-Yaguaparo, Sucre, 1856), autor de *Tratado de mecánica elemental* y *Curso de economía*. Fundó el observatorio astronómico de Caracas.
CACIQUE n. m. (voz caribe). Jefe en algunas tribus de indios de América Central y del Sur. 2. Persona que ejerce una autoridad abusiva en una colectividad o grupo, valiéndose de su poder económico o estatus social. 3. *Chile*. Persona que puede darse la gran vida.
CACIQUISMO n. m. Sistema político en que una democracia parlamentaria es controlada, en perjuicio de las leyes escritas, por el predominio local de los caciques.
CACLE n. m. *Mex*. Sandalia de cuero tosca que suelen usar los campesinos.
CACO n. m. Ladrón.
CACOFONÍA n. f. Repetición de un sonido dentro de una frase o palabra, que produce un efecto desagradable.
CACOMITE n. m. Planta bulbosa oriunda de México, de tallo cilíndrico y flores muy grandes y hermosas, cuya raíz se come cocida. (Familia iridáceas.)
CACOMIZTLE n. m. *Méx*. Animal mustélido más pequeño que un gato, de color gris, cola larga y hocico puntiagudo, que se alimenta de huevos y aves de corral.
CACORRO n. m. *Colomb*. Homosexual.
CACRECO, A adj. y n. *C. Rica y Hond*. Decrépito.
CACTÁCEO, A adj. y n. f. BOT. Dícese de una familia de plantas dicotiledóneas, originarias de América semitropical, adaptadas a la sequía mediante sus tallos carnosos, repletos de agua, sus hojas reducidas a espinas y su tipo particular de asimilación clorofílica.
CACTO o **CACTUS** n. m. Nombre que se da a diversas especies de cactáceas y a otras de diferentes familias pero que, por convergencia, tienen aspecto parecido.
CACUMEN n. m. *Fam*. Agudeza, perspicacia.
CACUY n. m. *Argent*. Ave de unos 35 cm de long., color pardusco, pico corto y ancho, párpados ribeteados de amarillo y cuyo canto es triste.
CADA adj. (gr. *kata*, según). Tiene un sentido distributivo, individualizador y diferenciador: *dar a cada uno lo suyo*. 2. Tiene valor progresivo: *querer cada vez más a alguien*. 3. Indica correlación o correspondencia: *cada cosa a su tiempo*. 4. Indica generalización: *cada día*. 5. Tiene un valor ponderativo equivalente a *tanto, tan grande o de tal manera*: *organizaban cada juerga...* 6. Seguido de un numeral, indica la distribución de grupos de cierto número fijo de unidades. • **Cada cual**, sirve para designar al individuo separado de los demás que forman grupo con él.
CADALSO n. m. Tablado erigido para un acto solemne. 2. Tablado que se erige para patíbulo.
CADALSO (José), escritor español (Cádiz 1741-Gibraltar 1782). Autor de poesías anacreónticas y de la sátira *Los eruditos a la violeta* (1772), sus mayores obras son *Cartas marruecas* (1789), visión crítica de la sociedad española, y *Noches lúgubres* (1792), precursoras del romanticismo.
CADÁVER n. m. Cuerpo muerto.
CADAVÉRICO, A adj. Relativo al cadáver. 2. Pálido y desfigurado como un cadáver.
CADEJO n. m. *Amér. Central*. Cuadrúpedo fantástico que de noche acometía a los que encontraba por las calles.
CADENA n. f. (lat. *catenam*). Sucesión de anillas metálicas enlazadas, que sirve de ligadura, de adorno, etc. 2. *Fig*. Sujeción que causa una pasión vehemente o una obligación. 3. Conjunto de establecimientos comerciales que forman parte de la misma organización: *cadena de hoteles*. 4. *Fig*. Continuación de sucesos: *una cadena de asesinatos*. 5. Conjunto de emisoras de radiodifusión o de televisión que difunden simultáneamente el mismo programa o de periódicos que publican una misma serie de artículos. 6. Sistema de reproducción del sonido que comprende una fuente, un elemento amplificador y varios elementos reproductores. 7. Órgano de transmisión del movimiento entre dos árboles paralelos sin deslizamiento, constituidos por un conjunto de eslabones metálicos articulados. 8. QUÍM. En una fórmula, sucesión de átomos de carbono o de silicio enlazados, dispuestos en cadena *abierta* (serie grasa) o en cadena *cerrada* (serie cíclica). • **Cadena alimentaria, trófica** o **de nutrición,** conjunto de especies vivas cada una de las cuales se alimenta de la precedente (vegetal, herbívoro, carnívoro). ‖ **Cadena de frío,** conjunto de las operaciones de fabricación, almacenamiento, transporte y distribución de los alimentos congelados. ‖ **Cadena de montaje,** conjunto de puestos de trabajo que participan en la fabricación de un producto industrial. ‖ **Cadena montañosa,** sucesión de montañas que forman una línea continua. ♦ **cadenas** n. f. 9. Dispositivo que se coloca sobre las ruedas de un coche para evitar que se deslice por el hielo o la nieve.
CADENCIA n. f. (ital. *cadenza*). Repetición regular de sonidos o movimientos. 2. Número de disparos que puede realizar un arma de fuego por unidad de tiempo. 3. MÚS. Encadenamiento de acordes que marca una etapa en la evolución del discurso musical. 4. RET. Distribución proporcionada de los acentos, cortes o pausas en la prosa o verso.
CADERA n. f. Región que corresponde a la unión de las extremidades inferiores o posteriores con el tronco.
CADETE n. m. (fr. *cadet*). Alumno de una academia militar. 2. Talla de las prendas de vestir, intermedia entre la de niño y la de adulto. 3. *Argent. y Bol*. Aprendiz en un comercio.
CÁDIZ *(golfo de),* golfo de la costa atlántica S de la península Ibérica, comprendido entre el cabo de Trafalgar (España) y el de Santa María (Portugal).
CÁDIZ *(provincia de),* prov. de España, en Andalucía; 7394 km^2; 1 096 388 hab. Cap. *Cádiz*. Al E las cordilleras Béticas rematan en Tarifa y el peñón de Gibraltar; al N hay llanuras aluviales y marismas. En el litoral se abren tres bahías: la *bahía de Cádiz,* la de Algeciras y la de Barbate.
CÁDIZ, c. de España, cap. de la prov. homónima y cab. de la j.; 157 355 hab. *(Gaditanos.)* Industria naval. Activo puerto. Centro comercial regional e internacional, administrativo y universitario. El origen de la c. se remonta al I milenio a. J.C. Fue colonia cartaginesa *(Gadir)* y romana *(Gades).* Monumentos de los s. XVII-XVIII: catedral, oratorio de San Felipe Neri, hospicio. Museos arqueológico y de bellas artes.
CADMIO n. m. Elemento químico de símbolo Cd, cuyo número atómico es 48, su masa atómica 112,40, su densidad 8,6 y punto de fusión 320 °C.
CADUCAR v. intr. [1a]. Perder validez, extinguirse, prescribir: *caducar una ley, un plazo*.
CADUCEO n. m. (lat. *caduceum*). Atributo médico compuesto de un haz de varas en torno a las cuales se enrosca la serpiente de Epidauro.
CADUCIDAD n. f. Acción y efecto de caducar. 2. Calidad de caduco o decrépito.
CADUCIFOLIO, A adj. Dícese de aquellos árboles y arbustos a los que se les cae la hoja al empezar la estación fría (o, en los trópicos, la seca).
CADUCO, A adj. Decrépito, muy anciano: *persona caduca*. 2. Perecedero: *productos caducos*. 3. Gastado, obsoleto: *privilegios caducos*. 4. Dícese de todo órgano que cae después de haber cumplido su misión: *árbol de hoja caduca*.
CAEDIZO, A adj. Que cae fácilmente o que amenaza caerse. ♦ n. m. 2. *Colomb*. Tejadillo saliente.
CAEN, c. de Francia, cap. de la región de Baja Normandía y del dep. de Calvados, a orillas del Orne; 115 624 hab. Universidad. Ant. abadías.
CAER v. intr. y pron. (lat. *cadere*) [16]. Ir un cuerpo hacia abajo por la acción de su propio peso: *caer la lluvia*. 2. Perder un cuerpo el equilibrio hasta dar en algo que lo detenga: *resbaló y cayó*. 3. Desprenderse o separarse algo del lugar a que estaba adherido: *caer las hojas de un árbol*. 4. Con la preposición *de* y un nombre de alguna parte del cuerpo, dar con ésta en el suelo: *caer de espaldas*. ♦ v. intr. 5. Ser apresado, especialmente mediante una trampa o engaño: *caer en la red*. 6. *Fig*. Desaparecer, extinguirse, dejar de ser: *al caer la monarquía*. 7. *Fig*. Incurrir:

caer en un error, en un vicio. **8.** *Fig.* Encontrarse impensadamente en alguna desgracia o peligro: *caer en la miseria.* **9.** *Fig.* Adaptarse una cosa a otra, venir o sentar bien o mal: *caer bien un traje.* **10.** Tener una determinada acogida o producir una determinada impresión: *caer bien unas palabras.* **11.** *Fig.* Acercarse a su ocaso o a su fin: *caer el día, la tarde.* **12.** Hablando de la noche, empezar a oscurecer. **13.** *Fig.* Sucumbir: *caer por la patria.* • **Caer en la cuenta,** advertir, llegar a comprender algo. ‖ **Caer gordo** o **gorda** una persona a otra *(Fig. y fam.),* serle antipática. ‖ **Caer muy bajo** *(Fig.),* perder la dignidad. ‖ **Dejar caer** *(Fig.),* decir una cosa intencionadamente pero disimulando su intención: *dejó caer que había quedado con ella.* ‖ **Dejarse caer** *(Fig.),* presentarse o aparecer en un sitio ocasionalmente: *se deja caer por este bar de vez en cuando.* ‖ **Estar al caer,** estar muy próximo a suceder.
CAFÉ n. m. (turco *kahwe*). Cafeto. **2.** Semilla contenida a pares en el fruto (drupa roja) de este arbusto, que posee un alcaloide y un principio aromático. **3.** Infusión hecha con estas semillas tostadas. **4.** Establecimiento donde se bebe café u otras bebidas. **5.** *Amér. Merid.* Reprimenda. ♦ adj. o n. m. **6.** *Argent., Chile, Méx.* y *Urug.* De color marrón. • **Café cantante,** café amenizado por cantantes o músicos. ‖ **Café concierto,** teatro donde los espectadores podían fumar y beber y cuyo programa incluía números de canto, acrobáticos, pantomimas, ballets, etc. ‖ **Café teatro,** sala de espectáculos en la que a la vez que se representa una obra teatral corta pueden tomarse consumiciones. ‖ **De mal café** *(Vulg.),* de muy mal humor.
CAFEÍNA n. f. Alcaloide del café, presente también en el té y en la nuez de cola, utilizado como tónico.
CAFETAL n. m. Terreno poblado de cafetos.
CAFETEAR v. tr. [**1**]. *Argent., Par., Perú* y *Urug. Fig.* y *fam.* Reprender, regañar ásperamente.
CAFETERA n. f. Aparato para hacer café. **2.** Recipiente para servir café.
CAFETERÍA n. f. Establecimiento público donde se toman bebidas y comidas ligeras. **2.** *Méx.* Tienda que vende café al por menor.
CAFETERO, A adj. Relativo al café. SIN.: *cafetalero.* ♦ adj. y n. **2.** Dícese de la persona muy aficionada a tomar café. ♦ n. **3.** Persona que en los cafetales coge la simiente.
CAFETO n. m. Arbusto, de 3 a 10 m de alt., que produce el café. (Familia rubiáceas.)
CÁFILA n. f. *Fam.* Conjunto de gentes, animales o cosas, especialmente si andan unas tras otras.
CAFIROLETA n. f. *Cuba.* Dulce de batata, azúcar y coco.
CAFRE adj. y n. m. y f. Decíase de los pueblos no musulmanes que habitaban en África meridional. **2.** *Fig.* Bárbaro, cruel.
CAFÚA n. f. *Argent.* y *Urug.* Prisión, cárcel.
CAFUCHE n. m. *Colomb.* Tipo de tabaco.
CAGADA n. f. Excremento que sale cada vez que se evacua el vientre. **2.** *Fig.* y *vulg.* Equivocación.
CAGADO, A adj. y n. *Fig.* y *vulg.* Cobarde.
CAGAR v. tr., intr. y pron. [**1b**]. Evacuar el vientre. ♦ v. tr. **2.** *Vulg.* Estropear, echar a perder algo. ♦ **cagarse** v. pron. **3.** *Vulg.* Acobardarse.
CAGÓN, NA adj. y n. Que evacua el vientre muchas veces. **2.** *Fig.* y *vulg.* Muy cobarde.
CAGUA, c. de Venezuela (Aragua); 73 465 hab. Industrias químicas, construcciones metálicas.
CAGUAMA n. f. (voz caribe). Tortuga marina, algo mayor que el carey. **2.** Materia córnea de esta tortuga, de calidad inferior al carey.
CAGUAYO n. m. *Cuba.* Iguana. **2.** *Cuba.* Reptil, lagartija.
CAGÜETA n. m. y f. *Vulg.* Cobarde.

CAHUÍN n. m. *Chile.* Concurrencia de gente bulliciosa y borracha.
CAÍ n. m. (voz guaraní). Pequeño mono platirrino americano. SIN.: *cay, saí.*
CAICEDO (Domingo), militar y político colombiano (Bogotá 1783-id. 1843). Defendió la independencia de las colonias americanas en las cortes de Cádiz (1812). Fue presidente interino del ejecutivo en dos ocasiones (1830 y 1831).
CAICO n. m. *Cuba.* Arrecife grande que constituye un peligro para la navegación.
CAÍDA n. f. Acción y efecto de caer: *la caída de un cuerpo en el vacío.* **2.** Declive de alguna cosa, pendiente. **3.** *Fig.* Decadencia, abatimiento, acción de ir a menos: *la caída de un imperio.* **4.** En un transformador, diferencia entre las tensiones secundarias en carga y en vacío. **5.** *Colomb.* Juego de cartas. **6.** *Fig.* En los cantares populares, cadencia principal al final de la cuarta y décima línea de la estrofa. • **Caída de ojos,** expresión agradable de la mirada; manera habitual de bajarlos una persona.
CAÍDO, A adj. Desfallecido, amilanado. ♦ adj. y n. m. **2.** Muerto en la lucha: *funerales por los caídos.*
CAIFÁS, sumo sacerdote judío (18-36). Presidió el Sanedrín durante el proceso a Jesús.
CAIMA adj. *Amér.* Lerdo, estúpido, soso.
CAIMACÁN n. m. *Colomb.* Persona con autoridad.
CAIMÁN n. m. Cocodrilo de hocico ancho, originario de América Central y Meridional. SIN.: *aligátor.*
CAIMÁN (islas), en ingl. **Cayman Islands,** archipiélago británico del Caribe; 260 km²; 17 000 hab. Cap. *George Town.*
CAIMITO n. m. Planta arbórea de América Central, con hojas ovales y fruto redondo del tamaño de una naranja, que contiene una pulpa azucarada y refrescante. (Familia sapotáceas.) **2.** Fruto de este árbol.
CAÍN, según el Génesis, primogénito de Adán y Eva. Mató a su hermano Abel por envidia.
CAINGUÁS, dep. de Argentina (Misiones); 43 851 hab. Cultivos de yerba mate y tabaco. Apicultura.
CAIREL n. m. Cerco de la peluca. **2.** Adorno de pasamanería a modo de fleco.
CAIRO (El), en ár. **al-Qâhira,** cap. y cap. de Egipto, junto al Nilo; 9 750 000 hab. (13 millones de hab. en la aglomeración), la más poblada de África. Centro comercial, administrativo, cultural (universidad) y financiero. Sede de la Liga Árabe. Mezquitas (Ibn Tûlûn [s. IX], al-Azhar, etc.); murallas, grandes puertas y ciudadela de la edad media; palacios y mausoleos. Museos (arte egipcio).
CAIROTA adj. y n. m. y f. De El Cairo. SIN.: *cairino.*
CAJA n. f. Recipiente de materias y formas variadas, generalmente con tapa, utilizado para guardar o transportar cosas. **2.** Ataúd. **3.** Hueco o espacio en que se introduce alguna cosa: *caja en que entra la espiga en un madero.* **4.** Montura de madera sobre la que descansa el cañón de un arma de fuego portátil. **5.** Armazón o cuerpo de la carrocería de un automóvil. **6.** Oficina o dependencia de un establecimiento mercantil o comercial donde se efectúan los cobros o se realizan los pagos. **7.** Cajón con compartimientos o cajetines desiguales, que contiene los caracteres empleados en la composición tipográfica. **8.** *Chile.* Lecho de los ríos. **9.** MÚS. Parte exterior de madera que cubre algunos instrumentos. **10.** MÚS. Cuerpo hueco de madera que forma parte principal de los de cuerda. **11.** Tambor. • **Caja de cambios,** o **de velocidades,** cárter que encierra los engranajes del cambio de velocidades. ‖ **Caja de recluta,** o **de reclutamiento,** organismo militar que se ocupa del llamamiento de los reclutas. ‖ **Caja**

fuerte, armario o recinto blindado, dotado de cerradura de seguridad, que sirve para guardar dinero, valores, etc. ‖ **Caja negra,** aparato registrador, colocado a bordo de un avión, helicóptero, etc., que permite verificar las incidencias de un viaje. ‖ **Caja registradora,** aparato utilizado en el comercio para facilitar las operaciones de cálculo a la persona encargada de los cobros y controlar las sumas cobradas.
CAJAMARCA (departamento), dep. del N de Perú (Nor-Oriental del Marañón), en los Andes; 33 248 km²; 1 263 400 hab. Cap. *Cajamarca.*
CAJAMARCA, c. de Perú, cap. del dep. homónimo; 59 100 hab. Restos incaicos y edificios coloniales del s. XVIII: catedral, iglesias de San Antonio y Belén, capilla de la Dolorosa, casas nobles.
CAJERO, A n. En las tesorerías, bancos, comercios, etc., persona que está encargada del control de la caja. ♦ n. m. **2.** **Cajero automático,** máquina que depende directamente de una entidad bancaria y que manejan los clientes mediante claves personales para realizar operaciones sobre sus cuentas.
CAJETA n. f. *Amér. Central* y *Méx.* Dulce hecho de leche quemada, azúcar, vainilla, canela y otros ingredientes.
CAJETE n. m. *Guat., Méx.* y *Salv.* Cuenco o cazuela honda de barro. **2.** *Méx.* Hueco más ancho que hondo que se hace en la tierra para plantar matas.
CAJETILLA n. f. Paquete de tabaco picado o de cigarrillos. ♦ adj. **2.** *Argent.* y *Urug. Desp.* Dícese del hombre presumido y elegante que vive disfrutando del lujo y de su posición social.
CAJISTA n. m. y f. IMPR. Persona que compone lo que se ha de imprimir.
CAJÓN n. m. Caja grande, generalmente de madera, y de base rectangular. **2.** En algunos muebles, cada uno de los receptáculos que se pueden sacar y meter en ciertos huecos a los que se ajustan. **3.** *Amér.* En algunos lugares, tienda de abacería. **4.** *Amér. Merid.* Ataúd. **5.** *Argent.* y *Chile.* Cañada larga por cuyo fondo corre un río o arroyo. • **Cajón de sastre** *(Fig.),* conjunto de cosas diversas desordenadas o sitio en donde están. ‖ **Ser de cajón** *(Fam.),* ser muy claro y manifiesto.
CAJONERO n. m. *Amér.* En algunos lugares, dueño de un cajón o tienda.
CAJONGA n. f. *Hond.* Tortilla grande de maíz mal molido.
CAJUELA n. f. *Méx.* Maletero de un automóvil.
CAKCHIQUEL o **CACHIQUEL** adj. y n. m. y f. Relativo a un pueblo amerindio de Guatemala que habla el quiché y es de cultura maya; individuo de este pueblo. (Los *Anales de los cakchiqueles* son un monumento de la literatura maya.)
CAL n. f. Óxido cálcico CaO, obtenido por calcinación de las piedras calizas. • **A cal y canto** *(Fam.),* de manera muy segura, herméticamente: *cerrar a cal y canto.* ‖ **Cal apagada,** cal hidratada Ca(OH)₂, obtenida por acción del agua sobre la cal viva. ‖ **Cal hidráulica,** cemento con cenizas y algo de arcilla y marga, que fragua debajo del agua. ‖ **Cal viva** o **anhidra,** óxido de calcio anhidro, obtenido directamente por calcinación de la caliza. ‖ **Una de cal y otra de arena,** alternar las cosas buenas con las malas.
cal, símbolo de la *caloría.*
CALA n. f. Acción y efecto de calar un melón u otras frutas semejantes. **2.** Pedazo de una fruta que se corta para probarla. **3.** Parte más baja del interior de un buque. **4.** Suposición. **5.** *Vulg.* Peseta.
CALA n. f. Ensenada estrecha y escarpada.
CALABACERA n. f. Planta herbácea anual o vivaz, trepadora o rastrera, de tallo largo y fruto en pepónide. (Familia cucurbitáceas.)

CAL

CALABACÍN n. m. Calabaza pequeña, comestible, cilíndrica, de corteza verde y carne blanca. (Familia cucurbitáceas.)

CALABACITA n. f. Méx. Calabacín.

CALABAZA n. f. Calabacera. **2.** Fruto de esta planta, muy variado en su forma, tamaño y color y con multitud de semillas. ◆ **Dar calabazas** (Fam.), suspender a uno en exámenes; desairar o rechazar en asuntos amorosos.

CALABAZAR n. m. Terreno sembrado de calabazas.

CALABOBOS n. m. (pl. calabobos). Lluvia menuda y continua.

CALABOZO n. m. Lugar, generalmente subterráneo, donde se encerraba a los presos. **2.** Celda en que se incomunica a los detenidos.

CALABOZO, c. de Venezuela (Guárico), en Los Llanos; 79 578 hab. Catedral barroca (1790).

CALABRIA, región de Italia, en el extremo meridional peninsular, formada por las prov. de Catanzaro, Cosenza y Reggio di Calabria; 15 080 km²; 2 037 686 hab. Cap. Catanzaro.

CALADA n. f. Acción y efecto de calar. **2.** Fam. Chupada dada a un cigarrillo, porro, puro, etc.

CALADERO n. m. Sitio a propósito para calar las redes de pesca.

CALADO n. m. Labor de aguja en una tela, sacando o juntando hilos. **2.** Labor hecha en los papeles, maderas, etc., taladrándolos y formando dibujos. **3.** Medida vertical de la parte sumergida del buque. **4.** Altura que alcanza la superficie del agua sobre el fondo.

CALADOR n. m. Amér. Tubo acanalado terminado en punzón para sacar muestras de las mercaderías sin abrir los bultos que las contienen.

CALADORA n. f. Venez. Piragua grande.

CALAFATE o **CALAFATEADOR** n. m. El que tiene por oficio calafatear las embarcaciones.

CALAFATEAR v. tr. Cerrar junturas, en especial embutir con estopa, recubierta luego de brea o de masilla, las junturas del casco de una embarcación para que quede completamente estanca.

CALAGUASCA n. f. Colomb. Aguardiente.

CALAMAR n. m. Molusco de concha interna, comestible, con cuerpo fusiforme, dotado de un par de aletas caudales de forma triangular y diez brazos tentaculares provistos de ventosas.

CALAMAR, mun. de Colombia (Bolívar); 21 283 hab. Puerto fluvial en el Magdalena.

CALAMBRE n. m. Contracción involuntaria, dolorosa, de aparición brusca y corta duración, que afecta a uno o varios músculos. SIN.: rampa.

CALAMBUCO n. m. Planta arbórea de América, de unos 30 m de alt., con el tronco negruzco y rugoso, inflorescencias blancas y frutos redondos y carnosos. (Familia gutíferas.)

CALAMIDAD n. f. Desgracia o infortunio que alcanza a muchas personas. **2.** Fig. Persona desdichada por su falta de salud, torpeza, etc.

CALAMITOSO, A adj. Que causa calamidades o es propio de ellas: una sequía calamitosa.

CALAMORRO n. m. Chile. Zapato bajo y ancho.

CALAMUCHITA, dep. de Argentina (Córdoba); 38 509 hab. Yacimientos de cobre y cuarzo aurífero. Ganadería.

CALANDRIA n. f. Ave paseriforme, de 20 cm de long., parecida a la alondra, que vive en Europa meridional y en regiones esteparias.

CALANDRIA n. f. Méx. Carruaje adornado y tirado por uno o más caballos, en el que se realizan recorridos urbanos turísticos.

CALAÑA n. f. Índole, calidad, naturaleza.

CALAPÉ n. m. Amér. Tortuga que se asa en su concha.

CALAR v. tr. [1]. Penetrar un líquido en un cuerpo permeable: la lluvia caló sus zapatos. **2.** Atravesar un instrumento otro cuerpo de una parte a otra: calar la pared con una barrena. **3.** Imitar la labor de encaje en las telas sacando o juntando algunos hilos. **4.** Agujerear tela, papel, metal, etc., formando dibujos. **5.** Cortar un pedazo de melón o de otras frutas con el fin de probarlas. **6.** Fig. y fam. Penetrar, comprender el motivo o secreto de una cosa o conocer las cualidades o intenciones de alguien: una idea que cala hondo; calar a alguien a primera vista. **7.** Armar el fusil con la bayoneta. **8.** Amér. Sacar con el calador una muestra en un fardo. **9.** Colomb. Confundir, apabullar, anonadar. **10.** MAR. Arriar o bajar un objeto resbalando sobre otro, como el mastelero, la verga, etc. ◆ calar la vela. ◆ **Calar las redes**, o **el anzuelo**, sumergir en el agua dichas artes de pesca. ◆ v. tr. y pron. **11.** Ponerse la gorra, el sombrero, etc., haciéndoles entrar mucho en la cabeza. **12.** AUTOM. Parar un vehículo debido a una insuficiente alimentación de mezcla carburada. ◆ v. intr. **13.** Alcanzar un buque en el agua determinada profundidad por la parte más baja de su casco. ◆ **calarse** v. pron. **14.** Mojarse una persona hasta que el agua o el frío penetrando la ropa, llegue al cuerpo.

CALATAYUD (Alejo), revolucionario altoperuano († 1730). Acaudilló una rebelión contra los españoles en Cochabamba (1730) y fue ejecutado.

CALATO, A adj. Perú. Desnudo, en cueros.

CALAVERA n. f. (lat. calvariam, cráneo). Parte del esqueleto que corresponde a la cabeza. **2.** Méx. Cada una de las luces traseras de un automóvil y las pantallas de plástico que las recubren. **3.** Perú. Depósito para el reparto y recepción de agua. ◆ n. m. **4.** Hombre vicioso, juerguista.

CALAVERADA n. f. Fam. Acción propia del calavera.

CALBUCO, com. de Chile (Los Lagos), en la isla de Calbuco; 26 924 hab. Puerto pesquero (conservas).

CALCADO n. m. Acción de calcar.

CALCÁNEO n. m. Hueso del tarso, que forma el saliente del talón.

CALCAÑAR n. m. (lat. calcaneum). Parte posterior de la planta del pie.

CALCAÑO (José Antonio), familia de literatos venezolanos. — **José Antonio** (1827-1897) cultivó todos los géneros literarios y fue director de la Academia venezolana. — **Julio** (1840-1918) escribió cuentos y poesías y el ensayo El castellano en Venezuela (1897).

CALCAR v. tr. (lat. calcare) [1a]. Sacar copia de un dibujo, inscripción o relieve, por contacto del original con el papel, tela, etc., a que han de ser trasladados.

CALCÁREO, A adj. Que tiene cal.

CALCE n. m. Calza, cuña. **2.** Amér. Central y Méx. Pie de un documento.

CALCEDONIA n. f. Sílice traslúcida cristalizada.

CALCETA n. f. Media, prenda femenina. ◆ **Hacer calceta**, confeccionar a mano prendas de punto con agujas de media.

CALCETÍN n. m. Media que no pasa de la rodilla.

CALCHA n. f. Chile. Plumaje o pelusilla que en los tarsos tienen algunas aves.

CALCHAQUÍ adj. y n. m. y f. Relativo a un pueblo amerindio de la familia diaguita, act. extinguido, que vivía en los valles de Santa María y Quivmiril (Argentina); individuo de dicho pueblo.

CALCHAQUÍES (cumbres), sistema montañoso de Argentina (Tucumán y Salta); más de 4000 m de alt.

CALCHONA n. f. Chile. Fantasma que asusta a los caminantes solitarios por las noches. **2.** Chile. Mujer vieja y fea, bruja.

CÁLCICO, A adj. Relativo a la cal o al calcio.

CALCIFICACIÓN n. f. Acción y efecto de calcificar. **2.** Aporte y fijación de sales calcáreas en los tejidos orgánicos.

CALCIFICAR v. tr. [1a]. Producir artificialmente carbonato de cal. ◆ v. tr. y pron. **2.** Fijarse las sales de calcio en un tejido orgánico.

CALCINACIÓN n. f. Acción y efecto de calcinar.

CALCINAR v. tr. [1]. Someter al calor una materia para que, descomponiéndose, desprenda toda sustancia volátil. **2.** Transformar piedras calizas en cal por acción del fuego. **3.** Quemar.

CALCIO n. m. Metal blanco y blando (Ca), de número atómico 20, masa atómica 40,08, densidad 1,54 y punto de fusión 810 °C, que se obtiene descomponiendo su cloruro por una corriente eléctrica.

CALCITA n. f. Carbonato natural de calcio cristalizado (CO_3Ca), que constituye la ganga de numerosos filones.

CALCO n. m. Copia obtenida calcando. **2.** Fig. Plagio, imitación o reproducción muy próxima al original.

CALCOGRAFÍA n. f. Arte de grabar en cobre.

CALCOMANÍA n. f. Procedimiento que permite transportar imágenes coloreadas sobre una superficie para decorarla. **2.** Imagen obtenida por dicho procedimiento.

CALCOPIRITA n. f. Sulfuro doble natural de cobre y hierro ($CuFeS_2$).

CALCULABLE adj. Que puede reducirse a cálculo.

CALCULADOR, RA adj. y n. Que calcula. **2.** Dícese de la persona que calcula con interés exclusivamente material la conveniencia de las cosas. ◆ adj. y n. m. y f. **3.** Dícese de la máquina para el tratamiento de la información, capaz de efectuar cálculos importantes que comprenden numerosas operaciones aritméticas o lógicas.

CALCULAR v. tr. [1]. Hacer las operaciones necesarias para determinar el valor de una cantidad cuya relación con el de otra u otras dadas se conoce. **2.** Conjeturar, considerar: calcular varias posibilidades.

CÁLCULO n. m. (lat. calculum, piedrecilla). Acción de calcular: cálculo algebraico. **2.** Conjetura: adivinar por cálculos. **3.** Concreción patológica que se forma en el interior de algún tejido o conducto. ◆ **Cálculo algebraico**, el que se refiere a las expresiones algebraicas. ‖ **Cálculo aritmético**, el que se hace con números exclusivamente y algunos signos convencionales. ‖ **Cálculo diferencial**, el relativo a las derivadas y las diferenciales. ‖ **Cálculo infinitesimal**, conjunto del cálculo diferencial y del cálculo integral. ‖ **Cálculo integral**, el relativo a las integrales. ‖ **Cálculo mental**, cálculo aritmético efectuado mentalmente, sin recurrir a la escritura. ◆ **cálculos** n. m. pl. **4.** Mal de piedra, litiasis.

CALCUTA, en hindi Kalikātā, c. de la India, cap. del est. de Bengala Occidental, junto al Hūghli; 10 916 672 hab. Comercio de yute. Industria mecánica y textil. Importante museo.

CALDAS n. f. pl. Baños de aguas minerales calientes.

CALDAS (departamento de), dep. de Colombia, entre los ríos Cauca y Magdalena, cruzado por la cordillera Central; 7888 km²; 838 094 hab. Cap. Manizales.

CALDAS (Francisco José de), botánico, astrónomo y geógrafo colombiano (Popayán 1768-Santa Fe de Bogotá 1816). Publicó estudios sobre geografía de Colombia. Luchó como oficial en la guerra de la Independencia y fue fusilado por los realistas.

CALDEA, nombre dado c. 1000 a. JC. a una pequeña parte de la región de Sumer, y después, en el s. VII a. JC., a Babilonia.

CALDEAR v. tr. y pron. [1]. Calentar. **2.** Fig. Animar, entusiasmar: caldear los ánimos. **3.** Excitar propiciando la riña. **4.** Hacer

ascua el hierro, para trabajarlo o para soldar un trozo con otro.
CALDEO, A adj. y n. Relativo a un pueblo emparentado con los arameos que hacia 1000 a. J.C. se instaló en Caldea, donde fundó varios imperios.
CALDEO o **CALDEAMIENTO** n. m. Acción y efecto de caldear.
CALDERA n. f. (lat. *caldariam*). Generador de vapor de agua o de agua caliente (a veces de otro fluido), que sirve para calefacción o para la producción de energía. **2.** Recipiente metálico que se utiliza para calentar, cocer, hervir, etc. **3.** *Argent.* y *Chile.* Pava, tetera o vasija para hacer el mate. **4.** GEOGR. Vasto cráter circular, de diámetro kilométrico. • **Calderas de Pedro Botero** (*Fig.* y *fam.*), infierno.
CALDERA (Rafael), abogado y político venezolano (San Felipe 1916), fundador del partido democratacristiano COPEI (1946). Presidente de la república (1968-1974), volvió a ser elegido presidente como candidato independiente y tomó posesión en 1994.
CALDERERÍA n. f. Oficio de calderero. **2.** Tienda y barrio en que se hacen o venden calderas. **3.** Conjunto de obras o fabricaciones de dicha industria.
CALDERERO, A n. Persona que hace, repara o vende obras de calderería.
CALDERETERO n. m. *Guat.* Persona que hace o vende calderas.
CALDERILLA n. f. Moneda fraccionaria, en especial la acuñada en cobre.
CALDERO n. m. (lat. *caldarium*). Caldera pequeña de monos casi semiesférico. **2.** Lo que cabe en esta vasija.
CALDERÓN n. m. MÚS. Signo que representa la suspensión más o menos larga del compás.
CALDERÓN (Clímaco), político y jurista colombiano (Santa Rosa de Viterbo 1852-† 1913), presidente interino de la república en 1882.
CALDERÓN DE LA BARCA (Pedro), dramaturgo español (Madrid 1600-*id.* 1681), gran ingenio del siglo de oro. Poeta cortesano y soldado, en 1651 se ordenó sacerdote. Su teatro (110 comedias, 80 autos sacramentales, entremeses, zarzuelas, loas, etc.), basado en el de Lope de Vega, introduce importantes modificaciones: suprime escenas innecesarias y reduce las secundarias, subordinando los personajes a uno central; acentúa las ideas monárquicas y el tema del honor (*El alcalde de Zalamea*). Sus obras han sido divididas temáticamente: comedias religiosas (*La devoción de la cruz*), histórico-legendarias (*El sitio de Breda*), de enredo (*Casa con dos puertas, mala es de guardar*), de honor (*El médico de su honra*), filosóficas (*El gran teatro del mundo, La vida es sueño*), mitológicas (*Eco y Narciso*) y autos sacramentales (*A Dios por razón de estado*).
CALDERÓN FOURNIER (Rafael Ángel), político costarricense (Managua 1949), hijo de R. A. Calderón Guardia. Fue presidente de la república (1990-1994).
CALDERÓN GUARDIA (Rafael Ángel), político costarricense (San José 1900-*id.* 1970). Presidente de la república (1940-1944), se enzarzó en una guerra civil al perder las presidenciales de 1948 y estuvo exiliado en Nicaragua (1949-1958).
CALDERÓN SOL (Armando), político salvadoreño (San Salvador 1948). Miembro del partido derechista ARENA, fue elegido presidente de la república en 1994.
CALDILLO n. m. *Méx.* Salsa líquida que se prepara con tomate, cebolla y especias, y con la que se sazonan todo tipo de verduras y carnes.
CALDO n. m. (lat. *calidum*). Alimento líquido que se obtiene haciendo hervir en agua carne, verduras, pescado, etc. **2.** Cualquiera de los jugos vegetales destinados a la alimentación, como el vino, aceite, sidra, etc.

3. *Chile.* Disolución concentrada y caliente de nitratos. **4.** *Méx.* Jugo de la caña de azúcar, guarapo. • **Caldo de cultivo**, líquido preparado como medio de cultivo bacteriológico; medio favorable: *la pobreza es el caldo de cultivo de la delincuencia*.
CALDUDA n. f. *Chile.* Empanada caldosa de ají, pasas, huevos y aceitunas.
CALEDONIA, ant. nombre de *Escocia*.
CALEFACCIÓN n. f. (lat. *calefactionem*). Acción y efecto de calentar o calentarse. **2.** Sistema de caldear. **3.** Conjunto de aparatos destinados a calentar un edificio.
CALEFACTOR, RA n. Persona que construye, instala o repara aparatos de calefacción. ♦ n. m. **2.** Aparato que sirve para calentar una habitación.
CALEIDOSCOPIO n. m. Calidoscopio.
CALENDARIO n. m. (lat. *calendarium*). Sistema de división del tiempo. **2.** Cuadro de los días, semanas, meses y fiestas del año.
CALENDAS n. f. pl. Para los romanos, primer día del mes. **2.** *Fam.* Tiempo pasado. • **Calendas griegas** (*Irón.*), tiempo que no ha de llegar.
CALÉNDULA n. f. Planta herbácea o vivaz, de capítulos terminales solitarios o en cimas. (Familia compuestas).
CALENTADOR, RA adj. Que calienta. ♦ n. m. **2.** Recipiente o aparato para calentar. **3.** Aparato que mediante gas, electricidad, etc., sirve para calentar el agua.
CALENTAR v. tr. y pron. [**1j**]. Hacer subir la temperatura. **2.** Azotar, dar golpes. ♦ v. tr. **3.** *Fig.* Enardecer, animar. **4.** *Vulg.* Excitar sexualmente.
CALENTURA n. f. Fiebre, elevación de la temperatura del cuerpo. **2.** *Argent. Fam.* Entusiasmo, deseo vehemente. **3.** *Argent. Vulg.* Excitación sexual. **4.** *Chile.* Tisis. **5.** *Colomb.* Rabieta, cólera. **6.** *Cuba.* Descomposición por fermentación del tabaco.
CALENTURIENTO, A o **CALENTUROSO, A** adj. y n. Que tiene indicios de calentura: *frente calenturienta*. **2.** Exaltado, excitado. ♦ adj. **3.** *Chile.* Tísico.
CALERA n. f. Cantera que da la piedra caliza. **2.** Horno de cal.
CALERA (La), c. de Chile (Valparaíso); 45 465 hab. Industrias químicas, del papel y del cemento.
CALESA n. f. (fr. *calèche*). Vehículo hipomóvil de dos o cuatro ruedas, con la caja abierta por delante y capota de vaqueta.
CALESITA n. f. *Amér. Merid.* Tiovivo, carrusel.
CALETA n. f. Cala pequeña. **2.** *Venez.* Gremio de cargadores de mercancías en los puertos de mar.
CALGARY, c. de Canadá (Alberta); 710 677 hab. Centro ferroviario, comercial e industrial.
CALI, c. de Colombia, cap. del dep. del Valle del Cauca; 1 350 565 hab. Fundada en 1536 por S. de Belalcázar, es uno de los principales centros industriales y culturales del país. Torre mudéjar del s. XVIII. Edificios del s. XIX (catedral, palacio de justicia). Complejo deportivo. Museos.
CALIBRADO n. m. Acción y efecto de calibrar.
CALIBRADOR n. m. Aparato que sirve para calibrar.
CALIBRAR v. tr. [**1**]. Medir o reconocer el calibre de las armas de fuego, proyectiles, alambre o de otros tubos. **2.** Dar al alambre, al proyectil o al ánima del arma el calibre que se desea. **3.** *Fig.* Medir la calidad, importancia u otras cualidades de algo o alguien: *calibrar con cuidado el talento de alguien*.
CALIBRE n. m. Diámetro interior de un cilindro hueco. **2.** Tamaño, importancia, clase: *estos hechos son de este calibre.* **3.** ARM. Diámetro interior del ánima de un arma de fuego. **4.** ARM. Diámetro de un proyectil o grueso de un alambre. **5.** TECNOL. Instrumento que sirve de medida o patrón en un taller.

CALICHE n. m. Piedrecilla que queda en el barro y que se calcina al cocerlo. **2.** Costrilla de cal que se desprende del enlucido de las paredes. **3.** Señal que queda en la fruta por haber recibido algún daño. **4.** *Bol., Chile* y *Perú.* Nitrato de sosa.
CALICHERA n. f. *Bol., Chile* y *Perú.* Yacimiento de caliche.
CALIDAD n. f. (lat. *qualitatem*). Conjunto de cualidades que constituyen la manera de ser de una persona o cosa: *la calidad humana; producto de mala calidad.* **2.** Carácter, genio, índole. **3.** Superioridad en su línea, categoría: *un vino de calidad.* • **En calidad de**, con el carácter o la investidura de: *en calidad de jefe.*
CÁLIDO, A adj. Caluroso, caliente. **2.** Caluroso, afectuoso: *unos cálidos aplausos.* **3.** Dícese del colorido en que predominan los matices dorados o rojizos.
CALIDOSCOPIO o **CALEIDOSCOPIO** n. m. Aparato formado por un tubo opaco que contiene varios espejos dispuestos de forma tal que unos pequeños objetos coloreados situados dentro del tubo se ven formando dibujos simétricos.
CALIENTE adj. Dotado de calor: *agua caliente.* **2.** *Fig.* Acalorado, fogoso: *una caliente discusión.* **3.** *Vulg.* Excitado sexualmente. **4.** *Colomb.* Dícese de la persona valiente y atrevida. • **En caliente**, al instante.
CALIFA n. m. Jefe supremo del islam, sucesor de Mahoma.
CALIFATO n. m. **1.** Dignidad de califa. **2.** Territorio de su jurisdicción. **3.** Período histórico durante el que gobierna una misma dinastía califal.
CALIFICABLE adj. Que se puede calificar.
CALIFICACIÓN n. f. Acción y efecto de calificar. **2.** Nota que obtiene el examinando.
CALIFICADO, A adj. Dícese de la persona que tiene autoridad, mérito y respeto: *médico calificado.* **2.** Dícese de la cosa que tiene todos los requisitos necesarios.
CALIFICAR v. tr. [**1a**]. Apreciar o determinar las cualidades de una persona o cosa: *la califican de inteligente.* **2.** En un examen, resolver las notas que se han de dar al examinando. **3.** *Fig.* Ennoblecer, ilustrar. **4.** GRAM. Expresar la cualidad, la manera de ser: el adjetivo califica al nombre, al adverbio a otro adjetivo.
CALIFICATIVO, A adj. Que califica. ♦ adj. y n. m. **2.** Adjetivo calificativo → *adjetivo.*
CALIFORNIA (*golfo de*), golfo de América del Norte, en el Pacífico, comprendido entre la península de Baja California y la costa mexicana.
CALIFORNIA (*península de Baja*), península del NO de México, que se extiende a lo largo de 1260 km, entre el Pacífico y el golfo de California. Pinturas rupestres de unos 3000 años de antigüedad.
CALIFORNIA, región de América del Norte, en la costa del Pacífico, que abarca los est. de Baja California y Baja California Sur, en México, y el est. de California, en E.U.A.
CALIFORNIA, estado del Oeste de Estados Unidos, el más poblado del país, junto al Pacífico; 411 000 km²; 29 760 021 hab. Cap. Sacramento. De clima árido y con frecuencia seco está formado por una extensa llanura (Gran Valle) rica en cultivos frutícolas y viñedos, enmarcada por la sierra Nevada en el E y por montañas de media altura en el O (Coast Ranges); llega hasta el litoral, en donde se localizan las principales ciudades (Los Ángeles y San Francisco). Todas las industrias se encuentran representadas (hidrocarburos, química, agroalimentaria, electrónica, audiovisual, etc.). Colonizada por misioneros españoles en el s. XVIII, en 1822 pasó a formar parte de México, pero después de varias sublevaciones fue anexionada por E.U.A. en 1848.
CALIFORNIA (*estado de Baja*), est. de México, que ocupa la mitad N de la península de Baja California; 70 113 km²; 1 657 927 hab. Cap. *Mexicali*.

CAL

CALIFORNIA SUR (estado de **Baja**), est. de México, en el S de la península de Baja California; 73 677 km²; 317 326 hab. Cap. *La Paz.*

CALIFORNIO n. m. Elemento químico radiactivo (Cf), de número atómico 98, que se obtiene artificialmente.

CALÍGINE n. f. Niebla, oscuridad. **2.** *Fam.* Bochorno.

CALIGINOSO, A adj. Denso, oscuro, nebuloso.

CALIGRAFÍA n. f. (gr. *kalligraphia*, hermosa escritura). Arte de escribir con letra correctamente formada. **2.** Conjunto de rasgos que caracterizan la escritura.

CALIGRAFIAR v. tr. [**1t**]. Escribir con letra caligráfica.

CALÍGRAFO, A n. Persona que escribe a mano con letra excelente. **2.** Persona que tiene especiales conocimientos de caligrafía.

CALÍGULA (Cayo César Augusto Germánico) [Anzio 12 d. J.C.-Roma 41], emperador romano [37-41], hijo de Germánico. Afectado por una enfermedad mental, gobernó tiránicamente y murió asesinado.

CALILLA n. f. *Amér. Fam.* Molestia, pejiguera. **2.** *Chile.* Deudas. **3.** *Chile. Fam.* Calvario, serie de adversidades.

CALIMA, r. de Colombia (Valle del Cauca), afl. del San Juan. Su valle constituye un importante centro arqueológico (ss. VIII-XI d. J.C.).

CÁLIZ n. m. (lat. *calix*). Vaso sagrado en el que el sacerdote consagra el vino en la misa. **2.** *Fig.* Aflicción: *aparta de mí ese cáliz.* **3.** Conjunto de los sépalos de una flor. **4.** ANAT. Parte de la pelvis renal a la que abocan los tubos uriníferos.

CALIZA n. f. Roca sedimentaria constituida principalmente por carbonato cálcico.

CALIZO, A adj. Que contiene cal: *terreno calizo*. • **Relieve calizo**, relieve cársico.

CALLA n. f. (voz quechua). *Amér.* Palo puntiagudo, usado para sacar plantas con sus raíces y abrir hoyos para sembrar.

CALLADA n. f. Silencio o efecto de callar.

CALLADO, A adj. Silencioso, reservado.

CALLAMPA n. f. *Chile.* Hongo, seta. **2.** *Chile.* Barraca, chabola. **3.** *Chile.* Sombrero de fieltro. • **Población callampa** (Chile), barrio marginal de chabolas.

CALLANA n. f. (voz quechua). *Amér. Merid.* Vasija tosca que usan los indios para tostar maíz, trigo, etc.

CALLANDICO o **CALLANDITO** adv. m. *Fam.* En silencio, con disimulo: *retirarse callandito.*

CALLANUDO, A adj. *Chile.* Insolente, descarado.

CALLAO (El), c. de Perú, cap. de la *provincia constitucional de El Callao* (147 km²; 602 000 hab.). Activo puerto en el Pacífico. Industrias (astilleros, química, metalurgia). Forma una conurbación con Lima. — Fue la última plaza americana que perdieron los españoles (1826).

CALLAR v. intr. y pron. [**1**]. No hablar, guardar silencio. **2.** Cesar de emitir un sonido. **3.** Abstenerse de manifestar lo que se siente o lo que se sabe: *callaré por respeto.* • **Callar la boca** (*Fam.*), permanecer en silencio, guardar secreto.

CALLE n. f. Vía entre edificios o solares en una población. **2.** Conjunto de calles, plazas, etc., que forman una población. **3.** Pueblo, gente sin caracteres relevantes dentro de la sociedad: *lenguaje de la calle.* **4.** Moradores de las casas de una calle: *saber algo toda la calle.* **5.** Cada una de las zonas en una pista de atletismo o de una piscina, en que cada concursante debe mantenerse a lo largo de la carrera. • **Dejar en la calle** (*Fam.*), privar del medio de vida. ǁ **Echarse a la calle, o al final, de la calle** (*Fam.*), estar en la solución de un asunto.

CALLEJA DEL REY (Félix María), *conde de Calderón*, militar y político español (Medina del Campo ¿1775?-Valencia 1828). Obtuvo numerosas victorias sobre los independentistas mexicanos, y fue virrey de Nueva España (1813-1816).

CALLEJAS (Rafael Leonardo), político hondureño (Tegucigalpa 1943). Líder del derechista Partido nacional, fue presidente de la república en 1990-1994.

CALLEJEAR v. intr. [**1**]. Andar frecuentemente de calle en calle sin un propósito determinado.

CALLEJERO, A adj. Relativo a la calle: *perro callejero.* **2.** Que gusta de callejear. ♦ n. m. **3.** Lista de las calles de una ciudad.

CALLEJÓN n. m. Paso estrecho y largo entre paredes, casas o elevaciones del terreno. • **Callejón sin salida** (*Fam.*), negocio o conflicto de muy difícil o de imposible resolución: *estar en un callejón sin salida.*

CALLEJUELA o **CALLEJA** n. f. Calle de poca importancia, estrecha y corta.

CALLES (Plutarco **Elías**), político mexicano (Guaymas, Sonora, 1877-Cuernavaca 1945). Fue presidente de la república (1924-1928). Estuvo exiliado en 1936-1941 por su oposición a Cárdenas.

CALLICIDA adj. y n. m. Dícese de la sustancia que destruye las formaciones callosas de la piel.

CALLISTA n. m. y f. Pedicuro.

CALLO n. m. Formación hiperqueratósica, dolorosa, enclavada, que se forma generalmente en los dedos de los pies. **2.** Cualquiera de los extremos de la herradura. **3.** *Fig.* y *fam.* Persona fea. **4.** Cicatriz de un hueso fracturado. • **Dar el callo** (*Fig.* y *fam.*), trabajar mucho. ♦ **callos** m. pl. **5.** Pedazos del estómago de la vaca, ternera o carnero, que se comen guisados.

CALLOSIDAD n. f. Engrosamiento y endurecimiento de la epidermis.

CALMA n. f. Estado de la atmósfera o del mar cuando no hay viento. **2.** *Fig.* Cesación o suspensión de alguna cosa: *calma en el dolor.* **3.** Paz, tranquilidad, serenidad: *perder la calma.* **4.** *Fig.* y *fam.* Cachaza, pachorra: *tener mucha calma.*

CALMANTE adj. y n. m. Dícese de los medicamentos que calman el dolor.

CALMAR v. tr. y pron. [**1**]. Sosegar, adormecer, templar. **2.** Aliviar o moderar el dolor, la violencia, etc. ♦ v. intr. y pron. **3.** Estar en calma.

CALMECAC n. m. (voz náhuatl). Entre los aztecas, escuelas en las que se educaba a los jóvenes de elevada estirpe.

CALMO, A adj. Que está en descanso. **2.** *Argent., Chile.* y *Urug.* Sosegado, tranquilo.

CALMOSO, A adj. Que está en calma: *tiempo calmoso.* **2.** *Fam.* Cachazudo e indolente.

CALÓ n. m. Lenguaje o dialecto propio de los gitanos.

CALOR n. m. Temperatura elevada en el cuerpo: *el calor del sol.* **2.** Temperatura elevada de la atmósfera: *hoy hace mucho calor.* **3.** Sensación que experimenta el cuerpo animal cuando recibe calor del exterior: *sentir calor.* **4.** *Fig.* Ardor, actividad, viveza: *aplaudir, defender con calor.* **5.** *Fig.* Afecto, interés: *buscar el calor de alguien.* **6.** *Fig.* Lo más fuerte y vivo de una acción. **7.** Elevación de la temperatura normal del cuerpo: *el calor de la fiebre.* **8.** FÍS. Una de las formas de la energía, capaz de elevar la temperatura y dilatar, fundir, vaporizar o descomponer un cuerpo. • **Al calor de**, al amparo de, con la ayuda de. ǁ **Calor animal** (FISIOL.), calor producido por las reacciones del catabolismo que tienen lugar en cualquier animal. ǁ **Calor específico**, cantidad de calor necesaria para aumentar en 1 °C la temperatura de la unidad de masa de una sustancia.

CALORÍA n. f. Unidad de energía térmica, equivalente a la cantidad de calor necesaria para elevar la temperatura de un gramo de agua en un grado centígrado, de 14,5 °C, a 15,5 °C, a la presión normal. (Su valor es de 4,185 julios y se indica con el símbolo cal.)

CALÓRICO, A adj. Relativo al calor o a las calorías.

CALORÍFERO, A adj. Que conduce y propaga el calor.

CALORÍFICO, A adj. Que produce calor.

CALORÍFUGO, A adj. Que se opone a la transmisión del calor. **2.** Incombustible, que no se puede quemar.

CALORIMETRÍA n. f. Parte de la física que se ocupa de la medida de las cantidades de calor.

CALORÍMETRO n. m. Aparato que sirve para medir las cantidades de calor suministradas o recibidas por un cuerpo.

CALOSTRO n. m. Líquido amarillento y opaco secretado por las glándulas mamarias durante los primeros días que siguen al parto.

CALPULLI n. m. (voz náhuatl). En el México prehispánico, territorio en que habitaba un clan o linaje.

CALUMNIA n. f. (lat. *calumniam*). Acusación falsa, hecha maliciosamente para causar daño.

CALUMNIAR v. tr. [**1**]. Levantar calumnias.

CALUNGO n. m. *Colomb.* y *Venez.* Perro de pelo rizado.

CALUROSO, A adj. Que tiene o causa calor: *tiempo caluroso.* **2.** *Fig.* Vivo, ardiente.

CALVA n. f. Parte de la cabeza de la que se ha caído el pelo. **2.** Parte pelada de una piel, felpa, sembrado, arbolado, etc.

CALVARIO n. m. (de Calvario, lugar donde Cristo fue crucificado). Vía crucis. **2.** *Fig.* y *fam.* Sufrimiento prolongado: *su vida es un calvario.*

CALVARIO, colina del Gólgota en que fue crucificado Jesucristo.

CALVICIE n. f. Pérdida o falta de los cabellos.

CALVIN (Melvin), bioquímico norteamericano (Saint Paul, Minnesota, 1911-Berkeley, California, 1997), que describió el ciclo de la fotosíntesis de las plantas clorofílicas (*ciclo de Calvin*). [Premio Nobel de química 1961.]

CALVINISMO n. m. Doctrina religiosa nacida del pensamiento de Calvino.

CALVINO (Italo), escritor italiano (Santiago de Las Vegas, Cuba, 1923-Siena 1985). Sus cuentos introducen el humor y lo fantástico en la estética neorrealista (*El barón rampante*, 1957; *Las ciudades invisibles*, 1972; *Palomar*, 1983).

CALVINO (Juan), en fr. **Jean Calvin**, reformador francés (Noyon 1509-Ginebra 1564). Partidario de Lutero, tuvo que dejar París y fijó su residencia en Ginebra, ciudad que quiso convertir en modelo instaurando una disciplina rigurosa. En *Institución de la religión cristiana* (1536) expuso su fe.

CALVO, A adj. y n. Que sufre calvicie. ♦ adj. **2.** Dícese de la piel, felpa, paño, etc., que ha perdido el pelo. **3.** Dícese del terreno que no tiene vegetación.

CALZA n. f. Prenda masculina que cubría el pie y la pierna hasta los muslos. (Suele usarse en plural.) **2.** Cuña con que se calza. **3.** *Colomb.* y *Ecuad.* Empaste en la dentadura.

CALZADA n. f. **1.** Camino empedrado y ancho. **2.** Parte de una calle o de una carretera reservada a la circulación de vehículos.

CALZADO, A adj. Dícese de algunos religiosos que usan zapatos, en contraposición a los descalzos. **2.** ZOOL. Dícese de las aves que tienen plumas hasta los pies. **3.** ZOOL. Dícese del animal cuyas extremidades tienen en su parte inferior color distinto al del cuerpo. ♦ n. m. **4.** Prenda que sirve para cubrir y resguardar el pie o la pierna.

CALZADOR n. m. Utensilio para facilitar la introducción del pie en el zapato. • Con

calzador (Fam.), con dificultad, de manera forzada.
CALZAR v. tr. y pron. (lat. *calceare*) [**1g**]. Cubrir el pie o algunas veces la pierna con calzado. **2.** Poner o llevar puestos los guantes, espuelas, etc. ♦ v. tr. **3.** Proveer de calzado. **4.** Impedir el movimiento de algo mediante la introducción de cuñas u otros objetos similares. **5.** *Colomb.* y *Ecuad.* Empastar un diente o muela.
CALZÓN n. m. Prenda masculina que cubre desde la cintura hasta las rodillas. **2.** *Argent., Chile, Méx.* y *Perú.* Bragas, prenda interior femenina. **3.** *Bol.* Guiso picante de cerdo. **4.** *Méx.* Enfermedad de la caña de azúcar. **5.** *Méx.* Slip o braguita, prenda interior masculina o femenina.
CALZONARIAS n. f. pl. *Bol., Colomb.* y *Ecuad.* Bragas, prenda interior femenina. **2.** *Colomb.* Tirantes.
CALZONAZOS o **CALZORRAS** n. m. (pl. *calzonazos* o *calzorras*). *Fam.* Bragazas, hombre débil.
CALZONCILLOS n. m. pl. Prenda interior masculina que se lleva debajo de los pantalones.
CALZONERAS n. m. pl. *Méx.* Pantalón para montar a caballo, abierto por los dos lados que se cierran mediante botones.
CAMA n. f. Mueble para dormir. **2.** Plaza para un enfermo en un establecimiento sanitario. **3.** Mullido de paja o de otras materias vegetales con que se cubre el piso de los establos. **4.** *Fig.* Sitio donde se echan a descansar los animales. • **Cama elástica** (DEP.), lona fijada sobre muelles de acero y sobre la cual se ejecutan figuras, saltando y rebotando sobre la misma; deporte así practicado. ‖ **Estar en**, o **guardar**, o **hacer, cama,** estar en ella por enfermedad.
CAMACHO (Jorge), pintor cubano (La Habana 1934), instalado en París desde 1959. Sus obras son de estilo surrealista y colores fríos y mates.
CAMADA n. f. Conjunto de crías de un mamífero, paridas de una sola vez. **2.** Conjunto de cosas extendidas horizontalmente de modo que puedan colocarse otras sobre ellas: *camada de ladrillos.* **3.** *Fig.* y *fam.* Cuadrilla de ladrones o de pícaros.
CAMAFEO n. m. Piedra dura y preciosa con un relieve tallado.
CAMAGUA adj. *Amér. Central* y *Méx.* Dícese del maíz que empieza a madurar, y del tardío que madura una vez seca la planta.
CAMAGÜEY *(provincia de)*, prov. de Cuba, en el centroeste de la isla; 15 839 km²; 723 000 hab. Cap. *Camagüey*.
CAMAGÜEY, c. de Cuba, cap. de la prov. homónima; 286 404 hab. Centro comercial e industrial. Aeropuerto. Fue fundada en el s. XVI. Iglesias barrocas (s. XVIII).
CAMALEÓN n. m. Pequeño reptil de los países cálidos, que cambia de color para camuflarse. (Familia camaleónidos.) **2.** *Fig.* y *fam.* Persona que muda con facilidad de parecer.
CAMALEÓNICO, A adj. Relativo a la persona voluble.
CAMALOTE n. m. Planta acuática, de tallo largo y hueco, hoja en forma redondeada y flores azules. (Familia pontederiáceas.) **2.** *Amér. Merid., Méx.* y *Salv.* Nombre de ciertas plantas acuáticas, especialmente de unas pontederiáceas, que crecen en las orillas de los ríos, lagunas, etc.
CAMANCHACA n. f. *Chile* y *Perú.* Niebla espesa y baja que va desde la costa hacia el interior.
CÁMARA n. f. Habitación o sala importante de una casa. **2.** Cualquier aposento que adquiere circunstancialmente importancia o solemnidad especial: *cámara nupcial; cámara mortuoria.* **3.** Órgano colectivo que se ocupa de los asuntos públicos de una comunidad o de los propios de una profesión o actividad: *cámara de diputados; cámara de comercio.* **4.** Aparato para la captación de imágenes: *cámara fotográfica; cámara de televisión; cámara de video.* **5.** ARM. Espacio que ocupa la carga en las armas de fuego. • **Cámara alta,** senado. ‖ **Cámara baja,** asamblea legislativa que representa directamente a los ciudadanos. ‖ **Cámara de aire,** tubo anular de caucho colocado alrededor de la llanta de una rueda, que se llena con aire comprimido. ‖ **Cámara de apelaciones** (Argent.), tribunal colegiado de segunda o última instancia. ‖ **Cámara de combustión,** parte de un motor de explosión o de una turbina de gas en la que se produce la combustión del carburante. ‖ **Cámara de gas,** local donde se realizan ejecuciones capitales mediante gases tóxicos. ‖ **Cámara frigorífica,** recinto en el que se establece artificialmente una temperatura próxima a los 0 °C y que sirve para conservar materias perecederas mediante el frío. ♦ n. m. y f. **6.** Cameraman.
CÁMARA (Hélder Pessôa), prelado brasileño (Fortaleza 1909). Arzobispo de Olinda y Recife (1964-1985), fundó el movimiento Acción, paz y justicia.
CAMARADA n. m. y f. Persona a quien se está unida por lazos nacidos del desempeño de actividades comunes. **2.** *Fam.* Amigo.
CAMARADERÍA n. f. Compañerismo.
CAMARERO, A n. Persona que cuida de las habitaciones en hoteles, barcos de pasajeros, etc., o que sirve a los clientes en bares, cafeterías, restaurantes y establecimientos semejantes.
CAMARILLA n. f. Grupo de personas que excluyendo de ella a los demás interesados.
CAMARÍN n. m. Capilla pequeña, colocada detrás de un altar, en la cual se venera alguna imagen. **2.** Camerino.
CAMARISTA n. m. *Argent.* Miembro de la cámara de apelaciones. **2.** *Méx.* Camarero.
CAMARÓN n. m. Pequeño crustáceo decápodo marino, nadador y de carne muy apreciada.
CAMAROTE n. m. Cada una de los dormitorios de un barco.
CAMAROTERO, A n. *Argent., Bol., Chile* y *Méx.* Camarero que trabaja en los barcos.
CAMARÚ n. m. Árbol de América del Sur, que da una madera llamada roble, por su parecido con la de este árbol.
CAMASTRO n. m. *Desp.* Lecho pobre y sin aliño.
CAMBACERES (Eugenio), escritor y político argentino (Buenos Aires 1843-París 1888). Introductor del naturalismo (*Sin rumbo*, 1885; *En la sangre*, 1887), destacó como periodista satírico (*Poupourri*, 1881).
CAMBADO, A adj. *Amér.* Patizambo. **2.** *Argent.* Dícese del que tiene las piernas torcidas. **3.** *Venez.* Combado.
CAMBALACHE n. m. *Fam.* Acción y efecto de cambalachear. **2.** *Argent.* y *Urug.* Tienda de compraventa de objetos usados, antigüedades.
CAMBALACHEAR v. tr. [**1**]. *Fam.* Trocar cosas de poca importancia.
CAMBIABLE adj. Que se puede cambiar.
CAMBIADOR n. m. *Méx.* Guardagujas, empleado del ferrocarril.
CAMBIANTE adj. Que cambia. ♦ n. m. **2.** Variedad de colores o visos de la luz en algunos cuerpos.
CAMBIAR v. tr., intr. y pron. [**1**]. Dar, tomar o poner una cosa por otra. **2.** Mudar, variar, alterar: *cambiar las ideas.* ♦ v. intr. **3.** En los vehículos de motor, pasar de una marcha o velocidad a otra de distinto grado. ♦ v. tr. **4.** Dar una clase de moneda y recibir el equivalente en otras más pequeñas o de otro país. ♦ **cambiarse** v. pron. **5.** Quitarse unas prendas de vestir y ponerse otras.
CAMBIAVÍA n. m. *Colomb., Cuba* y *Méx.* Guardagujas.
CAMBIAZO n. m. **Dar,** o **pegar, el cambiazo** (Fam.), cambiar fraudulentamente una cosa por otra.
CAMBIO n. m. Acción y efecto de cambiar. **2.** Dinero que, una vez pagado el precio de la mercancía, recibe el comprador como vuelta, cuando ha entregado un pago una cantidad superior a dicho precio. **3.** Dinero menudo. **4.** Operación que consiste en cambiar una moneda por otra. **5.** Valor relativo entre dos monedas por el cual se efectúa esta operación. • **A cambio,** o **en cambio,** en lugar de, en vez de, cambiando una cosa por otra. ‖ **Cambio de marchas,** mecanismo que transmite, con velocidades variadas, el movimiento de un motor a un mecanismo. ‖ **En cambio,** por el contrario. ‖ **Letra de cambio,** documento mercantil transmisible, por el que un acreedor (librador) manda a su deudor (librado) pagar en una fecha determinada la suma que le debe, a su propia orden o a la orden de un tercero (tomador).
CAMBOYA, en khmer **Kampuchea,** estado de Indochina, en el golfo de Tailandia; 180 000 km²; 7 100 000 hab. (*Camboyanos.*) CAP. *Phnom Penh*. LENGUA OFICIAL: *khmer*. MONEDA *riel*.
GEOGRAFÍA
El país, de clima cálido y húmedo, está formado por mesetas cubiertas de bosques o de sabanas, en torno a una depresión central, donde se encuentra el Tonlé Sap, y atravesada por el Mekong. En esta zona se concentra la población (formada fundamentalmente por khmer), que vive sobre todo del cultivo del arroz.
HISTORIA
De los orígenes al protectorado francés.
S. I-comienzos s. IX: en el delta y en el curso medio del Mekong se establece el reino hinduizado de Funan (ss. I-VI). A mediados del s. VI fue conquistado por los kambuja, antepasados de los khmers. A comienzos del s. IX-1432: Jayavarman II (802-c. 836) instauró el culto del diosrey, de inspiración hindú. Sus sucesores, entre ellos Yasovarman I (889-c. 910), fundador de Angkor, llevaron una política de conquistas. Camboya llegó a su apogeo con Sūryavarman II (1113-c. 1150), y perdió sus conquistas después del reinado de Jayavarman VII (1181-c. 1218). Su brillante civilización desapareció y triunfó el budismo. Angkor fue abandonada en 1432 en favor de Phnom Penh. 1432-1863: la historia moderna de Camboya está marcada por una lucha constante por conservar su integridad territorial. Ang Chan (1516-1566) construyó la nueva capital, Loveăk, saqueada en 1594 por los siameses. Desgarrado por los conflictos entre sus príncipes, el país perdió el delta del Mekong, colonizado por los vietnamitas, y a mediados del s. XIX, fue utilizado como campo de batalla entre Siam y Vietnam. Ang Duong (1845-1859) intentó en vano obtener la protección de Francia.
Del protectorado francés a Kampuchea.
1863-1954: Norodom I (1859-1904) aceptó el protectorado francés (1863) y vio cómo se le imponía un régimen de administración directa (convenciones de 1884 y 1897). Sisowath (1904-1927) y Monivong (1927-1941) modernizaron el país. Después del golpe de estado japonés de marzo de 1945, se desarrolló la guerrilla anticolonial. Norodom Sihanuk, rey desde 1941, obtuvo, después del restablecimiento de la autoridad francesa, una independencia limitada (1949), total y efectiva en 1953. 1954-1979: como jefe de estado desde 1960, se benefició del apoyo de los partidos socialistas y de Francia y pretendió mantener una política de neutralidad. 1970: Sihanuk fue derrocado por

una facción vinculada a E.U.A. 1970-1979: el régimen pronorteamericano de Lon Nol se mantuvo hasta la toma de Phnom Penh por los khmer rojos (1975). Estos últimos implantaron una dictadura sangrienta dirigida por Pol Pot y Khieu Samphan. Fueron derrocados por el ejército vietnamita que ocupó Camboya (a partir de diciembre de 1978). Inmediatamente se proclamó la República Popular de Kampuchea que luchó contra los khmer rojos. 1982: los frentes de la oposición y los khmer rojos constituyeron un gobierno de coalición en Singpaur. 1989: la República Popular de Kampuchea volvió a adoptar oficialmente el nombre de Estado de Camboya (abril), con Hun Sen como primer ministro. Las tropas vietnamitas se retiraron totalmente del país (set.). 1991: un acuerdo firmado en París (oct.) concluyó con la creación de un consejo nacional supremo (C.N.S.) compuesto por diferentes facciones camboyanas y presidido por Norodom Sihanuk. El C.N.S., con sede en Phnom Penh, fue encargado de administrar el país, bajo la tutela de la O.N.U., hasta la celebración de elecciones libres. Paralelamente, el gobierno del Estado de Camboya siguió vigente. 1992: los khmer rojos multiplicaron las violaciones al acuerdo de París, pero la mediación de la O.N.U. permitió restablecer la paz y preparar las elecciones. 1993: triunfo electoral del Funcinpec, partido fundado por Sihanuk, en las elecciones (junio). Una nueva constitución monárquica restableció en el trono a Sihanuk (set.). Formación de un gobierno copresidido por Norodom Ranariddh, hijo de Sihanuk y Hun Sen. 1995: ingreso en la A.S.E.A.N. 1997: nuevos enfrentamientos armados entre comunistas y monárquicos; derrota de las fuerzas leales al príncipe Ranariddh. Hun Sen, ratificado por el parlamento, nombra copresidente de gobierno a Ung Huot. 2001: El Parlamento aprueba una legislación que permitirá crear un tribunal internacional para juzgar por genocidio a los líderes del khmer rojos.

CAMBOYANO, A adj. y n. De Camboya.
CÁMBRICO n. m. y adj. Primer período de la era primaria y terrenos de aquella época.
CAMBRIDGE, c. de Estados Unidos (Massachusetts); 95 802 hab. Universidad de Harvard (museos). Instituto de tecnología de Massachusetts (M.I.T.).
CAMBRIDGE, c. de Gran Bretaña, cap. de *Cambridgeshire* (3409 km²; 640 700 hab.); 101 000 hab. Universidad con famosos *colleges*.
CAMBUCHO n. m. *Chile*. Papelera. **2.** *Chile*. Canasto de la ropa sucia. **3.** *Chile*. Cucurucho. **4.** *Chile*. Tugurio. **5.** *Chile*. Envoltura de paja que se pone a las botellas para que no se rompan. **6.** *Chile*. Cometa pequeña con la que juegan los niños.
CAMBUJO, A adj. y n. *Amér. Central* y *Méx*. Persona muy morena, especialmente el mestizo de negro.
CAMBULLÓN n. m. *Chile* y *Perú*. Enredo, trampa, confabulación.
CAMELAR v. tr. [1]. *Fam.* Galantear, requebrar. **2.** *Fam.* Seducir, engañar adulando.
CAMELIA n. f. Arbusto originario de Asia, de hojas perennes y flores muy bellas e inodoras. (Familia teáceas). **2.** Flor de esta planta.
CAMÉLIDO, A adj. y n. m. Relativo a una familia de rumiantes de las regiones áridas, sin cuernos, como el camello, el dromedario y la llama.
CAMELLERO n. m. El que tiene por oficio cuidar o conducir camellos.
CAMELLO, A n. m. Mamífero rumiante asiático, que posee dos gibas llenas de grasa en la espalda. ◆ n. m. **2.** *Fam.* Traficante de drogas que trata directamente con el consumidor.

CAMELLÓN n. m. *Méx*. Acera en medio de una avenida, generalmente adornada con árboles y plantas.
CAMELO n. m. *Fam.* Chasco, burla, engaño. **2.** *Fam.* Bulo, noticia falsa.
CAMEMBERT n. m. Queso de pasta blanda, fabricado con leche de vaca, principalmente en la región francesa de Normandía.
CAMERA n. f. *Colomb*. Conejo silvestre de pelo cerdoso.
CAMERALISMO n. m. Predominio de las asambleas sobre el poder ejecutivo en la dirección política de un país.
CAMERINO n. m. (voz italiana). Cuarto donde se visten los actores para salir a escena.
CAMERÚN, en fr. **Cameroun,** en ingl. **Cameroon,** estado de África, junto al golfo de Guinea; 475 000 km²; 12 662 000 hab. (*Cameruneses*.) CAP. Yaoundé. LENGUAS OFICIALES: *francés* e *inglés*. MONEDA: *franco C.F.A.*

GEOGRAFÍA
El país está formado por llanuras (en el litoral), macizos volcánicos aislados (*monte Camerún* [4070 m], al N de Duala, salida marítima del país), macizos en el centro (Adamua) y colinas y mesetas en los extremos N y S. El clima, cálido, es más seco hacia el N. Se pasa del bosque denso (maderas finas), a la sabana (ganadería bovina, mijo, sorgo, mandioca). La industria está representada por la agroalimentaria, el aluminio (Edéa) y especialmente la extracción de petróleo.

HISTORIA
Antes de la colonización. S. XIII: el norte del país estaba habitado por los sao, supuestos antepasados de los kotoko. S. XV: el portugués Fernando Poo descubrió sus costas. S. XVI: el país estaba dominado por Bornu. S. XVII: los fang y los duala se establecieron en el C. S. S. XVIII: en el NO, el reino de Mandara (fundado en el s. XV) se emancipó de la dominación bornu. S. XIX: los fulbé conquistaron el norte del país, donde impusieron el islam.
La época colonial y la independencia. 1860: intervención de los europeos (británicos y alemanes); llegada de los misioneros e instalación de las primeras factorías. 1884: G. Nachtigal, mandatario de Bismarck, obtuvo el protectorado sobre Camerún, que se convirtió en colonia alemana. 1911: un tratado francoalemán amplió las posesiones alemanas. 1916: los aliados expulsaron a los alemanes. 1919 y 1922: Camerún se dividió en dos zonas, bajo mandato británico y francés. 1946: Surgieron las reivindicaciones nacionales. 1960: el Camerún francés se proclamó independiente. Ahmadou Ahidjo se convirtió en presidente de la república. 1961: tras la anexión del sur del Camerún británico (el norte estaba unido a Nigeria), el país pasó a ser una república federal. 1972: república unitaria. 1995: miembro de la Commonwealth. 2001: Miembro no permanente del Consejo de Seguridad de la ONU.
CAMERUNÉS, ESA adj. y n. De Camerún.
CÁMICA n. f. *Chile*. Declive del techo.
CAMILLA n. f. y adj. Mesa generalmente redonda, cubierta por un tapete largo, bajo la cual hay una tarima para colocar el brasero. ◆ n. f. **2.** Cama estrecha y portátil, para transportar enfermos, heridos o cadáveres.
CAMILLERO, A n. Cada una de las personas que transporta la camilla para enfermos, heridos, etc.
CAMILUCHO, A adj. *Amér*. Dícese del indio que trabaja como jornalero.
CAMINANTE adj. y n. m. y f. Que camina a pie.
CAMINAR v. intr. [1]. Andar, trasladarse de un lugar a otro. **2.** *Fig.* Seguir su curso o movimiento las cosas. ◆ v. tr. **3.** Recorrer cierta distancia.

CAMINATA n. f. (ital. *camminata*). *Fam.* Recorrido largo efectuado a pie.
CAMINERO, A adj. Relativo al camino.
CAMINÍ n. m. *Argent., Par.* y *Urug*. Variedad muy estimada de la hierba mate.
CAMINO n. m. Vía rural más ancha que la vereda y el sendero y más estrecha que la carretera. **2.** Viaje, jornada: *emprender camino*. **3.** *Fig.* Medios o método para hacer alguna cosa. • **Camino de herradura,** el que es estrecho y sólo permite el paso de caballerías. ‖ **Camino real,** el que se construía a expensas del estado y ponía en comunicación poblaciones de cierta importancia. ‖ **Cruzarse en el camino,** de alguien, entorpecerle sus propósitos.
CAMIÓN n. m. (fr. *camion*). Vehículo automóvil de gran tamaño que sirve para el transporte de cargas pesadas. **2.** *Méx.* y *Venez.* Autobús. • **Camión cisterna,** camión que sirve para el transporte a granel de carburantes líquidos, vinos, etc.
CAMIONERO, A n. Conductor de camiones.
CAMIONETA n. f. Pequeño camión automóvil.
CAMIRI, c. de Bolivia (Santa Cruz); 20 376 hab. Yacimientos de petróleo. Refinerías.
CAMISA n. f. Prenda de vestir de tela, abotonada por delante, que suele llevar cuello y puños y que se pone inmediatamente sobre el cuerpo o sobre la camiseta. **2.** Revestimiento de un horno, un cilindro, una tubería o de otros tipos de piezas mecánicas. **3.** Funda reticular e incombustible con que se cubren ciertos aparatos de iluminación para que, al ponerse candente, aumente la fuerza luminosa. **4.** Carpeta o cartulina doblada en cuyo interior se guardan documentos. **5.** Tegumento que los animales abandonan después de la muda. • **Cambiar de camisa,** cambiar de opiniones, generalmente políticas, por conveniencia.
CAMISERÍA n. f. Tienda en que se venden camisas. **2.** Taller donde se hacen.
CAMISERO, A n. Persona que hace o vende camisas. ◆ adj. y n. m. **2.** Dícese de la prenda de vestir femenina de forma parecida a la camisa: *blusa camisera; vestido camisero*.
CAMISETA n. f. Camisa corta, ajustada y sin cuello, generalmente de punto, que se pone directamente sobre la piel. • **Sudar la camiseta,** poner gran empeño un jugador durante el partido.
CAMISOLA n. f. Camisa fina que solía estar guarnecida de encajes en la abertura del pecho y en los puños. **2.** *Chile*. Prenda suelta y liviana, con o sin mangas, que cubre de los hombros a la cintura.
CAMISÓN n. m. Camisa o túnica usada generalmente para dormir. **2.** *Antillas* y *C. Rica*. Blusa. **3.** *Chile, Colomb.* y *Venez.* Vestido femenino.
CAMOATÍ n. m. *Argent., Par.* y *Urug*. Nombre común de varias especies de himenópteros que forman enjambres y producen una miel oscura y áspera. **2.** *Argent., Par.* y *Urug*. Nido de estos insectos.
CAMÕES (Luis **de**), escritor portugués (Lisboa 1524-*id*. 1580), autor de poemas de tradición medieval o pastoril, de sonetos inspirados en el renacimiento italiano, de obras dramáticas y de la epopeya nacional *Los Lusíadas* (1572).
CAMOMILA n. f. Manzanilla.
CAMORRA n. f. *Fam.* Riña, pendencia.
CAMORREAR v. tr. [1]. *Fam.* Armar camorra.
CAMORRISTA adj. y n. m. y f. *Fam.* Que fácilmente por leves causas arma camorras.
CAMOTE n. m. (voz náhuatl). *Amér*. Tubérculo carnoso y comestible, de color amarillo, morado o blanco, con el que se preparan dulces. **2.** *Amér*. Bulbo. **3.** *Amér*. En algunos lugares, amante, querida. **4.** *Amér. Fig.* En algunos lugares enamoramiento. **5.** *Chile. Fig.* Mentira, bola. **6.** *Chile*. Lío, desorden, dificultad. **7.** *Ecuad.* y *Méx*. Tonto, bobo.

CAMOTEAR v. intr. [1]. *Méx.* Andar de aquí para allá, sin encontrar lo que se busca.

CAMOTERO, A adj. y n. *Méx.* Dícese de la persona que cultiva o vende camotes.

CAMPA o **ANTI,** pueblo amerindio arawak que vive en la región montañosa del N de Cuzco (Perú).

CAMPA (Gustavo E.), compositor y teórico musical mexicano (México 1863-id. 1914). Compuso una ópera (*El rey poeta,* 1901), una misa, sinfonías y canciones.

CAMPAL, adj. **Batalla campal,** la que se efectúa fuera de poblado; pelea o discusión muy encarnizada, generalmente entre muchas personas.

CAMPAMENTO n. m. Acción de acampar. **2.** Instalación, en terreno abierto, de fuerzas militares o de un grupo de excursionistas, cazadores, etc.

CAMPANA n. f. Instrumento de metal, en forma de copa invertida, que se hace sonar golpeándolo con un badajo o un martillo. **2.** *Fig.* Cualquier cosa de forma semejante a la campana. • **Curva de campana,** curva que representa gráficamente la ley normal de probabilidad. SIN.: *curva de Laplace-Gauss.*

CAMPANA, partido de Argentina (Buenos Aires); 71 360 hab. Centro industrial. Refinería de petróleo.

CAMPANADA n. f. Golpe que da el badajo en la campana. **2.** Sonido que hace. **3.** *Fig.* Escándalo o novedad que sorprende o llama la atención.

CAMPANARIO n. m. Torre en la que están colocadas las campanas de una iglesia.

CAMPANERO, A n. m. Persona encargada de tocar las campanas.

CAMPANIA, región de Italia, en la vertiente occidental de los Apeninos; 13 600 km²; 5 589 587 hab. Cap. *Nápoles.*

CAMPANILLA n. f. Campana pequeña que suele tenerse en la mano. **2.** Adorno de figura de campana: *cenefa de campanillas.* **3.** Úvula. **4.** Planta que produce flores cuya corola es de una pieza y de figura de campana. (Familia convolvuláceas.) **5.** Flor de esta planta. • **Campanilla de invierno,** planta bulbosa, cuyas flores, blancas, se abren a fines de invierno, cuando el suelo aún está cubierto de nieve. ‖ **De campanillas,** de lujo, de importancia, de categoría.

CAMPANILLEAR v. intr. [1]. Tocar reiteradamente la campanilla.

CAMPANO n. m. Planta arbórea de América Central, de gran tamaño, cuya madera se emplea en carpintería y en la construcción de buques. (Familia teáceas.) **2.** Madera de esta planta.

CAMPANTE adj. *Fam.* Despreocupado, tranquilo: *quedarse tan campante.* **2.** Ufano, satisfecho.

CAMPANUDO, A adj. Parecido a la campana en la forma. **2.** Altisonante, ampuloso, grandilocuente. **3.** De prosapia, de abolengo.

CAMPÁNULA n. f. Planta de la familia campanuláceas con flores en forma de campana.

CAMPANULÁCEO, A adj. y n. f. Relativo a una familia de plantas dicotiledóneas con hojas esparcidas y flores vistosas, como la campánula.

CAMPAÑA n. f. (ital. *campagna*). Campo llano sin montes ni aspereza. **2.** Expedición militar: *la campaña del Sudán.* **3.** Conjunto de actividades o esfuerzos, de tipo político, social o económico, aplicados a un fin determinado: *campaña electoral; campaña publicitaria.* **4.** *Fig.* Período de estas actividades. **5.** *Amér.* Campo.

CAMPAR v. intr. [1]. Acampar. **2.** Vagabundear.

CAMPEAR v. intr. [1]. Salir a pacer los animales. **2.** Verdear las sementeras: *el trigo ya campea.* **3.** Sobresalir: *las banderas campean entre la gente.* **4.** *Amér.* Recorrer el campo para cuidar o vigilar el ganado. **5.** *Amér. Merid.* Salir en busca de alguien o de algo.

CAMPECHANA n. f. *Cuba* y *Méx.* Bebida consistente en la mezcla de diferentes licores. **2.** *Méx.* Mezcla de diversos mariscos servidos como entrante. **3.** *Venez.* Hamaca. **4.** *Venez.* Prostituta.

CAMPECHANO, A adj. *Fam.* Relativo a la persona que se comporta con llaneza, cordialidad y buen humor, sin imponer distancia en el trato.

CAMPECHE n. m. Árbol de gran tamaño, del que se obtiene una madera pesada y dura, rica en taninos. (Familia cesalpiniáceas.) **2.** Madera de este árbol. SIN.: *palo campeche* o *palo de campeche.*

CAMPECHE (estado de), est. de México, en el O de la península de Yucatán; 51 883 km²; 528 824 hab. Cap. *Campeche.*

CAMPECHE, c. de México, cap. del est. homónimo, puerto en la *bahía de Campeche,* en el golfo de México; 173 645 hab. Puerto de altura. Aeropuerto. La c. fue fundada en 1541. Catedral barroca.

CAMPEÓN, NA n. (ital. *campione*). Persona o sociedad que tiene la primacía en un campeonato.

CAMPEONATO n. m. Certamen en que se disputa el premio en ciertos juegos o deportes. **2.** Primacía obtenida en las luchas deportivas.

CAMPERA n. f. *Argent., Chile* y *Urug.* Chaqueta de abrigo, cazadora.

CAMPERO, A adj. Relativo al campo. **2.** *Amér.* Dícese del animal muy adiestrado en el paso de ríos y caminos peligrosos. **3.** *Argent., Par.* y *Urug.* Dícese de la persona muy práctica en el campo, y de las operaciones y usos propios de las estancias.

CAMPERO (Narciso), militar y político boliviano (Tarija 1815-Sucre 1896). Jefe supremo del ejército, fue nombrado presidente durante la guerra del Pacífico (1880) y ocupó el cargo hasta 1884. Impulsó la colonización del Chaco.

CAMPESINADO n. m. Conjunto de los campesinos de una región o de un estado. **2.** Clase social integrada por ellos.

CAMPESINO, A adj. y n. Relativo al campo: *vida campesina.* ◆ n. **2.** Agricultor que se dedica habitualmente al cultivo de la tierra.

CAMPESTRE adj. Propio del campo.

CAMPIRANO, A adj. y n. *Méx.* Campesino. **2.** *Méx.* Entendido en las faenas del campo o relacionado con él. **3.** *Méx.* Diestro en el manejo del caballo y en domar o sujetar otros animales.

CAMPISTEGUY (Juan), político uruguayo (Montevideo 1876-id. 1937). Fue presidente de la república (1927-1931).

CAMPO n. m. (lat. *campum*). Terreno extenso fuera de poblado. **2.** Tierra laborable: *campo de trigo, de maíz.* **3.** Sembrados, árboles y demás cultivos. **4.** Terreno descubierto y llano, especialmente el que se dedica a determinado uso: *campo de fútbol.* **5.** *Fig.* Espacio real o imaginario que abarca un asunto o materia cualquiera: *el campo de la ciencia.* **6.** FÍS. Conjunto de valores que toma una magnitud física (velocidad, densidad, vector campo eléctrico, fuerza gravitatoria) en todos los puntos de un determinado espacio, este mismo espacio. • **Campo de aviación,** aeródromo. ‖ **Campo de concentración** → **concentración.** ‖ **Campo visual,** parte del espacio que queda bajo la acción directa del ojo en visión fija.

CAMPO (Estanislao del), poeta argentino (Buenos Aires 1834-id. 1880). Continuador de la poesía gauchesca de H. Ascasubi bajo el seudónimo de **Anastasio el Pollo,** su poema *Fausto* (1866) se considera la obra más genuinamente gauchesca después del *Martín Fierro* de Hernández.

CAMPO GRANDE, c. de Brasil, cap. del est. de Mato Grosso do Sul; 525 612 hab.

CAMPOAMOR (Ramón de), poeta español (Navia 1817-Madrid 1901), autor de *Doloras* (1846), *Pequeños poemas* (1872) y *Humoradas* (1886), géneros o subgéneros poéticos que él inventó. En prosa escribió su *Poética* (1883).

CÁMPORA (Héctor José), político argentino (Mercedes 1909-Cuernavaca, México, 1980). Peronista, fue elegido presidente en marzo de 1973, pero en julio cedió el puesto a Perón.

CAMPOS CERVERA (Herib), poeta paraguayo (Asunción 1908-Buenos Aires 1953). Su obra poética (*Ceniza redimida,* 1950) participa del surrealismo y la temática social.

CAMPOS ELÍSEOS o **ELÍSEO,** en la mitología griega, morada de las almas virtuosas en el más allá.

CAMPOSANTO n. m. Cementerio.

CAMPUS n. m. Conjunto de instalaciones universitarias.

CAMUFLAJE n. m. Acción y efecto de camuflar.

CAMUFLAR v. tr [1]. Disfrazar, enmascarar. **2.** Ocultar un objetivo militar.

CAMUS (Albert), escritor francés (Mondovi, Argelia, 1913-Villeblevin, Yonne, 1960). Sus ensayos (*El mito de Sísifo,* 1942), sus novelas (*El extranjero,* 1942; *La peste,* 1947) y su teatro (*Calígula,* 1945; *Los justos,* 1949) traducen el sentimiento de lo absurdo del destino humano. (Premio Nobel de literatura 1957.)

CAN n. m. Perro.

CANA n. f. (lat. *canam*). Cabello blanco. **2.** *Argent.* y *Chile. Vulg.* Cárcel. **3.** *Argent.* y *Chile.* Policía. • **Peinar canas** (*Fam.*), ser de edad avanzada.

CANAÁN (tierra o país de), nombre bíblico de la Tierra prometida por Dios a los hebreos.

CANACA n. m. y f. *Chile. Desp.* Individuo de raza amarilla. **2.** *Chile.* Dueño de un burdel.

CANADÁ, en fr. e ingl. *Canada,* estado de América del Norte; 9 975 000 km²; 27 300 000 hab. (*Canadienses.*) CAP. *Ottawa.* LENGUAS OFICIALES: *inglés* y *francés.* MONEDA: *dólar canadiense.*

GEOGRAFÍA

Canadá, el país más vasto del mundo después de Rusia, posee una población escasa. El clima, cada vez más duro hacia el N más allá del paralelo 50° (en el escudo al E, en las Rocosas al O), explica la baja densidad media (menos de 3 hab. por km²) y la concentración de la población en la región del San Lorenzo y de los Grandes Lagos (provincias de Ontario y Quebec), en núcleos urbanos (cerca del 80 % de la población está urbanizada); entre ellos destacan las dos metrópolis de Toronto y Montreal. La población, con un índice de crecimiento inferior al 1 %, se caracteriza por el dualismo entre anglófonos (muy mayoritarios) y francófonos (cerca del 30 % de la población total, pero aproximadamente un 80 % en Quebec), que amenaza la unidad de la confederación. Canadá es un gran productor agrícola y minero. Se sitúa entre los diez primeros productores mundiales de trigo, madera (el bosque cubre aproximadamente un tercio del territorio), petróleo, gas natural, hierro, plomo, cinc, cobre, níquel, uranio y oro. A los hidrocarburos se añade la electricidad nuclear y sobre todo hidráulica, lo que mejora el balance energético. La industria aprovecha la producción (sector agroalimentario (vinculado a la ganadería vacuna), industrias madereras, metalurgia, principalmente a partir de minerales importados, aluminio sobre todo). Sectores de transformación, como la industria del automóvil o la química, han sido estimulados por la importante inversión de E.U.A.

Nueva Francia. El primer poblamiento de Canadá estuvo constituido por tribus amerindias. 1534: Jacques Cartier tomó posesión de Canadá en nombre del rey

CAN

de Francia. 1535-1536: Cartier remontó el San Lorenzo. 1541-1542: en el transcurso de un tercer viaje, llevó consigo «veinte labradores» y ganado. 1604-1605: se emprendió la colonización de la Acadia (creación de Port-Royal). 1608: Champlain fundó Quebec. 1627: para asegurar el poblamiento de la nueva colonia, Richelieu constituyó la Compañía de Nueva Francia. 1635: murió Champlain. La escasa inmigración frenó la colonización de las tierras. Los franceses y sus aliados los hurones tuvieron que hacer frente a las incursiones de los iroqueses. 1663-1664: Luis XIV reintegró Canadá al dominio real, lo dotó de una nueva administración y fundó la Compañía de las Indias occidentales. 1665-1672: bajo el impulso del intendente Jean Talon, Nueva Francia experimentó un brillante auge y la colonización se desarrolló a lo largo del San Lorenzo. 1672: la exploración interior se extendió hasta la desembocadura del Mississippi. 1690: un conflicto con Inglaterra permitió a esta última apoderarse de Acadia y de Terranova, que el tratado de Ryswick (1697) restituyó en parte a Francia. 1713: por el tratado de Utrecht los franceses perdieron la bahía de Hudson, Acadia y la mayor parte de Terranova. 1756-1763: la guerra de los Siete años tuvo un resultado fatal para Francia. Tras la caída de Quebec (1759) y la capitulación de Montreal, Francia, por el tratado de París (1763), cedió todo Canadá a Gran Bretaña.
El Canadá británico. 1774: los canadienses franceses recuperaron ciertos derechos por el Acta de Quebec. 1783: la firma del tratado de Versalles, que reconocía la independencia de E.U.A., provocó la llegada masiva de los norteamericanos fieles a Gran Bretaña a las provincias de Quebec y de Nueva Escocia (ant. Acadia). 1784: como consecuencia de esta inmigración, se creó la provincia de Nueva Brunswick. 1791: la provincia de Quebec se dividió en Alto Canadá (act. Ontario) y Bajo Canadá (act. Quebec). 1812-1814: durante la guerra entre E.U.A. y Gran Bretaña, Canadá apoyó a la corona. En los años siguientes se produjo el desarrollo de una oposición dirigida por Louis Joseph Papineau en el Bajo Canadá, y por William Lyon Mackenzie en el Alto Canadá. 1837: la negativa de Londres a establecer un régimen parlamentario provocó la rebelión de las dos provincias, anglófona y francófona. 1840: una vez aplastada la revuelta, el gobierno británico creó un Canadá unido, al que dotó de un gobernador, un consejo ejecutivo, un consejo legislativo y una asamblea elegida. 1848: el francés fue restablecido como lengua oficial.
La Confederación canadiense. 1867: el acta de la América del Norte británica creó el Dominio de Canadá, que agrupaba Ontario (ant. Alto Canadá), Quebec (ant. Bajo Canadá), Nueva Escocia y Nuevo Brunswick. 1870-1905: durante estos años la Confederación extendió su territorio. 1870: creó la provincia de Manitoba tras la revuelta de los mestizos dirigida por Louis Riel, mientras que Columbia Británica (1871) y la isla del Príncipe Eduardo (1873) se unieron a ella. 1882-1885: la construcción del Canadian Pacific railway, que unía Vancouver y Montreal, contribuyó a un nuevo auge de la colonización. 1905: se instituyeron las provincias de Saskatchewan y Alberta. 1896-1911: el primer ministro Wilfrid Laurier estrechó los vínculos comerciales con Gran Bretaña reforzando al mismo tiempo la autonomía del dominio. 1914-1918: Canadá accedió al rango de potencia internacional mediante su participación en la primera guerra mundial junto a sus aliados. 1921-1948: William Lyon Mackenzie King, líder del Partido liberal, presidió casi sin interrupción los destinos del país. 1926: la conferencia imperial reconoció la independencia de Canadá dentro de la Commonwealth, sancionada por el estatuto de Westminster (1931). 1940. 1945: Canadá desarrolló una potente industria de guerra. 1949: la isla de Terranova se convirtió en una provincia canadiense. 1968-1984: bajo la dirección de los liberales, que dominaron la vida política con los primeros ministros Louis Saint-Laurent (1948-1957), Lester Pearson (1963-1968), Pierre Elliott Trudeau (1968-1979 y 1980-1984) y John Turner (junio-set. 1984), Canadá practicó una política de acercamiento cada vez más estrecho con E.U.A. Pero, durante esos años, la Confederación hubo de hacer frente constantemente a las reivindicaciones autonomistas de la provincia francófona de Quebec. 1976: un partido independentista, dirigido por René Lévesque, tomó el poder en Quebec. 1980: el gobierno Lévesque perdió el referéndum sobre el mandato de negociar una fórmula de soberanía-asociación con el resto de Canadá. 1982: con el acuerdo de Londres, la constitución pasó a depender sólo del gobierno federal. 1984: el conservador Brian Mulroney accedió al poder. 1988: Mulroney volvió al gobierno tras la victoria de los conservadores. Consagración del acuerdo de libre comercio con E.U.A. 1989: Canadá se adhirió a la O.E.A. 1990: el fracaso de un nuevo acuerdo constitucional, destinado a satisfacer las demandas mínimas de Quebec, abrió una crisis política sin precedentes, agravada por las reivindicaciones territoriales amerindias. 1992: se elaboró en Charlottetown un proyecto de reforma constitucional que comportaba, entre otras cosas, un nuevo estatuto para los autóctonos. Sometido a referéndum, fue rechazado. Canadá firmó con E.U.A. y México el Tratado de libre comercio (T.L.C.). 1993: dimisión de B. Mulroney, sustituido por Kim Campbell. Los liberales ganan las elecciones: Jean Chrétien, primer ministro. 1995: referéndum sobre la soberanía de Quebec, rechazado por escaso margen. 1997: Jean Chrétien, reelegido primer ministro. 1999: Nunavut, nuevo territorio al noroeste del país. 2000: tercer periodo de Chrétien. 2001: Lucien Bouchard, líder del secesionista Partido Quebequés, anuncia su retiro definitivo de la política, por su fracaso en lograr la independencia de Québec.
CANADIENSE adj. y n. m. y f. De Canadá. ◆ n. f. **2.** Chaqueta forrada de piel.
CANADIENSE (*Escudo*), región geológica de Canadá, que rodea la bahía de Hudson y se extiende hasta los Grandes Lagos.
CANAL n. m. o f. (lat. *canalem*). Vía de agua abierta artificialmente y utilizada para diversos fines. **2.** Conducto natural o artificial. **3.** Cada uno de los conductos por donde corren las aguas en los tejados. **4.** Res de matadero, abierta de arriba abajo sin las tripas y demás despojos. **5.** Transmisión radioeléctrica a la que se ha asignado una banda del espectro de frecuencias. **6.** En la teoría de la comunicación, medio de comunicación entre emisor y receptor. **7.** *Amér.* Centro de la corriente de un río. **8.** ANAT. Nombre de diversos órganos en forma de tubo. **9.** ARQ. Pequeña moldura hueca, en general redondeada. • **Abrir en canal**, abrir de arriba abajo. ◆ n. m. **10.** Porción de mar, relativamente larga y estrecha, que separa islas o continentes poniendo en comunicación dos mares. **11.** Paso estrecho y alargado entre montañas, generalmente de origen tectónico: *canal de Verdún.*
CANALADURA n. f. ARQ. Moldura hueca en línea vertical.
CANALETA n. f. *Amér. Merid.* Tubo para desaguar el agua de lluvia desde los tejados hasta la calle, canalón.

CANALETTO (Antonio **Canal,** llamado **el**), pintor y grabador italiano (Venecia 1697-*id.* 1768). Precursor del paisajismo moderno, magnificó el género de la vista urbana pintando su ciudad natal con gran precisión y contrastes de luces y sombras.
CANALIZACIÓN n. f. Acción de canalizar un curso de agua. **2.** Conjunto de elementos huecos, de sección generalmente circular, establecido para hacer posible la circulación de un fluido.
CANALIZAR v. tr. [**1g**]. Abrir canales **2.** Regularizar el cauce o la corriente de un río, arroyo, etc. **3.** *Fig.* Orientar opiniones, iniciativas, aspiraciones, etc., hacia un fin concreto.
CANALLA n. f. (ital. *canaglia*). *Fam.* Gente baja, ruin. ◆ n. m. y f. **2.** *Fam.* Persona ruin y despreciable.
CANALLADA n. f. *Dicho o hecho propios de canallas.*
CANALLESCO, A adj. Propio de canallas.
CANALÓN n. m. Canal situado en la vertiente de un tejado para recoger las aguas de lluvia.
CANANA n. f. Cinto para llevar cartuchos. **2.** *Colomb.* Camisa de fuerza.
CANANEA, c. de México (Sonora); 26 931 hab. Yacimientos de cobre y oro en la *sierra Cananea.*
CANANEO, A adj. y n. Relativo a un pueblo semita instalado en Siria y Palestina (país de Canaán) en el III milenio a. J.C.; individuo de este pueblo.
CANAPÉ n. m. (fr. *canapé*). Escaño, generalmente con el asiento y respaldo acolchados, para sentarse o acostarse. **2.** Aperitivo consistente en una rebanadita de pan sobre la que se extienden o colocan otras viandas.
CANARIAS (*islas*), archipiélago español situado en el Atlántico, frente a Marruecos, que constituye una comunidad autónoma; 7351 km²; 1 637 641 hab. (*Canarios.*) Cap. *Las Palmas de Gran Canaria* y *Santa Cruz de Tenerife,* alternativamente. Comprende dos provincias: *Las Palmas* (islas de Gran Canaria, Fuerteventura y Lanzarote, y seis islotes) y *Santa Cruz de Tenerife* (islas de Tenerife, Gomera, La Palma y Hierro).
GEOGRAFÍA
Las islas tienen su origen en la actividad volcánica de la dorsal atlántica. El Teide, en la isla de Tenerife, es el pico culminante del archipiélago (3710 m) y del territorio español. La población tiende a concentrarse en las dos capitales.
HISTORIA
La población autóctona guanche se formó por oleadas de grupos procedentes del N de África (2500 a. J.C.) y del Mediterráneo central (2000 y 1500 a. J.C.). La relación con Europa se inició con la llegada del genovés Lancerotto Malocello a Lanzarote (1312). 1478-1496: incorporación a la corona castellana de las islas, que fueron escala en todas las expediciones hacia América. S. XVIII: creación de una capitanía general para las islas. S. XIX: leyes de puertos francos de 1852 y 1900. 1912: aprobación del régimen de cabildos insulares. 1927: división del archipiélago en dos provincias. 1982: aprobación del estatuto de autonomía de Canarias. 1990-1993: adecuación de la especificidad fiscal de Canarias a la normativa de la Comunidad europea.
CANARIO, A adj. y n. De las islas Canarias, especialmente de Gran Canaria. ◆ n. m. **2.** Modalidad del castellano que se habla en el archipiélago canario. **3.** Ave paseriforme, de plumaje generalmente amarillo, oriunda de las islas Canarias y Madeira. **4.** *Chile.* Pito de barro que se utiliza para imitar el gorjeo de los pájaros.
CANARO (Francisco), compositor uruguayo (Montevideo 1888-Buenos Aires 1964). Instalado en la capital argentina, fue el creador del tango-milonga porteño, y uno de sus difusores en Europa.

CANARREOS (archipiélago de los), conjunto de unos 350 islotes y cayos de Cuba, en el Caribe, que constituye el mun. de Isla de la Juventud.
CANASTA n. f. Cesto de mimbre, ancho de boca, que suele tener dos asas. **2.** Juego de naipes que se juega con dos barajas francesas. **3.** En el baloncesto, cesto.
CANASTERO n. m. *Chile*. Mozo de panadería que traslada en canastos el pan desde el horno al enfriadero. **2.** *Chile*. Vendedor ambulante de frutas y verduras, las cuales transporta en canastos.
CANASTILLA n. f. Cestilla de mimbre en que se guardan objetos menudos de uso doméstico. **2.** Ropa que se prepara para un recién nacido.
CANASTO n. m. Canasta recogida de boca. ♦ **2. ¡canastos!** interj. Expresa sorpresa o enfado.
CANBERRA, c. y cap. federal de Australia, a 250 km al SO de Sydney; 297 300 hab. (en los 2400 km² del *Territorio federal de la capital*). Universidad.
CANCEL n. m. (lat. *cancellum*). Contrapuerta, generalmente con una hoja de frente y dos laterales, ajustadas éstas a las jambas de una puerta de entrada y cerrado todo por un techo. **2.** Cerramiento de piedra, madera o metal, que en las iglesias separa el presbiterio de la nave. **3.** *Argent.* Puerta o verja que separa el vestíbulo o el patio del zaguán. **4.** *Méx.* Biombo, mampara, persiana.
CANCELA n. f. Verjilla que se pone en el umbral de algunas casas.
CANCELACIÓN n. f. Acción y efecto de cancelar.
CANCELAR v. tr. [1]. Anular, dejar sin validez, especialmente un documento o una obligación que tenía autoridad o fuerza. **2.** Saldar, pagar una deuda.
CÁNCER n. m. (lat. *cancer*, cangrejo). Tumor maligno formado por la multiplicación desordenada de las células de un tejido o de un órgano. **2.** *Fig.* Lo que devora una sociedad, una organización, etc.: *la burocracia es el cáncer de muchos gobiernos*.
CÁNCER, del zodíaco zodiacal. — Cuarto signo del zodíaco, en el que el Sol entra en el solsticio de verano.
CANCERAR v. tr. y pron. [1]. Producir cáncer o hacer que degenere en cancerosa alguna úlcera o lesión.
CANCERBERO n. m. Portero o guarda severo. **2.** Guardameta o portero de los equipos de fútbol.
CANCERÍGENO, A adj. y n. m. Dícese de las sustancias químicas o de los agentes físicos que pueden provocar la aparición de un cáncer.
CANCERIZACIÓN n. f. Degeneración cancerosa de una lesión benigna preexistente.
CANCEROLOGÍA n. f. Estudio de los tumores malignos. SIN.: *carcinología, oncología*.
CANCEROSO, A adj. y n. Relativo al cáncer; afecto de cáncer.
CANCHA n. f. (voz quechua). Local destinado a la práctica de distintos deportes. **2.** Parte del frontón, estrictamente del terreno o piso donde botan las pelotas. **3.** *Amér.* Terreno, espacio, local o sitio llano y desembarazado. **4.** *Amér. Merid.* Parte ancha y despejada de un río. **5.** *Amér.* Hipódromo. **6.** *Argent., Bol., Parag.* y *Urug.* Corral o cercado espacioso para almacenar: *cancha de madera.* **7.** *Argent., Chile, C. Rica, Par.* y *Perú.* Habilidad adquirida a través de la práctica. **8.** *Colomb.* y *Par.* Lo que cobra el dueño de una casa de juego. **9.** *Urug.* Camino, senda. ♦ **Abrir, o dar cancha,** a uno (*Argent., Chile, C. Rica, Par.* y *Perú*), concederle alguna ventaja; despejar un sitio, hacer espacio para algo o alguien. || **Dar cancha, tiro y lado** (*Chile*), encontrarse en manifiesta superioridad frente a otro. || **Estar en su cancha** (*Chile* y *Par.*), estar en su elemento. ♦ interj. **10.** *Amér. Merid.* y *C. Rica.* Se usa para pedir paso.

Cancha Rayada (*combates de*), nombre de dos batallas de la guerra de independencia de Chile (1814 y 1818), desarrolladas en la *llanura de Cancha Rayada*, cerca de Talca, en las que vencieron los realistas.
CANCHEAR v. intr. [1]. *Amér. Merid.* Buscar distracción para no trabajar seriamente.
CANCHERO, A adj. y n. *Amér.* Que tiene una cancha de juego o cuida de ella. **2.** *Amér. Merid.* Experto en determinada actividad. **3.** *Chile.* Dícese de la persona que busca trabajos de poca duración y esfuerzo. ♦ adj. **4.** *Argent., Chile, Par., Perú* y *Urug.* Ducho y experto en alguna actividad.
CANCILLER o **CHANCILLER** n. m. (lat. *cancellarium*). Título que en algunos estados europeos lleva un alto funcionario que es a veces jefe o presidente del gobierno. **2.** Empleado auxiliar en las embajadas, legaciones, consulados, etc.
CANCILLERÍA n. f. Oficio de canciller. **2.** Ministerio encargado de las relaciones exteriores. **3.** Oficina encargada de la redacción de los documentos diplomáticos.
CANCIÓN n. f. (lat. *cantionem*). Pequeña composición musical de carácter popular, sentimental o satírico, dividida en estrofas y destinada a ser cantada. **2.** Música de una canción.
CANCIONERO n. m. Colección de poesías, generalmente de autores diversos. **2.** Colección de canciones.
CANCO n. m. *Bol.* y *Chile.* Nalga. **2.** *Chile.* Olla o vasija destinada a diversos usos domésticos. **3.** *Chile.* Maceta. ♦ **cancos** n. m. pl. **4.** *Chile.* En la mujer, caderas anchas.
CANCONA adj. y n. f. *Chile.* Mujer de caderas anchas.
CANCÚN, isla de México (Quintana Roo), frente a la costa NE de Yucatán, de 11,3 km de largo. Centro turístico unido por carretera a la c. de *Cancún* (167 730 hab.).
CANDADO n. m. (lat. *catenatum*). Cerradura suelta que por medio de armellas asegura puertas, cofres, etc.
CANDAMO (Manuel), político peruano (Lima 1842-Yura 1904). Fue presidente de la junta de gobierno tras la guerra civil (1894-1895) y presidente de la república (1903-1904).
CANDE o **CANDI** adj. Dícese del azúcar purificado y cristalizado.
CANDEAL adj. y n. m. (lat. *candidum*). Dícese de una especie de trigo que da harina y pan blanco de superior calidad. **2.** Dícese del pan hecho con trigo candeal.
CANDELA n. f. Vela, cilindro de materia crasa, con torcida en el eje para alumbrar. **2.** *Fam.* Lumbre, materia combustible encendida. **3.** Unidad de medida de intensidad luminosa, de símbolo *cd.*
CANDELABRO n. m. (lat. *candelabrum*). Candelero de dos o más brazos.
CANDELARIA n. f. Fiesta católica que conmemora la presentación de Jesús en el templo y la purificación de la Virgen.
CANDELEJÓN n. m. *Chile, Colomb.* y *Perú.* Tonto, simple, bobo.
CANDELERO n. m. Utensilio para mantener derecha la vela o candela. • **En, o en el, candelero,** en posición destacada o sobresaliente.
CANDENTE adj. Dícese de todo cuerpo, generalmente de metal, cuando se enrojece o blanquea por la acción del fuego: *hierro candente.* **2.** *Fig.* Vivo y de actualidad, que acalora los ánimos.
CANDI adj. Cande.
CANDÍA → **Héraklion.**
CANDIDATO, A n. (lat. *candidatum*). Persona que aspira a un cargo, dignidad o distinción.
CANDIDATURA n. f. Reunión de candidatos. **2.** Papeleta en que figura el nombre de uno o varios candidatos. **3.** Aspiración o propuesta para cualquier dignidad o cargo.

CANDIDEZ n. f. Calidad de cándido.
CÁNDIDO, A adj. (lat. *candidum*). Blanco. **2.** Sencillo, ingenuo, sin malicia ni doblez.
CANDIL n. m. Lámpara de aceite formada por dos recipientes de metal superpuestos y con un pico cada uno. **2.** *Méx.* Lámpara de araña.
CANDILEJAS n. f. pl. Línea de luces situadas al nivel del tablado y al borde del proscenio del escenario de un teatro.
CANDINGA n. f. *Chile.* Majadería. **2.** *Hond.* Enredo.
CANDONGA n. f. *Fam.* Chasco o burla que se hace de palabra. ♦ **candongas** n. f. pl. **2.** *Colomb.* Pendientes.
CANDONGO, A adj. y n. m. *Fam.* Zalamero y astuto. **2.** *Fam.* Holgazán.
CANDOR n. m. (lat. *candorem*). Blancura. **2.** *Fig.* Inocencia, ingenuidad, candidez.
CANELA n. f. Corteza de diversas plantas aromáticas, especialmente del canelo. **2.** Condimento utilizado en cocina para aromatizar dulces y otros manjares. **3.** Madera comercial de origen americano. **4.** *Fig. y fam.* Cosa muy fina y exquisita.
CANELO, A adj. De color de canela: *perro canelo.* ♦ n. m. **2.** Árbol de 7 a 8 m de alt., de hojas parecidas a las del laurel, originario de la India, Ceilán y China, de cuya corteza se extrae la canela.
CANELO o **CANELA**, pueblo amerindio, aculturado lingüísticamente por los quechuas, que habita en la cuenca del río Napo (Ecuador).
CANELÓN o **CANALÓN** n. m. (ital. *cannelloni*). Pieza de pasta de harina, rellena y enrollada en forma tubular. (Suele usarse en plural.)
CANELONES (*departamento de*), dep. del S de Uruguay; 4536 km²; 364 248 hab. Cap. *Canelones* (17 316 hab.).
CANENDIYÚ (*departamento de*), dep. de Paraguay, en la frontera con Brasil; 14 667 km²; 96 826 hab. Cap. *Salto del Guairá.*
CANESÚ n. m. (fr. *canezou*). Cuerpo de un vestido, corto y generalmente sin mangas. **2.** Pieza superior de una camisa, blusa o vestido, a la que se cosen el cuello, las mangas y el resto de la prenda.
CANETTI (Elias), escritor de origen búlgaro en lengua alemana (Ruse, Bulgaria, 1905-Zurich 1994), nacionalizado británico. Autor de novelas alegóricas (*Auto de fe,* 1936) y ensayos (*Masa y poder,* 1960), que analizan los motivos profundos de las acciones humanas. Es autor de una extensa autobiografía. (Premio Nobel de literatura 1981.)
CANEVÁS n. m. Conjunto de puntos de posición conocida, que sirve de base para un levantamiento topográfico.
CANGALLA n. f. *Argent.* y *Chile.* Desperdicios minerales. **2.** *Colomb.* Animal o persona enflaquecidos.
CANGALLAR v. tr. [1]. *Bol.* y *Chile.* Robar en las minas. **2.** *Chile.* Defraudar al fisco.
CANGREJA n. f. MAR. Vela trapezoidal.
CANGREJERA n. f. Nido de cangrejos.
CANGREJO n. m. Crustáceo decápodo dotado de un par de grandes pinzas. • **Cangrejo de río,** cangrejo de agua dulce, que se caracteriza sobre todo por su apéndice o punta cefálica triangular. SIN.: *ástaco.* || **Cangrejo ermitaño,** crustáceo muy común en las costas de Europa occidental, que protege su abdomen blando en el caparazón vacío de un gasterópodo.
CANGURO n. m. Mamífero australiano del orden marsupiales, con las extremidades traseras muy largas, lo que le permite desplazarse mediante saltos. **2.** Prenda de vestir deportiva impermeable de capucha y con un único bolsillo centrado en la parte delantera. ♦ n. m. y f. **3.** Persona cuyos servicios se contratan para cuidar niños en ausencia de sus padres.
CANÍBAL adj. y n. m. y f. Antropófago. **2.** *Fig.* Dícese de la persona cruel y feroz.
CANIBALISMO n. m. Antropofagia.

CAN

CANICA n. f. Juego de niños con bolitas de barro, vidrio u otra materia dura. **2.** Cada una de estas bolitas. • **Botársele** a alguien **la canica** (*Méx. Fam.*), enloquecer, actuar como loco: *se le botó la canica y empezó a gritar en pleno concierto*.

CANICHANA, pueblo amerindio de lengua homónima independiente, que habita en el NO de Bolivia (cuenca del Machupo).

CANICHE n. m. Dícese de una raza de perros de pelo rizado, que descienden del barbet.

CANÍCULA n. f. (lat. *caniculam*). Período del año en que arrecia el calor. **2.** ASTRON. Tiempo en el que la estrella Sirio sale y se pone con el Sol.

CANICULAR adj. Relativo a la canícula.

CÁNIDO, A adj. y n. m. Relativo a una familia de mamíferos carniceros, como el lobo, el perro y el zorro.

CANIJO, A adj. *Fam.* Débil y enfermizo o raquítico. **2.** *Méx. Fam.* Difícil, complicado. **3.** *Méx.* Malo, desalmado.

CANILLA n. f. (lat. *cannellam*). Cualquiera de los huesos largos de la pierna o del brazo. **2.** Cualquiera de los huesos principales del ala de un ave. **3.** Grifo, espita. **4.** Pequeño cilindro sobre el que se arrollan los hilos en la lanzadera. **5.** *Colomb.* y *Perú.* Pantorrilla. **6.** *Perú.* Juego de dados. **7.** *Méx.* Fuerza física. ♦ **canillas** n. f. pl. **8.** *Argent.* y *Méx.* Piernas, especialmente las muy delgadas.

CANILLERA n. f. Máquina que arrolla el hilo de trama sobre las canillas. **2.** *Amér. Central.* Temor, miedo. **3.** *Amér. Central.* Temblor de piernas originado por el miedo. **4.** *Argent.* y *Chile.* Almohadilla, espinillera.

CANILLITA n. m. *Amér. Merid.* y *Dom.* Muchacho que vende periódicos o billetes de lotería.

CANINO, A adj. (lat. *caninum*). Relativo al can. **2.** Dícese de las propiedades que tienen semejanza con las del perro: *lealtad canina*. ♦ adj. y n. m. **3.** Dícese del diente, a menudo puntiagudo, situado entre los incisivos y los premolares.

CANJE n. m. Cambio, trueque o sustitución.

CANJEABLE adj. Que se puede canjear.

CANJEAR v. tr. [1]. Hacer canje.

CANNABIS n. m. Polvo obtenido de una variedad de cáñamo que produce efectos hipnóticos.

CANNES, c. de Francia (Alpes-Maritimes), en la Costa Azul; 69 363 hab. Turismo.

CANO, A adj. (lat. *canum*). Con canas o cabellera blanca: *pelo cano; estar cano*. **2.** *Fig.* y *poét.* Blanco, del color de la nieve.

CANOA n. f. Embarcación ligera, sin puente, propulsada a remo, pala, vela o motor. **2.** *Amér.* Cualquier clase de canal para conducir el agua. **3.** *Chile.* Vaina ancha y grande de los cocos de la palmera.

CANÓDROMO n. m. Lugar donde se celebran carreras de galgos.

CANON n. m. (lat. *canonem*). Regla, precepto, norma. **2.** Catálogo o lista. **3.** Lista oficial de los libros considerados como inspirados por Dios. **4.** Ley o regla establecida por la autoridad legítima de la Iglesia. **5.** Conjunto de oraciones y ceremonias de la misa, desde el Sanctus hasta el Pater noster. **6.** *Chile.* Pago por un alquiler. **7.** B. ART. Norma que establece las proporciones ideales del cuerpo humano. **8.** DER. Prestación pecuniaria periódica por el aprovechamiento o explotación de una concesión pública. **9.** MÚS. Forma de composición musical en la que sucesivamente van entrando las voces o instrumentos, repitiendo cada una el tema de la que antecede. ♦ **cánones** n. m. pl. **10.** Derecho canónico.

CANÓNICO, A adj. Conforme a los cánones y demás disposiciones eclesiásticas. **2.** Regular, conforme a las reglas. **3.** Relativo a los canónigos: *horas canónicas*.

CANÓNIGO n. m. Dignatario eclesiástico que forma parte del cabildo catedral (*canónigo titular*) o que desempeña una función pastoral o administrativa en la diócesis (*canónigo honorario*).

CANONIZACIÓN n. f. Acción de canonizar.

CANONIZAR v. tr. [1g]. Inscribir en el canon de los santos. **2.** *Fig.* Dar por buena a una persona o cosa: *canonizar una conducta*.

CANONJÍA n. f. Dignidad y beneficio de canónigo. **2.** *Fig.* y *fam.* Empleo de poco trabajo y bastante provecho.

CANORO, A adj. (lat. *canorum*). Dícese del ave que tiene melodioso. **2.** Grato y melodioso.

CANOSO, A adj. Que tiene muchas canas.

CANSADO, A adj. Que se debilita o decae. **2.** Que cansa con su tono o conversación.

CANSADOR, RA adj. *Argent., Chile* y *Urug.* Que resulta cansado, pesado o aburrido.

CANSANCIO n. m. Falta de fuerzas que resulta de haberse fatigado.

CANSAR v. tr. y pron. (lat. *campsare*) [1]. Causar cansancio. **2.** Agotar la fertilidad de la tierra de labor. **3.** *Fig.* Enfadar, molestar, aburrir. • **¡Me canso!** (*Méx. Fam.*), ¡por supuesto!; ¡claro que sí!

CANTABLE adj. Que se puede cantar.

CANTABRIA, región del N de España, que constituye una comunidad autónoma uniprovincial; 5289 km²; 530 281 hab. (*Cántabros.*) Cap. Santander.

GEOGRAFÍA

La cordillera Cantábrica y sus enlaces con los montes Vascos compartimentan el interior, con las mayores elevaciones en el O (Peña Vieja, 2613 m). Ríos cortos y caudalosos (Pas, Besaya, Nansa). En la costa, alta y recortada, se abren rías y puertos naturales (Santander, Santoña). El litoral (Marina) concentra la mayor parte de la población.

HISTORIA

La región es rica en yacimientos prehistóricos (cuevas de Altamira y Pasiega). La resistencia de los cántabros y astures a la conquista romana (29-19 a. J.C.) marcó la débil romanización (Iuliobriga, cap. de la Cantabria romana; Portus Victoriae, Santander). Tras la invasión musulmana fue lugar de refugio y punto de partida de la repoblación del valle del Duero (ss. XI-XII). 1982: estatuto de autonomía.

CANTÁBRICA (*cordillera*), cordillera del N de España, que constituye el reborde septentrional de la Meseta, desde el macizo Galaico hasta las montañas Vascas; 2648 m en Torre Cerredo. Asiento de una importante cuenca minera.

CANTÁBRICO, A adj. y n. De Cantabria o del Cantábrico.

CANTÁBRICO (*mar*), golfo o seno del Atlántico formado por la costa occidental de Francia y la septentrional de España.

CÁNTABRO, A adj. y n. De Cantabria. **2.** Relativo a un pueblo prerromano asentado en el N de la península Ibérica, esencialmente en la act. Cantabria; individuo de dicho pueblo.

CANTADOR, RA o **CANTAOR, RA** n. Persona que canta, especialmente cante flamenco.

CANTALETEAR v. tr. [1]. *Colomb.* Repetir insistentemente las cosas.

CANTANTE adj. Que canta. • **Llevar la voz cantante**, ser la persona que manda, dispone, etc., en un negocio, conversación, etc. ♦ n. m. y f. **2.** Persona cuyo oficio es cantar.

CANTAR, RA n. Cantador.

CANTAR n. m. Composición breve, nacida de la lírica popular, destinada al canto. • **Cante de gesta**, en las literaturas románicas medievales, nombre que se da a los poemas épicos o heroicos que narran las hazañas de personajes históricos o legendarios.

CANTAR v. tr. e intr. [1]. Emitir con los órganos de la voz una serie de sonidos modulados. **2.** *Fig.* Ensalzar: *cantar al amor*. **3.** *Fig.* y *fam.* Descubrir o confesar lo secreto: *hacer cantar a alguien la policía*. **4.** En algunos juegos de naipes, decir los puntos conseguidos: *cantar veinte en bastos*. • **Cantar de plano**, confesar todo lo que se sabe. ‖ **Cantar las verdades** a uno, echarle en cara alguna cosa. ‖ **Cantarlas claras**, decir la verdad sin ambages.

CANTÁRIDA n. f. Insecto coleóptero verde dorado, de 2 cm de long., frecuente en los fresnos.

CANTARÍN, NA adj. *Fam.* Aficionado a cantar. **2.** Que tiene sonido agradable.

CÁNTARO n. m. Vasija grande de barro o metal, de abertura angosta, barriga ancha y base estrecha, generalmente con una o dos asas. • **A cántaros**, en abundancia, con mucha fuerza: *llover a cántaros*.

CANTATA n. f. Composición musical escrita para una o varias voces con acompañamiento instrumental.

CANTAUTOR, RA n. Cantante cuyo repertorio se nutre preferentemente de sus propias composiciones.

CANTE n. m. Acción de cantar. **2.** Canción popular andaluza. • **Cante jondo** → *jondo*.

CANTERA n. f. Terreno del que se extrae piedra apropiada para la construcción. **2.** Plantel donde se forman personas hábiles o capaces en alguna disciplina: *cantera de jugadores de fútbol*.

CANTERBURY, en ter. esp. **Cantorbery**, c. de Gran Bretaña (Kent), sede del arzobispo primado del reino; 33 000 hab. Catedral de los ss. XI-XV y otros restos medievales.

CANTERO, A n. Persona que explota una cantera. **2.** Operario que labra piedras destinadas a la construcción. ♦ n. m. **3.** Extremo de algunas cosas duras que pueden partirse con facilidad: *un cantero de pan*. **4.** Trozo de tierra laborable, o de huerta, generalmente largo y estrecho. **5.** *Amér.* Cuadro de un jardín. **6.** *Amér.* Espacio de jardín o de huerta donde se siembra y trabaja.

CÁNTICO n. m. Canto religioso de acción de gracias. **2.** Nombre de ciertas poesías profanas: *cántico nupcial*.

CANTIDAD n. f. (lat. *quantitatem*). Carácter de lo que puede ser medido o contado, de lo que es susceptible de crecimiento o de disminución. **2.** Porción de alguna cosa. **3.** Suma de dinero. **4.** Gran número de personas o cosas. **5.** Duración atribuida a una sílaba en la pronunciación. ♦ adv. **6.** *Fam.* Mucho: *me gusta cantidad*.

CANTIGA o **CÁNTIGA** n. f. Antigua composición poética destinada al canto, especialmente en la poesía galaicoportuguesa.

CANTILENA n. f. (lat. *cantilenam*). Canción o poema breve épico-lírico.

CANTIMPLA adj. *Amér.* Tonto, bobo.

CANTIMPLORA n. f. (voz catalana). Vasija aplanada para llevar agua en viajes y excursiones. **2.** *Colomb.* Recipiente para llevar la pólvora.

CANTINA n. f. (ital. *cantina*). Local público, aislado o formando parte de un establecimiento, en que se venden bebidas y comestibles: *la cantina de la estación*. **2.** *Argent.* Fonda.

CANTINELA n. f. Cantilena. **2.** Cosa que se repite pesadamente.

CANTINERO, RA n. Dueño de una cantina.

CANTO n. m. (lat. *cantum*, orilla). Extremidad o lado de cualquier sitio o cosa: *el canto de la mesa*. **2.** Lado opuesto al filo de los instrumentos cortantes. **3.** Corte del libro opuesto al lomo. **4.** Grueso de alguna cosa. **5.** Piedra de pequeño tamaño, más o menos desgastada por la erosión: *canto rodado*. • **Al canto**, inmediato, inevitable: *discusión al canto*. ‖ **De canto**, de lado, no de plano.

CANTO n. m. Acción y efecto de cantar: *el canto del gallo*. **2.** Cada una de las partes en que se divide un

CAP

poema épico: *los veinticuatro cantos de la Odisea*. **3.** Nombre de otras composiciones literarias de distinto género: *un canto a la naturaleza*. **4.** Arte de cantar. • **Canto del cisne**, última obra o actuación de una persona.

CANTÓN n. m. Esquina. **2.** División administrativa de algunos países.

CANTÓN, en chino **Guangzhou** o **Kuangcheu**, c. y puerto de China, cap. de Guangdong, en la desembocadura del Xi Jiang; 4 millones de hab. aprox. (*Cantoneses*.) Industria mecánica, química y textil. Feria internacional.

CANTONAL adj. y n. m. y f. Relativo al cantón o al cantonalismo; partidario del cantonalismo.

CANTONERA n. f. Pieza puesta en las esquinas de libros, muebles, etc., para refuerzo o adorno. **2.** Rinconera, mesita, armario o estante pequeños que se colocan en un rincón.

CANTOR, RA adj. y n. (lat. *cantorem*). Que canta, especialmente si es por oficio. **2.** *Fig.* Dícese del poeta, especialmente épico y religioso. ◆ adj. **3.** Dícese de las aves que son capaces de emitir sonidos melódicos y variados, como el mirlo y el ruiseñor.

CANTOR (Georg), matemático alemán (San Petersburgo 1845-Halle 1918), creador con Dedekind de la teoría de conjuntos.

CANTORA n. f. *Chile.* Orinal.

CANTORAL n. m. Libro de coro.

CANTURREAR v. intr. [1]. *Fam.* Cantar a media voz.

CANTUTA n. f. *Amér.* Clavel de flor sencilla.

CÁNULA n. f. (lat. *cannulam*). Caña pequeña. **2.** Sonda tubular que se emplea para el drenaje de ciertas lesiones. **3.** Porción terminal de las jeringas.

CANUTO n. m. Trozo de caña cortado entre dos nudos. **2.** Tubo de metal, cartón, etc., corto y no muy grueso, que se usa para diferentes usos. **3.** *Fam.* Porro. **4.** *Méx.* Sorbete de leche, azúcar y hueva, cortado en forma de canuto.

CAÑA n. f. (lat. *cannam*). Planta herbácea indígena de Europa meridional, que alcanza una altura de 3 a 5 m, de tallo hueco y flexible. (Familia gramíneas.) **2.** Tallo de las plantas gramíneas, por lo común hueco y nudoso. **3.** Vaso, generalmente cónico, alto y estrecho, que se utiliza para beber vino. **4.** Bebida que cabe dentro de ese vaso: *una caña de manzanilla*. **5.** Vaso pequeño de cerveza: *tomarse una caña*. **6.** Canilla del brazo o de la pierna, y en general, parte hueca de cualquier hueso largo. **7.** Tuétano. **8.** Fuste de una columna. **9.** Cierta canción popular andaluza. **10.** Vara larga, delgada y flexible, de longitud variable, que se emplea para pescar. **11.** Parte de la bota que cubre la pierna. **12.** *Amér. Merid.* Aguardiente destilado de la caña de azúcar. • **Caña de azúcar, dulce,** o **Castilla,** planta tropical cultivada por el azúcar que se extrae de su tallo. (Familia gramíneas.) ǁ **Caña de bambú,** madera que se utiliza para la fabricación de cañas de pescar.

CAÑADA n. f. Espacio de tierra entre dos alturas poco distantes entre sí. **2.** Pista que une los pastos veraniegos con los invernales, a través de la cual se trasladan los rebaños ovinos trashumantes. **3.** *Argent., Par.* y *Urug.* Terreno bajo entre lomas, bañado de agua y con vegetación propia de tierras húmedas.

CAÑADÓN n. m. *Argent., Cuba* y *Urug.* Cauce antiguo y profundo entre dos lomas o sierras.

CAÑAMAZO n. m. Tela de cáñamo, lino o algodón, de hilos dobles, que se emplea para bordar.

CÁÑAMO n. m. Planta de hojas palmeadas, cultivada por su tallo, que proporciona una excelente fibra textil, y por sus semillas. (Familia cannabáceas.) **2.** Fibra obtenida del cáñamo; materia textil hecha con dicha fibra. • **Cáñamo de Manila,** fibra textil extraída del abacá. ǁ **Cáñamo índico,** variedad de *Cannabis sativa*, de la que se obtiene el hachís y la marihuana.

CAÑAMÓN n. m. Simiente del cáñamo.

CAÑAR (*provincia de*), prov. de Ecuador, en la cordillera andina; 3377 km²; 189 102 hab. Cap. *Azogues*.

CAÑAS Y VILLACORTA (José Simeón), eclesiástico y político salvadoreño (Zacatecoluca 1767-† 1838). Logró que la Asamblea constituyente de 1823-1834 aboliera la esclavitud en Centroamérica.

CAÑAVERAL n. m. Terreno poblado de cañas.

CAÑAVERAL (*cabo*), de 1964 a 1973 **cabo Kennedy,** saliente arenoso del litoral atlántico de Estados Unidos, en la costa E de Florida. Centro espacial Kennedy de la N.A.S.A.

CAÑERÍA n. f. Conducto formado de caños por donde circula un fluido.

CAÑETE, c. de Chile (Biobío); 29 742 hab. Explotación forestal. Turismo. En el emplazamiento del ant. fuerte Tucapel.

CAÑIZAL o **CAÑIZAR** n. m. Cañaveral.

CAÑIZO n. m. Armazón de cañas entretejidas.

CAÑO n. m. Tubo de metal, vidrio o barro, etc.: *una fuente de dos caños*. **2.** Albañal, conducto de desagüe. **3.** Chorro, líquido que sale de un orificio. **4.** MÚS. Cañón del órgano, por donde entra y sale el aire que produce el sonido.

CAÑÓN n. m. Pieza hueca y larga a modo de caña: *cañón de anteojo*. **2.** Tubo de un arma de fuego. **3.** Arma de fuego no portátil tomada en su conjunto: *cañón anticarro*. **4.** Valle estrecho y encajado, con paredes abruptas. **5.** Cañada. **6.** Pliegue cilíndrico que se hace en la ropa almidonada. **7.** Parte córnea y hueca de la pluma del ave. **8.** Pluma del ave que empieza a nacer.

CAÑONAZO n. m. Disparo efectuado por un cañón. **2.** Ruido o daño que causa un cañón.

CAÑONEAR v. tr. y pron. [1]. Batir a cañonazos.

CAÑUELAS, partido de Argentina (Buenos Aires); 31 012 hab. Ganado vacuno. Industrias lácteas.

CAÑUTILLO n. m. Tubito de vidrio que se emplea en trabajos de pasamanería y bordado. **2.** Hilo metálico, brillante o mate, que se usa para bordar.

CAOBA n. f. Planta arbórea de tronco alto, recto y grueso, que produce una excelente madera. (Familia meliáceas.) **2.** Madera de este árbol.

CAOLÍN n. m. Roca arcillosa, blanca y desmenuzable, compuesta esencialmente por caolinita, que entra en la composición de la porcelana dura.

CAOS n. m. (gr. *khaos*, abismo). Confusión, desorden: *reinar el caos*. **2.** GEOMORFOL. Acumulación de bloques producida por la erosión en ciertas clases de rocas. **3.** FILOS. Confusión general de los elementos y de la materia, antes de la creación del mundo.

CAÓTICO, A adj. Relativo al caos.

CAP n. f. Prenda de vestir larga y suelta, sin mangas. **2.** Disposición de elementos cuyo espesor es pequeño en relación a la superficie sobre la que se extienden. **3.** Toda sustancia que se aplica sobre otra: *capa de pintura*. **4.** *Fig.* Pretexto con que se encubre un designio. **5.** *Fig.* Categoría o clase social. **6.** Capote de torero. **7.** Color del pelo y piel de ciertos animales. **8.** Capote de torero. **9.** GEOL. Masa de terreno sedimentario que presenta caracteres homogéneos. • **Andar,** o **ir, de capa caída** (*Fam.*), ir decayendo de categoría, fortuna o salud o perdiendo intensidad y fuerza. ǁ **Capa pluvial,** la que usa el sacerdote en algunas funciones litúrgicas.

CAPACHA n. f. *Bol.* y *Chile.* Prisión; cárcel.

CAPACHO n. m. Espuerta de juncos o mimbres. **2.** Espuerta de cuero o de estopa muy recia, usada por los albañiles.

CAPACIDAD n. f. Espacio suficiente de alguna cosa para contener otra u otras: *la capacidad de un cajón.* **2.** Extensión o cabida de un sitio o local: *sala de mucha capacidad.* **3.** Aptitud o suficiencia para alguna cosa. **4.** *Fig.* Talento o disposición para comprender bien las cosas. **5.** DER. Aptitud legal.

CAPACITACIÓN n. f. Acción y efecto de capacitar.

CAPACITAR v. tr. y pron. [1]. Hacer a uno apto, habilitarle para alguna cosa. ◆ v. tr. **2.** Facultar a una persona para que realice una cosa.

CAPADOCIA, región central de Asia Menor (Turquía), que fue el núcleo del imperio hitita (III y II milenio a. J. C.).

CAPANGA n. m. *Argent.* Capataz, guardaespaldas, matón.

CAPAR v. tr. [1]. Castrar. **2.** *Fig.* y *fam.* Disminuir y cercenar.

CAPARAZÓN n. m. Cubierta dura y sólida formada por el tegumento engrosado de diversos animales, cuyo cuerpo protege. **2.** Cubierta que se pone encima de algunas cosas para su defensa.

CAPATAZ n. m. Persona encargada de dirigir y vigilar un grupo de trabajadores. **2.** Persona encargada de la labranza y administración de las haciendas de campo.

CAPAZ adj. (lat. *capacem*). Que tiene capacidad, aptitud o disposición para una cosa: *sentirse capaz para realizar algo.* **2.** Grande, espacioso o suficiente para contener algo: *un armario capaz.* ◆ adv. **3.** *Amér.* Posiblemente. ǁ **Capaz que** (*Méx.*), quizá, probablemente, a lo mejor: *capaz que llueve; capaz que saco la lotería.*

CAPCIOSO, A adj. (lat. *captiosum*). Artificioso, engañoso, que induce a error: *pregunta capciosa.*

CAPDEVILA (Arturo), escritor argentino (Córdoba 1889-Buenos Aires 1967). Poeta (*Córdoba azul,* 1940), dramaturgo y novelista, cultivó también el ensayo, interesándose por la historia argentina y los problemas del lenguaje.

CAPE TOWN → **Cabo (Ciudad de El).**

CAPEAR v. tr. [1]. Adoptar una embarcación una determinada posición para sortear un estado peligroso o desfavorable del mar. **2.** *Fam.* Eludir con habilidad alguna dificultad, entretener con evasivas: *capear la situación.* **3.** *Chile* y *Guat.* Faltar a clase, hacer novillos. **4.** *Méx.* Cubrir con huevo batido algún alimento para luego freírlo: *capear las papas.* **5.** TAUROM. Torear con la capa.

CAPELLÁN n. m. Titular de una capellanía. **2.** Sacerdote que ejerce sus funciones en una institución religiosa, seglar o castrense.

CAPELO n. m. Sombrero rojo, insignia de los cardenales. **2.** *Fig.* Dignidad de cardenal. SIN.: *capelo cardenalicio.* **3.** *Méx.* Campana de cristal para resguardar del polvo.

CAPERUZA n. f. Capucha con vuelta. **2.** Pieza que cubre o protege la extremidad de algo.

CAPI n. m. *Bol.* Harina blanca de maíz. **2.** *Chile.* Vaina tierna de las leguminosas.

CAPIA n. f. *Argent., Colomb.* y *Perú.* Maíz blanco muy dulce que se usa para preparar golosinas. **2.** *Argent.* y *Colomb.* Masa hecha con harina de capia y azúcar.

CAPIATÁ, c. de Paraguay (Central); 45 716 hab. Conserva una iglesia jesuística del s. XVII.

CAPICATÍ n. m. Planta de Argentina y Paraguay, de raíz muy aromática y de sabor cálido y acre, que sirve para fabricar un licor especial. (Familia cipcráceas.)

CAPICÚA adj. y n. m. (cat. *cap-i-cua*). Dícese del número que es igual leído de izquierda a derecha que de derecha a izquierda.

CAP

CAPILAR adj. (lat. *capillarem*). Relativo al cabello: *loción capilar*. • **Tubo capilar**, tubo de diámetro muy pequeño en el que se manifiestan fenómenos de capilaridad. ♦ n. m. y adj. **2.** ANAT. Vaso muy fino, a veces de 5 micras de diámetro solamente, situado entre las arteriolas y las vénulas. SIN.: vaso capilar.

CAPILARIDAD n. f. Calidad de capilar. **2.** Estado de un tubo o de un conducto capilar. **3.** Conjunto de los fenómenos que se producen en la superficie de un líquido, en particular cuando éste está dentro de un tubo capilar.

CAPILLA n. f. (bajo lat. *capella*). Iglesia pequeña aneja a otra mayor, o parte integrante de ésta, con altar y advocación particular. **2.** Lugar destinado al culto en determinados edificios o en algunas casas particulares. **3.** Cuerpo de músicos de alguna iglesia. **4.** Pliego que se entrega suelto durante la impresión de una obra. **5.** *Fig.* Pequeño grupo de adictos a una persona o a una idea. • **Capilla ardiente**, oratorio fúnebre provisional donde se celebran las primeras exequias por una persona.

CAPIROTAZO n. m. Golpe dado haciendo resbalar con violencia, sobre la yema del pulgar, el envés de la última falange de otro dedo de la misma mano.

CAPIROTE n. m. Capirotazo. **2.** Caperuza pequeña con que se cubre la cabeza de los halcones para la caza. **3.** Antiguo tocado femenino, alto y cónico. **4.** Muceta con capucha, del color respectivo de cada facultad, que usan los doctores en ciertos actos. **5.** Gorro puntiagudo forrado de tela que cubre totalmente la cabeza, y se lleva en las procesiones de semana santa. • **Tonto de capirote** *(Fam.)*, muy tonto.

CAPITACIÓN n. f. (lat. *capitationem*). Impuesto que se paga por persona.

CAPITAL adj. (lat. *capitalem*). Que constituye el origen, cabeza o parte vital de algo: *una cuestión capital*. **2.** *Fig.* Principal, muy grande. • **Pecados capitales**, los que se consideran como causa de todos los demás. || **Pena capital**, pena de muerte. ♦ n. f. y adj. **3.** Ciudad donde reside el gobierno de un estado o de los organismos administrativos de algunas de sus divisiones territoriales. ♦ n. f. **4.** IMPR. Letra mayúscula.

CAPITAL n. m. Conjunto de los bienes poseídos, por oposición a las rentas que pueden producir. **2.** Factor económico constituido por el dinero. **3.** Para los marxistas, producto de un trabajo colectivo que no pertenece a los que lo realizan sino al propietario de los medios de producción. • **Capital social**, monto de las sumas o de los bienes aportados a una sociedad y de su incremento ulterior.

CAPITAL FEDERAL, capital de la República de Argentina; 2 960 976 hab. Su ámbito territorial coincide con el término municipal de la ciudad de Buenos Aires.

CAPITALIDAD n. f. Calidad de capital, población principal.

CAPITALISMO n. m. Sistema económico y social en el que la propiedad de los medios de producción corresponde a los capitalistas y está separada de los trabajadores que disponen sólo de su fuerza de trabajo: *capitalismo privado*; *capitalismo de estado*. **2.** Para Marx, régimen económico, político y social que descansa en la búsqueda sistemática del beneficio gracias a la explotación de los trabajadores por los propietarios de los medios de producción y de cambio.

CAPITALISTA n. m. y f. Persona que posee capital o lo proporciona a una empresa. ♦ adj. **2.** Relativo al capitalismo.

CAPITALIZACIÓN n. f. Acción de capitalizar.

CAPITALIZAR v. tr. [1g]. Transformar intereses en capital, a su vez productor de intereses. **2.** Utilizar una renta transformándola en medio de producción.

CAPITÁN n. m. Genéricamente, caudillo militar. **2.** Oficial de los ejércitos de tierra y aire, de grado intermedio entre el teniente y el comandante. **3.** El que tiene el mando de un buque. **4.** Jugador que representa a su equipo en el terreno de juego. **5.** *Cuba* y *Méx.* Maitre, jefe de comedor.

CAPITANEAR v. tr. [1]. Mandar tropa haciendo el oficio de capitán. **2.** Encabezar una sublevación o acción semejante. **3.** *Fig.* Mandar gente.

CAPITANÍA n. f. Empleo de capitán del ejército. **2.** Compañía de soldados, con sus oficiales subalternos, mandados por un capitán. **3.** Edificio donde reside el capitán general con las oficinas y organismos diversos que funcionan a sus inmediatas órdenes.

CAPITEL n. m. (lat. *capitellum*). ARQ. Elemento más ancho que su soporte, que constituye la parte superior de una columna, un pilar o una pilastra.

CAPITOLINO, A adj. Relativo al Capitolio.

CAPITOLIO n. m. (lat. *capitolium*). Templo principal de una colonia romana. **2.** Edificio que sirve de centro de la vida municipal o parlamentaria. **3.** Acrópolis.

CAPITULACIÓN n. f. Pacto hecho entre dos o más personas sobre algún negocio, generalmente importante. **2.** Convenio en el que se estipula la rendición de un ejército, plaza o punto fortificado. • **Capitulaciones matrimoniales**, convención en que se estipulan, con ocasión del matrimonio, las condiciones de la sociedad conyugal en relación a los bienes presentes o futuros.

CAPITULAR adj. Relativo a un cabildo o al capítulo de canónigos o de religiosos. ♦ adj. y n. f. **2.** Dícese de la letra adornada que empieza un capítulo.

CAPITULAR v. intr. y tr. [1]. Pactar, hacer algún ajuste o concierto. ♦ v. intr. **2.** Rendirse estipulando condiciones. **3.** *Fig.* Ceder, someter uno su voluntad.

CAPITULEAR v. intr. [1]. *Argent.*, *Chile* y *Perú.* Cabildear.

CAPÍTULO n. m. (lat. *capitulum*). Junta que celebran los religiosos y clérigos seglares para las elecciones de prelados y para otros asuntos. **2.** División que se hace en los libros y otros escritos para el mejor orden de la exposición. **3.** Apartado, tema, punto particular sobre el que se trata. • **Llamar**, o **traer**, a uno **a capítulo**, obligarle a que dé cuenta de su conducta.

CAPÓ n. m. (fr. *capot*). Cubierta metálica que sirve para proteger el motor en un vehículo o una aleación.

CAPÓN n. m. Pollo castrado que se ceba para comerlo. **2.** Haz de sarmientos.

CAPÓN n. m. *Fam.* Golpe dado en la cabeza con los nudillos.

CAPORAL n. m. (ital. *caporale*). El que hace de cabeza de alguna gente y la manda. **2.** El que tiene a su cargo el ganado de la labranza. **3.** *Amér.* Capataz de una estancia ganadera. **4.** MIL. Cabo de escuadra.

CAPOTA n. f. Cubierta plegable de determinados carruajes y automóviles. **2.** Tela del paracaídas.

CAPOTAZO n. m. TAUROM. Lance o suerte de capa dado a dos manos, para detener al toro.

CAPOTE n. m. Prenda de abrigo a manera de capa, pero con mangas y menos vuelo. **2.** Prenda de abrigo, de uniforme, de los tres ejércitos. **3.** *Chile.* Tunda, paliza. **4.** TAUROM. Capa corta, ligera y de colores vivos que usan los toreros para la lidia. • **Echar un capote** *(Fam.)*, ayudar al que se halla en apuro.

CAPOTE (Truman), escritor norteamericano (Nueva Orleans 1924-Los Ángeles 1984), representante de la escuela neorromántica del Sur (*El arpa de la hierba*, 1951), evolucionó hacia la novela-reportaje (*A sangre fría*, 1966).

CAPOTEAR v. tr. [1]. Capear, torear con la capa. **2.** *Fig.* Evadir mañosamente las dificultades y compromisos. **3.** *Fig.* Entretener a alguien mediante engaños y evasivas.

CAPRI, isla de Italia, en el golfo de Nápoles; 10,4 km²; 7045 hab. Costas escarpadas y horadadas por grutas. Gran centro turístico.

CAPRICHO n. m. (ital. *capriccio*). Idea o propósito, comúnmente repentino y sin motivación aparente. **2.** Deseo vehemente, antojo. **3.** B. ART. Obra con aspecto de fantasía imaginativa y espontánea. **4.** MÚS. Pieza instrumental o vocal, de forma libre.

CAPRICHOSO, A adj. Que obra por capricho: *una niña caprichosa*. **2.** Que se hace por capricho.

CAPRICORNIO, constelación zodiacal. – Décimo signo del zodíaco, en el que el Sol entra en el solsticio de invierno.

CAPRINO, A adj. Cabrío. ♦ adj. y n. m. **2.** Relativo a una subfamilia de mamíferos rumiantes de la familia bóvidos, de cuernos replegados hacia atrás.

CÁPSULA n. f. (lat. *capsulam*, cajita). Casquillo metálico o de otro material que recubre o cierra el gollete de una botella. **2.** Envoltura soluble de ciertos medicamentos. **3.** Compartimiento de una nave o satélite espacial habitable por un animal o un hombre. **4.** ANAT. Nombre dado a diversas envolturas del organismo. **5.** ARM. Alvéolo cilíndrico metálico que contiene el cebo y sirve para comunicar el fuego a la carga de un cartucho. **6.** BOT. Fruto seco que se abre por varias hendiduras o por sus poros. **7.** QUÍM. Vasija hemisférica para realizar ebulliciones. • **Cápsula espacial**, compartimiento estanco recuperable de un ingenio espacial.

CAPTACIÓN n. f. (lat. *captationem*). Acción y efecto de captar.

CAPTAR v. tr. y pron. (lat. *captare*) [1]. Atraer, conseguir, lograr: *captar la simpatía de alguien*. ♦ v. tr. **2.** Percibir, comprender: *captar una pregunta*. **3.** Recoger humos, polvo, las aguas de un manantial, una energía cualquiera, etc. **4.** Recibir una emisión radiofónica.

CAPTURA n. f. Acción y efecto de capturar. **2.** GEOGR. Fenómeno por el cual un río desvía en provecho propio los afluentes e incluso el curso de otro río.

CAPTURAR v. tr. [1]. Aprehender a alguien a quien se busca como delincuente, a un animal que huye o a personas o materiales enemigos.

CAPUCHA n. f. Pieza que llevan determinadas prendas de vestir para cubrir la cabeza.

CAPUCHÓN n. m. Capucha. **2.** Caperuza, pieza que cubre o protege la extremidad de algo.

CAPUERA n. f. *Argent.* y *Par.* Parte de la selva desbrozada para el cultivo, rozado.

CAPULÍN o **CAPULÍ** n. m. Planta arbórea de América cuyo fruto es una drupa esférica de sabor agradable. (Familia rosáceas.) **2.** Fruto de esta planta.

CAPULINA n. f. Araña negra muy venenosa que vive en México. (Familia terídidos.)

CAPULLO n. m. Envoltura de ciertas crisálidas. **2.** Yema floral avanzada o a punto de abrirse. **3.** *Vulg.* Prepucio.

CAQUETÁ, r. de Colombia y Brasil, donde recibe el nombre de *Japurá*. Desemboca en el Amazonas (or. izq.), frente a Tefé; 2280 km.

CAQUETÁ (*departamento del*), dep. del S de Colombia, en la selva amazónica; 88 965 km²; 214 473 hab. Cap. *Florencia.*

CAQUEXIA n. f. (lat. *cachexiam*). Estado de debilidad y delgadez extrema del cuerpo, que constituye la fase terminal de ciertas enfermedades o infecciones crónicas.

CAQUI n. m. Planta arbórea, originaria de Japón. (Familia ebenáceas.) **2.** Fruto de este árbol.

CAQUI n. m. (ingl. *khaki*). Color cuyas tonalidades van desde el amarillo ocre al

verde gris. **2.** Tela de este color, usada para uniformes militares.
CARA n. f. Parte anterior de la cabeza del hombre, rostro: *cara lampiña.* **2.** Semblante, representación de algún estado de ánimo en el rostro: *poner mala cara.* **3.** Superficie de algo: *escribir por una sola cara.* **4.** Fachada o frente: *la cara de un edificio.* **5.** Anverso de las monedas y medallas. **6.** *Fig.* Aspecto, apariencia, cariz: *este guiso tiene buena cara.* **7.** *Fig.* Desfachatez, descaro. **8.** *MAT.* Cada uno de los polígonos que limitan un poliedro. **9.** *MAT.* Cada uno de los planos que limitan un ángulo poliedro. • *Cara a cara,* en presencia, delante de alguien. ‖ *Dar la cara,* responder de los propios actos y afrontar las consecuencias. ‖ *Dar,* o *sacar,* **la cara** por otro, salir en su defensa. ‖ *De cara,* enfrente. ‖ *Echar en cara,* reprochar a uno un beneficio que se le ha hecho; reprochar algo a alguien. ‖ *Plantar cara* a alguien, desafiarle, disputar lo que dice o resistir a su autoridad. ‖ *Verse las caras* (*Fam.*), avistarse una persona con otra para manifestar su enojo o para reñir.
CARABELA n. f. (port. *caravela*). Embarcación de vela usada en los ss. XV y XVI, rápida y de reducido tonelaje.
CARABINA n. f. (fr. *carabine*). Fusil de cañón normalmente rayado, empleado como arma de guerra, de caza o de deporte. **2.** *Fig.* y *fam.* Señora que solía acompañar a una joven en sus salidas.
CARABINERO n. m. Soldado armado de una carabina. **2.** Miembro de un cuerpo dedicado a la persecución del contrabando.
CÁRABO n. m. Insecto coleóptero, de unos 2 cm de long., de cuerpo alargado y patas largas. **2.** Ave rapaz nocturna, común en los bosques, que alcanza 70 cm de long.
CARABOBO (*estado de*), est. del N de Venezuela; 4650 km²; 1 453 232 hab. Cap. *Valencia.*
CARACAS, c. de Venezuela, cap. de la república y del Distrito Federal; 1 822 465 hab. El área metropolitana, que invade el est. Miranda, tiene 3 373 059 hab. Centro político, comercial y financiero, la industria tiende a desplazarse a la periferia. Al pie del pico del Ávila (teleférico), bien comunicado con el puerto de La Guaira y con el aeropuerto de Maiquetía, cuenta con tres universidades y numerosos museos, monumentos coloniales (catedral, iglesia de San Francisco, ss. XVIII) y el s. XIX (Panteón nacional) y notables edificios del s. XX (universidad central) y otros atractivos turísticos. Fundada por D. de Losada en 1567, en 1810 una junta de gobierno proclamó en ella la independencia de Venezuela. Se convirtió en capital de la nueva república en 1830.
CARACOL n. m. Molusco gasterópodo pulmonado, provisto de concha univalva y espiral, capaz de alojar todo el cuerpo del animal. **2.** Concha de este molusco. **3.** Pieza de un mecanismo de relojería. **4.** Rizo de pelo. **5.** Cada una de las vueltas que realiza el jinete con el caballo. **6.** *Méx.* Tipo de camisón ancho y corto que las mujeres usan para dormir. **7.** *ANAT.* Parte del oído interno formada por un conducto arrollado en espiral. SIN.: *cóclea.* • *Escalera de caracol,* escalera de forma helicoidal.
CARACOLA n. f. Caracol marino, con la concha en espiral y de forma cónica. **2.** Concha de este caracol.
CARACOLEAR v. intr. [1]. Hacer caracoles con el caballo.
CARACOLILLO n. m. Planta de jardín, de hojas romboidales y flores grandes, blancas y azules, aromáticas y enroscadas en forma de caracol. (Familia papilionáceas.) **2.** Flor de esta planta. (Suele usarse en plural.) **3.** Cierta clase de café, de grano más pequeño y redondo que el común.
CARÁCTER n. m. (lat. *characterem*) [pl. *caracteres*]. Conjunto de cualidades síquicas y afectivas que condicionan la conducta de cada individuo humano, distinguiéndolo de los demás. **2.** Individualidad moral, especialmente definida por la energía de la voluntad: *un hombre de carácter; ser todo un carácter.* **3.** Condición, índole, naturaleza: *visita de carácter privado.* **4.** Modo de decir o estilo. **5.** Natural o genio. **6.** Signo de escritura. (Suele usarse en plural.) **7.** Señal espiritual e indeleble que imprimen los sacramentos. ♦ *caracteres* n. m. pl. **8.** Letras de imprenta.
CARACTERÍSTICA n. f. Lo que constituye el carácter distintivo o la particularidad de alguien o de algo. **2.** *Argent.* y *Urug.* Prefijo telefónico. **3.** *MAT.* Parte entera de un logaritmo decimal escrito con una parte decimal positiva.
CARACTERÍSTICO, A adj. Que caracteriza: *signo característico.* ♦ n. **2.** Actor que representa papeles de persona de edad.
CARACTERIZACIÓN n. f. Acción y efecto de caracterizar.
CARACTERIZAR v. tr. y pron. [1g]. Determinar a alguien o algo por sus cualidades peculiares: *la franqueza le caracteriza.* ♦ v. tr. **2.** Representar un actor su papel con verdad y fuerza de expresión. ♦ *caracterizarse* v. pron. **3.** Componer el actor su fisonomía o vestirse conforme al tipo o figura que ha de representar.
CARACTEROLOGÍA n. f. Estudio de los tipos de carácter.
CARACÚ adj. y n. m. *Argent., Bol., Chile, Par.* y *Urug.* Dícese de una raza de ganado vacuno más útil para carne que para el trabajo. ♦ n. m. **2.** *Amér.* Hueso con tuétano que se pone en ciertos guisos.
CARACUL adj. y n. m. Karakul.
CARADURA adj. y n. f. Sinvergüenza.
CARAGUATÁ n. f. Planta herbácea textil, que crece en América del Sur. (Familia bromeliáceas.) **2.** Fibra producida por esta planta.
CARAHUE, ant. *Imperial,* c. de Chile (Araucanía); 25 184 hab. Mercado agropecuario.
CARAJO n. m. *Vulg.* Miembro viril. • *Irse al* o *irse al carajo* (*Vulg.*), acabar mal la cosa de que se trate. ‖ *Mandar al carajo* (*Vulg.*), despedir con malos modos. ♦ interj. **2.** *Vulg.* Denota enfado, sorpresa o insulto.
CARAMAÑOLA o **CARAMAYOLA** n. f. *Amér. Merid.* Cantimplora de soldado.
¡CARAMBA! interj. Denota extrañeza o enfado.
CARÁMBANO n. m. Pedazo de hielo más o menos largo y puntiagudo.
CARAMBOLA n. f. Lance del juego del billar, consistente en hacer que la bola con que se juega toque a las otras dos. **2.** En el billar, juego a base de tres bolas y sin palos. **3.** *Fig.* y *fam.* Doble resultado que se alcanza con una sola acción. • *Por carambola* (*Fam.*), indirectamente, por rodeos, por casualidad.
CARAMELIZAR v. tr. y pron. [1g]. Convertir azúcar en caramelo. **2.** Bañar en azúcar a punto de caramelo.
CARAMELO n. m. (port. *caramelo*). Azúcar fundido y tostado por la acción del fuego. **2.** Golosina compuesta de azúcar y un cuerpo graso, con adición de la crema, aromatizado.
CARAMILLO n. m. (lat. *calamellum*). Nombre con que se designan diversos instrumentos pastoriles. **2.** Registro grave del clarinete actual.
CARANCHO n. m. *Argent.* y *Urug.* Ave de la familia de los falcónidos, que se alimenta de animales muertos, insectos, reptiles, etc. **2.** *Perú.* Búho.
CARANDAÍ o **CARANDAY** n. m. Palmera alta, originaria de Brasil y muy abundante en América del Sur, cuya madera se emplea en construcción y las hojas para hacer sombreros y pantallas. (Familia palmáceas.)
CARÁNGANO n. m. *Amér. Central, Colomb., Cuba, Ecuad., Perú* y *Venez.* Piojo. **2.** *Colomb.* y *Venez.* Instrumento musical que hace las veces de bajo.
CARANTOÑAS n. f. pl. Halagos y lisonjas para conseguir algo.
CARAÑA n. f. Resina medicinal que se obtiene de ciertos árboles de América.
CARAPA n. f. Planta arbórea de las Antillas cuya madera se conoce como andiroba. (Familia meliáceas.)
CARAPACHO n. m. Caparazón de las tortugas, cangrejos y otros animales.
CARAPEGUÁ, distr. de Paraguay (Paraguarí); 27 045 hab. Pastos. Refino de azúcar. Curtidurías.
CARAQUEÑO, A adj. y n. De Caracas.
CARARE, r. de Colombia (Cundinamarca y Santander), afl. del Magdalena (or. der.); 450 km.
CARÁTULA n. f. Careta, máscara. **2.** *Fig.* Mundo del teatro. **3.** Portada de un libro o de la funda de un disco. **4.** *Méx.* Esfera del reloj.
CARAVAGGIO (Michelangelo **Amerighi** o **Merisi,** llamado **el**), pintor italiano (Caravaggio, Lombardía, c. 1573-Porto Ercole, Grosseto, 1610). Dramatizó el realismo de la composición recurriendo a fuertes contrastes de luz y sombra. Numerosos pintores europeos siguieron su estética (*caravaggismo*).
CARAVANA n. f. (persa *kārawān*). Grupo de gentes que en Asia y África se juntan para hacer un viaje con seguridad, llevando el equipaje en bestias de carga. **2.** Expedición en carros por regiones extensas y desérticas. **3.** Hilera compacta de automóviles que hace dificultoso el tránsito normal en una carretera. **4.** Automóvil o remolque grande acondicionado para vivienda.
¡CARAY! interj. Denota enfado o extrañeza.
CARAYÁ n. m. *Argent., Colomb.* y *Par.* Nombre de unas especies de monos americanos vegetarianos, arborícolas y diurnos, de tamaño mediano.
CARAZO (*departamento de*), dep. de Nicaragua, en la costa del Pacífico; 1097 km²; 130 900 hab. Cap. *Jinotepe.*
CARAZO (Rodrigo). Político costarricense (Cartago 1926), presidente de la república (1978-1982).
CARBALLIDO (Emilio), escritor mexicano (Córdoba 1925). Novelista, cuentista y autor de un teatro de tipo brechtiano (*El relojero de Córdoba,* 1960).
CARBÓN n. m. (lat. *carbonem*). Combustible sólido de color negro, de origen vegetal, que contiene una elevada proporción de carbono. **2.** Brasa o ascua, después de apagada. **3.** Carboncillo que se utiliza para dibujar. **4.** Enfermedad criptogámica de los vegetales, especialmente de los cereales, debida a hongos. • *Papel carbón,* papel recubierto por una capa de carbono graso, que permite obtener copias de un escrito o dibujo.
CARBONADA n. f. Carne cocida picada y asada en las ascuas o en la parrilla. **2.** *Amér. Merid.* Guisado compuesto de pedazos de carne, choclo, zapallo, papas y arroz.
CARBONADO, A adj. Que contiene carbono. ♦ n. m. **2.** Diamante negro utilizado en los instrumentos de perforación.
CARBONATADO, A adj. Dícese de las rocas constituidas principalmente por carbonatos, como la caliza o la dolomía.
CARBONATAR v. tr. y pron. [1]. Transformar en carbonato.
CARBONATO n. m. Sal o éster del ácido carbónico.
CARBONCILLO n. m. Palillo de carbón ligero, que sirve para dibujar.
CARBONERA n. f. Leña, en cubierta de arcilla, para el carboneo. **2.** Lugar donde se guarda el carbón.
CARBONERÍA n. f. Lugar donde se vende carbón.

CARBONERO, A n. Persona que comercia con el carbón. ♦ adj. **2.** Relativo a la fabricación o a la venta del carbón: *los centros carboneros*. ♦ adj. y n. m. **3.** Dícese del carguero destinado al transporte de carbón a granel. ♦ n. m. **4.** Planta arbórea cuya madera produce excelente carbón. (Familia cesalpiniáceas.) **5.** Pájaro de pico corto, afilado y casi cónico, y cabeza negra.

CARBÓNICO, A adj. Relativo al carbono. **2.** Dícese de un anhídrido (CO_2) que resulta de la combinación del carbono con el oxígeno, llamado también gas carbónico y dióxido de carbono. **3.** Dícese de las bebidas que contienen anhídrido carbónico en disolución.

CARBONÍFERO, A adj. Que contiene carbón.

CARBONILLA n. f. Carbón vegetal menudo. **2.** Ceniza del carbón. **3.** Coque menudo.

CARBONIZACIÓN n. f. Transformación de un cuerpo en carbón.

CARBONIZAR v. tr. y pron. [**1g**]. Quemar completamente, transformar en carbón.

CARBONO n. m. Elemento no metálico, que constituye el elemento esencial de los carbones y los compuestos orgánicos, cuyo símbolo es C, de número atómico 6 y de masa atómica 12,01, y que se encuentra en la naturaleza en estado cristalizado (diamante, grafito) o amorfo (hulla, antracita, lignito). • **Carbono 14,** isótopo radiactivo del carbono, que se forma en la atmósfera y con el que puede fecharse un vestigio. ‖ **Ciclo del carbono,** conjunto cíclico de las transferencias naturales de este elemento, de la atmósfera a las plantas verdes, de éstas a los animales, al suelo, y de nuevo a la atmósfera.

CARBÚNCULO n. m. (lat. *carbunculum*). Rubí.

CARBURACIÓN n. f. Operación que tiene por objeto someter ciertos cuerpos a la acción del carbono. **2.** Acción de mezclar aire con un carburante a fin de obtener una mezcla detonante.

CARBURADOR n. m. Aparato que prepara la mezcla de gasolina y de aire en los motores de explosión.

CARBURANTE adj. y n. m. Que contiene un hidrocarburo: *mezcla carburante*. ♦ n. m. **2.** Combustible utilizado en los motores de explosión o de combustión interna.

CARBURAR v. tr. [**1**]. Efectuar la carburación. ♦ v. intr. **2.** *Fam.* Funcionar con normalidad: *carburar bien un cerebro*.

CARBURO n. m. Combinación del carbono con otro cuerpo simple, especialmente la que se forma con el calcio y que se utiliza para el alumbrado.

CARCACHA n. f. Automóvil viejo y en muy malas condiciones.

CARCAJ n. m. (persa *tarkas*). Caja o estuche en que se llevaban las flechas.

CARCAJADA n. f. (voz onomatopéyica.) Risa impetuosa y ruidosa.

CARCAJEAR v. intr. y pron. [**1**]. Reír a carcajadas. ♦ **carcajearse** v. pron. **2.** Burlarse, no hacer caso.

CARCAMAL n. m. y f. y adj. *Fam.* Persona vieja y achacosa.

CARCAMÁN n. m. *Argent. Desp.* Carcamal, persona vieja y achacosa.

CARCASA n. f. Conjunto de piezas que sostienen los órganos activos de una máquina eléctrica. **2.** Parte exterior que lo envuelve.

CARCASONA, en fr. **Carcassonne,** c. de Francia, cap. del dep. de Aude, junto al Aude y el canal del Midi; 44 991 hab.

CÁRCEL n. f. (lat. *carcerem*). Edificio destinado a la custodia y reclusión de los presos. **2.** *Fig.* Lugar donde uno se encuentra a disgusto y contra su voluntad. **3.** TECNOL. Instrumento para mantener unidas y apretadas entre sí dos piezas de madera.

CARCELARIO, A adj. Relativo a la cárcel.

CARCELERO, A n. Persona que tiene por oficio cuidar de la cárcel. ♦ adj. **2.** Carcelario.

CARCHI (*provincia de*), prov. de Ecuador, en el N del país; 3701 km²; 141 992 hab. Cap. Tulcán.

CARCINÓGENO adj. y n. m. Cancerígeno.

CARCINOIDE n. m. Variedad de cáncer.

CARCINOLOGÍA n. f. Cancerología. **2.** Parte de la zoología que trata de los crustáceos.

CARCINOMA n. m. Cáncer de estructura epitelial predominante.

CARCOMA n. f. Coleóptero cuya larva excava galerías en la madera. (Familia anóbidos.) **2.** Polvo que produce este insecto después de digerir la madera que ha roído. **3.** *Fig.* Preocupación grave y continua que mortifica y consume al que la tiene.

CARCOMER v. tr. y pron. [**2**]. Roer la carcoma la madera o llenarse algo de carcoma. **2.** *Fig.* Corroer poco a poco el ánimo o la salud.

CÁRCOVA (Ernesto **de la**), pintor argentino (Buenos Aires 1867-*id.* 1927), introdujo el realismo social en la pintura de su país (*Pensativa, Andaluza, Sin pan y sin trabajo*).

CARDA n. f. Cardado. **2.** TEXT. Máquina en la que se efectúa el cardado de las materias textiles. **3.** TEXT. Peinado de carda a mano.

CARDADO, A adj. TEXT. Dícese de las materias textiles que han sido peinadas con las cardas. ♦ n. m. **2.** Acción y efecto de cardar. SIN.: *carda.*

CARDADOR, RA adj. y n. Que carda la lana.

CARDAR v. tr. [**1**]. Peinar y limpiar las materias textiles antes de hilarlas. **2.** Sacar el pelo con la carda a los paños y felpas. **3.** Peinar o cepillar el cabello para que el peinado quede hueco.

CARDENAL n. m. Miembro del sacro colegio, elector y consejero del papa. **2.** Ave de América, de penacho rojo escarlata. (Familia fringílidos.) **3.** *Amér.* Pájaro de muy vivos colores. **4.** *Chile.* Geranio.

CARDENAL n. m. Equimosis.

CARDENAL (Ernesto), poeta nicaragüense (Granada 1925). Sacerdote vinculado a la teología de la liberación, es autor de una poesía revolucionaria, de aliento épico (*Salmos*, 1964; *Oración por Marilyn Monroe y otros poemas*, 1965; *El estrecho dudoso*, 1966; *Homenaje a los indios americanos*, 1970).

CARDENALATO n. m. Dignidad de cardenal.

CARDENALICIO, A adj. Relativo a los cardenales o al cardenalato: *dignidad cardenalicia*.

CÁRDENAS, c. de Cuba (Matanzas); 75 032 hab. Salinas. Puerto pesquero y comercial. Refino de azúcar. Centro turístico en la playa de Varadero.

CÁRDENAS (Agustín), escultor cubano (Matanzas 1927 -¿La Habana? 2001). Sus esculturas se relacionan con la obra de Brancusi y Arp.

CÁRDENAS (Lázaro), militar y político mexicano (Jiquilpan, Michoacán, 1895-México 1970), presidente del Partido nacional revolucionario (1929), que transformó en Partido de la revolución mexicana (1938), origen del actual P.R.I., fue presidente de la república (1934-1940). Impulsó la reforma agraria y la industrialización y nacionalizó la industria del petróleo (1938). — Su hijo **Cuauhtémoc** (Michoacán 1934) fue expulsado del P.R.I. (1987) y creó el Partido de la revolución democrática (P.R.D.). En las elecciones federales de 1997 asumió la dirección del gobierno de la Ciudad de México.

CÁRDENAS (Santiago), pintor colombiano (Bogotá 1937). En su obra, encuadrada dentro del hiperrealismo, investiga la representación del objeto (*La distancia de la mirada*, 1976).

CÁRDENO, A adj. y n. m. (lat. *cardinum*, color del cardo). Morado. ♦ adj. **2.** TAUROM. Dícese del toro en cuya piel se mezclan pelos blancos y negros.

CARDÍACO, A o **CARDIACO, A** adj. y n. (gr. *kardiakos*). Relativo al corazón; afecto de una enfermedad del corazón.

CARDIAS n. m. Orificio superior del estómago por el que éste se comunica con el esófago.

CARDIFF, c. y puerto de Gran Bretaña, en la costa S del País de Gales; 272 600 hab.

CARDIGAN n. m. (voz inglesa). Chaqueta de punto con manga larga y escote en pico, que se cierra por delante.

CARDILLO n. m. Planta herbácea, de hojas coriáceas cuyas pencas se comen cocidas. (Familia compuestas.) **2.** *Méx.* Reflejo del sol producido por medio de un espejo.

CARDINAL adj. (lat. *cardinalem*). Principal, fundamental. • **Número cardinal,** número que expresa cantidad, como uno, dos, tres, cuatro, etc.; número que expresa la potencia de un conjunto. ‖ **Puntos cardinales,** los cuatro puntos de referencia que permiten orientarse: norte, sur, este y oeste. ‖ **Virtudes cardinales,** la prudencia, justicia, fortaleza y templanza.

CARDIOGRAFÍA n. f. Estudio del corazón con la ayuda del cardiógrafo. **2.** Radiografía del corazón.

CARDIÓGRAFO n. m. Aparato que registra los movimientos del corazón.

CARDIOGRAMA n. m. Gráfico obtenido con la ayuda de un cardiógrafo.

CARDIOLOGÍA n. f. Parte de la medicina que se ocupa del estudio de las enfermedades del corazón.

CARDIÓLOGO, A n. Especialista en cardiología.

CARDIOPATÍA n. f. Nombre que designa cualquier enfermedad del corazón.

CARDIOVASCULAR adj. Relativo al corazón y a los vasos sanguíneos a la vez.

CARDO n. m. (lat. *cardum*). Diversas plantas espinosas que corresponden a las familias compuestas, dipsacáceas, papaveráceas, solanáceas y umbelíferas. **2.** *Fig.* Persona arisca.

CARDÓN n. m. (bajo lat. *cardo*). Cardencha. **2.** *Amér. Merid.* y *Méx.* Nombre de diversas plantas arbóreas, abundantes en las regiones áridas, de la familia de las cactáceas.

CARDOSO (Fernando Henrique), sociólogo y político brasileño (Río de Janeiro 1931). Es autor de numerosos análisis socioeconómicos. Socialdemócrata, fue presidente de Brasil de 1994 a 2002.

CARDOSO (Onelio Jorge), escritor cubano (Calabazar de Sagua 1914), autor de cuentos realistas de ambiente rural (*El carbonero*, 1945; *La otra muerte del gato*, 1964; *Gente de pueblo*, 1962).

CARDOZA Y ARAGÓN (Luis), escritor guatemalteco (Antigua Guatemala 1904-México 1992), poeta surrealista (*Luna park*, 1923; *El sonámbulo*, 1937), crítico de arte y ensayista político.

CARDOZO (Efraím), historiador paraguayo (Villa Rica 1906-Asunción 1973). Fue uno de los artífices del tratado de Buenos Aires (1938), que fijó las fronteras con Bolivia. Autor de *Historiografía paraguaya* (1959).

CARDUMEN n. m. Banco de peces. **2.** *Chile* y *Urug.* Multitud y abundancia de cosas.

CAREAR v. tr. [**1**]. Confrontar unas personas con otras para aclarar la verdad o resolver algún asunto. **2.** *Fig.* Cotejar. **3.** *Argent., Colomb.* y *P. Rico.* Enfrentar dos gallos para conocer su modo de pelear.

CARECER v. intr. [**2m**]. Tener carencia de algo.

CARELIA (*República de*), república de la Federación de Rusia; 174 400 km²; 792 000 hab. Cap. Petrozavodsk.

CARENA n. f. (lat. *carinam*). Obra viva, parte normalmente sumergida de la nave. **2.** Compostura del casco de un barco.

3. AERON. Cuerpo fusiforme cuya resistencia al avance es muy reducida.

CARENAR v. tr. [1]. Limpiar, pintar o reparar la carena de un buque. **2.** Dar forma de carena a un móvil a fin de reducir su resistencia al aire.

CARENCIA n. f. Falta o privación de alguna cosa. ♦ **Período de carencia** (DER.), en seguros, lapso de tiempo inicial en que el asegurado no tiene derecho todavía a percibir las prestaciones.

CARENCIAL adj. Relativo a la carencia.

CARENTE adj. Que tiene carencia de algo.

CAREO n. m. Acción y efecto de carear.

CARERO, A adj. *Fam.* Que vende caro.

CARESTÍA n. f. **1.** Falta o escasez de alguna cosa. **2.** Precio subido de las cosas de uso común.

CARETA n. f. Máscara o mascarilla para cubrir la cara.

CAREY n. m. Tortuga marina de los mares cálidos, que alcanza hasta 1 m de long. **2.** Materia córnea que se obtiene del caparazón de este animal.

CARGA n. f. Acción y efecto de cargar. **2.** Lo que se transporta a hombros, a lomo o en cualquier vehículo: *la carga de un buque*. **3.** Peso sostenido por alguna estructura: *la carga soportada por una viga*. **4.** Efecto causado en el cuerpo o el espíritu por cosas que cansan, gastan, hacen sufrir, etc.: *la carga de una enfermedad*. **5.** Repuesto de cierto material contenido en un depósito o chasis: *carga de un bolígrafo*. **6.** Cantidad de pólvora, explosivo u otro producto destinado a asegurar la propulsión de un proyectil o a producir un efecto determinado. **7.** Sustancia que se añade a un material para darle cuerpo. **8.** Gravamen o tributo que se impone a una persona o cosa: *carga fiscal*. **9.** En los deportes de balón, acción que un jugador al abordar enérgicamente a uno de sus contrarios. **10.** HIDROL. Conjunto de los materiales transportados en disolución, en suspensión, o arrastrados en el fondo de su lecho por un curso de agua. **11.** INFORMÁT. Operación consistente en colocar en la memoria central de un ordenador un programa, con vista a su ejecución, o datos para su tratamiento. ● **Buque de carga**, barco destinado exclusivamente al transporte de mercancías. ‖ **Carga hueca** (ARM.), carga explosiva de gran poder perforante, organizada de tal modo que sus efectos se concentran a lo largo de su eje.

CARGADA n. f. *Argent. Fam.* Burla, broma.

CARGADILLA n. f. *Colomb.* Tirria, manía.

CARGADO, A adj. Dícese del tiempo o de la atmósfera bochornosos. **2.** Fuerte, espeso, saturado: *un café cargado*.

CARGADOR, RA adj. y n. Que carga. ♦ n. **2.** El que embarca las mercancías para su transporte. **3.** *Amér.* Mozo de cordel. ♦ n. m. **4.** Cualquier dispositivo que sirve para cargar algo. **5.** Cada uno de los servidores de una pieza de artillería, que introduce la carga para el tiro.

CARGAMENTO n. m. Conjunto de mercancías que carga una embarcación.

CARGANTE adj. *Fam.* Enojoso, pesado, fastidioso.

CARGAR v. tr. [1b]. Poner o echar pesos sobre una persona, un animal o un vehículo para transportarlos. **2.** Llenar, poner mucho o demasiado de algo en algún sitio: *cargar de especias una comida*. **3.** *Fig.* Aumentar, añadir: *cargar un veinte por ciento a una factura*. **4.** *Fig.* Imponer a las personas o cosas un gravamen, carga u obligación. **5.** *Fig.* Imputar, achacar: *cargar la culpa a otra persona*. **6.** Poner en un lugar o dispositivo el material que ha de consumir o que está destinado a contener: *cargar una pistola*. **7.** Adeudar en el debe de una cuenta. **8.** Acumular electricidad: *cargar un condensador, una batería*. **9.** Acometer, atacar, arremeter: *cargar la fuerza pública contra los manifestantes*. **10.** En los deportes de balón, desplazar un jugador a un contrario mediante un choque violento con el cuerpo. **11.** Estribar o descansar una cosa sobre otra: *cargar el techo de la capilla sobre un entablamento*. **12.** Con la prep. *con*, llevarse, tomar. **13.** *Fig.* Tomar o tener sobre sí algún peso u obligación. **14.** Con la prep. *sobre*, imputar a uno culpas o defectos ajenos; instar, importunar a uno para que condesciencia con lo que se pide. ♦ **cargarse** v. pron. **15.** *Vul.* Matar, romper, eliminar: *cargarse un jarrón*. ● **Cargársela**, o **cargárselas**, recibir las consecuencias desagradables de algún acto propio o ajeno.

CARGAZÓN n. f. *Argent.* Recargamiento, exceso de adornos.

CARGO n. m. Acción de cargar. **2.** Carga o peso. **3.** *Fig.* Obligación, precisión de hacer, o de hacer cumplir, alguna cosa. **4.** *Fig.* Gobierno, dirección, custodia: *tener alguien una nave a su cargo*. **5.** *Fig.* Dignidad, empleo, oficio: *cargo de senador*. **6.** *Fig.* Falta que se imputa a uno en su comportamiento: *carecer unos cargos de fundamento*. **7.** Buque de carga. **8.** Pago que se hace o debe hacerse con dinero de una cuenta, y apuntamiento que de él se hace. ● **A cargo de**, locución con que se indica que algo está confiado al cuidado de una persona, a expensas, a costa de. ‖ **Cargo de conciencia**, lo que la grava.

CARGOSEAR v. tr. e intr. [1]. *Amér. Merid.* Molestar reiteradamente a alguien.

CARGOSO, A adj. Pesado, grave. **2.** Molesto, cargante, gravoso. **3.** *Argent., Chile* y *Urug.* Persona que molesta reiteradamente, cargante.

CARGUERO, A adj. Que lleva carga. ♦ n. m. **2.** Buque destinado exclusivamente al transporte de mercancías.

CARI adj. *Argent.* y *Chile.* De color pardo o plomizo. **2.** *Chile.* Pimienta de la India.

CARIACONTECIDO, A adj. *Fam.* Que muestra en el semblante aflicción o sobresalto.

CARÍAS ANDINO (Tiburcio), político y militar hondureño (Tegucigalpa 1876-*id.* 1969) presidente de la república de 1932 a 1949.

CARIÁTIDE n. f. Estatua femenina que sirve como soporte arquitectónico vertical.

CARIBE adj. y n. m. y f. Relativo a una familia de pueblos amerindios que en la época del descubrimiento de América poblaban las Antillas y que posteriormente se dispersaron por diversas regiones americanas, de las Guayanas al Mato Grosso, y desde la costa Atlántica, entre el Amazonas y el Orinoco, hasta el Magdalena; individuo de dichos pueblos. ♦ adj. **2.** Caribeño. ♦ n. m. **3.** Familia lingüística que comprende las lenguas y dialectos hablados por los pueblos caribes. **4.** Pequeño pez carnicero, de las aguas de la Amazonia, famoso por su voracidad. SIN. *piraña*.

CARIBE (mar) o **MAR DE LAS ANTILLAS**, mar marginal del Atlántico tropical, limitado por el continente americano y los arcos insulares de las Grandes y las Pequeñas Antillas; 2 500 000 km². Zona rica en hidrocarburos y activa vía de comunicación.

CARIBEÑO, A adj. y n. Relativo al Caribe; habitante u originario de la zona del Caribe.

CARIBÚ n. m. Reno americano, de cornamenta extendida. (Familia cérvidos.)

CARICATURA n. f. (voz italiana). Dibujo o pintura satírica o grotesca de una persona o cosa. **2.** Ridiculización de alguien o de algo. **3.** Copia poco afortunada de una obra de arte. **4.** *Méx.* Cortometraje de dibujos animados.

CARICATURIZAR v. tr. [1g]. Hacer una caricatura.

CARICIA n. f. Demostración cariñosa que se hace rozando suavemente con la mano. **2.** Halago, demostración amorosa. **3.** Roce o impresión suave de algo que produce una sensación agradable.

CARIDAD n. f. (lat. *caritatem*). Amor a Dios y al prójimo; virtud cristiana opuesta a la envidia y a la animadversión. **2.** Limosna o auxilio que se presta a los necesitados. ● **Hijas de la caridad**, congregación de religiosas dedicadas al cuidado de pobres y enfermos, fundada en 1633 por san Vicente de Paúl.

CARIES n. f. (lat. *caries*) [pl. *caries*]. Lesión de tipo ulceroso en los tejidos duros del organismo. ● **Caries dentaria**, o **dental**, enfermedad de los dientes consistente en una lesión que evoluciona desde el exterior hacia el interior y que desemboca en una pérdida de sustancia formando una cavidad.

CARIÑO n. m. Sentimiento o inclinación de amor o afecto: *demostrar cariño*. **2.** *Fig.* Expresión y señal de dicho sentimiento. (Suele usarse en plural.) **3.** *Fig.* Esmero con que se hace o se trata algo.

CARIÑOSO, A adj. Que siente o demuestra cariño.

CARIO, A adj. Amér. Guaraní.

CARIOCA adj. y n. m. y f. De Río de Janeiro.

CARIOFILÁCEO, A adj. y n. f. Relativo a una familia de plantas dicotiledóneas como el clavel.

CARIPITO, c. de Venezuela (Monagas), cap. del mun. de Colón; 24 433 hab. Puerto petrolero y de cabotaje en el río Caripe. Centro de refino de petróleo.

CARISMA n. m. (lat. *charisma*). Don espiritual extraordinario que concede Dios. **2.** Cualidad extraordinaria que se atribuye a una persona y le confiere una superioridad de carácter ético, heroico, religioso, etc.

CARISMÁTICO, A adj. Que posee algún carisma.

CARITATIVO, A adj. Que ejercita la caridad. **2.** Relativo a la caridad.

CARIZ n. m. Aspecto de la atmósfera. **2.** Aspecto que presenta un asunto o negocio: *tener mal cariz*.

CARLINGA n. f. (fr. *carlingue*). En los barcos de madera, pieza fuerte situada paralelamente a la quilla, para reforzarla. **2.** Parte del avión donde se acomodan la tripulación y los pasajeros.

CARLOMAGNO o **CARLOS I el Grande** (747-Aquisgrán 814), rey de los francos [768-814], emperador de occidente [800-814], primogénito de Pipino el Breve. Tras la muerte de su hermano Carlomán (771) reinó solo. Venció a los lombardos y dominó el N de Italia (774). Creó el reino de Aquitania, se apoderó de Baviera, incorporó Sajonia (799) y sometió a los frisones (785), los ávaros de Panonia (796) y los sajones (804), a los que combatió durante más de treinta años. Tras fracasar en la conquista de la España musulmana, creó una zona de seguridad al S de los Pirineos, la Marca Hispánica; asimismo, estableció al O la marca de Bretaña (789-790). Fue coronado por el papa emperador de los romanos (800).

EMFERADORES

CARLOS I → *Carlomagno*.

CARLOS V o **CARLOS QUINTO** → *Carlos I*, rey de España.

ESPAÑA

CARLOS I (Gante 1500-Yuste 1558), príncipe de Países Bajos [1506-1555], rey de España [1516-1556], rey de Sicilia (**Carlos IV**) [1516- 1556 , titular del Sacro imperio romano germánico (**Carlos Quinto**) [1519-1556]. Hijo de Felipe el Hermoso y Juana la Loca, heredó las posesiones de las casas de Austria, Borgoña, Aragón y Castilla, que convirtió en un poderoso imperio tras luchar en distintos frentes. Empezó por aplastar militarmente la revuelta de las Comunidades (1520-1522) y eliminar las prerrogativas políticas de las cortes castellanas También debió someter

CAR

las germanías valencianas y mallorquinas (1519-1523). En el exterior, y pese a la firma de la *pax gallica* (1516), los enfrentamientos con Francia por el dominio de Italia se sucederían hasta la sumisión de Génova (1528) y Milán (1535). Con la primera cruzada sobre África, Carlos I reconquistó Túnez (1535). Pero los turcos derrotaron a la flota aliada del Imperio, Venecia y el papa frente a Epiro (1538), fracasó la segunda cruzada sobre África (1541), y Trípoli (1551) y Bugía (1554) cayeron en manos de los turcos. En Alemania, el emperador se enfrentó a la difusión del protestantismo. Desde 1531 mantuvo una larga guerra con la liga de Smalkalda (batalla de Mühlberg, 1547). En la paz de Augsburgo (1555) reconoció a los príncipes luteranos la libertad de cultos y la propiedad de los bienes secularizados. Enfermo, abdicó en 1555-1556 y se retiró al monasterio extremeño de Yuste.

CARLOS CASARES, partido de Argentina (Buenos Aires); 20 041 hab. Destilerías de alcohol.

CARLSBAD O **KARLSBAD** → *Karlovy Vary.*

CARLYLE (Thomas), escritor británico (Ecclefechan, Escocia, 1795-Londres 1881). Contrario al materialismo y al racionalismo, pero también el capitalismo, vio en las individualidades excepcionales los motores de la historia política e intelectual (*French revolution*, 1837; *Los héroes y el culto de los héroes*, 1841; *Pasado y presente*, 1843).

CARMELO (*monte*), montaña de Israel, por encima de Haifa; 546 m. Parque nacional (700 ha).

CARMELO, c. de Uruguay (Colonia); 14 127 hab. Puerto fluvial. Turismo.

CARMEN (*isla del*), isla de México (Campeche), que cierra parcialmente la boca de la laguna de Términos; 153 km²; Vegetación selvática. Pesca.

CARMEN (El), dep. de Argentina (Jujuy), en La Puna; 62 294 hab. Cereales. Ganadería. Harineras.

CARMESÍ n. m. Materia colorante de un grana muy vivo. ♦ adj. y n. m. 2. Dícese del color grana muy vivo.

CARMÍN n. m. (fr. *carmin*). Pigmento rojo intenso, que se extraía de la hembra de la cochinilla del nopal. 2. Materia para colorear los labios. ♦ adj. y n. m. 3. Dícese del color rojo encendido.

CARNADA n. f. Cebo o animal para pescar o cazar. 2. *Fig.* y *fam.* Añagaza, trampa para atraer con engaño.

CARNAL adj. y n. m. Relativo a la carne, en contraposición al espíritu: *amor carnal*. 2. Dícese de los parientes colaterales en primer grado: *tío carnal*.

CARNAVAL n. m. Período de tres días que precede al miércoles de ceniza. 2. Fiesta popular que se celebra en esos días.

CARNAVALESCO, A adj. Relativo al carnaval.

CARNAVALITO n. m. *Argent.* Baile vivaz y colectivo, cuya música es acompañada por coplas en español o quechua.

CARNAZA n. f. Cara de las pieles que ha estado en contacto con la carne. 2. Carnada, cebo. 3. *Amér. Fig.* Víctima inocente.

CARNE n. f. (lat. *carnem*). Sustancia fibrosa del cuerpo del hombre y de los animales, situada bajo la piel y que constituye los músculos. 2. Alimento animal de la tierra o del aire en contraposición al pescado. 3. Parte mollar de la fruta. 4. El cuerpo humano en contraposición al espíritu: *la carne es débil*. • **Carne de cañón** (*Fig.*), tropa inconsideradamente expuesta a la acción del enemigo; gente tratada sin miramientos. ‖ **Carne de gallina** (*Fig.*), aspecto que toma la epidermis del cuerpo humano por efecto de ciertas sensaciones.

CARNEADA n. f. *Argent., Chile, Par.* y *Urug.* Acción y efecto de carnear, descuartizar las reses.

CARNEAR v. tr. [1]. *Amér.* Matar y descuartizar las reses para el consumo. 2. *Chile* y *Méx. Fam.* Engañar o hacer burla de alguien.

CARNERO n. m. Rumiante doméstico, macho de la oveja, de grandes cuernos arrollados en espiral. 2. *Argent., Chile, Par.* y *Perú.* Persona sin voluntad ni iniciativa propias. 3. *Argent., Chile* y *Par.* Persona que no se adhiere a una huelga o protesta.

CARNERO n. m. (lat. *carnarium*). Lugar donde se echan los cadáveres. • **Cantar para el carnero** (*Amér.*), morirse.

CARNESTOLENDAS n. f. pl. Carnaval.

CARNET O **CARNÉ** n. m. (voz francesa) [pl. *carnets* o *carnés*]. Tarjeta de identificación. • **Carnet de identidad**, documento nacional de identidad.

CARNICERÍA n. f. Sitio donde se vende la carne al por menor. 2. *Fig.* y *fam.* Destrozo y mortandad de gente: *la batalla fue una carnicería.*

CARNICERO, A adj. y n. m. Dícese de los animales pertenecientes al orden carnívoros. ♦ adj. 2. *Fig.* Cruel, sanguinario, inhumano: *una venganza carnicera*. ♦ n. 3. Persona que vende carne.

CÁRNICO, A adj. Relativo a la carne destinada al consumo: *conservas cárnicas*.

CARNITAS n. f. pl. *Méx.* Carne de cerdo frita.

CARNÍVORO, A adj. y n. Dícese del animal que se alimenta de carne. ♦ adj. y n. m. 2. Relativo a un orden de mamíferos terrestres, que se alimentan sobre todo de presas animales. ♦ adj. y n. f. 3. Dícese de determinadas plantas capaces de capturar, digerir y absorber pequeños animales, principalmente insectos.

CARNOSIDAD n. f. Excrecencia vegetante de aspecto carnoso. 2. Carne que sobresale en alguna parte del cuerpo.

CARNOSO, A adj. De carne. 2. Que tiene muchas carnes: *manos carnosas*. 3. BOT. Dícese de los órganos vegetales formados por tejidos parenquimatosos, blandos y llenos de jugo.

CARNOT, familia francesa de políticos y científicos. — **Lazaré**, político y matemático (Nolay 1753-Magdeburgo 1823), fue miembro del Comité de salvación pública y organizó los ejércitos de la I república. Fue uno de los iniciadores de la geometría moderna. — Su hijo **Nicolas Léonard Sadi**, físico (París 1796-*id.* 1832), es considerado el creador de la termodinámica. — **Marie François Sadi**, llamado **Sadi Carnot**, ingeniero y político (Limoges 1837-Lyon 1894), fue presidente de la república (1887-1894).

CARO adv. M. a un alto precio: *vender caro*.

CARO, A adj. (lat. *carum*). De precio elevado. 2. Amado, querido: *caro amigo*.

CARO (José Eusebio), poeta y político colombiano (Ocaña 1817-Santa Marta 1853). Representante del romanticismo, su poesía se centra en temas civiles, filosóficos, sentimentales e indianistas.

CARO (Manuel Antonio), pintor chileno (Chiloé 1833-Valparaíso 1903). Fue pintor de escenas populares y costumbres campesinas.

CARO (Miguel Antonio), escritor, filólogo y político colombiano (Bogotá 1843-*id.* 1909). Fue presidente de la república de 1894 a 1898. Dirigió la Academia colombiana de la lengua y escribió poesía y obras filológicas.

CAROLINA, nombre de dos estados de Estados Unidos de América: *Carolina del Norte* (136 413 km²; 6 628 637 hab.; cap. Raleigh) y *Carolina del Sur* (80 432 km²; 3 486 703 hab.; cap. Columbia), que se extienden desde los Apalaches hasta el Atlántico. Plantaciones de algodón y tabaco.

CARÓN O **CARONTE**, personaje mitológico griego, barquero de los Infiernos, que cruzaba en su barca a los muertos por los ríos infernales.

CARONÍ, r. de Venezuela (Bolívar), afl. del Orinoco (or. der.); 925 km. Aprovechamiento hidroeléctrico (centrales de Macagua y Guri).

CARORA, c. de Venezuela (Lara); 70 715 hab. Minas de mercurio en San Jacinto. Aeropuerto.

CAROTENO n. m. Pigmento amarillo o rojo que se encuentra en los vegetales (sobre todo en la zanahoria) y en los animales.

CAROTIDA n. f. y adj. Cada una de las arterias que conducen la sangre del corazón a la cabeza.

CAROZO n. m. Raspa de la mazorca del maíz. 2. Hueso de las frutas como el melocotón, la ciruela y similares.

CARPA n. f. Pez de agua dulce, de la familia ciprínidos, que vive en las aguas tranquilas y profundas de ríos y lagos.

CARPA n. f. Lona bajo la cual los circos ambulantes ofrecen sus representaciones. 2. *Amér.* Tienda de campaña. 3. *Amér.* Toldo, tenderete.

CÁRPATOS, cadena montañosa de Europa central y del SE, que se extiende en forma de arco por Eslovaquia, Polonia, Ucrania y sobre todo Rumanía, y culmina a 2655 m.

CARPELO n. m. Cada una de las piezas florales cuyo conjunto forma el pistilo de las flores.

CARPENTIER (Alejo), novelista y musicólogo cubano (La Habana 1904-París 1980). En su prosa, musical y barroca, confluyen las culturas indígenas y europeas (*El reino de este mundo,*1949; *El siglo de las luces*, 1962; *El recurso del método*, 1974). [Premio Cervantes 1977.]

CARPETA n. f. Par de cubiertas entre las que se guardan papeles, documentos, etc. 2. *Argent.* y *Urug.* Tapete verde que cubre la mesa de juego. 3. *Argent.* y *Urug. Fig.* y *fam.* Habilidad o experiencia en el trato con los demás.

CARPETAZO n. m. **Dar carpetazo**, suspender la tramitación de una solicitud o expediente; dar por terminado un asunto.

CARPINCHO n. m. Roedor de América del Sur, que vive a orillas de ríos y lagunas alimentándose de peces y hierbas.

CARPINTERÍA n. f. Oficio y arte del carpintero. 2. Taller del carpintero. 3. En un edificio, conjunto de todas las piezas de madera. • **Carpintería metálica**, carpintería de un edificio realizada con perfiles metálicos en sustitución de la madera.

CARPINTERO n. m. (lat. *carpentarius*). Persona que tiene por oficio trabajar la madera.

CARPO n. m. ANAT. Parte del esqueleto de la mano que se articula por arriba con el antebrazo y por abajo con el metacarpo.

CARRACA n. f. (voz onomatopéyica). Instrumento de madera que produce un ruido seco y desapacible. 2. Ave de pico curvado, tarsos cortos y plumaje duro, de colores muy vivos. (Familia corácidos.) 3. *Colomb.* Mandíbula o quijada seca de algunos animales. 4. TECNOL. Mecanismo de rueda dentada y lingüete que tienen algunas herramientas para que el movimiento de vaivén del mango sólo actúe en un mismo sentido. 5. TECNOL. Herramienta propia para hacer taladros.

CARRACCI, pintores italianos: **Ludovico** (Bolonia 1555-*id.* 1619) y sus primos, los hermanos **Agostino** (Bolonia 1557-Parma 1602) y **Annibale** (Bolonia 1560-Roma 1609), es el último decorador de la galería del palacio Farnesio en Roma.

CARRAMPLÓN n. m. *Colomb.* y *Venez.* Fusil.

CARRANDI (Eustaquio), pintor argentino (Buenos Aires 1818-*id.* 1878), autor de retratos y escenas costumbristas de gauchos e indios.

CARRANZA (Eduardo), poeta colombiano (Apiay 1913-Bogotá 1985), impulsor del grupo Piedra y cielo (*Canciones para ini-*

ciar una fiesta, 1936; *Azul de ti,* 1944; *Los pasos contados,* 1970).
CARRANZA (Venustiano), político y militar mexicano (Cuatro Ciénagas, Coahuila, 1859-Tlaxcalantongo, Puebla, 1920). En 1913 se levantó contra Huerta y entró en México como primer jefe del ejército constitucionalista (1914). Destituido por la convención de Aguascalientes, derrotó a Villa con la ayuda de Obregón y volvió a tomar la capital. Presidente constitucional (1917), fue asesinado mientras huía de la rebelión de Sonora.
CARRARA. n. m. Mármol blanco extraído de los alrededores de Carrara, ciudad italiana.
CARRARA, c. de Italia (Toscana), cerca del Mediterráneo; 65 945 hab. Canteras de mármol. Catedral románico-gótica.
CARRASCA n. f. Encina, especialmente la de pequeño tamaño. **2.** *Colomb.* y *Venez.* Instrumento músico que tiene unas muescas que se raspan con un palillo.
CARRASCAL n. m. Terreno o monte poblado de carrascas. **2.** *Chile.* Pedregal.
CARRASCO n. m. Carrasca. **2.** *Amér.* Extensión grande de terreno cubierto de vegetación leñosa.
CARRASPEAR v. intr. [1]. Sentir o padecer carraspera. **2.** Toser para librarse de la carraspera.
CARRASPEO n. m. Acción y efecto de carraspear.
CARRASPERA n. f. Cierta aspereza en la garganta, que enronquece la voz.
CARRASPOSO, A adj. y n. Que padece carraspera. ♦ adj. **2.** *Colomb., Ecuad.* y *Venez.* Áspero al tacto, que raspa la mano.
CARRASQUILLA (Tomás), escritor colombiano (Santo Domingo 1858-Medellín 1940). Sus novelas superan el costumbrismo regionalista (*Frutos de mi tierra,* 1896; *Grandeza,* 1916; *La marquesa de Yolombó,* 1926).
CARREL (Alexis), cirujano y biólogo francés (Sainte-Foy-lès-Lyon 1873-París 1944), autor de trabajos sobre el cultivo de tejidos, escribió *La incógnita del hombre.* (Premio Nobel de fisiología y medicina 1922.)
CARRENLEUFÚ, r. de Argentina (Chubut), que nace en el Nahuel Ginter, penetra en Chile (Los Lagos), donde recibe el nombre de **río Palena**, y desemboca en el golfo Corcovado, en el Pacífico, formando la rada Palena; 300 km.
CARREÑO (Mario), pintor cubano (La Habana 1913). Vinculado a la abstracción geométrica, tiene acentos surrealistas. Ha realizado murales.
CARRERA n. f. (bajo lat. *carraria*). Acción de correr cierto espacio. **2.** Calle que fue antes camino: *la carrera de San Jerónimo.* **3.** Trayecto: *el importe de la carrera de un taxi.* **4.** *Fig.* Conjunto de estudios: *carrera de farmacia, de ingeniero.* **5.** Profesión, actividad. **6.** *Fig.* Línea de puntos que se sueltan en una labor de malla: *una carrera en las medias.* **7.** *Fig.* Camino o curso que sigue uno en sus acciones. **8.** Curso de los astros: *hallarse el Sol a mitad de su carrera.* **9.** Viga dispuesta horizontalmente a lo largo de un muro y que sirve para dar asiento a las viguetas del suelo. **10.** Pugna o competición de velocidad: *carreras de caballos; carrera ciclista.* **11.** MEC. Camino que recorre en un sentido todo órgano sujeto a un movimiento de vaivén: *carrera del émbolo dentro del cilindro.* **12.** Conjunto o serie de cosas dispuestas en hilera o en orden: *carrera de árboles.* • **A la carrera,** muy de prisa: *salir a la carrera.* ‖ **Carrera de armamentos** o **armamentística** (MIL.), acumulación progresiva de armamento, basada en la estrategia disuasoria. ‖ **Hacer carrera,** prosperar, lograr un buen puesto, medrar.
CARRERA (Rafael), militar y político guatemalteco (Guatemala 1814-íd. 1865). Presidente del país (1844-1848 y 1851-1865), en 1847 proclamó la República de Guatemala, y en 1854 fue nombrado jefe supremo y perpetuo. En 1863 invadió El Salvador.
CARRERA VERDUGO (José Miguel), militar y político chileno (Santiago 1785-Mendoza 1821). Impuso su poder dictatorial en Chile (1812-1813), pero sus derrotas ante los españoles en Chillán (1813) y Rancagua (1814) le obligaron a exiliarse. Fue ejecutado por conspirar contra O'Higgins.
CARREREAR v. tr. [1]. *Méx.* Urgir, dar prisa a alguien para que haga algo: *no me carrerees que me pones nervioso.*
CARRERILLA n. f. • **De carrerilla,** de memoria, sin reflexión. ‖ **Tomar carrerilla,** coger impulso para ejecutar una cosa.
CARRETA n. f. Carro largo, angosto y más bajo que el ordinario, generalmente de ruedas sin llanta, y con una lanza a la cual se sujeta el yugo. **2.** *Ecuad.* Carrete de hilo. **3.** *Venez.* Carretilla.
CARRETADA n. f. Carga que lleva una carreta o un carro. **2.** *Fig.* y *fam.* Gran cantidad de algo.
CARRETE n. m. Cilindro, taladrado por el eje y con bordes en sus bases, sobre el que se arrolla un material en forma de hilo o lámina. **2.** Material arrollado de dicho cilindro. **3.** Conductor eléctrico, aislado y arrollado sobre sí mismo, en una o varias capas. **4.** Cilindro en el que se enrolla la película fotográfica. **5.** Rollo de película para hacer fotografías.
CARRETEAR v. tr. [1]. Conducir una cosa en carro o carreta. **2.** Guiar un carro o carreta.
CARRETELA n. f. Vehículo hipomóvil descubierto, de cuatro ruedas, que en la parte delantera lleva un asiento con respaldo y en la posterior, tras el asiento, una capota plegable. **2.** *Chile.* Vehículo de dos ruedas, que se dedica por lo general al acarreo de bultos.
CARRETERA n. f. Vía de comunicación entre poblaciones, destinada a la circulación de vehículos. • **Carretera de cuota** (*Méx.*), carretera de peaje.
CARRETERO n. m. Persona que tiene por oficio construir o conducir carros o carretas.
CARRETILLA n. f. Carro pequeño, con el que se transportan materiales a corta distancia. • **De carretilla,** de memoria, sin reflexión: *decir la lección de carretilla.*
CARRETÓN n. m. Carro pequeño, a modo de un cajón abierto, con dos ruedas, que puede ser tirado por una caballería. **2.** *Colomb.* Trébol.
CARRICOCHE n. m. Carro cubierto con caja de coche. **2.** *Desp.* Coche viejo o de mal aspecto.
CARRIEGO (Evaristo), poeta argentino (Paraná 1883-Buenos Aires 1912). Sus poemas pintan la vida del suburbio porteño (*La canción del barrio,* 1913). Escribió además teatro (*Los que pasan,* 1912) y relatos (*Flor de arrabal,* 1927).
CARRIEL n. m. *Amér.* Bolsa de viaje. **2.** *Colomb., Ecuad.* y *Venez.* Maletín de cuero.
CARRIL n. m. Huella que dejan en el suelo las ruedas del carruaje. **2.** En una vía pública, cada banda longitudinal destinada al tránsito de una sola fila de vehículos. **3.** En las vías férreas, cada una de las barras de hierro que sustentan y guían las locomotoras y vagones que ruedan sobre ellas.
CARRILLO n. m. Parte carnosa de la cara, desde la mejilla hasta el borde inferior de la mandíbula.
CARRILLO (Braulio), político costarricense (Cartago 1800-San Miguel, El Salvador, 1845). Elegido presidente en 1835, en 1838 dio un golpe de estado y separó a Costa Rica de las Provincias Unidas de Centroamérica.
CARRILLO (Julián), compositor y director de orquesta mexicano (San Luis Potosí 1875-México 1965), autor de música microtonal y de obras teóricas.
CARRILLO PUERTO (Felipe), líder campesino mexicano (Motul 1872-Mérida 1924). Gobernador de Yucatán (1917), repartió tierras de los ejidos. Fue fusilado durante la revolución protagonizada por Huerta.
CARRIÓ DE LA VANDERA (Alonso) → **Concolorcorvo.**
CARRIOLA n. f. Cochecito de bebé.
CARRIÓN (Jerónimo), político ecuatoriano (Loja 1812-† 1873). Miembro del triunvirato que asumió el poder después del derrocamiento de Robles (1859), fue presidente en 1865-1367.
CARRIZAL n. m. Terreno poblado de carrizos.
CARRIZO n. m. Planta de raíz larga y rastrera que crece cerca del agua, cuyas panojas se utilizan para hacer escobas. (Familia gramíneas.) SIN.: cañavera.
CARRO n. m. (lat. *carrum*). Carruaje consistente en una plataforma con barandillas, montada generalmente sobre dos ruedas, con lanza o varas para enganchar el tiro. **2.** Carga de un carro. **3.** Parte corredera de una máquina que transporta algo de un lugar a otro del mecanismo. **4.** Artefacto ligero provisto de ruedas que se usa para pequeños traslados. SIN.: *carrito.* **5.** *Amér. Central, Colomb., Méx., Perú, P. Rico* y *Venez.* Vehículo automóvil. **6.** *P. Rico* y *Venez.* Carreta. • **Carro de combate,** vehículo automotor blindado y provisto de cadenas, armado con cañones, ametralladoras, etc.
CARROCERÍA n. f. Parte de los vehículos automóviles o ferroviarios que, asentada sobre el bastidor, reviste el motor y otros órganos y sirve para transportar pasajeros o carga. **2.** Taller en que se construye, vende o repara dicha parte del vehículo.
CARROLL (Charles Lutwidge Dodgson, llamado **Lewis**), matemático y escritor británico (Daresbury 1832-Guildford 1898). Sus relatos aúnan su pasión por la lógica formal y su fascinación por la imaginación infantil (*Alicia en el país de las maravillas,* 1865; *A través del espejo,* 1872).
CARROMATO n. m. (ital. *carro matto*). Carro grande con toldo.
CARROÑA n. f. (ital. *carogna*). Carne corrompida.
CARROZA n. f. (ital. *carrozza*). Coche de gran lujo, tirado por caballos. **2.** Vehículo o plataforma sobre ruedas adornados con una decoración de fantasía, que desfila por las calles con motivo de determinados festejos y celebraciones populares. **3.** *Argent., Chile, Méx., Par.* y *Urug.* Vehículo especial en el que se transporta a los difuntos al cementerio. SIN.: *carroza fúnebre.* ♦ n. m. y f. y adj. **4.** *Fam.* Persona avejentada y anticuada.
CARRUAJE n. m. (cat. *carruatge*). Vehículo formado por una armazón de madera o hierro, montada sobre ruedas.
CARRUSEL n. m. (fr. *carrousel*). Cabalgata. **2.** Espectáculo hípico. **3.** Tiovivo. **4.** Aparato destinado al transporte de cargas, objetos o mercancías.
CÁRSICO, A, CÁRSTICO, A o **KÁRSTICO, A** adj. Relativo al carso. • **Relieve cársico,** relieve propio de las regiones en las que las rocas calcáreas forman gruesas capas. SIN.: *relieve calizo.*
CARSO n. m. Región de modelado cársico.
CARTA n. f. (lat. *chartam,* papel). Escrito dirigido a una persona. **2.** Menú o minuta: *comer a la carta.* **3.** Mapa: *carta de navegación.* **4.** Denominación que se aplica a determinados documentos: *cartas credenciales; carta de crédito.* **5.** Antiguo título que concedía franquicias, privilegios. **6.** Leyes constitucionales de un estado, establecidas por concesión del soberano. **7.** Ley, regla fundamental. **8.** Naipes. • **Carta cabal,** íntegramente, por completo: *ser honrado a carta cabal.* ‖ **Carta blanca,** facultad que se da a uno para

CAR

obrar con entera libertad. ‖ **Carta de ajuste,** imagen de control que sirve para verificar la calidad de las transmisiones en televisión. ‖ **Carta de ciudadanía** (*Argent.*), documento por el que el estado otorga la nacionalidad a un residente en el país, carta de naturaleza.

CARTABÓN n. m. (provenz. escartabont). Instrumento en forma de triángulo rectángulo isósceles, usado en el dibujo lineal.

CARTAGENA, c. de España (Murcia), cab. de p. j.; 173 061 hab. (*Cartageneros* o *cartagineses.*) Puerto comercial (con Escombreras) y militar. Astilleros, industrias químicas y mecánicas. Refinería. De origen cartaginés, conoció gran esplendor en la época romana (*Cartago Nova*).

CARTAGENA o **CARTAGENA DE INDIAS,** c. de Colombia, cap. del dep. de Bolívar; 531 426 hab. Moderno centro industrial, activo puerto, refinería. Fue en el s. XVII la capital económica del Nuevo Reino de Granada, objetivo de varios ataques corsarios. Conjunto monumental colonial (plaza Real, audiencia, catedral, conventos de San Diego y Santa Clara, iglesia por lo antiguo y fortificaciones), declarado bien cultural de la humanidad por la Unesco (1984). Museo de arte moderno, en las antiguas bodegas del puerto.

CARTAGENERO, A adj. y n. De Cartagena.
CARTAGINENSE adj. y n. m. y f. Cartaginés, de Cartago.
CARTAGINÉS, SA adj. y n. Cartagenero. **2.** De Cartago.

CARTAGO, c. de África, fundada según la tradición en 814 a. J.C. por colonos fenicios de Tiro en una península cerca de la actual Túnez. En el s. V a. J.C. luchó contra los griegos, sobre todo contra Siracusa. Fundó colonias en Sicilia y en España, envió a navegantes al Atlántico N y a las costas occidentales de África y sostuvo contra Roma, su rival, largas luchas conocidas con el nombre de *guerras púnicas* (264-146 a. J.C.). Vencida por Escipión el Africano al final de la segunda guerra (201 a. J.C.), a pesar de los esfuerzos de Aníbal, fue destruida al final de la tercera guerra por Escipión Emiliano (146 a. J.C.). Fundada de nuevo como colonia romana (s. I a. J.C.), se convirtió en la capital del África romana y del África cristiana. Tomada en 439 por los vándalos, fue arrasada por los árabes (c. 698). Ruinas romanas (acueducto, termas, teatro). Basílicas cristianas. Museo arqueológico.

CARTAGO (*provincia de*), prov. de Costa Rica, en el centro del país; 3125 km²; 316 400 hab. Cap. Cartago.
CARTAGO, c. de Colombia (Valle del Cauca); 97 791 hab. Centro agropecuario, minero e industrial.
CARTAGO, c. de Costa Rica, cap. de la prov. homónima, al pie del volcán Irazú; 52 265 hab.

CARTAPACIO n. m. Cuaderno de apuntes. **2.** Carpeta.

CARTEARSE v. pron. [1]. Escribirse cartas recíprocamente: *cartearse con alguien*.

CARTEL n. m. (cat. *cartell*). Papel, pieza de tela o cualquier otro material con inscripciones o figuras, colocada en lugar visible, y que sirve de anuncio, aviso, propaganda, etc. **2.** fam. Convención pactada entre ejércitos beligerantes. • **Ser de,** o **tener, cartel,** tener fama: *ser un torero de cartel.*

CÁRTEL n. m. (alem. *Kartell*). Agrupación de empresas que, conservando la individualidad, tiene como fin principal la supresión de la competencia.

CARTELERA n. f. Armazón con superficie adecuada para fijar carteles, especialmente los de los espectáculos públicos. **2.** En los periódicos, sección donde se anuncian los espectáculos.

CARTEO n. m. Acción y efecto de cartearse.

CÁRTER n. m. Envoltura protectora de las piezas de un mecanismo.

CARTER (James Earl, llamado **Jimmy**), político norteamericano (Plains, Georgia, 1924). Demócrata, fue presidente de E.U.A. de 1977 a 1981.

CARTERA n. f. Utensilio de bolsillo a modo de libro, para llevar dinero, papeles, documentos, etc. **2.** Bolsa con tapadera y generalmente con asa, para llevar libros, legajos, etc. **3.** *Fig.* Conjunto de valores, efectos comerciales o pedidos de que dispone una sociedad mercantil o industrial. **4.** Ministerio que desempeña un miembro del gobierno. • **En cartera,** en estudio, en proyecto. ‖ **Sociedad de cartera** (B. Y BOLS.), sociedad que posee participaciones en valores mobiliarios.

CARTERISTA n. m. y f. Ladrón de carteras de bolsillo.

CARTERO, A n. Persona que reparte las cartas del correo.

CARTESIANISMO n. m. Filosofía de Descartes y de sus discípulos.

CARTESIANO, A adj. y n. Relativo a la doctrina de Descartes. **2.** Metódico, racional, lógico.

CARTILAGINOSO, A adj. Relativo al cartílago; de la naturaleza del cartílago.

CARTÍLAGO n. m. (lat. *cartilaginem*). Tejido resistente y elástico que forma el esqueleto del embrión antes de la aparición del hueso y que persiste en el adulto en el pabellón de la oreja, en la nariz y en las terminaciones de los huesos.

CARTILLA n. f. Libro para aprender las letras del alfabeto. **2.** Cuaderno donde se anotan ciertas circunstancias o datos referentes a determinada persona: *cartilla de ahorros.* • **Cantarle,** o **leerle,** a uno **la cartilla** (*Fam.*), reprenderle, advirtiéndole de lo que debe hacer en algún asunto.

CARTOGRAFÍA n. f. Arte y técnica que tiene por objeto el levantamiento, la redacción y la publicación de mapas.

CARTOGRAFIAR v. tr. [1t]. Levantar la carta geográfica de una porción de superficie terrestre.

CARTÓGRAFO, A n. Especialista en cartografía.

CARTOMANCIA o **CARTOMANCÍA** n. f. Arte de adivinar el futuro a partir de combinaciones de naipes.

CARTOMETRÍA n. f. Medición de las líneas trazadas sobre los mapas.

CARTÓN n. m. Material constituido por una plancha gruesa de pasta de papel endurecida o por varias hojas de papel superpuestas y adheridas unas a otras. **2.** Modelo realizado sobre papel grueso, cartón o lienzo para un tapiz, fresco o vidriera: *los cartones de Goya*. **3.** Paquete formado generalmente por diez cajetillas de cigarrillos. • **Cartón piedra,** cartón obtenido con pasta de papel fuertemente prensada, con el que se fabrican elementos de decoración interior.

CARTUCHERA n. f. Estuche o canana donde se llevan los cartuchos.

CARTUCHO n. m. (fr. *cartouche*). Cilindro de cartón, de metal, de lienzo, etc., que contiene una cantidad determinada de explosivo, especialmente una carga completa para un arma de fuego. **2.** Envoltorio cilíndrico o en forma de cucurucho: *un cartucho de monedas.*

CARTUJA n. f. Orden religiosa fundada por san Bruno. (Suele escribirse con mayúscula.) **2.** Monasterio de dicha orden.

CARTUJANO, A adj. Relativo a la cartuja. ♦ adj. y n. m. **2.** Cartujo. **3.** Dícese del caballo y yegua que ofrece las señales características de la raza andaluza.

CARTUJO, A adj. y n. Dícese del religioso de la orden de san Bruno. ♦ n. m. **2.** *Fam.* Hombre taciturno o muy retraído.

CARTULINA n. f. (ital. *cartolina*). Cartón delgado, muy terso.

CARÚPANO, c. de Venezuela (Sucre), en el istmo de la península de Paria; 92 333 hab. Centro industrial.

CARURÚ n. m. Planta herbácea que crece en América. (Familia amarantáceas.)

CARUSO (Enrico), tenor italiano (Nápoles 1873-*id.* 1921), famoso por la belleza de su timbre.

CARVAJAL (Lino), geólogo y naturalista argentino (Rosario 1869-† 1907). Estudió las regiones del S de su país (*La Patagonia, Por el Alto Neuquén*).

CASA n. f. (lat. *casa*, choza). Edificio para habitar. **2.** Vivienda, lugar en que habita una persona o familia. **3.** Familia, conjunto de individuos que viven juntos. **4.** Linaje, ascendencia o descendencia de familia, especialmente de las pertenencientes a la nobleza: *la casa de Austria*. **5.** Establecimiento industrial o comercial. **6.** Establecimiento donde se desarrollan determinadas actividades o se prestan ciertos servicios: *casa de empeños; casa de comidas; casa de beneficencia; casa de citas.* **7.** Casilla del tablero de los juegos de ajedrez, damas y otros parecidos. **8.** ASTROL. Cada una de las doce divisiones iguales en forma de huso, en que se considera dividido el cielo. • **Casa consistorial** o **casas consistoriales,** edificio donde está instalada la administración municipal y donde se reúne el ayuntamiento. ‖ **Casa de Dios, de oración,** o **del Señor,** templo o iglesia. ‖ **Casa de fieras,** zoológico.

CASABLANCA, en ár. Dār al-Baydā, principal c. y puerto de Marruecos, junto al Atlántico; 2,5 millones de hab. aprox. Centro comercial e industrial. Exportación de fosfatos.

CASACA n. f. Prenda de vestir ceñida al cuerpo, con faldones y manga larga. **2.** Chaqueta o abrigo corto.

CASACCIA (Gabriel), escritor paraguayo (Asunción 1907-Buenos Aires 1980). Su obra es una amarga denuncia contra la realidad de su país (*Mario Pareda,* 1940; *La babosa,* 1952; *La llaga,* 1963; *Los exiliados,* 1966; *Los herederos,* 1975).

CASACIÓN n. f. Anulación por una jurisdicción de rango superior, de una sentencia.

CASADERO, A adj. Que está en edad de casarse.

CASADO, A adj. y n. Dícese de la persona que ha contraído matrimonio.

CASAL (Julián **del**), poeta cubano (La Habana 1863-*id.* 1893), exponente del modernismo en su país, donde su poesía, musical y decadente, ha ejercido gran influencia (*Hojas al viento,* 1890; *Nieve,* 1892; *Bustos y rimas,* 1893).

CASALS (Pau), violonchelista, compositor y director de orquesta español (El Vendrell 1876-San Juan de Puerto Rico 1973). Se exilió en 1939 a Francia, donde fundó el festival de Prades (1950), y luego a Puerto Rico. Compuso música religiosa, sardanas, el oratorio *El pessebre* (1960) y el *Himno de las Naciones unidas* (1971).

CASAMENTERO, A adj. y n. Aficionado a proponer o arreglar bodas.

CASAMIENTO n. m. Acción y efecto de casar. **2.** Ceremonia nupcial.

CASANARE (*departamento del*), dep. de Colombia, en los llanos del *río* Casanare, afl. del Meta; 44 640 km²; 110 253 hab. Cap. Yopal.

CASANOVA n. m. Tenorio.

CASANOVA (Giovanni Giacomo), aventurero italiano (Venecia 1725-Dux, Bohemia, 1798), famoso por sus hazañas novelescas y galantes, que contó en sus *Memorias,* publicadas póstumamente.

CASAR v. tr. [1]. DER. Anular, abrogar, derogar.

CASAR v. intr. y pron. [1]. Contraer matrimonio. ♦ v. tr. **2.** Dar en matrimonio: *ya ha casado a dos de sus hijos*. **3.** Unir en matrimonio: *les casó el juez*. **4.** *Fig.* Unir

una cosa con otra: *casar las piezas de un vestido*. ◆ v. tr. e intr. **5.** *Fig.* Disponer y ordenar algunas cosas de suerte que hagan juego o tengan correspondencia entre sí.
CASAS (Bartolomé de **Las**), eclesiástico español (Sevilla 1474-Madrid 1566). Fue titular de encomiendas, a las que renunció en 1515 para dedicarse a la defensa de los indios y a la denuncia de los abusos de la colonización. Fue nombrado obispo de Chiapas (1544-1546). Es autor de la *Brevísima relación de la destrucción de las Indias* (1552), contenida en sus *Tratados* y una inacabada *Historia de Indias*.
CASCABEL n. m. (cat. *cascavell*). Bola de metal, hueca y agujereada, que lleva dentro un pedacito de hierro o latón para que, moviéndolo, suene. **2.** Conjunto de placas córneas de la cola de la serpiente de cascabel que producen un sonido al cual el reptil debe su nombre. • **Serpiente de cascabel**, crótalo.
CASCABELEAR v. tr. [**1**]. *Fam.* Alborotar a uno con esperanzas vanas para que ejecute alguna cosa. ◆ v. intr. **2.** Hacer ruido de cascabeles.
CASCABELEO n. m. Ruido de cascabeles, o de voces y risas que lo semejan.
CASCABELERO, A adj. v. n. *Fam.* Dícese de la persona de poco juicio y particularmente alegre y desenfadada.
CASCADA n. f. (ital. *cascata*). Caída de agua desde cierta altura por rápido desnivel del cauce.
CASCADAS (cordillera de las) o **CASCADE RANGE**, montañas del O de Estados Unidos y de Canadá, a orillas del Pacífico (monte Rainier, 4391 metros).
CASCADO, A adj. Dícese de lo que está gastado o muy trabajado, o carece de fuerza, sonoridad, entonación, etc.
CASCADURA n. f. Acción y efecto de cascar. **2.** Pez de tronco alargado y comprimido, con dos barbillas, y labios gruesos, que vive en las lagunas y lagos de Suramérica. (Familia callictidos.)
CASCAJO n. m. Fragmento de piedra y de otros materiales. **2.** Conjunto de frutas de cáscara seca. **3.** *Fam.* Vasija, trasto o mueble roto e inútil. **4.** Persona decrépita.
CASCANUECES n. m. (pl. *cascanueces*). Utensilio a modo de tenaza, para partir nueces, avellanas, etc. **2.** Ave granívora semejante al cuervo.
CASCAR v. tr. y pron. [**1a**]. Quebrantar o hendir una cosa quebradiza. **2.** *Fig.* y *fam.* Quebrantar la salud. **3.** Perder la voz su sonoridad y entonación. ◆ v. tr. **4.** *Fam.* Pegar, golpear a alguien. ◆ v. tr. e intr. *Fam.* **5.** Charlar: *se pasan el día cascando por teléfono*. **6.** *Fig.* y *vulg.* Morir.
CÁSCARA n. f. Corteza o cubierta exterior de algunas cosas: *cáscara del huevo*; *la cáscara de la almendra*. **2.** Corteza de los árboles. ◆ **¡cáscaras!** interj. **3.** *Fam.* Denota sorpresa o admiración.
CASCARILLA n. f. Corteza más delgada y quebradiza que la cáscara.
CASCARÓN n. m. Cáscara de huevo de cualquier ave, y especialmente la rota por el pollo al salir de él. **2.** Parte de una cúpula, generalmente semiesférica, situada entre el tambor y la linterna.
CASCARRABIAS n. m. y f. (pl. *cascarrabias*). *Fam.* Persona que se irrita fácilmente.
CASCO n. m. Pieza, por lo común metálica, que cubre y defiende la cabeza. **2.** Cada uno de los pedazos de una vasija rota. **3.** Envase, botella para contener líquidos. **4.** En las bestias caballares, uña del pie de la mano. **5.** Copa del sombrero. **6.** Aparato de escucha telefónica o radiofónica. **7.** AERON. Parte inferior del fuselaje de un hidroavión, que descansa sobre la línea de flotación. **8.** MAR. Cuerpo del buque, independientemente de los aparejos y arboladura. • **Casco urbano**, parte que corresponde en un área urbana al espacio edificado con continuidad. ◆ **cascos** n. m. pl. **9.** *Fam.* Cabeza, parte del cuerpo y también entendimiento. • **Cascos azules**, nombre que se da a los miembros de los cuerpos militares especiales de las Naciones unidas.
CASCOTE n. m. Fragmento de algún edificio derribado. **2.** Conjunto de escombros. **3.** Trozo de metralla, o de fragmento pequeño de un proyectil.
CASEIFICACIÓN n. f. Acción y efecto de caseificar.
CASEIFICAR v. tr. [**1a**]. Transformar en caseína. **2.** Separar o precipitar la caseína de la leche.
CASEÍNA n. f. Sustancia proteica que contiene la mayor parte de los prótidos de la leche.
CASERÍA n. f. *Chile*. Hábito de comprar en una determinada tienda.
CASERÍO n. m. Conjunto de casas en el campo que no llegan a constituir un pueblo. **2.** Casa aislada en el campo, con edificios dependientes y fincas rústicas cercanas a ella.
CASERNA n. f. Bóveda a prueba de bomba, que se construye debajo de los baluartes para alojar soldados y como almacén.
CASERO, A adj. Que se hace o cría en casa: *pan casero*. **2.** Que se hace entre personas de confianza, sin cumplidos: *función casera*. **3.** Dícese de la persona aficionada a estar en su casa y a cuidar de su gobierno y economía. **4.** DEP. Dícese del arbitraje favorable al equipo en cuyo campo se juega. ◆ n. **5.** Dueño o administrador de una casa, que la alquila a otro. **6.** Persona que cuida de una casa y vive en ella, al servicio de su dueño. **7.** *Chile* y *Cuba*. Persona que suele llevar a casa los artículos de consumo habitual. **8.** *Chile* y *Perú*. Cliente habitual de un establecimiento.
CASERÓN n. m. Casa grande y destartalada.
CASEROS, dep. de Argentina (Santa Fe); 76 777 hab. Cab. *Casilda*. Conservas de carne.
CASETA n. f. Casa pequeña de construcción ligera. **2.** Casilla o garita donde se cambian de ropa los bañistas. **3.** Pequeña construcción provisional para resguardo de leñadores, guardabosques, peones camineros, guardagujas, etc. **4.** Perrera, casilla donde se guarece un perro guardián. **5.** *Méx.* Cabina telefónica, especialmente en local público, en pueblos pequeños.
CASETE n. m. o f. Cassette.
CASI adv. c. (lat. *quasi*). Cerca de, poco menos de, aproximadamente: *casi cien hombres*.
CASILLA n. f. Casa o albergue pequeño y aislado. **2.** Despacho de billetes de los espectáculos. **3.** Cada una de las divisiones del papel rayado verticalmente en cuadrículas. **4.** Cada uno de los compartimentos del casillero, o de algunas cajas, estanterías, etc. **5.** Cada uno de los cuadros que componen el tablero del ajedrez, las damas u otros juegos parecidos. • **Casilla postal** (*Amér.*), apartado de correos.
CASIMBA n. f. *Amér.* Pozo de agua, manantial. **2.** *Amér.* Vasija o barril para recoger agua de lluvia.
CASIMIR n. m. Cachemir.
CASINETE n. m. *Argent.*, *Chile*, *Hond.* y *Perú*. Tela de inferior calidad que el cachemir.
CASINO n. m. (ital. *casino*). Asociación privada de carácter recreativo y cultural, cuyos miembros suelen pertenecer a un determinado grupo social o político. **2.** Edificio o local donde desarrolla sus actividades esta asociación. **3.** Edificio o local destinado a juegos de azar.
CASIQUIARE, r. de Venezuela (territorio Amazonas) que, a través del río Negro, comunica el Orinoco con el Amazonas; 220 km.
CASIRI (*nevado de*), pico de Bolivia (La Paz), en la cordillera de La Paz; 5910 m de alt.
CASO n. m. (lat. *casum*). Suceso, acontecimiento: *ocurrir un caso extraordinario*. **2.** Oportunidad, ocasión: *llegado el caso, actuaré*. **3.** Problema que se plantea o pregunta que se hace: *presentarse un caso de difícil solución*. **4.** LING. Cada uno de los aspectos bajo los cuales se presenta una palabra flexionable del tipo nominal o pronominal y que corresponden a diferentes relaciones sintácticas adquiridas por esta palabra. **5.** MED. Manifestación de una enfermedad: *registrarse algunos casos de cólera*.
CASO (Alfonso), antropólogo y arqueólogo mexicano (México 1896-*id.* 1970), hermano de Antonio Caso. Dirigió diversas excavaciones y descubrió el tesoro mixteca de Monte Albán (1932).
CASO (Antonio), filósofo mexicano (México 1883-*id.* 1946 . Opuesto al positivismo, introdujo en su país las ideas de Bergson y la fenomenología. Su obra principal es *La existencia como economía*, *como desinterés y como caridad* (1919).
CASONA n. f. Caserón.
CASONA (Alejandro **Rodríguez**, llamado **Alejandro**), dramaturgo español (Tineo 1903-Madrid 1965). Realidad y fantasía se mezclan en su teatro, que alcanzó gran éxito: *La sirena varada* (1934), *La dama del alba* (1944), *La barca sin pescador* (1945), etc.
CASORIO n. m. *Fam.* Casamiento mal concertado o de poco lucimiento.
CASPA n. f. Pequeñas láminas de descamación del estrato córneo en el cuero cabelludo.
CASPICARA (Manuel **Chili**, llamado **el**), escultor de la escuela quiteña del último tercio del s. XVIII. Era indio, natural de Quito. Realizó grupos (*La Asunción de la Virgen*, iglesia de San Francisco, y *Descendimiento*, catedral de Quito), el *Niño dormido*, crucifijos y ángeles.
CASPIO (*mar*), en ruso **Kaspiskoie Morie**, gran lago salado en los confines de Europa y Asia, entre el Cáucaso y Asia Central, compartido por Azerbaiyán, Rusia, Kazajstán, Turkmenistán e Irán. Situado a 28 m por debajo del nivel de los océanos; 360 000 km^2 aprox.
CASPIROLETA n. f. *Amér.* Bebida refrescante hecha de leche, huevos, canela, azúcar.
¡CÁSPITA! interj. *itál. caspita*). Denota extrañeza o admiración.
CASQUETE n. m. Pieza de la armadura, de forma redondeada y de pequeñas dimensiones, que servía para resguardo de la cabeza. **2.** Cubierta de tela, cuero, etc., que se ajusta a la cabeza. • **Casquete esférico**, porción de la superficie de una esfera, limitada por un plano que no pasa por el centro de la esfera. ‖ **Casquete glaciar**, masa de nieve y de hielo que recubre las regiones polares.
CASQUILLO n. m. Anillo o abrazadera de metal. **2.** Cartucho metálico vacío: *un casquillo de bala*. **3.** Parte metálica fijada en la bombilla de una lámpara eléctrica. **4.** *Amér.* Herradura.
CASQUIVANO, A adj. *Fam.* De poca reflexión y juicio.
CASSETTE (voz francesa) o **CASETE** n. m. o f. Pequeña caja de plástico que contiene una cinta magnética para ser grabada o reproducida. ◆ n. m. **2.** Magnetófono preparado para grabar y reproducir dichas cintas.
CASSIN (René), jurista francés (Bayona 1887-París 1976). Hizo adoptar la Declaración universal de los derechos del hombre (1948) y presidió el Tribunal europeo de los derechos humanos (1965). [Premio Nobel de la paz 1958.]
CASTA n. f. Generación o linaje. **2.** Clase de ciudadanos que tiende a permanecer

CAS

separada de los demás por sus prejuicios y costumbres. **3.** *Fig.* Especie o calidad de una persona. **4.** ANTROP. Grupo social, hereditario y endogámico, compuesto por individuos que pertenecen a un sistema jerárquico y rígido de estratificación social.

CASTAGNINO (Juan Carlos), pintor argentino (Mar del Plata 1908-Buenos Aires 1972). Su obra es realista y de contenido social. Realizó litografías y murales. También fue ilustrador.

CASTAÑA n. f. (lat. *castaneam*). Fruto comestible del castaño, rico en almidón. **2.** *Fig.* y *fam.* Golpe, bofetada, cachete: *darse una castaña*. **3.** *Fig.* y *fam.* Borrachera. **4.** Especie de moño que se hacen las mujeres en la parte posterior de la cabeza. **5.** Excrecencia córnea de la pata de los caballos.

CASTAÑAR n. m. Terreno poblado de castaños.

CASTAÑERO, A n. Persona que vende castañas.

CASTAÑETA n. f. Castañuela. **2.** Sonido que resulta de juntar la yema del dedo medio con la del pulgar y hacerla resbalar para que choque en el pulpejo.

CASTAÑETAZO n. m. Golpe recio dado con las castañuelas o con los dedos. **2.** Estallido que da la castaña cuando revienta en el fuego. **3.** Chasquido que suelen dar las coyunturas de los huesos.

CASTAÑETEAR v. tr. [1]. Tocar las castañuelas. ♦ v. intr. [2]. Sonarle a uno los dientes.

CASTAÑO, A adj. y n. m. Dícese del color pardo oscuro parecido al de la cáscara de la castaña. ♦ n. m. **2.** Árbol de hojas dentadas, que puede alcanzar 35 m de alt. y vivir durante varios siglos. (Además del *castaño común*, son apreciados el *castaño americano*, el *castaño del Japón* y el *castaño de Indias*, cuyas hojas son muy ricas en vitamina P. [Familias fagáceas e hipocastanáceas].) **3.** Madera de este árbol.

CASTAÑUELA n. f. Instrumento de percusión, compuesto de dos piezas cóncavas de madera o de marfil, que se sujeta a los dedos con un cordón de modo que dichas piezas puedan chocar entre sí. (Suele usarse en plural.)

CASTEL GANDOLFO o **CASTELGANDOLFO**, mun. de Italia (Lacio), a orillas del lago Albano; 6784 hab. Palacio, residencia de verano de los papas (desde el s. XVII), que goza de extraterritorialidad.

CASTELAR (Emilio), político y escritor español (Cádiz 1832-San Pedro del Pinatar 1899). Jefe de los republicanos junto a Pi y Margall, Figueras y Salmerón, fue ministro de Estado y jefe de gobierno de la primera república (1873). [Real academia 1871.]

CASTELLANISMO n. m. Giro o modo de hablar propio de las provincias castellanas. **2.** Palabra o giro castellano introducido en otra lengua.

CASTELLANIZAR v. tr. [1g]. Dar forma castellana a un vocablo de otro idioma. SIN.: *españolizar*.

CASTELLANO, A adj. y n. De Castilla. ♦ n. **2.** Señor o señora de un castillo. ♦ n. m. **3.** Dialecto del antiguo reino de Castilla. **4.** Español, lengua española. **5.** Alcaide.

CASTELLANOS, dep. de Argentina (Santa Fe); 142 075 hab. Estación de investigación botánica.

CASTELLANOS (Julio), pintor mexicano (México 1905-† 1947), autor de numerosos murales, óleos, dibujos y litografías.

CASTELLANOS (Rosario), escritora mexicana (México 1925-Tel Aviv 1974). Poeta y narradora de la corriente indigenista (*Balún Canán*, 1955; *Oficio de tinieblas*, 1962; *Los convidados de agosto*, 1964), cultivó también el teatro.

CASTELLI (Juan José), patriota argentino (Buenos Aires 1764-*id.* 1812). Vocal de la primera junta revolucionaria, mandó ejecutar a Liniers y los demás implicados en el complot antirrevolucionario de 1810. Fue nombrado comisionado de guerra en el Alto Perú, donde difundió las ideas separatistas.

CASTELLÓN (*provincia de)*, prov. de España, en la Comunidad Valenciana; 6679 km²; 448 182 hab. Cap. *Castellón de la Plana*. Interior montuoso (Puertos de Morella, Alto Maestrazgo, sierra de la Espina).

CASTELLÓN DE LA PLANA o **CASTELLÓ DE LA PLANA**, c. de España, cap. de la prov. homónima y cab. de d. p. j.; 138 489 hab. (*Castellonenses*.) Centro agrícola y comercial. Pesca de arrastre (sardina). Refinerías de petróleo, central térmica. Iglesia de Santa María (1409; destruida en 1936 y reconstruida). Ayuntamiento e iglesias del s. XVIII. Museo de bellas artes.

CASTICISMO n. m. Cualidad de castizo. **2.** LING. Tendencia lingüística a usar vocablos y expresiones tradicionales, evitando los extranjerismos.

CASTICISTA n. m. y f. Purista en el uso del idioma.

CASTIDAD n. f. (lat. *castitatem*). Continencia sexual por motivos morales o religiosos.

CASTIGAR v. tr. (lat. *castigare*) [**1b**]. Imponer o infligir un castigo. **2.** Mortificar, afligir: *castigar al caballo con la espuela*. **3.** Escarmentar, corregir con rigor. **4.** *Fig.* y *fam.* Enamorar por pasatiempo.

CASTIGO n. m. Pena impuesta al que ha cometido un delito o falta. **2.** Tormento, padecimiento.

CASTILLA n. m. *Amér.* Idioma español.

CASTILLA, región histórica de España, tradicionalmente dividida en Castilla la Vieja y Castilla la Nueva.

CASTILLA (*condado y reino de*), condado y reino medieval de la península Ibérica. El primer conde, Rodrigo (865), vasallo del rey de Asturias, dominó hasta el valle del Ebro. Fernán González (c. 930-970) se separó del reino de Asturias. Sancho García [995-1017] consolidó el dominio en el valle del Duero. A la muerte de García Sánchez [1017-1029] el condado se convirtió en reino al pasar a su sobrino Fernando I (1035), hijo del rey de Navarra, quien no tardó en incorporar el reino de León. Las conquistas de Alfonso VII impusieron la hegemonía de Castilla en la península, pero el reino se dividió entre sus hijos Sancho III de Castilla y Fernando II de León (1157). 1212: derrota almohade en las Navas de Tolosa. 1230: reunificación de Castilla y León con Fernando III. Pedro I el Cruel mantuvo una guerra (1356-1367) contra la nobleza, apoyada por Pedro el Ceremonioso de Aragón. Enrique II [1369-1379] inició la dinastía Trastámara. 1479: Isabel de Castilla y Fernando de Aragón unieron los reinos de Castilla y Aragón. 1492: conquista de Granada.

CASTILLA LA NUEVA, región histórica del centro de España, en la Meseta S (prov. de Madrid, Toledo, Ciudad Real, Cuenca y Guadalajara).

CASTILLA LA VIEJA, región histórica de España, en la Meseta N (prov. de Ávila, Burgos, Palencia, Segovia, Soria, Valladolid; Cantabria y La Rioja).

CASTILLA MARQUESADO (Ramón), militar y político peruano (Tarapacá 1796-Tivilliche, Arica, 1867). Presidente de la república en 1845-1851, en 1854 encabezó la revolución de Arequipa y se hizo con el poder, lo que provocó una guerra civil (1856-1858). Eligido presidente constitucional en 1858, ocupó el cargo hasta 1862, y de nuevo en 1863.

CASTILLA Y LEÓN, región de España, que constituye una comunidad autónoma; 94 010 km²; 2 562 979 hab. Cap. *Valladolid*. Formada por las provincias de Ávila, Burgos, León, Palencia, Salamanca, Segovia, Soria, Valladolid y Zamora.

GEOGRAFÍA
Ocupa la mitad N de la Meseta central, en la cuenca del Duero, delimitada por la cordillera Cantábrica al N, sistema Ibérico al E y cordillera Central al S. Clima continental. Demografía en recesión, con un rápido crecimiento de la población urbana por el desarrollo de algunas capitales provinciales. (Valladolid, Burgos, Salamanca).

HISTORIA
Vacceos, vetones y arévacos fueron los principales pueblos prerromanos. La región, conquistada por Roma (Numancia, 143-133 a. J.C.), perteneció a la Hispania Citerior y más tarde fue dividida entre la Tarraconense y la Lusitania. Despoblada durante la conquista árabe, fue reconquistada por Asturias y Navarra, de la que se separaron los reinos de León (910) y Castilla (s. XI). 1230: unión de Castilla y León. 1520-1522: triunfo de la nobleza sobre las ciudades en la guerra de las Comunidades. S. XVI: expansión imperial (en América), despoblación. 1983: estatuto de autonomía de Castilla y León.

CASTILLA-LA MANCHA, región de España que constituye una comunidad autónoma; 79 225 km²; 1 651 833 hab. Cap. *Toledo*. Comprende las provincias de *Albacete, Ciudad Real, Cuenca, Guadalajara* y *Toledo*.

GEOGRAFÍA
Se extiende por la mitad meridional de la Meseta, entre el sistema Central, el Ibérico y sierra Morena, con extensas llanuras (La Mancha). Densidad de población baja (21 hab./km²), con una demografía en regresión debido a la fuerte emigración.

HISTORIA
La población prerromana era de pueblos celtas e iberos (carpetanos, vetones, oretanos). S. II a. J.C.: conquista romana. 573-711: Toledo fue capital del reino visigodo. Ss. VIII-XI: ocupación musulmana del territorio; Toledo fue capital de un reino de taifa musulmán (1035-1085). Ss. XI-XIII: conquista del territorio por los reinos de Castilla y de León, consumado por Fernando III; repoblación a cargo de las órdenes militares (Calatrava, Santiago y San Juan), que consolidaron la estructura latifundista. Ss. XVII-XIX: crisis y despoblamiento, desde el traslado de la capital imperial de Toledo a Madrid (1563). La región fue asolada durante la guerra de Independencia (1808-1812). 1982: estatuto de autonomía de Castilla-La Mancha.

CASTILLO n. m. (lat. *castellum*). Edificio o conjunto de edificios cercados de murallas, baluartes, fosos y otras fortificaciones. **2.** MAR. Parte de la cubierta alta de un buque entre el palo trinquete y la proa. • **Castillo de fuego**, armazón para fuegos artificiales. | **Castillos en el aire**, o **de naipes** (*Fam.*), esperanzas sin fundamento alguno.

CASTILLO (Abelardo), dramaturgo y narrador argentino (nacido en 1935). Sobresale su pieza teatral *Israfel* (1966), especie de biografía de Poe, y sus *Cuentos crueles* (1966).

CASTILLO (Francisca Josefa **del**), religiosa y escritora colombiana, conocida como **la Madre Castillo** (Tunja 1671-*id.* 1742). Su obra (*Sentimientos espirituales, Vida*) está influida por los místicos españoles.

CASTILLO (Ramón), político argentino (Catamarca 1873-Buenos Aires 1944). Presidente de la república en 1942, fue depuesto por un golpe de estado (1943).

CASTILLO (Teófilo), pintor peruano (Carhuás 1857-Tucumán 1922). De formación académica, pintó temas históricos de época precolombina y virreinal.

CASTILLO ANDRACA (Francisco **del**), escritor peruano (Lima 1716-*id.* 1770). Gran improvisador, compuso poemas, bailes, loas y sainetes (*El entremés del Justicia y litigantes*).

CASTILLO ARMAS (Carlos), militar y político guatemalteco (Santa Lucía de Cotzumalguapa 1914-Guatemala 1957). Accedió a la presidencia con un golpe de estado apoyado por E.U.A. (1954), y promulgó una nueva constitución (1956). Fue asesinado.

CASTIZO, A adj. Genuino, típico de un determinado lugar o época: *lenguaje castizo*. ◆ adj. y n. **2**. *Méx*. Dícese del cuarterón, nacido en América del cruce de mestizos y españoles.

CASTO, A adj. (lat. *castum*). Que practica la castidad o es conforme a ella.

CASTOR n. m. (lat. *castorem*). Mamífero roedor de América del Norte y de Europa, de patas posteriores palmeadas y cola aplanada. **2**. Piel de este animal. **3**. Paño o fieltro hecho con pelo de castor.

CÁSTOR Y PÓLUX, llamados **los Dioscuros**, héroes mitológicos de Esparta, hijos gemelos de Zeus y Leda.

CASTRACIÓN n. f. Ablación de los órganos genitales. (En la hembra, la operación se llama ovariectomía.)

CASTRAR v. tr. (lat. *castrare*) [**1**]. Practicar la castración. **2**. *Fig*. Debilitar, apocar: *castrar el entendimiento*. **3**. Quitar a las colmenas parte de los panales con miel.

CASTRENSE adj. (lat. *castrensem*). Relativo al ejército y al estado o profesión militar.

CASTRISMO n. m. Movimiento revolucionario inspirado en las ideas de Fidel Castro.

CASTRISTA adj. y n. m. y f. Relativo al castrismo; partidario del castrismo.

CASTRO n. m. (lat. *castrum*). Recinto fortificado prerromano de la península Ibérica.

CASTRO, c. de Chile (Los Lagos), en la isla de Chiloé; 30 275 hab. Puerto comercial y pesquero.

CASTRO (Cipriano), militar y político venezolano (Capacho, Táchira, 1858-en Puerto Rico 1924). Presidente tras la revolución «de los sesenta» (1899-1908), implantó un régimen dictatorial.

CASTRO (Fidel), político cubano (Mayarí 1927). En 1956 emprendió desde sierra Maestra una lucha de guerrillas contra el régimen. El 1 de enero de 1959 Batista huyó y Castro formó un gobierno revolucionario que estableció relaciones con la U.R.S.S. Es primer secretario del Partido comunista cubano (1965), primer ministro y presidente de la república (1976).

CASTRO (José María), compositor argentino (Avellaneda, Buenos Aires, 1892-Buenos Aires 1964), autor de música de ballet, sinfónica, concertante y de cámara. — Su hermano, **Juan José** (Avellaneda 1895-Buenos Aires 1968), compuso óperas y obras sinfónicas e instrumentales. — Su otro hermano, **Washington** (Buenos Aires 1909), es violoncelista y compositor.

CASTRO (José María), político costarricense (1818-1892). Presidente de la república (1847-1849 y 1866-1868), durante su mandato la asamblea constituyente proclamó la independencia (1848).

CASTRO (Josué de), economista brasileño (Recife 1908-París 1973), autor de estudios sobre el hambre en el mundo (*Geopolítica del hambre*, 1952).

CASTRO (Rosalía de), escritora española en lenguas castellana y gallega (Santiago de Compostela 1837-Padrón 1885). Figura esencial y de gran influjo en la lírica española moderna, su primera gran obra fue *Cantares gallegos* (1863), que culminaría en *Follas novas* (1880).

CASUAL adj. (lat. *casualem*). Que sucede por casualidad: *encuentro casual*.

CASUALIDAD n. f. Combinación de circunstancias que no se pueden prever ni evitar y cuya causa se ignora. **2**. Caso o acontecimiento imprevisto.

CASUARIO n. m. Ave corredora de Australia.

CASUÍSTICA n. f. Parte de la teología moral que se ocupa de resolver los casos de conciencia. **2**. Sutileza excesiva.

CASULLA n. f. Vestidura litúrgica en forma de capa que se utiliza en la celebración de la misa.

CATA n. f. Acción de catar. **2**. Porción de algo que se prueba: *una cata de sandía*. **3**. *Argent*. y *Chile*. Cotorra, perico. **4**. *Colomb*. Cosa oculta o encerrada. **5**. *Colomb*. y *Méx*. Sondeo que se hace de un terreno para ver los materiales que contiene.

CATABOLISMO n. m. Conjunto de las reacciones bioquímicas que llevan a la transformación de la materia viva en desechos.

CATABRE o **CATABRO** n. m. *Colomb*. Recipiente, de calabaza o mimbre, usado para transportar granos, frutas, etc.

CATACLISMO n. m. (gr. *kataklysmos*). Trastorno físico súbito del globo terráqueo, de efectos destructivos. **2**. *Fig*. Gran trastorno en el orden familiar, social o político.

CATACUMBAS n. f. pl. Galerías subterráneas con nichos rectangulares en las paredes, en las cuales los primitivos cristianos, especialmente en Roma, enterraban a sus muertos y practicaban las ceremonias del culto.

CATADOR, RA n. m. Persona que cata. **2**. Persona que por experiencia es hábil para apreciar algo: *buen catador de pintura*. **3**. Persona que tiene por oficio catar los vinos.

CATADURA n. f. *Desp*. Aspecto o semblante.

CATAFALCO n. m. (ital. *catafalco*). Túmulo suntuoso que suele ponerse en los templos para las exequias solemnes.

CATALÁN, NA adj. y n. De Cataluña. ◆ n. m. **2**. Lengua hablada en Cataluña, Andorra, País Valenciano, parte del dep. francés de Pyrénées-Orientales, franja oriental de Aragón, islas Baleares y ciudad de Alguer, en Cerdeña.

CATALEJO n. m. Anteojo.

CATALEPSIA n. f. (gr. *katalépsis*, ataque). Pérdida momentánea de la iniciativa motora, con conservación de las actitudes.

CATALÉPTICO, A o **CATALÉPSICO, A** adj. y n. Relativo a la catalepsia; afecto de catalepsia.

CATALINA DE ARAGÓN (Alcalá de Henares 1485-Kimbolton 1536), hija de los Reyes Católicos. Fue reina de Inglaterra de 1509 a 1533 por su matrimonio con Enrique VIII, que la repudió. Los conflictos provocados por este divorcio fueron una de las causas del cisma de Inglaterra.

CATALINA DE MÉDICIS, reina de Francia (Florencia 1519-Blois 1589), hija de Lorenzo II de Médicis. Casó con Enrique II de Francia y fue regente de Carlos IX.

CATALINA II la Grande (Stettin 1729-Tsárskoie Seló 1796), emperatriz de Rusia [1762-1796], hija del duque de Anhalt-Zerbst y esposa de Pedro III, al que obligó a abdicar. Soberana ilustrada. Durante su reinado, Rusia se expandió en detrimento del imperio otomano y de Polonia (1772, 1793 y 1795), extendiéndose por Bielorrusia, Ucrania y Crimea.

CATALINETA n. f. Pez de color amarillo con fajas oscuras, que vive en el mar Caribe. (Familia hemúlidos.)

CATÁLISIS n. f. (gr. *katalysis*, disolución). Modificación de velocidad de las reacciones químicas producida por ciertos cuerpos que se encuentran sin alteración al final del proceso.

CATALÍTICO, A adj. Relativo a la catálisis.

CATALIZADOR n. m. Cuerpo que provoca una catálisis.

CATALIZAR v. tr. [**1g**]. Actuar como catalizador en una reacción. **2**. Provocar alguien o algo una reacción.

CATALOGAR v. tr. [**1b**]. Hacer un catálogo o incluir algo en él. **2**. Clasificar.

CATÁLOGO n. m. (lat. *catalogum*). Lista ordenada de libros, monedas, pinturas, precios, etc.

CATALPA n. m. Árbol de hojas grandes y flores en gruesos racimos, de 15 m de alt., originaria de América del Norte. (Familia bignoniáceas.)

CATALUÑA o **CATALUNYA**, región fisiográfica e histórica del NE de España, que constituye una comunidad autónoma; 31 930 km²; 6 115 579 hab. (*Catalanes.*) Cap. *Barcelona*. Comprende las provincias de *Barcelona*, *Gerona*, *Lérida* y *Tarragona*.

GEOGRAFÍA

Accidentada al N por los Pirineos y al E por las cordilleras costeras (Litoral y Prelitoral). Densidad de población elevada (191 hab./km², que se concentra en las comarcas próximas a Barcelona. La fuerte inmigración de los años cincuenta y sesenta se detuvo a mediados del siguiente decenio.

HISTORIA

Los primeros pobladores son del paleolítico inferior. S. VII a. J.C.: pueblos iberos y fundación de la colonia griega de Ampurias. 218-195 a. J.C.: tras una corta etapa cartaginesa, fue conquistada por Roma, que instaló su capital en Tarraco. Ss. III-V: invasiones (francos, alemanes, etc.). Ss. V-VII: dominación visigoda. S. VIII: invasión musulmana. Fines s. VIII-s. IX: conquista franca y creación de diversos condados. 1137: unión de condado de Barcelona y reino de Aragón en la Corona de Aragón 1462-1472: guerra civil. 1479: unión dinástica de la Corona de Aragón con Castilla (Reyes Católicos). 1640-1652: guerra *dels segadors* o de Separación de Cataluña. 1700-1714: guerra de Sucesión, en la que Cataluña apoyó al archiduque Carlos de Austria. Tras la caída de Barcelona (11 set. 1714), el decreto de Nueva planta (1716) eliminó las instituciones de gobierno catalanas (cortes, Generalidad, Consejo de ciento). S. XIX: industrialización, aparición del catalanismo político y del movimiento obrero. 1914-1925: Mancomunidad, abolida por Primo de Rivera. 1932: Estatuto de autonomía de Cataluña, abolido en 1939. 1979: estatuto de autonomía de Cataluña.

CATAMARÁN o **CATAMARÓN** n. m. MAR. Embarcación a vela, hecha con dos cascos acoplados. **2**. Piragua provista de uno o dos flotadores laterales.

CATAMARCA (provincia de), prov. del NO de Argentina, lindante con Chile; 100 967 km²; 265 571 hab. Cap. *Catamarca*.

CATAMARCA, oficialmente **San Fernando del Valle de Catamarca**, c. de Argentina, cap. de la prov. de Catamarca; 110 489 hab. Edificios coloniales.

CATAMARQUEÑO, A adj. y n. De Catamarca.

CATANIA, c. y puerto de Italia, en la costa de Sicilia, cap. de prov.; 330 037 hab. Monumentos de la época griega al s. XVIII.

CATAÑO (Quirio o Quirino), escultor guatemalteco († 1622). Su obra más famosa es el *Cristo de la cruz* (1594, iglesia de Santiago de Esquipulas).

CATAPLASMA n. f. (gr. *kataplasma*). Masa medicinal espesa que se aplica, entre dos paños, sobre una parte del cuerpo para combatir una inflamación. **2**. *Fig*. y *fam*. Persona achacosa o molesta.

CATAPULTA n. f. (lat. *catapultam*). Antiguamente, máquina de guerra para lanzar proyectiles. **2**. Dispositivo mecánico para el lanzamiento de aviones desde un buque de guerra.

CATAPULTAR v. tr. [**1**]. Lanzar con una catapulta. **2**. Lanzar hacia el éxito o la fama.

CATAR v. tr. (lat. *captare*) [**1**]. Probar algo.

CATARATA n. f. (lat. *cataractam*). Caída importante de agua en el curso de un río. **2**. MED. Opacidad del cristalino o de sus membranas, que produce ceguera completa o parcial.

CATARI (Tomás, Dámaso y Nicolás), hermanos indígenas del Alto Perú que se sublevaron contra los españoles.

CAT

CATARINITA n. f. *Méx.* Mariquita, coleóptero.

CÁTARO, A adj. y n. Adepto a una secta maniquea de la edad media que en el mediodía de Francia recibió la denominación de albigense.

CATARRO n. m. (lat. *catarrhum*). Inflamación aguda o crónica de las mucosas, especialmente las nasales, acompañada de hipersecreción.

CATARSIS n. f. (gr. *katharsis*, purificación). Palabra con la que Aristóteles designa el efecto de purificación producido en los espectadores por una representación dramática. **2.** Método psicoterapéutico que se basa en la descarga emotiva, ligada a la exteriorización del recuerdo de acontecimientos traumatizantes y reprimidos.

CATÁRTICO, A adj. Relativo a la catarsis.

CATASTRAL adj. Relativo al catastro.

CATASTRO n. m. (ital. *catastro*). Censo descriptivo o estadístico gráfico de las fincas rústicas y urbanas.

CATÁSTROFE n. f. (gr. *katastrophē*, ruina). Suceso desgraciado que altera gravemente el orden regular de las cosas: *catástrofe ferroviaria, aérea.*

CATASTRÓFICO, A adj. Relativo a una catástrofe o que tiene sus caracteres.

CATATONÍA n. f. Síndrome sicomotor de ciertas formas de esquizofrenia.

CATATUMBO, r. de Colombia y Venezuela, que desagua en un delta en el lago Maracaibo; 365 km². Su principal afluente es el Zulia.

CATAVINO n. m. Tubo para aspirar, por el canillero, el vino que se quiere probar. **2.** Pequeña taza chata de metal en la que se examina el vino que se va a degustar.

CATE n. m. (voz gitana). Golpe, principalmente el que se da con el puño. **2.** *Fig. y fam.* Nota de suspenso en los exámenes.

CATEAR v. tr. [1]. *Fam.* Suspender en los exámenes. **2.** *Amér.* Registrar la policía la casa de alguien o a una persona. **3.** *Amér. Merid.* Explorar terrenos en busca de una veta mineral.

CATECISMO n. m. (bajo lat. *catechismus*). Instrucción religiosa elemental. **2.** Obra elemental que contiene, en preguntas y respuestas, la explicación del dogma y de la moral.

CATECÚMENO, A n. Persona que se está instruyendo en la doctrina católica para ponerse en disposición de recibir el bautismo.

CÁTEDRA n. f. (lat. *cathedram*). Asiento elevado desde donde explica un profesor. **2.** Local en que está instalado ese asiento, donde se dan las clases. **3.** *Fig.* Cargo o plaza de catedrático. **4.** *Fig.* Conjunto de personas y medios que se hallan bajo la autoridad de un catedrático. • **Poner, o sentar, cátedra** de algo, saber mucho de ello o ser muy hábil en ello.

CATEDRAL n. f. Iglesia episcopal de una diócesis. SIN.: seo.

CATEDRALICIO, A adj. Relativo a la catedral.

CATEDRÁTICO, A n. Persona que ocupa el nivel más alto del escalafón docente en los centros oficiales de enseñanza secundaria o universitaria.

CATEGORÍA n. f. (gr. *katēgoria*). Cada uno de los grupos en que, atendiendo a determinadas características, se pueden clasificar las personas o cosas. **2.** Clase o jerarquía. **3.** Nivel, calidad, importancia. **4.** FILOS. Según Kant, cada uno de los doce conceptos fundamentales del entendimiento puro, que sirven de forma a priori al conocimiento. **5.** LING. Unidad de clasificación gramatical.

CATEGÓRICO, A adj. Que afirma o niega de una manera absoluta, sin ofrecer ni alternativa alguna: *un juicio categórico*. **2.** FILOS. Relativo a las categorías.

CATEQUESIS n. f. Instrucción religiosa.

CATEQUIZAR v. tr. (gr. *katēkhizō*) [1g]. Instruir a uno, especialmente en la religión católica.

CATERVA n. f. (lat. *catervam*). Multitud de personas o cosas en desorden o de poca importancia.

CATÉTER n. m. (gr. *kathetēr*). Sonda que se introduce en un conducto natural.

CATETERISMO n. m. Introducción de un catéter en un conducto natural con fines exploratorios o terapéuticos.

CATETO n. m. (lat. *cathetum*). Cada uno de los dos lados que forman el ángulo recto en un triángulo rectángulo.

CATETO, A n. *Fam.* Palurdo.

CATGUT n. m. (ingl. *cat*, gato, y *gut*, intestino). Hilo reabsorbible empleado en cirugía para la sutura de las heridas.

CATIA LA MAR, c. de Venezuela (Distrito Federal); 100 104 hab. Centro industrial.

CATÍO, pueblo amerindio de la familia lingüística chibcha que vive en la costa atlántica de Colombia, cerca de la desembocadura del Cauca.

CATIÓN n. m. IÓN de carga positiva.

CATIRE, A adj. y n. *Colomb., Cuba, Perú y Venez.* Rubio de pelo verdosos o amarillentos.

CATITEAR v. intr. [1]. *Argent.* Cabecear involuntariamente los ancianos.

CATIZUMBA n. f. *Amér. Central.* Multitud, muchedumbre.

CATOCHE n. m. *Méx. Fam.* Mal humor, displicencia.

CATÓDICO, A adj. Relativo al cátodo.

CÁTODO n. m. (gr. *kathodos*, camino descendente). ELECTR. Electrodo de salida de la corriente en una cuba electrolítica (polo negativo), o electrodo que es la fuente primaria de electrones en un tubo electrónico.

CATOLICIDAD n. f. Carácter católico. **2.** Conjunto de los católicos; mundo católico.

CATOLICISMO n. m. Conjunto de la doctrina, instituciones y prácticas de la Iglesia católica romana.

CATÓLICO, A adj. y n. (lat. *catholicum*). Relativo al catolicismo; que profesa el catolicismo. ♦ adj. **2.** Dícese de la Iglesia cristiana que reconoce el magisterio supremo del papa, obispo de Roma. **3.** Universal, que se extiende a todo el mundo. • **No estar muy católico**, no estar muy sano ni perfecto.

CATOLIZAR v. tr. [1g]. Convertir a la fe católica; predicarla, propagarla.

CATORCE adj. núm. cardin. y n. m. Diez más cuatro. ♦ adj. núm. ordin. y n. m. **2.** Decimocuarto.

CATORCEAVO, A o CATORZAVO, A adj. y n. m. Dícese de cada una de las catorce partes iguales en que se divide un todo.

CATRE n. m. (port. *catre*). Cama ligera para una sola persona.

CATRÍN, NA n. m. *Méx.* Persona elegante y presumida.

CATULO, poeta latino (Verona *c*. 87-Roma *c*. 54 a. J.C.). Imitador de la poesía alejandrina, es autor de poemas eruditos (*Las bodas de Tetis y de Peleo*).

CATURRA n. f. *Chile.* Cotorra o loro pequeño.

CAUCA, r. de Colombia; 1350 km. A partir de Popayán forma el extenso *valle del Cauca* (cultivos de café, caña de azúcar, coca) y recibe el Nechí y al San Jorge antes de desaguar en el Magdalena (or. izq.) formando un laberinto de brazos y caños.

CAUCA (*departamento del*), dep. del SO de Colombia; 29 308 km²; 795 838 hab. Cap. Popayán.

CAUCÁSICO, A o CAUCASIANO, A adj. y n. Del Cáucaso. ♦ adj. **2.** Dícese de las razas blancas.

CÁUCASO, en ruso *Kavkás*, sistema montañoso que se extiende a lo largo de 1250 km en el mar Negro y el Caspio. Es una barrera elevada cuya altitud en raras ocasiones es menor de 2000 m, dominada por grandes volcanes (Elbrús, 5642 m).

CAUCE n. m. (lat. *calicem*). Lecho de los ríos y arroyos. **2.** Conducto descubierto por donde corren las aguas para los riegos y otros usos. **3.** *Fig.* Lugar por donde corre algo.

CAUCETE, dep. de Argentina (San Juan), avenado por el San Juan; 28 212 hab. Vinos.

CAUCHA n. f. *Chile.* Planta herbácea de hojas más o menos espinosas en el borde. (Familia umbelíferas.)

CAUCHERA n. f. Planta de la que se extrae el caucho. **2.** Terreno poblado de estas plantas.

CAUCHO n. m. Sustancia elástica y resistente que procede de la coagulación del látex de varios árboles de los países tropicales. **2.** *Colomb. y Venez.* Banda de caucho vulcanizado que recubre exteriormente la cámara de la rueda de un vehículo, cubierta. • **Caucho sintético**, grupo de sustancias obtenidas por polimerización y que posee las propiedades elásticas del caucho natural. || **Caucho vulcanizado**, caucho tratado mediante azufre y calor.

CAUCIÓN n. f. (lat. *cautionem*). DER. Garantía que una persona da a otra de que cumplirá lo pactado.

CAUDAL n. m. (lat. *capitalem*). Hacienda, bienes, dinero. **2.** *Fig.* Abundancia de algo. **3.** Cantidad de fluido, radiación, etc., por unidad de tiempo. **4.** Cantidad de agua que pasa en un segundo por un punto dado de una corriente de agua.

CAUDAL adj. Relativo a la cola: *plumas caudales*. • **Aleta caudal**, aleta situada en la parte terminal de la cola de los cetáceos, peces y crustáceos.

CAUDALOSO, A adj. De mucha agua.

CAUDILLAJE n. m. Mando de un caudillo. **2.** *Amér.* Caciquismo.

CAUDILLO n. m. (lat. *capitellum*). Jefe o guía, especialmente de guerra. ♦ **caudillos** n. m. pl. **2.** Dirigentes, a la vez políticos y militares, surgidos a partir de la emancipación en el área rioplatense.

CAUJARO n. m. Planta arbórea americana cuya madera se emplea en la construcción. (Familia borragináceas.)

CAULA n. f. *Chile, Guat. y Hond.* Treta, engaño.

CAUPOLICÁN, jefe araucano (nacido en Pilmaiquén-Cañete 1558). Elegido *toqui* (1553), derrotó en diversas ocasiones a los españoles Valdivia y Villagra antes de ser torturado y ejecutado. Su vida es narrada por Ercilla en *La Araucana*.

CAUQUENES, c. de Chile (Maule); 40 368 hab. Vinos famosos. Dañada por el terremoto de 1939.

CAURA, r. de Venezuela, afl. del Orinoco (or. der.); 570 km.

CAUSA n. f. (lat. *causam*). Lo que se considera como fundamento u origen de algo. **2.** Motivo o razón para obrar. • **A causa de**, por efecto, a consecuencia de.

CAUSA n. f. (lat. *causam*). Discusión y resolución de un asunto. **2.** Empresa o doctrina en que se toma interés o partido: *abrazar la causa liberal*. **3.** *Der.* Pleito. **4.** Proceso criminal.

CAUSA n. f. *Chile y Perú.* Comida ligera.

CAUSAHABIENTE n. m. y f. DER. Persona que por transmisión o sucesión adquiere los derechos de otra.

CAUSAL adj. (lat. *causalem*). Dícese de la relación de causa entre dos o más seres o hechos.

CAUSALIDAD n. f. Relación que une una o varias causas a uno o varios efectos.

CAUSAR v. tr. [1]. Producir una causa su efecto: *la tormenta causó grandes pérdidas*. ♦ v. tr. y pron. **2.** Ser causa o motivo de algo: *causar una pena*.

CAUSEO n. m. *Chile.* Comida ligera, generalmente de fiambres y alimentos fríos,

que se hace fuera de las horas acostumbradas.
CAUSTICIDAD n. f. Calidad de cáustico. **2.** *Fig.* Malignidad en lo que se dice o escribe.
CÁUSTICO, A adj. y n. m. (lat. *causticum*). Que ataca los tejidos orgánicos. ♦ adj. **2.** *Fig.* Mordaz, agresivo: *una respuesta cáustica.*
CAUTELA n. f. (lat. *cautelam*). Precaución, reserva.
CAUTELAR adj. Preventivo, precautorio.
CAUTELOSO, A adj. Que obra con cautela o implica cautela.
CAUTERIO n. m. (lat. *cauterium*). Barra metálica calentada o sustancia química empleadas para quemar superficialmente los tejidos, para destruir las partes enfermas u obtener una acción hemostática.
CAUTERIZACIÓN n. f. Acción de cauterizar.
CAUTERIZAR v. tr. [**1g**]. Quemar con un cauterio. **2.** *Fig.* Aplicar un remedio enérgico.
CAUTIVADOR, RA adj. Que cautiva.
CAUTIVAR v. tr. (lat. *captivare*) [**1**]. Aprisionar al enemigo en la guerra. **2.** *Fig.* Atraer, captar, seducir.
CAUTIVERIO n. m. Estado de cautivo.
CAUTIVO, A adj. y n. Prisionero, privado de libertad.
CAUTO, A adj. (lat. *cautum*). Cauteloso.
CAUTO, r. de Cuba, el más largo del país, tributario del Caribe; 370 km.
CAVA n. f. y adj. (lat. *cavam*, hueca). Cada una de las dos grandes venas, cava superior y cava inferior, que recogen la sangre de la circulación general y desembocan en la aurícula derecha del corazón.
CAVA n. f. (bajo lat. *cava*, zanja). Acción de cavar, remover la tierra. **2.** Lugar subterráneo en el que se guarda o conserva el vino. ♦ n. m. **3.** Nombre con que se comercializa el vino espumoso del tipo del champaña elaborado en España.
CAVAR v. tr. e intr. (lat. *cavare*, ahuecar) [**1**]. Levantar o mover la tierra con la azada, el azadón, etc.
CAVENDISH (Henry), físico y químico británico (Niza 1731-Clapham 1810). Determinó, por medio de la balanza de torsión, la densidad media de la Tierra, fue uno de los creadores, con Coulomb, de la electrostática cuantitativa, aisló el hidrógeno y realizó la síntesis del agua.
CAVERNA n. f. (lat. *cavernam*). Concavidad natural vasta y profunda. **2.** MED. Cavidad que se forma en un órgano a consecuencia de una enfermedad.
CAVERNÍCOLA adj. y n. m. y f. Que vive en las cavernas. SIN.: *troglodita.* **2.** *Fig.* y *fam.* Retrógrado.
CAVERNOSO, A adj. Relativo o semejante a las cavernas: *oscuridad cavernosa.* **2.** Dícese del sonido sordo y bronco. **3.** Que tiene muchas cavernas.
CAVIAR n. m. (turco *hāviär*). Huevas aderezadas de esturión.
CAVIDAD n. f. (lat. *cavitatem*). Espacio hueco de un cuerpo cualquiera: *las cavidades de una roca.* **2.** Parte hueca del cuerpo humano o de uno de sus órganos: *cavidad bucal; cavidad cotiloidea.*
CAVILACIÓN n. f. Acción y efecto de cavilar.
CAVILAR v. tr. e intr. (lat. *cavillari*, bromear) [**1**]. Reflexionar tenazmente sobre algo.
CAVILOSO, A adj. Propenso a cavilar. **2.** *Colomb.* Quisquilloso, camorrista.
CAYADO n. m. Palo o bastón corvo por la parte superior: *el cayado del pastor.* SIN.: *cayada.* **2.** Báculo pastoral de los obispos. **3.** Nombre que se da a algunas estructuras anatómicas en razón de su forma: *cayado de la aorta.*
CAYAPA, pueblo amerindio del NO de Ecuador (Esmeraldas).
CAYENA, en fr. **Cayenne,** c. y cap. de Guayana Francesa; 41 659 hab. Puerto comercial.
CAYMAN (islas) → **Caimán.**

CAYO n. m. Tipo de isla rasa, arenosa, frecuentemente anegadiza y cubierta en gran parte de mangle, muy común en el golfo de México.
CAYUCO n. m. *Amér.* Embarcación india de una pieza, más pequeña que la canoa.
CAYUCO, A adj. n. *Antillas* y *Méx.* Dícese de la persona que tiene la cabeza estrecha y alargada.
CAZA n. f. Acción de cazar: *la caza del jabalí.* **2.** Nombre colectivo de los animales que se cazan. • **Andar, o ir, de caza,** o **a la caza** de una cosa, pretenderla, solicitarla. ♦ n. m. **3.** Avión de gran capacidad de combate en todo tiempo. SIN.: *avión de caza.*
CAZABE n. m. *Amér. Central, Antillas, Colomb.* y *Venez.* Torta hecha de harina de mandioca.
CAZADOR, RA n. y adj. Persona que va de caza. ♦ adj. **2.** Dícese de los animales que por instinto cazan otros animales.
CAZADORA n. f. Chaqueta de tipo deportivo que llega sólo hasta la cintura, a la que se ajusta.
CAZALS (Felipe), director de cine mexicano (México 1937). Tras *Emiliano Zapata* (1970) y *El jardín de tía Isabel* (1971), su cine se orientó hacia la denuncia social (*Bajo la metralla,* 1983; *La furia de Dios,* 1987).
CAZAR v. tr. [**1g**]. Buscar o perseguir a los animales para cogerlos o matarlos: *cazar perdices.* **2.** *Fig.* y *fam.* Adquirir con destreza algo que resulta difícil. **3.** *Fig.* y *fam.* Captarse la voluntad de alguien con halagos o engaños. **4.** *Fig.* y *fam.* Sorprender a uno en un descuido, error o acción que deseaba ocultar. **5.** *Fig.* Conquistar a alguien con el fin de casarle.
CAZO n. m. Vasija por lo común semiesférica y con mango largo.
CAZOLETA n. f. Receptáculo pequeño de algunos objetos: *la cazoleta de la pipa.* **2.** ARM. Guarda de la empuñadura de una espada que sirve para proteger la mano.
CAZÓN n. m. Especie de tiburón pequeño, comestible.
CAZUELA n. f. Vasija redonda, más ancha que honda, con dos asas, que se usa para guisar. **2.** Guisado de legumbres y carne picada que se prepara en varios países de América. **3.** TEATR. Paraíso, conjunto de asientos del piso más alto de algunos teatros.
CAZURRERÍA o **CAZURRÍA** n. f. Cualidad de cazurro.
CAZURRO, A adj. y n. *Fam.* De pocas palabras, huraño, encerrado en sí mismo. **2.** Basto, zafio.
CAZUZO, A adj. *Chile.* Hambriento.
Cb, símbolo químico del columbio.
CENCUATE o **CINCUATE** n. m. *Méx.* Culebra inofensiva de color amarillo o rojo con manchas oscuras.
CD, siglas de *compact disc.*
cd, símbolo químico de la *candela.*
Cd, símbolo químico del *cadmio.*
CD-I n. m. (siglas del inglés *compact disc interactive,* disco compacto interactivo). Disco compacto de características parecidas a las del CD-ROM, cuya información es leída y procesada por una unidad especial y se visualiza en un televisor.
CD-ROM n. m. (siglas del inglés *compact disc read only memory,* disco compacto de memoria de sólo lectura). Disco compacto de gran capacidad de memoria, que almacenar textos, imágenes y sonido, que, leídos por una unidad de lectura láser, son procesados por un microordenador y visualizados en un monitor.
CE n. f. Nombre de la letra c. • **Ce por be o ce por ce** (*Fam.*), prolija, circunstanciadamente: *contar algo ce por be.* ‖ **Por ce o por be,** de un modo u de otro: *por ce o por be nunca puede venir.*
ce, símbolo químico del *cerio.*
CEBADA n. f. Planta de la familia gramíneas, con flores en espiga, de interés industrial, nutritivo y forrajero; semilla de esta planta.
CEBADERA n. f. Morral para dar cebada al ganado en el campo. **2.** Cajón para la cebada.
CEBADERO n. m. Lugar destinado a cebar animales. **2.** Abertura superior de un horno, por la que se introduce el mineral, el fundente y el combustible.
CEBADO, A adj. Dícese de la fiera que por haber probado carne humana es más temible. ♦ n. m. **2.** ELECTR. Régimen variable de ciertos fenómenos que preceden al régimen permanente. • **Cebado de una bomba** (MEC.), acción de llenar de agua una bomba y su tubo de aspiración.
CEBADOR, RA adj. Que ceba. ♦ n. m. **2.** Frasco que contenía la pólvora que se vertía en la cazoleta de las armas de fuego. **3.** ELECTR. Dispositivo utilizado para iniciar la descarga en el interior de determinados tipos de tubos de descarga, como los tubos fluorescentes.
CEBAR v. tr. (lat. *cibare,* alimentar) [**1**]. Dar o echar cebo a los animales para engordarlos o atraerlos. **2.** *Fig.* Poner cebo en el anzuelo. **3.** Colocar el cebo en un cartucho, en una carga explosiva. **4.** Con referencia a máquinas, aparatos o motores, ponerlos en condiciones de empezar a funcionar. **5.** *Amér. Merid.* Preparar la infusión de mate. ♦ v. tr. y pron. **6.** *Fig.* Fomentar en una persona un afecto o pasión: *cebar el alma con esperanzas.* ♦ **cebarse** v. pron. **7.** *Fig.* Encarnizarse, ensañarse, producir estragos.
CEBICHE n. m. *C. Rica, Ecuad., Méx., Pan.* y *Perú.* Plato de pescado o marisco crudo, cortado en trozos pequeños y preparado con un adobo de jugo de limón, cebolla picada, sal y ají.
CEBO n. m. (lat. *cibum,* alimento). Comida que se da a los animales para alimentarlos o engordarlos. **2.** Añagaza que sirve para atraer la caza o la pesca, y que se coloca en el lazo o en el anzuelo. **3.** *Fig.* Fomento o pábulo dado a un afecto o pasión. **4.** *Fig.* Porción de combustible con que se alimenta un horno, una lámpara, etc. **5.** Sustancia simple o mezcla pirotécnica que entra en la fabricación de excitadores para detonación.
CEBOLLA n. f. Hortaliza de bulbo comestible, de la familia liliáceas. **2.** Bulbo de esta planta. **3.** Cualquier bulbo de planta: *cebolla de tulipán.* • **Cebolla albarrana,** o **chirle,** planta herbácea medicinal. (Familia liliáceas.)
CEBOLLAR n. m. Terreno sembrado de cebollas.
CEBOLLETA n. f. Planta vivaz de bulbo grande y umbela de flores blancas. (Familia liliáceas.) **2.** Cebolla común que se come tierna antes de florecer.
CEBOLLINO n. m. Planta que crece espontánea en todo el mundo, y que se cultiva por sus hojas huecas y cilíndricas, que se emplean como condimento. (Familia liliáceas.) **2.** Simiente de cebolla. **3.** *Fig.* Persona necia e indiscreta.
CEBORUCO, volcán de México (Nayarit), en la sierra Madre occidental. Fuentes termales.
CEBRA n. f. Mamífero ungulado de África, parecido al caballo, de 1,90 m de long. y pelaje blanquecino con rayas negras o pardas. ♦ adj. **2. Paso de cebra,** paso de peatones por donde éstos tienen prioridad con respecto a cualquier vehículo.
CEBÚ n. m. Bóvido parecido al buey, caracterizado por poseer una o dos gibas encima de la cruz.
CECA n. f. Lugar donde se acuña moneda. **2.** *Argent.* Cruz, reverso de la moneda.
CECEAR v. intr. [**1**]. Pronunciar con ceceo.
CECEO n. m. Timbre particular de la c española. **2.** Pronunciación de la s como z.
CECILIA n. f. Anfibio ápodo y carente de ojos que vive en América del Sur.

CECINA n. f. Carne salada, enjuta y secada al aire, al sol o al humo. **2.** *Argent.* Tira de carne delgada, sin sal y seca. **3.** *Chile.* Embutido de carne.

CEDA n. f. Zeda.

CEDAZO n. m. Instrumento formado por un aro y una tela metálica o de cerdas, que sirve para cerner la harina, el suero, etc. **2.** Red grande para pescar.

CEDER v. tr. (lat. *cedere*, retirarse, marcharse) [2]. Dar, transferir, traspasar: *ceder los bienes.* ♦ v. intr. **2.** Disminuirse o cesar la resistencia de una cosa. **3.** Rendirse, sujetarse: *no ceder a la hipocresía.* **4.** Renunciar a algo: *ceder después de una discusión.* **5.** Resultar o convertirse una cosa en bien o mal de alguno. **6.** Mitigar, disminuir: *ceder la fiebre.*

CEDILLA n. f. Signo gráfico que se pone bajo la letra c, para darle el sonido de s sorda. **2.** La misma letra c a la que se añade este signo.

CEDRO n. m. (lat. *cedrum*). Árbol de unos 40 m de alt., de Asia y África, con tronco grueso y madera aromática, compacta y duradera. (Orden coníferas.) **2.** Madera de este árbol.

CEDRÓN n. m. Planta aromática medicinal, originaria de Perú. (Familia verbenáceas.) **2.** Planta arbórea que crece en América Meridional. (Familia simarubáceas.)

CÉDULA n. f. Pedazo de papel o pergamino escrito o para escribir en él. **2.** Documento escrito en que se acredita o se notifica algo. • **Cédula de identidad** (*Argent., Chile y Urug.*), tarjeta de identidad, documento.

CEFALEA o **CEFALALGIA** n. f. MED. Dolor de cabeza.

CEFÁLICO, A adj. Relativo a la cabeza.

CEFALÓPODO, A adj. y n. m. Relativo a una clase de moluscos marinos, cuya cabeza presenta unos tentáculos provistos de ventosas.

CEFALORRAQUÍDEO, A adj. Relativo a la cabeza y a la médula o a la columna vertebral.

CEFALOTÓRAX n. m. Región anterior del cuerpo de ciertos crustáceos y arácnidos, que comprende la cabeza y el tórax fusionados.

CÉFIRO n. m. Poniente, viento que sopla de la parte occidental. **2.** *Poét.* Viento suave y apacible.

CEGADOR, RA adj. Que ciega o deslumbra.

CEGAR v. intr. (lat. *caecare*) [1d]. Perder enteramente la vista. **2.** Quedar momentáneamente ciego a causa de una luz muy intensa y repentina. ♦ v. tr. **3.** Quitar la vista, privar de la vista a uno. **4.** *Fig.* Cerrar, tapar u obstruir. ♦ v. tr. e intr. **5.** *Fig.* Ofuscar u obcecar el entendimiento o la razón.

CEGATO, A adj. y n. *Fam.* Corto o escaso de vista.

CEGESIMAL adj. Relativo al sistema CGS.

CEGUERA n. f. Pérdida de la visión. **2.** Alucinación, efecto que ofusca la razón.

C.E.I. (Comunidad de estados independientes), organización creada en diciembre de 1991 y que agrupó once repúblicas de la antigua U.R.S.S. (Armenia, Azerbaiyán, Bielorrusia, Kazajstán, Kirguizistán, Moldavia, Rusia, Tadzhikistán, Turkmenistán, Ucrania y Uzbekistán). Georgia ingresó en 1993.

CEIBA n. f. Árbol originario de América cuyos frutos proporcionan una especie de algodón. (Familia bombacáceas.)

CEIBA (La), c. de Honduras, cap. del dep. de Atlántida; 57 900 hab. Puerto exportador. Aeropuerto.

CEIBO n. m. Árbol de las Antillas, de flores rojas.

CEILÁN → *Sri Lanka.*

CEJA n. f. Formación pilosa que existe en la parte baja de la frente, por encima de cada uno de los ojos. **2.** Pelo que la cubre. **3.** *Fig.* Parte que sobresale un poco en ciertas cosas: *ceja de la encuadernación.* **4.** *Amér. Merid.* Sección de un bosque cortado por un camino. **5.** MÚS. Pieza de madera o de marfil aplicada en el mástil de un instrumento de cuerda. **6.** MÚS. Pieza suelta que se aplica transversalmente sobre la encordadura de la guitarra y sirve para elevar la entonación del instrumento. SIN.: *cejilla.* • **Hasta las cejas,** hasta el máximo, al extremo.

CEJAR v. intr. [1]. Retroceder, andar hacia atrás, especialmente las caballerías. **2.** *Fig.* Aflojar o ceder en un empeño o discusión.

CEJIJUNTO, A adj. Que tiene las cejas muy pobladas y casi juntas. **2.** *Fig.* Ceñudo.

CEJILLA n. f. Ceja de los instrumentos de cuerda.

CEJUDO, A adj. Que tiene las cejas muy pobladas y largas.

CELA (Camilo José), escritor español (Iria Flavia, Padrón, 1916-Madrid 2002). Su novela *La familia de Pascual Duarte* (1942) inició la corriente «tremendista» y supuso su consagración, confirmada en *La colmena* (1951). Otras obras importantes son: sus libros de viajes (*Viaje a la Alcarria,* 1948) y el *Diccionario secreto* (1968). [Premio Nobel de literatura 1989. Premio Cervantes 1995]. (Real academia 1957.)

CELACANTO n. m. Pez marino de gran tamaño y muy adiposo, próximo de los antepasados directos de los vertebrados terrestres.

CELADA n. f. Pieza de la armadura que cubría la cabeza. **2.** Hombre de armas que la usaba.

CELADA n. f. Asechanza dispuesta con disimulo.

CELADOR, RA adj. Que cela o vigila. ♦ n. **2.** Persona destinada por la autoridad para ejercer vigilancia.

CELAR v. tr. e intr. [1]. Vigilar con particular cuidado el cumplimiento de las leyes u obligaciones. ♦ v. tr. **2.** Observar a una persona por recelo que se tiene de ella.

CELAR v. tr. y pron. (lat. *celare*) [1]. Encubrir, ocultar: *celar algún secreto.*

CELAYA (Rafael **Múgica,** llamado **Gabriel**), poeta español (Hernani 1911-Madrid 1991). Exponente de la poesía social (*Lo demás es silencio,* 1952; *Paz y concierto,* 1953; *Cantos iberos,* 1955), derivó hacia el experimentalismo (*Memorias inmemoriales,* 1980). Es autor de ensayos.

CELDA n. f. (lat. *cellam*). Aposento destinado al religioso o religiosa en su convento, a los internos en los colegios, a los presos en las cárceles celulares, etc. **2.** Celdilla, cada una de las casillas de los panales.

CELDILLA n. f. Cada uno de los alvéolos de cera de que se componen los panales de las abejas.

CÉLEBES o **SULAWESI,** archipiélago de Indonesia constituido por una gran isla, *Célebes,* y varias islas pequeñas; 189 000 km²; 10 410 000 hab. Comprende cuatro provincias de Indonesia. — *El mar de las Célebes* se halla entre las Célebes, Borneo y Mindanao.

CELEBRACIÓN n. f. Acción de celebrar.

CELEBRANTE adj. y n. m. Dícese del sacerdote que dice la misa.

CELEBRAR v. tr. (lat. *celebrare,* frecuentar) [1]. Hacer solemne una función, ceremonia, junta, contrato o cualquier otro acto jurídico: *celebrar consejo.* **2.** Alabar, aplaudir: *celebrar la hermosura de las flores.* **3.** Festejar a una persona, cosa o acontecimiento: *celebrar un cumpleaños.* ♦ v. tr. e intr. **4.** Decir misa. ♦ v. tr. y pron. **5.** Realizar un acto, una reunión, un espectáculo, etc.

CÉLEBRE adj. (lat. *celebrem,* frecuentado). Famoso, que tiene fama.

CELEBRIDAD n. f. Calidad de célebre: *ansiar la celebridad.* **2.** Persona famosa.

CELENTÉREO, A adj. y n. m. Dícese del animal, sobre todo marino, cuyo cuerpo está provisto de tentáculos urticantes. (La hidra y la medusa son celentéreos.)

CELERIDAD n. f. (lat. *celeritatem*). Prontitud, rapidez, velocidad: *obrar con celeridad y energía.*

CELESTE adj. (lat. *caelestem*). Relativo al cielo. ♦ adj. y n. m. Dícese del color azul claro.

CELESTIAL adj. Perteneciente al cielo, como mansión de los bienaventurados. **2.** *Fig.* Perfecto, delicioso. **3.** *Irón.* Tonto e inepto.

CELESTINA n. f. Alcahueta.

CELIBATO n. m. (lat. *caelibatum*). Soltería: *las excelencias del celibato.*

CÉLIBE adj. y n. m. y f. Soltero.

CÉLICA, cantón de Ecuador (Loja), avenado por el *río Celica;* 20 305 hab. Agricultura y ganadería.

CELIDONIA n. f. (lat. *chelidoniam*). Planta que crece cerca de los muros, de látex anaranjado y flores amarillas. (Familia papaveráceas.)

CÉLINE (Louis Ferdinand **Destouches,** llamado **Louis-Ferdinand**), escritor francés (Courbevoie 1894-Meudon 1961). Su obra refleja la hostilidad del mundo y la trivialidad de la vida.

CELLINI (Benvenuto), orfebre, grabador de medallas y escultor italiano (Florencia 1500-*id.* 1571). Francisco I de Francia lo llamó a su corte. Sus obras maestras son la *Ninfa de Fontainebleau* (altorrelieve de bronce, c. 1543, Louvre) y el *Perseo* de la Loggia dei Lanzi (Florencia, c. 1550). En sus *Memorias* contó su vida aventurera.

CELO n. m. (lat. *zelum*). Cuidado y esmero en el cumplimiento de los deberes. **2.** Conjunto de fenómenos que aparecen en algunos animales en la época del apetito sexual: *estar un animal en celo.* ♦ **celos** n. m. pl. **3.** Temor de que otra persona pueda ser preferida a uno. **4.** Envidia.

CELOFÁN n. m. Película transparente de celulosa.

CELOSÍA n. f. Enrejado de madera o metálico a través del cual se puede ver sin ser visto.

CELOSO, A adj. Que tiene celo o celos. **2.** *Amér.* Dícese del arma de fuego, trampa o resorte que se dispara o funciona con demasiada facilidad.

CELSIUS (Anders), astrónomo y físico sueco (Uppsala 1701-*id.* 1744). Creó la escala termométrica centesimal que lleva su nombre (1742).

CELTA adj. y n. m. y f. Relativo a un grupo de pueblos que ocuparon una parte de la vieja Europa y que hablaban una lengua indoeuropea; individuo de estos pueblos. ♦ n. m. **2.** Lengua indoeuropea hablada por los celtas.

CELTÍBERO, A o **CELTIBERO, A** adj. y n. Relativo a un pueblo prerromano de la España primitiva, de cultura céltica, que asimiló formas de vida ibéricas; individuo de dicho pueblo. ♦ n. m. **2.** Lengua primitiva de la península Ibérica, que se extinguió a comienzos de la era cristiana.

CÉLTICO, A adj. Celta.

CÉLULA n. f. Pequeña celda, cavidad o seno. **2.** Agrupación de militantes de un partido político, particularmente del partido comunista. **3.** BIOL. Elemento constitutivo de todo ser vivo. • **Célula fotoeléctrica,** dispositivo que transforma la luz en corriente eléctrica. ‖ **Célula fotovoltaica** o **solar** (ELECTRÓN.), dispositivo que utiliza el efecto fotovoltaico y convierte directamente en electricidad una parte de la energía de la radiación del Sol o de otra fuente de luz.

CELULADO, A adj. Provisto de células o dispuesto en forma de ellas.

CELULAR adj. Relativo a las células. **2.** Dícese de las prisiones con celdas individuales. • **Coche celular,** vehículo para el traslado de los presos. ‖ **Membrana celular,** envoltura de la célula viva. ♦ n. m. **3.** *Amér.* Aparato de telefonía celular.

CELULITIS n. f. Inflamación del tejido conjuntivo, especialmente del tejido celular subcutáneo.

CELULOIDE n. m. Materia plástica muy maleable en caliente, pero muy inflamable, obtenida tratando la nitrocelulosa con alcanfor.

CELULOSA n. f. Sustancia macromolecular del grupo de los glúcidos, de fórmula $(C_6H_{10}O_5)_n$, contenida en la membrana de las células vegetales.

CEMENTACIÓN n. f. METAL. Calentamiento de una pieza metálica en contacto con un cemento, con objeto de conferirle propiedades particulares.

CEMENTAR v. tr. [1]. Someter al proceso de cementación.

CEMENTERIO n. m. Terreno, generalmente cercado, destinado a enterrar cadáveres. **2.** Lugar a donde determinados animales van a morir y en el que se acumulan sus osamentas: *cementerio de elefantes*. **3.** Terreno en el que se acumulan vehículos destinados al desguace.

CEMENTO n. m. Materia pulverulenta que forma con el agua o con una solución salina una pasta plástica capaz de aglomerar, al endurecerse, sustancias muy variadas. **2.** ANAT. Sustancia ósea que recubre el marfil de la raíz de los dientes. • **Cemento rápido**, cemento cuyo fraguado tiene lugar en pocos minutos.

CEMITA n. f. *Amér.* Pan hecho con mezcla de salvado y harina.

CEMPASÚCHIL n. m. *Méx.* Planta herbácea de la familia de las compuestas cuyas flores, de color amarillo o anaranjado, se emplean como ofrenda para los muertos. **2.** *Méx.* Flor de esta planta.

CEMPOAL n. m. Planta herbácea de flores amarillas medicinales que crece en México y se cultiva en Europa, donde se da el nombre de clavel de Indias. (Familia compuestas.)

CEMPOALA, centro arqueológico de la cultura totonaca de México (Veracruz), con ruinas que cubren 21 hectáreas al norte del río Actopan, entre las que destacan los templos pirámide.

CENA n. f. (lat. *cenam*). Última comida del día, que se hace al atardecer o por la noche. **2.** Última comida de Jesucristo con sus apóstoles, la víspera de su pasión, durante la cual instituyó la eucaristía. (Suele escribirse con mayúscula.) SIN.: *santa Cena, última Cena*.

CENÁCULO n. m. (lat. *caenaculum*, comedor). Lugar donde Jesucristo reunió a sus discípulos para la Cena. **2.** *Fig.* Reunión o conjunto de personas con aficiones literarias, artísticas, etc., comunes.

CENADOR, RA adj. y n. Que cena o lo hace con exceso. ♦ n. m. **2.** Espacio generalmente de planta circular que suele haber en los jardines, cercado de plantas trepadoras, parras o árboles.

CENADURÍA n. f. *Méx.* Fonda en la que se sirven comidas, especialmente de noche.

CENAGAL n. m. Lugar lleno de cieno. **2.** *Fig.* y *fam.* Asunto apurado.

CENAR v. intr. (lat. *cenare*) [1]. Tomar la cena. ♦ v. tr. **2.** Comer en la cena: *cenar pescado*.

CENCERRO n. m. (voz onomatopéyica). Campanilla cilíndrica, generalmente tosca, que se ata al pescuezo de las reses que guían el ganado.

CENDAL n. m. Tejido de seda parecido al tafetán.

CENEFA n. f. (ár. *sanīfa*, borde). Dibujo de ornamentación en forma de tira o lista que se coloca en los bordes de algunas prendas de ropa o a lo largo de los muros, pavimentos o techos.

CENICERO n. m. Espacio debajo de la rejilla del hogar, para recoger la ceniza. **2.** Recipiente donde se echa la ceniza y los residuos del cigarro.

CENICIENTA n. f. Persona o cosa injustamente postergada, poco considerada o despreciada.

CENICIENTO, A adj. De color de ceniza.

CENIT n. m. Punto del hemisferio celeste situado en la vertical de un lugar de la Tierra. CONTR.: *nadir*. **2.** *Fig.* Momento de apogeo.

CENITAL adj. Relativo al cenit. • **Iluminación cenital**, iluminación conseguida mediante claraboyas.

CENIZA n. f. Polvo mineral de color gris claro que queda como residuo de una combustión completa. **2.** *Fig.* Residuos de un cadáver, restos mortales. (Suele usarse en plural.)

CENIZA (*bocas de*), desembocadura del Magdalena en el Caribe. Un canal de 23 km permite la navegación de barcos de gran calado hasta Barranquilla.

CENIZO n. m. *Fam.* Persona que trae a los demás mala suerte. **2.** Mala suerte: *dar el cenizo*.

CENOBIO n. m. Monasterio.

CENOBITA n. m. Monje que vive en comunidad. ♦ n. m. y f. **2.** *Fig.* Persona ascética.

CENOTAFIO n. m. (lat. *cenotaphium*). Monumento funerario que no contiene el cadáver del personaje a quien se dedica.

CENOTE n. m. GEOMORFOL. Grandes depósitos naturales de agua alimentados por corrientes subterráneas.

CENSAR v. intr. [1]. Hacer el censo o empadronamiento de los habitantes de algún lugar. ♦ v. tr. **2.** Incluir o registrar en un censo.

CENSATARIO, A n. Persona obligada a pagar el canon de un censo.

CENSO n. m. (lat. *censum*). Padrón o lista de la población o riqueza de un país, de una provincia o de una localidad. **2.** DER. Sujeción de bienes inmuebles al pago de un canon o rédito anual. • **Censo electoral** (DER. POL.), registro general de los ciudadanos con derecho a voto.

CENSOR, RA n. Funcionario encargado de censurar los escritos y obras destinados a la difusión. **2.** Persona propensa a murmurar o criticar las acciones o cualidades de los demás. • **Censor jurado de cuentas**, persona cuya profesión es analizar, controlar y organizar contabilidades y balances. **3.** ANT. ROM. Magistrado curul.

CENSUAL adj. Relativo al censo.

CENSURA n. f. (lat. *censuram*). Entre los antiguos romanos, oficio y dignidad de censor. **2.** Examen que hace un gobierno de los libros, periódicos, obras de teatro, películas, etc., antes de permitir su difusión. **3.** Comisión de personas encargadas de este examen. **4.** Acción de reprobar en los demás su conducta, acciones, etc. **5.** Murmuración, detracción. **6.** Juicio eclesiástico que reprueba severamente. • **Moción de censura**, proposición en una asamblea para expresar, al aprobarla, su disconformidad con el gobierno.

CENSURAR v. tr. [1]. Examinar y formar juicio el censor de un texto, doctrina, película, etc. **2.** Suprimir o prohibir la difusión de parte de una obra, por motivos políticos o morales. **3.** Corregir, reprobar.

CENTAURO n. m. (lat. *centaurum*). Ser fabuloso de la mitología griega, mitad hombre y mitad caballo.

CENTAVO, A adj. y n. m. Centésimo, cada una de las cien partes en que se divide un todo. ♦ n. m. **2.** Centésima parte de la unidad monetaria principal en numerosos países iberoamericanos.

CENTELLA n. f. (lat. *scintillam*). Rayo, especialmente el de poca intensidad. **2.** Chispa, partícula incandescente.

CENTELLEAR v. intr. (lat. *scintillare*) [1]. Despedir rayos de luz trémulos o en forma de destellos. **2.** *Fig.* Brillar los ojos de una persona.

CENTENA n. f. Conjunto de cien unidades.

CENTENAR n. m. Centena. • **A centenares**, en gran número.

CENTENARIO, A adj. Relativo a la centena. ♦ adj. y n. **2.** Que tiene cien años de edad. ♦ n. m. **3.** Espacio de cien años. **4.** Día en que se cumplen una o más centenas de años de algún suceso.

CENTENO n. m. Cereal cultivado en tierras pobres de climas fríos, por su grano y como forraje. (Familia gramíneas.) **2.** Grano de esta planta.

CENTENO, A adj. Centésimo.

CENTESIMAL adj. Dividido en cien partes.

CENTÉSIMO, A adj. Que ocupa el último lugar en una serie ordenada de ciento. ♦ adj. y n. **2.** Que cabe cien veces en un todo. ♦ n. m. **3.** Centésima parte de la unidad monetaria principal de Uruguay y Chile.

CENTI, prefijo que, colocado delante de una unidad, indica la centésima parte de la misma, y cuyo símbolo es c.

CENTIÁREA n. f. Centésima parte del área, equivalente a 1 m² y cuyo símbolo es ca.

CENTÍGRADO, A adj. Que tiene la escala dividida en cien grados. ♦ n. m. **2.** Centésima parte del grado, unidad del ángulo, cuyo símbolo es cgr.

CENTIGRAMO n. m. Centésima parte del gramo, con símbolo cg.

CENTILITRO n. m. Centésima parte del litro, con símbolo cl.

CENTÍMETRO n. m. Centésima parte del metro, con símbolo cm.

CÉNTIMO, A adj. Centésimo, que cabe cien veces en un todo. ♦ n. m. **2.** Centésima parte de la unidad monetaria en determinados países.

CENTINELA n. m. (ital. *sentinella*). Soldado que vela guardando el puesto que se le encarga. ♦ n. m. y f. **2.** *Fig.* Persona que vigila u observa.

CENTRADO, A adj. Dícese de las cosas cuyo centro se halla en la posición que debe ocupar. ♦ n. m. **2.** Determinación de la posición del centro geométrico, de gravedad, etc., de una figura, pieza o aparato.

CENTRAL adj. (lat. *centralem*). Relativo al centro. **2.** Que está en el centro. **3.** Principal, fundamental. ♦ n. f. **4.** Instalación para la producción de energía eléctrica partiendo de otras formas de energía: *central nuclear*. • **Central telefónica**, estación en que concurren los circuitos telefónicos de un sector de abonados y en la que se efectúan las operaciones necesarias para establecer las comunicaciones entre los mismos. ♦ n. f. y adj. **5.** Oficina o establecimiento principal de una empresa, institución o servicio público.

CENTRAL (*cordillera*), cordillera de la península Ibérica que se extiende a lo largo de 700 km, desde el sistema Ibérico hasta la parte central de Portugal; 2592 m en la Plaza del Moro Almanzor.

CENTRAL (*cordillera*), sistema montañoso de Costa Rica; 3432 m de alt. máx., en el volcán Irazú.

CENTRAL (*cordillera*), sistema montañoso de la República Dominicana; 3175 m en el pico Duarte.

CENTRAL (*departamento*), dep. de Paraguay, junto a la frontera argentina; 2465 km²; 864 540 hab. Cap. Ypacaraí.

CENTRAL DE LOS ANDES (*cordillera*), uno de los tres ramales en que se dividen los Andes colombianos, entre el nudo de Pasto y la llanura atlántica; culmina en el volcán Huila (5760 m).

CENTRALISMO n. m. Sistema político en que la acción política y administrativa está concentrada en manos de un gobierno único y central, que absorbe las funciones propias de los organismos locales.

CENTRALITA n. f. Instalación telefónica que permite contactar las llamadas hechas a un mismo número con diversos aparatos. **2.** Lugar donde se encuentra dicha instalación.

CENTRALIZAR v. tr. y pron. [1g]. Reunir varias cosas en un centro común, o hacerlas depender de un poder central: *centralizar las operaciones bancarias*. **2.** POL. Asumir el poder público central facultades atribuidas a organismos locales.

CENTRAR v. tr. [1]. Determinar el punto céntrico de una superficie o de un volumen. **2.** Colocar una cosa de manera que su centro coincida con el de otra. **3.** Hacer que se reúnan en el lugar conveniente los proyectiles de las armas de fuego, los rayos de luz de los focos luminosos, etc.: *centrar sobre algo los disparos.* **4.** *Fig.* Hacer de una cosa el objetivo de un interés, afán o aspiración. ♦ v. tr. e intr. **5.** DEP. Lanzar la pelota de un lugar a otro del terreno de juego, especialmente desde la banda hacia el área de la portería contraria. ♦ **centrarse** v. pron. **6.** Conseguir los conocimientos o el estado que permitan dominar una situación y obrar con seguridad.

CÉNTRICO, A adj. Central, relativo al centro.

CENTRIFUGACIÓN n. f. Acción de centrifugar. **2.** Separación de los componentes de una mezcla por la fuerza centrífuga.

CENTRIFUGAR v. tr. [1b]. Someter a la acción de la fuerza centrífuga.

CENTRÍFUGO, A adj. Que tiende a alejar del centro. • **Bomba centrífuga,** bomba rotativa cuyo principio se funda en la acción de la fuerza centrífuga.

CENTRÍPETO, A adj. Que tiende a aproximar al centro: *fuerza centrípeta.*

CENTRISMO n. m. Tendencia política del centro.

CENTRISTA adj. y n. m. y f. En política, del centro.

CENTRO n. m. Punto o zona de una cosa que se halla más lejano de la periferia: *el centro del país.* **2.** Lugar o punto de donde parten o a donde se dirigen una o varias acciones particulares: *ser el centro de todas las miradas.* **3.** Población o lugar donde se concentra una determinada actividad: *centro industrial del país.* **4.** Establecimiento u organismo dedicado a una determinada actividad. **5.** Conjunto de tendencias y organizaciones políticas situadas entre la derecha y la izquierda. **6.** Acción de centrar, lanzar la pelota. **7.** Población, complejo urbanístico o sector de una ciudad o barrio, en el cual se agrupan los comercios y oficinas. **8.** Lugar donde se reúne o produce algo en cantidades importantes: *centro editorial.* **9.** MAT. Punto respecto del cual todos los puntos de una figura geométrica son simétricos dos a dos. • **Centro de gravedad** (Fís.), punto en donde se podrían equilibrar todas las fuerzas que actúan en un cuerpo. ‖ **Centro nervioso,** grupo de neuronas, que es sede de una función nerviosa determinada.

CENTRO AMÉRICA *(Provincias Unidas de),* estado federal de América Central (1824-1838). Alrededor de Guatemala, que proclamó su independencia de España en 1821, y tras el hundimiento del Imperio mexicano, los países centroamericanos formaron una confederación (1824) de signo liberal. A partir de 1832 se seccionó en distintas repúblicas: El Salvador (1832), Costa Rica, Nicaragua y Honduras (1838). Fracasados los intentos de reunificación, Guatemala reconoció las secesiones en 1847.

CENTROAFRICANA *(República),* estado de África; 620 000 km²; 3 millones de hab. *(Centroafricanos.)* CAP. *Bangui.* LENGUA OFICIAL: *francés.* MONEDA: *franco C.F.A.*
GEOGRAFÍA
Es un país de sabanas, en el que, junto a cultivos de subsistencia (mijo, maíz, mandioca), algunas plantaciones (algodón, café) y los diamantes (riqueza esencial del subsuelo, junto con el uranio) constituyen la parte fundamental de las exportaciones.
HISTORIA
S. XIX: el país, poblado por tribus autóctonas (pigmeos, bantúes, etc.) y por otras llegadas posteriormente de Sudán, Congo y Chad, fue arrasado por la trata de esclavos. 1877: la incursión de Stanley en el Congo inició la exploración europea. 1889-1910: Francia fundó Bangui y constituyó Ubangui-Chari como colonia (1905) y la integró en África ecuatorial francesa. 1946: Ubangui-Chari se convirtió en territorio de ultramar. 1950: su primer diputado, Barthélemy Boganda, fundó el Movimiento para la evolución social del África negra (M.E.S.A.N.). 1960: la República Centroafricana, proclamada en 1958, logró la independencia. 1965: golpe de estado; Bokassa presidente vitalicio. 1976: Bokassa emperador. 1979: derrocado con ayuda de Francia; restauración de la república. 1995: nueva constitución.

CENTROAMERICANO, A adj. y n. De América Central.

CENTROEUROPEO, A adj. y n. De los países situados en la Europa central.

CENTROSOMA n. m. BIOL. Granulación situada cerca del núcleo de las células vivas, que interviene en la mitosis.

CENTUPLICAR v. tr. y pron. [1a]. Ser o hacer céntuplo. ♦ v. tr. **2.** Multiplicar una cantidad por ciento.

CÉNTUPLO, A adj. y n. m. Que es cien veces mayor.

CENTURIA n. f. Número de cien años, siglo. **2.** ANT. ROM. Unidad política, administrativa y militar formada por cien ciudadanos.

CENTURIÓN n. m. (lat. *centurionem*). Oficial que en la legión romana mandaba una centuria.

CENZONTLE n. m. Méx. Pájaro de color gris pardo cuya voz abarca una extensa gama de sonidos y es capaz de imitar los cantos de otras aves.

CEÑIR v. tr. y pron. (lat. *cingere*) [24]. Rodear, ajustar, apretar o colocar algo de manera que rodee, ajuste o apriete: *ceñirse la espada; ceñir a uno con los brazos.* ♦ v. tr. **2.** Cerrar o rodear una cosa a otra: *ceñir las murallas un caserío.* ♦ **ceñirse** v. pron. **3.** *Fig.* Amoldarse, concretarse, limitarse: *ceñirse a un tema.*

CEÑO n. m. Gesto de disgusto que consiste en arrugar el entrecejo.

CEÑUDO, A adj. Que tiene ceño o sobrecejo.

CEPA n. f. (bajo lat. *ceppa*). Parte del tronco de una planta que está dentro de tierra y unida a las raíces. **2.** Tronco y planta de la vid. **3.** *Fig.* Tronco u origen de una familia o linaje: *hijosdalgos de rancia cepa.* • **De pura cepa,** auténtico, con los caracteres propios de una clase.

CEPILLADO n. m. Acción de cepillar.

CEPILLAR v. tr. [1]. Alisar con cepillo la madera o los metales. **2.** Limpiar con un cepillo: *cepillar un traje.* **3.** *Fig.* Adular, lisonjear: *cepillar al jefe.* **4.** *Fig.* y *fam.* Birlar, desplumar: *cepillarle el bolso a alguien.* ♦ v. tr. y pron. **5.** *Fig.* Matar, asesinar.

CEPILLO n. m. Arquilla con una ranura que sirve para recoger limosnas y donativos: *el cepillo de las ánimas.* **2.** Utensilio de limpieza, formado por filamentos flácidos fijados sobre una placa: *cepillo para dientes; cepillo para el pelo.* **3.** Instrumento de carpintero para alisar la madera. **4.** Instrumento metálico provisto de púas de hierro, utilizado para labrar metales.

CEPO n. m. (lat. *cippum*). Gajo o rama de árbol. **2.** Utensilio para sujetar los periódicos y revistas sin doblarlos. **3.** Trampa para cazar animales dañinos. **4.** Conjunto de dos vigas entre las cuales se sujetan otras piezas de madera. **5.** Dispositivo que inmoviliza los coches mal estacionados. **6.** Instrumento penitenciario consistente en dos gruesos maderos con medio círculo agujereado, que al unirse dejaban un hueco donde se metían el cuello, los pies o las manos del reo.

CERA n. f. (lat. *ceram*). Sustancia sólida de origen animal, vegetal o mineral, que se reblandece por la acción del calor, especialmente la elaborada por las abejas, con la que éstas construyen los panales. **2.** Objeto de cera: *las ceras del museo Tussaud.* **3.** Conjunto de velas o hachas de cera que sirven en alguna ceremonia religiosa. **4.** Nombre de algunas sustancias parecidas a la cera. **5.** Cerumen de los oídos.

CERÁMICA n. f. Arte de fabricar vasijas y otros objetos de barro, loza y porcelana. **2.** Estos mismos objetos considerados en conjunto.

CERÁMICO, A adj. Relativo a la cerámica.

CERAMISTA n. m. y f. Persona que fabrica o decora cerámica.

CERBATANA n. f. (ár. *zabaṭāna*). Tubo que sirve para lanzar, soplando, un pequeño dardo.

CERBERO, en la mitología griega, perro monstruoso de tres cabezas, guardián de los infiernos.

CERCA n. f. Vallado, tapia o muro con que se rodea algún espacio, heredad o casa.

CERCA adv. l. y t. (lat. *circa*). Denota proximidad, generalmente inmediata: *aquí cerca; cerca de las tres de la madrugada.* • **Cerca de,** aproximadamente, poco menos de: *cerca de dos mil hombres.* ‖ **De cerca,** a corta distancia: *mirar de cerca.*

CERCADO n. m. Terreno o lugar rodeado con una cerca o un seto. **2.** Cerca, vallado o tapia. **3.** *Bol.* y *Perú.* División territorial que comprende la capital de un estado o provincia y los pueblos que de aquélla dependen.

CERCANÍA n. f. Calidad de cercano. **2.** Contorno, afueras de un lugar. (Suele usarse en plural.)

CERCANO, A adj. Próximo, inmediato.

CERCAR v. tr. [1a]. Rodear un sitio con un vallado, muro, etc. **2.** Rodear mucha gente a una persona o cosa: *cercar la policía un edificio.* **3.** Asediar una fortaleza o plaza con intención de expugnarla.

CERCENAR v. tr. (lat. *circinare*) [1]. Cortar las extremidades de una cosa: *cercenar unas cañas.* **2.** Disminuir o acortar: *cercenar los derechos.*

CERCIORAR v. tr. y pron. [1]. Dar o adquirir la certeza de algo: *cerciorarse de un hecho.*

CERCO n. m. (lat. *circum*). Lo que ciñe o rodea. **2.** Aro de cuba, de rueda y de otros objetos. **3.** Aureola que a nuestra vista presenta el Sol y a veces la Luna. **4.** Marco, moldura en que se encajan algunas cosas. **5.** Marco de ventana fijado al muro. **6.** Asedio de una plaza o ciudad. **7.** Giro o movimiento circular.

CERCOPITECO n. m. Simio de cola larga, del que existen varias especies en África.

CERDA n. f. Pelo grueso y duro de la cola y crin de las caballerías, y del cuerpo del jabalí, puerco, etc. • **Ganado de la cerda,** ganado porcino.

CERDADA n. f. Piara de cerdos. **2.** *Vulg.* Acción innoble, vil o grosera: *hacer una cerdada a alguien.*

CERDEÑA, en ital. *Sardegna,* isla y región italiana, al S de Córcega, formada por las prov. de Cagliari, Nuoro, Oritano y Sassari; 24 090 km²; 1 637 705 hab. *(Sardos.)* Cap. *Cagliari.*

CERDO, A n. m. Mamífero doméstico, de cuerpo grueso, cabeza grande y hocico cilíndrico, criado por su carne y su cuero. (Familia suidos.) ♦ n. y adj. **2.** Persona desaliñada y sucia. **3.** *Fig.* Persona grosera, sin cortesía o sin educación.

CEREAL n. m. y adj. (lat. *cerealem*). Planta, generalmente de la familia gramíneas, cuyas semillas sirven, sobre todo una vez reducidas a harina, para la alimentación del hombre y de los animales domésticos, como el trigo, centeno, maíz, etc. **2.** Semilla de esta planta.

CEREALÍCOLA adj. Relativo al cultivo y producción de cereales.

CEREBELO n. m. (lat. *cerebellum*). Centro nervioso encefálico situado debajo del cerebro detrás del tronco cerebral que

interviene en el control de las contracciones musculares y en el equilibrio.
CEREBRAL adj. Relativo al cerebro: *enfermedad cerebral*. **2.** Dícese de las personas o cosas en las que predominan las cualidades intelectuales sobre las afectivas.
CEREBRO n. m. (lat. *cerebrum*). Centro nervioso encefálico situado en el cráneo de los vertebrados, muy desarrollado en el hombre, en el cual se compone de dos hemisferios que poseen numerosas circunvoluciones. **2.** Conjunto de las facultades mentales. **3.** Persona sobresaliente en actividades culturales, científicas o técnicas. **4.** Inteligencia, talento. ♦ **Cerebro electrónico**, dispositivo electrónico que realiza ciertas operaciones (cálculo, control de máquinas, etc.) sin la intervención directa del hombre.
CEREBROSPINAL o **CEREBROESPINAL** adj. Relativo al cerebro y a la médula espinal.
CEREMONIA n. f. (lat. *caeremoniam*). Acto solemne que se celebra de acuerdo con determinadas normas dictadas por la ley o la costumbre. **2.** Solemnidad, deferencia, amabilidad excesiva.
CEREMONIAL adj. Relativo al uso de las ceremonias. ♦ n. m. **2.** Conjunto de normas y formalidades de una ceremonia.
CEREMONIOSO, A adj. Que observa puntualmente las ceremonias. **2.** Que gusta de ceremonias y cumplimientos exagerados.
CÉREO, A adj. De cera y de aspecto semejante al de la cera: *la cérea frente de un anciano*.
CERES, diosa romana de las cosechas, de la agricultura y de la civilización, asimilada a la Deméter griega.
CEREZA n. f. Fruto comestible del cerezo, redondo, de piel lisa de color rojo. **2.** *Amér. Central, Antillas, Colomb.* y *Pan.* Cáscara del grano de café.
CEREZO n. m. Árbol con el tronco liso y ramoso, hojas lanceoladas, flores blancas y cuyo fruto es la cereza. (Familia rosáceas.) **2.** Madera de este árbol.
CEREZO (Vinicio), político guatemalteco (Guatemala 1942). Secretario general del Partido democracia cristiana, fue presidente de la república (1986-1991).
CERILLA n. f. Vela de cera, muy delgada y larga. **2.** Fósforo para encender fuego.
CERILLO n. m. *Méx.* Fósforo, cerilla.
CERIO n. m. Metal de símbolo Ce, de número atómico 58 y masa atómica 140,12, duro, brillante, extraído de la cerita y que, en aleación con el hierro, interviene en la fabricación de las piedras de mechero.
CERNEDOR n. m. Torno para cerner harina.
CERNER v. tr. (lat. *cernere*) [2d]. Separar con el cedazo una materia reducida a polvo de las partes más gruesas, especialmente harina del salvado: *cerner la harina*. ♦ v. tr. y pron. **2.** Mover las aves sus alas para mantenerse en el aire sin apartarse del lugar en que están. **3.** *Fig.* Amenazar de cerca algún mal: *cernerse la muerte sobre alguien*.
CERNÍCALO n. m. Ave de rapiña, parecida al halcón, muy común en España, de plumaje rojizo con manchas negras. ♦ n. m. y adj. **2.** *Fig.* Hombre ignorante y rudo.
CERNIDO n. m. Acción de cerner.
CERNUDA (Luis), poeta español (Sevilla 1902-México 1963). Perteneciente a la generación de 1927, recibió la influencia del romanticismo. A partir de 1936 fue recopilando su obra en las sucesivas ediciones de *La realidad y el deseo*.
CERO adj. Ninguno: *cero pesetas*. ♦ n. m. **2.** Cardinal del conjunto vacío. **3.** Signo numérico representado por la cifra 0, con que se nota el valor nulo de una magnitud y que, colocado en un determinado lugar de un número (unidades, decenas, etc.), indica la ausencia de unidades del orden correspondiente. **4.** Absolutamente nada: *su fortuna se redujo a cero*. **5.** Punto de partida de la escala de graduación de un instrumento de medida. **6.** Valor de la temperatura de fusión del hielo en las escalas centesimales y en la de Réaumur. • **Cero absoluto**, temperatura de −273,15°C. ‖ **Ser uno un cero**, o **un cero a la izquierda** (*Fam.*), ser inútil, no valer para nada.
CERRADERO n. m. Parte de la cerradura de los cofres, maletas, etc., en la cual se encaja el pestillo. **2.** Cada una de las piezas metálicas fijas al marco de una ventana o puerta, en las que se introduce el extremo de las varillas de las fallebas.
CERRADO, A adj. Incomprensible, oculto y escondido. **2.** *Fig.* Muy cargado de nubes: *cielo cerrado*. **3.** *Fig.* Dícese del acento de la persona cuya pronunciación presenta rasgos locales muy marcados: *hablar un andaluz muy cerrado*. **4.** Dícese de la persona de pocos alcances. ♦ n. m. **5.** Cercado, huerto, prado.
CERRADURA n. f. Cerramiento, acción de cerrar. **2.** Aparato de cierre que se maniobra a mano por medio de un accesorio, por lo general amovible (llave, tirador, etc.), o bien a distancia mediante algún dispositivo de tipo técnico.
CERRAJERÍA n. f. Oficio y taller de cerrajero.
CERRAJERO n. m. Maestro u oficial que hace cerraduras y otros instrumentos de hierro.
CERRAR v. tr. [1j]. Hacer que el interior de un lugar o receptáculo quede incomunicado con el exterior: *cerrar una habitación, una botella*. **2.** Tratándose de partes del cuerpo o de cosas articuladas, juntarlas unas con otras: *cerrar los ojos*. **3.** *Fig.* Entorpecer, interrumpir el curso, la carrera de algo o de alguien: *cerrar el paso*. **4.** Interrumpir el funcionamiento de una máquina accionando un dispositivo: *cerrar la radio*. **5.** *Fig.* Concluir ciertas cosas, ponerles término: *cerrar la sesión, un plazo, una empresa*. **6.** *Fig.* Dar por firmes y terminados los ajustes, contratos, etc.: *cerrar un trato*. **7.** Ir detrás o en último lugar: *cerraba el desfile una unidad de artillería*. **8.** Encoger o doblar lo que estaba extendido: *cerrar el paraguas*. **9.** Tratándose de sobres, paquetes o cosas semejantes, disponerlos de modo que no sea posible ver lo que contienen ni abrirlos sin despegarlos o romperlos por alguna parte. • **Cerrar la boca**, callar. ♦ v. tr. y pron. **10.** Tapar u obstruir aberturas, huecos, conductos, etc.: *cerrar un agujero*. **11.** Cicatrizar las heridas. ♦ v. tr., intr. y pron. **12.** Encajar o asegurar en su marco la hoja de una puerta, ventana, etc.: *cerrar una puerta*. ♦ v. intr. y pron. **cerrarse** v. pron. **13.** Mostrarse reacio a admitir ideas, opiniones nuevas o amistades. **14.** Encapotarse el cielo, la atmósfera, etc.
CERRAZÓN n. f. Oscuridad grande por cubrirse el cielo de nubes muy negras. **2.** *Fig.* Incapacidad de comprender algo por ignorancia o prejuicio. **3.** *Argent.* Niebla espesa que dificulta la visibilidad.
CERRERO, A adj. *Amér. Fig.* Inculto, grosero.
CERRIL adj. Dícese de las caballerías y del ganado vacuno indómitos. **2.** *Fig.* y *fam.* Obstinado, terco. **3.** *Fig.* y *fam.* Tosco, grosero.
CERRILLOS (*nevados de los*), cumbres de Argentina, en la sierra de Aconquija; 5550 m de alt. máx.
CERRILLOS, com. de Chile (Santiago), que forma parte del área metropolitana de Santiago; 72 137 hab. Aeropuerto internacional.
CERRILLOS, dep. de Argentina (Salta), en el curso alto del Lerma; 20 138 hab. Centro ganadero.
CERRO n. m. (lat. *cirrum*, rizo). Elevación de tierra aislada, menor que el monte. **2.** Cuello o pescuezo del animal. **3.** Espinazo o lomo.

CERRO BOLÍVAR, cerro de Venezuela (Bolívar), en la serranía de Imataca. Yacimientos de hierro.
CERRO COLORADO, zona de la prov. de Córdoba (Argentina), donde se encuentran unas pinturas rupestres de los indios comechingones.
CERRO DE PASCO, c. de Perú, cap. del dep. de Pasco; 83 500 hab. Centro minero. Instituto de investigaciones de biología de altura.
CERRO LARGO (*departamento de*), dep. de Uruguay, junto a la frontera con Brasil; 13 648 km²; 78 416 hab. Cap. Melo.
CERRO NAVIA, com. de Chile (Santiago); 154 973 hab. En el área metropolitana de Santiago.
CERROJAZO n. m. Acción de echar el cerrojo recia y bruscamente. **2.** *Fig.* Interrupción brusca de una actividad que todavía no se ha terminado.
CERROJO n. m. Forma particular de cerradura que se caracteriza por un pasador prismático o cilíndrico, sostenido horizontalmente por guías y provisto de una manija que permite correrlo de un lado para otro. **2.** Mecanismo que cierra la recámara de algunas armas de fuego.
CERRUTO (Óscar), escritor boliviano (La Paz 1907-*id.* 1981). Novelista (*Aluvión de fuego*, 1935) y poeta (*Patria de sal cautiva*, 1958), destacó por su perfección formal.
CERTAMEN n. m. (lat. *certamen*). Concurso abierto para estimular con premios el cultivo de las ciencias, las letras o las artes. **2.** Discusión literaria.
CERTERO, A adj. Diestro en tirar: *un tirador certero*. **2.** Seguro, acertado: *respuesta certera*.
CERTEZA, CERTIDUMBRE o **CERTITUD** n. f. Conocimiento seguro, claro y evidente de las cosas.
CERTIFICACIÓN n. f. Acción y efecto de certificar. **2.** Certificado.
CERTIFICADO, A adj. y n. m. Dícese de las cartas o envíos postales que se certifican. ♦ n. m. **2.** Documento público o privado en que se da fe de la veracidad de un hecho. SIN. *certificación*.
CERTIFICAR v. tr. (lat. *certificare*) [1a]. Dejar cierto y libre de duda a uno. **2.** Afirmar una cosa, darla por cierta. **3.** Hacer registrar los envíos por correo, obteniendo un resguardo que acredite el envío. **4.** DER. Dar fe de la veracidad de un hecho por medio de un certificado.
CERUMEN n. m. Sustancia grasa, pardusca, formada en el conducto auditivo externo por las glándulas que lo tapizan.
CERVAL adj. Perteneciente al ciervo o parecido a él. **2.** Dícese del miedo muy grande o excesivo.
CERVANTES SAAVEDRA (Miguel de), escritor español (Alcalá de Henares 1547-Madrid 1616). En *Viaje del Parnaso* (1614), en verso, expone sus juicios literarios. Como dramaturgo escribió en verso la tragedia *Numancia* (1582) y la comedia *El trato de Argel*, de interés autobiográfico, desplegando todo su genio en sus ocho *Entremeses*, integrados en el volumen *Comedias y entremeses* (1615), llenos de humor y escritos casi todos en prosa, entre ellos sobresale *El retablo de las maravillas*. Pero el genio de Cervantes culmina en su obra novelesca, iniciada con la novela pastoril *La Galatea* (1585). De carácter diferente son sus *Novelas ejemplares* (1613), novelas cortas entre las que destacan *La gitanilla*; *El amante liberal*; *El celoso extremeño*, un estudio de caracteres; *El coloquio de los perros y Rinconete y Cortadillo*, de corte picaresco, y *El licenciado Vidriera*, cuyo protagonista es un loco perfectamente estudiado. La vacilante relación entre apariencia y realidad, también centrada en un caso de locura, da lugar al más perdurable logro cervantino: *El ingenioso hidalgo Don Quijote de*

CER

La Mancha, cuya primera parte se publicó en 1605 y la segunda en 1615. Póstumamente se publicó su novela bizantina *Los trabajos de Persiles y Sigismunda* (1617).

CERVANTINO, A adj. Relativo a Cervantes.
CERVANTISTA adj. y n. m. y f. Dícese del especialista en el estudio de las obras de Cervantes.
CERVATO n. m. Cachorro del ciervo.
CERVECERÍA n. f. Fábrica de cerveza. **2.** Establecimiento donde se vende cerveza.
CERVEZA n. f. (lat. *cervesiam*). Bebida ligeramente alcohólica, obtenida por la fermentación del azúcar de la cebada germinada bajo la acción de la levadura y perfumada con lúpulo.
CERVICAL, adj. Relativo al cuello.
CÉRVIDO, A adj. y n. m. Relativo a una familia de rumiantes de aspecto esbelto y ágil, como el ciervo, el alce y el reno.
CERVINO (monte), al alem. **Matterhorn,** en fr. **Cervin,** cumbre de los Alpes peninos, entre Valais y el Piamonte, que domina el valle de Zermatt; 4478 m. Whymper lo escaló en 1865.
CERVIZ n. f. (lat. *cervicem*). Parte posterior del cuello del hombre y de los animales.
CESACIÓN n. f. Acción y efecto de cesar.
CESALPINIÁCEO, A adj. y n. f. Relativo a una familia de plantas leguminosas que crecen en los países cálidos, como el algarrobo y la acacia.
CESANTE adj. Que cesa. ♦ adj. y n. m. y f. **2.** Dícese del empleado a quien se priva de su empleo.
CESANTEADO, A adj. y n. *Amér.* Dícese del que le ha sido rescindido el contrato laboral.
CESANTEAR v. tr. [1]. *Amér.* Rescindir el contrato laboral a alguien.
CESANTÍA n. f. Estado de cesante.
CESAR v. intr. (lat. *cessare*) [1]. Suspenderse o acabarse una cosa: *cesar una guerra.* **2.** Dejar de hacer lo que se está haciendo: *cesar de trabajar.* **3.** Dejar de desempeñar algún empleo o cargo.
CÉSAR, n. m. Sobrenombre romano convertido en título en honor de Julio César.
CESAR (departamento del), dep. del NE de Colombia; 22 905 km²; 584 631 hab. Cap. *Valledupar.*
CÉSAR (Cayo Julio), estadista romano (Roma 100 o 101-id. 44 a. J.C.). Tras una campaña fácil en Hispania, formó un triunvirato con Pompeyo y Craso (60). Cónsul en 59 y en 56, emprendió la conquista de las Galias (58-51), que le dio la gloria militar y un prestigio fiel, con el que cruzó el Rubicón (49) y marchó sobre Roma, lo que desencadenó la guerra civil contra Pompeyo y el senado: victorioso en Farsalia (48), Tapso (46) y Munda (45), instaló a Cleopatra en el trono de Egipto y se convirtió en cónsul y dictador vitalicio de Roma (febr. 44). No obstante, se formó una conspiración en su contra (en la que tomó parte su protegido Bruto), y fue asesinado en plena sesión en los idus de marzo (15 marzo 44). Historiador, dejó unas memorias, *Comentarios sobre la guerra de las Galias y la guerra civil (De bello gallico; De bello civili).*
CESÁREA n. f. Operación quirúrgica que consiste en extraer el feto por incisión de la pared abdominal y del útero.
CESE n. m. Acción y efecto de cesar. **2.** Formalidad o diligencia con que se hace constar un cese.
CESIO o **CESIUM** n. m. (lat. *caesium,* azul). Metal alcalino del símbolo Cs, de número atómico 55 y de masa atómica 132,9.
CESIÓN n. f. (lat. *cessionem*). DER. Transmisión a otro de la cosa o derecho del que se es propietario o titular.
CESIONARIO, A n. Beneficiario de una cesión.
CESIONISTA n. m. y f. Persona que hace una cesión.

CÉSPED n. m. (lat. *caespitem*). Vegetación tupida en pequeños manojuelos, que se desarrolla en el suelo por medio de tallos rastreros numerosos, cortos y densos. **2.** Tepe.
CÉSPEDES (Augusto), escritor y político boliviano (Cochabamba 1904). Miembro de la generación del Chaco, es autor de *Sangre de mestizos* (1936), *Metal del diablo* (1946) y de crónicas (*El dictador suicida,* 1956; *El presidente colgado,* 1966).
CÉSPEDES (Carlos Manuel **de**), político cubano (Bayamo 1819-hacienda de San Lorenzo 1874), primer presidente de la república en armas (1869-1873). Su «grito de Yara» (10 oct. 1868) dio inicio a la lucha por la independencia de Cuba. — Su hijo **Carlos Manuel** (Nueva York 1871-La Habana 1939), elegido presidente (ag. 1933), fue derrocado por Batista (set. 1933).
CESTA n. f. (lat. *cistam*). Recipiente tejido con mimbres, juncos, etc., que sirve para recoger o llevar ropas, frutas y otros objetos. **2.** Especie de pala para jugar a la pelota. SIN.: *chistera.* **3.** Modalidad de pelota vasca que se juega con esta pala.
CESTERO, A n. Persona que hace o vende cestos.
CESTERO (Tulio Manuel), escritor dominicano (San Cristóbal 1877-Santiago de Chile 1954). Autor de las novelas *Ciudad romántica* (1911) y *La sangre* (1914), escrita contra la dictadura de Ulises Heureaux.
CESTO n. m. Cesta grande, más ancha que alta. **2.** En baloncesto, aro de hierro provisto de una red, en el cual debe introducirse el balón. **3.** Tanto conseguido, en baloncesto.
CESTODO, A adj. y n. m. Relativo a una clase de gusanos planos parásitos, como la tenia.
CESURA n. f. (lat. *caesuram,* corte). Pausa situada en el interior de un verso que sirve para regular.
CETÁCEO, A adj. y n. m. Relativo a un orden de mamíferos marinos, perfectamente adaptados a la vida acuática, como la ballena, el cachalote, el delfín y la marsopa.
CETONA n. f. Nombre genérico de los derivados carbonosos secundarios R—CO—R'.
CETRERÍA n. f. Arte de criar, amaestrar, enseñar y curar halcones y demás aves apropiadas para la caza de volatería. **2.** Deporte de la caza de aves y de algunos cuadrúpedos con determinados pájaros de presa.
CETRINO, A adj. y n. m. (lat. *citrinum*). Dícese del color amarillo verdoso. ♦ adj. **2.** De color cetrino.
CETRO n. m. (lat. *sceptrum*). Bastón de mando, que usan como distintivo ciertas dignidades. **2.** *Fig.* Dignidad de rey o de emperador. **3.** *Fig.* Preeminencia en algo.
CEUTA, c. de España, en el N de África, cabo de p. j., que constituye un municipio especial; 73 208 hab. *(Ceuties.)* Puerto franco en el Mediterráneo. Pesca; acuicultura; conservas. Turismo. Plaza de soberanía española tras la independencia de Marruecos, el municipio tiene desde 1995 un estatuto de autonomía.
CEUTÍ adj. y n. m. y f. De Ceuta.
CÉZANNE (Paul), pintor francés (Aix-en-Provence 1839-id. 1906). Asimiló los logros de los impresionistas y convirtió las sensaciones visuales en construcciones plásticas. Tuvo una influencia capital en las principales corrientes artísticas del s. XX (fauvismo, cubismo, abstracción).
cf, símbolo químico del *californio.*
CFC, siglas de *clorofluorocarbono.*
C.G.S., sistema de unidades en el que los fundamentales son el centímetro, el gramo y el segundo.
CH n. f. Antigua letra del alfabeto español.

CHABACANERÍA o **CHABACANADA** n. f. Calidad de chabacano. **2.** Dicho o hecho chabacano.
CHABACANO, A adj. Grosero, de mal gusto. ♦ n. m. **2.** *Méx.* Albaricoquero. **3.** *Méx.* Fruto de este árbol.
CHAC, dios de la lluvia y, por extensión, de la fertilidad y de la agricultura, entre los antiguos mayas del Yucatán (México).
CHACA n. f. *Chile.* Marisco comestible.
CHACABUCO, c. de Argentina (Buenos Aires); 43 548 hab. Situada en un área agrícola y ganadera. Industrias alimentarias. — Dep. de Argentina (El Chaco); 22 926 hab. — Dep. de Argentina (San Luis), en las sierras pampeanas; 15 017 hab.
CHACAL n. m. Mamífero carnívoro que vive en Asia y África.
CHACALÍN, NA n. *Amér. Central.* Niño. ♦ n. m. **2.** *Amér. Central.* Camarón, crustáceo.
CHACANEAR v. intr. y tr. [1]. *Chile.* Espolear con fuerza a la cabalgadura. **2.** *Chile.* Importunar.
CHACAO, c. de Venezuela (Miranda); 66 897 hab. Centro comercial y residencial en el área de Caracas.
CHÁCARA n. f. *Amér.* Chacra, granja.
CHÁCARA n. m. *Colomb.* Monedero.
CHACARERA n. f. *Argent., Bol.* y *Urug.* Baile de ritmo rápido que se acompaña con castañeteos y zapateo. **2.** *Argent., Bol.* y *Urug.* Música y letra de este baile.
CHACARERO, A adj. y n. *Amér.* Relativo a la chácara. ♦ n. **2.** *Amér.* Dueño de una chácara o granja. **3.** *Amér.* Persona que trabaja en ella. ♦ n. m. **4.** *Chile.* Tipo de sandwich que tiene algunas verduras y carne.
CHACHA n. f. *Fam.* Niñera. **2.** Criada.
CHA-CHA-CHA n. m. Baile de origen mexicano derivado de la combinación de determinados ritmos de rumba y de mambo.
CHACHACOMA n. f. *Chile.* Planta medicinal, de flores amarillas y hojas pequeñas.
CHACHAGUATO, A adj. y n. *Amér. Central.* Gemelo, mellizo.
CHACHALACA n. f. *Amér. Central* y *Méx.* Ave galliforme de plumas muy largas, de carne comestible y cuya voz es un grito estridente. (Familia penelópidos.) ♦ n. f. y adj. **2.** *Amér. Central. Fig.* Persona locuaz.
CHACHANI, volcán extinguido de Perú, en la cordillera Occidental; 6084 m de alt.
CHACHAPOYA, pueblo amerindio quechuizado que habitaba a orillas del Marañón (Perú), que en el s. XV fue sometido por el inca Túpac Yupanqui.
CHACHAPOYAS, c. de Perú, cap. del dep. de Amazonas; 13 800 hab. Edificios coloniales.
CHÁCHARA n. f. (ital. *chiacchiera*). *Fam.* Abundancia de palabras inútiles. **2.** *Fam.* Conversación de tono frívolo o intrascendente. **3.** *Méx.* Objeto de poco valor. ♦ **chácharas** n. f. pl. **4.** Baratijas.
CHACHAREAR v. intr. [1]. *Fam.* Hablar mucho y sin sustancia.
CHACHARERO, A adj. y n. *Fam.* Charlatán. ♦ n. m. **2.** *Méx.* Vendedor de chácharas.
CHACHO, A n. *Fam.* Muchacho. ♦ adj. y n. **2.** *Amér. Central.* Hermano pequeño.
CHACINA n. f. Cecina. **2.** Carne de puerco adobada, con la cual se suelen hacer embutidos.
CHACINERÍA n. f. Tienda en que se vende chacina.
CHACINERO, A n. Persona que hace o vende chacina.
CHAC-MOOL n. m. Tipo de esculturas de la cultura precolombina tolteca y maya-tolteca, que representan una figura humana reclinada, que sujeta con las manos una bandeja colocada sobre el vientre, la cual servía para colocar ofrendas rituales.
CHACO n. m. *Amér.* Montería con ojeo que hacían antiguamente los indios **2.** *Amér.* Territorio surcado de pequeños ríos que forman lagunas y pantanos. **3.** *Amér.* Lugar roturado y llano en las cercanías de los pueblos, donde se cultiva.

CHA

CHACO (*El Gran*), región llana de América del Sur, entre los Andes al O y el río Paraguay al E; abarca tierras del N de Argentina, Paraguay, Bolivia y S de Brasil. Predominan la ganadería vacuna y la explotación forestal. Petróleo.

CHACO (*departamento del*), ant. dep. de Paraguay, en el Chaco, act. integrado en el dep. de Alto Paraguay.

CHACO (*provincia del*), prov. del N de Argentina, que forma parte de la llanura chaqueña; 99 633 km²; 838 303 hab. Cap. Resistencia.

CHACOLOTEAR v. intr. [1]. Hacer ruido las herraduras por estar poco sujetas.

CHACÓN (Lázaro), militar y político guatemalteco (Teculután 1873-en E.U.A. 1931), presidente de la república de 1926 a 1930.

CHACOTA n. f. Burla.

CHACOTEAR v. intr. [1]. Hacer chacota.

CHACRA n. f. *Amér.* Granja. **2.** *Chile.* Terreno de extensión reducida destinado al cultivo de hortalizas. **3.** *Chile.* Nombre que recibe la sección de una propiedad destinada al cultivo de hortalizas. **4.** *Chile.* Propiedad rural de extensión reducida, destinada a diversos cultivos y lugar de descanso. ♦ **Helársele la chacra** a uno (*Chile*), fracasar una persona en un trabajo o negocio, generalmente de naturaleza agrícola. ‖ **Venir de la chacra** (*Chile*), ser ignorante, poco avisado o ingenuo; ser de hábitos rústicos.

CHACUACO n. m. Horno de manga para tratar minerales de plata. **2.** *Méx.* Chimenea alta, particularmente la de los ingenios azucareros o de las fábricas.

CHAD (*lago*), extensión lacustre poco profunda de África central, repartida entre Níger, Nigeria, Camerún y Chad. Su superficie varía entre 13 000 y 26 000 km².

CHAD, en fr. **Tchad**, estado de África central, al E del lago Chad; 1 284 000 km²; 5 100 000 hab. (*chadianos*.) CAP. Yamena. LENGUA OFICIAL: francés. MONEDA: franco C.F.A.

GEOGRAFÍA
Al N, se extiende por el Sahara meridional, parcialmente montañoso y volcánico (Tibesti), poco poblado, zona de ganadería transhumante (bovina, ovina y caprina). Más de la mitad de la población vive en los valles del Chari y del Logone (mijo, cacahuete, algodón). El país, sin transporte interior, arruinado por la guerra civil y en conflicto latente con la vecina Libia, es destinatario de la ayuda internacional.
HISTORIA
Los orígenes y la época colonial. Prehistoria: poblaciones de cazadores y ganaderos, que dejaron grabados rupestres, habitaron la región. Tuvieron que abandonar la zona en 7000 a. J.C. a causa de la sequía. Fines del s. IX d. J.C.-s. XIX: el reino de Kanem, con centro en Bornu, fue rápidamente islamizado, y conoció un gran apogeo en el s. XVI. Convirtió en vasallos a los restantes reinos, fundamentalmente al de Baguirmi, esclavista, aparecido en el s. XVI. Los árabes, cada vez más numerosos, se implantaron en el país. S. XIX: el lago Chad fue el punto de convergencia de los exploradores europeos. Las ambiciones de los países occidentales chocaron con los de los negreros árabes (sobre todo de Rabah), a los cuales acabaron venciendo: entre 1887 y 1899, las fronteras del Chad se fijaron de forma artificial (acuerdos franco-alemán y franco-británico); entre 1895 y 1900, las misiones francesas de Lamy, Foureau y Gentil eliminaron las últimas oposiciones. 1920: Chad se convirtió en colonia francesa. 1940: el gobierno, dirigido por Félix Eboué, se unió a la Francia libre. 1958: Chad proclamó la república autónoma, en el seno de la Communauté. 1960: Chad se proclamó independiente. *El estado independiente.* 1966: Francois Tombalbaye, elegido presidente de la república. 1968: Secesión del Norte, islamizado y apoyado por Libia. 1969: Francia prestó ayuda contra esta rebelión. 1979: golpe de estado. Tombalbaye asesinado. Al poder Félix Malloum; renunció el mismo año. 1981: Chad y Libia firmaron un acuerdo de fusión. 1982: H. Habré, presidente. 1984: retiro de las tropas francesas por un acuerdo franco-libio, que Libia no respetó. 1987: Habré logró victorias sobre los libios. 1988: Chad y Libia restablecieron relaciones diplomáticas; la paz interior, frágil. 1990: Habré derrocado por Idriss Déby. 1993: gobierno de transición. 1996: Déby elegido presidente. 1997: acuerdo para la reconciliación nacional.

CHADIANO, A adj. y n. De Chad.

CHADWICK (*sir* James), físico británico (Manchester 1891-Londres 1974). En 1932 descubrió el neutrón. (Premio Nobel de física 1935.)

CHAFA adj. y n. f. *Méx.* Dícese de los artículos de mala calidad o mal hechos. **2.** *Méx.* Dícese de la persona que hace mal su trabajo.

CHAFLÁN n. m. (fr. *chaufrein*). Superficie oblicua plana que se obtiene cortando la arista de un cuerpo sólido. **2.** Fachada que sustituye una esquina de un edificio.

CHAGALL (Marc), pintor, grabador y decorador francés de origen ruso (Vitebsk 1887-Saint-Paul-de-Vence 1985). Se formó en París, donde descubrió el cubismo. De estilo espontáneo y original, se inspiró en el folklore judío.

CHAGRA n. m. y f. *Ecuad.* Labrador, campesino. ♦ n. f. **2.** *Colomb.* Chacra.

CHAGUAL n. m. *Argent.*, *Chile* y *Perú.* Planta bromeliácea de tronco escamoso y flores verdosas, cuya médula es comestible.

CHAGUALA n. f. Pendiente que llevaban los indios en la nariz. **2.** *Colomb.* Zapato viejo. **3.** *Colomb.* Herida.

CHAGUALÓN n. m. *Colomb.* Planta arbórea con la que se produce resinas o incienso.

CHÁGUAR n. m. (voz quechua). *Amér. Merid.* Especie de agave o pita que se utiliza como planta textil.

CHAGUARAL n. m. *Argent.* Lugar donde abundan los chaguares.

CHAHUISTLE n. m. *Méx.* Hongo microscópico que ataca las hojas y los tallos del maíz, el trigo y otras gramíneas. ♦ **Caerle el chahuistle** a alguien (*Méx.*), sobrevenirle algún mal o acercársele a alguien una persona molesta.

CHAIKOVSKI (Piotr Ilich), compositor ruso (Votkinsk 1840-San Petersburgo 1893). Compuso piezas para piano, seis sinfonías, entre ellas la *Patética* (1893), fantasías y oberturas (*Romeo y Julieta*, 1870;) ballets (*El lago de los cisnes*, 1876; *La bella durmiente*, 1890; *Cascanueces*, 1892), conciertos, tres de ellos para piano, y óperas (*Eugenio Oneguin*, 1879; *La dama de picas*, 1890).

CHAIN (Ernst Boris), fisiólogo británico (Berlín 1906-Castlebar, Irlanda, 1979), colaborador de Fleming y Florey en el descubrimiento de la penicilina. (Premio Nobel de fisiología y medicina 1945.)

CHAIRA n. f. Cuchilla de zapatero. **2.** Cilindro de acero con mango para afilar cuchillas.

CHAJÁ n. m. *Argent.*, *Par.* y *Urug.* Ave zancuda, que se caracteriza por su fuerte grito. (Familia antímidos.)

CHAJUÁN n. m. *Colomb.* Bochorno, calor.

CHAL n. m. (fr. *châle*). Prenda de lana, seda, etc., que se ponen las mujeres sobre los hombros.

CHALA n. f. (voz quechua). *Amér. Merid.* Hoja que envuelve la mazorca del maíz. **2.** *Amér. Merid.* Cigarrillo hecho con tabaco envuelto en una hoja de maíz seca. **3.** *Chile.* Sandalia.

CHALACO, A adj. y n. De Callao.

CHALALA n. f. *Chile.* Sandalia tosca que usan los indios.

CHALÁN, NA adj. y n. Que trata en compras y ventas, especialmente de caballerías y ganados. **2.** Dícese de la persona poco escrupulosa en sus tratos. ♦ n. m. **3.** *Colomb.* y *Perú.* Picador, domador de caballos. **4.** *Méx.* Ayudante de albañil, peón.

CHALANA n. f. (fr. *chaland*). Embarcación de fondo plano, puente, destinada al transporte de mercancías en ríos y canales.

CHALANEAR v. tr. [1]. Tratar los negocios con destreza y habilidad. **2.** *Amér.* Adiestrar caballos.

CHALANESCO, A adj. *Desp.* Propio de chalanes.

CHALAR v. tr. y pron. [1]. Enloquecer, alelar. **2.** Enamorar: *sus ojazos me chalaron*.

CHALATE n. m. *Méx.* Caballo matalón.

CHALATENANGO (*departamento de*), dep. de El Salvador, junto a la frontera de Honduras; 2017 km²; 180 627 hab. Cap. Chalatenango (28 700 habitantes).

CHALCHA n. f. *Chile.* Papada.

CHALCHAL n. m. *Argent.*, *Par.* y *Urug.* Árbol empleado en ornamentación, de hasta 10 m de alto, con fruto rojo y flores amarillentas.

CHALCHALERO n. m. *Argent.* Zarzal.

CHALCHIHUITE n. m. *Guat.* y *Salv.* Baratija. **2.** *Méx.* Piedra semipreciosa de distintos colores, la más apreciada de color verde, que se utiliza en joyería.

CHALECO n. m. Prenda de vestir sin mangas y abrochada por delante.

CHALET o **CHALÉ** n. m. (fr. *chalet*) [pl. *chalets* o *chalés*]. Casa unifamiliar de poca altura, con jardín. **2.** Casa de recreo.

CHALINA n. f. Corbata de caídas largas. **2.** *Argent.*, *Colomb.* y *C. Rica.* Chal.

CHALLA n. f. *Argent* y *Chile.* Chaya.

CHALUPA n. f. (fr. *chaloupe*). Lancha pesada destinada al servicio de los buques. **2.** *Méx.* Especie de canoa de fondo más o menos plano. **3.** *Méx.* Tortilla de maíz pequeña pero gruesa, con frijoles, queso y otros ingredientes por encima.

CHAMA, grupo lingüístico de la familia pano que incluye los pueblos coniibo, senibo y chipibo, que viven en la cuenca del Ucayali (Perú).

CHAMA, r. de Venezuela, que desemboca en el lago Maracaibo. Cultivos de tabaco en el *valle del Chama*.

CHAMACO, A n. *Méx.* Niño, muchacho.

CHAMAGOSO, A adj. *Méx.* Descuidado, sucio, basto.

CHAMAL n. m. *Argent.* y *Chile.* Paño que usan los indios araucanos para cubrirse de cintura para abajo. **2.** *Chile.* Túnica de lana gruesa utilizada por las indias araucanas.

CHAMÁN o **SHAMÁN** n. m. En algunas religiones (Asia septentrional, América del Norte, etc.), hechicero.

CHAMANISMO n. m. Conjunto de las prácticas mágicas centradas en la persona del chamán.

CHAMANTO n. m. *Chile.* Chamal con una abertura para la cabeza. **2.** *Chile.* Manto de lana con rayas de colores que usan los campesinos.

CHAMARILEAR v. tr. [1]. Comerciar con objetos usados.

CHAMARILERO, A n. Persona que tiene por oficio chamarilear.

CHAMARRA n. f. Prenda de vestir parecida a la zamarra. **2.** *Amér. Central.* Engaño, fraude. **3.** *Amér. Central* y *Venez.* Manta que puede usarse como manta o chamal. **4.** *Méx.* Abrigo corto de tela o piel, que llega por lo general hasta la cintura o la cadera.

CHAMARRETA n. f. Chaqueta corta y holgada.

CHAMARRITA n. f. *Argent.* Baile semejante a la polca.

145

CHA

CHAMBA n. f. *Fam.* Casualidad favorable, acierto casual. **2.** *Méx.* Empleo, trabajo en general. **3.** *Méx. Fam.* Trabajo ocasional y mal remunerado.

CHAMBADO n. m. *Argent.* y *Chile.* Cuerna, vaso rústico.

CHAMBEADOR, RA adj. *Méx. Fam.* Dícese de la persona que trabaja mucho o es muy cumplida en su trabajo.

CHAMBEAR v. intr. [1]. *Méx. Fam.* Trabajar.

CHAMBELÁN n. m. (fr. *chambellan*). Camarlengo, gentilhombre de cámara. **2.** *Méx.* Joven que acompaña a una joven en la celebración de su quince cumpleaños.

CHAMBISTA adj. y n. m. y f. *Méx. Fam.* Dícese de la persona que trabaja sin interés o no cumple bien su trabajo.

CHAMBÓN, NA adj. y n. *Fam.* De escasa habilidad en el juego o deportes. **2.** *Fam.* Poco hábil en cualquier arte o facultad. **3.** *Fam.* Que consigue por casualidad alguna cosa.

CHAMBONEAR v. intr. [1]. *Amér. Fam.* Hacer las cosas torpemente.

CHAMBRANA n. f. Labor o adorno de piedra o madera que se pone alrededor de las puertas, ventanas o chimeneas de calefacción. **2.** *Colomb.* y *Venez.* Bullicio, algazara.

CHAMBRITA n. f. *Méx.* Chaqueta de bebé tejida.

CHAMBURGO n. m. *Colomb.* Charco, remanso.

CHAMELO n. m. Juego de dominó.

CHAMICADO, A adj. *Chile* y *Perú*. Taciturno. **2.** *Chile* y *Perú*. Perturbado por la embriaguez.

CHAMICERA n. f. Pedazo de monte quemado.

CHAMICO n. m. *Amér. Merid.*, *Cuba* y *Dom.* Arbusto silvestre, variedad del estramonio.

CHAMIZA n. f. Hierba gramínea que nace en las tierras húmedas. **2.** Leña menuda que sirve para los hornos.

CHAMIZAL (EL), territorio mexicano, administrado de 1868 a 1967 por E.U.A., debido al conflicto suscitado por el cambio de curso del río Bravo.

CHAMIZO n. m. Árbol o leño medio quemado o chamuscado. **2.** Choza cubierta de chamiza, hierba. **3.** *Fig.* y *fam.* Tugurio.

CHAMORRO n. m. *Méx.* Pantorrilla.

CHAMORRO (Emiliano), político y militar nicaragüense (Acoyapa 1871-Managua 1966). Jefe del Partido conservador, fue presidente en 1916-1921 y 1926. Firmó con E.U.A. el tratado Bryan-Chamorro (1914).

CHAMORRO (Frutos), militar y político nicaragüense (Guatemala 1806-Granada 1855), delegado supremo para el poder ejecutivo de la Confederación de El Salvador, Honduras y Nicaragua (1843-1844) y director supremo de Nicaragua (1853-1855).

CHAMORRO (Violeta **Barrios de**), política nicaragüense (Rivas 1929). Viuda del periodista **Pedro Joaquín Chamorro** (1925-1978), fundador de *La prensa*. Apoyada por la conservadora Unión nacional opositora (U.N.O.), fue presidenta de la república (1990-1996).

CHAMORRO BOLAÑOS (Pedro Joaquín), militar y político nicaragüense (Granada 1818-*id.* 1890), presidente de la república (1874-1878).

CHAMPA n. f. *Amér. Central.* Tienda de palma o cobertizo rústico. **2.** *Amér. Merid.* Raíces con tierra que forman una masa compacta; raigambre. **3.** *Chile.* Cabello largo y abundante.

CHAMPAGNE n. m. (voz francesa). Champaña.

CHAMPAGNE, ant. prov. de Francia al E de París. Prosperó con las ferias medievales. Nueva expansión, gracias a los vinos espumosos, a partir del s. XVII.

CHAMPÁN n. m. Embarcación grande de fondo plano, para navegar por los ríos, usada en el Pacífico y en algunas partes de América. SIN.: *sampán*.

CHAMPAÑA, CHAMPÁN o **CHAMPAGNE** n. m. Vino espumoso, que se elabora en la comarca francesa de Champagne.

CHAMPAÑAZO n. m. *Chile. Fam.* Fiesta familiar en la que se bebe champaña.

CHAMPIÑÓN n. m. Hongo comestible. (Clase basidiomicetes; familia agaricáceas.)

CHAMPOLA n. f. *Amér. Central, Cuba* y *Dom.* Refresco hecho con pulpa de guanábana y leche. **2.** *Chile.* Refresco de chirimoya.

CHAMPOLLION (Jean-François), egiptólogo francés (Figeac 1790-París 1832). Descifró la escritura jeroglífica a partir del estudio de la piedra de Rosetta.

CHAMPOTÓN, v. de México (Campeche), en la or. izq. del *río Champotón*; 71 836 hab. Maderas finas.

CHAMPÚ n. m. (ingl. *shampoo*) [pl. *champús* o *champúes*]. Composición jabonosa que se utiliza para el lavado del pelo.

CHAMPURRADO n. m. *Méx.* Bebida a base de maíz, agua o leche, chocolate, azúcar y canela.

CHAMULA → *tzotzil*.

CHAMUSCAR v. tr. y pron. [1a]. Quemar algo por la parte exterior. ♦ v. tr. **2.** *Méx.* Vender a bajo precio. ♦ **chamuscarse** v. pron. **3.** *Fig.* y *fam.* Escamarse, desconfiar. **4.** *Colomb.* Enfadarse.

CHAMUSQUINA n. f. Acción o efecto de chamuscar o chamuscarse. **2.** *Fig.* y *fam.* Camorra, riña o pendencia. ● **Oler a chamusquina** (*Fam.*), tener mala impresión de un negocio, situación, etc.; barruntar un peligro.

CHAN n. m. *Amér. Central. Cha,* refresco.

CHANADA n. f. *Fam.* Chasco, superchería.

CHANCA n. f. *Argent, Chile, Ecuad.* y *Perú.* Trituración.

CHANCA, confederación de pueblos amerindios rival de los incas, que la anexionaron, en el s. XV.

CHANCACA n. f. *Amér. Central.* Pasta de maíz o trigo tostado y molido con miel. **2.** *Amér. Central, Chile* y *Perú.* Dulce sólido hecho con melaza de caña de azúcar y cacahuete molido.

CHANCADORA n. f. *Amér.* Trituradora.

CHANCAR v. tr. [1a]. *Amér. Central., Argent., Chile* y *Perú.* Triturar, machacar. **2.** *Chile* y *Ecuad. Fig.* Ejecutar una cosa mal o a medias. **3.** *Chile* y *Perú.* Apalear, golpear, maltratar. **4.** *Chile* y *Perú. Fig.* Apabullar. **5.** *Perú. Fig.* Estudiar con ahínco, empollar.

CHANCE n. m. o f. (voz francesa). *Amér.* Oportunidad.

CHANCEAR v. intr. y pron. [1]. Usar o decir chanzas. ♦ **chancearse** v. pron. **2.** Burlarse.

CHANCHADA n. f. *Amér. Fig.* y *fam.* Acción sucia y censurable, cochinada.

CHANCHERÍA n. f. *Amér.* Tienda donde se vende carne de cerdo y embuchados. **2.** *Chile.* Sitio destinado a la crianza de chanchos.

CHANCHERO, A n. *Amér.* Persona que cría o cuida chanchos para venderlos.

CHANCHO, A n. *Amér.* Cerdo. ♦ adj. y n. **2.** *Amér.* Puerco, sucio, desaseado. ♦ n. m. **3.** *Chancho eléctrico* (*Chile*), enceradora.

CHANCHULLERO, A adj. y n. *Fam.* Que hace chanchullos.

CHANCHULLO n. m. *Fam.* Manejo ilícito para conseguir un fin, y especialmente para lucrarse.

CHANCLA n. f. Zapato viejo cuyo talón está doblado y aplastado por el uso. **2.** Chancleta.

CHANCLETA n. f. Chinela, zapatilla sin talón o con el talón doblado. **2.** *Amér. Merid. Fam.* y *desp.* Mujer, en especial la recién nacida. ● **Tirar la chancleta** (*Argent. Fig.* y *fam.*), cambiar una mujer su conducta sexual; (*Argent. Fam.* y *por ext.*), cambiar sorpresivamente una persona diferentes aspectos de su conducta.

CHANCLETEAR v. intr. [1]. Andar en chancletas. **2.** Hacer ruido con las chancletas.

CHANCLO n. m. Calzado de madera o suela gruesa. **2.** Calzado de caucho o de materia elástica, que se coloca sobre los zapatos para protegerlos de la lluvia.

CHANCRO n. m. Lesión ulcerosa. **2.** Enfermedad de diversos árboles.

CHANCUCO n. m. *Colomb.* Contrabando de tabaco.

CHANDE n. f. *Colomb.* Sarna.

CHANDRASEKHAR (Subrahmanyan), astrofísico norteamericano de origen indio (Lahore 1910-Chicago 1995). Autor de trabajos de astrofísica estelar, estableció que las estrellas enanas blancas no pueden tener una masa superior a 1,4 veces la del Sol. (Premio Nobel de física 1983.)

CHANFLE n. m. *Argent.* y *Chile.* Golpe o corte oblicuo. **2.** *Argent., Chile* y *Méx.* Chaflán. **3.** *Méx.* Golpe oblicuo que se da a una pelota para que cambie de dirección en un punto de su trayectoria.

CHANG KAI-SHEK, JIANG JIESHI o **CHIANG KAI-SHEK**, generalísimo y político chino (en Zhejiang 1887-Taibei 1975). Participó en la revolución de 1911, dirigió a partir de 1926 el ejército del Guomindang y, rompiendo con los comunistas (1927), estableció un gobierno nacionalista en Nankín. Luchó contra el P.C.Ch., al que obligó a la Larga marcha (1934), antes de formar con él un frente común contra Japón (1936). Combatió durante la guerra civil (1946-1949) y huyó a Taiwan, donde presidió el gobierno hasta su muerte.

CHANGA n. f. *Amér. Merid.* Ocupación transitoria, generalmente en tareas menores. **2.** *Amér. Merid.* Servicio que presta el changador y retribución que se le da. **3.** *Amér. Merid.* y *Cuba.* Chanza, burla.

CHANGADOR n. m. *Argent., Bol.* y *Urug.* Mozo de equipajes. **2.** *Chile.* Obrero agrícola sin sueldo ni trabajo fijos.

CHANGAR v. intr. [1b]. *Amér. Merid.* Hacer trabajos de poca monta. **2.** *Bol.* y *Par.* Prestar un servicio el mozo de equipajes.

CHANGARRO n. m. *Méx.* Tienda pequeña y mal surtida. **2.** *Méx.* Cualquier local pequeño y de pocos recursos donde se ofrece algún servicio.

CHANGCHUN o **CH'ANG-CH'UEN**, c. de China del NE, cap. de Jilin; 1 679 300 hab. Centro industrial.

CHANGLE n. m. *Chile.* Hongo comestible.

CHANGO, A adj. y n. *Chile.* Torpe y fastidioso. **2.** *Dom., P. Rico* y *Venez.* Bromista. ♦ n. **3.** *Argent., Bol.* y *Venez.* Niño, muchacho. ♦ n. m. **4.** *Méx.* Mono, en general cualquier simio.

CHANGSHA o **CH'ANG-SHA**, c. de China, cap. de Hunan; 1 113 200 hab. Rica necrópolis. Museo.

CHANGUEAR v. intr. y pron. [1]. *Antillas* y *Colomb.* Bromear, chancear.

CHANGÜÍ n. m. *Fam.* Chasco, engaño. **2.** *Argent. Fam.* Ventaja, oportunidad, especialmente en el juego. **3.** *Cuba* y *P. Rico.* Cierto baile.

CHANGUINOLA, distr. de Panamá (Bocas del Toro), en los *llanos de Changuinola*; 31 933 hab.

CHANGZHOU o **CH'ANG-CHEU**, c. de China (Jiangsu); 531 500 hab.

CHANTAJE n. m. (fr. *chantage*). Delito consistente en obtener dinero, ventajas, etc., de una persona, mediante la amenaza de hacer revelaciones comprometedoras contra otra amenaza.

CHANTAJEAR v. tr. [1]. Hacer chantaje.

CHANTAJISTA n. m. y f. Persona que hace chantaje.

CHANTAR v. tr. [1]. *Fam.* Vestir o poner: *chantar el abrigo a alguien*. **2.** Clavar, hincar. **3.** *Fam.* Decir algo cara a cara: *se la chantó*. **4.** *Amér. Merid.* Actuar con brusquedad o violencia. **5.** *Argent., Ecuad.* y *Perú.* Decirle a alguien las cosas claras y

rudamente, plantar. **6.** *Chile.* Dar golpes. **7.** *Chile.* Poner a alguien en su lugar.
CHANTILLY n. m. (voz francesa). Crema hecha de nata o clara de huevo batidas con azúcar y que puede perfumarse con alguna esencia.
CHANZA n. f. (ital. *ciancia*). Dicho alegre y gracioso. **2.** Broma, burla: *ser motivo de chanzas.*
CHAÑACA n. f. *Chile.* Sarna.
CHAÑAR n. m. *Amér. Merid.* Árbol de la familia de las papilionáceas, espinoso y de corteza amarilla. **2.** *Amér. Merid.* Fruto de dicha planta.
CHAÑI, cumbre granítica del borde oriental de la Puna argentina; 6200 m.
CHAÑO n. m. *Chile.* Manta burda de lana usada como colchón o prenda de abrigo.
CHAPA n. f. Trozo plano, delgado, y de grosor uniforme de cualquier material duro. **2.** Trozo pequeño de este material, redondo o de otra forma, que se usa como contraseña. **3.** Chapeta. **4.** Trozo de metal que cierra herméticamente las botellas. **5.** *Amér.* Cerradura. **6.** METAL. Placa metálica delgada, obtenida por laminación en frío o en caliente. ♦ n. m. y f. **7.** *Ecuad. Fam.* Agente de policía. ♦ **chapas** n. f. pl. **8.** Cierto juego en que se tiran por alto dos monedas iguales.
CHAPADO, A adj. Chapeado. **2.** Hermoso, gentil, gallardo. • **Chapado a la antigua,** muy apegado a los hábitos y costumbres antiguos.
CHAPALA (*lago de*), lago de México (Jalisco); 1080 km². Su principal tributario es el río Lerma.
CHAPAPOTE n. m. *Antillas.* Asfalto.
CHAPAR v. tr. [1]. Cubrir con chapas. **2.** *Colomb.* y *Perú.* Mirar, acechar. **3.** *Perú.* Apresar.
CHAPARRAL n. m. Equivalente sudamericano del tipo de vegetación maquis de clima mediterráneo formado por chaparros.
CHAPARRERAS n. f. pl. *Méx.* Especie de pantalones que usan los hombres del campo para montar a caballo.
CHAPARRO, A adj. y n. Persona rechoncha. **2.** *Méx.* Dícese de la persona de baja estatura. (Se diferencia de la acepción española porque no se refiere a la complexión sino sólo a la altura.) ♦ n. m. **3.** Mata ramosa de encina o roble. **4.** *Amér. Central.* Planta de cuyas ramas nudosas se hacen bastones.
CHAPARRÓN n. m. Lluvia recia de corta duración. **2.** *Fig.* Reprimenda fuerte.
CHAPE n. m. *Chile.* Denominación dada a varias especies de moluscos. **2.** *Chile* y *Colomb.* Trenza de pelo. ♦ **chapes** n. m. pl. **3.** *Chile.* Coletas.
CHAPEADO, A adj. *Chile.* Dícese de la persona bien vestida. **2.** *Colomb.* y *Méx.* Dícese de la persona que tiene las mejillas sonrosadas o con buenos colores. ♦ n. m. **3.** Aplicación de una capa u hoja de metal a una superficie.
CHAPEAR v. tr. [1]. Chapar. **2.** *Amér. Central.* Limpiar la tierra de malas hierbas. ♦ v. intr. **3.** Chacolotear. ♦ **chapearse** v. pron. **4.** *Amér.* Ponerse colorete. **5.** *Chile.* Medrar, mejorar de situación económica.
CHAPECA n. f. *Argent.* Ristra de pelo. **2.** *Argent.* Rastra de ajos.
CHAPELA n. f. (voz vasca). Boina o gorra redonda.
CHAPETÓN n. m. *Méx.* Rodaja de plata con que se adornan los arneses de montar.
CHAPÍN, NA adj. y n. m. **2.** *Amér. Central.* Guatemalteco. ♦ adj. y n. m. **2.** *Colomb., Guat.* y *Hond.* Se dice de la persona con los piernas y pies torcidos.
CHAPINISMO n. m. Vocablo, giro o modo de hablar de los chapines o guatemaltecos.
CHAPISCA n. f. *Amér. Central.* Recolección del maíz.
CHAPISTA n. m. y f. Obrero que trabaja en chapa de metal.

CHAPISTERÍA n. f. Fabricación de la chapa metálica. **2.** Taller donde se trabaja la chapa. **3.** Objetos realizados en chapa.
CHAPITEL n. m. Capitel.
CHAPLIN (Charles **Spencer,** llamado **Charlie**), actor y director de cine británico (Londres 1889-Corsier-sur-Vevey, Suiza, 1977). Creador del personaje universalmente conocido de *Charlot,* en sus películas conjugó burla, sátira y emoción: *El chico* (1921), *La quimera del oro* (1925), *Luces de la ciudad* (1931), *Tiempos modernos* (1936), *El gran dictador* (1940), *Monsieur Verdoux* (1947), *Candilejas* (1952), *La condesa de Hong Kong* (1967), etc.
CHAPOLA n. f. *Colomb.* Mariposa, lepidóptero.
CHAPOPOTE n. m. *Méx.* Sustancia negra y espesa que se obtiene del petróleo y que se emplea para asfaltar caminos o como impermeabilizante.
CHAPOTEAR v. tr. [1]. Humedecer una cosa repetidas veces con esponja o paño empapado en un líquido, sin estregarla. ♦ v. intr. **2.** Agitar los pies o las manos en el agua.
CHAPOTEO n. m. Acción y efecto de chapotear.
CHAPUCEAR v. tr. [1]. Hacer una chapucería.
CHAPUCERÍA n. f. Defecto, imperfección en cualquier objeto. **2.** Trabajo mal hecho o sucio. **3.** Embuste, mentira.
CHAPUCERO, A adj. Hecho con chapucería: *trabajo chapucero.* ♦ adj. y n. **2.** Dícese de la persona que trabaja de este modo. **3.** Embustero.
CHAPLÍN n. m. *Amér. Central.* Niño, chiquitín. **2.** *Amér. Central* y *Méx.* Langosta, cigarrón.
CHAPULTEPEC, cerro y parque de Ciudad de México. Centro cultural en el que se encuentra el museo nacional de antropología.
CHAPURREAR v. tr. e intr. [1]. Hablar con dificultad o de manera incorrecta un idioma.
CHAPUZA n. f. Chapucería, trabajo mal hecho o sucio. **2.** *Fam.* Trabajo de poca importancia realizado por cuenta propia. **3.** *Méx.* Trampa, engaño.
CHAPUZAR v. tr., intr. y pron. [1g]. Meter, o meterse de cabeza en el agua.
CHAPUZÓN n. m. Acción y efecto de chapuzar.
CHAQUÉ n. m. (fr. *jaquette*). Prenda de vestir masculina parecida a la levita, cuyos faldones se van estrechando hacia atrás desde la cintura.
CHAQUETA n. f. Prenda exterior de vestir, cruzada o recta, con mangas, que se ajusta al cuerpo y llega a las caderas.
CHAQUETEAR v. intr. y tr. [1]. *Irón.* Apartarse de un parecer o bando para ponerse al servicio del contrario.
CHAQUETEO n. m. Acción de chaquetear.
CHAQUETERO, A adj. y n. *Fam.* Dícese del que chaquetea. **2.** *Fam.* Adulador, halagador.
CHAQUETILLA n. f. Chaqueta más corta que la ordinaria.
CHAQUETÓN n. m. Prenda de vestir de más abrigo y algo más larga que la chaqueta.
CHAQUIRA n. f. *Amér.* Cuenta, abalorio.
CHARA n. f. *Chile.* Avestruz joven.
CHARABÓN n. m. *Argent. Fig.* y *fam.* Persona torpe e inexperta.
CHARADA n. f. (fr. *charade*). Acertijo que consiste en adivinar una palabra descomponiéndola en partes, que forman por sí solas otras palabras.
CHARAL n. m. *Méx.* Pez comestible de cuerpo comprimido y espinoso. (Se consume seco.) • **Estar alguien hecho un charal** (*Méx.*), estar muy flaco.
CHARAMUSCA n. f. *Méx.* Dulce de azúcar en forma de tirabuzón, acaramelado y duro.

CHARANGA n. f. Conjunto musical de origen militar. **2.** Orquesta popular. **3.** *Fam.* Fiesta familiar con baile.
CHARANGO n. m. Especie de bandurria pequeña.
CHARCA n. f. Depósito de agua detenida en el terreno.
CHARCAS, territorio suramericano que constituyó una audiencia del virreinato del Perú (Alto Perú) [1558] y que tras la independencia se integró en Bolivia. Yacimientos argentíferos (Potosí, Oruro).
CHARCO n. m. Charca pequeña que se forma en los hoyos del terreno o en el pavimento. • **Pasar,** o **cruzar el charco** (*Fam.*), atravesar el mar, especialmente ir de Europa a América.
CHARCÓN, NA adj. *Argent.* y *Bol.* Dícese de la persona o animal doméstico que no engorda nunca.
CHARCUTERÍA n. f. (fr. *charcuterie*). Establecimiento donde se venden productos elaborados, generalmente de cerdo, y fiambres.
CHARCUTERO, A n. Dueño de una charcutería o persona que trabaja en ella.
CHARLA n. f. *Fam.* Acción de charlar. **2.** Conferencia sobre tema poco trascendente. **3.** Ave paseriforme, de color pardo aceitunado. (Familia túrdidos.) SIN.: *cagaaceite.*
CHARLAR v. intr. [1]. *Fam.* Hablar mucho, sin sustancia o fuera de propósito. SIN.: *charlatanear.*
CHARLATÁN, NA adj. y n. Que habla mucho y sin sustancia. **2.** Hablador indiscreto. **3.** Embaucador.
CHARLATANERÍA n. f. Locuacidad. **2.** Calidad de charlatán.
CHARLATANISMO n. m. Charlatanería.
CHARLISTA n. m. y f. Persona que da una charla o conferencia de tema poco trascendente.
CHARLOTEAR v. intr. [1]. Charlar.
CHARLOTEO n. m. Charla, acción de charlar.
CHARLOTTE, c. de Estados Unidos (Carolina del Norte); 395 934 hab. Textil.
CHARNELA n. f. (fr. *charnière*). Bisagra, herraje compuesto de dos planchitas. **2.** Gozne, herraje con que se fijan las hojas de las puertas. **3.** Articulación de las dos valvas de los lamelibranquios.
CHAROL n. m. Barniz muy lustroso y permanente. **2.** Cuero tratado con este barniz. **3.** *Amér.* Bandeja.
CHAROLA n. f. *Bol., Méx.* y *Perú.* Bandeja. **2.** *Méx. Fam.* Documento o placa que sirve como identificación de una autoridad o persona acreditada: *charola de policía.*
CHAROLAR v. tr. [1]. Barnizar con charol o con otro líquido análogo.
CHARPAK (Georges), físico francés (Dabrowica, Polonia, 1924). Diseñó numerosos detectores de partículas. (Premio Nobel de física 1992.)
CHARQUEAR v. tr. [1]. *Amér.* Secar la carne al sol para conservarla. **2.** *Amér. Merid.* Hacer charqui.
CHARQUI o **CHARQUE** n. m. *Amér. Merid.* Tasajo, pedazo de carne secado al sol y salado. **2.** *Amér. Merid.* Tajada de algunas frutas que ha sido secada al sol.
CHARQUICÁN n. m. *Amér. Merid.* Guiso de charqui con patatas y otras legumbres.
CHARRADA n. f. Dicho o hecho propio de un charro. **2.** Baile propio de los charros. **3.** *Fig.* y *fam.* Obra u adorno charro, demasiado recargado, de mal gusto.
CHARRASQUEAR v. tr. [1]. *Amér. Merid.* Rasguear un instrumento de cuerda.
CHARRETERA n. f. Divisa militar que se sujeta sobre el hombro y de la cual pende un fleco, que suele servir para designar la graduación.
CHARRO n. m. y adj. *Méx.* Jinete o caballista que viste traje especial, compuesto de chaqueta con bordados, pantalón ajustado, camisa blanca y sombrero de ala ancha y alta copa cónica.

CHA

CHARRO, A adj. y n. Dícese del aldeano de tierra de Salamanca. **2.** *Fig.* Basto y rústico: *adorno charro.*

CHARRÚA, familia lingüística de América del Sur cuyos pueblos, act. extinguidos, ocupaban en la época del descubrimiento una extensa región a ambas orillas del río Uruguay.

CHARTER adj. y n. m. (voz inglesa). Dícese del avión fletado por una compañía de turismo o por un grupo, lo que permite una tarifa menos elevada que en las líneas regulares. **2.** Vuelo hecho con el mismo.

CHARTRES, c. de Francia, cap. del dep. de Eure-et-Loir, a orillas del Eure; 41 850 hab. Catedral (ss. XII-XIII), obra maestra del gótico, con célebres vidrieras. Iglesias. Museo de bellas artes.

CHASCA n. f. Leña menuda. **2.** *Bol., Chile* y *Perú.* Greña, cabellera enmarañada.

CHASCAR v. intr. [**1a**]. Chasquear, dar chasquidos.

CHASCARRILLO n. m. *Fam.* Anécdota ligera, cuentecillo agudo, frase equívoca y graciosa.

CHASCO n. m. Burla o engaño: *dar un chasco.* **2.** *Fig.* Decepción que produce un suceso inesperado o adverso: *llevarse un chasco.*

CHASCO, A adj. *Bol., Chile* y *Perú.* Dícese del cabello recio y ensortijado.

CHASCOMÚS, c. de Argentina (Buenos Aires), junto a la *laguna de Chascomús;* 34 980 hab. Turismo.

CHASIS n. m. (fr. *châssis*). Armazón que envuelve o soporta algo: *el chasis de una ventana.* **2.** Armazón que soporta la carrocería de un coche, de un automóvil, etc.

CHASQUEAR v. tr. [**1**]. Dar chasco. **2.** Faltar a lo prometido. **3.** Manejar el látigo o la honda haciéndoles dar chasquidos o producir con la lengua dicho sonido. ♦ v. intr. **4.** Dar chasquidos la madera. ♦ **chasquearse** v. pron. **5.** Frustrar un hecho adverso las esperanzas de alguno.

CHASQUI o **CHASQUE** n. m. *Argent., Bol., Chile, Perú* y *Urug.* Emisario, mensajero. **2.** *Argent., Bol., Chile* y *Perú.* Indio que sirve de correo.

CHASQUIDO n. m. Sonido o estallido hecho con el látigo o la honda cuando se sacuden en el aire con violencia. **2.** Ruido seco y súbito que produce al romperse, rajarse o desgajarse alguna cosa, especialmente la madera. **3.** Ruido producido por la lengua al separarse violentamente del paladar.

CHATARRA n. f. Desperdicio y residuo metálico. **2.** Hierro viejo. **3.** *Fam.* Conjunto de monedas metálicas de poco valor.

CHATARRERO, A n. Persona que tiene por oficio comerciar con la chatarra.

CHATEAUBRIAND (François René, vizconde **de**), escritor francés (Saint-Malo 1768-París 1848). Quiso restaurar el orden moral (*El genio del cristianismo*, 1802, que inspiró las novelas *Atala* y *René*). Escribió la novela histórica *Las aventuras del último Abencerraje* (1826). Agrupó a románticos y liberales antes de consagrarse a las *Memorias de ultratumba* (1809-1841), su principal obra.

CHATINO, tribu amerindia de lengua zapoteca que vive en el S del est. de Oaxaca (México).

CHATO, A adj. y n. De nariz poco prominente y como aplastada. ♦ adj. **2.** Dícese de la nariz de esta figura. **3.** Dícese de las cosas romas, o más planas o cortas que de ordinario. ♦ n. m. **4.** *Fam.* Vaso, bajo y ancho, para vino; bebida tomada en él.

CHATRE adj. *Chile* y *Ecuad.* Elegante, acicalado.

CHATTANOOGA, c. de Estados Unidos (Tennessee), en los Apalaches; 152 466 hab.

CHAUCER (Geoffrey), poeta inglés (Londres c. 1340-*id.* 1400). Sus *Cuentos de Canterbury* (1387-1400) contribuyeron a fijar la gramática y la lengua inglesas.

CHAUCHA n. f. *Argent.* Vaina de algunas simientes. **2.** *Argent.* y *Urug.* Judía verde. **3.** *Chile, Ecuad.* y *Perú.* Patata temprana o menuda que se suele usar como simiente. ♦ **chauchas** n. f. pl. **4.** *Amér. Merid.* Monedas de poco valor, calderilla. ♦ **Faltarle a uno una chaucha para el peso** (*Chile.*), no estar en sus cabales una persona.

CHAUCHERA n. f. *Chile* y *Ecuad.* Monedero.

CHAUVINISMO o **CHOVINISMO** n. m. Patriotismo exagerado.

CHAUVINISTA o **CHOVINISTA** adj. y n. m. y f. Relativo al chauvinismo. **2.** Adepto o aficionado a él.

CHAVAL, LA adj. y n. *Fam.* Niño o muchacho.

CHAVES (Fernando), escritor ecuatoriano (Otavalo 1902). Precursor de la novela indigenista ecuatoriana con *Plata* y *bronce* (1927), es también autor de relatos y ensayos.

CHAVETA n. f. Clavija que se introduce a presión en una ranura abierta en una o en las dos piezas que se han de ajustar. ♦ **Perder la chaveta** (*Fam.*), perder el juicio.

CHÁVEZ (Carlos), compositor y director de orquesta mexicano (México 1899-*id.* 1978). Autor de ballets, obras corales y para piano, sinfonías y la ópera *Pánfilo y Lauretta* (1956).

CHÁVEZ (César), sindicalista chicano (San Antonio, Texas, 1923-Yuma, Arizona, 1993). Dirigió una larga huelga que logró el reconocimiento de los derechos sindicales de los chicanos.

CHÁVEZ (Federico), abogado y político paraguayo (Asunción c. 1878-*id.* 1978), dirigente del Partido colorado y presidente de la república (1950-1954).

CHÁVEZ (Ignacio), médico mexicano (Zirándaro 1897-México 1979). Ilustre cardiólogo, presidió la Asociación internacional de cardiología (1958-1962).

CHÁVEZ ALFARO (Lisandro), escritor nicaragüense (Granada 1929). Sus relatos (*Los monos de San Telmo*, 1963) y novelas (*Trágame tierra*, 1969) se inspiran en la realidad política de su país.

CHAVÍN, región administrativa de Perú formada por el departamento de Ancash.

CHAYA n. f. *Argent.* y *Chile.* Burlas y juegos de los días del carnaval. **2.** *Argent.* Por ext. El carnaval mismo.

CHAYAR v. intr. [**1.**]. *Argent.* Festejar el carnaval.

CHAYO n. m. *Cuba* y *Méx.* Planta arbustiva, cuyas hojas tiernas se comen cocidas. (Familia euforbiáceas.)

CHAYOTE n. m. Fruto de la chayotera.

CHAYOTERA n. f. Planta trepadora americana, cuyo fruto, comestible y en forma de pera, es el chayote. (Familia cucurbitáceas.)

CHE n. f. Nombre de la antigua letra *ch.*

¡CHE! interj. En Valencia y parte de América Meridional, sirve para manifestar sorpresa, disgusto, alegría, etc., o como muletilla en la conversación.

CHECA (*República*) o **CHEQUIA**, en checo *Česká republika;* 79 000 km²; 10 350 000 hab. (*Checos.*) CAP. *Praga.* LENGUA OFICIAL: *checo.* MONEDA: *corona checa.*

GEOGRAFÍA

El país está constituido por Bohemia —cuadrilátero formado por montañas medianas que rodean la fértil llanura de Polabí, avenada por el Elba (Labe) y Vltava— y Moravia, abierta por el Morava y la Odra superior. En ella se combinan cultivos (cereales y remolacha de azúcar), actividades extractivas (principalmente carbón) e industrias de transformación (química, vidrio y agroalimentaria). La industria se localiza en las principales ciudades (Praga, Ostrava, Brno, Plzeň).

HISTORIA

Los checos, tras haber creado Bohemia y Moravia, fueron dominados por los Habsburgo de Austria. En 1918, formaron con los eslovacos la República de Checoslovaquia. 1969: tras la entrada en vigor del estatuto federal de Checoslovaquia, la República Checa tuvo dotada de instituciones propias. 1992: V. Klaus, jefe del gobierno formado en julio, preparó con su homólogo eslovaco la división de la Federación Checa y eslovaca. 1993: después de la división (1 en.), Václav Havel fue elegido presidente de la República Checa, reelegido en 1998. 1997: Chequia es admitida en la O.T.A.N.; Josef Tosovsky, nuevo primer ministro.

CHECAR v. tr. [**1a**]. *Méx.* Verificar, comprobar algo. **2.** *Méx.* Marcar los empleados en una tarjeta la hora de entrada y salida en su trabajo. **3.** *Méx.* Vigilar celosamente a alguien.

CHECHENIA (*República de*), república de la Federación de Rusia, en el N del Cáucaso, constituida en 1992 tras su secesión de la República autónoma de los Chechén e Ingush; 1 026 000 hab. aprox. Cap. *Grozni.*

CHÉCHERES n. m. pl. *Colomb.* y *C. Rica.* Cachivaches, baratijas.

CHECO, A adj. y n. De la región formada por Bohemia, Moravia y una parte de Silesia. **2.** De la República Checa. **3.** Checoslovaco. ♦ n. m. **4.** Lengua eslava que se habla en Bohemia, Moravia y una parte de Silesia.

CHECOSLOVACO, A adj. y n. De Checoslovaquia.

CHECOSLOVAQUIA, en checo **Československo**, antiguo estado de Europa central, formado por la unión de *Bohemia* y *Moravia* (que constituyen la República Checa) y *Eslovaquia.* CAP. *Praga.*

HISTORIA

1918: se creó la República de Checoslovaquia, que reunía a los checos y eslovacos de la antigua Austria-Hungría. 1919-1920: se sumó Rutenia subcarpática. 1938: el país tuvo que aceptar las decisiones de la conferencia de Munich y ceder los Sudetes a Alemania. 1939: Alemania ocupó Bohemia-Moravia e instaló en ella su protectorado; Eslovaquia formó un estado separado. 1943: firmó un tratado de amistad con la U.R.S.S. 1945: Praga fue liberada por el ejército soviético. La U.R.S.S. obtuvo Rutenia subcarpática. Febrero 1948: los comunistas se hicieron con el poder (golpe de Praga). 1968: durante la primavera de Praga, el partido, dirigido por Dubček, intentó orientarse hacia un socialismo de rostro humano». La intervención soviética, en agosto, puso fin al intento innovador. 1969: Checoslovaquia se convirtió en un estado federal formado por la República Checa y Eslovaquia. 1989: importantes manifestaciones contra el régimen (nov.) provocaron la dimisión de los principales dirigentes, la abolición del papel dirigente del partido y la formación de un gobierno de coalición mayoría no comunista. El disidente Václav Havel fue elegido presidente de la república. El telón de acero entre Checoslovaquia y Austria fue desmantelado. 1990: el país adoptó oficialmente el nombre de República federativa Checa y Eslovaca. Los movimientos democráticos ganaron las primeras elecciones libres (junio). 1991: las tropas soviéticas se retiraron del país. 1992: V. Klaus dimitió. Las autoridades federales aceptaron el proceso de división de Checoslovaquia en dos estados independientes. 1993: Checoslovaquia se dividió en dos estados independientes, Eslovaquia y la República Checa (1 en.).

CHEF n. m. (voz francesa). Jefe de cocina en restaurantes, hoteles, etc.

CHEIK o **SHEIK** n. m. Jeque.

CHEJE n. m. *Amér. Central.* Especie de pájaro carpintero. **2.** *Hond.* y *Salv.* Eslabón.

CHÉJOV (Antón Pávlovri), escritor ruso (Taganrog 1860-Badenweiler, Alemania, 1904). Escribió obras de teatro, donde describió el estancamiento de la vida en las convenciones de la sociedad de provincias o en las vocaciones ilusorias (*La gaviota*, 1896; *Tío Vania*, 1897; *Las tres hermanas*, 1901; *El jardín de los cerezos*, 1904).

CHEG-CHEU → **Zhengzhou**.

CHENGDU o **CH'ENG-TU**, c. de China, cap. de Sichuan; 2 470 000 hab. Fue la cap. de los Tang.

CHENQUE n. m. *Chile*. Caverna abierta en la roca.

CHEOPS → **Keops**.

CHEPO, distr. de Panamá (Panamá), en el valle del *río Chepo*; 20 499 hab. Ganadería.

CHEQUE n. m. (voz inglesa). Orden de pago que sirve a una persona (*librador*) para retirar, en su provecho o en provecho de un tercero (*tomador, tenedor* o *beneficiario*), todos o parte de los fondos disponibles de su cuenta. • **Cheque al portador**, cheque que no lleva el nombre del tomador y que puede ser cobrado por cualquier persona. ∥ **Cheque de viaje**, o **de viajero** (*travellers cheque*), cheque para uso de turistas, emitido por un banco y que puede pagar cualquiera de sus agencias. ∥ **Cheque en blanco**, cheque firmado sin indicación de la suma. ∥ **Cheque sin fondos**, cheque que no puede abonarse por falta de fondos suficientes.

CHEQUEAR v. tr. [1]. Consignar, expedir, facturar: *chequear el equipaje*. **2.** Examinar, inspeccionar, revisar: *chequear a un enfermo*.

CHEQUEO n. m. Acción y efecto de chequear. **2.** Revisión médica completa.

CHEQUERA n. f. *Amér.* Talonario de cheques. **2.** *Amér.* Cartera para guardar el talonario.

CHERCÁN n. m. *Chile*. Pájaro similar al ruiseñor.

CHERENKOV (Pável Alexéievich), físico soviético (Chigla, Vorónezh, 1904-Moscú 1990). En 1934 descubrió la emisión de la luz por partículas cargadas que se desplazan en un medio a una velocidad superior a la que tendría la luz dentro del mismo medio. (Premio Nobel de física 1958.)

CHERNOBIL, c. de Ucrania. Central nuclear. En 1986, la explosión de un reactor provocó una contaminación radiactiva que afectó a varios países europeos.

CHEROKEE o **CHEROQUI**, pueblo amerindio del grupo lingüístico iroqués de las praderas de Estados Unidos (Oklahoma, Carolina del Norte).

CHESTERTON (Gilbert Keith), escritor británico (Londres 1874-Beaconsfield, Buckinghamshire, 1936), novelista satírico y humorista, es autor de novelas policíacas protagonizadas por el padre Brown (1911-1935).

CHETUMAL, c. de México, cap. del est. de Quintana Roo y del mun. de Othón P. Blanco; 94 158 hab. Situada en la *bahía de Chetumal*, en la frontera con Belice. Puerto libre, de altura y cabotaje.

CHEUTO, A adj. *Chile*. Que tiene el labio partido o deformado.

CHÉVERE adj. *Colomb.* y *Venez.* Excelente, muy bueno. **2.** *Cuba*, *Perú* y *Venez.* Benévolo, indulgente. **3.** *Ecuad., Perú, P. Rico* y *Venez.* Primoroso, gracioso, bonito, elegante, agradable.

CHEYENE, pueblo indio del grupo algonquino de las Praderas de América del Norte, que act. vive en reserva en Montana y Oklahoma.

CHÍA n. f. *Méx.* Planta leñosa cuya semilla desprende, en remojo, gran cantidad de mucílago. **2.** *Méx.* Bebida refrescante elaborada con la semilla de esta planta.

CHIANG KAI-SHEK → **Chang Kai-shek**.

CHIANTI, región vitícola de Italia (Toscana).

CHIAPA DE CORZO, c. de México (Chiapas); 45 143 hab. Alfarería y orfebrería. Yacimiento correspondiente a las tierras altas mayas (tumbas), en una secuencia que va de c. 2000 a. J.C.-1500 d. J.C.

CHIAPAS (*estado de*), est. del S de México; 73 887 km²; 3 203 915 hab. Cap. Tuxtla Gutiérrez.

CHIARI (Roberto Francisco), político panameño (Panamá 1905-*id.* 1981). Presidente de la república (1960-1964).

CHIARI (Rodolfo), político panameño (Aguadulce 1869-Los Ángeles, E.U.A., 1937). Jefe del Partido liberal, fue presidente de la república (1924-1928).

CHIBCHA adj. y n. m. y f. Relativo a un pueblo amerindio precolombino que habitaba en los altiplanos de la cordillera Oriental de Colombia (dep. de Boyacá, Cundinamarca y, en parte, Santander); individuo de dicho pueblo. **2.** Relativo a la familia lingüística amerindia chibcha.

CHIBOLO n. m. *Amér.* Cuerpo redondo y pequeño. **2.** *Amér.* Chichón.

CHIC adj. y n. (voz francesa). Distinguido, elegante, especialmente en el atuendo personal.

CHICA n. f. Femenino de chico. **2.** Criada, muchacha de servicio. **3.** *Méx.* Moneda de plata de tres centavos.

CHICAGO, c. de Estados Unidos (Illinois), en la región de los Grandes Lagos, junto al lago Michigan; 2 783 726 hab. (6 069 974 hab. en el área metropolitana). Puerto activo y gran centro industrial y cultural. Centro de la arquitectura moderna.

CHICAMOCHA, r. de Colombia, afl. del Magdalena (or. der.); 400 km. Hidroelectricidad.

CHICANO, A adj. y n. Relativo a la minoría de origen mexicano asentada en el E y SE de E.U.A.

CHICHA n. f. (voz caribe). *Amér. Merid.* Bebida obtenida de la fermentación del maíz en agua azucarada. **2.** *Chile*. Bebida que se obtiene de la fermentación del zumo de la uva o la manzana. • **No ser ni chicha ni limonada** (*Fam.*), no tener carácter definido, no valer para nada.

CHÍCHARO n. m. Planta leguminosa, trepadora, de flores blancas o rojizas. **2.** *Colomb.* Cigarro de mala calidad.

CHICHARRA n. f. Cigarra. **2.** *Fig.* y *fam.* Persona muy habladora.

CHICHARRÓN n. m. Residuo frito y requemado que dejan las pellas del cerdo, una vez derretida la manteca. (Suele usarse en plural.) **2.** *Méx.* Frituras de harina con el color y la consistencia del chicharrón.

CHICHAS (*cordillera de*), ramal de la cordillera Real de los Andes de Bolivia (Potosí); 5603 m en el nevado de Chorilque.

CHICHE n. m. *Amér.* Juguete. **2.** *Amér.* Alhaja, joya o pecho. **3.** *Argent., Chile* y *Urug.* Pequeño objeto para adorno o decoración. ♦ adj. **4.** *Amér. Merid.* Pequeño, delicado, bonito.

CHICHEME n. m. *Amér. Central*. Bebida elaborada con maíz cocido y sin moler, azúcar, leche y algún otro ingrediente.

CHICHERÍA n. f. En América, casa o tienda donde se vende chicha, bebida alcohólica.

CHICHERO, A adj. *Amér.* Relativo a la chicha. ♦ n. **2.** *Amér.* Persona que fabrica o vende chicha. ♦ n. **3.** *Perú*. Chichería.

CHICHI adj. *Amér. Central*. Cómodo, fácil, sencillo. ♦ n. f. **2.** *Méx.* Teta, mama, ubre. • **Dar la chichi** (*Méx.*), amamantar.

CHICHICASTENANGO, c. de Guatemala (Quiché); 36 084 hab. Mercado. Iglesia colonial (c. 1540).

CHICHICUILOTE n. m. *Méx.* Ave pequeña, parecida a la paloma cuya carne es comestible.

CHICHIGUA n. f. *Amér. Central* y *Méx.* Nodriza. **2.** *Colomb.* Cosa o cantidad pequeña, insignificante.

CHICHIMECA adj. y n. m. y f. Relativo a un grupo de pueblos amerindios originarios del N de México con los cuales en el XIII destruyeron el imperio tolteca de Tula y se establecieron en la meseta central del país; individuo de alguno de estos pueblos. ■ En su cap., Tlaloc y Tezcatlipoca levantaron un templo que inspiró a las pirámides aztecas. En 1327 se trasladó la capital a Texcoco; en esa época los chichimecas adoptaron la cultura de los aztecas. Los chichimecas rompieron sus vínculos con los aztecas en 1516.

CHICHINAR v. tr. [1]. *Méx.* Chamuscar, quemar.

CHICHÓN n. m. Hinchazón que se forma en la cabeza por efecto de un golpe.

CHICHONA adj. f *Méx.* Que tiene las tetas grandes.

CHICLANA DE LA FRONTERA, c. de España (Cádiz), cab. de p. j.; 46 610 hab. Viticultura. Pesca.

CHICLAYO, c. de Perú, cap. del dep. de Lambayeque, en el valle del Chancay; 419 600 hab.

CHICLE o **CHICLÉ** n. m. Goma de mascar aromatizada.

CHICLIGASTA, dep. de Argentina (Tucumán), en la sierra de Aconquija; 63 746 hab.

CHICLOSO, A adj *Méx.* Dícese de lo que tiene la consistencia del chicle. ♦ n. m. **2.** *Méx.* Dulce pegajoso con la consistencia del chicle.

CHICO, A adj. Pequeño, de poco tamaño: *mesa chica*. ♦ n. / adj. **2.** Niño, muchacho. ♦ n. **3.** Muchacho que hace recados y ayuda en trabajos de poca importancia: *mandar al chico a por el correo*.

CHICO DE SANTA CRUZ (*río*), r. de Argentina (Santa Cruz), en la Patagonia; 600 km. Desemboca junto a la c. de Santa Cruz, en un largo estuario.

CHICOCO, A adj. y n. *Chile*. Pequeño, chico. **2.** *Chile*. Dícese de la persona de baja estatura.

CHICOLEAR v. intr. [1]. *Fam.* Decir chicoleos. ♦ **chicolearse** v. pron. **2.** *Perú*. Recrearse, divertirse.

CHICOLEO n. m. *Fam.* Requiebro.

CHICORIA n. f. Achicoria.

CHICOTAZO n. m. *Amér.* Golpe dado con el chicote, látigo. **2.** TAUROM. Capotazo rápido por bajo.

CHICOTE n. m. *Fam.* Cigarro puro. **2.** *Amér.* Látigo, azote largo.

CHICOTEAR v. tr. [1]. *Amér.* Dar chicotazos. **2.** *Amér.* Producir un ruido característico una cosa dura y flexible que se agita.

CHICOZAPOTE n. m. *Méx.* Árbol de más de 30 m de alto, de flores blancas. **2.** *Méx.* Fruto de este árbol, globoso, comestible y de sabor muy dulce.

CHICUELINA n. f. (de M. J. Moreno *Chicuelo*, su inventor). TAUROM. Lance de capa por delante, dado con los brazos a la altura del pecho.

CHIETLA, v. de México (Puebla), en el valle del Atoyac; 34 648 hab. Bosques. Aguas termales.

CHIFA n. m. *Chile* y *Perú*. Restaurante chino.

CHIFLADO, A adj. y n. *Fam.* Maniático, perturbado.

CHIFLADURA n. f. Acción y efecto de chiflar o chiflarse.

CHIFLAR v. tr. y pron. [1]. Hacer burla o escarnio de uno en público. **2.** *Fam.* Provocar o sentir entusiasmo, amor o afición por una persona o cosa. ♦ v. intr. **3.** Silbar. ♦ **chiflarse** v. pron. **4.** Perder las facultades mentales.

CHIFLE n. m. *Argent.* y *Urug.* Recipiente de cuerno para llevar agua u otros líquidos. **2.** *Argent.* Cantimplora, frasco aplanado.

CHIFLÓN n. m. Garza acuática, amarillenta que vive en América Meridional. (Familia ardeidos.) **2.** *Amér.* Viento colado, o corriente muy sutil de aire.

CHIGNAHUAPAN, v. de México (Puebla); 41 896 hab. Minas de oro y cobre. Aguas termales. Aeropuerto.

CHI

CHIGUA n. f. *Bol.* y *Chile.* Especie de cesto que sirve para múltiples usos domésticos y como cuna.

CHIGÜIINI n. m. *Amér. Central.* Chiquillo, desmedrado.

CHIHUAHUA adj. y n. m. Dícese de una raza de perros de pequeño tamaño oriunda de México.

CHIHUAHUA *(estado de),* est. del N de México, accidentado por la sierra Madre occidental; 247 087 km²; 2 441 873 hab. Cap. Chihuahua.

CHIHUAHUA, c. de México, cap. del est. homónimo; 530 783 hab. Centro agrícola, minero y comercial. Catedral (s. XVIII) con portada de J. A. de Navia.

CHIISMO n. m. Doctrina de los musulmanes que consideran que la sucesión de Abū Bakr en el califato era ilegal y que el califato debía volver a los descendientes de Alí.

CHIITA o **CHIÍ** adj. y n. m. y f. Relativo al chiismo; adepto a esta doctrina. SIN.: *shiita, shii.*

CHIJETE n. m. *Argent. Fam.* Chorro de líquido que sale violentamente, chisquete. **2.** *Argent. Fam.* Corriente de aire, chiflón.

CHILABA n. f. Túnica larga, con capuchón y mangas anchas, que se usa en el Mogreb.

CHILACAYOTE n. m. *Méx.* Planta cucurbitácea variedad de calabaza.

CHILANGO, A adj. y n. *Méx.* Que es originario de la ciudad de México.

CHILAQUILES n. m. pl. *Méx.* Guiso que se hace con pedazos de tortilla de maíz fritos en manteca.

CHILATE n. m. *Amér. Central.* Bebida hecha con chile, maíz tostado y cacao.

CHILATOLE n. m. *Méx.* Bebida de chile y atole de maíz.

CHILCA n. f. *Colomb.* y *Guat.* Planta arbustiva resinosa y balsámica utilizada en veterinaria.

CHILCO n. m. *Chile.* Fucsia silvestre.

CHILE n. m. *Amér. Central* y *Méx.* Ají o pimiento, y su fruto. (Familia solanáceas.)

CHILE, estado de América del Sur, en la fachada pacífica; 756 626 km² (más 1 250 000 km² de la Antártida) y 13 231 803 hab. *(Chilenos.)* CAP. Santiago. LENGUA OFICIAL: *español.* MONEDA: *peso chileno.*

GEOGRAFÍA

Ocupa una larga y estrecha faja de territorio entre el Pacífico y los Andes, que marcan una imponente frontera natural con Argentina. En el sector septentrional, vastas mesetas separadas de la cadena montañosa por depresiones ocupadas por salares (Atacama); al S la cordillera se estrecha, pierde altitud (unos 1000 m en Tierra del Fuego), y se fragmenta en multitud de islas. Más alejadas, en el Pacífico, se encuentran las islas Juan Fernández, Sala y Gómez, y la isla de Pascua. Entre los Andes y la cordillera de la Costa, de altitudes más modestas, corre el valle Central, de especial importancia demográfica y económica entre Santiago y Puerto Montt. Chile mantiene un ritmo bajo de crecimiento demográfico, con un continuo descenso de la tasa de natalidad. La distribución de la población es muy irregular: el 75 % habita en el Chile central, y casi el 80 % es urbana. La agricultura presenta una gran variedad de productos: cereales, vid, frutas, patata, remolacha azucarera. Ganadería ovina y bovina en las regiones meridionales. Son significativas la producción forestal y la pesca (harina de pescado, primer productor mundial). El sector minero sigue teniendo un peso trascendental en la economía: cobre (primer productor mundial), hierro, cinc, molibdeno y plomo. El petróleo y el carbón no alcanzan a cubrir la demanda interna. La industria se concentra en torno a Santiago (metalurgia, textil, alimentaria, madera y papel, química, cemento, construcción). La economía, dominada históricamente por la exportación de materias primas (trigo, nitrato y cobre), presenta unas debilidades estructurales comunes a otros países de la región: bajos rendimientos agrícolas, vulnerabilidad de la industria dominada por las ramas ligeras, dependencia del capital y la tecnología extranjeros. No obstante, en la primera mitad de los años noventa el país presentaba una economía saneada. En 1995 se asoció a Mercosur.

HISTORIA

El poblamiento precolombino. El valle de Mapocho marcaba el alcance del dominio inca. Al norte se situaban los pescadores changos, los pueblos agrícolas de lengua aymará y los diaguitas chilenos, en el Norte Chico. La región comprendida entre el valle de Mapocho y el río Maule estaba habitada por los picunches, o mapuches del norte. A la región de los araucanos, entre el Maule y el Toltén, correspondía la mayor densidad humana. Los huiliches, entre el Toltén y la isla de Chiloé, constituían el límite meridional de los pueblos agricultores; más allá de éste y hasta la Tierra del Fuego se dispersaban grupos pescadores y recolectores como los chonos o los alcaluf.

La primera conquista. 1536: primera penetración de Diego de Almagro, que se retiró sin ocupar el territorio. 1541-1552: Pedro de Valdivia emprendió la conquista efectiva, con la fundación de Santiago (1541), Valparaíso (1544) y Concepción (1550). 1553: Lautaro derrotó a Valdivia en Tucapel y los araucanos obligaron a los españoles a retroceder y fijar el límite de la conquista en el río Biobío. Los primeros gobiernos militares dieron paso al gobierno de la audiencia de Santiago, instituida en 1609, que extendía su soberanía a la región de Cuyo, incorporada más tarde al virreinato del Río de La Plata (1778).

De la Patria Vieja a la república moderada. 1810-1814: la sustitución del gobernador por una junta (1810) inició el proceso emancipador del período de la Patria Vieja culminado por los Carrera con el reglamento constitucional de 1812. 1814-1818: recuperado el territorio por las tropas realistas, que habían derrotado a Carrera y O'Higgins en Rancagua (set. 1814), el ejército de San Martín, al que se incorporó O'Higgins, llevó a cabo la definitiva liberación (1817-1818) y proclamó la independencia (febr. 1818). La dictadura ilustrada de O'Higgins (1818-1822), en favor de la oligarquía comercial de Santiago, suscitó la sublevación de Freire en Concepción (1822). Se inició un período de conflictos entre centralistas y federalistas y entre distintas facciones («pelucones» o conservadores; «pipiolos» o liberales; «estanqueros» o moderados), que acabó con la derrota de los liberales en Lircay (1830). 1830-1851: la constitución de 1833 expresó la hegemonía de la aristocracia conservadora, bajo el liderazgo de Portales. Guerra contra la confederación Perú-boliviana (1836-1839), que acabó con la victoria chilena. 1851-1861: Montt inició la reforma liberal con la abolición del mayorazgo (1852) y las leyes desamortizadoras (1857).

La república liberal y la expansión territorial. La fusión entre liberales y conservadores consolidó la reforma del estado, sin tener que soportar como en el resto de América latina un largo período de guerras civiles. 1879-1883: la guerra del Pacífico, que enfrentó a Chile con Bolivia y Perú, proporcionó a los chilenos el control de las regiones salitreras de Tarapacá, Arica y Tacna; el salitre protagonizó la expansión de la economía chilena de fines de siglo. Al propio tiempo, la derrota de la insurrección indígena (1880-1882) dio lugar a la conquista definitiva de la Araucanía y el sur. 1891: la revolución parlamentarista contra el presidente Balmaceda culminó, en el terreno político, el dominio de la oligarquía liberal. La nueva expansión de la minería del cobre, con una fuerte presencia de capital estadounidense, reforzó el sector exportador. Paralelamente se puso de relieve una creciente conflictividad social (matanza de huelguistas en Iquique, 1907).

Del populismo al Frente popular. 1920-1925: Arturo Alessandri, al frente de la Alianza liberal, impulsó una política de corte populista que conduciría a la adopción de una nueva constitución (1925), que acabó con la hegemonía parlamentaria. 1925-1931: el coronel Ibáñez obligó a dimitir a Alessandri y estableció un régimen militar de hecho, en tanto que se agotaba el ciclo salitrero. 1932: proclamación de la «república socialista», apoyada por sectores militares radicales y el movimiento obrero. 1933-1938: Alessandri ocupó de nuevo la presidencia, pero aunque mantuvo su orientación populista en la legislación social se enfrentó progresivamente al movimiento obrero y a la izquierda. 1938-1952: la hegemonía política pasó al Frente popular, integrado inicialmente por radicales, socialistas y comunistas, que gobernó Chile hasta que la guerra fría y la proscripción de los comunistas (1948) determinó la crisis del Frente.

El nuevo reformismo. 1952-1964: la derecha tradicional recuperó el poder, aunque las elecciones parlamentarias de 1961 modificaron el panorama político, con el súbito ascenso de la democracia cristiana y la reaparición del partido comunista. 1964-1970: el democristiano Eduardo Frei intentó una reforma moderada, frente a los sectores conservadores y la izquierda. 1970-1973: las elecciones dieron la victoria a la Unidad popular, integrada por socialistas, comunistas y disidentes radicales y de la democracia cristiana; Salvador Allende desarrolló una política de izquierda, que incluyó la reforma agraria y la nacionalización del cobre, la oposición de los sectores conservadores y la democracia cristiana, apoyados por E.U.A., desembocó en el cruento golpe militar de septiembre de 1973.

La dictadura militar y el retorno a la democracia. 1973-1988/1990: el general Pinochet instauró una férrea dictadura de política marcadamente neoliberal. 1980: nueva constitución; preveía una transición hacia la democracia, a culminar en 1989. 1983: la Alianza democrática y el Movimiento democrático popular iniciaron un intermitente proceso de movilizaciones contra la dictadura. 1988: Pinochet perdió el referéndum que él mismo había convocado para mantenerse en la presidencia. 1989: la oposición democrática triunfó en las elecciones; se inició el restablecimiento de la democracia bajo la presidencia de P. Aylwin (1990-1994), aunque Pinochet retuvo el mando del ejército. 1994: accedió a la presidencia Eduardo Frei, hijo, con una coalición de centro-izquierda. 1996: Chile se asoció a Mercosur. 1998: Pinochet se retiró. Designado senador vitalicio, fue detenido en Londres a petición de la justicia española. 1999: se firmó con Argentina un acuerdo para fijar la frontera en los Hielos continentales. Ricardo Lagos, socialista, elegido presidente. 2000: el gobierno británico permitió a Pinochet regresar a Chile. 2001: por primera vez en la historia, una mujer (Ma. Antonieta Morales) forma parte de la Corte Suprema. 2004: se abren procesos contra ex dictador Augusto Pinochet (Operación Cóndor, Caravana de la Muerte).

CHILECITO, dep. de Argentina (La Rioja); 31 268 hab. Centro maderero y minero (cobre). Turismo.

CHILENISMO n. m. Giro o modo de hablar, propio de los chilenos.
CHILENITA n. f. Plata bismutífera granuda, de superficie amarillenta, encontrada en Copiapó, Chile.
CHILENO, A adj. y n. De Chile. ♦ n. m. **2.** Modalidad adoptada por el español en Chile.
CHILILLO n. m. *Amér. Central.* Látigo, azote.
CHILINDRINA n. f. *Méx.* Un tipo de pan de huevo.
CHILINGUEAR v. tr. [1]. *Colcmb.* Mecer, columpiar.
CHILLA n. f. Mamífero carnívoro de formas esbeltas que vive en Chile. (Familia cánidos.) **2.** *Cuba* Falta de dinero. • **Estar en la chilla, o en la purita chilla** *(Méx.)*, estar sin dinero.
CHILLÁN, c. de Chile (Biobío); 158 731 hab. Centro comercial y agrícola. Nudo de comunicaciones.
CHILLAR v. intr. [1]. Dar chillidos: *las golondrinas chillaban.* **2.** Gritar: *no chilles tanto.* **3.** Reñir, amonestar: *su padre le ha chillado.* **4.** Protestar. **5.** Chirriar: *chillar una puerta.* **6.** *Méx.* Llorar.
CHILLIDA (Eduardo), escultor español (San Sebastián 1924-2002). Su obra evolucionó desde la escultura-estatua a una concepción de formas abriéndose al espacio. Utiliza hierro, madera, mármol, granito, cemento, en formas abstractas que le son características.
CHILLIDO n. m. Sonido inarticulado de la voz, agudo y desagradable.
CHILLÓN, NA adj. v. n. *Fam.* Que chilla mucho. ♦ adj. **2.** Dícese de todo sonido agudo, desagradable o molesto. **3.** *Fig.* Dícese de los colores demasiado vivos o mal combinados. **4.** *Méx.* Llorón. **5.** *Méx.* Cobarde.
CHILMOLE n. m. *Méx.* Salsa o guisado de chile con tomate u otra legumbre.
CHILOÉ *(isla de),* la mayor de las islas de Chile (Los Lagos); 8300 km². C. pral. Ancud.
CHILPANCINGO DE LOS BRAVO, c. de México, cap. del est. de Guerrero; 136 164 hab. En ella se reunió en 1813 el primer Congreso constituyente, convocado por Morelos.
CHILPAYATE n. m. *Méx.* Chiquillo, chaval.
CHILPE n. m. *Chile.* Andrajo, pedazo o jirón de ropa muy usada. **2.** *Ecuad.* Cabuya, cordel. **3.** *Ecuad.* Hoja seca de maíz.
CHILTEPE *(península de),* península de Nicaragua, en la margen S del lago de Managua, ocupada por el volcán Apoyeque (480 m).
CHIMACHIMA n. f. Ave falconiforme que vive en Argentina. (Familia falcónidos.)
CHIMALPOPOCA, tercer soberano de los aztecas y señor de Tenochtitlan [1416-1428]. Luchó contra Tezozómoc para mantener la autonomía de Tenochtitlan.
CHIMALTENANGO *(departamento de),* dep. de Guatemala, en el centro del país; 1979 km²; 343 879 hab. Cap. *Chimaltenango* (19 650 hab.).
CHIMANGO n. m. Ave falconiforme de unos 30 cm de long., que vive en América Meridional. (Familia falcónidos.)
CHIMARSE v. pron. *Amér. Central.* Lastimarse.
CHIMBA n. f. *Amér. Merid.* Trenza pequeña de pelo. **2.** *Chile y Perú.* Orilla opuesta de un río.
CHIMBARONGO, com. de Chile (Libertador General Bernardo O'Higgins); 28 568 hab. Mercado agrario.
CHIMBAS, dep. de Argentina (San Juan); 52 415 hab. La cab., *Villa Paula Albarracín de Sarmiento,* forma parte del gran San Juan.
CHIMBILLO n. m. *Colomb.* Murciélago.
CHIMBO, A adj. n. m. *Amér.* Dícese de una especie de dulce hecho con huevos, almendras y almíbar.

CHIMBORAZO, cumbre máxima de los Andes ecuatorianos; 6272 m. Cubierta por un casquete glaciar.
CHIMBORAZO *(provincia de),* prov. del centro de Ecuador; 5556 km²; 364 682 hab. Cap. *Río-bamba.*
CHIMBOTE, c. de Perú (Ancash); 216 400 hab. Puerto exportador. Centro siderúrgico (acero).
CHIMENEA n. f. (fr. *cheminée*). Obra, generalmente de albañilería, destinada a asegurar el mantenimiento de un fuego, a evacuar los humos y a permitir el tiro. **2.** Parte superior de esta obra que se eleva por encima del tejado. **3.** Conducto cilíndrico: *chimenea de ventilación.* **4.** En alpinismo, paso estrecho más o menos vertical que se abre en un muro rocoso o glaciar.
CHIMINANGO n. m. *Colomb.* Planta arbórea de gran altura y corpulencia.
CHIMÓ n. m. *Venez.* Pasta de extracto de tabaco.
CHIMPANCÉ n. m. Simio antropoide de África ecuatorial, un poco más bajo que el hombre y con los brazos largos, arborícola, social y fácilmente amaestrable.
CHIMÚ, cultura preincaica peruana, que se extendió entre Piura y Paramonga, desarrollada entre 1000-1470 d. J. C. y que constituyó un reino, cuya capital era Chanchán.
CHIMUELO, A adj. *Méx.* Dícese de la persona a la que falta uno o más dientes.
CHINA n. f. Piedra pequeña. • **Tocarle a uno la china,** corresponderle la mala suerte.
CHINA n. f. Porcelana de China, o porcelana en general. **2.** Tejido de seda o lienzo que viene de China, o el labrado a su imitación.
CHINA n. f. (voz quechua). *Amér.* India que presta un servicio doméstico. **2.** *Amér. Merid.* India o mestiza en general. **3.** *Argent.* Mujer del gaucho.
CHINA *(mar de),* parte del océano Pacífico que se extiende a lo largo de las costas de China y de Indochina, que abarca el *mar de China oriental* (entre Corea, las Ryukyu y Taiwan) y el *mar de China meridional* (limitado al E por las Filipinas y Borneo).
CHINA, estado de Asia oriental; 9 600 000 km²; 1 151 300 000 hab. (*Chinos.*) CAP. *Pekín.* LENGUA OFICIAL: *chino.* MONEDA: *yuan.*

GEOGRAFÍA
China posee más de la quinta parte de la población mundial. La política antinatalista ha reducido el crecimiento demográfico, que actualmente es del orden de 1 % anual. La densidad media (120 hab./km² aprox.) no es significativa. El O, en donde se yuxtaponen cadenas montañosas y altiplanicies (Tibet o Mongolia), de clima riguroso y áridas depresiones (Xi Jiang), está casi despoblado, ocupado sobre todo por minorías étnicas (tibetanos, mongoles, turcos, etc.), que, sin embargo, no constituyen más del 5 % de la población total. Ésta está formada fundamentalmente por los Han, los chinos propiamente dichos, concentrados en la China oriental. En esta zona, con un clima cada vez más clemente a medida que se acerca al S, en un paisaje de colinas, llanuras y valles (entre los que se encuentran los de Huang He y el Yangzi Jiang), sólo en el 15 % del territorio, se acumula el 90 % de la población. Cerca de un 70 % de chinos son aún campesinos, aunque desde 1949 la urbanización ha progresado mucho. Actualmente unas treinta ciudades superan el millón de habitantes, y Shanghai, Pekín y Tianjin se encuentran entre las grandes metrópolis mundiales. China es el primer productor mundial de trigo y sobre todo de arroz. También se encuentra a la cabeza en lo que respecta al algodón, tabaco, maíz, oleaginosas, té, azúcar, ganadería porcina, avicultura y pesca. La industria pesada ha experimentado una progresión espectacular (extracción de carbón y de hidrocarburos, siderurgia), algo menor en los sectores más elaborados de transformación (química, metalurgia de transformación), que viene a sumarse a la ya tradicional industria textil. El desarrollo de los intercambios (aún modestos), la demanda de capital y tecnología extranjeros, y cierta independencia de los sectores financiero e industrial respecto del estado reflejan una apertura hacia el mundo exterior (hacia occidente y fundamentalmente hacia Japón).

PREHISTORIA E HISTORIA
Los orígenes. C. 600 000 años: aparecieron las primeras culturas del paleolítico. En Zhoukoudian se hallaron restos del *Sinanthropus pekinensis* (hombre de Pekín), un arcantropino que conocía el fuego y la talla de chopping-tools.
6000-2000 (neolítico). Pueblos agricultores (Yangshao, Longshan) con cerámica precursora de los bronces rituales posteriores.
C. principios del II milenio (edad del bronce). Las culturas neolíticas, especialmente en Henan, fueron el crisol de la edad del bronce. La existencia histórica de la dinastía legendaria de los Xia queda ubicada, gracias a la arqueología, entre los ss. XVIII-C. 1025 a. J.C., que fue a su vez el período de los Shang (s. XVIII-C. 1025 a. J.C.), se perpetuó con los Zhou (c. 1025-256 a. J.C.). Ss. V-III a. J.C.: el período de los reinos combatientes estuvo marcado por la desunión política y por la difusión de la cultura antigua con Confucio.
La China imperial. 221-206 a. J.C.: el imperio Qin fue fundado por Qin Shi Huangdi, que unificó el conjunto de los reinos chinos de Manchuria al N del actual Vietnam. 206 a. J.C.-220 d. J.C.: los Han extendieron su imperio a Manchuria, Corea, Mongolia, Vietnam y Asia Central. Fundaron el mandarinato y revalorizaron el confucianismo. Abrieron el país a las influencias extranjeras, que penetraron por la ruta de la seda. 220-581: desapareció el estado centralizado y las ciudades se debilitaron. Aumentó la influencia del budismo. Al período de los Tres reinos (Wei, Shu-Han y Wu 220-280) sucedió el de las dinastías del Norte y del Sur (317-589). 581-618: la dinastía Sui reunificó el país e hizo construir el gran canal. 618-907: con los Tang China desarrolló una excelente administración y prosiguió su expansión militar con los emperadores Tang Taizong (627-649) y Tang Gaozong (650-683). 907-960: fue dividida de nuevo durante el período de las Cinco dinastías. 960-1279: los Song gobernaron un territorio mucho menos extenso que el de los Tang y los bárbaros del Norte crearon los imperios Liao (947-1124) y Jin (1115-1234). La civilización científica y técnica china era mucho más avanzada que la de occidente. Replegados en el sur a partir de 1127, los Song fueron eliminados por los mongoles, que conquistaron el país. 1279-1368: gobernó China la dinastía mongola Yuan, contra la que se sublevó el país bajo la dirección de Zhu Yuanzhang (Hongwu), fundador de la dinastía Ming. 1368-1644: los emperadores Ming establecieron la tradición nacional, pero restauraron prácticas autocráticas. Yongle (1403-1424) conquistó Manchuria. Los avances tecnológicos continuaron hasta el s. XVI, pero el gobierno cayó, a partir del reinado de Wanli (1573-1620), en manos de eunucos corruptos. Los manchúes invadieron el país y fundaron la dinastía Qing. 1644-principios del s. XIX: ésta, con los emperadores Kangxi (1662-1722), Yongzheng (1723-1736) y Qianlong (1736-1796), estableció su dominio

CHI

sobre un territorio más extenso que nunca (protectorado en el Tibet, 1751, progresión en Mongolia y Asia central).
El s. XIX. 1842-1864: los occidentales, por las armas, impusieron la cesión de la soberanía sobre los puertos declarados abiertos e intervinieron contra la insurrección de los Taiping (1851-1864). 1875-1908: la emperatriz Cixi estuvo en el poder. China, vencida por Japón (1894-1895), que le arrebató Liaodong y Taiwan, tuvo que ceder territorios a Rusia, Alemania, Gran Bretaña y Francia. En 1900 fue organizada una expedición internacional contra los bóxers.
La República de China. 1911-1937: la república, instaurada en 1911, fue presidida por Yuan Shikai (1913-1916). Los nacionalistas del Guomindang, dirigidos por Sun Yat-sen y, a partir de 1925, por Chang Kai-shek (Jiang Jieshi) se separaron de los comunistas en 1927. Éstos ganaron el norte al término de la «larga marcha» (1934-1935). 1937-1945: Japón, que ocupaba el norte de China desde 1937, avanzó hacia el sur en 1944. 1945-1949: tras la capitulación japonesa, la guerra civil enfrentó a nacionalistas y comunistas.
La dirección de Mao Zedong, 1949-1976. 1949: los comunistas que Mao Zedong condujo a la victoria crearon la República Popular de China, mientras que los nacionalistas se replegaban en Taiwan; promulgaron una reforma agraria y desarrollaron la industria pesada. 1956: ante la resistencia y las dificultades económicas, Mao lanzó la campaña de las «cien flores», gran debate ideológico. 1958: durante el «gran salto adelante», Mao impuso la colectivización de las tierras y la creación de comunas populares; crisis económica. 1960: la U.R.S.S. reclamó a los expertos y provocó la suspensión de los grandes proyectos industriales. 1966: Mao lanzó la «gran revolución cultural proletaria». Durante diez años de agitaciones (1966-1976) los responsables del Partido comunista fueron eliminados por los estudiantes organizados como guardias rojos, y por el ejército, dirigido hasta 1971 por Lin Biao. 1969: el deterioro de las relaciones con la U.R.S.S. acabó en violentos incidentes fronterizos. 1971-1972: Zhou Enlai consiguió que Pekín ocupase el puesto de China en la O.N.U. e intentó un acercamiento entre China y E.U.A.
Las nuevas orientaciones. 1976: muerte de Zhou Enlai y de Mao; arresto de la Banda de los cuatro. 1977: Hua Guofeng al frente del partido y del gobierno, y Deng Xiaoping rehabilitado por segunda vez, pusieron en marcha un programa de eficacia económica, de apertura y de modernización. Las comunas populares fueron abandonadas. 1979: conflicto armado entre China y Vietnam. 1980-1987: Hua Guofeng, apartado del poder. Hu Yaobang, secretario general del partido, continuó las reformas; Li Xiannian, presidente de la república en 1983. El sector privado creció a la par que la corrupción y los precios, lo que desencadenó, a partir de 1986, una grave crisis social. 1987: Zhao Ziyang fue nombrado líder del partido. 1988: Yang Shangkun fue nombrado presidente de la república. 1989: la visita de Gorbachov a Pekín aseguró la normalización de las Relaciones con la U.R.S.S. Los estudiantes y el pueblo reclamaron la liberalización del régimen. Deng Xiaoping hizo intervenir al ejército contra los manifestantes, concentrados en la plaza Tian'anmen, que fueron víctimas de una sangrienta represión (junio). Zhao Ziyang fue destituido y sustituido por Jiang Zemin. 1991: China normalizó sus relaciones con Vietnam. 1992: los conservadores opuestos a las medidas económicas de Deng Xiaoping fueron relegados. China norma-

lizó sus relaciones con Corea del Sur. 1993: Jiang Zemin sustituyó a Yang Shangkun en la presidencia de la república (marzo). Acuerdos de cooperación con Taiwan (abril). Acuerdo fronterizo con India (sept.). 1997: devolución de la colonia británica de Hong Kong a China. 1998: Zhu Rongji, primer ministro. 1999: se consumó la entrega de Hong Kong. Portugal devolvió Macao. 2001: Pekín obtuvo la sede de los Juegos Olímpicos 2008. China ingresa, luego de 15 años de negociaciones, a la Organización Mundial de Comercio (OMC).
CHINACO n. m. *Méx.* Hombre del pueblo que peleó en la guerra de la independencia y en la reforma del s. XIX.
CHINAMO n. m. *Amér. Central.* Barraca en las fiestas populares para vender comidas y bebidas.
CHINAMPA n. f. *Méx.* Terreno flotante en el que se cultivan verduras y flores. (En épocas pasadas era el sistema de cultivo de la zona lacustre del Valle de México y actualmente aún se emplea en algunas partes de la misma.)
CHINANDEGA (departamento de), dep. de Nicaragua, junto al Pacífico; 4789 km²; 288 500 hab.
CHINANDEGA, c. de Nicaragua, cap. del dep. homónimo; 70 233 hab.
CHINANTECA, pueblo amerindio de México, que vive en las montañas entre los estados de Veracruz y Oaxaca.
CHINCHA (*islas*), islas del Perú (Ica). Guano.
CHINCHA ALTA, c. de Perú (Ica); 28 877 hab. Industria licorera (pisco). Centro comercial.
CHINCHAR v. tr. y pron. [1]. *Vulg.* Molestar, fastidiar.
CHINCHASUYU, grupo dialectal de la familia lingüística quechua, act. extinguido.
CHINCHE n. f. (lat. *cimicem*). Insecto del orden heterópteros, de cuerpo aplastado, que desprende un olor acre y repulsivo. **2.** Chincheta. ◆ adj. y n. m. y f. **3.** *Fam.* Dícese de la persona chinchosa.
CHINCHETA n. f. Clavo pequeño, de cabeza circular y chata, y punta corta y muy fina.
CHINCHIBÍ n. m. *Amér.* Bebida fermentada de jengibre.
CHINCHILLA n. f. Roedor de América del Sur, muy apreciado por su pelaje fino y sedoso. **2.** Piel de este animal: *un abrigo de chinchilla.*
CHINCHÍN n. m. (voz onomatopéyica). Música callejera. **2.** *Fam.* Brindis.
CHINCHÓN n. m. Aguardiente anisado.
CHINCHORRO n. m. Red menor que la jábega. **2.** Embarcación de remos pequeña. **3.** *Antillas, Chile, Colomb., Méx.* y *Venez.* Hamaca hecha de red.
CHINCHUDO, A adj. y n. *Argent. Fam.* Malhumorado, irritable.
CHINCHULÍN n. m. *R. de la Plata.* Intestino de ovino o vacuno, asadura. (Suele usarse en plural.)
CHINCOL n. f. *Amér. Merid.* Avecilla fringílida parecida al gorrión. **2.** *Chile. Fig.* Persona baja. ◆ **De chincol a jote** (*Chile*), indica que, desde el menor al mayor, todo el mundo está incluido.
CHINEAR v. tr. [1]. *Amér. Central.* Llevar en brazos o a cuestas.
CHINELA n. f. Calzado de tela o de cuero flexible, sin talón, que se usa como zapatilla.
CHINERÍO n. m. *Amér. Merid.* Conjunto de chinos, mestizos o indios.
CHINESCO, A adj. Que procede de China o según el gusto chino. ◆ n. m. **2.** Instrumento de percusión compuesto de una armadura metálica, guarnecida de campanillas y cascabeles.
CHINGA n. f. *Amér. Merid.* Mofeta. **2.** *Argent.* Cosa muy molesta o fastidiosa. **3.** *Argent. Vulg.* Acción y efecto de chingar.
CHINGADA n. f. ◆ **De la chingada** (*Argent. Vulg.*), muy mal, pésimamente: *me siento*

de la chingada. ǁ **Mandar,** o **irse** alguien **a la chingada** (*Argent. Vulg.*), desentenderse de ella, rechazarla.
CHINGANA n. f. *Amér. Merid.* Taberna en que suele haber canto y baile.
CHINGAR v. tr. [**1b**]. *Fam.* Beber con frecuencia vino o licores. **2.** Importunar, molestar. **3.** *Vulg.* Realizar el acto sexual. **4.** *Amér. Central.* Cortarle el rabo a un animal. **5.** *Amér. Central* y *Méx. Vulg.* Molestar, fastidiar o perjudicar a alguien, aprovecharse alevosamente de él. **6.** *Méx.* Arruinar alguna cosa, estropearla. ◆ v. intr. **7.** *Argent.* y *Urug.* Colgar un vestido más de un lado que de otro. ◆ **chingarse** v. pron. **8.** Embriagarse. **9.** *Amér. Merid.* No acertar, frustrarse, fallar. **10.** *Méx.* Padecer alguien trabajos o contratiempos, sufrir una situación adversa.
CHINGO, ONDA adj. *Amér. Central.* Dícese del animal rabón. **2.** *Amér. Central.* Hablando de vestidos, corto. **3.** *Amér. Central* y *Venez.* Chato, romo desnarigado. **4.** *Colomb.* y *Cuba.* Pequeño, diminuto. ◆ chingo n. m. **5.** *Méx. Vulg.* Conjunto muy grande de cosas, cantidad exagerada de algo: *hace un chingo de calor.*
CHINGOLO n. m. Pájaro que vive en Argentina.
CHINGÓN, NA adj. *Méx. Vulg.* Sumamente bueno, extraordinario: *vimos una película chingona*; *es un chingón para las matemáticas.*
CHINGUE n. m. *Chile.* Mofeta.
CHINGUERE n. m. *Méx. Vulg.* Bebida alcohólica en general: *nos echamos unos chingueres.*
CHINO, A adj. y n. De China. **2.** *Amér. Merid.* Dícese de la persona aindiada. **3.** *Colomb.* Dícese del indio o india no civilizados. **4.** *Cuba.* Dícese del descendiente de negro y mulata, o viceversa. **5.** *Méx.* Dícese del pelo rizado y de la persona que lo tiene así. **6.** *Perú.* Cholo. ◆ adj. **7. Colador chino,** colador de agujeros finos, de forma cónica. ◆ n. m. **8.** *Amér. Merid.* Persona del pueblo bajo. **9.** *Amér. Merid.* Criado o sirviente. **10.** *Amér. Merid.* Designación emotiva de la persona que puede ser cariñosa o despectiva. ◆ n. m. **11.** Lengua hablada en China bajo diversas formas dialectales y que se escribe mediante un sistema ideográfico. **12.** *Méx.* Rizo de pelo.
CHÍO o **CHÍOS** → *Quíos.*
CHIP n. m. (voz inglesa, *viruta*). ELECTRÓN. Placa de silicio de unos pocos milímetros cuadrados de superficie, que sirve de soporte de las partes activas de un circuito integrado.
CHIPA n. f. (voz quechua). *Colomb.* Cesto de paja que se emplea para recoger frutas y legumbres. **2.** *Colomb.* Rodete o rosca para cargar a la cabeza, mantener en pie una vasija redonda, etc.
CHIPÁ n. m. (voz guaraní). *Argent., Par.* y *Urug.* Torta de harina de mandioca o maíz.
CHIPACO n. m. *Argent.* Torta de acemite.
CHIPE n. m. *Chile. Vulg.* Dinero. (Úsase en plural.) ◆ **Tener** o **dar chipe** (*Chile. Fig.* y *fam.*), tener o dar libertad de acción.
CHIPIAR v. tr. [**1**]. *Amér. Central.* Importunar, molestar.
CHIPICHIPI n. m. *Méx.* Llovizna.
CHIPIL adj. y n. s. m. y f. *Méx.* Dícese del niño que reclama excesiva atención de sus padres.
CHIPIRÓN n. m. Calamar de pequeño tamaño.
CHIPOLO n. m. *Colomb., Ecuad.* y *Perú.* Juego de naipes.
CHIPOTE n. m. *Amér. Central.* Manotazo. **2.** *Guat.* y *Méx.* Chichón.
CHIPPEWA → *ojibwa.*
CHIPRE, estado insular del Mediterráneo oriental; 9251 km²; 700 000 hab. (*Chipriotas.*) CAP. Nicosia. LENGUAS OFICIALES: griego y turco. MONEDA: libra chipriota.

CHI

GEOGRAFÍA
Dos cadenas montañosas separan una depresión central, emplazamiento de Nicosia. La economía, basada en la agricultura (cítricos, vid y cereales), se ha resentido, así como el turismo, a causa de la división de la isla entre las comunidades griega (aprox. un 80 % de la población total) y turca.
HISTORIA
La antigüedad. II milenio: Chipre, poblada desde el VII milenio, exportadora de cobre y de madera desde 2500 a. J.C., adoptó una escritura (silabario cipriominoico) y fue colonizada por refugiados del mundo minoico. 58 a. J.C.-1191: pasó del dominio de los lágidas a el de Roma y después al de Bizancio tras la partición del imperio en 395.
La edad media y la época moderna. 1191-1489: conquistada por Ricardo Corazón de León, cedida a los Lusignan (1192), que la convirtieron en un reino latino (1197), la isla fue una de las bases de penetración de los cruzados y el principal centro latino de oriente tras la caída de San Juan de Acre (1291). 1489: pasó a manos de Venecia. 1570-1571: fue conquistada por los turcos.
La época contemporánea. 1878: bajo la administración británica, pero aún bajo la soberanía otomana. 1925: anexionada a Gran Bretaña, en cuanto Turquía entró en guerra (1914), se convirtió en colonia británica, a pesar de las protestas de Grecia. 1955-1959: los chipriotas griegos lucharon contra la dominación británica y reclamaron la *enosis* (unión con Grecia). 1960: república independiente, la isla tuvo como presidente al arzobispo ortodoxo Makarios, y un vicepresidente turco. 1974: un golpe de estado favorable a la *enosis* provocó un desembarco turco. 1975: Turquía proclamó unilateralmente un estado autónomo en el norte de la isla. 1977: Spiros Kyprianou sustituyó a Makarios a su muerte. 1983: fue proclamada unilateralmente la República turca de Chipre del Norte, cuyo presidente era Rauf Denktas. 1988: Ghéorghios Vassiliou sucedió a Kyprianou. 1993: Glafcos Clerides fue elegido presidente; reelegido en 1998.
CHIPRIOTA adj. y n. s. y f. De Chipre.
CHIQUEADORES n. m. pl. Círculos de carey que se usaron en México como adorno femenino.
CHIQUEAR v. tr. [1]. *Cuba* y *Méx.* Mimar a una persona. **2.** *Hond.* Contonearse al caminar.
CHIQUEO n. m. *Cuba* y *Méx.* Mimo, halago.
CHIQUERO n. m. Zahúrda donde se recogen de noche los puercos. **2.** TAUROM. Toril.
CHIQUIGÜITE o **CHIQUIHUITE** n. m. *Guat., Hond.* y *Méx.* Cesto o canasta sin asas.
CHIQUILLADA n. f. Acción propia de chiquillos.
CHIQUILLERÍA n. f. *Fam.* Multitud de chiquillos.
CHIQUILLO, A adj. y n. Chico, niño, muchacho.
CHIQUIMULA (*departamento de*), dep. de Guatemala, junto a la frontera hondureña; 2376 km²; 252 143 hab. Cap. *Chiquimula* (29 580 hab.).
CHIQUINQUIRÁ, mun. de Venezuela (Zulia), en la aglomeración de Maracaibo; 42 560 hab. Petróleo.
CHIQUITEAR v. tr. [1]. *Méx. Fam.* Dar o tomar algo en pocas cantidades o poco a poco, haciendo que dure más: *en su casa la chiquitean el dinero*.
CHIQUITO, A adj. y n. Muy pequeño. **• Andarse en chiquitas** (*Fam.*), usar de contemplaciones o pretextos para esquivar o diferir algo.
CHIRAC (Jacques), político francés (París 1932). Primer ministro de 1974 a 1976 y de 1986 a 1988, fue alcalde de París

(1977-1995). Es presidente de la república desde 1995.
CHIRAPA n. f. *Bol.* Andrajo. **2.** *Perú*. Lluvia con sol.
CHIRCA n. f. Planta arbórea de flores amarillas y fruto en almendra. (Familia euforbiáceas.) **2.** Nombre de diversas plantas leñosas que crecen en zonas cálidas de América. (Familia apocináceas.)
CHIRICAYA n. f. *Amér. Central* y *Méx.* Dulce de leche y huevos.
CHIRICO (Giorgio **de**), pintor italiano (Vólos, Grecia, 1888-Roma 1978), precursor del surrealismo, evolucionó hacia un estilo que imitaba el arte clásico.
CHIRIGUANO, pueblo amerindio del grupo guaraní, de la familia tupí-guaraní. Viven en Bolivia, a orillas del Pilcomayo.
CHIRIMBOLO n. m. *Fam.* Utensilio, vasija o cosa análoga.
CHIRIMÍA n. f. Instrumento de viento parecido al clarinete.
CHIRIMOYA n. f. Fruto del chirimoyo.
CHIRIMOYO n. m. Árbol originario de América tropical, de frutos azucarados comestibles, que mide unos 8 m de alt. (Familia anonáceas.)
CHIRINGUITO n. m. Quiosco o puesto de bebidas o comidas al aire libre.
CHIRIPÁ n. m. *Amér. Merid.* Prenda de vestir del gaucho que consiste en un paño pasado entre las piernas y sujeto a la cintura por la faja.
CHIRIPA n. f. En el juego de billar, lance favorable o tanto conseguido inesperadamente. **2.** *Fig.* y *fam.* Casualidad favorable.
CHIRIPADA n. f. *Méx. Fig.* y *fam.* Casualidad favorable, hecho afortunado: *la encontramos por pura chiripada*.
CHIRIQUÍ (*laguna de*), bahía de Panamá (Bocas del Toro), en el Caribe. Excelente puerto natural.
CHIRIQUÍ (*provincia de*), prov. de Panamá, junto a la frontera de Costa Rica, a orillas del Pacífico; 8758 km²; 50 600 hab. Cap. *David*.
CHIRLE adj. *Fam.* Insípido, insustancial. **2.** *Argent.* Falto de consistencia, blanduzco. **3.** *Argent. Fig.* De poco interés, sin gracia.
CHIRLO n. m. Herida prolongada en la cara. **2.** Señal que deja esta herida.
CHIROLA n. f. *Argent.* Antigua moneda de níquel de cinco, diez o veinte centavos. **2.** *Chile.* Moneda chaucha, o de veinte centavos. **♦ chirolas** n. f. pl. *Argent.* Poco dinero.
CHIRONA n. f. *Fam.* Cárcel, prisión.
CHIROSO, A adj. *Amér. Central.* Astroso, andrajoso.
CHIRRIAR v. intr. (voz onomatopéyica) [1t]. Producir un sonido agudo el roce de un objeto con otro: *los goznes de esta puerta chirrían*. **2.** *Fig.* y *fam.* Cantar desentonadamente.
CHIRRIDO n. m. Sonido producido al chirriar. **2.** Cualquier sonido agudo y desagradable.
CHIRRIPÓ GRANDE (*cerro*), pico culminante de Costa Rica (Limón), en la cordillera de Talamanca; 3819 m de alt.
CHIRUSA o **CHIRUZA** n. f. *Argent. Desp.* Mujer de comportamiento vulgar y afectado. **2.** *Argent.* y *Urug.* Mujer del pueblo bajo.
¡CHIS! interj. ¡Chitón!
CHISGUETE n. m. *Fam.* Trago de vino. **2.** *Fam.* Chorrillo de un líquido que sale violentamente.
CHIȘINĂU, ant. **Kishiniov**, c. y cap. de Moldavia; 565 000 hab. Metalurgia. Universidad.
CHISME n. m. Noticia verdadera o falsa con que se murmura o se pretende difamar. **2.** *Fam.* Trasto o trebejo pequeño.
CHISMEAR v. intr. [1]. Chismorrear.
CHISMOGRAFÍA n. f. *Fam.* Ocupación de chismorrear. **2.** *Fam.* Relación de chismes y cuentos.
CHISMORREAR v. intr. [1]. *Fam.* Traer y llevar chismes.

CHISMOSO, A adj. y n. Que chismorrea.
CHISPA n. f. (voz onomatopéyica). Partícula inflamada que salta de la lumbre, del hierro herido por el pedernal, etc. **2.** *Fig.* Ingenio, gracia, agudeza: *persona con mucha chispa*. **3.** Partícula, pequeña cantidad de cualquier cosa: *una chispa de sal*. **4.** Gota de lluvia pequeña y escasa. **5.** *Fam.* Borrachera, embriaguez. **6.** ELECTR. Fenómeno luminoso debido a la brusca descarga que se produce cuando se aproximar dos cuerpos electrizados de diferentes potenciales. **• Echar chispas** (*Fam.*), dar muestras de enojo y furor.
CHISPAZO n. m. Acción de saltar una chispa y daño que causa. **2.** *Fig.* Suceso aislado y de poca entidad que precede o sigue al conjunto de otros de mayor importancia: *los primeros chispazos de la guerra*. (Suele usarse en plural.)
CHISPEANTE adj. Que abunda en detalles de ingenio y agudeza: *discurso chispeante*.
CHISPEAR v. intr. [1]. Echar chispas. **2.** Relucir o brillar mucho: *sus ojos chispean*. **3.** Lloviznar o nevar muy débilmente.
CHISPORROTEAR v. intr. [1]. *Fam.* Despedir chispas reiteradamente.
CHISQUERO n. m. Encendedor de bolsillo.
CHISTAR v. intr. [1]. Prorrumpir en alguna voz o hacer ademán de hablar. **• Sin chistar**, sin hablar, sin decir palabra.
CHISTE n. m. Frase o historieta improvisada, relatada o dibujada que contiene algún doble sentido, alguna alusión burlesca o algún disparate que provoca risa. **2.** Gracia, chanza.
CHISTERA n. f. (vasco *xistera*). Cestilla angosta por la boca y ancha por abajo, que usan los pescadores. **2.** *Fig.* y *fam.* Sombrero masculino de ceremonia, de copa alta. **3.** DEP. Cesta.
CHISTOSO, A adj. Que usa de chistes. **2.** Dícese de cualquier suceso que tiene chiste.
CHITA n. f. Astrágalo, hueso. **2.** Juego que consiste en poner una chita o taba en un sitio determinado, y tirar a ella con piedras. **• A la chita callando** (*Fam.*), con disimulo o en secreto. ‖ **¡Por la chita!** (*Chile. Fam.*), ¡caramba!
¡CHITÓN! o **¡CHITO!** interj. *Fam.* Se usa para imponer silencio.
CHITRÉ, c. de Panamá, cap. de la prov. de Herrera; 26 823 hab. Destilerías. Central térmica.
CHIVA n. f. *Amér.* Perilla, barba. **2.** *Amér. Central.* Manta, colcha. **3.** *Chile. Fam.* Mentira. **4.** *Méx. Fam.* Objeto cualquiera cuyo nombre no se conoce o no se quiere mencionar. **♦ chivas** n. f. pl. **5.** *Méx.* Objetos personales: *recoge todas tus chivas*.
CHIVACOA, c. de Venezuela (Yaracuy); 23 270 hab. Centro agropecuario (maíz; porcinos).
CHIVAR v. tr. y pron. [1]. *Amér.* Fastidiar, molestar, engañar. **♦ chivarse** v. pron. **2.** Delatar, decir algo que perjudique a otro. **3.** Irse de la lengua. **4.** *Amér. Merid.* y *Guat.* Enojarse, irritarse.
CHIVARRAS n. f. pl. *Méx.* Calzones de cuero peludo de chivo.
CHIVATAZO n. m. *Fam.* Delación.
CHIVATEAR v. intr. [1]. *Argent.* y *Chile.* Jugar los niños con algarabía.
CHIVATO, n. m. Chivo que pasa de seis meses y no llega al año. **2.** n. m. **2.** Soplón, delator. **♦** n. m. **3.** Dispositivo que advierte de una anormalidad o avisa de algo.
CHIVILCOY, c. de Argentina (Buenos Aires); 58 200 hab. Industrias cárnicas, harinas, maquinaria.
CHIVO, A n. Cría de la cabra desde que no mama hasta que llega a la edad de procrear.
CHIVUDO, A adj. y n. m. *Argent., Cuba, Perú* y *Venez. Fam.* Que lleva barba larga. **2.** *Argent. Fig.* y *fam.* Malhumorado.

CHI

CHIXOY o **RÍO NEGRO,** r. de Guatemala y México, uno de los que forman el Usumacinta; 400 km.

CHO OYU o **SHO OYU,** cumbre del Himalaya, en la frontera entre el Tíbet y el Nepal; 8154 m.

CHOCANO (José *Santos*), poeta peruano (Lima 1875-Santiago de Chile 1934). Exponente del modernismo en su vertiente retórica más parnasiana, pretendió convertirse en el poeta épico de Hispanoamérica con obras como *Alma América* (1906) y *Fiat lux* (1908).

CHOCANTE adj. Que choca. **2.** Gracioso, chocarrero. **3.** *Amér.* Antipático, fastidioso, presuntuoso.

CHOCANTERÍA n. f. *Amér. Merid., Méx.* y *Pan.* Impertinencia, cosa desagradable y molesta.

CHOCAR v. intr. [1a]. Encontrarse violentamente una cosa con otra: *chocar dos automóviles.* **2.** *Fig.* Pelear, combatir, discutir. **3.** *Fig.* Causar extrañeza: *me chocó su rara actitud.* ◆ v. tr. e intr. **4.** Darse las manos en señal de saludo, felicitación, etc. ◆ v. tr. **5.** Unir copas, vasos, etc., al hacer un brindis.

CHOCARRERÍA n. f. Chiste grosero.

CHOCARRERO, A adj. Grosero. ◆ adj. y n. **2.** Que tiene por costumbre decir chocarrerías.

CHOCHEAR v. intr. [1]. Tener debilitadas las facultades mentales por efecto de la edad: *el abuelo ya chochea.* **2.** *Fig.* y *fam.* Extremar el cariño o la afición a personas o cosas: *chochea por sus hijos.*

CHOCHEZ o **CHOCHERA** n. f. Calidad de chocho. **2.** Dicho o hecho de persona que chochea.

CHOCHO, A adj. Que chochea: *un viejo chocho.*

CHOCHO o **POPOLOCA DE OAXACA,** pueblo amerindio mexicano del est. de Oaxaca, de la familia lingüística otomangue.

CHOCLO n. m. *Amér. Merid.* Mazorca tierna de maíz. ● **Un choclo** (*Argent. Fig.* y *fam.*), mucho, demasiado.

CHOCLÓN n. m. *Chile.* Lugar en que celebran sus reuniones políticas los partidarios de un candidato, durante el período electoral. **2.** *Chile* y *Perú.* Reunión de mucha gente, multitud.

CHOCO, A adj. Dícese de la persona o animal que carece de un miembro. **2.** *Bol.* De color rojo oscuro. **3.** *Chile.* Rabón. **4.** *Colomb.* De tez morena. **5.** *Guat.* y *Hond.* Tuerto, torcido. ◆ n. m. **6.** *Amér. Merid.* Perro de aguas. **7.** *Bol.* Sombrero de copa.

CHOCÓ (*departamento del*), dep. del NO de Colombia, limítrofe con Panamá; 46 530 km^2; 242 768 hab. Cap. *Quibdó.* Comprende la región natural de Chocó, en el valle del Atrato, selvática y húmeda, con minas de oro y platino.

CHOCÓ, pueblo amerindio de Colombia, de la familia caribe, act. casi extinguido.

CHOCOLATE n. m. (voz azteca). Alimento sólido compuesto esencialmente por cacao y azúcar molidos. **2.** Bebida preparada con esta sustancia. **3.** En el lenguaje de la droga, hachís.

CHOCOLATERA n. f. Recipiente para preparar o servir el chocolate líquido.

CHOCOLATERÍA n. f. Fábrica de chocolate. **2.** Establecimiento en el que se vende o donde se sirve chocolate al público.

CHOCOLATERO, A adj. y n. Muy aficionado a tomar chocolate. ◆ n. **2.** Persona que fabrica o vende chocolate.

CHOCOLATÍN n. m. Pastilla o tableta pequeña de chocolate. SIN.: *chocolatina.*

CHOCRÓN (Isaac), escritor venezolano (Maracay 1933). Destacado dramaturgo (*El quinto infierno*, 1961; *Animales feroces*, 1963; *La revolución*, 1971), ha escrito novelas (*Se ruega no tocar la carne por razones de higiene*, 1970) y el ensayo *Tendencias del teatro contemporáneo* (1968).

CHODERLOS DE LACLOS → *Laclos.*

CHÓFER o **CHOFER** n. m. y f. (fr. *chauffeur*) [pl. *chóferes* o *chófers*]. Conductor de automóvil.

CHOL, pueblo amerindio de la familia lingüística maya que en época precolombina ocupaba una extensa región, de Tabasco (México) a Honduras.

CHOLA n. f. *Fam.* Cholla, cabeza.

CHOLGA n. f. *Argent.* y *Chile.* Molusco bivalvo semejante al mejillón.

CHOLLA n. f. *Fam.* Cabeza. **2.** Talento, juicio. **3.** *Amér. Central.* Pereza, cachaza.

CHOLLAR v. tr. [1]. *Amér. Central.* Desollar, pelar.

CHOLLO n. m. *Fam.* Ganga, momio.

CHOLO, A adj. y n. *Amér.* Mestizo de blanco e india. ◆ adj. **2.** *Amér.* Indio que ha adoptado las costumbres de la sociedad urbana e industrial. **3.** *Chile.* Dícese de los peruanos.

CHOLÓN, pueblo amerindio de Perú, de la familia lingüística chibcha, que vive junto al Huallaga.

CHOLULA DE RIVADABIA, c. de México (Puebla); 57 498 hab. Conserva una pirámide correspondiente a la cultura teotihuacana. Convento franciscano de San Gabriel (ss. XVII-XVIII) y numerosos templos. Iglesia de San Francisco Acatepec (s. XVIII), con fachada cubierta de azulejos.

CHOLUTECA, c. de Honduras, cap. del dep. homónimo; 46 600 hab. Principal centro comercial del S del país. — El departamento de Choluteca tiene 4211 km^2 y 293 260 hab.

CHOMPA o **CHOMBA** n. f. *Amér. Merid.* Jersey.

CHOMPIPE n. m. *Amér. Central.* Pavo.

CHOMSKY (Noam), lingüista norteamericano (Filadelfia 1928). En sus principales obras (*Estructuras sintácticas*, 1957, y *Aspectos de la teoría sintáctica*, 1965) propuso un nuevo modelo de descripción del lenguaje: la gramática generativa. Ha defendido posiciones políticas y filosóficas radicales desde una óptica humanista (*La responsabilidad de los intelectuales*, 1966; *Conocimiento y libertad*, 1971; *Sobre el poder y la ideología*, 1988).

CHON, familia lingüística amerindia que incluye las lenguas de los patagones y los fueguinos.

CHONGO n. m. *Chile.* Cuchillo sin filo. **2.** *Méx.* Moño de pelo, trenza. ◆ **chongos** n. m. pl. **3.** *Méx.* Dulce típico mexicano que se prepara con leche cuajada, azúcar y canela.

CHONGQING o **CHONG-K'ING,** c. de China, principal ciudad de Sichuan, a or. del Yangzi Jiang; 2 800 000 hab. Centro industrial.

CHONGUEAR v. intr. y pron. [1]. *Guat.* y *Méx.* Burlarse, chunguearse.

CHONO, pueblo amerindio, act. extinguido, que vivía en el archipiélago de los Chonos.

CHONTAL adj. y n. m. y f. Relativo a un grupo de pueblos amerindios de la familia lingüística maya que viven en México; individuo de este grupo. **2.** *Amér. Central, Colomb.* y *Venez.* Rústico e inculto. ◆ n. m. **3.** Lengua de la familia lingüística maya-quiché.

CHONTALES (*departamento del*), dep. de Nicaragua; 6324 km^2; 129 600 hab. Cap. *Juigalpa.*

CHOPE n. m. *Chile.* Palo que sirve para cavar las tierras, extraer tubérculos, etc. **2.** *Chile.* Garfio de hierro. **3.** *Chile.* Guantada, puñetazo.

CHOPERA n. f. Lugar poblado de álamos o chopos.

CHOPIN (Frédéric), pianista y compositor polaco (Żelazowa-Wola 1810-París 1849). Sus composiciones (mazurcas, valses, nocturnos, polonesas, preludios, conciertos, sonatas, etc.), de carácter romántico, tierno o apasionado, a menudo melancólico, renovaron el estilo del piano en lo que respecta a la armonía y el ornamento.

CHOPO n. m. Álamo.

CHOQUE n. m. Acción de chocar: *el choque de dos vehículos.* **2.** *Fig.* Contienda, disputa. **3.** MED. Shock. **4.** MIL. Encuentro violento con el enemigo, hasta llegar al cuerpo a cuerpo.

CHORCHA n. f. *Méx.* Reunión de amigos que se juntan para charlar.

CHORÉ, distr. de Paraguay (San Pedro); 22 802 hab. Cultivos tropicales y explotación forestal.

CHORICERO, A n. Persona que hace o vende chorizos.

CHORIZO n. m. Embutido de carne de cerdo, picada y condimentada con sal. **2.** Balancín, palo usado por los volatineros. **3.** *Vulg.* Ratero. **4.** *Argent.* Embutido de carne porcina, que generalmente se sirve asado. **5.** *Argent., Par.* y *Urug.* Carne de lomo vacuno, de forma alargada, situada a cada uno de los lados del espinazo.

CHORLITO n. m. Ave de patas altas y delgadas y pico recto. (Familia carádridos.)

CHORO n. m. *Chile.* Mejillón. **2.** *Chile.* En el lenguaje del hampa, ladrón.

CHORO, adj. *Chile. Fam. Vulg.* Dícese de la persona que destaca por su carácter valiente y decidido. **2.** *Chile.* Dícese de las personas o cosas de cualidades sobresalientes.

CHOROTEGA, pueblo amerindio de México, de la familia lingüística otomangue, act. extinguido, que comprendía los grupos chiapaneca y chorotega. Vivían en el centro de Chiapas y en la costa del Pacífico.

CHOROTÍ o **ZOLOTA,** pueblo amerindio del Chaco, de la familia lingüística matacomacá.

CHORRADA n. f. Porción de líquido que se añade a la medida justa. **2.** *Fig.* Sandez, tontería.

CHORREADO, A adj. Dícese de la res que tiene chorreras. **2.** *Amér.* Sucio, manchado.

CHORREADURA n. f. Chorreo. **2.** Mancha que deja un líquido que ha caído chorreando.

CHORREAR v. intr. [1]. Caer un líquido formando chorro. **2.** *Fig.* y *fam.* Ir viniendo ciertas cosas sin interrupción. ◆ v. tr. e intr. **3.** Salir un líquido lentamente y goteando.

CHORREO n. m. Acción y efecto de chorrear.

CHORRERA n. f. Paraje por donde cae una corta porción de líquido. **2.** Señal que el agua deja por donde ha corrido. **3.** Adorno de muselina o de encaje que baja desde el cuello del vestido por el cierre de la camisa o del vestido por delante.

CHORRERA (La), distr. de Panamá (Panamá); 66 974 hab. Café y granos. Ganadería.

CHORRILLO n. m. *Fig.* y *fam.* Acción continua de recibir o gastar una cosa. **2.** *Méx.* Diarrea.

CHORRO n. m. Golpe de un líquido o fluido que sale o cae con fuerza y continuidad: *un chorro de agua, de aire.* **2.** Caída sucesiva de cosas iguales y pequeñas. ● **A chorros,** copiosamente, con abundancia. ‖ **Chorro de voz,** emisión de voz muy potente.

CHOTA (*Hoya del*), región fisiográfica de Ecuador (Imbabura y Carchi), cuyo eje hidrográfico es el *río Chota.* Agricultura subtropical y ganadería.

CHOTACABRAS n. m. (pl. *chotacabras*). Ave caprimulgiforme, de unos 30 cm de long., de plumaje pardo rojizo.

CHOTEAR v. tr. y pron. [1]. *Vulg.* Burlarse.

CHOTEO n. m. *Vulg.* Burla, pitorreo.

CHOVINISMO n. m. Chauvinismo.

CHOYA n. f. *Guat.* Pereza, pesadez. **2.** *Méx. Fam.* Cabeza.

CHOYA, dep. de Argentina (Santiago del Estero); 29 836 hab. Centro ganadero. Industria del papel.

CHOZA n. f. Cabaña formada de estacas y cubierta de ramas o paja. **2.** Cabaña, casitosca y rústica.

CHRISTIE (Agatha Mary Clarissa **Miller**, llamada **Agatha**), escritora británica (Torquay 1890-Wallingford 1976), autora de novelas policíacas (*El asesinato de Rogelio Ackroyd*, 1926; *Asesinato en el Orient-Express*, 1934; *Diez negritos*, 1939), habitualmente protagonizadas por Hércules Poirot o miss Marple.

CHRISTOPHE (Henri) [isla de Granada 1767-Puerto Príncipe 1820], rey de Haití [1811-1820]. Presidente de la república de Haití (1807), fue proclamado rey en 1811.

CHU (Steven), físico norteamericano (Saint Louis 1948). Especialista en espectroscopia láser y física atómica, obtuvo el Premio Nobel de física (1997), junto con C. Cohen-Tannoudji y W. D. Phillips, por sus trabajos sobre la utilización del láser para enfriar y atrapar átomos.

CHUBASCO n. m. (port. *chuvasco*). Chaparrón acompañado de viento, o lluvia de corta duración. **2.** *Fig.* Adversidad o contratiempo transitorio.

CHUBASQUERO n. m. Impermeable.

CHUBUT, r. de Argentina (Chubut), tributario del Atlántico; 810 m. Embalse Florentino Ameghino.

CHUBUT (provincia del), prov. de Argentina, en la Patagonia; 224 686 km²; 356 857 hab. Cap. *Rawson*.

CHUCÁN, NA adj. *Amér. Central.* Bufón.

CHÚCARO, A adj. *Amér.* Dícese del ganado, especialmente equino y vacuno no desbravado.

CHUCHERÍA n. f. Cosa de poco valor pero pulida y delicada. **2.** Alimento ligero y apetitoso.

CHUCHO n. m. *Fam.* Perro.

CHUCHO n. m. *Amér.* Estremecimiento del cuerpo, escalofrío. **2.** Fiebre intermitente. **3.** *Argent.* y *Urug. Fam.* Miedo.

CHUECO, A adj. *Amér.* Dícese de la persona que tiene las puntas de los pies torcidas hacia dentro. **2.** *Amér.* Torcido.

CHUFA n. f. Planta que crece en lugares húmedos, de cuyos tubérculos comestibles con los que preparan horchatas. (Familia ciperáceas.) **2.** Tubérculo de esta planta.

CHUICO n. m. *Chile.* Garrafa.

CHULETA n. f. (valenciano *xulleta*). Costilla de buey, ternera, carnero o cerdo sin descarnar. **2.** *Fam.* Entre estudiantes, papel para copiar en los exámenes escritos. **4.** *Fig.* y *fam.* Bofetada.

CHULLO o **CHULLU** n. m. *Argent., Bol.* y *Perú.* Gorro tejido de lana.

CHULLPA n. f. ARQUEOL. Estructura en forma de torre, utilizada por los aymara en la época precolombina como tumba de sus jefes.

CHULO, A adj. y n. Que hace y dice las cosas con chulería: *sin. :chulesca.* **2.** *Fam.* Bonito, gracioso. ♦ adj. **3.** Chulesco. ♦ n. **4.** Madrileño castizo. ♦ n. m. **5.** Rufián.

CHUMACERO (Alí), poeta mexicano (México 1918). Cultivó una poesía pura: *Páramo de sueños* (1944), *Palabras en reposo* (1956).

CHUMAR v. tr. y pron. [1]. *Fam.* Beber, embriagarse. ♦ **chumarse** v. pron. **2.** *Argent., Ecuad.* y *Urug.* Emborracharse.

CHUMBERA n. f. Nopal.

CHUMBO n. m. *Argent. Vulg.* Revólver o pistola. **2.** *Argent. Vulg.* Balazo, tiro.

CHUMBO, A adj. Dícese del higo, fruto de la chumbera. ♦ **Higuera chumba**, chumbera.

CHUNCHO n. m. Nombre dado por los incas a los pueblos que habitaban en las laderas orientales de los Andes. **2.** Nombre dado actualmente en Perú a los indios no acultivados, especialmente a los de la Amazonia. **3.** *Chile.* Lechuza. **4.** *Chile.* Gafe, persona que trae mala suerte.

CHUNGA n. f. *Fam.* Broma, burla.

CHUNGO, A adj. De poca calidad. ♦ adv. m. **2.** Mal.

CHUNGUEARSE v. pron. [1]. *Fam.* Burlarse de alguien.

CHUÑA n. f. Ave zancuda corredora, de más de 70 cm de long., que habita en campo abierto y terrenos arbolados de Argentina y Bolivia. **2.** *Chile.* Arrebatiña.

CHUÑO n. m. *Amér. Merid.* Fécula de patata. **2.** *Amér. Merid.* Alimento que se prepara con fécula de patata y leche.

CHUPA n. f. (fr. *jupe*). Parte del vestido que cubría el tronco, con cuatro faldillas y mangas ajustadas. **2.** Chaqueta, chaquetilla.

CHUPADA n. f. Acción de chupar.

CHUPADO, A adj. *Fam.* Muy flaco y extenuado: *una cara chupada.*

CHUPADURA n. f. Acción y efecto de chupar.

CHUPAMIRTO n. m. *Méx.* Colibrí.

CHUPAR v. tr. e intr. [1]. Sacar o atraer con los labios el jugo o la sustancia de una cosa. ♦ v. tr. **2.** Absorber, atraer, aspirar un líquido: *el papel secante chupa la tinta.* **3.** Humedecer una cosa con la lengua o con la boca, lamer. **4.** *Fig.* y *fam.* Ir quitando o consumiendo los bienes de uno con pretextos y engaños. **5.** *Amér. Merid.* Beber en abundancia. **6.** *Hond.* Fumar. ♦ v. intr. **7.** *Méx. Vulg.* Ingerir bebidas alcohólicas: *estuvieron chupando toda la noche.* ♦ **chuparse** v. pron. **8.** Irse enflaqueciendo o desmedrando. **9.** Sufrir, aguantar.

CHUPARROSA n. f. *Méx.* Colibrí.

CHUPATINTAS n. m. (pl. *chupatintas*). *Desp.* Oficinista. SIN.: *cagatintas.*

CHUPE n. m. (voz quechua). *Chile* y *Perú.* Guisado que se hace con patatas, carne o pescado, queso, ají, tomate, etc.

CHUPETE n. m. Objeto que se da a chupar a los lactantes.

CHUPETEAR v. tr. e intr. [1]. Chupar poco y con frecuencia.

CHUPETÓN n. m. Acción y efecto de chupar con fuerza.

CHUPÓN, NA adj. *Fam.* Que chupa. ♦ adj. y n. **2.** Que saca el dinero con astucia o engaño. ♦ n. m. **3.** Vástago que chupa la savia. **4.** Caramelo largo que se va chupando. **5.** *Méx.* Chupete.

CHUQUICAMATA, c. de Chile (Antofagasta), en la com. de Calama; 22 100 hab. Yacimientos de cobre a cielo abierto más importantes del mundo.

CHUQUISACA, uno de los nombres de la c. boliviana de Sucre durante la época colonial.

CHUQUISACA (departamento de), dep. de Bolivia, en los Andes; 51 524 km²; 451 722 hab. Cap. *Sucre.*

CHURANA n. f. *Amér. Merid.* Aljaba que usan los indios.

CHURCHILL (sir Winston Leonard **Spencer**), político británico (Blenheim Palace, Oxfordshire, 1874-Londres 1965). Fue primer lord del Almirantazgo (1911-1915 y 1939) y primer ministro (1940-1945 y 1951-1955). Líder del partido conservador, fue uno de los protagonistas de la victoria aliada sobre el Eje. Es autor de *Memorias Churchill* (6 vols., 1948-1954). [Premio Nobel de literatura 1953.]

CHURRASCO n. m. Carne asada a la brasa. **2.** *Argent.* En general, asado hecho al aire libre.

CHURRASQUEAR v. intr. [1] *Argent., Par.* y *Urug.* Hacer y comer churrascos.

CHURRERÍA n. f. Establecimiento del churrero.

CHURRERO, A n. Persona que hace o vende churros.

CHURRETE o **CHURRETÓN** n. m. Mancha producida por un líquido que chorrea.

CHURRIGUERA, familia de arquitectos y escultores españoles, activos en los ss. XVII-XVIII. **José Benito** (Madrid 1665-*id.* 1725) fue el arquitecto más destacado de la familia, creador del *churriguerismo*, estilo arquitectónico del barroco tardío en el que predomina la ornamentación.

CHURRIGUERESCO, A adj. Relativo al churriguerismo. **2.** *Fig.* Charro, de mal gusto: *vestido churrigueresco.*

CHURRIGUERISMO n. m. Modalidad de barroco tardío español que toma su nombre del arquitecto José Benito Churriguera. **2.** Exceso de ornamentación.
■ La interpretación del barroco español formulada por los Churriguera asumió los contenidos del decorativismo plateresco a través de la ornamentación exhaustiva y fantasiosa, con inclusión de elementos de influencia árabe y se implantó también en Hispanoamérica, especialmente en México, con adaptaciones originales.

CHURRIGUERISTA adj. y n. m. y f. Dícese del artista que sigue los principios del churriguerismo.

CHURRO n. m. Masa de harina a la que se da una forma alargada con un aparato especial y se fríe en aceite. **2.** *Fam.* Chapucería, cosa mal hecha. **3.** *Fam.* Casualidad favorable. **4.** *Méx. Fam.* Cinta cinematográfica de muy mala calidad.

CHURRO, A adj. y n. *Fig.* Dícese de la res cuya lana es más basta y larga que la merina. **2.** Dícese de esta lana.

CHUSCO, A adj. y n. Que tiene gracia, donaire y picardía: *persona, anécdota chusca.* ♦ n. m. **2.** Mendrugo, pedazo de pan. **3.** Pieza de pan de munición.

CHUSMA n. f. *Fam.* Conjunto de gente soez. ♦ adj. y n. f. **2.** *Argent. Desp.* Persona chismosa.

CHUSMEAR v. intr. [1]. *Argent. Fam.* Chismear.

CHUSMERÍO n. m. *Argent. Fam.* Acción y efecto de chusmear.

CHUSPA n. f. *Amér. Merid.* Bolsa, morral.

CHUSQUE n. m. *Colomb.* Planta gramínea de mucha altura, especie del bambú.

CHUSQUERO adj. y n. m. (de *chusco*, pedazo de pan). Oficial del ejército que ha ascendido desde soldado raso.

CHUSQUISA n. f. *Chile* y *Perú.* Ramera.

CHUTAR v. tr. e intr. [1]. En el fútbol, lanzar, impulsar el balón con el pie. ♦ **chutarse** v. pron. **2.** En el lenguaje de la droga, inyectarse.

CHUVA n. m. Mono platirrino, notable por su bella coloración, que vive en las selvas del Amazonas.

CHUVASHIA (República de), república de la Federación de Rusia, en el Volga medio, habitada por los *chuvashi*; 18 300 km²; 1 336 000 hab. Cap. *Cheboksari.*

CHUYO adj. *Bol.* y *Ecuad.* Aguado, poco. **2.** *Argent.* n. f. *Argent.* Espolón de gallo. **2.** *Argent.* y *Urug.* Lanza rudimentaria, parecida al chuzo. **3.** *Méx.* Lance en el juego del boliche o bolos que consiste en derribar todos los palos de una vez y con una sola bola. ♦ **Hacer chuza** (*Méx. Fig.*), destruir algo por completo. ♦ **chuzas** m. f. pl. **4.** *Argent. Fig.* y *fam.* Cabellos largos, lacios y duros.

CHUZAR v. tr. [1g]. *Colomb.* Pinchar, herir.

CHUZO n. m. Palo armado con un pincho de hierro. **2.** Carámbano, pedazo de hielo.

Cía., abreviatura de *compañía.*

CIANHÍDRICO, A adj. Ácido *cianhídrico*, hidrácido de fórmula HCN, tóxico violento. SIN.: *ácido prúsico.*

CIANOFÍCEO, A adj. y n. f. Relativo a una clase de algas de coloración verde azulada, cuyas células carecen de núcleo claramente definido.

CIANOSIS n. f. (gr. *kyanōsis*). Coloración azul o amoratada de la piel.

CIANURO n. m. Sal del ácido cianhídrico.

CIÁTICA n. f. Afección muy dolorosa del nervio ciático, debida a la compresión de sus raíces.

CIÁTICO, A adj. (bajo lat. *sciatus*). Relativo a la cadera y al isquión. ♦ adj. y n. m. **2.** Dícese del nervio que inerva los músculos del muslo y de la pierna.

CIB

CIBAO (El), región agrícola del N de la República Dominicana, entre la cordillera Central y la cuenca septentrional, densamente poblada.

CIBERESPACIO n. m. INFORMÁT. Espacio percibido a partir de un entorno de realidad virtual o de la utilización de redes telemáticas internacionales.

CIBERNÉTICA n. f. (gr. *kybernētikē*, arte de gobernar). Ciencia que estudia los mecanismos de comunicación y de control en las máquinas y los seres vivos.

CIBERNÉTICO, A adj. Relativo a la cibernética. **2.** Dícese de un arte que tiende a representar, valiéndose de los recursos de la técnica moderna, objetos en movimiento. ♦ n. **3.** Especialista en cibernética.

CIBOLA, fabulosa ciudad que los exploradores españoles buscaban en el S de E.U.A.

CÍBOLO, A n. Bisonte americano.

CIBONEY o **SIBONEY**, pueblo amerindio que en la época prehistórica poblaba las Antillas, y que fue arrinconado en los extremos occidentales de las islas de Cuba y La Española.

CICATEAR v. intr. [1]. *Fam.* Hacer cicaterías.

CICATERÍA n. f. Calidad de cicatero. **2.** Acción propia del cicatero.

CICATERO, A adj. y n. Ruin, mezquino, tacaño. **2.** Que da importancia a pequeñas cosas o se ofende por ellas.

CICATRIZ n. f. (lat. *cicatricem*). Señal que queda de una herida, llaga, etc. **2.** *Fig.* Impresión que deja en el ánimo algún sentimiento.

CICATRIZACIÓN n. f. Acción y efecto de cicatrizar.

CICATRIZANTE adj. y n. m. Que favorece y acelera la formación de la cicatriz.

CICATRIZAR v. tr., intr. y pron. [1g]. Curar completamente una herida o llaga. **2.** *Fig.* Borrarse los efectos de un sentimiento: *cicatrizar un dolor*.

CICERÓN (Marco Tulio), político y orador latino (Arpino 106-Formies 43 a. J.C.). Comenzó su carrera política atacando a Sila a través de uno de sus libertos (*Pro Roscio Amerino*), y después defendió a los sicilianos contra las exacciones de su gobernador Verres (*Verrinas*). Cónsul (63), hizo fracasar la conjuración de Catilina (*Catilinarias*) y mandó ejecutar a sus cómplices. Sus alegatos y sus discursos sirvieron de modelo a toda la retórica latina. Escribió tratados sobre elocuencia (*De oratore*, 55), filosóficos (*De finibus*, 45; *De officiis*, 44) y sobre la política (*De legibus*, 52; *De republica*, 54-51).

CICERONIANO, A adj. Relativo a Cicerón.

CICLACIÓN n. f. Transformación, en un compuesto químico, de una cadena abierta en otra cerrada.

CICLAMATO n. m. Denominación común de un edulcorante de síntesis.

CICLAMEN n. m. Planta de flores blancas o rosadas de la que se cultivan algunas variedades como plantas ornamentales. (Familia primuláceas.)

CICLAMOR n. m. Árbol de 5 a 10 m de alt., de flores rosadas, que se cultiva como ornamental. (Se denomina también *árbol de Judas*. Familia cesalpiniáceas.)

CÍCLICO, A adj. (gr. *kyklikos*). Relativo a un ciclo: *período cíclico*. **2.** Que ocurre en ciclos: *enseñanza cíclica*. **3.** QUÍM. Dícese de los compuestos orgánicos cuya molécula contiene una cadena cerrada.

CICLISMO n. m. (fr. *cyclisme*). Ejercicio y deporte que se practica con la bicicleta.

CICLISTA adj. Relativo al ciclismo: *una carrera ciclista*. ♦ n. **2.** Persona que se desplaza en bicicleta o que practica el deporte del ciclismo.

CICLO n. m. (lat. *cyclum*). Sucesión de fenómenos que se repiten en un orden determinado: *el ciclo de las estaciones; un ciclo económico*. **2.** Sucesión de hechos que forman un todo: *ciclo de estudios*. **3.** *Fig.* Serie de conferencias y otros actos culturales relacionados entre sí por el tema, las personas, la entidad organizadora, etc. **4.** Conjunto de poemas, en general épicos, organizados en torno a un hecho o a un héroe. **5.** ASTRON. Período según el cual los mismos fenómenos astronómicos se reproducen en el mismo orden. **6.** FÍS. Transformación de un sistema que vuelve a su estado inicial. **7.** QUÍM. Cadena cerrada de carbono, que existe en las moléculas de ciertos compuestos orgánicos. • **Ciclo de un motor de explosión**, sucesión de las operaciones necesarias para el funcionamiento de un motor de explosión, que se reproducen en cada uno de los cilindros.

CICLOIDE n. f. MAT. Curva descrita por un punto de una circunferencia que gira, sin deslizarse, sobre una recta fija.

CICLOMOTOR n. m. Bicicleta provista de un motor cuya cilindrada máxima es de 50 cm^3.

CICLÓN n. m. (ingl. *cyclone*). Viento muy violento. **2.** Perturbación atmosférica que se manifiesta por el mal tiempo, correspondiente a una zona de bajas presiones, y que constituye un vasto torbellino en torno al cual giran vientos a veces violentos. • **Ciclón tropical**, huracán que se forma sobre los mares tropicales. SIN.: huracán, tifón.

CÍCLOPE o **CICLOPE** n. m. (gr. *kyklōps*). En la mitología griega, gigante que tenía un solo ojo en medio de la frente.

CICLÓPEO, A adj. Relativo a los cíclopes. **2.** *Fig.* Gigantesco, enorme. **3.** ARQUEOL. Dícese de una construcción irregular formada por enormes bloques, en general sin mortero.

CICLOSTILO o **CICLOSTIL** n. m. Aparato que sirve para copiar muchas veces un escrito o dibujo.

CICLOTRÓN n. m. Acelerador circular de partículas electrizadas pesadas.

CICÓNIDO, A adj. y n. m. Relativo a una familia de aves zancudas, como la cigüeña y el marabú.

CICUTA n. f. (lat. *cicutam*). Planta de los escombros y caminos, muy venenosa ya que contiene un alcaloide tóxico, la cicutina. (Familia umbelíferas.) **2.** Veneno extraído de esta planta.

CID (Rodrigo **Díaz de Vivar**, llamado **Sid** o), caballero castellano (c. 1043-Valencia 1099). Apodado *Campeador* (*vencedor de batallas*), luchó a las órdenes de Sancho II de Castilla y se enfrentó a su sucesor, Alfonso VI, acusado de la muerte de Sancho. Reconciliado temporalmente con Alfonso VI (1086-1089) conquistó Valencia (1094), que gobernaría hasta su muerte.

CIDRA n. f. Fruto del cidro.

CIDRO n. m. (lat. *citreum*, limonero). Árbol con tronco liso y ramoso, con flores encarnadas olorosas, cultivado por sus frutos o cidras.

CIEGO, A adj. y n. (lat. *caecum*). Privado de la vista. • **A ciegas**, sin ver; sin conocimiento, sin reflexión. ♦ adj. y n. m. **2.** ANAT. Dícese de la parte inicial del intestino grueso, por debajo de la entrada del intestino delgado, desprovista de salida y en la que se halla el apéndice vermicular. ♦ adj. **3.** *Fig.* Ofuscado, poseído con vehemencia de alguna pasión: *estar ciego de ira*. **4.** Dícese de cualquier estructura anatómica que termina en un fondo de saco.

CIEGO DE ÁVILA (*provincia de*), prov. de Cuba, en el centro de la isla; 6910 km^2; 347 086 hab.

CIEGO DE ÁVILA, c. de Cuba, cap. de la prov. homónima; 90 118 hab. Centro agrícola e industrial.

CIELITO n. m. **El cielito** (*Argent.* y *Chile.*), cante y baile rural de movimientos lentos.

CIELO n. m. (lat. *caelum*). Espacio infinito en el que se mueven los astros y que visto desde la Tierra forma una aparente bóveda circunscrita por el horizonte. **2.** Región superior, considerada la morada de Dios, de los ángeles y de los bienaventurados: *ir al cielo*. **3.** Dios o su providencia: *quiera el cielo que tengas razón*. **4.** Expresión cariñosa dirigida a una persona. • **Bajado, caído, llovido,** o **venido del cielo**, oportuno, inesperado, obtenido sin esfuerzo. ‖ **Cielo de la boca**, paladar. ‖ **Cielo raso**, el constituido por el enlistonado o encañizado revocado con yeso. ♦ **¡cielos!** interj. **5.** Denota extrañeza, admiración, enfado, etc.

CIEMPIÉS n. m. (pl. *ciempiés*). Artrópodo terrestre cuyo cuerpo, formado por anillos, está provisto de numerosas patas.

CIEN adj. núm. cardin. Apócope de ciento.

CIÉNAGA n. f. Lugar cenagoso.

CIÉNAGA o **SAN JUAN DE CIÉNAGA**, c. De Colombia (Magdalena), a orillas del Caribe; 120 253 hab.

CIENCIA n. f. (lat. *scientiam*). Conjunto coherente de conocimientos relativos a ciertas categorías de hechos, de objetos o de fenómenos: *los progresos de la ciencia*. **2.** Cada rama de ese conocimiento que se considera por separado. **3.** *Fig.* Saber, sabiduría, erudición. • **A,** o **de, ciencia cierta**, con toda seguridad. ‖ **Ciencia infusa**, saber que se posee por naturaleza, sin haberlo adquirido mediante el estudio o la investigación. ‖ **Ciencia pura**, ciencia independiente de toda aplicación técnica. ‖ **Gaya ciencia**, arte de la poesía en tiempo de los trovadores. ♦ **ciencias** n. f. pl. **4.** Disciplinas basadas fundamentalmente en el cálculo y la observación (por oposición a letras). ‖ **Ciencias aplicadas**, investigaciones con vistas a emplear los resultados científicos en las aplicaciones técnicas. ‖ **Ciencias exactas**, las matemáticas y las ciencias cuyo método conjuga las matemáticas con la experimentación. ‖ **Ciencias humanas**, ciencias que estudian los diferentes aspectos del hombre y de la sociedad, como la historia, la sicología, etc. ‖ **Ciencias naturales**, ciencias formadas a partir del estudio de la naturaleza, como la botánica, la zoología, etc. ‖ **Ciencias ocultas**, ciencias cuyos principios resultan inaccesibles a la experimentación científica. ‖ **Ciencias sociales**, ciencias cuyo objeto son los diferentes aspectos de las sociedades humanas.

CIENCIA FICCIÓN n. f. Género literario y cinematográfico en el que la ficción se basa en la evolución de la humanidad y, en particular, en las consecuencias de sus progresos científicos.

CIENFUEGOS (*provincia de*), prov. de Cuba, a orillas del Caribe; 4185 km^2; 348 676 hab.

CIENFUEGOS, c. y puerto de Cuba, cap. de la prov. homón., en la *bahía de Cienfuegos*; 120 598 hab.

CIENMILÉSIMO, A adj. Dícese de cada una de las cien mil partes iguales en que se divide un todo.

CIENMILÍMETRO n. m. Centésima parte de un milímetro.

CIENMILLONÉSIMO, A adj. Dícese de cada una de las cien millones de partes iguales en que se divide un todo.

CIENO n. m. (lat. *caenum*). Roca poco coherente embebida en agua que forma depósitos en el fondo de los ríos, mares, lagos y sectores húmedos. **2.** *Fig.* Deshonra, descrédito.

CIENTIFICISMO o **CIENTISMO** n. m. FILOS. Corriente de pensamiento según la cual no existe más conocimiento verdadero que el científico.

CIENTÍFICO, A adj. Relativo a la ciencia o a una ciencia: *método científico; obra científica*. ♦ n. **2.** Persona que se dedica a la investigación científica.

CIENTO adj. núm. cardin. (lat. *centum*). Diez veces diez. ♦ adj. núm. ordin. y n. m. **2.** Centésimo, que ocupa el último lugar en una serie ordenada de ciento.

CIERNE n. m. Acción de cerner o fecundarse la flor del olivo, del trigo, de la vid y de otras plantas. • **En cierne, o en ciernes,** en potencia, en los comienzos.

CIERRE n. m. Acción y efecto de cerrar o cerrarse. **2.** Cerradura.

CIERRO n. m. *Chile.* Tapia, cerca, vallado. **2.** *Chile.* Sobre de carta o tarjeta.

CIERTO adv. afirm. Con certeza.

CIERTO, A adj. (lat. *certum,* decidido). Fijo, determinado: *no tener un plan cierto que ejecutar.* **2.** Seguro, exacto, verdadero: *una noticia cierta.* **3.** Alguno, determinado: *dejar traslucir cierta preocupación.* • **Por cierto,** a propósito; ciertamente.

CIERVO, A n. (lat. *cervum*). Rumiante de la familia cérvidos, que vive en manadas en los bosques de Europa, Asia y América, y llega a alcanzar 1,50 m de alt. ♦ n. m. **2. Ciervo volante,** insecto coleóptero.

CIERZO n. m. Viento fuerte y frío del N.

CIEZA, c. de España (Murcia), cab. de p. j.; 30 306 hab. (*Ciezanos.*) Es la ant. *Madina Sisaya* musulmana.

CIEZA DE LEÓN (Pedro de), cronista de Indias (Llerena 1520 o 1522-Sevilla 1554). Fundador de Ancerma, Cartago y Antioquia (Colombia), viajó a Cuzco y Callao. Escribió *Crónica del Perú* (1553).

CIFRA n. f. (ár. *sifr,* vacío, cero). Cada uno de los caracteres que sirven para representar los números. **2.** Abreviatura, representación de las palabras con solo varias o una de sus letras; palabra escrita de este modo. **3.** *Fig.* Suma, compendio, emblema. **4.** Sistema de signos convenidos para una escritura secreta.

CIFRAR v. tr. [1]. Escribir en clave. **2.** *Fig.* Valorar cuantitativamente. ♦ v. tr. y pron. **3.** *Fig.* Compendiar, reducir a una sola cosa, individualizar, personificar.

CIGALA n. f. Crustáceo decápodo parecido a la langosta dotado de largas pinzas.

CIGARRA n. f. Insecto que vive en los árboles, de cuya savia se alimenta. (Orden homópteros.)

CIGARRERA n. f. Caja o mueblecillo para cigarros puros. **2.** Petaca, estuche para cigarros.

CIGARRERÍA n. f. *Amér.* Tienda en que se vende tabaco.

CIGARRILLO n. m. Cilindro de papel especial relleno de tabaco finamente picado o en hebra.

CIGARRO n. m. Rollo de hojas de tabaco para fumar. SIN.: *cigarro puro, puro.* **2.** *Ecuad.* Libélula.

CIGOMA n. f. ANAT. Hueso del pómulo.

CIGOMÁTICO, A adj. Relativo al pómulo.

CIGOMORFO, A o **ZIGOMORFO, A** adj. BOT. Dícese de las flores que presentan simetría bilateral, como las leguminosas, labiadas, etc.

CIGOÑINO n. m. Cría de la cigüeña.

CIGOTO o **ZIGOTO** n. m. (gr. *zygótos,* junto). Célula resultante de la fecundación.

CIGÜEÑA n. f. (lat. *ciconiam*). Ave zancuda migratoria, cuya especie más conocida, la cigüeña blanca de alas negras, alcanza más de 1 m de alt. **2.** Codo que tienen los tornos y otras máquinas en la prolongación del eje, para dar con la mano movimiento rotatorio.

CIGÜEÑAL n. m. MEC. Árbol que transforma el movimiento rectilíneo alternativo del conjunto pistón-biela de un motor térmico en movimiento circular.

CILANTRO n. m. Planta herbácea, de tallo glabro y brillante. (Familia umbelíferas.)

CILIADO, A adj. Provisto de cilios. ♦ n. m. **2.** Protozoo provisto de cilios vibrátiles.

CILIAR adj. Relativo a los cilios. • **Músculos ciliares,** músculos anulares situados alrededor de la córnea y que regulan la abertura del iris.

CILICIO n. m. Faja de cerdas o cadenillas de hierro con puntas, que se lleva ceñida al cuerpo para mortificación.

CILINDRADA n. f. Capacidad de los cilindros de un motor de explosión.

CILINDRAR v. intr. [1]. MEC. Efectuar en el torno el desbaste o alisado de una pieza cilíndrica.

CILÍNDRICO, A adj. Que tiene forma de cilindro: *rodillo cilíndrico.* **2.** MAT. Relativo al cilindro. • **Superficie cilíndrica,** superficie engendrada por una recta (*generatriz*) que se desplaza paralelamente a una dirección fija apoyándose sobre una curva plana fija (*directriz*) cuyo plano corta la dirección dada.

CILINDRO n. m. (lat. *cylindrum*). Sólido limitado por una superficie cilíndrica y dos planos paralelos que cortan las generatrices. **2.** MEC. Pieza en cuyo interior se mueve el pistón de un motor; cuerpo de bomba. **3.** TECNOL. Rodillo para laminar metales, dar brillo a los tejidos, imprimir papel, etc. • **Cilindro de revolución** o **cilindro recto de base circular,** sólido engendrado por la rotación de un rectángulo alrededor de uno de sus lados.

CILIO n. m. (lat. *cilium,* pestaña). Cada una de las expansiones protoplasmáticas muy tenues y numerosas de las que están provistas ciertas células animales o vegetales.

CIMA n. f. Parte más alta de determinadas cosas, especialmente de una montaña: *las cimas nevadas de las sierras.* **2.** *Fig.* Y complemento de una obra o cosa. **3.** Apogeo, grado superior que puede alcanzar alguien o algo. • **Dar cima a una cosa,** concluirla felizmente.

CIMARRÓN, NA adj. y n. Dícese del animal salvaje que anda suelto y del doméstico que se hace montaraz: *perros cimarrones.* **2.** Dícese del esclavo americano que huía al campo. ♦ adj. **3.** *Argent.* y *Urug.* Dícese del mate sin azúcar.

CIMARRONADA n. f. *Amér.* Manada de cimarrones.

CIMBALERO, A n. Persona que toca el címbalo.

CÍMBALO n. m. (lat. *cymbalum*). Instrumento musical de percusión. (Suele usarse en plural.) SIN.: *platillo.*

CIMBRA n. f. Curvatura interior de un arco o de una bóveda. **2.** Armazón que sostiene las dovelas de un arco o de una bóveda durante su construcción.

CIMBRAR o **CIMBREAR** v. tr. y pron. [1]. Imprimir movimiento vibratorio a un objeto largo, delgado y flexible, que está sujeto por un extremo. **2.** *Fig.* Mover el cuerpo con una parte de él con garbo y soltura. **3.** Colocar las cimbras en una obra.

CIMBREANTE adj. Flexible, que se cimbra fácilmente.

CIMBREO n. m. Acción y efecto de cimbrar.

CIMBRÓN n. m. *Argent., Colomb.* y C. *Rica.* Tirón fuerte o súbito del lazo u otra cuerda.

CIMBRONAZO n. m. *Argent., Colomb.* y C. *Rica. Fig.* Estremecimiento nervioso muy fuerte. **2.** *Argent.* Cimbrón, tirón fuerte.

CIMENTACIÓN n. f. Acción de cimentar.

CIMENTAR v. tr. [1j]. Echar o poner los cimientos de un edificio o fábrica. **2.** Fundar, edificar. **3.** *Fig.* Establecer o asentar los principios de algunas cosas espirituales: *cimentar la fe.*

CIMERA n. f. (lat. *chimaeram*). Adorno que forma la parte superior de un casco.

CIMERO, A adj. Que finaliza o remata por lo alto alguna cosa elevada.

CIMIENTO n. m. Parte del edificio que está debajo de tierra y sobre la que se estriba toda la fábrica. (Suele usarse en plural.) **2.** Terreno sobre el que descansa el mismo edificio. **3.** *Fig.* Principio y raíz de algo: *los cimientos del amor.*

CIMITARRA n. f. Sable oriental ancho y curvado.

CIMITARRA, mun. de Colombia (Santander); 16 793 hab. Café, algodón, frutales.

CINABRIO n. m. (lat. *cinabarium*). Sulfuro natural de mercurio, de fórmula HgS, de color rojo bermellón, del que se extrae este metal.

CINACINA n. f. Planta arbórea de América Meridional, de hojas estrechas y menudas y flores olorosas amarillas y rojas. (Familia cesalpiniáceas.)

CINAMOMO n. m. Planta arbórea de fruto parecido a una cereza pequeña, del que se extrae un aceite usado en medicina y en la industria. (Familia meliáceas.) **2.** Sustancia aromática, canela.

CINC o **ZINC** n. m. (pl. *cincs* o *zincs*). Metal de símbolo Zn, de número atómico 30 y de masa atómica 65,37, de color blanco azulado.

CINCEL n. m. Herramienta con boca cerrada y recta, de doble bisel, para labrar a golpe de martillo piedras y metales.

CINCELADOR, RA n. Persona que cincela.

CINCELADURA n. f. Acción y efecto de cincelar.

CINCELAR v. tr. [1]. Labrar, grabar con cincel u otra herramienta piedras o metales.

CINCHA n. f. Faja con que se asegura la silla o albarda sobre la cabalgadura.

CINCHAR v. tr. [1]. Asegurar la silla o albarda apretando las cinchas. **2.** Asegurar un barril, rueda, etc., con cinchas. **3.** *Argent. Fig.* Y *fam.* Apoyar, alentar con entusiasmo, especialmente en competiciones deportivas. **4.** *Argent.* y *Urug.* Procurar afanosamente que se cumpla algo como uno desea. **5.** *Argent.* y *Urug.* Trabajar con esfuerzo.

CINCHERA n. f. Parte del cuerpo de las caballerías en que se pone la cincha.

CINCHO n. m. (lat. *cingulum*). Faja o cinturón. **2.** Aro de hierro con que se aseguran los barriles, maderos ensamblados, etc. **3.** *Méx.* Cincha de la silla de montar. **4.** ARQ. Porción de arco saliente en el intradós de una bóveda en cañón.

CINCINNATI, c. de Estados Unidos (Ohio), a orillas del Ohio; 364 040 hab. Centro industrial. Museo.

CINCO adj. núm. card. y n. m. Cuatro y uno. ♦ adj. núm. ordin. y n. m. **2.** Quinto, que corresponde en orden al número cinco. ♦ n. m. **3.** *Chile, C. Rica* y *Méx.* Moneda de cinco centavos. • **Ni cinco** (*fam.*), sin dinero.

CINCOENRAMA n. f. Planta herbácea, de flores amarillas y raíz medicinal. (Familia rosáceas.)

CINCUENTA adj. núm. card. y n. m. (lat. *quinquaginta*). Cinco veces diez. ♦ adj. núm. ordin. **2.** Quincuagésimo: *hacer el número cincuenta de una lista.*

CINCUENTAVO, A adj. y n. m. Dícese de cada una de las cincuenta partes iguales en que se divide un todo.

CINCUENTENA n. f. Conjunto de cincuenta unidades o su aproximación.

CINCUENTENARIO n. m. Conmemoración del día en que se cumplen cincuenta años de algún suceso.

CINCUENTÓN, NA adj. y n. Dícese de la persona que ha cumplido cincuenta años de edad y que no ha llegado a los sesenta.

CINE n. m. Local o edificio destinado a la proyección de películas cinematográficas. **2.** Cinematografía. • **Cine continuado** (*Argent.*), sesión continua.

CINEASTA n. m. y f. Director cinematográfico. **2.** Persona que trabaja en cualquier aspecto de la cinematografía.

CINECLUB n. m. Asociación que tiene por finalidad la divulgación de la cultura cinematográfica entre sus miembros.

CINÉFILO, A adj. y n. Aficionado al cine.

CINEGÉTICA n. f. Arte de la caza.

CINEGÉTICO, A adj. (gr. *kynégetikos*). Relativo a la cinegética.

CINEMA n. m. Cine.

CINEMASCOPE n. m (marca registrada). Procedimiento cinematográfico de proyección sobre una pantalla amplia, por descompresión óptica de la imagen pre-

CIN

viamente deformada en la cámara tomavistas.
CINEMATECA n. f. Filmoteca.
CINEMÁTICA n. f. Parte de la mecánica que estudia los movimientos de los cuerpos, con independencia de las fuerzas que los producen.
CINEMÁTICO, A adj. Relativo al movimiento.
CINEMATOGRAFÍA n. f. Arte de representar, sobre una pantalla, imágenes en movimiento por medio de la fotografía.
CINEMATOGRAFIAR v. tr. [1t]. Impresionar una película cinematográfica.
CINEMATOGRÁFICO, A adj. Relativo a la cinematografía.
CINEMATÓGRAFO n. m. Aparato de proyección que permite la reproducción del movimiento sobre una pantalla. 2. Cine, local.
CINERAMA n. m. (marca registrada). Procedimiento cinematográfico que utilizaba la yuxtaposición, en una misma pantalla, de tres imágenes obtenidas de tres proyectores.
CINERARIA n. f. Planta ornamental de hojas plateadas, perteneciente a la familia compuestas.
CINERARIO, A o **CINÉREO, A** adj. Ceniciento. 2. Destinado a contener cenizas de cadáveres: *urna cineraria.*
CINESCOPIO n. m. Cámara cinematográfica que registra las imágenes catódicas de la televisión para la ulterior repetición de una emisión en directo.
CINESTESIA n. f. Conjunto de sensaciones de origen muscular o articulatorio que informan acerca de la posición de las diferentes partes del propio cuerpo en el espacio.
CINETECA n. f. Méx. Filmoteca.
CINÉTICA n. f. Parte de la mecánica que trata del movimiento.
CINÉTICO, A adj. Relativo al movimiento.
CINGALÉS, SA adj. y n. De Sri Lanka.
CÍNGARO, A adj. y n. Gitanos.
CINGIBERÁCEO, A adj. y n. f. Relativo a una familia de plantas monocotiledóneas muy apreciadas como condimento, como el jengibre.
CÍNICO, A adj. y n. m. Dícese de los filósofos antiguos que pretendían vivir en consonancia con la naturaleza y se oponían radicalmente a las convenciones sociales. ♦ adj. y n. 2. Que hace alarde de no creer en la rectitud ni en la sinceridad.
CINISMO n. m. Doctrina de los filósofos cínicos. 2. Calidad de cínico.
CINOCÉFALO, A adj. y n. m. Dícese de los primates catarrinos cuya cabeza es alargada, como la de un perro.
CINQUILLO n. m. Juego de cartas. 2. MÚS. Ritmo característico de la música cubana.
CINTA n. f. (lat. *cinctam*). Tira larga, delgada y estrecha de tela, papel u otro material flexible. 2. ARQ. Adorno que imita una cinta. • **Cinta adhesiva**, tira de celofán o materia plástica cubierta de un producto que la adhiere a la superficie sobre la que se aplica. ‖ **Cinta aislante,** cinta adhesiva que se utiliza para aislar los empalmes de los conductores eléctricos. ‖ **Cinta cinematográfica,** película, cinta de celuloide con imágenes fotográficas. ‖ **Cinta magnética,** banda continua de material plástico que sirve como soporte para el registro de sonido en magnetófonos o para la entrada y salida de datos en los calculadores electrónicos. ‖ **Cinta métrica,** cinta de acero o de tela reforzada, dividida en unidades del sistema métrico decimal, que se emplea para medir longitudes. ‖ **Cinta perforada,** cinta de papel en la que las cifras y las letras quedan registradas mediante perforaciones. ‖ **Cinta transportadora,** aparato transportador de personas o mercancías.
CINTILAR v. tr. [1]. Brillar, centellear.

CINTO n. m. Faja para ceñir y ajustar la cintura.
CINTRA n. f. Curvatura interior de un arco o bóveda.
CINTURA n. f. (lat. *cincturam*). Parte del cuerpo humano entre el tórax y las caderas. 2. Parte de una prenda de vestir que la mantiene alrededor del talle: *la cintura de una falda.*
CINTURÓN n. m. Tira de cuero, plástico, tela u otro tejido con la que se sujetan y ciñen a la cintura las prendas de vestir. 2. *Fig.* Serie de cosas que circuyen a otra: *cinturón de baluartes.* • **Cinturón de seguridad,** dispositivo destinado a mantener en su asiento a los pasajeros de un automóvil o de un avión, en caso de accidente. ‖ **Cinturón verde,** conjunto de parques y bosques que rodean una ciudad.
CIPAYO n. m. (persa *sipāhī*). En los ss. XVIII y XIX, soldado indio al servicio de Francia, de Portugal y de Gran Bretaña.
CIPERÁCEO, A adj. y n. f. Relativo a una familia de plantas herbáceas propias de lugares húmedos, próximas a las gramíneas.
CIPOTE n. m. *Vulg.* Miembro viril.
CIPRÉS n. m. Planta arbórea de tronco recto, ramas erguidas y copa fusiforme y alargada. 2. Madera de esta planta.
CIPRÍNIDO, A adj. y n. m. Relativo a una familia de peces de agua dulce, como la carpa, el barbo, la tenca, etc.
CIRCA adv. t. (voz latina). Se usa precediendo a fechas y significa hacia, aproximadamente. (Suele abreviarse *c*.)
CIRCADIANO, A adj. Dícese del ritmo de 24 horas, que modula las funciones fisiológicas del cuerpo y el comportamiento del ser vivo.
CIRCE n. f. Mujer astuta y engañosa.
CIRCE, maga que en la *Odisea* de Homero.
CIRCENSE adj. Relativo al circo.
CIRCO n. m. (lat. *circum*). Edificio con gradas, en forma de cuadrilátero alargado, donde se disputaban las carreras de carros, se luchaba o se hacían ejercicios gimnásticos en la antigua Roma. 2. Recinto circular en el que se dan espectáculos ecuestres, acrobáticos, etc. 3. Espectáculo que suele darse en estos recintos. 4. Gran depresión circular rodeada de montañas situada en la superficie de la Luna o de algunos planetas.
CIRCÓN o **ZIRCÓN** n. m. Silicato de circonio, que proporciona gemas con un índice de refracción elevado pero de dureza débil.
CIRCONIO o **ZIRCONIO** n. m. Metal gris de símbolo Zr, número atómico 40, masa atómica 91,22 y densidad 6,51, parecido al titanio y al silicio.
CIRCUIR v. tr. [29]. Rodear, cercar.
CIRCUITO n. m. (lat. *circuitum*). Terreno comprendido dentro de un perímetro cualquiera. 2. Contorno. 3. Red de comunicaciones: *circuito de carreteras.* 4. Recorrido turístico o de una prueba deportiva con retorno al punto de partida. 5. Itinerario de una prueba deportiva, que los participantes deben recorrer una o varias veces: *circuito automovilístico.* 6. Sucesión de conductores eléctricos que pueden ser recorridos por una corriente. 7. Conjunto de las salas de cine que dependen de una misma empresa exhibidora. • **Circuito impreso,** baño metálico conductor depositado sobre un soporte aislante para formar elementos planos de conexión o para crear elementos planos de circuito en un esquema general de cableado. ‖ **Circuito integrado,** pastilla de silicio en la que se encuentran transistores, diodos y resistencias formando una función electrónica compleja miniaturizada.
CIRCULACIÓN n. f. Acción y efecto de circular. 2. Tránsito por las vías urbanas, ferrocarriles, caminos, etc.: *código de la circulación.* • **Circulación monetaria,** cantidad de moneda que circula durante un cierto lapso de tiempo. ‖ **Circulación sanguínea,** movimiento de la sangre que es enviada por el corazón a los órganos a través de las arterias y que vuelve de los órganos al corazón por las venas después de pasar por los capilares.
CIRCULAR adj. Relativo al círculo. 2. De figura de círculo. ♦ n. f. 3. Cada una de las cartas o avisos iguales dirigidos a diversas personas para notificarles algo.
CIRCULAR v. intr. (lat. *circulare*) [1]. Andar, pasar o moverse, ir y venir, transitar. 2. Correr o pasar una cosa de una persona a otra: *circular una noticia, un rumor.* 3. Salir alguna cosa por una vía y volver por otra al punto de partida: *la sangre circula por las venas.*
CIRCULATORIO, A adj. Relativo a la circulación. • **Aparato circulatorio,** conjunto de los órganos que aseguran la circulación de la sangre y de la linfa (corazón, arterias, capilares y venas).
CÍRCULO n. m. (lat. *circulum*). Porción de plano comprendida y limitada por una circunferencia. 2. Circuito, distrito, corro. 3. Elemento o ambiente social en que vive una persona: *círculo de amistades.* 4. Cerco, signo supersticioso: *círculo mágico.* 5. Grupo de personas reunidas con un propósito particular o con fines recreativos; local donde se reúnen. • **Círculo vicioso,** razonamiento que conduce al punto de partida.
CIRCUMPOLAR adj. Que está alrededor del polo.
CIRCUNCENTRO n. m. Centro de la circunferencia circunscrita a un ángulo.
CIRCUNCIDAR v. tr. (lat. *circumcidere,* cortar en redondo) [1]. Practicar la circuncisión.
CIRCUNCISIÓN n. f. (lat. *circumcisionem*). Operación quirúrgica o ritual que consiste en seccionar el prepucio.
CIRCUNCISO, A adj. Dícese de aquel al que se ha practicado la circuncisión.
CIRCUNDAR v. tr. [1]. Cercar, rodear.
CIRCUNFERENCIA n. f. (lat. *circumferentiam*). Curva cerrada y plana cuyos puntos equidistan de otro punto interior llamado *centro.* (La relación entre la longitud de la circunferencia y su diámetro es constante. Se la designa por la letra griega π.) 2. Contorno de una superficie, territorio, mar, etc.
CIRCUNFERIR v. tr. [22]. Circunscribir, limitar.
CIRCUNFLEJO, A adj. y n. m. (lat. *circumflexum*). Dícese del acento ortográfico representado por una línea sinuosa (ã) o por el signo (ã), y que ha tenido, según las lenguas, diversos usos.
CIRCUNLOCUCIÓN n. f. Modo de hablar en el que se expresa el pensamiento de una manera indirecta. (Constituye un tropo de sentencia.)
CIRCUNLOQUIO n. m. Rodeo de palabras para dar a entender algo que hubiera podido expresarse más brevemente.
CIRCUNNAVEGAR v. tr. (lat. *circumnavigare*) [1b]. Navegar alrededor.
CIRCUNSCRIBIR v. tr. y pron. (lat. *circumscribere*) [3n]. Reducir a ciertos límites o términos una cosa: *circunscribirse a los hechos.* 2. GEOMETR. Construir una figura de modo que otra quede dentro de ella, tocando a todas las líneas o superficies que la limitan, o teniendo en ellas todos sus vértices.
CIRCUNSCRIPCIÓN n. f. Acción y efecto de circunscribir. 2. División administrativa, militar o religiosa, de un territorio: *circunscripción electoral.*
CIRCUNSCRITO, A adj. Dícese de la figura que circunscribe a otra.
CIRCUNSPECCIÓN n. f. Calidad de circunspecto.
CIRCUNSPECTO, A adj. (lat. *circumspectum*). Que se comporta con prudencia y comedimiento ante las circunstancias. 2. Serio, grave, respetable.

CIRCUNSTANCIA n. f. Accidente de tiempo, lugar, modo, etc., que está unido a la sustancia de algún hecho o dicho. **2.** Calidad o requisito. **3.** Conjunto de todo lo que está en torno a uno.
CIRCUNSTANCIAL adj. Que implica o denota alguna circunstancia o depende de ella. **2.** LING. Dícese del complemento preposicional, o de una subordinada que desempeña el mismo papel, que indica una circunstancia de lugar, tiempo, causa, etc.
CIRCUNSTANTE adj. Que está alrededor. ♦ adj. n. m. y f. **2.** Dícese de los que están presentes.
CIRCUNVALACIÓN n. f. Acción de circunvalar: *autobús de circunvalación*.
CIRCUNVALAR v. tr. [1]. Cercar, ceñir, rodear una ciudad, fortaleza, etc. **2.** Dar la vuelta a alguna cosa.
CIRCUNVOLUCIÓN n. f. Vuelta o rodeo de alguna cosa.
CIRÍLICO, A adj. Dícese del alfabeto eslavo con que se transcribe el ruso, el serbio y el búlgaro.
CIRIO n. m. (lat. *cereum*). Vela de cera de un pabilo, larga y gruesa. **2.** Denominación de diversas plantas de la familia cactáceas. **3.** *Fig.* Jaleo, trifulca: *formarse un cirio*. • **Cirio pascual** (LITURG.), el que se bendice solemnemente en la vigilia pascual y se conserva hasta el día de la Ascensión.
CIRO II el Grande († 530 a. J.C.), rey de Persia [c. 556-530 a. J.C.], hijo de Cambises I. Derrocó al rey de los medos Astiages (550), venció a Creso, rey de Lidia (547), tomó Babilonia (539) y llegó a ser fundador del más vasto imperio de toda Asia occidental.
CIRQUERO, A adj. *Argent.* Concerniente al circo, circense. ♦ adj. y n. **2.** *Argent. Fig. y fam.* Extravagante, histriónico. ♦ n. **3.** *Argent.* Persona que forma parte de la compañía de un circo.
CIRRO n. m. (lat. *cirrum*, rizo). Zarcillo de ciertas plantas. **2.** Nube elevada, de un blanco sedoso en forma de filamentos paralelos parecidos a rizos de cabellos, clavos u orugas. SIN.: *cirrus*. **3.** Apéndice rizado y flexible de ciertos animales invertebrados.
CIRROCÚMULOS o **CIRROCUMULUS** n. m. Nube de la familia de los cirros.
CIRROESTRATOS o **CIRROSTRATUS** n. m. Nube de la familia de los cirros.
CIRROSIS n. f. PATOL. Inflamación intersticial crónica de algún órgano. **2.** Proceso degenerativo caracterizado por la fibrosis progresiva de un órgano con destrucción de la estructura.
CIRUELA n. f. Fruto del ciruelo.
CIRUELO n. m. Árbol de flores blancas que aparecen antes que las hojas, cultivado principalmente por su fruto, la ciruela. (Familia rosáceas.)
CIRUGÍA n. f. (gr. *kheirurgia*). Parte de la medicina que estudia las afecciones y enfermedades para cuyo tratamiento se precisa la intervención directa manual o instrumental. • **Cirugía plástica**, especialidad cuyo objetivo es restablecer, mejorar o embellecer la forma de una parte del cuerpo.
CIRUJA n. m. y f. *Argent.* Persona que busca entre los desperdicios objetos para vender.
CIRUJANO, A n. y adj. Médico que ejerce la cirugía.
CISANDINO, A adj. Situado del lado oriental de los Andes.
CISCAR v. tr. y pron. [1a]. *Fam.* Ensuciar, evacuar el vientre. ♦ v. tr. **2.** *Fam.* Avergonzar, intimidar.
CISCO n. m. Carbón cribado en fragmentos de 10 a 20 mm. **2.** *Fig. y fam.* Bullicio, reyerta. • **Hacer cisco** (*Fam.*), destrozar completamente una cosa. ǁ **Hecho cisco** (*Fam.*), abatido, apabullado, maltrecho.
CISJORDANIA, región de Palestina, al O del Jordán; 6000 km² aprox.; 955 000 hab. C. pral.: Belén, Hebrón, Jericó, Jerusalén, Nábulus. Anexionada por Jordania (1949), desde 1967 fue ocupada y administrada por Israel. En 1987 se inició un levantamiento popular palestino contra la ocupación israelí, y en 1988 Hussein de Jordania hizo cesión de sus derechos sobre Cisjordania en favor de los palestinos. En 1994 la O.L.P. e Israel firmaron un acuerdo para el autogobierno palestino en la zona de Jericó, ampliado en 1995. (→ *Palestina*.)
CISMA n. m. Ruptura de la unión en la Iglesia cristiana. **2.** División, escisión en un partido, un grupo, etc.: *cisma literario*; *cisma político*.
CISMÁTICO, A adj. y n. Que provoca un cisma. **2.** Que se adhiere a un cisma.
CISMONTANO, A adj. Situado en la parte de acá de los montes.
CISNE n. m. Ave palmípeda anseriforme, de cuello largo y flexible, que vive en las aguas dulces.
CISORIO, A adj. **Arte cisoria**, arte de trinchar.
CISTERCIENSE adj. y n. m. y f. Relativo a una orden monástica nacida en la abadía benedictina de Cîteaux, cerca de Dijon y cuyo fundador fue en 1115 san Bernardo de Claraval; miembro de dicha orden.
CISTERNA n. f. (lat. *cisternam*). Depósito subterráneo en el que se recoge y conserva el agua de la lluvia. **2.** Depósito o recipiente para productos petrolíferos. **3.** Depósito de agua de un retrete. **4.** Se emplea en aposición para designar los vehículos o barcos acondicionados para transportar líquidos: *camión cisterna*.
CISTERNA (La), com. de Chile (Santiago); 94 732 hab. En el área metropolitana de Santiago.
CÍSTICO, A adj. Relativo a la vejiga, especialmente a la de la orina y a la vesícula biliar.
CISURA n. f. (lat. *scissuram*). Rotura o hendidura sutil. **2.** ANAT. Nombre que reciben los surcos largos y profundos que dividen la superficie de algunas vísceras.
CITA n. f. Acuerdo entre dos o más personas para encontrarse en un día, hora y lugar determinados. **2.** Mención o nota que se alega o discute en lo que se dice o escribe: *cita a pie de página*.
CITACIÓN n. f. DER. Diligencia por la que se comunica a una persona el llamamiento hecho por un juez para que comparezca a un acto judicial.
CITADINO, A adj. n: *Amér.* Habitante de la ciudad.
CITADO, A adj. Antedicho, mencionado.
CITAR v. tr. (lat. *citare*) [1]. Señalar o notificar una cita. **2.** Mencionar, hacer referencia: *citar a los clásicos*; *citar las fuentes*. **3.** DER. Notificar una citación. **4.** TAUROM. Provocar el torero al toro para que embista.
CÍTARA n. f. (lat. *citharam*). En la antigua Grecia, forma perfeccionada de la lira. **2.** Instrumento cuyas cuerdas se extienden sobre una caja trapezoidal.
CITOGENÉTICA n. f. Parte de la genética que estudia los cromosomas.
CITOLOGÍA n. f. Parte de la biología que estudia la célula en sus diferentes aspectos morfológicos, bioquímicos, etc.
CITOPLASMA n. m. Parte fundamental, viva, de la célula, que contiene el núcleo, las vacuolas, el condrioma y otras inclusiones.
CÍTRICO, A adj. QUÍM. Sal del ácido cítrico. **2.** Relativo a los frutos del cítrico. **2.** Dícese de un ácido-alcohol que se extrae del zumo del limón. ♦ **cítricos** n. m. pl. **3.** Agrios.
CIUDAD n. f. (lat. *civitatem*). Núcleo urbano, de población generalmente densa. **2.** Lo urbano en oposición a lo rural. **3.** Grupo de edificios que tienen el mismo destino: *ciudad universitaria*; *ciudad sanitaria*. **4.** Unidad política constituida por una población y su territorio circundante.
CIUDAD BOLÍVAR, ant. **Angostura**, c. de Venezuela, cap. del est. Bolívar; 225 340 hab. Centro industrial. Aeropuerto. Puente sobre el Orinoco. Fundada en 1595, se situó en 1762 en la angostura del Orinoco; de ahí su ant. nombre, cambiado en 1846 por el actual. (→ *Angostura*.)
CIUDAD DE LA HABANA (*provincia de*), prov. de Cuba, cuyo territorio coincide con el de la c. de La Habana; 724 km²; 2 059 223 hab. Cap. *La Habana*.
CIUDAD DEL CARMEN, c. de México (Campeche), cab. del mun. de Carmen; 83 806 hab. Industrias.
CIUDAD DEL ESTE, ant. **Puerto Presidente Stroessner**, c. de Paraguay, cap. del dep. de Alto Paraná; 133 893 hab. Puerto fluvial.
CIUDAD DELICIAS, c. de México (Chihuahua), cab. del mun. Delicias; 87 412 hab. Centro comercial de una zona agrícola (vinos, algodón).
CIUDAD GUAYANA, c. de Venezuela (Bolívar), en la confluencia del Caroní con el Orinoco; 453 047 hab. Gran centro industrial (siderurgia, metalurgia del aluminio, cemento). Fundada en 1961 como Santo Tomé de Guayana, engloba el sector portuario de *Puerto Ordaz*.
CIUDAD GUZMÁN, c. de México (Jalisco); 74 068 hab. Mercado agrícola. Industrias agropecuarias.
CIUDAD HO CHI MINH, hasta 1975 **Saigón**, principal c. de Vietnam; 3 500 000 hab.
CIUDAD IXTEPEC, c. de México (Oaxaca); 21 449 hab. Mercado agrícola. Aeropuerto.
CIUDAD JUÁREZ → *Juárez*.
CIUDAD MADERO, c. de México (Tamaulipas); 160 331 hab. Yacimientos de petróleo y refinerías. Centro turístico en el golfo de México.
CIUDAD OBREGÓN, c. de México (Sonora), cab. del mun. de Cajeme; 311 078 hab. Centro algodonero.
CIUDAD OJEDA, c. de Venezuela (Zulia), en el mun. de Lagunillas, unida a Maracaibo por el puente General Urdaneta, sobre el lago Maracaibo; 73 473 hab. Centro industrial.
CIUDAD REAL (*provincia de*), prov. de España, en Castilla-La Mancha; 19 479 km²; 468 707 hab. Cap. *Ciudad Real*. En la llanura manchega, avenada por el Guadiana.
CIUDAD REAL, c. de España, cap. de la prov. homónima y cab. de p. j.; 60 138 hab. (*Ciudadrealeños.*) Industrias agroalimentarias. Puerta de Toledo, mudéjar. Iglesia gótica de San Pedro (s. XIV), catedral (s. XVI). Musec.
CIUDAD SAHAGÚN, c. de México (Hidalgo); 17 055 hab. Siderurgia. Industria del automóvil.
CIUDAD VALLES, c. de México (San Luis Potosí); 130 939 hab. Industrias alimentarias. Madera.
CIUDAD VICTORIA, c. de México, cap. del est. de Tamaulipas y cab. del mun. de Victoria; 195 000 hab. Centro de región agrícola. Universidad.
CIUDADANÍA n. f. Calidad y derecho de ciudadano. **2.** Vínculo público que une a un individuo con la organización estatal. **3.** Civismo.
CIUDADANO, A adj. y n. Relativo a la ciudad o a los ciudadanos; natural o vecino de una ciudad. ♦ n. **2.** Súbdito de un estado, que posee capacidad jurídica para ejercer sus derechos políticos.
CIUDADELA n. f. (ital. *cittadella*). Fortaleza situada en el interior de una ciudad.
CÍVICO, A adj. (lat. *civicum*). Relativo a la ciudadanía o a los ciudadanos como colectividad política: *manifestación cívica*. **2.** Patriótico. **3.** Relativo al civismo: *protesta cívica*.
CIVIL adj. (lat. *civilem*). Que tiene relación con los ciudadanos o les concierne.

2. Que no es militar ni eclesiástico: *matrimonio civil; jurisdicción civil; arquitectura civil.* **3.** DER. Concerniente a las relaciones e intereses privados: *ley, acción civil.* • **Guerra civil** (HIST.), la que tienen entre sí los habitantes de un mismo pueblo o nación. ♦ n. m. **4.** *Fam.* Individuo del cuerpo de la Guardia civil.

CIVILISTA adj. y n. m. y f. Dícese del especialista en derecho civil.

CIVILIZACIÓN n. f. Acción y efecto de civilizar. **2.** Conjunto de caracteres propios de la vida intelectual, artística, moral y material de un país o de una sociedad: *civilización occidental, china.*

CIVILIZAR v. tr. y pron. [**1g**]. Sacar del estado salvaje. **2.** Educar, ilustrar.

CIVISMO n. m. (fr. *civisme*). Celo por las instituciones e intereses de la patria. **2.** Calidad de buen ciudadano. **3.** Calidad de cortés o educado.

CIZAÑA n. f. Planta de la familia gramíneas, de granos tóxicos, común en los prados y los cultivos, donde impide el crecimiento de los cereales. **2.** Cualquier planta o mala hierba silvestre de crecimiento exuberante. **3.** *Fig.* Cualquier cosa que daña a otra, maleándola o echándola a perder. **4.** *Fig.* Disensión, enemistad.

CIZAÑERO, A adj. y n. Que mete cizaña.

cl, símbolo del *centilitro.*

Cl, símbolo químico del *cloro.*

CLAMAR v. tr. e intr. (lat. *clamare*) [**1**]. Gritar: *clamar maldiciones.* ♦ v. intr. **2.** Manifestar con vehemencia la necesidad de algo: *clamar venganza.*

CLAMOR n. m. (lat. *clamorem*). Conjunto de gritos o ruidos fuertes: *clamor de la muchedumbre.*

CLAMOREAR v. tr. e intr. [**1**]. Producir clamor.

CLAMOROSO, A adj. Con clamor: *un clamoroso recibimiento.*

CLAN n. m. Tribu escocesa o irlandesa, formada por un cierto número de familias. **2.** Grupo de personas unidas por una comunidad de intereses u opiniones.

CLANDESTINIDAD n. f. Calidad de clandestino.

CLANDESTINO, A adj. Secreto, oculto, que está en contravención con la ley y escapa a su vigilancia: *reunión clandestina; emisora clandestina.*

CLAQUE n. f. (fr. *claque*). Conjunto de personas pagadas para aplaudir.

CLAQUÉ n. m. (voz francesa). Tipo de baile de origen norteamericano en el que la punta y el talón del zapato, provistos de láminas metálicas, desempeñan el papel de instrumentos de percusión.

CLAQUETA n. f. CIN. Instrumento compuesto de dos trozos de madera unidos por un gozne y montados sobre una tablilla donde se anotan el título de la película y el número del plano que se va a rodar.

CLARA n. f. Materia blanca, albuminosa y transparente que rodea la yema del huevo. **2.** Raleza de parte del pelo, que deja ver un pedazo de piel. **3.** Cerveza con gaseosa.

CLARABOYA n. f. (fr. *claire-voie*). Ventana abierta en el techo o en una parte alta de las paredes.

CLAREAR v. tr. [**1**]. Dar claridad. ♦ v. intr. **2.** Empezar a amanecer: *clarear el día.* **3.** Irse abriendo y disipando el nublado. ♦ v. intr. y pron. **4.** Transparentar: *clarearse una tela.*

CLAREO n. m. Tala que consiste en entresacar algunos árboles en los bosques o macizos en que aquéllos se hallan muy espesos.

CLARETE adj. y n. m. Dícese de una clase de vino tinto, algo claro.

CLARIDAD n. f. Calidad de claro: *la claridad del día.* **2.** Efecto que causa la luz iluminando un espacio de modo que se distinga lo que hay en él: *la claridad de la linterna.* **3.** Distinción con que se perciben sensaciones e ideas: *pensar con claridad.*

CLARIFICADOR, RA adj. Que sirve para clarificar.

CLARIFICADORA m. f. *Amér.* Vasija en que se clarifica el guarapo del azúcar.

CLARIFICAR v. tr. (lat. *clarificare*) [**1a**]. Iluminar, alumbrar una cosa. **2.** Aclarar, poner claro: *clarificar un tema.* **3.** Aclarar una cosa, quitarle los impedimentos que la ocultan: *clarificar un bosque.* **4.** Poner claro lo que estaba lleno de heces, especialmente los licores y el azúcar: *clarificar la miel.*

CLARÍN n. m. Instrumento de viento parecido a la trompeta, pero más pequeño y de sonido más agudo.

CLARÍN (Leopoldo **Alas y Ureña,** llamado), escritor español (Zamora 1852-Oviedo 1901). Su obra maestra es *La Regenta* (1884-1885), considerada la mejor novela española del s. XIX. Autor de obras dramáticas (*Teresa,* 1895), escribió magníficas *Narraciones breves* (1881-1901), entre las que destacan *¡Adiós, cordera!, Doña Berta* y *Pipá.*

CLARINETE n. m. (ital. *clarinetto*). Instrumento de viento de la familia de la madera, provisto de llaves y de lengüeta sencilla. ♦ n. m. **2.** Clarinetista.

CLARINETISTA n. m. y f. Persona que toca el clarinete

CLARIVIDENCIA n. f. Facultad de comprender y discernir con claridad. **2.** Penetración, perspicacia.

CLARIVIDENTE adj. y n. m. y f. Que posee clarividencia: *un crítico clarividente.*

CLARO, A adj. (lat. *clarum*). Que recibe luz o mucha luz: *una habitación clara.* **2.** Que se distingue bien: *una letra clara.* **3.** Transparente, terso, limpio: *unos cristales claros.* **4.** Dícese del color poco subido: *color azul claro.* **5.** Dícese de los líquidos poco viscosos: *chocolate claro.* **6.** Poco tupido: *bosque claro.* **7.** Dícese de los sonidos netos y puros y de los timbres agudos: *una voz clara.* **8.** Capaz de comprender, perspicaz, agudo: *mente clara.* **9.** Inteligible, fácil de comprender: *expresarse en un lenguaje claro.* • **A las claras,** manifiesta, públicamente. ♦ n. m. **10.** Espacio que media entre algunas cosas: *un claro en el bosque.* **11.** Cada una de las ventanas o troneras por donde se da luz a un edificio. (Suele usarse en plural.) • **En claro,** sin dormir: *pasar la noche en claro.* ‖ **Poner en claro,** aclarar, puntualizar.

CLAROSCURO n. m. Efecto que resulta de la distribución adecuada de luces y sombras, especialmente en un cuadro.

CLASE n. f. (lat. *classem*). Conjunto de personas que, por sus características o intereses comunes, constituyen una unidad homogénea dentro de una población. **2.** Cada una de las categorías en que se pueden clasificar las personas o las cosas según su importancia o su naturaleza: *una tela de clase superior.* **3.** Cada una de las divisiones de estudiantes que reciben un mismo grado de enseñanza: *castigar a toda la clase.* **4.** Aula. **5.** Lección que da el maestro: *una clase interesante, aburrida.* **6.** Cada una de las asignaturas a que se destina determinado tiempo: *clase de aritmética.* **7.** Conjunto de características personales que hacen que una persona destaque sobre las demás: *tener clase, ser una mujer con clase.* **8.** HIST. NAT. Cada una de las grandes divisiones de un tipo de seres vivos, subdividida a su vez en órdenes. • **Clase social,** grupo de individuos que poseen un lugar determinado en el seno de la sociedad y que se distinguen por su modo de vida. ♦ **clases** n. f. pl. **9.** LÓG. Conjunto de objetos que poseen todos uno o varios caracteres comunes y son los únicos en este caso. ‖ **Clases pasivas,** denominación oficial bajo la que se comprenden los cesantes, jubilados, retirados, inválidos, viudas y huérfanos que gozan de un haber pasivo o pensión.

CLASICISMO n. m. Tendencia artística que se caracteriza por el sentido de las proporciones, el gusto por las composiciones equilibradas y estables y la búsqueda de la armonía de formas.

CLASICISTA adj. y n. m. y f. Relativo al clasicismo; partidario de esta tendencia.

CLÁSICO, A adj. (lat. *classicum,* de primera clase). Dícese de la lengua, el estilo, las obras, los artistas, etc., pertenecientes a la época de mayor esplendor de una evolución artística o literaria. **2.** Dícese del arte y la literatura de los griegos o romanos. **3.** Por oposición a romántico o barroco, dícese de cualquier creación del espíritu humano en que la razón y el equilibrio predominan sobre la pasión o la exaltación. **4.** Principal o notable en algún concepto. **5.** Típico, característico: *se hicieron la clásica foto de grupo.* ♦ adj. y n. m. **6.** Dícese de los que se adaptan a las normas consideradas como fórmulas de perfección. ♦ adj. y n. f. **7.** DEP. Dícese de la prueba que se disputa con la máxima regularidad, por lo general anualmente.

CLASIFICACIÓN n. f. Acción y efecto de clasificar.

CLASIFICADOR, RA adj. y n. Que clasifica. ♦ n. m. **2.** Objeto o mueble que sirve para clasificar los documentos.

CLASIFICAR v. tr. [**1a**]. Ordenar o dividir por clases o categorías. **2.** Determinar la clase o grupo a que corresponde una cosa. ♦ **clasificarse** v. pron. **3.** Obtener determinado puesto en una competición.

CLASISMO n. m. Actitud o práctica discriminatoria que una clase social privilegiada mantiene respecto a otra.

CLASISTA adj. y n. m. y f. Partidario de las diferencias de clase o que se comporta con fuerte conciencia de ellas: *actitud clasista.*

CLAUDEL (Paul), escritor y diplomático francés (Villeneuve-sur-Fère 1868-París 1955). En sus dramas los conflictos entre carne y espíritu se resuelven a través del reconocimiento del amor de Dios (*La anunciación a María,* 1912; *El zapato de raso,* 1943).

CLAUDICACIÓN n. f. Acción y efecto de claudicar. **2.** PATOL. Fallo de un órgano o sistema en cuanto a la eficacia y rendimiento de su función.

CLAUDICAR v. intr. (lat. *claudicare*) [**1a**]. Faltar a los deberes o principios. **2.** Ceder, rendirse.

CLAUDIO I (Tiberio Claudio César Augusto Germánico) [Lyon 10 a. J.C.-Roma 54 d. J.C.], emperador romano [41-54]. Tuvo como esposas a Mesalina y después a Agripina. Cultivado, pero débil de carácter, se dejó dominar por Agripina, que lo envenenó. — **Claudio II el Gótico** (Marco Aurelio Claudio Augusto) [c. 214-Sirmio 270], emperador romano [268-270], luchó contra los alamanes y los godos.

CLAUSTRO n. m. (lat. *claustrum*). Parte de un monasterio o templo formada por galerías abiertas que delimitan un patio o un jardín. **2.** Monasterio, estado monástico. **3.** Junta que interviene en el gobierno de ciertos centros docentes, especialmente de enseñanza media o superior. **4.** Reunión de los miembros de dicha junta.

CLAUSTROFOBIA n. f. Temor morboso a los espacios cerrados.

CLÁUSULA n. f. (lat. *clausulam,* conclusión). DER. Cada una de las disposiciones de un contrato, tratado, testamento o cualquier documento análogo, público o particular. **2.** LING. Conjunto de palabras que, teniendo sentido cabal, encierran una sola proposición o varias íntimamente relacionadas entre sí.

CLAUSURA n. f. Acción y efecto de clausurar. **2.** En los conventos de religiosos, recinto interior donde no pueden entrar personas ajenas a los mismos sin un privilegio o permiso especial. **3.** Obligación que tienen determinados religiosos de no salir de cierto recinto, y prohibición a los seglares de entrar en él. **4.** Tipo de vida religiosa.

CLAUSURAR v. tr. [1]. Cerrar, dar por acabado: *clausurar un acto con unas breves palabras; clausurar un local por orden gubernativa.*

CLAVADO, A adj. Cubierto o armado con clavos. **2.** Fijo, puntual: *llegar a una hora clavada.* **3.** *Fig.* Muy parecido: *este niño es clavado a su padre.* ♦ n. m. **4.** *Argent.* y *Méx.* Salto de alguien que se tira al agua desde un trampolín u otro sitio de altura.

CLAVAR v. tr. [1]. Introducir en un cuerpo un clavo u otra cosa aguda. **2.** Sujetar, fijar con clavos. **3.** Fijar, parar, poner: *clavar en alguien la mirada.* ♦ v. tr. y pron. **4.** Introducir una cosa más o menos puntiaguda en otra: *clavarse una espina.* **5.** *Fig.* y fam. Engañar a uno perjudicándole: *el tendero me ha clavado.* **6.** *Fig.* y fam. Inmovilizar, dejar atónito: *me dejó clavado.*

CLAVE n. m. Instrumento musical de teclado y cuerda, en el que las cuerdas son punteadas lateralmente por púas o pluma. SIN.: clavecímbano, clavicémbalo. ♦ n. f. **2.** Información o idea necesaria para entender una cosa o resolver un asunto: *la clave de la cuestión.* **3.** Convención o conjunto de convenciones necesarias para efectuar las operaciones de cifrar y descifrar. **4.** ARQ. Piedra central con que se cierra un arco o una bóveda. **5.** MÚS. Signo que se coloca al principio del pentagrama y que fija el nombre de los sonidos y su altura exacta en la escala musical: *clave de sol.* ♦ **claves** n. f. pl. **6.** Instrumento musical cubano que consiste en dos bastoncitos redondos de madera dura, que se usan golpeándolos uno contra otro.

CLAVEL n. m. Planta cariofilácea de flores rosas, púrpura, blancas o de colores mezclados, algunas de cuyas variedades se cultivan en jardinería por su belleza y por su perfume. **2.** Flor de esta planta.

CLAVELITO n. m. Planta herbácea con tallos ramosos y multitud de flores blancas o de color rosa. (Familia cariofiláceas.) **2.** Flor de esta planta.

CLAVELLINA n. f. Clavel, especialmente de flores sencillas. **2.** Planta herbácea semejante al clavel pero de tallos y flores más pequeños.

CLAVERO n. m. Árbol de la familia mirtáceas, originario de Indonesia, que proporciona los clavos de especia.

CLAVETEAR v. tr. [1]. Guarnecer con clavos. **2.** Herretear, echar o poner herretes.

CLAVICÉMBALO o **CLAVECÍMBANO** n. m. Instrumento músico de cuerdas y teclado.

CLAVICORDIO n. m. Instrumento de teclado y cuerdas percutidas, precursor del piano.

CLAVÍCULA n. f. (lat. *clavicula*, llave pequeña). Cada uno de los dos huesos largos que forman parte de la cintura escapular y que van del esternón al omóplato.

CLAVIJA n. f. (lat. *clavicula*m, llave pequeña). Pieza de metal, madera u otra materia, que se encaja en un agujero para sujetar o ensamblar algo. **2.** Pieza que se conecta a la base de un enchufe, para establecer un contacto eléctrico. **3.** Pieza pequeña de madera o metal que sirve para tensar las cuerdas de un instrumento musical. • **Apretar las clavijas** a uno *(Fam.)*, reprenderle o exigirle con severidad el cumplimiento de su deber.

CLAVIJERO n. m. Parte de un instrumento musical en que están insertas las clavijas.

CLAVIJERO (Francisco Javier), jesuita e historiador mexicano (Veracruz 1731-Bolonia 1787), autor de *Historia antigua de México* e *Historia de la Baja California.*

CLAVO n. m. (lat. *clavum*). Pieza de metal, de longitud y grosor variables, puntiaguda por un extremo y con una cabeza en el otro, que sirve para unir dos piezas, para colgar algo o para fines ornamentales. **2.** *Fig.* Dolor agudo o grave congoja. **3.** *Argent.* y *Chile.* Artículo de comercio que no se vende. **4.** MED. Instrumento largo, puntiagudo, de diámetro relativamente estrecho, empleado en la fijación de cierto tipo de fracturas. • **Clavo de especia,** capullo seco de la flor del clavero o giroflé, empleado como especia. ‖ **Dar en el clavo** *(Fam.),* acertar en lo que se hace o dice.

CLAXON n. m. Bocina eléctrica de los automóviles.

CLEMÁTIDE n. f. (lat. *clematidem*). Planta leñosa trepadora, de tallo rojizo y flores blancas de olor suave, muy común en los setos. (Familia ranunculáceas.)

CLEMENCEAU (Georges), político francés (Mouilleron-en-Pareds, Vendée, 1841-París 1929). Primer ministro (1906-1909 y 1917-1920), dirigió la guerra contra Alemania y negoció el tratado de Versalles (1919).

CLEMENCIA n. f. Actitud o disposición de ánimo que modera el rigor de la justicia.

CLEMENTE adj. Que tiene clemencia.

CLEMENTINA n. f. Variedad de mandarina.

CLEOPATRA, nombre de siete reinas de Egipto. La más famosa fue **Cleopatra VII** (Alejandría 69-*id.* 30 a. J.C.), reina de 51 a 30. Amada por César y después por Antonio, vencida en el Mediterráneo oriental. La derrota sufrida en Actium (31) significó el fin de su poder; se suicidó haciéndose morder por un áspid. Con ella acabó la dinastía de los Lágidas y la independencia del Egipto helenístico.

CLEPSIDRA n. f. (gr. *klepsydra*). Reloj de agua.

CLEPTOMANÍA n. f. Trastorno patológico que impulsa a determinadas personas a robar.

CLEPTÓMANO, A adj. y n. Dícese de la persona que padece cleptomanía.

CLERECÍA n. f. Clero, conjunto de los clérigos. **2.** Estado de clérigo.

CLERICAL adj. y n. m. y f. Relativo al clero o a los clérigos; partidario del clericalismo.

CLERICALISMO n. m. Conjunto de opiniones favorables a la intervención del clero en los asuntos públicos.

CLÉRIGO n. m. (lat. *clericum*). El que ha recibido las órdenes sagradas.

CLERO n. m. Conjunto de los clérigos. **2.** Clase sacerdotal en la Iglesia católica. • **Clero regular,** el formado por los religiosos sacerdotes. ‖ **Clero secular,** el formado por los no religiosos.

CLEVELAND, c. de Estados Unidos (Ohio), a orillas del lago Erie; 505 616 hab. (1 831 122 en la aglomeración). Centro industrial. Museo (pintura).

CLIC n. m. (voz onomatopéyica). Sonido o ruido de duración muy breve.

CLICHÉ o **CLISÉ** n. m. Lugar común, concepto o expresión que, a fuerza de repetirse, se ha hecho trivial, estereotipado y poco significativo. **2.** Soporte material sobre el que ha sido grabado o impresionado un texto o una imagen con vistas a su reproducción: *cliché fotográfico; cliché tipográfico.*

CLIENTE n. m. y f. Respecto a una persona, establecimiento comercial o entidad, otra que utiliza sus servicios.

CLIENTELA n. f. Conjunto de clientes de una persona, establecimiento comercial o entidad.

CLIMA n. m. (lat. *clima*). Conjunto de los fenómenos meteorológicos que caracterizan el estado medio de la atmósfera y su evolución en un lugar determinado. **2.** Ambiente, conjunto de las condiciones que caracterizan una situación, o de tiempo circunstancias que rodean a una persona.

CLIMATÉRICO, A adj. Dícese del tiempo peligroso por alguna circunstancia. **2.** Relativo al climaterio.

CLIMATERIO n. m. Época de la vida, acabado ya el período de actividad sexual en el hombre y la mujer, en la que hay una progresiva declinación de todas las funciones.

CLIMÁTICO, A adj. Relativo al clima.

CLIMATIZACIÓN n. f. Conjunto de operaciones que permiten mantener la atmósfera de un lugar cerrado a una presión, un grado de humedad y una temperatura determinados.

CLIMATIZAR v. tr. [1g]. Acondicionar la temperatura de un espacio cerrado.

CLIMATOLOGÍA n. f. Ciencia que describe los climas, los explica y los clasifica por zonas.

CLÍMAX n. m. (pl. *clímax*). Momento culminante de un proceso o en el desarrollo de una acción especialmente en una obra dramática. **2.** Gradación retórica ascendente.

CLÍNICA n. f. Parte práctica de la enseñanza de la medicina. **2.** Establecimiento privado destinado al cuidado de cierto número de enfermos, en general reservado a cirugía y obstetricia.

CLÍNICO, A adj. (lat. *clinicum*). Relativo a la clínica: *análisis clínico.* ♦ n. **2.** Médico.

CLINTON (William Jefferson, llamado **Bill**), político norteamericano (Hope, Arkansas, 1946). Demócrata, fiscal general (1977-1979) y gobernador de Arkansas (1979-1981 y 1983-1992), fue elegido presidente de E.U.A. en 1992 y reelegido en 1996.

CLÍO, musa de la poesía épica y de la historia.

CLIP n. m. (voz inglesa) [pl. *clips*]. Corchete, broche o pendiente con resorte. **2.** Horquilla para sujetar el cabello. **3.** Grapa de diferentes tamaños usada para sujetar papeles. **4.** Cortometraje cinematográfico o vídeo, que ilustra una canción o presenta el trabajo de un artista. SIN.: videoclip.

CLISAR v. tr. [1]. ART. GRÁF. Elaborar, con la ayuda de un metal fusible o de plástico fotopolimerizable, placas sólidas que reproducen en relieve la impresión de una composición tipográfica, destinadas a la tirada de múltiples ejemplares.

CLISÉ n. m. Cliché.

CLITEMNESTRA, hija de Tíndaro, rey mítico de Esparta, y de Leda. Esposa de Agamenón y madre de Orestes, Ifigenia y Electra.

CLÍTORIS n. m. (gr. *kleitoris*). Pequeño órgano eréctil situado en la parte superior de la vulva.

CLOACA n. f. (lat. *cloacam*). Conducto, generalmente subterráneo, por donde van las aguas sucias o inmundicias. **2.** Orificio común de las vías urinarias, intestinales y genitales de las aves y otros vertebrados.

CLON n. m. Conjunto de organismos que proceden de la reproducción vegetativa o asexual de un mismo individuo.

CLONACIÓN n. f. BIOL. Técnica utilizada en el cultivo de tejidos, gracias a la cual todas las células obtenidas proceden de una sola célula.

CLONAR v. tr. [1]. BIOL. Proceder a la clonación de las células.

CLÓNICO, A adj. Relativo al clon.

CLOQUEAR v. intr. [1]. Cacarear la gallina clueca.

CLOQUEO n. m. Acción y efecto de cloquear.

CLORACIÓN n. f. Tratamiento del agua con cloro con vistas a su esterilización.

CLORADO, A adj. Que contiene cloro.

CLORATO n. m. Sal del ácido clórico.

CLORHÍDRICO, A adj. Relativo a las combinaciones del cloro y del hidrógeno. • **Ácido clorhídrico,** solución acuosa del cloruro

CLO

de hidrógeno HCl, gas incoloro de olor fuerte y sofocante.

CLORO n. m. (gr. *kloros*, verde amarillento). Cuerpo simple no metálico de símbolo Cl, de número atómico 17 y de masa atómica 35,453, gaseoso a la temperatura ordinaria, de color verdoso, olor sofocante y tóxico.

CLOROFILA n. f. Pigmento verde de los vegetales, fijado a los cloroplastos, que se forma únicamente en presencia de luz.

CLOROFÍLICO, A adj. Relativo a la clorofila.
• **Función clorofílica**, fotosíntesis.

CLOROFLUOROCARBONO n. m. Nombre genérico de un grupo de compuestos que contienen cloro, flúor y carbono, utilizados como agentes frigoríficos y como gases propulsores en los aerosoles. Se conoce también con las siglas CFC.

CLOROFORMIZAR v. tr. [**1g**]. Someter a la acción anestésica del cloroformo.

CLOROFORMO n. m. Líquido incoloro de fórmula CHCl₃, de olor etéreo, que resulta de la acción del cloro sobre el alcohol, y que se utilizaba como anestésico.

CLOROSIS n. f. Anemia debida a una proporción insuficiente de hemoglobina en los glóbulos rojos. **2.** Desaparición parcial de la clorofila en las hojas de un vegetal, por lo que se vuelven amarillentas.

CLORURAR v. tr. [**1**]. Transformar un cuerpo en cloruro.

CLORURO n. m. Combinación del cloro con un cuerpo simple o compuesto que no sea el oxígeno.

CLÓSET n. m. *Amér.* Armario empotrado.

CLUB n. m. (voz inglesa) [pl. *clubs* o *clubes*]. Asociación deportiva, cultural o política. **2.** Círculo en el que la gente se reúne para conversar, leer o jugar. • **Club nocturno**, cabaret.

CLUECO, A adj. y n. f. Dícese de las aves cuando se echan sobre los huevos para empollarlos o cuando cuidan a los polluelos.

CLUNY, mun. de Francia (Saône-et-Loire); 4724 hab. En el s. X se fundó una abadía benedictina, cuya actividad espiritual e intelectual irradió a todo el occidente cristiano en los ss. X-XIII.

cm, símbolo del *centímetro*.

Cm, símbolo químico del *curio*.

cm², símbolo del *centímetro cuadrado*.

cm³, símbolo del *centímetro cúbico*.

CNIDO, ant. c. de Grecia, en Caria, célebre por su templo de Afrodita que albergaba la estatua de la diosa, obra maestra de Praxíteles, act. conocida por copias antiguas. Ruinas.

CNOSOS o **KNÓSOS**, principal ciudad de la Creta antigua (residencia del legendario rey Minos, que daría su nombre a la civilización minoica) ocupada por los micénicos en el s. XV a J.C.

Co, símbolo químico del *cobalto*.

Co., abrev. de la palabra inglesa *company*, compañía.

COA n. f. Palo aguzado y endurecido al fuego con que los indios americanos labraban la tierra. **2.** *Chile*. Jerga delictaval. **3.** *Méx., Pan.* y *Venez.* Pala usada para labranza. **4.** *Venez.* Siembra.

COACALCO, c. de México (México), en la zona suburbana de la ag. dep. del país; 152 082 hab. Industrias.

COACCIÓN n. f. (lat. *coactionem*). Fuerza o violencia que se hace a una persona para obligarla a que diga o ejecute alguna cosa.

COACCIONAR v. tr. [**1**]. Ejercer coacción.

COACTIVO, A adj. (lat. *coactivum*). Que implica coacción.

COADJUTOR, RA adj. y n. (lat. *coadiutorem*). Dícese de la persona que ayuda y acompaña a otra en ciertas cosas. **2.** Dícese del religioso adjunto al superior.

COADMINISTRADOR, RA adj. y n. Que administra conjuntamente con otro.

COADQUISICIÓN n. f. Adquisición en común entre dos o más personas.

COADYUVAR v. tr. e intr. [**1**]. Contribuir o ayudar a la consecución de una cosa.

COAGENTE adj. y n. m. y f. Que coopera a algún fin.

COAGULABLE adj. Capaz de coagularse.

COAGULACIÓN n. f. Fenómeno por el cual un líquido orgánico (sangre, linfa, leche) precipita en una masa sólida o coágulo.

COAGULANTE adj. y n. m. Que facilita o acelera la coagulación.

COAGULAR v. tr. y pron. (bajo lat. *coagulare*) [**1**]. Formar o formarse coágulo o cuajo. **2.** Actuar sobre una solución coloidal provocando el fenómeno de coagulación.

COÁGULO n. m. Masa de sustancia coagulada.

COAHUILA (*estado de*), est. del N de México; 151 571 km²; 1 972 340 hab. Cap. Saltillo.

COAHUILTECA, pueblo amerindio act. extinguido, que vivía a orillas del río Grande (NE de México y S de Texas).

COALA o **KOALA** n. m. (voz australiana). Mamífero marsupial trepador, de unos 80 cm de long., de orejas redondas, que vive en Australia.

COALICIÓN n. f. (fr. *coalition*). Alianza entre países, partidos o personalidades del mundo político e industrial con un fin común y por un límite de tiempo determinado.

COALICIONISTA n. m. y f. Miembro de una coalición, o partidario de ella.

COALIGAR v. tr. y pron. [**1b**]. Coligar.

COARTADA n. f. Circunstancia de haber estado ausente un presunto culpable del lugar en que se perpetró un delito, en el momento en que se estima que fue cometido, aducida como prueba de inocencia.

COARTAR v. tr. (lat. *coartare*) [**1**]. Estorbar, limitar o impedir algo con una fuerza no física.

COATÍ n. m. Mamífero carnívoro que habita desde el N de México hasta el N de Argentina, de cuerpo y hocico alargados, por caza lagartos e insectos.

COATLICUE, diosa azteca de la Tierra, madre de Huitzilopochtli, dios del Sol, y de las divinidades estelares. Era representada con falda de serpientes (a las que alude su otro nombre, Cihuacóatl), y con la cabeza descamada. Su imagen más interesante es la estatua monolítica del museo arqueológico nacional de México.

COATZACOALCOS, ant. **Puerto México**, c. de México (Veracruz), en la desembocadura del río Coatzacoalcos (322 km); 233 115 hab. Pesca. Puerto de altura y cabotaje. Refinerías en Minatitlán de Pemex.

COAUTOR, RA n. Autor que trabaja con otro en una misma obra.

COAXIAL adj. Que tiene el mismo eje que otro cuerpo. • **Cable coaxial**, integrado por dos conductores concéntricos, separados por una sustancia dieléctrica.

COBA n. f. *Fam.* Adulación: *dar coba*.

COBÁ, centro arqueológico maya en el Yucatán (Quintana Roo, México), de los ss. VII-XII, con grupos de construcciones enlazados por calzadas.

COBALTO n. m. (alem. *Kobalt*). Metal blanco rojizo de símbolo Co, de número atómico 27 y de masa atómica 58,93, duro y maleable, de densidad 8,8 y que funde hacia 1490 °C. • **Bomba de cobalto**, generador de rayos terapéuticos, emitidos por una carga de radiocobalto y utilizado en el tratamiento de los tumores cancerosos.

COBÁN, c. de Guatemala, cap. del dep. de Alta Verapaz, en el valle del *río Cobán*; 46 705 hab. Fundada en 1538 por fray Bartolomé de Las Casas.

COBARDE adj. y n. m. y f. (fr. *couard*). Falto de valor, sin ánimo ni espíritu.

COBARDÍA n. f. Cualidad de cobarde.

COBAYA n. m. o f. Pequeño mamífero del orden de los roedores, originario de América del Sur. (Se utilizan como animales de experimentación.) SIN.: *cobayo, conejo de indias*.

COBEA n. f. Planta trepadora originaria de México, cultivada por sus grandes flores azules en campanilla. (Familia polemoniáceas.)

COBERTIZO n. m. Tejado salidizo para guarecerse de la lluvia. **2.** Sitio cubierto rústicamente para resguardar a hombres, animales o efectos.

COBERTOR n. m. Colcha. **2.** Manta de abrigo para la cama.

COBERTURA n. f. Lo que sirve para tapar o resguardar algo. **2.** Acción de cubrir. **3.** FIN. Valores que sirven como garantía de una operación financiera o comercial. **4.** MIL. Dispositivo de protección de una zona o de una operación.

COBIJA n. f. Teja semicilíndrica que abraza dos canales de un tejado. **2.** *Méx.* y *Venez.* Manta. ♦ **cobijas** n. f. pl. **3.** *Amér.* Ropa de cama, especialmente la de abrigo.

COBIJAR v. tr. y pron. [**1**]. Cubrir o tapar. **2.** Albergar, dar hospedaje. **3.** *Fig.* Amparar, proteger.

COBIJO n. m. Acción y efecto de cobijar: *dar cobijo*. **2.** Lugar que sirve para cobijarse.

COBISTA n. m. y f. *Fam.* Persona aduladora, lisonjera.

COBLENZA, en alem. **Koblenz**, c. de Alemania (Renania-Palatinado), en la confluencia del Rin y el Mosela; 107 938 hab. Puerto fluvial. Iglesias medievales.

COBRA n. f. (bajo lat. *colobra*). Serpiente venenosa de las regiones cálidas de África y de Asia, cuya longitud rebasa los 4 m. (Familia elápidos.)

COBRADOR, RA n. Persona que tiene por oficio cobrar.

COBRANZA n. f. Acción u operación de cobrar.

COBRAR v. tr. [**1**]. Recibir una cantidad como pago de algo: *cobrar un buen sueldo*. **2.** Aprehender, coger: *cobrar las piezas de caza*. **3.** Tomar o sentir algún afecto: *cobrar cariño a alguien*. **4.** Adquirir, conseguir: *cobrar fama*. ♦ v. tr. e intr. **5.** Recibir una paliza. ♦ **cobrarse** v. pron. **6.** Recobrarse, recuperarse, volver en sí: *cobrarse del susto*.

COBRE n. m. (lat. *cuprum*). Metal de símbolo Cu, de número atómico 29 y de masa atómica 63,54, de color pardo rojizo. **2.** Objeto de este metal. **3.** ART. GRÁF. Plancha grabada sobre cobre. • **Batir el cobre** (*Fam.*), tratar un asunto con mucha viveza y empeño. ♦ **cobres** n. m. pl. **4.** MÚS. Término genérico que designa los instrumentos metálicos de viento de una orquesta.

COBRE (EI), localidad de Cuba (Santiago de Cuba), en la *sierra del Cobre*; 4700 hab. Minas de cobre. Santuario de Nuestra Señora de la Caridad del Cobre (s. XVII), patrona de Cuba.

COBRIZO, A adj. Que contiene cobre. **2.** Parecido al cobre en el color: *tez cobriza*.

COBRO n. m. Acción y efecto de cobrar.

COCA n. f. (voz quechua). Planta arbustiva cuyas hojas tienen una acción estimulante y proporcionan la cocaína. **2.** Cocaína.

COCACHO n. m. *Amér. Merid.* Coscorrón, golpe dado en la cabeza.

COCADA n. f. *Bol., Colomb.* y *Perú*. Especie de turrón. **2.** *Perú*. Provisión de hojas de coca.

COCAÍNA n. f. Alcaloide extraído de las hojas de coca, anestésico local y excitante del sistema nervioso central.

COCAINÓMANO, A adj. y n. Dícese de la persona que es adicta a la cocaína.

COCAVÍ n. m. *Argent., Bol.* y *Perú*. Provisión de víveres para un viaje.

COCCIÓN n. f. Acción y efecto de cocer o cocerse: *la cocción del pan*. SIN.: *cocedura, cocimiento, cochura*.

CÓCCIX n. m. Coxis.

COCEAR v. intr. [1]. Dar o tirar coces. **2.** *Fig.* y *fam.* Resistir, no querer convenir en una cosa.

COCER v. tr. (lat. *coquere*) [2f]. Preparar los alimentos sometiéndolos a la acción del fuego. **2.** Someter ciertas cosas a la acción del calor para que adquieran propiedades determinadas: *cocer el pan.* **3.** *Fig.* Meditar, pensar, tramar: *cocer un plan.* ♦ v. intr. **4.** Hervir un líquido: *el agua cuece.* **5.** Fermentar o hervir sin fuego: *el vino cuece.*

COCHA n. f. *Chile, Colomb.* y *Ecuad.* Charco, laguna.

COCHABAMBA (*departamento de*), dep. de Bolivia, en la Prepuna; 55 631 km²; 1 093 625 hab. Cap. *Cochabamba.*

COCHABAMBA, c. de Bolivia, cap. del dep. homónimo; 413 000 hab. Centro agrícola e industrial. Iglesias de San Francisco (s. XVI) y la Merced (s. XVII). Catedral y convento de Santo Domingo (s. XVIII).

COCHADA n. f. *Colomb.* Cocción.

COCHAMBRE n. m. o f. *Fam.* Suciedad, basura.

COCHAMBROSO, A adj. y n. *Fam.* Lleno de cochambre.

COCHAYUYO n. m. *Amér. Merid.* Alga marina comestible con forma de cinta.

COCHE n. m. Vehículo que sirve para el transporte de personas y cosas: *coche de metro.* **2.** Automóvil. **3.** *Méx.* Cerdo, puerco. **4.** F.C. Vehículo destinado al transporte de viajeros. ♦ **Coche cama**, coche de ferrocarril preparado para permitir a los viajeros dormir en una litera. ‖ **Coche correo**, vagón reservado al servicio de correos.

COCHERA n. f. Lugar donde se encierran los coches.

COCHERO n. m. El que tiene por oficio guiar las caballerías que tiran del coche.

COCHINADA o **COCHINERÍA** n. f. *Fam.* Porquería, suciedad. **2.** *Fig.* y *fam.* Acción indecorosa, ruin.

COCHINCHINA o **NAM PHẦN**, parte meridional de Vietnam, que se extiende principalmente por el curso inferior y el delta del Mekong.

COCHINILLA n. f. Insecto de pequeño tamaño que produce graves plagas en los cultivos, sobre todo en los frutales. **2.** Crustáceo terrestre que vive debajo de las piedras o en lugares oscuros y húmedos. SIN.: *cochinilla de humedad.*

COCHINILLO n. m. Cochino o cerdo de leche.

COCHINO, A n. m. Cerdo. **2.** Cerdo cebado que se destina a la matanza. ♦ n. y adj. **3.** *Fig.* y *fam.* Persona sucia y desaseada, o indecorosa.

COCHINOS (*bahía de*), bahía de Cuba (Matanzas), en la costa del Caribe.

COCHO, A adj. Que está cocido. **2.** *Colomb.* Crudo. ♦ n. m. **3.** *Chile.* Mazamorra de harina tostada.

COCIDO n. m. Plato consistente en carne, garbanzos, tocino y, a veces, jamón, chorizo, patatas, puerros, apios, zanahorias, etc.

COCIENTE n. m. (lat. *quotiens*, cuantas veces). MAT. Resultado de la división. ♦ **Cociente intelectual**, o **CI** (SICOL.), para los niños, relación de la edad mental, determinada por tests de nivel intelectual del tipo Binet y Simon, con la edad real; para los adultos, índice de la superioridad o de la inferioridad de su capacidad intelectual, apreciada por tests del tipo Weschler-Bellevue, con relación a los individuos de su mismo grupo de edad. El cociente intelectual medio es igual a 100.

COCIMIENTO n. m. Cocción. **2.** Entre tintoreros, baño dispuesto con diversos ingredientes, que sirve sólo para preparar y abrir los poros de la lana, a fin de que reciba mejor el tinte.

COCINA n. f. (lat. *coquinam*). Pieza de la casa en que se guisa la comida. **2.** Dispositivo o aparato en el que se hace fuego o produce calor para guisar los alimentos: *cocina eléctrica.* **3.** Arte de preparar la comida: *cocina española.*

COCINAR v. tr. e intr. (lat. *coquinare*) [1]. Guisar. ♦ v. intr. **2.** *Fam.* Entremeterse en asuntos ajenos.

COCINERÍA n. f. *Chile* y *Perú.* Tienda de comidas preparadas, figón.

COCINERO, A n. Persona que cocina, especialmente la que lo hace por oficio.

COCKCROFT (*sir* John Douglas), físico británico (Todmorden, Yorkshire, 1897-Cambridge 1967), autor, junto a E.T.S. Walton, de la primera transmutación de átomos mediante partículas aceleradas artificialmente. (Premio Nobel de física 1951.)

COCKER adj. y n. m. (voz inglesa). Dícese de una raza de perros de caza de pelo largo, con orejas muy largas y colgantes.

COCKTAIL n. m. (voz inglesa). Cóctel.

COCLÉ (*provincia de*), prov. de Panamá, a orillas del Pacífico; 5035 km²; 164 500 hab. Cap. *Penonomé.*

COCO n. m. Fruto del cocotero. **2.** Redonda cáscara de este fruto. **3.** Cocotero. **4.** *Fig.* y *fam.* Cabeza. ♦ **Leche de coco**, albumen líquido y blanco contenido en la nuez de coco.

COCO n. m. Ser fantástico con el que se asusta a los niños. **2.** *Fam.* Persona muy fea: *ser un coco.*

COCO, r. de Nicaragua y Honduras, el más largo de Centroamérica que desagua en el Caribe (749 km).

COCO (*isla del*), isla de Costa Rica en el Pacífico, alejada de la costa; 30 km². Parque nacional.

COCODRILO n. m. (lat. *crocodilum*). Reptil de gran tamaño, del orden crocodilianos, que vive en los cauces de agua de las regiones cálidas del Antiguo continente y de América.

COCOL n. m. *Méx.* Figura con forma de rombo. **2.** *Méx.* Pan que tiene esta forma. **3.** *Méx.* Cocolistee.

COCOLÍA n. f. *P. Rico.* Cangrejo de mar.

COCOLICHE n. m. *Argent.* y *Urug.* Jerga que remeda la mezcla de italiano y español del período inmigratorio, difundida y recreada por el sainete. **2.** *Argent.* y *Urug. Desp.* Cualquier habla poco inteligible.

COCOLISTE n. m. *Méx.* Cualquier enfermedad epidémica. **2.** *Méx.* Tifus.

COCONUCOS, sierra de Colombia (Huila y Cauca), en la cordillera Central; 4756 m en el Puracé.

COCORoCO, A adj. *Chile.* Altanero, ufano.

COCOTAL n. m. Terreno poblado de cocoteros.

COCOTERO n. m. (fr. *cocotier*). Palmera de las regiones tropicales, que alcanza 25 m y cuyo fruto es el coco.

COCTEAU (Jean), escritor francés (Maisons-Laffitte 1889-Milly-la-Forêt 1963). Artista integral, además de poeta, novelista y dramaturgo, realizó películas (*Orfeo*, 1950) y cultivó la coreografía del ballet.

CÓCTEL o **COCTEL** n. m. (ingl. *cocktail*). Mezcla de bebidas alcohólicas u otros líquidos y hielo. SIN.: *combinado.* **2.** Reunión en la que se suele beber cócteles. **3.** Mezcla de cosas homogéneas o heterogéneas. ♦ **Cóctel Molótov**, botella explosiva a base de gasolina.

COCTELERA n. f. Recipiente de metal en el que se mezclan los componentes de un cóctel.

COCUISA n. f. *Colomb., P. Rico* y *Venez.* Especie de pita. **2.** *Colomb., P. Rico* y *Venez.* Hilo obtenido de esta planta.

COCUMA n. f. *Perú.* Mazorca asada de maíz.

COCUYO n. m. Árbol de las Antillas de unos 10 m de alt., de hojas lanceoladas, fruto del tamaño de una aceituna y madera muy dura empleada en construcción. (Familia sapotáceas.) **2.** Coleóptero de América tropical, de unos 3 cm de long., con dos manchas amarillentas a los lados del tórax, por las que despide de noche una luz azulada. (Familia elatéridos.)

CODA n. f. (voz italiana). Período musical con el que finaliza un fragmento o un episodio de dicho fragmento. **2.** COREOGR. Tercera y última parte de un paso a dos. **3.** COREOGR. Final de un ballet clásico. **4.** FONÉT. Margen final de una sílaba.

CODAL adj. (lat. *cubitalem*). Que consta de un codo. **2.** Que tiene medida o figura de un codo. ♦ n. m. **3.** Pieza de la armadura que protegía el codo. **4.** CONSTR. Aguja que mantiene las paredes de un tapial.

CODASTE n. m. MAR. Madera vertical o perfil metálico que termina la parte posterior del buque.

CODAZZI (Agustín), explorador y geógrafo italiano (Lugo, Italia, 1793-Espíritu Santo, Colombia, 1859). Recorrió Colombia y Venezuela levantando mapas topográficos y explorando territorios. Publicó un atlas en 1841. Su labor fue continuada en Colombia por el Instituto geográfico Agustín Codazzi (fundado en 1935).

CODEADOR, RA adj. y n. *Amér. Merid.* Pedigüeño.

CODEAR v. intr. [1]. Mover los codos o dar golpes con ellos: *codear para abrirse camino.* ♦ v. tr. **2.** *Amér. Merid.* Pedir reiteradamente o con insistencia, sonsacar. ♦ **codearse** v. pron. **3.** *Fig.* Tratarse de igual a igual una persona con otra.

CODEÍNA n. f. (gr. *kódeia*, adormidera). Alcaloide extraído del opio.

CODERA n. f. Pieza de adorno o remiendo que se pone en los codos de las chaquetas.

CODESO n. m. Planta arbustiva de hasta 7 m de alt., de flores amarillas en racimos, a menudo cultivada como planta ornamental. (Familia papilionáceas.)

CODEX n. m. (voz latina). Códice. **2.** Nombre con que se designa a la farmacopea oficial de cada país.

CÓDICE n. m. (lat. *codicem*). Denominación genérica de los manuscritos que se presentan en forma de libro encuadernado.

CODICIA n. f. Deseo exagerado de riquezas u otras cosas.

CODICIABLE adj. Apetecible.

CODICIAR v. tr. [1]. Desear con ansia riquezas u otras cosas.

CODICILO n. m. (lat. *codicillum*). Acto posterior a un testamento que lo modifica; documento que lo contiene.

CODICIOSO, A adj. y n. Que tiene codicia.

CODIFICACIÓN n. f. Acción de codificar. **2.** Reunión en un solo cuerpo legal, por lo general llamado código, de la totalidad de las normas relativas a una rama del derecho. **3.** Transformación de un mensaje expresado en lenguaje claro, según las equivalencias convenidas en un código. **4.** INFORMÁT. Operación consistente en representar una información mediante un código, por ejemplo, representar cada carácter alfanumérico mediante un conjunto de bits de valor 0 a 1.

CODIFICADOR, RA adj. Que codifica. ♦ n. m. **2.** Dispositivo que efectúa automáticamente la codificación de los elementos de un mensaje literal en código.

CODIFICAR v. tr. (fr. *codifier*) [1a]. Hacer un código. **2.** Formar un solo cuerpo legal siguiendo un plan metódico y sistemático. **3.** Proceder a la codificación de un mensaje.

CÓDIGO n. m. (lat. *codicem*). Conjunto de preceptos legislativos que reglamentan las diversas instituciones constitutivas de una rama del derecho: *código civil, penal.* **2.** Sistema de signos y reglas que permite formular y comprender un mensaje. **3.** Cifra o signo para comunicar y comprender signos secretos. **4.** Conjunto de reglas que permiten cambiar de sistema de símbolos sin modificar la información que expresa. **5.** INFORMÁT. Conjunto de reglas que proporcionan una

pondencia biunívoca que permite representar datos, programas u otras informaciones con vistas a facilitar su tratamiento automático o su transmisión. • **Código de barras,** código que utiliza teclas verticales con el fin de dar informaciones específicas acerca del documento, producto, etc., que permitan el tratamiento automático después de la lectura óptica. ‖ **Código genético,** sucesión de bases nitrogenadas a lo largo de una hélice de A.D.N. de las células vivas, que determina rigurosamente la sucesión de los aminoácidos en las proteínas que han sido elaboradas por estas células.
CODILLERA n. f. Tumor blando que produce el callo de la herradura en el codillo del caballo cuando éste está acostado.
CODILLO n. m. En los cuadrúpedos, coyuntura del brazo próxima al pecho, y parte comprendida entre esta unión y la rodilla. **2.** BOT. Parte de la rama que queda unida al tronco por el nudo, después de que aquélla haya sido cortada.
CODO n. m. (lat. *cubitum*). Articulación situada en la parte media de las extremidades superiores, que une el brazo con el antebrazo. **2.** Parte de la manga de una prenda de vestir que cubre el codo. **3.** Trozo de tubo metálico que permite variar la dirección de las cañerías o conducciones. **4.** Parte doblada de un tubo o cañería. **5.** Antigua medida de longitud equivalente a la distancia que separa el codo del extremo del dedo medio, alrededor de 50 cm. • **Alzar, empinar,** o **levantar el codo** *(Fam.),* beber mucho vino o licor. ‖ **Codo a codo con codo,** uno junto a otro, en colaboración. ‖ **De codos,** apoyado en los codos. ‖ **Hablar por los codos** *(Fam.),* hablar mucho. ‖ **Hincar los codos,** estudiar con ahínco. ♦ adj. **6.** *Méx.* Tacaño, agarrado.
CODORNIZ n. f. (lat. *coturnicem*). Ave próxima a la perdiz, migratoria, de plumaje pardo con manchas amarillas y rojizas y pequeñas rayas longitudinales blancas, que es objeto de intensa caza. (Familia fasiánidos.)
COEDICIÓN n. f. Edición de una obra realizada conjuntamente por dos o más editores.
COEDUCACIÓN n. f. Educación dada conjuntamente a alumnos de ambos sexos.
COEFICIENTE n. m. Número con que se representa de forma convencional el grado o intensidad de una determinada cualidad o fenómeno: *coeficiente de inteligencia; coeficiente de viscosidad.*
COELLO (Augusto), escritor y político hondureño (Tegucigalpa 1884-San Salvador 1941), autor del himno nacional (1915) y del *Canto a la bandera* (1934).
COENDÚ n. m. Roedor con el cuerpo cubierto de espinas y una larga cola prensil, de coloración pardo oscura con motas blancas, vive en América del Sur. (Familia eretizóntidos.)
COENZIMA n. m. Parte no proteica de un enzima, necesaria para el desarrollo de la catálisis bioquímica.
COERCER v. tr. (lat. *coercere,* reprimir) [**2a**]. Contener, refrenar, sujetar. (Suele usarse con término jurídico, lo mismo que sus derivados.)
COERCIBLE adj. Que puede ser coercido.
COERCIÓN n. f. Acción de coercer.
COETÁNEO, A adj. y n. (lat. *coaetaneum*). Que es de la misma edad o tiempo.
COEXISTENCIA n. f. Existencia simultánea. • **Coexistencia pacífica,** principio según el cual distintos estados que pertenecen a sistemas políticos distintos participan en una organización del mundo que acepta la existencia de cada uno de ellos.
COEXISTIR v. intr. [**3**]. Existir simultáneamente.
COFIA n. f. Tocado femenino de tela con que se mantiene recogido el cabello, típico de algunas profesiones como doncella, camarera y enfermera. **2.** Caperuza que recubre la cápsula de los musgos. **3.** Membrana fetal que cubre a veces la cabeza del feto en el momento del parto.
COFINANCIACIÓN n. f. Financiación realizada simultáneamente por dos o más instituciones financieras.
COFRADE n. m. y f. Miembro de una cofradía.
COFRADÍA n. f. Asociación de personas de un mismo oficio o que se sitúan bajo una misma advocación religiosa para fines mutualistas o espirituales: *cofradía de pescadores.*
COFRE n. m. (fr. *coffre*). Mueble parecido al arca, generalmente de tapa convexa. **2.** Caja con cerradura, para guardar objetos de valor. **3.** *Colomb.* Joyero, cajita para guardar joyas. **4.** *Méx.* Tapa que protege el motor de los automóviles.
COGEDOR, RA adj. y n. Que coge. ♦ n. m. **2.** Especie de pala para recoger la basura.
COGER v. tr. (lat. *colligere,* recoger) [**2b**]. Tomar con la mano: *coger piedras, flores.* **2.** Abarcar, ocupar cierto espacio: *la alfombra coge toda la habitación.* **3.** Apoderarse de una cosa, apresar: *coger a un ladrón.* **4.** Proveerse de algo, contratar, alquilar: *coger entradas para el cine; coger un piso.* **5.** Adquirir, contraer: *coger una borrachera; coger un resfriado.* **6.** Montar en un vehículo: *coger el autobús.* **7.** Sobrevenir, sorprender: *coger con las manos en la masa.* **8.** Alcanzar, llegar junto a una persona o cosa que va delante. **9.** Atropellar a alguien un vehículo: *al cruzar la calle le cogió un coche.* **10.** Captar, percibir, recibir: *coger radio París.* **11.** Conseguir cualquier cosa material o inmaterial que no se tenía: *coger horas para el médico.* **12.** Entender, comprender: *coger el sentido de un chiste.* **13.** *Amér. Vulg.* Realizar el acto sexual. **14.** TAUROM. Herir o enganchar el toro a una persona con los cuernos. ♦ v. tr. y pron. **15.** Asir, agarrar: *cogerse de unas ramas.* ♦ v. intr. **16.** Hallarse, encontrarse, estar situado: *la casa coge lejos del centro.* **17.** *Vulg.* Caber, poder contenerse una cosa dentro de otra: *no coger todos en un sitio.* **18.** Seguido de la conj. y y otro verbo, indica una resolución o determinación: *cogió y se metió en un bar.*
COGESTIÓN n. f. Participación de los trabajadores en la gestión de la empresa, sin que ello suponga una alteración de las relaciones de producción.
COGIDA n. f. TAUROM. Acción de coger, herir o enganchar el toro.
COGITAR v. tr. (lat. *cogitare*) [**1**]. Reflexionar o meditar.
COGNAC, c. de Francia (Charente); 19 932 hab. Destilerías. Centro del comercio del coñac.
COGNACIÓN n. f. Parentesco entre todos los familiares de la misma sangre. **2.** Cualquier parentesco.
COGNICIÓN n. f. Conocimiento, acción y efecto de conocer. **2.** DER. Conocimiento judicial de un asunto, para resolverlo.
COGNITIVO, A adj. Relativo a la cognición.
COGNOSCITIVO, A adj. Dícese de lo que es capaz de conocer: *potencia cognoscitiva.*
COGOLLO n. m. (lat. *cucullum,* capucho). Yema apical, considerablemente desarrollada en ciertas plantas, como la col, la lechuga, etc. **2.** Brote de cualquier vegetal. **3.** *Fig.* Lo mejor o más selecto de alguna cosa. **4.** Parte alta de la copa del pino, que se corta y desecha al aprovechar el árbol para madera.
COGORZA n. f. *Vulg.* Borrachera.
COGOTE n. m. Parte superior y posterior del cuello. • **Estar** uno **hasta el cogote,** estar cansado y harto de sufrir alguna exigencia.
COGOTUDO, A adj. Que tiene muy grueso el cogote. **2.** *Fig.* y *fam.* Muy orgulloso. ♦ adj. y n. **3.** *Amér.* Dícese de la persona adinerada y orgullosa.

COHABITACIÓN n. f. Acción de cohabitar. **2.** Simultaneidad en el ejercicio del poder de un presidente de la república y un gobierno de tendencia opuesta.
COHABITAR v. intr. [**1**]. Habitar juntamente con otro u otros. **2.** Hacer vida marital el hombre y la mujer.
COHECHAR v. tr. [**1**]. Sobornar a un juez o funcionario público. **2.** Alzar el barbecho o dar a la tierra la última labor antes de sembrarla.
COHECHO n. m. Acción y efecto de cohechar o dejarse cohechar: *delito de cohecho.*
COHEN-TANNOUDJI (Claude), físico francés (Constantine, Argelia, 1933). Profesor de física atómica y molecular, recibió el Premio Nobel de física (1997), junto con S. Chu y W. D. Phillips, por la utilización del láser para enfriar y atrapar átomos.
COHERENCIA n. f. Conexión de unas cosas con otras: *coherencia de un discurso.*
COHERENTE adj. (lat. *cohaerentem*). Que tiene coherencia. **2.** GEOL. Dícese de una roca cuyos elementos están soldados entre sí.
COHESIÓN n. f. Acción y efecto de reunirse o adherirse las cosas entre sí o la materia de que están formadas.
COHETE n. m. Artefacto propulsado por reacción merced a la combustión de una carga de pólvora u otro explosivo: *cohete de señales; cohete lanzacabos.* **2.** Motorcohete. **3.** Conjunto constituido por el motorcohete y el aparato que vehicula (proyectil, satélite, etc.). **4.** Artificio pirotécnico consistente en un cartucho lleno de pólvora u otro explosivo, generalmente sujeto al extremo de una varilla, que se eleva en el aire y explota produciendo efectos luminosos. • **Al cohete** *(Argent. Fam.),* inútilmente, en vano.
COHIBICIÓN n. f. Acción y efecto de cohibir.
COHIBIR v. tr. (lat. *cohibere*) [**3q**]. Refrenar, reprimir, contener. **2.** *Méx.* Obligar a alguien a que actúe de una manera determinada.
COHOMBRO n. m. Hortaliza de la familia cucurbitáceas, cultivada por sus frutos alargados que se consumen como verdura o ensalada.
COHORTE n. f. (lat. *cohortem*). Unidad táctica de base de la legión romana, o cuerpo de tropas auxiliares. **2.** *Fam.* Grupo de gente cualquiera, especialmente de gente armada. **3.** Conjunto, serie: *cohorte de males.*
COIHAIQUE, c. de Chile, cap. de la región de Aisén del General Ibáñez del Campo; 43 139 hab. Productos lácteos. Aeropuerto.
COIHUÉ n. m. *Argent.* y *Chile.* Planta arbórea de hojas caducas. (Familia fagáceas.) **2.** *Argent.* y *Chile.* Madera de esta planta, utilizada en carpintería y ebanistería.
COIHUECO, com. de Chile (Biobío); 22 951 hab. Cultivos mediterráneos. Productos lácteos.
COIMA n. f. (voz portuguesa). Gaje del garitero por prevenir lo necesario para las mesas de juego. **2.** Concubina. **3.** *Argent., Chile, Perú* y *Urug.* Acción y efecto de coimar, soborno. **4.** *Argent., Chile, Perú* y *Urug.* Soborno, dádiva para inclinar la voluntad de alguien.
COIMBRA, c. de Portugal, a orillas del Mondego; 96 142 hab. Universidad fundada en 1308 (edificio monumental y barroco); biblioteca, s. XVII). Catedral románica (s. XII; transformada, s. XVI); monasterio de Santa Cruz (s. XVI). Museos.
COIMEAR v. intr. [**1**]. *Argent., Chile, Perú* y *Urug.* Dar o recibir sobornos.
COIMERO, A n. *Argent., Chile, Perú* y *Urug.* Persona que suele recibir o aceptar coimas, sobornón.
COINCIDENCIA n. f. Acción y efecto de coincidir.

COINCIDIR v. intr. [3]. Convenir una persona o cosa con otra, ser conforme con ella. **2.** Ajustarse materialmente una cosa con otra. **3.** Ocurrir dos o más cosas al mismo tiempo: *coincidir dos actos culturales*. **4.** Convenir en el modo, ocasión u otras circunstancias. **5.** Concurrir dos o más personas en un mismo lugar.

COIPA n. f. Tierra rica en sales potásicas, abundante en los Andes.

COIPASA (*salar de*) [], laguna salada de Bolivia (Oruro), en el Altiplano, a 3680 m de alt.

COIPO n. m. *Argent.* y *Chile.* Mamífero roedor, que tiene un pelaje similar al de la nutria, de gran calidad.

COIRÓN n. m. *Bol.* y *Chile.* Planta gramínea de hojas duras y punzantes, que se utiliza principalmente para techar casas.

COITO n. m. (lat. *coitum*). Cópula de un macho con una hembra, en la especie humana y en los animales superiores.

COITUS INTERRUPTUS n. m. (voces latinas). Coito interrumpido antes de la eyaculación.

COJEAR v. intr. [1]. Andar inclinando el cuerpo más a un lado que a otro por no poder sentar con regularidad ambos pies. **2.** Moverse un mueble por falta de estabilidad o por tener mal asiento. **3.** *Fig.* y *fam.* Adolecer de algún vicio o defecto.

COJEDES (*estado*), est. del N de Venezuela, en los Llanos centrales; 14 800 km²; 193 774 hab. Cap. *San Carlos.*

COJERA n. f. Defecto o lesión que impide andar con normalidad.

COJÍN n. m. Almohadón.

COJINETE n. m. Almohadilla para coser. **2.** MEC. Elemento que sirve para soportar y guiar un eje o árbol de maquinaria.

COJO, A adj. y n. Que cojea o que carece de un pie, una pierna, una pata, o los tiene defectuosos. ◆ adj. **2.** *Fig.* Incompleto, mal equilibrado, que carece de una parte necesaria: *frase coja;* • *verso cojo.*

COJÓN n. m. *Vulg.* Testículo. • **Tener cojones** (*Vulg.*), tener hombría, no amilanarse.

COJONUDO, A adj. *Vulg.* Magnífico, estupendo, sobresaliente en su clase.

COJUDO n. m. *Amér. Merid.* Estúpido, imbécil. **2.** *Argent., Par.* y *Urug.* Caballo que se dedica a la procreación, semental.

COJUTEPEQUE, c. de El Salvador, cap. del dep. de Cuscatlán; 31 100 hab. Fue capital del estado de 1854 a 1858. – El volcán de *Cojutepeque* o de *Las Pavas* se eleva a 1021 m.

COL n. f. (lat. *caulem*). Planta hortense de la familia crucíferas, de tallo carnoso y hojas anchas y lampiñas, que crece espontánea en las costas de Europa occidental. (Presenta numerosas variedades, todas comestibles, que se distinguen por la forma, forma de sus hojas y tamaño: col roja o lombarda, col de Bruselas, coliflor, col brécol, etc.)

COLA n. f. (lat. *caudam*). Región del cuerpo de numerosos vertebrados, posterior al ano, a menudo alargada y flexible, que es una prolongación de la columna vertebral. **2.** Parte posterior o final de una cosa, por oposición a cabeza o principio: *cola de un ejército en marcha; cola de un avión.* **3.** Prolongación posterior de algo: *vestido de cola.* **4.** Hilera de personas que esperan su turno. **5.** Pecíolo de las hojas; pedúnculo de las flores y de los frutos. **6.** Estela luminosa formada por el polvo, que prolonga la cabeza de un cometa en dirección opuesta al Sol. **7.** La fracción más pesada de una mezcla de hidrocarburos.

COLA n. f. (gr. *kolla*). Pasta fuerte, traslúcida y pegajosa, que, disuelta en agua caliente, sirve para pegar. **2.** Sustancia que se adiciona a determinados productos industriales (papel, pinturas, etc.). • **Cola de pescado**, cola preparada a partir de pescados, utilizada para clarificar vinos.

COLA n. f. Planta arbórea africana cuyo fruto (nuez de cola) se emplea como tónico y estimulante.

COLABORACIÓN n. f. Acción y efecto de colaborar.

COLABORACIONISMO n. m. Conjunto de ideas, actitudes y tendencias favorables a la colaboración con un régimen que la mayoría de los ciudadanos de una nación consideran opresivo o nefasto, especialmente si se trata de un régimen de ocupación.

COLABORADOR, RA n. Persona que colabora.

COLABORAR v. intr. [1]. Trabajar con otras personas, especialmente en obras intelectuales. **2.** Escribir habitualmente para un periódico, revista, etc., sin ser redactor fijo. **3.** Contribuir una cosa en la formación de otra.

COLACIÓN n. f. (lat. *collationem*). Comida ligera. **2.** Acción de conferir un beneficio eclesiástico o un grado universitario. **3.** Cotejo que se hace de una cosa con otra. **4.** *Amér.* Golosina de formas diversas, hecha de masa ligera y recubierta de un baño de azúcar. • **Sacar**, o **traer, a colación** (*Fam.*), aducir pruebas o razones en abono de una causa; mencionar en la conversación, a veces importunamente, determinado asunto.

COLACIONAR v. tr. [1]. Cotejar, confrontar. **2.** Traer a colación y partición.

COLADA n. f. Lavado de la ropa de la casa. **2.** Sangría que se hace en los altos hornos para que salga el hierro fundido. **3.** Vertido del metal fundido en el molde o la lingotera. **4.** *Colomb.* Postre similar al arroz con leche. • **Colada de lava**, masa de lava líquida que fluye de un volcán; masa de lava después de su solidificación.

COLADERA n. f. *Méx.* Cloaca. **2.** *Méx.* Sumidero agujereado.

COLADERO n. m. Colador, utensilio para colar. **2.** Camino o paso estrecho. **3.** Entre estudiantes, centro de enseñanza donde se aprueba muy fácilmente.

COLADO, A adj. *Fig.* y *fam.* Dícese del que está muy enamorado. **2.** METAL. Dícese del hierro que sale fundido del cubilote y vierte en los moldes, y, en general, de todo metal que previa fusión ha sido moldeado: *estufa de hierro colado.*

COLADOR n. m. Utensilio formado generalmente por una tela metálica o una plancha con agujeros, para colar líquidos.

COLADURA n. f. Acción y efecto de colar líquidos. **2.** *Fig.* y *fam.* Equivocación.

COLÁGENO n. m. Proteína compleja que constituye la sustancia intercelular del tejido conjuntivo.

COLAPSAR v. intr. y pron. [1]. Sufrir o producir un colapso, o caer en él. **2.** *Fig.* Paralizar o disminuir mucho una actividad.

COLAPSO n. m. (lat. *collapsum,* caída). Accidente que consiste en una extrema debilidad brusca de las actividades vitales. **2.** Fallo de la presión arterial en el curso de una enfermedad, operación quirúrgica, etc. **3.** Laxitud de un órgano o de las paredes de una víscera o vaso. **4.** *Fig.* Acción de colapsar.

COLAR v. tr. y pron. (lat. *colare*) [1r]. Filtrar un líquido. **2.** QUÍM. Separar las partes solubles con la ayuda de una lejía: *colar las cenizas.* ◆ v. tr. e intr. **3.** *Fam.* Pasar con engaño o artificio: *colar un billete falso.* **4.** *Fam.* Hacer creer algo que no es verdad: *colar una mentira.* ◆ v. intr. y pron. **5.** Penetrar, pasar por un lugar estrecho: *colarse por una brecha.* • **colarse** v. pron. **6.** *Fam.* Introducirse subrepticiamente o sin permiso en alguna parte. **7.** *Fig.* y *fam.* Equivocarse, errar. **8.** *Fam.* Enamorarse perdidamente.

COLATERAL adj. Dícese de las cosas que están a uno y otro lado de otra principal: *altar colateral.* • **Arteria, vena, nervio colaterales,** las que proceden de un tronco principal o desembocan en él. ◆ adj. y n.

m. y f. Dícese del pariente que no lo es por línea directa.

COLCHA n. f. Cobertura de cama para adorno y abrigo.

COLCHAR v. tr. [1]. Acolchar las telas.

COLCHÓN n. m. Saco rectangular y aplanado, relleno de cualquier materia blanda o elástica, o provisto de muelles en su interior, cosido por todos sus lados y de tamaño apropiado para dormir sobre él. **2.** Objeto que hace los oficios de un colchón. • **Colchón de aire,** sistema de suspensión de un vehículo o de una embarcación, en que la función de suspensión se realiza por aire, bajo una ligera sobrepresión infiltrada bajo el aparato.

COLCHONERÍA n. f. Establecimiento del colchonero.

COLCHONERO, A n. Persona que tiene por oficio hacer o vender colchones, almohadas, etc.

COLCHONETA n. f. Colchón delgado y estrecho.

COLEADA n. f. Sacudida que dan con la cola algunos animales. **2.** *Amér.* Acto de derribar una res tirándole de la cola.

COLEAR v. intr. [1]. Mover la cola. **2.** *Fam.* Durar todavía un asunto o no conocer aún todas sus consecuencias. ◆ v. tr. **3.** *Colomb.* Molestar. **4.** *Méx.* y *Venez.* Tirar de la cola de una res para derribarla. ◆ v. tr. y pron. **5.** *Chile.* Negar o frustrar a alguien un intento o pretensión.

COLECCIÓN n. f. (lat. *collectionem*). Conjunto de cosas, generalmente de una misma clase, reunidas por gusto, curiosidad, utilidad, etc.: *una colección de sellos.* **2.** Conjunto de cierto número de composiciones literarias del mismo género o una obra característica de una autor: *una colección de cuentos.* **3.** *Fig.* Gran número: *decir una colección de disparates.* **4.** Conjunto de modelos nuevos presentados cada temporada por los profesionales del vestido.

COLECCIONAR v. tr. [1]. Formar colección.

COLECCIONISMO n. m. Afición a coleccionar.

COLECCIONISTA n. m. y f. Persona que colecciona.

COLECTA n. f. (lat. *collectam*). Recaudación de donativos voluntarios, especialmente para fines benéficos. **2.** LITURG. Oración que el sacerdote dice en la misa, antes de la epístola.

COLECTAR v. tr. [1]. Recaudar, recoger, especialmente dinero.

COLECTIVERO n. m. *Argent.* y *Perú.* Conductor de un colectivo.

COLECTIVIDAD n. f. Grupo social constituido por personas que comparten unos mismos intereses o ideas.

COLECTIVISMO n. m. Sistema económico que propugna la posesión en común de los medios de producción en beneficio de la comunidad.

COLECTIVISTA adj. y n. m. y f. Relativo al colectivismo; partidario de este sistema.

COLECTIVIZACIÓN n. f. Acción de colectivizar.

COLECTIVIZAR v. tr. [1g]. Convertir en colectivo lo que era individual: *colectivizar una explotación agrícola.* **2.** ECON. Poner los medios de producción y de intercambio al servicio de la colectividad por medio de la expropiación o la nacionalización. ◆ v. tr. y pron. **3.** Aplicar la doctrina o las doctrinas colectivistas. ◆ **colectivizarse** v. pron. **4.** Agruparse, reunirse en sus intereses o trabajo; agremiarse.

COLECTIVO, A adj. (lat. *collectivum*). Relativo a cualquier agrupación de individuos: *un trabajo colectivo.* **2.** Que afecta a una colectividad: *una tragedia colectiva.* ◆ adj. y n. m. **3.** Dícese del sustantivo singular que denota número determinado de cosas de una especie o muchedumbre o conjunto, como docena y ejército. ◆ n. m. **4.** Grupo de trabajo, investigación u opinión cuya actuación es un resultado conjunto de las aportacio-

COL

nes anónimas de sus miembros. **5.** *Argent., Bol.* y *Perú.* Autobús. **6.** *Chile.* Taxi con recorrido fijo que recoge pasaje hasta llenarse.
COLECTOR, RA adj. Que recoge. ♦ n. m. **2.** Pieza de una dinamo o de un motor eléctrico contra la que rozan las escobillas. **3.** Zona de un transistor en la que se recoge la señal amplificada. **4.** Conducto principal que en las tuberías de conducción de aguas, vapor, etc., recibe las ramales secundarios.
COLEGA n. m. y f. (lat. *collegam*). Con respecto a una persona, otra que tiene su misma profesión, especialmente si es liberal. **2.** *Fam.* Compañero, amigo.
COLEGIADO, A adj. y n. Dícese del individuo que pertenece a una corporación que forma colegio: *está colegiado.* ♦ adj. **2.** Dícese del cuerpo constituido en colegio. **3.** Formado por varias personas: *dirección colegiada.* ♦ n. m. **4.** DEP. Árbitro.
COLEGIAL adj. Relativo al colegio: *cuota colegial.*
COLEGIAL, LA n. Persona que tiene beca o plaza en un colegio. **2.** Persona que asiste a cualquier colegio. **3.** *Fig.* y *fam.* Persona joven inexperta y tímida.
COLEGIARSE v. pron. **[1].** Constituirse, organizarse en colegio los individuos de una profesión o clase. **2.** Afiliarse a un colegio constituido.
COLEGIATA n. f. Iglesia no catedral que posee un cabildo de canónigos. SIN.: *iglesia colegial.*
COLEGIO n. m. (lat. *collegium*). Establecimiento de enseñanza. • **Colegio electoral,** conjunto de electores de una misma unidad electoral; lugar al que acuden los electores para depositar su voto. ‖ **Colegio mayor,** residencia de estudiantes de enseñanza superior, donde se desarrollan actividades destinadas a completar su formación académica profesional. ‖ **Colegio menor,** residencia de estudiantes de enseñanza de grado medio. ‖ **Colegio universitario,** centro de enseñanza superior adscrito a la universidad estatal. ‖ **Sacro colegio cardenalicio,** cuerpo que componen los cardenales de la Iglesia romana.
COLEGIR v. tr. (lat. *colligere*) **[30b]**. Juntar, unir cosas sueltas. **2.** Inferir o deducir una cosa de otra.
COLEMIA n. f. Tasa de bilis en la sangre.
COLEÓPTERO, A adj. y n. m. (gr. *koleopteros*). Relativo a un orden de insectos de metamorfosis completa, provistos de piezas bucales masticatorias y de alas posteriores plegables, protegidas por un par de élitros córneos, como el abejorro o la mariquita.
CÓLERA n. f. (lat. *choleram*). Bilis. **2.** *Fig.* Ira, enojo, enfado. • **Montar en cólera,** airarse, encolerizarse. ♦ n. m. **3.** Enfermedad epidémica contagiosa, producida por el vibrión colérico y caracterizada por deposiciones muy frecuentes, vómitos, sed intensa, etc., que puede acabar con la muerte.
COLERÉTICO, A adj. y n. m. Dícese de las sustancias que incrementan la secreción biliar.
COLÉRICO, A adj. y n. Relativo a la cólera o al cólera; afecto de cólera. ♦ adj. **2.** *Fig.* Que fácilmente se deja llevar de la cólera: *temperamento colérico.*
COLERIDGE (Samuel Taylor), escritor y pensador británico (Ottery Saint Mary, Devon 1772-Londres 1834), autor, junto con Wordsworth, de *Baladas líricas* (1798), que marcaban el inicio del romanticismo.
COLESTEROL n. m. Esterol de origen animal presente en todas las células, en la sangre y, en mayor proporción, en la bilis. SIN.: *colesterina.*
COLESTEROLEMIA n. f. Tasa de colesterol en la sangre comprendida normalmente entre 1,50 y 2,50 g por litro.

COLETA n. f. Trenza o conjunto del cabello recogido en la parte posterior de la cabeza y que cae sobre la espalda. **2.** Coletilla.
COLETAZO n. m. Golpe dado con la cola. **2.** Manifestación de algo que se está terminando.
COLETILLA n. f. Adición breve a lo escrito o hablado, generalmente con el fin de salvar alguna omisión o de reforzar lo que antes se ha dicho.
COLGADIZO n. m. Tejadillo saliente de una pared, sostenido con tornapuntas.
COLGADO, A adj. *Fam.* Dícese de la persona burlada en sus esperanzas o deseos: *dejar colgado a alguien.* (Se usa con los verbos *dejar* o *quedarse.*) **2.** Contingente, incierto. **3.** Que depende o está totalmente pendiente de algo: *está colgado de las palabras de su madre.*
COLGADOR n. m. Percha portátil que, colgada de una varilla de los armarios, sirve para guardar las prendas de vestir.
COLGADURA n. f. Conjunto de tapices o telas con que se cubren y adornan las paredes interiores o exteriores, balcones, etc.
COLGAJO n. m. Cualquier trapo o cosa que cuelga indebidamente. **2.** Porción de frutas colgadas para conservarlas.
COLGANTE adj. y n. m. Que cuelga. ♦ adj. **2. Puente colgante,** puente cuyo tablero está sostenido por cadenas o cables. ♦ n. m. **3.** Joya u adorno que cuelga de un collar, pulsera, cadena, etc.
COLGAR v. tr. (lat. *collocare*) **[1m]**. Poner una cosa pendiente de otra sin que llegue al suelo: *colgar un abrigo en el armario.* **2.** Revestir o adornar con tapices y colgaduras: *colgar un tapiz en la pared.* **3.** *Fam.* Ahorcar. **4.** Entre estudiantes, suspender en un examen: *me han colgado en matemáticas.* **5.** *Fig.* Imputar, achacar: *colgar a alguien la culpa de algo.* ♦ v. intr. **6.** Estar una cosa en el aire pendiente de otra: *una gran lámpara colgaba del techo.* **7.** Cortar una comunicación telefónica poniendo en su lugar el receptor. ♦ **colgarse** v. pron. **8.** Depender de la droga y, por extensión, de otras cosas.
COLIBACILO n. m. Bacteria presente en el suelo y a menudo en el agua, la leche y ciertos alimentos, que vive normalmente en el intestino del hombre y de los animales, pero que puede invadir diferentes tejidos y órganos y convertirse en patógena.
COLIBRÍ n. m. Nombre dado a ciertas aves de América, de pequeño tamaño y pico largo, que hunden en las flores para absorber su néctar. SIN.: *pájaro mosca, picaflor.*
CÓLICO, A adj. Relativo al colon. ♦ n. m. **2.** Dolor en el colon y, por extensión, cualquier dolor de la cavidad abdominal, o de un órgano hueco, de intensidad variable y con un principio y un final bruscos. • **Cólico hepático,** dolor agudo de las vías biliares. ‖ **Cólico nefrítico,** dolor agudo debido a la obstrucción súbita de un uréter.
COLIFLOR n. f. Variedad de col cuyos pedúnculos forman una pella blanca y compacta, que constituye una hortaliza muy apreciada.
COLIGACIÓN n. f. Acción y efecto de coligar.
COLIGAR v. tr. y pron. (lat. *colligare*) **[1b]**. Unir, aliar: *coligarse dos naciones.*
COLIGUACHO n. m. *Chile.* Especie de tábano negro con los bordes del tórax y el abdomen cubiertos de pelos anaranjados o rojizos.
COLIGÜE n. m. *Argent.* y *Chile.* Planta brasileña trepadora de hojas perennes y madera muy dura.
COLILLA n. f. Punta del cigarro que queda después de fumar el resto.
COLIMA (*estado de*), est. de México, en la planicie costera del Pacífico; 5455 km²; 428 510 hab. Cap. *Colima.*

COLIMA, c. de México, cap. del est. homónimo; 116 505 hab. Situada al borde de la sierra Madre occidental, en el valle del *río Colima.* Centro agrícola y comercial.
COLIMBA n. f. *Argent. Fam.* Servicio militar. ♦ n. m. **2.** *Argent. Fam.* Recluta, soldado mientras recibe la instrucción militar obligatoria.
COLINA n. f. (ital. *collina*). Monte pequeño que se distingue del terreno circundante.
COLINA, com. de Chile (Santiago), en el valle Central; 52 522 hab. Balneario.
COLINDANTE adj. Que colinda.
COLINDAR v. intr. **[1]**. Lindar entre sí dos o más fincas, términos municipales, etc.
COLINETA n. f. *Venez.* Dulce de almendra y huevo.
COLIRIO n. m. (lat. *collyrium*). Medicamento que se aplica en la conjuntival del ojo.
COLISIÓN n. f. (lat. *collisionem*). Acción y efecto de colisionar. **2.** FÍS. Fenómeno que consiste en una interacción más o menos violenta entre dos o más partículas que se acercan hasta una distancia del orden de su tamaño.
COLISIONAR v. tr. y pron. **[1]**. Chocar, entrar violentamente dos cosas en contacto: *colisionar dos turismos.* **2.** *Fig.* Oponerse, pugnar las ideas, principios o intereses o las personas que las representan.
COLISTA n. m. y n. f. *Irón.* Persona que espera en una cola. **2.** *Irón.* Persona que va la última en una competición colectiva.
COLITIS n. f. Inflamación del colon.
COLLADO n. m. Colina, pequeña elevación. **2.** Depresión suave por donde se puede pasar fácilmente de un lado a otro de una sierra.
COLLAGE n. m. (voz francesa). Conjunto de textos, imágenes. etc., de procedencia diversa, agrupados formando una unidad. **2.** ART. Procedimiento contemporáneo de composición plástica, musical y literaria que consiste en introducir en una obra elementos preexistentes heterogéneos, creadores de contrastes inesperados.
COLLAR n. m. (lat. *collare*). Adorno que rodea el cuello: *collar de perlas.* **2.** Insignia de algunas magistraturas, dignidades y órdenes de caballería. **3.** Aro o correa de cuero o de metal que se coloca en el pescuezo de ciertos animales domésticos. **4.** Banda de plumas que rodea el cuello de ciertas aves, cuyo color difiere del resto del cuerpo. **5.** Abrazadera o anillo metálico circular que rodea una tubería, un conducto, etc., para fijarlos en su sitio.
COLLAREJA n. f. *Colomb.* y *C. Rica.* Paloma de color azul, apreciada por su carne. **2.** *Méx.* Comadreja.
COLLARÍN n. m. Alzacuello de los eclesiásticos. **2.** Reborde que rodea el orificio de la espoleta de las bombas, para facilitar su manejo. **3.** Aparato ortopédico que rodea el cuello y que se emplea para inmovilizar las vértebras cervicales.
COLLERA n. f. Collar de cuero o lona, relleno, que se pone al cuello de las caballerías o bueyes. **2.** TAUROM. Pareja de jinetes que acosan a una res en el campo para derribarla. ♦ **colleras** n. f. pl. **3.** *Chile* y *Colomb.* Gemelos de camisa.
COLLIPULLI, com. de Chile (Araucanía); 22 661 hab. Centro agrícola y minero (cobre, oro).
COLLIVADINO (Pío), pintor argentino (Buenos Aires 1869-*id.* 1945). Realizó frescos en la catedral de Montevideo y en el teatro Solís de Buenos Aires.
COLLOR DE MELLO (Fernando), político brasileño (Río de Janeiro 1949). Presidente de la república (1990), fue suspendido de sus funciones, acusado de corrupción, y obligado a dimitir (1992).
COLMADO n. m. Establecimiento donde se sirven bebidas y comidas, principalmente mariscos: *un colmado andaluz.* **2.** Tienda de comestibles.

COLMAR v. tr. (lat. *cumulare*) [1]. Llenar un recipiente hasta que el contenido rebase los bordes: *colmar un vaso de vino*. **2.** *Fig.* Satisfacer plenamente deseos, aspiraciones, etc.: *colmar las esperanzas de alguien*. **3.** *Fig.* Dar con abundancia: *colmar de atenciones*.

COLMATAR v. tr. [1]. AGRIC. Rellenar y fertilizar artificialmente los terrenos bajos o estériles con limos depositados por ríos o mares. ♦ **colmatarse** v. pron. **2.** GEOMORFOL. Rellenarse una depresión o cuenca con los materiales arrastrados por una corriente de agua u otro agente de transporte.

COLMENA n. f. Caja de madera, corcho, etc., que sirve de habitación a un enjambre de abejas. **2.** *Méx.* Abeja.

COLMENAR n. m. Lugar donde están las colmenas o conjunto de colmenas.

COLMENILLA n. f. Seta comestible, de sombrerillo alveolado, consistente y carnoso, de pie liso y cilíndrico y color amarillento oscuro. (Clase ascomicetes.)

COLMILLO n. m. Diente agudo colocado entre el último incisivo y el primer molar. **2.** Cada uno de los incisivos prolongados en forma de cuerno que tienen los elefantes en la mandíbula superior.

COLMO n. m. Parte de una sustancia que rebasa de los bordes del recipiente que la contiene. **2.** *Fig.* Complemento o término de alguna cosa: *para colmo de ventura*. • **Ser el colmo**, rebasar la medida, ser sorprendente, intolerable, etc.

COLOCACIÓN n. f. Acción y efecto de colocar. **2.** Situación, disposición de una cosa. **3.** Empleo o destino: *buscar una colocación*. **4.** DEP. Posición que en la cancha debe adoptar un jugador, de acuerdo con la táctica que emplea su equipo o su compañero.

COLOCAR v. tr. y pron. (lat. *collocare*) [1a]. Poner, instalar, situar a una persona o cosa en su debido lugar o en un lugar determinado: *colocar los libros en un estante*. **2.** Proporcionar un empleo o condición determinada de vida: *colocarse en una fábrica*. **3.** Invertir un capital. **4.** Vender una mercancía o hallarle remedio. ♦ **colocarse** v. pron. **5.** *Fam.* Ponerse bebido o drogado; estar bajo los efectos de la bebida o la droga.

COLOCHO, A adj. y n. *Salv.* Dícese de la persona que tiene el cabello rizado. ♦ n. m. **2.** *Amér. Central.* Viruta o doladura de madera. **3.** *Amér. Central.* Rizo, tirabuzón. **4.** *Salv.* Servicio, favor.

COLOCOLO, caudillo araucano († batalla de Quipeo 1560). Se opuso a la conquista española y, junto con Caupolicán, logró la victoria de Tucapel.

COLODIÓN n. m. Solución de nitrocelulosa en una mezcla de alcohol y éter, que se utiliza en fotografía, farmacia, etc.

COLOFÓN n. m. (gr. *kolophōn*, remate). Texto o anotación al final de los libros. **2.** *Fig.* Término, remate, fin.

COLOGARITMO n. m. MAT. Logaritmo del inverso del número real considerado.

COLOIDAL adj. Relativo a los coloides.

COLOIDE adj. y n. m. Dícese del sistema físico-químico en el cual partículas de una sustancia se encuentran suspendidas en un líquido sin formar disolución, gracias a una clase de equilibrio dinámico llamado estado coloidal.

COLOMBA, mun. de Guatemala (Quezaltenango); 29 723 hab. Café y caña de azúcar. Ganadería.

COLOMBIA, estado de América del Sur; 1 138 914 km²; 33 613 000 hab. (*Colombianos.*) CAP. *Santa Fe de Bogotá.* LENGUA OFICIAL: *español.* MONEDA: *peso colombiano.*

GEOGRAFÍA

Situada en el N de la región andina, con fachadas al Pacífico y al Caribe, la compleja morfología del territorio da lugar a una gran diversidad regional. Los Andes forman tres grandes ramales paralelos, orientados en dirección N-S: cordillera Occidental, hacia el Pacífico; cordillera Central (nevado del Huila, 5750 m), flanqueada por los valles de los ríos Cauca y Magdalena, y cordillera Oriental, entre el valle del Magdalena y Los Llanos, donde se encuentra el altiplano o sabana de Bogotá. En la región del Caribe se encuentra la sierra Nevada de Santa Marta (5775 m en el pico de Cristóbal Colón), aislada del sistema andino. Los Llanos orientales comprenden amplias sabanas que forman parte de la cuenca del Orinoco (con sus afl. Arauca y Meta) y del Amazonas (recorrido por el Guainía, el Vaupés, el Caquetá y el Putumayo). La población se caracteriza por su alto ritmo de crecimiento y por su juventud (el 67 % del total tiene menos de 30 años). Destaca asimismo el rápido aumento de la población urbana: Bogotá, Medellín, Cali y Barranquilla albergan casi la tercera parte de la población del país, mientras algunas zonas de la Orinoquia y la Amazonia presentan densidades menores a 1 hab./km². El sector agropecuario constituye aún la base de la economía: café (principal rubro de exportación), arroz, caña de azúcar, papa, yuca, plátano; también es importante la floricultura. La ganadería vacuna se asienta en Los Llanos y el valle del Magdalena. La pesca se ha potenciado a partir de los años sesenta, por sus recursos, tanto fluviales como marítimos, están subexplotados. Entre los productos mineros revisten especial importancia los energéticos: carbón (con reservas estimadas en un 40 % de las de América Latina); petróleo (30 % del valor de las exportaciones) y gas natural. Asimismo cabe destacar la producción de esmeraldas (primer productor mundial), metales preciosos (oro, plata y platino), hierro, níquel y uranio. La industria genera en la actualidad una quinta parte del P.I.B. y abarca ramas tradicionales (textil, alimentaria), junto a otras como la metalmecánica, química (abonos), etc. El abandono en los años ochenta de los sistemas de protección y estímulo a la producción industrial, y la orientación de los recursos hacia los sectores de exportación y de estructura financiera, provocó un rápido crecimiento del sector terciario y una disminución relativa de la aportación industrial al P.I.B. El sector financiero pasó a controlar directamente el funcionamiento de las empresas, el abandonaron sectores productivos de menor rentabilidad y (desde el punto de vista de la creación de infraestructuras) áreas geográficas económicamente marginales. También el flujo de dinero negro procedente del narcotráfico impactó en la economía colombiana. Colombia, integrada en el grupo Andino, firmó con Venezuela y México (1994) un acuerdo de creación de un mercado común de libre comercio (Grupo de los Tres, G-3). En los años noventa se abrió el mercado nacional con facilidades a las inversiones extranjeras. El comercio exterior muestra una fuerte dependencia de la exportación de recursos naturales (en especial del café, por también de los hidrocarburos) y de la importación de materias primas destinadas a la industria y de bienes manufacturados para el consumo. E.U.A. es el receptor del 40 % de las exportaciones y el suministrador del 36 % de las importaciones.

HISTORIA

El poblamiento precolombino. Hacia 1500 el actual territorio colombiano albergaba una numerosa población indígena, diversificada, que alcanzaba sus niveles mayores de desarrollo en los cacicazgos de los chibchas o muiscas, en las tierras altas de la cordillera oriental andina, los quechua, los tairona, en la costa del nordeste caribeño, los cenúes en las sabanas del norte, los araucos, los guajiros y los quimbayá, en el curso medio del Cauca.
Conquista y colonización. 1501: se inició el descubrimiento de las exploraciones de Rodrigo de Bastidas. 1525-1534: las fundaciones de Santa Marta y Cartagena de Indias emprendieron la conquista de la faja caribeña; las fundaciones de Popayán y Cali (1536) y de Santa Fe de Bogotá (1538) completaron la conquista del interior. El territorio conquistado se organizó como Nueva Granada o Nuevo Reino de Granada, con centro en Santa Fe, donde se instituyó la real audiencia (1549); la explotación del oro en las sierras, la ganadería en los valles bajos y el tabaco, el algodón y la caña de azúcar en las tierras medias caracterizó la economía de la colonia, que incluyó también la fabricación manufacturera en la región oriental. 1717: constitución del virreinato de Nueva Granada, que incluía el territorio colombiano, Panamá, Venezuela y el reino de Quito, suprimido en 1723, fue definitivamente reinstaurado en 1729, con capital en Santa Fe. 1780-1781: insurrección de los Comuneros de Nueva Granada, antecedente del movimiento de emancipación.
La independencia. 1808-1810: la ocupación francesa de España promovió los primeros intentos de autogobierno, que culminaron en la rebelión de Quito y el pronunciamiento de Camilo Torres en Santa Fe (1809), que propagó la insurrección. 1810: destitución del virrey por la junta suprema de Nueva Granada. 1811-1815: la constitución de la república de Cundinamarca supuso el primer estado independiente, inmediatamente en crisis por el enfrentamiento entre aquélla y el resto de las provincias colombianas, agrupadas en la Federación. 1814: Bolívar, nombrado capitán general de la Federación, sometió Cundinamarca, pero se enfrentó a la disidencia de Cartagena de Indias. 1815-1818: reconquista del territorio colombiano por el realista Morillo. 1818: la victoria de Santander en Casanare abrió la nueva ofensiva emancipadora, que culminó con la victoria de Bolívar en Boyacá (7 ag. 1819).
La república de la Gran Colombia. 1819: Bolívar proclamó la conversión del antiguo virreinato en República de la Gran Colombia. 1821: el congreso de Cúcuta promulgó una constitución unitaria, que dividió la república en tres departamentos, Colombia, Ecuador y Venezuela. 1821-1826: Santander asumió el gobierno efectivo tras la marcha de Bolívar hacia Ecuador, e impulsó una política liberal rechazada por Bolívar, que proclamó la dictadura (1828). 1830-1839: las sesiones de Venezuela y Ecuador determinaron el fin de la República de la Gran Colombia y la configuración fundamental de los límites de la actual Colombia.
Del liberalismo a la rebelión democrática. 1831: la convención de Bogotá proclamó la República de Nueva Granada y abrió una primera fase de hegemonía liberal con las presidencias de López Obando (1831-1832) y Santander (1832-1837). 1837-1849: primera reacción antiliberal durante las presidencias de Márquez, Herrán y Mosquera, con la promulgación de la constitución centralista de 1834, y la organización del partido conservador por Mariano Ospina Rodríguez. 1848: la ley de libre cambio aproximó las «sociedades democráticas», promovidas por los artesanos, partidarios del proteccionismo, a la oposición liberal. 1849-1854: el liberalismo regresó al poder con López, apoyado por los artesanos, la presión del movimiento democrático dividió al liberalismo entre «gólgotas», moderados, y «draconianos», radicales. 1853: Obando regresó a la

COL

presidencia con el apoyo «draconiano». Ante la reacción unida de conservadores y «gólgotas», el general Melo y las sociedades democráticas iniciaron una rebelión, vencida por los ejércitos de Mosquera y López (1854).
La reforma liberal. 1855-1861: la derrota del partido democrático abrió paso a un nuevo período conservador, marcado por la fragmentación del poder, que se expresó en la constitución de la Confederación Granadina (1858). 1860-1861: Mosquera se sublevó, derrotó a los conservadores y asumió la jefatura del Partido liberal. 1861-1867: Mosquera impulsó la reforma liberal, definitivamente trasladada al ámbito económico, a la desamortización y al tradicional anticlericalismo; la convención de Rionegro (1861) refrendó el sistema confederal del estado, que pasó a denominarse Estados Unidos de Colombia. 1872-1882: la hegemonía liberal, apoyada en la expansión de la economía exportadora, se resintió por la fragilidad de ésta y la debilidad del estado. El presidente Núñez (1882-1884), apoyado por los conservadores y un sector disidente del liberalismo, propugnó una regeneración.
La república aristocrática. 1884-1886: Núñez, reelegido, impulsó la reforma constitucional, que estableció un estado unitario, con un poder ejecutivo fuerte, y restableció las relaciones con la Iglesia, que fue indemnizada por la desamortización. 1893-1900: la alianza «nacional-conservadora» propiciada por Núñez derivó hacia una dictadura de hecho, que desembocó en una cruenta guerra civil entre liberales y conservadores, la guerra de los Mil días (1899-1903). Estados Unidos aprovechó las disidencias internas colombianas para promover la secesión de Panamá (1903). 1904-1909: la dictadura del general Reyes significó el fin del régimen de la «regeneración». 1909-1930: una coalición de elementos liberales y conservadores integrados en la Unión republicana depuso a Reyes y abrió una nueva etapa, significada por la reducción de los poderes presidenciales en beneficio del parlamento y la expansión de la economía cafetalera, que proporcionó una base más sólida al modelo exportador colombiano.
Del populismo a la reacción conservadora. 1934-1945: la primera presidencia del liberal López Pumarejo (1934-1938) impulsó un programa populista y de fomento del mercado interno apoyado por los sindicatos; en su segundo mandato (1942-1945) la política populista entró en crisis y el liberalismo se dividió, emergió una izquierda liderada por Jorge Eliecer Gaitán. 1946: la división liberal propició el retorno de los conservadores al poder con Ospina Pérez (1946-1950). 1948: el asesinato de Gaitán motivó una revuelta popular, el *bogotazo*, reprimida por el ejército. 1949: el partido comunista inició la insurrección guerrillera. 1953: el general Rojas Pinilla derrocó al conservador Laureano Gómez e instauró una dictadura militar de corte populista, pero no pudo acabar con la guerrilla.
De la república oligárquica a la nueva constitución. 1958-1970: el pacto de «frente nacional» entre conservadores y liberales acabó con la dictadura militar, sustituida por una alternancia preestablecida de ambos partidos en el poder. 1970-1982: el fin del pacto mantuvo, con todo, la hegemonía de ambos grupos tradicionales; la guerrilla se recrudeció con la aparición de nuevos grupos de orientación castrista, maoísta o nacionalista, como el M-19. 1982-1986: Belisario Betancur, conservador, impulsó la pacificación. 1985: el asalto del M-19 al palacio de Justicia (1985) interrumpió temporal-

mente las negociaciones con los grupos guerrilleros, que fueron reanudadas por Virgilio Barco (1986-1990), durante cuyo período se agravó un nuevo frente de violencia: el del narcotráfico. 1990-1994: el liberal César Gaviria cerró el acuerdo final con la mayor parte de la guerrilla, mantuvo la lucha con el narcotráfico y convocó una Asamblea constituyente, que redactó una nueva constitución, aprobada por referéndum (1991). 1994: el liberal Ernesto Samper, elegido presidente. 1998: Andrés Pastrana, conservador, asumió la presidencia y inició negociaciones con la guerrilla. 2000: Por primera vez en 40 años, la guerrilla y el gobierno acordaron un cese al fuego y de hostilidades. 2001: Se reinició el diálogo entre el gobierno y las FARC. 2002: Rompimiento del diálogo. Elecciones legislativas con victoria para la oposición. Renuncia del candidato presidencial, Juan Carrillo Restrepo. El liberal Álvaro Uribe elegido presidente.
COLOMBIANISMO n. m. Vocablo, giro o modo de hablar propio de los colombianos.
COLOMBIANO, A adj. y n. m. De Colombia. ♦ n. m. **2.** Modalidad adoptada por el español en Colombia.
COLOMBINO, A adj. Perteneciente a Cristóbal Colón o a su familia.
COLOMBO, en cingalés, **Kolamba**, c., cap. y puerto de Sri Lanka, en la costa SO de la isla; 623 000 hab. (Más de 1 millón de hab. en la aglomeración.)
COLOMBOFILIA n. f. Cría de palomas mensajeras.
COLON n. m. (gr. *kôlon*). Parte del intestino grueso que empieza en el ciego y termina en el recto.
COLÓN, pico de Colombia, en la sierra Nevada de Santa Marta; 5780 m de alt.
COLÓN (*archipiélago de*) → *Galápagos* (islas).
COLÓN (*departamento de*), dep. de Honduras, a orillas del Caribe; 8875 km²; 149 677 hab. Cap. *Trujillo*.
COLÓN (*provincia de*), prov. de Panamá, a orillas del Caribe; 4961 km²; 163 100 hab. Cap. *Colón*.
COLÓN, c. de Panamá, cap. de la prov. homónima, en la costa del Caribe, junto a la entrada del canal de Panamá; 140 908 hab.
COLÓN, dep. de Argentina (Córdoba), en la aglomeración urbana de Córdoba; 125 420 hab. Cab. *Jesús María*. – Dep. de Argentina (Entre Ríos), a orillas del Uruguay; 55 250 hab. Unido por un puente a Paysandú (Uruguay). – Partido de Argentina (Buenos Aires); 21 229 hab. Central eléctrica.
COLÓN (*familia*), familia entre cuyos miembros destacan Cristóbal Colón. – **Bartolomé**, cartógrafo y navegante genovés (Génova *c.* 1461-Santo Domingo 1514), hermano de Cristóbal, fue primer adelantado de las Indias (1495), fundó Santo Domingo (1496). – Su hermano menor **Diego** (Génova *c.* 1465-Sevilla 1515), fue gobernador de La Española (1494) y de La Isabela. – **Diego** (Lisboa o Porto Santo *c.* 1478-Puebla de Montalbán 1526), hijo de Cristóbal y de Felipa Moniz, fue gobernador de Indias (1508).
COLÓN (Cristóbal), navegante genovés al servicio de Castilla (¿Génova 1451?-Valladolid 1506). Recogiendo las ideas de Toscanelli sobre la esfericidad de la Tierra, elaboró un proyecto de alcanzar el oriente navegando hacia occidente. Rechazado por Juan II de Portugal, lo ofreció a los Reyes Católicos (1487), que no lo aceptaron hasta 1492. En las Capitulaciones de Santa Fe (1492) Colón obtuvo los títulos de virrey y almirante y la décima parte de las riquezas que obtuviera. La expedición, organizada con la ayuda de los hermanos Pinzón, partió de Palos de Moguer el 3 de agosto de 1492, con tres naves, la Pinta, la Niña y la Santa

María, y el 6 de septiembre hizo escala en Canarias. El 12 de octubre desembarcó en Guanahaní, que bautizó como San Salvador, y más tarde en La Española. En su segundo viaje (1493-1496) llegó a las Pequeñas Antillas, Puerto Rico y Jamaica y fundó La Isabela, en La Española. En el tercero (1498-1500) descubrió la costa continental en la desembocadura del Orinoco y las islas de Trinidad y Cuba-gua, antes de ser repatriado a España por los enfrentamientos originados por su actuación como virrey. En un cuarto viaje (1502), descubrió la costa entre Honduras y Panamá. Murió con la convicción de que esas tierras correspondían a Asia.
COLONATO n. m. Sistema de explotación de las tierras por medio de colonos.
COLONIA n. f. (lat. *coloniam*). Territorio ocupado y administrado por una potencia extranjera de la que depende en los planos político, económico, cultural, etc. **2.** Conjunto de extranjeros oriundos de un mismo país que viven en la misma ciudad o en la misma región: *la colonia española de París*. **3.** Conjunto de personas que pasan temporadas en un lugar que no es el suyo habitual de residencia, con fines recreativos, de veraneo, etc.: *la colonia veraniega*. **4.** Grupo de animales que viven en colectividad: *colonia de abejas*. **5.** *Méx.* Barrio urbano, cada una de las zonas en que se dividen las ciudades. **6.** *Méx.* Coloniaje. **7.** HIST. Población que se expatriaba e iba a vivir a otro país.
COLONIA n. f. Agua de colonia.
COLONIA o **LA COLONIA** (*departamento de*), dep. de Uruguay, al SO del país; 6106 km²; 112 348 hab. Cap. *Colonia del Sacramento*.
COLONIA, en alem. **Köln**, c. de Alemania (Renania del Norte-Westfalia), a orillas del Rin; 946 280 hab. Centro administrativo, cultural, financiero, comercial e industrial. Iglesias restauradas, de las épocas otónica y románica. Grandiosa catedral gótica (1248-s. XIX). Museos.
COLONIA DEL SACRAMENTO, c. de Uruguay, cap. del dep. de Colonia, en el Río de la Plata; 19 077 hab. Activo puerto y aeropuerto.
COLONIA INDEPENDENCIA, distr. de Paraguay (Guairá); 31 145 hab. Mercado agrícola. Madera.
COLONIAJE n. m. *Amér.* Nombre dado al período colonial español de la historia de América.
COLONIAL adj. Relativo a las colonias. ♦ **Arte colonial**, cualquiera de las modalidades artísticas surgidas en los territorios colonizados por las potencias europeas. (El arte colonial de la América española se denomina también arte *hispanocolonial* o *hispanoamericano*.) ♦ adj. y n. m. **2.** Dícese de los productos alimenticios que eran traídos de las colonias.
COLONIALISMO n. m. Doctrina que tiende a legitimar la dominación política y económica de un territorio o de una nación por el gobierno de un estado extranjero.
COLONIALISTA adj. y n. m. y f. Relativo al colonialismo; partidario de esta doctrina.
COLONIAS (Las), dep. de Argentina (Santa Fe); 86 025 hab. Industrias del papel y de la madera.
COLONIZACIÓN n. f. Acción de colonizar. **2.** Estado de hecho, resultante de esta acción.
COLONIZADOR, RA adj. y n. Que coloniza o explota una colonia.
COLONIZAR v. tr. [**1g**]. Establecer colonia o colonias en un territorio o transformar un país en colonia. **2.** Poblar de colonos una región.
COLONO n. m. (lat. *colonum*). Habitante inmigrado o descendiente de inmigrantes de una colonia. **2.** DER. Labrador arrendatario de tierras.
COLOQUIAL adj. Relativo al coloquio. **2.** Dícese del lenguaje usado corriente-

mente en la conversación: *estilo coloquial.*
COLOQUIO n. m. (lat. *colloquium*). Conversación o plática entre dos o más personas. **2.** Discusión organizada para tratar un tema determinado, que se desarrolla bajo el cuidado de un moderador.
COLOR n. m. (lat. *colorem*). Impresión que produce en el ojo la luz emitida por los focos luminosos o difundida por los cuerpos. **2.** Sustancia preparada para pintar o para dar a las cosas un tinte determinado. **3.** *Fig.* Carácter peculiar o aparente de una cosa: *la situación presenta colores sombríos.* **4.** Animación, viveza: *una descripción llena de color.* **5.** Señal distintiva que adopta un país, una entidad, un equipo, etc.: *defender los colores nacionales.* **6.** *Fig.* Ideología o partido al que alguien pertenece. **7.** Timbre de la voz. • **De color,** dícese de las personas mulatas o de raza negra. ‖ **De color de rosa,** agradable, halagüeño. ‖ **Tomar color,** adquirir una cosa el color que corresponde a una transformación que se está operando en ella.
COLORACIÓN n. f. Acción de colorear. **2.** Estado de un cuerpo coloreado: *la coloración de la piel.*
COLORADO SPRINGS, c. de Estados Unidos (Colorado); 281 140 hab. Centro turístico. Academia y base del ejército del aire norteamericano.
COLORADO, A adj. Que tiene color. **2.** Que tiene color más o menos rojo. • **Poner colorado,** avergonzar. ♦ n. m. **3.** Color rojo.
COLORADO, pueblo amerindio de Ecuador (Santo Domingo de los Colorados), del grupo talamanca-barbacoa de la familia lingüística chibcha.
COLORADO, r. de Argentina, que desemboca en el Atlántico, al S de Bahía Blanca; 860 km.
COLORADO *(río),* r. de América del Norte, que nace en las Rocosas (E.U.A.), atraviesa las áridas *mesetas del Colorado,* y desemboca en el golfo de California (México); 2250 km. Una parte de su curso está encajado entre profundos cañones *(Gran Cañón del Colorado,* parque nacional). — R. de Estados Unidos (Texas), que desemboca en el golfo de México; 1560 km.
COLORADO, estado de Estados Unidos, en las Rocosas; 270 000 km²; 3 294 394 hab. Cap. *Denver.*
COLORADOS *(cerro),* pico andino, en la frontera entre Argentina (Catamarca) y Chile; 6049 m.
COLORANTE adj. y n. m. Que colorea. ♦ n. m. **2.** Sustancia coloreada natural o sintética que se utiliza para dar a una materia una coloración duradera. **3.** Sustancia empleada en la coloración de ciertos alimentos.
COLOREADO n. m. Transformación, por procedimientos electrónicos, de imágenes en blanco y negro de una película, especialmente antigua, en imágenes en color.
COLOREAR v. tr. [1]. Dar o adquirir color, o teñir de color. **2.** *Fig.* Justificar o cohonestar una acción poco justa. **3.** Transformar (una película) por coloreado. ♦ v. intr. **4.** Mostrar algo un color colorado que en sí tiene. **5.** Tomar algunos frutos el color encarnado de su madurez. ♦ v. intr. **6.** Tirar a colorado. ♦ **colorearse** v. pron. **7.** Ponerse colorado, ruborizarse.
COLORETE n. m. Cosmético de color encarnado que suele aplicarse en las mejillas.
COLORIDO n. m. Disposición y grado de intensidad de los diversos colores de algo. **2.** *Fig.* Color, animación.
COLORIMETRÍA n. f. Ciencia que permite definir y catalogar los colores.
COLORÍN, NA adj. *Chile.* Dícese de la persona de pelo rojizo. ♦ n. m. **2.** Color vivo y llamativo. (Suele usarse en plural.) **3.** Jilguero. **4.** *Méx.* Planta arbórea de ramas espinosas y madera blanca, cuyas flores, de color rojo y agrupadas en racimos, son comestibles. **5.** *Méx.* Fruto de esta planta.
COLORINCHE adj. *Amér. Fam.* Dícese de una mala combinación de colores con resultado chillón.
COLORISMO n. m. Tendencia artística que se caracteriza por la exageración del colorido.
COLORISTA adj. y n. m. y f. Dícese del pintor que se expresa sobre todo mediante el color. **2.** Dícese del escritor que emplea imágenes y descripciones muy expresivas.
COLOSAL adj. De estatura o proporciones mayores que las naturales: *una estatua colosal.* **2.** *Fig.* Excelente, extraordinario: *un discurso colosal.*
COLOSO n. m. (lat. *colossum*). Estatua que excede mucho del tamaño natural: *el coloso de Rodas.* **2.** *Fig.* Persona o cosa sobresaliente.
CÓLQUIDA, ant. región del Asia Menor, en la costa oriental del Ponto Euxino (mar Negro).
COLUMBARIO n. m. (lat. *columbarium*). Conjunto de nichos en que se conservaban las cenizas de los cadáveres incinerados.
COLUMBIA, ant. **Oregón,** r. de América del Norte, que nace en las Rocosas canadienses, que corta la *meseta de Columbia* y desemboca en el Pacífico, pasado Portland; 1930 km.
COLUMBIA *(distrito de),* distrito federal de Estados Unidos, entre Maryland y Virginia; 175 km²; 606 900 hab. Cap. *Washington.*
COLUMBIA BRITÁNICA, en ingl. **British Columbia,** prov. del O de Canadá, junto al Pacífico; 950 000 km²; 3 282 061 hab. Cap. *Victoria.* Explotación maderera y minería. Instalaciones hidroeléctricas para el desarrollo industrial.
COLUMBICULTURA n. f. Parte de la avicultura que se ocupa de la cría y mejora de la paloma y especies afines.
COLUMBINO, A adj. Relativo a la paloma, o parecido a ella. ♦ n. m. **2.** Color amoratado de algunos granates.
COLUMBIO n. m. Niobio.
COLUMBRAR v. tr. [1]. Atisbar, vislumbrar.
COLUMBUS, c. de Estados Unidos, cap. de Ohio; 632 910 hab. (1 377 419 en la aglomeración). — C. de Estados Unidos (Georgia); 178 681 hab. Galería de bellas artes.
COLUMELA n. f. Órgano animal o vegetal en forma de columna, en particular eje de la concha en espiral de los moluscos gasterópodos. **2.** ANAT. Eje cónico del caracol o cóclea del oído interno.
COLUMNA n. f. (lat. *columnam*). Soporte vertical constituido por un fuste de sección circular y, generalmente, una base y un capitel. **2.** Monumento conmemorativo de forma cilíndrica y alargada. **3.** Serie o pila de cosas colocadas ordenadamente unas sobre otras. **4.** *Fig.* Persona o cosa que sirve de amparo, apoyo o protección. **5.** Parte de una página dividida verticalmente: *las columnas de un periódico; una columna de números.* **6.** Espacio fijo reservado a un periodista o a la colaboración de un columnista. **7.** FÍS. Masa de fluido que tiene la forma de un cilindro de eje vertical: *columna de humo, de agua.* **8.** MAT. En un determinante o una matriz, conjunto de elementos dispuestos perpendicularmente a una fila. **9.** MIL. Porción de tropa dispuesta en formación de poco frente y mucho fondo: *columna de a dos, de a tres.* **10.** MIL. Parte de un ejército en campaña. • **Columna vertebral,** tronco óseo que se extiende desde la base del cráneo al nacimiento de las piernas, en los animales vertebrados. (En el hombre, está constituida por la superposición de treinta y tres vértebras y presenta cuatro zonas de curvatura.) SIN.: *raquis.*
COLUMNAS DE HÉRCULES, nombre dado en la antigüedad al monte Calpe (Gibraltar, Europa) y al promontorio de Abila (África), situados a ambos lados del estrecho de Gibraltar.
COLUMNATA n. f. Serie de columnas que adornan un edificio o que forman parte de su sustentación.
COLUMNISTA n. m. y f. Periodista o colaborador de un periódico en el que se le reserva un espacio fijo, que normalmente le ocupa una columna o parte de ella.
COLUMPIAR v. tr. y pron. (gr. *kolymbaô, zambullirse*) [1]. Mecer en un columpio o imprimir un movimiento semejante. ♦ **columpiarse** v. pron. **2.** *Fig.* y *fam.* Mover el cuerpo de un lado a otro al andar.
COLUMPIO n. m. Asiento o tabla que se suspende de unas cuerdas o cadenas, para mecerse. **2.** *Chile.* Mecedora, balancín.
COLUSIÓN n. f. Acuerdo secreto para engañar o causar perjuicio.
COLVIN (Marta), escultora chilena (Chillán 1917). Su interés por los mitos y monumentos de las civilizaciones andinas precolombinas se refleja en su obra de tendencia abstracta.
COLZA n. f. Planta forrajera de flores amarillas, cultivada por sus semillas que proporcionan hasta un 45 % de aceite. (Familia crucíferas.)
COMA n. f. (lat. *commam*). Signo ortográfico de puntuación que se pone a la derecha y hacia la parte inferior de las palabras para separar las partes de una frase e indicar una ligera pausa. **2.** Sistema de representación de un número fraccionario en la memoria de un ordenador. **3.** Signo aritmético que se utiliza en la escritura de números decimales para separar su parte entera de la decimal. SIN.: *coma decimal.* **4.** Microintervalo que representa la quinta parte de un tono.
COMA n. m. (gr. *kôma,* sueño profundo). Estado caracterizado por la falta de motricidad voluntaria y de la sensibilidad, acompañada de pérdida más o menos profunda de las funciones vegetativas.
COMADRE n. f. (at. *commatrem*). Madrina de una criatura, respecto de la madre, el padre o el padrino de ésta. **2.** *Fam.* Vecina y amiga con quien una mujer tiene más trato que con las demás. **3.** *Fam.* Mujer chismosa.
COMADREAR v. intr. [1]. *Fam.* Chismorrear, murmurar.
COMADREJA n. f. Pequeño mamífero carnívoro de pelaje leonado en el dorso y blanco en el vientre, que mide unos 17 cm de long. (Familia mustélidos.)
COMADRERÍA n. f. *Fam.* Conjunto de chismes, habladurías.
COMADRÓN, NA n. Auxiliar médico cuya función está limitada a los partos y a la vigilancia de las embarazadas, pero que puede dispensar el conjunto de cuidados médicos prescritos o aconsejados por un médico.
COMAL n. m. *Amér. Central* y *Méx.* Disco bajo y delgado de barro sin vidriar o de metal para cocer tortillas de maíz, tostar café o cacao o para asar cualquier tipo de alimentos.
COMANCHE adj. y n. m. y f. Relativo a un pueblo amerindio de América del Norte (Oklahoma, Colorado, Wyoming, Kansas), del grupo shoshon, familia lingüística uto-azteca, act. en reservas en Wyoming; individuo de este pueblo.
COMANDANCIA n. f. Empleo de comandante. **2.** Territorio sujeto militarmente a él. **3.** Oficina donde despacha. • **Comandancia de marina,** subdivisión de un departamento marítimo.

COMANDANTE n. m. Oficial de los ejércitos de tierra y aire, de grado intermedio entre el de capitán y el de teniente coronel. **2.** Militar que ejerce el mando de un puesto, fuerte o plaza. **3.** Oficial o jefe del cuerpo general de la armada que tiene el mando de un buque de guerra o mercante, de un centro de la marina de guerra, de un arsenal, etc. **4.** Piloto que tiene el mando de una aeronave.

COMANDANTE FERNÁNDEZ, dep. de Argentina (Chaco); 77 592 hab. Cap. *Presidencia Roque Sáenz Peña*.

COMANDAR v. tr. [1]. Mandar un ejército, una flota, etc.

COMANDITA n. f. (ital. *accomandita*, depósito). **Sociedad en comandita**, sociedad comercial en la que una parte de los asociados aportan capital sin tomar parte en la gestión del negocio.

COMANDITARIO, A adj. Relativo a la sociedad en comandita.

COMANDO n. m. Formación militar de pocos efectivos, encargada de misiones especiales y que actúa aisladamente. **2.** Cada uno de los hombres que la integran. **3.** Grupo reducido que efectúa acciones aisladas de tipo guerrillero.

COMARCA n. f. Territorio con una clara unidad geográfica y unos límites bastante precisos, que comprende un buen número de aldeas y lugares y, en general, con una extensión más circunscrita y reducida que una región.

COMAYAGUA (*departamento de*), dep. de Honduras, en el centro-oeste del país; 5196 km²; 238 790 hab. Cap. *Comayagua* (37 226 hab.).

COMBA n. f. Inflexión que toman algunos cuerpos sólidos cuando se encorvan. **2.** Juego de niños que consiste en saltar por encima de una cuerda que se hace pasar por debajo de los pies y sobre la cabeza del que salta. **3.** Esta misma cuerda.

COMBADURA n. f. Acción y efecto de combar.

COMBAR v. tr. y pron. [1]. Encorvar, torcer.

COMBATE n. m. Lucha entablada para atacar o defenderse; lucha contra obstáculos de todas clases. **2.** MIL. Enfrentamiento limitado en el espacio y en el tiempo de formaciones aéreas, terrestres o navales adversarias. • **Fuera de combate**, vencido, imposibilitado para continuar la lucha.

COMBATIENTE adj. Que combate. ♦ n. m. **2.** Hombre o soldado que toma parte directa en un combate, una guerra o una riña.

COMBATIR v. intr. y pron. [3]. Mantener un combate. ♦ v. tr. **2.** Acometer, embestir. **3.** *Fig.* Oponerse, tratar de destruir: *combatir la corrupción*. ♦ v. tr., intr. y pron. **4.** Agitar el ánimo los afectos o pasiones.

COMBATIVIDAD n. f. Calidad o condición de combativo.

COMBATIVO, A adj. Inclinado o dispuesto al combate, a la contienda o a la polémica.

COMBINACIÓN n. f. Acción y efecto de combinar. **2.** Plan, artimaña. **3.** Cóctel, combinado. **4.** Prenda de vestir femenina de una sola pieza que se lleva debajo del vestido. **5.** Dispositivo mecánico interno de una caja fuerte que permite su apertura. **6.** Clave que da la posición de dicho dispositivo para que se abra la cerradura. **7.** Enlace entre diversos medios de transporte público. **8.** QUÍM. Unión de varios cuerpos simples para formar un compuesto homogéneo, distinto de los componentes.

COMBINADA n. f. DEP. Prueba que reúne varias especialidades de un deporte.

COMBINADO, A adj. MIL. Que afecta a las fuerzas de diferentes países que integran una coalición: *operación combinada; mando combinado*. ♦ n. m. **2.** Conjunto, mezcla de elementos diversos. **3.** Cóctel, mezcla de licores.

COMBINAR v. tr. [1]. Unir cosas diversas de manera que formen un compuesto o agregado: *combinar unas letras*. **2.** *Fig.* Concertar, disponer varios elementos en orden a la consecución de un fin: *combinar un plan de actuación*. ♦ v. tr. y pron. **3.** QUÍM. Producir una combinación: *combinar el hidrógeno y el oxígeno*.

COMBINATORIA n. f. MAT. Conjunto de las relaciones distribucionales de los elementos de un conjunto. **2.** MAT. Análisis de estas relaciones.

COMBINATORIO, A adj. Dícese del arte de combinar.

COMBO, A adj. Que está combado: *tener la frente comba*. ♦ n. m. **2.** Asiento sobre el cual se colocan los toneles y las cubas. **3.** *Amér*. Mazo, almádana. **4.** *Chile* y *Perú*. Puñetazo.

COMBUSTIBILIDAD n. f. Calidad de combustible.

COMBUSTIBLE adj. y n. m. Que puede arder, o arde con facilidad: *el hidrógeno es combustible*. ♦ n. m. **2.** Material cuya combustión produce energía calorífica. **3.** Material capaz de desprender energía por fisión o fusión nucleares.

COMBUSTIÓN n. f. (lat. *combustionem*). Acción y efecto de arder o quemar.

COMECHINGÓN, pueblo amerindio que vivía en las sierras de Córdoba (Argentina).

COMECOME n. m. *Amér. Merid.* Comezón, desazón interior.

COMEDERO n. m. Recipiente donde se echa la comida a algunos animales.

COMEDIA n. f. (lat. *comoediam*). Obra dramática. **2.** Obra teatral o cinematográfica de tema ligero y desenlace feliz. **3.** Género teatral o cinematográfico formado por dicha clase de obras. • **Comedia musical**, la que incluye escenas cantadas y bailadas.

COMEDIANTE, A n. Actor, el que representa en el teatro. **2.** *Fig.* y *fam.* Persona que aparenta lo que no siente: *ser un comediante de primera*.

COMEDIDO, A adj. Cortés, prudente, moderado.

COMEDIMIENTO n. m. Cortesía, moderación, urbanidad.

COMEDIÓGRAFO, A n. Escritor de comedias.

COMEDIRSE v. pron. [30]. Moderarse, contenerse. **2.** *Amér.* Acomedirse, prestarse espontáneamente para hacer algo.

COMEDOR, RA adj. y n. Comilón. ♦ n. m. **2.** Habitación destinada en las casas para comer. **3.** Conjunto de los muebles de dicha habitación.

COMENDADOR n. m. Caballero que tiene encomienda en alguna de las órdenes militares o de caballeros.

COMENDATARIO, A adj. y n. Dícese del eclesiástico secular que goza de un beneficio regular en encomienda.

COMENSAL n. m. y f. Cada una de las personas que comen en una misma mesa. ♦ adj. y n. m. **2.** BIOL. Dícese de ciertas especies animales que viven asociadas a otras, aprovechándose de los restos de sus comidas, pero sin perjudicarlas.

COMENSALISMO n. m. BIOL. Género de vida característico de las especies comensales.

COMENTADOR, RA n. Persona que comenta.

COMENTAR v. tr. (lat. *commentari*) [1]. Realizar o hacer comentarios.

COMENTARIO n. m. (lat. *commentarium*). Observación hablada o escrita para explicar, ilustrar o criticar el sentido de un discurso, etc. • **Comentario de texto**, valoración, análisis o estudio en el que se interpreta tanto el fondo como la forma de un texto. ♦ **comentarios** n. m. pl. **2.** Título que se da a algunas historias escritas en estilo conciso. **3.** *Fam.* Conversación, especialmente cuando sirve de ocasión para murmuraciones.

COMENTARISTA n. m. y f. Persona que escribe comentarios y en general que comenta.

COMENZAR v. tr. [1e]. Empezar, dar principio a una cosa: *comenzar la sesión*. ♦ v. intr. **2.** Empezar, tener una cosa principio.

COMER v. intr. (lat. *comedere*) [2]. Masticar el alimento en la boca y pasarlo al estómago: *no comas tan deprisa*. ♦ v. intr. **2.** Tomar alimento: *está inapetente y come poco*. **3.** Almorzar. **4.** Cenar. ♦ v. tr. y pron. **5.** Tomar por alimento una u otra cosa: *comerse un bocadillo*. **6.** *Fig.* Gastar, consumir: *comerse la estufa todo el carbón*. **7.** *Fig.* Sentir comezón física o moral: *estar comidos por la envidia*. **8.** *Fig.* Hacer que una cosa parezca más pequeña: *la barba se le come el rostro*. **9.** *Fig.* Suprimir letras, palabras, sonidos, etc., en una conversación o escrito: *comerse las eses*. **10.** En algunos juegos de mesa (ajedrez, damas), ganar una pieza al contrario: *comerse un alfil*. • **Sin comerlo ni beberlo** (*Fam.*), sin haber participado en la causa o motivo del daño o provecho que se sigue.

COMERCIAL adj. Relativo al comercio. **2.** Dícese de aquello que tiene fácil aceptación en el mercado que le es propio. ♦ n. m. **3.** *Amér*. Anuncio publicitario.

COMERCIALIZAR v. tr. [1g]. Dar a los productos condiciones y organización comercial para su venta.

COMERCIANTE adj. y n. m. y f. Que comercia. ♦ n. m. y f. **2.** Persona o entidad que ejerce el comercio.

COMERCIAR v. intr. [1]. Comprar, vender o permutar géneros, con fin lucrativo: *comerciar en frutas*. **2.** *Fig.* Tener trato y comunicación unas personas con otras.

COMERCIO n. m. (lat. *comercium*). Acción y efecto de comerciar. **2.** Tienda, almacén, establecimiento comercial: *los rótulos de los comercios*. **3.** Conjunto de establecimientos comerciales: *el comercio no cierra los sábados*. **4.** Comunicación y trato de unas gentes con otras: *no tener comercio con los vecinos*. • **Comercio carnal**, cópula, unión sexual.

COMESTIBLE adj. Que se puede comer. ♦ n. m. **2.** Todo género de artículos alimenticios: *una tienda de comestibles; la carestía de los comestibles*. (Suele usarse en plural.)

COMETA n. m. (lat. *cometam*). Astro del sistema solar, de aspecto difuso, normalmente visible, pero cuyo brillo aumenta suficientemente en las proximidades del Sol para permitir su observación. ♦ n. f. **2.** Juguete que consiste en una armazón ligera de forma poligonal, cubierta de papel o de tela, y que se hace volar mediante una larga cuerda.

COMETER v. tr. (lat. *committere*) [2]. Incurrir en alguna culpa, error o delito: *cometer un error*.

COMETIDO n. m. Comisión, encargo. **2.** Deber, obligación.

COMEZÓN n. f. Picazón, picor. **2.** *Fig.* Desasosiego, intranquilidad.

CÓMIC o **COMIC** n. m. (ingl. *comic*) [pl. *cómics* o *comics*]. Secuencia de representaciones gráficas acompañadas por un texto, que relatan una acción a través de saltos sucesivos de una imagen a otra sin que por ello se interrumpa la narración ni el desarrollo y comprensión de la situación.

COMICIAL adj. Relativo a los comicios. • **Mal comicial**, epilepsia.

COMICIDAD n. f. Calidad de cómico, capaz de divertir: *la comicidad de una escena*.

COMICIOS n. m. pl. (lat. *comitia*). Asambleas del pueblo romano, en número de tres: *los comicios curiados, centuriados y tributos*. **3.** Elecciones.

CÓMICO, A adj. Relativo a la comedia: *teatro cómico*. **2.** Gracioso, que hace reír: *situación cómica*. ♦ n. **3.** *Fam.* Actor. • **Cómico**

de la legua, actor que va representando de pueblo en pueblo.

COMIDA n. f. Alimento, sustancia que proporciona energía al organismo. **2.** Acción de comer o tomar habitualmente alimentos a una u otra hora del día o de la noche. **3.** Alimento que se toma a cualquier hora del día o de la noche, especialmente al mediodía o primeras horas de la tarde.

COMIDILLA n. f. *Fam.* Gusto o agrado especial que uno encuentra en las cosas a las que tiene afición. **2.** *Fig. y fam.* Tema preferido en alguna murmuración o conversación satírica: *ser alguien la comidilla del pueblo.*

COMIENZO n. m. Principio, origen y raíz de una cosa: *el comienzo de la película.*

COMILLA n. f. Signo ortográfico que se pone antes y después de las citas o de ciertas expresiones poco usuales. (Suele usarse en plural.)

COMILÓN, NA adj. y n. Que come mucho.

COMILONA n. f. *Fam.* Comida variada y muy abundante.

COMINO n. m. (lat. *cuminum*). Planta herbácea de flores pequeñas y rojizas y fruto de olor aromático y sabor acre. (Familia umbelíferas.) **2.** Fruto y semilla de esta planta. **3.** *Fig.* Cosa de ínfima importancia o valor: *me importa un comino.*

COMISAR v. tr. [1]. Declarar que una cosa ha caído en comiso: *comisar la correspondencia de alguien.* SIN.: decomisar.

COMISARÍA n. f. Empleo del comisario. **2.** Oficina del comisario.

COMISARIATO n. m. Comisaría. **2.** *Colomb., Nicar. y Pan.* Economato, almacén.

COMISARIO n. m. El que tiene poder de otro para ejercer alguna orden o entender en algún negocio. • **Comisario de policía,** agente del cuerpo general de policía, que cuida del cumplimiento y ejecución de las leyes y órdenes de la autoridad relativa al orden público.

COMISIÓN n. f. (lat. *commissionem*). Acción de cometer: *la comisión de un delito.* **2.** Misión encargada a alguien. **3.** Retribución o porcentaje que se percibe en concepto de mediación en un negocio o compra. **4.** Conjunto de personas delegadas temporalmente para hacer alguna cosa: *una comisión de estudiantes.* **5.** Contrato por el que alguien se compromete a realizar algo por cuenta de otro: *comisión mercantil.*

COMISIONADO, A adj. y n. Encargado de una comisión.

COMISIONAR v. tr. [1]. Delegar un poder, atribuir una función a alguien. **2.** Hacer el encargo de comprar o de vender mercancías.

COMISIONISTA n. m. y f. Persona que se emplea en desempeñar comisiones mercantiles.

COMISO n. m. (lat. *commisum*, confiscación). DER. Pena de pérdida de la cosa, en que incurre el que comercia con géneros prohibidos o falta a un contrato en que se estipuló esta sanción.

COMISURA n. f. Zona de unión de los bordes de una hendidura orgánica: *la comisura de los labios.*

COMITÉ n. m. (ingl. *committee*). Conjunto de un número reducido de personas que, representando a una colectividad más numerosa, tiene a su cargo determinadas gestiones o funciones.

COMITIVA n. f. Acompañamiento, séquito, cortejo.

COMO adv. m. Denota idea de equivalencia, semejanza o igualdad: *pasar como una exhalación.* **2.** Según, conforme: *como dijiste.* **3.** En calidad de: *asistir a una boda como testigo.* • **Como quiera que,** de cualquier modo que: *como quiera que sea, no hay remedio;* dado que. ♦ conj. caus. **4.** Porque: *como llegué tarde no pude verle.* ♦ conj. cond. **5.** Si: *como no me creas me enfadaré.* ♦ conj. cop. **6.** Que: *¡tanto tiempo como llevo diciéndotelo y aún no lo sabes!*

CÓMO adv. m. interrog. De qué modo o manera: *¡cómo va!; no sé cómo empezar.* **2.** Por qué motivo o razón; en fuerza o virtud de qué: *¿cómo dices esto?* **3.** Expresa encarecimiento, en buen o mal sentido: *¡cómo llueve!* • **Cómo no,** sí; ¿vienes? — ¡cómo no! ♦ interj. **4.** Denota enfado o extrañeza: *¡cómo no!; ¿no lo sabes?* ♦ n. m. **5.** Modo, manera: *lo importante es el cómo se vive.*

COMO, c. de Italia (Lombardía), cap. de prov., junto al lago homónimo; 85 955 hab. Iglesias románicas; catedral de los ss. XIV-XVIII. — El *lago de Como* (146 km²) está atravesado por el Adda.

CÓMODA n. f. Mueble con tablero de mesa, provisto de cajones.

COMODIDAD n. f. Calidad de cómodo.

COMODÍN n. m. En algunos juegos de naipes, carta que toma el valor que le da el que la posee. **2.** *Fig.* Lo que sirve para fines diversos. **3.** *Fig.* Pretexto habitual o poco justificado.

CÓMODO, A adj. (lat. *commodum*). Que se presta al uso necesario, sin ningún inconveniente, molestia, etc.: *unos sillones cómodos.* **2.** Oportuno, fácil, acomodado. **3.** A gusto, bien, sin sentirse cohibido. **4.** Comodón.

COMODORO n. m. (ingl. *commodore*). Título que se da, en las marinas de algunos países, a los oficiales al mando de una división naval.

COMODORO RIVADAVIA, c. de Argentina (Chubut); 96 656 hab. Centro industrial. Refinería de petróleo; gasoducto. Puerto. Aeropuerto. Universidad.

COMONFORT (Ignacio), militar y político mexicano (Puebla 1812-cerca de Molino de Soria, Guanajuato, 1863). Presidente interino (1855) y constitucional (1857), puso en venta los bienes eclesiásticos. Se exilió tras intentar un golpe de estado (en 1858).

COMOQUIERA adv. De cualquier manera.

COMORES (Las), estado del océano Índico, al NO de Madagascar. Comprende las islas Ngazidja (Gran Comore), Moili (Mohéli) y Ndzouani (Anjouan). En 1976, la cuarta isla del archipiélago, Mayotte, prefirió mantenerse bajo jurisdicción francesa; 1900 km²; 442 500 hab. (*Comorenses.*) CAP. *Moroni.* LENGUAS OFICIALES: *francés y árabe.* MONEDA: *franco C.F.A.* La población, compuesta de etnias y procedencias variadas, es musulmana. Producción de vainilla, copra y aceites esenciales.

HISTORIA

Asentamiento de mercaderes persas, malgaches y musulmanes, las islas estuvieron bajo protectorado francés desde 1886 y constituyeron un territorio francés de ultramar desde 1958 hasta la independencia (1975). En 1978 se proclamó la república federal islámica. 1997: secesión de Ndzouani (Anjouan). 2001: Firma (feb.) de un acuerdo de reconciliación nacional para otorgar autonomía a cada isla. En agosto, fue derrocado por militares S.A. Abderraman, que gobernaba en Anjouan.

COMPACT DISC n. m. (voces inglesas). Disco compacto. **2.** Aparato para la reproducción de discos compactos.

COMPACTADORA n. f. Instrumento de obras públicas destinado a aglomerar y comprimir uniformemente los elementos constitutivos de una calzada.

COMPACTO, A adj. (lat. *compactum*). Dícese de los cuerpos de textura apretada y poco porosa: *madera compacta.* **2.** Apretado, apiñado: *un grupo compacto de gente.*

COMPADECER v. tr. y pron. [2m]. Inspirar o sentir compasión.

COMPADRAJE o **COMPADRAZGO** n. m. *Fam.* Unión o pacto de varias personas para ayudarse mutuamente.

COMPADRAZGO n. m. Conexión o afinidad que el padrino de una criatura contrae con los padres de ésta.

COMPADRE n. m. (lat. *compatrem*). Padrino de un niño con respecto a los padres de éste y viceversa. **2.** Tratamiento que a veces se da entre personas de las clases populares.

COMPADREAR v. tr. y pron. [1]. *Argent., Par. y Urug.* Provocar, jactarse, envanecerse.

COMPADRITO n. m. *Argent., Par. y Urug. Fam.* Tipo popular pendenciero, afectado en sus ropas y maneras de vestir.

COMPAGINACIÓN n. f. Acción y efecto de compaginar o compaginarse.

COMPAGINADOR, RA n. Persona que compagina.

COMPAGINAR v. tr. y pron. [1]. Poner en buen orden cosas que tienen alguna relación o conexión mutua. ♦ v. tr. **2.** IMPR. Ajustar, distribuir las galeradas en planas. ♦ **compaginarse** v. pron. **3.** *Fig.* Corresponder bien una cosa con otra: *compaginarse bien el respeto con las buenas costumbres.*

COMPAÑA n. f. *Fam.* Compañía.

COMPAÑERISMO n. m. Vínculo que existe entre compañeros. **2.** Concordia y buena correspondencia entre ellos.

COMPAÑERO, A n. Persona que acompaña a otra habitual o circunstancialmente o que comparte con ella la misma actividad o ideología. **2.** *Fig.* Cosa que hace juego o tiene correspondencia con otra u otras.

COMPAÑÍA n. f. Efecto de acompañar. **2.** Persona o cosa que acompaña. **3.** Sociedad o junta de varias personas unidas para un mismo objeto, especialmente para fines comerciales o industriales. **4.** Cuerpo de actores, formado para representar en los teatros. **5.** MIL. Primera unidad orgánica, administrativa y táctica que existe en los ejércitos regulares y que está bajo el mando de un capitán. • **Compañía de comercio y de navegación,** sociedad que recibía del estado el privilegio o monopolio de comerciar con las colonias.

COMPARACIÓN n. f. Acción y efecto de comparar. **2.** Igualdad y proporción correspondiente entre las cosas que se comparan. • **Grados de comparación,** grados de significación del adjetivo y del adverbio (positivo, comparativo y superlativo) que expresan una idea de evaluación con respecto a una idea de comparación o una idea de superioridad independiente de toda comparación.

COMPARADO, A adj. Que procede por comparación.

COMPARAR v. tr. (lat. *comparare*) [1]. Examinar dos o más cosas para descubrir sus relaciones, diferencias o semejanzas. **2.** Establecer una semejanza entre dos cosas.

COMPARATIVO, A adj. Que compara o sirve para comparar. ♦ adj. y n. m. **2.** Dícese del grado de significación de los adjetivos y de los adverbios, que expresa una cualidad igual, superior o inferior.

COMPARECENCIA n. f. DER. Acción y efecto de comparecer ante alguna autoridad.

COMPARECER v. intr. [2m]. Presentarse uno ante otro, especialmente ante el juez, en virtud del llamamiento o indicación, o mostrándose parte en algún negocio. **2.** Llegar a destiempo o de manera inesperada: *no compareció hasta el día siguiente.*

COMPARECIENTE n. m. y f. DER. Persona que comparece ante el juez.

COMPARSA n. f. (ital. *comparsa*). Acompañamiento, conjunto de personas que, en el teatro, figuran, pero no hablan. **2.** Conjunto de máscaras vestidas con trajes de una misma clase. ♦ n. m. y f. **3.** Persona que forma parte del acompañamiento.

COMPARTIMENTAR v. tr. [1]. Proyectar o efectuar la subdivisión estanca de un buque.

COM

2. *Fig.* Dividir o agrupar algo material o inmaterial en compartimentos estancos.
COMPARTIMIENTO o **COMPARTIMENTO** n. m. Acción y efecto de compartir. **2.** Cada una de las partes que resultan de compartir un todo. **3.** Cada una de las partes en que, por medio de tabiques, se ha dividido la caja de un vagón de tren.
COMPARTIR v. tr. [**3**]. Repartir, dividir, distribuir en partes. **2.** Usar, participar en algo, poseer en común: *compartir una habitación.*
COMPÁS n. m. Instrumento de dibujo y medición, compuesto por dos varillas articuladas por un extremo. **2.** Brújula, especialmente la usada en navegación. **3.** MÚS. Cada uno de los períodos de tiempos iguales en que se marca el ritmo de una frase musical, cuya división natural viene indicada en el pentagrama por unas líneas verticales. **4.** MÚS. Ritmo o cadencia de una pieza musical. • **Compás de espera** *(Fig.),* detención de un asunto por poco tiempo. ‖ **Compás de vara,** compás en el que la punta y el trazador se deslizan sobre una barra horizontal. ‖ **Llevar el compás,** seguir el ritmo.
COMPASAR v. tr. [**1**]. Medir con el compás. **2.** *Fig.* Arreglar, medir, proporcionar las cosas de modo que no sobren ni falten: *compasar los gastos.*
COMPASIÓN n. f. (lat. *compassionem).* Sentimiento de lástima hacia el mal o desgracia ajenos: *sentir compasión por un enfermo.*
COMPASIVO, A adj. Que tiene o muestra compasión. Que fácilmente se mueve a compasión: *ser de condición compasiva.*
COMPATIBILIDAD n. f. Calidad de compatible. **2.** INFORMÁT. Cualidad relativa de dos ordenadores, en uno puede ejecutar programas escritos para el otro sin necesidad de traducción o reescritura. **3.** INFORMÁT. Calidad de varios programas o ficheros, que les permiten constituir, reunidos, un conjunto coherente de tratamiento.
COMPATIBILIZAR v. tr. [**1g**]. Hacer compatible: *compatibilizar el trabajo con la familia.*
COMPATIBLE adj. Capaz de unirse o concurrir en un mismo lugar o sujeto: *hacer compatible el trabajo con la diversión.* **2.** TECNOL. Dícese de los ordenadores, sistemas de telecomunicación, etc., que poseen características de compatibilidad.
COMPATRIOTA n. m. y f. Respecto a una persona, otro de su misma patria.
COMPELER v. tr. [**2**]. Obligar a uno, con fuerza o por autoridad, a que haga algo.
COMPENDIAR v. tr. [**1**]. Reducir a compendio: *compendiar un discurso en unas líneas.*
COMPENDIO n. m. (lat. *compendium).* Breve y sumaria exposición de lo más sustancial de una materia.
COMPENETRACIÓN n. f. Acción y efecto de compenetrarse.
COMPENETRARSE v. pron. [**1**]. Penetrar las partículas de una sustancia entre las de otra. **2.** *Fig.* Identificarse en ideas y sentimientos.
COMPENSACIÓN n. f. Acción y efecto de compensar: *una compensación económica.* **2.** DER. Modo de extinción de dos obligaciones recíprocas.
COMPENSADOR, RA adj. Que compensa. ♦ n. m. **2.** Aquello que proporciona una compensación. **3.** Aparato destinado a compensar una diferencia o, más corrientemente, una variación.
COMPENSAR v. tr. y pron. (lat. *compensare)* [**1**]. Neutralizar el efecto de una cosa con el de otra. **2.** Dar o hacer una cosa en resarcimiento del daño o molestias causadas.
COMPENSATORIO, A adj. Que compensa o iguala.
COMPETENCIA n. f. Acción y efecto de competir. **2.** Respecto de una empresa o comercio, las que compiten con ella en el mercado. **3.** Incumbencia. **4.** Aptitud, idoneidad. **5.** *Amér.* Competición. **6.** DER. Conjunto de funciones atribuidas por un ordenamiento a un órgano de una persona jurídica de la administración del estado.
COMPETENTE adj. Dícese de la persona a quien compete o incumbe alguna cosa: *el juez competente en una causa;* la *autoridad competente.* **2.** Experto, apto: *una secretaria competente.*
COMPETER v. intr. [**2**]. Pertenecer, tocar o incumbir a uno una cosa.
COMPETICIÓN n. f. Competencia. **2.** Acción y efecto de competir, especialmente en deportes, certámenes, etc.
COMPETIDOR, RA adj. y n. Que compite.
COMPETIR v. intr. y pron. [**30**]. Contender dos o más personas para lograr la misma cosa: *competir con alguien.* ♦ v. intr. **2.** Igualar una cosa a otra en su perfección o propiedades.
COMPETITIVIDAD n. f. Cualidad de competitivo.
COMPETITIVO, A adj. Relativo a la competición o a la competencia. **2.** Susceptible de soportar la competencia de otros: *precios competitivos.*
COMPILACIÓN n. f. Acción y efecto de compilar. **2.** Colección de varias noticias, leyes o materias: *una compilación de artículos periodísticos.* **3.** INFORMÁT. Operación de traducir un programa al lenguaje máquina de un ordenador.
COMPILAR v. tr. (lat. *compilare)* [**1**]. Reunir en un solo cuerpo de obra, extractos de diferentes libros, documentos, etc.: *compilar un cancionero popular.* **2.** INFORMÁT. Traducir a lenguaje máquina un programa escrito en lenguaje simbólico.
COMPINCHE n. m. y f. *Fam.* Amigo, camarada.
COMPLACENCIA n. f. Sentimiento con que uno se complace en una cosa.
COMPLACER v. tr. (lat. *complacere)* [**2m**]. Acceder uno a los deseos o gustos de otro: *complacer a los hijos.* ♦ **complacerse** v. pron. **2.** Alegrarse, hallar plena satisfacción en una cosa: *complacerse en la familia, en la virtud.*
COMPLACIENTE adj. Propenso a complacer.
COMPLEJIDAD o **COMPLEXIDAD** n. f. Calidad de complejo.
COMPLEJO, A adj. (lat. *complexum).* Dícese de lo que se compone de elementos diversos: *un problema complejo.* • **Número complejo,** número que consta de una parte real y otra imaginaria. ♦ n. m. **2.** Conjunto de varias cosas. **3.** *Fam.* Sentimiento de inferioridad, conducta tímida o inhibida. (Suele usarse en plural.) **4.** QUÍM. Compuesto formado por un ion o varios átomos o por un ion central, generalmente metálico, ligado a un cierto número de iones o de moléculas. **5.** SICOANÁL. Conjunto de sentimientos y recuerdos parcial o totalmente inconscientes, provistos de un poder afectivo que determina una manera estereotipada de comportarse para con los demás. ‖ **Complejo industrial,** conjunto de industrias agrupadas en un territorio reducido y que se caracteriza por la dependencia mutua, técnica o económica de las principales industrias y por una relativa concentración.
COMPLEMENTAR v. tr. [**1**]. Dar complemento a una cosa.
COMPLEMENTARIO, A adj. Que forma el complemento de una cosa. • **Arcos o ángulos complementarios,** conjunto de dos arcos o dos ángulos cuya suma vale 90°.
COMPLEMENTO n. m. (lat. *complementum).* Lo que es preciso añadir a una cosa para que sea íntegra o perfecta. **2.** BIOL. Mezcla de globulinas que interviene en las reacciones inmunológicas. **3.** LING. Palabra o grupo de palabras que se añade a otras para completar o precisar su sentido. **4.** MAT. Lo que hay que añadir a un ángulo agudo para obtener un ángulo recto.
COMPLETAR v. tr. [**1**]. Hacer completa una cosa.
COMPLETIVO, A adj. Dícese de lo que completa y llena. **2.** Acabado, perfecto. ♦ adj. y n. f. **3. Oración completiva** (GRAM.), oración subordinada que sirve de complemento a la principal.
COMPLETO, A adj. Entero, lleno, cabal: *la obra completa de Galdós.* **2.** Acabado, perfecto: *una falsificación completa.* • **Al completo,** completo, entero, lleno.
COMPLEXIÓN n. f. (lat. *complexionem,* conjunto). Constitución fisiológica propia de una persona o de un animal: *ser de complexión fuerte.*
COMPLICACIÓN n. f. Concurrencia de cosas diversas. **2.** Embrollo, dificultad. **3.** PATOL. Accidente que sobreviene en el curso evolutivo de una enfermedad y que dificulta o impide la curación.
COMPLICADO, A adj. Enmarañado, de difícil comprensión. **2.** Compuesto de gran número de piezas. **3.** Dícese de la persona cuyo carácter y conducta no son fáciles de comprender.
COMPLICAR v. tr. (lat. *complicare)* [**1a**]. Mezclar, unir cosas diversas entre sí. **2.** Mezclar o comprometer a alguien en un asunto. ♦ v. tr. y pron. **3.** Enredar, dificultar: *complicar una situación.* ♦ **complicarse** v. pron. **4.** Confundirse, embrollarse: *complicarse un fenómeno con otro.*
CÓMPLICE n. m. y f. (lat. *complicem).* Participante en un delito o falta, imputable a dos o más personas: *detener a un ladrón y a sus cómplices.*
COMPLICIDAD n. f. Calidad de cómplice: *probar la complicidad de alguien en un delito.*
COMPLOT n. m. (voz francesa) [pl. *complots*]. Conjunto de maniobras secretas y concertadas contra alguien, y particularmente contra la seguridad interior del estado.
COMPONEDOR, RA n. Persona que compone. **2.** *Argent., Chile* y *Colomb.* Persona diestra en tratar dislocaciones de huesos, algebrista. ♦ n. m. **3.** Regla o listón en que el tipógrafo reúne los caracteres a fin de formar líneas de igual longitud.
COMPONENDA n. f. Arreglo o transacción poco escrupulosa.
COMPONENTE adj. y n. m. Que compone o entra en la composición de un todo: *los componentes de una situación.* ♦ n. m. **2.** TECNOL. Constituyente elemental de una máquina, aparato o circuito.
COMPONER v. tr. (lat. *componere,* arreglar) [**5**]. Formar un todo juntando y disponiendo elementos diversos. **2.** Formar parte de un todo, ser elemento constituyente. **3.** Ordenar, reparar, restablecer el buen estado de estropeado: *componer una puerta.* **4.** Hacer, producir obras literarias, musicales, etc.: *componer versos, música.* **5.** *Amér. Merid.* Colocar en su lugar los huesos dislocados. **6.** IMPR. Reproducir un texto juntando los caracteres tipográficos y formando palabras, líneas y planas. ♦ v. tr. y pron. **7.** Constituir, formar, dar ser a un cuerpo o agregado de varias cosas o personas: *una obra que se compone de varias partes;* la *palabra se compone de sílabas.* **8.** Adornar, acicalar. ♦ **componerse** v. pron. **9.** Estar formado de los elementos que se especifican. • **Componérselas** *(Fam.),* ingeniárselas.
COMPORTAMIENTO n. m. Manera de comportarse; conjunto de reacciones de un individuo, conducta. **2.** SICOL. Conjunto de reacciones de un organismo que actúa en respuesta a un estímulo procedente de su medio interno o del medio externo y observables objetivamente.
COMPORTAR v. tr. (lat. *comportare)* [**1**]. Sufrir, tolerar. **2.** Implicar: *este asunto comporta unos riesgos.* ♦ **comportarse** v.

pron. **3.** Portarse, conducirse: *comportarse con educación.*

COMPOSICIÓN n. f. Acción y efecto de componer. **2.** Ajuste, convenio entre dos o más personas. **3.** Forma o manera en que algo está compuesto. **4.** Obra científica, literaria o musical. **5.** Ejercicio escolar de redacción sobre un tema dado. **6.** ART. GRÁF. Acción de juntar manual, mecánica o automáticamente los caracteres tipográficos para formar con ellos palabras, líneas y planas. **7.** B. ART. Estructura de una obra, la obra misma. • **Formar,** o **hacer, una composición de lugar,** meditar las circunstancias de un asunto y formar una idea, determinación o proyecto. **8.** QUÍM. Proporción de los elementos que entran en una combinación química.

COMPOSITOR, RA adj. y n. Dícese de la persona que compone música.

COMPOSTELA → *Santiago de Compostela.*

COMPOSTURA n. f. Construcción y composición de un todo que consta de varias partes. **2.** Acción y efecto de componer, ordenar, reparar, adornar. **3.** Comedimiento, moderación, prudencia: *guardar la debida compostura.*

COMPOTA n. f. (fr. *compote*). Dulce de fruta hervida con agua y azúcar.

COMPRA n. f. Acción y efecto de comprar. **2.** Cosa o conjunto de cosas compradas.

COMPRADOR, RA adj. y n. Que compra.

COMPRAR v. tr. [1]. Adquirir algo a cambio de cierta cantidad de dinero. **2.** Sobornar.

COMPRAVENTA n. f. Negocio del que se dedica a comprar al público objetos usados para revenderlos. **2.** DER. Contrato consensual, bilateral, oneroso, generalmente conmutativo, y traslativo de dominio, por el cual una de las partes se obliga a entregar una cosa determinada y la otra a pagar por ella un precio cierto en dinero o signo que lo represente.

COMPRENDER v. tr. (lat. *comprehendere*) [2]. Abarcar, ceñir, rodear por todas partes. **2.** Entender, percibir: *comprender un texto.* **3.** Encontrar justificados o naturales los actos o sentimientos de alguien: *comprender los motivos de alguien.* ◆ v. tr. y pron. **4.** Contener, incluir en sí: *el piso comprende cinco habitaciones.*

COMPRENSIÓN n. f. Acción o facultad de comprender: *facilidad de comprensión; texto de difícil comprensión.* **2.** LÓG. Totalidad de los caracteres contenidos en una idea general, un concepto o un conjunto.

COMPRENSIVO, A adj. Que comprende. **2.** *Fig.* Que tiende a la benevolencia o tolerancia. **3.** LÓG. Que abarca en su significación un número más o menos grande de caracteres.

COMPRESA n. f. (lat. *compressam*). Pedazo de gasa, tela u otro material, empleado para empapar líquidos y para comprimir o curar alguna parte del organismo.

COMPRESIBILIDAD n. f. Propiedad de un cuerpo de disminuir su volumen bajo la influencia de una presión.

COMPRESIBLE o **COMPRIMIBLE** adj. Que puede ser comprimido.

COMPRESIÓN n. f. Acción y efecto de comprimir: *bomba de compresión.* **2.** En un motor, presión alcanzada por la mezcla detonante en la cámara de explosión, antes de su encendido. CONTR.: *dilatación.*

COMPRESIVO, A adj. CIR. Que sirve para comprimir.

COMPRESOR, RA adj. Dícese de aquello que sirve para comprimir. ◆ n. m. **2.** Aparato que sirve para comprimir un fluido a una presión dada.

COMPRIMIDO, A adj. Reducido a menor volumen por presión. ◆ n. m. **2.** Pastilla farmacéutica que contiene cierta dosis de medicamento en un pequeño volumen.

COMPRIMIR v. tr. y pron. (lat. *comprimere*) [3]. Oprimir, apretar, reducir, estrechar por presión el volumen de algo: *comprimir aire.*

COMPROBACIÓN n. f. Acción y efecto de comprobar.

COMPROBANTE n. m. Escrito o documento que se extiende para atestiguar una transacción, trato o gestión.

COMPROBAR v. tr. (lat. *comprobare*) [1r]. Verificar, confirmar una cosa mediante demostración o pruebas que la acreditan como cierta: *comprobar una cuenta, la verdad.*

COMPROMETEDOR, RA adj. y n. Que compromete, o expone a un peligro.

COMPROMETER v. tr. y pron. (lat. *compromittere*) [2]. Poner de común acuerdo en manos de un tercero la determinación de la diferencia, pleito, etc., sobre que se contiende. **2.** Exponer a un riesgo o peligro: *comprometer la buena reputación.* **3.** Asignar o adquirir una obligación, hacer responsable: *comprometerse a cumplir algo.*

COMPROMETIDO, A adj. Que ofrece algún peligro o puede tener consecuencias graves. **2.** Que toma partido en materia política o social.

COMPROMISO n. m. Acuerdo obtenido mediante concesiones recíprocas. **2.** Situación comprometida o difícil. **3.** DER. Convenio por el cual se decide someter un litigio a un árbitro.

COMPTON (Arthur Holly), físico norteamericano (Wooster, Ohio, 1892-Berkeley 1962). En 1923 descubrió el aumento de longitud de onda de los rayos X difundidos por átomos ligeros (*efecto Compton*). [Premio Nobel de física 1927.]

COMPUERTA n. f. Dispositivo que sirve para controlar el paso del agua de un canal, presa, etc.

COMPUESTO, A adj. Formado por varios elementos. **2.** Dícese de un orden arquitectónico creado por los romanos y adoptado por los arquitectos clásicos. • **Palabra compuesta,** vocablo formado por varias palabras o elementos que forman una unidad significativa. (Por ej.: *claroscuro, mediodía.*) ‖ **Tiempo compuesto,** tiempo de un verbo que se conjuga con el participio pasado precedido de un auxiliar (haber, tener). ◆ adj. y n. f. **3.** Relativo a una familia de plantas herbáceas cuyas flores, pequeñas y numerosas, están reunidas en capítulos apretados que parecen a veces flores simples, como la margarita y el amargón. ◆ n. m. **4.** Agregado de varias cosas que componen un todo.

COMPULSA n. f. Acción y efecto de compulsar. **2.** DER. Copia de una escritura, instrumento o autos, sacada judicialmente y cotejada con su original.

COMPULSAR v. tr. (lat. *compulsare*) [1]. Comprobar un texto con el original o con el de otras ediciones o copias. **2.** DER. Sacar compulsas.

COMPULSIÓN n. f. SIQUIATR. Tipo de conducta que el sujeto se siente impulsado a seguir a causa de una fuerza interior a la que no puede resistir sin angustia.

COMPULSIVO, A adj. Relativo a la compulsión.

COMPUNGIR v. tr. y pron. (lat. *compungere*) [3b]. Apenar, entristecer.

COMPUTABLE adj. Que puede ser computado.

COMPUTADOR, RA adj. y n. Que computa o calcula. ◆ n. m. **2.** Calculador, aparato o máquina de cálculo.

COMPUTADORA n. f. Calculador, aparato o máquina de cálculo. **2.** INFORMÁT. Ordenador.

COMPUTAR v. tr. (lat. *computare*) [1]. Determinar indirectamente una cantidad por el cálculo de ciertos datos. **2.** Contar o considerar una cosa, en general o de manera determinada, como equivalente, en cantidad o en calidad, a cierto valor.

CÓMPUTO n. m. (lat. *computum*). Determinación indirecta de una cantidad mediante el cálculo de ciertos datos.

COMTE (Auguste), filósofo francés (Montpelier 1798-París 1857). Sentó las bases del positivismo y definió la sociología como ciencia.

COMULGAR v. tr. (lat. *communicare*) [1b]. Administrar o recibir la comunión. ◆ v. intr. **2.** *Fig.* Compartir con otro u otros los mismos principios, ideas o sentimientos: *comulgan en las mismas ideas.* • **Comulgar con ruedas de molino,** ser muy crédulo, dejarse engañar.

COMÚN adj. (lat. *communem*). Que no es privativo de uno, sino compartido por dos o más al mismo tiempo: *obra común; amigo común.* **2.** Relativo a la mayoría o a todo el mundo: *interés común.* **3.** Ordinario, regular, corriente, vulgar, frecuente: *un nombre muy común; expresión poco común.* **4.** Bajo, de inferior calidad: *un edificio de materiales comunes.* • **Nombre común** (LING.), nombre cue se aplica a todos los seres y a todas las cosas de la misma especie. ◆ n. m. **5.** Comunidad, generalidad de personas. ◆ **comunes** n. m. pl. **6.** Bienes comunales que se destinan al aprovechamiento directo y gratuito por parte de los vecinos.

COMUNA n. f. Forma de autoorganización de los habitantes de una localidad. **2.** Célula básica de convivencia, alternativa a la organización familiar. **3.** *Amér.* Municipio, ayuntamiento.

COMUNAL adj. Dícese de la propiedad poseída en común por los vecinos de un municipio, y en especial de las tierras, prados y bosques.

COMUNERO, A adj. y n. Relativo a las Comunidades de Castilla, movimiento insurreccional de s. XVI, o de otros alzamientos populares de Nueva Granada o Paraguay en el s. XVIII; partidario de dichas Comunidades o azamientos. ◆ n. m. **3.** El que tiene parte indivisa con otro u otros en un inmueble, un derecho, etc. ◆ **comuneros** n. m. pl. **4.** Pueblos que tienen comunidad de pastos.

COMUNICABLE adj. Que puede comunicarse. **2.** Sociable, tratable.

COMUNICACIÓN n. f. Acción y efecto de comunicar o comunicarse: *la comunicación de una noticia.* **2.** Escrito en que se comunica algo: *presentar una comunicación.* **3.** Medio de unión: *la comunicación entre dos pueblos.* **4.** SICOL. Transmisión de la información en el seno de un grupo, considerada en sus relaciones con la estructura de este grupo. • **Comunicación de masas** (SOCIOL.), conjunto de técnicas que permiten la difusión de mensajes escritos o audiovisuales a una audiencia vasta y heterogénea. ◆ **comunicaciones** n. f. pl. **5.** Correos, telégrafos, teléfonos, etc.: *las comunicaciones han quedado cortadas.*

COMUNICADO n. m. Aviso o información transmitidos oficialmente; información difundida por la prensa, radio o televisión.

COMUNICANTE adj. Que comunica.

COMUNICAR v. tr. (lat. *communicare*) [1a]. Hacer partícipe a otra persona o cosa de algo que se tiene: *comunicar alegría; el sol comunica calor.* **2.** Dar parte, hacer saber una cosa: *comunicar una noticia.* ◆ v. tr. intr. y pron. **3.** Conversar o tratar con alguno de palabra o por escrito. ◆ v. intr. **4.** Dar un teléfono, al marcar un número, la señal indicadora de que la línea está ocupada. ◆ v. intr. y pron. **5.** Tener correspondencia o paso unas cosas con otras: *la alcoba comunica con el baño.*

COMUNICATIVO, A adj. Que tiene propensión natural a comunicar a otro lo que posee: *sonrisa comunicativa.* **2.** Fácil y accesible al trato con los demás: *persona comunicativa.*

COMUNIDAD n. f. (lat. *communitatem*). Calidad de común, compartido por dos o más: *comunidad de intereses*. **2.** Grupo social con intereses comunes: *comunidad de propietarios*. **3.** Grupo de personas que viven en común para romper las bases egocéntricas de la pareja y de la familia, en los dominios afectivo y económico sobre todo. **4.** Sociedad religiosa sometida a una regla común. **5.** HIST. Agrupación de varias villas y aldeas dependientes de un núcleo urbano principal, cabeza de las mismas. • **Comunidad autónoma,** denominación adoptada por la constitución española de 1978 para designar a las regiones y nacionalidades históricas que, en virtud de la nueva organización territorial del poder del estado, están dotadas de autonomía.

Comunidad de Estados Independientes → *C.E.I.*

COMUNIÓN n. f. (lat. *communionem*). Participación en lo que es común. **2.** Congregación de personas que profesan la misma fe religiosa. **3.** REL. Recepción del sacramento de la eucaristía; parte de la misa en la que se recibe este sacramento; canto ejecutado en este momento; sacramento de la eucaristía. • **Comunión de los santos,** comunidad espiritual de todos los cristianos vivos y muertos.

COMUNISMO n. m. Doctrina que tiende a la colectivización de los medios de producción, a la distribución de los bienes de consumo según las necesidades de cada uno y a la supresión de las clases sociales. **2.** Movimiento político inspirado en esa doctrina.

COMUNISMO (pico del), ant. **pico Stalin,** cima del Tadzhikistán, en el Pamir; 7495 m.

COMUNISTA adj. y n. m. y f. Relativo al comunismo; adepto a esta doctrina. **2.** Relativo a cualquiera de los partidos comunistas; miembro de ellos.

COMUNITARIO, A adj. Relativo a la comunidad o a una comunidad.

CON prep. (lat. *cum*). Significa el instrumento, medio o modo para hacer algo: *recibir con agrado; abrir con una llave*. **2.** Juntamente, en compañía: *llegó con su padre*. **3.** Denota contenido o adherencia: *una bolsa con dinero; una casa con balcón*. **4.** Expresa idea de reciprocidad o de comparación: *se escribe con ella*. **5.** Expresa idea de relación o comunicación: *hablar con todos*. **6.** Antepuesta al infinitivo, equivale a gerundio: *con declarar se eximió del tormento;* o a la conjunción concesiva *aunque*: *con ser tan antiguo se han postergado*. **7.** A pesar de: *con lo joven que es y ya es director*. **8.** Se utiliza al comienzo de ciertas exclamaciones: *¡con lo que me estaba divirtiendo!* ♦ conj. cond. **9. Con que, con tal que** o **con sólo que,** con tal de que, en el caso de que.

CONAKRY, c. y cap. de la República de Guinea, a orillas del Atlántico; 763 000 hab.

CONATO n. m. (lat. *conatum*). Inicio de una acción que no llega a realizarse plenamente: *un conato de incendio*. **2.** Intento, tendencia.

CONCATENACIÓN n. f. Acción y efecto de concatenar.

CONCATENAR o **CONCADENAR** v. tr. [1]. Unir o enlazar unas cosas con otras.

CONCAVIDAD n. f. Calidad de cóncavo. **2.** Lugar cóncavo.

CÓNCAVO, A adj. (lat. *concavum*). Dícese de la línea o superficie curvas que, respecto del que la mira, tienen su parte más deprimida en el centro. CONTR.: *convexo*.

CONCEBIBLE adj. Que puede concebirse o comprenderse.

CONCEBIR v. intr. y tr. (lat. *concipere*) [30]. Quedar fecundada la hembra. **2.** *Fig.* Formar en la mente idea o concepto de algo: *no concibo tal disparate*. ♦ v. tr. **3.** *Fig.* Comenzar a sentir una pasión o afecto: *concebir esperanzas*. **4.** *Galic.* Expresar, redactar, contener: *una carta concebida en estos términos*.

CONCEDER v. tr. (lat. *concedere*) [2]. Dar, otorgar, atribuir: *conceder una beca*. **2.** Convenir en lo que uno dice o afirma: *concedo que tienes razón*.

CONCEJAL, LA n. Miembro de un concejo o ayuntamiento.

CONCEJO n. m. (lat. *concilium*). Reunión de los vecinos de una localidad o distrito para tratar de asuntos de interés común. **2.** Ayuntamiento. **3.** Municipio. **4.** Reunión de algunas juntas.

CONCENTRABLE adj. Que puede concentrarse o ser concentrado.

CONCENTRACIÓN n. f. Acción y efecto de concentrar o concentrarse. **2.** ECON. Conjunto de lazos que, a fin de luchar contra la competencia, se establecen entre empresas en un mismo estadio (concentración horizontal) o en distintos estadios (concentración vertical) de la producción de un producto. **3.** FÍS. Masa de un cuerpo disuelto por unidad de volumen de una disolución. • **Campo de concentración,** campo en el que quedan confinados, bajo vigilancia militar o policial, poblaciones civiles de nacionalidad enemiga, prisioneros de guerra o desordenes políticos.

CONCENTRADO, A adj. Que contiene menos agua de la que suele tener: *café concentrado*. ♦ n. m. **2.** Extracto de una sustancia obtenido por eliminación de agua.

CONCENTRAR v. tr. y pron. [1]. Reunir en un centro o punto: *concentrar tropas*. **2.** *Fig.* Fijar la atención con intensidad: *concentrar sus esfuerzos*. • **Concentrar una solución** (FÍS.), aumentar la concentración. ♦ v. tr. **3.** TECNOL. Eliminar de un mineral nativo, por un procedimiento mecánico o químico, la mayor cantidad posible de cuerpos extraños o de agua. ♦ **concentrarse** v. pron. **4.** Reunirse. **5.** Abstraerse.

CONCÉNTRICO, A adj. MAT. Dícese de las curvas o superficies que tienen el mismo centro.

CONCEPCIÓN n. f. (lat. *conceptionem*). Acción y efecto de concebir: *una concepción clara de la vida*. **2.** Acto de la unión de los dos gametos, masculino y femenino, para la formación de un nuevo ser.

CONCEPCIÓN (*departamento de*), dep. del centro-este de Paraguay; 18 051 km²; 166 946 hab. Cap. *Concepción*.

CONCEPCIÓN, c. de Argentina (Tucumán); 38 102 hab. Refino de azúcar, curtidurías.

CONCEPCIÓN, c. de Chile, cap. de la región de Biobío; 329 304 hab. (800 000 en la aglomeración). Centro industrial y comercial. Universidad.

CONCEPCIÓN o **CONCEPCIÓN DEL PARAGUAY,** c. de Paraguay, cap. del dep. homónimo; 50 312 hab. Puerto fluvial en el Paraguay. Aeropuerto.

CONCEPCIÓN DE LA VEGA o **LA VEGA,** c. de la República Dominicana, cap. de la prov. de La Vega; 141 470 hab.

CONCEPCIÓN DEL URUGUAY, c. de Argentina (Entre Ríos); 55 942 hab. Puerto en el río Uruguay. Universidad. Catedral colonial.

CONCEPTISMO n. m. Estilo literario caracterizado por la complicación conceptual.

CONCEPTO n. m. (lat. *conceptum*). Idea abstracta y general. **2.** Pensamiento expresado con palabras. **3.** Sentencia, agudeza, dicho ingenioso. **4.** Opinión, juicio, crédito: *tener un gran concepto de alguien*. **5.** Aspecto, calidad, título: *en concepto de amigo*.

CONCEPTUAL adj. FILOS. Relativo al concepto. • **Arte conceptual,** tendencia contemporánea que da primacía a la idea sobre la realidad material de la obra.

CONCEPTUALISMO n. m. Doctrina escolástica según la cual el concepto tiene una realidad distinta de la palabra que lo expresa, realidad que sólo se encuentra en el espíritu.

CONCEPTUALISTA adj. y n. m. y f. Relativo al conceptualismo; partidario de esta doctrina.

CONCEPTUAR v. tr. [1s]. Formar concepto, opinión o juicio.

CONCERNIENTE adj. Relacionado con lo que se expresa.

CONCERNIR v. intr. [3e]. Afectar, atañer, corresponder, competer, incumbir: *esta ley concierne a todos*.

CONCERTACIÓN n. f. Acción y efecto de concertar; pactar: *política de concertación*.

CONCERTAR v. tr. y pron. [1j]. Pactar, ajustar, acordar: *concertar la paz, una entrevista*. ♦ v. intr. y pron. **2.** Concordar, convenir entre sí una cosa con otra: *la codicia se concierta con la malicia*.

CONCERTINO n. m. (voz italiana). MÚS. Concierto de dimensiones reducidas. **2.** MÚS. Primer violín de una orquesta.

CONCERTISTA n. m. y f. Solista de un concierto.

CONCESIÓN n. f. (lat. *concessionem*). Acción y efecto de conceder. **2.** Acción y efecto de ceder en una posición ideológica o en una actitud.

CONCESIONARIO, A adj. y n. Dícese de la persona o entidad a quien se hace o transfiere una concesión.

CONCESIVO, A adj. Que se concede o puede concederse. ♦ adj. y n. f. **2. Conjunción concesiva** (LING.), cada una de las partículas utilizadas para introducir oraciones concesivas. || **Oración concesiva** (LING.), oración subordinada introducida por las conjunciones concesivas que indica la razón que se opone al cumplimiento de la acción.

CONCHA n. f. (lat. *conchla*). Envoltura dura, de naturaleza calcárea, segregada por el tegumento que cubre el cuerpo de numerosos moluscos y de algunos otros animales invertebrados (braquiópodos). **2.** Carey, materia córnea traslúcida. **3.** *Amér. Vulg.* Órgano genital de la mujer. **4.** MAR. Ensenada o golfo muy cerrado y profundo. **5.** TEATR. Mueble colocado en medio del proscenio para ocultar al apuntador.

CONCHA (José Vicente), político y jurisconsulto colombiano (Bogotá 1867-Roma 1929), presidente de la república de 1914 a 1918.

CONCHABAMIENTO n. m. *Fam.* Conchabanza.

CONCHABANZA n. f. *Fam.* Acción y efecto de conchabarse.

CONCHABAR v. tr. [1]. Unir, juntar, asociar. ♦ v. tr. y pron. **2.** *Amér. Merid.* Asalariar, tomar sirviente a sueldo. **3.** *Chile.* Cambiar cosas de escaso valor. ♦ **conchabarse** v. pron. **4.** *Fam.* Unirse dos o más personas para algún fin, generalmente no lícito.

CONCHABO n. m. *Amér. Merid.* Contratación rudimentaria del servicio doméstico, mediante un intermediario. **2.** *Chile.* Cambio, permuta.

CONCHALÍ, com. de Chile (Santiago); 153 089 hab. Forma parte del área metropolitana de Santiago.

CONCHO n. m. *Amér.* Poso, sedimento. **2.** *Amér.* Restos de comida. **3.** *Chile. Fam.* Hijo menor de una familia. **4.** *Ecuad.* Túnica de la mazorca de maíz. **5.** *Dom.* Taxi.

CONCHOS, r. de México (Chihuahua), afl. del río Bravo; 700 km. Aprovechamiento hidroeléctrico.

CONCHUDO, A adj. y n. *Amér. Fam.* Sinvergüenza, caradura. **2.** *Amér. Vulg.* Estúpido, bobo. **3.** *Méx.* Dícese de la persona perezosa que se aprovecha del trabajo de los demás. **4.** *Méx. Fig.* Indiferente, desahogado.

CONCIENCIA n. f. (lat. *conscientiam*). Conocimiento que el espíritu humano tiene de su propia existencia, de sus estados, de sus actos y de las cosas: *tener conciencia*

de la propia capacidad. **2.** Integridad moral: *un hombre de conciencia*. • **A conciencia,** bien hecho, con solidez, sin fraude ni engaño. ‖ **En conciencia,** con honradez, con justicia, sinceramente. ‖ **Tomar conciencia** de algo, percatarse intencionadamente de ello.
CONCIENCIACIÓN n. f. Acción mediante la cual se pretende que alguien tome conciencia de algo.
CONCIENCIAR v. tr. [1]. Tomar o hacer tomar conciencia de algo.
CONCIENZUDO, A adj. Que obra o está hecho a conciencia: *un trabajo concienzudo*.
CONCIERTO n. m. (de *concertar*). Buen orden y disposición de las cosas. **2.** Convenio entre dos o más personas o entidades sobre un fin común.
CONCIERTO n. m. (ital. *concerto*). Sesión en la que se interpretan obras musicales. **2.** MÚS. Composición musical en la que uno o más instrumentos se destacan del acompañamiento de la orquesta.
CONCILIÁBULO n. m. (lat. *conciliabulum*). Junta para intrigar o tratar de algo que es o se presume ilícito.
CONCILIACIÓN n. f. Acción y efecto de conciliar. **2.** Conveniencia o semejanza de una cosa con otra. **3.** DER. Avenencia de las partes en un acto previo a la iniciación de un procedimiento contencioso.
CONCILIADOR, RA adj. Que concilia o es propenso a conciliar o conciliarse.
CONCILIAR v. tr. (lat. *conciliare*) [1]. Concertar, poner de acuerdo: *conciliar a las personas en litigio*. **2.** Armonizar doctrinas aparentemente contrarias. • **Conciliar el sueño,** conseguir dormirse. ♦ **conciliarse** v. pron. **3.** Granjear, atraerse las voluntades y la benevolencia: *conciliarse el respeto de todos*.
CONCILIATORIO, A adj. Que puede conciliar o que se dirige a este fin.
CONCILIO n. m. (lat. *concilium*). Asamblea regular de obispos y teólogos, que deciden cuestiones de doctrina o de disciplina eclesiástica.
CONCISIÓN n. f. Calidad de conciso.
CONCISO, A adj. (lat. *concisum*, cortado). Breve y preciso en el modo de expresar los conceptos.
CONCITAR v. tr. (lat. *concitare*) [1]. Excitar los sentimientos de uno contra otro; promover discordias o sediciones.
CONCIUDADANO, A n. Cada uno de los ciudadanos de una misma ciudad, respecto de los demás. **2.** Cada uno de los naturales de una misma nación, respecto de los demás.
CÓNCLAVE o **CONCLAVE** n. m. (lat. *conclave*, habitación cerrada con llave). Asamblea de cardenales reunidos para elegir papa. **2.** *Fig.* Junta para tratar algún asunto.
CONCLUIR v. tr. y pron. (lat. *concludere*) [29]. Dar remate, acabar, terminar: *concluir un trabajo, un plazo*. ♦ v. tr. **2.** Decidir, formar juicio, inferir, deducir: *de lo que ha dicho se concluye que tiene razón*. ♦ v. intr. y pron. **3.** Finalizar, rematar: *la sesión ha concluido*.
CONCLUSIÓN n. f. Acción y efecto de concluir. **2.** Fin de una cosa: *la conclusión de la guerra*. **3.** Consecuencia de un razonamiento: *llegar a una conclusión*. **4.** DER. Cada una de las afirmaciones contenidas en el escrito de calificación penal.
CONCLUSO, A adj. Está terminado.
CONCLUYENTE adj. Categórico, decisivo.
CONCOLORCORVO, seudónimo usado por el autor de *El Lazarillo de ciegos caminantes* (1773), que suscribe Calixto Bustamante Carlos, quien afirma que el libro procede de las memorias de Alonso Carrió de la Vandera, jefe de la expedición de los jesuitas expulsados de Perú en 1767.
CONCOMITANCIA n. f. Simultaneidad de dos o varios hechos.
CONCOMITANTE adj. Que se produce al mismo tiempo.

CONCOMITAR v. tr. [1]. Acompañar una cosa a otra, u obrar juntamente con ella.
CONCORDANCIA n. f. Correspondencia o conformidad de una cosa con otra: *concordancia de opiniones*. **2.** LING. Relación entre palabras que varían simultáneamente: *concordancia entre sujeto y verbo*.
CONCORDAR v. tr. (lat. *concordare*) [1r]. Poner de acuerdo lo que no lo está: *concordar el sonido de los violines*. ♦ v. tr. e intr. **2.** LING. Guardar concordancia las palabras entre sí en una oración. ♦ v. intr. **3.** Coincidir, guardar concordancia, estar de acuerdo: *los datos concuerdan*.
CONCORDATO n. m. (lat. *concordatum*). REL. Convenio solemne entre la Santa Sede y la autoridad suprema de un país, para reglamentar las relaciones mutuas entre la Iglesia católica y el estado.
CONCORDIA n. f. (lat. *concordiam*). Conformidad, unión, acuerdo, convenio, armonía.
CONCORDIA, c. de Argentina (Entre Ríos); 138 905 hab. Puerto en el río Uruguay. Centro comercial.
CONCRECIÓN n. f. (lat. *concretionem*). Acción y efecto de concretar. **2.** Reunión de partículas para formar un cuerpo sólido. **3.** Formación sólida en los tejidos vivos: *concreciones biliares*. **4.** GEOL. Masa de materia cristalizada que resulta de la precipitación, alrededor de un germen, de sales disueltas en las aguas de percolación.
CONCRETAR v. tr. [1]. Combinar, concordar algunas especies o cosas. **2.** Reducir a lo más esencial la materia de que se trata: *concretar un relato*. ♦ **concretarse** v. pron. **3.** Limitarse a tratar de una sola cosa con exclusión de otros asuntos: *me concreto a tus preguntas*.
CONCRETO, A adj. (lat. *concretum*). Dícese de cualquier objeto considerado en sí mismo, con exclusión de cuanto pueda serle extraño o accesorio. **2.** Real, particular, determinado: *un hecho concreto*. **3.** Que puede captarse por los sentidos. • **En concreto,** en resumen, en conclusión. ‖ **Nombre concreto** (LING.), término que designa un ser o un objeto asequibles a los sentidos. ♦ n. m. **4.** Concreción. **5.** *Amér.* Cemento armado.
CONCUBINA n. f. (lat. *concubinam*). Mujer que hace vida marital con un hombre que no es su marido.
CONCUBINATO n. m. Estado de un hombre y una mujer no casados que conviven maritalmente.
CONCULCACIÓN n. f. Acción y efecto de conculcar.
CONCULCAR v. tr. (lat. *conculcare*) [1a]. Quebrantar, infringir: *conculcar las normas de la moral*.
CONCUÑADO, A n. Con respecto a una persona, el cuñado de un hermano suyo o el cónyuge de un cuñado.
CONCUÑO, A n. *Amér.* Concuñado.
CONCUPISCENCIA n. f. (lat. *concupiscentiam*). Atracción natural hacia los bienes sensibles y, especialmente, inclinación a los placeres sexuales.
CONCUPISCENTE adj. Que tiende a la concupiscencia.
CONCURRENCIA n. f. Acción y efecto de concurrir. **2.** Reunión en un mismo lugar o tiempo de personas, sucesos o cosas.
CONCURRENTE adj. y n. m. y f. Que concurre: *elementos concurrentes de un hecho*.
CONCURRIR v. intr. (lat. *concurrere*, correr junto con otros) [3]. Coincidir, juntarse en un mismo lugar o tiempo diferentes personas, sucesos o cosas. **2.** Contribuir, influir. **3.** Concursar: *concurrir a un certamen académico*.
CONCURSANTE adj. y n. m. y f. Que participa en un concurso o certamen.
CONCURSAR v. intr. [1]. Tomar parte en un concurso o certamen. **2.** DER. Ordenar que los bienes de una persona se pongan en concurso de acreedores.

CONCURSO n. m. (lat. *concursum*). Concurrencia. **2.** Competencia abierta entre diversas personas en quienes concurren las mismas condiciones, para escoger la mejor o las mejores: *concurso de poesía, de belleza*. **3.** Llamamiento a los que quieren encargarse de una obra o prestar un servicio, a fin de elegir la propuesta más ventajosa. **4.** DER. Medio utilizado para proveer ciertos cargos o empleos públicos.
CONDADO n. m. (lat. *comitatum*, cortejo). Dignidad de conde. **2.** Territorio gobernado o poseído por un conde.
CONDAL adj. Relativo al conde o a su dignidad.
CONDE, ESA n. Título nobiliario inferior al de marqués y superior al de vizconde.
CONDECORACIÓN n. f. Acción y efecto de condecorar. **2.** Distintivo que se concede a una persona, o en ocasiones, con carácter colectivo, a una unidad militar, en consideración a los méritos contraídos.
CONDECORAR v. tr. (lat. *condecorare*) [1]. Enaltecer a uno con honores o condecoraciones.
CONDENA n. f. Testimonio que el escribano de la sentencia hacía para indicar el destino del reo. **2.** Extensión y grado de la sentencia. **3.** Parte de la sentencia que dicta un juez o tribunal, en la cual se impone la pena al acusado de un delito o falta.
CONDENABLE adj. Digno de ser condenado.
CONDENACIÓN n. f. Acción y efecto de condenar o condenarse. **2.** Pena eterna.
CONDENADO, A ad. y n. Réprobo. **2.** *Fig.* Que perjudica, disgusta o molesta.
CONDENAR v. tr. (lat. *condemnare*) [1]. Dictar el juez o el tribunal sentencia, por la que se impone al reo la pena correspondiente al delito o falta cometidos. **2.** Desaprobar o reprobar una doctrina u opinión. **3.** Obligar, reducir, forzar. **4.** Tabicar, tapiar una habitación o una abertura de un muro. ♦ **condenarse** v. pron. **5.** Incurrir en la pena eterna.
CONDENATORIO, A adj. Que contiene condena o puede motivarla.
CONDENSABLE adj. Susceptible de condensarse o de ser condensado.
CONDENSACIÓN n. f. Acción y efecto de condensar o condensarse. **2.** Paso de un vapor del estado gaseoso al estado líquido. **3.** Unión de varias moléculas químicas, con eliminación de otras a menudo sencillas (agua, cloruro de hidrógeno...).
CONDENSADOR, RA adj. Que condensa. ♦ n. m. **2.** FÍS. Aparato constituido por dos armaduras conductoras, separadas por un medio aislante. **3.** TÉRM. En una instalación frigorífica, aparato en el que el fluido frigorífico, previamente comprimido, pasa del estado de vapor al estado líquido, por la acción de un agente exterior.
CONDENSAR v. tr. y pron. (lat. *condensare*) [1]. Reducir el volumen de una cosa, dándole mayor densidad, especialmente pasar un gas al estado líquido. **2.** Espesar, unir o apretar unas cosas con otras haciéndolas más cerradas o tupidas. ♦ v. tr. **3.** *Fig.* Reducir la extensión de un texto o exposición sin quitarle nada de lo esencial.
CONDES (Las), com. de Chile (Santiago), en el área metropolitana de Santiago; 197 417 hab.
CONDESCENDENCIA n. f. Acción y efecto de condescender.
CONDESCENDER v. intr. (lat. *condescendere*) [2d]. Acceder o acomodarse por amabilidad a la voluntad o parecer de otro.
CONDESCENDIENTE adj. Dispuesto a condescender.
CONDICIÓN n. f. (lat. *conditionem*). Índole, naturaleza, modo de ser de las personas o cosas: *niño de condición rebelde*. **2.** Estado, situación o categoría social: *ser de condición humilde*. **3.** Calidad o circunstancia para que una cosa sea u ocurra.

CON

4. Circunstancias: *condiciones climáticas.* • **A condición que,** o **de que,** con tal que, siempre que. ♦ **condiciones** n. f. pl. **5.** Aptitud o disposición.
CONDICIONADO, A adj. Condicional, que incluye y lleva consigo una condición o requisito.
CONDICIONAL adj. Que incluye una condición. ♦ adj. y n. m. **2.** GRAM. Dícese del modo de la oración que el hablante no asume o sólo asume parcialmente. **3.** LING. Potencial. ♦ adj. y n. f. **4.** GRAM. Dícese de la oración dependiente o subordinada de valor adverbial, del cumplimiento de cuyo enunciado depende la realización de lo expresado por la oración principal.
CONDICIONAMIENTO n. m. Acción y efecto de condicionar, determinar las condiciones.
CONDICIONANTE adj. Que determina o condiciona. ♦ n. m. **2.** Circunstancia que condiciona.
CONDICIONAR v. tr. [**1**]. Hacer depender una cosa de alguna condición. ♦ v. intr. **2.** Acomodarse una cosa a otra.
CONDIMENTACIÓN n. f. Acción y efecto de condimentar.
CONDIMENTAR v. tr. [**1**]. Sazonar la comida.
CONDIMENTO n. m. Sustancia que se emplea en pequeña cantidad para condimentar.
CONDISCÍPULO, A n. (lat. *condiscipulum*). Con relación a una persona, otra que estudia o ha estudiado al mismo tiempo bajo la dirección de un mismo maestro.
CONDOLENCIA n. f. Participación en el pesar ajeno. **2.** Pésame.
CONDOLERSE v. pron. (lat. *condolere*) [**2e**]. Compadecerse, dolerse de lo que otro siente o padece.
CONDOMINIO n. m. *Amér.* Edificio poseído en régimen de propiedad horizontal. **2.** DER. Derecho de dominio en común que tienen dos o más personas sobre una cosa. **3.** DER. Derecho de soberanía ejercido en común por varias potencias sobre un país.
CONDÓN n. m. Preservativo masculino.
CONDONACIÓN n. f. Acción y efecto de condonar.
CONDONAR v. tr. (lat. *condonare*) [**1**]. Perdonar o remitir una pena o deuda.
CÓNDOR n. m. (voz quechua). Ave rapaz de gran tamaño, de color negro y blanco, con el cuello y la cabeza (que lleva unas carúnculas en el macho) rojo oscuro y desnudos.
CONDORCANQUI → **Túpac Amaru** (rebelión de).
CONDORIRI *(nevado de)*, pico de Bolivia (La Paz), en la cordillera Real u Oriental; 6105 m.
CONDUCCIÓN n. f. Acción y efecto de conducir. **2.** Conjunto de tuberías, cables, etc., para conducir un fluido. **3.** Acción de transmitir un fluido, la electricidad, etc. **4.** Acción de transmitir los estímulos nerviosos.
CONDUCIR v. tr. (lat. *conducere*) [**20**]. Dirigir y guiar hacia un lugar. **2.** Gobernar, regir. **3.** Guiar, manejar un vehículo. **4.** Ser causa de que una persona o cosa llegue a cierto estado. **5.** Transportar de una parte a otra. ♦ v. intr. **6.** Convenir, ser a propósito para algún fin. **7.** Llevar, dar acceso. ♦ **conducirse** v. pron. **8.** Comportarse, proceder de cierta manera.
CONDUCTA n. f. (lat. *conductam*, conducida). Manera de conducirse. **2.** Iguala que se hace con el médico.
CONDUCTANCIA n. f. BIOL. Propiedad de la membrana de las células que define su permeabilidad a los iones. **2.** ELECTR. Valor inverso de la resistencia.
CONDUCTISMO n. m. Corriente de la sicología científica que se asigna el comportamiento como objeto de estudio y la observación como método, y que excluye de su campo como inverificables por

naturaleza, los datos de la introspección.
SIN.: *behaviorismo.*
CONDUCTIVIDAD o **CONDUCTIBILIDAD** n. f. Propiedad que tienen los cuerpos de transmitir el calor o la electricidad. **2.** FISIOL. Facultad de propagación del impulso nervioso a lo largo de los nervios.
CONDUCTO n. m. Canal o tubo por el que circula un fluido. **2.** Camino que sigue una instancia, orden o documento. **3.** *Fig.* Persona por quien se dirige un negocio o pretensión, o por quien se tiene noticia de una cosa. • **Conducto auditivo externo,** canal que atraviesa al hueso temporal, por el que los sonidos llegan al tímpano. ‖ **Conducto auditivo interno,** canal que atraviesa el peñasco, por el que pasan los nervios auditivo y facial. ‖ **Conducto eferente,** conducto por donde salen las secreciones de las glándulas.
CONDUCTOR, RA adj. y n. Que conduce, especialmente vehículos de motor. ♦ adj. y n. m. **2.** Dícese del cuerpo capaz de transmitir calor o electricidad. ♦ n. **3.** *Amér.* Cobrador de billetes en un vehículo.
CONECTADOR n. m. Aparato de conexión.
CONECTAR v. tr. (lat. *connectere*) [**1**]. Poner en contacto, unir. **2.** En los circuitos eléctricos, máquinas, etc., establecer una conexión.
CONEJERA n. f. Madriguera de conejos. **2.** Conejar.
CONEJILLO, A n. • **Conejillo de Indias,** cobaya.
CONEJO, A n. (lat. *cuniculum*). Mamífero roedor, salvaje o doméstico, muy prolífico; tiene el pelo espeso, de color ordinariamente gris, orejas tan largas como la cabeza, patas posteriores más largas que las anteriores, y cola muy corta.
CONEPATL n. m. *Méx.* Zorrillo.
CONEXIÓN n. f. (lat. *connexionem*). Relación o enlace entre personas, ideas, cosas, etc. **2.** Unión de circuitos, aparatos o máquinas eléctricas o electrónicas. **3.** Órganos que aseguran dicha unión. ♦ **conexiones.** n. f. pl. **4.** Amistades, mancomunidad de ideas o intereses.
CONEXIONARSE v. pron. [**1**]. Contraer conexiones.
CONEXO, A adj. Que tiene conexión.
CONFABULACIÓN n. f. Acción y efecto de confabular o confabularse.
CONFABULADOR, RA n. Persona que confabula o se confabula.
CONFABULAR v. intr. (lat. *confabulari*) [**1**]. Conferir, conversar, tratar familiarmente. ♦ **confabularse** v. pron. Ponerse de acuerdo para realizar una acción, generalmente en contra de alguien.
CONFECCIÓN n. f. (lat. *confectionem*). Acción y efecto de confeccionar, especialmente prendas de vestir. **2.** Hechura de las prendas de vestir. **3.** Sistema de fabricación en serie de prendas de vestir, según medidas estándar.
CONFECCIONAR v. tr. [**1**]. Hacer enteramente una obra material, combinando sus diversos elementos, ingredientes, etc. **2.** *Por ext.* Preparar o hacer obras de entendimiento.
CONFECCIONISTA adj. y n. m. y f. Que se dedica a la confección en serie, especialmente prendas de vestir.
CONFEDERACIÓN n. f. (lat. *confoederationem*). Acción de confederar. **2.** Unión de estados soberanos que constituye una forma transitoria cuyo punto final consiste bien en su disolución, bien en su transformación en estado federal. **3.** Agrupación de asociaciones sindicales, deportivas, etc.
CONFEDERACIÓN ARGENTINA, nombre que adoptó la República Argentina tras la aprobación de la constitución federal de 1853 (1854-1862).
CONFEDERACIÓN GRANADINA, nombre que adoptó Colombia desde la aprobación de la constitución federalista de 1858 hasta 1862.

CONFEDERADO, A adj. y n. Relativo a una confederación. ♦ **confederados** n. m. pl. **2.** Estados, pueblos, individuos unidos contra un adversario.
CONFEDERAR v. tr. y pron. (lat. *confoederare*) [**1**]. Hacer alianza, liga, unión o pacto entre varias personas, naciones o estados.
CONFERENCIA n. f. Reunión de dos o más personas para tratar de un negocio, asunto, etc. **2.** Disertación en público sobre una cuestión científica, literaria, doctrinal, etc. **3.** Reunión de representantes de gobiernos o estados para tratar asuntos internacionales. **4.** Comunicación telefónica entre dos poblaciones.
CONFERENCIANTE n. m. y f. Persona que pronuncia una conferencia.
CONFERENCIAR v. intr. [**1**]. Conversar dos o más personas para tratar de un asunto.
CONFERENCISTA n. m. y f. *Amér.* Conferenciante.
CONFERIR v. tr. (lat. *conferre*) [**22**]. Conceder a una dignidad, empleo o facultades. **2.** Dar, comunicar, atribuir.
CONFESAR v. tr. [**1j**]. Manifestar algo que se había mantenido oculto. **2.** Declarar la verdad obligado por las circunstancias. **3.** Oír el confesor al penitente. ♦ v. tr. y pron. **4.** Declarar el penitente al confesor sus pecados. **5.** Reconocer uno lo que no puede negar, por motivos de razón, fe, etc.
CONFESIÓN n. f. (lat. *confessionem*). Acción y efecto de confesar. **2.** Afirmación pública de la fe que uno profesa. **3.** Credo religioso y conjunto de personas que lo profesan.
CONFESIONAL adj. Relativo a una confesión religiosa. **2.** Dícese del estado que reconoce como propia en su constitución una o varias confesiones religiosas.
CONFESO, A adj. y n. (lat. *confessum*). Que ha confesado haber cometido un delito o falta. **2.** Dícese del judío convertido.
CONFESONARIO o **CONFESIONARIO** n. m. Garita con celosías a los lados, en cuyo interior se sienta el sacerdote para confesar.
CONFESOR n. m. Cristiano que había hecho manifestación de su fe. **2.** Sacerdote que oye las confesiones.
CONFETI n. m. (ital. *confetti*). Pedacitos de papel de diversos colores que se arrojan en determinadas fiestas y procesiones, especialmente en carnaval.
CONFIADO, A adj. Crédulo, imprevisor. **2.** Presumido, orgulloso.
CONFIANZA n. f. Seguridad que uno tiene en sí mismo, en otro o en una cosa. **2.** Familiaridad en el trato. **3.** Ánimo, aliento y vigor para obrar.
CONFIAR v. intr. y tr. [**1t**]. Tener confianza, seguridad. ♦ v. tr. **2.** Poner una persona o cosa al cuidado de alguien. **3.** Decir, explicar en confianza. ♦ **confiarse** v. pron. **4.** Franquearse.
CONFIDENCIA n. f. Revelación secreta, noticia reservada.
CONFIDENCIAL adj. Que se hace o se dice en confianza o en secreto, reservado.
CONFIDENTE, A n. Persona a quien otra fía sus secretos o le encarga la ejecución de cosas reservadas. **2.** Persona que transmite a otra, en forma confidencial, información que es para ella última le interesa conocer. ♦ n. m. **3.** Asiento formado por dos o tres sillones de respaldo dispuestos en forma de S.
CONFIGURACIÓN n. f. Disposición de las partes que componen una cosa y le dan su peculiar forma o manera de ser.
CONFIGURAR v. tr. y pron. (lat. *configurare*) [**1**]. Dar o adquirir determinada configuración.
CONFÍN adj. Que confina o linda. ♦ n. m. **2.** Término que divide las poblaciones, provincias, etc., y señala los límites de cada uno. **3.** Último término a que alcanza la vista.

CONFINACIÓN n. f. Confinamiento.
CONFINADO, A adj. y n. Que sufre la pena de confinamiento. ♦ adj. **2.** Desterrado.
CONFINAMIENTO n. m. Acción y efecto de confinar. **2.** Pena grave restrictiva de la libertad consistente en la residencia forzosa del condenado en un determinado lugar. **3.** Situación de una especie animal que habita un espacio reducido.
CONFINAR v. intr. [1]. Lindar, estar contiguo o inmediato. ♦ v. tr. **2.** Desterrar a uno, imponerle la pena de confinamiento. ♦ **confinarse** v. pron. **3.** Encerrarse, recluirse.
CONFIRMACIÓN n. f. Acción y efecto de confirmar. **2.** Nueva prueba de la verdad y certeza de un suceso, dictamen, etc. **3.** Para los católicos, sacramento, habitualmente administrado por el obispo, que completa la gracia conferida por el bautismo. **4.** Para los protestantes, acto sin valor sacramental por el que se confirman públicamente los votos del bautismo antes de ser admitido a la cena. **5.** DER. Ratificación de un acto jurídico para su plena eficacia en derecho.
CONFIRMANDO, A n. Persona que va a recibir el sacramento de la confirmación.
CONFIRMAR v. tr. (lat. *confirmare*) [1]. Corroborar la verdad o certeza de una cosa. **2.** Revalidar lo ya aprobado. **3.** REL. Administrar la confirmación. ♦ v. tr. y pron. **4.** Asegurar, dar a una persona o cosa mayor firmeza.
CONFIRMATORIO, A adj. Dícese del auto o sentencia por el que se confirma otro anterior. SIN.: *confirmativo*.
CONFISCACIÓN n. f. Acción y efecto de confiscar.
CONFISCAR v. tr. (lat. *confiscare*) [1a]. Atribuir al fisco bienes de propiedad privada.
CONFITAR v. tr. [1]. Cubrir con baño de azúcar las frutas o semillas preparadas para este fin. **2.** Cocer las frutas en almíbar.
CONFITE n. m. (cat. *confit*). Pasta de azúcar y algún otro ingrediente, en forma de bolas de pequeño tamaño.
CONFITERÍA n. f. Industria del confitero. **2.** Conjunto de los productos de esta industria. **3.** Establecimiento donde se venden estos productos. **4.** *Amér. Merid.* Bar, cafetería.
CONFITURA n. f. Preparación hecha con azúcar refinado o cristalizado y frutas frescas o jugo de frutas frescas.
CONFITURÍA n. f. *Colomb.* Confitería, tienda de dulces.
CONFLAGRACIÓN n. f. Incendio, fuego, siniestro. **2.** *Fig.* Perturbación repentina de pueblos o naciones, especialmente a causa de guerra.
CONFLICTIVIDAD n. f. Cualidad de conflictivo: *alto índice de conflictividad en una zona.*
CONFLICTIVO, A adj. Que origina conflicto. **2.** Relativo al conflicto. **3.** Dícese del tiempo, situación, circunstancias, etc., en los que se origina conflicto.
CONFLICTO n. m. (lat. *conflictum*). Choque, combate, lucha, pugna: *conflicto fronterizo entre dos estados; conflicto generacional.* **2.** *Fig.* Apuro, dificultad, peligro. **3.** SICOL. Estado de un ser vivo sometido a motivaciones incompatibles.
CONFLUENCIA n. f. Acción de confluir. **2.** Lugar donde confluyen dos o más cosas.
CONFLUENCIA, dep. de Argentina (Neuquén); 265 050 hab. Cab. *Neuquén.*
CONFLUIR v. intr. (lat. *confluere*) [29]. Juntarse dos o más corrientes de agua en un lugar. **2.** Juntarse en un punto dos o más caminos. **3.** Concurrir en un sitio mucha gente. **4.** *Fig.* Concurrir diversos factores en un determinado hecho o fenómeno.
CONFORMACIÓN n. f. Disposición de las partes que forman una cosa.
CONFORMAR v. tr., intr. y pron. (lat. *conformare*) [1]. Ajustar, concordar una cosa con otra. **2.** Dar o adquirir una forma o característica determinada. ♦ v. intr. y pron. **3.** Convenir una persona con otra, ser de la misma opinión o dictamen. ♦ v. tr. **4.** Poner el conforme en un escrito. ♦ **conformarse** v. pron. **5.** Aceptar sin protesta algo que puede considerarse malo o insuficiente.
CONFORME adj. Acorde con otra cosa tomada como término de comparación, que se corresponde con ciertos principios u órdenes. **2.** Resignado y paciente en las adversidades. **3.** Acorde con otro en un mismo dictamen, o unido con él para alguna acción o empresa. ♦ n. m. **4.** Asentimiento que se pone al pie de un escrito. ♦ adv. m. **5.** Según, con arreglo a. **6.** Tan pronto como, a medida que. • **Según y conforme**, de igual suerte o manera que.
CONFORMIDAD n. f. (lat. *conformitatem*). Cualidad o actitud de conforme. • **De conformidad**, conforme, según, con arreglo a. ‖ **En conformidad**, conforme, según, con arreglo a.
CONFORMISMO n. m. Cualidad o actitud de conformista.
CONFORMISTA adj. y n. m. y f. Que está de acuerdo con lo oficialmente establecido o que se conforma por rutina u oportunismo a las tradiciones y a las costumbres.
CONFORT n. m. *Galic.* Comodidad, bienestar.
CONFORTABLE adj. Que conforta, anima. **2.** Que proporciona confort.
CONFORTADOR, RA adj. y n. Que conforta.
CONFORTANTE adj. Confortador.
CONFORTAR v. tr. y pron. (lat. *confortare*) [1]. Animar, consolar, dar vigor.
CONFRATERNIDAD n. f. Unión o relación entre personas que confraternizan.
CONFRATERNIZAR v. intr. [1g]. Tratarse con amistad y camaradería. **2.** Hermanarse una persona con otra.
CONFRONTACIÓN n. f. Acción y efecto de confrontar.
CONFRONTAR v. tr. [1]. Examinar conjuntamente dos o más cosas para averiguar sus semejanzas o diferencias. **2.** Poner a dos personas una frente a otra para que defiendan sus respectivas afirmaciones. ♦ v. tr. y pron. **3.** Estar o ponerse una persona o cosa frente a otra. ♦ v. intr. **4.** Confinar, lindar.
CONFUCIANISMO o **CONFUCIONISMO** n. m. Doctrina de Confucio y de sus discípulos.
CONFUCIO, en chino **Kongzi** (K'ong tseu) o **Kongfuzi** (K'ong-fou-tseu), letrado y filósofo chino (c. 551-479 a. J.C.). Su filosofía es moral y política. Su obra fue el origen del *confucianismo.*
CONFUNDIR v. tr. y pron. (lat. *confundere*) [3]. Mezclar varias personas o varias cosas de modo que no puedan distinguirse unas de otras. **2.** Tomar o hacer que alguien tome erróneamente una cosa por otra. **3.** Perturbar, desordenar. **4.** *Fig.* Humillar, abatir, avergonzar. **5.** *Fig.* Turbar, dejar o quedar confuso.
CONFUSIÓN n. f. (lat. *confusionem*). Acción y efecto de confundir. **2.** Falta de orden, de concierto y de claridad. **3.** DER. Situación que se produce cuando una persona es titular de dos situaciones jurídicas, cuya atribución simultánea a un mismo sujeto es contraria a su propia naturaleza.
CONFUSO, A adj. Mezclado, desordenado. **2.** Oscuro, dudoso, ambiguo. **3.** Difícil de distinguir, poco perceptible. **4.** *Fig.* Turbado, temeroso, avergonzado.
CONGA n. f. Danza popular cubana, de origen africano, que se ejecuta por grupos colocados en fila doble y al compás de un tambor. **2.** Música e instrumento de percusión, que se toca entre sí acompañamiento de este baile.
CONGAL n. m. *Méx.* Prostíbulo.
CONGELACIÓN n. f. Acción y efecto de congelar. SIN.: *congelamiento.* **2.** ECON. Proceso por el cual, mediante la intervención estatal, una variable económica permanece sin modificación sensible.

CONGELADO n. m. Alimento conservado a bajas temperaturas para mantener sus propiedades nutritivas.
CONGELADOR n. m. Aparato utilizado para la congelación y conservación en tal estado de alimentos y otras sustancias. **2.** Compartimiento de congelación en los frigoríficos.
CONGELAR v. tr. y pron. (lat. *congelare*) [1]. Transformar un líquido en sólido mediante el frío. **2.** Someter al frío para la conservación: *congelar carne.* **3.** Detener o aplazar el curso o desarrollo de algún proceso (legislativo, educativo, político, etc.). **4.** Efectuar una congelación de precios, salarios, etc.
CONGÉNERE adj. y n. m. y f. Respecto a una persona o cosa, otra del mismo género, clase u origen.
CONGENIAR v. intr [1]. Avenirse una persona con otra u otras por tener el mismo genio, carácter o inclinaciones.
CONGÉNITO, A adj. (lat. *congenitum*). Que se engendra juntamente con otra cosa. **2.** Connatural, nacido con uno, originado en la época fetal: *enfermedades congénitas.*
CONGESTIÓN n. f. Acumulación anormal de sangre en los vasos sanguíneos de un órgano. **2.** *Fig.* Acumulación, aglomeración en general.
CONGESTIONAR v. tr. y pron. [1]. Producir o padecer congestión.
CONGESTIVO, A adj. Relativo a la congestión.
CONGLOMERACIÓN n. f. Acción y efecto de conglomerar o conglomerarse.
CONGLOMERADO n. m. Efecto de conglomerarse. **2.** Roca sedimentaria detrítica, formada por cantos rodados (pudingas) o angulosos (brechas) de unas cosas ulteriormente cimentadas. **3.** Masa compacta que resulta de unir fragmentos de una sustancia. **4.** ECON. Forma de expansión de una firma por medio de fusiones o del control de distintas empresas que fabrican productos muy diversificados.
CONGLOMERAR v. tr. (lat. *conglomerare*) [1]. Aglomerar. ♦ **conglomerarse** v. pron. **2.** Agrupar fragmentos o corpúsculos de una misma o de diversas sustancias de modo que resulte una masa compacta.
CONGO, n. de África → **Zaire.**
CONGO (República del), estado de África ecuatorial; 342 000 km²; 2 300 000 hab. (Congoleños.) CAP. *Brazzaville.* LENGUA OFICIAL: *francés.* MONEDA: *franco C.F.A.*
GEOGRAFÍA
A caballo del ecuador, el país está parcialmente cubierto por una selva densa, localmente explotada. La mandioca es la base de la alimentación. El petróleo es la principal fuente de las exportaciones, que pasan, fundamentalmente, por el puerto de Pointe-Noire.
HISTORIA
Ss. XV-XVIII: existían dos reinos, en el N (Makoko) y en el S (Loango). La selva estaba ocupada por los pigmeos (binga). 1875: el francés Savorgnan de Brazza exploró la región. 1910: la colonia del Congo medio, creada en el marco del Congo francés (1891), se integró en el África ecuatorial francesa (cap. Brazzaville). 1926-1942: un movimiento sincretista dirigido por André Matswa († 1942), provocó revueltas. 1946: el Congo se convirtió en territorio de ultramar francés. 1958: creación de la República Autónoma del Congo, de la que el abate Fulbert Youlou fue el primer presidente. 1960: el Congo-Brazzaville obtuvo la independencia. 1963: Youlou fue sustituido por Alphonse Massemba-Debat, que introdujo al país en la vía del socialismo. 1969-1977: Marien Ngouabi (asesinado en 1977) proclamó la República Popular del Congo y estrechó sus lazos con China. 1979: Denis Sassou-Nguesso fue elegido presidente. A partir de 1990 se inició un proceso de democratización. 1992: tras

CON

aprobar por referéndum una nueva constitución (marzo), se celebraron elecciones presidenciales, que ganó el líder de la oposición democrática Pascal Lissouba. 1997: la cancelación de los comicios presidenciales y la prórroga del mandato de Lissouba provocaron una grave crisis que degeneró en violentos combates armados entre las fuerzas de seguridad y las milicias privadas del ex presidente Sassou-Nguesso, que finalmente se hizo con el poder (oct.) y fue proclamado presidente.

CONGO (*República Democrática del*) (de 1971 a 1997 *Zaire*), ant. **Congo Belga** y **Congo-Kinshasa**, estado de África central; 2 345 000 km²; 37 800 000 hab. (*Zaireños.*) CAP. *Kinshasa.* LENGUA OFICIAL: *francés.* MONEDA: *zaire.*

GEOGRAFÍA
El país, atravesado por el ecuador, se extiende sobre la mayor parte de la cubeta forestal húmeda y cálida del río Zaire o Congo y sobre las mesetas o alturas del E. La población (más de 500 etnias), muy desigualmente distribuida, presenta un intenso crecimiento demográfico; el éxodo rural ha hecho crecer las ciudades (sobre todo Kinshasa). La agricultura, aún dominante, es sobre todo de subsistencia (mandioca, maíz y banano), pero el país no cubre sus necesidades alimenticias. Las plantaciones proporcionan aceite de palma, palmitos, café y cacao. Los recursos mineros, abundantes y diversificados (cobre en primer lugar, petróleo y diamantes industriales), proporcionan lo básico de las exportaciones. Kinshasa, Lubumbashi y Kisangani concentran las escasas actividades industriales. El país depende en demasía de los precios de las materias primas. La presión demográfica incrementa el subempleo, y el país se encuentra fuertemente endeudado.

HISTORIA
La región estuvo ocupada por dos grupos étnicos: pigmeos y bantúes. S. XVII-XVIII: se fundó el reino kuba a orillas del río Kasai, mientras que en Shaba (Katanga) el reino luba estaba en su apogeo; el reino lunda se separó de éste (c. 1750). 1876: el rey de los belgas Leopoldo II creó la Asociación internacional africana (A.I.A.), pronto transformada en Asociación Internacional del Congo. 1885: el estado libre del Congo recibió en Berlín su consagración internacional. Su unión con Bélgica fue puramente personal, siendo el Congo propiedad del soberano Leopoldo II. 1908: Bélgica asumió la herencia de Leopoldo II. 1918-1939: el desarrollo económico de la colonia fue activamente impulsado. 1960: después de cuatro años de efervescencia nacionalista, el Congo-Kinshasa accedió a la independencia y Joseph Kasavubu fue presidente de la república. 1965: acceso a la presidencia de la república de J. Mobutu tras un golpe de estado. 1971: el Congo-Kinshasa tomó el nombre de Zaire. 1991: las protestas populares y de la oposición reclamando la democratización del poder y la negativa de Mobutu a compartirlo llevaron al país a la anarquía. 1992-1995: los enfrentamientos entre Mobutu y los poderes de transición no dejaron de sucederse. 1996: ofensiva de los rebeldes tutsi zaireños, liderados por Laurent Kabila, que, tras provocar el éxodo masivo de los hutu hacia Ruanda, continuaron su avance hacia el interior del país. 1997: Mobutu abandonó el poder y se exilió. L. Kabila se autoproclamó presidente de la República Democrática del Congo, nuevo nombre de Zaire. 2001: A la muerte de L.D. Kabila, asume el poder su hijo Joseph. Se registraron enfrentamientos armados tras su asunción.

CONGOJA n. f. (cat. *congoixa*). Fatiga y aflicción del ánimo.
CONGOLA n. f. *Colomb.* Pipa de fumar.
CONGOLEÑO, A adj. y n. Del Congo.
CONGOÑA n. f. *Argent.* Hierba mate.
CONGRACIAR v. tr. y pron. [1]. Conseguir o atraerse la benevolencia o la estimación de alguien.
CONGRATULACIÓN n. f. Acción y efecto de congratular.
CONGRATULAR v. tr. y pron. (lat. *congratulari*) [1]. Manifestar alegría y satisfacción una persona a otra, a quien ha sucedido algo favorable.
CONGREGACIÓN n. f. Junta para tratar de uno o más negocios. **2.** Reunión de personas religiosas o seglares que se rigen por los mismos estatutos o que tienen unos mismos fines piadosos. • **Congregación de los fieles,** la Iglesia católica.
CONGREGAR v. tr. y pron. (lat *congregare*) [1]. Juntar, reunir.
CONGRESAL n. m. y f. *Amér.* Congresista.
CONGRESISTA n. m. y f. Miembro de un congreso.
CONGRESO n. m. (lat. *congresum*). Junta de varias personas para deliberar sobre intereses o estudios comunes: *congreso político.* **2.** Cuerpo legislativo compuesto por diputados o representantes nombrados por elección. **3.** Edificio donde este cuerpo celebra sus sesiones. **4.** Reunión de soberanos, embajadores o delegados de diversos países.
CONGRIO n. m. (lat. *congrum*). Pez marino, de 2 a 3 m de long. y de color gris azulado oscuro, que vive en las hendiduras de las rocas. (Familia cóngridos.)
CONGRUENCIA n. f. Conveniencia, oportunidad, ilación o conexión de ideas, palabras, etc.
CONGRUENTE o **CONGRUO, A** adj. (lat. *congruentem*). Que implica congruencia. **2.** Dícese de dos números que dan al mismo resto cuando se los divide por el mismo número.
CONGUITO n. m. *Amér.* Ají.
CÓNICA n. f. Cualquiera de las curvas que resultan de cortar la superficie de un cono circular por un plano (circunferencia, elipse, hipérbola o parábola).
CÓNICO, A adj. Relativo al cono. **2.** De forma de cono.
CONÍFERO, A adj. y n. f. BOT. Relativo a un orden de gimnospermas formado fundamentalmente por árboles de hoja perenne, resinosos, cuyos frutos tienen forma cónica, como el pino y el abeto.
CONJETURA n. f. (lat. *coniecturam*). Juicio que se forma de una cosa o acaecimiento por las señales o indicios que de él se tienen.
CONJETURAR v. tr. (lat. *coniecturare*) [1]. Creer algo por conjeturas o hacer conjeturas sobre algo.
CONJUGABLE adj. Que puede conjugarse.
CONJUGACIÓN n. f. BIOL. Modo de reproducción sexual isógama de ciertos protozoos ciliados y de ciertas algas verdes. **2.** LING. Flexión propia del verbo, que adopta formas distintas según los accidentes de persona, número, tiempo, modo y voz. **3.** LING. Conjunto de estas formas, ordenadas en paradigmas. (En español se distinguen tradicionalmente tres conjugaciones regulares [según que los infinitivos terminen en *ar, er, ir.*].)
CONJUGADO, A adj. MAT. Dícese de dos elementos entre los cuales existe una correspondencia determinada.
CONJUGAR v. tr. y pron. (lat. *coniugare*) [**1b**]. Unir, enlazar, combinar. • **Conjugar un verbo,** enumerar todas sus formas, en todos los tiempos y modos, en todas las personas del singular y del plural.
CONJUNCIÓN n. f. (lat. *coniunctionem*). Acción y efecto de unirse dos o más cosas. **2.** ASTRON. Encuentro aparente de dos o más astros en la misma parte del cielo. **3.** LING. Partícula invariable que sirve para unir dos palabras o dos oraciones, estableciendo un enlace gramatical entre ellas, aunque a veces signifique contrariedad o separación de sentido.
CONJUNTAR v. intr. y pron. (lat. *conionctare*) [1]. Armonizar los elementos de un conjunto para aumentar su eficacia.
CONJUNTIVA n. f. Mucosa que cubre la cara posterior de los párpados y la cara anterior de la esclerótica.
CONJUNTIVO, A adj. Que junta y une. • **Locución conjuntiva** (LING.), grupo de palabras que desempeña el papel de una conjunción, como *a fin de que, a pesar de que,* etc. ‖ **Tejido conjuntivo** (ANAT.), tejido animal que realiza funciones de sostén o de protección.
CONJUNTO, A adj. (lat. *coniunctum*). Unido o contiguo a otra cosa. **2.** ASTRON. Encuentro aparente de dos o más astros en la misma parte del cielo. Mezclado, incorporado con otra cosa diversa. ♦ n. m. **3.** Agrupación de varios elementos en un todo: *un conjunto de circunstancias.* **4.** La totalidad de una cosa, considerada sin atender a sus partes o detalles. **5.** Juego de prendas de vestir que se lleva al mismo tiempo. **6.** Grupo de intérpretes vocales o instrumentales, que ejecutan composiciones a varias partes. **7.** Coro que actúa en una revista musical. **8.** MAT. y ESTADÍST. Colección de elementos o de números que tienen en común una o varias propiedades que los caracterizan. • **Conjunto finito** (MAT.), conjunto con un número limitado de elementos. ‖ **Conjunto infinito** (MAT.), conjunto no finito. ‖ **Teoría de conjuntos** (MAT.), parte de las matemáticas que estudia las propiedades de los conjuntos y las operaciones a las que pueden ser sometidos.
CONJURACIÓN o **CONJURA** n. f. Acuerdo concertado secretamente por juramento común, para subvertir el orden de un estado. **2.** Confabulación, conspiración.
CONJURADO, A adj. y n. Que participa en una conjuración.
CONJURADOR, RA n. Persona que conjura.
CONJURAR v. intr. y pron. [1]. Aliarse varias personas para llevar a término alguna empresa, generalmente de carácter secreto, subversivo o fuera de la ley. ♦ v. tr. **2.** Tomar juramento a uno. **3.** Pedir con instancia o con alguna especie de autoridad. **4.** *Fig.* Impedir, evitar algún daño o peligro.
CONJURO n. m. Acción y efecto de conjurar. **2.** Ruego encarecido. **3.** Palabras mágicas que se utilizan para conjurar.
CONLLEVAR v. tr. [1]. Ayudar a uno a soportar las contrariedades. **2.** Sufrir, tolerar el genio y las impertinencias de una persona. **3.** Contener, comprender, abarcar. **4.** Implicar, acarrear.
CONMEMORACIÓN n. f. Acción de conmemorar. **2.** LITURG. Memoria de un santo que se hace en su fiesta, cuando ésta concurre con otra festividad mayor.
CONMEMORAR v. tr. (lat. *commemorare*) [1]. Celebrar solemnemente el recuerdo de una persona o acontecimiento.
CONMENSURABLE adj. Sujeto a medida o valuación. **2.** Dícese de cualquier cantidad que tenga con otra una medida común.
CONMENSURAR v. tr. [1]. Medir con igual o debida proporción.
CONMIGO pron. pers. de 1.ª persona. Se usa para indicar con la primera persona del pronombre personal y el término de la prep. *con.*
CONMINAR v. tr. (lat. *comminari*) [1]. Amenazar con alguna pena o castigo, especialmente el que tiene potestad o fuerza para hacerlo.
CONMINATIVO, A adj. Que conmina.
CONMINATORIO, A adj. y n. DER. Dícese del mandamiento que incluye amenaza de alguna pena, y del juramento con que se conmina a una persona.

178

CONMISERACIÓN n. f. (lat. *commiseratio-nem*). Compasión por el mal o desgracia ajena.

CONMOCIÓN n. f. (lat. *commotionem*). Movimiento o perturbación violenta del ánimo o del cuerpo. **2.** Levantamiento, tumulto, disturbio. **3.** Movimiento sísmico muy perceptible. • **Conmoción cerebral,** estado de pérdida pasajera de la conciencia, secundario a un traumatismo de relativa intensidad.

CONMOCIONAR v. tr. y pron. [1]. Producir una conmoción.

CONMONITORIO n. m. Memoria o relación escrita de algunas cosas o noticias.

CONMOVEDOR, RA adj. Que conmueve.

CONMOVER v. tr. y pron. (lat. *commovere*) [2e]. Perturbar, sacudir, mover fuerte o eficazmente. **2.** Enternecer, mover a compasión.

CONMUTA n. f. *Amér.* Conmutación, permuta.

CONMUTABLE adj. Que se puede conmutar.

CONMUTACIÓN n. f. Acción y efecto de conmutar.

CONMUTADOR, RA adj. Que conmuta. ♦ n. m. **2.** Aparato destinado a sustituir una porción de circuito por otra, o bien a modificar sucesivamente las conexiones de varios circuitos. **3.** Dispositivo que permite establecer la conexión entre dos abonados telefónicos. **4.** *Amér.* Centralita telefónica.

CONMUTAR v. tr. [1]. Trocar, permutar, cambiar una cosa por otra.

CONMUTATIVO, A adj. Relativo a la conmutación. **2.** LÓG. y MAT. Dícese de la propiedad de ciertas operaciones cuyo resultado no varía cambiando el orden de sus términos o elementos.

CONNATURAL adj. Propio o conforme a la naturaleza del ser de que se trata.

CONNATURALIZAR v. tr. [1g]. Hacer natural. ♦ **connaturalizarse** v. pron. **2.** Acostumbrarse uno a una cosa: *connaturalizarse con el trabajo.*

CONNECTICUT, estado de Estados Unidos, en Nueva Inglaterra; 13 000 km²; 3 287 116 hab. Cap. *Hartford.*

CONNIVENCIA n. f. (lat. *conniventiam*). Disimulo o tolerancia de un superior acerca de las transgresiones que cometen sus subordinados. **2.** Acción de confabularse.

CONNIVENTE adj. Referido a las partes de una planta, que tienden a aproximarse. **2.** Que actúa con connivencia.

CONNOTACIÓN n. f. Acción y efecto de connotar. **2.** Parentesco en grado remoto.

CONNOTADO, A adj. *Amér.* Notable, conspicuo.

CONNOTAR v. tr. [1]. Hacer relación. **2.** Sugerir una palabra otra significación, además de la primera. (Por ej.: *león* denota el animal de este nombre y connota «valentía».)

CONO n. m. (lat. *conum*). Cuerpo geométrico limitado por una superficie cónica de directriz cerrada, su vértice, y un plano que la corta y que constituye su base. **2.** ANAT. Prolongación en forma de cono de ciertas células de la retina, sede de la visión de los colores. **3.** HIST. NAT. Fruto de las coníferas. • **Cono de revolución,** sólido engendrado por la rotación de un triángulo rectángulo alrededor de uno de los catetos.

CONOCEDOR, RA adj. y n. Que conoce bien la naturaleza y propiedades de una cosa.

CONOCER v. tr. (lat. *cognoscere*) [2m]. Averiguar, tener noción, por el ejercicio de las facultades intelectuales, de la naturaleza, cualidades y relaciones de las cosas. **2.** Entender, advertir, saber. **3.** Distinguir, percibir el objeto como distinto de todo lo que en él es: *conocer las hierbas buenas y las malas.* **4.** Presumir o conjeturar lo que puede suceder. **5.** Entender en un asunto con facultad legítima para ello: *el juez conoció una causa.* **6.** Reconocer. **7.** *Fig.* Tener trato carnal el hombre con una mujer. **8.** Tener noticia, haber oído hablar de uno. **9.** Tener idea del carácter de una persona, juzgarle justamente. ♦ v. tr. y pron. **10.** Tener trato y comunicación con alguien. ♦ **conocerse** v. pron. **11.** Juzgarse justamente uno mismo.

CONOCIBLE o **COGNOSCIBLE** adj. Que se puede conocer, o es capaz de ser conocido.

CONOCIDO, A adj. Distinguido, ilustre, acreditado. ♦ n. **2.** Persona con quien se tiene trato, pero no amistad.

CONOCIMIENTO n. m. Acción y efecto de conocer. **2.** Entendimiento, inteligencia, razón natural. **3.** Conciencia de la propia existencia. • **Teoría del conocimiento** (FILOS.), sistema que explica las relaciones entre el pensamiento y los objetos, y entre el hombre y el mundo. ♦ **conocimientos** n. m. pl. **4.** Noción, ciencia, sabiduría.

CONQUE conj. consecutiva. Anuncia una consecuencia natural de lo que acaba de decirse o de lo que se tiene ya sabido.

CONQUENSE adj. y n. m. y f. De Cuenca. SIN.: *cuencano.*

CONQUISTA n. f. Acción y efecto de conquistar. **2.** Cosa o persona conquistada.

CONQUISTADOR, RA adj. y n. Que conquista. **2.** Dícese del hombre que enamora a muchas mujeres. ♦ n. m. **3.** Nombre dado a los españoles que fueron a conquistar América.

CONQUISTAR v. tr. [1]. Apoderarse, hacerse dueño en la guerra de una población o territorio enemigo. **2.** *Fig.* Ganar la voluntad de alguien: *conquistar los corazones.* **3.** *Fig.* Conseguir algo con esfuerzo, habilidad o venciendo dificultades.

CONRAD (Józef Konrad **Korzeniowski,** llamado **Joseph),** escritor británico de origen polaco (Berdichev, Ucrania 1857-Bishopsbourne, Kent, 1924), autor de novelas de aventuras (*El negro del «Narcissus»,* 1897; *Lord Jim,* 1900; *El corazón de las tinieblas,* 1902; *Nostromo,* 1904).

CONSABIDO, A adj. Sabido de antemano, expresado anteriormente o que es habitual o frecuente.

CONSAGRACIÓN n. f. Acción y efecto de consagrar. **2.** REL. Rito litúrgico por el que se dedica al servicio de Dios una persona o cosa que, de este modo, entra en la categoría de lo sagrado: *la consagración de una iglesia.* **3.** REL. Acto por el cual se efectúa en la misa la conversión del pan y del vino en el cuerpo y sangre de Jesucristo. **4.** REL. Momento de la misa en que se efectúa este acto.

CONSAGRAR v. tr. (lat. *consecrare*) [1]. Erigir un monumento o celebrar un homenaje para perpetuar la memoria de una persona, suceso, etc. **2.** REL. Dedicar al servicio de Dios. **3.** REL. Realizar el acto de la consagración eucarística. ♦ v. tr. y pron. **4.** Dedicar, destinar, emplear: *consagrar su vida al estudio.* **5.** Lograr fama o reputación por causa de algo que se expresa.

CONSANGUÍNEO, A adj. y n. (lat. *consanguineum*). Pariente por parte paterna: *hermano consanguíneo.* **2.** Dícese de los seres que tienen un ascendente común.

CONSANGUINIDAD n. f. Carácter de los que pertenecen a un mismo tronco de familia y poseen caracteres hereditarios semejantes.

CONSCIENCIA n. f. Conciencia.

CONSCIENTE adj. (lat. *conscientem*). Que tiene conciencia, conocimiento: *ser consciente de las responsabilidades.* **2.** Dícese de un nivel de la estructura de la personalidad en que se tiene conciencia de los fenómenos psíquicos.

CONSCRIPCIÓN n. f. (fr. *conscription*). *Galic.* Reclutamiento, quinta. **2.** *Argent.* Servicio militar.

CONSCRIPTO, A adj. (lat. *conscriptum*). **Padres conscriptos,** senadores romanos. ♦ n. m. **2.** *Amér. Merid.* Recluta, quinto, soldado que recibe la instrucción militar obligatoria.

CONSECUCIÓN n. f. Acción y efecto de conseguir.

CONSECUENCIA n. f. (lat. *consequentiam*). Proposición que se deduce lógicamente de otra o de un sistema de proposiciones dado. **2.** Correspondencia lógica entre la conducta de uno y los principios que profesa. **3.** Hecho o acontecimiento que se sigue o resulta necesariamente de otro: *prever las consecuencias de un hecho.*

CONSECUENTE adj. (lat. *consequentem*). Que es consecuencia de algo. **2.** Dícese de la persona cuya conducta guarda la debida relación con los principios que profesa. ♦ n. m. **3.** Proposición que se deduce de otra que se llama antecedente. **4.** MAT. y LÓG. El segundo de dos enunciados unidos por una relación de implicación.

CONSECUTIVO, A adj. Que sigue inmediatamente a otra cosa: *tres días consecutivos.* ♦ adj. y n. f. • **Conjunción consecutiva** (LING.), conjunción que sirve para introducir oraciones consecutivas. | **Oración consecutiva** (LING.), oración subordinada que expresa la consecuencia real o lógica de lo que se ha expresado en la principal o en la oración de que depende.

CONSEGUIR v. tr. (lat. *consequi*) [30a]. Alcanzar, lograr, obtener lo que se pretende o desea.

CONSEJA n. f. (lat. *consilia*). Cuento, fábula, leyenda.

CONSEJERÍA n. f. Cada uno de los departamentos del consejo de gobierno de las comunidades autónomas. **2.** Local de las oficinas de una consejería. **3.** Cargo y función de consejero.

CONSEJERO, A n. Persona que aconseja o sirve para aconsejar. **2.** Persona que forma parte de algún consejo o, en determinadas regiones o estados, de un ministerio.

CONSEJO n. m. (lat. *consilium*). Advertencia hecha a alguien sobre lo que se debe hacer: *seguir, dar un consejo.* **2.** Organismo formado por un conjunto de personas encargadas de realizar una determinada labor legislativa, administrativa o judicial. **3.** Reunión celebrada por este organismo: *convocar un consejo.* **4.** Corporación consultiva encargada de informar al gobierno sobre determinada materia o ramo de la administración pública.

CONSENSO n. m. (lat. *consensum*). Asenso, consentimiento. **2.** Acuerdo entre dos o más grupos. **3.** Proposiciones aceptables por la opinión pública. **4.** Acto por el que se aceptan. **5.** Conciencia de los miembros de un grupo de compartir sentimientos, tradiciones, ideas o definiciones de una situación. SIN.: *consensos.*

CONSENSUAL adj. Dícese del contrato que se perfecciona por el mero consentimiento de los contratantes. **2.** Relativo al consenso.

CONSENSUAR v. tr. [1]. Adoptar una decisión de común acuerdo dos o más partes.

CONSENTIDO, A adj. y n. Mimado con exceso. ♦ adj. y n. m. **2.** Dícese del marido que tolera la infidelidad de su mujer.

CONSENTIMIENTO n. m. Acción y efecto de consentir: *dar su consentimiento.*

CONSENTIR v. tr. e intr. (lat. *consentire*) [22]. Permitir algo o condescender a que se haga. ♦ v. tr. **2.** Resistir, sufrir, admitir: *este estante consiente mucho peso.* **3.** Mimar con exceso, ser muy indulgente con alguien.

CONSERJE n. m. y f. (fr. *concierge*). Persona que se ocupa de la custodia de un edificio o establecimiento público.

CONSERJERÍA n. f. Oficio y empleo de conserje. **2.** Habitación que el conserje ocupa en el edificio que está a su cuidado.

CONSERVA n. f. Sustancia alimenticia esterilizada y envasada herméticamente,

CON

que, en virtud de cierta preparación, se conserva durante mucho tiempo.
CONSERVACIÓN n. f. Acción y efecto de conservar: *edificio en buen estado de conservación.*
CONSERVADOR, RA adj. y n. Que conserva. **2.** Que es partidario del conservadurismo. **3.** Dícese del partido político caracterizado por su inclinación a los valores y estructuras tradicionales y su hostilidad a cualquier cambio. ♦ n. **4.** Persona encargada de la conservación de los fondos de un museo o de una sección de un museo.
CONSERVADURISMO n. m. Condición de los que son hostiles a las innovaciones políticas y sociales.
CONSERVAR v. tr. y pron. (lat. *conservare*) [1]. Mantener una cosa en buen estado; preservarla de alteraciones constantes: *conservar los alimentos; conservar la salud.* ♦ v. tr. **2.** Continuar la práctica de una costumbre, virtud, etc.: *conservar una gran memoria.* **3.** Guardar con cuidado una cosa: *conservar un recuerdo.*
CONSERVATORIO, A adj. Que contiene y conserva alguna o algunas cosas. ♦ n. m. **2.** Establecimiento oficial para la enseñanza y fomento de la música, declamación, danza académica, etc. **3.** *Argent.* Colegio o academia particular.
CONSERVERÍA n. f. Industria, arte de hacer conservas.
CONSERVERO, A adj. Relativo a las conservas: *industria conservera.* ♦ n. **2.** Persona que tiene por oficio hacer conservas. **3.** Industrial de conservas.
CONSIDERABLE adj. Digno de consideración: *un hecho considerable.* **2.** Grande, cuantioso: *una fortuna considerable.*
CONSIDERACIÓN n. f. Acción y efecto de considerar: *someter a consideración.* **2.** Urbanidad, respeto, deferencia: *tener consideración con los mayores.*
CONSIDERADO, A adj. Que tiene por costumbre obrar con meditación y reflexión. **2.** Respetado y admirado.
CONSIDERANDO n. m. DER. En las sentencias y autos, cada uno de los párrafos separados en que se aprecian los puntos de derecho invocados por las partes.
CONSIDERAR v. tr. (lat. *considerare*) [1]. Pensar, reflexionar una cosa con atención: *considerar las posibilidades.* **2.** Tratar a uno con urbanidad, respeto y deferencia: *sus amigos le consideran.* ♦ v. tr. y pron. **3.** Juzgar, estimar.
CONSIGNA n. f. Orden dada que manda un puesto, a un centinela, guarda, etc. **2.** Orden dada por un partido político a sus afiliados. **3.** En las estaciones, lugar donde se deposita y guarda el equipaje provisionalmente. **4.** SICOL. Instrucciones para la aplicación de un test, con vistas a asegurar la invariabilidad de las condiciones a las que se someten los sujetos.
CONSIGNACIÓN n. f. Cantidad consignada en presupuesto para determinado fin. **2.** Depósito efectuado por el deudor en el lugar señalado por la ley a título de garantía o a título liberatorio. **3.** Remisión de mercancías a una persona o personas determinadas, distintas del destinatario.
CONSIGNADOR n. m. El que consigna sus mercancías o naves a la disposición de un corresponsal suyo.
CONSIGNAR v. tr. (lat. *consignare*) [1]. Señalar en el presupuesto una cantidad para un fin determinado. **2.** Entregar algo por vía de depósito: *consignar las maletas.* **3.** Manifestar por escrito las opiniones, votos, doctrinas, etc.: *consignar un hecho.* **4.** Enviar una mercancía a su destinatario.
CONSIGNATARIO, A adj. y n. m. Dícese de la empresa o de la persona a quien va consignada una mercancía.
CONSIGO pron. pers. de 3.ª persona. Se usa para indicar que la tercera persona del pronombre personal es el término de la preposición *con.*

CONSIGUIENTE adj. Que depende y se deduce de otra cosa. • **Por consiguiente,** como consecuencia.
CONSISTENCIA n. f. Duración, estabilidad, solidez: *la consistencia de una masa.* **2.** Trabazón, coherencia: *argumento sin consistencia.*
CONSISTENTE adj. Que tiene consistencia. **2.** Que consiste en lo que se indica.
CONSISTIR v. intr. (lat. *consistere*) [3]. Estribar, estar fundada una cosa en otra: *su encanto consiste en su sencillez.* **2.** Ser, estar formado por lo que se indica: *todo cuanto tiene consiste en unos pocos ahorros.*
CÓNSOLA n. f. (fr. *console*). Especie de mesa con pies que convergen o no hacia abajo, adosada a una pared. **2.** INFORMÁT. Periférico o terminal de un ordenador que permite la comunicación directa con la unidad central.
CONSOLACIÓN n. f. Acción y efecto de consolar. • **Premio de consolación,** premio de menor importancia, que se concede en algunos casos a los concursantes que no han tenido suerte.
CONSOLADOR, RA adj. y n. Que consuela. ♦ n. m. **2.** Objeto en forma de pene en erección, utilizado para penetraciones sexuales.
CONSOLAR v. tr. y pron. (lat. *consolari*) [1r]. Aliviar la pena o aflicción de uno: *sus palabras me consolaron.*
CONSOLIDACIÓN n. f. Acción y efecto de consolidar: *la consolidación de la monarquía.*
CONSOLIDAR v. tr. (lat. *consolidare*) [1]. Dar o adquirir firmeza o solidez: *consolidar un muro; consolidar el poder.* **2.** *Fig.* Asegurar del todo la amistad, la alianza, etc. **3.** Convertir una deuda flotante en deuda a largo plazo.
CONSOMÉ n. m. (fr. *consommé*). Caldo, especialmente el de carne.
CONSONANCIA n. f. Afinidad entre dos o más sonidos, emitidos sucesivamente o, sobre todo, simultáneamente. **2.** *Fig.* Relación de igualdad o conformidad de algunas cosas entre sí. **3.** Coincidencia de sonidos vocálicos o consonánticos a partir de la última vocal acentuada, en dos o más versos. **4.** Uso inmotivado, o no requerido por la rima, de voces consonantes muy próximas unas de otras.
CONSONANTE adj. Que tiene consonancia: *rima consonante.* ♦ n. f. **2.** Sonido articulado resultante del cierre, completo o parcial, de la boca, seguido de una apertura que permite al aire escaparse produciendo cierto ruido.
CONSONÁNTICO, A adj. Relativo a las consonantes. **2.** Relativo a la consonancia.
CONSORCIO n. m. (lat. *consortium*). Unión de varias cosas que contribuyen a un mismo fin, especialmente de varias empresas, con vistas a operaciones conjuntas. **2.** *Argent.* Entidad constituida por los dueños de un edificio de propiedad horizontal.
CONSORTE n. m. y f. Cónyuge. **2.** Persona que juntamente con otra es responsable de un delito. ♦ adj. y n. m. y f. **3.** Dícese del marido o la esposa de un soberano reinante.
CONSPICUO, A adj. (lat. *conspicuum*). Ilustre, visible, sobresaliente: *un conspicuo artista.*
CONSPIRACIÓN n. f. Acción y efecto de conspirar.
CONSPIRADOR, RA n. Persona que conspira.
CONSPIRAR v. intr. (lat. *conspirare*) [1]. Obrar de consuno contra una persona o cosa. **2.** *Fig.* Concurrir varias cosas a un mismo fin, generalmente malo: *la malicia y la ignorancia conspiran a corromper las costumbres.*
CONSTABLE (John), pintor británico (East Bergholt, Suffolk, 1776-Londres 1837). Romántico y realista, fue uno de los grandes precursores del paisaje moderno (*Carreta de heno,* 1821, galería nacional, Londres).
CONSTANCIA n. f. (lat. *constantiam*). Firmeza y perseverancia del ánimo: *estudiar con constancia.*
CONSTANCIA n. f. Acción y efecto de hacer constar alguna cosa de manera fehaciente: *dejar constancia de los hechos.*
CONSTANT (Benjamin Henri Constant **de Rebecque,** llamado **Benjamin**), político y escritor francés (Lausana 1767-París 1830). Liberal, es autor de la novela sicológica *Adolfo* (1816).
CONSTANTE adj. Que tiene constancia. **2.** Persistente, durable. ♦ n. f. **3.** Tendencia que se manifiesta de forma duradera. **4.** *Fig.* Característica física (punto de fusión o de ebullición, densidad, etc.) que permite la identificación de un cuerpo puro. **5.** MAT. Cantidad de valor fijo; número independiente de las variables que figuran en una ecuación. • **Constante fundamental** (FÍS.), valor fijo de ciertas magnitudes particulares (masa y carga del electrón, constante de Planck, etc.) que desempeñan un papel importante en física.
CONSTANTINO I el Grande (Naissus [act. Niš] *c.* 270/288-Nicomedia 337), emperador romano (306-337), hijo de Constancio Cloro. Su victoria frente a Majencio a las puertas de Roma (312) significó el triunfo del cristianismo; en 313, con el edicto de Milán estableció la libertad de religión. En 324 derrotó a Licinio, que reinaba en oriente, y restableció así la unidad imperial. En 330 fundó una nueva Roma, Constantinopla, con el fin de vigilar la frontera del Danubio y a los persas.

CONSTANTINOPLA, nombre dado por Constantino a la antigua **Bizancio,** llamada posteriormente por los turcos **Istambul.** Constantinopla, construida por Constantino en 324-336 e inaugurada en 330, residencia del emperador y sede del patriarcado de Oriente desde 451, se convirtió rápidamente en la capital política, religiosa y cultural del imperio bizantino. Fue un puerto muy activo, y atrajo a numerosas colonias extranjeras, sobre todo italianas. Fue capital del imperio latino (1204-1261) y se resistió a los bárbaros, a los árabes, a los rusos y a los búlgaros, pero cayó en manos de los turcos otomanos (29 mayo 1453), que la convirtieron en su capital. En ella tuvieron lugar cuatro concilios ecuménicos (381, 553, 680-681 y 869-870).
CONSTANZA (*lago de*), en alem. **Bodensee,** lago formado por el Rin, entre Suiza, Austria y Alemania; 540 km². Turismo.
CONSTANZA, en alem. **Konstanz,** c. de Alemania (Baden-Württemberg), junto al lago de Constanza, 73 853 hab. Catedral de los ss. XI-XVI. — Concilio ecuménico (1414-1418) que puso fin al gran cisma de occidente y en el que se condenó a Jan Hus.
CONSTAR v. intr. (lat. *constare*) [1]. Ser cierto y evidente: *me consta que tienes razón.* **2.** Estar compuesto un todo de determinadas partes: *la obra consta de tres actos.* **3.** Figurar, estar, hallarse: *su nombre no consta en la lista.*
CONSTATACIÓN n. f. Acción y efecto de constatar.
CONSTATAR v. tr. [1]. Comprobar un hecho, establecer su veracidad, dar constancia de él.
CONSTELACIÓN n. f. (lat. *constellationem*). Grupo de estrellas próximas en la esfera celeste, que presentan una figura convencional determinada, a la que se ha dado un nombre particular. **2.** *Fig.* y *fam.* Grupo de cosas esparcidas sobre un pequeño espacio: *una constelación de manchas.*
CONSTELAR v. tr. [1]. *Galic.* Cubrir, llenar.
CONSTERNACIÓN n. f. Acción y efecto de consternar o consternarse.

CONSTERNAR v. tr. y pron. (lat. *consternare*) [1]. Causar o sentir abatimiento, disgusto, pena o indignación.

CONSTIPADO n. m. Catarro, resfriado, destemple general del cuerpo ocasionado por alterarse la transpiración.

CONSTIPAR v. tr. (lat. *constipare*, constreñir) [1]. Cerrar los poros impidiendo la transpiración. ♦ **constiparse** v. pron. 2. Resfriarse, acatarrarse.

CONSTITUCIÓN n. f. (lat. *constitutionem*). Acción y efecto de constituir: *la constitución de una sociedad*. 2. Manera de estar constituida una cosa. 3. Conjunto de caracteres morfológicos, fisiológicos y síquicos de un individuo. 4. Forma de gobierno de un estado. 5. Ley fundamental de la organización de un estado. 6. Cada una de las ordenanzas o estatutos con que se gobierna una corporación.

CONSTITUCIÓN, com. de Chile (Maule), a orillas del Pacífico; 40 389 hab. Astilleros. Turismo.

CONSTITUCIÓN, dep. de Argentina (Santa Fe); 79 506 hab. Cab. *Villa Constitución.*

CONSTITUCIONAL adj. y n. m. y f. Relativo a la constitución de un estado; adicto a ella: *derechos constitucionales*. ♦ adj. 2. Propio de la constitución de un individuo o relativo a ella.

CONSTITUCIONALIDAD n. f. Cualidad de lo que es conforme a la constitución de un país.

CONSTITUCIONALISMO n. m. Doctrina política que propugna la organización y reglamentación de los estados a través de la adopción de una constitución. 2. Régimen constitucional. 3. Respeto a las formas constitucionales.

CONSTITUIR v. tr. (lat. *constituere*) [29]. Formar, componer, ser parte o elemento esencial de un todo: *cinco personas constituyen la dirección de la empresa*. 2. Otorgar o adquirir cierta calidad, condición o situación legal: *constituir heredero*. ♦ v. tr. y pron. 3. Fundar, establecer, ordenar: *constituir una sociedad*. ♦ **constituirse** v. pron. 4. Asumir obligación, cargo o cuidado. 5. Personarse, presentarse.

CONSTITUTIVO, A adj. y n. m. Que forma parte necesariamente en la constitución y composición de algo: *los elementos constitutivos de un cuerpo*.

CONSTITUYENTE adj. y n. m. Constitutivo. ♦ adj. y n. f. 2. Dícese de las cortes, asambleas, congresos, etc., que tienen como misión establecer una constitución política. ♦ n. m. 3. LING. Cada uno de los elementos de una unidad sintáctica.

CONSTREÑIR v. tr. (lat. *constringere*) [24]. Obligar, forzar a que se haga algo. 2. Apretar y cerrar como oprimiendo.

CONSTRICTIVO, A adj. Que tiene virtud de constreñir.

CONSTRICTOR, RA adj. Que produce constreñimiento. 2. ANAT. Dícese del músculo que cierra ciertos canales u orificios. • **Boa constrictor**, boa cuyo nombre se debe a su manera de apretar entre sus pliegues a los animales que quiere ahogar.

CONSTRUCCIÓN n. f. Acción y efecto de construir: *la construcción de una casa; la construcción de una frase*. 2. Arte o técnica de construir: *la construcción aeronáutica*. 3. Obra construida.

CONSTRUCTIVISMO n. m. Corriente de las artes plásticas del s. XX que privilegia una construcción geométrica de las formas.

CONSTRUCTIVO, A adj. Dícese de lo que construye o sirve para construir.

CONSTRUCTOR, RA adj. y n. m. Que construye. ♦ n. 2. Persona que se dedica a construir obras de arquitectura o ingeniería.

CONSTRUCTORA n. f. Grupo, sociedad, etc., que construye edificios o fabrica determinados aparatos.

CONSTRUIR v. tr. (lat. *construere*) [29]. Hacer una obra material o inmaterial, ordenando y juntando los elementos necesarios de acuerdo con un plan: *construir un edificio; construir una teoría*. 2. LING. Ordenar y enlazar debidamente las palabras en la oración o frase. 3. MAT. Trazar: *construir un polígono*.

CONSUBSTANCIAL adj. Consustancial.

CONSUEGRO, A n. (lat. *consoceum*). Padre o madre de un cónyuge, respecto del padre o madre del otro.

CONSUELO n. m. Acción y efecto de consolar. 2. Cosa que consuela.

CONSUETUDINARIO, A adj. Que es de costumbre. • **Derecho consuetudinario**, usos y costumbres jurídicas de un país, una región, comarca o lugar.

CÓNSUL n. m. y f. (lat. *consulem*). Agente diplomático que en una ciudad extranjera está encargado de la protección y defensa de las personas e intereses de los súbditos del país que representa. • **Cónsul general**, jefe del servicio consular de una nación.

CONSULADO n. m. (lat. *consulatum*). Cargo de cónsul. 2. Oficina y jurisdicción de un cónsul. 3. Tribunal que entendía en asuntos comerciales de mar y tierra. 4. Función de cónsul en la república romana, y duración de su mandato.

CONSULAR adj. Relativo a un cónsul o a los cónsules: *autoridad consular*. 2. Dícese de la jurisdicción que ejerce el cónsul establecido en un puerto o plaza de comercio.

CONSULTA n. f. Acción y efecto de consultar. 2. Visita del médico a un enfermo. 3. Despacho donde el médico visita a los enfermos. 4. Reunión de dos o más médicos para discutir el diagnóstico y tratamiento de un determinado caso clínico. 5. Parecer o dictamen que por escrito o de palabra se pide o se da acerca de una cosa.

CONSULTAR v. tr. (lat. *consultare*) [1]. Pedir parecer, dictamen o consejo o deliberar sobre un determinado asunto: *consultar con los amigos antes de tomar una decisión*. 2. Someter una duda, caso o asunto a la consideración de otra persona. 3. Buscar datos y orientación en un libro o texto.

CONSULTOR, RA adj. y n. Que da su parecer, consultado sobre algún asunto. 2. Que consulta.

CONSULTORIO n. m. Establecimiento donde se despachan informes sobre materias técnicas. 2. Establecimiento en el que el médico recibe a los enfermos. 3. Sección de periódicos, radio, etc., en la que se contesta a consultas formuladas por el público.

CONSUMADO, A adj. (lat. *consummatum*). Perfecto en su línea: *artista consumado*.

CONSUMAR v. tr. (lat. *consummare*) [1]. Llevar a cabo totalmente una cosa: *no llegar a consumar un crimen*.

CONSUMIBLE adj. Que puede consumirse o ser consumido: *productos consumibles*.

CONSUMICIÓN n. f. Acción y efecto de consumir o consumirse. 2. Lo que se consume en un establecimiento público, café, bar, etc.

CONSUMIDO, A adj. *Fam.* Muy delgado, extenuado y macilento.

CONSUMIDOR, RA adj. y n. Que consume. ♦ n. 2. Persona física o jurídica que adquiere, utiliza o disfruta algún tipo de bien o servicio, que recibe de quien lo produce, suministra o expide.

CONSUMIR v. tr. y pron. (lat. *consumere*) [3]. Destruir, extinguir, gastar: *el fuego consumió la casa*. 2. *Fig.* y *fam.* Causar o sentir desasosiego, afligir: *los celos lo consumen*. ♦ v. tr. 3. Utilizar una cosa como fuente de energía, materia prima, alimento, o para satisfacer necesidades de la persona.

CONSUMISMO n. m. Forma de inducción al consumo no necesario de bienes.

CONSUMO n. m. Gasto de aquellas cosas que con el uso se extinguen o destruyen: *consumo de gasolina*. 2. Utilización de un bien para satisfacer las necesidades.

CONSUSTANCIAL o **CONSUBSTANCIAL** adj. (lat. *consubstantialem*). De la misma sustancia: *las tres personas de la Santísima Trinidad son consustanciales*. 2. Que está íntimamente unido a algo.

CONTABILIDAD n. f. Calidad de contable. 2. Ciencia que se dedica a la captación, representación y medida de los hechos contables. 3. Conjunto de cuentas de una empresa, sociedad u organismo público.

CONTABILIZAR v. tr. [1g]. Apuntar una partida o cantidad en los libros de cuentas.

CONTABLE adj. Que puede ser contado. • **Método contable**, conjunto de normas cuyo fin es el registro de los hechos contables para la aplicación de los sistemas contables. ‖ **Sistema contable**, conjunto de postulados y leyes para la representación de las masas patrimoniales y la conexión de los instrumentos conceptuales de la contabilidad. ♦ n. m. y f. 2. Persona encargada de llevar la contabilidad de una empresa.

CONTACTAR v. intr. [1]. Establecer o mantener contacto.

CONTACTO n. m. (lat. *contactum*). Relación entre dos o más cosas que se tocan. 2. Trato o correspondencia entre dos o más personas. 3. Persona que actúa de enlace secreto con ciertos organismos u organizaciones. 4. Conexión entre dos partes de un circuito eléctrico. • **Lentes de contacto**, lentes correctoras de la visión, que se aplican directamente sobre la córnea. ‖ **Punto de contacto** (MAT.), punto común a una curva y a su tangente, a dos curvas tangentes, etc.

CONTADO, A adj. Raro, poco. (Suele usarse en plural: *no vemos en contadas ocasiones*.) ♦ n. m. 2. **Al contado**, dícese de una forma de efectuar el pago, que consiste en entregar el comprador al vendedor el precio de la mercancía en el momento de su entrega o un lapso de tiempo muy corto: *pagar al contado; venta al contado*.

CONTADOR, RA adj. y n. Que cuenta o relata. ♦ n. 2. Contable. ♦ n. m. 3. Aparato destinado a medir, contar o registrar ciertas magnitudes o determinados efectos mecánicos (cantidades de gas, de electricidad, de agua, etc.). • **Contador Geiger**, contador de centelleo, instrumentos para detectar y contar las partículas emitidas por un cuerpo radiactivo.

CONTADURÍA n. f. Oficio de contador. 2. Oficina del contador.

CONTAGIAR v. tr. y pron. [1]. Transmitir a uno, o adquirir una enfermedad infecciosa directa o indirectamente de una persona o animal enfermos a otra u otro: *nos contagió sus dolencias*. 2. *Fig.* Comunicar o adquirir costumbres, gustos, vicios, etcétera.

CONTAGIO n. m. Acción y efecto de contagiar o contagiarse.

CONTAGIOSO, A adj. Que se contagia: *enfermedad contagiosa; risa contagiosa*. 2. Que padece una enfermedad que se contagia.

CONTAMINACIÓN n. f. Acción y efecto de contaminar o contaminarse. 2. FÍS. NUCL. Estado de una sustancia maculada por una impureza radiactiva, que emite una radiación peligrosa. 3. LING. Alteración de la forma de un vocablo o texto por influencia de otro.

CONTAMINANTE adj. y n. m. Que contamina.

CONTAMINAR v. tr. y pron. (lat. *contaminare*) [1]. Alterar nocivamente una sustancia u organismo por efecto de residuos procedentes de la actividad humana o por la presencia de determinados gérmenes microbianos. 2. Contagiar. 3. Alterar la forma de un vocablo o texto por influencia de otro. 4. *Fig.* Pervertir, corromper.

CONTAR v. tr. (lat. *computare*) [1r]. Determinar el número de objetos, sucesos, acciones, etc., uno por uno o por gru-

CON

pos, para saber cuántas unidades hay en el conjunto. **2.** Enumerar correlativamente los números. **3.** Incluir algo en una cuenta. **4.** Referir o narrar un suceso imaginario o real: *contar su vida*. **5.** Dar por supuesta una cosa que va a suceder, tener por cierto. ♦ v. tr. y pron. **6.** Poner a una persona o una cosa en el número, clase u opinión que le corresponde: *contar entre sus amigos a una persona*. ♦ v. intr. **7.** Hacer, formar cuentas según reglas de aritmética. **8.** Seguido de la prep. *con*, tener presente a una persona o cosa, confiar en ella: *contar con una clientela*. **9.** Tener importancia. **10.** Hablando de cosas que se pueden numerar, tener, haber, existir.

CONTEMPLACIÓN n. f. Acción de contemplar. **2.** TEOL. Estado de la persona que está absorta en la vista y consideración de Dios o en los misterios de la religión. ♦ **contemplaciones** n. f. pl. **3.** Complacencias, miramientos.

CONTEMPLAR v. tr. (lat. *contemplari*) [**1**]. Considerar, aplicar la mente a un objeto o idea. **2.** Mirar durante largo tiempo y con atención: *contemplar el mar*. **3.** Complacer, ser muy condescendiente con alguien.

CONTEMPLATIVO, A adj. Relativo a la contemplación. **2.** Que contempla o acostumbra contemplar.

CONTEMPORÁNEO, A adj. y n. (lat. *contemporaneum*). Que existe al mismo tiempo que otra persona o cosa: *Voltaire y Franklin fueron contemporáneos*. ♦ adj. **2.** De la época actual.

CONTENCIÓN n. f. Acción y efecto de contener, detener: *un muro de contención*.

CONTENCIOSO, A adj. (lat. *contentiosum*). Dícese del que por costumbre contradice o disputa todo lo que otros afirman. **2.** DER. Dícese de las materias que son objeto de litigio, con oposición entre partes. **3.** DER. Dícese del procedimiento judicial mediante el cual se ventilan.

CONTENDER v. intr. (lat. *contendere*) [**2d**]. Pelear, luchar, competir. **2.** Disputar, debatir.

CONTENDIENTE adj. y n. m. y f. Que contiende.

CONTENEDOR n. m. Recipiente de dimensiones normalizadas que sirve para el transporte de materias a granel, o de lotes de piezas u objetos cuyo embalaje permite simplificar.

CONTENER v. tr. y pron. (lat. *continere*) [**8**]. Llevar o encerrar dentro de sí una cosa a otra: *este libro contiene profundas verdades*. **2.** Detener, reprimir, moderar.

CONTENIDO, A adj. Que se conduce con moderación. ♦ n. m. **2.** Lo que se contiene dentro de una cosa: *el contenido de una botella; el contenido de un discurso*. **3.** Lo que un cuerpo contiene de una materia determinada: *el contenido en hierro de un mineral*. **4.** LING. Sentido abstracto, conceptual, del mensaje lingüístico.

CONTENTADIZO, A adj. Que fácilmente se contenta.

CONTENTAR v. tr. [**1**]. Satisfacer, complacer. ♦ **contentarse** v. pron. **2.** Conformarse, darse por contento o quedar contento: *contentarse con poco*.

CONTENTO, A adj. (lat. *contentum*). Alegre, satisfecho. • **Darse por contento**, encontrar satisfactoria una cosa, aunque no sea lo que se desea o espera. ♦ n. m. **2.** Alegría, satisfacción.

CONTERTULIO, A n. Con respecto a una persona, otra que asiste a la misma tertulia.

CONTESTA n. f. *Amér.* Contestación.

CONTESTACIÓN n. f. Acción y efecto de contestar. **2.** Altercación o disputa.

CONTESTADOR n. m. **Contestador automático**, aparato que permite registrar un mensaje telefónico o dar informaciones automáticamente a la persona que llama a un teléfono.

CONTESTAR v. tr. (lat. *contestari*) [**1**]. Responder a lo que se pregunta, se habla o se escribe, o a una acción o comportamiento. **2.** Replicar, poner objeciones a una orden o indicación. **3.** Adoptar una actitud de rechazo, protesta o duda como a instituciones, ideas o normativas establecidas y contra quienes las dirigen.

CONTESTATARIO, A adj. y n. (de *contestar*). Que contesta, adopta una actitud de rechazo contra lo establecido.

CONTEXTO n. m. (lat. *contextum*). Texto, hilo de un discurso, escrito, narración, historia, etc. **2.** Conjunto de circunstancias en que se sitúa un hecho. **3.** LING. Contorno lingüístico de los elementos (fonema, morfema, frase, etc.) que preceden o siguen a una unidad lingüística dentro de un enunciado.

CONTI (Haroldo), escritor argentino (Buenos Aires 1925-† 1976). Gran novelista (*En vida*, 1971; *Mascaró, el cazador americano*, 1976) y cuentista (*Con otra gente*, 1967).

CONTIENDA n. f. Acción de contender.

CONTIGO pron. pers. de 2.ª persona. Se usa para indicar que la segunda persona del pronombre personal es el término de la preposición *con*.

CONTIGUO, A adj. (lat. *contiguum*). Que está junto a otra cosa.

CONTINENCIA n. f. Contención o abstinencia total en la satisfacción de los placeres, especialmente los sexuales. **2.** Acción de contener. **3.** MED. Estado de un esfínter que funciona normalmente.

CONTINENTAL adj. Relativo al continente, superficie de tierra. **2.** Relativo a los países de un continente.

CONTINENTE adj. Que posee y practica la continencia. ♦ n. m. **2.** Cosa que contiene en sí a otra. **3.** Aspecto, actitud, compostura. **4.** Extensa superficie de tierra emergida. **5.** La tierra firme respecto de las islas vecinas. • **Antiguo**, o **viejo continente**, Europa, Asia y África. || **Nuevo continente**, América.

CONTINGENCIA n. f. Posibilidad de que una cosa suceda o no. **2.** Suceso posible. **3.** Riesgo.

CONTINGENTE adj. FILOS. Que puede o no producirse: *acontecimiento contingente*. ♦ n. m. **2.** Parte proporcional con que uno contribuye en unión de otros para un mismo fin. **3.** Cuota que se señala a un país o a un industrial para la importación, exportación o producción de determinadas mercancías. **4.** Tropa o agrupación que concurre a formar un ejército.

CONTINUACIÓN n. f. Acción y efecto de continuar. • **A continuación**, detrás o después de lo que se expresa.

CONTINUADOR, RA adj. y n. Que continúa una cosa empezada por otro.

CONTINUAR v. tr. (lat. *continuare*) [**1s**]. Proseguir lo comenzado: *continuar con su trabajo*. ♦ v. intr. **2.** Persistir, durar, permanecer: *la miseria continúa*. ♦ **continuarse** v. pron. **3.** Seguir, extenderse.

CONTINUIDAD n. f. Unión natural que tienen entre sí las partes de un todo homogéneo. **2.** Persistencia, perseverancia.

CONTINUO, A adj. (lat. *continuum*). Sin interrupción. **2.** Que ocurre o se hace con reiteración o perseverancia.

CONTISUYU → Tahuantinsuyu.

CONTONEARSE v. pron. [**1**]. Mover con afectación los hombros y caderas al andar.

CONTORNEAR v. tr. [**1**]. Dar vueltas alrededor de un lugar. **2.** Trazar o seguir el contorno de algo.

CONTORNO n. m. (ital. *contorno*). Conjunto de las líneas que limitan una figura o composición. **2.** Territorio que rodea un lugar o población. (Suele usarse en plural.)

CONTORSIÓN n. f. Movimiento irregular por el que el cuerpo o una parte de él adopta una postura forzada o grotesca.

CONTORSIONARSE v. pron. [**1**]. Hacer contorsiones voluntaria o involuntariamente.

CONTORSIONISTA n. m. y f. Artista de circo que ejecuta contorsiones difíciles.

CONTRA prep. (voz latina). Denota la oposición y contrariedad de una cosa con otra: *todos contra mí*. **2.** Expresa contacto o apoyo: *la apretó contra su pecho*. **3.** A cambio de: *contra rembolso*. ♦ n. m. **4.** Concepto opuesto o contrario a otro: *el pro y el contra de un asunto*. **5.** MÚS. Pedal del órgano. ♦ n. f. **6.** Dificultad, inconveniente. • **Llevar**, o **hacer** a uno **la contra** (*Fam.*), oponerse a lo que dice o intenta. ♦ **contras** n. m. pl. **7.** Bajos más profundos en algunos órganos.

CONTRA adj. y n. m. y f. (apócope de *contrarrevolucionario*). Relativo a la oposición armada al sandinismo y, en general, al gobierno revolucionario instalado en Nicaragua en 1979; individuo de dicha oposición.

CONTRAATACAR v. tr. e intr. [**1a**]. Responder al ataque de alguien atacando a su vez.

CONTRAATAQUE n. m. Acción de contraatacar.

CONTRABAJO n. m. El mayor y más grave de los instrumentos de cuerda, de la familia de los violines. **2.** Voz más grave que la del bajo. ♦ n. m. y f. **3.** Persona que toca el contrabajo. SIN.: *contrabajista*.

CONTRABAJISTA n. m. y f. Contrabajo.

CONTRABANDEAR v. intr. [**1**]. Ejercitar el contrabando.

CONTRABANDISTA adj. y n. m. y f. Que hace habitualmente contrabando.

CONTRABANDO n. m. Importación o exportación de artículos prohibidos o sin pagar los derechos de aduana correspondientes. **2.** Mercancías importadas o exportadas por este sistema.

CONTRACCIÓN n. f. (lat. *contractionem*). Acción y efecto de contraer o contraerse. **2.** FISIOL. Respuesta mecánica de un músculo ante una excitación, que consiste en el acortamiento y engrosamiento de sus fibras. **3.** LING. Metaplasmo que consiste en hacer de dos palabras una sola. (Así, *al*, *del*, por *a el* y *de el*.)

CONTRACEPCIÓN n. f. Limitación voluntaria de la fecundidad, obtenida mediante el empleo de métodos anticonceptivos. SIN.: *anticoncepción*.

CONTRACHAPADO n. m. Material formado por láminas delgadas de madera, encoladas y superpuestas de forma que las fibras alternen en direcciones perpendiculares.

CONTRACORRIENTE n. f. METEOROL. Corriente derivada y de dirección opuesta a la de la principal de que procede. **2.** QUÍM. Procedimiento que consiste en dar movimientos opuestos a dos cuerpos que tienen que actuar uno sobre otro.

CONTRÁCTIL adj. Capaz de contraerse.

CONTRACTUAL adj. Procedente del contrato o derivado de él.

CONTRACTURA n. f. Contracción muscular duradera e involuntaria, acompañada de rigidez.

CONTRACULTURA n. f. Conjunto de manifestaciones que exteriorizan una rebelión contra las actividades ideológicas y artísticas dominantes.

CONTRADECIR v. tr. (lat. *contradicere*) [**19a**]. Decir uno lo contrario de lo que otro afirma, o de lo que él mismo dijo anteriormente. ♦ **contradecirse** v. pron. **2.** Obrar contrariamente a lo que se dice o se piensa. **3.** Oponerse, contraponerse.

CONTRADICCIÓN n. f. Acción y efecto de contradecir o contradecirse. **2.** Oposición, contrariedad.

CONTRADICTORIO, A adj. Que está en contradicción con otra cosa.

CONTRAER v. tr. (lat. *contrahere*) [**10**]. Encoger, estrechar, reducir a menor volumen o extensión. **2.** Adquirir una enfermedad, vicio, obligación, vínculo de parentesco o cosa parecida. ♦ **contraerse** v. pron. **3.** Limitarse, dedicarse exclusivamente a algo.

CONTRAESPIONAJE n. m. Organización encargada de detectar y reprimir la actividad de los servicios de información extranjeros, tanto en el interior como en el exterior del territorio nacional.

CONTRAFAGOT o **CONTRAFAGOTE** n. m. Instrumento musical de viento de la familia de la madera, que suena una octava inferior que el fagot.

CONTRAFUEGO n. m. Operación consistente en quemar una parte de bosque, en la dirección en que avanza un incendio, a fin de crear un vacío que impida dicho avance.

CONTRAFUERTE n. m. Pieza de cuero que refuerza la parte posterior del calzado, por encima del talón. **2.** ARQ. Parte de una obra que sobresale del paramento de un muro y que está destinada a reforzarlo. **3.** GEOGR. Parte de una montaña formada por una arista secundaria que se apoya contra una arista principal.

CONTRAHECHO, A adj. y n. Que tiene torcido o corcovado el cuerpo.

CONTRAINDICACIÓN n. f. Circunstancia particular que se opone al empleo de un medicamento.

CONTRAINDICADO, A adj. Que presenta contraindicación.

CONTRALMIRANTE n. m. Oficial general de la armada de jerarquía inmediatamente inferior a la de vicealmirante.

CONTRALOR n. m. (fr. *contrôleur*). Oficio honorífico de la casa real española introducido por Carlos V. **2.** *Chile, Colomb., Méx.* y *Venez.* Funcionario encargado de controlar los gastos públicos.

CONTRALORÍA n. f. *Chile, Colomb., Méx.* y *Venez.* Oficina de la nación, encargada de revisar las diversas cuentas del gobierno.

CONTRALTO n. m. (voz italiana). MÚS. Voz media entre la de tiple y la de tenor. ♦ n. m. y f. **2.** MÚS. Persona que tiene esta voz.

CONTRALUZ n. f. Iluminación de un objeto que recibe la luz del lado opuesto al que se mira.

CONTRAMAESTRE n. m. Jefe o vigilante de los demás oficiales y obreros en algunos talleres o fábricas. **2.** MAR. Suboficial jefe de marinería, que dirige las tareas de a bordo. **3.** MAR. Oficial de mar que dirige la marinería bajo las órdenes del oficial de guerra.

CONTRAMANO. A contramano, en dirección contraria a la acostumbrada o a la prescrita por la autoridad.

CONTRAMARCHA n. f. **1.** Retroceso que se hace del camino que se lleva. **2.** Operación o maniobra en que un cuerpo de tropas en marcha toma una dirección contraria a la que llevaba en principio.

CONTRAOFENSIVA n. f. Operación ofensiva con objetivos estratégicos que responde a una ofensiva del enemigo.

CONTRAORDEN n. f. Orden con que se revoca otra que antes se ha dado.

CONTRAPARTIDA n. f. Asiento para corregir algún error en la contabilidad por partida doble. **2.** *Fig.* Compensación, cosa con que se compensa o resarce.

CONTRAPELO. A contrapelo, contra la inclinación natural del pelo; *(Fam.),* contra el modo o curso natural de una cosa, violentamente.

CONTRAPESAR v. tr. [1]. Servir de contrapeso a algo. **2.** *Fig.* Igualar, compensar, subsanar una cosa con otra.

CONTRAPESO n. m. Peso con que se equilibra otro peso o una fuerza: *el contrapeso de un ascensor.* **2.** *Fig.* Lo que equilibra, modera o neutraliza una cosa.

CONTRAPONER v. tr. [5]. Poner una cosa enfrente de otra. **2.** Comparar, cotejar. ♦ v. tr. y pron. **3.** Oponer: *contraponer su voluntad a la de otra persona.*

CONTRAPORTADA n. f. Última página de una revista gráfica o envés de una funda de disco.

CONTRAPOSICIÓN n. f. Acción y efecto de contraponer.

CONTRAPRESTACIÓN n. f. DER. En los negocios bilaterales, prestaciones a que se obligan recíprocamente las partes.

CONTRAPRODUCENTE adj. De efectos opuestos a los que se desea o pretende obtener.

CONTRAPUNTO n. m. Contraste entre dos cosas simultáneas. **2.** *Argent., Chile* y *Urug.* Certamen poético entre payadores. **3.** MÚS. Concordancia armoniosa de voces contrapuestas. **4.** MÚS. Estudio de las leyes que rigen el movimiento conjunto de varias líneas melódicas superpuestas.

CONTRARIAR v. tr. [1t]. Oponerse a una intención, propósito, deseo, etc., de una persona. **2.** Disgustar, afligir.

CONTRARIEDAD n. f. Oposición entre dos cosas. **2.** Contratiempo o dificultad imprevista que impide o retrasa el logro de algo. **3.** Disgusto, desagrado.

CONTRARIO, A adj. (lat. *contrarium*). Opuesto, adverso a una cosa. ♦ n. **2.** Enemigo, adversario. **4.** Persona que pleitea con otra. ♦ n. m. **5.** Impedimento, embarazo, contradicción. **6.** GRAM. Palabra que, en el sentido, se opone directamente a otra: *orgullo* y *modestia son contrarios.*

CONTRARRESTAR v. tr. y pron. [1]. Neutralizar una cosa los efectos de otra.

CONTRARREVOLUCIÓN n. f. Movimiento que tiende a combatir una revolución o a destruir sus resultados.

CONTRARREVOLUCIONARIO, A adj. y n. Que favorece la contrarrevolución.

CONTRASEGURO n. m. Seguro que garantiza otro seguro o que limita sus riesgos.

CONTRASENTIDO n. m. Acción, actitud o razonamiento contrario a la lógica.

CONTRASEÑA n. f. Palabra o señal únicamente conocida por los pertenecientes a un mismo bando u organización, y que les sirve para reconocerse entre sí.

CONTRASTAR v. tr. (lat. *contrastare*) [1]. Comprobar la autenticidad y exactitud de algo. **2.** Resistir, hacer frente. ♦ v. intr. **3.** Mostrar notable diferencia o condiciones opuestas dos personas o cosas cuando se comparan una con otra.

CONTRASTE n. m. Acción y efecto de contrastar. **2.** Oposición o diferencia notable que existe entre personas o cosas. **3.** Marca estampada en las aleaciones de metales nobles para atestiguar que su ley se ajusta a las normas legales. **4.** TELEV. Diferencia de intensidades de iluminación entre las partes más claras y más oscuras de una imagen.

CONTRATA n. f. Contrato hecho para ejecutar una obra material o prestar un servicio por precio determinado, especialmente con la administración pública.

CONTRATACIÓN n. f. Acción y efecto de contratar.

CONTRATAR v. tr. [1]. Pactar, convenir, hacer contratos o contratas; en general, hacer operaciones de comercio. **2.** Ajustar, mediante convenio, un servicio.

CONTRATENOR n. m. MÚS. Voz masculina con registro de contralto. **2.** MÚS. Cantante que tiene esta voz.

CONTRATIEMPO n. m. Accidente perjudicial y por lo común inesperado. **2.** MÚS. Procedimiento rítmico que consiste en emitir un sonido sobre un tiempo débil o sobre la parte débil de un tiempo, al que se hace seguir un silencio sobre el tiempo fuerte o la parte fuerte del tiempo que le sigue.

CONTRATISTA adj. y n. m. y f. Dícese de la persona que ejecuta una obra por contrata.

CONTRATO n. m. Convención jurídica manifestada en forma legal, por virtud de la cual una o varias personas se obligan en favor de otra u otras al cumplimiento de una prestación de dar, hacer o no hacer. **2.** Documento en que se acredita.

CONTRAVENCIÓN n. f. Infracción de una ley, transgresión de un contrato, etc.

CONTRAVENENO n. m. Sustancia que tiene una acción contraria a la de uno o varios tóxicos determinados.

CONTRAVENIR v. tr. [21]. Obrar en contra de lo que está mandado.

CONTRAVENTANA n. f. Puerta que interiormente cierra sobre la vidriera. **2.** Puerta de madera que en los países fríos se pone en la parte de afuera de las ventanas y vidrieras.

CONTRAYENTE adj. y n. m. y f. Dícese de la persona que contrae matrimonio.

CONTRERAS (Jesús), escultor mexicano (Aguascalientes 1366-México 1902), autor de numerosos monumentos (*a Cuauhtémoc,* 1885; *a La Faz, Guanajuato*; *a Benito Juárez, Chihuahua*; etc.).

CONTRI n. m. *Chile.* Molleja, estómago de las aves. **2.** *Chile. Fig.* Corazón, entraña, lo más interior de algo.

CONTRIBUCIÓN n. f. Acción y efecto de contribuir. **2.** Cantidad con que se contribuye a algún fin. **3.** Imposición fiscal a los beneficiados por una obra o servicio de la administración.

CONTRIBUIR v. tr. e intr. (lat. *contribuere*) [29]. Pagar cada uno la cuota que le corresponde por un impuesto. ♦ v. intr. **2.** Dar voluntariamente una cantidad para un determinado fin. **3.** *Fig.* Ayudar y cooperar con otros al logro de algún fin.

CONTRIBUYENTE adj. y n. m. y f. Que contribuye. **2.** Que paga contribución o impuestos al estado.

CONTRICIÓN n. f. (lat. *contritionem*). TEOL. Dolor del alma por haber ofendido a Dios.

CONTRINCANTE n. m. y f. Competidor, rival.

CONTRISTAR v. tr. y pron. (lat. *contristare*) [1]. Afligir, entristecer.

CONTRITO, A adj. (lat. *contritum*). Arrepentido, abatido y triste por haber cometido una falta.

CONTROL n. m. Comprobación, inspección, intervención. **2.** Dirección, mando, regulación. **3.** Lugar donde se verifica alguna inspección. • **Control de natalidad,** expresión traducida del inglés *birth control,* utilizada para designar el conjunto de procedimientos tendentes a modificar la natalidad. || **Control remoto,** sistema de gobierno de un dispositivo alejado mediante el enlace eléctrico, por radio, etc.

CONTROLADOR, RA adj. y n. Que controla. ♦ n. **2. Controlador aéreo,** técnico especializado que tiene a su cargo la orientación, regulación, vigilancia, etc., de despegue, ruta de vuelo y aterrizaje de aviones.

CONTROLAR v. tr. (fr. *contrôler*) [1]. Comprobar, intervenir, inspeccionar. **2.** Dirigir, regular, dominar, moderar.

CONTROVERSIA n. f. Discusión larga y reiterada, generalmente sobre una doctrina.

CONTROVERTIBLE adj. Que se puede controvertir.

CONTROVERTIR v. intr. y tr. [22]. Mantener una controversia.

CONTUBERNIO n. m. (lat. *contubernium*). Amancebamiento. **2.** *Fig.* Alianza vituperable.

CONTUMAZ adj. (lat. *contumacem*). Porfiado y tenaz en mantener un error. ♦ adj. y n. m. y f. **2.** Rebelde, por no comparecer en el juicio.

CONTUNDENCIA n. f. Calidad de contundente.

CONTUNDENTE adj. Dícese del agente capaz de producir una contusión, sea por su masa, su forma o el impulso de que está provisto: *instrumento contundente.* **2.** *Fig.* Que produce gran impresión en el ánimo, convenciéndolo.

CONTURBAR v. tr. y pron. [1]. Alterar, turbar, inquietar.

CONTUSIÓN n. f. (lat. *contusionem*). Lesión traumática que se produce por golpe, compresión o choque, sin que haya solución de continuidad en la piel.

CONTUSIONAR v. tr. y pron. [1]. Causar o sufrir alguna contusión o contusiones.

CON

CONTUSO, A adj. y n. (lat. *contusum*). Que ha recibido una contusión.

CONUCO n. m. *Antillas, Colomb.* y *Venez.* Pequeña heredad o campo con su rancho. **2.** *Cuba, Dom.* y *P. Rico.* Montículo de tierra en el que se siembran ritualmente las raíces de la yuca.

CONUQUERO, A n. *Antillas, Colomb.* y *Venez.* Persona que explota un conuco.

CONURBACIÓN n. f. Aglomeración formada por varias ciudades vecinas cuyos extrarradios se han unido.

CONVALECENCIA n. f. Acción y efecto de convalecer. **2.** Estado del convaleciente.

CONVALECER v. intr. (lat. *convalescere*) [2m]. Recobrar las fuerzas perdidas por enfermedad. **2.** *Fig.* Salir una persona o colectividad del estado de postración o peligro en que se encontraban.

CONVALECIENTE adj. y n. m. y f. Dícese de la persona que se está recuperando tras una enfermedad.

CONVALIDACIÓN n. f. Acción y efecto de convalidar.

CONVALIDAR v. tr. [1]. Confirmar, revalidar lo ya aprobado: *convalidar unos estudios por otros.*

CONVECCIÓN n. f. Movimiento del fluido bajo la influencia de diferencias de temperatura. **2.** Movimiento vertical del aire, de origen a menudo térmico u orográfico.

CONVECTOR n. m. Aparato de calefacción en el cual el aire se calienta por convección en contacto con una superficie de caldeo.

CONVENCER v. tr. y pron. (lat. *convincere*) [2a]. Reducir a uno con argumentos o pruebas a reconocer la verdad de una cosa, a adoptar una resolución, etc.

CONVENCIMIENTO n. m. Acción y efecto de convencer.

CONVENCIÓN n. f. (lat. *conventionem*). Pacto entre naciones, organismos o individuos. **2.** Asamblea o reunión de personas para tratar de un determinado asunto. **3.** Conveniencia, conformidad. **4.** Norma o práctica admitida tácitamente. **5.** Nombre dado a algunas asambleas nacionales constituyentes. **6.** En E.U.A., congreso de un partido, reunido con vistas a designar un candidato para la presidencia.

CONVENCIONAL adj. Relativo a la convención o pacto. **2.** Que resulta o se establece en virtud de precedentes o de costumbre. **3.** Dícese de la persona o la cosa que sigue la costumbre establecida.

CONVENCIONALISMO n. m. Conjunto de opiniones o procedimientos basados en determinadas ideas, que, por comodidad o conveniencia social, se consideran como normas. **2.** FILOS. Concepción según la cual los axiomas de las ciencias, los principios morales, las bases del lenguaje, etc., sólo constituyen sistemas de convenciones.

CONVENIENCIA n. f. (lat. *convenientiam*). Cualidad de conveniente. **2.** Cosa o situación conveniente: *mirar sólo su propia conveniencia.* **3.** Ajuste, concierto y convenio.

CONVENIENTE adj. Que conviene, útil, oportuno, provechoso. **2.** Conforme, concorde. **3.** Decente, proporcionado.

CONVENIO n. m. Acuerdo, convención, pacto. • **Convenio colectivo**, acuerdo tomado entre asalariados y empresarios para reglamentar las condiciones de trabajo.

CONVENIR v. intr. (lat. *convenire*) [21]. Ser de un mismo parecer u opinión. **2.** Importar, ser a propósito, ser oportuno. **3.** Coincidir. ♦ v. tr. y pron. **4.** Llegar a un acuerdo.

CONVENTILLO n. m. *Amér. Merid.* Casa de vecindad.

CONVENTO n. m. (lat. *conventum*). Casa en que viven en comunidad miembros de una orden religiosa.

CONVENTUAL adj. n. m. y f. Relativo al convento. ♦ n. m. **2.** Religioso que reside en un convento o es miembro de una comunidad.

CONVERGENCIA n. f. Acción y efecto de convergir. **2.** Ligera inclinación hacia el interior de las partes delanteras de las ruedas directrices de un automóvil motriz de. **3.** BIOL. Tendencia evolutiva de diversos organismos, pertenecientes a grupos muy diferentes, hacia formas, estructuras o funciones semejantes. **4.** MAT. Propiedad de determinadas sucesiones y series, que consiste en poseer un límite o suma finitos, respectivamente. **5.** ÓPT. Inverso de la distancia focal.

CONVERGENTE adj. Que converge. **2.** MAT. Dícese de las sucesiones que tienen límite finito y de las series sumables. • **Lente convergente**, lente que hace converger los rayos paralelos.

CONVERGER v. intr. [2b]. Convergir. **2.** MAT. Para sucesiones y series, poseer un límite.

CONVERGIR v. intr. (lat. *convergere*) [3b]. Dirigirse a un mismo punto. **2.** *Fig.* Concurrir al mismo fin los dictámenes u opiniones de dos o más personas.

CONVERSACIÓN n. f. Acción y efecto de conversar, hablar. • **Dar conversación** a uno, entretenerle por medio de la palabra.

CONVERSACIONAL adj. Dícese de un modo de utilización de un ordenador en el que el usuario dialoga con la máquina con la ayuda de un terminal que funciona como dispositivo de entrada y salida.

CONVERSADOR, RA adj. y n. Dícese de la persona de conversación agradable. ♦ adj. **2.** *Amér.* Charlatán.

CONVERSAR v. intr. (lat. *conversari*) [1]. Hablar unas personas con otras.

CONVERSIÓN n. f. Acción y efecto de convertir. **2.** Transformación del resultado de una medida expresado con ciertas unidades en un nuevo resultado expresado con otras unidades. **3.** Cambio de la tasa de interés de una deuda pública. **4.** Operación metalúrgica realizada en un convertidor.

CONVERSO, A adj. y n. En los ss. XIV al XVI, decíase de los judíos que se hacían cristianos. **2.** Dícese de aquél que cambia de religión, especialmente cuando se hace católico. ♦ n. **3.** En algunas órdenes religiosas, lego.

CONVERTIBILIDAD n. f. Calidad de convertible. **2.** Cualidad de una moneda que, por medio de ciertos procedimientos internacionales, puede cambiarse por otras monedas.

CONVERTIBLE adj. Que puede ser convertido o transformado: *obligaciones convertibles en rentas.* ♦ adj. y n. m. **2.** Dícese del automóvil descapotable.

CONVERTIDOR n. m. Gran retorta metálica con revestimiento interior refractario, ácido o básico, en la que se produce una reacción de oxidación y que se utiliza en las metalurgias del acero, del cobre y del níquel. **2.** Máquina destinada a transformar la corriente eléctrica. **3.** INFORMÁT. Aparato o dispositivo que permite cambiar el modo de representación de una información.

CONVERTIR v. tr. y pron. (lat. *convertere*) [22]. Mudar, transformar. **2.** Llevar a una religión determinada al que pertenece a otra o a ninguna; llevar a la práctica de una religión o de las buenas costumbres.

CONVEXO, A adj. (lat. *convexum*). Dícese de la línea o superficie curvas que, respecto del que las mira, tienen su parte más prominente en el centro. **2.** MAT. Dícese de un conjunto lineal tal que, si a y b son dos cualesquiera de sus elementos, contiene todos los elementos del intervalo cerrado [a, b].

CONVICCIÓN n. f. (lat. *convictionem*). Convencimiento. ♦ **convicciones** n. f. pl. **2.** Ideas u opiniones religiosas, éticas o políticas a las que uno está fuertemente adherido.

CONVICTO, A adj. y n. Dícese del reo a quien legalmente se ha probado su delito, aunque no lo haya confesado.

CONVIDADO, A n. Persona que recibe un convite.

CONVIDAR v. tr. [1]. Rogar a alguien que participe en algo que se supone grato para él. **2.** *Fig.* Mover, incitar. ♦ **convidarse** v. pron. **3.** Ofrecerse voluntariamente para alguna cosa.

CONVITE n. m. (cat. *convit*). Acción y efecto de convidar. **2.** Función, especialmente banquete, a que es uno convidado.

CONVIVENCIA n. f. Acción de convivir. **2.** Relación entre los que conviven.

CONVIVIR v. intr. [3]. Vivir en compañía de otro u otros, cohabitar.

CONVOCAR v. tr. (lat. *convocare*) [1a]. Citar, llamar a varias personas para que concurran al lugar o acto determinado.

CONVOCATORIA n. f. Anuncio o escrito con que se convoca. **2.** Acción de convocar. SIN.: *convocación.*

CONVOY n. m. (fr. *convoi*). Escolta o guardia. **2.** Conjunto de vehículos de transporte que tienen el mismo destino. **3.** Serie de vagones unidos unos con otros y arrastrados por la misma máquina. **4.** Tren.

CONVULSIÓN n. f. (lat. *convulsionem*). Contracción muscular intensa, involuntaria, de origen patológico. **2.** *Fig.* Agitación política o social de carácter violento que transforma la normalidad de la vida colectiva. **3.** GEOL. Sacudida de la tierra o del mar por los terremotos.

CONVULSIONAR v. tr. y pron. [1]. Producir o padecer convulsiones.

CONVULSIVO, A adj. Con carácter de convulsión.

CONVULSO, A adj. (lat. *convulsum*). Atacado de convulsiones. **2.** *Fig.* Que se halla muy excitado.

CONYUGAL adj. Relativo a los cónyuges.

CÓNYUGE n. m. y f. Con relación a una persona, la otra, marido o mujer, que está casada con ella.

COÑAC n. m. (fr. *cognac*) [pl. coñacs o coñás]. Aguardiente producido a partir de los vinos de la región francesa de Cognac o imitando el procedimiento usado en esta región.

COÑETE adj. *Chile* y *Perú.* Tacaño, cicatero, mezquino.

COÑO n. m. *Vulg.* Parte externa del aparato genital femenino. **2.** *Chile. Vulg.* Español. ♦ interj. **3.** *Vulg.* Denota enfado o irreflexión.

COOK (islas), archipiélago de Oceanía, entre las islas Tonga y Tahití, a 1600 km al NE de Nueva Zelanda, de la que es un territorio asociado; 241 km²; 18 000 hab. Cap. *Avarua*, en la isla de Rarotonga.

COOK (James), navegante británico (Marton-in-Cleveland, Yorkshire, 1728-en la bahía de Kelakekua, Hawai, 1779). En un primer viaje descubrió las islas de la Sociedad y exploró Nueva Zelanda (1768-1771). Un segundo viaje lo llevó hasta el océano Antártico (1772-1775). Volvió a partir de 1776, y descubrió las islas Sandwich (Hawai) [1778].

COOLIDGE (William David), físico y químico norteamericano (Hudson, Massachusetts, 1873-Schenectady, Nueva York, 1975), inventor del tubo de rayos X de cátodo incandescente.

COOPER (James Fenimore), novelista norteamericano (Burlington, Nueva Jersey, 1789-Cooperstown, Nueva York, 1851), autor de relatos de aventuras, reconstrucciones pintorescas de las costumbres de los indios (*El último mohicano,* 1826; *El trampero,* 1840).

COOPERACIÓN n. f. Acción y efecto de cooperar. **2.** Método de acción económica por el que personas que tienen intereses comunes constituyen una empresa en la que los derechos de todos a la gestión son iguales y las ganancias realizadas son repartidas entre los asociados. **3.** Política de entendimiento y de intercambios entre dos estados. **4.** Política de ayuda económica en beneficio de los países subdesarrollados.

COOPERANTE n. m. y f. Especialista de un país desarrollado que, a título de cooperación institucional o particular, se pone a disposición de un país en vías de desarrollo.

COOPERAR v. intr. [1]. Obrar juntamente con otro u otros para un mismo fin.

COOPERATIVA n. f. Asociación de compradores, comerciantes o productores que practican la cooperación. **2.** Establecimiento comercial donde se venden los artículos suministrados por una asociación de este tipo.

COOPERATIVISMO n. m. Doctrina que propugna la cooperación en el campo económico y social. SIN.: *cooperatismo*.

COOPERATIVISTA adj. y n. m. y f. Relativo a la cooperación; partidario del cooperativismo.

COOPERATIVO, A adj. Que coopera o puede cooperar a alguna cosa.

COORDENADO, A adj. y n. f. Dícese de cada una de las líneas que sirven para determinar la posición de un punto, y de los ejes y planos a que se refieren dichas líneas. (Suele usarse en plural.) ♦ **coordenadas** n. f. pl. **2.** Coordenadas geográficas, en los mapas, cuadrícula de líneas (meridianos y paralelos) que permiten localizar un punto de la superficie terrestre.

COORDINACIÓN n. f. Acción y efecto de coordinar. **2.** GRAM. Relación mental que se establece entre dos proposiciones de una oración compuesta, no unidas por vínculo sintáctico. **3.** QUÍM. Valencia particular que explica la unión de varias moléculas en un complejo. **4.** QUÍM. Número total de iones o de átomos unidos a un elemento central.

COORDINADO, A adj. Dícese del átomo o radical químico que, en un compuesto complejo, está unido al átomo central por valencias de coordinación. • **Conjunción coordinada** (GRAM.), partícula que sirve para unir oraciones sin dependencia de subordinación. ‖ **Oración coordinada** (GRAM.), cada una de las oraciones que van unidas por conjunciones coordinadas.

COORDINAR v. tr. [1]. Disponer cosas metódicamente. **2.** Concertar esfuerzos, medios, etc., para una acción común. **3.** Unir palabras u oraciones con una partícula.

COPA n. f. Vaso con pie para beber. **2.** Líquido que cabe en este vaso. **3.** Conjunto de las ramas de un árbol, con su follaje o sin él. **4.** Premio que se concede al vencedor de ciertas carreras, concursos o campeonatos. **5.** La propia competición, cuyo premio está en juego. **6.** Parte hueca del sombrero. ♦ **copas** n. f. pl. **7.** Uno de los cuatro palos de la baraja española.

COPAL n. m. Resina producida por diversos árboles tropicales (coníferas o cesalpináceas), utilizada en la fabricación de barnices.

COPÁN (departamento de), dep. de Honduras, junto a la frontera guatemalteca; 3203 km²; 219 455 hab. Cap. *Santa Rosa de Copán* (19 680 habitantes).

COPAR v. tr. (fr. *couper*) [1]. Hacer en los juegos de azar una apuesta equivalente a todo el dinero con que responde la banca. **2.** Fig. Conseguir todos los puestos en unas elecciones o en cualquier otro asunto. **3.** Apresar por sorpresa al enemigo.

COPARTICIPACIÓN n. f. Acción de participar con otro en alguna cosa.

COPARTÍCIPE n. m. y f. Que participa con otro.

COPAYERO n. m. Árbol resinoso de América tropical. (Familia cesalpináceas.)

COPEAR v. intr. [1]. Tomar copas.

COPENHAGUE, en danés **Kobenhavn**, c. y cap. de Dinamarca, en la costa E de Sjaelland, en el Sund; 482 000 hab. (1 366 000 en la aglomeración). Principal puerto y aeropuerto (Kastrup) danés y centro político, cultural e industrial. Monumentos, en especial de los ss. XVII-XIX. Museos.

COPEO n. m. Acción de copear.

COPÉRNICO (Nicolás), en polaco **Niklas Koppernigk**, astrónomo polaco (Toruń 1473-Frauenburg [act. Frombork] 1543). Tras largos años de estudio y de reflexión, formuló la hipótesis del movimiento de la Tierra y de los demás planetas alrededor del Sol, publicada en 1543, en *De revolutionibus orbium coelestium libro VI*.

COPETE n. m. Tupé que se lleva levantado sobre la frente. **2.** Colmo que rebasa del borde de un recipiente, especialmente en los refrescos y bebidas heladas. **3.** Penacho de plumas que llevan algunas aves sobre la cabeza. **4.** Adorno que suele ponerse en la parte superior de los espejos, sillones y otros muebles. **5.** Argent. Fig. Breve resumen y anticipación de una noticia periodística, que precede inmediatamente al título. **6.** R. de la Plata. Hierba seca o espuma que corona la boca del mate, cuando está bien cebado.

COPETÍN n. m. Amér. Aperitivo, cóctel. **2.** Amér. Copa de licor.

COPIA n. f. (lat. *copiam*). Gran cantidad, abundancia: *una copia de datos*. **2.** Reproducción exacta de un escrito, impreso, etc. **3.** Persona muy parecida a otra. **4.** Acción de copiar. **5.** CIN. Ejemplar de una película.

COPIADOR, RA adj. y n. Que copia. Multicopista.

COPIAPÓ, c. de Chile, cap. de la región de Atacama; 100 946 hab. Centro minero y metalúrgico. Fundada por P. de Valdivia (1540), fue arrasada por seísmos en 1899, 1922 y 1939, y reconstruida.

COPIAR v. tr. [1]. Hacer una copia: *copiar un cuadro*. **2.** Ir escribiendo lo que otro dice o dicta: *copiar un discurso*. **3.** Imitar o remedar a uno, o algo característico de él: *copiar los modales de alguien*. **4.** Reproducir por fraude, en vez de hacer un trabajo personal: *copiar un examen*.

COPIHUE n. m. Chile. Planta arbustiva trepadora de flores rojas y blancas que produce una baya semejante al ají sin madurar.

COPILOTO n. m. Piloto cuya función consiste en asistir al primer piloto.

COPIÓN, NA adj. y n. Desp. Que copia fraudulentamente o imita a alguien.

COPIOSO, A adj. (lat. *copiosum*). Abundante, cuantioso: *una comida copiosa*.

COPISTA n. m. y f. y adj. Persona que copia, especialmente la que copiaba manuscritos u obras de arte. **2.** IMPR. Obrero que efectúa la copia de los clichés sobre una forma de impresión.

COPLA n. f. (lat. *copulam*, lazo, unión). Combinación métrica o estrofa. ♦ **coplas** n. f. pl. **2.** Fam. Versos.

COPLEAR v. intr. [1]. Hacer, decir o cantar coplas.

COPO n. m. Porción de cáñamo, lana u otra materia dispuesta para hilarse. **2.** Cada una de las porciones de nieve trabada que caen cuando nieva. **3.** Partes de determinadas sustancias que se asemejan a las porciones de nieve.

COPO, dep. de Argentina (Santiago del Estero); 19 268 hab. Centro ganadero.

COPÓN n. m. Copa grande, de metal precioso, con tapa rematada por una cruz, en la que se guardan las hostias consagradas.

COPRA n. f. Médula del coco de la palma, partida en trozos y desecada, que se utiliza para la extracción del aceite de coco.

COPRETÉRITO n. m. En la nomenclatura de los tiempos verbales de Bello, pretérito imperfecto.

COPRODUCCIÓN n. f. Producción cinematográfica en la que intervienen productoras de diversos países.

COPROPIEDAD n. f. Propiedad en común.

COPROPIETARIO, A adj. y n. Propietario de bienes juntamente con otro u otros.

COPTO, A adj. y n. (der. del gr. *aigyptios*). Relativo a los cristianos de Egipto y de Etiopía, que profesan el monofisismo. ♦ n. m. **2.** LING. Egipcio cristiano escrito en un alfabeto derivado del griego y que sirve de lengua litúrgica a la Iglesia copta.

COPUCHA n. f. Chile. Vasija que sirve para varios usos domésticos. **2.** Chile. Fig. Mentira, bola. • **Hacer copuchas** (Chile), inflar los carrillos.

COPUCHENTO, A adj. Chile. Exagerado, mentiroso.

CÓPULA n. f. (lat. *copulam*). Unión sexual de dos individuos de distinto sexo. **2.** Ligamento, unión. **3.** LING. Término que liga el sujeto de una proposición con el predicado: *los verbos* ser *y* estar *son las cópulas más frecuentes*.

COPULACIÓN n. f. Acción y efecto de copular.

COPULAR v. tr. [1]. Realizar la cópula carnal.

COPULATIVO, A adj. Que ata, liga o junta una cosa con otra. • **Conjunción copulativa,** la que une frases o elementos de frases de igual rango sintáctico. ‖ **Oración copulativa,** la relacionada con otra u otras por mera adición o por dependencia común de una misma principal. ‖ **Verbo copulativo,** verbo que no constituye el núcleo significativo del predicado de la oración, sino que más bien ejerce una función de cópula.

COPYRIGHT n. m. (voz inglesa) [pl. *copyrights*]. Derecho exclusivo de un autor o de su editor de explotar durante varios años una obra literaria, artística o científica. **2.** Marca de este derecho simbolizado por el signo © que se imprime en un libro.

COQUE n. m. (ingl. *coke*). Combustible obtenido de la destilación de la hulla en un recinto cerrado y que sólo contiene una pequeña fracción de las materias volátiles que formaban parte de la misma. SIN.: *cok*.

COQUEAR v. intr. [1]. Argent. y Bol. Mascar acullico.

COQUETEAR v. intr. (fr. *coqueter*) [1]. Tratar de agradar o atraer a alguien por vanidad, con medios estudiados. **2.** Tener trato o relación superficial.

COQUETEO n. m. Acción y efecto de coquetear.

COQUETERÍA n. f. Cualidad de coqueto. **2.** Estudiada afectación en los modales y adornos.

COQUETO, A adj. y n. (fr. *coquet, ette*). Que coquetea.

COQUETÓN, NA adj. Gracioso, atractivo, agradable: *apartamento coquetón*.

COQUIMBO (región de), región de Chile central; 40 656 km²; 502 460 hab. Cap. *La Serena*.

COQUIMBO, c. de Chile (Coquimbo), sobre la bahía de *Coquimbo*; 122 476 hab. Pesca. Industrias.

COQUIZACIÓN o **COQUIFICACIÓN** n. f. Transformación de la hulla y residuos pesados del petróleo en coque por la acción del calor.

CORA, pueblo amerindio de la familia lingüística nahua, que vive en la sierra de Nayarit (México).

CORA (José Antonio **Villegas**), escultor mexicano (Puebla 1713-*id.* 1785), llamado **Cora el Viejo**. Trabajó en Puebla, donde se conservan *Santa Ana* y *San Joaquín* (iglesia de San Cristóbal), *San José* (iglesia de San Pablo), una *Purísima*, etc.

CORAJE n. m. (fr. *courage*). Valor, energía, decisión: *trabajar con coraje*. **2.** Irritación.

CORAJUDO, A adj. Propenso a la cólera. **2.** Capaz de obrar con coraje.

CORAL n. m. (lat. *corallium*). Octocoralario de los mares cálidos, de una altura máxima de 30 cm, que vive fijo a una cierta profundidad, constituido por una colonia de pólipos sobre un eje calcáreo. (Tipo cnidarios; orden gorgonarios.) **2.** Materia

roja o blanca que forma el esqueleto de los corales y que se utiliza en joyería. • **Serpiente de coral**, serpiente muy venenosa de América, de cuerpo anillado de color negro, amarillo y rojo.
CORAL, adj. Relativo al coro. ♦ n. m. **2.** Composición vocal armonizada de cuatro voces y ajustada a un texto de carácter religioso. **3.** Composición instrumental análoga a este canto. ♦ n. f. **4.** Conjunto de personas que interpretan al unísono o a varias voces alguna obra musical.
CORAL (mar de), mar del Pacífico, situado entre Australia y Melanesia.
CORALÍFERO, A adj. Que contiene corales.
CORALÍGENO, A adj. Que produce la sustancia calcárea de los corales.
CORALILLO n. m. Méx. Serpiente muy venenosa, con anillos de color rojo, amarillo y negro alternados, que habita en regiones calurosas cercanas a la costa.
CORALINO, A adj. De coral o parecido a él: arrecife coralino; labios coralinos.
CORAZA n. f. (lat. coriaceam). Antiguamente, pieza de la armadura que protegía la espalda y el pecho. **2.** Blindaje. **3.** Caparazón de la tortuga. **4.** GEOL. Coraza.
CORAZÓN n. m. (lat. cor). Órgano torácico, hueco y muscular, de forma ovoide, que constituye el órgano principal de la circulación de la sangre. **2.** Sede de la sensibilidad afectiva y de los sentimientos, especialmente de la bondad y el amor: tener buen corazón; ofrecer de todo corazón. **3.** Sede del ánimo y del valor: tener un valeroso corazón. **4.** Interior o centro de algo: el corazón de la ciudad. **5.** Apelativo cariñoso. **6.** BOT. Nombre dado a la madera más vieja, dura y de color más o menos oscuro, que ocupa el centro del tronco y de las ramas de muchos árboles. • **A corazón abierto**, dícese de la intervención quirúrgica en la que se desvía previamente la circulación por un aparato llamado corazón artificial, antes de abrir la cavidad cardíaca. ‖ **A corazón cerrado**, dícese de la intervención quirúrgica en la que se actúa sin detener la acción fisiológica del corazón. ‖ **Con el corazón en la mano**, con toda franqueza y sinceridad. ‖ **De, o de todo, corazón**, con verdad, seguridad y afecto; dícese de las personas buenas, de buena voluntad. ‖ **No tener corazón**, ser insensible. ♦ **corazones** n. m. pl. **7.** Uno de los cuatro palos de la baraja francesa.
CORAZONADA n. f. Impulso espontáneo que mueve a ejecutar una acción. **2.** Presentimiento.
CORBATA n. f. (ital. corvatta, croata). Tira de tejido ligero que se coloca alrededor del cuello y se anuda por delante. **2.** Insignia propia de las encomiendas de ciertas órdenes civiles. **3.** Divisa honorífica que se ata en el asta de banderas y estandartes. **4.** Colomb. Parte anterior del cuello de los gallos. **5.** Colomb. Fig. Empleo de poco esfuerzo y bien remunerado.
CORBATÍN n. m. Corbata corta que se ata por detrás con un broche, o por delante con un lazo sin caídas.
CORBETA n. f. (fr. corvette). Antigua embarcación de guerra, más pequeña que la fragata. **2.** Embarcación de mediano tonelaje armada para la lucha antisubmarina.
CORBUSIER (Charles Edouard Jeanneret, llamado Le), arquitecto, urbanista, teórico y pintor francés de origen suizo (La Chaux-de-Fonds 1887-Roquebrune-Cap-Martin 1965). Renovó los conceptos arquitectónicos en función de la vida social y de la utilización de volúmenes simples, articulados con gran libertad.
CÓRCEGA, en fr. Corse, isla francesa del Mediterráneo; 8680 km²; 250 371 hab. Cap. Ajaccio. Dividida en dos dep. (Corse-du-Sud y Haute-Corse), forma una región económica y administrativa. Isla montañosa, de clima mediterráneo (vid, cítricos, ganadería). Turismo.

HISTORIA
Poblada ya en el III milenio a. J.C. (cultura megalítica), fue invadida por focenses, etruscos, cartagineses, romanos y bizantinos. 1077: la Santa Sede cedió la isla a Pisa. S. XII: pasó a ser genovesa. 1297: el papa la concedió a Jaime II de Aragón. S. XIV: el dominio pasó nuevamente a Pisa y Génova hasta el s. XVIII. 1768: Génova la transfirió a Francia, a pesar de los independentistas, dirigidos por Paoli. Segunda guerra mundial: ocupación italiana. 1982: estatuto regional. 1991: la isla pasó a ser «colectividad territorial» con un estatuto de autonomía.
CORCEL n. m. (fr. coursier). Caballo ligero, de mucha alzada.
CORCHAR v. tr. [**1**]. Colomb. Confundir, aturullar.
CORCHEA n. f. (fr. crochée). MÚS. Figura equivalente a la mitad de la negra, igual a la octava parte de la redonda y representada por el número 8.
CORCHETE n. m. (fr. crochet). Gancho de metal que se introduce en una anilla y que sirve para unir los bordes opuestos de una prenda de vestir. **2.** Macho que entra en la corcheta. **3.** Signo ortográfico equivalente al paréntesis [ ].
CORCHO n. m. (lat. corticem). Tejido vegetal formado por células muertas con las paredes impregnadas de suberina, que es el constituyente principal de la corteza de las raíces y los troncos añosos. **2.** Tapón de este material. **3.** Flotador de cierto material utilizado en la pesca.
CORCHOLATA n. f. Méx. Tapón metálico de botella, chapa.
¡CÓRCHOLIS! interj. Denota extrañeza, contrariedad o enfado.
CORCOVA n. f. Corvadura anómala de la columna vertebral, del pecho, o de ambos a la vez. Chile. Día o días de fiesta que siguen a una celebración.
CORCOVADO, A adj. y n. m. Que tiene corcova.
CORCOVADO, cerro que domina la bahía de Río de Janeiro, rematado por un colosal estatua de Cristo; 704 m.
CORCOVO n. m. Salto que dan algunos animales encorvando el lomo.
CORDADO, A adj. y n. m. Relativo a un tipo de animales que presentan un eje gelatinoso dorsal, como los vertebrados, los procordados y los estomocordados.
CORDEL n. m. (cat. cordell). Cuerda delgada. **2.** Cualquier clase de líneas de fondo que llevan un anzuelo. • **A cordel**, en línea recta.
CORDELERÍA n. f. Industria de fabricación de bramantes, cuerdas y sogas o cables no metálicos. **2.** Establecimiento en que se realiza dicha actividad industrial.
CORDELERO, A n. Persona que hace o vende cordeles, cuerdas, sogas, cabos, etc.
CORDERO, A n. Cría de la oveja de menos de un año, cuya piel es muy apreciada. **2.** Fig. Persona dócil y humilde. ♦ n. m. **3.** Piel de cordero adobada. • **Cordero pascual**, cordero inmolado cada año por los judíos para conmemorar la salida de Egipto. ‖ **El Cordero de Dios**, Jesucristo.
CORDERO (Luis), escritor y político ecuatoriano (Délog, Cañar, 1833-Cuenca 1912). Presidente de la república (1892), fue derrocado por la sublevación liberal de 1895. Es autor de poesías.
CORDERO (Juan), pintor mexicano (Puebla 1824-México 1884), una de las figuras más representativas del romanticismo en su país. Decoró la capilla de Cristo en la iglesia de Santa Teresa y la cúpula de la iglesia de San Fernando.
CORDIAL adj. Que tiene virtud para fortalecer el corazón. **2.** Afectuoso, amistoso: acogida cordial. ♦ n. m. **3.** Bebida para confortar a los enfermos.
CORDIALIDAD n. f. Calidad de cordial o afectuoso. **2.** Franqueza, sinceridad.

CORDILLERA n. f. Cadena de montañas de forma alargada, formada por la aproximación de dos placas litosféricas.
CORDILLERA (departamento de la), dep. del SO de Paraguay; 4948 km²; 206 097 hab. Cap. Caacupé.
CORDILLERANO, A adj. Amér. Relativo a la cordillera, y especialmente a la de los Andes.
CÓRDOBA n. m. Unidad monetaria principal de Nicaragua.
CÓRDOBA (departamento de), dep. del N de Colombia; 25 020 km²; 913 636 hab. Cap. Montería.
CÓRDOBA (provincia de), prov. de Argentina, en la región pampeana; 165 321 km²; 2 764 176 hab. Cap. Córdoba.
CÓRDOBA (provincia de), prov. de España, en Andalucía; 13 718 km²; 755 826 hab. Cap. Córdoba. La Campiña, en la margen izquierda del Guadalquivir, es el eje del territorio, con sierra Morena al N y las cordilleras Subbéticas al S.
CÓRDOBA, c. de Argentina, cap. de la prov. homónima, a orillas del río Primero; 1 179 067 hab. Centro agrícola, cultural (universidad, 1613) e industrial. Depósito petrolero. Oleoducto. Gasoducto. Complejo nuclear. Iglesia de los jesuitas (1645), la más antigua de Argentina; catedral y conventos (ss. XVII-XIX); mansiones virreinales. Estancias jesuíticas (ss. XVII-XVIII). Fundada por Cabrera (1573), fue intendencia del virreinato de La Plata (1776). Movimiento insurreccional popular contra el régimen de Onganía (Cordobazo, 1969).
CÓRDOBA, c. de España, cap. de la prov. homónima y cab. de la p. j.; 310 488 hab. (Cordobeses.) En la cr. der. del Guadalquivir, es centro agrícola, industrial (electrometalurgia, mecánica de transformación), administrativo y cultural (universidad). Fue colonia romana (Corduba) y, desde 716, capital del al-Andalus. Conserva restos romanos y de la época musulmana: mezquita (V. art. siguiente); alcázar de los califas (act. palacio episcopal), baños árabes, etc. Barrio de la Judería, declarado patrimonio de la humanidad por la Unesco (1994). Del s. XIV son el alcázar de los reyes cristianos, gótico-mudéjar, y la fortaleza de La Calahorra (museo histórico). Numerosos conventos e iglesias. Rica arquitectura popular (patios). En las afueras, ruinas de la ciudad califal de Medina Azara.
CÓRDOBA, c. de México (Veracruz); 150 454 hab. Centro comercial e industrial. Turismo.
CÓRDOBA (Jorge), político y militar boliviano (La Paz 1822-id. 1861). Yerno del presidente Belzú, fue presidente de la república (1855), pero derrocado por Linares (1857), huyó a Perú.
CÓRDOBA (José María), político y militar colombiano (en Antioquia 1799-santuario de Antioquia 1830). Luchó en las guerras de independencia a las órdenes de Páez, Bolívar y Sucre (Ayacucho, 1824). Liberal, se levantó contra la dictadura de Bolívar (1830), y fue derrotado y asesinado.
CORDOBÁN n. m. Piel curtida de macho cabrío o de cabra, que se trabajaba originariamente en Córdoba.
CORDOBÉS, SA adj. y n. De Córdoba.
CORDÓN n. m. Cuerda o cordel, generalmente de estructura tubular, fabricado con materiales finos: el cordón de los zapatos. **2.** Cable eléctrico de pequeño diámetro y muy flexible, cubierto generalmente por un aislamiento textil o plástico. **3.** Conjunto de personas alineadas para impedir el paso de un lado a otro de la línea que forman: cordón de policía. **4.** Nombre de diversas estructuras del organismo: cordón espermático, medular. **5.** Amér. Merid. y Cuba. Bordillo de la acera. **6.** Colomb. Corriente de agua de un río. **7.** ARQ. Moldura, adornada o no, que sobresale horizontalmente en una fachada. • **Cordón**

umbilical, vía que relaciona el feto con la placenta. ♦ **cordones** n. m. pl. **8.** Divisa militar que sirve de distintivo y que se lleva sujeta en la hombrera.
CORDONCILLO n. m. Cada una de las rayas estrechas con cierto relieve que forma el tejido de algunas telas. **2.** Cordón muy fino, de hilo, seda, oro o plata, que se emplea para bordar. **3.** Labor que se hace en el canto de las monedas.
CORDURA n. f. Prudencia, sensatez, juicio: *obrar con cordura*.
COREA, península comprendida entre el mar del Japón (mar del Este), y el mar Amarillo, dividida en dos estados: *Corea del Norte* (República Democrática Popular de Corea) y *Corea del Sur* (República de Corea).
HISTORIA
Los chinos establecieron comandancias en Corea en el s. I a. J.C. 57 a. J.C.-935 d. J.C.: el país, dividido en principio entre los reinos de Silla (57 a. J.C.-935), Koguryo (37 a. J.C.-668) y Paikche (18 a. J.C.-660), fue unificado por Silla en 735. 935-1392: durante la dinastía Koryo Corea fue invadida por los mongoles (1231). 1392-1910: la dinastía Li (o Yi) adoptó el confucianismo y prohibió el budismo. Rechazó a los japoneses (1592, 1597), pero en 1637 tuvo que reconocer la soberanía de los manchúes (dinastía de los Qing de China). 1910: Japón, que había eliminado a los Qing de Corea en 1895, anexionó el país. 1945: ocupación del país por las tropas soviéticas y norteamericanas. 1948: el gobierno de la República de Corea se estableció en Seúl; la República Democrática Popular de Corea se proclamó en Pyongyang. 1953: al final de la guerra de Corea (1950-1953) se mantuvo la división del país.
COREA (*República de*) o **COREA DEL SUR**, estado de Asia oriental que ocupa la parte S de la península coreana; 99 000 km²; 43 200 000 hab. (*Surcoreanos.*) CAP. Seúl. LENGUA OFICIAL: *coreano.* MONEDA: *won.*
GEOGRAFÍA
Es un estado menos extenso que Corea del Norte, pero mucho más poblado. La extensión de sus llanuras y colinas y su clima suave explican el predominio del cultivo del arroz. La abundancia de la mano de obra y los capitales extranjeros han estimulado la industria (textil, construcción naval, construcciones eléctricas, etc.) y han paliado la pobreza del subsuelo. La industria, ubicada sobre todo en Pusan (salida marítima) y Seúl, es fundamentalmente exportadora (a Japón y sobre todo a E.U.A.).
HISTORIA
La República de Corea, presidida por Syngman Rhee (1948-1960), al que sucedieron Park Chung Hee (1963-1979) y Chun Doo Hwan (1980-1988), estuvo sometida a un régimen autoritario 1987: comenzó un proceso de democratización; nueva constitución por referéndum. Roh Tae Woo, presidente. 1991: las dos Coreas entraron en la O.N.U. y firmaron un acuerdo de reconciliación. 1992: Corea del Sur normalizó sus relaciones con China. 1993: Kim Young Sam, fue elegido presidente de la república. 1997: Kim Dae Jung asumió la presidencia. 2000: Tras 55 años de división, se reunieron los jefes de estado de Corea del Sur y Corea del Norte. Acordaron reunificar la península. El presidente Dae Jung obtuvo el premio Nobel de la Paz. 2001: Renuncia en pleno del gobierno, luego de la desaprobación por el Parlamento de Lim Dong Won, ministro de la Unificación.
COREA (*República Democrática Popular de*) o **COREA DEL NORTE**, estado de Asia oriental que ocupa la parte N de la península coreana; 120 500 km²; 21 800 000 hab. (*Norcoreanos.*) CAP. Pyongyang. LENGUA OFICIAL: *coreano.* MONEDA: *won.*

GEOGRAFÍA
País montañoso, de clima riguroso, el arroz y el trigo constituyen, junto con la pesca, la base de la alimentación. El carbón y el hierro, y las instalaciones hidroeléctricas (en el Yalu) favorecieron el desarrollo de la industria de base (siderurgia y química).
HISTORIA
Desde su creación en 1948 hasta 1994 la república ha sido dirigida por Kim Il Sung, en un régimen comunista; le sucedió su hijo Kim Jong Il. En 1991, las dos Coreas entraron en la O.N.U. y firmaron un acuerdo de reconciliación, paralizado posteriormente. En 1996 Corea del Norte denunció el armisticio de 1953. Durante 2001 se realizaron negociaciones con miras a la reunificación de las dos Coreas.
COREANO, A adj. y n. De Corea. ♦ n. m. Lengua monosilábica hablada en Corea, transcrita en un silabario especial.
COREAR v. tr. [**1**]. Acompañar con coros o repetir a coro lo que alguien canta o dice. **2.** *Fig.* Asentir ostensiblemente, a veces por adulación, al parecer ajeno.
COREOGRAFÍA n. f. Arte de componer bailes y, en general, el arte de la danza. **2.** Transcripción de la danza por medio de signos estenográficos. **3.** Conjunto de pasos, figuras y evoluciones que componen un ballet.
COREOGRÁFICO, A adj. Relativo a la coreografía.
COREÓGRAFO, A n. Persona que realiza la coreografía de ballets, de danza académica o moderna.
CORI (Carl Ferdinand), bioquímico norteamericano (Praga 1896-Cambridge, Massachusetts, 1984). En 1947 obtuvo, junto con su mujer, **Gerty Theresa** (Praga 1896-Saint Louis, Missouri, 1957), el premio Nobel de fisiología y medicina por sus trabajos sobre el metabolismo de los glúcidos.
CORIÁCEO, A adj. Relativo a las características del cuero. **2.** Parecido a él.
CORINDÓN n. m. Alúmina cristalizada, la más dura después del diamante, que se utiliza como abrasivo y en joyería. (Sus variedades más bellas son el *rubí* y el *zafiro.*)
CORINTIO, A adj. y n. De Corinto. ♦ adj. **2.** Dícese de un orden arquitectónico creado por los griegos a fines del s. v a. J.C.; caracterizado por un capitel adornado con dos hileras de hojas de acanto y por un entablamento ricamente decorado.
CORINTO, en gr. *Korinthos*, c. griega, rival de Atenas y de Esparta, que fue la metrópoli comercial e industrial más rica de la Grecia arcaica (ss. VII-VI a. J.C.). — Act. es un puerto en el *golfo de Corinto* (6,3 km), abierto a través del istmo homónimo, que une el Peloponeso con el resto de Grecia; 28 903 hab. Museo. Conjunto de ruinas griegas y romanas.
CORINTO, c. de Nicaragua (Chinandega); 24 250 hab. Puerto exportador, en el Pacífico.
CORISTA n. m. y f. Persona que canta en un coro. ♦ n. f. **2.** En los espectáculos teatrales arrevistados, artista que pertenece al coro.
CORMACK (Allan MacLeod), físico norteamericano de origen sudafricano (Johannesburgo 1924). Contribuyó, junto a G. N. Hounsfield, al desarrollo del scanner. (Premio Nobel de fisiología y medicina 1979.)
CORMORÁN n. m. Ave palmípeda, de 60 a 80 cm de long., de plumaje oscuro, que vive en las costas, cerca de las grandes extensiones de agua dulce, y se alimenta de peces.
CORNADA n. f. Golpe o herida producida por un animal con la punta del cuerno.
CORNALINA n. f. Variedad roja del ágata, empleada en bisutería.

CORNAMENTA n. f. Conjunto de los cuernos de un animal.
CORNAMUSA n. f. Instrumento de música pastoril, compuesto por un depósito de aire y por tubos provistos de lengüetas. **2.** MAR. Pieza de hierro o de metal para amarrar los cabos.
CÓRNEA n. f. Parte anterior, transparente, del globo ocular, en forma de casquete esférico.
CORNEAR v. tr. [**1**]. Dar cornadas.
CORNEILLE (Pierre), dramaturgo francés (Ruán 1606-París 1684). Debutó en el teatro con comedias y se hizo célebre con la tragicomedia *El Cid* (1636-1637). Se consagró luego a la tragedia (*Horacio*, 1640; *Cinna*, 1640-1641) sin abandonar la comedia a la española (*El mentiroso*, 1643; *Don Sancho de Aragón*, 1650 y los divertimentos. Evolucionó hacia la complejidad y el patetismo (*Nicomedes*, 1651) pero fracasó con *Perthairite* (1651). Más tarde volvió a la escena (*Edipo*, 1659). Dio la forma definitiva a la comedia clásica francesa.
CORNEJA n. f. (lat. *corniculum*). Diversas aves paseriformes que se distinguen del cuervo por su talla menor y por su pico.
CORNELLÀ DE LLOBREGAT, c. de España (Barcelona), cab. de p.j.; 84 315 hab. (*Cornellenses.*) Centro industrial.
CÓRNEO, A adj. Que tiene la naturaleza o la apariencia del cuerno. **2.** Relativo a la córnea del ojo.
CÓRNER n. m. (ingl. *corner*, rincón, esquina) [pl. *córners* o *córneres*]. En algunos deportes de equipo, jugada que consiste en impulsar el balón fuera del campo por la propia línea de meta. **2.** Lanzamiento del correspondiente tiro de castigo.
CORNETA n. f. Instrumento musical de viento, sin llaves ni pistones, utilizado sobre todo en el ejército. **2.** MIL. Estandarte que termina en dos puntas. ♦ n. m. y f. **3.** Persona que toca la corneta.
CORNETE n. m. ANAT. Cada una de las tres láminas óseas arrolladas sobre sí mismas, que forman parte del esqueleto de las fosas nasales.
CORNETÍN n. m. Instrumento musical de viento, de cobre, que en realidad es un clarín de tres pistones. ♦ n. m. y f. **2.** Persona que toca dicho instrumento.
CORNEZUELO n. m. Enfermedad de las gramíneas causada por un ascomiceto.
CORNISA n. f. Coronamiento compuesto de molduras o cuerpo voladizo con molduras que sirve de remate a otro. **2.** Parte superior del entablamento. **3.** Moldura que remata un mueble, pedestal, puerta o ventana, o que cubre el ángulo formado por el cielo raso y la pared. **4.** Formación de nieve que orla la mayor parte de las aristas afiladas a partir de cierta altura. **5.** GEOMORFOL. Escarpe rocoso abrupto, de altura más o menos constante, que corona una pendiente suave.
CORNO n. m. Instrumento musical de viento formado por un tubo de metal, cónico y curvado.
CORNUCOPIA n. f. Vaso en figura de cuerno, rebosante de frutas y flores, que entre los griegos y los romanos simbolizaba la abundancia. **2.** Espejo pequeño, de marco tallado y dorado, que suele tener uno o más brazos a manera de candelabros.
CORNUDO, A adj. Que tiene cuernos. ♦ adj. y n. m. **2.** *Fig.* y *Vulg.* Dícese del hombre a quien su mujer pone cuernos.
CORNÚPETA n. m. y adj. Res brava de lidia. **2.** *Fig.* y *Vulg.* Cornudo.
CORO n. m. (lat. *chorum*). Conjunto de cantantes que interpretan juntos una composición musical. **2.** Conjunto de actores o actrices que cantan o declaman con un ritmo particular un fragmento de texto en determinadas obras teatrales, especialmente en las tragedias clásicas. **3.** Fragmento de una obra musical o pieza musical destinado a ser cantado por un conjunto

COR

numeroso de voces. **4.** Parte de una iglesia donde se sitúan los cantores o en la que se reúnen los eclesiásticos o religiosos para cantar o rezar oficios. **5.** Canto o rezo comunitario de los oficios divinos en iglesias y monasterios. **6.** REL. CATÓL. Cada uno de los nueve grupos en que se dividen los espíritus angélicos.

CORO, c. de Venezuela, cap. del est. Falcón; 95 000 hab. Centro industrial y comercial. Aeropuerto. Fundada en 1527, se fundó en ella el primer obispado de Venezuela. Conserva edificios coloniales del s. XVIII.

COROIDES n. f. Membrana pigmentada y vascularizada del ojo, situada entre la retina y la esclerótica, que se prolonga hacia adelante en el iris.

COROJO o **COROZO** n. m. Palmera de poco tamaño y fruto parecido al coco, crece en América Meridional. (Familia palmáceas.)

COROLA n. f. (lat. *corollam*, corona pequeña). BOT. Conjunto de pétalos de una flor, a menudo de vistosos colores.

COROLARIO, A adj. y n. m. (lat. *corollarium*). LÓG. y MAT. Dícese de la proposición que se deduce por sí sola de lo demostrado anteriormente.

CORONA n. f. (lat. *coronam*). Cerco de ramas, de flores o de metal, con que se ciñe la cabeza como señal de premio, recompensa o dignidad. **2.** Fig. Dignidad y autoridad real: *jurar fidelidad a la corona*. **3.** Fig. Reino o monarquía: *la Corona de Aragón*. **4.** Aureola de los santos. **5.** Conjunto de flores y de plantas dispuestas en círculo: *corona mortuoria*. **6.** Coronilla, parte de la cabeza. **7.** Parte del diente que, recubierta de esmalte, sobresale del maxilar. **8.** Unidad monetaria principal de Dinamarca, Eslovaquia, Estonia, Islandia, Noruega, República Checa y Suecia. **9.** Determinadas piezas de moneda en diversos países. **10.** Tonsura que se hace a los clérigos y monjes en la cabeza: *la corona clerical*. **11.** AUTOM. Rueda dentada que engrana en ángulo recto con el piñón del extremo del árbol de transmisión. • **Corona circular** (MAT.), superficie comprendida entre dos circunferencias coplanarias y concéntricas. ‖ **Corona solar**, región externa de la atmósfera del Sol, difusa y de temperatura muy alta. ‖ **Triple corona**, la tiara papal.

CORONA, macizo de Venezuela, en la sierra Nevada de Mérida; 4942 m de alt. en el Humboldt.

CORONACIÓN n. f. Acto de coronar o coronarse un soberano. **2.** Coronamiento, fin de una obra. **3.** Coronamiento, adorno que remata un edificio.

CORONADO (Martín), dramaturgo y poeta argentino (Buenos Aires 1850-*id.* 1919). Alcanzó éxito con dramas en verso de tema popular (*La piedra del escándalo*, 1902; *El sargento Palma*, 1905; *La chacra de don Lorenzo*, 1918).

CORONAMIENTO n. m. Fin de una obra. **2.** Adorno que se pone en la parte superior de un edificio y le sirve como de corona. **3.** OBST. Momento en que la cabeza u otra parte del feto asoma a la vulva.

CORONAR v. tr. y pron. (lat. *coronare*) [1]. Poner una corona en la cabeza, en especial ponerla sobre la cabeza de un rey o emperador para dar por empezado su reinado. ♦ v. tr. **2.** Fig. Acabar, concluir, perfeccionar, completar una obra. **3.** Fig. Poner o hallarse en la parte superior de algo. ♦ **coronarse** v. pron. **4.** Producirse el coronamiento del feto.

CORONARIO, A adj. Dícese de cada uno de los vasos sanguíneos que alimentan el corazón.

CORONEL n. m. (it. *colonnello*). Oficial de los ejércitos de tierra y aire, de grado intermedio entre el teniente coronel y el general. **2.** *Cuba.* Cometa grande.

CORONEL, c. de Chile (Biobío), junto al golfo de Arauco; 83 398 hab. yacimientos submarinos de carbón. Puerto comercial.
CORONEL (Pedro), pintor y escultor mexicano (Zacatecas 1923), autor de una pintura abstracta con gran economía de color.

CORONEL DORREGO, partido de Argentina (Buenos Aires); 17 737 gab. Ganadería vacuna y ovina.

CORONEL OVIEDO, c. de Paraguay, cap. del dep. de Caaguazú; 61 164 hab. Refino de azúcar; aceite.

CORONEL PRINGLES, partido de Argentina (Buenos Aires); 22 983 hab. Cereales. Ganadería.

CORONEL SUÁREZ, partido de Argentina (Buenos Aires); 35 071 hab. Central eléctrica.

CORONEL URTECHO (José), escritor nicaragüense (Granada 1906). Su poesía, reunida en *Pollá dànanta, kantata, paranta. Imitaciones y traducciones* (1970), introdujo la vanguardia en su país.

CORONILLA n. f. Parte superior y posterior de la cabeza humana. **2.** Planta herbácea o arbusto de la familia papilionáceas. • **Andar,** o **ir de coronilla** (Fam.), hacer una cosa con todo esfuerzo y diligencia. ‖ **Estar hasta la coronilla** (Fam.), estar harto de una cosa.

CORONTA n. f. (voz quechua). *Amér. Merid.* Mazorca del maíz después de desgranada.

COROPUNA, cumbre de los Andes peruanos de Apurímac (Arequipa); 6615 m.

COROTOS n. m. pl. *Colomb.* y *Venez.* Trastos, cosas.

COROZO n. m. Corojo.

CORPACHÓN n. m. *Fam.* Aumentativo de cuerpo.

CORPIÑO n. m. Prenda que se ciñe al cuerpo desde el busto hasta la cintura, generalmente atada con cordones.

CORPORACIÓN n. f. (ingl. *corporation*). Persona jurídica constituida por la agrupación de varias personas con una finalidad común.

CORPORAL adj. (lat. *corporalem*). Relativo al cuerpo. • **Arte corporal** (en ingl. *body art*), forma de arte contemporáneo en la que el artista toma como material su propio cuerpo. ♦ n. m. **2.** Lienzo bendecido sobre el cual coloca el sacerdote la hostia y el cáliz.

CORPORATIVISMO n. m. Doctrina económica y social que preconiza la creación de instituciones profesionales corporativas dotadas de poder económico, social e incluso político.

CORPORATIVO, A adj. Relativo a una corporación.

CORPÓREO, A adj. (lat. *corporeum*). Que tiene cuerpo o volumen. **2.** Corporal.

CORPULENCIA n. f. Calidad de corpulento.

CORPULENTO, A adj. Que tiene el cuerpo grande, de gran tamaño.

CORPUS n. m. (voz latina, cuerpo). Recopilación de materiales escritos sobre una misma materia, doctrina, etc., u obras de un mismo autor. **2.** LING. Conjunto finito de enunciados escritos o registrados, constituido para su análisis lingüístico.

CORPUS CHRISTI, c. y puerto de Estados Unidos (Texas); 257 453 hab. Refinerías de petróleo.

CORPUSCULAR adj. Relativo a los corpúsculos o a los átomos.

CORPÚSCULO n. m. (lat. *corpusculum*). Partícula de materia de tamaño microscópico. **2.** Partícula elemental, electrizada o no, proveniente de la desintegración del átomo.

CORRAL n. m. Espacio cerrado y descubierto donde se tienen los animales domésticos. **2.** Recinto en que se representaban comedias: *el corral de la Pacheca*. **3.** *Amér.* Sitio en que los guardianes de ganado encierran los bueyes o caballos para contarlos, herrarlos, etc.

CORRALEJA n. f. *Amér. Central.* Barrera, valla.

CORREA n. f. (lat. *corrigiam*). Tira de cuero. **2.** Cinta de cuero para sujetar los pantalones. **3.** MEC. Órgano de transmisión constituido por una tira o banda flexible (de cuero, tejido o materia sintética), que sirve para conectar dos ejes de rotación por medio de poleas.

CORREA (Juan), pintor mexicano, activo entre 1674 y 1739, uno de los maestros del barroco mexicano. En algunas obras colaboró con Villalpando.

CORREA MORALES (Lucio), escultor argentino (Navarro 1852-Buenos Aires 1923). Su obra retrata tipos indígenas y criollos (*Indio pampa* y *El río de la Plata*, 1882).

CORREAJE n. m. Conjunto de correas.

CORREAZO n. m. Golpe dado con una correa.

CORRECCIÓN n. f. (lat. *correctionem*). Acción y efecto de corregir o enmendar lo errado o defectuoso. **2.** Rectificación que queda al corregir. **3.** Calidad de correcto. **4.** Reprensión o censura de un delito, falta o defecto. **5.** Alteración hecha en una obra para mejorarla. **6.** *Argent.* Conjunto de hormigas carnívoras que se desplazan formando columnas. **7.** ART. GRÁF. Control de la composición con indicación y rectificación de los errores.

CORRECCIONAL adj. Que conduce a la corrección. ♦ n. m. **2.** Establecimiento penitenciario donde se recluye a los menores que han cometido un delito o falta, o cuyo comportamiento es peligroso.

CORRECTIVO, A adj. y n. m. Que corrige o atenúa. ♦ n. m. **2.** Castigo que se impone a una persona para corregirla.

CORRECTO, A adj. Que ha sido enmendado. **2.** Libre de errores o defectos, conforme a las reglas. **3.** Comedido, cortés, educado.

CORRECTOR, RA adj. y n. Que corrige. ♦ n. **2.** ART. GRÁF. Persona que prepara los originales para su composición o que corrige pruebas de imprenta: *corrector de estilo; corrector tipográfico*.

CORREDERA n. f. Ranura o carril por donde resbala otra pieza que se le adapta en ciertas máquinas o artefactos. **2.** Pieza que se desliza sobre dicha ranura o carril. **3.** MAR. Aparato que sirve para medir la velocidad aparente de un barco.

CORREDIZO, A adj. Que se desata o se corre con facilidad: *nudo corredizo*.

CORREDOR, RA adj. y n. Que corre. ♦ n. **2.** Persona que participa en una carrera deportiva. **3.** Persona que tiene por oficio actuar de intermediario en determinados tipos de operaciones de compraventa. ♦ n. m. **4.** Pasillo, pieza de paso, larga y estrecha, en algunos edificios.

CORREDURÍA n. f. Oficio de corredor.

CORREGGIO (Antonio Allegri, llamado **il**), pintor italiano (Correggio, cerca de Parma, c. 1489-*id.* 1534). La luminosidad, la fluidez, la gracia sensual de sus cuadros de altar y de sus composiciones mitológicas tuvieron una gran influencia en el arte europeo.

CORREGIDOR, RA adj. Que corrige. ♦ n. m. **2.** Oficial nombrado por el rey para que representase la soberanía real en aquellos municipios que lo pidiesen o cuya situación hiciese conveniente el envío de un delegado real.

Corregidora (La) → **Ortiz de Domínguez.**
CORREGIMIENTO n. m. Empleo u oficio del corregidor. **2.** Territorio de su jurisdicción.

CORREGIR v. tr. (lat. *corrigere*) [30b]. Rectificar, subsanar lo errado o defectuoso, dejar de tener una falta o defecto. **2.** Advertir, amonestar, reprender. **3.** Examinar el profesor los ejercicios de los alumnos. **4.** ART. GRÁF. Enmendar, subsanar las faltas y erratas señaladas en la composición de un texto. ♦ **corregirse** v. pron. **5.** Rectificarse, enmendarse.

CORRELACIÓN n. f. Relación recíproca o mutua entre dos o más cosas.

CORRELATIVO, A adj. Que tiene o indica una correlación. **2.** LING. Dícese de las palabras que al usarse juntas en un período, señalan relación mutua entre las oraciones o elementos sintácticos en que figuran, como *cuanto... tanto, tal... cual*. **3.** LING. Dícese de las oraciones así relacionadas.

CORRELIGIONARIO, A adj. y n. Con relación a una persona, otra que profesa la misma religión o que tiene la misma opinión política.

CORRELÓN, NA adj. *Amér.* Corredor que corre mucho. **2.** *Colomb., Guat., Méx.* y *Venez.* Cobarde.

CORRENTADA n. f. *Amér. Merid.* Corriente fuerte de un río o arroyo.

CORRENTINO, A adj. y n. De Corrientes, provincia de Argentina.

CORRENTOSO, A adj. *Amér.* Dícese del curso de agua de corriente muy rápida.

CORREO n. m. (cat. *correu*). Persona que tiene por oficio llevar cartas y mensajes de un lugar a otro. **2.** Servicio público cuya función principal es el transporte de correspondencia y paquetes de pequeño tamaño. **3.** Correspondencia y paquetes expedidos o recibidos a través de dicho servicio. **4.** Oficina donde se efectúa dicho servicio. • **Correo electrónico**, sistema de transmisión de mensajes escritos a través de la red de telecomunicaciones, en particular mediante dispositivos de telefacsímil. ♦ adj. y n. m. **5.** Dícese del medio de locomoción que transporta la correspondencia.

CORREOSO, A adj. Blando, flexible y difícil de partir. **2.** *Fig.* Dícese de la persona que tiene correa, resistencia física.

CORRER v. intr. (lat. *currere*) [2]. Trasladarse de un lugar a otro moviendo las piernas de modo que a cada paso hay un momento en que ninguno de los dos pies tocan el suelo. **2.** Trasladarse rápidamente: *no me gusta cómo conduce, corre demasiado*. **3.** Moverse progresivamente de una parte a otra los fluidos. **4.** Ir, pasar, extenderse de una parte a otra: *un seto de boj corre a lo largo de la verja*. **5.** Transcurrir el tiempo: *correr los días*. **6.** Apresurarse a poner en ejecución una cosa. **7.** Transmitirse, comunicarse una cosa de unos a otros: *la noticia corrió rápidamente*. **8.** Participar en una carrera. **9.** Ir devengándose una paga o alquiler con el tiempo desde *principios de año*. ♦ v. tr. **10.** Echar o pasar un dispositivo de cierre. **11.** Perseguir, acosar: *correr perros a pedradas*. **12.** Echar, tender o recoger las velas, cortinas, etc. **13.** Estar expuesto a contingencias o peligros; arrostrarlos, pasar por ellos. **14.** Recorrer, ir o transitar por un lugar: *correr mundo*. **15.** Recorrer los comercios, visitar a los clientes un corredor para comprar o vender algo. **16.** *Chile* y *Méx.* Echar fuera, despachar a alguien de un lugar. ♦ v. tr. y pron. **17.** Hacer que una cosa pase o se deslice de un lado para otro: *correr la silla*. **18.** Avergonzar, confundir: *correrse de vergüenza*. ♦ **correrse** v. pron. **19.** Hacerse a la derecha o izquierda los que están en línea. **20.** Esparcirse la tinta, pintura, etc., por el papel o lienzo, dejando los trazos borrosos. **21.** *Vulg.* Llegar al orgasmo.

CORRERÍA n. f. Incursión de gente armada en territorio enemigo para saquearlo. **2.** Viaje corto.

CORRESPONDENCIA n. f. Acción y efecto de corresponder o corresponderse. **2.** Trato recíproco entre dos personas por correo. **3.** Correo que se despacha o recibe. **4.** Significado de una palabra en otro idioma distinto.

CORRESPONDER v. intr. [2]. Pagar, compensar los afectos, beneficios o agasajos. **2.** Tocar o pertenecer. ♦ v. intr. y pron. **3.** Tener proporción o conexión una cosa con otra. **4.** Responder una persona a otra con el mismo sentimiento que ésta tiene hacia ella. ♦ **corresponderse** v. pron. **5.** Comunicarse por escrito una persona con otra.

CORRESPONDIENTE adj. Que corresponde a algo o se corresponde con algo. **2.** Dícese del miembro de determinadas asociaciones que se halla en relación epistolar con las mismas. **3.** Dícese de dos ángulos iguales formados por una secante que corta dos rectas paralelas, y situados en un mismo lado del secante, uno de ellos interior y el otro exterior. ♦ adj. y n. m. y f. **4.** Que tiene correspondencia con una persona o corporación.

CORRESPONSAL adj. y n. m. y f. Con respecto a una persona o entidad, dícese de otra con la que mantiene correspondencia. ♦ n. m. y f. **2.** Periodista que de forma sistemática y por encargo envía crónicas o informaciones de actualidad a un medio informativo local, de otra población o del extranjero.

CORRESPONSALÍA n. f. Cargo de corresponsal de un medio de comunicación.

CORRETAJE n. m. Comisión que percibe el corredor o intermediario por su gestión.

CORRETEADA n. f. *Chile* y *Perú*. Acción y efecto de correr, acosar, perseguir.

CORRETEAR v. intr. [1]. Ir corriendo de un lado para otro. **2.** Callejear. ♦ v. tr. **3.** *Amér.* Perseguir, acosar.

CORREVEIDILE n. m. y f. (pl. *correveidile*). Persona que lleva y trae chismes.

CORRIDA n. f. Acción y efecto de correr cierto espacio. **2.** Canto popular andaluz. (Suele usarse en plural.) **3.** Espectáculo en el que se lidian toros por matadores que han recibido la alternativa.

CORRIDO n. m. Composición musical popular propia de México, Venezuela y otros países americanos.

CORRIDO, A adj. Que excede un poco del peso o de la medida de que se trata. **2.** Avergonzado, confundido. **3.** Referido a algunas partes de un edificio, continuo, seguido: *balcón corrido*. ♦ adj. y n. **4.** *Fam.* Dícese de la persona de mucha experiencia, especialmente de la que ha llevado una vida irregular. • **De corrido**, con presteza y sin entorpecimientos.

CORRIENTE adj. Que corre. **2.** Que no se sale de lo ordinario o habitual. **3.** Dícese de la semana, del mes, etc., actual, en curso. **4.** Cierto, sabido, admitido comúnmente. **5.** De trato llano o familiar. ♦ n. f. **6.** Fluido que corre por un cauce o conducción. **7.** *Fig.* Curso o movimiento de los sentimientos o de las tendencias. • **Corriente alterna**, corriente eléctrica que circula alternativamente en uno y otro sentido. ‖ **Corriente continua**, corriente eléctrica que tiene siempre el mismo sentido. ‖ **Corriente marina**, movimiento que arrastra masas considerables de agua en la superficie e incluso en el seno de los océanos.

CORRIENTES (*provincia de*), prov. del NE de Argentina; 88 199 km²; 795 021 hab. Cap. Corrientes.

CORRIENTES, c. de Argentina, cap. de la prov. homónima, puerto a orillas del río Paraná; 267 742 hab. Centro industrial. Universidad. Aeropuerto internacional. Fundada en 1588, conserva monumentos de estilo colonial. Museos.

CORRILLO n. m. Corro donde se juntan algunos a discurrir y hablar.

CORRIMIENTO n. m. Acción y efecto de correr o correrse. **2.** *Fig.* Vergüenza, rubor. **3.** GEOL. Empuje lateral que provoca el desplazamiento de masas de terreno lejos de su lugar de origen. • **Manto de corrimiento**, paquete de capas de terreno que se separa de su lugar de origen y queda superpuesto de manera anómala a zonas de terreno más recientes.

CORRO n. m. Cerco formado por personas para hablar, para distraerse, etc. **2.** Espacio circular o casi circular. **3.** Juego de niños que forman un círculo, cogidos de las manos y cantar dando vueltas en derredor. **4.** En la bolsa, espacio circular rodeado por una balaustrada, alrededor de la cual se reúnen los agentes de cambio.

CORROBORACIÓN n. f. Acción y efecto de corroborar.

CORROBORAR v. tr. y pron. (lat. *corroborare*) [1]. Dar nueva fuerza a una idea o hecho, o teoría adquirida, con nuevos argumentos o datos.

CORROER v. tr. y pron. (lat. *corrodere*) [2i]. Desgastar lentamente una cosa como royéndola. **2.** *Fig.* Perturbar el ánimo o arruinar la salud alguna pasión o sentimiento.

CORROMPER v. tr. y pron. (lat. *corrumpere*) [2]. Alterar, echar a perder, pudrir: *el calor corrompe la carne*. **2.** *Fig.* Viciar, pervertir: *corromper a la juventud*. ♦ v. tr. **3.** Sobornar, cohechar.

CORRONCHOSO, A adj. *Amér. Central, Colomb.* y *Venez.* Rudo, tosco.

CORROSCA n. f. *Colomb.* Sombrero de paja gruesa tejido a mano, con grandes alas, que usan los campesinos.

CORROSIÓN n. f. Acción y efecto de corroer.

CORROSIVO, A adj. Que corroe. **2.** Mordaz, cáustico.

CORRUPCIÓN n. f. (lat. *corruptionem*). Acción y efecto de corromper. **2.** *Fig.* Vicio o abuso introducido en las cosas no materiales.

CORRUPTELA n. f. Corrupción. **2.** Mala costumbre o abuso, especialmente los introducidos contra la ley.

CORRUPTIBILIDAD n. f. Calidad de corruptible.

CORRUPTIBLE adj. Que puede corromperse.

CORRUPTOR, RA adj. y n. Que corrompe.

CORSARIO, A adj. y n. Dícese de los tripulantes de la embarcación que, en virtud de contrato estipulado con el estado bajo cuyo pabellón navegaban, atacaban a barcos mercantes de otros países. ♦ adj. n. **2.** Dícese de dicha embarcación.

CORSÉ n. m. (fr. *corset*). Prenda interior femenina para ceñir el cuerpo desde el busto hasta las caderas, generalmente provista de ballenas.

CORSETERÍA n. f. Establecimiento donde se fabrican o venden corsés.

CORSETERO, A n. Persona que tiene por oficio hacer o vender corsés.

CORSO, A adj. y n. De Córcega. ♦ n. m. **2.** Dialecto italiano perteneciente al grupo toscano.

CORSO n. m. (ital. *corso*). Campaña de los navíos corsarios. **2.** Armamento especial de un navío destinado a este género de operaciones: *armar en corso*. • **Patente de corso**, cédula con la que el gobierno de un estado autorizaba dicha campaña.

CORTA n. f. Acción y efecto de cortar árboles u otras plantas.

CORTADA n. f. *Amér.* Herida hecha con un instrumento cortante. **2.** *Argent.* Calle corta que suele tener un único acceso. **3.** *Argent., R. de la Plata* y *Urug.* Atajo.

CORTADO, A adj. Dícese del modo de escribir en que los conceptos se exponen separadamente, en cláusulas breves y sueltas. ♦ n. m. **2.** Café con algo de leche.

CORTADOR, RA adj. Que corta. ♦ n. **2.** Persona que corta, prueba y ajusta una pieza de acuerdo con un modelo.

CORTADORA n. f. MIN. Máquina utilizada para cortar y rebajar por capas el carbón en las minas. **2.** TECNOL. Nombre genérico de diversas máquinas que sirven para cortar: *cortadora de chapas*.

CORTADURA n. f. Corte, división o hendidura. **2.** Herida producida por un instrumento cortante. **3.** Paso entre dos montañas. ♦ **cortaduras** n. f. pl **4.** Recortes, porciones sobrantes de cualquier recortadura.

CORTAPAPELES n. m. (pl. *cortapapeles*). Plegadera.

CORTAPISA n. f. Condición con que se concede o se posee una cosa, dificultad, estorbo.

CORTAPLUMAS n. m. (pl. *cortaplumas*). Navaja pequeña.

CORTAR v. tr. (lat. *curtare*) [1]. Dividir una cosa, separar sus partes o abrir en ella una raja o hendidura con algún instrumento afilado: *cortar un pastel*. **2.** Tener corte o arista afilada: *tijeras que no cortan*. **3.** Hender un fluido: *cortar el agua by la proa de un navío*. **4.** Separar o dividir algo en dos porciones atravesándolo: *la carretera corta el pueblo por su mitad*. **5.** Atajar, detener, impedir el curso o paso; hacer que cese la continuidad o unión: *cortar la retirada a un ejército*. **6.** Fig. Censurar, suprimir una parte de una obra: *cortar un párrafo de un artículo*. **7.** Fig. Suspender, interrumpir, especialmente una conversación. **8.** Dar la forma conveniente a las piezas de que se compone una prenda de vestir o un calzado. **9.** Separar en dos paquetes las cartas de un juego después de haber sido barajadas por el adversario. ♦ v. tr. y pron. **10.** Ser muy intenso y penetrante el aire o el frío: *hace un frío que corta*. **11.** Separar las partes que componen la leche o las salsas u otras preparaciones culinarias, perdiendo éstas su continuidad. ♦ v. intr. **12.** Tomar el camino más corto: *cortar por un atajo*. **13.** *Chile.* Tomar una dirección. ♦ **cortarse** v. pron. **14.** Turbarse, faltarle a uno la palabra, quedarse sin saber qué decir. **15.** Abrirse una tela o vestido por los dobleces o arrugas. **16.** Herirse o hacerse un corte.

CORTAUÑAS n. m. (pl. *cortaúñas*). Instrumento para cortar las uñas.

CORTAVIENTO n. m. Dispositivo situado en la parte anterior de los vehículos rápidos, que sirve para reducir la resistencia del aire.

CORTÁZAR (Julio), escritor argentino (Bruselas 1914-París 1984), nacionalizado francés (1981). Su concepción libre del relato, en el que la imaginación se combina con un humor tierno y cordial, hace de él uno de los grandes maestros del cuento: *Bestiario*, 1951; *Final del juego*, 1956; *Las armas secretas*, 1959; *Todos los fuegos el fuego*, 1966; *Alguien que anda por ahí*, 1977; *Queremos tanto a Glenda*, 1981. El género roza a veces lo fantástico (*Historias de cronopios y de famas*, 1962) y otras el esbozo misceláneo (*La vuelta al día en ochenta mundos*, 1970). Con gran destreza amplía su territorio narrativo en sus novelas *Los premios* (1960), *Rayuela* (1963), y *62, modelo para armar* (1968).

CORTE n. m. Filo, arista fina de un instrumento cortante. **2.** Acción y efecto de cortar. **3.** Trazo, conjunto de rasgos, hechura, apariencia: *un traje de corte impecable*. **4.** División o hendidura producida por un instrumento cortante. **5.** Arte y acción de cortar las diferentes piezas que componen un vestido, calzado, etc. **6.** Cantidad de tela o cuero necesaria para hacer un vestido, calzado, etc. **7.** Interrupción de la corriente eléctrica. **8.** Superficie que forman los cantos de un libro. **9.** Sección que resulta al cortar algo con un plano. **10.** Conjunto de operaciones consistentes en dividir longitudinalmente un tronco de árbol o rollizo. **11.** BIOL. Tenue lámina orgánica que permite la observación microscópica de las células por transparencia.

CORTE n. f. (lat. *cohortem*). Población donde reside el soberano y su séquito. **2.** Conjunto de las personas que componen el séquito y comitiva del soberano. **3.** *Amér.* Tribunal de justicia. ♦ **cortes** n. f. pl. **4.** Durante el Antiguo régimen, asambleas convocadas por el rey para asesorarle en las tareas legislativas y para votar la concesión de impuestos y subsidios. **5.** A partir del s. XIX, asamblea parlamentaria española. **6.** Asambleas legislativas de las comunidades autónomas de Aragón, Castilla-La Mancha, Castilla y León, Comunidad Valenciana y Navarra.

CORTEDAD n. f. Pequeñez, poca extensión. **2.** Fig. Falta o escasez de talento, de valor, de instrucción, etc. **3.** Fig. Encogimiento, poquedad de ánimo.

CORTEJAR v. tr. [1]. Procurar captarse el amor de una mujer. **2.** Hablar entre sí los novios.

CORTEJO n. m. (ital. *corteggio*). Acción de cortejar. **2.** Conjunto de personas que se trasladan con solemnidad de un sitio a otro en una ceremonia.

CORTÉS adj. Atento, comedido, afable, obsequioso.

CORTÉS (*departamento de*), dep. de Honduras, a orillas del Caribe; 3954 km^2; 683 000 hab. Cap. *San Pedro Sula*.

CORTÉS (Hernán), conquistador español (Medellín 1485-Castilleja de la Cuesta 1547). En 1518 se le encomendó sólo la exploración del imperio azteca. Desembarcó en Yucatán, pero desobedeciendo las órdenes, se desligó de la autoridad del gobernador de Cuba, fundó Veracruz y emprendió la conquista del imperio aprovechando las rivalidades entre los indígenas. En noviembre de 1519 ocupó Tenochtitlan y obligó a Moctezuma a reconocer la soberanía de Carlos Quinto. Tuvo que huir tras el levantamiento de la *Noche triste* (30 junio-1 julio 1520). Tras la batalla de Otumba, en 1521 volvió a conquistar la capital azteca. Carlos Quinto lo nombró gobernador y capitán general de Nueva España (1522). Acusado de mal gobierno, regresó a España (1528). En 1530 se le devolvió el título de capitán general y se le nombró marqués del Valle de Oaxaca, pero no el poder de Nueva España, donde vivió de 1530 a 1540. En 1541 participó en la campaña de Argel.

CORTÉS (Martín), 2.º marqués *del Valle de Oaxaca*, hijo de Hernán Cortés y de Juana de Zúñiga (Cuernavaca 1535-Madrid 1589). Dirigió en México la llamada *conjuración del marqués del Valle* (1565-1568), que le costó un destierro en Orán hasta 1574.

CORTESANA n. f. Femenino de cortesano. **2.** Prostituta.

CORTESANO, A adj. (ital. *cortegiano*). Relativo a la corte. **2.** Cortés. ♦ n. m. **3.** Palaciego que sirve al rey en la corte.

CORTESÍA n. f. Calidad de cortés. **2.** Demostración o actitud cortés. **3.** Espacio en blanco que se deja en algunos libros o impresos. **4.** Regalo, dádiva. **5.** Gracia o merced. **6.** Prórroga que se concede en el cumplimiento de algo.

CÓRTEX o **CORTEX** n. m. Corteza, parte externa de algunos órganos. • **Córtex cerebral** (ANAT.), revestimiento superficial, compuesto por sustancia gris, de los hemisferios cerebrales. SIN.: *corteza cerebral*.

CORTEZA n. f. (lat. *corticeam*). Parte externa de algunos cuerpos y órganos animales o vegetales que tienen una estructura más o menos concéntrica. **2.** Exterioridad de una cosa no material. **3.** FÍS. Parte externa del átomo, que rodea al núcleo, formada por electrones dispuestos en capas o niveles de energía. **4.** GEOL. Zona superficial del globo terráqueo, de un espesor medio de 35 km bajo los continentes (*corteza continental*) y de 10 km bajo los océanos (*corteza oceánica*).

CORTICAL adj. Relativo a la corteza.

CORTICOIDE n. m. Nombre genérico aplicado a las hormonas corticosuprarrenales, sus derivados y la corticoestimulina.

CORTICOTROFINA n. f. Hormona de la hipófisis que estimula la secreción de la corteza suprarrenal. SIN.: *A.C.T.H.* (siglas inglesas de *Adreno-Cortico-Trophic-Hormone*).

CORTIJERO, A n. Persona que cuida de un cortijo y vive en él. **2.** Capataz.

CORTIJO n. m. Hacienda y casa de labranza de la Andalucía bética.

CORTINA n. f. Paño colgante utilizado como adorno o para cubrir puertas, ventanas, etc. **2.** Fig. Lo que encubre, vela u oculta algo. **3.** Lienzo de muralla entre dos baluartes. • **Cortina de hierro** (*Amér.*), telón de acero.

CORTINA D'AMPEZZO, c. de Italia (Véneto); 7095 hab. Estación de deportes de invierno en los Dolomitas (alt. 1224-3243 m).

CORTINADO n. m. *Argent.* y *Urug.* Cortinaje.

CORTINAJE n. m. Conjunto o juego de cortinas.

CORTISONA n. f. Hormona corticosuprarrenal, que posee propiedades antiinflamatorias y metabólicas.

CORTO, A adj. (lat. *curtum*). Que no tiene la extensión o el tamaño que le corresponde, o que es pequeño en comparación con otros de su misma especie. **2.** De poca duración, breve. **3.** Escaso o defectuoso, que no alcanza a donde debiera. **4.** Fig. Tímido, encogido. **5.** Fig. De escaso talento, necio, inculto.

CORTOCIRCUITO n. m. Fenómeno eléctrico que se produce al unir con un conductor de resistencia muy débil dos puntos entre los cuales existe una diferencia de potencial.

CORTOMETRAJE o **CORTO** n. m. Película cuya duración es inferior a los treinta minutos.

CORUÑA (*provincia de La*, o **A**), prov. de España, en Galicia; 7954 km^2; 1 097 511 hab. Cap. *La Coruña*. El litoral, muy recortado (rías), ocupa el sector más poblado.

CORUÑA (**La**) o **A CORUÑA**, c. de España, cap. de la prov. homónima y cab. de p. j.; 252 694 hab. (*Coruñeses* o *brigantinos*.) Centro administrativo e industrial. Universidad. Puerto comercial y pesquero. Torre romana de Hércules (faro en activo), iglesias románicas y barrocas. Museo de bellas artes.

CORUÑÉS, SA adj. y n. m. De La Coruña.

CORVA n. f. Parte de la extremidad inferior opuesta a la rodilla por donde se dobla y encorva.

CORVADURA n. f. Parte por donde se tuerce, dobla o encorva una cosa. **2.** Curvatura.

CORVEJÓN n. m. Parte de la pata posterior de los solípedos, en la articulación entre la tibia y el fémur, que corresponde a la rodilla humana.

CORVETA n. f. (fr. *courvette*). Movimiento que se enseña al caballo, haciendo que ande con los brazos en el aire.

CÓRVIDO, A adj. y n. m. Relativo a una familia de aves paseriformes con el pico fuerte y ligeramente curvado, a la que pertenece el cuervo.

CORVINA n. f. Pez teleósteo marino, de cuerpo alargado y de gran tamaño, carne muy sabrosa y color pardo con manchas negras en el dorso y plateado en el vientre, que vive en el Mediterráneo y en el Atlántico.

CORZO, A n. Rumiante que vive en Europa y Asia, de 70 cm de alt., peso máximo 45 kg, longevidad de 15 años y astas erectas adornadas con numerosas protuberancias. (Familia cérvidos.)

CORZUELA n. f. Rumiante de pequeño tamaño que vive en América del Sur. (Familia cérvidos.)

COSA n. f. (lat. *causam*). Todo lo que existe, o puede concebirse como existente, ya sea corporal o espiritual, natural o artificial, real o abstracto, como entidad separada. **2.** Objeto inanimado, en oposición a ser viviente. **3.** En oraciones negativas, nada: *no hacer cosa de provecho*. **4.** Total: *no andar bien las cosas*. • **Como si tal cosa** (*fam.*), como si no hubiera pasado nada. || **Cosa juzgada** (DER.), cuestión resuelta por sentencia firme.

COSACO, A adj. y n. Relativo a una población de los confines meridionales de Rusia, formada por campesinos libres y soldados que defendía las fronteras rusas y polacas de los turcos y de los tártaros; individuo de esta población. ♦ n. m. **2.** Soldado de un cuerpo de infantería y caballería rusa, reclutado según las normas de las poblaciones cosacas.

COSCACHO n. m. *Amér. Merid.* Coscorrón, golpe dado en la cabeza con los nudillos.

COSCOJA n. f. Planta arbórea de corta altura y achaparrada. (Familia fagáceas.) **2.** Hoja seca de la carrasca o encina. **3.** *Argent.* Rueda de metal colocada en el puente del freno de la caballería.

COSCOLINO, A adj. y n. *Méx. Fam.* Dícese del que tiene muchas relaciones amorosas o le gusta coquetear.

COSCOMATE n. m. *Méx.* Troje cerrado hecho con barro y zacate, para conservar el maíz.

COSCORRÓN n. m. Golpe dado en la cabeza. **2.** *Chile.* Variedad del paroto, planta. **3.** *Colomb.* Mendrugo de pan. **4.** *Colomb.* Puñetazo.

COSECANTE n. f. MAT. Inverso del seno de un ángulo o de un arco (símbolo: cosec).

COSECHA n. f. Conjunto de frutos y otros productos que se cosechan. **2.** Acción de recogerlos. **3.** Temporada en que se recogen. **4.** *Fig.* Conjunto de ciertas cosas no materiales.

COSECHADOR, RA adj. y n. Que cosecha.

COSECHADORA n. f. **Cosechadora trilladora**, máquina que corta las mieses, separa el grano y expulsa la paja.

COSECHAR v. intr. y tr. [**1**]. Obtener frutos y otros productos de la tierra cultivándola. **2.** Recolectar dichos frutos. **3.** *Fig.* Recoger, ganar.

COSENO n. m. MAT. Seno del complemento de un ángulo (símbolo: cos).

COSER v. tr. [**2**]. Unir con hilo, enhebrado en la aguja, dos o más pedazos de tela, cuero u otro material. **2.** Hacer dobladillos, pespuntes y otras labores de aguja: *aprendió a coser siendo niña.* **3.** *Fig.* Unir estrechamente. **4.** Acribillar: *coser a puñaladas.*

COSIDO n. m. Acción y efecto de coser.

COSIFICAR v. tr. [**1a**]. Considerar o convertir en cosa algo que no lo es.

COSÍO VILLEGAS (Daniel), economista mexicano (México 1900-*id.* 1976), fundador (1940) y presidente (1957-1963) del Colegio de México y director hasta 1948 del Fondo de cultura económica. Es autor de *Historia moderna de México* (9 vols. 1955-1972).

COSMÉTICA n. f. Ciencia y arte que trata de los cosméticos.

COSMÉTICO, A adj. y n. m. (gr. *kosmētikos*, relativo al cuidado de la persona). Dícese del producto destinado a limpiar y embellecer la piel, especialmente la del rostro, el cabello, etc.

CÓSMICO, A adj. Relativo al universo o cosmos. **2.** Dícese del orto u ocaso de un astro, que coincide con la salida del Sol. • **Rayos cósmicos**, radiación compleja, de gran energía, procedente del espacio, que al atravesar la atmósfera arranca electrones a los átomos, produciendo la ionización del aire.

COSMÓDROMO n. m. Base de lanzamiento de ingenios espaciales en la U.R.S.S.

COSMOGONÍA n. f. (gr. *kosmogonía*). Ciencia de la formación de los objetos celestes: planetas, estrellas, sistemas de estrellas, galaxias, etc. **2.** FILOS. Concepción sobre el origen del mundo.

COSMOGRAFÍA n. f. Descripción de los sistemas astronómicos del universo, que emplea de las ciencias matemáticas y físicas nociones elementales.

COSMOGRÁFICO, A adj. Relativo a cosmografía.

COSMÓGRAFO, A n. Especialista en cosmografía.

COSMOLOGÍA n. f. Ciencia que estudia la estructura y la evolución del universo considerado en su conjunto.

COSMONAUTA n. m. y f. Astronauta. (Designada en especial a los tripulantes de las naves espaciales soviéticas.)

COSMOPOLITA adj. y n. m. y f. Relativo a las personas que han vivido en muchos países y han adquirido algunas de sus costumbres. ♦ adj. **2.** Dícese de los grupos sociales y de los lugares donde hay personas de muchos países distintos. **3.** BOT. y ZOOL. Dícese que una especie cuando se encuentra en todas las partes del mundo.

COSMOPOLITISMO n. m. Doctrina y género de vida de los cosmopolitas.

COSMOS n. m. (gr. *kosmos*). El universo concebido como un todo ordenado, por oposición a caos. **2.** Mundo, conjunto de todo lo existente.

COSMOVISIÓN n. f. Manera de ver e interpretar el mundo.

COSQUILLAS n. f. pl. Sensación producida sobre ciertas partes del cuerpo por una sucesión rápida de toques ligeros, que provoca involuntariamente la risa y, continuada, da convulsiones.

COSQUILLEO n. m. Sensación que producen las cosquillas u otra cosa semejante.

COSTA n. f. Cantidad que se paga por una cosa. **2.** Coste de manutención del trabajador, cuando se añade al salario. • **A costa de**, mediante; a expensas. ♦ **costas** n. f. pl. **3.** Gastos ocasionados por una acción o suceso, especialmente los producidos por la administración de justicia.

COSTA n. f. (lat. *costam*, lado, costilla). Tierra que bordea la orilla del mar, de los ríos, lagos, etc. **2.** *Argent.* Faja de terreno que se extiende al pie de una sierra.

COSTA (La), dep. de Argentina (Buenos Aires); 37 949 hab.

COSTA (Lúcio), arquitecto brasileño (Toulon, Francia, 1902), autor de la planificación urbanística de Brasilia.

COSTA AZUL, en fr. *Côte d'Azur*, parte de la costa francesa del Mediterráneo, desde Cassis a Menton, la principal zona turística del país.

COSTA BRAVA, sector del litoral español, desde la frontera francesa hasta Blanes. Centros turísticos: Cadaqués, Rosas, La Escala, Bagur, Palafrugell, Palamós, Sant Feliu de Guíxols, Tossa, Lloret.

COSTA DE MARFIL, Estado de África occidental, en la costa N del golfo de Guinea; 322 000 km²; 12 500 000 hab. CAP. *Yamoussoukro.* LENGUA OFICIAL: *francés.* MONEDA: *franco C.F.A.*

GEOGRAFÍA
En el N más allá de la región litoral, bordeada de lagunas y ocupada por una densa selva, aparecen mesetas recubiertas por la sabana. País fundamentalmente rural, combina los cultivos comerciales (café, cacao, frutos tropicales) y de subsistencia (mandioca) con la explotación forestal (caoba) y el turismo. Pese a su notable expansión (relacionada con la fuerte inmigración de países vecinos), su economía depende del precio de las materias primas.

HISTORIA
S. XVI: pueblos mandingo islamizados entraron en contacto con pueblos senufos. Ss. XVII-XVIII: se fundaron reinos (el de Kong, por los diula). 1842: los franceses se apoderaron de la zona de las lagunas. 1895-1896: la colonia de Costa de Marfil, creada en 1893, se unió al África occidental francesa 1908-1915: el gobernador Angoulvant (1872-1932) conquistó militarmente el país. 1934: Abiyán se convirtió en la capital, después de Grand-Bassam y Bingerville. 1932-1947: asociación parcial de Alto Volta y Costa de Marfil. 1958: el país, territorio de ultramar desde 1946, se convirtió en república autónoma. 1960: accedió a la independencia. 1990: una grave crisis obligó a H. Boigny, presidente desde 1960, a abrir el multipartidismo. A su muerte (1993) le sucedió H. Konan Bédié, depuesto en 1999 por golpe militar. 2000: L. Gbagbo, elegido presidente. 2001: Fracasa un intento de golpe militar.

COSTA DE ORO, en ingl. *Gold Coast*, ant. nombre de Ghana.

COSTA DEL SOL, sector del litoral meridional de España, desde Almería a Tarifa (Cádiz). Turismo (Marbella, Torremolinos, Estepona, Fuengirola).

COSTA DU RELS (Adolfo), escritor boliviano (Sucre 1891-La Paz 1980). De su amplia producción (novela, cuento, teatro, ensayo y poesía), destacan los relatos *El embrujo del oro* (1929).

COSTA RICA, est. de América Central; 51 100 km²; 3 301 210 hab. (*Costarricenses* o *costarriqueños.*) CAP. *San José.* LENGUA OFICIAL: *español.* MONEDA: *colón costarricense.*

GEOGRAFÍA
Limita al N con Nicaragua, al E con el mar Caribe, al SE con Panamá y al S y O con el Pacífico. Relieve montañoso, especialmente en el centro y S, con las cordilleras Central y de Talamanca (cerro Chirripó Grande, 3819 m). Los ríos son cortos y poco navegables. La población mantiene un ritmo de crecimiento muy alto (2,5 % anual) y se distribuye irregularmente, con las mayores densidades en la aglomeración de la capital, mientras las áreas rurales sufren un continuo éxodo. La economía, básicamente agropecuaria, reposa en algunos cultivos de exportación (café, banano, piña y cacao), con predominio de la pequeña propiedad y en consecuencia de cierta prosperidad del campesinado. Los recursos mineros (oro, plata, hierro, bauxita, mercurio) se explotan sólo parcialmente. Predomina la industria manufacturera de bienes de consumo (textil, alimentaria, tabaco), con unidades productivas de pequeño tamaño y bajo nivel tecnológico. La necesidad constante de importar maquinaria y de aumentar el financiamiento externo de las empresas, sumada al descenso de los ingresos procedentes de las exportaciones, conforma un cuadro de gran vulnerabilidad de la economía.

HISTORIA
El poblamiento precolombino. El territorio costarricense era un área de contactos entre las culturas mesoamericanas y las del norte de Sudamérica. Los chorotega, de origen mesoamericano, se situaban en el noroeste, dentro del ámbito de la Nicoya, que incluía también el occidente de Nicaragua. La vertiente atlántica y la región central estaban muy escasamente ocupadas por un poblamiento disperso; en cambio, en el Pacífico sur se situaba la región Diquís, con una población concentrada en aldeas, pero sin una autoridad común.
Conquista y colonización española. 1523: la expedición de Gil González de Ávila abrió el ciclo de la conquista. Francisco Fernández de Córdoba inició la conquista del noroeste. 1560-1564: las expediciones de Juan Cavallón y de Vázquez de Coronado impulsaron la conquista del Valle central donde se estableció la cap., Nueva Cartago. Costa Rica fue una región colonial pobre, en la que la gran propiedad, ganadera, dominaba en el noroeste, en tanto que en el resto se difundió la mediana y pequeña propiedad; administrativamente quedó constituida como provincia adscrita a la audiencia de Guatemala.
La independencia. 1821-1823: el 15 de septiembre se proclama en la ciudad de Guatemala la independencia de las provincias que formaban la Capitanía General de Guatemala; la secesión de la audiencia de Guatemala dividió la región entre partidarios de la unión con México (Cartago) y los que propugnaban la inde-

COS

pendencia o la unión con la Gran Colombia (San José). 1823: la victoria de estos últimos significó el traslado de la capital a San José, pero Costa Rica fue incorporada a la federación de las Provincias Unidas de Centroamérica (1823-1838). En esa época se inició una nueva etapa económica, con la difusión del cultivo del café. 1835: la guerra de la Liga enfrentó de nuevo a Cartago y San José; el golpe liberal de 1838 resolvió el conflicto en favor de San José y estableció la secesión de hecho de Costa Rica de las Provincias Unidas.
La república exportadora. 1848: proclamación de la fundación de la república; presidencia de José María Castro Madriz. 1870: golpe de estado de Tomás Guardia, durante cuyo largo mandato (1870-1882) se promulgó la constitución de 1871 y se consolidó el estado liberal. 1882-1929: liberales y conservadores se turnaron regularmente en el poder, a excepción del breve periodo de la dictadura de Tinoco (1917-1919). La economía exportadora progresó merced a la expansión de la producción del café a lo que se sumó la explotación bananera por la United fruit company (1899).
De la crisis de 1929 a la guerra civil. 1929: caída de las exportaciones de café y banano y fundación del partido comunista, con influencia en la zona bananera de Limón. 1940-1948: las presidencias de Calderón Guardia y Teodoro Picado, apoyados por el partido comunista, impulsaron una política de reformas sociales (implantación de la seguridad social, 1943). 1948: la anulación de las elecciones que habían decidido el triunfo a la oposición dio paso a la guerra civil, cuyo desenlace fue la victoria de las tropas opositoras dirigidas por José Figueres.
La segunda república. 1953-1978: José Figueres, artífice de la segunda república y presidente en dos ocasiones (1953-1958 y 1970-1974), dominó la política costarricense con su reformismo social moderado y un cierto neutralismo. 1982: las dificultades del sector exportador y la guerra en Nicaragua decantaron, tanto el Partido de liberación nacional, fundado por Figueres, como a la oposición hacia una política más conservadora y un mayor alineamiento con E.U.A. El P.L.N. ocupó la presidencia hasta 1978 (con D. Oduber Quirós) y de nuevo con L. A. Monge (1982-1986), ". Arias (1986-1990) y J. M. Figueres Olsen (desde 1994). El conservador R. Carazo gobernó de 1978 a 1982, el socialcristiano R. A. Calderón de 1990 a 1994, el socialdemócrata J. M. Figueres (1994-1998) y el socialcristiano Miguel Ángel Rodríguez desde 1998. En 2002 Abel Pacheco, socialcristiano, llegó a la presidencia.

COSTADO n. m. (lat. *costatum*). Parte lateral exterior, entre el pecho y la espalda, del cuerpo humano. **2.** Lado, flanco.
COSTAL adj. ANAT. Relativo a las costillas.
♦ n. m. **2.** Saco grande de tela ordinaria.
COSTALADA n. f. Golpe que uno se da al caer de espaldas o de costado.
COSTALEARSE v. pron. [1]. *Chile.* Recibir una costalada. **2.** *Chile. Fig.* Sufrir un desengaño o decepción.
COSTANERA n. f. Cuesta, terreno en pendiente. **2.** *Argent.* Avenida que corre a lo largo de la costa del mar o de un río.
COSTANERO, A adj. Que está en cuesta. **2.** Costeño.
COSTANTINI (Humberto), escritor argentino (Buenos Aires 1924), poeta de lo cotidiano (*Cuestiones con la vida*, 1966), cuentista (*Háblenme de Funes*, 1970) y autor teatral.
COSTAR v. intr. (lat. *constare*). [**1r**]. Ser pagada o tener que ser pagada una cosa a determinado precio: *¿cuánto cuestan estos libros?* **2.** *Fig.* Causar u ocasionar una cosa disgustos, molestias, perjuicios, etc.: *este asunto le costará problemas.*
COSTARRICENSE adj. y n. m. y f. De Costa Rica. ♦ n. m. **2.** Modalidad adoptada por el español en Costa Rica.
COSTARRIQUEÑISMO n. m. Vocablo o giro propio de los costarriqueños.
COSTARRIQUEÑO, A adj. y n. Costarricense.
COSTE n. m. Cantidad que se paga por algo: *el coste de una mercancía.* SIN.: *costo.*
COSTEAR v. tr. y pron. (de *coste*) [1]. Pagar el coste de una cosa. ♦ **costearse** v. pron. **2.** Producir lo suficiente para cubrir los gastos. **3.** *Argent., Chile* y *Urug.* Tomarse la molestia de ir hasta un sitio, distante o de difícil acceso.
COSTEAR v. tr. (de *costa*) [1]. Navegar sin perder de vista la costa. **2.** Ir por el costado o lado de una cosa, bordearla: *costear el río.* **3.** Rematar o costear a lado de una cosa. **4.** Esquivar una dificultad o un peligro. **5.** *Perú.* Mofarse, burlarse de uno.
COSTEÑO, A adj. y n. Costero. **COSTERO, A** adj. Relativo a la costa.
COSTEO n. m. *Perú.* Mofa, burla a expensas de alguien.
COSTERO n. m. Cada una de las dos piezas más inmediatas a la corteza, que salen al aserrar un tronco en el sentido de su longitud. **2.** Cada uno de los muros que forman los costados de un horno alto.
COSTILLA n. f. Cada uno de los huesos alargados y curvados que forman la caja torácica. **2.** Cada uno de estos huesos, con la carne adherida a él, de los animales usados para el consumo. **3.** Cuaderna de un buque. **4.** *Fig.* y *fam.* Esposa. ♦ **costillas** n. f. pl. **5.** Espalda, dorso. ♦ **Costillas flotantes,** las dos últimas costillas, que no están unidas al esternón.
COSTILLAR o **COSTILLAJE** n. m. Conjunto de costillas. **2.** Parte del cuerpo en que están las costillas.
COSTINO, A adj. *Chile.* Costeño.
COSTO n. m. Coste.
COSTOSO, A adj. Que cuesta mucho.
COSTRA n. f. (lat. *crustam*). Cubierta exterior que se endurece o seca sobre una cosa húmeda o blanda: *la costra del pan; costra caliza.* **2.** Producto desecado de la secreción de una mucosa o una herida.
COSTUMBRE n. f. (lat. *consuetudinem*). Manera de obrar establecida por un largo uso o adquirida por repetición de actos de la misma especie: *tiene la costumbre de fumar.* **2.** Lo que por carácter o propensión se hace más comúnmente. ♦ **De costumbre,** usual y ordinario, de manera acostumbrada. ♦ **costumbres** n. f. pl. **3.** Conjunto de inclinaciones y usos de una persona, pueblo, etc.: *cada país tiene sus costumbres.*
COSTUMBRISMO n. m. En las obras literarias y pictóricas, atención especial que se presta a la descripción de las costumbres típicas de un país o región.
COSTUMBRISTA adj. y n. m. y f. Relativo al costumbrismo; cultivador del costumbrismo.
COSTURA n. f. Acción, arte de coser. **2.** Operación que consiste en unir piezas, especialmente de tela, con la ayuda de hilo y aguja, a mano o a máquina. **3.** Serie de puntadas que une las piezas cosidas. ♦ **Meter en costura** a alguien *(Fam.)*, hacerle entrar en razón.
COSTURAR v. tr. [1] *Amér.* Coser.
COSTURERA n. f. Mujer que tiene por oficio coser.
COSTURERO n. m. Pequeño mueble, caja, estuche, etc., que sirve para guardar los útiles de costura. **2.** Cuarto de costura.
COSTURÓN n. m. *Desp.* Costura basta. **2.** *Fig.* Cicatriz muy visible de una herida o llaga.
COTA n. f. (germ. *kotta*). Cierto tipo de arma defensiva.
COTA n. f. (del lat. *quotum*). Número que indica la diferencia entre los niveles en los planos topográficos. **2.** Altura de un punto sobre el nivel del mar u otro plano de nivel.
COTANGENTE n. f. MAT. Valor recíproco de la tangente de un ángulo (símbolo cotg).
COTARRO n. m. Reunión bulliciosa.
COTEJAR v. tr. [1]. Confrontar una cosa con otra u otras teniéndolas a la vista, compararlas.
COTEJO n. m. Acción y efecto de cotejar.
COTELÉ n. m. *Chile.* Pana, tejido.
COTENSE n. m. *Bol., Chile* y *Urug.* Tela basta de cáñamo.
COTERRÁNEO, A adj. y n. Respecto a una persona, otra de su mismo país.
COTIDIANEIDAD n. f. Calidad de cotidiano.
COTIDIANO, A adj. (lat. *quotidianum*). Diario: *trabajo, paseo cotidiano.*
COTILEDÓN o **COTILEDÓN** n. m. (gr. *kotyledón*, hueco de un recipiente). ANAT. Lóbulo de la placenta. **2.** BOT. Lóbulo carnoso o foliáceo inserto en el eje de la plántula, en la semilla.
COTILEDÓNEO, A adj. Relativo al cotiledon.
COTILLA n. m. y f. *Fam.* Persona chismosa y murmuradora.
COTILLEAR v. intr. [1]. Chismorrear.
COTILOIDEO, A adj. ANAT. Dícese de la cavidad articular del hueso ilíaco en la que se encaja la cabeza del fémur.
COTIZA n. f. *Colomb.* y *Venez.* Especie de alpargata usada por la gente del campo.
COTIZACIÓN n. f. Acción y efecto de cotizar. **2.** Precio que en la bolsa alcanzan los valores.
COTIZAR v. tr. y pron. (fr. *cotiser*) [**1g**]. Asignar el precio de un valor en la bolsa o en el mercado. ♦ v. intr. **2.** Pagar o recaudar una cuota, especialmente la impuesta por los sindicatos a sus asociados: *cotizar a la seguridad social, a un partido.* ♦ **cotizarse** v. pron. **3.** Alcanzar un precio determinado una mercancía. **4.** Valorar una persona o cosa, o alguna de sus características.
COTO n. m. (lat. *cautum*). Terreno acotado. **2.** Término, límite: *poner coto a los desmanes.*
COTO n. m. Pez de cabeza grande y boca ancha, que mide de 10 a 30 cm de long. y vive en las aguas corrientes limpias o en las costas rocosas. (Familia cótidos.) **2.** Mono aullador de América del Sur, de color castaño oscuro.
COTO n. m. (voz quechua). *Amér. Merid.* Bocio.
COTÓN n. m. Tela de algodón estampada de varios colores.
COTONA n. f. *Amér.* Camiseta fuerte de algodón u otra materia.
COTOPAXI (*provincia de*), prov. de Ecuador central; 5028 km²; 276 324 hab. Cap. Latacunga.
COTORRA n. f. Ave trepadora americana, parecida al papagayo, pero de menor tamaño. (Familia sitácidos.) **2.** Urraca. **3.** *Fig.* y *fam.* Persona que cotorrea.
COTORREAR v. intr. [1]. Hablar con exceso. **2.** *Méx. Fam.* Engañar a alguien para hacer burla: *me cotorrearon diciéndome que había sacado la lotería.* **3.** *Méx. Fam.* Hacer burla de alguien: *siempre se lo cotorrean por tonto.* **4.** *Méx. Fam.* Conversar animadamente: *estuvimos cotorreando toda la tarde.*
COTOTO n. m. *Chile. Fam.* Chichón.
COTUDO, A adj. *Amér.* Que tiene coto o bocio.
COTUÍ, c. de la República Dominicana, cap. de la prov. de Sánchez Ramírez; 81 792 hab.
COUBERTIN (Pierre de), pedagogo francés (París 1863-Ginebra 1937), renovador de los Juegos olímpicos e impulsor de su restablecimiento en 1896.
COULOMB n. m. En la nomenclatura internacional, culombio.
COULOMB (Charles de), físico francés (Angulema 1736-París 1806). Estableció las leyes del magnetismo y la electrostá-

COURBET (Gustave), pintor francés (Ornans 1819-La Tour-de-Peilz, Suiza, 1877). Realista, de sus obras destacan: *Entierro en Ornans* (1849), *El taller del pintor* (1855), *El encuentro* o *¡Buenos días, señor Courbet!* (1854), *La siesta* (1866).

COURNAND (André), médico norteamericano de origen francés (París 1895-Great Barrington, Massachusetts, 1988), premio Nobel de fisiología y medicina en 1956 por sus trabajos sobre la insuficiencia cardíaca.

COUSTEAU (Jacques-Yves), oficial de marina, oceanógrafo y director de cine francés (Saint-André-de-Cubzac 1910-París 1997). Realizó campañas oceanográficas a bordo del *Calypso*. Rodó *El mundo del silencio* (1955).

COVACHA n. f. Cueva pequeña. **2.** Vivienda humilde y pobre. **3.** *Ecuad.* Tienda donde se venden comestibles. **4.** *Méx.* Habitación del portero situada debajo de la escalera.

COVADERA n. f. *Chile.* Espacio de tierra de donde se extrae guano.

COVADONGA (Santa de), sierra de España (Asturias), rama occidental de los Picos de Europa; 2596 m en Peña Santa de Castilla. El *parque nacional de la Montaña de Covadonga* (16 925 ha), creado en 1918, se integró en 1995 en el *parque nacional de los Picos de Europa*. Santuario mariano neomedieval (1887-1891) de la basílica de *Santa María la Real de Covadonga*, en el mun. de Cangas de Onís, que conserva las tumbas de don Pelayo y Alfonso I (s. VIII).

COVALENCIA n. f. Unión química entre dos átomos que se establece cuando comparten electrones.

COVENTRY, c. de Gran Bretaña, en los Midlands; 292 600 hab. Universidad. Centro industrial. Catedral reconstruida tras la segunda guerra mundial.

COW-BOY o **COWBOY** n. m. (voz inglesa) [pl. *cow-boys* o *cowboys*]. Guardián del ganado en los ranchos norteamericanos.

COXAL adj. Relativo a la cadera. • **Hueso coxal**, hueso ilíaco.

COXIS o **CÓCCIX** n. m. (gr. *kokyx*) [pl. *coxis* o *cóccix*]. Hueso formado por la fusión de varias vértebras rudimentarias, en la extremidad del sacro.

COYA n. f. Entre los antiguos peruanos, mujer del inca, señora, soberana o princesa.

COYOL n. m. *Amér. Central* y *Méx.* Palmera de mediana altura, con largas espinas. **2.** *Amér. Central* y *Méx.* Fruto de esta planta, del que se extrae una bebida y de cuya semilla se hacen dijes, botones, etc.

COYOLAR n. m. *Amér. Central* y *Méx.* Sitio poblado de coyoles.

COYOLEO n. m. *Amér.* Especie de codorniz.

COYOLXAUQUI, diosa lunar de los aztecas, hermana de Huitzilopochtli e hija de Coatlicue.

COYOTE n. m. Mamífero carnívoro de América del Norte, parecido al lobo y al chacal.

COYUNDA n. f. Correa fuerte, o soga de cáñamo, con que se uncen los bueyes al yugo. **2.** *Fig.* Unión matrimonial. **3.** *Nicar.* Látigo.

COYUNTURA n. f. Articulación movible de un hueso con otro. **2.** Estado general de prosperidad o depresión económica en un momento dado. **3.** *Fig.* Circunstancia o coincidencia adecuada para alguna cosa.

COYUNTURAL adj. Relativo a la coyuntura.

COYUYO n. m. *Argent.* Cigarra grande. **2.** *Argent.* Tuco, insecto coleóptero. **3.** *Argent.* Luciérnaga.

COZ n. f. (lat. *calcem*, talón). Acción de levantar y sacudir violentamente hacia atrás una o las dos patas posteriores un caballo, asno, mulo, etc. **2.** Golpe dado de este modo. **3.** Retroceso que hace o golpe que da un arma de fuego al dispararla.

COZUMEL, mun. de México (Quintana Roo); 44 903 hab. Puerto pesquero en el Caribe (mariscos). Turismo en la *isla de Cozumel* (47 km²): restos de la cultura maya. La isla fue descubierta en 1517 por Fernández de Córdoba.

CPU, siglas de *central processing unit*, unidad central de proceso, utilizadas en informática para designar el conjunto de la memoria principal, la unidad aritmeticológica y los registros de control del ordenador.

Cr, símbolo químico del cromo.

CRACK n. m. (voz inglesa). *Fam.* Cocaína cristalizada fumable, muy tóxica.

CRACOVIA, en polaco **Kraków**, c. de Polonia, junto al Vístula; 751 300 hab. Construcciones mecánicas. Iglesia de Nuestra Señora (ss. XIII-XV); mercado y torre (ss. XIV-XVII); ciudadela del Wawel (s. XV); catedral (ss. XII-XIV) y castillo real del Wawel, etc. Museos. Sede de un obispado desde el s. XI y de una universidad, fundada en 1364.

CRAN n. m. Muesca o entalla que tienen las letras de imprenta.

CRANACH (Lucas), llamado **el Viejo**, pintor y grabador alemán (Kronach, Franconia, 1472-Weimar 1553). Practicó todos los géneros: composiciones religiosas (*Sagrada Familia*, 1509, Frankfurt) o mitológicas, retratos (*Lutero*, 1529, Berna), desnudos femeninos de un sutil encanto.

CRANE (Harold, llamado **Hart**), poeta norteamericano (Garettsville, Ohio, 1899-en el golfo de México 1932). Su obra más importante, *El puente* (1930), es un símbolo de E.U.A. y de la cultura industrial norteamericana.

CRANE (Stephen), escritor norteamericano (Newark, Nueva Jersey, 1871-Badenweiler 1900), uno de los creadores de la novela norteamericana contemporánea (*La roja insignia del valor*, 1895).

CRANEAL o **CRANEANO, A** adj. Relativo al cráneo.

CRÁNEO n. m. (gr. *kranion*). Cavidad ósea que contiene y protege el encéfalo en los vertebrados.

CRÁPULA n. f. (lat. *crapulam*). Disipación, libertinaje. **2.** Conjunto de gente viciosa e inmoral. ♦ n. m. y f. **3.** Persona viciosa.

CRAPULOSO, A adj. y n. Dado a la crápula.

CRASCITAR v. intr. [**1**]. Graznar el cuervo.

CRASO, A adj. (lat. *crassum*). Grueso, gordo o espeso. **2.** *Fig.* Con los sustantivos *error, ignorancia, engaño* y otros semejantes, burdo, grosero.

CRASO (Marco Licinio), político romano (Roma 115-Carres 53 a. J.C.). Formó parte, junto con César y Pompeyo, del primer triunvirato (60). Cónsul en 55, gobernó Siria y murió en la guerra contra los partos.

CRÁTER n. m. (lat. *craterem*). Depresión situada en la parte superior de un volcán, por donde salen los materiales de proyección y la lava.

CRÁTERA o **CRATERA** n. f. Vaso de boca ancha y con dos asas utilizado en la antigüedad para mezclar el agua y el vino.

CRAWL n. m. (voz inglesa). Estilo de natación que consiste en una rotación vertical alternativa de los brazos y un movimiento pendular continuo de los pies.

CREACIÓN n. f. Acción y efecto de crear: *la creación de una obra*. **2.** Mundo, todo lo creado.

CREACIONISMO n. m. Antigua teoría biológica según la cual las especies vivientes han sido siempre las mismas y no han sufrido evolución alguna desde su creación. **2.** Corriente poética hispanoamericana de vanguardia, surgida en París de la obra de V. Huidobro, en contacto con renovadores franceses (Apollinaire, Reverdy), que propugnaba la libertad creativa y la autonomía de la imagen, sin injerencias del entorno referencial.

CREADOR, RA adj. y n. Que crea: *espíritu creador; el creador de la nueva moda*. ♦ adj. y n. m. Dícese de Dios.

CREAR v. tr. (lat. *creare*) [**1**]. Hacer algo de la nada, especialmente hablando de Dios. **2.** Formar, forjar, crear enemistades. **3.** Instituir, fundar, establecer: *crear una empresa*. **4.** Componer artísticamente: *crear una novela*. ♦ **crearse** v. pron. **5.** Forjarse, imaginarse, formarse en la mente: *crearse un mundo de ilusiones*.

CREATIVIDAD n. f. Capacidad humana de producir contenidos mentales de cualquier tipo.

CREATIVO, A adj. Que implica creatividad. ♦ n. **2.** Persona con gran capacidad de creación, de imaginación. **3.** Persona encargada de tener ideas originales, de crear productos originales en la publicidad industrial o comercial.

CRECER v. intr. (lat. *crescere*) [**2m**]. Aumentar de tamaño gradualmente los organismos vivos, especialmente en altura: *el niño ha crecido mucho*. **2.** Recibir aumento una cosa por añadírsele nueva materia: *crecer un río; el pelo le crece mucho*. **3.** Extenderse, propagarse: *crecer un rumor*. **4.** Aumentar la parte iluminada de la Luna. **5.** Aumentar o añadir gradualmente puntos en las labores de media, punto o ganchillo. ♦ **crecerse** v. pron. **6.** Tomar un mayor autoridad, importancia o atrevimiento: *crecerse ante las dificultades*.

CRECES n. f. pl. Aumento aparente de volumen que acquiere el trigo, la sal, etc., cuando se traspala de una parte a otra. • **Con creces**, amplia, colmadamente, más de lo debido.

CRECIDA n. f. Aumento del caudal de una corriente de agua.

CRECIDO, A adj. Grande, numeroso.

CRECIENTE adj. Que está creciendo. • **Cuarto creciente**, fase de la Luna, intermedia entre el novilunio y el plenilunio, en la que es visible la mitad del disco lunar.

CRECIMIENTO n. m. Desarrollo progresivo de un ser vivo o de una cosa, considerados en su aspecto cuantitativo, como la talla, el peso, el valor numérico, etc.

CREDENCIAL adj. Que acredita. ♦ n. f. **2.** Documento que acredita el nombramiento de un empleado público a los efectos de tomar posesión de su cargo.

CREDITICIO, A adj. Relativo al crédito público y privado.

CRÉDITO n. m. (lat. *creditum*). Asenso: *no dar crédito a los rumores*. **2.** Reputación, fama, autoridad: *gozar de gran crédito*. **3.** Acto por el cual un banco o un organismo financiero efectúa un anticipo de fondos; aplazamiento que se concede a un reembolso; importe del anticipo. **4.** Unidad valorativa de los diversos estudios, que sirve para calibrar los mínimos de aprendizaje. • **A crédito**, sin pago inmediato. ‖ **Apertura de crédito**, compromiso de poner una suma de dinero a disposición de alguien. ‖ **Crédito blando**, crédito a bajo interés o a unos puntos por debajo del preferencial. ‖ **Tarjeta de crédito**, documento que permite a su titular, bajo simple presentación, obtener un bien o un servicio sin desembolso inmediato.

CREDO n. m. (lat. *credo*). Profesión de fe de los cristianos que contiene los artículos fundamentales de la fe católica. **2.** *Fig.* Conjunto de doctrinas, creencias u opiniones comunes a una colectividad: *credo político*.

CREDULIDAD n. f. Calidad de crédulo.

CRÉDULO, A adj. (lat. *credulum*). Que cree con excesiva facilidad.

CREE o **CRI**, pueblo amerindio algonquino de la región de los Grandes Lagos, en la bahía de Hudson.

CRE

CREENCIA n. f. Firme asentimiento y conformidad con una cosa. **2.** Completo crédito prestado a un hecho o noticia. **3.** Religión, secta.

CREER v. tr. e intr. (lat. *credere*) [2i]. Dar por cierta una cosa que no está comprobada o demostrada: *creer en la eficacia de algo*. **2.** Tener fe en los dogmas de una religión. ♦ v. tr. **3.** Pensar, juzgar, conjeturar: *creo que es verdad*. **4.** Tener fe o confianza en una persona o cosa: *no te creo*. ♦ v. tr. y pron. **5.** Tener una cosa por verosímil o probable: *creo que vendrá*. **6.** Considerar, estimar, juzgar.

CREÍBLE adj. Que puede o merece ser creído.

CREÍDO, A adj. Engreído, satisfecho de sí mismo, vanidoso, presumido.

CREMA n. f. (fr. *crème*). Sustancia grasa de la leche (3 a 4 %) con que se hace la mantequilla. **2.** *Fig.* Lo más selecto, la flor y nata de alguna cosa, en especial de una colectividad humana: *la crema de la sociedad*. **3.** Producto empleado en terapéutica dermatológica y cosmética: *crema limpiadora*. **4.** Nata de la leche. **5.** Natillas espesas. **6.** Sopa de puré, tamizada y espesada con leche y yemas de huevo: *crema de ave*. **7.** Queso fundido. **8.** Licor, generalmente algo espeso: *crema de café*. **9.** Pasta compuesta de ceras disueltas en esencia de trementina, etc.: *crema para los zapatos*.

CREMA n. f. Diéresis.

CREMACIÓN n. f. (lat. *cremationem*). Acción de quemar.

CREMALLERA n. f. (fr. *crémaillère*). Barra de madera o metálica provista de dientes para diversos oficios mecánicos. **2.** Sistema de cierre flexible consistente en dos tiras de tela con hileras de pequeños dientes metálicos o de plástico que engranan entre sí al efectuar el movimiento de apertura o cierre. **3.** Pieza de acero, conectada a una rueda dentada, que sirve para transformar un movimiento rectilíneo en movimiento de rotación, o viceversa. **4.** En algunas vías férreas, riel suplementario provisto de dientes, en los cuales engrana una rueda dentada dispuesta en la locomotora.

CREMATÍSTICO, A adj. y n. f. (gr. *khrēmatistikos*). ECON. Relativo a la producción de riquezas o al dinero en general.

CREMATORIO, A adj. Relativo a la cremación. • **Horno crematorio**, horno destinado a la incineración de los cadáveres. ♦ n. m. **2.** Lugar donde se queman los cadáveres.

CREMERÍA n. f. *Argent.* Establecimiento donde se elaboran algunos de los productos derivados de la leche, como mantequilla y queso.

CREMONA, c. de Italia (Lombardía), cap. de prov.; 73 404 hab. Conocida por la fabricación de violines. Catedral medieval, con un campanario de 115 m de altura.

CREMOSO, A adj. De la naturaleza o aspecto de la crema. **2.** Que tiene mucha crema: *leche cremosa*.

CRENCHA n. f. Raya que divide el cabello en dos partes. **2.** Cada una de estas dos partes.

CREOLE n. m. Lengua criolla.

CREOSOTA n. f. Líquido incoloro, de olor fuerte, cáustico, que se extrae del alquitrán por destilación.

CREPÉ n. m. Tejido de lino y principalmente de algodón, que presenta relieves en la superficie. **2.** Cabellos postizos usados para dar mayor volumen al peinado. **3.** Caucho bruto obtenido por secado en aire caliente de un coagulado de látex.

CRÊPE, n. f. (voz francesa). Torta ligera de harina y otros ingredientes, cocida en sartén o en la plancha.

CREPITACIÓN n. f. Acción y efecto de crepitar. **2.** MED. Ruido anormal producido por un líquido y el aire en los alveolos pulmonares.

CREPITANTE adj. Que crepita.

CREPITAR v. intr. (lat. *crepitare*) [1]. Hacer un ruido repetido, especialmente dar chasquidos lo que arde: *el fuego crepita*.

CREPUSCULAR adj. Relativo al crepúsculo.

CREPÚSCULO n. m. (lat. *crepusculum*). Claridad que hay al amanecer y al anochecer, especialmente esta última. **2.** Tiempo que dura esta claridad.

CRESCENDO n. m. y adv. (voz italiana). MÚS. Aumento progresivo de la intensidad de los sonidos. • **In crescendo**, en aumento, cada vez más.

CRESPÍN n. m. *Argent.* Pájaro de unos 30 cm de long., de color pardo con el pecho amarillo.

CRESPO, A adj. (lat. *crispum*). Dícese del cabello ensortijado o rizado. **2.** *Fig.* Irritado, alterado. **3.** Dícese del estilo artificioso y oscuro.

CRESPO (Joaquín), militar y político venezolano (Parapara, Guárico, 1841-Mata Carmelera 1898). Presidente de la república en 1884-1886 y en 1893-1898.

CRESPÓN n. m. Tejido que presenta una característico aspecto ondulado: *crespón de China*. **2.** Tela negra que se ostenta en señal de luto.

CRESTA n. f. (lat. *cristam*). Carnosidad o carúncula de la cabeza de algunas gallináceas. generalmente más desarrollada en el macho. **2.** Copete, moño o penacho de pluma de algunas aves. **3.** *Fig.* Cumbre peñascosa de una montaña. **4.** *Fig.* Cima de una ola coronada de espuma.

CRESTOMATÍA n. f. Colección de textos escogidos destinados a la enseñanza.

CRETA n. f. (lat. *cretam*). Roca caliza de origen orgánico, blanda, formada por finísimos restos de equinodermos, moluscos y otros organismos y gran cantidad de caparazones de foraminíferos.

CRETA, en gr. *Krêtée* o **Kriti**, isla de Grecia, en el Mediterráneo; 8336 km²; 536 980 hab. (Cretenses.) C. pral.: *Hêraklíōn* y La Canea. Es una isla alargada, formada por macizos calizos bordeados de llanuras (trigo, viña, cítricos y olivos). Turismo.

HISTORIA

Poblada a partir del VII milenio, conoció en el III y el II milenios una brillante civilización llamada *minoica*, de la que son muestra las palacios de Cnosos, Malía y Faistos. 67 a. J.C.: los romanos la conquistaron. 395-1204: posesión bizantina, fue ocupada por los musulmanes de 827-828 a 960-961. 1204-1669: Creta perteneció a los venecianos que no pudieron resistir la conquista turca, que comenzó en 1645. 1669-1913: bajo dominio musulmán, después de varios levantamientos, obtuvo la autonomía (1898), proclamó su unión con Grecia (1908) y se liberó totalmente de la soberanía otomana (1913).

CRETÁCICO, A o **CRETÁCEO, A** adj. De la naturaleza de la creta o que la contiene. ♦ n. m. y adj. **2.** Período geológico final de la era secundaria, caracterizado sobre todo por la formación de creta.

CRETENSE adj. y n. m. y f. De Creta.

CRETINISMO n. m. Forma de atraso intelectual producido por hipotiroidismo.

CRETINO, A adj. y n. m. (fr. *crétin*). Afecto de cretinismo. **2.** *Fig.* Estúpido, necio.

CRETONA n. f. Tejido de algodón, fabricado siguiendo la plantilla de la armadura de la tela.

CREYENTE adj. y n. m. y f. Que cree, especialmente en determinada fe religiosa.

CRÍA n. f. Acción y efecto de criar. **2.** Animal que se está criando. **3.** Conjunto de animales que nacen de una sola vez.

CRIADERO, A adj. Fecundo en criar. ♦ n. m. **2.** Lugar destinado a la cría de determinados animales o plantas.

CRIADILLA n. f. Testículo de los animales. **2.** Tubérculo de la planta de la patata.

CRIADO, A adj. Con los adverbios *bien* o *mal*, dícese de la persona bien o mal educada. ♦ n. **2.** Persona que, mediante salario, se emplea, especialmente en el servicio doméstico.

CRIADOR, RA adj. Que nutre y alimenta. ♦ adj. y n. m. **2.** Dícese del atributo dado sólo a Dios, como autor de la creación. ♦ n. **3.** Vinicultor. **4.** Persona que se dedica a criar ciertos animales.

CRIANCERO, A adj. *Chile*. Que cría animales. ♦ n. **2.** *Argent.* Pastor trashumante de la región sureña.

CRIANDERA n. f. *Amér.* Nodriza.

CRIANZA n. f. Acción y efecto de criar. **2.** Época de la lactancia. **3.** Atención, cortesía, educación. (Suele usarse con los adjetivos *buena* o *mala*.) **4.** *Chile*. Conjunto de animales nacidos en una finca y destinados a ella.

CRIAR v. tr. (lat. *creare*) [1t]. Crear, hacer algo de nada, especialmente hablando de Dios. **2.** Nutrir, alimentar, amamantar. **3.** Instruir, educar, dirigir. **4.** Cultivar plantas. **5.** Estimular por arte u oficio la producción de aves u otros animales domésticos y seleccionarlos o cebarlos con fines industriales. **6.** Someter el vino, después de la fermentación, a ciertas operaciones y cuidados. ♦ v. tr. y pron. **7.** Producir, engendrar. ♦ **criarse** v. pron. **8.** Crecer, desarrollarse.

CRIATURA n. f. (lat. *creaturam*). Toda cosa creada. **2.** Niño recién nacido o de poca edad.

CRIBA n. f. Instrumento para cribar, compuesto por un cerco al cual está asegurado un cuero agujereado o una tela metálica. **2.** *Fig.* Medio de seleccionar y, en particular, de distinguir lo verdadero o bueno de lo que no es: *pasar por la criba de la crítica*. **3.** BOT. Tabique perforado, transversal u oblicuo, de los vasos cribosos. • **Criba de Eratóstenes**, método que permite establecer una tabla de números primos.

CRIBAR v. tr. (lat. *cribare*) [1]. Pasar una semilla o un mineral por la criba, para limpiarlo de impurezas o separar las partes menudas de las gruesas.

CRIC n. m. (voz francesa). Gato, instrumento.

CRICK (Francis Harry **Compton**), biólogo británico (Northampton 1916-San Diego, California 2004). Descubrió, con James D. Watson y M. H. F. Wilkins, la estructura en doble hélice del A.D.N. (Premio Nobel de fisiología y medicina 1962.)

CRIMEA, península de Ucrania, que se adentra en el mar Negro y lo separa del mar de Azov; 27 000 km²; 2 456 000 hab. Cap. *Simferópol*. Las montañas de su parte meridional (1545 m) dominan una costa pintoresca con abundantes estaciones balnearias, entre las que sobresale Yalta.

HISTORIA

Los cimerios fueron expulsados por los escitas y los griegos colonizaron a partir del s. VII a. J.C. esta región, llamada Querseonoso Táurico. S. V a. J.C.-s. IV d. J.C.: el reino del Bósforo pasó a ser protectorado romano (63 a. J.C.) y fue invadido por los godos y los hunos. Ss. VIII-XIII: algunos pueblos de origen turco (jazares, cumanos) y posteriormente los mongoles (s. XIII) ocuparon la península. Los venecianos y los genoveses fundaron las factorías de Kaffa (1266-1475) y de Tana. C. 1430-1783: los Giräi reinaron en el kanato de Crimea, vasallo de los otomanos desde principios del s. XVI hasta 1774. 1783: Crimea fue anexionada por Rusia. 1945: los tártaros de Crimea fueron deportados y su república autónoma (creada en 1921) suprimida. 1954: Crimea, poblada en su mayoría por rusos, fue incorporada a Ucrania. 1992: Crimea fue dotada del estatuto de república autónoma en el seno de Ucrania.

CRIMEN n. m. (lat. *crimen*). Delito grave, comúnmente el que conlleva derrama-

miento de sangre. • **Crimen de guerra,** violación del derecho de guerra.
CRIMINAL adj. (lat. *criminalem*). Relativo al crimen o que toma origen de él. **2.** Dícese de las leyes, institutos o acciones destinados a perseguir y castigar los crímenes. ♦ adj. y n. m. y f. **3.** Que ha cometido o procurado cometer un crimen.
CRIMINALIDAD n. f. Calidad o circunstancia que hace que una acción sea criminosa. **2.** Cómputo de los crímenes cometidos en un territorio y tiempo determinados.
CRIMINALISTA n. m. y f. y adj. Persona dedicada al estudio de las materias criminales o penales. **2.** Abogado que se dedica a asuntos penales.
CRIMINOLOGÍA n. f. Estudio científico de los hechos criminales.
CRIN n. f. (lat. *crinem*). Conjunto de pelos largos y duros que tienen algunos animales en la cerviz, en la parte superior del cuello y en la cola.
CRINOLINA n. f. *Méx.* Miriñaque.
CRÍO, A n. Criatura, niño de poca edad.
CRIOGENIA n. f. Producción de bajas temperaturas.
CRIOLLISMO n. m. Exaltación de las cualidades, arte, costumbres, etc., criollas.
CRIOLLO, A adj. Dícese de los hispanoamericano nacido o descendiente de españoles. ♦ adj. **2.** Dícese de las cosas o costumbres propias de los países hispanoamericanos. ♦ adj. y n. m. **3.** Dícese de la lengua mixta fruto de la fusión de una lengua europea y una lengua indígena.
CRIPTA n. f. (lat. *cryptam*). Lugar subterráneo en que se acostumbraba a enterrar a los muertos. **2.** Piso subterráneo destinado al culto en una iglesia.
CRÍPTICO, A adj. Dícese de las cosas oscuras o enigmáticas: *lenguaje críptico.*
CRIPTÓFITO, A adj. Dícese de las plantas de las regiones áridas cuyas partes aéreas sólo aparecen durante un corto período cada año.
CRIPTOGAMIA n. f. Estudio de las plantas criptógamas.
CRIPTÓGAMO, A adj. y n. f. Relativo a las plantas pluricelulares que carecen de flores, frutos y semillas, por oposición a las fanerógamas. (Las *criptógamas* comprenden tres tipos: *talofitas* [algas, hongos], *briófitos* [musgos] y *pteridófitos* [helechos]).
CRIPTOGRAFÍA n. f. Conjunto de las técnicas que permiten proteger el secreto de una comunicación por medio de la escritura convencional secreta.
CRIPTOGRAMA n. m. Mensaje escrito mediante un sistema cifrado o codificado. **2.** Especie de crucigrama.
CRIPTÓN n. m. Kriptón.
CRISÁLIDA n. f. Forma inmóvil de los lepidópteros, entre el estado de oruga y el de mariposa.
CRISANTEMO n. m. Planta ornamental, con flores de variado colorido, muy utilizada para guarnecer tumbas. (Familia compuestas.) **2.** Flor de esta planta.
CRISIS n. f. (gr. *krisis*). Manifestación aguda de un trastorno físico o moral. **2.** Situación difícil y tensa en la vida de una persona, empresa o colectividad, de cuyo fin depende la reanudación de la normalidad.
CRISMA n. m. (lat. *chrisma*). Mezcla de aceite y bálsamo que se utiliza en las consagraciones y en la administración de ciertos sacramentos. ♦ n. f. **2.** *Fam.* Cabeza. • **Romper la crisma** a uno (*Fam.*), descalabrarle, herirle en la cabeza.
CRISOL n. m. Recipiente de tierra refractaria, metal, aleación, etc., que se utiliza en el laboratorio para fundir o calcinar. **2.** *Fig.* Medio de purificación moral o intelectual, de ensayo o de análisis: *el crisol del sufrimiento.* **3.** INDUSTR. Parte inferior de un alto horno, donde se acumula el metal fundido.

CRISPACIÓN n. f. Acción y efecto de crispar. SIN.: *crispamiento.*
CRISPAR v. tr. y pron. (lat. *crispare*) [**1**]. Contraer repentina y pasajeramente los músculos de una parte del cuerpo. **2.** *Fig.* Irritar, exasperar.
CRISTAL n. m. (lat. *crystallum*). Cuerpo sólido, que puede adoptar una forma geométrica bien definida, caracterizado por una distribución regular y periódica de los átomos. **2.** Vidrio compuesto por partes de sílice, dos de óxido de plomo y una de potasa. **3.** Hoja de cristal o vidrio con que se forman las vidrieras, ventanas, etc. • **Cristal de roca,** cuarzo hialino, duro y límpido, que en su forma primitiva se presenta en prismas hexagonales finalizados en pirámides de seis caras laterales. || **Cristal líquido,** sustancia líquida dotada de estructura cristalina.
CRISTALERA n. f. **1.** Armario con cristales. **2.** Cierre o puerta de cristales.
CRISTALERÍA n. f. **1.** Fabricación y comercio de vasos, copas y otros objetos de cristal. **2.** Fábrica o tienda de objetos de cristal. **3.** Conjunto de dichos objetos. **4.** Juego de vasos, copas y jarros de cristal que se usan para el servicio de mesa.
CRISTALINO, A adj. De cristal o parecido a él. • **Sistema cristalino,** conjunto de los elementos de simetría característicos de la red de un cristal. (Existen siete sistemas cristalinos, que se designan con el nombre de la forma tipo correspondiente.) ♦ n. m. **2.** Elemento del ojo, en forma de lente biconvexa, situado en el globo ocular, detrás de la pupila, y que forma parte de los medios refringentes que hacen converger los rayos luminosos sobre la retina.
CRISTALIZACIÓN n. f. Acción y efecto de cristalizar. **2.** Cosa cristalizada.
CRISTALIZADOR n. m. Recipiente de vidrio en el que se puede llevar a cabo la cristalización de los cuerpos en disolución.
CRISTALIZAR v. intr. y pron. [**1g**]. Tomar cierta sustancia la forma cristalina. ♦ v. intr. **2.** *Fig.* Tomar forma clara y precisa las ideas o sentimientos de una persona o colectividad. ♦ v. tr. **3.** Hacer tomar la forma cristalina a ciertas sustancias.
CRISTALOGRAFÍA n. f. Ciencia que estudia los cristales y las leyes que rigen su formación.
CRISTERO, A adj. y n. Relativo a la sublevación contra la política del presidente mexicano Calles; partidario de esta sublevación.
CRISTIANDAD n. f. Conjunto de los países, de los pueblos o de los fieles cristianos. **2.** Observancia de la ley de Cristo.
CRISTIANI (Alfredo), político salvadoreño (San Salvador 1948). Líder de la derechista ARENA, fue presidente de la república de 1989 a 1994.
CRISTIANISMO n. m. Conjunto de las religiones fundadas en la persona y las enseñanzas de Jesucristo. **2.** Conjunto de las personas que creen en esta religión.
CRISTIANIZACIÓN n. f. Acción y efecto de cristianizar.
CRISTIANIZAR v. tr. y pron. [**1g**]. Conformar una cosa con el dogma o rito el rito cristiano. **2.** Convertir al cristianismo.
CRISTIANO, A adj. (lat. *christianum*). Relativo al cristianismo: *la fe cristiana.* **2.** Conforme a la doctrina y a la moral del cristianismo: *una vida, una muerte cristiana.* ♦ adj. y n. **3.** Que profesa el cristianismo: *pueblo cristiano.* • **Hablar en cristiano** (*Fam.*), expresarse en términos llanos y fácilmente comprensibles o en la lengua propia del que escucha. ♦ n. **4.** *Fam.* Persona, alma viviente. || **Cristiano antiguo,** o **viejo,** denominación que en España y Portugal se daba a los cristianos de pura raza, por oposición a cristianos nuevos, moros y judíos conversos.
CRISTINA (Estocolmo 1626-Roma 1689), reina de Suecia [1632-1654], hija de Gustavo II Adolfo. Hizo de su corte uno de los cen-

CRO

tros del humanismo, donde recibió a Descartes. Reunió una importante biblioteca y una rica colección de arte.
CRISTO n. m. (lat. *Cristum*). Jesucristo. (Se escribe con mayúscula.) **2.** Crucifijo.
CRISTÓBAL COLÓN, pico de Colombia, en la sierra Nevada de Santa Marta; 5775 m de alt., máxima altura del país.
CRISTOFUÉ n. m. Ave paseriforme algo mayor que la alondra, de color amarillo verdoso, muy abundante en Venezuela. (Familia tiránidos.)
CRISTOLOGÍA n. f. Parte de la teología consagrada a la persona y a la obra de Cristo.
CRITERIO n. m. (lat. *criterium*). Principio o norma de discernimiento o decisión: *criterio de verdad.* **2.** Juicio o discernimiento. **3.** Opinión que se tiene sobre algo.
CRÍTICA n. f. Arte de juzgar una obra artística o literaria: *crítica teatral, musical.* **2.** Cualquier juicio o conjunto de juicios críticos sobre una obra artística: *recibir una buena crítica.* **3.** Conjunto de los que se dedican profesionalmente a emitir estos juicios: *la crítica es unánime.* **4.** Acción de criticar, censurar. **5.** Murmuración. **6.** FILOS. Parte de la lógica que estudia los criterios de verdad.
CRITICABLE adj. Que se puede criticar.
CRITICAR v. tr. [**1a**]. Examinar y juzgar con espíritu crítico una obra artística, literaria, etc. **2.** Censurar, hacer notar los defectos de una persona o cosa.
CRITICISMO n. m. Sistema filosófico fundado sobre la crítica del conocimiento y cuyo promotor fue Kant.
CRÍTICO, A adj. (lat. *criticum*). Relativo a la crítica. **2.** Decisivo, preciso, oportuno: *momento crítico.* **3.** MED. Relativo a la crisis de una enfermedad. **4.** *Fig.* Dícese de los valores de las magnitudes, como masa, temperatura, presión, etc., para las que se produce un cambio en las propiedades de un cuerpo o en las características de un proceso. • **Edición crítica,** la establecida tras el cotejo con los textos originales. ♦ adj. y n. **5.** Que juzga las cualidades y los defectos de una obra artística, literaria, de un hecho, costumbre, etc., especialmente el que lo hace de forma profesional.
CRITICÓN, NA adj. y n. Que todo lo critica o censura.
CROACIA, en croata **Hrvatska,** estado de Europa, en los Balcanes; 56 500 km²; 4 632 000 hab. (*Croatas.*) CAP. Zagreb. LENGUA OFICIAL: *croata.* MONEDA: *kuna.*
GEOGRAFÍA
El territorio se extiende del Danubio al Adriático. La población está compuesta por un 80 % de origen croata y un 14 % de origen serbio. La agricultura predomina en el E, en Eslavonia (llanuras de Podravina y Posavina), la industria se encuentra alrededor de Zagreb (textil, alimentaria, siderurgia), y el litoral es una gran región turística, en declive por los conflictos armados en la década de los noventa.
HISTORIA
Poblada por ilirios, formó parte desde 6-9 d. J.C. al imperio romano, y fue invadida por los eslavos en el s. VI. 925: Tomislao (910-928) reunió bajo su mando la Croacia panónica y la dálmata, y se proclamó rey. 1102: el rey de Hungría fue reconocido rey de Croacia, donde era representado por un ban. 1526-1527: una parte del país cayó bajo dominio otomano; el resto fue añadido a las posesiones de la casa de Austria. 1848: los croatas apoyaron a los Habsburgo en contra de los revolucionarios húngaros. 1867-1868: el compromiso austrohúngaro anexionó Croacia a Hungría, con la que se firmó el compromiso húngaro-croata. 1918: Croacia se adhirió al Reino de los serbios, croatas y eslovenos. 1929-1941: en el seno de este reino, convertido en Yugoslavia, los croatas se opusieron, al centralismo serbio. Los opo-

195

CRO

sitores crearon la sociedad secreta Ustaša (1929) y recurrieron al terrorismo (asesinato de Alejandro I Karagjorgjevič en Marsella, 1934). 1941-1945: el estado independiente croata, controlado por alemanes italianos, fue gobernado por A. Pavelić. 1945: Croacia se convirtió en una de las seis repúblicas federadas de Yugoslavia, pero continuó el movimiento nacional croata. 1990: las primeras elecciones libres dieron el triunfo a la Comunidad democrática croata, dirigida por Franjo Tudjman, que se convirtió en presidente. 1991: Croacia declaró su independencia (junio). Violentos combates enfrentaron a los croatas con los serbios de Croacia y con el ejército federal. 1992: la independencia fue reconocida por la comunidad internacional (en.). Croacia aceptó el plan de paz propuesto por la O.N.U. afirmando su voluntad de restablecer su autoridad en la totalidad del territorio (incluida Krajina, en donde los serbios habían proclamado una república en 1991). Croacia inició su intervención en la guerra civil de Bosnia, en defensa de los croatas de esa república (junio). Tudjman fue reelegido presidente (ag.). 1993: se reprodujeron los enfrentamientos entre serbios y croatas en Croacia (Krajina). 1994: Croacia aceptó que los croatas de Bosnia-Herzegovina establecieran una confederación con los musulmanes. 1995: Ofensiva militar croata y ocupación de Krajina y Eslavonia Oriental; acuerdos de paz de Dayton (en E.U.A.) entre croatas, bosnios y serbios. 1996: Croacia ingresa en el Consejo de Europa. 1997: F. Tudjman, reelegido presidente. 2000: Llega a la presidencia Stipe Mesic.
CROAR v. intr. [1]. Cantar la rana o el sapo.
CROATA adj. y n. m. y f. De Croacia. ♦ n. m. **2.** Lengua hablada en Croacia.
CROCANTE n. m. (fr. *croquant*). Guirlache, dulce hecho de almendras tostadas y caramelo.
CROCHÉ n. m. (fr. *crochet*). Labor que se hace con el ganchillo.
CROCHET n. m. (voz francesa). En boxeo, golpe que se da lateralmente, con el brazo doblado en forma de gancho.
CROISSANT n. m. (voz francesa) [pl. *croissants*]. Bollo en forma de media luna.
CROL n. m. Crawl.
CROMADO n. m. Operación consistente en revestir una superficie metálica con un baño electrolítico de cromo. **2.** Resultado de dicha operación.
CROMAR v. tr. [1]. Dar un baño de cromo a una pieza metálica.
CROMÁTICO, A adj. (gr. *khrōmatikos*). Relativo a los colores. **2.** Relativo a la cromatina. **3.** MÚS. Dícese de una serie de sonidos que procede por semitonos ascendentes o descendentes.
CROMATINA n. f. Sustancia característica del núcleo de las células, que fija los colorantes básicos, como la fucsina.
CROMATISMO n. m. Calidad de cromático. **2.** MÚS. Sistema cromático.
CROMATÓFORO n. m. Célula de la piel del hombre y de los animales que contiene un pigmento que da su color al tegumento.
CRÓMLECH n. m. (pl. *crómlechs*). Monumento megalítico formado por varios menhires dispuestos en círculo.
CROMO n. m. Cuerpo simple de símbolo Cr, número atómico 24 y masa atómica 51,96, metálico, blanco, duro e inoxidable que se emplea normalmente como revestimiento protector, y en determinadas aleaciones. **2.** Cromolitografía.
CROMOLITOGRAFÍA n. f. Impresión de imágenes con colores superpuestos mediante procedimientos litográficos. **2.** Estampa obtenida por este procedimiento.
CROMOSFERA n. f. Capa media de la atmósfera solar, entre la fotosfera y la corona.

CROMOSOMA n. m. Elemento de la célula, particularmente visible en el núcleo en el momento de la división celular.
CROMOSÓMICO, A adj. Relativo a los cromosomas.
CROMWELL (Oliver), lord protector de Inglaterra, Escocia e Irlanda (Huntingdon 1599-Londres 1658). Moderado, no fue un claro adversario de Carlos I hasta que éste desencadenó la segunda guerra civil (1648). Lugartenientemente general, depuró el parlamento (*Rump parliament*), que condenó a muerte al rey (1649). El estado inglés adoptó el nombre de Commonwealth. Cromwell instauró una auténtica dictadura militar, que impuso por la fuerza en Irlanda y en Escocia (1649-1651). Desde 1655 actuó como un auténtico soberano. Atacó a España (ocupación de Jamaica, 1655; captura de la flota de Cádiz, 1657) y se alió con Francia (1657).
CRÓNICA n. f. (lat. *chronicam*). Recopilación de hechos históricos en orden cronológico. **2.** Artículo periodístico en que se comenta algún tema de actualidad.
CRONICIDAD n. f. Calidad o estado de crónico.
CRÓNICO, A adj. (lat. *chronicum*). Dícese de las enfermedades largas o dolencias habituales. **2.** Que viene de tiempo atrás.
CRONICÓN n. m. Narración histórica, anónima muchas veces, y sin la unidad interna que suele caracterizar a las crónicas.
CRONISTA n. m. y f. Autor de una crónica.
CRONO o **CRONOS**, titán padre de Zeus, identificado por los romanos con el dios *Saturno*.
CRONÓGRAFO n. m. Reloj de precisión, que permite medir intervalos de tiempo. **2.** Aparato que permite evidenciar mediante métodos gráficos la duración de un fenómeno. **3.** ASTRON. Instrumento que permite registrar con precisión, mediante una señal eléctrica, el instante en que se produce un fenómeno.
CRONOLOGÍA n. f. Ciencia que se ocupa de determinar el orden y las fechas de los sucesos históricos. **2.** Sucesión en el tiempo de los acontecimientos históricos.
CRONOLÓGICO, A adj. Relativo a la cronología.
CRONOMETRAJE n. m. Acción y efecto de cronometrar.
CRONOMETRAR v. tr. [1]. Medir el tiempo exacto durante el cual se realiza una acción, una prueba deportiva o una operación industrial.
CRONÓMETRO n. m. Reloj de precisión, reglado en diferentes posiciones y a temperaturas variadas, provisto de un certificado oficial de homologación y control.
CRONSTADT → **Kronstadt**.
CROQUETA n. f. (fr. *croquette*). Porción de forma ovalada o redonda de una masa hecha con carne, pollo, pescado, etc., unida con bechamel, rebozada y frita.
CROQUIS n. m. Dibujo rápido a mano alzada, que sólo esboza la imagen de un ser o de una cosa.
CROSOPTERIGIO, A adj. y n. m. Relativo a un orden de peces marinos cuyas aletas recuerdan las patas de los primeros anfibios.
CROSS-COUNTRY n. m. (voz inglesa). Carrera de atletismo por terrenos variados con obstáculos. (Suele abreviarse *cross*.)
CRÓTALO n. m. (gr. *krotalon*). Variedad de castañuelas de madera o de metal. **2.** Serpiente venenosa de la familia crotálidos, básicamente americana, llamada también serpiente de cascabel a causa del cascabel formado por estuches córneos, restos de mudas, situado al final de la cola.
CRUCE n. m. Acción de cruzar o cruzarse. **2.** Punto donde se cortan mutuamente dos líneas. **3.** Lugar en que se cruzan dos o más calles o carreteras. **4.** Interferencia

en las conversaciones telefónicas o emisiones radiadas.
CRUCERO n. m. El que lleva la cruz en las procesiones y otras funciones sagradas. **2.** Nave transversal que las iglesias, que forma una cruz con la central. **3.** Espacio común a las naves central y transversal. **4.** Viaje turístico en barco. **5.** Navío de guerra rápido, armado sobre todo de cañones y destinado a la vigilancia en alta mar, apoyo a una escuadra o convoy y protección de los aviones y barcos de línea. **6.** *Méx.* Cruce de dos calles, avenidas o caminos.
CRUCETA n. f. Cada una de las cruces o de las aspas que resultan de la intersección de dos series de líneas paralelas. **2.** MEC. En las máquinas de vapor y motores de combustión, parte del mecanismo que sirve para transmitir al cigüeñal, por medio de la biela, el movimiento del vástago del émbolo. ♦ n. m. **3.** *Chile.* Torniquete colocado en las entradas para que las personas pasen ordenadamente de una en una. **4.** *Colom.* Grifo. **5.** *Méx.* Palo con los extremos terminados en cruz.
CRUCIAL adj. En forma de cruz. **2.** *Fig.* Decisivo, que decide el curso de algo.
CRUCIFICADO n. m. **El Crucificado**, por antonom., Jesucristo. (Suele escribirse con mayúscula.)
CRUCIFICAR v. tr. (lat. *crucifigere*) [1a]. Fijar o clavar a alguien en una cruz. **2.** *Fig.* y *fam.* Molestar, perjudicar.
CRUCIFIJO n. m. (lat. *crucifixum*). Efigie o imagen de Cristo crucificado.
CRUCIFIXIÓN n. f. Acción y efecto de crucificar. **2.** Suplicio de Jesucristo en la cruz. **3.** Cuadro o imagen que representa este suplicio.
CRUCIFORME adj. En forma de cruz.
CRUCIGRAMA n. m. Entretenimiento que consiste en hallar cierto número de palabras mediante unas definiciones dadas y transcribirlas en un casillero. **2.** El mismo casillero.
CRUDA n. f. *Méx.* Malestar después de una borrachera.
CRUDEZA n. f. Calidad de crudo. **2.** *Fig.* Rigor o aspereza.
CRUDO, A adj. (lat. *crudum*). Dícese de los comestibles que no están preparados por medio de la acción del fuego, o que no lo están hasta el punto conveniente. **2.** Dícese de la fruta que no está en sazón. **3.** Que no ha sufrido la preparación necesaria para su uso o manipulación. **4.** *Fig.* Sin atenuante, cruel, áspero, despiadado. **5.** Dícese del estilo realista y gráfico que choca con los convencionalismos. **6.** Dícese del tiempo muy frío y destemplado. **7.** Dícese del color parecido al de la seda cruda. ♦ **Estar alguien crudo** (*Méx. Fam.*), padecer el malestar que sigue a una borrachera. ♦ adj. y n. m. **8.** Dícese del petróleo bruto, sin refinar. ♦ n. m. **9.** *Chile* y *Perú.* Especie de arpillera, tela. **10.** *Méx.* Tela de cáñamo utilizada para hacer sacos y empacar.
CRUEL adj. (lat. *crudelem*). Que se deleita en hacer sufrir o se complace en los sufrimientos ajenos. **2.** *Fig.* Insufrible, excesivo. **3.** *Fig.* Sangriento, duro, violento.
CRUELDAD n. f. Calidad de cruel. **2.** Acción cruel.
CRUENTO, A adj. (lat. *cruentum*). Sangriento.
CRUJÍA n. f. Corredor largo de un edificio, que da acceso a piezas situadas a ambos lados. **2.** Espacio comprendido entre dos muros de carga.
CRUJIDO n. m. Acción y efecto de crujir.
CRUJIR v. intr. [3]. Hacer cierto ruido algunos cuerpos cuando se frotan unos con otros o se rompen.
CRUSTÁCEO, A adj. Que tiene costra. ♦ adj. y n. m. **2.** Relativo a una clase de artrópodos generalmente acuáticos, de respiración branquial, y cuyo caparazón está formado por quitina impregnada de caliza (cangrejo, gamba, percebe, etc.).

CRUZ n. f. (lat. *crucem*). Madero hincado verticalmente en el suelo y atravesado en su parte superior por otro, que suele ser más corto, en los que se clavaban o atraban las extremidades de ciertos condenados. **2.** Figura formada por dos líneas que se cruzan perpendicularmente. **3.** *Fig.* Sufrimiento o agobio prolongado. **4.** En los cuadrúpedos, parte alta del lomo, donde se cruzan los huesos de las extremidades anteriores con el espinazo. **5.** Reverso de una moneda, en oposición a cara o anverso. **6.** Condecoración, objeto o joya en forma de cruz. • **Cruz gamada**, cruz de brazos iguales cuyos extremos doblan en la misma dirección. ‖ **Cruz svástica**, la gamada cuyos extremos doblan a la izquierda.
CRUZ (Juana Inés de Asbaje, llamada **sor Juana Inés de la**), poeta mexicana (San Miguel de Nepantla 1651-México 1695). Gran figura barroca de las letras hispanoamericanas, su espíritu reflexivo, analítico y científico la es un preludio del s. XVIII. De su prosa destaca la carta *Respuesta a sor Filotea de la Cruz* (1691); de su obra teatral, los autos sacramentales *El divino Narciso*, *El cetro de José* y *El mártir del Sacramento*, y dos comedias profanas, *Los empeños de una casa* y *Amor es más laberinto*; de sus poesías líricas sobresalen las inspiradas en el amor humano.
CRUZ (Sebastián **de la**), arquitecto peruano del s. XVIII. Representante del llamado estilo *mestizo*, realizó varias obras en Potosí.
CRUZ ALTA, dep. de Argentina (Tucumán); 131 943 hab. Integrado en el Gran Tucumán.
CRUZ DEL EJE, dep. de Argentina (Córdoba), avenado por el *río Cruz del Eje*; 48 481 hab.
CRUZ DEL SUR, constelación del hemisferio austral, cuyas cuatro estrellas más brillantes forman una cruz, que antiguamente servía de punto de orientación a los navegantes.
CRUZ DÍEZ (Carlos), artista venezolano (Caracas 1923). Su obra se inscribe en el arte cinético (*The responsive eye*, 1965, museo de arte moderno de Nueva York).
CRUZ GOYENECHE (Luis **de la**), político chileno (Concepción 1768-Santiago c. 1828). Director supremo delegado de Chile (1817-1818), proclamó la independencia del país (12 febr. 1818).
CRUZ VARELA (Juan), poeta argentino (Buenos Aires 1794-Santa Catalina 1839). Autor neoclásico, cultivó el tema patriótico y civil (*Canto a la victoria de Maipú*, 1818) y escribió la tragedia *Dido* (1823).
CRUZADA n. f. Expedición militar realizada con una finalidad religiosa. **2.** Tropa que iba a esta expedición. **3.** Conjunto de actos o esfuerzos aplicados a un fin.
CRUZADO, A adj. v. n. Participio de cruzar. ♦ adj. **2.** Dícese de la prenda de vestir en la que se puede sobreponer un delantero sobre otro. **3.** Aplícase a un animal salido de un cruzamiento. ♦ n. m. **4.** Unidad monetaria principal de Brasil de 1986 a 1990. (En este período sustituyó al cruzeiro.)
CRUZAMIENTO n. m. BIOL. Reproducción sexual a partir de dos individuos de distinta raza.
CRUZAR v. tr. y pron. **[1g]**. Atravesar una cosa sobre otra, especialmente en forma de cruz. **2.** Intercambiar palabras, saludos, sonrisas, etc. **3.** Juntar un macho y una hembra de una misma especie pero de distinta raza para que procreen: *cruzar una yegua inglesa con un caballo árabe*. ♦ v. tr. **4.** Atravesar una calle, el campo, etc., pasando de una parte a otra. ♦ v. intr. **5.** Pasar por delante de una persona o cosa. ♦ **cruzarse** v. pron. **6.** Pasar por un lugar dos o más personas, vehículos, etc., en distinta dirección. **7.** Atravesarse, interponerse una cosa a otra.

Cs, símbolo químico del *cesio*.
CTÓNICO, A adj. MIT. Se aplica a las divinidades infernales.
CU n. f. Nombre de la letra q.
CU n. m. Templo mexicano precolombino.
Cu, símbolo químico del *cobre*.
CÚA, c. de Venezuela (Miranda); 62 836 hab. Centro comercial e industrial (metal-mecánica).
CUACAR v. tr. **[1a]**. *Amér. Vulg.* Gustar, cuadrar alguna cosa: *no me cuaca este vestido*.
CUÁCARA n. f. *Chile.* Blusa ordinaria. **2.** *Colomb.* y *Venez.* Levita.
CUACHE, CHA adj. *Guat.* Dícese de las cosas que constan de dos partes iguales y ofrecen duplicidad. ♦ adj. y s. **2.** *Guat.* Gemelo, mellizo.
CUACO n. m. Harina de la raíz de yuca. **2.** *Méx.* Rocín, caballo.
CUADERNA n. f. Cada uno de los elementos rígidos transversales del casco del buque, y cuyo conjunto forma la costillaje de la embarcación. • **Cuaderna vía**, estrofa compuesta por cuatro versos alejandrinos monorrimos aconsonantados.
SIN.: tetrástrofo monorrimo.
CUADERNILLO n. m. Conjunto de cinco pliegos de papel.
CUADERNO n. m. (lat. *quaternum*). Conjunto de algunos pliegos de papel, doblados y cosidos en forma de libro. • **Cuaderno de bitácora** (MAR.), libro en que cada oficial de a bordo, durante su guardia, efectúa diversas anotaciones relativas a la navegación.
CUADRA n. f. (lat. *quadram*, un cuadrado). Sala o pieza espaciosa. **2.** Caballeriza. **3.** Conjunto de caballos de un mismo propietario. **4.** Grupo de corredores de caballos que pertenecen a un mismo equipo. **5.** Cuarta parte de una milla. **6.** *Amér.* Manzana de casas. **7.** *Amér.* Medida de longitud cuya equivalencia varía según los países. **8.** *Perú.* Sala para recibir.
CUADRA (José **de la**), escritor ecuatoriano (Guayaquil 1903-id. 1941), perteneciente al grupo de Guayaquil. Narrador y ensayista, sobresale su novela *Los sangurimas* (1934).
CUADRA (Pablo Antonio), poeta nicaragüense (Managua 1912-2001). Contribuyó a difundir el vanguardismo en Centroamérica y cultivó el tema indigenista: *Poemas nicaragüenses*, 1934; *Canto temporal*, 1943; *El jaguar y la luna*, 1959; *Cantos de Cifar*, 1971.
CUADRADO, A adj. Que tiene la forma de un cuadrilátero de lados iguales y ángulos rectos. **2.** *Fig.* Perfecto, cabal. **3.** *Fig.* Poco esbelto o casi tan ancho como largo y alto. • **Metro cuadrado** (MAT.), área de un cuadrado que tiene 1 m de lado. ♦ n. m. **4.** ART. GRÁF. Pieza de metal del mismo cuerpo que las letras de imprenta, que sirve para completar intervalos o blancos. **5.** MAT. Cuadrilátero que tiene sus lados iguales y sus ángulos rectos: *el área de un cuadrado se obtiene multiplicando la medida de su lado por sí misma*. **6.** MAT. Resultado de multiplicar un factor por sí mismo: *cuadrado de un número, de una expresión algebraica*. • **Cuadrado perfecto**, número que tiene raíz cuadrada exacta. ‖ **Elevar al cuadrado**, multiplicar un número por sí mismo.
CUADRAGENARIO, A adj. (lat. *quadragenarium*). Que tiene entre cuarenta y cincuenta años.
CUADRAGÉSIMA n. f. Cuaresma. **2.** Primer domingo de cuaresma.
CUADRAGÉSIMO, A adj. (lat. *quadragesimum*). Que corresponde en orden al número cuarenta o cuarenta: *el cuadragésimo día*. ♦ adj. y n. m. **2.** Cuarentavo.
CUADRANGULAR adj. Que tiene cuatro ángulos.
CUADRÁNGULO n. m. Polígono de cuatro ángulos.

CUA

CUADRANTE n. m. Antiguo instrumento astronómico de medida de ángulos, formado por la cuarta parte de un círculo y dividido en grados, minutos y segundos. **2.** MAT. Cuarta parte de la circunferencia: *un cuadrante equivale a 90°*. **3.** En geometría analítica, cada uno de los ángulos rectos formados por los ejes de coordenadas. • **Cuadrante solar**, superficie plana en la que se han trazado unas líneas, que permiten conocer la hora de acuerdo con la sombra proyectada por el Sol.
CUADRAR v. tr. (lat. *quadrare*) **[1]**. Dar a una cosa figura de cuadro o de cuadrado. **2.** *Amér.* Sentar bien o mal en una persona una cosa. **3.** *Venez.* Lucirse, agradar, quedar airoso. **4.** Tratándose de cuentas, balances, etc., hacer que coincidan los totales del debe y el haber. **5.** MAT. Efectuar una cuadratura. ♦ v. intr. **6.** Conformarse o ajustarse una cosa con otra. **7.** Agradar una cosa. **8.** *Méx. Fam.* Gustar, parecerle bien alguna cosa o persona a alguien: *Me cuadra su manera de ser*. ♦ **cuadrarse** v. pron. **9.** Ponerse una persona en posición erguida y con los pies en escuadra. **10.** Mostrar de pronto, una persona, inusitada firmeza o gravedad. **11.** *Chile.* Suscribirse con una importante cantidad de dinero, o dar de hecho esa cantidad o valor.
CUADRÁTICO, A adj. MAT. Relativo al cuadrado. **2.** MAT. Dícese de un valor elevado al cuadrado: *media cuadrática*.
CUADRATURA n. f. ASTRON. Posición de dos astros en relación con la Tierra cuando sus direcciones forman un ángulo recto. **2.** ASTRON. Fase del primero y del último cuarto de la Luna. **3.** GEOM. Construcción geométrica de un cuadrado equivalente a un área dada. **4.** MAT. En análisis, evaluación de un área por medio de una integral. **5.** TECNOL. Conjunto de las piezas que mueven las agujas de un reloj.
CUÁDRICEPS n. m. y adj. Músculo anterior del muslo, formado por cuatro haces que se reúnen en la rótula.
CUÁDRICO, A adj. y n. f. Dícese de las superficies de segundo orden, representadas por una ecuación de segundo grado.
CUADRÍCULA n. f. Disposición en cuadros continuos.
CUADRICULAR adj. Relativo a la cuadrícula.
CUADRICULAR v. tr. **[1]**. Trazar líneas que formen una cuadrícula: *cuadricular un papel*.
CUADRIDIMENSIONAL adj. Que tiene cuatro dimensiones.
CUADRIENAL o **CUATRIENAL** adj. Que dura cuatro años: *rotación cuadrienal*. **2.** Que tiene lugar o se repite cada cuatro años.
CUADRIENIO o **CUATRIENIO** n. m. (lat. *quadriennium*). Período de cuatro años.
CUADRIFOLIADO, A adj. BOT. Que tiene las hojas dispuestas en grupos de cuatro.
CUADRIGA o **CUÁDRIGA** n. f. (lat. *quadrigam*). Tiro de cuatro caballos enganchados de frente. Carro tirado de este modo.
CUADRILÁTERO, A adj. Que tiene cuatro lados. ♦ n. m. **2.** Polígono que tiene cuatro lados. **3.** En boxeo, ring. **4.** MIL. Posición estratégica que se apoya sobre cuatro puntos o zonas fortificadas.
CUADRILLA n. f. Conjunto de personas que se reúnen para el desempeño de algún fin. **2.** Grupo de caballeros que evolucionan en un carrusel. **3.** TAUROM. Conjunto de diestros que lidian toros bajo las órdenes del matador.
CUADRILLAZO n. m. *Amér. Merid.* Ataque de varias personas contra una.
CUADRINOMIO n. m. Expresión algebraica que consta de cuatro términos.
CUADRIPOLAR adj. Que posee cuatro polos.
CUADRISÍLABO, A adj. Cuadrisílabo.
CUADRIVALENTE adj. Que tiene por valencia química 4.
CUADRO n. m. Pintura, dibujo o grabado ejecutado sobre papel, tela, etc., general-

CUA

mente colocado en un marco. **2.** Espectáculo de la naturaleza o escena que se ofrece a la vista y despierta en el ánimo algún sentimiento. **3.** Nombre de algunas cosas de forma cuadrada o rectangular: *un cuadro de hortalizas*. **4.** Descripción literaria. **5.** Conjunto de nombres, cifras u otros datos presentados gráficamente de manera que se advierta la relación existente entre ellos. **6.** Conjunto de personas, generalmente con cualificación técnica, que intervienen en la dirección y coordinación de una actividad profesional: *el cuadro técnico de la empresa*. **7.** Conjunto de los tubos que forman el armazón de una bicicleta o de una motocicleta. **8.** *Chile*. Bragas, ropa interior femenina. **9.** *Colomb*. Pizarra, encerado. **10.** TEATR. Subdivisión de un acto señalada por un cambio de decorado. • **Cuadro de control,** conjunto de los aparatos de mando, medida, ajuste y seguridad de una máquina, de un grupo de máquinas o de una instalación completa. ‖ **Cuadro de mandos,** conjunto de instrumentos situados a la vista del piloto o del conductor, con el fin de permitirle vigilar la marcha de su vehículo.
CUADRÚMANO, A o **CUADRUMANO, A** adj. y n. m. Que tiene cuatro manos: *los simios son cuadrúmanos*.
CUADRÚPEDO, A adj. y n. m. Dícese del animal que anda sobre los cuatro pies.
CUÁDRUPLE o **CUÁDRUPLO** adj. y n. m. Que contiene un número cuatro veces exactamente.
CUADRUPLICACIÓN n. f. Acción y efecto de cuadruplicar.
CUADRUPLICAR v. tr. [**1a**]. Ser o hacer cuádruple una cosa. **2.** Multiplicar por cuatro.
CUAIMA n. f. Serpiente ágil y venenosa, negra en el dorso, que vive en la región oriental de Venezuela. (Familia crotálidos.) **2.** *Venez. Fam.* Persona lista, peligrosa y cruel.
CUAJADA n. f. Parte de la leche obtenida por coagulación natural o artificial, que sirve para elaborar el queso. **2.** Requesón.
CUAJAR n. m. Última cavidad del estómago de los rumiantes, que segrega el jugo gástrico.
CUAJAR v. tr. y pron. (lat. *coagulare*) [**1**]. Trabar un líquido para convertirlo en sólido o pasoso o llegar a formar éste un sólido. **2.** Cubrir, llenar. ♦ v. intr. **3.** *Fig*. Gustar, ser aceptado. ♦ v. intr. y pron. **4.** *Fig*. Lograrse, tener efecto una cosa.
CUAJO n. m. (lat. *coagulum*). Sustancia con que se cuaja un líquido, especialmente materia para cuajar la leche, contenida en el cuajar de los rumiantes. • **De cuajo,** de raíz.
CUAL pron. relativo (lat. *qualem*). Equivale al pronombre relativo *que*, y va precedido del artículo *el, la, lo, los, las*: *he conocido a la muchacha de la cual me hablaste*. ♦ *pron. relativo correlativo*. **2.** se emplea en oraciones comparativas denotando idea de igualdad o semejanza cualitativa, o modal: *dulce cual la miel*. ♦ adv. c. relativo. **3.** Equivale a *como, así como, de igual manera que*: *escuchamos su demanda cual si frisase en locura*.
CUÁL pron. interrog. Pregunta sobre las personas o cosas, en interrogación directa o indirecta, o en frase exclamativa o dubitativa: *¿cuál es tu nombre?*
CUALIDAD n. f. (lat. *qualitatem*). Cada uno de los caracteres que distinguen a las personas o cosas. **2.** Calidad.
CUALIFICACIÓN n. f. Categoría de un trabajador según su formación y experiencia.
CUALIFICADO, A adj. Dícese del obrero especialmente preparado para una determinada fase de producción.
CUALIFICAR v. tr. [**1a**]. Calificar.
CUALITATIVO, A adj. Relativo a la calidad, a la naturaleza de los objetos: *análisis cualitativo*.

CUALQUIER pron. indef. Apócope de *cualquiera*, que se utiliza antepuesto al sustantivo: *cualquier persona podría hacerlo*.
CUALQUIERA pron. indef. (pl. *cualesquiera*). Expresa la indistinción de una o varias cosas dentro de la serie, la identidad manera de actuar el sujeto frente a unas y a otras. ♦ n. m. y f. (pl. *cualquieras*). **2.** Persona vulgar y poco importante. ♦ n. f. (pl. *cualquieras*). **3.** Prostituta: *una cualquiera*.
CUAN n. m. *Colomb*. Cuerda de esparto.
CUAN adv. c. Apócope de *cuanto*, que se utiliza antepuesto al adjetivo o al adverbio, excepto delante de *mayor, menor, más* y *menos*: *cayó cuan largo era*.
CUÁN adv. interrog. y exclamativo. Apócope de *cuánto*, que se utiliza antepuesto al adjetivo o al adverbio, excepto delante de *mayor, menor, más* y *menos*: *¡cuán triste estaba!*
CUANDO adv. t. relativo (lat. *quando*). Introduce oraciones de matiz temporal con el significado de *en el punto, en el tiempo, en la ocasión en que*: *la catástrofe ocurrió cuando intentaban desembarcar*. **2.** A veces tiene un antecedente en la oración principal, que puede ir seguido del verbo ser: *el lunes es cuando las sesiones son más borrascosas*. • **De cuando en cuando,** algunas veces, de tiempo en tiempo. ♦ prep. **3.** Indica tiempo y equivale a *durante*: *cuando la guerra se pasó hambre*. ♦ conj. cond. **4.** En el caso de que, si: *cuando él lo dice será verdad*. ♦ conj. advers. **5.** Aunque: *no faltaría a la verdad cuando le fuera en ello la vida*. En este caso puede ir reforzado con el adv. *aun*.) ♦ conj. conc. **6.** Puesto que: *cuando tú lo dices será verdad*. ♦ conj. cop. **7.** Se emplea en el lugar de *que* con algunos verbos que suelen exigirla: *esperaba cuando viniese su señora*.
CUÁNDO adv. t. interrog. En qué tiempo: *¿cuándo vendrás?* **2.** Se sustantiva precedido del artículo *el*: *el porqué, el cómo y el cuándo*. ♦ conj. distrib. **3.** Equivale a unas veces y otras veces: *cuándo con razón, cuándo sin ella*.
CUANTÍA n. f. Cantidad en su significación concreta. **2.** Suma de cualidades o circunstancias que enaltecen a alguien o lo distinguen de los demás. **3.** DER. Cantidad a que asciende el importe de la reclamación por la demanda en los juicios civiles ordinarios.
CUÁNTICO, A adj. FÍS. Relativo a los cuantos y a los cuantones: *mecánica cuántica*. • **Números cuánticos,** conjunto de cuatro números que definen las características de cada uno de los electrones planetarios de un átomo. ‖ **Teoría cuántica,** teoría física que trata del comportamiento de los objetos físicos a nivel microscópico (átomos, núcleos, partículas).
CUANTIFICADO, A adj. FÍS. Dícese de una magnitud que no puede variar más que de una manera discontinua por cantidades distintas y múltiples de un mismo valor elemental.
CUANTIFICADOR n. m. MAT. y LÓG. Símbolo que indica que una propiedad se aplica a todos los elementos de un conjunto, o solamente a algunos de ellos: *el cuantificador universal, el cuantificador existencial*.
CUANTIFICAR v. tr. [**1a**]. Determinar la cantidad de algo. **2.** FÍS. Imponer a una magnitud una variación discontinua por cantidades distintas y múltiples de una misma variación elemental.
CUANTIOSO, A adj. Grande en cantidad.
CUANTITATIVO, A adj. Relativo a la cantidad: *análisis cuantitativo*.
CUANTO n. m. FÍS. Cantidad mínima de energía que puede ser emitida, propagada o absorbida. SIN.: *quanto*.
CUANTO, A pron. relativo (lat. *quantum*). En correlación con *tanto* o con *todo*, expresos o tácitos, compara oraciones denotando idea de equivalencia o igualdad cuantitativa: *cuanta alegría él lleva, tanta tristeza nos deja*. **2.** Con el antecedente omiso significa *todo lo que*: *iba anotando cuantas novedades se ofrecían*. **3.** En plural y precedido de *unos* o de algún pronombre indefinido, tiene el significado de *algunos*: *tengo unos cuantos*. ♦ adv. c. relativo. **4.** Antepuesto a otros adverbios o correspondiéndose con *tanto*, compara oraciones indica equivalencia cuantitativa: *cuanto más habla, menos te entiendo*. ♦ adv. t. relativo. **5.** Enlaza oraciones subordinadas temporales indicando simultaneidad y equivale a *mientras*: *durará la privanza cuanto durare la obediencia*.
CUÁNTO, A adv. m. interrog. y exclamativo. Sirve para preguntar o encarecer la cantidad, o intensidad de una cosa: *¿cuántos necesitas?* ♦ adv. c. interrog. y exclamativo. **2.** En qué grado o manera, hasta qué punto, qué cantidad: *¡cuánto has dormido!*
CUÁQUERO, A n. m. (ingl. *quaker*). Miembro de una secta religiosa fundada en 1652 por un joven zapatero inglés, George Fox, como reacción contra el ritualismo y el conformismo de la Iglesia anglicana, que se extendió sobre todo en E.U.A.
CUARANGO n. m. (voz quechua). Planta arbórea de Perú, muy apreciada por su corteza. (Familia rubiáceas.)
CUARCITA n. f. Roca dura, constituida principalmente por cuarzo, que se emplea para el empedrado de las calles.
CUAREIM n. m. Río de Uruguay (Artigas), que delimita parte de la frontera con Brasil; 281 km.
CUARENTA adj. núm. cardin. y n. m. (lat. *quadraginta*). Cuatro veces diez. ♦ adj. núm. ordin. n. m. **2.** Cuadragésimo, que corresponde en orden al número cuarenta. ♦ adj. **3.** Dícese de la década que empieza en el año cuarenta y termina en el cincuenta.
CUARENTAVO, A adj. y n. m. Dícese de cada una de las cuarenta partes iguales en que se divide un todo.
CUARENTENA n. f. Conjunto de cuarenta unidades. **2.** *Fig*. Suspensión del asenso a una noticia o hecho para asegurarse de su certidumbre. **3.** Aislamiento impuesto a las personas, buques y mercancías que proceden de algún lugar en que hay una enfermedad contagiosa.
CUARENTÓN, NA adj. y n. m. Dícese de la persona que ha cumplido cuarenta años y no llega a los cincuenta.
CUARESMA n. f. Para los católicos, período de cuarenta y seis días, dedicado a la penitencia, que abarca desde el miércoles de ceniza hasta el domingo de pascua. **2.** Penitencia y privación de alimentos: *hacer cuaresma; romper la cuaresma*.
CUARTA n. f. Palmo, cuarta parte de la vara. **2.** *Argent*. Soga, cadena o barra utilizada para tirar de un vehículo que está atascado o tiene fallos mecánicos. **3.** *Méx*. Látigo para las caballerías. **5.** MÚS. En la escala diatónica, intervalo de cuatro grados.
CUARTAZO n. m. *Cuba, Méx.* y *P. Rico*. Golpe dado con la cuarta o látigo.
CUARTEAR v. tr. [**1**]. Partir o dividir una cosa en partes. **2.** Descuartizar. **3.** Andar zigzagueando por una cuesta, para suavizar la subida o bajada. ♦ **cuartearse** v. pron. **4.** Henderse, agrietarse una pared, un techo, etc.
CUARTEL n. m. (cat. *cuarter*). HERÁLD. Una o varias de las divisiones o subdivisiones en que se puede distribuir el escudo. **2.** MIL. (fr. *quartier*). Edificio donde se aloja la tropa en una guarnición permanente. **3.** Cada uno de los distritos o términos en que se suelen dividir las grandes poblaciones. • **Sin cuartel,** sin pacificación, sin tregua: *guerra, lucha sin cuartel*.
CUARTELERO, A adj. y n. Relativo al cuartel. ♦ n. m. **2.** Soldado que cuida del aseo y

seguridad del dormitorio que ocupa su compañía.
CUARTERÍA n. f. *Chile, Cuba y Dom.* Casa de vecindad, por lo común en una hacienda de campo.
CUARTERO, A adj. *Amér.* Dícese de los animales que tiran de una carreta.
CUARTERÓN, NA adj. y n. Nacido de mestizo y española o de español y mestiza. ♦ n. m. **2.** Cuarta parte de una cosa. **3.** Cada uno de los cuadros que hay entre los peinazos de las puertas y ventanas. **4.** Postigo, puertecilla de una ventana.
CUARTETA n. f. (ital. *quartetta*). Estrofa de cuatro versos generalmente octosílabos, con rima en los pares y los impares sueltos.
CUARTETO n. m. (ital. *quartetto*). Estrofa compuesta por cuatro versos de más de ocho sílabas. **2.** MÚS. Composición escrita en cuatro partes. **3.** MÚS. Conjunto de sus ejecutantes.
CUARTILLA n. f. Cuarta parte de un pliego de papel. **2.** Parte que media entre el menudillo y la corona del casco de las caballerías. **3.** Medida de capacidad para áridos igual a la cuarta parte de la fanega. **4.** Medida de peso igual a la cuarta parte de la arroba. **5.** Antigua moneda mexicana de plata.
CUARTILLO n. m. Medida para áridos. **2.** Medida para líquidos.
CUARTO, A adj. núm. ordin. (lat. *quartum*). Que corresponde en orden al número cuatro. ♦ adj. y n. m. **2.** Dícese de cada una de las cuatro partes iguales en que se divide un todo. ♦ adj. **3. Cuarta enfermedad,** nombre que se da a algunas enfermedades, en relación con otras del mismo tipo y más clásicas. ♦ n. m. **4.** Cuarta parte de una hora, de un litro, etc. **5.** Denominación que se aplicaba a las monedas de cuatro maravedís. **6.** *Fig. y fam.* Dinero. (Suele usarse en plural.) **7.** Habitación, parte o pieza de una casa. **8.** Servidumbre de un rey o de una reina: *cuarto militar de Su Majestad.* **9.** Cada una de las fases de la Luna. **10.** Abertura longitudinal que se hace por golpe en las partes laterales de los cascos de las caballerías. • **Cuarto delantero, trasero,** parte anterior o posterior de los cuadrúpedos.
CUARZO n. m. (alem. *Quarz*). Sílice cristalizada que se encuentra en numerosas rocas (granito, arena, gres, etc.).
CUASI adv. n. (lat. *quasi*). Casi.
CUASIA n. f. Planta arbustiva de América tropical, cuya corteza y raíz suministran un principio amargo y tónico. (Familia simarubáceas.)
CUATE, A adj. y n. (voz mexicana). *Guat. y Méx.* Amigo, camarada. **2.** *Méx.* Mellizo, gemelo.
CUATEQUIL n. m. *Méx.* Maíz.
CUATERNARIO, A adj. y n. m. Que consta de cuatro unidades o elementos. ♦ adj. **2.** GEOL. Relativo al cuaternario. **3.** QUÍM. Dícese de los compuestos que contienen cuatro elementos diferentes. ♦ n. m. **4.** La más reciente y corta de las eras geológicas, que comenzó hace menos de tres millones de años.
CUATERNIO n. m. MAT. Número hipercomplejo formado por el conjunto de cuatro números reales, tomados en un orden determinado y que se combinan siguiendo ciertas leyes.
CUATEZÓN, NA adj. *Méx.* Dícese del animal que debiendo tener cuernos carece de ellos.
CUATRERO, A adj. y n. Dícese del ladrón que hurta bestias, especialmente caballos. **2.** *Perú.* Pícaro, bribón.
CUATRICROMÍA n. f. Impresión en cuatro colores, amarillo, magenta, cyan y negro.
CUATRIENAL adj. Cuadrienal.
CUATRIENIO n. m. Cuadrienio.
CUATRILLIZO, A n. y adj. Cada uno de los niños que nace en un parto cuádruple.
CUATRILLÓN n. m. Un millón de trillones, o sea 10^{24}.
CUATRIMESTRAL adj. Que dura cuatro meses. **2.** Que sucede o se repite cada cuatro meses.
CUATRIMESTRE n. m. Espacio de cuatro meses.
CUATRO adj. núm. cardin. y n. m. (lat. *quattor*). Tres y uno. ♦ adj. núm. ordin. **2.** Cuarto. ♦ adj. **3.** Poco tiempo o cantidad pequeña: *cuatro gotas.* ♦ n. m. **4.** *Méx. Fam.* Trampa, celada: *ponerle a alguien un cuatro.* **5.** *P. Rico. y Venez.* Guitarra de cuatro cuerdas.
CUATROCIENTOS, AS adj. núm. cardin. y n. m. Cuatro veces cien. ♦ adj. núm. ordin. **2.** Cuadringentésimo. ♦ n. m. Denominación que se aplica al arte, la literatura y, en general, la historia y la cultura del s. XV.
CUATROCENTISTA adj. y n. m. y f. Relativo al s. XV; escritor o artista de dicho siglo.
CUAUHTÉMOC (¿1502?-selvas del Petén, Honduras, 1525), último soberano azteca [1520-1525], denominado por los españoles **Guatimozín.** Apresado por los españoles después de la batalla de Tenochtitlan (1521), Cortés lo llevó consigo en una expedición a Honduras, en el curso de la cual lo acusó de conspirar y lo ahorcó. Se le considera el héroe nacional mexicano.
CUAUTLA, mun. de México (Morelos), avenado por el *río Cuautla*; 120 315 hab. Arroz, caña de azúcar. Las tropas de Morelos fueron sitiadas por las realistas de Calleja (17 febr.-3 mayo 1812).
CUBA n. f. Recipiente de madera para contener líquidos. **2.** Líquido que cabe en una cuba. **3.** *Fig. y fam.* Persona que bebe mucho. **4.** METAL. Parte principal de ciertos tipos de hornos metalúrgicos, que abarca la zona de fusión.
CUBA, estado insular de América Central, en las Grandes Antillas; 114 524 km²; 10 603 000 hab. *(Cubanos.)* CAP. *La Habana.* LENGUA OFICIAL: *español.* MONEDA: *peso.*

GEOGRAFÍA

El territorio abarca la *isla de Cuba* (105 007 km²), la isla de la Juventud y numerosos islotes y arrecifes (cayos). Relieve llano u ondulado, interrumpido en la isla mayor por algunos grupos montañosos (cordillera de Guaniguanico, sierra de Trinidad, sierra Maestra). El Cauto es el río principal (370 km). El litoral, bajo y pantanoso por lo general, presenta algunas bahías naturales (Santiago de Cuba, La Habana). La población presenta una baja tasa de crecimiento (1,1 % en 1990) y un paulatino descenso demográfico de las áreas rurales, en beneficio de las capitales provinciales. Destaca el cultivo de la caña de azúcar y el tabaco (principales productos de exportación, con los minerales), arroz, café, cítricos y hortalizas. La ganadería abastece el consumo interior. Minas de níquel, hierro, cobalto, cromo y cobre. Predomina la industria manufacturera (alimentaria, textil, tabaco); a partir de los años setenta se produjo un notable desarrollo y diversificación de otras ramas industriales, pero la desaparición de la U.R.S.S. —suministradora de materias primas, cereales y sobre todo petróleo— obligó al cierre de numerosas factorías y, junto al endurecimiento del bloqueo económico de E.U.A., sumió a la economía cubana en una crisis profunda. El desarrollo del turismo es fuente de ingreso de divisas.

HISTORIA
El poblamiento precolombino. En el s. XVI la isla estaba habitada por tres grupos principales: en la parte occidental los guanajatabeys, nómadas cazadores y recolectores; en el centro los ciboneys, agricultores y pescadores, y en oriente los taínos, el grupo más desarrollado, arribados después de 1200.

Conquista y colonización española. 1511: Diego Velázquez inició la conquista de la isla; hasta 1520 se fundaron siete poblaciones, entre ellas La Habana (trasladada en 1519 a su lugar definitivo) y Santiago. 1513: se inició la importación de negros esclavos. El papel de La Habana como centro neurálgico del sistema de flotas que enlazaban América con España, a partir de la segunda mitad del s. XVI, y la explotación del tabaco y la caña de azúcar, que se expandieron ya en el s. XVII, constituyeron las bases de la economía colonial. La prosperidad colonial llegó a su cénit con la apertura definitiva del comercio con los principales puertos de España (1763), la temporal con E.U.A. (1775-1783) y la ruina de la economía azucarera de Haití a raíz de la revolución.
El siglo XIX. 1812: fracaso de la rebelión de José Antonio Aponte. Cuba, con Puerto Rico, se mantuvo como última colonia española en América, aunque se produjeron diversas conspiraciones que fracasaron (la de la sociedad secreta «Soles y rayos», 1822; la de Velasco y Sánchez, 1826; la de la «Legión del águila negra» en 1829). La alianza entre los propietarios esclavistas y la corona española fue fundamental para mantener la colonia, que en la primera mitad de siglo tuvo en la población esclava negra su principal enemigo; el azúcar, el café y el tabaco siguieron protagonizando una economía esencialmente exportadora. 1848-1857: frente a la eventualidad de la abolición de la esclavitud surgió entre la oligarquía una corriente partidaria de la anexión a E.U.A., con el apoyo de los estados sudistas.
Las guerras de independencia. 1868-1878: la guerra de los Diez años, iniciada por la sublevación de Céspedes (grito de Yara, oct. 1868) dio comienzo al ciclo final del movimiento independentista. La paz de Zanjón (1878) restableció la autoridad colonial durante veinte años más, en los que sólo se vio amenazada por rebeliones esporádicas, como la guerra chiquita de 1879. 1895: el grito de Baire comenzó el levantamiento definitivo, liderado por José Martí, Antonio Maceo y Máximo Gómez, que no detuvo la muerte de los dos primeros ni la concesión española de autonomía a la isla (1897); la intervención de E.U.A. en la guerra (guerra hispanonorteamericana) tuvo que abandonar Cuba (paz de París, 1899).
La hegemonía estadounidense. 1899-1902: E.U.A. ocupó Cuba, controló los sectores del tabaco y del azúcar y propició una constitución de la república con soberanía limitada por la enmienda Platt, que dio a E.U.A. el derecho de intervención militar y de tutela sobre su política exterior. 1906-1909: segunda intervención militar, tras la rebelión contra Estrada Palma. 1925-1933: dictadura de Machado, derrocado por un movimiento popular en el que intervino de manera destacada el partido comunista. Desde 1933 Batista dominó la política cubana, primero como poder militar fáctico, después como presidente (1940-1944) y como dictador (1952-1959); se firmó un nuevo tratado con E.U.A. que derogó la enmienda Platt (1936), pero mantuvo la hegemonía norteamericana.
La revolución castrista. 1953: asalto al cuartel de Moncada dirigido por Fidel Castro. 1956: desembarco del Gramma e inicio de la guerrilla que derrocó a Batista. 1959: Fidel Castro asumió el poder; impulsó la reforma agraria, nacionalizó la economía y, tras el fracaso de la invasión de la bahía Cochinos propiciada por la C.I.A. (1961), se decantó hacia la U.R.S.S. La economía cubana fue plena-

mente estatalizada y se estableció un régimen de partido único, constituido en 1962, que en 1965 adoptó la denominación de Partido comunista cubano. 1966: la conferencia tricontinental de La Habana marcó el momento cumbre de la agitación internacional revolucionaria del castrismo, que se diluyó tras la muerte del Che Guevara (1967) y el incremento de los problemas económicos internos. No obstante, Cuba conservó un importante papel en el movimiento de países no alineados (conferencia de La Habana, 1979). 1989: la disolución de la U.R.S.S. no modificó la orientación comunista del régimen castrista, que mantuvo el sistema estatalizado y de partido único (1992). 1994: el gobierno adoptó una serie de reformas para liberalizar la economía, cuyo deterioro provocó la salida masiva de emigrantes ilegales (balseros). 1996: aprobación de la ley Helms-Burton estadounidense, que endureció el bloqueo comercial a Cuba tras el derribo por Cuba de avionetas en el estrecho de Florida. 1997: Los restos del Che Guevara, hallados en Bolivia, son trasladados a Cuba. 2001: Luego de 40 años de embargo comercial, se efectuó la primera transacción entre E.U.A. y este país, al adquirir el gobierno cubano mercancías para apoyar a las víctimas del huracán Michelle.

CUBAGUA, isla de Venezuela (Nueva Esparta), en el Caribe, actualmente despoblada; 12 km². Famosa en el s. XVI por su riqueza perlera.

CUBA-LIBRE n. m. (pl. *cuba-libres*). Bebida alcohólica, mezcla de ron o ginebra con un refresco de cola.

CUBANICÚ n. m. *Cuba*. Planta arbustiva cuyas hojas, pulverizadas, se usan para curar llagas y heridas. (Familia eritroxiláceas.)

CUBANISMO n. m. Vocablo o giro privativo de Cuba.

CUBANO, A adj. y n. De Cuba. ♦ n. **2.** Modalidad adoptada por el español en Cuba.

CUBERTERÍA n. f. Conjunto de cucharas, tenedores, cuchillos y demás utensilios semejantes para el servicio de mesa.

CUBETA n. f. Recipiente en forma más o menos de cubo usado para algún fin. **2.** Depósito de mercurio en la parte inferior de ciertos barómetros. **3.** Depresión del terreno sin avenamiento hacia el exterior. **4.** *Méx.* Cubo, recipiente de metal o plástico con una asa curva en el borde, que tiene distintos usos.

CÚBICA n. f. Curva de tercer grado.

CUBICACIÓN n. f. Evaluación del volumen de un cuerpo en unidades cúbicas. **2.** Espacio volumen evaluado.

CUBICAR v. tr. [**1a**]. Elevar un número al cubo. **2.** Determinar la capacidad o volumen de un cuerpo conociendo sus dimensiones: *cubicar una habitación*. **3.** Tener determinado cubicaje.

CÚBICO, A adj. De figura de cubo geométrico, o parecido a él: *forma cúbica*. **2.** Relativo al cubo, producto de tres factores iguales de un número: *raíz cúbica*. **3.** Dícese de las unidades del sistema métrico decimal, destinadas a la medida de volúmenes, que equivalen a un cubo, cuya arista es igual a la unidad lineal correspondiente. **4.** Dícese del sistema cristalográfico cuyas formas holoédricas le caracterizan por tener tres ejes principales y perpendiculares entre sí.

CUBÍCULO n. m. Recinto pequeño.

CUBIERTA n. f. Lo que se pone encima de una cosa para taparla o resguardarla. **2.** Parte exterior de la techumbre de un edificio o armazón que sustenta dicha techumbre. **3.** Parte exterior del libro encuadernado. **4.** Envuelta protectora, de tejido recubierto de caucho, que rodea la cámara de aire o neumático propiamente dicho. **5.** Cada uno de los pisos o puentes horizontales que unen los costados del barco y lo dividen en el sentido de la altura. **6.** MIL. Dispositivo de protección de una zona o una operación.

CUBIERTO, A adj. Provisto de una cubierta, tapado, protegido. **2.** Ocupado, lleno. ♦ n. m. **3.** Servicio de mesa para cada uno de los comensales. **4.** Juego compuesto de cuchara, tenedor y cuchillo. **5.** Cada una de estas tres piezas. **6.** Comida que se da en las fondas, hoteles y restaurantes por un precio determinado.

CUBIL n. m. (lat. *cubilem*). Lugar donde los animales, principalmente las fieras, se recogen para dormir.

CUBILETE n. m. Recipiente sin asa y en forma de vaso que se emplea como medio para remover los dados en ciertos juegos. **2.** Vasija metálica que se emplea como molde en pastelería. **3.** *Amér.* Sombrero de copa.

CUBISMO n. m. Escuela artística moderna que, hacia los años 1908-1920, sustituyó los tipos de representación procedentes del renacimiento por métodos nuevos y más autónomos de construcción plástica.

CUBISTA adj. y n. m. y f. Relativo al cubismo; que practica el cubismo.

CUBITAL adj. Relativo al codo.

CÚBITO n. m. El más grueso de los dos huesos del antebrazo, que tiene en su extremo superior una apófisis, el olécranon, que forma el saliente del codo.

CUBO n. m. Vasija de metal, madera o plástico, con asa en el borde superior, empleada en usos domésticos. **2.** Pieza central en que se encajan los rayos de las ruedas de diversos vehículos. **3.** Paralelepípedo rectángulo, cuyas aristas y ángulos son iguales. • **Cubo de un número**, producto de tres factores iguales a este número: *27 es el cubo de 3*. ǁ **Cubo de un sólido**, su volumen. ǁ **Cubo perfecto**, número entero que es el cubo de otro número entero.

CUBRECAMA n. m. Cobertor o colcha con que se cubre la cama.

CUBREOBJETOS n. m. (pl. *cubreobjetos*). Fina lámina de vidrio con que se recubren los objetos que se quieren examinar al microscopio.

CUBRIR v. tr. y pron. (lat. *cooperire*) [**3m**]. Ocultar y tapar una cosa con otra: *la nieve cubre el camino; cubrirse el rostro con las manos*. **2.** *Fig.* Proteger, defender: *cubrir la espalda con un manto; cubrirse del fuego enemigo*. **3.** *Fig.* Ocultar, disimular: *cubrir un defecto*. ♦ v. tr. **4.** Ocupar una plaza, puesto, etc. **5.** Recorrer: *cubrir diez kilómetros en cinco minutos*. **6.** Llenar, ocupar todo un espacio vacío: *los libros cubrían la mesa*. **7.** Llenar, hacer objeto: *cubrirse de gloria*. **8.** Pagar, satisfacer una deuda. **9.** Juntarse el macho con la hembra para fecundarla. **10.** Encargarse de una noticia, reportaje o información periodística. • **cubrirse** v. pron. **11.** Ponerse el sombrero, la gorra u otra prenda. **12.** Suscribir un empréstito o emisión de valores. **13.** Vestirse. **14.** Cautelarse de cualquier responsabilidad o riesgo: *cubrirse de un riesgo con un seguro*.

CUCALÓN n. m. *Chile*. Civil que asiste a las maniobras del ejército en calidad de espectador o de reportero.

CUCAMBA adj. y n. f. *Perú*. Dícese de la mujer gorda, pequeña y desgarbada. ♦ adj. y n. m. y f. **2.** *Hond.* Cobarde.

CUCAMONAS n. f. pl. *Fam.* Carantoñas.

CUCAÑA n. f. (ital. *cucagna*). Palo largo, untado de jabón o de grasa, por el cual se ha de andar en equilibrio o trepar por él para coger como premio un objeto atado a su extremo.

CUCARACHA n. f. Insecto del orden dictiópteros, de costumbres nocturnas, corredor, que vive en las viviendas y almacenes.

CUCARRO a adj. *Chile*. Dícese del tromo que baila mal. **2.** *Chile. Fig.* Ebrio, borracho. ♦ n. m. **3.** *Chile*. Trompo.

CUCHA n. f. *Méx*. Ramera, prostituta.

CUCHARA n. f. (lat. *cochlear*). Instrumento compuesto de un mango y una parte cóncava, que sirve especialmente para comer alimentos líquidos o poco consistentes. **2.** Utensilio que sirve para sacar y transportar metal líquido o vidrio fundido. **3.** Especie de caja metálica articulada que va en el extremo del brazo móvil de las máquinas excavadoras, cargadores, etc., y que sirve para excavar y levantar grandes cantidades de tierra. **4.** Cualquiera de los utensilios de forma de cuchara común que se emplean en diversas profesiones u oficios. **5.** *Amér. Central, Amér. Merid., Can., Cuba* y *Méx*. Instrumento consistente en una plancha metálica triangular, de unos cuantos centímetros de lado y un mango de madera, que utilizan los albañiles para remover la mezcla.

CUCHARADA n. f. Porción que cabe en una cuchara. • **Meter cucharada**, entrometerse en los asuntos ajenos.

CUCHARILLA n. f. Cuchara pequeña para azúcar o para dar vueltas a un líquido que se toma en taza o vaso. **2.** Señuelo, generalmente de metal, en forma de cuchara sin mango y provisto de anzuelos. **3.** Enfermedad del hígado en los cerdos.

CUCHARÓN n. m. Cuchara grande con mango largo que se usa para servir ciertos manjares. **2.** *Guat*. Tucán.

CUCHÉ adj. Dícese del papel recubierto con un baño especial que mejora su opacidad e impermeabilidad, para que la pureza de la impresión quede realizada.

CUCHEPO n. m. *Chile*. Mutilado de las piernas. **2.** *Chile*. Carrito que suele usar éste.

CUCHI n. m. *Argent., Bol.* y *Perú*. Cochino, animal.

CUCHICHEAR v. intr. (voz onomatopéyica) [**1**]. Hablar en voz baja o al oído a alguien.

CUCHICHIAR v. intr. [**1t**]. Cantar la perdiz.

CUCHILLA n. f. **1.** Cuchillo grande. **2.** Instrumento de hierro acerado, de varias formas, usado para cortar. **3.** Hoja de cualquier arma de corte. **4.** Hoja de afeitar. **5.** Cuchillo de hoja ancha y corta para cocina y carnicería. **6.** *Poét.* y *fig.* Espada, arma blanca. **7.** Cumbre o loma alargada y estrecha de paredes verticales. **8.** *Argent., Cuba* y *Urug.* Eminencia prolongada cuyas pendientes se extienden hasta el llano.

CUCHILLADA n. f. Golpe de arma de corte. **2.** Herida que resulta de este golpe. • **cuchilladas** n. f. pl. **3.** Aberturas que se hacían en los vestidos para que por ellas se viese otra tela de distinto color u otra prenda lujosa.

CUCHILLAZO n. m. *Amér*. Cuchillada.

CUCHILLERÍA n. f. Oficio de cuchillero. **2.** Fábrica, almacén o tienda de cuchillos.

CUCHILLERO, A n. **1.** Persona que hace o vende cuchillos. ♦ n. m. **2.** *Amér. Merid.* y *Hond.* Persona pendenciera y diestra en el manejo del cuchillo que utiliza en sus peleas.

CUCHILLO n. m. (lat. *cultellum*). Instrumento cortante formado por una hoja, generalmente de hierro o acero de un solo corte, y un mango. **2.** Cada uno de los colmillos inferiores del jabalí. **3.** Cada una de las armaduras que colocadas de trecho en trecho, sostienen el tejado o cubierta. **4.** Pieza, ordinariamente triangular, que se pone en los vestidos para ensanchar su vuelo. **5.** Arista de prisma que soporta el fiel de una balanza.

CUCHITRIL n. m. Pocilga. **2.** Habitación o vivienda pequeña y desaseada.

CUCHO, A adj. *Méx. Fam.* Dícese de la persona torcida o con el labio leporino. **2.** *Por ext. Fam.* Estropeado, mal hecho: *te quedó cucho trabajo*. ♦ n. m. **3.** *Chile*. Gato. **4.** *Colomb.* Rincón.

CUCHUCO n. m. *Colomb*. Sopa de carne de cerdo y cebada.

CUCHUFLETA n. f. *Fam.* Dicho o palabras de broma o chanza.

CUCHUGO n. m. *Amér. Merid.* Cada una de las dos cajas de cuero que suelen llevarse en el arzón de la silla de montar. (Suele usarse en plural.)

CUCHUMATANES (sierra de los), nudo orográfico de Guatemala, del que arranca la sierra Madre central; 3800 m de alt. en el pico de Chemal.

CUCHUMBO n. m. *Amér.* Juego de dados. **2.** *Amér. Central.* Cubilete para los dados.

CUCLILLAS. En cuclillas, modo de sentarse doblando el cuerpo de modo que las nalgas se acerquen al suelo o descansen en los calcañares.

CUCO n. m. Ave muy común en los bosques de Europa occidental, insectívora, con el dorso gris y el vientre blanco con rayas marrones, de unos 35 cm de long. SIN.: *cuclillo.*

CUCO, A adj. Bonito, gracioso y coquetón. ♦ adj. y n. **2.** Astuto, taimado, ladino.

CUCUBANO n. m. *P. Rico.* Luciérnaga.

CUCUFATO, A adj. *Perú.* Dícese de la persona beata, mojigata.

CUCUIZA n. f. *Amér.* Hilo obtenido de la pita.

CUCULÍ n. m. (voz onomatopéyica). Paloma torcaz que vive en América Meridional. (Familia colúmbidos.)

CUCURBITÁCEO, A adj. y n. f. Relativo a una familia de plantas dicotiledóneas, de fuertes tallos trepadores y frutos de gran tamaño, a la que pertenecen la calabaza, el pepino y el melón.

CUCURUCHO n. m. Papel o cartón arrollado en forma cónica. **2.** Cono que se hace de barquillo dentro del cual se pone helado. **3.** Capirote que se ponían los disciplinantes o penitentes. **4.** *Colomb., C. Rica, Dom., Nicar., P. Rico y Venez.* Elevación natural de un terreno. **5.** *Colomb., C. Rica, Dom., Nicar., P. Rico y Venez.* Parte más alta de algo.

CÚCUTA o **SAN JOSÉ DE CÚCUTA,** c. de Colombia, cap. del dep. de Norte de Santander; 379 478 hab. Petróleo. Activo comercio con Venezuela. Universidad.

CUECA n. f. *Amér. Merid.* Danza de pareja suelta que se baila con unos pañuelos con los que se trazan figuras. **2.** *Chile.* Baile popular, de ritmo vivo, que se baila por parejas y constituye la danza nacional chilena por excelencia.

CUELLO n. m. (lat. *collum*). Parte del cuerpo comprendida entre el tronco y la cabeza. **2.** Parte más estrecha y delgada de un cuerpo o de un órgano: *cuello de la botella; cuello de la matriz.* **3.** Parte de una prenda de vestir o adorno suelto que rodea el c. **4.** Parte del cuerpo del caballo que va desde la cabeza hasta el codillo y el pecho. **5.** Zona que existe entre el cemento y el esmalte de un diente. **6.** Zona comprendida entre el tallo de una planta y la zona de ramificación.

CUENCA n. f. (lat. *concham*). Cavidad en que está cada uno de los ojos. **2.** Depresión topográfica cuyas dimensiones van de unos pocos a varios centenares de km y cuyo origen es estructural. **3.** Amplio yacimiento de hulla o de hierro que forma una unidad geográfica y geológica. **4.** OCEANOGR. Depresión extensa del fondo oceánico.

CUENCA (provincia de), prov. de España, en Castilla-La Mancha; 17 061 km²; 201 095 hab. Cap. *Cuenca.* Comprende dos regiones diferenciadas: la serranía, que forma parte del sistema Ibérico, y las llanuras manchegas.

CUENCA, c. de Ecuador, cap. de la prov. de Azuay; 272 397 hab. Industrias agroalimentarias. Universidad. Fundada en 1557. Edificios barrocos.

CUENCA, c. de España, cap. de la prov. homónima y cab. de p. j.; 46 047 hab. (*Conquenses* o *cuencanos.*) Centro administrativo y comercial. Catedral gótica (s. XIII) con decoración renacentista. Ayuntamiento e iglesias barrocas. Rica arquitectura popular («casas colgadas»).

CUENCANO, A adj. y n. Conquense. **2.** De Cuenca (Ecuador).

CUENCO n. m. Vaso hondo y ancho, sin borde o labio. **2.** Concavidad, parte o sitio cóncavo.

CUENTA n. f. Acción y efecto de contar. **2.** Cálculo, cómputo u operación aritmética: *echar las cuentas de los gastos.* **3.** Nota escrita en la que consta el precio de una o varias adquisiciones: *recibir la cuenta del sastre.* **4.** Razón, satisfacción de algo: *dar cuenta de lo ocurrido.* **5.** Cuidado, incumbencia, cargo, obligación: *los gastos corren de mi cuenta.* **6.** Bolita o pieza perforada con que se hacen rosarios, collares, etc. **7.** CONTAB. Cada una de las divisiones del libro Mayor, que captan, representan y miden elementos del balance de situación, del patrimonio o de situaciones especiales. • **A cuenta,** dícese de la cantidad que se da o recibe sin finalizar la cuenta. ‖ **Ajustar las cuentas** a alguien (*Fam.*), reprenderle con amenaza. ‖ **Caer, o dar, en la cuenta** (*Fam.*), percatarse de algo que no se comprendía o no se había notado. ‖ **Cuenta corriente bancaria,** cuenta abierta por un banco a sus clientes alimentada por los depósitos de cada titular. ‖ **Estar fuera** o **salir, de cuenta,** o **cuentas,** haber cumplido o cumplir ya el periodo de embarazo.

CUENTACORRENTISTA n. m. y f. Persona que tiene cuenta corriente en un banco.

CUENTAGOTAS n. m. (pl. *cuentagotas*). Pequeño aparato que permite verter y contar gota a gota un líquido. • **A,** o **con, cuentagotas,** con tacañería; muy poco a poco.

CUENTAHÍLOS n. m. (pl. *cuentahílos*). Lupa de gran aumento montada en un soporte.

CUENTAKILÓMETROS n. m. (pl. *cuentakilómetros*). Contador que registra las revoluciones de las ruedas de un vehículo e indica el número de kilómetros recorridos.

CUENTARREVOLUCIONES n. m. Aparato que cuenta el número de vueltas dadas por un árbol o eje móvil en un tiempo determinado. SIN.: *cuentavueltas.*

CUENTEAR v. intr. [1]. *Amér.* Chismorrear, comadrear. **2.** *Méx.* Engañar, decir mentiras.

CUENTISTA n. m. y f. Escritor de cuentos. ♦ adj. y n. m. y f. **2.** *Fam.* Chismoso. **3.** *Fam.* Exagerado, aspaventero, presumido.

CUENTO n. m. (lat. *computum*, cálculo). Relación de un suceso. **2.** Relación, de palabra o por escrito, de un suceso de invención, especialmente dirigido a los muchachos para divertirlos: *cuento de hadas.* **3.** Narración literaria breve. **4.** Cómputo: *el cuento de los años.* **5.** *Fam.* Chisme, enredo, mentira: *no me vengas con cuentos.* **6.** Chiste, historieta.

CUERAZO n. m. *Amér.* Latigazo.

CUERDA n. f. (lat. *chordam*). Conjunto de hilos de lino, cáñamo, cerda u otra materia semejante, que torcidos forman un solo cuerpo, cilíndrico, más o menos grueso, largo y flexible que sirve para atar o sujetar. **2.** Hilo hecho de tripa de carnero, a veces envuelta por alambre en hélice, que, por vibración, produce los sonidos en ciertos instrumentos músicos. **3.** Término genérico que designa los instrumentos de música de cuerdas simples o dobles, como violín, viola, violonchelo, contrabajo, etc. **4.** Cada una de las cuatro voces fundamentales de tiple, contralto, tenor y bajo. **5.** Parte propulsora del mecanismo de un reloj. **6.** MAT. Segmento que une dos puntos de una curva. • **Cuerda del tímpano,** nervio que atraviesa la caja del tímpano a lo largo de su membrana. ‖ **Cuerdas vocales,** bandas diferenciadas del interior de la laringe, relacionadas con la producción de la voz. ‖ **Por bajo,** o **debajo de, cuerda,** reservadamente, por medios ocultos.

CUERDO, A adj. y n. (lat. *cordatum*). Que está en su juicio. **2.** Prudente.

CUEREADA n. f. *Amér.* Azotaina. **2.** *Amér. Merid.* Temporada en que se obtienen los cueros secos.

CUEREAR v. tr. [1]. *Amér. Merid.* Ocuparse en las operaciones de la cuereada. **2.** *Argent. Fig.* y *fam.* Chismorrear, hablar mal de alguien. **3.** *Argent.* y *Urug.* Despellejar. **4.** *Ecuad.* y *Nicar.* Azotar.

CUERIZA n. f. *Amér.* Azotaina.

CUERNAVACA, c. de México, cap. del est. de Morelos; 281 294 hab. Centro turístico. Universidad. Palacio-fortaleza de Cortés, act. museo (frescos de D. Rivera). Iglesia de San Francisco (1529), act. catedral. En las cercanías, yacimientos arqueológicos precolombinos.

CUERNO n. m. (lat. *cornu*). Órgano par, duro y puntiagudo, que tienen en la cabeza muchos mamíferos rumiantes. **2.** Órgano impar de forma análoga, que tienen los rinocerontes. **3.** Materia que forma el estuche córneo de las astas de los bovinos, empleada en la industria. **4.** Extremidad de una cosa que remata en punta, y se asemeja al cuerno. **5.** Instrumento de viento, de forma corva, generalmente de cuerno, que tiene el sonido como de trompa. ♦ *cuernos* n. m. pl. **6.** *Fig.* y *vulg.* Con el verbo *poner,* faltar a la fidelidad conyugal. **7.** *Fig.* y *vulg.* Con los verbos *llevar, tener,* etc., ser objeto de infidelidad conyugal.

CUERO n. m. (lat. *corium*). Pellejo que cubre la carne de los animales. **2.** Odre, cuero de cabra que sirve para contener líquidos. **3.** Pellejo del buey y otros animales, especialmente después de curtido y preparado para ciertos usos. • **Cuero cabelludo,** el del cráneo cubierto por el cabello. ‖ **En cueros** o **en cueros vivos,** desnudo; completamente arruinado. ‖ **Sacar el cuero** (*Argent. Fig.* y *fam.*), chismorrear, hablar mal de alguien.

CUERPEAR v. intr. [1]. *Argent.* y *Urug.* Esquivar, capotear, evadirse.

CUERPO n. m. (lat. *corpus*). Toda sustancia material, orgánica o inorgánica: *cuerpo sólido, líquido, gaseoso.* **2.** Cualquier cosa de extensión limitada que pueda impresión en nuestros sentidos por cualidades que le son propias. **3.** Objeto material: *la caída de los cuerpos.* **4.** Parte material de un ser animado; cadáver: *el cuerpo de un hombre, de un animal.* **5.** Tronco, por oposición a la cabeza y las extremidades: *doblar el cuerpo hacia delante.* **6.** Grueso, densidad, espesura, solidez: *una tela de poco cuerpo; vino de mucho cuerpo.* **7.** Parte principal: *el cuerpo de un edificio, de un texto.* **8** Conjunto de personas que forman un pueblo, comunidad o asociación, o que ejercen la misma profesión: *cuerpo social de la empresa; cuerpo médico.* **9.** Conjunto de reglas o principios: *el cuerpo de una doctrina.* **10.** ANAT. Nombre dado a diversos elementos anatómicos u órganos. **11.** IMPR. Tamaño de un carácter tipográfico. **12.** IMPR. Distancia que separa una línea de texto de la siguiente sin interlineado. **13.** MAT. En álgebra moderna, anillo tal que, si se suprime el elemento neutro de la primera ley de composición interna, el conjunto restante se forma un grupo en relación a la segunda ley. **14.** MIL. Conjunto de personas que poseen determinados conocimientos técnicos y que forman una institución militar: *cuerpo de estado mayor.* • **A cuerpo,** o **a cuerpo gentil,** sin abrigo ni otra prenda encima del traje. ‖ **Cuerpo compuesto,** el formado por la unión de varios elementos químicos diferentes. ‖ **Cuerpo del delito,** lo que sirve para probar el delito. ‖ **Cuerpo simple,** el que sólo contiene un elemento químico. ‖ **De cuerpo presente,** tratándose de un cadáver, dispuesto para ser conducido al enterramiento.

CUE

CUERUDO, A adj. *Amér.* Dícese de las caballerías torpes. **2.** *Amér.* Que tiene la piel muy gruesa y dura. **3.** *Colomb.* Tonto, lerdo.

CUERVO n. m. (lat. *corvum*). Ave paseriforme de gran tamaño, con el plumaje, las patas, los ojos y el pico negros, que se alimenta de presas, en cuya captura compite con el buitre. (Familia córvidos.) [Voz: el cuervo grazna.]

CUERVO (Rufino José), filólogo colombiano (Bogotá 1844-París 1911). Autor de numerosos y documentados estudios sobre temas filológicos y lingüísticos: *Apuntaciones críticas sobre el lenguaje bogotano* (1872); *Notas a la Gramática de Bello* (1874), incorporadas a las ediciones de la *Gramática* de la lengua castellana; *Diccionario de construcción y régimen de la lengua castellana* (1886-1893); *El castellano en América* (1901).

CUERVO o **CROW**, pueblo amerindio de lengua siux de las llanuras de América del Norte (Montana, Wyoming), act. internado en reservas en Montana.

CUESCO n. m. Hueso de la fruta. **2.** *Fam.* Pedo ruidoso. **3.** *Chile.* Persona enamorada. **4.** *Chile.* Cabeza. **5.** *Méx.* Masa redonda de mineral de gran tamaño.

CUESTA n. f. (lat. *costam*). Terreno en pendiente. **2.** En una región de estructura débilmente inclinada en la que alternan capas duras y capas blandas, forma de relieve caracterizada por un talud de perfil cóncavo en pendiente pronunciada (frente) y por una ladera suavemente inclinada en sentido contrario (reverso).

CUESTA (Jorge), escritor mexicano (Córdoba, Veracruz, 1903-México 1942). Poeta intelectual y hermético (*Canto a un Dios mineral*) y ensayista lúcido y polémico.

CUESTAS (Juan Lindolfo), político uruguayo (Paysandú 1837-París 1905). Miembro del Partido colorado, como jefe del ejecutivo (1897) puso fin a la guerra civil (pacto de la Cruz, 1897). Fue presidente constitucional (1899-1903).

CUESTIÓN n. f. (lat. *quaestionem*). Pregunta que se hace o propone para averiguar la verdad de una cosa controvertiéndola: *plantear una cuestión.* **2.** Punto controvertible, problema que se trata de resolver, materia sobre la cual se disputa: *entrar en el fondo de la cuestión.* **3.** Gresca, riña: *tener una cuestión.* **4.** MAT. Problema.

CUESTIONABLE adj. Dudoso, que se puede discutir.

CUESTIONAR v. tr. [1]. Controvertir un punto dudoso.

CUESTIONARIO n. m. Libro que trata de cuestiones. **2.** Programa de examen u oposición. **3.** Lista de cuestiones o preguntas a las que se debe responder por escrito.

CUETE n. m. *Méx.* Lonja de carne que se saca del muslo de la res. **2.** *Méx.* Borrachera.

CUEVA n. f. Cavidad de la tierra, natural o artificial. **2.** Sótano.

CUEVA (Juan **de la**), escritor español (Sevilla c. 1550-*id.* 1610). Poeta, destacó como dramaturgo al llevar a sus obras asuntos del romancero (*La tragedia de los siete infantes de Lara*).

CUEVAS (José Luis), pintor mexicano (México 1934). Su obra, de carácter expresionista, centrada en el dibujo, intenta renovar la figuración con una temática social crítica.

CUI o **CUIS** n. m. (pl. *cuis* o *cuises*). *Amér. Merid.* Cobaya.

CUIABÁ, ant. *Cuyabá*, c. de Brasil, cap. del estado de Mato Grosso, junto al *río Cuiabá*; 401 112 habitantes.

CUICATECO, pueblo amerindio del NO del est. mexicano de Oaxaca, que habla una lengua del grupo otomangue.

CUIDADO n. m. (lat. *cogitatum*, pensamiento). Solicitud y atención para hacer bien alguna cosa. **2.** Ocupación o asunto que está a cargo de uno. **3.** Intranquilidad, preocupación, temor. **4.** Seguido de la prep. *con* y un nombre significativo de persona, denota enfado contra ella: *¡cuidado con la niña, si será mal educada!* ♦ interj. **5.** Se emplea en son de amenaza o para advertir la proximidad de un peligro o la contingencia de caer en error.

CUIDADO n. m. (lat. *cogitatum*, pensamiento). Solicitud y atención para hacer bien alguna cosa. **2.** Ocupación o asunto que está a cargo de uno. **3.** Intranquilidad, preocupación, temor. **4.** Seguido de la prep. *con* y un nombre significativo de persona, denota enfado contra ella: *¡cuidado con la niña, si será mal educada!* ♦ interj. **5.** Se emplea en son de amenaza o para advertir la proximidad de un peligro o la contingencia de caer en error.

CUIDADOR n. m. DEP. Persona que asiste a un deportista durante las competiciones. **2.** *Amer.* Preparador, entrenador.

CUIDADOSO, A adj. Que tiene cuidado.

CUIDAR v. tr. e intr. (lat. *cogitare*, pensar, prestar atención) [1]. Poner cuidado, diligencia y atención en la ejecución de una cosa. **2.** Asistir, especialmente a un enfermo. **3.** Guardar, conservar, custodiar, mantener. ♦ **cuidarse** v. pron. **4.** Preocuparse uno por su salud, darse buena vida. **5.** Seguido de la prep. *de*, vivir con advertencia respecto de algo.

CUIJA n. f. Saurio de pequeño tamaño, nocturno, que emite un sonido especial, y que es frecuente en las regiones cálidas de México. (Familia gecónidos.) **2.** *Méx.* Lagartija muy delgada y pequeña de las regiones cálidas.

CUILAPA o **CUAJINIQUILAPA**, c. de Guatemala, cap. del dep. de Santa Rosa; 17 216 hab.

CUITA n. f. Trabajo, aflicción, desventura.

CUITLATECA, **TECO** o **POPOLOCA DE MICHOACÁN**, pueblo amerindio que ocupaba una extensa región de la costa del Pacífico, al S del río Balsas (México); act., muy reducido, vive en el est. de Guerrero.

CUJINILLO n. m. *Guat.* Alforja o maleta que se tercia sobre una bestia, para acarrear el agua. (Suele usarse en plural.) ♦ **cujinillos** n. m. pl. **2.** *Hond.* Alforjas.

CULATA n. f. Anca, parte posterior de las caballerías. **2.** *Fig.* Parte posterior de algunas cosas. **3.** Parte posterior de un arma de fuego portátil que sirve para asirla y apoyarla en el momento de disparar. **4.** Pieza de acero destinada a asegurar la obturación del orificio posterior del cañón de un arma de fuego. **5.** Cubierta que cierra la parte superior de los cilindros en un motor de explosión. **6.** Pieza tallada en la parte inferior de una piedra de joyería. **7.** CARN. Cuarto trasero de las reses bovinas.

CULATAZO n. m. Golpe dado con la culata de un arma, especialmente el retroceso de ésta al disparar.

CULEAR v. intr. [1]. *Chile* y *Méx. Vulg.* Realizar el acto sexual. ♦ **culearse** v. pron. **2.** *Méx. Vulg.* Asustarse, acobardarse: *se culeó y no quiso discutir con su jefe.*

CULEBRA n. f. Nombre dado a todas las serpientes de la familia colúbridos, y más particularmente a las que están desprovistas de veneno o no lo pueden inyectar.

CULEBRA, isla de Puerto Rico, próxima a la costa E del país; 26 km². Base norteamericana.

CULEBREAR v. intr. [1]. Andar haciendo eses.

CULEBRILLA n. f. Cría de la culebra. **2.** Enfermedad cutánea herpética, propia de los países tropicales.

CULEBRINA n. f. Pieza de artillería larga y de pequeño calibre, utilizada entre los ss. XV y XVIII.

CULEBRÓN n. m. Aum. de culebra. **2.** *Fig.* y *fam.* Hombre muy astuto y solapado. **3.** *Fig.* y *fam.* Mujer intrigante, de mala reputación. **4.** *Fam.* Serial de televisión en muchos episodios.

CULHUACÁN o **COLHUACAN**, ciudad-estado precolombina de México, al S del lago Texcoco. Fundada por los toltecas huidos de Tula (1064), se organizó como una confederación de pueblos. En el s. XIII sometió a los aztecas. En 1336 fue derrocado el último rey tolteca y fue entronizada una dinastía azteca. En 1390 fue sometida por Tenochtitlan.

CULIACÁN, c. de México, cap. del est. de Sinaloa; 601 123 hab. Centro comercial. Universidad.

CULINARIO, A adj. (lat. *culinarium*). Relativo a la cocina.

CULLE n. m. Lengua prehispánica de Perú.

CULMINACIÓN n. f. Acción y efecto de culminar. **2.** Paso de un astro por su punto más elevado por encima del horizonte. **3.** Instante de este.

CULMINANTE adj. Que llega a la posición más elevada, a la situación más relevante, intensa o interesante: *punto culminante de una montaña.*

CULMINAR v. intr. [1]. Llegar al punto culminante. **2.** ASTRON. Pasar un astro por el meridiano superior del observador. ♦ v. tr. **3.** Dar fin a una cosa, acabarla, terminarla: *ha culminado la novela que estaba escribiendo.*

CULMINAR v. intr. [1]. Llegar al punto culminante. **2.** ASTRON. Pasar un astro por el meridiano superior del observador. ♦ v. tr. **3.** Dar fin a una cosa, acabarla, terminarla.

CULO n. m. (lat. *culum*). Nombre vulgar aplicado a las nalgas de las personas, o bien a parte semejante de los animales. **2.** *Fam.* Ano. **3.** *Fig.* y *fam.* Extremidad inferior o posterior de una cosa: *culo de una vasija.* **4.** *Fig.* y *fam.* Escasa porción de líquido que queda en el fondo de un recipiente. • **Culo de lámpara** (ARQ.), adorno que figura en ciertas bóvedas o en los techos artesonados; (ART. GRÁF.), viñeta colocada al final de un capítulo.

CULOMBIO n. m. (de *Coulomb*, físico francés). Unidad de medida de cantidad de electricidad y de carga eléctrica de símbolo C, que equivale a la cantidad de electricidad que transporta en 1 segundo una corriente de 1 amperio.

CULÓN, NA adj. Que tiene abultado el culo.

CULPA n. f. (lat. *culpam*). Falta más o menos grave cometida voluntariamente. **2.** Responsabilidad, causa imputable.

CULPABILIDAD n. f. Calidad de culpable.

CULPABLE adj. y n. m. y f. Dícese de la persona que tiene la culpa de una cosa. **2.** DER. Que ha incurrido en culpa. **3.** DER. Responsable de un delito o falta.

CULPAR v. tr. y pron. (lat. *culpare*) [1]. Echar la culpa.

CULTERANISMO n. m. Estilo literario caracterizado por sus metáforas violentas, alusiones oscuras, hipérboles extremadas, latinismos, etc.

CULTERANO, A adj. y n. Relativo al culteranismo; escritor adscrito a este estilo literario. ♦ adj. **2.** Oscuro, alambicado.

CULTISMO n. m. Vocablo tomado directamente de una lengua clásica, especialmente el latín, que se ha sustraído a la evolución fonética sufrida por las palabras populares.

CULTIVADO, A adj. Dícese de la persona culta, refinada.

CULTIVAR v. tr. [1]. Dar a la tierra y a las plantas las labores necesarias para que fructifiquen. **2.** *Fig.* Cuidar, ejercitar una facultad, inclinación, amistad, etc. **3.** *Fig.* Ejercitar una ciencia o arte. **4.** BACTER. Sembrar y hacer crecer en un medio adecuado un germen.

CULTIVO n. m. Acción y efecto de cultivar. **2.** Tierra o plantas cultivadas.

CULTO, A adj. (lat. *cultum*). Dotado de cultura, conocimientos, o que la implica.

2. Dícese de las tierras y plantas cultivadas. ♦ n. m. **3.** Reverente homenaje que el hombre tributa a la divinidad. **4.** Conjunto de actos y ceremonias con que se tributa este homenaje. **5.** Admiración de que es objeto alguien o algo.

CULTURA n. f. (lat. *culturam*). Cultivo en general, especialmente de las facultades humanas. **2.** Conjunto de conocimientos científicos, literarios y artísticos adquiridos. **3.** Conjunto de estructuras sociales, religiosas, etc., y de manifestaciones intelectuales, artísticas, etc., que caracterizan una sociedad: *cultura incaica; cultura helénica.* • **Cultura física**, desarrollo racional del cuerpo mediante ejercicios apropiados.

CULTURALISMO n. m. Corriente de la antropología norteamericana que considera que toda cultura dada modela una personalidad individual propia, una estructura sicológica, un comportamiento, unas ideas y una mentalidad particular.

CULTURALISTA adj. y n. m. y f. Relativo al culturalismo; partidario de esta corriente.

CULTURISMO n. m. Cultura física destinada a desarrollar la musculatura.

CULTURISTA adj. y n. m. Que practica el culturismo.

CULTURIZACIÓN n. f. Acción y efecto de culturizar.

CULTURIZAR v. tr. [**1g**]. Educar, ilustrar, dar cultura.

CUMA n. f. *Amér. Central.* Cuchillo grande.

CUMANÁ, c. de Venezuela, cap. del est. Sucre; 212 432 hab. Pesca. Turismo. Universidad de Oriente e Instituto oceanográfico. Fundada en 1515, en ella nació el mariscal Sucre.

CUMANÉS, SA o **CUMANAGOTO, A** adj. y n. De Cumaná.

CUMANAGOTO, pueblo amerindio de la costa venezolana, perteneciente a la familia caribe.

CUMBAMBA n. f. *Colomb.* Barbilla, mentón.

CUMBARÍ adj. *Argent.* Dícese de un ají pequeño, rojo y muy picante.

CUMBIA n. f. Baile típico de Colombia, cuyo origen es el cumbé, danza de Guinea Ecuatorial.

CUMBRE n. f. (lat. *culmen*). Parte más elevada de una montaña. **2.** *Fig.* La mayor elevación de una cosa, último grado a que puede llegar. • **Conferencia en la cumbre**, o **cumbre**, conferencia internacional que reúne a los dirigentes de los países implicados en un problema particular.

CUMBRE (paso de la) o **PASO BERMEJO**, paso de los Andes, en la frontera argentinochilena; 3151 m. Carretera y ferrocarril de Santiago a Mendoza.

CUMICHE n. m. *Amér. Central.* El hijo menor de una familia.

CUMPA n. m. y f. *Amér. Merid.* Amigo, camarada. **2.** *Amér. Merid.* Compadre.

CUMPLEAÑOS n. m. (pl. *cumpleaños*). Aniversario del nacimiento de una persona y fiesta que se celebra.

CUMPLIDO, A adj. Completo, lleno, cabal. **2.** Acabado, perfecto. **3.** Largo o abundante. **4.** Exacto en todos los cumplimientos, atenciones y muestras de urbanidad para con los otros. ♦ n. m. **5.** Acción obsequiosa, muestra de urbanidad.

CUMPLIDOR, RA adj. y n. Que cumple o da cumplimiento.

CUMPLIMENTAR v. tr. [**1**]. Saludar o felicitar con determinadas normas a alguien importante. **2.** Poner en ejecución una orden, diligencia o trámite.

CUMPLIMIENTO n. m. Acción y efecto de cumplir o cumplirse. **2.** Cumplido, acción obsequiosa. **3.** Perfección en el modo de obrar o de hacer alguna cosa.

CUMPLIR v. tr. (lat. *complere*, llenar) [**3**]. Ejecutar, llevar a cabo. **2.** Llegar a tener cierta edad o un número determinado de años o meses. ♦ v. intr. **3.** Hacer uno aquello que debe o a que está obligado. **4.** Convenir, importar. **5.** Seguido de la prep. *con*, cumplir una obligación o cortesía. ♦ v. intr. y pron. **6.** Ser el tiempo o día en que termina una obligación o plazo. ♦ **cumplirse** v. pron. **7.** Verificarse, realizarse.

CÚMULO n. m. (lat. *cumulum*). Montón, acumulación, multitud. **2.** Concentración de estrellas pertenecientes a un mismo sistema galáctico. **3.** Concentración de galaxias en el espacio. **4.** Nube blanca de contornos definidos, cuya base es plana, mientras que la parte superior, en forma de cúpula, dibuja protuberancias redondeadas.

CUMULOESTRATO n. m. pl. Estratocúmulo.

CUMULONIMBO n. m. Formación de nubes de grandes dimensiones, de gran desarrollo vertical y aspecto oscuro, que, muy a menudo, anuncia tormenta.

CUNA n. f. (lat. *cunam*). Cama especial para bebés, generalmente provista de barandillas. **2.** *Fig.* Lugar de nacimiento de una persona o cosa. **3.** *Fig.* Estirpe, linaje. **4.** Origen o principio.

CUNA, pueblo amerindio de la familia chibcha que habita en el istmo de Panamá. Los cuna se dedican a la agricultura, la pesca y la manufactura (alfarería, cestería, tejidos, talla de madera).

CUNCUNA n. f. *Chile.* Oruga. **2.** *Colomb.* Paloma silvestre.

CUNDINAMARCA (*departamento de*), dep. del centro de Colombia; 22 623 km²; 1 382 360 hab. Cap. *Santa Fe de Bogotá D. C.*, c. que no se incluye en el dep.

CUNDIR v. intr. [**3**]. Extenderse hacia todas partes una cosa. **2.** Dar mucho de sí una cosa: *el buen lino cunde.* **3.** Propagarse o multiplicarse algo: *cundir el pánico, un rumor.* **4.** Adelantar, progresar en cualquier trabajo: *cundir el estudio.*

CUNECO, A n. *Venez.* Cumiche.

CUNEIFORME adj. De figura de cuña. **2.** Dícese de la escritura en forma de cuña, propia de la mayor parte de pueblos del antiguo oriente, inventada por los sumerios en el transcurso del IV milenio. ♦ adj. y n. m. **3.** Dícese de tres huesos del tarso.

CUNETA n. f. (ital. *cunetta*). Zanja existente en cada uno de los lados de una carretera o un camino, destinada a recoger las aguas de lluvia.

CUNHA (Juan), poeta uruguayo (1910-Montevideo 1985). *En pie de arpa* (1950), antología de sus primeras obras, fue seguida de *Cancionero de pena y luna* (1954), *Gestión terrestre* (1959), *De cosa en cosa* (1968).

CUNICULTOR, RA n. Persona que se dedica a la cunicultura.

CUNICULTURA n. f. Cría del conejo doméstico.

CUNNILINGUS n. m. Excitación oral de los órganos genitales femeninos.

CUÑA n. f. (lat. *cuneam*). Pieza de madera o de metal terminada en ángulo diedro, muy agudo, que sirve para hender cuerpos sólidos, para ajustar uno con otro, etc. **2.** *Fig.* Influencia o medio que se emplea para lograr algún fin. **3.** Nombre de tres huesos del tarso. **4.** Movimiento de los esquís, en el que éstos quedan dispuestos en forma de V, con las espátulas juntas. **5.** *Amér.* Influencia, enchufe.

CUÑADO, A n. (lat. *cognatum*). Hermano de un cónyuge respecto del otro cónyuge, y respecto de una persona, el cónyuge de un hermano. SIN.: *hermano político.*

CUÑO n. m. Troquel con que se sellan las monedas, las medallas y otros objetos análogos. **2.** Impresión o señal que deja este sello. • **De nuevo cuño**, que ha aparecido recientemente.

CUOTA n. f. Parte o porción fija o proporcional. **2.** Cantidad de dinero que pagan cada uno de los miembros de una sociedad, asociación, etc.

CUPÉ n. m. (fr. *coupé*). Coche cerrado, de cuatro ruedas, y generalmente, de dos plazas. **2.** Parte anterior de una diligencia, con dos puertas y techo fijo. **3.** Automóvil de dos o cuatro plazas, con dos puertas y techo fijo.

CUPIDO, dios romano del amor, identificado con el *Eros* griego.

CUPILCA n. f. *Chile.* Mazmorra suelta, preparada con harina tostada de trigo, mezclada con cachalí o chicha de uvas o manzanas.

CUPO n. m. Cuota, parte proporcional que corresponde a un pueblo o a un particular en un impuesto, empréstito o servicio. **2.** *Colomb., Méx.* y *Pan.* Cabida. **3.** *Colomb., Méx.* y *Pan.* Plaza en un vehículo.

CUPÓN n. m. (fr. *coupon*, corte, porción). Cualquier porción de papel que forma con otras iguales un conjunto, y se puede separar para hacer uso de ella. **2.** Cada una de las partes de una acción u obligación, que periódicamente se van cortando para presentarlas al cobro de los intereses vencidos.

CÚPRICO, A adj. Relativo al cobre o que lo contiene. **2.** Dícese de los compuestos de cobre divalente.

CUPRÍFERO, A adj. Que contiene cobre.

CUPROALEACIÓN n. f. Nombre genérico de las aleaciones ricas en cobre.

CUPRONÍQUEL n. m. Aleación de cobre y de níquel.

CUPROPLOMO n. m. Seudoaleación de cobre y plomo, utilizada como aleación antifricción.

CUPROSO, A adj. Dícese de los compuestos de cobre univalente.

CÚPULA n. f. (ital. *cupola*). Bóveda semiesférica, semielíptica o en forma de segmento esférico, que en ciertos edificios cubre una planta circular o poligonal. **2.** ANAT. Nombre que se da a la parte más alta de ciertos órganos. **3.** BOT. Órgano que sostiene o envuelve la bases de los frutos de las fagáceas.

CUQUILLO n. m. ORNITOL. Cuco.

CURA n. m. (lat. *curam*, cuidado, solicitud). Sacerdote católico.

CURA n. f. Curación. **2.** Conjunto del tratamiento a que se somete a un enfermo o herido. (Se dice también de la aplicación de ciertos productos y apósitos sobre una determinada lesión.) **3.** *Chile.* Borrachera.

CURACA n. m. En el imperio incaico, jefe o gobernador de un *ayllu*.

CURAÇAO, isla de las Antillas Neerlandesas, en el Caribe, cerca de la costa de Venezuela; 444 km²; 170 000 hab. Cap. *Willemstad.* Destilerías de licor (curaçao). Refinerías de petróleo (importado).

CURACIÓN n. f. Acción y efecto de curar o curarse.

CURADERA n. f. *Chile.* Cura, borrachera.

CURADO, A adj. y n. *Chile.* Ebrio, borracho. ♦ n. m. **2.** Acción y efecto de curar, secar o preparar algo para su conservación.

CURADOR, RA n. DER. Persona elegida o nombrada para cuidar de los bienes o negocios del menor, del ausente o de algunos incapacitados.

CURAGUA n. f. *Amér. Merid.* Maíz de grano duro y hojas dentadas. (Familia gramíneas.)

CURANDERO, A n. Persona que se dedica a curar por medio de prácticas mágicas o de conocimientos médicos populares.

CURANILAHUE, com. de Chile (Biobío), en la cordillera de Nahuelbuta; 33 627 hab. Carbón.

CURANTO n. m. *Chile.* Guiso de mariscos, carnes y legumbres que se cuecen en un hoyo tapado con piedras calientes.

CURAR v. intr. y pron. (lat. *curare*) [**1**]. Sanar, recobrar la salud. **2.** Con la prep. *de*, cuidar, poner cuidado. **3.** *Chile.* Embriagarse, emborracharse. ♦ v. tr. **4.** Sanar, poner

CUR

bien a una persona o animal, a un organismo o a una parte de él que están enfermos: *este médico me curará*. **5.** Secar o preparar convenientemente una cosa para su conservación, especialmente las carnes y pescados por medio de la sal, el humo, etc. **6.** Curtir y preparar las pieles para usos industriales. ♦ v. tr. y pron. **7.** Aplicar al enfermo los remedios correspondientes a su enfermedad. **8.** Extinguir una pasión.
♦ **curarse** v. pron. Curarse en salud, dar alguien satisfacción de una cosa antes de que le hagan cargo de ella.

CURARAY, r. de Ecuador y Perú, afl. del Napo (or. der.); 600 km.

CURARE n. m. Veneno vegetal, de acción paralizadora, con el cual los indios del Amazonas, del Orinoco y de las Guayanas embadurnan sus flechas; se emplea también en medicina como antitetánico y relajador muscular.

CURASOLEÑO, A adj. y n. De Curaçao.

CURATELLA MANES (Pablo), escultor argentino (La Plata 1891-Buenos Aires 1962). Discípulo de Bourdelle, se adhirió a un cubismo geometrizador de las formas (*El bandoneísta*, museo nacional de bellas artes, Buenos Aires).

CURATIVO, A adj. Que sirve para curar.

CURATO n. m. **1.** Cargo espiritual del cura. **2.** Parroquia, territorio que está bajo su jurisdicción.

CURBARIL n. m. Planta arbórea que crece en América tropical. (Familia cesalpiniáceas.)

CURCO, A adj. y n. *Chile, Ecuad.* y *Perú*. Jorobado.

CÚRCUMA n. f. Planta herbácea que crece en Asia oriental, de cuyo rizoma se.extrae un producto empleado como colorante y como especia. (Familia cingiberáceas.)

CURCUNCHO, A adj. y n. *Amér. Merid.* Jorobado.

CURDA adj. y n. m. y f. Borracho. ♦ n. f. **2.** Borrachera.

CURDO, A adj. y n. Kurdo.

CUREÑA n. f. Armazón de madera o de metal que sirve de soporte y de vehículo de transporte al cañón de artillería.

CURÍ n. m. Planta arbórea de América Meridional que da una piña grande, con piñones como castañas que se comen cocidos. (Familia araucariáceas.)

CURIA n. f. (lat. *curiam*). En Roma, subdivisión de la tribu. (Había 10 curias por tribu.) **2.** Lugar donde se reunía el senado romano. **3.** Este mismo senado. **4.** Organismo administrativo, judicial y de gobierno de la Santa Sede (*curia romana*) o de la diócesis católicas (*curia diocesana*). **5.** Conjunto de abogados, procuradores y empleados en la administración de justicia. **6.** Tribunal donde se tratan los negocios contenciosos, especialmente los canónicos.

CURIAL adj. (lat. *curialem*). Relativo a la curia: *asamblea curial*. ♦ n. m. **2.** Empleado subalterno de los tribunales de justicia.

CURIARA n. f. Embarcación de vela y remo más ligera y larga que la canoa, que usan los indios de la América Meridional.

CURICHE n. m. *Bol.* Cenagal que queda en las zonas llanas después de las crecidas. **2.** *Chile.* Persona de color oscuro o negro.

CURICÓ, com. de Chile (Maule); 103 919 hab. Centro agrícola (cereales y vid) y comercial.

CURIE n. m. (de P. y M. Curie, físicos franceses). Antigua unidad de medida de radiactividad, de símbolo Ci, que equivale a la actividad de una cantidad de núcleos radiactivos cuyo número de transiciones nucleares espontáneas por segundo es de $3,7 \times 10^{10}$.

CURIE (Marie), nacida **Skłodowska**, física de origen polaco (Varsovia 1867-cerca de Sallanches 1934), esposa de Pierre Curie. Descubrió la radiactividad del torio, del rayo radiactivo *emanación* (1898), conocido actualmente como *radón*, y aisló el radio. (Premio Nobel de física 1903 y de química 1911.)

CURIE (Pierre), físico francés (París 1859-id. 1906). Descubrió la piezoelectricidad (1880) y estudió el magnetismo y la radiactividad con su mujer Marie. (Premio Nobel de física 1903.)

CURIO n. m. Elemento radiactivo, de símbolo Cm y número atómico 96, descubierto en 1945, gracias al bombardeo del plutonio 239 con núcleos de helio.

CURIOSEAR v. intr. y tr. [1]. Fisgonear, husmear, intentar enterarse de algo, incluso sin interés.

CURIOSIDAD n. f. Deseo de saber y averiguar alguna cosa. **2.** Aseo, limpieza. **3.** Cuidado de hacer una cosa con primor. **4.** Cosa curiosa, rara, extraña.

CURIOSO, A adj. y n. (lat. *curiosum*, cuidadoso). Que tiene o implica curiosidad.
♦ adj. **2.** Que excita curiosidad. **3.** Limpio y aseado. **4.** Que trata una cosa con particular cuidado y diligencia. ♦ n. **5.** Curandero.

CURIQUINGUE n. m. Ave falconiforme de pico y patas fuertes, que constituía el ave sagrada de los incas. (Familia falcónidos.)

CURRÍCULO n. m. Plan de estudios. **2.** Conjunto de estudios y prácticas destinadas a que el alumno pueda ampliar lo que ha aprendido. **3.** Método de organización de las actividades educativas y de aprendizaje en función de los contenidos, de los métodos y de las técnicas didácticas. **4.** Curriculum vitae.

CURRICULUM VITAE n. m. (voces lat., *la carrera de la vida*). Conjunto de datos relativos a estado civil, estudios y aptitudes profesionales de una persona, etc.

CURRUCA n. f. Ave paseriforme, de unos 15 cm de long., de plumaje pardo en la región dorsal y blanco en la ventral, de canto agradable, insectívoro, que frecuenta los matorrales. (Familia sílvidos.)

CURRY n. m. (voz inglesa). Especia compuesta de jengibre, clavo, azafrán, cilantro, etc., que en culinaria se utiliza para preparar varios platos: *arroz, pollo al curry*.

CURSAR v. tr. (lat. *cursare*) [1]. Estar estudiando cierta materia en un centro dedicado a este fin. **2.** Dar curso, enviar, transmitir, hacer que algo siga una tramitación.

CURSI adj. y n. m. y f. Dícese de la persona que presume de fina y elegante sin serlo. ♦ adj. **2.** *Fam.* Dícese de lo que, con apariencia de elegancia o riqueza, es ridículo y de mal gusto.

CURSILADA n. f. Acción propia del cursi.

CURSILERÍA n. f. Cosa cursi. **2.** Calidad de cursi.

CURSILLO n. m. Curso de poca duración. **2.** Breve serie de conferencias acerca de una materia.

CURSIVO, A adj. y n. f. Dícese de la letra de imprenta que se caracteriza por su inclinación y por cierta semejanza con la escritura a mano.

CURSO n. m. (lat. *cursum*). Movimiento del agua u otro líquido trasladándose en masa continua por un cauce. **2.** Serie de estados por los que pasa una acción, un asunto, un proceso cualquiera. **3.** Movimiento continuo en el tiempo, encadenamiento: *el curso de los años*. **4.** Período de tiempo destinado a la explicación de lecciones, prácticas o seminarios en las escuelas y universidades, o a la celebración de sesiones en academias o corporaciones parecidas. **5.** Conjunto orgánico de enseñanzas expuestas en un período de tiempo. **6.** Conjunto de estudiantes que pertenecen o han pertenecido al mismo grado de estudios: *los de quinto curso celebraron una fiesta*. **7.** Explicación orgánica de una disciplina. **8.** Circulación, difusión entre la gente: *moneda de curso legal*. **9.** Movimiento real o aparente de los astros: *el curso del Sol*. **10.** Evolución de una enfermedad.

CURSOR n. m. Pieza pequeña que se desliza a lo largo de otra mayor en algunos aparatos. **2.** *ASTRON.* Hilo móvil que atraviesa el campo de un micrómetro y que sirve para medir el diámetro aparente de un astro. **3.** *INFORMÁT.* Marca móvil, visible en una pantalla, utilizada para indicar la posición de la próxima escritura: añadido, borrado, inserción o sustitución de un carácter.

CURTIDO, A adj. Avezado, baqueteado, experimentado. **2.** *Méx.* Sonrojado, avergonzado. ♦ n. m. **3.** Acción y efecto de curtir" las pieles. ♦ **curtidos** n. m. pl. **4.** *Amér.* Encurtidos.

CURTIDOR, RA n. Persona que tiene por oficio curtir pieles.

CURTIDURÍA n. f. Establecimiento donde se curten y trabajan las pieles. SIN.: *tenería*.

CURTIEMBRE n. m. *Amér.* Taller donde se curten y trabajan las pieles, curtiduría, tenería.

CURTIR v. tr. [3]. Someter la piel de los animales a una preparación y tratamiento adecuados para transformarla en cuero. **2.** *Amér.* Castigar azotando. ♦ v. tr. y pron. **3.** *Fig.* Endurecer o tostar el cutis el sol o el aire. **4.** Acostumbrar a uno a la vida dura, especialmente a sufrir las inclemencias del tiempo.

CURTIZ (Mihály **Kertész**), llamado **Michael**, director de cine norteamericano de origen húngaro (Budapest 1888-Hollywood 1962). Autor prolífico y popular, abordó todos los géneros: *La carga de la brigada ligera* (1936), *Casablanca* (1943).

CURÚ n. m. *Perú.* Larva de la polilla.

CURUCÚ n. m. *Amér.* Quetzal.

CURUCUTEAR v. intr. [1]. *Colomb.* y *Venez.* Cambiar de sitio los trastos.

CURUL adj. (lat. *curulem*). Decíase de una silla de marfil reservada a ciertos magistrados romanos, y las magistraturas de las que dicha silla constituía el símbolo.

CURURASCA n. f. *Perú.* Ovillo de hilo.

CURURO, A adj. *Chile.* De color negro.
♦ n. m. **2.** *Chile.* Especie de rata campestre, de color negro y muy dañina.

CURUZÚ CUATIÁ, dep. de Argentina (Corrientes); 39 987 hab. Algodón y lino; canteras. Aeropuerto.

CURVA n. f. Línea curva. **2.** En una carretera, camino, línea férrea, etc., tramo que se aparta de la dirección recta. **3.** Gráfica que representa las variaciones de un fenómeno: *curva de temperatura*. **4.** *MAT.* Lugar geométrico de las posiciones sucesivas de un punto que se mueve de acuerdo con una ley determinada.

CURVAR v. tr. y pron. [1]. Dar forma curva. **2.** Encorvar, doblar.

CURVATURA n. f. Desvío de la dirección recta. ♦ **Radio de curvatura en un punto** (MAT.), radio del círculo osculador en dicho punto.

CURVILÍNEO, A adj. Formado por curvas.

CURVO, A adj. (lat. *curvum*). Que constantemente se aparta de la dirección recta, sin formar ángulos: *línea curva*.

CUSCA n. f. *Colomb.* Borrachera. **2.** *Colomb.* Colilla de cigarro. **3.** *Méx. Vulg.* Prostituta. ♦ **Hacer la cusca** (*Fam.*), molestar, importunar o perjudicar a alguien.

CUSCATLÁN (departamento de), dep. de El Salvador, en el centro del país; 756 km²; 167 290 hab. Cap. Cojutepeque.

CUSCO → *Cuzco.*

CUSCÚS n. m. Alcuzcuz.

CUSMA n. f. *Perú.* Camisa usada por los indios de las serranías.

CUSPE n. m. Mamífero roedor que vive en la vertiente del Pacífico de América del Sur. (Familia daspróctidos.)

CÚSPIDE n. f. (lat. *cuspidem*, punta). Cumbre puntiaguda de los montes. **2.** Remate superior de alguna cosa, que tiende a formar punta. **3.** Punto o momento culminante de algo: *la cúspide de la fama, del poder*. **4.** *BOT.* Punta afilada y alargada. **5.** *GEOMETR.* Punto donde concurren los vértices de todos los triángulos que forman las caras de la pirámide o de las generatrices del cono.

CUSTODIA n. f. (lat. *custodiam*). Acción y efecto de custodiar. **2.** Persona o escolta que custodia a un preso. **3.** Pieza de oro, plata, etc., en que se expone la eucaristía, a la veneración de los fieles. **4.** *Chile.* Consigna de una estación o aeropuerto, donde los viajeros depositan temporalmente sus equipajes y paquetes.

CUSTODIAR v. tr. (lat. *custodiare*) [1]. Guardar, vigilar con cuidado.

CUSTODIO n. m. y adj. El que custodia.

CUSUCO n. m. *Amér. Central.* Armadillo. **2.** *Salv.* Lío, dificultad.

CUSUSA n. f. *Amér. Central.* Aguardiente de caña.

CUTACHA n. f. *Amér. Central.* Machete pequeño.

CUTAMA n. f. *Chile.* Costal, talego. **2.** *Chile. Fig.* Persona torpe y pesada.

CUTÁNEO, A adj. Relativo a la piel. **2.** Dícese de diversos músculos que tienen por lo menos una de sus inserciones en la piel.

CUTARA n. f. *Cuba.* y *Méx.* Chancleta. **2.** *Hond.* Zapato alto hasta la caña de la pierna.

CUTÍCULA n. f. Película, piel delgada. **2.** ANAT. Epidermis o capa más externa de la piel. **3.** ANAT. Cualquier membrana muy fina que recubra una estructura: *cutícula dental.* **4.** BOT. Película superficial de los tallos jóvenes y de las hojas, que contiene cutina. **5.** ZOOL. Zona superficial del tegumento de los artrópodos (insectos, crustáceos), que contiene quitina.

CUTIS n. m. (lat. *cutim*). Piel del hombre, especialmente la del rostro.

CUTRE adj. Tacaño, miserable, mezquino. **2.** *Por ext.* Pobre, miserable, descuidado, sucio o de mala calidad.

CUTTER n. m. (voz inglesa, *cortador*). Instrumento para cortar papel, cartón, etc., compuesto de un mango en cuyo interior hay una cuchilla dividida en varios trozos, que se eliminan cuando han perdido el filo.

CUTUCO n. m. *Salv.* Calabaza. **2.** *Salv.* Fruto de esta planta.

CUVIER (Georges, *barón*), naturalista francés (Montbéliard 1773-París 1832), creador de la anatomía comparada y de la paleontología.

CUY n. m. *Amér. Merid.* Cobaya.

CUYANO, A adj. y n. De Cuyo.

CUYO, región occidental de Argentina, dominada por las cumbres de los Andes (Aconcagua). Cultivos (vid, frutales). Destaca la c. de Mendoza.

CUYO, A pron. relativo y poses. (lat. *cuius*). Forma equivalente al pronombre que en función adjetiva: *el amigo a cuya casa me dirijo.*

CUYUNÍ, r. de Venezuela y Guyana, afl. del Esequibo (or. izq.); 900 km aproximadamente.

CUZCO o **CUSCO** (*departamento de*), dep. de Perú (Inca); 71 892 km²; 1 057 400 hab. Cap. *Cuzco.*

CUZCO o **CUSCO** c. de Perú, cap. del dep. homónimo; 255 300 hab. Centro turístico. Capital de los incas y de la primera conquista, conserva la planta ciclópea de muchos monumentos incaicos (Coricancha). Ciudad monumental, declarada bien cultural de patrimonio mundial por la Unesco (1983), de la época colonial destacan la catedral (s. XVII), la iglesia de la Compañía, el convento de la Merced y otras iglesias barrocas; la casa del Almirante y el palacio arzobispal (museo), junto a otras mansiones civiles. En un altozano cercano, fortaleza incaica de Sacsahuamán. La ciudad fue el foco en los ss. XVII y XVIII de la *escuela cuzqueña* del barroco en pintura y escultura.

CUZCUZ n. m. Alcuzcuz.

CUZZANI (Agustín), dramaturgo argentino (Buenos Aires 1924-id. 1987), creador de «farsátiras» de intención social (*Una libra de carne,* 1952; *Los indios estaban cabreros,* 1958; *Sempronio,* 1962).

C.V. o **CV,** símbolo de *caballo de vapor.*

CYAN n. m. Azul verdoso de la síntesis aditiva y sustractiva de los colores, en fotografía e imprenta.

CYRANO DE BERGERAC (Savinien **de**), escritor francés (París 1619-id. 1655). Autor dramático, expuso su filosofía materialista en narraciones de viajes imaginarios.

CZAR n. m. Zar.

Dd

D n. f. Cuarta letra del alfabeto español y tercera de sus consonantes. (Representa un sonido dental sonoro, oclusivo en posición inicial absoluta o tras *l* o *n*, y fricativo en las demás posiciones.) **2.** Símbolo químico del *deuterio*. **3.** Símbolo del prefijo *deci* y de *día*. **4.** Abreviatura de *don*. **5.** Cifra romana que vale quinientos.

da, símbolo del prefijo *deca*.

DABLE adj. Posible: *es dable que venga hoy.*

DACA, voz que aparece en la loc. **toma y daca.** → **tomar.**

DACCA → **Dhākā.**

DACHAU, c. de Alemania (Baviera); 34 489 hab. Campo de concentración alemán (1933-1945).

DACIA, ant. país de Europa, correspondiente a la actual Rumania. Sus habitantes, los *dacios*, fueron sometidos por Trajano (101-106 d. J.C.). Fue abandonado a los godos por Aureliano (271).

DACIO, A adj. y n. De Dacia.

DACTILAR adj. Digital: *huellas dactilares.*

DACTILOGRAFÍA n. f. Mecanografía. **2.** Estudio de las huellas dactilares.

DACTILOGRAFIAR v. tr. [**11**]. Mecanografiar.

DACTILOGRÁFICO, A adj. Mecanográfico.

DACTILÓGRAFO, A n. Mecanógrafo. ♦ n. m. **2.** Instrumento de teclado, que sirve para hacer percibir por el tacto, a los sordomudos ciegos, los signos de las palabras. **3.** Antiguo nombre de la máquina de escribir.

DACTILOSCOPIA n. f. Procedimiento de identificación de personas por medio de las huellas digitales.

DADÁ n. m. y adj. (fr. *dada*, voz infantil que designa el caballo). Denominación adoptada en 1916 por un grupo de artistas y escritores enfrentados a lo absurdo de su época y resueltos a poner en tela de juicio todos los modos de expresión tradicionales.

DADAÍSMO n. m. Movimiento dadá. **2.** Actitudes que se relacionan con él.

DADAÍSTA adj. y n. m. y f. Relativo al dadaísmo; partidario de este movimiento.

DÁDIVA n. f. Cosa que se da voluntaria o desinteresadamente.

DADIVOSIDAD n. f. Calidad de dadivoso.

DADIVOSO, A adj. y n. Propenso a la dádiva.

DADO n. m. Pieza cúbica en cuyas caras hay señalados puntos desde uno hasta seis y que sirve para varios juegos de azar. **2.** Pieza cúbica de metal que, en las máquinas, sirve de apoyo a los ejes, tornillos, etc. **3.** ARQ. Neto.

DADO, A adj. Concedido, supuesto. ♦ **Dado que**, siempre que, a condición que.

DADOR, RA adj. y n. Que da. ♦ n. m. **2.** Librador de una letra de cambio. **3.** Jugador que distribuye las cartas.

DAGA n. f. **1.** Arma blanca, de mano, de hoja ancha, corta y puntiaguda. **2.** En los cérvidos, punta que sobremonta una apófisis del hueso frontal. **3.** Defensa del jabalí.

DAGAME n. m. *Cuba.* Árbol silvestre de la familia de las rubiáceas, con tronco elevado, copa pequeña de hojas menudas y flores blancas.

DAGUA, mun. de Colombia (Valle del Cauca); 30 646 hab. Frutales. Material ferroviario.

DAGUERROTIPIA n. f. Procedimiento fotográfico inventado por Daguerre que consiste en fijar químicamente en una lámina de plata pura, dispuesta sobre un soporte de cobre, la imagen obtenida en la cámara oscura.

DAGUERROTIPO n. m. (de J. *Daguerre*, su inventor). Dispositivo que permite registrar una imagen sobre una placa yodada superficialmente. **2.** Imagen obtenida por daguerrotipia.

DAGUESTÁN (*República de*), república de la Federación de Rusia, a orillas del mar Caspio; 50 300 km²; 1 792 000 hab. Cap. *Majachkalá*.

DAIMLER (Gottlieb), ingeniero alemán (Schorndorf, Wurtemberg, 1834-Cannstatt [act. Stuttgart-Bad Cannstatt], cerca de Stuttgart, 1900). Junto con W. Maybach realizó, a partir de 1883, los primeros motores de gasolina ligeros de gran velocidad de rotación.

DAIREN → **Dalian.**

DAJABÓN (*provincia de*), prov. de la República Dominicana, junto a la frontera con Haití; 890 km²; 63 200 hab. Cap. *Dajabón* (24 683 hab.).

DAKAR, c. y cap. de Senegal, junto al Atlántico; 1 729 823 hab. Universidad. Puerto y escala aérea. Centro industrial.

DAKOTA, pueblo amerindio de América del Norte de la familia lingüística siux, que habitaba en el curso alto del Mississippi y las grandes praderas del O. Desde 1862 viven confinados en reservas.

DAKOTA, nombre de dos estados de Estados Unidos, en las Grandes Llanuras, que tomaron su nombre de una tribu amerindia: **Dakota del Norte** (183 022 km²; 638 800 hab.; cap. *Bismarck*); **Dakota del Sur** (199 551 km²; 696 004 hab.; cap. *Pierre*).

DALAI-LAMA o **TALAI-LAMA** n. m. Título que se da al jefe del budismo tibetano.

DALE (*sir* Henry **Hallett**), médico británico (Londres 1875-Cambridge 1968), premio Nobel de fisiología y medicina (1936) por sus trabajos sobre el mecanismo de los intercambios químicos en el sistema nervioso.

DALÍ (Salvador), pintor español (Figueras 1904-*id.* 1989). Es considerado como el paradigma del artista surrealista. En 1928, asociado a Luis Buñuel, produjo la película *Un perro andaluz*, de estética surrealista. De entre sus muchas obras de especial fama destacan: *La cesta del pan* (1926), *El hombre invisible* (1929), *La persistencia de la memoria* (1931), *Metamorfosis de Narciso* (1937), *Madona de Port Lligat* (1950), *Última cena* (1955), *Descubrimiento de América por Colón* (1959).

DALIA n. f. (de *Dahl*, botánico sueco). Planta de raíces tuberculosas y flores ornamentales de las que se cultivan numerosas variedades. (Familia compuestas.) **2.** Flor de esta planta.

DALILA, mujer que, según la Biblia, entregó a Sansón a los filisteos después de cortarle la cabellera, en la que residía su fuerza.

DALLA n. f. Guadaña. SIN.: *dalle*.

DALLAS, c. de Estados Unidos (Texas); 1 006 877 hab. (2 553 362 hab. en la aglomeración urbana que forma con Fort Worth). Nudo de comunicaciones. Centro industrial. Museos. El presidente Kennedy fue asesinado en esta ciudad en 1963.

DALMACIA, en serbocroata **Dalmacija**, región de Croacia, junto al Adriático, bordeada por numerosas islas (*archipiélago Dálmata*). Turismo. Fue incorporada a Croacia (s. XVII) en medio siglo fue ocupado por Venecia (1420-1797). Anexionada por Austria (1797), fue atribuida en 1920 al Reino de los serbios, croatas y eslovenos.

DÁLMATA adj. y n. m. y f. De Dalmacia. ♦ adj. y n. m. **2.** Dícese de una raza de perros, de pelaje blanco con numerosas manchas negras, o pardo oscuro. ♦ n. m. **3.** Lengua muerta que se habló en las costas de Dalmacia.

DALTON (John), físico y químico británico (Eaglesfield, Cumberland, 1766-Manchester 1844), creador de la teoría atómica. Enunció la ley de las proporciones múltiples en química, y la de la mezcla de los gases en física. Estudió en sí mismo la anomalía de la percepción de los colores, denominada desde entonces *daltonismo*.

DALTONIANO, A adj. y n. Relativo al daltonismo; afecto de esta enfermedad.

DALTÓNICO, A adj. Daltoniano.

DALTONISMO n. m. (de *Dalton*, físico británico). Anomalía en la visión de los colores, que produce normalmente la confusión entre el rojo y el verde.

DAM (Henrik), bioquímico danés (Copenhague 1895-*id.* 1976), premio Nobel de fisiología y medicina (1943) por sus trabajos sobre la bioquímica y las vitaminas.

DAMA n. f. (fr. *dame*). Mujer distinguida, de clase social elevada y de alta educación. **2.** Mujer galanteada o pretendida por un caballero. **3.** Actriz que interpreta los papeles principales. **4.** En el juego de ajedrez y en la baraja francesa, reina. **5.** En el juego de damas, peón coronado. ♦ **Dama de noche**, planta de flores blancas muy olorosas durante la noche. (Familia solanáceas.) ‖ **Juego de damas**, juego practicado entre dos personas, sobre un tablero o damero de sesenta y cuatro escaques con veinticuatro piezas, si es a la española, y un solo de cien escaques y cuarenta piezas, si es a la polonesa.

DAMAJAGUA n. m. *Ecuad.* Árbol corpulento cuya corteza interior elaboran los indios para hacer vestidos y esteras de cama.

DAMAS (*paso de las*), paso de los Andes, en la frontera entre Argentina (Mendoza) y Chile (Libertador General Bernardo O'Higgins); 3050 m.

DAMASCENO, A adj. y n. De Damasco. SIN.: damaceno.

DAMASCO n. m. (de *Damasco*, ciudad de Siria). Tejido de seda o de lana de un solo color, cuyos dibujos, mates sobre fondo satinado, se obtienen mezclando hilos de diferentes gruesos.

DAMASCO, en ár. **Dimašq al-Šam**, c. y cap. de Siria, en un oasis regado por el Barada; 1 361 000 hab. (*Damascenos*.) Museos. Numerosos edificios medievales. Capital de un importante reino arameo (ss. XI-VIII a. J.C.), conquistada por los romanos en 64 a. J.C. y patria de san Pablo, fue un importante centro cristiano. Conquistada por los árabes (635), fue la capital de los califas omeyas (661-750), quienes hicieron construir en 705 la Gran mezquita de los omeyas. Tras la dominación otomana (1516-1918), se convirtió en el núcleo del nacionalismo árabe.

DAMASQUINADO n. m. Arte de damasquinar.

DAMASQUINAR v. tr. [**1**]. Incrustar con un martillo hilos de oro, plata, cobre, etc., en los cortes previamente realizados en una superficie metálica.

DAMASQUINO, A adj. Damasceno. **2.** Dícese de la ropa u otro objeto hecho con damasco.

DAMISELA n. f. (fr. *demoiselle*). Muchacha con pretensiones de dama.

DAMNIFICADO, A adj. y n. Dícese de las personas o cosas que han sufrido grave daño de carácter colectivo.

DAMNIFICAR v. tr. [**1a**]. Causar un daño.

DAMOCLES, cortesano allegado de Dionisio el Viejo, tirano de Siracusa (s. IV a. J.C.). A fin de mostrar a la fragilidad del poder de los reyes, durante un banquete Dionisio hizo suspender sobre la cabeza de Damocles una pesada espada, sostenida por una crin de caballo.

DAN n. m. (japonés *dan*, clase, rango). Grado suplementario de los judokas titulares del cinturón negro.

DANDARÃ o **DENDERAH**, aldea de Alto Egipto al N de Luxor. Templo dedicado a Hator.

DANDI o **DANDY** n. m. (ingl. *dandy*). Hombre que afecta gran elegancia en su actitud y aspecto.

DANDISMO n. m. Moda indumentaria y estética, basada en el refinamiento de la elegancia continuamente renovada, asociada a cierto amaneramiento del carácter.

DANÉS, SA adj. y n. De Dinamarca. SIN.: dinamarqués. ◆ adj. y n. m. **2. Gran danés**, raza de perros de pelo corto y de gran tamaño, originaria de Dinamarca. ◆ n. m. **3.** Lengua nórdica hablada en Dinamarca.

Daniel, principal personaje del libro bíblico que lleva su nombre, escrito c. 165 a. J.C., en la época de la rebelión de los macabeos.

DANTE ALIGHIERI, poeta italiano (Florencia 1265-Ravena 1321). Desde su juventud había compuesto sonetos amorosos y *canzoni* que ilustran el *dolce stil novo* y en los que celebraba su pasión ideal por Beatriz Portinari. Transformó esta aventura amorosa en experiencia literaria y filosófica en la *Vida nueva* (c. 1294). Compuso un tratado filosófico (*El banquete*, 1304-1307), así como ensayos sobre temas científicos, lingüísticos (*De vulgari eloquentia*, 1304-1307) y políticos (*La Monarchia*, 1310-1314), pero es sobre todo su *Divina Comedia* (escrita a partir de 1306) la obra que lo convirtió en el padre de la poesía italiana.

DANTESCO, A adj. Propio y característico de Dante o parecido a sus dotes o calidades. **2.** Que tiene enormes dimensiones e inspira terror.

DANTO n. m. *Amér. Central*. Pájaro de plumaje negro y azulado y pecho rojizo sin plumas.

DANTON (Georges Jacques), político francés (Arcissur-Aube 1759-París 1794). Fue uno de los principales jefes de la Revolución. Reclamó el fin del régimen del Terror y, acusado por Robespierre, fue guillotinado.

DANTZIG o **DANZIG** → *Gdańsk*.

DANUBIANO, A adj. y n. Del Danubio.

DANUBIO, en alem. **Donau**, en eslovaco **Dunaj**, en serbocroata y búlgaro **Dunav**, en húngaro **Duna** y en rumano **Dunărea**, r. de Europa central, el segundo de Europa (después del Volga) por su longitud (2850 km) y la superficie de su cuenca (más de 800 000 km^2). Nacido en la Selva Negra, de dirección general O-E, atraviesa o bordea, del nacimiento a la desembocadura: Alemania, Austria, Eslovaquia, Hungría, Croacia, Serbia, Rumania, Bulgaria y Ucrania. Las principales ciudades que bañan son Viena, Budapest y Belgrado, cruza el desfiladero de las Puertas de Hierro (entre los Cárpatos y los Balcanes) y desemboca en el mar Negro formando un amplio delta. Tiene un régimen complejo y se utiliza para la navegación, la producción de hidroelectricidad y el riego.

DANZA n. f. Sucesión de posiciones y de pasos ejecutados según un ritmo musical. • **En danza**, en continua actividad, de un lado para otro, mezclado en enredos o intrigas.

DANZANTE, A n. y adj. Persona que danza. **2.** *Fig.* y *fam.* Botarate, persona ligera de juicio o entrometida.

DANZAR v. intr. y tr. (fr. *danser*) [**1g**]. Bailar, ejecutar una sucesión de pasos al compás de la música. ◆ v. intr. **2.** Ir de un lado para otro, moverse: *las hojas danzaban al viento.* **3.** *Fig.* y *fam.* Entrometerse en un asunto que no incumbe.

DANZARÍN, NA n. Persona que danza, especialmente por profesión.

DAÑAR v. tr. y pron. (lat. *damnare*) [**1**]. Causar dolor: *el sol se daña la vista.* **2.** Maltratar o echar a perder: *dañarse la cosecha.*

DAÑINO, A o **DAÑOSO, A** adj. Que daña.

DAÑO n. m. (lat. *damnum*). Efecto de dañar o dañarse: *hacerse daño.* **2.** Perjuicio sufrido por una cosa. **3.** *Amér.* Maleficio, mal de ojo. ◆ **daños** n. m. pl. **4.** Delito consistente en todo daño causado voluntariamente en la propiedad ajena, siempre que los hechos no pueden comprenderse en otro precepto del código penal. • **Daños y perjuicios**, valor de la pérdida que ha sufrido y de la ganancia que ha dejado de obtener una persona por culpa de otra.

DAR v. tr. (lat. *dare*) [**1p**]. Ceder gratuitamente: *dar pan a los pobres.* **2.** Entregar, poner en manos o a disposición de otro: *dar las maletas al mozo.* **3.** Proponer, indicar: *dar tema para un libro.* **4.** Conferir, conceder un empleo u oficio: *dar el título de marqués.* **5.** Conceder, otorgar: *¿da usted su permiso?* **6.** Ordenar, aplicar: *dar las órdenes oportunas.* **7.** Ceder algo a cambio de otra cosa: *te lo doy por mil pesetas.* **8.** Producir beneficio, rendir fruto: *me da una buena renta.* **9.** Declarar, publicar, mostrar: *dar una buena película, las noticias.* **10.** Comunicar felicitaciones, pésames, etc.: *dar la enhorabuena.* **11.** Seguido de algunos sustantivos, hacer, practicar o ejecutar la acción que éstos significan: *dar un paseo.* **12.** Con voces que expresan dolor, ejecutar la acción significada por éstas: *dar una puñalada.* **13.** Causar, ocasionar, mover: *dar problemas; dar asco.* **14.** Importar, significar, valer: *dar igual.* **15.** Celebrar u ofrecer un baile, banquete, fiesta, etc.: *dar una fiesta.* **16.** Abrir la llave de paso de la luz, el agua, etc. **17.** Explicar una lección, pronunciar una conferencia. **18.** Repartir los naipes: *dar las cartas.* ◆ v. tr. e intr. **19.** Sonar en el reloj las campanadas correspondientes a una hora determinada: *dar las seis.* ◆ v. intr. **20.** Sobrevenir, empezar a sentir: *le dio una jaqueca.* **21.** Seguido de la prep. *con,* encontrar: *dar con la solución.* ◆ v. tr., e intr. **22.** *con,* acertar, atinar, chocar: *dar en el clavo.* **22.** Golpear, zurrar. **23.** Estar orientado o situado en determinada dirección o lugar: *la ventana da al jardín.* ◆ v. pron. **24.** Seguido de la prep. *por,* creer o considerar: *dar por bien empleado.* • **Dar de sí**, extenderse, ensancharse, especialmente las telas y pieles; producir, rendir. ‖ **Dar en**, percatarse, darse cuenta. ‖ **Dar en qué, o qué pensar**, dar ocasión o motivo para sospechar. ‖ **Dar fe**, declarar la verdad de lo presenciado o afirmar la autenticidad de un hecho por persona competente. ‖ **Dar tras uno** (*Fam.*), perseguirle, acosarle con furia o gritería. ‖ **Darla, o dárselas de** (*Fam.*), presumir: *dárselas de valiente.* ‖ **Darle a alguien por algo**, empezar a sentir mucha afición por ello: *le ha dado por la pesca.* ◆ **darse** v. pron. **25.** Suceder, existir, determinar: *se da la circunstancia.* **26.** Cesar, ceder en la resistencia: *darse por vencido bastante.* **27.** Seguido de la prep. *a* y de un nombre o un verbo en infinitivo, entregarse con ahínco: *darse a la bebida.* ‖ **Darse alguien a conocer**, hacer saber quién es; descubrir su carácter y cualidades. ‖ **Darse por aludido**, aplicarse una persona algo que se ha dicho, aunque no se refiera a ella. ‖ **Darse por entendido**, manifestar, fingir alguien que sabe alguna cosa. ‖ **Darse por vencido**, ceder, renunciar a un empeño o pretensión.

DĀR AL-BAYḌĀ' → *Casablanca*.

DAR ES SALAM, c. de Tanzania, junto al océano Índico; 1 360 850 hab. Centro administrativo y comercial. Sede de numerosos ministerios.

DARDANELOS (*estrecho de los*), en turco **Çanakkale Boğazı**, estrecho de Turquía, entre Europa (península de los Balcanes) y Asia (Anatolia), que comunica el mar Egeo y el mar de Mármara. Es el Helesponto de la antigüedad. Tiene 60 km de longitud y 7 km a 1270 m de anchura. El conjunto formado por el Bósforo y los Dardanelos se denomina Los Estrechos.

DARDO n. m. Toda arma arrojadiza, especialmente la intermedia entre la flecha y la jabalina. **2.** *Fig.* Dicho satírico o agresivo y molesto: *lanzar dardos.* **3.** Aguijón de la abeja.

DARIÉN (*golfo de*), entrante del mar Caribe, entre las costas de Panamá y el N de Colombia, donde forma el golfo de Urabá.

DARIÉN (*serranía del*), macizo del NE de Panamá, en la frontera con Colombia; 2800 m en el cerro Tacarcuna.

DARIÉN (**EL**), región fisiográfica e histórica de Colombia y Panamá, en torno al golfo de Urabá y del Darién, en el Caribe. Parque nacional del Darién, limítrofe con Colombia (575 000 ha), declarado Bien natural del patrimonio de la humanidad por la Unesco (1980). En la costa del Darién, explorada por Lepe y Bastidas, se fundó uno de los primeros establecimientos españoles en Tierra Firme (*gobernación del Darién*, 1508). Vasco Núñez de Balboa fundó en Darién la primera ciudad española en el continente americano, Santa María la Antigua del Darién (1510).

DARIÉN (*provincia de*), prov. de Panamá, junto al Caribe; 15 803 km^2; 38 400 hab. Cap. La Palma.

DARIENSE (*cordillera*), alineación montañosa de Nicaragua, que se une al Chimborazo.

DARÍO I († 486 a. J.C.), rey de Persia (522-486 a. J.C.). Reconstituyó el imperio de Ciro, conquistó el Panjab al E y, al O,

Tracia y Macedonia, pero fue vencido por los griegos en Maratón (490 a. J.C.). Dividió el imperio en satrapías e hizo construir Persépolis. – **Darío III Codomano** († 330 a. J.C.), rey de Persia [336-330 a. J.C.]. Alejandro le derrotó en Issos y cerca de Arbelas. Fue asesinado por uno de sus sátrapas.

DARÍO (Félix Rubén **García Sarmiento**, llamado **Rubén**), poeta nicaragüense (Metapa [act. Ciudad Darío] 1867-León 1916). Su obra se caracteriza por la renovación del lenguaje poético y de la métrica, por las innovaciones temáticas, el esteticismo y el exotismo. Tras sus primeros libros, verdaderos ejercicios de estilo, publicó *Azul* (1888), obra que inaugura el modernismo hispanoamericano. En 1896 publicó los poemas de *Prosas profanas*, piedra de toque de la escuela modernista, y *Los raros*, en prosa, donde traza semblanzas de algunos escritores del fin de siglo. *Cantos de vida y esperanza* (1905) es su obra de plena madurez. Posteriores son *El canto errante* (1907), que incluye la *Epístola a la señora de Leopoldo Lugones*, y *Canto a la Argentina y otros poemas* (1914).

DARMSTADT, c. de Alemania (Hesse); 135 737 hab. Industria eléctrica. Museos.

DÁRSENA n. f. (ital. *darsena*). MAR. Parte más resguardada de un puerto.

DARVINIANO, A o **DARWINIANO, A** adj. Relativo a la doctrina de Darwin.

DARVINISMO o **DARWINISMO** n. m. Doctrina formulada por Darwin en su obra *El origen de las especies*, donde la lucha por la vida y la selección natural son consideradas como los mecanismos esenciales de la evolución de las comunidades de seres vivos.

DARVINISTA o **DARWINISTA** adj. y n. m. y f. Partidario de Darwin.

DARWIN (Charles), naturalista británico (Shrewsbury, Shropshire, 1809-Down, Kent, 1882). Tras recoger en un viaje alrededor del mundo a bordo del Beagle (1831-1836) numerosas observaciones sobre la variabilidad de las especies, creó la doctrina evolucionista denominada *darvinismo*, que dio a conocer en su obra principal, *El origen de las especies por medio de la selección natural* (1859).

DAT n. m. (siglas del inglés *digital audio tape*). Banda magnética que sirve de soporte para el registro digital del sonido. ◆ **Cassette DAT**, cassette de registro que utiliza este tipo de banda.

DATA n. f. En un escrito, inscripción, etc., indicación del lugar y tiempo en que se ha escrito o ejecutado. **2.** Tiempo en que ocurre o se hace una cosa. **3.** Partida o partidas que componen el descargo de lo recibido.

DATACIÓN n. f. Acción y efecto de datar o fechar. **2.** Fórmula de un documento que manifiesta la fecha en que ha sido extendido.

DATAR v. tr. [1]. Poner la data o determinarla si no se conoce: *datar un documento.* ◆ v. tr. y pron. **2.** Anotar en las cuentas partidas de data, abonar o acreditar. ◆ v. intr. **3.** Existir desde una determinada época: *el manuscrito data del s. XVII.*

DÁTIL n. m. (lat. *dactylum*, dedo). Fruto comestible del datilero o palmera datilera, de pulpa azucarada y nutritiva. • **Dátil de mar**, molusco comestible de forma y color parecidos al del dátil, pero más alargado. ◆ **dátiles** n. m. pl. **2.** *Fam.* Dedos de la mano.

DATILERO, A adj. y n. m. Dícese de la palmera cultivada en las regiones cálidas y secas, pero irrigadas, como los oasis, y cuyos frutos, los dátiles, están agrupados en grandes racimos.

DATIVO, A adj. DER. Nombrado por un juez. ◆ n. m. **2.** En las lenguas con declinaciones, caso que indica la atribución o el destino.

DATO n. m. (lat. *datum*). Elemento fundamental que sirve de base a un razonamiento o a una investigación: *los datos están falseados.* **2.** Resultado de observaciones o de experiencias. **3.** Representación convencional de una información bajo la forma conveniente para su tratamiento por ordenador. **4.** MAT. Cada una de las cantidades conocidas que son citadas en el enunciado y que constituyen la base de un problema. • **Análisis de datos**, procedimiento de elaboración de datos recogidos por la estadística destinado a facilitar la utilización de éstos.

DATURA n. f. Planta de la familia solanáceas, muy tóxica.

DAUDÁ n. f. *Chile*. Planta morácea.

DAUDET (Alphonse), escritor francés (Nimes 1840-París 1897), autor de novelas (*Tartarín de Tarascón*, 1872), cuentos (*Cartas desde mi molino*, 1866) y dramas (*La arlesiana*, 1872).

DAUSSET (Jean), médico francés (Toulouse 1916). Ha investigado la inmunología en los trasplantes y los tumores. (Premio Nobel de fisiología y medicina 1980.)

DAVID, c. de Panamá, cap. de la prov. de Chiriquí, en el valle del río David; 80 053 hab.

DAVID, segundo rey hebreo [c. 1010-c. 970 a. J.C.]. Sucedió a Saúl. Vencedor de los filisteos, tomó Jerusalén, que convirtió en su capital. Se le atribuye la composición de cantos religiosos y de salmos.

DÁVILA (Miguel R.), general y político hondureño († 1927), creador de la Corte centroamericana de justicia y presidente de su país entre 1908 y 1911.

DÁVILA (Pedrarias) → **Pedrarias Dávila**.

DÁVILA ANDRADE (César), escritor ecuatoriano (Cuenca 1918-† Guayaquil 1967), destacado poeta (*Espacio, me has vencido*, 1947; *En un lugar no identificado*, 1963) y autor de cuentos.

DÁVILA ESPINOZA (Carlos), político chileno (Los Ángeles, Biobío, 1887-Washington 1955), miembro del Partido radical y presidente de la república (1932).

DAVISSON (Clinton Joseph), físico norteamericano (Bloomington, Illinois, 1881-Charlottesville, Virginia, 1958), premio Nobel de física en 1937 por su descubrimiento de la difracción de los electrones por los cristales.

DAWSON *(isla)*, isla de Chile (Magallanes y Antártica Chilena), en la costa S del estrecho de Magallanes; 1700 km². Centro penitenciario.

DAYTON, c. de Estados Unidos (Ohio); 182 044 hab. Museos. Investigaciones atómicas. Universidad.

DAZA (Hilarión), general y político boliviano (Sucre 1840-Llyuni 1894). Se sublevó en 1876 y ocupó la presidencia desde 1877 hasta 1880, tras ser derrotado por Chile en la guerra del Pacífico (1879).

dB, símbolo del *decibelio*.

D.D.T. n. m. (abrev. de *dicloro-difenil-tricloroetano*). Potente insecticida.

DE n. f. Nombre de la letra *d*.

DE prep. (lat. *de*). Sirve para explicar la materia de que está hecha una cosa: *mesa de madera.* **2.** Expresa la atribución del contenido al continente: *vaso de vino.* **3.** Denota posesión o pertenencia: *el libro de Pedro.* **4.** Se utiliza para expresar el asunto o tema: *lección de historia.* **5.** Manifiesta la naturaleza o condición de una persona o cosa: *caballo de carreras.* **6.** Determina el tiempo en que sucede una cosa: *trabajar de noche.* **7.** Indica la causa: *venir de Madrid.* **8.** Denota la causa de algo: *morirse de miedo.* **9.** Sirve para expresar el modo: *estar de pie.* **10.** Se utiliza también para explicar el destino o la finalidad: *máquina de afeitar.* **11.** Expresa condición: *de saberlo, no habría venido.* **12.** Equivale a *desde*: *volé de Murcia a Barcelona.* **13.** Algunas veces es nota de ilación: *de esto se sigue.*

DE IURE loc. (voces lat., *según el derecho*). De derecho: *reconocer un gobierno «de iure».*

DE MILLE (Cecil B. [Blount]), director de cine norteamericano (Ashfield, Massachusetts, 1881-Hollywood 1959). Especialista en reconstrucciones históricas de gran espectáculo, realizó *Los diez mandamientos* (1923, nueva versión en 1956), *Cleopatra* (1934), *El mayor espectáculo del mundo* (1952), entre otras.

DEA n. f. *Poét.* Diosa.

DEAMBULAR v. intr. (lat. *deambulare*) [1]. Andar o pasear sin objeto determinado.

DEAMBULATORIO n. m. Galería de circulación alrededor de la capilla mayor de una iglesia.

DEÁN n. m. En la Iglesia católica, párroco de la parroquia más importante de la ciudad. • **Deán de la catedral**, en la Iglesia anglicana, funcionario eclesiástico que viene inmediatamente después del obispo. ‖ **Deán del cabildo**, presidente de este cuerpo.

DEANATO o **DEANAZGO** n. m. Dignidad y oficio de deán. **2.** Territorio eclesiástico del deán.

DEATH VALLEY → **Muerte** (Valle de la).

DEBACLE n. f. (fr. *débâcle*). Desastre, catástrofe, ruina.

DEBAJO adv. **1.** En lugar o puesto inferior: *debajo de la mesa; está debajo.* **2.** *Fig.* Con sumisión o sujeción a personas o cosas: *por debajo del director.*

DEBATE n. m. Acción de debatir: *debate parlamentario.* **2.** Discusión literaria.

DEBATIBLE adj. Sujeto a debate o discusión.

DEBATIR v. tr. [3]. Discutir, tratar una cuestión personas que expresan puntos de vista distintos: *debatir un problema, un proyecto.* ◆ **debatirse** v. pron. **2.** *Galic.* Luchar vivamente para escapar o librarse de algo: *debatirse entre la vida y la muerte.*

DEBE n. m. Parte de una cuenta en la que constan los cargos de la misma. (Suele escribirse con mayúscula.) • **Debe y Haber**, pasivo y activo.

DEBER n. m. Obligación que afecta a cada persona de obrar según los principios de la moral, la justicia o su propia conciencia: *cumple con tu deber.* **2.** Deuda. **3.** Trabajo que los alumnos deben realizar en su casa. (Suele usarse en plural.)

DEBER v. tr. [2]. Seguido de un verbo en infinitivo, estar obligado a hacer lo que ese verbo indica: *debo trabajar.* **2.** Tener obligación de cumplir o satisfacer una deuda: *deber mil pesetas.* **3.** Seguido de un verbo en infinitivo y generalmente con la prep. *de*, suponer que ha sucedido, sucede o sucederá algo: *debe de haber venido; deben de ser las tres.* ◆ **deberse** v. pron. **4.** Sentirse obligado a mostrar gratitud, respeto, obediencia, etc.: *te debes a tu profesión.* **5.** Tener por causa, ser consecuencia: *esta situación se debe a un error.*

DEBIDO, A adj. Justo, razonable: *con el debido respeto.* • **Como es debido**, como corresponde o es lícito: *portarse como es debido.* ‖ **Debido a**, a causa de, en virtud de.

DÉBIL adj. y n. m. y f. (lat. *debilem*). Que no tiene suficiente fuerza física o moral: *estar muy débil; ser una persona débil.* ◆ adj. **2.** *Fig.* Escaso, insuficiente: *luz débil.* **3.** Dícese de un fonema cuando su lugar, en una palabra o en un grupo fonético, lo expone a alteraciones o cambios. **4.** QUÍM. Dícese del ácido, base o electrólito poco disociados. ◆ n. m. y f. **5.** **Débil mental**, persona afecta a debilidad mental.

DEBILIDAD n. f. Estado de falta o pérdida de fuerza física o moral. **2.** *Galic.* Gusto o preferencia exagerada por alguien o algo. • **Debilidad mental**, insuficiencia

de desarrollo intelectual que permite sin embargo el aprendizaje de la lectura y la escritura y que se define oficialmente por un coeficiente intelectual comprendido entre 80 y 50.
DEBILITACIÓN n. f. Acción y efecto de debilitar o debilitarse. SIN.: *debilitamiento*.
DEBILITAR v. tr. y pron. [1]. Disminuir la fuerza física o moral: *las enfermedades debilitan*.
DÉBITO n. m. (lat. *debitum*). Deuda. **2.** Conjunto de cantidades anotadas en el debe de la cuenta y que representan bienes o derechos poseídos por la empresa.
DEBOCAR v. tr. e intr. [1a]. Argent. Vomitar.
DEBREU (Gérard), economista norteamericano de origen francés (Calais 1921). Ha investigado en los ámbitos de la economía matemática y de la econometría. (Premio Nobel de economía 1983.)
DEBUSSY (Claude), compositor francés (Saint-Germain-en-Laye 1862-París 1918). Su investigación armónica, su recitativo y sonoridad refinada renovaron el lenguaje musical (*Preludio a la siesta de un fauno*, 1894; *Peleas y Melisande*, 1900-1902; *El mar*, 1905).
DEBUT n. m. (voz francesa) [pl. *debuts*]. Estreno, presentación de un artista o compañía, o comienzo de una actividad cualquiera.
DEBUTANTE adj. y n. m. y f. Que debuta en una actividad.
DEBUTAR v. intr. [1]. Realizar un debut.
DEBYE (Petrus), físico y químico neerlandés (Maastricht 1884-Ithaca, Nueva York, 1966), nacionalizado norteamericano. Estudió el estado sólido en bajas temperaturas y determinó las dimensiones de las moléculas gaseosas por interferencia de los rayos X. (Premio Nobel de química 1936.)
DECA- (gr. *deka*, diez), prefijo, de símbolo D o da, que, colocado delante de una unidad, la multiplica por 10.
DÉCADA n. f. Serie de diez. **2.** Período de diez días. **3.** Período de diez años. **4.** División compuesta de diez libros o diez capítulos en una obra.
DECADENCIA n. f. Acción y efecto de decaer. **2.** Proceso por el que un estado, cultura, movimiento, etc., tienden a debilitarse y desintegrarse.
DECADENTE adj. Que decae o refleja decadencia.
DECADENTISMO n. m. Escuela literaria caracterizada por el escepticismo de sus temas y la propensión a un refinamiento exagerado.
DECADENTISTA adj. y n. m. y f. Partidario del decadentismo.
DECAEDRO adj. y n. m. MAT. Que tiene diez caras.
DECAER v. intr. [16]. Perder gradualmente fuerza física o moral, pasar a un estado o situación inferior.
DECAGONAL adj. Relativo al decágono. **2.** Que tiene diez ángulos.
DECÁGONO n. m. MAT. Polígono que tiene diez ángulos y por consiguiente diez lados.
DECAGRAMO n. m. Unidad de medida de masa que vale 10 gramos.
DECAIMIENTO n. m. **1.** Decadencia, acción y efecto de decaer. **2.** Flaqueza, debilidad.
DECALITRO n. m. Medida de capacidad que vale 10 litros y cuyo símbolo es dal o Dl.
DECÁLOGO n. m. (gr. *dekalogos*). Los diez mandamientos de la ley de Dios dados a Moisés, según la Biblia, en el monte Sinaí.
DECÁMETRO n. m. Medida de longitud que vale 10 m y cuyo símbolo es dam o Dm. **2.** Cadena o cinta de acero de 10 m, para medir distancias en un terreno.
DECANATO n. m. **1.** Dignidad de decano. **2.** Período de tiempo en que se ejerce tal dignidad. **3.** Despacho oficial del decano.

DECANO, A n. (lat. *decanum*). Persona más antigua de una comunidad, cuerpo, junta, etc. **2.** Persona que dirige una facultad universitaria o que preside determinadas corporaciones.
DECANTACIÓN n. f. Acción y efecto de decantar o decantarse.
DECANTAR v. tr. [1]. Inclinar suavemente una vasija sobre otra para que caiga el líquido sin que salga el poso. **2.** Limpiar de impurezas un líquido haciendo que se depositen en el fondo del recipiente. ◆ **decantarse** v. pron. **3.** Inclinarse, tender o propender: *decantarse hacia otras ideas*.
DECAPITACIÓN n. f. Acción de decapitar.
DECAPITAR v. tr. (lat. ecles. *decapitare*) [1]. Degollar, cortar la cabeza: *decapitar a un reo*. SIN.: *descabezar*.
DECÁPODO, A adj. y n. m. Relativo a un orden de crustáceos superiores, generalmente marinos, que tienen cinco pares de grandes patas torácicas, como el cangrejo de mar, el erizo de río, el camarón, la langosta, etc.
DECASÍLABO, A adj. y n. m. Que tiene diez sílabas.
DECATHLON o **DECATLÓN** n. m. Prueba combinada de atletismo que comprende 10 especialidades distintas: carreras (100 m, 400 m, 1500 m, 110 m vallas), pruebas de salto (altura, longitud, salto con pértiga) y de lanzamiento (peso, disco y jabalina).
DECELERACIÓN n. f. Aceleración negativa o reducción de la velocidad de un móvil.
DECELERAR v. intr. [1]. Efectuar una deceleración.
DECENA n. f. Grupo de diez unidades. **2.** Sucesión de diez días consecutivos.
DECENAL adj. (lat. *decennalem*). Que se repite cada decenio: *fiesta decenal*. **2.** Que dura un decenio: *cargo decenal*.
DECENCIA n. f. (lat. *decentiam*). Respeto exterior a las buenas costumbres o a las conveniencias sociales. **2.** *Fig.* Dignidad en los actos y en las palabras, conforme al estado o calidad de la persona. **3.** Decoro, dignidad. **4.** Respeto moral que impide avergonzar o herir la sensibilidad ajena.
DECENIO n. m. Período de diez años.
DECENTE adj. (lat. *decentem*). Que manifiesta o tiene decencia: *conducta decente*. **2.** Limpio, aseado, arreglado. **3.** De buena calidad o en cantidad suficiente: *examen decente*; *sueldo decente*.
DECEPCIÓN n. f. Impresión desagradable de sensación de pesar que se experimenta al ocurrir algo de modo distinto a como se esperaba o deseaba.
DECEPCIONAR v. tr. [1]. Causar decepción: *su actuación me decepcionó*.
DECESO n. m. Muerte.
DECHADO n. m. (lat. *dictatum*). Ejemplo, modelo que puede imitarse: *ser un dechado de virtudes*.
DECI- (lat. *decem*, diez), prefijo, de símbolo d, que forma vocablos compuestos, con la significación de décima parte.
DECIÁREA n. f. Décima parte de un área, de símbolo da.
DECIBELIO o **DECIBEL** n. m. Décima parte del *bel*, unidad que sirve en acústica para definir una escala de intensidad sonora, de símbolo dB. (La voz media tiene una intensidad de 55 dB.)
DECIBLE adj. Que se puede decir o explicar.
DECIDIDO, A adj. Resuelto, audaz.
DECIDIR v. tr. (lat. *decidere*, cortar) [3]. Formar juicio definitivo sobre un asunto, controversia, etc.: *decidió no opinar*. **2.** Mover a uno la voluntad a fin de que tome una determinación: *tus palabras me han decidido*. ◆ v. tr. y pron. **3.** Resolver, tomar una determinación: *se decidió a salir*.
DECILITRO n. m. Décima parte del litro, cuyo símbolo es dl.

DÉCIMA n. f. Décima parte de un grado del termómetro clínico: *tener unas décimas de fiebre*. **2.** HIST. Diezmo. **3.** MÉTRIC. Estrofa de diez versos, octosílabos con rima consonante abba; ac; cddc. SIN.: *espinela*.
DECIMAL adj. (la·. *decimalem*). Dícese de cada una de las diez partes iguales en que se divide un todo. **2.** Que procede por diez o por potencias de diez. • **Logaritmo decimal**, logaritmo cuya base es diez. ‖ **Sistema decimal**, sistema de numeración de base diez. ◆ adj. y n. m. **3.** Relativo a los números con que se representan unidades enteras más partes de la unidad.
DECÍMETRO n. m. Décima parte del metro, cuyo símbolo es dm. • **Doble decímetro**, regla de 2 dm de long., dividida en centímetros y milímetros.
DÉCIMO, A adj. (lat. *decimum*). Dícese de cada una de las diez partes iguales en que se divide un todo. ◆ adj. num. ordin. **2.** Que corresponde en orden al número diez. ◆ n. m. **3.** Billete de la lotería que vale la décima parte de un billete completo. **4.** Moneda de plata de Colombia, México y Ecuador.
DECIMOCTAVO, A adj. num. ordin. Que corresponde en orden al número dieciocho.
DECIMOCUARTO, A adj. num. ordin. Que corresponde en orden al número catorce.
DECIMONÓNICO, A adj. Relativo al s. XIX. **2.** *Desp.* Anticuado: *ideas decimonónicas*.
DECIMONONO, A o **DECIMONOVENO, A** adj. num. ordin. Que corresponde en orden al número diecinueve.
DECIMOQUINTO, A adj. num. ordin. Que corresponde en orden al número quince.
DECIMOSÉPTIMO, A adj. num. ordin. Que corresponde en orden al número diecisiete.
DECIMOSEXTO, A adj. num. ordin. Que corresponde en orden al número dieciséis.
DECIMOTERCERO, A o **DECIMOTERCIO, A** adj. num. ordin. Que corresponde en orden al número trece.
DECIR n. m. Lo que una persona dice o expresa: *parco en el decir*. **2.** Habladurías: *el decir de as gentes*. **3.** Composición poética del s. XV de carácter didáctico, político y cortesano.
DECIR v. tr. (lat. *dicere*) [19]. Manifestar con palabras el pensamiento: *no tener nada que decir*. **2.** Asegurar, juzgar: *lo digo yo*. **3.** *Fam.* Nombrar, llamar: *le dicen Miguel*. **4.** *Fig.* Denotar una cosa o dar muestras de ella: *tu cara lo dice todo*. **5.** *Fig.* Contener un libro o escrito cierta información o doctrina: *en el letrero dice: no fumar*. **6.** Recitar, repetir de memoria o leyendo: *decir una poesía, una oración*. **7.** Armonizar una cosa con otra, o al contrario: *el pantalón no dice con esa chaqueta*. • **A decir verdad**, en verdad, por cierto. ‖ **Decir bien**, hablar en favor de alguien; explicarse con claridad y facilidad. ‖ **Decir entre sí, o para sí**, razonar consigo mismo. ‖ **Decir misa**, celebrarla. ‖ **Decir por decir**, hablar sin fundamento. ‖ **Decir y hacer**, ejecutar algo inmediatamente y con rapidez. ‖ **¡Digo!**, expresión de sorpresa, asombro, etc. ‖ **El qué dirán**, la opinión pública. ‖ **He dicho**, fórmula con que se indica que se ha terminado de hablar. ‖ **No decir nada** a alguien una persona o cosa, no inspirarle, serle indiferente. ◆ **decirse** v. pron. **8.** Hablar consigo mismo, monologar interiormente.
DECISIÓN n. f. (lat. *decisionem*). Resolución adoptada en una cosa dudosa: *tomar una decisión*. **2.** Firmeza de carácter: *actuar con decisión*. **3.** Sentencia o fallo en cualquier pleito o causa. **4.** Parte dispositiva de una ley.

DEC

DECISIVO, A o **DECISORIO, A** adj. Que decide o resuelve: *combate decisivo; argumento decisivo*.

DECLAMACIÓN n. f. Acción o arte de declamar.

DECLAMAR v. tr. y tr. (lat. *declamare*) [1]. Hablar o recitar en voz alta, con la entonación adecuada y los ademanes convenientes. ♦ v. intr. **2.** Hablar en público o ejercitarse para ello. **3.** Expresarse con demasiada vehemencia.

DECLAMATORIA n. f. Vehemente manera de perorar.

DECLAMATORIO, A adj. De forma enfática y exagerada: *estilo declamatorio*.

DECLARACIÓN n. f. Acción y efecto de declarar o declararse: *declaración de amor*. **2.** DER. Deposición que bajo juramento hace el testigo o perito en causas criminales o civiles, y la que hace el reo sin juramento.

DECLARANTE n. m. y f. DER. Persona que declara ante un juez o tribunal.

DECLARAR v. tr. (lat. *declarare*) [1]. Manifestar o explicar lo que está oculto o no se entiende bien: *declarar las intenciones*. **2.** DER. Manifestar a la administración la naturaleza y cantidad de una materia imponible. **3.** DER. Hacer conocer la cantidad y naturaleza de unas mercancías u objetos, a fin de devengar los derechos a los que está sometido su tráfico: *declarar las joyas en la aduana*. **4.** DER. Manifestar los juzgadores su decisión. ♦ v. tr. y pron. **5.** Dar a conocer o explicar los propios sentimientos o pensamientos, hechos o circunstancias no manifiestos, etc.: *declararse a alguien*. **6.** Adoptar una actitud ante un hecho determinado. ♦ v. tr. e intr. **7.** DER. Manifestar los testigos o el reo ante el juez lo que saben acerca de lo que se les pregunta o expone. ♦ **declararse** v. pron. **8.** Aparecer, manifestarse o producirse abiertamente algo: *declararse una enfermedad*. **9.** Decir a alguien que se está enamorado de él.

DECLARATORIO, A adj. DER. Que declara jurídicamente.

DECLINABLE adj. LING. Que se puede declinar.

DECLINACIÓN n. f. Caída, descenso, declive. **2.** *Fig.* Decadencia o menoscabo. **3.** ASTRON. Distancia angular de un astro o de un punto cualquiera del cielo al ecuador celeste, medida sobre un arco de círculo máximo perpendicular al ecuador. **4.** LING. En las lenguas flexivas, sistema de formas que toman los nombres, los adjetivos y los pronombres, siguiendo el género, el número y el caso.

DECLINAR v. intr. (lat. *declinare*) [1]. Decaer, disminuir; aproximarse al fin: *las fuerzas declinan con la edad*. **2.** Alejarse un astro del ecuador celeste. **3.** *Fig.* In cambiando de naturaleza o de costumbre hasta llegar a un extremo contrario. ♦ v. tr. **4.** Rehusar, renunciar. **5.** LING. Poner en los casos gramaticales las voces que tienen declinación.

DECLIVE n. m. (lat. *declivem*). Pendiente, inclinación del terreno o de la superficie de una cosa: *tejado en declive*. **2.** *Fig.* Decadencia.

DECODIFICAR v. tr. [1a]. Descodificar.

DECOLORACIÓN n. f. Acción y efecto de decolorar.

DECOLORANTE n. m. Sustancia química que tiene la propiedad de hacer desaparecer las coloraciones que poseen ciertos cuerpos.

DECOLORAR v. tr. y pron. [1]. Quitar o amortiguar el color a una cosa. ♦ v. tr. **2.** Eliminar los pigmentos naturales para mejorar el color del producto acabado.

DECOMISAR v. tr. [1]. Comisar, confiscar.

DECORACIÓN n. f. Acción, arte de decorar, adornar. **2.** Conjunto de cosas que decoran.

DECORADO n. m. Decoración. **2.** En una representación teatral, conjunto de lienzos pintados con que se figura el lugar de la escena.

DECORADOR, RA n. y adj. Persona que tiene por oficio decorar interiores de edificios, locales, etc., o que proyecta o realiza una escenografía.

DECORAR v. tr. (lat. *decorare*) [1]. Adornar, engalanar: *decorar un pastel*. **2.** Poner en una casa o habitación muebles, objetos y accesorios para embellecerla: *decorar un piso*. **3.** *Poét.* Condecorar.

DECORATIVO, A adj. Que decora, adorna. **2.** Relativo a la decoración. **• Artes decorativas**, disciplinas dedicadas a la producción de elementos decorativos y de objetos más o menos funcionales provistos de valor estético.

DECORO n. m. (lat. *decorum*). Honor, respeto, reverencia que se debe a una persona. **2.** Dignidad, nivel requerido conforme a una categoría: *vivir con decoro*. **3.** Pudor, decencia.

DECOROSO, A adj. Que tiene o manifiesta decoro.

DECRECER v. intr. (lat. *decrescere*) [2m]. Menguar, disminuir: *decrecer las ganancias*.

DECRECIENTE adj. Que decrece.

DECRECIMIENTO n. m. Disminución, merma, mengua. **2.** MAT. Disminución del valor de una cantidad variable.

DECREMENTO n. m. Disminución, merma.

DECREPITAR v. intr. [1]. Crepitar una sal por la acción del fuego.

DECRÉPITO, A adj. v. n. Que está en gran decadencia.

DECREPITUD n. f. Estado de decrépito.

DECRESCENDO o **DIMINUENDO** adv. y n. m. (voz italiana). MÚS. Disminuyendo progresivamente la intensidad de los sonidos.

DECRETAR v. tr. [1]. Ordenar por decreto: *decretar nuevas leyes*. **2.** Indicar marginalmente el curso o respuesta que se ha de dar a un escrito.

DECRETO n. m. (lat. *decretum*). Decisión tomada por la autoridad competente en materia de su incumbencia. **2.** Disposición del poder ejecutivo, dada con carácter general. **3.** Decisión de la autoridad eclesiástica, de carácter general.

DECRETO-LEY n. m. (pl. *decretos-leyes*). Decreto del gobierno, que tiene fuerza de ley.

DECÚBITO n. m. (lat. *decubitum*). Actitud del cuerpo cuando reposa sobre un plano horizontal.

DECULTURACIÓN n. f. En ciertas personas, pérdida de toda o parte de la cultura tradicional en beneficio de una cultura nueva.

DECUPLICAR v. tr. [1a] o **DECUPLAR** v. tr. [1]. Hacer una cosa diez veces mayor: *decuplicar los precios; decuplar el capital en cuatro años*.

DÉCUPLO, A adj. y n. m. Que es diez veces mayor.

DECURSO n. m. (lat. *decursum*). Sucesión o transcurso del tiempo: *en el decurso de la historia*.

DEDAL n. m. Utensilio de metal, hueso, etc., cilíndrico, hueco, que, cuando se cose, sirve para proteger la punta del dedo que empuja la aguja. **2.** Dedil de los operarios.

DEDALERA n. f. Nombre vulgar de la digital.

DÉDALO n. m. (de *Dédalo*, personaje legendario). Laberinto: *un dédalo de callejuelas*.

DÉDALO, personaje mitológico constructor del laberinto de Creta.

DEDAZO n. m. *Méx.* Acto por el cual, sin tomar en cuenta las formas democráticas, se designa a una persona para un cargo público.

DEDICACIÓN n. f. Acción y efecto de dedicar o dedicarse. **2.** Inscripción de la dedicación de un edificio. **3.** Celebridad del día en que se hace memoria de haberse consagrado o dedicado un templo, un altar, etc.

DEDICAR v. tr. (lat. *dedicare*) [1a]. Poner una cosa bajo la advocación de Dios o de los santos, consagrándola al culto. **2.** Consagrar una cosa a personajes eminentes, representaciones, hechos religiosos. **3.** Dirigir algo a una persona como obsequio: *dedicar un libro a alguien*. ♦ v. tr. y pron. **4.** Emplear, destinar, aplicar. ♦ **dedicarse** v. pron. **5.** Tener un oficio, empleo o educación: *dedicarse a la enseñanza*.

DEDICATORIA n. f. Carta o nota dirigida a la persona a quien se dedica una obra.

DEDICATORIO, A o **DEDICATIVO, A** adj. Que tiene o supone dedicación.

DEDILLO. Al dedillo, con todo detalle, perfectamente.

DEDO n. m. (lat. *digitum*). Cada uno de los apéndices articulados en que terminan las manos y los pies del hombre y de algunos animales. **2.** Medida equivalente al ancho de un dedo: *un dedo de vino*. **• A dedo**, al azar o por influencia. || **A dos dedos de** (*Fam.*), muy cerca de, a punto de. || **Cogerse**, o **pillarse, los dedos**, sufrir las consecuencias de un descuido o equivocación. || **Comerse,** o **chuparse, los dedos**, sentir gran placer o gusto con el sabor de algo que se come, o con lo que se oye o se ve. || **Hacer dedo** (*Argent., Chile y Urug.*), hacer autostop. || **No tener dos dedos de frente**, ser de poco entendimiento. || **Poner el dedo en la llaga**, acertar y señalar el verdadero origen de un mal, el punto difícil de una cuestión o lo que más afecta a una persona.

DEDUCCIÓN n. f. (lat. *deductionem*). Acción y efecto de deducir: *hacer la deducción de los gastos*. **2.** Suma que, en determinados casos, se deduce de la renta tasable sometida a impuestos. **3.** LÓG. Razonamiento que, partiendo de hipótesis, conduce a la verdad de una proposición usando reglas de inferencia.

DEDUCIBLE adj. Que puede ser deducido.

DEDUCIR v. tr. (lat. *deducere*) [20]. Sacar consecuencias de un principio, proposición o supuesto y, en general, llegar a un resultado por el razonamiento: *de esto deduzco que...* **2.** Rebajar, descontar de una cantidad: *deducir los gastos*.

DEDUCTIVO, A adj. Que procede por deducción lógica.

DEFASADO, A adj. Dícese de una magnitud alterna que presenta una diferencia de fase con otra magnitud de la misma frecuencia.

DEFASAJE n. m. Diferencia de fases entre dos fenómenos alternativos de la misma frecuencia.

DEFECACIÓN n. f. Acción y efecto de defecar.

DEFECAR v. tr. (lat. *defaecare*) [1a]. Clarificar, poner claro, especialmente los licores. ♦ v. tr. e intr. **2.** Expeler los excrementos.

DEFECCIÓN n. f. Acción de separarse con deslealtad de una causa.

DEFECTIBILIDAD n. f. Calidad de defectible.

DEFECTIBLE adj. Que puede faltar.

DEFECTIVO, A adj. Defectuoso. **2.** LING. Dícese de una palabra declinable que no tiene todos sus casos, géneros o números. **• Verbo defectivo** (LING.), el que no tiene todos sus tiempos, todos sus modos o todas sus personas, como *abolir, atañer, concernir*, etc.

DEFECTO n. m. (lat. *defectum*). Carencia de las cualidades propias de una cosa. **2.** Imperfección natural o moral. **3.** DER. Vicio de una cosa, que disminuye su valor.

DEFECTUOSO, A adj. Imperfecto, con algún defecto.

DEFENDER v. tr. y pron. [2d]. Amparar, proteger. ♦ v. tr. **2.** Mantener, conservar, sostener una afirmación contra el dicta-

men ajeno. **3.** Abogar, alegar en favor de alguien, especialmente en juicio.
DEFENDIBLE adj. Que se puede defender.
DEFENDIDO, A adj. y n. Dícese de la persona a quien defiende un abogado.
DEFENESTRACIÓN n. f. Acción de defenestrar.
DEFENESTRAR v. tr. [1]. Arrojar por la ventana a una persona. **2.** Fig. Destituir o expulsar a alguien de un cargo, ocupación, puesto, etc.
DEFENSA n. f. Acción y efecto de defender. **2.** Protección, socorro: *acudir en defensa de alguien*. **3.** Arma o instrumento con que alguien se defiende de un peligro. **4.** DEP. En los deportes de equipo, conjunto de jugadores encargado de proteger la portería y detener el avance de las líneas de ataque del oponente. **5.** DER. Parte que se defiende; representación de esta parte. **6.** DER. Exposición de los argumentos jurídicos que el defendido y su abogado oponen a la acusación. ♦ n. m. **7.** DEP. Jugador que forma parte del equipo encargado de proteger la portería. ♦ **defensas** n. f. pl. **8.** Espinas o aguijones que protegen pasivamente a ciertas plantas. **9.** MAR. Conjunto de maderas, cuerdas o neumáticos viejos que se ponen a lo largo de la borda de un barco, para amortiguar un golpe o impedir rozamientos contra el muelle u otra embarcación. **10.** MIL. Conjunto de organizaciones defensivas destinadas a proteger una plaza. **11.** ZOOL. Piezas dentales salientes y muy desarrolladas, como los incisivos de los elefantes, los caninos del jabalí, etc. **12.** ZOOL. Cuernos de cualquier animal, y más concretamente del ciervo y del toro de lidia.
DEFENSIVA n. f. Situación o estado de que sólo trata de defenderse. • **Estar**, o **ponerse a la defensiva**, estar o ponerse en estado de defenderse, sin intención de atacar.
DEFENSIVO, A adj. Que sirve para defender.
DEFENSOR, RA adj. y n. Que defiende. ♦ n. m. **2.** Persona, en general un abogado, encargada de defender a un acusado. • **Defensor del pueblo**, institución del ordenamiento constitucional que tiene por objeto la defensa de los derechos y libertades constitucionales frente a las arbitrariedades de la administración.
DEFERENCIA n. f. Muestra de respeto o cortesía: *tener una deferencia con alguien*.
DEFERENTE adj. Que muestra o demuestra deferencia. ♦ adj. y n. m. **2.** ANAT. Que conduce hacia el exterior: *conducto deferente*.
DEFERIR v. intr. [22]. Adherirse al dictamen de uno por respeto o cortesía. ♦ v. tr. **2.** Comunicar, delegar parte de la jurisdicción o poder.
DEFICIENCIA n. f. Defecto o imperfección. **2.** Insuficiencia orgánica o síquica.
DEFICIENTE adj. Defectuoso, incompleto, insuficiente. ♦ n. m. y f. **2.** Persona que padece una deficiencia orgánica o psíquica.
DÉFICIT n. m. (pl. *déficit* o *déficits*). Lo que falta a los ingresos para que se equilibren con los gastos. **2.** Cantidad que falta para llegar al nivel necesario.
DEFICITARIO, A adj. Que se salda con déficit.
DEFINICIÓN n. f. Acción y efecto de definir. **2.** Proposición o fórmula por medio de la cual se define. **3.** LÓG. Proposición afirmativa que tiene por objeto hacer conocer exactamente la naturaleza y la comprensión de un concepto. **4.** TELEV. Número de líneas en que está analizada una imagen para transmitir. • **Dominio de definición** (MAT.), para una función de una correspondencia entre dos conjuntos C y C', subconjunto de C cuyos elementos admiten elementos correspondientes en C'.
DEFINIDOR, RA adj. y n. Que define.

DEFINIR v. tr. [3]. Fijar y enunciar con claridad y exactitud la significación de una palabra. **2.** Delimitar, fijar o explicar la naturaleza de una persona o cosa. **3.** Decidir por autoridad legítima un punto dudoso de dogma, de disciplina, etc.
DEFINITIVO, A adj. Que decide o concluye sin dejar lugar a dudas o a cambios: *acuerdo definitivo*. • **En definitiva**, en conclusión.
DEFINITORIO, A adj. Que sirve para definir, diferenciar o precisar.
DEFLACIÓN n. f. ECON. Restricción, por los poderes públicos, de la cantidad de moneda en circulación, mediante una restricción de créditos, o la reducción de la masa monetaria y del gasto público.
DEFLAGRACIÓN n. f. Acción y efecto de deflagrar.
DEFLAGRAR v. intr. [1]. Arder rápidamente con llama y sin explosión.
DEFLECTOR, RA adj. ELECTRÓN. Que sirve para desviar la dirección de un fluido. ♦ n. m. **2.** Órgano que sirve para modificar la dirección de una corriente o flujo.
DEFOE o **DE FOE** (Daniel), escritor británico (Londres c. 1660-*id.* 1731). Aventurero, comerciante y agente político, se hizo famoso con una novela de aventuras (*Robinson Crusoe*, 1719) y una serie de obras realistas (*Moll Flanders*, 1722).
DEFOLIACIÓN n. f. BOT. Caída natural de las hojas de las plantas.
DEFOLIANTE adj. y n. m. Dícese del producto químico que causa defoliación.
DEFORESTACIÓN n. f. Acción y efecto de deforestar.
DEFORESTAR v. tr. [1]. Despojar un terreno de plantas forestales.
DEFORMACIÓN n. f. Acción y efecto de deformar. **2.** Alteración morfológica de una parte del organismo.
DEFORMAR v. tr. y pron. [1]. Alterar una cosa en su forma: *deformar la realidad*.
DEFORMATORIO, A adj. Que deforma o sirve para deformar.
DEFORME adj. Que presenta una gran irregularidad o anomalía en su forma.
DEFORMIDAD n. f. Calidad de deforme. **2.** Cosa deforme. **3.** Fig. Error artístico o moral.
DEFRAUDACIÓN n. f. Acción y efecto de defraudar. **2.** DER. Infracción cometida mediante actos de resistencia, mala fe o engaño para eludir el pago de los impuestos.
DEFRAUDADOR, RA adj. y n. Que defrauda.
DEFRAUDAR v. tr. [1]. Privar a alguien, con abuso de su confianza o con engaño, de lo que le corresponde de derecho. **2.** Eludir o burlar el pago de los impuestos. **3.** Fig. Frustrar, decepcionar.
DEFUNCIÓN n. f. Muerte, fallecimiento: *cerrado por defunción*.
DEGAS (Edgar), pintor francés (París 1834-*id.* 1917). Impresionista, influido por Ingres, Delacroix y el naturalismo, sintetizó espacio, luz, formas y movimiento de una manera nueva (*Clase de baile*, 1874). Fue también escultor y grabador.
DEGENERACIÓN n. f. Acción y efecto de degenerar. **2.** Alteración de la célula viva.
DEGENERADO, A adj. y n. Que tiene anormalidades mentales o morales.
DEGENERAR v. intr. [1]. Perder cualidades, pasar de una condición o estado a otro contrario y peor. MAT. Descomponerse una curva en otras más simples.
DEGENERATIVO, A adj. Que causa o produce degeneración, o que la implica.
DEGLUCIÓN n. f. Acto reflejo por el que el bolo alimenticio pasa de la boca al esófago y de ahí al estómago.
DEGLUTIR v. intr. y tr. (lat. *deglutire*) [3]. Tragar los alimentos.
DEGOLLACIÓN n. f. Acción y efecto de degollar.

DEGOLLADERO n. m. Parte del cuello por donde se degüella al animal. **2.** Sitio donde se degüellan las reses.
DEGOLLADO (Santos), militar y político mexicano (Guanajuato 1811-Monte de las Cruces, México D. F., 1861). Participó en la revolución de Ayutla y fue ministro de Guerra y Marina con Juárez.
DEGOLLADOR, RA adj. y n. Que degüella. ♦ n. m. **2.** Cuchillo para degollar. **3.** ORNITOL. Alcaudón.
DEGOLLADURA n. f. Herida hecha en la garganta. **2.** Escote que se hace en los vestidos de mujer.
DEGOLLAR v. tr. [1r]. Cortar la garganta o el cuello a una persona o animal: *degollar las reses*. **2.** Escotar el cuello de un vestido.
DEGOLLINA n. f. Fam. Matanza, mortandad.
DEGRADACIÓN n. f. Acción y efecto de degradar. **2.** Destrucción o alteración de las propiedades de un material macromolecular. **3.** EDAFOL. Acidificación y descenso de la fertilidad del suelo. **4.** MIL. Pena que se aplica a los militares culpables de delitos de extrema gravedad, consistente en la destitución pública del empleo. **5.** PINT. Cambio insensible y continuado.
DEGRADAR v. tr. [1]. Deponer a una persona de las dignidades, honores, etc., que tiene: *degradar a un oficial del ejército*. ♦ v. tr. y pron. **2.** Humillar, envilecer. **3.** Rebajar o privar a algo su valor, sus cualidades; deteriorar. **4.** PINT. Disminuir insensible y sistemáticamente.
DEGÜELLO n. m. Acción de degollar.
DEGUSTACIÓN n. f. Acción de degustar.
DEGUSTAR v. tr. [1]. Probar una comida o bebida para valorar su sabor.
DEHESA n. f. Tierra acotada y sometida a custodia, por lo general destinada a pastos.
DEÍCTICO, A adj. LING. Que sirve para señalar o designar. ♦ n. m. LING. **2.** Elemento gramatical que realiza una deixis.
DEIDAD n. f. Ser divino o esencia divina. **2.** Divinidad de la mitología.
DEIFICACIÓN n. f. Acción y efecto de deificar.
DEIFICAR v. tr. [1a]. Divinizar.
DEIXIS n. f. LING. Conjunto de referencias a la situación en que se produce un enunciado, definido por su relación con el hablante, y con el lugar y el tiempo del enunciado.
DEJACIÓN n. f. Acción y efecto de dejar. **2.** DER. Cesión, desistimiento o abandono de bienes, derechos o acciones.
DEJADEZ n. f. Pereza, negligencia, abandono de sí mismo o de sus cosas propias. **2.** Debilidad física, decaimiento, flojera.
DEJANTE prep. Chile, Colomb. y Guat. Aparte de, además de.
DEJAR v. tr. [1]. Poner o colocar algo en algún sitio: *dejar sobre la mesa*. **2.** Apartarse o alejarse de una persona o cosa, abandonar: *dejar la familia, la bebida*. **3.** Omitir: *no dejar punto ni coma*. **4.** Consentir, permitir, no impedir: *déjame salir*. **5.** Valer, producir ganancia: *las ventas no le dejan casi nada*. **6.** Encargar, encomendar: *te dejo al frente del negocio*. **7.** Seguido de un participio pasivo, explica la acción de lo que éste significa: *dejar sumido en un profundo sueño*. **8.** No inquietar, permitir o molestar: *¡déjame en paz!* **9.** Dar una cosa a otro el que se ausenta o hace testamento: *no ha dejado más que deudas*. **10.** Prestar: *déjame tu coche*. • **De atrás**, adelantar a alguien andando o corriendo: *no conseguirás dejarme atrás*; superar a alguien en cualquier asunto. ♦ v. tr. y pron. **11.** Seguido de un infinitivo, indica el modo especial de suceder o ejecutarse lo que significa el verbo que le acompaña: *luego le dejó marchar*. **12.** Cesar, no proseguir lo empezado: *saldremos cuando*

DEJ

deje de llover. ♦ **dejarse** v. pron. **13.** Abandonarse, descuidarse uno en sus actos, obligaciones o aseo.
DEJO o **DEJE** n. m. Acento peculiar del habla de determinada región. **2.** Gusto o sabor que queda de la comida o bebida. **3.** Fig. Placer o disgusto que queda después de una acción.
DEKKAN → **Decán**.
DEL, contracción de la prep. de y el art. el: despacho del abogado.
DELACIÓN n. f. (lat. delationem). Acción y efecto de delatar o denunciar.
DELACROIX (Eugène), pintor y litógrafo francés (Saint-Maurice 1798-París 1863). Una de las grandes figuras de la escuela romántica, es autor de grandes pinturas murales (Las matanzas de Quíos, 1824, y La libertad guiando al pueblo, 1830).
DÉLANO (Luis Enrique), escritor chileno (Santiago 1907), narrador (La niña de la prisión, 1928; Luces en la isla, 1930), ensayista y poeta.
DELANTAL n. m. Prenda de vestir, de distintas formas, que se usa para proteger el traje. **2.** Mandil.
DELANTE adv. l. Con prioridad de lugar, en la parte anterior o en el sitio tras el cual está una persona o cosa: déjalo delante de su puerta. **2.** A la vista, en presencia: hablar delante de todos. • **Delante de**, en lugar anterior a, enfrente.
DELANTERA n. f. Parte anterior de una cosa. **2.** Cuarto delantero de una prenda de vestir. **3.** Espacio en que uno se adelanta a otro en el camino. **4.** En las plazas de toros, teatros y otros locales de espectáculos, primera fila de cierta clase de asientos. **5.** Fam. Pecho de una mujer. **6.** DEP. Línea de ataque de un equipo deportivo.
DELANTERO, A adj. Que está o va delante. ♦ n. m. **2.** En los deportes de equipo, jugador que forma parte de la línea de ataque o delantera. • **Delantero centro**, en fútbol, el que se coloca en medio de la línea de ataque.
DELATAR v. tr. [1]. Revelar a la autoridad un delito, designando el autor. **2.** Descubrir, revelar. ♦ **delatarse** v. pron. **3.** Dar a conocer una situación, intención, estado, etc., involuntariamente.
DELATOR, RA adj. y n. Que delata.
DELAWARE, r. de Estados Unidos, que atraviesa Filadelfia y desemboca en la bahía del Delaware, en el Atlántico; 400 km.
DELAWARE, estado de la costa E de Estados Unidos; 5295 km²; 666 168 hab. Cap. Dover.
DELBRÜCK (Max), biofísico norteamericano de origen alemán (Berlín 1906-Pasadena 1981). Recibió en 1969 el premio Nobel de medicina y fisiología por sus trabajos de biología molecular sobre el A.D.N. y su papel genético.
DELECTACIÓN n. f. Deleite.
DELEDDA (Grazia), novelista italiana (Nuoro 1871-Roma 1936). Retrató la vida en Cerdeña. (Premio Nobel de literatura 1926.)
DELEGACIÓN n. f. Acción y efecto de delegar: iré por delegación suya. **2.** Cargo y oficina del delegado. **3.** Conjunto de personas con autoridad para representar a otras. **4.** Nombre dado a determinados organismos de la administración pública, de carácter provincial: delegación de hacienda. **5.** En México, área administrativa menor básica.
DELEGADO, A n. y adj. Persona en quien se delega una facultad o poder.
DELEGAR v. tr. e intr. [1b]. Transferir el poder o autoridad de una persona a otra para que obre en representación suya en algún asunto.
DELEITAR v. tr. y pron. (lat. delectare) [1]. Producir deleite.
DELEITE n. m. Placer del ánimo o de los sentidos.

DELEITOSO, A o **DELEITABLE** adj. Que causa deleite.
DELETÉREO, A adj. Mortífero, venenoso.
DELETREAR v. intr. y tr. [1]. Nombrar sucesivamente las letras que componen una palabra. ♦ v. tr. **2.** Fig. Adivinar, interpretar lo oscuro y difícil de entender.
DELETREO n. m. Acción de deletrear.
DELEZNABLE adj. Que se rompe, disgrega o deshace fácilmente. **2.** Fig. Inconsistente; de poca duración o resistencia. **3.** Que se desliza y resbala con mucha facilidad.
DELFÍN n. m. Mamífero marino, de unos 2 m de long., del orden cetáceos, negruzco por encima y blanquecino por debajo, con hocico delgado y agudo, que vive en bandas en todos los mares y se alimenta de peces.
DELFOS, en gr. **Delphoi** o **Delphi**, c. de la antigua Grecia, en la Fócida, sobre la ladera SO del Parnaso, en un lugar excepcional donde Apolo tenía un templo y una pitonisa emitía sus oráculos. Importante centro religioso y sede de los juegos píticos, tuvo su época de esplendor del s. VII a. J.C. a la época romana. Las excavaciones emprendidas a partir de 1860 han permitido recuperar los templos de Apolo y de Atenea, los tesoros (entre ellos el de la ciudad de Atenas, s. V a. J.C.), el teatro y el estadio. Rico museo.
DELFT, c. de Países Bajos (Holanda Meridional); 89 365 hab. Centro cerámico. Museo. Monumentos de los ss. XIII-XVII. Universidad técnica.
DELGADEZ n. f. Calidad de delgado.
DELGADO, A adj. Flaco, de pocas carnes. **2.** Fino, poco grueso.
DELGADO (José Matías), prócer de la independencia centroamericana (San Salvador 1768-† 1833). Fue presidente de la asamblea nacional constitucional de las Provincias Unidas de Centroamérica (1823).
DELGADO (Rafael), escritor mexicano (Córdoba, Veracruz, 1853-Orizaba 1914). Novelista caracterizado por un romanticismo costumbrista y un enfoque social sentimentaloide (La calandria, 1891; Angelina, 1895; Los parientes ricos, 1903; Historia vulgar, 1904), escribió también poesía, crítica literaria y teatro.
DELHI, c. de la India, cap. del territorio de Delhi (9 370 475 hab.), a orillas del Yamuna; 8 375 188 hab. Antigua ciudad hindú, fue the s. VIII al XIX la capital de los estados musulmanes de la India del Norte. Engloba Nueva Delhi, capital federal de la India, y es la tercera ciudad del país. Numerosos monumentos: columna de hierro (s. IV), notables edificios de estilo «indomusulmán» de los ss. XIII-XVI, entre ellos el Qutb Minār (c. 1229); prestigioso conjunto de la arquitectura mongola (mausoleo de Humāyūn, c. 1564; fuerte Rojo, 1639-1647; Gran mezquita, 1644-1658; mezquita de la Perla, c. 1660, etc.).
DELIBERACIÓN n. f. Acción y efecto de deliberar.
DELIBERADO, A adj. Hecho de propósito.
DELIBERANTE adj. Que delibera. **2.** Dícese de las juntas o asambleas encargadas de deliberar y cuyos acuerdos tienen eficacia ejecutiva.
DELIBERAR v. intr. [1]. Examinar atentamente el pro y el contra de una decisión, antes de realizarla. ♦ v. tr. **2.** Decidir, resolver una cosa después de un cuidadoso examen.
DELIBERATIVO, A adj. Relativo a la deliberación. ♦ adj. y n. m. **2.** LING. Dícese de la forma verbal o de la construcción propia para expresar la idea de que el sujeto se pregunta sobre su decisión.
DELIBES (Miguel), escritor español (Valladolid 1920). La muerte, la pobreza y la infancia son algunos de los temas recurrentes en su narrativa, que describe el mundo de las gentes humildes, especialmente de los ambientes rurales: La sombra del ciprés es alargada (1948), El camino (1950), Mi idolatrado hijo Sisí (1953), Las ratas (1962), Cinco horas con Mario (1966), La mortaja (1970), Los santos inocentes (1982). [Premio nacional de las letras españolas 1991; premio Cervantes 1993.] (Real academia 1974.)

DELICADEZA n. f. Cualidad de delicado.
2. Acción delicada.
DELICADO, A adj. Fácil de deteriorar, lastimar o romper. **2.** Débil, flaco, enfermizo. **3.** Fino, liso, suave, tenue. **4.** Atento, educado, cortés. **5.** Exquisito, gustoso, sabroso. **6.** Difícil, que exige mucho cuidado. **7.** Difícil de contentar, fácil de enfadarse. **8.** Que procede con escrupulosidad o miramiento. **9.** Sutil, agudo, ingenioso.
DELICIA n. f. Deleite vivo e intenso. **2.** Aquello que causa alegría o placer.
DELICIOSO, A adj. Capaz de causar delicia.
DELICTIVO, A adj. Relativo al delito. **2.** Que implica delito.
DELICUESCENCIA n. f. Propiedad que tienen ciertos cuerpos de absorber la humedad del aire hasta el punto de convertirse en líquidos. **2.** Fig. y fam. Decadencia, descomposición que resulta de la violación de las reglas morales.
DELICUESCENTE adj. FÍS. Dotado de delicuescencia.
DELIGNE (Gastón Fernando), poeta dominicano (Santo Domingo 1861-San Pedro de Macorís 1913). Su obra, reunida en Galaripsos (1908), lo convierte en uno de los grandes poetas de su país.
DELIMITACIÓN n. f. Acción y efecto de delimitar.
DELIMITAR v. tr. [1]. Señalar los límites.
DELINCUENCIA n. f. Calidad de delincuente: delincuencia juvenil. **2.** DER. Comisión de delitos. **3.** DER. Conjunto de crímenes y delitos considerados en el plano social.
DELINCUENTE adj. y n. m. y f. Que delinque.
DELINEACIÓN n. f. Acción y efecto de delinear.
DELINEADOR, RA adj. y n. Que delinea.
DELINEANTE n. m. y f. Dibujante que traza planos o proyectos, generalmente ideados por otro.
DELINEAR v. tr. [1]. Trazar las líneas de una figura y, especialmente, trazar un plano.
DELINQUIR v. intr. (lat. delinquere) [3c]. Cometer un delito.
DELIQUIO n. m. Desmayo, éxtasis.
DELIRAR v. intr. [1]. Tener delirios. **2.** Fig. Decir o hacer despropósitos o disparates.
DELIRIO n. m. (lat. delirium). Trastorno síquico caracterizado por la persistencia de ideas en oposición manifiesta a la realidad o al buen sentido, acompañada de una firme convicción de su existencia por parte del sujeto.
DELIRIUM TREMENS n. m. (voces latinas, delirio tembloroso). Estado de agitación con fiebre, temblor de piernas y brazos, onirismo y trastornos de la conciencia, propio de la intoxicación etílica.
DELITO n. m. DER. En sentido amplio, hecho ilícito sancionado por una pena; en sentido estricto, hecho ilícito sancionado por una pena grave. • **Cuerpo del delito**, elemento material de la infracción, que sirve para probar el delito.
DELOS, en gr. **Dēlos** o **Dhílo**, isla de Grecia, la menor de las Cícladas, donde se hallaba el gran santuario de Apolo. Conjunto arqueológico, considerado de los más completos.
DELTA n. f. Cuarta letra del alfabeto griego (δ, Δ), derivada del signo fenicio dalet, que representaba una oclusiva dental sonora. **2.** GEOGR. Zona de acumulación aluvial de forma aproximadamente triangular, elaborada por un río al desembocar en un mar de marea débil en un lago.

• **Ala en delta,** ala de avión o de planeador en forma de triángulo isósceles.
DELTA AMACURO *(estado),* est. del NE de Venezuela; 40 200 km²; 89 719 hab. Cap. *Tucupita.*
DELTOIDES n. m. y adj. ANAT. Músculo de la espalda, de forma triangular, elevador del brazo.
DEMACRAR v. tr. y pron. [1]. Poner pálido, ojeroso, delgado, con aspecto de enfermo.
DEMAGOGIA n. f. (gr. *dēmagōgia,* acción de conducir al pueblo). Política o comportamiento consistente en halagar las aspiraciones populares para obtener o conservar el poder o para acrecentar la popularidad.
DEMAGÓGICO, A adj. Relativo a la demagogia o al demagogo: *discurso demagógico.*
DEMAGOGO, A n. m. Persona partidaria de la demagogia o que la practica.
DEMANDA n. f. Súplica, solicitud, petición. **2.** Pregunta. **3.** Empresa, intento, empeño. **4.** DER. Petición que un litigante sustenta en el juicio. **5.** DER. Acción que se interpone en justicia para hacer reconocer un derecho: *interponer una demanda.* **6.** ECON. Cantidad de un bien o de un servicio que los consumidores están dispuestos a comprar a un precio y en un período determinado.
DEMANDADO, A adj. y n. DER. Dícese de la persona contra quien se intenta la acción de la justicia.
DEMANDANTE n. m. y f. Persona que interpone una acción en juicio.
DEMANDAR v. tr. [1]. Pedir, rogar. **2.** Preguntar. **3.** DER. Formular una demanda ante los tribunales.
DEMARCACIÓN n. f. Acción y efecto de demarcar. **2.** Terreno demarcado. **3.** En las divisiones territoriales, parte comprendida en cada jurisdicción.
DEMARCAR v. tr. [1a]. Señalar o marcar los límites de un país o terreno.
DEMÁS pron. indef. El resto, la parte no mencionada en un todo: *ordene que salgan los demás.* ♦ adv. c. Además.
DEMASÍA n. f. Exceso, abuso. **2.** Atrevimiento, insolencia, descaro. ♦ **En demasía,** con exceso.
DEMASIADO adv. c. En demasía, con exceso.
DEMASIADO, A adj. En mayor número, cantidad o grado de lo conveniente o necesario.
DEMENCIA n. f. Pérdida global, progresiva e irreversible de las facultades mentales.
DEMENCIAL adj. Relativo a la demencia. **2.** *Fig.* Caótico, disparatado, desproporcionado.
DEMENTE adj. y n. m. y f. Afecto de demencia.
DEMÉRITO n. m. Falta de mérito. **2.** Acción por la cual se desmerece.
DEMÉTER, diosa griega de la fertilidad, identificada con la Ceres romana.
DEMIURGO n. m. (gr. *dēmiurgós,* obrero, artesano, arquitecto). Nombre del dios creador del alma del mundo, en la filosofía platónica.
DEMOCRACIA n. f. Régimen político en el cual el pueblo ejerce la soberanía por sí mismo, sin mediación de un órgano representativo *(democracia directa)* o por representantes intermediarios *(democracia representativa).* **2.** País gobernado en régimen democrático. ♦ **Democracia cristiana,** movimiento cuyo fin es conciliar los principios democráticos y las exigencias de la fe cristiana.
DEMÓCRATA adj. y n. m. y f. Partidario de la democracia. **2.** Relativo al Partido demócrata de E.U.A.; miembro de dicho partido.
DEMOCRATACRISTIANO, A o **DEMOCRISTIANO, A** adj. y n. Relativo a la democracia cristiana; partidario de la democracia cristiana.

DEMOCRÁTICO, A adj. y n. Relativo a la democracia; partidario de la democracia.
DEMOCRATIZAR v. tr. y pron. [1g]. Hacer democrática una sociedad, ley, institución, etc.
DEMÓCRITO, filósofo griego (Abdera, Tracia, c. 460-c. 370 a. JC.). Para él la naturaleza está compuesta de átomos cuyos movimientos se rigen de forma mecanicista.
DEMOGRAFÍA n. f. Ciencia que tiene por objeto el estudio cuantitativo de las poblaciones humanas, de su estado y de sus variaciones. **2.** Tasa de la población humana en una región o un país determinados: *demografía en baja.*
DEMOGRÁFICO, A adj. Relativo a la demografía.
DEMOLER v. tr. [2e]. Deshacer, derribar.
DEMOLICIÓN n. f. Acción y efecto de demoler.
DEMONÍACO, A o **DEMONIACO, A** adj. Relativo al demonio. ♦ adj. y n. **2.** Endemoniado, poseído del demonio.
DEMONIO n. m. (gr. *daimonion*). En la antigüedad, divinidad o espíritu bueno o malo, adscrito al destino de un hombre, una ciudad, etc. **2.** Diablo, nombre dado en las diversas religiones a los ángeles rebeldes. ♦ interj. **3.** *Fam.* Denota enfado o sorpresa.
¡DEMONTRE! interj. *Fam.* Denota enfado o disgusto.
DEMORA n. f. Tardanza, dilación, retraso. **2.** Temporada de ocho meses que en América debían trabajar los indios en las minas.
DEMORAR v. tr. [1]. Retardar. ♦ v. intr. y pron. **2.** Detenerse en algún lugar.
DEMOROSO, A adj. v. n. *Chile.* Dícese de la persona lenta, tarda.
DEMÓSTENES, político y orador ateniense (Atenas 384-Calauria 322 a. JC.). A fuerza de estudio y tenacidad logró superar sus dificultades de elocución y adquirir un notable talento oratorio que empleó primero como abogado y más tarde en política contra Filipo de Macedonia *(Olínticas,* 349-348; *Filípicas,* 351-340). Intervino activamente en política y obtuvo de la alianza de Tebas, pero los atenienses y los tebanos fueron derrotados por Filipo en Queronea (338). Exiliado, alentó la rebelión de los griegos tras la muerte de Alejandro, pero se envenenó después de la derrota de aquéllos.
DEMOSTRACIÓN n. f. Acción y efecto de demostrar. **2.** Manifestación exterior de sentimientos o intenciones. **3.** Ostentación o manifestación pública de fuerza, riqueza, habilidad, etc. **4.** LÓG. Razonamiento que deduce la verdad de una proposición partiendo de axiomas que se han enunciado.
DEMOSTRAR v. tr. [1r]. Probar de forma inequívoca. **2.** Manifestar, declarar. **3.** Enseñar: *demostrar cómo funciona una máquina.*
DEMOSTRATIVO, A adj. Que demuestra. ♦ adj. y n. m. **2.** Dícese de cualquiera de las partículas lingüísticas de carácter pronominal que sirven para aludir a un objeto presente o citado, al tiempo que lo sitúa en relación con las personas gramaticales, como este, esa, aquello, etc.
DEMUDACIÓN n. f. Acción y efecto de demudar o demudarse. SIN.: *demudamiento.*
DEMUDAR v. tr. [1]. Mudar, variar. **2.** Alterar o desfigurar una cosa. ♦ **demudarse** v. pron. **3.** Cambiarse repentinamente el color, se expresión o la expresión del semblante. **4.** Alterarse, inmutarse.
DENDRITA n. f. Forma ramificada en las tres direcciones espaciales que toman ciertos cristales. **2.** Prolongación arborescente del citoplasma de una célula nerviosa.
DENEGACIÓN n. f. Acción y efecto de denegar.

DENEGAR v. tr. [1d]. No conceder lo que se pide.
DENEGATORIO, A adj. Que incluye denegación.
DENG XIAOPING o **TENG HSIAO-PING,** político chino (Guangan, Sichuan, 1904-Pekín 1997). Secretario general del P.C.Ch. (1954), fue destituido por la Revolución cultural (1966). Responsable de las nuevas orientaciones de la política china (1977), se retiró oficialmente de la vida política en 1987, conservando, no obstante, su influencia.
DENGUE n. m. Melindre, delicadeza afectada o exagerada en el lenguaje o en los modales. **2.** Nombre común de una afección aguda febril, de origen vírico, análoga a la gripe. **3.** *Amér.* Contoneo. **4.** *Méx.* Berrinche. ♦ n. m. y f. **5.** Persona que hace melindres. ♦ **dengues** n. m. pl. **6.** *Méx.* Muecas, gestos con el rostro.
DENGUE n. m. *Chile.* Planta herbácea, ramosa, con flores inodoras blancas, amarillas o rojas, que se marchitan al menor contacto. **2.** *Chile.* Flor de esta planta.
DENIGRANTE adj. Que denigra, injuria.
DENIGRAR v. tr. [1]. Hablar mal de una persona o cosa, destruyendo así su buena fama u opinión. ♦ v. tr. e intr. **2.** Injuriar, ultrajar.
DENODADO, A adj. Intrépido, esforzado, atrevido.
DENOMINACIÓN n. f. Acción y efecto de denominar. ♦ **Denominación de origen,** denominación geográfica que se utiliza para garantizar que un producto es originario de determinada región o localidad.
DENOMINADOR, RA adj. y n. Que denomina. ♦ n. m. **2.** MAT. Término inferior de una fracción que indica en cuántas partes está dividida la unidad.
DENOMINAR v. tr. y pron. [1]. Aplicar un nombre a una persona o cosa, de acuerdo con el estado, la calidad, etc.
DENOMINATIVO, A adj. Que implica o denota denominación.
DENOSTAR v. tr. (lat. *dehonestare*) [1r]. Injuriar gravemente, infamar de palabra.
DENOTACIÓN n. f. Acción y efecto de denotar. **2.** LING. y LÓG. Relación existente entre un signo y un objeto real concreto perteneciente a la clase de objetos designada por aquél.
DENOTAR v. tr. [1]. Indicar, anunciar, significar.
DENSIDAD n. f. Calidad de denso. **2.** Relación entre la masa de un determinado volumen de un cuerpo y la masa del mismo volumen de agua, o de aire, para los gases. ♦ **Densidad de población,** número medio de habitantes por kilómetro cuadrado.
DENSIFICAR v. tr. y pron. [1a]. Hacer denso.
DENSIMETRÍA n. f. Medida de las densidades.
DENSÍMETRO n. m. Areómetro.
DENSO, A adj. Compacto, que contiene mucha materia en poco espacio. **2.** Craso, espeso, pastoso. **3.** *Fig.* Apiñado, apretado, unido. **4.** *Fig.* Oscuro, confuso. **5.** *Fig.* De mucho contenido.
DENTADO, A adj. Que tiene salientes en forma de dientes: *hoja dentada.*
DENTADURA n. f. Conjunto de dientes, muelas y colmillos de una persona o animal. **2.** Prótesis dentaria parcial o total: *dentadura postiza.*
DENTAL adj. Relativo a los dientes. ♦ adj. y n. f. **2.** FONÉT. Dícese de las consonantes que se articulan apoyando la punta de la lengua contra los dientes: *la d y la t son consonantes dentales.*
DENTAR v. tr. [1j]. Poner o formar dientes a una cosa. ♦ v. intr. **2.** Endentecer.
DENTARIO, A adj. Relativo a los dientes.

DENTELLADA n. f. Acción de clavar los dientes en algo. **2.** Herida que dejan los dientes en la parte donde muerden.
DENTELLADO, A adj. Que tiene dientes. **2.** Parecido a ellos.
DENTELLAR v. intr. [1]. Chocar los dientes unos contra otros.
DENTELLEAR v. tr. [1]. Mordiscar, clavar los dientes.
DENTICIÓN n. f. FISIOL. Formación, aparición y desarrollo de los dientes. **2.** Número y disposición de las diferentes clases de dientes en las mandíbulas.
DENTÍFRICO, A adj. y n. m. Dícese del preparado específico para la limpieza de los dientes, cuidado de las encías y antisepsia de la boca.
DENTINA n. f. Marfil de los dientes.
DENTISTA n. m. y f. Odontólogo.
DENTISTERÍA n. f. *Amér. Merid.* y *C. Rica.* Odontología. **2.** *Colomb., C. Rica, Ecuad.* y *Venez.* Consultorio del dentista, clínica dental.
DENTÓN, NA adj. y n. Dentudo. ♦ n. m. **2.** Pez provisto de dientes fuertes, semejantes a caninos, que habita en el Mediterráneo. (Familia espáridos.)
DENTRO adv. l. y t. A o en la parte interior de un espacio o término real o imaginario: *dentro de la casa; dentro de mí alma.* **2.** Durante un período de tiempo o al cabo de él: *dentro de un momento.* • **A dentro,** adentro.
DENTRODERA n. f. *Colomb.* Empleada del servicio doméstico que no cocina ni lava.
DENTUDO, A adj. Que tiene dientes desproporcionados.
DENUDACIÓN n. f. Estado de un árbol despojado de su corteza o de su follaje; estado de la tierra privada de su vegetación, etc.
DENUDAR v. tr. y pron. [1]. Quitar lo que en estado natural recubre una cosa.
DENUEDO n. m. Brío, esfuerzo, intrepidez.
DENUESTO n. m. Insulto, ofensa de palabra o por escrito.
DENUNCIA n. f. Acción y efecto de denunciar. **2.** DER. Notificación a la autoridad competente de una violación de la ley penal perseguible de oficio: *presentar una denuncia.* **3.** DER.: Documento en que consta dicha notificación.
DENUNCIANTE n. m. y f. DER. El que hace una denuncia.
DENUNCIAR v. tr. (lat. *denuntiare*) [1]. Comunicar a la autoridad un delito. **2.** Declarar oficialmente un estado ilegal, irregular o indebido de alguna cosa: *denunciar un tratado.* **3.** *Fig.* Poner de manifiesto.
DENUNCIATORIO, A adj. Relativo a la denuncia.
DENVER, c. de Estados Unidos, cap. de Colorado, al pie de las Rocosas; 467 610 hab. (1 622 980 en la aglomeración). Construcción aeronáutica. Nudo de comunicaciones. Museo de arte.
DEONTOLOGÍA n. f. Ciencia que trata de los deberes y normas morales. • **Deontología médica,** conjunto de reglas que regulan las relaciones de los médicos entre ellos, o entre sus enfermos o entre la sociedad y ellos.
DEPARAR v. tr. (lat. *deparare*, preparar) [1]. Suministrar, proporcionar, conceder. **2.** Poner delante, presentar.
DEPARTAMENTAL adj. Relativo a un departamento.
DEPARTAMENTO n. m. (fr. *département*). Cada una de las partes en que se divide un territorio, un edificio, un vehículo, etc. **2.** Nombre con que se designan algunas divisiones administrativas de Hispanoamérica. (En Bolivia, Colombia, El Salvador, Guatemala, Honduras, Nicaragua, Paraguay, Perú y Uruguay constituye la división administrativa mayor; en Argentina es la menor [equivalente al municipio español] y en algunas áreas de Venezuela es de carácter intermedio, entre el estado o territorio y el municipio.) **3.** Ministerio o rama de la administración. **4.** Unidad estructural universitaria que se ocupa de una determinada disciplina o disciplinas afines. **5.** *Amér. Merid.* y *Méx.* Vivienda de un edificio, de uno o más ambientes, cocina y baño.
DEPARTIR v. intr. [3]. Conversar, hablar.
DEPAUPERACIÓN n. f. Acción y efecto de depauperar.
DEPAUPERAR v. tr. [1]. Empobrecer. ♦ v. tr. y pron. **2.** Debilitar física o moralmente.
DEPENDENCIA n. f. Hecho de depender. **2.** Oficina dependiente de otra superior. **3.** Conjunto de dependientes. **4.** ECON. Estado en el que se encuentra la economía de una nación con referencia a la de otra, y, especialmente, de un país desarrollado. **5.** POL. En sentido amplio, territorio no soberano, colonia. **6.** SIQUIATR. Necesidad imperiosa de continuar consumiendo cierta droga a fin de disipar las molestias somáticas o síquicas provocadas por la abstinencia. ♦ **dependencias** n. f. pl. **7.** Cosas accesorias de otra principal.
DEPENDER v. intr. (lat. *dependere*) [2]. Estar subordinado a una persona o cosa, venir de ella como de su principio, o estar conectada una cosa con otra. **2.** Estar una persona bajo el dominio o autoridad de otra, necesitar del auxilio o protección de ésta.
DEPENDIENTE, A adj. Que depende. ♦ n. **2.** Persona que sirve a uno o es subalterno de una autoridad. **3.** Auxiliar del comerciante.
DEPILACIÓN n. f. Acción de depilar.
DEPILAR v. tr. y pron. (lat. *depilare*) [1]. Quitar, hacer caer el pelo o el vello.
DEPILATORIO, A adj. y n. m. Que sirve para depilar.
DEPLORABLE adj. Lamentable, digno de ser deplorado.
DEPLORAR v. tr. (lat. *deplorare*) [1]. Lamentar, sentir viva y profundamente algo.
DEPONENTE adj. y n. m. LING. En gramática latina, dícese del verbo que posee sólo desinencias pasivas y sentido activo.
DEPONER v. tr. (lat. *deponere*) [5]. Dejar, separar, apartar de sí: *deponer una actitud hostil.* **2.** Privar a una persona de su empleo, retirarle sus honores, dignidades, etc.: *algunos militares fueron depuestos.* **3.** Declarar ante la autoridad judicial. **4.** *Guat., Hond., Méx.* y *Nicar.* Vomitar. ♦ v. intr. **5.** Evacuar el vientre.
DEPORTACIÓN n. f. DER. Pena consistente en trasladar a un condenado a un lugar determinado, normalmente ultramarino. **2.** DER. Internamiento en un campo de concentración situado en el extranjero o en un lugar aislado.
DEPORTAR v. tr. (lat. *deportare*) [1]. Condenar a deportación.
DEPORTE n. m. Conjunto de los ejercicios físicos que se presentan en forma de juegos, individuales o colectivos, practicados observando ciertas reglas.
DEPORTISTA adj. Relativo al deporte. ♦ n. m. y f. **2.** Persona aficionada a los deportes, entendida en ellos y que los practica por profesión.
DEPORTIVIDAD n. f. Calidad de deportivo.
DEPORTIVO, A adj. Relativo a los deportes. **2.** Que se ajusta a las normas de corrección que deben darse en el deporte. **3.** Que recuerda o evoca la práctica deportiva.
DEPOSICIÓN n. f. Exposición o declaración. **2.** Privación o degradación de empleo o dignidad. **3.** Evacuación de vientre. **4.** Tema iconográfico que representa el cuerpo de Cristo colocado al pie de la cruz, una vez descendido de ella. **5.** DER. Declaración verbal ante un juez o tribunal.
DEPOSITANTE n. m. y f. y adj. DER. Persona que entrega una cosa en depósito.
DEPOSITAR v. tr. [1]. Poner algo bajo la custodia de una persona con la obligación de guardarlo y restituirlo: *depositar dinero en un banco.* **2.** Entregar, confiar a uno una cosa amigablemente o sobre su palabra. **3.** Poner a una persona en lugar donde libremente pueda manifestar su voluntad. **4.** Colocar algo en un sitio determinado por un tiempo. **5.** Sedimentar, posar sedimento una cosa. ♦ **depositarse** v. pron. **6.** Caer en el fondo de un líquido una materia que esté en suspensión.
DEPOSITARIO, A adj. y n. DER. Dícese de la persona en quien se deposita una cosa. ♦ n. **2.** Intermediario al que son confiadas unas mercancías para que las venda en nombre de su propietario.
DEPÓSITO n. m. (lat. *depositum*). Acción y efecto de depositar. **2.** Cosa depositada. **3.** Lugar destinado a guardar, almacenar o retener alguna cosa. **4.** Recipiente destinado a contener productos líquidos o gaseosos. **5.** Acción de depositar dinero, valores, etc., en un organismo crediticio que los garantiza. **6.** DER. Contrato por el que una persona, depositante o deponente, entrega algo a otra, depositario, con la obligación de guardarla y restituirla. **7.** GEOMORFOL. Acumulación de materia sólida efectuada por un agente de transporte, como depósitos eólicos, fluviales, marinos. • **Depósito de cadáveres,** local existente en los cementerios, hospitales, etc., en los que se guarda el cadáver antes de proceder a su inhumación.
DEPRAVACIÓN n. f. Acción y efecto de depravar.
DEPRAVADOR, RA adj. y n. Que deprava.
DEPRAVAR v. tr. y pron. (lat. *depravare*) [1]. Viciar, adulterar, corromper.
DEPRECATORIO, A o **DEPRECATORIO, A** adj. Relativo a la deprecación.
DEPRECIACIÓN n. f. Acción y efecto de depreciar.
DEPRECIAR v. tr. (lat. *depretiare*) [1]. Disminuir el valor o precio de una cosa.
DEPREDACIÓN n. f. Pillaje, saqueo con violencia, devastación. **2.** Malversación y exacción injusta por abuso de autoridad o confianza. **3.** Modo de nutrición, muy difundido en el reino animal, que consiste en apoderarse de una presa para devorarla.
DEPREDADOR, RA adj. y n. m. Dícese del animal que caza y devora piezas vivas.
DEPREDAR v. tr. (lat. *depraedari*) [1]. Efectuar una depredación.
DEPRESIÓN n. f. (lat. *depressionem*). Acción y efecto de deprimir o deprimirse. **2.** Concavidad de alguna extensión en un terreno u otra superficie. **3.** Decaimiento de ánimo o de la fuerza. **4.** ECON. Fase del ciclo económico en la que las posibilidades de actividad alcanzan su nivel mínimo. **5.** FÍS. Disminución de la presión. **6.** SIQUIATR. Estado patológico caracterizado por un decaimiento del sentimiento del valor personal, por pesimismo, y por la inhibición o disminución de las funciones síquicas. • **Depresión barométrica,** masa atmosférica dominada por bajas presiones y que es el centro de movimientos ascendentes.
DEPRESIVO, A adj. Que deprime el ánimo. **2.** SIQUIATR. Propenso a la depresión.
DEPRESOR, RA adj. y n. Que deprime o humilla. ♦ adj. y n. m. ANAT. Dícese de algunos músculos cuya principal acción estriba en hacer que descienda uno de los puntos en que se insertan.
DEPRIMENTE adj. Que deprime, debilita, abate o resta energía. **2.** Que pone triste y abatido.
DEPRIMIDO, A adj. SIQUIATR. Dícese de la persona afecta de un proceso depresivo mental.
DEPRIMIR v. tr. [3]. Reducir el volumen de un cuerpo por medio de la presión. **2.** Hundir alguna parte de la superficie

de un cuerpo. ♦ v. tr. y pron. **3.** Humillar, rebajar, negar las cualidades de una persona o cosa. **4.** Abatir, quitar el ánimo. ♦ **deprimirse** v. pron. **5.** Disminuir el volumen de un cuerpo o deformarse por virtud de un hundimiento parcial. **6.** Aparecer baja una superficie o línea con referencia a las inmediatas. **7.** SIQUIATR. Padecer una depresión.

DEPRISA adv. m. Con celeridad, presteza o prontitud.

DEPURACIÓN n. f. Acción y efecto de depurar.

DEPURADO, A adj. Pulido, trabajado, elaborado cuidadosamente.

DEPURADOR, RA adj. y n. Que depura. ♦ n. m. **2.** Aparato que se utiliza para eliminar las impurezas de un producto.

DEPURADORA n. f. Aparato o instalación que depura las aguas.

DEPURAR v. tr. y pron. (lat. *depurare*) [**1**]. Quitar las impurezas de una cosa. **2.** *Fig.* Acrisolar la conducta de alguno. ♦ v. tr. **3.** Rehabilitar en el ejercicio de su cargo al que por causas políticas estaba separado o en suspenso. **4.** Someter a investigación una institución, partido político, etc., para hallar las personas desafectas a las directrices de los mismos. **5.** Eliminar de dichos organismos a la persona o personas halladas desafectas a ellos.

DEPURATIVO, A adj. y n. m. MED. Dícese de determinadas sustancias a las que se atribuye el efecto de purificar los humores del organismo.

DEPURATORIO, A adj. INDUSTR. Que sirve para depurar.

DERBY n. m. (voz inglesa) Coche de cuatro ruedas, abierto y muy ligero. **2.** Prueba hípica que se celebra anualmente en Epsom (Gran Bretaña). **3.** Encuentro deportivo entre equipos vecinos.

DERECHA n. f. Lo que está situado con respecto a la persona al lado opuesto del corazón. **2.** Parte de una asamblea deliberante, que se sienta habitualmente a la derecha del presidente, y que está constituida por los representantes de los partidos conservadores. **3.** Conjunto de los que tienen ideas conservadoras. • **A derechas,** indica que una cosa se hace bien o como se debe.

DERECHAZO n. m. En boxeo, golpe que se da con la derecha. **2.** TAUROM. Pase de muleta ejecutado con la mano derecha.

DERECHISMO n. m. POL. Actitud propia de la derecha política.

DERECHIZACIÓN n. f. Tendencia a adoptar actitudes o posiciones de derechas, es decir, conservadoras.

DERECHO n. m. Conjunto de leyes, preceptos y reglas a que están sometidos los hombres en su vida social. **2.** Ciencia que estudia las leyes y su aplicación. **3.** Facultad natural del hombre para hacer legítimamente lo que conduce a los fines de su vida. **4.** Facultad de hacer o exigir todo lo que la ley o autoridad establece en favor de alguien o que le permite quien hacerlo. **5.** Consecuencias naturales del estado de una persona, o sus relaciones con respecto a otros: *los derechos del niño.* **6.** Acción que se tiene sobre una persona o cosa. **7.** Exención, franquicia, privilegio. **8.** Justicia, razón. **9.** Lado mejor labrado de una tela, papel, tabla, etc. • **Derecho administrativo,** rama del derecho público que tiene por objeto el funcionamiento de la administración y sus relaciones con los particulares. ‖ **Derecho canónico,** conjunto de normas jurídicas dictadas por la Iglesia católica, que regulan la organización y las relaciones de los fieles con la jerarquía en lo relativo al fuero externo. ‖ **Derecho civil,** rama del derecho privado que se refiere al estado y capacidad de las personas, la familia, el patrimonio, la transmisión de bienes, los contratos y las obligaciones. ‖ **Derecho común,** el derecho romano y el derecho canónico; en España, derecho civil aplicable en toda el área del estado. ‖ **Derecho constitucional,** rama del derecho público que define la estructura y las relaciones de los poderes públicos así como la participación de los ciudadanos en su formación. ‖ **Derecho divino,** el que viene de Dios. ‖ **Derecho fiscal,** parte del derecho público que se refiere a los impuestos y a las técnicas que permiten recaudarlos. ‖ **Derecho foral,** el aplicable en las regiones o comarcas españolas que poseen una legislación civil particular. ‖ **Derecho laboral,** conjunto de reglas que rigen las relaciones entre los empresarios y los empleados. ‖ **Derecho natural,** conjunto de normas que toman en consideración la naturaleza del hombre y su finalidad en el mundo. ‖ **Derecho penal,** conjunto de reglas que definen, previenen y sancionan las infracciones. ‖ **Derecho positivo,** el establecido por las leyes y sancionado o reconocido por el poder público. ‖ **Derecho privado,** conjunto de reglas que rigen las relaciones de los individuos entre ellos. ‖ **Derecho público,** conjunto de reglas relativas a la organización del estado y a sus relaciones con los particulares. ‖ **Estado de derecho,** sistema de organización de la sociedad en el que el conjunto de relaciones políticas y sociales está sometido a derecho. ♦ **derechos** n. m. pl. **10.** Lo que un estado, una región, una provincia, una ciudad o un particular tiene derecho a cobrar: *cobró los derechos de autor.* • **Derechos civiles,** conjunto de derechos reconocidos y garantizados por las leyes a los ciudadanos de un estado. ‖ **Derechos humanos,** conjunto de derechos y libertades considerados como inherentes a la naturaleza humana, lo que implica especialmente su aplicación y respeto por todo el poder político.

DERECHO, A adj. Recto, siempre en la misma dirección, sin ángulos ni torceduras. **2.** Erguido, no encogido ni encorvado. **3.** En posición vertical. **4.** Dícese de las partes del cuerpo que están situadas al lado opuesto al del corazón: *mano derecha.* **5.** Dícese de lo que está situado con respecto a la persona al lado opuesto con respecto al del corazón. **6.** Directo, sin rodeos. **7.** *Fig.* Justo, sincero.

DERECHOHABIENTE n. m. y f. DER. Persona que deriva su derecho de otra.

DERECHURA n. f. Calidad de derecho.

DERIVA n. f. Desviación de un barco o un avión de su ruta por efecto de una corriente o del viento. **2.** Orza móvil sumergida para reducir la deriva de un barco, especialmente de vela. **3.** Plano vertical de una aeronave, provisto de timones de dirección. **4.** ARM. Ángulo que hay que desviar la puntería de un arma para corregir la derivación. • **Ir a la deriva,** ir una embarcación sin gobierno, a merced de las olas.

DERIVACIÓN n. f. Acción y efecto de derivar. **2.** Descendencia, deducción. **3.** Conducción, camino, cable, etc., que sale de otro. **4.** ARM. Desviación de un proyectil en relación con el plano de tiro, debido a su rotación a lo largo de la trayectoria. **5.** ELECTR. Comunicación por medio de un segundo conductor entre dos puntos de un circuito cerrado. **6.** LING. Procedimiento para la formación de palabras que consiste en añadir un sufijo o un prefijo a otra palabra o radical. **7.** MAT. Cálculo de la derivada de una función. • **En derivación** (ELECTR.), en paralelo.

DERIVADA n. f. MAT. Límite hacia el cual tiende el cociente entre el incremento de una función y el incremento arbitrario de la variable independiente, cuando este último tiende a cero.

DERIVADO, A adj. y n. m. GRAM. Dícese de una palabra que deriva de otra. ♦ adj. **2. Corrientes derivadas,** corrientes eléctricas que circulan por diversas derivaciones. ♦ n. m. **3.** QUÍM. Cuerpo obtenido por la transformación de otro: *una sal es un derivado de un ácido.*

DERIVAR v. intr. y pron. (lat. *derivare*) [**1**]. Proceder, originarse una cosa de otra. ♦ v. tr. **2.** Tomar una cosa una dirección nueva. **3.** LING. Proceder una palabra por derivación. **4.** MAR. Desviarse una nave del rumbo. ♦ v. tr. **5.** Cambiar la dirección de una cosa. **6.** Encaminar, conducir una cosa. **7.** ELECTR. Establecer una comunicación por medio de un conductor o hilo derivado. **8.** LING. Formar una palabra por derivación. • **Derivar una función** (MAT.), buscar su derivada.

DERMATOLOGÍA n. f. Parte de la medicina que se ocupa de las enfermedades de la piel.

DERMATÓLOGO, A n. y adj. Médico especialista en dermatología.

DÉRMICO, A adj. Relativo a la dermis. **2.** Relativo a la piel.

DERMIS n. f. (gr. *derma, atos,* piel). Capa de la piel, la intermedia entre la más superficial o epidermis y la más profunda o hipodermis.

DEROGACIÓN n. f. Acción y efecto de derogar: *derogación de una ley.* **2.** Disminución.

DEROGAR v. tr. (lat. *derogare*) [**1b**]. Anular o modificar una ley o precepto con una nueva ley o precepto. **2.** Destruir, suprimir.

DEROGATORIO, A adj. DER. Que deroga.

DERRAMA n. f. Repartimiento de un gasto eventual, especialmente de una contribución. **2.** Contribución temporal o extraordinaria.

DERRAMAMIENTO n. m. Acción y efecto de derramar o derramarse: *derramamiento de sangre.*

DERRAMAR v. tr. y pron. [**1**]. Verter, esparcir cosas líquidas o menudas: *derramar la leche sobre la mesa.* ♦ v. tr. **2.** Repartir o distribuir entre los vecinos de una localidad los impuestos o pechos. ♦ **derramarse** v. pron. **3.** Esparcirse, desmandarse por varias partes con desorden y confusión. **4.** Desaguar, desembocar una corriente de agua.

DERRAME n. m. Derramamiento. **2.** Corte oblicuo practicado a los lados del hueco de una puerta o ventana, para facilitar la abertura de los batientes o para dar más luz. SIN.: *derramo.* **3.** MED. Existencia de una cantidad anormal de líquido en algún órgano o cavidad: *derrame de sangre.*

DERRAPAR v. intr. (fr. *déraper*) [**1**]. Patinar de lado un automóvil.

DERREDOR n. m. Circuito, contorno de una cosa.

DERRENGAR v. tr. y pron. [**1d**]. Descaderar, lastimar el espinazo o los lomos de una persona o animal. **2.** Torcer, inclinar a un lado más que a otro. **3.** Cansar, fatigar.

DERRETIR v. tr. y pron. [**30**]. Liquidar, disolverse por medio de calor una cosa sólida o pastosa. ♦ v. tr. **2.** *Fig.* Consumir, gastar, disipar los bienes. ♦ **derretirse** v. pron. **3.** *Fig. y fam.* Enamorarse o mostrarse muy tierno. **4.** *Fig. y fam.* Impacientarse, inquietarse.

DERRIBA n. f. Colomb., Méx., Nicar. y Pan. Acción y efecto de desmontar.

DERRIBAR v. tr. [**1**]. Demoler, destruir un edificio u otra construcción: *derribar una casa.* **2.** Tirar, hacer caer algo al suelo. **3.** Tumbar, tirar lo que está en pie. **4.** *Fig.* Hacer perder a una persona su empleo, poder, estimación o dignidad.

DERRIBO n. m. Acción y efecto de derribar: *proceder al derribo de un edificio.* **2.** Conjunto de materiales que se sacan de una demolición.

DERROCAMIENTO n. m. Acción y efecto de derrocar.
DERROCAR v. tr. [**1a**]. Despeñar, precipitar. **2**. *Fig.* Derribar un edificio. **3**. *Fig.* Derribar a una persona de su empleo, poder o dignidad.
DERROCHADOR, RA adj. y n. Que derrocha o malbarata.
DERROCHAR v. tr. [**1**]. Malgastar el dinero o los bienes. **2**. Emplear uno otras cosas que posee, malgastándolas, como el valor, las energías, etc.
DERROCHE n. m. Acción y efecto de derrochar.
DERROTA n. f. Acción y efecto de ser vencida una persona, un equipo, partido, etc., fracaso. **2**. MIL. Vencimiento completo de un ejército.
DERROTA n. f. Camino, vereda o senda de tierra. **2**. MAR. Rumbo de un buque, en el sentido de dirección. **3**. MAR. Navegación o ruta que se hace para ir de un punto a otro.
DERROTAR v. tr. [**1**]. Vencer a una persona, equipo, partido, etc. **2**. MIL. Vencer y hacer huir con desorden al ejército contrario.
DERROTERO n. m. Línea, dirección o camino señalado en la carta de navegación para gobierno de los pilotos. **2**. Libro de navegación que contiene estas direcciones o caminos. **3**. Derrota, rumbo de una embarcación de navegar. **4**. *Fig.* Camino, dirección. **5**. *Fig.* Camino tomado para lograr el fin propuesto: *ir alguien por malos derroteros.*
DERROTISMO n. m. Calidad de derrotista.
DERROTISTA adj. y n. m. y f. Dícese de las personas con ideas pesimistas sobre el resultado de cualquier empresa. ♦ adj. **2**. Que presagia la derrota.
DERRUBIO n. m. Depósito formado por fragmentos de rocas que se acumulan en las laderas y fondo de valles.
DERRUIR v. tr. [**29**]. Derribar un edificio.
DERRUMBADERO n. m. Despeñadero.
DERRUMBAMIENTO o **DERRUMBE** n. m. Acción y efecto de derrumbar.
DERRUMBAR v. tr. y pron. [**1**]. Derribar o hundir un edificio, construcción, etc. **2**. Precipitar, despeñar. **3**. *Fig.* Derribar o hundir moralmente a alguien.
DERVICHE n. m. Miembro de una cofradía de monjes mendicantes musulmana.
DES MOINES, c. de Estados Unidos, cap. de Iowa, a orillas del *río Des Moines*, afl. del Mississipi (der. der.); 193 187 hab.
DESABASTECER v. tr. [**2m**]. Dejar de abastecer.
DESABOLLAR v. tr. [**1**]. Quitar las abolladuras.
DESABORIDO, A adj. Sin sabor. **2**. Sin sustancia. ♦ adj. y n. **3**. *Fam.* Dícese de la persona de carácter indiferente o sosa.
DESABOTONAR v. tr. y pron. [**1**]. Abrir una prenda de vestir, sacando los botones de los ojales. ♦ v. intr. **2**. *Fig.* Abrirse los capullos de las flores.
DESABRIDO, A adj. Desagradable al gusto por poco o mal sabor. **2**. Dícese del tiempo destemplado, desigual. **3**. *Fig.* Áspero y desagradable en el trato.
DESABRIGAR v. tr. y pron. [**1b**]. Quitar la ropa que abriga.
DESABRIGO n. m. Acción y efecto de desabrigar. **2**. *Fig.* Desamparo, abandono.
DESABRIMIENTO n. m. Cualidad de desabrido. **2**. *Fig.* Disgusto, desazón interior. **3**. *Fig.* Dureza de genio, aspereza en el trato.
DESABROCHAR v. tr. [**1**]. Soltar o abrir los broches, corchetes, botones, etc., de una prenda de vestir u otro objeto.
DESACATO n. m. Falta del debido respeto. **2**. DER. Delito que se comete calumniando, insultando o amenazando a una autoridad en el ejercicio de sus funciones.
DESACERTAR v. tr. [**1j**]. No tener acierto.
DESACIERTO n. m. Acción y efecto de desacertar.

DESACOMODAR v. tr. [**1**]. Privar de comodidad. ♦ v. tr. y pron. **2**. Quitar el empleo u ocupación.
DESACOMODO n. m. Acción y efecto de desacomodar.
DESACONSEJAR v. tr. [**1**]. Disuadir, aconsejar a alguien no hacer una cosa.
DESACOPLAR v. tr. [**1**]. Separar lo que estaba acoplado. **2**. ELECTR. Desconectar dos circuitos eléctricos.
DESACORDAR v. tr. y pron. [**1r**]. Destemplar un instrumento músico.
DESACORDE adj. En desacuerdo o falto de acuerdo.
DESACOSTUMBRADO, A adj. Que está fuera del uso común.
DESACOSTUMBRAR v. tr. y pron. [**1**]. Perder o hacer perder a alguien una costumbre.
DESACREDITAR v. tr. y pron. [**1**]. Disminuir o quitar la buena opinión o reputación de una persona o el valor y estimación de una cosa.
DESACTIVAR v. tr. [**1**]. Manipular la espoleta o sistema detonador de un artefacto explosivo para evitar su explosión. **2**. Anular o disminuir la actividad o funcionamiento de un proceso dinámico, de una organización, etc.
DESACUERDO n. m. Discordia o disconformidad en los dictámenes o acciones.
DESAFECCIÓN n. f. Desafecto. **2**. DER. Decisión por la que la administración retira del dominio público un bien determinado, suprimiéndolo del uso o servicio público al que estaba destinado.
DESAFECTO, A adj. Que no siente estima por una cosa. **2**. Opuesto, contrario. ♦ n. m. **3**. Malquerencia.
DESAFIANTE adj. En actitud de desafío.
DESAFIAR v. tr. [**1t**]. Retar, provocar a combate, contienda o discusión. **2**. Contender, competir, afrontar. **3**. Hacer frente al enfado de una persona u oponerse a sus opiniones y mandatos.
DESAFINAR v. intr. y pron. [**1**]. Apartarse la voz o un instrumento de la debida entonación, desacordándose y causando desagrado al oído.
DESAFÍO n. m. Acción y efecto de desafiar.
DESAFORADO, A adj. Grande con exceso, desmedido, fuera de lo común.
DESAFORAR v. tr. [**1r**]. Quebrantar los fueros y privilegios que corresponden a uno. **2**. Privar a uno del fuero o exención que goza. ♦ **desaforarse** v. pron. **3**. Descomponerse, atreverse, descomedirse.
DESAFORTUNADO, A adj. y n. Sin fortuna, desgraciado. **2**. Desacertado, no oportuno.
DESAFUERO n. m. Acto violento contra la ley, las buenas costumbres o la consideración debida. **2**. DER. Hecho que priva de fuero al que lo tenía.
DESAGRADABLE adj. Que desagrada.
DESAGRADAR v. intr. y pron. [**1**]. Disgustar, fastidiar, causar desagrado.
DESAGRADECER v. tr. [**2m**]. No corresponder debidamente al beneficio recibido o desconocerlo: *desagradecer un favor*.
DESAGRADECIDO, A adj. y n. Falto de agradecimiento.
DESAGRADECIMIENTO n. m. Acción y efecto de desagradecer.
DESAGRADO n. m. Disgusto, descontento. **2**. Expresión, en el trato o en el semblante, del disgusto que causa una persona o cosa.
DESAGRAVIAR v. tr. y pron. [**1**]. Reparar el agravio hecho a alguien. **2**. Compensar el perjuicio causado.
DESAGRAVIO n. m. Acción y efecto de desagraviar.
DESAGUADERO n. m. Desagüe.
DESAGUADERO, r. de Argentina central; 1500 km. aprox. Su cuenca cubre 200 000 km² a través de la región de Cuyo. Recibe diversos nombres desde su nacimiento y ocasionalmente confluye en el

Colorado, pues apenas lleva agua en su curso inferior.
DESAGUADERO, r. de Bolivia, que nace en el lago Titicaca y desemboca en el lago Poopó; 325 km.
DESAGUAR v. tr. [**1c**]. Extraer, quitar el agua de un lugar. ♦ v. intr. **2**. Entrar, desembocar una corriente de agua en el mar. ♦ v. intr. y pron. **3**. Salir un líquido de donde está o vaciarse un depósito o recipiente. **4**. Orinar.
DESAGÜE n. m. Acción y efecto de desaguar o desaguarse. **2**. Conducto o canal por donde desagua un líquido. SIN.: *desaguadero*.
DESAGUISADO, A adj. Hecho contra la ley o la razón. ♦ n. m. **2**. Agravio, delito, insulto. **3**. Destrozo, fechoría.
DESAHOGADO, A adj. Desembarazado, amplio o espacioso. **2**. Holgado, con bienes económicos.
DESAHOGAR v. tr. y pron. [**1b**]. Expresar violentamente una pena o un estado pasional para aliviarse. **2**. Aliviar a alguien de un trabajo, aflicción, etc. ♦ **desahogarse** v. pron. **3**. Hacer confidencias una persona a otra, expansionarse. **4**. Salir del ahogo de las deudas contraídas.
DESAHOGO n. m. Acción y efecto de desahogar o desahogarse. **2**. Cualidad de desahogado. **3**. Alivio de la pena, trabajo o aflicción.
DESAHUCIAR v. tr. y pron. [**1**]. Quitar a uno la esperanza de conseguir lo que desea. ♦ v. tr. **2**. Considerar el médico a un enfermo sin esperanza de salvación. **3**. DER. Despedir o expulsar al inquilino o arrendatario de una finca rústica o urbana.
DESAHUCIO n. m. Acción y efecto de desahuciar.
DESAIRADO, A adj. Que carece de garbo. **2**. Dícese de la situación del que queda menospreciado o desatendido.
DESAIRAR v. tr. [**1**]. Despreciar, desatender, desestimar.
DESAIRE n. m. Falta de garbo. **2**. Acción y efecto de desairar.
DESAJUSTAR v. tr. [**1**]. Producir desajuste. ♦ **desajustarse** v. pron. **2**. Desconvenirse, apartarse de un ajuste o convenio.
DESAJUSTE n. m. Falta de ajuste.
DESALACIÓN n. f. Acción y efecto de desalar. SIN.: *desalado*.
DESALENTADOR, RA adj. Que causa desaliento.
DESALENTAR v. tr. y pron. [**1j**]. Quitar el ánimo, acobardar.
DESALIENTO n. m. Decaimiento del ánimo, falta de vigor o de esfuerzo.
DESALINEAR v. tr. y pron. [**1**]. Hacer perder la línea recta.
DESALINIZACIÓN n. f. Acción y efecto de desalinizar: *la desalinización del agua*.
DESALINIZAR v. tr. [**1g**]. Eliminar el carácter salino.
DESALIÑADO, A adj. Que adolece de desaliño.
DESALIÑAR v. tr. y pron. [**1**]. Producir desaliño.
DESALIÑO n. m. Descuido en el aseo personal, falta de aseo. **2**. Negligencia, descuido.
DESALMADO, A adj. y n. Falto de conciencia. **2**. Cruel, inhumano.
DESALOJAMIENTO o **DESALOJO** n. m. Acción y efecto de desalojar.
DESALOJAR v. tr. [**1**]. Sacar o hacer salir de un lugar a una persona o cosa. **2**. Abandonar un puesto o un lugar. ♦ v. intr. **3**. Dejar voluntariamente el alojamiento.
DESAMOR n. m. Falta de amor o amistad.
DESAMORTIZABLE adj. Que puede ser desamortizado.
DESAMORTIZACIÓN n. f. Acción legal encaminada a liberar y entregar a la contratación general las propiedades inmuebles acumuladas en poder de entidades incapacitadas para enajenar sus bienes.

DESAMORTIZAR v. tr. [1g]. Proceder a una desamortización.
DESAMPARAR v. tr. [1]. Abandonar, dejar sin amparo. **2.** Ausentarse, abandonar un lugar. **3.** DER. Dejar o abandonar una cosa con renuncia de todo derecho a ella.
DESAMPARO n. m. Acción y efecto de desamparar.
DESAMUEBLAR v. tr. [1]. Dejar sin muebles una casa o parte de ella.
DESANCLAR v. tr. [1]. MAR. Levantar las anclas para zarpar.
DESANDAR v. tr. [1h]. Retroceder, volver atrás en el camino ya andado.
DESANGELADO, A adj. Falto de gracia, soso, patoso.
DESANGRAMIENTO n. m. Acción y efecto de desangrar o desangrarse.
DESANGRAR v. tr. y pron. [1]. Sacar la sangre a una persona o a un animal en gran cantidad. **2.** Fig. Empobrecer a alguien, haciéndole gastar los bienes. ♦ **desangrarse** v. pron. **3.** Perder mucha sangre.
DESANIMADO, A adj. Falto de animación.
DESANIMAR v. tr. y pron. [1]. Desalentar, acobardar.
DESÁNIMO n. m. Acción y efecto de desanimar.
DESANUDAR v. tr. [1]. Deshacer un nudo. **2.** Fig. Aclarar, desenmarañar.
DESAPACIBLE adj. Que causa disgusto o enfado, o es desagradable para los sentidos.
DESAPAREAR v. tr. [1]. Desparejar.
DESAPARECER v. intr. [2m]. Ocultarse, quitarse de la vista de alguien con prontitud o gradualmente. **2.** Dejar de ser o existir.
DESAPARECIDO, A n. y adj. Muerto o dado por muerto. **2.** Víctima de prácticas totalitarias de eliminación física, y sin juicio previo, de los adversarios políticos y de personas allegadas a éstos.
DESAPAREJAR v. tr. y pron. [1]. Quitar el aparejo a una caballería. **2.** Desparejar.
DESAPARICIÓN n. f. Acción y efecto de desaparecer.
DESAPASIONAR v. tr. y pron. [1]. Quitar o perder la pasión o interés.
DESAPEGARSE v. pron. [1b]. Desprenderse del apego o afecto a una persona o cosa.
DESAPEGO n. m. Acción y efecto de desapegarse.
DESAPERCIBIDO, A adj. Desprevenido, desprovisto de lo necesario. **2.** Inadvertido.
DESAPERCIBIMIENTO n. m. Desprevención.
DESAPLICADO, A adj. Falto de aplicación.
DESAPRENSIÓN n. f. Falta de aprensión.
DESAPRENSIVO, A adj. y n. Que tiene desaprensión. **2.** Que no se preocupa de obrar honrada o justamente.
DESAPRETAR v. tr. y pron. [1j]. Aflojar lo que está apretado.
DESAPROBACIÓN n. f. Acción y efecto de desaprobar.
DESAPROBAR v. tr. [1]. Reprobar; no asentir a una cosa: desaprobar una acción.
DESAPROVECHAMIENTO n. m. Acción y efecto de desaprovechar.
DESAPROVECHAR v. tr. [1]. Desperdiciar, emplear mal una cosa: desaprovechar el tiempo. ♦ v. intr. **2.** Perder lo que se había adelantado.
DESAPUNTALAR v. tr. [1]. Quitar a un edificio los puntales que lo sostenían.
DESARMADOR n. m. Méx. Destornillador.
DESARMAR v. tr. [1]. Desunir, separar las piezas de que se compone una cosa: desarmar un aparato de radio, una pistola. **2.** Fig. Templar, aplacar: con una sonrisa lo desarmó. **3.** En esgrima, quitar el arma del adversario con un movimiento rápido de la propia. **4.** Quitar al buque la artillería y el aparejo y amarrar el casco a la dársena. **5.** Quitar o hacer entregar a una persona, a un cuerpo o a una plaza, las armas que tiene: desarmar al enemigo. ♦ v. tr. y pron. **6.** Desceñir a una persona las armas que lleva.
DESARME n. m. Acción de desarmar. **2.** Acción concertada entre naciones tendente a limitar, suprimir o prohibir la fabricación o empleo de determinadas armas.
DESARRAIGAR v. tr. y pron. [1b]. Arrancar de raíz un árbol o una planta. **2.** Echar, desterrar a uno de donde vive o tiene su domicilio. **3.** Fig. Extinguir, extirpar una pasión, una costumbre, un vicio, etc.
DESARRAIGO n. m. Acción y efecto de desarraigar.
DESARRAPADO, A adj. Desharrapado.
DESARREGLAR v. tr. [1]. Sacar de regla o desordenar: desarreglar la casa.
DESARREGLO n. m. Acción y efecto de desarreglar.
DESARRENDAR v. tr. [1j]. Dejar o hacer dejar una finca que se tenía arrendada.
DESARROLLADO, A adj. Que ha logrado un buen desarrollo. **2.** Dícese de los países que han alcanzado un alto grado de crecimiento económico. ♦ n. m. **3.** TECNOL. Transformación de un tronco o rollizo de madera en una lámina fina y continua.
DESARROLLADORA n. f. Máquina que efectúa el desarrollado de la madera.
DESARROLLAR v. tr. y pron. [1]. Desenrollar lo que está arrollado: desarrollar una persiana. **2.** Fig. Hacer pasar una cosa del orden físico, intelectual o moral por una serie de estados sucesivos, cada uno de ellos más perfecto o más complejo que el anterior: desarrollar la capacidad intelectual. ♦ v. tr. **3.** Fig. Explicar una teoría, llevarla por deducción hasta las últimas consecuencias. ♦ **desarrollarse** v. pron. **4.** Fig. Suceder, ocurrir, acontecer.
DESARROLLISMO n. m. Concepción economicista del desarrollo que tiende a primar los aspectos cuantitativos despreciando los cualitativos, especialmente los costes sociales.
DESARROLLO n. m. Acción y efecto de desarrollar o desarrollarse: desarrollo físico; desarrollo intelectual. **2.** Distancia que recorre una bicicleta cuando su pedales dan una vuelta completa. **3.** ECON. Mejora cualitativa y durable de una economía y de su funcionamiento. **4.** MAT. Aplicación, sobre un plano, de una superficie desarrollable de un poliedro.
• **País en vías de desarrollo**, expresión que se aplica a los países subdesarrollados.
DESARROPAR v. tr. y pron. [1]. Desabrigar.
DESARRUGAR v. tr. y pron. [1b]. Hacer desaparecer las arrugas.
DESARTICULACIÓN n. f. Acción y efecto de desarticular. **2.** MED. Luxación. **3.** MED. Amputación por la línea de articulación.
DESARTICULAR v. tr. [1]. Hacer salir un miembro de su articulación. ♦ v. tr. **2.** Separar las piezas de una máquina o artefacto. **3.** Fig. Quebrantar un plan, una organización.
DESASIMIENTO n. m. Acción y efecto de desasirse.
DESASIMILACIÓN n. f. Conjunto de reacciones químicas, exotérmicas, que, en los seres vivos, transforman las sustancias orgánicas complejas en productos más simples, que finalmente son excretados.
DESASNAR v. tr. y pron. [1]. Fam. Quitar la rudeza a una persona por medio de la enseñanza.
DESASOCIAR v. tr. y pron. [1]. Disolver una asociación.
DESASOSEGAR v. tr. y pron. [1j]. Quitar el sosiego o tranquilidad.
DESASOSIEGO n. m. Falta de sosiego.
DESASTILLAR v. tr. [1]. Amér. Sacar astillas de la madera.
DESASTRADO, A adj. Desgraciado, infeliz. ♦ adj. y n. **2.** Dícese de la persona que va rota, desaliñada.
DESASTRE n. m. Desgracia grande, suceso infeliz y lamentable. **2.** Fig. y fam. Hecho frustrado o que resulta perjudicial: el viaje fue un desastre. **3.** Fig. y fam. Persona falta de suerte o habilidad, o que tiene mal aspecto.
DESASTROSO, A adj. Que implica desastre.
DESATADO, A adj. Que procede sin freno y desordenadamente.
DESATAR v. tr. y pron. [1]. Soltar lo que está atado: desatar las cuerdas de un paquete. ♦ **desatarse** v. pron. **2.** Fig. Excederse en hablar. **3.** Fig. Descomedirse, proceder desordenadamente: desatarse en insultos. **4.** Desencadenarse, estallar con violencia: desatarse un temporal.
DESATASCAR v. tr. y pron. [1a]. Sacar del atascadero. **2.** Limpiar, dejar libre un conducto que está obstruido: desatascar una tubería.
DESATENCIÓN n. f. Falta de atención, distracción. **2.** Descortesía, falta de urbanidad o respeto.
DESATENDER v. tr [2d]. No prestar atención a lo que se dice o hace: desatender el trabajo. **2.** No hacer caso o aprecio de alguien o algo: desatender un consejo. **3.** No corresponder a uno, no asistirle con lo que es debido: desatender a un paciente.
DESATENTO, A adj. Distraído, que no pone la atención debida. ♦ adj. y n. **2.** Descortés.
DESATERRAR v. tr. [1j]. Amér. Quitar los escombros.
DESATIERRE n. m. Amér. Escombrera.
DESATINAR v. tr. [1]. Turbar el sentido, hacer perder el tino. ♦ v. intr. **2.** Decir o hacer desatinos. **3.** Perder el tino o el juicio.
DESATINO n. m. Falta de tino, tiento o acierto. **2.** Locura, despropósito o error.
DESATORNILLAR v. tr. [1]. Destornillar.
DESATRANCAR v. tr. [1a]. Quitar a la puerta la tranca u otra cosa que impide abrirla. **2.** Desatascar, desembozar.
DESAUTORIZACIÓN n. f. Acción y efecto de desautorizar.
DESAUTORIZAR v. tr. y pron. [1g]. Quitar autoridad, poder, crédito o estimación.
DESAVENENCIA n. f. Falta de avenencia.
DESAVENIR v. tr. y pron. [21]. Producir desavenencia.
DESAVENTAJADO, A adj. Inferior y poco ventajoso.
DESAYUNADOR n. m. Méx. Habitación pequeña contigua a la cocina que se utiliza como comedor informal.
DESAYUNAR v. intr. y pron. [1]. Tomar el desayuno. ♦ v. tr. **2.** Comer en el desayuno. ♦ **desayunarse** v. pron. **3.** Fig. Tener la primera noticia de un suceso o especie.
DESAYUNO n. m. Primer alimento que se toma por la mañana. **2.** Acción de desayunar.
DESAZÓN n. f. Desabrimiento, insipidez. **2.** Picazón, molestia causada por una cosa que pica. **3.** Fig. Disgusto, pesadumbre, molestia o inquietud interior.
DESAZONAR v. tr. [1]. Quitar la sazón o el sabor a la comida. ♦ v. tr. y pron. **2.** Fig. Disgustar, enfadar. ♦ **desazonarse** v. pron. **3.** Fig. Sentirse indispuesto.
DESBABAR v. tr. [1]. Méx., Perú, P. Rico y Venez. Quitar la baba al café y al cacao.
DESBALAGAR v. tr. [1b]. Méx. Dispersar, esparcir.
DESBANCAR v. tr. [1a]. Hacer perder a uno la amistad o el cariño de otra persona ganándola para sí. **2.** Quitar a alguien de una posición o ocuparla uno mismo: desbancar a un campeón. **3.** Ganar un jugador todo el dinero que el banquero aporta para mantener el juego. ♦ v. intr. **4.** Arrastrar la corriente de un río fragmentos de hielo rotos y medio fundidos por el deshielo.

DESBANDADA n. f. Acción y efecto de desbandarse. • **A la desbandada,** confusamente y sin orden; en dispersión.

DESBANDARSE v. pron. [1]. Desparramarse, huir en desorden.

DESBARAJUSTAR o **DESBARAHUSTAR** v. tr. [1]. Producir desbarajuste.

DESBARAJUSTE o **DESBARAHUSTE** n. m. Desorden, confusión.

DESBARATAMIENTO n. m. Acción y efecto de desbaratar o desbaratarse.

DESBARATAR v. tr. [1]. Deshacer o arruinar una cosa: *desbaratar el peinado*. **2.** Disipar, malgastar los bienes: *desbaratar la fortuna*. **3.** Frustrar, hacer que no se realicen planes, intrigas, planes, etc.: *desbaratar un viaje*. ♦ **desbaratarse** v. pron. **4.** *Fig.* Descomponerse, hablar u obrar fuera de razón.

DESBARBADO, A adj. Que carece de barba. ♦ n. m. **2.** Operación que tiene por objeto quitar, de una pieza matrizada o estampada, el excedente de metal, o rebaba. **3.** Acción de desbarbar las piezas de hierro o de metal fundidos.

DESBARRAR v. intr. [1]. Discurrir, hablar u obrar fuera de razón.

DESBASTADO n. m. Acción de dar una primera forma a una pieza.

DESBASTAR v. tr. [1]. Quitar las partes más bastas de una cosa que se ha de labrar: *desbastar un bloque de mármol*. ♦ v. tr. y pron. **2.** *Fig.* Quitar la tosquedad, educar a las personas incultas.

DESBASTE n. m. Acción y efecto de desbastar. **2.** Estado de un material destinado a labrarse, despojado de las partes más bastas.

DESBLOQUEAR v. tr. [1]. Eliminar o quitar el bloqueo: *desbloquear las comunicaciones*. **2.** Levantar la prohibición de transportar o vender alimentos, de disponer libremente de créditos o de cuentas bancarias, etc.

DESBLOQUEO n. m. Acción y efecto de desbloquear.

DESBOCADO, A adj. Dícese de la pieza de artillería de boca más ancha que lo restante del ánima. ♦ adj. y n. **2.** *Fig.* y *fam.* Acostumbrado a decir palabras indecentes, ofensivas y desvergonzadas.

DESBOCAR v. tr. [1a]. Quitar o romper la boca a una cosa: *desbocar una botella*. ♦ v. intr. **2.** Desembocar. ♦ **desbocarse** v. pron. **3.** Abrirse más de lo normal una abertura: *desbocarse las mangas de un jersey*. **4.** *Fig.* Desvergonzarse, decir palabras ofensivas.

DESBORDAMIENTO n. m. Acción y efecto de desbordar.

DESBORDAR v. intr. y pron. [1]. Salir de los bordes, derramarse: *el río se ha desbordado*. **2.** Rebasar, sobrepasar. **3.** Ser excesivo algo, debido generalmente a una exaltación.

DESBOTONAR v. tr. [1]. *Cuba.* Quitar los botones o la guía a las plantas, para impedir su crecimiento y hacer que sus hojas aumenten de tamaño.

DESBROCE o **DESBROZO** n. m. Acción y efecto de desbrozar.

DESBROZADORA n. f. Máquina forestal arrastrada por un tractor y destinada a aplastar y cortar la maleza.

DESBROZAR v. tr. [1g]. Quitar la broza, desembarazar, limpiar.

DESCABALGADURA n. f. Acción de descabalgar.

DESCABALGAR v. intr. [1b]. Desmontar, bajar de una caballería el que va montado en ella. ♦ v. tr. **2.** Desmontar un cañón.

DESCABELLADO, A adj. Que es contrario a la razón o a la prudencia: *ideas descabelladas*.

DESCABELLAR v. tr. y pron. [1]. Despeinar, desgreñar. ♦ v. tr. **2.** TAUROM. Matar al toro, hiriéndole entre las últimas vértebras cervicales con el verduguillo.

DESCABEZAR v. tr. [1g]. Quitar o cortar la cabeza: *descabezar un clavo*. **2.** *Fig.* Cortar la parte superior o las puntas de algunas cosas: *descabezar las viñas*. **3.** Argent. y *Colomb.* Destituir. **4.** *Bol.* y *P. Rico.* Disminuir la graduación de un licor añadiéndole agua. • **Descabezar el, o un, sueño,** adormilarse un poco. ♦ **descabezarse** v. pron. **5.** *Fig.* y *fam.* Esforzarse en averiguar algo, sin lograrlo.

DESCACHALANDRADO, A adj. *Amér.* Desaliñado, andrajoso.

DESCACHALANDRARSE v. pron. [1]. *Amér.* Descuidarse en el vestido y aseo personal.

DESCACHAR v. tr. [1]. *Chile, Colomb., Méx.* y *Venez.* Descornar. **2.** *Méx.* Recortar las puntas de las cachas del ganado.

DESCACHARRAR v. tr. y pron. [1]. Romper, destrozar. **2.** *Fig.* Reírse a carcajadas.

DESCACHAZAR v. tr. [1g]. *Amér.* Quitar la cachaza al guarapo.

DESCAFEINADO adj. y n. m. Dícese del café del cual se ha extraído la mayor parte de cafeína.

DESCALABRADURA n. f. Herida recibida en la cabeza. **2.** Cicatriz que queda de esta herida.

DESCALABRAR v. tr. y pron. [1]. Herir en la cabeza o en otra parte del cuerpo. ♦ v. tr. **2.** *Fig.* Causar daño o perjuicio.

DESCALABRO n. m. Contratiempo, infortunio, daño o pérdida.

DESCALCIFICACIÓN o **DECALCIFICACIÓN** n. f. Disminución de la cantidad de calcio contenido en el organismo.

DESCALCIFICAR v. tr. [1a]. Hacer perder a un cuerpo o a un organismo el calcio que contiene. ♦ **descalcificarse** v. pron. **2.** Padecer descalcificación.

DESCALIFICACIÓN n. f. Acción de descalificar a un caballo, un corredor, etc.

DESCALIFICAR v. tr. [1a]. Desacreditar, desautorizar o incapacitar. **2.** En algunas competiciones, poner fuera de concurso por infracción del reglamento: *descalificar a un corredor*.

DESCALZAR v. tr. y pron. [1g]. Quitar el calzado. ♦ v. tr. **2.** Quitar uno o más calzos. **3.** Socavar la tierra alrededor del pie o la base: *descalzar un árbol*.

DESCALZO, A adj. Con los pies desnudos: *andar descalzo*. ♦ adj. y n. **2.** Dícese de las comunidades reformadas de diversas órdenes religiosas.

DESCAMACIÓN n. f. Desprendimiento, caída de las escamas. **2.** Proceso de desprendimiento de las capas más superficiales de la epidermis.

DESCAMAR v. tr. [1]. Escamar, quitar las escamas a los peces. ♦ **descamarse** v. pron. **2.** Caerse la piel en forma de escamillas.

DESCAMINAR v. tr. y pron. [1]. Apartar a alguien del camino que debe seguir. **2.** *Fig.* Desencaminar a alguien de un buen propósito.

DESCAMISADO, A adj. *Fam.* Sin camisa. ♦ adj. y n. **2.** *Fig.* y *desp.* Muy pobre, desharrapado. ♦ **descamisados** n. m. pl. **3.** Denominación dada a los miembros de las clases humildes, especialmente en Argentina a los obreros partidarios de Perón.

DESCAMPADO, A adj. y n. m. Dícese del terreno desembarazado, descubierto, libre y limpio de malezas y espesuras.

DESCANSAR v. intr. [1]. Cesar en el trabajo o una actividad, reposar para reponer fuerzas: *descansar de la fatiga*. **2.** *Fig.* Tener alivio en un daño o pena: *la lectura le descansa de la preocupación*. **3.** Deshogarse, tener alivio o consuelo confiando a una persona las penas o preocupaciones: *descansar en los padres*. **4.** Reposar, dormir: *esta noche he descansado bien*. **5.** Estar enterrado, reposar en el sepulcro: *aquí descansan los restos de...* ♦ v. tr. **6.** Asentar o apoyar una cosa sobre otra: *la vida descansa sobre dos columnas*. ♦ v. tr. **7.** Aliviar o ayudar a uno en el trabajo. • **¡Descansen!,** voz de mando preventiva para descansar el arma.

DESCANSILLO n. m. CONSTR. Plataforma entre los tramos consecutivos de una escalera. SIN.: *descanso*.

DESCANSO n. m. Cesación o pausa en el trabajo o actividad. **2.** Causa de alivio en la fatiga y en los cuidados físicos o morales. **3.** Asiento sobre el que se apoya o asegura una cosa. **4.** Intermedio en un espectáculo o representación. **5.** Posición militar contraria a la de firmes. **6.** CONSTR. Descansillo.

DESCAPITALIZACIÓN n. f. Acción y efecto de descapitalizar o descapitalizarse.

DESCAPITALIZAR v. tr. y pron. [1g]. Hacer perder las riquezas históricas o culturales acumuladas por un país o grupo social. **2.** Disminuir el valor de un capital.

DESCAPOTABLE adj. y n. m. Dícese de los automóviles cuya capota puede replegarse, dejándolos descubiertos.

DESCAPOTAR v. tr. [1]. Bajar o plegar la capota de un coche.

DESCARADO, A adj. y n. Que habla u obra con desvergüenza, descortés y atrevidamente, o sin pudor.

DESCARAPELAR v. intr. y pron. [1]. *Méx.* Reñir. ♦ **descarapelarse** v. pron. **2.** Despellejarse.

DESCARARSE v. pron. [1]. Hablar u obrar con descaro.

DESCARGA n. f. Acción y efecto de descargar. **2.** Acción de disparar con un arma o, simultáneamente, con varias armas. **3.** Proyectil disparado. **4.** Aflujo rápido de las aguas estancadas. **5.** ARQ. Sistema de construcción que consiste en trasladar la carga de fábrica sobre unos puntos de apoyo sólidos. • **Descarga eléctrica,** fenómeno que se produce cuando un cuerpo electrizado pierde su carga.

DESCARGADERO n. m. Sitio destinado para descargar.

DESCARGADOR, RA adj. y n. Que descarga o tiene por oficio descargar mercancías. ♦ n. m. **2.** Aparato compuesto de dos piezas metálicas entre las que salta la chispa eléctrica. **3.** Dispositivo mecánico que permite descargar mediante movimientos de báscula, en una sola operación, un tonel, un contenedor, una vagoneta, etc.

DESCARGAR v. tr. [1b]. Quitar o aliviar la carga: *descargar los paquetes*. **2.** Deshacerse una nube en lluvia o granizo. **3.** Liberar a una preocupación u obligación: *descargar a alguien de una responsabilidad*. **4.** Disparar con arma de fuego, o extraer de ella la carga. **5.** Anular una carga eléctrica. ♦ v. tr. e intr. **6.** Dar un golpe con violencia: *descargar una patada*. ♦ **descargarse** v. pron. **7.** Eximirse de sus obligaciones encargando a otro lo que debía ejecutar por sí. **8.** Dar satisfacción a los cargos que se hacen a las personas procesadas o sometidas a expediente: *descargarse de un delito*.

DESCARGO n. m. Acción de descargar: *el descargo de la conciencia*. **2.** DER. Satisfacción, respuesta o excusa de la acusación o cargo que se hace a una persona. **3.** DER. Acto por el que se exime a uno de un cargo. • **En descargo,** como excusa o disculpa. ‖ **Testigo de descargo,** testigo favorable al acusado.

DESCARGUE n. m. Descarga de un buque.

DESCARNADO, A adj. Dícese de los asuntos, descripciones o relatos crudos o realistas.

DESCARNADOR, RA adj. Que descarna. ♦ n. m. **2.** Instrumento de acero con que se despega de la encía la muela o diente que se quiere arrancar.

DESCARNADURA n. f. Acción y efecto de descarnar.
DESCARNAR v. tr. y pron. [1]. Quitar la carne al hueso o a la piel. **2.** Fig. Quitar parte de una cosa, desmoronarla. **3.** Fig. Dejar escuálido y enflaquecido.
DESCARO n. m. Desvergüenza, atrevimiento, insolencia.
DESCAROZAR v. tr. [1g]. Amér. Quitar el hueso o carozo a las frutas.
DESCARRIAR v. tr. [1t]. Apartar del buen camino. ♦ v. tr. y pron. **2.** Apartar del rebaño una o varias reses. ♦ **descarriarse** v. pron. **3.** Separarse o perderse alguien de los demás con quienes iba en compañía. **4.** Fig. Apartarse de lo justo y razonable.
DESCARRILAMIENTO n. m. Acción y efecto de descarrilar.
DESCARRILAR v. intr. [1]. Salir fuera del carril.
DESCARRÍO o **DESCARRIAMIENTO** n. m. Acción y efecto de descarriar o descarriarse.
DESCARTAR v. tr. [1]. Apartar, rechazar: descartar una posibilidad. ♦ **descartarse** v. pron. **2.** En algunos juegos de naipes, dejar las cartas que se consideran inútiles.
DESCARTE n. m. Acción y efecto de descartar o descartarse. **2.** Cartas desechadas.
DESCARTES (René), filósofo, matemático y físico francés (La Haye [act. Descartes], Turena, 1596-Estocolmo 1650). Vivió en Holanda y Suecia. Enunció las leyes de la refracción y la reflexión de la luz, y fundó la geometría analítica. Autor de *Principia philosophiae* (1644), fue el iniciador del racionalismo moderno. Empleó un método que le permitió llegar a un conocimiento claro y distinto (*Discurso del método*, 1637), y elaboró una metafísica (*Meditaciones metafísicas*, 1641) que parte de la duda metódica, donde sólo es evidente el pensamiento que duda («pienso, luego existo») y la prueba ontológica de la existencia de Dios.
DESCASCARAR v. tr. [1]. Quitar la cáscara. ♦ **descascararse** v. pron. **2.** Desprenderse y caer la cáscara de algunas cosas.
DESCASCARILLADO n. m. Acción y efecto de descascarillar.
DESCASCARILLAR v. tr. y pron. [1]. Quitar la envoltura de los frutos y semillas: *descascarillar una nuez.* **2.** Hacer saltar en cascarillas la superficie o esmalte de un objeto.
DESCASTADO, A adj. y n. Que manifiesta poco cariño a los parientes. **2.** Que no corresponde al cariño que le han demostrado.
DESCENDENCIA n. f. Conjunto de descendientes. **2.** Casta, estirpe.
DESCENDENTE adj. Que desciende: *marea descendente.*
DESCENDER v. intr. (lat. *descendere*) [2d]. Bajar, pasar de un lugar alto a otro bajo: *descender por las escaleras.* **2.** Fig. Bajar, caer de una dignidad o estado a otro inferior: *descender de categoría; la temperatura ha descendido.* **3.** Caer, fluir, correr una cosa líquida: *descender las lágrimas.* **4.** Proceder, por generaciones sucesivas, de una persona o linaje: *desciende de familia noble.* **5.** Derivarse, proceder una cosa de otra: *tal consecuencia desciende de tal principio.* **6.** Pasar de lo general a lo particular: *descender a analizar los detalles.* **7.** Bajar, disminuir el nivel de las aguas. **8.** Dirigirse una embarcación hacia la desembocadura del río en que navega. ♦ v. tr. **9.** Bajar, poner en un lugar más bajo: *descender las maletas del altillo.*
DESCENDIENTE n. m. y f. Hijo, nieto o cualquier persona que desciende de otra.
DESCENDIMIENTO n. m. Descenso. **2.** Acción de bajar de la cruz el cuerpo de Cristo. **3.** Representación del cuerpo de Cristo muerto, desclavado de la cruz, pero todavía no depositado en el suelo.
DESCENSO n. m. (lat. *descensum*). Acción y efecto de descender. **2.** Pérdida regular de altitud de un avión. **3.** DEP. Prueba de esquí realizada en pistas de fuerte pendiente, sin puertas que sortear y en la que sólo cuenta la rapidez del corredor.
DESCENTRADO, A adj. Inadaptado, no acomodado a cierto ambiente o situación.
DESCENTRALIZACIÓN n. f. Acción y efecto de descentralizar.
DESCENTRALIZADOR, RA adj. y n. Relativo a la descentralización; partidario de ella.
DESCENTRALIZAR v. tr. [1g]. Hacer menos dependientes del poder o la administración central ciertas funciones, servicios, atribuciones, etc.
DESCENTRAMIENTO n. m. Acción de descentrar. **2.** ÓPT. Defecto de alineación de los centros de las lentes. **3.** ÓPT. Acción de descentrar el objetivo de una cámara fotográfica.
DESCENTRAR v. tr. y pron. [1]. Sacar una cosa de su centro o dejar de estar centrada. **2.** ÓPT. Efectuar un descentramiento.
DESCERRAJAR v. tr. [1]. Arrancar, forzar la cerradura de una puerta, cofre, etc. **2.** Fig. y fam. Disparar tiros con arma de fuego.
DESCHAPAR v. tr. [1]. Bol., Ecuad. y Perú. Descerrajar una cerradura.
DESCHARCHAR v. tr. [1]. Amér. Central. Dejar a uno sin su empleo.
DESCHAVETARSE v. pron. [1]. Amér. Perder el juicio, atolondrarse.
DESCIFRADOR, RA adj. y n. Que descifra.
DESCIFRAR v. tr. [1]. Leer un escrito cifrado, llegar a leer lo escrito en caracteres o lengua desconocidos: *descifrar una inscripción.* **2.** Fig. Llegar a comprender lo intrincado y de difícil inteligencia.
DESCIMBRAR v. tr. [1]. ARQ. Quitar las cimbras de una obra.
DESCLAVAR o **DESENCLAVAR** v. tr. [1]. Arrancar o quitar los clavos a alguna cosa. **2.** Desprender una cosa del clavo que la asegura o sujeta: *desclavar un cuadro.* **3.** Desengastar las piedras preciosas de la guarnición de metal.
DESCOCADO, A adj. y n. Que muestra descoco.
DESCOCAMIENTO n. m. Acción de descocar.
DESCOCAR v. tr. [1a]. Quitar las orugas de los árboles.
DESCOCARSE v. pron. [1a]. Fam. Hablar o actuar con descoco.
DESCODIFICACIÓN o **DECODIFICACIÓN** n. f. Acción y efecto de descodificar.
DESCODIFICADOR, RA o **DECODIFICADOR, RA** adj. Que descodifica. ♦ n. m. **2.** Dispositivo para descodificar.
DESCODIFICAR o **DECODIFICAR** v. tr. [1a]. Restituir a su forma original información no codificada.
DESCOLGAR v. tr. [1m]. Bajar o quitar lo que está colgado: *descolgar un cuadro.* **2.** Bajar o dejar caer poco a poco una cosa pendiente de una cuerda, cadena o cinta. ♦ v. intr. **3.** Separar el auricular del teléfono de su soporte. ♦ v. tr. y pron. **4.** En algunas pruebas deportivas, dejar atrás un corredor a sus competidores: *descolgarse del pelotón.* ♦ **descolgarse** v. pron. **5.** Echarse, escurrirse de alto abajo por una cuerda u otra cosa: *descolgarse por un muro.* **6.** Fig. y fam. Salir, decir o hacer una cosa inesperada o intempestiva.
DESCOLLAR v. intr. y pron. [1r]. Sobresalir, destacar: *descollar en los estudios.*
DESCOLONIZACIÓN n. f. Proceso de liquidación jurídico-política del colonialismo.
DESCOLONIZAR v. tr. [1]. Proceder a la descolonización.
DESCOLORAR v. tr. y pron. [1]. Decolorar.
DESCOLORIDO, A adj. Que ha perdido o disminuido su color natural.
DESCOMBRAR o **DESESCOMBRAR** v. tr. [1]. Desembarazar un lugar de cosas o materiales que estorban: *descombrar un solar.*
DESCOMBRO n. m. Acción y efecto de descombrar.
DESCOMEDIDO, A adj. Excesivo, desproporcionado, fuera de lo regular.
DESCOMEDIMIENTO n. m. Acción y efecto de descomedirse.
DESCOMEDIRSE v. pron. [30]. Faltar al respeto, de obra o de palabra.
DESCOMPASADO, A adj. Descomedido, desproporcionado: *tamaño descompasado.*
DESCOMPENSACIÓN n. f. Acción y efecto de descompensar.
DESCOMPENSAR v. tr. y pron. [1]. Hacer perder la compensación por la que algo está equilibrado.
DESCOMPONER v. tr. y pron. [5]. Desordenar, desbaratar: *descomponer la casa.* **2.** Averiar, estropear, deteriorar. **3.** Corromper, entrar o hallarse un cuerpo en estado de putrefacción: *el calor descompuso la fruta.* **4.** Separar las diversas partes que forman un compuesto o un todo: *descomponer el agua; descomponer una frase.* ♦ v. tr. **5.** Fig. Enfadar, irritar, encolerizar a alguien *los insultos le descompusieron.* ♦ **descomponerse** v. pron. **6.** Indisponerse, perder la salud. **7.** Fig. Perder la serenidad o la circunspección habitual.
DESCOMPOSICIÓN n. f. Acción y efecto de descomponer o descomponerse: *cadáver en descomposición.* **2.** Fam. Diarrea.
DESCOMPOSTURA n. f. Descomposición. **2.** Falta de compostura.
DESCOMPRESIÓN n. f. Disminución de la presión.
DESCOMPRESOR n. m. Aparato que sirve para reducir la presión de un fluido contenido en un depósito.
DESCOMPUESTO, A adj. Estropeado. **2.** Irritado, encolerizado. **3.** Indispuesto. **4.** Amér. Central, Chile, Perú y P. Rico. Borracho.
DESCOMUNAL adj. Extraordinario, enorme, muy distante de lo común: *una obra descomunal.*
DESCONCENTRACIÓN n. f. DER. ADM. Acción de conceder mayores poderes a los órganos del estado en las colectividades territoriales.
DESCONCEPTUAR v. tr. y pron. [1s]. Desacreditar, descalificar: *su error le ha desconceptuado.*
DESCONCERTANTE adj. Que desconcierta.
DESCONCERTAR v. tr. y pron. [1r]. Desordenar, turbar el orden, composición y concierto. **2.** Dislocar los huesos. ♦ v. tr. **3.** Fig. Sorprender, turbar el ánimo de una persona.
DESCONCHABAR v. tr. y pron. [1]. Amér. Central, Chile y Méx. Descomponer, descoyuntar.
DESCONCHADO n. m. Parte en que una pared ha perdido su enlucido. **2.** Parte en que una pieza de loza o porcelana ha perdido el vidriado.
DESCONCHADURA n. f. Desconchado.
DESCONCHAR v. tr. y pron. [1]. Quitar parte del enlucido o revestimiento de algo.
DESCONCHINFLADO, A adj. Méx. Fam. Descompuesto, estropeado.
DESCONCIERTO n. m. Descomposición de las partes de una máquina o de un cuerpo. **2.** Fig. Desorden, desavenencia. **3.** Fig. Descomedimiento en dichos y hechos. **4.** Fig. Falta de gobierno y orden.
DESCONECTAR v. tr. [1]. Interrumpir una conexión en un aparato, tubería, etc. **2.** Interrumpir una conexión eléctrica. **3.** Deshacer o interrumpir una relación, comunicación, etc.
DESCONEXIÓN n. f. Acción de desconectar.
DESCONFIANZA n. f. Falta de confianza.

DES

DESCONFIAR v. intr. [**1t**]. Tener desconfianza.

DESCONGELACIÓN n. f. Acción de descongelar o deshelar.

DESCONGELAR v. tr. [**1**]. Devolver un producto congelado a su estado ordinario. **2.** ECON. Liberar magnitudes económicas, como precios, salarios o alquileres, que se hallaban congelados.

DESCONGESTIÓN n. f. Acción y efecto de descongestionar.

DESCONGESTIONAR v. tr. y pron. [**1**]. Disminuir o quitar la congestión: *descongestionar los pulmones.* **2.** Disminuir la aglomeración o acumulación: *descongestionar el tráfico.*

DESCONOCEDOR, RA adj. Que desconoce o ignora.

DESCONOCER v. tr. [**2m**]. No conocer, ignorar: *desconocer los hechos.* **2.** No reconocer a una persona o cosa que habíamos conocido antes, haberla olvidado. ♦ v. tr. y pron. **3.** *Fig.* Hallar a una persona o cosa muy diferente de como se conocía.

DESCONOCIDO, A adj. y n. No conocido.

DESCONOCIMIENTO n. m. Acción y efecto de desconocer. **2.** Ignorancia.

DESCONSIDERACIÓN n. f. Acción y efecto de desconsiderar.

DESCONSIDERAR v. tr. [**1**]. No guardar la consideración debida.

DESCONSOLADOR, RA adj. Que desconsuela.

DESCONSOLAR v. tr. y pron. [**1r**]. Privar de consuelo, afligir, entristecer.

DESCONSUELO n. m. Angustia, aflicción, falta de consuelo: *llorar con desconsuelo.*

DESCONTADO, A adj. **Por descontado** (*Fam.*), sin duda alguna, dado por cierto o por hecho.

DESCONTAMINACIÓN n. f. Operación que tiende a eliminar o reducir los agentes y efectos de la contaminación.

DESCONTAMINAR v. tr. [**1**]. Eliminar o reducir la contaminación del aire, del agua utilizada por la industria, de la arena de las playas, etc.

DESCONTAR v. tr. [**1r**]. Hacer una operación de descuento. **2.** Negociar un efecto de comercio. **3.** Hacerse entregar de inmediato, pagando íntegramente el precio convenido, los valores que se había decidido comprar a plazos.

DESCONTENTO, A adj. Que no es feliz: *estar descontento.* ♦ n. m. **2.** Disgusto, desagrado.

DESCONTÓN n. m. *Méx. Fam.* Golpe.

DESCONTROL n. m. Falta de control, de orden.

DESCONTROLAR v. tr. y pron. [**1**]. Hacer perder o perder algo o alguien el control o dominio de sí mismo.

DESCONVENIENCIA n. f. Incomodidad, perjuicio.

DESCONVENIR v. intr. y pron. [**21**]. No convenir en las opiniones. **2.** No concordar entre sí dos personas o cosas.

DESCONVOCAR v. tr. [**1a**]. Anular una convocatoria: *desconvocar una huelga.*

DESCORAZONADOR, RA adj. Que descorazona.

DESCORAZONAMIENTO n. m. Acción y efecto de descorazonar.

DESCORAZONAR v. tr. y pron. [**1**]. Desanimar, desalentar: *el suspenso le descorazonó.*

DESCORCHADOR, RA adj. Que descorcha. ♦ n. m. **2.** Obrero que descorcha el alcornoque para sacar el corcho. ♦ n. m. **3.** Sacacorchos.

DESCORCHAR v. tr. [**1**]. Quitar o arrancar el corcho al alcornoque. **2.** Sacar el corcho que cierra un envase: *descorchar una botella.*

DESCORCHE n. m. Acción y efecto de descorchar. **2.** Prima que cobran determinados empleados por cada botella que consume el cliente.

DESCORNAR v. tr. y pron. [**1r**]. Quitar o arrancar los cuernos a un animal. ♦ **descornarse** v. pron. **2.** *Fig. y fam.* Descabezarse. **3.** Esforzarse, poner todo el empeño en conseguir alguna cosa.

DESCORRER v. tr. [**2**]. Plegar o reunir lo que estaba antes estirado: *descorrer las cortinas.* **2.** Dar a los cerrojos, pestillos, etc., el movimiento necesario para abrir.

DESCORTÉS adj. y n. m. y f. Que habla o actúa con descortesía.

DESCORTESÍA n. f. Falta de cortesía.

DESCORTEZADURA n. f. Parte de corteza que se quita a una cosa. **2.** Parte descortezada.

DESCORTEZAMIENTO n. m. Acción de descortezar.

DESCORTEZAR v. tr. y pron. [**1g**]. Quitar la corteza.

DESCOSER v. tr. [**2**]. Soltar, deshacer las puntadas de lo que está cosido.

DESCOSIDO n. m. Parte descosida en una prenda. • **Como un descosido** (*Fam.*), indica el ahínco o exceso con que se hace una cosa.

DESCOYUNTAMIENTO n. m. Acción y efecto de descoyuntar.

DESCOYUNTAR v. tr. y pron. [**1**]. Dislocar, desencajar un hueso: *descoyuntar la cadera.* **2.** Desencajar una cosa articulada.

DESCRÉDITO n. m. Disminución o pérdida del crédito o reputación.

DESCREÍDO, A adj. y n. Falto de fe, sin creencia, porque ha dejado de tenerla.

DESCREIMIENTO n. m. Incredulidad, falta, abandono de fe o de confianza. SIN.: descreencia.

DESCREMADO, A adj. Sin crema o grasa.

DESCREMAR v. tr. [**1**]. Quitar la crema o grasa a la leche, yogur, etc.

DESCRIBIR v. tr. (lat. *describire*) [**3n**]. Delinear, dibujar: *describir un círculo.* **2.** Representar por medio del lenguaje: *describir su rostro, un paisaje.*

DESCRIPCIÓN n. f. Acción y efecto de describir.

DESCRIPTIBLE adj. Que se puede describir.

DESCRIPTIVO, A adj. Que describe: *gramática descriptiva.* • **Anatomía descriptiva**, parte de la anatomía que describe las formas y la disposición de cada órgano. ‖ **Geometría descriptiva**, rama de la geometría en la que se representan figuras del espacio con ayuda de figuras planas.

DESCRIPTOR, RA adj. y n. Que describe. ♦ n. m. **2.** INFORMÁT. Palabra clave que define el contenido de un documento y que permite localizarlo en el seno de un archivo manual o automatizado.

DESCRUZAR v. tr. [**1g**]. Deshacer la forma de cruz que presentan algunas cosas: *descruzar los brazos.*

DESCUAJAR v. tr. [**1**]. Liquidar lo que está cuajado o solidificado: *descuajar la sangre.* ♦ v. tr. **2.** Arrancar de raíz o de cuajo plantas o malezas.

DESCUAJARINGAR o **DESCUAJERINGAR** v. tr. y pron. [**1b**]. Desvencijar, desunir, desconcertar. ♦ **descuajaringarse** o **descuajeringarse** v. pron. **2.** *Fam.* Relajarse las partes del cuerpo por efecto del cansancio. **3.** *Fig. y fam.* Desternillarse de risa.

DESCUAJE o **DESCUAJO** n. m. Acción de descuajar, arrancar de raíz.

DESCUAJERINGADO, A adj. *Amér.* Desvencijado. **2.** *Amér.* Descuidado en el aseo y en el vestir.

DESCUARTIZAMIENTO n. m. Acción de descuartizar. **2.** Suplicio que consistía en descuartizar a un condenado.

DESCUARTIZAR v. tr. [**1g**]. Dividir un cuerpo en cuartos o pedazos: *descuartizar una res.*

DESCUBIERTA n. f. MAR. Reconocimiento del horizonte al salir y ponerse el Sol. **2.** MIL. Reconocimiento del terreno, para ver si en las inmediaciones hay enemigos. **3.** MIL. Patrulla, avanzadilla o tropa que hace este servicio. • **A la descubierta**, con claridad, sin rodeos; al raso, sin albergue, a la inclemencia del tiempo.

DESCUBIERTO, A adj. Dícese del que está expuesto a cargos o reconvenciones, adeudado. **2.** Que no está cubierto. ♦ n. m. **3.** Préstamo a corto plazo acordado por un banco al titular de una cuenta corriente. **4.** Déficit. • **Al descubierto**, al raso, sin albergue, a la inclemencia del tiempo. ‖ **Estar en descubierto**, tener alguien un descubierto en su cuenta bancaria.

DESCUBRIDOR, RA adj. y n. Que descubre algo desconocido, especialmente el autor de un descubrimiento geográfico o científico.

DESCUBRIMIENTO n. m. Acción y efecto de descubrir, especialmente tierras o cosas científicas. **2.** La cosa descubierta.

DESCUBRIR v. tr. [**3m**]. Manifestar, hacer patente: *descubrir un secreto.* **2.** Destapar lo que está tapado o cubierto: *descubrir una placa conmemorativa.* **3.** Venir en conocimiento de algo que se ignoraba o estaba escondido: *descubrir un engaño, un tesoro.* **4.** Inventar: *descubrir la penicilina.* **5.** Divisar, percibir desde lejos: *desde aquí se descubre la ciudad.* ♦ **descubrirse** v. pron. **6.** Quitarse de la cabeza el sombrero, gorra, etc.

DESCUENTO n. m. Cesión de un efecto comercial antes de su vencimiento por un importe inferior a su valor nominal. **2.** Diferencia entre el valor nominal de un efecto comercial y el valor efectivo, después del descuento. **3.** Reducción sobre el precio de venta de un artículo, otorgada al comprador.

DESCUEVE n. m. *Chile. Vulg.* Grado máximo de excelencia de una persona, cosa o circunstancia.

DESCUIDAR v. tr., intr. y pron. [**1**]. No prestar el cuidado o la atención debidos: *descuidar la educación de los hijos.* ♦ v. tr. e intr. **2.** Descargar, eximir a alguien de un cuidado u obligación. ♦ v. tr. **3.** Distraer, procurar que alguien no atienda a lo que le importa para cogerle desprevenido: *descuidar al enemigo.* ♦ v. tr. intr. **4.** Asegurar a alguien que se hará lo que se ha mandado o encargado.

DESCUIDO n. m. Omisión, negligencia, falta de cuidado: *vestir con descuido.* **2.** Olvido, inadvertencia. **3.** Desliz, tropiezo vergonzoso.

DESDE prep. Denota el punto en tiempo en que empieza a suceder alguna cosa: *desde ahora.* **2.** Señala el punto en el espacio donde se origina una distancia: *desde aquí.* **3.** Después de. • **Desde que**, a partir del tiempo en que: *desde que se fue.*

DESDECIR v. intr. [**19**]. Desmentir, perder una cosa la línea, nivel o dirección que le corresponde: *el decorado desdice de los muebles.* **2.** *Fig.* Degenerar una persona o cosa de su origen, educación o clase: *su grosería desdice de su inteligencia.* **3.** *Fig.* No convenir, no corresponder una cosa con otra: *este vino desdice de la comida.* ♦ **desdecirse** v. pron. **4.** Retractarse de lo dicho.

DESDÉN n. m. Indiferencia y desapego: *actuar con desdén.* • **Al desdén**, con descuido afectado.

DESDENTADO, A adj. Que no tiene dientes o que los ha perdido. ♦ adj. y n. m. **2.** Relativo a un orden de mamíferos desprovistos de dientes o con dientes reducidos, al que pertenecen el armadillo y el oso hormiguero, entre otros.

DESDENTAR v. tr. y pron. [**1j**]. Quitar, sacar o perder los dientes.

DESDEÑABLE adj. Que merece ser desdeñado.

DESDEÑAR v. tr. [**1**]. Tratar con desdén, rechazar: *desdeñar a un pretendiente.* ♦ v. tr. y pron. **2.** Tener a menos el hacer o decir una cosa.

DESDEÑOSO, A adj. y n. Que manifiesta desdén.
DESDIBUJAR v. tr. y pron. [1]. Hacer confusa o borrosa una imagen, idea, etc.
DESDICHA n. f. Desgracia, adversidad, motivo de aflicción: *lamentarse de su desdicha*.
DESDICHADO, A adj. y n. Desgraciado, desafortunado. **2.** *Fig.* y *fam.* Sin malicia, pusilánime.
DESDOBLAMIENTO n. m. Acción y efecto de desdoblar. **2.** *Fig.* Explicación o aclaración de un texto, doctrina, etc.
DESDOBLAR v. tr. [1]. Extender lo que estaba doblado: *desdoblar un pañuelo*. **2.** *Fig.* Formar dos o más cosas por separación de los elementos que suelen estar juntos en una: *desdoblar una imagen*.
DESDORO n. m. Descrédito, vergüenza.
DESEADO (río), r. de Argentina, en la Patagonia, tributario del Atlántico; 610 km.
DESEADO, dep. de Argentina (Santa Cruz); 56 933 hab. Cab. *Puerto Deseado*. Petróleo.
DESEAR v. tr. (lat. *desiderare*) [1]. Sentir atracción por algo hasta el punto de quererlo poseer o alcanzar: *desear riquezas*. **2.** Querer que acontezca o deje de acontecer algún suceso: *desear felicidad*.
DESECACIÓN n. f. Acción y efecto de desecar. **2.** Eliminación de la humedad de un cuerpo.
DESECAR v. tr. y pron. [1a]. Secar, eliminar la humedad de un cuerpo: *desecar la madera*.
DESECHABLE adj. Que se desecha o se puede desechar. **2.** Dícese de los objetos de un solo uso.
DESECHAR v. tr. [1]. Excluir, reprobar, menospreciar: *desechar una propuesta*. **2.** Renunciar, no admitir una cosa. **3.** Arrojar, tirar. **4.** Deponer, apartar de sí un temor, pesar, sospecha, etc.: *desechar el miedo*. **5.** Dejar algo por inútil.
DESECHO n. m. Residuo que queda de una cosa, después de haber escogido lo mejor. **2.** Cosa que se ha desechado: *tirar los desechos a la basura*. **3.** Residuo, desperdicio. **4.** *Fig.* Desprecio, vilipendio. **5.** *Amér.* Atajo, senda.
DESELECTRIZAR v. tr. y pron. [1g]. Descargar de electricidad un cuerpo.
DESEMBALAJE n. m. Acción y efecto de desembalaje.
DESEMBALAR v. tr. [1]. Deshacer un embalaje.
DESEMBALSAR v. tr. [1]. Dar salida al agua de un embalse.
DESEMBALSE n. m. Acción y efecto de desembalsar.
DESEMBARAZAR v. tr. y pron. [1g]. Dejar una cosa desocupada, o libre de obstáculos: *desembarazar el paso*. ♦ **desembarazarse** v. pron. **2.** Apartar uno de sí lo que le estorba para algún fin.
DESEMBARAZO n. m. Desenvoltura, decisión.
DESEMBARCADERO n. m. Lugar destinado al embarque o desembarco por mar de pasajeros y mercancías.
DESEMBARCAR v. tr. [1a]. Descargar las mercancías de un barco o avión. ♦ v. intr. y pron. **2.** Salir de una embarcación o avión.
DESEMBARCO o **DESEMBARQUE** n. m. Acción de desembarcar. **2.** Operación militar que realiza en tierra la dotación de un buque o de una escuadra, o las tropas que llevan.
DESEMBARGAR v. tr. [1b]. Quitar el impedimento o embarazo a una cosa. **2.** *DER.* Alzar el embargo o secuestro de una cosa.
DESEMBARGO n. m. *DER.* Acción y efecto de desembargar.
DESEMBARRANCAR v. tr. e intr. [1a]. Sacar a flote una nave embarrancada.
DESEMBOCADURA n. f. Parte final, simple o ramificada, por donde un río vierte su carga líquida y sólida en el mar. **2.** Salida de una calle.

DESEMBOCAR v. intr. [1a]. Entrar una corriente de agua en el mar, en otra corriente, etc. **2.** Salir o tener salida una calle, un camino, conducto, pasillo, etc., a determinado lugar. **3.** Tener un asunto o situación determinado desenlace.
DESEMBOLSAR v. tr. [1]. Sacar lo que está en la bolsa. **2.** Pagar o entregar una cantidad de dinero.
DESEMBOLSO n. m. Entrega de dinero, efectivo o de contado. **2.** *Fig.* Dispendio, gasto, coste.
DESEMBOZAR v. tr. y pron. [1g]. Quitar el embozo: *desembozar el rostro*. **2.** Desatascar un conducto: *desembozar una tubería*.
DESEMBRAGAR v. tr. [1b]. *MEC.* Desprender del árbol motor un mecanismo o parte de él.
DESEMBUCHAR v. tr. [1]. Echar las aves lo que tienen en el buche. **2.** *Fig.* y *fam.* Decir todo cuanto se sabe y se tenía callado.
DESEMEJANZA n. f. Diferencia, no semejanza.
DESEMEJAR v. intr. [1]. Existir desemejanza. ♦ v. tr. **2.** Desfigurar.
DESEMPACAR v. tr. [1a]. Deshacer las pacas en que van las mercancías. **2.** Deshacer el equipaje. ♦ **desempacarse** v. pron. **3.** *Fig.* Aplacarse, mitigarse, desenojarse.
DESEMPACHAR v. tr. y pron. [1]. Quitar el empacho o indigestión. ♦ **desempacharse** v. pron. **2.** Perder el empacho o timidez.
DESEMPACHO n. m. Desenvoltura, falta de timidez.
DESEMPALAGAR v. tr. y pron. [1b]. Quitar a alguien el empalago. ♦ v. tr. **2.** Quitar el agua estancada y sucia de un molino que dificulta el movimiento de la rueda.
DESEMPAÑAR v. tr. [1]. Limpiar una cosa empañada: *desempañar los cristales*. ♦ v. tr. y pron. **2.** Quitar los pañales a un niño.
DESEMPAPELAR v. tr. [1]. Quitar el papel que envuelve o cubre una cosa: *desempapelar la pared*.
DESEMPAQUETAR v. tr. [1]. Deshacer lo que está empaquetado.
DESEMPAREJAR v. tr. y pron. [1]. Desigualar lo que estaba parejo. **2.** Hacer que algo o alguien deje de formar pareja.
DESEMPATAR v. tr. e intr. [1]. Deshacer el empate.
DESEMPATE n. m. Acción y efecto de desempatar.
DESEMPEDRAR v. tr. [1j]. Arrancar las piedras de un empedrado.
DESEMPEÑAR v. tr. [1]. Sacar, recuperar lo que estaba en poder de otro en garantía de préstamo. **2.** Cumplir, hacer aquello a lo que uno está obligado. **3.** Ejecutar lo ideado para una obra literaria o artística. ♦ v. tr. y pron. **4.** Librar a alguien de los empeños o deudas que tenía contraídos.
DESEMPEÑO n. m. Acción y efecto de desempeñar.
DESEMPLEO n. m. Paro, falta de trabajo.
DESEMPOLVADURA n. f. Acción y efecto de desempolvar.
DESEMPOLVAR v. tr. y pron. [1]. Quitar el polvo. ♦ v. tr. **2.** *Fig.* Volver a usar lo que se había abandonado. **3.** Traer a la memoria o consideración algo que estuvo mucho tiempo olvidado.
DESEMPONZOÑAR v. tr. [1]. Libertar a uno del daño causado por la ponzoña. **2.** Quitar a una cosa sus cualidades ponzoñosas.
DESEMPOTRAR v. tr. [1]. Sacar lo que está empotrado.
DESENCADENADOR, RA adj. Que desencadena.
DESENCADENAMIENTO n. m. Acción y efecto de desencadenar.
DESENCADENAR v. tr. [1]. Desatar, soltar al que está amarrado con cadenas. **2.** *Fig.* Romper o desunir el vínculo de las cosas inmateriales. ♦ v. tr. y pron. **3.** *Fig.* Estallar, sobrevenir una guerra, una revolución, etc. **4.** *Fig.* Estallar con violencia las fuerzas naturales o las pasiones.
DESENCAJAMIENTO o **DESENCAJE** n. m. Acción y efecto de desencajar o desencajarse.
DESENCAJAR v. tr. y pron. [1]. Desunir una cosa del encaje que tenía con otra. **2.** Separar, desuniendo sus juntas, dos tubos contiguos en una conducción de aguas. ♦ **desencajarse** v. pron. **3.** Desfigurarse, descomponerse el semblante por enfermedad, o por una alteración psíquica.
DESENCAJONAR v. tr. [1]. Sacar lo que está encajonado.
DESENCALLAR v. tr. e intr. [1]. Poner a flote una embarcación encallada.
DESENCAMINAR v. tr. [1]. Descaminar a alguien del camino. **2.** *Fig.* Apartar a alguien de un buen propósito, inducirle a que haga lo que no es justo ni le conviene.
DESENCANTAR v. tr. y pron. [1]. Deshacer el encanto o encantamiento. **2.** Decepcionar, desilusionar.
DESENCANTO o **DESENCANTAMIENTO** n. m. Acción y efecto de desencantar.
DESENCARCELAR v. tr. [1]. Excarcelar.
DESENCHUECAR v. tr. [1]. *Amér.* Enderezar lo que está torcido.
DESENCHUFAR v. tr. [1]. Separar o desacoplar lo que está enchufado: *desenchufar la estufa*.
DESENCLAVAR v. tr. [1]. Desclavar.
DESENCOLERIZAR v. tr. y pron. [1g]. Apaciguar al que está encolerizado.
DESENCORVAR v. tr. [1]. Enderezar lo que está encorvado o torcido.
DESENCUADERNAR v. tr. [1]. Deshacer la encuadernación de un libro.
DESENCUADRE n. m. Incidente en la proyección cinematográfica, consistente en la aparición simultánea de dos imágenes parciales en la pantalla.
DESENFADADO, A adj. Desembarazado, libre. **2.** Dícese del lugar ancho, espacioso, capaz.
DESENFADAR v. tr. y pron. [1]. Quitar el enfado.
DESENFADO n. m. Desenvoltura, despreocupación. **2.** Diversión, expansión, esparcimiento.
DESENFILADO, A adj. *MIL.* Dícese del itinerario de la zona de terreno al abrigo de la vista y del fuego del enemigo.
DESENFILAR v. tr. y pron. [1]. *MIL.* Disponer las tropas, armas u obras de forma que permanezcan invisibles para el enemigo y protegidas contra su fuego.
DESENFOCAR v. tr. y pron. [1a]. Recoger la imagen de un objeto en el foco de una lente de una manera imperfecta. **2.** Tratar un problema o negocio sin acierto.
DESENFOQUE n. m. Falta de enfoque o enfoque defectuoso. **2.** Defecto de que adolece una imagen fotográfica o cinematográfica por falta de nitidez en el enfoque de sus figuras.
DESENFRENADO, A adj. v. n. Que no tiene freno, contención o moderación.
DESENFRENAR v. tr. [1]. Quitar el freno. ♦ **desenfrenarse** v. pron. **2.** *Fig.* Desmandarse, entregarse a vicios y pasiones. **3.** *Fig.* Desencadenarse, obrar con ímpetu y violencia.
DESENFRENO o **DESENFRENAMIENTO** n. m. Acción y efecto de desenfrenarse.
DESENFUNDAR v. tr. [1]. Sacar una cosa de su funda: *desenfundar la pistola*.
DESENFURECER v. tr. [2m]. Hacer deponer el furor.
DESENGANCHAR v. tr. y pron. [1]. Soltar, desprender lo que está enganchado.
DESENGANCHE n. m. Acción de desenganchar.
DESENGAÑAR v. tr. [1]. Hacer conocer a alguien el engaño o error en que está. **2.** Quitar a alguien sus esperanzas o ilusiones.

DESENGAÑO n. m. Acción y efecto de desengañar: *sufrir un desengaño*. **2.** Claridad con que se echa en cara a alguien alguna falta. ♦ **desengañes** n. m. pl. **3.** Lecciones debidas a una amarga experiencia.
DESENGARZAR v. tr. y pron. [**1g**]. Desprender lo que está engarzado: *desengarzar un brillante de un anillo*.
DESENGASTAR v. tr. [**1**]. Sacar una cosa de su engaste.
DESENGRANAR v. tr. [**1**]. MEC. Quitar o soltar el engranaje de una cosa con otra.
DESENGRASAR v. tr. [**1**]. Quitar o limpiar la grasa. **2.** Eliminar las materias grasas de la superficie de una pieza metálica. ♦ v. intr. **3.** *Fam.* Enflaquecer, quedarse flaco. **4.** Quitarse el sabor de la grasa.
DESENGRASE n. m. Acción y efecto de desengrasar.
DESENLACE n. m. Acción y efecto de desenlazar. **2.** Final de un suceso, de una narración, de una obra literaria, cinematográfica o televisiva, donde se resuelve la trama.
DESENLADRILLAR v. tr. [**1**]. Deshacer el enladrillado.
DESENLAZAR v. tr. y pron. [**1**]. Desatar los lazos, desasir y soltar lo que está atado. ♦ v. tr. **2.** *Fig.* Solucionar un asunto o una dificultad.
DESENLODAR v. tr. [**1**]. Quitar el lodo a una cosa.
DESENLUTAR v. tr. y pron. [**1**]. Quitar el luto.
DESENMARAÑAR v. tr. [**1**]. Desenredar.
DESENMASCARAR v. tr. y pron. [**1**]. Quitar la máscara. **2.** *Fig.* Dar a conocer los verdaderos propósitos, sentimientos, etc., de una persona.
DESENMOHECER v. tr. [**2m**]. Quitar el moho. **2.** Desentumecer.
DESENREDAR v. tr. [**1**]. Deshacer el enredo. **2.** *Fig.* Poner orden a lo que estaba confuso o desordenado. ♦ **desenredarse** v. pron. **3.** *Fig.* Salir de una dificultad o lance.
DESENROLLAR v. tr. y pron. [**1**]. Extender lo que está arrollado, deshacer un rollo.
DESENROSCAR v. tr. y pron. [**1a**]. Extender lo que está enroscado. **2.** Sacar o salirse un tornillo o tuerca de donde está enroscado.
DESENSAMBLAR v. tr. y pron. [**1**]. Separar las piezas de madera ensambladas.
DESENSARTAR v. tr. [**1**]. Desprender lo ensartado.
DESENSIBILIZADOR n. m. Producto que disminuye la sensibilidad de una emulsión fotográfica.
DESENSILLAR v. tr. [**1**]. Quitar la silla a una caballería.
DESENTENDERSE v. pron. [**2d**]. Fingir que no se entiende una cosa. **2.** Prescindir de un asunto o negocio o no tener parte en él.
DESENTERRAR v. tr. [**1j**]. Exhumar, descubrir, sacar lo que está debajo de tierra: *desenterrar un tesoro*. **2.** *Fig.* Traer a la memoria lo olvidado.
DESENTONAR v. intr. [**1**]. Desafinar la voz o un instrumento. ♦ v. intr. y pron. **2.** Estar algo o alguien en contraste desagradable con lo que hay o sucede alrededor.
DESENTRAÑAMIENTO n. m. Acción y efecto de desentrañar.
DESENTRAÑAR v. tr. [**1**]. Penetrar en lo más dificultoso de una materia.
DESENTUMECER v. tr. y pron. [**2m**]. Quitar el entumecimiento a un miembro.
DESENTUMECIMIENTO n. m. Acción y efecto de desentumecer.
DESENVAINAR v. tr. [**1**]. Sacar de la vaina un arma: *desenvainar la espada*. **2.** *Fig.* y *fam.* Sacar lo que está oculto o encubierto.
DESENVOLTURA n. f. Agilidad, facilidad, gracia, soltura. **2.** *Fig.* Despreocupación, desvergüenza.
DESENVOLVER v. tr. y pron. [**2n**]. Desenrollar, extender lo envuelto o arrollado. **2.** *Fig.* Desarrollar, hacer pasar una cosa por una serie de estados sucesivos. ♦ v. tr. **3.** *Fig.* Descifrar o aclarar una cosa que está oscura o enredada. ♦ **desenvolverse** v. pron. **4.** *Fig.* Suceder, desarrollarse. **5.** *Fig.* Hablar u obrar con soltura o habilidad, manejarse.
DESENVOLVIMIENTO n. m. Acción y efecto de desenvolver o desenvolverse.
DESENVUELTO, A adj. Que tiene desenvoltura.
DESENZOLVAR v. tr. [**1**]. *Méx.* Destapar un conducto, limpiarlo.
DESEO n. m. Acción y efecto de desear. **2.** SICOL. Movimiento enérgico de la voluntad hacia el conocimiento, disfrute o posesión de una cosa.
DESEOSO, A adj. Que desea o apetece.
DESEQUILIBRAR v. tr. y pron. [**1**]. Hacer perder el equilibrio. ♦ **desequilibrarse** v. pron. **2.** Perder el equilibrio mental, volverse loco.
DESEQUILIBRIO n. m. Falta de equilibrio.
DESERCIÓN n. f. Acción de desertar.
DESERTAR v. tr., intr. y pron. [**1**]. Abandonar, dejar de frecuentar una reunión, comunidad, etc. **2.** MIL. Abandonar su cuerpo o su puesto sin autorización.
DESÉRTICO, A adj. Desierto, despoblado: *paraje desértico*. **2.** Relativo al desierto.
DESERTIFICACIÓN o **DESERTIZACIÓN** n. f. Transformación de una región en desierto. **2.** Empobrecimiento de una zona semiárida por la destrucción de los suelos y la vegetación bajo la influencia del hombre.
DESERTOR, RA adj. y n. Que deserta o deserto: *los soldados desertores fueron perseguidos*.
DESESCOMBRAR v. tr. [**1**]. Descombrar.
DESESPERACIÓN n. f. Pérdida total de la esperanza. **2.** Alteración extrema del ánimo, causada por la consideración de un mal irreparable o por la impotencia de lograr éxito.
DESESPERADO, A adj. y n. Poseído de desesperación. • **A la desesperada**, acudiendo a remedios extremos para lograr lo que parece imposible conseguir: *actuar a la desesperada*.
DESESPERANTE adj. Capaz de desesperar.
DESESPERANZADOR, RA adj. Que hace perder la esperanza.
DESESPERANZAR v. tr. y pron. [**1g**]. Quitar o perder la esperanza.
DESESPERAR v. tr., intr. y pron. [**1**]. Desesperanzar. ♦ v. tr. y pron. **2.** Impacientar, exasperar. ♦ **desesperarse** v. pron. **3.** Despecharse hasta el punto de intentar quitarse la vida.
DESESTABILIZACIÓN n. f. Acción de desestabilizar.
DESESTABILIZADOR, RA adj. Que desestabiliza.
DESESTABILIZAR v. tr. [**1g**]. Hacer perder su estabilidad a un estado, régimen, situación, etc.
DESESTIMACIÓN o **DESESTIMA** n. f. Acción y efecto de desestimar.
DESESTIMAR v. tr. [**1**]. No tener la debida estimación a una cosa. **2.** Denegar, desechar.
DESFACHATEZ n. f. Descaro, desvergüenza.
DESFALCAR o **DEFALCAR** v. tr. [**1a**]. Cometer desfalco.
DESFALCO n. m. DER. Sustracción o uso indebido de valores o dinero por personas que tienen la obligación de custodiarlos o de servirse de ellos para determinados fines.
DESFALLECER v. tr. [**2m**]. Causar desfallecimiento o disminuir las fuerzas. ♦ v. intr. **2.** Decaer, debilitarse.
DESFALLECIMIENTO n. m. Acción y efecto de desfallecer. **2.** MED. Fase inicial de síncope.
DESFASADO, A adj. Que no se ajusta a las corrientes, condiciones o circunstancias del momento.
DESFASE n. m. Cualidad o estado de desfasado.

DESFAVORABLE adj. Poco favorable, perjudicial.
DESFAVORECER v. tr. [**2m**]. Dejar de favorecer a alguien, perjudicar.
DESFIBRADO n. m. Acción de desfibrar.
DESFIBRAR v. tr. [**1**]. Quitar las fibras a las materias que las contienen.
DESFIBRILACIÓN n. f. Método terapéutico que emplea un shock eléctrico para detener la fibrilación del músculo cardíaco.
DESFIBRILADOR n. m. Instrumento que sirve para la desfibrilación.
DESFIGURACIÓN n. f. Acción y efecto de desfigurar o desfigurarse. SIN.: *desfiguramiento*.
DESFIGURAR v. tr. [**1**]. Deformar, hacer perder a una cosa su figura propia. **2.** Oscurecer e impedir que se perciban las formas y figuras de las cosas. **3.** *Fig.* Referir una cosa alterando las verdaderas circunstancias. ♦ v. tr. y pron. **4.** Desemejar, afear la composición y orden del semblante. ♦ **desfigurarse** v. pron. **5.** Inmutarse por un accidente o por alguna pasión del ánimo.
DESFIGURO n. m. *Méx.* Ridículo.
DESFILADERO n. m. Paso estrecho entre montañas.
DESFILAR v. intr. [**1**]. Marchar gente en fila. **2.** Ir saliendo la gente de alguna parte. **3.** MIL. En ciertas funciones militares, pasar las tropas ante un superior, ante un monumento, etc.
DESFILE n. m. Acción de desfilar.
DESFLORAR v. tr. [**1r**]. Ajar, estropear, quitar a una cosa su buena apariencia. **2.** *Fig.* Tratar superficialmente un asunto o materia. **3.** MED. Romper el himen.
DESFOGAR v. tr. y pron. [**1b**]. Exteriorizar violentamente una pasión o estado de ánimo.
DESFOGUE n. m. Acción y efecto de desfogar o desfogarse.
DESFONDAR v. tr. y pron. [**1**]. Quitar o romper el fondo a un recipiente, mueble, etc. **2.** En competiciones deportivas, quitar fuerza o empuje: *desfondaron un corredor*. ♦ v. tr. **3.** Dar a la tierra labores profundas.
DESFONDE o **DESFONDAMIENTO** n. m. Acción y efecto de desfondar.
DESFORESTACIÓN n. f. Acción de destruir los bosques.
DESFRENAR v. tr. y pron. [**1**]. Aflojar el freno.
DESGAIRE n. m. Descuido, despreocupación. **2.** Ademán de desprecio.
DESGAJADURA n. f. Rotura de la rama cuando lleva consigo parte del tronco a que está asida.
DESGAJAR v. tr. [**1**]. Arrancar una rama del tronco. ♦ v. tr. **2.** Despedazar, romper, deshacer alguna cosa unida y trabada. ♦ **desgajarse** v. pron. **3.** *Fig.* Apartarse, soltarse, desprenderse una cosa de otra.
DESGALICHADO, A adj. Desaliñado, desgarbado.
DESGALILLARSE v. pron. [**1**]. *Amér. Central.* Desgañitarse.
DESGANA n. f. Inapetencia, falta de ganas de comer. **2.** Falta de interés, indiferencia, fastidio.
DESGANAR v. tr. [**1**]. Quitar el deseo o la gana de hacer una cosa. ♦ **desganarse** v. pron. **2.** Perder el apetito de la comida. **3.** *Fig.* Disgustarse, cansarse de lo que antes se hacía con gusto; sentir tedio o fastidio.
DESGAÑITARSE v. pron. [**1**]. *Fam.* Esforzarse mucho en gritar o vocear.
DESGARBADO, A adj. Falta de garbo.
DESGARRADO, A adj. y n. Que procede con descaro y escándalo.
DESGARRADOR, RA adj. Que desgarra o tiene fuerzas para desgarrar.
DESGARRADURA n. f. Desgarrón.
DESGARRAMIENTO n. m. Acción y efecto de desgarrar.

DESGARRAR v. tr. y pron. [1]. Rasgar, romper o hacer pedazos. **2.** *Fig.* Herir vivamente los sentimientos de una persona.
DESGARRIARE n. m. *Méx. Fam.* Desorden.
DESGARRO n. m. Rotura: *tener un desgarro en la camisa*. **2.** *Fig.* Descaro, desvergüenza. **3.** *Fig.* Afectación de valentía, fanfarronada.
DESGARRÓN n. m. Rotura grande. **2.** Jirón o tira del vestido al desgarrarse la tela.
DESGASTAR v. tr. y pron. [1]. Gastar, quitar o estropear por el uso o el roce parte de una cosa. ♦ **desgastarse** v. pron. **2.** *Fig.* Perder fuerza, debilitarse.
DESGASTE n. m. Acción y efecto de desgastar o desgastarse.
DESGLOSAR v. tr. [1]. Separar una hoja, pliego, etc., de otros con los cuales está encuadernado. **2.** *Fig.* Separar, apartar una cuestión de otras. **3.** DER. Separar algunas hojas de una pieza de autos.
DESGLOSE n. m. Acción y efecto de desglosar.
DESGOBERNAR v. tr. [1j]. Gobernar mal. **2.** Alterar el buen orden o dirección.
DESGOBIERNO n. m. Desorden, falta de gobierno: *reinar el desgobierno en una casa*.
DESGRACIA n. f. Suerte adversa. **2.** Suceso o acontecimiento funesto: *ocurrir una desgracia*. **3.** Mal que constituye un perpetuo motivo de aflicción. **4.** Pérdida de gracia, favor o aprecio.
DESGRACIADO, A adj. y n. Que padece o implica desgracia. **2.** Desafortunado. ♦ n. **3.** *Fam.* y *desp.* Persona a la que se atribuye poco valor.
DESGRACIAR v. tr. [1]. Echar a perder, malograr, impedir su desarrollo, quitar la gracia.
DESGRANADORA n. f. Máquina para desgranar el maíz, el lino, el algodón, etc.
DESGRANAR v. tr. y pron. [1]. Sacar o separar los granos de una cosa. **2.** Pasar las cuentas de algo. **3.** Soltar, proferir. ♦ **desgranarse** v. pron. **4.** Soltarse las piezas ensartadas.
DESGRASAR v. tr. [1]. Quitar la grasa a las lanas o a los tejidos que se hacen con ellas.
DESGRAVACIÓN n. f. Acción de desgravar.
DESGRAVAR v. tr. [1]. DER. Rebajar los derechos arancelarios o los impuestos.
DESGREÑAR v. tr. y pron. [1]. Despeinar, desordenar el cabello. ♦ **desgreñarse** v. pron. **2.** Reñir, pelearse acaloradamente.
DESGUACE n. m. Acción y efecto de desguazar. **2.** Lugar donde se desguaza.
DESGUARNECER v. tr. [2m]. Quitar la guarnición que servía de adorno. **2.** Quitar las guarniciones a los animales de tiro. **3.** Quitar la fortaleza o la fuerza a una plaza, a un castillo, etc. **4.** Quitar piezas esenciales de un instrumento mecánico.
DESGUAZAR v. tr. [1g]. Deshacer un buque, automóvil, máquina, etc., total o parcialmente. **2.** *Amér.* Romper alguna cosa, rasgándola.
DESHABITAR v. tr. [1]. Dejar de habitar un lugar o casa. **2.** Dejar sin habitantes una población o territorio.
DESHACER v. tr. y pron. [11]. Destruir lo que estaba hecho, quitar la forma o figura: *deshacer una máquina*. **2.** Derretir, desleír, disolver: *deshacer chocolate*. ♦ v. tr. **3.** Vencer y poner en fuga un ejército. **4.** Dividir, partir, despedazar: *deshacer una res*. **5.** *Fig.* Alterar, desconcertar un tratado o negocio: *deshacer un trato*. ♦ **deshacerse** v. pron. **6.** *Fig.* Afligirse mucho, consumirse, estar sumamente impaciente o inquieto. **7.** *Fig.* Trabajar con mucho ahínco y esfuerzo. **8.** *Fig.* Estropearse, lisiarse: *deshacerse las manos fregando*. **9.** Desvivirse, esforzarse por complacer a alguien: *se deshace por su marido*. **10.** Extremar o prodigar el afecto, aprecio o cortesía hacia una persona: *deshacerse en cumplidos*. • **Deshacerse de** algo, desprenderse de ello.

DESHARRAPADO, A adj. y n. Andrajoso, lleno de harapos.
DESHECHIZAR v. tr. [1g]. Deshacer el hechizo.
DESHECHO, A adj. Dícese de los temporales, lluvia, borrascas, etc., fuertes y violentos. **2.** *Amér. Merid.* Desaliñado. ♦ n. m. **3.** *Amér.* Desecho, atajo.
DESHELAR v. tr. y pron. [1j]. Liquidar o derretir lo que está helado.
DESHERBAR v. tr. [1j]. Escardar las hierbas perjudiciales. SIN.: *desyerbar*.
DESHEREDACIÓN n. f. DER. Declaración explícita de voluntad, por la que el testador priva de su legítima a un heredero forzoso. SIN.: *desheredamiento*.
DESHEREDADO, A adj. y n. Desprovisto de dones naturales o de bienes de fortuna. **2.** Pobre, menesteroso.
DESHEREDAR v. tr. [1]. Excluir a una persona de la herencia: *desheredó a sus hijos*.
DESHIDRATACIÓN n. f. Acción y efecto de deshidratar. **2.** Operación o técnica de conservación de los productos alimenticios que consiste en extraer de un producto la totalidad o parte del agua que contiene. **3.** MED. Estado de un organismo que ha perdido parte de su agua.
DESHIDRATAR v. tr. y pron. [1]. Eliminar, total o parcialmente, el agua contenida en un cuerpo.
DESHIDROGENAR v. tr. [1]. Eliminar una o varias moléculas de hidrógeno de un compuesto.
DESHIELO n. m. Fusión de las nieves y hieleros, a consecuencia de la elevación de la temperatura.
DESHILADO n. m. Acción y efecto de deshilar. **2.** Labor hecha con aguja en una tela, sacando o juntando hilos.
DESHILAR o **DESHILACHAR** v. tr. [1]. Reducir a hilos un tejido. **2.** Sacar hilos de una tela dejándola en forma de fleco.
DESHILVANADO, A adj. Dícese del discurso, pensamiento, etc., sin enlace ni trabazón. ♦ n. m. **2.** Acción y efecto de deshilvanar.
DESHILVANAR v. tr. y pron. [1]. Quitar los hilvanes a una cosa hilvanada.
DESHINCHAR v. tr. y pron. [1]. Quitar o deshacerse la hinchazón: *deshincharse un tobillo*. **2.** Desinflar, sacar el contenido de una cosa hinchada. **3.** *Fig.* y *fam.* Desahogar la cólera o enfado, abandonar la presunción o vanidad.
DESHIPOTECAR v. tr. [1a]. Cancelar o suspender una hipoteca.
DESHOJAR v. tr. y pron. [1]. Quitar las hojas a una planta o los pétalos a una flor. **2.** Quitar las hojas a algo.
DESHOLLINADOR, RA adj. y n. Que deshollina, especialmente el que tiene por oficio deshollinar las chimeneas. ♦ n. m. **2.** Utensilio para deshollinar chimeneas.
DESHOLLINAR v. tr. [1]. Quitar el hollín de las chimeneas. **2.** Limpiar techos y paredes.
DESHONESTIDAD n. f. Calidad de deshonesto. **2.** Dicho o hecho deshonesto.
DESHONESTO, A adj. Impúdico, falto de honestidad, inmoral.
DESHONOR n. m. Pérdida del honor. **2.** Cosa deshonrosa.
DESHONRA n. f. Pérdida de la honra. **2.** Cosa deshonrosa.
DESHONRAR v. tr. y pron. [1]. Quitar la honra. ♦ v. tr. **2.** Injuriar. **3.** Despreciar y escarnecer a alguien.
DESHONROSO, A adj. Que implica deshonra o incurre en ella.
DESHORA n. f. Tiempo inoportuno, no conveniente. • **A deshora**, o **deshoras**, fuera de hora o tiempo: *comer a deshora*.
DESHUESAR v. tr. [1]. Quitar los huesos de la carne de un animal o fruto. SIN.: *desosar*.
DESHUMANIZACIÓN n. f. Acción de deshumanizar.
DESHUMANIZAR v. tr. y pron. [1g]. Privar de las características humanas, especialmente a las obras de arte. **2.** Perder una persona sus sentimientos.
DESHUMIDIFICACIÓN n. f. Acción de quitar la humedad. SIN.: *deshumectación*.
DESIDERATA n. f. Lista de objetos que se desea adquirir, especialmente libros en las bibliotecas.
DESIDERATIVO, A adj. Que expresa deseo.
DESIDERÁTUM n. m. Objeto de un vivo o constante deseo. **2.** Lo más digno de ser apreciado en su línea.
DESIDIA n. f. Descuido, negligencia, dejadez.
DESIDIOSO, A adj. y n. Que actúa con desidia o que la muestra.
DESIERTO, A adj. Despoblado, solo, inhabitado: *calles desiertas*. **2.** Dícese de la subasta o certamen en que a nadie resulta parte o que a nadie se adjudica: *el primer premio quedó desierto*. ♦ n. m. **3.** Región caracterizada por una gran escasez de precipitaciones y por una temperatura media muy baja, que comporta una extrema pobreza de la vegetación y una gran escasez de población.
DESIGNACIÓN n. f. Acción y efecto de designar.
DESIGNAR v. tr. [1]. Formar designio o propósito de realizar algo. **2.** Denominar, nombrar una persona o cosa por su nombre o rasgo distintivo. **3.** Señalar o elegir una persona o cosa para determinado fin: *designar a alguien como director*.
DESIGNIO n. m. Pensamiento, idea, intención que se pretende realizar.
DESIGUAL adj. Que no es igual, diferente. **2.** De distinto nivel, no liso: *superficie desigual*. **3.** *Fig.* Inconstante, variable.
DESIGUALAR v. tr. [1]. Hacer que una persona o cosa no sea igual a otra.
DESIGUALDAD n. f. Calidad de desigual. **2.** Cada una de las eminencias o depresiones de un terreno o de la superficie de un cuerpo. **3.** MAT. Relación algebraica en la que figuran dos cantidades desiguales separadas por un signo > (mayor que) o < (menor que).
DESILUSIÓN n. f. Carencia o pérdida de las ilusiones. **2.** Desengaño, conocimiento de la verdad.
DESILUSIONAR v. tr. y pron. [1]. Hacer sufrir o sufrir una desilusión.
DESIMANACIÓN o **DESIMANTACIÓN** n. f. Acción de desimanar.
DESIMANAR o **DESIMANTAR** v. tr. y pron. [1]. Suprimir la imanación.
DESINCRUSTAR v. tr. [1]. Quitar las incrustaciones.
DESINDUSTRIALIZACIÓN n. f. Reducción del número de puestos de trabajo en un sector industrial del país. **2.** Reducción de la producción industrial de una región o de un país.
DESINENCIA n. f. LING. Terminación variable de las palabras (por oposición a *radical*), que tiene una función gramatical o léxica.
DESINFECCIÓN n. f. Acción de desinfectar.
DESINFECTANTE adj. y n. m. Dícese de las sustancias, agentes físicos o productos propios para desinfectar.
DESINFECTAR v. tr. y pron. [1]. Destruir o evitar el desarrollo de los gérmenes nocivos que pueden ser causa de infección.
DESINFLAMACIÓN n. f. Acción y efecto de desinflamar.
DESINFLAMAR v. tr. y pron. [1]. Disminuir la intensidad de un proceso inflamatorio.
DESINFLAR v. tr. y pron. [1]. Sacar lo que contiene un cuerpo hinchado. **2.** *Fig.* y *fam.* Desanimar, desilusionar. **3.** *Fig.* y *fam.* Disminuir la importancia de algo.
DESINFORMACIÓN n. f. Acción de suprimir una información, de minimizar su importancia o de modificar su sentido.
DESINFORMAR v. tr. [1]. Hablando de medios de comunicación social o de alguien, hacer que el público no sea informado o sea mal informado.

DES

DESINHIBICIÓN n. f. Acción y efecto de desinhibir o desinhibirse.
DESINHIBIR v. tr. y pron. [3]. Suprimir una inhibición o liberarse de ella.
DESINTEGRACIÓN n. f. Acción y efecto de desintegrar. **2.** FÍS. Transformación espontánea o provocada de un núcleo atómico o de una partícula elemental, dando lugar a uno o varios átomos o a otras partículas.
DESINTEGRAR v. tr. y pron. [1]. Romper la integridad de la cosa que forma un todo unitario. **2.** FÍS. Sucederse una desintegración o provocarla.
DESINTERÉS n. m. Falta de interés. **2.** Desapego y desprendimiento de todo provecho personal, próximo o remoto.
DESINTERESADO, A adj. Desinteresado, apartado del interés.
DESINTERESARSE v. pron. [1]. Perder alguien el interés que tiene por una persona o cosa.
DESINTOXICACIÓN n. f. Tratamiento destinado a anular la dependencia con respecto a un tóxico, como el alcohol o los estupefacientes.
DESINTOXICAR v. tr. y pron. [1a]. Realizar un tratamiento de desintoxicación. **2.** *Fig.* Eliminar los efectos nocivos de la propaganda o de influencias ideológicas, intelectuales, etc.
DESINVERSIÓN n. f. Hecho de suprimir o reducir las inversiones en un sector económico o en una empresa.
DESISTIMIENTO n. m. Acción y efecto de desistir.
DESISTIR v. intr. [3]. Abandonar un propósito o intento que se había empezado. **2.** DER. Abdicar, abandonar un derecho.
DESJARRETAR v. tr. [1]. Cortar las piernas de un animal por el jarrete. **2.** *Fig.* y *fam.* Debilitar y dejar sin fuerzas a uno.
DESLAVE n. m. *Amér.* Derrubio.
DESLEAL adj. y n. m. y f. Que obra sin lealtad.
DESLEALTAD n. f. Cualidad de desleal.
DESLEÍMIENTO n. m. Acción y efecto de desleír.
DESLEÍR v. tr. y pron. [25]. Disolver las partes de un cuerpo en un líquido: *desleír azúcar en leche.*
DESLENGUADO, A adj. *Fig.* Desvergonzado, desbocado, mal hablado.
DESLENGUAMIENTO n. m. *Fam.* Acción y efecto de deslenguarse.
DESLENGUAR v. tr. [1c]. Quitar o cortar la lengua. ♦ **deslenguarse** v. pron. **2.** *Fig.* y *fam.* Desvergonzarse.
DESLIAR v. tr. y pron. [1t]. Deshacer o desatar un lío o paquete.
DESLIGAR v. tr. y pron. [1b]. Desatar las ligaduras. **2.** *Fig.* Separar una cosa no material de otra. **3.** *Fig.* Librar de un compromiso, obligación, etc.
DESLINDAR v. tr. [1]. Señalar los lindes de un lugar, provincia o heredad. **2.** *Fig.* Aclarar una cosa, poniéndola en sus propios términos.
DESLINDE o **DESLINDAMIENTO** n. m. Acción y efecto de deslindar. **2.** DER. Operación por la cual se determinan los límites materiales de una finca o terreno.
DESLIZ n. m. Deslizamiento. **2.** Falta, culpa, error, especialmente tropiezo cuando es deshonesto.
DESLIZABLE adj. Que se puede deslizar.
DESLIZAMIENTO n. m. Acción y efecto de deslizar o deslizarse. • **Superficie de deslizamiento** (GEOL.), superficie a lo largo de la cual dos porciones de terreno han resbalado en relación mutua.
DESLIZANTE adj. Que se desliza.
DESLIZAR v. tr. y pron. [1g]. Pasar o mover suavemente una cosa sobre otra o entre otra. **2.** *Fig.* Decir o hacer una cosa inconsideradamente con disimulo. ♦ v. intr. y pron. **3.** Resbalar una cosa sobre otra que está lisa o mojada. ♦ **deslizarse** v. pron. **4.** *Fig.* Escaparse, escurrirse o entrar en algún lugar sin ser notado. **5.** *Fig.*

Transcurrir el tiempo, una acción o un suceso. **6.** *Fig.* Incurrir en un error, indiscreción, falta, etc.
DESLOMAR v. tr. y pron. [1]. Lastimar gravemente los lomos. **2.** *Fam.* Dar una paliza, pegar. **3.** *Fam.* Cansar o agotar mucho la dureza de un trabajo o esfuerzo.
DESLUCIMIENTO n. m. Acción y efecto de deslucir.
DESLUCIR v. tr. y pron. [3g]. Quitar o perder la gracia, la buena apariencia o el atractivo.
DESLUMBRADOR, RA o **DESLUMBRANTE** adj. Que deslumbra.
DESLUMBRAMIENTO n. m. Acción y efecto de deslumbrar.
DESLUMBRAR v. tr. y pron. [1]. Ofuscar la vista con demasiada luz. **2.** *Fig.* Dejar a uno perplejo acerca de los designios de otro. ♦ v. tr. **3.** *Fig.* Producir a alguien una fuerte impresión.
DESLUSTRAR v. tr. [1]. Quitar el lustre a una cosa. **2.** Quitar la transparencia al vidrio o al cristal frotándolo con esmeril o por otro procedimiento.
DESMADEJAMIENTO n. m. Acción y efecto de desmadejar.
DESMADEJAR v. tr. y pron. [1]. Causar flojedad y debilidad en el cuerpo.
DESMADRARSE v. pron. [1]. *Fam.* Pasarse de los límites acostumbrados.
DESMADRE n. m. Acción y efecto de desmadrarse.
DESMAGNETIZACIÓN n. f. Acción y efecto de desmagnetizar. **2.** Creación de un dispositivo de protección individual de los buques contra las minas magnéticas.
DESMAGNETIZAR v. tr. [1g]. Suprimir la imantación.
DESMALEZAR v. tr. [1]. *Amér.* Quitar la maleza.
DESMÁN n. m. Exceso, desorden, demasía. **2.** Desgracia, suceso infausto.
DESMANCHAR v. tr. [1]. *Amér.* Abandonar el grupo o compañía del que se forma parte, alejarse de las amistades. ♦ v. intr. **2.** *Amér.* Desbandarse, huir, salir corriendo. **3.** *Amér.* Quitar las manchas. ♦ **desmancharse** v. pron. **4.** *Amér.* Salirse de la manada un animal.
DESMANDAMIENTO n. m. Acción y efecto de desmandarse.
DESMANDARSE v. pron. [1]. Insubordinarse, propasarse, sublevarse.
DESMANO. A desmano, a trasmano.
DESMANTELAMIENTO n. m. Acción y efecto de desmantelar.
DESMANTELAR v. tr. [1]. Derribar o destruir las fortificaciones de una plaza. **2.** *Fig.* Despojar una casa, un establecimiento, etc., o un objeto, de sus complementos necesarios. **3.** MAR. Desarbolar o desaparejar una embarcación.
DESMAÑADO, A adj. y n. Torpe, inhábil, falto de agilidad o destreza.
DESMAÑANARSE v. pron. [1]. *Méx.* Despertarse muy temprano.
DESMAQUILLADOR, RA adj. y n. m. Dícese de un producto disolvente que sirve para quitar el maquillaje, a la vez que limpia la piel.
DESMAQUILLAR v. tr. y pron. [1]. Eliminar el maquillaje.
DESMARAÑAR v. tr. [1]. Desenredar.
DESMARCAR v. tr. [1a]. DEP. Librar a un compañero de la vigilancia de un contrario. **2.** DEP. Escapar al control directo del adversario.
DESMATERIALIZACIÓN n. f. Aniquilación de las partículas materiales y correlativa aparición de energía. **2.** Desaparición pretendidamente paranormal de un objeto material.
DESMAYADO, A adj. Dícese de los colores pálidos.
DESMAYAR v. tr. [1]. Causar desmayo. ♦ v. intr. **2.** *Fig.* Perder el valor, desfallecer de ánimo, acobardarse. ♦ **desmayarse** v. pron. **3.** Sufrir un desmayo.

DESMAYO n. m. Desaliento, pérdida de las fuerzas. **2.** Síncope, pérdida del conocimiento.
DESMEDIDO, A adj. Desproporcionado, falto de medida, que no tiene término.
DESMEDIRSE v. pron. [30]. Desmandarse, excederse.
DESMEJORAR v. tr. y pron. [1]. Deteriorar. ♦ v. intr. **2.** Decaer, debilitarse, enflaquecer.
DESMEDRO n. m. Acción y efecto de desmedrar.
DESMEJORAMIENTO n. m. Acción y efecto de desmejorar.
DESMEJORAR v. tr. y pron. [1]. Ajar, deslucir, hacer perder el lustre y perfección. ♦ v. intr. y pron. **2.** Ir perdiendo la salud.
DESMELENAMIENTO n. m. Acción y efecto de desmelenar o desmelenarse.
DESMELENAR v. tr. y pron. [1]. Despeinar, desordenar el cabello. ♦ **desmelenarse** v. pron. **2.** *Fig.* y *fam.* Perder el cauce o tono habitual.
DESMEMBRACIÓN n. f. Acción y efecto de desmembrar.
DESMEMBRAR v. tr. [1j]. Dividir y separar los miembros del cuerpo. ♦ v. tr. y pron. **2.** *Fig.* Separar, dividir una cosa de otra.
DESMEMORIADO, A adj. y n. Torpe de memoria. **2.** Falto completamente de ella.
DESMENTIDO n. m. Acción de desmentir.
DESMENTIR v. tr. [22]. Decir que algo no es verdad o sostener o demostrar que es falso. **2.** *Fig.* Disimular, desvanecer una cosa para que no se conozca. **3.** Proceder de un modo distinto o peor al que corresponde por su origen, circunstancias o estado. ♦ v. intr. **4.** *Fig.* Desviarse una cosa de la línea, nivel o dirección que le corresponde.
DESMENUZABLE adj. Que se puede desmenuzar.
DESMENUZAMIENTO n. m. Acción y efecto de desmenuzar.
DESMENUZAR v. tr. y pron. [1g]. Deshacer una cosa dividiéndola en partes menudas. ♦ v. tr. **2.** *Fig.* Examinar minuciosamente una cosa.
DESMERECEDOR, RA adj. Que desmerece una cosa o es indigno de ella.
DESMERECER v. tr. [2m]. No merecer o hacerse indigno de algo. ♦ v. intr. **2.** Perder una cosa parte de su mérito o valor. **3.** Ser una cosa inferior a otra con la cual se compara.
DESMERECIMIENTO n. m. Acción y efecto de desmerecer.
DESMESURA n. f. Descomedimiento, falta de mesura.
DESMESURADO, A adj. Excesivo, mayor de lo común.
DESMIGAJAR v. tr. y pron. [1]. Hacer migajas, desmenuzar una cosa. SIN.: *desmigar.*
DESMILITARIZACIÓN n. f. Medida de seguridad prevista por tratado, que prohíbe toda presencia o actividad militar en una zona determinada.
DESMILITARIZAR v. tr. [1g]. Efectuar una desmilitarización.
DESMIRRIADO, A adj. Esmirriado.
DESMITIFICAR v. tr. [1a]. Eliminar el concepto o sentido mítico de algo o alguien.
DESMOCHAR v. tr. [1]. Quitar, cortar, arrancar la parte superior de una cosa dejándola mocha.
DESMOCHE n. m. Acción y efecto de desmochar.
DESMOLDEAR v. tr. [1]. METAL. Extraer una pieza de fundición del molde en que ha sido colada.
DESMONETIZAR v. tr. [1g]. Abolir el empleo de un metal para la acuñación de moneda. ♦ v. tr. *Argent., Chile, Par. y P. Rico.* Despreciar, desacreditar.
DESMONTABLE adj. Que se puede desmontar.
DESMONTAR v. tr. [1]. Cortar en un monte o en parte de él los árboles o matas. **2.** Deshacer, esparcir un montón de tie-

rra, broza u otra cosa. **3.** Allanar, rebajar un terreno. **4.** Desarmar, desunir, separar las piezas de que se compone una cosa: *desmontar un reloj*. **5.** Deshacer, derribar un edificio o parte de él. **6.** Poner el mecanismo de disparo de un arma de fuego en posición de que no funcione. ♦ v. tr., intr. y pron. **7.** Bajar de una cabalgadura o de otra cosa en que se está montando.

DESMONTE n. m. Acción y efecto de desmontar. **2.** Obra de tierra consistente en desmontar un terreno para dar paso a un camino, carretera, vía férrea, canal, etc. **3.** Despojos o escombros del desmontado. **4.** Paraje de terreno desmontado. (Suele usarse en plural.)

DESMORALIZACIÓN n. f. Acción y efecto de desmoralizar.

DESMORALIZADOR, RA adj. y n. Que desmoraliza.

DESMORALIZAR v. tr. y pron. [1g]. Hacer perder el valor o la moral a las buenas costumbres. **2.** Hacer perder el poder el valor o la decisión.

DESMORONAMIENTO n. m. Acción y efecto de desmoronar o desmoronarse.

DESMORONAR v. tr. y pron. [1]. Deshacer, disgregar un cuerpo formado por una aglomeración de sustancias: *desmoronar una pared*. ♦ **desmoronarse** v. pron. **2.** *Fig.* Venir a menos, decaer.

DESMOTIVAR v. tr. [1]. Hacer perder a alguien toda motivación, toda razón de proseguir una acción, un trabajo, una reivindicación, etc.

DESMOVILIZAR v. tr. [1g]. Licenciar a las tropas o a las personas movilizadas.

DESNACIONALIZAR v. tr. y pron. [1g]. Quitar el carácter de nacional.

DESNATADORA n. f. Máquina que sirve para desnatar.

DESNATAR v. tr. [1]. Quitar la nata o la leche o a otro líquido.

DESNATURALIZACIÓN n. f. Acción y efecto de desnaturalizar.

DESNATURALIZAR v. tr. y pron. [1g]. Privar a alguien de los deberes que le impone la naturaleza. ♦ v. tr. **2.** Hacer perder las propiedades, cualidades o condiciones naturales de una cosa.

DESNICOTINIZAR v. tr. [1g]. Quitar una parte de la nicotina al tabaco.

DESNITRIFICACIÓN n. f. QUÍM. Acción y efecto de desnitrificar.

DESNITRIFICAR v. tr. [1a]. QUÍM. Extraer el nitrógeno de una sustancia.

DESNIVEL n. m. Falta de nivel. **2.** Diferencia de alturas entre dos o más puntos.

DESNIVELACIÓN n. f. Acción y efecto de desnivelar.

DESNIVELAR v. tr. y pron. [1]. Hacer que una cosa tenga desnivel.

DESNUCAR v. tr. y pron. [1a]. Dislocar o fracturar los huesos de la nuca.

DESNUCLEARIZAR v. tr. y pron. [1g]. Prohibir o limitar el almacenamiento, la posesión y la fabricación de armas nucleares. **2.** Prohibir o limitar la instalación de centrales de energía nuclear y limitar el uso de las existentes.

DESNUDAR v. tr. [1]. Dejar o quedar desnudo. **2.** *Fig.* Quitar lo que cubre o adorna una cosa: *desnudar la espada*. ♦ **desnudarse** v. pron. **3.** *Fig.* Rechazar, apartar de sí una cosa.

DESNUDEZ n. f. Calidad de desnudo.

DESNUDISMO n. m. Nudismo.

DESNUDISTA adj. y n. m. y f. Nudista.

DESNUDO, A adj. No está vestido. **2.** Que lleva poca ropa o no se cubre suficientemente con ella. **3.** *Fig.* Falto de lo que cubre o adorna. **4.** Falto de una cosa no material. **5.** B. ART. Representación del cuerpo humano o parte de él desprovisto de ropas. **Al desnudo,** descubiertamente, a la vista de todos.

DESNUTRICIÓN n. f. Depauperación del organismo a causa de una nutrición deficiente o trastornos en el metabolismo.

DESNUTRIRSE v. pron. [3]. Padecer desnutrición.

DESOBEDECER v. tr. [2m]. No obedecer a lo que se manda o está mandado.

DESOBEDIENCIA n. f. Acción y efecto de desobedecer.

DESOBEDIENTE adj. Que desobedece o es propenso a desobedecer.

DESOBLIGADO, A adj. Méx. Irresponsable.

DESOBSTRUIR v. tr. [29]. Quitar las obstrucciones. **2.** Desembarazar, desocupar.

DESOCUPACIÓN n. f. Falta de empleo, paro, desempleo.

DESOCUPADO, A adj. y n. Sin ocupación, ocioso.

DESOCUPAR v. tr. [1]. Desembarazar, dejar libre y sin estorbos un lugar. **2.** Vaciar, sacar lo que hay dentro de alguna cosa. ♦ **desocuparse** v. pron. **3.** Quedar libre de un empleo u ocupación.

DESODORANTE adj. y n. m. Que neutraliza o evita los olores molestos o desagradables. ♦ n. m. **2.** Líquido, crema, etc., empleados en higiene corporal para evitar los malos olores.

DESODORIZAR v. tr. [1g]. Neutralizar o suprimir el olor.

DESOÍR v. tr. [26]. Desatender, no prestar atención.

DESOJAR v. tr. y pron. [1]. Romper el ojo de un instrumento. ♦ **desojarse** v. pron. **2.** *Fig.* Mirar con mucho ahínco para ver o hallar una cosa.

DESOLACIÓN n. f. Acción y efecto de desolar.

DESOLACIÓN (isla), islote de Chile, en el extremo occidental del estrecho de Magallanes.

DESOLADOR, RA adj. Asolador. **2.** Que desuela o aflige: *paisaje desolador*.

DESOLAR v. tr. [1r]. Asolar, destruir, arrasar. ♦ v. tr. y pron. **2.** Afligir, apenar.

DESOLLADERO n. m. Sitio destinado a desollar las reses.

DESOLLADO, A adj. y n. *Fam.* Descarado, sin vergüenza. ♦ n. m. **2.** B. ART. Representación de un hombre o animal despojados de su piel.

DESOLLAR v. tr. [1r]. Quitar la piel o pellejo, o parte de ellos: *desollar un conejo*. ♦ v. tr. y pron. **2.** *Fig.* y *fam.* Causar a alguien grave daño moral, material o económico. **3.** *Fig.* Criticar, murmurar.

DESORBITAR v. tr. y pron. [1]. Hacer que una cosa se salga de su órbita habitual. ♦ v. tr. **2.** *Fig.* Alterar, interpretar con exageración.

DESORDEN n. m. Falta de orden, confusión. **2.** Alteración del orden público, social, etc.: *desórdenes callejeros*. (Suele usarse en plural.) **3.** Demasía, exceso. (Suele usarse en plural.)

DESORDENAR v. tr. y pron. [1]. Poner en desorden, alterar el buen concierto de una cosa. ♦ **desordenarse** v. pron. **2.** Descomedirse, excederse.

DESOREJADO, A adj. y n. *Fam.* Vil, infame, abyecto. ♦ adj. **2.** *Amér. Central* y *Colomb.* Tonto. **3.** *Amér. Merid.* y *Pan.* Que tiene mal oído para la música. **4.** *Argent., Chile* y *Colomb.* Sin asas. **5.** *Argent., Cuba* y *Urug.* Derrochador. **6.** *Argent.* y *Urug.* Irresponsable, desfachatado.

DESOREJAMIENTO n. m. Acción y efecto de desorejar.

DESOREJAR v. tr. [1]. Cortar las orejas.

DESORGANIZACIÓN n. f. Destrucción del orden o de la estructura de un conjunto organizado.

DESORGANIZAR v. tr. y pron. [1g]. Desordenar en sumo grado, cortando o rompiendo las relaciones existentes entre las diferentes partes de un todo.

DESORIENTACIÓN n. f. Acción y efecto de desorientar.

DESORIENTAR v. tr. y pron. [1]. Hacer perder la orientación a. **2.** *Fig.* Confundir, ofuscar, turbar.

DESOSAR v. tr. [1i]. Deshuesar.

DESOVAR v. intr. [1]. Depositar sus huevos las hembras de los peces, insectos y anfibios.

DESOVE n. m. Acción y efecto de desovar. **2.** Época de la freza de las hembras de los peces y anfibios.

DESOVILLAR v. tr. [1]. Deshacer un ovillo.

DESOXIDACIÓN n. f. Acción y efecto de desoxidar.

DESOXIDANTE adj. y n. Que desoxida.

DESOXIDAR v. tr. y pron. [1]. Quitar el oxígeno a una sustancia química. ♦ v. tr. **2.** Limpiar un metal del óxido que lo mancha.

DESOXIGENAR v. tr. y pron. [1]. Desoxidar, quitar el oxígeno.

DESOXIRRIBONUCLEICO, A adj. BIOQUÍM. Dícese del ácido nucleico que forma el componente principal de los cromosomas y soporta el material de la herencia. (Abrev. A.D.N.)

DESPABILAR v. tr. [1]. Quitar la parte quemada del pabilo para avivar la luz. **2.** *Fig.* Despachar o acabar una cosa con rapidez y prontitud. ♦ v. tr. y pron. **3.** Avivar y ejercitar el entendimiento o el ingenio. ♦ **despabilarse** v. pron. **4.** Despertarse.

DESPACHANTE n. m. y f. *Argent.* Dependiente de comercio. ♦ n. m. **2. Despachante de aduana** (*Argent., Par.* y *Urug.*), agente que tramita el despacho de las mercancías en la aduana.

DESPACHAR v. tr., intr. y pron. [1]. Abreviar, apresurarse, concluir lo que se está haciendo. ♦ v. tr. e intr. **2.** Resolver y decidir asuntos o negocios. **3.** Vender los géneros o mercancías. **4.** Atender a los compradores que acuden a una tienda, mostrándoles los géneros que piden. ♦ v. tr. **5.** Enviar a una persona o cosa a alguna parte. **6.** Despedir, quitar una ocupación, empleo o servicio. ♦ v. tr. y pron. **7.** *Fig.* y *fam.* Matar. ♦ v. intr. **8.** *Fam.* Morir. ♦ **despacharse** v. pron. **9.** Desembarazarse de una cosa. **10.** *Fam.* Hablar sin contención, decir alguien todo lo que le parece: *despacharse a gusto*.

DESPACHERO, A n. *Chile*. Persona que tiene un despacho, tienda.

DESPACHO n. m. Acción y efecto de despachar. **2.** Habitación o local para despachar los negocios o para el estudio. **3.** Conjunto de muebles de un despacho. **4.** Tienda o parte de un establecimiento donde se venden determinados efectos. **5.** Comunicación transmitida por telégrafo, teléfono, etc. **6.** Expediente, resolución. **7.** *Chile*. Tienda pequeña de comestibles. **8.** DER. Escrito que utilizan las autoridades judiciales para comunicarse entre sí.

DESPACHURRAMIENTO n. m. Acción y efecto de despachurrar.

DESPACHURRAR v. tr. y pron. [1]. *Fam.* Aplastar o reventar una cosa.

DESPACIO adv. m. Poco a poco, lentamente: *andar despacio*. **2.** *Amér.* En voz baja. ♦ adv. t. **3.** Por tiempo dilatado: *mañana hablaremos de este más despacio*. ♦ interj. **4.** Denota comedimiento o moderación.

DESPACIOSO, A adj. Espacioso, lento, pausado.

DESPAMPANANTE adj. *Fam.* Asombroso, llamativo, que llama mucho la atención.

DESPANCAR v. tr. [1a]. *Bol.* y *Perú*. Separar la envoltura o panca de la mazorca del maíz.

DESPANZURRAR v. tr. y pron. [1]. *Fam.* Despachurrar, reventar.

DESPAPUCHO n. m. *Perú*. Disparate, tontería.

DESPAREJAR v. tr. y pron. [1]. Separar dos cosas que forman par o pareja.

DESPAREJO, A adj. Dispar.

DESPARPAJO n. m. *Fam.* Desenvoltura para decir o hacer algo: *moverse con desparpajo*. **2.** *Amér. Central. Fam.* Desorden, confusión.

DESPARRAMAMIENTO n. m. Acción y efecto de desparramar.

DESPARRAMAR v. tr. y pron. [1]. Esparcir, extender, separar lo que está junto. ♦ v. tr. **2.** *Fig.* Malgastar, derrochar. **3.** *Argent.* Diluir un líquido espeso. **4.** *Argent., Méx., Par.* y *P. Rico.* Divulgar una noticia.

DESPARRAMO n. m. *Argent., Chile* y *Cuba.* Acción y efecto de desparramar. **2.** *Chile.* y *Urug. Fig.* Desbarajuste, desconcierto.

DESPATARRARSE v. pron. [1]. Quedar o ponerse con las piernas muy abiertas. SIN.: espatarrarse.

DESPAVORIDO adj. Lleno de pavor.

DESPAVORIR v. intr. y pron. [3ñ]. Llenar de pavor.

DESPECHARSE v. pron. [1]. Experimentar despecho.

DESPECHO n. m. Indignación o aborrecimiento causado por un desengaño. • **A despecho de**, a pesar de alguno, contra la voluntad.

DESPECHUGAR v. tr. [1b]. Quitar la pechuga a un ave. ♦ **despechugarse** v. pron. **2.** *Fig.* y *fam.* Dejar el pecho al descubierto.

DESPECTIVO, A adj. Despreciativo. ♦ adj. y n. **2.** Dícese de la palabra derivada de otra, que reproduce el significado de ésta con un matiz de menosprecio.

DESPEDAZAMIENTO n. m. Acción y efecto de despedazar.

DESPEDAZAR v. tr. y pron. [1g]. Hacer pedazos. **2.** *Fig.* Causar un gran daño moral.

DESPEDIDA n. f. Acción y efecto de despedir o despedirse. **2.** Copla final de ciertos cantos populares.

DESPEDIR v. tr. [30]. Lanzar, soltar, arrojar. **2.** Difundir, esparcir. **3.** Apartar, separar. ♦ v. tr. y pron. **4.** Acompañar al que sale de una casa o de otro lugar o separarse de él con determinadas palabras o gestos. **5.** Quitar o dejar una ocupación, empleo o servicio. ♦ **despedirse** v. pron. **6.** Emplear alguna expresión de afecto o cortesía para separarse de alguien.

DESPEGAR v. tr. y pron. [1b]. Apartar, separar una cosa de otra a la que está pegada o muy junta. **2.** TAUROM. Torear distanciado del toro. • **Despegar los labios**, hablar. ♦ v. intr. **3.** Separarse el suelo una aeronave, o de la superficie del agua un hidroavión, perdiendo el contacto con dichos elementos al levantar el vuelo. ♦ **despegarse** v. pron. **4.** *Fig.* Apartarse, desprenderse del afecto o afición que se siente por una persona o cosa. **5.** DEP. En una carrera, separarse del grupo de participantes o del pelotón.

DESPEGO n. m. Falta de afecto hacia alguien. **2.** Falta de interés por el dinero y otra cosa que se expresa.

DESPEGUE n. m. Acción y efecto de despegar un avión, un helicóptero o un cohete. **2.** ECON. Etapa de impulso inicial que conduce a un crecimiento económico autosostenido.

DESPEINAR v. tr. y pron. [1]. Deshacer el peinado, desordenar o enredar el cabello.

DESPEJADO, A adj. Espacioso, ancho. **2.** Que entiende las cosas con rapidez y sabe obrar como conviene.

DESPEJAR v. tr. [1]. Desembarazar de ocupar un lugar. **2.** En determinados deportes, alejar el balón del campo propio. **3.** MAT. En una ecuación, aislar por medio del cálculo una incógnita para calcular su valor en función de las otras cantidades que figuran en ella. ♦ v. tr. y pron. **4.** *Fig.* Aclarar, poner en claro lo que está confuso. **5.** Aclarar o recobrar la agudeza del entendimiento. **6.** *Fig.* Espabilar, mantener despierto. ♦ **despejarse** v. pron. **7.** Adquirir o mostrar desenvoltura en el trato. **8.** Aclararse, serenarse el cielo o el tiempo. **9.** Quedar sin fiebre un enfermo.

DESPEJE o **DESPEJO** n. m. Acción y efecto de despejar o despejarse.

DESPELLEJAMIENTO n. m. Desuello. **2.** Suplicio que consistía en despellejar vivo al condenado.

DESPELLEJAR v. tr. y pron. [1]. Desollar. **2.** Criticar cruelmente.

DESPELOTARSE v. pron. [1]. *Fam.* Desnudarse.

DESPELUCAR v. tr. y pron. [1]. *Chile, Colomb.* y *Pan.* Despeluzar, despeinar. ♦ v. tr. **2.** *Argent.* y *Méx. Fam.* Robar, ganar en el juego a alguien todo el dinero.

DESPELUZAR v. tr. [1]. *Cuba* y *Nicar.* Desplumar, dejar a alguien sin dinero.

DESPENALIZACIÓN n. f. Acción y efecto de despenalizar.

DESPENALIZAR v. tr. [1g]. Anular la sanción prevista por la ley. **2.** Dejar de considerar algo como delito: *despenalizar el aborto.*

DESPENSA n. f. Lugar de la casa donde se guardan las provisiones de alimentos. **2.** Provisión de comestibles. **3.** *Méx.* Lugar bien asegurado que se destina en las minas a guardar los minerales ricos.

DESPENSERO, A n. Persona encargada de la despensa.

DESPEÑADERO n. m. Precipicio, declive alto y peñascoso. **2.** *Fig.* Riesgo o peligro a que uno se expone.

DESPEÑAR v. tr. y pron. [1]. Precipitar, arrojar o caer desde un precipicio.

DESPERCUDIDO, A adj. *Amér.* De piel clara. **2.** *Chile.* Despabilado, vivo, despejado.

DESPERDICIAR v. tr. [1]. Malgastar, emplear mal una cosa o no aprovecharla debidamente.

DESPERDICIO n. m. Derroche, despilfarro. **2.** Residuo de lo que no se aprovecha. (Suele usarse en plural.) • **No tener desperdicio** una cosa o persona, ser muy útil, de mucho provecho.

DESPERDIGAR v. tr. y pron. [1b]. Separar, esparcir.

DESPEREZARSE v. pron. [1g]. Estirar los miembros para librarse del entumecimiento o de la pereza.

DESPERFECTO n. m. Leve deterioro. **2.** Falta o defecto en alguna cosa.

DESPERNANCARSE v. pron. [1]. *Amér.* Despatarrarse.

DESPERSONALIZACIÓN n. f. Acción y efecto de despersonalizar.

DESPERSONALIZAR v. tr. y pron. [1g]. Perder o hacer perder los rasgos característicos e individuales que distinguen a alguien.

DESPERTADOR, RA adj. y n. Que despierta. ♦ adj. y n. m. **2.** Dícese del reloj que suena para despertar a la hora que previamente se marca.

DESPERTAR v. tr., intr. y pron. [1j]. Interrumpir el sueño, dejar de dormir: *el ruido le despertó.* ♦ v. tr. **2.** *Fig.* Traer a la memoria una cosa y olvidada: *despertar un recuerdo.* **3.** *Fig.* Hacer que alguien vuelva sobre sí o recapacite. **4.** *Fig.* Estimular, incitar, provocar: *despertar simpatías.* ♦ v. intr. y pron. **5.** *Fig.* Hacerse más listo y astuto.

DESPERTAR n. m. Acción y efecto de despertarse.

DESPEZUÑARSE v. pron. [1]. Estropearse las pezuñas un animal. **2.** *Chile, Colomb., Hond.* y *P. Rico. Fig.* Andar muy deprisa. **3.** *Chile, Colomb., Hond.* y *P. Rico. Fig.* Poner mucho empeño en algo.

DESPIADADO, A adj. Impío, inhumano, cruel.

DESPIDO n. m. Acción y efecto de despedir a alguien en un empleo u ocupación.

DESPIERTO, A adj. Que ha salido del sueño. **2.** *Fig.* Espabilado, listo, inteligente.

DESPILFARRADOR, RA adj. y n. Que despilfarra.

DESPILFARRAR v. tr. [1]. Derrochar, malgastar.

DESPILFARRO n. m. Acción y efecto de despilfarrar.

DESPINTAR v. tr. y pron. [1]. Quitar la pintura. ♦ v. tr. **2.** *Fig.* Cambiar, desfigurar un asunto. **3.** *Chile, Colomb.* y *P. Rico.* Retirar, apartar la vista: *no despintar la mirada mientras se habla.* (Suele usarse en forma negativa.) ♦ **despintarse** v. pron. **4.** Desteñirse o perder el color una cosa.

DESPINTE n. m. *Chile.* Mineral de calidad inferior.

DESPIOJAR v. tr. y pron. [1]. Quitar los piojos. **2.** *Fig.* y *fam.* Sacar a alguien de la miseria.

DESPIOLE n. m. *Argent.* Situación de confusión y desorden, jaleo.

DESPISTADO, A adj. y n. Desorientado, distraído, que no se da cuenta de lo que ocurre a su alrededor.

DESPISTAR v. tr. [1]. Desorientar, desconcertar, distraer.

DESPISTE n. m. Acción y efecto de despistar. **2.** *Argent.* En competencias automovilísticas, involuntaria salida de la pista.

DESPLACER v. tr. [2m]. Disgustar.

DESPLANTAR v. tr. [1]. Desarraigar una planta. ♦ v. tr. y pron. **2.** Desviar una cosa de la línea vertical. ♦ **desplantarse** v. pron. **3.** En la danza y esgrima, perder la planta o postura recta.

DESPLANTE n. m. En la danza y esgrima, postura irregular. **2.** *Fig.* Dicho o hecho arrogante, descarado o insolente.

DESPLAYADO n. m. *Argent.* Playa de arena que queda descubierta en la marea baja. **2.** *Argent., Guat.* y *Urug.* Descampado, terreno abierto desprovisto de árboles o construcciones.

DESPLAYAR v. intr. [1]. Retirarse el mar de la playa.

DESPLAYE n. m. *Chile.* Acción y efecto de desplayar.

DESPLAZADO, A adj. Descentrado, no adaptado al sitio o ambiente en que está.

DESPLAZAMIENTO n. m. Acción y efecto de desplazar o desplazarse. **2.** Volumen de agua, que un buque desaloja cuando flota y cuyo peso es igual al peso total de la embarcación.

DESPLAZAR v. tr. [1g]. Desalojar un cuerpo, especialmente un buque, un volumen de agua u otro líquido, igual al de la parte de su casco sumergida. **2.** Sacar a alguien, a algún grupo o a algo, del puesto o cargo que ocupa o del papel que desempeña. ♦ v. tr. y pron. **3.** Trasladar o cambiar de lugar. ♦ **desplazarse** v. pron. **4.** Trasladarse de un lugar a otro.

DESPLEGAR v. tr. y pron. [1g]. Extender, desdoblar o soltar lo que está plegado, arrollado o recogido. **2.** MIL. Pasar del orden de marcha al de combate, del de columna al de batalla y del profundo o cerrado al extenso y abierto. ♦ v. tr. **3.** *Fig.* Ejercitar una actividad o manifestar una cualidad.

DESPLIEGUE n. m. Acción y efecto de desplegar o desplegarse.

DESPLOMARSE v. pron. [1]. Caer a plomo una cosa de gran peso. **2.** Perder la posición vertical. **3.** *Fig.* Caer sin vida o sin conocimiento una persona. **4.** *Fig.* Arruinarse, perderse.

DESPLOME n. m. Acción y efecto de desplomarse. **2.** Desviación de la posición vertical.

DESPLUMAR v. tr. y pron. [1]. Quitar las plumas a un ave. ♦ v. tr. **2.** *Fig.* y *fam.* Dejar a alguien sin dinero.

DESPOBLADO n. m. Sitio no poblado, desierto, y especialmente el que ha tenido población.

DESPOBLAR v. tr. y pron. [1r]. Disminuir considerablemente la población de un lugar. ♦ v. tr. **2.** *Fig.* Despojar un lugar de lo que hay en él.

DESPOJAR v. tr. [1]. Privar a uno, generalmente con violencia, de lo que goza y tiene. **2.** DER. Quitar la posesión de los bienes o habitación que uno tenía, para dársela a su legítimo dueño, precediendo sentencia para ello. ♦ **despojarse** v. pron. **3.** Quitarse alguna prenda de vestir.

DESPOJO n. m. Acción y efecto de despojar o despojarse. **2.** Presa, botín del vencedor. ♦ **despojos** m. pl. **3.** Sobras o residuos. **4.** Restos mortales, cadáver. **5.** Materiales aprovechables de un edificio que se derriba. **6.** Vientre, asadura,

cabeza y manos de las reses de matadero. **7.** Alones, molleja, patas, cabeza y pescuezo de las aves muertas.
DESPOLARIZACIÓN n. f. Acción de despolarizar.
DESPOLARIZADOR, RA adj. y n. m. Que tiene la propiedad de despolarizar.
DESPOLARIZAR v. tr. [1g]. FÍS. Destruir la polarización.
DESPOLITIZACIÓN n. f. Acción y efecto de despolitizar.
DESPOLITIZAR v. tr. [1g]. Quitar el carácter político a algo o a alguien: *despolitizar un acto público.* **2.** Influir sobre un grupo humano determinado para apartarlo de toda preocupación política.
DESPOPULARIZAR v. tr. y prnl. [1g]. Hacer perder el carácter popular o la popularidad.
DESPORRONDINGARSE v. pron. [1b]. *Colomb.* y *Venez. Fam.* Despilfarrar.
DESPORTILLAR v. tr. y prnl. [1]. Deteriorar una cosa abriéndole un portillo en su boca o canto.
DESPOSADO, A adj. y n. Recién casado.
DESPOSAR v. tr. [1]. Unir el sacerdote en matrimonio a los contrayentes. ♦ **desposarse** v. pron. **2.** Contraer esponsales o matrimonio.
DESPOSEER v. tr. [2i]. Privar a alguien de lo que posee. ♦ **desposeerse** v. pron. **2.** Renunciar a lo que se posee.
DESPOSEIMIENTO n. m. Acción y efecto de desposeer o desposeerse.
DESPOSORIO n. m. DER. Promesa mutua de contraer matrimonio. (Suele usarse en plural.)
DESPOSTAR v. tr. [1]. *Amér. Merid.* Descuartizar una res o un ave.
DESPOSTILLAR v. tr. [1]. *Amér.* Desportillar.
DÉSPOTA n. m. Soberano que gobierna sin sujeción a las leyes. **2.** HIST. Príncipe que goza en su territorio de gran independencia respecto al poder central. ♦ n. m. y f. **3.** Persona que abusa de su poder o autoridad sin ninguna consideración hacia los demás.
DESPÓTICO, A adj. Concerniente al déspota o al despotismo. **2.** Absoluto, sin ley, tiránico.
DESPOTISMO n. m. Poder absoluto y arbitrario. **2.** Autoridad tiránica. • **Despotismo ilustrado** (HIST.), variante del absolutismo monárquico que se desarrolló en varios países europeos a lo largo de la segunda mitad del s. XVIII.
DESPOTIZAR v. tr. [1g]. *Amér. Merid.* Gobernar despóticamente, tiranizar.
DESPOTRICAR v. intr. y prnl. [1a]. *Fam.* Hablar sin consideración ni reparo, diciendo todo lo que a uno se le ocurre: *despotricar contra alguien.*
DESPRECIABLE adj. Digno de desprecio. **2.** MAT. Que se le puede despreciar sin cometer un error superior al máximo admitido en la aproximación con que se ha decidido trabajar.
DESPRECIAR v. tr. y prnl. [1]. Desestimar y tener en poco. **2.** Desairar, desdeñar, tener a menos. **3.** MAT. Omitir términos en alguna expresión o cifras decimales.
DESPRECIATIVO, A adj. Que desprecia o indica desprecio.
DESPRECIO n. m. Acción y efecto de despreciar.
DESPRENDER v. tr. y prnl. [2]. Desatar, desunir o despegar lo que estaba fijo o unido. ♦ v. tr. **2.** QUÍM. Separar un producto volátil de una combinación. ♦ **desprenderse** v. pron. **3.** *Fig.* Echar de sí, apartarse o desapropiarse de una cosa. **4.** *Fig.* Deducirse, inferirse.
DESPRENDIDO, A adj. Dadivoso, desinteresado, generoso.
DESPRENDIMIENTO n. m. Acción y efecto de desprender o desprenderse. **2.** *Fig.* Generosidad, largueza, desinterés. **3.** B. ART. Representación del descendimiento del cuerpo de Cristo.

DESPREOCUPACIÓN n. f. Estado de ánimo del que carece de preocupaciones. **2.** Descuido, negligencia.
DESPREOCUPARSE v. pron. [1]. Librarse de una preocupación. **2.** Desentenderse de la atención o el cuidado que se tenía por una persona o cosa.
DESPRESAR v. tr. [1]. *Amér. Merid.* Descuartizar, despedazar, trinchar un ave.
DESPRESTIGIAR v. tr. y pron. [1]. Desacreditar, quitar o perder el prestigio.
DESPRESTIGIO n. m. Acción y efecto de desprestigiar.
DESPRESURIZACIÓN n. f. Acción de despresurizar.
DESPRESURIZAR v. tr. [1g]. Suprimir la presurización de un avión, nave espacial, etc.
DESPREVENCIÓN n. f. Falta de prevención.
DESPREVENIDO, A adj. Que no está prevenido.
DESPROLIJO, A adj. *Argent., Chile* y *Urug.* Falto de prolijidad, poco esmerado.
DESPROPORCIÓN n. f. Falta de la proporción debida.
DESPROPORCIONAR v. tr. [1]. Quitar la debida proporción.
DESPROPÓSITO n. m. Dicho o hecho fuera de razón o sentido, disparate.
DESPROVEER v. tr. [2ñ]. Quitar, despojar de lo que le es necesario.
DESPROVISTO, A adj. Falto de lo necesario.
DESPUÉS adv. l. y t. Indica posterioridad de tiempo, lugar o situación: *después de comer.* ♦ adv. ord. **2.** Denota prioridad en el orden, jerarquía o preferencia: *es el que manda más, después del director.* **3.** Se usa con valor adversativo: *después de lo que hice por ti, me pagas con tu indiferencia.* ♦ adj. **4.** Con sustantivos que implican división de tiempo, expresa posterioridad: *un año después.*
DESPUESITO adv. t. *Guat., Méx.* y *P. Rico. Fam.* Después, dentro de un momento, en seguida.
DESPULPAR v. tr. [1]. Sacar o deshacer la pulpa de algunos frutos.
DESPUMACIÓN n. f. Acción y efecto de despumar. **2.** Extracción o separación de las escorias e impurezas.
DESPUMAR v. tr. [1]. Espumar un líquido.
DESPUNTAR v. tr. [1]. Quitar o gastar la punta de alguna cosa: *despuntar un lápiz.* ♦ v. tr. **2.** *Argent.* Remontar un río u otro caudal de agua por las márgenes hasta las puntas. ♦ v. intr. **3.** Empezar a brotar las plantas: *despuntar la cebada.* **4.** Manifestar agudeza o disposición para algo. **5.** *Fig.* Distinguirse, sobresalir. **6.** Empezar a amanecer: *despuntar el día.*
DESPUNTE n. m. Acción y efecto de despuntar. **2.** *Argent.* y *Chile.* Leña delgada o desmocho.
DESQUICIAMIENTO n. m. Acción y efecto de desquiciar.
DESQUICIAR v. tr. y prnl. [1]. Desencajar una cosa. **2.** Descomponer, hacer perder la seguridad y firmeza de una cosa. **3.** Trastornar, turbar, quitar el aplomo y seguridad.
DESQUITAR v. tr. y prnl. [1]. Restaurar la pérdida o contratiempo sufridos por alguien o resarcirse de ellos.
DESQUITE n. m. Acción y efecto de desquitar.
DESRATIZACIÓN n. f. Acción y efecto de desratizar.
DESRATIZAR v. tr. [1g]. Exterminar las ratas y ratones de un lugar.
DESREGLAMENTACIÓN n. f. ECON. Supresión de las normas y regulaciones gubernamentales y jurídicas que permite el libre funcionamiento de las fuerzas de la oferta y la demanda.
DESREGULACIÓN n. f. ECON. *Anglic.* Proceso de liberalización o desreglamentación.
DESRIELAR v. intr. y pron. [1]. *Amér. Central, Bol., Chile, Perú* y *Venez.* Descarrilar.
DESRIÑONAR v. tr. y prnl. [1]. Derrengar, descaderar: *desriñonarse cogiendo espárragos.*

DESTACADO, A adj. Notorio, importante, relevante.
DESTACAMENTO n. m. Grupo de tropa, separada de su núcleo orgánico o táctico con una misión determinada.
DESTACAR v. tr. y prnl. [1a]. MIL. Separar una parte de tropa del grueso del ejército. **2.** MÚS. Ejecutar las notas con nitidez, pero sin martilleo. ♦ v. tr., intr. y pron. **3.** *Fig.* Realzar, poner de relieve: *destacar el rojo sobre el negro.* ♦ v. intr. y pron. **4.** *Fig.* Sobresalir descollar: *siempre ha destacado por su buen gusto.*
DESTAJAR v. tr. [8]. *Ecuad.* y *Méx.* Descuartizar una res.
DESTAJISTA n. m. y f. Persona que trabaja a destajo. SIN.: *destajero.*
DESTAJO n. m. Trabajo que se ajusta por un tanto convenido. **2.** *Fig.* Obra o empresa que uno toma por su cuenta. • **A destajo,** con empeño, sin descanso y aprisa; (*Argent.* y *Chile*), a bulto, a ojo.
DESTALONAR v. tr. y prnl. [1]. Quitar o romper el talón al calzado.
DESTAPAR v. tr. [1]. Quitar la tapa o tapón: *destapar una botella.* ♦ v. tr. y pron. **2.** Descubrir lo que está oculto o cubierto. ♦ **destaparse** v. pron. **3.** *Fig.* Descubrir un secreto, el estado de ánimo o las intenciones.
DESTAPE n. m. *Fam.* Acción de desnudarse, en general parcialmente y con fines eróticos en espectáculos.
DESTARTALADO, A adj. n. Deteriorado, desordenado, desproporcionado.
DESTEJER v. tr. [1]. Deshacer lo tejido. **2.** *Fig.* Desbaratar lo dispuesto o tramado.
DESTELLAR v. tr. [1]. Despedir destellos.
DESTELLO n. m. Resplandor, chispazo o ráfaga de luz intensa y de breve duración. **2.** *Fig.* Manifestación momentánea de algo: *destello de alegría.*
DESTEMPLANZA n. f. Desigualdad o excesivo rigor del tiempo atmosférico. **2.** Exceso en los efectos o en el uso de algunas cosas. **3.** Alteración del pulso, fiebre ligera. **4.** *Fig.* Desorden en las palabras y acciones, falta de moderación.
DESTEMPLAR v. tr. [1]. Alterar, desconcertar la armonía y el buen orden de una cosa. ♦ v. tr. y pron. **2.** Destruir la concordancia con que están afinados los instrumentos musicales: *destemplar la guitarra.* **3.** Quitar, hacer perder el temple al acero. ♦ **destemplarse** v. pron. **4.** Sentir malestar físico, acompañado de ligera alteración del pulso. **5.** *Fig.* Descomedirse, perder la moderación. **6.** *Chile, Ecuad., Guat., Méx.* y *Perú.* Sentir dentera. (En México se usa siempre como loc.: *destemplarse los dientes.*)
DESTEÑIR v. tr., intr. y pron. [24]. Quitar el tinte, borrar o empalidecer los colores.
DESTERNILLARSE v. pron. [1]. Romperse las ternillas o cartílagos. **2.** Reírse mucho.
DESTERRAR v. tr. [1j]. Expulsar a uno por justicia de un territorio o lugar. **2.** *Fig.* Deponer o apartar de sí: *desterrar una idea de la mente.* **3.** *Fig.* Abandonar o hacer abandonar una costumbre, hábito o práctica: *la calefacción ha desterrado el uso del brasero.*
DESTETAR v. tr. y prnl. [1]. Hacer que deje de mamar el niño o las crías de los animales. **2.** *Fig.* Hacer que los hijos se valgan por sí mismos fuera del hogar.
DESTETE n. m. Acción y efecto de destetar.
DESTIEMPO. A destiempo, fuera de tiempo, sin oportunidad.
DESTIERRO n. m. Pena que consiste en expulsar a una persona de un territorio determinado. **2.** Residencia del desterrado. **3.** Lugar alejado o incomunicado.
DESTILACIÓN n. f. Operación que consiste en vaporizar parcialmente un líquido y en condensar los vapores formados para separarlos. **2.** Operación consistente en

DES

liberar un sólido de sus componentes gaseosos: *el coque se obtiene por destilación de la hulla grasa.*

DESTILADO n. m. Producto obtenido por destilación.

DESTILADOR, RA adj. y n. Que destila. ◆ n. m. **2.** Alambique. **3.** Reactor nuclear de pequeñas dimensiones, en el cual la materia activa es una sal de uranio disuelta en agua corriente.

DESTILAR v. tr. e intr. (lat. *destillare*) [1]. Efectuar una destilación. **2.** Correr un líquido gota a gota. ◆ v. tr. y pron. **3.** Filtrar, colar. **4.** *Fig.* Revelar, mostrar alguna cualidad o sentimiento: *el poema destila ternura.*

DESTILERÍA n. f. Establecimiento o fábrica donde se destilan ciertos productos.

DESTINAR v. tr. (lat. *destinare*) [1]. Señalar o determinar una cosa para algún fin o efecto. **2.** Designar a una persona para un empleo o ejercicio, o para que preste sus servicios en determinado lugar. **3.** Designar la ocupación o empleo en que ha de servir una persona.

DESTINATARIO, A n. Persona a quien va dirigida o destinada una cosa.

DESTINO n. m. Hado, divinidad o voluntad divina que regula de una manera fatal los acontecimientos futuros. **2.** Encadenamiento de los sucesos considerado como necesario y fatal. **3.** Circunstancia o situación por la que una persona o cosa ha de llegar inevitablemente. **4.** Uso o aplicación que se da a una cosa para determinado fin: *su destino es servir de apoyo.* **5.** Empleo, ocupación. **6.** Lugar o establecimiento en que una persona tiene su empleo. **7.** Lugar a que se dirige una persona o cosa.

DESTITUCIÓN n. f. Acción y efecto de destituir.

DESTITUIR v. tr. (lat. *destituere*) [29]. Privar a uno de alguna cosa. **2.** Desposeer a alguien de su empleo o cargo: *destituir a un ministro.*

DESTOCARSE v. tr. [1a]. Descubrirse la cabeza.

DESTORCER v. tr. y pron. [2f]. Deshacer lo retorcido. ◆ v. tr. **2.** *Fig.* Enderezar lo que está torcido.

DESTORNILLADOR n. m. Instrumento compuesto de un mango y de una hoja de acero que sirve para destornillar.

DESTORNILLAR O **DESATORNILLAR** v. tr. [1]. Sacar un tornillo dándole vueltas.

DESTRABAR v. tr. y pron. [1]. Soltar o quitar las trabas.

DESTRENZAR v. tr. y pron. [1g]. Deshacer las trenzas o el pelo.

DESTREZA n. f. Agilidad, soltura, habilidad, arte.

DESTRIPADOR, RA adj. y n. Que destripa.

DESTRIPAR v. tr. [1]. Quitar o sacar las tripas: *destripar un toro.* **2.** *Fig.* y *fam.* Despedazar, reventar. **3.** *Fig.* y *fam.* Destruir el efecto de un relato anticipando el desenlace o solución. ◆ v. intr. **4.** *Méx. Fam.* Abandonar los estudios.

DESTRONAMIENTO n. m. Acción y efecto de destronar.

DESTRONAR v. tr. [1]. Deponer, echar del trono a un rey. **2.** *Fig.* Quitar a alguien su preeminencia.

DESTROZAR v. tr. y pron. [1g]. Despedazar, romper, hacer trozos una cosa: *destrozar un sillón.* **2.** *Fig.* Causar un gran daño moral. ◆ v. tr. **3.** *Fig.* Estropear, maltratar, deteriorar. **4.** Derrotar a los enemigos con mucha pérdida.

DESTROZO n. m. Acción y efecto de destrozar.

DESTRUCCIÓN n. f. Acción y efecto de destruir.

DESTRUCTIVIDAD n. f. Calidad de destructivo.

DESTRUCTIVO, A adj. Que destruye o puede destruir.

DESTRUCTOR, RA adj. Que destruye. ◆ n. m. **2.** Buque de guerra de tonelaje medio, rápido, fuertemente armado, encargado especialmente de misiones de escolta.

DESTRUIBLE O **DESTRUCTIBLE** adj. Que se puede destruir.

DESTRUIR v. tr. y pron. [29]. Arruinar, deshacer una cosa material: *destruir una ciudad.* ◆ v. tr. **2.** *Fig.* Deshacer, inutilizar una cosa no material. **3.** *Fig.* Privar a alguien de los medios de vida.

DESUSAR v. tr. [1]. *Amér. Central.* Quitar la hoja al maíz.

DESTUTANARSE v. pron. [1]. *Amér.* Esforzarse, desvivirse.

DESUELLO n. m. Acción y efecto de desollar.

DESULFURACIÓN n. f. Acción de desulfurar.

DESULFURAR v. tr. [1]. Eliminar el azufre o los compuestos sulfurados de una sustancia.

DESUNIÓN n. f. Acción y efecto de desunir.

DESUNIR v. tr. y pron. [3]. Separar lo que está unido. **2.** *Fig.* Enemistar, introducir discordia entre dos o más personas: *desunir un equipo.*

DESUSADO, A adj. Desacostumbrado, insólito. **2.** Que ha dejado de usarse.

DESUSAR v. tr. [1]. Dejar de usar.

DESUSO n. m. Falta de uso: *caer algo en desuso.*

DESVAÍDO, A adj. Dícese de la persona alta y desgarbada. **2.** Dícese del color pálido y como disipado. **3.** Sin carácter definido, impreciso.

DESVALIDO, A adj. y n. Desamparado, falto de ayuda y socorro.

DESVALIJADOR, RA n. Persona que desvalija.

DESVALIJAMIENTO n. m. Acción y efecto de desvalijar. SIN.: *desvalijo.*

DESVALIJAR v. tr. [1]. Robar o despojar a alguien de lo que tiene.

DESVALIMIENTO n. m. Desamparo, falta de ayuda o favor.

DESVALORIZACIÓN n. f. Disminución del valor de una moneda fiduciaria con relación al oro. **2.** *Fig.* Disminución del valor, del crédito, de la eficacia.

DESVALORIZAR v. tr. [1g]. Disminuir el valor o estimación de una cosa.

DESVÁN n. m. Parte más alta de la casa, inmediatamente debajo del tejado.

DESVANECEDOR, RA adj. Que desvanece. ◆ n. m. **2.** Aparato usado para desvanecer parte de una fotografía al sacarla en papel.

DESVANECER v. tr. y pron. [2m]. Disgregar o difundir las partículas de un cuerpo hasta hacerlo desaparecer: *el humo se desvaneció lentamente.* **2.** *Fig.* Suprimir, disipar, borrar de la mente una idea, una imagen, etc.: *desvanecer la duda.* **3.** Desmayarse, perder el sentido. ◆ **desvanecerse** v. pron. **4.** Evaporarse, exhalarse, perderse la parte espiritosa de una cosa. **5.** Perder el conocimiento, turbarse el sentido: *se desvaneció al oír la noticia.*

DESVANECIMIENTO n. m. Acción y efecto de desvanecer o desvanecerse.

DESVARIAR v. intr. [1t]. Delirar, decir locuras o disparates.

DESVARÍO n. m. Dicho o hecho del que desvaría. **2.** Estado del que desvaría. **3.** *Fig.* Monstruosidad, cosa fuera de lo común.

DESVELAR v. tr. [1]. Quitar, impedir el sueño a alguien. ◆ v. tr. **2.** *Fig.* Descubrir, poner de manifiesto: *desvelar un secreto.* ◆ **desvelarse** v. pron. **3.** *Fig.* Poner gran cuidado en lo que se desea hacer o conseguir: *desvelarse por aprobar.*

DESVELO n. m. Acción y efecto de desvelar o desvelarse.

DESVENAR v. tr. [1]. *Méx.* Quitar las nervaduras a los chiles para que piquen menos.

DESVENCIJAR v. tr. y pron. [1]. Aflojar, desunir o separar las partes de una cosa.

DESVENDAR O **DESENVENDAR** v. tr. y pron. [1]. Quitar o desatar la venda con que está atada o cubierta una cosa.

DESVENTAJA n. f. Circunstancia o situación menos favorable de una persona o cosa con respecto a otra.

DESVENTURA n. f. Desgracia, suerte adversa, desdicha.

DESVENTURADO, A adj. Desgraciado, desafortunado. ◆ adj. y n. **2.** Apocado, tímido. **3.** Avariento, miserable.

DESVERGONZARSE v. pron. [1y]. Descomedirse, insolentarse faltando al respeto.

DESVERGÜENZA n. f. Falta de vergüenza, insolencia, atrevimiento. **2.** Dicho o hecho impúdico o insolente.

DESVESTIR v. tr. y pron. [30]. Desnudar.

DESVIACIÓN n. f. Acción y efecto de desviar. **2.** Separación lateral de un cuerpo de su posición media. **3.** Cambio en la dirección normal de un camino o carretera. **4.** ESTADÍST. Discrepancia, diferencia algebraica entre dos valores.

DESVIACIONISMO n. m. Posición del que se aparta de la línea que determina su partido político.

DESVIACIONISTA adj. y n. m. y f. Que manifiesta desviacionismo.

DESVIAR v. tr. y pron. [1t]. Que desvía o aparta. ◆ n. m. **2.** Instrumento que permite desviar de la vertical un pozo en perforación.

DESVIAR v. tr. y pron. [1t]. Apartar, separar de su lugar, camino o dirección a una persona o cosa. **2.** *Fig.* Disuadir o apartar a alguien de su propósito.

DESVINCULACIÓN n. f. Acción y efecto de desvincular. **2.** HIST. Liberación o desamortización de un bien vinculado, especialmente de un mayorazgo.

DESVINCULAR v. tr. [1]. Anular un vínculo, liberando lo que estaba sujeto a él.

DESVÍO n. m. Desviación, acción y efecto de desviar. **2.** Desapego, desagrado. **3.** Camino o itinerario desviado o apartado del normal o principal. **4.** *Amér. Merid.* y *P. Rico.* Apartadero de una línea férrea. **5.** F.C. Dispositivo que sirve para bifurcar o unir vías de ferrocarril.

DESVIRGAR v. tr. [1b]. Quitar la virginidad a una mujer.

DESVIRTUAR v. tr. y pron. [1s]. Quitar la virtud, rigor, sustancia o mérito de una cosa.

DESVIVIRSE v. pron. [3]. Mostrar mucho e incesante interés por una persona o cosa.

DESYERBAR v. tr. [1]. Desherbar.

DETALLAR v. tr. [1]. Tratar, referir, enunciar, etc., una cosa con todos los detalles. **2.** Vender al detalle.

DETALLE n. m. Pormenor, circunstancia o parte de algo. **2.** Rasgo de atención, cortesía o delicadeza: *fue un detalle que llamaras.* **3.** Parte estudiada o reproducida aislada de una obra de arte.

DETALLISTA adj. y n. m. y f. Dícese de la persona que cuida mucho de los detalles. ◆ n. m. y f. **2.** Comerciante que vende al por menor.

DETECCIÓN n. f. Acción y efecto de detectar. **2.** MIL. Operación que tiene por objeto determinar la posición de los aviones, submarinos, etcétera.

DETECTAR v. tr. [1]. Poner de manifiesto, descubrir, localizar.

DETECTIVE n. m. y f. Persona que se ocupa en investigaciones privadas.

DETECTOR, RA adj. Que sirve para detectar. ◆ n. m. **2.** Cualquier aparato utilizado para detectar, descubrir o poner de manifiesto la presencia de un cuerpo o de un fenómeno oculto.

DETENCIÓN n. f. Acción y efecto de detener o detenerse. **2.** Detenimiento, tardanza. **3.** DER. Privación de libertad.

DETENER v. tr. (lat. *detinere*) [8]. Suspender, impedir que algo pase adelante: *detener el tráfico.* ◆ v. tr. **2.** Arrestar, poner en prisión: *detener al presunto asesino.* ◆ **detenerse** v. pron. **3.** Pararse. **4.** Pararse a considerar una cosa.

DETENIDO, A adj. Minucioso: *realizar un análisis detenido de un fenómeno.* ◆ adj.

y n. **2.** Arrestado, preso: *poner en libertad a los detenidos.*
DETENIMIENTO n. m. Detención, dilación.
DETENTACIÓN n. f. DER. Acción y efecto de detentar.
DETENTADOR, RA n. DER. Persona que detenta. SIN.: *detentor.*
DETENTAR v. tr. [1]. DER. Retener uno sin derecho lo que no le pertenece.
DETERGENTE adj. y n. m. Que disuelve o deja en suspensión las manchas y suciedad.
DETERGER v. tr. [2b]. Limpiar un objeto sin producir abrasión ni corrosión.
DETERIORAR v. tr. y pron. [1]. Estropear una cosa en calidad o valor, echarla a perder.
DETERIORO n. m. Acción y efecto de deteriorar.
DETERMINACIÓN n. f. Acción y efecto de determinar. **2.** Osadía, valor, resolución.
DETERMINADO, A adj. y n. Osado, valeroso. ♦ adj. **2.** LING. Dícese del elemento que ha de ser completado por otro llamado *determinante,* para definir y precisar su significación. • **Artículo determinado,** artículo que se emplea con un nombre que designa un objeto individualmente determinado *(el, la, lo, los, las).*
DETERMINANTE adj. Que determina. ♦ n. m. **2.** LING. En sintaxis, término que completa la idea principal contenida en otro término. **3.** MAT. Expresión que se forma según ciertas leyes y que se representa con la ayuda de cantidades alineadas según un número igual de líneas y columnas.
DETERMINAR v. tr. [1]. Fijar los términos de una cosa con precisión. **2.** Motivar. **3.** Distinguir, discernir. **4.** Señalar, fijar una cosa para algún efecto. **5.** DER. Sentenciar, definir. **6.** LING. Precisar el sentido de una palabra. ♦ v. tr. y pron. **7.** Tomar o hacer tomar una resolución.
DETERMINATIVO, A adj. Que determina o resuelve. ♦ adj. y n. m. **2. Adjetivo determinativo** → *adjetivo.*
DETERMINISMO n. m. FILOS. Teoría filosófica según la cual los fenómenos naturales y los hechos humanos están motivados por sus antecedentes.
DETERMINISTA adj. y n. m. y f. Relativo al determinismo; partidario de esta teoría.
DETESTABLE adj. Abominable, execrable, pésimo.
DETESTAR v. tr. [1]. Aborrecer, odiar.
DETONACIÓN n. f. Acción y efecto de detonar.
DETONADOR n. m. Artificio o parte de una munición que sirve para provocar la detonación de un explosivo.
DETONANTE adj. Apto para experimentar la detonación. **2.** *Fig.* Chocante, estridente, chillón. **3.** Dícese del explosivo cuya velocidad de reacción es de varios kilómetros por segundo. ♦ n. m. **4.** Sustancia o mezcla que puede producir detonación.
DETONAR v. intr. [1]. Dar estampido o trueno. **2.** *Fig.* Llamar la atención. **3.** Iniciar una explosión o un estallido.
DETRACCIÓN n. f. Acción y efecto de detraer.
DETRACTAR v. tr. [1]. Detraer, infamar.
DETRACTOR, RA adj. y n. Difamador.
DETRAER v. tr. y pron. [10]. Sustraer, tomar parte de una cosa. **2.** *Fig.* Denigrar, infamar.
DETRÁS adv. l. En la parte posterior: *esconderse detrás de la puerta.* **2.** *Fig.* En ausencia: *no se atreve a decirle a la cara lo que comenta detrás.* • **Por detrás,** a espaldas de uno, en su ausencia.
DETRIMENTO n. m. Daño, perjuicio, quebranto.
DETRITO n. m. Resultado de la descomposición de una masa sólida en partículas. (Suele usarse en plural.): *detritus.*
DETROIT, c. de Estados Unidos (Michigan), a orillas del *río Detroit,* que une los lagos *Erie* y *Saint Clair;* 1 027 974 hab. (4 382 299 en la aglomeración). Centro de la industria automovilística. Museo de arte.
DETUMESCENCIA n. f. MED. Disminución del volumen de una hinchazón.
DEUDA n. f. Obligación que uno tiene o contrae, de pagar, generalmente en dinero, o reintegrar algo a otro. **2.** Obligación moral contraída con otro. **3.** Pecado, culpa, ofensa. **4.** Conjunto de obligaciones a cargo del estado, compuesto por la deuda interior y la deuda exterior. SIN.: *deuda pública.*
DEUDO, A n. Respecto de una persona, cada uno de sus ascendientes, descendientes o colaterales de su misma familia, por consanguinidad o afinidad.
DEUDOR, RA adj. y n. Que debe, dícese especialmente, con respecto a una persona o entidad, de otra que le debe algo. ♦ n. **2.** DER. Sujeto pasivo de una relación jurídica, especialmente de una obligación.
DEUTERIO n. m. QUÍM. Isótopo del hidrógeno, de símbolo D y masa atómica 2, que forma con el oxígeno el agua pesada.
EVALUACIÓN n. f. Acción de devaluar.
DEVALUAR v. tr. [1s]. Disminuir el valor de la moneda de un país en el mercado de los cambios, ya sea como consecuencia de una depreciación monetaria anterior, ya para favorecer la exportación. **2.** Quitar valor a una cosa.
DEVANADERA n. f. Instrumento que sirve para arrollar hilo, seda, mangas de incendio, etc.
DEVANADO, n. m. Acción de devanar. **2.** Hilo de cobre que forma parte del circuito de ciertos aparatos o máquinas eléctricas.
DEVANADORA n. f. Pieza de la máquina de coser que sirve para cargar la bobina.
DEVANAR v. tr. [1]. Arrollar hilo en ovillo o carrete. ♦ **devanarse** v. pron. **2.** *Cuba y Méx.* Retorcerse de risa, dolor, llanto, etc.
DEVANEO n. m. Distracción, pasatiempo vano o reprensible. **2.** Amorío pasajero.
DEVASTACIÓN n. f. Acción y efecto de devastar.
DEVASTADOR, RA adj. y n. Que devasta: *fuego devastador.*
DEVASTAR v. tr. [1]. Destruir, arrasar, asolar.
DEVENGAR v. tr. [1b]. Adquirir derecho a retribución por razón de trabajo, servicio, etc.
DEVENGO n. m. Acción y efecto de devengar. **2.** Cantidad devengada.
DEVENIR v. intr. [21]. Acaecer. **2.** Llegar a ser, transformarse.
DEVENIR n. m. FILOS. Movimiento por el cual las cosas se transforman.
DEVOCIÓN n. f. Amor, veneración y fervor religiosos. **2.** Manifestación externa de estos sentimientos. **3.** Oración, rezo. **4.** Predilección, afición especial.
DEVOCIONARIO n. m. Libro que contiene oraciones y prácticas piadosas para uso de los fieles.
DEVOLUCIÓN n. f. Acción y efecto de devolver.
DEVOLVER v. tr. [2n]. Volver una cosa al estado o situación que tenía. **2.** Restituir una cosa a la persona que la poseía: *devolver un libro.* **3.** Corresponder a un favor o a un agravio. **4.** Vomitar, expulsar lo contenido en el estómago. **5.** Dar la vuelta a quien ha hecho un pago. ♦ **devolverse** v. pron. **6.** *Amér.* Volverse, dar la vuelta.
DEVON o **DEVONSHIRE,** condado del SO de Gran Bretaña; 6715 km²; 952 000 hab. Cap. *Exeter.* C. pral. *Plymouth.*
DEVÓNICO, A adj. y n. m. Dícese del cuarto período de la era primaria, así como de los terrenos y fósiles que datan de este período.
DEVORADOR, RA adj. y n. Que devora.
DEVORAR v. tr. [1]. Comer con ansia y apresuradamente: *devorar una paella.* **2.** Comer los animales su presa. **3.** *Fig.* Consumir, destruir. **4.** *Fig.* Hacer algo con avidez: *devorar un libro.*
DEVOTO, A adj. y n. Que tiene devoción. **2.** Afecto, aficionado a una persona. ♦ adj. **3.** Dícese de la imagen, templo o lugar que mueve a devoción.
DEVOTO (Daniel), escritor y musicólogo argentino (Buenos Aires 1916), poeta y cofundador de la Agrupación nueva música, es autor de *Bibliografía razonada de historia de la música* (1947).
DEYECCIÓN n. f. Defecación de los excrementos. **2.** Los excrementos mismos. • **Cono de deyección,** acumulación detrítica efectuada por un torrente en el extremo inferior de su curso.
DHĀKĀ, ant. **Dacca,** c. y cap. de Bangladesh, en el delta del Ganges; 4 440 000 hab. (5 731 000 en la aglomeración). Industria textil (yute).
D'HALMAR (Augusto **Goemeinne Thomson,** llamado **Augusto**), escritor chileno (Santiago 1882 *íd.* 1950). Exponente de la prosa modernista (*La lámpara y el molino* [1914], cuentos, *Pasión y muerte de la cuta Deusto* [1924], novela), cultivó también el ensayo.
DHAULĀGIRI, una de las cumbres más elevadas del Himalaya, en Nepal; 8172 m.
DI BENEDETTO (Antonio), escritor argentino (Mendoza 1922-Buenos Aires 1986). Su novela *Zama* (1956) y los cuentos *Caballo en el salitral* (1981) son una muestra de su talento narrativo.
DÍA, n. m. (lat. *diem*). Duración de la rotación de la Tierra sobre sí misma; por extensión, duración de la rotación de un astro del sistema solar sobre sí mismo. **2.** Tiempo que dura la claridad del Sol. **3.** Tiempo atmosférico que hace durante el día o parte de él: *día soleado.* **4.** Fecha en que se conmemora algún acontecimiento: *el día de santa Clara.* • **A tantos días fecha,** o **vista,** expresión usada en letras y pagarés para indicar que serán abonados al cumplirse los días que se expresan, a contar desde la fecha o desde la aceptación. ‖ **Abrir, abrirse, despuntar, rayar,** o **romper, el día,** amanecer, despejarse el cielo. ‖ **Al día,** al corriente, sin retraso, con exactitud: *llevar el trabajo al día.* ‖ **Dar el día** (*irón.*), causar molestias, importunar. ‖ **Del día,** de moda; fresco, reciente, hecho en el mismo día. ‖ **Día de autos,** aquel en que sucedió el hecho que ya se ha mencionado o está en la mente de los hablantes. ‖ **Día de fiesta,** o **festivo,** domingo o día de precepto. ‖ **Día de trabajo,** o **laborable,** el ordinario, por contraposición al de fiesta. ‖ **Día hábil** (DER.), día durante el cual pueden llevarse a cabo actuaciones judiciales. ‖ **Día lectivo,** aquel en que se da clase en los centros de enseñanza. ‖ **Día sideral,** o **sidéreo** (ASTRON.), intervalo de tiempo que separa dos pasos consecutivos del punto vernal por el meridiano de un lugar y que equivale aproximadamente a 23 h 56 m 4 s. ‖ **El día de mañana,** en el futuro. ‖ **En su día,** a su tiempo, en el momento oportuno. ‖ **Poner al día,** actualizar, renovar. ♦ n. m. pl. **5.** Vida: *llegó al fin de sus días.*
DIABETES n. f. (gr. *diabêtês*). Enfermedad que se caracteriza por exceso de azúcar en la sangre y se manifiesta por una abundante eliminación de orina.
DIABÉTICO, A adj. y n. Relativo a la diabetes; afecto de esta enfermedad.
DIABLADA n. f. *Amér.* Comparsa de máscaras en procesiones, fiestas, etc.
DIABLEAR v. intr. [1]. *Fam.* Hacer diabluras.
DIABLESA n. f. *Fam.* Diablo hembra.
DIABLESCO, A adj. Propio de diablos, diabólico.
DIABLILLO, A n. Persona traviesa y perspicaz.
DIABLO n. m. Nombre general dado en las diversas religiones a los ángeles rebeldes, y en particular a cada uno de ellos.

DIA

2. *Fig.* Persona traviesa, inquieta o atrevida, intrigante o hábil para conseguir lo que se propone. • **Donde el diablo perdió el poncho** (*Argent., Chile y Perú. Fam.*), en un lugar muy distante o poco transitado. ‖ **Pobre diablo** (*Fam.*), hombre infeliz, sin malicia o de poco carácter. ‖ **Tener el diablo, o los diablos, en el cuerpo** (*Fam.*), ser muy astuto o revoltoso. ♦ interj. **3.** *Fam.* Denota extrañeza, sorpresa, admiración o disgusto. (Úsase también en plural.)

DIABLURA n. f. Travesura.

DIABÓLICO, A adj. Relativo al diablo. **2.** *Fig. y fam.* Malo, perverso, astuto. **3.** *Fig.* Enrevesado, intrincado.

DIÁBOLO n. m. Juguete formado por dos conos unidos por sus vértices, que se lanza al aire y se recoge por medio de un cordón tensado entre dos palos.

DIACONATO o **DIACONADO** n. m. REL. CATÓL. Una de las órdenes, por la cual el subdiácono recibe la dignidad y atribuciones de diácono.

DIÁCONO n. m. (lat. *diaconum*). Entre los católicos, aquel que ha recibido la orden inmediatamente inferior al sacerdocio. **2.** Entre los protestantes, laico encargado del cuidado de los pobres y de la administración de los fondos de la iglesia.

DIACRÍTICO, A adj. y n. m. (gr. *diakritikós*, que distingue). Dícese del signo gráfico que da a un carácter de un alfabeto un valor especial. (Por ej., la diéresis sobre la *u* de *vergüenza*.)

DIACRONÍA n. f. En ciencias sociales, estudio de la evolución en el tiempo de los hechos sociales.

DIACRÓNICO, A adj. Dícese de los fenómenos que ocurren a lo largo del tiempo, así como de los estudios referentes a ellos. (Se opone a *sincrónico*.) • **Lingüística diacrónica**, estudio de los fenómenos lingüísticos desde el punto de vista de su evolución en el tiempo.

DIADEMA n. f. Cada uno de los arcos que cierran por la parte superior algunas coronas. **2.** Corona, aureola o cerco que ciñe la cabeza. **3.** Adorno de oro, plata o pedrería, en forma de media corona, usado por las mujeres como complemento de un traje de gala. **4.** Cinta o banda de cualquier material, que se utiliza para sujetar los cabellos.

DIAFANIDAD n. f. Calidad de diáfano.

DIÁFANO, A adj. Dícese del cuerpo a través del cual pasa la luz casi en su totalidad. **2.** *Fig.* Claro, límpido, transparente.

DIAFRAGMA n. m. ANAT. Músculo transversal que separa las cavidades torácica y abdominal, y cuya contracción provoca el aumento del volumen de la caja torácica y, como consecuencia, la inspiración. **2.** Membrana de caucho que, situada de manera que obture el cuello del útero, se emplea como medio anticonceptivo femenino. **3.** Tabique transversal que separa los tubos de diversos instrumentos y máquinas. **4.** Abertura de diámetro regulable que sirve para variar la cantidad de luz que entra en un aparato óptico o fotográfico.

DIAFRAGMAR v. intr. [**1**]. FOT. Disminuir la abertura de un diafragma.

DIAGNOSIS n. f. (gr. *diágnosis*, conocimiento). BIOL. Descripción abreviada de una especie, género, etc. **2.** MED. Conocimiento diferencial de los signos de las enfermedades.

DIAGNOSTICAR v. tr. [**1a**]. MED. Hacer el diagnóstico de una enfermedad.

DIAGNÓSTICO, A adj. Relativo a la diagnosis. **2.** MED. Que sirve para reconocer. ♦ n. m. **3.** ECON. Conclusión prospectiva del análisis de la situación económica de una región o una empresa. **4.** MED. Determinación de la naturaleza de una enfermedad.

DIAGONAL adj. y n. f. Dícese de la recta que une dos vértices no consecutivos de un polígono, o dos vértices de un poliedro que no pertenecen a la misma cara.

DIAGRAMA n. m. (gr. *diagramma*). Figura gráfica que representa las variaciones de un fenómeno. **2.** Figura gráfica que representa las relaciones entre las diferentes partes de un conjunto o sistema. • **Diagrama floral** (BOT.), esquema en el que están representados el número y la disposición de las piezas de los verticilos.

DIAGRAMACIÓN n. f. ART. GRÁF. *Amér.* Acción y efecto de diagramar.

DIAGRAMAR v. tr. [**1**]. ART. GRÁF: *Amér.* Realizar una maqueta de una revista, libro, etc.

DIAGUITA, pueblo amerindio ya extinguido que vivía en el NO de Argentina (Catamarca, SO de Salta) y Chile (entre los ríos Copiapó y Choapa), del que destaca el grupo calchaquí. Se han descubierto poblados fortificados (*pucará*), así como objetos de cobre, oro y plata, y urnas funerarias de cerámica. Tras la conquista de su territorio por los españoles, concluida en 1670, los diaguita fueron trasladados a las proximidades de Buenos Aires.

DIAL n. m. (voz inglesa). Superficie graduada sobre la que se mueve un indicador que mide o señala una determinada magnitud, como el voltaje, la longitud de onda, etc.

DIALECTAL adj. Relativo a un dialecto.

DIALECTALISMO n. m. Voz, sonido o giro dialectal. **2.** Carácter dialectal.

DIALÉCTICA n. f. Sutilezas, argucias, distinciones ingeniosas e inútiles. **2.** Arte del diálogo y de la discusión. **3.** Razonamiento que, al igual que un diálogo, contiene oposiciones y diversidad de pensamientos y se encamina hacia una síntesis. **4.** Evolución de las cosas, mediante la oposición y la superación de la oposición.

DIALÉCTICO, A adj. y n. Relativo a la dialéctica; que profesa la dialéctica.

DIALECTO n. m. Variedad regional de una lengua. **2.** Cualquier lengua en cuanto se la considera procedente de otra.

DIALECTOLOGÍA n. f. Estudio de los dialectos.

DIÁLISIS n. f. (gr. *diálysis*, disolución). Separación de los constituyentes de una mezcla, basada en la propiedad que poseen las membranas de dejar pasar más fácilmente unas ciertas moléculas que otras. **2.** Purificación de la sangre basada en el mismo principio.

DIALIZADOR n. m. Instrumento con la ayuda del cual se efectúa la diálisis.

DIALOGAR v. intr. [**1g**]. Sostener un diálogo; hablar.

DIÁLOGO n. m. Coloquio, conversación o plática entre dos o más personas. **2.** Debate entre personas, grupos o ideologías irreconciliables, en busca de comprensión mutua. **3.** FILOS. Forma de expresión filosófica que comporta un modo de pensar esencialmente no dogmático. **4.** LIT. Género de obra literaria que se finge una plática o controversia.

DIALOGUISTA n. m. y f. Persona que escribe diálogos.

DIAMANTE n. m. Piedra preciosa compuesta de carbono puro cristalizado. **2.** Útil de vidriero que sirve para cortar el vidrio. • **Diamante bruto**, o **en bruto**, el que está aún sin labrar. ♦ adj. **3.** IMPR. Dícese de la edición de tamaño pequeño y caracteres muy menudos. ♦ **diamantes**, n. m. pl. **4.** Uno de los cuatro palos de la baraja francesa.

DIAMANTE, c. de Argentina (Entre Ríos); 39 711 hab. Molinos de mate, destilerías.

DIAMANTÍFERO, A adj. Que contiene diamantes.

DIAMANTINO, A adj. Relativo al diamante. **2.** *Fig. y poét.* Duro, inquebrantable, persistente.

DIAMANTISTA n. m. y f. Persona que labra o vende diamantes.

DIAMETRAL adj. Relativo al diámetro. **2.** Que divide una superficie en dos partes equivalentes. **3.** *Fig.* Directo, absoluto, total.

DIÁMETRO n. m. Segmento de recta que pasa por el centro de una circunferencia, de una curva cerrada cualquiera o de una superficie esférica, tiene sus extremos en dos puntos de la misma. • **Diámetro aparente de un astro** (ASTRON.), ángulo bajo el cual se percibe, desde un lugar de observación, la imagen de un astro que no presenta un aspecto puntiforme.

DIANA n. f. Punto central de un blanco de tiro. • **Hacer diana**, alojar el proyectil en la diana. ‖ **Toque de diana**, toque militar de corneta o trompeta, dado para que la tropa se levante.

DIANA, diosa romana de la caza y de la naturaleza salvaje, identificada con la *Artemisa* griega.

¡DIANTRE! interj. Denota sorpresa o enfado.

DIAPASÓN n. m. MÚS. Altura relativa de un sonido determinado, dentro de una escala sonora. **2.** MÚS. Instrumento que al vibrar produce un tono determinado: *diapasón de boca; diapasón de horquilla*. **3.** MÚS. Trozo de madera que cubre el mástil sobre el cual se pisan con los dedos las cuerdas del violín y de otros instrumentos análogos. **4.** MÚS. Distancia exacta que separa los agujeros de los instrumentos de viento. **5.** MÚS. Relación entre el diámetro de un tubo de órgano y su longitud.

DIAPOSITIVA n. f. Imagen fotográfica positiva sobre soporte transparente, destinada a ser proyectada sobre una pantalla.

DIARERO, A n. *Argent. y Urug.* Diariero.

DIARIERO, A n. *Amér. Merid.* Vendedor de diarios.

DIARIO, A adj. Correspondiente a todos los días. ♦ n. m. **2.** Libro en que se recogen por días sucesos y reflexiones. **3.** Periódico que se publica todos los días. • **A diario**, todos los días, cada día. ‖ **De diario**, de modo que es usado a diario: *ropa de diario*. ‖ **Diario de navegación** (MAR.), libro que está obligado a llevar cada oficial náutico. ‖ **Diario hablado, filmado**, o **televisado**, actualidades transmitidas por radio o presentadas por cine y televisión.

DIARISMO n. m. *Amér.* Periodismo.

DIARREA n. f. Deposiciones líquidas y frecuentes.

DIARREICO, A adj. Relativo a la diarrea.

DIARTROSIS n. f. ANAT. Articulación que permite una gran movilidad (rodilla, codo), en la que los huesos están unidos por una cápsula fibrosa, cuyas superficies están recubiertas de cartílago.

DÍAS (Bartolomeu), navegante portugués (en Algarve c. 1450-frente al cabo de Buena Esperanza 1500). Fue el primero en circunnavegar África y doblar el cabo de Buena Esperanza (1488).

DIÁSPORA n. f. (gr. *diaspora*, dispersión). Conjunto de comunidades judías establecidas fuera de Palestina, a partir del Exilio (s. VI a. J.C.). **2.** Conjunto de diversas comunidades con un mismo origen y establecidas en países diferentes. **3.** Dispersión de un pueblo o una etnia a través del mundo.

DIASTASA n. f. Amilasa.

DIÁSTOLE n. f. (gr. *diastóle*, dilatación). Fase de dilatación en los movimientos rítmicos del corazón. **2.** Licencia poética que consiste en usar como larga una sílaba breve.

DIATOMEA n. f. Alga unicelular provista de una concha silícea bivalva, a menudo finamente decorada, y que vive en el mar o en el agua dulce.

DIATÓNICO, A adj. MÚS. Que procede por tonos y semitonos.

DIATRIBA n. f. Discurso o escrito violento o injurioso: *lanzar una diatriba contra alguien*.

DÍAZ (Adolfo), político nicaragüense (1874-San José de Costa Rica 1964), presidente de la república, con el apoyo de E.U.A., en 1912-1916 y 1926-1928.

DÍAZ (Porfirio), militar y político mexicano (Oaxaca 1830-París 1915). Destacó en la guerra contra los franceses y ocupó la presidencia de su país en 1877-1880 y 1884-1911. Su mandato se distinguió por sus procedimientos dictatoriales y violentos; favoreció los intereses de los latifundistas. En 1910 estalló la revolución que, bajo el mando de F. I. Madero, acabaría un año después con su mandato.

DÍAZ AROSEMENA (Domingo), político panameño (Panamá 1875-*id.* 1949). Dirigente del Partido liberal, fue presidente de la república en 1948-1949.

DÍAZ ARRIETA (Hernán), escritor chileno (Santiago 1891-† 1984), conocido con el seudónimo de **Alone**. Sobresalió como crítico literario (*Panorama de la literatura chilena durante el s. XX*, 1931; *Historia personal de la literatura chilena*, 1954).

DÍAZ CASANUEVA (Humberto), poeta chileno (Santiago 1905-*id.* 1992). *Su poesía oscila entre el lenguaje blasfematorio y la explosión onírica: El blasfemo coronado* (1940), *Réquiem* (1945), *La estatua de sal* (1947), *La hija vertiginosa* (1954), *Sol de lenguas* (1970), *El hierro y el hilo* (1980).

DÍAZ COVARRUBIAS (Juan), escritor mexicano (Jalapa 1837-Tacubaya 1859). Romántico y liberal, sus novelas se mueven entre el realismo (*Gil Gómez el insurgente*, 1858) y el costumbrismo (*La clase media*, 1858; *La sensitiva*, 1859; *El diablo en México*, 1860).

DÍAZ DE SOLÍS (Juan), piloto y explorador español (nacido en Lebrija-Río de la Plata 1516). Acompañó a Vicente Yáñez Pinzón en su viaje por las Antillas y América Central (1506). En 1515 inició la expedición que le llevó al Río de la Plata, donde remontó el Paraná (llamado río de Solís o Mar Dulce).

DÍAZ DE VIVAR (Rodrigo) → **Cid**.

DÍAZ DEL CASTILLO (Bernal), conquistador y cronista español (Medina del Campo 1492-Guatemala 1584). En 1514 marchó a las Indias, donde participó en diversas expediciones por México. En 1568 escribió una *Historia verdadera de la conquista de la Nueva España*.

DÍAZ MIRÓN (Salvador), poeta mexicano (Veracruz 1853-*id.* 1928). Tras una primera etapa influida por el romanticismo (*Poesías*, 1886), se convirtió en una de las máximas figuras del modernismo mexicano (*Lascas*, 1901).

DÍAZ ORDAZ (Gustavo), político mexicano (Puebla 1911-México 1979). Presidente de la república (1964-1970), durante su mandato se produjeron graves agitaciones sociales, especialmente en 1968.

DIBAY o **DUBAY**, uno de los emiratos de la Unión de Emiratos Árabes, junto al golfo Pérsico, 3900 km²; 501 000 hab. Cap. *Dibay* (o *Dubay*) [266 000 hab.]. Petróleo.

DIBUJANTE n. m. y f. Persona que se dedica a dibujar o que tiene por profesión dibujar.

DIBUJAR v. tr. y pron. [1]. Representar en una superficie la figura de una cosa por medio del lápiz, el carboncillo, etc. ♦ v. tr. **2**. *Fig.* Trazar, describir una cosa con palabras. ♦ **dibujarse** v. pron. **3**. *Fig.* Aparecer o revelarse lo que estaba callado u oculto. **4**. Aparecer de forma vaga e imprecisa la silueta de una cosa.

DIBUJO n. m. Arte y acción de dibujar. **2**. Representación gráfica en la que la imagen se traza, de modo más o menos complejo, sobre una superficie que constituye el fondo. **3**. En una pintura, delineación de las figuras y su ordenación general, consideradas independientemente del colorido. **4**. Motivo más o menos decorativo, natural o artificial, que presentan ciertos objetos. • **Dibujo del natural**, el que se hace copiando directamente del modelo. || **Dibujo lineal**, dibujo técnico para representar motivos ornamentales u objetos pertenecientes a la industria. || **Dibujo técnico**, dibujo que representa motivos ornamentales u objetos pertenecientes a la industria. || **Dibujos animados** (CIN.), película cinematográfica basada en una sucesión de dibujos cada uno de los cuales representa una fase sucesiva de un movimiento.

DICCIÓN n. f. Manera de hablar o escribir. **2**. Pronunciación.

DICCIONARIO n. m. Recopilación de las palabras de una lengua colocadas por orden alfabético y seguidas de su definición o traducción a otra lengua. **2**. Recopilación de las palabras relativas a una ciencia, a una técnica, etc., ordenadas alfabéticamente. • **Diccionario enciclopédico**, diccionario que, aparte de las informaciones sobre las palabras en sí mismas, contiene explicaciones científicas o históricas sobre las cosas, las personas, etc., representadas por estas palabras.

DÍCERES n. m. pl. *Amér.* Murmuraciones.

DICHA n. f. (lat. *dicta*). Felicidad. **2**. Suerte. • **A,** o **por, dicha**, por suerte, por ventura, por casualidad.

DICHARACHERO, A adj. y n. *Fam.* Propenso a decir dicharachos o que conversa animada y jovialmente.

DICHO n. m. Palabra o conjunto de palabras con que se expresa oralmente un concepto cabal, como: «es mejor tener que desear». **2**. Ocurrencia ingeniosa y oportuna.

DICHOSO, A adj. Feliz: *sentirse dichoso*. **2**. Que incluye o trae consigo dicha: *época dichosa*. **3**. *Fam.* Fastidioso, molesto: *¡dichoso despertador!*

DICIEMBRE n. m. (lat. *december*). Duodécimo mes del año: *diciembre tiene 31 días.*

DICKENS (Charles), escritor británico (Portsea, Portsmouth, 1812-Gadshill, cerca de Rochester, 1870). Extrajo de una juventud desgraciada el material para la creación de novelas sensibles y humorísticas (*Los documentos póstumos del club Pickwick*, 1837; *Oliver Twist*, 1838; *Nicholas Nickleby*, 1839; *Cuentos de Navidad*, 1843; *David Copperfield*, 1849, y *Grandes esperanzas*, 1861).

DICKINSON (Emily), poeta norteamericana (Amherst, Massachusetts, 1830-*id.* 1886). Sus breves poemas introspectivos, publicados después de su muerte, ejercieron una gran influencia en la poesía norteamericana.

DICOTILEDÓNEO, A adj. y n. f. Relativo a una clase de plantas cuya semilla contiene una plántula con dos cotiledones, que presenta generalmente las hojas horizontales, con nerviación ramificada y con las dos caras distintas; si son vivaces, tienen formaciones secundarias, que las diferencia de las *monocotiledóneas*.

DICOTOMÍA n. f. (gr. *dikhotomía*). División, oposición entre dos cosas. **2**. ASTRON. Fase de la Luna en su primero y último cuadrante. **3**. BOT. Modo de división de ciertos tallos en ramas bifurcadas. **4**. LÓG. División de un concepto en otros dos que agotan toda su extensión.

DICTADO n. m. (lat. *dictatum*). Acción de dictar para que otro escriba: *escribir al dictado.* **2**. Ejercicio escolar cuya finalidad es el aprendizaje de la ortografía. ♦ **dictados** n. m. pl. **3**. *Fig.* Inspiraciones o preceptos de la razón o de la conciencia.

DICTADOR n. m. (lat. *dictatorem*). El que concentra en sí todos los poderes; amo absoluto. **2**. Persona que abusa de su autoridad o trata con dureza a los demás.

DICTADURA n. f. (lat. *dictaturam*). Ejercicio sin control del poder absoluto y soberano. **2**. Tiempo durante el cual ejerce el dictador su poder. • **Dictadura del proletariado**, según los marxistas, régimen político transitorio por el que el proletariado destruye el estado burgués para sustituirlo por un estado proletario, a través del cual ejerce él solo el poder.

DICTAMEN n. m. Opinión o juicio que se forma o emite sobre una cosa.

DICTAMINAR v. intr. y tr. [1]. Dar dictamen: *dictaminar la hora de un suceso.*

DICTAR v. tr. (lat. *dictare*) [1]. Decir o leer algo a una persona para que lo vaya escribiendo: *dictar una carta.* **2**. Dar, expedir, pronunciar leyes, fallos, decretos, etc.: *dictar sentencia un juez.* **3**. *Fig.* Inspirar, sugerir: *haz lo que te dicte la razón.*

DICTATORIAL adj. Que revela dictadura; absoluto, sin control: *poder dictatorial.*

DIDÁCTICA n. f. Ciencia que tiene por objeto los métodos de enseñanza.

DIDÁCTICO, A adj. (gr. *didaktikos*). Que tiene por objeto enseñar o instruir; pedagógico. **2**. Relativo a la didáctica.

DIDÁCTILO, A adj. Que posee dos dedos (dícese sólo de las patas de los animales).

DIDEROT (Denis), escritor y filósofo francés (Langres 1713-París 1784). Estudió filosofía, matemáticas y anatomía, y dirigió la *Enciclopedia*. Es autor de *Pensamientos filosóficos* (1746), *Carta sobre los ciegos* (1749), obras dramáticas (*El hijo natural*, 1757), relatos, novelas y críticas de arte.

DIDO o **ELISA**, princesa de Tiro, fundadora legendaria de Cartago (fines del s. IX a. J.C.).

DIECINUEVE adj. num. cardin. y n. m. Diez más nueve. ♦ adj. num. ordin. y n. m. **2**. Decimonono: *página diecinueve.*

DIECINUEVEAVO, A adj. y n. Dícese de cada una de las diecinueve partes iguales en que se divide un todo.

DIECIOCHESCO, A o **DIECIOCHISTA** adj. Relativo al s. XVIII.

DIECIOCHO adj. num. cardin. y n. m. Diez más ocho. ♦ adj. num. ordin. y n. m. **2**. Decimoctavo: *el lugar dieciocho.*

DIECIOCHOAVO, A adj. y n. Dícese de cada una de las dieciocho partes iguales en que se divide un todo.

DIECISÉIS adj. num. cardin. y n. m. Diez más seis. ♦ adj. num. ordin. y n. m. **2**. Decimosexto: *Luis XVI.*

DIECISEISAVO, A adj. y n. Dícese de cada una de las dieciséis partes iguales en que se divide un todo.

DIECISIETE adj. num. cardin. y n. m. Diez más siete. ♦ adj. num. ordin. y n. m. **2**. Decimoséptimo: *tomo diecisiete.*

DIECISIETEAVO, A adj. y n. Dícese de cada una de las diecisiete partes iguales en que se divide un todo.

DIEDRO n. m. y adj. MAT. Porción de espacio comprendida entre dos semiplanos, o caras, concurrentes en una recta o arista.

DIEGO (Eliseo), escritor cubano (La Habana 1920-México 1994). Su obra poética, recopilada en *Poesía* (1983), es evocación del pasado, donde realidad y sueño se funden. Cultivó también el cuento y el ensayo.

DIEGO DE ALMAGRO, ant. **Pueblo Hundido**, com. de Chile (Atacama); 27 588 hab. Minas de cobre y hierro. Metalurgia del cobre en Potrerillos.

DIENCEFÁLICO, A adj. Relativo al diencéfalo.

DIENCÉFALO n. m. Segunda parte del encéfalo embrionario, que forma la epífisis, el lóbulo nervioso de la hipófisis, el tálamo, o tálamo óptico, and los nervios ópticos y las retinas. **2**. En el organismo adulto, parte del cerebro situada entre los hemisferios cerebrales y el tronco cerebral, y que comprende numerosos centros reguladores de la actividad vital (sueño, metabolismo, etc.).

DIENTE n. m. (lat. *dentem*). Órgano duro engastado en la mandíbula, formado por

DIE

marfil recubierto de esmalte en la corona, que sirve para triturar los alimentos y para morder. (Se distinguen, de delante hacia atrás, los incisivos, los caninos, los premolares y los molares.) **2.** Incisivo. **3.** Cumbre aguda y aislada. **4.** Cada una de las puntas o resaltos que constituyen la arista cortante de una sierra. **5.** Saliente de una rueda de engranaje. • **Diente de ajo,** cada una de las partes en que se divide la cabeza del ajo, separadas por su tela y cáscara particular. ‖ **Diente de leche,** o **mamón,** cada uno de los de la primera dentición de los mamíferos. ‖ **Diente de león,** amargón. ‖ **Diente de lobo,** especie de clavo hendido que usan los escultores. ‖ **Diente de perro,** formón o escoplo hendido que usan los escultores. ‖ **Pelar el diente** (*Amér. Central* y *Colomb.*), sonreír mucho con coquetería; halagar a alguien, adular (*Méx. Fam.*), ponerse alguien agresivo.

DIÉRESIS n. f. (gr. *diairesis,* separación). FONÉT. Pronunciación de dos vocales consecutivas, que en otros casos forman diptongo, en dos sílabas. **2.** GRAM. Signo diacrítico, formado por dos puntos horizontales, que en español se coloca sobre la vocal *u* de los grupos constituidos por *gu* + *e, i* para indicar que la *u* debe pronunciarse.

DIESEL n. m. (de R. *Diesel,* su inventor). Motor de combustión interna, que consume aceites pesados y que funciona por autoencendido del combustible inyectado por aire fuertemente comprimido. SIN.: *motor Diesel.*

DIESEL (Rudolf), ingeniero alemán (París 1858-† en alta mar 1913). Concibió (1893) y realizó (1897) el motor de combustión interna que lleva su nombre.

DIESTE (Eladio), arquitecto uruguayo (nacido en 1917). Alcanzó fama internacional por su creatividad y audacia tecnológica (iglesias de Atlántida [1957] y Durazno [1971]).

DIESTRA n. f. Mano derecha.

DIESTRO, A adj. Derecho, que está situado con respecto al lado opuesto al del corazón: *la mano diestra; ponerse a la diestra.* **2.** Dícese de la persona que preferentemente usa la mano derecha. **3.** Hábil, experto. **4.** Sagaz, prevenido para manejar los negocios. • **A diestro y siniestro,** sin tino, sin orden; sin discreción ni miramiento.

DIETA n. f. Asamblea deliberante en algunos países (Polonia, Hungría, Suecia, Suiza, etc.).

DIETA n. f. (lat. *diaetam*). Supresión de una parte o de la totalidad de los alimentos con fines terapéuticos o higiénicos. **2.** Retribución o indemnización que se da diariamente a los que ejecutan algunas comisiones, forman parte de una asamblea o asisten a determinadas reuniones fuera de su residencia habitual. (Suele usarse en plural.) **3.** Cantidad que tiene derecho a percibir diariamente todo trabajador por cuenta ajena, que por razón de su actividad laboral deba desplazarse de la población en que habitualmente trabaja a otra. (Suele usarse en plural.)

DIETARIO n. m. Libro en que se anotan los ingresos y gastos diarios de una casa o establecimiento. **2.** Agenda.

DIETÉTICA n. f. Ciencia que estudia el valor alimenticio de los alimentos y las enfermedades que provoca la mala nutrición, así como la determinación de las cantidades de alimentos que convienen a las diversas categorías de consumidores.

DIETÉTICO, A adj. Relativo a la dieta o a la dietética.

DIETISTA n. m. y f. Especialista en dietética.

DIEZ adj. num. cardin. y n. m. Nueve y uno. ♦ adj. num. ordin. y n. **2.** Décimo: *la fila diez.*

DÍEZ (Mariano), patriota venezolano (Caracas 1796-*id.* 1867). Participó en las luchas de emancipación, en Santo Domingo (1821) y luego en Venezuela.

DÍEZ CANSECO (José), escritor peruano (Lima 1904-*id.* 1949). Su obra, costumbrista y satírica, incluye los cuentos de *Estampas mulatas* (1931) y la novela *Duque* (1934), junto a otras que dejó inéditas (*Obras completas,* 1949).

DIEZMAR v. tr. (lat. *decimare*) [1]. Separar una de cada diez personas o cosas. **2.** *Fig.* Causar gran mortandad en un país la guerra, las epidemias u otra calamidad.

DIEZMILÉSIMO, A adj. y n. m. Dícese de cada una de las diez mil partes iguales en que se divide un todo.

DIEZMO n. m. (lat. *decimum*). Impuesto constituido por unos cánones en especies que se abonaba al clero.

DIFAMACIÓN n. f. Acción y efecto de difamar.

DIFAMADOR, RA adj. y n. Que difama.

DIFAMAR v. tr. (lat. *diffamare*) [1]. Desacreditar a alguien publicando o diciendo cosas contra su buena opinión y fama.

DIFAMATORIO, A adj. Dícese de lo que difama.

DIFÁSICO, A adj. ELECTR. Dícese de la corriente que presenta dos fases.

DIFERENCIA n. f. (lat. *differentiam*). Cualidad o accidente por el cual una cosa se distingue de otra. **2.** *Fig.* Controversia, discrepancia o incompatibilidad entre dos o más personas. **3.** MAT. Resultado de la sustracción de dos magnitudes: *2 es la diferencia entre 7 y 5.* • **A diferencia de,** denota la discrepancia que hay entre dos personas o cosas comparadas entre sí.

DIFERENCIACIÓN n. f. Acción y efecto de diferenciar o diferenciarse.

DIFERENCIAL adj. Relativo a la diferencia. **2.** MAT. Que procede por diferencias infinitamente pequeñas. • **Cálculo diferencial** (MAT.), parte del cálculo infinitesimal en el que se determinan los infinitésimos a partir de las magnitudes funcionales dadas. ♦ adj. y n. m. **3.** Dícese de un mecanismo de engranajes que permite transmitir a un árbol rotativo un movimiento equivalente a la suma o a la diferencia de otros dos movimientos. ♦ n. f. **4.** MAT. Incremento infinitésimo de una variable, sea independiente, o función de otra u otras.

DIFERENCIAR v. tr. [1]. Hacer distinción entre las cosas. **2.** Averiguar, percibir y señalar diferencias entre las cosas. **3.** MAT. Calcular la diferencial de una función. ♦ **diferenciarse** v. pron. **4.** Distinguirse, no ser igual. **5.** Hacerse alguien notable o famoso por sus cualidades.

DIFERENDO n. m. *Amér. Merid.* Diferencia, discrepancia entre instituciones o estados.

DIFERENTE adj. Diverso, distinto: *una palabra puede tener sentidos diferentes.* ♦ adv. **2.** De modo distinto: *hablar diferente.*

DIFERIDO, A adj. INFORMÁT. Dícese del tratamiento de datos que se ejecuta en una fase distinta y ulterior de la de su adquisición y de su almacenamiento. ♦ n. m. **2. En diferido,** dícese de la emisión radiofónica o televisiva transmitida después de su grabación.

DIFERIR v. tr. (lat. *diferre*) [22]. Aplazar, retardar o suspender la ejecución de una cosa: *diferir una asamblea.* ♦ v. intr. **2.** Haber diferencias, diferenciarse: *mi opinión difiere de la tuya.*

DIFÍCIL adj. (lat. *difficilem*). Que requiere inteligencia, habilidad y esfuerzo para hacerlo, superarlo, entenderlo, etc.: *problema, trabajo, situación difícil.* **2.** Descontentadizo, rebelde o poco tratable.

DIFICULTAD n. f. (lat. *difficultatem*). Calidad de difícil: *la dificultad de un asunto.* **2.** Objeción opuesta a lo que alguien sostiene o propone: *poner dificultades.* **3.** Situación difícil, especialmente por falta de dinero: *pasar muchas dificultades.* (Suele usarse en plural.)

DIFICULTAR v. tr. (lat. *difficultare*) [1]. Poner dificultades a alguna realización o deseo. **2.** Hacer difícil una cosa. ♦ v. tr. e intr. **3.** Tener o estimar una cosa por difícil.

DIFICULTOSO, A adj. Difícil, que presenta dificultades. **2.** *Fig.* y *fam.* Dícese del semblante, figura, etc., feos y extraños.

DIFLUENCIA n. f. División de un curso de agua, o de un glaciar, en varios brazos que no vuelven a reunirse.

DIFLUENTE adj. y n. m. Que se desarrolla en direcciones divergentes, que se dispersa.

DIFRACCIÓN n. f. Desviación que sufre la propagación de las ondas (acústicas, luminosas, hertzianas, rayos X, etc.), cuando encuentran un obstáculo o una abertura de dimensiones sensiblemente iguales a su longitud de onda.

DIFRACTAR v. tr. y pron. [1]. Efectuar la difracción.

DIFTERIA n. f. (gr. *diphthera,* membrana). Enfermedad contagiosa provocada por el bacilo de Klebs-Löffler.

DIFUMINAR v. tr. [1]. Esfumar los trazos del lápiz: *difuminar un dibujo.* ♦ v. tr. y pron. **2.** Volver imprecisos los contornos de algo.

DIFUMINO n. m. Rollito de papel estoposo o de piel suave, terminado en punta, que sirve para esfumar.

DIFUNDIR v. tr. y pron. (lat. *diffundere*) [3]. Extender, derramar, verter: *difundir la luz.* **2.** *Fig.* Divulgar, propagar: *difundir una noticia.*

DIFUNTO, A adj. y n. Dícese de la persona muerta. ♦ adj. y n. f. • **Conmemoración,** o **día, de los fieles difuntos,** segundo día de noviembre, dedicado especialmente a rezar por los difuntos.

DIFUSIÓN n. f. (lat. *diffusionem*). Acción y efecto de difundir o difundirse: *la difusión de una noticia.* **2.** Número total de ejemplares de una publicación que ha llegado efectivamente al público. **3.** FÍS. Movimiento de un conjunto de partículas en un medio ambiente, bajo la acción de diferencias de concentración, temperatura, etc.; tendiendo a igualar sus magnitudes. **4.** FÍS. Transformación, por ciertos medios, de una radiación incidente (luz, rayos X, sonido, etc.), en una radiación emitida en todas direcciones. **5.** FÍS. Cambio de la dirección o de la energía de una partícula tras una colisión con otra partícula. **6.** MED. Distribución de una sustancia en el organismo.

DIFUSIVO, A adj. Que tiene la propiedad de difundir o difundirse.

DIFUSO, A adj. Derramado, propagado: *dolor difuso; luz difusa.* **2.** Poco preciso.

DIFUSOR, RA adj. Que difunde. ♦ n. m. **2.** Accesorio de iluminación que da una luz difusa. **3.** Altavoz. **4.** Aparato que sirve para extraer el jugo azucarado de la remolacha. **5.** Conducto que sirve para aminorar la velocidad de circulación de un fluido aumentando su presión. **6.** Parte del carburador de un motor de explosión en la cual se efectúa la mezcla carburada. **7.** Boquilla ajustada a la boca de las mangas de incendio para proyectar el agua pulverizándola.

DIGERIBLE adj. Que se puede digerir.

DIGERIR v. tr. (lat. *digerere,* distribuir) [22]. Hacer la digestión. **2.** *Fig.* Soportar una desgracia u ofensa: *no poder digerir un insulto.* **3.** *Fig.* Meditar cuidadosamente una cosa para entenderla o ejecutarla: *digerir una lectura.*

DIGESTIBILIDAD n. f. FISIOL. Aptitud de una sustancia para ser digerida.

DIGESTIBLE adj. Digerible. **2.** Fácil de digerir.

DIGESTIÓN n. f. (lat. *digestionem*). Transformación de los alimentos en el aparato digestivo. **2.** Momento en que se digieren.

DIGESTIVO, A adj. Relativo a la digestión: *trastornos digestivos*. • **Aparato digestivo**, conjunto de órganos que participan en la digestión. ♦ n. m. **2.** Medicamento o sustancia que favorece el proceso de la digestión.

DIGITAL adj. (lat. *digitalem*). Relativo a los dedos: *músculo digital; huellas digitales*. **2.** Que se expresa o funciona por medio de números. SIN.: *numérico*.

DIGITAL n. f. Planta de tallo sencillo o poco ramoso, hojas lanceoladas y flores con forma de un dedo de guante, que crece en los sotobosques claros, en suelo silíceo. (Familia escrofulariáceas.)

DIGITALINA n. f. Principio activo de la digital, que constituye un violento veneno y es utilizado en algunas enfermedades del corazón.

DIGITALIZAR v. tr. [**1g**] INFORMÁT. Codificar numéricamente una información.

DIGITÍGRADO, A adj. y n. m. ZOOL. Que anda apoyando sólo los dedos en el suelo, como el gato.

DÍGITO, A adj. y n. m. (lat. *digitum*). Dícese del número que en el sistema de numeración decimal se expresa con una sola cifra. ♦ n. m. **2.** Elemento de información digital que puede tomar un número determinado de valores determinados. • **Dígito binario**, bit.

DIGLOSIA n. f. LING. Coexistencia, en un mismo país, de dos lenguas diferentes o de dos estados de una misma lengua, uno culto y otro popular.

DIGNARSE v. pron. (lat. *dignari*) [**1**]. Acceder, consentir en lo que otro solicita o quiere.

DIGNATARIO n. m. Persona investida de una dignidad.

DIGNIDAD n. f. (lat. *dignitatem*). Calidad de digno: *perder la dignidad*. **2.** Excelencia, realce. **3.** Seriedad y decoro en la forma de comportarse: *actuar con dignidad*. **4.** Cargo o empleo honorífico y de autoridad: *la dignidad de condestable*.

DIGNIFICABLE adj. Que puede dignificarse.

DIGNIFICACIÓN n. f. Acción y efecto de dignificar.

DIGNIFICAR v. tr. y pron. [**1a**]. Hacer digno o presentar como tal.

DIGNO, A adj. (lat. *dignum*). Que merece algo, en sentido favorable o adverso: *ser digno de recompensa*. **2.** Correspondiente, proporcionado al mérito y condición de una persona o cosa: *un hijo digno de su padre*. **3.** Que tiene gravedad, que inspira respeto: *actitud digna*. **4.** Decente, no humillante: *una casa digna*.

DIGRAMA n. m. LING. Grupo de dos caracteres o dos letras para representar un solo sonido.

DIGRESIÓN n. f. (lat. *digresionem*; de *digredi*, apartarse). Parte de un discurso o conversación que no tiene conexión o íntimo enlace con el asunto de que se trata.

DIHUEÑE o **DIHUEÑI** n. m. Chile. Nombre vulgar de varios hongos comestibles de los cuales los indios obtienen una especie de chicha.

DIJE n. m. Joya, relicario y otras alhajas que suelen llevarse colgadas por adorno.

DIJON, c. de Francia, cap. de la región de Borgoña y del dep. de Côte-d'Or, a orillas del Ouche; 151 636 hab. Universidad. Catedral gótica de San Benigno (ss. XIII-XIV). Iglesia de Nuestra Señora (s. XIII). Restos del ant. palacio ducal (act. ayuntamiento y museo de bellas artes). Restos de la cartuja de Champmol (con el Pozo de Moisés de C. Sluter).

DILACIÓN n. f. (lat. *dilationem*). Demora, tardanza, retraso o detención de una cosa por algún tiempo.

DILAPIDACIÓN n. f. Acción y efecto de dilapidar.

DILAPIDADOR, RA adj. y n. Que dilapida.

DILAPIDAR v. tr. (lat. *dilapidare*) [**1**]. Despilfarrar, malgastar los bienes: *dilapidar una fortuna*.

DILATABILIDAD n. f. FÍS. Propiedad que tienen los cuerpos de dilatarse por calentamiento.

DILATABLE adj. FÍS. Susceptible de dilatación.

DILATACIÓN n. f. (lat. *dilatationem*). Acción y efecto de dilatar o dilatarse.

DILATADOR, RA adj. Que dilata. ♦ adj. y n. m. **2.** ANAT. Dícese del músculo que al contraerse dilata las paredes de las cavidades en que se inserta.

DILATAR v. tr. y pron. (lat. *dilatare*) [**1**]. Aumentar la longitud o el volumen de algo. **2.** Aplazar, diferir, retrasar. **3.** Aumentar el volumen de un cuerpo sin que aumente su masa. ♦ **dilatarse** v. pron. **4.** Extenderse mucho en un discurso o escrito.

DILATORIA n. f. Dilación, retraso: *andar con dilatorias*. (Suele usarse en plural.)

DILATORIO, A adj. DER. Que tiene por efecto prorrogar un término judicial o de tramitación de un asunto.

DILECCIÓN n. f. (lat. *dilectionem*). Amor tierno y puro.

DILECTO, A adj. (lat. *dilectum*). Querido, amado con dilección.

DILEMA n. m. (gr. *dílemma*). Situación de alguien cuando tiene que decidir entre dos cosas igualmente malas. **2.** LÓG. Razonamiento formado por dos premisas contradictorias, pero que conducen a una misma conclusión, la cual, por consecuencia, se impone.

DILETANTE adj. y n. m. y f. (ital. *dilettante*). Dícese del que cultiva un arte o ciencia por simple afición o sin la preparación necesaria.

DILETANTISMO n. m. Calidad de diletante.

DILIGENCIA n. f. (lat. *diligentiam*). Cuidado, esfuerzo y eficacia en la ejecución de algo. **2.** Prontitud, agilidad, prisa. **3.** *Fam.* Negocio, gestión, encargo. **4.** Coche tirado por varias caballerías, que servía para el transporte de viajeros. **5.** DER. Celo en el desempeño de una función, en la ejecución de algún acto, en las relaciones con otras personas. **6.** DER. Cumplimiento de una resolución judicial. **7.** DER. Acta en la que se consignan las actuaciones judiciales.

DILIGENCIAR v. tr. [**1**]. Poner los medios necesarios para el logro de una solicitud. **2.** DER. Tramitar un asunto mediante las oportunas diligencias.

DILIGENTE adj. (lat. *diligentem*). Cuidadoso, exacto y activo. **2.** Pronto, presto, ágil.

DILUCIDACIÓN n. f. Acción y efecto de dilucidar.

DILUCIDAR v. tr. [**1**]. Explicar, aclarar un asunto o una cuestión.

DILUCIÓN n. f. Acción de diluir. **2.** Líquido así obtenido.

DILUIR v. tr. y pron. (lat. *diluere*) [**29**]. Desleír, disolver. **2.** Aumentar la proporción de un líquido, alterando su contenido por añadidura de cierta cantidad de agua u otro líquido.

DILUVIANO, A adj. Que tiene relación con el diluvio universal, o que hiperbólicamente se compara con él.

DILUVIAR v. intr. [**1**]. Llover copiosamente.

DILUVIO n. m. (lat. *diluvium*). Inundación universal de la tierra, según la Biblia. (Úsase también *diluvio universal*.) **2.** *Fig.* y *fam.* Lluvia muy copiosa. **3.** *Fig.* y *fam.* Excesiva abundancia de una cosa.

DIMANACIÓN n. f. Acción de dimanar.

DIMANAR v. intr. (lat. *dimanare*) [**1**]. Proceder o venir el agua de sus manantiales. **2.** *Fig.* Provenir, proceder o tener origen una cosa de otra.

DIMENSIÓN n. f. (lat. *dimensionem*). Cada una de las magnitudes necesarias para la evaluación de figuras planas y de los sólidos (longitud, anchura, altura o profundidad). **2.** *Fig.* Importancia, aspecto significativo de algo: *una tragedia de grandes dimensiones*. **3.** FÍS. Cada una de las magnitudes fundamentales (longitud, masa, tiempo, etc.) a las que se puede reducir toda magnitud física. • **Cuarta dimensión**, el tiempo en la teoría de la relatividad.

DIMENSIONAL adj. Relativo a la dimensión.

DIMENSIONAR v. tr. [**1**]. TECNOL. Determinar las dimensiones o, de manera más general, las características que conviene dar a un elemento mecánico, hidráulico, neumático o eléctrico para que desempeñe convenientemente el papel que le corresponde en el conjunto del que forma parte.

DIMES. Dimes y diretes (*Fam.*), contestaciones, debates, alteraciones, réplicas entre dos o más personas: *andar en dimes y diretes con alguno*.

DIMICADO n. m. *Argent.* Calado o deshilado que se hace en las telas blancas.

DIMINUTIVO, A adj. Dícese de las partículas que adoptan ciertas voces para expresar pequeñez, poca importancia, intensidad o afectividad. (Los sufijos diminutivos más usuales en español son *-ito*, *-ico*, *-illo* e *-ín* con sus correspondientes femeninos y plurales.) ♦ n. m. **2.** Voz modificada por una partícula diminutiva. (Arbolito es diminutivo de árbol.)

DIMINUTO, A adj. Muy pequeño.

DIMISIÓN n. f. Renuncia de algo que se posee u ostenta, especialmente los empleos y cargos.

DIMISIONARIO, A adj. y n. Que hace o ha hecho dimisión: *ministro dimisionario*.

DIMITIR v. tr. y intr. (lat. *dimittere*) [**3**]. Renunciar a un cargo.

DIMORFISMO n. m. Propiedad de los cuerpos dimorfos. • **Dimorfismo sexual** (BIOL.), conjunto de caracteres no indispensables para la reproducción y que permiten distinguir los dos sexos de una especie.

DIMORFO, A adj. (gr. *dimorphos*). Que puede revestir dos formas diferentes. **2.** MINER. Que puede cristalizar en dos sistemas diferentes.

din, símbolo de la *dina*.

DINA n. f. Unidad de medida de fuerza (símbolo: din), que equivale a 10^{-5} newton.

DINAMARCA, en danés **Danmark**, estado de Europa septentrional; 43 080 km²; 5 100 000 hab. (*Daneses*.) CAP. Copenhague. LENGUA OFICIAL: danés. MONEDA: *corona danesa*.

GEOGRAFÍA
Dinamarca, país llano cuyo punto más alto tiene 173 m, es un estado continental (península de Jutlandia) e insular (Sjaelland, Fionia, Lolland, etc.), de clima suave y bastante húmedo. La extensión de las llanuras ha favorecido el auge de los cultivos de cereales (cebada y trigo) y de plantas forrajeras. Éstas alimentan, parcialmente, una importante ganadería bovina y porcina, cuyos productos (leche, mantequilla, carne) constituyen una de las bases de las exportaciones. La pesca también está desarrollada. A pesar de la insuficiencia de los recursos minerales y energéticos (petróleo), Dinamarca se ha convertido en una potencia industrial gracias a la importancia de los sectores de transformación (construcciones mecánicas y navales, industrias químicas, textiles y alimentarias), localizados en las principales ciudades (Copenhague, Århus, Odense, Ålborg). El paro y la deuda exterior son considerables, pero el nivel de vida, distribuido de forma bastante equitativa, es elevado.

HISTORIA
La formación del reino. El país, habitado desde el neolítico, conoció en la edad del bronce una cultura muy elaborada. S. IX: daneses y noruegos componen los vikingos, que saquearon las costas de Europa occidental. S. X: la dinastía de Jutlandia unificó el país, que se cristianizó paulatinamente. S. XI: Svend I (c. 986-1014) se

DIN

apoderó de Inglaterra. Su hijo, Canuto I el Grande, reinó en Inglaterra, Dinamarca y parte de Escandinavia. 1042: Inglaterra se independiza de Dinamarca.

La edad media. S. XII: se implantó el régimen feudal, mientras se reforzaba la influencia de la Iglesia romana, multiplicando iglesias y monasterios. 1167: el obispo Absalón fundó Copenhague. 1157-1241: la *era de los Valdemar* marcó el apogeo de la civilización medieval de Dinamarca. S. XIII: este período fue seguido de un debilitamiento político y económico, al competir las ciudades hanseáticas con el comercio danés. S. XIV: la recuperación tuvo lugar con Valdemar IV (1340-1375) y sobre todo con su hija, Margarita Valdemarsdotter, que llevó a cabo la unión de los tres reinos escandinavos bajo la dominación danesa (Unión de Kalmar, 1397).

La época de la Reforma. El s. XVI se caracterizó por la hegemonía cultural alemana y el afianzamiento de una próspera burguesía comerciante en los puertos. 1523: la Unión de Kalmar se rompió definitivamente con la elección de Gustavo Vasa como rey de Suecia. 1536: el luteranismo fue declarado religión de estado. 1563-1570: la guerra entre daneses y suecos por la posesión de los estrechos (Sund) consagró la posición de Dinamarca como guardián del Báltico y el final de la dominación hanseática.

La lucha contra Suecia. 1625-1629: Dinamarca participó en la guerra de los Treinta años, que le supuso un fracaso. 1645: atacada y vencida por los suecos, hubo de renunciar a percibir de Suecia los peajes del Sund y de los dos Belt (paz de Brömsebro). 1658: la paz de Roskilde atribuyó Escania a Suecia. 1665: la monarquía danesa se hizo hereditaria. Se esforzó en vano por recuperar Escania. 1720: por el tratado de Frederiksborg obtuvo el S del Schleswig. S. XVIII: Dinamarca conoció un período de expansión económica y comercial. 1770-1772: Cristián VII cedió el poder a Struensee, quien gobernó como déspota ilustrado y realizó importantes reformas.

El s. XIX. 1801: Dinamarca se adhirió a la liga de los neutrales, pero la presión británica (bombardeos de Copenhague en 1801 y 1807) hizo que se decantara hacia el campo francés. 1814: por la paz de Kiel Dinamarca perdió Noruega, recibiendo como compensación Lauenburg. 1849: Federico VII promulgó una constitución democrática. 1864: como consecuencia de la guerra de los Ducados, Dinamarca tuvo que ceder Schleswig, Holstein y Lauenburg a Prusia y Austria. 1866: una enmienda constitucional creó dos cámaras, el *Landsting* y el *Folketing*.

El s. XX. 1901: la formación de una clase obrera muy sindicalizada contribuyó a la llegada al poder de una mayoría radical y socialista. 1918: Islandia se independizó, pero se mantuvo unida al reino a través de la persona del rey. 1920: un plebiscito restituyó el N de Schleswig a Dinamarca, que había permanecido neutral durante la primera guerra mundial. 1924-1940: el poder estuvo casi constantemente en manos de los socialdemócratas, quienes introdujeron importantes reformas sociales. 1940-1945: Dinamarca fue ocupada por los alemanes. El rey Cristián X permaneció en el poder alentando la resistencia. 1944: Islandia se separó totalmente de Dinamarca.

La posguerra. 1945-1970: el partido socialdemócrata, dirigido por J. O. Krag, dominó la escena política y devolvió al país su prosperidad. 1972: la reina Margarita II sucedió a su padre, Federico IX. 1973: Dinamarca entró en el Mercado común. 1982: los conservadores llegaron al poder con Poul Schlüter, que mantuvieron tras las elecciones de 1984, 1987, 1988 y 1990. 1992: los daneses se pronunciaron en referéndum contra la ratificación del tratado de Maastricht. 1993: tras la dimisión de P. Schüter, el líder del partido socialdemócrata, Poul Nyrup Rasmussen, formó gobierno. El tratado de Maastricht se ratificó en un segundo referéndum. La coalición liderada por Rasmussen se mantuvo tras las elecciones de 1994 y 1998.

DINAMARQUÉS, SA adj. y n. Danés.

DINÁMICA n. f. Parte de la mecánica que estudia las relaciones entre las fuerzas y los movimientos.

DINÁMICO, A adj. (gr. *dynamikos*, potente, fuerte). Relativo a la fuerza o a la dinámica. **2.** *Fig.* y *fam.* Dícese de la persona notable por su energía y actividad. **3.** B. ART. Dícese de un arte caracterizado por la fuerza y el movimiento.

DINAMISMO n. m. Cualidad de dinámico. **2.** Actividad, presteza, diligencia. **3.** FILOS. Doctrina según la cual los elementos materiales se reducen a combinaciones de fuerzas.

DINAMISTA adj. n. m. y f. Partidario del dinamismo.

DINAMITA n. f. Sustancia explosiva, inventada por Nobel, que está compuesta por nitroglicerina y un cuerpo absorbente que convierte al explosivo en estable.

DINAMITAR v. tr. [**1**]. Hacer saltar algo mediante dinamita: *dinamitar un puente.*

DINAMITERO, A adj. y n. Encargado de dinamitar.

DINAMIZAR v. tr. [**1g**]. Comunicar energía, dinamismo. **2.** En homeopatía, aumentar la homogeneidad y la acción terapéutica de un medicamento por dilución, trituración, etc.

DINAMO o **DÍNAMO** n. f. Máquina que transforma la energía mecánica en energía eléctrica, en forma de corriente continua. SIN.: *máquina dinamoeléctrica*.

DINAMÓMETRO n. m. Aparato que sirve para medir fuerzas.

DINAR n. m. (ár. *dīnār*). Unidad monetaria principal de Argelia, Bahrayn, Bosnia-Herzegovina, Croacia, Iraq, Jordania, Kuwait, Libia, Montenegro, Serbia y Tunicia. **2.** NUMISM. Moneda de oro acuñada en los países islámicos, que se difundió en la península Ibérica durante la edad media.

DINASTÍA n. f. (gr. *dynasteia*). Serie de príncipes soberanos de un determinado país pertenecientes a una familia. **2.** Familia en cuyos individuos se perpetúa el poder o la influencia política, económica, cultural, artística, etc.

DINÁSTICO, A adj. Relativo a la dinastía; partidario de una dinastía.

DINASTISMO n. m. Fidelidad y adhesión a una dinastía.

DINERAL n. m. Cantidad grande de dinero.

DINERARIO, A adj. Relativo al dinero como instrumento para facilitar los cambios.

DINERILLO n. m. Antigua moneda de vellón. **2.** *Fam.* Pequeña cantidad de dinero.

DINERO n. m. Moneda corriente. **2.** Caudal, fortuna. ♦ **Dinero al contado, contante** o **contante y sonante**, dinero pronto, efectivo, corriente: *cobrar en dinero contante y sonante.* ‖ **Dinero caliente** (ECON.), dinero sometido a una rápida circulación para beneficiarse de las variaciones de las tasas de interés. SIN.: *hot money.* ‖ **Dinero negro**, dinero de curso legal que circula al margen de los circuitos oficiales de cualquier tipo de registro o control por parte de la autoridad monetaria.

DINGO n. m. Carnívoro de aspecto parecido al de un lobo, que vive en Australia.

DINOSAURIO, A adj. n. m. Relativo a un grupo de reptiles de la época secundaria que comprende animales de todos los tamaños (desde algunos centímetros a 30 m de long.).

DINTEL n. m. Elemento horizontal de madera, de piedra o de hierro, que cierra la parte superior de una abertura y soporta la carga de la fábrica que queda encima del hueco o vano.

DIOCESANO, A adj. y n. Relativo a la diócesis. **2.** Fiel de la diócesis. ♦ adj. y n. **m. 3.** Dícese del obispo o arzobispo que tiene diócesis.

DIÓCESIS o **DIÓCESI** n. f. Territorio colocado bajo la jurisdicción de un obispo.

DIOCLECIANO (cerca de Salona [act. Split] 245-*id.* 313), emperador roman [284-305]. Proclamado emperador en 284, se asoció con Maximiano (286) y le confió occidente, reservándose oriente para sí. Diocleciano realizó una amplia reforma administrativa (agrupación de las provincias en *diócesis*), militar, judicial y monetaria. Persiguió a los cristianos a partir de 303. Abdicó en 305 y se retiró cerca de Salona.

DIODO n. m. ELECTR. Componente electrónico utilizado como rectificador de corriente (tubo de dos electrodos, unión de dos semiconductores).

DIÓGENES el Cínico, filósofo griego (Sínope c. 410-c. 323 a. J.C.). Despreciaba las riquezas y las convenciones sociales, que consideraba trabas contra la libertad.

DIONEA n. f. Planta de América del Norte, cuyas hojas aprisionan y digieren los insectos que se posan sobre ellas. (Familia droseráceas.)

DIONISÍACO, A o **DIONISIACO, A** adj. Relativo a Dioniso.

DIONISO, dios griego de la vegetación, y en particular de la vid y del vino, hijo de Zeus y de Sémele, también llamado *Bakkhos*, que los romanos convirtieron en *Baco*.

DIOPTRÍA n. f. Unidad de medida de convergencia de los sistemas ópticos (símbolo δ), que equivale a la convergencia de un sistema óptico cuya distancia focal es 1 m en un medio cuyo índice de refracción es 1.

DIÓPTRICA n. f. Parte de la física que se ocupa de la refracción de la luz.

DIOS n. m. (lat. *deus*). Entidad o ser sobrenatural, creador y dueño del universo y de los destinos humanos, generalmente objeto de culto religioso. (Las diversas religiones admiten varios dioses [politeísmo] o un solo Dios [monoteísmo]. En este último caso, se escribe con mayúscula.) ♦ **A la buena de Dios** (*Fam.*), al azar, sin preparación, de cualquier manera. ‖ **Dios mediante**, si Dios quiere: *llegaré, Dios mediante, el próximo jueves.* ♦ interj. **2.** Denota exaltación, asombro, dolor, extrañeza o susto. (Úsase también *¡Dios mío!*)

DIOSA n. f. Divinidad de sexo femenino. **2.** Mujer de porte muy noble y de estatuaria belleza.

DIOSTEDÉ n. m. Ave trepadora de América Meridional, de plumaje negro, con el pecho y las extremidades de las alas amarillas. (Familia ranfástidos.)

DIÓXIDO n. m. QUÍM. Óxido que contiene dos átomos de oxígeno.

DIPLOCOCO n. m. Bacteria cuyos elementos, esféricos, están agrupados de dos en dos (neumococos, meningococos, etc.).

DIPLODOCO n. m. Reptil dinosaurio, de 25 m de largo, que vivió en América en el cretácico, y cuyo cuello y cola eran muy alargados.

DIPLOMA n. m. Despacho, bula, etc., autorizado por un soberano con sello y armas. **2.** Título o credencial que expide una corporación, una facultad, una sociedad literaria, etc., para acreditar un grado académico, un premio, etc.

DIPLOMACIA n. f. Ciencia de las relaciones internacionales. **2.** Carrera diplomática: *entrar en la diplomacia.* **3.** *Fig.* y *fam.* Habilidad, cortesía aparente para tratar a las personas.

DIPLOMADO, A adj. y n. Dícese de la persona que ha obtenido una titulación académica al finalizar los estudios de una escuela universitaria o el primer ciclo de una facultad universitaria. **2.** Dícese de la persona que ha obtenido una titulación al finalizar los estudios en organismos y centros docentes estatales o privados que imparten enseñanzas no incluidas en los niveles educativos oficialmente establecidos.

DIPLOMAR v. tr. y pron. [1]. Dar o recibir un título académico o universitario.

DIPLOMÁTICA n. f. Ciencia que estudia las reglas formales que rigen la elaboración de los escritos que dan cuenta de actos jurídicos (cartas, títulos) o hechos jurídicos (correspondencia, relaciones, etcétera).

DIPLOMÁTICO, A adj. Relativo al diploma. **2.** Relativo a la diplomacia. **3.** *Fig.* Astuto, hábil, sagaz. ◆ adj. y n. **4.** Dícese de las personas que intervienen en negocios de estado internacionales.

DIPLOMATURA n. f. Grado de diplomado universitario. **2.** Estudios necesarios para obtenerlo.

DIPNEO, A adj. y n. Dícese de los animales dotados de respiración branquial y pulmonar.

DIPOLAR adj. FÍS. Que posee dos polos.

DIPOLO n. m. FÍS. Conjunto de dos polos magnéticos o eléctricos de signos opuestos infinitamente próximos.

DÍPTERO, A adj. (gr. *dipteros*). Que tiene dos alas. **2.** ARQ. Dícese de los edificios antiguos rectangulares, con peristilo y doble hilera de columnas a los lados. ◆ adj. y n. m. **3.** Relativo a un orden de insectos que posee un solo par de alas membranosas en el segundo anillo del tórax, un par de balancines (utilizados para mantener el equilibrio durante el vuelo) en el tercer anillo, y cuyas piezas bucales están dispuestas para la succión o para picar, como la mosca y el mosquito.

DÍPTICO n. m. (gr. *diptykhos*, doblado en dos). En la antigüedad, registro público formado por dos tabletas articuladas por una bisagra. **2.** Obra de arte compuesta por dos paneles, fijos o móviles.

DIPTONGACIÓN n. f. Proceso por el que una vocal se convierte en diptongo. **2.** Contracción de dos sílabas en un diptongo, por traslación del acento.

DIPTONGAR v. tr. y pron. [1b]. Pronunciar un diptongo. ◆ v. intr. y pron. **2.** En gramática histórica, alterarse el timbre de una vocal, de manera que se desdoble en un diptongo.

DIPTONGO n. m. Unión de dos vocales diferentes que se pronuncian en una sola sílaba.

DIPUTACIÓN n. f. Acción y efecto de diputar. **2.** Conjunto de diputados o reunión de personas nombradas como representación de un cuerpo. **3.** Ejercicio del cargo de diputado. **4.** Edificio o salón donde los diputados provinciales celebran sus sesiones. ∥ **Diputación foral**, entidad pública de cada uno de los territorios históricos forales de Álava, Guipúzcoa y Vizcaya, organismo gestor de los intereses económico-administrativos del territorio foral.

DIPUTADO, A n. Persona nombrada por los electores para componer una cámara o designada por una corporación para que la represente. • **Diputado del congreso**, miembro de una de las cámaras de las cortes que representan al pueblo español.

DIQUE n. m. (neerlandés *dijk*). Obstáculo artificial que sirve para contener las aguas, para elevar su nivel o desviar su curso. **2.** Cavidad revestida de fábrica en la orilla de una dársena, río, etc., con compuertas para llenarla o vaciarla, y donde se hacen entrar los buques para limpiarlos y carenarlos. **3.** *Fig.* Obstáculo, defensa opuesta al avance de un perjuicio. **4.** Filón de roca eruptiva inyectado en una fisura y que, puesta de relieve por la erosión diferencial, forma una muralla escarpada. • **Dique flotante**, estructura de hierro o acero a modo de dique, móvil y flotante, que permite carenar los navíos. ∥ **Dique seco**, **o de carena**, esclusa que puede vaciarse y en la que puede repararse un buque.

DIRAC (Paul Adrien Maurice), físico británico (Bristol 1902-Tallahassee, Florida, 1984). Uno de los creadores de la mecánica cuántica, introdujo un formalismo matemático que le permitió prever la existencia del electrón positivo, o positrón. (Premio Nobel de física 1933.)

DIRECCIÓN n. f. Acción y efecto de dirigir. **2.** Camino o rumbo que un cuerpo sigue en su movimiento. **3.** Sentido, modo de recorrer un camino o trayectoria. **4.** Consejo, enseñanza y preceptores con que se encamina a alguien. **5.** Persona o conjunto de personas encargadas de dirigir una sociedad, establecimiento, etc. **6.** Cargo de director. **7.** Despacho u oficina del director. **8.** Señas, indicación del lugar donde alguien habita. **9.** AUTOM. Mecanismo que, gobernado por el volante, permite orientar las ruedas directrices de un vehículo. **10.** INFORMÁT. Información constituida por un símbolo o un número, generalmente una cadena de caracteres, que identifica de manera biunívoca un emplazamiento en la memoria de un ordenador. **11.** INFORMÁT. Emplazamiento de memoria identificado por un símbolo o un número.

DIRECCIONAL adj. Que emite o recibe en una sola dirección: *antena direccional*.

DIRECCIONAMIENTO n. m. INFORMÁT. Acción de establecer el acceso a un elemento para leer o modificar el contenido de una célula de memoria o establecer una vía de transmisión de informaciones entre dos unidades de un ordenador.

DIRECCIONAR v. tr. [1]. INFORMÁT. Proporcionar la dirección de un elemento situado en la memoria del ordenador.

DIRECTA n. f. La mayor de las velocidades que permite el cambio de marchas de un vehículo automóvil.

DIRECTIVA n. f. Norma, regla, precepto. **2.** Mesa o junta de gobierno de una corporación, sociedad, etc.

DIRECTIVO, A adj. y n. m. Que tiene facultad y virtud de dirigir.

DIRECTO, A adj. Derecho, en línea recta. **2.** Que va de una parte a otra sin detenerse en los puntos intermedios. **3.** Inmediato, sin intermediarios. **4.** Que se encamina directamente a una mira u objeto. **5.** Que sólo incluye ascendientes y descendientes y no se refiere más que a ellos: *sucesión en línea directa*. • **Complemento directo** (GRAM.), elemento gramatical en que recae inmediatamente la acción del verbo. ◆ adj. y n. m. **6.** Dícese de un tren que, entre dos estaciones principales, no para en ninguna intermedia. ◆ n. m. **7.** En boxeo, golpe que se ejecuta extendiendo bruscamente el brazo hacia adelante. ∥ **En directo**, dícese de las emisiones de radiodifusión o televisión que se transmiten sin mediar registro ni película previa.

DIRECTOR, RA adj. y n. Que dirige. ◆ adj. **2.** MAT. Que dirige el movimiento de un punto o de una línea proporcionando más o menos completamente la dirección de este movimiento. ◆ n. **3.** Persona que dirige y está a la cabeza de una empresa, de un servicio, etc.: *director de una escuela, de una fábrica*. **4.** CIN. Responsable artístico de una película cinematográfica, que manda y coordina el equipo encargado de la elaboración de la misma.

DIRECTORIO, A adj. Que es a propósito para dirigir. ◆ n. m. **2.** Lo que sirve para dirigir en alguna ciencia o negocio. **3.** Instrucción para gobernarse en un negocio. **4.** Junta directiva de ciertas asociaciones, partidos, etc.

DIRECTRIZ n. f. ◆ adj. Orientación encaminada a un fin determinado. **2.** GEOMETR. Línea sobre la que se apoya constantemente otra (generatriz) para engendrar una superficie. **3.** GEOMETR. Recta que sirve, con el foco, para definir las cónicas.

DIRIGENCIA n. f. *Amér.* Conjunto de dirigentes políticos, gremiales, etc.

DIRIGENTE adj. y n. m. y f. Que dirige: *dirigente de una central sindical*.

DIRIGIBLE adj. Que puede ser dirigido. ◆ n. m. y adj. **2.** Aeróstato más ligero que el aire, que está equipado con hélices propulsoras y provisto de un sistema de dirección. SIN.: *globo dirigible*.

DIRIGIR v. tr. y pron. [3b]. Enderezar, llevar una cosa hacia un término o lugar señalado. **2.** Guiar, encaminar hacia un determinado lugar. ◆ v. tr. **3.** Escribir una carta u otra cosa la dirección o señas que indiquen a dónde o a quién se ha de enviar. **4.** Encaminar, enderezar, dedicar a determinado fin los pensamientos, intenciones, atenciones, etc.: *dirigir todos sus esfuerzos a un mismo fin*. **5.** Gobernar, regir, dar reglas para el manejo de una empresa, negocio, sociedad, etc. **6.** Aconsejar, guiar, hacer seguir a alguien una conducta. **7.** Aplicar a determinada persona un dicho o un hecho: *no dirigir la palabra a alguien*.

DIRIMENTE adj. DER. Dícese de la circunstancia que impide la celebración del matrimonio a aquel en quien concurra y que lo anula en el caso de que se hubiere celebrado sin dispensa.

DIRIMIR v. tr. [3]. Deshacer, disolver, anular: *dirimir el matrimonio*. **2.** Acabar o resolver una dificultad o controversia: *dirimir una contienda*.

DISCAPACIDAD n. f. Minusvalidez.

DISCAR v. tr. [1a]. *Argent.* y *Urug.* Marcar un número de teléfono.

DISCERNIMIENTO n. m. Acción y efecto de discernir.

DISCERNIR v. tr. [3e]. Distinguir una cosa de otra, señalando la diferencia que hay entre ellas. **2.** Conceder, otorgar. **3.** DER. Encargar a uno el juez, de oficio, la tutela de un menor u otro cargo.

DISCIPLINA n. f. Conjunto de reglas para mantener el orden y la subordinación entre los miembros de un cuerpo. **2.** Sujeción de las personas a estas reglas. **3.** Arte, facultad o ciencia. **4.** Especie de látigo, compuesto de cadenitas o cuerdecillas con nudos, que sirve de instrumento de penitencia. (Suele usarse en plural.)

DISCIPLINANTE adj. y n. m. y f. Que se disciplina.

DISCIPLINAR v. tr. [1]. Imponer, hacer guardar la disciplina a alguien: *disciplinar a los alumnos*. ◆ v. tr. y pron. **2.** Azotar con disciplinas por mortificación o por castigo.

DISCIPLINARIO, A adj. Relativo a la disciplina. **2.** Dícese del régimen que establece subordinación. **3.** Dícese de cualquiera de las penas que se imponen por vía de corrección.

DISCÍPULO, A n. Persona que recibe las enseñanzas de un maestro, o que cursa en una escuela. **2.** Persona que sigue la opinión de una escuela. ◆ n. m. **3.** REL. Cada uno de los doce apóstoles de Jesucristo; persona que le seguía y ayudaba y a la que confió misiones temporales.

DISCO n. m. (lat. *discus*). Especie de tejo que lanzan los atletas. **2.** Cualquier cuerpo cilíndrico cuya base es muy grande respecto de su altura. **3.** Placa circular para el registro y la reproducción de sonidos, de imágenes o de datos informáticos. **4.** Pieza giratoria del aparato telefónico para marcar el número. **5.** Cada una de las tres señalizaciones luminosas de que consta un semáforo. **6.** *Fig.* y *fam.* Tema de conversación que se repite con impertinencia y monotonía. **7.** ASTRON. Superficie aparente de un astro o de un sistema solar. **8.** F... Placa móvil que, por

DIS

su colocación o por su color, indica si una vía está libre o no. **9.** INFORMÁT. Soporte circular recubierto de una superficie magnetizable que permite grabar informaciones en forma binaria sobre pistas concéntricas en forma de una memoria de discos. • **Disco compacto** (ELECTRÓN.), disco que utiliza la técnica de grabación digital del sonido. ‖ **Disco compacto interactivo** (ELECTRÓN.), sistema constituido por un microprocesador y un lector de discos compactos, que se conecta a un televisor, para la exploración interactiva de informaciones (sonido, imagen, texto) contenidas en los discos compactos. ‖ **Disco compacto vídeo** (ELECTRÓN.), disco compacto en el que están registrados programas audiovisuales reproducibles a través del televisor. ‖ **Discos intervertebrales** (ANAT.), cartílagos elásticos que separan dos vértebras superpuestas. ‖ **Disco óptico** (INFORMÁT.), disco en el que la grabación y la lectura se hacen por procedimiento óptico.

DISCOGRAFÍA n. f. Conjunto de discos de un tema determinado, un autor, etc.
DISCOGRÁFICO, A adj. Relativo al disco o a la discografía.
DISCOIDAL o **DISCOIDEO, A** adj. En forma de disco.
DÍSCOLO, A adj. y n. Desobediente, indócil, rebelde: *un joven díscolo.*
DISCOMICETE o **DISCAL** adj. y n. m. BOT. Relativo a un orden de hongos ascomicetes cuyo peritecio, en forma de copa, lleva los ascos en la superficie superior.
DISCONFORME adj. No conforme. **2.** Falto de acuerdo o correspondencia.
DISCONFORMIDAD n. f. Cualidad de disconforme; desacuerdo.
DISCONTINUIDAD n. f. Calidad de discontinuo.
DISCONTINUO, A adj. Interrumpido, intermitente, no continuo: *línea discontinua.* **2.** FILOS. Que está constituido de elementos originalmente exteriores unos a otros.
DISCORDANCIA n. f. Contrariedad, desacuerdo, disconformidad.
DISCORDANTE adj. Que presenta discordancia.
DISCORDAR v. intr. [**1r**]. Discrepar, desentonar, diferenciarse entre sí dos o más cosas. **2.** Disentir, estar en desacuerdo con otro. **3.** MÚS. No estar acordes las voces o los instrumentos.
DISCORDE adj. Que discuerda. SIN.: *discordante.* **2.** MÚS. Disonante.
DISCORDIA n. f. Desavenencia, diversidad, oposición de pareceres u opiniones.
DISCOTECA n. f. Colección ordenada de discos. **2.** Local o mueble en que se guarda dicha colección. **3.** Local donde se baila y escucha música de discos.
DISCRECIÓN n. f. Sensatez, prudencia y tacto para juzgar u obrar. **2.** Don de expresarse con agudeza, ingenio y oportunidad. • **A discreción**, al arbitrio, antojo o voluntad.
DISCRECIONAL adj. No sometido a reglas.
DISCREPANCIA n. f. Diferencia, desigualdad. **2.** Disentimiento personal en opiniones o conducta.
DISCREPAR v. intr. [**1**]. Desdecir, diferenciarse una cosa de otra. **2.** Disentir una persona del parecer o de la conducta de otra.
DISCRETO, A adj. y n. Dotado de discreción. ♦ adj, **2.** Que incluye o denota discreción.
DISCRIMINACIÓN n. f. Acción y efecto de discriminar.
DISCRIMINANTE adj. Que discrimina. ♦ n. m. **2.** Expresión formada con los coeficientes de una ecuación de segundo grado y que sirve para determinar la existencia y la naturaleza de las raíces reales.
DISCRIMINAR v. tr. [**1**]. Separar, distinguir, diferenciar una cosa de otra. **2.** Dar trato de inferioridad a una persona o a una colectividad, generalmente por motivos raciales, religiosos, políticos o económicos.
DISCULPA n. f. Razón que se da o se encuentra para quitarle a una acción el aspecto culpable o para demostrar que alguien no es culpable o responsable de algo. **2.** Razón por que alguien da a otra persona para demostrar que no quería ofenderla o para pedirle perdón por una ofensa.
DISCULPAR v. tr. y pron. [**1**]. Pedir, dar disculpas o encontrarlas en algo.
DISCURRIR v. intr. [**3**]. Andar o pasar continuamente por un sitio: *el río discurre entre montañas.* **2.** Correr, transcurrir el tiempo. **3.** Pensar, razonar, reflexionar sobre una cosa o tratar de ella con cierto método: *discurrir sobre un problema.* ♦ v. tr. **4.** Idear, inventar.
DISCURSEAR v. intr. [**1**]. *Fam. e irón.* Pronunciar discursos con frecuencia.
DISCURSIVO, A adj. Dado a discurrir, reflexivo, meditabundo. **2.** Relativo al discurso y raciocinio. **3.** LÓG. Que procede por etapas, de una proposición a otra por razonamiento.
DISCURSO n. m. (lat. *discursum*, correr de una parte a otra). Operación intelectual por la que se infieren unas cosas de otras por deducción o inducción. **2.** Acto o facultad de discurrir, razonar o reflexionar. **3.** Exposición sobre un tema determinado, realizada en público por un orador, con intención laudatoria o persuasiva. **4.** Escrito de poca extensión sobre una materia para enseñar o persuadir. **5.** Transcurso, espacio, duración de tiempo. **6.** LING. Unidad lingüística superior a la frase u oración. **7.** LÓG. Lenguaje lógico que sirve para desarrollar el pensamiento.
DISCUSIÓN n. f. Acción y efecto de discutir.
DISCUTIBLE adj. Que se puede o debe discutir.
DISCUTIR v. tr. [**3**]. Examinar y tratar una cuestión, presentando consideraciones favorables y contrarias. ♦ v. tr. e intr. **2.** Contender y alegar razones contra el parecer de otro. ♦ v. intr. **3.** Disputar, sostener opiniones opuestas.
DISECAR v. tr. [**1a**]. Dividir en partes o abrir un organismo para su estudio o examen. **2.** Preparar los animales muertos para conservarlos con la apariencia de vivos. **3.** Preparar una planta, secándola para su conservación.
DISECCIÓN o **DISECACIÓN** n. f. Acción y efecto de disecar.
DISEMINACIÓN n. f. Acción y efecto de diseminar.
DISEMINAR v. tr. y pron. [**1**]. Sembrar, desparramar, esparcir.
DISENSIÓN n. f. Disentimiento. **2.** *Fig.* Contienda, riña, disputa.
DISENSO n. m. Disentimiento. **2.** DER. Negativa. • **Mutuo disenso** (DER.), conformidad de las partes en disolver o dejar sin efecto el contrato u obligación existente entre ellos.
DISENTERÍA n. f. (gr. *dysenteria*). Enfermedad infecciosa o parasitaria, que provoca una diarrea dolorosa y sangrante.
DISENTÉRICO, A adj. Relativo a la disentería.
DISENTIMIENTO n. m. Acción y efecto de disentir.
DISENTIR v. intr. [**22**]. No ajustarse al sentir o parecer de otro u opinar de modo distinto.
DISEÑADOR, RA n. Persona que diseña, especialmente la que lo hace por profesión: *diseñador de modas.* **2.** Especialista en diseños.
DISEÑAR v. tr. [**1**]. Hacer un diseño. **2.** Idear, determinar la forma concreta de algo.
DISEÑO n. m. Delineación de una figura. **2.** Descripción o bosquejo de alguna cosa hecho con palabras. • **Diseño asistido por ordenador,** conjunto de técnicas informáticas de ayuda a la concepción y gestión de proyectos de diseño de nuevos productos. ‖ **Diseño gráfico,** grafismo. ‖ **Diseño industrial,** dibujo técnico.
DISERTACIÓN n. f. Acción y efecto de disertar. **2.** Escrito o discurso en que se diserta.
DISERTAR v. intr. [**1**]. Discurrir, razonar detenida y metódicamente sobre alguna materia, particularmente hablando en público.
DISFRAZ n. m. Artificio que se usa para ocultar o disimular una cosa con el fin de que no sea conocida. **2.** Traje de máscara. **3.** *Fig.* Simulación para dar a entender algo distinto de lo que se siente.
DISFRAZAR v. tr. y pron. [**1**]. Cambiar, disimular la forma natural o el aspecto de una persona o cosa, para que no sea conocida: *disfrazar la realidad.* **2.** Vestir traje de máscara. ♦ v. tr. **3.** *Fig.* Fingir, desfigurar con palabras y expresiones lo que se siente.
DISFRUTAR v. tr. [**1**]. Percibir o beneficiarse de los productos y utilidades de una cosa. ♦ v. tr. e intr. **2.** Gozar de salud, comodidad o bienestar. **3.** Aprovecharse del favor, protección o amistad de alguien. ♦ v. intr. **4.** Gozar, sentir placer.
DISFRUTE n. m. Acción y efecto de disfrutar.
DISFUERZO n. m. *Perú.* Melindre, remilgo.
DISFUNCIÓN n. f. Funcionamiento irregular, anormal, exagerado o disminuido de un órgano, de un mecanismo, etc.
DISGREGACIÓN n. f. Acción y efecto de disgregar.
DISGREGADOR, RA adj. y n. Que disgrega.
DISGREGAR v. tr. y pron. [**1**]. Apartar, separar, desunir las partes integrantes de una cosa.
DISGUSTAR v. tr. y pron. [**1**]. Causar disgusto. ♦ **disgustarse** v. pron. **2.** Pelearse o enemistarse una persona con otra.
DISGUSTO n. m. Sentimiento, pesadumbre e inquietud causados por una desgracia o contrariedad. **2.** Contienda, discusión, pelea. **3.** Fastidio, tedio. • **A disgusto**, contra la voluntad y gusto de alguien.
DISIDENCIA n. f. Desacuerdo. **2.** Cualidad de disidente.
DISIDENTE adj. y n. m. y f. Que se separa de una doctrina, creencia o partido.
DISIDIR v. intr. [**3**]. Ser disidente.
DISÍMBOLO, A adj. *Méx.* Disímil, disconforme, diferente.
DISÍMIL adj. Distinto, diferente.
DISIMILACIÓN n. f. FONÉT. Tendencia de dos fonemas idénticos y cercanos a diferenciarse.
DISIMILITUD n. f. Diferencia.
DISIMULACIÓN n. f. Disimulo.
DISIMULAR v. tr. [**1**]. Ocultar, encubrir una cosa para que no se vea o no se note: *disimular un defecto de la madera.* **2.** Ocultar, encubrir algo que uno siente o padece. **3.** Fingir, simular el conocimiento una cosa. **4.** Disfrazar, desfigurar una cosa representándola distinta de la que es. **5.** Ocultar una cosa mezclándola con otra para que no se conozca. **6.** Disculpar, tolerar una cosa afectando ignorarla o no dándole importancia.
DISIMULO n. m. Acción y efecto de disimular.
DISIPACIÓN n. f. Acción y efecto de disipar. **2.** Cualidad y actitud de disipado.
DISIPADO, A adj. v. n. Entregado con exceso a los placeres y diversiones.
DISIPADOR, RA adj. y n. Que despilfarra y malgasta los bienes o el dinero.
DISIPAR v. tr. y pron. [**1**]. Desvanecer, disolver, evaporar una cosa por la disgregación y dispersión de sus partes. **2.** Hacer desaparecer: *disipar todas las dudas.* ♦ v. tr. **3.** Despilfarrar, malgastar.
DISJUNTO, A adj. MAT. Dícese de dos conjuntos que no tienen ningún elemento común.
DISKETTE n. m. INFORMÁT. Disquete.
DISLATE n. m. Disparate, absurdo.
DISLEXIA n. f. Dificultad específica en el aprendizaje de la lectura en un niño que

no presenta ningún otro déficit intelectual o sensorial.
DISLÉXICO, A adj. y n. Relativo a la dislexia. **2.** Afecto de dislexia.
DISLOCACIÓN n. f. Acción y efecto de dislocar. **2.** Separación de las partes de un todo; dispersión.
DISLOCAR v. tr. y pron. [**1a**]. Desencajar una cosa, especialmente un hueso o miembro del cuerpo: *dislocarse el codo*. **2.** *Fig.* Alterar.
DISLOQUE n. m. *Fam.* El colmo, el grado sumo.
DISMENORREA n. f. Denominación genérica de los trastornos de flujo menstrual, especialmente de los dolorosos.
DISMINUCIÓN n. f. Acción y efecto de disminuir.
DISMINUIDO, A adj. y n. Minusválido.
DISMINUIR v. tr., intr. y pron. [**29**]. Hacer menor la extensión, intensidad o número de una cosa: *disminuir la altura*.
DISNEA n. f. Dificultad en la respiración, con origen en el aparato respiratorio, en el aparato circulatorio o en la composición de la sangre.
DISNEY (Walter Elias **Disney**, llamado **Walt**), dibujante, director de cine y productor norteamericano (Chicago 1901-Burbank, California, 1966). Pionero del dibujo animado, logró fama mundial con *Mickey* (1928), *Blancanieves y los siete enanitos* (1937), *Fantasía* (1940), *Bambi* (1942), *Alicia en el país de las maravillas* (1951), etc., y fundó un verdadero imperio comercial (creación de los parques de atracciones de Disneyland en California y de Disneyworld en Florida).
DISOCIABILIDAD n. f. Cualidad de disociable.
DISOCIABLE adj. Que puede disociarse.
DISOCIACIÓN n. f. Acción y efecto de disociar.
DISOCIAR v. tr. y pron. [**1**]. Separar una cosa de otra a la que está unida. **2.** Separar los distintos componentes de una sustancia.
DISOLUBILIDAD n. f. Calidad de disoluble.
DISOLUBLE adj. Soluble, que puede disolverse. **2.** DER. Que se puede romper, disolver, anular.
DISOLUCIÓN n. f. Acción y efecto de disolver. **2.** *Fig.* Relajación en la vida y costumbres. **3.** *Fig.* Ruptura de los lazos o vínculos existentes entre dos o más personas. **4.** DER. Ruptura de un contrato de asociación o de sociedad por las partes, el poder administrativo o el juez. **5.** DER. Procedimiento mediante el cual el poder ejecutivo pone fin a los poderes de una asamblea antes del plazo legal. **6.** FÍS. Absorción de un gas o de un sólido por un líquido que forma con él una solución.
DISOLUTIVO, A adj. Que tiene virtud de disolver.
DISOLUTO, A adj. y n. Entregado a la disolución, relajación de costumbres.
DISOLVENTE adj. y n. m. Que tiene la propiedad de disolver. ◆ *Fig.* Que causa una corrupción moral. ◆ n. m. **2.** Líquido volátil incorporado a las pinturas y barnices para obtener las características requeridas para su aplicación.
DISOLVER v. tr. y pron. [**2n**]. Disgregar una sustancia en un líquido: *disolver el azúcar en la leche*. **2.** Separar, desunir lo que está unido, deshacer un grupo de personas. ◆ v. tr. **3.** FÍS. y QUÍM. Hacer pasar al estado de disolución un cuerpo por la acción de otro cuerpo, generalmente líquido.
DISONANCIA n. f. Sonido desagradable. **2.** *Fig.* Falta de la conformidad o proporción que naturalmente deben tener algunas cosas. **3.** MÚS. No concordancia en la audición de dos o más sonidos sucesivos o, sobre todo, simultáneos.
DISONANTE adj. Que revela desequilibrio sonoro. SIN.: *discordante*.
DISONAR v. intr. [**1r**]. Sonar desapaciblemente, faltar a la consonancia y armonía. **2.** *Fig.* Discrepar, carecer de conformidad. **3.** *Fig.* Parecer mal y extraña una cosa.
DISPAR adj. Desigual, diferente: *fuerzas dispares*.
DISPARADA n. f. *Argent., Méx., Nicar.* y *Urug.* Acción de echar a correr de repente o de partir con precipitación, fuga. • **A la disparada** (*Argent., Chile, Par., Perú* y *Urug. Fig.*), precipitada y atolondradamente. ‖ **De una disparada** (*Argent. Fam.*), con gran prontitud, al momento. ‖ **Pegar una disparada** (*Argent. Fig.*), dirigirse rápidamente hacia un lugar.
DISPARADOR n. m. Pieza del mecanismo de un arma de fuego portátil que al ser accionada provoca el movimiento de la palanca de disparo. **2.** FOT. Mecanismo que libera el obturador de la cámara.
DISPARAR v. tr. y pron. [**1**]. Lanzar un proyectil con un arma. **2.** Accionar el disparador de una cámara fotográfica. ◆ v. tr. **3.** Lanzar con violencia una cosa. **4.** *Méx. Fam.* Invitar. ◆ **dispararse** v. pron. **5.** Ponerse bruscamente en movimiento, o aumentar precipitadamente la fuga. **6.** Hablar u obrar con extraordinaria violencia o volubilidad y, por lo común, sin razón.
DISPARATAR v. intr. [**1**]. Decir o hacer disparates.
DISPARATE n. m. Dicho o hecho contrario a la razón, a la normalidad o a determinadas reglas establecidas. **2.** *Fam.* Atrocidad, exceso.
DISPAREJO, A adj. Dispar.
DISPARIDAD n. f. Desigualdad, diferencia de una cosa respecto de otra: *disparidad de criterios*.
DISPARO n. m. Acción y efecto de disparar o dispararse. **2.** DEP. En algunos deportes de pelota, y especialmente en el fútbol, tiro potente que impulsa el balón con gran fuerza, generalmente hacia la portería.
DISPENDIO n. m. Gasto excesivo, por lo general innecesario.
DISPENDIOSO, A adj. Caro, costoso.
DISPENSA n. f. Privilegio, excepción graciosa de lo ordenado por las normas generales. **2.** Instrumento o escrito que lo contiene.
DISPENSABLE adj. Que se puede dispensar.
DISPENSAR v. tr. [**1**]. Dar, conceder, otorgar, distribuir: *dispensar elogios*. **2.** Perdonar una falta leve o lo que se considera como tal. ◆ v. tr. **3.** Eximir a alguno de una obligación o de lo que se considera como tal: *dispensen su falta de asistencia al acto*.
DISPENSARIO n. m. Local en que se realiza la visita médica sin que los pacientes puedan residir en él. SIN.: *ambulatorio*.
DISPEPSIA n. f. (gr. *dyspepsia*). Digestión difícil.
DISPÉPTICO, A adj. y n. Relativo a la dispepsia; afecto de dispepsia.
DISPERSAR v. tr. y pron. [**1**]. Separar, diseminar lo que está o debe estar reunido: *dispersarse un pueblo; dispersar la atención*.
DISPERSIÓN n. f. Acción y efecto de dispersar. **2.** Fenómeno balístico consistente en que al disparar varias veces con una misma arma en idénticas condiciones los impactos no coinciden. **3.** ESTADÍST. Expresión de alejamiento, más o menos grande, de los términos de una serie, los unos respecto a los otros o respecto a un valor central tomado como media. **4.** FÍS. Descomposición de una radiación compleja en diferentes radiaciones.
DISPERSIVO, A adj. Que tiene facultad de dispersar.
DISPERSO, A adj. y n. Que está dispersado.
DISPERSOR, RA adj. Que dispersa.
DISPLAY n. m. (voz inglesa). Soporte publicitario, generalmente de cartón, para vitrinas y escaparates. **2.** INFORMÁT. Terminal de salida de información de un ordenador, capaz de editar los resultados en algún medio físico.
DISPLICENCIA n. f. Desagrado o indiferencia en el trato. **2.** Desaliento o vacilación en la ejecución de alguna cosa.
DISPLICENTE adj. Que desagrada o disgusta: *trato displicente*. ◆ adj. y n. m. y f. **2.** Falto de interés, entusiasmo o afecto.
DISPONER v. tr. y pron. [**5**]. Colocar, poner en orden de manera conveniente: *disponer la mesa*. **2.** Preparar, prevenir. ◆ v. tr. **3.** Deliberar, mandar lo que se ha de hacer: *el general dispuso el plan de ataque*. ◆ v. intr. **4.** Con la prep. *de*, tener, valerse de una persona o cosa: *puede disponer de mí*. ◆ **disponerse** v. pron. **5.** Prepararse para hacer alguna cosa, tener la intención de hacerla: *disponerse a salir*.
DISPONIBILIDAD n. f. Calidad de disponible. **2.** Cantidad disponible. **3.** Situación del funcionario que temporalmente se encuentra sin destino.
DISPONIBLE adj. Dícese de todo aquello de que se puede disponer o utilizar libremente: *espacio disponible*. **2.** Dícese de la situación del militar o funcionario en servicio activo sin destino, pero que puede ser destinado inmediatamente.
DISPOSICIÓN n. f. Acción y efecto de disponer o disponerse. **2.** Aptitud, capacidad, soltura. **3.** Estado de ánimo para hacer algo: *estar en buena disposición*. **4.** Deliberación, orden, mandato de una autoridad. **5.** Cualquiera de los medios que se emplean para ejecutar un propósito, o para atenuar o evitar un mal. **6.** DER. Cada uno de los puntos regulados por una ley o una decisión judicial. • **A, o a la, disposición** de alguien, fórmula de cortesía con que alguien se ofrece a otro. ‖ **Estar, o hallarse, en disposición** una persona o cosa (*Fam.*), hallarse en condiciones para algún fin.
DISPOSITIVO, A adj. Que dispone. ◆ n. m. **2.** Conjunto de piezas que constituyen un aparato, una máquina; el mismo aparato: *un dispositivo de alarma*. **3.** MIL. Despliegue de los medios de una formación terrestre, naval o aérea adoptados para la ejecución de una misión.
DISPUESTO, A adj. Apto, capaz, preparado o a punto para llevar a cabo cierta cosa. • **Bien, o mal, dispuesto,** con ánimo favorable o adverso.
DISPUTA n. f. Acción y efecto de disputar.
DISPUTABLE adj. Que se puede disputar o es problemático.
DISPUTAR v. tr. [**1**]. Debatir, discutir. ◆ v. tr. e intr. **2.** Altercar, porfiar: *dos borrachos disputaban en la calle*. ◆ v. tr. y pron. **3.** Contender con otro para alcanzar o defender alguna cosa: *se disputan el primer puesto*.
DISQUETE o **DISKETTE** n. m. INFORMÁT. Soporte magnético de información, de pequeña capacidad, parecido a un disco de pequeño formato, empleado en microinformática y en burótica.
DISQUISICIÓN n. f. Examen o exposición rigurosa y detallada de alguna cosa, considerando cada una de sus partes.
DISTANCIA n. f. Espacio o intervalo de lugar o de tiempo que media entre dos cosas o sucesos. **2.** *Fig.* Diferencia notable entre unas cosas y otras. **3.** Alejamiento, falta de afecto entre personas. **4.** Longitud del segmento entre dos puntos, o longitud mínima de los caminos posibles de un punto a otro. **5.** MAT. Para dos números x e y del cuerpo de números reales, valor absoluto de la diferencia $x - y$. • **Guardar las distancias** (*Fig.*), no permitir familiaridad en el trato.
DISTANCIACIÓN n. f. Acción y efecto de distanciar. **2.** Enfriamiento de la relación amistosa y disminución de la frecuencia en el trato entre dos personas.
DISTANCIAMIENTO n. m. Distanciación.

DIS

DISTANCIAR v. tr. y pron. |1|. Apartar, alejar, poner a distancia.

DISTANTE adj. Que dista. **2.** Apartado, lejano, remoto. **3.** *Fig.* Que no admite familiaridades en su trato: *mantenerse en una actitud distante.*

DISTAR v. intr. |1|. Estar apartada una cosa de otra cierto espacio de lugar o de tiempo. **2.** *Fig.* Diferenciarse notablemente una cosa de otra.

DISTENDER v. tr. |2d|. Aflojar lo que está tenso o tirante. ♦ v. tr. y pron. **2.** MED. Causar una tensión violenta en los tejidos, membranas, etc.

DISTENSIÓN n. f. Acción y efecto de distender.

DÍSTICO n. m. (gr. *distikhos*). Entre los griegos y latinos, composición poética formada por un hexámetro y un pentámetro. **2.** En la poesía castellana, composición que consta de dos versos con los cuales se expresa un concepto completo.

DISTINCIÓN n. f. Acción y efecto de distinguir o distinguirse. **2.** Diferencia en virtud de la cual una cosa no es otra o no es semejante a otra. **3.** Prerrogativa, excepción u honor concedido a alguien, en cuya virtud se distingue de otras personas: *recibir muchas distinciones.* **4.** Elegancia, buenas maneras, refinamiento: *dar un toque de distinción.* **5.** Miramiento y consideración hacia una persona.

DISTINGO n. m. Distinción lógica en una proposición de dos sentidos, uno de los cuales se concede y otro se niega. **2.** Reparo, limitación que se pone a algo con cierta sutileza, minuciosidad o malicia.

DISTINGUIBLE adj. Que se puede distinguir.

DISTINGUIDO, A adj. Que presenta u ofrece distinción, elegancia: *modales distinguidos.*

DISTINGUIR v. tr. (lat. *distinguere*) |3p|. Conocer a una persona o cosa por aquello que la diferencia de otra. **2.** Manifestar, declarar la diferencia que hay entre una cosa y otra con la cual se puede confundir. **3.** Divisar, reconocer un objeto a pesar de la dificultad que pueda haber para verlo. **4.** Preferir, mostrar particular estimación por alguien: *le distingue con su amistad.* **5.** Caracterizar: *la razón distingue al hombre.* **6.** Otorgar a alguien una dignidad o privilegio. **7.** LÓG. Especificar de una manera precisa los diversos sentidos de una proposición o las diversas acepciones de una palabra. ♦ v. tr. y pron. **8.** Hacer que una cosa se diferencie de otra por medio de alguna particularidad, señal, divisa, etc. ♦ **distinguirse** v. pron. **9.** Descollar, sobresalir entre otros.

DISTINTIVO, A adj. Que tiene facultad de distinguir. ♦ adj. y n. m. **2.** Que caracteriza esencialmente una cosa. ♦ n. m. **3.** Insignia, señal, marca.

DISTINTO, A adj. Que no es lo mismo, igual o que es otro. **2.** Inteligible, claro, sin confusión. ♦ **distintos** adj. pl. **3.** Diversos, varios: *problema con distintas soluciones.*

DISTORSIÓN n. f. Torsión de una parte del cuerpo. **2.** Acción y efecto de distorsionar, torcer, deformar. **3.** *Fig.* Desequilibrio, falta de armonía en una evolución. **4.** Aberración geométrica de un instrumento óptico, que deforma las imágenes. **5.** ACÚST. Deformación parasitaria de una señal (distorsión de amplitud, de frecuencia, de fase).

DISTORSIONAR v. tr. |1|. Producir una distorsión: *distorsionar el sonido.* **2.** *Fig.* Torcer, deformar.

DISTRACCIÓN n. f. Acción y efecto de distraer. **2.** Cosa que atrae la atención, especialmente la que divierte o entretiene.

DISTRAER v. tr. y pron. |10|. Apartar, desviar. **2.** Divertir, entretener, recrear: *distraerse con crucigramas.* **3.** Apartar la atención de una persona de aquello a que la aplicaba o debía aplicarla. ♦ v. tr. **4.** Malversar, sustraer fondos o dinero.

DISTRAÍDO, A adj. y n. Dícese de la persona que, por distraerse con facilidad, habla u obra sin darse cuenta cabal de sus palabras o de lo que pasa a su alrededor. ♦ adj. **2.** *Chile* y *Méx.* Mal vestido, desaseado.

DISTRIBUCIÓN n. f. Acción y efecto de distribuir. **2.** Ordenación y reparto de las distintas piezas que componen el interior de una vivienda. **3.** CIN. Fase de la explotación de películas, intermedia entre la producción y la exhibición. **4.** ECON. Conjunto de operaciones a través de las cuales los productos y los servicios llegan a los diversos consumidores dentro del marco nacional. **5.** Parte de la ciencia económica que estudia los mecanismos de formación de ingresos.

DISTRIBUCIONAL adj. LING. Relativo a la distribución de los elementos de un enunciado. • **Lingüística distribucional**, teoría lingüística basada en la distribución de los elementos lingüísticos.

DISTRIBUIDOR, RA adj. y n. Que distribuye. **2.** Dícese de la persona o entidad que efectúa la comercialización de uno o varios productos, generalmente con carácter de exclusiva. ♦ n. m. **3.** Pieza de paso de una casa donde convergen varias habitaciones. **4.** AUTOM. Mecanismo del encendido que distribuye la corriente secundaria a las bujías. **5.** TECNOL. Canalización que sirve para repartir o expedir un producto en varias direcciones. • **Distribuidor automático**, aparato que, mediante la introducción de monedas, suministra objetos de pequeño tamaño o líquidos.

DISTRIBUIDORA n. f. CIN. Empresa dedicada a la comercialización de las películas cinematográficas.

DISTRIBUIR v. tr. |29|. Repartir una cosa entre varias personas designando lo que corresponde a cada una: *distribuir equitativamente el trabajo.* **2.** Comercializar un producto. ♦ v. tr. y pron. **3.** Repartir, dividir una cosa en partes, designando a cada una de ellas su destino o colocación.

DISTRIBUTIVO, A adj. Que toca o atañe a la distribución. **2.** LÓG. Que se aplica a cada una de las partes de un todo. **3.** MAT. Dícese de la operación que, efectuada sobre una suma de términos, da el mismo resultado que se obtiene sumando los resultados obtenidos efectuando esta operación sobre cada término de la suma. • **Justicia distributiva**, la que da a cada uno lo que le corresponde. ♦ adj. y n. f. **4. Conjunción distributiva**, cada una de las partículas utilizadas para introducir oraciones distributivas. || **Oraciones coordinadas distributivas**, aquellas en que se enumeran y contraponen sujetos, predicados, tiempos, lugares, etc., enlazándose no por conjunciones, sino por simple yuxtaposición.

DISTRITO n. m. Subdivisión territorial, de extensión variable según los estados en que ha sido adoptada. **2.** Área administrativa utilizada en distintos países latinoamericanos con significación diferente. • **Distrito Federal**, nombre dado, en las repúblicas federales de América y en Australia, al territorio que constituye la capital general de la federación, sin pertenecer a ningún estado en particular.

DISTRITO FEDERAL, entidad administrativa de México, en la cordillera Neovolcánica; 1499 km²; 8 235 744 hab. Cap. *Ciudad de México.* Está dividido en 16 delegaciones.

DISTRITO FEDERAL, entidad administrativa del centro-norte de Venezuela; 1930 km²; 2 265 768 hab. Cap. *Caracas.*

DISTRITO NACIONAL, entidad administrativa de la República Dominicana, en torno a la capital del país; 1477 km²; 2 390 500 hab. Cap. *Santo Domingo.*

DISTROFIA n. f. Lesión orgánica debida a un trastorno de la nutrición.

DISTURBIO n. m. Perturbación, alteración de la tranquilidad y orden público.

DISUADIR v. tr. |3|. Convencer, inducir a alguien con razones a cambiar de opinión o desistir de su propósito.

DISUASIÓN n. f. Acción y efecto de disuadir. **2.** MIL. Acción llevada a cabo por un país para desalentar a un eventual adversario de emprender contra él un acto de agresión, probándole que lo que pretende conseguir con dicho acto es inferior a los daños que el país amenazado está determinado a infligirle.

DISUASIVO, A o **DISUASORIO, A** adj. Que disuade o puede disuadir.

DISYUNCIÓN n. f. Acción y efecto de desunir.

DISYUNTIVA n. f. Alternativa entre dos posibilidades por una de las cuales hay que optar.

DISYUNTIVO, A adj. Que desune, separa o expresa incompatibilidad. ♦ adj. y n. f. **2. Conjunción disyuntiva**, cada una de las partículas utilizadas para introducir oraciones disyuntivas. || **Oración coordinada disyuntiva**, la que expresa una disyunción, es decir, que una de las oraciones excluye a las demás.

DISYUNTOR n. m. ELECTR. Interruptor automático de corriente, que funciona cuando hay una variación anormal de la intensidad o la tensión.

DITA n. f. *Amér. Central* y *Chile.* Deuda.

DITA n. f. *P. Rico.* Vasija hecha con la segunda corteza del coco.

DITIRÁMBICO, A adj. Relativo al ditirambo.

DITIRAMBO n. m. En la antigüedad, canto litúrgico en honor de Dioniso. **2.** Poema lírico, escrito en tono entusiasta. **3.** *Fig.* Alabanza entusiasta y generalmente exagerada.

DITISCO n. m. Insecto coleóptero carnívoro, de hasta 5 cm de long., cuerpo ovalado y patas posteriores nadadoras, que vive en las aguas dulces.

DIUCA n. f. Ave de Argentina y Chile, cuyo macho es de color gris plomizo, con el vientre y la garganta blancos y el abdomen castañorrojizo, y la hembra es de tonos pardéscos. (Familia fringílidos.)

DIURESIS n. f. Secreción de orina.

DIURÉTICO, A adj. y n. m. Que hace orinar.

DIURNO, A adj. Relativo al día, en oposición a nocturno. **2.** Dícese de los animales que desarrollan su actividad durante el día y de las flores que sólo se abren durante el día. ♦ n. m. **3.** REL. Libro de rezo eclesiástico, que contiene el oficio divino desde laudes hasta completas. SIN.: *diurnal.*

DIVAGACIÓN n. f. Acción y efecto de divagar.

DIVAGAR v. intr. |1b|. Separarse del asunto de que se trata, hablar o escribir sin concierto ni precisión. **2.** Vagar, errar. **3.** HIDROGR. Salirse de madre un río, desplazar su cauce.

DIVALENTE adj. Que tiene valencia 2.

DIVÁN n. m. Asiento mullido sin brazos ni respaldo, generalmente estrecho y alargado, con almohadones sueltos.

DIVERGENCIA n. f. Acción y efecto de divergir. **2.** Establecimiento de una reacción en cadena en un reactor atómico. **3.** MAT. Propiedad de una serie cuya suma de términos no tiene límite.

DIVERGENTE adj. Que diverge. • **Lente divergente** (ÓPT.), lente que hace que divergan los rayos primitivamente paralelos.

DIVERGIR v. intr. |3b|. Irse apartando sucesivamente unas de otras dos o más líneas, superficies o cosas. **2.** *Fig.* Discrepar, disentir.

DIVERSIDAD n. f. Diferencia, variedad. **2.** Abundancia de cosas distintas.

DIVERSIFICACIÓN n. f. Acción y efecto de diversificar. **2.** Estrategia de desarrollo de una empresa, que consiste en ampliar la gama de actividades y/o de mercados a los que se dedica.

DIVERSIFICAR v. tr. y pron. [**1a**]. Variar, hacer diversa una cosa de otra.
DIVERSIÓN n. f. Acción y efecto de divertir. **2.** Espectáculo, juego, fiesta, etc., que divierten.
DIVERSO, A adj. De distinta naturaleza, especie, número, figura, etc. **2.** No semejante. **3.** Varios, muchos: *practicar diversos deportes*.
DIVERTIDO, A adj. Alegre, aficionado a divertirse. **2.** Que divierte: *un programa divertido*. **3.** *Argent., Chile, Guat. y Perú.* Ligeramente bebido.
DIVERTIMENTO n. m. COREOGR. En un ballet clásico, serie de danzas que se sitúan generalmente al final del primer acto. **2.** COREOGR. Composición coreográfica que se introduce en una ópera. **3.** MÚS. Intermedio en una fuga.
DIVERTIMIENTO n. m. Diversión **2.** Divertimento.
DIVERTIR v. tr. y pron. [**22**]. Entretener, recrear.
DIVIDENDO n. m. ECON. Parte del interés o del beneficio que corresponde a cada accionista. **2.** MAT. Número que se divide por otro.
DIVIDIR v. tr. y pron. [**3**]. Partir, separar en partes: *dividir un pastel*. **2.** Distribuir, repartir: *dividir el trabajo*. **3.** *Fig.* Separar introduciendo discordia entre las personas: *dividir la opinión pública.* ♦ v. tr. **4.** MAT. Efectuar una división.
DIVIESO n. DERMATOL. Forúnculo.
DIVINIDAD n. f. Naturaleza de lo divino. **2.** Dios. **3.** *Fig.* Persona o cosa dotada de gran belleza.
DIVINIZAR v. tr. [**1g**]. Hacer o suponer divina a una persona o cosa o tributarle culto y honores divinos. **2.** *Fig.* Santificar, hacer sagrada una cosa. **3.** *Fig.* Ensalzar excesivamente a alguien.
DIVINO, A adj. Relativo a Dios o a un dios. **2.** *Fig.* Sublime, excepcional, exquisito, adorable, maravilloso.
DIVISA n. f. Señal exterior para distinguir personas, grados u otras cosas. **2.** Decoración esculpida o pintada, que se compone de una inscripción acompañada o no de figuras. **3.** ECON. Título de crédito que se expresa en moneda extranjera y es pagadero en su país de origen. **4.** ECON. Moneda extranjera. **5.** HERÁLD. Lema o mote expresado en términos sucintos o por algunas figuras, que puede ir escrito en un listel. **6.** MIL. Símbolo de cada una de las jerarquías militares. **7.** TAUROM. Distintivo de las ganaderías.
DIVISAR v. tr. y pron. [**1**]. Percibir, ver confusamente y a distancia un objeto.
DIVISIBILIDAD n. f. MAT. Cualidad de lo que es divisible sin resto.
DIVISIBLE adj. Que puede dividirse. **2.** MAT. Que se divide exactamente o que no da resto en la división.
DIVISIÓN n. f. Acción y efecto de dividir. **2.** DEP. Agrupación que se hace de los clubs, según méritos o condiciones. **3.** MAT. Operación por la cual se halla, a partir de dos números, llamados dividendo y divisor, dos números llamados cociente y resto, tales que el dividendo sea igual al producto del cociente por el divisor más el resto. **4.** MIL. Unidad militar en la que se agrupan formaciones de todas las armas y servicios: *división acorazada, motorizada,* etc. • **División administrativa**, parte del territorio de un estado, con rango inferior al del gobierno nacional.
DIVISIONARIO, A adj. Dícese de la moneda que tiene legalmente un valor convencional superior al efectivo, como la de cobre. ♦ n. m. **2.** General que manda una división.
DIVISOR n. m y adj. En una división, número por el que se divide otro. **2.** MEC. Parte de las máquinas-herramienta que sirve para hacer divisiones. • **Común divisor**, número que divide exactamente a otros varios; por ej. 5 para 15 y 20. ‖ **Máximo común divisor de varios números**, el mayor de todos sus divisores comunes; por ej. 15 para 30 y 45.
DIVISORIO, A adj. Que establece una separación o división: *línea divisoria.*
DIVO, A n. Artista del espectáculo de sobresaliente mérito, especialmente cantante de ópera.
DIVORCIAR v. tr. y pron. [**1**]. Disolver por sentencia legal un matrimonio válido. **2.** *Fig.* Separar, apartar lo que está unido o debe estarlo.
DIVORCIO n. m. Disolución de un matrimonio válido pronunciada por un tribunal. **2.** *Fig.* Separación, divergencia. **3.** *Colomb.* Cárcel de mujeres.
DIVULGACIÓN n. f. Acción y efecto de divulgar.
DIVULGADOR, RA adj. y n. Que divulga.
DIVULGAR v. tr. y pron. [**1b**]. Propagar, publicar, extender, poner al alcance del público una cosa.
DJAKARTA → Yakarta.
DJIBOUTI o **ŶIBŪTI**, c. y cap. de la República de Djibouti; 290 000 hab.
DJIBOUTI o **ŶIBŪTI** (*República de*), estado del NE de África, junto al océano Índico; 23 000 km²; 484 000 hab. CAP. *Djibouti* o *Ŷibūti*. LENGUAS OFICIALES: *francés y árabe.* MONEDA: *franco de Djibouti.*
GEOGRAFÍA
La región, de clima árido, ofrece sobre todo un interés estratégico por su situación a la entrada del mar Rojo. La población, que yuxtapone dos etnias dominantes (afar e issa), vive de la ganadería ovina en el interior. Más de la mitad de los habitantes se concentran en Djibouti, cabeza de línea de una vía férrea hacia Etiopía (Addis Abeba).
HISTORIA
La Costa Francesa de los Somalíes, creada en 1896, territorio francés de ultramar en 1946, autónomo a partir de 1957, adoptó en 1967 el nombre de Territorio francés de los Afar y de los Issa. Se independizó en 1977, con H. G. Aptidon como presidente y con el nombre de República de Djibouti.
D.N.A. → A.D.N.
DNIÉPER, en ruso **Dniepr**, r. de Rusia, Bielorrusia y Ucrania, que nace en la meseta de Valdái, atraviesa Kiev y desemboca en el mar Negro; 2200 km. Hidroelectricidad.
DNIÉSTER, en ruso **Dniestr**, r. de Moldavia y Ucrania, que nace en los Cárpatos y desemboca en el mar Negro; 1352 km.
DO n. m. Primera nota de la escala musical. • **Do de pecho**, una de las notas más agudas que alcanza la voz de tenor; *(Fig.)*, esfuerzo extraordinario.
DO adv. l. *Poét.* Donde. **2.** *Poét.* De donde. **DÓ** adv. interrog. *Poét.* Dónde. **2.** *Poét.* De dónde.
DOBERMAN adj. y n. m. Dícese de una raza de perros guardianes de origen alemán, de figura estilizada y pelo negro.
DOBLA n. f. Moneda de oro castellana de la baja edad media. **2.** *Chile.* Beneficio que el dueño de una mina concede a alguno para que saque durante un día todo el mineral que pueda. **3.** *Chile. Fig. y fam.* Provecho que saca alguien de una cosa a la que no ha contribuido.
DOBLADILLO n. m. Pliegue que se hace en el borde de una tela, cosido de modo que el canto quede oculto y no se pueda deshilar. **2.** Hilo fuerte usado para hacer calceta.
DOBLADO, A adj. De mediana estatura y recio de miembros. **2.** Dícese del terreno, tierra, etc., escabroso y quebrado. **3.** *Fig.* Que demuestra algo distinto o contrario de lo que siente o piensa.
DOBLADOR, RA adj. y n. Que dobla, especialmente una película.
DOBLADURA n. f. Parte por donde se ha doblado o plegado una cosa. **2.** Señal que queda por donde se ha doblado una cosa.
DOBLAJE n. m. CIN. Grabación del sonido en una película cuya versión original está hablada en una lengua extranjera.
DOBLAMIENTO n. m. Acción y efecto de doblar o doblarse.
DOBLAR v. tr. [**1**]. Aumentar una cosa haciéndola otro tanto más de lo que era: *doblar la apuesta.* **2.** Aplicar una sobre otra, dos partes de una cosa flexible: *doblar una sábana.* **3.** *Fig. y fam.* Dejar a alguien baldado a causa de una paliza. **4.** *Méx. Fam.* Derribar a alguien de un balazo. **5.** CIN. Sustituir los diálogos de una banda sonora original por su traducción en otro idioma. **6.** DEP. En las carreras sobre pista, distanciarse un corredor de otro una vuelta completa. ♦ v. tr., intr. y pron. **7.** Volver una cosa sobre otra. ♦ v. tr. e intr. **8.** Torcer una cosa encorvándola. ♦ v. tr. e intr. **9.** Pasar a otro lado de una esquina, cerro, etc., cambiando de dirección en el camino: *doblar la esquina.* **10.** Hacer un actor dos papeles en una misma obra. ♦ v. intr. **11.** Tocar a muerto: *doblar las campanas.* ♦ v. intr. y pron. **12.** Ceder a la persuasión, a la fuerza o al interés. ♦ **doblarse** v. pron. [**1**]. **13.** Hacerse un terreno más desigual y quebrado.
DOBLE adj. y n. m. Duplo. **2.** En el juego del dominó, dícese de la ficha que en los dos cuadrados de su anverso tiene igual número de puntos: *el doble cuatro.* ♦ adj. **3.** Que se compone de dos partes, de dos cosas iguales o de la misma especie. **4.** En los tejidos y otras cosas, de más cuerpo que lo sencillo. ♦ adj. y n. **5.** *Fig.* Simulado, falso, hipócrita. ♦ n. m. **6.** Doblez. ♦ n. m. y f. **7.** Con relación a una persona, otra muy parecida que puede sustituirla en una actividad. ♦ adv. n. **8.** Dos veces más o mucho más. ♦ **dobles** n. m. pl. **9.** DEP. Partido en el que participan dos jugadores, formando equipo, dos contra dos concursar les.
DOBLEGABLE adj. Que se doblega fácilmente.
DOBLEGAR v. tr. y pron. [**1b**]. Doblar, torcer una cosa encorvándola. **2.** Someter, obligar a obedecer.
DOBLETE n. m. En el billar, jugada en la que se obliga a la bola contraria a dar en una banda para volver a la opuesta. **2.** Piedra falsa que se obtiene fijando un cuerpo coloreado detrás de un pedazo de cristal. **3.** LING. Duplicado. • **Doblete electrónico**, conjunto de dos electrones mediante el cual se forma el enlace de los átomos en determinadas moléculas. ‖ **Hacer doblete**, desempeñar un actor dos papeles en la misma obra; (DEP.), conseguir dos títulos en un mismo año o en un mismo torneo.
DOBLEZ n. m. Parte que se dobla o pliega de una cosa. **2.** Dobladura, señal que queda en la parte por donde se ha doblado una cosa. ♦ n. m. o f. **3.** *Fig.* Astucia con que una obra, dando a entender lo contrario de lo que siente.
DOBLÓN n. m. Moneda de oro española de la edad moderna.
DOCA n. f. *Chile.* Planta rastrera de la familia de las aizoáceas, de flores rosadas y fruto comestible.
DOCE adj. num. cardin. y n. m. Diez y dos. ♦ adj. num. ordin. **2.** Duodécimo, que corresponde en orden al número doce.
DOCE DE OCTUBRE, dep. de Argentina (Chaco); 21 773 hab. Cab. *General Pinedo.* Industria lechera y maderera.
DOCEAVO, A o **DOZAVO, A** adj. y n. m. Dícese de cada una de las doce partes iguales en que se divide un todo.
DOCENA n. f. Conjunto de doce cosas.
DOCENCIA n. f. Enseñanza.
DOCENTE adj. Que enseña o instruye. **2.** Relativo a la enseñanza: *estamento docente.*
DÓCIL adj. Obediente, que se deja conducir, o a quien es fácil de educar: *animal dócil.* **2.** Dícese del metal

piedra u otra cosa que se deja labrar con facilidad.

DOCILIDAD n. f. Calidad de dócil.

DOCTO, A adj. y n. Que a fuerza de estudios ha adquirido más conocimientos que los comunes u ordinarios: *hombre docto.*

DOCTOR, RA n. Persona que posee un doctorado. **2.** Persona que enseña una ciencia o arte. **3.** Denominación usual del médico. • **Doctor de la Iglesia,** escritor eclesiástico de gran autoridad, notable por su santidad de vida, la pureza de ortodoxia o el valor de su ciencia. ‖ **Doctor de la ley** o **doctor en Israel,** intérprete de los libros del Antiguo Testamento. ‖ **Doctor honoris causa,** título honorífico que conceden las universidades a una persona eminente.

DOCTOR ARROYO, c. de México (Nuevo León); 36 946 hab. Maíz y frijol; ganado lanar, avicultura.

DOCTOR MANUEL BELGRANO, dep. de Argentina (Jujuy); 185 898 hab.

DOCTOR PEDRO P. PEÑA, c. de Paraguay, cap. del dep. de Boquerón, en el Gran Chaco.

DOCTORADO n. m. El más elevado grado conferido por una universidad u otro establecimiento autorizado para ello. **2.** Estudios necesarios para obtener este grado: *curso de doctorado.*

DOCTORAL adj. Relativo al doctor o al doctorado.

DOCTORAMIENTO n. m. Acción y efecto de doctorar o doctorarse.

DOCTORANDO, A n. Persona que va a pasar el examen para el grado de doctor o que estudia para ello.

DOCTORAR v. tr. y pron. [1]. Graduar de doctor.

DOCTRINA n. f. Enseñanza que se da para instrucción de alguien. **2.** Ciencia o sabiduría. **3.** Opinión o conjunto de ideas de un autor o escuela. **4.** Conjunto de ideas religiosas, sociales o políticas, que unen en un grupo a las personas que las profesan.

DOCTRINAL adj. Perteneciente a la doctrina. ♦ n. m. **2.** Libro que contiene reglas y preceptos.

DOCTRINARIO, A adj. y n. Partidario de una doctrina determinada, especialmente la de un partido político o una institución. **2.** Que atiende más a las doctrinas y teorías abstractas que a la práctica.

DOCUMENTACIÓN n. f. Acción y efecto de documentar. **2.** Conjunto de documentos para este fin. **3.** Conjunto de operaciones, métodos, etc., que facilita la recopilación, almacenamiento, búsqueda y circulación de documentos e información.

DOCUMENTADO, A adj. Enterado. **2.** Dícese del memorial, pedimento, etc., acompañado de los documentos necesarios. **3.** Dícese de la persona que posee noticias o pruebas acerca de un asunto. **4.** Dícese de la persona que tiene documentos de identidad personal.

DOCUMENTAL adj. Que se funda en documentos o se refiere a ellos. ♦ n. m. **2.** Película cinematográfica exclusivamente realizada basándose en documentos tomados de la realidad.

DOCUMENTALISTA adj. y n. m. y f. Relativo al tratamiento de documentos. **2.** Persona que estudia o elabora documentos: *escuela documentalista.* ♦ n. m. y f. **3.** Persona que realiza documentales.

DOCUMENTAR v. tr. [1]. Probar, justificar la verdad de una cosa con documentos. ♦ v. tr. y pron. **2.** Instruir o informar a alguien acerca de las pruebas que atañen a un asunto.

DOCUMENTO n. m. Diploma, carta, relación u otro escrito que ilustra acerca de algún hecho, principalmente de los históricos. **2.** Cualquier otra cosa que sirve para ilustrar o comprobar algo. • **Documento nacional de identidad,** tarjeta oficial que sirve para la identificación de los súbditos españoles.

DODECAEDRO n. m. MAT. Poliedro de doce caras.

DODECAFÓNICO, A adj. Relativo al dodecafonismo.

DODECAFONISMO n. m. Lenguaje musical atonal, basado en el empleo sistemático de la serie de doce sonidos de la escala cromática (música seriada), con exclusión de cualquier otra escala sonora.

DODECÁGONO n. m. MAT. Polígono que tiene doce ángulos y, por consiguiente, doce lados.

DODECASÍLABO, A adj. y n. m. De doce sílabas.

DODOMA, c. de Tanzania, cap. designada del país; 203 800 hab.

DOGAL n. m. Soga con un nudo corredizo para atar las acémilas. **2.** Cuerda para ahorcar a un reo.

DOGMA n. m. (lat. *dogma*). Punto fundamental de doctrina, en religión o en filosofía. **2.** Conjunto de creencias u opiniones; principios: *el dogma católico.*

DOGMÁTICA n. f. REL. Exposición sistemática de las verdades de la fe.

DOGMÁTICO, A adj. Relativo a los dogmas. ♦ adj. y n. **2.** Que expresa una opinión de manera categórica e irrefutable: *espíritu, tono dogmático.*

DOGMATISMO n. m. Filosofía o religión que rechaza categóricamente la duda y la crítica. **2.** Disposición a afirmar sin discusión ciertas ideas consideradas como válidas para siempre.

DOGMATIZAR v. tr. [1g]. Enseñar los dogmas, especialmente los religiosos. **2.** Hablar o escribir de forma dogmática. **3.** Afirmar con presunción como innegables principios sujetos a examen y contradicción.

DOGO, A adj. y n. m. (ingl. *dog*). Dícese de diferentes razas de perros guardianes, de cabeza gruesa y orejas pequeñas con la punta doblada.

DOISY (Edward Adelbert), médico norteamericano (Hume, Illinois, 1893-Saint Louis 1986), autor de trabajos sobre la vitamina K, la insulina y las hormonas. (Premio Nobel de fisiología y medicina 1943.)

DÓLAR n. m. (ingl. *dollar*). Unidad monetaria principal de E.U.A., Australia, Canadá, Hong Kong, Liberia, Nueva Zelanda y Zimbabwe, y de otros países de influencia anglosajona.

DOLBY, sistema de reducción del ruido que acompaña a una señal acústica, que consiste en preacentuar los componentes de frecuencias elevadas de nivel débil, en el momento de registrar la señal, y en desacentuarlas, en el momento de su reproducción.

DOLENCIA n. f. (lat. *dolentiam*). Enfermedad.

DOLER v. intr. [2e]. Tener sensación de dolor en alguna parte del cuerpo: *le duele una pierna.* ♦ v. intr. y pron. **2.** Causar o sentir disgusto, pesar, dolor o arrepentimiento. ♦ **dolerse** v. pron. **3.** Quejarse, explicar el dolor que se siente.

DOLICOCÉFALO, A adj. y n. Dícese del hombre en el que la longitud del cráneo es mayor que la anchura. CONTR.: *braquicéfalo.*

DOLMEN n. m. (fr. *dolmen*). Monumento megalítico constituido por una losa horizontal que se apoya sobre bloques verticales.

DOLO n. m. (lat. *dolum*). DER. Maniobra fraudulenta destinada a engañar.

DOLOR n. m. (lat. *dolorem*). Sensación de sufrimiento físico: *dolor agudo.* **2.** Sentimiento anímico de sufrimiento producido por una gran contrariedad: *el dolor de una desgracia.*

DOLORES, de Argentina (Buenos Aires); 24 228 hab. Productos lácteos; carne congelada.

DOLORES, c. de Uruguay (Soriano); 12 914 hab. Puerto fluvial sobre el San Salvador.

DOLORES HIDALGO, c. de México (Guanajuato); 104 712 hab. Centro minero. Bella iglesia barroca del s. XVIII. Hotel Hidalgo (s. XVIII).

DOLORIDA n. f. *Perú.* Plañidera, mujer contratada para llorar en los entierros.

DOLORIDO, A adj. Que duele ligeramente o se resiente de un dolor: *cuerpo dolorido.* **2.** Apenado, desconsolado, lleno de dolor y angustia.

DOLOROSA n. f. y adj. Imagen de la Virgen afligida por la muerte de Cristo. (Con este significado suele escribirse con mayúscula.)

DOLOROSO, A adj. Lamentable, lastimoso, que mueve a compasión: *suceso doloroso.* **2.** Que causa dolor: *golpe doloroso.*

DOLOSO, A adj. DER. Que presenta el carácter del dolo, del fraude, del engaño.

DOMA o **DOMADURA** n. f. Acción y efecto de domar.

DOMADOR, RA n. Persona que doma. **2.** Persona que exhibe y maneja fieras domadas.

DOMAGK (Gerhard), médico alemán (Lagow, Brandeburgo, 1895-Burgberg, Selva Negra, 1964). Descubrió la primera sulfamida utilizada en terapéutica, abriendo así el camino a la quimioterapia antiinfecciosa. (Premio Nobel de fisiología y medicina 1939.)

DOMAR v. tr. (lat. *domare*) [1]. Amansar, hacer dócil a un animal salvaje o doméstico: *domar un caballo.* **2.** Fig. Sujetar, someter, reprimir.

DOMEÑABLE adj. Que puede domeñarse.

DOMEÑAR v. tr. [1]. Domar, sujetar, someter.

DOMESTICACIÓN n. f. Acción y efecto de domesticar.

DOMESTICAR v. tr. [1a]. Hacer dócil a un animal fiero y salvaje. ♦ v. tr. y pron. **2.** *Fig.* Hacer tratable a una persona que no lo es o moderar la aspereza de carácter.

DOMESTICIDAD n. f. Calidad de doméstico.

DOMÉSTICO, A adj. (lat. *domesticum*). Relativo a la casa u hogar: *trabajo doméstico.* **2.** Dícese del animal que ha sido domesticado. ♦ adj. y n. **3.** Relativo al criado que sirve en una casa.

DOMEYKO (*cordillera*), ramal andino del N de Chile (Antofagasta); 5280 m de alt. máx.

DOMICILIACIÓN n. f. Indicación del lugar elegido para el pago de un efecto comercial (banco, agente de cambio, caja postal).

DOMICILIAR v. tr. [1]. Dar domicilio a una persona. **2.** Hacer pagable un efecto de comercio en el domicilio de un tercero. ♦ **domiciliarse** v. pron. **3.** Establecer, fijar alguien su domicilio en un lugar.

DOMICILIARIO, A adj. Relativo al domicilio. **2.** Que se ejecuta o cumple en el domicilio del interesado: *arresto domiciliario.* **3.** Persona que tiene domicilio en un lugar.

DOMICILIO n. m. (lat. *domicilium*). Casa, morada, vivienda fija y permanente, donde uno habita o se hospeda.

DOMINACIÓN n. f. Acción y efecto de dominar, especialmente de ejercer soberanía sobre un pueblo o una nación sobre otra.

DOMINADOR, RA adj. y n. Que domina o propende a dominar.

DOMINANCIA n. f. BIOL. Estado presentado por un carácter o un gen dominante. **2.** ETOL. Superioridad de un animal sobre sus congéneres, establecida como resultado de relaciones agresivas y que se manifiesta por medio de comportamientos particulares.

DOMINANTE adj. Que domina: *tendencia dominante.* **2.** Aplícase a la persona que quiere avasallar a otras. **3.** Dícese de un carácter hereditario que, cuando se posee, siempre se manifiesta en el fenotipo. • **Especie dominante,** la especie más frecuente en una región o asociación. ◆ n. f. **4.** ESTADÍST. Moda. **5.** MÚS. Quinto grado de la escala, y una de las tres notas generatrices.

DOMINAR v. tr. (lat. *dominare*) [1]. Tener dominio sobre personas o cosas: *dominar la situación*. **2.** Fig. Conocer o poseer a fondo una ciencia o arte: *dominar el inglés*. **3.** Abarcar, divisar algo con la mirada desde una altura: *dominar todo el valle*. ◆ v. tr. y pron. **4.** Contener, reprimir, sujetar una acción, sentimiento, pasión, etc.: *dominar el odio*. ◆ v. intr. y tr. **5.** Sobresalir, ser una cosa más alta que otras entre las que está. **6.** Resaltar, predominar, ser una cosa más perceptible que otras.

DÓMINE n. m. Maestro de gramática latina. **2.** Maestro que emplea métodos anticuados. **3.** *Desp.* Persona que, sin mérito para ello, adopta el tono de maestro.

DOMINGO n. m. (lat. *dominicum*). Primer día de la semana.

DOMINGO (Plácido), tenor español (Madrid 1941). Educado musicalmente en México, debutó en España en 1966 y desde entonces ha desarrollado una brillante carrera de tenor lírico.

DOMINGO DE GUZMÁN (santo), fundador de la orden de los dominicos o predicadores (Caleruega, Burgos, 1170-Bolonia 1221). En 1215 reunió a varios compañeros e iniciaron una vida de predicación contra la herejía albigense; en 1216 obtuvieron la confirmación de su fundación.

DOMINGO M. DE IRALA, distr. de Paraguay (Alto Paraná); 26 032 hab. Cap. Explotación forestal.

DOMINGUERO, A adj. Que sucede o se suele usar en domingo. ◆ adj. y n. **2.** *Desp.* Dícese de la persona que acostumbra a salir o divertirse solamente los domingos o días de fiesta.

DOMÍNGUEZ CAMARGO (Hernando), poeta colombiano (Santa Fe de Bogotá c. 1601-† 1656). Influido por Góngora, compuso *Poema heroico de San Ignacio de Loyola* (1666).

DOMINICA, isla y estado de las Pequeñas Antillas, colonia inglesa de 1763 a 1978; 751 km²; 100 000 hab. Cap. *Roseau*. Lengual oficial: *inglés*. Estado independiente, en el marco de la Commonwealth, desde 1978.

DOMINICAL adj. (lat. *dominicalem*). Perteneciente al domingo: *descanso dominical*.

DOMINICANA (República), estado de las Antillas, en la parte oriental de la isla de La Española; 48 442 km²; 7 169 846 hab. (*Dominicanos.*) CAP. *Santo Domingo*. LENGUA OFICIAL: *español*. MONEDA: *peso dominicano*.

GEOGRAFÍA

Cuatro sistemas montañosos alineados en paralelo de NO a SE compartimentan el país; entre la cordillera Septentrional y la Central se sitúa la depresión del Cibao, regada por el Yaque del Norte y el Yuna; la cordillera Central y la sierra de Neiba están separadas por la meseta Central, que se abre al E a la llanura Oriental; finalmente, entre la sierra de Neiba y la de Baoruco se sitúa una profunda fosa tectónica cuyo fondo ocupa el lago Enriquillo. La población, muy joven, crece a un alto ritmo (2,5% anual). La costa del Caribe y la depresión del Cibao son los sectores más poblados, y Santo Domingo el mayor centro de atracción. Históricamente el principal recurso económico han sido las plantaciones azucareras, pero en los años ochenta la drástica caída de los precios internacionales llevó a una política de diversificación de la producción agrícola: café, cacao, tabaco, bananas. La ganadería bovina mantiene su importancia. Recursos mineros son el níquel, el oro, la plata y la sal gema. La industria (alimentaria, cemento) tiene una contribución modesta al P.I.B. El turismo (más de 1 millón de visitantes anuales) es una industria en auge.

HISTORIA

El poblamiento precolombino. La isla de La Española o Quisqueya, como la denominaban los indios, estaba ocupada antes de la conquista por diversos pueblos indígenas: los taínos, que practicaban una agricultura de roza y montículo, constituían el grupo principal; en el noreste se encontraban otros grupos menos desarrollados, como los ciguayos, mestizos de caribe y arawak, y los macorixes.

Conquista y colonización. 1492: Colón desembarcó en la isla en su primer viaje. 1493-1499: gobierno, controvertido, de Cristóbal Colón. 1501-1509: Nicolás de Ovando organizó definitivamente la colonia, implantó la institución de la encomienda y reconstruyó Santo Domingo en su emplazamiento definitivo. 1511: institución de la audiencia de Santo Domingo. La Española, nombre que se da a la isla, se constituyó en la principal plataforma de expansión para las exploraciones de conquista de las Antillas y Tierra Firme. 1630: primeros establecimientos franceses en la parte occidental. 1697: el tratado de Ryswick impuso la cesión de dicha parte occidental a Francia. 1795: el tratado de Basilea estableció la cesión del resto de La Española a Francia.

La etapa haitiana. 1803-1808: integrada en el estado de Haití, los españoles recuperaron, en 1808, el control de la parte oriental de la isla. 1821-1822: se proclamó el «estado independiente del Haití español» bajo protectorado colombiano, pero pocos meses después Boyer conquistó la parte oriental y la reintegró a Haití. 1843-1844: levantamiento de la sociedad Trinitaria y declaración de independencia de la República Dominicana.

De Santana al anexionismo. 1844-1861: el gran propietario Pedro Santana dominó el país, apoyándose en un ejército imprescindible ante la permanente amenaza de reconquista por parte de Haití; Santana ofreció la anexión del territorio dominicano a E.U.A., Francia y España, que finalmente la aceptó. 1861-1865: la reintegración del territorio a la corona española neutralizó la amenaza haitiana, pero abrió un nuevo proceso emancipador frente a la metrópoli histórica, que culminó en la definitiva proclamación de independencia, en 1865.

La expansión económica y la intervención de Estados Unidos. 1865-1883: el conflicto entre reformistas y conservadores determinó la inestabilidad política de la república, que se vio beneficiada por la inmigración de propietarios cubanos que difundieron la explotación del azúcar y una nueva ganadería en cercados (potreros). 1883-1899: la dictadura del general Lilis (Ulises Heureaux) consumó la privatización de la tierra y favoreció la especulación financiera, que originó una enorme deuda exterior. 1904: las aduanas del país fueron puestas bajo control de E.U.A., que entre 1916 y 1924 ocupó militarmente la república.

La era de Trujillo y la nueva intervención. 1930-1961: el general Trujillo estableció una nueva dictadura, en el curso de la cual él mismo se convirtió en el principal propietario del país y una de las primeras fortunas anticomunistas; apoyado por E.U.A. por su anticomunismo, mantuvo empero una relación contradictoria con Washington. 1957-1962: Balaguer inició una transición política, marcada por el asesinato de Trujillo (1961). 1962-1963: presidencia del opositor Juan Bosch, derribado por un golpe militar. 1965: el levantamiento constitucionalista de Caamaño fue sofocado por una segunda intervención militar de E.U.A.

Las últimas décadas. 1966-1996: el ex trujillista Balaguer gobernó el país, durante tres mandatos, con apoyo de E.U.A. y de la oligarquía dominicana. El Partido revolucionario dominicano, fundado por Juan Bosch, del que se separó luego, sucedió en el poder al balaguerismo (1978-1986), aunque la república mantuvo sus alineamientos económicos y políticos tradicionales. 1986: Balaguer de nuevo elegido presidente, y sucesivamente reelegido. 1996: el populista L. Fernández, investido presidente. 2000: H. Mejía, opositor izquierdista, asumió la presidencia. 2004: reelección del ex presidente Leonel Fernández.

DOMINICANO, A adj. Dominico. ◆ adj. y n. **2.** De la República Dominicana. **3.** Modalidad adoptada por el español en la República Dominicana.

DOMINICO, A adj. y n. Relativo a la orden de santo Domingo; religioso o religiosa de esta orden. ◆ n. m. **2.** Variedad de plátano de pequeño tamaño. **3.** Ave paseriforme de América Meridional, con el pico alargado, recto, robusto y grueso, que se alimenta de frutas, semillas, granos, etc. (Familia fringílidos.)

DOMINIO n. m. (lat. *dominium*). Poder que alguien tiene de usar y disponer libremente de lo suyo. **2.** Superioridad legítima, poder o ascendiente que se tiene sobre otras personas: *los hijos están bajo el dominio de los padres*. **3.** Lugar en el que alguien ejerce la máxima autoridad: *el despacho es su dominio*. **4.** *Fig.* Campo que corresponde a una ciencia o a una actividad de tipo intelectual o artístico: *el dominio de la literatura*. **5.** Propiedad agraria: *amplió sus dominios con la compra de un cortijo*. **6.** Plenitud de los atributos que las leyes reconocen al propietario de una cosa para disponer de ella. **7.** LING. Territorio donde se habla una lengua o dialecto. **8.** MAT Conjunto en cada elemento del cual está definida una función o una operación. ◆ **Pasar al dominio público**, dícese de una producción literaria o artística que, después de un tiempo determinado tras la muerte del autor, puede ser reproducida y vendida en todo el mundo sin derechos de autor. || **Ser del dominio común**, o **público**, una cosa, ser sabida de todos. ◆ **dominios** n. m. pl. **9.** Territorios bajo el poder de un rey o de un estado.

DOMINÓ (*Dómino*) n. m. Juego en el que se utilizan 28 fichas rectangulares, divididas en dos partes iguales, cada una de las cuales tiene de 0 a 6 puntos. **2.** Conjunto de fichas que se emplean en este juego. **3.** Traje talar con capucha, que se usa como disfraz.

DOMO n. m. ARQ. Cúpula. **2.** GEOGR. Relieve de forma toscamente semiesférica. **3.** TECNOL. Depósito, de forma esférica, que remata una caldera.

DON n. m. (lat. *dominum*). Tratamiento de cortesía que se antepone al nombre de pila masculino: *don Felipe*. **2.** *Amér.* Voz que se usa para dirigirse a un hombre cuyo nombre se desconoce.

DON n. m. (lat. *donum*). Dádiva, presente, regalo: *conceder un don*. **2.** Cualidad natural, talento, habilidad: *tener el don de la palabra*. ◆ **Don de gentes**, habilidad para tratar, convencer o atraer la simpatía de otras personas.

DON, r. de Rusia, que nace al S de Moscú, está unido al Volga por un canal y desemboca en el mar de Azov aguas abajo de Rostov; 1870 km.

DONA n. f. *Amér. Central, Méx.* y *P. Rico.* Rosquilla de masa esponjosa frita en aceite y cubierta con chocolate o azúcar.

DONACIÓN n. f. (lat. *donationem*). Acción y efecto de donar. **2.** Acto de liberalidad por el que una persona disminuye en parte su patrimonio en beneficio de otra. **3.** MED. Acción de ofrecer una persona

DON

un órgano propio para efectuar un trasplante o para investigación.

DONAIRE n. m. Discreción y gracia en lo que se dice: *hablar con donaire*. **2.** Chiste u ocurrencia graciosa. **3.** Gallardía, garbo, soltura de cuerpo.

DONANTE adj. y n. m. y f. Dícese de la persona que hace una donación: *donante de sangre; donante de bienes*. ♦ n. m. y f. **2.** Persona que acepta que, en vida (un riñón, por ejemplo) o después de muerto (el corazón), alguno de sus órganos sea extraído de su cuerpo para trasplantarlo a un enfermo.

DONAR v. tr. (lat. *donare*) [1]. Dar, ceder.

DONATARIO, A n. DER. Persona que recibe una donación.

DONATELLO (Donato **di Niccolo Betto Bardi**, llamado), escultor italiano (Florencia 1386-*id.* 1466). Formado en el estudio del arte antiguo, armonizó la sencillez monumental de los clásicos con el realismo y el espíritu religioso de la edad media. Además de importantes bajorrelieves, destacan, en Florencia, el *San Jorge de* mármol de Orsanmichele (1416), los profetas del campanile (*Jeremías, Habacuc*), el *David* de bronce del Bargello (c. 1430) y, en Padua, la estatua ecuestre del *Gattamelata* (c. 1450).

DONATIVO n. m. (lat. *donativum*). Regalo, dádiva.

DONAU → *Danubio.*

DONCEL n. m. Joven adolescente. **2.** En Castilla, durante los ss. XIV y XV, paje o caballero joven, antes de ser armado.

DONCELLA n. f. Mujer joven, especialmente si es virgen. **2.** Criada que se ocupa de los menesteres domésticos ajenos a la cocina.

DONCELLEZ o **DONCELLERÍA** n. f. Estado de la persona que conserva su virginidad.

DONDE adv. l. En el lugar en que sucede algo: *donde ellos están*. (Puede ir precedido de diversas preposiciones.) **2.** *Fam.* A casa de, en casa de, o el sitio en que está: *mañana iré donde Juan*. **3.** Adonde: *irás donde tú quieras*. ♦ adv. relativo. **4.** Introduce oraciones subordinadas adjetivas: *la ciudad donde nací*. **5.** Con las preposiciones *de* y *por*, indica deducción o consecuencia: *estaban juntos, de donde deduje que eran amigos*.

DÓNDE adv. l. interrog. En qué lugar, o en el lugar en qué: *¿dónde estás?; dime dónde vas*. • **Por dónde**, por qué razón, causa o motivo: *me pregunto por dónde se ha enterado*.

DONDEQUIERA adv. l. En cualquier parte: *ponlo dondequiera*. • **Dondequiera que**, donde: *dondequiera que esté*.

DONDIEGO n. m. Planta herbácea, originaria de América, cultivada por sus flores, grandes y coloreadas, que se abren al anochecer. (Familia nictagináceas.) SIN.: *dondiego de noche*. • **Dondiego de día**, planta anual, de tallos ramosos y rastreros, hojas alternas y flores de corolas azules con garganta blanca y fondo amarillo, que se abren con el día y se cierran al ponerse el sol. (Familia convolvuláceas.)

DONEN (Stanley), director de cine norteamericano (Columbia 1924). Bailarín y coreógrafo, realizó brillantes películas musicales, a menudo en colaboración con G. Kelly (*Cantando bajo la lluvia*, 1952; *Siete novias para siete hermanos*, 1954), y comedias (*Charada*, 1963; *Arabesco*, 1966).

DONIZETTI (Gaetano), compositor italiano (Bérgamo 1797-*id.* 1848), autor de conocidas obras líricas (*La favorita*, 1840; *Lucia de Lammermoor*, 1835; *Don Pasquale*, 1843; *L'elisir d'amore*, 1832).

DONJUÁN n. m. Hombre que tiene facilidad para conquistar mujeres.

DONJUANESCO, A adj. Propio de un don juán.

DONJUANISMO n. m. Conjunto de caracteres y cualidades propias de don Juan Tenorio. **2.** Conjunto de cualidades y defectos que constituyen la manera de ser, conducta y habilidad de un donjuán.

DONOSO, A adj. Que tiene donaire.

DONOSO (José), escritor chileno (Santiago 1924-*id.* 1996). Una de las figuras señeras de la narrativa latinoamericana contemporánea, autor de cuentos, ensayista y consagrado novelista: *Coronación* (1958), *El lugar sin límites* (1966), *El obsceno pájaro de la noche* (1970), su obra más lograda, *Casa de campo* (1978), *El jardín al lado* (1981), sobre el tema del escritor en el exilio, *La desesperanza* (1986).

DONOSTIA → *San Sebastián.*

DONOSTIARRA adj. y n. m. y f. De San Sebastián.

DONOSURA o **DONOSIDAD** n. f. Donaire, gracia.

DOÑA n. f. (lat. *dominam*). Tratamiento de cortesía que se antepone al nombre de pila femenino: *doña Clara*.

DOPADO, A adj. Dícese del deportista que se dopa. ♦ n. m. **2.** Dopaje. **3.** ELECTRÓN. Adición de una cantidad mínima de impurezas a un monocristal para transformarlo en semiconductor.

DOPAJE n. m. Acción y efecto de dopar o doparse.

DOPAR v. tr. y pron. [1]. DEP. Administrar fármacos o sustancias estimulantes para potenciar artificialmente el rendimiento. ♦ v. tr. **2.** ELECTRÓN. Añadir impurezas a un monocristal.

DOPING n. m. (voz inglesa). Empleo de excitantes o estimulantes por un participante en una prueba deportiva.

DOPPLER (Christian), físico austríaco (Salzburgo 1803-Venecia 1853). Descubrió la variación de frecuencia del sonido percibido cuando una fuente sonora se desplaza con respecto a un observador (*efecto Doppler*), fenómeno que fue aplicado a la óptica por H. Fizeau (*efecto Doppler-Fizeau*).

DOQUIER o **DOQUIERA** adv. l. Dondequiera: *doquiera que vaya*.

DORADA n. f. Pez teleósteo de carne muy estimada, que vive en el Atlántico oriental y el Mediterráneo y presenta coloración dorada. (Familia espáridos.)

DORADILLO, A adj. y n. m. *Argent., C. Rica* y *Urug.* Dícese de las caballerías de color melado brillante.

DORADO, A adj. De color de oro o semejante a él. **2.** *Fig.* Esplendoroso, feliz: *época dorada*. **3.** Recubierto de una fina capa de oro o de otra sustancia que se le parezca. **4.** *Chile* y *Cuba.* Dícese de las caballerías de color melado. ♦ n. m. **5.** Doradura. **6.** Arte de conservar las cubiertas de los libros encuadernados, mediante estampaciones a las que se aplica oro fino. **7.** *Argent., Par.* y *Urug.* Pez fluvial, de unos 70 cm de long., de color dorado con el vientre plateado, muy apreciado para la pesca deportiva por la gran resistencia que ofrece a ser sacado del agua. ♦ **dorados** n. m. pl. **8.** Conjunto de adornos metálicos o de objetos de latón.

DORADO (El), territorio imaginario de América del Sur, situado supuestamente entre el Orinoco y el Amazonas, que según los españoles poseía gran riqueza en metales preciosos.

DORADOR, RA n. Persona que tiene por oficio dorar.

DORADURA n. f. Acción y efecto de dorar. SIN.: *dorado.*

DORAR v. tr. (lat. *deaurare*) [1]. Recubrir con una fina capa de oro: *dorar los cantos de un libro*. **2.** Dar o tomar el color u otras características del oro. **3.** *Fig.* Paliar, encubrir con apariencia agradable una cosa desagradable: *dorar a alguien la verdad*. ♦ v. tr. y pron. **4.** CULINAR. Freír o asar ligeramente con aceite o manteca. **5.** CULINAR. Cubrir un manjar con una ligera capa de yema de huevo. ♦ **dorarse** v. pron. **6.** Tomar color dorado.

DORDOÑA, en fr. **Dordogne**, r. del SO de Francia, afl. del Garona, que nace en el macizo Central; 472 km. Instalaciones hidroeléctricas.

DORDRECHT, c. y puerto de Países Bajos (Holanda Meridional), en la desembocadura del Mosa; 110 473 hab. Ciudad antigua y pintoresca (iglesia de los ss. XIV-XV). Importante plaza comercial en el s. XIV.

DORÉ (Gustave), dibujante, grabador y pintor francés (Estrasburgo 1832-París 1883). Ilustró, con una fértil imaginación, continuadora del romanticismo, obras de Rabelais, Balzac, Dante, Cervantes, La Fontaine y la Biblia, entre otras.

DÓRICO, A adj. y n. De la Dórida. • **Orden dórico**, el más antiguo de los órdenes de arquitectura griega, definido por una columna acanalada de aristas vivas, sin basa, un capitel sin molduras y un entablamento con triglifos y metopas alternados. ♦ n. m. **2.** Uno de los cuatro principales dialectos del griego antiguo.

DÓRIDA, en gr. **Dôris**, ant. región de Grecia central. — Ant. región de la costa SO de Asia Menor.

DORIO, A adj. y n. Relativo a un pueblo indoeuropeo, que invadió Grecia a fines del II milenio a.J.C. Individuo de este pueblo.

DORMIDA n. f. Acción de dormir. **2.** *Amér. Merid.* Lugar donde se pernocta.

DORMIDERO, A adj. Que hace dormir. ♦ n. m. **2.** Sitio donde duerme el ganado.

DORMILÓN, NA o **DORMIDOR, RA** adj. y n. *Fam.* Que duerme mucho o se duerme con facilidad.

DORMIR v. intr., tr. y pron. (lat. *dormire*) [27]. Estar, entrar o hacer entrar en el estado periódico de reposo, durante el cual se suspenden o quedan inactivos los sentidos y los movimientos voluntarios. **2.** Reposar, descansar: *dejar dormir un asunto*. ♦ v. intr. y pron. **3.** *Fig.* Descuidarse, obrar con poca solicitud: *si te duermes; no conseguirás el cargo*. ♦ v. intr. **4.** Pernoctar: *dormir en un hotel*. ♦ v. tr. **5.** Anestesiar. ♦ **dormirse** v. pron. **6.** *Fig.* Quedarse un miembro del cuerpo sin sensibilidad y con una sensación de hormigueo.

DORMITAR v. intr. [1]. Dormir con sueño poco profundo.

DORMITORIO n. m. Habitación destinada para dormir. **2.** Conjunto de los muebles que la ocupan.

DORREGO (Manuel), militar y político argentino (Buenos Aires 1787-† 1828), luchador por la independencia y defensor del federalismo (congreso constituyente, 1826). Gobernador de la provincia autónoma de Buenos Aires (1827), finalizó la guerra con Brasil (1828), pero fue vencido y fusilado por Lavalle.

DORSAL adj. Perteneciente al dorso o al lomo: *vértebras dorsales*. **2.** FONÉT. Dícese de un fonema en cuya articulación interviene el dorso de la lengua. ♦ n. m. **3.** Número que llevan los deportistas en la espalda para distinguirlos durante el juego o en el transcurso de una competición. ♦ n. f. **4.** Importante cordillera submarina. **5.** Línea continua de montañas terrestres o submarinas.

DORSO n. m. (lat. *dorsum*). Espalda o revés de una cosa: *el dorso de una hoja*. **2.** ZOOL. Cara posterior o superior del tronco de los vertebrados, desde los hombros hasta la pelvis.

DORTICÓS (Oswaldo), abogado y político cubano (Cienfuegos 1919-La Habana 1983), uno de los líderes de la revolución comunista. Fue presidente de la república de 1959 a 1976.

DORTMUND, c. de Alemania (Renania del Norte-Westfalia), en el Ruhr; 594 058 hab. Puerto fluvial. Centro industrial. Iglesias medievales. Museos. — El canal *Dortmund-Ems* (269 km) une el Ruhr y el mar del Norte.

DOS adj. num. cardin. y n. m. (lat. *duos*). Uno y uno. ♦ adj. num. ordin. y n. m. **2.** Segundo: *el número dos de la lista.* • **Cada dos por tres,** con frecuencia, a menudo. ♦ n. m. **Dos puntos** (GRAM.), signo de puntuación representado por dos puntos superpuestos (:), colocados delante de una enumeración o una explicación.

DOS HERMANAS, v. de España (Sevilla), cab. de p. j.; 77 997 hab. (Doshermanenses.) Centro comercial de un área agrícola e industrial, favorecido por su proximidad a Sevilla.

DOS PASSOS (John Roderigo), escritor norteamericano (Chicago 1896-Baltimore 1970), autor de novelas que, mediante la yuxtaposición de escrituras diversas (reportaje, poesía, canciones de moda, etc.), tratan de ofrecer un retrato total y crítico de la sociedad norteamericana (*Manhattan transfer*, 1925; *El gran proyecto*, 1949).

DOSCIENTOS, AS, adj. num. cardin. y n. m. Dos veces ciento. ♦ adj. num. ordin. y n. m. **2.** Duocentésimo: *quedar en el puesto doscientos.*

DOSEL. n. m. Coronamiento de un trono, sitial, púlpito o lecho. **2.** Cortina o tapiz.

DOSIFICACIÓN n. f. Acción y efecto de dosificar.

DOSIFICADOR n. m. Aparato que sirve para dosificar.

DOSIFICAR v. tr. [**1a**]. Establecer una dosis, especialmente de un medicamento. **2.** *Fig.* Realizar algo a pequeñas dosis: *dosificar los esfuerzos.*

DOSIS n. f. (gr. *dosis*). Cantidad de un medicamento que se prescribe para lograr una acción determinada: *dosis máxima.* **2.** *Fig.* Cantidad o porción de algo: *una gran dosis de humanidad.*

DOSSIER n. m. (voz francesa). Expediente, legajo, sumario. **2.** Conjunto de documentos o informaciones referentes a una persona o a un asunto.

DOSTOIEVSKI (Fiódor Mijáilovich), escritor ruso (Moscú 1821-San Petersburgo 1881). Fue inducido a la literatura (*Pobres gentes*, 1846) por Nekrásov y Belinski, pero sus primeros fracasos (*El doble*, 1846; *Corazón débil*, 1848) le inclinarán hacia los círculos políticos liberales. Condenado a muerte e indultado en el lugar de la ejecución, fue deportado a Siberia. Esta experiencia (*Recuerdos de la casa de los muertos*, 1861), unida a la inestabilidad de su vida a su regreso, le hizo ver en el sufrimiento y la humillación la razón misma de la existencia (*Humillados y ofendidos*, 1861; *Memorias del subsuelo*, 1864; *Crimen y castigo*, 1866; *El jugador*, 1867; *El idiota*, 1868; *Los endemoniados*, 1870; *El adolescente*, 1875), que sólo puede hallar su equilibrio, en el plano individual, en la caridad (*Los hermanos Karamázov*, 1879-1880), y en el plano colectivo, en la síntesis de las culturas oriental y occidental realizada por el pueblo ruso (*Diario de un escritor*, 1876).

DOTACIÓN n. f. Acción y efecto de dotar. **2.** Aquello que se dota. **3.** Personal de un taller, oficina, etc. **4.** Tripulación de un buque.

DOTAR v. tr. (lat. *dotare*) [**1**]. Constituir dote a la mujer que va a contraer matrimonio o a profesar en alguna orden religiosa. **2.** *Fig.* Añadir a una persona o cosa alguna cualidad para mejorarla o perfeccionarla: *dotar de inteligencia.* **3.** Proveer de personal o de dinero.

DOTE n. m. o f. Bienes que aporta la mujer al matrimonio o que dan a los esposos sus padres o terceras personas, en vista de su matrimonio. ♦ **dotes** n. f. pl. **2.** Conjunto de cualidades de una persona o cosa: *dotes de mando.*

DOVELA n. f. Piedra aparejada, tallada en forma de cuña, cuya yuxtaposición sirve para formar arcos, bóvedas o las molduras de una puerta, ventana, cornisa o dosel en arco. **2.** Piedra que forma el saliente sobre el plano de una arcada, o en medio de un dintel. **3.** OBR. PÚBL. Elemento curvo prefabricado, de hormigón o de fundición, ensamblado por compresión, para formar el revestimiento de un túnel. **4.** OBR. PÚBL. Elemento de estructura comprendido entre dos planos transversales contiguos, que forma un tramo transversal que constituye un puente de hormigón pretensado construido mediante salientes sucesivos.

DOVELAJE n. m. Conjunto de dovelas.

DOVELAR v. tr. [**1**]. Labrar una piedra dándole forma de dovela.

DOVER, c. de Gran Bretaña (Kent), junto al paso de Calais; 34 000 hab. Puerto de pasajeros.

DOWN (*síndrome o enfermedad de*), denominación científica del mongolismo.

DOYLE (sir Arthur **Conan**), escritor británico Edimburgo 1859-Crowborough, Sussex, 1930). Sus novelas policíacas tienen como protagonistas a Sherlock Holmes, arquetipo del detective aficionado, y a su ayudante el doctor Watson.

DOZAVO, A adj. y n. m. Doceavo.

DRAGA n. f. (ingl. *drag*). Máquina excavadora que sirve para extraer escombros y materiales que se hallan bajo las aguas, o cualquier maquinaria destinada a extraer o elevar tierras o áridos. **2.** Barco dragador.

DRAGADO n. m. Operación consistente en dragar los puertos, vías fluviales, canales, etc., y, en general, en extraer las piedras y rocas sueltas que se hallan bajo las aguas. **2.** Operación que tiene por objeto la extracción o la destrucción de las minas existentes en determinada zona marítima.

DRAGADOR, RA adj. y n. m. Dícese de la embarcación provista de una máquina propia para dragar. **2.** Dícese del obrero que trabaja a bordo de una draga.

DRAGAR v. tr. [**1b**]. Excavar y limpiar con draga los puertos de mar, los ríos, etc.

DRAGO (Luis María), político y jurisconsulto argentino (Buenos Aires 1859-*id.* 1921). Ministro de Relaciones Exteriores (1902), formuló la llamada *doctrina Drago,* clásica en derecho internacional, según la cual la deuda pública de un estado no podía justificar una intervención armada ni la ocupación del territorio por otras naciones.

DRAGÓN n. m. (lat. *draconem*). Monstruo fabuloso que se representa con alas y con cola de serpiente. **2.** Soldado de un cuerpo militar de caballería creado en el siglo XVI para combatir a pie o a caballo. **3.** Reptil parecido al lagarto. **4.** Pez marino, de cuerpo alargado, cabeza de gran tamaño, plana y ancha, con dos ojos en el dorso, y grandes aletas dorsales, sobre todo en los machos. (Familia caliónimidos.)

DRAGÓN n. m. Embarcación de vela, monotipo de regatas.

DRAGONEAR v. intr. [**1**]. *Amér.* Ejercer un cargo sin tener título para ello. **2.** *Amér.* Alardear, jactarse de algo.

DRAKE (*estrecho de*), estrecho que separa el archipiélago de Tierra del Fuego del continente antártico.

DRAKE (sir Francis), marino inglés (cerca de Tavistock, Devonshire, c. 1540-frente a las costas de Portobelo 1596). Tras llevar a cabo diversas operaciones de saqueo contra las posesiones españolas en el mar del Sur, luchó con éxito contra los españoles, destruyendo su flota en Cádiz (1587), y participó en la derrota de la Armada Invencible (1588). Realizó el primer viaje inglés de circunnavegación.

DRAMA n. m. (gr. *drama*). Obra teatral. **2.** Obra teatral de tema serio o grave. **3.** Género literario que comprende las obras escritas para ser representadas. **4.** *Fig.* Suceso o situación de la vida real, capaz de interesar y conmover: *drama pasional.*

DRAMÁTICA n. f. Arte de componer obras dramáticas. SIN.: dramaturgia.

DRAMÁTICO, A adj. Relativo al teatro: *género dramático.* **2.** *Fig.* Capaz de interesar y conmover, patético: *situación dramática.* ♦ adj. y n. **3.** Dícese del autor o actor de obras dramáticas.

DRAMATISMO n. m. Cualidad de dramático.

DRAMATIZACIÓN n. f. Acción y efecto de dramatizar.

DRAMATIZAR v. tr. [**1g**]. Dar forma y condiciones dramáticas. **2.** *Fig.* Exagerar un suceso o situación con el fin de interesar y conmover.

DRAMATURGIA n. f. Dramática. **2.** Tratado sobre la composición de obras de teatro. **3.** Catálogo razonado de obras de teatro.

DRAMATURGO, A n. Autor de obras dramáticas.

DRAMÓN n. m. Drama en que se exageran los efectos dramáticos.

DRAPEADO n. m. Acción de drapear.

DRAPEAR v. tr. [**1**]. Disponer, dibujar los pliegues de los paños.

DRAQUE n. m. *Amér.* Bebida confeccionada con agua, aguardiente y nuez moscada.

DRÁSTICO, A adj. (gr. *drastikos*). Que actúa rápida y violentamente: *efecto drástico.* **2.** Enérgico, de gran severidad: *medidas drásticas.*

DRÁVIDA adj. y n. m. y f. Relativo a un conjunto de pueblos, que se extiende desde el S de la India y Sri Lanka hasta Birmania; individuo de estos pueblos. Su unidad es de tipo cultural lingüístico.

DREISER (Theodore), escritor norteamericano (Terre Haute, Indiana, 1871-Hollywood 1945), iniciador del naturalismo en E.U.A. (*Sister Carrie*, 1900; *Jennie Gerhardt*, 1911; *Una tragedia americana*, 1925).

DRENAJE n. m. Acción y efecto de drenar. **2.** *Méx.* Instalación en una casa, pueblo o ciudad que sirve para sacar las aguas negras. **3.** MED. Técnica de evacuación de secreciones de una cavidad del organismo con una cánula.

DRENAR v. tr. [**1**]. Avenar. **2.** Realizar un drenaje en una herida.

DRESDE, en alem. **Dresden,** c. de Alemania, cap. de Sajonia, a orillas del Elba; 501 417 hab. Centro industrial. Palacio barroco (c. 1720) del Zwinger (muy restaurado), obra de M. D. Pöppelmann. Rica galería de pintura.

DRIBLAR v. tr. e intr. (ingl. *to dribble*) [**1**]. En diversos deportes, avanzar con el balón regateando a los adversarios.

DRIBLE n. m. Acción de driblar.

DRIBLING n. m. (voz inglesa). DEP. Regate.

DRIL n. m. (ingl. *drill*). Tela fuerte de hilo o de algodón crudos.

DRIL n. m. Mono cinocéfalo del Camerún, de 70 cm de long. sin la cola.

DRIVE n. m. (voz inglesa). En tenis, golpe de derecha. **2.** En el golf, golpe de larga distancia dado desde la salida de un agujero.

DRIVER n. m. (voz inglesa). En el golf, palo con que se ejecuta el drive.

DRIZA n. f. (ital. *drizza*). MAR. Cuerda que sirve para izar las vergas.

DROGA n. f. Denominación genérica de los alucinógenos, barbitúricos y, en general, de todas las sustancias estupefacientes o con propiedades toxicomanígenas. **2.** Denominación genérica de ciertas sustancias usadas en química, industria, medicina, etc. **3.** Denominación genérica, inespecífica y antigua de los medicamentos.

DROGADICCIÓN n. f. Adicción, hábito de quien se deja dominar por el uso de alguna droga tóxica.

DRO

DROGADICTO, A adj. y n. Habituado a las drogas. SIN.: *toxicómano*.

DROGAR v. tr. y pron. [**1b**]. Administrar o tomar drogas. **2.** Viciar o acostumbrar a las drogas.

DROGUERÍA n. f. Establecimiento en que se venden productos de limpieza, pinturas y sustancias semejantes. **2.** *Amér. Central.* Farmacia.

DROGUERO, A n. Persona que comercia con productos de droguería. **2.** *Amér.* Persona tramposa, que contrae deudas y no las paga.

DROGUETT (Carlos), novelista chileno (Santiago 1912). Su narrativa se sumerge en un mundo caótico y violento: *Sesenta muertos en la escalera* (1953), *Eloy* (1960), *Patas de perro* (1965), *Todas esas muertes* (1971), *Escrito en el aire* (1972).

DROMEDARIO n. m. (lat. *dromedarium*). Camello con una sola joroba, muy resistente, utilizado para montar (se le llama entonces *mehari*) o como bestia de carga en los desiertos de África y Arabia.

DROSOFILA n. f. Insecto díptero muy frecuente en lugares habitados y que se utiliza en numerosas experiencias de genética.

DRUIDA, ESA n. (lat. *druidam*). Sacerdote celta.

DRUÍDICO, A adj. Relativo a los druidas.

DRUIDISMO n. m. Institución religiosa de los celtas, dirigida por los druidas.

DRUPA n. f. (lat. *druppam*). BOT. Fruto carnoso cuyo endocarpio forma un hueso (cereza, albaricoque, ciruela, etc.).

DRUSO, A adj. y n. Relativo a un pueblo de Oriente próximo (Líbano, Siria, Israel), que practica desde el s. XI una religión iniciática surgida del chiísmo ismailí de los fatimíes; individuo de dicho pueblo.

DRYDEN (John), escritor inglés (Aldwinkle, Northamptonshire, 1631-Londres 1700). Principal representante del espíritu clásico en Inglaterra, es autor de tragedias, sátiras políticas (*Absalón y Ajitofel*, 1681-1682), *Fábulas* y poemas.

DUAL adj. (lat. *dualem*). Que reúne dos caracteres o fenómenos distintos, o una relación de interacción o reciprocidad. ♦ adj. y n. m. **2.** LING. En ciertas lenguas, número que se emplea en las declinaciones y las conjugaciones para designar dos personas o dos cosas. **3.** LÓG. Dícese de dos relaciones de orden tales que si, para la primera, a precede a b, para la segunda, b precede a a. **4.** MAT. Dícese del espacio vectorial constituido por las formas lineales sobre un espacio vectorial.

DUALIDAD n. f. Carácter de lo que es doble en sí mismo: *la dualidad del ser humano*. **2.** MAT. Correspondencia biunívoca entre dos conjuntos, con iguales leyes formales, por lo que a toda aserción relativa a los elementos de uno corresponde una aserción relativa a los elementos del otro.

DUALISMO n. m. Pensamiento religioso o filosófico que admite dos principios, como la materia y el espíritu, el cuerpo y el alma, el bien y el mal, opuestos desde sus orígenes. CONTR.: *monismo*. **2.** Coexistencia de dos elementos diferentes opuestos o complementarios: *el dualismo de partidos*.

DUARTE (pico), cumbre culminante de la República Dominicana, en la cordillera Central; 3175 metros.

DUARTE (provincia de), prov. de la República Dominicana, al N del país; 1292 km²; 257 000 hab. Cap. *San Francisco de Macorís*.

DUARTE (José Napoleón), político salvadoreño (San Salvador 1925-*id.* 1990). Democratacristiano, fue aupado al poder por el ejército en 1980-1982, y fue de nuevo presidente en 1984-1989.

DUARTE (Juan Pablo), patriota dominicano (Santo Domingo 1813-Caracas 1876). Fundó la sociedad Trinitaria y promovió la revuelta de 1843. Es considerado el fundador de la República Dominicana.

DUARTE (María Eva), política argentina (Los Toldos, Buenos Aires, 1919-Buenos Aires 1952). Trabajaba como actriz cuando se casó (1945) con J. D. Perón, quien en 1946 ocupó la presidencia de la república. Colaboró en las tareas de gobierno, y en especial en los programas sociales. Tuvo gran influencia en la vida argentina, y con su muerte se inició la crisis del régimen peronista.

DUBAY → *Dibay*.

DUBITACIÓN n. f. (lat. *dubitationem*). Duda.

DUBITATIVO, A adj. Que implica o denota duda.

DUBLÍN, en gaélico **Baile Átha Cliath**, c. y cap. de la República de Irlanda, en la costa E de la isla; 477 675 hab. (861 000 en la aglomeración). Centro financiero y cultural, es también un centro industrial. Residencias y monumentos, s. XVII-XVIII. Ricos museos (arqueología céltica; manuscritos iluminados de los ss. VII-VIII, etc.).

DUBROVNIK, ant. **Ragusa**, c. y puerto de Croacia; 31 000 hab. Centro turístico en la costa dálmata. Numerosos monumentos, de la época prerromana al barroco. Museos.

DUCADO n. m. Título o dignidad de duque. **2.** Conjunto de tierras y señoríos a los que estaba unido el título de duque. **3.** Antigua moneda, generalmente de oro, con diferente valor según el país.

DUCAL adj. Relativo al duque: *palacio ducal*.

DUCE n. m. (voz italiana, *jefe*). Título adoptado por Mussolini, jefe de la Italia fascista desde 1922 hasta 1945.

DUCENTÉSIMO, A adj. num. ordin. Que corresponde en orden al número doscientos: *ocupa el ducentésimo lugar en el escalafón*. ♦ adj. y n. m. **2.** Dícese de cada una de las doscientas partes iguales en que se divide un todo.

DUCHA n. f. Aplicación de agua en forma de chorro o de lluvia para limpiar o refrescar el cuerpo o con fines medicinales. **2.** Aparato para ducharse.

DUCHAMP (Marcel), pintor francés (Blainville 1887-Neuilly-sur-Seine 1968), nacionalizado norteamericano. Futurista, pasó a hacer *ready-mades* (objetos usuales promovidos a obras de arte). Precursor del dadaísmo, influyó en el pop art y el arte conceptual.

DUCHAR v. tr. y pron. [**1**]. Dar una ducha.

DUCHO, A adj. Diestro, hábil, experto.

DÚCTIL adj. Dícese de los metales que mecánicamente se pueden extender en alambres o hilos. **2.** Maleable, que cambia de forma con facilidad. **3.** *Fig.* Dícese de la persona dócil y condescendiente.

DUCTILIDAD n. f. Calidad de dúctil.

DUDA n. f. Indeterminación entre dos juicios o decisiones: *asaltar la duda a alguien*. **2.** Cuestión que queda pendiente de resolución. **3.** Falta de convicción o firmeza en la fe religiosa. • **Sin duda**, con certeza.

DUDAR v. intr. [**1**]. Estar en duda: *duda entre casarse o quedarse soltera*. ♦ v. tr. **2.** Dar poco crédito a algo: *dijo que vendría, pero yo lo dudo*.

DUDOSO, A adj. Que ofrece duda: *persona de moral dudosa*. **2.** Que está en duda: *estaba dudoso entre marcharse sin decir nada o hablar con ella*. **3.** Que es poco probable.

DUELA n. f. Cada una de las tablas que forman las paredes curvas de los toneles, cubas, barriles, etc. **2.** Gusano plano, de unos 3 cm de long., que en estado adulto parasita el hígado de varios mamíferos (hombre, cordero y buey), y es agente de las distomatosis. (Clase trematodos.) **3.** *Méx.* Cada una de las tablas angostas de un piso o entarimado.

DUELISTA n. m. Hombre propenso a desafiar y a tener duelos. **2.** Hombre entendido en duelos.

DUELO n. m. (lat. *duellum*, guerra). Combate entre dos adversarios, de los que uno ha pedido al otro la reparación de una ofensa por medio de las armas.

DUELO n. m. Dolor, lástima. **2.** Demostraciones del pesar o sentimiento que se tiene por la muerte de alguien. **3.** Reunión de parientes, amigos o invitados que asisten a la casa mortuoria, al entierro o a los funerales.

DUENDE n. m. Espíritu que la gente supersticiosa cree que habita en algunas casas, causando en ellas trastornos y estruendo. **2.** Nomo, ser fantástico. **3.** Encanto misterioso e inefable: *el duende de Granada*. • **Tener un duende**, tener atractivo, encanto, arte, etc.

DUEÑA n. f. Femenino de dueño. **2.** Mujer de edad y generalmente viuda que, en las casas principales, acompañaba a la señora o estaba al frente de la servidumbre. **3.** Monja o beata que vivía en comunidad y solía ser mujer principal.

DUEÑAS (Francisco), político salvadoreño (1811-1884). Fue presidente constitucional en 1852-1854 y 1863-1871.

DUEÑO, A n. Poseedor de una cosa respecto a ésta. **2.** Jefe de la casa respecto de los criados. • **Dueño de sí mismo**, que sabe dominarse y no se deja arrastrar por los primeros impulsos.

DUERMEVELA n. m. *Fam.* Sueño ligero, inquieto e interrumpido con frecuencia.

DUERO, en port. **Douro**, r. de la península Ibérica, colector de las aguas de la submeseta N; 913 km. Su cuenca es la mayor de la Península (98 160 km²). Nace en los Picos de Urbión (España) y desemboca en Oporto (Portugal). Sus afl. principales son el Esla (or. der.) y el Tormes (or. izq.). Aprovechado para regadío e hidroelectricidad (diversos embalses, el mayor el de Aldeadávila, en España; Miranda, en Portugal). Navegable en su curso bajo.

DUETO o **DUETINO** n. m. (voz italiana). Aire cantado a dos voces. **2.** Pieza instrumental para dos instrumentos monódicos.

DUFY (Raoul), pintor, grabador y dibujante francés (El Havre 1877-Forcalquier 1953). Influido por el fauvismo y el cubismo, halló su personalidad en un grafismo ligero y un colorido claro y alegre.

DUGO n. m. *Amér. Central.* Ayuda, auxilio.

DUGÓN o **DUGONGO** n. m. Mamífero marino de 3 m de long. y cuerpo macizo, que vive en el litoral del océano Índico. (Orden sirenios.)

DUHA, c. y cap. de Qatar, en el golfo Pérsico; 190 000 hab. Terminal de gasoducto.

DUKAS (Paul), compositor francés (París 1865-*id.* 1935), autor de *El aprendiz de brujo* (1897).

DULCE adj. Que causa al paladar cierta sensación más o menos azucarada. **2.** Que no es agrio, amargo o salado, comparado con otras cosas de la misma especie: *agua dulce*. **3.** Insípido, soso: *el guiso está dulce*. **4.** *Fig.* Grato, apacible: *voz dulce*. **5.** *Fig.* Afable, complaciente, dócil: *carácter dulce*. **6.** METAL. Maleable, dúctil, poco duro y no frágil: *acero dulce*. ♦ n. m. **7.** Manjar en cuya composición entra el azúcar como elemento fundamental. **8.** Fruta cocida con azúcar o almíbar. **9.** *Amér.* Chancaca, azúcar mascabado. **10.** *Méx.* Caramelo. • **Dulce de leche** (Argent. y Urug.), dulce de consistencia pastosa que se prepara cociendo, a fuego lento, leche y azúcar hasta que adquiere un color caramelo claro y consistencia espesa. ‖ **Tirarse al dulce** (Chile. Vulg.), entablar una relación amorosa.

DULCE, r. del N de Argentina, que desagua en la laguna de Mar Chiquita; 670 km.

DULCEACUÍCOLA adj. Que habita en las aguas dulces: *fauna dulceacuícola*.

DULCERÍA n. f. Confitería.
DULCIFICACIÓN n. f. Acción y efecto de dulcificar.
DULCIFICAR v. tr. [1a]. Mitigar la acerbidad, hacer suave y grata una cosa.
DULZAINA n. f. MÚS. Instrumento de viento, hecho de madera, parecido por su forma al clarinete pero de tonos más altos.
DULZÓN, NA o **DULZARRÓN, NA** adj. *Fam*. De sabor dulce, pero empalagoso.
DULZOR n. m. Sabor dulce.
DULZURA n. f. Calidad de dulce. **2.** *Fig*. Afabilidad, bondad, docilidad: *dulzura de carácter*. **3.** *Fig*. Suavidad, deleite. **4.** Palabra cariñosa. (Suele usarse en plural.)
DUMA n. f. Palmera africana de tallo bifurcado.
DUMAS (Alexandre), escritor francés (Villers-Cotterêts 1802-Puys, cerca de Dieppe, 1870), el más popular de los románticos (*Antony*, 1831; *Los tres mosqueteros*, 1844; *El conde de Montecristo*, 1845). — **Alexandre**, llamado **Dumas hijo**, hijo natural del anterior (París 1824-Marly-le-Roi 1895), es autor de un teatro de inspiración social. *La dama de las camelias* (1848) fue su gran éxito.
DUMAS (Jean-Baptiste), químico francés (Alès 1800-Cannes 1884). Determinó la masa atómica de una gran número de elementos, utilizó sistemáticamente las ecuaciones químicas y descubrió la noción de función química.
DUMPING n. m. (voz inglesa). Práctica del comercio internacional que consiste en vender una mercancía en un mercado extranjero, a un precio inferior al del mercado interior, o, como consecuencia de circunstancias de orden monetario o social, a un precio inferior al precio de coste de los competidores extranjeros.
DUNA n. f. Colina constituida por un montón de arena acumulada por el viento.
DUNA → *Danubio*.
DUNANT (Henri), filántropo suizo (Ginebra 1828-Heiden 1910). Promotor de la convención de Ginebra (1864) y uno de los creadores de la Cruz Roja. (Premio Nobel de la paz 1901.)
DUNCAN (Isadora), bailarina norteamericana de origen irlandés (San Francisco 1878-Niza 1927). Sus innovaciones e improvisaciones, en oposición a la expresión académica y a las formas clásicas del ballet, influyeron en el desarrollo de la danza moderna.
DUNDERA n. f. *Amér*. Simpleza, tontería.
DUNDO, A adj. *Amér*. Tonto.
DUNKERQUE, c. de Francia (Nord); 71 071 hab. Activo puerto. Violenta batalla en 1940. Museos.
DUNLOP (John Boyd), veterinario e ingeniero escocés (Dreghorn, Ayrshire, 1840-Dublín 1921). Realizó el primer neumático (1887).
DUNS SCOT (John) → *Escoto*.
DÚO n. m. Pieza vocal o instrumental que necesita, respectivamente, de dos cantantes o de dos instrumentos. **2.** Conjunto de dos voces o instrumentos. • **A dúo**, entre dos personas.
DUODECIMAL adj. Duodécimo. **2.** Dícese del sistema de numeración de base doce.
DUODÉCIMO, A adj. num. ordin. Que corresponde en orden al número doce: *Benjamín fue el duodécimo hijo de Jacob*. ♦ adj. y n. m. **2.** Dícese de cada una de las doce partes iguales en que se divide un todo.
DUOENAL adj. Relativo al duodeno.
DUODENO, A adj. y n. m. Duodécimo. ♦ n. m. **2.** Primer segmento del intestino, que sigue al estómago y en el que desembocan el canal pancreático y el colédoco.
DÚPLEX n. m. Enlace eléctrico o radioeléctrico entre dos puntos, que se puede utilizar simultáneamente en los dos sentidos. **2.** Apartamento que consta de dos pisos unidos por una escalera interior.
DUPLICACIÓN n. f. Acción y efecto de duplicar. **2.** BIOL. Fenómeno por el cual existe con carácter doble cualquier estructura orgánica. **3.** CIT. Mutación o aberración cromosómica en virtud de la cual un segmento cromosómico se repite en el mismo cromosoma o en la misma serie cromosómica. **4.** TELECOM. Acción y efecto de establecer un dúplex. SIN.: *duplexado*.
DUPLICADO n. m. Copia de un escrito que se hace por si el original se pierde o se necesitan dos ejemplares. **2.** Ejemplar doble o repetido de una obra. **3.** LING. Palabra que posee la misma etimología que otra pero que ha penetrado en la lengua de diferente modo, como *colgar* y *colocar* del lat. *collocāre*. SIN.: *doblete*.
DUPLICAR v. tr. y pron. [1a]. Hacer o ser doble una cosa. ♦ v. tr. **2.** Multiplicar por dos una cantidad. **3.** TELECOM. Establecer una instalación en dúplex. SIN.: *duplexar*.
DUPLICATIVO, A adj. Que duplica o dobla.
DUPLICIDAD n. f. Calidad de doble: *duplicidad de cargos*. **2.** Doblez, falsedad.
DUPLO, A adj. y n. m. Que contiene un número dos veces exactamente.
DUQUE, ESA n. Título nobiliario inferior al de príncipe y superior a los del marqués y conde. ♦ n. m. **2.** Título ostentado antiguamente por el soberano de un ducado. **3.** En la organización feudal, primera dignidad de la jerarquía señorial.
DURABILIDAD n. f. Calidad de lo que es duradero o durable.
DURACIÓN n. f. Acción y efecto de durar. **2.** MÚS. Tiempo durante el cual debe mantenerse un sonido, una nota o un silencio, que varía según el movimiento y el compás de cada fragmento musical.
DURADERO, A adj. Que dura o puede durar mucho: *amistad duradera*. SIN.: *durable*.
DURALUMINIO n. m. (marca registrada). Aleación ligera de aluminio, de alta resistencia mecánica.
DURAMADRE n. f. ANAT. La más externa y resistente de las tres capas que constituyen las meninges.
DURAMEN n. m. Parte muerta del leño de un árbol, no apta para el transporte de las sustancias minerales que absorben las raíces.
DURÁN (Diego), dominico español (Sevilla c. 1537-† 1588), autor de obras sobre la historia precolombina (*Historia de las Indias de Nueva España e Islas de Tierra Firme*, publicada en México en 1867-1880).
DURÁN BALLÉN (Sixto), político ecuatoriano (Boston, E.U.A., 1920). Fue presidente de la república, por el conservador Partido de unión republicana (1992-1996).
DURANGO (estado de), dep. del O de México, accidentado por la sierra Madre occidental; 119 648 km^2; 1 349 378 hab. Cap. *Durango*.
DURANGO, c. de México, cap. del est. homónimo; 413 835 hab. Centro industrial, comercial y cultural (universidad). Catedral (ss. XVII-XVIII), palacio del gobierno y edificios civiles del s. XVII. Fue fundada en 1563.
DURANGO, v. de España (Vizcaya), cab. de p. j.; 22 492 hab. (*Durangueses*.) Mercado agrícola. Fundiciones; fábrica de bicicletas; ind. papeleras. Cruz de Crutziaga (s. XV). Casas solariegas e iglesias.
DURANTE prep. Denota el espacio de tiempo en que dura algo: *durante la recepción habló el director*.
DURAR v. intr. [1]. Existir, estar ocurriendo algo en un cierto espacio de tiempo: *la película duró dos horas*. **2.** Subsistir, permanecer, aguantar.
DURAS (Marguerite), escritora y directora de cine francesa (Gia Dinh, Vietnam, 1914-París 1996). Sus novelas (*Moderato cantabile*, 1958; *El amante*, 1984), su teatro y sus películas (*India song*, 1975), denuncian la alienación social. Escribió el guión de *Hiroshima mon amour* (1958), de A. Resnais.
DURATIVO, A adj. LING. Dícese de una forma verbal que considera una acción en su desarrollo y en su duración.
DURAZNERO n. m. Variedad de melocotonero, de fruto pequeño. **2.** *Amér*. Durazno.
DURAZNILLO n. m. Planta herbácea de tallos ramosos y flores rosáceas o blancas, que forman espigas laterales; crece en las orillas de los ríos y lagos del hemisferio norte. (Familia poligonáceas.)
DURAZNO n. m. Duraznero. **2.** Fruto de este árbol. **3.** *Argent*. y *Chile*. Melocotonero pérsico y variedades de este árbol. **4.** *Argent*. y *Chile*. Fruto de estos árboles.
DURAZNO (departamento de), dep. del centro de Uruguay; 11 643 km^2; 55 077 hab. Cap. *Durazno* (25 800 hab.).
DURERO (Alberto), en alem. **Albrecht Dürer**, pintor y grabador alemán (Nuremberg 1471-íd. 1528). Manifestó su genio en la pintura al óleo (*Fiesta del Rosario*, 1506, Praga; retratos), en el dibujo y la acuarela (col. Albertina, Viena) y en sus grabados (xilografías, con un grafismo fogoso, aún medieval: el *Apocalipsis* [15 planchas, 1498], la *Pasión grande*, etc.; grabados con buril, más italianizantes y que reflejan la influencia de los humanistas: *La gran fortuna*, c. 1500; *San Jerónimo* y *La Melancolía*, 1514). Se apasionó por las teorías del arte (perspectiva, etc.) y publicó varias obras al final de su vida (*Tratado de las proporciones del cuerpo humano*, 1528).
DUREZA n. f. Calidad de duro. **2.** B. ART. Falta de armonía y de suavidad en los contornos. **3.** Oposición demasiado viva de los colores. **4.** DERMATOL. Callosidad. **5.** MINER. Resistencia que opone un mineral a ser rayado por otro: *el diamante es el mineral de mayor dureza*. **6.** QUÍM. Contenido de un agua en iones calcio o magnesio.
DURMIENTE adj. y n. m. y f. Que duerme. ♦ n. m. **2.** Madero colocado horizontalmente, sobre el cual se apoyan otros, verticales u horizontales, y distribuye la carga sobre el suelo. **3.** F.C. Traviesa de vía férrea.
DURO, A adj. Dícese del cuerpo poco blando, o que ofrece fuerte resistencia a ser penetrado, partido, rayado y que no cede fácilmente a la presión. **2.** Difícil, penoso: *vida dura*. **3.** *Fig*. Violento, cruel, insensible: *palabras duras*. **4.** *Fig*. Terco y obstinado: *ser duro de mollera*. **5.** *Fig*. Dícese del rayo X más penetrante. • **Agua dura**, la que por contener ciertos compuestos minerales en forma espumosa con el jabón. ♦ n. m. **6.** Antigua moneda de plata española que valía cinco pesetas. **7.** Moneda actual que vale cinco pesetas. **8.** CIN. Actor que da vida a un personaje insensible. ♦ adv. m. **9.** Con fuerza, con violencia: *pégale duro*. || **Duro y parejo** (*Argent.*, *Chile*, *Colomb.*, *Méx.*, *Pa.z.*, *Perú* y *Urug*. Fam.), con fuerza y constancia.
DURRELL (Lawrence), escritor británico (Jullundur, India, 1912-Sommières, Francia, 1990). En sus novelas, que tienen como marco los paisajes mediterráneos, creó un universo en el que las únicas crisis profundas son las de la sensibilidad plástica y literaria (*El cuarteto de Alejandría*, 1957-1960; *El quinteto de Aviñón*, 1974-1986).
DÜRRENMATT (Friedrich), escritor suizo en lengua alemana (Konolfingen, Berna, 1921-Neuchâtel 1990). En su teatro, lleno de humor barroco, critica las ilusiones y corrupciones humanas (*Un ángel viene a Babilonia* 1953; *Los físicos*, 1962). También escribió novelas (*El juez y su verdugo*, 1952).

DÜS

DÜSSELDORF, c. de Alemania, cap. de Renania del Norte-Westfalia, a orillas del Rin; 574 022 hab. Centro comercial y financiero del Ruhr. Metalurgia. Química. Museos.

DUVALIER (François), llamado **Papa Doc,** político haitiano (Puerto Príncipe 1907-*id.* 1971). Presidente de la república (1957), desde 1964 ejerció un poder dictatorial. — Su hijo **Jean-Claude,** llamado **Bébé Doc** (Puerto Príncipe 1951), le sucedió en 1971 hasta 1986, en que tuvo que exiliarse.

DUX n. m. (voz latina). HIST. Jefe electivo de las antiguas repúblicas de Génova y Venecia.

DVD, siglas de *digital versatil disc*, videodisco en el que las imágenes y sonidos se hallan grabados en forma digital.

DVOŘÁK (Antonin), compositor checo (Nelahozeves, Bohemia, 1841-Praga 1904), director de los conservatorios de Nueva York y de Praga (*Sinfonía del Nuevo mundo*, 1893; concierto para violonchelo, 1895, etc.).

E e

E n. f. Quinta letra del alfabeto español y segunda de las vocales **2.** Base de los logaritmos neperianos. **3.** Símbolo del *electrón*.

E conj. cop. Forma usada en vez de y para evitar la repetición del mismo sonido antes de palabras que empiecen por *i* o *hi: Juan y Ignacio*.

¡EA! interj. Suele usarse sola o repetida para significar algún acto de la voluntad o para animar.

EBANISTA n. m. y f. Carpintero de muebles y trabajos finos.

EBANISTERÍA n. f. Arte, obras y taller del ebanista.

ÉBANO n. m. (lat. *ebenum*). Árbol de África ecuatorial que proporciona la madera del mismo nombre. **2.** Madera negra, dura y pesada de este árbol.

EBONITA n. f. (ingl. *ebony*, ébano). Caucho endurecido por adición de azufre, que se utiliza por sus propiedades aislantes.

EBRIEDAD n. f. Embriaguez.

EBRIO, A adj. y n. (lat. *ebrium*). Afecto de alcoholismo agudo, embriagado. ♦ adj. **2.** *Fig.* Ofuscado por una pasión: *ebrio de amor*.

EBRO, r. de España, el mayor colector de la vertiente mediterránea; 928 km. Nace en la sierra de Peña Labra (Cantabria), sigue en dirección OE y, por los montes Obarenes, penetra en la depresión del Ebro, donde fertiliza las huertas de La Rioja, Navarra, Aragón y Cataluña, mediante una serie de canales de riego y embalses. A partir de Mequinenza se encaja y aprovechado por varias centrales hidroeléctricas. Desemboca en el Mediterráneo formando un amplio delta.

EBULLICIÓN n. f. (lat. *ebullitionem*). Paso de un líquido al estado gaseoso, manteniéndose el equilibrio de las dos fases.

EBÚRNEO, A adj. (lat. *eburneum*). De marfil, parecido a él o que por su consistencia.

EÇA DE QUEIROZ (José María), escritor portugués (Póvoa de Varzim 1845-París 1900), autor de novelas de técnica naturalista que analiza la vida social portuguesa (*El crimen del padre Amaro*, 1875-1876; *El primo Basilio*, 1878).

ECAPACLE n. m. *Méx.* Planta de la familia de las leguminosas, que posee propiedades medicinales.

ECATEPEC, v. de México (México); 1 218 135 hab. Centro industrial (metalurgia, química y papel).

ECCEMA o **ECZEMA** n. m. o f. (gr. *ekzema*, erupción cutánea). Enfermedad de la piel, de naturaleza inflamatoria, caracterizada por un eritema o por finas vesículas epidérmicas.

ECHADA n. f. Acción y efecto de echar o echarse. **2.** Fanfarronada.

ECHADO, A adj. y n. *C. Rica.* y *Nicar.* Indolente.

ECHADOR, RA adj. y n. *Cuba, Méx.* y *Venez.* Fanfarrón.

ECHANDI (Mario), político costarricense (San José 1915), presidente de la república (1958-1962).

ECHANDÍA (Darío), político colombiano (Chaparral, Tolima, 1897-Bogotá 1981), presidente interino de la república (1944) y primer ministro (1948).

ECHAR v. tr. (lat. *iactare*, arrojar) [1]. Hacer que una cosa vaya a parar a alguna parte, dándole impulso: *echar una piedra*. **2.** Despedir sí una cosa: *echar humo una chimenea*. **3.** Hacer que algo caiga en un sitio determinado: *echar azúcar al café*. **4.** Derribar, demoler: *echar una puerta abajo*. **5.** Expulsar, hacer salir a uno de un lugar: *le echaron del colegio*. **6.** Deponer o destituir a alguien de su empleo o dignidad: *le han echado de la dirección*. **7.** Producir un organismo animal algo que brota de él: *echar los dientes el niño*; *echar plumas las aves*. **8.** Juntar los animales machos con las hembras para que procreen: *echar el semental a la yegua*. **9.** Poner, aplicar: *echar perfume en la solapa*; *echar pomada en la herida*. **10.** Dar a un instrumento el movimiento necesario para cerrar: *echar el cerrojo, la llave*. **11.** Confiar algo a la suerte: *echarlo a cara o cruz*. **12.** Jugar, llevar a cabo partidas de juego: *echar una partida de dados*. **13.** Dar, entregar, repartir: *echar de comer al perro*. **14.** Hacer cálculos: *echar cuentas*. **15.** Suponer o conjeturar: *¿qué edad le echas?* **16.** Proyectar una película o representar una obra teatral o musical: *¿qué película echan hoy?* **17.** Pronunciar, decir, proferir: *echar un piropo, maldiciones*. **18.** Con algunos nombres, hacer lo que éstos expresan: *echar un vistazo, una firma*. **19.** Condenar a una pena o reclusión: *le han echado dos años de prisión*. ♦ v. tr. e intr. **20.** Brotar y dar las plantas sus hojas, flores o frutos. ♦ **Echar de menos** a una persona o cosa, advertir su ausencia o falta o sentir pena por ello. ♦ v. tr. y pron. **21.** Inclinar, reclinar o recostar la cabeza a un lado; *echarse atrás.* **22.** Con la preposición *a* y un infinitivo, ser causa o motivo de la acción que expresa dicho infinitivo: *echar a rodar la pelota.* **23.** Poner o ponerse una prenda de vestir sobre el cuerpo: *echarse el abrigo sobre los hombros.* ‖ **Echar**, o **echarse, a perder**, deteriorar, estropear, malograr un negocio; pervertir o pervertirse. ♦ v. intr. **24.** Dirigirse, tomar una determinada dirección: *echar calle abajo*; *echar por el atajo*. ♦ v. intr. y pron. **25.** Seguido de la prep. *a* y un infinitivo, dar principio a la acción que indica el infinitivo: *echar a correr*; *echarse a llorar*. ♦ **echarse** v. pron. **26.** Arrojarse, tirarse, precipitarse: *echarse al agua*; *se echó sobre mí*. **27.** Tenderse en posición horizontal: *echarse en la cama*. **28.** Ponerse las aves sobre los huevos. **29.** Dedicarse a una cosa: *echarse a la buena vida*. **30.** Empezar a tener trato o relación con alguien: *echarse novia*. ‖ **Echarse atrás** *(Fam.)*, eludir un compromiso, desistir de alguna cosa. ‖ **Echarse encima** una cosa *(Fig.)*, llegar, ser inminente o muy próxima: *se echan encima las fiestas*; llegar una cosa inesperadamente: *se echó encima la policía*.

ECHARPE n. m. (fr. *écharpe*). Chal, prenda femenina.

ECHAVE IBÍA (Baltasar **de**), pintor mexicano (¿México? c. 1580-¿id.? c. 1660). Se formó con su padre, B. Echave Orio, y se dedicó a la pintura religiosa y al paisaje.

ECHAVE RIOJA (Baltasar **de**), pintor mexicano (México 1632-† 1682), hijo de B. de Echave Ibía. Su obra se inscribe en el barroco, en un principio zurbaranesco *(Entierro de Cristo)* y luego en tono dramático *(Martirio de san Pedro Arbués)*.

ECHEGARAY (José), dramaturgo español (Madrid 1832-id. 1916). Triunfó con patéticos melodramas, a menudo sobre el tema del honor ultrajado: *O locura o santidad* (1877), *El gran Galeoto* (1881), su mayor éxito, *Mancha que limpia* (1895). (Premio Nobel de literatura 1904.) [Real academia 1882.]

ECHENIQUE (José Rufino), militar y político peruano (Puno 1808-† 1887). Elegido presidente en 1851, fue depuesto por los liberales en 1855.

ECHEVERRÍA (Aquileo J.), poeta costarricense (San José 1866-Barcelona 1909). Reunió su poesía, rural y costumbrista, en *Romances* (1903) y *Concherías* (1905).

ECHEVERRÍA (Esteban), escritor argentino (Buenos Aires 1805-Montevideo 1851). Precursor del romanticismo rioplatense, es autor del poema *La cautiva* (1837). Su obra más importante es la novela corta *El matadero* (1838), alegoría realista de la tiranía.

ECHEVERRÍA (Luis), político mexicano (México 1922). Presidente de la república (1970-1976), durante su mandato impulsó la democratización de las organizaciones políticas y sindicales.

ECHÓN, NA adj. y n. *Venez.* Fanfarrón, jactancioso.

ECHONA n. f. *Argent.* y *Chile.* Hoz para segar.

ÉCIJA, c. de España (Sevilla), cab. de p. j.; 35 727 hab. *(Ecijaros.)* Centro industrial y comercial. De origen ibérico *(Astigi)*, fue colonia libre romana. Conjunto monumental civil y religioso.

ECKART o **ECKHART** (Johannes, llamado **maestro**), dominico alemán (Hochheim, cerca de Gotha, c. 1260-Aviñón o Colonia c. 1327). Su obra inspiró la corriente mística renana y la tradición conceptual recuperada por el idealismo alemán. Fue condenado por el papa Juan XXII.

ECLECTICISMO n. m. Método que consiste en escoger de entre diversos sistemas las tesis que parecen más aceptables, para formar con ellas un cuerpo de doctrina. **2.** Disposición del espíritu que se adapta a todo lo que le parece bueno. **3.** *Fig.* Modo de proceder basado en la condescendencia parcial y en no mostrarse en soluciones extremas y bien definidas.

ECLÉCTICO, A adj. y n. (gr. *eklektikos*). Relativo al eclecticismo; adepto a este método o actitud.

ECL

ECLESIAL adj. Relativo a la Iglesia.
ECLESIÁSTICO, A adj. (lat. *eclesiasticum*). Relativo a la Iglesia. ♦ n. m. **2.** Clérigo, sacerdote.
ECLIPSABLE adj. Que puede eclipsar o eclipsarse.
ECLIPSAR v. tr. y pron. [1]. Provocar un eclipse. **2.** Oscurecer, deslucir: *la gloria de César eclipsó la de Pompeyo*. ♦ **eclipsarse** v. pron. **3.** Desaparecer, evadirse, ausentarse: *eclipsarse de una reunión, de una fiesta*.
ECLIPSE n. m. (lat. *eclipsem*). ASTRON. Desaparición de un astro producida por la interposición de un cuerpo entre este astro y el ojo del observador o entre este astro y el Sol que lo ilumina. • **Eclipse de Luna**, desaparición de la Luna en el cono de sombra de la Tierra. ‖ **Eclipse de Sol**, desaparición del Sol producida por la interposición de la Luna entre este astro y la Tierra. ‖ **Eclipse parcial**, eclipse de un astro cuyo disco parece cortado. ‖ **Eclipse total**, eclipse en el que el astro desaparece totalmente.
ECLÍPTICA n. f. ASTRON. Círculo máximo de la esfera celeste descrito en un año por el Sol en su movimiento propio aparente, o por la Tierra en su movimiento real de revolución alrededor del Sol. **2.** ASTRON. Plano determinado por este gran círculo. • **Oblicuidad de la eclíptica**, ángulo del plano de la eclíptica con el ecuador celeste.
ECLÍPTICO, A adj. Relativo al eclipse o a la eclíptica.
ECLISA n. f. (fr. *éclisse*). Plancha metálica que une dos carriles.
ECLOSIÓN n. f. Brote, aparición súbita.
ECO n. m. (lat. *echum*). Repetición de un sonido debido a la reflexión de las ondas sonoras por un obstáculo. **2.** Sonido que se percibe débil y confusamente: *oír el eco de los tambores*. **3.** *Fig.* Noticia vaga o rumor acerca de un suceso: *el eco de un accidente*. **4.** Resonancia o difusión que abarca un suceso: *el eco de sus declaraciones*. **5.** *Fig.* Persona que imita a otra o está influida por la misma: *es el eco de su padre*. **6.** Onda electromagnética emitida por un radar que vuelve al punto de partida después de haber sido reflejada por un obstáculo. • **Hacer eco** una cosa, hacerse notable y digno de atención y reflexión. ‖ **Hacerse eco**, aceptar algo y contribuir a su difusión. ‖ **Tener eco**, tener gran difusión.
¡ECO! o **¡ECOLE!** o **¡ECOLECUÁ!** interj. *Méx.* ¡Exactamente! **2.** *Méx.* ¡Aquí está!
ECO (Umberto), escritor y semiólogo italiano (Alessandria 1932). Autor de ensayos sobre las relaciones entre la creación artística y los medios de comunicación (*Obra abierta*, 1962) y de novelas (*El nombre de la rosa*, 1980; *El péndulo de Foucault*, 1988; *La isla del día de antes*, 1995).
ECOGRAFÍA n. f. MED. Método de exploración del interior de un cuerpo, que utiliza la reflexión, o el eco, de los ultrasonidos en los órganos. **2.** MED. Imagen que se obtiene por este método.
ECOLOCACIÓN n. f. Modo particular de orientación basado en el principio del eco, que emplean algunos animales, como murciélagos y cetáceos, y aplicado por el hombre en sistemas como el radar.
ECOLOGÍA n. f. Estudio científico de las relaciones entre los seres vivos y el medio ambiente en que viven. **2.** Defensa y protección del medio ambiente.
ECOLÓGICO, A adj. Relativo a la ecología.
ECOLOGISMO n. m. Extensión y generalización de los conceptos de la ecología transferidos al terreno de la realidad social.
ECOLOGISTA adj. y n. m. y f. Relativo al ecologismo; persona interesada en la ecología o que forma parte de movimientos ecológicos.

ECÓLOGO, A n. Especialista en ecología. **2.** Defensor de la naturaleza y del medio ambiente.
ECONOMETRÍA n. f. Investigación económica basada en el análisis matemático y en la estadística.
ECONOMÍA n. f. (gr. *oikonomia*). Recta administración de los bienes: *vivir con economía*. **2.** Buena distribución del tiempo y de otras cosas inmateriales: *economía de esfuerzos*. **3.** Reducción de gasto: *economía de combustible, de palabras*. **4.** Conjunto de actividades de una colectividad humana relativas a la producción y consumo de las riquezas. **5.** Estructura económica. ♦ **economías** n. f. pl. **6.** Ahorros: *gastar todas las economías*. **7.** Reducción de gastos en un presupuesto.
ECONÓMICO, A adj. Relativo a la economía: *problemas económicos*. **2.** Poco costoso: *producto económico*. **3.** Parco en gastar: *persona económica*. • **Ciencia económica**, ciencia cuyo objeto es el estudio de los mecanismos de la vida económica.
ECONOMISTA adj. y n. m. y f. Especialista en economía.
ECONOMIZADOR, RA adj. y n. Que economiza. ♦ n. m. **2.** Aparato que permite reducir el consumo de gas, gasolina, etc.
ECONOMIZAR v. tr. [1g]. Ahorrar, reservar alguna parte del gasto ordinario: *economizar el dinero*. **2.** *Fig.* Ahorrar, evitar un trabajo, riesgo, dificultad, etc.
ECÓNOMO n. m. y adj. Eclesiástico que regenta una parroquia vacante hasta el nombramiento del párroco, o bien por ausencia o enfermedad de éste.
ECOSISTEMA n. m. ECOL. Conjunto de seres vivos en un mismo medio y de los elementos no vivos vitalmente unidos a ellos.
ECTODERMO n. m. (de *ecto* y *dermo*). Capa u hoja embrionaria externa que proporciona la piel y sus anexos, y el sistema nervioso.
ECTOPLASMA n. m. En parapsicología, cuerpo material que se desprende del médium en estado de trance. **2.** CIT. Zona superficial hialina del citoplasma de determinados protozoos.
ECUACIÓN n. f. (del lat. *aequare*, igualar). MAT. Igualdad que sólo se verifica para valores convenientes de determinadas cantidades que figuran en ella, o incógnitas. **2.** Cantidad con la que debe ser modificada la posición de una cuerpo celeste para conducirla a la posición que ocuparía si estuviera animado por un movimiento uniforme. • **Ecuación con varias incógnitas**, ecuación en la que figuran varias cantidades incógnitas x, y, z... cuyas soluciones son sistemas de valores de estas incógnitas. ‖ **Ecuación de una curva**, en geometría plana, ecuación que une las coordenadas de un punto de esta curva; en geometría del espacio, sistema formado por las ecuaciones de dos superficies que, al cortarse, determinan la curva. ‖ **Ecuación del tiempo**, diferencia entre el tiempo solar medio y el tiempo solar verdadero. ‖ **Ecuación diferencial**, ecuación en la que figuran una función incógnita de una variable y sus derivadas de diferentes órdenes respecto a dicha variable. ‖ **Ecuación integral**, ecuación que une una función incógnita de una variable y una integral definida en la que figura dicha función.
ECUADOR n. m. (del lat. *aequare*, igualar). Círculo imaginario de la esfera terrestre cuyo plano es perpendicular a la línea de los polos. **2.** MAT. Paralela del gran máximo de una superficie de revolución. • **Ecuador celeste**, gran círculo de la esfera celeste, perpendicular al eje del mundo y que sirve como punto de referencia para las coordenadas ecuatoriales. ‖ **Ecuador magnético**, lugar de los puntos de la superficie terrestre en que la inclinación es nula.

ECUADOR, estado de América del Sur, en la fachada del Pacífico; 270 667 km²; 10 781 613 hab. *(Ecuatorianos.)* CAP. *Quito*. LENGUA OFICIAL: *español*. MONEDA: *dólar*.
GEOGRAFÍA
Los Andes atraviesan de N a S el país, al que dividen en tres regiones diferenciadas: al O la *Costa*, llanura aluvial de unos 300 m de alt. media, surcada por los ríos que bajan de los Andes (Esmeraldas, Mira); en el centro la *Sierra*, formada por los dos ramales de las cordilleras Occidental (Chimborazo, 6272 m) y Oriental, que enmarcan una serie de cuencas interiores (hoyas); al E el *Oriente*, zona de selva húmeda recorrida por ríos caudalosos que van a desaguar al Marañón (Morona, Pastaza) o al Amazonas (Napo). La población crece a un alto ritmo (2,9 % anual) y es estructuralmente joven. La Sierra, el núcleo tradicional de asentamiento, pierde población en favor de los centros económicos de la Costa, y en especial de Guayaquil, el mayor núcleo urbano del país. En la economía destaca especialmente el petróleo, que se extrae en Añón y en el Oriente (lago Agrio, Shushufindi, Sacha) y supone más de la mitad del valor de las exportaciones; también se explota gas natural en el golfo de Guayaquil. La agricultura de plantación emplea a una tercera parte del total de la fuerza de trabajo: destaca el banano (primer productor mundial) seguido por el café, el cacao y la caña de azúcar. En la Sierra predominan los cultivos de subsistencia (maíz, patata) y la ganadería (porcinos y bovinos). La industria, que creció rápidamente a partir de los años sesenta, genera aproximadamente la quinta parte del P.I.B. y está dominada por las ramas ligeras (alimentarias, textiles), a las que se han añadido la petroquímica y otras de tecnología avanzada, como los productos farmacéuticos.
HISTORIA
El poblamiento precolombino. El actual territorio ecuatoriano estaba poblado por diversas tribus indígenas, que no llegaron a constituir un estado unificado, entre las que destacaban las puruhá, que habitaban en la actual provincia de Chimborazo, y los quitu, en la región de la capital. Estos últimos habían sido dominados por los cara, que constituyeron un reino de Quito, conquistado a fines del s. XV por los incas. 1526: el reino incaico de Quito constituyó el centro de la herencia de Atahualpa.
Conquista y colonización española. 1527: primeras exploraciones españolas de la costa ecuatoriana. 1533: Sebastián de Belalcázar conquistó la ciudad indígena de Quito, sobre cuyo emplazamiento fundó la capital colonial, San Francisco de Quito (1534). 1535: fundación de Guayaquil, en la costa. 1563: se constituyó la audiencia de Quito, que en el siglo XVIII fue incorporada al virreinato de Nueva Granada. Ya en la época colonial se estableció la dualidad entre Quito, sede de la aristocracia terrateniente de la sierra, y Guayaquil, principal puerto de la colonia y centro de una región productora de cacao.
Independencia y formación de la república del Ecuador. 1809-1812: se constituyó en Quito una junta de gobierno que sustituyó el presidente de la audiencia. 1812-1822: las tropas realistas de Toribio Montes disolvieron la junta y reprimieron el primer movimiento emancipador. 1820: Guayaquil proclamó su independencia. En mayo de 1822, tras la victoria de Sucre en Pichincha, se consumó la liberación también de Quito. El territorio fue objeto de litigio entre Bolívar y San Martín, que pretendió su incorporación al Perú; la entrevista de ambos en Gua-

yaquil (julio 1822) determinó su integración en la República de la Gran Colombia, y adoptó la denominación de Ecuador. 1830: secesión de la Gran Colombia e independencia definitiva de Ecuador. *Conservadurismo y liberalismo.* 1830-1834: el venezolano Juan José Flores estableció una dictadura conservadora en beneficio de la aristocracia quiteña. 1835: el liberal Vicente Rocafuerte, apoyado por Guayaquil, accedió a la presidencia, pero en 1839 fue derrocado por Flores, que se hizo de nuevo con el poder. 1845-1859: la rebelión de Guayaquil, que acabó con la tiranía de Flores, abrió un interludio moderado, que dio paso a la dictadura conservadora de García Moreno (1859-1875), quien gobernó en estrecha alianza con la Iglesia católica. 1895: la revolución acaudillada por Eloy Alfaro, que partió una vez más de Guayaquil, proporcionó el triunfo definitivo al liberalismo. *Bajo el dominio de la «plutocracia» liberal.* 1895-1912: el liberalismo se dividió entre los seguidores de Alfaro, partidario de una política radical y anticlerical, que gobernó en 1895-1901 y 1906-1911, y los de Leónidas Plaza, presidente en 1902-1906, quien propugnaba un liberalismo moderado, en plena sintonía con la burguesía exportadora costeña. 1911: Alfaro fue depuesto por un golpe militar y más tarde asesinado (1912); tras ello Plaza accedió a un segundo mandato (1912-1916), que consolidó la hegemonía de la llamada «plutocracia». Entretanto la economía exportadora se había expandido, con la ampliación de sus producciones y la construcción final del ferrocarril Quito-Guayaquil. *El populismo: la era de Velasco Ibarra.* 1925: la revolución de julio acabó con la hegemonía de la «plutocracia liberal», y situó en el poder al progresista Isidoro Ayora, en un contexto marcado por la crisis de la economía del cacao. 1931: un golpe militar derrocó a Ayora e inauguró una etapa de inestabilidad. 1941: ocupación peruana de El Oro; 1942: protocolo de Río de Janeiro, que fijó los límites con Perú, que desembocó en el acceso a la presidencia de Velasco Ibarra en 1944. Velasco Ibarra, que ya había sido presidente en 1933, y lo volvió a ser en 1952-1956, 1960-1961 y 1968-1972, apoyado por las clases populares de Quito y Guayaquil, dominó con su propuesta populista la política ecuatoriana. 1972-1976: tras un golpe militar el general Rodríguez Lara intentó proseguir la experiencia populista, pero fue derrocado por el sector conservador del ejército, apoyado por los grupos sociales tradicionales y las compañías petroleras, con lo que se cerró el ciclo velasquista. *Las últimas décadas.* 1976-1978: el gobierno militar, acosado por las movilizaciones populares, promovió una reforma constitucional y devolvió el poder a los civiles. 1978-1994: el país conoció una relativa estabilidad; los socialdemócratas (Jaime Roldós, 1979-1981; Rodrigo Borja, 1988-1992) se turnaron en la presidencia con los conservadores (León Febres Cordero, 1984-1988; Sixto Durán, de 1992 a 1996). 1994: reforma constitucional. 1995: conflicto fronterizo armado con Perú en la cordillera del Cóndor, concluido con la firma de la Declaración de Paz de Itamaraty. 1996: el populista A. Bucaram, presidente. 1997: el parlamento destituyó a Bucaram y nombró a F. Alarcón presidente interino. 1998: J. Mahuad, presidente. Ecuador y Perú firmaron un acuerdo de paz que fijó su frontera común. 2000: golpe de estado; J. Mahuad depuesto. G. Noboa asumió la presidencia. Se adoptó el dólar como moneda. 2001: Levantamientos indígenas contra Noboa. Luego de 10 días se firmó un acuerdo. 2002: Lucio Gutiérrez, presidente. 2005: L. Gutiérrez es destituido.
ECUÁNIME adj. Que tiene ecuanimidad.
ECUANIMIDAD n. f. Tranquilidad, igualdad o constancia de ánimo. **2.** Imparcialidad de juicio.
ECUATORIAL adj. Relativo al ecuador. • **Clima ecuatorial**, clima de las regiones cercanas al ecuador, que se caracteriza por una temperatura constantemente elevada y una pluviosidad abundante y regular, con dos máximos, que corresponden a los equinoccios.
ECUATORIANISMO n. m. Vocablo o giro propio del lenguaje de los ecuatorianos.
ECUATORIANO, A adj. y n. De Ecuador. ♦ n. m. **2.** Modalidad adoptada por el español en Ecuador.
ECUESTRE adj. (lat. *equestrem*). Relativo al caballero, o a la orden y ejército de caballería. **2.** Relativo al caballo. **3.** Dícese de la representación plástica de una figura a caballo.
ECUMÉNICO, A adj. (gr. *oikumenikos*). Universal, que se extiende a todo el orbe. • **Concilio ecuménico**, concilio al que son invitados todos los obispos católicos y que preside el papa o sus legados.
ECUMENISMO n. m. Tendencia a la unión de todas las Iglesias cristianas en una sola.
ECZEMA n. m. o f. Eccema.
EDAD n. f. (lat. *aetatem*). Tiempo que una persona ha vivido desde su nacimiento: *tiene veinte años de edad.* **2.** Tiempo, época: *edad de la ilusión; edad escolar.* **3.** Cada una de las divisiones empleadas en las periodizaciones de la prehistoria (*edad de piedra, edad de los metales*) y de la historia (*edad antigua* [hasta el s. v], *edad media* [del s. v a fines del s. xv], *edad moderna* [s. xv hasta la Revolución francesa], *edad contemporánea* [ss. xix y xx]). • **De edad**, viejo o próximo a la vejez. ‖ **Edad de oro**, período de esplendor. ‖ **Edad del pavo**, adolescencia.
EDÁFICO, A adj. (gr. *edaphos*, suelo). Perteneciente o relativo al suelo. **2.** Dícese de los factores relacionados con el suelo y que tienen una profunda influencia en la distribución de los seres vivos.
EDAFOLOGÍA n. f. Ciencia que estudia las características físicas, químicas y biológicas de los suelos.
EDECÁN n. m. (fr. *aide de camp*). Ayudante de campo. **2.** *Irón.* Auxiliar, acompañante, correveidile. ♦ n. m. y f. **3.** *Méx.* Persona que en reuniones oficiales y actos públicos especiales atiende a los invitados o participantes.
EDELWEISS n. m. (alem. *edel*, hermoso, y *weiss*, blanco). Planta herbácea de noble lanosidad, que crece en las altas cumbres. (Familia compuestas.)
EDEMA n. m. Hinchazón patológica del tejido subcutáneo o de otros órganos, como el pulmón y la glotis, por infiltración de líquido seroso.
EDÉN n. m. (hebr. *'eden*, deleite). Según el Antiguo testamento, paraíso terrenal. (Suele escribirse con mayúscula.) **2.** Lugar agradable, ameno y delicioso.
EDICIÓN n. f. Impresión o grabación y publicación de una obra, escrito o disco. **2.** Conjunto de ejemplares de una obra impresa de una sola vez sobre el mismo molde: *la segunda edición de un libro.* **3.** *Fig.* Cada celebración de un acto que generalmente se repite con determinada periodicidad: *la novena edición de una exposición.* • **Edición príncipes**, o **príncipe** (IMPR.), la primera de las que se han hecho de una obra.
EDICTO n. m. (lat. *edictum*). Mandato, decreto publicado por la autoridad competente.
EDIFICACIÓN n. f. Acción y efecto de edificar. **2.** Construcción, obra construida.
EDIFICADOR, RA adj. y n. Que edifica o construye. ♦ adj. **2.** Edificativo.
EDIFICANTE adj. Edificativo.
EDIFICAR v. tr. (lat. *aedificare*) [**1a**]. Fabricar, construir: *edificar una casa.* **2.** *Fig.* Infundir, con el buen ≡jemplo, sentimientos de piedad y virtud: *edificar al prójimo.*
EDIFICATIVO, A adj. Que incita a la virtud.
EDIFICIO n. m. Construcción hecha con materiales resistentes, destinada a vivienda o a otros usos.
EDIL, LA n. Concejal, miembro de un ayuntamiento.
EDILICIO, A adj. *Argent.* y *Urug.* Concerniente a los edificios o a la construcción.
EDIMBURGO, en ingl. **Edinburgh**, en escocés **Duneideann**, c. de Gran Bretaña, cap. de Escocia, junto al estuario del Forth; 420 000 hab. Centro comercial y universitario. Castillo, con algunas partes medievales, y otros monumentos. Museos.
EDIPO, héroe legendario del ciclo tebano, hijo de Layo, rey de Tebas, y de Yocasta. Layo, advertido por un oráculo de que su hijo le mataría y se casaría con su madre, abandonó al niño, que fue criado por el rey de Corinto. Ya adulto, discutió con un viajero y le mató: era Layo. Al llegar a las puertas de Tebas, descubrió la solución del enigma de la esfinge, y libró de ella al país. Los tebanos lo nombraron su rey y casó con Yocasta, viuda de Layo, su propia madre. Pero Edipo descubrió el secreto de su nacimiento, su parricidio y su incesto. Yocasta se ahorcó y Edipo se cegó. Expulsado de Tebas, llevó una vida errante, guiado por su hija Antígona, y murió cerca de Atenas, en Colona.
EDISON (Thomas Alva), inventor norteamericano (Milan, Ohio, 1847-West Orange, Nueva Jersey, 1931). Inventó el telégrafo doble (1864), el fonógrafo (1877), el microteléfono (1877) y la lámpara incandescente (1878). Descubrió la emisión de electrones por un filamento conductor calentado a altas temperaturas, en el vacío (*efecto Edison*, 1883), base del funcionamiento de los tubos electrónicos.
EDITAR v. tr. [**1**]. Publicar por medio de la imprenta o por cualquier otro procedimiento mecánico, una obra, periódico, mapa, disco, etc.
EDITOR, RA adj. Que edita. ♦ n. **2.** Persona o entidad que edita una obra costeando la publicación y administrándola comercialmente. **3.** Profesional que dirige o se encarga de la publicación de obras (libros, discos, etc.).
EDITORIAL adj. Relativo al editor o la edición. ♦ n. m. **2.** Artículo periodístico de fondo no firmado. ♦ n. f. **3.** Empresa que edita.
EDITORIALISTA n. m. y f. Persona que escribe el editorial de un periódico.
EDMONTON, c. de Canadá, cap. de Alberta; 616 741 hab. Centro comercial e industrial (refino de petróleo y química). Universidad. Museos.
EDO o **YEDO** n. y cap. de la dinastía japonesa shogunal de los ToKugawa, en 1868 adoptó el nombre de Tokyo.
EDREDÓN n. m. (fr. *edredon*). Plumón muy fino con el que se confeccionan colchas y otras prendas de abrigo. **2.** Cobertor formado por dos tejidos superpuestos y unidos mediante puntadas y relleno de una capa de plumón, miraguano o fibra artificial.
EDUCABLE adj. Capaz de ser educado.
EDUCACIÓN n. f. Acción y efecto de educar, formar, instruir. **2.** Conjunto de medios que desarrollan en los grupos y en los individuos la instrucción o las opiniones: *educación audiovisual.* **3.** Conocimiento de las costumbres y buenos modales de la sociedad: *persona sin educación.* • **Educación física**, conjunto de ejercicios corporales que tienden a mejorar las cualidades físicas del hombre.
EDUCACIONAL adj. Relativo a la educación.
EDUCADOR, RA adj. y n. Que educa.

EDU

EDUCANDO, A adj. y n. Que está recibiendo educación.

EDUCAR v. tr. (lat. *educare*) [1a]. Enseñar, adoctrinar, formar, instruir. **2.** Desarrollar o perfeccionar las facultades intelectuales y morales. **3.** Desarrollar las fuerzas físicas por medio del ejercicio. **4.** Perfeccionar, afinar los sentidos: *educar el oído*.

EDULCORACIÓN n. f. Adición de una sustancia edulcorante a un alimento o a un medicamento.

EDULCORANTE adj. y n. m. Dícese de las sustancias que comunican sabor dulce.

EDULCORAR v. tr. [1]. Añadir azúcar u otra sustancia dulce a un alimento o a un medicamento para modificar su sabor.

EDWARDS (Jorge), escritor y diplomático chileno (Santiago 1931), cultivador de la novela, el cuento, el ensayo y las memorias (*El peso de la noche*, 1964; *Persona non grata*, 1973; *Los convidados de piedra*, 1978; *El museo de cera*, 1980; *Adiós poeta*, 1990; *El origen del mundo*, 1996).

EDWARDS BELLO (Joaquín), escritor chileno (Valparaíso 1888-Santiago 1968). Cultivó el periodismo y la novela: *El roto* (1920); *El chileno en Madrid* (1928); *Valparaíso, la ciudad del viento* (1931).

EFE n. f. Nombre de la letra *f*.

EFEBO n. m. (lat. *ephebum*). Mancebo, adolescente.

EFECTISMO n. m. Cualidad de efectista. **2.** Acción de las cosas efectistas.

EFECTISTA adj. Que causa más efecto del que corresponde: *recursos efectistas*. ♦ adj. y n. m. y f. **2.** Dícese de las personas que esperan causar mucho efecto: *orador efectista*.

EFECTIVIDAD n. f. Calidad de efectivo.

EFECTIVO, A adj. Que produce efecto: *métodos efectivos*. **2.** Real, verdadero: *poder efectivo*. • **Hacer efectivo**, ejecutar, realizar, llevar a cabo, pagar o cobrar una cantidad, crédito o documento. ♦ n. m. **3.** Numerario, moneda acuñada o dinero contante: *pagar en efectivo*. ♦ **efectivos** n. m. pl. **4.** Tropas que componen una unidad del ejército.

EFECTO n. m. (lat. *effectum*). Resultado de la acción de una causa: *el efecto de un medicamento*. **2.** Fin para que se hace una cosa: *lo explicó a efectos aclaratorios*. **3.** Impresión viva causada en el ánimo. **4.** Artículo de comercio. **5.** Fenómeno particular en física, biología, etc.: *efecto Joule*. **6.** Rotación que se imprime a una bola o a una pelota para que adquiera trayectorias voluntariamente anormales. • **Al efecto de, a efectos de,** o **para efectos de,** con la finalidad de. || **Efecto de comercio,** nombre genérico de cualquier título a la orden, transmisible por endoso, y que hace constar la obligación de pagar una cantidad de dinero en una época determinada. (La letra de cambio, el pagaré y el cheque son efectos de comercio.) || **Efecto invernadero,** elevación de la temperatura en la atmósfera próxima a la corteza terrestre, por la dificultad de disipación de la radiación calorífica, debida a la presencia de una capa de óxidos de carbono procedentes de las combustiones industriales. || **En efecto,** expresión con que se asiente o se confirma algo. || **Hacer efecto,** causar buena impresión. || **Surtir efecto,** dar algo el resultado que se esperaba. ♦ **efectos** n. m. pl. **7.** Bienes, enseres: *efectos personales*. || **Efectos especiales,** trucajes cinematográficos.

EFECTUAR v. tr. y pron. [1s]. Ejecutar, realizar, llevar a cabo: *efectuar cambios; efectuar una compra*.

EFEMÉRIDES n. f. pl. (lat. *ephemeridem*). Obra que enumera los acontecimientos previsibles a lo largo de un año. **2.** Libro que indica los acontecimientos sucedidos del mismo día del año, en diferentes épocas, o su persistencia en el recuerdo.

EFERENTE adj. ANAT. Dícese de los nervios o de los vasos que salen de un órgano y que van desde el centro hacia la periferia.

EFERVESCENCIA n. f. Desprendimiento de burbujas gaseosas a través de un líquido. **2.** *Fig.* Agitación, inquietud: *efervescencia política*.

EFERVESCENTE adj. (lat. *effervescentem*). Que está o puede estar en efervescencia.

EFESIO, A o **EFESINO, A** adj. y n. De Efeso.

ÉFESO, en gr. *Ephesos*, ant. c. de Jonia, a orillas del mar Egeo (act. *Selçuk*, Turquía). Gran centro comercial en el s. VIII a. J.C., fue un importante centro religioso por su templo de Artemisa, considerado como una de las siete maravillas del mundo. Restos helenísticos, romanos y bizantinos.

EFICACIA n. f. Actividad, fuerza para obrar.

EFICAZ adj. (lat. *efficacem*). Activo, poderoso para obrar: *persona eficaz*. **2.** Que tiene la virtud de producir el efecto deseado: *remedio eficaz*.

EFICIENCIA n. f. (lat. *efficientium*). Poder y facultad para obtener un efecto determinado. **2.** Aptitud, competencia, en el trabajo que se desempeña.

EFICIENTE adj. Que tiene eficiencia.

EFIGIE n. f. (lat. *effigiem*). Imagen, representación de una persona real y verdadera. **2.** *Fig.* Personificación, representación viva de una cosa ideal: *la efigie del dolor*.

EFÍMERO, A adj. (gr. *ephémeros*). Que dura un solo día. **2.** Pasajero, de corta duración.

EFLUENTE adj. Dícese de un fluido que brota o mana de una fuente.

EFLUVIO n. m. (lat. *effluvium*). Emisión y exhalación de pequeñas partículas o vapores de un cuerpo. **2.** *Fig.* Irradiación en lo inmaterial.

EFUSIÓN n. f. (lat. *effusionem*). Derramamiento de un líquido: *efusión de sangre*. **2.** Salida de un gas por un poro u orificio pequeño. **3.** *Fig.* Expansión, expresión de sentimientos afectuosos o alegres: *saludar con efusión*.

EFUSIVO, A adj. Que siente o manifiesta efusión de los sentimientos. • **Roca efusiva** (GEOL.), roca resultante de un enfriamiento del magma desparramado en contacto con el aire.

EGEO, A adj. Relativo al Egeo.

EGEO (*mar*), parte del Mediterráneo oriental, entre Grecia y Turquía.

EGEO, rey legendario de Atenas. Se ahogó en el mar, que tomó su nombre.

EGIPCÍACO, A o **EGIPCIACO, A** adj. y n. Egipcio.

EGIPCIO, A adj. y n. De Egipto. ♦ n. m. **2.** Lengua camitosemítica del antiguo Egipto.

EGIPTO, en ár. *Miṣr*, estado del NE de África, y el más poblado del mundo árabe; 997 738 km²; 54 600 000 hab. (*Egipcios*.) CAP. *El Cairo*. LENGUA OFICIAL: árabe. MONEDA: *libra egipcia*.

GEOGRAFÍA

La casi totalidad de la población se concentra en el valle del Nilo, que representa menos del 5 % de la superficie del país, el resto del cual está formado por desiertos salpicados de oasis. Durante mucho tiempo, la crecida del Nilo (ag.-set.) marcó el ritmo de vida del país. En la actualidad, la construcción de un sistema de presas (entre ellas la de Asuán) permite la irrigación constante, que ha permitido el desarrollo de cultivos comerciales (caña de azúcar y sobre todo algodón), junto a los tradicionales cultivos de cereales (trigo, maíz y arroz). La industria (fundamentalmente textil) está poco desarrollada, a pesar de la existencia de petróleo. El nivel de vida de la población es bajo y desciende en función del aumento de esta última (cerca de un 3 % anual). El problema de la superpoblación es grave, en particular en El Cairo, la ciudad más grande de África. Las remesas de emigrantes y los rendimientos del canal de Suez y del turismo no bastan para paliar el gran déficit comercial.

HISTORIA

La antigüedad. 3200-2778 a. J.C. (I y II dinastías): época tinita. Menes (o Narmer) unificó Egipto. 2778-2260 (III y IV dinastías): Imperio antiguo. Dinastía de Zoser en Saqqâra. Pirámide de Gizeh. 2260-2160 (VII a X dinastías): período de disturbios políticos y sociales, llamado *período intermedio*. 2160-1785 (XI a XII dinastías: Imperio medio o Primer imperio tebano. Egipto conquistó Siria y Nubia. 1770-1580 (XIII a XVII dinastías): segundo *período intermedio*; invasión de los hicsos llegados de Asia. 1580-1085 (XVIII a XX dinastías): Imperio nuevo o Segundo imperio tebano. Egipto era una de las grandes potencias de Oriente; reinaron Tutmés III, Amenofis IV el herético, convertido en Ajnatón, y Ramsés II. 1085: fin de la unidad egipcia. Dinastías extranjeras o nacionales se alternaron en el poder (XXI a XXVI dinastías). El país sufrió la invasión asiria. 525: el persa Cambises conquistó Egipto. Se sucedieron reyes persas e indígenas (XXVII a XXX dinastías). 332: Alejandro conquistó Egipto. 305-30: los Lágidas, dinastía griega, reinaron en el país. 30 a. J.C.-395 d. J.C.: Egipto dependió de Roma, beneficiándose del cristianismo. 395-639: Egipto cayó bajo dominio bizantino, la Iglesia egipcia es la Iglesia copta.

El Egipto musulmán hasta Mehmet ʿAlí. 640-642: las tropas de ʿAmr conquistaron el país. 642-868: Egipto, integrado en el imperio musulmán de los Omeyas y, posteriormente, de los abasíes, se islamizó. En 750, los coptos ya sólo representaban un cuarto de la población. 868-905: los ṭūlūníes, liberados de la tutela abasí, gobernaron el país. 969-1171: los fatimíes, dinastía chiita ismailí, fundaron El Cairo y la universidad al-Azhar (973). 1171: Saladino tomó el poder. 1171-1250: la dinastía ayubí por él fundada se apoderó de la casi totalidad de los estados latinos de Levante y restableció el sunnismo. 1250-1517: la casta militar de los mamelucos dominó el país, en el que instauró una administración eficaz. 1517-1805: Egipto fue una provincia otomana gobernada por un bajá designado cada año. Fue ocupada por las tropas francesas al mando de Napoleón Bonaparte (1798-1801).

El Egipto moderno. 1805-1848: Mehmet ʿAlí, que se había declarado bajá vitalicio, acabó con los mamelucos (1811) y modernizó el país. Conquistó Sudán (1821). 1863: Ismāʿīl bajá obtuvo el título de jedive (virrey). 1869: se inauguró el canal de Suez. 1878-1881: Egipto, que no podía garantizar el pago de las deudas contraídas, tuvo que aceptar que los puestos clave del gobierno fueran confiados a franceses y británicos, y, posteriormente sólo a estos últimos. 1882: la insurrección nacionalista de ʿArabi bajá fue aplastada. 1898: tras la revuelta mahdī, los británicos establecieron el condominio anglo egipcio sobre Sudán. 1914-1922: el protectorado británico, que puso fin a la soberanía otomana, remplazó el régimen del poyo al jedive. Se suprimió en 1922. 1922-1936: durante el reinado de Fuʾad I el partido nacionalista Wafd, presidido por Saʿad Zaglūl y, a partir de 1927, por Naḥḥās bajá, luchó por la obtención de la independencia efectiva. 1936: el tratado anglo egipcio confirmó la independencia de Egipto, que aceptó el despliegue de tropas británicas en su territorio. 1936-1952: con Fārūq I, los Hermanos musulmanes radicalizaron el movimiento nacio-

nalista, reforzado por la derrota infligida a los ejércitos árabes por Israel (1948-1949).
El Egipto republicano. 1952: los «oficiales libres» dirigidos por Naguib y Nasser tomaron el poder. 1953: se proclamó la república. 1954: Nasser logró el poder absoluto. 1956: Nasser obtuvo la financiación soviética para la gran presa de Asuán y nacionalizó el canal de Suez, lo que provocó un conflicto con Israel y la intervención militar franco-británica. 1958-1961: Egipto y Siria formaron la República Árabe Unida, presidida por Nasser. 1967: Egipto fue derrotado en la guerra de los seis días. 1970: Sadat sucedió a Nasser. 1973: la guerra del Yom Kippur acabó de forma honorable para Egipto. 1976: Egipto rompió sus relaciones con la U.R.S.S. y expulsó a sus últimos consejeros soviéticos. 1979: el tratado de paz con Israel se firmó en Washington en conformidad con los acuerdos de Camp David. 1981: Sadat fue asesinado por extremistas islámicos. H. Mubarak se convirtió en presidente de la república. 1982: Egipto recuperó el Sinaí y quedó al margen del mundo árabe tras la firma de la paz con Israel, pero inició el acercamiento a partir de 1983-1984. Por la presión de los fundamentalistas musulmanes se procedió a la islamización de las leyes, de la constitución y de la enseñanza. 1987-1988: la mayoría de los países árabes restablecieron sus relaciones diplomáticas con Egipto. 1989: Egipto volvió a integrarse en el seno de la Liga árabe. 1991: durante la guerra del Golfo Egipto participó en la fuerza multinacional. 1993-1997: el gobierno ejerció una severa represión contra los fundamentalistas islámicos, que multiplicaron sus atentados.

EGIPTOLOGÍA n. f. Estudio de la antigüedad egipcia.

EGIPTÓLOGO, A n. Especialista en egiptología.

ÉGLOGA n. f. (lat. *eclogam*). Composición poética de tema pastoril.

EGO n. m. (pron. pers. lat.). FILOS. Yo como sujeto pensante. **2.** SICOANÁL. Yo.

EGOCÉNTRICO, A adj. y n. Caracterizado por el egocentrismo.

EGOCENTRISMO n. m. Tendencia a considerar sólo el propio punto de vista y los propios intereses.

EGOÍSMO n. m. (fr. *égoïsme*). Afecto excesivo de alguien para consigo mismo.

EGOÍSTA adj. y n. m. y f. Que tiene o manifiesta egoísmo.

EGÓLATRA adj. y n. m. y f. Que manifiesta egolatría.

EGOLATRÍA n. f. Culto excesivo de la propia persona.

EGOTISMO n. m. Manía de hablar de sí mismo; sentimiento exagerado de la propia personalidad y del propio valor.

EGREGIO, A adj. (lat. *egregium*). Insigne, ilustre: *un personaje egregio.*

EGRESAR v. intr. [**1**]. *Amér.* Terminar un ciclo de estudios medios y superiores con la obtención del título correspondiente.

EGRESO n. m. (lat. *egresum*). Salida, partida de descargo. **2.** *Amér.* Acción de egresar, terminar los estudios. **3.** ECON. Gasto.

EGUREN (José María), poeta peruano (Lima 1882-*id.* 1942), influido por el modernismo y el creacionismo (*Simbólicas*, 1911; *La canción de las figuras*, 1916; *Rondinelas*, 1929). Se le considera el creador de la moderna poesía peruana.

EGUSQUIZA (Juan Bautista), político paraguayo (1845-1910). Presidente de la república (1894-1898).

¡EH! interj. Se emplea para preguntar, llamar, despreciar, reprender o advertir.

EHRLICH (Paul), médico alemán (Strehlen, Silesia, 1854-Bad Homburg 1915). Descubrió la acción del arsenobenzol en la sífilis. (Premio Nobel de fisiología y medicina 1908.)

EIBAR, v. de España (Guipúzcoa), cab. de p. j.; 32 108 hab. (*Eibarreses.*) En el valle del Deva. Industrias metalúrgicas diversificadas. Iglesia plateresca de San Andrés.

EICHELBAUM (Samuel), dramaturgo argentino (Domínguez 1894-Buenos Aires 1967). Abordó problemas éticos a través de los cuales reflejó el alma criolla: *La mala sed* (1920), *Un guapo del 900* (1940), *Un tal Servando Gomes* (1942).

EIFFEL (Gustave), ingeniero francés (Dijon 1832-París 1923). Especialista en construcción metálica, realizó puentes y viaductos y la *torre Eiffel* de París (320 m de alt. y 7 341 t).

EIJKMAN (Christiaan), médico neerlandés (Nijkerk 1858-Utrecht 1930). Sus trabajos sobre el beriberi (1896) permitieron descubrir las vitaminas. (Premio Nobel de fisiología y medicina 1929.)

EINDHOVEN, c. del S de Países Bajos; 192 895 hab. Construcciones mecánicas y eléctricas. Museo de arte moderno.

EINSTEIN (Albert), físico alemán (Ulm 1879-Princeton 1955), nacionalizado norteamericano (1940). Estableció la teoría del movimiento browniano y, aplicando la teoría cuántica a la energía radiante, llegó al concepto de *fotón*. Es el autor de la teoría de la *relatividad*, en la que revisó en profundidad las nociones físicas de espacio y tiempo, y estableció la equivalencia entre la masa y energía (E = mc^2). (Premio Nobel de física 1921.)

EINSTENIO n. m. (de A. *Einstein*, físico alemán). Elemento químico artificial de la familia de los curios, de número atómico 99 y símbolo Es.

EINTHOVEN (Willem), fisiólogo neerlandés (Samarang, Java, 1860-Leiden 1927). Descubrió la electrocardiografía. (Premio Nobel de fisiología y medicina 1924.)

EIRÁ n. m. *Argent.* y *Par.* Pequeño carnívoro semejante al hurón, de poco más de un metro de largo, de patas relativamente largas y pelaje pardo oscuro, corto y liso.

EIRE, nombre gaélico de la República de Irlanda.

EISENSTEIN (Serguéi Mijáilovich), director de cine soviético (Riga 1898-Moscú 1948). Tuvo una importancia fundamental en la historia del cine, tanto por sus escritos teóricos como por sus frescos épicos: *El acorazado Potemkin* (1925), *Octubre* (1927), *¡Que viva México!* (1931, inacabada), *Iván el terrible* (1942-1946).

EIVISSA → *Ibiza.*

EJE n. m. (lat. *axem*). Varilla o barra que atraviesa un cuerpo giratorio y le sirve de sostén en el movimiento. **2.** Pieza transversal, situada en la parte inferior de un vehículo y afirmada en el cubo de las ruedas en las que aquél se apoya. **3.** Línea imaginaria alrededor de la cual se mueve un cuerpo: *el eje de la Tierra.* **4.** Línea que divide por la mitad una superficie: *el eje de la calzada.* **5.** *Fig.* Punto esencial de una obra o empresa: *el eje de un negocio, de una novela.* **6.** *Fig.* Fundamento de un raciocinio, escrito, conducta, etc.: *el eje de una nueva ideología.* • *Eje de revolución,* recta alrededor de la cual una figura de revolución se superpone a sí misma por rotación. || **Eje de rotación,** recta alrededor de la cual puede girar una figura o cuerpo sólido. || **Eje de simetría,** recta en relación a la cual los puntos de una figura son simétricos dos a dos. || **Ejes de referencia,** rectas que se cortan y en relación a las cuales se puede fijar la posición de un elemento variable. || *Partir* a alguien *por el Eje (Fam.),* causarle un perjuicio o contrariedad.

Eje (el), alianza formada en 1936 por Alemania e Italia (*Eje Roma-Berlín*). Se dio la denominación de *potencias del Eje* a la agrupación constituida por Alemania, Italia y sus aliados durante la segunda guerra mundial.

EJE VOLCÁNICO GUATEMALTECO-SALVADOREÑO, alineación montañosa de América Central, desde la frontera mexicano-guatemalteca hasta Nicaragua, paralela a la costa del Pacífico; 4220 m en el Tajumulco (Guatemala). Volcanes activos (Fuego, Izalco).

EJECUCIÓN n. f. (lat. *executionem*). Acción y efecto de ejecutar: *la ejecución de un plan, de una obra musical.* **2.** Manera de ejecutar algo: *una ejecución impecable.* **3.** Aplicación de la pena de muerte. • **Poner en ejecución,** realizar.

EJECUTAR v. tr. (lat. *exsequi,* seguir hasta el final) [**1**]. Realizar, hacer una cosa ideada o proyectada: *ejecutar un proyecto.* **2.** Hacer una cosa por mandato o encargo: *ejecutar las órdenes.* **3.** Realizar una acción, obra, acto, etc.: *ejecutar un trabajo.* **4.** Ajusticiar: *ejecutar a un condenado.* **5.** Tocar una pieza musical: *ejecutar una sonata.* **6.** DER. Reclamar el cumplimiento de una deuda o la aplicación de una sentencia por vía o procedimiento ejecutivo.

EJECUTIVA n. f. Junta directiva de una asociación.

EJECUTIVO, A adj. Que no da espera ni permite que se difiera la ejecución: *orden ejecutiva.* ♦ adj. y n. Dícese del poder encargado de aplicar las leyes. ♦ n. **3.** Persona que ejerce tareas directivas en una organización empresarial.

EJECUTOR, RA adj. y n. Que ejecuta. ♦ n. **2.** *Ejecutor de la justicia,* verdugo.

EJECUTORIA n. f. Diploma en que consta legalmente la nobleza de una persona o familia. **2.** Timbre, acción gloriosa. **3.** DER. Sentencia que alcanzó la firmeza de cosa juzgada.

EJEMPLAR adj. (lat. *exemplarem*). Que sirve de ejemplo o que merece ser puesto como ejemplo: *vida ejemplar.* **2.** Que sirve de enseñanza para escarmentar. ♦ n. m. **3.** Cada una de las obras obtenidas de un mismo original. **4.** Cada uno de los individuos de una especie, raza, género, etc. **5.** Cada uno de los objetos que forman una colección.

EJEMPLARIDAD n. f. Calidad de ejemplar.

EJEMPLARIZAR v. tr. [**1g**]. Dar ejemplo o buen ejemplo.

EJEMPLIFICACIÓN n. f. Acción y efecto de ejemplificar.

EJEMPLIFICAR v. tr. [**1a**]. Demostrar o autorizar con ejemplos.

EJEMPLO n. m. (lat. *exemplum*). Caso o hecho digno de ser imitado. **2.** Acción o conducta de alguien, que puede mover o inclinar a otros a que la imiten. **3.** Hecho o texto que se cita para comprobar, ilustrar o autorizar una aserción. • *Dar ejemplo,* incitar con las propias obras a la imitación de los demás. || *Por ejemplo,* se emplea cuando se va a citar un ejemplo.

EJERCER v. tr. e intr. (lat. *exercere*) [**2a**]. Realizar las actividades propias de una profesión. **2.** Realizar una acción, influjo, poder, etc.: *ejercer un control.*

EJERCICIO n. m. (lat. *exercitium*). Acción de ejercitarse u ocuparse en una cosa: *hacer ejercicios al piano.* **2.** Acción y efecto de ejercer: *el ejercicio del poder.* **3.** Esfuerzo corporal o intelectual que tiene por objeto la adquisición de una facultad o de la salud. **4.** Cada una de las pruebas que se hacen en los exámenes o en las oposiciones. **5.** Trabajo intelectual que sirve de práctica de las reglas establecidas en una lección. **6.** Período comprendido entre dos inventarios contables o dos presupuestos. • *En ejercicio,* dícese del que ejerce o hace uso de su profesión o cargo. ♦ *ejercicios* n. m. pl. **7.** Sesión de instrucción militar práctica. || *Ejercicios espirituales,* práctica religiosa en que un grupo de personas se dedican durante un cierto número de días a la meditación, oración y reflexión.

EJE

EJERCITACIÓN n. f. Acción de ejercitarse o de ocuparse en hacer algo.
EJERCITANTE n. m. y f. Persona que hace ejercicios de oposición o ejercicios espirituales.
EJERCITAR v. tr. (lat. *exercitare*) [1]. Usar un poder, facultad, etc., sin un fin determinado. **2.** Dedicarse al ejercicio de un arte, oficio o profesión. ♦ v. tr. y pron. **3.** Hacer que se practique algo para adiestrarse en ello: *ejercitarse en esgrima*.
EJÉRCITO n. m. (lat. *exercitum*). Conjunto de las fuerzas militares, de una nación, en especial las fuerzas terrestres: *el ejército español.* **2.** Gran unidad formada por varios cuerpos de ejército, así como por unidades homogéneas y servicios auxiliares. **3.** Conjunto numeroso de gente de guerra unida en un cuerpo a las órdenes de un general. **4.** *Fig.* Colectividad numerosa, multitud.
EJIDAL adj. Relativo al ejido.
EJIDARIO, A n. *Méx.* Persona que forma parte de un ejido.
EJIDATARIO, A n. Campesino que disfruta de tierras en un ejido.
EJIDO n. m. (lat. *exitum*, salida). Terreno inculto en las afueras de una población, destinado a usos comunes diversos, como lugar de recreo, para establecer las eras, estacionar el ganado, etc. **2.** *Méx.* Terreno concedido por el gobierno a un grupo de campesinos para su explotación.
EJOTE n. m. *Amér. Central* y *Méx.* Judía verde. **2.** *Amér. Central* y *Méx.* Fig. Puntada grande y mal hecha en la costura.
EL, LA, LOS, LAS art. det. Se anteponen a los nombres para individualizarlos y para indicar su género y número.
EL pron. pers. de 3.ª persona (lat. *illum*). Funciona como sujeto: *él no lo sabe.* **2.** Puede ser complemento cuando va precedido de una preposición: *sale con él.* **3.** A veces, funciona como adjetivo calificativo predicado: *es muy él.*
EL PASO, c. de Estados Unidos (Texas), a orillas del río Bravo, en la frontera mexicana; 515 342 hab. Metalurgia (cobre). Refinería de petróleo.
EL SALVADOR, estado de América Central, en la vertiente del Pacífico; 21 041 km² y 5 221 000 hab. *(Salvadoreños.)* CAP. *San Salvador.* LENGUA OFICIAL: *español.* MONEDA: *colón salvadoreño.*

GEOGRAFÍA

Accidentan el país la sierra Madre salvadoreña, al N (unos 2000 m de alt.), y, en paralelo a la costa pacífica, el Eje volcánico guatemalteco-salvadoreño, de gran actividad sísmica. La depresión o meseta Central concentra las grandes áreas de cultivos industriales y la mayoría de la población. Ríos de curso corto y torrenciales (Lempa, Paz, Grande de Sonsonate, Goascorán). Numerosos lagos de origen volcánico (Ilopango). La población crece a un ritmo del 2,5 % anual, en un territorio ya densamente poblado (248,1 hab./km²). La población urbana supone cerca del 50 % del total. El sector agrario sigue siendo la clave de la economía (70 % de las exportaciones). Los principales cultivos son el café, el algodón y el azúcar. La producción cerealista y la ganadería se destinan al consumo interior. Pesca (camarón). En la industria, nuevos sectores (química, cemento, electrodomésticos) han venido a añadirse a las ramas tradicionales (alimentaria y textil). La guerra civil y la recesión mundial fueron la causa de un grave colapso económico en los años ochenta; la deuda exterior creció bruscamente y sólo la ayuda norteamericana permitió subsistir al país, que en la actualidad recibe préstamos del F.M.I.

HISTORIA

El poblamiento precolombino. La región fue escenario de frecuentes migraciones indígenas. Tras las primeras, de origen maya, se sucedieron diversas oleadas nahuas, la última de las cuales, la de los pipiles, ocupó el centro y oeste del país, en el que se encontraba el cacicazgo de Cuscatlán. En oriente se situaban los lencas, de origen chibcha, y los chorties, misticomatasgalpas y pocomanes.
Conquista y colonización. 1524: Pedro de Alvarado inició la conquista y fundó San Salvador, trasladada en 1528 a su emplazamiento actual; aunque los cuscatlecas se resistieron por más de veinte años al dominio español. El actual territorio se dividió en la época colonial en diversas provincias, integradas en la capitanía general de Guatemala (Izalco, San Salvador, San Miguel, Sonsonate); 1786: se constituyó la intendencia de San Salvador. El cacao, la ganadería y el añil fueron los principales recursos de la sociedad colonial, una de las más densas de Hispanoamérica.
La independencia. 1811: primer levantamiento mestizo en favor de la independencia, que no prosperó. 1814: nueva rebelión, que culminó en la proclamación de la independencia de la república de El Salvador en 1821. 1822-1823: intervención de las tropas del general Filisola, que la integraron temporalmente a México. 1823-1824: la disolución del imperio mexicano dio lugar a la recuperación de la independencia, pero inmediatamente se incorporó a las Provincias Unidas de Centroamérica, de la que San Salvador fue capital entre 1834 y 1838 y último reducto de la Federación. 1832-1833: rebelión pipil de Anastasio Aquino, que se proclamó rey de los nonoalcos. 1840: Morazán abandonó El Salvador, que proclamó su constitución definitiva como república independiente en febrero de 1841.
La república cafetalera. 1841-1885: Guatemala siguió ejerciendo un peso fundamental sobre El Salvador, cuyos dirigentes dependieron económicamente de los guatemaltecos: el conservador Carrera y el liberal Justo Rufino Barrios. Paralelamente el café se convirtió en el nuevo recurso base de la economía exportadora de El Salvador. El poder local fue progresivamente asumido por la oligarquía cafetalera, como se puso de relieve durante el período de gobierno de las familias Meléndez-Quiñones (1913-1926). 1931-1944: la dictadura del general Hernández Martínez reprimió la incipiente movilización popular, en particular la revuelta de Izalco (1932), que se saldó con más de 24 000 muertos.
Las presidencias militares. 1945-1960: mediante la ocupación de la presidencia por altos mandos del ejército (Castañeda, Osorio y Lemus), las «14 familias» de la oligarquía cafetalera siguieron dominando el país. 1960-1961: el gobierno del Partido revolucionario de abril-mayo, de orientación castrista acabó con una nueva intervención militar, que restauró la hegemonía oligárquica. 1969: guerra «del fútbol» con Honduras. 1972: José Napoleón Duarte, candidato de la Unión nacional opositora, denunció el fraude electoral e intentó sin éxito un golpe de fuerza.
La guerra civil. 1977-1979: durante la presidencia del general Romero cobró auge la acción guerrillera. 1979: un golpe militar encabezado por el coronel Majano constituyó una Junta cívico-militar de orientación reformista. 1980: asesinato del arzobispo Romero por escuadrones paramilitares de extrema derecha. 1981: J. N. Duarte, a instancias de E.U.A., asumió la presidencia de la Junta. 1981-1982: se generalizó la guerra civil entre el gobierno, apoyado por la derecha y la oligarquía, y el Frente Farabundo Martí para la liberación nacional (FMLN), que aglutinó a la guerrilla y la izquierda. 1982-1984: gobierno del conservador Á. Magaña y promulgación de una nueva constitución. 1984-1989: presidencia del democratacristiano J. N. Duarte. 1989-1994: durante la presidencia de A. Cristiani (1989-1994), de la Alianza republicana nacionalista (ARENA), de extrema derecha, se llegó a un acuerdo de paz con la guerrilla (1992). 1994: (marzo-abril) se celebraron elecciones libres bajo supervisión internacional, en las que participó el Frente Farabundo Martí, y que dieron el triunfo de nuevo al candidato de ARENA, Armando Calderón. 1999: F. Flores Pérez (ARENA), presidente. 2004: asume la presidencia Antonio Saca.
ELABORACIÓN n. f. Acción y efecto de elaborar: *pan de elaboración casera.*
ELABORAR v. tr. (lat. *elaborare*) [1]. Preparar un producto para un determinado fin por medio de un trabajo adecuado: *elaborar el chocolate.* **2.** Idear algo complejo: *elaborar un plan.*
ELASTICIDAD n. f. Calidad de elástico. **2.** Propiedad que poseen algunos cuerpos de recuperar su forma cuando la fuerza que los deformaba deja de actuar.
ELÁSTICO, A adj. Dícese del cuerpo que se puede estirar o deformar, y, al cesar la fuerza que lo altera, recobrar más o menos su forma anterior: *material elástico.* **2.** *Fig.* Acomodadizo, que puede ajustarse a distintas circunstancias: *moral elástica.* ♦ n. m. **3.** Tejido, cinta o cordón elástico. **4.** Parte superior del calcetín, hecha de un punto más elástico que el resto para que ajuste a la pierna.
ELASTÓMERO n. m. (gr. *elastos*, dúctil, y *meros*, parte). Polímero natural o sintético que presenta propiedades elásticas.
ELBA (isla de), isla de Italia, en el Mediterráneo, al E de Córcega; 223,5 km²; 28 000 hab. En ella reinó Napoleón tras su primera abdicación y exilio (3 mayo 1814-26 febr. 1815).
ELBA, en alem. *Elbe*, en checo *Labe*, r. de la República Checa y de Alemania. Nace en Bohemia, pasa por Dresde y Magdeburgo y desemboca en el mar del Norte a través de un estuario, en cuya orilla derecha se encuentra Hamburgo; 1100 km.
ELBRÚS, la cumbre más alta del Cáucaso, entre Rusia y Georgia, formada por un volcán extinguido; 5642 m.
ELCANO O **EL CANO** (Juan Sebastián), navegante español (nacido en Guetaria† en el Pacífico 1526). Enrolado en la expedición de Magallanes, a la muerte de éste (1520) asumió la capitanía. Al mando de la nao Victoria arribó a Timor, dobló el cabo de Buena Esperanza (6 mayo 1522) y llegó a Sanlúcar de Barrameda (6 set. 1522), completando la primera circunvalación de la Tierra.
ELCHE O **ELX**, c. de España (Alicante), cab. de p. j.; 187 596 hab. *(Elchenses o ilicitanos.)* Industrias de la piel y del calzado, metalmecánicas y químicas. Museo arqueológico. Es notable el Palmeral.
ELDA, c. de España (Alicante), cab. de p. j.; 54 010 hab. *(Eldenses.)* Industrias del calzado, alimentarias, plásticos. Forma una conurbación con Petrel.
ELDORADO, dep. de Argentina (Misiones), a orillas del Paraná; 56 057 hab. Centro agropecuario.
ELE n. f. Nombre de la letra *l*.
ELEA, ant. c. de Italia (Lucania), colonia de los ocenses. Cuna de Zenón y de Parménides.
ELEÁTICO, A adj. v. n. De Elea. **2.** Relativo a la escuela filosófica de Elea; miembro de dicha escuela.
ELECCIÓN n. f. (lat. *electionem*). Acción y efecto de elegir. **2.** Nombramiento de una persona para un cargo, hecho por votación. ♦ **elecciones** n. f. pl. **3.** Votación para elegir cargos.
ELECCIONARIO, A adj. *Amér.* Electoral.

ELECTIVO, A adj. Que se hace o se da por elección: *cargo electivo*.

ELECTO, A adj. (lat. *electum*). Que ha sido elegido. ♦ adj. y n. **2.** Dícese de la persona elegida para una dignidad, empleo, cargo, etc., mientras no toma posesión: *el presidente electo*.

ELECTOR, RA adj. y n. Que elige o tiene derecho o potestad para elegir. ♦ n. **2.** Persona que reúne las condiciones exigidas por la ley por ejercitar el derecho de sufragio.

ELECTORADO n. m. Conjunto de electores, cuerpo electoral.

ELECTORAL adj. Relativo a la dignidad o a la calidad de elector. **2.** Relativo a los electores o a las elecciones: *ley electoral*.

ELECTORALISMO n. m. Intervención de consideraciones puramente electorales en la política de un partido.

ELECTORALISTA adj. y n. m. y f. Relativo al electoralismo; partidario de esta actitud.

ELECTRA, personaje legendario, hija de Agamenón y de Clitemnestra. Para vengar a su padre, incitó a su hermano Orestes a matar a Egisto y a Clitemnestra.

ELECTRICIDAD n. f. Nombre que se da a una de las formas de energía, que manifiesta su acción por fenómenos mecánicos, caloríficos, luminosos, químicos, etc. **2.** Aplicaciones de esta energía.

ELECTRICISTA adj. y n. m. y f. Dícese del especialista en electricidad o en instalaciones eléctricas.

ELÉCTRICO, A adj. Relativo a la electricidad o que es producido por ella: *luz eléctrica*. **2.** Que sirve para producir electricidad o es utilizado por ella: *aparato eléctrico*.

ELECTRIFICACIÓN n. f. Transformación de una máquina, de una instalación, etc., para hacerlas funcionar mediante energía eléctrica. **2.** Establecimiento de instalaciones que tienen por objeto el suministro o la utilización de energía eléctrica.

ELECTRIFICAR v. tr. [**1a**]. Proceder a una electrificación.

ELECTRIZABLE adj. Susceptible de adquirir las propiedades eléctricas.

ELECTRIZACIÓN n. f. Acción y efecto de electrizar.

ELECTRIZADOR, RA adj. y n. Que electriza.

ELECTRIZANTE adj. Que electriza o sirve para electrizar.

ELECTRIZAR v. tr. y pron. [**1g**]. Comunicar o producir la electricidad en un cuerpo. **2.** *Fig.* Entusiasmar, emocionar.

ELECTROACÚSTICO, A adj. y n. f. Dícese de la técnica de conversión de las señales acústicas en señales eléctricas y viceversa, cuya finalidad es la producción, transmisión, grabación y reproducción de los sonidos. **2.** Dícese de la música que utiliza esta técnica.

ELECTROCAPILARIDAD n. f. Variación de la tensión superficial debido a la acción de un campo eléctrico.

ELECTROCARDIOGRAFÍA n. f. Técnica de la realización e interpretación de los electrocardiogramas.

ELECTROCARDIÓGRAFO n. m. Aparato que permite establecer el trazado del electrocardiograma sobre papel o película.

ELECTROCARDIOGRAMA n. m. Gráfico que se obtiene mediante el registro de las corrientes producidas por la contracción del músculo cardíaco y permite el diagnóstico de las afecciones del miocardio y de los trastornos del ritmo.

ELECTROCHOQUE n. m. Electroshock.

ELECTROCUCIÓN n. f. Muerte producida por el paso de una corriente eléctrica por el organismo.

ELECTROCUTAR v. tr. y pron. [**1**]. Matar o morir por electrocución.

ELECTRODINÁMICA n. f. Parte de la física que estudia la acción dinámica de las corrientes eléctricas.

ELECTRODINAMÓMETRO n. m. Aparato que mide la intensidad de una corriente eléctrica.

ELECTRODO n. m. En un voltámetro, tubo de gas enrarecido o arco eléctrico, extremo de cada uno de los conductores fijados a los polos de un generador eléctrico. (El que comunica con el polo positivo es el *ánodo*, y el otro, el *cátodo*.)

ELECTRODOMÉSTICO, A adj. y n. m. Dícese de los aparatos eléctricos de uso doméstico, como la plancha, el aspirador, el frigorífico, etc.

ELECTROENCEFALOGRAFÍA n. f. Registro y estudio de los electroencefalogramas.

ELECTROENCEFALOGRAMA n. m. Gráfico que se obtiene por el registro de los potenciales eléctricos de las neuronas del cerebro, mediante unos electrodos que se fijan en el cuero cabelludo.

ELECTRÓGENO, A adj. Que produce electricidad. • **Grupo electrógeno,** conjunto formado por un motor y una dinamo.

ELECTROIMÁN n. m. Aparato que sirve para la producción de campos magnéticos, gracias a un sistema de bobinas con núcleo de hierro dulce, recorridas por una corriente eléctrica.

ELECTRÓLISIS o **ELECTROLISIS** n. f. Descomposición química de determinadas sustancias fundidas o en solución mediante el paso de una corriente eléctrica.

ELECTRÓLITO o **ELECTROLITO** n. m. Compuesto químico que, fundido o disuelto, puede descomponerse por electrólisis.

ELECTROMAGNÉTICO, A adj. Relativo al electromagnetismo.

ELECTROMAGNETISMO n. m. Parte de la física que estudia las interacciones entre corrientes eléctricas y campos magnéticos.

ELECTROMECÁNICA n. f. Ciencia de las aplicaciones comunes de la electricidad y la mecánica.

ELECTROMECÁNICO, A adj. Dícese de todo dispositivo mecánico de mando eléctrico. ♦ n. **2.** Profesional de la electromecánica.

ELECTROMOTOR, RA adj. Que produce electricidad bajo la influencia de una acción química o mecánica. ♦ n. m. **2.** Aparato que transforma la energía eléctrica en energía mecánica.

ELECTROMOTRIZ adj. f. Electromotora.

ELECTRÓN n. m. Partícula elemental cargada de electricidad negativa, uno de los elementos constituyentes del átomo.

ELECTRONEGATIVO, A adj. Dícese de un elemento o de un radical que, en la electrólisis, se dirige al ánodo, como los halógenos y el oxígeno.

ELECTRÓNICA n. f. Parte de la física y de la técnica que estudia y utiliza las variaciones de las magnitudes eléctricas, como campos electromagnéticos, cargas, corrientes y tensiones eléctricas para captar, transmitir y aprovechar información.

ELECTRÓNICO, A adj. Relativo al electrón: *haz electrónico*. **2.** Que funciona según los principios de la electrónica: *microscopio electrónico*. • **Música electrónica,** música que utiliza oscilaciones eléctricas para crear sonidos.

ELECTRÓN-VOLTIO n. m. (pl. *electrones-voltio*). Unidad de medida de energía utilizada en física nuclear, de símbolo eV.

ELECTROÓSMOSIS n. f. Filtración de un líquido a través de una pared por la acción de una corriente eléctrica.

ELECTROPOSITIVO, A adj. Dícese de un elemento o de un radical que, en la electrólisis, se dirige al cátodo, como los metales y el hidrógeno.

ELECTROQUÍMICA n. f. Técnica de las aplicaciones de la energía eléctrica a las operaciones químicas.

ELECTROSHOCK o **ELECTROCHOQUE** n. m. Terapéutica de algunas enfermedades mentales que consiste en el paso a través del cerebro de una corriente eléctrica, que provoca, durante un corto espacio de tiempo, una crisis epiléptica.

ELECTROSTÁTICA n. f. Parte de la física que trata de los fenómenos de la electricidad en equilibrio sobre los cuerpos electrizados.

ELECTROTECNIA o **ELECTROTÉCNICA** n. f. Estudio de las aplicaciones técnicas de la electricidad.

ELECTROVALENCIA n. f. Valencia química de un elemento o de un radical, definida por los fenómenos de electrólisis.

ELEFANTE, A n. (lat. *elephantem*). Mamífero ungulado del suborden proboscídeos, que vive, según las especies, en Asia o en África, es herbívoro y se caracteriza por su gruesa piel, sus largos incisivos superiores, que utiliza como defensa, y por su trompa prensil, que constituye la nariz y labio superior. • **Elefante marino,** foca de gran tamaño de las islas Kerguelen, que alcanza una longitud de 6 m y un peso de 3 t. ♦ n. m. **Elefante blanco** (*Amér.*), cosa que cuesta mucho mantener y no produce utilidad.

ELEGANCIA n. f. (lat. *elegantiam*). Calidad de elegante.

ELEGANTE adj. Gracioso, airoso de movimientos. **2.** Bien proporcionado. **3.** De buen gusto, agradable y bello sin complicaciones inútiles. **4.** Distinguido en el porte y modales. ♦ adj. y n. m. y f. **5.** Dícese de la persona que se ajusta a la moda, y también de los trajes y cosas relacionados con ella.

ELEGANTOSO, A adj. *Amér. Fam.* Muy elegante; que pretende ser elegante.

ELEGÍA n. f. (lat. *elegiam*). Poema lírico que generalmente expresa sentimientos de tristeza.

ELEGÍACO, A o **ELEGIACO, A** adj. Relativo a la elegía. **2.** Lastimero, triste: *palabras elegiacas*. ♦ n. **3.** Poeta que compone elegías.

ELEGIBLE adj. Que se puede elegir, o tiene capacidad legal para ser elegido.

ELEGIDO, A adj. y n. En lenguaje teológico, predestinado por la voluntad de Dios a la gloria eterna. ♦ adj. **2. El pueblo elegido** (REL.), Israel.

ELEGIR v. tr. (lat. *eligere*) [**3b**]. Preferir a una persona o cosa a otra u otras para un fin: *elegir un plato del menú*. **2.** Nombrar por elección a uno para un premio, cargo o dignidad. **3.** TEOL. Predestinar para la salvación.

ELEMENTADO, A adj. *Chile* a *Colomb.* Distraído, alelado.

ELEMENTAL adj. Relativo al elemento. **2.** Referente a los principios o elementos fundamentales de una ciencia o arte: *física elemental*. **3.** *Fig.* Fundamental, primordial, esencial. **4.** Obvio, evidente, de fácil comprensión: *verdad elemental*.

ELEMENTO n. m. (lat. *elementum*). Fundamento, móvil o parte integrante de una cosa. **2.** *Fig.* Persona conceptuada positiva o negativamente. **3.** *Fig.* Cada uno de los pares de una pila eléctrica o de un acumulador. **4.** *Chile* y *P. Rico. Fig.* y *fam.* Persona de cortos alcances. **5.** LING. Forma prefija o sufija, generalmente de formación culta, procedente de una voz latina o griega, que sirve para la composición de palabras: *anti-* y *pre-* *son elementos prefijos*. **6.** MAT. Cada uno de los objetos que componen un conjunto. **7.** QUÍM. Principio químico común a las distintas variedades de un cuerpo simple así como a las combinaciones de este cuerpo con otros. • **elementos** n. m. pl. **8.** Fundamentos, nociones, primeros principios de una ciencia y artes: *elementos de geometría*. **9.** Conjunto de fuerzas de la naturaleza: *luchar contra los elementos*. ■ QUÍM. La noción de elemento químico tiene sus precedentes lejanos en la teoría presocrática de los cuatro elementos (agua, fuego, tierra y aire). En el sentido moderno del término, el elemento químico es un cuerpo simple indescom-

ponible por procesos que involucran energías relativamente bajas. La teoría atómica dio un sentido preciso a la noción de elemento, identificándola con la de átomo o más bien con la de estructura atómica.

ELENCO n. m. (lat. *elenchum*). Catálogo, índice. **2.** Conjunto de artistas que intervienen en un espectáculo: *elenco dramático*.

ELEUSIS, c. y puerto de Grecia (Ática), al NO de Atenas; 23 014 hab. Siderurgia. En la antigüedad se celebraban en Eleusis misterios vinculados al culto de Deméter.

ELEVACIÓN n. f. Acción y efecto de elevar o elevarse. **2.** Parte de cualquier cosa que está más alta que lo de alrededor. **3.** Cualidad de elevado. **4.** MAT. Formación de una potencia de un número o de una expresión: *elevación al cubo*. **5.** REL. Momento de la misa en que el sacerdote eleva la hostia y el cáliz después de la consagración.

ELEVADO, A adj. Sublime, excelso. **2.** Alto.
ELEVADOR, RA adj. Que eleva: *bomba elevadora de aguas subterráneas*. ♦ *adj. y n. m.* **2.** ANAT. Dícese de algunos músculos cuya acción es levantar las partes en que se insertan. ♦ n. m. **3.** Mecanismo o aparato utilizado para transportar verticalmente, o por pendientes muy pronunciadas, cargas o materiales de diversa naturaleza. **4.** *Amér.* Ascensor.

ELEVADORISTA n. m. y f. *Amér.* Ascensorista.

ELEVAR v. tr. y pron. (lat. *elevare*) [1]. Alzar o levantar. **2.** *Fig.* Colocar a alguien en un puesto honorífico, mejorar su condición social o política. ♦ v. tr. **3.** *Fig.* Dirigir un escrito o petición a una autoridad: *elevar sus súplicas*. **4.** MAT. Calcular una potencia. **5.** MAT. Trazar una perpendicular a una recta en un plano, partiendo de un punto tomado sobre la recta o el plano: *elevar una perpendicular a un plano*. ♦ **elevarse** v. pron. **6.** Transportarse, enajenarse, quedar fuera de sí.

ELFO n. m. (ingl. *elf*). Genio de la mitología nórdica, que simboliza las fuerzas de la naturaleza y especialmente los fenómenos atmosféricos.

ELÍAS, profeta judío (s. IX a. J.C.). Combatió los cultos idólatras cananeos.

ELÍAS PIÑA, ant. **Comendador**, c. de la República Dominicana, cap. de la prov. de La Estrelleta; 23 000 hab. en el municipio.

ELIDIR v. tr. (lat. *elidere*, expulsar) [3]. Frustrar, malograr, desvanecer una cosa. **2.** GRAM. Suprimir, en la escritura o en la pronunciación, la vocal final de una palabra ante la vocal inicial o la *h* muda de la palabra siguiente.

ELIMINACIÓN n. f. Acción y efecto de eliminar. **2.** FISIOL. Excreción. **3.** MAT. Operación que consiste en hacer desaparecer una incógnita de un sistema de ecuaciones.

ELIMINAR v. tr. (lat. *eliminare*) [1]. Quitar, separar una cosa o prescindir de ella. **2.** Excluir a una o a varias personas de una agrupación o de un asunto. **3.** *Fam.* Matar. **4.** DEP. Dejar a un concursante o equipo fuera de la competición o torneo. **5.** MAT. Efectuar la eliminación de una incógnita. **6.** MED. Expeler fuera del organismo las sustancias de desecho.

ELIMINATORIA n. f. DEP. Prueba preliminar que sirve para eliminar participantes.

ELIOT (Thomas Stearns), poeta británico de origen norteamericano (Saint Louis, Missouri, 1888-Londres 1965). Criticó la sociedad moderna a través de los mitos antiguos (*La tierra yerma*, 1922), para evolucionar hacia un catolicismo místico (*Asesinato en la catedral*, 1935). [Premio Nobel de literatura 1948.]

ELIPSE n. f. (gr. *elleipsis*, insuficiencia). MAT. Sección cónica con dos ejes de simetría en la que cada punto es tal que la suma de sus distancias a dos puntos fijos *(focos)* focos, es constante.

ELIPSIS n. f. LING. Hecho sintáctico o estilístico que consiste en suprimir uno o varios elementos de la frase.

ELIPSOIDE n. m. MAT. Superficie cuádrica que admite tres planos de simetría ortogonales dos a dos y tres ejes de simetría ortogonales dos a dos, que se cortan en un mismo punto o centro del elipsoide.

ELÍPTICO, A adj. Que comporta una elipsis. **2.** MAT. Relativo a la elipse, en forma de elipse.

ELÍSEO, A adj. (gr. *élysion*). Relativo a los Campos Elíseos, morada de las almas de los héroes y de los hombres virtuosos, según la mitología grecorromana. ♦ n. m. **2.** Lugar delicioso.

ELÍSEO → *Campos Elíseos*.

ELISIÓN n. f. (lat. *elisionem*). LING. Supresión, en la escritura o en la pronunciación, de la vocal final de una palabra ante la vocal inicial de la siguiente o de la *h* muda, y generalmente se señala con un apóstrofe.

ÉLITE o **ELITE** n. f. Minoría selecta.

ELITISMO n. m. Cualidad de elitista. **2.** Actitud o política destinada a formar y a seleccionar, a costa de la masa, a los mejores elementos de un grupo en el plano de las aptitudes intelectuales o físicas.

ELITISTA adj. y n. m. y f. Relativo a la élite. **2.** Partidario de una élite o del predominio de las élites. **3.** Que se comporta como miembro de una élite.

ÉLITRO n. m. (gr. *elytron*, estuche). Ala anterior, coriácea, de ciertos insectos, como los coleópteros, los ortópteros, etc., que protege el ala posterior membranosa cuando está en reposo.

ELIXIR o **ELÍXIR** n. m. (ár. *al-iksir*, esencia). Piedra filosofal. **2.** Medicamento líquido formado por una o varias sustancias disueltas en alcohol. **3.** Remedio maravilloso.

ELIZONDO (Salvador), escritor y director de cine mexicano (México 1932). Escritor vanguardista, es autor de poesía y de una obra narrativa influida por el *nouveau roman*: *Farabeuf o la crónica de un instante*, 1965; *Narda o el verano*, 1966; *El hipogeo secreto*, 1968; *El grafógrafo*, 1972; *Elsinore*, 1988. Ha dirigido *Apocalipsis 1900* (1965).

ELLA, ELLAS pron. pers. f. de 3.ª persona, femenino de *él*, *ellos*.

ELLAURI (José Eugenio), político uruguayo (Montevideo 1834-† 1894). Elegido presidente en 1873, fue depuesto por un golpe de estado en 1875.

ELLE n. f. Nombre de la antigua letra *ll*.

ELLICE → *Tuvalu*.

ELLO pron. pers. neutro de 3.ª persona.

ELLOS pron. pers. m. pl. de 3.ª persona, plural de *él*.

ELOCUCIÓN n. f. Manera de expresarse oralmente: *elocución fácil*. **2.** Conjunto de oraciones que constituyen un pensamiento concreto.

ELOCUENCIA n. f. (lat. *eloquentiam*). Facultad de hablar o escribir de modo eficaz para deleitar, conmover o persuadir: *dotes de elocuencia*. **2.** Eficacia de las palabras, gestos o actitudes en la comunicación: *la elocuencia del ejemplo*.

ELOCUENTE adj. Que tiene elocuencia.

ELOGIAR v. tr. [1]. Hacer elogios.

ELOGIO n. m. (lat. *elogium*, epitafio). Alabanza de una persona o cosa: *merecer grandes elogios*.

ELOGIOSO, A adj. Que elogia o es digno de ser elogiado: *comportamiento elogioso*.

ELONGACIÓN n. f. (lat. *elongationem*). ASTRON. Distancia angular de un astro al Sol con un observador terrestre.

ELOTADA n. f. *Méx.* Merienda a base de elotes.

ELOTE n. m. *Amér. Central* y *Méx.* Mazorca tierna de maíz.

ELQUI, r. de Chile central, que desemboca en el Pacífico por la bahía de Coquimbo; 210 km.

ELSINOR, en danés **Helsingør**, c. y puerto de Dinamarca, en el Sund; 56 000 hab. Castillo de Kronborg (s. XVI), donde Shakespeare sitúa la acción de *Hamlet*.

ELUARD (Eugène Grindel, llamado **Paul**), poeta francés (Saint-Denis 1895-Charenton-le-Pont 1952). Autor, entre otras obras, de *Capital del dolor*, 1926 y *Los ojos fértiles*, 1936.

ELUCIDACIÓN n. f. Declaración, explicación.

ELUCIDAR v. tr. (lat. *elucidare*, anunciar, revelar) [1]. Dilucidar: *elucidar un problema*.

ELUCUBRACIÓN n. f. Acción y efecto de elucubrar.

ELUCUBRAR v. tr. [1]. Divagar, reflexionar, hacer cábalas.

ELUDIR v. tr. (lat. *eludere*) [3]. Evitar, impedir que algo tenga efecto, con algún pretexto, habilidad o astucia: *eludir una pregunta*.

ELYTIS (Odysseus) o **ELITIS** (Odhisséas), poeta griego (Heráklion, Creta, 1911-Atenas 1996), de inspiración a la vez surrealista y social (*El sol soberano*, 1943; *Seis y un remordimiento para el cielo*, 1960). [Premio Nobel de literatura 1979.]

EMANACIÓN n. f. Acción por la que las sustancias volátiles abandonan, en estado gaseoso, los cuerpos que las contienen.

EMANAR v. intr. y tr. (lat. *emanare*) [1]. Hablando de un olor, de la luz, de un rayo, etc., desprenderse de un cuerpo. **2.** Provenir, tener su origen en algo: *el poder emana del pueblo*.

EMANCIPACIÓN n. f. Acción y efecto de emancipar o emanciparse. **2.** Acto jurídico que confiere a un hijo menor de edad el gobierno de su persona y la capacidad de cumplir los actos de la vida civil. **3.** Proceso de toma de conciencia de una colonia que conduce a la reclamación de su independencia política.

EMANCIPADOR, RA adj. y n. Que emancipa.

EMANCIPAR v. tr. y pron. (lat. *emancipare*) [1]. Liberar o libertarse de la dominación o sujeción. ♦ v. tr. **2.** DER. Conferir la emancipación a un menor de edad. ♦ **emanciparse** v. pron. **3.** Acceder a la emancipación política.

EMASCULACIÓN n. f. Castración de un macho.

EMASCULAR v. tr. (lat. *emasculare*) [1]. Privar de los órganos de la virilidad, castrar.

EMBADURNAMIENTO n. m. Acción y efecto de embadurnar.

EMBADURNAR v. tr. y pron. [1]. Untar, ensuciar, pintarrajear: *embadurnar las paredes*.

EMBAJADA n. f. (provenz. *ambaissada*). Mensaje para tratar algún asunto importante, especialmente los que se envían recíprocamente los jefes de estado por medio de sus embajadores. **2.** Cargo de embajador. **3.** Conjunto de diplomáticos, empleados y otras personas que el embajador tiene a sus órdenes. **4.** Edificio que alberga las oficinas y residencia del embajador.

EMBAJADOR, RA n. Agente diplomático de primera clase, con misión permanente cerca de otro gobierno, representante del estado que le envía y de la persona de su jefe de estado. **2.** *Fig.* Emisario, mensajero.

EMBALADOR, RA n. Persona que tiene por oficio embalar.

EMBALAJE n. m. Acción y efecto de embalar objetos. **2.** Todo lo que sirve para embalar, como papel, tela, caja, etc. **3.** Coste de este embalaje.

EMBALAR v. tr. [1]. Envolver, empaquetar o colocar en cajas, cestos, etc., lo que se ha de transportar.

EMBALAR v. tr. y pron. (fr. *emballer*) [1]. Aumentar notablemente la velocidad un corredor o un vehículo. ♦ **embalarse** v. pron. **2.** Dejarse llevar por un afán, deseo, sentimiento, etc. **3.** MEC. Adquirir una máquina o aparato un régimen de marcha que se caracteriza por una velocidad exagerada y peligrosa, superior a la máxima prevista.

EMBALAR v. tr. e intr. [1]. *Méx.* Introducir la bala en un cañón sin poner carga de pólvora.

EMBALDOSADO n. m. Acción y efecto de embaldosar. **2.** Pavimento de baldosas.

EMBALDOSAR v. tr. [1]. Pavimentar con baldosas.

EMBALSADERO n. m. Lugar hondo y pantanoso en donde se suelen recoger las aguas.

EMBALSADO n. m. *Argent.* Formación vegetal, típica de algunos arroyos y esteros, y particularmente de la laguna Iberá.

EMBALSAMADOR, RA adj. y n. Que embalsama.

EMBALSAMAMIENTO n. m. Acción y efecto de embalsamar, conservar artificialmente un cadáver.

EMBALSAMAR v. tr. [1]. Preparar con sustancias balsámicas o antisépticas un cadáver para evitar su putrefacción. ♦ v. tr. y pron. **2.** Perfumar, aromatizar.

EMBALSAR v. tr. y pron. [1]. Recoger agua en una balsa o detenerse un líquido formando una balsa, especialmente agua.

EMBALSE n. m. Acción y efecto de embalsar. **2.** Gran depósito que se forma artificialmente para almacenar las aguas de un río o arroyo.

EMBANASTAR v. tr. [1]. Meter una cosa en la banasta: *embanastar las uvas.* ♦ v. tr. y pron. **2.** *Fig.* Meter demasiada gente en un espacio cerrado.

EMBANCADURA n. f. Obstáculo producido en un río.

EMBANDERAR v. tr. y pron. [1]. Adornar con banderas.

EMBANQUETAR v. tr. [1]. *Méx.* Hacer banquetas o aceras en las calles.

EMBARAZADO, A adj. y n. f. Que lleva un feto o un embrión, aplicado a una hembra o al útero.

EMBARAZADOR, RA adj. Que embaraza o estorba.

EMBARAZAR v. tr. (port. *embaraçar*) [1g]. Estorbar, retardar: *embarazar los movimientos.* **2.** Hacer que alguien se sienta cohibido o turbado. ♦ v. tr. y pron. **3.** Poner encinta a una mujer. ♦ **embarazarse** v. pron. **4.** Hallarse impedido con cualquier obstáculo.

EMBARAZO n. m. Acción y efecto de embarazar o embarazarse. **2.** Estado de la mujer encinta, desde la fecundación hasta el parto.

EMBARAZOSO, A adj. Que embaraza e incomoda: *situación embarazosa.*

EMBARCACIÓN n. f. MAR. Nombre genérico de todo objeto cóncavo flotante que sirve para el transporte por agua. **2.** MAR. Embarco. **3.** MAR. Tiempo que dura una travesía.

EMBARCADERO n. m. Muelle, escollera o pontón para facilitar el embarque y desembarque. **2.** Lugar de salida y de llegada de los buques que realizan el servicio de transporte de viajeros. **3.** Pendiente de hormigón o serie de escalones que permiten bajar hasta la orilla. **4.** Construcción rural, destinada a embarcar productos en vagones de ferrocarril o en camiones.

EMBARCAR v. tr., intr. y pron. [1a]. Dar ingreso en una embarcación. **2.** Despachar por ferrocarril o vía aérea una mercancía o meterse en un tren o avión para viajar. ♦ v. tr. y pron. **3.** *Fig.* Incluir a uno en una empresa: *embarcarse en un negocio.*

EMBARCO n. m. Acción de embarcar o embarcarse. **2.** Ingreso de tropas en un barco o tren, para ser transportadas.

EMBARGADO, A adj. y n. DER. Dícese de la persona a la que han embargado bienes. ♦ adj. **2.** Dícese de los bienes que han sido objeto de embargo.

EMBARGAR v. tr. (bajo lat. *imbarricare*, estorbar) [1b]. Embarazar, estorbar, impedir: *embargar un movimiento.* **2.** *Fig.* Suspender, paralizar, enajenar los sentidos: *la emoción me embarga.* **3.** DER. Ocupar e intervenir los bienes por medio de embargo, en virtud de mandato judicial.

EMBARGO n. m. Acción y efecto de embargar. **2.** Ocupación e intervención judicial de determinados bienes, con la finalidad de sujetarlos al cumplimiento de responsabilidades derivadas de un débito. **3.** Prohibición del comercio y transporte de armas decretada por un gobierno. **4.** Incautación de un navío neutral o sospechoso, mientras se espera una decisión de captura o liberación. • **Sin embargo,** no obstante, sin que sirva de impedimento.

EMBARQUE n. m. Acción y efecto de embarcar.

EMBARRADA n. f. *Argent., Chile y Colomb.* Error grande, patochada.

EMBARRADILLA n. f. *Méx.* Empanadilla grande rellena de dulce de leche, coco, huevo y otros ingredientes.

EMBARRADO n. m. Revoque de barro o tierra en paredes, muros y tapiales.

EMBARRADO, A adj. *Méx.* Dícese de la ropa que queda muy ajustada.

EMBARRADURA n. f. Acción y efecto de embarrar o embarrarse.

EMBARRANCAR v. intr. y tr. [1a]. Encallar un buque en el fondo. **2.** Atascarse en una dificultad. ♦ v. intr. y pron. **3.** Atascarse en un barranco o atolladero.

EMBARRAR v. tr. [1]. Untar, cubrir o manchar con barro. **2.** *Amér. Fig.* Calumniar, desacreditar. **3.** *Amér.* Cometer algún delito. **4.** *Amér. Central y Méx.* Complicar a alguien en un asunto sucio. ♦ v. tr. **5.** Embadurnar, manchar con cualquier materia viscosa. **6.** Revocar con barro o tierra.

EMBARRIAR v. tr. y pron. [1]. Colocar una palanca debajo de un peso para levantarlo.

EMBASAMIENTO o **EMBASAMENTO** n. m. Basa de un edificio.

EMBASTAR v. tr. [1]. Hilvanar una tela.

EMBASTE n. m. Acción y efecto de embastar. **2.** Hilván.

EMBATE n. m. Golpe impetuoso del mar. **2.** Acometida impetuosa: *embate de genio.*

EMBAUCADOR, RA adj. y n. Que embauca.

EMBAUCAMIENTO n. m. Acción y efecto de embaucar.

EMBAUCAR v. tr. [1a]. Engañar, alucinar.

EMBAULAR v. tr. [1w]. Meter dentro de un baúl. **2.** *Fig. y fam.* Comer con ansia, engullir. ♦ v. tr. y pron. **3.** *Fig.* Meter gente muy apretada en un sitio estrecho.

EMBEBER v. tr. [2]. Absorber un cuerpo sólido otro en estado líquido. **2.** Encajar una cosa dentro de otra: *embeber una persiana en el muro.* ♦ v. intr. **3.** Encogerse, apretarse, tupirse: *la lana embebe.* ♦ **embeberse** v. pron. **4.** *Fig.* Embelesarse. **5.** *Fig.* Instruirse radicalmente y con fundamento en una materia: *embeberse en filosofía.*

EMBEJUCAR v. tr. [1]. *Antillas, Colomb. y Venez.* Cubrir o envolver con bejucos. **2.** *Colomb.* Desorientar. ♦ **embejucarse** v. pron. **3.** *Colomb.* Enfadarse, airarse. **4.** *Colomb. y Venez.* Enredarse.

EMBELECADOR, RA adj. y n. Que embeleca.

EMBELECAR v. tr. [1a]. Engañar con halagos y zalamerías.

EMBELECO n. m. Embuste, engaño. **2.** *Fig. y fam.* Persona o cosa molesta o fastidiosa.

EMBELESAR v. tr. y pron. [1]. Causar algo tanto placer que permite olvidarse de todo.

EMBELESO o **EMBELESAMIENTO** n. m. Efecto de embelesar. **2.** Persona o cosa que embelesa.

EMBELLECEDOR, RA adj. y n. m. Que embellece: *crema embellecedora.* ♦ n. m. **2.** Chapa metálica brillante con la que se adornan diversas partes de las carrocerías de los automóviles.

EMBELLECER v. tr. y pron. [2m]. Poner bello.

EMBELLECIMIENTO n. m. Acción y efecto de embellecer.

EMBERRINCHARSE o **EMBERRENCHINARSE** v. pron. *Fam.* Enfadarse mucho, encolerizarse.

EMBESTIDA n. f. Acción y efecto de embestir.

EMBESTIR v. tr. e intr. [30]. Arrojarse con ímpetu sobre una persona o cosa, especialmente un toro. ♦ v. tr. **2.** *Fig. y fam.* Acometer para pedir algo con impertinencia o para inducir a algo.

EMBETUNADO n. m. Acción y efecto de embetunar.

EMBETUNAR v. tr. [1]. Cubrir con betún.

EMBIJADO, A adj. *Méx.* Dispar, formado de piezas desiguales.

EMBIJAR v. tr. y pron. [1]. Pintar o teñir con bija. ♦ v. tr. y pron. **2.** *Hond. y Nicar.* Ensuciar.

EMBLEMA n. m. o f. (lat. *emblema*). Figura simbólica acompañada de una leyenda explicativa. **2.** *Fig.* Figura, atributo, ser u objeto concretos destinados a simbolizar una noción abstracta, o a representar una colectividad, un personaje, etc.

EMBLEMÁTICO, A adj. Relativo al emblema o que lo incluye.

EMBOBAMIENTO n. m. Efecto de embobar o embobarse.

EMBOBAR v. tr. [1]. Causar admiración con algo fuera de lo normal en apariencia. ♦ **embobarse** v. pron. **2.** Quedarse suspenso, absorto o admirado.

EMBOCADURA n. f. Acción y efecto de embocar. **2.** Sabor de los vinos. **3.** Parte del bocado que penetra en la boca del caballo. **4.** MAR. Boca de un canal, de un río o de un puerto. **5.** MÚS. Boquilla, parte de un instrumento de viento a la que se aplica la boca.

EMBOCAR v. tr. [1a]. Meter por la boca: *embocar un tubo.* **2.** MAR. Entrar por un paso estrecho. **3.** MÚS. Aplicar los labios a la boquilla de un instrumento de viento.

EMBOCHINCHAR v. tr. y pron. [1]. *Amér. Merid.* Alborotar.

EMBOCINADA n. f. *Colomb.* Objetivo plenamente alcanzado.

EMBODEGAR v. tr. [1b]. Meter y guardar en la bodega, vino, aceite, etc.

EMBOLADO n. m. *Colomb.* Limpiabotas.

EMBOLATAR v. tr. [1]. *Colomb.* Dilatar, demorar. **2.** *Colomb. y Pan.* Engañar. **3.** *Colomb. y Pan.* Enredar, enmarañar. ♦ **embolatarse** v. pron. **4.** *Colomb.* Estar absorbido por un asunto, entretenerse. **5.** *Colomb.* Perderse, extraviarse. **6.** *Colomb.* Alborotarse. **7.** *Pan.* Entregarse al jolgorio.

EMBOLIA n. f. (lat. gr. *emballō,* insertar). Obstrucción de un vaso sanguíneo por un coágulo o un cuerpo extraño transportado por la sangre hasta el lugar donde el calibre es insuficiente para permitir su paso.

EMBOLISMAR v. tr. [1]. *Fam.* Meter chismes y enredos.

ÉMBOLO n. m. (lat. *embolum*). MEC. Disco o pieza cilíndrica de metal, que se mueve alternativamente entre dos fluidos, a diferente presión, destinado a transmitir un esfuerzo motor.

EMBOLSAR v. tr. [1]. Guardar una cosa en la bolsa. **2.** Cobrar. ♦ **embolsarse** v. pron. **3.** *Fam.* Ganar dinero.

EMBOLSO n. m. Acción y efecto de embolsar.

EMBONADA n. f. Acción y efecto de embonar un buque.

EMBONAR v. tr. [1]. Forrar exteriormente con tablones el casco de un buque para ensanchar su manga. ♦ v. tr. **2.** *Cuba, Ecuad. y Méx.* Empalmar, unir una cosa con otra.

EMBOQUILLADO n. m. y adj. Cigarrillo con boquilla.
EMBOQUILLAR v. tr. [1]. Poner boquillas a los cigarrillos.
EMBORRACHAR v. tr. y pron. [1]. Poner o ponerse ebrio. **2.** Atontar, adormecer, perturbar: *la altura me emborracha*. ♦ **emborracharse** v. pron. **3.** Mezclarse los colores.
EMBORRASCAR v. tr. y pron. [1a]. Irritar, enfurecer. ♦ **emborrascarse** v. pron. **2.** Hacerse borrascoso el tiempo. **3.** *Amér.* Empobrecerse o perderse la veta en las minas.
EMBORRONAR v. tr. [1]. Echar o hacer borrones en un escrito, dibujo, etc. **2.** *Desp.* y *fig.* Escribir. **3.** *Fig.* Escribir deprisa y desaliñadamente.
EMBORUCARSE v. pron. [1a]. *Méx.* Confundirse.
EMBOSCADA n. f. (ital. *imboscata*). Acción y efecto de emboscar. **2.** *Fig.* Asechanza, intriga: *tender una emboscada*.
EMBOSCAR v. tr. y pron. (ital. *imboscare*) [1a]. Apostar una partida de gente en un sitio para atacar por sorpresa a alguien que ha de acudir a él. ♦ **emboscarse** v. pron. **2.** Entrarse u ocultarse entre el ramaje: *emboscarse en la espesura*. **3.** *Fig.* Escudarse en una ocupación cómoda para no hacer frente a una obligación.
EMBOTAMIENTO n. m. Acción y efecto de embotar.
EMBOTAR v. tr. y pron. [1]. Engrosar el filo o la punta de los instrumentos cortantes. **2.** Debilitar, quitar agudeza o eficacia a los sentidos: *embotar la mente*.
EMBOTELLADO, DA adj. Acción de embotellar un líquido.
EMBOTELLADOR, RA n. Persona que embotella.
EMBOTELLADORA n. f. Máquina para embotellar.
EMBOTELLAJE n. m. Acción y efecto de embotellar.
EMBOTELLAMIENTO n. m. Acción y efecto de embotellar. **2.** Obstrucción del tráfico rodado en una vía pública.
EMBOTELLAR v. tr. [1]. Poner en botellas. **2.** *Fig.* Aprender de memoria algo. **3.** Impedir que naves enemigas salgan al mar.
EMBOTICAR v. tr. y pron. [1]. *Chile.* Medicar.
EMBOZAR v. tr. y pron. [1g]. Cubrir el rostro por la parte inferior con una prenda de vestir. **2.** *Fig.* Disfrazar u ocultar lo que uno piensa o proyecta. **3.** Obstruir un conducto: *embozar una cañería*.
EMBOZO n. m. Parte de una prenda con que uno se emboza. **2.** Doblez de la sábana por la parte que toca al rostro. **3.** Cada una de las tiras que guarnecen los lados de la capa. **4.** *Fig.* Recato artificioso con que se dice o hace algo: *hablar sin embozo*.
EMBRAGAR v. tr. (fr. *embrayer*) [1]. Establecer la comunicación entre el motor y los órganos que debe poner en movimiento.
EMBRAGUE n. m. Mecanismo que permite poner en movimiento una máquina acoplándola al motor. **2.** Pedal con que se acciona dicho mecanismo.
EMBRAVECER v. tr. y pron. [2m]. Irritar, enfurecer: *embravecerse en la batalla*. **2.** Comunicar o adquirir bravura los animales. ♦ **embravecerse** v. pron. **3.** Encresparse el mar.
EMBRAVECIMIENTO n. m. Acción y efecto de embravecer o embravecerse.
EMBREADURA n. f. Acción y efecto de embrear.
EMBREAR v. tr. Untar con brea: *embrear los cables*.
EMBRIAGADOR, RA adj. Que embriaga.
EMBRIAGAR v. tr. y pron. [1b]. Emborrachar, causar embriaguez. **2.** *Fig.* Enajenar, extasiar: *embriagar un perfume*.
EMBRIAGUEZ n. f. Estado de excitación síquica y de falta de coordinación motriz, debido a la ingestión masiva de alcohol, barbitúricos, etc. **2.** Enajenación del ánimo: *la embriaguez del éxito*.
EMBRIDAR v. tr. [1]. Poner la brida a las caballerías.
EMBRIOGÉNESIS n. f. Transformaciones sucesivas que sufre un organismo animal o vegetal, desde el estado de huevo o espora hasta el estado adulto.
EMBRIOLOGÍA n. f. Parte de la biología que estudia el embrión.
EMBRIÓN n. m. (gr. *embryon*). Organismo en vías de desarrollo, a partir del huevo fecundado hasta la realización de una forma capaz de vida autónoma y activa (larva, polluelo, etc.). [En el hombre, se llama *feto*, al embrión de más de tres meses.] **2.** *Fig.* Principio, informe todavía, de algo: *novela en embrión*.
EMBRIONARIO, A adj. Del embrión. **2.** En estado rudimentario.
EMBROCAR v. tr. [1a]. Vaciar una vasija en otra volviéndola boca abajo. ♦ v. tr. y pron. **2.** *Hond.* Poner boca abajo cualquier cosa. ♦ v. tr., intr. y pron. **3.** *Méx.* Ponerse una prenda de vestir por la cabeza.
EMBROLLAR v. tr. y pron. (fr. *embrouiller*) [1]. Producir embrollos. ♦ v. tr. **2.** *Chile* y *Urug.* Apropiarse de algo mediante engaño.
EMBROLLO n. m. Enredo, confusión, lío, maraña: *embrollo de hilos*. **2.** Embuste, mentira: *decir embrollos*. **3.** *Fig.* Situación embarazosa de la que no se sabe cómo salir: *meter en un embrollo*.
EMBROMAR v. tr. [1]. Gastar una broma. **2.** Engañar por diversión y sin intención de ofender. ♦ v. tr. **3.** *Amér.* Fastidiar, molestar. ♦ v. tr. y pron. **4.** *Amér.* Perjudicar, causar daño moral o material. **5.** *Chile* y *Perú.* Entretener, hacer perder el tiempo.
EMBRONCARSE v. pron. [1a]. *Argent. Fam.* Enojarse, enfadarse.
EMBRUJAMIENTO n. m. Acción y efecto de embrujar.
EMBRUJAR v. tr. [1]. Hechizar, ejercer sobre alguien una acción de hechicería o brujería, generalmente dañosa. **2.** Ejercer sobre alguien un atractivo extraordinario.
EMBRUJO n. m. Embrujamiento. **2.** Hechizo, atractivo o encanto misterioso.
EMBRUTECER v. tr. y pron. [2m]. Entorpecer las facultades del espíritu: *el exceso de alcohol embrutece*.
EMBRUTECIMIENTO n. m. Acción y efecto de embrutecer.
EMBUCHADO n. m. Embutido, tripa rellena de carne de cerdo. **2.** *Fig.* Asunto tras el cual se oculta algo de más gravedad e importancia. **3.** *Fig.* Introducción fraudulenta de votos en una urna electoral.
EMBUCHADOR, RA adj. Que embucha.
EMBUCHAMIENTO n. m. Acción de embuchar a un ave.
EMBUCHAR v. tr. [1]. Embutir carne picada en un buche o tripa de animal. **2.** Introducir comida en el buche de un ave. **3.** *Fam.* Comer mucho, de prisa y casi sin mascar.
EMBUDO n. m. Utensilio en forma de cono que sirve para trasvasar líquidos. **2.** Cavidad que va estrechándose y puede ser usual o formada por la explosión de un proyectil. • **Ley del embudo** (*Fig.* y *fam.*), ley que se emplea con desigualdad, aplicándola estrictamente a unos y ampliamente a otros.
EMBURUJAR v. tr. y pron. [1]. *Fam.* Hacer que se formen borujos. ♦ v. tr. **2.** *Fam.* Amontonar y mezclar confusamente unas cosas con otras. **3.** *Cuba.* Embarullar a una persona, confundirla. ♦ **emburujarse** v. pron. **4.** *Colomb., Méx., P. Rico* y *Venez.* Arrebujarse, cubrirse bien del cuerpo.
EMBUSTE n. m. Mentira especialmente grande y burda.
EMBUSTERO, A adj. y n. Que dice embustes. ♦ adj. **2.** *Chile.* Que comete erratas al escribir.
EMBUTIDO n. m. Acción y efecto de embutir. **2.** Tripa rellena de carne de cerdo u otra carne picada y aderezada. **3.** *Amér.* Entredós de bordado o de encaje.
EMBUTIR v. tr. [3]. Llenar, meter una cosa dentro de otra y apretarla. **2.** Rellenar una tripa para la preparación de embutidos. **3.** Martillear, comprimir en frío o en caliente, una pieza de metal para darle una forma determinada. **4.** Incluir, encajar con arte materias diferentes o de distintos colores en un objeto. **5.** *Fig.* Reducir, condensar un contenido cualquiera: *embutir noticias*.
EME n. f. Nombre de la letra *m*. **2.** Eufemismo por mierda: *vete a la eme*.
EMERGENCIA n. f. Acción y efecto de emerger. **2.** Cosa que emerge. **3.** Suceso o accidente súbitos: *salida de emergencia*.
EMERGENTE adj. ÓPT. Que sale de un medio después de haberlo atravesado.
EMERGER v. intr. (lat. *emergere*) [2b]. Brotar, salir del agua u otro líquido. **2.** Salir o aparecer de detrás o del interior de algo.
EMERITENSE adj. y n. m. y f. De Mérida.
EMÉRITO, A adj. Dícese del que se ha retirado de algún empleo o cargo y disfruta de algún premio por sus buenos servicios.
EMERSIÓN n. f. (lat. *emersionem*). Movimiento de un cuerpo que sale de un fluido en el que estaba sumergido. **2.** ASTRON. Reaparición de un astro después de una ocultación.
EMERSON (Ralph Waldo), filósofo norteamericano (Boston 1803-Concord, Massachusetts, 1882), fundador de un sistema idealista, místico y panteísta, el trascendentalismo.
EMÉTICO, A adj. y n. m. (lat. *emeticum*). Que provoca el vómito.
EMIGRACIÓN n. f. Acción y efecto de emigrar. **2.** Conjunto de emigrantes. **3.** ZOOL. Migración.
EMIGRADO, A n. Persona que vive en la emigración, generalmente por causas políticas.
EMIGRANTE adj. Que emigra. ♦ n. m. y f. **2.** Persona que se traslada de su propio país a otro para trabajar en él.
EMIGRAR v. intr. (lat. *emigrare*) [1]. Dejar el propio país para establecerse, o trabajar temporalmente, en otro. **2.** Cambiar de clima: *las palomas emigran*.
EMILIA-ROMAÑA, en ital. **Emilia-Romagna**, o simplemente **Emilia**, región de Italia, al S del Po, junto al Adriático; 22 123 km²; 3 899 170 hab. Cap. *Bolonia*.
EMINENCIA n. f. (lat. *eminentiam*). Elevación del terreno. **2.** *Fig.* Excelencia o sublimidad. **3.** Persona eminente en cierto campo. **4.** ANAT. Nombre dado a diversos salientes óseos. **5.** REL. Título concedido a los obispos, al gran maestre de la orden de Malta y a los cardenales. • **Eminencia gris**, consejero íntimo que maniobra en la sombra.
EMINENTE adj. Alto, elevado: *terreno eminente*. **2.** *Fig.* Que sobresale entre los de su clase.
EMINENTÍSIMO, A adj. Tratamiento con que se habla de y a la persona a quien corresponde el de eminencia.
EMIR n. m. (ár. *amir*, el que ordena). En el mundo musulmán, jefe, persona que ostenta una dignidad política o militar.
EMIRATO n. m. Estado gobernado por un emir. **2.** Dignidad de emir. **3.** Tiempo que dura el gobierno de un emir.
EMIRATOS ÁRABES (Unión de) o **EMIRATOS ÁRABES UNIDOS**, estado federal de la península de Arabia, junto al golfo Pérsico, que agrupa a siete emiratos: Abū Dhabī, Dibay, Šarŷa, Fuŷaira, Ajman, Umm al-Qawayn y Ra's al-Jayma; 80 000 km²; 2 400 000 hab. CAP. *Abū Dhabī*. LENGUA OFICIAL: *árabe*. MONEDA: *dirham*. País desértico, importante productor de petróleo, con mayoría de inmigrantes. Los llamados "Estados de la Tregua" (*Trucial States*), bajo protectorado británico de 1892 a 1971, formaron desde 1971-1972 la federación independiente de los Emiratos

Árabes Unidos. 2001: Firma junto con Arabia Saudí, Bahrein, Qatar y Omán, del primer pacto para la defensa de la región del Golfo Pérsico.

EMISARIO, A n. (lat. *emissarium*). Mensajero encargado generalmente de una misión secreta. ♦ n. m. **2.** Canal o curso de agua que evacua el sobrante de una laguna, un lago, etc. **3.** Canal de desagüe de las aguas de drenaje.

EMISIÓN n. f. (lat. *emissionem*). Acción y efecto de emitir: *emisión de luz.* **2.** Serie de cosas emitidas a la vez: *emisión de sellos.* **3.** Programa o parte de un programa de radio o televisión. **4.** Acción de emitir ondas electromagnéticas o partículas. **5.** Operación que consiste en poner en circulación moneda, títulos, valores, efectos públicos, de comercio o bancarios.

EMISOR, RA adj. y n. Que emite. **2.** Dícese de la persona que hace una emisión. ♦ adj. **3.** Dícese del establecimiento que goza del privilegio de emisión. ♦ n. m. **4.** Estación emisora de señales electromagnéticas portadoras de mensajes telegráficos, sonidos o imágenes.

EMISORA n. f. RADIOTECN. Estación de emisión de radio.

EMITIR v. tr. (lat. *emittere*) [3]. Arrojar, despedir, producir una cosa otra que sale de ella: *emitir rayos, calor, sonidos.* **2.** Exponer, expresar, manifestar: *emitir un juicio.* **3.** Poner en circulación: *emitir billetes de banco.* ♦ v. tr. e intr. **4.** Hacer una emisión de radio o de televisión.

EMMENTAL o **EMMENTHAL**, valle de Suiza en los Prealpes (cantón de Berna). Quesos.

EMOCIÓN n. f. (lat. *emotionem*). Estado afectivo que transforma de un modo momentáneo por brusco el equilibrio de la estructura sicofísica del individuo.

EMOCIONAL adj. Relativo a la emoción.

EMOCIONANTE adj. Que causa o produce emoción: *encuentro emocionante.*

EMOCIONAR v. tr. y pron. [1]. Causar emoción.

EMOLIENTE adj. y n. m. MED. Que relaja y ablanda los tejidos.

EMOLUMENTO n. m. (lat. *emolumentum*). Remuneración que corresponde a un cargo o empleo.

EMOTIVIDAD n. f. Estado de reacción afectiva frente a una modificación brusca e inmediata de una situación de una persona.

EMOTIVO, A adj. Relativo a la emoción: *trastornos emotivos.* **2.** Que produce emoción: *palabras emotivas.* **3.** Sensible a las emociones.

EMPACADO n. m. Acción y efecto de empacar.

EMPACADORA n. f. Máquina para empacar.

EMPACAMIENTO n. m. *Amér.* Acción y efecto de empacarse.

EMPACAR v. tr. [1a]. Hacer pacas o balas de una cosa. Empaquetar. **3.** *Méx.* Poner en conserva. ♦ v. intr. y tr. **4.** *Amér.* Hacer las maletas.

EMPACARSE v. pron. [1a]. *Amér.* Pararse una caballería y no querer seguir.

EMPACHADA n. f. *Méx.* Acción y efecto de empacharse.

EMPACHAR v. tr. y pron. (fr. *empêcher*) [1]. Ahitar, causar indigestión o saciedad: *los dulces me empachan; empachar muchas zalamerías.* ♦ **empacharse** v. pron. **2.** Avergonzarse, turbarse, cortarse.

EMPACHO n. m. Inflamación de la mucosa del estómago, o trastorno neurovegetativo, que comporta una dificultad para digerir, náuseas e incluso vómitos. **2.** Ahíto, saciedad: *empacho de lectura.* **3.** Cortedad, vergüenza, turbación.

EMPACÓN, NA adj. *Amér.* Dícese del caballo o yegua que se empaca.

EMPADRONADOR, RA n. Persona que empadrona.

EMPADRONAMIENTO n. m. Acción y efecto de empadronar. **2.** Padrón, registro.

EMPADRONAR v. tr. y pron. [1]. Inscribir a uno en el padrón o registro.

EMPAJADO n. m. Acción y efecto de empajar.

EMPAJAR v. tr. [1]. Cubrir o rellenar con paja: *empajar botellas.* **2.** *Chile.* Mezclar con paja. **3.** *Chile, Colomb., Ecuad.* y *Nicar.* Techar de paja. ♦ **empajarse** v. pron. **4.** *Chile.* Echar los cereales mucha paja y poco fruto. **5.** *P. Rico y Venez.* Hartarse, llenarse de comida.

EMPALAGADA n. f. *Méx.* Empalago.

EMPALAGAR v. intr. y pron. [1b]. Causar hastío un manjar, especialmente si es dulce. **2.** *Fig.* Cansar, fastidiar: *me empalaga su manera de hablar.*

EMPALAGO o **EMPALAGAMIENTO** n. m. Acción y efecto de empalagar.

EMPALAGOSO, A adj. y n. *Fig.* Dícese del que empalaga. **2.** *Fig.* Dícese de la persona que cansa o fastidia por su afectación.

EMPALAMIENTO n. m. Acción y efecto de empalar.

EMPALAR v. tr. [1]. Atravesar a uno con un palo. ♦ **empalarse** v. pron. **2.** *Chile.* Envararse, entumecerse. **3.** *Chile y Perú.* Obstinarse, encapricharse.

EMPALICAR v. tr. [1a]. *Chile.* Engatusar.

EMPALIDECER v. tr. [2m]. Ponerse pálido. **2.** Parecer pálido o de menos color una cosa por comparación con otra.

EMPALIZADA n. f. Cercado o vallado hecho con estacas o tablas estrechas yuxtapuestas, hincadas en el suelo.

EMPALIZAR v. tr. [1g]. Rodear de empalizadas: *empalizar un jardín.* **2.** Construir empalizados o estacadas. **3.** Cortar a manera de muro o pared: *empalizar un seto.*

EMPALMAR v. tr. [1]. Unir dos maderos, tubos, cables, etc., para que conserven la continuidad. **2.** *Fig.* Ligar o combinar planes, ideas, etc. ♦ v. intr. **3.** Unirse o corresponderse dos ferrocarriles, carreteras, etc.: *el camino empalma con la carretera.* ♦ v. intr. y pron. **4.** Seguir o suceder una cosa a continuación de otra sin interrupción. ♦ **empalmarse** v. pron. **5.** *Fam.* Excitarse sexualmente el hombre, con erección del pene.

EMPALME n. m. Acción y efecto de empalmar. **2.** Punto en que se empalma. **3.** Cosa que empalma con otra. **4.** Modo o forma de hacer el empalme. **5.** Ensamble de piezas de madera por sus extremos, de modo que queden en prolongación. **6.** Conexión eléctrica. **7.** Punto de encuentro de dos líneas férreas. **8.** Punto de arranque de un ramal.

EMPAMPARSE v. pron. [1]. *Amér. Merid.* Extraviarse en la pampa.

EMPANADA n. f. Comida consistente en una envoltura de masa de pan rellena de distintos ingredientes. **2.** *Fig.* Acción y efecto de encubrir o disimular una cosa. • **Empanada mental** (*fig.* y *fam.*), confusión en la mente.

EMPANADILLA n. f. Pastel pequeño aplastado, que se hace doblando la masa sobre sí misma para cubrir con ella el relleno, que puede estar elaborado con distintos ingredientes.

EMPANAR v. tr. [1]. Rellenar una empanada. **2.** Rebozar con huevo batido, harina o pan rallado carne o pescado para freírlo.

EMPANZAR v. tr. [1g]. *Méx.* Empanar.

EMPANTANAR v. tr. y pron. [1]. Inundar un terreno dejándolo hecho un pantano. **2.** *Fig.* Detener o dilatar el curso de un asunto.

EMPAÑAR v. tr. [1]. Envolver a un niño en pañales. **2.** Quitar la tersura, el brillo o la transparencia. **3.** Cubrirse un cristal por el vapor del agua. **4.** *Fig.* Manchar u oscurecer la fama, el mérito, etc.: *empañar el buen nombre de una familia.*

EMPAÑETAR v. tr. [1]. *Amér. Central, Ecuad.* y *P. Rico.* Embarrar, cubrir una pared con mezcla de barro, paja y boñiga. **2.** *Colomb.* y *P. Rico.* Enlucir, encalar las paredes.

EMPAPADA n. f. *Méx.* Acción y efecto de empaparse.

EMPAPADO n. m. Acción y efecto de empapar.

EMPAPAR v. tr. y pron. [1]. Humedecer algo hasta el punto que quede penetrado del líquido: *empapar un algodón.* **2.** Penetrar un líquido los poros o huecos de un cuerpo. **3.** Absorber: *la tierra empapa el agua.* ♦ **empaparse** v. pron. **4.** *Fig.* Poseerse o imbuirse de un afecto, idea, etc.: *empaparse en la moral cristiana.* **5.** *Fig.* y *fam.* Enterarse bien de una cosa: *empápate antes de hablar.* **6.** *Fam.* Empacharse, hartarse de comida.

EMPAPELADO n. m. Acción y efecto de empapelar. **2.** Papel con que se recubre una superficie. **3.** *Méx.* Pescado cocido dentro de un papel.

EMPAPELADOR, RA n. Persona que empapela.

EMPAPELAR v. tr. [1]. Envolver en papel. **2.** Forrar de papel una superficie. **3.** Formar causa criminal o expediente administrativo a uno.

EMPAQUE n. m. Acción y efecto de empacar. **2.** Materiales que forman la envoltura y armazón de los paquetes. **3.** *Colomb.* y *C. Rica.* Trozo de material para mantener herméticamente cerradas dos piezas distintas. **4.** *Méx.* Trozo de hule que sirve para apretar dos piezas de un aparato y evitar que se escape el líquido o el vapor que por ahí fluye.

EMPAQUE n. m. *Fam.* Distinción, presencia, señorío. **2.** Seriedad con algo de afectación o tiesura. **3.** *Amér.* Acción y efecto de empacarse un animal. **4.** *Chile, Perú* y *P. Rico.* Descaro, desfachatez.

EMPAQUETADO o **EMPAQUETAMIENTO** n. m. Operación de empaquetar.

EMPAQUETADORA adj. y n. Que empaqueta: *máquina empaquetadora.*

EMPAQUETAR v. tr. [1]. Formar paquetes o disponer paquetes dentro de bultos mayores. **2.** *Fig.* Acomodar en un recinto un número excesivo de personas. **3.** *Fig.* y *fam.* Imponer un castigo. **4.** *Argent. Fig.* y *fam.* Envolver, engañar a alguien.

EMPARAMAR v. tr. y pron. [1]. *Colomb.* y *Venez.* Aterir, helar. **2.** *Colomb.* y *Venez.* Mojar la lluvia o la humedad.

EMPARDAR v. tr. [1]. *Argent.* y *Urug.* Empatar, igualar, particularmente en el juego de cartas.

EMPAREDADO, A adj. y n. Recluso por castigo, penitencia o propia voluntad. ♦ n. m. **2.** Bocadillo preparado con dos rebanadas de pan.

EMPAREDAMIENTO n. m. Acción y efecto de emparedar.

EMPAREDAR v. tr. y pron. [1]. Encerrar a una persona en un sitio privado de comunicación con el exterior. ♦ v. tr. **2.** Ocultar en el espesor de una pared o entre dos paredes.

EMPAREJAMIENTO n. m. Acción y efecto de emparejar.

EMPAREJAR v. tr. y pron. [1]. Formar una pareja. ♦ v. tr. **2.** Poner una cosa a nivel con otra: *emparejar el poste con la puerta.* ♦ v. intr. **3.** Alcanzar o llegar a ponerse junto a otro que iba delante. **4.** Ser pareja una cosa con otra: *el árbol empareja con la casa.* **5.** ZOOL. Aparear. ♦ **emparejarse** v. pron. **6.** *Méx.* Equilibrarse económicamente gracias a una actividad secundaria o ilícita.

EMPARENTAR v. intr. [1j]. Contraer parentesco por vía de casamiento: *emparentar con la nobleza.*

EMPARRADO n. m. Sujeción de los sarmientos o ramas a tutores o soportes adecuados. **2.** Conjunto de los vástagos y hojas de una o varias parras, que, sostenidas por un armazón apropiada, forman cubierto.

EMPARRAR v. tr. [1]. Hacer o formar emparrado.

EMPASTADO, A adj. *Argent.*, *Chile* y *Urug.* Dícese del campo que tiene pasto para el ganado.

EMPASTADOR, RA adj. ♦ n. m. 2. Pincel para empastar. ♦ n. 3. *Amér.* Encuadernador de libros.

EMPASTADURA n. f. *Chile.* Acción y efecto de empastar un libro.

EMPASTAR v. tr. [1]. Cubrir de pasta. 2. Rellenar con pasta el hueco producido por las caries en los dientes. 3. Encuadernar en pasta los libros. ♦ v. tr. y pron. 4. *Argent.* y *Chile.* Padecer meteorismo el animal. 5. *Chile*, *Méx.* y *Nicar.* Convertir un terreno en prado o pradera. 6. PINT. Poner el color en bastante cantidad sobre la tela para que cubra la imprimación. ♦ **empastarse** v. pron. 7. *Chile.* Llenarse de maleza un sembrado.

EMPASTE n. m. Acción y efecto de empastar. 2. Pasta empleada para rellenar una cavidad en una pieza dentaria en el tratamiento de las caries. 3. Unión perfecta de los colores de una pintura. 4. Relieve producido en una tela mediante la aplicación de espesas capas de pasta. 5. *Argent.* y *Urug.* Afección digestiva del ganado.

EMPATAR v. tr. y pron. [1]. Obtener el mismo número de votos en una votación. 2. Obtener el mismo número de tantos dos jugadores o equipos en una competición deportiva. ♦ v. tr. 3. *Can.*, *Colomb.*, *C. Rica*, *Méx.*, *P. Rico* y *Venez.* Empalmar, juntar una cosa con otra. 4. *Colomb.* Gastar el tiempo en cosas molestas.

EMPATE n. m. Acción y efecto de empatar. 2. Igualdad entre dos o más concursantes o equipos, que obtienen los mismos tantos en un encuentro o igual puesto en la clasificación.

EMPAVONAR v. tr. [1]. *Chile.* Dar color empañado a los vidrios. 2. *Colomb.* y *P. Rico.* Untar, pringar.

EMPECINADO, A adj. Terco, obstinado.

EMPECINAMIENTO n. m. Acción y efecto de empecinarse.

EMPECINAR v. tr. [1]. Untar de pecina o de pez.

EMPECINARSE v. pron. [1]. Obstinarse, aferrarse.

EMPEDAR v. tr. [1]. *Argent.* y *Méx. Vulg.* Emborrachar.

EMPEDERNIDO, A adj. Que tiene muy arraigado un vicio o costumbre: *fumador empedernido.*

EMPEDERNIR v. tr. [3ñ]. Endurecer mucho una cosa. ♦ **empedernirse** v. pron. 2. *Fig.* Hacerse insensible y duro de corazón.

EMPEDRADO n. m. Acción y efecto de empedrar. 2. Pavimento formado de adoquines o de piedras.

EMPEDRAR v. tr. [1j]. Cubrir o pavimentar el suelo con piedras clavadas en la tierra o ajustadas unas con otras. 2. *Fig.* Cubrir una superficie con objetos extraños a ella: *empedrar de almendras un pastel.*

EMPEINE n. m. (lat. *in y pectiniculum*, pelo del pubis). Parte inferior del vientre entre las ingles.

EMPEINE n. m. Parte superior del pie entre la caña de la pierna y el principio de los dedos. 2. Parte de la bota desde la caña a la pala.

EMPEINE n. m. Planta hepática, muy común en los lugares húmedos. (Familia marchantiáceas.)

EMPELLÓN n. m. Empujón recio que se da con el cuerpo. • **A empellones** (*Fam.*), con violencia, bruscamente.

EMPELOTARSE v. pron. [1]. *Fam.* Enredarse las personas, especialmente a causa de una riña o quimera. 2. *Fam.* Desnudarse, quedarse en cueros. 3. *Cuba* y *Méx.* Enamorarse apasionadamente. 4. *Cuba* y *Méx.* Encaprichar, tener antojo de algo.

EMPEÑAR v. tr. [1]. Dar algo en depósito para obtener un préstamo de cuya devolución responde lo entregado: *empeñar las joyas.* 2. Utilizar a alguien como mediador para conseguir algo: *empeñar a Juan en el asunto.* ♦ **empeñarse** v. pron. 3. Endeudarse o entramparse. 4. Insistir con tesón en algo: *puesto que te empeñas te lo diré.* 5. Interceder para que otro consiga lo que pretende.

EMPEÑO n. m. Acción y efecto de empeñar o empeñarse. 2. Obligación de pagar en que se constituye el que empeña una cosa. 3. Deseo vehemente de hacer o conseguir algo. 4. Tesón y constancia. 5. Intento, empresa: *morir en el empeño.* 6. *Méx.* Casa de empeños.

EMPEÑOSO, A adj. *Amér.* Dícese del que muestra tesón en conseguir un fin.

EMPEORAMIENTO n. m. Acción y efecto de empeorar.

EMPEORAR v. tr., intr. y pron. [1]. Poner o ponerse peor: *empeorar la situación*; *el enfermo empeora.*

EMPEQUEÑECER v. tr. [2m]. Minorar una cosa o amenguar su importancia. 2. Disminuir o quitar importancia a una cosa a otra al compararlas.

EMPEQUEÑECIMIENTO n. m. Acción y efecto de empequeñecer.

EMPERADOR n. m. (lat. *imperatorem*, general en jefe). Soberano de un imperio. 2. Pez espada.

EMPERATRIZ n. f. (lat. *imperatricem*). Mujer de un emperador. 2. Soberana de un imperio.

EMPEREJILAR o **EMPERIFOLLAR** v. tr. y pron. [1]. *Fam.* Adornar con profusión y esmero.

EMPEREZAR v. intr. y pron. [1g]. Dejarse dominar por la pereza. ♦ v. tr. y pron. 2. Demorar, retardar.

EMPERGAMINAR v. tr. [1]. Cubrir o forrar con pergamino, especialmente los libros.

EMPERICARSE v. pron. [1a]. *Méx.* Encaramarse en un lugar.

EMPERO conj. advers. Pero, sin embargo.

EMPERRAMIENTO n. m. *Fam.* Acción y efecto de emperrarse.

EMPERRARSE v. pron. [1]. *Fam.* Obstinarse, empeñarse en una cosa.

EMPETATAR v. tr. [1]. *Amér.* Cubrir con petate.

EMPEZAR v. tr. [1e]. Dar principio a una cosa: *empezar el curso.* 2. Principiar a gastar o consumir una cosa: *empezar una hogaza.* ♦ v. intr. 3. Pasar una cosa de no existir, ocurrir o hacerse a existir, ocurrir o hacerse: *empezar una nueva vida.* 4. Seguido de la prep. a y un infinitivo, expresa comienzo de la acción contenida en dicho infinitivo: *empezar a llover*, *a hablar.*

EMPIECE n. m. *Fam.* Acción de empezar.

EMPIEZO n. m. *Colomb.*, *Ecuad.* y *Guat.* Empiece.

EMPILCHAR v. tr. y pron. [1]. *Argent.* y *Urug.* Vestir, particularmente si es con esmero.

EMPILUCHAR v. tr. y pron. [1]. *Chile.* Desnudar.

EMPINADO, A adj. Estirado, orgulloso. 2. Muy alto.

EMPINAMIENTO n. m. Acción y efecto de empinar o empinarse.

EMPINAR v. tr. [1]. Enderezar y levantar una cosa en alto: *empinar la cabeza.* 2. Inclinar mucho una vasija para beber: *empinar la bota.* • **Empinar el codo**, tomar excesivamente bebidas alcohólicas. ♦ v. intr. y pron. 3. *Fig.* y *fam.* Beber mucho vino o licores. ♦ **empinarse** v. pron. 4. Ponerse alguien sobre las puntas de los pies o un animal sobre las dos patas traseras levantando las delanteras. 5. *Fig.* Alcanzar gran altura los árboles, torres, montañas, etcétera.

EMPINGOROTADO, A adj. Dícese de la persona elevada a posición social ventajosa. 2. Encopetado, ensoberbecido: *actitud empingorotada.*

EMPINGOROTAR v. tr. y pron. [1]. Encumbrar o elevar a alguien a una posición social ventajosa.

EMPIOJARSE v. pron. [1]. *Méx.* Llenarse de piojos.

EMPIPADA n. f. *Chile*, *Ecuad.* y *P. Rico.* Atracón, hartazgo.

EMPÍREO, A adj. y n. m. (gr. *empyrios*, que está en el fuego). MIT. Dícese de la parte más elevada del cielo, habitada por los dioses. ♦ n. m. 2. Cielo, gloria, paraíso.

EMPÍRICO, A adj. (lat. *empiricum*). Que se apoya exclusivamente en la experiencia y la observación, y no en la teoría: *procedimiento empírico.* ♦ adj. y n. 2. Que procede empíricamente.

EMPIRISMO n. m. Método fundado únicamente en la experiencia. 2. FILOS. Teoría del conocimiento según la cual el saber procede de la experiencia, y las ideas, de los sentidos. • **Empirismo lógico**, movimiento filosófico contemporáneo según el cual las ciencias de la materia se basan en proposiciones empíricas que deben ser transcritas en lenguaje lógico. SIN.: *neopositivismo*, *positivismo lógico.*

EMPITONAR v. tr. [1]. TAUROM. Prender el toro el bulto con el pitón.

EMPIZARRADO n. m. Revestimiento de pizarra.

EMPIZARRAR v. tr. [1]. Cubrir un techo con pizarras.

EMPLANTILLAR v. tr. [1]. *Chile* y *Perú.* Rellenar con cascotes los cimientos de una pared.

EMPLASTAR v. tr. [1]. Poner emplastos. 2. *Fam.* Entorpecer o detener la marcha de un asunto. ♦ **emplastarse** v. pron. 3. Embadurnarse o ensuciarse con cualquier compuesto pegajoso.

EMPLASTO n. m. (lat. *emplastrum*). Preparado medicamentoso de uso externo. 2. *Fig.* y *fam.* Componenda o arreglo desmañado y poco satisfactorio. 3. *Fig.* y *fam.* Persona delicada de salud. 4. *Amér. Fig.* y *fam.* Parche, pegote.

EMPLAZAMIENTO n. m. Acción y efecto de emplazar, citar.

EMPLAZAMIENTO n. m. Colocación, situación. 2. Sitio donde está emplazado algo.

EMPLAZAR v. tr. [1g]. Citar a una persona en determinado tiempo y lugar. 2. DER. Requerir judicialmente a una persona para que acuda ante el juez o tribunal competente.

EMPLAZAR v. tr. [1g]. Situar una cosa en el sitio donde ha de funcionar: *emplazar una batería.*

EMPLEADA n. f. Femenino de empleado. • **Empleada de hogar**, persona que presta sus servicios en los trabajos domésticos de un hogar.

EMPLEADO, A n. Persona que ocupa un cargo o empleo retribuido.

EMPLEAR v. tr. y pron. (fr. *employer*) [1]. Dar trabajo, empleo. ♦ v. tr. 2. Destinar el dinero a compras: *emplear el sueldo en ropa.* 3. Gastar, consumir algo material o moral: *emplear todas las energías.* 4. Hacer servir para algo una cosa: *emplear el agua para regar.* 5. Ocupar, pasar el tiempo: *emplear la noche en dormir.*

EMPLEO n. m. Acción y efecto de emplear. 2. Función desempeñada por alguien para ganarse la vida. 3. ECON. Nivel de ocupación de los trabajadores de un país o de una profesión. 4. MIL. Cada uno de los escalones de la jerarquía militar.

EMPLOMADO n. m. Cubierta de plomo. 2. Conjunto de las piezas de plomo que forman el armazón de una vidriera.

EMPLOMADURA n. f. Acción y efecto de emplomar. 2. *Argent.* y *Urug.* Empaste de un diente.

EMPLOMAR v. tr. [1]. Cubrir, asegurar o soldar con plomo, especialmente los cristales de una vidriera. 2. Poner sellos de plomo a las cosas que se precintan. 3. *Argent.* y *Urug.* Empastar una pieza dentaria.

EMPLUMAR v. tr. [1]. Poner plumas a una cosa. **2.** Castigar a alguien cubriéndole el cuerpo con un unto al que se adhieren plumas. **3.** *Fig.* Arrastrar, condenar. **4.** *Amér. Central* y *Cuba.* Engañar a uno. **5.** *Ecuad.* y *Venez.* Enviar a uno a algún sitio de castigo. ♦ v. intr. **6.** Emplumecer. **7.** *Chile, Colomb., Ecuad.* y *P. Rico.* Huir, fugarse.

EMPLUMECER v. intr. [2m]. Echar plumas las aves.

EMPOBRECER v. tr. [2m]. Hacer pobre o más pobre. ♦ v. intr. y pron. **2.** Venir al estado de pobreza. **3.** Decaer, venir a menos.

EMPOBRECIMIENTO n. m. Acción y efecto de empobrecer: *el empobrecimiento de una cultura.*

EMPOLLAR v. tr. y pron. [1]. Incubar. ♦ v. tr. **2.** *Fig.* y *fam.* Estudiar mucho una asignatura. ♦ v. intr. **3.** Producir las abejas pollo o cría. **4.** Ampollar, levantar ampollas.

EMPOLVADO, A adj. *Méx.* Que no está al día en una profesión: *este doctor está un poco empolvado.*

EMPOLVAR v. tr. [1]. Echar polvo sobre algo. ♦ v. tr. y pron. **2.** Echar polvos en los cabellos o en el rostro: *empolvarse la nariz.* ♦ **empolvarse** v. pron. **3.** Cubrirse de polvo.

EMPONCHADO, A adj. *Amér. Merid.* Dícese del que está cubierto con el poncho. **2.** *Argent. Fig.* y *fam.* Muy abrigado.

EMPONZOÑAMIENTO n. m. Acción y efecto de emponzoñar.

EMPONZOÑAR v. tr. y pron. (lat. *potionare*) [1]. Dar ponzoña, envenenar. **2.** *Fig.* Corromper, dañar, envilecer.

EMPORCAR v. tr. y pron. [1f]. Ensuciar, llenar de porquería: *emporcarse los pies.*

EMPORIO n. m. (lat. *emporium*). Lugar donde concurre para el comercio gente de diversas naciones. **2.** Centro comercial de un país. **3.** *Fig.* Lugar famoso por sus actividades culturales, artísticas, etc. **4.** *Amér. Central.* Gran establecimiento comercial.

EMPOTRAMIENTO n. m. Acción y efecto de empotrar.

EMPOTRAR v. tr. [1]. Hincar algo en la pared o en el suelo asegurándolo con fábrica.

EMPOTRERAR v. tr. [1]. *Amér.* Meter el ganado en el potrero para que paste.

EMPRENDEDOR, RA adj. Que emprende con resolución acciones, que tiene iniciativas.

EMPRENDER v. tr. [2]. Empezar, dar principio a una obra o empresa: *emprender un negocio.* • **Emprenderla a o con** (*Fam.*), importunar, reñir, agredir: *emprenderla a bofetadas con mi tío.*

EMPRESA n. f. Acción de emprender y cosa que se emprende. **2.** Símbolo o figura enigmática. **3.** Obra o designio llevado a efecto, en especial cuando intervienen varias personas. **4.** ECON. Unidad económica de producción de bienes o servicios. • **Empresa pública,** aquella cuyo capital es total o parcialmente de titularidad estatal, así como la responsabilidad y resultados de su gestión.

EMPRESARIADO n. m. Conjunto de empresas o empresarios.

EMPRESARIAL adj. Relativo a las empresas o a los empresarios.

EMPRESARIO, A n. Director de una empresa. **2.** Individuo o persona jurídica propietaria o contratista de una obra, explotación o industria que concierta los servicios de otras personas a cambio de una remuneración.

EMPRÉSTITO n. m. (ital. *emprestido*). Contrato en virtud del cual una persona física o jurídica participa en la financiación de una empresa u organismo público a cambio de una rentabilidad fija o periódica y con la promesa de serle devuelto el importe de esta participación al cabo de un período de tiempo. **2.** Importe de esta participación.

EMPRETECER v. intr. y pron. [2]. *Ecuad.* Ennegrecer.

EMPUERCAR v. tr. [1a]. *Argent.* y *Méx.* Emporcar.

EMPUJADA n. f. *Argent., Guat., Urug.* y *Venez.* Empujón.

EMPUJAR v. tr. [1]. Hacer fuerza contra una cosa para moverla: *empujar una puerta.* **2.** *Fig.* Hacer que uno salga del puesto u oficio en que se halla. **3.** *Fig.* Hacer presión, intrigar para conseguir alguna cosa.

EMPUJE n. m. Acción y efecto de empujar. **2.** *Fig.* Brío, arranque, resolución con que se acomete una empresa. **3.** Fuerza vertical dirigida de abajo arriba, a la que está sometido todo cuerpo sumergido en un líquido. **4.** Esfuerzo que ejercen las bóvedas sobre sus soportes y que tiende a derribarlos. **5.** Fuerza de propulsión que desarrolla un motor de reacción.

EMPUJÓN n. m. Impulso dado con fuerza para mover a una persona o cosa: *dar un empujón.* **2.** Avance rápido dado a una obra trabajando con ahínco en ella. • **A empujones** (*Fam.*), con violencia, bruscamente.

EMPUNTAR v. tr. [1]. *Colomb.* y *Ecuad.* Encarrilar, encaminar, dirigir. ♦ v. intr. **2.** *Colomb.* y *Ecuad.* Irse, marcharse. ♦ **empuntarse** v. pron. **3.** *Venez.* Obstinarse uno en su tema.

EMPUÑADURA n. f. Guarnición o puño de una espada o un fusil. **2.** Puño de bastón o de paraguas.

EMPUÑAR v. tr. [1]. Asir por el puño una cosa: *empuñar el bastón.* **2.** Asir una cosa abarcándola con la mano: *empuñar un látigo.* **3.** *Chile.* Cerrar la mano para formar o presentar el puño.

EMPURRARSE v. pron. [1]. *Amér. Central.* Enfurruñarse, emberrincharse.

EMPUTECER v. tr. y pron. [2m]. Prostituir.

EMÚ n. m. Ave corredora de gran tamaño, parecida al avestruz, incapaz de volar, de plumaje marrón, y cuyas alas, muy reducidas, se esconden bajo las plumas. (Familia dromicéidos.)

EMULACIÓN n. f. Acción y efecto de emular.

EMULAR v. tr. (lat. *aemulari*) [1]. Imitar las acciones de otro procurando igualarle o excederle.

ÉMULO, A n. (lat. *emulum*). Con relación a una persona, otra que hace las mismas cosas y se aproxima a ella en mérito o en valor.

EMULSIÓN n. f. Medio heterogéneo constituido por la dispersión en forma de finos glóbulos de un líquido en otro líquido en fase continua. **2.** Preparación farmacéutica que contiene una sustancia emulsionante destinada a mantener en suspensión, en forma de finas partículas, cuerpos insolubles. **3.** Mezcla sensible a luz depositada en forma de fina capa sobre placas, películas o papeles destinados a la fotografía.

EMULSIONANTE n. m. Producto capaz de facilitar y, a veces, incluso estabilizar las emulsiones.

EMULSIONAR v. tr. [1]. Poner en estado de emulsión.

EN prep. (lat. *in*). Expresa relaciones de lugar, tiempo, modo o manera, medio o instrumento, precio, etc.: *vivir en el campo; en el momento de partir; conservar en naftalina; viajar en tren.* **2.** Precediendo a un infinitivo forma oraciones adverbiales: *esforzarse en callar.* **3.** Precediendo a ciertos sustantivos y adjetivos da origen a modos adverbiales: *hablar en broma.*

ENAGUA n. f. (voz americana). Prenda interior femenina, que se lleva bajo la falda desde la cintura abajo. (Suele usarse en plural.) **2.** Combinación, prenda de este mismo uso que baja desde los hombros. ♦ **enaguas** n. f. pl. **3.** *Méx.* Falda.

ENAJENABLE adj. Que se puede enajenar.

ENAJENACIÓN n. f. Acción y efecto de enajenar o enajenarse. SIN.: enajenamiento. **2.** *Fig.* Distracción, falta de atención. **3.** Locura. SIN.: enajenamiento mental.

ENAJENADO, A adj y n. Loco.

ENAJENAR v. tr. [1. DER. Transmitir la propiedad o el dominio de una cosa, sea a título gratuito, sea a título oneroso. ♦ v. tr. y pron. **2.** *Fig.* Sacar a uno fuera de sí, turbarle el uso de la razón: *la cólera le enajena.* **3.** Producir algo a alguien tal deleite que se quede absorto en su contemplación o gozo. ♦ **enajenarse** v. pron. **4.** Apartarse del trato que se tenía con una persona: *enajenarse de un amigo.* **5.** Desposeerse, privarse de algo.

ENALTECER v. tr. y pron. [2m]. Ensalzar.

ENALTECIMIENTO n. m. Acción y efecto de enaltecer.

ENAMORADIZO, A adj. y n. Que se enamora con facilidad.

ENAMORADO, A adj. y n. Dícese de la persona que siente amor por otra: *pareja de enamorados.* **2.** Dícese de la persona que siente gran afición o entusiasmo por algo: *enamorado de la música.*

ENAMORAMIENTO n. m. Acción y efecto de enamorar o enamorarse.

ENAMORAR v. tr. [1]. Despertar amor en una persona. **2.** Decir a uno amores o requiebros. ♦ **enamorarse** v. pron. **3.** Prendarse de amor una persona. **4.** Aficionarse a una cosa.

ENAMORICARSE o **ENAMORISCARSE** v. pron. [1a]., *Fam.* Enamorarse levemente de alguien. **2.** Empezar a enamorarse.

ENANISMO n. m. Trastorno del crecimiento de origen genético, metabólico o endocrino, caracterizado por alcanzar el individuo una talla por debajo de los límites considerados normales para su especie o raza.

ENANO, A adj. (lat. *nanum*). Dícese de lo que es diminuto en su especie. ♦ n. **2.** Persona afecta de enanismo. **3.** *Fig.* Persona muy pequeña. ♦ adj. y n. f. **4.** ASTRON. Dícese de las estrellas que tienen a la vez un pequeño volumen y una débil luminosidad intrínseca.

ENARBOLADO n. m. Conjunto de piezas de madera ensamblada que forman la armadura de una torre o bóveda.

ENARBOLAR v. tr. [1]. Levantar en alto un estandarte, bandera, etc. ♦ **enarbolarse** v. pron. **2.** Encabritarse. **3.** Enfadarse, enfurecerse.

ENARCAR v. tr. y pron. [1a]. Arquear, dar figura de arco: *enarcar las cejas.* ♦ v. tr. **2.** Poner cercos o arcos a las cubas, toneles, etc.

ENARDECER v. tr. y pron. (lat. *inardescere*) [2m]. Excitar o avivar: *enardecer los ánimos.* ♦ **enardecerse** v. pron. **2.** Inflamarse una parte del cuerpo.

ENARDECIMIENTO n. m. Acción y efecto de enardecer o enardecerse.

ENARENAR v. tr. y pron. [1]. Echar arena para cubrir una superficie: *enarenar una calle.*

ENCABALGAMIENTO n. m. Acción y efecto de encabalgar. **2.** Armazón de maderos cruzados donde se apoya alguna cosa. **3.** MÉTRIC. Licencia métrica que consiste en enlazar el final de un verso con el principio del otro.

ENCABALGAR v. intr. [1b]. Montar una cosa sobre otra. ♦ v. tr. **2.** Proveer de caballos. **3.** Solapar, imbricar.

ENCABESTRAR v. tr. [1] Poner el cabestro a los animales. **2.** *Fig.* Atraer, seducir a uno.

ENCABEZADO n. m. *Argent., Guat.* y *Méx.* Titular de un periódico.

ENCABEZAMIENTO n. m. Preámbulo de un escrito.

ENCABEZAR v. tr. [1g]. Iniciar una suscripción o lista. **2.** Poner el encabezamiento de un escrito. **3.** *Amér.* Acaudillar, dirigir a otros. **4.** ENOL. Agregar alcohol a los vinos para aumentar su graduación.

ENCABRITARSE v. pron. [1]. Empinarse el caballo. **2.** *Fig.* Levantarse la parte anterior

ENC

de una embarcación, aeroplano, etc., súbitamente hacia arriba. **3.** *Fig.* Enojarse, cabrearse.
ENCABRONAR v. tr. y pron. [1]. *Méx.* Hacer enojar, disgustar profundamente a alguien.
ENCABUYAR v. tr. [1]. *Cuba, P. Rico y Venez.* Liar o envolver alguna cosa con cabuya.
ENCACHADO, A adj. *Chile.* Bien presentado. ◆ n. m. **2.** Solado de piedra o revestimiento de hormigón con que se refuerza el cauce de una corriente de agua, a fin de evitar las erosiones o derrubios. **3.** Capa de cimentación o lecho formado de piedras piramidales sobre la cual se construye el pavimento de una carretera.
ENCACHAR v. tr. [1]. **1.** Hacer un encachado. **2.** Poner las cachas a un cuchillo, navaja, etc. **3.** *Chile.* Agachar la cabeza el animal vacuno para acometer. ◆ **encacharse** v. pron. **4.** *Chile y Venez.* Obstinarse, emperrarse.
ENCADENADO, A adj. Dícese del verso que se inicia con el final del verso anterior. ◆ n. m. **2.** CIN. Transición gradual de una imagen que desaparece mientras aparece la otra por sobreimpresión.
ENCADENAMIENTO n. m. Acción y efecto de encadenar. **2.** Conexión, trabazón.
ENCADENAR v. tr. [1]. Ligar y atar con cadena. **2.** *Fig.* Dejar a uno sin movimiento y sin acción: *le encadenaron en casa.* ◆ v. tr. y pron. **3.** *Fig.* Trabar y enlazar unas cosas con otras.
ENCAJAMIENTO n. m. Descenso del feto en la cavidad pelviana, por debajo del plano del estrecho superior de la pelvis.
ENCAJAR v. tr. [1]. Meter una cosa dentro de otra ajustadamente: *encajar una ficha en la ranura.* **2.** Hacer entrar ajustada y con fuerza una cosa en otra, apretándola para que no se salga o caiga fácilmente: *encajar dos maderos.* **3.** En boxeo, recibir los golpes del adversario sin acusar daño alguno. **4.** *Fig. y fam.* Decir una cosa, y sea con oportunidad, ya extemporánea o inoportunamente: *encajar una broma.* **5.** *Fig. y fam.* Hacer oír a uno alguna cosa causándole molestia o enfado. **6.** *Fig. y fam.* Hacer tomar una cosa, engañando o causando molestia al que la toma. **7.** Reaccionar bien y convenientemente ante una desgracia, contratiempo, represión o advertencia. **8.** MED. Realizar el encajamiento. ◆ v. tr. e intr. **9.** *Fig. y fam.* Venir al caso. **10.** Unir ajustadamente una cosa con otra. ◆ v. intr. **11.** Coincidir, completarse o confirmarse recíprocamente dos noticias, informaciones, etc.
ENCAJE n. m. Acción de encajar una cosa con otra. **2.** Tejido calado, de mallas finas, que forma un fondo de redecilla decorado con dibujos más opacos y de formas variadas. **3.** Encajadura, hueco en que se mete o encaja una pieza. **4.** Superficie de unión de dos piezas, dispuesta de manera que asegure la inmovilidad de aquéllas: *encaje de maderos.* 5. ENCUAD. Hoja o pliego que se coloca en el interior de otro pliego. • **Encaje de bolillos,** encaje hecho sobre almohadilla, con hilos arrollados sobre bolillos. • **encajes** n. m. pl. **6.** Objetos de adorno hechos de encaje.
ENCAJONADO n. m. Acción y efecto de encajonar.
ENCAJONAR v. tr. [1]. Meter y guardar una cosa dentro de un cajón. **2.** Construir cimientos en cajones o zanjas abiertas. **3.** Plantar en una caja llena de tierra. ◆ v. tr. y pron. **4.** Meter en un sitio estrecho: *encajonar un batallón.* ◆ **encajonarse** v. pron. **5.** Meterse un río o un arroyo en una estrechez entre montañas.
ENCAJOSO, A adj. *Méx.* Pedigüeño, confianzudo.
ENCALADO n. m. Acción y efecto de encalar o blanquear.
ENCALADOR, RA adj. y n. Que encala o blanquea.

ENCALAMBRARSE v. pron. [1]. Tener calambres. **2.** *Chile, Colomb. y P. Rico.* Entumecerse, aterirse.
ENCALAMOCAR v. tr. y pron. [1a]. *Colomb. y Venez.* Alelar.
ENCALAR v. tr. [1]. Dar de cal o blanquear una cosa: *encalar una pared.* **2.** Meter en cal o espolvorear con ella alguna cosa. **3.** Esparcir cal en los terrenos de cultivo para mejorarlos.
ENCALILLARSE v. pron. [1a]. *Chile.* Endeudarse.
ENCALLADERO n. m. Lugar donde puede encallar un barco.
ENCALLADURA n. f. Acción y efecto de encallar.
ENCALLAR v. intr. [1]. Varar la embarcación en un banco de arena o encajonarse entre piedras. ◆ v. intr. y pron. **2.** *Fig.* No poder salir adelante en un asunto o empresa.
ENCALLECER v. tr., intr. y pron. [2m]. Hacer callos o endurecerse la carne a manera de callo: *se le encallecieron las manos.* ◆ v. tr. y pron. **2.** *Fig.* Endurecerse, acostumbrarse, curtirse.
ENCALLECIMIENTO n. m. Acción y efecto de encallecer.
ENCALMADO, A adj. Dícese del tiempo calmoso, sin la más ligera brisa.
ENCAMADA n. f. *Argent. y Urug. Vulg.* Acción de acostarse para mantener relaciones sexuales.
ENCAMAR v. tr. [1]. Tender o echar una cosa en el suelo. ◆ **encamarse** v. pron. **2.** Echarse o meterse en la cama por enfermedad. **3.** Echarse o abatirse las mieses. **4.** Agazaparse las piezas de caza o echarse en los sitios que buscan para su descanso. **5.** *Vulg.* Acostarse para mantener relaciones sexuales.
ENCAMINAR v. tr. [1]. Poner a uno en camino, enseñarle el camino. ◆ v. tr. y pron. **2.** Dirigir hacia un punto determinado. **3.** *Fig.* Enderezar la intención hacia un fin determinado. **4.** *Fig.* Guiar, orientar.
ENCAMISAR v. tr. y pron. [1]. Poner la camisa. ◆ v. tr. **2.** Enfundar, poner dentro de una funda: *encamisar las butacas.* ◆ **3.** Encubrir, disimular, disfrazar una cosa.
ENCAMOTARSE v. pron. [1]. *Amér. Merid., C. Rica y Nicar. Fam.* Enamorarse.
ENCAMPANAR v. tr. y pron. [1]. *Colomb., Dom., P. Rico y Venez.* Encumbrar a alguien. **2.** TAUROM. Levantar el toro parado la cabeza como desafiando. ◆ v. tr. **3.** *Méx.* Involucrar a alguien en una empresa generalmente fallida. **4.** *Méx.* Engañar con halagos y promesas. ◆ **encampanarse** v. pron. **5.** *Colomb.* Enamorarse. **6.** *Perú.* Complicarse un asunto. **7.** *Venez.* Internarse, avanzar hacia adentro.
ENCANALLAMIENTO n. m. Acción y efecto de encanallar.
ENCANALLAR v. tr. y pron. [1]. Hacer o hacerse canalla.
ENCANASTAR v. tr. [1]. Poner dentro de canastas.
ENCANDELILLAR v. tr. [1]. *Amér. Merid.* Sobrehilar una tela. ◆ v. tr. y pron. **2.** *Amér. Merid. y Hond.* Encandilar, deslumbrar.
ENCANDILADO, A adj. *Fam.* Erguido, levantado.
ENCANDILAR v. tr. y pron. [1]. Deslumbrar, pasmar, generalmente con falsas apariencias. **2.** Suscitar un deseo o ilusión. ◆ **encandilarse** v. pron. **3.** Encenderse los ojos por la bebida o la pasión. **4.** *P. Rico.* Enfadarse.
ENCANECER v. intr. (lat. *canescere*) [2m]. Ponerse cano. **2.** *Fig.* Criar moho: *encanecerse el pan.* **3.** *Fig.* Envejecer una persona. ◆ v. tr. **4.** Hacer salir canas.
ENCANECIMIENTO n. m. Acción y efecto de encanecer.
ENCANIJAMIENTO n. m. Acción y efecto de encanijar.

ENCANIJAR v. tr. y pron. [1]. Poner flaco y enfermizo. ◆ **encanijarse** v. pron. **2.** *Méx.* Enojarse.
ENCANTADO, A adj. Distraído o embobado constantemente. **2.** Muy complacido: *encantado de conocerte.*
ENCANTADOR, RA adj. y n. Que encanta o hace encantamientos. ◆ adj. **2.** *Fig.* Extraordinariamente amable, agradable, simpático o bello: *niño encantador.*
ENCANTAMIENTO n. m. Acción y efecto de encantar o encantarse.
ENCANTAR v. tr. (lat. *incantare*) [1]. Ejercitar sobre algo o alguien artes de magia. **2.** Gustar o complacer extraordinariamente: *me encanta el chocolate.* ◆ **encantarse** v. pron. **3.** Permanecer inmóvil contemplando una cosa o distraerse de lo que se está haciendo.
ENCANTO n. m. Encantamiento. **2.** *Fig.* Atractivo. **3.** Apelativo cariñoso. ◆ **encantos** n. m. pl. **4.** Atractivos físicos de una persona.
ENCAÑONAR v. tr. [1]. Apuntar con un arma de fuego.
ENCAPOTAMIENTO n. m. Acción y efecto de encapotar o encapotarse.
ENCAPOTAR v. tr. y pron. [1]. Cubrir con el capote. ◆ **encapotarse** v. pron. **2.** *Fig.* Poner el rostro ceñudo. **3.** Cubrirse el cielo de nubes.
ENCAPRICHARSE v. pron. [1]. Empeñarse en conseguir un capricho: *encapricharse con un juguete.*
ENCAPSULAR v. tr. [1]. Meter en cápsulas.
ENCAPUCHAR v. tr. y pron. [1]. Cubrir o tapar con capucha.
ENCARAMAR v. tr. y pron. [1]. Subir o poner a algo o a alguien en un lugar alto y difícil. **2.** *Fig. y fam.* Elevar, colocar en puestos altos y honoríficos: *encaramarse en el primer puesto.*
ENCARAR v. tr. y pron. [1]. Poner cara a cara o hacer frente a alguien: *encarar a dos contricantes.* ◆ v. tr. **2.** Contraponer dos aspectos de algo. **3.** Apuntar a algún sitio con un arma. ◆ **encararse** v. pron. **4.** *Fig.* Afrontar una situación difícil y penosa.
ENCARCELAMIENTO n. m. Acción y efecto de encarcelar.
ENCARCELAR v. tr. [1]. Poner a uno preso en la cárcel: *encarcelar a un delincuente.*
ENCARECER v. tr., intr. y pron. [2m]. Aumentar el precio de una cosa: *encarecer los productos de consumo.* ◆ v. tr. **2.** *Fig.* Ponderar, alabar mucho una cosa. **3.** *Fig.* Recomendar con empeño.
ENCARECIMIENTO n. m. Acción y efecto de encarecer. • **Con encarecimiento,** con instancia y empeño.
ENCARGADO, A adj. Que ha recibido un encargo. ◆ n. **2.** Persona que tiene a su cargo un establecimiento, negocio, etc., en representación del dueño o interesado.
ENCARGAR v. tr. y pron. [1b]. Poner una cosa al cuidado de uno: *encargarse del mantenimiento.* ◆ v. tr. **2.** Decirle a alguien que haga algo. **3.** Ordenar o pedir a alguien que le suministren o sirvan algo. ◆ v. intr. **4.** *Argent. y Méx.* Quedar embarazada una mujer.
ENCARGO n. m. Acción y efecto de encargar. **2.** Cosa encargada. • **Estar de encargo** (*Argent. y Méx.*), estar embarazada: *Juana está de encargo.*
ENCARIÑAR v. tr. y pron. [1]. Aficionar, despertar cariño: *encariñarse con una persona.*
ENCARNACIÓN n. f. Acción y efecto de encarnar o encarnarse. **2.** *Por antonom.* Unión de la naturaleza divina con la humanidad en la persona del verbo. (Con este significado suele escribirse con mayúscula.) **3.** Personificación, representación de una idea, doctrina, etc.
ENCARNACIÓN, c. de Paraguay, cap. del dep. de Itapúa; 35 600 hab. Puerto fluvial en el Paraná.

ENCARNACIÓN DE DÍAZ, c. de México (Jalisco); 42 341 hab. Centro agrícola y ganadero. Loza.

ENCARNADO, A adj. y n. m. Colorado, rojo: *tela encarnada*.

ENCARNADURA n. f. Calidad de la carne viva con respecto a la curación de las heridas: *tener buena encarnadura*.

ENCARNAR v. intr. (lat. *incarnare*) [1]. Tomar una sustancia espiritual, una idea, etc., forma carnal, principalmente hacerse hombre Dios. ♦ v. tr. **2.** *Fig.* Personificar, representar alguna idea o doctrina: *un juez que encarna la justicia*. **3.** *Fig.* Representar un personaje de una obra teatral, cinematográfica, etc.: *encarnar el papel de malo*. ♦ **encarnarse** v. pron. **4.** Introducirse una una en la carne produciendo molestias. **5.** *Fig.* Mezclarse, unirse, incorporarse una cosa con otra.

ENCARNIZAMIENTO n. m. Acción y efecto de encarnizarse. **2.** *Fig.* Crueldad con que uno se ceba en el daño de otro.

ENCARNIZARSE v. pron. [1g]. Cebarse los animales en su víctima. **2.** *Fig.* Mostrarse muy cruel.

ENCARPETAR v. tr. [1]. Guardar algo, especialmente papeles en carpetas. **2.** *Amér. Merid.* y *Nicar.* Dar carpetazo, suspender la tramitación de una solicitud o un expediente.

ENCARRERARSE v. pron. [1]. *Méx.* Acelerar el paso. **2.** *Méx.* Encarrilarse.

ENCARRILAR v. tr. y pron. [1]. Dirigir o enderezar un carro, coche, etc., para que siga el camino o carril debido. ♦ v. tr. **2.** *Fig.* Dirigir por el rumbo que conduce al acierto una pretensión que iba por un camino que estorbaba su logro. **3.** Colocar sobre los carriles los vehículos que se han salido de las vías.

ENCARTAR v. tr. [1]. En los juegos de naipes, jugar al contrario o al compañero una carta a la cual pueda asistir. **2.** DER. Procesar a una persona.

ENCARTE n. m. Acción y efecto de encartar o encartarse. **2.** Hoja o pliego que se coloca, suelto, en un libro ya encuadernado.

ENCARTONADO n. m. Acción y efecto de encartonar.

ENCARTONAR v. tr. [1]. Poner cartones o resguardar algo con cartones. **2.** Encuadernar con tapas de cartón revestidas de papel.

ENCARTUCHAR v. tr. y pron. [1]. *Chile*, *Colomb.*, *Ecuad.* y *P. Rico.* Enrollar en forma de cucurucho. ♦ v. tr. **2.** Meter la pólvora en los cartuchos.

ENCASILLADO n. m. Conjunto de casillas. **2.** Lista de candidatos apoyados por el gobierno en las elecciones.

ENCASILLAR v. tr. [1]. Poner en casillas. **2.** Clasificar personas o cosas.

ENCASQUETAR v. tr. y pron. [1]. Encajar bien en la cabeza el sombrero, gorra, etc. **2.** *Fig.* Enseñar a uno o persuadirle de algo a fuerza de insistencia. ♦ v. tr. **3.** Encajar, endilgar. ♦ **encasquetarse** v. pron. **4.** Formarse una idea en la mente de alguien obstinadamente.

ENCASQUILLADOR n. m. *Colomb.*, *Ecuad.* y *Perú.* Herrador.

ENCASQUILLAR v. tr. [1]. Poner casquillos. **2.** *Amér.* Herrar una caballería. **3.** *Cuba, Fig.* y *fam.* Acobardarse, acoquinarse. ♦ **encasquillarse** v. pron. **4.** Atascarse un arma de fuego con el casquillo de la bala al dispararse.

ENCASTILLADO, A adj. *Fig.* Altivo, soberbio.

ENCASTILLAR v. tr. [1]. Fortificar con castillos. **2.** Apilar: *encastillar los maderos*. ♦ **encastillarse** v. pron. **3.** Encerrarse en un castillo para defenderse. **4.** *Fig.* Acogerse a lugares altos y ásperos para guarecerse: *encastillarse en un risco*. **5.** *Fig.* Perseverar con tesón u obstinación en un parecer.

ENCATRADO n. m. *Argent.* y *Chile.* Catre.

ENCAUCHADO, A adj. y n. *Colomb.*, *Ecuad.* y *Venez.* Dícese de la tela impermeabilizada con caucho. ♦ n. m. **2.** *Colomb.*, *Ecuad.* y *Venez.* Ruana o poncho impermeabilizados con caucho.

ENCAUCHAR v. tr. [1]. Cubrir o revestir con caucho.

ENCAUSAR v. tr. [1]. DER. Formar causa a uno, proceder contra él judicialmente.

ENCAUZAMIENTO n. m. Acción y efecto de encauzar.

ENCAUZAR v. tr. [1g]. Conducir una corriente por un cauce. **2.** *Fig.* Encaminar, dirigir, normalizar, regular: *encauzar el debate*.

ENCEBOLLADO n. m. Comida aderezada con mucha cebolla: *encebollado de bacalao*.

ENCEFÁLICO, A adj. Relativo al encéfalo.

ENCÉFALO n. m. (gr. *enkephalon*). Conjunto de centros nerviosos, cerebro, cerebelo y tronco cerebral, contenidos en la cavidad craneal de los vertebrados.

ENCEFALOGRAFÍA n. f. Descripción anatómica del encéfalo.

ENCELAMIENTO n. m. Acción y efecto de encelar o encelarse.

ENCELAR v. tr. [1]. Dar celos o poner celos. ♦ **encelarse** v. pron. **2.** Concebir celos de alguien. **3.** Estar en celo un animal.

ENCENAGARSE v. pron. [1b]. Meterse en el cieno o ensuciarse en él. **2.** *Fig.* Envilecerse, hacerse vil.

ENCENDEDOR, RA adj. n. Que enciende. ♦ n. m. **2.** Aparato de pequeño tamaño que sirve para encender.

ENCENDER v. tr. (lat. *incendere*) [2d]. Originar luz o fuego en algo. **2.** Prender fuego, incendiar, quemar. **3.** Conectar un circuito eléctrico: *encender la luz*. ♦ v. tr. y pron. **4.** Causar ardor. **5.** *Fig.* Suscitar y ocasionar enfrentamientos. **6.** *Fig.* Incitar, inflamar, enardecer: *su mirada le encendía*. **7.** *Fig.* Producir o agudizar un estado pasional: *encenderse en ira*. **8.** *Fig.* Ponerse colorado, ruborizarse.

ENCENDIDO, A adj. De color rojo muy subido: *tener el rostro encendido*. ♦ n. m. **2.** Acto de encender: *el encendido de una caldera*. **3.** Inflamación, mediante un quemador o una bujía, de la mezcla gaseosa en un motor de explosión. **3.** Dispositivo que realiza esta inflamación.

ENCERADO n. m. Acción y efecto de encerar. **2.** Lienzo impermeabilizado con cera u otra materia. **3.** Cuadro de hule, etc., usado para escribir en él con clarión o tiza. **4.** Capa ligera de cera con que se cubren los muebles.

ENCERADOR, RA n. Persona que se dedica a encerar.

ENCERADORA n. f. Aparato electrodoméstico que sirve para encerar el suelo.

ENCERAR v. tr. [1]. Aplicar cera a algo: *encerar un piso*.

ENCERRADERO n. m. Sitio donde se recogen los rebaños.

ENCERRAR v. tr. [1j]. Guardar o meter en un sitio cerrado: *encerrar el dinero en una caja*. **2.** Recluir a alguien en un sitio de donde no pueda salir o escaparse. **3.** *Fig.* Contener, resumir: *encerrar un enigma*. **4.** En el juego de las damas y en otros de tablero, poner al contrario en situación de no poder mover las piezas. ♦ **encerrarse** v. pron. **5.** Recluirse voluntariamente en un lugar cerrado para apartarse de todo.

ENCERRONA n. f. *Fam.* Trampa, asechanza, emboscada: *preparar una encerrona*.

ENCESTADOR, RA adj. y n. Que encesta.

ENCESTAR v. tr. [1]. Poner o guardar en una cesta. **2.** En baloncesto, introducir el balón en el cesto.

ENCESTE n. m. En baloncesto, tanto que se consigue al encestar el balón.

ENCHARCAMIENTO n. m. Acción y efecto de encharcar.

ENCHARCAR v. tr. y pron. [1a]. Cubrir de agua un terreno hasta convertirlo en un charco. **2.** *Fig.* Causar empacho de estómago al beber mucho.

ENCHILADA n. f. *Guat.*, *Méx.* y *Nicar.* Torta de maíz aderezada con chile y rellena de diversos manjares.

ENCHILADO n. m. *Cuba* y *Méx.* Guisado de mariscos con salsa de chile.

ENCHILAR v. tr. [1]. *Amér. Central* y *Méx.* Aderezar con chile algún manjar. ♦ v. tr. y pron. **2.** *Méx.* y *Nicar. Fig.* Picar, molestar, irritar a algu en.

ENCHINAR v. tr. [1]. Empedrar con chinas. **2.** *Méx.* Formar rizos en los cabellos. • **Enchinar el pelo** (*Méx.*), rizarlo. ♦ **Enchinarse el cuerpo** (*Méx.*), ponerse la carne de gallina.

ENCHINCHAR v. tr. [1]. *Guat.* y *Méx.* Molestar, fastidiar. ♦ **enchincharse** v. pron. **2.** *Amér.* Enojarse, embroncarse.

ENCHIPAR v. tr. [1]. *Colomb.* Enrollar.

ENCHIRONAR v. tr. [1]. *Vulg.* Meter a uno en chirona, encarcelar.

ENCHIVARSE v. pron. [1]. *Colomb.*, *Ecuad.* y *P. Rico.* Encoler izarse.

ENCHUECAR v. tr. y pron. [1a]. *Chile* y *Méx. Fam.* Torcer. encorvar.

ENCHUFAR v. tr. [1]. Empalmar dos tubos o piezas semejantes introduciendo el extremo de una en el de la otra. **2.** ELECTR. Encajar las dos piezas de un enchufe para establecer una conexión eléctrica. ♦ v. tr. y pron. **3.** *Fig.* y *fam.* Dar u obtener un empleo, cargo o situación ventajosos por medio de recomendaciones o influencias.

ENCHUFE n. m. Acción y efecto de enchufar. **2.** Dispositivo o aparato para conectar un aparato eléctrico a los hilos conductores de la corriente. **3.** *Fig.* y *fam.* Cargo o situación ventajosos que se obtienen por recomendaciones o influencias.

ENCHUMBAR v. tr. [1]. *Antillas* y *Colomb.* Ensopar, empapar de agua.

ENCÍA n. f. (lat. *gingivam*). Mucosa muy vascularizada que rodea la base de los dientes.

ENCÍCLICA n. f. Carta solemne que el papa dirige a los obispos de todo el mundo, o a una parte y a través de ellos, a los fieles.

ENCICLOPEDIA n. f. (gr. en *kyklôi paideia*, educación en círculo, panorámica). Conjunto de todas las ciencias o de todas las partes de una ciencia. **2.** Obra en que se expone metódicamente el conjunto de los conocimientos humanos o de los referentes a una ciencia. **3.** Enciclopedismo. **4.** Diccionario enciclopédico.

ENCICLOPÉDICO, A adj. Relativo a la enciclopedia: *diccionario enciclopédico*.

ENCICLOPEDISMO n. m. Ideología de los colaboradores de la *Enciclopedia* y de sus seguidores.

ENCIELAR v. tr. [1]. *Chile.* Poner techo o cubierta a una cosa.

ENCIERRO n. m. Acción y efecto de encerrar o encerrarse. **2.** Lugar donde se encierra. **3.** TAUROM. Acción de conducir los toros a encerrarse en el toril antes de la corrida.

ENCIMA adv. l. Indica posición de una cosa respecto a otra que está más baja en dirección vertical y en contacto o no con ella: *el libro está encima de la mesa*. **2.** *Fig.* En situación superior, más elevada: *gastar por encima de sus posibilidades*. **3.** Expresa un peso o carga sobre algo o alguien: *echarse mucho trabajo encima*. **4.** Indica la admisión y aceptación de un trabajo, culpa o pena: *echarse encima una responsabilidad*. **5.** Sobre sí, consigo: *no llevo encima ni un duro*. **6.** Cerca, de inmediata realización: *ya están encima las fiestas*. • **Por encima**, superficialmente, de pasada: *repasar por encima los apuntes*. | **Por encima de** una persona o cosa, a pesar de ella, contra su voluntad. ♦ adv. c. **7.** Además, por añadidura: *le robaron todo y encima le molieron a palos*.

ENC

ENCIMOSO, A adj. y n. *Méx.* Dícese de la persona molesta y latosa.

ENCINA n. f. (lat. *illicina*). Planta arbórea de tronco grueso y ramificado y hoja perenne, que tiene por fruto la bellota. (Familia fagáceas.) **2.** Madera de este árbol.

ENCINA (Juan **de Fermoselle**, llamado **Juan del**), escritor y músico español (Encinas, Salamanca, 1469-León 1529). Su obra dramática representa el tránsito de la época medieval a la renacentista, y comprende dos etapas: la primera de inspiración tanto religiosa (églogas de Navidad), piezas sobre la Pasión y la Resurrección) como profana (*Égloga de Antruejo*); la segunda de ambientación más refinada y referencias paganas (*Égloga de Fileno, Zambardo y Cardonio*; *Égloga de Cristino y Febea*; *Égloga de Plácida y Victoriano*).

ENCINAR o **ENCINAL** n. m. Bosque constituido principalmente por encinas.

ENCINO n. m. *Méx.* Nombre de diversas fragáceas de tronco grande ramificado (*encino amarillo, encino cascalote*, etc.).

ENCINTA Estar encinta, estar preñada una mujer.

ENCINTADO n. m. Acción y efecto de encintar. **2.** Hilera o cinta de piedra que forma el borde de una acera, de un andén, etc.

ENCINTAR v. tr. [1]. Adornar una cosa con cintas. **2.** Poner el encintado o bordillo de la acera.

ENCIZAÑAR v. tr. [1]. Provocar cizaña, discordia, etcétera.

ENCLAUSTRAR v. tr. y pron. [1]. Meter, encerrar en un claustro o convento. ♦ **enclaustrarse** v. pron. **2.** Apartarse de la vida social, para llevar una vida retirada.

ENCLAVADURA n. m. Muesca por donde se unen dos maderos.

ENCLAVAMIENTO n. m. Acción y efecto de enclavar.

ENCLAVAR v. tr. [1]. Clavar, asegurar, fijar con clavos. **2.** *Fig.* Traspasar, atravesar de parte a parte.

ENCLAVE n. m. Territorio rodeado totalmente por otro de distinto propietario o perteneciente a distinta jurisdicción.

ENCLENQUE adj. y n. m. y f. Enfermizo, débil, raquítico: *niño enclenque*.

ENCOCORAR v. tr. y pron. [1]. *Fam.* Fastidiar, molestar con exceso.

ENCOFRADO n. m. Bastidor de madera, de metal o de otra materia, que sirve de molde al hormigón. **2.** Revestimiento de madera que se construye para sostener las tierras en las galerías de las minas o contener los materiales de construcción hasta su fraguado completo en la obra. **3.** Colocación de bastidores o moldes destinados a contener los materiales de construcción hasta su fraguado completo en la obra.

ENCOFRADOR, RA n. Persona que tiene por oficio encofrar.

ENCOFRAR v. tr. [1]. Formar un encofrado.

ENCOGER v. tr., intr. y pron. [2b]. Estrechar, reducir a menor volumen o extensión. ♦ v. tr. y pron. **2.** *Fig.* Apocar el ánimo, acobardarse.

ENCOGIMIENTO n. m. Acción y efecto de encoger. **2.** *Fig.* Cortedad de ánimo.

ENCOLADO, A adj. *Chile. Fig.* Muy acicalado. **2.** *Chile* y *Méx. Fig.* Vanidoso. ♦ n. m. **3.** Acción y efecto de encolar.

ENCOLAR v. tr. [1]. Pegar con cola una cosa. **2.** Aprestar con cola la pasta de papel. **3.** Clarificar vinos con gelatina, clara de huevo, etc.

ENCOLERIZAR v. tr. y pron. [1g]. Enfurecer.

ENCOMENDAR v. tr. [1]. Encargar a alguien que haga alguna comisión o cuide de una persona o cosa. ♦ **encomendarse** v. pron. **2.** Entregarse, confiarse al amparo de alguien.

ENCOMENDERÍA n. f. *Perú.* Abacería.

ENCOMENDERO, A n. Persona que lleva encargos de otro. **2.** *Cuba.* Individuo que suministra carne a la ciudad. **3.** *Perú.* Tendero de comestibles. ♦ n. m. **4.** HIST. Persona que por concesión real tenía indios encomendados.

ENCOMIAR v. tr. [1]. Alabar encarecidamente a una persona o cosa: *encomiar un trabajo*.

ENCOMIÁSTICO, A adj. (gr. *enkōmiastikos*). Que alaba o contiene alabanza: *palabras encomiásticas*.

ENCOMENDADO n. m. Indio de una encomienda.

ENCOMIENDA n. f. Acción y efecto de encomendar. **2.** Cosa encomendada. **3.** Dignidad dotada de jurisdicción y rentas que se otorgaba a algunos caballeros de órdenes militares. **4.** Institución jurídica implantada por España en América para reglamentar las relaciones entre españoles e indígenas. **5.** *Amér. Merid., C. Rica, Guat.* y *Pan.* Envío que se manda por correo u otro servicio público de transporte, paquete postal.

ENCOMIO n. m. (gr. *enkōmion*). Alabanza encarecida.

ENCOMIOSO, A adj. *Chile* y *Guat.* Encomiástico.

ENCONAMIENTO n. m. Inflamación de una herida o llaga. **2.** *Fig.* Encono.

ENCONAR v. tr. y pron. (lat. *inquinare*, manchar, mancillar) [1]. Inflamar una herida o llaga: *la herida se enconó con el polvo.* **2.** *Fig.* Hacer que en una lucha, discusión, etc., los contendientes se exciten excesivamente: *enconar el ánimo.* ♦ **enconarse** v. pron. **3.** Pringarse, ensuciarse, mancharse.

ENCONCHARSE v. pron. [1]. *Amér.* Meterse en su concha, retraerse.

ENCONO n. m. Animadversión, rencor.

ENCONTRADIZO, A adj. Que se encuentra con otra persona o cosa. • **Hacerse el encontradizo,** buscar a otro para encontrarle sin que parezca que se hace intencionadamente.

ENCONTRADO, A adj. Puesto enfrente. **2.** Opuesto, antitético: *caracteres encontrados.*

ENCONTRAR v. tr. y pron. [1r]. Hallar. ♦ v. intr. y pron. **2.** Topar violentamente una cosa con otra. ♦ **encontrarse** v. pron. **3.** Oponerse, enemistarse uno con otro. **4.** Estar en desacuerdo. **5.** Coincidir en gustos, opiniones.

ENCONTRONAZO o **ENCONTRÓN** n. m. Golpe que da una cosa con otra cosa.

ENCOPETADO, A adj. De alto copete. **2.** Que presume demasiado.

ENCOPETAR v. tr. y pron. [1]. Elevar en alto o formar copete. ♦ **encopetarse** v. pron. **2.** *Fig.* Engreírse, presumir demasiado.

ENCORAJINARSE v. pron. [1]. *Fam.* Encolerizarse. **2.** *Chile.* Echarse a perder un negocio.

ENCORCHAR v. tr. [1]. Poner tapones de corcho a las botellas.

ENCORDADURA n. f. Conjunto de las cuerdas de un instrumento musical.

ENCORDAR v. tr. [1r]. Poner cuerdas a los instrumentos de música. **2.** Rodear, ceñir. ♦ **encordarse** v. pron. **3.** ALP. Atarse el montañista a la cuerda de seguridad.

ENCORNADURA n. f. Forma de los cuernos de un animal. **2.** Cornamenta.

ENCOROZAR v. tr. [1]. *Chile.* Emparejar una pared.

ENCORSELAR v. tr. y pron. [1]. *Amér.* Encorsetar.

ENCORSETAR v. tr. [1]. Poner corsé.

ENCORVADURA n. f. Acción y efecto de encorvar. SIN.: *encorvamiento.*

ENCORVAR v. tr. (lat. *incurvare*) [1]. Doblar una cosa poniéndola corva: *encorvar una vara.* ♦ **encorvarse** v. pron. **2.** Inclinarse una persona doblando la espalda, generalmente por la edad.

ENCRESPAMIENTO n. m. Acción y efecto de encrespar o encresparse.

ENCRESPAR v. tr. y pron. (lat. *incrispare*) [1]. Ensortijar, rizar. **2.** Erizarse el pelo, plumaje, etc., por alguna emoción fuerte. **3.** Enfurecer, irritar a una persona o animal: *encrasparse por un insulto.* **4.** *Fig.* Levantar y alborotar las ondas del agua. ♦ **encresparse** v. pron. **5.** *Fig.* Dificultarse, enredarse un asunto.

ENCRESTADO, A adj. Ensoberbecido, levantado, altivo.

ENCRUCIJADA n. f. Lugar en donde se cruzan dos o más calles o caminos. **2.** *Fig.* Situación difícil en que no se sabe qué conducta seguir.

ENCUADERNACIÓN n. f. Acción y efecto de encuadernar. **2.** Forro o cubierta de cartón, pergamino u otra cosa, que se pone a los libros para resguardar sus hojas.

ENCUADERNADOR, RA n. Persona que tiene por oficio encuadernar.

ENCUADERNAR v. tr. [1]. Realizar las operaciones necesarias para obtener un libro cuya cubierta, rígida o flexible, haga más duradera su conservación, más cómodo su manejo y más agradable su presentación.

ENCUADRAR v. tr. [1]. Encerrar una cosa en un marco o cuadro. **2.** *Fig.* Encajar, ajustar una cosa dentro de otra. **3.** *Fig.* Incluir dentro de sí una cosa, servirle de límite. **4.** FOT. y CIN. Efectuar un encuadre. ♦ v. tr. y pron. **5.** Incorporar.

ENCUADRE n. m. Colocación del tema en el visor de una cámara fotográfica o cinematográfica. **2.** TELEV. Ajuste de la imagen en la pantalla.

ENCUARTELAR v. tr. [1]. *Méx.* Acuartelar.

ENCUBRIDOR, RA adj. y n. Que encubre: *encubridor de un delito.*

ENCUBRIMIENTO n. m. Acción y efecto de encubrir.

ENCUBRIR v. tr. y pron. no manifestarlo: *encubrir un disparate.* **2.** Impedir que llegue a saberse algo.

ENCUCLILLARSE v. pron. [1]. *Méx.* Ponerse en cuclillas.

ENCUENTRO n. m. Acción de encontrar o encontrarse dos o más personas o cosas. **2.** Entrevista entre dos o más personas con el fin de resolver o preparar algún asunto. **3.** Competición deportiva.

ENCUERADO, A adj. *Colomb., Cuba, Dom., Méx.* y *Perú.* En cueros, desnudo.

ENCUERAR v. tr. [1]. *Méx.* Desnudar.

ENCUESTA n. f. (fr. *enquête*). Estudio de un tema reuniendo testimonios, experiencias, documentos, etc. **2.** Investigación, pesquisa.

ENCUESTADOR, RA n. Persona que realiza encuestas.

ENCUESTAR v. tr. [1]. Someter a encuesta. ♦ v. intr. **2.** Hacer encuestas.

ENCUETARSE v. pron. [1]. *Méx.* Emborracharse.

ENCULARSE v. pron. [1]. *Argent. Fam.* Enojarse. **2.** *Méx. Vulg.* Enamorarse.

ENCUMBRAMIENTO n. m. Acción y efecto de encumbrar o encumbrarse. **2.** *Fig.* Ensalzamiento, exaltación.

ENCUMBRAR v. tr. y pron. [1]. Levantar en alto. **2.** *Fig.* Colocar a alguien en una posición elevada. ♦ **encumbrarse** v. pron. **3.** *Fig.* Envanecerse, ensoberbecerse.

ENCURTIDO n. m. Fruto o legumbre que se ha conservado en vinagre.

ENCURTIR v. tr. [3]. Conservar en vinagre ciertos frutos o legumbres.

ENDARA (Guillermo), político panameño (Panamá 1937). Tras la invasión norteamericana del país (1989), fue proclamado presidente con el apoyo de E.U.A. (1990-1994).

ENDE adv. l. (lat. *inde, allí*). **Por ende,** por tanto.

ENDEBLE adj. (lat. *indebilis*). Débil de resistencia, insuficiente. **2.** *Fig.* De escaso valor.

ENDEBLEZ n. f. Calidad de endeble.

ENDECÁGONO, A adj. Que tiene once ángulos: *figura endecágona.* ♦ n. m. **2.** Polígono que tiene once ángulos y, por consiguiente, once lados.

ENDECASÍLABO, A adj. y n. m. (gr. *hendekasyllabos*). Dícese del verso de once sílabas, de acentuación variable.

ENDECHA n. f. LIT. Composición en que se relatan las desventuras de un personaje, etc.

ENDEMIA n. f. Enfermedad propia de una región o que permanece en ella de forma continua.

ENDÉMICO, A adj. Con caracteres de endemia: *enfermedad endémica*. **2.** Dícese de las especies vegetales y animales de área restringida, que son oriundas del país donde se encuentran y sólo se encuentran en él. **3.** Fig. Dícese de actos o sucesos que se repiten frecuentemente en un país.

ENDEMISMO n. m. Calidad de endémico. **2.** Distribución geográfica limitada, propia de las especies vivas endémicas.

ENDEMONIADO, A adj. y n. Poseído del demonio. **2.** Malo, perverso. ♦ adj. **3.** Dícese de lo que fastidia, molesta o da mucho trabajo: *carácter endemoniado.* **4.** De muy mala calidad o muy desagradable: *olor endemoniado.*

ENDENANTES adv. *Amér. Vulg.* Hace poco.

ENDEREZADO, A adj. y n. Favorable, a propósito.

ENDEREZAMIENTO n. m. Acción y efecto de enderezar o enderezarse.

ENDEREZAR v. tr. y pron. (lat. *directiare*) **[1g]**. Poner derecho o vertical lo que está torcido, inclinado, o tendido: *enderezar un árbol; enderezarse un caballo.* **2.** Fig. Enmendar, corregir, castigar: *enderezar un error.* **3.** Fig. Dirigir, orientar: *enderezar a alguien por el buen camino.* **4.** Fig. Gobernar, poner a un hombre bueno estado una cosa. ♦ v. intr. y pron. **5.** Encaminarse o dirigirse a un lugar.

ENDEUDARSE v. pron. **[1]**. Llenarse de deudas. **2.** Reconocerse obligado.

ENDIABLADO, A adj. Muy feo, desproporcionado. **2.** Fig. y fam. Endemoniado.

ENDIBIA o **ENDIVIA** n. f. Planta herbácea cuyas hojas largas, lanceoladas y apretadas entre sí, se consumen en ensalada o cocidas. (Familia compuestas.)

ENDILGAR v. tr. **[1b]**. Fam. Encajar, endosar algo desagradable.

ENDIOSAMIENTO n. m. Acción y efecto de endiosar o endiosarse.

ENDIOSAR v. tr. **[1]**. Elevar a uno a la divinidad. **2.** Ensalzar desmesuradamente a alguien. ♦ **endiosarse** v. pron. **3.** Fig. Engreírse, ensoberbecerse.

ENDITARSE v. pron. **[1]**. *Chile*. Endeudarse.

ENDOCARDIO n. m. Membrana que recubre internamente las cavidades del corazón.

ENDOCARPO o **ENDOCARPIO** n. m. BOT. Parte más interna del fruto.

ENDOCRINO, A adj. ANAT. Dícese de la glándula que vierte en la sangre el producto de su secreción, como la hipófisis, el tiroides, los ovarios, los testículos y las suprarrenales.

ENDÓGENO, A adj. Que se forma en el interior. **2.** GEOL. Dícese de una roca que se forma en el interior de la tierra, como las volcánicas plutónicas y metamórficas.

ENDOMINGARSE v. pron. **[1b]**. Vestirse con la ropa de fiesta.

ENDOPARÁSITO, A adj. y n. m. BIOL. Dícese del parásito que habita dentro del cuerpo de su huésped, como la tenia.

ENDOPLASMA n. m. Parte interna o central del cuerpo celular de los seres unicelulares.

ENDORREICO, A adj. Relativo al endorreísmo.

ENDORREÍSMO n. m. GEOGR. Carácter de las regiones en las que los cursos de agua no llegan al mar y se pierden en las depresiones interiores.

ENDOSAR v. tr. **[1]**. Ceder a favor de otro un documento de crédito expedido a la orden: *endosar una letra de cambio.* **2.** Fig. Traspasar a uno una carga, trabajo o cosa molesta.

ENDOSCOPIA n. f. Examen de una cavidad interna del cuerpo con un endoscopio.

ENDOSCOPIO n. m. MED. Aparato óptico, provisto con un dispositivo de iluminación, que se introduce en una cavidad del organismo para examinarla.

ENDOSFERA n. f. Núcleo central de la parte sólida de la esfera terrestre.

ENDOSO n. m. Acción y efecto de endosar. **2.** Mención firmada en el dorso de un efecto comercial, que transfiere su propiedad a otra persona.

ENDOTELIO n. m. HISTOL. Tejido formado por células planas que recubre los vasos y las cavidades internas.

ENDOVENOSO, A adj. Intravenoso.

ENDRINA n. f. Fruto del endrino.

ENDRINO, A adj. De color negro azulado, parecido al de la endrina. ♦ n. m. **2.** Ciruelo silvestre de ramas espinosas, hojas lanceoladas y fruto pequeño, negro azulado y áspero al gusto.

ENDROGARSE v. pron. **[1b]**. *Chile, Méx. y Perú*. Contraer deudas. **2.** *Dom. y P. Rico*. Drogarse.

ENDULZAR v. tr. y pron. **[1g]**. Hacer dulce una cosa. **2.** Fig. Atenuar, suavizar: *endulzar el sufrimiento.*

ENDURECER v. tr. y pron. (lat. *indurescere*) **[2m]**. Poner dura una cosa. **2.** Fig. Robustecer los cuerpos, acostumbrarlos a la fatiga. **3.** Fig. Hacer a alguien cruel e insensible.

ENDURECIMIENTO n. m. Acción y efecto de endurecer.

ENE n. f. Nombre de la letra *n*. **2.** Nombre del signo potencial indeterminado en álgebra. ♦ adj. **3.** Denota cantidad indeterminada: *costará ene pesetas.*

ENEÁGONO n. m. Polígono que tiene nueve ángulos, y por tanto nueve lados.

ENEAS, príncipe legendario troyano, héroe de la *Eneida* de Virgilio.

ENEASÍLABO, A adj. y n. m. Dícese de un verso de nueve sílabas.

ENEBRINA n. f. Fruto del enebro.

ENEBRO n. m. (lat. *iuniperus*). Arbusto de hasta 6 m de alt., con tronco ramoso, copa espesa, hojas espinosas y bayas. (Familia cupresáceas.)

ENELDO n. m. (lat. *anethulum*). Planta herbácea de hasta 1 m de alt., de hojas con segmentos divididos en lacinias filiformes y flores amarillas. (Familia umbelíferas.)

ENEMA n. m. (gr. *enema, atos*). Inyección de una masa líquida en la cavidad rectal, a través del orificio anal, con fines laxantes, terapéuticos o diagnósticos.

ENEMIGO, A adj. (lat. *inimicum*). Contrario, opuesto: *enemigo del alcohol.* ♦ n. **2.** Persona que tiene mala voluntad a otro y le desea o hace mal. **3.** El contrario en la guerra.

ENEMISTAD n. f. (lat. *inimicitas*). Aversión, odio entre dos o más personas.

ENEMISTAR v. tr. y pron. **[1]**. Hacer a uno enemigo de otro, o hacer perder la amistad existente entre dos o más personas.

ENEOLÍTICO, A adj. y n. m. Calcolítico.

ENERGÉTICO, A adj. Relativo a la energía.

ENERGÍA n. f. Potencia activa de un organismo. **2.** Capacidad para obrar o producir un efecto. **3.** Vigor: *quedarse sin energías.* **4.** Fuerza de voluntad, tesón en la actividad. **5.** FÍS. Facultad que posee un sistema de cuerpos de proporcionar trabajo mecánico o su equivalente. • **Energía renovable**, energía cuyo consumo no agota las fuentes naturales que la producen (las radiaciones solares, el viento, las mareas, etc.). ‖ **Fuentes de energía**, materias primas y fenómenos naturales utilizados para la producción de energía, como carbón, hidrocarburos, uranio, viento, sol, etc.

ENÉRGICO, A adj. Que tiene energía de carácter, o relativo a ella: *respuesta enérgica.*

ENERGIZAR v. intr. y pron. **[1]**. *Colomb*. Obrar con energía y vehemencia. ♦ v. tr. **2.** *Colomb*. Estimular, dar energía.

ENERGÚMENO, A n. (gr. *energumenos*). Persona poseída del demonio. **2.** Fig. Persona encolerizada y que grita mucho: *gritar como un energúmeno.*

ENERO n. m. (lat. *ienuarius*). Primer mes del año.

ENERVACIÓN n. f. Acción y efecto de enervar.

ENERVAMIENTO n. m. Enervación, acción y efecto de enervar.

ENERVAR v. tr. y pron. (lat. *enervare*) **[1]**. Debilitar, quitar las fuerzas. **2.** Poner nervioso.

ENÉSIMO, A adj. Dícese del número indeterminado de veces que se repite una cosa. **2.** MAT. Dícese del lugar indeterminado en una sucesión.

ENFADADIZO, A adj. Propenso a enfadarse.

ENFADAR v. tr. y pron. (der. del gall.-port. *fado*, destino, especialmente el desfavorable) **[1]**. Causar o sentir enfado.

ENFADO n. m. Impresión desagradable y molesta. **2.** Enojo, conmoción del ánimo que causa ira contra una persona.

ENFADOSO, A adj. Molesto, enojoso, fastidioso.

ENFAJILLAR v. tr. **[1]**. *Amér. Central y Méx.* Envolver con fajilla los impresos para ponerlos en el correo.

ENFANGAR v. tr. y pron. **[1b]**. Meter en el fango o cubrir con él. ♦ **enfangarse** v. pron. **2.** Fig. y fam. Mezclarse en negocios sucios o vergonzosos, envilecerse.

ENFARDAR v. tr. **[1]**. Hacer o arreglar fardos. **2.** Empaquetar mercancías.

ÉNFASIS n. m. (gr. *emphàsis*) [pl. *énfasis*]. Fuerza de expresión o de entonación con que se quiere realzar la importancia de lo que se dice o se lee. **2.** Afectación en el tono de la voz o en el gesto.

ENFÁTICO, A adj. Dícese de lo dicho con énfasis, o de las personas que hablan o escriben con énfasis.

ENFATIZAR v. tr. **[1g]**. Dar énfasis. **2.** Poner énfasis en la expresión de algo.

ENFEBRECIDO, A adj. Febril.

ENFERMAR v. intr. **[1]**. Contraer enfermedad. ♦ v. tr. **2.** Causar enfermedad.

ENFERMEDAD n. f. (lat. *infirmitatem*). Alteración más o menos grave de la salud del cuerpo animal o vegetal. **2.** Fig. Pasión dañosa o alteración en lo moral o espiritual. **3.** Fig. Anormalidad dañosa en el funcionamiento de una institución, colectividad, etc.

ENFERMERÍA n. f. En algunos establecimientos, departamento donde se instala o atiende a los enfermos, heridos, lesionados, etc.

ENFERMERO, A n. Persona que tiene por oficio asistir a los enfermos.

ENFERMIZO, A adj. Fácilmente predispuesto a padecer enfermedades. **2.** Propio de un enfermo: *aspecto enfermizo.* **3.** Impropio de personas física y moralmente sanas: *siente una pasión enfermiza.*

ENFERMO, A adj. y n. Que no padece una enfermedad.

ENFERMOSO, A adj. *Amér. Central, Colomb., Ecuad. y Venez.* Enfermizo.

ENFERVORIZAR v. tr. y pron. **[1]**. Despertar en alguien fervor o entusiasmo: *enfervorizar a las masas.*

ENFIESTARSE v. pron. **[1]**. *Chile, Colomb., Hond., Méx., Nicar. y Venez.* Estar de fiesta, divertirse.

ENFILAR v. tr. (fr. *enfiler*) **[1]**. Poner en fila varias cosas. **2.** Dirigir una visual por medio de miras u otros instrumentos. **3.** Dirigirse, ir directamente hacia un lugar: *enfilar una calle.*

ENFLAQUECER v. tr. y pron. **[2m]**. Poner o ponerse flaco. ♦ v. intr. **2.** Fig. Desmayar, perder ánimo: *enflaquecer en su propósito.*

ENFLAQUECIMIENTO n. m. Acción y efecto de enflaquecer.

ENFLAUTADA n. f. *Hond.* Patochada, disparate.
ENFLAUTAR v. tr. [1]. Hinchar, soplar. 2. *Fam.* Alucinar, engañar. 3. *Colomb., Guat.* y *Méx. Fam.* Encajar algo inoportuno o molesto.
ENFOCAR v. tr. [1a]. Hacer que la imagen de un objeto obtenida en un aparato óptico se produzca exactamente en un plano u objeto determinado, como una placa fotográfica, etc. 2. Dirigir un foco de luz hacia cierto sitio u objeto. 3. *fig.* Analizar, estudiar o examinar un asunto para adquirir una visión clara de él y resolverlo acertadamente.
ENFOQUE n. m. Acción y efecto de enfocar.
ENFRASCARSE v. pron. [1a]. Aplicarse con mucha intensidad a una cosa: *enfrascarse en la lectura*.
ENFRENTAMIENTO n. m. Acción y efecto de enfrentar.
ENFRENTAR v. tr., intr. y pron. [1]. Poner frente a frente en una comparación, competición, lucha, etc.: *enfrentar a dos rivales*. ◆ v. tr. y pron. 2. Afrontar, arrostrar, hacer frente.
ENFRENTE adv. l. A la parte opuesta, delante: *vivir enfrente del mar*. ◆ adv. m. 2. En contra, en pugna.
ENFRIAMIENTO n. m. Acción y efecto de enfriar o enfriarse. 2. Catarro.
ENFRIAR v. tr., intr. y pron. [1t]. Poner frío o hacer que se ponga fría una cosa. ◆ v. tr. y pron. 2. *Fig.* Entibiar, amortiguar: *sus relaciones se han enfriado*. 3. Acatarrar. ◆ v. tr. 4. *Méx. Fam.* Matar. ◆ **enfriarse** v. pron. 5. Quedarse fría una persona.
ENFRIJOLADA n. f. *Méx.* Tortilla de maíz rellena de diversos ingredientes y bañada en crema frijol.
ENFULLINARSE v. pron. [1]. *Chile* y *Méx.* Amoscarse, amostazarse.
ENFUNCHAR v. tr. y pron. [1]. *Cuba* y *P. Rico.* Enojar, enfadar.
ENFUNDAR v. tr. [1]. Poner una cosa dentro de su funda: *enfundar la espada*. ◆ v. tr. y pron. 2. *Fig.* Ponerse o cubrirse con una prenda de vestir.
ENFURECER v. tr. y pron. [2m]. Irritar a uno o ponerle furioso. ◆ **enfurecerse** v. pron. 2. *Fig.* Alborotarse, alterarse: *enfurecerse el mar*.
ENFURECIMIENTO n. m. Acción y efecto de enfurecer o enfurecerse.
ENFURRUÑAMIENTO n. m. Acción y efecto de enfurruñarse.
ENFURRUÑARSE v. pron. [1]. *Fam.* Ponerse enfadado. 2. Encapotarse el cielo.
ENFURUSCARSE v. pron. [1a]. *Chile.* Enfurruñarse.
ENGALANAR v. tr. y pron. [1]. Arreglar con galas y adornos.
ENGALLAMIENTO n. m. Acción y efecto de engallar.
ENGALLAR v. tr. y pron. [1]. Poner o ponerse erguido y arrogante.
ENGANCHAR v. tr., intr. y pron. [1]. Agarrar una cosa con gancho o colgarla de él. ◆ v. tr. e intr. 2. Poner las caballerías en los carruajes. ◆ v. tr. 3. *Fig.* y *fam.* Atraer, conquistar. 4. Atraer a uno a que siente plaza de soldado por dinero. 5. F.C. Unir, acoplar dos unidades o vehículos, enlazar los vagones, coches, etc., que constituyen un tren. ◆ **engancharse** v. pron. 6. Quedarse prendido en un gancho, clavo, etc. 7. Empezar a tener adicción a una droga.
ENGANCHE n. m. Acción y efecto de enganchar. 2. Pieza o aparato dispuesto para enganchar. 3. *Méx.* Cantidad de dinero que se da en anticipo para comprar algo a plazos.
ENGAÑABOBOS n. m. y f. (pl. *engañabobos*). *Fam.* Embaucador, farsante. ◆ n. m. 2. Cosa engañosa.
ENGAÑAPICHANGA n. m. y f. *Argent.* Cosa que engaña o defrauda con su apariencia, engañabobos.

ENGAÑAR v. tr. [1]. Hacer creer algo que no es verdad: *engañar a un inocente*. 2. Entretener, distraer: *engañar el hambre*. 3. Engatusar. 4. Ser infiel al cónyuge cometiendo adulterio. 5. Seducir una persona a otra. 6. Estafar o defraudar a alguien. ◆ v. tr. y pron. 7. Hacer ver una cosa distinta de como es, generalmente mejor o mayor. ◆ **engañarse** v. pron. 8. Cerrar los ojos a la verdad por ser más grato el error.
ENGAÑIFA n. f. *Fam.* Engaño artificioso con apariencia de utilidad.
ENGAÑO n. m. Acción y efecto de engañar o engañarse. 2. Cualquier arte o armadijo para pescar. 3. TAUROM. Instrumento con que se burla al toro.
ENGAÑOSO, A adj. Que engaña o da ocasión a engañarse.
ENGARATUSAR v. tr. [1]. *Amér. Central* y *Colomb.* Engatusar.
ENGARCE n. m. Acción y efecto de engarzar. 2. Metal en que se engarza una cosa.
ENGARROTAR v. tr. [1]. Agarrotar. ◆ v. tr. y pron. 2. Entumecer los miembros el frío o la enfermedad.
ENGARZAR v. tr. [1g]. Trabar una cosa con otra u otras formando cadena. 2. Rizar, ensortijar. 3. Engastar. 4. Enlazar, relacionar.
ENGASTADO n. m. Operación que se realiza para fijar y mantener piedras preciosas por medio de dientes o lóbulos de metal.
ENGASTAR v. tr. (lat. *incastrare*) [1]. Encajar y embutir una cosa en otra. 2. Encajar piedras preciosas o finas en oro, plata u otro metal.
ENGASTE n. m. Acción y efecto de engastar. 2. Guarnición o cerco de metal que abraza y asegura la piedra engastada. 3. Perla que por un lado es plana y por el otro redonda.
ENGATILLAR v. tr. [1]. Fallar el mecanismo de disparo de las escopetas y otras armas de fuego.
ENGATUSADOR, RA adj. y n. *Fam.* Que engatusa.
ENGATUSAR v. tr. [1]. *Fam.* Ganar la voluntad de uno con halagos y engaños: *dejarse engatusar*.
ENGELS (Friedrich), teórico socialista alemán (Barmen [act. integrado en Wuppertal] 1820-Londres 1895). Escribió, en colaboración con Marx, *La sagrada familia* (1845) y *La ideología alemana* (1845-1846), en las que sentaron las bases del materialismo histórico, y el *Manifiesto comunista* (1848).
ENGENDRAMIENTO n. m. Acción y efecto de engendrar.
ENGENDRAR v. tr. (lat. *ingenerare*) [1]. Producir un animal superior seres de su misma especie, por reproducción: *engendrar un hijo*. 2. *Fig.* Causar, ocasionar: *engendrar una desgracia*. 3. MAT. Producir desplazándose: *engendrar una esfera*.
ENGENDRO n. m. Feto. 2. Ser desproporcionado o contrahecho. 3. *Fig.* Obra intelectual mal concebida o absurda.
ENGENTARSE v. pron. [1]. *Méx.* Aturdirse por la presencia de mucha gente.
ENGLOBAR v. tr. [1]. Reunir varias cosas en una o incluir en un conjunto una cosa determinada.
ENGOLADO, A adj. Que tiene gola. 2. *Fig.* Presuntuoso, petulante, especialmente en el modo de hablar. 3. *Fig.* Dícese del tono de voz enfático y afectado. 4. *Méx.* Muy acicalado.
ENGOLFARSE v. pron. [1]. *Fig.* Ocuparse intensamente en algún asunto, arrebatarse de un pensamiento o afecto: *engolfarse en la lectura*.
ENGOLOSINAR v. tr. [1]. Excitar el deseo de uno con algún atractivo. ◆ **engolosinarse** v. pron. 2. Aficionarse, tomar gusto a una cosa.
ENGOMADO, A adj. Recubierto de una capa de goma adherente, que se diluye al contacto con un líquido: *papel engomado*. 2. *Chile.* Peripuesto, acicalado. ◆ n. m. 3. Acción de engomar: *engomado de las telas*.
ENGOMAR v. tr. [1]. Impregnar y untar de goma: *engomar un papel*. 2. Pegar con goma. 3. Mezclar goma a una sustancia.
ENGORDA n. f. *Chile* y *Méx.* Engorde, ceba. 2. *Chile* y *Méx.* Conjunto de animales que se ceban para la matanza.
ENGORDAR v. tr. [1]. Cebar, dar mucho de comer a un animal para ponerlo gordo. ◆ v. intr. 2. Ponerse gordo. 3. *Fig.* y *fam.* Enriquecerse.
ENGORDE n. m. Acción y efecto de engordar o cebarse el ganado y otros animales domésticos cuya carne se destina al consumo.
ENGORRAR v. tr. [1]. *Venez.* Fastidiar, molestar.
ENGORRO n. m. Embarazo, impedimento.
ENGORROSO, A adj. Que ocasiona engorro o es causa de él.
ENGRANAJE n. m. Transmisión del movimiento mediante piñones o ruedas dentadas. 2. Cilindro dentado, destinado a transmitir un movimiento de rotación entre dos árboles o ejes. 3. Disposición, acoplamiento o conjunto de las ruedas que se engranan: *los engranajes de un reloj*. 4. *Fig.* Enlace o trabazón de ideas, circunstancias o hechos.
ENGRANAR v. tr. (fr. *engrener*) [1]. Endentar, encajar. 2. *Fig.* Enlazar, trabar ideas, frases, etcétera.
ENGRANDECER v. tr. [2m]. Aumentar, hacer grande una cosa. ◆ v. tr. y pron. 2. *Fig.* Exaltar, elevar a uno a una dignidad superior.
ENGRANDECIMIENTO n. m. Acción y efecto de engrandecer.
ENGRAPADORA n. f. Máquina para coser, con grapas metálicas, cajas de cartón y embalajes ligeros.
ENGRAPAR v. tr. [1]. Asegurar o sujetar con grapas.
ENGRASADOR, RA adj. y n. Que engrasa o lubrica. ◆ n. m. 2. Aparato o dispositivo para la lubricación de una parte de la máquina.
ENGRASAR v. tr. y pron. [1]. Untar con grasa. ◆ **engrasarse** v. pron. 2. *Méx.* Contraer la enfermedad del saturnismo.
ENGRASE n. m. Acción de engrasar. 2. Materia lubricante.
ENGREIMIENTO n. m. Acción y efecto de engreír.
ENGREÍR v. tr. y pron. [25]. Envanecer. 2. *Amér.* Mimar, aficionar, encariñar.
ENGRESCAR v. tr. y pron. [1a]. Incitar a riña. 2. Meter a otros en juego, broma u otra diversión.
ENGROSAMIENTO n. m. Acción y efecto de engrosar.
ENGROSAR v. tr. y pron. [1]. Hacer grueso. ◆ v. tr. *Fig.* Aumentar, crecer: *engrosar la lista de detenidos*. ◆ v. intr. 3. Tomar carnes o hacerse más grueso y corpulento.
ENGRUDO n. m. Masa de harina o almidón cocidos en agua: *el engrudo sirve para pegar*.
ENGRUMECERSE v. pron. [2m]. Hacerse grumos: *engrumecerse la sangre*.
ENGUALICHAR v. tr. [1]. *Argent., Chile* y *Urug.* Hechizar, embrujar.
ENGUANTAR v. tr. [1]. Cubrir las manos con los guantes.
ENGUITARRARSE v. pron. [1]. *Venez.* Vestirse de levita u otro traje de ceremonia.
ENGULLIR v. tr. e intr. [3h]. Tragar la comida atropelladamente.
ENHARINAR v. tr. [1]. Cubrir o espolvorear con harina una cosa. ◆ **enharinarse** v. pron. 2. *Fig.* y *fam.* Empolvarse.
ENHEBRAR v. tr. [1]. Pasar la hebra por el ojo de la aguja. 2. *Fig.* Ensartar, pasar por un hilo, alambre, etc., varias cosas. 3. Ensartar, hablar sin conexión.
ENHIESTO, A adj. Levantado, derecho: *cabeza enhiesta*.

ENHORABUENA n. f. Felicitación: *dar la enhorabuena*. ♦ adv. m. **2.** En hora buena.
ENHORAMALA adv. m. En hora mala.
ENHORQUETAR v. tr. y pron. [1]. *Argent., Cuba, P. Rico y Urug.* Poner a horcajadas.
ENHUINCHAR o **ENGÜINCHAR** v. tr. [1]. *Chile.* Ribetear.
ENIGMA n. m. (lat. *aenigmam*). Cosa que debe adivinarse a partir de una descripción o definición ambiguas. **2.** Persona o cosa que es difícil de definir o de conocer a fondo.
ENIGMÁTICO, A adj. Que en sí encierra o incluye enigma: *mirada enigmática*.
ENJABONADO, A adj. *Cuba y Perú.* Dícese de las caballerías que tiene el pelo oscuro sobre fondo blanco. ♦ n. m. **2.** Acción y efecto de enjabonar.
ENJABONAR v. tr. [1]. Dar jabón para lavar. **2.** *Fig. y fam.* Dar jabón, adular. **3.** *Fig.* Reprender o increpar.
ENJAEZAMIENTO n. m. Acción de enjaezar.
ENJAEZAR v. tr. [1g]. Poner los jaeces a las caballerías.
ENJAGÜE n. m. *Amér.* Enjuague.
ENJALBEGADURA n. f. Acción y efecto de enjalbegar. SIN.: *enjalbegado*.
ENJALBEGAR v. tr. [1d]. Blanquear las paredes.
ENJAMBRE n. m. Grupo de individuos que se segrega del resto de la colonia de abejas, en general con motivo de la aparición de una nueva reina. **2.** *Fig.* Muchedumbre de personas o cosas juntas.
ENJARETADO n. m. Tablero formado de tabloncitos que forman enrejado.
ENJARETAR v. tr. [1]. Hacer pasar una cinta o cordón por una jareta. **2.** *Fig. y fam.* Hacer o decir algo sin intermisión y atropelladamente: *enjaretar un discurso*. **3.** *Fig. y fam.* Endilgar, encajar algo molesto o inoportuno. **4.** *Méx. y Venez. Fam.* Intercalar, incluir.
ENJAULAR v. tr. [1]. Encerrar o poner dentro de una jaula. **2.** *Fig. y fam.* Meter en la cárcel.
ENJOYAR v. tr. y pron. [1]. Adornar con joyas. **2.** *Fig.* Engalanar, hermosear, enriquecer.
ENJUAGAR v. tr. y pron. [1b]. Limpiar la boca y los dientes con líquido. ♦ v. tr. **2.** Aclarar con agua limpia lo que se ha jabonado o fregado.
ENJUAGUE n. m. Acción de enjuagar. **2.** Líquido con que se enjuaga. **3.** Intriga o enredo para conseguir lo que no se espera lograr por medios normales.
ENJUGAR v. tr. [1b]. Secar, quitar la humedad. ♦ v. tr. y pron. **2.** Limpiar la humedad que echa de sí el cuerpo o la que recibe al mojarse. **3.** *Fig.* Cancelar, extinguir una deuda o déficit. ♦ **enjugarse** v. pron. **4.** Adelgazar, perder gordura.
ENJUICIAMIENTO n. m. Acción y efecto de enjuiciar.
ENJUICIAR v. tr. [1]. Someter una cuestión a examen o juicio.
ENJUNDIA n. f. (lat. *axungia*, grasa de cerdo). Gordura de un animal, especialmente de un ave. **2.** *Fig.* Lo más sustancioso e importante de algo inmaterial. **3.** *Fig.* Fuerza, vigor. **4.** *Fig.* Constitución o cualidad connatural de una persona.
ENJUNDIOSO, A adj. Que tiene mucha enjundia. **2.** *Fig.* Sustancioso, importante, sólido.
ENJUTO, A adj. Seco. **2.** Delgado, flaco: *rostro enjuto*. **3.** *Fig.* Parco y escaso, tanto de obras como de palabras.
ENLACE n. m. Acción y efecto de enlazar o enlazarse. **2.** Unión, conexión. **3.** Casamiento. **4.** *Fig.* Parentesco. **5.** Persona que sirve para que por su mediación se comuniquen otros entre sí. **6.** Comunicación asegurada de forma regular entre dos puntos del globo: *enlace aéreo; marítimo.*
ENLACIAR v. tr., intr. y pron. [1]. Poner lacio.

ENLADRILLADO n. m. Pavimento hecho de ladrillos.
ENLADRILLAR v. tr. [1]. Formar el pavimento de ladrillos.
ENLAJADO n. m. *Venez.* Suelo cubierto de lajas.
ENLATAR v. tr. [1]. Meter en latas. **2.** *Amér.* Cubrir con latas una armadura de techumbre.
ENLAZAR v. tr. [1g]. Unir con lazos: *enlazar los cabellos*. **2.** Aprisionar un animal arrojándole el lazo. ♦ v. tr. y pron. **3.** Atar o trabar una cosa con otra. ♦ v. intr. **4.** Empalmar, combinarse, en lugar y horas determinadas, unos vehículos con otros. ♦ **enlazarse** v. pron. **5.** Casar, contraer matrimonio. **6.** *Fig.* Unirse las familias por medio de casamientos.
ENLODAR v. tr. y pron. [1]. Manchar una cosa con lodo. **2.** *Fig.* Manchar, infamar, envilecer.
ENLOQUECEDOR, RA adj. Que hace enloquecer: *ritmo de vida enloquecedor*.
ENLOQUECER v. tr. [2m]. Hacer perder el juicio a uno, trastornar profundamente: *la miseria lo enloqueció*. ♦ v. tr. y pron. **2.** Gustar una cosa exageradamente a alguien: *viajar me enloquece*. ♦ v. intr. y pron. **3.** Volverse loco, perder el juicio.
ENLOSADO n. m. Acción y efecto de pavimentar con losas. **2.** Revestimiento del suelo con materiales de poco espesor y de amplia superficie.
ENLOSAR v. tr. [1]. Pavimentar con losas.
ENLOZAR v. tr. [1g]. *Amér.* Cubrir con un baño de loza o de esmalte vítreo.
ENLUCIDO n. m. Revestimiento o estampa mano de revoque que se da a los muros o paredes para que presenten una superficie unida y tersa.
ENLUCIR v. tr. [3g]. Revestir con enlucido. **2.** Limpiar, poner brillante la plata, las armas, etc.
ENLUTAR v. tr. y pron. [1]. Cubrir o vestir de luto. **2.** *Fig.* Oscurecer, privar de luz y claridad. ♦ v. tr. **3.** *Fig.* Entristecer, afligir.
EMMADERAMIENTO o **EMMADERADO** n. m. Obra de madera que se reviste el interior de las casas y edificios, y, especialmente, los muros o paredes.
EMMADERAR v. tr. [1]. Cubrir con madera.
EMMARAÑAMIENTO n. m. Acción y efecto de enmarañar.
EMMARAÑAR v. tr. y pron. [1]. Enredar, formar maraña. **2.** *Fig.* Confundir, enredar un asunto.
EMMARCAR v. tr. [1a]. Encuadrar, encerrar en un marco o cuadro.
EMMASCARADO, A n. Persona que lleva el rostro cubierto con una máscara.
EMMASCARAR v. tr. y pron. [1]. Cubrir con máscara el rostro de una persona. **2.** *Fig.* Encubrir, disfrazar: *enmascarar sus intenciones*.
EMMENDAR v. tr. y pron. (lat. *emendare*) [1j]. Corregir, quitar defectos a una persona o cosa: *enmendar un error*. **2.** Resarcir, subsanar los daños.
EMMENDATURA n. f. *Amér.* Enmienda, corrección.
EMMICADO n. m. *Méx.* Funda plástica.
EMMIENDA n. f. Expurgo o eliminación de un error. **2.** Satisfacción y pago del daño hecho. **3.** Modificación o propuesta de modificación que se hace a un proyecto de ley, etc.
EMMOHECER v. tr. y pron. [2m]. Cubrir de moho. **2.** *Fig.* Inutilizar, dejar en desuso.
EMMONARSE v. pron. [1]. *Chile y Perú.* Pillar una mona, emborracharse.
EMMONTARSE v. pron. [1]. *Amér.* Volverse un monte, cubrirse de maleza.
EMMUDECER v. tr. y pron. [2m]. Hacer callar. ♦ v. intr. **2.** Quedar mudo, perder el habla. **3.** *Fig.* Guardar silencio cuando se pudiera o debiera hablar.
EMMUGRAR v. tr. [1]. *Chile, Colomb. y Méx.* Enmugrecer.
EMMUGRECER v. tr. y pron. [2m]. Cubrir de mugre.

ENNEGRECER v. tr. y pron. [2m]. Poner negro o teñir de negro. ♦ v. intr. y pron. **2.** *Fig.* Ponerse muy oscuro, nublarse.
ENNOBLECER v. tr. y pron. [2m]. Conceder o adquirir un título de nobleza. **2.** *Fig.* Dignificar y dar esplendor. **3.** *Fig.* Adornar, enriquecer.
ENOJADIZO, A adj. Que se enoja con facilidad.
ENOJAR v. tr. y pron. [1]. Causar enojo. **2.** Molestar, desazonar.
ENOJO n. m. Alteración producida en el ánimo de una persona como resultado de algo que le contraría o perjudica. **2.** Molestia, pena, trabajo.
ENOJÓN, NA adj. ♦ n. *Chile, Ecuad. y Méx.* Enojadizo.
ENOJOSO, A adj. Que causa enojo, molestia o enfado: *trabajo enojoso*.
ENOLOGÍA n. f. Ciencia que estudia la conservación y la fabricación de los vinos.
ENORGULLECER v. tr. y pron. [2m]. Llenar de orgullo.
ENORME adj. (lat. *enormem*). Desmedido, excesivo. **2.** Perverso, torpe.
ENORMIDAD n. f. Cualidad de enorme. **2.** Despropósito, desatino.
ENQUICIAR v. tr. y pron. [1]. Poner una puerta, ventana, etc., en su quicio. **2.** *Fig.* Poner en orden.
ENQUISTADO, A adj. De forma de quiste o parecido a él. **2.** *Fig.* Embutido, encajado.
ENQUISTARSE v. pron. [1]. Encerrarse dentro de un quiste.
ENRAIZAR v. intr. [1x]. Arraigar, echar raíces.
ENRAMADA n. f. Conjunto de ramas espesas entrelazadas. **2.** Adorno de ramas de árboles. **3.** Cobertizo hecho de ramas de árboles.
ENRAMAR v. tr. [1]. Cubrir con ramos entrelazados, para adornar o para dar sombra. ♦ v. intr. **2.** Echar ramas un árbol.
ENRANCIAR v. tr. y pron. [1]. Hacer rancia una cosa.
ENRARECER v. tr. y pron. [2m]. Dilatar un cuerpo gaseoso haciéndolo menos denso. **2.** Hacer menos respirable, contaminar. ♦ v. tr., intr. y pron. **3.** Hacer que escasee o sea rara una cosa.
ENREDADERA n. f. y adj. Planta de tallo voluble o trepador. ♦ n. f. **2.** Planta de tallos trepadores y flores en campanillas róseas, con cinco radios más oscuros. (Familia convolvuláceas.)
ENREDADOR, RA adj. y n. Que enreda. **2.** *Fig. y fam.* Chismoso, embustero.
ENREDAR v. tr. [1]. Intrigar o tramar enredos. **2.** Comprometer a alguien en un asunto peligroso o expuesto: *enredar en un mal negocio*. ♦ v. tr. y pron. **3.** Enmarañar, liar una cosa entre otras: *enredarse los cabellos*. **4.** Complicar un asunto. **5.** Entretener, hacer perder el tiempo. ♦ **enredarse** v. pron. **6.** Trepar las enredaderas. **7.** Sobrevenir dificultades y complicaciones. **8.** *Fam.* Tener un enredo amoroso con otra persona. **9.** *Fam.* Empezar una riña, discusión, etc.
ENREDISTA n. m. y f. *Chile, Colomb. y Perú.* Enredador, chismoso.
ENREDO n. m. Maraña que resulta de trabarse entre sí desordenadamente hilos u otras cosas flexibles. **2.** Asunto peligroso, complicado, expuesto, a veces ilícito. **3.** Amancebamiento. **4.** *Argent., Dom. y Urug. Fig. y fam.* Amorío. (Suele usarse más en plural.) **5.** LIT. En la literatura dramática y narrativa, nudo o conjunto de sucesos que preceden al desenlace: *comedia de enredo*. ♦ **enredos** n. m. pl. **6.** *Fam.* Cosas diversas de poca importancia.
ENREDOSO, A adj. Lleno de enredos y dificultades. **2.** *Chile y Méx.* Enredador, chismoso.
ENREJADO n. m. Conjunto de rejas. **2.** Especie de celosía de cañas o varas entretejidas.
ENREJAR v. tr. [1]. Poner rejas o cercar con rejas. **2.** *Méx.* Zurcir la ropa.

ENREVESADO, A adj. Intrincado, con muchas vueltas. **2.** Difícil de hacer o entender.
ENRIELAR v. tr. [1]. *Chile. Fig.* Encarrilar, encauzar un asunto. ◆ v. tr. y pron. **2.** *Chile* y *Méx.* Meter en el riel, encarrilar un vagón, vagoneta, etc.
ENRIQUECEDOR, RA adj. Que enriquece.
ENRIQUECER v. tr. y pron. [2m]. Hacer rica a una persona, comarca, etc.: *el trabajo enriquece al país*. ◆ v. tr. **2.** *Fig.* Adornar, engrandecer a una persona o cosa: *el arte nos enriquece*. ◆ v. intr. y pron. **3.** Hacerse uno rico o engrandecerse. **4.** Prosperar un país, una empresa.
ENRIQUECIDO, A adj. FÍS. Dícese de un cuerpo en el que uno de sus componentes está en proporción más elevada que la normal.
ENRIQUECIMIENTO n. m. Acción y efecto de enriquecer o enriquecerse. **2.** Procedimiento que sirve para aumentar la cantidad de metal en un mineral o la concentración de un isótopo en una mezcla de isótopos.
ENRIQUILLO (lago), lago salado del SO de la República Dominicana (Independencia), entre las sierras de Neiba y de Baoruco; 550 km².
ENRIQUILLO, cacique dominicano del s. XVI. Se levantó contra los españoles en 1520-1533, hasta que Carlos Quinto le concedió las tierras ocupadas.
ENRISCADO, A adj. Lleno de riscos.
ENRISTRAR v. tr. [1]. Hacer ristras con ajos, cebollas, etc.
ENROCAR v. tr. e intr. [1a]. En el ajedrez, efectuar enroque.
ENROCARSE v. pron. [1a]. Trabarse algo en las rocas del fondo del mar: *enrocarse un anzuelo*.
ENROJECER v. tr. y pron. [2m]. Poner rojo con el calor o el fuego: *enrojecerse la leña*. **2.** Encenderse el rostro: *enrojecer las mejillas*. ◆ v. tr. **3.** Dar color rojo a una cosa. ◆ v. intr. **4.** Ruborizarse.
ENROJECIMIENTO n. m. Acción y efecto de enrojecer.
ENROLAR v. tr. y pron. [1]. Alistar, inscribir, especialmente a un marinero, en el rol o lista de los tripulantes de un buque.
ENROLLAR v. tr. y pron. [1]. Poner en forma de rollo. ◆ **enrollarse** v. pron. **2.** *Fig.* y *fam.* Hablar de manera confusa, ininterrumpida o repetitiva.
ENRONCHAR v. tr. [1]. *Méx.* Llenar de ronchas. **2.** *Méx. Fig.* Hartar a alguien.
ENRONQUECER v. tr. y pron. [2m]. Poner o quedarse ronco: *el tabaco enronquece la voz*.
ENRONQUECIMIENTO n. m. Ronquera.
ENROQUE n. m. En el ajedrez, movimiento simultáneo del rey y la torre, en que el rey se aproxima dos casillas hacia la posición de la torre, situándose ésta a su lado, saltando por encima del mismo.
ENROSCAMIENTO n. m. Acción y efecto de enroscar. SIN.: *enroscadura*.
ENROSCAR v. tr. y pron. [1a]. Poner en forma de rosca. ◆ v. tr. **2.** Introducir una cosa a vuelta de rosca: *enroscar un tornillo*.
ENROSTRAR v. tr. [1]. *Amér.* Reprochar, echar en cara.
ENSACAR v. tr. [1a]. Meter en sacos.
ENSAIMADA n. f. (cat. *ensaïmada*). Bollo de pasta hojaldrada, arrollada en forma de espiral.
ENSALADA n. f. Comida que puede prepararse con varios vegetales, crudos o cocidos, carnes o pescados, sazonados con sal y otros condimentos y se sirve fría. **2.** *Fig.* Mezcla confusa de ideas, de nociones o de imágenes: *una ensalada de argumentos*.
ENSALADERA n. f. Recipiente en que se prepara y sirve la ensalada.
ENSALIVAR v. tr. y pron. [1]. Llenar o empapar de saliva.

ENSALMAR v. tr. [1]. Componer un hueso dislocado o roto. **2.** Curar con ensalmos.
ENSALMO n. m. Rezo, recitado o modo supersticioso con que se pretende curar. • **Como por ensalmo**, con prontitud extraordinaria y de modo desconocido.
ENSALZAMIENTO n. m. Acción y efecto de ensalzar.
ENSALZAR v. tr. (bajo lat. *exaltiare*) [1g]. Exaltar, elevar a mayor auge y dignidad. ◆ v. tr. y pron. **2.** Alabar, elogiar, enaltecer.
ENSAMBLADOR, RA adj. y n. m. INFORMÁT. Dícese del programa de ordenador que traduce en lenguaje máquina los programas escritos en lenguaje de ensambladura.
ENSAMBLADURA n. f. Acción y efecto de ensamblar. • **Lenguaje de ensambladura** (INFORMÁT.), lenguaje formado por las instrucciones de un ordenador escritas en forma simbólica, de modo que son fácilmente legibles.
ENSAMBLAJE n. m. Ensambladura.
ENSAMBLAR v. tr. [1]. Unir, juntar: *ensamblar piezas de madera*. **2.** INFORMÁT. Traducir en lenguaje máquina un programa escrito en uno de ensambladura.
ENSANCHAMIENTO n. m. Acción y efecto de ensanchar.
ENSANCHAR v. tr. (bajo lat. *examplare*) [1]. Extender, dilatar, hacer más ancho: *ensanchar un hueco*. **2.** Desahogarse efusivamente: *ensanchar el corazón*. ◆ v. intr. y pron. **3.** Envanecerse.
ENSANCHE n. m. Dilatación, extensión.
ENSANGRENTAR v. tr. y pron. [1j]. Manchar o teñir de sangre.
ENSAÑAMIENTO n. m. Acción y efecto de ensañarse.
ENSAÑARSE v. pron. [1]. Deleitarse en hacer daño: *ensañarse con el enemigo*.
ENSARTAR v. tr. [1]. Pasar por un hilo, alambre, etc., varias cosas. **2.** Enhebrar. **3.** Espetar, atravesar: *el toro le ensartó el cuerno*. ◆ **4.** *Fig.* Decir muchas cosas de carácter semejante, de forma continuada. ◆ v. tr. y pron. **5.** *Chile, Méx., Nicar., Perú* y *Urug.* Hacer caer en un engaño o trampa.
ENSAYADA n. f. *Méx.* Acción y efecto de ensayar: *dar una ensayada antes del partido de fútbol*.
ENSAYAR v. tr. [1]. Probar, someter algo a determinadas condiciones para ver el resultado. **2.** Hacer la prueba de una cosa antes de ejecutarla en público: *ensayar una canción*. **3.** Someter un material a las operaciones físicas y químicas de prueba o reconocimiento: *ensayar un mineral*. ◆ v. intr. y pron. **4.** Intentar, probar a hacer una cosa.
ENSAYISTA n. m. y f. (ingl. *essayist*). Autor de ensayos.
ENSAYO n. m. (bajo lat. *exagium*, acción de pesar). Acción y efecto de ensayar: *ensayo de una obra teatral*. **2.** Prueba que se hace de una cosa para ver si es apta para lo que se espera de ella: *hacer el ensayo de una máquina*. **3.** LIT. Género literario, en prosa, de carácter didáctico, que trata de temas filosóficos, artísticos, históricos, etc.
ENSEGUIDA adv. t. En seguida.
ENSENADA n. f. Entrada de mar en la tierra formando seno. **2.** *Argent.* Corral, lugar destinado a encerrar animales.
ENSENADA, c. de México (Baja California); 259 979 hab. Puerto pesquero. Conservas. Vinos.
ENSENADA, partido de Argentina (Buenos Aires); 48 524 hab. Pesca. Puerto de la c. de La Plata.
ENSEÑA n. f. (lat. *insigniam*). Insignia, estandarte.
ENSEÑANTE adj. y n. m. y f. Que enseña.
ENSEÑANZA n. f. Acción y efecto de enseñar. **2.** Profesión del que enseña. **3.** Sistema y método de dar instrucción: *enseñanza a distancia*. **4.** Ejemplo o suceso que sirve de experiencia o escarmiento.

ENSEÑAR v. tr. (bajo lat. *insignare*, designar) [1]. Hacer que alguien aprenda algo: *enseñar piano*. **2.** Dar advertencia, ejemplo o escarmiento. **3.** Indicar, dar señas de una cosa: *enseñar el camino*. **4.** Mostrar, poner delante de alguien una cosa para que la vea. **5.** Dejar ver una cosa involuntariamente. ◆ **enseñarse** v. pron. **6.** Acostumbrarse, hacerse a una cosa.
ENSEÑOREAMIENTO n. m. Acción y efecto de enseñorearse.
ENSEÑOREARSE v. pron. [1]. Hacerse señor y dueño.
ENSERES n. m. pl. Muebles, utensilios, instrumentos necesarios o convenientes en una casa o para el ejercicio de una profesión.
ENSERIARSE v. pron. [1]. *Amér.* Ponerse serio.
ENSILADORA n. f. Máquina agrícola que sirve para desmenuzar el forraje verde y transportarlo a un silo.
ENSILAJE o **ENSILADO** n. m. Método de conservación de productos agrícolas que consiste en guardarlos en silos. **2.** Producto alimenticio para el ganado que se obtiene de los forrajes húmedos, conservados en silos.
ENSILAR v. tr. [1]. Meter en silos.
ENSILLAR v. tr. [1]. Poner la silla a una caballería.
ENSIMISMAMIENTO n. m. Acción y efecto de ensimismarse.
ENSIMISMARSE v. pron. [1]. Abstraerse, reconcentrarse. **2.** *Chile* y *Colomb.* Envanecerse, engreírse.
ENSOBERBECER v. tr. y pron. [2m]. Causar soberbia en alguien. ◆ **ensoberbecerse** v. pron. **2.** *Fig.* Agitarse, encresparse las olas.
ENSOMBRECER v. tr. y pron. [2m]. Oscurecer, cubrir de sombras. ◆ **ensombrecerse** v. pron. **2.** *Fig.* Entristecerse.
ENSOÑACIÓN n. f. Ensueño.
ENSOÑAR v. tr. e intr. [1r]. Forjar ensueños o ilusiones.
ENSOPADA n. f. *Méx.* Acción y efecto de ensopar.
ENSOPAR v. tr. y pron. *Amér. Merid.* Empapar.
ENSORDECEDOR, RA adj. Que ensordece.
ENSORDECER v. tr. [2m]. Causar sordera. **2.** Perturbar grandemente la intensidad de un ruido o sonido: *la explosión nos ensordeció*. **3.** FONÉT. Convertir en sordo un fonema primitivamente sonoro. ◆ v. intr. **4.** Contraer sordera.
ENSORDECIMIENTO n. m. Acción y efecto de ensordecer. **2.** FONÉT. Transformación de un fonema de sonoro a sordo.
ENSORTIJAMIENTO n. m. Acción de ensortijar. **2.** Sortijas formadas en el cabello.
ENSORTIJAR v. tr. y pron. [1]. Rizar el cabello, hilo, etc. ◆ v. tr. **2.** Practicar la operación de anillado de los animales.
ENSUCIAR v. tr. y pron. [1]. Manchar, poner sucio: *ensuciar la ropa*. **2.** *Fig.* Manchar el honor, el buen nombre, etc. ◆ **ensuciarse** v. pron. **3.** Evacuar el vientre manchándose.
ENSUEÑO n. m. (lat. *insomnium*). Sueño o representación fantástica del duerme. **2.** Ilusión, fantasía: *vivir de ensueños*. SIN.: *ensoñación*.
ENTABLADO n. m. Conjunto de tablas dispuestas y arregladas en una armadura. **2.** Suelo formado de tablas.
ENTABLADURA n. f. Efecto de entablar.
ENTABLAMENTO n. m. Parte superior de un edificio o de un orden arquitectónico, formado por el arquitrabe, el friso y la cornisa.
ENTABLAR v. tr. [1]. Cubrir, cercar o asegurar con tablas. **2.** Disponer, preparar una pretensión, un negocio, especialmente un pleito, una lucha, una discusión: *entablar una acción judicial*. **3.** Trabar, dar comienzo a alguna cosa: *entablar una conversación*. **4.** En el tablero, colocar las piezas en sus respectivos lugares para empezar el juego. **5.** *Amér.* Igualar, empatar. **6.** *Ar-*

gent. Acostumbrar al ganado mayor a que ande en manada.

ENTABLILLAR v. tr. [1]. Sujetar con tablillas y vendaje un miembro para mantener en su sitio las partes de un hueso roto.

ENTALLAR v. tr. [1]. Esculpir o grabar en madera, piedra, bronce, etc.

ENTALLAR v. tr., intr. y pron. [1]. Ajustar una prenda de vestir al talle. **2.** Estar una prenda bien ajustada al talle.

ENTARIMADO n. m. Suelo formado de tablas.

ENTARIMAR v. tr. [1]. Cubrir el suelo con tablas o tarimas.

ENTE n. m. Aquello que es, es decir, lo que tiene ser. **2.** Entidad, colectividad, corporación: *ente preautonómico*. **3.** *Fig.* Sujeto ridículo. **4.** *Argent.* Asociación u organismo, particularmente el vinculado al estado.

ENTECO, A adj. Enfermizo, débil, flaco: *persona enteca*.

ENTELEQUIA n. f. (gr. *entelekheia*). Entidad fantástica o ficticia. **2.** En la filosofía de Aristóteles, toda realidad que ha alcanzado o está en vías de alcanzar su perfección.

ENTELERIDO, A adj. *C. Rica, Hond.* y *Venez.* Enteco, flaco, enclenque.

ENTENADO, A n. DER. Con respecto a un cónyuge, hijastro o hijo del otro, habido de un matrimonio anterior.

ENTENDEDERAS n. f. pl. *Fam.* Entendimiento.

ENTENDEDOR, RA adj. y n. Que entiende.

ENTENDER v. tr. (lat. *intendere*, extender) [2d]. Percibir por medio de la inteligencia el sentido o significado de algo: *entender un problema*. **2.** Percibir las causas o motivos de algo: *entender el porqué de un hecho*. **3.** Poder enterarse de lo que se dice en un idioma extranjero: *entender el inglés*. **4.** Percibir claramente lo que se oye: *entender una conversación*. **5.** Suponer, opinar, juzgar: *entiendo que no es verdad*. **6.** Saber, averiguar el ánimo, carácter o modo de ser: *saber entender a sus hijos*. **7.** Darse cuenta de las intenciones o móviles de alguien. **8.** Seguido de la prep. *en*, conocer una materia determinada: *entender en física*. **9.** Seguido de la prep. *por*, considerar, reputar, juzgar. ♦ **entenderse** v. pron. **10.** Saber lo que se hace, estar acorde lo que se dice o hace con un pensamiento propio definido: *yo y me entiendo*. **11.** Conocerse, comprenderse a sí mismo: *él mismo se entiende*. **12.** Avenirse, estar de acuerdo: *se entiende bien con todos*. **13.** *Fam.* Tener hombre y mujer relaciones ilícitas de carácter amoroso.

ENTENDIDO, A adj. y n. Dícese de la persona que, gracias a sus conocimientos, puede emitir un juicio sobre una materia.

ENTENDIMIENTO n. m. Inteligencia, facultad de comprender y de conocer. **2.** Juicio, aptitud para comprender. **3.** Buen acuerdo, relación amistosa entre los pueblos o sus gobiernos.

ENTENEBRECER v. tr. y pron. [2m]. Oscurecer, llenar de tinieblas.

ENTENTE n. f. (voz francesa). Acción de entenderse, acuerdo: *llegar a una entente*. **2.** Acuerdo entre estados, grupos o empresas.

ENTERADO, A adj. y n. *Fam.* Entendido en una materia determinada. **2.** Enteradillo. **3.** *Chile.* Orgulloso, estirado.

ENTERAR v. tr. [1]. Hacer conocer una noticia o la marcha de un asunto. **2.** *Chile.* Completar, integrar una cantidad. **3.** *Colomb., C. Rica, Hond.* y *Méx.* Pagar, entregar dinero. ♦ **enterarse** v. pron. **4.** Darse cuenta, adquirir alguien conocimiento de lo que pasa delante de él, de lo que se dice.

ENTERCARSE v. pron. [1a]. Ponerse terco, obstinarse.

ENTEREZA n. f. Fortaleza, firmeza de ánimo.

ENTERNECEDOR, RA adj. Que enternece.

ENTERNECER v. tr. y pron. [2m]. Ablandar, poner tierno. **2.** *Fig.* Mover a ternura.

ENTERO, A adj. (lat. *integrum*). Cabal, íntegro, sin falta alguna: *compró un jamón entero*; *gozar de entera libertad*. **2.** Que no ha sido castrado: *caballo entero*. **3.** *Fig.* y *fam.* Que tiene entereza: *carácter entero*. **4.** *Fig.* Recto, justo: *obrar de manera entera*. **5.** *Guat., Perú* y *Venez.* Idéntico. ♦ adj. y n. m. **6.** MAT. Dícese de cada uno de los números de la sucesión 0, 1, 2, 3,... tomado positiva o negativamente. ♦ n. m. **7.** Unidad en que se miden los cambios bursátiles: *las acciones han bajado dos enteros*. • **Por entero**, del todo, por completo. **9.** *Chile, Colomb.* y *C. Rica.* Entrega de dinero.

ENTERRADOR, RA n. Sepulturero.

ENTERRAMIENTO n. m. Entierro, acción y efecto de enterrar. **2.** Sepulcro, obra donde se da sepultura al cadáver. **3.** Sepultura, fosa, hoya.

ENTERRAR v. tr. [1j]. Poner debajo de tierra: *enterrar un tesoro*. **2.** Dar sepultura a un cadáver: *enterrar en un mausoleo*. **3.** *Fig.* Sobrevivir a alguno: *enterrar a toda la familia*. **4.** *Fig.* Hacer desaparecer una cosa del otro. **5.** *Fig.* Arrinconar, relegar al olvido: *enterrar recuerdos*. v. tr. y pron. **6.** *Amér.* Clavar, hincar algo punzante, especialmente un arma. ♦ **enterrarse** v. pron. **7.** *Fig.* Retirarse del trato de los demás, como si hubiese muerto.

ENTIBAR v. tr. e intr. [1]. MIN. Apuntalar y sostener las tierras de una excavación con maderos o ademes.

ENTIBIAR v. tr. y pron. [1]. Poner tibio un líquido, darle un grado de calor moderado: *entibiar el café*. **2.** *Fig.* Templar, moderar una pasión, afecto, fervor.

ENTIDAD n. f. Calidad de ente. **2.** Ente o realidad, especialmente cuando no es material. **3.** Colectividad considerada como unidad: *entidad municipal*. **4.** Asociación de personas para llevar a cabo una determinada actividad reconocida jurídicamente. **5.** Corporación. **6.** *Fig.* Valor o importancia de algo: *asunto de poca entidad*.

ENTIERRAR v. tr. [1]. *Méx.* Llenar de tierra o polvo.

ENTIERRO n. m. Acción y efecto de enterrar un cadáver. **2.** El cadáver que se lleva a enterrar y su acompañamiento.

ENTINTADO o **ENTINTE** n. m. Acción de entintar, particularmente los rodillos de una máquina de imprimir.

ENTINTAR v. tr. [1]. Manchar o teñir con tinta. **2.** *Fig.* Teñir, dar a algo color distinto del que tenía.

ENTOLDADO n. m. Acción de entoldar. **2.** Conjunto de toldos para dar sombra. **3.** Lugar cubierto con toldos.

ENTOLDAR v. tr. [1]. Cubrir con toldos. ♦ v. tr. y pron. [1]. *Fig.* Nublar.

ENTOMATADA n. f. *Méx.* Tortilla de maíz llena de varios ingredientes y bañada en salsa de tomate.

ENTOMOLOGÍA n. f. Parte de la zoología que estudia los insectos.

ENTONACIÓN n. f. Acción y efecto de entonar. **2.** Movimiento melódico o musical de la frase, caracterizado por la variación de altura de los sonidos.

ENTONADO, A adj. Acertado, fortalecido.

ENTONAR v. tr. e intr. [1]. Dar el tono debido a algo que se canta: *entonar una canción; entonar bien*. **2.** Dar determinado tono a la voz: *entonar con voz fuerte*. **3.** Empezar a cantar para que los demás continúen en el mismo tono. **4.** Armonizar: *entonar los colores*. **5.** Dar tensión y vigor al organismo. ♦ **entonarse** v. pron. **6.** *Fig.* Envanecerse, engreírse. **7.** Animarse.

ENTONCES adv. **1.** Indica un momento u ocasión determinados: *me enteré entonces*. **2.** **En**, o **por aquel entonces**, en aquel tiempo. ♦ adv. m. **2.** Expresa una consecuencia de lo dicho anteriormente: *entonces no hablemos más*. ♦ interj. **3.** Justifica algo de que se extraña o se queja la misma persona que lo ha dicho.

ENTONTECER v. tr. [2m]. Poner tonto. ♦ v. intr. y pron. **2.** Volverse tonto.

ENTORCHADO n. m. Cuerda o hilo de seda, cubierto con otro de seda o de metal, retorcido alrededor para darle consistencia. **2.** Bordado hecho en oro o plata que llevan en el uniforme, como distintivo, los generales, ministros y otros altos funcionarios.

ENTORCHAR v. tr. [1]. Cubrir una cuerda o hilo enroscándole otro de seda o de metal.

ENTORNAR v. tr. [1]. Cerrar algo incompletamente: *entornar la puerta, los ojos*.

ENTORNO n. m. Ambiente, circunstancias que rodean a las personas o cosas.

ENTORPECER v. tr. y pron. [2m]. Poner torpe: *entorpecerse los miembros*. **2.** *Fig.* Turbar, oscurecer el entendimiento: *entorpecer la mente*. **3.** *Fig.* Retardar, dificultar: *entorpecer el camino*.

ENTRABAR v. tr. [1]. *Chile, Colomb.* y *Perú.* Trabar, estorbar.

ENTRADA n. f. Espacio por donde se entra a alguna parte: *ir hacia la entrada*. **2.** Acción de entrar en alguna parte: *la entrada tuvo lugar a la hora en punto*. **3.** Acto de ser recibido en alguna colectividad, o de empezar a gozar de algo: *la entrada en el gobierno*. **4.** Habitación de un piso que comunica con el exterior y con las otras habitaciones. SIN.: *vestíbulo*. **5.** Concurso o presencia que asisten a un espectáculo: *ayer hubo una gran entrada*. **6.** Producto de cada función: *recaudar buena entrada*. **7.** Billete que sirve para entrar en un espectáculo: *comprar las entradas*. **8.** Plato que se sirve antes del principal y después de la sopa. **9.** Ángulo entrante que forma el pelo en la parte superior de la frente. **10.** Primeros días de una unidad de tiempo: *la entrada de la primavera, del año*. **11.** En un diccionario, palabra impresa en negrilla y que encabeza un artículo. **12.** *Argent., Chile* y *Urug.* Ingreso económico. **13.** *Cuba* y *Méx.* Arremetida, zurra. **14.** ECON. Cantidad de dinero que debe depositarse al alquilar o comprar un piso, hacerse socio de un club, etc. • **Dar entrada** (*Méx.*), aceptar un coqueteo; (*por ext.*), acceder a algo no deseado: *si no te cae bien, para qué le das entrada*.

ENTRADO, A adj. *Méx. Fam.* Que está dedicado por completo a algo.

ENTRADOR, RA adj. *Chile* y *Perú.* Entrometido, intruso. **2.** *C. Rica.* Simpático, agradable. **3.** *Perú* y *Venez.* Que acomete fácilmente empresas arriesgadas.

ENTRAMADO n. m. Armazón de maderas unidas o entrecruzadas, que sirve de soporte a una obra de albañilería.

ENTRAMAR v. tr. [1]. Hacer un entramado.

ENTRAMBOS, AS adj. y pron. num. Ambos.

ENTRAMPAR v. tr. y pron. [1]. Hacer que un animal caiga en la trampa. ♦ v. tr. **2.** *Fig.* Enredar un negocio. ♦ **entramparse** v. pron. **3.** Meterse en un atolladero. **4.** *Fig.* y *fam.* Contraer muchas deudas.

ENTRANTE adj. y n. m. Dícese de la parte, pieza o figura que entra en otra o forma parte de ella. ♦ r. m. **2.** Entremés en la comida.

ENTRAÑA n. f. (lat. *interanea*, intestinos). Cada uno de los órganos de las cavidades torácica y abdominal. (Suele usarse en plural.) **2.** *Fig.* Lo más íntimo o esencial de algo: *la entraña del asunto*. **3.** *Fig.* El centro, lo que está en medio: *las entrañas de la tierra*. (Suele usarse en plural.) **4.** *Fig.* Corazón, sentimientos: *ser de buenas entrañas*. (Suele usarse en plural.)

ENTRAÑABLE adj. Íntimo, muy afectuoso.

ENTRAÑAR v. tr. [1]. Contener, llevar dentro de sí.

ENTRAR v. intr. (lat. *intrare*) [1]. Ir o pasar de fuera a dentro: *entrar en casa*. **2.** Pasar por una parte para introducirse en otra: *entrar*

ENT

por la ventana. **3.** Encajar o poderse meter una cosa en otra, o dentro de otra: *entrar el anillo en el dedo*. **4.** Penetrar, introducirse: *entrar la bala por la espalda*. **5.** *Fig.* Ser admitido o tener entrada en una parte: *no permitir entrar a menores*. **6.** *Fig.* Incorporarse a una colectividad, a un cuerpo de empleados: *entrar de director de la empresa*. **7.** *Fig.* Empezar, tener principio un período de tiempo: *entrar el verano; entrar el siglo*. **8.** *Fig.* Seguir o adoptar un uso o una costumbre: *entrar en nuevas ideas*. **9.** *Fig.* Empezar a notarse, a sentir algo: *entrar sed, pena, prisa*. **10.** *Fig.* Ser contado con otros en alguna línea o clase: *entrar en la lista de premiados*. **11.** *Fig.* Emplearse o caber cierta porción o número de cosas para algún fin: *entrar seis naranjas en un kilo*. **12.** *Fig.* Formar parte de algo: *en la obra entran varios estilos*. **13.** *Fig.* Seguido de la prep. *en* y de una palabra, intervenir o tomar parte de lo que este nombre signifique: *entrar en la conversación*. **14.** *Fig.* Seguido de la prep. *en* y de voces significativas de edad, empezar a estar en: *entrar en la adolescencia*. **15.** *Fig.* Con la prep. *a* e infinitivo, dar principio a una acción: *entrar a hablar*. **16.** Empezar a cantar o a tocar en el momento preciso: *la soprano entró con los bajos*. ◆ v. tr. **17.** Meter, introducir: *entrar la llave en la cerradura*. **18.** *Fig.* Acometer o influir en el ánimo de uno: *no hay por donde entrarle*. **19.** Estrechar o acortar una prenda de vestir: *entrar un vestido*.

ENTRE prep. (lat. *inter*). Indica intervalo, relación o reciprocidad: *entre Madrid y Barcelona; entre las once y las doce; entre amigos*. **2.** Seguida de los pronombres personales *mí, ti, sí* y algunos verbos, denota la acción de éstos en interior, secreta: *hablaba entre sí*. ◆ **Entre que** o **entre tanto que**, expresa simultaneidad.

ENTRE RÍOS (*provincia de*), prov. del E de Argentina, en la región mesopotámica; 78 781 km²; 1 022 865 hab. Cap. Paraná. — En 1813 el territorio se declaró «pueblo libre» bajo la dirección de Francisco Ramírez, que venció a las tropas de Buenos Aires en Cepeda (1 febr. 1820) y proclamó la *República de Entre Ríos* (set. 1820); ésta se disolvió a su muerte (julio 1821).

ENTREABRIR v. tr. y pron. [3n] Abrir un poco o a medias: *entreabrir una ventana*.

ENTREACTO n. m. Intermedio, número que se ejecuta entre los actos de una función teatral. **2.** Intervalo de tiempo durante el cual se interrumpe la representación entre dos actos.

ENTRECANO, A adj. Dícese del pelo o barba a medio encanecer. **2.** Dícese de la persona que tiene así el pelo.

ENTRECEJO n. m. Ceño, fruncimiento de la frente y cejas en señal de enojo. **2.** ANAT. Espacio entre las dos cejas.

ENTRECERRAR v. tr. y pron. [1j]. Entornar una puerta o ventana.

ENTRECHOCAR v. tr. y pron. [1a]. Chocar dos cosas entre sí: *entrechocar los dientes*.

ENTRECOMILLADO n. m. Palabra o palabras citadas entre comillas.

ENTRECOMILLAR v. tr. [1]. Poner entre comillas.

ENTRECORTAR v. tr. [1]. Cortar algo con intermitencias, que se saca de las costillas.

ENTRECOT n. m. (fr. *entrecôte*). Filete de carne de buey, que se saca de las costillas.

ENTRECRUZAR v. tr. y pron. [1g]. Cruzar dos o más cosas entre sí: *entrecruzar los dedos*.

ENTREDICHO n. m. Una de las tres censuras canónicas, consistente en la privación de ciertos bienes espirituales, aunque sin perder la comunión con la Iglesia católica. ◆ **Poner en entredicho**, hacer recaer dudas sobre el honor, o la veracidad de alguien o algo.

ENTREFORRO n. m. Entretela.

ENTREGA n. f. Acción y efecto de entregar. **2.** Lo que se entrega de una vez. **3.** Cada uno de los cuadernos impresos en que se suele dividir y vender un libro que se publica por partes. **4.** Atención, interés, esfuerzo, etc., en apoyo de una acción, persona, etc.

ENTREGAR v. tr., (lat. *integrare*, reparar, rehacer) [1]. Poner en poder de otro. ◆ **entregarse** v. pron. **2.** Ponerse en manos de uno, sometiéndose a su dirección y arbitrio: *entregarse a la justicia*. **3.** Dedicarse enteramente a algo: *entregarse al trabajo*. **4.** Declararse vencido o sin fuerzas para continuar un empeño o trabajo. **5.** *Fig.* Abandonarse, dejarse dominar: *entregarse al vicio*.

ENTREGUERRAS, denominación aplicada al intervalo entre dos guerras, especialmente al transcurrido entre las dos guerras mundiales.

ENTREGUISMO n. m. *Méx. Fam.* Actitud pusilánime en una negociación, ya sea por cobardía o por soborno.

ENTREGUISTA n. m. y f. *Argent., Chile, Méx., Parag.* y *Urug. Fam.* Persona que traiciona en una negociación a sus representados.

ENTRELAZAR v. tr. y pron. [1g]. Enlazar, entretejer una cosa con otra: *entrelazar las manos*.

ENTRELÍNEA n. f. Lo escrito entre dos líneas. ◆ **Leer entrelíneas**, advertir la segunda intención de un escrito.

ENTRELINEAR v. tr. [1]. Escribir algo entre dos líneas.

ENTREMEDIAS o **ENTREMEDIO** adv. t. y l. Entre uno y otro tiempo, espacio, lugar o cosa.

ENTREMÉS n. m. (cat. *entremès*). Manjares ligeros que se sirven antes del primer plato. **2.** LIT. Obra dramática jocosa de un solo acto, que solía representarse entre una y otra jornada de la comedia.

ENTREMETER v. tr. [2]. Meter una cosa entre otras. ◆ **entremeterse** v. pron. **2.** Ponerse en medio o entre otros: *entremeterse en el bullicio*. **3.** *Fig.* Entrometerse.

ENTREMEZCLAR v. tr. [1]. Mezclar una cosa con otra.

ENTRENADOR, RA m. y n. Dícese de la persona encargada del entrenamiento de los deportistas, caballos, etc.

ENTRENAMIENTO n. m. Acción y efecto de entrenar o entrenarse. Preparación para un deporte o una competición.

ENTRENAR v. tr. y pron. [1]. Adiestrar y ejercitar para la práctica de un deporte u otra actividad.

ENTREOÍR v. tr. [26]. Oír una cosa sin percibirla bien o sin entenderla del todo.

ENTREPAÑO n. m. Espacio de pared entre dos columnas, pilastras o huecos.

ENTREPIERNA n. f. Parte interior de los muslos. **2.** Pieza cosida entre las hojas de los pantalones por la parte de la entrepierna. **3.** *Chile*. Taparrabos, traje de baño.

ENTRERRIANO, A adj. y n. De Entre Ríos.

ENTRESACAR v. tr. [1a]. Escoger, elegir. **2.** Cortar algunos árboles de un monte para aclararlo.

ENTRESIJO n. m. Redaño. **2.** *Fig.* Cosa interior, escondida.

ENTRESUELO n. m. Piso inmediatamente superior a los bajos.

ENTRETANTO adv. t. Entre tanto, mientras. ◆ n. m. **2.** Intermedio, tiempo que media entre dos sucesos.

ENTRETECHO n. m. *Chile* y *Colomb.* Habitáculo en la parte más alta de la casa, desván.

ENTRETEJER v. tr. [2]. Tejer conjuntamente. **2.** Mezclar, trabar, enlazar: *entretejer hilos, ideas*.

ENTRETELA n. f. Tela, generalmente rígida y fuerte, que, como refuerzo, se pone entre la tela y el forro de una prenda de vestir. SIN.: *entreforro*. ◆ **entretelas** n. f. pl. **2.** *Fig.* y *fam.* Lo íntimo del corazón: *llegar a las entretelas*.

ENTRETENCIÓN n. f. *Amér.* Entretenimiento.

ENTRETENER v. tr. y pron. [8]. Distraer impidiendo hacer algo. **2.** Divertir, recrear el ánimo de uno. ◆ v. tr. **3.** Hacer menos molesta y más llevadera una cosa: *entretener la espera leyendo*. **4.** Dar largas, con pretextos, a un asunto: *entretener una petición*. **5.** Mantener, conservar.

ENTRETENIMIENTO n. m. Acción y efecto de entretener. **2.** Cosa para entretener o divertir.

ENTRETIEMPO n. m. Tiempo intermedio entre el de frío y calor riguroso: *traje de entretiempo*.

ENTREVER v. tr. (fr. *entrevoir*) [2j]. Ver confusamente una cosa. **2.** Conjeturar, adivinar una cosa: *entrever sus intenciones*.

ENTREVERADO, A m. *Venez.* Asado de cordero o de cabrito aderezado con sal y vinagre.

ENTREVERAR v. tr. [1]. Intercalar, introducir una cosa entre otras. ◆ **entreverarse** v. pron. **2.** *Argent.* Chocar dos masas de caballería o luchar cuerpo a cuerpo los jinetes. **3.** *Argent.* y *Perú*. Mezclarse desordenadamente.

ENTREVERO n. m. *Amér. Merid.* Acción y efecto de entreverarse. **2.** *Argent., Chile, Perú* y *Urug.* Confusión, desorden.

ENTREVISTA n. f. (fr. *entrevue*). Reunión concertada. **2.** Diálogo entre un representante de los medios de difusión y una personalidad, en vistas a su divulgación. **3.** *Fig.* Realizar una entrevista. ◆ **entrevistarse** v. pron. **2.** Tener una entrevista.

ENTRISTECER v. tr. y pron. [2m]. Poner o ponerse triste. ◆ v. tr. **3.** Dar aspecto triste a una cosa.

ENTROMETERSE v. pron. [2]. Intervenir oficiosa o indirectamente en asuntos de otro. **2.** Introducirse en un sitio o medio sin corresponderle estar en él o sin ser llamado o invitado.

ENTROMETIMIENTO n. m. Acción y efecto de entrometerse.

ENTRÓN, NA adj. *Méx.* Animoso, atrevido, valiente.

ENTRONCAMIENTO n. m. Acción y efecto de entroncar.

ENTRONCAR v. tr. [1a]. Demostrar, probar el parentesco de una persona con el tronco o linaje de otra. ◆ v. intr. **2.** Tener o contraer parentesco con un linaje o persona. ◆ v. intr. y pron. **3.** *Cuba, Perú* y *P. Rico*. Empalmar dos líneas de transporte.

ENTRONIZACIÓN n. f. Acción y efecto de entronizar.

ENTRONIZAR v. tr. y pron. [1g]. Colocar a alguien en el trono. **2.** *Fig.* Ensalzar a uno o colocarle en alto estado. ◆ **entronizarse** v. pron. **3.** *Fig.* Envanecerse, engreírse.

ENTRONQUE n. m. Relación de parentesco entre personas que tienen un tronco común. **2.** Empalme de caminos, ferrocarriles, etc. **3.** *Argent., Cuba* y *P. Rico*. Acción y efecto de entroncar, empalmar.

ENTROPILLAR v. tr. [1]. *Argent.* y *Urug.* Acostumbrar a los caballos a vivir en tropilla.

ENTUBAR v. tr. [1]. Poner tubos.

ENTUERTO n. m. Injusticia. **2.** Dolor intenso que aparece después del alumbramiento.

ENTUMECER v. tr. y pron. (lat. *intumescere*) [2m]. Impedir, entorpecer el movimiento de un miembro: *el frío entumece las articulaciones*.

ENTUMECIMIENTO n. m. Acción y efecto de entumecerse.

ENTUMIDA n. f. *Méx.* Acción y efecto de entumir.

ENTUMIR v. tr. [3]. *Méx.* Entumecer.

ENTURBIAMIENTO n. m. Acción y efecto de enturbiar.

ENTURBIAR v. tr. y pron. [1]. Poner turbio: *enturbiar el agua*. **2.** *Fig.* Alterar, aminorar, oscurecer: *enturbiar la mente*.

ENTUSIASMAR v. tr. y pron. [1]. Infundir entusiasmo, causar ardiente y fervorosa admiración.

ENTUSIASMO n. m. (gr. *enthusiasmos*, éxtasis). Exaltación del ánimo bajo la inspiración divina. **2.** Inspiración del escritor o del artista. **3.** Exaltación emocional provocada por un sentimiento de admiración: *recibir con entusiasmo*. **4.** Adhesión fervorosa a una causa o empeño: *poner entusiasmo*.

ENTUSIASTA adj. y n. m. y f. (fr. *enthousiaste*). Que siente entusiasmo o es propenso a él.

ENUMERACIÓN n. f. Acción y efecto de enumerar.

ENUMERAR v. tr. (lat. *enumerare*) [1]. Enunciar o exponer algo de forma sucesiva, a veces con números.

ENUNCIADO n. m. Acción y efecto de enunciar. **2.** MAT. Conjunto de datos de un problema, de una proposición o de una relación entre dos entes matemáticos: *el enunciado de un teorema*.

ENUNCIAR v. tr. (lat. *enuntiare*) [1]. Expresar oralmente o por escrito, formular: *enunciar un axioma*.

ENVAINAR v. tr. (lat. *invaginare*) [1]. Meter un arma blanca en la vaina. **2.** Envolver una cosa a otra ciñéndola a manera de vaina.

ENVALENTONAR v. tr. [1]. Infundir valentía o arrogancia. ♦ **envalentonarse** v. pron. **2.** Ponerse atrevido o desafiante.

ENVANECER v. tr. [1]. Infundir soberbia o vanagloria: *se envaneció con el triunfo*.

ENVANECIMIENTO n. m. Acción y efecto de envanecer.

ENVARAMIENTO n. m. Acción y efecto de envarar.

ENVARAR v. tr. y pron. [1]. Entumecer, entorpecer o impedir el movimiento de un miembro.

ENVASADOR, RA adj. y n. Que envasa.

ENVASAR v. tr. [1]. Introducir en recipientes adecuados líquidos, granos, etc., para su transporte o conservación: *envasar aceite*.

ENVASE n. m. Acción y efecto de envasar. **2.** Recipiente en que se conservan y transportan ciertos géneros.

ENVEGARSE v. pron. [1b]. *Chile*. Empantanarse.

ENVEJECER v. tr., intr. y pron. [2m]. Hacer o hacerse viejo. ♦ v. intr. **2.** Durar, permanecer por mucho tiempo: *envejecer en un empleo*.

ENVEJECIMIENTO n. m. Acción y efecto de envejecer.

ENVELAR v. intr. [1]. *Chile*. Huir.

ENVENENAMIENTO n. m. Acción y efecto de envenenar o envenenarse.

ENVENENAR v. tr. y pron. [1]. Hacer enfermar o matar a alguien con veneno introducido en el organismo. ♦ v. tr. **2.** Poner veneno en algo. **3.** *Fig.* Interpretar en mal sentido las palabras o acciones. **4.** *Fig.* Ser causa de que las relaciones entre personas degeneren en discordias.

ENVERDECER v. intr. (lat. *viridescere*) [2m]. Reverdecer el campo, las plantas, etc.

ENVERGADURA n. f. Importancia, fuste, prestigio. **2.** Dimensión del ala de un avión medida perpendicularmente al sentido de desplazamiento. **3.** Distancia entre las puntas de las alas de las aves cuando las tienen extendidas. **4.** MAR. Ancho de una vela.

ENVÉS n. m. Revés, parte opuesta de algo.

ENVIADO, A n. Persona enviada a alguna parte para cumplir una misión.

ENVIAR v. tr. (bajo lat. *inviare*, recorrer un camino) [1t]. Hacer que alguien vaya a alguna parte: *enviar a los niños a la cama*. **2.** Hacer que algo se dirija o sea llevado a alguna parte.

ENVICIAR v. tr. [1]. Mal acostumbrar, pervertir con un vicio: *enviciar a alguien con el juego*. ♦ v. intr. **2.** Echar las plantas muchas hojas y pocos frutos. ♦ **enviciarse** v. pron. **3.** Aficionarse demasiado.

ENVIDIA n. f. (lat. *invidiam*). Padecimiento de una persona porque otra tiene o consigue cosas que ella no tiene o no puede conseguir. **2.** Deseo de hacer o tener lo mismo que hace o tiene otro.

ENVIDIABLE adj. Digno de ser deseado y apetecido.

ENVIDIAR v. tr. [1]. Tener o sentir envidia: *envidiar el éxito*.

ENVIDIOSO, A adj. y n. Que tiene o siente envidia.

ENVILECER v. tr. y pron. [2m]. Hacer vil o despreciable. **2.** Hacer descender del valor de algo.

ENVILECIMIENTO n. m. Acción y efecto de envilecer.

ENVINAGRAR v. tr. [1]. Sazonar con vinagre.

ENVINAR v. tr. [1]. Echar vino en el agua. **2.** *Méx*. Poner vino o licor en un postre.

ENVÍO n. m. Acción y efecto de enviar. **2.** Remesa. **3.** Expedición de mercancías, de dinero en metálico, efectos, títulos, etc., hecha a una persona.

ENVIUDAR v. intr. [1]. Quedar viudo.

ENVOLTORIO n. m. Lío, porción de cosas atadas. **2.** Lo que sirve para envolver.

ENVOLTURA n. f. Capa exterior que envuelve una cosa.

ENVOLVENTE adj. Que envuelve o rodea: *superficie envolvente*. ♦ n. f. **2.** MAT. Línea que envuelve a otra.

ENVOLVER v. tr. (lat. *involvere*) [2n]. Cubrir una cosa total o parcialmente, rodeándola y ciñéndola con algo: *envolver un regalo*. **2.** *Fig.* Rodear a alguien de argumentos dejándolo cortado y sin salida: *envolver con razones*. ♦ v. tr. y pron. **3.** *Fig.* Mezclar o complicar a uno en un asunto, haciéndole tomar parte en él.

ENYERBAR v. tr. [1]. *Méx*. Dar a alguien un bebedizo para embrujarla. ♦ **enyerbarse** v. pron. **2.** *Amér*. Cubrirse de hierba un terreno.

ENYESADO n. m. Operación de enyesar.

ENYESAR v. tr. [1]. Tapar o allanar con yeso: *enyesar una pared*. **2.** Abonar un terreno con yeso. **3.** En la vinificación, poner yeso a los vinos para acidificarlos. **4.** CIR. Inmovilizar con yeso.

ENZARZAR v. tr. [1g]. Poner zarzas en una cosa o cubrirla de ellas. **2.** *Fig.* Hacer que riñan o disputen otros. ♦ **enzarzarse** v. pron. **3.** Enredarse en las zarzas. **4.** *Fig.* Enredarse algo difícil o comprometido. **5.** *Fig.* Entablar una disputa, pelea, etc.

ENZIMA n. m. o f. (gr. *en*, en, y *zymē*, fermento). Sustancia orgánica soluble, que provoca o acelera una reacción bioquímica.

ENZOLVAR v. tr. [1]. *Méx*. Cegar un conducto.

EÑE n. f. Nombre de la letra ñ.

EOCENO n. m. y adj. Segundo período de la era terciaria, entre 70 y 50 millones de años atrás.

EOLIA, EÓLIDE o **EÓLIDA**, ant. región del NO de Asia Menor.

EÓLICO, A adj. Relativo al viento. **2.** Que funciona por la acción del viento. • **Motor eólico**, motor accionado por el viento.

EOLO, dios de los vientos, en Grecia y Roma.

¡EPA! interj. *Chile* y *Perú*. Se usa para animar. **2.** *Hond., Perú* y *Venez*. ¡Hola! **3.** *Méx*. Se usa para detener o avisar de algún peligro.

EPAZOTE n. m. *Méx*. Planta herbácea de hojas olorosas y flores pequeñas, que se usa mucho como condimento.

EPÉNTESIS n. f. (gr. *epenthesis*) [pl. *epéntesis*]. Aparición de una vocal o consonante no etimológicas en el interior de una palabra.

EPICA n. f. LIT. Epopeya.

EPICARPIO o **EPICARPO** n. m. BOT. Película que cubre el fruto, llamada corrientemente *piel* del fruto.

EPICENO, A adj. (gr. *epikoinos*). LING. Dícese del género de los nombres común a los dos sexos: *águila, perdiz y jilguero* tienen género *epiceno*.

EPICENTRO n. m. Punto de la superficie terrestre en donde un sismo ha sido más intenso.

EPICICLO n. m. (gr. *epikyklos*). Círculo que se suponía descrito por un astro alrededor de un centro, que describía a su vez otro círculo alrededor de la Tierra.

ÉPICO, A adj. (lat. *epicum*). Relativo a la epopeya: *género, estilo épico*. **2.** Digno de ser cantado en verso: *hazaña épica*. **3.** Que canta en verso acciones heroicas: *poema épico*. **4.** *Fig.* e *irón*. Extraordinario, memorable: *una discusión épica*.

EPICUREÍSMO n. m. Doctrina de Epicuro y de los epicúreos. **2.** *Fig.* Actitud del que tiende a disfrutar de los placeres de la vida evitando el dolor.

EPICÚREO, A adj. y n. Relativo a Epicuro o al epicureísmo; partidario de sus doctrinas. **2.** *Fig.* Voluptuoso, sensual.

EPICURO, filósofo griego (Samos o Atenas 341-270 a. J.C.). Su pensamiento hace de las sensaciones el criterio del conocimiento y de la moral, y de los placeres que procuran, el principio de felicidad.

EPIDEMIA n. f. Brote de una enfermedad infectocontagiosa, que aparece en forma aguda y masiva en un determinado lugar geográfico.

EPIDERMIS n. f. (de *epi*, y del gr. *derma, atos*, piel) [pl. *epidermis*]. Membrana epitelial que cubre el cuerpo de los animales.

EPIDURAL adj. Situado alrededor de la duramadre y entre ésta y el canal raquídeo óseo.

EPIFANÍA n. f. (gr. *epiphaneia*, aparición). Fiesta cristiana que se celebra el 6 de enero para conmemorar la manifestación de Cristo a los gentiles y que en el Evangelio figura como el episodio de los Reyes Magos. (Suele escribirse con mayúscula.)

EPIFISIS n. f. (gr. *epiphysis*, excrecencia) [pl. *epifisis*]. Extremidad de un hueso largo, que contiene la médula roja.

EPÍFITO, A o **EPIFITO, A** adj. y n. m. Dícese de la planta fijada sobre otra, sin ser parásita, como er el caso de algunas orquídeas ecuatoriales y de los árboles.

EPIGÁSTRICO, A adj. Relativo al epigastrio.

EPIGASTRIO n. m. (gr. *epigastrion*). Parte superior del abdomen comprendida entre el ombligo y el esternón.

EPIGLOTIS n. f. (pl. *epiglotis*). Cartílago que permite la oclusión de la glotis durante la deglución.

EPÍGONO o **EPIGONO** n. m. (gr. *epigonos*, nacido después). El que sigue las huellas de otro, especialmente en materia artística, filosófica, etc.

EPÍGRAFE n. m. (gr. *epigraphē*). Expresión que precede a cada capítulo o división de un libro, a los artículos de periódico, etc., anunciando su contenido. **2.** Cualquier frase, sentencia o cita que se coloca al principio de un escrito sugiriendo algo de su contenido o lo que lo ha inspirado. **3.** Inscripción en piedra, metal, etc. **4.** Título, rótulo.

EPIGRAMA n. m. (gr. *epigramma*). Composición breve en verso, a veces en prosa, en la que se expresa un pensamiento festivo o satírico.

EPILEPSIA n. f. (gr. *epilepsia*, interrupción brusca). Enfermedad que se manifiesta bajo forma de crisis convulsivas paroxísticas, correspondientes a descargas encefálicas bilaterales o localizadas, y que pueden ir acompañadas de pérdida de conciencia o de alucinaciones.

EPILÉPTICO, A adj. y n. Relativo a la epilepsia; afecto de esta enfermedad.

EPÍLOGO n. m. (gr. *epilogos*). Recapitulación de todo lo dicho en una obra literaria. **2.** *Fig.* Conjunto o compendio. **3.** Parte añadida a algunas obras literarias, en la que se hace alguna consideración general acerca de ellas. **4.** Suceso que ocu-

EPI

rre después de otro que ya se consideraba como terminado y que cambia su final: *la fiesta tuvo un triste epílogo.*

EPISCOPADO n. m. (lat. *episcopatum*). Dignidad del obispo. **2.** Época y duración del gobierno de un obispo. **3.** Conjunto de los obispos.

EPISCOPAL adj. Relativo al episcopado.

EPISÓDICO, A adj. Relativo al episodio. **2.** Circunstancial.

EPISODIO n. m. (gr. *epeisodion*). Cada uno de los sucesos que, enlazado con otros, forma un todo en conjunto. **2.** LIT. Cada una de las acciones parciales o partes integrantes de la acción principal.

EPISTEMOLOGÍA n. f. Estudio crítico del desarrollo, métodos y resultados de las ciencias.

EPÍSTOLA n. f. (lat. *epistulam*). Carta misiva que se escribe a los ausentes. **2.** LIT. Composición poética en forma de carta, cuyo fin es moralizar, instruir o satirizar. **3.** REL. Fragmento de las epístolas del Antiguo y, en especial, del Nuevo Testamento que se lee o se canta durante la misa.

EPISTOLAR adj. Relativo a la epístola o carta.

EPISTOLARIO n. m. Libro o cuaderno en que se hallan escritas varias cartas o epístolas de un autor.

EPITAFIO n. m. (lat. *epitaphium*). Inscripción sepulcral.

EPITALAMIO n. m. (gr. *epithalamion*). LIT. Poema lírico compuesto con ocasión de una boda.

EPITELIAL adj. Relativo al epitelio.

EPITELIO n. m. HISTOL. Tejido formado por una o varias capas de células, que recubre el cuerpo, las cavidades internas y los órganos.

EPITELIOMA n. m. Tumor maligno formado a partir del tejido epitelial.

EPÍTETO n. m. (gr. *epitheton*, añadido). Adjetivo aparentemente innecesario que atribuye al nombre al que acompaña una cualidad inherente al mismo. **2.** Calificación injuriosa o elogiosa.

EPÍTOME n. m. (gr. *epitomè*). Compendio de una obra extensa, en el que sólo se expone lo más fundamental o preciso.

ÉPOCA n. f. (gr. *epokhé*, detención). Momento de la historia marcado por un acontecimiento importante o por un estado de cosas: *la época de las cruzadas.* **2.** Período de considerable duración. **3.** Momento determinado del año, de la vida de una persona o de una sociedad: *la época de la vendimia.* **4.** Subdivisión de un período geológico. • **De época,** no contemporáneo: *película de época.* ‖ **Formar,** o **hacer época,** tener un suceso mucha resonancia en el tiempo en que ocurre.

EPÓNIMO, A adj. (gr. *eponymos*). Que da su nombre a un pueblo, ciudad, etc.

EPOPEYA n. f. (gr. *epopoiía*). Poema narrativo extenso, de acción bélica, acciones nobles y personajes heroicos. **2.** Conjunto de poemas que forman la tradición épica de un pueblo. **3.** Fig. Acción realizada con dificultades y sufrimientos.

ÉPSILON n. f. Quinta letra del alfabeto griego (ε).

EQUIÁNGULO adj. Que tiene los ángulos iguales.

EQUIDAD n. f. (lat. *aequitatem*). Igualdad de ánimo. **2.** Cualidad que consiste en atribuir a cada uno aquello a lo que tiene derecho.

EQUIDISTANCIA n. f. Cualidad de equidistante.

EQUIDISTANTE adj. Situado a igual distancia.

EQUIDISTAR v. intr. [1]. Ser equidistantes uno o más puntos o cosas.

EQUIDNA n. m. Mamífero ovíparo de Australia y Nueva Guinea, con el cuerpo cubierto de pinchos y cuyo hocico se prolonga en una especie de pico.

ÉQUIDO, A adj. y n. m. Relativo a una familia de mamíferos ungulados que poseen un solo dedo por pata, como el caballo, la cebra y el asno.

EQUILÁTERO, A adj. (lat. *aequilaterum*). GEOMETR. Dícese de las figuras de lados iguales.

EQUILIBRADO, A adj. Ecuánime, prudente, sensato. ◆ n. m. **2.** Acción y efecto de equilibrar.

EQUILIBRAR v. tr. y pron. (lat. *aequilibrare*) [1]. Poner en equilibrio. **2.** *Fig.* Hacer que una cosa no exceda ni supere a otra.

EQUILIBRIO n. m. (ital. *equilibrio*). Estado de reposo, resultante de la actuación de fuerzas que se contrarrestan. **2.** Posición vertical del cuerpo humano. **3.** *Fig.* Contrapeso, armonía entre cosas diversas. **4.** *Fig.* Ecuanimidad, mesura, sensatez en los actos y juicios. • **Sentido del equilibrio,** función que asegura el mantenimiento del cuerpo en equilibrio y cuyo centro principal en el cerebelo, que reacciona ante los mensajes del oído interno. ◆ **equilibrios** n. m. pl. **5.** *Fig.* Actos de contemporización encaminados a sostener una situación dificultosa.

EQUILIBRISMO n. m. Conjunto de ejercicios y juegos que practica el equilibrista.

EQUILIBRISTA adj. y n. m. y f. Dícese de la persona que realiza ejercicios de destreza o de equilibrio acrobático.

EQUINO, A adj. (lat. *equinum*). Relativo al caballo.

EQUINOCCIAL adj. Relativo al equinoccio.

EQUINOCCIO n. m. (lat. *aequinoctium*). Época del año en que el Sol, en su movimiento propio aparente sobre la eclíptica, corta el ecuador celeste, y que corresponde a la igualdad de duración de los días y de las noches. (Existen dos equinoccios al año, el 20 o 21 de marzo y el 22 o 23 de septiembre.)

EQUINODERMO, A adj. y n. m. Relativo a un tipo de animales marinos que presentan simetría axial pentámera y están dotados de un sistema de ventosas, como el erizo de mar y la estrella de mar.

EQUIPAJE n. m. Conjunto de cosas que se llevan de viaje.

EQUIPAL n. m. *Méx.* Silla de varas entretejidas, con el asiento y el respaldo de cuero o de palma tejida.

EQUIPAMIENTO n. m. Acción y efecto de equipar.

EQUIPAR v. tr. y pron. (fr. *équiper*) [1]. Proveer de las cosas necesarias para un uso determinado.

EQUIPARABLE adj. Que se puede equiparar.

EQUIPARAR v. tr. (lat. *aequiparare*) [1]. Comparar una persona o cosa con otra, considerándolas o haciéndolas iguales o equivalentes.

EQUIPO n. m. Equipamiento. **2.** Conjunto de ropas y otras cosas para uso particular de una persona: *equipo de novia.* **3.** Conjunto de objetos y pertrechos necesarios para un fin. **4.** Grupo de personas organizadas para un servicio determinado: *equipo médico.* **5.** Cada uno de los conjuntos que se disputan el triunfo en ciertos deportes: *equipo de fútbol.*

EQUIPOLENCIA n. f. Relación existente entre dos o más vectores iguales, paralelos y del mismo sentido.

EQUIPOLENTE adj. Dícese de los vectores relacionados por una relación de equipolencia.

EQUIPOTENCIAL adj. Del mismo potencial.

EQUIS n. f. Nombre de la letra x y del signo de la incógnita en los cálculos. **2.** adj. Denota un número desconocido o indiferente: *equis pesetas.*

EQUISETO n. m. Planta de hasta 1,50 m de alt., que crece en lugares húmedos, de tallo hueco.

EQUITACIÓN n. f. (lat. *equitationem*). Arte de montar a caballo. **2.** Deporte practicado con el caballo.

EQUITADOR n. m. *Amér.* Caballista, el que entiende de caballos.

EQUITATIVO, A adj. Que tiene equidad.

EQUIVALENCIA n. f. Igualdad en el valor, estimación, potencia o eficacia de dos o varias cosas: *equivalencia de pesos.*

EQUIVALENTE adj. Que equivale a otra cosa. • **Figuras equivalentes,** figuras con igual área, independientemente de las formas, que pueden ser distintas. ◆ n. m. **2.** Lo que equivale en cantidad o en calidad: *emplear equivalentes.* ‖ **Equivalente químico,** cantidad de una determinada entidad química que en unas condiciones dadas suministra, desplaza o reacciona con un mol de átomos de hidrógeno o de otro átomo o grupo de átomos monovalente.

EQUIVALER v. intr. [9]. Ser igual una cosa a otra en valor, potencia o eficacia.

EQUIVOCACIÓN n. f. Acción y efecto de equivocar. **2.** Cosa hecha equivocadamente.

EQUIVOCADA n. f. *Méx.* Acción y efecto de equivocarse.

EQUIVOCADO, A adj. Se aplica a las cosas que contienen equivocación.

EQUIVOCAR v. tr. y pron. [1a]. Tener o tomar una cosa por otra juzgando u obrando desacertadamente.

EQUÍVOCO, A adj. (lat. *aequivocum*). Dícese del término cuya significación no es una, sino que designa objetos totalmente diferentes. **2.** Dícese de las personas que por su aspecto o maneras hacen sospechar inmoralidad. **3.** Relativo a dichas personas: *aspecto equívoco.* ◆ n. m. **4.** Malentendido.

Er, símbolo químico del *erbio.*

ERA n. f. (bajo lat. *aera,* número, cifra). Cada uno de los sistemas de cómputo cronológico en que se asigna a cada año, siglo o milenio un número de orden a partir de una fecha determinada. **2.** Punto de partida de cada cronología particular. **3.** Época notable en la que empieza un nuevo orden de cosas: *la era atómica.* **4.** GEOL. Subdivisión de primer orden de los tiempos geológicos.

ERA n. f. (lat. *aream*). Espacio descubierto, llano y a veces empedrado, donde se trillan las mieses.

ERARIO n. m. (lat. *aerarium*). Tesoro público. **2.** Lugar donde se guarda.

ERASMO de Rotterdam, humanista neerlandés en lengua latina (Rotterdam c. 1469-Basilea 1536). De espíritu independiente y satírico (*Elogio de la locura,* 1511; *Coloquios familiares,* 1518), intentó definir un humanismo cristiano (*Institución del príncipe cristiano,* 1515), a la luz de sus trabajos críticos sobre el Nuevo testamento, y preconizó la entente entre católicos y reformados.

ERATÓSTENES, matemático, astrónomo y filósofo griego de la escuela de Alejandría (Cirene c. 284-Alejandría c. 192 a. J.C.). Fue el primero en medir correctamente la circunferencia de la Tierra.

ERBIO n. m. (de *Ytterby,* localidad sueca). Metal (Er) del grupo de los lantánidos, de número atómico 68 y masa atómica 167,27.

ERCILLA (Alonso de), poeta español (Madrid 1533-*íd.* 1594). Cortesano, soldado, humanista y viajero, participó en la expedición contra los indios araucanos, que inspiró su gran poema épico *La Araucana* (1569-1589).

ERE n. f. Nombre de la letra *r* en su sonido simple.

EREBUS (monte), volcán activo de la Antártida, en la isla de Ross; 3794 m.

ERECCIÓN n. f. (lat. *erectionem*). Acción y efecto de levantar o ponerse rígida una cosa. **2.** FISIOL. Estado de rigidez de algunos tejidos orgánicos y de algunos órganos, en particular el pene, en estado de turgencia.

ERÉCTIL adj. Que puede levantarse, enderezarse o ponerse rígido.
ERECTO, A adj. Enderezado, levantado, rígido.
ERECTOR, RA adj. y n. Que erige. ♦ adj. **2.** FISIOL. Relativo a la erección: *músculo erector*.
EREMITA n. m. y f. (gr. *erēmitēs*). Asceta que vive en soledad.
EREMÍTICO, A adj. Relativo a las eremitas: *vida eremítica*.
EREVÁN o **ERIVÁN**, c. y cap. de Armenia, a 1040 m de alt.; 1 199 000 hab. Museos y biblioteca (miniaturas del s. VI).
EREZCANO (Francisco) marino argentino (Buenos Aires 1796-†1856). Participó en la expedición liberadora de San Martín en Paracas, Perú (1820), y tomó por asalto la c. de Valdivia, en Chile.
ERFURT, c. de Alemania, cap. de Turingia, a orillas del Gera; 217 035 hab. Centro industrial. Catedral gótica y otros restos medievales.
erg, símbolo de ergio, unidad de trabajo.
ERGIO n. m. Unidad de trabajo, de energía y de cantidad de calor (símbolo erg), que equivale a 10^{-7} julios.
ERGO conj. (voz latina). Por tanto, luego, pues.
ERGONOMÍA n. f. Conjunto de estudios e investigaciones sobre la organización metódica del trabajo y el acondicionamiento del equipo en función de las posibilidades del hombre.
ERGUIR v. tr. y pron. (lat. *erigere*) [23]. Levantar y poner derecha una cosa, especialmente el cuello, la cabeza, etc.
ERIAL adj. y n. m. Dícese de la tierra o campo sin cultivar ni labrar.
ERIE *(lago)*, uno de los cinco grandes lagos norteamericanos (25 900 km²), entre los lagos Hurón y Ontario.
ERIE, c. de Estados Unidos (Pennsylvania), en la orilla S del lago homónimo; 108 718 hab.
ERIGIR v. tr. (lat. *erigere*) [3b]. Fundar, instituir o levantar: *erigir una iglesia*. ♦ v. tr. y pron. **2.** Elevar a cierta condición: *erigirse en cabecilla*.
ERIK el Rojo, explorador noruego (Jaeren c. 940-c. 1010). Descubrió Groenlandia hacia 985.
ERÍN, nombre poético de Irlanda.
ERINIAS, diosas griegas de la venganza (Megera, Alecto y Tisífone), las *Furias* de los romanos.
ERISIPELA n. f. Enfermedad infecciosa caracterizada por una inflamación de la piel, preferentemente en la dermis, y se localiza frecuentemente en la cara.
ERITEMA n. m. (gr. *erythēma*, enrojecimiento de la piel). Congestión cutánea que provoca un enrojecimiento de la piel.
ERITREA, estado de África oriental, junto al mar Rojo; 117 000 km²; 3 400 000 hab. *(Eritreos.)* CAP. Asmara. LENGUA OFICIAL: tigriña. MONEDA: birr etíope.

GEOGRAFÍA
El territorio abarca la franja costera que se extiende desde Sudán hasta la República de Djibouti, delimitada al S por Etiopía. En Asmara se concentra la escasa industria; Mitsiwa es puerto exportador (cueros y pieles), al igual que Assab (refinería de petróleo). Se explotan salinas. La agricultura, muy castigada por la sequía endémica, es insuficiente. Es notable la ganadería.

HISTORIA
Habitada por pueblos semíticos, que se superpusieron a sudaneses, la región estuvo bajo la órbita del reino de Aksum, floreciente en los ss. I-VI d. J.C., y posteriormente formó parte del reino de Etiopía (Abisinia). En 1885 los italianos se instalaron en la costa, y el territorio se convirtió en colonia italiana con el nombre de Eritrea (1890). De 1941 a 1952 estuvo bajo administración británica. En 1952 se integró en una federación con Etiopía y conservó su autonomía interna hasta 1962, en que se convirtió en provincia etíope. A partir de entonces fue escenario de continuas luchas por la independencia, a las que la ofensiva de Addis Abeba en 1978, apoyada por soviéticos y cubanos, no pudo poner fin. En 1987 se erigió en región autónoma y, tras la caída del régimen de Mengistu (1991), se formó un gobierno provisional, hasta que la celebración de un referéndum de autodeterminación bajo control internacional (abril 1993) llevó a la proclamación de la independencia. Ese mismo año ingresó en la O.N.U.

ERITREO, A adj. y n. De Eritrea. ♦ adj. **2.** Relativo al mar Rojo.
ERITROCITO n. m. Hematíe.
ERIVÁN → *Ereván*.
ERIZAR v. tr. y pron. [1g]. Levantar, poner algo, especialmente el pelo, rígido y tieso como las púas del erizo. ♦ v. tr. **2.** *Fig.* Llenar o estar llena una cosa de obstáculos, asperezas, etc.
ERIZO n. m. (lat. *ericium*). Mamífero del orden insectívoros, de unos 20 cm de long., caracterizado por sus pelos dorsales, que son púas agudas, y por la facultad de arrollarse en forma de bola. **2.** *Fig.* y *fam.* Persona de carácter áspero. • **Erizo de mar**, o **marino**, animal marino con caparazón calcáreo globuloso, cubierto de púas móviles y cuyas glándulas reproductoras son comestibles. (Tipo equinodermos.)
ERKE o **ERQUE** n. m. *Argent.* Instrumento musical de viento, especie de trompeta, con embocadura lateral, y cuyo pabellón se prolonga en dos o más cañas insertadas entre sí hasta alcanzar entre 2 y 6 m de long.
ERKENCHO o **ERQUENCHO** n. m. *Argent.* Trompeta rústica cuyo pabellón se construye con un cuerno de vacuno en el que se inserta una boquilla de caña terminada a modo de lengüeta.
ERLANGER (Joseph), fisiólogo norteamericano (San Francisco 1874-Saint Louis 1965), autor de estudios sobre la diferenciación funcional de las fibras nerviosas. (Premio Nobel de fisiología y medicina 1944.)
ERMITA n. f. Capilla situada en despoblado o en las afueras de una población.
ERMITAÑO, A n. (lat. *eremitanem*). Persona que vive en una ermita y cuida de ella. **2.** Asceta que vive en soledad. ♦ n. m. **3.** Decápodo marino, de abdomen blando y de gran tamaño, que para proteger éste se aloja en la concha vacía de algún molusco. (Familia pagúridos.)
ERNST (Max), pintor alemán nacionalizado francés (Brühl 1891-París 1976). Dadaísta, aportó luego al surrealismo una gran contribución poética y técnica, e influyó en el expresionismo abstracto.
EROGACIÓN n. f. Acción y efecto de erogar. **2.** *Méx.* Gasto, pago.
EROGAR v. tr. (lat. *erogare*) [1b]. Distribuir bienes o caudales. **2.** *Bol.* Gastar el dinero. ♦ v. intr. **3.** *Méx.* Gastar, pagar.
ERÓGENO, A o **EROTÓGENO, A** adj. Dícese de una parte del cuerpo susceptible de provocar una excitación sexual: *zonas erógenas*.
EROS, divinidad griega del amor.
EROSIÓN n. f. (lat. *erosionem*). Desgaste producido en la superficie de un cuerpo por la fricción de otro. **2.** Conjunto de fenómenos constituidos por la degradación del relieve y el transporte y acumulación de los materiales arrancados. **3.** *Fig.* Pérdida de prestigio o de influencia de una persona o una institución.
EROSIONAR v. tr. [1]. Producir erosión. ♦ v. tr. y pron. **2.** *Fig.* Desgastar el prestigio o influencia de una persona, partido, etc.
ERÓTICO, A adj. (lat. *eroticum*). Relativo al amor, especialmente al sexual.

EROTISMO n. m. Carácter de erótico. **2.** Búsqueda diversa de la excitación sexual.
EROTIZAR v. tr. y pron. [1g]. Dar carácter erótico.
ERRABUNDO, A adj. (lat. *errabundum*). Que anda vagando de una parte a otra.
ERRADICACIÓN n. f. Acción de erradicar. **2.** Supresión total de una enfermedad infecciosa y contagiosa en un determinado territorio.
ERRADICAR v. tr. [1a]. Arrancar de raíz.
ERRADO, A adj. Que anda vagando.
ERRANTE adj. Que anda vagando.
ERRAR v. tr., v. intr. y pron. (lat. *errare*) [1k]. No acertar, equivocarse. ♦ v. intr. **2.** Andar vagando de una parte a otra.
ERRATA n. f. (lat. *errata*). Equivocación material en lo impreso o lo manuscrito.
ERRÁTICO, A adj. *Vagabundo, sin domicilio cierto. **2.** Inestable, inconstante.
ERRÁZURIZ (Fernando), político chileno (Santiago 1777-*ic*. 1841). Vicepresidente interino (1831) y luego jefe del gobierno (1831-1841), reprimió el intento revolucionario de Ramón Freire (1836).
ERRÁZURIZ ECHALRREN (Federico), político chileno (Santiago 1850-Valparaíso 1901), hijo de Errázuriz Zañartu. Participó en la revolución que derrocó al presidente Balmaceda (1891) y fue presidente de la república (1896-1901).
ERRÁZURIZ ZAÑARTU (Federico), político chileno (Santiago 1825-*id.* 1877). Presidente de la república (1871-1876).
ERRE n. f. Nombre de la letra *r* en su sonido fuerte. • **Erre que erre** *(Fam.)*, con obstinación, con terquedad.
ERRONA n. f. *Chile.* Suerte en que no acierta el jugador.
ERRÓNEO, A adj. (lat. *erroneum*). Que contiene error: *suposición errónea*.
ERROR n. m. (lat. *errorem*). Concepto equivocado o juicio falso. **2.** Acción desacertada o equivocada. **3.** Conducta reprochable, particularmente desde un punto de vista religioso: *vivir en el error*.
ERUCTAR v. intr. [1]. Echar por la boca y con ruido los gases acumulados en el estómago.
ERUCTO n. m. Acción y efecto de eructar.
ERUDICIÓN n. f. (lat. *eruditionem*). Saber profundo en un tipo de conocimientos.
ERUDITO, A adj. y n. Que tiene erudición.
ERUPCIÓN n. f. (lat. *eruptionem*). Expulsión violenta de algo contenido en un sitio: *erupción volcánica*. **2.** MED. Brote brusco de las lesiones de localización cutánea de una enfermedad.
ERUPTIVO, A adj. Perteneciente a la erupción o procedente de ella. • **Roca eruptiva**, roca de origen interno que cristaliza a partir de un magma: SIN.: *roca magmática*.
Es, símbolo químico del einsteinio.
ESAÚ, personaje bíblico, hijo de Isaac y de Rebeca, hermano mayor de Jacob, a quien vendió su derecho de primogenitura por un plato de lentejas.
ESBELTEZ n. f. Calidad de esbelto.
ESBELTO, A adj. (ital. *svelto*). Delgado, alto y de formas graciosas, ágiles y elegantes.
ESBIRRO n. m. (ital. *sbirro*). Alguacil, oficial inferior de justicia. **2.** El que tiene por oficio prender a las personas o ejecutar personalmente órdenes de las autoridades. **3.** *Fig.* El que sirve a una persona que le paga para ejecutar violencias o desafueros.
ESBOZAR v. tr. [1g]. Bosquejar.
ESBOZO n. m. (ital. *sbozzo*). Bosquejo.
ESCABECHAR v. tr. [1]. Poner en escabeche. **2.** *Fig.* y *fam.* Matar. **3.** *Fig.* y *fam.* Suspender a alguien en un examen.
ESCABECHE n. m. Adobo en que se tiene en maceración carne o pescado. **2.** Pescado puesto en escabeche. **3.** *Argent.* Fruta en vinagre, encurtido.
ESCABEL n. m. Tarima pequeña colocada delante de la silla para descansar los pies. **2.** Asiento pequeño hecho de tablas, sin respaldo. **3.** *Fig.* Persona o circunstancia de que uno se aprovecha para medrar.

ESC

ESCABROSIDAD n. f. Calidad de escabroso.
ESCABROSO, A adj. Dícese del terreno abrupto, áspero, quebrado. **2.** *Fig.* Áspero, duro: *carácter escabroso*. **3.** *Fig.* Dícese del asunto difícil de manejar o resolver. **4.** *Fig.* Que está al borde de lo inmoral y obsceno.
ESCABULLARSE v. pron. [1]. *Antillas, Colomb.* y *Venez.* Escabullirse.
ESCABULLIRSE v. pron. [3h]. Irse o escaparse de entre las manos: *escabullirse una anguila*. **2.** *Fig.* Ausentarse disimuladamente.
ESCAFANDRA n. f. (fr. *escaphandre*). Equipo herméticamente cerrado, en el que está asegurada la circulación del aire por medio de una bomba, que emplean los buzos para trabajar debajo del agua.
• **Escafandra autónoma**, aparato respiratorio individual, que permite a un submarinista evolucionar por debajo del agua sin ningún relación o dependencia con la superficie.
ESCAFOIDES n. m. ANAT. Nombre de los huesos, uno del carpo y otro del tarso. SIN.: *hueso navicular*.
ESCALA n. f. (lat. *scalam*). Escalera de mano. **2.** Serie graduada de cosas distintas, pero de la misma especie. SIN. gama. **3.** *Fig.* Tamaño o proporción que se desarrolla un plano o idea. **4.** En una representación gráfica, cartográfica o fotográfica, o en una maqueta, un modelo reducido, etc., proporción entre una longitud determinada y la longitud correspondiente. **5.** Sucesión de sonidos ordenados en función de un principio acústico o de ser utilizados en una composición o improvisación musical. **6.** Serie de divisiones de un instrumento de medida. **7.** Sistema de niveles o grados que constituyen una jerarquía o una estructura jerarquizada; serie continua y progresiva: *escala social; escala de valores, de salarios, de precios*. **8.** En las líneas aéreas o marítimas, cada uno de los puntos previstos donde se detiene una nave, en tránsito hacia el punto de destino. **9.** MAR. Escalera. **10.** MIL. Escalafón.
ESCALADA n. f. Acción y efecto de escalar. **2.** *Fig.* Aumento o intensificación progresiva de una acción o de una variable económica: *escalada de violencia; escalada de precios*.
ESCALAFÓN, RA adj. y n. Que escala.
ESCALAFÓN n. m. Lista de los funcionarios de la administración, clasificados según su empleo, antigüedad, etc.
ESCALAMIENTO n. m. Acción y efecto de escalar.
ESCALANTE, dep. de Argentina (Chubut); 128 837 hab. Cab. Comodoro Rivadavia.
ESCALAR v. tr. [1]. Entrar en una plaza u otro lugar valiéndose de escalas. **2.** Subir, trepar a una gran altura. **3.** Entrar subrepticia o violentamente en un lugar cercado, saltar una tapia. **4.** *Fig.* Subir, no siempre por buenas artes, a elevadas dignidades.
ESCALARIS n. m. Pez de cuerpo comprimido verticalmente, de 15 cm de largo, originario de América del Sur, que a menudo se cría en acuario. (Familia cíclidos.)
ESCALDADO, A adj. *Fam.* Receloso por haber sido escarmentado.
ESCALDAMIENTO n. m. Acción y efecto de escaldar.
ESCALDAR v. tr. y pron. [1]. Bañar con agua hirviendo una cosa. ♦ **escaldarse** v. pron. **2.** Escocerse, ponerse roja e inflamarse la piel.
ESCALENO adj. MAT. Dícese del triángulo que tiene los tres lados desiguales.
ESCALERA n. f. (lat. *scalaria*, peldaños). Serie de escalones para subir y bajar. **2.** En el póquer, combinación de cinco cartas de valor correlativo. **3.** *Fig.* Trasquilón recto o lineal desigual que la tijera o la máquina dejan en el pelo mal cortado.
ESCALERA (José Nicolás **de la**), pintor cubano (La Habana 1734-† 1804). Realizó los frescos de la iglesia de Santa María del Rosario y numerosas pinturas religiosas (museo nacional de La Habana).
ESCALERILLA n. f. Escalera de corto número de escalones.
ESCALFAR v. tr. [1]. Cocer en agua hirviendo o caldo un huevo sin la cáscara.
ESCALINATA n. f. (ital. *scalinata*). Escalera exterior de un solo tramo y hecha de fábrica.
ESCALOFRIANTE adj. Aterrador, horrible.
ESCALOFRIAR v. tr., intr. y pron. [1t]. Producir escalofríos.
ESCALOFRÍO n. m. Contracción muscular de breve duración que adopta el aspecto de temblor irregular y que se interpreta como una reacción de defensa frente al frío.
ESCALÓN n. m. Peldaño. **2.** Cada uno de los grados de una serie continua y progresiva.
ESCALÓN (Pedro José), político salvadoreño (1847-† 1907). Presidente de la república (1903-1907).
ESCALONAMIENTO n. m. Acción y efecto de escalonar.
ESCALONAR v. tr. y pron. [1]. Situar ordenadamente personas o cosas de trecho en trecho. ♦ v. tr. **2.** Distribuir en tiempos sucesivos las partes de una serie.
ESCALOPE n. m. Loncha delgada principalmente de vaca o ternera. SIN.: *escalopa*.
ESCALPAR v. tr. [1]. Arrancar el cuero de la cabeza con el cabello adherido.
ESCALPELO n. m. (lat. *scalpellum*). Instrumento de corte empleado en cirugía y en las disecciones anatómicas.
ESCALPO n. m. Cabellera arrancada del cráneo junto con la piel y que algunos pueblos amerindios conservaban como trofeo de guerra.
ESCAMA n. f. (lat. *squamam*). Cada una de las láminas que cubren el cuerpo de algunos animales, córneas en los reptiles, y óseas en los peces. **2.** Lo que tiene esta forma: *jabón en escamas*. **3.** MED. Laminilla epidérmica que se desprende de la piel.
ESCAMADA n. f. *Méx. Fam.* Susto.
ESCAMAR v. tr. [1]. Quitar las escamas a los peces. **2.** *Méx. Fam.* Asustar, intimidar. ♦ v. tr. y pron. **3.** *Fam.* Hacer que uno entre o entrar en recelo o desconfianza.
ESCAMBRAY (sierra de), **GRUPO DE GUAMUHAYA** o **ALTURAS DE TRINIDAD-SANCTI SPÍRITUS**, sistema montañoso de Cuba (Sancti Spíritus); 1156 m en el pico de San Juan o La Cuca. Parque nacional de *Escambray*, con el salto de la Siguanea, en el río Habanilla.
ESCAMOLES n. m. pl. *Méx.* Hueva comestible de cierto tipo de hormiga.
ESCAMOSO, A adj. Que tiene escamas.
ESCAMOTEADOR, RA adj. y n. Que escamotea.
ESCAMOTEAR v. tr. (fr. *escamoter*) [1]. Hacer un prestidigitador que desaparezcan a ojos vistas las cosas que maneja. **2.** *Fig.* Eliminar algo de modo arbitrario. **3.** *Fig.* Robar con habilidad y astucia.
ESCAMOTEO n. m. Acción y efecto de escamotear.
ESCAMPADA n. f. *Fam.* Interrupción de la lluvia; intervalo en que deja de llover.
ESCAMPAR v. tr. [1]. Despejar, desembarazar un sitio. ♦ v. intr. **2.** Dejar de llover.
ESCANCIADOR, RA adj. y n. Que sirve las bebidas en las mesas y convites. ♦ n. m. Copero de un rey, príncipe o magnate.
ESCANCIAR v. tr. [1]. Echar vino, especialmente servirlo en las mesas y convites. ♦ v. intr. **2.** Beber vino.
ESCANDALERA n. f. *Fam.* Escándalo, alboroto.
ESCANDALIZAR v. tr. (lat. *scandalizare*) [1g]. Causar escándalo. **2.** Armar jaleo, alboroto, ruido. ♦ **escandalizarse** v. pron. **3.** Mostrarse indignado u horrorizado por algo.
ESCANDALOSO, A adj. Que causa escándalo. **2.** Ruidoso, revoltoso.

ESCANDINAVIA, región del norte de Europa que comprende Dinamarca, Noruega, Suecia, Finlandia e Islandia.
ESCANDINAVO, A adj. y n. De Escandinavia.
ESCANDIO n. m. Cuerpo simple metálico, cuyo símbolo químico es Sc, de número atómico 21 y de masa atómica 44,95.
ESCANDIR v. tr. (lat. *scandere*, escalar, medir versos) [3]. Pronunciar un verso con ritmo y marcando con más intensidad los tiempos fuertes. **2.** Descomponer un verso en sus elementos constitutivos.
ESCÁNER n. m. Scanner.
ESCAÑO n. m. (lat. *scamnum*). Banco con respaldo. **2.** Banco que ocupan los diputados en las cámaras legislativas. Acta de diputado.
ESCAPADA n. f. Acción de escapar, salir uno de prisa u ocultamente. **2.** Esfuerzo que permite a un corredor distanciarse del pelotón. • **En una escapada**, a escape.
ESCAPAR v. intr. y pron. [1]. Salir uno de prisa o en secreto: *escapar sin ser visto*. **2.** Salir de un encierro, de o alguna enfermedad o peligro. **3.** Quedar fuera del dominio o influencia de una persona o cosa. ♦ v. intr. **4.** Ponerse fuera del alcance de cierta cosa, no ser asequible. ♦ **escaparse** v. pron. **5.** Salirse un fluido por algún resquicio. **6.** Soltarse cualquier cosa que está sujeta: *escaparse algún punto de media*. **7.** *Fig.* No advertir o no darse cuenta de algo. **8.** Decir alguien algo por descuido, revelarlo inadvertidamente. **9.** No poder retener algo.
ESCAPARATE n. m. (neerlandés *schaprade*). Espacio en las fachadas de las tiendas que sirve para exponer las mercancías que en ellas se venden.
ESCAPATORIA n. f. Acción y efecto de evadirse o escaparse. **2.** Lugar por donde se escapa. **3.** *Fam.* Excusa y modo de evadirse uno de un aprieto o dificultad en que se halla.
ESCAPE n. m. Acción de escapar. **2.** Pérdida de un fluido por un orificio o grieta. **3.** *Fig.* Salida, solución. **4.** Expulsión a la atmósfera de los gases de la combustión de un motor térmico. **5.** Dispositivo que permite esta expulsión. **6.** Mecanismo de relojería que sirve para regular el movimiento del péndulo de un reloj. • **A escape**, con gran rapidez.
ESCÁPULA n. f. (lat. *scapulam*). Omóplato.
ESCAPULAR adj. ANAT. Relativo a la escápula y a la región vecina. • **Cintura escapular**, esqueleto del hombro, formado por tres huesos: clavícula, esternón y escápulas.
ESCAPULARIO n. m. Distintivo de algunas órdenes religiosas que consiste en una tira de tela que cuelga sobre el pecho y la espalda. **2.** Objeto devoto similar usado por seglares.
ESCAQUE n. m. Cada una de las casillas del tablero de ajedrez o damas. ♦ **escaques** n. m. pl. **2.** Juego de ajedrez.
ESCARABAJO n. m. Nombre dado a diversos coleópteros, en particular a los de cuerpo ovalado y patas cortas. • **Escarabajo sagrado**, pelotero, o **bolero**, coleóptero que se alimenta de los excrementos de los herbívoros.
ESCARAMUJO n. m. Rosal silvestre.
ESCARAMUZA n. f. En la guerra, combate de poca importancia. **2.** Riña o discusión poco violenta.
ESCARAPELA n. f. Roseta de cintas o de plumas que se utiliza como adorno o distintivo.
ESCARAPELAR v. intr. [1]. *Colomb.* Ajar, manosear. ♦ v. intr. y pron. **2.** *Colomb., C. Rica* y *Venez.* Descascarar, resquebrajar. ♦ **escarapelarse** v. pron. **3.** *Perú.* Ponérsele a uno carne de gallina.
ESCARBADIENTES n. m. (pl. *escarbadientes*). Mondadientes.
ESCARBAR v. tr. [1]. Remover la tierra u otra cosa semejante para buscar algo. **2.** Atizar

la lumbre removiéndola. **3.** *Fig.* Escudriñar, fisgar. ♦ v. tr. y pron. **4.** Hurgar.

ESCARCEAR v. intr. [**1**]. *Argent., Urug.* y *Venez.* Hacer escarceos el caballo.

ESCARCEO n. m. Oleaje menudo que se levanta en la superficie del mar, en los parajes en los que hay corrientes. **2.** *Fig.* Aventura amorosa superficial. ♦ **escarceos** n. m. pl. **3.** Tornos y vueltas que dan los caballos. **4.** *Fig.* Acciones o divagaciones poco serias o poco profundas.

ESCARCHA n. f. Capa de hielo que se forma sobre los terrenos y sobre la vegetación en las madrugadas de invierno.

ESCARCHAR v. intr. [**1**]. Formarse escarcha. ♦ v. tr. **2.** Preparar confituras de modo que el azúcar cristalice en el exterior. **3.** Hacer que en el aguardiente cristalice el azúcar sobre un ramo de anís. **4.** Salpicar una superficie.

ESCARDAR v. tr. [**1**]. Arrancar las hierbas nocivas de un sembrado. **2.** *Fig.* Separar en una cosa lo malo de lo bueno.

ESCARLATA adj. De color rojo intenso: *mejillas escarlata*. ♦ n. m. **2.** Color rojo intenso.

ESCARLATINA n. f. Enfermedad febril contagiosa, caracterizada por la formación de placas escarlatinas en la piel y en la mucosas.

ESCARMENTAR v. tr. [**1j**]. Corregir con rigor al que ha errado para que se enmiende. ♦ v. intr. **2.** Tomar enseñanza de la experiencia propia o ajena para evitar nuevos daños o problemas.

ESCARMIENTO n. m. Acción y efecto de escarmentar.

ESCARNECER v. tr. [**2m**]. Hacer mofa y burla de otro.

ESCARNIO o **ESCARNECIMIENTO** n. m. Acción y efecto de escarnecer.

ESCAROLA n. f. Planta hortense de hojas rizadas que se comen en ensalada.

ESCARPA n. f. (ital. *scarpa*). Declive áspero de cualquier terreno. SIN.: *escardadura.* **2.** Talud interior del foso de una fortificación.

ESCARPADO, A adj. Que tiene pendiente: *pared escarpada*. **2.** Dícese de las alturas que tienen subida peligrosa o intransitable.

ESCARPAR v. tr. [**1**]. Cortar una montaña o terreno poniéndolo en plano inclinado.

ESCARPE n. m. Escarpa, declive.

ESCARPÍN n. m. (ital. *scarpino*). Zapato de terciopelo acuchillado y con punta roma. **2.** Calzado interior que se coloca encima de la media o el calcetín. **3.** *Argent.* y *Urug.* Calzado de bebé, de una o hilo tejidos, que cubre el pie y el tobillo.

ESCASAMENTE adv. m. Con dificultad; apenas.

ESCASEAR v. intr. [**1**]. Faltar, estar escaso.

ESCASEZ n. f. Insuficiencia, falta de una cosa. **2.** Pobreza, falta de lo necesario para vivir.

ESCASO, A adj. Poco, insuficiente en cantidad o número. **2.** Con insuficiente cantidad o número de la cosa que se expresa: *de escasos recursos*.

ESCATIMAR v. tr. [**1**]. Dar lo menos posible de algo: *no escatimar esfuerzos*.

ESCATOLOGÍA n. f. (de *escato*, último, y *logía*). Conjunto de doctrinas y creencias relacionadas con el destino último del hombre y del universo.

ESCATOLOGÍA n. f. (de *escato*, excremento, y *logía*). Estudio de los excrementos.

ESCAYOLA n. f. (ital. *scagliuola*). Yeso calcinado que, amasado con agua, se emplea como material plástico en escultura, para sacar moldes, para sostener huesos fracturados, etc.

ESCAYOLAR v. tr. [**1**]. Endurecer por medio de yeso o escayola los apósitos y vendajes destinados a sostener en posición conveniente los huesos fracturados o luxados.

ESCENA n. f. (lat. *scaenam*). Parte del teatro donde actúan los actores. **2.** Caracterización del escenario para que represente el lugar donde se supone que ocurre la acción: *cambio de escena*. **3.** Cada parte de una obra que tiene una unidad en sí, suficiente para caracterizarla. **4.** Actuación algo teatral o exagerada para impresionar. **5.** *Fig.* Suceso o acción real digno de atención, al que se asiste como espectador: *escena terrorífica*. **6.** *Fig.* Teatro, literatura dramática. • **Poner en escena** una obra, representarla, ejecutarla en el teatro.

ESCENARIO n. m. Lugar del teatro en que se actúa o lugar en que se desarrolla la acción de una película. **2.** Lugar de un suceso. **3.** Conjunto de cosas o circunstancias que se consideran en torno a alguien o algún suceso.

ESCENIFICACIÓN n. f. Acción y efecto de escenificar.

ESCENIFICAR v. tr. [**1a**]. Poner en escena o dar forma dramática a una obra literaria.

ESCENOGRAFÍA n. f. Estudio y práctica de toda forma de expresión capaz de inscribirse en el universo del teatro, el espectáculo y la organización espacial. **2.** Decorados escénicos o cualquier obra de decorado.

ESCENÓGRAFO, A n. Autor de una escenografía o especialista en escenografía.

ESCEPTICISMO n. m. Doctrina epistemológica que pone en duda la posibilidad del conocimiento de la realidad objetiva. **2.** Cualidad de escéptico, que duda.

ESCÉPTICO, A adj. y n. (gr. *skeptikos*). Relativo al escepticismo; adepto a esta doctrina. **2.** Que duda o simula dudar de lo que está probado de una forma evidente o incuestionable.

ESCINDIR v. tr. y pron. (lat. *scindere*) [**3**]. Cortar, dividir, separar.

ESCINTILOGRAFÍA n. f. Estudio gráfico de las emisiones radiactivas de un órgano determinado.

ESCIPIONES, familia de la antigua Roma, de la gens Cornelia. Los dos miembros más ilustres fueron: **Publio Cornelio Escipión el Africano** (235-Liternum 183 a. J.C.). Acabó con la dominación cartaginesa en la península Ibérica y puso fin a la segunda guerra púnica. — **Publio Cornelio Escipión Emiliano**, llamado el **Segundo Africano** (185 o 184-Roma 129 a. J.C.), hijo de Paulo Emilio y nieto adoptivo del anterior. Cónsul en 147, puso fin a la tercera guerra púnica con la destrucción de Cartago (146) y en 133 arrasó Numancia.

ESCISIÓN n. f. (lat. *scissionem*). Cortadura, rompimiento, desavenencia. **2.** División, separación de personas que formaban una asociación o partido.

ESCITA adj. y n. m. y f. Relativo a un pueblo de lengua irania, establecido entre el Danubio y el Don a partir del s. XII a. JC.; individuo de este pueblo.

ESCLARECER v. tr. [**2m**]. Iluminar, poner clara una cosa. **2.** *Fig.* Poner en claro, dilucidar una cuestión o doctrina: *esclarecer un asunto turbio*. ♦ v. intr. **3.** Empezar a amanecer.

ESCLARECIDO, A adj. Claro, ilustre, singular.

ESCLARECIMIENTO n. m. Acción y efecto de esclarecer.

ESCLAVA n. f. Pulsera sin adornos y que no se abre.

ESCLAVINA n. f. Prenda de vestir, en forma de capa pequeña, que cubre los hombros.

ESCLAVISTA adj. y n. m. y f. Partidario de la esclavitud.

ESCLAVITUD n. f. Estado y condición de esclavo. **2.** *Fig.* Sujeción excesiva o dependencia por la cual se ve sometida una persona a otra, o a un trabajo u obligación. **3.** *Fig.* Sujeción a las pasiones y afectos del alma.

ESCLAVIZACIÓN n. f. Acción y efecto de esclavizar.

ESCLAVIZAR v. tr. [**1**]. Reducir a la esclavitud. **2.** *Fig.* Tener sometido a alguien o hacerle trabajar excesivamente.

ESCLAVO, A adj. y n. (gr. bizantino *sklavos*). Que se encuentra bajo el dominio absoluto de un amo, quien lo ha capturado o comprado, y carece de libertad. **2.** *Fig.* Sometido rigurosa o fuertemente a alguien o algo.

ESCLAVO (*Gran Lago del*), lago de Canadá, alimentado por el *río del Esclavo*, tramo superior del río Mackenzie; 28 930 km².

ESCLEROSIS n. f. (gr. *sklērōsis*). MED. Induración patológica de un tejido o de un órgano.

ESCLERÓTICA n. f. Membrana externa del globo ocular, resistente y de naturaleza conjuntiva, que forma el blanco del ojo.

ESCLUSA n. f. Obra construida en las vías de agua, con puertas de entrada y salida, que permite a los barcos franquear un desnivel, llenando de agua o vaciando el espacio comprendido entre dichas puertas. **2.** Puerta de dicha obra.

ESCOBA n. f. (lat. *scopam*). Utensilio para barrer que se hace con un manojo de ramas flexibles o de diversos filamentos, atado al extremo de un palo o caña. **2.** Planta arbustiva, de 2 m de alt., de ramas angulosas, verdes y lampiñas, con la cual se hacen escobas. (Familia papilionáceas.) **3.** *Colomb.* y *Hond.* Planta malváceas de hojas mucilaginosas. **4.** *C. Rica* y *Nicar.* Pequeño arbusto de la familia de las borragináceas del cual se hacen escobas.

ESCOBAR, partido de Argentina (Buenos Aires); 128 651 hab. Horticultura y fruticultura.

ESCOBAR (Luis Antonio), compositor colombiano (Villapinzón 1925). Autor de sinfonías, conciertos para piano y la ópera *Los hampones* (1962).

ESCOBAR (Manuel **de**), arquitecto limeño (1639-1693). Realizó obras en la iglesias de San Francisco, La Merced (1667) y los Desamparados (¨669) de Lima.

ESCOBAR (Patricio), militar y político paraguayo († 1912). Presidente (1886-1890).

ESCOBAZO n. m. Golpe dado con una escoba. **2.** *Argent.* y *Chile.* Barredura ligera. • **Echar a escobazos** (*Fam.*), despedir a uno de mala manera.

ESCOBETA n. f. *Méx.* Escobilla de raíz de zacatón.

ESCOBILLA n. f. Escoba pequeña, de cerdas o de alambre. **2.** Pieza conductora destinada a garantizar, mediante contacto por rozamiento, la conexión eléctrica entre un órgano móvil y otro fijo.

ESCOBILLAR v. tr. [**1**]. Limpiar con la escobilla, cepillar. **2.** *Méx.* En ciertos bailes, hacer un movimiento rápido con los pies restregando el suelo. ♦ v. intr. **3.** *Amér.* En algunos bailes tradicionales, zapatear suavemente.

ESCOBILLEO o **ESCOBILLADO** n. m. *Amér.* Acción y efecto de escobillar.

ESCOCEDURA n. f. Acción y efecto de escocer o escocerse.

ESCOCER v. intr. [**2f**]. Causar escozor. **2.** *Fig.* Producir una impresión de desagrado o aflicción: *los disgustos escuecen*. ♦ **escocerse** v. pron. **3.** Sentirse, dolerse: *escocerse de una contrariedad*. **4.** *Fig.* Ponerse irritadas algunas partes del cuerpo.

ESCOCÉS, SA adj. y n. De Escocia. ♦ adj. y n. m. **2.** Dícese de un tejido a cuadros de diversos colores. ♦ n. m. **3.** Lengua céltica hablada en Escocia.

ESCOCIA, en ingl. **Scotland**, parte norte de la isla de Gran Bretaña; 78 800 km²; 5 130 000 hab. (*Escoceses*.)

GEOGRAFÍA

Es un país de tierras altas sobre todo en el N (Grampians y Highlands), pero la población se concentra principalmente en las Lowlands (donde se encuentra Edimburgo, la capital, y Glasgow, la ciudad principal).

ESC

HISTORIA
El nacimiento de Escocia. S. I d. J.C.: los romanos emprendieron la conquista de Escocia, ocupada entonces por los pictos, que resistieron victoriosamente. Ss. V-VI: escotos, bretones y anglos se establecieron en el país, y desplazaron a los pictos hacia el N. C. 563: san Columbano emprendió la evangelización de Escocia. S. VIII: las primeras incursiones escandinavas precedieron a una auténtica colonización en el N y en el NO. 843: durante el reinado del escoto Kenneth I Mac Alpin se unificaron los reinos de los escotos y de los pictos. 1005-1034: Malcolm II logró la unidad escocesa.
El auge de la monarquía escocesa. 1124-1153: durante el reinado de David I, Escocia comenzó a recibir el influjo inglés y se desarrolló el feudalismo. 1286: la muerte sin sucesión de Alejandro III permitió a Eduardo I de Inglaterra intervenir en Escocia e imponer un protectorado en el país (1292), antes de anexionarlo (1296). Wallace y, posteriormente, Roberto I Bruce se opusieron a esta conquista. 1314: la victoria de Bannockburn consolidó el triunfo de la causa escocesa. 1328: el tratado de Northampton reconoció la independencia del país.
La Escocia de los Estuardo. Ss. XIV-XV: durante la guerra de los Cien años Escocia se unió a los Estuardo en la alianza francesa. El país entró en un largo período de convulsiones internas. 1513: el desastre de Flodden renovó las pretensiones inglesas. S. XVI: la reforma religiosa de John Knox consiguió numerosos adeptos entre la aristocracia y la enfrentó a la monarquía, que siguió siendo católica. 1568: la reina María Estuardo se refugió en Inglaterra. 1603: la muerte sin descendencia de Isabel I de Inglaterra desembocó en la unión de las dos coronas en la persona de Jacobo VI de Escocia (Jacobo I de Inglaterra). 1707: con el Acta de unión se llevó a cabo la fusión de los reinos de Escocia e Inglaterra.
La Escocia contemporánea. 1997: aprobada por referéndum (set.) la creación de un parlamento autónomo con plenos poderes impositivos.

ESCOFINA n. f. Herramienta a modo de lima, de dientes gruesos y triangulares, usada para desbastar.
ESCOGER v. tr. [**2b**]. Tomar una o más cosas o personas entre otras: *escoger marido*.
ESCOGIDO, A adj. Selecto: *gente escogida*.
ESCOLAPIO, A adj. y n. Relativo a la orden de las Escuelas pías; miembro de dicha orden.
ESCOLAR n. m. y f. Estudiante que va a la escuela. ♦ adj. **2.** Relativo al estudiante o a la escuela.
ESCOLARIDAD n. f. Período de tiempo durante el cual se asiste a la escuela. **2.** Tiempo que se asiste a un centro de enseñanza para llevar a cabo en él los estudios.
ESCOLARIZACIÓN n. f. Acción y efecto de escolarizar.
ESCOLARIZAR v. tr. [**1g**]. Suministrar instrucción en régimen escolar: *escolarizar un país*.
ESCOLÁSTICA n. f. Enseñanza de las artes liberales en las escuelas monacales medievales. **2.** Filosofía cristiana que se enseñaba en las escuelas y universidades medievales, que ha formado una tradición filosófica que persiste hasta la actualidad.
ESCOLASTICISMO n. m. Filosofía enseñada en las universidades y escuelas eclesiásticas medievales. **2.** Exclusivismo de escuela.
ESCOLÁSTICO, A adj. y n. (lat. *scholasticum*). Relativo a la escolástica; filósofo o teólogo que sigue esta corriente filosófica. **2.** Dícese de toda doctrina considerada como dogmática.

ESCOLIO n. m. (lat. *scholium*). Nota que se pone a un texto para explicarlo. **2.** Nota gramatical o crítica sobre autores antiguos.
ESCOLIOSIS n. f. (der. del gr. *skolios*, torcido). Desviación lateral de la columna vertebral.
ESCOLLAR v. intr. [**1**]. *Argent*. Tropezar en un escollo la embarcación. **2.** *Argent*. y *Chile. Fig.* Malograrse un propósito por haber tropezado con algún inconveniente.
ESCOLLERA n. f. Obra hecha de piedras arrojadas al fondo del agua para formar un dique de defensa contra el oleaje.
ESCOLLO n. m. (ital. *scoglio*). Peñasco a flor de agua o que no se descubre bien. **2.** *Fig.* Peligro, dificultad, obstáculo.
ESCOLOPENDRA n. f. (lat. *scolopendra*). Artrópodo de unos 10 cm de long., provisto de veintiún pares de patas y un par de uñas venenosas.
ESCOLTA n. f. (ital. *scorta*). Formación militar terrestre, aérea o naval encargada de escoltar. **2.** Conjunto de personas que escoltan.
ESCOLTAR v. tr. [**1**]. Acompañar para proteger, vigilar o en señal de honra: *escoltar un convoy*.
ESCOMBRERA n. f. Conjunto de escombros o desechos. **2.** Lugar donde se echan.
ESCOMBRERO, A adj. y n. *Argent*. Dícese de la persona exagerada o aparatosa.
ESCOMBRO n. m. Desecho, broza y cascote que queda de una obra de albañilería, de una mina o de un edificio arruinado o derribado. • **Hacer escombro** (*Argent. Fam.*), magnificar la importancia de un hecho o el modo de realizarlo.
ESCONDER v. tr. y pron. (lat. *abscondere*) [**2**]. Poner a alguien o algo en un lugar o sitio retirado o secreto para no ser visto o encontrado fácilmente. **2.** *Fig.* Encerrar, incluir o contener en sí una cosa que no es manifiesta a otros.
ESCONDIDAS n. f. pl. *Amér*. Juego del escondite. • **A escondidas**, de manera oculta.
ESCONDIDILLAS n. f. pl. *Méx*. Juego del escondite.
ESCONDITE n. m. Escondrijo. **2.** Juego infantil en el cual uno de los jugadores busca a sus compañeros, que se han escondido previamente.
ESCONDRIJO n. m. Rincón o lugar oculto y retirado, propio para esconder y guardar en él algo.
ESCOPETA n. f. Arma de fuego portátil, con uno o dos cañones de unos 8 dm de largo, montados en una caja de madera.
ESCOPETAZO n. m. Tiro de escopeta. **2.** Herida hecha por el tiro de una escopeta. **3.** *Fig.* Noticia o suceso súbito e inesperado.
ESCOPLO n. m. (lat. *scalprum*). Especie de cincel de hierro acerado, estrecho, y más grueso que ancho.
ESCORA n. f. Cada uno de los puntales que sostienen los costados del buque en construcción o en varadero. **2.** Inclinación que toma un buque al ceder al esfuerzo de sus velas, por ladeamiento de la carga, etcétera.
ESCORAR v. intr. [**1**]. MAR. Inclinarse un buque por la fuerza del viento o por otras causas.
ESCORBUTO n. m. (fr. *scorbut*). Enfermedad carencial, caracterizada por hemorragias múltiples y caquexia progresiva.
ESCORIA n. f. (lat. *scoriam*). Sustancia vítrea que sobrenada en un baño de metal fundido y que contiene las impurezas. **2.** Materia que al ser golpeada suelta el hierro candente salido de la fragua. **3.** Residuo mineral de una combustión o de una fusión, y, especialmente, subproducto en un proceso o tratamiento metalúrgico. **4.** *Fig.* Lo más despreciable de algo: *la escoria de la sociedad*.

ESCORIAL n. m. Sitio donde se echan las escorias de las fábricas metalúrgicas. **2.** Montón de escorias de una fábrica metalúrgica.
ESCORPIÓN n. m. (lat. *scorpionem*). Artrópodo de los países cálidos, dotado de un par de pinzas delanteras, cuyo abdomen móvil termina en un aguijón venenoso, y cuya picadura es dolorosa e incluso puede ser mortal. • **Escorpión de agua**, insecto, que vive en las aguas estancadas, carnívoro y plano. (Orden hemípteros.) ‖ **Escorpión de mar**, pez de cuerpo subcilíndrico y cabeza grande, con el cuerpo lleno de espinas y aguijones (Familia cótidos).
ESCORPIÓN, constelación zodiacal, situada entre Libra y Sagitario. — Octavo signo del zodíaco, que el Sol atraviesa del 23 de octubre al 22 de noviembre.
ESCORZAR v. tr. (ital. *scorciare*) [**1g**]. Representar, acortándolas según las reglas de la perspectiva, las cosas que se extienden en sentido oblicuo al plano del papel o lienzo sobre el que se dibuja.
ESCORZO n. m. Acción y efecto de escorzar. **2.** Posición o representación de una figura especialmente humana, cuando una parte de ella está vuelta con un giro con respecto al resto.
ESCOTADURA n. f. Escote de una prenda de vestir.
ESCOTAR v. tr. [**1**]. Hacer un escote en una prenda de vestir.
ESCOTAR v. tr. [**1**]. Pagar el escote.
ESCOTE n. m. Abertura que se hace alrededor del cuello en una prenda de vestir. **2.** Parte del busto que deja al descubrirse una prenda escotada. **3.** Curva donde se insertan las mangas.
ESCOTE n. m. (provenz. *escot*). Parte que corresponde pagar a cada una de las dos o más personas que han hecho un gasto en común.
ESCOTILLA n. f. MAR. Abertura rectangular practicada en la cubierta de un buque para permitir el acceso a los compartimientos interiores y ventilarlos.
ESCOTILLÓN n. m. Trampa cerradiza en el suelo.
ESCOTO (Juan **Duns**), en ingl. **John Duns Scot**, teólogo franciscano escocés (Maxton, Escocia, c. 1266-Colonia 1308). Defendió en nombre de la fe en Dios el realismo del conocimiento que parte del mundo sensible para alcanzar a Dios.
ESCOZOR o **ESCOCIMIENTO** n. m. Sensación cutánea, que sin ser dolorosa, es molesta, y que la determinan estímulos a menudo poco definidos de origen químico. **2.** *Fig.* Sentimiento o resentimiento por un desaire, desconsideración o reproche.
ESCRIBA n. m. (lat. *scriba*). Copista, escribano, en especial de los egipcios. **2.** Doctor o intérprete de la ley entre los hebreos.
ESCRIBANA n. f. Mujer del escribano. **2.** *Argent., Par.* y *Urug.* Mujer que ejerce la escribanía.
ESCRIBANÍA n. f. Oficio u oficina del secretario judicial en los juzgados de primera instancia e instrucción. **2.** Escritorio. **3.** Juego compuesto de tintero, secante, pluma y otras piezas, colocado en un soporte. **4.** *Argent., C. Rica, Ecuad., Par.* y *Urug.* Notaría.
ESCRIBANO n. m. El que por oficio público estaba autorizado para dar fe de las escrituras y demás actos que pasaban ante él.
ESCRIBIENTE n. m. y f. Empleado de oficina que escribe o copia lo que le mandan.
ESCRIBIR v. tr. (lat. *scribere*) [**3n**]. Representar las palabras o las ideas con letras u otros signos convencionales trazados en papel u otra superficie. **2.** Trazar las notas y demás signos de la música. ♦ v. tr. e intr. **3.** Comunicar a uno por escrito algo. **4.** Componer textos artísticos, literarios o científicos.

ESCRITO, A adj. Fig. Dícese de lo que tiene manchas o rayas que semejan letras o rasgos de pluma: *un melón escrito*. • **Estar escrito**, estar así dispuesto por la providencia. ‖ **Lengua escrita**, lengua literaria, en oposición a la lengua hablada. ‖ **Por escrito**, por medio de la escritura. ♦ n. m. **2.** Carta, documento, papel manuscrito, mecanografiado, impreso, etc. **3.** Obra científica o literaria.

ESCRITOR, RA n. (lat. *scriptorem*). Autor de obras escritas o impresas.

ESCRITORIO n. m. Mueble cerrado, con divisiones en su interior para guardar papeles. **2.** Aposento donde tienen su despacho las personas que se dedican a los negocios.

ESCRITURA n. f. (lat. *scripturam*). Representación del pensamiento por signos gráficos convencionales. **2.** Conjunto de signos gráficos que expresan un enunciado, forma particular de escribir: *escritura cuneiforme; escritura apretada*. **3.** Conjunto de libros de la Biblia. (Con este significado se escribe con mayúscula.) SIN. *escrituras, sagrada escritura, sagradas escrituras*. **4.** Escrito, carta, documento. **5.** DER. Documento suscrito por las partes, en que consta un negocio jurídico.

ESCRITURAR v. tr. [1]. Hacer constar en escritura pública un hecho, otorgamiento o contrato, para dar mayor seguridad jurídica al mismo.

ESCROTO n. m. (bajo lat. *scrotum*). Bolsa en cuyo interior se alojan los testículos. **2.** Piel de esta bolsa.

ESCRÚPULO n. m. (lat. *scrupulum*). Duda y recelo que inquieta y desasosiega el ánimo o la conciencia: *no tener escrúpulos*. **2.** Escrupulosidad: *trabajar con escrúpulo*. **3.** Aprensión de tomar algún alimento o usar algo por temor de que esté sucio.

ESCRUPULOSIDAD n. f. Exactitud en el examen y averiguación de las cosas y en el estricto cumplimiento de lo que uno toma a su cargo.

ESCRUPULOSO, A adj. y n. Que padece o tiene escrúpulos. ♦ adj. **2.** Que causa escrúpulos. **3.** Fig. Exacto: *trabajo escrupuloso*.

ESCRUTADOR, RA adj. Examinador cuidadoso de algo: *mirada escrutadora*. ♦ adj. y n. **2.** En elecciones y otros actos análogos, dícese del que cuenta y computa los votos.

ESCRUTAR v. tr. (lat. *scrutari*) [1]. Indagar, explorar, examinar cuidadosamente algo. **2.** Reconocer y contabilizar los sufragios de una votación.

ESCRUTINIO n. m. (lat. *scrutinium*). Examen y averiguación exacta y diligente de una cosa para saber lo que es y formar juicio sobre ella: *el escrutinio de un libro*. **2.** Reconocimiento y contabilización de los sufragios en una votación. **3.** Conjunto de operaciones que comprende una votación o una elección.

ESCUADRA n. f. **1.** Instrumento de figura de triángulo rectángulo, o compuesto solamente de dos reglas en ángulo recto. **2.** Instrumento formado por dos piezas ajustadas en ángulo recto y utilizado para verificar ángulos diedros rectos y para trazar ángulos planos rectos. **3.** Pieza de metal con dos ramas en ángulo recto, que se usa en carpintería, ebanistería, etc. **4.** Conjunto de buques de guerra mandado, generalmente, por un vicealmirante. **5.** Cierto número de soldados a las órdenes de un cabo. **6.** *Amér.* Revólver automático que tiene forma de escuadra. • **A escuadra**, en ángulo recto. ‖ **Falsa escuadra**, escuadra de brazos articulados.

ESCUADRAR v. tr. [1]. Labrar o disponer un objeto de modo que sus caras planas formen entre sí ángulos rectos.

ESCUADRILLA n. f. Escuadra de buques de pequeño porte. **2.** Grupo de aviones que realizan un mismo vuelo al mando de un jefe.

ESCUADRÓN n. m. Unidad táctica y administrativa de caballería, al mando de un capitán, división básica del regimiento. **2.** Unidad táctica y administrativa de las fuerzas aéreas. • **Escuadrón de la muerte**, denominación de diferentes grupos armados de extrema derecha de algunos países latinoamericanos.

ESCUALIDEZ n. f. Calidad de escuálido.

ESCUÁLIDO, A adj. (lat. *squalidum*). Flaco, macilento. ♦ adj. y n. m. **2.** Dícese de los peces selacios que tienen el cuerpo fusiforme y hendiduras branquiales detrás de la cabeza.

ESCUALO n. m. Nombre dado a los tiburones, lijas, etc.

ESCUCHA n. f. Acción de escuchar una emisión radiofónica, una conversación telefónica, etc. • **A la escucha**, apercibido para oír algo.

ESCUCHAR v. tr. [1]. Aplicar el oído para oír: *escuchar tras la puerta una conversación*. **2.** Prestar atención a lo que se oye: *escuchar música*. **3.** Dar oídos, atender a algo: *escuchar un consejo*. **4.** *Méx.* Oír. ♦ **escucharse** v. pron. **5.** Hablar o recitar con pausas afectadas.

ESCUDAR v. tr. y pron. [1]. Amparar y resguardar con el escudo. ♦ v. tr. **2.** Resguardar y defender de algún peligro. ♦ **escudarse** v. pron. **3.** Fig. Usar algo como pretexto.

ESCUDERÍA n. f. Servicio y ministerio del escudero. **2.** Conjunto de corredores y personal técnico adscrito a una marca, asociación, club, etc., automovilísticos.

ESCUDERO n. m. Paje que acompañaba a un caballero para llevarle el escudo y servirle, o persona que servía a otra de distinción y tenía la obligación de asistirle en determinadas cosas. **2.** Hidalgo, persona de clase noble.

ESCUDILLA n. f. (lat. *scutellam*). Vasija ancha y de forma de media esfera, en que se suele servir la sopa y el caldo.

ESCUDO n. m. (lat. *scutum*). Arma defensiva para cubrirse, que se lleva en el brazo izquierdo. **2.** Fig. Amparo, defensa, patrocinio. **3.** Chapa de metal que rodea el ojo de la cerradura. **4.** Partes duras o córneas de diversos grupos de animales. **5.** Nombre de diversas monedas de oro y de plata que llevaban un escudo de armas grabado en una de sus caras. **6.** Unidad monetaria principal de Portugal y de Cabo Verde. **7.** Unidad monetaria de Chile de 1960 a 1975. **8.** GEOL. Vasta superficie constituida por terrenos muy antiguos y nivelados por la erosión.

ESCUDRIÑAMIENTO n. m. Acción y efecto de escudriñar.

ESCUDRIÑAR v. tr. (bajo lat. *scrutinare*) [1]. Examinar, inquirir y averiguar cuidadosamente algo y sus circunstancias: *escudriñar todos los rincones*.

ESCUELA n. f. (lat. *scholam*). Establecimiento donde se imparte la primera instrucción. **2.** Institución colectiva de carácter público o privado, donde se imparte cualquier género de instrucción: *escuela de teología*. **3.** Establecimiento donde se cursan determinadas carreras: *escuela de bellas artes*. **4.** Edificio donde se imparte cualquiera de estos tipos de enseñanza. **5.** Método o sistema de enseñanza: *escuela moderna*. **6.** Conjunto de personas que en filosofía, ciencia o arte siguen una misma doctrina o tienen un estilo que da unidad al grupo: *escuela realista*. **7.** Conjunto de los discípulos o seguidores de un maestro, o de ellos y sus obras: *crear escuela*. **8.** Enseñanza que se da o se adquiere: *tener buena escuela*. **9.** Lo que en algún modo alecciona o da ejemplo y experiencia: *la escuela de la vida*.

ESCUETO, A adj. Descubierto, libre, despejado, desembarazado: *camino escueto*. **2.** Sin adornos, seco, estricto: *dibujo escueto*. **3.** Sin rodeos o sin palabras innecesarias: *explicación escueta*.

ESCUINCLE, A n. *Méx. Fam.* Chiquillo, chaval.

ESCUINTLA (*departamento de*), dep. de Guatemala; 4384 km²; 529408 hab. Cap. *Escuintla*.

ESCUINTLA, c. de Guatemala, cap. del dep. homónimo; 63471 hab. Refino de petróleo. Turismo. Es la ant. *Itzcuintlán* de los pipiles prehispánicos.

ESCULPIR v. tr. (lat. *sculpere*, rascar) [3]. Cincelar piedra, madera, etc. **2.** Grabar.

ESCULTISMO o **ESCUTISMO** n. m. Organización mundial, creada en 1909 por Baden-Powell, que tiene por objeto organizar a niños y adolescentes de ambos sexos en grupos jerarquizados, con el fin de desarrollar en ellos cualidades morales y deportivas.

ESCULTOR, RA n. Persona que profesa el arte de la escultura.

ESCULTURA n. f. (lat. *sculpturam*). Arte de esculpir. **2.** Conjunto de obras esculpidas: *la escultura griega*. **3.** Obra del escultor: *una escultura de gran relieve*.

ESCULTURAL o **ESCULTÓRICO, A** adj. Relativo a la escultura: *arte escultural*. **2.** Que participa de las proporciones y caracteres exigidos para la belleza de la estatua: *formas esculturales*.

ESCUPIDERA n. f. Pequeño recipiente que sirve para escupir en él. **2.** *Argent., Chile, Ecuad. y Venez.* Orinal, bacín.

ESCUPIDOR n. m. *Chile y P. Rico.* Recipiente para escupir.

ESCUPIDURA n. f. Saliva, sangre o flema escupida. **2.** Excoriación en los labios.

ESCUPIR v. intr. (lat. *exconspuere*) [3]. Arrojar saliva o flema por la boca. ♦ v. tr. **2.** Arrojar de la boca algo como escupiendo. **3.** Fig. Despedir un cuerpo a la superficie otra sustancia que estaba mezclada o unida a él: *el basalto escupe la humedad*. **4.** Fig. Despedir o arrojar con violencia: *el motor escupe humo*.

ESCUPITAJO m. *Fam.* Esputo.

ESCURANA n. f. *Amér.* Oscuridad.

ESCURREPLATOS n. m. (pl. *escurreplatos*). Escurridero especial para los platos.

ESCURRIDERO n. m. Lugar o dispositivo a propósito para poner a escurrir algo.

ESCURRIDIZO, A adj. Que evita algo, que no se compromete. **2.** Propio para hacer deslizar o escurrirse: *suelo escurridizo*.

ESCURRIDO, A adj. Delgado y sin curvas: *persona escurrida*. **2.** *P. Rico.* Confuso, avergonzado.

ESCURRIDOR n. m. Escurridero. **2.** Colador para escurrir las viandas.

ESCURRIMIENTO o **ESCURRIDO** n. m. Acción y efecto de escurrir o escurrirse.

ESCURRIR v. tr. y pron. [1]. Hacer o dejar que una cosa mojada suelte el agua o líquido que contiene: *escurrir la ropa*. ♦ v. intr. y pron. **2.** Caer poco a poco el líquido contenido en un recipiente. **3.** Correr, resbalar una cosa por encima de otra. ♦ v. tr. **4.** Apurar las últimas gotas del contenido de una vasija: *escurrir el vino de la botella*. ♦ **escurrirse** v. pron. **5.** Deslizarse algo, especialmente de entre las manos.

ESCUSADO n. m. Retrete.

ESCÚTER n. m. Scooter.

ESDRÚJULO, A adj. y n. m. (ital. *sdrucciolo*). Dícese de la voz que lleva el acento en la antepenúltima sílaba, como *máximo, mecánica, súbito*.

ESE n. f. Nombre de la letra *s*. **2.** Cada una de las aberturas que los instrumentos de cuerda tienen a ambos lados del puente. **3.** Grapa de acero en forma de S. **4.** Eslabón de cadena en forma de S.

ESE, A pron. dem. y adj. dem. (lat. *ipsem*) [pl. *esos, esas*]. Indica proximidad en el espacio o en el tiempo respecto a la persona que escucha: *ese libro*. **2.** Pospuesto a un sustantivo, toma a veces un matiz despectivo: *el crío ese*. **3.** Designa a alguien con cierto matiz despectivo: *díselo*

ESE

a ese. • **Ni por esas,** expresión con que se comenta la imposibilidad de hacer o conseguir algo.

ESENCIA n. f. (lat. *essentiam*). Naturaleza propia y necesaria, por la que cada ser es lo que es; conjunto de sus caracteres constitutivos. **2.** *Fig.* Lo más puro y acendrado de una cosa. **3.** Perfume líquido con gran concentración de sustancias aromáticas. **4.** QUÍM. Sustancia líquida muy volátil, formada por una mezcla de hidrocarburos, generalmente de olor muy penetrante y producida por una planta. • **Quinta esencia,** quinto elemento que consideraba la filosofía antigua en la composición del universo.

ESENCIAL adj. Relativo a la esencia. **2.** Sustancial, principal, necesario: *principios esenciales.*

ESFENOIDAL adj. Relativo al esfenoides.

ESFENOIDES n. m. y adj. (gr. *sphēnoeidēs,* de forma de cuña). Uno de los huesos de la cabeza, en la base del cráneo.

ESFERA n. f. (lat. *sphaeram*). Sólido o espacio limitado por una superficie curva cuyos puntos equidistan todos de otro interior llamado centro. **2.** Espacio a que se extiende la acción, el influjo, etc., de una persona o cosa. **3.** *Fig.* Rango, condición social de una persona. **4.** Círculo en que giran las manecillas del reloj. • **Esfera celeste** (ASTRON.), esfera imaginaria, de radio indeterminado, que tiene por centro el ojo del observador y sirve para definir la dirección de los astros independientemente de su distancia.

ESFERICIDAD n. f. Calidad de esférico.

ESFÉRICO, A adj. Que tiene forma de esfera: *figura esférica.* **2.** Relativo a la esfera. ♦ n. m. **3.** En algunos deportes, balón.

ESFEROGRÁFICO, A n. *Amér. Merid.* Bolígrafo.

ESFEROIDE n. m. GEOMETR. Elipsoide de revolución aplanado. (La superficie de la Tierra es un *esferoide.*)

ESFINGE n. f. (lat. *sphingem*). Monstruo con cuerpo de león y cabeza humana, a veces con alas de grifo, que en Egipto custodiaba los santuarios funerarios. **2.** *Fig.* Persona que no trasluce sus sentimientos e ideas, impenetrable, enigmática.

ESFÍNTER n. m. Músculo anular que sirve para cerrar un orificio o un conducto natural.

ESFORZADO, A adj. Alentado, animoso, valiente.

ESFORZAR v. tr. [1n]. Dar o comunicar fuerza o vigor. ♦ **esforzarse** v. pron. **2.** Hacer esfuerzos física o moralmente con algún fin.

ESFUERZO n. m. Empleo enérgico de las fuerzas físicas, intelectuales o morales para lograr algún fin. **2.** FÍS. Fuerza que tiende a deformar un material por tracción, compresión, flexión, torsión o cizallamiento.

ESFUMAR v. tr. (ital. *sfummare*) [1]. Extender los trazos de lápiz restregando el papel con el esfumino SIN.: *esfuminar.* **2.** Rebajar los tonos de una composición pictórica, y principalmente los contornos. ♦ **esfumarse** v. pron. **3.** *Fig.* Desvanecerse. **4.** *Fig.* y *fam.* Marcharse, irse de un lugar con rapidez y disimulo.

ESFUMINO n. m. Difumino.

ESGRIMA n. f. (provenz. *escrima*). Arte del manejo del florete, la espada y el sable.

ESGRIMIR v. tr. [3]. Sostener o manejar una cosa, especialmente un arma, en actitud de utilizarla contra alguien: *esgrimir una espada.* **2.** *Fig.* Usar de una cosa o medio como arma para atacar o defenderse: *esgrimir argumentos.*

ESGUINCE n. m. Ademán hecho con el cuerpo para evitar un golpe o caída. **2.** Distensión o rotura de uno o varios ligamentos en una articulación.

ESLABÓN n. m. Pieza que, enlazada con otras, forma una cadena. **2.** *Fig.* Elemento imprescindible para el enlace de una sucesión de hechos, argumentos, etc. **3.** Hierro acerado del que saltan chispas al chocar con un pedernal.

ESLABONAMIENTO n. m. Acción y efecto de eslabonar.

ESLABONAR v. tr. [1]. Unir unos eslabones con otros formando cadena. ♦ v. tr. y pron. **2.** *Fig.* Unir o relacionar una sucesión de ideas, motivos, hechos, etc., con otros.

ESLAVISMO n. m. Paneslavismo. **2.** Afición a lo eslavo.

ESLAVO, A adj. y n. Relativo a un grupo etnolingüístico de la rama oriental de la familia indoeuropea, que habla lenguas del mismo origen (lenguas eslavas) y que ocupa la mayor parte de Europa central y oriental; individuo de este grupo. ♦ n. m. **2.** Conjunto de lenguas indoeuropeas habladas en Europa oriental y central por los eslavos.

ESLAVÓN, NA adj. y n. De Eslavonia.

ESLAVONIA, región del E de Croacia, entre el Sava y el Drave.

ESLOGAN o **SLOGAN** n. m. (pl. *eslóganes* o *slogans*). Frase publicitaria o fórmula de propaganda, breve y contundente.

ESLORA n. f. (neerlandés *slorie*). MAR. Longitud del buque.

ESLOVACO, A adj. y n. De Eslovaquia. ♦ n. m. **2.** Lengua eslava hablada en Eslovaquia.

ESLOVAQUIA, en eslovaco *Slovensko,* estado de Europa central; 49 000 km²; 5 150 000 hab. (*Eslovacos.*) CAP. *Bratislava.* LENGUA OFICIAL: eslovaco. MONEDA: *corona eslovaca.*

GEOGRAFÍA

Eslovaquia ocupa el extremo NO de los Cárpatos. El país combina bosques y pastos. La agricultura (cereales principalmente), está presente sobre todo en las llanuras del SO, cerca del Danubio. La industria, extractiva, está implantada en Bratislava y Košice, las ciudades más importantes. La población cuenta con una destacada minoría de origen húngaro (más del 10 % del total), localizada a lo largo de la frontera meridional.

HISTORIA

S. x: los húngaros destruyeron la Gran Moravia y se anexionaron Eslovaquia, que constituyó desde entonces la Alta Hungría en el dominio de los Habsburgo. D. 1540: la llanura húngara fue ocupada por los otomanos y el gobierno húngaro se estableció en Presburgo (act. Bratislava), donde permaneció hasta 1848. S. XIX: se desarrolló el movimiento nacional eslovaco. 1918: Eslovaquia fue integrada en el estado checoslovaco. 1939: creación de un estado autónomo, bajo protección alemana, gobernado por Mgr Tiso. 1945-1948: Eslovaquia fue reintegrada en Checoslovaquia y se restableció la centralización. 1969: Eslovaquia fue dotada de un estatuto de república federada. 1990: los diputados eslovacos consiguieron que Checoslovaquia adoptara el nombre de República federativa checa y eslovaca. 1992: V. Mečiar, jefe del gobierno formado en junio, preparó, en colaboración con su homólogo checo, la división de la Federación checa y eslovaca. 1993: Eslovaquia se convirtió en un estado independiente. Michal Kovac, elegido presidente de la república. 1999: Rudolf Schuster, presidente.

ESLOVENIA, en esloveno **Slovenija,** estado del sur de Europa; 20 226 km²; 1 914 000 hab. (*Eslovenos.*) CAP. *Ljubljana.* LENGUA OFICIAL: esloveno. MONEDA: *tolar.*

GEOGRAFÍA

El país limita con Italia, Austria y Hungría, se halla al pie de los Alpes y se abre en los valles del Drave y Sava. Un 95 % aprox. de su población es de origen esloveno.

HISTORIA

S. VI: las tribus eslavas (eslovenas) se establecieron en la región. 788: fue incorporada al imperio de Carlomagno. 1278: pasó a ser dominada por los Habsburgo. 1809-1813: Eslovenia fue incorporada a las Provincias Ilirias dependientes del imperio francés. 1814: las regiones eslovenas fueron restituidas a Austria; se desarrolló un movimiento cultural y nacional. 1918: Eslovenia entró en el reino de los serbios, croatas y eslovenos, que adoptaron, en 1929, el nombre de Yugoslavia. 1941-1945: fue dividida entre Alemania, Italia y Hungría. 1945: Eslovenia se convirtió en una de las Repúblicas federadas de Yugoslavia. 1990: la oposición democrática ganó las primeras elecciones libres; Milan Kucan, presidente. 1991: Eslovenia proclamó su independencia. 1992: ésta fue reconocida por la comunidad internacional. 1997: M. Kucan, reelegido presidente. 2000: restableció relaciones diplomáticas con la Federación Yugoslava.

ESLOVENO, A adj. y n. De la rama más occidental de los eslavos del sur, que habitan en Eslovenia. **2.** De Eslovenia.

ESMALTADO, A adj. Que es de esmalte o de la naturaleza del esmalte. ♦ n. m. **2.** Acción y efecto de esmaltar.

ESMALTAR v. tr. [1]. Cubrir con esmalte. **2.** *Fig.* Adornar, hermosear, ilustrar.

ESMALTE n. m. (fránc. *smalt*). Sustancia vítrea, opaca o transparente, con la que se recubren algunas materias para darles brillo o color de forma permanente. **2.** Labor que se hace con el esmalte. **3.** Objeto revestido o adornado de esmalte. **4.** Sustancia dura y blanca que, en el hombre y algunos animales, recubre la corona de los dientes. • **Esmalte de uñas,** preparado para dar color y brillo a las uñas.

ESMERADO, A adj. Ejecutado con esmero: *trabajo esmerado.* **2.** Que se esmera.

ESMERALDA n. f. (lat. *smaragdum*). Nombre de dos piedras preciosas de composición diferente, la esmeralda propiamente dicha y el *corindón verde* o *esmeralda oriental.* ♦ adj. **2.** Dícese del color verde semejante al de la esmeralda.

ESMERALDAS (*provincia de*), prov. del NO de Ecuador; 14 978 km²; 306 600 hab. Cap. *Esmeraldas.*

ESMERALDAS, c. de Ecuador, cap. de la prov. homónima; 141 030 hab. Bananas. Puerto fluvial en el río *Esmeraldas.* Oleoducto Transandino. Refino de petróleo.

ESMERALDERO, A adj. y n. *Colomb.* Dícese de la persona que se dedica a la explotación de esmeraldas o a negociar con ellas.

ESMERAR v. tr. [1]. Pulir o limpiar. ♦ **esmerarse** v. pron. **2.** Poner sumo cuidado en el cumplimiento de las obligaciones. **3.** Lucirse.

ESMERIL n. m. Roca que contiene cristales de corindón, de gran dureza, cuyo polvo es utilizado como abrasivo. • **Papel, tela de esmeril,** papel o tela en los que se ha pegado esmeril y que sirven para pulimentar.

ESMERILADO, A adj. *Cristal esmerilado,* cristal cuya superficie ha sido sometida a la acción de un abrasivo relativamente grueso.

ESMERILAR v. tr. [1]. Pulir con esmeril.

ESMERO n. m. Sumo cuidado y atención diligente en hacer las cosas: *trabajar con esmero.*

ESMIRNA → *Izmir.*

ESMIRRIADO, A adj. *Fam.* Flaco, extenuado, raquítico.

ESMOQUIN o **SMOKING** n. m. (ingl. *smoking* [*jacket*], traje para fumar) [pl. *esmóquines* o *smokings*]. Traje de etiqueta masculino, con solapas de seda.

ESMORECER v. intr. y pron. [2]. *C. Rica., Cuba* y *Venez.* Desfallecer, perder el aliento.

ESNAOLA (Juan Pedro), músico argentino (Buenos Aires 1808-*id.* 1878), fundador del primer conservatorio de música de

ESNIFAR v. intr. y tr. (der. del ingl. to sniff, aspirar) [1]. Inhalar drogas por la nariz.

ESNOB o **SNOB** adj. y n. m. y f. (ingl. snob) [pl. esnobs o snobs]. Que actúa con esnobismo. ♦ adj. **2.** Dícese de todo lo que se acoge por esnobismo: película esnob.

ESNOBISMO n. m. Admiración por todo lo que está de moda en los ambientes que pasan por distinguidos.

ESO pron. dem. neutro. Se refiere a objetos o situaciones anteriormente aludidos, señalándolos sin nombrarlos.

ESO, siglas de European Southern observatory (Observatorio europeo austral), organización europea para la investigación astrofísica en el hemisferio austral, creada en 1962.

ESÓFAGO n. m. (gr. oisophagos). Primera parte del tubo digestivo, que va desde la faringe hasta el cardias del estómago.

ESOPO, fabulista griego (ss. VII-VI a. J. C.), personaje legendario, al que se atribuye una colección de *Fábulas*, recopiladas en el s. IV a. J. C. por Demetrio de Falero.

ESOTÉRICO, A adj. (gr. esôterikos, íntimo). Aquello que es enseñado únicamente a los iniciados. **2.** Dícese de los conocimientos de las obras que son incomprensibles para los que no están iniciados: *lenguaje, poesía esotérica*. **3.** Oculto, reservado.

ESOTERISMO n. m. Parte de la filosofía pitagórica, cabalista o análoga, que no era conocida por los profanos. **2.** Toda doctrina que requiere un cierto grado de iniciación para participar en ella.

ESOTRO, A adj. dem. y pron. dem. Contracción de *ese, esa* o *eso* y *otro*.

ESPABILAR v. tr. [1]. Despabilar.

ESPACHURRAR v. tr. y pron. [1]. Despachurrar.

ESPACIADOR n. m. En las máquinas de escribir, tecla que se pulsa para dejar espacios en blanco.

ESPACIAL adj. Relativo al espacio: *viajes espaciales*.

ESPACIALIDAD n. f. Carácter de lo que es espacial.

ESPACIAR v. tr. y pron. [1]. Poner distancia entre las cosas en el tiempo o en el espacio: *espaciar las visitas*. ♦ **espaciarse** v. pron. **2.** Extenderse en el discurso o en lo que se dice.

ESPACIO n. m. (lat. spatium). Extensión indefinida, medio sin límites que contiene todas las extensiones finitas. **2.** Parte de esta extensión que ocupa cada cuerpo. **3.** Distancia entre dos o más objetos. **4.** Transcurso de tiempo: *hablar por espacio de una hora*. **5.** Cada una de las partes que componen un programa radiofónico o de televisión. **6.** MAT. Extensión indefinida de tres dimensiones que constituye el objeto de la geometría clásica, llamada *geometría del espacio*. || **Espacio aéreo**, zona atmosférica de soberanía de un estado, situado sobre el territorio terrestre y las aguas jurisdiccionales.

ESPACIOSIDAD n. f. Cualidad de espacioso.

ESPACIOSO, A adj. Ancho, dilatado, vasto: *habitación espaciosa*.

ESPADA n. f. (lat. spatham). Arma blanca, larga, recta, aguda y cortante, con guarnición y empuñadura. **2.** Ejercicio de esgrima en que se utiliza la espada. **3.** En el juego de naipes, cualquiera de las cartas del palo de espadas. || **Entre la espada y la pared**, en trance de tener que decidirse por una cosa u otra, sin escapatoria. || **Espada de Damocles**, amenaza persistente de un peligro. ♦ n. m. y f. **4.** Persona diestra en el manejo de esta arma. ♦ n. m. **5.** TAUROM. Diestro que en la lidia mata al toro con estoque. ♦ **espadas** n. f. pl. **6.** Uno de los cuatro palos de la baraja española.

ESPADACHÍN n. m. (ital. spadaccino). El que sabe manejar bien la espada.

ESPADAÑA n. f. Planta herbácea que crece junto a las aguas estancadas, parecida a una caña y cuyas flores forman una espiga compacta. (Familia tifáceas.) SIN.: *enea*. **2.** Campanario formado por una sola pared, en la que están abiertos los huecos para colocar las campanas.

ESPADAÑAL n. m. Terreno en que abunda la espadaña.

ESPADÍN n. m. Espada de hoja muy estrecha.

ESPADÓN n. m. Espada grande y ancha, utilizada entre los ss. XV y XVII, que se empuñaba con las dos manos.

ESPAGUETI n. m. (ital. spaghetti). Pasta alimenticia de harina de trigo en forma de cilindros macizos, largos y delgados.

ESPAILLAT (provincia de), prov. de la República Dominicana, al N del país; 974 km²; 179 500 hab. Cap. *Moca*.

ESPAILLAT (Ulises), político dominicano (1823-1878). Presidente de la república (1876), abandonó el poder por el acoso de las facciones rebeldes.

ESPALDA n. f. Parte posterior del cuerpo humano y de algunos animales, desde los hombros hasta la región lumbar. **2.** Envés o parte posterior de una cosa. • **A espaldas de** alguien, en su ausencia, sin que se entere. || **Caer, o caerse, de espaldas**, asombrarse, sorprenderse mucho. || **Espalda mojada** (Méx.), trabajador indocumentado en E.U.A. || **Guardar las espaldas** a alguien, protegerle de algún peligro. || **Por la espalda**, a traición. || **Tener cubiertas las espaldas**, estar a cubierto, tener protección suficiente.

ESPALDAR n. m. Espalda, parte posterior del cuerpo humano. **2.** Respaldo, parte de la silla o banco en que descansa la espalda. **3.** Conjunto de árboles plantados contra un muro, sobre el que las ramas se apoyan. **4.** Enrejado sobrepuesto a una pared para que por él trepen y se extiendan ciertas plantas.

ESPALDARAZO n. m. Golpe dado de plano con la espada en la espalda de uno como ceremonia en el acto de armar caballero. **2.** *Fig.* Reconocimiento de la competencia o habilidad de alguien en una profesión o actividad.

ESPALDEAR v. tr. [1]. Chile. Defender a una persona.

ESPALDERA n. f. Espaldar, enrejado sobrepuesto a una pared. **2.** Línea de árboles frutales, alineados sobre hilos de hierro o sobre una tela, al aire libre. ♦ **espalderas** n. f. **3.** Aparato de gimnasia consistente en varias barras de madera horizontales y dispuestas para hacer ejercicios.

ESPALDILLA n. f. Omóplato, especialmente el de los animales. **2.** Cuarto delantero de las reses. **3.** Méx. Brazuelo o lacón del cerdo.

ESPANTADA n. f. Huida repentina de un animal. **2.** Desistimiento súbito, ocasionado por el miedo.

ESPANTADIZO, A adj. Que fácilmente se espanta.

ESPANTADOR, RA adj. Argent., Colomb. y Guat. Dícese del caballo espantadizo.

ESPANTAJO n. m. Lo que se pone en un lugar para espantar, especialmente en los sembrados para espantar los pájaros. **2.** *Fig.* Cosa o persona que infunde falso temor. **3.** Persona fea, ridícula o ridículamente vestida.

ESPANTAPÁJAROS n. m. (pl. espantapájaros). Espantajo que se pone en árboles o sembrados para ahuyentar a los pájaros.

ESPANTAR v. tr. (lat. expaventare) [1]. Ahuyentar, echar de un lugar. ♦ v. tr. y pron. **2.** Causar o sentir espanto e infundir miedo.

ESPANTO n. m. Terror. **2.** Méx. Fantasma. • **De espanto**, muy intenso: *hacer un frío de espanto*.

ESPANTOSIDAD n. f. Méx. Cosa muy fea.

ESP

ESPANTOSO, A adj. Que causa espanto. **2.** Desmesurado: *un hambre espantosa*. **3.** *Fig.* Muy feo.

ESPAÑA, estado del SO de Europa, en la península Ibérica; 504 750 km², incluidas las islas Canarias y las Baleares; 39 729 800 hab. (*Españoles*.) CAP. *Madrid*. LENGUA OFICIAL: *español*. MONEDA: *peseta*.

GEOGRAFÍA

El territorio se ordena en torno a una gran unidad central, la Meseta, que la cordillera Central divide en dos sectores, N y S, regados respectivamente por el Duero y por el Tajo y Guadiana. Al NE de la Meseta discurre el valle del Ebro, y al S el del Guadalquivir. Las mayores altitudes peninsulares se dan en sistemas montañosos marginales a la Meseta: Pirineos (Aneto, 3 404 m) y cordillera Penibética (Mulhacén, 3 478 m). La costa es en general, poco articulada, excepto en el NO peninsular (rías). Las Baleares, con la excepción de Menorca, constituyen desde el punto de vista geológico una prolongación de la cordillera Subbética, y el archipiélago canario es de formación volcánica; en él se encuentra la máxima altitud del territorio español (Teide, 3 718 m). La población se ha doblado desde el inicio del s. XX, pero el crecimiento vegetativo se ha reducido al 0,5 %; tanto el crecimiento demográfico como la distribución espacial han seguido ritmos diferentes en las distintas áreas, en función sobre todo de un desarrollo industrial polarizado en Madrid, Cataluña, País Vasco y Levante. Estas zonas, y en general las provincias litorales, registran las mayores densidades, mientras las zonas rurales de la Meseta se despueblan. En lo que respecta a las actividades económicas, España es un país terciarizado (64 % del P.I.B. por un 30 % la industria y un 6 % el sector primario). Estos porcentajes equivalen a los de los países más industrializados, pero las debilidades infraestructurales y las altas tasas de paro y elevado déficit público sitúan a España en un escalón más bajo que sus socios más destacados de la Unión europea. Los bosques cubren un 30 % del territorio. Los cultivos más extendidos son los cereales, la vid y el olivo (importante producción de vino o aceite), a los que se añaden en determinadas zonas los cítricos y otros frutales, la patata, el tomate y la cebolla; y entre los cultivos industriales, el algodón, el girasol, la remolacha azucarera y el tabaco. La ganadería y la pesca mantienen su importancia tradicional (en auge la acuicultura), aunque con dificultades derivadas de los cupos de producción fijados por la Unión europea en el primer caso, y de la extensión de las aguas jurisdiccionales y la restricción de los caladeros y cupos de captura en el segundo. Entre los recursos mineros destacan el hierro, carbón, plomo, cinc, estaño, volframio, cobre y mercurio (Almadén). En cantidades muy modestas se extrae petróleo en la plataforma continental mediterránea. El 48 % de la energía producida es de origen nuclear, y tan sólo el 8 % de origen hídrico; el resto es de origen térmico. Actualmente la industria más competitiva es la agroalimentaria, farmacéutica, del automóvil y transporte, maquinaria, electrodomésticos e informática y del calzado. En la balanza de pagos española se ha compensado el déficit comercial y de algunos servicios (pago de asistencia técnica y de royalties) por los ingresos de turismo, muy notables, y la inversión de capital exterior. España realiza con sus socios de la Unión europea el 60 % de sus importaciones (con tendencia a crecer) y el 70 % de sus exportaciones.

HISTORIA

Prehistoria y protohistoria. El resto humano más antiguo hallado es el de

ESP

Orce (Granada), fechado c. 1 400 000 a. J.C. En el V milenio a. J.C. surgió la agricultura en el Levante. Las culturas de Almería, Los Millares (2700-2500 a. J.C.) y El Argar (1700 a. J.C.), marcan la evolución del neolítico a la edad de los metales. A partir del 1000 a. J.C. se inició la inmigración de pueblos celtas, que se instalaron en la Meseta y el N. En la primera mitad del I milenio a. J.C. se reforzó la influencia mediterránea, con las colonizaciones fenicia y griega; en contacto con ellas existió el reino de Tartessos, en Andalucía, cuyo mayor esplendor fue en los ss. VII-VI a. J.C. La batalla de Alalia (533 a. J.C.) significó un retroceso de la colonización griega en el SO de España, en beneficio de la púnica. Los griegos mantuvieron su influencia en el Levante y el SE, donde se desarrolló la cultura ibérica, frente a los pueblos celtas y celtibéricos del NO y de la Meseta.
De Cartago a la Hispania romana. 237 a. J.C.: Amílcar Barca emprendió en Cádiz la conquista cartaginesa. 219 a. J.C.: la destrucción de Sagunto, aliada de Roma, desencadenó la segunda guerra púnica, y Roma entró en la península, expulsó a los cartagineses (218-207 a. J.C.) e inició su propia conquista, completada tras la segunda guerra celtibérica (143-134 a. J.C.); poco después sometió los núcleos celtas de Galicia y, tras la guerra contra cántabros y astures (27-14 a. J.C.), incorporó a su dominio parte de la franja cantábrica. La Hispania romana fue dividida (s. I a. J.C.) en tres provincias, Bética, Lusitania y Tarraconense (cinco, con la Cartaginense y la Galecia, en el s. III). La romanización contribuyó al crecimiento demográfico, la urbanización y la expansión de la agricultura y la ganadería, aunque decayó la minería; impuso el latín sobre las lenguas anteriores y difundió el cristianismo. S. III: crisis de la Hispania romana y ruralización, estimulada por las invasiones de alamanes y francos (258). 409-429: invasiones de los vándalos, alanos y suevos; estos últimos establecieron un reino en Galicia (430); la rebelión de los bagaudas (441) consumó la quiebra del poder romano.
La España visigoda. 453: entrada de los visigodos, que derrotaron a los bagaudas (454). 507: victoria franca en Vouillé sobre Teodorico de Tolosa, y desplazamiento del reino visigodo hacia la Península; Leovigildo (571-586) limitó las incursiones bizantinas, conquistó el reino suevo e inició la fusión entre los visigodos y los hispanorromanos. 586-711: la conversión de Recaredo al catolicismo (587) consolidó el reino hispanovisigodo. Las disensiones entre Rodrigo y los hijos de Vitiza favorecieron la invasión musulmana (711).
La España musulmana y la «reconquista». 711-732: musulmanes del N de África conquistaron el reino visigodo y atravesaron los Pirineos hasta ser detenidos por los francos en Poitiers. 755-929: 'Abd al-Rahmān I proclamó el emirato independiente de Córdoba, el estado hispanomusulmán de Al-Andalus; 794: Alfonso II aseguró con su victoria en Lutos la independencia del reino astur fundado en 718. 801: Carlomagno conquistó Barcelona y estableció una Marca hispánica en el NE, origen de los condados catalanes. 929-1031: 'Abd al-Rahmān III proclamó el califato de Córdoba; tras su derrota en Alhandega (939) se resignó a la existencia de los reinos cristianos: el astur, que había establecido su capital en León (912), el de Navarra, constituido en el s. IX, y el condado de Castilla (reino desde 1037). 1031-1238: la fragmentación del califato cordobés en los reinos taifas favoreció la expansión de los reinos cristianos, que rechazaron las incursiones almorávides (1086)

y almohades (1147); el reino de Castilla, que había absorbido al de León, avanzó hacia el S y conquistó Sevilla (1248), mientras que el de Aragón y Cataluña, unificado en el s. XII, lo hizo sobre el Levante hasta Valencia (1238) y la cuenca del Júcar (1245), y conquistó Mallorca (1229).
La baja edad media. 1248-1369: en Castilla la creciente complejidad económica derivada del comercio sevillano y la exportación de lana a Flandes abrió un conflicto entre la nobleza, beneficiaria a través de la Mesta (1273) de las exportaciones, y la corona y las ciudades, reflejado en la guerra civil del reinado de Pedro I (1350-1369). Aragón prosiguió su expansión mediterránea, de acuerdo con los intereses comerciales catalanes (Grecia, Cerdeña). 1369-1412: la casa de Trastámara ocupó ambos tronos, tras el triunfo de Enrique de Trastámara en la guerra civil castellana (1369) y la elección de Fernando de Antequera como monarca de Aragón (compromiso de Caspe, 1412). 1412-1479: los conflictos internos llevaron a Isabel, heredera del trono de Castilla, y al hijo de Juan II de Aragón, Fernando, a su matrimonio (1469); su victoria en la guerra de sucesión castellana (1474-1479) culminó la unión dinástica de los dos reinos.
La España imperial. 1480-1515: la unión de los Reyes Católicos mantuvo las instituciones propias de ambos reinos, afirmó la autoridad de la corona ante la nobleza y atendió a los intereses de expansión de ambos con la toma de Granada y el fin de la reconquista (1492) y la recuperación de Nápoles (1504); en 1512 Fernando anexionó Navarra. El descubrimiento de América (1492) inició la proyección imperial transoceánica; la diversidad religiosa y cultural medieval empezó a diluirse con la expulsión de los judíos y la conversión forzosa de los mudéjares. 1516-1556: Carlos I de Habsburgo consolidó la unión dinástica, tras sofocar las rebeliones de las Comunidades de Castilla (1520-1521) y las Germanías de Valencia (1519-1523) y de Baleares; la política europea, dada su condición de emperador (Carlos V) desde 1519, se convirtió en la prioridad del monarca. 1556-1598: Felipe II heredó las coronas de Castilla, con América, y Aragón, con el reino de Nápoles, y los Países Bajos, y se anexionó, por matrimonio, Portugal (1580); los crecientes beneficios generados por el imperio americano contrastaron con la erosión de la posición de los Austrias en Europa (sublevación de Flandes, 1566; enfrentamiento con Inglaterra; instauración de los Borbones en Francia). 1598-1699: el imperio español se situó a la defensiva ante la rivalidad con Inglaterra y Francia, la persistencia de la rebelión de los Países Bajos y la crisis general del 1640 (rebeliones de Portugal y Cataluña); Felipe IV tuvo que reconocer la independencia neerlandesa (tratado de Westfalia, 1648) y de Portugal (1668), aunque recuperó Cataluña (1652); la muerte de Carlos II (1699) inició un conflicto sucesorio europeo por el trono de España.
El s. XVIII. 1701-1714: la guerra de Sucesión española desembocó en los tratados de Utrecht (1713) y Rastadt (1714), por los que Felipe de Anjou fue reconocido rey de España (Felipe V) a cambio de importantes concesiones territoriales. 1715-1759: la dinastía borbónica acabó con la coexistencia de los reinos soberanos (decretos de Nueva planta) y centralizó la administración; los pactos de familia (1733, 1743, 1761) mantuvieron una alianza subordinada con Francia, se perdió peso en Europa y se priorizó la defensa del imperio americano. 1759-1788: el reina-

do de Carlos III conoció un reformismo administrativo destinado a fomentar el comercio y mejorar los ingresos de la corona, sobre todo los procedentes de América, pero mantuvo intactos del régimen señorial y el poder de la aristocracia. 1789-1808: la Revolución francesa ratificó el fin de la etapa reformista, aunque tras una confrontación inicial con la república (1793-1795) Godoy renovó la tradicional alianza con Francia y colocó a la monarquía española en manos de Napoleón.
La revolución liberal. 1808-1814: el levantamiento contra la ocupación napoleónica desembocó en la convocatoria de las cortes de Cádiz y la promulgación de la primera constitución española (1812). 1814-1833: tras la derrota napoleónica, Fernando VII rechazó el régimen constitucional y restableció el absolutismo, salvo en el breve período del trienio liberal (1820-1823); por otra parte, fue incapaz de detener la emancipación de las colonias americanas (1810-1824). 1833-1840: a la muerte de Fernando VII, la regente María Cristina se apoyó en los liberales para hacer frente al levantamiento carlista (1833); el triunfo del liberalismo significó la abolición del régimen señorial y el establecimiento de la desamortización y el establecimiento de un régimen de tipo censitario. 1840-1868: el liberalismo se dividió entre moderados y progresistas, y emergió el movimiento obrero, apoyado en la expansión del capitalismo; la presión democrática culminó en la revolución que derrocó a Isabel II (1868).
El sexenio democrático y la Restauración. 1868-1874: tras fracasar el intento de una monarquía parlamentaria con Amadeo de Saboya (1870-1873), la proclamación de la primera república (1873-1874) no pudo tampoco consolidar un nuevo estado democrático, debilitado por la división entre federales y unitarios. 1875-1898: el golpe militar que disolvió la república dio paso a la restauración de la dinastía borbónica con Alfonso XII; el poder quedó controlado por dos partidos dinásticos, conservador y liberal, mediante el caciquismo político; la expansión económica recibió un duro golpe a raíz de la guerra con E.U.A. y la pérdida de Cuba, Puerto Rico y Filipinas (1898). 1898-1931: la crisis del régimen de la Restauración, agravada por la eclosión del regionalismo vasco y catalán y el incremento de los conflictos sociales, propició la dictadura de Primo de Rivera (1923-1930), cuyo fracaso arrastró la caída de la monarquía.
La segunda república y la guerra civil. 1931-1933: la alianza entre republicanos y socialistas reemprendió la reforma del estado mediante su laicización, la reforma militar, la reforma agraria y la concesión de la autonomía catalana. 1933-1936: el ascenso de la derecha republicana al poder, apoyada por la C.E.D.A., dio paso al enconamiento de la confrontación política (insurrecciones de 1934). 1936-1939: la victoria del Frente popular fue rechazada por la derecha, que apoyó el alzamiento militar de julio de 1936, que inició la guerra civil; el aislamiento internacional de la república, forzado por la política de no intervención, contrastó con el apoyo de Alemania e Italia al bando insurrecto, a cuyo mando se situó el general Franco, que logró ganar la contienda.
De la dictadura franquista a la restauración de la democracia. 1939-1975: el general Franco desencadenó una amplia represión y estableció una dictadura personal, que mantuvo tras el fin de la guerra mundial (1945), con el apoyo de E.U.A. y favorecido por la guerra fría; la expansión económica de los años sesenta comportó el establecimiento definiti-

vo de una sociedad urbana e industrializada, que favoreció el desarrollo de la oposición a la dictadura. 1975-1977: tras la muerte de Franco, en el contexto de la reinstauración de la monarquía con Juan Carlos I, el acuerdo entre la oposición democrática y el sector aperturista del régimen liderado por Adolfo Suárez (1976) hizo posible la transición a la democracia. 1977-1982: período de gobierno de la U.C.D. (A. Suárez hasta 1981; J. Calvo Sotelo, 1981-1982), la cual integraba la mayoría de los aperturistas, en el que se aprobó la nueva constitución (1978), se superó un intento de golpe militar (1981), y España ingresó en la O.T.A.N. 1982-1996: prolongada etapa de gobierno del P.S.O.E. presidido por Felipe González, durante la cual España se integró plenamente en la O.T.A.N. y en la Comunidad europea (1986). 1996: triunfo del Partido popular en las elecciones legislativas; José María Aznar es nombrado presidente del gobierno. 1998: España ingresó a la O.T.A.N. 2000: J.M. Aznar fue reelegido. 2004: José Luis Rodríguez Zapatero, jefe del gobierno.
ESPAÑA (José María), patriota venezolano (La Guaira c. 1760-Caracas 1799). Organizó diversas conspiraciones independentistas desde 1796.
ESPAÑOL, LA adj. y n. De España. ♦ n. m. **2.** Lengua hablada en España, en los países de Hispanoamérica y en algunos territorios de cultura española. SIN.: *castellano.*
▪ *El español de América.* Hay pocos fenómenos de carácter lingüístico fundamental que separen el español americano del de España. En las divergencias dialectales del español americano influyeron los sustratos indígenas: arawak, caribe, náhuatl y maya, quechua, araucano o mapuche y guaraní. En el conjunto de fenómenos que caracterizan el español americano pueden señalarse el voseo, una mayor actividad de las formas derivadas con diminutivo u otros sufijos, y el léxico, que además del sustrato indígena presenta préstamos de diversas lenguas extranjeras (italianismos, anglicismos, etc.).
ESPAÑOLA (La), isla de las Grandes Antillas, situada entre Cuba y Puerto Rico, dividida entre la República Dominicana al E y Haití al O. Descubierta por Colón en 1492, que la denominó Hispaniola, España cedió a Francia la parte O por el tratado de Riswick (1697).
ESPAÑOLADA n. f. Dicho o hecho propio de españoles. **2.** Acción, espectáculo, etc., en que se falsean, por exageración o por limitación al aspecto más espectacular, las cosas típicas de España.
ESPAÑOLEAR v. intr. [1]. Hacer extremada propaganda de España en conferencias, artículos, etcétera.
ESPAÑOLETO (el) → *Ribera* (José).
ESPAÑOLISMO n. m. Amor o apego a las cosas españolas o típicas de España. **2.** Carácter español acentuado o definido.
ESPAÑOLIZACIÓN n. f. Acción y efecto de españolizar.
ESPAÑOLIZAR v. tr. **[1g].** Dar carácter español. **2.** Dar forma española a un vocablo o expresión de otro idioma. ♦ v. tr. y pron. **3.** Comunicar o tomar costumbres españolas.
ESPARADRAPO n. m. Tiras de tela o de papel, una de cuyas caras está cubierta de un emplasto adherente, que se usan para sujetar los vendajes.
ESPARCIMIENTO n. m. Acción y efecto de esparcir. **2.** Actividad con que se ocupa el tiempo libre. **3.** Diversión, recreo.
ESPARCIR v. tr. y pron. (lat. *spargere*) **[3a].** Separar, extender, desparramar lo que está junto o amontonado. **2.** Derramar extendiendo. **3.** Difundir, extender, especialmente una noticia. **4.** Divertir, recrear.

ESPARRAGAL n. m. Lugar donde se cultivan espárragos.
ESPÁRRAGO n. m. (lat. *asparagus,* brote). Brote tierno de la esparraguera, que se utiliza como comestible. **2.** TECNOL. Especie de pasador o perno metálico sin cabeza que se emplea para unir y asegurar dos piezas entre sí.
ESPARRAGUERA n. f. Hortaliza de la familia liliáceas, de la cual se comen los brotes, espárragos, cuando todavía son tiernos.
ESPARRANCARSE v. pron. **[1a].** *Fam.* Ponerse con las piernas muy abiertas.
ESPARTA o **LACEDEMONIA,** c. de la antigua Grecia en el Peloponeso, a orillas del Eurotas. Organizada en el s. IX a. J.C. en un estado oligárquico y militar, practicó hasta el s. VI a. J.C. una política de expansión que hizo de ella una poderosa ciudad. En el s. V a. J.C., mantuvo una gran rivalidad con Atenas (guerra del Peloponeso, 431-404 a. J.C.) de la que salió victoriosa. La expansión de Macedonia puso fin a su papel político.
ESPARTACO, jefe de los esclavos sublevados contra Roma († en Lucania en 71 a. J.C.), fue vencido y muerto por Craso.
ESPARTANO, A adj. y n. (lat. *spartanum*). De Esparta. ♦ adj. **2.** Dícese de las personas, costumbres, etc., de gran severidad y austeridad.
ESPARTO n. m. Planta herbácea que crece en el N de África y en el centro y S de la península Ibérica, cuyas hojas se utilizan en la fabricación de cuerdas, alpargatas, tejidos bastos, papel de imprenta, etc. (Familia gramíneas). **2.** Fibra obtenida con las hojas de esta planta.
ESPASMO n. m. (gr. *spasmos*). Contracción involuntaria de las fibras musculares, especialmente de la musculatura lisa.
ESPASMÓDICO, A adj. Relativo al espasmo, o acompañado de este síntoma.
ESPATARRARSE v. pron. **[1].** *Fam.* Despatarrarse.
ESPÁTULA n. f. Utensilio de metal, madera, etc., en forma de paleta plana. **2.** Parte anterior y curvada del esquí. **3.** Ave zancuda, de 80 cm de long., de pico ancho, que anida en las costas o en los cañaverales.
ESPECIA n. f. (lat. *speciem*). Sustancia aromática de origen vegetal, como el clavo, la nuez moscada, etc., utilizada para sazonar los alimentos.
ESPECIAL adj. (lat. *spacialem*). Singular o particular, en oposición a general u ordinario. **2.** Muy adecuado o propio para algún efecto. ● **En especial,** de forma singular o particular.
ESPECIALIDAD n. f. Circunstancia de ser especial o carácter especial. **2.** Aquello a que uno se dedica con cierta exclusividad y competencia. **3.** Cada una de las partes de una ciencia o arte que tiene, por sí misma, un cuerpo de doctrina suficiente y puede ejercerse de modo independiente. ● **Especialidad farmacéutica** (FARM.), producto, medicamento.
ESPECIALISTA adj. y n. m. y f. Dícese del que cultiva un ramo determinado arte o ciencia y sobresale en él. ♦ n. m. y f. **2.** CIN. Doble que sustituye al actor en escenas de riesgo o destreza.
ESPECIALIZACIÓN n. f. Acción y efecto de especializar.
ESPECIALIZAR v. intr. y pron. **[1g].** Cultivar con especialidad una rama determinada de una ciencia o arte: *especializarse en pediatría.* ♦ v. intr. **2.** Limitar una cosa a un fin determinado.
ESPECIAR v. tr. [1]. Sazonar con especias.
ESPECIE n. f. (lat. *speciem*). Conjunto de cosas a las que conviene una misma definición. **2.** Grupo de seres naturales que tienen varios caracteres comunes. **3.** Clase, cierta manera de ser. **4.** Noticia. **5.** Apariencia, pretexto. **6.** Grupo de individuos, animales o vegetales con un aspecto parecido, cuyo hábitat particular, fecundos entre sí pero generalmente estériles con individuos de otras especies. ● **En especie,** o **especies,** en género y no en dinero. | **Especies sacramentales** (TEOL.), apariencias del pan y del vino después de la transustanciación.
ESPECIERÍA n. f. Tienda en que se venden especias. **2.** Conjunto de especias.
ESPECIERO, A n. Persona que comercia en especias. ♦ n. m. **2.** Utensilio o vasija para guardar las especias.
ESPECIFICACIÓN n. f. Acción y efecto de especificar.
ESPECIFICAR v. tr **[1a].** Determinar o precisar.
ESPECIFICIDAD n. f. Cualidad de específico.
ESPECIFICATIVO, A adj. Que tiene virtud o eficacia para especificar.
ESPECÍFICO, A adj. Que es propio de una especie, de una cosa con exclusión de otra. ♦ n. m. **2.** Nombre genérico de los medicamentos que vienen preparados de laboratorios químico-farmacéuticos.
ESPÉCIMEN n. m. (lat. *specimen*) [pl. *especímenes*]. Ejemplar, muestra, modelo, señal.
ESPECIOSO, A adj. Hermoso, precioso, perfecto. **2.** *Fig.* Aparente, engañoso.
ESPECTACULAR adj. Dícese de las cosas aparatosas que impresionan.
ESPECTÁCULO n. m. (lat. *spectaculum*). Cualquier acción que se ejecuta en público para divertir o recrear. **2.** Conjunto de las actividades del teatro, del circo, etc. **3.** Aquello especialmente notable que se ofrece a la vista o a la contemplación intelectual. **4.** Acción escandalosa, extravagante o inconveniente.
ESPECTADOR, RA n. (lat. *spectatorem*). Que mira algo con atención. ♦ adj. y n. **2.** Que asiste a un espectáculo.
ESPECTRO n. m. (lat. *spectrum,* simulacro). Imagen o fantasma, por lo común horrible, que se representa a los ojos o en la fantasía. **2.** Persona que ha llegado a un grado extremo de delgadez o decadencia física. **3.** *Fig.* Conjunto variado de elementos, aplicaciones, tendencias o rodeos de que consta: *algo: alianza política de amplio espectro.* **4.** Fís. Conjunto de las líneas resultantes de la descomposición de una luz compleja. **5.** MED. Conjunto de las bacterias sobre las que es activo un antibiótico. ● **Espectro magnético, eléctrico,** figura que materializa las líneas de fuerza de un campo magnético o eléctrico, obtenida esparciendo limaduras de hierro o partículas conductoras sobre una superficie donde reina este campo.
ESPECULACIÓN n. f. Acción y efecto de especular. **2.** Operación comercial consistente en adquirir mercancías, valores o efectos públicos, con ánimo de obtener lucro en su reventa.
ESPECULAR v. tr. intr. (lat. *speculari,* observar, acechar) [1]. Meditar, reflexionar. ♦ v. intr. **2.** Comerciar, negociar. **3.** Procurar provecho o ganancia con algo. **4.** Efectuar operaciones comerciales o financieras, cuyo beneficio se obtendrá por las variaciones en los precios de los cambios. ♦ v. intr. **5.** Hacer cábalas.
ESPECULATIVO, A adj. Relativo a la especulación. **2.** Dado a la especulación.
ESPEJISMO n. m. Fenómeno óptico particular de los países cálidos que consiste en el hecho de que los objetos lejanos producen una imagen invertida, como si se reflejasen en la superficie de una balsa de agua, debido a la reflexión total que se produce cuando atraviesa capas de aire de densidad distinta. **2.** *Fig.* Apariencia seductora y engañosa.
ESPEJO n. m. (lat. *speculum*). Superficie pulida y, especialmente, vidrio pulido y metalizado que refleja la luz y da imágenes de los objetos. **2.** *Fig.* Lo que da imagen de una cosa: *el teatro es el espejo de*

la vida. **3.** *Fig.* Modelo o dechado digno de imitación: *espejo de virtudes*. • **Espejo de Venus,** planta herbácea de flores de color blanco o violeta. (Familia campanuláceas.)
ESPEJO (Lo), com. de Chile (Santiago), en el área metropolitana de Santiago; 119 899 hab.
ESPEJO (Francisco), patriota venezolano (en Santa Lucía 1758† 1814). Presidente de la corte suprema, elaboró un proyecto de constitución.
ESPEJO (Francisco Eugenio de Santa Cruz y), patriota e ilustrado ecuatoriano (Quito 1747-*id.* 1795), una de las principales figuras de la Ilustración en América.
ESPEJUELO n. m. Reflejo producido en ciertas maderas cortadas a lo largo de los radios medulares. **2.** Ingenio de caza para atraer a las alondras. ♦ **espejuelos** n. m. pl. **3.** Cristales de los anteojos. **4.** Anteojos, instrumento óptico. **6.** *Amér.* Lentes.
ESPELEOLOGÍA n. f. Ciencia y deporte que tienen por objeto el estudio y exploración de las cavidades naturales del subsuelo.
ESPELEÓLOGO, A n. Persona que se dedica a la espeleología.
ESPELUZNANTE adj. Que espeluzna.
ESPELUZNAR v. tr. y pron. [1]. Poner el pelo erizado por efecto del miedo o causar mucho miedo.
ESPERA n. f. Acción y efecto de esperar. **2.** Calma, facultad de saberse contener. • **A la espera de,** denota que se aguarda algo para obrar en consecuencia.
ESPERANTO n. m. Lengua internacional, creada en 1887 por Zamenhof, que se basa en la máxima internacionalidad de las raíces y la invariabilidad de los elementos léxicos.
ESPERANZA n. f. Confianza de lograr una cosa o de que se realice lo que se desea. **2.** TEOL. Una de las tres virtudes teologales. • **Esperanza de vida,** duración media de la vida en un grupo humano determinado.
ESPERANZA (La), c. de Honduras, cap. del dep. de Intibucá; 4 017 hab.
ESPERANZAR v. tr. [1g]. Dar esperanza. ♦ v. intr. y pron. **2.** Tener esperanza.
ESPERAR v. tr. (lat. *sperare*) [1]. Tener esperanza de conseguir lo que se desea. **2.** Permanecer en un sitio hasta que llegue una persona o cosa. **3.** Confiar en, contar con la ayuda o colaboración de una persona o cosa. **4.** Dejar de hacer cierta cosa hasta que ocurra otra. **5.** Ser inevitable que suceda a alguien alguna cosa, tener destinado: *nos esperan un largo viaje.* ♦ v. tr. e intr. **6.** Creer que ha de suceder una cosa. • **Ser de esperar,** expresión que indica que hay motivos para creer que va a ocurrir lo que se espera. ♦ v. intr. **7.** Seguido de la prep. *en,* confiar en alguien: *esperar en el Señor.* ♦ **esperarse** v. pron. **8.** Prever, ver como probable: *de alguien como tú se espera cualquier cosa.* **9.** Imaginarse, figurarse: *nadie se esperaba que vinieras.*
ESPERMA n. m. o f. Líquido que secretan las glándulas reproductoras masculinas y que contiene los espermatozoides.
ESPERMATICIDA n. m. y adj. Espermicida.
ESPERMÁTICO, A adj. Relativo al esperma y a los espermatozoides.
ESPERMATOCITO n. m. Célula germinal masculina llamada a experimentar la primera o la segunda división de la meyosis.
ESPERMATÓFITO, A adj. y n. m. Fanerógamo.
ESPERMATOZOIDE o **ESPERMATOZOO** n. m. Célula sexual masculina, formada habitualmente por una cabeza, ocupada por el núcleo haploide, y un flagelo que asegura su desplazamiento.
ESPERMICIDA adj. y n. m. Dícese de las sustancias químicas que, aplicadas localmente en la vagina, destruyen los espermatozoides.

ESPERPÉNTICO, A adj. Relativo al esperpento.
ESPERPENTO n. m. *Fam.* Persona o cosa extravagante y ridícula. **2.** Desatino, absurdo. **3.** LIT. Título dado por Ramón del Valle-Inclán a varias de sus obras, caracterizadas por presentar el sentido trágico de la vida con una estética deformada.
ESPESAMIENTO n. m. Acción y efecto de espesar.
ESPESANTE n. m. Materia que espesa, que aumenta la viscosidad.
ESPESAR v. tr. y pron. [1]. Convertir en espeso o más espeso. **2.** Hacer tupido un tejido al fabricarlo.
ESPESO, A adj. (lat. *spissum*). Dícese de la sustancia fluida que tiene mucha densidad o condensación. **2.** Dícese del conjunto o agregado de cosas, partículas, etc., muy próximas unas a otras. **3.** Grueso, recio. **4.** *Fig.* Enrevesado, de difícil comprensión. **5.** *Perú.* y *Venez. Fig.* Pesado, impertinente.
ESPESOR n. m. Grueso de un sólido. **2.** Densidad o condensación de un fluido o una masa.
ESPESURA n. f. Calidad de espeso. **2.** Vegetación densa.
ESPETAR v. tr. [1]. Atravesar algo con un instrumento puntiagudo. **2.** *Fig.* y *fam.* Decir a alguien algo que causa sorpresa o molestia.
ESPETÓN n. m. Varilla de hierro u otro material, larga y delgada, como el asador o el estoque. **2.** Golpe dado con este instrumento.
ESPÍA n. m. y f. (gót. *spaiha*). Persona que espía o acecha con disimulo. **2.** Persona que comunica al gobierno o mando militar o a una empresa de un país informaciones secretas de otro.
ESPIAR v. tr. (gót. *spaihon,* acechar) [1t]. Observar algo o acechar a alguien con atención, continuidad y disimulo: *espiar al enemigo.*
ESPICHAR v. tr. [1]. Pinchar, punzar o herir con una cosa aguda o punzante. ♦ v. intr. **2.** *Fam.* Morir, acabarse la vida. ♦ **espicharse** v. pron. **3.** *Cuba.* Enflaquecer, adelgazar.
ESPIGA n. f. (lat. *spicam*). Inflorescencia ramosa, simple, formada por un conjunto de flores hermafroditas, sésiles, dispuestas a lo largo de un eje. **2.** Conjunto de granos agrupados a lo largo de un eje. **3.** Púa, vástago de un árbol que se introduce en otro para injertarlo. **4.** Extremo de una pieza de madera entallado para que entre y encaje en un hueco de igual sección abierto en otra pieza que se ha de ensamblar con la primera. **5.** Parte saliente de una pieza metálica, que se aloja o no en una cavidad correspondiente.
ESPIGADO, A adj. Dícese de las plantas que tienen espiga u otra inflorescencia ya formada. **2.** En forma de espiga.
ESPIGAR v. tr. [1b]. Recoger las espigas que han quedado en el rastrojo. **2.** Labrar la espiga con las piezas de madera que se han de ensamblar. ♦ v. intr. **3.** Empezar los cereales a echar espiga. ♦ **espigarse** v. pron. **4.** Crecer notablemente una persona.
ESPIGÓN n. m. Aguijón, punta o extremo del palo con que se aguija. **2.** Espiga áspera y espinosa. **3.** Mazorca de maíz. **4.** Columna que constituye el eje o núcleo de una escalera de caracol. **5.** Cerro alto, pelado y puntiagudo. **6.** OBR. PÚBL. Macizo saliente desde el que avanza en el mar o en un río perpendicularmente a la orilla, para proteger un puerto contra el oleaje.
ESPIGUEAR v. intr. [1]. *Méx.* Mover el caballo la cola, sacudiéndola de arriba abajo.
ESPINA n. f. (lat. *spinam*). Astilla pequeña y puntiaguda. **2.** *Fig.* Pesar íntimo y duradero. **3.** Excrecencia que en los peces,

toma formas distintas. **4.** ANAT. Nombre que reciben diversas estructuras anatómicas óseas: *espinas ilíacas.* **5.** BOT. Órgano, o parte orgánica axial apendicular, endurecido y puntiagudo. **6.** ZOOL. Columna vertebral. • **Darle** a uno **mala espina** una cosa, hacerle entrar en recelo o cuidado.
ESPINACA n. f. (ár. hispánico *ispináh*). Planta herbácea cultivada por sus hojas, que se consumen cocidas. (Familia quenopodiáceas.)
ESPINAL adj. Relativo a la columna vertebral.
ESPINAR n. m. Lugar donde crecen arbustos espinosos. **2.** *Fig.* Dificultad, enredo.
ESPINAR v. intr. y pron. [1]. Punzar, herir con espinas. ♦ v. tr. **2.** Proteger con tallos espinosos los árboles recién plantados.
ESPINAZO n. m. Columna vertebral.
ESPINEL (Vicente), escritor español (Ronda 1550-Madrid 1624). Debe su fama a la novela *Marcos de Obregón* (1618), ligada al género picaresco. Difundió la décima llamada *espinela.*
ESPINELA n. f. MÉTR. Décima.
ESPINILLA n. f. Parte anterior de la canilla de la pierna.
ESPINILLERA n. f. Aparato de protección, en algunos deportes, para proteger la espinilla.
ESPINILLO n. m. *Argent.* Nombre de diversos árboles de la familia de las rosáceas o de las leguminosas.
ESPINO n. m. Planta arbórea, de 4 a 6 m de alt., de ramas espinosas y flores blancas y olorosas. (Familia rosáceas.) **2.** *Argent.* Arbusto leguminoso de flores muy aromáticas y madera muy apreciada por sus vetas jaspeadas. **3.** *Cuba.* Arbusto silvestre de la familia de las rubiáceas, muy ramoso y espinoso. • **Espino artificial,** cable delgado formado por alambres de hierro torcidos conjuntamente y que lleva pinchos de trecho en trecho.
ESPÍNOLA (Francisco), escritor uruguayo (Montevideo 1901-*id.* 1973). Su narrativa versa sobre la vida gauchesca y los ambientes del hampa.
ESPINOSA (Guillermo), compositor y director de orquesta colombiano (Cartagena de Indias 1905). Fundó la orquesta sinfónica nacional de Bogotá (1936) y es autor de piezas sinfónicas de sabor indígena.
ESPINOSA (Javier), político ecuatoriano (Quito 1815-*id.* 1870). Presidente de la república (1867), fue derrocado por un golpe de estado (1869).
ESPINOSA (Nicolás), político salvadoreño del s. XIX. Elegido jefe del estado en 1835, fue destituido en 1836 por Francisco Morazán.
ESPINOSA MEDRANO (Juan **de**), escritor peruano (Calcauso 1629-Cuzco 1682), apodado **El Lunarejo.** Exponente del barroco colonial, escribió el poema *Apologético en favor de don Luis de Góngora* (1662), obras teatrales y sermones. Se le atribuyen obras en quechua.
ESPINOSO, A adj. Que tiene espinas: *zarza espinosa.* **2.** *Fig.* Arduo, difícil, comprometido. ♦ n. m. **3.** Pequeño pez marino o de agua dulce, que presenta espinas en el dorso.
ESPIONAJE n. m. (fr. *espionnage*). Acción de espiar, acechar, observar disimuladamente lo que se dice o hace. **2.** Conjunto de personas que se dedican a espiar con fines militares o políticos, y sus actividades.
ESPIRA n. f. (lat. *spiram*). Vuelta de una línea espiral, de una hélice. **2.** Parte elemental de un arrollamiento eléctrico, cuyos extremos están por lo general muy cerca uno de otro. **3.** Conjunto de vueltas de una concha enrollada, como la de los gasterópodos.
ESPIRACIÓN n. f. Acción y efecto de espirar. **2.** Acción de sacar fuera del pecho el aire que se respira.

ESPIRAL adj. Perteneciente a la espira, en forma de espira: *broca espiral*. ♦ n. f. **2.** Espira. **3.** Serie de circunvoluciones o volutas. **4.** Pequeño resorte o muelle espiral de un reloj, que asegura su isocronismo. **5.** MAT. Curva plana cuyo radio polar crece, o decrece, mientras gira en el mismo sentido.

ESPIRAR v. tr. (lat. *spirare*) [1]. Exhalar, echar de sí un cuerpo algún olor. ♦ v. tr. e intr. **2.** FISIOL. Expulsar el aire de las vías respiratorias.

ESPIRITISMO n. m. Ciencia oculta que tiene por objeto provocar la manifestación de seres inmateriales, o espíritus, y entrar en comunicación con ellos por medios ocultos o a través de personas en estado de trance hipnótico, llamadas *médiums*.

ESPIRITISTA adj. y n. m. y f. Relativo al espiritismo; partidario de esta ciencia.

ESPIRITOSO, A adj. Vivo, animoso. **2.** Espirituoso.

ESPÍRITU n. m. (lat. *spiritum*). Principio inmaterial, sustancia incorpórea, en oposición a material, corpórea. **2.** Vivacidad, ingenio. **3.** Ánimo, valor, brío. **4.** Idea central, carácter fundamental, esencia de algo. **5.** En oposición a letra, sentido o intención real de un texto: *el espíritu de la ley*. **6.** Inclinación de alguien hacia algo: *espíritu de contradicción*. **7.** Sentimiento de solidaridad hacia una comunidad: *espíritu de clase*. **8.** Alma individual, especialmente la de un muerto. **9.** Ser inmaterial y dotado de razón: *no creer en espíritus*. • **Espíritu maligno**, el demonio. ‖ **Pobre de espíritu**, apocado, tímido; que mira con menosprecio los bienes y honores mundanos.

ESPIRITUAL adj. Relativo al espíritu: *amistad espiritual*. **2.** Dícese de lo relativo a la Iglesia.

ESPIRITUALIDAD n. f. Naturaleza espiritual o cualidad de lo que es espíritu. **2.** Todo lo que tiene por objeto la vida espiritual.

ESPIRITUALISMO n. m. Filosofía que considera al espíritu como una realidad irreductible y primera, y se opone al materialismo.

ESPIRITUALIZAR v. tr. y pron. [1g]. Hacer espiritual o más espiritual a algo o a alguien.

ESPIRITUANO, A adj. y n. De Sancti Spíritus.

ESPIRITUOSO, A adj. Que contiene una importante cantidad de alcohol: *bebidas espirituosas*.

ESPIRITUSANTO n. m. C. *Rica* y *Nicar*. Flor de una especie de cactus, blanca y de gran tamaño.

ESPITA n. f. (gót. *spitus* asador). Canuto que se mete en el agujero de la cuba para que salga por él el licor. **2.** Grifo pequeño. **3.** *Fig*. y *fam*. Persona borracha o que bebe mucho.

ESPLENDER v. intr. (lat. *splendere*) [2]. *Poét*. Resplandecer.

ESPLENDIDEZ n. f. Cualidad de espléndido.

ESPLÉNDIDO, A adj. (lat. *splendidum*, resplandeciente). Magnífico, ostentoso. **2.** Liberal, desinteresado. **3.** Resplandeciente.

ESPLENDOR n. m. Resplandor. **2.** *Fig*. Lustre, nobleza, magnificencia.

ESPLIEGO n. m. Planta vivaz de la familia labiadas, que crece en la región mediterránea, de hojas y flores olorosas, de las que se extrae una esencia utilizada en perfumería.

ESPLÍN n. m. (ingl. *spleen*, bazo). Melancolía que produce tedio de todo.

ESPOILE (Raúl Hugo), compositor argentino (Mercedes, Buenos Aires, 1888-† 1958). Discípulo de D'Indy en la Schola cantorum, es autor de poemas sinfónicos (*El centinela de los Andes*, 1940), óperas (*Frenos*, 1928) y música de cámara.

ESPOLEAR v. tr. [1]. Aguijar con la espuela a la cabalgadura. **2.** *Fig*. Incitar, estimular a uno para que haga algo.

ESPOLETA n. f. (ital. *spoleta*). Artificio que provoca la explosión de la carga de determinados proyectiles. **2.** En un artefacto explosivo, aparato que sirve de detonador. **3.** Horquilla que forman las clavículas del ave.

ESPOLÓN n. m. Pequeña formación, situada en las extremidades de algunos animales. **2.** BOT. Protuberancia en la base de los pétalos o los sépalos de ciertas flores.

ESPOLVOREAR v. tr. [1]. Esparcir algo hecho polvo.

ESPONDEO n. m. MÉTRIC. CLÁS. Pie compuesto por dos sílabas largas.

ESPÓNDILO o **ESPÓNDIL** n. m. (lat. *spondylum*). Vértebra.

ESPONGIARIO, A adj. y n. m. ZOOL. Dícese incorrectamente de los animales pertenecientes al tipo poríferos.

ESPONJA n. f. (lat. *spongiam*). Denominación usual de los poríferos. **2.** Sustancia córnea, ligera y porosa, que constituye el esqueleto de algunos poríferos de los mares cálidos, y que tiene distintos usos domésticos debido a su propiedad para retener líquidos.

ESPONJAMIENTO n. m. Acción y efecto de esponjar o esponjarse. SIN.: esponjadura.

ESPONJAR v. tr. [1]. Hacer más poroso un cuerpo. ♦ **esponjarse** v. pron. **2.** *Fig*. Envanecerse. **3.** Adquirir alguien cierta lozanía, que indica salud y bienestar.

ESPONJERA n. f. Recipiente para colocar la esponja de tocador.

ESPONJOSO, A adj. Dícese del cuerpo muy poroso, hueco y más ligero de lo que corresponde a su volumen.

ESPONSALES n. m. pl. (lat. *sponsalia*). Promesa mutua de matrimonio, hecha con cierta solemnidad.

ESPONTANEARSE v. pron. [1]. Descubrir uno a las autoridades, voluntariamente, cualquier hecho propio, secreto o ignorado. **2.** Descubrir uno a otro voluntariamente lo íntimo de sus pensamientos o afectos personales.

ESPONTANEIDAD n. f. Calidad de espontáneo. **2.** Naturalidad, falta de artificio o reserva.

ESPONTÁNEO, A adj. (lat. *spontaneum*). Dícese de lo que procede de un impulso interior. **2.** Voluntario, hecho sin coacción o indicación de otro. **3.** BOT. Dícese de las plantas que crecen de manera natural en un país, sin que el hombre las haya introducido. ♦ adj. y n. m. **4.** Dícese del aficionado al toreo, formando parte del público en una plaza de toros, que se arroja al ruedo a intentar la ejecución de alguna suerte.

ESPORA n. f. (gr. *spora*, semilla). BOT. Órgano reproductor, característico del reino vegetal, que se separa de la planta y se divide reiteradamente hasta constituir un nuevo individuo.

ESPÓRADAS, islas griegas del mar Egeo. Se distinguen las *Espóradas del Norte*, vecinas de la isla de Eubea, y las *Espóradas del Sur*, o *Dodecaneso*, cercanas a Turquía, que incluyen las islas de *Samos* y *Rodas*.

ESPORÁDICO, A adj. Dícese de lo que es ocasional, sin ostensible enlace con antecedentes ni consiguientes.

ESPORANGIO n. m. BOT. Saco o receptáculo que contiene las esporas.

ESPORÓFITO n. m. Individuo vegetal nacido de un óvulo fecundado, y que, en la madurez, se productor de esporas.

ESPOROZOO adj. y n. m. Relativo a un tipo de protozoos capaces de formar esporas.

ESPORTADA n. f. Cantidad que cabe en una espuerta.

ESPORULACIÓN n. f. BIOL. Emisión de esporas.

ESPORULAR v. intr. [1]. Formar esporas, o pasar al estado de espora, cuando las condiciones de vida se hacen desfavorables.

ESPOSA n. f. Femenino de esposo. **2.** *Amér*. Anillo episcopal.

ESPOSAR v. tr. [1]. Sujetar a uno con esposas.

ESPOSAS n. f. pl. (de *esposa*, alusión metafórica). Manillas de hierro para sujetar a los presos por las muñecas.

ESPÓSITO (Arnaldo d'), compositor argentino (Buenos Aires 1908-*id*. 1945), autor de piezas para piano, ballets (*Rapsodia del tango*, 1934 *Ajedrez*, 1950) y una ópera: *Lin Calel* (1941).

ESPOSO, A n. (lat. *sponsum*). Persona que ha contraído esponsales con otra. **2.** Con respecto a una persona, la que está casada con ella.

ESPREA n. f. (ingl. *spread*). *Méx*. Llave que deja salir la gasolina en el motor del automóvil.

ESPRONCEDA (José de), poeta español (Almendralejo 1808-Madrid 1842), gran exponente del romanticismo. Entre sus *Poesías* (1840), destacan las que cantan a la patria y a la libertad (*Al dos de Mayo*) y las cinco *Canciones*. Dos poemas sobresalen en su producción: *El estudiante de Salamanca* y *El diablo mundo*, pero hay que añadir su célebre *Canto a Teresa*.

ESPUELA n. f. Espiga de metal terminada en una ruedecita con puntas, que se ajusta al calzado, para picar a la cabalgadura. **2.** *Fig*. Aviso, estímulo, incitativo. **3.** En la riña de gallos, hoja de acero, aguda y cortante, con que se arma el espolón de los gallos. **4.** *Amér*. Espolón de las aves.

ESPUERTA n. f. (lat. *sportam*). Recipiente cóncavo de esparto, palma u otra materia, con dos asas pequeñas, para transportar escombros, tierras, etc. • **A espuertas**, a montones, en abundancia.

ESPULGAR v. tr. y pron. [1b]. Quitar las pulgas o piojos.

ESPUMA n. f. (lat. *soumam*). Conjunto de burbujas que se forman en la superficie de los líquidos. **2.** Parte del jugo y de las impurezas que ciertas sustancias arrojan de sí al cocer en el agua. **3.** Masa espumosa que se encuentra a menudo en primavera sobre ciertas plantas. • **Crecer como la espuma** (*Fam.*), crecer mucho algo en poco tiempo. ‖ **Espuma de mar**, silicato natural de magnesio hidratado, blanquecino y poroso, con el que se elaboran pipas.

ESPUMADERA n. f. Cucharón o paleta con agujeros que sirve para espumar y para sacar y escurrir cualquier manjar que esté en un líquido caliente.

ESPUMAJE n. m. Abundancia de espuma.

ESPUMAJOSO, A adj. Lleno de espuma.

ESPUMAR v. tr. [1]. Quitar la espuma. ♦ v. intr. **2.** Hacer espuma.

ESPUMARAJEAR o **ESPUMAJEAR** v. intr. [1]. Echar espumarajos.

ESPUMARAJO n. m. Saliva arrojada en gran abundancia por la boca.

ESPUMOSIDAD n. f. Calidad de espumoso.

ESPUMOSO, A adj. Que tiene o hace mucha espuma: *leche espumosa*. **2.** Que se convierte en espuma: *jabón espumoso*. ♦ adj. y n. m. **3.** Dícese del vino blanco y de la sidra que forman una ligera espuma o burbujas.

ESPURIO, A o **ESPÚREO, A** adj. (lat. *spurium*). Bastardo, que degenera de su origen o naturaleza. **2.** Falto de legitimidad o autenticidad. **3.** DER. CIV. Dícese del hijo de padre incierto o desconocido.

ESPUTAR v. tr. [1]. Expectorar.

ESPUTO n. m. (lat. *sputum*). Secreción de las vías respiratorias que llega a la boca por expectoración.

ESQUEJAR v. tr. [1]. Plantar esquejes.

ESQUEJE n. m. Brote joven arrancado de una planta, y que, colocado en tierra húmeda, se nutre de raíces adventicias y es el origen de un nuevo tallo.

ESQUELA n. f. Notificación de la muerte de una persona, que se envía particu-

ESQ

larmente o se publica en un periódico. **2.** Carta breve.
ESQUELÉTICO, A adj. Relativo al esqueleto. **2.** Muy flaco: *piernas esqueléticas*.
ESQUELETO n. m. (gr. *skeletos*). Armazón del cuerpo de los vertebrados, de naturaleza ósea o, más raramente, cartilaginosa. **2.** Conjunto de partes duras de un animal cualquiera. **3.** Armadura, armazón: *el esqueleto de un barco*. **4.** *Fig.* y *fam.* Persona muy flaca. **5.** *Fig.* Bosquejo general, boceto. **6.** *Chile. Fig.* Bosquejo de una obra literaria. **7.** *Colomb., C. Rica, Guat., Méx.* y *Nicar. Fig.* Modelo o patrón impreso en el que se dejan blancos que se rellenan a mano.
ESQUEMA n. m. (lat. *schema*). Representación gráfica y simbólica de cosas inmateriales. **2.** Representación de algo atendiendo sólo a sus líneas o caracteres más salientes. **3.** Programa de puntos que se van a tratar, de actos que se van a realizar, etc., sin detallarlos.
ESQUEMÁTICO, A adj. Relativo al esquema. **2.** Que esquematiza en exceso. **3.** Que muestra la disposición de un objeto, de un órgano, etc. **4.** Explicado o hecho de una manera simple, a rasgos generales, sin entrar en detalles.
ESQUEMATISMO n. m. Carácter esquemático.
ESQUEMATIZAR v. tr. [**1g**]. Representar en forma de esquema.
ESQUÍ n. m. (fr. *ski*, del noruego *ski*, tronco cortado) [pl. *esquís* o *esquíes*]. Patín largo, de madera, metal o materias sintéticas, que se usa para deslizarse sobre la nieve o el agua. **2.** Deporte practicado sobre estos patines. • **Esquí alpino**, deporte practicado en pendientes por lo general pronunciadas. || **Esquí de fondo**, el practicado en recorridos de poco desnivel. || **Esquí náutico**, deporte en el que el ejecutante, arrastrado por una canoa a motor, se desliza sobre el agua, manteniéndose sobre uno o dos esquís. || **Esquí nórdico**, disciplina que engloba una carrera de esquí de fondo y un salto a partir de un trampolín.
ESQUIADOR, RA n. Persona que practica el esquí.
ESQUIAR v. intr. [**1**]. Practicar el esquí.
ESQUIFE n. m. (cat. *esquif*). Bote que se lleva en el navío especialmente para saltar a tierra. **2.** Embarcación de regatas de un solo remero, muy estrecha y ligera. **3.** ARQ. Cañón de bóveda en figura cilíndrica.
ESQUILADOR, RA n. Persona que se dedica a esquilar. ◆ adj. y n. f. **2.** Dícese de la máquina de esquilar.
ESQUILAR v. tr. (gót. *skairan*) [**1**]. Cortar el pelo, vellón o lana de un animal.
ESQUILMAR v. tr. [**1**]. Coger los frutos y provechos de haciendas y ganados. **2.** Chupar con exceso las plantas el jugo de la tierra. **3.** *Fig.* Agotar o menoscabar una fuente de riqueza, sacando de ella mayor provecho del debido.
ESQUILMO n. m. **1.** Acción y efecto de esquilmar. **2.** *Chile*. Escobajo de la uva. **3.** *Méx*. Provechos accesorios de menor cuantía obtenidos del cultivo o la ganadería.
ESQUILO, poeta trágico griego (Eleusis c. 525-Gela, Sicilia, 456 a. J.C.). Por sus obras, inspiradas en leyendas tebanas y antiguas (*Las suplicantes*, 490; *Siete contra Tebas*, 467; la *Orestíada*, 458), en mitos tradicionales (*Prometeo encadenado*, entre 467 y 458) o en las hazañas de las guerras médicas (*Los persas*, 472) es considerado el creador de la tragedia antigua.
ESQUIMAL adj. y n. m. f. Relativo al pueblo instalado en las tierras árticas de América y de Groenlandia; individuo de dicho pueblo. ◆ n. m. **2.** Conjunto de lenguas habladas por los esquimales.
ESQUINA n. f. Arista, especialmente la que resulta del encuentro de las paredes de un edificio. **2.** Sitio donde se juntan dos lados: *la esquina del pañuelo*. • **Doblar la esquina**, darle la vuelta.
ESQUINA, dep. de Argentina (Corrientes); 26 275 hab. Industria tabacalera. Puerto fluvial en el río Corrientes.
ESQUINADO, A adj. Dícese de la persona de trato difícil.
ESQUINAR v. tr. e intr. [**1**]. Hacer o formar esquina. ◆ v. tr. **2.** Poner en esquina una cosa: *esquinar un armario*. ◆ v. tr. y pron. **3.** *Fig.* Poner a mal, indisponer.
ESQUINAZO n. m. *Fam.* Esquina. **2.** *Chile*. Serenata. • **Dar esquinazo** (*Fam.*), dejar a uno plantado; abandonarle; rehuir en la calle el encuentro con alguien variando la dirección que se llevaba.
ESQUINERA n. f. *Amér*. Rinconera, mueble.
ESQUIRLA n. f. Astilla desprendida de un hueso, y, por extensión, de un vidrio, piedra, madera, etc.
ESQUIROL n. m. y f. (voz catalana). Obrero que no sigue la orden de huelga o el que reemplaza en su trabajo al huelguista.
ESQUISTO n. m. (gr. *shistos*, rajado). Nombre general de las rocas sedimentarias o metamórficas que se exfolian mecánicamente en hojas.
ESQUITE n. m. (voz azteca). *Amér. Central* y *Méx*. Granos de maíz cocidos con pepazote, que se sirven con limón y chile.
ESQUIVAR v. tr. y pron. [**1**]. Procurar o conseguir con habilidad no hacer algo, no encontrarse con alguien o que no ocurra algo: *esquivar un peligro*.
ESQUIVEL (Ascensión), político costarricense (1848-1927), presidente de la república (1902-1906).
ESQUIVO, A adj. Que rehúye las atenciones y muestras de afecto: *mostrarse esquivo*.
ESQUIZOFRENIA n. f. Sicosis caracterizada por la ruptura de contacto con el mundo exterior.
ESQUIZOFRÉNICO, A adj. y n. Relativo a la esquizofrenia; afecto de esta sicosis.
ESSEN, c. de Alemania (Renania del Norte-Westfalia), a orillas del Ruhr; 624 445 hab. Centro metalúrgico. Catedral, iglesia abacial (s. XI).
ESSEX, condado de Gran Bretaña, estuario del Támesis; 3672 km²; 1 455 000 hab.; cap. *Chelmsford*.
ESTABILIDAD n. f. Cualidad de estable: *la estabilidad de un puente, de una moneda*.
ESTABILIZACIÓN n. f. Acción y efecto de estabilizar.
ESTABILIZADOR, RA adj. Que estabiliza. ◆ n. m. **2.** Mecanismo destinado a evitar o amortiguar las oscilaciones. **3.** Cada uno de los planos fijos que forman el empenaje de un avión, uno vertical y el otro horizontal. **4.** Sustancia incorporada a una materia para mejorar la estabilidad química.
ESTABILIZAR v. tr. [**1g**]. Dar estabilidad.
ESTABLE adj. (lat. *stabilem*). Que no está en peligro de caer, de descomponerse, de cambiar o desaparecer. **2.** Dícese de lo que permanece en un sitio indefinidamente. **3.** MEC. Dícese de un equilibrio que no es destruido por una variación débil de las condiciones. **4.** QUÍM. Dícese de un compuesto químico que resiste la descomposición.
ESTABLECER v. tr. [**2m**]. Dejar puesto algo en un lugar para que permanezca y realice su función en él: *establecer controles de policía*. **2.** Crear algo que empieza a funcionar: *establecer una entidad*. **3.** Disponer lo que ha de regir o hacerse: *establecer una disciplina*. **4.** Expresar un pensamiento de manera general: *establecer una opinión*. ◆ **establecerse** v. pron. **5.** Avecindarse. **6.** Abrir, crear uno por su cuenta un establecimiento comercial.
ESTABLECIMIENTO n. m. Acción y efecto de establecer o establecerse: *el establecimiento de nuevas normas*. **2.** Lugar donde se ejerce una industria o profesión. **3.** Tienda o local, abiertos al público, donde se vende algo o se sirven comidas o bebidas. SIN.: *establecimiento público*.
ESTABLISHMENT n. m. (voz inglesa). Grupo importante de personas con poder, que defiende sus privilegios y su posición social.
ESTABLO n. m. (lat. *stabulum*). Lugar cubierto en que se encierra el ganado.
ESTABULAR v. tr. (lat. *stabulare*) [**1**]. Someter el ganado a estabulación.
ESTACA n. f. Palo con punta en un extremo para clavarlo. **2.** Garrote, palo grueso. **3.** Clavo largo de hierro para clavar vigas y maderos. **4.** *Amér*. Pertenencia minera. **5.** *Amér*. Espolón de ave.
ESTACADA n. f. Obra hecha de estacas clavadas en la tierra. **2.** Defensa constituida por filas de pilotes, formando enrejado, para proteger las márgenes de un puerto o para canalizar la corriente en un curso de agua. SIN.: *estacada de pilotes*. • **Dejar en la estacada**, abandonar a alguien, dejándolo comprometido en un peligro o mal negocio. || **Quedar**, o **quedarse**, **en la estacada**, salir mal de una empresa y sin esperanza de remedio; ser vencido en una disputa.
ESTACAR v. tr. [**1a**]. Atar una bestia a una estaca. **2.** Señalar en el terreno una línea con estacas. **3.** *Amér*. Extender alguna cosa sujetándola o clavándola con estacas: *estacar un cuero*. ◆ **estacarse** v. pron. **4.** *Colomb.* y *C. Rica*. Clavarse una astilla.
ESTACAZO n. m. Golpe dado con un garrote o estaca. **2.** *Fig.* Daño, quebranto.
ESTACIÓN n. f. (lat. *stationem*). Cierto tiempo señalado por una actividad o ciertas condiciones climáticas: *estación turística; la estación de las lluvias*. **2.** Cualquiera de los lugares en que se hace alto durante un viaje, paseo, etc.: *estación a mitad del camino*. **3.** Cada una de las cuatro partes en que está dividido el año por los equinoccios y los solsticios. **4.** Conjunto de edificios y vías férreas donde se cargan y descargan las mercancías o donde los viajeros suben y bajan del tren. **5.** Establecimiento de investigaciones científicas: *estación meteorológica*. **6.** Instalación fija o móvil destinada a cumplir determinadas misiones. **7.** REL. Cada una de las catorce pausas del vía crucis. • **Estación de servicio**, conjunto de instalaciones destinadas al aprovisionamiento de vehículos automotores. || **Estación emisora**, instalación emisora de radio o televisión. || **Estación espacial**, u **orbital**, ingenio espacial con medios limitados de propulsión autónoma, destinado a realizar una misión determinada, en el espacio o en un astro, con cierta permanencia.
ESTACIÓN CENTRAL, com. de Chile (Santiago), en la aglomeración de Santiago; 142 099 hab.
ESTACIONAL adj. Propio de cualquiera de las estaciones del año: *calenturas estacionales*.
ESTACIONAMIENTO n. m. Acción y efecto de estacionar o estacionarse.
ESTACIONAR v. tr. y pron. [**1**]. Colocar transitoriamente en un lugar, especialmente un vehículo. ◆ **estacionarse** v. pron. **2.** Quedarse estacionario, dejar de progresar.
ESTACIONARIO, A adj. Que permanece en el mismo punto o situación, sin adelanto ni retroceso: *la natalidad permanece estacionaria*.
ESTADÍA n. f. Tiempo en que se permanece en algún sitio.
ESTADIO n. m. (lat. *stadium*). Lugar destinado a la práctica del deporte y a manifestaciones deportivas. SIN.: *estádium*. **2.** Grado de desarrollo de un fenómeno.
ESTADISTA n. m. y f. Político, persona que ejerce un alto cargo en la administración del estado.

ESTADÍSTICA n. f. Ciencia cuyo objeto es reunir una información cuantitativa concerniente a individuos, grupos, series de hechos, etc., y deducir de ella, gracias al análisis de estos datos, unos significados precisos o unas previsiones para el futuro. **2.** Cuadro numérico de un hecho que se presta a la estadística: *estadística de natalidad.*

ESTADÍSTICO, A adj. Relativo a la estadística: *método estadístico.* ♦ n. **2.** Persona que se ocupa de investigaciones estadísticas.

ESTADO n. m. (lat. *statum*). Situación en que está una persona o cosa: *estado de salud; edificio en mal estado; estado de una cuenta.* **2.** Manera de ser de un cuerpo en relación a su cohesión, fluidez, distribución o ionización de sus átomos: *estado sólido, cristalino.* **3.** Entidad política que preside los destinos colectivos de una sociedad y que ejerce, por esta razón, el poder legal. • **Estado mayor,** cuerpo de oficiales encargados en los ejércitos de informar técnicamente a los jefes superiores, distribuir las órdenes y procurar y vigilar su cumplimiento. ‖ **Estar en estado,** estar preñada la mujer. ‖ **Golpe de estado,** acción de una autoridad que viola las formas constitucionales; conquista del poder político por medios ilegales.

ESTADOS *(isla de los),* isla del S de Argentina, separada de la isla Grande de Tierra del Fuego por el estrecho de Le Maire.

ESTADOS PONTIFICIOS O **DE LA IGLESIA,** nombre dado a la parte central de Italia mientras estuvo bajo el dominio de los papas (756-1870). Tras los acuerdos de Letrán (1929), se creó el pequeño estado del Vaticano.

ESTADOS UNIDOS DE AMÉRICA (E.U.A.), en ingl. **United States of America** (U.S.A.), estado federal de América del Norte, limitado por Canadá, México, el Atlántico y el Pacífico. Agrupa 50 estados con Alaska y las islas Hawai, a los que cabe añadir el distrito federal de Columbia (otros territorios exteriores están bajo su soberanía o dependencia, el estado libre asociado de Puerto Rico y varias islas o archipiélagos del Pacífico); 9 364 000 km² (sin los territorios exteriores); 252 800 000 hab. *(Norteamericanos o estadounidenses.)* CAP. *Washington.* LENGUA OFICIAL: *inglés.* MONEDA: *dólar.*

GEOGRAFÍA

Estados Unidos es el cuarto país del mundo tanto por población como por superficie, y constituye, además, la primera potencia económica mundial. Esta preponderancia se basa, en primer lugar, en su gran extensión territorial. De E a O se suceden una estrecha llanura a lo largo del Atlántico, las estribaciones de los Apalaches, el Midwest (región de las Grandes Llanuras, atravesada, en su mayor parte, por el Mississippi) y el sistema montañoso de las Rocosas. Los climas y paisajes varían considerablemente: las lluvias son más débiles al O del Mississippi, a excepción de la zona del Pacífico; el N (desde los Grandes Lagos hasta Canadá) es mucho más frío que el S, cálido y húmedo alrededor del golfo de México. La extensión también contribuye a explicar la riqueza del subsuelo (hidrocarburos, carbón, diversos minerales). La población se caracteriza por una distribución desigual, una fuerte urbanización, un dinamismo demográfico reducido y una relativa heterogeneidad étnica. El E y la región de los Grandes Lagos siguen siendo las zonas más densamente pobladas, a pesar del rápido crecimiento de California y el SO, ligado, en parte, a la fuerte movilidad de la población. Ésta se concentra, en un 75 %, en zonas urbanas: más de 200 ciudades de más de 100 000 hab., unas treinta aglomeraciones (las áreas metropolitanas) por encima del millón de personas, entre las que destacan Nueva York, Los Ángeles y Chicago. La tasa de natalidad ha descendido (un 15 ‰ aprox.) y el crecimiento demográfico es más lento (0,8 % anual). El 12 % del total de la población es de raza negra, porcentaje mucho más alto que el de otras minorías (indios, asiáticos); el número de hispanos (20 millones censados) no se conoce con exactitud, a causa de la notable inmigración clandestina. El sector de servicios ocupa más de dos tercios de la actividad, la industria constituye menos del 30 % y la agricultura, sólo el 3 %. E.U.A. está situado entre los tres primeros productores mundiales en numerosos campos: petróleo, gas, carbón y electricidad (aunque el sector energético es deficitario en hidrocarburos); cereales (trigo, maíz) y soja, frutas tropicales, ganadería; cultivos industriales (algodón, tabaco); siderurgia y metalurgia no férrea (aluminio); construcción automovilística y aeronáutica; química y electrónica. Muchas de las empresas norteamericanas se cuentan entre las más poderosas del mundo y poseen numerosas filiales en otros países desarrollados y del Tercer Mundo. Sin embargo, actualmente la competencia es muy dura, el saldo de la balanza comercial es claramente negativo y el déficit presupuestario ha aumentado, así como el endeudamiento exterior. Según los sectores y la coyuntura, E.U.A. paga las consecuencias del poder de su moneda, si bien generalmente se beneficia de la fuerza del dólar, verdadera moneda de reserva. Las fluctuaciones de la misma, dictadas en gran medida por la política norteamericana, tienen gran incidencia en el conjunto de la economía mundial.

HISTORIA

La época colonial y la independencia. S. XVI: Florida fue anexionada al Imperio español. 1607-1733: la colonización inglesa se llevó a cabo mientras los franceses se expansionaban a lo largo del Mississippi, fundando Luisiana. El número de inmigrantes ingleses aumentó a causa de los problemas políticos y religiosos en Inglaterra. Mediante fundaciones sucesivas y anexiones de territorios holandeses se crearon trece colonias inglesas. El Sur (Virginia, Maryland), dominado por una sociedad propietaria de grandes plantaciones, explotadas con ayuda de esclavos negros, se oponía al Norte (Nueva Inglaterra), burgués y mercantil, de un puritanismo riguroso. S. XVIII: colonias y metrópolis se unieron en la lucha contra los indios y sobre todo contra Francia. 1763: al finalizar la guerra de los Siete años, el tratado de París eliminaba definitivamente la amenaza francesa y abría el O a los colonos británicos. 1763-1773: las colonias no aceptaron la autoridad de Gran Bretaña y se rebelaron contra los monopolios comerciales de la metrópoli. 1774: tuvo lugar en Filadelfia un primer congreso continental. 1775: el asedio de Boston marcó el inicio de la guerra de la Independencia, jalonada por la alianza con Francia. 4 julio 1776: el congreso proclamó la independencia de E.U.A. 1783: la paz de París reconoció la existencia de la República Federal de Estados Unidos.

El desarrollo de Estados Unidos. 1787: elaboración, por parte de la convención de Filadelfia, de una constitución federal que sigue en vigor. 1789-1797: George Washington fue elegido primer presidente de E.U.A. La aplicación de la constitución suscitó la creación de dos tendencias políticas: los *federalistas,* partidarios de un poder central fuerte, y los *republicanos,* preocupados por preservar las libertades locales. 1797-1801: el federalista John Adams fue nombrado presidente. 1801-1817: los republicanos Thomas Jefferson (1801-1809) y James Madison (1809-1817) sucedieron a los federalistas. 1803: E.U.A. compró Luisiana a Francia. 1812-1815: los norteamericanos salieron victoriosos de la segunda guerra de la Independencia, iniciada por Gran Bretaña. 1817-1829: la práctica del poder por parte de los republicanos significó la atenuación de las divergencias con los federalistas. Fue la llamada era de los buenos sentimientos. 1819: Florida fue comprada a los españoles. 1823: el republicano Monroe (1817-1825) reafirmó la voluntad de neutralidad de E.U.A. y su oposición a toda ingerencia europea en el continente americano. 1829-1837: la elección del presidente Andrew Jackson marcó una nueva etapa de la evolución democrática de las instituciones. 1846-1848: al final de la guerra contra México, E.U.A. anexionó Texas, Nuevo México y California. 1853-1861: el antagonismo entre el Sur, agrícola y librecambista, y el Norte, en vías de industrialización y proteccionista, se agravó con el problema de la esclavitud, condenada por el Norte. 1854: creación de un partido republicano, claramente antiesclavista. 1860: su candidato, Abraham Lincoln, fue elegido presidente. Los sudistas procedieron a la secesión y se constituyeron en estados confederados de América. 1861-1865: los nordistas vencieron en la guerra de Secesión y abolieron la esclavitud. Lincoln fue asesinado.

La era de la prosperidad. 1867-1874: los estados sudistas fueron privados de sus instituciones políticas. Se impuso la igualdad de derechos civiles entre negros y blancos. 1867: Alaska fue comprada a Rusia. 1869-1877: Ulysses Grant fue nombrado presidente de la Unión. 1870-1900: el país entró en la llamada época dorada. La población pasó de aprox. 40 millones de habitantes a más de 75 millones, mientras el producto nacional bruto se cuatriplicaba. La red ferroviaria pasó de 80 000 a 300 000 km explotados. 1890: la aparición del capitalismo provocó una grave crisis populista que contribuyó a formar y fortalecer el sindicalismo. 1898: E.U.A. ayudó a Cuba a acceder a la independencia, pero le impuso su tutela y se anexionó Guam, Puerto Rico y las Filipinas (guerra hispano-norteamericana). 1901-1909: el republicano Theodore Roosevelt radicalizó la acción gubernamental contra los trusts. Panamá, segregado de Colombia, nació bajo la tutela de E.U.A., que le obligó a cederle la Zona del canal (acabado en 1914). 1913-1921: durante la presidencia del demócrata Theodore W. Wilson, E.U.A. intervino en México (1914) y en Haití (1915).

De guerra en guerra. 1917: declaración de guerra a Alemania. 1919: Wilson no pudo hacer ratificar al senado los tratados de paz y la entrada de E.U.A. en la S.D.N. 1921-1932: los presidentes republicanos Harding, Coolidge y Hoover se sucedieron en el poder y reforzaron el proteccionismo. La ausencia de regulación económica condujo a la superpoblación y la especulación, mientras que la prohibición de bebidas alcohólicas (1919) favoreció el gangsterismo. El crac de la bolsa de Wall street (jueves negro) inauguró una crisis económica y social sin precedentes. 1933-1945: el demócrata Franklin D. Roosevelt accedió a la presidencia. Su política del New deal *(nuevo reparto)* pudo paliar los males de la economía norteamericana mediante medidas dirigistas. 1941-1945: E.U.A. entró en la segunda guerra mundial y llevó a cabo un formidable esfuerzo económico y militar. 1945: ratificación de la carta de la O.N.U.

EST

E.U.A. desde 1945. 1945-1953: con la presidencia del demócrata Truman, E.U.A. afirmó su voluntad de oponerse a la expansión soviética. Era el principio de la guerra fría. 1948: se aprobó un plan de ayuda económica a Europa (plan Marshall). 1949: firma del tratado del Atlántico norte (O.T.A.N.), que reforzaba la alianza de las potencias occidentales. 1950-1953: el presidente Truman envió las fuerzas norteamericanas a la guerra de Corea. 1953-1961: el republicano Eisenhower practicó una política enérgica en Oriente medio. Tras la muerte de Stalin (1953) se llegó a una relativa calma. 1961-1969: los demócratas Kennedy (asesinado en 1963) y Johnson se esforzaron en luchar contra la pobreza y la segregación racial. Crisis de los misiles en Cuba (1962). 1964: E.U.A. intervino directamente en Vietnam. 1969-1974: el republicano Richard Nixon realizó un espectacular acercamiento a China (viaje a Pekín) y mejoró sus relaciones con la U.R.S.S. (acuerdos S.A.L.T.). 1973: Nixon retiró las tropas de Vietnam, pero el escándalo de Watergate lo obligó a dimitir. 1974-1977: el vicepresidente Ford lo sucedió. 1977-1981: los demócratas recuperaron el poder con Jimmy Carter. 1981-1984: el republicano Ronald Reagan dio un carácter agresivo a la política exterior (intervención militar en Granada, 1983) y comercial; relanzó la economía norteamericana, lo que le supuso su reelección triunfal (1984). 1985-1986: Reagan reanudó el diálogo con la U.R.S.S. (encuentros Reagan-Gorbachov). 1987: el escándalo del Irangate (venta secreta de armas a Irán) provocó un gran impacto en la opinión pública. Reagan y Gorbachov firmaron en Washington un acuerdo sobre el desmantelamiento de misiles de medio alcance en Europa (dic.). 1989-1993: en continuidad con la línea política de R. Reagan, el republicano George Bush (elegido en 1988) llevó a cabo en el exterior, junto con el secretario de estado James Baker, una política de apertura (diálogo con la U.R.S.S.) y de firmeza (intervención militar en Panamá, 1989). En el interior, en cambio, no consiguió solucionar los problemas económicos y sociales. 1991: E.U.A. dirigió la fuerza multinacional que intervino contra Iraq (en.) y liberó Kuwayt (febr.). [→ *Golfo* (guerra del).] También por iniciativa suya, tuvo lugar la conferencia de paz en Próximo oriente (oct.). 1992: E.U.A. creó, con Canadá y México, una zona de libre comercio (TLC, firmado en 1993, en vigor en 1994); 1993: los demócratas recuperaron el poder con Bill Clinton (elegido en 1992), quien puso en marcha un plan de austeridad económica. 1994: intervención norteamericana en Haití y apoyo al plan de paz en Oriente medio. 1995: mayoría republicana en el Congreso; mediación norteamericana para la paz en Bosnia-Herzegovina. 1996: reelección de Clinton. Endurecimiento del embargo a Cuba (ley Helms-Burton). 2000: George W. Bush, presidente. 2001: primera cumbre entre Bush y V. Putin, para estrechar lazos. Se declara recesión económica, luego de un período de expansión de diez años. A raíz de un atentado en el que se estrellaron aviones contra las Torres Gemelas en Nueva York y el Pentágono en Washington, E.U.A. declara la guerra a Afganistán y derrota al régimen talibán. 2002: intervención militar en Iraq; caída de Husayn. 2004: se desata una gran polémica debido al maltrato de prisioneros de la guerra contra Iraq. George W. Bush resulta electo por segunda vez como presidente.

ESTADOUNIDENSE adj. y n. m. y f. De Estados Unidos.

ESTADUAL adj. *Amér.* Relativo a los estados que integran una federación.

ESTAFA n. f. (ital. *staffa*, estribo). Acción y efecto de estafar. **2.** Delito de apropiación patrimonial, en perjuicio de un tercero, realizado con ánimo de lucro y mediante engaño.

ESTAFADOR, RA n. Persona que estafa.

ESTAFAR v. tr. (ital. *staffare*, sacar el pie del estribo) [**1**]. Privar a alguien, con engaño, de dinero u otra cosa de valor, con intención de no pagar. **2.** No satisfacer lo que uno ha prometido pagar.

ESTAFETA n. f. (ital. *staffetta*). Oficina del servicio de correos, particularmente cada sucursal de la central en una población grande. **2.** Correo ordinario que iba a caballo de un lugar a otro.

ESTAFILOCOCO n. m. Bacteria causante de los forúnculos, el ántrax, la septicemia, etc.

ESTALACTITA n. f. Columna que desciende de la bóveda de las grutas y que está formada por concreciones calcáreas.

ESTALAGMITA n. f. Columna formada por concreciones calcáreas, que arranca del suelo de las grutas.

ESTALLAR v. intr. [**1**]. Henderse o reventar de golpe, con ruido: *estallar un globo.* **2.** Restallar: *estallar el látigo.* **3.** *Fig.* Sobrevenir, ocurrir violentamente: *estallar la guerra.* **4.** *Fig.* Sentir y manifestar violentamente un sentimiento.

ESTALLIDO n. m. Acción y efecto de estallar.

ESTAMBRE n. m. (lat. *stamen*, urdimbre). Parte del vellón de lana compuesta de hebras largas. **2.** Hilo de lana peinada, formado de estas hebras, y tela obtenida con este hilo. **3.** Órgano sexual masculino de las plantas con flores, que consta de una parte estrecha, filamento, y otra ancha, antera, que contiene el polen.

ESTAMBUL → *Istanbul.*

ESTAMENTO n. m. (cat. *estament*). Grupo social integrado por los que tienen una misma situación jurídica y gozan de unos mismos privilegios.

ESTAMEÑA n. f. Tejido basto de estambre, usado principalmente para hábitos.

ESTAMPA n. f. Efigie o figura impresa. **2.** *Fig.* Figura, aire, apariencia. **3.** *Fig.* Reproducción, representación, ejemplo: *es la estampa de su padre.* **4.** Molde o matriz huecos que sirven para el forjado de piezas. **5.** Punzón o macho de embutir. **6.** Imprenta o impresión. **7.** Huella, señal del pie.

ESTAMPACIÓN n. f. Acción y efecto de estampar. • **Estampación de telas**, procedimiento de tinción localizada que forma, en la superficie de los tejidos, dibujos multicolores o de un solo color.

ESTAMPADO, A adj. v. n. Dícese de los tejidos en que se estampan diferentes dibujos. ♦ n. m. **2.** Estampación.

ESTAMPAR v. tr. e intr. [**1**]. Imprimir, sacar en estampas las figuras, dibujos o letras contenidos en un molde. **2.** Dar al cuero un grano artificial por medio de la prensa o máquina de estampar. **3.** Dar forma a las piezas de metal forjándolas entre dos matrices o estampas. **4.** Imprimir en relieve sobre metal, cuero, cartón, etc. **5.** Escribir, especialmente firmar: *estampar la firma.* ♦ v. tr. y prnl. **6.** Señalar o dejar huella una cosa en otra: *estampar una pisada en la arena.* **7.** *Fig.* Imprimir algo en el ánimo: *estampar dulzura.* **8.** *Fam.* Arrojar a alguien o algo haciéndolo chocar contra otra cosa: *estampar contra la pared.*

ESTAMPIDA n. f. Carrera rápida e impetuosa. **2.** *Amér.* Huida impetuosa. • **De estampida** (*Fam.*), con precipitación, muy de prisa.

ESTAMPIDO n. m. Ruido fuerte y seco, como el producido por un cañonazo.

ESTAMPILLA n. f. Sello que contiene en facsímil la firma y rúbrica de una persona. **2.** Sello con letrero para estampar en ciertos documentos. **3.** Marca impresa por medio de cualquiera de estos sellos. **4.** *Amér.* Sello de correos o fiscal.

ESTAMPILLADO n. m. Acción y efecto de estampillar: *estampillado de libros, de acciones.*

ESTAMPILLAR v. tr. [**1**]. Sellar, marcar con estampilla.

ESTANCAMIENTO n. m. Acción y efecto de estancar. SIN.: estancación.

ESTANCAR v. tr. y prnl. [**1a**]. Detener el curso de una cosa: *estancarse el agua.* ♦ v. tr. **2.** Quitar el curso o venta libre de algo: *estancar tabaco.*

ESTANCIA n. f. Mansión, habitación, aposento donde se habita ordinariamente. **2.** Permanencia en un lugar. **3.** *Argent, Chile, Perú y Urug.* Hacienda agrícola, destinada principalmente a la ganadería y a determinados tipos de cultivo extensivo. **4.** *Cuba, Dom. y Venez.* Casa de campo con huerta y cercana a la ciudad. **5.** MÉTRIC. Estrofa formada por versos heptasílabos y endecasílabos en número variable, con rima libre.

ESTANCIERO, A n. Dueño de una estancia o persona que cuida de ella.

ESTANCO, A adj. Completamente cerrado. ♦ n. m. **2.** Monopolio de la producción o venta de alguna mercancía, concedido por el estado en arrendamiento o administrado directamente por éste. **3.** Sitio donde se venden géneros estancados, especialmente sellos, tabaco y cerillas.

ESTÁNDAR o **STANDARD** adj. Conforme a una norma de fabricación, a un modelo o a un tipo: *neumático estándar.* **2.** Uniforme, comúnmente aceptado o utilizado. • **Estándar de vida**, nivel de vida.

ESTANDARIZACIÓN o **ESTANDARDIZACIÓN** n. f. Acción y efecto de estandarizar.

ESTANDARIZAR v. tr. [**1g**]. Establecer un estándar, normalizar, unificar, simplificar.

ESTANDARIZARSE v. prnl. **2.** Adocenarse, perder los rasgos distintivos, las cualidades originales.

ESTANDARTE n. m. Insignia o bandera que usan los cuerpos montados, las tropas de aviación y algunas corporaciones civiles o religiosas.

ESTANQUE n. m. Extensión artificial de agua estancada.

ESTANQUERO, A n. Persona encargada de la venta pública del tabaco y de otros géneros estancados.

ESTANQUERO, A adj. y n. Relativo a un partido político chileno creado en 1826 por Diego Portales; miembro de este partido.

ESTANQUILLO n. m. Estanco, lugar donde se venden géneros estancados. **2.** *Ecuad.* Taberna de vinos y licores. **3.** *Méx.* Tienda mal abastecida, tenducho.

ESTANTE n. m. Tabla horizontal, que forma parte de un mueble o está adosada a la pared y sirve para colocar cosas encima. **2.** *Amér.* Madero incorruptible que sirve de sostén al armazón de las casas en las ciudades tropicales.

ESTANTERÍA n. f. Mueble formado por estantes superpuestos.

ESTAÑAR v. tr. [**1**]. Cubrir o bañar con estaño, especialmente una pieza o vasija de otro metal. **2.** Soldar una cosa con estaño.

ESTAÑO n. m. (lat. *stagnum*). Metal blanco, relativamente ligero y muy maleable, de estructura cristalina, de símbolo Sn, número atómico 50 y masa atómica 118,7.

ESTAQUEADERO n. m. *Argent. y Urug.* Lugar donde se ponen al aire, sujetas por estacas, las pieles de los animales recién desollados para que se oreen.

ESTAQUEADOR n. m. *Argent.* Peón encargado de estaquear cueros.

ESTAQUEAR v. tr. [**1**]. *Argent.* Estirar un cuero fijándolo con estacas. **2.** *Argent. Por ext.* En el s. XIX, castigar a un hombre estirándolo entre cuatro estacas.

ESTAR v. intr. (lat. *stare*) [**2**]. Verbo de amplia gama significativa, según la función que desempeñe en la oración: 1.º, en función predicativa tiene el sentido

de encontrarse, hallarse, permanecer: *el señor está en casa; estamos en octubre;* 2.°, función auxiliar: *estuvieron trabajando; está cerrado; estoy sin dormir;* 3.°, en función copulativa, va unido a sustantivos generalmente introducidos por preposición o por alguna otra partícula: *estar a régimen; no estar para bromas;* 4.°, con los adverbios *bien* y *mal* indica, respectivamente, sentido aprobatorio, salud, suficiencia, conveniencia, etc., o sus opuestos: *está bien que salgas;* 5.°, seguido de adjetivo expresa duración o mutabilidad: *avisa cuando estés lista.* • **Estar a matar,** tener gran enemistad. ‖ **Estar de más,** sobrar, ser inútil o molesto. ‖ **Estar en todo,** atender con eficacia y a un tiempo muchas cosas. ‖ **Estar por ver,** dudar sobre la certeza o ejecución de algo.

ESTARCIDO n. m. Dibujo hecho estarciendo.

ESTARCIR v. tr. [**3a**]. Estampar dibujos pasando una brocha por una chapa en que están previamente recortados.

ESTATAL adj. Relativo al estado: *organización estatal.*

ESTÁTICA n. f. Parte de la mecánica que tiene por objeto el estudio del equilibrio de los sistemas de fuerzas.

ESTÁTICO, A adj. Relativo a la estática. **2.** Que permanece en un mismo estado, sin mudanza en él. **3.** *Fig.* Que se queda parado de asombro o de emoción.

ESTATISMO n. m. Estado de estático.

ESTATISMO n. m. Sistema político en el que el estado interviene directamente en los campos económico y social.

ESTATUA n. f. (lat. *statuam*). Figura de bulto labrada a imitación del natural.

ESTATUARIA n. f. Arte de hacer estatuas.

ESTATUARIO, A adj. Relativo a las estatuas.

ESTATUIR v. tr. (lat. *statuere*) [**29**]. Establecer, determinar especialmente lo que debe regir a personas o cosas: *estatuir normas.* **2.** Demostrar, asentar con verdad una doctrina o un hecho.

ESTATURA n. f. (lat. *staturam*). Altura de una persona desde los pies a la cabeza.

ESTATUS o **STATUS** n. m. Posición social de un individuo, definida por comparación con la de su sociedad, y determinada por ciertos atributos.

ESTATUTARIO, A adj. Estipulado en los estatutos o referente a ellos.

ESTATUTO n. m. (lat. *statutum*). Conjunto de normas que rigen la organización y vida de una colectividad: *estatutos de un partido político.* • **Estatuto de autonomía,** ley constitucional de una comunidad territorial autónoma en el interior de un estado.

ESTE. n. m. Oriente, punto cardinal del horizonte, por donde nace o aparece el Sol en los equinoccios (abrev. E). **2.** Conjunto de países situados al este de un país, o conjunto de países situados al este de un continente, especialmente el europeo. ♦ adj. y n. m. **3.** Dícese del viento que viene del oriente. ♦ adj. **4.** Situado al oriente: *lado este.*

ESTE, A pron. dem. y adj. dem. (lat. *ipsem*). Expresa proximidad en espacio y tiempo respecto a la persona que habla. **2.** *Desp.* y *vulg.* Se emplea para designar a una persona presente: *éste no quiere venir.* **3.** La forma femenina se emplea en la correspondencia para referirse a la población donde está el que escribe: *llegué a ésta en el primer tren.*

ESTE (punta del), península de Uruguay (Maldonado), límite entre el Plata y la costa atlántica. Centro balneario y turístico en *Punta del Este.*

ESTEBAN ECHEVERRÍA, partido de Argentina (Buenos Aires); cabecera en el Gran Buenos Aires; 276 017 hab.

ESTEFANOTE n. m. *Venez.* Planta de la familia de las asclepiadáceas, que se cultiva en los jardines por sus hermosas flores blancas.

ESTEGOMÍA n. f. Mosquito de los países cálidos, que propaga la fiebre amarilla con sus picaduras.

ESTELA n. f. Zona de turbulencia que deja tras sí un cuerpo que se mueve en un fluido. **2.** Señal o rastro que deja en el aire un cuerpo luminoso en movimiento: *estela luminosa.*

ESTELA n. f. (lat. *stelam*). Monumento monolítico de carácter conmemorativo, que se dispone en posición vertical sobre el suelo. **2.** Columna rota, cipo, lápida o pedestal que lleva una inscripción generalmente funeraria.

ESTELAR adj. Relativo a las estrellas: *magnitud estelar.* **2.** *Fig.* Extraordinario, de gran categoría.

ESTELÍ (departamento de), dep. de Nicaragua, en el NO del país; 2173 km^2; 147 800 hab. Cap. *Estelí* (48 499 hab.).

ESTENOGRAFÍA n. f. Taquigrafía.

ESTENORESTE o **ESTENORDESTE** n. m. Punto del horizonte entre el este y el noreste (abrev. ENE).

ESTENTÓREO, A adj. Muy fuerte, ruidoso.

ESTEPA n. f. (fr. *steppe*). Formación discontinua de vegetales xerófitos, con frecuencia herbáceos, de las regiones tropicales y de las regiones de clima continental semiáridas. **2.** Erial llano y muy extenso. • **Arte de las estepas,** producción artística, en la edad del bronce, de los pueblos nómadas de las regiones euroasiáticas, que alcanzó su apogeo entre los ss. VIII y III a. J.C.

ESTEPA n. f. Planta arbustiva sin estípulas, con ramas leñosas y erguidas, empleada como leña. (Familia cistáceas.)

ESTEPARIO, A adj. Propio de la estepa, formación vegetal.

ÉSTER n. m. Cuerpo resultante de la acción de un ácido carboxílico sobre un alcohol, con eliminación de agua.

ESTERA n. f. (lat. *stoream*). Tejido grueso de esparto, juncos, palma, etc., usado especialmente para cubrir el suelo de las habitaciones.

ESTERAL n. m. *Argent.* y *Urug.* Estero, terreno pantanoso.

ESTERAR v. tr. [**1**]. Cubrir con esteras el suelo de las habitaciones.

ESTERCOLADURA n. f. Acción y efecto de estercolar.

ESTERCOLAR v. tr. [**1**]. Beneficiar las tierras con estiércol.

ESTERCOLERO n. m. Lugar donde se recoge y fermenta el estiércol.

ESTÉREO n. m. Unidad de medida de volumen (símbolo st), empleada para medir volúmenes de madera, equivalente a 1 m^3.

ESTÉREO adj. Apócope de *estereofónico.* ♦ n. m. **2.** Apócope de *estereofonía.*

ESTEREOFONÍA n. f. Técnica de la reproducción de los sonidos registrados o radiodifundidos, caracterizada por la reconstitución espacial de las fuentes sonoras.

ESTEREOFÓNICO, A adj. Relativo a la estereofonía.

ESTEREOGRAFÍA n. f. Arte de representar los sólidos por proyección sobre un plano.

ESTEREOGRÁFICO, A adj. Relativo a la estereografía.

ESTEREOMETRÍA n. f. Parte de la geometría que trata de la medida de los sólidos.

ESTERERRADIÁN n. m. Unidad de medida de ángulo sólido (símbolo sr), equivalente al ángulo sólido que, teniendo su vértice en el centro de una esfera, abarca, sobre la superficie de esa esfera, un área equivalente a la de un cuadrado de lado igual al radio de la esfera.

ESTEREOSCOPIA n. f. Visión en relieve con la ayuda de un estereoscopio.

ESTEREOSCOPIO n. m. Instrumento óptico en el cual dos imágenes planas, supuestas por la visión binocular, dan la impresión de una sola imagen en relieve.

ESTEREOTIPADO, A adj. Dícese de las manifestaciones externas que se adoptan formulariamente o suponen un lugar común: *sonrisa estereotipada.*

ESTEREOTIPIA n. f. ART. GRÁF. Arte de imprimir con planchas fundidas en lugar de moldes compuestos de letras sueltas.

ESTEREOTIPO n. m. Concepción simplificada y comúnmente aceptada por un grupo sobre un personaje, aspecto de la estructura social o determinado programa social. **2.** ART. GRÁF. Cliché obtenido por colada de plomo fundido.

ESTÉRIL adj. (lat. *sterilem*). Que no da fruto, o no produce nada. **2.** Que no contiene ningún elemento microbiano. **3.** BIOL. Dícese del animal que no es capaz de reproducirse.

ESTERILIDAD n. f. (lat. *sterilitatem*). Estado, naturaleza de lo que es estéril.

ESTERILIZACIÓN n. f. Acción y efecto de esterilizar. **2.** Intervención practicada al hombre o a la mujer con objeto de hacerlos estériles.

ESTERILIZADO, A adj. Sometido a esterilización. • **Leche esterilizada,** leche que ha sido sometida a una temperatura alta y que puede ser conservada varios meses.

ESTERILIZAR v. tr. y pron. [**1g**]. Hacer estéril. **2.** BIOL. Anular la actividad genética en un ser vivo para evitar que pueda reproducirse. ♦ v. tr. **3.** BACTER. y MICROB. Destruir los organismos en un medio.

ESTERILLA n. f. Tela de hilos gruesos y separados. **2.** *Argent., Chile, C. Rica, Ecuad.* y *Urug.* Tejido de trama parecida a la del cañamazo. **3.** *Argent.* y *Ecuad.* Rejilla para construir asientos.

ESTERLINO, A adj. y n. f. *Libra esterlina → libra.*

ESTERNOCLEIDOMASTOIDEO adj. y n. m. ANAT. Dícese de un músculo que se inserta en el esternón, la clavícula y la apófisis mastoides.

ESTERNÓN n. m. Hueso plano situado en la parte anterior de la caja torácica al que están unidas las diez primeras costillas en el hombre.

ESTERO n. m. (lat. *aestuarium*). Zona del litoral inundada durante la pleamar. **2.** *Amér.* Cada uno de los brazos que forman los ríos que enlazan unos cauces con otros. **3.** *Bol., Colomb.* y *Venez.* Aguazal, terreno cenagoso. **4.** *Chile.* Arroyo, riachuelo.

ESTERTOR n. m. Respiración anhelosa, con ronquido sibilante, propia de la agonía y el coma. **2.** Denominación genérica de los ruidos patológicos que se perciben en la auscultación del aparato respiratorio.

ESTETA n. m. y f. Especialista o conocedor de estética. **2.** Persona amante de la belleza. **3.** Persona que muestra afectación y refinamiento en materia de arte.

ESTÉTICA n. f. Teoría de la belleza en general y del sentimiento que despierta en el hombre. **2.** Teoría del arte. **3.** Belleza en sentido amplio.

ESTETICISMO o **ESTETISMO** n. m. Valoración que se hace de los estilos artísticos, exclusivamente desde el punto de vista estético.

ESTETICISTA adj. Relativo al esteticismo. ♦ n. m. y f. **2.** Persona que, en los institutos de belleza, practica la cosmética y los tratamientos de embellecimiento corporal.

ESTÉTICO, A adj. Relativo a la estética. **2.** Artístico o bello. • **Cirugía estética,** la que tiene por finalidad devolver el aspecto normal a las alteraciones congénitas o traumáticas del cuerpo.

ESTETOSCOPIO n. m. Instrumento a modo de trompetilla acústica, que sirve para la auscultación de los enfermos.

ESTIAJE n. m. Nivel medio más bajo de un curso de agua. **2.** Período que dura este nivel.

285

ESTIBA n. f. Acción y efecto de estibar. SIN.: *estibación*. **2.** MAR. Colocación conveniente de las mercancías a bordo.
ESTIBADOR, RA n. Persona que estiba en los muelles.
ESTIBADORA n. f. Aparato de manutención que permite colocar cargas de formas regulares, una encima de la otra, en dos o varios niveles.
ESTIBAR v. tr. (lat. *stipare*, amontonar) [**1**]. Apretar materiales o cosas sueltas para que ocupen el menor espacio posible. **2.** MAR. Distribuir convenientemente todos los pesos del buque. **3.** MAR. Cargar y descargar mercancías en los muelles.
ESTIÉRCOL n. m. (lat. *stercus*). Excremento de los animales. **2.** Conjunto de materias orgánicas, detritos animales y vegetales en descomposición, que constituyen un abono natural para las tierras.
ESTIGARRIBIA (José Félix), mariscal y político paraguayo (Caraguatay 1888-cerca de Altos 1940). Presidente de la república (1939), en 1940 promulgó una moderada reforma agraria y una nueva constitución.
ESTIGIA, ESTIGE o **ESTIX**, en gr. **Styx**, el mayor de los ríos de los Infiernos en la mitología griega. Sus aguas, que formaban una zona pantanosa *(La laguna Estigia)*, la hacían invulnerable.
ESTIGMA n. m. (lat. *stigma*). Marca o señal que aparece en el cuerpo a consecuencia de un proceso patológico. **2.** Marca impuesta con hierro candente, como pena infamante o como signo de esclavitud. **3.** *Fig.* Señal de infamia, de deshonra, de bajeza moral: *el estigma del vicio*. **4.** BOT. Parte superior del pistilo. **5.** ZOOL. Orificio respiratorio de las tráqueas, en los insectos y arácnidos. ♦ **estigmas** n. m. pl. **6.** Llagas que reproducen las de Jesús crucificado, observadas en ciertos místicos cristianos.
ESTIGMATIZAR v. tr. [**1g**]. Producir estigmas.
ESTILAR v. tr., intr. y pron. [**1**]. Usar, acostumbrar, estar de moda: *ya no se estila el sombrero*.
ESTILETE n. m. (fr. *stylet*). Estilo, punzón con que escribían los antiguos. **2.** Pequeño puñal de hoja muy afilada. **3.** Instrumento quirúrgico.
ESTILISMO n. m. Tendencia a cuidar exageradamente del estilo, atendiendo más a la forma que al fondo de la obra literaria.
ESTILISTA n. m. y f. Escritor u orador que se distingue por lo esmerado y elegante de su estilo.
ESTILITA adj. y n. m. Dícese de los anacoretas que vivían en lo alto de una columna.
ESTILIZACIÓN n. f. Acción y efecto de estilizar.
ESTILIZAR v. tr. [**1g**]. Interpretar convencionalmente la forma de un objeto, haciendo resaltar tan sólo sus rasgos más característicos. ♦ v. tr. y pron. **2.** Destacar aquellos rasgos que acusan una delgadez elegante.
ESTILO n. m. (lat. *stilum*). Punzón metálico que se empleaba para escribir sobre tabletas de cera. **2.** Modo, manera, forma: *estilo de vida*. **3.** Uso, práctica, costumbre, moda: *estilo tejano*. **4.** Manera peculiar de ejecutar una obra, propia de un artista, un género, una época o un país: *estilo barroco*. **5.** *Argent.* y *Urug.* Canción típica que se compone de dos partes: una lenta, en compás binario, y otra rápida, en ternario, que se acompaña con la guitarra. **6.** BOT. Región media del pistilo, comprendida entre el ovario y el estigma. • **Por el estilo**, indica una vaga similitud. ‖ **Tener estilo**, tener elegancia y personalidad.
ESTILOGRÁFICO, A adj. y n. f. Dícese de la pluma cuyo mango contiene un depósito de tinta.
ESTIMA n. f. Consideración y aprecio que se hace de una persona o cosa.
ESTIMABLE adj. Digno de ser estimado.

ESTIMACIÓN n. f. Aprecio y valor que se da y en que se tasa una cosa. **2.** Aprecio, consideración, afecto.
ESTIMAR v. tr., intr. y pron. (lat. *aestimare*) [**1**]. Valorar, atribuir un valor. ♦ v. tr. y pron. **2.** Sentir afecto por alguien. ♦ v. tr. **3.** Juzgar, creer.
ESTIMATIVO, A adj. Que constituye una estimación: *presupuesto estimativo*.
ESTIMULANTE adj. Que estimula. SIN.: *estimulador*. ♦ adj. y n. m. **2.** Dícese de la sustancia que incrementa o facilita el desarrollo de una actividad orgánica.
ESTIMULAR v. tr. (lat. *stimulare*) [**1**]. Excitar vivamente a uno a la ejecución de una cosa, o avivar una actividad, operación o función.
ESTÍMULO n. m. (lat. *stimulum*, aguijón). Incitamiento para obrar.
ESTÍO n. m. (lat. *aestivum*). *Poét.* Verano.
ESTIPENDIO n. m. (lat. *stipendium*). Remuneración dada a una persona por su trabajo y servicio.
ESTIPITE n. m. BOT. Tallo largo, no ramificado, cubierto por las cicatrices de las hojas, como en las palmeras; tallo simple de los helechos.
ESTIPTIQUEZ o **ESTITIQUEZ** n. f. *Amér. Central, Chile, Colomb., Ecuad.* y *Venez.* Estreñimiento.
ESTÍPULA n. f. (lat. *stipulam*). BOT. Pequeño apéndice membranoso o foliáceo, que se encuentra en el punto de inserción de las hojas.
ESTIPULACIÓN n. f. DER. Convenio, pacto, especialmente verbal. **2.** DER. Cláusula de un contrato u otro documento.
ESTIPULAR v. tr. (lat. *stipulari*) [**1**]. Convenir, concertar, acordar. **2.** DER. Hacer contrato verbal, contratar por medio de estipulación.
ESTIRADA n. f. Estirón, crecimiento rápido en altura.
ESTIRADO, A adj. Entonado y orgulloso en su trato con los demás. ♦ n. m. **2.** Operación que tiene por objeto obtener una mayor longitud y menor sección de una barra o un tubo, haciéndolos pasar en frío a través de una hilera. **3.** En el proceso de hilatura, operación que tiene por objeto adelgazar las cintas de fibras textiles. **4.** Procedimiento continuo de fabricación de vidrio plano directamente a partir de la masa vítrea blanda.
ESTIRAMIENTO n. m. Acción y efecto de estirar o estirarse. **2.** Orgullo, arrogancia.
ESTIRAR v. tr. y pron. [**1**]. Alargar, dilatar una cosa extendiéndola con fuerza para que dé de sí. **2.** Atirantar, poner tenso y tirante. ♦ v. tr. **3.** Ir poniendo recto un miembro, especialmente los brazos, para desentumecerlo o desperezarse. **4.** *Fig.* Administrar el dinero con cuidado para atender con él al mayor número de necesidades. **5.** TECNOL. Realizar el estirado de una pieza metálica o de una cinta de fibra textil. ♦ v. intr. **6.** Tirar, hacer fuerza sujetando el extremo de algo: *estirar de la punta.* ♦ **estirarse** v. pron. **7.** Desperezarse. **8.** Tenderse: *estirarse en la cama.* **9.** Crecer una persona.
ESTIRÓN n. m. Acción con que uno estira o arranca con fuerza una cosa. **2.** Crecimiento rápido en altura.
ESTIRPE n. f. (lat. *stirpem*, base del tronco de un árbol). Raíz y tronco de una familia o linaje.
ESTIVACIÓN n. f. ZOOL. Letargo de algunos animales en verano.
ESTIVAL adj. (lat. *aestivalem*). Relativo al estío: *temporada estival.*
ESTO pron. dem. neutro. Se refiere a objetos o situaciones anteriores aludidos, señalándolos sin nombrarlos.
ESTOCADA n. f. Golpe que se tira de punta con la espada o el estoque. **2.** Herida que resulta de él.
ESTOCOLMO, c. y cap. de Suecia, que se extiende por las islas y las penínsulas de Mälaren y del Báltico; 674 452 hab.

(1 410 000 hab. en la aglomeración). Residencia del rey. Centro administrativo, comercial, cultural e industrial. — Iglesia de Riddarholmen (s. XIII); edificios civiles construidos a partir del s. XVII, como el palacio real (por N. Tessin el Joven). Museos.
ESTOFA n. f. Tela o tejido de labores, generalmente de seda. **2.** *Fig.* Calidad, clase.
ESTOFADO n. m. Guiso que consiste en condimentar un manjar con aceite, vino o vinagre, cebolla y especias y cocer todo a fuego lento y bien tapado, para que no se pierda vapor ni aroma.
ESTOFADO n. m. Acción y efecto de estofar, acolchar una tela.
ESTOFAR v. tr. [**1**]. Acolchar una tela o prenda.
ESTOFAR v. tr. (fr. *étouffer*, ahogar) [**1**]. Guisar un estofado: *estofar patatas y guisantes.*
ESTOICIDAD n. f. Entereza, impasibilidad.
ESTOICISMO n. m. Doctrina filosófica de Zenón de Citio y, después, de Crisipo, Séneca, Epicteto y Marco Aurelio. **2.** Fortaleza, austeridad.
ESTOICO, A adj. y n. m. (lat. *stoicum*). Relativo al estoicismo; adepto de esta doctrina. **2.** *Fig.* Que manifiesta indiferencia por el placer y el dolor, o que tiene gran entereza ante la desgracia.
ESTOLA n. f. (lat. *stolam*). Prenda de piel, tira alargada, usada por las mujeres alrededor del cuello o sobre los hombros. **2.** Ornamento litúrgico constituido por una tira ancha de tela.
ESTOLIDEZ n. f. Cualidad de estólido.
ESTÓLIDO, A adj. y n. Bobo, estúpido.
ESTOMACAL adj. Relativo al estómago. ♦ adj. y n. m. **2.** Dícese del medicamento o licor que tonifica el estómago y favorece la digestión.
ESTÓMAGO n. m. (lat. *stomachum*). Parte del tubo digestivo en forma de bolsa situado bajo el diafragma, entre el esófago y el intestino delgado. • **Tener estómago**, ser poco escrupuloso y delicado.
ESTOMATOLOGÍA n. f. Especialidad médica que estudia y trata las afecciones de la boca y del sistema dentario.
ESTOMATÓLOGO, A n. Médico especialista en estomatología.
ESTONIA, en estonio **Eesti**, estado de Europa, una de las Repúblicas bálticas; 45 100 km²; 1 600 000 hab. *(Estonios.)* CAP. **Tallinn**. LENGUA OFICIAL: *estonio*. MONEDA: *corona estonia*.
GEOGRAFÍA
Un 62 % de la población es de origen estonio, pero también existe una importante minoría rusa (30 %). El país presenta un elevado índice de urbanización. Con un paisaje parcialmente arbolado, en Estonia se combinan silvicultura, ganadería bovina e industrias extractivas (esquistos bituminosos) y de transformación.
HISTORIA
Los estonios, de origen ugrofinés, se unieron contra los invasores vikingos (s. IX) y rusos (ss. XI-XII), pero en 1217 fueron derrotados por daneses y alemanes (caballeros Portaespadas). 1346-1561: la región formaba parte de la Confederación livonia. 1629: pasó a manos suecas. 1721: fue integrada en el Imperio ruso. 1920: la Rusia soviética reconoció su independencia. 1940: por el pacto germano-soviético Estonia fue anexionada a la U.R.S.S. 1941-1944: fue ocupada por los alemanes. 1944: volvió a ser una república soviética. 1991: la restauración de la independencia fue reconocida por la comunidad internacional (set.), e ingresó en la O.N.U. 1992: primeras elecciones libres; L. Meri, presidente (reelegido en 1996). 1995: Estonia solicitó adherirse a la Unión Europea. 2001: Arnold Ruutel, del opositor Partido Popular, presidente.

ESTONIO, A adj. y n. De Estonia. ♦ n. m. **2.** Lengua ugrofinesa hablada en este país.
ESTOPA n. f. (lat. *stuppam*). Residuo de las fibras textiles de lino y de cáñamo. **2.** Tela basta tejida con la hilaza de la estopa. **3.** Cuerda o cáñamo sin retorcer, usado para hacer juntas.
ESTOPEROL n. m. *Amér.* Tachuela grande dorada o plateada que se usa como adorno en prendas de vestir.
ESTOQUE n. m. Arma blanca, de forma prismática rectangular o cilíndrica, aguzada en la punta, que suele llevarse metida en un bastón. **2.** TAUROM. Espada de matar los toros.
ESTOQUEAR v. tr. [1]. Herir de punta con espada o estoque.
ESTOQUILLO n. m. *Chile.* Planta de la familia de las ciperáceas, con el tallo en forma triangular y cortante.
ESTORBAR v. tr. (lat. *exturbare*) [1]. Obstaculizar la ejecución de una cosa: *estorbar un plan.* **2.** *Fig.* Molestar, incomodar: *el sol me estorba.*
ESTORBO n. m. Persona o cosa que estorba.
ESTORNINO n. m. Ave paseriforme, de 20 cm de long., de plumaje oscuro con manchas blancas, insectívoro y frugívoro. (Familia estúrnidos.)
ESTORNUDAR v. intr. (lat. *sternutare*) [1]. Dar o hacer un estornudo.
ESTORNUDO n. m. Contracción súbita de los músculos respiratorios, a consecuencia de la cual el aire es expulsado violentamente por la nariz y la boca.
ESTRÁBICO, A adj. y n. Relativo al estrabismo; afecto de estrabismo.
ESTRABISMO n. m. (gr. *strabismos*). Defecto de paralelismo en los ejes ópticos de los ojos, que ocasiona un trastorno de la visión binocular.
ESTRADA n. f. (lat. *stratam*). Camino, tierra hollada por donde se transita. **2.** Vía que se construye para transitar.
ESTRADA (Genaro), escritor y político mexicano (Mazatlán 1887-México 1937). Formuló la *doctrina Estrada* (1930), opuesta a la política de E.U.A. Es autor de poesía, novela y ensayos históricos.
ESTRADA (Juan José), general y político nicaragüense (1865-1947), presidente de la república (1910-1911) tras derrocar a Santos Zelaya.
ESTRADA CABRERA (Manuel), abogado y político guatemalteco (Quezaltenango 1857-† 1924). Presidente dictatorial desde 1898, fue derribado por una revolución en 1920. Murió en prisión.
ESTRADA PALMA (Tomás), político cubano (Bayamo 1835-Santiago de Cuba 1908). Elegido presidente de la república en armas (1876), fue encarcelado hasta 1878. Fue el primer presidente de Cuba (1902-1906).
ESTRADO n. m. (lat. *stratum*, yacija). Tarima sobre la cual se pone el trono real o la mesa presidencial en actos solemnes. **2.** Sitio de honor, algo elevado, en un salón de actos. ♦ **estrados** n. m. pl. **3.** Salas o tribunales donde los jueces oyen y sentencian los pleitos.
ESTRAFALARIO, A adj. *Fam.* Desaliñado, extravagante: *persona estrafalaria; vestido estrafalario.*
ESTRAGAMIENTO n. m. Acción y efecto de estragar.
ESTRAGAR v. tr. y pron. [1b]. Viciar, corromper, estropear: *estragar el gusto.* ♦ v. tr. **2.** Causar estragos: *estragar la cosecha.*
ESTRAGO n. m. (lat. *stragem*). Daño muy grande causado en la guerra o por un agente natural. **2.** Daño o ruina moral.
ESTRAGÓN n. m. (fr. *estragon*). Planta herbácea aromática que suele usarse como condimento. (Familia compuestas.)
ESTRAMBOTE n. m. Versos que a veces se añaden al fin de una composición métrica, especialmente en un soneto.
ESTRAMBÓTICO, A adj. *Fam.* Extravagante, irregular y sin orden.
ESTRAMONIO n. m. Planta herbácea venenosa, de grandes flores blancas y fruto espinoso. (Familia solanáceas.)
ESTRANGULACIÓN n. f. Acción y efecto de estrangular: *muerte por estrangulación.*
ESTRANGULADOR, RA adj. y n. Que estrangula.
ESTRANGULAR v. tr. y pron. (lat. *strangulare*) [1]. Ahogar oprimiendo el cuello hasta impedir la respiración. **2.** Dificultar o impedir el paso por una vía o conducto: *estrangular una vena.* **3.** Impedir la realización de un proyecto o la consumación de algo: *estrangular los planes.*
ESTRAPERLISTA adj. y n. m. y f. Dícese de la persona que se dedica al comercio de estraperlo.
ESTRAPERLO n. m. Mercado negro, comercio ilegal y clandestino. **2.** Mercancía que es objeto de tal tráfico.
ESTRASBURGO en fr. **Strasbourg,** en alem. **Strassburg,** c. de Francia, cap. de Alsacia y del dep. de Bas-Rhin, a orillas del Ill, cerca del Rin; 255 937 hab. Sede del Consejo de Europa y del Parlamento europeo. Universidad. Puerto fluvial.
ESTRATAGEMA n. f. (lat. *strategemam*). Ardid de guerra. **2.** Astucia, fingimiento.
ESTRATEGA n. m. (gr. *stratēgos*). Especialista versado en estrategia.
ESTRATEGIA n. f. Arte de dirigir un conjunto de disposiciones para alcanzar un objetivo. **2.** Arte de coordinar la acción de las fuerzas militares, políticas, económicas y morales, implicadas en la conducción del conflicto o en la preparación de la defensa de una nación o de una comunidad de naciones.
ESTRATÉGICO, A adj. Relativo a la estrategia.
ESTRATIFICACIÓN n. f. Disposición en capas superpuestas. **2.** GEOL. Disposición de los sedimentos o rocas sedimentarias en estratos superpuestos.
ESTRATIFICAR v. tr. [1a]. Disponer por capas superpuestas. ♦ v. tr. y pron. **2.** Disponer en estratos.
ESTRATIGRAFÍA n. f. Parte de la geología que estudia las capas de la corteza terrestre al objeto de establecer el orden normal de superposición y la edad relativa.
ESTRATIGRÁFICO, A adj. Relativo a la estratigrafía.
ESTRATO n. m. (lat. *stratum*, yacija). Cada una de las capas de materiales que constituyen un terreno, en particular un terreno sedimentario. **2.** Nube baja que se presenta en una capa uniforme gris, en forma de velo continuo.
ESTRATOCÚMULO n. m. Capa continua o conjunto de bancos nubosos, generalmente finos y de espesor regular, de forma más extendida y más plana que el altocúmulo.
ESTRATOSFERA n. f. Región de la atmósfera entre la troposfera y la mesosfera, que tiene un espesor de unos 30 km y en la que la temperatura es sensiblemente constante.
ESTRATOSFÉRICO, A adj. Relativo a la estratosfera.
ESTRAZA n. f. Trapo, pedazo o desecho de ropa basta. • **Papel de estraza,** papel de tina, áspero y muy basto, sin encolar.
ESTRECHAMIENTO n. m. Acción y efecto de estrechar o estrecharse.
ESTRECHAR v. tr. [1]. Hacer estrecho o más estrecho: *estrechar un vestido.* **2.** *Fig.* Manejar, empujar a decir o hacer algo: *estrechar al culpable a que confiese.* **3.** *Fig.* Apretar, reducir a estrechez. ♦ v. tr. y pron. **4.** Abrazar, ceñir con los brazos o las manos: *estrechar la mano.* **5.** Aumentar el cariño, la intimidad o el parentesco. ♦ **estrecharse** v. pron. **6.** Apretarse en un sitio para que quepa más gente. **7.** Disminuir los gastos.
ESTRECHEZ o **ESTRECHURA** n. f. Calidad de estrecho: *la estrechez de una calle.* **2.** *Fig.* Dificultad, apuro, escasez de medios económicos: *vivir con estrechez.* **3.** *Fig.* Limitación, pobreza o falta de amplitud intelectual o moral: *estrechez de miras.*
ESTRECHO, A adj. (lat. *strictum*). De menos anchura que la ordinaria o que otras cosas de la misma clase. **2.** Ajustado, apretado, ceñido: *falda estrecha.* **3.** *Fig.* Dícese de todo tipo de relación o dependencia íntima. ♦ n. m. **4.** Brazo de mar comprendido entre dos tierras.
ESTREGADURA n. f. Acción y efecto de estregar.
ESTREGAR v. tr. y pron. [1b]. Pasar con fuerza una cosa sobre otra: *estregarse los ojos.*
ESTRELLA n. f. (lat. *stellam*). En lenguaje corriente, cualquier astro que brilla en el cielo, a excepción de la Luna y el Sol. **2.** Astro dotado de luz propia. **3.** Suerte, destino: *haber nacido bajo buena estrella.* **4.** Objeto o adorno, formado de ramas que irradian a partir de un punto central. **5.** *Fig.* Persona que sobresale en su profesión por sus dotes excepcionales, especialmente un artista del cine o de la canción. **6.** Insignia de ciertas condecoraciones. **7.** Divisa o símbolo de determinadas jerarquías militares: *estrellas de capitán.* **8.** Signo único o repetido que indica la categoría o la calidad de un restaurante, hotel, etc. • **Estrella de David,** signo distintivo de color amarillo, de seis puntas, símbolo del judaísmo. ‖ **Estrella de mar,** equinodermo de cuerpo radiado. ‖ **Estrella enana,** estrella de intensidad media muy alta y luminosidad relativamente débil. ‖ **Estrella gigante,** estrella con mucha luminosidad y poca densidad. ‖ **Estrella nova,** o **temporaria,** estrella joven que se caracteriza por los cambios bruscos y breves de brillo y espectro. ‖ **Estrella polar,** la del extremo de la lanza de la constelación de la Osa Menor.
ESTRELLADO, A adj. De o en forma de estrella. **2.** Lleno de estrellas: *cielo estrellado.*
ESTRELLAR v. tr. y pron. [1]. *Fam.* Arrojar con violencia una cosa contra otra, haciéndola pedazos: *estrellar un vaso contra la pared.* ♦ v. tr. **2.** Freír huevos. ♦ **estrellarse** v. pron. **3.** Quedar muy maltrecho por efecto de un choque violento contra una superficie dura. **4.** *Fig.* Fracasar en una pretensión por tropezar contra un obstáculo insuperable: *estrellarse con los planes.*
ESTRELLATO n. m. Condición del artista que ha alcanzado el éxito.
ESTRELLETA (*provincia de* **La**), prov. de la República Dominicana, junto a la frontera de Haití; 1788 km²; 71 600 hab. Cap. *Elías Piña.*
ESTRELLÓN n. m. *Bol., Dom., Ecuad.* y *Hond.* Choque, encontrón.
ESTREMADURA, región de Portugal, que comprende una parte de los tres distritos de Lisboa, Santarém y Leiria, entre el litoral atlántico y la llanura del Tajo inferior (Ribatejo).
ESTREMECEDOR, RA adj. Que estremece.
ESTREMECER v. tr. (lat. *tremere*) [2m]. Conmover, hacer temblar: *estremecer la casa.* **2.** *Fig.* Ocasionar alteración o sobresalto algo extraordinario o imprevisto: *estremecer los ánimos.* ♦ **estremecerse** v. pron. **3.** Temblar por movimiento agitado y súbito: *estremecerse de frío.* **4.** *Fig.* Sentir una repentina sacudida nerviosa o sobresalto.
ESTREMECIMIENTO n. m. Acción y efecto de estremecer.
ESTREMEZÓN n. m. *Colomb.* Estremecimiento.
ESTRENAR v. tr. [1]. Hacer uso por primera vez de una cosa: *estrenar un vestido.* **2.** Representar o ejecutar por primera vez una comedia, película u otro espectáculo. ♦ **estrenarse** v. pron. **3.** Empezar a desempeñar un empleo, oficio, etc.

ESTRENO n. m. Acción y efecto de estrenar o estrenarse. **2.** Primera representación de una obra de teatro, película o espectáculo.

ESTREÑIMIENTO n. m. Disminución en la frecuencia o cantidad de eliminación de heces. SIN.: restreñimiento.

ESTREÑIR v. tr. y pron. (lat. *stringere*, estrechar) [24]. Producir o padecer estreñimiento.

ESTRÉPITO n. m. (lat. *strepitum*). Ruido considerable, estruendo. **2.** *Fig.* Ostentación, aparato en la realización de algo.

ESTREPITOSO, A adj. Que causa estrépito. **2.** Muy ostensible, espectacular.

ESTRÉS o **STRESS** n. m. (ingl. *stress*) [pl. estreses o stress]. Situación de un individuo o de alguno de sus órganos o aparatos, que por exigir de ellos un rendimiento muy superior al normal, los pone en riesgo próximo de enfermar.

ESTRÍA n. f. (lat. *striam*, surco). Cada una de las ranuras longitudinales que tienen a menudo las columnas y pilastras. **2.** Línea fina en la superficie de un objeto, de una roca, etc. ♦ **estrías** n. f. pl. **3.** Cicatrices lineales de la piel, debidas a una distensión excesiva de las fibras de la dermis.

ESTRIADO, A adj. Que presenta estrías.

ESTRIAR v. tr. y pron. [1t]. Trazar, formar o formarse estrías.

ESTRIBACIÓN n. f. Ramal corto de una cadena montañosa.

ESTRIBAR v. intr. [1]. Descansar el peso de una cosa en otra sólida y firme: *estribar un edificio en los cimientos*. **2.** *Fig.* Fundarse, apoyarse: *su atractivo estriba en su sencillez*. **3.** *Argent.* Calzar el jinete los pies en el estribo.

ESTRIBILLO n. m. Bordón, voz o frase que repite una persona con frecuencia: *siempre está con el mismo estribillo*. **2.** Fórmula musical, vocal o instrumental, que se repite con regularidad en una composición. **3.** Verso o versos que sirven de introducción a una composición poética y que se repiten tanto o parcialmente al final de una o varias estrofas.

ESTRIBO n. m. Anillo de metal, suspendido por una correa a cada lado de la silla de montar y sobre el cual el jinete apoya el pie. **2.** Especie de escalón que sirve para subir o bajar de los coches y otros carruajes. **3.** Contrafuerte, saliente en el paramento de un muro, para fortalecerlo. **4.** ANAT. Uno de los tres huesecillos que se encuentran en la parte media del oído. ◆ **La del estribo** (*Argent., Méx. y Urug.*), última copa que toma alguien antes de irse. ‖ **Perder los estribos**, desbarrar; hablar u obrar fuera de razón; impacientarse mucho.

ESTRIBOR n. m. MAR. Costado derecho del barco, mirando de proa a proa. CONTR. *babor*.

ESTRICNINA n. f. (del gr. *stryknos*). Veneno consistente en un alcaloide extraído de la nuez vómica.

ESTRICTO, A adj. (lat. *strictum*). Exacto y riguroso: *sentido estricto; profesor estricto*.

ESTRIDENCIA n. f. Sonido agudo, desapacible y chirriante. **2.** *Fig.* Exceso, desmesura: *estridencia en el vestir*.

ESTRIDENTE adj. (lat. *stridentem*). Dícese del ruido agudo, desapacible y chirriante: *grito estridente*. **2.** Que por violento o exagerado produce sensación molesta: *color estridente*.

ESTRO n. m. (gr. *óistros*, tábano, aguijón). Inspiración. **2.** Modificación de la mucosa del útero, que permite la nidificación del huevo fecundado. **3.** En los animales, período de celo.

ESTROFA n. f. (lat. *stropham*). Grupo de versos que forman una unidad y se ordenan de manera que presenten una correspondencia métrica con uno o varios grupos semejantes.

ESTRÓGENO, A adj. y n. m. Dícese de las sustancias de naturaleza hormonal que provocan el estro en la hembra.

ESTRONCIO n. m. Metal amarillo, que presenta gran analogía con el calcio, cuyo símbolo químico es Sr, de número atómico 38 y de masa atómica 87,62.

ESTROPAJO n. m. Porción de esparto machacado, o de otro material, que sirve principalmente para fregar.

ESTROPAJOSO, A adj. *Fam.* Dícese de la lengua o persona que pronuncia las palabras de manera confusa o indistinta: *un hablar estropajoso*. **2.** *Fig. y fam.* Dícese de la persona muy desaseada y andrajosa. **3.** *Fig. y fam.* Dícese de la carne y otros comestibles fibrosos, ásperos y difíciles de masticar.

ESTROPEAR v. tr. y pron. (ital. *stroppiare*) [1]. Maltratar o deteriorar: *estropear el calzado*. **2.** Echar a perder, malograr: *estropear los planes*.

ESTROPICIO n. m. Destrozo, rotura estrepitosa de enseres de uso doméstico u otras cosas: *estropicio de platos*. **2.** Trastorno ruidoso, de escasas consecuencias: *un estropicio familiar*.

ESTRUCTURA n. f. (lat. *structuram*). Manera en que las diferentes partes de un conjunto, concreto o abstracto, están dispuestas entre sí y son solidarias: *la estructura del cuerpo humano*. **2.** Armadura que constituye el esqueleto de algo y que sirve para sostener un conjunto: *la estructura de un edificio*. **3.** ECON. Conjunto de caracteres relativamente estables de un sistema económico en un período dado (por oposición a *coyuntura*). **4.** GEOL. Disposición de las capas geológicas relacionadas unas con otras. **5.** QUÍM. Disposición espacial de los átomos, las moléculas o los iones en las especies químicas consideradas en sus distintos estados físicos.

ESTRUCTURACIÓN n. f. Acción y efecto de estructurar.

ESTRUCTURAR v. tr. y pron. [1]. Ordenar las partes de una obra o de un cuerpo.

ESTRUENDO n. m. Ruido muy grande. **2.** *Fig.* Confusión, bullicio: *el estruendo del gentío*.

ESTRUENDOSO, A adj. Ruidoso, estrepitoso.

ESTRUJAMIENTO n. m. Acción y efecto de estrujar.

ESTRUJAR v. tr. (bajo lat. *extorculare*) [1]. Apretar una cosa para sacarle el zumo. **2.** Apretar arrugando, desplegándose deformando. **3.** *Fig. y fam.* Sacar todo el partido posible: *estrujar la mente*.

ESTRUJÓN n. m. Acción y efecto de estrujar, apretar.

ESTUARIO n. m. (lat. *aestuarium*). Desembocadura de un río caracterizada por una amplia abertura por donde el mar penetra tierra adentro.

ESTUCHE n. m. (provenz. *estug*). Caja o funda adecuada para guardar objetos: *estuche para las gafas*. **2.** Conjunto de utensilios que se guardan en el estuche: *estuche de aseo*.

ESTUCO n. m. (ital. *stucco*). Enlucido que imita el mármol y que se compone generalmente de yeso fino, agua y cola, polvo de mármol y creta. **2.** Revestimiento mural decorativo realizado con este material.

ESTUDIADO, A adj. Fingido, afectado, amanerado: *gestos estudiados*.

ESTUDIANTADO n. m. Conjunto de estudiantes de un establecimiento docente.

ESTUDIANTE n. m. y f. Persona que cursa estudios, particularmente de grado secundario o superior.

ESTUDIANTIL adj. Relativo a los estudiantes: *vida estudiantil*.

ESTUDIANTINA n. f. Grupo de estudiantes, vestidos con trajes al estilo de los antiguos, que salen por las calles tocando varios instrumentos para divertirse o para recaudar dinero. SIN.: *tuna*.

ESTUDIAR v. tr. [1]. Ejercitar el entendimiento para comprender una cosa: *estudiar música*. **2.** Pensar insistentemente sobre un asunto para resolver sobre él, analizar: *estudiar un proyecto*. ♦ v. tr. e intr. **3.** Recibir enseñanzas en ciertos centros.

ESTUDIO n. m. (lat. *studium*, aplicación). Trabajo del espíritu dedicado a aprender o profundizar: *interesarse en el estudio de las ciencias*. **2.** Obra en la que se expresan los resultados de una investigación: *sabio estudio de un autor*. **3.** Trabajos que preceden o preparan la ejecución de un proyecto: *estudio de un proyecto*. **4.** Despacho, pieza o local donde alguien trabaja en el ejercicio de tareas intelectuales u obras artísticas. **5.** Pequeño apartamento compuesto de una sola pieza principal. **6.** Fragmento de música instrumental o vocal compuesto para vencer una dificultad técnica. **7.** Dibujo o pintura que se hace como preparación o tanteo para otra principal. **8.** *Fig.* Cuidado, afectación: *hablar con estudio*. ♦ **estudios** n. m. pl **9.** Conjunto de cursos seguidos en un establecimiento escolar o universitario: *acabar los estudios*. **10.** Edificio o conjunto de locales donde se realizan las tomas de vista o de sonido para el cine, la televisión, la radio, etc. **11.** *Chile. y R. de la Plata.* Bufete de abogado.

ESTUDIOSO, A adj. Dado al estudio. ♦ n. **2.** Erudito.

ESTUFA n. f. Aparato que funciona por combustible o electricidad, destinado a caldear. **2.** Aposento destinado en los baños termales a producir en los enfermos un sudor copioso. **3.** *Méx.* Mueble de cocina con hornillas sobre el cual se guisan los alimentos, cocina.

ESTUFILLA n. f. **1** Manguito pequeño para tener abrigadas las manos en el invierno. **2.** Braserillo para calentar los pies.

ESTULTICIA n. f. (lat. *stultitiam*). Calidad de estulto.

ESTULTO, A adj. Necio, tonto.

ESTUPEFACCIÓN n. f. Pasmo o estupor.

ESTUPEFACIENTE adj. Que produce estupefacción. ♦ n. m. **2.** Sustancia que provoca hábito y un estado de dependencia, y que puede conducir a una toxicomanía.

ESTUPEFACTO, A adj. (lat. *stupefactum*). Atónito, pasmado: *quedarse estupefacto*.

ESTUPENDO, A adj. (lat. *stupendum*). Muy bueno, muy hermoso o muy sorprendente.

ESTUPIDEZ n. f. Torpeza notable en comprender las cosas. **2.** Dicho o hecho propio de un estúpido.

ESTÚPIDO, A adj. y n. (lat. *stupidum*, aturdido). Notablemente torpe para comprender las cosas. ♦ adj. **2.** Que revela estupidez: *actitud estúpida; razonamiento estúpido*.

ESTUPOR n. m. (lat. *stuporem*). Asombro, pasmo.

ESTUPRADOR, RA n. Persona que estupra.

ESTUPRAR v. tr. (lat. *stuprare*) [1]. Cometer estupro.

ESTUPRO n. m. (lat. *stuprum*). Delito que consiste en la violación de una mujer que no pasa de cierta edad fijada legalmente.

ESTURIÓN n. m. (bajo lat. *sturio*). Pez condróstero de boca ventral, que remonta los ríos para desovar, y con cuyas huevas se prepara el caviar.

ESVÁSTICA n. f. Svástica, cruz gamada.

ETA n. f. Séptima letra del alfabeto griego (η), que equivale a una *e* larga.

ETANO n. m. QUÍM. Hidrocarburo saturado formado por dos átomos de carbono y seis de hidrógeno.

ETANOL n. m. Alcohol etílico.

ETAPA n. f. (fr. *étape*). Lugar donde se detiene una tropa en movimiento, un

equipo de ciclistas, etc., antes de proseguir la marcha. **2.** Distancia que media entre dos de estos lugares. **3.** Prueba deportiva que consiste en franquear esta distancia: *ganar una etapa*. **4.** *Fig.* Época o avance parcial en el desarrollo de una acción u obra: *proceder por etapas*.

ETCÉTERA, voz que se añade a una exposición o enumeración para indicar que son incompletas. (Se abrevia *etc*.)

ÉTER n. m. (lat. *aetherem*). Fluido hipotético, imponderable y elástico, que era considerado como el agente de transmisión de la luz. **2.** QUÍM. Óxido de etilo (C$_2$H$_5$)$_2$O, líquido muy volátil, que se emplea como anestésico general en inhalaciones. **3.** *Poét.* Cielo, bóveda celeste.

ETÉREO, A adj. Relativo al éter. **2.** *Poét.* Vago, inmaterial, sutil, sublime.

ETERNAL adj. (lat. *aeternalem*). Eterno.

ETERNIDAD n. f. (lat. *aeternitatem*). Perpetuidad que no tiene principio ni tendrá fin. **2.** Vida después de la muerte: *pensar en la eternidad*. **3.** *Fig.* Espacio de tiempo muy largo: *hace una eternidad*.

ETERNIZAR v. tr. y pron. [**1g**]. Hacer durar algo mucho tiempo o tardar mucho en hacer algo: *eternizar un proceso*. ♦ v. tr. **2.** Perpetuar la duración de una cosa: *eternizar un paisaje en un cuadro*.

ETERNO, A adj. Que no tiene principio ni fin: *Dios como ser eterno; vida eterna*. **2.** Válido o existente en todos los tiempos: *verdades eternas*. **3.** Que tiene larga duración o que se repite con frecuencia o insistencia: *una espera eterna*.

ÉTICA n. f. (lat. *ethicum*). FILOS. Parte teórica de la valoración moral de los actos humanos. SIN.: *moral*. **2.** FILOS. Conjunto de principios y normas morales que regulan las actividades humanas.

ÉTICO, A adj. Relativo, o conforme, a los principios de la moral: *juicio ético*.

ETILENO n. m. Hidrocarburo gaseoso incoloro (C$_2$H$_4$), ligeramente oloroso, obtenido a partir del petróleo y que se encuentra en la base de muchas síntesis.

ETÍLICO, A adj. Dícese de los derivados del radical etilo: *alcohol etílico* (o alcohol ordinario), de fórmula C$_2$H$_5$OH. **2.** Relativo al alcohol o al etilismo.

ETILISMO n. m. Alcoholismo.

ETILO n. m. Radical monovalente C$_2$H$_5$.

ETIMOLOGÍA n. f. (lat. *etymologiam*). Ciencia que estudia el origen de las palabras. **2.** Origen particular de una palabra.

ETIMOLÓGICO, A adj. Relativo a la etimología.

ETIOLOGÍA n. f. Parte de la medicina que investiga las causas de las enfermedades.

ETÍOPE o **ETIOPE** adj. y n. m. y f. De Etiopía.

ETIOPÍA, estado de África oriental, junto al mar Rojo; 1 106 100 km^2; 48 294 000 hab. (*Etíopes*.) CAP. *Addis Abeba*. LENGUA OFICIAL: *amárico*. MONEDA: *birr*.

GEOGRAFÍA
Con excepción de las mesetas del E (Ogaden) y de la depresión y desierto de Danakil, más al N, zonas ambas de ganadería nómada; Etiopía, es un país montañoso (lo que evita que sea desértico), en el que la economía rural se establece en función de la altitud. Por debajo de 1800 m algunos cultivos de algodón, de maíz y de tabaco invaden la selva tropical; por encima de 2500 m, las condiciones climáticas sólo permiten el cultivo de cebada y la cría de ganado. La zona más rica se encuentra entre 1800 y 2500 m: cereales, hortalizas, fruta, café (principal artículo de exportación, por delante de los productos de ganadería). Esta región concentra la mayor parte de una población heterogénea (abisinios [cristianos coptos], somalíes, afar y galla [en su mayoría musulmanes] y negros). Arrasada por las guerras locales (Eritrea, Tigré y Ogaden) y las sequías, causa de hambrunas e importantes movimientos de población, Etiopía, tributaria de la ayuda internacional, es uno de los países más pobres del mundo.

HISTORIA
El reino de Aksum. Ss. I-IX d. J.C.: el reino de Aksum, cuyo jefe poseía el título de rey de reyes (*negus*), extendió su dominio hasta el Nilo Azul, fue cristianizado por la Iglesia egipcia (copta [s. IV]) y vivió el período más brillante en el s. VI.

El apogeo medieval y la lucha contra el islam. S. X: el reino se hundió bajo el poder del islam. C. 1140-1270: una dinastía Zagwe se estableció al E del lago Tana, con capital en Roha (act. Lalibela). 1270-1285: Yekuno Amlak intentó restaurar el reino de Aksum y derrocó a los Zagwe. S. XVI: los portugueses descubrieron el país, lo identificaron con el reino fabuloso del Preste Juan y lo liberaron (1543) de la ocupación musulmana impuesta por el imán Grāñ en 1527. Ss. XVII-XVIII: el país, que se cerró tanto a los cristianos occidentales como a los musulmanes, fue invadido por pueblos paganos, los galla, y se hundió por las luchas de los señores feudales, los *ras*.
La Etiopía contemporánea. 1855-1868: Teodoro II acabó con el poder de los señores y se hizo proclamar rey de reyes. 1885: los italianos se instalaron en Mitsiwa. 1889-1909: Menelik II rey de Šoa, se convirtió en rey de reyes, derrotó a los italianos en Adua (1896) e hizo de Addis Abeba su capital. 1917: los europeos, dueños del litoral, impusieron a Tafari como regente. 1930: Tafari, negus desde 1928, fue coronado emperador (Hailé Selassie I). 1931: el emperador promulgó una constitución de tipo occidental. 1935-1936: la conquista italiana convirtió Etiopía, Eritrea y Somalia, en el África oriental italiana. 1941: las tropas francobritánicas liberaron Etiopía y restablecieron al negus en el trono. 1952: Eritrea, colonia italiana desde 1890, fue federada a Etiopía. 1962: rebelión en Eritrea. 1963: Addis Abeba, sede de la O.U.A. 1974: oficiales reformistas derrocaron al negus. Etiopía inició la vía hacia un socialismo autoritario. 1977: H. M. Mengistu fue elegido jefe del estado. Reforzó sus lazos con la U.R.S.S. y Cuba, que lo apoyaron en el conflicto eritreo y en la lucha contra Somalia a causa de Ogaden. 1987: una nueva constitución convirtió a Etiopía en una república popular y democrática, de partido único (creado en 1984). 1988: se firmó un acuerdo de paz entre Etiopía y Somalia. 1989-1990: la retirada de las tropas cubanas y la desvinculación progresiva de la U.R.S.S. debilitaron el régimen, enfrentado a la guerra civil. 1991: Mengistu fue obligado a abandonar el poder. Meles Zenawi, líder del Frente democrático revolucionario del pueblo etíope (F.D.R.P.E.), fue elegido presidente interino. 1993: tras un referéndum de autodeterminación, Eritrea obtuvo la independencia. 1994: aprobada una nueva constitución federal. 1995: Negasso Gidada sustituye a Zenawi en la presidencia.

ETIÓPICO, A adj. Relativo a Etiopía. ♦ **Lenguas etiópicas**, lenguas semíticas de Etiopía y Eritrea (ge'ez, amárico, tigré, etc.).

ETIQUETA n. f. (fr. *étiquette*). Cédula que se adhiere a un objeto aclarando qué es, su contenido o cualquier otra indicación. **2.** Ceremonial que se debe observar en las casas reales, en actos públicos solemnes o en actos de la vida privada, a diferencia de los usos de confianza o familiaridad.

ETIQUETADO n. m. Acción y efecto de etiquetar.

ETIQUETADOR, RA n. Persona que pone las etiquetas.

ETIQUETADORA n. f. Máquina para etiquetar botellas.

ETIQUETAR v. tr. [**1**]. Poner etiqueta a una cosa. **2.** *Fig.* Considerar a alguien como adicto a una ideología.

ETMOIDES n. m. Hueso impar del cráneo, que forma la parte superior del esqueleto de la nariz y, cuya lámina acribillada, situada en el compartimento anterior de la base del cráneo, está atravesada por los nervios olfatorios.

ETNA, volcán activo de Italia, en el NE de Sicilia; 3345 m.

ETNIA n. f. Grupo de familias en el sentido amplio de la palabra, en un área geográfica variable, cuya unidad se basa en una estructura familiar, económica y social comunes ✓ en una lengua y cultura asimismo comunes.

ÉTNICO, A adj. Relativo a la etnia: *influencias étnicas*. **2.** Gentilicio.

ETNOGRAFÍA n. f. Rama de las ciencias humanas cuyo objetivo es el estudio descriptivo de las etnias.

ETNOLOGÍA n. f. Estudio científico de las etnias, en la unidad de la estructura lingüística, económica y social de cada una, de los lazos de civilización que las caracterizan y de su evolución.

ETOLOGÍA n. f. Estudio científico del comportamiento de los animales en su medio natural.

ETRURIA, ant. región de Italia, que corresponde aproximadamente a la actual Toscana.

ETRUSCO, A adj. y n. Relativo a un pueblo que apareció a fines del s. VIII a. J.C. en Toscana y cuyo origen es objeto de controversia; individuo de este pueblo. ♦ n. m. **2.** Lengua no indoeuropea hablada por los etruscos.

EU, símbolo químico del *europio*.

EUCALIPTO n. m. Árbol de gran tamaño, originario de Australia, que crece preferentemente en las regiones cálidas y cuyas hojas son muy olorosas. (Familia mirtáceas.)

EUCARIOTA n. m. Especie viviente cuyas células tienen un núcleo netamente separado del citoplasma. CONTR.: *procariota*.

EUCARISTÍA n. f. (gr. *eukharistia*, acción de gracias). Sacramento que, según la doctrina católica, contiene realmente y sustancialmente el cuerpo, la sangre, el alma y la divinidad de Jesucristo bajo las apariencias del pan y del vino.

EUCARÍSTICO, A adj. Relativo a la eucaristía. ♦ **Congreso eucarístico**, asamblea de clérigos y fieles que se reúnen para celebrar ceremonias litúrgicas en honor al Santísimo sacramento.

EUCLIDES, matemático griego que vivió en el s. III a. J.C. en Alejandría. Sus *Elementos* son una vasta síntesis de las matemáticas griegas de su época.

EUCLIDIANO, A o **EUCLÍDEO, A** adj. Relativo a Euclides o a su método.

EUFEMISMO n. m. (gr. *euphemismos*). Modo de expresar con disimulo palabras de mal gusto, inoportunas o malsonantes.

EUFEMÍSTICO, A adj. Relativo al eufemismo.

EUFONÍA n. f. (gr. *euphōnía*). Cualidad de los sonidos agradables al oído, a la que se recurre para dar cuenta de ciertos cambios fonéticos.

EUFÓNICO, A adj. Que tiene eufonía.

EUFORIA n. f. (gr. *euphoría*). Estado de excitación síquica que se acompaña de un alto tono afectivo.

EUFÓRICO, A adj. Relativo a la euforia o en estado de euforia.

EUFRASIA n. f. (gr. *euphrasía*, alegría). Planta herbácea vellosa, de tallo erguido y flores pequeñas, blancas, con rayas purpúreas y una mancha amarilla. (Familia escrofulariáceas.)

ÉUFRATES o **EUFRATES**, r. de Asia que nace en la Armenia turca, atraviesa Siria y confluye con el Tigris en Iraq, para formar el Šatt al-'Arab; 2780 km.

EUGENESIA n. f. Ciencia que estudia la mejora, desde un punto de vista biológico,

EUL

de los individuos de una especie vegetal o animal.
EULER (Leonhard), matemático suizo (Basilea 1707-San Petersburgo 1783). Principal promotor del auge del análisis matemático en el s. XVIII, en torno al concepto fundamental de función.
EUNUCO n. m. Varón castrado.
EURÁFRICA, nombre que se da a veces al conjunto de Europa y África.
EURASIA, nombre que se da a veces al conjunto de Europa y Asia.
EURASIÁTICO, A adj. y n. De Eurasia. **2.** Dícese del mestizo de europeo y de asiático, especialmente en Vietnam, India e Indonesia.
¡EUREKA! interj. (voz griega). Denota júbilo por haber hallado o conseguido algo que se buscaba o deseaba.
EURÍDICE, según la mitología griega, esposa de Orfeo.
EURÍPIDES, poeta trágico griego (Salamina 480-Pella, Macedonia, 406 a. J.C.). Su teatro, marcado por las revueltas de la guerra del Peloponeso, denunciaba a sus contemporáneos: *Alcestes* (438), *Medea* (431), *Hipólito* (428), *Andrómaca* (c. 426), *Hécuba* (c. 424), *Las suplicantes* (c. 422), *Ifigenia en Táuride* (414), *Electra* (413), *Helena* (412), *Las fenicias* (409 o 408).
EURITMIA n. f. Combinación armónica de proporciones, líneas, colores o sonidos.
EURO n. m. (lat. *eurum*). *Poét*. Uno de los cuatro vientos cardinales, que sopla de oriente.
EURO n. m. Nombre de la moneda única de la Unión europea.
EUROASIÁTICO, A adj. y n. Relativo a Europa y Asia, consideradas como un todo geográfico.
EUROPA, uno de los cinco continentes, comprendido entre el océano Ártico al N, el océano Atlántico al O, el Mediterráneo y sus anexos, así como, tradicionalmente, la cordillera del Cáucaso al S, y el mar Caspio y los Urales al E. Ocupa 10,5 millones de km^2 y cuenta con 700 millones de hab. aprox. *(Europeos.)* La geología y el relieve distinguen una *Europa septentrional*, formada por vastas llanuras (desde Flandes hasta Rusia) y por antiguos zócalos (macizos caledonianos y hercinianos), a menudo rejuvenecidos (Escandinavia), de una *Europa meridional*, ocupada por cadenas terciarias (Pirineos, Alpes, Cárpatos), que enmarcan regiones bajas, poco extensas (a excepción de la cuenca panónica). Europa pertenece a la zona de clima suave, pero el mayor o menor alejamiento del océano sobre todo y la disposición de los relieves introducen cambios térmicos y pluviométricos que permiten distinguir una *Europa oceánica* en el O, una *Europa continental* en el E y una *Europa mediterránea* en el S. A cada una le corresponde una formación vegetal (frondosa en el O, coníferas en el E y en el extremo N, maquis y garrigas, que provienen de la degradación del bosque mediterráneo, en el S). La posición de Europa en la zona templada, en el centro de las tierras emergidas del hemisferio boreal, y su profunda penetración por los mares han facilitado su poblamiento, y explican su antigüedad, su densidad y su variedad. Poblada desde el paleolítico, agrupa, en menos del 10 % de las tierras emergidas, casi el 15 % de la población mundial (porcentaje que, sin embargo, disminuye rápidamente a causa del descenso de la natalidad), pero no posee unidad étnica o lingüística algunas (aunque el cristianismo y las lenguas indoeuropeas dominen claramente). Después de la segunda guerra mundial, Europa estuvo durante mucho tiempo dividida en dos bloques ideológica y económicamente opuestos. La Europa occidental, liberal, representa-

da por la actual Unión europea y la E.F.T.A., es decir, los países más desarrollados del continente. La Europa oriental agrupaba a los países de economía socialista y de ideología marxista, bajo la tutela de la U.R.S.S. Otros países adscritos a Europa occidental permanecían neutrales (Suiza, Austria, Finlandia). A fines de los años ochenta y principios de los noventa, cayeron los regímenes comunistas de Europa oriental y central: a la unificación de Alemania (1990) siguió la desintegración de la U.R.S.S., comenzada por la independencia de los países Bálticos (1991), el estallido de la guerra en Yugoslavia y su fragmentación (desde 1991), el fin del régimen comunista en Albania (1992) y la división de Checoslovaquia (1993).
EUROPA, según la mitología griega, mujer amada por Zeus, quien, transformado en toro blanco, la raptó y la condujo a Creta, donde fue madre de Minos.
EUROPEIDAD n. f. Calidad de europeo. **2.** Carácter genérico de las naciones europeas.
EUROPEÍSMO n. m. Tendencia que propugna la unidad económica, política o cultural de las naciones europeas.
EUROPEÍSTA adj. n. m. y f. Relativo al europeísmo; partidario de esta tendencia.
EUROPEIZACIÓN n. f. Acción y efecto de europeizar.
EUROPEIZAR v. tr. y pron. **[1x]**. Adaptar a las costumbres o a la cultura europea.
EUROPEO, A adj. y n. De Europa. ♦ adj. **2.** Relativo a la comunidad económica o política de Europa.
EUROPIO n. m. Metal del grupo de tierras raras, de número atómico 63 y de masa atómica 152, cuyo símbolo químico es Eu.
EUSKADI o **EUZKADI**, nombre en euskera del País Vasco.
EUSKAL HERRIA, nombre popular e histórico del País Vasco, documentado desde el s. XVI.
EUSKALDÚN, NA o **EUSCALDÚN, NA** adj. y n. Vasco.
EUSKERA, EUZKERA o **EUSKARA** adj. n. m. LING. Vasco.
EUTANASIA n. f. (gr. *euthanasia*). Muerte sin sufrimiento físico. **2.** Acción de acortar voluntariamente la vida de quien, sufriendo una enfermedad incurable, lo solicita para poner fin a sus sufrimientos físicos.
EUTANÁSICO, A adj. Relativo a la eutanasia.
EUTERPE, musa de la música.
eV, símbolo del *electrón-voltio*.
EVA, nombre dado por la Biblia a la primera mujer, esposa de Adán y madre del género humano.
EVACUACIÓN n. f. Acción y efecto de evacuar. **2.** Derrame, desagüe: *evacuación de las aguas sucias*.
EVACUADO, A n. En tiempo de guerra, habitante de la zona de combate o persona herida o enferma que ha sido trasladada a otro lugar.
EVACUAR v. tr. (lat. *evacuare*) **[1]**. Desocupar, desalojar, especialmente debido a la violencia o a la imposición de las circunstancias. **2.** Expeler un ser humano humores o excrementos. **3.** DER. Cumplir un trámite: *evacuar una diligencia*.
EVADIR v. tr. y pron. (lat. *evadere*, escapar) **[3]**. Evitar un daño o peligro inminente o eludir con arte y astucia una dificultad prevista: *evadir los impuestos*. ♦ **evadirse** v. pron. **2.** Fugarse, escaparse.
EVAGINACIÓN n. f. PATOL. Salida de un órgano fuera de su vaina.
EVALUACIÓN n. f. Acción y efecto de evaluar. **2.** Valoración del rendimiento de un alumno.
EVALUADOR, RA adj. Que evalúa.
EVALUAR v. tr. **[1s]**. Tasar, valorar, atribuir un valor. **2.** Estimar los conocimientos,

actitudes, aptitudes y rendimiento de un alumno.
EVANESCENCIA n. f. Cualidad de evanescente.
EVANESCENTE adj. Que se desvanece o esfuma, que no dura.
EVANGÉLICO, A adj. Relativo al Evangelio. ♦ adj. y n. **2.** Relativo a las Iglesias surgidas de la Reforma; miembro de dichas Iglesias.
EVANGELIO n. m. (lat. *evangelium*). Historia de la vida y doctrina de Jesucristo: *predicar el Evangelio*. (Con este significado suele escribirse con mayúscula.) **2.** Cada uno de los cuatro libros que las contienen. **3.** Pasaje de los Evangelios que se lee durante la misa. **4.** *Fig.* Religión cristiana. **5.** *Fig.* y *fam.* Verdad indiscutible.
EVANGELISTA n. m. Cada uno de los autores de los Evangelios canónicos. **2.** *Méx.* Memorialista, el que tiene por oficio escribir cartas u otros papeles que necesita la gente que no sabe hacerlo.
EVANGELIZACIÓN n. f. Acción y efecto de evangelizar.
EVANGELIZADOR, RA adj. y n. Que evangeliza.
EVANGELIZAR v. tr. **[1g]**. Instruir a alguien en la doctrina del Evangelio, predicar la fe o las virtudes cristianas.
EVAPORACIÓN n. f. Transformación de un líquido en vapor, sin que se produzca ebullición.
EVAPORAR v. tr. y pron. (lat. *evaporare*) **[1]**. Convertir un cuerpo líquido o sólido en vapor. **2.** *Fig.* Disipar, desvanecer. ♦ **evaporarse** v. pron. **3.** *Fig.* Fugarse.
EVASIÓN n. f. Acción y efecto de evadir o evadirse. **2.** Término de escaso rigor científico aplicado a la obra literaria o cinematográfica que sólo pretende el esparcimiento del público: *novela de evasión*; *película de evasión*.
EVASIVA n. f. Recurso con que se elude una dificultad o compromiso.
EVASIVO, A adj. Que tiende a eludir o desviar una dificultad.
EVASOR, RA adj. Que evade o se evade.
EVENTO n. m. (lat. *eventum*). Suceso.
EVENTUAL adj. Sujeta a cualquier evento o contingencia. • **Trabajador eventual**, aquel que no goza de una situación fija en la plantilla de una empresa.
EVENTUALIDAD n. f. Calidad de eventual. **2.** Hecho o circunstancia de realización incierta o conjetural.
EVEREST *(monte)*, la montaña más alta del mundo (8846 m), en el macizo del Himalaya, en la frontera entre Nepal y el Tíbet.
EVERGLADES, región pantanosa de Estados Unidos, en el S de Florida.
EVIDENCIA n. f. (lat. *evidentiam*). Certeza clara y manifiesta de una cosa. **2.** *Amér.* Prueba judicial. • **En evidencia**, en ridículo.
EVIDENCIAR v. tr. y pron. **[1]**. Hacer patente y manifiesta la evidencia de una cosa.
EVIDENTE n. m. Cierto, claro, patente y sin la menor duda.
EVITACIÓN n. f. Acción y efecto de precaver y evitar que suceda una cosa.
EVITAR v. tr. (lat. *evitare*) **[1]**. Apartar, precaver, impedir que suceda algún mal, peligro o molestia. **2.** Excusar, huir de incurrir en algo. **3.** Huir las ocasiones de tratar a uno, apartarse de su comunicación: *evitar a los niños*.
EVO n. m. TEOL. Duración de las cosas eternas. **2.** *Poét.* Duración de tiempo sin término.
EVOCABLE n. m. TEOL. Duración de las cosas eternas. **2.** *Poet.* Duración de tiempo sin término.
EVOCACIÓN n. f. (lat. *evocationem*). Acción y efecto de evocar.
EVOCAR v. tr. (lat. *evocare*) **[1a]**. Traer algo a la memoria o a la imaginación.
EVOLUCIÓN n. f. (lat. *evolutionem*). Acción y efecto de evolucionar. **2.** BIOL. Serie de

transformaciones sucesivas que han experimentado los seres vivos durante las eras geológicas. **3.** MED. Sucesión de fases de una enfermedad.

EVOLUCIONAR v. intr. [1]. Desenvolverse, desarrollarse los organismos o las cosas, pasando de un estado a otro. **2.** Pasar por una serie progresiva de transformaciones. **3.** Dar vueltas o realizar movimientos describiendo curvas. **4.** Variar o cambiar las formaciones navales, las unidades aéreas o cualquier unidad táctica militar.

EVOLUCIONISMO n. m. Conjunto de teorías explicativas del mecanismo de evolución de los seres vivos. **2.** Doctrina sociológica y antropológica según la cual la historia de las sociedades humanas se desarrolla de forma progresiva y continua.

EVOLUTIVO, A adj. Que se produce por evolución o pertenece a ella.

EVOLVENTE n. f. y adj. GEOMETR. Curva que puede considerarse como descrita por un hilo arrollado en uno de sus extremos sobre una curva a la cual está fijo por el otro extremo y que se desarrolla de manera que siempre permanece tenso.

EX (lat. ex), prefijo que antepuesto a nombres de dignidades o cargos o a nombres o adjetivos de persona indica que ésta ha dejado de ser lo que aquéllos significan: *ex ministro; ex alumno.*

EX ABRUPTO loc. (voces lat., *de repente*). Indica la viveza con que uno prorrumpe a hablar cuando o como no se esperaba.

EX AEQUO loc. (voces lat., *en igualdad de méritos*). Se emplea referido a opositores, pruebas deportivas, etc., para indicar que han quedado empatados.

EX CATHEDRA loc. (voces lat., *desde la cátedra*). Se aplica cuando el papa enseña a toda la Iglesia, o define verdades pertenecientes a la fe o a las costumbres. **2.** *Fig.* y *fam.* Indica tono magistral.

EX LIBRIS o **EXLIBRIS** n. m. (voces lat., *de entre los libros de*). Viñeta o estampillado con la divisa o el nombre del bibliófilo, que se adhiere al verso de la tapa de los libros.

EX PROFESO loc. (voces lat., *de propósito*). Con particular intención.

EXABRUPTO n. m. Salida de tono.

EXACCIÓN n. f. Acción y efecto de exigir impuestos, multas, etc.

EXACERBACIÓN n. f. Acción y efecto de exacerbar.

EXACERBAMIENTO n. m. Exacerbación.

EXACERBAR v. tr. y pron. (lat. *exacerbare*) [1]. Irritar, causar grave enfado. **2.** Agravar o agudizar un estado de ánimo o un estado físico o penoso.

EXACTITUD n. f. Cualidad de exacto.

EXACTO, A adj. (lat. *exactum*). Medido, calculado o expresado con todo rigor: *la hora exacta.* **2.** Rigurosamente conforme con las reglas prescritas: *una disciplina exacta.* **3.** Que reproduce fielmente el modelo: *una copia exacta.* **4.** Sin error lógico.

EXAGERACIÓN n. f. Acción y efecto de exagerar. **2.** Cosa que traspasa los límites de lo justo, verdadero o razonable.

EXAGERAR v. tr. e intr. (lat. *exaggerare*, colmar, amplificar) [1]. Decir o hacer algo dándole proporciones mayores que las reales o yendo más allá de lo justo y normal.

EXALTACIÓN n. f. Acción y efecto de exaltar o exaltarse.

EXALTACIÓN DE LA CRUZ, partido de Argentina (Buenos Aires); 17 041 hab. Cab. *Capilla del Señor.*

EXALTADO, A adj. Excesivamente apasionado o entusiasta.

EXALTAR v. tr. (lat. *exaltare*) [1]. Elevar a una persona o cosa a mayor auge y dignidad. **2.** *Fig.* Realzar el mérito o circunstancias de uno con mucho encarecimiento. ♦ **exaltarse** v. pron. **3.** Dejarse arrebatar una pasión.

EXAMEN n. m. (lat. *examen*). Indagación exacta y cuidadosa de las cualidades y circunstancias de algo. **2.** Prueba que se realiza para comprobar la idoneidad de un sujeto para el ejercicio de alguna facultad o función: *examen de ingreso; examen de conducir.*

EXAMINADOR, RA n. Persona que examina.

EXAMINANDO, A n. Persona que se presenta a un examen.

EXAMINAR v. tr. (lat. *examinare*) [1]. Someter a examen *una cuestión.* ♦ v. tr. y pron. **2.** Juzgar mediante pruebas la suficiencia o aptitud de alguien en determinada materia.

EXANGÜE adj. (lat. *exsanguem*). Sin fuerzas, aniquilado. **2.** Muerto, sin vida.

EXÁNIME adj. (lat. *exanimem*). Sin señales de vida. **2.** *Fig.* Muy debilitado, desmayado.

EXASPERACIÓN n. f. Acción y efecto de exasperar.

EXASPERAR v. tr. y pron. (lat. *exasperare*) [1]. Irritar, enfurecer, enojar.

EXCARCELACIÓN o **EXCARCERACIÓN** n. f. Acción y efecto de excarcelar.

EXCARCELAR v. tr. y pron. [1]. Poner en libertad a un preso por mandamiento judicial. ♦ v. tr. **2.** Sacar a un preso de la cárcel para ponerlo a disposición de la policía.

EXCAVACIÓN n. f. Acción y efecto de excavar. **2.** Operación de abrir zanjas, pozos, galerías, etc., en un terreno, para construir una obra o para exhumar monumentos u objetos de interés arqueológico. **3.** La obra misma: *hacer una excavación.*

EXCAVADOR, RA adj. v. n. Que excava.

EXCAVADORA n. f. Máquina para excavar.

EXCAVAR v. tr. (lat. *excavare*) [1]. Hacer hoyos o cavidades en un terreno.

EXCEDENTE adj. Excesivo. ♦ adj. y n. m. **2.** Sobrante, que sobra. ♦ adj. y n. m. y f. **3.** Dícese del empleado público que temporalmente deja de ejercer cargo. ♦ n. m. **4.** Diferencia entre la producción social y el consumo.

EXCEDER v. tr. (lat. *excedere*, salir) [2]. Superar. ♦ v. intr. y pron. **2.** Propasarse de lo lícito o razonable.

EXCELENCIA n. f. (lat. *excellentiam*). Cualidad de excelente. **2.** Tratamiento de respeto y cortesía que se da a algunas personas por su dignidad y empleo. • **Por excelencia**, de forma excelente; por antonomasia.

EXCELENTE adj. (lat. *excellentem*, que excede de la talla de otro). Que tiene el grado más elevado entre los de su género: *un plato excelente.* **2.** Que sobresale en bondad, mérito o estimación.

EXCELENTÍSIMO, A adj. Tratamiento con que se habla de y a la persona a quien corresponde el de excelencia.

EXCELSO, A adj. De elevada categoría espiritual.

EXCÉNTRICA n. f. MEC. Dispositivo colocado sobre un eje de giro, que se utiliza para la dirección de algunos movimientos.

EXCENTRICIDAD n. f. Estado y calidad de excéntrico. **2.** Dicho o hecho excéntrico. **3.** Alejamiento con relación a un centro.

EXCÉNTRICO, A adj. Situado fuera del centro. **2.** MAT. Dícese de la circunferencia que, encerrada dentro de otra, no tiene el mismo centro que esta última. ♦ adj. y n. **3.** *Fig.* Que es fuera de lo corriente, extravagante.

EXCEPCIÓN n. f. (lat. *exceptionem*). Acción y efecto de exceptuar. **2.** Cosa que se aparta de una ley general que vale para las de su especie: *la excepción de la regla.* • **A,** o **con, excepción de,** exceptuando lo que se expresa. | **De excepción,** extraordinario, privilegiado.

EXCEPCIONAL adj. Que forma excepción de la regla común o que ocurre rara vez: *circunstancias excepcionales.* **2.** Extraordinario, único: *libro excepcional.*

EXCEPTO prep. (lat. *exceptum*). A excepción de.

EXCEPTUAR v. tr. y pron. [1s]. Excluir a una persona o cosa de la generalidad de lo que se trata o de la regla común.

EXCESIVO, A adj. Más grande o en más cantidad que lo necesario o conveniente: *gordura excesiva.*

EXCESO n. m. (lat. *excessum*, salida). Lo que excede de a medida o regla, o de lo razonable o lícito. **2.** Abuso, delito, crimen.

EXCIPIENTE n. m. Sustancia inactiva que se emplea en la composición de los medicamentos para darles masa.

EXCITABILIDAD n. f. Calidad de excitable.

EXCITABLE adj. Capaz de ser excitado. **2.** Que se excita fácilmente.

EXCITACIÓN n. f. Acción y efecto de excitar o excitarse.

EXCITADOR, RA adj. Que produce excitación. ♦ n. m. 2. FÍS. Instrumento con mangos aislantes que sirve para descargar un condensador.

EXCITANTE adj. Que excita los sentidos o el ánimo. ♦ n. m. **2.** Sustancia o estímulo que produce una excitación.

EXCITAR v. tr. (lat. *excitare*) [1]. Poner en actividad. **2.** Hacer más intensa cierta acción. **3.** Incitar a obrar. ♦ v. tr. y pron. **4.** Provocar estados de ánimo, como enojo, alegría, etc. ♦ **excitarse** v. pron. **5.** Perder la tranquilidad por efecto de un estado emocional.

EXCLAMACIÓN n. f. Grito o frase en el que se refleja un sentimiento vivo y súbito de dolor, alegría, admiración, etc. **2.** LING. Vocablo interjectivo o frase reducida en la que la entonación expresa una emoción violenta o un juicio teñido de afectividad.

EXCLAMAR v. tr. e intr. (lat. *exclamare*) [1]. Decir bruscamente una expresión a consecuencia de cierta impresión recibida.

EXCLAMATORIO, A o **EXCLAMATIVO, A** adj. Propio de la exclamación: *tono exclamatorio.*

EXCLUIR v. tr. (lat. *excludere*, cerrar fuera) [29]. Dejar de incluir algo entre lo de su clase o dejar de aplicarle el mismo trato: *excluir a los menores de edad.* **2.** Echar a una persona o cosa fuera del lugar que ocupaba o no admitir su entrada, su participación. **3.** Descartar o negar la posibilidad de una cosa. ♦ **excluirse** v. pron. **4.** Ser incompatibles.

EXCLUSIÓN n. f. Acción y efecto de excluir.

EXCLUSIVA n. f. Privilegio por el que alguien es el único autorizado para algo: *tener una exclusiva.* **2.** Noticia conseguida y publicada o emitida por un solo medio informativo por lo que éste se reserva los derechos de su difusión.

EXCLUSIVE adv. m. De forma exclusiva. **2.** Sin tomar en cuenta el último número o elemento mencionado: *hasta el tres de abril exclusive.*

EXCLUSIVIDAD n. f. Carácter de lo que es exclusivo. **2.** Exclusiva.

EXCLUSIVISMO n. m. Adhesión obstinada a una cosa, persona o idea, con exclusión de toda otra. **2.** Cualidad de exclusivo.

EXCLUSIVO, A adj. Que excluye o puede excluir. **2.** Único, solo, excluyendo a cualquier otro.

EXCLUYENTE adj. Que excluye.

EXCOMULGADO, A n. Persona a quien se ha dado excomunión.

EXCOMULGAR v. tr. [1b]. Apartar la autoridad eclesiástica a alguien de la comunidad de los fieles y de uso de los sacramentos. SIN.: *anatematizar.*

EXCOMUNIÓN n. f. (lat. *excommunionem*). Acción y efecto de excomulgar. **2.** Carta, edicto con que se intima la excomunión y publica la censura.

EXCORIACIÓN o **ESCORIACIÓN** n. f. Pérdida de sustancia superficial de la piel, de origen traumático.

EXCORIAR o **ESCORIAR** v. tr. y pron. (lat. *excoriare*) [1]. Producir una excoriación.
EXCRECENCIA n. f. Formación de tipo tumoral, que aparece haciendo prominencia sobre una superficie orgánica. 2. Cualquier adherencia superflua.
EXCRECIÓN n. f. Acción y efecto de excretar. 2. Función orgánica que consiste en eliminar los elementos inútiles o perjudiciales para el medio interno, bajo forma gaseosa (aire espirado), líquida (orina, sudor) o incluso sólida.
EXCREMENTO n. m. (lat. *excrementum*, secreción). Materia expulsada fuera del cuerpo de los animales que proviene de residuos indigeridos o de procesos catabólicos.
EXCRETAR v. intr. [1]. Expeler el excremento. 2. Expeler las sustancias elaboradas por las glándulas.
EXCRETOR, RA adj. Relacionado con la excreción: *aparato excretor*.
EXCULPACIÓN n. f. Acción y efecto de exculpar. 2. Circunstancia que exculpa.
EXCULPAR v. tr. y pron. (lat. *exculpare*) [1]. Descargar a uno de la culpa.
EXCULPATORIO, A adj. Que exculpa.
EXCURSIÓN n. f. (lat. *excursionem*). Viaje de corta duración, realizado con finalidad deportiva, científica o recreativa.
EXCURSIONISMO n. m. Ejercicio y práctica de las excursiones.
EXCURSIONISTA n. m. y f. Persona que hace excursiones o excursionismo.
EXCUSA n. f. Justificación que se alega por haber hecho o dejado de hacer algo o explicación que se da a una persona para desagraviarla. 2. Pretexto que se da para hacer o dejar de hacer algo.
EXCUSABLE adj. Que admite excusa o es digno de ella.
EXCUSADO, A adj. Dícese de lo superfluo o inútil para el fin que se persigue. ♦ n. m. 2. Retrete.
EXCUSAR v. tr. y pron. (lat. *excusare*, disculpar) [1]. Alegar excusas. ♦ v. tr. 2. Evitar, ahorrar: *excusar una respuesta*. ♦ **excusarse** v. pron. 3. Justificarse, dar razones para disculparse.
EXECRABLE adj. Digno de execración.
EXECRACIÓN n. f. Acción y efecto de execrar.
EXECRAR v. tr. (lat. *execrari*, maldecir) [1]. Condenar algo la autoridad religiosa. 2. Aborrecer, tener aversión. 3. Reprobar severamente.
EXÉGESIS o **EXEGESIS** n. f. (gr. *exēgēsis*, interpretación). Explicación o interpretación filológica, histórica o doctrinal de un texto.
EXEGETA n. m. Comentarista de los grandes escritores, principalmente durante la época alejandrina. 2. Comentarista de los textos sagrados.
EXENCIÓN n. f. Efecto de eximir.
EXENTO, A adj. Libre, desembarazado de una cosa: *exento de impuestos*.
EXEQUIAS n. f. pl. (lat. *exsequias*). Conjunto de ceremonias religiosas que se hacen por los difuntos.
EXETER, c. y puerto de Gran Bretaña, cap. de Devon; 101 100 hab. Catedral de los ss. XII-XIV.
EXFOLIACIÓN n. f. Acción y efecto de exfoliar o exfoliarse.
EXFOLIADOR, RA adj. *Amér*. Dícese de una especie de cuaderno que tiene las hojas ligeramente pegadas para desprenderlas fácilmente.
EXFOLIAR v. tr. y pron. (lat. *exfoliare*) [1]. Dividir una cosa en láminas o escamas.
EXHALACIÓN n. f. Acción y efecto de exhalar o exhalarse. 2. Estrella fugaz. 3. Rayo, centella. • **Como una exhalación**, a toda velocidad.
EXHALAR v. tr. (lat. *exhalare*) [1]. Despedir gases, vapores u olores. 2. *Fig*. Lanzar quejas, suspiros, etc. ♦ **exhalarse** v. pron. 3. *Fig*. Andar o correr con aceleración.
EXHAUSTIVO, A adj. Que agota o apura por completo: *bibliografía exhaustiva*.
EXHAUSTO, A adj. (lat. *exhaustum*). Apurado, agotado: *tierra exhausta*.
EXHIBICIÓN n. f. Acción y efecto de exhibir. 2. Manifestación deportiva de carácter espectacular, sin efectos de clasificaciones ulteriores.
EXHIBICIONISMO n. m. Prurito de exhibirse. 2. Tendencia patológica a mostrar en público los órganos genitales.
EXHIBICIONISTA n. m. y f. Persona aficionada al exhibicionismo.
EXHIBIR v. tr. y pron. (lat. *exhibere*) [3]. Manifestar, mostrar en público. ♦ v. tr. 2. *Méx*. Pagar una cantidad: *exhibió mil pesos al contado*.
EXHORTACIÓN n. f. Acción de exhortar. 2. Palabras con que se exhorta a uno, sermón breve.
EXHORTAR v. tr. (lat. *exhortari*) [1]. Inducir a uno con palabras a que haga o deje de hacer alguna cosa: *le exhortó a deponer las armas*.
EXHORTATIVO, A adj. Relativo a la exhortación. SIN.: *exhortatorio*. • **Oración exhortativa** (GRAM.), la que expresa ruego o mandato.
EXHORTO n. m. Escrito por el que un juez o tribunal competente en un asunto pide a otro de igual categoría que ejecute alguna diligencia judicial que interesa al primero.
EXHUMACIÓN n. f. Acción de exhumar.
EXHUMAR v. tr. (lat. *exhumare*) [1]. Desenterrar un cadáver o restos humanos. 2. *Fig*. Traer a la memoria lo olvidado.
EXIGENCIA n. f. Acción y efecto de exigir. 2. Pretensión caprichosa o desmedida. (Suele usarse en plural.)
EXIGENTE adj. y n. m. y f. Que exige, especialmente caprichosa o despóticamente.
EXIGIBLE adj. Que puede o debe exigirse: *pago exigible*.
EXIGIR v. tr. (lat. *exigere*) [3b]. Cobrar, percibir de uno, por autoridad pública, dinero u otra cosa: *exigir los tributos*. 2. *Fig*. Pedir una cosa algún requisito necesario para que se haga o perfeccione: *este trabajo exige mucho tiempo*. 3. *Fig*. Pedir, reclamar imperiosamente: *exigir silencio*.
EXIGÜIDAD n. f. Calidad de exiguo.
EXIGUO, A adj. (lat. *exiguum*, de pequeña talla). Insuficiente, escaso.
EXILIADO, A n. Persona que vive en el exilio.
EXILIAR v. tr. y pron. [1]. Obligar a marchar o marcharse al exilio.
EXILIO n. m. (lat. *exilium*). Separación de una persona de la tierra en que vive. 2. Expatriación, generalmente por motivos políticos. 3. Efecto de estar exiliada una persona. 4. Lugar en que vive el exiliado.
EXIMENTE adj. y n. f. Que exime.
EXIMIO, A adj. Muy excelente.
EXIMIR v. tr. y pron. (lat. *eximere*, sacar fuera) [3]. Liberar de una obligación, carga, cuidado, etc.
EXISTENCIA n. f. Acto de existir. 2. Vida del hombre. ♦ **existencias** n. f. pl. 3. Cosas, especialmente mercancías, que no han tenido aún la salida o empleo a que están destinadas.
EXISTENCIAL adj. Relativo al acto de existir.
EXISTENCIALISMO n. m. Doctrina filosófica que se interroga sobre la noción de ser a partir de la existencia vivida por el hombre.
EXISTENCIALISTA adj. y n. m. y f. Relativo al existencialismo; partidario de esta doctrina.
EXISTIR v. intr. (lat. *existere*, salir, nacer) [3]. Tener una cosa ser real y verdadero, y sea material, ya inmaterial. 2. Tener vida: *dejar de existir*. 3. Tener realidad fuera de la mente.
ÉXITO n. m. (lat. *exitum*, resultado). Resultado de una empresa, acción o suceso, especialmente buen resultado. 2. Aprobación del público.
EXOCRINO, A adj. Dícese de las glándulas que secretan su producto en la piel o en las cavidades naturales.
ÉXODO n. m. (lat. *exodum*). Emigración en masa de un pueblo. 2. Partida en masa: *el éxodo vacacional*.
EXÓGENO, A adj. Que se forma en el exterior.
EXONERACIÓN n. f. Acción y efecto de exonerar.
EXONERAR v. tr. y pron. (lat. *exonerare*) [1]. Aliviar, descargar de peso, carga u obligación. ♦ v. tr. 2. Destituir a uno de un empleo, especialmente de un cargo público.
EXORBITANTE adj. Excesivo: *precio exorbitante*.
EXORBITAR v. tr. [1]. Exagerar.
EXORCISMO n. m. (lat. *exorcismus*). Rito de imprecación contra el demonio, realizado para conjurar su influencia.
EXORCISTA n. m. Que exorciza los demonios.
EXORCIZAR v. tr. [1g]. Usar de exorcismos contra el espíritu maligno.
EXORDIO n. m. (lat. *exordium*). Introducción o preámbulo de una obra, discurso o conversación.
EXOTÉRICO, A adj. Dícese de las doctrinas filosóficas y religiosas enseñadas públicamente.
EXÓTICA n. f. *Méx*. Bailarina de cabaret.
EXÓTICO, A adj. (lat. *exoticum*). Que pertenece a un país lejano: *fruta exótica*. 2. Extraño, chocante, extravagante: *personaje exótico*.
EXOTISMO n. m. Calidad de exótico.
EXPANDIDO, A adj. Dícese de determinados materiales plásticos que poseen una estructura celular.
EXPANDIR v. tr. y pron. [3]. Hacer que algo que estaba apretado se extienda. 2. Hacer que se dilate un fluido. 3. Difundir una noticia, doctrina, idea, etcétera.
EXPANSIBILIDAD n. f. Tendencia de los cuerpos gaseosos a ocupar más espacio.
EXPANSIÓN n. f. (lat. *expansionem*). Acción y efecto de expandir. 2. *Fig*. Exteriorización voluntaria de algún estado de ánimo reprimido. 3. Recreo, solaz.
EXPANSIONARSE v. pron. [1]. Dilatarse un gas o vapor. 2. Decir una persona los sentimientos que le aquejan. 3. Divertirse, recrearse.
EXPANSIONISMO n. m. Tendencia que preconiza la expansión consciente y voluntaria de un área o ideología. 2. Política seguida por un país, orientada a la expansión territorial o económica más allá de sus fronteras. 3. Política económica que prima la expansión.
EXPANSIVO, A adj. Que tiende a expandirse. 2. *Fig*. Comunicativo, fácil y accesible al trato con los demás.
EXPATRIACIÓN n. f. Acción y efecto de expatriar.
EXPATRIAR v. tr. y pron. [1]. Hacer abandonar o abandonar la patria.
EXPECTACIÓN n. f. (lat. *expectationem*). Espera, generalmente curiosa o tensa, de un acontecimiento que interesa o importa. 2. Contemplación de lo que se expone o muestra al público.
EXPECTANTE adj. Que espera observando.
EXPECTATIVA n. f. Esperanza de conseguir una cosa. • **Estar a la expectativa**, mantenerse sin actuar hasta ver qué pasa; estar atento para enterarse de algo cuando ocurra u obrar correspondientemente.
EXPECTORACIÓN n. f. Acción de expectorar. 2. Lo que se expectora.
EXPECTORANTE adj. y n. m. Que facilita la expectoración.
EXPECTORAR v. tr. (lat. *expectorare*) [1]. Expulsar por la boca las secreciones depositadas en los bronquios. SIN.: *esputar*.
EXPEDICIÓN n. f. Acción y efecto de expedir. 2. Conjunto de cosas que se expi-

den. 3. Viaje o marcha de un grupo de personas con un fin militar, científico, deportivo, etc. **4.** Conjunto de personas que la realizan. **5.** MIL. Operación realizada generalmente fuera del territorio nacional.
EXPEDICIONARIO, A adj. y n. Que lleva a cabo una expedición.
EXPEDIDOR, RA n. Persona que expide.
EXPEDIENTE n. m. Conjunto de todos los papeles correspondientes a un asunto o negocio. **2.** Procedimiento para enjuiciar la actuación de un funcionario. **3.** Serie de los servicios prestados, incidencias ocurridas o calificaciones obtenidas en una carrera profesional o académica. • **Cubrir el expediente** (Fam.), hacer alguien sólo lo indispensable en su quehacer para que no puedan castigarle o censurarle.
EXPEDIR v. tr. (lat. expedire, despachar) [30]. Dar curso o despacho a las causas y negocios. **2.** Pronunciar un auto, decreto o resolución. **3.** Hacer que algo sea llevado a alguna parte: expedir una carta, un pedido. ♦ **expedirse** v. pron. **4.** Chile y Urug. Manejarse, desenvolverse en asuntos o actividades.
EXPEDITIVO, A adj. Que obra con eficacia y rapidez.
EXPEDITO, A adj. Libre de todo estorbo.
EXPELER v. tr. (lat. expellere) [2]. Arrojar, hacer una cosa que salga violentamente de ella algo que tiene dentro.
EXPENDEDOR, RA adj. y n. Que expende o gasta. ♦ n. **2.** Persona que vende al por menor ciertas mercancías o efectos de otro, y más particularmente la que vende tabaco, sellos, billetes de lotería, etcétera.
EXPENDER v. tr. (lat. expendere) [2]. Gastar, hacer expensas. **2.** Vender al por menor ciertas mercancías o vender efectos ajenos.
EXPENDIO n. m. Argent., Méx., Perú y Urug. Venta al por menor. **2.** Méx. Expendeduría.
EXPENSAR v. tr. [1]. Chile y Méx. Costear los gastos de alguna gestión o negocio.
EXPENSAS n. f. pl. Gastos, costas. • **A expensas de,** a costa de, por cuenta de, a cargo de.
EXPERIENCIA n. f. (lat. experientiam). Conocimiento que se adquiere con la práctica. **2.** Experimento.
EXPERIMENTACIÓN n. f. Acción y efecto de experimentar.
EXPERIMENTADO, A adj. Dícese de la persona que tiene experiencia.
EXPERIMENTADOR, RA adj. y n. Que experimenta.
EXPERIMENTAL adj. Fundado en la experiencia científica: método experimental. **2.** Que sirve para experimentar: avión experimental.
EXPERIMENTAR v. tr. [1]. Probar y examinar las condiciones o propiedades de una cosa por la práctica o la experimentación. **2.** Notar, sentir en sí un cambio o modificación orgánica o afectiva.
EXPERIMENTO n. m. (lat. experimentum). Acción y efecto de experimentar. **2.** Determinación de un fenómeno u observación del mismo en determinadas condiciones, como medio de investigación científica.
EXPERTO, A adj. y n. Entendido en la actividad que le es propia.
EXPIACIÓN n. f. Acción y efecto de expiar.
EXPIAR v. tr. (lat. expiare) [1]. Borrar las culpas por medio de algún sacrificio. **2.** Fig. Padecer las consecuencias de desaciertos: expiar una imprudencia. **3.** Cumplir un condenado una pena.
EXPIATORIO, A adj. Que se hace por expiación, o que la produce.
EXPIRACIÓN n. f. Acción y efecto de expirar.
EXPIRAR v. intr. (lat. expirare, exhalar) [1]. Morir, acabar la vida. **2.** Fig. Llegar una cosa al término de su duración: expirar el plazo.
EXPLANACIÓN n. f. Acción y efecto de explanar.
EXPLANADA n. f. Espacio de tierra allanado.
EXPLANAR v. tr. (lat. explanare) [1]. Allanar, poner llano o liso. **2.** Fig. Declarar, explicar.
EXPLAYAR v. tr. y pron. [1]. Ensanchar, extender. ♦ **explayarse** v. pron. **2.** Dilatarse, difundirse, extenderse: explayarse en un tema. **3.** Fig. Esparcirse. **4.** Fig. Confiarse en una persona.
EXPLICACIÓN n. f. Acción y efecto de explicar. **2.** Satisfacción dada a una persona o colectividad sobre actos o palabras que exigen ser justificados.
EXPLICADERAS n. f. pl. Fam. Manera de explicarse.
EXPLICAR v. tr. y pron. (lat. explicare, desplegar) [1a]. Declarar, dar a conocer lo que uno piensa o siente. ♦ v. tr. **2.** Exponer cualquier materia de manera que se haga más comprensible: explicar un problema. **3.** Dar a conocer la causa o motivo de cualquier cosa. ♦ **explicarse** v. pron. **4.** Llegar a comprender la razón de alguna cosa.
EXPLICATIVO, A adj. Que explica o sirve para explicar una cosa: nota explicativa.
EXPLICITAR v. tr. [1]. Hacer explícito.
EXPLÍCITO, A adj. (lat. explicitum). Que expresa clara y determinadamente una cosa.
EXPLORACIÓN n. f. Acción y efecto de explorar.
EXPLORADOR, RA adj. y n. Que explora. ♦ n. m. **2.** Boy-scout. **3.** Soldado que descubre y reconoce el campo enemigo.
EXPLORAR v. tr. (lat. explorare) [1]. Tratar de descubrir lo que hay en una cosa o lugar, y especialmente en un país recorriéndolo. **2.** MED. Reconocer minuciosamente el estado de una parte interna del cuerpo para formar diagnóstico.
EXPLORATORIO, A adj. y n. Que sirve para explorar. ♦ adj. **2.** Relativo a la exploración de un enfermo.
EXPLOSIÓN n. f. (lat. explosionem). Acción de reventar un cuerpo violenta y ruidosamente. **2.** Fig. Manifestación súbita y violenta de ciertos afectos del ánimo. **3.** Tercer tiempo del funcionamiento en un motor con un ciclo de cuatro tiempos.
EXPLOSIONAR v. intr. [1]. Estallar. ♦ v. tr. **2.** Hacer estallar.
EXPLOSIVO, A adj. Que hace o puede hacer explosión. ♦ adj. y n. f. **2. Consonante explosiva** (FONÉT.), consonante producida por un cierre completo de la boca, al que sucede una abertura brusca que permite al aire escaparse y determina una especie de explosión. ♦ n. m. **3.** Cuerpo capaz de transformarse rápidamente, por una violenta reacción química, en gas a temperatura elevada.
EXPLOTACIÓN n. f. Acción y efecto de explotar. **2.** Conjunto de unidades, instalaciones y operaciones para explotar algún producto: explotación agrícola; explotación minera. **3.** ECON. Conjunto de operaciones que constituyen la actividad típica de una empresa.
EXPLOTAR v. tr. (fr. exploiter) [1]. Extraer de las minas las riquezas que contienen. **2.** Fig. Sacar utilidad de un negocio o industria. **3.** Hacer alguien trabajar para su provecho a otro, con abuso.
EXPLOTAR v. intr. [1]. Estallar, hacer explosión.
EXPOLIACIÓN n. f. Acción y efecto de expoliar.
EXPOLIAR v. tr. (lat. expoliare) [1]. Despojar a alguien de una cosa con violencia o sin derecho.
EXPOLIO n. m. Acción y efecto de expoliar.
EXPONENCIAL adj. MAT. Relativo al exponente. **2.** Que tiene un exponente variable, indeterminado o desconocido: función exponencial.
EXPONENTE adj. Que expone. ♦ n. m. **2.** Índice que sirve para juzgar el grado de algo. **3.** MAT. Signo, letra o cifra que indican la potencia a la que se eleva una cantidad. (Se escribe a la derecha y encima de esta cantidad.)
EXPONER v. tr. (lat. exponere) [5]. Poner de manifiesto o a la vista: exponer productos. **2.** Someter a la acción de: exponer las plantas al sol. **3.** Decir o escribir algo para comunicarlo a los otros: exponer sus ideas. **4.** FOT. Someter una superficie sensible a una radiación. ♦ v. tr. e intr. **5.** Mostrar el Santísimo Sacramento a la adoración de los fieles. **6.** Mostrar un artista sus obras. ♦ v. tr. y pron. **7.** Arriesgar, poner o ponerse en peligro de perderse o dañarse: exponer la vida.
EXPORTACIÓN n. f. Acción y efecto de exportar. **2.** Mercancías que se exportan.
EXPORTADOR, RA adj. y n. Que exporta.
EXPORTAR v. tr. (lat. exportare) [1]. Enviar o vender al extranjero productos nacionales.
EXPOSICIÓN n. f. Acción y efecto de exponer o exponerse. **2.** Presentación pública de objetos diversos, obras de arte, productos industriales o agrícolas, etc. **3.** Lugar donde se exponen estos objetos o productos. **4.** Acción de dar a conocer, de hacer saber, representación por escrito. **5.** Parte de una obra literaria en la que se da a conocer el tema. **6.** Situación de un objeto con respecto a los puntos cardinales del horizonte. **7.** FOT. Acción de exponer una superficie sensible. • **Exposición universal,** exposición que admite los productos y realizaciones de todos los países.
EXPOSITIVO, A adj. Que expone o interpreta.
EXPÓSITO, A adj. y n. (lat. expositum). Dícese del que, recién nacido, ha sido abandonado en un lugar o dejado en la inclusa.
EXPOSITOR, RA adj y n. Que interpreta, expone y declara una teoría, doctrina, etc. ♦ n. **2.** Persona que presenta sus productos u obras en una exposición pública.
EXPRÉS adj. y n. m. Que asegura un servicio rápido. **2.** Dícese del café hecho a presión.
EXPRESAR v. tr. [1]. Manifestar con palabras o por medio de otros signos exteriores lo que uno piensa o siente: expresar una idea; expresar disgusto. **2.** Manifestar el artista con viveza y exactitud los afectos propios del caso. ♦ **expresarse** v. pron. **3.** Darse a entender por medio de la palabra.
EXPRESIÓN n. f. (lat. expressionem). Manifestación del pensamiento o de los sentimientos por medio de la palabra, de signos exteriores, de gestos, etc.: expresión de alegría. **2.** Palabra o frase, consideradas en el plano del significado. ♦ **expresiones** n. f. pl. **3.** Memoria, saludo afectuoso a un ausente por escrito o por medio de tercera persona.
EXPRESIONISMO n. m. Tendencia artística y literaria del s. XX que se manifiesta por la intensidad de la expresión. **2.** Carácter de intensidad y singularidad expresivas.
EXPRESIONISTA adj. n. m. y f. Relativo al expresionismo; seguidor de esta tendencia.
EXPRESIVIDAD n. f. Cualidad de lo que es expresivo.
EXPRESIVO, A adj. Que expresa con gran viveza un pensamiento, sentimiento o emoción: un gesto expresivo. **2.** Afectuoso, amoroso, cariñoso. **3.** MÚS. Lleno de sentimiento.
EXPRESO adv. m. Ex profeso, con particular intención: vino expreso para verte.
EXPRESO, A adj. (lat. expressum, declarado). Que está claro, explícito o espe-

cificado: *orden expresa.* ♦ adj. y n. m. **2.** Dícese del tren rápido de viajeros.
EXPRIMIDOR n. m. Utensilio que sirve para extraer el zumo de los frutos.
EXPRIMIR v. tr. (lat. *exprimere*) [3]. Extraer el zumo o líquido de una cosa apretándola o retorciéndola: *exprimir una naranja.* **2.** *Fig.* Estrujar, agotar, sacar todo el partido posible: *exprimir el cerebro.* **3.** *Fig.* Abusar de una persona, explotarla.
EXPROPIACIÓN n. f. Acción y efecto de expropiar.
EXPROPIAR v. tr. [1]. Desposeer a alguien de su propiedad, con un fin de utilidad general, según unas formas legales y con indemnización.
EXPUESTO, A adj. Peligroso: *una acción muy expuesta.*
EXPUGNAR v. tr. (lat. *expugnare*) [1]. Tomar por fuerza de armas una fortaleza, una ciudad, etc.
EXPULSAR v. tr. [1]. Hacer salir de un lugar, especialmente a una persona: *expulsar del país.* **2.** Arrojar, echar: *la chimenea expulsa humo.*
EXPULSIÓN n. f. Acción y efecto de expulsar.
EXPULSOR, RA adj. Que expulsa: *mecanismo expulsor.*
EXPURGAR v. tr. (lat. *expurgare*) [1b]. Limpiar, purificar, quitar lo nocivo, erróneo u ofensivo que contiene un libro, impreso, etc.
EXQUISITEZ n. f. Calidad de exquisito. **2.** Cosa exquisita.
EXQUISITO, A adj. (lat. *exquisitum*). Muy delicado, que es capaz de satisfacer un gusto refinado.
EXTASIARSE v. pron. [1]. Enajenarse, quedarse absorto: *extasiarse ante la belleza de un paisaje.*
ÉXTASIS n. m. (gr. *exstasis*, desviación). Estado de una persona que se encuentra como transportada fuera del mundo sensible por la intensidad de un sentimiento místico. **2.** Viva admiración, placer extremo causado por una persona o una cosa.
EXTEMPORANEIDAD n. f. Calidad de extemporáneo.
EXTEMPORÁNEO, A adj. Impropio del tiempo: *frío extemporáneo.* **2.** Inoportuno, inconveniente.
EXTENDER v. tr. y pron. (lat. *extendere*) [2d]. Hacer ocupar una cosa, aumentando su superficie o su longitud, ocupe más espacio que antes: *extender el mantel; extender los brazos; extender mantequilla en una tostada.* **2.** Aumentar, ampliar, aplicando a más cosas algo originariamente más restringido: *extender su poder, un castigo.* ♦ v. tr. **3.** Poner por escrito un documento: *extender un certificado, un cheque.* ♦ **extenderse** v. pron. **4.** Ocupar cierto espacio o cierto tiempo: *su poder se extiende por todo el país.* **5.** Detenerse mucho en una explicación o narración: *extenderse en consideraciones.* **6.** *Fig.* Propagarse, irse difundiendo una cosa: *extenderse una noticia.* **7.** *Fig.* Alcanzar, llegar la fuerza de una cosa a influir en otras. **8.** Echarse alguien estirado.
EXTENSIBLE adj. Que se puede extender.
EXTENSIÓN n. f. (lat. *extensionem*). Acción y efecto de extender o extenderse: *la extensión del brazo.* **2.** Dimensión, amplitud, superficie: *la extensión de un terreno.* **3.** *Argent.* y *Méx.* Cable que se añade a un aparato eléctrico para que pueda enchufarse desde más lejos.
EXTENSIVO, A adj. Que se puede comunicar o aplicar a más cosas que a las que ordinariamente comprende: *fuerza extensiva.* **2.** Dícese de un cultivo que se extiende sobre grandes superficies y generalmente con débil rendimiento.
EXTENSO, A adj. Que ocupa mucha superficie o que es muy amplio en su contenido: *paraje extenso; un extenso repertorio.* • **Por extenso**, con todo detalle.

EXTENSOR, RA adj. y n. m. Que extiende o hace que se extienda: *músculos extensores.*
EXTENUACIÓN n. f. Acción y efecto de extenuar.
EXTENUANTE adj. Que extenúa.
EXTENUAR v. tr. y pron. [1s]. Debilitar o cansar en extremo: *extenuar las fuerzas.*
EXTERIOR adj. (lat. *exteriorem*). Que está fuera de algo: *un muro exterior.* **2.** Que existe fuera del individuo: *influencia exterior.* **3.** Aparente, visible por la parte de fuera: *aspecto exterior.* **4.** Con respecto a un país, relativo a los países extranjeros. ♦ n. m. **5.** Superficie externa de los cuerpos: *el exterior de un edificio.* **6.** Aspecto o porte de una persona. **7.** Con respecto a uno, los países extranjeros: *las relaciones con el exterior.* ♦ **exteriores** n. m. pl. **8.** CIN. Escenas filmadas fuera de un estudio. **9.** CIN. Espacios al aire libre donde se ruedan estas escenas.
EXTERIORIDAD n. f. Cualidad de exterior. **2.** Apariencia, aspecto de las cosas o porte de una persona.
EXTERIORIZACIÓN n. f. Acción y efecto de exteriorizar.
EXTERIORIZAR v. tr. y pron. [1g]. Hacer patente, revelar o mostrar algo al exterior: *exteriorizar los sentimientos.*
EXTERMINADOR, RA adj. y n. Que extermina.
EXTERMINAR v. tr. (lat. *exterminare*) [1]. Acabar del todo con algo o con alguien: *exterminar el mal.* **2.** Desolar, destruir por fuerza de armas.
EXTERMINIO n. m. Acción y efecto de exterminar.
EXTERNO, A adj. (lat. *externum*). De fuera: *crema brava o uso externo.* **2.** Que se manifiesta con actos: *alegría externa.* **3.** No tapado: *parte externa de la planta.* ♦ adj. y n. **4.** Dícese del alumno que sólo permanece en la escuela durante las horas de clase.
EXTINCIÓN n. f. Acción y efecto de extinguir: *la extinción de un incendio.* **2.** Cesación de una función o actividad: *extinción de un contrato laboral.* **3.** Desaparición, supresión.
EXTINGUIBLE adj. Que se puede extinguir.
EXTINGUIR v. tr. y pron. (lat. *exstinguere*) [3p]. Hacer que cese el fuego o la luz: *extinguir la llama; extinguirse el día.* **2.** *Fig.* Hacer que desaparezca poco a poco una cosa: *extinguir el entusiasmo.*
EXTINTO, A adj. Que está apagado: *cenizas extintas.* ♦ adj. y n. **2.** Muerto, difunto.
EXTINTOR, RA adj. Que extingue o sirve para extinguir. ♦ n. m. y adj. **2.** Aparato que sirve para extinguir pequeños incendios o conatos de incendio.
EXTIRPACIÓN n. f. Acción y efecto de extirpar.
EXTIRPADOR, RA adj. y n. Que extirpa. ♦ n. m. **2.** Instrumento agrícola que sirve para arrancar las malas hierbas y efectuar labores superficiales ligeras.
EXTIRPAR v. tr. (lat. *extirpare*, desarraigar) [1]. Arrancar de cuajo o de raíz; especialmente separar quirúrgicamente una parte del organismo: *extirpar una muela, un tumor.* **2.** Destruir radicalmente.
EXTORSIÓN n. f. (lat. *extorsionem*). Acción y efecto de extorsionar.
EXTORSIONAR v. tr. [1]. Obtener algo por la fuerza, violencia, amenaza o engaño: *extorsionar dinero a alguien.* **2.** Causar un trastorno.
EXTRA adj. (voz lat., fuera). Extraordinario, óptimo: *fruta extra.* ♦ adj. y n. m. **2.** Que sale de lo ordinario, habitual, previsto o acordado: *paga extra.* ♦ n. m. y f. **3.** Persona que presta un servicio accidentalmente, en especial los comparsas y figurantes de cine.
EXTRACCIÓN n. f. Acción y efecto de extraer: *la extracción de una muela.* **2.** Origen, linaje: *ser de noble extracción.*

3. MAT. Operación que tiene por objeto encontrar la raíz de un número.
EXTRACTAR v. tr. [1]. Reducir a extracto.
EXTRACTO n. m. (lat. *extractum*). Resumen de un escrito o exposición, que expresa en términos precisos únicamente lo más sustancial. **2.** Sustancia extraída de otra por una operación física o química: *extracto de quinquina.* **3.** Preparación soluble y concentrada obtenida a partir de un alimento: *extracto de carne.* **4.** Perfume concentrado.
EXTRACTOR, RA adj. y n. Que extrae: *dispositivo extractor.* ♦ n. m. **2.** Aparato o pieza que sirve para extraer. **3.** TECNOL. Aparato o dispositivo que permite la aireación de un local o habitación.
EXTRADICIÓN n. f. Acción y efecto de entregar a un inculpado o un condenado a una potencia extranjera que lo reclama.
EXTRADITABLE adj. y n. m. y f. Dícese de las personas acusadas de delito que son susceptibles de ser extraditadas.
EXTRADITAR v. tr. [1]. Proceder a una extradición.
EXTRAER v. tr. (lat. *extrahere*) [10]. Sacar, retirar de un cuerpo, de un conjunto: *extraer una bala.* **2.** Separar por medios físicos o químicos una sustancia de un cuerpo. **3.** Sacar a la luz los productos de una mina subterránea. • **Extraer la raíz de un número,** calcularla.
EXTRALIMITACIÓN n. f. Acción y efecto de extralimitar o extralimitarse.
EXTRALIMITAR v. tr. y pron. [1]. Exceder en el uso de las facultades o atribuciones. ♦ **extralimitarse** v. pron. **2.** Abusar de la benevolencia ajena.
EXTRAMUROS adv. f. Fuera del recinto de una población.
EXTRANJERÍA n. f. Calidad de extranjero. **2.** Situación de un extranjero en el país donde reside.
EXTRANJERISMO n. m. Afición desmedida a costumbres extranjeras. **2.** Voz, frase o giro de un idioma empleados en otro.
EXTRANJERIZAR v. tr. y pron. [1g]. Introducir costumbres extranjeras, mezclándolas con las propias del país.
EXTRANJERO, A adj. y n. Relativo a una nación con respecto a otra. **2.** Natural de una nación con respecto a los de cualquier otra. ♦ n. m. **3.** Mundo, o cualquier parte de él, situado fuera del país de la persona de que se trata.
EXTRAÑAMIENTO n. m. Pena restrictiva de libertad que consiste en la expulsión de un condenado del territorio nacional por el tiempo que dura la condena.
EXTRAÑAR v. tr. y pron. [1]. Desterrar a alguien a un país extranjero. **2.** Producir extrañeza o encontrar extraño: *su rara actitud me extrañó.* ♦ v. tr. **3.** Echar de menos a alguna persona o cosa.
EXTRAÑEZA n. f. Efecto causado por algo extraño. **2.** Cosa extraña o rara.
EXTRAÑO, A adj. (lat. *extraneum*, exterior, ajeno). De nación, familia o condición distinta de la que se nombra o sobreentiende. ♦ adj. **2.** Raro, singular, extravagante: *un caso extraño; una mirada extraña.* **3.** Que no tiene parte en algo: *permanecer extraño a la conversación.*
EXTRAOFICIAL adj. Oficioso, no oficial.
EXTRAORDINARIO, A adj. Fuera del orden o regla natural o común: *suceso extraordinario.* **2.** Mayor o mejor que lo ordinario: *un talento extraordinario.* ♦ adj. y n. m. **3.** Dícese del número de un periódico que se publica por algún motivo especial. ♦ n. m. **4.** Correo especial que se despacha con urgencia. **5.** Extra, plato que no figura en el cubierto ordinario.
EXTRAPARLAMENTARIO, A adj. Dícese de lo que está o se hace fuera del parlamento: *comisión extraparlamentaria.* ♦ adj. y n. **2.** Relativo a los grupos políticos no representados en el parlamento. **3.** Integrante de dichos grupos.

EXTRAPOLACIÓN n. f. Extensión, generalización. **2.** MAT. Procedimiento que consiste en determinar la ordenada de un punto situado en la prolongación de una curva y que verifica la ecuación de ésta.
EXTRAPOLAR v. intr. [1]. Generalizar, deducir a partir de datos parciales o reducidos.
EXTRARRADIO n. m. Sector que rodea el casco urbano de una población y constituye una transición al ámbito rural próximo.
EXTRATERRESTRE adj. Que está fuera del globo terráqueo. ♦ adj. y n. m. y f. **2.** Habitante de otro planeta.
EXTRATERRITORIAL adj. Fuera de los límites territoriales de una jurisdicción.
EXTRATERRITORIALIDAD n. f. Inmunidad por la que se sustrae de la jurisdicción del estado en cuyo territorio se encuentran a diplomáticos y embajadas, por lo que no pueden ser sometidos a las leyes del país donde ejercen sus funciones.
EXTRAUTERINO, A adj. Que se encuentra o evoluciona fuera del útero: *embarazo extrauterino*.
EXTRAVAGANCIA n. f. Cualidad de extravagante; cosa o acción extravagante: *la extravagancia en el vestir; hacer mil extravagancias*.
EXTRAVAGANTE adj. y n. m. y f. Fuera del sentido común, de lo normal, raro: *idea extravagante; un grupo de extravagantes*.
EXTRAVASARSE v. pron. [1]. Salirse la sangre, savia, etc., del conducto en que están contenidos.
EXTRAVERTIDO, A o **EXTROVERTIDO, A** adj. y n. Que se vuelca hacia el mundo exterior.
EXTRAVIADO, A adj. De costumbres desordenadas. **2.** Dícese de los lugares poco transitados o apartados.
EXTRAVIAR v. tr. [1t]. Perder, poner una cosa en otro lugar que el que debía ocupar: *extraviar las llaves*. **2.** No fijar la vista en un objeto determinado: *extraviar la mirada*. ♦ **extraviarse** v. pron. **3.** Tomar un camino equivocado o llegar a encontrarse sin saber por dónde se tiene que ir. **4.** *Fig.* Pervertirse, seguir una conducta censurable.
EXTRAVÍO n. m. Acción y efecto de extraviar o extraviarse. **2.** *Fig.* Desorden en las costumbres: *los extravíos juveniles*. **3.** *Fam.* Molestia, perjuicio.
EXTREMADO, A adj. Sumamente bueno o malo en su género: *su extremada generosidad*. **2.** Exagerado, que se sale de lo normal o llama la atención.
EXTREMADURA, región del SO de España, que constituye una comunidad autónoma formada por dos provincias: *Badajoz* y *Cáceres*; 41 602 km²; 1 056 538 hab. (*Extremeños.*) Cap. *Mérida*.

GEOGRAFÍA
El territorio abarca los valles de los ríos Tajo y Guadiana, separados por las estribaciones occidentales de los montes de Toledo (sierras de Guadalupe, Montánchez, San Mamed) y flanqueados al N por el vertiente S de la cordillera Central, y al S por las formaciones de sierra Morena. Región poco poblada, de gran emigración, con una densidad tres veces menor que la media nacional. Economía fundamentalmente agropecuaria (cereales, vid, olivo, cultivos de regadío en las Vegas del Guadiana; ganado ovino y porcino). Recursos mineros modestos: hierro, plomo, uranio. Producción hidroeléctrica en el sistema del Tajo. Escaso desarrollo industrial (alimentarias, corcho, química en Mérida, metalúrgica en Badajoz).

HISTORIA
La región estaba habitada por los lusitanos y vetones, y tras la conquista romana Emerita Augusta (Mérida) fue la capital de Lusitania. Badajoz fue capital de un reino aftasí (1022), conquistado por el almorávid Sir en 1086. 1227-1230: conquista de Alfonso IX de León. La participación de las órdenes militares en ese lugar a la formación de grandes señoríos feudales. S. XIII: dominio de la ganadería de la Mesta sobre la agricultura. Ss. XIV-XV: intentos de conquista por parte de los portugueses (toma de Badajoz, 1389). En los ss. XVI-XIX se produjeron diversas guerras con Portugal (1640, guerra devastadora; 1704-1709; 1801, guerra de las naranjas). También se desarrollaron en Extremadura importantes enfrentamientos durante la guerra de independencia (batalla de Albuera, 1811). 1983: estatuto de autonomía.

EXTREMAR v. tr. [1]. Llevar una cosa al extremo: *extremar los cuidados*. ♦ **extremarse** v. pron. **2.** Emplear todo el esmero en la ejecución de una cosa: *extremarse en el trabajo*.
EXTREMAUNCIÓN n. f. En la Iglesia católica, uno de los sacramentos que consiste en la unción con óleo sagrado hecha por el sacerdote a los enfermos graves. SIN.: *unción de los enfermos*.
EXTREMEÑO, A adj. y n. De Extremadura. ♦ n. m. **2.** Habla castellana de tránsito propia de las provincias de Cáceres y Badajoz.
EXTREMIDAD n. f. Parte extrema o última: *la extremidad de una cuerda*. **2.** *Fig.* Grado último a que una cosa puede llegar. ♦ **extremidades** n. f. pl. **3.** Los pies y las manos: *tener las extremidades frías*. **4.** Brazos y piernas o patas, en oposición al tronco.
EXTREMISMO n. m. Tendencia a adoptar ideas extremas o exageradas o a adoptar actitudes extremas o radicales.
EXTREMISTA adj. y n. m. y f. Relativo al extremismo. **2.** Partidario de esta tendencia.
EXTREMO, A adj. (lat. *extremum*). Que está al final: *el límite extremo del territorio*. **2.** Dícese de la parte de un lugar que está más alejada del punto en que se sitúa el que habla: *la parte extrema de la calle*. **3.** *Fig.* Dícese del grado más elevado de una cosa: *extrema vejez; frío extremo*. **4.** Excesivo, que sobrepasa los límites ordinarios: *extrema dulzura*. **5.** Dícese de lo más radical o extremado en cualquier cosa: *la extrema izquierda*. ♦ n. m. **6.** Parte que está al principio o al final de una cosa: *el extremo del cordón*. **7.** Punto último: *llegar al extremo de la paciencia*. **8.** Lo opuesto, lo contrario: *pasar de un extremo a otro*. **9.** En el fútbol y otros deportes de equipo, jugador que forma parte de la línea de ataque no lejos de la banda. • **Con, en** o **por, extremo,** muchísimo, excesivamente. ‖ **En último extremo,** en último caso, si no hay otra solución o remedio.
EXTREMO ORIENTE, conjunto de países de Asia oriental (China, Japón, Corea, estados de Indochina y de Insulindia, extremo oriental de Rusia).
EXTREMOSO, A adj. Muy expresivo en demostraciones cariñosas. **2.** Extremado en sus afectos o acciones.
EXTRÍNSECO, A adj. (lat. *extrinsecum*). Que viene de fuera, que no depende del fondo íntimo.
EXTROVERTIDO, A adj. y n. Extravertido.
EXUBERANCIA n. f. Cualidad de exuberante.
EXUBERANTE adj. Abundante, desbordante, desarrollado en exceso: *vegetación exuberante*.
EXUDACIÓN n. f. Acción y efecto de exudar.
EXUDAR v. intr. y tr. (lat. *exsudare*) [1]. Salir un líquido fuera de sus vasos o continentes.
EXULTANTE adj. Que exulta.
EXULTAR v. intr. (lat. *exultare*) [1]. Mostrar alegría con mucha excitación.
EXVOTO o **EX VOTO** n. m. (lat. *ex voto*, a consecuencia de voto). Ofrenda a la divinidad en señal de agradecimiento por un beneficio recibido.
EYACULACIÓN n. f. Acción de eyacular.
EYACULAR v. tr. (lat. *eiaculare*) [1]. Lanzar con fuerza fuera de sí, hablando de ciertas secreciones, en particular del esperma.
EYECTAR v. tr. (lat. *eiectare*) [1]. Proyectar al exterior.
EYECTOR n. m. Aparato que sirve para la evacuación de un fluido. **2.** Expulsor.
EYZAGUIRRE (Agustín), político chileno (Santiago 1768-*id.* 1837), miembro de la junta provisional de gobierno (1823), vicepresidente (1826) y presidente interino (1826-1827).
EZCURRA (Juan Antonio), militar y político paraguayo (1859-1905). Presidente constitucional desde 1902, fue derrocado en diciembre de 1904.
EZEQUIEL, profeta bíblico que ejerció su ministerio entre 598 y 571 a. J.C. Sus discípulos recogieron sus profecías en el *libro de Ezequiel*, libro bíblico.
EZETA (Carlos), militar y político salvadoreño (San Salvador 1855-Monterrey, México, 1903), presidente constitucional en 1891-1894.
'EZRA (Mošé **ibn**), poeta hebraicoespañol (Granada c. 1060-† d. 1135). Fue el mejor poeta profano hebraicoespañol (*Libro del collar*).

Ff

F n. f. Sexta letra del alfabeto español y cuarta de las consonantes. (Es una fricativa labiodental sorda.) **2.** Símbolo del grado Fahrenheit, unidad de temperatura de los países anglosajones (°F). **3.** FÍS. Símbolo del faradio. **4.** QUÍM. Símbolo químico del flúor.

FA n. m. Nota musical; cuarto grado de la escala de *do*; signo que la representa.

FABADA n. f. Potaje de judías, típico de la cocina asturiana.

FÁBRICA n. f. (lat. *fabricam*, taller, fragua). Edificación formada por uno o varios cuerpos, donde se realiza la transformación de materias primas en productos semielaborados o de éstos en productos finales. **2.** Fabricación: *defecto de fábrica*. **3.** Cualquier construcción, o parte de ella, hecha con piedra o ladrillo y argamasa: *pared de fábrica*. **4.** Invención o trama de historias, mentiras, etc.

FABRICACIÓN n. f. Acción y efecto de fabricar. **2.** Conjunto de las operaciones realizadas en el proceso de producción.

FABRICANTE adj. Que fabrica. ♦ n. m. y f. **2.** Industrial.

FABRICAR v. tr. (lat. *fabricare*, componer) [1a]. Hacer un producto industrial por medios mecánicos. **2.** Construir, elaborar: *las abejas fabrican la miel*. **3.** Fig. Hacer, disponer o inventar algo sin material: *fabricar historias*.

FABRIL adj. Relativo a las fábricas o a sus operarios: *industria fabril*.

FÁBULA n. f. (lat. *fabulam*). Narración corta, frecuentemente en verso, de la que se extrae una moraleja: *las fábulas de Esopo, La Fontaine*. **2.** Objeto de murmuración irrisoria o despreciativa: *ser la fábula del barrio*. **3.** Relato falso, ficción con que se encubre una verdad.

FABULACIÓN n. f. Tendencia de ciertos enfermos síquicos a la invención, o a dar explicaciones falsas.

FABULAR v. tr. [1]. Inventar historias.

FABULISTA n. m. y f. Autor de fábulas literarias.

FABULOSO, A adj. Dícese de las narraciones fantásticas y maravillosas y de los temas en ellas tratados: *un relato fabuloso*. **2.** Fig. Muy grande en cantidad o número o calidad: *memoria fabulosa*.

FACA n. f. Cuchillo corvo.

FACCIÓN n. f. Parcialidad de gente que provoca desórdenes o está en rebelión: *facción revolucionaria*. **2.** Grupo o partido que se libra a una actividad fraccional o subversiva en el seno de un grupo más importante. **3.** Cualquiera de las partes del rostro humano: *facciones regulares*. (Suele usarse en plural).

FACCIOSO, A adj. y n. Perturbador de la paz pública. **2.** Que pertenece a una facción o parcialidad.

FACETA n. f. (fr. *facette*). Cada una de las caras de un poliedro, cuando son pequeñas: *las facetas de una esmeralda*. **2.** Fig. Cada uno de los aspectos que presenta un asunto.

FACHA n. f. (ital. *faccia*, rostro). Fam. Traza, figura, aspecto: *tener buena facha*. **2.** Fam. Mamarracho, adefesio: *estar hecho una facha*. **3.** Chile. Fachenda. ♦ **fachas** n. f. pl. **4.** Méx. Disfraz.

FACHADA n. f. (ital. *facciata*). Parte exterior y generalmente principal de un edificio. **2.** Aspecto exterior: *la fachada de un buque*. **3.** Apariencia: *todo en él es pura fachada*.

FACHOSO, A adj. *Fam*. De mala facha, de figura ridícula. **2.** Chile, Ecuad. y Méx. Presuntuoso. **3.** Méx. Que viste de forma inadecuada.

FACIAL adj. Relativo al rostro.

FACIES n. f. (lat. *facies*, cara). Aspecto de la cara: *facies cadavérica*. **2.** PREHIST. Conjunto de rasgos que constituyen un aspecto particular de un período cultural.

FÁCIL adj. (lat. *facilem*). Sin gran esfuerzo o que no opone resistencia: *tener un trabajo fácil*. **2.** Dócil, tratable: *carácter fácil*. **3.** Dícese de la mujer dispuesta a acceder a las solicitaciones masculinas. • **Es fácil**, muy probable o posible: *es fácil que venga*.

FACILIDAD n. f. Disposición para hacer una cosa sin gran trabajo: *tener facilidad para el estudio*. **2.** Oportunidad, ocasión propicia: *su cargo le ofrece más facilidad para decidir*. ♦ **facilidades** n. f. pl. **3.** Medios que consiguen hacer fácil algo.

FACILITACIÓN n. f. Acción y efecto de facilitar.

FACILITAR v. tr. [1]. Hacer fácil o posible: *estos datos facilitan mi trabajo*. **2.** Proporcionar o entregar: *facilitar informes*.

FACINEROSO, A adj. y n. (lat. *facinorosum*). Malhechor.

FACÓN n. m. *Argent., Bol. y Urug.* Cuchillo grande, recto y puntiagudo, usado por los campesinos.

FACSÍMIL o **FACSÍMILE** n. m. (lat. *fac simile*, haz una cosa semejante). Reproducción exacta de firmas, escritos, pinturas, dibujos, objetos de arte, etc.

FACSIMILAR adj. Dícese de las reproducciones, ediciones, etc., en facsímil.

FACTIBLE adj. Que se puede hacer.

FÁCTICO, A adj. Relativo al hecho o a los hechos. • **Poderes fácticos**, grupos de presión.

FACTOR n. m. (lat. *factorem*). Lo que contribuye a causar un efecto. **2.** BIOL. Agente causal hereditario que determina cierto carácter en la descendencia. **3.** F.C. Empleado que en las estaciones de ferrocarril cuida de la recepción, expedición y entrega de los equipajes, mercancías, etc. **4.** MAT. Cada uno de los números que figuran en un producto.

FACTORÍA n. f. Empleo y oficina del factor. **2.** Fábrica. **3.** Establecimiento de comercio o industrial, fundado por una nación o por particulares en países de ultramar. **4.** En Latinoamérica, campamento que establecen las expediciones balleneras en las costas de la Antártida.

FACTORIAL adj. • **Análisis factorial**, método estadístico que tiene como finalidad la búsqueda de factores comunes a un conjunto de variables que tienen entre sí grandes correlaciones.

FACTÓTUM n. m. y f. (lat. *fac totum*, haz todo). *Fam*. Persona de plena confianza de otra y que en nombre de ésta desempeña sus principales funciones.

FACTUAL adj. Relativo a los hechos.

FACTURA n. f. (lat. *facturam*). Hechura, ejecución: *la factura de un tejido*. **2.** Escrito mediante el cual el vendedor da a conocer al comprador el detalle y el precio de las mercancías vendidas. **3.** *Argent*. Nombre que se da a diversas clases de panecillos dulces, horneados o fritos, que suelen fabricarse y venderse en las panaderías.

FACTURACIÓN n. f. Acción y efecto de facturar. **2.** Conjunto de operaciones contables que comprenden desde el simple registro de pedidos hasta la contabilización y control estadístico de los elementos de la factura. **3.** Servicio o sección donde se llevan a cabo estas operaciones.

FACTURAR v. tr. [1]. Extender facturas. **2.** Registrar, en las estaciones de ferrocarriles o terminales de aeropuerto, mercancías o equipajes para que sean remitidos a su destino.

FACULTAD n. f. (lat. *facultatem*). Aptitud, potencia física o moral: *conceder facultades; la facultad de pensar*. **2.** Poder, derecho para hacer una cosa: *conceder facultad para dirigir*. **3.** Centro universitario que coordina las enseñanzas impartidas en los departamentos, para la asignación de grados académicos en todos los ciclos de una determinada rama del saber.

FACULTAR v. tr. [1]. Conceder facultades a uno para hacer algo, autorizar.

FACULTATIVO, A adj. Relativo a una facultad: *dictamen facultativo*. **2.** Voluntario, no obligatorio: *trabajo facultativo*. ♦ n. **3.** Médico o cirujano.

FACUNDIA n. f. Exageración o facilidad de palabra.

FACUNDO, A adj. Que tiene facundia.

FADER (Fernando), pintor argentino (Mendoza 1882-Córdoba 1935). Sus obras, inspiradas en temas del paisaje serrano, se alejan del academicismo del momento, introduciendo elementos impresionistas.

FAENA n. f. Trabajo corporal: *faenas del campo*. **2.** Fig. Trabajo mental: *faena de investigación*. **3.** Fam. Mala pasada. **4.** Chile. Trabajo duro de realizar. **5.** Chile. Grupo de trabajadores que realizan una tarea común. **6.** Chile. Lugar donde éstos se realizan. **7.** Guat. Trabajo que en una hacienda se hace fuera de horario. **8.** TAUROM. Conjunto de las suertes realizadas, especialmente con la muleta.

FAENAR v. tr. [1]. Realizar un trabajo, especialmente los pescadores profesionales.

FAENERO n. m. Chile. Trabajador del campo.

FAGOCITO n. m. Célula del organismo capaz de fagocitosis, como los leucocitos.

FAGOCITOSIS n. f. Función por la que algunas células absorben partículas, microbios, etc. y después los digieren.

FAGOT n. m. Instrumento musical de viento. ♦ n. m. y f. **2.** Fagotista.

FAGOTISTA n. m. y f. Músico que toca el fagot.

FAHRENHEIT (Daniel Gabriel), físico alemán (Danzig 1686-La Haya 1736), inventor de un aerómetro y de una graduación termométrica que llevan su nombre.

FAISÁN n. m. (provenz. *faisan*). Gallinácea originaria de Asia, que en algunas especies alcanza los 2 m de long., de brillante plumaje, sobre todo en el macho, y de carne apreciada.

FAISANA n. f. Hembra del faisán.

FAJA n. f. (lat. *fasciam*, venda). Tira de cualquier materia que rodea una persona o una cosa ciñéndola: *la faja de un bebé*. **2.** Prenda interior femenina de materia elástica, que sustituye al antiguo corsé. **3.** Insignia de algunos cargos militares, civiles o eclesiásticos, o distintivo honorífico. **4.** Porción más larga que ancha, especialmente de terreno.

FAJADA n. f. *Amér.* Acometida, embestida.

FAJADURA n. f. Acción y efecto de fajar o fajarse.

FAJAR v. tr. y pron. [1]. Rodear o envolver con faja: *fajar a un niño*. **2.** *Amér. Merid., C. Rica y Cuba*. Pegar a uno, golpearlo. ♦ v. tr. **3.** *Argent. Fig. y fam.* Cobrar en exceso por una venta o servicio. **4.** *C. Rica, Cuba y Dom.* Irse a las manos dos personas. **5.** *C. Rica, Dom. y P. Rico*. Emprender con ahínco un trabajo o estudio. **6.** *Cuba*. Enamorar a una mujer con propósitos deshonestos. **7.** *Dom. y P. Rico* Pedir dinero prestado. **8.** *Méx. Vulg.* Acariciar y besar a alguien con lascivia, excitarse sexualmente con caricias.

FAJÍN n. m. Ceñidor de seda de determinados colores y distintivos, que usan los generales.

FAJINA n. f. Conjunto de haces de mies que se pone en las eras. **2.** Leña ligera para encender. **3.** *Méx*. En el trabajo del campo, comida que se hace al mediodía.

FAJO n. m. Haz, atado, paquete: *un fajo de leña, de billetes de banco*. **2.** *Méx. Vulg.* Golpe, cintarazo. ♦ **fajos** n. m. pl. **3.** Conjunto de ropas con que se viste a los niños recién nacidos.

FAKIR n. m. Faquir.

FALACIA n. f. (lat. *fallaciam*). Cualidad de falaz. **2.** Sofisma, falso razonamiento para inducir a error.

FALANGE n. f. (lat. *phalangem*). Cada uno de los huesos que componen los dedos. **2.** Cuerpo de tropas numeroso. **3.** POL. Organización política de características paramilitares y generalmente de tendencias derechistas: *Falange española*; *Falange libanesa*.

FALANGETA n. f. ANAT. Falange distal o ungular de los dedos.

FALANGINA n. f. ANAT. Segunda falange, o falange media, de los dedos.

FALAZ adj. (lat. *fallacem*). Embustero, falso: *palabras falaces*. **2.** Que halaga y atrae con falsas apariencias: *modales falaces*.

FALCÓN (estado), est. del NO de Venezuela; 24 800 km²; 629 947 hab. Cap. *Coro*.

FALCÓN (Juan Crisóstomo), militar y político venezolano (caserío Tabes, Falcón, 1820-Fort-de-France 1870). Presidente tras el triunfo progresista (1863-1868), firmó la constitución federal de 1864.

FALCÓNIDO, A adj. y n. m. Relativo a una familia de aves que comprende la mayor parte de las rapaces diurnas, como el águila y el halcón.

FALDA n. f. Parte del vestido o prenda de vestir que va desde la cintura hacia abajo. **2.** Regazo: *tener al niño en la falda*. **3.** En el despiece de carne bovina, parte que comprende la región inferior de las paredes abdominales. **4.** GEOGR. Sectores bajos de las vertientes montañosas. ♦ **faldas** n. f. pl. **5.** Mujer o mujeres, en oposición al hombre: *cuestión de faldas*.

FALDEO n. m. *Argent., Chile y Cuba*. Faldas de un monte.

FALDERO, A adj. Relativo a la falda. **2.** *Fig.* Aficionado a estar entre mujeres.

FALDILLAS n. f. pl. En ciertos trajes, partes que cuelgan de la cintura abajo.

FALDÓN n. m. En algunas prendas de vestir, parte que cae suelta desde la cintura. **2.** Parte inferior de alguna ropa, colgadura, etc.

FALDRIQUERA n. f. Faltriquera.

FALENA n. f. Nombre dado a las mariposas de la familia geométridos, en particular a algunas especies dañinas para los cultivos y bosques.

FALENCIA n. f. *Argent*. En lenguaje administrativo, quiebra de un comerciante. **2.** *Argent*. Carencia, defecto.

FALIBILIDAD n. f. Calidad de falible.

FALIBLE adj. Que puede equivocarse o engañar: *todo hombre es falible*. **2.** Que puede faltar o faltarse.

FÁLICO, A adj. Relativo al falo.

FALKLAND (islas) → **Malvinas**.

FALLA n. f. Defecto material de una cosa que merma su resistencia. **1.** Falta, defecto en el obrar, quebrantamiento de la obligación de cada uno. **3.** *Amér*. Deficiencia en el funcionamiento, fallo.

FALLA n. f. Fractura de las capas geológicas, acompañada de un desplazamiento vertical, oblicuo u horizontal de los bloques. ♦ **Escarpe de falla** (GEOGR.), talud rígido, casi siempre de trazado rectilíneo, creado por una falla.

FALLA (Manuel de), compositor español (Cádiz 1876-Alta Gracia, Argentina, 1946). Su obra refleja la influencia de Wagner, Debussy, Ravel y Stravinski, pero también un hondo proceso de asimilación de las fuentes musicales nacionales. Destacan *La vida breve* (1905), *El amor brujo* (1915), *Noches en los jardines de España* (1916), *Fantasía bética*, para piano (1919), *El sombrero de tres picos* (1919), *El retablo de maese Pedro* (1922), el *Concierto para clave y cinco instrumentos* (1926) y la cantata *La Atlántida*, inconclusa a su muerte y que fue completada por E. Halffter (estrenada en 1961).

FALLAR v. tr. [1]. DER. Decidir un litigio o proceso, pronunciando el juzgador el fallo o sentencia.

FALLAR v. tr. [1]. En el juego de cartas, poner un triunfo por no tener el palo que se juega. ♦ v. intr. **2.** Frustrarse o salir fallida una cosa: *fallar la puntería*. **3.** Perder una cosa su resistencia.

FALLECER v. intr. [2m]. Morir.

FALLECIDO, A n. Finado.

FALLECIMIENTO n. m. Acción y efecto de fallecer.

FALLERO, A adj. Relativo a las fallas de Valencia. ♦ n. **2.** Persona que toma parte en las fallas de Valencia.

FALLIDO, A adj. Frustrado, sin efecto: *intento fallido*. **2.** Dícese de la cantidad, crédito, etc., que se considera incobrable.

FALLO n. m. Decisión tomada por una persona sobre un asunto: *el fallo de un concurso*. **2.** DER. Sentencia del juez, tribunal o árbitro. **3.** *Fig.* Fracaso en la ejecución de algo. **2.** Falta, deficiencia, error.

FALLUTO, A adj. *Argent. y Urug. Vulg.* Hipócrita.

FALO n. m. (gr. *phallos*, emblema de la generación). Miembro viril.

FALSARIO, A adj. y n. Que inventa falsedades, especialmente calumniosas.

FALSEAMIENTO n. m. Acción y efecto de falsear.

FALSEAR v. tr. [1]. Contrahacer o corromper una cosa haciéndola disconforme con la verdad, la exactitud, etc.: *falsear los hechos*. ♦ v. intr. **2.** Flaquear o perder una cosa su resistencia y firmeza: *la columna falsea*.

FALSEDAD n. f. Cualidad de falso. **2.** Dicho o hecho falso.

FALSETE n. m. (fr. *fausset*). Voz artificial, más aguda que la natural.

FALSÍA n. f. Falsedad, hipocresía.

FALSIFICACIÓN n. f. Acción y efecto de falsificar.

FALSIFICADOR, RA adj. y n. Que falsifica.

FALSIFICAR v. tr. (lat. *falsificare*) [1a]. Falsear, contrahacer, imitar fraudulentamente.

FALSO, A adj. (lat. *falsum*). No verdadero, no auténtico o no correspondiente a la verdad. **2.** Que no es real, aparente: *falsa modestia*. **3.** Engañoso, fingido, traidor: *persona falsa*; *una falsa mirada*. **4.** *Galic*. Torpe, inadecuado: *falsa maniobra*.

FALTA n. f. Carencia o privación de una cosa necesaria o útil. **2.** Acto contrario al deber u obligación: *falta de respeto*. **3.** Ausencia de una persona del sitio en que hubiera debido estar. **4.** Cualidad o circunstancia que quita perfección a una cosa: *no encuentro ninguna falta en tu traje*. **5.** Efecto de equivocarse, equivocación: *falta de ortografía*. **6.** DEP. Infracción del reglamento en un determinado deporte. **7.** DER. Hecho ilícito sancionado con una pena leve. **8.** FISIOL. Supresión de la regla o menstruo en la mujer, principalmente durante el embarazo. ♦ **A falta de**, en sustitución de. ‖ **Echar en falta**, sentir la necesidad de algo o alguien; notar que falta algo o alguien. ‖ **Hacer falta**, ser preciso para algún fin. ‖ **Sin falta**, puntualmente, con seguridad.

FALTAR v. intr. [1]. No haber o no estar una persona o cosa donde debiera estar o haber menos de lo necesario: *hace días que falta a la oficina*. **2.** No existir una característica o condición en lo que debiera tenerla: *le faltó valor para decírselo*. **3.** Quedar un remanente de tiempo o alguna acción sin realizar: *falta una hora para salir*. **4.** No acudir a un sitio donde se tenía que ir: *faltar a la cita*. **5.** Consumirse, acabarse, fallecer, morir. **6.** No cumplir alguien con lo que debe o se esperaba de él: *faltar a sus obligaciones*. **7.** Dejar de asistir a otro o no tratarle con la consideración debida: *ha faltado a su director*. **8.** Ser infiel uno de los cónyuges al otro cometiendo adulterio. ♦ **Faltar poco para** una cosa, estar a punto de suceder una cosa o de acabar una cosa.

FALTO, A adj. Defectuoso o necesitado de alguna cosa.

FALTRIQUERA o **FALDRIQUERA** n. f. Bolsillo de las prendas de vestir.

FALÚA n. f. Embarcación pequeña que emplean los jefes y autoridades de marina en los puertos. **2.** Cierta embarcación de vela latina.

FALUCHO (Antonio **Ruiz**), llamado **el Negro**), soldado argentino de la tropa de San Martín († 1824). Prefirió ser fusilado por los amotinados de El Callao (Perú), antes que acatar el pabellón realista.

FAMA n. f. Gran difusión alcanzada por determinada opinión sobre las extraordinarias cualidades de alguien o algo. **2.** Opinión sobre alguien o algo en determinado ámbito o medio: *mala fama*.

FAMAILLÁ, dep. de Argentina (Tucumán); 26 562 hab. Industrias alimentarias (harinas y azúcar).

FAMATINA (sierra o *de*), alineación montañosa de Argentina (La Rioja), en las sierras Pampeanas; 6 250 m. Yacimientos de oro, cobre y carbón.

FAMÉLICO, A adj. Hambriento.

FAMILIA n. f. (lat. *familiam*, conjunto de criados de una persona). Conjunto de personas que provienen de una misma sangre, de un mismo linaje, de una misma casa, especialmente, el padre, la madre y los hijos. **2.** Dinastía, estirpe, linaje: *ser de familia aristocrática*. **3.** Prole, hijos: *estar cargado de familia*. **4.** Conjunto de personas o cosas que tienen alguna condición común: *familia política*. **5.** *Chile*. Enjambre de abejas. **6.** HIST. NAT. Unidad

sistemática de las clasificaciones que comprende cierto número de géneros y es de categoría inferior al orden. • **En familia,** sin gente extraña, en la intimidad.
FAMILIAR adj. Relativo a la familia: *apellido familiar.* **2.** Dícese del trato llano y sin ceremonia: *tener una relación muy familiar.* **3.** Dícese de aquello que uno sabe muy bien o que hace fácilmente: *una voz familiar.* **4.** Dícese del vehículo automóvil de turismo, carrozado de forma que admite el máximo número de personas para una potencia determinada. **5.** LING. Dícese de una palabra o de una construcción característica de la lengua coloquial. • **Hacerse familiar,** familiarizarse. ♦ adj. y n. m. y f. **6.** Pariente: *el director es un familiar suyo.*
FAMILIARIDAD n. f. Llaneza y confianza en el trato.
FAMILIARIZAR v. tr. [**1g**]. Hacer familiar o común una cosa, acostumbrar: *familiarizar a alguien con la vida del campo.* • **familiarizarse** v. pron. **2.** Introducirse y acomodarse al trato familiar de uno: *familiarizarse con los nuevos compañeros.* **3.** Adaptarse, acostumbrarse a algunas circunstancias o cosas: *familiarizarse al bullicio de la ciudad.*
FAMOSO, A adj. (lat. *famosum*). Que tiene fama, buena o mala: *Cervantes es un escritor famoso; se hizo famoso por su crueldad.* **2.** *Fam.* Bueno, excelente en su especie: *un vino famoso.* **3.** *Fam.* Dícese de personas, hechos o dichos que llaman la atención: *tuvo una famosa ocurrencia.*
FÁMULO, A n. (lat. *famulum*). *Fam.* Criado, doméstico, sirviente.
FAN n. m. y f. (voz inglesa) [pl. *fans*]. Fanático admirador o seguidor de una persona o de una moda.
FANAL n. m. (ital. *fanale*). Linterna o luz empleadas a bordo de los barcos y para el balizamiento de las costas. **2.** Campana de cristal para resguardar algún objeto, luz, etc. **3.** Farol de locomotora.
FANÁTICO, A adj. y n. (lat. *fanaticum*, inspirado, exaltado). Que defiende con apasionamiento y celo desmedidos una creencia, una causa, un partido, etc.: *creyente fanático.* **2.** Entusiasmado ciegamente por una cosa: *fanático de la música.*
FANATISMO n. m. Apasionamiento a favor de una creencia o partido.
FANATIZAR v. tr. (fr. *fanatiser*) [**1g**]. Provocar el fanatismo: *fanatizar a las masas.*
FANDANGO n. m. Canción o baile, ejecutado por una pareja, con acompañamiento de castañuelas, al compás 3/4 o 6/8. **2.** *Fig.* y *fam.* Bullicio, trapatiesta.
FANÉ adj. (voz francesa). Lacio, ajado.
FANEGA n. f. (ár. *faniga*, saco grande). Medida de capacidad para áridos con una capacidad distinta según las regiones. • **Fanega de tierra,** medida agraria de superficie cuya equivalencia varía según las regiones.
FANEGADA n. f. Fanega de tierra.
FANERÓGAMO, A adj. y n. f. Relativo a un tipo de plantas que se reproduce por flores y semillas.
FANFARRIA n. f. Baladronada, bravata, jactancia. **2.** Banda militar de música.
FANFARRÓN, NA adj. y n. Dícese de la persona que presume con ostentación de alguna cualidad o haber suyo.
FANFARRONADA n. f. Dicho o hecho del fanfarrón.
FANFARRONEAR v. intr. [**1**]. Hablar diciendo fanfarronadas.
FANFARRONERÍA n. f. Cualidad de fanfarrón.
FANGAL n. m. Terreno lleno de fango.
FANGO n. m. (cat. *fang*). Mezcla de tierra y agua. **2.** *Fig.* Deshonra que cae sobre una persona, o indignidad en que vive.
FANGOSO, A adj. Lleno de fango. **2.** *Fig.* Semejante al fango.
FANTASEAR v. intr. [**1**]. Dejar correr la fantasía o imaginación. **2.** Preciarse, vanagloriarse: *fantasear de rico.* ♦ v. tr. **3.** Imaginar algo fantástico.
FANTASÍA n. f. (lat. *phantasiam*, imagen). Facultad de la mente para representar cosas inexistentes y proceso mediante el cual se representan. **2.** Producto mental de la imaginación creadora o que no tiene fundamento real. (Suele usarse en plural.) • **De fantasía,** dícese de los objetos de adorno de bisutería; en términos de modas, se aplica a las prendas de vestir u objetos adornados de forma que se considera poco corriente.
FANTASIOSO, A adj. Vanidoso, presuntuoso. **2.** Que tiene mucha imaginación.
FANTASMA n. m. (gr. *phantasma*). Aparición, con forma de ser real, de algo imaginado, o bien aparición de un ser inmaterial como el alma de un difunto. **2.** Imagen de un objeto impresa en la fantasía. **3.** *Fig.* Persona entonada y presuntuosa. ♦ n. m. o f. **4.** Espantajo o persona que simula una aparición o un espectro. (Suele preferirse en forma masculina.) ♦ adj. **5.** Dícese de algunas cosas inexistentes, dudosas, poco precisas, etc.: *noticia, venta, buque fantasma.*
FANTASMAGORÍA n. f. Arte de representar figuras por medio de una ilusión óptica. **2.** *Fig.* Ilusión de los sentidos o figuración vana de la inteligencia.
FANTASMAGÓRICO, A adj. Relativo a la fantasmagoría.
FANTASMAL adj. Relativo al fantasma, o visión quimérica.
FANTÁSTICO, A adj. n. (lat. *fantasticum*). Quimérico, aparente, sin realidad. **2.** Relativo a la fantasía. **3.** *Fig.* Presuntuoso y orgulloso. **4.** Estupendo, asombroso.
FANTOCHADA n. f. Dicho o hecho propio de fantoche.
FANTOCHE n. m. (fr. *fantoche*, del ital. *fantoccio*). Títere, figurilla de pasta u otra materia que se mueve con alguna cuerda. **2.** *Fig.* y *fam.* Sujeto de figura ridícula, grotesca o pequeña. **3.** *Fig.* Fanfarrón, fachendoso.
FAÑOSO, A adj. *Antillas, Can., Méx.* y *Venez.* Gangoso.
F.A.O. (Food and agriculture organization, organización para la agricultura y la alimentación), organismo especializado de la O.N.U., constituido en 1945, cuyo fin es realizar una acción internacional contra el hambre y mejorar las condiciones de vida. Sede: Roma.
FAQUIR o **FAKIR** n. m. (ár. *faqîr*, pobre, mendigo). Santón musulmán que vive de limosna y practica actos de singular austeridad. **2.** En la India, mendigo que realiza ejercicios ascéticos.
FARAD n. m. (de M. Faraday, químico y físico británico). Unidad de medida de capacidad eléctrica (símbolo F).
FARAMALLA n. f. *Méx. Fam.* Situación exagerada, aparatosa o escandalosa con que se pretende llamar la atención.
FARAMALLERO, A adj. y n. *Chile* y *Méx.* Bravucón, farolero.
FARÁNDULA n. f. Arte, trabajo y profesión de los cómicos.
FARANDULEAR v. intr. [**1**]. Fanfarronear.
FARANDULERO, A adj. y n. Hablador, trapacista.
FARAÓN n. m. Soberano del antiguo Egipto.
FARAÓNICO, A adj. Relativo a los faraones y a su época. **2.** Grandioso, fastuoso.
FARDO n. m. Lío grande y apretado.

FARFOLLA n. f. Envoltura de las panojas del maíz, mijo y panizo. **2.** *Fig.* Cosa de mucha apariencia y poca entidad.
FARFULLA n. f. Defecto de la fonación que consiste en la pronunciación precipitada y poco diferenciada de las palabras, lo que hace al lenguaje a menudo ininteligible. ♦ n. m. y f. y adj. **2.** *Fam.* Persona que tiene este defecto.
FARFULLADOR, A o **FARFULLERO, A** adj. y n. Que habla farfullando.
FARFULLAR v. tr. [**1**]. Decir una cosa muy de prisa y atropelladamente. **2.** *Fig.* y *fam.* Hacer una cosa con atropello y confusión.
FARINÁCEO, A adj. Harinoso.
FARINGE n. f. (gr. *pharynx, yngos*, garganta). Región situada entre la boca y el esófago, en la que las vías digestivas se cruzan con las vías respiratorias.
FARÍNGEO, A adj. Relativo a la faringe.
FARINGITIS n. f. Inflamación de la faringe.
FARIÑA n. f. *Argent., Colomb., Perú* y *Urug.* Harina gruesa de mandioca.
FARISAICO, A adj. Propio de los fariseos. **2.** *Fig.* Hipócrita.
FARISEÍSMO n. m. Hipocresía.
FARISEO n. m. Entre los judíos, miembro de una secta que afectaba rigor y austeridad. **2.** *Fig.* Hombre hipócrita.
FARMACÉUTICO, A adj. (gr. *pharmakeutikos*, el que prepara medicamentos). Relativo a la farmacia. ♦ n. **2.** Persona que, provista del correspondiente título académico, profesa o ejerce la farmacia.
FARMACIA n. f. (gr. *pharmakeia*, empleo de los medicamentos). Ciencia que tiene por objeto la preparación de medicamentos. **2.** Local donde se venden los medicamentos.
FÁRMACO n. m. Medicamento.
FARMACODEPENDENCIA n. f. Estado de quien experimenta una necesidad absoluta de ingerir a intervalos regulares una sustancia medicamentosa.
FARMACOLOGÍA n. f. Estudio científico de los medicamentos y de su uso.
FARMACOPEA n. f. (gr. *pharmakopoia*, confección de drogas). Relación de indicaciones relativas a los fármacos, destinada a ayudar a los farmacéuticos en la práctica de su profesión.
FARO n. f. (lat. *pharum*). Torre elevada con un potente foco luminoso para guiar los barcos y los aviones durante la noche. **2.** Proyector de luz colocado en la parte delantera de un vehículo. **3.** *Fig.* Lo que sirve de guía a la inteligencia o a la conducta.
FAROL n. m. (cat. ant. *faró*). Caja hecha de guarnecida de una materia transparente, dentro de la cual se pone luz para que alumbre. **2.** *Fig.* y *fam.* Persona jactanciosa, muy amiga de llamar la atención. **3.** Hecho o dicho jactancioso que carece de fundamento. **4.** JUEG. Jugada o envite falso que se hace para deslumbrar o desorientar. • **Echarse, marcarse** o **tirarse, un farol,** decir algo exagerado o prometer lo que es difícil de cumplir.
FAROLA n. f. Farol grande para el alumbrado público.
FAROLAZO n. m. Golpe dado con un farol. **2.** *Amér. Central* y *Méx.* Trago de licor.
FAROLEAR v. intr. [**1**]. Fanfarronear.
FAROLERO, A adj. y n. Fanfarrón. ♦ n. **2.** Persona que tiene por oficio cuidar de los faroles del alumbrado público.
FAROLILLO n. m. Farol hecho de papeles de colores, de distintas formas, que se emplea como adorno en verbenas y fiestas. • **Farolillo rojo,** en algunas competiciones deportivas, el último clasificado.
FARRA n. f. (vasc. *farra*, risa). Juerga, jarana. **2.** *Argent.* y *Urug.* Burla. • **Tomar** a uno **para la farra** (*Argent., Par.* y *Urug. Fam.*), burlarse de uno, tomarle el pelo.
FÁRRAGO n. m. Conjunto de objetos o ideas desordenadas o inconexas.

FARRAGOSO, A adj. Desordenado y confuso.

FARREAR v. intr. [1]. Andar de farra.

FARRELL (Edelmiro Julián), militar y político argentino (Santa Fe 1887-Buenos Aires 1980). Fue presidente (1944) de la república, tras derrocar a Castillo. Perón sucedió en 1946.

FARRISTA adj. y n. m. y f. Aficionado a la farra, juerga.

FARRUTO, A adj. *Bol.* y *Chile.* Enteco, enfermizo.

FARSA n. f. Nombre con que en diversas épocas y nacionalidades se designan obras dramáticas de muy variada naturaleza e intención. **2.** Pieza cómica breve. **3.** *Desp.* Obra dramática chabacana y grotesca. **4.** *Fig.* Enredo, tramoya para aparentar o engañar.

FARSANTE, A adj. y n. *Fam.* Que finge lo que no siente o pretende pasar por lo que no es.

FARSANTERÍA n. f. Calidad de farsante. **2.** Fingimiento.

FASCICULADO, A adj. Dispuesto en fascículos. • **Raíz fasciculada** (BOT.), aquella en la que no se puede distinguir el eje principal.

FASCÍCULO n. m. (lat. *fasciculum*, hacecillo). Entrega, cada uno de los cuadernos impresos en que se suele dividir y expender un libro que se publica por partes. **2.** ANAT. Haz de fibras musculares o nerviosas.

FASCINACIÓN n. f. Acción y efecto de fascinar.

FASCINANTE adj. Atractivo, deslumbrante.

FASCINAR v. tr. (lat. *fascinare*, embrujar) [1]. Atraer, seducir, retener la atención.

FASCISMO n. m. (voz italiana). Régimen establecido en Italia de 1922 a 1945, fundado por Mussolini y basado en la dictadura de un partido único, la exaltación nacionalista y el corporativismo. **2.** Doctrina encaminada al establecimiento de un régimen jerarquizado y totalitario.

FASCISTA adj. y n. m. y f. Relativo al fascismo; partidario del fascismo.

FASE n. f. (gr. *phasis*, aparición de una estrella). Cada uno de los aspectos sucesivos con que la Luna y otros planetas se presentan a la vista humana según los ilumina el Sol. **2.** *Fig.* Cada uno de los cambios de aspecto sucesivos de un fenómeno en evolución: *las fases de un combate, de una enfermedad, de un negocio, etc.* **3.** ELECTR. Cada una de las corrientes alternas de la misma frecuencia e intensidad que originan las corrientes polifásicas. **4.** FÍS. Estado, forma de agregación de la materia. **5.** QUÍM. Cualquier parte homogénea de un sistema de sustancias en contacto y en interacción las unas con las otras.

FASSBINDER (Rainer Werner), director de cine alemán (Bad Wörishofen 1945-Munich 1982). Fue uno de los principales innovadores del cine alemán.

FASTIDIAR v. tr. y pron. [1]. Causar fastidio. **2.** *Fig.* Enojar o molestar. • **Estar fastidiado,** encontrarse mal de salud.

FASTIDIO n. m. Hastío, asco, repugnancia. **2.** *Fig.* y *fam.* Enfado, cansancio.

FASTIDIOSO, A adj. Que causa fastidio.

FASTO, A adj. En la antigua Roma, decíase del día en que era lícito tratar los negocios públicos y administrar justicia. **2.** Memorable, venturoso. ♦ n. m. **3.** Fausto, suntuosidad, pompa, lujo extraordinario. ♦ **fastos** n. m. pl. **4.** Tablas cronológicas de los antiguos romanos. **5.** Anales o relación de sucesos memorables por orden cronológico.

FASTUOSIDAD n. f. Calidad de fastuoso.

FASTUOSO, A adj. Ostentoso, amigo de fausto y pompa.

FATAL adj. Inevitable: *destino fatal.* **2.** Aciago, nefasto, funesto: *consecuencias fatales.* **3.** Malo, pésimo: *realizar un examen fatal.* **4.** Mortal.

FATALIDAD n. f. Fuerza a la que se atribuye la determinación de lo que ha de suceder. **2.** Cualidad de fatal. **3.** Adversidad inevitable.

FATALISMO n. m. Teoría que considera todos los acontecimientos como irrevocables y previamente establecidos. **2.** Actitud del que acepta los acontecimientos, sin intentar modificarlos.

FATALISTA adj. y n. m. y f. Relativo al fatalismo; partidario de esta teoría. **2.** Dícese de la persona que acepta los acontecimientos sin intentar influir en ellos.

FATÍDICO, A adj. Que vaticina el porvenir, generalmente desgracias. **2.** Desgraciado, nefasto.

FATIGA n. f. Sensación penosa que se experimenta después de un trabajo, físico o intelectual, prolongado e intenso. **2.** Molestia ocasionada por la respiración frecuente o difícil. **3.** *Fig.* Molestia, penalidad. (Suele usarse en plural.) **4.** Esfuerzo que soporta, por unidad de sección, un cuerpo sometido a fuerzas exteriores. **5.** Deterioro interno de un material sometido a esfuerzos repetidos superiores al límite de resistencia e inferiores al límite de elasticidad.

FATIGAR v. tr. y pron. [**1b**]. Causar fatiga. ♦ v. tr. **2.** Vejar, molestar.

FATIGOSO, A adj. Que causa fatiga.

FÁTIMA, c. de Portugal (Leiria), al NE de Lisboa; 7 693 hab. Lugar de peregrinación desde que en 1917 tres jóvenes pastores declararon haber presenciado seis apariciones de la Virgen.

FÁTIMA, hija de Mahoma y de Jadčīỵa (La Meca c. 616-Medina 633). Esposa de 'Alī y madre de Hasan y de Husayn, es venerada por los musulmanes.

FATUIDAD n. f. Cualidad de fatuo. **2.** Dicho o hecho fatuo.

FATUO, A adj. y n. Lleno de presunción ridícula.

FAUCES n. f. pl. ANAT. Parte posterior de la boca de los mamíferos.

FAULKNER (William Harrison **Faulkner,** llamado **William**), escritor norteamericano (New Albany, Mississippi, 1897-Oxford, Mississippi, 1962), autor de novelas sicológicas y simbólicas situadas en el S de E.U.A. (*El ruido y la furia,* 1929; *Santuario,* 1931; *Luz de agosto,* 1932; *Réquiem para una mujer,* 1951). [Premio Nobel de literatura 1949.]

FAUNA n. f. (de *Fauna,* divinidad romana). Conjunto de especies animales que viven en una región o un medio: *la fauna alpina.* **2.** Obra que describe los animales de un país.

FAUSTO n. m. (lat. *faustum,* orgullo, soberbia). Suntuosidad, pompa, lujo extraordinario.

FAUSTO, A adj. (lat. *faustum*). Que causa alegría o felicidad.

FAUVISMO n. m. (fr. *fauvisme*). Corriente pictórica desarrollada en París a principios del s. XX. (El fauvismo se expresa principalmente por una orquestación de colores puros, ordenados en cada tela de una manera autónoma.)

FAUVISTA adj. y n. m. y f. Relativo al fauvismo; seguidor de este movimiento.

FAVELA n. f. (voz brasileña). Barraca donde viven las clases bajas en Brasil.

FAVOR n. m. Ayuda, servicio o protección gratuita: *hacer un favor a alguien.* **2.** Beneficio, benevolencia, protección, aprobación: *gozar del favor del público.* **3.** Ayuda prestada arbitrariamente a alguien por una persona con autoridad. **4.** Situación de una persona grata a un rey del que recibe su confianza. **5.** Aquiescencia de una dama para con un caballero. *N. Colomb.* Moño, lazo de cinta. • **A,** o **en favor, de,** en beneficio y utilidad de alguien; a favor de alguien; a beneficio, en virtud de. || **¡Por favor!,** coletilla de cortesía que se añade a una petición. || **Tener uno a su favor** a alguien o algo, servirle a uno de apoyo o defensa.

FAVORABLE adj. Conveniente, propicio.

FAVORECEDOR, RA adj. y n. Que favorece.

FAVORECER v. tr. [**2m**]. Ayudar, socorrer a uno. **2.** Dar o hacer un favor a alguien. **3.** Apoyar, secundar un intento, empresa u opinión. ♦ v. intr. y pron. **4.** Sentar bien a una persona un vestido, peinado, joyas, etc., haciéndola más atractiva.

FAVORITISMO n. m. Parcialidad del que atiende antes al favor que al mérito o a la equidad.

FAVORITO, A adj. Que se estima o aprecia con preferencia. ♦ n. **2.** Valido, privado, persona que goza del favor de un rey o personaje. **3.** DEP. Probable ganador.

FAX n. m. Apócope de telefax.

FAYETTE o **LAFAYETTE** (Marie-Madeleine **Pioche de La Vergne, condesa de La**), escritora francesa (París 1634-id. 1693), autora de novelas (*La princesa de Clèves,* 1678), relatos y memorias.

FAYUCA n. f. *Méx.* Contrabando, estraperlo.

FAYUQUERO, A adj. y n. *Méx.* Contrabandista, estraperlista.

FAZ n. f. (lat. *faciem*). Rostro o cara. **2.** Anverso, lado principal de una moneda o medalla. **3.** Aspecto o lado de una cosa. • **Sacra,** o **Santa, Faz** (REL.), imagen del rostro de Jesús.

FE n. f. (lat. *fidem*). Creencia no basada en argumentos racionales. **2.** Confianza, buen concepto que se tiene de una persona o cosa. **3.** Asentimiento de la inteligencia a verdades religiosas reveladas. **4.** Conjunto de creencias religiosas. **5.** DER. Documento que acredita o certifica una cosa: *fe de bautismo, de viudedad.* • **A fe, a fe mía** o **por mi fe,** en verdad. || **Buena fe,** rectitud, honradez, sinceridad, ingenuidad. || **Dar fe,** asegurar, atestiguar una cosa que se ha visto. || **Fe de erratas,** lista de las erratas de un libro, inserta en el mismo, con la enmienda que de cada una debe hacerse. || **Mala fe,** doblez, alevosía, malicia.

Fe, símbolo químico del hierro.

FEALDAD n. f. Calidad de feo.

FEBO, otro nombre de Apolo.

FEBRERO n. m. (lat. *februarium*). Segundo mes del año gregoriano.

FEBRES CORDERO (León **de**), militar y político venezolano (Puertos de Altagracia 1797-Mérida 1875). Luchó por la independencia y en la guerra federal (1859-1863) fue lugarteniente de Páez, jefe de los constitucionales.

FEBRES CORDERO (León), ingeniero y político ecuatoriano (Guayaquil 1931). Parlamentario conservador, fue presidente de la república de 1984 a 1988.

FEBRIL adj. Relativo a la fiebre. **2.** *Fig.* Ardoroso, desasogegado, inquieto: *actividad febril.*

FECAL adj. FISIOL. Relativo a las heces.

FECHA n. f. (lat. *facta*). Indicación del tiempo y a menudo del lugar en que se hace u ocurre algo, especialmente la puesta al principio o al fin de un escrito. **2.** Cada uno de los días que median entre dos momentos determinados: *esta carta ha tardado tres fechas.* **3.** Tiempo o momento actual.

FECHADOR n. m. Utensilio para estampar fechas. **2.** *Chile, Méx.* y *Perú.* Matasellos.

FECHAR v. tr. [1]. Poner fecha a un escrito: *fechó la carta antes de partir.* **2.** Determinar la fecha de un escrito, monumento, suceso histórico, etc.

FECHORÍA n. f. Acción especialmente mala, desmán.

FÉCULA n. f. (lat. *faeculam*). Sustancia pulverulenta, compuesta de granos de almidón, abundante en determinados tubérculos, como la patata.

FECULENTO, A adj. Que contiene fécula.

FECUNDABLE adj. Susceptible de fecundación.

FECUNDACIÓN n. f. Acción y efecto de fecundar. **2.** BIOL. Unión de dos células sexuales, masculina y femenina (dos gametos), cada una de las cuales contiene *n* cromosomas, de la cual se origina el huevo o cigoto cuyo desarrollo da lugar a un nuevo individuo.

FECUNDAR v. tr. [1]. Hacer fecunda o productiva una cosa. **2.** BIOL. Unirse el elemento reproductor masculino al femenino para dar origen a un nuevo ser.

FECUNDIDAD n. f. Calidad de fecundo.

FECUNDIZACIÓN n. f. Acción y efecto de fecundizar.

FECUNDIZAR v. tr. [1g]. Hacer a una cosa susceptible de producir o de admitir fecundación.

FECUNDO, A adj. Que produce o se reproduce por los medios naturales. **2.** *Fig.* Dícese de la persona que produce abundantes obras o resultados. **3.** Fértil, abundante.

FEDERACIÓN n. f. (lat. *foederationem*, alianza). Agrupación de estados, superpuesta a los estados miembros, y a la que pertenece exclusivamente la soberanía externa. **2.** Agrupación orgánica de colectividades humanas: estados, asociaciones, sindicatos, etc. **3.** DEP. Organismo que agrupa a todos los equipos de una misma modalidad deportiva.

FEDERACIÓN, dep. de Argentina (Entre Ríos); 48 797 hab. Puerto fluvial sobre el río Uruguay.

FEDERADO, A adj. Que forma parte de una federación: *ciudades federadas*. ♦ n. **2.** Miembro de una confederación.

FEDERAL adj. y n. m. y f. Relativo a la federación; partidario del federalismo. ♦ adj. **2.** Dícese del sistema de gobierno de una confederación de estados autónomos.

FEDERAL n. m. Ave paseriforme de color negro con el cuello y pecho rojos, que vive en América meridional. (Familia ictéridos.)

FEDERAL, dep. de Argentina (Entre Ríos); 22 095 hab. Ganado vacuno y lanar. Nudo de comunicaciones.

FEDERALISMO n. m. Sistema político en el que varios estados independientes abandonan cada uno una parte de su soberanía en provecho de una autoridad superior.

FEDERALISTA adj. y n. m. y f. Relativo al federalismo; partidario de este sistema.

FEDERAR v. tr. y pron. [1]. Formar federación.

FEDERATIVO, A adj. Relativo a la federación.

FEDRA, en la mitología griega, esposa de Teseo e hija de Minos y de Pasífae. Su pasión culpable por su hijastro Hipólito ha sido el tema de varias tragedias (Eurípides, Séneca, Racine, Unamuno).

FEED-BACK n. m. (voz inglesa). Retroacción. **2.** En un sistema de comunicación, capacidad del emisor para recoger las reacciones de los receptores y, de acuerdo con la actitud de éstos, modificar su mensaje.

FÉFERES n. m. pl. *Colomb., C. Rica, Cuba, Dom., Ecuad.* y *Méx.* Bártulos, trastos, chismes.

FEHACIENTE adj. Dícese de todo tipo de prueba considerado irrefutable.

FEIJOO (Benito Jerónimo), ensayista español (Casemiro 1676–Oviedo 1764). Teólogo benedictino, se le considera un precursor del pensamiento ilustrado. Sus dos grandes obras enciclopédicas, *Teatro crítico universal* (9 vols., 1726-1740) y *Cartas eruditas y curiosas* (5 vols., 1742-1760) encendieron vivas polémicas.

FEIJOO (Samuel), poeta cubano (San Juan de los Yaras 1914-La Habana 1992). Poeta intimista y neopopularista (*El girasol sediento*, 1963), cultivó el ensayo y la narración.

FEÍSMO n. m. Tendencia artística o literaria que valora estéticamente lo feo.

FELACIÓN O **FELLATIO** n. f. Excitación bucal del sexo del hombre.

FELDESPATO n. m. (alem. *Feldspat*). Nombre dado a un grupo de aluminosilicatos naturales de potasio, sodio y calcio, frecuentes en las rocas eruptivas.

FELGUÉREZ (Manuel), pintor y escultor mexicano (Zacatecas 1928). Su obra une la arquitectura y la escultura o la escultura y la pintura en grandes piezas para ser colocadas al aire libre.

FELICIDAD n. f. Situación del ser para quien las circunstancias de su vida son tales como las desea. **2.** Satisfacción, contento. **3.** Suerte feliz.

FELICITACIÓN n. f. Acción de felicitar. **2.** Expresión o escrito con que se felicita.

FELICITAR v. tr. y pron. (lat. *felicitare*, hacer feliz) [1]. Expresar buenos deseos hacia una persona o satisfacción con motivo de algún suceso favorable a ella: *felicitar las pascuas*.

FÉLIDO, A adj. y n. m. Relativo a una familia de mamíferos carnívoros digitígrados, de garras retráctiles. (El gato, el león, el lince, etc., pertenecen a dicha familia.)

FELIGRÉS, SA n. Con respecto a una parroquia, persona que pertenece a ella.

FELIGRESÍA n. f. Conjunto de feligreses de una parroquia. **2.** Parroquia, territorio que está bajo la jurisdicción de un cura párroco.

FELINO, A adj. Relativo al gato. **2.** Que parece de gato: *movimientos felinos*. ♦ adj. y n. m. **3.** Félido.

FRANCIA

FELIPE (León Felipe **Camino,** llamado León), poeta español (Tábara 1884-México 1968). Los dos volúmenes de *Versos y oraciones del caminante* (1920-1929) y *Drop a star* (1933) anuncian el tono de rebeldía que caracterizará toda su poesía, acentuado por la experiencia de la guerra civil y del exilio en México: *El payaso de las bofetadas* (1938), *Español del éxodo y del llanto* (1939), *Ganarás la luz* (1943), *Antología rota* (1947), *El ciervo* (1958).

FELIPE (Carlos Felipe **Fernández** y Santana, llamado **Carlos**), dramaturgo cubano (La Habana*-id.* 1975), influido por Pirandello y las teorías sicoanalíticas (*El chino*, 1947; *Ladrillos de plata*, 1957; *Réquiem por Yariní*, 1960).

FELIPILLO, indígena peruano del s. XVI. Intérprete de los conquistadores, intentó levantar a los araucanos contra los españoles, pero fue capturado y ejecutado.

FELIZ adj. Que tiene u ocasiona felicidad o que goza de ella: *existencia feliz; momento feliz; persona feliz.* **2.** Acertado, afortunado: *respuesta feliz.* **3.** Que ocurre o sucede con felicidad y acierto.

FELLINI (Federico), director de cine italiano (Rímini 1920-Roma 1993). Visionario e irónico, creador de frescos barrocos donde se expresa todo un universo de fantasmas y de reminiscencias, evoca la soledad del hombre frente a una sociedad en decadencia: *Los inútiles* (1953), *La strada* (1954), *La dolce vita* (1960), *Ocho y medio* (1963), *Satyricon* (1969), *Roma* (1972), *Amarcord* (1973), *La ciudad de las mujeres* (1979), *E la nave va* (1983), *Ginger y Fred* (1986), *La voz de la luna* (1990).

FELÓN, NA adj. y n. Que comete felonía.

FELONÍA n. f. (fr. *félonie*). Deslealtad, ofensa o traición.

FELPA n. f. Tela aterciopelada de algodón, seda, lana, etc., que tiene pelo o pelusilla por el haz. **2.** *Fig.* y *fam.* Rapapolvo.

FELPADA n. f. *Argent.* y *Urug.* Felpa, rapapolvo.

FELPAR v tr. [1]. Cubrir con felpa. ♦ v. intr. **2.** *Méx. Fam.* Morirse. **3.** *Méx.* Acabarse algo por completo: *y felpó la botella.*

FELPEAR v. tr. [1]. *Argent.* y *Urug. Fam.* Reprender ásperamente a alguien.

FELPILLA n. f. Cordón o tira de pasamanería afelpados.

FELPUDO, A adj. Afelpado. ♦ n. m. **2.** Esterilla afelpada que suele ponerse a la entrada de las casas o al pie de las escaleras.

FEMENIL adj. Relativo a la mujer.

FEMENINO, A adj. Propio de la mujer. **2.** Dícese del individuo o del órgano animal o vegetal apto para producir células fecundables y con frecuencia para abrigar el desarrollo del producto de la fecundación (huevo fecundado, semilla). ♦ adj. y n. m. **3.** LING. Que tiene la forma atribuida gramaticalmente a los nombres que designan, en principio, seres del sexo femenino (o considerados como tales) y a los calificativos de estos nombres. **4.** LING. Dícese del género de estos nombres y de estos calificativos.

FEMENTIDO, A adj. Falto de fe y palabra. **2.** Engañoso, falso.

FÉMINA n. f. Mujer.

FEMINEIDAD n. f. Calidad de femenino.

FEMINIDAD n. f. Conjunto de caracteres anatómicos y fisiológicos propios de la mujer. **2.** Conjunto de rasgos sicológicos considerados como femeninos, por oposición a los que son atribuidos al hombre. **3.** Estado anormal del varón en que aparecen uno o varios caracteres sexuales femeninos.

FEMINISMO n. m. Conjunto de movimientos cuya doctrina común es la de mejorar la situación de la mujer en la sociedad.

FEMINISTA adj. y n. m. y f. Relativo al feminismo; partidario del feminismo.

FEMINOIDE adj. Dícese de los caracteres de feminidad que presenta un individuo del sexo masculino. **2.** Dícese del individuo que los presenta.

FEMORAL adj. Relativo al fémur.

FÉMUR n. m. (lat. *femur*, muslo). Hueso que forma el eje del muslo, el más fuerte de los huesos del cuerpo.

FENEC n. m. (ár. *fanak*). Carnívoro de pequeño tamaño, hocico puntiagudo y enormes orejas, que vive en el N de África. (Familia cánidos.)

FENECER v. tr. [2m]. Concluir, poner fin a algo. ♦ v. intr. **2.** Morir, fallecer. **3.** Acabarse o terminarse una cosa.

FENECIMIENTO n. m. Acción y efecto de fenecer.

FÉNELON (François **de Salignac de la Mothe-**), prelado y escritor francés (en el Castillo de Fénelon, Perigord, 1651-Cambrai 1715). Su *Explicación de las máximas de los santos* (1697), favorable al quietismo, fue condenada por la Iglesia.

FENICIA, región del litoral sirio-palestino, limitada al S por el monte Carmelo y al N por la región de Ugarit (act. Ra's-Samra, al N de Lataquia). Del III milenio al s. XIII a. J.C. el área costera del corredor sirio estuvo poblada por semitas cananeos. En el s. XII a. J.C., la llegada de nuevos pueblos (arameos, hebreos y filisteos) redujo a una franja costera el dominio cananeo al que los griegos dieron el nombre de Fenicia. Los fenicios formaban entonces un conjunto de ciudades estado, en el que destacaban Biblos, Tiro y Sidón; arrinconados junto al mar, los fenicios se hicieron navegantes, y fundaron en el litoral mediterráneo, hasta las costas meridionales de la península Ibérica numerosas factorías y colonias, entre ellas Malaca (Málaga), Ibiza, Gades (Cádiz), en España, y Cartago (s. IX), que se impuso en el occidente mediterráneo. Las ciudades fenicias cayeron bajo la tutela de los imperios asirio y babilonio, y luego bajo la de los persas y griegos, pero continuaron desempeñando un papel esencial en los intercambios económicos del Mediterráneo oriental. Como herederas de la cultura cananea conservaron los cultos de Baal y de Astarté; legaron al mundo antiguo la escritura alfabética.

FENICIO, A adj. y n. Relativo a un antiguo pueblo semítico, que ocupó el corredor del litoral sirio, o Fenicia; individuo de este pueblo. ♦ n. m. **2.** Antigua lengua semítica cuyo alfabeto sirvió para transcribir el griego.
FENILO n. m. Radical monovalente C_6H_5—, derivado del benceno.
FÉNIX n. m. o f. Ave fabulosa de la mitología egipcia a la que la leyenda atribuía el poder de renacer de sus propias cenizas. **2.** *Fig.* Lo que es único en su especie: *el fénix de los ingenios.*
FENOL n. m. Derivado oxigenado (C_6H_5OH) del benceno, presente en el alquitrán de hulla y producido industrialmente a partir del benceno. **2.** Nombre genérico de los compuestos análogos al anterior derivados de los hidrocarburos bencénicos.
FENOMENAL adj. Fenoménico. **2.** *Fam.* Muy grande, muy bueno o muy hermoso.
FENÓMENO n. m. (bajo lat. *phaenomenon*). Lo que de las cosas puede percibirse por los sentidos: *fenómeno óptico; fenómeno acústico.* **2.** Cualquier manifestación de actividad que se produce en la naturaleza: *fenómeno atmosférico.* **3.** Suceso: *las crisis políticas son un fenómeno frecuente.* **4.** *Fam.* Persona o animal monstruoso. **5.** Cosa extraordinaria o sorprendente. **6.** FILOS. Lo que es percibido por los sentidos, lo que aparece y se manifiesta a la conciencia. ♦ adj. y adv. m. **6.** Magnífico, estupendo: *pasarlo fenómeno.*
FENOMENOLOGÍA n. f. Estudio filosófico de los fenómenos.
FENOTIPO n. m. BIOL. Conjunto de caracteres que se manifiestan visiblemente en un individuo y que expresan la interacción de su genotipo con su medio.
FEO, A adj. Que impresiona de forma desagradable a los sentidos, especialmente a la vista. **2.** *Fig.* Sucio, indelicado: *es feo escupir en la calle.* **3.** *Fig.* De aspecto malo o desfavorable: *el tiempo se pone feo.* ♦ n. m. **4.** Desaire manifiesto y grosero.
FERACIDAD n. f. Cualidad de feraz.
FERAZ adj. Dícese de las tierras, cultivos, etc., muy fértiles: *vega feraz.*
FÉRETRO n. m. Ataúd.
FERGUSON (Guillermo), prócer de la independencia hispanoamericana en Irlanda, fines s. XVIII-Bogotá 1828). Participó en las campañas de Sucre y fue edecán de Bolívar. Murió en el atentado contra éste (25 set.).
FERIA n. f. (lat. *feriam*, día de fiesta). Mercado, generalmente anual, que se celebra en lugar público y días señalados. **2.** Lugar público en que se celebra. **3.** Conjunto de puestos o barracones de diversión que, con ocasión de determinadas fiestas, se montan en las poblaciones. **4.** Instalación donde, con periodicidad determinada, se exhiben los productos de un ramo industrial o comercial, como libros, juguetes, etc., para su promoción y venta. **5.** *C. Rica.* Propina. **6.** *Méx.* Moneda fraccionaria, cambio. ♦ **Irle** a alguien **como en feria** (*Méx.*), irle muy mal: *le fue como en feria en el examen.*
FERIAL adj. Relativo a las ferias o días de la semana. ♦ n. m. **2.** Feria, mercado de mayor importancia que el ordinario. **3.** Feria, lugar en que están expuestos los géneros de este mercado.
FERIANTE adj. y n. m. y f. Dícese de la persona que va a las ferias para comprar o vender.
FERIAR v. tr. y pron. [1]. Comprar algo en la feria. **2.** Regalar. ♦ v. tr. **3.** Vender, comprar, permutar o proveerse. ♦ v. intr. **4.** Hacer fiesta un día.
FERMAT (Pierre **de**), matemático francés (Beaumont-de-Lomagne 1601-Castres 1665), precursor del cálculo diferencial, la geometría analítica, la teoría de los números y el cálculo de probabilidades.

FERMENTACIÓN n. f. Degradación de sustancias orgánicas por la acción de enzimas microbianos, acompañada con frecuencia de desprendimientos gaseosos. (La *fermentación alcohólica* transforma los jugos azucarados de los frutos en bebidas alcohólicas; la *fermentación acética* transforma el vino en vinagre; la *fermentación láctica* es responsable de la coagulación de la leche.)
FERMENTAR v. intr. [1]. Sufrir una sustancia una fermentación. **2.** *Fig.* Agitarse o alterarse los ánimos. ♦ v. tr. **3.** Hacer que una sustancia sufra una fermentación: *fermentar el vino, la leche.*
FERMENTO n. m. (lat. *fermentum*). Agente productor de la fermentación de una sustancia.
FERMI (Enrico), físico italiano (Roma 1901-Chicago 1954). Construyó la primera pila de uranio, en Chicago (1942) y fue uno de los iniciadores de la física de la partículas. (Premio Nobel de física 1938.)
FERMIO n. m. (de E. *Fermi*, físico italiano). Elemento químico artificial (Fm), de número atómico 100, de la familia de los transuránicos.
FERNÁN GONZÁLEZ († Burgos 970), primer conde independiente de Castilla [c. 930-970]. Encarcelado en 944 por Ramiro II de León, la muerte de éste (951) marcó el inicio de la independencia castellana.
FERNÁNDEZ (Carmelo), pintor y dibujante venezolano (Guama 1811-Caracas 1877). Realizó retratos (*Simón Bolívar*), paisajes y escenas costumbristas.
FERNÁNDEZ (Juan), marino español (¿Cartagena? 1530-Santiago de Chile c. 1599). Exploró la costa occidental de Suramérica. Descubrió las tres islas del archipiélago que lleva su nombre (1574) y halló una nueva ruta entre El Callao y Valparaíso (1583).
FERNÁNDEZ (Leonel), abogado y político dominicano (Santo Domingo 1953), miembro del Partido de liberación dominicana (P.L.D.) desde su fundación en 1973, es presidente de la república desde 1996.
FERNÁNDEZ (Macedonio), escritor argentino (Buenos Aires 1874-*id.* 1952). Poeta (*Poemas*, 1953) y narrador vanguardista, su obra, en parte póstuma, se caracteriza por su inteligente humor y una cierta tendencia a la metafísica: *No todo es vigilia la de los ojos abiertos* (1928), *Papeles de recienvenido* (1930), *Museo de la novela de la Eterna* (1967), *Adriana Buenos Aires* (1974).
FERNÁNDEZ (Próspero), militar y político costarricense (San José 1834-San Mateo 1885). Elegido presidente (1882), falleció defendiendo el país de la invasión guatemalteca.
FERNÁNDEZ ALONSO (Severo), político boliviano (Sucre 1859-¿Lima? 1925), representante de la oligarquía conservadora. Presidente de la república de 1896 a 1899.
FERNÁNDEZ DE AVELLANEDA (Alonso) → *Avellaneda.*
FERNÁNDEZ DE CÓRDOBA (Francisco), conquistador español (c. 1475-León, Nicaragua, 1525 o 1526). En 1523 dirigió una expedición a Nicaragua, donde fundó León y Granada. Murió ejecutado por Pedrarias Dávila.
FERNÁNDEZ DE LA CUEVA (Francisco), administrador español (Barcelona 1617-Madrid 1676), 8.° *duque* **de Alburquerque**. Virrey de México (1653-1660), fundó Alburquerque y perdió Jamaica frente a los ingleses.
FERNÁNDEZ DE LIZARDI (José Joaquín), escritor mexicano (México 1776-*id.* 1827). Independentista, fundó *El pensador mexicano* (1812) y otros periódicos liberales que le causaron varios arrestos, lo que le movió a consagrarse a la novela:

El Periquillo Sarmiento (1816), considerada la primera novela latinoamericana, *La Quijotita y su prima* (1818) y *Don Catrin de la Fachenda* (1832), todas del género picaresco y entreveradas de disquisiciones morales, según el ideal neoclásico. En *Noches tristes y día alegre* (1818) anuncia ya la sensibilidad romántica.
FERNÁNDEZ DE MORATÍN (Leandro y Nicolás) → *Moratín.*
FERNÁNDEZ DE OVIEDO (Gonzalo), historiador y administrador español (Madrid 1478-Santo Domingo 1557). Cronista de Indias, apologista de los españoles y acérrimo enemigo de los indios (*Historia general y natural de las Indias*, 1535).
FERNÁNDEZ DE PIEDRAHITA (Lucas), historiador colombiano (Bogotá 1624-Panamá 1688), obispo de Santa Marta y Panamá y autor de una *Historia general de las conquistas del Nuevo Reino de Granada* (1688).
FERNÁNDEZ MADRID (José), político, médico y escritor colombiano (Cartagena 1789-Londres 1830). Desterrado por su activo independentismo, regresó tras el triunfo de Bolívar (1824). Es autor de tragedias y poemas históricos y de exhaltación nacionalista.
FERNÁNDEZ MORENO (Baldomero), poeta argentino (Buenos Aires 1886-*id.* 1950). Su poesía evoca lo cotidiano con un lenguaje sencillo (*Las iniciales del misal*, 1915; *Sonetos*, 1929; *Seguidillas*, 1936; *Parva*, 1949). Escribió también prosa aforística, artículos y unas memorias (*Vida*, 1957).
FERNÁNDEZ MORENO (César), escritor argentino (Buenos Aires 1919-París 1985). Fue poeta (*Gallo ciego*, 1940; *Argentino hasta la muerte*, 1963) y crítico literario.
ARAGÓN Y CATALUÑA
FERNANDO II el Católico (Sos 1452-Madrigalejo, Cáceres, 1516), rey de Castilla (Fernando V) [1474-1504] junto con su esposa Isabel I, de la Corona de Aragón [1479-1516], de Sicilia [1468-1516], de Nápoles [1504-15˙6] y de Navarra [1512-1516]. Su matrimonio (1469) reunió los reinos peninsulares, base de la España del s. XVIII. Consiguió el fin del feudalismo agrario catalán (sentencia arbitral de Guadalupe, 1486) y de la reconquista peninsular (Granada, 1492), la conquista de Canarias (1484-1496), el descubrimiento de América (1492), la recuperación del Rosellón (1493), la unidad religiosa (establecimiento de la Inquisición, 1481; expulsión de los judíos, 1492), la anexión de Navarra (1512), la reducción de la alta nobleza, apoyado por las clases medias, y la ascensión de España a potencia mundial. En segundas nupcias casó con Germana de Foix.
FERNANDO DE LA MORA, c. de Paraguay (Central);95 287 hab. Cítricos. Cerámica.
FEROCIDAD n. f. Cualidad de feroz.
FEROZ adj. Dícese de los animales que atacan y devoran. **2.** Dícese de la persona mala, hiere o maltrata a otra con ensañamiento. **3.** Dícese de lo que causa terror o destrozo. **4.** Muy grande.
FERRARA, c. de Italia (Emilia), cap. de prov., a orillas del Po; 138 015 hab. Catedral de los ss. XII-XVI; castillo de los Este, de los ss. XIV-XVI; palacio Schifanoia, de Ludovico el Moro, de los Diamantes (pinacoteca).
FERREIRA ALDUNATE (Wilson), político uruguayo (Salto 1920-Montevideo 1988). Fue senador (1968) y candidato a la presidencia por el Partido Blanco (1971). Exiliado a causa de la dictadura (1973), regresó en 1984.
FÉRREO, A adj. De hierro o que tiene sus propiedades. **2.** *Fig.* Duro, tenaz: *carácter férreo.* ♦ **Línea**, o **vía, férrea**, ferrocarril.
FERRERA (Francisco), militar y político hondureño (Cantar [act. San Juan Flores] 1794-Chalatenango 1851). Elegido presi-

dente (1840, 1843-1845, 1847), reprimió con dureza los movimientos opositores.
FERRERÍA n. f. Establecimiento industrial donde se beneficia el mineral de hierro.
FERRETERÍA n. f. Tienda donde se venden herramientas, clavos, alambres, cerraduras, etc., y ciertos objetos de cocina, como vasijas, recipientes y cuchillos.
FERRETERO, A n. Tendero de ferretería.
FÉRRICO, A adj. QUÍM. Dícese de los compuestos del hierro trivalente: *cloruro férrico* $FeCl_3$.
FERRITA n. f. Cerámica magnética compuesta de óxidos binarios de fórmula MFe_2O_4, en la que M representa uno o varios metales tales como níquel, manganeso, cinc, magnesio o cobre. 2. METAL. Variedad alotrópica de hierro puro presente en las aleaciones ferrosas.
FERROCARRIL n. m. Camino con dos rieles paralelos, sobre los cuales ruedan los trenes. SIN.: *vía férrea*. 2. Tren que circula por este camino. 3. Administración, explotación y talleres de este medio de transporte.
FERROCARRILERO, A adj. y n. *Amér. Fam.* Ferroviario.
FERROCIANURO n. m. QUÍM. Sal compleja formada por la unión de cianuro ferroso y de un cianuro alcalino. SIN.: *ferroprusiato*.
FERROCROMO n. m. Aleación de hierro y cromo.
FERROL, c. de España (La Coruña), cab. de p. j.; 85 132 hab. *(Ferrolanos.)* En la margen derecha de la *ria de Ferrol*, formada por la desembocadura del río Grande. Centro comercial y portuario (puerto militar). Construcción naval tradicional (Astano, Bazán) en crisis. Industrias químicas.
FERROMAGNETISMO n. m. Propiedad de determinadas sustancias, como el hierro, que pueden adquirir una fuerte imantación.
FERROMANGANESO n. m. Aleación de hierro y manganeso.
FERRONÍQUEL n. m. Aleación de hierro y níquel.
FERROSO, A adj. Que es de hierro o lo contiene. 2. QUÍM. Dícese de los compuestos del hierro divalente.
FERROVIARIO, A adj. Relativo a los ferrocarriles y a su explotación. ♦ n. 2. Persona empleada en los ferrocarriles.
FERRUGINOSO, A adj. Que contiene hierro.
FERRY o **FERRY-BOAT** n. m. (voz inglesa). Embarcación acondicionada para el transporte de automóviles o de trenes.
FÉRTIL adj. Dícese de lo que produce mucho, especialmente el terreno. 2. BIOL. Dícese de la hembra que es capaz de procrear.
FERTILIDAD n. f. Cualidad de fértil.
FERTILIZACIÓN n. f. Acción de fertilizar.
FERTILIZANTE adj. BOT. Dícese de la planta que acrecienta la fertilidad del suelo. ♦ n. m. y adj. 2. Abono.
FERTILIZAR v. tr. [**1g**]. Fecundizar la tierra disponiéndola para que dé abundantes frutos.
FÉRULA n. f. Palmeta, instrumento usado por los maestros de escuela para castigar a los muchachos. 2. *Fig.* Dominio intelectual que ejerce una persona sobre otra. 3. CIR. Estructura sólida, dotada de cierta rigidez, que se utiliza para inmovilizar una parte determinada del organismo.
FÉRVIDO, A adj. Ardiente. 2. Hirviente.
FERVIENTE o **FERVOROSO, A** adj. Que tiene fervor o actúa con él.
FERVOR n. m. Calor intenso como el del fuego o el del sol: *fervor estival*. 2. *Fig.* Celo ardiente y afectuoso, especialmente hacia las cosas de piedad. 3. *Fig.* Eficacia suma con que se hace algo.
FESTEJAR v. tr. [**1**]. Hacer festejos en obsequio de uno: *festejar a un huésped*. 2. Galantear a una mujer. 3. Conmemorar, celebrar: *festejar un aniversario*. 4. *Méx.* Golpear, zurrar.

FESTEJO n. m. Acción y efecto de festejar. ♦ **festejos** n. m. pl. 2. Actos públicos de diversión.
FESTÍN n. m. Banquete espléndido.
FESTINAR v. tr. [**1**]. *Amér.* Apresurar, precipitar.
FESTIVAL n. m. Serie de representaciones artísticas dedicadas a un género o artista determinado.
FESTIVIDAD n. f. Día en que la Iglesia celebra algún misterio o a un santo. 2. Fiesta o solemnidad con que se celebra una cosa.
FESTIVO, A adj. De fiesta, que no se trabaja. 2. Chistoso, agudo: *ocurrencia festiva*. 3. Alegre, regocijado y gozoso: *tono festivo*.
FESTÓN n. m. (ital. *festone*). Dibujo o recorte en forma de onda o puntas, que adorna la orilla o el borde de una cosa. 2. Bordado de realce que se pone en los bordes de una prenda.
FESTONEAR o **FESTONAR** v. tr. [**1**]. Adornar con festón. 2. Constituir el borde ondulado de algo.
FETA n. f. *Argent.* Lonja de fiambre.
FETAL adj. Relativo al feto.
FETICHE n. m. (fr. *fétiche*). Objeto material al que se le atribuyen propiedades mágicas, benéficas para su poseedor. 2. SICOANÁL. Objeto inanimado o parte no sexual del cuerpo, capaz de convertirse por sí misma en objeto de la sexualidad.
FETICHISMO n. m. Culto o veneración que se tributa a un fetiche. 2. *Fig.* Idolatría, veneración excesiva. 3. SICOANÁL. Sustitución del objeto sexual por un fetiche.
FETICHISTA adj. y n. m. y f. Relativo al fetichismo; adicto al fetichismo.
FETIDEZ n. f. Cualidad de fétido.
FÉTIDO, A adj. Que huele de manera muy desagradable.
FETO n. m. (lat. *fetum*). Producto de la concepción que no ha llegado todavía a término, pero que ya tiene las formas de la especie.
FEUDAL adj. Relativo al feudalismo.
FEUDALISMO n. m. Conjunto de leyes y costumbres que rigieron el orden político y social en Europa, desde fines de la época carolingia a fines de la edad media. 2. Potencia económica o social que recuerda la organización feudal: *feudalismo financiero*.
FEUDO n. m. Tierra u otro bien de que un señor investía a un vasallo, con determinadas obligaciones y derechos. 2. Zona o parcela en que se ejerce gran influencia o dominio.
FEUERBACH (Ludwig), filósofo alemán (Landshut 1804-Rechenberg, cerca de Nuremberg, 1872). Desarrolló el materialismo a partir de una crítica de la idea de Dios y de la religión.
FEYNMAN (Richard Paul), físico norteamericano (Nueva York 1918-Los Ángeles 1988). Premio Nobel de física en 1965 por su teoría de las interacciones entre electrones y fotones.
Fg, símbolo de la *frigoría*.
FI n. f. Letra del alfabeto griego (φ) que corresponde a la f.
FIABILIDAD n. f. Calidad de fiable.
FIABLE adj. Digno de confianza.
FIACA n. f. *Argent., Chile, Méx.* y *Urug. Fam.* Pereza, flojera.
FIADO, A. Al, o **de, fiado,** sin dar o tomar al momento presente el precio convenido.
FIADOR, RA n. DER. Persona que se compromete, con respecto al acreedor de una obligación, a satisfacerla él mismo si no lo hiciera el deudor. ♦ n. m. 2. Pieza o dispositivo que sirve para asegurar algo. 3. *Chile* y *Ecuad.* Cinta que sujeta el sombrero por debajo de la barba.
FIALLO (Fabio), poeta dominicano (Santo Domingo 1866-La Habana 1942). *La canción de una vida* (1926) recoge parte

de su obra poética, de orientación romántica.
FIAMBRE n. m. Comida preparada para que pueda conservarse y que se come fría, como el jamón y los embutidos. 2. *Vulg.* Cadáver. 3. *Méx.* Ensalada de lechuga, pies de cerdo, cebolla, aguacate y chiles verdes.
FIAMBRERA n. f. Recipiente con tapa muy ajustada, para llevar alimentos condimentados. 2. *Argent.* y *Urug.* Fresquera.
FIAMBRERÍA n. f. *Argent., Chile* y *Urug.* Tienda en la que se venden o preparan fiambres.
FIANZA n. f. DER. Cualquier garantía, personal o real, prestada para el cumplimiento de una obligación. 2. Fiador.
FIAR v. tr. [**1t**]. Asegurar uno que otro cumplirá lo que promete o pagará lo que debe, obligándose, en caso de que no lo haga, a satisfacer por él. 2. Vender sin tomar el precio de contado para recibirlo en adelante. ♦ v. intr. 3. Confiar y esperar con firmeza y seguridad: *fiar en Dios*. • **Ser de fiar,** merecer confianza. ♦ **fiarse** v. pron. 4. Poner la confianza en alguien.
FIASCO n. m. (ital. *fiasco*, botella). Chasco, fracaso.
FIAT n. m. (lat. *fiat*, hágase). Consentimiento o mandato para que una cosa tenga efecto.
FIBRA n. f. (lat. *fibram*, filamento de las plantas). Filamento o célula alargada, que constituye determinados tejidos animales y vegetales o determinadas sustancias minerales: *fibra muscular*; *fibra leñosa*. 2. Elemento natural o químico de corta longitud, caracterizado por su flexibilidad y finura que lo convierten en apto para aplicaciones textiles. 3. *Fig.* Vigor, energía, robustez. • **Fibra artificial,** fibra textil fabricada químicamente a partir de productos naturales de sustancias proteicas vegetales o animales. ‖ **Fibra de vidrio,** filamento de vidrio, muy delgado, utilizado como aislante térmico, acústico y eléctrico y para reforzar las materias plásticas. ‖ **Fibra óptica,** filamento de pequeño diámetro, de sílice u otro material apropiado, capaz de canalizar por su interior una señal luminosa que se envía a uno de sus extremos.
FIBRILACIÓN n. f. Serie de contracciones violentas y desordenadas de las fibras del músculo cardíaco.
FIBROMA n. m. Tumor constituido por tejido fibroso.
FIBROSO, A adj. Que tiene muchas fibras: *carne fibrosa*.
FICCIÓN n. f. (lat. *fictionem*). Acción y efecto de fingir o simular. 2. Invención, creación de la imaginación: *personaje de ficción*.
FICHA n. f. Pequeña placa de cartón, metal, etc., a la que se asigna un valor convencional: *fichas de la ruleta*. 2. Cada una de las piezas que se mueven en ciertos juegos de mesa: *ficha de dominó, de parchís*. 3. Hoja de papel o cartulina para tomar notas y luego se ordenan para facilitar el trabajo. 4. DEP. Contrato de un jugador profesional.
FICHAJE n. m. Acción y efecto de fichar a un deportista. 2. Importe de este contrato.
FICHAR v. tr. [**1**]. Rellenar una ficha con datos y clasificarla donde corresponda, especialmente la de los ficheros de la policía. 2. Fijarse en una persona o sospechar de ella por algo que no merece confianza o es desfavorable. 3. Controlar con un reloj especial la hora de entrada o salida de los obreros y empleados. 4. DEP. Adquirir un club, mediante contrato o convenio, los servicios de un deportista.
FICHER (Jacobo), compositor argentino de origen ruso (Odessa 1896-Buenos Aires 1978), fundador del grupo Renovación y autor de sinfonías, poemas sinfónicos, ballets, etc.

FICHERA n. f. Méx. Mujer que en algunos locales nocturnos baila con los clientes o los acompaña a cambio del pago con fichas que se adquieren en el mismo local.

FICHERO n. m. Caja o mueble adecuados para tener en ellos fichas ordenadas. **2.** Conjunto o colección de fichas o de tarjetas perforadas referentes a un mismo tema.

FICTICIO, A adj. Falso, no verdadero: *personaje ficticio*. **2.** Aparente, convencional.

FICUS n. f. Planta arbórea o arbustiva, de interés por el caucho que se obtiene de su látex, cultivada como planta ornamental.

FIDEDIGNO, A adj. Digno de fe y crédito.

FIDEICOMISO n. m. DER. Disposición por la que el testador deja su herencia o parte de ella encomendada a la buena fe de uno para que, en caso y término determinados, la transmita a otro o la invierta del modo que se le señale. **2.** DER. INTER. Situación jurídica por la que un país (fideicomitido), que se entiende sin capacidad suficiente para autogobernarse, es sometido a la tutela de las Naciones unidas.

FIDELIDAD n. f. Cualidad de fiel, leal.

FIDELIDAD n. f. Exactitud de la ejecución de algo. • **Alta fidelidad,** técnica electrónica cuya finalidad es conseguir una gran calidad de reproducción del sonido.

FIDEO n. m. (voz mozárabe). Pasta de harina de trigo, en forma de hilo más o menos delgado. **2.** *Fig.* y *fam.* Persona muy delgada.

FIDIAS, escultor griego del s. V a. J.C., que, encargado por Pericles de dirigir las obras del Partenón, se ocupó de su decoración esculpida (friso de las Panateneas); representa el apogeo del estilo clásico griego.

FIDJI o **FIJI** *(islas),* en fidji **Viti,** estado de Oceanía, formado por un archipiélago cuyas islas principales son Viti Levu y Vanua Levu; 18 300 km²; 727 000 hab. *(Fidjianos* o *fidji).* CAP. **Suva** (en Viti Levu). LENGUA OFICIAL: **inglés.** MONEDA: **dólar de las Fidji.** Caña de azúcar. Turismo. Oro. — Anexionadas por los británicos (1874), fueron colonia británica con una cierta autonomía (estatutos de 1937, 1963, 1966). Independientes desde 1970, tras la proclamación de la república (1987) fueron excluidas de la Commonwealth hasta 1997.

FIDUCIARIO, A adj. y n. DER. Que está encargado de un fideicomiso. ♦ adj. **2.** Dícese de los valores ficticios, basados solo en la confianza tenida en el que los emite: *título fiduciario.* • **Circulación fiduciaria,** circulación de los billetes de banco.

FIEBRE n. f. (lat. *febrem*). Elevación patológica de la temperatura central del cuerpo de los animales superiores y del hombre. **2.** Conjunto de alteraciones que acompañan este estado. **3.** *Fig.* Estado de tensión o de agitación de un individuo o de un grupo: *fiebre política.*

FIEL adj. (lat. *fidelem*). Dícese de la persona cuyo comportamiento corresponde a la confianza puesta en ella o a lo que exige de ella el amor, la amistad, el deber, etc. **2.** Exacto, verídico: *memoria fiel.* ♦ adj. y n. m. y f. **3.** REL. Que tiene fe, según prescribe su propia religión. **4.** Que pertenece a la Iglesia.

FIEL adj. (lat. *fillum*, hilo). METROL. Dícese del instrumento de medida que da siempre la misma indicación cuando está situado en las mismas condiciones. ♦ n. m. **2.** Aguja que en las balanzas y romanas marca el equilibrio. **3.** Clavillo que asegura las hojas de las tijeras.

FIELDING (Henry), escritor británico (Sharpham Park, Somersetshire, 1707-Lisboa 1754), autor de comedias y novelas realistas (*Tom Jones*, o *La historia de un expósito*, 1749).

FIELTRO n. m. (germ. *filt*). Especie de paño no tejido, que resulta de conglomerar borra, lana o pelo.

FIERA n. f. (lat. *feram*). Animal salvaje e indómito, cruel y carnicero. **2.** *Fig.* Persona cruel o de mal carácter.

FIEREZA n. f. Cualidad de fiero.

FIERO, A adj. (lat. *ferum*). Relativo a las fieras. **2.** Feroz, duro, cruel: *aspecto fiero.* **3.** Grande, excesivo: *hambre fiera.*

FIERRO n. m. *Amér.* Hierro. **2.** *Amér.* Hierro, marca para el ganado. **3.** *Argent., Chile, Méx.* y *Urug. Vulg.* Puñal, arma blanca. **4.** *Méx.* Acelerador de un vehículo: *pisar el fierro.* ♦ **fierros** n. m. pl. **5.** *Argent.* Genéricamente, automotor. **6.** *Méx.* Dinero: *préstame unos fierros.*

FIERRO (Humberto), poeta ecuatoriano (Quito 1890-*id.* 1929). Su obra modernista refleja gran perfección formal: *El laúd del valle* (1919), *Velada palatina* (1949, póstuma).

FIERRO (Pancho), pintor peruano (Lima 1803-*id.* 1879). Su obra, en su mayor parte dibujos acuarelados de trazo rápido, se centra en la ilustración de costumbres y tipos limeños.

FIESTA n. f. Reunión social para divertirse o celebrar un acontecimiento familiar. **2.** Conjunto de actos y diversiones que se organizan para regocijo público con motivo de un acontecimiento o fecha especial. (Suele usarse en plural.) **4.** Día en que se celebra alguna solemnidad nacional, civil o religiosa, y no se trabaja. **5.** Alegría, regocijo, diversión o cosa que los provoca. **6.** Caricia o demostración de cariño. (Suele usarse en plural.) **7.** REL. Solemnidad con que la Iglesia católica celebra la memoria de un santo. • **Aguar,** o **aguarse, la fiesta** *(Fam.),* estropearse cualquier regocijo. || **Hacer fiesta,** dedicarse al descanso y no trabajar. ♦ **fiestas** n. f. pl. **8.** Conjunto de algunos días entre los cuales hay varios de fiesta: *las fiestas de Navidad; las fiestas de Pascua.*

FIESTERO, A adj. y n. *Amér.* Amigo de fiestas.

FIFÍ adj. y n. m. y f. *Argent., Par.* y *Urug.* Dícese de la persona ociosa, presuntuosa e insustancial, perteneciente a una familia adinerada.

FIFIRICHE adj. *C. Rica* y *Méx.* Raquítico, flaco, enclenque.

FIGARI (Pedro), pintor, escritor, abogado y político uruguayo (Montevideo 1861-*id.* 1938). Su estilo pictórico, con algunos rasgos *naïves,* se centró en temas del campo argentino y uruguayo.

FÍGARO n. m. (de *Fígaro*, personaje de comedia). Barbero. **2.** Torera, chaquetilla ceñida.

FÍGARO → *Larra.*

FIGÓN n. m. Casa de poca categoría donde se guisan y venden cosas de comer.

FIGUEIREDO (Pedro), llamado **Pedrucho,** revolucionario cubano (Bayamo 1819-Santiago de Cuba 1870). Autor del himno nacional cubano, fue fusilado por los españoles.

FIGUERES (José), político costarricense (San Ramón, Alajuela, 1906-San José 1990). Encabezó la revolución de 1948 y presidió la II república en tres períodos (1948-1949, 1952-1958 y 1970-1974). — Su hijo **José María** (San José 1954), socialdemócrata, fue elegido presidente de la república en 1994.

FIGUEROA, dep. de Argentina (Santiago del Estero); 10 860 hab. Industrias harineras y madereras.

FIGUEROA (de), familia de pintores colombianos activos en el s. XVII. El fundador fue **Baltasar** (nacido en Sevilla c. 1600).

FIGUEROA (Fernando), militar y político salvadoreño (Ilobasco 1845-San Salvador 1919), presidente de la república (1907-1911).

FIGUEROA ALCORTA (José), político argentino Córdoba 1860-†1931). Vicepresidente (1904), al morir Quintana asumió la presidencia (1906-1910).

FIGUEROA LARRAÍN (Emiliano), político chileno (Santiago 1866-*id.* 1931). Presidente de la república (1925-1927).

FIGURA n. f. (lat. *figuram*). Forma exterior de un cuerpo por la que se diferencia de otro. **2.** Cosa dibujada o hecha de algún material: *figuras de cera.* **3.** Tipo, silueta: *su figura ha perdido esbeltez.* **4.** Cara, parte anterior de la cabeza: *el caballero de la triste figura.* **5.** Personaje, persona de renombre: *es una de las más prestigiosas figuras de nuestra literatura.* **6.** Cosa que representa o significa otra: *tomar el lobo la figura del cordero.* **7.** Serie de variaciones, evoluciones y posturas ejecutadas en la danza, el patinaje artístico, las demostraciones ecuestres, etc. **8.** Estatua, pintura, dibujo, que representa el cuerpo de un hombre o animal. **9.** GEOMETR. Espacio cerrado por líneas o superficies: *figura plana; figura del espacio.* **10.** JUEGO. Cualquiera de las piezas de ciertos juegos de mesa. **11.** JUEGO. Cualquiera de los tres naipes de cada palo que representan personas (rey, caballo y sota).

FIGURACIÓN n. f. Acción y efecto de figurar o figurarse una cosa. **2.** CIN. Comparsería cinematográfica.

FIGURADO, A adj. Dícese del sentido en que se toman las voces o frases para que denoten una idea distinta de la que recta y literalmente significan.

FIGURANTE, A n. Comparsa de teatro.

FIGURAR v. tr. (lat. *figurare*) **[1]**. Representar, delinear y formar la figura de una cosa. **2.** Aparentar, suponer, fingir: *figuró una retirada.* ♦ v. intr. **3.** Formar parte o pertenecer a un número de personas o cosas o estar presente en un acto o negocio. **4.** Desempeñar un brillante papel en sociedad. ♦ **figurarse** v. pron. **5.** Imaginarse, fantasear, suponer.

FIGURATIVO, A adj. Que es o sirve de representación de figura de otra cosa. • **Arte figurativo,** el que representa las cosas de la naturaleza tal como las capta el ojo (por oposición a *abstracto* o no *figurativo*).

FIGURILLA n. f. Estatuilla de terracota, bronce, etcétera.

FIGURÍN n. m. (ital. *figurino*). Dibujo o modelo pequeño para trajes y adornos de moda. **2.** Revista de modas. **3.** *Fig.* Persona vestida con elegancia afectada.

FIGURITA n. f. *Argent.* Estampa con que juegan los niños, cromo.

FIGURÓN n. m. *Fam.* Persona presumida que aparenta lo que no es. **2.** *Fam.* Mangoneador.

FIJA n. f. *Argent.* En el lenguaje hípico, competidor al que se le adjudica un triunfo seguro. **2.** *Argent.* Información pretendidamente cierta respecto de algún asunto controvertido o posible.

FIJACIÓN n. f. Acción y efecto de fijar.

FIJADO n. m. Operación mediante la cual una imagen fotográfica se convierte en inalterable a la luz.

FIJADOR, RA adj. Que fija. ♦ n. m. **2.** Producto mucilaginoso, con brillantina, que sirve para fijar los cabellos. SIN.: *fijapelo.* **3.** Líquido que, esparcido con un pulverizador, sirve para fijar un dibujo sobre un papel. **4.** Baño utilizado para el fijado de imágenes fotográficas. **5.** BIOL. Líquido que coagula las proteínas de las células sin alterar su estructura.

FIJAR v. tr. **[1]**. Clavar, pegar o sujetar algo en algún sitio. **2.** Determinar, establecer, precisar. **3.** FOT. Tratar una emulsión fotográfica con un baño de fijador. ♦ v. tr. y pron. **4.** Hacer estable una cosa o darle un estado o forma permanente. **5.** Precisar o puntualizar. ♦ **fijarse** v. pron. **6.** Percatarse, adquirir conciencia de algo. **7.** Prestar o dirigir la atención con interés sobre algo.

FIJEZA n. f. Firmeza, seguridad de opinión. **2.** Persistencia, continuidad.

FIJ

FIJI (*islas*) → **Fidji**.

FIJO, A adj. Colocado de modo que no pueda moverse o desprenderse. **2.** Inmóvil: *mirada fija*. **3.** No sujeto a cambios: *precio fijo*. • **De fijo**, seguramente, sin duda.

FIJÓN, NA adj. Méx. Fam. Dícese del que se fija continuamente en los defectos de los demás y le gusta criticar. • **No haber fijón** (*Méx.*), no haber problema o inconveniente.

FILA n. f. (fr. *file*). Línea formada por personas o cosas colocadas unas detrás de otras. **2.** *Fig.* y *fam.* Tirria, odio, antipatía. • **Fila india**, la que forman varias personas una tras otra. ◆ **filas** n. f. pl. **1.** *Fig.* Bando, partido, agrupación. ǁ **En filas**, en servicio militar activo: *entrar en filas*.

FILADELFIA, en ingl. **Philadelphia**, c. y puerto de Estados Unidos (Pennsylvania), a orillas del Delaware; 1 685 577 hab. (4 856 881 hab. en la aglomeración). Universidad. Centro industrial. Importantes museos. Capital de E.U.A. entre 1790 y 1800.

FILAMENTO n. m. (lat. *filamentum*). Cuerpo filiforme, flexible o rígido. **2.** BOT. Porción basilar alargada del estambre, que sostiene la antera. **3.** ELECTR. En las bombillas o lámparas eléctricas, fino hilo conductor que se pone incandescente cuando lo atraviesa la corriente.

FILAMENTOSO, A adj. Que tiene filamentos.

FILANTROPÍA n. f. (gr. *philantrópia*). Cualidad de filántropo.

FILANTRÓPICO, A adj. Relativo a la filantropía.

FILÁNTROPO, A n. Persona que ama al género humano, especialmente la que emplea actividad, capital, etc., en beneficio de los demás.

FILAR v. tr. [1]. Fijarse en una persona o estar precavido contra ella.

FILARMONÍA n. f. Afición a la música.

FILARMÓNICO, A adj. y n. Apasionado por la música. ◆ adj. y n. f. **2.** Dícese de determinadas sociedades musicales.

FILATELIA n. f. (de *filo*, y gr. *atelés*, que no paga gastos de porte). Estudio y colección de los sellos de correos.

FILATÉLICO, A adj. y n. Relativo a la filatelia; filatelista.

FILETE n. m. (ital. *filetto*, lista de moldura). Faja lisa y estrecha que separa dos molduras. **2.** Elemento superior de una cornisa. **3.** Espiral saliente de tornillo. **4.** DIB. Línea o lista fina de adorno. **5.** (fr. *filet*). Bistec. **2.** Solomillo. **3.** Lonja de pescado cortada paralelamente a la espina dorsal.

FILETEADO n. m. *Argent.* Ornamentación artesanal de filetes hecha sobre la carrocería de un vehículo. **2.** *Argent.* Técnica de esta artesanía.

FILETEAR v. tr. [1]. Adornar con filetes.

FILIA n. f. Apasionada simpatía por alguien o algo.

FILIACIÓN n. f. Acción y efecto de filiar. **2.** Conjunto de datos que sirven para identificar a un individuo. **3.** Circunstancia de estar afiliado a cierto partido. **4.** DER. Lazo natural y jurídico que une a los hijos con sus padres.

FILIAL adj. Relativo al hijo. ◆ adj. y n. f. **2.** Dícese de la empresa que se encuentra, de hecho, bajo la dependencia o la dirección de una sociedad madre.

FILIAR v. tr. [1]. Tomar la filiación.

FILIBUSTERISMO n. m. Piratería, pillaje en el mar. **2.** Acción de los filibusteros. **3.** Obstruccionismo.

FILIBUSTERO n. m. Pirata del mar de las Antillas, que en los ss. XVI-XVIII saqueó las colonias españolas de América. **2.** Partidario de la independencia de las provincias ultramarinas españolas y, posteriormente, aventurero que intervino en las luchas políticas de los países latinoamericanos. **3.** Obstruccionista.

FILIFORME adj. Que tiene forma o apariencia de hilo.

FILIGRANA n. f. (ital. *filigrana*). Trabajo de orfebrería realizado con hilos de plata u oro. **2.** *Fig.* Obra hecha con gran habilidad y finura. **3.** PAPEL. Marca hecha en el cuerpo del papel durante su manufactura, que sólo se ve por transparencia.

FILÍPICA n. f. (de *Filípicas*). Invectiva, censura acre.

FILIPINAS, en tagalo **Pilipinas**, estado y archipiélago del Sureste asiático; 300 000 km²; 62 300 000 hab. (*Filipinos*.) CAP. Manila. LENGUA OFICIAL: tagalo, MONEDA: peso filipino.

GEOGRAFÍA

El archipiélago, de clima tropical, comprende más de siete mil islas e islotes, a menudo montañosos y volcánicos. Las dos islas mayores, Luzón y Mindanao, agrupan los dos tercios de la superficie y de la población totales. La población, en rápido crecimiento, es en su mayoría católica. A pesar de los progresos de la urbanización, el país sigue siendo esencialmente agrícola, con predominio aún del gran latifundio. El arroz y el maíz están destinados a la alimentación. La caña de azúcar, la copra, el tabaco y el abacá son, en parte, exportados. Se explotan algunos recursos mineros (oro, cromo, cobre). No obstante, el comercio exterior es deficitario, el endeudamiento es considerable, y el subempleo importante, y se mantienen las tensiones sociales, políticas y étnicas.

HISTORIA

VIII milenio-s. XIII d. J.C.: el archipiélago fue poblado en oleadas sucesivas por negritos, protoindonesios y malayos. Fines del s. XIV: se implantó el islam, principalmente en Mindanao. 1521: Magallanes descubrió el archipiélago. 1565: las Filipinas pasaron a la soberanía española. 1571: Manila se convirtió en su capital. 1896: estalló una insurrección nacionalista. El escritor José Rizal fue fusilado. 1898: E. Aguinaldo pidió ayuda a E.U.A., que declaró la guerra a España y obtuvo la cesión de las Filipinas, a lo que se opuso la guerrilla antiamericana. 1901: Aguinaldo, que había asumido la dirección de ésta, se rendió. 1916: la *Philippine autonomy act* instituyó un sistema bicameral a la americana. 1935: Manuel Quezón se convirtió en presidente de la Commonwealth of the Philippines. 1941-1942: los japoneses invadieron el archipiélago. 1944-1945: E.U.A. reconquistó el país. 1946: se proclamó la independencia y la república; la guerrilla de los huks (resistencia campesina de dirección comunista) se extendió por varias provincias. E.U.A. logró conservar 23 bases militares. 1948-1957: Ramon Magsaysay presidente [1953-1957], vencedor de la guerrilla de los huks, presidió la conferencia de Manila, origen de la O.T.A.S.E. 1965: el nacionalista Ferdinand Marcos fue elegido presidente de la república. Al principio muy popular, a partir de 1969 hubo de hacer frente al descontento del campesinado y al desarrollo de un partido comunista de obediencia china. 1972: se implantó la ley marcial. 1981: se levantó la ley marcial, pero las guerrillas comunista y la de los moros musulmanes se fueron extendiendo y ampliando. 1986: C. Aquino, jefa de la oposición tras el asesinato de su marido, ganó las elecciones. Marcos tuvo que exiliarse. 1987: se aprobó una nueva constitución. 1992: el general Fidel Ramos fue elegido presidente. E.U.A. evacuó su última base en Filipinas. 1996: la guerrilla secesionista de los moros musulmanes y el gobierno firmaron la paz, poniendo fin a 24 años de conflicto. 1999: Joseph Estrada, presidente. 2001: Estrada renuncia. Asume la presidencia Gloria Macapagal-Arroyo.

FILIPINO, A adj. y n. De Filipinas.

FILIPO II (c. 382-Aigai 336 a. J.C.), regente [359] y rey de Macedonia [356-336]. Vencedor en Queronea (338), estableció durante dos siglos la tutela macedonia sobre Grecia. Se disponía a marchar contra los persas cuando fue asesinado; le sucedió su hijo Alejandro.

FILISTEÍSMO n. m. Nombre con que se designa la cerrazón de espíritu con respecto a las letras, artes, novedades, etc.

FILISTEO, A adj. y n. Relativo a un pueblo indoeuropeo que participó en la migración de los pueblos del mar; individuo de este pueblo.

FILM n. m. (voz inglesa) [pl. *films*]. Película cinematográfica.

FILMACIÓN n. f. Acción y efecto de filmar. **2.** Película filmada. **3.** CIN. Rodaje.

FILMADORA n. f. Cámara cinematográfica de manejo sencillo y pequeño formato.

FILMAR v. tr. [1]. Tomar o fotografiar una escena en movimiento en una película. **2.** CIN. Rodar.

FILME n. m. Película cinematográfica.

FILMOGRAFÍA n. f. Relación de películas realizadas por un director, productor, o interpretadas por un actor.

FILMOTECA n. f. Local o establecimiento donde se conservan películas cinematográficas para su difusión y proyección con fines culturales. SIN.: *cinemateca*. **2.** Colección de films.

FILO n. m. (lat. *filum*). Lado afilado de un instrumento cortante. • **De doble filo** o **de dos filos**, que puede tener dos efectos opuestos.

FILODENDRO n. m. Planta ornamental de hojas digitadas y flores olorosas. (Familia aráceas.)

FILOLOGÍA n. f. (gr. *philologia*). Estudio de una lengua a través de los documentos escritos que la dan a conocer. **2.** Estudio de los textos y de su transmisión.

FILÓLOGO, A n. Persona que se dedica a la filología.

FILÓN n. m. (fr. *filon*). Fisura, más o menos ancha e irregular, de la corteza terrestre, llena de diversos minerales, mezclados a veces con escombros de las rocas envolventes. **2.** *Fig.* Materia, negocio o recurso del que se espera sacar gran provecho.

FILOSO, A adj. Que tiene filo. **2.** *Méx.* Dícese de la persona dispuesta o bien preparada para hacer algo.

FILOSOFAL adj. **Piedra filosofal**, piedra que, según los alquimistas, debía operar la transmutación de los metales en oro; (*fig.*), solución para algo.

FILOSOFAR v. intr. [1]. Discurrir o meditar sobre los problemas y cuestiones de la filosofía. **2.** Fam. Expresar ideas sin valor sobre temas trascendentales.

FILOSOFÍA n. f. (gr. *philosophia*). Conjunto de consideraciones y reflexiones generales sobre los principios fundamentales del conocimiento, pensamiento y acción humanos, integrado en una doctrina o sistema: *la filosofía griega; la filosofía de Kant*. **2.** Conjunto de principios que se establecen o suponen para explicar u ordenar cierta clase de hechos: *filosofía de la historia*. **3.** *Fig.* Tranquilidad o conformidad para soportar los contratiempos.

FILOSÓFICO, A adj. Relativo a la filosofía.

FILÓSOFO, A n. Persona que se dedica a la filosofía; creador de un sistema filosófico. **2.** *Fam.* Persona que sabe vivir ajena a las preocupaciones.

FILOXERA n. f. Minúsculo pulgón, una de cuyas especies produce en la vid una grave enfermedad. **2.** Enfermedad de la vid, causada por este pulgón.

FILTRACIÓN n. f. Acción y efecto de filtrar o filtrarse.

FILTRANTE adj. Que sirve de filtro.

FILTRAR v. tr. [1]. Hacer pasar un fluido por un filtro. ◆ v. intr. y tr. **2.** Dejar un cuerpo sólido pasar un fluido a través de sus poros o resquicios. ◆ v. intr. y pron. **3.** Penetrar un fluido a través de un cuer-

po sólido. ♦ **filtrarse** v. pron. **4.** Desaparecer inadvertidamente los bienes o el dinero. **5.** Dejar pasar subrepticiamente una noticia.
FILTRO n. m. Cuerpo poroso o aparato a través del cual se hace pasar un fluido, para limpiarlo de las materias que contiene en suspensión, o para separarlo de las materias con que está mezclado. **2.** FOT. Cuerpo transparente coloreado que se coloca delante de un objetivo para interceptar determinados rayos del espectro.
FILTRO n. m. (gr. *philtron*). Poción a la que se atribuyen poderes mágicos para conseguir el amor de una persona. **2.** Poción venenosa.
FILUDO, A adj. *Amér.* Que tiene mucho filo.
FILUM n. m. Serie evolutiva de formas animales o vegetales.
FIMOSIS n. f. (gr. *phimōsis*). Estrechamiento del prepucio que impide descubrir el glande.
FIN n. m. o f. (lat. *finem*). Hecho de terminarse una cosa. (Suele usarse como masculino.) ♦ n. m. **2.** Final, cabo, extremidad o conclusión de una cosa: *fin de año*. **3.** Finalidad, objeto o motivo por lo que se hace una cosa: *actuar con fines inconfesables*. ● **A fin de,** con objeto de, para. ‖ **Al fin,** después de vencidos todos los obstáculos, por último. ‖ **Dar fin** a algo, terminarlo, acabarlo. ‖ **En fin o por fin,** por último, finalmente. ‖ **En fin,** en resumidas cuentas, en pocas palabras. ‖ **Poner fin** a una cosa, terminarla o interrumpirla definitivamente. ‖ **Sin fin,** sin número, infinitos, innumerables.
FINADO, A n. Persona muerta.
FINAL adj. (lat. *finalem*). Que remata, cierra o perfecciona una cosa. **2.** LING. Se aplica a la conjunción que indica finalidad, como *a fin de que, para,* etc. ♦ n. m. **3.** Fin, término, remate. ♦ n. f. **4.** Última y decisiva competición de un campeonato o concurso.
FINALIDAD n. f. Existencia o naturaleza de un fin o una causa final. **2.** *Fig.* Fin con qué o por qué se hace una cosa.
FINALISTA adj. y n. m. y f. Que llega a la prueba final en un certamen deportivo, literario, etc.
FINALIZAR v. tr. [**1g**]. Concluir una obra, darle fin. ♦ v. intr. **2.** Extinguirse o acabarse una cosa.
FINANCIACIÓN n. f. Acción de financiar.
FINANCIAR v. tr. (fr. *financer*) [**1**]. Crear y fomentar una empresa aportando el dinero necesario. **2.** Sufragar los gastos de una actividad, obra, partido político, etc.
FINANCIERO, A adj. Relativo a las finanzas. ♦ n. **2.** Especialista en materia de operaciones financieras y de gestión de patrimonios.
FINANCISTA adj. y n. m. y f. *Amér.* Dícese de la persona que financia.
FINANZAS n. f. pl. Hacienda, caudal, negocios. **2.** Conjunto de actividades mercantiles relacionadas con el dinero de los negocios, de la banca y de la bolsa. **3.** Conjunto de mercados o instituciones financieras de ámbito nacional o internacional.
FINAR v. intr. [**1**]. Fallecer, morir. **2.** Finalizar.
FINCA n. f. Superficie delimitada de terreno, perteneciente a un propietario o a varios pro militivos.
FINCAR v. intr. y pron. (lat. *figicare*, fijar) [**1a**]. Adquirir fincas. **2.** *Méx.* Construir una cosa.
FINÉS, SA adj. y n. Finlandés. **2.** Lengua ugrofinesa hablada en Finlandia. SIN.: *finlandés*.
FINEZA n. f. Finura. **2.** Atención u obsequio delicado que se hace a alguien.
FINGIMIENTO n. m. Acción y efecto de fingir.
FINGIR v. tr. y pron. (lat. *fingere*, modelar, inventar) [**3b**]. Dejar ver o hacer creer con palabras, gestos o acciones algo que no es verdad. **2.** Dar existencia real a lo que no la tiene.
FINI (Leonora), pintora argentina (Buenos Aires 1908). Su estilo tiene afinidades con el surrealismo en la creación de un mundo onírico y fantástico.
FINIQUITAR v. tr. [**1**]. Saldar una cuenta. **2.** *Fig.* y *fam.* Acabar, concluir, rematar.
FINIQUITO n. m. Hecho de finiquitar una cuenta. **2.** Documento en el que consta este hecho.
FINISECULAR adj. Relativo al fin de un siglo determinado.
FINISTERRE *(cabo),* cabo de España (La Coruña), extremo meridional de la *península de Finisterre* y extremidad noroccidental de España. Faro.
FINITO, A adj. Que tiene fin o término.
FINLANDÉS, SA o **FINÉS, SA** adj. y n. De Finlandia.
FINLANDIA *(golfo de),* golfo formado por el Báltico, entre Finlandia, Rusia y Estonia, en el que se hallan Helsinki y San Petersburgo.
FINLANDIA, en finés **Suomi,** estado de Europa del Norte, en el Báltico; 338 145 km²; 5 000 000 hab. (*finlandeses* o *fineses.*) CAP. *Helsinki.* LENGUAS OFICIALES: *finés* y sueco. MONEDA: *markka.*
GEOGRAFÍA
Finlandia es una vasta meseta de rocas antiguas, sembrada de depósitos morrénicos y miles de lagos. A excepción del N, dominio de la tundra, el país está cubierto por bosques de coníferas, cuya explotación (aserraderos, pasta de papel, papel) constituye su principal recurso. Los cultivos (cebada, patata) y la ganadería (ganado vacuno para la producción de leche y mantequilla) están desarrollados en el S, de clima más benigno. La electricidad, de origen hidráulico y nuclear, proporciona energía a las industrias metalúrgicas, textiles y químicas.
HISTORIA
El período sueco. S. I a. J.C.-s. I d. J.C.: los fineses ocuparon progresivamente el suelo finlandés. 1157: el rey de Suecia Erik IX organizó una cruzada contra Finlandia. 1249: Birger Jarl afianzó la dominación sueca mediante un sistema de fortalezas. 1323: Rusia reconoció a Finlandia como posesión de Suecia, que la convirtió en ducado (1353). S. XVI: la reforma luterana arraigó en Finlandia. 1550: Gustavo Vasa fundó Helsinki y entregó el ducado a su hijo Juan, que hizo de él un gran ducado (1581). Se reanudaron las guerras entre Suecia y Rusia. 1595: la paz de Täyssinä fijó las fronteras orientales de Finlandia. 1710-1721: los ejércitos de Pedro el Grande asolaron el país, que perdió Carelia por la paz de Nystad (1721).
El período ruso. 1809: Finlandia pasó a ser un gran ducado del Imperio ruso, dotado de cierta autonomía. Durante el reinado de Alejandro III se intensificó la rusificación, mientras crecía la resistencia nacional. 1904: el gobernador Nikolái Ivánovich Bóbrikov fue asesinado.
La independencia. 1917: tras la revolución rusa, Finlandia proclamó su independencia. 1918: una guerra civil enfrentó a los partidarios del régimen soviético y a la guardia cívica de Carl Gustav Mannerheim, que resultó victoriosa. 1920: la U.R.S.S. reconoció la nueva república. 1939-1940: tras una lucha heroica contra el ejército rojo, Finlandia hubo de aceptar las condiciones de Stalin, que anexionó Carelia. 1941-1944: Finlandia, del lado del Reich, combatió contra la U.R.S.S. 1944-1946: C. G. Mannerheim fue presidente de la república. 1946-1956: durante la presidencia de J. K. Paasikivi se firmó la paz con los aliados en París (1947). 1948: Finlandia firmó un tratado de ayuda mutua con la U.R.S.S. (renovado en 1970 y en 1983). 1956-1981: el presidente U. K. Kekkonen llevó a cabo una política de buena vecindad. Dimitió en 1981 por razones de salud. 1982: el socialdemócrata Mauno Koivisto fue elegido presidente de la república (reelegido en 1988). 1992. Finlandia presentó su solicitud de adhesión a la C.E. 1994: el socialdemócrata M. Ahtisaari, elegido presidente. 1995: ingresó en la Unión Europea. 2000: Tarja Halonen, primera mujer presidente de la república.
FINLAY (Carlos Juan), médico cubano (Camagüey 1833-La Habana 1915). Sus estudios sobre la fiebre amarilla consiguieron erradicar la enfermedad de Cuba y Panamá.
FINO, A adj. Delgado, de poco grosor. **2.** Selecto, de buena calidad: *tela fina*. **3.** Astuto o hábil. **4.** Elegante, esbelto, de facciones delicadas. **5.** Dícese de los sentidos agudos: *oído fino*. **6.** Liso o suave sin asperezas: *superficie fina*. **7.** Atento, amable, afectuoso. ♦ adj. y n. m. **8.** Dícese del tipo de vino generoso, de color pajizo, aroma fuerte, delicado y transparente.
FINOLIS adj. y n. m. y f. Dícese de las personas que usan una finura exagerada o afectada.
FINSEN (Niels), médico y biólogo danés (Thorshavn, islas Feroe, 1860-Copenhague 1904), Premio Nobel de fisiología y medicina en 1903 por sus investigaciones sobre las aplicaciones terapéuticas de las radiaciones lumínicas.
FINTA n. f. (ital. *finta*, amago de un golpe). Además o amago que se hace con intención de engañar o alguien, o regate hecho en el fútbol, boxeo, esgrima, etc. ● **Irse** uno **con la finta** *(Méx.),* actuar dejándose llevar por las apariencias o por alguna situación engañosa.
FINURA n. f. Cualidad de fino.
FIORAVANTI (José), escultor argentino (Buenos Aires 1896-*id.* 1977). Sus obras son monumentos de grandes dimensiones de corte naturalista. Su mayor obra es el monumento a la Bandera (Rosario, 1956), realizado en colaboración. – Su hermano **Octavio** (Civitanova, Italia, 1894-Buenos Aires 1970) fue también escultor y pintor, de influencia postimpresionista.
FIORDO n. m. (noruego *fjord*). Antiguo valle glaciar invadido por el mar.
FIQUE n. m. *Colomb., Méx.* y *Venez.* Fibra de la pita, de la que se hacen cuerdas.
FIRMA n. f. Nombre de una persona, generalmente acompañado de una rúbrica, estampado al pie de un escrito para atestiguar que se es el autor o que se aprueba su contenido. **2.** Acción de firmar. **3.** Conjunto de cartas y documentos que se firman. **4.** Nombre comercial, empresa o establecimiento mercantil.
FIRMAMENTO n. m. (lat. *firmamentum*). Espacio infinito en el que se mueven los astros.
FIRMANTE, adj. y n. m. y f. Que firma.
FIRMAR v. tr. [**1**]. Poner uno su firma en un escrito. ♦ **firmarse** v. pron. **2.** Usar de un determinado nombre o título en la firma.
FIRMAT, c. de Argentina (Santa Fe); 17 063 hab. Industrias alimenticias.
FIRME adj. Que no cede sino difícilmente a un esfuerzo exterior o que no se mueve ni vacila: *la mesa está firme*. **2.** *Fig.* Constante, entero, definitivo. ● **De firme,** con constancia y ardor; con solidez; con violencia: *llueve de firme*. ‖ **En firme,** dícese de la operación de compra o venta a plazo, no rescindibles. ♦ adv. m. **3.** Con firmeza, con valor, con violencia. ♦ n. m. **4.** Capa sólida de terreno, sobre la cual se pueden poner los cimientos de una obra. **5.** Capa de cubierta o pavimento de una carretera, calle, etc. ♦ **¡firmes!** interj. **6.** MIL. Voz de mando regla-

FIR

mentaria para que la tropa en formación se cuadre.
FIRMEZA n. f. Cualidad de firme. • **La firmeza** (Argent.), baile tradicional de galanteo, de ritmo vivaz, en el que las parejas ejecutan la pantomima de lo expresado en el estribillo.
FIRULETE n. m. *Amér. Merid.* Adorno superfluo o de mal gusto. (Suele usarse en plural.)
FISCAL adj. (lat. *fiscalem*). Relativo al fisco. **2.** DER. Relativo al oficio del fiscal. ♦ n. m. y f. **3.** Funcionario de la carrera judicial que representa y ejerce el ministerio público en los tribunales. **4.** Empleado que tiene a su cargo, de alguna forma, defender los intereses del fisco: *fiscal de tasas.* **5.** Persona que fiscaliza acciones ajenas. **6.** *Bol.* y *Chile.* Seglar que cuida de una capilla rural, dirige las funciones del culto y auxilia al párroco.
FISCALÍA n. f. Oficio y empleo de fiscal. **2.** Oficina o despacho del fiscal.
FISCALIZACIÓN n. f. Acción y efecto de fiscalizar.
FISCALIZAR v. tr. [**1g**]. Sujetar a la inspección fiscal. **2.** *Fig.* Averiguar o criticar y traer a juicio las acciones u obras de otro.
FISCHER (Emil), químico alemán (Euskirchen, Prusia-Renania, 1852-Berlín 1919). Premio Nobel de química en 1902 por su síntesis de varios azúcares, estableció un vínculo entre la química orgánica, la estereoquímica y la biología.
FISCO n. m. (lat. *fiscum*). Tesoro del estado. **2.** Moneda de cobre de Venezuela.
FISGAR v. tr. [**1b**]. Husmear, rastrear con el olfato. ♦ v. tr. e intr. **2.** Procurar enterarse indiscretamente de cosas ajenas.
FISGÓN, NA adj. y n. Que tiene por costumbre fisgar.
FISGONEAR v. tr. e intr. [**1**]. Fisgar por costumbre acciones ajenas.
FISGONEO n. m. Acción y efecto de fisgonear.
FISIBLE adj. Susceptible de sufrir una fisión nuclear.
FÍSICA n. f. Ciencia que estudia las propiedades generales de la materia y establece las leyes que dan cuenta de los fenómenos materiales.
FÍSICO, A adj. (lat. *physicum*). Relativo a la física: *propiedades físicas de un cuerpo*. **2.** Que concierne a la naturaleza y constitución corpórea o material: *geografía física; ejercicios físicos*. **3.** *Cuba y Méx.* Pedante, melindroso. ♦ n. **4.** Persona que por profesión o estudio se dedica a la física. ♦ n. m. **5.** Exterior de una persona, lo que forma su constitución y naturaleza.
FÍSICO-QUÍMICA n. f. Rama de la química que aplica las leyes de la física al estudio de los sistemas químicos.
FISIOLOGÍA n. f. Ciencia que trata de las funciones orgánicas por medio de las cuales se manifiesta la vida y que aseguran el mantenimiento de la vida individual.
FISIOLÓGICO, A adj. Relativo a la fisiología.
FISIÓLOGO, A n. Persona que por profesión o estudio se dedica a la fisiología.
FISIÓN n. f. (ingl. *fission*). División del núcleo de un átomo pesado (uranio, plutonio, etc.) en dos o varios fragmentos, causado por un bombardeo de neutrones, con liberación de una enorme cantidad de energía y varios neutrones.
FISIOTERAPEUTA n. m. y f. El que por profesión o estudio se dedica a la fisioterapia.
FISIOTERAPIA n. f. Tratamiento médico por medio de agentes naturales: luz, calor, frío, electricidad, ejercicio, etc.
FISIPARIDAD n. f. Modo de reproducción asexual en el que el organismo se divide en dos partes.
FISONOMÍA o **FISIONOMÍA** n. f. Aspecto particular del rostro de una persona. **2.** *Fig.* Aspecto exterior de las cosas.
FISONÓMICO, A o **FISIONÓMICO, A** adj. Relativo a la fisonomía.

FISONOMISTA o **FISIONOMISTA** adj. y n. m. y f. Dícese de la persona que recuerda fácilmente los rasgos fisonómicos.
FÍSTULA n. f. (lat. *fistulam*). PATOL. Conducto de origen congénito, traumático, quirúrgico o patológico, que comunica un órgano con el exterior o con otro órgano.
FISTULAR adj. Relativo a la fístula.
FISTULOSO, A adj. De forma de fístula o parecido a ella.
FISURA n. f. (lat. *fissuram*). Fractura o hendidura longitudinal de un hueso. **2.** Solución de continuidad, de disposición lineal, en la piel o en una mucosa. **3.** GEOL. Superficie según la cual se hiende una roca.
FITOPLANCTON n. m. Plancton vegetal.
FITZGERALD (Ella), cantante de jazz norteamericana (Newport News, Virginia, 1918-Beverly Hills, California, 1996). Interpretó y grabó baladas y romanzas, piezas de swing y diálogos en scat con los mejores solistas instrumentales y vocales.
FITZGERALD (Francis Scott), escritor norteamericano (Saint Paul, Minnesota, 1896-Hollywood 1940). Sus novelas expresan el desencanto de la *generación perdida* (*El gran Gatsby*, 1925; *Suave es la noche*, 1934; *El último magnate*, 1941).
FLACCIDEZ o **FLACIDEZ** n. f. Calidad de fláccido.
FLÁCCIDO, A o **FLÁCIDO, A** adj. (lat. *flaccidum*). Blando, flojo y carente de tersura.
FLACO, A adj. (lat. *flaccum*, flojo). Dícese de la persona o animal de pocas carnes. **2.** *Fig.* Poco entero o poco resistente a las tentaciones. **3.** *Fig.* Endeble, sin fuerza: *argumento flaco*. ♦ n. m. **4.** Vicio o afición muy fuerte.
FLACURA n. f. Carácter de flaco.
FLAGELACIÓN n. f. Acción y efecto de flagelar.
FLAGELADO, A adj. y n. m. Relativo a una clase de protozoos caracterizados por la posesión de flagelos.
FLAGELAR v. tr. y pron. (lat. *flagellare*) [**1**]. Pegar golpes en el cuerpo a alguien con un flagelo. **2.** *Fig.* Dirigir reproches duros a alguien o contra algo.
FLAGELO n. m. (lat. *flagellum*, látigo). Azote o instrumento para azotar. **2.** Azote, calamidad, embate o golpe repetido del agua o del aire. **3.** BIOL. Filamento móvil que sirve de órgano locomotor a ciertos protozoos y a los espermatozoides.
FLAGRANTE adj. De tal evidencia que no necesita pruebas. • **Flagrante delito** (DER.), el que se está cometiendo o se acaba de cometer cuando el delincuente ha sido sorprendido.
FLAMA n. f. (lat. *flammam*). Llama.
FLAMANTE adj. (ital. *fiammante*). De apariencia vistosa y lucida. **2.** Nuevo, moderno, reciente, acabado de hacer o de estrenar.
FLAMBOYÁN o **FRAMBOYÁN** n. m. Árbol oriundo de México, de aproximadamente 15 m de alt., de flores muy vistosas y abundantes, de color rojo encendido. (Familia leguminosas.)
FLAMEAR v. intr. (cat. *flamejar*) [**1**]. Despedir llamas. **2.** MAR. Ondear las velas orientadas al filo del viento. ♦ v. tr. e intr. **3.** Ondear o hacer ondear una bandera.
FLAMENCO, A adj. y n. De Flandes. **2.** Achulado. **3.** Dícese de las personas, especialmente de las mujeres, de aspecto robusto y sano. ♦ adj. **4. Escuela flamenca**, conjunto de los artistas y de la producción artística de los países de lengua flamenca antes de la constitución de la actual Bélgica. ♦ n. m. **5.** Conjunto de dialectos neerlandeses hablados en Bélgica y en la región francesa de Flandes. **6.** Ave de gran tamaño, con grandes patas palmeadas, largo cuello flexible y gran pico acodado. (Familia fenicoptéridos.)
FLAMENCO, A adj. Dícese de lo andaluz que tiende a hacerse agitanado: *cante, aire, tipo flamenco*. ♦ n. m. **2.** Término con que se designa el conjunto de cantes y bailes formados por la fusión de ciertos elementos del orientalismo musical andaluz dentro de unos peculiares moldes expresivos gitanos.
FLAMÍGERO, A adj. Que arroja o despide llamas o imita su figura. **2.** ARQ. Dícese del último período del gótico, en el s. XV, caracterizado por la decoración con curvas parecidas a lenguas de fuego.
FLAN n. m. (fr. *flan*). Dulce de yema de huevo, leche y azúcar batidos y cuajados en un molde.
FLANCO n. m. (fr. *flanc*, costado). Lado, cada una de las dos partes laterales de un cuerpo. **2.** Costado, lado de un buque o de un cuerpo de tropa. **3.** FORT. Cada uno de los dos lados de un baluarte que enlaza las caras del mismo con las cortinas contiguas.
FLANDES, en neerlandés **Vlaanderen**, en fr. **Flandre** o **Flandres**, región histórica del NO de Europa, compartida entre Bélgica, Francia y Países Bajos, que se extiende junto al mar del Norte, entre los altos del Artois, en Francia, y la desembocadura del Escalda, en Países Bajos.
GEOGRAFÍA
Constituye una llanura que se eleva suavemente hacia el interior, con colinas arenosas (montes de Flandes). Flandes produce cereales y cultivos forrajeros, de huerta e industriales (remolacha, lino, lúpulo), y es una importante región industrial (textiles, metalurgia), muy poblada y urbanizada (Brujas y Gante, aglomeración de Lille). El litoral, bordeado de dunas, está jalonado por algunos puertos y estaciones balnearias (Dunkerque, Ostende).
HISTORIA
Los orígenes. S. I a. J.C.: la región, habitada desde el neolítico, fue conquistada por César e integrada a la provincia romana de Bélgica. C. 430: los francos salios la ocuparon y germanizaron. S. VI-VII: fue evangelizada (fundación de la abadía de Saint Omer). S. VII-IX: auge económico y comercial vinculado a la industria textil.
Constitución y evolución del condado. 843: fue atribuida a Carlos el Calvo, quien la convirtió en marca en beneficio de su yerno Balduino I. 879-918: Balduino II fue el auténtico creador del condado de Flandes al ocupar el boulonnais, el Artois y el Ternois. S. XI: sus sucesores dotaron al condado de numerosas instituciones. Se desarrolló la industria textil. Se promovió el movimiento municipal. S. XII: las grandes ciudades (Arras, Brujas, Douai, etc.) obtuvieron cartas de franquicia. 1297: Felipe IV el Hermoso de Francia hizo ocupar Flandes. 1302: las tropas reales fueron vencidas por las milicias municipales en Courtrai. 1384: el duque de Borgoña Felipe el Atrevido heredó el condado. 1477: Flandes entró a formar parte de los dominios de los Habsburgo. 1516: tras el advenimiento al trono de Carlos Quinto, el territorio pasó a la corona española. 1555: Felipe II accedió al trono; la expansión del calvinismo en las provincias del norte provocó la guerra; los nobles flamencos llegaron a un acuerdo en Breda para luchar contra los españoles. 1567-1573: gobierno del duque de Alba. 1573-1576: gobierno de Luis Requesens; a su muerte, todas las provincias, excepto Luxemburgo, se hallaban sublevadas. 1576: el gobernador don Juan de Austria tuvo que firmar el edicto perpetuo, que estipulaba la retirada paulatina de las tropas españolas. 1713-1714: tratados de Utrecht y Rastadt; fin de la presencia española en Flandes, que pasó a Austria. 1794: Flandes fue anexionada y dividida en dos departamentos por la Revolución francesa. 1815-1830: Flandes, provincia del reino de los Países Bajos, formó en 1830 dos provincias del

reino de Bélgica. En el s. XIX experimentó un importante despertar cultural y económico. 1970: el territorio fue definido como región autónoma. 1993: una reforma constitucional definió el estado federal y Flandes quedó constituida en región federal de Bélgica.

FLAQUEAR v. intr. [1]. Debilitarse, ir perdiendo la fuerza o la resistencia. **2.** Estar en cierta materia menos enterado que en otras o que otros. **3.** Fig. Decaer el ánimo, aflojar en una acción.

FLAQUEZA n. f. Fragilidad o acción reprensible cometida por debilidad: *las flaquezas de la carne*. **2.** Cualidad de flaco.

FLASH n. m. (voz inglesa, *relámpago*). Aparato productor de intensos destellos luminosos, para la toma de fotografías. **2.** Destello producido por dicho aparato. **3.** Información transmitida rápidamente, de forma concisa, por radio o televisión durante una emisión o en una interrupción de la programación. **4.** CIN. Rápida visión de un plano de escasa duración.

FLASH-BACK n. m. (voz inglesa). Secuencia cinematográfica que describe una acción pasada con respecto a la acción principal.

FLATO n. m. (lat. *flatum*). Acumulación de gases en un punto limitado del tubo digestivo. **2.** *Amér. Central, Colomb., Méx.* y *Venez.* Melancolía, tristeza.

FLATULENCIA n. f. Acúmulo de gases en la cavidad abdominal.

FLATULENTO, A adj. Dícese de las sustancias que causan flato. ♦ adj. y n. **2.** Que padece flatulencia.

FLAUBERT (Gustave), escritor francés (Ruán 1821-Croisset 1880). Su gran éxito y escándalo a la vez fue *Madame Bovary* (1857), realista, romántica y de gran rigor estilístico, a la que siguieron *Salambó* (1862), *La educación sentimental* (1869) y *Bouvard y Pécuchet* (1881), entre otras obras.

FLAUTA n. f. Instrumento musical de viento, formado por un tubo vacío y con agujeros. (Se distinguen la *flauta de pico*, o *dulce*, de madera, con embocadura en un extremo y perforación cónica, y la *flauta travesera*, de madera o de metal, con la embocadura a un lado.) • **Flauta de Pan**, instrumento de música compuesto por tubos de longitud desigual. ♦ n. m. y f. **2.** Flautista.

FLAUTÍN n. m. Instrumento de viento, pequeña flauta afinada a la octava superior de la flauta ordinaria.

FLAUTISTA n. m. y f. Músico que toca la flauta.

FLEBITIS n. f. Inflamación de una vena que puede provocar la formación de un coágulo.

FLECHA n. f. (fr. *flèche*). Arma arrojadiza, que se dispara generalmente con arco, compuesta por una varilla delgada y ligera, o astil, en el extremo de la cual va una punta afilada. **2.** Indicador de la dirección que se debe seguir, que tiene forma de saeta. **3.** ARQ. Remate cónico, piramidal o poligonal de un campanario, que se levanta a gran altura.

FLECHAR v. tr. [1]. Herir con flechas. **2.** *Fig.* y *fam.* Inspirar amor, cautivar los sentidos repentinamente.

FLECHAZO n. m. Acción de disparar la flecha. **2.** Herida causada por una flecha disparada. **3.** *Fig.* Enamoramiento súbito.

FLECHILLA n. f. Planta herbácea que, tierna, se utiliza como pasto para el ganado y crece en Argentina. (Familia gramíneas.)

FLECO n. m. (lat. *floccum*, copo de lana). Adorno compuesto por una serie de hilos o cordoncillos colgantes de una tira de tela o pasamanería. **2.** Flequillo. **3.** Borde de una tela deshilachado.

FLEJE n. m. Tira de chapa de hierro con que se hacen aros para asegurar las duelas de cubas y toneles y las balas de ciertas mercancías. **2.** Pieza alargada y curva de acero que sirve para muelles y resortes.

FLEMA n. f. (lat. *phlegma*). Mucosidad pegajosa que se arroja por la boca, procedente de las vías respiratorias. **2.** *Fig.* Tardanza, lentitud en las operaciones. **3.** Serenidad, impasibilidad.

FLEMÁTICO, A adj. (lat. *phlegmaticum*). Relativo a la flema. **2.** Tardo y lento en las acciones. **3.** Sereno, impasible.

FLEMING (sir Alexander), médico británico (Darvel, Ayrshire, 1881-Londres 1955), descubridor de la penicilina en 1928. (Premio Nobel de fisiología y medicina 1945.)

FLEMÓN n. m. (gr. *phlegmoné*). PATOL. Inflamación difusa del tejido conjuntivo.

FLEQUILLO n. m. Porción de cabello recortado que cae a manera de fleco sobre la frente.

FLETADOR, RA adj. y n. Que fleta.

FLETAMIENTO o **FLETAMENTO** n. m. Acción y efecto de fletar.

FLETANTE n. m. y f. *Chile* y *Ecuad.* Individuo que da en alquiler una nave o una bestia para transportar personas o mercaderías.

FLETAR v. tr. [1]. Alquilar una nave o parte de ella para el transporte de mercaderías o personas. **2.** Alquilar una bestia de carga, carro, automóvil, etc. **3.** *Argent., Chile* y *Urug.* Despedir a alguien de un trabajo. **4.** *Argent., Chile* y *Urug. Fam.* Enviar a alguien a alguna parte en contra de su voluntad. **5.** *Chile* y *Perú. Fig.* Soltar o espetar palabras agresivas o inconvenientes. ♦ v. tr. y pron. **6.** Embarcar mercancías o personas en una nave para su transporte. ♦ **fletarse** v. pron. **7.** *Cuba.* Largarse, marcharse de pronto. **8.** *Méx.* Encargarse de algún trabajo pesado. **9.** *Méx.* Inclinarse.

FLETE n. m. Precio estipulado para el alquiler de un buque u otro medio de transporte. **2.** Precio de transporte de mercancías por mar, tierra o aire. **3.** Carga que se transporta en un buque, camión o avión. **4.** *Argent.* Vehículo que hace transporte de mercancías por alquiler. **5.** *Argent.* El transporte mismo. **6.** *Argent.* y *Urug.* Caballo ligero. **7.** *Cuba.* Cliente de la flitera o prostituta.

FLETERO, A adj. *Amér.* Dícese del vehículo que se alquila para transporte. ♦ adj. y n. **2.** *Amér.* Dícese del que tiene por oficio hacer transportes. ♦ n. m. **3.** *Amér.* El que cobra el precio del transporte. **4.** *Chile* y *Perú.* En los puertos, individuo encargado de transportar personas o mercancías entre las naves y los muelles.

FLEXIBILIDAD n. f. Calidad de flexible.

FLEXIBILIZAR v. tr. y pron. [1g]. Hacer flexible o más flexible: *flexibilizar un tejido*.

FLEXIBLE adj. (lat. *flexibilem*). Que puede doblarse fácilmente. **2.** *Fig.* Dúctil, acomodadizo. ♦ adj. y n. m. **3.** Dícese del sombrero de fieltro flexible.

FLEXIÓN n. f. (lat. *flexionem*). Acción y efecto de doblar y doblarse. **2.** Deformación de un sólido sometido a fuerzas que actúan sobre su plano de simetría y dispuestas simétricamente con relación a dicho plano. **3.** LING. Procedimiento morfológico que consiste en colocar ciertos afijos, al final de un vocablo, desinencias con que se expresan las categorías gramaticales.

FLEXIONAR v. tr. y pron. [1]. Hacer flexiones.

FLEXOR, RA adj. (lat. *flexorem*). Que dobla o hace que una cosa se doble con movimiento de flexión. ♦ adj. y n. m. **2.** ANAT. Dícese de varios músculos que ejercen movimiento de flexión.

FLIRT n. m. (voz inglesa). Acción de flirtear. **2.** Cada uno de los que practican el flirt respecto al otro.

FLIRTEAR v. intr. (ingl. to *flirt*) [1]. Entablar una relación amorosa superficial y pasajera, por coquetería o pasatiempo. **2.** Manifestar simpatía o afición superficial por algo.

FLIRTEO n. m. Flirt, acción de flirtear.

FLOCULACIÓN n. f. Transformación reversible de un sistema coloidal bajo la acción de un factor exterior, con formación de pequeños copos.

FLOJEAR v. intr. [1]. Flaquear. **2.** Caer en el esfuerzo o en el trabajo.

FLOJEDAD n. f. Debilidad y flaqueza en alguna cosa. **2.** *Fig.* Pereza, negligencia, descuido en las operaciones.

FLOJERA n. f. *Fam.* Flojedad.

FLOJO, A adj. (lat. *fluxum*). Mal atado, poco apretado o poco tirante. **2.** Que no tiene mucha actividad, fortaleza o vigor. ♦ adj. y n. **3.** *Fig.* Perezoso, negligente, descuidado y tardo en las operaciones.

FLOR n. f. (lat. *florem*). Órgano reproductor de las plantas con semilla (fanerógamas). **2.** Lo mejor y más escogido de una cosa: *flor de harina*. **3.** Piropo, requiebro. **4.** Virginidad. **5.** Capa superior y externa de algunos minerales o líquidos. **6.** Parte correspondiente a la epidermis y al pelo de las pieles acobadas, opuesta al lado de la carne. **7.** Producto pulverulento obtenido por sublimación o descomposición: *flor de azufre*. **8.** *Argent.* Pieza agujereada de la ducha por donde sale el agua. **9.** *Chile.* Mancha pequeña y blanca que aparece en las uñas. • **A flor de**, casi en la superficie; a punto de. || **En flor**, en el estado anterior al de madurez, complemento o perfección. || **Flor de** (*Amér. Merid.*), seguido de un sustantivo indica abundancia o exceso de lo expresado por éste. || **Flor de nieve**, edelweiss. || **Flor de un día**, planta bulbosa, de la familia liliáceas, cultivada por sus flores decorativas, amarillas y rojizas. || **Flor y nata**, lo mejor y más selecto.

FLORA n. f. (de *Flora*, diosa de las plantas). Conjunto de las especies vegetales que crecen en una región. **2.** Libro que describe las plantas y permite la determinación de las especies. • **Flora microbiana**, o **bacteriana** (MED.), conjunto de bacterias, hongos microscópicos y protozoos que se encuentran en una cavidad del organismo que comunica con el exterior.

FLORACIÓN n. f. Eclosión de las flores. **2.** Tiempo en que tiene lugar.

FLORAL adj. Relativo a la flor.

FLOREAR v. tr. [1]. Adornar con flores. **2.** Hacer suertes y figuras con el lazo los charros mexicanos. ♦ v. intr. **3.** Vibrar, mover la punta de la espada. **4.** *Fam.* Requebrar, echar flores. **5.** *Amér.* Florecer, brotar las flores. **6.** *Amér.* En la técnica de la guitarra, tocar dos o tres cuerdas con tres dedos sucesivamente, pero sin parar.

FLORECER v. intr. v. tr. (lat. *florescere*) [2m]. Dar flores las plantas. ♦ v. intr. **2.** *Fig.* Prosperar. **3.** *Fig.* Existir una persona o cosa insigne en un tiempo o lugar determinado. ♦ **florecerse** v. pron. **4.** Ponerse mohoso: *florecerse el pan*.

FLORECIENTE adj. Próspero.

FLORECIMIENTO n. m. Acción y efecto de florecer o florecerse.

FLORENCIA, c. de Colombia, cap. del dep. de Caquetá; 79 515 hab. Explotación forestal.

FLORENCIA, en ital. **Firenze**, c. de Italia, cap. de la Toscana y cap. de prov., a orillas del Arno; 402 316 hab. (*Florentinos*.) Gran centro turístico. La ciudad es célebre por su escuela de pintura y escultura, especialmente innovadora de s. XIV al s. XVI (de Giotto a Miguel Ángel), sus palacios (Palazzo Vecchio, palacio Médicis, Strozzi, Pitti, etc.), sus iglesias (Santa María del Fiore, Santa Croce, Santa Maria Novella, Orsanmichele, San Lorenzo), sus conventos (San Marco), todos ellos llenos de obras de arte, sus bibliotecas y sus riquísimos museos (Uffizi, Bargello, Pitti, galería de la academia, museo arqueológico).

FLO

FLORENCIO VARELA, partido de Argentina (Buenos Aires); 253 554 hab. En el Gran Buenos Aires.

FLORENTINO, A adj. y n. De Florencia.

FLOREO n. m. Vibración o movimiento de la punta de la espada. **2.** Conversación, dicho, movimiento, etc., vano y superfluo, hecho sin otro fin que el de hacer alarde de ingenio, maestría o mero pasatiempo.

FLORERÍA n. f. *Méx.* Floristería.

FLORERO n. m. Vaso o vasija para poner flores.

FLORES *(departamento de)*, dep. de Uruguay, en el centro-sur del país; 5144 km²; 24 739 hab. Cap. *Trinidad*.

FLORES (Las), partido de Argentina (Buenos Aires); 22 035 hab. Cereales y girasol. Ganadería.

FLORES (Carlos), político hondureño (Tegucigalpa 1950). Líder del derechista Partido liberal, fue presidente del país tras las elecciones de 1997.

FLORES (Cirilo), político guatemalteco (1779-Quezaltenango 1826). Presidente de la república en 1824, opuesto a los conservadores, fue asesinado por la multitud en una iglesia.

FLORES (Francisco), escultor peruano (nacido en Trujillo 1614), activo en Lima entre 1644 y 1679 (estatua de Felipe IV, iglesia de la Concepción; catedral).

FLORES (Juan José), general venezolano (Puerto Cabello 1800-Puná, Guayas, 1864), prócer de la independencia hispanoamericana. Luchó a favor a Bolívar y fue el primer presidente de la audiencia de Quito, convertida en Estado del Ecuador (1830-1834 y 1839-1845), al segregarse de la Gran Colombia. La burguesía derribó su dictadura militar.

FLORES (Venancio), político y militar uruguayo (Porongos 1809-Montevideo 1868). Líder radical del Partido colorado, fue presidente de 1853 a 1855 y de 1865 a 1868.

FLORES JIJÓN (Antonio), político y escritor ecuatoriano (Quito 1833-† 1912), hijo de Juan José Flores. Presidente de 1888 a 1892. Es autor de obras históricas.

FLORES MAGÓN (Ricardo), político y periodista mexicano (San Antonio Eloxochitlán, Oaxaca, 1873-Leavenworth, Kansas, 1922). Combatió la dictadura de Porfirio Díaz y se exilió en EE UU.

FLORESCENCIA n. f. Época de prosperidad o esplendor. **2.** BOT. Abertura de la flor.

FLORESTA n. f. Terreno frondoso. **2.** *Fig.* Reunión de cosas agradables y de buen gusto.

FLORETE n. m. (ital. *fioretto*). Espada delgada, muy ligera, sin filo, terminada en un botón, que se utiliza en las competiciones de esgrima.

FLOREY (sir Howard), médico británico (Adelaida 1898-Oxford 1968). Compartió el Premio Nobel de fisiología y medicina, en 1945, con Chain y Fleming, por sus trabajos sobre la penicilina.

FLÓREZ (Julio), poeta y grabador colombiano (Chiquinquirá ¿1867?-Usiacurí 1923). Realizó poemas breves, de tono melancólico, y xilografías de paisajes y temas costumbristas.

FLORIANÓPOLIS, c. de Brasil, cap. del estado de Santa Catarina; 254 944 hab.

FLORICULTOR, RA n. Persona dedicada a la floricultura.

FLORICULTURA n. f. Rama de la horticultura que se ocupa especialmente de las flores.

FLORIDA, estado del SE de Estados Unidos; 151 670 km²; 12 937 926 hab. Cap. *Tallahassee*. Formado por la *península de Florida*, baja y pantanosa, prolongada hacia el SO por los *cayos de Florida (Florida Keys)*, arrecifes coralinos, y separada de los cayos que flanquean Cuba por el *canal* o *estrecho de Florida*. Cítricos. Fosfatos. Turismo (Miami, Palm Beach, Orlando [Disney World], parque nacional de los Everglades).

HISTORIA

España inició el reconocimiento y conquista de Florida en 1498, pero no la dominó hasta 1565, fue conquistada por E.U.A. (1812-1814) y legalizada la conquista por un tratado de venta en 1819. Fue admitida como estado de la unión en 1845.

FLORIDA *(departamento de)*, dep. de Uruguay, en el centro-sur del país; 10 417 km²; 66 474 hab. Cap. *Florida* (28 560 hab.).

FLORIDANO, A adj. y n. De Florida.

FLORIDO, A adj. Que tiene flores. **2.** *Fig.* Dícese de lo más escogido de alguna cosa. **3.** *Fig.* Dícese del lenguaje o estilo muy adornado. • **Pascua florida**, pascua de Resurrección.

FLORILEGIO n. m. Colección de fragmentos literarios selectos.

FLORIPONDIO n. m. Planta arbustiva de unos 30 cm de alt., de flores solitarias blancas, en forma de embudo y muy olorosas, que crece en Perú. (Familia solanáceas.) **2.** *Fig.* y *desp.* Adorno desmesurado y de mal gusto, a veces en forma de flor grande.

FLORISTA n. m. y f. Persona que vende flores.

FLORISTERÍA n. f. Tienda donde se venden flores.

FLORÍSTICO, A adj. Relativo a la flora de una localidad.

FLORIT (Eugenio), poeta cubano de origen español (Madrid 1903). Su poesía, de acentos clásicos y juanramonianos (*32I poemas breves*, 1927; *Trópico*, 1930; *Doble acento*, 1937), evolucionó hacia una temática religiosa: *Conversación a mi padre* (1949), *Asonante final* (1950).

FLORITURA n. f. (ital. *fioritura*). Conjunto de adornos añadidos a la melodía. **2.** Adorno, ornato accesorio.

FLOTA n. f. (fr. *flotte*). Conjunto de navíos cuyas actividades están coordinadas por una misma autoridad que operan en una zona determinada. **2.** Conjunto de fuerzas navales de un país o de una compañía determinada. **3.** Conjunto de aparatos de aviación para un servicio determinado. **4.** *Chile* y *Ecuad. Fig.* Multitud, caterva. **5.** *Colomb.* Autobús de servicio intermunicipal o interdepartamental. **6.** *Colomb. Fig.* Fanfarronada.

FLOTACIÓN n. f. Acción y efecto de flotar. **2.** Transporte de maderas a flote, por vía fluvial. • **Línea de flotación**, intersección de la superficie del agua con el casco de un navío.

FLOTADOR, RA adj. Que flota en un líquido. ♦ n. m. **2.** Salvavidas, objeto para mantenerse a flote. **3.** Cuerpo ligero que flota sobre un líquido. **4.** Órgano que permite a un hidroavión posarse sobre el agua.

FLOTANTE adj. Que flota sobre un líquido. **2.** Que no está fijo: *costillas flotantes*. • **Deuda flotante**, parte de la deuda pública no consolidada, susceptible de aumento o de disminución diaria. || **Moneda flotante**, moneda cuya paridad con respecto a las otras monedas no está determinada por una tasa de cambio fijo.

FLOTAR v. intr. (fr. *flotter*) [1]. Permanecer en equilibrio en la superficie de un líquido. **2.** Difundirse en el ambiente algo inmaterial que impresiona o produce alguna sensación: *un misterio flotaba a su alrededor*. **3.** Ondear en el aire.

FLOTE n. m. Flotación, acción y efecto de flotar. • **A flote**, manteniéndose sobre el agua; que funciona sin peligros ni dificultades.

FLOTILLA n. f. Conjunto de buques o aviones pequeños que tienen una misma función o un mismo tipo de actividad.

FLUCTUACIÓN n. f. Acción y efecto de fluctuar. **2.** Desplazamiento alternativo dentro de la masa de un líquido. **3.** Variación de una magnitud física a una y otra parte de un valor medio. **4.** Variación continua, transformación alternativa: *fluctuación de los precios*.

FLUCTUAR v. intr. (lat. *fluctuare*) [1s]. Oscilar un cuerpo sobre las aguas por el movimiento de ellas. **2.** Variar, oscilar: *fluctuar los precios*. **3.** Tener una moneda un valor variable con respecto al oro o a otra moneda. **4.** Dudar en la resolución de algo: *fluctuar entre dos opciones*.

FLUIDEZ n. f. Calidad de fluido.

FLUIDIFICACIÓN n. f. Acción y efecto de fluidificar.

FLUIDIFICAR v. tr. [1]. Hacer pasar al estado fluido.

FLUIDO, A adj. y n. m. (lat. *fluidum*). Dícese de los cuerpos (gases y líquidos) que, no teniendo forma propia, cambian de forma sin esfuerzo. ♦ adj. **2.** Que corre fácilmente: *tinta muy fluida*. **3.** *Fig.* Fácil y natural: *lenguaje fluido*. • **Circulación fluida**, circulación que se realiza sin atascos, de forma regular. ♦ n. m. **4.** Corriente eléctrica. **5.** Energía misteriosa que se supone poseen ciertos individuos. • **Mecánica de los fluidos**, parte de la mecánica que estudia los fluidos considerados como medios continuos deformables.

FLUIR v. intr. (lat. *fluere*) [29]. Correr o brotar un fluido: *fluir el agua*. **2.** *Fig.* Surgir de forma fácil y natural: *fluir las ideas*.

FLUJO n. m. (lat. *fluxum*). Movimiento de las cosas líquidas o fluidas. **2.** Subida del mar debida a la marea. **3.** Gran cantidad: *un flujo de palabras*. **4.** ECON. Suma de los intercambios efectuados por los distintos agentes de la vida económica. **5.** MED. Salida abundante, al exterior del organismo, de un líquido normal o patológico.

FLÚOR n. m. (lat. *fluor*, flujo). QUÍM. Cuerpo simple gaseoso (F), amarillo verdoso, de número atómico 9 y de masa atómica 18,99 que constituye el elemento más electronegativo de todos y proporciona reacciones enérgicas.

FLUORESCENCIA n. f. Propiedad de determinados cuerpos de emitir luz cuando reciben ciertas radiaciones.

FLUORESCENTE adj. Dotado de fluorescencia. **2.** Producido por fluorescencia. ♦ n. m. **3.** Tubo de cristal que produce luz fluorescente.

FLUORITA n. f. QUÍM. Fluoruro natural de calcio CaF_2.

FLUORURO n. m. Compuesto de flúor.

FLUS n. m. *Colomb.* y *Venez.* Terno, traje completo de hombre.

FLUVIAL adj. (lat. *fluvialem*). Relativo a los ríos.

FLUVIÁTIL adj. Que vive o crece en los ríos o en las aguas corrientes: *depósitos fluviátiles*.

Fm, símbolo químico del *fermio*.

FM, abreviatura de *frecuencia modulada*. → *Modulación de frecuencia.*

FO (Dario), dramaturgo, actor y director teatral italiano (Sangiano, Varese, 1926). Encontró en el repertorio de las farsas populares un medio de expresión política y de provocación social (*Misterio bufo*, 1969; *Muerte accidental de un anarquista*, 1970; *Claxon, trompetas y pedorretas*, 1981, etc.). Premio Nobel de literatura 1997.

FOBIA n. f. (der. del gr. *phobeomai*, temer). Aversión apasionada. CONTR.: *filia*. **2.** SIQUIATR. Temor irracional a ciertos objetos o a situaciones o personas concretas, del que el sujeto que lo padece reconoce su carácter injustificado, pero del que no se puede librar.

FOCA n. f. (lat. *phocam*; del gr. *phōkēe*). Mamífero acuático del orden pinnipedios, de cuello corto y oídos sin pabellón, que vive en las costas árticas, en los mares más cálidos, como la foca fraile del Mediterráneo y en el hemisferio austral, como la foca leopardo. **2.** Piel de este animal.

FOCAL adj. FÍS. Concerniente al foco de los espejos y lentes. • **Distancia focal,** distancia del foco principal al centro óptico; en matemáticas, distancia entre los dos focos de una cónica.

FOCALIZAR v. tr. [1g]. Hacer converger en un punto un haz luminoso o un flujo de electrones.

FOCO n. m. (lat. *focum,* hogar). Punto central principal de donde proviene algo: *el foco de la rebelión.* **2.** Lámpara que emite una luz potente. **3.** *Amér.* Bombilla eléctrica. **4.** *Amér.* Farola. **5.** *Amér.* Faro de vehículo. **6.** FÍS. Punto en el que se encuentran rayos inicialmente paralelos, después de la reflexión o refracción. **7.** MED. Centro productor de una enfermedad, centro principal de sus manifestaciones.

FODONGO, A adj. *Méx.* Dícese de la persona perezosa y descuidada en su apariencia o en el arreglo y aseo de su casa.

FOETE n. m. *Amér.* Látigo.

FOFO, A adj. *Desp.* Esponjoso, blando y de poca consistencia: *carnes fofas.*

FOGARADA n. f. Llamarada.

FOGATA n. f. Fuego que levanta llama.

FOGÓN n. m. (cat. *fogó*). Sitio adecuado en las cocinas para hacer fuego y guisar. **2.** Utensilio para hacer fuego y cocinar. **3.** *Argent.* Lugar donde, en ranchos y estancias, se hace el fuego para cocinar. **4.** *Argent., Chile, C. Rica,* y *Urug.* Fuego de leña u otro combustible que se hace en el suelo. **5.** TECNOL. En los hornos, calderas de vapor, etc., parte del hogar o lugar donde se echa el combustible.

FOGONAZO n. m. Llama o fuego momentáneo que acompaña a un disparo o a la explosión brusca de algo.

FOGONERO, A n. m. Obrero encargado de cuidar del fogón en las máquinas de vapor.

FOGOSIDAD n. f. Cualidad de fogoso.

FOGOSO, A adj. Que pone pasión, ímpetu o entusiasmo en lo que hace: *carácter fogoso.*

FOGUEAR v. tr. [1]. Limpiar con fuego de pólvora un arma: *foguear la escopeta.* **2.** Acostumbrar a personas o caballos al fuego de la pólvora: *un soldado sin foguear.* **3.** *Fig.* Acostumbrar a alguien a las penalidades o trabajos de un estado u ocupación: *la vida lo ha fogueado.*

FOGUEO n. m. Acción y efecto de foguear. • **Munición de fogueo,** la que no tiene bala o la tiene de madera.

FOIE-GRAS n. m. (voz francesa). Pasta de hígado de ganso o de cerdo.

FOLIÁCEO, A adj. (der. del lat. *folium,* hoja). De la naturaleza de las hojas. **2.** Que tiene el aspecto de las mismas.

FOLIACIÓN n. f. Acción y efecto de foliar. **2.** Desarrollo de las yemas y brotes de las hojas. **3.** Época en que tiene lugar este fenómeno.

FOLIADO, A adj. BOT. Que tiene hojas.

FOLIAR adj. BOT. Relativo a las hojas.

FOLIAR v. tr. [1]. Numerar los folios de un manuscrito, registro o libro.

FOLIATURA n. f. Acción de foliar.

FOLÍCULO n. m. (lat. *folliculum*). ANAT. Nombre de diversos órganos pequeños en forma de saco: *folículo piloso.*

FOLIO n. m. (lat. *folium,* hoja). Hoja de papel, de un libro o de un cuaderno. **2.** Titulillo o número de cada página de un libro.

FOLÍOLO o **FOLIOLO** n. m. (lat. *foliolum,* hoja pequeña). Cada división del limbo de una hoja compuesta, como la de la acacia.

FOLKLORE, FOLCLORE o **FOLCLOR** n. m. Conjunto de tradiciones populares y costumbres relativas a la cultura y civilización de un país o región. **2.** Estudio científico de estas tradiciones.

FOLKLÓRICO, A o **FOLCLÓRICO, A** adj. Relativo al folklore: *baile folklórico.*

FOLLAJE n. m. (cat. *fullatge*). Conjunto de hojas de un árbol, perenne en algunas especies, como el pino, y caduco en otras, como el roble. **2.** *Fig.* Palabrería, superfluidad en el discurso.

FOLLAR v. tr. e intr. [1]. *Vulg.* Practicar el coito.

FOLLETÍN n. m. Trabajo literario publicado por entregas en un periódico. **2.** Novela de enredo de gran simplicidad sicológica. **3.** Suceso o acontecimiento melodramático.

FOLLETINESCO, A adj. Relativo al folletín o que tiene sus características.

FOLLETINISTA n. m. y f. Escritor de folletines.

FOLLETO n. m. (ital. *foglietto*). Obra impresa, no periódica y de corta extensión. **2.** Prospecto.

FOLLETÓN n. m. *Galic.* Folletín.

FOLLISCA n. f. *Amér. Central, Antillas, Colomb.* y *Venez.* Riña.

FOLLÓN, NA adj. y n. **1.** Flojo, perezoso. **2.** Vano, arrogante, cobarde y de ruin proceder. ♦ n. m. **3.** Escena, situación, relato, etc., en que hay gritos, discusiones y riñas; desorden, confusión. **4.** Ventosidad sin ruido.

FOME n. m. *Chile.* Soso. **2.** *Chile.* Aburrido, tedioso. **3.** *Chile.* Pasado de moda.

FOMENTAR v. tr. [1]. Dar calor que vivifique o preste valor: *fomentar la gallina los huevos.* **2.** *Fig.* Aumentar la actividad o intensidad de algo: *fomentar el turismo, una pasión.*

FOMENTO n. m. (lat. *fomentum,* bálsamo). Acción y efecto de fomentar.

FON n. m. (gr. *phonē,* voz). Unidad no dimensional que sirve para graduar una escala de igual nivel fisiológico de intensidad sonora para sonidos de frecuencias diferentes.

FONACIÓN n. f. (der. del gr. *phonē,* voz). Conjunto de fenómenos que intervienen en la producción de la voz.

FONDA n. f. Establecimiento público donde se hospedaje y se sirven comidas. **2.** *Chile* y *Perú.* Puesto o cantina en que se despachan comidas y bebidas. **3.** *Méx.* Establecimiento donde se sirve comida casera.

FONDEADERO n. m. MAR. Lugar situado en la costa, puerto o río, de profundidad suficiente para que una embarcación pueda fondear.

FONDEADO, A adj. *Chile.* Escondido, aislado.

FONDEAR v. tr. **1.** Reconocer el fondo del agua. **2.** Registrar una embarcación para ver si trae contrabando. **3.** Sumergir una mina amarrándola al fondo del mar. **4.** *Fig.* Examinar, analizar a fondo. ♦ v. tr. e intr. **5.** Asegurar una embarcación o cuerpo flotante por medio de anclas o pesos. ♦ v. tr. y pron. **6.** *Chile.* Aislar, esconder.

FONDEO v. m. Acción de fondear un barco o una mina. **2.** Acción de registrar o reconocer una embarcación.

FONDERO, A n. *Amér. Desp.* Fondista.

FONDILLOS n. m. pl. Parte trasera de los calzones o pantalones.

FONDISTA n. m. y f. Persona que regenta una fonda.

FONDO n. m. (lat. *fundum*). Parte inferior de un hueco o una concavidad: *el fondo de un pozo.* **2.** Parte opuesta a la entrada: *el fondo del pasillo, de una habitación.* **3.** Profundidad: *un río de poco fondo.* **4.** Extensión interior de un edificio: *esta casa tiene mucho fondo.* **5.** Parte sólida que está por debajo del agua: *el fondo del mar.* **6.** Base visual, auditiva, etc., sobre la que se destaca alguna cosa: *música de fondo.* **7.** *Fig.* Lo esencial o constitutivo de algo: *el fondo del asunto.* **8.** Índole interna de alguien: *persona con buen fondo.* **9.** Conjunto de libros o documentos existentes en una biblioteca, librería o archivo, o conjunto de obras publicadas por una editorial. **10.** Campo de un cuadro sobre el que se destaca el tema: *un fondo de paisaje.* **11.** Decoración que cierra el escenario de un teatro. **12.** *Argent.* Patio o parte posterior de un edificio. **13.** *Cuba.* Caldera usada en los ingenios. **14.** *Méx.* Saya interior que las mujeres llevan debajo de las enaguas. **15.** DER. Lo que se refiere a la esencia y a la naturaleza de un acto jurídico, por oposición a la *forma.* **16.** FOT. Plano sobre el que destacan, en una fotografía, los objetos que constituyen los restantes planos. • **A fondo,** del todo y con perfección. ‖ **Dar fondo,** fondear. ‖ **Echar a fondo,** echar a pique. ‖ **En el fondo,** en último término. ‖ **Ir al fondo,** rse a pique, hundirse. ♦ **fondos** n. m. pl. **17.** Dinero disponible: *no tener fondos.* • **Estar en fondos,** tener dinero disponible.

FONEMA n. m. (gr. *phōnēma*). Elemento sonoro de la lengua. **2.** Cada una de las unidades fonológicas mínimas que en el sistema de una lengua pueden oponerse a otras en contraste significativo.

FONÉTICA n. f. Estudio científico de los sonidos del lenguaje desde el punto de vista de su articulación o de su recepción auditiva.

FONÉTICO, A adj. Relativo a los sonidos del lenguaje.

FÓNICO, A adj. Relativo a los sonidos o a la voz.

FONO n. m. Receptor telefónico en el sistema telegráfico fonodúplex inventado por Edison. **2.** *Argent., Bol.* y *Chile.* Auricular del teléfono.

FONOGRÁFICO, A adj. Relativo a la grabación mecánica de los sonidos.

FONÓGRAFO n. m. Aparato que reproduce los sonidos por un procedimiento puramente mecánico.

FONOLOGÍA n. f. Ciencia que estudia los elementos fónicos desde el punto de vista de su función en una lengua dada.

FONOMETRÍA n. f. Medida de la intensidad de los sonidos o de la voz.

FONOTECA n. f. Establecimiento o archivo donde se conservan documentos sonoros de todo género.

FONSECA (golfo de), golfo de la costa centroamericana del Pacífico. En él se encuentran los puertos de La Unión (El Salvador), San Lorenzo (Honduras) y Puerto Morazán (Nicaragua).

FONTAINE (Jean de La), poeta francés (Château-Thierry 1621-París 1695). Autor de *Cuentos* (1665-1682), alcanzó la celebridad con las *Fábulas* (1668-1694). En su obra armoniza el arte con la naturalidad.

FONTANA n. f. (lat. *fontana*). *Poét.* Fuente, manantial de agua.

FONTANA (Lucio), escultor y pintor argentino (Rosario 1899-Comabbio, Varese, 1968). En 1934 se adhirió al movimiento Abstracción-Creación. Su última época se caracteriza por pinturas monocromas surcadas por incisiones dado que dan origen al espacio.

FONTANELA n. f. (fr. *fontanelle*). Nombre de los espacios situados entre los huesos de la bóveda craneal antes de su completa osificación.

FONTANERÍA n. f. Oficio de fontanero. **2.** Conjunto de instalaciones para la conducción y distribución de aguas en un edificio.

FONTANERO, A n. Operario que se encarga de instalar y reparar el sistema doméstico de conducción y distribución de aguas.

FOOTBALL n. m. (voz inglesa). Fútbol.

FOOTING n. m. (voz inglesa). Deporte que consiste en andar y correr a diferentes ritmos e intercalando fases con aplicación de ejercicios gimnásticos.

FOQUE n. m. (neerl. *fok*). MAR. Cada una de las velas triangulares situadas en la parte delantera de un navío.

FORADO n. m. *Amér. Merid.* Agujero hecho en una pared.

FORAJIDO, A adj. y n. Malhechor que anda fuera de poblado, huyendo de la justicia.

FORÁNEO, A adj. De fuera, forastero: *costumbres foráneas.*

FORASTERO, A adj. y n. (cat. *foraster*). Que viene de fuera. **2.** Relativo al que vive o está en un lugar de donde no es vecino o en donde no ha nacido.

FORCEJEAR v. intr. (cat. *forcejar*) [1]. Hacer fuerza o esfuerzos para vencer una resistencia.

FORCEJEO n. m. Acción o efecto de forcejear.

FÓRCEPS n. m. Instrumento de cirugía utilizado en determinados partos difíciles.

FORD (Gerald), político norteamericano (Omaha 1913). Republicano, vicepresidente con Nixon, tras la dimisión de éste accedió a la presidencia de E.U.A. (1974-1977).

FORD (Henry), industrial norteamericano (Wayne County, cerca de Dearborn, 1863-Dearborn 1947). Pionero de la industria norteamericana del automóvil.

FORD (John), dramaturgo inglés (Ilsington, Devon, 1586-Devon d. 1639), uno de los más originales representantes del teatro isabelino (*Lástima que sea una ramera*, 1626; *El corazón lacerado*, 1633).

FORD (Sean Aloysius **O'Fearna**, llamado **John**), director de cine norteamericano (Cape Elizabeth, Maine, 1895-Palm Desert, California, 1973). Uno de los maestros del western, exaltó la fraternidad viril y el heroísmo: *El delator* (1935), *La diligencia* (1939), *Las uvas de la ira* (1940), *El gran combate* (1964).

FORENSE adj. (de *fuero*). Relativo al foro. SIN.: *judicial*. ♦ adj. y n. m. y f. **2. Médico forense**, funcionario técnico del estado que asiste al juez en asuntos médicos legales.

FORESTAL adj. Relativo a los bosques y a sus posibilidades de aprovechamiento: *repoblación forestal*.

FORESTAR v. tr. [1]. Poblar un terreno con plantas forestales.

FOREY (Elie), mariscal de Francia (París 1804-*id.* 1872), comandante del ejército francés en México (1863).

FORJA n. f. Fragua de platero. **2.** Acción y efecto de forjar. **3.** Argamasa, mezcla de cal, arena y agua.

FORJADOR, RA adj. y n. Que forja. ♦ n. **2.** Persona que se dedica a la forja de metales. **3.** *Fig.* Creador o artífice de alguna cosa.

FORJADURA n. f. Forja, acción y efecto de forjar.

FORJAR v. tr. (fr. *forger*) [1]. Dar forma, por lo general en caliente, mediante deformación plástica, a un metal o a una aleación, por golpes o por presión. **2.** *Fig.* Inventar, imaginar: *forjar ilusiones*. **3.** Fabricar y formar: *forjar un gran futuro*.

FORMA n. f. (lat. *formam*). Distribución peculiar de la materia que constituye cada cuerpo: *la forma de una mesa, de una casa*. **2.** Apariencia externa de una cosa: *medicamento bajo forma de píldoras*. **3.** Modo, manera de hacer o proceder: *hablar de forma oficiosa*. **4.** Modo de expresar el pensamiento, cualidades del estilo: *interesa más la forma que el fondo de esta obra*. **5.** Patrón, horma que sirve de modelo para hacer una cosa. **6.** Condiciones físicas en que se halla un deportista: *estar en plena forma*. **7.** DER. Aspecto exterior de un acto jurídico o de un juicio. **8.** LING. Aspecto bajo el cual se presenta una palabra o una construcción: *forma del singular, del plural*. • **Dar forma a**, dar expresión precisa a algo que está todavía impreciso. ‖ **De forma que,** indica consecuencia o resultado, de modo que se pueda hacer lo que se expresa a continuación. ‖ **En forma,** con formalidad, como es debido; en buenas condiciones físicas o de ánimo para cualquier cosa. ‖ **Sagrada forma,** hostia pequeña para la comunión de los fieles. ♦ **formas** n. f. pl. **9.** Configuración del cuerpo humano, especialmente los pechos y caderas de la mujer. **10.** Maneras, modales: *guardar las formas*.

FORMABLE adj. Que se puede formar.

FORMACIÓN n. f. Acción y efecto de formar o formarse, proceso que provoca la aparición de algo que no existía antes: *la formación de una palabra, de un absceso*. **2.** Figura o determinación de la materia: *un cuerpo con buena formación*. **3.** Educación, instrucción: *la formación de un niño*. **4.** Grupo de personas: *formación política*. **5.** Orden particular adoptado por un grupo de bailarines o gimnastas en el lugar de la acción. **6.** GEOL. Capa constitutiva del suelo. **7.** MIL. Término genérico que designa un grupo militar organizado. **8.** MIL. Despliegue realizado por una tropa, un conjunto de aviones o embarcaciones de guerra para la instrucción, la maniobra o el combate.

FORMAL adj. (lat. *formalem*). Relativo a la forma. **2.** Que tiene formalidad: *persona formal*. **3.** Expreso, preciso, determinado: *compromiso formal*.

FORMALDEHÍDO n. m. Aldehído fórmico.

FORMALIDAD n. f. Exactitud, puntualidad y consecuencia en las acciones. **2.** Requisito indispensable para alguna cosa. (Suele usarse en plural.) **3.** Seriedad, compostura. **4.** Norma de comportamiento en la ejecución de ciertos actos públicos.

FORMALISMO n. m. Aplicación y observancia rigurosa del método y fórmulas de una escuela, en la enseñanza o en la investigación. **2.** LÓG. Tendencia artística consistente en privilegiar la forma.

FORMALISTA adj. y n. m. y f. Relativo al formalismo. **2.** Partidario de esta tendencia. **3.** Que observa escrupulosamente las formas y tradiciones en cualquier asunto.

FORMALIZACIÓN n. f. Acción y efecto de formalizar.

FORMALIZAR v. tr. [1g]. Dar la última forma a una cosa. **2.** Revestir una cosa de los requisitos legales. **3.** Concretar, precisar.

FORMAN (Miloš), director de cine norteamericano de origen checo (Čáslav, cerca de Pardubice, 1932), es autor, entre otras películas, de *Alguien voló sobre el nido del cuco* (1975), *Amadeus* (1984) y *El escándalo de Larry Flyn* (1996).

FORMAR v. tr. y pron. (lat. *formare*) [1]. Hacer algo, dándole la forma que le es propia. ♦ v. tr., intr. y pron. **2.** Juntar, congregar diferentes personas o cosas uniéndolas entre sí para que hagan aquéllas un cuerpo moral y éstas un todo. ♦ v. tr. **3.** Criar, adiestrar, educar. **4.** MIL. Disponer las tropas agrupadas de acuerdo con las reglas de la táctica. ♦ v. tr. e intr. **5.** Colocarse una persona en una formación. ♦ **formarse** v. pron. **6.** Adquirir una persona desarrollo, aptitud o habilidad.

FORMATIVO, A adj. Dícese de lo que forma o da forma.

FORMATO n. m. (lat. *formatum*). Tamaño de la tapa o de la cubierta de un libro. **2.** Tamaño o dimensión de algo. **3.** FOT. y CIN. Dimensión de un cliché fotográfico o de un fotograma de una película.

FORMICA n. f. (marca registrada). Material estratificado, revestido de una resina artificial.

FÓRMICO, A adj. QUÍM. Dícese del ácido (HCOOH), que se encuentra en ortigas, hormigas, etc. • **Aldehído fórmico,** líquido volátil (HCHO), de olor fuerte, obtenido por oxidación incompleta del alcohol metílico, que es un antiséptico muy eficaz. SIN.: *formaldehído*.

FORMIDABLE adj. (lat. *formidabilem*). Muy grande, muy temible o asombroso. **2.** Extraordinario por lo bueno, lo grande, lo agradable, etc.

FORMOL n. m. Solución acuosa de aldehído fórmico, utilizada como antiséptico.

FORMÓN n. m. Instrumento parecido al escoplo, pero más ancho y plano.

FORMOSA → *Taiwan*.

FORMOSA (*provincia de*), prov. del N de Argentina; 72 066 km²; 404 367 hab. Cap. *Formosa*.

FORMOSA, c. de Argentina, cap. de la prov. homónima; 165 700 hab. Puerto en el río Paraguay. Aeropuerto. Explotación forestal.

FÓRMULA n. f. (lat. *formulam*). Forma establecida para expresar alguna cosa o modo convenido para ejecutarla o resolverla. **2.** Nota en que se enumera aquello de que debe componerse una cosa, y el modo de hacerla. **3.** Expresión concreta de una avenencia o transacción entre diversos pareceres, partidos o grupos. **4.** Receta, prescripción facultativa. **5.** Expresión simbólica de la relación que existe entre dos o más variables, escrita mediante los signos de igualdad, desigualdad o los de las operaciones matemáticas. **6.** Expresión de una ley física. **7.** Conjunto de símbolos químicos y de números que indican la composición y, a veces, la estructura de una combinación química. **8.** Categoría de coches que poseen más o menos la misma potencia: *coches de fórmula 1*.

FORMULACIÓN n. f. Acción y efecto de formular.

FORMULAR v. tr. [1]. Reducir algo a términos claros y precisos. **2.** Recetar. **3.** Expresar, manifestar. **4.** Expresar algo con una fórmula.

FORMULARIO, A adj. Relativo a las fórmulas o al formulismo. **2.** Que se hace por fórmula, cubriendo las apariencias. ♦ n. m. **3.** Compilación de fórmulas. **4.** Impreso administrativo en el que se formulan las preguntas a las que los interesados han de responder.

FORMULISMO n. m. Excesivo apego a las fórmulas.

FORMULISTA adj. y n. m. y f. Partidario del formulismo o habituado a él.

FORNARIS Y LUQUE (José), poeta cubano (Bayamo 1827-La Habana 1890). Con *Cantos del siboney* (1855) intentó crear una poesía cubana de temática indígena.

FORNER (Raquel), pintora argentina (Buenos Aires 1902-*id.* 1988). Su obra se inscribe en una figuración expresionista y simbólica que llega a la abstracción.

FORNICACIÓN n. f. Acción y efecto de fornicar.

FORNICADOR, RA adj. y n. Que fornica.

FORNICAR v. intr. (lat. *fornicare*) [1a]. En la religión católica, practicar el coito fuera del matrimonio.

FORNIDO, A adj. Robusto y de mucho hueso.

FORO n. m. (lat. *forum*). Plaza de Roma, situada entre el Capitolio y el Palatino, centro de la actividad política, religiosa, comercial y jurídica, correspondiente al ágora griega. (Con este significado suele escribirse con mayúscula.) **2.** Curia, y cuanto concierne a la abogacía y a los tribunales. **3.** Reunión para discutir asuntos de interés actual, ante un auditorio que a veces interviene en la discusión. **4.** La parte del escenario de un teatro opuesta a la embocadura y más distante del público. • **Desaparecer por el foro,** marcharse sin ser notado.

FORRAJE n. m. (fr. *fourage*). Cualquier sustancia vegetal, excepto los granos, que sirve para alimentar los animales. **2.** Acción de forrajear. **3.** *Fig.* y *fam.* Abundancia y mezcla de muchas cosas de poca sustancia.

FORRAJEAR v. tr. [1]. Segar y coger el forraje.

FORRAJERO, A adj. Dícese de las plantas o de las partes de éstas que sirven para forraje.

FORRAR v. tr. (cat. *folrar*) [1]. Poner forro a una cosa. ♦ **forrarse** v. pron. **2.** *Fam.* Atiborrarse, hartarse. **3.** *Fam.* Hacer mucho dinero.

FORRO n. m. Abrigo, defensa, resguardo o cubierta que se pone a una cosa interior

o exteriormente. **2.** Tela que se pone por la parte interior de las ropas o vestidos. **3.** *Méx. Fam.* Persona muy bella, guapa: *su hermana es un forro*.
FORT WORTH, c. de Estados Unidos (Texas), cerca de Dallas; 447 619 hab. Museos.
FORTACHÓN, NA adj. *Fam.* Fornido.
FORTALECER v. tr. y pron. [**2m**]. Fortificar, dar vigor y fuerza material o moral.
FORTALECIMIENTO n. m. Acción y efecto de fortalecer.
FORTALEZA n. f. Fuerza y vigor. **2.** Recinto fortificado. **3.** TEOL. Virtud cardinal que confiere valor para soportar la adversidad y practicar la virtud.
FORT-DE-FRANCE, c. y cap. de la Martinica; 101 540 hab.
FORTIFICACIÓN n. f. Acción y efecto de fortificar. **2.** Arte de construir las obras para la defensa militar. **3.** Obra, o conjunto de ellas, con que se fortifica una plaza o posición.
FORTIFICAR v. tr. (lat. *fortificare*) [**1a**]. Dar vigor y fuerza, material o moral. ♦ v. tr. y pron. **4.** MIL. Proteger con obras de defensa.
FORTÍN n. m. Fuerte pequeño. **2.** Obra que se levanta en los atrincheramientos de un ejército para su mayor defensa.
FORTUITO, A adj. (lat. *fortuitum*). Que sucede inopinada y casualmente.
FORTUNA n. f. (lat. *fortunam*). Causa indeterminable a la que se atribuyen los sucesos. **2.** Suerte favorable. **3.** Éxito, aceptación rápida. **4.** Hacienda, capital, bienes poseídos por alguien. • **Golpe de fortuna**, suceso extraordinario, próspero o adverso, que sobreviene de repente. ‖ **Hacer fortuna**, tener mucha aceptación algo. ‖ **Por fortuna**, por casualidad; por buena suerte, por dicha. ‖ **Probar fortuna**, intentar una empresa de resultado incierto.
FORÚNCULO n. m. (lat. *furunculum*). DERMATOL. Proceso inflamatorio de un folículo piloso y sus alrededores. SIN.: *divieso, furúnculo*.
FORZADO, A adj. No espontáneo: *risa forzada*. ♦ n. m. **2.** Galeote.
FORZAR v. tr. [**1n**]. Hacer que algo ceda mediante la fuerza o la violencia. **2.** Violar a una mujer. **3.** Conquistar a fuerza de armas una plaza, castillo, etc. ♦ v. tr. y pron. **4.** *Fig.* Obligar a alguien a que haga una cosa contra su voluntad.
FORZOSO, A adj. Necesario, inevitable, obligado.
FORZUDO, A adj. Que tiene mucha fuerza.
FOSA n. f. (lat. *fossam*). Sepultura, hoyo en la tierra para enterrar uno o más cadáveres. **2.** Foso, excavación alrededor de una fortaleza. **3.** ANAT. Nombre dado a algunas estructuras óseas del organismo: *fosa canina; fosas nasales*. **4.** OCEANOGR. Depresión alargada del fondo de los océanos. • **Fosa séptica**, dispositivo destinado para la recepción y desintegración de las materias excrementicias contenidas en las aguas negras de las casas. ‖ **Fosa tectónica**, zona de la corteza terrestre, hundida entre dos fallas. SIN.: *graben*.
FOSFATADO, A adj. Que contiene algún fosfato. **2.** Que está en el estado de fosfato: *cal fosfatada*. ♦ n. m. **3.** Acción de fertilizar con fosfatos los terrenos de labranza.
FOSFATO n. m. Sal del ácido fosfórico. **2.** Abono fosfatado.
FOSFORECER o **FOSFORESCER** v. intr. [**2m**]. Emitir luz fosforescente.
FOSFORERA n. f. Estuche para los fósforos.
FOSFORESCENCIA n. f. Propiedad que poseen ciertos cuerpos de desprender luz en la oscuridad, sin elevación apreciable de temperatura.
FOSFORESCENTE adj. Dotado de fosforescencia.
FOSFÓRICO, A adj. Relativo al fósforo. • **Ácido fosfórico**, denominación dada a varios ácidos, entre ellos H_3PO_4.

FÓSFORO n. m. (gr. *phosphoros*). Cuerpo simple (P), de número atómico 15 y de masa atómica 30,97, muy inflamable y luminoso en la oscuridad. **2.** Trozo de cerilla, madera o cartón, con cabeza de fósforo, que sirve para encender.
FÓSIL adj. y n. m. (lat. *fossilem*, sacado de la tierra). Dícese del resto organizado o trazas de actividad orgánica, tales como huellas o pisadas de animales, que se han conservado enterrados en los estratos terrestres anteriores al período geológico actual. **2.** *Fig. y fam.* Viejo, anticuado.
FOSILIZACIÓN n. f. Acción y efecto de fosilizarse.
FOSILIZARSE v. pron. [**31g**]. Transformarse la materia orgánica en fósil. **2.** *Fig.* Estancarse alguien sin evolucionar.
FOSO n. m. (ital. *fosso*). Hoyo. **2.** Cada una de las plantas situadas debajo del escenario de un teatro. **3.** Lugar en que se coloca la orquesta en un teatro lírico o en un music-hall. **4.** En los talleres de reparación de automóviles, excavación que sirve para poder arreglar cómodamente el motor desde abajo. **5.** FORT. Excavación profunda que circuye un castillo o fortaleza.
FOTO n. f. *Fam.* Apócope de fotografía.
FOTOCÉLULA n. f. Célula fotoeléctrica.
FOTOCOMPOSICIÓN n. f. IMPR. Procedimiento de composición que proporciona directamente los textos en películas fotográficas.
FOTOCOPIA n. f. Procedimiento de reproducción rápida de un documento por el revelado instantáneo de un negativo fotográfico. **2.** Fotografía obtenida por este procedimiento.
FOTOCOPIADORA n. f. Máquina para la obtención de fotocopias.
FOTOCOPIAR v. tr. [**1**]. Hacer fotocopias.
FOTOELECTRICIDAD n. f. Producción de electricidad por acción de la luz.
FOTOELÉCTRICO, A adj. Dícese de todo fenómeno eléctrico provocado por la intervención de radiaciones luminosas. • **Célula fotoeléctrica**, dispositivo que permite obtener corrientes eléctricas por la acción del flujo luminoso.
FOTOGENIA n. f. Cualidad de fotogénico.
FOTOGÉNICO, A adj. Dícese de lo que es especialmente adecuado para la reproducción fotográfica: *facciones fotogénicas*.
FOTOGRABADO n. m. Conjunto de procedimientos fotomecánicos que permiten obtener planchas de impresión. **2.** Lámina grabada o estampada por este procedimiento.
FOTOGRABADOR, RA n. Especialista en fotograbado.
FOTOGRABAR v. tr. [**1**]. Grabar por medio de la fotografía.
FOTOGRAFÍA n. f. Acción, manera y arte de fijar, mediante la luz, la imagen de los objetos sobre una superficie sensible, como una placa, una película, papel, etc. **2.** Reproducción de la imagen obtenida: *álbum de fotografías*.
FOTOGRAFIAR v. tr. [**1t**]. Obtener una imagen mediante la fotografía.
FOTOGRÁFICO, A adj. Relativo a la fotografía.
FOTÓGRAFO, A n. Persona que tiene por oficio ejercer la fotografía.
FOTOGRAMA n. m. Cada una de las fotografías que componen una película cinematográfica.
FOTOLITO n. m. ART. GRÁF. Cliché fotográfico que reproduce el original sobre película o soporte transparente, empleado en la impresión offset y huecograbado.
FOTÓMETRO n. m. Instrumento que mide la intensidad de una fuente luminosa.
FOTOMONTAJE n. m. Unión o combinación de imágenes fotográficas.
FOTÓN n. m. Cuanto de energía luminosa.
FOTONOVELA n. f. Narración articulada en una secuencia de fotos fijas, a las que se superponen textos explicativos o diálogos de los personajes fotografiados.
FOTO-ROBOT n. f. Retrato elaborado mediante descripciones hechas por testigos.
FOTORREPORTAJE n. m. Reportaje constituido esencialmente por documentos fotográficos.
FOTOSENSIBLE adj. Sensible a la luz.
FOTOSFERA n. f. ASTRON. Superficie luminosa que delimita el contorno aparente del Sol y de las estrellas.
FOTOSÍNTESIS n. f. Síntesis de un cuerpo químico o de una sustancia orgánica, como los glúcidos, realizada por las plantas clorofílicas mediante la energía luminosa. SIN.: *función clorofílica*.
FOTOTECA n. f. Archivo fotográfico.
FOTOTIPO n. m. Imagen fotográfica obtenida por exposición y tratamiento de una capa sensible.
FOTOTROPISMO n. m. Orientación, con relación a la luz, de los seres fijos, generalmente vegetales.
FOTOVOLTAICO, A adj. **Célula fotovoltaica**, especie de pila eléctrica, que sólo produce corriente cuando está iluminada. SIN.: *fotopila*.
FOUCAULT (Léon), físico francés (París 1819-*id.* 1868). Inventó el giroscopio y demostró, gracias al péndulo, la rotación de la Tierra.
FOURIER (barón Joseph), matemático francés (Auxerre 1768-París 1830). Estudió la propagación del calor y descubrió las series trigonométricas llamadas *series de Fourier*.
FOYER n. m. (voz francesa). Sala que suele haber en los teatros para esparcimiento de los espectadores durante los entreactos.
FOZ DO IGUAÇU, c. de Brasil (Paraná), junto al río Iguazú, en la frontera con Argentina y Paraguay; 93 600 hab. Importante centro turístico por las proximidades de las cataratas del Iguazú y el parque nacional. Puentes internacionales la unen con Ciudad del Este (Paraguay) y Puerto Iguazú (Argentina). Aeropuerto.
fr, símbolo químico del *francio*.
FRAC n. m. (fr. *frac*) [pl. *fracs* o *fraques*]. Chaqueta masculina de ceremonia, provista de dos faldones por la parte posterior.
FRACASAR v. intr. (ital. *fracassare*) [**1**]. No conseguir el resultado pretendido, frustrarse un proyecto.
FRACASO n. m. Acción y efecto de fracasar. **2.** *Fig.* Suceso lastimoso e inopinado.
FRACCIÓN n. f. División de un todo en partes. **2.** Cada una de las partes de un todo con relación a él. **3.** MAT. Operador formado por dos números enteros, *a* (numerador) y *b* (denominador), que se escribe a/b y que define el resultado obtenido a partir de una magnitud, dividiéndola por *b* y multiplicándola por *a*, pudiéndose invertir ambas operaciones.
FRACCIONAMIENTO n. m. Acción y efecto de fraccionar. **2.** *Méx.* Terreno muy grande, urbanizado y dividido en lotes para la construcción de casas. **3.** *Méx.* Zona residencial construida en un terreno de este tipo: *viven en un fraccionamiento en las afueras de la ciudad*.
FRACCIONAR v. tr. y pron. [**1**]. Separar en fracciones un todo.
FRACCIONARIO, A adj. Relativo a la fracción de un todo. **2.** MAT. Que tiene la forma de una fracción: *expresión fraccionaria*. • **Moneda fraccionaria**, la representada por piezas de poco valor.
FRACTURA n. f. (lat. *fracturam*). Acción y efecto de fracturar. **2.** Lugar por donde se rompe un cuerpo, y señal que deja. **3.** Ruptura violenta de un hueso o de un cartílago duro. **4.** GEOL. Grieta de la corteza terrestre.
FRACTURAR v. tr. y pron. [**1**]. Romper o quebrantar con esfuerzo una cosa: *se fracturó una pierna*.

FRA

FRAGANCIA n. f. Olor suave y delicioso.
FRAGANTE adj. Que despide fragancia.
FRAGANTE adj. Flagrante.
FRAGATA n. f. (ital. *fregata*). Barco de vela de la antigua marina, que ere la actualidad es un buque de guerra, con misiones de escolta y patrulla.
FRÁGIL, adj. (lat. *fragilem*). Quebradizo, que se rompe fácilmente. **2.** Poco fuerte para resistir las tentaciones. **3.** *Fig.* Fácil de estropearse, caduco y perecedero.
FRAGILIDAD n. f. (lat. *fragilitatem*). Calidad de frágil.
FRAGMENTACIÓN n. f. Acción y efecto de fragmentar.
FRAGMENTAR v. tr. y pron. [1]. Reducir a fragmentos.
FRAGMENTARIO, A adj. Compuesto de fragmentos. **2.** Incompleto, no acabado.
FRAGMENTO n. m. (lat. *fragmentum*). Cada una de las partes de algo roto o partido. **2.** *Fig.* Parte conservada de un libro, escrito, u obra artística desaparecidos. **3.** *Fig.* Texto incompleto que se publica o cita. **4.** *Fig.* Parte de una obra musical que forma un todo completo.
FRAGOR n. m. (lat. *fragorem*). Ruido prolongado y estruendoso: *el fragor de la batalla.*
FRAGOSO, A adj. (lat. *fragosum*). Áspero, intrincado.
FRAGUA n. f. Fogón, provisto de fuelle u otro aparato análogo, en que se calientan los metales para forjarlos.
FRAGUADO n. m. Acción y efecto de fraguar.
FRAGUAR v. tr. (lat. *fabricari*, modelar) [1c]. Forjar, dar la primera forma con el martillo a cualquier pieza de metal. **2.** *Fig.* Idear, discurrir y trazar la disposición de alguna cosa. ◆ v. intr. **3.** Llegar a trabar y endurecerse la cal, yeso, cemento, etc., en la obra con ellos fabricada.
FRAILE n. m. Nombre dado a los religiosos en general, y especialmente a los mendicantes. • **Frailes menores**, nombre dado a los religiosos que siguen la regla de san Francisco de Asís.
FRAILECILLO n. m. Ave palmípeda de los mares árticos, de pico aplanado azul y rojo, de unos 35 cm de long., afín a los pájaros bobos.
FRAILEJÓN n. m. Planta herbácea de flores de color amarillo oro, que crece en las cumbres y bordes de los páramos andinos. (Familia compuestas.)
FRAMBUESA n. f. (fr. *framboise*). Fruto comestible del frambueso, compuesto por pequeñas drupas, muy parecida a la zarzamora.
FRAMBUESO n. m. Planta subarbustiva parecida a la zarza, cultivada por sus frutos perfumados, las frambuesas. (Familia rosáceas.)
FRANCACHELA n. f. *Fam.* Reunión de varias personas para divertirse y disfrutar de forma desordenada, en especial cuando se abusa de la comida o de la bebida.
FRANCE (Anatole François **Thibault**, llamado **Anatole**) escritor francés (París 1844-La Béchellerie 1924), autor de novelas históricas o de costumbres, irónicas y escépticas (*El crimen de Silvestre Bonnard*, 1881). [Premio Nobel de literatura 1921.]
FRANCÉS, SA adj. y n. De Francia. • **A la francesa**, al uso de Francia; con los verbos *despedirse, marcharse, irse*, significa hacerlo bruscamente, sin decir una palabra. ◆ n. m. **2.** Lengua románica hablada en Francia, Luxemburgo, Mónaco, Canadá, Bélgica y Suiza, y en algunas ex colonias francesas y belgas.
FRANCESADA n. f. Dicho o hecho propio de franceses.
FRANCFORT → **Frankfurt**.
FRANCHIPANIERO n. m. Planta arbustiva o arbórea originaria de América, que se cultiva por sus flores. (Familia apocináceas.)
FRANCHUTE, A n. *Desp.* Francés.

FRANCIA, en fr. **France**, estado de Europa occidental; 549 000 km²; 57 500 000 hab. (*Franceses.*) CAP. *París.* LENGUA OFICIAL: *francés.* MONEDA: *franco francés.*
GEOGRAFÍA
El medio natural se caracteriza por llanuras y mesetas de poca altura. El clima es templado, con precipitaciones relativamente abundantes. El invierno es más riguroso hacia el interior y el clima es mediterráneo en el S. El crecimiento de la población es muy reducido (0,3 % anual), a causa de la baja natalidad (15 ‰), y la población envejece. Los inmigrantes representan el 8 % de la población. El 75 % de los franceses vive en ciudades (40 superan los 100 000 hab.). París y su aglomeración concentran la sexta parte de la población. El país es esencialmente terciario (60 % de la población activa se ocupa en el sector servicios y el 30 % aprox. en la industria). Primer país agrícola de la Unión europea (trigo, vino, carne, productos lácteos), algunos sectores industriales (textil, siderurgia) pasan por una aguda crisis. Exporta un 20 % de su producción industrial y agrícola e importa materias primas. La energía nuclear es importante. La red ferroviaria y la autopistas se ha modernizado.
HISTORIA
Prehistoria. Primeras industrias líticas y asentamientos humanos (c. 1 millón de años). Al *Homo erectus*, le sucedió el hombre de Neandertal (yacimiento de Moustier). 40000-8000: aparición del *Homo sapiens sapiens* (hombre de Cro-Magnon: industria lítica, pinturas rupestres de Lascaux. 8000-5000: clima más suave (agricultura). Milenios V-III: neolítico; restos megalíticos; durante el I milenio (edad de hierro) se instalaron las civilizaciones de Hallstatt y La Tène. Los celtas se mezclaron con la población existente dando origen al pueblo galo.
La Galia romana. 58-51 a. J.C.: conquista de Julio César. Cultura galorromana. (→ **Galia**.)
Francos y merovingios. S. V: las invasiones de vándalos y visigodos pusieron fin al dominio romano. Los hunos fueron vencidos en los campos Cataláunicos. 511: formación de los reinos merovingios (Austrasia, Neustria y Borgoña), unificados por Pipino de Heristal (687). 732: Carlos Martel venció a los árabes en Poitiers. 751: Pipino el Breve fundó la dinastía carolingia.
Los Carolingios. Carlomagno fue coronado emperador en Roma (800) y formó un imperio que iba del Ebro al Elba. 843: por el tratado de Verdún el imperio se dividió en tres reinos. Carlos el Calvo, primer rey de Francia (843). Invasiones normandas.
Los Capetos. 987: Hugo Capeto fundó esta dinastía, que dominaba un pequeño territorio alrededor de París, engrandecido en el s. XII. Se inició un potente desarrollo religioso (Cluny), económico y urbano. Creció la burguesía y floreció el gótico. La monarquía conquistó nuevos territorios y se reforzó frente a la amenaza de los Plantagenet ingleses y frente al poder de la Iglesia. 1328: Carlos IV el Hermoso murió sin descendencia. La corona pasó a un príncipe Valois, Felipe VI.
Los tiempos de crisis de los Valois. 1328-1440: guerra de los Cien años. Inglaterra se implantó en el SO del país. Las hambrunas y la peste negra diezmaron a la población. En 1420 Inglaterra pasó a dominar el territorio francés. Carlos VII, con la ayuda de Juana de Arco, venció a los ingleses. Se reorganizaron las finanzas y el ejército y la autoridad real se fortaleció, sobre todo con Luis XI. Las adquisiciones territoriales se multiplicaron hasta las guerras de Italia y el desastre de Pavía (1525), que obligaron

a Francisco I a abandonar Italia. La monarquía favoreció las artes renacentistas, el humanismo y el comercio. Se desarrolló el calvinismo y se iniciaron las guerras de religión que culminaron con la matanza de San Bartolomé (1572).
La monarquía borbónica. 1589-1610: Enrique de Navarra (Enrique IV) pacificó y reconstruyó Francia y aseguró la libertad de cultos (edicto de Nantes, 1598). Luis XIII, apoyado por Richelieu, eliminó el protestantismo, desarrolló el centralismo y el absolutismo, y rivalizó con los Habsburgo (guerra de los Treinta años). Su política fue seguida por Mazzarino, contra quien se alzó la insurrección de la Fronda (1648). Por el tratado de los Pirineos, Francia consiguió de España el Artois, el Rosellón y parte de la Cerdaña (1659). Desde 1661 Luis XIV (el *Rey Sol*), constructor de Versalles, encarnó el absolutismo real y lo impuso también a la iglesia y a los protestantes (revocación del edicto de Nantes, 1685). El clasicismo triunfó en las artes y las letras. En el s. XVIII los problemas financieros de la corona, derivados de las guerras, se agudizaron, a pesar del despegue económico y demográfico. Un nuevo espíritu filosófico criticaba duramente el poder real, pero las clases privilegiadas imposibilitaban cualquier reforma. En 1763 Francia perdió Canadá, Louisiana y la India. El desprestigio de la corona se acentuó por la creciente deuda y por un período de bajo rendimiento agrícola. El rey aceptó la convocatoria de los Estados generales (1788).
La Revolución. 1789: los Estados generales se proclamaron Asamblea nacional constituyente. 1791: se instauró una monarquía constitucional. Las cortes extranjeras intervinieron en contra de la Revolución. 1792: se proclamó la república y el rey fue ejecutado (1793). Al gobierno de Robespierre (el Terror) le sucedió la reacción termidoriana (1794), con una nueva constitución, y el Directorio (1795-1799). La debilidad del nuevo régimen dejó las manos libres a un militar victorioso, el general Bonaparte. (→ **Revolución francesa**.)
El consulado y el imperio. Primer cónsul, Bonaparte puso las bases de un estado fuerte y centralizado. Se proclamó emperador en 1804 (Napoleón I) e instauró un régimen autoritario. Consiguió dominar gran parte de Europa, pero las derrotas en Rusia y Alemania, los costes de la guerra y una serie de medidas impopulares le obligaron a abdicar (1814). Tras la restauración borbónica (Luis XVIII), en 1815 Napoleón intentó volver a controlar la situación (los Cien días), pero, tras la derrota de Waterloo, se apartó del poder.
La Restauración y la II república. Luis XVIII intentó conciliar los logros de la Revolución con el retorno a la monarquía. Le sucedió Carlos X, que tomó medidas autoritarias que propiciaron la revolución de julio de 1830 y su abdicación. Luis Felipe I, con un poder fuerte, favoreció el desarrollo industrial. La crisis de 1846-1848 llevó a la proclamación de la II república, que después de la insurrección obrera de 1848 evolucionó hacia el conservadurismo; ello favoreció la ambición de Luis Napoleón Bonaparte, elegido presidente.
El II imperio. Mediante un golpe de estado Luis Napoleón Bonaparte se convirtió en emperador (Napoleón III, 1852). Emprendió grandes obras públicas y intentó dar un poderoso imperio colonial, aunque fracasó en la expedición mexicana (1862-1867). Declaró la guerra a Prusia y fue vencido en Sedan (1870), lo que provocó su caída.

La III república. La nueva república, presidida por Thiers, firmó un armisticio con Alemania (1871), que recuperó Alsacia y Lorena. Ese mismo año tuvo lugar la insurrección de la Comuna. 1873: MacMahon fue elegido presidente de la república con el apoyo de los monárquicos; pero los intentos de restaurar la monarquía fracasaron. 1879-1885: la república se fortaleció a través de sus leyes fundamentales. 1885-1899: una serie de escándalos y el caso Dreyfus llevaron al poder al Bloque de izquierdas, que proclamó la separación de la Iglesia y el estado (1905). 1906-1914: el Bloque de izquierdas se rompió. Se inició una época de dificultades económicas y agitación social. R. Poincaré fue elegido presidente de la república, lo que reforzó el nacionalismo. 1914-1918: Francia salió victoriosa de la primera guerra mundial, aunque muy debilitada. 1919: recuperó Alsacia y Lorena. Las izquierdas ganaron las elecciones de 1924, pero fracasaron en el gobierno, y Poincaré volvió al poder (1926). La crisis económica afectaba profundamente a Francia. En 1936 ganó las elecciones una coalición de izquierdas, el Frente popular, liderado por L. Blum. Daladier trató en vano de frenar la inminencia de una guerra contra Alemania, mediante los acuerdos de Munich (1938). 1939-1940: ocupación alemana. El general De Gaulle llamó a los franceses a resistir. Se firmó un armisticio y, en la zona no ocupada por Alemania, el mariscal Pétain estableció el gobierno de Vichy. De Gaulle aglutinó la Resistencia a la ocupación. **La IV y V repúblicas.** 1944: Francia fue liberada y recibió ayuda norteamericana (plan Marshall). 1945-1958: De Gaulle abandonó el gobierno (1946), en desacuerdo con la Asamblea nacional. Reactivación económica e importante legislación social. Francia fue socio fundador de C.E.E. Dificultades en las colonias (Indochina, Argelia). 1958: De Gaulle volvió al poder e instauró la V república. 1958-1968: el país inició un gran cambio social y económico. Se reconoció la independencia de Argelia (1962). 1968: en mayo, estudiantes y obreros protagonizaron una insurrección contra el régimen y los fundamentos de la sociedad. De Gaulle dominó la situación. 1969: De Gaulle dimitió al fracasar un referéndum sobre la regionalización y el senado. 1969-1974: G. Pompidou tuvo como gran objetivo la expansión industrial y comercial. 1974-1981: V. Giscard d'Estaing llevó a cabo una política europeísta. 1981: el socialista F. Mitterrand fue elegido presidente de la república y se formó un gobierno de izquierda (socialistas y comunistas), reformista (regionalización, nacionalizaciones, etc.). 1986-1988: victoria de la derecha en las legislativas, que obligó a la «cohabitación» del presidente Mitterrand y el primer ministro Chirac, que gobierno inició una política de privatizaciones. 1988: Mitterrand fue reelegido. 1992: se aprobó en referéndum la ratificación del tratado de Maastricht. 1993: gran victoria de la derecha en las elecciones legislativas. E. Balladur, primer ministro, inició una segunda «cohabitación». 1995: J. Chirac es elegido presidente de la república y nombra a A. Juppé primer ministro. 1997: victoria de los socialistas por mayoría relativa en las elecciones legislativas; L. Jospin, primer ministro al frente de un gobierno de izquierda, dio paso a una tercera cohabitación. 2002: el país adopta el euro como moneda. J. Chirac asume la presidencia por segunda vez.
FRANCIA (José Gaspar **Rodríguez de**), político paraguayo (Asunción 1766-id. 1840). Dirigió con Cavallero y Yegros la revolución de 1811, que dio lugar a la independencia de Paraguay. Dictador vitalicio (1814-1840), nacionalizó la Iglesia e instituyó la enseñanza laica, obligatoria y gratuita.
FRANCIO n. m. Metal alcalino radiactivo (Fr), de número atómico 87.
FRANCISCANO, A n. y adj. Religioso o religiosa de la orden fundada por san Francisco de Asís. § adj. **2.** Relativo a san Francisco de Asís o a su orden.
FRANCISCO DE ASÍS *(san),* fundador de la orden de los franciscanos (Asís *c.* 1182-*id.* 1226). Su ideal de pureza y de alegría evangélica se expresó en el *Cántico al sol,* uno de los primeros textos de la literatura italiana.
FRANCISCO JOSÉ I (en el castillo de Schönbrunn 1830-Viena 1916), emperador de Austria [1848-1916] y rey de Hungría [1867-1916]. Declaró la guerra a Serbia (1914), desencadenando así la primera guerra mundial.
FRANCISCO MORAZÁN *(departamento de),* dep. de Honduras, en el centro-sur del país; 7946 km²; 797 611 hab. Cap.: *Tegucigalpa.*
FRANCK (James), físico norteamericano de origen alemán (Hamburgo 1882-Gotinga 1964). Estudió la excitación de los átomos y obtuvo el Premio Nobel de física (1925) por su teoría sobre la luminiscencia.
FRANCMASÓN, NA n. (fr. *francmaçon*). Masón.
FRANCMASONERÍA n. f. Masonería.
FRANCMASÓNICO, A adj. Masónico.
FRANCO, A adj. (germ. *frank*). Sincero, afable y leal en su trato: *una franca amistad.* **2.** Desembarazado, libre y sin impedimento alguno: *entrada franca.* **3.** Patente, claro, sin lugar a dudas. • **Puerto franco, zona franca,** puerto o región fronteriza en las que las mercancías extranjeras entran libremente sin tener que pagar derechos.
FRANCO, A adj. y n. Relativo a un pueblo germánico, que dio su nombre a la Galia románica después de haberla conquistado en los ss. V y VI; individuo de dicho pueblo.
FRANCO (Manuel), político paraguayo (1875-Asunción 1919). Presidente (1916-1919), aplicó una política progresista.
FRANCO (Rafael), militar y político paraguayo (1900-1975). Presidente tras derrocar a Ayala (1936), propugnó un reformismo radical, otro golpe militar antiliberal le obligó a exiliarse (1937).
FRANCO BAHAMONDE (Francisco), militar y político español (Ferrol 1892-Madrid 1975). Con los generales Sanjurjo y Mola, protagonizó el alzamiento del 18 de julio de 1936 que desencadenó la guerra civil (1936-1939) y fue proclamado generalísimo de los ejércitos y jefe del estado. Al término de la guerra estableció un régimen dictatorial apoyado en la Iglesia y el ejército y se abstuvo de participar en la segunda guerra mundial. — Su hermano **Ramón** (El Ferrol 1896-en aguas de Mallorca 1938) hizo la travesía del Atlántico en el hidroavión *Plus Ultra* (1926).
FRANCOFONÍA n. f. Colectividad constituida por los pueblos que hablan francés.
FRANCÓFONO, A adj. y n. Que habla francés.
FRANCOTIRADOR, RA n. Combatiente que no forma parte de un ejército regular, y lucha aisladamente. **2.** Persona que lleva una acción independiente, sin observar la disciplina de un grupo.
FRANELA n. f. (ingl. *flannel*). Tejido fino generalmente de lana cardada, perchado y ligeramente batanado.
FRANGOLLO n. m. *Cuba.* Dulce seco hecho de plátano y azúcar.
FRANGOLLÓN, NA adj. *Amér.* Dícese del que hace deprisa y mal una cosa.
FRANJA n. f. (fr. *frange*). Guarnición de pasamanería para adornar especialmente los vestidos. **2.** Faja, lista o tira.

FRANKFURT DEL MAIN o **FRANCFORT DEL MAIN,** en alem. **Frankfurt am Main,** c. de Alemania (Hesse), a orillas del Main; 635 151 hab. Centro financiero (bolsa y Bundesbank, Instituto monetario europeo) e industrial. Universidad. Importante aeropuerto. Feria anual internacional del libro. Catedral de los ss. XIII-XV y edificios góticos, muy restaurados. Numerosos e importantes museos. Casa de Goethe.
FRANKFURT DEL ODER o **FRANCFORT DEL ODER,** en alem. **Frankfurt an der Oder,** c. de Alemania (Brandeburgo), en la orilla izquierda del Oder, junto a la frontera polaca; 87 126 hab.
FRANKLIN n. m. (de B. *Franklin,* físico norteamericano). Unidad de carga eléctrica en el sistema CGS electrostático.
FRANKLIN (Benjamin), político, físico y publicista norteamericano (Boston 1706-Filadelfia 1790). Redactó, junto con Jefferson y Adams, la declaración de independencia (1776) y negoció en Versalles la alianza francesa, efectiva en 1778. Es el inventor del pararrayos (1752).
FRANQUEAR v. tr. [1]. Dejar una cosa desembarazada o libre para pasar: *franquear la entrada, una puerta.* **2.** Traspasar, pasar de una parte a otra venciendo alguna dificultad o impedimento: *franquear un río, un obstáculo.* • **Franquear una carta, un paquete,** pagar el porte en el momento de la expedición, poniendo por medio de sellos de correo. § **franquearse** v. pron. **3.** Descubrir una persona a otra sus pensamientos, sentimientos o intimidades.
FRANQUEO o **FRANQUEAMIENTO** n. m. Acción y efecto de franquear. **2.** Abono previo del importe del servicio postal. **3.** Importe de dicho servicio.
FRANQUEZA n. f. Sinceridad. **2.** Confianza, familiaridad, manera de tratarse sin ceremonias.
FRANQUICIA n. f. Exención determinada por las leyes o reglamentos, en materia de derechos, tasas o impuestos. **2.** DER. MERC. Contrato por el que un comerciante pone a disposición de otro comerciante sus conocimientos, su marca, su organización y su imagen publicitaria a cambio de una remuneración, fija o variable, en función de la cifra de negocios realizada por el comerciante que recibe la franquicia. SIN.: *franchising.* • **Franquicia postal,** transporte gratuito de la correspondencia u objetos asimilados.
FRASCA n. f. (ital. *frasca*). Hojarasca y ramas menudas. **2.** *Méx.* Fiesta, bulla, algazara.
FRASCO n. m. (gót. *flasko*). Vaso estrecho de cuello recogido, que sirve comúnmente para contener y conservar líquidos. **2.** Contenido de un frasco.
FRASE n. f. (gr. *phrasis;* de *pharazō,* explicar). Unidad lingüística, formada por más de una palabra, que presenta un enunciado completo, que se basta a sí mismo. **2.** Conjunto de palabras a las que no se da valor porque se dicen ociosamente o sin sinceridad. **3.** MÚS. Período melódico o armónico que tiene un sentido más o menos acabado. • **Frase hecha,** la que en sentido figurado y con forma inalterable es de uso vulgar y no incluye sentencia alguna. || **Frase proverbial,** frase hecha que incluye una sentencia.
FRASEAR v. tr. [1]. Formar o hacer frases.
FRASEO n. m. MÚS. Arte de matizar y de hacer inteligible el discurso musical.
FRASEOLOGÍA n. f. Conjunto de construcciones y expresiones propias de una lengua o de un escritor. **2.** Demasía de palabras o verbosidad redundante en lo escrito o hablado.
FRATERNAL o **FRATERNO, A** adj. Propio de hermanos o relativo a ellos: *amor fraternal.*
FRATERNIDAD n. f. Unión y buena correspondencia entre hermanos. **2.** Vínculo de

solidaridad y amistad entre los hombres, entre los miembros de una sociedad, etc.
FRATERNIZAR v. intr. [**1g**]. Unirse y tratarse como hermanos. **2.** *Fig.* Alternar, tratarse amistosamente.
FRATRICIDA n. y m. y f. (lat. *fratricidam*). Que comete fratricidio. § adj. **2.** Que opone a seres que deberían ser solidarios: *luchas fratricidas*.
FRATRICIDIO n. m. Asesinato de un hermano.
FRAUDE n. m. (lat. *fraudem*). Acto realizado para eludir una disposición legal en perjuicio del estado o de terceros o para burlar los derechos de una persona o de una colectividad.
FRAUDULENTO, A adj. Engañoso, falaz.
FRAY n. m. Apócope de fraile, que se usa precedido al nombre de los religiosos de ciertas órdenes.
FRAY BENTOS, c. de Uruguay, cap. del dep. de Río Negro; 20 431 hab. Puerto franco en el río Uruguay, unido por un puente a Puerto Unzúe (Argentina).
FRAZADA n. f. (cat. *flassada*). Manta de cama.
FREÁTICO, A adj. **Capa freática** o **manto freático**, capa de agua subterránea formada por la filtración de las aguas de lluvia, que alimenta los manantiales.
FRECUENCIA n. f. Cualidad de frecuente. **2.** FÍS. Número de observaciones de un tipo dado de sucesos. **3.** *Fig.* Número de vibraciones por unidad de tiempo, en un fenómeno periódico. • **Alta frecuencia**, frecuencia de varios millones de hertz. ‖ **Baja frecuencia**, en las telecomunicaciones, frecuencia comprendida entre 30 kHz y 300 kHz; en las aplicaciones industriales, frecuencia inferior a 250 kHz. ‖ **Con frecuencia**, circunstancia de repetirse algo muchas veces o en cortos intervalos de tiempo.
FRECUENTAR v. tr. (lat. *frequentare*) [**1**]. Repetir un acto a menudo. **2.** Concurrir a menudo a alguna parte. **3.** Tratar con frecuencia a alguien.
FRECUENTE adj. (lat. *frequentem*). Que ocurre o se repite con cortos intervalos de tiempo. **2.** Usual, común, que ocurre muchas veces.
FREELANCE adj. (voz inglesa). Dícese del trabajo de un periodista, escritor, etc., que se basa en colaboraciones para una o varias empresas, sin que exista vinculación laboral por medio de contrato. **2.** Dícese del trabajo realizado en condiciones semejantes por otros profesionales.
FREETOWN, c. y cap. de Sierra Leona; 469 000 hab. Puerto en el Atlántico.
FREGADAZO n. m. *Méx. Vulg.* Golpe fuerte: *se dio un fregadazo en la cabeza.*
FREGADERA n. f. *Méx. Vulg.* Cosa o situación sumamente molesta o perjudicial.
FREGADERO o **FREGADOR** n. m. Dispositivo con recipientes para fregar los utensilios de cocina.
FREGADO n. m. Acción y efecto de fregar. **2.** *Fig. y fam.* Enredo o asunto embrollado y difícultoso. **3.** Escándalo, discusión, riña.
FREGADO, A adj. *Amér.* Majadero, fastidioso. **2.** *Colomb., Ecuad.* y *Perú.* Tenaz, terco. **3.** *C. Rica, Ecuad.* y *Méx.* Bellaco, perverso. **4.** *C. Rica, Ecuad.* y *Pan.* Exigente, severo. **5.** *Méx. Vulg.* Arruinado, en pésimas condiciones, en muy mal estado físico o moral: *quedó muy fregada después del divorcio.*
FREGAR v. tr. (lat. *fricare*, frotar) [**1d**]. Restregar con fuerza una cosa con otra. **2.** Limpiar alguna cosa restregándola con estropajo, cepillo, etc., empapado en agua y jabón u otro líquido adecuado. **3.** *Méx. Vulg.* Estropear, echar a perder alguna cosa. **4.** *Méx. Vulg.* Provocar un daño muy grande a alguien, perjudicarlo: *lo fregaron de por vida.* ♦ v. tr. y pron. **5.** *Amér. Fig. y fam.* Fastidiar o molestar.

FREGÓN, NA adj. *Méx.* Dícese del que es muy bueno, muy hábil en alguna actividad: *es un fregón para los negocios.* **2.** *Méx. Vulg.* Que le gusta molestar a los demás, que es muy fastidioso o impertinente.
FREGONA n. f. *Desp.* Mujer que friega, sirvienta. **2.** *Desp.* Mujer ordinaria. **3.** Utensilio doméstico para fregar los suelos sin necesidad de arrodillarse.
FREGUÉS n. m. y f. *Amér. Merid.* Cliente.
FREI (Eduardo), político chileno (Santiago 1911-*id.* 1982). Líder del partido democratacristiano, fue presidente de la república en 1964-1970. Se opuso al gobierno de Unidad popular de S. Allende y apoyó tácitamente el golpe militar de Pinochet (1973), del que fue posteriormente detractor. — Su hijo **Eduardo Frei Ruiz-Tagle** (Santiago 1942), líder democratacristiano, asumió la presidencia de Chile en marzo de 1994.
FREIDERA o **FREIDORA** n. f. Utensilio que sirve para freír alimentos en un baño de aceite.
FREIDURÍA n. f. Establecimiento público donde se consume especialmente pescado frito en general a la vista del público.
FREÍR v. tr. y pron. (lat. *frigere*) [**25a**]. Guisar en una sartén u otro utensilio de cocina un alimento con aceite o grasa hirviendo. **2.** *Fig.* Molestar, importunar. **3.** *Fam.* Matar, asesinar a tiros.
FREIRE, com. de Chile (Araucanía); 22 991 hab. Centro agropecuario. Industrias lácteas.
FREIRE (Ramón), militar y político chileno (Santiago 1787-*id.* 1851). Independentista, se sublevó contra O'Higgins (1822) y se hizo elegir director supremo provisional (1823). En 1826 renunció, aunque posteriormente asumió el poder (en-mayo 1827). En 1829 asumió la jefatura de todos los ejércitos, pero fue derrotado en Lircay (1830).
FRÉJOL n. m. BOT. Judía.
FRENADA n. f. *Argent., Bol., Chile, Méx.* y *Par.* Acción y efecto de frenar súbita y violentamente, frenazo. **2.** *Argent.* y *Chile. Fig. y Fam.* Reprimenda, llamada de atención.
FRENADO n. m. Acción de frenar.
FRENAR v. tr. Moderar o detener el movimiento por medio de un freno: *frenar un automóvil.* **2.** *Fig.* Contener o detener el desarrollo o la intensidad de algo: *frenar una iniciativa.*
FRENAZO n. m. Acto de frenar bruscamente.
FRENESÍ n. m. (lat. *phrenesim*). Locura, delirio furioso. **2.** *Fig.* Exaltación violenta y muy manifiesta.
FRENÉTICO, A adj. (lat. *phreneticum*). Afecto de frenesí. **2.** *Fam.* Furioso, rabioso.
FRENILLO n. m. Cerco de correa o de cuerda que se ajusta al hocico de algunos animales para que no muerdan. **2.** ANAT. Nombre de varias estructuras anatómicas que limitan el movimiento de algún órgano: *frenillo sublingual, del prepucio*, etc.
FRENO n. m. (lat. *frenum*). Lo que aminora o detiene. **2.** *Fig.* Sujeción que modera los actos de una persona. **3.** Instrumento de hierro en el que se atan las riendas y que se coloca en la boca de las caballerías para sujetarlas y dirigirlas. **4.** Mecanismo destinado a disminuir la velocidad o a detener un conjunto mecánico dotado de movimiento.
FRENOPATÍA n. f. Siquiatría.
FRENOPÁTICO, A adj. Siquiátrico.
FRENTE n. f. (lat. *frontem*). Parte superior de la cara, comprendida entre una y otra sien, y desde encima de los ojos hasta que empieza a nacer el cráneo. • **Arrugar la frente** *(Fam.)*, mostrar en el semblante ira, enojo o miedo. ♦ n. m. **2.** Parte delantera de algo. **3.** Organización política que agrupa a varios partidos en torno a un programa. **4.** METEOROL. Superficie ideal que marca el contacto entre las masas de aire convergentes, diferenciadas por su temperatura y por su grado de humedad. **5.** MIL. Línea exterior presentada por una tropa en orden de batalla. **6.** MIL. Zona de combate. ♦ adv. l. **7.** Enfrente, a la parte opuesta.
FRESA n. f. (fr. *fraise*). Planta herbácea rastrera, que se propaga por estolones, de flores blancas o amarillentas y fruto comestible. (Familia rosáceas.) **2.** Fruto de esta planta. SIN.: *madroncillo.*
FRESA n. f. Herramienta giratoria cortante, con varios filos, regularmente dispuestos alrededor de un eje.
FRESADO n. m. Acción de fresar.
FRESADOR, RA n. Obrero que se dedica al fresado de piezas con fresadora.
FRESADORA n. f. Máquina que sirve para el fresado.
FRESAL n. m. Terreno plantado con fresas.
FRESAR v. tr. [**1**]. Trabajar una pieza por medio de una fresa.
FRESCA n. f. Frío moderado. **2.** Frescor de las primeras horas de la mañana y de las últimas de la tarde en tiempo caluroso: *cenar a la fresca*. **3.** Insolencia que se dice a alguien y que, aun siendo verdad, es molesta u ofensiva.
FRESCALES n. m. y f. *Fam.* (pl. *frescales*). Persona fresca, despreocupada y desvergonzada.
FRESCO n. m. (ital. *affresco*). Técnica de pintura mural que consiste en la aplicación de colores disueltos en agua sobre la pared recién revocada. **2.** Pintura mural que se realiza con esta técnica.
FRESCO, A adj. Moderadamente frío: *aire fresco.* **2.** Dícese de los alimentos que conservan inalterables sus cualidades originales: *pescado fresco*. **3.** *Fig.* Reciente, acabado de suceder: *noticias frescas*. **4.** De aspecto sano y juvenil, rollizo: *tez fresca y rosada*. **5.** *Fig.* Dícese de las personas que están en pleno disfrute de sus facultades, aún después de un esfuerzo a pesar de su edad. **6.** *Fig.* Sereno, que no se inmuta en los peligros o contradicciones: *la noticia le dejó tan fresco.* **7.** *Fig.* Que causa, oliéndolo, una sensación agradable y apacible: *colonia fresca*. **8.** Que por haber descansado está de nuevo en condiciones de realizar un trabajo: *caballos frescos.* ♦ adj. y n. **9.** *Fig. y fam.* Dícese de la persona que actúa con frescura, con descaro. ♦ n. m. **10.** Frescor agradable y no excesivo en el ambiente: *tomar el fresco.* **11.** Tejido ligero de estambre, usado para trajes de hombre en verano. **12.** Traje que se hace con él. **13.** *Amér.* Refresco, bebida fría. ‖ **Al fresco**, a la intemperie: *dormir al fresco.*
FRESCOR n. m. Frescura o fresco.
FRESCOTE, A adj. *Fam.* Dícese de la persona que tiene el cutis terso y de buen color.
FRESCURA n. f. Calidad de fresco. **2.** Amenidad y fertilidad en un paraje lleno de verdor. **3.** *Fig.* Desembarazo, desenvoltura, descaro. **4.** *Fig.* Chanza, impertinencia, respuesta fuera de propósito. **5.** *Fig.* Descuido, negligencia, poco celo.
FRESNEDA n. f. (lat. *traxinetum*). Sitio o lugar poblado de fresnos. SIN.: *fresnedo.*
FRESNILLO DE GONZÁLEZ ECHEVERRÍA, c. de México (Zacatecas), cab. del mun. de *Fresnillo;* 160 181 hab. Planta minerometalúrgica.
FRESNO n. m. Árbol de hasta 40 m de alt., que crece en los bosques templados, de madera clara, flexible y resistente. (Familia oleáceas.)
FRESNO, c. de Estados Unidos (California); 354 202 hab. Industria conservera.
FRESÓN n. m. Fruto parecido a la fresa, pero de mayor volumen.
FRESQUERA n. f. Armario para conservar frescos los alimentos.

FRESQUERÍA n. f. *Amér. Central, Ecuad., Perú y Venez.* Establecimiento donde se hacen y venden bebidas frías y helados.

FREUD (Sigmund), médico austríaco (Freiberg [act. Pribor], Moravia, 1856-Londres 1939), fundador del sicoanálisis. Estableció el origen de los trastornos neuróticos en deseos olvidados, en relación con el complejo de Edipo e irreconciliables con los demás deseos o con la moral. Estos deseos inhibidos siguen existiendo en el inconsciente, pero únicamente pueden irrumpir en la conciencia a condición de ser desfigurados. De este modo se forman, además de los síntomas neuróticos, los sueños y los actos fallidos (*La interpretación de los sueños*, 1900; *Tres ensayos para una teoría sexual*, 1905; *Tótem y tabú*, 1912). A partir de 1920, con la publicación de *Más allá del principio del placer*, introdujo la oposición entre pulsión de vida (Eros) y pulsión de muerte (Thanatos), y propuso un nuevo modelo del aparato síquico: el yo, el ello y el superyó.

FREUDIANO, A adj. y n. SIQUIATR. Relativo a las ideas o doctrinas de Freud, en particular del sicoanálisis; partidario de estas ideas o doctrinas.

FREUDISMO n. m. Teoría del funcionamiento síquico normal y patológico desarrollada por S. Freud.

FRIABILIDAD n. f. Propiedad que poseen algunas estructuras de ser hechas muy fácilmente rompibles o desmenuzables.

FRIALDAD n. f. Sensación que proviene de la falta de calor. **2.** Anafrodisia. **3.** *Fig.* Indiferencia, falta de interés, ardor o animación.

FRÍAS, c. de Argentina (Santiago del Estero); 22 062 hab. Cemento.

FRÍAS (Heriberto), escritor y periodista mexicano (Querétaro 1870-Tizapán 1925), autor de *Temochic* (1893-1895), denuncia contra la dictadura de Porfirio Díaz y antecedente de la novela de la revolución.

FRÍAS (Tomás), abogado y político boliviano (Sucre 1805-Florencia 1884). Ministro de Ballivián, ocupó la presidencia a la muerte de éste (1874). Hizo frente a sublevaciones y motines contra su política económica. Derrocado por Daza, se exilió a Europa (1876).

FRIBURGO, en fr. **Fribourg**, en alem. **Freiburg**, c. de Suiza, cap. del cantón homón.; 36 355 hab. Universidad. Catedral (ss. XIII-XV). Museos.

FRIBURGO DE BRISGOVIA, en alem. **Freiburg im Breisgau**, c. de Alemania (Baden-Württemberg), ant. cap. de Brisgovia; 187 767 hab. Universidad. Catedral de los ss. XIII-XVI (retablo de H. Balding).

FRICATIVO, A adj. y n. f. Dícese de las consonantes cuya articulación se produce reduciendo el canal vocal en alguno de sus puntos a una estrechez por donde el aire sale constreñido, produciendo con su rozamiento un ruido más o menos fuerte.

FRICCIÓN n. f. Frotación aplicada a una parte del cuerpo con algún linimento o en seco. **2.** Resistencia que ofrecen dos superficies en contacto al movimiento relativo de una de ellas con respecto a otra. **3.** *Fig.* Desavenencia entre personas o colectividades.

FRICCIONAR v. tr. y pron. [1]. Aplicar fricciones.

FRIEDMAN (Milton), economista norteamericano (Nueva York 1912), promotor de un neoliberalismo monetarista. (Premio Nobel de economía 1976.)

FRIEGA n. f. Fricción aplicada a alguna parte del cuerpo como medio curativo. **2.** *Amér.* Molestia, fastidio.

FRIGIDER o **FRIYIDER** n. m. *Chile.* Nevera.

FRIGIDEZ n. f. Frialdad, falta de calor. **2.** Ausencia anormal de deseo o goce sexual.

FRÍGIDO, A adj. (lat. *frigidum*). *Poét.* Frío. **2.** Que padece frigidez.

FRIGORÍA n. f. Unidad de medida de cantidad de calor extraída (símbolo fg), equivalente a una kilocaloría negativa y que vale $-4,185 \cdot 10^3$ julios.

FRIGORÍFICO, A adj. Que produce frío. ♦ adj. y n. m. **2.** Dícese del mueble, cámara o espacio cerrado enfriado artificialmente para conservar alimentos.

FRIJOL o **FRÍJOL** n. m. BOT. Judía.

FRIJOLILLO n. m. *Amér.* Diversas plantas leguminosas con el fruto en legumbre.

FRINGÍLIDO, A adj. y n. m. Relativo a una familia de aves paseriformes de pequeño tamaño como el gorrión o el jilguero.

FRÍO, A adj. (lat. *frigidum*). Que tiene poco calor o carece de él. **2.** Que tiene menos temperatura que la conveniente o deseada: *este café está frío*. **3.** *Fig.* Falto de afecto, de pasión o de sensibilidad. **4.** *Fig.* Sereno, que no se inmuta fácilmente. **5.** *Fig.* Poco sensible a los placeres sexuales. **6.** *Fig.* Poco acogedor: *decoración fría*. • **Colores fríos**, colores del espectro cercanos al azul. || **Quedarse frío**, quedarse indiferente o atónito. ♦ n. m. **7.** Ausencia total o parcial de calor. **8.** Sensación que experimenta el cuerpo animal en contacto con algo frío, por disminución del calor ambiental o por causas internas.

FRIOLERA n. f. Cosa de poca monta. **2.** *Vulg.* Gran cantidad, especialmente de dinero: *gastar una friolera en vestidos*.

FRIOLERO, A o **FRIOLENTO, A** adj. Muy sensible al frío.

FRISA n. f. Tela ordinaria de lana. **2.** *Argent. y Chile.* Pelo de algunas telas, como el de la felpa.

FRISAR v. tr. [1]. Levantar y rizar el pelo de un tejido. § v. intr. y tr. **2.** Tener aproximadamente la edad que se expresa.

FRISCA n. f. *Chile.* Soba, tunda, zurra.

FRISCH (Karl von), zoólogo y etnólogo austríaco (Viena 1886-Munich 1982). Descubrió el «lenguaje» de las abejas, que se expresa mediante la orientación en la danza. Estudió también los órganos sensoriales de los invertebrados. (Premio Nobel de fisiología y medicina 1973.)

FRISCH (Ragnar), economista noruego (Oslo 1895-*id.* 1973), uno de los fundadores de la econometría. (Premio Nobel de economía 1969.)

FRISO n. m. ARQ. Parte del entablamento, entre el arquitrabe y la cornisa. **2.** ARQ. Pieza larga y estrecha que se coloca en balcones y escaleras a la altura del pecho. **3.** ARQ. Conjunto de elementos decorativos en forma de faja muy alargada y seguida.

FRISÓN, NA adj. y n. f. Dícese de una raza bovina lechera francesa de pelaje negro. ♦ n. m. **2.** Lengua germánica occidental, hablada en el N de Países Bajos y en Alemania.

FRITA n. f. Conjunto de alimentos fritos.

FRITANGA n. f. *Desp.* Fritada, especialmente la abundante en grasa.

FRITAR v. tr. [1]. *Argent., Colomb. y Urug.* Freír.

FRITO, A adj. Exasperado o harto por la insistencia de algo molesto: *estar, tener, frito*. • **Estar uno frito** (*Argent., Fam.*), estar muy cansado físicamente; (*Argent. Chile y Perú. Fam.*), hallarse en una situación difícil o sin salida. ♦ n. m. **2.** Fritada. **3.** Cualquier manjar frito.

FRITURA n. f. Fritada.

FRIVOLIDAD n. f. Calidad de frívolo. **2.** Cosa o hecho frívolo.

FRÍVOLO, A adj. (lat. *frivolum*). Ligero, veleidoso, inconstante. **2.** Fútil y de poca sustancia.

FRONDAS n. f. pl. Conjunto de hojas o ramas que forman espesura.

FRONDE o **FRONDA** n. f. (lat. *frondem*, *follaje*). BOT. Cada una de las hojas de los helechos. **2.** BOT. Talo de las algas y liquenes cuando tiene aspecto foliáceo o laminar.

FRONDÍO, A adj. *Colomb. y Méx.* Sucio, desaseado.

FRONDIZI (Arturo), político y abogado argentino (Paso de los Libres, Corrientes, 1908-Buenos Aires 1995). Dirigente radical, fue elegido presidente en 1958. Fue derrocado en 1962.

FRONDIZI (Risieri) filósofo argentino (Posadas 1910-† 1982). Fue partidario de sustituir la ontología clásica por una teoría general de la experiencia (*El punto de partida del filosofar*, 1945; *¿Qué son los valores?*, 1958).

FRONDOSIDAD n. f. Cualidad de frondoso.

FRONDOSO, A adj. (lat. *frondosum*). Con abundantes hojas y ramas. **2.** BOT. Dícese de los organismos vegetales provistos de frondas.

FRONTAL adj. Relativo a la frente. **2.** Que está situado en la parte anterior: *tapadora de carga frontal*. ♦ adj. y n. m. **3.** Dícese de uno de los huesos que constituyen a formar la cavidad craneal.

FRONTERA n. f. Confín de un estado. **2.** Cualquier cosa que limita la extensión de otra. **3.** MAT. Conjunto de elementos que limitan un dominio o superficie. • **Frontera natural**, la formada por un elemento geográfico, como un río o una cordillera.

FRONTERIZO, A adj. Que está en la frontera. **2.** Que está enfrente de otra cosa.

FRONTERO, A adj. Puesto o colocado enfrente.

FRONTINO (*páramo de*), páramo de la cordillera Occidental de Colombia (Antioquia); 4080 m.

FRONTIS n. m. Fachada o frontispicio.

FRONTISPICIO n. m. Fachada o delantera de un edificio, libro, etc. **2.** ARQ. Frontón.

FRONTÓN n. m. Edificio o cancha dispuesta para jugar a la pelota vasca. **2.** Juego de pelota vasca y valenciana, en el que se enfrentan dos bandos de dos jugadores. **3.** ARQ. Remate triangular, o semicircular, de un pórtico, fachada o ventana.

FROTACIÓN n. f. Acción de frotar.

FROTADOR, RA adj. y n. Que frota. ♦ n. m. **2.** Tirilla situada en el canto de una caja de cerillas y revestida de un producto que facilita la inflamación de aquéllas al frotar.

FROTAMIENTO o **FROTE** n. m. Frotación.

FROTAR v. tr. y pron. (fr. *frotter*) [1]. Pasar repetidamente una cosa sobre otra con fuerza.

FRUCTÍFERO, A adj. Que produce fruto.

FRUCTIFICACIÓN n. f. Acción y efecto de fructificar.

FRUCTIFICAR v. intr. [1a]. Convertirse la flor en fruto. **2.** *Fig.* Producir utilidad una cosa.

FRUCTOSA n. f. Osa de fórmula $C_6H_{12}O_6$, isómero de la glucosa, contenida en la miel y en numerosas frutas. SIN.: *levulosa*.

FRUCTUOSO, A adj. Que da fruto o utilidad.

FRUFRÚ n. m. Onomatopeya del ruido que producen al rozarse ciertas telas.

FRUGAL adj. (lat. *frugalem*, sobrio). Parco en comer y beber. **2.** Dícese de las comidas sencillas y poco abundantes: *almuerzo frugal*.

FRUGALIDAD n. f. Calidad de frugal.

FRUICIÓN n. f. (lat. *froitionem*). Placer intenso.

FRUNCE o **FRUNCIDO** n. m. Arruga o pliegue que se forma en una tela frunciéndola. **2.** Fruncimiento.

FRUNCIMIENTO n. m. Acción y efecto de fruncir.

FRUNCIR v. tr. [3a]. Arrugar la frente, las cejas, etc. **2.** Arrugar una tela con arrugas pequeñas y paralelas. **3.** *Fig.* Estrechar y recoger una cosa.

FRUSLERÍA n. f. Cosa de poco valor o entidad.

FRUSTRACIÓN n. f. Acción y efecto de frustrar. **2.** SICOL. Estado de tensión sicológica engendrado por un obstáculo que se interpone entre un sujeto y un fin valorado positivamente por él.

FRUSTRAR v. tr. (lat. *frustari*), engañar, hacer inútil) [1]. Privar a uno de lo que esperaba: *frustrar las esperanzas de alguien*. ♦ v. tr. y pron. 2. Dejar sin efecto, malograr un intento.

FRUTA n. f. Fruto comestible.

FRUTAL n. m. y adj. Planta arbórea o arbustiva que se cultiva para la producción de frutos comestibles.

FRUTERÍA n. f. Tienda o puesto donde se vende fruta.

FRUTERO, A adj. Que sirve para llevar o contener fruta: *buque frutero*. ♦ n. 2. Persona que vende fruta. ♦ n. m. 3. Recipiente para poner fruta.

FRUTICULTURA n. f. Cultivo de las plantas que producen frutas.

FRUTILLA n. f. BOT. *Amér. Merid.* Fresa.

FRUTILLAR n. m. *Amér.* Sitio donde se crían las frutillas.

FRUTILLERO, A n. *Amér.* Vendedor ambulante de frutillas.

FRUTO n. m. (lat. *fructum*, usufructo, disfrute). Órgano que contiene las semillas de una planta y que procede, generalmente, del ovario de la flor. **2.** Hijo que lleva la mujer en su seno. **3.** Cualquier producción de la tierra que rinde alguna utilidad. **4.** Producto del ingenio o del trabajo humano. **5.** *Fig.* Utilidad, provecho, resultado. • **Fruto seco**, el que por la condición de su cáscara, o por haber sido sometido a desecación, se conserva comestible todo el año. SIN.: *fruta seca.* ♦ **frutos** n. m. pl. **6.** Producciones de la tierra, de que se hace cosecha.

FU n. m. (voz onomatopéyica). Bufido del gato. • **Ni fu ni fa** (*Fam.*), indica que algo es indiferente, ni bueno ni malo.

FUCILAR v. intr. (port. *fuzil*, eslabón) [1]. Fulgurar, rielar.

FUCO n. m. Alga de color pardo oscuro, muy común, que se encuentra en la zona litoral. (Familia fucáceas.)

FUCSIA n. f. (de L. *Fuchs*, botánico alemán). Arbusto originario de América de flores rojas decorativas. (Familia enoteráceas.) ♦ adj. n. y n. m. Relativo a un color semejante al de las flores de la fucsia.

FUEGO n. m. (lat. *focum*, hogar). Desprendimiento de calor, luz y llamas, producido por la combustión de un cuerpo. **2.** Materia encendida en brasa o llama. **3.** Incendio. **4.** Hoguera. **5.** *Fig.* Casa u hogar. **6.** *Fig.* Pasión, entusiasmo, ardor. **7.** Efecto de disparar las armas de fuego. **8.** Sensación de ardor o quemazón en una región determinada del organismo. • **A fuego lento**, expresa el daño o perjuicio que se va haciendo poco a poco y sin ruido. ∥ **Abrir, romper** o **hacer, fuego**, empezar a disparar. ∥ **Arma de fuego**, arma que se dispara con una materia explosiva. ∥ **Fuego fatuo**, llama errática que se produce en el suelo, especialmente en los cementerios, por la inflamación del fosfuro de hidrógeno desprendido de las materias orgánicas en descomposición; (*Fig.*), ardor pasajero. ∥ **Pegar fuego**, incendiar. ♦ interj. **9.** MIL. Voz de mando con que se ordena abrir fuego. ♦ **fuegos** n. m. pl. **10.** Cohetes y otros artificios de pólvora. SIN.: *fuegos artificiales.*

FUEGO (Tierra del) → **Tierra del Fuego**.

FUEGO (volcán de), volcán de Guatemala, en el Eje volcánico guatemalteco-salvadoreño; 3763 m.

FUEGUINO, A adj. y n. Relativo a tres pueblos amerindios (ona, alacaluf y yahgán), act. extinguidos, de lengua y características físicas distintas pero de cultura bastante homogénea, muy rudimentaria; individuo de estos pueblos. (Habitaban en el extremo meridional de América del Sur [Isla Grande de la Tierra del Fuego].)

FUELLE n. m. (lat. *follem*). Instrumento que sirve para soplar o producir viento. **2.** Arruga o pliegue del vestido. **3.** Pieza de materia flexible que se pone en los lados de los bolsos, carteras, etc., para aumentar o disminuir su volumen. **4.** F.C. En los trenes, corredor flexible que pone en comunicación dos vagones.

FUEL-OIL o **FUEL** n. m. (voz inglesa). Combustible líquido, de color pardo oscuro o negro, más o menos viscoso, derivado del petróleo. SIN.: *ma-zut.*

FUENLABRADA, v. de España (Madrid, cab. de p. j.; 144 069 hab. Industrias alimentarias, electrónicas y metalmecánicas.

FUENTE n. f. (lat. *fontem*). Manantial de agua que brota de la tierra. **2.** Cuerpo de arquitectura hecho de fábrica, piedra, hierro, etc., que sirve para que salga el agua por uno o varios caños dispuestos en él. **3.** Pila bautismal. **4.** Plato grande, circular u oblongo, que se usa para servir la comida. **5.** Cantidad de comida que cabe en este plato. **6.** *Fig.* Sitio, hecho u ocasión de donde procede algo. **7.** Sistema que puede emitir de forma permanente energía, como calor, luz, electricidad, etc., o partículas. • **De buena fuente** o **de buenas fuentes**, fidedigno. ∥ **Fuente de soda** (*Chile, Méx.* y *Venez.*), bar, cafetería.

FUENTES (Carlos), escritor mexicano (México 1928). La búsqueda de la realidad mexicana a través de los mitos del pasado es una constante de su narrativa desde sus primeras novelas (*La región más transparente*, 1958; *Las buenas conciencias*, 1959). Tras el relato fantástico *Aura* (1962), publicó *La muerte de Artemio Cruz* (1962), novela cuyo marcado experimentalismo revela el conocimiento de los grandes autores anglosajones (Joyce, Dos Passos). Posteriores son *Cambio de piel* (1967), *Cumpleaños* (1969), *Terra nostra* (1975), su novela más compleja, *La cabeza de la hidra* (1978), *Gringo viejo* (1985), *Cristóbal Nonato* (1987), *Frontera de Cristal* (1996), *Los años con Laura Díaz* (1999) e *Instinto de Inez* (2001). Ha cultivado también el teatro y el ensayo. (Premio Cervantes 1987, Premio de la Latinidad 1999.)

FUER n. m. Apócope de *fuero*. • **A fuer de**, a título de, en razón de, como.

FUERA adv. l. y t. A, o en, la parte exterior de una cosa. **2.** Seguido de la prep. *de* y un sustantivo, excepto, salvo: *fuera de esto, no queda nada más.* **3.** Seguido de la prep. *de* y determinados nombres de acción, introduce el significado de privación o eliminación de la misma: *fuera de combate; fuera de acción.* • **De fuera**, de otra población o país; por la parte exterior. ♦ n. m. **Fuera borda**, motor instalado en la parte trasera de una embarcación, en el exterior de la borda; pequeña embarcación de recreo o de carreras, propulsada por un motor fuera borda. ∥ **Fuera de banda**, en algunos deportes de equipo, salida de la pelota del terreno de juego por una de sus bandas laterales. ∥ **Fuera de juego**, en algunos deportes de equipo, posición irregular de un jugador con relación a sus adversarios. ♦ adj. y n. m. y f. **4.** Fuera de serie, dícese de los objetos cuya construcción esmerada les distingue de los fabricados en serie; sobresaliente en su línea. ♦ interj. **5.** Se emplea para echar a alguien de un sitio: *¡fuera de mi vista!* ♦ interj. y n. m. **6.** Se emplea para demostrar inconformidad con alguien que habla o actúa en público.

FUEREÑO, A adj. y n. *Méx.* Dícese del que proviene de una región, ciudad, país, etc., distinto del lugar en que se está: *en Semana santa llegan muchos fuereños a la ciudad.*

FUERO n. m. (lat. *forum*, plaza pública, tribunal de justicia). Derechos y privilegios que se concedían a un territorio, ciudad o persona. **2.** Derechos y privilegios que se conceden a ciertas actividades, principios, etc. (Suele usarse en plural.) **3.** Compilación jurídica. **4.** *Fig.* y *fam.* Arrogancia, presunción. (Suele usarse en plural.) • **En el fuero interno**, o **interior**, de alguien, en la intimidad de la persona de que se trata. ∥ **Volver por los fueros** de algo, defenderlo de atropellos o ataques injustos.

FUERTE adj. (lat. *fortem*). Que tiene fuerza y resistencia. **2.** Robusto, corpulento: *hombre alto y fuerte.* **3.** Animoso, varonil, valiente: *hay que ser fuerte para vencer las dificultades.* **4.** Duro, difícil de labrar y trabajar: *el hierro es más fuerte que el plomo.* **5.** Firme o sujeto, muy agarrado: *átalo fuerte.* **6.** *Fig.* Terrible, grande, importante: *en el artículo se dicen cosas muy fuertes.* **7.** Dícese del terreno áspero y fragoso. **8.** Dícese de lo que tiene gran intensidad, energía o eficacia, y de lo que produce viva sensación o efecto: *el café es demasiado fuerte.* **9.** Dícese del volumen de sonido muy elevado: *hablar muy fuerte.* **10.** Dotado de medios poderosos: *los países fuertes dominan a los débiles.* **11.** *Fig.* Versado o docto en una ciencia o arte: *fuerte en matemáticas.* **12.** FORT. Dícese del lugar resguardado con obras de defensa capaz de resistir los ataques del enemigo. **13.** QUÍM. Dícese de una base, un ácido, o un electrólito muy disociados. ♦ n. m. **14.** Aquello en que más sobresale o destaca una persona: *su fuerte es la música.* **15.** Obra de fortificación que presenta cierto número de frentes. ♦ adv. n. **16.** Con fuerza: *pegar fuerte.* **17.** Mucho, con exceso: *jugar fuerte.*

FUERTE OLIMPO, c. de Paraguay, cap. del dep. de Alto Paraguay; 1 867 hab. Puerto fluvial en el río Paraguay.

FUERZA n. f. Capacidad de acción física. **2.** Eficacia que tiene algo para producir un efecto. **3.** Resistencia, capacidad de soportar un peso o de oponerse a un impulso: *la fuerza de un dique.* **4.** Esfuerzo, aplicación de la capacidad física o moral: *cógelo con fuerza, no se te escape.* **5.** Autoridad, poder. **6.** Uso de la violencia para obligar. **7.** Vigor, vitalidad: *esta planta crece con mucha fuerza.* **8.** FÍS. Causa capaz de deformar un cuerpo o de modificar su estado de reposo y movimiento. • **A fuerza de**, empleando con insistencia un medio o reiterando una acción. ∥ **A la fuerza** o **por fuerza**, por necesidad. ∥ **Fuerza bruta**, la material, aplicada desmesuradamente y sin inteligencia. ∥ **Fuerza de intervención** (MIL.), unidades y medios militares organizados para entrar en acción con la máxima rapidez en caso de agresión o amenaza. ∥ **Fuerza mayor**, circunstancia imprevisible e inevitable que impide el cumplimiento de una obligación. ∥ **fuerzas** n. f. pl. **9.** Fuerzas armadas, conjunto de los ejércitos de tierra, mar y aire de un estado o de una organización supranacional. ∥ **Fuerzas de orden público**, conjunto de cuerpos de seguridad del estado que tienen a su cargo el mantenimiento del orden interno. ∥ **Fuerzas vivas**, clases y grupos impulsores y controladores de la actividad y la prosperidad de un país, localidad, etc.

FUETAZO n. m. *Amér.* Latigazo.

FUETE n. m. (fr. *fouet*). *Amér.* Látigo.

FUGA n. f. (lat. *fugam*). Acción y efecto de fugarse. **2.** Momento de auge o intensidad de una acción. **3.** Salida, escape accidental de un fluido por un orificio o abertura. **4.** Evasión al extranjero de valores necesarios para el propio país: *fuga de capitales.* **5.** MÚS. Composición musical de estilo contrapuntístico, basado en el uso de la imitación procedente de un tema generalmente corto, pero bien diferenciado. • **Punto de fuga**, punto de un dibujo en perspectiva en el que concurren rectas que son paralelas en la realidad.

FUGACIDAD n. f. Calidad de fugaz.

FUGARSE v. pron. [1b]. Escaparse, huir.

FUGAZ adj. Que dura poco. **2.** Que huye y desaparece con velocidad.
FUGITIVO, A adj. y n. Que anda huyendo y escondiéndose. ♦ adj. **2.** Que pasa muy aprisa. **3.** Fig. Caduco, perecedero, de corta duración.
FUJI, c. de Japón (Honshū), al pie del Fuji-Yama; 222 490 hab. Centro industrial.
FUJI-YAMA o **FUJI-SAN,** la montaña más alta de Japón (Honshū), volcán extinguido; 3776 m.
FUKUOKA, c. y puerto de Japón (Kyūshū), junto al estrecho de Corea; 1 237 062 hab.
FUKUYAMA, c. y puerto de Japón (Honshū); 365 612 hab. Siderurgia. Centro siderúrgico.
FULANA n. f. Prostituta.
FULANO, A n. (ár. fulān, un tal). Voz con que se suple el nombre de una persona. **2.** Persona indeterminada o imaginaria. **3.** Amante. • **Fulano de tal,** expresión con que se sustituye el nombre de una persona.
FULCRO n. m. (lat. fulcrum). Punto de apoyo de la palanca.
FULERENO n. m. QUÍM. Variedad cristalina de carbono cuya molécula consta de gran número de átomos; los fulerenos son de gran interés en electrónica.
FULERO, A adj. Chapucero, inaceptable, poco útil.
FÚLGIDO, A adj. Poét. Brillante, resplandeciente.
FULGIR v. intr. (lat. fulgere, relampaguear) [3b]. Brillar, resplandecer.
FULGOR n. m. (lat. fulgorem, relámpago). Resplandor y brillantez con luz propia.
FULGURANTE adj. Resplandeciente, muy brillante.
FULGURAR v. intr. (lat. fulgurare, relampaguear) [1]. Brillar, resplandecer, despedir rayos de luz.
FULL n. m. (voz inglesa, lleno). En el póquer, conjunto formado por un trío y una pareja.
FULLER (Samuel), director de cine norteamericano (Worcester, Massachusetts, 1911-Los Ángeles 1997). Anticonformista y ecléctico, realizó películas de fuerte temática (Balas vengadoras, 1949; Corredor sin retorno, 1963).
FULLERÍA n. f. Trampa y engaño que se comete en el juego. **2.** Fig. Astucia, cautela y arte con que se pretende engañar.
FULLERO, A adj. y n. Que hace fullerías o trampas en el juego. **2.** Fam. Chapucero, precipitado.
FULMINANTE adj. Dícese de la enfermedad muy grave, repentina y generalmente mortal. **2.** Fig. Rápido. ♦ adj. y n. **3.** Apto para explotar produciendo fuerte ruido y brillante fulgor.
FULMINAR v. tr. (lat. fulminare) [1]. Arrojar rayos. **2.** Herir, matar o dañar un rayo o con un rayo a alguien o algo. **3.** Fig. Causar muerte repentina una enfermedad. **4.** Fig. Hacer que explote una materia explosiva. **5.** Fig. Dictar, imponer sentencias, excomuniones, etc. **6.** Fig. Dirigir a alguien una mirada muy irritada y colérica.
FUMADERO n. m. Lugar o sitio destinado para fumar: fumadero de opio.
FUMADOR, RA adj. y n. Que tiene costumbre de fumar. § n. **2. Fumador pasivo,** no fumador que inhala el humo producido por un fumador.
FUMAR v. tr. (fr. fumer) [1]. Humear. **2.** Cuba, Méx. y P. Rico. Dominar a alguien, chafarle. • **Fumar a alguien** (Méx. Fam.), hacerle caso. ♦ v. tr., intr. y pron. **3.** Aspirar y despedir el humo del tabaco u otra sustancia herbácea, que se hace arder en pipas, cigarrillos o cigarros, llevándoselos a la boca. ♦ **fumarse** v. pron. **4.** Fig. y fam. Gastar, consumir indebidamente una cosa: fumarse la paga del mes. **5.** Fig. y fam. Descuidar una obligación.
FUMARADA n. f. Porción de humo que sale de una vez. **2.** Porción de tabaco que cabe en la pipa.
FUMAROLA n. f. (ital. fumaruola). Emisión de gases de origen volcánico.
FUMIGACIÓN n. f. Acción de fumigar.
FUMIGADOR, RA n. Persona que fumiga. ♦ n. m. **2.** Aparato para efectuar fumigaciones.
FUMIGANTE adj. Que fumiga. ♦ n. m. **2.** Pesticida que se evapora o se descompone en productos gaseosos en contacto con el aire o el agua.
FUMIGAR v. tr. (lat. fumigare) [1b]. Desinfectar algo por medio de humo, gas o vapores adecuados.
FUNAMBULESCO, A adj. Dícese del andar, pasos y movimientos semejantes a los del funámbulo. **2.** Fig. Grotesco, extravagante.
FUNÁMBULO, A n. (lat. funambulum, de funem, cuerda, y ambulare, caminar). Acróbata que anda o hace habilidades sobre la cuerda floja, el alambre o el trapecio.
FUNCHE n. m. Antillas, Colomb. y Méx. Especie de gachas de harina de maíz.
FUNCIÓN n. f. (lat. functionem, cumplimiento, ejecución). Actividad particular de cada órgano u organismo de los seres vivos, máquinas o instrumentos. **2.** Ejercicio de un empleo, facultad u oficio: las funciones del juez. **3.** Acto público, que constituye un espectáculo de cualquier clase, al que concurre mucha gente: función de teatro. **4.** Acción propia o característica de alguien o de algo. **5.** LING. Papel sintáctico de una palabra o de un grupo de palabras dentro de una frase. **6.** MAT. Magnitud dependiente de una o de varias variables. **7.** QUÍM. Conjunto de propiedades pertenecientes a un grupo de cuerpos: función ácida. • **En función de,** en relación de dependencia con algo. ǁ **En funciones,** en sustitución de que ejerce un cargo. ǁ **Función algebraica** (MAT.), función que se calcula mediante las operaciones ordinarias de álgebra.
FUNCIONAL adj. Relativo a las funciones orgánicas, matemáticas, etc., y especialmente a las vitales. **2.** Práctico, eficaz, utilitario.
FUNCIONALISMO n. m. Doctrina del s. XX, prolongación del racionalismo del s. XIX, según la cual, en arquitectura y en las artes decorativas, la forma está mejor determinada por la función. **2.** En antropología y en sociología, doctrina que extrae sus instrumentos de observación del postulado según el cual la sociedad es una totalidad orgánica cuyos diversos elementos se explican por la función que desempeñan en la misma.
FUNCIONAMIENTO n. m. Acción y efecto de funcionar.
FUNCIONAR v. intr. [1]. Ejecutar las funciones que le son propias.
FUNCIONARIADO n. m. Clase de los funcionarios.
FUNCIONARIO, A n. Persona que desempeña una función pública. **2.** Argent. Empleado jerárquico, particularmente el estatal.
FUNDA n. f. Cubierta o receptáculo, con que se envuelve, cubre o guarda una cosa para conservarla o resguardarla.
FUNDACIÓN n. f. Acción y efecto de fundar. **2.** Principio y origen de una cosa. **3.** DER. Patrimonio organizado afectado a un fin y sin finalidad lucrativa, al que la ley confiere personalidad jurídica.
FUNDADOR, RA adj. y n. Que funda. ♦ n. **2.** DER. Persona que constituye una fundación o una sociedad.
FUNDAMENTACIÓN n. f. Acción y efecto de fundamentar.
FUNDAMENTAL adj. Que sirve de fundamento o de base.
FUNDAMENTALISMO n. m. Integrismo. • **Fundamentalismo islámico,** movimiento religioso musulmán del s. XX que preconiza la vuelta a la estricta observancia de las leyes coránicas.
FUNDAMENTALISTA adj. y n. m. y f. Relativo al fundamentalismo; miembro del fundamentalismo.
FUNDAMENTAR v. tr. [1]. Echar los cimientos a un edificio. **2.** Fig. Establecer o poner fundamentos.
FUNDAMENTO n. m. (lat. fundamentum). Principio o base de una cosa, especialmente cimientos de un edificio. **2.** Razón principal o motivo con que se pretende afianzar y asegurar una cosa. **3.** Seriedad, sensatez o formalidad de una persona. **4.** Fig. Elementos básicos de una cosa. (Suele usarse en plural.)
FUNDAR v. tr. (lat. fundare, poner los fundamentos) [1]. Establecer, crear una ciudad, edificio, negocio, institución, etc. ♦ v. tr. y pron. **2.** Apoyar, basar.
FUNDENTE adj. y n. m. Que facilita la fundición. ♦ n. m. **2.** INDUSTR. Sustancia que facilita la fusión de otro cuerpo.
FUNDICIÓN n. f. Acción y efecto de fundir. **2.** Instalación metalúrgica en la que se funden los metales o las aleaciones. **3.** Aleación de hierro y carbono que se elabora en estado líquido directamente a partir del mineral de hierro.
FUNDIDO, A adj. METAL. Dícese del acero elaborado en crisol. **2.** METAL.: Dícese del metal en estado líquido. **3.** Argent. Fam. Muy cansado, abatido. ♦ n. m. **4.** CIN. Procedimiento consistente en hacer aparecer o desaparecer lentamente una imagen.
FUNDIR v. tr. (lat. fundere, derretir) [3]. Derretir y liquidar los metales u otros cuerpos sólidos. **2.** Dejar de funcionar, por un circuito o un exceso de tensión, un aparato eléctrico. **3.** Unir conceptos, ideas, intereses o partidos. **4.** Amér. Fig. y fam. Arruinar algo o a alguien, hundirlo. ♦ v. tr. **5.** METAL. Dar forma en moldes al metal en fusión.
FUNDO n. m. (lat. fundum, fondo). Chile y Ecuad. Explotación agrícola de superficie más pequeña que la de la hacienda y mayor que la de la chacra. **2.** Chile y Perú. Finca.
FÚNEBRE adj. (lat. funebrem). Relativo a los difuntos. **2.** Fig. Muy triste y sombrío.
FUNERAL adj. (lat. funeralem). Relativo al entierro o a las exequias de un difunto. ♦ n. m. **2.** Oficio religioso que se hace por los difuntos. (Suele usarse en plural.) **3.** Entierro que se hace con mucha solemnidad.
FUNERARIO, A adj. (lat. funerarium). Funeral, perteneciente al entierro o exequias. ♦ adj. y n. f. **2.** Dícese de la empresa encargada de la conducción y entierro de los difuntos.
FUNES (Gregorio **Funes,** llamado **El Deán**), eclesiástico y patriota argentino (Córdoba 1749-Buenos Aires 1829). En 1810 se sumó a los patriotas bonaerenses y fue miembro de la Junta Superior de Buenos Aires.
FUNESTO, A adj. (lat. funestum, funerario). Que causa, acompaña o constituye desgracia.
FUNGIBILIDAD n. f. Cualidad de lo que es fungible.
FUNGIBLE adj. Que se consume con el uso.
FUNGICIDA n. m. y adj. Sustancia que destruye los hongos microscópicos.
FÚNGICO, A adj. Relativo a los hongos.
FUNGIR v. intr. [3b]. Hond, Méx. y Salv. Desempeñar un empleo o cargo.
FUNICULAR adj. y n. m. Que funciona por medio de una cuerda o que depende de la tensión de una cuerda o cable. **2.** F.C. Dícese del ferrocarril destinado a ascender por rampas muy pronunciadas y cuya tracción se hace por medio de un cable o cadena. **3.** F.C. Cualquier medio de transporte por cable aéreo.
FURGÓN n. m. (fr. fourgon). Vehículo largo y cubierto, utilizado para el transporte de

FUR

mercancías. **2.** Vagón de equipajes, en un tren.
FURGONETA n. f. (fr. *fourgonnette*). Pequeño vehículo comercial, de cuatro ruedas, de carrocería cerrada con una puerta en la parte posterior.
FURIA n. f. (lat. *furiam*). Cólera, ira. **2.** *Fig.* Persona muy irritada y colérica. **3.** Ímpetu o violencia de las cosas materiales: *la furia de los elementos.* **4.** Prontitud y diligencia con que se ejecuta algo: *nadar con furia.* **5.** *Fig.* Momento de gran intensidad de una moda o costumbre.
FURIBUNDO, A adj. (lat. *furibundum*). Airado, colérico, muy propenso a enfurecerse. **2.** Que denota furor.
FÚRICO, A adj. *Méx.* Furioso, muy enojado: *se puso fúrico con la noticia.*
FURIOSO, A adj. (lat. *furiosum*). Poseído de furia. **2.** Dícese de los locos violentos. **3.** *Fig.* Violento, terrible: *celos furiosos.* **4.** Muy grande y excesivo: *unas ganas furiosas de reír.*
FURNIA n. f. *Amér.* Bodega bajo tierra.
FUROR n. m. (lat. *furorem*). Cólera, ira exaltada. **2.** Furia, actividad y violenta agitación de las cosas insensibles. **3.** *Fig.* Prisa, velocidad. • **Hacer furor,** causar sensación, estar de moda.
FURRUCO n. m. Zambomba muy popular en Venezuela.
FURTIVO, A adj. (lat. *furtivum*). Que se hace a escondidas y como ocultándose: *mirada furtiva.* **2.** Dícese de las personas que obran de esta manera.
FURÚNCULO n. m. Forúnculo.
FUSA n. f. (voz italiana). Nombre de la figura musical que equivale a la mitad de la semicorchea.
FUSCA n. f. *Méx. Fam.* Pistola, arma de fuego.
FUSELAJE n. m. Cuerpo de un avión al que se fijan las alas y que contiene el habitáculo.
FUSIBLE adj. Susceptible de fundirse por efecto del calor. ♦ n. m. **2.** Hilo de una aleación especial que, colocado en un circuito eléctrico, interrumpe el paso de corriente al fundirse cuando la intensidad es demasiado fuerte.
FUSIL n. m. (fr. *fusil*). Arma de fuego portátil, de tiro tenso e individual, que constituye el armamento básico del combatiente, en especial, de la infantería. • **Fusil ametrallador,** arma automática ligera, con un dispositivo para disparar ráfagas cortas o en modalidad de tiro a tiro. ǁ **Fusil subacuático,** o **submarino,** fusil que lanza arpones a gran velocidad, unidos al arma mediante un hilo, utilizado en la pesca submarina.
FUSILAMIENTO n. m. Acción y efecto de fusilar.
FUSILAR v. tr. [**1**]. Ejecutar a una persona con descarga de fusilería. **2.** *Fig.* Plagiar, copiar o apropiarse en lo sustancial de obras ajenas.
FUSIÓN n. f. (lat. *fusionem*). Acción y efecto de fundir o fundirse. **2.** Paso de un cuerpo sólido al estado líquido, por la acción del calor. **3.** *Fig.* Unión de partidos, intereses, ideas, etc. **4.** Reunión de dos o más sociedades independientes que abandonan su identidad jurídica para crear una nueva, reagrupando sus bienes sociales. **5.** FÍS. NUCL. Unión de varios núcleos atómicos ligeros, a temperatura muy elevada, con formación de núcleos más pesados y gran desprendimiento de energía.
FUSIONAR v. tr. y pron. [**1**]. Producir una fusión.
FUSTA n. f. Látigo, vara delgada y flexible con una correa sujeta a uno de sus extremos, utilizada para estimular a las caballerías.
FUSTÁN n. m. *Amér. Merid.* Enagua ancha de algodón.
FUSTE n. m. (lat. *fustem*). Madera, parte sólida de los árboles debajo de la corteza. **2.** Vara, palo largo y delgado, especialmente el que sirve de asta a la lanza. **3.** *Poét.* Silla de caballo. **4.** Nervio, entidad, importancia, fundamento. **5.** ARQ. Cuerpo de la columna que media entre la basa y el capitel.
FUSTIGAR v. tr. [**1b**]. Azotar, dar azotes a uno. **2.** *Fig.* Censurar con dureza.
FUTALEUFÚ, dep. de Argentina (Chubut); 30 769 hab. Planta de aluminio. Central hidroeléctrica. Aeropuerto.
FÚTBOL o **FUTBOL** n. m. (ingl. *football*). Deporte que se practica entre dos equipos de once jugadores, y que consiste en introducir en la portería del equipo contrario un balón esférico, impulsándolo con los pies, el cuerpo, salvo manos y brazos, y la cabeza, siguiendo ciertas reglas. SIN.: *balompié.* • **Fútbol americano,** deporte practicado esencialmente en E.U.A. y más cercano al rugby que al fútbol. ǁ **Fútbol sala,** juego de pelota, similar al fútbol, que se disputa sobre un campo cubierto de menores dimensiones y con menor número de jugadores.
FUTBOLÍN n. m. (marca registrada). Fútbol de mesa que consiste en accionar unas figurillas con la ayuda de unos ejes móviles, simulando un partido.
FUTBOLISTA n. m. y f. Jugador de fútbol.
FUTBOLÍSTICO, A adj. Relativo al fútbol.
FÚTIL adj. (lat. *futilem*, frívolo). De poco aprecio o importancia.
FUTILIDAD n. f. Calidad de fútil. **2.** Cosa fútil.
FUTRE n. m. *Chile.* Persona bien vestida. **2.** *Chile.* En zonas rurales, patrón.
FUTURIBLE n. m. y adj. Futuro contingente y condicionado. **2.** Cosa, hecho, fenómeno o idea que participa de esas características.
FUTURISMO n. m. Movimiento literario y artístico de principios del s. XX, que condena la tradición estética e intenta integrar el mundo moderno, en sus manifestaciones tecnológicas y sociales, tanto en la expresión poética como en la plástica.
FUTURISTA adj. y n. m. y f. Que pertenece o está vinculado al futurismo. ♦ adj. **2.** Que intenta evocar la sociedad o las técnicas del futuro.
FUTURO, A adj. (lat. *futurum*). Que está por venir o suceder. ♦ n. **2.** Con respecto a una persona, otra prometida formalmente con ella en matrimonio. ♦ n. m. **3.** Porvenir, tiempo que ha de venir: *preocuparse por el futuro.* **4.** LING. Tiempo del verbo que expresa una acción o un estado que ha de suceder. **5.** LING. En la nomenclatura de los tiempos verbales de Bello, futuro imperfecto. • **Futuro imperfecto,** tiempo que expresa la posterioridad de una acción o de un hecho en relación con el momento en que se habla. SIN.: *futuro.* ǁ **Futuro perfecto,** tiempo que indica una acción acabada en relación con otra futura. SIN.: *antefuturo.*
FUTUROLOGÍA n. f. Conjunto de investigaciones que estudian el futuro e intentan prever cuál será, en un momento dado, el estado futuro del mundo o de un país en los campos social, político, etc.
FUTURÓLOGO, A n. Especialista en futurología.

Ggg

G n. f. Séptima letra del alfabeto español y la quinta de las consonantes. (Seguida de e o i, representa un sonido de articulación velar fricativa sorda, como la de la j: genio, giro. En cualquier otro caso representa un sonido de articulación velar sonora. Cuando este sonido velar sonoro precede a e o i, se escribe interponiendo una u que no se pronuncia: guerra, guía. Cuando esta u se pronuncia, debe llevar diéresis: antigüedad, argüir.) **2.** Símbolo del gramo. **3.** FÍS. Símbolo de la aceleración de la gravedad. **4.** METROL. Símbolo de giga.

Ga, símbolo químico del galio.

GABACHO, A adj. y n. Relativo a los naturales de algunos pueblos de las faldas de los Pirineos. **2.** Fam. y desp. Francés. **3.** Méx. Fam. Estadounidense.

GABÁN n. m. Capote de paño fuerte con mangas, a veces, con capucha. **2.** Abrigo, sobretodo.

GABARDINA n. f. Prenda de vestir en forma de abrigo, del tejido del mismo nombre o de otra tela impermeabilizada. **2.** Tela de tejido diagonal con que se hacen diversas prendas de vestir.

GABARRA n. f. (vasc. gabarra o kabarra). Embarcación grande para el transporte de mercancías, o pequeña y chata para la carga y descarga de los barcos.

GABELA n. f. (ital. gabella). Fig. Carga, gravamen. **2.** Colomb., Dom., Ecuad., P. Rico y Venez. Provecho, ventaja.

GABINETE n. m. (fr. ant. gabinet). Aposento, menor que la sala, en que se reciben visitas. **2.** Cuarto destinado al ejercicio de ciertas profesiones, o a la investigación, estudio o enseñanza de algunas ciencias. **3.** Conjunto de los ministros que, bajo la dirección del jefe de gobierno, presidente del consejo o primer ministro, constituye la autoridad colectiva que asume el poder ejecutivo. **4.** Colomb. Balcón cubierto.

GABIROL (Šelomó **ibn**), poeta y filósofo hebraicoespañol (Málaga c. 1020-Valencia 1050 o 1058), conocido por los escolásticos como **Avicebrón.** Su obra principal es Fuente de la vida.

GABÓN, estado de África ecuatorial; 268 000 km²; 1 200 000 hab. (Gaboneses.) CAP. Libreville. LENGUA OFICIAL: francés. MONEDA: franco C.F.A.

GEOGRAFÍA
El territorio se corresponde con la cuenca del Ogooué, y constituye un país poco poblado, de clima ecuatorial, cubierto de selva densa, cuya explotación constituye un importante recurso, junto a las industrias de extracción (uranio, manganeso y petróleo, su principal recurso).

HISTORIA
Los primeros habitantes fueron probablemente los pigmeos, que vivían en las tierras del interior. 1471 o 1473: los portugueses llegaron a sus costas. S. XVII-inicios del s. XIX: los europeos practicaron la trata de negros, al tiempo que comerciaban con marfil y ébano. 1843: Francia se estableció definitivamente en Gabón, donde el avance de los fangs procedentes del NE empujó a las poblaciones autóctonas hacia la costa. 1849: esclavos liberados fundaron Libreville. 1886: Gabón se convirtió en colonia francesa. Se fusionó con el Congo francés (1888-1904) y después se integró en el África ecuatorial francesa (1910). 1956: la colonia consiguió la autonomía. 1958: se proclamó la República de Gabón. 1960: accedió a la independencia. 1961-1967: L. M'Ba, presidente. Desde 1967, O. Bongo ha gobernado.

GABONÉS, SA adj. y n. De Gabón.

GABOR (Dennis), físico británico de origen húngaro (Budapest 1900-Londres 1979). Inventó la holografía en 1948. (Premio Nobel de física 1971.)

GABORONE, ant. **Gaberones,** c. y cap. de Botswana; 138 000 hab.

GABRIEL, ángel de las tradiciones judía, cristiana e islámica. En el Evangelio, Gabriel anuncia el nacimiento de Juan el Bautista y de Jesús. La tradición posterior lo convirtió en arcángel.

GACELA n. f. (ár. gaceta). Pequeño mamífero rumiante del grupo de los antílopes, muy veloz, que habita en las estepas de África y Asia.

GACETA n. f. (ital. gazzetta). Periódico en el que se dan noticias políticas, literarias, artísticas, etc. **2.** Fam. Correveidile.

GACETERO, A n. Persona que escribe para las gacetas o las vende.

GACETILLA n. f. Noticia corta en un periódico. **2.** Fig. y fam. Persona que por hábito o inclinación lleva y trae noticias de una parte a otra.

GACETILLERO, A n. Redactor de gacetillas.

GACHA n. f. Masa muy blanda y casi líquida. **2.** Colomb. y Venez. Vasija de loza o barro. ♦ **gachas** n. f. pl. **3.** Comida hecha con harina cocida en agua, que se aderaza con leche, miel, etc.

GACHO, A adj. Encorvado, inclinado hacia la tierra: ir con la cabeza gacha. **2.** Méx. Fam. Desagradable, feo, molesto o malo: está muy gacho de vestido.

GACHUMBO n. m. Colomb. y Ecuad. Cubierta leñosa y dura de varios frutos, con la cual se hacen vasijas, tazas y otros utensilios.

GACHUPÍN, NA n. Sobrenombre despectivado a los españoles que se establecen en América. Sin.: cachupín.

GADAFI o **QADDAFI** (Mu'ammar **al-**), político libio (Syrte 1942). Principal instigador del golpe de estado que derrocó al rey Idris I (1969), presidió el Consejo de la revolución (1969-1977) y el secretariado general del Congreso general del pueblo (1977). En 1979 renunció a sus funciones oficiales, pero sigue siendo en la práctica el jefe de estado.

GADITANO, A adj. y n. De Cádiz.

GADOLINIO n. m. Metal (Gd) del grupo de las tierras raras, de número atómico 64 y masa atómica 157,25.

GAÉLICO, A adj. y n. Relativo a los gaëls. ♦ n. m. y adj. **2.** Grupo de dialectos célticos de Irlanda y Escocia.

GAFA n. f. (cat. gafa, gancho, corchete). Grapa de metal. **2.** Especie de gancho o clavo en forma de L, usado como medio de unión en una pared. ♦ **gafas** n. f. pl. **3.** Par de lentes engarzados en una montura dispuesta de forma que se puede colocar sobre la nariz, delante de los ojos. **4.** Esta misma montura.

GAFETE n. m. Corchete, gancho de metal.

GAG n. m. (voz inglesa). Situación o efecto cómico.

GAGARIN (Yuri Aléxeievich), piloto militar y cosmonauta soviético (Kluchino [act. Gagarin], Smoliensk, 1934-Vladimir 1968). Fue el primer hombre que realizó un vuelo espacial (12 abril 1961).

GAIAC n. m. Macera fina y muy dura de las Antillas, Guayana francesa y Venezuela.

GAINSBOROUGH (Thomas), pintor británico (Sudbury, Suffolk, 1727-Londres 1788), autor de delicados retratos de la aristocracia, o de familia, así como de majestuosos paisajes.

GAITA n. f. Instrumento de viento formado por una especie de fuelle, al cual van unidos tres tubos de boj. SIN.: gaita gallega. **2.** Flauta a modo de chirimía que se usa en las fiestas populares. **3.** Fig. y fam. Cosa difícil, ardua o engorrosa. • **Templar gaitas** (Fam.), usar de contemplaciones para concertar voluntades o satisfacer o desenojar a uno.

GAITA adj. y n. m. y f. (voz lunfarda). Español.

GAITÁN (Jorge Eliecer), jurista y político colombiano (Bogotá 1903-id. 1948). Lideró un movimiento antioligárquico y anticacíquil. Su asesinato provocó un levantamiento popular (Bogotazo).

GAITÁN DURÁN (Jorge), escritor colombiano (Pamplona 1924-isla de Guadalupe 1962). Destacado poeta (El libertino, 1954; Si mañana despierto, 1961), cultivó también el ensayo.

GAITERO, A n. Persona que toca la gaita. ♦ adj. y n. **2.** Fam. Dícese de la persona ridículamente alegre. ♦ adj. **3.** Fam. Dícese de los vestidos o adornos de colores demasiado llamativos y unidos con extravagancia.

GAJE n. m. (fr. gage, prenda). Emolumento, salario que corresponde a un destino o empleo. • **Gajes del oficio** (Irón.), molestias o perjuicios que se experimentan con motivo del empleo u ocupación.

GAJO n. m. Rama de árbol desprendida. **2.** Grupo de uvas en que se divide un racimo. **3.** Racimo apiñado de cualquier fruta. **4.** Cada una de las porciones interiores de varias frutas. **5.** Argent. Esqueje.

GALA n. f. Adorno suntuoso: lucía sus mejores galas. **2.** Lo más esmerado, exquisito y selecto de una cosa: ser la gala del pueblo. **3.** Festejo de carácter extraordinario: asistir a una gala benéfica. **4.** Actuación o recital de un cantante, grupo musical u otro profesional del espectáculo. **5.** Antillas y Méx. Regalo, premio, propina. • **De gala,** dícese del uniforme o traje de mayor lujo, en contraposición

319

GAL

del que se usa para diario. ‖ **Hacer gala de** algo, preciarse y gloriarse de ello. ‖ **Tener a gala**, mostrar satisfacción de algo que no la merece.

GALÁCTICO, A adj. Relativo a la Galaxia o a una galaxia.

GALACTOSA n. f. Azúcar (hexosa) obtenido por hidrólisis de la lactosa.

GALAICO, A adj. y n. Relativo a un pueblo de la España primitiva que habitaba la zona gallega y norportuguesa; individuo de dicho pueblo. **2.** Gallego.

GALAICOPORTUGUÉS, SA adj. y n. m. Galleoportugués.

GALÁN adj. Apócope de galano. ◆ n. m. **2.** Hombre bien parecido. **3.** Novio, o el que galantea a una mujer. **4.** Actor que interpreta uno de los papeles principales, generalmente el de personaje joven y enamorado.

GALANO, A adj. De hermoso o agradable aspecto: *moza galana.*

GALANTE adj. (fr. *galant*). Atento, obsequioso, especialmente con las damas. **2.** De tema amoroso algo picante: *novela galante.*

GALANTEAR v. tr. [1]. Cortejar a una mujer o mostrarse amable con ella, requebrarla.

GALANTEO n. m. Acción de galantear.

GALANTERÍA n. f. Cualidad de galante. **2.** Gracia y elegancia. **3.** Dicho o hecho galante.

GALANURA n. f. Gala, adorno vistoso: *lucir galanuras.* **2.** Gracia, gentileza: *vestir con galanura.* **3.** *Fig.* Elegancia y gallardía en el modo de expresarse.

GALÁPAGO n. m. Tortuga acuática, en especial la tortuga europea de agua dulce, que alcanza 35 cm de long.

GALÁPAGOS o **COLÓN**, archipiélago de Ecuador, en el Pacífico, que constituye la *provincia de Galápagos*; 7812 km²; 9785 hab. Cap. *Baquerizo Moreno.* De origen volcánico, está formado por 13 islas mayores, entre las que destacan Isabela, Santa Cruz, Fernandina y San Cristóbal, y varios islotes. Parque nacional.

GALARDÓN n. m. Premio, recompensa, especialmente si son honoríficos: *recibir un galardón.*

GALARDONAR v. tr. [1]. Premiar los servicios o méritos de uno: *galardonar a un héroe de guerra.*

GALAXIA n. f. (gr. *galaxias*, relativo a la leche). Conjunto de estrellas, polvo y gas interestelares dotado de una unidad dinámica, que abarca un centenar de miles de millones, entre ellas el Sol. (Con este significado, suele escribirse con mayúscula.) **2.** Conjunto de estrellas y de materia interestelar, que presenta las mismas características generales que aquel al que pertenece el Sol. **3.** *Fig.* Conjunto de personas y elementos que están alrededor de una actividad.

GALDÓS (Benito **Pérez**) → *Pérez Galdós.*

GALEANO (Eduardo), escritor uruguayo (Montevideo 1940). Narrador (*Vagamundo*, 1973) y ensayista (*Las venas abiertas de América Latina*, 1971), su obra es una denuncia de la opresión y las dictaduras en Latinoamérica.

GALENA n. f. (lat. *galenam*). MINER. Sulfuro natural de plomo, PbS, que constituye el principal mineral de plomo.

GALENO n. m. *Fam.* Médico.

GALENO (Claudio), médico griego (Pérgamo c. 131-Roma o Pérgamo c. 201). Realizó importantes descubrimientos en anatomía.

GALEÓN n. m. (fr. *galion*, de *galie*, galera). Gran navío de vela, armado en tiempo de guerra, que servía para transportar oro, plata y mercancías preciosas que España sacaba de sus colonias, en los ss. XVII y XVIII.

GALEOTE n. m. El que remaba forzado en las galeras.

GALERA n. f. Carro grande de cuatro ruedas, generalmente cubierto. **2.** Navío de guerra, provisto de remos y velas, usado principalmente en el Mediterráneo hasta el s. XVIII. **3.** Cárcel de mujeres. **4.** Crustáceo comestible de cuerpo alargado y caparazón muy corto. **5.** *Argent., Chile* y *Urug.* Sombrero de copa redondeada, o alta y cilíndrica, y alas abarquilladas. **6.** *Méx.* Galera, prueba tipográfica. • **Sacar algo de la galera** (*Argent. Fam.*), sorprender con un hecho inesperado. ◆ **galeras** n. f. pl. **7.** Castigo que consistía en realizar trabajos forzados remando en las galeras reales.

GALERADA n. f. (de *galera*). IMPR. Prueba de una composición tipográfica o parte de ella, que se saca para hacer correcciones.

GALERÍA n. f. Habitación larga y espaciosa, generalmente con muchas ventanas, o sostenida por columnas y pilares. **2.** Paraíso del teatro. **3.** Corredor descubierto o con vidrieras. **4.** Conjunto de personas cuya opinión se tiene en cuenta al hacer algo: *actuar para la galería.* **5.** Tienda o sala de exposiciones en que se venden objetos de arte. **6.** Colección de objetos de arte, museo de pinturas. **7.** Bastidor que sostiene la cortina. **8.** MIN. Camino subterráneo abierto para la explotación de una mina. **9.** TECNOL. Pasillo estrecho: *galería de ventilación.* ◆ **galerías** n. f. pl. **10.** Almacenes o pasaje cubierto en que hay muchas tiendas de venta al por menor.

GALERNA n. f. (fr. *galerne*). Viento frío y con fuertes ráfagas que sopla sobre la costa septentrional de España.

GALERÓN n. m. *Amér. Merid.* Romance vulgar que se canta al compás de recitado. **2.** *Colomb.* y *Venez.* Aire popular al son del cual se baila y se cantan cuartetas y seguidillas. **3.** *C. Rica* y *Salv.* Cobertizo. **4.** *Méx.* Construcción muy grande y de espacios amplios.

GALES (*País de*), en ingl. **Wales**, en galés **Cymru**, región del O de Gran Bretaña; 20 800 km²; 2 798 200 hab. (*Galeses.*) Cap. *Cardiff.*

GEOGRAFÍA
Región de mesetas de clima oceánico, la agricultura (sobre todo para ganadería) ocupó un lugar secundario, en favor de la industria (metalurgia) basada en la hulla e implantada en las ciudades que jalonan el canal de Bristol (Swansea, Port Talbot, Cardiff, Newport), actualmente en declive. Estaciones balnearias en la costa N. Turismo estival.

HISTORIA
S. I a. J.C.-s. V d. J.C.: la población galesa adoptó la lengua céltica y la religión druídica. S. I d. J.C.: la ocupación romana, fundamentalmente militar, influyó poco en el país. S. VII: los galeses rechazaron a los anglosajones que invadieron Inglaterra. 1066-1139: todo el S del País de Gales cayó en manos de los anglonormandos, pero la resistencia siguió siendo fuerte. 1282-1284: Eduardo I sometió el país. 1536-1542: Gales quedó incorporado definitivamente a Inglaterra durante el reinado de Enrique VIII. 1997: aprobada por referéndum la creación de un parlamento autonómico.

GALÉS, SA adj. y n. Del País de Gales. ◆ n. m. **2.** Lengua céltica del País de Gales.

GALGO, A adj. y n. m. Dícese de los perros de figura esbelta y musculatura potente, de color leonado claro, con manchas atigradas muy oscuras.

GALIA, nombre dado en la antigüedad a las regiones comprendidas entre el Rin, los Alpes, el Mediterráneo, los Pirineos y el Atlántico. Llamada por los romanos *Galia Trasalpina* (o *Lionense*, o *Ulterior*) por oposición a la *Galia Cisalpina* (Italia continental).

GALICIA o **GALIZA**, comunidad autónoma de España formada por las provincias de *La Coruña, Lugo, Orense y Pontevedra*; 29 434 km²; 2 720 445 hab. (*Gallegos.*) Cap. *Santiago de Compostela.*

GEOGRAFÍA
El relieve se halla dominado por el macizo Galaico, que asciende desde las tierras bajas del litoral, pasando por el escalón de Santiago y el valle del Miño, hasta superar los 2000 m en las sierras del S que separan la región de la Meseta septentrional. El Miño, en la meseta de Lugo, y el Sil, son los principales ríos. La población se concentra en las provincias del litoral (La Coruña y Pontevedra), cuyos núcleos urbanos son también los de actividades industriales y terciarias. La pesca (con Vigo como puerto principal) aporta el 59 % de las capturas del estado; es notable la acuicultura. Explotación forestal. En el interior, sigue siendo predominante el sector agropecuario: cereales, viñedos (Valdeorras, Ribeiro); ganado vacuno y porcino.

HISTORIA
III milenio: civilización megalítica. 1800-600 a. J.C.: metalurgia del bronce. 600 a. J.C.: llegada de pueblos centroeuropeos (celtas); edad del hierro y cultura de los castros. Ocupada por Augusto (29-19 a. J.C.), Galicia (Gallaecia) fue provincia romana (s. III). S. V: conquista de los suevos, que establecieron un reino (411), incorporado en 485 al reino visigodo. S. VIII: la conquista musulmana fue limitada. Fines s. IX: inicio de las peregrinaciones a la tumba del apóstol Santiago, en Compostela (Camino de Santiago). Ss. X-XII: reino de Galicia. 1431 y 1467: levantamientos de los irmandiños. Reyes Católicos: sometimiento de la nobleza gallega. S. XVIII: decadencia agrícola (foros) y emigración. S. XIX: emigración a América, dominio del caciquismo rural, focos liberales urbanos y aparición del regionalismo literario y político (A. Faraldo, M. Murguía, A. Brañas). S. XX: desarrollo del galleguismo (Irmandades da fala, Castelao). 1926: decreto de redención de los foros. 1936: primer estatuto de autonomía (junio), que no llegó a entrar en vigor. 1980: estatuto de autonomía.

GALICISMO n. m. Palabra o característica fonética, morfosintáctica o semántica de la lengua francesa empleada en otra lengua. **2.** Empleo de tales palabras en otra lengua.

GÁLICO, A adj. Relativo a las Galias.

GALILEA, prov. del N de Palestina. C. pral. *Tiberiades, Nazaret, Caná* y *Cafarnaum.* En ella pasó Jesús su infancia y adolescencia, y ejerció parte de su ministerio.

GALILEO, A adj. y n. De Galilea. ◆ n. m. **2.** *Por antonom.* Jesucristo. (Con este significado suele escribirse con mayúscula.) **3.** Nombre que los paganos daban a los cristianos.

GALILEO (Galileo **Galilei**, llamado), físico, astrónomo y escritor italiano (Pisa 1564-Arcetri 1642). Es uno de los fundadores de la mecánica moderna. Descubrió la ley de la caída de los cuerpos en el vacío, emitió una primera formulación del principio de inercia, esbozó el principio de la composición de la velocidad y reveló el isocronismo de las oscilaciones del péndulo. Al introducir el empleo del anteojo en astronomía (1609) revolucionó la observación del universo. Descubrió el relieve de la Luna, los principales satélites de Júpiter, las fases de Venus y la presencia de estrellas en la Vía Láctea. Corroboró el sistema heliocéntrico de Copérnico.

GALIMATÍAS n. m. (fr. *galimatias*). *Fam.* Lenguaje oscuro por la impropiedad de la frase o por la confusión de las ideas. **2.** Confusión, desorden.

GALINDO (Blas), compositor mexicano (San Gabriel, Jalisco, 1910). Sus obras se vinculan al folklore indígena (*Entre sombras anda el fuego*, ballet, 1940; *Concierto para piano y orquesta*, 1942).

GALIO n. m. Metal (Ga) de número atómico 31 y de masa atómica 69,72, parecido al aluminio.

GALLARDEAR v. intr. y pron. [1]. Mostrarse gallardo.

GALLARDETE n. m. Tira o faja volante de tela que va disminuyendo hasta rematar en punta y se utiliza como insignia, o para adorno, aviso o señal.

GALLARDÍA n. f. Cualidad de gallardo.

GALLARDO, A adj. (fr. *gaillard*). Que presenta bello aspecto, esbeltez y movimientos ágiles y graciosos. **2.** Valiente y noble al actuar.

GALLARETA n. f. Ave acuática de pico grueso y abultado, que vive en lagunas y ríos densos de vegetación. (Familia rálidos.)

GALLEAR v. tr. (de *gallo*) [1]. Cubrir el gallo a las gallinas. ♦ v. intr. **2.** *Fig.* y *fam.* Presumir, bravuconear, fantarronear. **3.** *Fig.* y *fam.* Sobresalir, descollar.

GALLEGO, A adj. y n. De Galicia. **2.** *Argent., Bol., P. Rico* y *Urug. Desp.* Inmigrante español. ♦ n. m. **3.** Lengua romance hablada por habitantes de las provincias constitutivas de Galicia y de la franja más occidental de las de Asturias, León y Zamora.

GÁLLEGO, r. de Aragón (España), afl. del Ebro (or. izq.); 215 km. Aprovechamiento hidroeléctrico y para el regadío.

GALLEGOPORTUGUÉS, SA adj. y n. m. LING. Dícese de la fase medieval del gallego.

GALLEGOS, r. de Argentina (Santa Cruz), en la Patagonia; 300 km. Desemboca en el Atlántico formando un estuario junto a Río Gallegos.

GALLEGOS (Rómulo), escritor y político venezolano (Caracas 1884-*id.* 1969). Dirigente de Acción democrática, fue presidente de la república en 1947. Derrocado en 1948, se exilió en México. Fue uno de los más destacados novelistas latinoamericanos de su tiempo. Tras *El último Solar* (1920) y *La trepadora* (1925), publicó su obra maestra, *Doña Bárbara* (1929). Su fama se consolidó con *Cantaclaro* (1934) y con *Canaima* (1935). Posteriores son *Pobre negro* (1937), *El forastero* (1952), *El último patriota* (1957).

GALLEGUISMO n. m. Tendencia y doctrina política que propugna una forma de autogobierno para Galicia y defiende sus valores históricos y culturales. **2.** Expresión propia de la lengua gallega. **3.** Palabra o giro gallego incorporado a otra lengua.

GALLERA n. f. Gallinero donde se crían gallos de pelea.

GALLERO, A adj. y n. *Amér.* Aficionado a las riñas de gallos. **2.** *Méx.* Dícese del que se dedica a criar y entrenar gallos de pelea.

GALLETA n. f. (fr. *galette*). Pasta pequeña hecha con harina, mantequilla y huevos, que se puede conservar mucho tiempo sin que se altere. **2.** *Fam.* Cachete, bofetada. **3.** *Argent.* y *Chile.* Pan de color moreno amarillento que se amasa para los trabajadores del campo. **4.** *Méx. Fam.* Fuerza física, energía, vigor: *jugaron con mucha galleta los futbolistas.*

GALLETA n. f. (lat. *galletam*, vasija). R. de la Plata. Vasija hecha de calabaza, chata, redonda y sin asa, que se usa para tomar mate. • **Colgar la galleta** (*Argent. Fam.*), abandonar o desairar a alguien.

GALLIFORME adj. y n. m. Relativo a un orden de aves omnívoras, como la perdiz y el pavo.

GALLINA n. f. (lat. *gallinam*). Hembra del gallo, que se distingue del macho por tener la cresta más corta y carecer de espolones. • **Gallina ciega,** juego en el cual uno de los jugadores, con los ojos vendados, intenta coger a ciegas a uno de los restantes. ♦ n. m. y f. **2.** Persona cobarde.

GALLINÁCEO, A adj. Relativo a las gallinas. ♦ adj. y n. f. **2.** Decíase antiguamente del orden galliformes.

GALLINAS, punta de Colombia, en la costa del Caribe (La Guajira). Es el extremo N de América del Sur.

GALLINAZO n. m. Aura, ave. *Amér. Merid.* Especie de buitre de plumaje totalmente negro.

GALLINERO, A n. Persona que trata en gallinas. ♦ n. m. **2.** Recinto o local destinado al alojamiento y a la cría de gallinas y gallos. **3.** *Fig.* Sitio donde hay mucha gritería y no se entienden unos con otros. **4.** Anfiteatro más elevado de algunos teatros, cuyas localidades son las de menor precio.

GALLINETA n. f. Pez marino de color rojizo con manchas blancas. (Familia escorpénidos.) **2.** Ave gruiforme de alas cortas y patas largas. (Familia rálidos.) **3.** *Amér.* Pintada. **4.** *Amér. Merid.* Nombre de varias especies de aves acuáticas que habitan en lagunas y terrenos pantanosos.

GALLÍPOLI, en turco *Gelibolu,* c. de Turquía, en la orilla europea de la *península de Gallípoli,* que domina los Dardanelos; 18 670 hab.

GALLO n. m. (lat. *gallum*). Ave doméstica del orden galliformes, con cresta roja y carnosa, carúnculas rojas, pico corto y arqueado y tarsos armados de espolones. (Familia fasiánidos.) **2.** *Fig.* El que todo lo manda o lo quiere mandar. **3.** *Fig.* Nota aguda falsa, dada por el que canta o habla. **4.** Pez comestible, de cuerpo comprimido que habita en las aguas atlánticas y mediterráneas. (Familia escoftálmidos.) **5.** *Méx.* Serenata. • **Gallo de roca,** ave de América del Sur, de plumaje anaranjado. || **Pelar el gallo** (*Méx. Fam.*), huir o morirse alguien. || **Peso gallo,** categoría de boxeadores que pesan de 51 kg hasta 54 para los amateurs, y de 50,802 kg hasta 53,524 para los profesionales. ♦ n. m. adj. **6.** *Amér.* Hombre fuerte, valiente.

GALO, A adj. y n. Relativo a unos pueblos celtas que habitaban la Galia; individuo de dichos pueblos. ♦ n. m. **2.** Lengua celta de los galos.

GALÓN n. m. (fr. *galon*). Tejido fuerte y estrecho a modo de cinta. **2.** MIL. Distintivo o divisa en el uniforme de las diferentes clases del ejército o de cualquier otro cuerpo uniformado.

GALÓN n. m. (ingl. *gallon*). Antigua medida de capacidad. • **Galón (UK),** unidad de capacidad usada en Gran Bretaña y Canadá, equivalente a 4,546 litros. || **Galón (US),** unidad de capacidad norteamericana equivalente a 3,785 litros.

GALOPADA n. f. Carrera al galope.

GALOPANTE adj. Dícese de un proceso de curso grave y rápido: *inflación galopante.*

GALOPAR v. intr. [1]. Ir a galope el caballo. **2.** Cabalgar una persona en caballo que va a galope.

GALOPE n. m. (fr. *galop*). Aire del caballo en el que se combinan una serie de movimientos homogéneos. • **A galope** o **a galope tendido,** con prisa y aceleración.

GALOPÍN n. m. (fr. *galopin*). Muchacho sucio y desharrapado. **2.** *Fig.* y *fam.* Granuja, estafador.

GALPÓN n. m. (voz de origen azteca). Departamento que se destinaba a los esclavos en las haciendas de América. **2.** *Amér. Merid.* y *Nicar.* Barracón o cobertizo que sirve de almacén.

GALSWORTHY (John), escritor británico (Coombe, act. en Londres, 1867-Londres 1933). En su obra criticó a la alta burguesía y las convenciones sociales (*La saga de los Forsyte,* 1906-1921). [Premio Nobel de literatura 1932.]

GALTIERI (Leopoldo Fortunato), militar y político argentino (Caseros, Buenos Aires, 1926). Presidente (1981), organizó la ocupación de las Malvinas, y tuvo que dimitir tras la derrota argentina (1982).

GALUCHAR v. intr. [1]. *Colomb., Cuba, P. Rico* y *Venez.* Galopar.

GALVÁN (Manuel de Jesús), escritor y político dominicano (Santo Domingo 1834-San Juan de Puerto Rico 1910). Ministro, diplomático y periodista de tendencia liberal y europeísta, debe su fama a la novela *Enriquillo* (1878).

GALVANI (Luigi), físico y médico italiano (Bolonia 1737-*id.* 1798). Sus trabajos sobre la electricidad animal, seguidos de los de Volta, dieron origen a una nueva especialidad médica.

GALVANISMO n. m. Acción de las corrientes eléctricas continuas sobre los órganos vivos.

GALVANIZACIÓN n. f. Acción de galvanizar. SIN.: *galvanizado.*

GALVANIZAR v. tr. [1g]. Electrizar por medio de una pila. **2.** TECNOL. Dar un baño de cinc a otro metal para preservarlo de la oxidación. **3.** *Fig.* Infundir nuevos ánimos a una persona.

GALVANÓMETRO n. m. Instrumento que sirve para medir la intensidad de las corrientes eléctricas débiles mediante las desviaciones que se imprimen a una aguja imantada o a un cuadro conductor colocado en el entrehierro de un imán.

GALVANOPLASTIA n. f. Procedimiento electrolítico de reproducción de un objeto.

GALVANOTIPO n. m. Cliché tipográfico obtenido por galvanoplastia.

GÁLVEZ, c. de Argentina (Santa Fe); 16 583 hab. Industrias alimentarias. Metalurgia.

GÁLVEZ (Manuel), escritor argentino (Paraná 1882-Buenos Aires 1962). Novelista exponente del realismo (*Nacha Regules,* 1918; la trilogía *Escenas de la guerra del Paraguay,* 1928-1929), cultivó también el ensayo y la biografía.

GAMA n. f. Escala musical. **2.** *Fig.* Escala, gradación, especialmente aplicado a colores. **3.** TELECOM. Conjunto de frecuencias comprendidas en un intervalo dado.

GAMA (Vasco da) navegante portugués (Sines c. 1469-Cochin, India, 1524). En 1497 descubrió la ruta de las Indias por el cabo de Buena Esperanza. Fundó los establecimientos de Mozambique (1502) y fue virrey de las Indias portuguesas (1524).

GAMARRA (Agustín), militar y político peruano (Cuzco 1785-Ingaví 1841). Militar de gran influencia y jefe de estado mayor en Ayacucho (1824), por su éxito en la invasión de Bolivia (1828) fue ascendido a mariscal. Dirigió la guerra contra Colombia hasta la firma de la paz (1829).

GAMARRA (Gregorio), pintor peruano de principios del s. XVII, uno de los más destacados pintores de la escuela cuzqueña.

GAMARRA (José), pintor uruguayo (Tacuarembó 1934). Bajo un aparente primitivismo, pinta paisajes y obras de fuerte compromiso político.

GAMBA n. f. (cat. *gamba*). Decápodo comestible semejante al langostino, pero de menor tamaño. (Familia peneidos.)

GAMBARTES (Leonidas), pintor argentino (Rosario 1909-*id.* 1963). Fundador del grupo Litoral.

GAMBERRISMO n. m. Existencia de gamberros. **2.** Acción propia de gamberros. SIN.: *gamberrada.*

GAMBERRO, A adj. y n. Dícese de la persona que por grosería o falta de oportunidad comete actos incivíles, molesta a otros o se hace desagradable.

GAMBETA n. f. (ital. *gambetta*). Movimiento especial de las piernas al danzar. **2.** *Argent.* y *Bol.* Además hecho con el cuerpo para evitar un golpe o caída. **3.** *Argent.* y *Urug. Fig.* y *fam.* Justificación inventada para eludir un compromiso. **4.** DEP. *Amér.* Regate.

GAMBIA, r. de África occidental (Senegal y Gambia), que desemboca en el Atlántico; 1100 km.

GAMBIA, estado de África occidental, que se extiende a ambos lados del curso

GAM

inferior del río Gambia; 11 300 km^2; 900 000 hab. CAP. *Banjul*. LENGUA OFICIAL: *inglés*. MONEDA: *dalasi*. El cacahuate es el principal recurso de exportación.

HISTORIA

Ss. XIII-XVI: vasalla de Malí, la actual Gambia, fue descubierta por los portugueses en 1455-1456. S. XVII: los mercaderes de esclavos se instalaron en ella. S. XIX: Gran Bretaña obtuvo el control exclusivo del país. 1888: Gran Bretaña convirtió en colonia la zona costera, y el interior en protectorado. 1965: Gambia pasó de la autonomía a la independencia, en el marco de la Commonwealth. 1970: se proclamó la república. D. Jawara, presidente. 1981: Gambia y Senegal formaron la confederación de Senegambia; en 1989 se disolvió. 1994: Jawara, derrocado por golpe militar; Y. Dieme fue nombrado presidente.

GAMBITO n. m. En el juego del ajedrez, sacrificio de una pieza con el fin de obtener una ventaja en el ataque o una superioridad en la posición.

GAMBOA (Federico), escritor mexicano (Ciudad de México 1864-íd. 1939). Novelista exponente del naturalismo (*Suprema ley*, 1896; *Santa*, 1903; *La llaga*, 1910), cultivó también el teatro (*La venganza de la gleba*, 1905) y las memorias.

GAMBUSINO n. m. Pez, originario de América, aclimatado en numerosos estanques y pantanos de las regiones tropicales. **2.** *Méx.* Catador, minero encargado de buscar yacimientos minerales. **3.** *Méx.* Buscador de fortuna, aventurero.

GAMETO n. m. Célula reproductora, masculina o femenina, cuyo núcleo sólo contiene un cromosoma de cada par.

GAMMA n. f. Tercera letra del alfabeto griego (γ), que corresponde a la *g* española ante *a, o* y *u*. • **Rayos gamma,** radiaciones emitidas por los cuerpos radiactivos, semejantes a los rayos X, pero mucho más penetrantes y de menor longitud de onda, provistas de una potente acción biológica.

GAMMAGLOBULINA n. f. Sustancia proteica del plasma sanguíneo, que actúa como soporte material de los anticuerpos.

GAMO, A n. Mamífero rumiante del grupo de los ciervos, con cuernos aplastados por sus extremos, que vive en bosques de Europa. SIN.: *paleto*.

GAMÓN n. m. Planta herbácea de raíces tuberosas y flores blancas o amarillas. (Familia liliáceas.)

GAMONAL n. m. Terreno poblado de gamones. **2.** *Amér. Central y Merid.* Cacique de pueblo.

GAMONALISMO n. m. *Amér. Central y Merid.* Caciquismo.

GAMOPÉTALO, A adj. Dícese de la flor de pétalos soldados. CONTR.: *dialipétalo*.

GAMOSÉPALO, A adj. BOT. Dícese de la flor con los sépalos más o menos soldados entre sí.

GAMUZA n. f. Mamífero rumiante que tiene los cuernos negros, lisos y recurvados en anzuelo en la punta y vive en las montañas altas de Europa. (Familia bóvidos.) **2.** Piel de la gamuza. **3.** Tejido que imita la piel de la gamuza. **4.** Paño utilizado para la limpieza y pulimento de los muebles.

GANA n. f. Deseo, inclinación o disposición para hacer algo: *ganas de dormir.* **2.** Apetito, hambre. • **Darle a uno la gana, o la real gana** (*Fam.* y *vulg.*), expresa que alguien hará algo porque quiere. ‖ **De buena gana,** con gusto o voluntad. ‖ **De mala gana,** con repugnancia y fastidio. ‖ **Tenerle ganas** a uno (*Fig.* y *fam.*), desear reñir o pelearse con él.

GANADERÍA n. f. Conjunto de ganado de un país, región, etc. **2.** Cría de ganado.

GANADERO, A adj. Relativo al ganado: *región ganadera.* ♦ n. Dueño o tratante de ganado.

GANADO n. m. Conjunto de animales de cierta especie de los que se crían para la explotación. **2.** Conjunto de reses que se llevan juntas a pastar. **3.** *Fig.* y *fam.* Conjunto de personas. • **Ganado mayor,** el compuesto por reses mayores como caballos, vacas, etc. ‖ **Ganado menor,** el compuesto por reses menores como corderos, cabras, etc.

GANADOR, RA adj. y n. Que gana, especialmente en una competición.

GANANCIA n. f. Lo que se gana, especialmente dinero. **2.** *Chile, Guat. y Méx.* Propina. • **No arrendarle** a alguien **la ganancia,** da a entender que uno está en peligro, o expuesto a un trabajo o castigo a que ha dado ocasión.

GANANCIOSO, A adj. Que ocasiona ganancia. ♦ adj. y n. **2.** Que obtiene ganancia de un trato, juego, etc.: *salir gananciosa.*

GANAPÁN n. m. *Desp.* Hombre que gana la vida llevando recados o trastos portando bultos. **2.** *Fig.* y *fam.* Hombre rudo y tosco.

GANAR v. tr., intr. y pron. [1]. Adquirir u obtener algo con trabajo o esfuerzo, por suerte, etc.: *ganar dinero, un premio; ganar un pleito; ganarse la estima.* ♦ v. tr. intr. **2.** Tener cierto sueldo: *ganar cien mil pesetas al mes.* **3.** *Fig.* Aventajar o exceder: *ganar en astucia.* ♦ v. tr. **4.** Conquistar, vencer: *ganar una batalla, un territorio, una carrera.* **5.** Alcanzar un lugar: *ganar la meta, la frontera.* **6.** Captar la voluntad de uno o atraerle a cierto partido: *le ganó para su causa.* ♦ v. intr. **7.** Prosperar, mejorar: *el vino gana con los años.*

GANCHILLO n. m. Varilla con una de sus extremidades más delgada y terminada en una punta corva, que se utiliza para confeccionar diversas labores. **2.** Labor o acción de trabajar con esta varilla.

GANCHO n. m. Instrumento corvo y puntiagudo en uno o ambos extremos, para agarrar o colgar algo. **2.** Cayado de pastor. **3.** *Fig.* y *fam.* Atractivo, gracia: *una persona con gancho.* **4.** *Fig.* Cómplice de un jugador o timador que, fingiéndose ajeno, induce a los demás a caer en el engaño tendido. **5.** *Amér.* Horquilla para sujetar el pelo. **6.** *Ecuad.* Silla de montar para señora. **7.** DEP. En boxeo, golpe corto que se lanza de abajo arriba, con el brazo y el antebrazo arqueados. **8.** DEP. En baloncesto, tiro a cesta que se realiza arqueando el brazo sobre la cabeza. • **Echar** a uno **el gancho** (*Fam.*), atraerle, sujetarlo con habilidad.

GANCHUDO, A adj. Que tiene forma de gancho: *nariz ganchuda.*

GANDALLA adj. y n. m. y f. *Méx. Fam.* Que se aprovecha de los demás, que es malo y abusivo.

GANDHI (Indira), estadista india (Allahābād 1917-Delhi 1984), hija de Nehru. Primera ministra (1967-1977; 1980-1984), fue asesinada por extremistas sikhs. — Su hijo, **Rajiv,** político indio (Bombay 1944-Sriperumbudur, en el SO de Madras, 1991), le sucedió de 1984 a 1989 como primer ministro. También fue asesinado.

GANDHI (Mohandas Karamchand), llamado el **Mahātmā,** apóstol nacional y religioso de la India (Porbandar 1869-Delhi 1948). Defendió a los indios contra las discriminaciones raciales y elaboró su doctrina de acción no violenta; se comprometió en la lucha contra los británicos, que lo encarcelaron varias veces. Líder del movimiento nacionalista desde 1920, dejó la dirección a J. Nehru a partir de 1928. Se consagró a la educación del pueblo y a los problemas de los intocables. Fue asesinado en 1948 por un extremista hindú.

GANDÍA, c. de España (Valencia), cab. de p. j.; 52 000 hab. (*Gandienses.*) Agrios (naranjas) y hortalizas. Industrias del mueble. Colegiata (ss. XIV-XVI), palacio ducal.

GANDIDO, A adj. *Colomb., C. Rica, Cuba, Dom. y Venez.* Comilón, glotón.

GANDUL, LA adj. y n. *Fam.* Holgazán, perezoso, vago.

GANDULEAR v. intr. [1]. Holgazanear.

GANDULERÍA n. f. Calidad de gandul.

GANGA n. f. (voz onomatopéyica). Ave parecida a la paloma que vive en los desiertos de Asia y África, y en la región mediterránea.

GANGA n. f. (fr. *gangue*). Sustancia estéril mezclada con los minerales útiles de un filón. **2.** *Fig.* Cosa apreciable que se adquiere a poca costa o que se obtiene con poco trabajo.

GANGES, en sánscr. y en hindí **Gaṅgā,** r. de la India; 3 090 km. Desciende del Himalaya, pasa por Kānpur, Benarés y Paṭnā, y desemboca en el golfo de Bengala formando un amplio delta cubierto de arrozales. Río sagrado hindú.

GANGLIO n. m. (bajo lat. *ganglio,* del gr. *ganglion*). Engrosamiento en el recorrido de un nervio, que contiene los cuerpos celulares de una neurona. • **Ganglio linfático,** engrosamiento situado en el recorrido de los vasos linfáticos.

GANGLIONAR adj. Relativo a los ganglios.

GANGOCHO n. m. *Amér. Central, Chile y Ecuad.* Guangoche, especie de arpillera.

GANGOSIDAD n. f. Calidad de gangoso.

GANGOSO, A adj. y n. Que ganguea.

GANGRENA n. f. (lat. *gangraenam*). Necrosis local de los tejidos.

GANGRENARSE v. pron. [1]. Producirse o padecer gangrena.

GÁNGSTER n. m. (voz angloamericana). En Norteamérica, miembro de una banda que practicaba negocios clandestinos, controlados por elementos italoamericanos, más o menos relacionados con la mafia. **2.** *Por ext.* Persona que recurre a medios poco escrupulosos por ganar dinero u obtener ventajas.

GANGSTERISMO n. m. Conjunto de actividades y modo de actuar de los *gángsters.*

GANGUEAR v. intr. (voz onomatopéyica) [1]. Hablar con resonancia nasal, producida por cualquier defecto en los conductos de la nariz.

GANGUEO n. m. Acción de ganguear.

GANÓN, NA adj. y n. *Méx. Fam.* Dícese de quien resulta beneficiado en una situación determinada.

GANSADA n. f. Hecho o dicho sin sentido.

GANSEAR v. intr. [1]. *Fam.* Hacer o decir gansadas.

GANSO, A n. (gót. *gans*). Ave palmípeda que se cría para aprovechar su carne y su hígado. (Voz *gans grazna.*) SIN.: *oca.* ♦ n. y adj. **2.** *Fig.* Persona tarda, perezosa, descuidada. **3.** Persona pesada que pretende ser graciosa. • **Hacer el ganso,** hacer o decir tonterías para divertir a otros.

GANTE, en flamenco **Gent,** en fr. **Gand,** c. de Bélgica, cap. de la prov. de Flandes Oriental, en la confluencia del Escalda y el Lys; 230 246 hab. Universidad. Puerto unido al mar del Norte por el canal de Terneuzen. Castillo (ss. XI-XIII). Catedral de San Bavón (ss. XII-XVI, retablo de *El cordero místico,* de Van Eyck).

GANTÉS, SA adj. y n. De Gante.

GANZÚA n. f. (vasc. *gantzua*). Garfio para abrir sin llaves las cerraduras.

GAÑÁN n. m. Mozo de labranza. **2.** *Fig.* Hombre fuerte y rudo.

GAÑIDO n. m. Aullido lastimero.

GAÑIR v. intr. (lat. *gannire*) [3h]. Aullar el perro u otros animales con gritos agudos y repetidos.

GAÑOTE n. m. *Fam.* Garganta o gaznate.

GAOS (José), filósofo español (Gijón 1900-México 1969), nacionalizado mexicano. En sus obras reflexiona sobre la actividad filosófica desde postulados existencialistas.

GARABATEAR v. intr. [**1**]. Echar los garabatos para asir una cosa. **2.** *Fig. y fam.* Andar con rodeos. ♦ v. intr. y tr. **3.** Hacer garabatos.

GARABATEO n. m. Acción y efecto de garabatear.

GARABATERO, A adj. y n. *Chile.* Dícese de la persona que tiene la costumbre de proferir garabatos, insultos.

GARABATO n. m. Gancho de hierro para agarrar o tener colgadas algunas cosas. **2.** *Argent.* Nombre de diversos arbustos ramosos de la familia de las leguminosas, con sus espinas en forma de garfio. **3.** *Chile.* Insulto. ♦ **garabatos** n. m. pl. **4.** Letras y rasgos mal formados.

GARAGE n. m. *Méx.* Garaje.

GARAJE n. m. (fr. *garage*). Local o cochera donde se guardan automóviles, camiones, motocicletas, etc. **2.** Taller de reparación de estos vehículos.

GARANDUMBA n. f. *Amér. Merid.* Especie de balsa, barcaza grande para conducir carga, siguiendo la corriente fluvial. **2.** *Méx. Fig.* Mujer gorda y grande.

GARANTE adj. y n. m. y f. Que da garantía. ♦ n. m. y f. **2.** Persona que se constituye en responsable del cumplimiento de lo prometido por otro en un pacto, convenio o alianza.

GARANTÍA n. f. (fr. *garantie*). Acción y efecto de afianzar lo estipulado. **2.** Fianza, prenda. **3.** Acción de asegurar, durante un tiempo, el buen funcionamiento de algo que se vende, y de repararlo gratuitamente en caso de avería. **4.** Documento en que consta este seguro.

GARANTIR v. tr. (fr. *garantir*) [**3ñ**]. Garantizar.

GARANTIZAR v. tr. [**1g**]. Dar u ofrecer garantías de algo. **2.** Asumir una obligación de garantía. **3.** Afianzar el cumplimiento de lo estipulado o la observancia de una obligación o promesa. **4.** Responder de la calidad de un objeto; aceptar lo contrario como cláusula resolutoria de venta o de cambio del objeto.

GARAÑÓN, NA adj. y n. m. (germ. *wranjo*, semental). Macho de asno, camello, caballo, etc., destinado a la reproducción. ♦ n. m. **2.** *Amér. Central, Chile, Méx.* y *Perú.* Caballo semental. **3.** *Chile* y *Méx. Fig.* Mujeriego.

GARAPIÑA n. f. Estado del líquido que se solidifica formando grumos.

GARAPIÑAR o **GARRAPIÑAR** v. tr. [**1**]. Poner un líquido en estado de garapiña. **2.** Bañar golosinas en almíbar de forma que éste se solidifique.

GARAY, dep. de Argentina (Santa Fe), en la or. der. del Paraná; 16 136 hab. Cap.: Helvecia.

GARAY (Juan de), explorador español (¿Orduña?, Vizcaya, c. 1528-† 1583). Fundó Santa Fe (1573) y Buenos Aires (1580), en 1581-1582 exploró la región de Mar del Plata. Murió a manos de los indios.

GARBANZO n. m. Planta herbácea de unos 50 cm de alt., de hojas compuestas y fruto en legumbre. (Familia papilionáceas.) **2.** Fruto y semilla de esta planta. • **Garbanzo negro** (*Fig.*), persona que entre las de su grupo no goza de consideración por moralidad o carácter.

GARBO n. m. (ital. *garbo*, plantilla, modelo). Agilidad, gracia o desenvoltura en la manera de actuar. **2.** *Fig.* Gracia, perfección y elegancia.

GARCETA n. f. Ave ciconiforme parecida a la garza, de cabeza con penacho corto.

GARCÍA (Alan), abogado y político peruano (Lima 1949). Dirigente del A.P.R.A., fue presidente de la república de 1985 a 1990.

GARCÍA (Lisardo), político ecuatoriano (Guayaquil 1842-† 1937). Presidente de la república (1905-1906).

GARCÍA CALDERÓN (Ventura), escritor peruano (París 1886-Lima 1959). Poeta (*Cantilenas*, 1920) y narrador modernista, destacan sus cuentos indigenistas: *La venganza del cóndor* (1924).

GARCÍA CATURLA (Alejandro), compositor cubano (Remedios, Las Villas, 1906-*id.* 1940), autor de obras sinfónicas (*Obertura cubana*, 1928) y de cámara, piezas para piano y canciones.

GARCÍA CUBAS (Antonio), geógrafo mexicano (México 1832-*id.* 1912), autor de diversos estudios sobre geografía y etnografía mexicanas.

GARCÍA GRANADOS (Miguel), militar y político guatemalteco (1809-1878), presidente tras la revolución reformista y liberal (1871-1873).

GARCÍA IÑIGUEZ (Calixto), patriota y general cubano (Holguín 1839-Washington 1898). Cabecilla en la guerra de los Diez años (1868-1878), participó guerra chiquita (1879). Colaboró en el desembarco norteamericano de Shafter (1898).

GARCÍA LORCA (Federico), poeta y dramaturgo español (Fuente Vaqueros 1898-Víznar 1936). Representante de la generación del 27, *Canciones* (1927) y el *Romancero gitano* (1928), su mayor éxito, muestran los rasgos más sobresalientes de su poesía: la inspiración andalucista, el dramatismo de las situaciones y un lenguaje que sorprende por su audacia. En 1929 viajó a E.U.A. y escribió su obra lírica más innovadora, *Poeta en Nueva York* (1940), fruto de una crisis vital y estética. Al *Llanto por Ignacio Sánchez Mejías* (1934), una de las más bellas elegías de la poesía contemporánea, siguió *El diván de Tamarit* (1940). Como dramaturgo, revolucionó el panorama teatral con obras como *El público* (1930) y la trilogía trágica formada por *Bodas de sangre* (1933), *Yerma* (1934) y *La casa de Bernarda Alba* (1936). Destacan también: *Mariana Pineda* (1927), *La zapatera prodigiosa* (1930), *Doña Rosita la soltera* (1935). Detenido al estallar la guerra civil, fue fusilado.

GARCÍA MÁRQUEZ (Gabriel), escritor colombiano (Aracataca 1928). Tras su primera novela (*La hojarasca*, 1955), publicó *El coronel no tiene quien le escriba* (1961), *La mala hora* (1962) y *Los funerales de la Mamá Grande* (1962, relatos). En estas obras aparece ya un tratamiento fantástico de la realidad colombiana, donde las modernas técnicas narrativas le sirven para establecer inesperadas relaciones entre el mundo social y político y los aspectos más pintorescos de la vida cotidiana. La novela *Cien años de soledad* (1967), una de las mejores muestras del realismo mágico, supuso su consagración internacional. Son posteriores: *Relato de un náufrago* (1968), *El otoño del patriarca* (1975), *Crónica de una muerte anunciada* (1985), *El amor en los tiempos del cólera* (1985), *El general en su laberinto* (1989), sobre los últimos días de Bolívar; *Del amor y otros demonios* (1994) y *Noticias de un secuestro* (1996). En 1988 estrenó su primera obra teatral: *Diatriba de amor contra un hombre sentado*. (Premio Nobel de literatura 1982.)

GARCÍA MÁYNEZ (Eduardo), filósofo mexicano (México 1908). Propugnó una axiología sobre la que fundamentar el derecho positivo, y posteriormente investigó sobre una lógica del deber jurídico (*Lógica del concepto jurídico*, 1959).

GARCÍA MENOCAL (Mario), general y político cubano (Jagüey Grande 1866-La Habana 1941), presidente de la república (1913-1917; 1917-1921).

GARCÍA MEZA (Luis), general y político boliviano (La Paz 1929), líder del golpe de estado de 1980 y presidente (1980-1981). Acusado y condenado (1993), huyó a Brasil, donde fue detenido en 1994.

GARCÍA MORENO (Gabriel), político y escritor ecuatoriano (Guayaquil 1821-Quito 1875). Presidente del triunvirato (1859-1861) y de la república (1861-1865 y 1869-1875), implantó una dictadura teocrática. Fue asesinado.

GARCÍA MORILLO (Roberto), compositor argentino (Buenos Aires 1911). En sus composiciones utiliza procedimientos seriales de manera muy personal.

GARCÍA PONCE (Juan), escritor mexicano (Mérida 1932), dramaturgo (*El canto de los grillos*, 1957 , narrador (*Imagen primera*, 1963; *El libro*, 1970; *Unión*, 1974) y ensayista. (Premio Juan Rulfo 2001.)

GARCÍA ROBLES (Alfonso), diplomático y jurista mexicano (Zamora, Michoacán, 1911-México 1991). Presidió el comité para la desnuclearización de América latina (1964-1967) y desde 1977 representó a su país en la conferencia de desarme de Ginebra. (Premio Nobel de la paz 1982.)

GARCÍA ROVIRA (Custodio), patriota colombiano (Cartagena de Indias 1780-Bogotá 1816). Miembro del triunvirato (1814) y presidente electo (1816), fue fusilado por las tropas de Morillo.

GARCILASO DE LA VEGA, poeta español (Toledo 1501 o 1503-Niza 1536). Introdujo plenamente el petrarquismo: uso de la naturaleza como fuente de las imágenes poéticas, autoanálisis sentimental, sensibilidad ante la belleza sensual, referencias a los grandes poetas latinos, innovación lingüística y métrica. Publicada póstumamente (1543), su obra comprende 38 églogas, canciones, elegías, sonetos y una epístola a Boscán.

GARCILASO DE LA VEGA, llamado **el Inca** (Cuzco 1539-Córdoba 1616), nombre adoptado en 1563, **Gómez Suárez de Figueroa**, hijo de conquistador español Sebastián Garcilaso de la Vega y de una princesa india. Es el primer gran prosista de Hispanoamérica, autor de obras históricas (*La Florida del Inca*, 1605; *Comentarios reales*, 1609; *Historia general del Perú*, 1617).

GARCILLA n. f. Ave ciconiforme de cuerpo corto, con alas bastante robustas. (Familia ardeidos.)

GARÇON n. m. (voz francesa). Muchacho. • **A lo garçon**, hace referencia a un tipo de peinado femenino de cabellos muy cortos.

GARDA (lago de), el más oriental de los grandes lagos del N de Italia, atravesado por el Mincio; 370 km². Turismo.

GARDEN n. m. (del n. del médico escocés *Garden*). Planta de flores grandes y olorosas. (Familia rubiáceas.) **2.** Flor de esta planta.

GARDUÑA n. f. Mamífero carnicero de pelaje marrón grisáceo y patas cortas, que vive en los bosques cometiendo de noche estragos en los gallineros. (Familia mustélidos.) SIN.: *f.ina*.

GARETE. Ir, o irse, al garete, ir una embarcación sin gobierno o a la deriva; *(fam.)*, malograrse algo: *irse al garete un negocio*.

GARFIO n. m. (lat. *graphium*). Gancho de hierro, corvo y puntiagudo, para sujetar o coger algo.

GARGAJEAR v. intr. [**1**]. Arrojar gargajos.

GARGAJO n. m. (voz onomatopéyica). Flema, mucosidad pegajosa que se arroja por la boca, procedente de las vías respiratorias.

GARGAJOSO, A o **GARGAJIENTO, A** adj. y n. Que gargajea con frecuencia.

GARGANTA n. f. (voz onomatopéyica). Región anatómica tanto interna como externa, correspondiente a la parte anterior del cuello. **2.** *Fig.* Cuello, la parte más estrecha y delgada de un cuerpo. **3.** Ranura semicircular en la periferia de una polea. **4.** GEOGR. Valle estrecho y encajado. • **Tener a uno atravesado en la garganta** *(Fam.)*, sentir antipatía hacia él.

GAR

GARGANTILLA n. f. Collar, adorno femenino.

GÁRGARA n. f. Acción de mantener un líquido en la garganta, con la boca hacia arriba y arrojando el aliento para hacerlo mover. ♦ **gárgaras** n. f. pl. **2.** *Chile, Colomb., Méx.* y *P. Rico.* Gargarismo, medicamento. • **Mandar a alguien a hacer gárgaras** (*Fam.*), despedirle o expulsarle en señal de reprobación o desprecio.

GARGARISMO n. m. Medicamento líquido para gargarizar. **2.** Acción de gargarizar.

GARGARIZAR v. intr. (gr. *gargarizō*) [**1g**]. Hacer gárgaras.

GÁRGARO n. m. *Venez.* Juego del escondite.

GÁRGOLA n. f. Conducto de desagüe de un tejado, esculpido generalmente en forma de figura humana o animal. **2.** Esta misma figura.

GARGUERO n. m. Parte superior de la tráquea. **2.** Toda la caña del pulmón. ♦ *Vulg.* Garganta.

GARIBALDI (Giuseppe), patriota italiano (Niza 1807-Caprera 1882). Participó en la insurrección brasileña de Río Grande do Sul (1836). En 1841, al servicio de Uruguay mandó las tropas contra el argentino Rosas. Luchó por la unificación de Italia contra Austria, contra el reino de las Dos Sicilias y contra el papado.

GARIGOLEADO, A adj. *Méx.* Que está adornado con exceso: *una fachada garigoleada*.

GARITA n. f. (fr. ant. *garite*, refugio). Casetas para abrigo de centinelas o vigilantes. **2.** Cuarto pequeño para los porteros en los portales de algunas casas. **3.** Excusado, retrete. **4.** *Méx.* Oficina o puesto de aduanas.

GARITO n. m. (voz jergal). Casa de juego.

GARLOPA n. f. Cepillo largo y con empuñadura, para igualar superficies de madera ya acepillada.

GARMENDIA (Salvador), escritor venezolano (Barquisimeto 1928-Caracas 2001). Sus novelas y cuentos indagan en la realidad venezolana y en la alienación del hombre moderno. (Premio Juan Rulfo 1989.)

GARONA, en fr. **Garonne**, r. del SO de Francia que nace en España (valle de Arán) y desemboca en el Atlántico (estuario del Gironda); 650 km.

GARRA n. f. Pata córnea, puntiaguda y curvada de numerosos vertebrados: carnívoros, roedores, aves, etc. **2.** *Fig.* Mano del hombre. • **Tener garra**, tener personalidad, atractivo. ♦ **garras** n. f. pl. **4.** Piel de las patas de animal usada en peletería.

GARRAFA n. f. Vasija ancha y redonda, de cuello largo y estrecho, por lo común de vidrio. **2.** *Argent.* y *Urug.* Bombona, envase metálico para gases.

GARRAFAL adj. Muy grande, exorbitante, aplicado a cosas no materiales: *falta, error garrafal*.

GARRAFÓN n. m. Garrafa grande.

GARRAPATA n. f. Ácaro parásito de ciertos animales, a los que chupa la sangre. (Familias ixódidos y argásidos.)

GARRAPATEAR v. intr. [**1**]. Garabatear.

GARRAPIÑAR v. tr. [**1**]. Garapiñar.

GARRO (Elena), escritora mexicana (nacida en 1920). En la corriente del realismo mágico, es autora de narrativa (*Los recuerdos del porvenir*, 1965) y de obras de teatro.

GARROBO n. m. Saurio de fuerte piel escamosa, que abunda en las tierras cálidas de las costas de América Central. (Familia iguánidos.)

GARROCHA n. f. Vara larga rematada en un hierro pequeño con un arponcillo.

GARRONEAR v. tr. [**1**]. *Argent. Fam.* Pedir prestado con oportunismo o insistencia.

GARRONERO, A adj. *Argent.* Dícese de la persona que acostumbra a vivir de prestado, gorrista.

GARROTAZO n. m. Golpe dado con un garrote.

GARROTE n. m. Palo grueso y fuerte que puede manejarse a modo de bastón. SIN.: *garrota*. **2.** Estaca, plantón de olivo. **3.** Ligadura fuerte que se hace en los brazos o muslos, oprimiendo su carne. **4.** Instrumento para ejecutar la pena de muerte.

GARROTEAR v. tr. [**1**]. *Amér.* Apalear. **2.** *Chile.* Cobrar precios excesivos sin justificación.

GARROTILLO n. m. Nombre vulgar de la difteria.

GARRUCHA n. f. Polea.

GARRUDO, A adj. *Colomb.* Dícese de la res muy flaca. **2.** *Méx.* Forzudo.

GARRULERÍA n. f. Charla de persona gárrula.

GÁRRULO, A adj. (lat. *garrulum*). Dícese del ave, gorjea o chirría mucho. **2.** *Fig.* Dícese de la persona muy habladora o charlatana, vulgar.

GARÚA n. f. *Amér.* Llovizna.

GARUAR v. intr. [**1s**]. *Amér.* Lloviznar.

GARUFA n. f. (voz lunfarda). Diversión.

GARZA n. f. Ave zancuda con pico largo y cuello alargado y flexible. **2.** *Chile.* Copa alta, en forma de embudo, para beber cerveza.

GARZO, A adj. De color azulado: *ojos garzos*.

GARZÓN, NA n. *Chile.* Camarero.

GAS n. m. (voz formada por derivación del lat. *chaos*, caos). Cuerpo que se encuentra en el estado de la materia caracterizado por la fluidez, compresibilidad y expansibilidad. **2.** Cuerpo gaseoso utilizado en calefacción. **3.** Servicio de fabricación y distribución del gas ciudad: *un empleado del gas*. • **A todo gas**, a mucha velocidad. ‖ **Dar gas**, accionar el acelerador de un motor para permitir la entrada de mezcla carburada en el cilindro. ‖ **Gas ciudad**, gas combustible obtenido por la destilación de la hulla o de productos derivados del petróleo y cuya distribución se efectúa por conductos. ‖ **Gas de los pantanos**, metano. ‖ **Gas natural**, gas constituido principalmente por metano, que se encuentra comprimido en algunas capas geológicas. ♦ **gases** n. m. pl. **4.** Mezcla, en el tubo digestivo, de aire deglutido y de productos volátiles de las fermentaciones. ‖ **Gases raros**, o **inertes**, helio, neón, argón, kriptón, xenón.

GASA n. f. Tela de seda o hilo de tejido muy claro y sutil. **2.** Banda de tela suave y esterilizada que se utiliza para compresas, vendajes, etc.

GASEAR v. tr. [**1**]. Hacer circular un gas a través de un líquido. **2.** Someter a la acción de los gases asfixiantes, lacrimógenos, etc.

GASEIFORME adj. Que se halla en estado de gas.

GASEOSA n. f. Bebida refrescante que se prepara con agua saturada de ácido carbónico, a la cual se añade azúcar o jarabe de limón o naranja.

GASEOSO, A adj. Que se halla en estado de gas. **2.** Dícese del líquido que contiene o del que se desprenden gases: *agua gaseosa*.

GÁSFITER o **GASFÍTER** n. m. *Chile.* Fontanero.

GASFITERÍA n. f. *Chile, Ecuad.* y *Perú.* Fontanería, plomería.

GASIFICACIÓN n. f. Transformación completa, en gas combustible, de productos líquidos o sólidos que contienen carbono. **2.** Incorporación de gas carbónico a un líquido.

GASIFICAR v. tr. [**1a**]. Convertir en gas por medio del calor o una reacción química. **2.** Disolver gas carbónico en un líquido.

GASODUCTO o **GASEODUCTO** n. m. Canalización para conducir a larga distancia gas natural o gases obtenidos por destilación.

GASÓGENO n. m. Aparato que sirve para transformar, por oxidación incompleta, el carbón o la madera en gas combustible.

GAS-OIL, GASOIL o **GASÓLEO** n. m. Líquido derivado del petróleo, de color amarillo claro, utilizado como carburante y combustible.

GASOLINA n. f. El producto más ligero obtenido en la destilación fraccionada del petróleo o de los aceites hidrocarburados sintéticos. **2.** Líquido petrolífero, ligero, incoloro o coloreado artificialmente, utilizado como carburante, como disolvente o para distintos usos industriales.

GASOLINERA n. f. Embarcación o lancha automóvil con motor de gasolina. **2.** Puesto de gasolina para la venta al público.

GASÓMETRO n. m. Depósito para almacenar gas y distribuirlo a una presión constante.

GASSER (Herbert), fisiólogo norteamericano (Platteville, Wisconsin, 1888-Nueva York 1963), autor de investigaciones sobre las fibras nerviosas. (Premio Nobel de fisiología y medicina 1944.)

GASTADO, A adj. Dícese de la persona debilitada o decaída en su vigor físico o de su prestigio moral.

GASTADOR, RA adj. Que gasta mucho, derrochador. ♦ n. m. **2.** Soldado que marcha delante de una fuerza a pie en desfiles y paradas.

GASTAR v. tr. (lat. *vastare*, destruir) [**1**]. Emplear el dinero en una cosa. **2.** Desgastar, deteriorar una cosa: *gastar unos zapatos*. **3.** Tener o usar por costumbre: *gastar malhumor*. **4.** Con *bromas, cumplidos*, etc., practicarlos. ♦ v. tr. y pron. **5.** Consumir, invertir, ocupar: *gastar tiempo*. • **Gastarlas** (*Fam.*), comportarse, actuar: *ya sabes cómo las gasta mi padre*.

GASTEIZ → **Vitoria**.

GASTEROMICETE adj. y n. m. Relativo a un orden de basidiomicetos cuyas esporas se forman en el interior de una envoltura completamente cerrada.

GASTERÓPODO, A adj. y n. m. Relativo a una clase de moluscos dotados de un pie ventral ensanchado y, a menudo, de una concha en espiral. (La lapa y el caracol son gasterópodos.)

GASTO n. m. Acción y efecto de gastar. **2.** Cantidad de dinero que se gasta. **3.** *Méx.* Dinero que se destina para cubrir las necesidades diarias de una familia: *esta semana no le alcanzó el gasto*.

GÁSTRICO, A adj. Relativo al estómago.

GASTROINTESTINAL adj. Relativo al estómago y al intestino.

GASTRONOMÍA n. f. (gr. *gastronomía*, tratado de la glotonería). Arte de preparar una buena comida. **2.** Afición a comer regaladamente.

GASTRÓNOMO, A n. Persona aficionada a la gastronomía.

GATA n. f. *Amér. Central.* Pez selacio marino de color pardo amarillo. **2.** *Chile.* Gato, máquina para levantar pesos a poca altura.

GATAS. A gatas, con las manos y los pies o las rodillas en el suelo.

GATEAR v. intr. [**1**]. Trepar como los gatos. **2.** *Fam.* Andar a gatas.

GATERA n. f. Agujero en una pared, tejado o puerta, para que puedan entrar o salir los gatos o para otros fines. **2.** *Bol., Ecuad.* y *Perú.* Revendedora, y más especialmente, verdulera. **3.** *Chile.* Cueva de ratones, ratonera.

GATILLAZO n. m. Golpe que da el gatillo en las escopetas, fusiles.

GATILLERO n. m. *Méx.* Pistolero, asesino a sueldo.

GATILLO n. m. En las armas de fuego portátiles, parte inferior del disparador, en forma de arco, que se adapta al dedo del tirador. **2.** *Chile.* Crines largas que se dejan a las caballerías en la cruz y de las cuales se asen los jinetes para montar.

GATO n. m. (voz quechua). *Perú.* Mercado al aire libre.
GATO, A n. Pequeño mamífero carnívoro, generalmente doméstico y de costumbres básicamente nocturnas. (Familia félidos; voz: el gato *maúlla*.) • **Cuatro gatos** *(Fam.),* escaso número de personas. ‖ **Dar gato por liebre** *(Fam.),* hacer pasar alguna cosa por otra similar de calidad superior. ‖ **Haber gato encerrado,** haber alguna razón oculta. ‖ **Llevarse el gato al agua,** superar una dificultad. ♦ n. **2.** Aparato que permite levantar grandes pesos a poca altura. SIN.: *cric.* **3.** *Argent.* Danza popular. **4.** *Argent.* Música de esta danza. **5.** *Méx.* Sirviente.
GATOPARDO n. m. (ital. *gattopardo*). Ocelote.
GATUNO, A adj. Relativo al gato.
GATUPERIO n. m. Mezcla de sustancias incoherentes. **2.** *Fig.* y *fam.* Chanchullo, intriga.
GAUCHADA n. f. *Argent., Chile, Perú* y *Urug.* Acción propia del gaucho. **2.** *Argent.* y *Urug. Fig.* Servicio ocasional realizado con buena disposición.
GAUCHAJE n. m. *Argent., Chile* y *Urug.* Conjunto o reunión de gauchos.
GAUCHEAR v. intr. [1]. *Argent.* y *Urug.* Practicar costumbres de gaucho. **2.** *Argent.* Andar errante.
GAUCHESCO, A adj. Relativo al gaucho: *literatura gauchesca.*
▪ El tema gauchesco conoció un gran florecimiento poético en Argentina y Uruguay a lo largo del s. XIX. Se fraguó en la época del romanticismo por parte de poetas cultos, como E. Echevarría, pero arranca, propiamente, del encuentro de dos tradiciones principales: una poesía ciudadana en dialecto gaucho y la poesía popular de la pampa. Bartolomé Hidalgo (1788-1822) se puede considerar el iniciador de un género que culmina en el poema épico de José Hernández, *Martín Fierro* (1870) y *La vuelta de Martín Fierro* (1879).
GAUCHO n. m. Ave insectívora de gran tamaño, que vive en América del Sur. (Familia tiránidos).
GAUCHO, A adj. y n. m. Relativo a ciertos habitantes rurales, en los ss. XVIII y XIX, de las llanuras rioplatenses de Argentina, de Uruguay y de Río Grande do Sul en Brasil; individuo perteneciente a dicho grupo social. **2.** *Argent.* Dícese de la persona que posee las cualidades de nobleza, valentía y generosidad atribuidas modernamente al gaucho. ♦ adj. **3.** *Argent. Fig.* y *fam.* Dícese de los animales y objetos que proporcionan satisfacción por su rendimiento. ♦ n. m. **4.** *Argent., Chile* y *Urug.* Peón rural experimentado en las faenas ganaderas tradicionales.
GAUDÍ (Antonio), arquitecto español (Reus 1852-Barcelona 1926). Se inició en un estilo vinculado al historicismo. A partir de 1883 evolucionó hacia un lenguaje propio, cargado de expresividad, que le hace descollar en la arquitectura modernista. Inició en Barcelona la *Sagrada Familia* y realizó la casa Vicens (1883-1885), el palacio Güell (1886-1891), el *Capricho* de Comillas (1883-1885) y el palacio episcopal de Astorga (1887-1894), el parque Güell (1900-1914) y la casa Milá o *Pedrera* (1906-1910).
GAUGUIN (Paul), pintor francés (París 1848-Atuona, islas Marquesas, 1903). Fue impresionista antes de crear su propio estilo, que simplificó las formas e intensificó el color. Vivió en Bretaña y, desde 1891, en la Polinesia francesa.
GAULLE (Charles **de**), general y político francés (Lille 1890-Colombey-les-Deux-Églises 1970). Fue general de brigada durante la campaña de Francia (1940). Rechazó el armisticio y hizo un llamamiento a la resistencia desde Londres. Presidente de la República (1944), hostil a la política de partidos y partidario de una presidencia fuerte, dimitió (1946). Retirado de la política en 1953, volvió a causa de la crisis argelina (1958), consiguió la aprobación de una nueva constitución de tipo presidencialista y fue el primer presidente de la V República (1959). Concedió la independencia a Argelia (1962) y reforzó la autoridad del presidente con su elección popular directa (1962, reelegido en 1965). Dimitió en 1969.
GAUSS n. m. (de C. F. *Gauss*, físico alemán). Unidad de inducción magnética (símbolo Gs) en el sistema CGS electromagnético.
GAUSS (Carl Friedrich), astrónomo, matemático y físico alemán (Brunswick 1777-Gotinga 1855). Su concepción moderna de la naturaleza abstracta de las matemáticas le permitió ampliar el campo de la teoría de los números. Fue el primero en descubrir la geometría hiperbólica no euclidiana.
GAUTIER (Théophile), escritor francés (Tarbes 1811-Neuilly 1872). Romántico, popular por sus novelas históricas (*El capitán Fracasse,* 1863), es uno de los maestros de la escuela parnasiana.
GAVETA n. f. Cajón corredizo que hay en los escritorios.
GAVIA n. f. (lat. *caveam*, hoyo, jaula). Zanja para desagüe o linde de propiedades. **2.** MAR. Vela cuadra que se larga en la verga y mastelero del mismo nombre.
GAVIDIA (Francisco), escritor salvadoreño (San Miguel 1863-† 1955), representante del romanticismo.
GAVILÁN n. m. Ave rapaz de pequeño tamaño, parecida al azor. (Familia accipítridos.) **2.** *Chile, Cuba, Méx.* y *P. Rico.* Uñero, borde de la uña.
GAVILÁN (Baltasar), escultor peruano nacido en Lima, activo en el s. XVIII. Fue el escultor más importante de su época. Sus obras más famosas son *Felipe V* y *La muerte.*
GAVILLA n. f. Conjunto de sarmientos, cañas, mieses, ramos, hierbas, etc., mayor que el manojo y menor que el haz.
GAVIOTA n. f. Ave de alas largas y puntiagudas que vive en las costas y se alimenta de peces. (Familia láridos o estercoráridos.)
GAVIRIA (César), político y economista colombiano (Pereira 1947). Liberal, fue presidente de la república de 1990 a 1994, año en que fue elegido secretario general de la O.E.A.
GAVOTA n. f. Antigua danza francesa de aire moderado y ritmo binario. **2.** Música de esta danza.
GAY n. m. y adj. (voz inglesa). Término con que se designa a los homosexuales y a todo lo relativo a los movimientos de liberación homosexual.
GAY-LUSSAC (Louis-Joseph), físico y químico francés (Saint-Léonard-de-Noblat 1778-París 1850). Enunció la ley de la dilatación de los gases.
GAYO, A adj. Alegre, vistoso. • **Gaya ciencia** (LIT.), antiguamente, poesía de los trovadores.
GAYOLA n. f. *Méx. Fam.* Parte más alta de la gradería de un teatro, auditoría, estadio, etc.
GAYUNA n. f. Planta arbustiva con frutos rojos comestibles. (Familia ericáceas.)
GAZA (en ár. *Gazza*), territorio del S de Palestina (también *franja de Gaza*); 363 km²; 600 000 hab. Cap. *Gaza* (118 300 hab.). Territorio disputado entre Israel y Egipto, estuvo bajo administración egipcia (1948-1967) y bajo control israelí (desde 1967). Escenario, especialmente desde 1987, de un levantamiento popular palestino (*intifada*). En 1994, Israel y la O.L.P. firmaron un acuerdo sobre la autonomía parcial de Gaza, ampliada en 1995 (→ *Palestina*).

GAZAPO n. m. *Fam.* Error o equivocación que por inadvertencia se deja escapar al escribir o al hablar.
GAZMOÑERÍA n. f. Cualidad de gazmoño.
GAZMOÑO, A adj. y n. Que finge devoción, escrúpulos y virtudes que no tiene.
GAZNÁPIRO, A adj. y n. Palurdo, cándido, torpe.
GAZNATADA n. f. *Amér. Central, Méx., P. Rico* y *Venez.* Bofetada.
GAZNATE n. m. Garguero, garganta. **2.** *Méx.* Dulce hecho de piña o coco.
Gd, símbolo químico del *gadolinio.*
GDAN'SK, en alemán **Dantzig,** c. y puerto de Polonia, en la *bahía de Gdan'sk*, cerca de la desembocadura del Vístula; 466 500 hab. Construcciones navales. Numerosos monumentos restaurados. Su incorporación al Reich (1 set. 1939) sirvió de pretexto para el desencadenamiento de la segunda guerra mundial.
GE n. f. Nombre de la letra *g.*
GE, grupo etnolingüístico de Brasil, muy aculturado.
Ge, símbolo químico del *germanio.*
GEA, divinidad griega que personifica la Tierra.
GECO n. m. Lagarto de las regiones cálidas.
GEIGER (Hans), físico alemán (Neustadt an der Weinstrasse 1882-Potsdam 1945), inventor en 1913 del contador de partículas que lleva su nombre.
GÉISER, GÉISERS o **GEYSER** n. m. (islandés *geysir*, surtidor). Surtidor de agua caliente e intermitente.
GEISHA n. f. Danzante y cantante japonesa.
GEL n. m. Sustancia coloidal de consistencia viscosa que tiende a hincharse al absorber agua. • **Gel de baño,** solución jabonosa de consistencia gelatinosa destinada al aseo personal.
GELATINA n. f. (ital. *gelatina*). Proteína de aspecto de gel, que se derrite a unos 25 ºC, obtenida por la acción del agua caliente sobre el colágeno de los tejidos de sostén de los animales, y se utiliza en microbiología como medio de cultivo y en la industria (placas fotográficas, colas, etc.). **2.** Jugo de carne que, al enfriarse, se espesa y adquiere una consistencia blanda elástica y transparente. **3.** Dulce que se hace con zumo de frutas y azúcar cocido hasta adquirir una consistencia similar a la anterior.
GELATINOSO, A adj. Abundante en gelatina. **2.** Parecido a la gelatina.
GÉLIDO, A adj. (lat. *gelidum*). *Poét.* Muy frío.
GELIFICAR v. tr. [**1a**]. Transformar en gel.
GELL-MANN (Murray), físico norteamericano (Nueva York 1929). Definió la extrañeza de las partículas elementales y postuló la existencia del quark, constituyente elemental de la materia hadrónica. (Premio Nobel de Física 1969.)
GELMAN (Juan), poeta argentino (Buenos Aires 1930), autor de una poesía comprometida, de tono coloquial y rica en metáforas (*Gotán,* 1962; *Si tan dulcemente,* 1980; *Anunciaciones,* 1988).
GEMA n. f. (lat. *gemmam*). Piedra preciosa. **2.** Yema de una planta. • **Sal gema,** sal fósil.
GEMACIÓN n. f. Desarrollo de las yemas. **2.** Época en la cual éste se produce. **3.** BOT. y ZOOL. Modo de multiplicación vegetativa de algunos animales invertebrados y de algunas plantas.
GEMEBUNDO, A adj. *Desp.* Que gimotea.
GEMELO, A adj. y n. Dícese de cada uno de los seres que nacen en un mismo parto. ♦ adj. **2.** Dícese de dos elementos que forman pareja. **3.** ANAT. Dícese de dos músculos de la cara posterior de la pierna. ♦ n. m. pl. **4.** Juego de botones iguales que se ponen en los puños de la camisa. **5.** Anteojos.
GEMIDO n. m. (lat. *gemitum*). Acción y efecto de gemir.
GEMINADO, A adj. Dícese de las cosas agrupadas por pares: *columnas geminadas.*

GÉMINIS, constelación zodiacal. — Tercer signo del zodíaco que el Sol abandona en el solsticio de verano.

GEMIQUEAR v. intr. [**1**]. *Chile.* Gemir.

GEMIQUEO n. m. *Chile.* Acción y efecto de gemiquear.

GEMIR v. intr. (lat. *gemere*) [**30**]. Expresar naturalmente con sonido y voz lastimera una pena o dolor. **2.** *Fig.* Producir un sonido semejante algunos animales o algunas cosas inanimadas.

GEMOLOGÍA n. f. Ciencia que estudia las gemas o piedras preciosas.

GÉMULA n. f. BOT. Pequeño brote de una planta, que durante la germinación proporcionará el tallo y las hojas.

GEN o **GENE** n. m. BIOL. Elemento de un cromosoma que condiciona la transmisión y la manifestación de un carácter hereditario determinado.

GENCIANA n. f. (lat. *gentianam*). Planta de las zonas montañosas, de flores gamopétalas, amarillas, azules o violetas según las especies.

GENDARME n. m. Militar perteneciente a la gendarmería.

GENDARMERÍA n. f. En Francia y otros países, cuerpo militar encargado de velar por la seguridad pública, el mantenimiento del orden y el cumplimiento de las leyes. **2.** Cuartel o puesto de gendarmes.

GENEALOGÍA n. f. Serie de los ascendientes de una persona o de una familia. **2.** Disciplina cuyo objeto es la investigación del origen y de la filiación de las familias.

GENEALÓGICO, A adj. Relativo a la genealogía.

GENEALOGISTA n. m. y f. Persona que se dedica al estudio de las genealogías.

GENERACIÓN n. f. (lat. *generationem*). Acción y efecto de engendrar. **2.** Sucesión de descendientes en línea recta. **3.** Conjunto de todos los vivientes coetáneos: *la generación futura.* **4.** Conjunto de todas las personas que, nacidas en fechas próximas, han recibido influjos culturales y sociales semejantes: *la generación beat.* **5.** Conjunto de técnicas y de productos que caracterizan una rama de la actividad industrial o científica en un momento determinado: *ordenadores de la segunda generación.*

GENERACIONAL adj. Relativo a la generación.

GENERADOR, RA adj. Que genera o engendra. ♦ n. m. **2.** Aparato que produce corriente eléctrica a partir de energía obtenida por otros medios.

GENERAL adj. (lat. *generalem*). Que concierne a la totalidad o conjunto de personas o cosas. **2.** Común, frecuente, usual. **3.** Vago, de sentido indeterminado: *hablar en términos generales.* **• En general o por lo general**, en común, generalmente; sin especificar ni individualizar demasiado. || **Medicina general**, la que abarca todas las especialidades. ♦ adj. y n. m. y f. **4.** Dícese del superior de algunas órdenes religiosas. ♦ n. m. **5.** Oficial que pertenece al escalón más alto de la jerarquía de los ejércitos de tierra y aire.

GENERAL ALVARADO, partido de Argentina (Buenos Aires); 30 043 hab. Turismo en la cab., *Miramar.*

GENERAL ALVEAR, dep. de Argentina (Mendoza); 42 393 hab. Vid y frutales. Industria conservera.

GENERAL ARENALES, partido de Argentina (Buenos Aires); 15 124 hab. Cereales. Ganado vacuno.

GENERAL CARRERA → *Buenos Aires* (lago).

GENERAL GÜEMES, dep. de Argentina (Chaco); 43 772 hab. Algodón. Industria maderera. — Dep. de Argentina (Salta); 35 660 hab. Refino de azúcar.

GENERAL JOSÉ DE SAN MARTÍN, dep. de Argentina (Salta); 106 580 hab. Centro petrolífero.

GENERAL JUAN MADARIAGA, partido de Argentina (Buenos Aires); 16 969 hab. Comprende la laguna La Salada Grande. Turismo.

GENERAL LÓPEZ, dep. de Argentina (Santa Fe); 172 008 hab. A orillas de la laguna Melincué. Centro turístico.

GENERAL MANUEL BELGRANO, dep. de Argentina (Misiones); 24 571 hab. Cab. *Bernardo de Irigoyen.*

GENERAL OBLIGADO, dep. de Argentina (Santa Fe); 145 023 hab. Cab. *Reconquista.* Industria alimentaria; serrerías; curtidurías.

GENERAL PEDERNERA → *Villa Mercedes.*

GENERAL PUEYRREDÓN, partido de Argentina (Buenos Aires); 533 756 hab. Cab. *Mar del Plata.*

GENERAL ROCA, dep. de Argentina (Río Negro); 264 298 hab. Industria maderera, vinícola y conservera. Destilerías. — Dep. de Argentina (Córdoba); 32 865 hab. Cap. *Villa Huidobro.* Centro agropecuario.

GENERAL RODRÍGUEZ, partido de Argentina (Buenos Aires); 48 358 hab. Cereales y lino; ganado.

GENERAL SAN MARTÍN, partido de Argentina (Buenos Aires); 407 506 hab. En el Gran Buenos Aires. — Dep. de Argentina (Córdoba); 105 302 hab. Trigo; vacunos. Industria frigorífica y automotriz.

GENERAL SARMIENTO, partido de Argentina (Buenos Aires); 646 891 hab. En el Gran Buenos Aires. Centro industrial.

GENERAL TABOADA, dep. de Argentina (Santiago del Estero); 29 407 hab. Minas de manganeso.

GENERAL VIAMONTE, partido de Argentina (Buenos Aires); 17 758 hab. Cuna de Eva Perón.

GENERAL VILLEGAS, partido de Argentina (Buenos Aires); 27 585 hab. Industrias lácteas.

GENERAL VINTTER o **VINTTER** (lago), lago glaciar andino de Argentina (Chubut), que en la parte chilena recibe el nombre de *Palena.*

GENERALIDAD n. f. Mayoría, muchedumbre o casi la totalidad de los individuos u objetos que componen una clase o todo sin determinación. **2.** Vaguedad o falta de precisión en lo que se dice o escribe: *abundar en generalidades.*

GENERALÍSIMO n. m. General que tiene el mando superior de todas las fuerzas armadas de un estado o de una coalición de estados.

GENERALISTA n. m. y f. Profesional que trata de uno o diversos asuntos con una visión general interrelacionada, por contraposición al enfoque parcelado del especialista.

GENERALIZACIÓN n. f. Acción y efecto de generalizar. **2.** Actividad mediante la cual los resultados de la observación de algunos casos se extiende a todos los casos posibles.

GENERALIZAR v. tr. y pron. [**1g**]. Hacer general o común una cosa. **2.** Abstraer lo que es común y esencial a muchas cosas, para formar un concepto que las comprenda a todas. **3.** Extender, ampliar: *generalizar un concepto.* ♦ v. tr. **4.** Considerar y tratar en común cualquier punto o cuestión, sin contraerla a caso determinado.

GENERAR v. tr. (lat. *generare*) [**1**]. Producir algo: *generar una corriente eléctrica.* **2.** Engendrar un nuevo ser.

GENERATRIZ n. f. y adj. Máquina que transforma la energía mecánica en corriente eléctrica continua. **2.** MAT. Línea cuyo desplazamiento genera una superficie.

GENÉRICO, A adj. Común a muchas especies. **2.** LING. Correspondiente al género o propio de él: *nombre genérico.* **3.** LING. Dícese de una palabra que corresponde a toda una categoría (*pájaro* es un término genérico). ♦ adj. y n. m. **4.** FARM. Dícese de un medicamento cuya fórmula es de dominio público y que se vende con la denominación común a un precio inferior al de la especialidad correspondiente.

GÉNERO n. m. (lat. *genus*). Especie, conjunto de cosas semejantes entre sí por tener uno o varios caracteres esencialmente comunes: *el género humano.* **2.** Clase, orden en que con arreglo a determinadas condiciones o calidades, se consideran comprendidas diferentes personas o cosas. **3.** Modo o manera de hacer una cosa: *llevar un determinado género de vida.* **4.** En el comercio, cualquier clase de mercancías. **5.** BIOL. Categoría taxonómica intermedia entre la familia y la especie. **6.** LING. Característica gramatical de los nombres por la que se dividen en masculinos o femeninos, o neutros en algunas lenguas.

GENEROSIDAD n. f. Cualidad de generoso.

GENEROSO, A adj. (lat. *generosum*). Que obra con magnanimidad y nobleza de ánimo. **2.** Inclinado a dar a los demás de lo suyo propio. **• Vino generoso**, el de mayor graduación alcohólica que el corriente, añejo y elaborado con ciertos métodos.

GENESIACO, A o **GENESÍACO, A** adj. Relativo a la génesis.

GENÉSICO, A adj. Relativo a la generación.

GÉNESIS n. f. (gr. *genesis*, generación). Origen o principio de una cosa. **2.** Conjunto de fenómenos que dan por resultado un hecho.

GENET (Jean), escritor francés (París 1910-*id.* 1986). Sus novelas, poemas y teatro (*Las criadas*, 1947; *El balcón*, 1956) fustigan los prejuicios y la hipocresía del mundo moderno.

GENÉTICA n. f. Ciencia de los fenómenos hereditarios que estudia la transmisión de los caracteres anatómicos, citológicos y funcionales de padres a hijos.

GENÉTICO, A adj. Relativo a la génesis u origen de las cosas. **2.** BIOL. Dícese de los factores de la herencia. **• Información genética** (BIOL.), información contenida en una secuencia de nucleótidos de ácidos nucleicos, ADN o ARN. ♦ n. **3.** Biólogo dedicado al estudio de la genética.

GENETISTA n. m. y f. Especialista en genética.

GENGIS KAN, título de Timuỹin, fundador del imperio mongol (Delün Boldaq c. 1167-Qings-hui, Gansu, 1227). Kan supremo por los mongoles (1206), conquistó China del norte (1211-1216), Transoxiana, Afganistán e Irán oriental (1221-1222).

GENIAL adj. (lat. *genialem*). Relativo al genio creador o que tiene sus características. **2.** Excelente, placentero, que causa agrado.

GENIALIDAD n. f. Condición de genio, capacidad creativa. **2.** Acción original o extravagante.

GÉNICO, A adj. Relativo a los genes.

GENIO n. m. Índole o condición natural de cada persona. **2.** Mal carácter: *estar de genio.* **3.** Estado de ánimo circunstancial. **4.** Disposición o habilidad extraordinaria para algo determinado: *tener genio de artista.* **5.** Ser sobrenatural al que se atribuye un poder mágico. **6.** Persona que destaca extraordinariamente en una actividad determinada. **7.** Capacidad creativa en artes, ciencias o letras. **8.** Persona que posee capacidad creativa.

GENIPA n. f. Planta arbórea de América tropical.

GENITAL adj. Relativo al sexo y al aparato reproductor del hombre y de los animales. ♦ **genitales** n. m. pl. **2.** Partes externas del aparato genital.

GENITIVO, A adj. Que puede engendrar o producir una cosa. ♦ n. m. **2.** LING. En las lenguas que tienen declinación, caso

que indica pertenencia, posesión o materia de que está hecha una cosa.
GENITOR n. m. El que engendra.
GENITOURINARIO, A adj. Relativo al conjunto de los aparatos reproductor y urinario. SIN.: urogenital.
GENÍZARO n. m. Jenízaro.
GENNES (Pierre-Gilles **de**), físico francés (París 1932), especialista en la materia condensada (semiconductores, superconductividad, cristales líquidos, polímeros, etc.). [Premio Nobel de física 1991.]
GENOCIDIO n. m. Crimen cometido contra un pueblo o un grupo nacional, étnico o religioso.
GENOMA n. m. BIOL. Conjunto de los genes de la especie.
GENOTIPO n. m. BIOL. Conjunto de factores hereditarios constitucionales de un individuo o de una especie.
GÉNOVA, en ital. Genova, c. de Italia, cap. de Liguria y cap. de prov., junto al golfo de Génova, formado por el Mediterráneo; 675 639 hab. (Genoveses.) Principal puerto italiano. Centro industrial (metalurgia, química). Catedral y numerosas iglesias, construidas y decoradas desde la edad media hasta la época barroca. Magníficos palacios, entre los que destacan el Rosso, el Bianco y el Spinola, act. galerías de arte.
GENOVÉS, SA adj. y n. De Génova.
GENTE n. f. (lat. gentem, raza, familia). Pluralidad de personas: la gente acudió al estadio. **2.** Clase social: gente humilde. **3.** Los hombres en general: la gente vive engañada. **4.** Fam. Familia, parentela inmediata de alguien: volvió con su gente. **5.** Persona: es buena gente. **6.** Chile, Colomb., Perú y P. Rico. Gente decente, bien portada. • **Gente bien**, personas de clase elevada. ‖ **Gente de bien**, de buena intención y proceder. ‖ **Gente menuda** (Fam.), los niños.
GENTECILLA n. f. Desp. Gentuza.
GENTIL adj. y n. m. y f. (lat. gentilem, propio de una familia). Idólatra o pagano. ♦ adj. **2.** De hermosa presencia, apuesto. **3.** Amable.
GENTILEZA n. f. Cualidad de gentil. **2.** Amabilidad y cortesía.
GENTILHOMBRE n. m. (fr. gentilhomme) [pl. gentileshombres]. Noble que servía en la casa real. **2.** Hidalgo.
GENTILICIO, A adj. Relativo a las gentes o naciones. **2.** Relativo al linaje o familia. ♦ adj. y n. m. **3.** Dícese de los nombres y adjetivos que expresan lugar de origen o nacionalidad.
GENTÍO n. m. Concurrencia o afluencia considerable de personas.
GENTUZA n. f. Desp. Chusma, gente despreciable.
GENUFLEXIÓN n. f. (lat. genuflexionem). Acción de doblar la rodilla en señal de reverencia, sumisión o adoración.
GENUINO, A adj. (lat. genuinum, auténtico). Que conserva sus características propias u originarias.
GEOBOTÁNICA n. f. Estudio de los vegetales en relación con el medio terrestre.
GEOCÉNTRICO, A adj. Relativo al centro de la Tierra como punto de observación. • **Movimiento geocéntrico**, movimiento aparente de un astro alrededor de la Tierra considerada como centro de observación.
GEODESIA n. f. Ciencia que tiene por objeto definir la forma de la Tierra, describir con detalle su campo de gravedad y estudiar las variaciones eventuales de éste en el tiempo.
GEODÉSICO, A adj. Relativo a la geodesia. • **Línea geodésica**, la línea más corta que une dos puntos de una superficie.
GEODINÁMICA n. f. Rama de la geología que estudia los procesos evolutivos que afectan a la Tierra y analiza las fuerzas que se derivan de ellos.

GEOESTACIONARIO, A adj. ASTRONÁUT. Dícese de un satélite de la Tierra, con igual período de revolución, que describe una órbita directa, ecuatorial y circular.
GEOFÍSICA n. f. Estudio, a través de la física, de la estructura de conjunto del globo terrestre y de los movimientos que lo afectan.
GEOGRAFÍA n. f. (gr. geôgraphia). Ciencia que tiene por objeto la descripción y explicación de los fenómenos físicos y humanos en la superficie de la Tierra.
GEOIDE n. m. (gr. geoeidés, semejante a la tierra). Superficie ideal que, en cualquier punto de la Tierra, es normal a la vertical del lugar y que coincide con el nivel medio de los mares, haciendo abstracción de las mareas; corresponde convencionalmente a la altitud cero.
GEOLOGÍA n. f. Ciencia que tiene por objeto la descripción de los materiales que forman el globo terrestre, el estudio de las transformaciones que ha sufrido la Tierra en el transcurso de los tiempos y el estudio de los fósiles.
GEOLÓGICO, A adj. Relativo a la geología.
GEÓLOGO, A n. Especialista en geología.
GEOMAGNETISMO n. m. Magnetismo terrestre.
GEOMETRÍA n. f. (gr. geômetria). Disciplina matemática que tiene por objeto el estudio riguroso del espacio y de las formas (figuras y cuerpos) que en él se pueden imaginar. • **Geometría analítica**, estudio de las figuras por medio del álgebra gracias al empleo de coordenadas. ‖ **Geometría del espacio**, o **de tres dimensiones**, geometría que corresponde a la representación intuitiva del espacio que incluye tres dimensiones. ‖ **Geometría descriptiva**, estudio de las figuras del espacio a partir de sus proyecciones ortogonales sobre dos planos perpendiculares entre sí. ‖ **Geometría diferencial**, estudio de las curvas y de las superficies con ayuda del cálculo infinitesimal. ‖ **Geometría elemental**, geometría que, sin recurrir a un sistema de coordenadas, trata un programa tradicionalmente limitado a la recta, el círculo y las cónicas. ‖ **Geometría plana**, o **de dos dimensiones**, estudio de las figuras en un plano. ‖ **Geometría proyectiva** (→ proyectiva).
GEOMORFOLOGÍA n. f. Parte de la geografía física que tiene por objeto la descripción y explicación del relieve terrestre actual, gracias al estudio de su evolución.
GEOPOLÍTICA n. f. Estudio de las relaciones entre los elementos naturales, como relieve, clima, etc., y la política de los estados.
GEORGETOWN, c. y puerto de Guyana, cap. del estado; 188 000 hab.
GEORGIA, en georgiano **Sakartvelo**, estado del Cáucaso, junto al mar Negro; 70 000 km²; 5 400 000 hab. (Georgianos.) CAP. Tbilisi. LENGUA OFICIAL: georgiano. MONEDA: rublo.

GEOGRAFÍA
Un 70 % de la población es autóctona. En el S del Gran Cáucaso se da un clima subtropical, por lo menos en la llanura del Rion y en el litoral (turismo). Produce cítricos, té y vinos. El subsuelo alberga carbón y principalmente manganeso.

HISTORIA
Después de ser colonizada por griegos y romanos (Cólquida) y de haber estado dominada por los Sasánidas (Iberia), la región fue conquistada por los árabes (c. 650). Ss. IX-XIII: conoció un notable renacimiento, y llegó a su apogeo con la reina Thamar (1184-1213), después fue arrasada por los mongoles. Ss. XVI-XVIII: Georgia perdió sus territorios en favor de Irán y el Imperio otomano, y quedó bajo protección de Rusia (1783). 1801: fue anexionada por Rusia. 1918: se proclamó una república independiente. 1921: el Ejército rojo intervino y se instauró un régimen soviético. 1922: Georgia, a la que estaban unidas las repúblicas autónomas de Abjasia, Adzharia, así como la región autónoma de Osetia del Sur, se integró en la Federación de Transcaucasia y en la U.R.S.S. 1936: se convirtió en una república federada. 1990: los independentistas ganaron las primeras elecciones republicanas libres. 1991: el soviet supremo de Georgia proclamó la independencia del país (abril); en diciembre, con la desintegración de la U.R.S.S., Georgia no se adhirió a la C.E.I. 1992: Shevardnadze asumió la presidencia de la república y tuvo que hacer frente a los movimientos separatistas de Abjasia y Osetia del Sur. 1993: Georgia ingresó en la C.E.I. 1994: firma del tratado de cooperación con Rusia; Georgia se integró en el área del rublo. 1995: Shevardnadze fue reelegido presidente con más del 70 % de votos. 1997: firma de un compromiso de paz con la provincia rebelde de Abjasia. 2001: después de una crisis política, Schevarnadze destituyó al gabinete en pleno. 2003: dimisión de Shevardnadze. 2004: Mikhail Saakashvili, electo presidente.
GEORGIA, estado de Estados Unidos, junto al Atlántico; 152 488 km²; 6 478 216 hab. CAP. Atlanta.
GEORGIANO, A adj. y n. De Georgia. ♦ n. m. **2.** Lengua caucásica hablada en la república de Georgia.
GEORGIAS DEL SUR, islas antárticas de Argentina, descubiertas por el español Antonio de la Roca (1675).
GEÓRGICA n. f. Obra, especialmente literaria, que trata temas que están relacionados con la agricultura.
GEOSFERA n. f. Parte mineral, no viva, de la Tierra, que sirve de soporte al conjunto de los seres vivos. (Comprende la atmósfera, la hidrosfera y la parte externa de la litosfera.)
GEOSINCLINAL n. m. y adj. En las zonas orogénicas, amplia fosa de la corteza terrestre que va hundiéndose progresivamente bajo el peso de los sedimentos que se acumulan en ella y cuyo plegamiento ulterior finaliza con la formación de una cadena montañosa.
GEOTERMIA n. f. Estudio de los fenómenos térmicos que tienen su sede en el globo terrestre.
GEOTROPISMO n. m. Orientación del crecimiento de los órganos vegetativos de las plantas debida a la fuerza de la gravedad.
GERANIO n. m. Planta de tallo carnoso, cultivada por sus flores ornamentales. (Familia geraniáceas.) **2.** Flor de esta planta.
GERBASI (Vicente), poeta venezolano (Canoabo 1913-Caracas 1992). Su obra refleja una actitud contemplativa y de introspección (Bosque doliente, 1940; Olivos de eternidad, 1961).
GERENCIA n. f. Cargo y gestión del gerente. **2.** Oficina del gerente. **3.** Tiempo que una persona ocupa este cargo.
GERENTE n. m. y f. Persona física que dirige, administra y representa una empresa mercantil y en la que se personifican sus órganos directores.
GERIATRÍA n. f. Parte de la medicina que estudia las enfermedades de la vejez.
GERIFALTE n. m. Halcón de gran tamaño, que vive en Europa septentrional. **2.** Fam. Persona que sobresale en cierto cargo.
GERMANÍA n. f. (cat. germania, hermandad). Habla jerga española propia del hampa de los ss. XVI y XVII; actualmente, jerga del hampa y de los gitanos.
GERMANIA, ant. región de Europa central, entre el Rin y el Vístula.
GERMANIA (reino de), estado surgido en 843 de una parte al imperio carolingio y concedido a Luis el Germánico. Dejó de existir en 1204.

GER

GERMÁNICO, A adj. y n. De Germania **2.** De Alemania o de sus habitantes. ♦ n. m. **3.** Rama del indoeuropeo de la que surgieron el inglés, el alemán, el neerlandés y las lenguas escandinavas.
GERMANIO n. m. Metal (Ge) de número atómico 32 y masa atómica 72,59, parecido al silicio.
GERMANISMO n. m. Expresión propia de la lengua alemana. **2.** Palabra o giro de la lengua alemana que han sido incorporados a otra lengua.
GERMANIZAR v. tr. y pron. [**1g**]. Comunicar o tomar costumbres alemanas. **2.** Dar forma alemana a una palabra.
GERMANO, A adj. y n. Que pertenece a la germanía.
GERMANO, A adj. y n. Relativo a un pueblo indoeuropeo, originario de Escadinavia meridional, que emigró hacia la llanura europea en el I milenio a. J.C.; individuo de este pueblo.
GERMEN n. m. (lat. *germen*). Causa, origen de alguna cosa. **2.** Estado simple y primitivo del que deriva todo ser viviente. **3.** Primer tallo que brota de una planta. **4.** MED. Microbio patógeno causante de una enfermedad.
GERMICIDA adj. y n. m. Que mata los gérmenes.
GERMINACIÓN n. f. Desarrollo del germen contenido en una semilla.
GERMINAL adj. Que se refiere al germen.
GERMINAR v. intr. (lat. *germinare*) [**1**]. Desarrollar su germen una semilla o una planta. **2.** *Fig.* Empezar a desarrollarse: *germinar una idea.*
GERMINATIVO, A adj. Que está relacionado con la germinación.
GERNIKA-LUMO → *Guernica y Luno.*
GERONA o **GIRONA** (*provincia de*), prov. del NE de España, en Cataluña; 5886 km²; 520 401 hab. Cap. *Gerona*. Los Pirineos (al N), los relieves de las Guilleries (al O) y el Montseny (al S) enmarcan las llanuras del Ampurdán, El Gironés y La Selva.
GERONA o **GIRONA**, c. de España, cap. de la prov. homónima y cab. de p. j.; 70 409 hab. (*Gerundenses*.) En la confluencia del Ter y el Oñar. Centro administrativo e industrial. Universidad. Fue la *Gerunda* romana. Conjunto medieval: barrio del Call; iglesias románicas (San Pedro de Galligans) y catedral románico-gótica, con fachada barroca (museo: beato del s. X; tapiz de la Creación).
GERÓNIMO → *Jerónimo.*
GERONTOCRACIA n. f. Sociedad en la que el poder político lo ejercen los ancianos.
GERONTOLOGÍA n. f. Estudio de la vejez y de los fenómenos del envejecimiento en sus diversos aspectos.
GERSHWIN (George), compositor norteamericano (Brooklyn 1898-Hollywood 1937), autor de *Rapsodia azul* (1924), *Un americano en París* (1928), *Porgy and Bess*, etc., combinó el jazz con la música romántica.
GERUNDENSE adj. y n. m. y f. De Gerona.
GERUNDIO n. m. (lat. *gerundium*, de *gerere*, hacer). LING. Forma no personal del verbo que en unos casos realiza función adjetiva y en otros adverbial.
GESTA n. f. (lat. *gesta*). Conjunto de hazañas o hechos memorables de algún personaje o de un pueblo. • **Cantar de gesta** (→ *cantar*).
GESTACIÓN n. f. Proceso del desarrollo del embrión de las hembras vivíparas desde su concepción hasta el parto. **2.** Tiempo que dura este proceso. **3.** En la mujer, embarazo. **4.** *Fig.* Período de preparación o de elaboración que precede a algo: *la gestación de una obra teatral.*
GESTAR v. tr. [**1**]. Estar una hembra en período de gestación. ♦ **gestarse** v. pron. **2.** Prepararse o desarrollarse un suceso, obra, etc.: *se gestaba una revolución*.

GESTEAR v. intr. (de *gesto*) [**1**]. Hacer gestos.
GESTICULACIÓN n. f. Acción de gesticular.
GESTICULADOR, RA o **GESTERO, A** adj. Que gesticula.
GESTICULAR v. intr. (lat. *gesticulari*) [**1**]. Hacer gestos.
GESTIÓN n. f. (lat. *gestionem*). Acción de gestionar, administración.
GESTIONAR v. tr. [**1**]. Hacer diligencias para la consecución de algo o la tramitación de un asunto.
GESTO n. m. (lat. *gestum*). Expresión del rostro que es reflejo de un estado de ánimo. **2.** Movimiento del cuerpo, de las manos, de los brazos, etc. **3.** Rasgo de amabilidad o generosidad. • **Torcer el gesto**, poner expresión de enfado o disgusto.
GESTOR, RA adj. y n. Que gestiona. • **Gestor administrativo**, persona que de un modo habitual y por profesión se dedica a gestionar, promover y activar en las oficinas públicas toda clase de asuntos particulares o de corporaciones.
GESTORÍA n. f. Oficina del gestor.
GESTUAL adj. Relativo a los gestos.
GESTUDO, A adj. Que suele poner mal gesto.
GETAFE, v. de España (Madrid), cab. de p. j.; 139 500 hab. (*Getafenses* o *getafeños*.) Centro industrial. Aeródromo y base militar.
GETTYSBURG, c. de Estados Unidos (Pennsylvania); 7025 hab. Victoria de los nordistas durante la guerra de Secesión (1-3 julio 1863).
GEYSER n. m. Géiser.
GHANA, estado de África occidental; 240 000 km²; 15 500 000 hab. (*Ghaneses*.) CAP. *Accra*. LENGUA OFICIAL: *inglés*. MONEDA: *cedi*.
GEOGRAFÍA
En la zona S alternan el bosque denso y las plantaciones de cacao (principal recurso de Ghana), en contraposición al N, país de sabana. El subsuelo alberga oro, diamantes, manganeso y bauxita.
HISTORIA
1471: los portugueses llegaron a la costa de la futura Ghana a la que llamaron Costa de Oro. Ss. XVII-XVIII: los holandeses sustituyeron a los mercaderes de toda Europa y rivalizaron en el comercio de esclavos. S. XIX: Gran Bretaña controló al país en su protectorado. Tras la abolición de la trata (1807), se produjo una notable expansión económica basada en la explotación de los minerales mineros y el cultivo del cacao. 1949: K. Nkrumah creó la Convention people's party (C.P.P.), que reclamó la autonomía. 1957: Costa de Oro accedió a la independencia con el nombre de Ghana, en el marco de la Commonwealth. 1960: constitución orientada al socialismo. 1966: Nkrumah derrocado. Se restablecieron relaciones con occidente; sucesión de gobiernos civiles. 1972: nuevo golpe de estado. Gobernó el general I. Acheampong; en 1978 fue derrocado. 1981: llegó al poder J. Rawlings (reelegido en 1991 y 1996). 1992: nueva constitución. 2001: luego de la primera elección democrática desde 1957, John Kufor asume la presidencia. El ghanés Kofi Annan es reelecto para un segundo período como secretario general de la O.N.U. y gana el Premio Nobel de la Paz.
GHANÉS, SA adj. y n. De Ghana.
GHETTO o **GUETO** n. m. (voz de origen italiano). Antiguamente, barrio reservado a los judíos en algunas ciudades. **2.** Lugar donde una minoría se ve separada del resto de la sociedad. **3.** Grupo social encerrado en sí mismo, condición marginal: *el ghetto cultural de la literatura de vanguardia*.
GHIANO (Juan Carlos), escritor argentino (Nogoyá 1920-Buenos Aires 1990), narrador, dramaturgo (*Corazón de tango*, 1963; *Actos de miedo*, 1970) y crítico (*Constantes de la literatura argentina*, 1953).
GHIRALDO (Alberto), escritor argentino (Mercedes 1874-Santiago de Chile 1946). Poeta modernista (*Fibras*, 1895), cultivó también el cuento, el teatro y el ensayo político.
GIACOMETTI (Alberto), escultor y pintor suizo (Stampa 1901-Coira 1966). Sus esculturas de bronce, expresionistas, se caracterizaron por un alargamiento extremo.
GIANNEO (Luis), compositor y director de orquesta argentino (Buenos Aires 1897-id. 1968). Contribuyó a la formación del grupo Renovación (1932) y de la Liga de compositores argentinos (1948). Su obra ahonda en las raíces nacionales.
GIBA n. f. (lat. *gibbam*). Corcova, joroba.
GIBAR v. tr. [**1**]. Corcovar. **2.** *Fig.* y *fam.* Fastidiar, molestar.
GIBELINO, A n. y adj. (ital. *ghibellino*). HIST. En Italia, partidarios de los emperadores romanogermánicos, por oposición a los güelfos.
GIBÓN n. m. Mono desprovisto de cola y con largos brazos, que vive en la India y Malasia.
GIBOSO, A adj. y n. Que tiene giba o corcova.
GIBRALTAR (*estrecho de*), brazo de mar entre España y Marruecos, que une el Atlántico con el Mediterráneo; 14 km de anchura mínima.
GIBRALTAR, colonia británica, enclavada en el extremo S de la península Ibérica, junto al estrecho de Gibraltar; 6 km²; 30 861 hab. (*Gibraltareños* o *llanitos*.) Cap. *Gibraltar*. El territorio está integrado por el *Peñón de Gibraltar* (promontorio calizo de 423 m de alt.) y configura un tómbolo de bordes escarpados. Base naval y centro logístico de la O.T.A.N. Actividad bancaria, comercio y turismo.
HISTORIA
Conocido desde la antigüedad como *Calpe*, una de las Columnas de Hércules, fue el primer punto de la conquista musulmana en España (711). Fue tomado en 1704 por los ingleses y en 1713 les fue reconocida la posesión del territorio mediante el tratado de Utrecht. En 1956, España pidió la devolución de Gibraltar ante la O.N.U. Sin embargo, los reiterados esfuerzos de la diplomacia española por empujar el proceso descolonizador del Peñón apenas han conseguido más que una declaración formal del Reino Unido de aceptar negociaciones sobre la soberanía.
GIBRALTAREÑO, A adj. y n. De Gibraltar.
GIDE (André), escritor francés (París 1869-id. 1951). Su obra, dominada por el anhelo de libertad (*Los alimentos terrestres*, 1897) y la sinceridad, influye en el humanismo moderno (*Los monederos falsos*, 1925). [Premio Nobel de literatura 1947.]
GIGA-, prefijo (símbolo G) que colocado delante de una unidad la multiplica por 10^9.
GIGANTA n. f. Mujer que excede mucho en estatura a la generalidad de las demás.
GIGANTE adj. De gran tamaño, gigantesco, inmenso. ♦ n. m. **2.** Ser fabuloso de enorme estatura que aparece en cuentos, fábulas y leyendas. **3.** Hombre que excede mucho en estatura a la generalidad de los demás. **4.** *Fig.* Persona que sobresale en un arte o ciencia o por sus hechos nobles o heroicos. **5.** Cada una de las figuras de gran tamaño que intervienen en algunas fiestas populares.
GIGANTESCO, A adj. Relativo a los gigantes. **2.** *Fig.* Excesivo o muy sobresaliente en su línea.
GIGANTISMO n. m. Desarrollo excesivo de las dimensiones del cuerpo o de alguna de sus partes. **2.** Desarrollo excesivo de un organismo cualquiera.

GIGOLO n. m. (voz francesa). Amante joven de una mujer, generalmente madura y rica, que le protege económicamente.
GIJÓN, v. de España (Asturias), cab. de p. j.; 260 267 hab. *(Gijoneses o gijoneses.)* Puerto pesquero y comercial (El Musel). Centro industrial (vidrio; química; metalurgia y construcción naval, en reconversión). Ciudad vieja (Cimadevilla).
GIJONÉS, SA adj. y n. o **GIJONENSE** adj. y n. m. y f. De Gijón.
GIL, LA adj. *Argent., Chile* y *Urug. Fam.* Tonto, incauto.
GIL DE CASTRO (José), pintor peruano (Lima 1790-*id.* 1850). Retratista de la aristocracia criolla.
GIL FORTOUL (José), historiador y político venezolano (Barquisimeto 1861-Caracas 1942). Colaboró con la dictadura de Gómez. Es autor de *Historia constitucional de Venezuela* (3 vols., 1907-1909).
GILARDI (Gilardo), compositor argentino (San Fernando, Buenos Aires, 1889-Buenos Aires 1963). Cuenta en su extensa producción con obras escénicas *(Ilse,* 1923), sinfónicas, de cámara, religiosas, la cantata y ciclos de canciones.
GILBERT *(islas)* → **Kiribati.**
GILIPOLLAS n. m. y f. y adj. (pl. *gilipollas*). Persona estúpida, que hace tonterías; persona cobarde.
GILIPOLLEZ n. f. *Fam.* Dicho o hecho propios de un gilipollas.
GILL (Juan Bautista), político paraguayo († Asunción 1877). Presidente de la república (1874-1877), tras un proceso revolucionario, fue asesinado.
GIMNASIA n. f. (gr. *gymnasia).* Arte de ejercitar, fortalecer y desarrollar el cuerpo mediante ejercicios físicos adecuados. **2.** Conjunto de ejercicios encaminados a desarrollar una facultad intelectual: *gimnasia intelectual.*
GIMNASIO n. m. (lat. *gimnasium*, del gr.). Establecimiento en que se practican ejercicios corporales.
GIMNASTA n. m. y f. (gr. *gymnastēs*). Deportista que efectúa ejercicios de gimnasia.
GIMNÁSTICO, A adj. Relativo a los ejercicios del cuerpo. • **Paso gimnástico,** paso lento de carrera.
GIMNOSPERMO, A adj. y n. f. Relativo a una subdivisión de plantas arbóreas, a la que pertenecen las coníferas.
GIMNOTO n. m. Pez de agua dulce de América del Sur, parecido a la anguila.
GIMOTEAR v. intr. [1]. *Fam.* Gemir, quejarse o llorar sin causa justificada. **2.** Hacer gestos como de llorar, pero sin llegar a ello.
GIMOTEO n. m. *Fam.* Acción y efecto de gimotear.
GIN n. m. (voz inglesa). Ginebra.
GINASTERA (Alberto), compositor argentino (Buenos Aires 1916-Ginebra 1983). Es autor de las óperas, además de *Concierto argentino* para piano y orquesta (1935), *Tres danzas argentinas* (1937), *Sinfonía porteña* (1942), música de cámara y composiciones para guitarra.
GINEBRA n. f. (fr. *geniévre*). Aguardiente de semillas, aromatizado con bayas de enebro.
GINEBRA, en fr. **Genève,** en alem. **Genf,** c. de Suiza, cap. del cantón homónimo, en la extremidad SO del lago Léman; 171 042 hab. *(Ginebrinos o ginebreses.)* Universidad fundada por Calvino. Centro bancario y comercial. Relojería y mecánica de precisión. Industrias agroalimentarias. Templo de San Pedro, ant. catedral (ss. XII-XIII). Museos (arte e historia). Sede de la Cruz Roja y de diferentes organizaciones internacionales. • *El cantón de Ginebra tiene 282 km² y 379 190 habitantes.*
GINEBRINO, A o **GINEBRÉS, SA** adj. y n. De Ginebra.
GINECEO n. m. (lat. *gynaeceum*). Lugar reservado a las mujeres entre los antiguos griegos. **2.** BOT. Verticilo floral formado por los pistilos.
GINECOLOGÍA n. f. Parte de la medicina que estudia las enfermedades propias de la mujer.
GINGIVAL adj. (der. del lat. *gingivam*, encía). Relativo a las encías.
GINKGO n. m. Árbol principe de China con hojas en forma de abanico, considerado en Extremo Oriente como un árbol sagrado.
GINSBERG (Allen), poeta norteamericano (Newark, Nueva Jersey, 1926-Nueva York 1997). Portavoz de la beat generation, su poesía es fundamentalmente oral y enumerativa *(Aullidos,* 1956; *Kaddish,* 1961).
GINSÉN o **GINSENG** n. m. Raíz de una planta de la familia de las araliáceas, que posee notables cualidades tónicas.
GIORGIONE (Giorgio **da Castelfranco,** llamado), pintor italiano (Castelfranco Veneto c. 1477-Venecia 1510), autor de composiciones en las que la luz difusa y el suave colorido crean una atmósfera de lirismo discreto y de recogimiento *(La tempestad,* Venecia).
GIOTTO de Bondone, pintor y arquitecto italiano (Colle di Vespignano, en Mugello, 1266-Florencia 1337). Se le considera uno de los principales creadores de la pintura moderna occidental.
GIRA n. f. Viaje o excursión efectuado por distintos lugares, con vuelta al punto de partida. **2.** Serie de actuaciones de una compañía de teatro, de una orquesta o de un artista en diferentes poblaciones.
GIRALDA n. f. Veleta de torre, cuando tiene figura humana o de animal.
GIRAR v. intr. (lat. *gyrare*) [1]. Dar vueltas algo sobre su eje o alrededor de un punto. **2.** *Fig.* Desarrollarse una conversación, negocio, trato, etc., en torno a un tema o interés dado. **3.** Desviarse o torcer la dirección inicial. ♦ v. intr. y tr. **4.** Expedir una orden de pago, en especial una letra de cambio. **5.** Enviar una cantidad de dinero a través del servicio de correos o de telégrafos. ♦ v. intr. y tr. **6. Girarla** *(Méx. Fam.),* ocuparse de una actividad determinada, cumplir cierta función, papel, etc.: *¿de qué la giras en la obra?*
GIRARDOT (Atanasio), patriota colombiano (Medellín 1791-† 1813). Luchó junto a Bolívar en Trujillo y Barinas; murió en la campaña de Venezuela.
GIRASOL n. m. Planta herbácea de flores grandes y amarillas, que se cultiva por sus semillas, de las que se extrae un aceite de mesa. (Familia compuestas.) **2.** Flor de esta planta.
GIRO n. m. (lat. *gyrum).* Acción y efecto de girar. **2.** Movimiento circular. **3.** Dirección o aspecto que toma una conversación, un asunto, un negocio, etc. **4.** Transferencia de fondos o dinero por medio de letras de cambio, cheques u otros instrumentos de pago: *giro postal.* **5.** Estructura especial de la frase para expresar un concepto.
GIRO, A adj. *Amer.* Dícese del gallo que tiene el plumaje matizado de amarillo.
GIRÓN *(playa)* → **Cochinos.**
GIRONA → **Gerona.**
GIRONDO (Oliverio), poeta argentino (Buenos Aires 1891-*id.* 1967), vanguardista, su innovadora poesía culminó en *La masmédula* (1956).
GIRONELLA (José María), pintor mexicano (México 1929-1999), cuya temática incide en la metamorfosis de una obra clásica *(La reina Mariana de Velázquez).*
GIROSCOPIO n. m. Aparato que, animado de un movimiento de rotación alrededor de uno de sus ejes, puede ser desplazado de cualquier forma sin que la dirección de su eje de rotación resulte modificada.
GIRÓVAGO, A adj. Vagabundo.

GIRRI (Alberto), poeta argentino (Buenos Aires 1918-*id.* 1991), gran traductor de la poesía anglosajona, que influyó en su obra *(Playa sola,* 1946).
GIS n. m. *Méx.* Tiza.
GITANERÍA n. f. Cualidad de gitano. **2.** Engaño. **3.** Reunión o conjunto de gitanos.
GITANISMO n. m. Costumbres y maneras que caracterizan a los gitanos. **2.** Vocablo o giro propio de la lengua que hablan los gitanos.
GITANO, A adj. n. Relativo a un pueblo, en gran parte nómada, procedente de la India; individuo de dicho pueblo. **2.** *Fig.* Que tiene gracia y arte para ganarse las voluntades de otros. **3.** *Fig. y desp.* Desaprensivo. ♦ n. m. **4.** Lengua propia de los gitanos.
GIZEH, c. de Egipto, cap. de prov., en la orilla izquierda del Nilo; 1 247 000 hab. Inmensa necrópolis y monumentos funerarios, entre los que se encuentran la gran esfinge y las pirámides de los faraones Keops, Kefrén y Mikerinos.
GJELLERUP (Karl) escritor danés (Roholte 1857-Klotzsche, cerca de Dresde, 1919). En su teatro y novelas *(El molino)* evolucionó del naturalismo al espiritualismo. (Premio Nobel de literatura 1917.)
GLACIACIÓN n. f. Conjunto de fenómenos de glaciarismo que se han presentado en grandes extensiones de la superficie terrestre y en diversas épocas de la historia geológica.
GLACIAL adj. Helado, muy frío. **2.** Que hace helar o helarse: *viento glacial.* **3.** *Fig.* Frío, desabrido: *acogida glacial.* • **Períodos glaciales,** períodos geológicos caracterizados por el desarrollo de los glaciares.
GLACIALISMO n. m. Descenso general de la temperatura de una región, que condujo a la formación de glaciares.
GLACIAR n. m. Acumulación de nieve transformada en hielo, animada de movimientos lentos, que cubre vastas zonas en las regiones polares *(inlandsis* o *glaciar continental),* fluye por los valles *(glaciar de montaña* o *de valle)* o se extiende en forma de lóbulo al salir de una montaña *(glaciar de pie de monte).* ♦ adj. **2.** Relativo a los glaciares
GLACIARISMO n. m. Modelado del relieve que se deriva de glaciarismo.
GLACIS n. m. GEOGR. Superficie de erosión, en pendiente suave, desarrollada en las regiones semiáridas o periglaciares y propia de los relieves montañosos.
GLADIADOR n. m. (lat. *gladiatorem).* En el circo romano, hombre que combatía contra otros o contra animales feroces.
GLADIOLO o **GLADÍOLO** n. m. Planta bulbosa, cultivada por sus flores de colores variados. (Familia iridáceas.) **2.** Flor de esta planta.
GLANDE n. m. Bellota envuelta por la cúpula. **2.** Extremidad del pene.
GLÁNDULA n. f. (lat. *glandulam*, amígdala). Órgano cuyas células producen una secreción que desempeña diversas funciones en el organismo. **2.** *Vulg.* Amígdala. (Suele usarse en plural.)
GLANDULAR adj. Relativo a las glándulas.
GLASEADO, A adj. Brillante, lustroso.
GLASEAR v. tr. [1]. Dar brillo a la superficie de algunas cosas, como papel, telas, etc. **2.** Recubrir un pastel con una mezcla líquida azucarada.
GLASER (Donald Arthur), físico norteamericano (Cleveland 1926), inventor de la cámara de burbujas, que permite detectar las partículas de energía elevada. (Premio Nobel de física 1960.)
GLASGOW, c. de Gran Bretaña (Escocia), junto al Clyde; 1 540 000 hab. Universidad. Aeropuerto. Metrópolis comercial e industrial de Escocia.
GLASHOW (Sheldon Lee), físico norteamericano (Nueva York 1932). En 1960 propuso la primera teoría unificada de la interacción electromagnética y

GLA

interacción débil. (Premio Nobel de física 1979.)
GLAUCO, A adj. Verde claro.
GLAUCOMA n. m. MED. Endurecimiento del globo ocular por aumento de la presión interna, que acarrea pérdida de visión.
GLAZUNOV (Alexandr Konstantínovich), compositor ruso (San Petersburgo 1865-París 1936), director del conservatorio de San Petersburgo (1905-1928), y autor de sinfonías y música de cámara.
GLEBA n. f. (lat. *glebam*). Terrón que se levanta con el arado. **2.** Tierra de labor. **3.** FEUD. Tierras a las que estaban adscritos determinados colonos y posteriormente los siervos.
GLENDALE, c. de Estados Unidos (California); 139 000 hab. Industria aeronáutica.
GLICÉRIDO n. m. Éster de la glicerina.
GLICERINA n. f. Trialcohol líquido, de fórmula CH$_2$OH—CHOH—CH$_2$OH, incoloro, viscoso, que se extrae de los cuerpos grasos por saponificación.
GLICINA o **GLICINIA** n. f. Planta trepadora originaria de China. (Familia papilionáceas.)
GLICOL n. m. Dialcohol de fórmula CH$_2$OH— CH$_2$—OH. **2.** Nombre genérico de los dialcoholes.
GLIFO n. m. (gr. *glyphē*). Cada uno de los signos utilizados por los antiguos mayas para designar los días y los años.
GLOBAL adj. Total, considerado en conjunto.
GLOBALIZACIÓN n. f. Acción y efecto de globalizar.
GLOBALIZAR v. tr. y pron. [**1g**]. Presentar algo de forma global.
GLOBO n. m. (lat. *globum*, bola). Esfera, sólido. **2.** El planeta Tierra. **3.** Esfera o figura grotesca de papel, a la que se hace ascender hinchándola con humo o aire caliente. **4.** Juguete que consiste en una pequeña esfera de goma, plástico, etc., llena de aire o de gas ligero. **5.** Pieza hueca esferoidal, de cristal u otro material adecuado, que se adapta a las lámparas eléctricas para obtener una mejor difusión de la luz y evitar el deslumbramiento. **6.** Aparato aeronáutico compuesto esencialmente de una bolsa de tejido impermeable, de figura esférica o más o menos cilíndrica, llena de un gas más ligero que el aire que le permite elevarse en la atmósfera transportando una barquilla en la que pueden viajar personas. • **Globo ocular**, el ojo. ‖ **Globo sonda**, globo utilizado por aparatos registradores destinados a la exploración meteorológica de las capas altas de la atmósfera. ‖ **Globo terráqueo**, o **terrestre**, el planeta Tierra.
GLOBULAR adj. De figura de glóbulo. **2.** Compuesto de glóbulos. **3.** Relativo a los glóbulos rojos.
GLOBULINA n. f. Proteína de elevado peso molecular, uno de los componentes de la sangre.
GLÓBULO n. m. Cuerpo esférico muy pequeño. **2.** Elemento que se encuentra en suspensión en diversos líquidos orgánicos. • **Glóbulo blanco**, leucocito. ‖ **Glóbulo rojo**, hematíe.
GLOBULOSO, A adj. Compuesto de glóbulos.
GLORIA n. f. (lat. *gloriam*). Fama, celebridad. **2.** Lo que da lugar a esta fama. **3.** Persona célebre: *es una gloria nacional*. **4.** Cosa que produce gran placer. **5.** En pintura, representación, en las cúpulas, de un cielo poblado de ángeles. **6.** REL. CATÓL. Cielo, donde los ángeles, los santos y los bienaventurados gozan de la presencia de Dios. • **Estar en la gloria**, encontrarse muy bien en cierto lugar, situación, etc. ‖ **Sin pena ni gloria**, con mediocridad, sin brillantez. ♦ n. m. **7.** Canto de alabanza en la liturgia romana y griega, que comienza con las palabras *Gloria in excelsis Deo*. ♦ interj. **8.** Denota elogio.
GLORIADO n. m. *Amér. Central* y *Merid.* Bebida parecida al ponche, hecha con aguardiente.
GLORIAR v. tr. (lat. *gloriari*) [**1t**]. Glorificar. ♦ **gloriarse** v. pron. **2.** Preciarse demasiado o alabarse de una cosa. **3.** Complacerse, alegrarse mucho.
GLORIETA n. f. (fr. *gloriette*). Cenador. **2.** Plazoleta, generalmente en un jardín, donde suele haber un cenador. **3.** Encrucijada de calles o alamedas.
GLORIFICACIÓN n. f. Acción y efecto de glorificar o glorificarse.
GLORIFICAR v. tr. [**1a**]. Conferir la gloria a alguno. **2.** Reconocer, ensalzar al que es glorioso dándole alabanzas. ♦ **glorificarse** v. pron. **3.** Gloriarse.
GLORIOSO, A adj. Digno de gloria, fama. **2.** Relativo a la gloria o bienaventuranza.
GLOSA n. f. Explicación o comentario de un texto oscuro o difícil de entender. **2.** Composición poética que consiste en desarrollar, en formas estróficas no fijas, unos versos que forman la letra o texto.
GLOSADOR, RA adj. y n. Que hace o reúne glosas.
GLOSAR v. tr. (lat. *glossare*) [**1**]. Hacer, poner o escribir glosas. **2.** Comentar, hacer comentarios.
GLOSARIO n. m. (lat. *glossarium*). Catálogo de palabras, especialmente las dudosas de un texto, con su explicación. **2.** Colección de glosas.
GLOTIS n. f. ANAT. Orificio de la laringe, circunscrito por las dos cuerdas vocales inferiores.
GLOTÓN, NA adj. y n. (lat. *gluttonem*). Que come con exceso y con avidez. ♦ n. m. **2.** Mamífero carnívoro parecido a la marta. (Familia mustélidos.)
GLOTONEAR v. intr. [**1**]. Comer en exceso y con avidez.
GLOTONERÍA n. f. Acción de glotonear. **2.** Calidad de glotón.
GLOUCESTER, c. de Gran Bretaña, cap. del condado del mismo nombre (*Gloucestershire*), a orillas del Severn; 91 800 hab. Construcciones aeronáuticas. Catedral románica y gótica.
GLUCEMIA o **GLICEMIA** n. f. Presencia de glucosa en la sangre.
GLÚCIDO n. m. Nombre dado a las sustancias orgánicas ternarias de fórmula general C$_n$(H$_2$O)$_p$, llamados también *hidratos de carbono*.
GLUCÓGENO n. m. Glúcido complejo, forma de reserva de la glucosa en el hígado y los músculos.
GLUCOSA n. f. QUÍM. Glúcido de sabor azucarado, de fórmula C$_6$H$_{12}$O$_6$, que se encuentra en algunos frutos, como la uva y entra en la composición de casi todos los glúcidos. SIN.: *dextrosa*.
GLUCÓSIDO n. m. Nombre genérico dado a diversos compuestos naturales que por hidrólisis dan origen a la glucosa, y que se encuentran en numerosos vegetales.
GLUTAMATO n. m. Aditivo que se añade a numerosos alimentos para aumentar el sabor. (Se le considera nocivo para la salud.)
GLUTEN n. m. (lat. *gluten*, cola, engrudo). Sustancia albuminoide viscosa que se encuentra en la harina de los cereales.
GLÚTEO, A adj. ANAT. Relativo a la región de la nalga. ♦ adj. y n. m. **2.** Dícese de tres músculos, mayor, mediano y menor, de la región glútea.
GLUTINOSO, A adj. Pegajoso.
GNEIS n. m. Neis.
GNOMO n. m. MIT. Nomo.
GNOSEOLOGÍA n. f. Noseología.
GNOSIS n.f. Nosis.
GNOSTICISMO n. m. Nosticismo.
GNU n. m. Ñu.
GOAJIRO → **guajiro**, pueblo amerindio.
GOAYANÁ o **GUAYANÁ**, pueblo amerindio del grupo caingang de la familia ge, de lengua guaraní. Hasta el s. XVI se extendía del N de Argentina al est. brasileño de Bahía. Act., muy reducido, vive a orillas del Paraná (Brasil).
GOBERNABLE adj. Susceptible de ser gobernado.
GOBERNACIÓN n. f. Gobierno, acción y efecto de gobernar. **2.** Ejercicio del gobierno. **3.** HIST. En las Indias españolas, demarcación administrativa dentro de un virreinato o capitanía general.
GOBERNADOR, RA adj. y n. Que gobierna. ♦ n. **2.** Funcionario encargado del mando de una provincia o de una circunscripción territorial análoga. **3.** Alto funcionario que está al frente de una colonia para dirigir su administración y representar a la metrópoli. **4.** En E.U.A., titular del poder ejecutivo en el marco de un estado. **5.** Director de determinados establecimientos públicos: *gobernador del Banco de España*.
GOBERNADORA n. f. Femenino de gobernador. **2.** Mujer del gobernador. **3.** Arbusto ramoso de origen mexicano, con cuyas hojas se prepara una infusión de propiedades diuréticas y antirreumáticas.
GOBERNALLE n. m. Timón.
GOBERNANTA n. f. Mujer encargada de la administración o régimen interior de una casa o institución. **2.** Mujer encargada de la servidumbre y el orden en un hotel.
GOBERNANTE n. m. y f. Persona que gobierna un país o forma parte de un gobierno.
GOBERNAR v. tr., intr. y pron. (lat. *gubernare*) [**1j**]. Administrar, tener el mando político. ♦ v. tr. y pron. **2.** Dirigir, conducir, guiar: *gobernar un barco*. ♦ v. intr. **3.** MAR. Obedecer al timón. ♦ **gobernarse** v. pron. **4.** Administrarse, manejarse. **5.** Hacer algo la norma o guía para actuar o comportarse.
GOBI, en chino *Shamo*, desierto de Asia central (Mongolia y China).
GOBIERNO n. m. Acción de gobernar, administrar, dirigir, guiar. **2.** Constitución política: *gobierno democrático*. **3.** En un estado, conjunto de organismos políticos y de personas que ejercen el poder ejecutivo. **4.** Edificio en que reside un gobierno o un gobernador.
GOBIO n. m. (lat. *gobium*). Pez pequeño, que vive en aguas fluviales límpidas. (Familia ciprínidos.)
GOCE n. m. Acción y efecto de gozar.
GODARD (Jean-Luc), director de cine francés (París 1930), uno de los principales representantes de la *nouvelle vague* (*Al final de la escapada*, 1960; *Pierrot, le fou*, 1965; *Nouvelle vague*, 1990).
GODO, A adj. y n. Relativo a un pueblo de la antigua Germania, establecidos en el s. I a J.C. en el bajo Vístula; individuo de este pueblo. **2.** *Can*. Dícese de los españoles oriundos de la Península. **3.** *Amér. Merid. Desp.* Decíase de los españoles durante la guerra de la Independencia.
GODOY CRUZ, dep. de Argentina (Mendoza); 179 502 hab. Industrias alimentaria, maderera y textil.
GOERITZ (Matías), arquitecto, pintor y escultor alemán (Danzig 1915-México 1990), nacionalizado mexicano. Fue uno de los introductores de las corrientes contemporáneas en México.
GOETHE (Johann Wolfgang **von**), escritor alemán (Frankfurt del Main 1749-Weimar 1832). Fue uno de los más importantes representantes del Sturm und Drang con su novela *Los sufrimientos del joven Werther* y su drama *Götz de Berlichingen* (1774). Posteriormente, su experiencia de Italia (*Torquato Tasso*, 1789), de la Revolución francesa y de la guerra, su amistad con Schiller (*Xenias*, 1796) y sus investigaciones científicas (*La metamorfosis de las plantas*, 1790; *La teoría de los colores*, 1810) le hicieron evolucionar hacia un ideal clásico (*Wilhelm Meister*, 1796; *Hermann y Dorotea*, 1797; *Las afinidades electivas*, 1809), que tomó forma

autobiográfica (*Poesía y verdad*, 1811-1833) y simbólica (*Diván occidental-oriental*, 1819; *Fausto*).

GOFIO n. m. (voz guanche). Harina gruesa de maíz, trigo o cebada tostada.

GÓGOL (Nikolái Vasílievich), escritor ruso (Soróchintsi 1809-Moscú 1852). Autor de obras de teatro (*El inspector*) y de relatos (*Tarás Bulba*), es el creador de la novela rusa moderna (*Las almas muertas*).

GOITIA (Francisco), pintor mexicano (Patillos 1884-† 1960), de estilo expresionista (*Tata Jesucristo*, 1927).

GOL n. m. (ingl. *goal*, meta, objetivo). En algunos deportes de equipo, acción y efecto de introducir la pelota en la portería. **2.** Tanto: *el equipo se ha apuntado un gol.*

GOLA n. f. (lat. *gulam*). Garganta, parte anterior del cuello. **2.** ARQ. Moldura cuyo perfil tiene la figura de una S.

GOLÁN (altos o meseta del), región del SO de Siria, que se eleva sobre el Jordán. Fue ocupada por Israel durante la guerra de 1967, y fue anexionada por la Knésset israelí en 1981.

GOLD COAST → **Ghana**.

GOLDING (William), escritor británico (Saint Columb Minor, Cornualles, 1911-Falmouth, Cornualles, 1993). Su obra muestra al hombre dispuesto en cualquier circunstancia a volver a su barbarie primitiva (*El señor de las moscas*, 1954). [Premio Nobel de literatura 1983.]

GOLDONI (Carlo), autor teatral italiano (Venecia 1707-París 1793). Sustituyó por la descripción de costumbres y caracteres en sus comedias escritas en italiano (*La posadera*, 1753; *Las vacaciones*, 1761) y en francés (*El gruñón bienhechor*, 1771).

GOLEADA n. f. En algunos deportes de equipo, tanteo abundante y poco habitual.

GOLEAR v. intr. [1]. Obtener uno de los equipos un número de goles muy superior al del adversario.

GOLETA n. f. (fr. *goélette*). MAR. Pequeño barco, generalmente de dos palos, de líneas esbeltas. SIN.: *escuna*.

GOLF n. m. (voz inglesa). Deporte que consiste en introducir una pelota, con un mínimo de golpes y con la ayuda de unos palos (clubs), en los dieciocho agujeros que se encuentran distribuidos en un amplio terreno.

GOLFA n. f. Golfo.

GOLFANTE adj. y n. m. y f. Golfo.

GOLFEAR v. intr. [1]. Vivir a la manera de un golfo.

GOLFERÍA n. f. Conjunto de golfos, pilluelos, sinvergüenzas. **2.** Acción propia de un golfo.

GOLFISTA n. m. y f. Persona que juega al golf.

GOLFO n. m. Parte del mar que avanza en las tierras.

GOLFO, A n. y adj. Pilluelo, vagabundo. **2.** Sinvergüenza o de pocos escrúpulos. SIN.: *golfante*.

GOLFO (corriente del), en ingl. *Gulf Stream*, corriente cálida del Atlántico. Formada por la unión de la corriente de las Antillas y la corriente de Florida, sale del golfo de México, atraviesa el estrecho de Florida y llega hasta el estrecho de Terranova. Desde allí se extiende y se desvía hacia el E, dividiéndose en varias ramas, de las cuales la más importante es la deriva noratlántica, que suaviza los climas de la fachada NO de Europa.

GOLFO, término con el que suele designarse el *golfo Pérsico* y también el *golfo de México*.

GOLGI (Camillo), médico e histólogo italiano (Corteno, cerca de Brescia, 1844-Pavía 1926). Estudió el sistema nervioso y descubrió un sistema de filamentos granulosos del citoplasma (*aparato de Golgi*). [Premio Nobel de fisiología y medicina 1906.]

GÓLGOTA → **Calvario**.

GOLIAT, guerrero filisteo vencido en singular combate por David, según relata la Biblia.

GOLILLA n. f. Adorno masculino que se llevaba alrededor del cuello, consistente en una tira estrecha de tela blanca almidonada sobre una tirilla de tela negra. **2.** *Argent.* y *Urug.* Pañuelo que usa el campesino alrededor del cuello. **3.** *Bol.* Chalina que usa el gaucho.

GOLLERÍA n. f. **1.** Manjar exquisito y delicado. **2.** *Fig.* y *fam.* Delicadeza, superfluidad, demasía.

GOLLETAZO n. m. Golpe que se da en el gollete de una botella cuando no se puede abrir.

GOLLETE n. m. (fr. *goulet*). Parte superior de la garganta, por donde se une a la cabeza. **2.** Cuello estrecho de algunas vasijas.

GOLONDRINA n. f. Ave paseriforme de 15 a 18 cm de long., lomo negro, vientre blanco, y cola recortada, que se alimenta de insectos. **2.** *Fam.* Ciertas embarcaciones de motor destinadas al transporte de pasajeros. **• Golondrina de mar**, ave palmípeda menor que la gaviota.

GOLONDRINO n. m. Pollo de la golondrina. **2.** Denominación vulgar de la inflamación de las glándulas sudoríparas axilares.

GOLOSINA n. f. Lo que se come para dar gusto al paladar, en especial dulces, bombones, caramelos. **2.** *Fig.* Cosa más agradable que útil.

GOLOSINEAR, GOLOSINAR o **GOLOSEAR** v. intr. [1]. Comer golosinas.

GOLOSO, A adj. y n. Aficionado a comer golosinas. **2.** Aficionado en, gran manera, a algo: *goloso del baile.* ◆ adj. **3.** Apetitoso, que excita el apetito y deseo: *un manjar goloso.*

GOLPE n. m. Encuentro violento y brusco de un cuerpo en movimiento contra otro. **2.** Multitud o abundancia de una cosa: *golpe de gente.* **3.** Infortunio o desgracia repentina que afecta gravemente: *los duros golpes de la vida.* **4.** Latido del corazón. **5.** *Fig.* Asalto, atraco: *preparar un golpe.* **6.** *Fig.* Ocurrencia graciosa y oportuna. **7.** Pestillo que se encaja al cerrar la puerta con fuerza: *cerradura de golpe.* **8.** En algunos deportes y juegos, jugada. **9.** Méx. Instrumento de hierro parecido a un mazo. **• A golpe de calcetín** (*Méx. Fam.*), a pie, caminando. ‖ **A golpes**, a porrazos; con intermitencias. ‖ **Dar golpe**, o **el golpe**, causar sorpresa o admiración. ‖ **Darle el golpe al cigarro** (*Méx.*), aspirar el humo. ‖ **De golpe**, prontamente, con brevedad, de repente, violentamente. ‖ **De golpe y porrazo**, precipitadamente, sin reflexión ni meditación. ‖ **De un golpe**, de una vez, en una sola acción. ‖ **Golpe bajo**, en boxeo, falta cometida al golpear por debajo de la cintura; (*Fig.*), acción malintencionada y contraria a las normas admitidas en el trato social. ‖ **Golpe de estado** → **estado**. ‖ **Golpe de gracia**, el que se da para rematar al que está gravemente herido; agravio o revés con que se consuma el descrédito, la desgracia o la ruina de alguien. ‖ **No**, o **sin**, **dar golpe**, no trabajar en nada; no realizar el trabajo que se tiene obligación de hacer. ‖ **Parar el golpe**, evitar un contratiempo o fracaso que amenazaba.

GOLPEAR v. tr. e intr. [1]. Dar un golpe o repetidos golpes: *golpear la puerta.*

GOLPETEAR v. tr. e intr. [1]. Golpear viva y continuamente.

GOLPETEO n. m. Acción y efecto de golpetear.

GOLPISMO n. m. Actitud de ciertos estamentos sociales, especialmente los militares, favorable a los golpes de estado.

GOLPISTA adj. y n. m. y f. Relativo al golpismo; persona que participa en un golpe de estado.

GOLPIZA n. f. *Amér.* Paliza.

GOMA n. f. (bajc lat. *gumma*). Tira o banda elástica a modo de cinta. **2.** Caucho: *suela de goma.* **3.** *Amér. Central.* Malestar que se siente al día siguiente de haber bebido mucho. **4.** *Argent.* Neumático. **5.** *Colomb.* Afición, manía. **6.** BOT. Sustancia viscosa que exudan algunos árboles. **• Goma arábiga**, goma que se obtiene de distintas especies de acacias y que se recogió desde por primera vez en Arabia. ‖ **Goma de borrar**, goma elástica, a base de caucho, que sirve para borrar el lápiz o la tinta. ‖ **Goma de mascar**, chicle. ‖ **Goma laca**, sustancia resinosa producida por una especie de cochinilla de la India, que se utiliza en la fabricación de barnices. ‖ **Mandar** a alguien **a la goma** (*Méx. Fam.*), mandarlo a paseo.

GOMBO n. m. Planta tropical cuyo fruto se consume como verdura y como condimento.

GOMERA n. f. *Argent.* Tirachinas.

GOMERO, A adj. y n. De Gomera.

GOMERO, A adj. *Amér. Merid.* Árbol que produce gomas. **2.** *Argent.* Dícese de quien explota la industria de la goma. ◆ n. m. **3.** Nombre que se da a diversos árboles productores de goma. **4.** *Amér. Merid.* Árbol ornamental de la familia de las moráceas de copa ancha y hojas de color verde oscuro. **5.** *Argent.* Persona que repara o vende cámaras o cubiertas de automóviles.

GÓMEZ (Juan Vicente), político y militar venezolano (San Antonio de Táchira 1859-Maracay 1935). Vicepresidente (1904), se hizo con el poder (1908), que conservó hasta su muerte. Cedió las explotaciones petroleras a compañías extranjeras.

GÓMEZ (Laureano), político colombiano (Bogotá 1889-íd. 1965). Líder conservador, ministro 1925-1926 y 1947-1948) y presidente en 1950-1951.

GÓMEZ (Máximo), general cubano (Baní 1836-La Habana 1905). Jefe de los ejércitos insurrectos 1976), se exilió tras la paz del Zanjón (1878). Elaboró con Martí el manifiesto de Montecristi (1895) y dirigió de nuevo las operaciones militares en Cuba. En 1898 no aceptó la presidencia de la república.

GÓMEZ CARRILLO (Enrique), escritor guatemalteco (Guatemala 1873-París 1927). Cultivó la prosa modernista. Su novela *El evangelio del amor* (1922) presenta cierta carga de erotismo.

GÓMEZ CORNET (Ramón), pintor argentino (Santiago del Estero 1898-Buenos Aires 1964). Realizó una síntesis entre las corrientes pictóricas europeas y la visión de su tierra natal.

GÓMEZ DE AVELLANEDA (Gertrudis), escritora cubana (Puerto Príncipe 1814-Madrid 1873). Perteneciente al romanticismo, vivió en España y escribió *Poesías* (1841, 1850), novelas de tema indígena (*Sab*, 1841; *Guatimocín*, 1847) y dramas (*Saúl*, 1849; *Baltasar*, 1858), en general históricos.

GÓMEZ DE LA SERNA (Ramón), escritor español (Madrid 1888-Buenos Aires 1963). Inventó la greguería y es un ingenioso y prolífico autor cultivó prácticamente todos los géneros: artículos, teatro, cuentos, novelas, ensayos (*El Rastro*, 1914; *El circo*, 1916), biografías y memorias: *Automoribundia* (1948).

GÓMEZ FARÍAS (Valentín), político mexicano (Guadalajara 1781-México 1858), vicepresidente y presidente interino en Santa Ana (1833-1834 y 1846-1847). Fue presidente de la Junta de representantes durante la revolución de Ayutla (1855).

GÓMEZ MANRIQUE → **Manrique**.

GOM

GÓMEZ PALACIO, c. de México (Durango); 232 742 hab. Centro industrial y comercial.

GÓMEZ PEDRAZA (Manuel), militar y político mexicano (Querétaro 1789-México 1851). Elegido presidente en 1829, ocupó el cargo en 1832-1833, después de un período de exilio.

GÓMEZ RESTREPO (Antonio), escritor colombiano (Bogotá 1869-id. 1947), poeta (*Ecos perdidos*, 1893) y crítico literario (*Historia de la literatura colombiana*, 1945-1946).

GOMINA n. f. Fijador del cabello.

GOMORRA → *Sodoma*.

GOMOSO, A adj. De la naturaleza de la goma. ♦ n. m. **2.** Petimetre, joven excesivamente acicalado.

GÓNADA n. f. Glándula sexual que produce los gametos y secreta hormonas.

GONCOURT (Edmond **Huot de**) [Nancy 1822-Champrosay, Essonne, 1896], y su hermano **Jules** (París 1830-*id.* 1870), escritores franceses. Evolucionaron del naturalismo hacia un impresionismo refinado. El círculo de amigos de Edmond fue el origen de la *Academia Goncourt*, sociedad literaria francesa, que desde 1903 concede un premio literario anual.

GÓNDOLA n. f. (ital. *gondola*). Embarcación veneciana, larga y plana, movida por un solo remo.

GONDOLERO m. Remero de una góndola.

GONDRA (Manuel), político y escritor paraguayo (1872-1927). Presidente de la república (1910-1911; 1920-1921). Firmó la *convención Gondra* (1923), que fijó las fronteras con Argentina.

GONG n. m. (pl. gongs). Batintín.

GÓNGORA Y ARGOTE (Luis **de**), poeta español (Córdoba 1561-*id.* 1627), gran representante del culteranismo o *gongorismo*. Entre 1612 y 1613 compuso sus obras más importantes: *Las soledades* y la *Fábula de polifemo y Galatea*. La dificultad de su lengua estriba en el uso de una sintaxis de base latina, complicada por el hipérbaton; la acumulación de cultismos y alusiones mitológicas, la inclusión de sus metáforas, perífrasis e hipérboles (*Romance de Angélica y Medoro*, 1602; *Fábula de Píramo y Tisbe*, 1617).

GONGORINO, A adj. y n. Relativo a Góngora. **2.** Que sigue o imita la manera literaria de Góngora.

GONGORISMO n. m. (de *Góngora*). Culteranismo.

GONZÁLEZ (José Luis), escritor puertorriqueño nacionalizado mexicano (Santo Domingo 1926-México 1996), representante del realismo crítico (*Paisa*, 1950; *En Nueva York y otras desgracias*, 1973).

GONZÁLEZ (Manuel), militar y político mexicano (Matamoros 1833-Chapingo, Guanajuato, 1893). Presidente de la república (1880-1884), durante su mandato se organizó la banca y se impulsó el ferrocarril.

GONZÁLEZ (Pablo), militar revolucionario mexicano (Lampazos 1879-Monterrey 1950). Luchó al lado de Carranza contra Villa y Zapata. Candidato presidencial (1919), estuvo desterrado en E.U.A. de 1920-1940.

GONZÁLEZ GARZA (Roque), político revolucionario mexicano (Saltillo, Coahuila, 1885-México 1962). Luchó junto a Madero y Villa y fue presidente de la república (en.-julio 1915).

GONZÁLEZ GOYRI (Roberto), escultor guatemalteco (Guatemala 1924). Pasó de un expresionismo dinámico a la no figuración.

GONZÁLEZ LANUZA (Eduardo), poeta argentino (Santander, España, 1900-Buenos Aires 1984). Desde el ultraísmo de *Prismas* (1924) evolucionó hacia una lírica de gran intensidad y transparencia.

GONZÁLEZ MARTÍNEZ (Enrique), poeta mexicano (Guadalajara 1871-México 1952). Su poesía se inscribe en el modernismo, en su línea reflexiva e interior: *Silenter* (1909), *Los senderos ocultos* (1911), *La muerte del cisne* (1915), *El romero alucinado* (1923), *El nuevo Narciso* (1952).

GONZÁLEZ NAVERO (Emiliano), político paraguayo (1861-1938), presidente de la república en 1908-1910, 1912 y 1931-1932.

GONZÁLEZ PRADA (Manuel), escritor peruano (Lima 1848-*id.* 1918). Autor de ensayos políticos, defendió a los indios y se convirtió en un símbolo del inconformismo. Escribió una poesía modernista, en una línea exquisita y parnasiana: *Minúsculas* (1901), *Exóticas* (1911).

GONZÁLEZ VALENCIA (Ramón), militar y político colombiano (Pamplona, Norte de Santander, 1851-† 1928), presidente provisional (1909-1910).

GONZÁLEZ VERA (José Santos), escritor chileno (San Francisco del Monte 1897-Santiago 1970). En una prosa impresionista retrató con maestría la vida popular (*Vidas mínimas*, 1923). Su mejor obra es autobiográfica (*Cuando era muchacho*, 1951).

GONZÁLEZ VIDELA (Gabriel), político chileno (La Serena 1898-Santiago 1980). Presidente de la república (1946-1952), fue miembro del consejo de estado de Pinochet.

GONZÁLEZ VÍQUEZ (Cleto), político costarricense (Barba 1858-† 1937), presidente de la república en 1906-1910 y 1928-1932.

GONZÁLEZ ZELEDÓN (Manuel), escritor costarricense (San José 1864-*id.* 1936). Con el seudónimo de **Magón**, escribió novelas cortas y relatos costumbristas.

GORBACHOV (Mijaíl Sergueievich), político soviético (Privólnoie, Stávropol, 1931). Secretario general del partido comunista (marzo 1985-ag. 1991) y presidente del presidium del soviet supremo (oct. 1988-marzo 1990), puso en marcha el programa de reformas económicas y políticas (*perestroika*). Presidente de la U.R.S.S. (1990), tras el golpe de estado de agosto de 1991 que intentó derrocarlo, no pudo impedir la desintegración de la U.R.S.S. Dimitió en diciembre. (Premio Nobel de la paz 1990.)

GORDA n. f. *Chile*. Vulg. Nombre dado a las mujeres embarazadas. **2.** *Méx*. Tortilla de maíz, más gruesa que la común. ● **Armarse la gorda** (*Fam.*), sobrevenir una pendencia, discusión ruidosa o trastorno. ‖ **Ni gorda o sin gorda**, sin dinero.

GORDIMER (Nadine), escritora sudafricana en lengua inglesa (Springs 1923), autora de novelas sobre los problemas del apartheid (*Mundo de extraños*, 1958; *La gente de July*, 1981). [Premio Nobel de literatura 1991.]

GORDIFLÓN, NA o **GORDIFLÓN, NA** adj. *Fam*. De gordura fofa.

GORDITA n. f. Tortilla de maíz gruesa y rellena de carne, queso u otros ingredientes.

GORDO, A adj. Que tiene muchas carnes. **2.** Que excede en volumen o grosor a los de su clase: *libro gordo*. **3.** Pingüe, craso y mantecoso. **4.** *Fig*. De consideración, importancia o gravedad, según los casos: *una falta muy gorda*. ● **Dedo gordo**, el primero de cada una de las extremidades. ♦ n. m. **5.** Sebo o manteca de la carne del animal. **6.** *Fig*. Premio mayor de los que se adjudican en cada sorteo de la lotería. **7.** *Argent., Chile* y *Méx*. Apelativo cariñoso que se utiliza para dirigirse a los seres queridos.

GORDOLOBO n. m. Planta herbácea, que crece en los lugares incultos y a veces alcanza gran tamaño. (Familia escrofulariáceas.)

GORDURA n. f. Calidad de gordo.

GORGOJO n. m. Insecto coleóptero, muy perjudicial para las semillas.

GORGONAS, en la mitología griega, monstruos alados con cuerpo de mujer y cabello formado por serpientes, cuya mirada transformaba en piedra al que las contemplaba. Eran tres hermanas: Medusa, Euríala y Esteno.

GORGORITEAR v. intr. [**1**]. *Fam*. Hacer gorgoritos.

GORGORITO n. m. Quiebro que se hace con la voz en la garganta, especialmente al cantar.

GORGUERA n. f. Pieza de indumentaria que se hacía de lienzo fino o telas transparentes y se ponía alrededor del cuello como adorno.

GORÍBAR (Nicolás Javier **de**), pintor ecuatoriano (Quito c. 1665-*id.* 1740), su estilo es plenamente barroco.

GORILA n. m. (gr. *gorilla*, hombres velludos). Mono antropoide de África ecuatorial, frugívoro y feroz. **2.** *Fam*. Guardaespaldas.

GORJEAR v. intr. [**1**]. Hacer quiebros con la voz. **2.** *Amér*. Hacer burla.

GORJEO n. m. Canto o voz de algunos pájaros. **2.** Quiebro de la voz en la garganta. **3.** Articulación de los niños.

GORKI (Alexéi Maxímovich **Pechkov**, llamado **Máximo**), escritor ruso (Nizhni Nóvgorod 1868-Moscú 1936). Pintor realista de su difícil infancia, de vagabundos y marginados (*Foma Gordéiev*, 1899; *Los bajos fondos*, 1902), fue el artífice de la literatura social soviética (*La madre*, 1906; *Los Artamónov*, 1925).

GOROSTIZA (Carlos), dramaturgo argentino (Buenos Aires 1920). Tras su polémico drama *El puente* (1949), ha escrito un teatro de la realidad cotidiana encarnada en personajes típicos: *El pan de la locura* (1958), *Los prójimos* (1967).

GOROSTIZA (José), poeta mexicano (Villahermosa 1901-México 1973), miembro de la generación Contemporáneos, y exponente de la poesía pura, es autor de una obra esencial en la poesía mexicana del siglo, *Muerte sin fin* (1939).

GORRA n. f. Prenda para abrigar la cabeza, generalmente con visera. **2.** Gorro. ● **De gorra** (*Fam.*), a costa ajena: *comer de gorra*. ‖ **Gorra de plato** (MIL.), la que tiene la parte superior más ancha que la cabeza y va provista de visera.

GORREAR o **GORRONEAR** v. tr. e intr. [**1**]. Vivir de gorra.

GORRERO, A n. Gorrón.

GORRINO, A n. Cerdo, especialmente el pequeño que aún no llega a cuatro meses. ♦ n. y adj. **2.** *Fig*. Persona desaseada.

GORRIÓN, NA n. m. Ave paseriforme, de plumaje pardo, con manchas negras. (Familia ploceidos.) ♦ n. m. **2.** *Amér. Central*. Colibrí.

GORRO n. m. Prenda para cubrir y abrigar la cabeza, de forma redonda, con visera o sin ella. ● **Estar** uno **hasta el gorro** (*y fam.*), perder la paciencia, no aguantar más; (*Méx.*), estar muy borracho. ‖ **Ponerle** a uno **el gorro** (*Chile*), serle infiel, ponerle los cuernos. ‖ **Valerle** a uno algo **gorro** (*Méx. Fam.*), no importarle nada.

GORRÓN, NA adj. y n. Que abusa de otros haciéndose invitar o no pagando lo que utiliza.

GORRONERÍA n. f. Cualidad o acción de gorrón.

GOTA n. f. (lat. *guttam*). Glóbulo de cualquier líquido: *gotas de lluvia*. **2.** Pequeña cantidad de alguna cosa. **3.** METEOROL. Masa de aire aislada de su región de ori-

gen y rodeada de masas más cálidas (gota fría) o más frías (gota cálida). • **Cuatro gotas**, lluvia breve y escasa. ‖ **Gota a gota**, por gotas y con intermisión de una a otra, de forma muy lenta y espaciada. ‖ **Ni gota**, nada. ♦ n. m. **4. Gota a gota**, método de administración por vía endovenosa de sueros o sangre en cantidad importante, de modo lento.

GOTA n. f. MED. Afección caracterizada por una inflamación articular muy dolorosa, que se localiza casi siempre en el dedo gordo del pie.

GOTEAR v. intr. [1]. Caer un líquido gota a gota. **2.** Comenzar a llover gotas espaciadas. ♦ v. tr. **3.** *Fig.* Dar o recibir una cosa a pausas y con intermisión.

GÖTEBORG, c. y puerto de Suecia, en el fondo del estuario del Göta älv; 433 042 hab. Centro industrial. Universidad. Importantes museos.

GOTEO n. m. Acción y efecto de gotear.

GOTERA n. f. Filtración de agua a través de un techo o pared. **2.** Grieta o sitio por donde se filtra. **3.** Mancha que deja esta filtración. **4.** *Fig.* Achaque.

GOTERO n. m. *Amér.* Cuentagotas.

GOTERÓN n. m. Gota muy grande de agua de lluvia. **2.** ARQ. Especie de canal o surco practicado en la cara inferior de la corona de una cornisa o voladizo.

GÓTICO, A adj. Relativo a los godos. ♦ adj. y n. **2.** Relativo al arte europeo que se desarrolló desde el s. XII hasta el renacimiento, sucediendo al románico. ♦ adj. y n. f. **3.** Dícese de una escritura utilizada desde el s. XII al XV en la copia de libros manuscritos.

GOTINGA, en alem. **Göttingen**, c. de Alemania (Baja Sajonia), al SO del Harz; 120 242 hab. Universidad. Construcciones mecánicas. Monumentos.

GOUDA, c. de Países Bajos, a orillas del Ijssel; 65 926 hab. Cerámica. Quesos. Ayuntamiento de s. XV e iglesia del s. XVI (vidrieras).

GOUNOD (Charles), compositor francés (París 1818-Saint-Cloud 1893), autor de óperas (*Fausto*, 1859; *Romeo y Julieta*, 1867) y obras religiosas.

GOURMET n. m. y f. (voz francesa). Persona experta y refinada en la comida y en la bebida.

GOYA, dep. de Argentina (Corrientes); 78 784 hab. Industria cárnica. Puerto fluvial en el Paraná. Aeropuerto.

GOYA (Francisco), pintor y grabador español (Fuendetodos 1746-Burdeos 1828). En 1797 grabó la serie *Los caprichos*. En 1800 realizó *La familia de Carlos IV*, y en 1803-1805 *Las majas* (*La maja desnuda* y *La maja vestida*, Prado). La guerra de la Independencia le inspiró los aguafuertes *Los desastres de la guerra* (1810) y, al terminar la guerra, pintó (1814) los cuadros más importantes sobre el tema: *El dos de mayo* y *Los fusilamientos en la montaña del Príncipe Pío* (ambos en el Prado). En 1820-1823 su estilo acentúa el expresionismo (*Pinturas negras*, Quinta del Sordo). Sus últimos años corresponden al exilio en Burdeos. Goya evolucionó desde el barroco y rococó, pasando por el neoclasicismo, hacia una expresividad en el tratamiento de la luz y el color y en la composición, que anticipó la pintura moderna.

GOYESCO, A adj. Relativo a Goya.

GOYTISOLO (Juan), escritor español (Barcelona 1931), básicamente novelista (*Juan sin tierra*, 1975; *Las semanas del jardín*, 1997) y ensayista, ha escrito también textos autobiográficos. — Su hermano **José Agustín** (Barcelona 1928), poeta y ensayista (*El retorno*, 1955; *Palabras para Julia*, 1979; *Final de un añoo*, 1985; *Bajo tolerancia*, 1995). — Su hermano **Luis** (Barcelona 1935), novelista, es autor de *Las afueras* (1958), la tetralogía *Antagonía* (1973-1981), *Estatua con paloma* (1992) y *Nzungo* (1996).

GOZADA n. f. *Fam.* Gran satisfacción.

GOZAR v. intr. y pron. [1g]. Experimentar gozo o placer. ♦ v. tr. **2.** Poseer carnalmente un hombre a una mujer. ♦ v. tr. e intr. **3.** Tener o poseer algo útil, ventajoso o agradable. • **Gozarla**, pasarlo bien, disfrutar con alguien o con algo.

GOZNE n. m. Charnela o bisagra, cuya articulación permite hacer girar las puertas.

GOZO n. m. (lat. *gaudium*, placer). Sentimiento de placer originado generalmente por una viva satisfacción o por la esperanza de obtener cosas halagüeñas y apetecibles. ♦ **gozos** n. m. pl. **2.** Composición poética en loor de la Virgen o de los santos.

GOZOSO, A adj. Que siente gozo.

gr, símbolo del *grado*, unidad de ángulo.

GRABACIÓN n. f. Acción y efecto de grabar. **2.** Disco gramofónico: *las grabaciones más recientes*.

GRABADO n. m. Arte de grabar. **2.** Procedimiento para grabar. **3.** Imagen impresa después de haber sido grabada sobre metal, madera, etc., o dibujada sobre un soporte litográfico.

GRABADOR, RA adj. Que graba. **2.** Relativo al arte de grabar. ♦ n. **3.** Persona que tiene por oficio grabar: *grabador en metal*. ♦ n. m. **4.** Aparato electromecánico utilizado para grabar discos.

GRABAR v. tr. y pron. (fr. *graver*) [1]. Señalar con incisión o abrir y labrar en hueco o en relieve sobre una superficie un letrero, figura o representación de cualquier objeto. **2.** Fijar profundamente en el ánimo un concepto, un sentimiento o un recuerdo. ♦ v. tr. e intr. **3.** Registrar los sonidos por medio de un disco fonográfico, de una cinta magnetofónica o cualquier otro procedimiento de manera que se puedan reproducir. **4.** INFORMÁT. Registrar información sobre un soporte magnético, como un disco o una cinta.

GRACEJADA n. f. *Amér. Central* y *Méx.* Payasada, generalmente de mal gusto.

GRACEJO n. m. Gracia en el hablar o escribir.

GRACIA n. f. (lat. *gratiam*). Beneficio, concesión gratuita. **2.** Disposición afable, amistosa o protectora respecto a alguien. **3.** Indulto, perdón. **4.** Cualidad o conjunto de cualidades que hacen agradable a alguien o algo. **5.** Cierto atractivo independiente de la perfección formal: *hablar con gracia*. **6.** Habilidad o arte para hacer o conseguir algo. **7.** Cualidad de divertir o hacer reír: *chiste con gracia*. **8.** Acción o dicho que divierte o hace reír: *celebrar las gracias de alguien*. **9.** *Irón.* Acción o dicho que molesta: *estar harto de las gracias de alguien*. **10.** Nombre de cada uno, en lenguaje extremadamente afectado. **11.** TEOL. Don o ayuda sobrenatural que Dios concede a los hombres para su salvación. • **Caer en gracia**, agradar. ‖ **Dar gracias**, o **las gracias**, manifestar agradecimiento. ‖ **Gracias a**, por causa, por mediación de.

GRACIÁN (Baltasar), escritor y jesuita español (Belmonte de Gracián 1601-Tarazona 1658). En 1637 publicó *El héroe*, retrato ideal del dirigente. A una línea semejante responden *El político* (1640) y *El discreto* (1646). Complemento de esta obra es la colección de máximas *El oráculo manual y arte de prudencia* (1647). Su desengañada visión del mundo se intensifica en su libro más importante: la novela alegórica y filosófica *El criticón* (1651-1657). Otra obra básica de carácter muy distinto, *Agudeza y arte de ingenio* (1648), documenta y esquematiza su preceptiva. Su prosa es un exponente del conceptismo.

GRACIAS, c. de Honduras, cap. del dep. de Lempira; 3854 hab. Centro agrícola y comercial.

GRACIAS A DIOS, cabo de la costa del Caribe, extremo E del delta del río Coco, entre Nicaragua y Honduras. Descubierto por C. Colón en 1502.

GRACIAS A DIOS *(departamento de)*, dep. de Honduras, en la costa del Caribe, al E del país; 16 630 km²; 34 159 hab. Cap. *Puerto Lempira*.

GRÁCIL adj. (lat. *gracilem*, delgado). Sutil, delicado, delgado o menudo.

GRACILIDAD n. f. Calidad de grácil.

GRACIOSO, A adj. Que tiene gracia. **2.** Que se da de balde o de gracia. **3.** Dictado de los reyes de Gran Bretaña: *su graciosa majestad*. ♦ n. **4.** Personaje que suele aparecer en los dramas españoles del siglo de oro. **5.** Actor dramático que representa siempre papeles de carácter festivo.

GRACOS, nombre dado a dos hermanos romanos, tribunos de la plebe, que intentaron llevar a cabo una reforma agraria en Roma.

GRADA n. f. Peldaño, especialmente el de un altar o trono. **2.** Asiento a manera de escalón corrido. **3.** Conjunto de estos asientos en los estadios deportivos y otros lugares públicos. ♦ **gradas** n. f. pl. **4.** Conjunto de escalones delante de su pórtico o fachada.

GRADACIÓN n. f. Serie de cosas ordenadas gradualmente. **2.** MÚS. Progresión ascendente o descendente de movimientos armónicos, relacionados entre sí. **3.** PINT. Paso insensible de una tonalidad a otra. **4.** RET. Figura de dicción que consiste en la repetición de palabras.

GRADERÍA n. f. Conjunto o serie de gradas.

GRADERÍO n. m. Gradería.

GRADIENTE n. m. Tasa de variación de un elemento meteorológico en función de la distancia: *gradiente de temperatura*; *gradiente de presión*. **2.** BIOL. Variación, progresivamente decreciente a partir de un punto máximo, de la concentración de una sustancia o de una propiedad fisiológica, en un biotopo, una célula o un organismo. • **Gradiente de potencial** (ELECTR.), variación del potencial entre dos puntos, en a dirección del campo. ‖ **Gradiente de una función** (MAT.), vector cuyas componentes son las derivadas parciales de la función en relación a cada una de las coordenadas. ♦ n. f. **3.** *Chile, Ecuad., Nicar.* y *Perú*. Pendiente, declive, repecho.

GRADO n. m. (lat. *gradum*). Cada uno de los diversos estados, valores o calidades que, en relación de mayor a menor, puede tener algo. **2.** Cada uno de los escalones o puestos jerárquicos dentro de una institución. **3.** Nivel de estudios. **4.** Conjunto de estudios que conducen a una titulación. **5.** Cada uno de los títulos que se concede: *grado de bachiller*; *grado de doctor*. **6.** Cada una de las divisiones de una escala adaptada a un aparato de medida. **7.** DER. Cada una de las generaciones que marcan el parentesco entre las personas: *parientes en primer grado*. **8.** GEOMETR. Cada una de los 360 partes iguales en que puede dividirse la circunferencia o el círculo correspondiente y se emplea como unidad de medida de ángulos y arcos de circunferencia. **9.** GRAM. Manera de significar la intensidad relativa de los adjetivos y adverbios: *grado positivo, comparativo, superlativo*. **10.** MÚS. Cada uno de los sonidos de la escala musical. **11.** PETROL. Calidad de un aceite carburante. • **Grado alcohólico**, cantidad de litros de alcohol etílico contenido en cien litros de vino. ‖ **Grado Celsius**, **centígrado**, o **centesimal**, unidad de medida de temperatura (símbolo °C), que corresponde a una división del termómetro centesimal. ‖ **Grado Fahrenheit**, unidad de medida de temperatura (símbolo °F) igual a la ciento ochentava parte de la diferencia existente entre la temperatura de fusión del hielo y la temperatura de ebullición del agua a la

presión atmosférica, respectivamente 32 °F y 212 °F, es decir, 0 °C y 100 °C.
GRADO n. m. Voluntad, gusto: *de buen grado.*
GRADUACIÓN n. f. Acción y efecto de graduar. **2.** Cantidad proporcional de alcohol que contienen las bebidas espirituosas. **3.** Categoría de un militar en su carrera.
GRADUADO, A adj. Dividido en grados. ♦ adj. y n. **2.** Dícese del que ha alcanzado un grado o título, especialmente universitario.
GRADUAL adj. Que está por grados o que va de grado en grado.
GRADUANDO, A n. Persona que está estudiando para graduarse en una universidad.
GRADUAR v. tr. [**1s**]. Dar a algo el grado o calidad o intensidad que le corresponde. **2.** Medir el grado o calidad de algo: *graduar la vista*. **3.** Señalar los grados en los que se divide algo: *graduar un termómetro*. **4.** Dividir y ordenar una cosa en una serie de grados o estados correlativos. ♦ v. tr. y pron. **5.** Dar un grado o título: *graduarse de doctor.*
GRAFEMA n. m. LING. Elemento abstracto de un sistema de escritura susceptible de realizarse en un número variado de formas distintas.
GRAFFITI n. m. (voz italiana). Inscripción o dibujo realizado sobre una pared.
GRAFÍA n. f. (gr. *graphē*), acción de escribir). Signo o conjunto de signos con que se representa un sonido o la palabra hablada.
GRÁFICO, A adj. (lat. *graphicum*). Relativo a la escritura. **2.** Que representa algo por medio del dibujo: *diccionario gráfico*. **3.** *Fig.* Dícese del modo de hablar que expone las cosas con la misma claridad que si estuvieran dibujadas. • **Artes gráficas,** las relacionadas con la imprenta. ♦ adj. y n. m. **4.** Dícese de las descripciones, operaciones y demostraciones que se representan por medio de signos o figuras. ♦ n. **5.** Representación de datos mediante magnitudes geométricas o figuras.
GRAFISMO n. m. Manera de hacer un trazo, de dibujar. **2.** Arte de proyectar y realizar ediciones (libros, folletos, carteles, etc.) en su aspecto material.
GRAFITO n. m. Forma alotrópica del carbono, que cristaliza en el sistema hexagonal.
GRAFOLOGÍA n. f. Estudio de la personalidad de un individuo a través del examen de su escritura.
GRAGEA n. f. Confite menudo. **2.** FARM. Una de las formas de presentación de un medicamento de administración por vía oral.
GRAJO n. m. Ave paseriforme parecida a la corneja. **2.** *Antillas, Colomb., Ecuad.* y *Perú.* Olor desagradable que se desprende del sudor.
GRAMA n. f. Planta medicinal, muy común, de flores en espigas filiformes. (Familia gramíneas.)
GRAMALOTE n. m. *Colomb., Ecuad.* y *Perú.* Hierba forrajera de la familia de las gramíneas.
GRAMÁTICA n. f. Estudio y descripción de las estructuras sintácticas, morfológicas y fonéticas de una lengua. **2.** Texto que enseña metódicamente estas estructuras. • **Gramática parda** (*Fam.*), habilidad natural o adquirida que tienen algunas personas para manejarse.
GRAMATICAL adj. Relativo a la gramática. **2.** Que se ajusta a las reglas de la gramática.
GRAMÁTICO, A adj. Gramatical. ♦ n. **2.** Especialista en gramática.
GRAMILLA n. f. *Amér. Merid.* Diversas gramíneas utilizadas para pasto.
GRAMÍNEO, A o **GRAMÍNACEO, A** adj. y n. f. Relativo a una familia de plantas monocotiledóneas con frutos harinosos, como los cereales.
GRAMO n. m. (gr. *gramma*, peso). Unidad de masa (símbolo g) del sistema cegesimal, que equivale a la masa de un centímetro cúbico de agua pura a 4 °C. **2.** Cantidad de alguna materia cuya masa es un gramo: *doce gramos de azafrán*. • **Gramo peso, gramo fuerza,** fuerza con la que una masa de 1 g es atraída por la Tierra.
GRAMÓFONO n. m Aparato que reproduce las vibraciones sonoras grabadas sobre un disco plano que se apoya en un plato que gira.
GRAMOLA n. f. (de *Gramola*, marca registrada). Nombre de ciertos gramófonos de bocina interior, portátiles o en forma de mueble.
GRAN adj. Apócope de *grande*, cuando va antepuesto al sustantivo singular: *un gran hotel.*
GRAN BRETAÑA, oficialmente en ingl. **United Kingdom of Great Britain and Northern Ireland,** estado insular de Europa occidental. CAP. *Londres.* LENGUA OFICIAL: *inglés.* MONEDA: *libra esterlina.* El Reino Unido comprende la *isla de Gran Bretaña* (integrada por Inglaterra, el País de Gales y Escocia), Irlanda del Norte, los archipiélagos de las Shetland, las Orcadas, las Hébridas y las Scilly, las islas de Wight, Anglesey y Arran y otras menores (la isla de Man y las Anglonormandas no forman parte del Reino Unido, aunque están unidas a la corona). El Reino Unido tiene 243 500 km² (230 000 km² ocupados por la isla de Gran Bretaña) y 57 500 000 hab. (*Británicos.*)
GEOGRAFÍA
Gran Bretaña, primera potencia mundial en el s. XIX, al frente de un inmenso imperio, en la actualidad es un país medio, económicamente por detrás de Francia y de Alemania dentro de un Mercado común al que se adhirió tardíamente. El poderío del pasado debía poco al medio natural (excepto, quizás, su insularidad): una superficie no muy grande, muchas tierras altas y pocas llanuras (excepto la cuenca de Londres), un clima húmedo y fresco, a menudo más favorable para la ganadería y la landa que para los cultivos y el bosque. La presión demográfica, tradicional, se mantiene. Históricamente se ha traducido en una larga emigración (factor que influye en el origen del Imperio) y una fuerte urbanización (dominada por Londres). Actualmente, la tasa de natalidad ha disminuido mucho (cerca de un 12 %), el excedente natural prácticamente ha desaparecido y los movimientos migratorios se han invertido. Económicamente, Gran Bretaña ha pagado el precio de la precocidad de su desarrollo industrial (y también un exceso de estatismo y de proteccionismo social, combatido en los años ochenta). Algunos sectores (siderurgia, construcción naval, textil, extracción de hulla) y algunas regiones (estuario de Clyde, Lancashire, Midlands, País de Gales) han sufrido una recesión considerable. Otras (química, electrónica; región del SE de Londres) han resistido mejor e incluso han prosperado. Pero, en general, la industria ha retrocedido, a pesar de la baza que representa la posesión de yacimientos de hidrocarburos en el mar del Norte. El desarrollo de la energía nuclear, del que Gran Bretaña fue pionera, es más lento. Las exportaciones de petróleo contribuyen a equilibrar la balanza del comercio exterior, mientras que el sector de servicios sigue siendo predominante. A partir de 1980 el crecimiento continuó con cierto vigor y el paro retrocedió temporalmente, para elevarse a principios de 1990, en que la economía se estancó de nuevo y la libra se depreció, al salirse del S.M.E. (1992), para iniciar después una lenta recuperación.
HISTORIA
Antes del s. XVII → *Inglaterra, Escocia, Gales* (País de) e *Irlanda.*
De los primeros Estuardo al Reino Unido. 1603: Jacobo VI Estuardo, rey de Escocia, sucedió a Isabel I, muerta sin sucesión, y se convirtió en Jacobo I de Inglaterra, reuniendo a título personal las coronas de los dos reinos. Su autoritarismo en cuestiones religiosas y en política lo hicieron muy impopular. 1625: le sucedió su hijo Carlos I. Muy pronto el rey se enfrentó al parlamento, donde se organizó la oposición puritana. 1629-1639: Carlos I gobernó sin parlamento con los dos ministros Strafford y Laud. 1639: la política religiosa de este último, favorable al anglicanismo, provocó el levantamiento de la Escocia presbiteriana. 1640: para obtener subsidios el rey se vio obligado a convocar el parlamento largo. 1642-1649: la revuelta del parlamento acabó en una auténtica guerra civil, en la que salió victorioso el ejército puritano, dirigido por Oliver Cromwell. 1649: Carlos I fue ejecutado. 1649-1658: tras haber sometido a la Irlanda católica y a la Escocia fiel a los Estuardo (1649-1651), Cromwell instauró el régimen personal del protectorado o Commonwealth (1653). En el exterior llevó a cabo una política mercantilista (*Acta de navegación,* 1651), que lo enfrentó a las Provincias Unidas (1652-1654) y a España (1657-1658). 1658-1659: su hijo Richard Cromwell le sucedió, pero dimitió poco después. 1660-1688: la dinastía Estuardo fue restaurada. Los reinados de Carlos II (1660-1685) y de Jacobo II (1685-1688) entraron de nuevo en un período de conflictos con el parlamento, que provocó la intervención de Guillermo de Orange. 1688: Jacobo II huyó a Francia. 1688-1701: el parlamento ofreció la corona a María II Estuardo y a su marido Guillermo III de Orange, que reinaron conjuntamente tras haber garantizado la *Declaración de derechos* (1689). Se consolidaron las libertades tradicionales, mientras que las tendencias protestantes se acentuaron. 1701: el *Acta de establecimiento* excluyó a los Estuardo de la sucesión en beneficio de los Hannover. 1702-1714: durante el reinado de Ana Estuardo, la guerra de Sucesión de España reforzó el poder marítimo inglés. 1707: el *Acta de unión* anexionó definitivamente los reinos de Escocia y de Inglaterra. 1714: el país estuvo bajo la soberanía de los Hannover.
El ascenso del poder británico. 1714-1727: el reinado de Jorge I, más alemán que inglés, apoyó el mantenimiento del poder de los whigs, que dominaron la vida política hasta 1762. 1727-1760: Jorge II instituyó una monarquía constitucional. 1721-1742: Robert Walpole, canciller de Hacienda desde 1721, fue el verdadero gobernante del país. 1756-1763: como consecuencia de la guerra de los Siete años, Gran Bretaña obtuvo un incremento considerable de territorios (Canadá, India) en el tratado de París (1763). 1760-1820: Jorge III intentó restaurar la prerrogativa real. Su reinado coincidió con la primera revolución industrial y convirtió a Gran Bretaña en la primera potencia económica mundial. 1775-1783: el levantamiento de las colonias norteamericanas concluyó con el reconocimiento de los Estados Unidos de América. 1793-1815: frente a la revolución francesa y al Imperio, Gran Bretaña mantuvo una lucha de la que salió victoriosa en Waterloo. 1800: formación del Reino Unido por la unión de Gran Bretaña y de Irlanda.
La hegemonía británica. 1820-1830: durante el reinado de Jorge IV se aprobó

GRA

la emancipación de los católicos (1829). 1830-1837: tras el advenimiento de Guillermo IV, el regreso de los whigs permitió una reforma electoral (1832) y la adopción de medidas sociales (abolición de la esclavitud, 1833; ley sobre los pobres, 1834). 1837: advenimiento al trono de la reina Victoria; Gran Bretaña reafirmó su hegemonía mediante una diplomacia intimidatoria y operaciones militares (guerra de Crimea, 1854-1856) frente a las potencias rivales. En el interior, el movimiento reformista amplió cada vez más la presencia de la clase media, mientras que el cartismo permitió el desarrollo del sindicalismo (*Trade union act*, 1871). 1874-1880: el gobierno del conservador Benjamin Disraeli dio un nuevo impulso a las ambiciones coloniales. 1876: la reina Victoria fue proclamada emperatriz de las Indias. 1880-1894: William Gladstone, líder de los liberales, dirigió una política favorable a las Trade-unions y al librecambismo. 1885: la reforma electoral concedió prácticamente el sufragio universal. 1886: Gladstone, partidario del Home rule en Irlanda, se enfrentó a los liberales unionistas, dirigidos por J. Chamberlain. 1895: estos últimos gobernaron junto a los conservadores hasta 1905. Pero su política imperialista provocó múltiples litigios internacionales (Fachoda, 1898; guerra de los bóers, 1899-1902). 1901-1910: Eduardo VII, sucesor de Victoria, promovió la Entente cordial franco-británica (1904). 1905-1910: los liberales volvieron al poder, mientras que tras las elecciones de 1906 el Partido laborista entró en el parlamento. 1910: advenimiento de Jorge V. *De la primera a la segunda guerra mundial.* 1914-1918: Gran Bretaña participó activamente en la primera guerra mundial, de la que salió económicamente debilitada. 1921: el problema irlandés se resolvió con el reconocimiento del estado libre de Irlanda (Eire). 1924-1925: por primera vez los laboristas, apoyados por los liberales, accedieron al poder (MacDonald). 1929: de vuelta al poder, se enfrentaron a la crisis mundial. 1931: creación de la British Commonwealth of nations. 1936: Eduardo VIII sucedió a Jorge V, pero abdicó poco después en favor de su hermano Jorge VI. 1935-1940: los conservadores intentaron en vano salvaguardar la paz (acuerdos de Munich, 1938). 1939-1945: durante la segunda guerra mundial, Gran Bretaña realizó un excepcional esfuerzo bajo la dirección del conservador Winston Churchill (primer ministro desde 1940), que condujo al país a la victoria. *Gran Bretaña desde 1945.* 1945-1951: el laborista Clement Attlee llevó a cabo un importante avance social. 1952. Isabel II sucedió a su padre Jorge VI. 1951-1964: los conservadores se enfrentaron a las viejas estructuras de la economía británica. 1964-1970: los laboristas, de vuelta al poder, no pudieron resolver la crisis económica. 1970-1974: los conservadores restablecieron la balanza de pagos. 1972: Edward Heath introdujo a Gran Bretaña en el Mercado común. 1974-1979: los laboristas, con Harold Wilson, y más tarde (1976), con James Callaghan, no consiguieron acabar con el paro ni la inflación. 1979: el gobierno conservador de Margaret Thatcher llevó a cabo una política de estricto liberalismo, de privatización y de ajuste monetario. 1982: evitó el intento de recuperación de las islas Malvinas por parte de Argentina. 1985: acuerdo entre Gran Bretaña y la República de Irlanda sobre la gestión de la política del Ulster. 1987: los conservadores ganaron las elecciones; M. Thatcher fue elegida por tercera vez primera ministra. 1990: tras la dimisión de M. Thatcher, le sucedió John Major. 1991: Gran Bretaña participó militarmente en la liberación de Kuwait. 1992: los conservadores vencieron en las elecciones. J. Major, confirmado en el cargo, se enfrentó a graves problemas económicos y sociales y a una fuerte oposición ante la integración europea. 1997: los laboristas ganan las elecciones por amplia mayoría; su líder, Tony Blair, es nombrado primer ministro. Aprobada por referéndum la creación de parlamentos autonómicos en Escocia y Gales. 1998: acuerdo de paz en el Ulster. 2001: Reelección de T. Blair.

GRAN CANARIA, isla de España, en el archipiélago de Canarias (Las Palmas); 1530,77 km²; 715 611 hab. Cap. *Las Palmas de Gran Canaria.* Isla volcánica, culmina en el Pozo de las Nieves (1949 m). Cultivos de regadío al S y plátanos al N. Tabaco. Turismo.

GRAN CAÑÓN, en ingl. **Grand Canyon**, nombre que reciben las gargantas del río Colorado en Estados Unidos (Arizona).

GRAN COLOMBIA *(República de la),* confederación formada por Nueva Granada y Venezuela en el congreso de Angostura (dic. 1819). Tras una guerra civil (1830-1832), se dividió.

GRAN CUENCA → **Great Basin.**

GRAN LAGO SALADO → *Salado (Gran Lago).*

GRAN SABANA, región del E de Venezuela (Bolívar), fronteriza con Guyana y Brasil con mesetas o tepuis de más de 2000 m de alt. Turismo.

GRANA n. f. (lat. *grana*). Color rojo. **2.** Cochinilla. **3.** Quermes, insecto.

GRANADA n. f. Fruto del granado de sabor agridulce muy gustoso. **2.** MIL. Proyectil ligero que puede lanzarse a corta distancia con la mano, con un fusil o con de un mortero.

GRANADA, en ingl. **Grenada**, estado insular de las Pequeñas Antillas que comprende la *isla de Granada* (311 km²) y las Granadinas meridionales; 344 km²; 100 000 hab. CAP. *Saint George's.* LENGUA OFICIAL: inglés. MONEDA: dólar del Caribe Oriental. Cultivos tropicales. Turismo.

HISTORIA

Descubierta en 1498 por Colón, estuvo bajo control francés desde 1650. Concedida a los británicos (1763), fue reocupada por los franceses en 1779 y volvió a ser colonia británica en 1783. Independiente desde 1974 en el marco de la Commonwealth. 1983: intervención militar de E.U.A. para poner fin a un régimen vinculado al de Cuba.

GRANADA *(provincia de),* prov. de España, en Andalucía; 12 531 km²; 812 616 hab. Cap. *Granada.* Entre la cordillera Subbética al N y la Penibética, dominada por sierra Nevada (Mulhacén, 3478 m), al S.

GRANADA *(departamento de),* dep. de Nicaragua, al O del país, entre los lagos de Managua y de Nicaragua; 992 km²; 141 900 hab. Cap. *Granada.*

GRANADA, c. de España, cap. de la prov. homónima y cab. de p. j.; 287 864 hab. *(Granadinos.)* Centro administrativo y comercial. Universidad. Barrios de trazado árabe (Albaicín, Sacromonte) y conjunto monumental de la Alhambra y el Generalife (s. XIV). Monumentos renacentistas: capilla real (s. XVI) y barroco: cartuja (ss. XVII-XVIII) e iglesia de San Juan de Dios (retablo churrigueresco). Catedral iniciada por D. de Siloe (1528), con fachada de A. Cano (1667).

GRANADA, c. de Nicaragua, cap. del dep. homónimo; 73 770 hab. Edificios del s. XVIII; iglesia barroca de la Merced (restaurada en 1862).

GRANADA *(fray Luis de),* escritor español (Granada 1504-Lisboa 1588). Escuchante prosista, escribió en castellano *(Guía de pecadores,* 1556; *Introducción al símbolo de la fe,* 1582-1585, su obra maestra), en latín y en portugués.

GRANADERO n. m. Soldado encargado de lanzar granadas. **2.** HIST. Soldado de algunas compañías escogidas.

GRANADILLA n. f. Flor de la pasiflora. **2.** Fruto de esta planta.

GRANADILLO n. m. Planta arbórea de Antillas, cuya madera es muy apreciada en ebanistería. (Familia cesalpináceas.)

GRANADINA n. *í.* Refresco hecho con zumo de granada.

GRANADINAS o **GRANADILLAS**, en ingl. **Grenadines**, archipiélago de las Pequeñas Antillas, dependiente de Granada y de San Vicente y las Granadinas.

GRANADINO n. m. Flor del granado.

GRANADINO, A adj. y n. De Granada.

GRANADO n. m. Árbol de flores rojas, cuyo fruto es la granada. (Familia punicáceas.)

GRANADO, A adj. Notable, ilustre y escogido. **2.** Maduro, experto.

GRANADOS (Enrique), compositor y pianista español (Lérida 1867-en un naufragio en el canal ce la Mancha 1916). De su maestro F. Pedrell aprendió el virtuosismo técnico y el nacionalismo musical, reconocibles ya en sus *Danzas españolas* (1892-1900). Destacan su obra posterior *las Tonadillas* para voz y piano, las óperas *María del Carmen* (1898) y *Goyescas* (1916) y la zarzuela *Picarol* (1910).

GRANAR v. intr. [1]. Producir grano. ♦ v. tr. **2.** Granear, reducir a grano.

GRANATE n. m. (cat. o provenz. *granat*). Silicato doble de ciertos metales, que se encuentra en las rocas metamórficas y del que algunas variedades son piedras finas. ♦ n. m. y adj. **2.** Color rojo oscuro.

GRANCOLOMBIANO, A adj. y n. De la República de la Gran Colombia.

GRANDE adj. (lat. *grandem*). Que tiene mucho tamaño o mayor tamaño que otras de la misma especie: *un árbol grande.* **2.** De dimensiones que exceden a las necesarias o convenientes: *zapatos grandes.* **3.** Dícese de la persona adulta: *apto para pequeños y grandes.* **4.** Muy, muy intenso o vehemente: *un amor grande.* **5.** *Fig.* De elevada moral, muy noble: *grandes ideales.* **6.** *Fig.* Famoso, singular, de mucha importancia: *un poeta grande.* **7.** *Fig.* y *fam.* Ilógico, absurdo, contradictorio: *es grande que pague el más pobre.* **8.** Epíteto que se añade al título de ciertos dignatarios y a ciertos títulos nobiliarios: *los grandes duques.* ♦ **A lo grande**, con mucho lujo. || **En grande**, en cantidad importante; muy bien o con mucho bienestar. || **Venir grande**, ser algo demasiado importante para alguien. ♦ n. m. **9.** Prócer, magnate, persona de muy elevada jerarquía o nobleza: *una reunión de los cuatro grandes.* || **Grande de España**, título que representa la jerarquía superior dentro de la nobleza española.

GRANDE *(cuchilla),* sistema montañoso de Uruguay; 513 m de alt. en cerro Catedral, punto culminante del país.

GRANDE o **FUTALEUFÚ**, r. de Argentina y Chile, en la vertiente del Pacífico; 300 km.

GRANDE *(río),* r. de Brasil, una de las ramas madres del Paraná; 1450 km.

GRANDE DE SANTIAGO → **Lerma-Santiago.**

GRANDE DEL NORTE → **Bravo.**

GRANDES LAGOS, en ingl. **Great Lakes**, nombre de cinco grandes lagos de América del Norte: *Superior, Michigan, Hurón, Erie* y *Ontario,* repartidos entre E.U.A. y Canadá (excepto el Michigan, E.U.A.).

GRANDES LLANURAS, en ingl. **Great Plains**, parte occidental del Middle West (E.U.A.), entre el Mississippi y las Rocosas.

GRANDEZA n. f. Cualidad de grande. **2.** Majestad, poder. **3.** HIST. Dignidad de grande de España. **4.** Conjunto de los grandes de España.

GRANDILOCUENCIA n. f. Elocuencia altisonante. **2.** Estilo sublime.

GRA

GRANDILOCUENTE adj. Que habla o escribe con grandilocuencia.
GRANDIOSIDAD n. f. Cualidad de grandioso.
GRANDIOSO, A adj. Que es de grandes dimensiones y causa admiración por su belleza o significado: *un salón grandioso*.
GRANDOR n. m. Tamaño de las cosas.
GRANDULLÓN, NA adj. y n. *Desp.* Dícese de los muchachos muy crecidos para su edad o que obran en desacuerdo con lo que les corresponde por ella.
GRANDULÓN, NA adj. *Argent.* y *Méx. Fam.* Muchacho muy crecido para su edad, especialmente el que tiene conductas infantiles.
GRANEADO, A adj. Salpicado de pintas. • **Fuego graneado**, fuego a discreción. ♦ n. m. **2.** Acción de reducir a grano.
GRANEAR v. tr. [1]. Esparcir el grano en un terreno. **2.** Sacarle grano a una superficie lisa. **3.** Reducir a grano.
GRANEL. A granel, sin orden, número ni medida; género sin envase o sin empaquetar; en abundancia.
GRANERO n. m. (lat. *granarium*). Lugar o parte de un edificio destinado a almacenar granos. **2.** *Fig.* Región fértil que produce grandes cantidades de trigo: *Cerdeña fue el granero de Cataluña*.
GRANEROS, com. de Chile (Libertador General Bernardo O'Higgins); 22 428 hab. Centro comercial.
GRANIENTO, A adj. *Méx.* Que está lleno de granos.
GRANÍTICO, A adj. De la naturaleza del granito.
GRANITO n. m. (ital. *granito*, a granos). Roca plutónica formada principalmente por cuarzo, feldespato alcalino y mica, y que constituye la parte esencial de la corteza continental.
GRANÍVORO, A adj. y n. Que se alimenta de granos.
GRANIZADA n. f. Precipitación grande de granizo. **2.** *Fig.* Caída o afluencia de algo en gran cantidad o fluidez. **3.** *Chile.* Granizado.
GRANIZADO n. m. Bebida refrescante parcialmente congelada y de consistencia granulosa.
GRANIZAR v. intr. [1]. Caer granizo. ♦ v. intr. y tr. **2.** *Fig.* Arrojar una cosa con ímpetu y frecuencia.
GRANIZO n. m. Agua congelada que cae de las nubes con violencia en forma de granos de hielo. **2.** Granizada, precipitación de granizo.
GRANJA n. f. (fr. *grange*). Finca rústica, generalmente cercada, con casa y dependencias para la gente y el ganado. **2.** Finca rural destinada a la cría de animales domésticos. **3.** Comercio especializado en la venta de leche y sus derivados. **4.** Establecimiento en que se sirven al público productos lácteos, chocolate, helados, pastas, etc.
GRANJA (La), com. de Chile, en el área metropolitana de Santiago; 126 038 hab.
GRANJEAR v. tr. [1]. Conseguir, adquirir, obtener. ♦ v. tr. y pron. **2.** Captar, atraer, lograr: *granjearse mis simpatías.*
GRANJERO, A n. Persona que cuida de una granja. **2.** Persona que explota una finca o predio rústicos.
GRANMA (*provincia de*), prov. del SE de Cuba, con el fondo del Caribe; 8401 km²; 773 000 hab. Cap. *Bayamo.*
GRANO n. m. (lat. *granum*). Fruto formado casi únicamente con la semilla: *grano de trigo.* **2.** Baya pequeña: *grano de uva.* **3.** Pequeño cuerpo esférico: *los granos de un rosario.* **4.** Partícula, corpúsculo: *grano de arena.* **5.** Desigualdad de la superficie de una tela, una piedra, una cerámica, etc. **6.** MED. Pequeña lesión cutánea caracterizada por la existencia de un punto central de pus rodeado de un halo inflamatorio rojizo, grano edematoso. • **Grano de arena** (*Fig.*), auxilio pequeño con que uno contribuye para una obra o fin determinado. ‖ **Ir al grano**, atender a lo esencial, omitiendo superfluidades. ♦ **granos** n. m. pl. **7.** Cereales: *silo de granos.*

GRANT (Ulysses), general norteamericano (Point Pleasant, Ohio, 1822-Mount McGregor, Nueva York, 1885). Estuvo al mando de las fuerzas federales al final de la guerra de Secesión (1864-1865) y fue presidente de E.U.A. de 1869 a 1877.
GRANUJA n. m. y f. Golfo, pilluelo. **2.** *Fig.* Persona que habitualmente engaña, comete fraudes y atiende sólo a su propio provecho.
GRANUJERÍA n. f. Conjunto de granujas. **2.** Acción propia de un granuja SIN.: granujada.
GRANULACIÓN n. f. Aglomeración en pequeños granos.
GRANULADO, A adj. Que forma granos. **2.** Que tiene granulaciones.
GRANULAR adj. Que se compone de pequeños granos.
GRANULAR v. tr. [1]. Reducir a gránulos o pequeños granos. ♦ **granularse** v. pron. **2.** Cubrirse de granos: *granularse la cara.*
GRÁNULO n. m. Grano pequeño. **2.** Elemento brillante, de aspecto poligonal irregular, de escasas dimensiones y corta vida, observable fuera de las manchas en las imágenes de la fotosfera del Sol, obtenidas con luz blanca.
GRANZA n. f. (bajo lat. *grandia*, harina gruesa). Carbón mineral lavado y clasificado, cuyos trozos son de un tamaño comprendido entre 15 y 25 mm. **2.** *Argent.* Ladrillo triturado que suele recubrir los senderos de plazas y jardines. ♦ **granzas** n. f. pl. **3.** Residuos de paja, espigas y granos sin descascarillar, que quedan del trigo y otras semillas después de la criba. **4.** Residuos de minerales u otros materiales.
GRAPA n. f. Pieza de hierro u otro metal que, doblada por los extremos, se clava para unir y sujetar algunas cosas. ♦ n. m. **2.** *Argent., Chile* y *Urug.* Aguardiente obtenido del orujo de la uva.
GRAPADORA n. f. Utensilio para grapar papeles.
GRAPAR v. tr. [1]. Unir o sujetar con grapa.
GRAS (Amadeo), pintor de origen francés activo en Argentina (Amiens 1805-Gualeguaychú 1871). Se dedicó al retrato de personajes relevantes.
GRASA n. f. Sustancia lipídica, untuosa, que funde entre 25 y 50 °C, de origen animal o vegetal. **2.** Todo cuerpo graso que sirve para lubricar o proteger.
GRASIENTO, A adj. Untado y lleno de grasa.
GRASO, A adj. (lat. *crassum*). Que está formado por grasa o la contiene: *materias grasas; alimentos grasos.* • **Cuerpo graso**, sustancias neutras, de origen orgánico, que comprenden los aceites, mantecas, grasas y sebos. ‖ **Planta grasa**, planta de hojas gruesas y carnosas.
GRASOSO, A adj. Impregnado de grasa.
GRASS (Günter), escritor alemán (Danzig 1927), autor de novelas (*El tambor de hojalata*, 1959; *La ratesa*, 1986) y de obras de teatro que mezclan realismo y fantasía. (Premio Nobel de Literatura 1999.)
GRATÉN o **GRATÍN** n. m. (fr. *gratin*). Manjar cubierto con una capa de galleta molida o queso rayado y dorado al horno. **2.** Costra formada sobre los alimentos así preparados.
GRATIFICACIÓN n. f. Acción y efecto de gratificar. **2.** Suplemento al salario, que constituye una recompensa.
GRATIFICADOR, RA o **GRATIFICANTE** adj. Que proporciona una satisfacción.
GRATIFICAR v. tr. (lat. *gratificari*) [1a]. Recompensar a alguien por algún servicio prestado. **2.** Complacer, satisfacer.
GRATINAR v. tr. [1]. Dorar al horno un manjar cubierto con salsa bechamel o mantequilla y queso rallado.

GRATIS adv. m. (lat. *gratis*). Sin ningún coste monetario. **2.** Sin cobrar o obtener una cosa a cambio. **3.** Sin esfuerzo o trabajo.
GRATITUD n. f. Acción y efecto de agradecer un beneficio o atención recibidos.
GRATO, A adj. (lat. *gratum*). Gustoso, agradable. **2.** Gratuito, gracioso: *una grata donación.* **3.** *Bol.* y *Chile.* Agradecido, obligado: *le estoy grato.*
GRATUIDAD n. f. Calidad de gratuito.
GRATUITO, A adj. (lat. *gratuitum*). De balde. **2.** Arbitrario, infundado: *afirmación gratuita.*
GRAU, región administrativa de Perú formada por los departamentos de Piura y Tumbes; 40 582 km²; 1 699 000 hab.
GRAU (Enrique), pintor colombiano (Cartagena 1920), expresionista (óleos, murales y escenografías).
GRAU SAN MARTÍN (Ramón), médico y político cubano (La Palma 1889-La Habana 1969), jefe del ejecutivo (1933-1934), derrocado por los militares, y presidente de la república (1944-1948).
GRAVA n. f. (cat. *grava*). Terreno aluvial de granulometría homogénea que se utiliza como primera capa de una calzada. **2.** Amasijo de piedras pequeñas machacadas, destinado al mantenimiento de carreteras y caminos y en la confección del hormigón. **3.** GEOL. Materiales sueltos en los que dominan los guijarros.
GRAVAMEN n. m. (lat. *gravamen*). Carga u obligación que afecta a una persona. **2.** Derecho real o carga impuesta sobre un inmueble u obre un caudal. **3.** Tributo.
GRAVAR v. tr. (lat. *gravare*) [1]. Cargar, pesar sobre una persona o cosa: *gravar la economía familiar.* **2.** Constituir una carga o gravamen sobre algo: *gravar un inmueble con una hipoteca.* **3.** Establecer un tributo: *gravar los productos de lujo.*
GRAVE adj. (lat. *gravem*). Grande, de mucha entidad o importancia: *un asunto grave.* **2.** Que encierra peligro o es susceptible de consecuencias dañosas: *una grave sequía.* **3.** Que está enfermo de cuidado. **4.** Dícese de los sonidos, voces, etc., poco agudos. **5.** Que se distingue por su circunspección, decoro y nobleza: *estilo grave.* **6.** Dícese de la palabra cuyo acento de intensidad recae sobre la penúltima sílaba. SIN.: *llana, paroxítona.* • **Acento grave** (` n) LING.], acento que va de izquierda a derecha.
GRAVEDAD n. f. Calidad o estado de grave. **2.** FÍS. Fuerza resultante de la gravitación entre la Tierra y los cuerpos situados en sus proximidades, o, más generalmente, entre un cuerpo celeste y los cuerpos próximos a él. **3.** MÚS. Carácter de un sonido musical relativamente bajo. • **Centro de gravedad**, punto de aplicación de la resultante de las acciones de la gravedad sobre todas las partes de un cuerpo.
GRAVENHAGUE ('s-) → *Haya* (La).
GRAVIDEZ n. f. Estado de la hembra preñada o de la mujer embarazada.
GRÁVIDO, A adj. (lat. *gravidum*). Cargado, lleno, abundante: *una bolsa grávida.* **2.** En estado de gravidez.
GRAVILLA n. f. Producto de la selección de una roca triturada cuyos elementos tienen un grosor comprendido entre cinco y veinticinco milímetros.
GRAVITACIÓN n. f. FÍS. Fenómeno por el cual los cuerpos materiales se atraen en razón directa de su masa y en razón inversa del cuadrado de su distancia.
GRAVITAR v. intr. [1]. Cargar, imponer un gravamen, carga u obligación. **2.** Descansar o hacer fuerza un cuerpo sobre otro. **3.** Pender, pesar algo sobre alguien: *una amenaza gravita sobre él.* **4.** FÍS. Describir una trayectoria alrededor de un punto central, en virtud de la gravitación. **5.** Tener un cuerpo propensión a caer sobre otro por razón de su peso.

GRAVITATORIO, A adj. fís. Relativo a la gravitación: *campo gravitatorio*.
GRAVOSO, A adj. Molesto, pesado. **2.** Oneroso, costoso.
GRAZ, c. de Austria, cap. de Estiria, a orillas del Mur; 243 000 hab. Metalurgia. Monumentos.
GRAZNAR v. intr. (voz de origen onomatopéyico) [1]. Emitir graznidos.
GRAZNIDO n. m. Voz del cuervo, el grajo, el ganso, etc.
GREAT BASIN *(Gran Cuenca)*, altiplanicies desérticas del O de Estados Unidos, entre sierra Nevada y los montes Wasatch.
GRECA n. f. B. ART. Banda ornamental compuesta por líneas quebradas formando una sucesión de ángulos rectos que se repiten periódicamente.
GRECA n. f. *Antillas, Colomb. y Venez.* Aparato para preparar café, usado especialmente en sitios públicos.
GRECIA, en gr. **Ellás** o **Hellás**, estado del SE de Europa; 132 000 km²; 10 100 000 hab. *(Griegos.)* CAP. Atenas. LENGUA OFICIAL: griego. MONEDA: dracma.

GEOGRAFÍA

Grecia, país continental, peninsular (Peloponeso) e insular (islas Jónicas, Cícladas, Espóradas, Creta), es montañoso (2917 m en el Olimpo) y de relieve irregular. El clima es típicamente mediterráneo en el S, las islas y el conjunto del litoral, cambiando hacia el N, en donde los inviernos pueden llegar a ser muy rigurosos. A pesar de la escasez de superficie cultivable, en consonancia con la escasa extensión de cuencas y llanuras (Tracia, Macedonia, Tesalia, Ática), la agricultura es la actividad principal. Basada en el cultivo tradicional mediterráneo (trigo, vid, olivo), también proporciona tabaco y fruta (cítricos). El ganado ovino predomina en la montaña. Atenas y su puerto, el Pireo, concentran cerca de un tercio de la población total. Estas ciudades, junto con Tesalónica, albergan la parte fundamental de la industria de transformación, basada en la extracción de diversas materias primas (lignito, hierro y sobre todo bauxita). El considerable déficit de la balanza comercial se equilibra más o menos con los beneficios de la flota mercante, con las remesas de los emigrantes y con el turismo. Pero el endeudamiento es importante.

HISTORIA

La Grecia antigua. VII milenio: aparecen los primeros establecimientos humanos. Principios del II milenio: los indoeuropeos (aqueos, dorios) se instalaron en la región. C. 1600 a. J.C.: se desarrolló la civilización micénica. C. 1200 a. J.C.: las invasiones dorias marcaron el principio de la edad media helénica. En las ciudades, el régimen oligárquico sustituyó al régimen monárquico. Ss. IX-VIII: se redactaron los poemas homéricos. 776: se crearon los Juegos olímpicos. Fines del s. VIII: Mesenia fue conquistada por Esparta. Ss. VIII-VI: la expansión colonial avanzó hacia occidente, el N del Egeo y el mar Negro. C. 657: el tirano Cipselo tomó el poder en Corinto. C. 594: Solón se convirtió en arconte de Atenas. 560-510: Pisístrato y su hijo establecieron su tiranía en Atenas. 507: Clístenes dotó a Atenas de instituciones democráticas. 490-479: las guerras médicas enfrentaron a griegos y persas, que tuvieron que retirarse a Asia Menor. 476: se creó la liga de Delos, dirigida por Atenas, para expulsar a los persas del mar Egeo. 449-448: la paz de Calias puso fin a las hostilidades con los persas. 443-429: expansión de la civilización clásica griega en la Atenas de Pericles. 431-404: la guerra del Peloponeso enfrentó a Esparta y a Atenas, que capituló en 404. 404-371: la hegemonía de Esparta sustituyó a la de Atenas. 371: Esparta fue derrotada en Leuctra por Tebas. 371-362: Ésta estableció su hegemonía sobre la Grecia continental. 359-336: Filipo II de Macedonia, victorioso en Queronea, extendió su poder progresivamente por las ciudades griegas. 336-323: Alejandro Magno, señor de Grecia, conquistó el imperio persa. 323-168: tras la división del imperio de Alejandro, Grecia volvió a caer en manos de los reyes antigónidas de Macedonia. 216-168: Macedonia luchó contra Roma; Filipo V fue derrotado en Cinoscéfalos (197). 196-146: Grecia recuperó cierta independencia bajo control romano. 146: Roma derrotó a una coalición de ciudades griegas; Corinto fue destruida. Grecia pasó a ser una provincia romana. 88-84: fracaso de Mitrídates en su intento de liberar Asia menor (bajo dominación romana) y Grecia. S. I a. J.C.-s. IV d. J.C.: el auge cultural griego influyó en el mundo romano. 330: fundación de Constantinopla, que se convirtió en el nuevo centro cultural del oriente griego. 395: a la muerte de Teodosio el imperio romano se dividió definitivamente. Grecia quedó integrada en el imperio de oriente.

La Grecia bizantina. C. 630: Heraclio adoptó el griego como lengua oficial del imperio bizantino. Ss. VI-VII: los eslavos se instalaron en Grecia, mientras que los antiguos habitantes se retirarían hacia las costas y las islas. Ss. X-XI: los búlgaros realizaron diversas incursiones. 1204: la cuarta cruzada dio lugar a la creación del imperio latino de Constantinopla, el reino de Tesalónica, el principado de Acaya (o Morea) y varios ducados. Ss. XIV-XV: venecianos, genoveses y catalanes se disputaron la posesión de Grecia, mientras que los otomanos ocuparon Tracia, Tesalia y Macedonia en la segunda mitad del s. XIV. 1456: los otomanos conquistaron Atenas y el Peloponeso.

La Grecia moderna. Fines del s. XVI-XIX: los comerciantes griegos formaron una burguesía influyente en el seno del imperio otomano tras la firma de las capitulaciones. El sentimiento nacional se desarrolló en el s. XVIII como reacción contra la decadencia turca y la voluntad hegemónica de Rusia que quería acoger bajo su protección a todos los ortodoxos. Fines del s. XVIII: los pope griegos emigrados a occidente (Korais, Fereo Rigas, que militó en Viena por la causa de la independencia) alentaron el filohelenismo. 1814: A. Ypsilanti fundó la sociedad patriótica «Hetairía» en Odessa. 1821-1822: la insurrección estalló; tras la toma de Tripolitsá, el congreso de Epidauro proclamó la independencia de Grecia (1822). Los turcos reaccionaron realizando matanzas como la de Quíos. 1826-1827: los turcos recuperaron Missolonghi y Atenas. 1827: Gran Bretaña, Francia y Rusia declararon la guerra a los turcos y obtuvieron la autonomía de Grecia (tratado de Andrinópolis). 1830: el tratado de Londres estipuló la creación de un estado griego independiente bajo la protección de Gran Bretaña, Francia y Rusia. 1832-1862: Otón I de Baviera fue confiado a Otón I de Baviera. Su acercamiento a Rusia provocó la ocupación de El Pireo por los británicos (1854). 1862: Otón I fue destituido. 1863-1913: bajo el impulso de Jorge I de Grecia, que cedió a Grecia las islas Jónicas (1864), intentó recuperar las regiones pobladas por los griegos, pero fue derrotado por los otomanos (1897) y topó con las aspiraciones de las otras naciones balcánicas. 1912-1913: tras las guerras balcánicas, Grecia obtuvo la mayor parte de Macedonia, el S de Epiro, Creta y las islas de Samos, Quíos, Mitilene y Lemnos. 1913: Constantino I sucedió a su padre Jorge I, asesinado. 1914-1918: el gobierno griego se dividió entre germanófilos, agrupados en torno a Constantino I, y partidarios de los aliados, dirigidos por Venizelos, que organizó un gobierno republicano en Tesalónica (1916). 1917: Constantino I abdicó en favor de Alejandro I (1917-1920). Grecia entró en la guerra junto a los aliados. 1919-1920: obtuvo Tracia y la región de Esmirna (tratados de Neuilly y de Sèvres). 1921-1922: la guerra grecoturca se saldó con la victoria aplastante de los turcos. Constantino I, que volvió al poder, tuvo que entregar la corona a su hijo Jorge II. 1923: por el tratado de Lausana, Grecia tuvo que renunciar a la región de Esmirna y Tracia oriental en favor de Turquía. 1924: proclamación de la república. 1924-1935: intento de aplastar la anarquía mediante varios golpes de estado, el último de los cuales tuvo éxito. 1935: Jorge II regresó a Grecia y Venizelos se exilió. 1936-1941: el país fue sometido a la dictadura de Metaxás. 1940-1944: Grecia fue invadida por Italia (1940), y después por Alemania (1941). Se desarrolló una poderosa resistencia. 1946: Jorge II regresó a Grecia. Pablo I (1947-1964) le sucedió. 1946-1949: el país fue víctima de una guerra civil que acabó con la derrota de los insurrectos comunistas. 1952: Grecia fue admitida en la O.T.A.N. 1964: Constantino II (1964-1973) fue elegido rey. 1965: la crisis de Chipre provocó la dimisión del primer ministro G. Papandreu y una profunda crisis interna. 1967: una junta de oficiales instauró el régimen de los coroneles, dirigido por Papadopoulos, y el rey, connivente al principio con los militares, tuvo que exiliarse. 1973: proclamación de la república. 1974: fin del régimen dictatorial de los coroneles; Karamanlís, primer ministro, restauró las libertades y en 1980 fue elegido presidente de la república. 1981: su partido, la Nueva democracia, perdió las elecciones en beneficio del Movimiento panhelénico socialista (Pasok), presidido por Andreas Papandreu, que fue nombrado primer ministro. Grecia fue admitida en la C.E.E. 1985: el socialista Khristos Sartzetakis fue elegido presidente de la república. 1989: tras la victoria de la Nueva democracia en las legislativas, Papandreu dimitió. Los gobiernos de coalición se sucedieron al no haber conseguido mayoría absoluta ninguno de los partidos. 1990: nuevas elecciones otorgaron la mayoría absoluta a la Nueva democracia. Su líder, K. Mitsotakis, formó un nuevo gobierno. K. Karamanlís accedió a la presidencia de la república. 1993: el socialista A. Papandreu de nuevo es primer ministro tras las elecciones. 1995: C. Stefanopoulos, presidente. 1996: dimisión de Papandreu, sustituido por C. Simitis, que revalida la mayoría absoluta en las elecciones legislativas. 2000: C. Stefanopoulos, reelegido.

BELLAS ARTES

C. 3000-2000 a. J.C.: bronce antiguo; expansión de la civilización cicládica. C. 2000-1500 a. J.C.: Creta minoica: arquitectura palaciega (Cnosos, Festo, Malia, Zákros). C. 1600-1200: civilización micénica y arte heládico; arquitectura defensiva con estructuras ciclópea (Micenas, Tirinto), palacios (Micenas, Pilos), con megaron rectangular; sepulturas en *tolos* (máscaras de oro, armas y joyas). 900-700 a. J.C.: estilo geométrico: rigor y esquematización; bronces (Argos, Corinto, Atenas); cerámica: Atenas, Corinto, Beocia, etc.; varios templos: simples naos rectangulares (templo de Hera en Samos, uno de los más antiguos). *El período arcaico.* 700-480 a. J.C. *La arquitectura:* aparejo en piedra y estructura poligonal (Delfos, pared de la terraza del templo de Apolo). Creación del estilo clásico del templo: períptero con peristilo cuya columnata reposa sobre el estilóbato. Aparición del orden

dórico seguido del jónico. Templos de Heraion de Olimpia, santuarios de la Acrópolis, templo de Artemision en Corfú, templo de Selinonte, templo de Hera en Paestum de Zeus de Olimpia en Agrigento, primer templo de Didimo, de Atenea Afaya en Egina, de Sardes, etc. Junto a los grandes santuarios, edificaciones de los tesoros en Olimpia, o los de los sifnios y de los atenienses en Delfos. Primeros trabajos del ágora de Atenas. *La escultura:* obra de muchos talleres regionales, relacionada fundamentalmente con la vida religiosa. Estilo orientalizante seguido de la escultura dedálica (de Dédalo). Creación de dos tipos fundamentales de estatuaria: los kuroi y las corés (corés de la Acrópolis, como la de Antenor c. 510). Relieve decorativo (frontones de Corfú, c. 590, metopas del tesoro de los atenienses en Delfos c. 490). *La cerámica:* pintura de vasos, primero con figuras negras (*Aquiles y Áyax jugando a los dados*, de Exequias), obras de Amasis, y más tarde, c. 520, de Eufronio, con la técnica de las figuras rojas.
El arte clásico (480-323 a. J.C.). *La arquitectura:* armonía entre los órdenes dórico y jónico. Reconstrucción de la Acrópolis de Atenas: Ictino y Calícrates edificaron el Partenón; Mnesicles, los Propileos; templos de Atenea Niké y el Erecteion. Gran templo de Apolo en Delfos y en Bassae, de la Concordia en Agrigento, de Poseidón en Sunion, de Hefesto en Atenas, tolos en Delfos. C. 380 a. J.C.: apertura de la arquitectura civil y del urbanismo (Priene, Epidauro, ágora de Atenas, Olinto, Pella, etc.); muros de fortificaciones (Orcómeno, Gela). *La escultura:* equilibrio entre lo ideal y lo real, dominio del movimiento: *Auriga* de Delfos, canon de Policleto (*el Doríforo*), Fidias (*las Panateneas*), Crésilas (retrato de Pericles), Alcamenes y su taller (cariátides del Erecteion), Mirón (*El discóbolo*).
Segundo clasicismo. Lisipo (*Apoxiomeno*), Praxíteles (*Hermes con Dioniso niño*); Escopas y Leocares decoraron el mausoleo de Halicarnaso; monumentos de las Nereidas de Janto. Terracotas de Tanagra. Pintura de vasos, pintura mural o de caballete (Parrasio, Zeuxis, Polignoto de Tasos, Apeles, etc.).
El arte helenístico (322-350). *La arquitectura:* expansión hacia oriente: Pérgamo, Antioquia, Alejandría. Empleo cada vez más frecuente del orden corintio. Grandes templos (Pérgamo, Éfeso, Sardes, etc.), a menudo acompañados de imponentes altares (Pérgamo, museo de Berlín). Urbanismo (Pérgamo, Mileto, Alejandría) en los numerosos edificios civiles (pórtico de Atalo, Atenas; biblioteca de Alejandría; teatro de Pérgamo); instalaciones portuarias (faro de Alejandría); arquitectura doméstica adornada de mosaicos (Delos). *La escultura:* exuberancia de los movimientos (*Victoria de Samotracia*), realismo y exaltación de la expresión (altar de Pérgamo, Berlín), predilección por lo colosal (coloso de Rodas), pero también academismo y mirada hacia el pasado clásico (*Afrodita de Milo*). Triunfo de la gran pintura mural (vergina).
GRECO, **A** adj. y n. (lat. *graecum*). Griego, de Grecia.
GRECO (Doménikos **Theotokópoulos**, llamado **el**), pintor cretense activo en España (Candia, Creta, 1541 o 1542-Toledo 1614). En 1577 aparece documentado en Toledo. En esta ciudad realizó para la catedral *El expolio* y a partir de 1582 estableció un taller, realizando su obra más famosa, *El entierro del conde de Orgaz* (iglesia de Santo Tomé, 1586-1588). Además de magníficos retratos (*El caballero de la mano en el pecho*, Prado), pintó temas religiosos (*Bautismo de Cristo*, Pra-

do) y paisajes (serie de vistas de Toledo) en un estilo manierista muy personal.
GRECOLATINO, A adj. Común a griegos y latinos.
GRECORROMANO, A adj. Relativo a la civilización nacida del encuentro de las culturas griega y romana. ♦ **Período grecorromano**, período que se extiende desde 146 a. J.C. (conquista de Grecia por los romanos) hasta fines del s. V (caída del Imperio de occidente).
GREDOS (sierra de), sierra de España, la más elevada de la cordillera Central; 2592 m en la Plaza del Moro Almanzor.
GREENE (Graham), escritor británico (Berkhamsted 1904-Vevey 1991), autor de novelas de inspiración cristiana, pero en las que la fe se tiñe de ironía (*El poder y la gloria*, 1940; *El factor humano*, 1978; *El décimo hombre*, 1985).
GREGARIO, A adj. (lat. *gregarium*). Que está en compañía de otros sin distinción. **2.** *Fig.* Que sirve servilmente las ideas o iniciativas ajenas. **3.** Dícese de los animales y vegetales que viven agrupados formando asociaciones de distinto tipo.
GREGARISMO n. m. Calidad de gregario.
GREGORIANO, A adj. Relativo a alguno de los papas llamados Gregorio, o a cualquier otro personaje del mismo nombre. ♦ **Canto gregoriano**, canto ritual de la Iglesia latina, atribuido a Gregorio I, base del canto eclesiástico católico.
GREGÜERÍA n. f. Ruido producido conjuntamente por muchas personas o cosas. **2.** Género literario creado por Ramón Gómez de la Serna.
GREIFF (León **de**), poeta colombiano (Medellín 1895-id. 1977). Su poesía, vanguardista, se distingue por la ironía intelectual y la búsqueda de efectos musicales y nuevos ritmos.
GREMIAL adj. Relativo al gremio.
GREMIALISMO n. m. Tendencia política favorable a organizar la sociedad en gremios de productores bajo la suprema autoridad del estado. **2.** Sindicalismo, en algunos países sudamericanos, donde al sindicato de oficio se le llama gremio.
GREMIALISTA adj. y n. m. y f. Partidario del gremialismo. ♦ n. m. y f. **2.** Persona perteneciente a un gremio. **3.** *Argent., Chile, Ecuad.* y *Venez.* Dirigente de un gremio.
GREMIO n. m. (lat. *gremium*, regazo, seno). Corporación privilegiada, de ámbito puramente local, integrada por todos los artesanos de un mismo oficio. **2.** Conjunto de personas que tienen un mismo ejercicio, profesión, etc.
GRENOBLE, c. de Francia, cap. del dep. de Isère, a orillas del Isère; 153 973 hab. (400 000 hab. en la aglomeración). Universidad. Centro industrial y de investigación. Catedral (ss. XII-XIII). Iglesia de San Lorenzo (oratorio merovingio). Museos.
GREÑA n. f. Mechón de pelo enredado y desarreglado. (Suele usarse en plural.) ♦ **Andar a la greña** (*Fam.*), reñir dos o más personas; estar dos o más personas en desacuerdo o dispuestas a promover disputas. ‖ **En greña** (*Méx.*), en rama, sin purificar o sin beneficiar.
GREÑUDO, A adj. Que tiene greñas.
GRES n. m. Arenisca. **2.** Material cerámico cuya dureza e impermeabilidad se deben a una vitrificación parcial de arcilla refractaria (caolín) y de feldespato, obtenida entre 1150 y 1300 °C.
GRESCA n. f. Bulla, algarabía. **2.** Riña, pendencia.
GREY n. f. (lat. *gregem*). Rebaño. **2.** *Fig.* Conjunto de individuos que tienen algún carácter común.
GRIEG (Edvard), compositor noruego (Bergen 1843-id. 1907), creador del romanticismo nacional a partir del folklore, es autor entre otras obras de una música escénica para *Peer Gynt* (1876).
GRIEGO, A adj. y n. m. (lat. *graecum*). De Grecia. ♦ adj. y n. m. **2.** *Fam.* Dícese del len-

guaje ininteligible. ♦ adj. **3. I griega**, penúltima letra del alfabeto español (Y), que corresponde a la épsilon griega. ‖ **Iglesia griega**, Iglesia ortodoxa de Grecia. ‖ n. m. **4.** Lengua griega.
GRIETA n. f. Abertura larga y estrecha resultado de separarse algo en dos partes.
GRIFA n. f. Polvo elaborado con hojas de cáñamo indio, que se fuma como droga mezclado con tabaco. SIN.: *kif*.
GRIFERÍA n. f. Conjunto de grifos, llaves y accesorios destinados a abrir, cerrar o regular el paso de un fluido.
GRIFERO, A n. *Perú.* Empleado de una gasolinera.
GRIFFITH (David Wark), director de cine norteamericano (Floydsfork, Kentucky, 1875-Hollywood 1948). Elaboró la mayoría de los principios fundamentales del lenguaje cinematográfico: primer plano, travelling, flash-back, acciones paralelas.
GRIFO, A adj. Dícese de los cabellos crespos y enmarañados. ♦ adj. y n. **2.** *Colomb.* Presuntuoso. **3.** *Méx.* Dícese de la persona intoxicada con grifa o marihuana. ♦ n. m. **4.** Dispositivo que sirve para abrir, cerrar o regular el paso de un fluido por una cañería. **5.** Palanca con que se acciona dicho aparato. **6.** Animal fabuloso con cuerpo de león y cabeza y alas de águila. **7.** *Perú.* Gasolinera.
GRIJALVA (Juan **de**), navegante español (Cuéllar, Segovia, 1490-Olancho, América Central, 1527). Tomó parte en la conquista de Cuba. Dirigió una expedición por la costa de México (1518).
GRILL n. m. (voz inglesa). Parrilla. **2.** En los hornos, fuego superior que sirve para gratinar o dorar los alimentos.
GRILLA n. f. *Méx. Fam.* Actividad política, principalmente la que implica deshonestidad o intrigas.
GRILLAR v. intr. [**1.**] *Méx.* Intrigar con fines políticos.
GRILLARSE v. pron. [**1.**] Echar grillos los bulbos, rizomas y tubérculos. **2.** *Fam.* Volverse loco.
GRILLERA n. f. Jaula para grillos. **2.** *Fig.* y *fam.* Lugar en el que hay gran desorden y confusión.
GRILLETE n. m. Arco de hierro, semicircular, con los extremos unidos por un perno, para sujetar una cadena a algún sitio, especialmente para sujetar los pies de los presos.
GRILLO n. m. Insecto ortóptero cavador, de unos 3 cm de long., de color negro rojizo, cuyo macho produce un sonido agudo y monótono con el roce de los élitros. (Familia grillónidos.) ♦ **Grillo real**, o **topo**, insecto ortóptero, de unos 5 cm de long., que es nocivo para la agricultura. ♦ **grillos** n. m. pl. **2.** Conjunto de dos grilletes, que se colocaban en los dos pies de los presos para impedirles andar.
GRILLO n. m. Tallo o brote tierno que nace en las rizomas, bulbos o tubérculos.
GRILLO, A n. *Méx. Fam.* Persona que se dedica a la política.
GRIMA n. f. Desazón, irritación.
GRIMILLÓN n. m. *Chile.* Multitud, muchedumbre.
GRIMM (Jacob), lingüista y escritor alemán (Hanau 1785-Berlín 1863), fundador de la filología alemana. Reunió, junto con su hermano **Wilhelm** (Hanau 1786-Berlín 1859), numerosos cuentos populares germánicos (*Cuentos infantiles y del hogar*, 1812).
GRINGADA n. f. *Argent. Desp.* Acción propia del gringo, inmigrante italiano.
GRINGO, A adj. y n. *Amér.* Extranjero, especialmente el de origen norteamericano o de rasgos anglosajones. **2.** *Argent.* y *Urug. Desp.* Extranjero, en particular el italiano. **3.** *Chile.* Tonto. ♦ adj. y n. m. **4.** *Amér.* Dícese de la lengua extranjera.
GRIS adj. y n. m. Dícese del color que resulta de la mezcla de blanco y negro. ♦ **Gris marengo**, gris muy oscuro. ‖ **Gris perla**, gris muy claro. ♦ adj. **2.** *Fig.* Dícese

se de la persona o cosa que no se destaca por nada. **3.** *Fig.* Triste, sombrío, lánguido, apagado: *un día gris.* ♦ **Sustancia gris** (ANAT.), tejido gris rosáceo que constituye en particular la superficie del cerebro y del cerebelo.

GRIS (José Victoriano **González**, llamado **Juan**), pintor español (Madrid 1886-París 1927). Después de un primer contacto con la vanguardia se inició en el cubismo y se convirtió en uno de los artistas más puros del cubismo analítico.

GRISÁCEO, A adj. Que tira a gris.
GRISALLA n. f. *Méx.* Chatarra.
GRISMA n. f. *Chile, Guat., Hond.* y *Nicar.* Brizna, pizca.
GRISÚ n. m. (fr. *grisou*). Gas inflamable, compuesto principalmente por metano, que se desprende en las minas de carbón.
GRITADERA n. f. *Argent., Colomb., Chile y Venez.* Griterío.
GRITAR v. intr. [**1**]. Levantar mucho la voz emitiendo sonidos penetrantes. ♦ v. tr. e intr. **2.** Manifestar desagrado ruidosamente.
GRITERÍO n. m. Confusión de voces altas y desentonadas.
GRITO n. m. Voz sumamente levantada y esforzada: *un grito de socorro.* **2.** Denominación dada a la voz de algunos animales. **3.** HIST. En Latinoamérica, y en especial durante el s. XIX, acto que da inicio a un movimiento emancipador y en el que generalmente se proclama la independencia y se trazan las directrices políticas del nuevo país. • **A grito pelado,** en voz muy alta o gritando. ‖ **El último grito** (*Fam.*), la última moda. ‖ **Pedir,** o **estar pidiendo, una cosa a gritos,** necesitar mucho una cosa. ‖ **Poner el grito en el cielo,** clamar en voz alta, quejándose vehementemente de alguna cosa.
GRITÓN, NA adj. y n. *Fam.* Que grita mucho y desaforadamente.
GROENLANDÉS, SA o **GROELANDÉS, SA** adj. y n. De Groenlandia.
GROENLANDIA, en danés **Grønland,** isla de Dinamarca, situada al NE de América y recubierta en gran parte de hielo (*inlandsis*); 2 186 000 km²; 51 000 hab. (*Groenlandeses.*) Cap. Nuuk. Bases aéreas. Desde 1979 está dotado de un estatuto de autonomía interna. En 1985 se retiró de la C.E.E.
GROPIUS (Walter), arquitecto y teórico alemán (Berlín 1883-Boston 1969). Fundador de la Bauhaus en Weimar (1919), desempeñó un papel importante en la génesis de la arquitectura moderna.
GROSELLA n. f. (fr. *groseille*). Fruto del grosellero, baya de color rojo y de sabor agridulce.
GROSELLERO n. m. Arbusto de la familia saxifragáceas cuyo fruto es la grosella.
GROSERÍA n. f. Descortesía, falta de atención o respeto. **2.** Tosquedad en el trabajo manual.
GROSERO, A adj. Basto, ordinario, tosco. ♦ adj. y n. **2.** Carente de educación, propenso a prescindir de la cortesía y la delicadeza en su trato con los demás.
GROSOR n. m. Espesor de un cuerpo.
GROSSO MODO loc. adv. (voces lat., *en conjunto*). Sin detallar o especificar.
GROSZ (Georg), dibujante y pintor alemán (Berlín 1893-*id.* 1959), nacionalizado norteamericano (1938). Vinculado a la corriente de la «nueva objetividad», hizo una crítica social incisiva tanto por su estilo como por su intención.
GROTESCO, A adj. (ital. *grottesco*). Ridículo y extravagante.
GROUSSAC (Paul), escritor argentino en Francia 1848-Buenos Aires 1929). Destacado ensayista (*Estudios de historia argentina,* 1918; *Los que pasaban,* 1919), dejó también relatos, novelas y un drama.
GROZNI, c. de la Federación de Rusia, cap. de Chechenia, en el Cáucaso; 401 000 hab.

GRÚA n. f. (cat. *grua*). Máquina compuesta de un brazo montado sobre un eje giratorio y con una o varias poleas, que sirve para levantar pesos. • **Coche grúa,** vehículo automóvil provisto de una grúa y destinado al remolque de otros vehículos.
GRUESA n. f. Doce docenas.
GRUESO, A adj. (lat. *grossum*). Corpulento, abultado. **2.** Grande: *recogió gruesos racimos de uvas.* ♦ n. m. **3.** Grosor. **4.** Parte principal, mayor y más fuerte de un todo: *el grueso del ejército.*
GRULLA n. f. (lat. *gruem*). Ave zancuda de gran tamaño, de patas y cuello muy largos, con amplias alas y cabeza pequeña. (Familia gruidos.)
GRULLO, A adj. *Méx.* Dícese del caballo o mula de color ceniciento. ♦ n. m. **2.** *Argent., Méx.* y *P. Rico.* Peso, moneda.
GRUMETE n. m. Aprendiz de marinero.
GRUMO n. m. (lat. *grumum,* montoncito de tierra). Parte coagulada de un líquido. **2.** Pequeña porción compacta que se forma cuando una sustancia en polvo se deslíe sin precaución en un líquido.
GRUMOSO, A adj. Lleno de grumos.
GRÜNEWALD (Mathis **Nithart** o **Gothart,** llamado **Matthias**), pintor alemán que trabajó sobre todo en Aschaffenburg y murió al parecer en Halle en 1528, de estilo expresionista y visionario.
GRUÑIDO n. m. Voz del cerdo. **2.** Voz ronca, amenazadora, de algunos animales, como el perro. **3.** *Fig.* Sonidos inarticulados, roncos que emite una persona como señal generalmente de enfado.
GRUÑIR v. intr. (lat. *grunnire*) [**3h**]. Dar gruñidos. **2.** *Fig.* Mostrar disgusto murmurando entre dientes. **3.** Chirriar, rechinar una cosa: *la puerta gruñe.*
GRUÑÓN, NA adj. *Fam.* Que gruñe con frecuencia.
GRUPA n. f. (fr. *croupe*). Ancas de una caballería. • **Volver grupas,** o **la grupa,** volver atrás.
GRUPAL adj. Relativo al grupo.
GRUPO n. m. (ital. *gruppo,* nudo). Pluralidad de seres o cosas que forman un conjunto. **2.** B. ART. Reunión de figuras que forman un conjunto: *el grupo de Laoconte.* **3.** BIOL. Categoría de clasificación botánica y zoológica empleada cuando no se puede precisar el valor taxonómico. **4.** MAT. En álgebra moderna, conjunto de elementos de la misma naturaleza, provisto de una ley de composición interna que verifica determinadas propiedades. • **Grupo de combate** (MIL.), unidad táctica que se forma con arreglo a las características de la misión aplicada. ‖ **Grupo de presión** (POL.), conjunto de personas que, en beneficio de sus propios intereses, influye en una organización, esfera o actividad social. ‖ **Grupo electrógeno** (ELECTR.), generador eléctrico alimentado por un motor de explosión. ‖ **Grupo parlamentario** (POL.), formación permanente que agrupa a los miembros de una asamblea parlamentaria que comparten las mismas ideas políticas. ‖ **Grupo sanguíneo** (MED.), conjunto de propiedades antigénicas de la sangre que permite clasificar los individuos y regular las transfusiones sanguíneas entre donantes y receptores compatibles.
GRUPÚSCULO n. m. Organización política con reducido número de miembros, caracterizada por su radicalismo teórico y su práctica activista.
GRUTA n. f. (ital. *grotta*). Cavidad natural o artificial abierta en riscos o peñas.
GRUTESCO, A adj. Relativo a la gruta. ♦ **grutescos** n. m. pl. **2.** Elementos decorativos, típicos del renacimiento, en los que se mezclan, de forma arbitraria, arabescos, elementos vegetales y figurillas de fantasía.
GRUYÈRE n. m. (voz francesa). Queso de origen suizo.

GRUYÈRE, región de Suiza (Friburgo). Quesos.
GUA n. m. Hoyito que hacen los muchachos en el suelo para jugar, tirando en él bolitas o canicas. **2.** Nombre de este juego.
¡GUA! interj. *Amér. Merid.* Expresa temor o admiración o sirve para animar.
GUABÁN n. m. *Cuba.* Planta arbórea con cuya madera se fabrican herramientas y mangos. (Familia meliáceas.)
GUABINA n. f. *Antillas, Colomb.* y *Venez.* Pez de agua dulce, de carne suave y gustosa.
GUABIRÁ n. f. *Argent., Par.* y *Urug.* Planta arbórea de gran tamaño y fruto amarillo del tamaño de una guinda. (Familia mirtáceas.)
GUABIYÚ n. m. (voz guaraní). *Argent.* y *Par.* Planta arbórea medicinal, de fruto comestible. (Familia mirtáceas.)
GUACA n. f. (voz quechua). *Amér. Central* y *Merid.* Tesoro enterrado. **2.** *Amér. Central* y *Merid.* Tumba o yacimiento arqueológico de la época prehispánica. **3.** *Bol., C. Rica* y *Cuba.* Hucha, alcancía. **4.** *C. Rica* y *Cuba.* Hoyo donde se depositan frutas verdes para que maduren.
GUACAL n. m. Cesta formada de varillas de madera para transportar mercancías. **2.** *Amér. Central.* Planta arbórea que produce un fruto redondo, del que se hacen vasijas. (Familia bignoniáceas.) **3.** *Amér. Central* y *Méx.* Recipiente hecho con el fruto del árbol del mismo nombre. **4.** *Colomb., Méx.* y *Ver.ez.* Cesta o jaula de varillas que se utiliza para transportar loza, cristal o frutas.
GUACALOTE n. m. *Cuba.* Planta trepadora de tallos gruesos y fuertes espinas. (Familia cesalpiniáceas.)
GUACAMAYO n. m. (voz araucana). Papagayo de gran tamaño de América del Sur, con larga cola y plumaje de vivos colores.
GUACAMOL o **GUACAMOLE** n. m. *Amér. Central, Cuba* y *Méx.* Ensalada de aguacate, cebolla, tomate y chile verde.
GUACAMOTE n. m. *Méx.* Yuca.
GUACHADA n. f. *Argent. Vulg.* Acción sucia, desleal.
GUACHADA n. m. *Chile.* Hato de terneros separados de sus madres.
GUACHAPEAR v. tr. [**1**]. *Chile.* Hurtar, robar, arrebatar.
GUÁCHARO n. m. Ave nocturna parecida al chotacabras, que vive en Colombia y Venezuela.
GUACHE n. m. (fr. *gouache*). Pintura a la aguada. **2.** *Colomb.* y *Venez.* Hombre vulgar, patán.
GUACHIMÁN n. m. *Amér. Central, Chile, Dom.* y *Perú.* Guardia jurado, vigilante. **2.** *Nicar.* Sirviente.
GUACHINANGO adj. *Cuba, Méx.* y *P. Rico.* Dícese de la persona astuta y zalamera. **2.** *P. Rico.* Dícese de la persona burlona. ♦ n. m. **3.** *Méx.* Pez semejante al pargo.
GUACHO, A adj. *Amér.* Dícese de la cría que ha perdido la madre. **2.** *Chile.* Despejado, descabalado. ♦ adj. y n. **3.** *Argent., Chile* y *Perú.* Huérfano, desmadrado, expósito. **4.** *Argent. Vulg.* Dícese de la persona ruin y despreciable. ♦ n. **5.** *Amér. Merid. Desp.* Hijo natural, bastardo.
GUÁCIMA n. f. *Antillas, Colomb.* y *C. Rica.* Planta arbórea de corteza jabonosa, que crece en América tropical. (Familia esterculiáceas.)
GUACO n. m. Planta de la familia de las compuestas que tiene flores blancas en forma de campanilla. **2.** *Amér.* Ave gallinácea, cuya carne es más apreciada que la del faisán.
GUACO n. m. *Amér. Central* y *Merid.* Objeto de valor que se encuentra enterrado en una tumba o yacimiento precolombino.
GUADAL n. m. *Argent.* Extensión de tierra arenosa que cuando llueve se convierte en un barrizal.

GUA

GUADALAJARA (provincia de), prov. de España, en Castilla-La Mancha; 12 190 km²; 149 067 hab. Cap. Guadalajara. Forma el borde NE de la Meseta meridional, en la confluencia de los sistemas Central e Ibérico.

GUADALAJARA, c. de España, cap. de la prov. homónima y cab. de p. j.; 67 847 hab. (Guadalajareños o caracenses.) Polo industrial de descongestión de Madrid. Iglesias mudéjares y góticas. Palacios de los duques del Infantado (c. 1480), obra de J. Guas, y de los Mendoza (1507), familias ligadas al señorío de la ciudad.

GUADALAJARA, c. de México, cap. del est. de Jalisco; 1 650 205 hab. (2 846 720 en la aglomeración). Centro industrial, comercial y financiero, en una rica región agrícola y minera. Universidad. Aeropuerto. Fundada en 1529 y establecida con su nombre y emplazamiento actuales en 1542, fue capital de la audiencia de Nueva Galicia y un importante núcleo independentista. Catedral gótico-renacentista (ss. XVI-XVII). Iglesias barrocas (San Francisco, San Sebastián Analco, Santa Mónica) y neoclásicas. Edificios civiles del s. XVIII (palacio de la Audiencia, hospital del obispo Alcalde). Museos.

GUADALAJARENSE adj. y n. m. y f. De Guadalajara, ciudad de México.

GUADALAJAREÑO, A adj. y n. De Guadalajara, ciudad y provincia de España.

GUADALCANAL, isla volcánica de las islas Salomón.

GUADALQUIVIR, ant. **Betis**, r. de España, en la vertiente atlántica andaluza; 560 km. Nace en la Cañada de Aguafría (Jaén), avena las provincias de Córdoba, Sevilla y Cádiz y desemboca junto a Sanlúcar de Barrameda. Principales afluentes: Guadiana Menor, Guadajoz, Genil (or. izq.); Guadalimar, Jándula, Guadiato, Bembézar (or. der.). Navegable hasta Sevilla.

GUADALUPANO, A adj. y n. Méx. Perteneciente o relativo a la Virgen de Guadalupe; que es devoto de ella.

GUADALUPE, en fr. **Guadeloupe**, isla de las Pequeñas Antillas que, junto con otras islas menores, constituye un dep. francés de ultramar. Formada por dos islas separadas por un brazo de mar.

GUADALUPE, r. de Costa Rica, cap. del cantón de Goicoechea (San José); 31 456 hab. Centro agropecuario. Industrias lácteas.

GUADALUPE, c. de México (Nuevo León); 535 560 hab. Constituye un suburbio de Monterrey. — Mun. de México (Zacatecas); 51 359 hab. Minas de antimonio.

GUADALUPE HIDALGO o **VILLA DE GUADALUPE HIDALGO**, c. de México, cab. de la delegación de Gustavo A. Madero (Distrito Federal). Santuario de Nuestra Señora de Guadalupe. En esta ciudad se firmó el tratado que puso fin a la guerra entre México y Estados Unidos (2 febr. 1848).

GUADAÑA n. f. Instrumento consistente en una cuchilla de acero corva, enastada en un palo largo provisto de manija, que sirve para segar a ras de tierra. **2.** *Poét.* Uno de los símbolos o atributos del tiempo y de la muerte.

GUADAÑADORA n. f. Máquina agrícola que se emplea para guadañar.

GUADAÑAR v. tr. [1]. Segar la hierba con la guadaña.

GUADARRAMA, r. de España (Madrid y Toledo), afl. del Tajo (or. der.); 144 km.

GUADARRAMA (sierra de), sierra de España, en la cordillera Central; 2430 m en Peñalara. Divisoria entre las cuencas del Tajo y el Duero, y entre las dos Castillas. Deportes de invierno en Navacerrada.

GUADIANA, r. de España, en la vertiente atlántica; 744 km. Nace en los Ojos del Guadiana, aunque en realidad es continuación del Gigüela, riega las Vegas extremeñas, sirve de frontera entre España y Portugal, cruza las sierras portuguesas del Algarve y desemboca en Ayamonte (Huelva).

GUADIANÉS, SA adj. Relativo al río Guadiana.

GUADUA n. f. *Amér. Merid.* Bambú muy grueso y alto, espinoso y lleno de agua. (Familia gramíneas.)

GUAFE n. m. *Amér. Central.* Pequeño muelle marítimo.

GUAGUA n. f. Cosa baladí. **2.** *Antillas* y *Can.* Autobús. **3.** *Cuba* y *Dom.* Insecto muy pequeño, que destruye los naranjos y limoneros.

GUAGUA n. f. *Amér. Merid.* Nene, niñito, rorro.

GUAGUALÓN, NA n. *Chile. Fig.* y *fam.* Persona que, siendo ya de edad, tiene actitudes de niño.

GUAHIBO → *guajivo.*

GUAICA → *waica.*

GUAICAIPURO, cacique teque († Los Teques 1568). Defendió el valle de Caracas de las expediciones españolas, hasta la derrota de Maracapana (1568).

GUAICHI n. m. Marsupial que vive de México a Brasil. (Familia didélfidos.)

GUAICURÚ n. m. *Argent.* y *Urug.* Hierba perenne de tallo estriado y flores moradas en racimos.

GUAICURÚ o **MBAYA**, pueblo amerindio del Chaco (río Paraguay, Bajo Paraná). Comprende numerosas tribus de lengua independiente, con dialectos diversos.

GUAIMI, pueblo amerindio de Panamá, de la familia lingüística chibcha.

GUAINA adj. y n. m. y f. (voz quechua). *Chile.* Joven, mozo.

GUAINÍA, nombre que recibe la parte colombiana del río Negro.

GUAINÍA (departamento de), dep. del SE de Colombia; 72 238 km²; 9214 hab. Cap. *Puerto Inírida.*

GUAIPE n. m. *Chile.* Estopa.

GUAIPO n. m. Martinete terrícola americano parecido a la gallina. (Familia tinámidos.)

GUAIRA n. f. (voz quechua). *Amér.* Hornillo de barro en que los indios de Perú funden los minerales de plata. **2.** *Amér. Central.* Especie de flauta de varios tubos que usan los indios.

GUAIRÁ (departamento de), dep. de Paraguay, en el Campo; 3846 km²; 162 244 hab. Cap. *Villarrica.*

GUAIRA (La), c. de Venezuela (Distrito Federal); 26 154 hab. Puerto (en el Caribe) exportador de café y maderas.

GUAIRABO n. m. *Chile.* Ave nocturna, de plumaje blanco. (Familia aredoidos.)

GUAIRO n. m. *MAR.* Embarcación pequeña, que se usa en América para el tráfico en las bahías y costas.

GUAJA n. m. y f. *Fam.* Pillo, tunante, granuja.

GUAJATACA, r. del N de Puerto Rico. Embalsado en el *lago de Guajataca* (central hidroeléctrica).

GUAJE adj. y n. m. y f. *Amér.-Central.* Trasto, persona o cosa inútil. ♦ adj. y n. m. **2.** *Hond.* y *Méx.* Bobo, tonto. ♦ n. m. **3.** *Hond.* y *Méx.* Calabaza para llevar líquidos. **4.** *Méx.* Especie de acacia.

GUAJIRA n. f. Canción aflamencada, procedente de ciertos aires populares cubanos llegados a España en la segunda mitad del s. XIX.

GUAJIRA (península de La), península del litoral caribeño de América del Sur, en Colombia (La Guajira) y Venezuela (Zulia).

GUAJIRA (departamento de La), dep. del N de Colombia, en la península homónima; 20 848 km²; 255 310 hab. Cap. *Riohacha.*

GUAJIRO, A n. Campesino blanco de Cuba. ♦ adj. y n. **2.** *Colomb.* y *Cuba.* Campesino.

GUAJIRO o **GOAJIRO**, pueblo amerindio arawak de la península de La Guajira (Colombia) y de la costa del lago Maracaibo (Venezuela).

GUAJIVO o **GUAHÍBO**, pueblo amerindio de Venezuela y Colombia.

GUAJOLOTE adj. *Méx. Fig.* Tonto, bobo. ♦ n. m. **2.** *Méx.* Pavo.

GUALDA n. f. Planta del género *Reseda* que proporciona una tintura amarilla.

GUALDO, A adj. Dícese del color amarillo parecido al de la gualda.

GUALDRAPA n. f. Cobertura larga que cubre las ancas de las cabalgaduras.

GUALEGUAY, dep. de Argentina (Entre Ríos); 42 916 hab. Puerto fluvial en el *río Gualeguay.*

GUALEGUAYCHÚ, dep. de Argentina (Entre Ríos); 89 311 hab. Centro de exportación a Uruguay. Puerto fluvial en el *río Gualeguaychú.*

GUALETA n. f. *Chile.* Aleta de peces y reptiles. **2.** *Chile.* Parte saliente y generalmente flexible de cualquier objeto. **3.** Aleta de buceo.

GUALICHO n. f. *Argent.* y *Urug.* Hechizo. **2.** *Argent.* y *Urug.* Objeto que, según las creencias populares, lo produce.

GUALILLA n. f. Roedor de los Andes ecuatorianos. (Familia cávidos.)

GUALLATIRI, volcán de Chile (Arica), cerca de la frontera de Bolivia; 6060 m de alt.

GUALVE n. m. *Chile.* Terreno pantanoso.

GUAM, isla del archipiélago de las Marianas (Micronesia), dependencia de E.U.A.; 541 km²; 106 000 hab. Cap. *Agaña.* Base militar norteamericana. Descubierta por Magallanes en 1521 y colonizada por los españoles, fue cedida a E.U.A. en 1898. En 1982 adquirió un estatuto de Commonwealth de E.U.A.

GUAMA n. f. Fruto del guamo.

GUAMÁ n. m. Planta arbórea maderable que crece en América Meridional. (Familia papilionáceas.)

GUAMÁ, mun. de Cuba (Santiago de Cuba), en la costa del Caribe; 31 371 hab. *Parque nacional de Guamá* (turismo).

GUAMAZO n. m. *Méx. Fam.* Golpe fuerte.

GUAMBRA n. m. y f. *Ecuad.* Niño mestizo o de raza india.

GUAMO n. m. Planta arbórea de América Meridional. (Familia mimosáceas.)

GUAMPA n. f. (voz quechua). *Amér. Merid.* Asta o cuerno del animal vacuno.

GUAMPO n. m. *Chile.* Embarcación pequeña hecha de un tronco de árbol.

GUAMPUDO, A adj. *Amér. Merid.* Dícese del ganado que tiene astas grandes.

GUAMÚCHIL n. m. *Méx.* Árbol espinoso de la familia de las leguminosas. **2.** *Méx.* Fruto comestible de este árbol.

GUANABACOA, c. de Cuba (Ciudad de La Habana); 93 088 hab. Forma parte de la Gran Habana.

GUANÁBANA n. f. BOT. Fruto del guanábano. **2.** *Antillas* y *Venez.* Especie de chirimoya.

GUANÁBANO n. m. Planta arbórea de las Antillas, que da un fruto de sabor agradable, dulce y refrescante. (Familia anonáceas.)

GUANACASTE n. m. (voz náhuatl). Madera de origen americano, fácil de trabajar.

GUANACASTE (provincia de), prov. de Costa Rica, al NO del país, junto al Pacífico; 10 141 km²; 237 600 hab. Cap. *Liberia.*

GUANACO n. m. Camélido con cuello largo y patas largas y delgadas, que vive en zonas áridas de Suramérica. **2.** *Amér. Fig.* Tonto, bobo. **3.** *Amér. Central.* Campesino, rústico. **4.** *Chile. Fam.* Camión policial que dispara agua a gran presión.

GUANAHACABIBES (península de), península de Cuba, extremo O de la isla.

GUANAHANÍ, primera isla descubierta por Colón en América (12 oct. 1492), a la que llamó *San Salvador.* Se identifica con Watling, en las Bahamas.

GUANAJUATO *(estado de)*, est. de México central; 30 589 km²; 3 982 593 hab. Cap. Guanajuato.

GUANAJUATO, c. de México, cap. del est. homónimo; 119 170 hab. Centro minero (oro y plata), agrícola, industrial y turístico. Universidad. Aeropuerto. Iglesias barrocas.

GUANAQUEAR v. intr. [1]. *Amér.* Cazar guanacos. **2.** *Amér. Fig.* Hacer el bobo.

GUANARE, r. de Venezuela, afl. del Portuguesa (or. der.); 400 km.

GUANARE, c. de Venezuela, cap. del est. Portuguesa; 84 904 hab. Basílica de la Virgen de Coromoto, patrona de Venezuela.

GUANAY n. m. Cormorán del Perú, de unos 70 cm de long., que se caracteriza por presentar una pequeña cresta. (Familia falacrocorácidos).

GUANCHE adj. y n. m. y f. Relativo a los pueblos prehispánicos de las islas Canarias; individuo de estos pueblos. ♦ n. m. **2.** Lengua guanche.

GUANDO n. m. (voz quechua). *Colomb., Ecuad., Pan.* y *Perú.* Camilla, parihuela.

GUANERA n. f. Lugar donde se encuentra el guano, materia excrementicia de las aves marinas.

GUANERO, A adj. Relativo al guano.

GUANGO, A adj. *Méx.* Ancho, holgado: *te queda guanga la blusa.*

GUANGOCHE n. m. *Amér. Central* y *Méx.* Tela basta parecida a la arpillera, que suele emplearse para embalajes, cubiertas, etc.

GUANGOCHO, A adj. *Méx.* Ancho, holgado. ♦ n. m. **2.** *Hond.* Guangoche. **3.** *Hond.* Saco hecho de guangoche.

GUANGZHOU v. *Cantón.*

GUANIGUANICO *(cordillera de)*, arco orográfico del extremo O de Cuba; la forman la *sierra de los Órganos* al O, y la del *Rosario*, al E.

GUANIPA, r. de Venezuela. Nace en la *mesa de Guanipa* (Anzoátegui), confluye con el Amana y desemboca en el golfo de Paria; 330 km.

GUANO n. m. Materia resultante de la acumulación de excrementos y cadáveres de aves marinas, que constituye un abono rico en nitrógeno y ácido fosfórico. **2.** Abono mineral fabricado a imitación del guano verdadero. **3.** *Argent., Chile* y *Perú.* Estiércol.

GUANOCO *(lago de)*, lago de Venezuela (Sucre); depósito de asfalto de 445 ha.

GUANTADA n. f. Bofetón. SIN.: guantazo.

GUANTANAMEÑO, A o **GUANTANAMERO, A** adj. y n. De Guantánamo.

GUANTÁNAMO *(provincia de)*, prov. de Cuba, en el extremo E de la isla; 6221 km²; 485 000 hab. Cap. Guantánamo.

GUANTÁNAMO, c. de Cuba, cap. de la prov. homónima; 198 470 hab. Base naval militar de E.U.A. en un sector en torno a la *bahía de Guantánamo.*

GUANTE n. m. Prenda de punto, piel, caucho, etc., que se adapta a la mano para abrigarla. • **Arrojar**, o **tirar, el guante** a uno, desafiarle, retarle, provocarle. ‖ **Colgar los guantes**, abandonar la práctica del boxeo. ‖ **Echar el guante** *(Fam.)*, alargar la mano para agarrar una cosa; coger, aprehender a alguien. ‖ **Recoger el guante**, aceptar uno un desafío o provocación.

GUANTEAR v. tr. [1]. *Amér. Central* y *Méx.* Golpear con la mano abierta.

GUANTERA n. f. Caja para guardar guantes. **2.** Caja del salpicadero de los vehículos automóviles en la que se guardan guantes y otros objetos.

GUANTERÍA n. f. Establecimiento donde se hacen o venden guantes. **2.** Oficio de guantero.

GUANTERO, A n. Persona que hace o vende guantes.

GUANÍN n. m. (voz antillana). Nombre que daban los indios al oro bajo y a ciertos objetos hechos con este metal.

GUAPEAR v. intr. [1]. *Argent., Chile* y *Urug.* Fanfarronear, echar bravatas.

GUAPETÓN n. m. Guapo, bravucón, fanfarrón.

GUAPO, A adj. y n. Bien parecido físicamente. **2.** Ostentoso en el modo de vestir y presentarse. **3.** *Fam.* Bonito: *tiene un coche muy guapo.* **4.** *Amér.* Fam. Que desprecia los peligros y los acomete; fiero. ♦ n. m. **5.** Bravucón, fanfarrón.

GUAPORÉ o **ITÉNEZ**, r. de la cuenca amazónica. Nace en Brasil, forma frontera entre este país y Bolivia, y desemboca en el Mamoré; 1700 km.

GUAPOTE, A adj. Dícese de las personas de belleza algo basta.

GUAQUERO, A n. m. *Amér. Central* y *Merid.* Persona que ilegalmente se dedica a buscar tesoros en las tumbas y yacimientos arqueológicos de la época prehispánica.

GUARA n. f. *Cuba.* Árbol parecido al castaño.

GUARA n. f. *Colomb.* Especie de gallinazo que no tiene plumas en la cabeza ni en el cuello. **2.** *Hond.* Guacamayo.

GUARA n. f. *Chile.* Perifollo, adorno en el vestido.

GUARACA n. f. *Chile. Fam.* Cuerda en sentido figurado. **2.** *Chile, Colomb., Ecuad.* y *Perú.* Correa, látigo, trozo de cuerda largo y flexible.

GUARACHA n. f. *Chile, Cuba* y *P. Rico.* Baile semejante al zapateado.

GUARACHE n. m. *Méx.* Especie de sandalia tosca de cuero.

GUARAGUA n. f. *Amér.* Contoneo, movimiento del cuerpo. **2.** *Amér.* Rodeo para contar o decir algo.

GUARANDA, c. de Ecuador, cap. de la prov. de Bolívar; 77 646 hab. Centro agrícola. Minas de mercurio; salinas.

GUARANGADA n. f. *Amér. Merid.* Acción propia de una persona maleducada, grosería.

GUARANGO, A adj. (voz quechua). *Amér. Merid.* Mal educado, descarado, grosero.

GUARANÍ adj. y n. m. y f. Relativo a un pueblo amerindio que en el s. XVI ocupaba la costa atlántica de América del Sur, act. reducido a algunos grupos aislados en Paraguay y Brasil; individuo de dicho pueblo. ♦ n. m. **2.** Familia lingüística de América del Sur. **3.** Unidad monetaria de Paraguay, dividida en 100 céntimos.
■ Los guaraníes eran agricultores, de creencias animistas, gobernados por chamanes. De su mestizaje con los españoles, llegados a su territorio en 1515, procede la actual población paraguaya.

GUARANÍ, dep. de Argentina (Misiones); 42 851 hab. Cab. *El Soberbio.* Tabaco. Explotación forestal.

GUARAPAZO n. m. *Colomb. Fam.* Caída, golpe violento.

GUARAPETA n. f. *Méx.* Borrachera.

GUARAPO n. m. *Amér.* Jugo extraído de la caña de azúcar.

GUARAPÓN n. m. *Chile* y *Perú.* Sombrero de ala ancha.

GUARAÚNO, pueblo amerindio del delta del Orinoco y la costa de Guayana.

GUARDA n. m. y f. Persona encargada de conservar o custodiar alguna cosa. ♦ n. m. • **2. Guarda jurado**, el que nombra la autoridad a propuesta de un particular. ♦ n. f. **3.** Acción de guardar, conservar o defender. **4.** Observancia y cumplimiento de un mandato, ley o estatuto. **5.** Hoja de papel blanco al principio y final de los libros. **6.** *Amér.* Franja con que se adornan los bordes de vestidos, cortinas y telas en general.

GUARDABARRERA n. m. y f. Persona que cuida de la maniobra de las barreras de un paso a nivel.

GUARDABARROS n. m. (pl. *guardabarros*). Pieza de metal o de plástico que se coloca encima de las ruedas de una bicicleta, motocicleta, automóvil, etc., para proteger de las salpicaduras de barro. SIN.: *parafango, salvabarros.*

GUARDABOSQUE n. m. y f. Persona encargada de la vigilancia de los bosques.

GUARDACOCHES n. m. y f. (pl. *guardacoches*). Guarda de un aparcamiento.

GUARDACOSTAS n. m. (pl. *guardacostas*). Embarcación encargada de la vigilancia de las costas.

GUARDADOR, RA adj. y n. Que guarda. **2.** Que cumple escrupulosamente las leyes y preceptos.

GUARDAESPALDAS n. m. y f. (pl. *guardaespaldas*). Persona que protege la vida de otro y le acompaña en público.

GUARDAGUJAS n. m. y f. (pl. *guardagujas*). Empleado encargado del manejo de las agujas de una vía férrea.

GUARDAMETA n. m. DEP. Portero.

GUARDAMONTE n. m. Capote de monte. **2.** *Argent., Bol.* y *Urug.* Piezas de cuero para defender las piernas del jinete de la maleza del monte. **3.** *Méx.* Pedazo de piel que se pone sobre las ancas del caballo para evitar la mancha de sudor.

GUARDAPOLVO r. m. Cubierta para resguardar del polvo. **2.** Prenda de vestir que se pone por encima del traje para protegerlo.

GUARDAR v. tr. [1]. Cuidar y custodiar algo. **2.** Poner una cosa en el sitio que le corresponde o donde esté segura. **3.** Tener cuidado de una cosa o persona o vigilancia sobre ella. **4.** Observar y cumplir lo que cada uno debe por obligación: *guardar las leyes.* **5.** No gastar, ser avaro. **6.** Preservar una cosa del daño que le puede sobrevenir. **7.** *Fig.* Tener, observar: *guardar silencio.* ♦ v. tr. e intr. **8.** Conservar, retener, recoger una cosa. ♦ **guardarse** v. pron. **9.** Recelarse y precaverse de un riesgo. **10.** Poner cuidado en dejar de ejecutar una cosa que no es conveniente. • **Guardársela** a uno *(Fam.)*, diferir para tiempo oportuno la venganza o castigo de una ofensa.

GUARDARROPA n. m. Habitación de un lugar público donde se guardan los abrigos, sombreros, etc. **2.** Armario donde se guarda la ropa. **3.** Conjunto de prendas de vestir. ♦ n. m. y f. **4.** Persona encargada del guardarropa en un lugar público.

GUARDARROPÍA n. f. Conjunto de trajes y efectos de cierta clase utilizados en las representaciones escénicas. **2.** Lugar o habitación donde se custodian estos trajes o efectos.

GUARDAVALLA n. m. *Amér.* Portero, guardameta, arquero.

GUARDERÍA n. f. Ocupación y trabajo del guarda. **2.** Establecimiento destinado al cuidado de los niños durante las horas en que sus padres trabajan.

GUARDIA n. f. (gót. *-vardja*). Acción de guardar o vigilar. **2.** Tropa que vigila o defiende una persona o un puesto. **3.** Servicio efectuado por la tropa encargada de misiones de defensa o vigilancia. **4.** Servicio especial que se realiza en determinadas profesiones: *médico de guardia.* **5.** Nombre que se da a algunos cuerpos armados encargados específicamente de funciones de vigilancia o defensa: *guardia civil; guardia municipal; guardia real.* • **Cuerpo de guardia** (MIL.), lugar en que se sitúa la tropa que desempeña el servicio de guardia. ‖ **En guardia**, en actitud de defensa o de desconfianza. ♦ n. m. **6.** Individuo de alguno de los cuerpos armados. • **Guardia de tráfico**, el urbano destinado a regular el tráfico de las ciudades. ‖ **Guardia marina**, alumno del cuerpo general de la armada. SIN.: *guardiamarina.*

GUARDIA (Ernesto **de la**), economista y político panameño (Panamá 1904-*íd.* 1983), presidente de la república (1956-1960).

GUARDIA (Ricardo Adolfo **de la**), periodista y político panameño (Panamá

GUA

1889-*id.* 1969), presidente interino del país (1941-1945).
GUARDIÁN, NA n. (gót. *wardjan*). Persona que guarda una cosa y cuida de ella.
GUARDILLA n. f. Buhardilla. **2.** Habitación contigua al tejado.
GUARDIOLA (Santos), militar y político hondureño (Tegucigalpa ¿1812?-*id.* 1862). Presidente del país (1856-1862), fue asesinado.
GUARECER v. tr. [**2m**]. Acoger, poner a cubierto, preservar. ♦ **guarecerse** v. pron. **2.** Refugiarse, acogerse y resguardarse en alguna parte para librarse de riesgo, daño o peligro: *guarecerse de la lluvia.*
GUARÉN n. m. *Chile.* Rata de gran tamaño que se alimenta de ranas y pececillos.
GUARÉS n. m. Especie de balsa o almadía que usan algunos pueblos amerindios.
GUÁRICO, r. de Venezuela, en Los Llanos, afl. del Apure (or. izq.); 362 km. El *embalse del Guárico* permite el regadío en un amplio sector del estado.
GUÁRICO *(estado)*, est. de Venezuela, en Los Llanos del Apure; 64 986 km²; 521 854 hab. Cap. *San Juan de los Morros.*
GUARIDA n. f. Cueva o lugar abrigado donde se refugian los animales. **2.** Lugar oculto al que concurren personas, especialmente maleantes.
GUARIMÁN n. m. Planta arbórea, cuya corteza es de olor y sabor parecido a la canela. (Familia magnoliáceas.) **2.** Fruto de este árbol.
GUARISAPO n. m. *Chile.* Renacuajo.
GUARISMO n. m. Cada uno de los signos o cifras arábigas que expresan una cantidad. **2.** Cualquier expresión de cantidad compuesta de dos o más cifras.
GUARNECER v. tr. [**2m**]. Poner accesorios, complementos o adornos. **2.** Dotar, proveer, equipar.
GUARNICIÓN n. f. Adorno que se pone en los vestidos, ropas, uniformes, colgaduras y otras cosas semejantes. **2.** CULINAR. Accesorios añadidos a un plato, que sirven para adorno o complemento. **3.** MIL. Conjunto de tropas estacionadas en una ciudad o plaza, y que defienden una fortificación. ♦ **guarniciones** n. f. pl. **4.** Conjunto de correas y demás efectos que se ponen a las caballerías para que tiren de los carruajes o para montarlas o cargarlas.
GUARO n. m. *Venez.* Loro.
GUARO n. m. *Amér. Central.* Aguardiente de caña.
GUARRADA o **GUARRERÍA** n. f. Porquería, suciedad. **2.** Acción vil.
GUARREAR v. intr. [1]. Gruñir el jabalí y aullar el lobo.
GUARRO, A adj. y n. Cochino.
GUARURA n. m. *Méx.* Guardaespaldas, gorila.
GUASA n. f. Ironía o burla con que se dice algo. ● **Estar de guasa**, hablar en broma o tomar algo en broma.
GUASADA n. f. *Argent. Fam.* Acción o dicho groseros o chabacanos.
GUASANGA n. f. *Amér. Central, Colomb., Cuba* y *Méx.* Bulla, algazara.
GUASCA n. f. (voz quechua). *Amér. Merid.* y *Antillas.* Ramal de cuero, cuerda o soga, que sirve de rienda o de látigo. **2.** *Argent.* y *Urug. Vulg.* Miembro viril.
GUASCAZO n. m. *Amér. Merid.* Azote dado con la guasca o cosa semejante.
GUASEARSE v. pron. [1]. Chancearse.
GUASERÍA n. f. *Argent.* y *Chile.* Acción propia de un guaso, grosería.
GUASO, A adj. *Amér. Merid.* Maleducado, descortés, de carácter desabrido.
GUASÓN, NA adj. y n. *Fam.* Que tiene guasa. **2.** *Fam.* Burlón.
GUASTAVINO (Carlos), compositor argentino (Santa Fe 1914). Autor de piezas para piano (*El bailecito, Tierra linda*) y de música sinfónica.
GUASTECA → *huasteca.*

GUATA n. f. Lámina gruesa de algodón empleada como material de relleno para ciertas confecciones.
GUATA n. f. (voz mapuche). *Chile. Fam.* Barriga, vientre. **2.** *Chile.* Alabeo, pandeo.
GUATE n. m. *Amér. Central* y *Méx.* Plantación de maíz destinado a servir de forraje.
GUATE, A adj. *Salv.* Cuate.
GUATEMALA, est. de América Central; 108 889 km²; 9 197 000 hab. *(Guatemaltecos.)* CAP. *Guatemala.* LENGUA OFICIAL: *español.* MONEDA: *quetzal.*
GEOGRAFÍA
El relieve está dominado por las altitudes del eje volcánico guatemalteco-salvadoreño, que cruza el país de O a E (4220 m en el volcán Tajumulco, punto culminante de América Central). Al N de la cordillera se extienden las tierras altas, serie de colinas y mesas separadas por cuencas lacustres (lago Izabal), y más allá las llanuras selváticas del Petén; al S las tierras bajas, un estrecho cordón litoral junto al Pacífico. La población crece a un fuerte ritmo del 3 % anual. La distribución es muy desigual; en el centro del país, área de los cultivos de plantación, se alcanzan densidades por encima de los 200 hab./km². La economía depende en gran medida de la agricultura, que emplea al 50 % de la población activa; el café, la caña de azúcar, el algodón y la banana son los principales cultivos de exportación. Tiene importancia la pesca (marisco). Se extrae petróleo, y en menor escala cobre, cinc, plomo y volframio. La industria manufacturera (alimentaria, textil, materiales de construcción) está relativamente desarrollada, así como la metalurgia de base y la petroquímica. E.U.A. es el principal cliente (47 % del valor total de las exportaciones). E.U.A. fomenta el turismo.
HISTORIA
El poblamiento precolombino. El actual territorio de Guatemala correspondía al área de la familia lingüística maya-quiché, en la que destacaban como grupos principales los quichés, los cakchiqueles y los tzutuhiles del Petén. A ellos se habían sumado, desde el s. XI, los pipiles de origen nahua.
Conquista y colonización española. 1524: Pedro de Alvarado inició la conquista del territorio, con la ayuda de indios pipiles, aunque el Petén no llegó a ser controlado durante toda la etapa colonial. Administrativamente el gobierno de Guatemala se consolidó como una entidad propia tras la constitución de la audiencia (1543), sobre la que se formó más tarde la capitanía general, con jurisdicción sobre toda Centroamérica hasta Costa Rica, más Chiapas, Tabasco y Yucatán. 1783-1786: entrega del territorio de Belice a Gran Bretaña. El cacao, el añil y los obrajes fueron los principales recursos económicos de la colonia.
La independencia. 1821: el capitán general Gainza proclamó la independencia. 1822-1823: incorporación temporal a México, finalizada tras la caída del imperio de Iturbide. 1823-1838: se integró en las Provincias Unidas de Centroamérica y aspiró a mantener la hegemonía política de la época colonial, dando lugar a la guerra civil de 1826-1829 y su ocupación por las tropas liberales; el liberalismo de Gálvez (1831-1838) fue combatido por la aristocracia criolla y la Iglesia, que apoyaron el levantamiento de Carrera, cuyo triunfo (1838) inició la disolución de la Federación.
De Carrera al liberalismo. 1838-1865: el ultraconservador Carrera dominó la política guatemalteca junto con la aristocracia criolla, apoyado en una población campesina arrendataria dedicada a la explotación del nopal y la cochinilla; en 1847 se proclamaba la República de Guate-

mala, con su configuración territorial actual. 1871: la revolución liberal dio paso al gobierno de Justo Rufino Barrios (1873-1883), que impulsó el proceso de privatización de la tierra, en perjuicio de la Iglesia y los arrendatarios enfiteutas, beneficiando por la oligarquía del café, cuya expansión se había iniciado a fines de los cincuenta. La reforma liberal no comportó un cambio real en el sistema político, que siguió caracterizándose por las autocracias, como el gobierno del liberal Estrada Cabrera (1898-1920), que benefició de manera particular a la compañía bananera norteamericana United fruit co., instalada en 1901 en el país.
La experiencia populista. 1931-1944: Jorge Ubico gobernó dictatorialmente, apoyado por la compañía bananera, que en 1936 había firmado un ventajoso contrato. 1944: un movimiento popular derrocó a Ubico y abrió un período de reforma social de signo populista, iniciado de manera moderada por Arévalo (1944-1950) y acelerado a partir del acceso a la presidencia de Arbenz (1950) y la promulgación de la reforma agraria (1952). 1954: el coronel Castillo Armas, con el concurso de la C.I.A. y la United fruit, derrocó a Arbenz y acabó con la experiencia reformista.
Las últimas décadas. 1954-1966: tras la caída de Arbenz se instauró un régimen de dictadura militar que en 1963 evitó, con un autogolpe, el previsible triunfo electoral de Arévalo. La tutela militar sobre el sistema político sólo fue levemente levantada por gobiernos centristas como los de Méndez Montenegro (1966-1970), Vinicio Cerezo (1986-1990) y Serrano Elías (1991-1993); a partir de los años sesenta la guerrilla, primero de orientación castrista y más tarde con un fuerte contenido indigenista y nacionalista (Unidad revolucionaria nacional guatemalteca, U.R.N.G.), se constituyó en la oposición más dura a la dictadura del ejército, la oligarquía cafetalera y las compañías fruteras. 1993: tras el intento frustrado de autogolpe de Serrano Elías (mayo), que fue destituido (junio), el parlamento eligió nuevo presidente a Ramiro de León Carpio; se reformó la constitución. 1994: referéndum que aprobó la nueva constitución; elecciones legislativas. 1996: el conservador Álvaro Arzú es elegido presidente. La guerrilla de la U.R.N.G. y el gobierno concluyen un acuerdo que pone fin a la guerra civil. 2000: (ene.) Alfonso Portillo, derechista opositor (Frente Republicano Guatemalteco), presidente. 2001: se otorga al dólar y otras monedas extranjeras libre uso. 2004: asume la presidencia Óscar Perdomo.
GUATEMALA *(departamento de)*, dep. de Guatemala, en el centro del país; 2126 km²; 2 016 633 hab. Cap. *Guatemala.*
GUATEMALA, c. de Guatemala, cap. de la república y del dep. homónimo; 1 300 000 hab. Su actual localización data de 1776. Arrasada por los terremotos de 1874 y 1917, es hoy una ciudad moderna, principal centro industrial y comercial del país. Catedral (ss. XVIII-XIX), con obras procedentes de Antigua. Universidad. Museos.
GUATEMALTECO, A adj. y n. De Guatemala. ♦ n. m. **2.** Modalidad adoptada por el español en Guatemala.
GUATEQUE n. m. Fiesta celebrada en una casa particular, en la que se consumen bebidas y a veces se baila.
GUATERO n. m. *Chile.* Bolsa de agua caliente.
GUATIMOZÍN, nombre con que los españoles denominaban a Cuauhtémoc.
GUATÓN, NA adj. y n. *Chile. Fam.* Panzudo, barrigón.
GUAU n. m. Voz onomatopéyica con que se representa el ladrido del perro.

GUAVIARE, r. de Colombia, afl. del Orinoco (or. izq.); 1350 km. Navegable.
GUAVIARE (departamento de), dep. del SE de Colombia, en la Amazonia; 42 327 km^2; 35 305 hab. Cap. *San José del Guaviare*.
GUAYABA n. f. Fruto del guayabo. **2.** *Antillas, Colomb., Nicar., Salv.* y *Urug. Fig.* y *fam.* Mentira, embuste.
GUAYABAL n. m. Terreno poblado de guayabos.
GUAYABAZO n. m. *Méx. Fam.* Elogio desmedido que se dirige a alguien con el fin de ganarse su favor.
GUAYABEAR v. intr. [1]. *Antillas, Colomb., Nicar., Salv.* y *Urug. Fig.* y *fam.* Mentir.
GUAYABERA n. f. Chaqueta o camisa suelta de tela ligera.
GUAYABI n. m. Madera de origen americano, de color rojizo, que se trabaja y pule fácilmente.
GUAYABO n. m. Planta arbórea de la familia mirtáceas, cultivada en América tropical.
GUAYABO, A n. *Fam.* Persona joven y agraciada.
GUAYACA n. f. (voz quechua). *Argent., Bol.* y *Chile.* Taleguilla para guardar monedas o adminículos de fumar. **2.** *Argent., Bol.* y *Chile. Fig.* Amuleto.
GUAYACÁN o **GUAYACO** n. m. Planta arbórea, de hojas persistentes. (Familia cigofiláceas.) **2.** Madera de este árbol. **3.** *Amér.* Árbol de la familia de las cigofiláceas cuya madera se emplea en ebanistería.
GUAYAMA, c. de Puerto Rico, en el S de la isla; 41 588 hab. Fábricas de muebles, complejo petroquímico.
GUAYANÁ → *goayaná*.
GUAYANA (La) o **LAS GUAYANAS**, región del N de América del Sur, limitada por el Orinoco, por el Amazonas y al N por las llanuras litorales que bordean el Atlántico. Comprende la *Guayana Francesa*, Surinam (ant. *Guayana Neerlandesa*), Guyana (ant. *Guayana Británica*), el sector suroriental de Venezuela (*Guayana venezolana*), parte de Brasil (*Guayana brasileña*). La Guayana es un macizo (*macizo o escudo de La Guayana o de Los Guayanos*) que culmina en el monte Roraima (2810 m).
GUAYANA ESSEQUIBA, zona de las Guayanas, al oeste del río Essequibo, históricamente reclamada por Venezuela y que actualmente forma parte de Guyana.
GUAYANA FRANCESA, en fr. *Guyane Française*, dep. francés de ultramar, entre Surinam y Brasil; 91 000 km^2; 114 678 hab. Cap. *Cayena*. Base aeroespacial.
GUAYAQUIL (golfo de), abertura de la costa del Pacífico de Ecuador y Perú. Gas natural.
GUAYAQUIL, c. de Ecuador, cap. de la prov. de Guayas; 1 508 844 hab. Primer núcleo urbano del país por su población, es un gran centro comercial e industrial. Construcción naval. Puerto exportador en el Pacífico. En ella tuvo lugar el encuentro entre Bolívar y San Martín (1822).
GUAYAQUILEÑO, A adj. y n. De Guayaquil.
GUAYAR v. tr. [1]. *Dom.* Rallar, desmenuzar una cosa con el rallador. ◆ **guayarse** v. pron. **2.** *P. Rico.* Embriagarse, emborracharse.
GUAYAS, r. de Ecuador formado por la unión del Babahoyo y el Daule. Desemboca formando un amplio delta en el golfo de Guayaquil; 160 km.
GUAYAS (*provincia del*), prov. del O de Ecuador; 21 078 km^2; 2 515 146 hab. Cap. *Guayaquil*.
GUAYASAMÍN (Oswaldo), pintor ecuatoriano (Quito 1919-1999). Influido por el muralismo mexicano, se orientó hacia los temas indigenistas, plasmados con una técnica expresionista, con tendencia hacia cierto grado de abstracción.
GUAYLLABAMBA, r. de Ecuador que, junto con el Blanco, forma el Esmeraldas; 200 km.

GUAYMALLÉN, dep. de Argentina (Mendoza). Forma parte del Gran Mendoza; 222 081 hab.
GUAYMAS, c. de México (Sonora); 129 092 hab. Puerto pesquero, industrias derivadas.
GUAYUCO n. m. *Colomb., Pan.* y *Venez.* Taparrabos.
GUAYULE n. m. Planta cultivada en grandes extensiones de E.U.A. como productora de caucho. (Familia compuestas.)
GUAYUSA n. f. Planta cuya infusión remplaza al té y se parece al mate de Paraguay.
GUAZÁBARA n. f. *Amér.* Bullicio, algarada.
GUAZUBIRÁ n. m. *Argent.* y *Par.* Especie de venado pequeño.
GUBBIO, c. de Italia (Umbría); 30 539 hab. Es la ant. *Iguvium*, ciudad etrusca y romana. Monumentos medievales. Centro de mayólica (fines del s. XV-XVI).
GUBERNAMENTAL adj. Relativo al gobierno. **2.** Partidario del gobierno o favorecedor del principio de autoridad.
GUBERNATIVO, A adj. Relativo al gobierno.
GUBIA n. f. Formón de mediacaña para hacer muescas y molduras.
GUEDEJA n. f. Cabellera larga, o porción o mechón de cabello. **2.** Melena del león.
GÜEGÜECHO, A adj. *Amér. Central* y *Méx.* Que padece bocio. **2.** *Colomb.* Bobo, tonto.
GUEILER (Lidia), política boliviana (Cochabamba 1921). Presidenta de la república (1979-1980), fue derrocada por el golpe militar de García Meza.
GÜEMES DE HORCASITAS (Juan Francisco), 1.er conde de **Revillagigedo**, militar y administrador español (Reinosa 1682-Madrid 1768), capitán general de Cuba (1734-1746) y virrey de Nueva España (1746-1755). -- Su hijo **Juan Vicente de Güemes-Pacheco de Padilla y Horcasitas**, 2.º conde de **Revillagigedo**, administrador español (La Habana 1740-Madrid 1799), fue virrey de Nueva España (1789-1794).
GÜEMUL n. m. *Argent.* y *Chile.* Mamífero de la familia de los cérvidos, huemul.
GUEPARDO n. m. Mamífero carnívoro de África y Asia, que puede ser domesticado. (Familia félidos.)
GÜER-AIKE → *Río Gallegos*.
GÜERO, A adj. y n. *Méx.* y *Venez.* Rubio.
GUERRA n. f. (germ. *werra*). Forma violenta de dirimir un conflicto entre sociedades humanas recurriendo a la lucha armada. **2.** cualquier clase de lucha o de pugna entre personas. **3.** *Fig.* Acción encaminada a destruir o poner fin a algo: *guerra al hambre, al analfabetismo.* ◆ **Dar guerra** (*fam.*), causar molestia, dar que sentir. ‖ **De antes de la guerra** (*fam.*), de hace mucho tiempo. ‖ **Guerra abierta**, enemistad, hostilidad declarada. ‖ **Guerra civil** → *civil*. ‖ **Guerra fría**, estado de las relaciones entre dos países que se caracteriza por una constante hostilidad en todos los terrenos, pero que excluye deliberadamente el enfrentamiento armado. ‖ **Guerra química, nuclear**, aquella en la que se emplean armas químicas o nucleares. ‖ **Guerra santa**, guerra desencadenada por motivos religiosos, cruzada. ‖ **Guerra subversiva**, acción concertada dirigida contra los poderes públicos de un estado con el fin de paralizar su funcionamiento.
GUERREAR v. intr. [1]. Hacer la guerra. **2.** *Fig.* Resistir, combatir o contradecir.
GUERRERA n. f. Chaqueta ajustada, con insignias y divisas, que forma parte de diversos uniformes militares.
GUERRERO, A adj. Relativo a la guerra: *actividades guerreras.* ◆ adj. y n. **2.** Que guerrea. **3.** Inclinado a la guerra. **4.** *Fam.* Travieso, molesto. ◆ n. m. **5.** Soldado, combatiente.
GUERRERO (*estado de*), est. del SO de México, en la costa del Pacífico; 63 794 km^2; 2 620 637 hab. Cap. *Chilpancingo de los Bravo*.
GUERRERO (Vicente), general y político mexicano (Tixtla 1782-Cuilapán 1831). Participó en la guerra de la Independencia con Morelos (1810) y con Iturbide tras la reunión de Acatempan (1821), pero posteriormente se opuso a éste. Presidente en 1829, fue derrocado por Bustamante (1830), juzgado y fusilado.
GUERRERO Y TORRES (Francisco Antonio), arquitecto mexicano (Guadalupe c. 1720-† 1792), figura central del barroco mexicano. Su obra más famosa es la capilla del Pocito de Guadalupe (1777-1791).
GUERRILLA n. f. Partida armada que, contando con algún apoyo de la población autóctona, lleva a cabo acciones coordinadas en el territorio dominado por el adversario. **2.** Guerra de hostigamiento o de emboscada.
GUERRILLEAR v. intr. [1]. Pelear en guerrillas.
GUERRILLERO, A n. Combatiente en una guerrilla.
GUETO n. m. Ghetto.
GUEVARA (Ernesto **Guevara**, llamado **el Che**), revolucionario cubano de origen argentino (Rosario 1928-Higueras, Bolivia, 1967). Comandante de la guerrilla en sierra Maestra contra Batista (1956-1959), al triunfar la revolución fue responsable de finanzas (1959-1961) y ministro de Industria de Cuba (1961-1965). Renunció a sus cargos y se unió a la guerrilla de Bolivia, donde fue muerto por el ejército.
GÜEVÓN, NA n. *Méx. Vulg.* Huevón.
GÜEY adj. y n. m y f. *Méx. Vulg.* Tonto, estúpido.
GUGGIARI (José Patricio), abogado y político paraguayo (1884-1957), presidente de la república (1928-1932).
GUÍA n. m. y f. Persona que guía o conduce a otros o les enseña cosas dignas de ser vistas. **2.** Persona que da consejos, instrucciones, etc. ◆ n. m. **3.** En los movimientos que realiza una tropa militar, denominación aplicada al hombre cuya posición sirve de referencia a los otros. ◆ n. f. **4.** Norma, indicación para dirigir u orientar. **5.** Libro o folleto de indicaciones que contiene datos o instrucciones diversas para información de la persona que lo consulta: *guía telefónica, turística.* **6.** Manillar de una bicicleta o ciclomotor. **7.** MEC. Conjunto de dispositivos que obligan a una pieza móvil a seguir una trayectoria determinada. ◆ **guías** n. f. pl. **8.** Riendas para gobernar los caballos.
GUIAR v. tr. e intr. [1t]. Acompañar a alguien para mostrarle el camino. **2.** Conducir un vehículo. **3.** Dirigir enseñando y aconsejando: *guiar a un niño en sus estudios.* **4.** Ayudar a reconocer un camino: *los postes indicadores os guiarán.* **5.** Conducir, orientar, regir: *le guiaba su propio interés.* ◆ **guiarse** v. pron. **6.** Orientarse, regirse por algo o alguien: *guiarse por el instinto.*
GUIDO (Alfredo), pintor y grabador argentino (Rosario 1892-Buenos Aires 1967), especializado en el género costumbrista.
GUIDO (Beatriz), escritora argentina (Rosario 1925-Madrid 1988). En sus novelas aborda los problemas de la adolescencia, el sexo, el poder y la sociedad contemporánea.
GUIDO (José María), político argentino (Buenos Aires 1910-*id*. 1975). Líder radical, fue elegido presidente de la república (1962-1963).
GUIDO Y SPANO (Carlos), escritor y periodista argentino (Buenos Aires 1827-*id*. 1918), autor de dos libros de poesía *Hojas al viento* (1371) y *Ecos para el alma* (1895), y de la obra en prosa *Ráfagas* (1879).
GUIJA n. f. Piedra pelada y chica que se encuentra en las orillas y cauces de ríos

GUI

y arroyos. **2.** Planta trepadora de la familia papilionáceas.

GUIJARRAL n. m. Terreno abundante en guijarros.

GUIJARRO n. m. Piedra pequeña desgastada por la erosión.

GÜILA n. f. *Méx. Vulg.* Prostituta.

GUILDA n. f. En la edad media, organización de mercaderes, obreros o artistas, unidos por un juramento de ayuda y defensa mutuas (ss. XI-XIV). **2.** Asociación privada de interés cultural y comercial.

GUILLADURA n. f. Chifladura.

GUILLATÚN n. m. *Chile.* Ceremonia de los indios araucanos para hacer rogativas por lluvias o bonanza.

GUILLEMIN (Roger), médico norteamericano de origen francés (Dijon 1924). Determinó la estructura de las hormonas del hipotálamo y aisló las endorfinas. (Premio Nobel de fisiología y medicina 1977.)

GUILLÉN (Jorge), poeta español (Valladolid 1893-Málaga 1984). Integrante de la generación del 27, su obra está influida por la poesía pura. El núcleo de su labor se halla en *Cántico* (1928; ed. definitiva 1950). Dicho libro es la primera parte de *Aire nuestro* (1968), que incluye la trilogía *Clamor: tiempo de historia* (1957, 1960, 1963) y la sección *Homenajes, Reunión de vidas* (1967). Completan *Aire nuestro* los nuevos volúmenes: *Y otros poemas* (1973) y *Final* (1981). Publicó obras de crítica: *Lenguaje y poesía* (1962). [Premio Miguel de Cervantes 1976.]

GUILLÉN (Nicolás), poeta cubano (Camagüey 1902-La Habana 1989). Inspirándose en el folklore afrocubano incorporó el son, creando una poesía llena de ritmo y musicalidad, en la que se acentúa cada vez más su compromiso con la revolución cubana.

GUILLERMO TELL, héroe legendario suizo (s. XIV).

GUILLOTINA n. f. (fr. *guillotine*, de J. I. *Guillotin*). Instrumento de decapitación para los condenados a muerte. **2.** Ejecución capital realizada con este instrumento. **3.** Máquina para cortar papel. • **De guillotina,** dícese de las ventanas y persianas, que se abren por deslizamiento vertical a su plano. ·

GUILLOTINAR v. tr. [**1**]. Quitar la vida con la guillotina. **2.** Cortar papel con la guillotina.

GUIMARÃES, c. de Portugal (Braga); 48 164 hab. Fortaleza (ss. X-XIV), cuna del primer rey de Portugal, palacio de los duques de Braganza (s. XV), colegiata románica y otros monumentos. Museo arqueológico (cultura de los castros).

GUIMARÃES ROSA (João), escritor brasileño (Cordisburgo 1908-Río de Janeiro 1967). En sus novelas describió las tierras altas del NE de Brasil (*Gran Sertón: veredas*, 1956).

GUINDA n. f. Variedad de cereza de carne azucarada y color negro o rojo oscuro.

GUINDADO n. m. *Argent., Chile* y *Urug.* Bebida alcohólica hecha con aguardiente y guindas cocidas.

GUINDAR v. tr. y pron. (fr. *guinder*) [**1**]. Subir algo que ha de quedar colgado en lo alto. **2.** *Fam.* Ahorcar. ◆ **guindarse** v. pron. **3.** Descolgarse de alguna parte por medio de cuerda, soga u otro artificio.

GUINDILLA n. f. Pimiento pequeño, encarnado, alargado y puntiagudo, muy picante.

GUINDILLO n. m. *Guindillo de Indias,* planta de pequeño tamaño, de fruto parecido a la guinda y muy picante. (Familia solanáceas.)

GUINDO o **GUINDAL** n. m. Variedad de cerezo que produce las guindas.

GUINEA n. f. Antigua moneda de cuenta británica.

GUINEA (*golfo de*), sector del océano Atlántico, en la parte occidental de África.

GUINEA, nombre con el que antiguamente se designaba al litoral africano entre Senegal y Gabón y su hinterland.

GUINEA (*República de*), ant. **Guinea Francesa,** también llamada **Guinea-Conakry,** estado de África occidental; 250 000 km²; 7 500 000 hab. (*guineanos.*) CAP. Conakry. LENGUA OFICIAL: francés. MONEDA: *franco guineano*.

GEOGRAFÍA
El macizo de Futa Yallon, zona ganadera (vacunos), separa una llanura costera, húmeda y densamente poblada, donde predomina el cultivo de arroz y plantaciones de palma de aceite y bananos, de la parte occidental, que es llana y más seca, donde se cultiva sobre todo mijo y mandioca. La bauxita (una parte de la cual se transforma en alúmina, en Fria) constituye la parte esencial de las exportaciones, que pasan por Conakry.

HISTORIA
S. XII: la alta Guinea, poblada por los malinké, pertenecía en parte al imperio de Mali. El comercio era el monopolio de los transportistas musulmanes, los diula. 1461-1462: la llegada de Portugal inició la trata de esclavos, que duró hasta mediados del s. XIX. S. XVIII: los fulbé, que llegaron en el s. XVI de las regiones periféricas, instituyeron en el centro del país un estado teocrático. Los susu, rechazados hacia la costa, sometieron a las poblaciones locales. Segunda mitad del s. XIX: los conquistadores musulmanes, como Samory Touré, impusieron el islam frente al animismo de los malinké. Francia inició la conquista de la región. 1889-1893: Guinea fue colonizada por Francia. 1895: entró a formar parte del África Occidental Francesa. 1898: fue anexionada al Sudán francés. 1904: Gran Bretaña cedió a Francia las islas de Los, situadas frente a Conakry. 1952: Sékou Touré dirigió el movimiento nacionalista. 1958: Guinea optó por la independencia inmediata, rompiendo todo vínculo con Francia. 1958-1984: dictadura de S. Touré. A su muerte subió al poder el coronel L. Conté. 1990: nueva constitución. 1993: Conté fue reelegido. 2001: Guinea ingresa al Consejo de Seguridad de la O.N.U. como miembro no permanente.

GUINEA ECUATORIAL, ant. **Guinea Española,** estado del golfo de Guinea; 28 100 km²; 400 000 hab. (*ecuatoguineanos.*) CAP. Malabo. LENGUA OFICIAL: español y francés. MONEDA: *franco C.F.A.* Comprende dos partes: una insular, que agrupa varias islas, como Bioco (ant. Fernando Poo) y Annobón; otra continental, Mbini (ant. Río Muni) entre Camerún y Gabón. Café y cacao. Maderas. El país depende de la ayuda internacional, principalmente española. La población está compuesta mayoritariamente por fang; los bubi viven en Bioco.

HISTORIA
1777-1778: Portugal cedió a España las islas de Annobón y de Fernando Poo que ocupaba desde el s. XV, núcleo de Guinea Ecuatorial. S. XIX: España no tomó posesión real de la colonia, en parte ocupada por Gran Bretaña, hasta 1858. Francia le disputó la posesión de la costa. 1900: las fronteras del país se fijaron definitivamente, pero el interior de Río Muni no fue ocupado hasta 1926. 1959: la colonia pasó a ser una provincia española. 1964: concesión de la autonomía. 1968: proclamación de independencia. F. Macías Nguema estableció un régimen despótico y rompió sus lazos con España. 1979: el coronel T. Obiang Nguema tomó el poder y restableció relaciones con España. 1985: Guinea abandona la peseta y se integra en el área del franco. 1989: Obiang es reelegido presidente. 1991: constitución presidencialista, aprobada por referéndum con ausencia de la oposición (en el exilio). 1996: Obiang ganó de nuevo las elecciones, pero no fueron reconocidas por la comunidad internacional, por fraudulentas. 1997: el parlamento declara el francés segunda lengua oficial del país.

GUINEA-BISSAU, ant. **Guinea Portuguesa,** estado de África occidental, al S de Senegal; 36 125 km²; 1 millón de hab. (*guineanos.*) CAP. Bissau. LENGUA OFICIAL: portugués. MONEDA: *peso.* Cacahuetes y arroz.

HISTORIA
1446: los portugueses descubrieron el país, poblado por los mandingo, musulmanes, y por pueblos animistas. Fines del s. XVI: se instalaron factorías. 1879: Guinea Portuguesa se convirtió en una colonia, con autonomía administrativa respecto de Cabo Verde. 1941: Bissau pasó a ser la capital de la colonia. 1956: Amílcar Cabral tomó las riendas del movimiento nacionalista. 1962: aparición de la guerrilla antiportuguesa. 1973: Luís de Almeida Cabral, hermanastro de Amílcar Cabral, que fue asesinado, proclamó la república de Guinea-Bissau. 1974: Portugal reconoció su independencia. 1980: golpe de estado, L. Cabral derrocado; le sucedió J. B. Vieira. 1991: instauración del multipartidismo. 1994: se reeligió Vieira. 1998: una rebelión militar encabezada por A. Mané desembocó en guerra civil. 1999: Vieira fue derrocado en un golpe militar dirigido por Mané.

GUINEANO, A adj. y n. De Guinea.

GUINEO n. m. *Amér. Central, Ecuad., Perú, P. Rico* y *Venez.* Plátano de tamaño pequeño y muy dulce.

GUIÑADA n. f. Acción de guiñar o guiñarse.

GUIÑAPO n. m. Andrajo o trapo roto, viejo o deslucido. **2.** *Fig.* Persona envilecida, degradada, andrajosa: *un guiñapo de hombre*.

GUIÑAR v. tr. [**1**]. Cerrar y abrir un ojo con rapidez, quedando cerrado el otro para hacer seña a alguien. ◆ **guiñarse** v. pron. **2.** Hacerse guiños o señas con los ojos.

GUIÑO n. m. Acción y efecto de guiñar o guiñarse los ojos.

GUIÑOL n. m. (fr. *guignol*). Teatro de marionetas.

GUIÓN n. m. Escrito esquemático que sirve como guía o programa para desarrollar un tema, conferencia o cualquier actividad. **2.** Texto que contiene todo el desarrollo de una película, programa de radio, o de televisión, expuesto con todos los pormenores. **3.** Signo ortográfico que consiste en una raya horizontal (-), que se utiliza para indicar que una palabra colocada al final de un renglón no está completa y se continúa en el siguiente, y para unir palabras compuestas. **4.** Signo algo más largo (—) que se utiliza para separar oraciones incidentales, para indicar en los diálogos cuando habla cada interlocutor y para suplir al principio de línea, en índices y otros escritos semejantes, el vocablo con que empieza otra línea anterior. **5.** Estandarte o pendón que se lleva delante de una comitiva o procesión. ◆ n. m. y adj. **6.** Ave delantera en las bandadas que van de paso.

GUIONISTA n. m. y f. Persona que redacta guiones de cine, radio o televisión.

GÜIPIL n. m. *Amér. Central* y *Méx.* Huipil.

GUIPÚZCOA (*provincia de*), prov. de España, en el País Vasco; 1997 km²; 676 307 hab. (*Guipuzcoanos.*) Cap. *Donostia-San Sebastián.* De las sierras de Urquilla y Aralar descienden ríos cortos y caudalosos (Urumea, Oria, Urola, Deva), en cuyos valles se concentra la población.

GUIPUZCOANO, A adj. y n. De Guipúzcoa.
◆ n. m. **2.** Uno de los ocho principales dialectos del vascuence.

GÜIRA n. f. Árbol de América tropical. (Familia bignoniáceas.) **2.** Fruto de este árbol.

GÜIRALDES (Ricardo), escritor argentino (Buenos Aires 1886-París 1927). Colaboró en las revistas *Martín Fierro* y *Proa*, y publicó en 1926 la novela gauchesca *Don Segundo Sombra*, donde sobresalen sus dotes de estilista.

GUIRIGAY n. m. (voz onomatopéyica) [pl. *guirigays* o *guirigayes*]. *Fam.* Lenguaje confuso y difícil de entender. **2.** Griterío y confusión que resulta cuando varios hablan a la vez o cantan desordenadamente.

GUIRNALDA n. f. Tira ornamental a base de flores, hierbas, papel, etc. **2.** Motivo ornamental que representa follajes, flores, etc., entrelazados o unidos con cintas.

GÜIRO n. m. (voz taína). *Amér.* Calabaza vinatera. **2.** *Amér. Central.* Güira. **3.** *Antillas y Méx.* Instrumento musical que tiene como caja una calabaza vinatera.

GUISA n. f. (germ. *wisa*). Modo, manera o semejanza de algo: *procedió de esta guisa*. ◆ **A guisa de** o **en guisa de,** a modo de, de tal suerte, en tal manera: *una tabla a guisa de mesa*.

GUISADO n. m. Guiso de carne o pescado cortados a trozos, que se rehoga con cebolla, tomate y otros condimentos, y luego se cuece añadiendo patatas, zanahoria, etc.

GUISANTE n. m. Planta herbácea trepadora que se cultiva por su fruto comestible, rico en almidón. (Familia papilionáceas.) **2.** Fruto de esta planta.

GUISAR v. tr. [1]. Preparar los alimentos para ser comidos, especialmente cociéndolos con diversos condimentos. ◆ **guisarse** v. pron. **2.** Tramarse: *algo se guisa en esa reunión*.

GUISO n. m. Manjar guisado.

GÜISQUI n. m. Whisky.

GUITA n. f. Cuerda delgada de cáñamo. **2.** *Fig.* y *fam.* Dinero.

GUITARRA n. f. (ár. *kitara*). Instrumento musical de cuerdas, que se pulsan con los dedos, formado por una caja de madera que tiene forma de ocho, con un orificio redondo por encima del cual pasan las cuerdas, y un mástil donde están los trastes. ◆ **Guitarra eléctrica,** guitarra en que la vibración de las cuerdas es captada por un electroimán y amplificada mediante un equipo electrónico. ◆ n. m. y f. **2.** Guitarrista.

GUITARREAR v. intr. [1]. Tocar la guitarra.

GUITARREO n. m. Toque de guitarra repetido o cansado.

GUITARRERO, A n. Persona que hace o vende guitarras.

GUITARRILLO o **GUITARRO** n. m. Guitarra pequeña que sólo tiene cuatro cuerdas.

GUITARRISTA n. m. y f. Persona que toca la guitarra, especialmente por profesión.

GULA n. f. (lat. *gulam*, garganta). Exceso en la comida y en la bebida.

GULF STREAM → **Golfo** (corriente del).

GUPPY n. m. Pez de muy variada coloración, originario de América del Sur, que suele criarse en acuarios.

GURÍ, ISA n. *Argent.* y *Urug.* Niño, muchacho. **2.** *Urug.* Muchachito indio o mestizo.

GURIPA adj. y n. m. *Desp.* Soldado raso. **2.** *Desp.* Guardia. **3.** *Fig.* Bribón, golfo.

GURMET n. m. Gourmet.

GURÚ o **GÜRÚ** n. m. (voz sánscrita). En la India, director espiritual o jefe religioso.

GUSANEAR v. intr. [1]. Hormiguear.

GUSANILLO n. m. Hilo o alambre arrollado en espiral. ◆ **Gusanillo de la conciencia,** remordimientos. ‖ **Matar el gusanillo** (*Fam.*), beber aguardiente por la mañana en ayunas; satisfacer el hambre, momentáneamente, comiendo algo ligero.

GUSANO n. m. Nombre dado a los animales de cuerpo blando y alargado, sin patas, en especial a los anélidos (gusanos anillados), los platelmintos (aplanados) y los nematelmintos (redondeados). **2.** Nombre dado a ciertos insectos verniformes: *gusano blanco*, larva del abejorro; *gusano de luz*, luciérnaga; *gusano de seda*, oruga de la morera; *gusano de la harina*, larva de los tenebriónidos. **3.** *Fig.* Persona despreciable o insignificante.

GUSARAPIENTO, A adj. Que tiene gusarapos o está lleno de ellos: *agua gusarapienta*.

GUSARAPO, A n. Cualquiera de los animales vermiformes que habitan en medio líquido.

GUSTACIÓN n. f. Acción de gustar; percepción de los sabores.

GUSTAR v. tr. (lat. *gustare*) [1]. Percibir el sabor de las cosas, probar, catar. **2.** *Fig.* Experimentar, probar: *gustar una sensación*. ◆ v. tr. e intr. **3.** Agradar, satisfacer, placer: *gustar la música*. ◆ v. intr. **4.** Sentir inclinación hacia algo que uno encuentra produce placer. ◆ **Gustar de** algo (*Amér.*), apetecer, aceptar: *¿gusta de un café?*

GUSTATIVO, A adj. Relativo al gusto. ◆ **Nervio gustativo,** nombre de dos nervios que proceden de las papilas linguales y llegan al encéfalo.

GUSTAZO n. m. *Fam.* Placer que se experimenta al realizar algo muy esperado.

GUSTILLO n. m. Regusto: *un gustillo ácido*.

GUSTO n. m. (lat. *gustum*). Sentido que permite distinguir los sabores de las sustancias líquidas o disueltas. **2.** Sabor de un alimento. **3.** Placer o deleite que producen las cosas que gustan: *el gusto por la lectura*. **4.** Facultad de sentir o apreciar lo bello y lo feo: *fiarse del gusto de alguien*. **5.** Sentido intuitivo de los valores estéticos: *hombre de gusto*. **6.** Elegancia, distinción o belleza: *decorar con gusto*. **7.** Capricho, deseo arbitrario o irracional: *tener el gusto de gritar*. ◆ **A gusto,** bien, cómodamente, sin sentirse cohibido. ‖ **Dar gusto** a alguien, complacerle, satisfacer sus deseos. ‖ **De mal gusto,** grosero. ‖ **Tomar,** o **coger, gusto** a algo, aficionarse.

GUSTOSO, A adj. Sabroso: *manjar gustoso*. **2.** Que siente gusto o hace con gusto una cosa: *trabajar gustoso*. **3.** Agradable, divertido, que causa gusto o placer: *un pasatiempo gustoso*.

GUTAGAMBA n. f. Planta arbórea de la India. **2.** Gomorresina amarilla extraída de esta planta, que se emplea en la fabricación de pinturas y como purgante.

GUTENBERG (Johannes Gensfleish, llamado), impresor alemán (Maguncia entre 1397 y 1400-*id.* 1468). Hacia 1440, perfeccionó en Estrasburgo el proceso de impresión con caracteres móviles, o *tipografía*. Imprimió la *Biblia* latina a dos columnas, llamada «de cuarenta y dos líneas», publicada en 1455.

GUTIÉRREZ (Eduardo), escritor argentino (Buenos Aires 1853-*id.* 1890). Publicó novelas melodramáticas, entre las que destaca *Juan Moreira* (1879), inspirada en un personaje gauchesco.

GUTIÉRREZ (Eulalio), militar y político mexicano (Ramos Arizpe, Coahuila-*id.* 1940). Presidente provisional de la república (nov. 1914), se enfrentó a Villa y a los otros caudillos y dimitió en junio de 1915.

GUTIÉRREZ (Gustavo), teólogo peruano (Lima 1928), destacado defensor en Latinoamérica de la teología de la liberación (*La teología de la liberación*, 1971; *La fuerza histórica de los pobres*, 1982).

GUZ

GUTIÉRREZ (Santos), militar y político colombiano (Cocuy 1820-Bogotá 1872), presidente de la república (1868-1870).

GUTIÉRREZ ALEA (Tomás), director de cine cubano (Santiago de Cuba 1928-La Habana 1996), destacado exponente del cine cubano nacido de la revolución de 1959: *Muerte de un burócrata* (1966), *Fresa y chocolate* (1993) y *Guantanamera* (1995).

GUTIÉRREZ GONZÁLEZ (Gregorio), poeta colombiano (Ceja del Tambo 1826-Medellín 1872), cuyo seudónimo es **Antioco.** Destaca su *Memoria sobre el cultivo del maíz en Antioquia* (1862).

GUTIÉRREZ GUERRA (José), economista y político boliviano (Sucre 1869-Antofagasta 1929). Presidente de la república (1917-1920), fue derrocado por una insurrección del Partido republicano.

GUTIÉRREZ NÁJERA (Manuel), poeta mexicano (México 1859-*id.* 1895). Su obra poética, recopilada en *Poesías* (1896), se caracteriza por su mórbida religiosidad y el gusto por lo elegíaco. Su refinada prosa incluye *Cuentos frágiles* (1883), *Cuentos color de humo* (1898) y crónicas de sus viajes.

GUTIÉRREZ SOLANA (José), pintor español (Madrid 1886-*id.* 1945). Su obra, de una cierta tendencia expresionista, tiene un fuerte enraizamiento en la tradición española, ahondando en la temática de la «España negra». Fue un gran pintor de series costumbristas.

GUTURAL adj. (del lat. *guttur*, garganta). Relativo a la garganta. ◆ adj. y n. f. **2.** FONÉT. Velar.

GUYANA, ant. **Guayana Británica,** estado de América del Sur, en el macizo de las Guayanas; 215 000 km²; 800 000 hab. CAP. Georgetown. LENGUA OFICIAL: *inglés.* MONEDA: *dólar de Guyana.* Caña de azúcar, arroz y sobre todo bauxita.

HISTORIA

1814: Gran Bretaña recibió la parte occidental de las Guayanas, bautizada British Guiana en 1831. Fueron extendiendo su territorio hacia el O, por lo que Venezuela reclamó el sector denominado Guayana Essequiba. 1928: el país fue dotado de una constitución. 1966: el país obtuvo su independencia. 1970: constituyó, en el marco de la Commonwealth, una «república cooperativa».

GUYENNE, en fr. **Guyenne,** antiguo nombre de la región francesa de Aquitania.

GUZGO, A adj. *Méx.* Glotón.

GUZMÁN (*laguna de*), laguna de México (Chihuahua); 15 km de long. En proceso de desecación.

GUZMÁN (Antonio Leocadio), político venezolano (Caracas 1801-*id.* 1884), fundador del Partido liberal de Venezuela. — Su hijo **Antonio Guzmán Blanco,** militar y político (Caracas 1829-París 1898), fue presidente en 1870-1877, 1879-1884 y 1886-1888.

GUZMÁN (Martín Luis), escritor mexicano (Chihuahua 1887-México 1976). De su obra, ligada al tema de la revolución mexicana, destacan las novelas *El águila y la serpiente* (1928), *La sombra del caudillo* (1929) o unas extensas *Memorias de Pancho Villa* (1951).

GUZMÁN (Nuño Beltrán **de**), conquistador español († *c.* 1550), primer presidente de la audiencia de Nueva España (1528), conquistó Nueva Galicia y fundó Culiacán, Espíritu Santo y Guadalajara.

GUZMÁN (Silvestre Antonio), político dominicano (Santiago de los Caballeros 1911-Santo Domingo 1982). Socialdemócrata, presidente de 1978 a 1982.

Hhh

H n. f. Octava letra del alfabeto español y sexta de las consonantes. (En español es una consonante muda; en ciertas lenguas y dialectos puede indicar la presencia de una aspiración.) **2.** ELECTR. Símbolo del henrio. **3.** METROL. Símbolo de la hora. **4.** METROL. Símbolo del prefijo hecto. **5.** QUÍM. Símbolo del hidrógeno. • **Bomba H**, o **de hidrógeno**, bomba termonuclear. ‖ **Hora H**, designación convencional de la hora precisa de desencadenamiento de una acción militar.
¡HA! interj. Denota pena, admiración o sorpresa.
ha, símbolo de la hectárea.
HAAG (Den) → **Haya (La).**
HABA n. f. (lat. fabam). Leguminosa anual cultivada por su semilla. (Familia papilionáceas.) **2.** Fruto y semilla de esta planta. **3.** Roncha, bulto que sale en la piel por alguna causa.
HABANA (provincia de **La**), prov. de Cuba; 5745 km²; 630 000 hab. Cap. La Habana.
HABANA (La), c. de Cuba, cap. de la república y de las prov. de La Habana y Ciudad de La Habana; 2 059 223 hab. (Habaneros.) Centro industrial y terciario. Puerto comercial en la bahía de La Habana. Turismo. Aeropuerto José Martí. Universidad. Fundada en su actual emplazamiento en 1519, conserva templos y edificios civiles del s. XVIII, ricamente ornamentados (catedral, palacio del gobierno, casa de correos, biblioteca nacional). Castillos de San Salvador de La punta y de El Morro, y fortaleza de San Carlos de la Cabaña, en el puerto. La Ciudad Vieja y sus fortificaciones fueron declaradas por la Unesco bien cultural del patrimonio mundial (1982). Museos.
HABANERA n. f. Música y danza probablemente de origen afrocubano.
HABANERO, A adj. y n. De La Habana.
HABANILLA, r. de Cuba, afl. del Arimao. Forma las cascadas del Habanilla, en torno a las cuales se extiende el parque nacional de Escambray.
HABANO, A adj. Relativo a La Habana y a la isla de Cuba: tabaco habano. ♦ n. m. **2.** Cigarro puro, elaborado en la isla de Cuba.
HABAR n. m. Terreno sembrado de habas.
HABER n. m. Conjunto de bienes y derechos pertenecientes a una persona. (Suele usarse en plural.) **2.** Cantidad que se devenga periódicamente en retribución de servicios personales. **3.** Fig. Cualidades positivas o méritos que se consideran en una persona o cosa. **4.** Parte de una cuenta en la que constan los abonos de la misma. CONTR.: debe.
HABER v. (lat. habere, tener, poseer) [14]. Verbo auxiliar, vacío de significado, que, seguido del participio de otro verbo, forma los tiempos compuestos de éste: ha venido; había comido; hubo llegado. **2.** Seguido de la preposición de y un verbo en infinitivo, indica la obligación, la intención, de realizar la acción que expresa dicho infinitivo, o lo inevitable de la misma: has de estudiar. ♦ v. impers. **3.** Estar realmente en alguna parte: hay mucha gente en la sala; hubo poco público. **4.** Existir, real o figuradamente: hay gente de buen corazón. **5.** Suceder, ocurrir: hubo altercados. **6.** Efectuarse, celebrarse: hoy no hay partidos de fútbol. **7.** Seguido de la conjunción que y un verbo en infinitivo, ser necesario o conveniente aquello que expresa el verbo, en frases afirmativas, y ser inútil, inconveniente o imposible, en frases negativas: hay que soportarlo; no hay que alarmarse. • **¡Qué hubo!** o **¡Qué húbole!** (Méx. Fam.), ¿qué tal? ¿cómo estás?, ¿qué hay de nuevo? ♦ **haberse** v. pron. **8.** Contender, disputar: si bebía, se las había con todos.
HABER (Fritz), químico alemán (Breslau 1868- Basilea 1934). Realizó la síntesis industrial del amoníaco y estudió las reacciones químicas entre gases. (Premio Nobel de química 1918.)
HABICHUELA n. f. Judía, planta y semilla.
HÁBIL adj. (lat. habilem, manejable, apto). Capaz, inteligente o dispuesto para cualquier actividad. **2.** Legalmente capaz o apto para una cosa: días hábiles.
HABILIDAD n. f. Cualidad de hábil. **2.** Cosa hecha con esta cualidad. **3.** DER. Aptitud legal.
HABILIDOSO, A adj. Que tiene habilidades.
HABILITACIÓN n. f. Acción y efecto de habilitar. **2.** Cargo de habilitado. **3.** Oficina de habilitado.
HABILITADO, A n. Persona autorizada para obrar en un asunto que normalmente no le correspondería, o bien para funciones con atribuciones especiales. ♦ n. m. **2.** Encargado de los intereses de un cuerpo o sociedad. **3.** En algunos organismos, encargado de pagar los sueldos u honorarios.
HABILITAR v. tr. [1]. Hacer hábil, apto o capaz para algo: habilitar una vivienda.
HABILOSO, A adj. Chile y Perú. Que tiene habilidad.
HABITABILIDAD n. f. Cualidad de habitable. • **Cédula de habitabilidad**, documento que acredita la habitabilidad de una vivienda.
HABITACIÓN n. f. Acción y efecto de habitar: no haber señal de habitación humana. **2.** Edificio o parte de él que se destina a ser habitado. **3.** Cualquiera de las piezas de una casa. **4.** Dormitorio.
HABITÁCULO n. m. (lat. habitaculum). Edificio o parte de él destinado a ser habitado. **2.** Parte interior de un automóvil, vehículo espacial, etc., donde se acomodan los viajeros.
HABITANTE n. m. y f. Cada una de las personas que constituyen la población de una casa, barrio, ciudad, provincia, país, etc.
HABITAR v. tr. e intr. (lat. habitare, ocupar un lugar) [1]. Vivir o morar en un lugar o casa.
HÁBITAT n. m. (pl. hábitats). Territorio en el que una especie o un grupo de especies encuentran un complejo uniforme de condiciones de vida a las que están adaptadas. **2.** Conjunto de hechos geográficos relativos a la residencia del hombre: hábitat rural; hábitat urbano. **3.** Conjunto de condiciones relativas a la vivienda: mejora del hábitat.
HÁBITO n. m. (lat. habitum, vestidura). Traje que llevan algunas personas en virtud de algún voto hecho, o por mortificación. ♦ **hábitos** n. m. pl. **2.** Vestido talar que usan los eclesiásticos. ‖ **Ahorcar**, o **colgar, los hábitos**, dejar la carrera o la vida eclesiástica; abandonar los estudios, profesión u oficio.
HÁBITO n. m. (lat. habitum, costumbre). Forma de conducta adquirida por la repetición de los mismos actos. **2.** Estado creado por la ingestión de una sustancia, por lo común de naturaleza tóxica, que crea una situación de dependencia. **3.** Aumento de la tolerancia a medicamentos o tóxicos, con disminución de su efecto, a consecuencia de tomarlos repetidamente.
HABITUACIÓN n. f. Acción y efecto de habituar.
HABITUAL adj. Que se hace por hábito.
HABITUAR v. tr. e intr. [1s]. Acostumbrar o hacer que uno se acostumbre a una cosa.
HABLA n. f. (lat. fabulam). Facultad de hablar: perder el habla. **2.** Acción y efecto de hablar, expresar el pensamiento por palabras. **3.** Voz: tener un habla dulce. **4.** LING. Conjunto de medios de expresión propios de un grupo determinado, dentro del dominio de una lengua: las hablas regionales. • **Al habla**, estar o ponerse en comunicación con alguien para tratar un asunto.
HABLADA n. f. Méx. Fam. Fanfarronada, mentira.
HABLADO, A adj. Expresado de palabra: la lengua hablada. **2.** Con los adv. bien o mal, comedido o descomedido en el hablar: hombre mal hablado.
HABLADOR, RA adj. y s. Que habla demasiado o indiscretamente. **2.** Méx. Fanfarrón, dado a exagerar o mentir.
HABLADURÍA n. f. Fam. Chisme, murmuración. (Suele usarse en plural.) SIN.: habladuría.
HABLANTINA n. f. Colomb. y Venez. Charla desordenada o insustancial.
HABLAR v. intr. (lat. fabulari) [1]. Articular palabras: el niño ya habla. **2.** Expresar el pensamiento por medio de la palabra: hablar en público. **3.** Darse a entender por medio distinto de la palabra: hablar con los ojos. **4.** Conversar dos o más personas. **5.** Confesar, declarar generalmente por coacción: no le soltaron hasta que habló. **6.** Murmurar o criticar: todos hablan de él. **7.** Interceder en un asunto a favor o en contra de alguien. **8.** Seguido de la preposición de, tratar, ocuparse de algo, referirse a ello: el libro habla de política. **9.** Ser novios. • **Hablar claro**, decir sin rodeos lo que se piensa. ‖ **Hablar por hablar**, decir una cosa sin fundamento y sin venir al caso. ‖ **Ni hablar**, se usa para rechazar una propuesta. ♦ v. tr. **10.** Emplear un idioma para darse a entender: se habla inglés. **11.** Decir: hablar estupideces. ♦ **hablarse** v. pron. **12.** Comunicarse, tratarse de palabra. **13.** Con negación, no

tratarse una persona con otra por haberse enemistado.
HABLILLA n. f. Habladuría.
HACA n. m. (voz aymara). *Amér.* Conjunto de bienes muebles e inmuebles del indígena.
HACEDERO, A adj. Que es posible o fácil de hacer.
HACEDOR, RA adj. y n. Que hace. ♦ n. m. **2.** Dios. (Con este significado se escribe con mayúscula.)
HACENDADO, A adj. y n. Que tiene haciendas en bienes raíces. **2.** *Argent.* y *Chile.* Dícese del estanciero que se dedica a la cría de ganado.
HACENDOSO, A adj. Diligente en las faenas domésticas: *una mujer hacendosa.*
HACER v. tr. (lat. *facere*) [11]. Crear, producir de la nada: *Dios hizo el mundo.* **2.** Fabricar: *hacer coches.* **3.** Crear intelectualmente: *hacer versos.* **4.** Causar, ocasionar: *hacer ruido.* **5.** Suponer, imaginar: *te hacía fuera.* **6.** Referido a comedias u otros espectáculos, representar: *hace cine.* **7.** Obligar a algo: *les hizo callar.* **8.** Obtener, conseguir, ganar: *ha hecho fortuna.* **9.** Componer según una regla: *diez a duro hacen cincuenta pesetas.* **10.** Expeler del cuerpo aguas mayores o menores: *hacer pis.* **11.** Ejercitar los músculos para fomentar su desarrollo y agilidad: *hacer abdominales.* **12.** Representa a un verbo anterior, evitando su repetición: *canta como él solo sabe hacerlo.* **13.** Junto a un nombre, desdobla el verbo de la misma raíz: *hacer resistencia (resistir).* • **A medio hacer**, sin terminar. ♦ v. tr. y pron. **14.** Ejecutar: *hago mi trabajo.* **15.** Disponer, componer, aderezar: *yo me hago la comida.* **16.** Reducir: *lo hizo trizas.* **17.** Habituar o acostumbrar: *hacerse al frío.* **18.** Aparentar, fingir: *hacerse el tonto.* **19.** Cortar con arte: *hacer las uñas.* ♦ v. intr. **20.** Obrar, actuar: *hace mal.* **21.** Importar, afectar: *por lo que hace a mi dinero.* **22.** Seguido de la preposición *de* y un nombre, ejercer eventualmente de lo que expresa el sustantivo: *hacer de socorrista.* • **No le hace** (*Méx. Fam.*), no importa: *"—no tengo dinero.— no le hace, yo te presto."* ♦ v. impers. **23.** Haber transcurrido cierto tiempo: *hoy hace un año.* **24.** Expresión del clima: *hace frío.* • **hacerse** v. pron. **25.** Volverse, transformarse: *el agua se hizo hielo.* **26.** Cursar estudios: *hacerse médico.* **27.** Afiliarse a un partido, secta y organización: *se ha hecho protestante.* **28.** Seguido de la preposición *con*, obtener, lograr: *se hicieron con ello.*
HACHA n. f. (fr. *hache*). Herramienta cortante, compuesta de una hoja acerada, con filo por un lado y un ojo para enastarla por el lado opuesto.
HACHA n. f. **1.** Vela de cera, grande y gruesa. **2.** Mecha de esparto y alquitrán. • **Ser alguien un hacha**, ser sobresaliente en algo.
HACHAZO n. m. Golpe dado con un hacha. **2.** *Argent.* Golpe violento dado de filo con arma blanca. **3.** *Argent.* Herida y cicatriz así producidas. **4.** *Colomb.* Espanto súbito y violento del caballo.
HACHE n. f. Nombre de la letra *h.* • **Por hache o por be**, por un motivo u otro.
HACHÍS o **HASCHICH** n. m. (ár. *hasís*, cáñamo). Resina que se extrae del cáñamo índico, que se consume mascada o fumada por la sensación especial que provoca.
HACHÓN n. m. Hacha, antorcha, mecha de esparto y alquitrán.
HACIA prep. Indica dirección o tendencia: *fue hacia él; ir hacia la ruina.* **2.** Indica proximidad a un lugar o tiempo: *hacia fines de mes.*
HACIENDA n. f. (lat. *facienda*, cosas por hacer). Finca o conjunto de fincas que constituyen una propiedad. **2.** Bienes propiedad de alguien. **3.** Bienes pertenecientes al estado. **4.** Conjunto de organismos destinados a la administración de estos bienes. **5.** *Argent.* Conjunto de ganado que hay en una estancia. • **Hacienda de beneficio** (*Méx.*), oficina donde se benefician los minerales de plata. ∥ **Hacienda pública**, actividad financiera del estado.
HACINAMIENTO n. m. Acción y efecto de hacinar o hacinarse.
HACINAR v. tr. y pron. [1]. Amontonar, acumular.
HADA n. f. Ser imaginario, de sexo femenino, dotado de poder mágico.
HADES, dios griego de los infiernos al que se asimiló Plutón.
HADO n. m. (lat. *fatum*, predicción, oráculo). Fuerza irresistible a la que se atribuye la predestinación de los acontecimientos.
HADRÓN n. m. Partícula elemental susceptible de sufrir interacciones fuertes por oposición a los leptones.
HAEDO (cuchilla de), sistema montañoso de Uruguay, que se extiende por la mitad N del país.
HAENDEL → **Händel**.
HAFNIO n. m. Metal del grupo de las tierras raras, cuyo símbolo químico es Hf, de número atómico 72 y de masa atómica 178,49.
HAGIOGRAFÍA n. f. Ciencia que trata de la vida y del culto a los santos. **2.** Obra que trata de temas santos.
HAGIÓGRAFO, a n. m. Escritor de vidas de santos. ♦ n. m. **2.** Autor de cualquiera de los libros de la Sagrada Escritura.
HAHN (Otto), químico alemán (Frankfurt del Main 1879-Gotinga 1968), Premio Nobel de química en 1944 por su teoría de la fisión del uranio (1938).
HAIFA, c. y puerto de Israel, junto al Mediterráneo; 229 000 hab. Refinería de petróleo.
HAITÍ, en fr. **Haïti**, estado que ocupa el O de la isla de La Española; 27 750 km²; 6 300 000 hab. (*haitianos.*) CAP. *Puerto Príncipe.* LENGUAS OFICIALES: criollo y francés. MONEDA: *gourde.*
GEOGRAFÍA
El país, poblado en su mayoría por negros, presenta clima tropical y está formado por cadenas montañosas separadas por tierras más bajas; produce café, plátanos, algodón y caña de azúcar, que, junto con la bauxita, son sus principales recursos comerciales. El nivel de vida es muy bajo. Superpoblado y poco industrializado, el país está muy endeudado.
HISTORIA
La época colonial. 1492: la isla, poblada por arawak, fue descubierta por Cristóbal Colón, que le dio el nombre de Hispaniola. 1697: por el tratado de Ryswick se reconoció la ocupación por parte de Francia de la parte occidental de la isla. S. XVIII: se convirtió en la colonia francesa más próspera gracias a la producción de azúcar y de café. Estaba poblada en un 90 % por esclavos negros, libertos y mulatos. 1791: Toussaint Louverture dirigió la sublevación de los esclavos. 1795: Francia recibió la parte española de la isla por el tratado de Basilea.
El s. XIX. 1804: después de haber expulsado a los franceses, Jean-Jacques Dessalines se proclamó emperador de Haití. 1806-1818: mientras España volvía a ocupar el E de la isla, una secesión enfrentó al reino del norte (Henri Christophe) con la república del sur (Alexandre Pétion). 1818-1843: Jean-Pierre Boyer sucedió a Pétion y reunificó Haití (1822). 1844: la parte oriental recuperó su libertad para formar la República Dominicana. 1847-1859: Faustin Soulouque tomó el título de emperador (1849).
El s. XX. 1915-1934: la deuda exterior y la crisis política provocaron la intervención de E.U.A., que ocupó el país. 1934-1957: su retirada abrió un nuevo período de inestabilidad. 1957-1971: François Duvalier, presidente vitalicio (1964), ejerció un poder dictatorial. 1971-1986: le sucedió su hijo Jean-Claude Duvalier. Una grave crisis política lo obligó a exiliarse. 1986-1988: el general Henri Namphy tomó el mando del consejo nacional de gobierno. Las elecciones generales llevaron al puesto de presidente de la república a Leslie Manigat (en. 1988). Pero poco después, los militares, dirigidos por el general Namphy (junio), y éste derrocado a su vez por el general Prosper Avril, se hicieron de nuevo con el poder (set.). 1990: el general Avril dimitió. Jean-Bertrand Aristide, apóstol de la teología de la liberación, fue elegido presidente de la república (dic.). 1991: Aristide fue derrocado por un nuevo golpe militar, dirigido por el general Cédras, pero, exiliado, quedó como el único representante legítimo admitido internacionalmente. 1994: sanciones de la O.N.U. a Haití, con bloqueo económico y apremio al régimen militar para permitir la vuelta de Aristide. Intervención militar de E.U.A. y regreso de Aristide. 1995: celebradas elecciones presidenciales. 1996: R. Préval, presidente de la república. 2000: J. B. Aristide, candidato único, presidente. 2001: dos intentos golpistas de militares, que fracasan. 2004: Aristide es depuesto y sale al exilio.
HAITIANO, A adj. De Haití.
HAKODATE, c. y puerto de Japón (Hokkaido); 307 249 hab. Industrias conserveras. Construcción naval.
¡HALA! interj. Se emplea para dar prisa o infundir aliento.
HALAGAR v. tr. [1b]. Dar a uno muestras de afecto o admiración. **2.** Dar motivo de satisfacción o envanecimiento. **3.** Adular.
HALAGO n. m. Acción y efecto de halagar. **2.** Cosa que halaga.
HALAGÜEÑO, A adj. Que halaga o que sirve para halagar: *una frase halagüeña.* **2.** Prometedor de satisfacciones: *noticia halagüeña.*
HALAR v. tr. (fr. *haler*) [1]. Tirar hacia sí de una cosa. **2.** MAR. Tirar de un cabo, de una lona o de un remo en el acto de bogar.
HALCÓN n. m. Ave rapaz diurna, que alcanza como máximo 50 cm de long. **2.** En un gobierno u organización política, partidario de una política dura, que puede llegar hasta la guerra. CONTR.: *paloma.*
HALFFTER (Rodolfo), compositor español (Madrid 1900-México 1987), nacionalizado mexicano. Influido por M. de Falla, es autor de una *Suite* (1928), *Dos sonatas de El Escorial* (1930) para piano, ballets, etc. — Su hermano **Ernesto** (Madrid 1905-*id.* 1989) compuso *Sinfonietta* (1925), música de cámara y piezas para piano. — **Cristóbal** (Madrid 1930), sobrino de los anteriores, ocupa un lugar destacado en la vanguardia musical española.
HALIBUT n. m. Pez de los mares fríos, de 2 a 3 m de long. y 250 kg de peso. (Familia pleuronéctidos.)
HALICARNASO, ant. c. griega de Caria (SO de Asia Menor). Fue embellecida por Mausolo y Artemisa II (s. IV a. J.C.).
HALIFAX, c. de Gran Bretaña (Yorkshire Occidental); 87 000 hab.
HALIFAX, c. y puerto de Canadá, cap. de Nueva Escocia, junto al Atlántico; 114 455 hab. (253 704 en la aglomeración). Centro industrial. Universidad.
HÁLITO n. m. (lat. *halitum*). Aliento que sale por la boca. **2.** *Poét.* Soplo suave y apacible del aire.
HALLAR v. tr. (lat. *afflare*, soplar hacia algo) [1]. Dar con una persona o cosa que se busca: *hallar agua.* **2.** Topar por azar: *hallar un billete en la calle.* **3.** Averiguar: *hallar una dirección.* **4.** Observar, entender, juzgar: *hallo burla en tus palabras.* **5.** Descubrir, inventar: *hallar un*

HAL

nuevo método. ♦ **hallarse** v. pron. **6.** Estar en determinado lugar: *hallarse en el campo.* **7.** Figurar, estar presente: *hallarse entre los pobres.* **8.** Estar en determinada situación o estado: *hallarse enfermo.*

HALLAZGO n. m. Acción y efecto de hallar. **2.** Cosa hallada.

HALLEY (Edmond), astrónomo británico (Haggerston, cerca de Londres, 1656-Greenwich 1742). Estudió el movimiento de los cometas (1705) y predijo mediante cálculo la reaparición de uno de ellos (cometa Halley) cerca del Sol.

HALLULLA n. f. *Chile.* Pan de factura más delgada que el común. **2.** *Chile. Fig.* Sombrero de paja.

HALO n. m. (gr. *halōs*, disco). Círculo luminoso ligeramente irisado que rodea algunas veces al Sol o a la Luna. **2.** Zona circular blanca, a veces coloreada, comparable a este círculo luminoso. **3.** *Fig.* Atmósfera que rodea a alguien: *un halo de misterio.* **4.** B. ART. Nimbo o resplandor en forma de disco, alrededor de la cabeza de los santos.

HALÓGENO, **A** n. m. y adj. Nombre dado al cloro y a los elementos de su familia. ♦ **Lámpara de halógeno**, lámpara incandescente, con filamento de volframio, cuya atmósfera gaseosa contiene, además de argón o criptón, cierta proporción de halógeno o de un compuesto orgánico halógeno.

HALOGRAFÍA o **HALIGRAFÍA** n. f. Descripción e historia de las sales.

HALÓN n. m. *Amér.* Tirón, acción y efecto de halar.

HALPERIN (Tulio), historiador argentino (La Plata 1926). Especialista en historia latinoamericana, es autor, entre otras obras, de *Historia contemporánea de América Latina* (1969).

HALS (Frans), pintor neerlandés (Amberes c. 1580/1585-Haarlem 1666), autor de retratos y de temas de género. Su técnica audaz creó escuela (*escuela de Haarlem*).

HALTERA n. f. (gr. *haltēres*). DEP. Aparato gimnástico formado por dos masas esféricas o discos metálicos unidos por una barra.

HALTEROFILIA n. f. Deporte que consiste en el levantamiento de pesos o halteras.

HALURO o **HALOGENURO** n. m. Combinación química de un halógeno con otro elemento.

ḤAMĀ, c. del N de Siria, a orillas del Orontes; 253 000 hab.

HAMACA n. f. (voz haitiana). Rectángulo de lona o red gruesa que, colgado horizontalmente por la extremidades, sirve para tumbarse o columpiarse. **2.** Asiento consistente en una armadura en la que se sostiene una tela que forma el asiento y el respaldo. **3.** *Argent.* y *Urug.* Mecedora.

HAMACAR v. tr. y pron. [1a]. *Argent., Guat., Par.* y *Urug.* Hamaquear, mecer. ♦ **hamacarse** v. pron. **2.** *Argent.* Dar al cuerpo un movimiento de vaivén. **3.** *Argent. Fig.* y *Fam.* Afrontar con esfuerzo una situación difícil.

HAMADĀN, c. de Irán, al SO de Teherán; 272 499 hab. Mausoleo selyúcida. Es la ant. *Ecbatana.*

HAMAQUEAR v. tr. y pron. [1]. *Amér.* Mecer, columpiar, especialmente en hamaca. ♦ v. tr. **2.** *Cuba, P. Rico* y *Venez. Fig.* Marear a uno.

HAMBRE n. f. (bajo lat. *famis*). Deseo vivo de comer. **2.** Escasez de alimentos: *el hambre en el mundo.* **3.** *Fig.* Deseo ardiente de algo: *tener hambre de riquezas.* ♦ **Apagar**, o **matar**, **el hambre**, saciarla. ‖ **Hambre canina**, gana extraordinaria de comer. ‖ **Morir de hambre**, tener o padecer mucha penuria. ‖ **Muerto de hambre**, pobre y de poco espíritu.

HAMBRIENTO, A adj. y n. Que tiene mucha hambre. ♦ adj. **2.** *Fig.* Deseoso: *hambriento de poder.*

HAMBRUNA n. f. Hambre grande.

HAMBURGO, en alem. **Hamburg**, c. de Alemania, a orillas del Elba, que constituye un *Land* urbano autónomo; 753 km²; 1 626 220 hab. Constituye la principal salida marítima de Alemania y es uno de los grandes puertos europeos; sector industrial muy desarrollado: metalurgia, química, agroalimentaria. Museos, entre ellos la *Kunsthalle*.

HAMBURGUÉS, SA adj. y n. De Hamburgo.

HAMBURGUESA n. f. Bistec de carne picada preparado con huevo, ajo, perejil, etc.

HAMÍLCAR → *Amílcar Barca.*

HAMMETT (Dashiell), escritor norteamericano en el condado de Saint-Mary, Maryland, 1894-Nueva York 1961), creador de la novela policíaca negra (*El halcón maltés*, 1930).

HAMPA n. f. Gente maleante y que se dedica a negocios ilícitos, y género de vida que practica.

HAMPESCO o **HAMPO, A** adj. Relativo al hampa: *jerga hampesca.*

HAMPÓN, NA adj. y n. Valentón, bravo. **2.** Que comete habitualmente acciones delictivas.

HÁMSTER n. m. Roedor de Europa central, dañino, que almacena legumbres y semillas.

HAMSUN (Knut **Pedersen**, llamado **Knut**), escritor noruego (Garmostraeet, cerca de Lom, 1859-Nörholm 1952), autor de novelas que exaltan el sentimiento de la naturaleza y la liberación de todas las trabas sociales (*Hambre*, 1890; *Pan*, 1894; *Benoni*, 1908). [Premio Nobel de literatura 1920.]

HÄNDEL o **HAENDEL** (George Friedrich), compositor alemán (Halle 1685-Londres 1759), nacionalizado británico (1726). Compuso óperas (*Rinaldo*) y sobre todo oratorios (*Israel en Egipto, Judas Macabeo, El Mesías*), en los que predominan los coros.

HANGAR n. m. (fr. *hangar*). Cobertizo grande y de ordinario abierto, cubierto sólo por un techo sostenido con soportes verticales.

HANGZHOU o **HANG-CHEU**, c. de China, cap. del Zhejiang; 1 180 000 hab. Ant. cap. de China, en época de los Song del Sur (1127-1276). Pagoda de las Seis armonías (970); famosos jardines.

HANNOVER, c. de Alemania, cap. de Baja Sajonia, a orillas del Leine; 505 872 hab. Centro comercial e industrial. Museos.

HANOI, c. y cap. de Vietnam, en la cabecera del delta del Sông Koi (río Rojo); 2 591 000 hab. Centro industrial, comercial y cultural. Numerosos monumentos, ricos museos.

HANSA n. f. (alto alem. *Hansa*, tropa). HIST. Compañía de comerciantes.

HANSEÁTICO, A adj. y n. Relativo a la Hansa; miembro de cualquiera de estas ligas.

HAPLOIDE adj. BIOL. Dícese de un núcleo celular que posee la mitad del número de cromosomas del huevo fecundado.

HARAGÁN, NA adj. y n. Perezoso, holgazán.

HARAGANEAR v. intr. [1]. Holgazanear.

HARAGANERÍA n. f. Holgazanería.

HARAKIRI o **HARAQUIRI** n. m. (voz japonesa). Modo japonés de suicidio, que consiste en abrirse el vientre.

HARAPIENTO, A o **HARAPOSO, A** adj. Vestido con harapos.

HARAPO n. m. Trozo de un traje o prenda que cuelga roto.

HARARE, ant. *Salisbury*, c. y cap. de Zimbabwe, a 1470 m de alt; 863 000 hab.

HARDWARE n. m. (voz inglesa). INFORMÁT. Conjunto de órganos físicos de un sistema informático.

HARDY → *Laurel.*

HARDY (Thomas), escritor británico (Upper Bockhampton 1840-Max Gate 1928), autor de poemas y novelas que evocan las costumbres provincianas (*Tess, la de los d'Urbervilles*, 1891; *Jude el oscuro*, 1895).

HARÉN o **HARAM** n. m. (fr. *harem*). Lugar de la casa destinado a las mujeres, en los países musulmanes. **2.** Conjunto de mujeres que viven en un harén.

HARĪ RŪD, r. de Afganistán y Turkmenistán; 1100 km aprox.

HARINA n. f. (lat. *farinam*). Polvo resultante de moler los granos de trigo, de otros cereales y de las semillas de diversas leguminosas. ♦ **Harina de flor**, harina muy blanca y pura, de calidad superior.

HARINEAR v. intr. [1]. *Venez.* Llover con gotas muy menudas.

HARINERO, A adj. Relativo a la harina. ♦ n. **2.** Persona que trata y comercia en harina.

HARINOSO, A adj. Que tiene mucha harina. **2.** Farináceo: *peras harinosas.*

HARNEAR v. tr. [1]. *Chile* y *Colomb.* Cribar.

HARNERO n. m. Criba, instrumento para cribar.

HARO (Guillermo), astrónomo mexicano (México 1913). Dedicado al estudio de las estrellas brillantes, se da el nombre de *galaxias de Haro* a un tipo de galaxias, descubiertas por él, que se caracterizan por un exceso de emisión en azul.

HARPÍA n. f. Arpía. **2.** ZOOL. Águila de América del Sur, de cabeza grande, patas poderosas y garras muy desarrolladas.

HARTAR v. tr. y pron. [1]. Saciar, incluso con exceso, el apetito de comer o beber. **2.** *Fig.* Satisfacer el gusto o deseo de una cosa. **3.** *Fig.* Fastidiar, molestar, cansar. ♦ **hartarse** v. pron. **4.** Repetir excesivamente algo: *hartarse de leer.*

HARTAZGO n. m. Acción y efecto de hartar o hartarse de comer: *un hartazgo de dulces.*

HARTO, R adj. Lleno, repleto: *sentirse harto.* **2.** Cansado de repetir lo mismo: *estar harto de llamar.* **3.** Conocido por su reiteración: *estoy harto de verle.* **4.** Bastante, sobrado: *tener harta imaginación.* **5.** *Chile, Cuba* y *Méx.* Mucho, gran cantidad. ♦ adv. m. **6.** Bastante. ♦ adv. c. **7.** *Chile.* Muy. **8.** *Chile* y *Méx.* Mucho.

HARTURA n. f. Hartazgo.

HARVEY (William), médico inglés (Folkestone 1578-Londres 1657). Cirujano de los reyes Jacobo I y Carlos I, descubrió la circulación sanguínea completa.

HASTA prep. (ár. *ḥattā*). Expresa el término del cual no se que con relación al espacio, al tiempo y a la cantidad: *desde Madrid hasta Roma.* **2.** *Méx.* Señala el momento en que comienza una acción o el momento en que habrá de ocurrir algo: *hasta las cinco llega el doctor.* ♦ adv. **3.** Incluso, aun: *hasta el más tonto lo sabe.* ♦ **Hasta después** o **hasta luego**, saludo para despedirse de alguien a quien se espera volver a ver pronto.

HASTIAL n. m. Parte superior triangular de un muro, situada entre las dos vertientes del tejado.

HASTIAR v. tr. y pron. [1t]. Fastidiar, aburrir, cansar.

HASTÍO n. m. (lat. *fastidium*). Repugnancia a la comida. **2.** *Fig.* Disgusto, tedio.

HATAJO n. m. Pequeño grupo de cabezas de ganado. **2.** Conjunto de gente o de cosas, generalmente despreciables: *hatajo de maleantes.*

HATO n. m. Ropa y pequeño ajuar para el uso preciso u ordinario. **2.** Porción de ganado mayor o menor: *un hato de ovejas.* **3.** Paraje fuera de las poblaciones, que los pastores eligen para comer y dormir. **4.** Provisión de víveres. **5.** Hatajo, conjunto de gente o de cosas. **6.** *Colomb., Cuba, Dom.* y *Venez.* Finca destinada a la cría de ganado.

HATO MAYOR (provincia de), prov. de la República Dominicana, en la cordillera Central; 1330 km²; 77 300 hab. Cap. *Hato Mayor* (40 473 hab.).

HATUEY, cacique indígena de La Española († Yara 1511). Expulsado de Guajabá por los españoles, se retiró a Cuba, donde resistió frente a las tropas de Diego Velázquez. Fue apresado y quemado vivo.

HAUPTMANN (Gerhart), escritor alemán (Bad Salzbrunn, Silesia, 1862-Agnetendorf 1946), autor de dramas realistas (*El cochero Henschel*, 1898) y poemas épicos. (Premio Nobel de literatura 1912.)

HAVEL (Václav), dramaturgo y político checo (Praga 1936). Fue primer presidente de Checoslovaquia (1989-1992). Tras la división de Checoslovaquia (1993), fue elegido presidente de la República Checa, reelegido en 1998. Su teatro es de crítica social (*La fiesta*, 1963; *Advertencia*, 1993).

HAVRE (El), en fr. **Le Havre,** c. de Francia (Seine-Maritime), en la desembocadura del Sena; 197 219 hab. Universidad. Puerto comercial (hidrocarburos). Museo de bellas artes.

HAWAI o **HAWAII,** archipiélago volcánico de Polinesia, que constituye un estado de Estados Unidos; 16 600 km²; 1 108 229 hab. *(Hawaianos.)* CAP. *Honolulu,* en la isla de Oahu. Producción de caña de azúcar y de piña. Turismo. *La isla de Hawai* es la mayor del archipiélago; 10 400 km²; 92 000 hab. C. pral. *Hilo.*

HISTORIA

Originarios de Tahití, los hawaianos llegaron al archipiélago hacia el año 1000. 1778: Cook desembarcó en las islas, a las que bautizó *islas Sandwich*. 1849: Estados Unidos obtuvo el libre acceso a los puertos hawaianos y, posteriormente (1875), un tratado de reciprocidad comercial. 1887: les fue concedida la ensenada de Pearl Harbor. 1893: un grupo de propietarios de plantaciones norteamericanos derrocó a la monarquía indígena. 1898: el archipiélago fue anexionado por E.U.A. 1959: Hawai se convirtió en el estado 50 de la Unión.

HAWAIANO, A adj. y n. De Hawai.

HAWKING (Stephen), físico británico (Oxford 1942), autor de importantes trabajos teóricos sobre el universo y los agujeros negros en particular (*Historia del tiempo: del big bang a los agujeros negros*, 1988).

HAWKINS o **HAWKYNS** (sir John), pirata y almirante inglés (Plymouth 1532-frente a Puerto Rico 1595). Se dedicó a la trata de esclavos y al contrabando, y atacó y saqueó las naves y los establecimientos costeros españoles de América.

HAWKS (Howard), director de cine norteamericano (Goshen, Indiana, 1896-Palm Springs 1977). Abordó todos los géneros con la misma sobriedad: *Tener y no tener* (1945), *El sueño eterno* (1946), *Río Bravo* (1958).

HAWORTH (sir Walter Norman), químico británico (Chorley, Lancashire, 1883-Birmingham 1950), Premio Nobel de química en 1937 por su síntesis de la vitamina C.

HAWTHORNE (Nathaniel), escritor norteamericano (Salem, Massachusetts, 1804-Plymouth, New Hampshire, 1864), autor de relatos y de novelas (*La letra escarlata*, 1850).

HAYA n. f. Árbol de los bosques templados, cuya madera, blanca, compacta y flexible, se utiliza en ebanistería. (Familia fagáceas.) **2.** Madera de este árbol.

HAYA (La), en neerlandés **Den Haag** o **'s-Gravenhage,** c. de Países Bajos, cerca del mar del Norte, residencia de la corte, del cuerpo diplomático y de los poderes públicos; 444 242 hab. Palacio de la Paz y tribunal internacional de justicia. Numerosos monumentos, del s. XIII al s. XVIII; museos.

HAYA DE LA TORRE (Víctor Raúl), político peruano (Trujillo 1895-Lima 1979), fundador de la Alianza popular revolucionaria americana (A.P.R.A.) en 1924. Elegido presidente en 1962, un golpe militar le impidió gobernar, y en 1963 fue vencido por Belaúnde Terry.

HAYDN (Joseph), compositor austríaco (Rohrau an der Leitha, Baja Austria, 1732-Viena 1809). Contribuyó a fijar la estructura clásica de la sinfonía y del cuarteto. También compuso dos oratorios (*La creación*, 1798; *Las estaciones*, 1801).

HAYEDO o **HAYAL** n. m. Bosque cuyos árboles más frecuentes son las hayas.

HAYO n. m. *Colomb.* y *Venez.* Coca, arbusto. **2.** *Colomb.* y *Venez.* Coca, hoja de este arbusto. **3.** *Colomb.* y *Venez.* Mezcla de hojas de coca y sales calizas o de sosa y a veces ceniza, que mascan los indios de Colombia.

HAYUCO n. m. Fruto del haya.

HAZ n. f. (lat. *faciem*). Cara o rostro. **2.** Cara anterior de la tela y de otras cosas, opuesta al envés. **3.** BOT. Parte superior de una hoja.

HAZ n. m. (lat. *fascem*). Porción de cosas atadas: *haz de leña*. **2.** Flujo de partículas elementales producidas por un acelerador, seleccionadas y después concentradas en un blanco o un detector. **3.** ANAT. Conjunto de varias fibras, musculares o nerviosas, agrupadas en un mismo trayecto. **4.** BOT. Hacecillo. **5.** MAT. Conjunto de rectas, de curvas o de superficies que dependen de un parámetro.

HAZA n. f. (lat. *fasciam*, faja, venda). Porción de tierra de labrantía o de sembradura.

HAZAÑA n. f. Acción o hecho ilustre o heroico.

HAZM (Abū Muḥammad 'Alī **ibn**), llamado también **Abenhazan,** polígrafo hispanomusulmán (Córdoba 993-Casa Montija, Huelva, 1064). Autor de *El collar de la paloma*, tratado sobre el amor, y de una *Historia crítica de las religiones, sectas y escuelas*, más conocida por el título de *Fisal*.

HAZMERREÍR n. m. Persona ridícula que sirve de diversión a los demás.

HE adv. Junto con los adv. *aquí, allí, ahí,* o unido a pronombres personales átonos, sirve para señalar o mostrar una persona o cosa: *he aquí los papeles*. ♦ interj. **2.** Se usa para llamar a una persona.

He, símbolo químico del *helio*.

HEANEY (Seamus), poeta irlandés (Castle Dawson, Londonderry, 1939). Su obra, de un lirismo atormentado, preserva los rasgos de la identidad nacional e individual. (Premio Nobel de literatura 1995.)

HEBDOMADARIO, A adj. Semanal.

HEBILLA n. f. Pieza de metal u otra materia, con uno o más clavillos articulados en un pasador, los cuales sujetan una correa, cinta, etc.

HEBRA n. f. (lat. *fibram*). Denominación aplicada específicamente a diversas fibras animales y vegetales. **2.** Porción de hilo que se pone en la aguja para coser. **3.** *Fig.* Curso de lo que se va diciendo: *perder la hebra*. **4.** Estigma de la flor de azafrán. **5.** Tabaco cortado en forma de largos filamentos o briznas de aspecto ensortijado. ♦ adj. *Poét.* Cabello.

HEBRAICO, A adj. Hebreo, relativo a los hebreos.

HEBRAÍSMO n. m. Profesión de la ley antigua de Moisés. **2.** Forma sintáctica o morfológica propia de la lengua hebraica.

HEBRAIZANTE n. m. y f. Judaizante.

HEBREO, A adj. y n. Relativo a un pueblo semítico del antiguo oriente cuya historia narra la Biblia; individuo de este pueblo **2.** Relativo a quienes profesan la ley de Moisés; individuo que profesa. ♦ n. m. **3.** Lengua semítica hablada antiguamente por los hebreos, y en la actualidad lengua oficial de Israel.

HEBREO (Yĕhūdā **Abrabanel,** llamado **León**), filósofo y médico judío (Lisboa c. 1465-en Italia d. 1521). Compuso poemas en lengua hebrea, y en italiano los *Diálogos de amor*, publicada póstumamente, en 1535.

HÉBRIDAS (islas), archipiélago británico al O de Escocia; 2898 km²; 32 000 hab. Sus principales islas son *Lewis* y *Skye*.

HÉBRIDAS (Nuevas) → **Vanuatu.**

HEBRÓN, act. **al-aIl,** c. de Palestina, en Cisjordania, al S de Jerusalén; 43 000 hab.

HECATOMBE n. f. (gr. *hekatombe*). En la antigüedad grecorromana, sacrificio de cien bueyes que se hacía a los dioses. **2.** Desastre con muchas víctimas.

HECHICERÍA n. f. Operaciones mágicas del hechicero. **2.** ANTROP. Capacidad de curar o de hacer daño por medio de procedimientos y rituales mágicos.

HECHICERO, A n. y adj. ANTROP. Persona que practica la hechicería. ♦ adj. **2.** *Fig.* Que atrae o cautiva la voluntad: *hermosura hechicera.*

HECHIZAR v. tr. **[1g]**. Ejercer un maleficio sobre alguien con hechicería. **2.** *Fig.* Despertar admiración.

HECHIZO, A adj. (lat. *facticium*). Artificioso o fingido. **2.** *Méx.* Dícese del aparato o instrumento que fue hecho de forma rudimentaria. ♦ n. m. **3.** Hechicería. **4.** Acción y efecto de hechizar. **5.** *Fig.* Atractivo natural intenso de una persona.

HECHO, A adj. *p. p. irreg.* de *hacer*. **2.** *Fig.* Acabado: *demostrar algo con hechos*. **3.** Hazaña: *los grandes hechos de la historia*. (Suele usarse en plural.) **3.** Acontecimiento, suceso: *conocer los hechos*. **4.** Lo que existe en la real dad: *observar los hechos*. ♦ **De hecho,** insiste en que lo que se trata es como se expresa, no de otro modo: *de hecho, no estaba mal*. || **Hecho consumado,** acción llevada a cabo adelantándose a la reacciones o presiones que pudieran impedirla. || **Hecho y derecho,** expresa que una persona es cabal, o que se ha ejecutado una cosa cumplidamente: *un hombre hecho y derecho*.

HECHOR, RA n. *Chile* y *Ecuad.* Malhechor. ♦ n. m. **2.** *Amer. Merid.* Garañón, asno.

HECHURA n. f. Acción y efecto de hacer. **2.** Confección: *las hechuras de un vestido*. (Suele usarse en plural.) **3.** Forma exterior o figura que se da a las cosas. **4.** *Fig.* Cariz, aspecto. **5.** Configuración del cuerpo.

HECTÁREA n. f. Unidad de medida de superficie, de símbolo ha, que equivale a 10⁴ metros cuadrados.

HECTO- (gr. *hekaton*, cien), prefijo que, situado antes del nombre de una unidad, la multiplica por 10².

HECTOGRAMO n. m. Masa de cien gramos, de símbolo hg.

HECTOLITRO n. m. Volumen de cien litros, de símbolo hl.

HECTÓMETRO n. m. Longitud de cien metros, de símbolo hm.

HEDER v. intr. (lat. *foetere*) **[1j]**. Despedir mal olor.

HEDIONDEZ n. f. Cualidad de hediondo. **2.** Cosa hedionda.

HEDIONDO, A adj. Que despide hedor. **2.** *Fig.* Repugnante: *aspecto hediondo*. **3.** *Fig.* Sucio, obsceno: *palabras hediondas*. ♦ n. m. **4.** Planta arbustiva de flores amarillas y frutos negros, que crece en la península Ibérica. (Familia papilionáceas.)

HEDONISMO n. m. Doctrina que hace del placer un principio o el objetivo de la vida.

HEDONISTA adj. y n. m. y f. Relativo al hedonismo; partidario de esta doctrina.

HEDOR n. m. Olor desagradable, que generalmente proviene de sustancias orgánicas en descomposición.

HEFESTO o **HEFAISTOS,** dios griego del fuego y de las artes de la forja. Es el *Vulcano de los romanos*.

HEGEL (Georg Wilhelm Friedrich), filósofo alemán (Stuttgart 1770-Berlín 1831). Su filosofía engloba al ser y al pensamiento en un principio único, el concepto; Hegel describió el desarrollo de este principio

HEG

por medio de la dialéctica. Es autor de *Fenomenología del espíritu* (1807), *Ciencia de la lógica* (1812-1816), *Principios de la filosofía del derecho* (1821), etc.

HEGELIANISMO n. m. Doctrina filosófica de Hegel y sus discípulos.

HEGEMONÍA n. f. (gr. *hēgemonía*). Supremacía de un estado o de una clase social sobre otras. **2.** Superioridad en cualquier línea.

HEGEMÓNICO, A adj. Relativo a la hegemonía.

HÉGIRA o **HÉJIRA** n. f. (ár. *hiyra*, emigración, expatriación). Emigración de Mahoma de La Meca a Medina, que tuvo lugar en 622, y se toma como punto de partida de la cronología musulmana.

HEIDEGGER (Martin), filósofo alemán (Messkirch, Baden, 1889-*íd.* 1976). Según Heidegger, únicamente los filósofos presocráticos sabían lo que era el Ser: *Ser y tiempo*, (1927); *Introducción a la metafísica*, (1952).

HEIDELBERG, c. de Alemania (Baden-Württemberg), a orillas del Neckar; 134 496 hab. Universidad. Turismo. Castillo de los ss. XIV-XVII. Museo.

HEINE (Heinrich), escritor alemán (Düsseldorf 1797-París 1856). Autor de poemas en los que la inspiración romántica adopta un tono político o irónico (*Romancero*, 1851) y de relatos de viajes (*Cuadros de viaje*, 1826-1831).

HEISENBERG (Werner Karl), físico alemán (Wurzburgo 1901-Munich 1976). Uno de los fundadores de la teoría cuántica. Formuló las desigualdades que llevan su nombre, que estipulan que es imposible medir simultáneamente la posición y la velocidad de una partícula cuántica. (Premio Nobel de física 1932.)

HELADA n. f. Descenso de la temperatura por debajo de cero grados, que provoca, cuando es persistente, la congelación del agua.

HÉLADE, en gr. *Hellas*, denominación antigua de la región central de Grecia, por oposición al Peloponeso. — Posteriormente, Grecia en su totalidad.

HELADERA n. f. Nevera, frigorífico.

HELADERÍA n. f. Establecimiento donde se sirven o venden helados.

HELADERO, A n. Vendedor de helados. ♦ n. m. **2.** *Fig.* Lugar donde hace mucho frío.

HELADO, A adj. Muy frío. **2.** *Fig.* Suspenso, atónito, pasmado: *quedarse helado*. **3.** *Fig.* Esquivo, desdeñoso: *maneras heladas*. ♦ n. m. **4.** Golosina o postre compuesto de leche o nata, azúcar, huevos y otros ingredientes, que una vez mezclados se someten a un proceso de congelación.

HELAJE n. m. *Colomb.* Frío intenso.

HELAR v. tr., intr. y pron. [**1j**]. Congelar, convertir en hielo por la acción del frío. ♦ v. tr. **2.** *Fig.* Dejar suspenso y pasmado. **3.** Desalentar, acobardar. ♦ v. tr. y pron. **4.** Solidificarse lo que se había licuado por faltarle el calor necesario para mantenerse en estado líquido. ♦ **helarse** v. pron. **5.** Ponerse una persona o cosa sumamente fría y yerta. **6.** Marchitarse o secarse las plantas a causa del frío.

HELECHO n. m. (lat. *filictum*, matorral de helechos). Planta sin flores, de hojas con frecuencia muy divididas, que vive en los bosques y en los lugares húmedos.

HELÉNICO, A adj. (gr. *hellēnikos*). Griego, perteneciente a Grecia.

HELENISMO n. m. Civilización griega; civilización desarrollada fuera de Grecia bajo la influencia de la cultura griega. **2.** LING. Expresión particular de la lengua griega.

HELENISTA n. m. y f. Estudioso de la lengua y la cultura griegas.

HELENÍSTICO, A adj. Dícese del período de la civilización griega que comprende desde la conquista de Alejandro a la conquista romana.

HELENIZAR v. tr. [**1g**]. Introducir las costumbres, cultura y arte griegos. ♦ **helenizarse** v. pron. **2.** Adoptar las costumbres o la cultura griegas.

HELENO, A adj. y n. Griego, perteneciente a Grecia.

HÉLICE n. f. (lat. *helicem*). Órgano de propulsión, tracción o sustentación, constituido por aspas o palas dispuestas regularmente alrededor de un buje accionado por un motor. **2.** ANAT. Hélix. **3.** GEOMETR. Curva que corta, bajo un ángulo constante, las generatrices de un cilindro de revolución.

HELICOIDAL adj. En forma de hélice: *engranaje helicoidal*.

HELICOIDE n. m. MAT. Superficie (o volumen) originado por una curva (o una superficie) que tiene un movimiento helicoidal.

HELICÓPTERO n. m. Giroavión cuyo motor o rotores aseguran a la vez la sustentación y la traslación durante el vuelo.

HELIO n. m. Cuerpo simple gaseoso, de número atómico 2, de masa atómica 4,0026; densidad 0,318, y símbolo He, descubierto en la atmósfera solar y que existe en una cantidad muy pequeña en el aire.

HELIOGRABADO n. m. Procedimiento para obtener, mediante la acción de la luz solar, grabados en relieve. **2.** Estampa así obtenida.

HELIÓN n. m. Núcleo del átomo del helio, llamado también *partícula alfa*.

HELIÓPOLIS, c. del Egipto antiguo, en el extremo S del delta del Nilo. Obelisco de Sesostris I.

HELIOSFERA n. f. Capa situada en el límite superior de la atmósfera terrestre.

HELIOTROPISMO n. m. Fenómeno que ofrecen las plantas al dirigir sus hojas, tallos o flores hacia el Sol.

HELIOTROPO n. m. Planta herbácea o subarbustiva de flores blancas y violetas. (Familia borragináceas.) **2.** Flor de esta planta.

HELIPUERTO n. m. Aeropuerto para helicópteros.

HÉLIX n. m. (lat. *helix*). ANAT. Pliegue que forma el pabellón de la oreja. SIN.: *hélice*.

HELMHOLTZ (Hermann Ludwig Ferdinand **von**), físico y fisiólogo alemán (Potsdam 1821-Charlottenburg 1894). Introdujo la noción de energía potencial y enunció el principio de conservación de la energía. También midió la velocidad del impulso nervioso (1850).

HELMÍNTICO, A adj. Relativo a los helmintos.

HELMINTO n. m. ZOOL. Gusano.

HELSINGØR = *Elsinor*.

HELSINKI, en sueco **Helsingfors**, c. y cap. de Finlandia, junto al golfo de Finlandia; 484 000 hab. (932 000 hab. en la aglomeración). Urbanismo moderno. Museos. Principal puerto y centro industrial del país.

HELVECIA, parte oriental de la Galia, habitada por los *helvecios*, que comprendía el territorio ocupado actualmente por Suiza.

HELVÉTICA (*Confederación*) → *Suiza*.

HELVÉTICO, A adj. Relativo a Suiza.

HEMÁTICO, A adj. Relativo a la sangre. SIN.: *emal*.

HEMATÍE n. m. Glóbulo rojo de la sangre, coloreado por la hemoglobina. SIN.: *eritrocito*.

HEMATITES n. f. (gr. *haimatitēs*, sanguíneo). MINER. Óxido férrico natural Fe_2O_3 del que existen dos variedades la hematites roja, u oligisto, y la hematites parda, o limonita.

HEMATOLOGÍA n. f. Ciencia que estudia la estructura histológica, la composición química y las propiedades físicas de la sangre.

HEMATÓLOGO, A n. Especialista en hematología.

HEMATOMA n. m. Extravasación de sangre en una cavidad natural o bajo la piel, consecutiva a una ruptura de los vasos.

HEMATOSIS n. f. Transformación de la sangre venosa en sangre arterial, que tiene lugar en el aparato respiratorio por pérdida de gas carbónico y enriquecimiento en oxígeno.

HEMATOZOARIO o **HEMATOZOO** n. m. Protozoo parásito de los glóbulos rojos de la sangre.

HEMBRA n. f. (lat. *feminam*). En los seres vivos que tienen los órganos de reproducción masculinos o femeninos en distinto individuo, el que tiene los femeninos. **2.** Mujer. **3.** TECNOL. Pieza que tiene un hueco o agujero en el que se introduce y encaja otra llamada *macho*.

HEMBRAJE n. m. *Amér. Merid.* Conjunto de las hembras de un ganado. **2.** *Argent. y Urug. Desp.* En zonas rurales, conjunto o grupo de mujeres.

HEMBRILLA n. f. Pieza pequeña de cualquier utensilio, en la que se introduce otra. **2.** Armella, anillo.

HEMEROTECA n. f. Biblioteca en que se guardan periódicos y revistas.

HEMICICLO n. m. Semicírculo. **2.** Espacio central de la sala de un parlamento, teatro, etc., rodeado de asientos formando semicírculo.

HEMINGWAY (Ernest), escritor norteamericano (Oak Park, Illinois, 1899-Ketchum, Idaho, 1961). Pasó del desencanto de la *generación perdida* a una glorificación de la fuerza moral del hombre (*Fiesta*, 1926; *Adiós a las armas*, 1929; *Por quién doblan las campanas*, 1940; *El viejo y el mar*, 1952). [Premio Nobel de literatura 1954.]

HEMIPLEJÍA o **HEMIPLEJIA** n. f. Parálisis de la mitad del cuerpo.

HEMIPLÉJICO, A adj. y n. Relativo a la hemiplejía; afecto de hemiplejía.

HEMIPTEROIDEO, A adj. y n. Relativo a un superorden de insectos como el chinche, con piezas bucales aptas para picar y succionar.

HEMISFÉRICO, A adj. Que tiene la forma de media esfera. SIN.: *semiesférico*.

HEMISFERIO n. m. (gr. *hemisphairíon*). Cada una de las dos partes del globo terrestre o de la esfera celeste. **2.** ANAT. Cada una de las dos mitades del cerebro. **3.** MAT. Cada una de las dos mitades iguales de una esfera, en que la divide un plano que pasa por su centro.

HEMISTIQUIO n. m. Cada una de las dos partes de un verso cortado por la cesura.

HEMODIÁLISIS n. f. Método de depuración sanguínea extrarrenal que se practica en casos de insuficiencia renal grave.

HEMOFILIA n. f. Enfermedad hemorrágica hereditaria debida a una deficiencia del proceso normal de la coagulación de la sangre.

HEMOGLOBINA n. f. Pigmento de los glóbulos rojos de la sangre.

HEMORRAGIA n. f. (gr. *haimorrhagía*). Salida de sangre fuera de los vasos sanguíneos.

HEMORRÁGICO, A adj. Relativo a la hemorragia.

HEMORROIDE n. f. (gr. *haimorrhoís, ídos*). Variz de las venas del ano. (Suele usarse en plural.) SIN.: *almorrana*.

HEMOSTASIA o **HEMOSTASIS** n. f. Detención de una hemorragia.

HENCH (Philip Showalter), médico norteamericano (Pittsburgh 1896-Ocho Ríos, Jamaica, 1965). Premio Nobel de fisiología y medicina en 1950 por sus trabajos sobre el uso terapéutico de la cortisona.

HENCHIR v. tr. (lat. *implere*) [**30**]. Llenar plenamente, especialmente algo que se va abultando a medida que se llena: *henchir los pulmones de aire*. ♦ **henchirse** v. pron. **2.** *Fam.* Llenarse, hartarse de comida o bebida.

HENDER v. tr. y pron. [**2d**]. Hacer o causar una hendidura. ♦ v. tr. **2.** Atravesar un

fluido o cortar su superficie algo que se mueve avanzando: *la nave hendía las aguas.*
HENDIDURA o **HENDEDURA** n. f. Abertura, corte en un cuerpo sólido. **2.** ANAT. Nombre de diversas estructuras anatómicas.
HENDIJA n. f. *Amér.* Rendija.
HENDIMIENTO n. m. Acción y efecto de hender o hendir.
HENDIR v. tr. [3e]. Hender.
HENEQUÉN n. m. Planta amarilidácea, de la que se obtiene una fibra textil con la que se fabrican cuerdas, esteras, etc. (La casi totalidad de la producción mundial está cubierta por México). **2.** Esta fibra textil.
HENEQUERO, A adj. Méx. Relativo al henequén. ♦ n. **2.** *Méx.* Persona que se dedica a sembrar, cosechar, comerciar o industrializar el henequén.
HENESTROSA (Andrés), escritor y lingüista mexicano (Ixhuatán, Oaxaca, 1908). Autor de ensayos como *De Ixhuatán, mi tierra, a Jerusalén, tierra del Señor* (1975), y de relatos (*Los hombres que dispersó la danza,* 1929; *Los cuatro abuelos,* 1961).
HENIL o **HENAL** n. m. Lugar donde se guarda el heno o forraje.
HENO n. m. (lat. *fenum*). Hierba segada y seca que sirve de alimento al ganado. **2.** Hierba de las praderas destinada a ser cortada y secada. **3.** *Méx.* Planta herbácea de hojas filamentosas de color verde pardusco, que se emplea en la época navideña para hacer adornos.
HENRIO n. m. Unidad de medida de la inductancia eléctrica (símbolo H).
HENRÍQUEZ (Camilo), patriota chileno (Valdivia 1769-Santiago 1825). Luchador por la emancipación, con el seudónimo de *Quirino Lemáchez* redactó la proclama revolucionaria e independentista de 1811. Fundó el diario *La aurora de Chile.*
HENRÍQUEZ UREÑA (Pedro), lingüista y escritor dominicano (Santo Domingo 1884-La Plata, Argentina, 1946). Entre sus ensayos destacan: *Ensayos críticos* (1905), *Las corrientes literarias en la América hispánica* (1949). — Su hermano **Max** (Santo Domingo 1848-*id.* 1968) fue poeta y crítico del modernismo.
HEPÁTICA n. f. Planta que vive generalmente en regiones cálidas y húmedas, sobre la tierra, las rocas o adherida a los árboles.
HEPÁTICO, A adj. y n. (gr. *hêpar, atos,* hígado). Afecto del hígado. ♦ adj. **2.** Relativo al hígado: *arteria, canal hepático.*
HEPATITIS n. f. Toda enfermedad inflamatoria del hígado, independientemente de su causa.
HEPTAEDRO n. m. (gr. *hepta,* siete, y *hedra,* asiento, base). Sólido limitado por siete caras.
HEPTAGONAL adj. Relativo al heptágono.
HEPTÁGONO, A adj. Que tiene siete ángulos. ♦ n. m. **2.** MAT. Polígono de siete ángulos y por consiguiente de siete lados: *heptágono regular.*
HEPTASÍLABO, A adj. y n. m. Que consta de siete sílabas: *verso heptasílabo.*
HEPTATLÓN o **HEPTATHLON** n. m. Conjunto de siete pruebas de atletismo, en su categoría femenina.
HERA, diosa griega del matrimonio, esposa de Zeus, identificada por los latinos con *Juno.*
HERACLES, famoso héroe griego, personificación de la fuerza, hijo de Zeus y de Alcmena, identificado con el *Hércules* latino. Para expiar el asesinato de su esposa Mégara y de sus hijos tuvo que realizar los doce trabajos impuestos por el rey de Tirinto, Euristeo *(trabajos de Hércules).*
HERÁCLITO, filósofo griego (Éfeso *c.* 550-*c.* 480 a. J.C.). Su filosofía parte del concepto de movimiento, que surge, según él, de la contradicción entre dos estados de la materia.

HERAKLIÓN o **IRÁKLION,** ant. **Candía,** c. y puerto de Grecia, principal ciudad de Creta; 117 167 hab.
HERÁLDICA n. f. Blasón. **2.** Código de reglas que permite representar y describir correctamente los escudos de armas.
HERÁLDICO, A adj. Relativo al blasón, a los escudos de armas y a la heráldica.
HERALDO n. m. Oficial público cuya función consistía en notificar las declaraciones de guerra, llevar mensajes y dirigir las ceremonias.
HERAS (Las), dep. de Argentina (Mendoza), que forma parte del Gran Mendoza; 156 543 hab.
HERBÁCEO, A adj. (lat. *herbaceum*). BOT. Que tiene el aspecto o la naturaleza de la hierba. • **Plantas herbáceas,** plantas endebles, no leñosas, cuyas partes aéreas mueren después de fructificar.
HERBAJE n. m. Conjunto de hierbas que se crían en prados y dehesas.
HERBARIO, A adj. Relativo a las hierbas. ♦ n. m. **2.** Colección de plantas, desecadas, rotuladas y denominadas, que se utiliza en los estudios de botánica. **3.** ZOOL. Panza de los rumiantes.
HERBICIDA adj. y n. m. Dícese del producto químico que destruye las malas hierbas.
HERBÍVORO, A adj. y n. m. Que se alimenta de hierbas o de sustancias vegetales.
HERBOLARIO, A n. Persona que recoge o vende hierbas y plantas medicinales. ♦ n. m. **2.** Tienda donde se venden plantas medicinales. **3.** Herbario, colección de plantas.
HERBORISTERÍA n. f. Herbolario, tienda.
HERCIANO, A adj. Hertziano.
HERCIO n. m. Hertzio.
HERCULANO, ant. c. de Italia (Campania), sepultada bajo las cenizas del Vesubio en 79. Fue descubierta en 1709.
HERCÚLEO, A adj. Digno de Hércules, colosal.
HÉRCULES n. m. (de *Hércules*), semidiós romano). Hombre fuerte y robusto.
HÉRCULES, héroe romano identificado con el *Heracles* griego.
HEREDAD n. f. Porción de terreno cultivado, perteneciente a un mismo dueño.
HEREDAR v. tr. (bajo lat. *hereditare*) [1]. Suceder, por testamento o sin él, en todo o en parte de los bienes, derechos y acciones que tenía una persona al tiempo de su muerte. **2.** *Fig.* Recibir ciertas inclinaciones o características. **3.** *Fig.* y *fam.* Recibir de una persona algo que ésta había usado.
HEREDERO, A adj. y n. (lat. *hereditarium*). Que hereda o puede heredar de acuerdo con la ley o por un testamento. **2.** Dícese de toda persona que hereda los bienes de un difunto. ♦ adj. **3.** Que tiene ciertos caracteres de sus padres o muestra notable semejanza con ellos.
HEREDIA *(provincia de),* prov. del NE de Costa Rica; 2656 km²; 238 400 hab. Cap. *Heredia.*
HEREDIA, c. de Costa Rica, cap. de la prov. homónima; 25 812 hab. Universidad. Aeropuerto. Iglesia del s. XVI. El Fortín.
HEREDIA (José María), poeta cubano (Santiago 1803-México 1839), que fue precursor del romanticismo en su país: *En el Teocalli de Cholula* (1820); *Oda al Niágara* (1824); *Himno del desterrado* (1825).
HEREDIA (José María de), poeta francés de origen cubano (La Fortuna, Cuba, 1842-castillo de Bourdonné, cerca de Houdan, 1905). Su poesía, de raíces parnasianas, fue recopilada en *Los trofeos* (1893). En castellano publicó el cuento *La Monja Alférez* (1894).
HEREDIA Y MOTA (Nicolás), escritor cubano (Bani, Santo Domingo, 1855-de viaje a Saratoga, E.U.A. 1901). Ensayista, novelista y autor de las *Crónicas de la guerra de Cuba* (1895).

HEREDITARIO, A adj. Adquirido o transmisible por herencia: *título hereditario.*
HEREJE n. m. y f. (provenz. *eretge*). Persona que incurre en herejía. **2.** *Fig.* Persona que dice o hace irreverencias o blasfemias.
HEREJÍA n. f. Opinión religiosa que la Iglesia considera contraria a la fe católica, y por lo cual la condena. **2.** Posición contraria a principios comúnmente aceptados en determinada materia. **3.** Ofensa, insulto. **4.** *Fig.* Daño causado a personas o animales. **5.** *Fig.* Disparate, acción desacertada.
HERENCIA n. f. (lat. *haerentia*). Acción de heredar. **2.** Bienes que se heredan. **3.** Lo que se recibe de los padres, a través de generaciones precedentes: *la herencia cultural.* **4.** Transmisión de caracteres genéticos de una generación a las siguientes.
HERESIARCA n. m. y f. Autor o promotor de una herejía.
HERÉTICO, A adj. Relativo a la herejía o al hereje.
HERIDA n. f. Pérdida de la solución de continuidad de las partes blandas del cuerpo. **2.** *Fig.* Ofensa, agravio, pena.
HERIDO, A adj. y n. Que ha sufrido heridas.
HERIR v. tr. (lat. *ferire*) [22]. Abrir o romper de un modo violento los tejidos del cuerpo de un ser vivo. **2.** Golpear, batir un cuerpo contra otro: *herir el suelo con el pie.* **3.** Dar un rayo de luz sobre algo: *los rayos hieren las aguas.* **4.** Hacer sonar las cuerdas de un instrumento musical. **5.** Impresionar violentamente la vista o el oído: *el sol hería sus ojos.* **6.** *Fig.* Ofender, agraviar: *herir la sensibilidad.*
HERMAFRODITA adj. y n. m. y f. (de *Hermafrodita,* personaje mitológico). Dícese del ser vivo en el que están reunidos los órganos reproductores de los dos sexos. **2.** Dícese del individuo de la especie humana cuyas anomalías anatómicas dan la apariencia de reunir los dos sexos.
HERMAFRODITA, personaje de la mitología griega, de naturaleza masculina y femenina a la vez, hijo de Hermes y Afrodita.
HERMAFRODITISMO n. m. Yuxtaposición, en un mismo individuo, de los órganos reproductores de los dos sexos. SIN.: hermafrodismo. **2.** Presencia de caracteres somáticos de ambos sexos en un mismo individuo.
HERMANAMIENTO n. m. Acción y efecto de hermanar.
HERMANAR v. tr. y pron. [1]. Unir, armonizar, juntar.
HERMANASTRO, A n. Hijo de uno de los dos consortes con respecto al hijo del otro. **2.** Medio hermano.
HERMANDAD n. f. Fraternidad. **2.** Cierto tipo de asociación de personas, unidas por trabajo, ideas, etc.: *la hermandad de ganaderos.* **3.** *Fig.* Conformidad de pareceres y propósitos. **4.** *Fig.* Correspondencia de varias cosas entre sí. **5.** REL. Cofradía, congregación de devotos.
HERMANO, A n. (lat. *germanum*). El que con respecto a otro tiene los mismos padres. **2.** Título dado a los miembros de determinadas órdenes religiosas. **3.** Miembro de congregaciones religiosas laicas. **4.** Nombre que se dan entre sí los miembros de determinadas cofradías o asociaciones como los masones. **5.** Una cosa respecto a otra a la que es semejante: *estos guantes no son hermanos.* **6.** *Argent. Fam.* Fórmula de tratamiento con la que se manifiesta confianza y amistad.
HERMENEUTA n. m. y f. Persona que profesa la hermenéutica.
HERMENÉUTICA n. f. Ciencia que define los principios y métodos de la crítica y la interpretación de los textos antiguos.
HERMES, dios griego, identificado por los romanos con *Mercurio.*

HERMES TRIMEGISTO (tres veces grande), nombre griego del dios egipcio Tot, identificado con Hermes.

HERMÉTICO, A adj. Dícese de algo perfectamente cerrado. **2.** Difícil de comprender, impenetrable: *un discurso hermético*.

HERMETISMO n. m. Carácter de hermético.

HERMOSEAR v. tr. y pron. [1]. Hacer o poner hermoso.

HERMOSILLO, c. de México, cap. del estado de Sonora; 448 966 hab. Centro de zona minera. Industrias. Universidad. Aeropuerto.

HERMOSO, A adj. (lat. *formosum*). Que tiene hermosura: *persona hermosa*. **2.** Grande, abundante, lozano: *una hermosa cosecha*. **3.** Dícese del tiempo agradable: *día hermoso*.

HERMOSURA n. f. Belleza.

HERNANDARIAS, c. de Paraguay (Alto Paraná); 25 909 hab. Centro agropecuario y maderero.

HERNANDARIAS SAAVEDRA (Hernando Arias de Saavedra, llamado), conquistador español (Asunción, Paraguay, 1564-Santa Fe 1634). Fundó Corrientes (1588). Gobernador del Río de la Plata (1598-1609; 1614-1618), destacó por su labor de defensa de los indios.

HERNÁNDEZ (Efrén), escritor mexicano (León, Guanajuato, 1904-Tacubaya 1958). Su narrativa combina misterio y humorismo (*La paloma, el sótano y la torre*, 1949). Cultivó asimismo una poesía de raigambre clásica, el teatro y el ensayo.

HERNÁNDEZ (Felisberto), escritor uruguayo (Montevideo 1902-*id*. 1964). Su obra es el resultado de una extraña y fascinante mezcla de realidad y de sueño, de observación irónica y de fantasía poética. Destacan sus novelas (*El caballo perdido*, 1943) y los relatos reunidos en *Nadie encendía las lámparas* (1947).

HERNÁNDEZ (José Manuel), llamado **el Mocho**, militar venezolano (1844-1921). Se sublevó contra el gobierno en 1898 y 1899, pero fue vencido y encarcelado.

HERNÁNDEZ (José), poeta argentino (Perdriel, San Martín, 1834-Buenos Aires 1886), máximo exponente de la literatura gauchesca. Partidario de Urquiza, luchó en las batallas de Cepeda y Pavón. En sus artículos defendió al gaucho, oponiéndose a su reclutamiento en el ejército que luchaba contra los indios. De esta reivindicación surgió su gran poema *Martín Fierro*, en sus dos partes (1872 y 1879), obra maestra del género gauchesco, que convirtió a su autor en el gran poeta nacional.

HERNÁNDEZ (Miguel), poeta español (Orihuela 1910-Alicante 1942). Vinculado a la generación del 27, publicó *Perito en lunas* (1933) y *El rayo que no cesa* (1936). Republicano, durante la guerra la poesía se convirtió en un arma de combate: *Viento del pueblo* (1937) y *El hombre acecha* (1939). En la cárcel donde moriría escribió *Cancionero y romancero de ausencias* (1938-1941) y *Nanas de la cebolla*.

HERNÁNDEZ COLÓN (Rafael), político puertorriqueño (Ponce 1936). Gobernador de la isla en 1972-1976 y de 1984 a 1992, durante su mandato instituyó el español como única lengua oficial (1991).

HERNÁNDEZ DE CÓRDOBA (Francisco), conquistador español († Nueva León, Nicaragua, 1526). Inició la exploración de Nicaragua (1523), donde fundó Granada y León, y descubrió el río San Juan (1524).

HERNÁNDEZ DE CÓRDOBA (Francisco), descubridor español († Sancti Spíritus 1517). Exploró el golfo de México (de Yucatán a Florida) y entró en contacto con la cultura maya. Murió al regreso.

HERNÁNDEZ MARTÍNEZ (Maximiliano), militar y político salvadoreño (San Salvador 1882-Jamastran, Honduras, 1966). Accedió a la presidencia tras un golpe de estado (1931), y fue depuesto por una sublevación (1944).

HERNIA n. f. (lat. *herniam*). Salida de un órgano o de una parte de él fuera de la cavidad donde se encuentra normalmente, a través de un orificio natural o accidental de la pared de esta cavidad: *hernias inguinales, umbilicales, discales, etc*.

HERNIARSE v. pron. [1]. Sufrir una hernia.

HERODES I el Grande (Ascalón 73 a. J.C.-Jericó 4 a. J.C.), rey de los judíos [37-4 a. J.C.]. Los Evangelios le atribuyen la degollación de los Inocentes. — **Herodes Antipas** (c. 22 a. J.C-d. 39 d. J.C.), tetrarca de Galilea y de Perea [4 a. J.C. - 39 d. J.C.]. Fundó Tiberíades y mandó decapitar a Juan Bautista. — **Herodes Agripa I** (10 a. J.C. - 44 d. J.C.), rey de los judíos [41-44], nieto de Herodes el Grande e hijo de Berenice. — **Herodes Agripa II** (c. 27-Roma c. 93 o 100), rey de los judíos [50-c. 93 o 100]. A su muerte su reino fue integrado en la provincia de Siria.

HERODÍAS o **HERODÍADES**, princesa judía (7 a. J.C-39 d. J.C.), nieta de Herodes el Grande, esposa de Herodes Antipas, según los Evangelios la instigadora de la muerte de san Juan Bautista.

HERÓDOTO o **HERODOTO**, historiador griego (Halicarnaso c. 484-Turios c. 420 a. J.C.). Sus *Historias* ponen de manifiesto la oposición entre el mundo bárbaro y la civilización griega.

HÉROE n. m. (lat. *heroem*). Nombre dado por los griegos a los semidioses o a los grandes hombres divinizados. **2.** El que se distingue por sus cualidades o acciones extraordinarias, particularmente en la guerra. **3.** Principal actor de una aventura o un acontecimiento. **4.** Personaje masculino principal de un poema, una novela, una película, etc.

HEROICIDAD n. f. Calidad de heroico. **2.** Acción heroica: *admirar las heroicidades*.

HEROICO, A adj. Que se comporta como un héroe, digno de un héroe. **2.** Que se toma en un caso grave o extremo: *decisión heroica*. **3.** Que canta las hazañas de los héroes: *romance heroico*.

HEROÍNA n. f. Mujer de gran valor, dotada de sentimientos nobles y elevados. **2.** Principal actriz de una aventura o un acontecimiento. **3.** Mujer que representa el personaje principal de una obra literaria o cinematográfica.

HEROÍNA n. f. Estupefaciente derivado de la morfina y más tóxico que ésta.

HEROINÓMANO, A n. Toxicómano adicto a la heroína.

HEROÍSMO n. m. Valor para realizar hechos extraordinarios por altruismo o al servicio de una causa. **2.** Conjunto de cualidades y acciones propias del héroe.

HERPES o **HERPE** n. m. Erupción cutánea, de origen viral, formada por vesículas agrupadas sobre una base inflamada.

HERPETOLOGÍA n. f. (gr. *herpetos*, que repta, y elem. *logía*). Parte de las ciencias naturales que trata de los reptiles.

HERRADO n. m. Operación de herrar a los cuadrúpedos.

HERRADURA n. f. Hierro en forma de U, que se clava en los cascos de las caballerías para que no se maltraten con el uso. • **Arco de herradura** (ARQ.), arco mayor que una semicircunferencia y cuya flecha es también, por tanto, mayor que la semiluz.

HERRAJE n. m. Conjunto de piezas de hierro con que se guarnece y asegura una puerta, ventana, etc., o que sirve para forrar y consolidar un objeto.

HERRAMIENTA n. f. Cualquiera de los instrumentos de trabajo manual que usan los obreros, artesanos o artífices. **2.** Conjunto de estos instrumentos.

HERRÁN (Pedro Alcántara), militar y político colombiano (Bogotá 1800-*id*. 1872), presidente de la república de Nueva Granada (1841-1845).

HERRÁN (Saturnino), pintor mexicano (Aguascalientes 1887-† 1918). Buscó su inspiración en temas del México precolombino y en la vida y costumbres populares.

HERRAR v. tr. [1j]. Ajustar y clavar las herraduras a las caballerías, o los callos a los bueyes. **2.** Marcar con un hierro candente los ganados, esclavos, etc. **3.** Guarnecer de hierro un artefacto.

HERRERA (*provincia de*), prov. de Panamá, en la costa O del golfo de Panamá; 2427 km²; 105 840 hab. Cap. *Chitré*.

HERRERA (Alfonso Luis), biólogo mexicano (México 1868-*id*. 1942). Fue el creador de la plasmogenia, ciencia dedicada a la creación artificial de células y tejidos vivos.

HERRERA (Darío), escritor panameño (Panamá 1870-Valparaíso, Chile, 1914), prosista y poeta parnasiano (*Horas lejanas*, 1903).

HERRERA (Dionisio), político centroamericano (nacido en Nicaragua 1783-† 1850). Liberal destacado, fue elegido sucesivamente jefe de estado de Honduras (1824-1827), Nicaragua (1829-1833) y El Salvador (1835, aunque no tomó posesión del cargo).

HERRERA (Fernando de), poeta español (Sevilla 1534-*id*. 1597), llamado **el Divino**, representa el preciosismo retórico de la escuela sevillana. Cultivó la poesía heroica y religiosa, pero sobre todo la poesía amorosa, inspirada por Leonor de Millán, esposa del conde de Gelves.

HERRERA (José Joaquín **de**), militar y estadista mexicano (Jalapa 1792-México 1854). Fue presidente de la república (interino, 1845, y de 1848-1851).

HERRERA (Luis Alberto **de**), político uruguayo (Montevideo 1873-*id*. 1959). Miembro del Partido nacionalista (blanco), impulsó la fracción *herrerista* (antiimperialista y proguerrillera).

HERRERA (Nicolás), patriota uruguayo (Montevideo 1775-*id*. 1833). Fue uno de los padres de la constitución de la República Oriental del Uruguay (1828).

HERRERA (Tomás), militar y político colombiano (Panamá 1802-Bogotá 1854). Fue presidente del senado (1853) y de la república (1854), en guerra contra Melo.

HERRERA CAMPÍNS (Luis), político venezolano (Acarigua 1925). Líder del partido socialcristiano COPEI, fue presidente de la república (1979-1984).

HERRERA Y OBES (Julio), político y periodista uruguayo (Montevideo 1846-*id*. 1912), fue presidente de la república (1890-1894).

HERRERA Y REISSIG (Julio), poeta uruguayo (Montevideo 1875-*id*. 1910), uno de los máximos exponentes del modernismo en Hispanoamérica. En su poesía, lo cotidiano se mezcla con lo fantástico y la ironía se abre paso mediante extrañas metáforas (*Los maitines de la noche*, 1902).

HERRERÍA n. f. Oficio de herrero. **2.** Taller y tienda de herrero.

HERRERILLO o **HERRERUELO** n. m. Ave paseriforme insectívora que corresponde a diversas especies de la familia páridos.

HERRERO n. m. Artesano que forja a mano diversas piezas de pequeño y mediano tamaño.

HERRUMBRE n. f. Orín del hierro. **2.** Gusto o sabor que algunas cosas toman del hierro.

HERRUMBROSO, A adj. Con herrumbre.

HERSCHEL (*sir* William), astrónomo británico de origen alemán (Hannover 1738-Slough 1822). Descubrió el planeta Urano (1781), dos de sus satélites (1787) y dos satélites de Saturno (1789). Creador de la astronomía estelar.

HERTZ (Heinrich), físico alemán (Hamburgo 1857-Bonn 1894). Mediante un oscilador construido por él, produjo ondas electromagnéticas, abriendo así el camino a la telegrafía sin hilos por ondas *hertzianas*. — Su sobrino, **Gustav** (Hamburgo 1887-Berlín Este 1975), también físico, recibió el Premio Nobel de física en 1925 por su teoría de la emisión de la luz.

HERTZIANO, A o **HERCIANO, A** adj. ELECTR. Dícese de las ondas y los fenómenos radioeléctricos.

HERTZIO o **HERCIO** n. m. (de H. *Hertz*, físico alemán). Unidad de medida de frecuencia de todo movimiento vibratorio, expresada en ciclos por segundo (símbolo Hz).

HERTZOG (Enrique), político boliviano (La Paz 1897-Buenos Aires 1980), miembro de la Unión republicana socialista y presidente de la república (1947-1949).

HERVIDERO n. m. Movimiento y ruido que hacen los líquidos al hervir. **2.** *Fig.* Muchedumbre de personas o animales: *la plaza era un hervidero*. **3.** *Fig.* Lugar donde se desatan pasiones, odios, etc.: *un hervidero de intrigas*.

HERVIR v. intr. (lat. *fervere*) [22]. Sufrir un líquido, a una temperatura constante, un proceso de vaporización en toda su masa, caracterizado por la formación de burbujas. **2.** Agitarse un líquido por fermentación o efervescencia: *el mosto hierve*. **3.** *Fig.* Haber en algún sitio gran número de personas o animales: *las calles hervían de gentío*. **4.** *Fig.* Excitarse vivamente a causa de un estado emocional: *hervir en cólera*. ♦ v. tr. **5.** Hacer que un líquido entre en ebullición. **6.** Mantener algo dentro de un líquido en ebullición.

HERVOR n. m. (lat. *fervorem*). Acción y efecto de hervir. **2.** *Fig.* Fogosidad, entusiasmo. • **Dar un hervor**, hervir en breve tiempo.

HERZEGOVINA, región de los Balcanes, que forma parte de Bosnia-Herzegovina.

HESÍODO o **HESIODO**, poeta griego (Ascra, Beocia, mediados del s. VIII a. J.C.), autor de poemas didácticos (*Los trabajos y los días*; *Teogonía*).

HESITACIÓN n. f. Duda.

HESITAR v. intr. (lat. *haesitare*) [1]. Dudar, vacilar.

HESPÉRIDES, islas fabulosas del Atlántico, identificadas con las Canarias.

HESS (Victor), físico austríaco (Waldstein, Estiria, 1883-Mount Vernon 1964), nacionalizado norteamericano, Premio Nobel de física en 1936 por su descubrimiento de los rayos cósmicos (1912).

HESSE (Hermann), escritor suizo de origen alemán (Calw, Württemberg, 1877-Montagnola, Ticino, 1962), consagrado a construir una nueva filosofía derivada de su rebelión personal (*Peter Camenzind*, 1904) y su encuentro con el pensamiento oriental (*El lobo estepario*, 1927; *El juego de abalorios*, 1943). [Premio Nobel de literatura 1946.]

HETAIRA o **HETERA** n. f. (voz griega, *compañera*). En la antigua Grecia, cortesana. **2.** Prostituta.

HETERÓCLITO, A adj. (gr. *heteroklitos*). Dícese de la voz cuya declinación se realiza partiendo de diversos temas. **2.** Dícese de todo lo que parece oponerse a las reglas gramaticales. **3.** Dícese de un conjunto de cosas mezcladas sin orden ni armonía.

HETERODOXIA n. f. Carácter de heterodoxo.

HETERODOXO, A adj. y n. (gr. *heterodoxos*). Contrario a la doctrina ortodoxa o a una opinión comúnmente admitida.

HETEROGAMETO n. m. Célula sexual haploide.

HETEROGAMIA n. f. BIOL. Fusión de dos gametos diferentes, que constituye el modo de reproducción que se presenta más frecuentemente.

HETEROGENEIDAD n. f. Calidad de heterogéneo.

HETEROGÉNEO, A adj. Compuesto de partes de diversa naturaleza. CONTR.: *homogéneo*.

HETEROMORFISMO n. m. Polimorfismo.

HETERONIMIA n. f. Fenómeno por el cual dos palabras de significado muy próximo proceden de étimos diferentes: *caballo-yegua*.

HETEROSEXUAL adj. Dícese de las plantas con flores masculinas y femeninas. ♦ adj. y n. m. y f. **2.** Dícese, en oposición a homosexual, de la persona que experimenta atracción sexual por las del sexo contrario.

HETEROSEXUALIDAD n. f. Carácter heterosexual.

HETEROSFERA n. f. Capa de la atmósfera, situada por encima de la homosfera.

HEUREAUX (Ulises), político dominicano (Cap- Haïtien 1844-Moca 1899), llamado **el Negro Lilis**. Fue presidente de la república (1882-1884) y más tarde dictador (1887-1899). Murió asesinado.

HEVEA n. m. Árbol originario de América del Sur, cultivado para la obtención del látex, con el que se fabrica el caucho. (Familia euforbiáceas.)

HEVESY DE HEVES (Georg), químico sueco de origen húngaro (Budapest 1885-Friburgo de Brisgovia 1966). Preconizó la utilización de indicadores isotópicos y descubrió el hafnio. (Premio Nobel de química 1943.)

HEXAEDRO n. m. MAT. Sólido con seis caras planas.

HEXAGONAL adj. De figura de hexágono o semejante a él. **2.** Dícese del sistema cristalino cuyas formas holoédricas se caracterizan por tener un eje principal senario y seis binarios, equivalentes tres a tres. **3.** Dícese de las formas pertenecientes a este sistema.

HEXÁGONO n. m. MAT. Polígono con seis ángulos y, por tanto, con seis lados.

HEXÁMETRO, A adj. y n. m. Dícese del verso que consta de cinco dáctilos y un troqueo o un espondeo.

HEXASÍLABO, A adj. MÉTRIC. De seis sílabas.

HEZ n. f. (lat. *fecem*). Sedimento de algunos líquidos. (Suele usarse en plural.) **2.** *Fig.* Lo más vil y despreciable. ♦ **heces** n. f. pl. **3.** Excrementos.

Hf, símbolo químico del *hafnio*.

Hg, símbolo químico del *mercurio*.

HIALINO, A adj. (gr. *hyalinos*). Diáfano como el vidrio o parecido a él.

HIATO n. m. (lat. *hiatum*). Pronunciación en sílabas distintas de dos vocales contiguas. **2.** Cacofonía resultante de la pronunciación contigua de estas vocales.

HIBERNACIÓN n. f. Descenso permanente de la temperatura central durante el invierno en algunos animales de temperatura constante y elevada en verano, como la marmota, el lirón y el murciélago. **2.** Mantenimiento de un cadáver en estado incorrupto con la hipotética pretensión de devolverlo a la vida en un futuro.

HIBERNAL adj. Que tiene lugar en invierno.

HIBERNAR v. intr. [1]. Pasar el invierno en hibernación: *la marmota hiberna*.

HIBRIDACIÓN n. f. BIOL. Fecundación entre dos individuos de razas o, más raramente, de especies diferentes.

HIBRIDAR v. tr. [1]. BIOL. Realizar una hibridación.

HÍBRIDO, A adj. Dícese del animal o vegetal que es el resultado del cruce de dos especies o géneros distintos, como la mula, híbrido del asno y la yegua. **2.** *Fig.* Dícese de lo que es producto de elementos de distinta naturaleza.

HICACO n. m. (voz haitiana). Arbusto americano de la familia rosáceas, cuyo fruto es comestible.

HICACOS *(península de)*, barra coralina de la costa N de Cuba (Matanzas). Playas (Varadero).

HICKS (sir John Richard), economista británico (Leamington Spa, Warwickshire, 1904-Blockley, Gloucestershire, 1989). Estudió las relaciones entre la política monetaria y la política presupuestaria. (Premio Nobel de economía 1972.)

HIDALGO, A adj. y n. Generoso, digno, íntegro. ♦ n. m. **2.** Infanzón o noble de linaje que constituía el eslabón más bajo de la jerarquía aristocrática castellana.

HIDALGO *(estado de)*, est. de México central; 20 987 km^2; 1 888 366 hab. Cap. Pachuca.

HIDALGO (Alberto), escritor peruano (Arequipa 1894-Buenos Aires 1967). Destacó como poeta vanguardista (*Panoplia lírica*, 1917) y en prosa (*Dimensión del hombre*, 1938).

HIDALGO (Bartolomé), poeta uruguayo (Montevideo 1788-Buenos Aires 1822), precursor del género gauchesco, que luchó por la independencia, puso una carga de sátira política en sus cielitos y vidalitas, y en sus *Diálogos patrióticos* (1820), a través de los cuales se expresa el gaucho.

HIDALGO DE CISNEROS (Baltasar), último virrey del Río de la Plata (Cartagena 1755-*id.* 1829). Miembro de la Junta central durante la guerra de la Independencia española, fue nombrado virrey (1809) pero en 1810 fue derrotado por el movimiento revolucionario.

HIDALGO DEL PARRAL, c. de México (Chihuahua); 90 647 hab. Centro minero. Maquinaria, fundiciones.

HIDALGO Y COSTILLA (Miguel), llamado **el padre de la patria, el iniciador de la independencia** y **el cura Hidalgo**, patriota mexicano (hacienda de Corralejo, Pénjamo, 1753-Chihuahua 1811). Fue el instigador de la sublevación patriótica de Dolores (set. 1810, *grito de Dolores*) y dirigió la rebelión, conquistando Celaya y Guanajuato. Proclamó la independencia del país y formó un gobierno nacional en Guadalajara, pero fue allí mismo derrotado por los realistas (en. 1811) y fusilado.

HIDALGUENSE adj. y n. m. y f. De Hidalgo.

HIDALGUÍA n. f. Calidad o condición de hidalgo.

HIDDEN PEAK, pico del Himalaya, en el Karakoram, punto culminante del Gasherbrum; 8063 m.

HIDRA n. f. (gr. *hydra*). Celentéreo de agua dulce, provisto de 6 a 10 tentáculos. (Clase cnidarios.) **2.** Animal fabuloso en forma de serpiente de agua. **3.** *Fig.* Monstruo devorador.

HIDRA, en gr. **Hydra**, usualmente **Idhra**, isla griega del mar Egeo, frente a la Argólida; 50 km^2; 2800 hab. Cap. *Hidra*.

HIDRÁCIDO n. m. QUÍM. Ácido resultante de la combinación del hidrógeno con un no metal, y que no contiene oxígeno.

HIDRATACIÓN n. f. Acción y efecto de hidratar.

HIDRATAR v. tr. y pron. [1]. Combinar con agua o incorporar agua a un cuerpo o sustancia.

HIDRATO n. m. QUÍM. Combinación de un cuerpo simple o compuesto con una o varias moléculas de agua. • **Hidrato de carbono**, glúcido.

HIDRÁULICA n. f. Ciencia y técnica que tratan las leyes de la estabilidad y circulación de los líquidos y los problemas que plantea la utilización práctica del agua.

HIDRÁULICO, A adj. Relativo a la hidráulica. **2.** Que funciona con ayuda de un líquido: *freno hidráulico*; *prensa hidráulica*.

HÍDRICO, A adj. Relativo al agua: *dieta hídrica*.

HIDROAVIÓN n. m. Aeronave provista de flotadores o con casco marino, que puede

HID

despegar desde el agua y posarse en ella. SIN.: *hidroplano.*
HIDROCARBONATO n. m. Carbonato básico hidratado.
HIDROCARBURO n. m. Compuesto binario de carbono e hidrógeno.
HIDROCEFALIA n. f. Aumento de volumen del líquido cefalorraquídeo, que comporta, en el niño, un aumento del volumen de la cavidad craneal y una insuficiencia del desarrollo intelectual.
HIDROCORTISONA n. f. Hormona corticosuprarrenal, constituida por un derivado hidrogenado de la cortisona.
HIDRODESLIZADOR n. m. Embarcación sin quilla, propulsada por una hélice aérea o un motor a reacción.
HIDRODINÁMICA n. f. Estudio de las leyes que rigen el movimiento de los líquidos y de la resistencia que oponen a los cuerpos que se mueven en ellos.
HIDRODINÁMICO, A adj. Relativo a la hidrodinámica.
HIDROELECTRICIDAD n. f. Energía eléctrica obtenida a partir de la fuerza hidráulica.
HIDROELÉCTRICO, A adj. Relativo a la hidroelectricidad: *central hidroeléctrica.*
HIDRÓFILO, A adj. Dícese de la materia que absorbe el agua con gran facilidad. **2.** Dícese de los organismos que habitan en ambientes húmedos.
HIDROFOBIA n. f. Horror al agua. **2.** Denominación incorrecta de la rabia canina.
HIDRÓFOBO, A adj. u. m. Que padece hidrofobia.
HIDRÓFUGO adj. Que preserva de la humedad; que evita las filtraciones.
HIDROGENACIÓN n. f. QUÍM. Operación química que consiste en fijar hidrógeno sobre un cuerpo.
HIDROGENADO, A adj. Que contiene hidrógeno.
HIDROGENANTE adj. Que cede fácilmente hidrógeno.
HIDROGENAR v. tr. [1]. Combinar con hidrógeno.
HIDRÓGENO n. m. Cuerpo simple, gaseoso, de símbolo químico H número atómico 1 y masa atómica 1,008 que entra en la composición del agua.
HIDROGRAFÍA n. f. Ciencia que estudia las aguas marinas y continentales. **2.** Conjunto de las aguas corrientes o estables de una región.
HIDRÓLISIS n. f. Descomposición de compuestos químicos por acción del agua.
HIDROLIZAR v. tr. [1g]. Someter a hidrólisis.
HIDROLOGÍA n. f. Ciencia que trata de las propiedades mecánicas, físicas y químicas de las aguas.
HIDROMECÁNICO, A adj. Movido por el agua.
HIDROMETRÍA n. f. Parte de la hidrodinámica dedicada a la medición del caudal, velocidad o fuerza de los líquidos en movimiento.
HIDROMIEL o **HIDROMEL** n. m. Bebida hecha con agua y miel.
HIDROPLANO n. m. Hidroavión.
HIDROSFERA n. f. Parte líquida del globo terráqueo (por oposición a *atmósfera* y *litosfera*).
HIDROSOLUBLE adj. Dícese de los cuerpos solubles en agua.
HIDROSTÁTICA n. f. Estudio de las condiciones de equilibrio de los líquidos.
HIDROSTÁTICO, A adj. Relativo a la hidrostática. • **Balanza hidrostática,** balanza utilizada para determinar la densidad de los cuerpos. ‖ **Nivel hidrostático,** superficie de la capa freática. ‖ **Presión hidrostática,** presión que ejerce el agua sobre la superficie de un cuerpo sumergido.
HIDROTERMAL adj. Relativo a las aguas termales.
HIDRÓXIDO n. m. QUÍM. Combinación de agua y un óxido metálico.
HIDRURO n. m. Combinación de hidrógeno con un cuerpo simple.

HIEDRA n. f. (lat. *hederam*). Planta trepadora que vive adherida a las paredes o a los árboles mediante zarcillos. (Familia araliáceas.)
HIEL n. f. (lat. *fel*). Bilis, especialmente la de los animales. **2.** *Fig.* Amargura, desabrimiento, mala intención. ♦ **hieles** v. f. pl. **3.** *Fig.* Penas, amarguras.
HIELERA n. f. *Argent.* Recipiente, para contener los cubos de hielo que se llevan a la mesa. **2.** *Argent., Chile* y *Méx.* Nevera portátil.
HIELO n. m. (lat. *gelum*). Agua solidificada por el frío. **2.** *Fig.* Frialdad, indiferencia en los afectos. • **Hielo seco,** o **carbónico,** anhídrido carbónico sólido. ‖ **Romper,** o **quebrar, el hielo** (Fam.), iniciar una conversación, trato, etc., que nadie se atrevía a empezar.
HIENA n. f. (lat. *hyaenam*). Mamífero carnicero que se alimenta sobre todo de carroña. **2.** *Fig.* Persona que se ensaña con otras indefensas.
HIERÁTICO, A adj. (gr. *hieratikos*). Relativo a las cosas o funciones sagradas o a los sacerdotes. **2.** *Fig.* Rígido, severo. **3.** B. ART. En pintura y escultura, dícese de las formas fijadas por la tradición religiosa y a menudo y por lo mismo, frías, arcaizantes e inmutables.
HIERATISMO n. m. Calidad de hierático.
HIERBA n. f. (lat. *herbam*). Planta pequeña de tallo tierno, que perece el mismo año de ser la simiente o a lo sumo, al año siguiente. **2.** Conjunto de dichas plantas: *sentarse en la hierba.* **3.** *Fig.* y *fam.* Droga suave, especialmente hachís. • **Hierba centella,** planta herbácea carnosa, de flores amarillas, que crece en el agua. (Familia ranunculáceas.) ‖ **Hierba de los canónigos,** hortaliza del género *Valerianella,* que se come en ensalada. ‖ **Hierba gatera,** planta herbácea de la familia labiadas, de olor intenso. ‖ **Hierba luisa,** luisa. ‖ **Hierba mate,** mate. ‖ **Mala hierba,** hierba que, sin sembrarla, crece en gran número en los cultivos. ♦ **hierbas** n. f. pl. **4.** Pastos que hay en las dehesas para los ganados. ‖ **Hierbas finas** o **finas hierbas,** hierbas que, picadas muy menudas, se utilizan como condimento en cocina, como el perejil, el estragón, etc.
HIERBABUENA n. f. Planta herbácea, vivaz y aromática, que se usa como condimento. (Familia labiadas.)
HIERBAL n. m. *Chile.* Sitio de mucha hierba.
HIERBERO, A n. *Méx.* Persona que vende hierbas. **2.** *Méx.* Curandero, persona que conoce las propiedades de las plantas medicinales y cura con ellas. SIN.: *yerbero.*
HIERRA n. f. *Amér.* Acción de marcar con el hierro al ganado. **2.** *Amér.* Temporada en que se marca el ganado. **3.** *Amér.* Fiesta que se celebra con tal motivo.
HIERRO n. m. (lat. *ferrum*). Metal (Fe), de número atómico 26 y de masa atómica 55,847, tenaz y maleable, que ocupa el primer lugar en importancia por su utilización industrial y tecnológica, sobre todo bajo forma de aleaciones, aceros y fundiciones. **2.** Barra o perfil de hierro o acero dulce que presenta una sección particular: *hierro en T, en U.* **3.** Varilla de acero que sirve de armazón del cemento armado. **4.** Lámina de acero que constituye la parte cortante de un instrumento o arma blanca: *el hierro de la lanza.* **5.** Marca que se pone al ganado. **6.** Instrumento de hierro con que se realiza la operación de marcar al ganado. • **De hierro, de** buena salud, muy resistente. ‖ **Edad del hierro,** período protohistórico durante el cual se generalizó la metalurgia del hierro. ‖ **Hierro batido,** hierro trabajado a golpes de martillo, en forma de chapa o lámina. ‖ **Hierro dulce,** acero extradulce, recocido, utilizado para construir los núcleos de los circuitos magnéticos. ‖ **Hierro forjado,** hierro trabajado por forja sobre el yunque. ‖ **Hierro fundido,** o **colado,** hie-

rro elaborado por fusión. ‖ **Quitar hierro,** decir algo con que se resta importancia a lo dicho anteriormente. ♦ **hierros** n. m. pl. **7.** Grillos, prisiones.
HIGADILLO n. m. Hígado de los animales pequeños, especialmente de las aves.
HÍGADO n. m. (bajo lat. *ficatum*). Órgano contenido en el abdomen, anexionado al tubo digestivo, que segrega bilis y realiza múltiples funciones en el metabolismo de los glúcidos, lípidos y prótidos. **2.** *Fig.* Ánimo, valentía: *tener muchos hígados.* **3.** *Fig.* Falta de escrúpulos: *¡tiene un hígado...!* • **Ser alguien un hígado** (Méx. Fam.), ser insoportable por antipático o petulante.
HIGIENE n. f. (del gr. *hygieinon,* salud). Parte de la medicina que trata de los medios en que el hombre debe vivir y de la forma de modificarlos en el sentido más favorable para su desarrollo. **2.** Conjunto de reglas y prácticas relativas al mantenimiento de la salud: *higiene bucodental.* **3.** Limpieza, aseo.
HIGIÉNICO, A adj. Relativo a la higiene. • **Papel higiénico,** papel fino para el water.
HIGIENIZAR v. tr. [1g]. Dotar de condiciones higiénicas.
HIGO n. m. (lat. *ficum*). Fruto comestible de la higuera. • **De higos a brevas** (Fam.), algunas veces, con intervalos de tiempo. ‖ **Higo chumbo, de Berbería,** o **de Indias,** fruto carnoso y azucarado del nopal.
HIGRÓFILO, A adj. Dícese de un organismo que busca la humedad.
HIGRÓFOBO, A adj. Dícese de un organismo que no puede adaptarse a lugares húmedos.
HIGROMETRÍA o **HIGROSCOPIA** n. f. Ciencia que tiene por objeto determinar la humedad de la atmósfera y la medida de sus variaciones.
HIGRÓMETRO n. m. Aparato para medir el grado de humedad del aire.
HIGUERA n. f. Árbol de los países cálidos, de savia láctea y amarga y hojas grandes, cuyo fruto es el higo. (Familia moráceas.) • **Estar en la higuera** (Fam.), estar distraído y como ajeno a aquello de que se trata.
HIGUERAL n. m. Plantación de higueras.
HIGUERÓN o **HIGUEROTE** n. m. Planta arbórea que crece en América, de tronco corpulento y madera fuerte, usada para construir embarcaciones. (Familia moráceas.)
HIJASTRO, A n. Respecto de uno de los cónyuges, hijo o hija que el otro ha tenido de una relación anterior.
HIJO, A n. (lat. *filium*). Persona o animal respecto de su padre o de su madre. **2.** Una persona, respecto del país, provincia o pueblo donde ha nacido: *ser hijo de Madrid.* **3.** Obra hecha por alguien o producto de su inteligencia: *hijo del ingenio.* **4.** Nombre que se suele dar al yerno y a la nuera respecto de los suegros. **5.** Expresión afectuosa, especialmente de protección: *¡pobre hijo!* • **Hijo adoptivo,** el que se ha tomado legalmente como hijo. ‖ **Hijo de familia,** el que está bajo la autoridad paterna o tutelar. ‖ **Hijo de leche,** cualquier persona respecto a su nodriza. ‖ **Hijo de papá,** el de padre rico e influyente. ‖ **Hijo de puta,** o **de su madre,** expresión injuriosa y de desprecio. ‖ **Hijo de vecino,** una persona cualquiera. ‖ **Hijo natural,** el nacido fuera del matrimonio, de padres que al tiempo de la concepción pudieron casarse con dispensa o sin ella. ‖ **Hijo político,** nombre que se suele dar al yerno o a la nuera, respecto de los suegros. ♦ n. m. **6.** Lo que procede o sale de otra cosa por procreación, como los retoños o los vástagos. **7.** Segunda persona de la Santísima Trinidad. ♦ **hijos** n. m. pl. **8.** Descendientes: *los hijos de Adán.*
HIJODALGO, HIJADALGO n. (pl. *hijosdalgo, hijasdalgo*). Hidalgo.

HIP

¡HÍJOLE! interj. *Méx. Fam.* Expresa admiración o sorpresa: *¡híjole!, ya es muy tarde.*
HIJUELA n. f. Cosa aneja, dependiente o subordinada a otra principal. **2.** Camino que va desde el principal a los lugares algo desviados de él. **3.** Canal que conduce el agua desde una acequia al campo que se ha de regar. **4.** Tira de tela que se pone en una prenda de vestir para ensancharla. **5.** *Chile, C. Rica, Ecuad.* y *Perú.* Finca que resulta de otra mayor al repartir una herencia.
HIJUELAR v. tr. [1]. *Chile.* Dividir un fundo de hijuelas.
HIJUELO n. m. Retoño que nace de la raíz de los árboles.
HILACHA n. f. Pedazo de hilo que se desprende de la tela. **2.** Porción diminuta de una cosa, residuo. **3.** *Méx.* Ropa muy vieja y rota, andrajo.
HILACHENTO, A adj. *Chile* y *Colomb.* Hilachoso. **2.** *Chile* y *Colomb.* Andrajoso.
HILACHUDO, A adj. *Amér.* Que tiene muchas hilachas.
HILADA n. f. Hilera, orden o formación en línea.
HILADO, A adj. Dícese del tabaco para mascar, preparado a manera de cordón o cuerda. **2.** En forma de hilos: *huevo hilado.* ♦ n. m. **3.** Acción y efecto de hilar. **4.** Hilatura para transformar fibras textiles en hilos. **5.** Porción de lino, algodón, seda, etc., transformada en hilos: *exportación de hilados.*
HILANDERO, A n. Persona que tiene por oficio hilar.
HILAR v. tr. (bajo lat. *filare*) [1]. Convertir en hilo las fibras textiles. **2.** *Fig.* Discurrir, inferir unas cosas de otras: *hilar planes.* **3.** Elaborar el gusano de seda la hebra con que se hace el capullo. ♦ **Hilar delgado,** discurrir con sutileza; proceder con exactitud y rigor. ‖ **Hilar tabaco** *(Amér.)*, prepararlo para mascar.
HILARANTE adj. Que provoca risa.
HILARIDAD n. f. Alegría súbita, risa ruidosa y sostenida.
HILATURA n. f. Conjunto de operaciones a que se someten las fibras textiles para transformarlas en hilo. **2.** Establecimiento, taller o fábrica donde se hilan las materias textiles.
HILAZA n. f. Hilo con que se teje algo. **2.** Conjunto de hebras que forman un tejido.
HILERA n. f. Orden o formación en línea: *colocarse en hilera; una hilera de árboles, de columnas.*
HILO n. m. (lat. *filum*). Fibra o filamento de una materia textil. **2.** Hebra larga y delgada que se forma ligando entre sí, por medio de la torsión, cierto número de fibras textiles. **3.** Cilindro de cualquier material: *hilo de hierro, de cobre.* **4.** Filamento de cualquier material flexible: *los hilos del teléfono.* **5.** Corriente o chorro: *hilo de agua.* **6.** *Fig.* Serie, sucesión continua, cuya interrupción pone fin a una existencia física o moral: *el hilo de la vida, del amor.* **7.** *Fig.* Curso de un relato, conversación, actividad mental, etc.: *seguir el hilo de un discurso.* **8.** Tela tejida con fibra de lino: *sábana de hilo.* **9.** Secreción producida por algunos artrópodos o por sus larvas. ♦ **Al hilo,** según la dirección de las venas o fibras de una cosa; *(Argent.* y *Chile. Fam.),* sin interrupción, seguidamente. ‖ **Coger** uno **el hilo** de algo, enterarse de un asunto que se está tratando: *coger el hilo de la conversación.* ‖ **Colgar, o pender, de un hilo,** estar en grave riesgo. ‖ **Hilo de voz,** voz tenue. ‖ **Hilo musical,** sistema de conducción de programas musicales a través del cable telefónico. ‖ **Perder el hilo,** olvidarse del asunto que se estaba tratando en una conversación. ‖ **Tomar el hilo,** continuar el discurso o conversación que se había interrumpido.
HILOTA n. f. Ilota.

HILVÁN n. m. Costura de puntadas largas que se hace para preparar el cosido definitivo y hacer señales en la tela. **2.** Cada una de las puntadas con que se hace esta costura. **3.** *Venez.* Dobladillo.
HILVANAR v. tr. [1]. Coser con hilvanes. **2.** Bosquejar algo que se ha de terminar después: *hilvanar un proyecto.* **3.** *Fig.* y *fam.* Trazar, proyectar o preparar con precipitación: *hilvanar un discurso.* **4.** *Fig.* Enlazar o coordinar: *hilvanar ideas.*
HIMALAYA, cadena montañosa de Asia, la más alta del mundo (8846 m en el Everest). Se extiende a lo largo de 2800 km, desde el Indo hasta el Brahmaputra, con una anchura media de 300 km entre el Tíbet y la llanura indogangética.
HIMALAYO, A adj. Del Himalaya.
HIMEN n. m. Membrana que, en general, ocluye parcialmente la entrada de la vagina de la mujer.
HIMENEO n. m. (lat. *hymenaeum*). *Poét.* Boda, casamiento.
HIMENÓPTERO, A adj. y n. m. Relativo a un orden de insectos que se caracterizan por poseer dos pares de alas motrices que se unen durante el vuelo (abejas, avispas, hormigas).
HIMNO n. m. (lat. *himnum*). Entre los antiguos, canto, poema en honor de los dioses y los héroes. **2.** Composición musical de carácter patriótico, religioso, deportivo, etc. **3.** Cántico latino en forma de poema, que, en la liturgia católica, forma parte del oficio divino.
HINCAPIÉ n. m. Acción de afianzar el pie para apoyarse o para hacer fuerza. ♦ **Hacer hincapié** *(Fam.),* insistir con tesón.
HINCAR v. tr. [1a]. Introducir o clavar una cosa en otra. **2.** Apoyar una cosa en otra como para clavarla. ♦ **hincarse** v. pron. **3.** Arrodillarse, postrarse.
HINCHA n. f. *Fam.* Antipatía, odio o enemistad. ♦ n. m. y f. **2.** Persona que demuestra un entusiasmo excesivo por algo. **3.** Partidario entusiasta de un equipo deportivo.
HINCHADA n. f. Conjunto de hinchas.
HINCHADO, A adj. Enfático o grandilocuente: *lenguaje, estilo hinchado.*
HINCHAMIENTO n. m. Hinchazón.
HINCHAR v. tr. y pron. (lat. *inflare*, soplar dentro de algo) [1]. Llenar de aire o gas un objeto flexible: *hinchar un globo.* **2.** *Fig.* Aumentar el río se ha hinchado hasta desbordarse. **3.** *Fig.* Exagerar: *hinchar una noticia, un suceso.* ♦ v. tr. **4.** *Argent.* y *Chile. Fig.* Molestar. **5.** *Argent, Chile, Colomb.* y *Urug.* Alentar a un equipo deportivo. (Va seguido de la prep. *por.*) ♦ **hincharse** v. pron. **6.** Aumentar de volumen una parte del cuerpo, por herida, golpe, inflamación, etc. **7.** *Fig.* Envanecerse, engreírse. **8.** *Fig.* Hartarse de comer.
HINCHAZÓN n. f. Efecto de hincharse o hincharse: *la hinchazón de una pierna.* **2.** Vanidad, presunción. **3.** *Fig.* Énfasis en el estilo o lenguaje.
HINDEMITH (Paul), compositor alemán (Hanau 1895-Frankfurt del Main 1963). Fue uno de los jefes de la escuela alemana entre las dos guerras mundiales, pero estuvo siempre ligado a cierto espíritu clásico (*Matías el pintor,* 1934).
HINDI n. m. Lengua federal oficial de la India, derivada del sánscrito.
HINDÚ adj. y n. m. y f. De la India. **2.** Adepto del hinduismo.
HINDU KŪṢ, macizo de Asia central (Afganistán y extremo N de Pakistán); 7680 m.
HINDUISMO n. m. En la India, actitud religiosa cuya base filosófica es la identidad del yo individual con un yo universal y absoluto, llamado *Brahma.*
HINDUISTA adj. y n. m. y f. Relativo al hinduismo; adepto del hinduismo.
HINIESTA n. f. Retama.
HINOJO n. m. Rodilla. ♦ **De hinojos,** de rodillas.

HINOJO n. m. (bajo lat. *fenuculum*). Planta aromática, de flores pequeñas y amarillas. (Familia umbelíferas.)
HIOIDES n. m. (gr. *hyoeidēs*). Hueso en forma de herradura, situado por encima de la laringe.
HIPAR v. intr. (voz onomatopéyica) [1]. Tener hipo. **2.** Cimotear. **3.** *Fig.* Desear con ansia algo.
HIPARCO, astrónomo griego del s. II a. J.C. Descubrió la precesión de los equinoccios y sentó las bases de la trigonometría.
HIPEAR v. intr. [1]. *Colomb.* Hipar, tener hipo.
HIPÉRBATON n. m. (lat. *hyperbaton*) [pl. *hipérbatos* o *hipérbatones*]. Figura retórica de construcción que consiste en una alteración del orden lógico de las palabras.
HIPÉRBOLA n. f. (gr. *hyperbolē,* exceso). *MAT.* Cónica formada por puntos cuya diferencia de distancias a dos puntos fijos, o focos, es constante.
HIPÉRBOLE n. f. (del. gr. *hyperballō,* lanzar más allá). Figura retórica que consiste en exagerar la expresión para producir una fuerte impresión.
HIPERBÓLICO, A adj. Que va hasta la exageración: *expresión hiperbólica.* **2.** En forma de hipérbola: *curva hiperbólica.* **3.** *MAT.* Relativo a la hipérbola.
HIPERBOLOIDE adj. Que se asemeja a una hipérbola: *espejo hiperboloide.*
HIPERBÓREO, A adj. Relativo a las regiones muy septentrionales: *animales hiperbóreos.*
HIPERESPACIO n. m. Espacio matemático ficticio de más de tres dimensiones.
HIPERFRECUENCIA n. f. Frecuencia muy elevada de un movimiento periódico. **2.** Onda electromagnética cuya longitud es del orden del centímetro y que se utiliza sobre todo en el radar.
HIPERMERCADO n. m. Gran supermercado, localizado generalmente en la periferia de las ciudades.
HIPERMÉTROPE adj. y n. m. y f. Afecto de hipermetropía.
HIPERMETROPÍA n. f. Anomalía de la visión, debida generalmente a un defecto de convergencia del cristalino, en la que la imagen se forma detrás de la retina.
HIPERÓN n. m. Toda partícula subatómica de masa superior a la del protón.
HIPERREALISMO n. m. Corriente artística que se caracteriza por la traducción literal y fotográfica de la realidad.
HIPERSENSIBILIDAD n. f. Sensibilidad exagerada.
HIPERSÓNICO, A adj. AERON. Dícese de las velocidades que corresponden a un número de Mach igual o superior a 5 (o sea, a 15° C, alrededor de 6 000 km/h), así como de los movimientos efectuados a estas velocidades.
HIPERTENSIÓN n. f. Aumento de la tensión de las paredes de una cavidad, cuando la presión de los líquidos que contiene es superior a la normal. ♦ **Hipertensión arterial,** elevación por encima de lo normal de la tensión arterial.
HIPERTENSO, A adj. y n. Que tiene la tensión arterial superior a la normal.
HIPERTEXTO n. m. Técnica o sistema de consulta de una base de textos, que permite saltar de un documento a otro según caminos preestablecidos o elaborados con este fin.
HIPERTÓNICO, A adj. Dícese de una solución cuya presión osmótica es superior a la de una solución de referencia.
HIPERTROFIA n. f. Crecimiento anormal del tejido de un órgano. **2.** Desarrollo excesivo de un sentimiento, una actividad, etc.
HIPERTROFIAR v. tr. [1]. Producir hipertrofia. ♦ **hipertrofiarse** v. pron. **2.** Aumentar de volumen por hipertrofia. **3.** Desarrollarse excesivamente.
HÍPICA n. f. Nombre genérico de los deportes hípicos que engloba a las carreras

355

de caballos, los concursos de saltos, etc. SIN.: *hipismo*.

HÍPICO, A adj. (gr. *hippikos*). Relativo a los caballos y a la hípica: *concurso hípico*.

HIPIDO n. m. Acción y efecto de hipar o gimotear.

HIPNOSIS n. f. (del gr. *hypnos*, sueño). Descenso del nivel de vigilancia provocado por sugestión y que da lugar a una dependencia que puede ser utilizada para fines diversos: analgesia, sicoterapia, etc. **2.** Técnica que provoca este estado.

HIPNÓTICO, A adj. Relativo a la hipnosis: *sueño hipnótico*. ♦ adj. y n. m. **2.** Dícese de los medicamentos que producen sueño.

HIPNOTISMO n. m. Conjunto de técnicas que permiten provocar un estado hipnótico.

HIPNOTIZACIÓN n. f. Acción de hipnotizar.
HIPNOTIZAR v. tr. [**1g**]. Producir hipnosis. **2.** *Fig.* Fascinar: *aquella belleza le hipnotizó*.

HIPO n. m. Contracción brusca y espasmódica del diafragma, que origina un ruido característico al ser expulsado el aire de los pulmones con violencia. • **Quitar el hipo** *(Fam.)*, asustar, asombrar, desconcertar.

HIPOCAMPO n. m. Caballito de mar. **2.** ANAT. Circunvolución del lóbulo temporal del cerebro. **3.** MIT. Animal fabuloso de la mitología griega, mitad caballo y mitad pez.

HIPOCENTRO n. m. Región situada a una determinada profundidad, en la vertical del epicentro de un seísmo, y de donde parten las ondas sísmicas.

HIPOCLORITO n. m. QUÍM. Sal del ácido hipocloroso.

HIPOCONDRÍA n. f. Inquietud patológica que se caracteriza por una valoración exagerada de los signos de enfermedad que padece uno mismo.

HIPOCONDRÍACO, A o **HIPOCONDRIACO, A** o **HIPOCÓNDRICO, A** adj. y n. Relativo a la hipocondría; afecto de hipocondría.

HIPOCONDRIO n. m. (gr. *hypo*, debajo, y *khondros*, cartílago). Cada una de las partes laterales de la región superior del abdomen.

HIPÓCRATES, médico griego (en la isla de Cos *c.* 460-Larisa, Tesalia, c. 377 a. J.C.), el más importante de la antigüedad. Su sistema se basaba en la alteración de los humores del organismo. El juramento que realizan los médicos se basa en su ética *(juramento hipocrático)*.

HIPOCRÁTICO, A adj. Relativo a Hipócrates o a su doctrina.

HIPOCRESÍA n. f. (gr. *hypokrisia*, acción de desempeñar un papel teatral). Fingimiento de cualidades o sentimientos, y, especialmente, de devoción o virtud.

HIPÓCRITA adj. y n. m. y f. Que finge o aparenta lo que no es o lo que no siente.

HIPODÉRMICO, A adj. Relativo a la hipodermis.

HIPODERMIS n. f. Parte profunda de la piel, bajo la dermis, rica en tejido adiposo.

HIPÓDROMO n. m. Lugar destinado a la carreras de caballos y trotones.

HIPÓFISIS n. f. Glándula endocrina situada bajo el encéfalo, que produce numerosas hormonas.

HIPOFOSFITO n. m. Sal del ácido hipofosforoso.

HIPOFOSFOROSO, A adj. Dícese del ácido menos oxigenado del fósforo (HPO$_2$H$_2$).

HIPOGÁSTRICO, A adj. Al hipogastrio.

HIPOGASTRIO n. m. Parte central e inferior del abdomen.

HIPOGEO n. m. ARQUEOL. Construcción subterránea, especialmente tumbas, de las civilizaciones prehistóricas, protohistóricas y de la antigüedad.

HIPOGLUCEMIA n. f. MED. Insuficiencia en la tasa de glucosa en la sangre.

HIPOMÓVIL adj. Dícese de los vehículos tirados por caballos.

HIPOPÓTAMO n. m. Mamífero ungulado, cabeza enorme con boca amplia y unos grandes caninos inferiores curvados, que vive en los ríos africanos.

HIPOSO, A adj. Que tiene hipo.

HIPÓSTASIS n. f. (gr. *hypostasis*, sustancia). TEOL. y FILOS. Ser que existe en sí y por sí; persona.

HIPOSTÁTICO, A adj. **Unión hipostática** (TEOL .), unión en una sola hipóstasis de dos naturalezas, divina y humana, en Jesucristo.

HIPOSULFITO n. m. Sal del ácido hiposulfuroso.

HIPOSULFUROSO, A adj. **Ácido hiposulfuroso** (QUÍM.), compuesto de azufre, oxígeno e hidrógeno (H$_2$S$_2$O$_3$).

HIPOTÁLAMO n. m. Región del diencéfalo situada en la base del cerebro, donde se hallan numerosos centros reguladores de importantes funciones, como el hambre, la sed, el sueño, etc.

HIPOTECA n. f. (gr. *hypothēkē*, prenda, fundamento). Derecho real de garantía de una obligación, constituido sobre inmuebles, y que confiere al acreedor la facultad de pedir la venta pública de éstos y resarcirse con su precio si no se cumple la obligación garantizada.

HIPOTECAR v. tr. [**1a**]. Imponer una hipoteca sobre un bien. **2.** *Fig.* Realizar una acción con la cual se condiciona futuras actuaciones: *hipotecar el porvenir*.

HIPOTECARIO, A adj. Relativo a la hipoteca: *crédito hipotecario*.

HIPOTENSIÓN n. f. Tensión arterial inferior a la normal.

HIPOTENSO, A adj. y n. Afecto de hipotensión arterial.

HIPOTENUSA n. f. MAT. Lado opuesto al ángulo recto de un triángulo rectángulo. (El cuadrado de la hipotenusa es igual a la suma de los cuadrados de los otros dos lados.)

HIPOTERMIA n. f. Descenso de la temperatura del cuerpo por debajo de lo normal.

HIPÓTESIS n. f. (gr. *hypothesis*, suposición). Suposición de una cosa, sea posible o imposible, para sacar de ella una consecuencia. **2.** MAT. Conjunto de datos a partir del cual se intenta demostrar de forma lógica una nueva proposición.

HIPOTÉTICO, A adj. Basado en una hipótesis.

HIPOTÓNICO, A adj. Dícese de una solución cuya presión osmótica es inferior a la de una solución de referencia.

HIRO-HITO (de nombre póstumo **Shōwa Tennō**) [Tōkyō 1901-*id.* 1989], emperador de Japón [1926-1989]. Tras la capitulación de Japón (1945), tuvo que aceptar el establecimiento de una monarquía constitucional.

HIROSHIGE (**Andō Hiroshige**, llamado), dibujante, grabador y pintor japonés (Edo [act. Tōkyō] 1797-*id.* 1858). Las sutiles variaciones de la atmósfera de sus paisajes maravillaron a los impresionistas, a través de los cuales ha influido en el arte occidental.

HIROSHIMA, c. y puerto de Japón (Honshū), a orilla del mar Interior; 1 085 705 hab. El 6 de agosto de 1945 los norteamericanos lanzaron sobre la ciudad la primera bomba atómica.

HIRSUTO, A adj. (lat. *hirsutum*). Dícese del pelo áspero y duro. **2.** Dícese de lo que está cubierto de pelo de esta clase o de púas o espinas. **3.** *Fig.* Dícese de la persona de carácter áspero.

HIRVIENTE adj. Que hierve.

HISOPO n. m. (lat. *hisopum*). Planta sufruticosa olorosa, de flores azules, blancas o rosadas, cuya infusión es estimulante. (Familia labiadas.) **2.** *Chile* y *Colomb.* Brocha de afeitar. **3.** LITURG. Manojo de ramitas de hisopo o de otra planta que se utiliza para asperjar con agua bendita. **4.** LITURG. Utensilio que sirve para el mismo fin.

HISPALENSE adj. y n. m. y f. Sevillano.
HISPANIA, nombre romano de la península Ibérica.

HISPÁNICO, A adj. (lat. *hispanicum*). Relativo a España, español. **2.** Relativo a la hispanidad. **3.** Relativo a Hispania y a los pueblos que vivían en ella. **4.** Hispanoamericano.

HISPANIDAD n. f. Denominación con que se designa el conjunto formado por España, las naciones americanas de habla hispánica y Filipinas. **2.** Conjunto de caracteres, especialmente culturales, que comparten estas naciones.

HISPANIOLA, nombre dado por Cristóbal Colón a la isla de La Española.

HISPANISMO n. m. Giro o modo de hablar propio y privativo de la lengua española. **2.** Palabra o giro españoles que han pasado a otra lengua. **3.** Estudio de la cultura hispánica, especialmente por extranjeros.

HISPANISTA n. m. y f. Especialista de la lengua, la literatura y la civilización hispánicas.

HISPANIZACIÓN n. f. Acción y efecto de hispanizar.

HISPANIZAR v. tr. [**1g**]. Españolizar.

HISPANO, A adj. y n. Español. (Suele usarse como prefijo o sufijo en voces compuestas.) **2.** Dícese de los hispanoamericanos y españoles afincados en E.U.A. ♦ adj. **3.** Hispanoamericano.

HISPANOAMÉRICA, denominación que se aplica al conjunto de naciones latinoamericanas de habla hispana. El término *Iberoamérica* incluye también a Brasil y el de *Latinoamérica* o *América Latina* se refiere a una realidad geopolítica más amplia.

HISPANOAMERICANISMO n. m. Doctrina que tiende a la unión espiritual de todos los pueblos hispanoamericanos.

HISPANOAMERICANO, A adj. y n. Relativo a los pueblos que forman parte de Hispanoamérica; individuo de dichos pueblos. ♦ adj. **2.** Relativo a estos pueblos y a España a la vez. • **Arte hispanoamericano**, arte de la América española, desde el descubrimiento a la independencia. SIN.: *arte hispano-colonial*.

■ El arte realizado en América durante el período de dominio español (ss. XVI-XVIII) abarca fundamentalmente dos estilos: el renacimiento plateresco y el barroco. La impronta del estilo de los talladores indígenas y la transculturación de símbolos y formas se refundieron con el estilo europeo.

El plateresco. Fue el primer estilo que se trasladó a América, a la isla de Santo Domingo. En México aparecieron las primeras modificaciones al estilo; destacan los templos de Tepeaca y San Agustín de Acolmán. En América del Sur la arquitectura plateresca no tuvo mucho brillo. En escultura sobresalen las tallas de artesanos como Juan de Aguirre y Quirio Cataño. En pintura se copiaron reproducciones europeas, aunque se innovó en el color. En Perú destaca Francisco Titu Yupanqui, descendiente de incas, que produjo la primera escultura mestiza.
El barroco. En México la arquitectura se caracteriza por la utilización del color (piedra, yesería policromada, ladrillo y azulejo), la utilización de las formas mixtilíneas y la implantación del estípite: iglesias de Santa Prisca y La Valenciana, catedral de Zacatecas, San Francisco de Acatepec y Santa María Tonantzintla, y obras de Lorenzo Rodríguez y F. Guerrero y Torres. En escultura, representada por retablos e imaginería, destaca Jerónimo de Balbás. Y en pintura, los Echave y los Juárez, Cristóbal de Villalpando, Juan Correa y José de Ibarra.

En Centroamérica y el Caribe el barroco pierde el color que lo caracteriza en México y se vuelve de una blancura inmaculada: las ruinas de Antigua Guatemala (la catedral de Tegucigalpa, obra de Ignacio de Quirós. En Colombia destaca la ciudad de Cartagena por su arquitectura militar.
En Quito y Nueva Granada destacan el templo de San Francisco de Quito, la iglesia de la Compañía, el núcleo barroco de Popayán y la obra de J. B. Coluccini.
En Perú y Bolivia destacan las portadas de San Agustín y de La Merced y el palacio de Torres Tagle en Lima, la iglesia de la Compañía, en Cuzco, y el Templo de San Francisco, en La Paz. En pintura sobresalen Angelino Medoro y Melchor Pérez de Holguín, que llevó la pintura altoperuana a su cima. En Argentina destaca la catedral y la universidad de Córdoba.

HISPANOÁRABE adj. y n. m. y f. Hispanomusulmán.

HISPANOCOLONIAL adj. Dícese del arte hispanoamericano.

HISPANÓFILO, A adj. y n. Dícese del extranjero aficionado a la cultura, historia y costumbres de España.

HISPANOHABLANTE adj. y n. m. y f. Dícese de la persona, comunidad, país, etc., que tiene como lengua materna el español.
SIN.: *hispanoparlante*.

HISPANOMUSULMÁN, NA adj. y n. Relativo a la España musulmana; natural u originario de la misma. ♦ adj. 2. **Arte hispanomusulmán**, denominación empleada para designar las obras producidas en la España musulmana.

HISPANORROMANO, A adj. y n. Relativo a los pueblos romanizados de la península Ibérica; originario de dichos pueblos.

HISTERIA n. f. Neurosis caracterizada por la traducción al lenguaje corporal de los conflictos síquicos y por un tipo particular de personalidad, marcada por la dependencia y la manipulación del entorno. 2. Cualidad de histérico.

HISTÉRICO, A adj. y n. Relativo a la histeria; afecto de histeria. 2. Dícese de la persona que responde con exageración a diferentes estímulos.

HISTOLOGÍA n. f. Ciencia que estudia los tejidos constituyentes de los seres vivos.

HISTORIA n. f. (lat. *historiam*). Estudio de los acontecimientos del pasado relativos al hombre y a las sociedades humanas. 2. El propio desarrollo de estos acontecimientos: *las sociedades humanas han cambiado a través de la historia*. 3. Relato de sucesos del pasado, especialmente cuando se trata de una narración ordenada cronológicamente y verificada con los métodos de la crítica histórica: *la historia de España*. 4. Conjunto de acontecimientos de carácter privado relativos a alguien: *contar alguien la historia de su vida*. 5. *Fig.* Narración inventada: *contar historias de aparecidos*. 6. *Fig.* Monserga, relato o pretensión fastidiosa: *déjate de historias*. (Suele usarse en plural.) 7. *Fig.* Chisme, enredo: *contar historias sobre alguien*. (Suele usarse en plural.) • **Historia sagrada**, conjunto de narraciones históricas contenidas en el Viejo y el Nuevo Testamento.

HISTORIADO, A adj. Complicado o recargado de adornos.

HISTORIADOR, RA n. Persona especializada en el estudio de la historia.

HISTORIAL adj. Relativo a la historia. ♦ n. m. 2. Reseña circunstanciada de los antecedentes de un negocio, de los servicios o la carrera de un funcionario o empleado, etc. • **Historial clínico**, narración de los datos relativos a un enfermo y del tratamiento a que se le somete.

HISTORIAR v. tr. [1]. Narrar algo de manera ordenada y minuciosa. 2. Representar un suceso histórico o fabuloso en cuadros, estampas o tapices. 3. *Amér. Fam.* Complicar, confundir, enmarañar.

HISTORICISMO n. m. Actitud que interpreta los fenómenos humanos como producto de su desarrollo histórico, y, por lo tanto, como relativos y limitados.

HISTÓRICO, A adj. Relativo a la historia. 2. Sucedido realmente. 3. De gran importancia y trascendencia. 4. Dícese del género cinematográfico, literario, etc., que se inspira en hechos históricos.

HISTORIETA n. f. Anécdota, chiste o cuento divertido. 2. Cómic.

HISTORIOGRAFÍA n. f. Estudio bibliográfico y crítico de los escritos sobre historia y sus fuentes. 2. Conjunto de obras e investigaciones históricas.

HISTRIÓN n. m. (lat. *histrionem*, comediante). Actor, especialmente el de la tragedia antigua. 2. Titiritero, acróbata, prestidigitador, etc. 3. *Desp.* Persona que se pone en ridículo para divertir a otras. 4. *Fig.* Persona farsante o efectista: *histrión político*.

HIT n. m. (voz inglesa, golpe). Término utilizado para designar un disco que constituye un éxito de venta.

HITA (Juan Ruiz, Arcipreste de), escritor castellano de mediados del s. XIV, autor del *Libro de buen amor*, una de las obras más características de la literatura medieval.

HITACHI, c. de Japón (Honshū); 202 141 hab. Construcciones eléctricas.

HITCHCOCK (Alfred), director de cine británico (Londres 1899-Hollywood 1980), nacionalizado norteamericano, el más célebre de los maestros del suspense (*Psicosis*, 1960; *Los pájaros*, 1963).

HITITA adj. y n. m. y f. Relativo a un pueblo indoeuropeo que, entre los ss. XX y XII a. J.C., constituyó un poderoso imperio en Anatolia central; individuo de este pueblo. ♦ n. m. 2. Lengua indoeuropea hablada por los hititas.

HITLER (Adolf), político alemán (Braunau, Alta Austria, 1889-Berlín 1945). En 1925 publicó *Mein Kampf*, obra en que exponía la doctrina ultranacionalista y racista del nazismo. En 1933 accedió al cargo de canciller y en 1934, a la presidencia. Su política expansionista provocó la segunda guerra mundial (1939). Derrotado, se suicidó.

HITLERIANO, A adj. y n. Relativo a Hitler; partidario de Hitler y de su doctrina.

HITO n. m. Mojón o poste con que se marcan los límites de un terreno o la dirección, distancias, etc., de los caminos. 2. *Fig.* Hecho importante que constituye un punto de referencia. • **Mirar de hito, o de hito en hito**, fijar la vista en un objeto sin apartarla de él.

HLITO (Alfredo), pintor argentino (Buenos Aires 1923). Su obra de madurez se inscribe en el arte concreto (1944), fundamentado en la revista *Arte concreto-Invención* (1946), editada por él.

Ho, símbolo químico del holmio.

HO CHI MINH (Nguyên That Thanh, llamado **Nguyên Ai Quôc** o), político vietnamita (Kiêm Liên 1890-Hanoi 1969). Fundador del Partido comunista indochino (1930) y del Vietminh (1941), presidente de la República Democrática de Vietnam (proclamada en 1945), desempeñó un papel importante en la guerra contra Francia (hasta 1954) y, a partir de 1960, contra Vietnam del Sur y E.U.A. De 1956 a 1960 fue secretario general del Partido comunista.

HOACÍN n. m. Ave de la selva amazónica, provista de un gran moño. (Familia opistocómidos.)

HOBBES (Thomas), filósofo inglés (Westport, Wiltshire, 1588-Hardwick Hall 1679). Describió la naturaleza del estado, todopoderoso y vigilante, en el que los individuos abdican sus derechos para no destruirse entre sí (*Leviatán*, 1651).

HOBBY n. m. (voz inglesa) [pl. *hobbies*]. Pasatiempo favorito para distraerse de las ocupaciones habituales.

HOCICAR v. tr. [1]. *Fam.* Tropezar con un obstáculo o dificultad insuperable. 2. *Fam.* Fisgar.

HOCICO n. m. Parte de la cabeza de algunos animales donde están la boca y las narices. 2. Morro, boca de una persona de labios muy abultados. 3. *Fig.* y *fam.* Cara, parte anterior de la cabeza. 4. *Fig.* y *fam.* Gesto de enojo o desagrado.

HOCICÓN, NA adj. *Méx. Vulg.* Dícese del que tiene la boca grande. 2. *Méx. Vulg.* Fanfarrón, mentiroso.

HOCICUDO, A adj. De labios prominentes o de hocico desarrollado.

HOCIQUEAR v. intr. [1]. Hocicar.

HOCKEY n. m. (voz inglesa, *cayado*). Deporte que se practica entre dos equipos que impulsan una pelota con un bastón o stick, para tratar de introducirla en la portería del contrario. • **Hockey sobre hielo**, el que se practica entre equipos de seis jugadores sobre una pista de hielo. || **Hockey sobre hierba**, el que se practica entre equipos de once jugadores sobre un campo de hierba. || **Hockey sobre patines**, el que se practica entre equipos de cinco jugadores calzados con patines sobre una superficie dura.

HOCKNEY (David), pintor británico (Bradford 1937). Uno de los creadores del pop-art a principios de los años sesenta.

HOCO n. m. Ave gallinácea oriunda de América del Sur.

HOFFMANN (Ernst Theodor Wilhelm, llamado **Ernst Theodor Amadeus)**, escritor y compositor alemán (Königsberg 1776-Berlín 1822), autor de óperas y de relatos fantásticos (*Cuentos de los hermanos Serapio*, 1819-1821).

HOFMANNSTHAL (Hugo von), escritor austríaco (Viena 1874-Rodaun, cerca de Viena, 1929). Autor de dramas, escribió también libretos para las óperas de Richard Strauss (*El caballero de la rosa*).

HOGAÑO adv. En este año, en el año presente. 2. En esta época.

HOGAR n. m. (lat. *focarem*). Sitio donde se coloca la lumbre en las cocinas, chimeneas, hornos, etc. 2. *Fig.* Domicilio, lugar donde se vive con la familia. 3. *Fig.* Familia, conjunto de personas que habitan bajo un mismo techo. 4. Parte de un horno industrial o doméstico en que se tiene lugar la combustión. 5. Conjunto de conocimientos referentes a la casa y labores que en ella se realizan.

HOGAREÑO, A adj. Relativo al hogar. 2. Amante del hogar y de la vida de familia.

HOGARTH (William), pintor y grabador británico (Londres 1697-id. 1764). Su obra inaugura la edad de oro de la pintura inglesa.

HOGAZA n. f. Pan grande.

HOGUERA n. f. Montón de materias combustibles que arden con llama. 2. HIST. Pena que la Inquisición aplicaba a los herejes impenitentes y relapsos.

HOJA n. f. (lat. *folia*). Órgano vegetal clorofílico fijado a lo largo de un tallo o de una rama, y cuya parte plana y ancha contiene numerosos vasos, agrupados en nerviaciones. 2. Pétalo. 3. Lámina delgada de cualquier material. 4. Cada una de las partes articuladas que pueden plegarse unas sobre otras. 5. En puertas, ventanas, persianas, etc., cada una de las partes que se abren y se cierran: *puerta de dos hojas*. 6. Folio conjunto de dos páginas, anverso y reverso, de un libro o cuaderno. 7. Cuchilla de las herramientas y armas blancas. • **Hoja de cálculo, o electrónica**, programa informático que efectúa cálculos numéricos a partir de datos y fórmulas de cálculo introducidas por el usuario. || **Hoja de estudios**, expediente académico de un estudiante.

HOJ

‖ **Hoja de lata,** hojalata. ‖ **Hoja de ruta,** documento que acompaña a las mercancías transportadas para ciertos trámites. ‖ **Hoja de servicios,** documento en que constan los antecedentes de un funcionario en el ejercicio de su empleo.

HOJALATA n. f. Chapa delgada de acero suave, revestida de estaño por ambas caras.

HOJALATEAR v. tr. [1]. *Méx.* Reparar las abolladuras de las carrocerías de los automóviles.

HOJALATERÍA n. f. Taller en que se hacen piezas de hojalata. **2.** Tienda donde se venden. **3.** *Méx.* Taller donde se reparan carrocerías.

HOJALATERO, A n. Persona que tiene por oficio hacer o vender piezas de hojalata. ♦ n. m. **2.** *Méx.* El que hojalatea carrocerías.

HOJALDRA n. f. *Amér.* Hojaldre.

HOJALDRAR v. tr. [1]. Trabajar la masa para hacer hojaldre.

HOJALDRE n. m. o f. Pasta o masa hecha con harina y mantequilla, que, al cocerse al horno, forma hojas delgadas y superpuestas.

HOJARASCA n. f. Conjunto de hojas secas de las plantas. **2.** Excesiva frondosidad de las plantas. **3.** *Fig.* Cosa aparatosa, pero de poco provecho, especialmente en lo que se dice o escribe.

HOJEAR v. tr. [1]. Mover o pasar ligeramente las hojas de un libro, cuaderno, revista, etc. **2.** Pasar las hojas de un texto, leyendo de prisa algunos pasajes.

HOJEDA (Diego de), poeta español (Sevilla 1570-Lima 1615). Su gran epopeya mística *La Cristiada* (1611), sobre la Pasión de Cristo, está influida poéticamente por Tasso.

HOKA, familia lingüística que comprende las lenguas de diversos pueblos amerindios que vivieron o viven desde California hasta Colombia.

HOKKAIDŌ, isla del N de Japón; 78 500 km²; 5 643 647 hab. C. pral. *Sapporo.*

HOKUSAI, dibujante y grabador japonés (Edo [act. Tōkyō] 1760-*id.* 1849). Uno de los grandes maestros de la estampa japonesa.

¡HOLA! interj. Voz que se emplea para saludar. **2.** Denota sorpresa o extrañeza.

HOLÁN n. m. *Méx.* Farallá, volante, adorno de cortinas o vestidos. SIN.: *olán.*

HOLANDA n. m. Queso refinado, de pasta prensada sin cocer y de corteza lavada. ♦ n. f. **2.** Cierta tela de algodón muy fina.

HOLANDA, nombre con el que se designa impropiamente al reino de Países Bajos (en neerlandés, *Nederland).*

HOLANDA, en neerlandés **Holland,** región del O de Países Bajos, la más rica y poblada del reino. — El condado de Holanda, erigido c. 1015, pasó sucesivamente a la casa de Avesnes (1299), a la de Baviera (1345), al ducado de Borgoña (1248) y por último a la casa de Austria (1477). El estatúder de Holanda, Guillermo de Orange, consiguió (Unión de Utrecht, 1579) la secesión y la independencia de la República de las Provincias Unidas, en cuyo seno Holanda desempeñó un papel fundamental.

HOLANDÉS, SA adj. y n. De Holanda o de Países Bajos. ♦ n. m. **2.** Dialecto neerlandés hablado en Holanda.

HOLANDESA n. f. Hoja de papel de 22 × 28 cm.

HOLBEIN (Hans) el Viejo, pintor y dibujante alemán (Augsburgo c. 1465-Issenheim, Alsacia, c. 1524). Próximo al gótico tardío e influido por el arte flamenco, es autor de retablos y retratos.

HOLBEIN (Hans) el Joven, pintor, dibujante y grabador alemán (Augsburgo 1497/1498-Londres 1543), hijo de Holbein el Viejo. Sus retratos destacan por un realismo sobrio y agudo.

HÖLDERLIN (Friedrich), poeta alemán (Lauffen, Württemberg, 1770-Tubinga 1843), autor de una novela (*Hiperión,* 1797-1799), de odas y de himnos de un romanticismo de tintes místicos.

HOLGADO, A adj. Dícese de las cosas demasiado anchas o sobradas en relación con lo que han de contener. **2.** *Fig.* Dícese de la situación económica de una persona que tiene para vivir con bienestar.

HOLGANZA n. f. Ociosidad.

HOLGAR v. intr. [1m]. Estar ocioso o entregarse al ocio. **2.** Sobrar, estar de más: *huelgan los comentarios.* ♦ **holgarse** v. pron. **3.** Alegrarse de algún sucesos. **4.** Divertirse, distraerse.

HOLGAZÁN, NA adj. y n. Dícese de la persona vaga y ociosa, que se resiste a trabajar.

HOLGAZANEAR v. intr. [1]. Trabajar poco o nada por holgazanería o estar ocioso.

HOLGAZANERÍA n. f. Cualidad de holgazán.

HOLGUÍN (*provincia de*), prov. del E de Cuba, junto al Atlántico; 9296 km²; 972 000 hab. Cap. *Holguín.*

HOLGUÍN, c. de Cuba, cap. de la prov. homónima; 224 908 hab. Industrias. Turismo. Aeropuerto.

HOLGUÍN (Carlos), político colombiano (Nóvita 1832-† 1894). Miembro del Partido conservador, fue presidente de la república (1888-1892).

HOLGUÍN (Jorge), político colombiano (Cali 1848-† 1928). De orientación conservadora, ocupó la presidencia de la república en 1909 y en 1921-1922.

HOLGURA n. f. Amplitud, cualidad o situación de holgado. **2.** Espacio vacío que queda entre dos piezas que han de encajar una en otra. **3.** Desahogo o bienestar económico.

HOLLAR v. tr. [1r]. Pisar algo con los pies. **2.** *Fig.* Abatir, humillar.

HOLLEJO n. m. Piel delgada que cubre algunas frutas y legumbres.

HOLLÍN n. m. Sustancia crasa y negra que el humo deposita en la superficie de los cuerpos.

HOLLINAR v. tr. [1]. Cubrir de hollín.

HOLLYWOOD, localidad de Estados Unidos, en la periferia de Los Ángeles, principal centro de la industria cinematográfica y de la televisión del país.

HOLMIO n. m. QUÍM. Metal del grupo de las tierras raras, de número atómico 67 y de masa atómica 164,93, cuyo símbolo químico es Ho.

HOLOCAUSTO n. m. (gr. *holokaustos*). Entre los judíos, sacrificio religioso en el que la víctima era totalmente consumida por el fuego. **2.** Gran matanza de seres humanos. **3.** *Fig.* Sacrificio, acto de abnegación.

HOLOCENO n. m. y adj. GEOL. Período más reciente del cuaternario.

HOLOFERNES, legendario general asirio que, según la Biblia, fue decapitado por Judit.

HOLOGRAFÍA n. f. Método de fotografía en relieve que utiliza las interferencias producidas por dos rayos laser, uno procedente directamente del aparato productor, y el otro reflejado por el objeto a fotografiar.

HOLOGRAMA n. m. Imagen obtenida por holografía.

HOLOTURIA n. f. (gr. *holothurion*). Equinodermo de los fondos marinos.

HOMBRACHO n. m. *Desp.* Hombre grueso y tornudo. **2.** *Desp.* Hombre grosero o despreciable.

HOMBRADA n. f. Acción propia de un hombre fuerte o de carácter.

HOMBRE n. m. (lat. *hominem*). Ser dotado de inteligencia y de un lenguaje articulado, clasificado entre los mamíferos del orden primates. **2.** La especie humana en sentido colectivo. **3.** Grupo determinado de la especie humana: *el hombre europeo.* **4.** Persona, miembro de la especie humana: *los derechos del hombre.* **5.** Varón, individuo del sexo masculino de la especie humana. **6.** Individuo adulto del sexo masculino de la especie humana. **7.** Individuo del sexo masculino dotado de las cualidades que caracterizan la madurez síquica. **8.** *Fam.* Marido o amante. **9.** *Fig.* Hombre que posee las cualidades consideradas varoniles por excelencia: *es todo un hombre.* **10.** Seguido de la prep. *de* y de un sustantivo, expresa la actividad o cualidad relacionada con dicho sustantivo: *hombre de acción; hombre de estado; hombre de bien.* **11.** FEUD. Cualquier tipo de persona que dependiese de un señor. • **Hombre lobo,** hombre que, según la superstición popular, al llegar la noche adquiere la apariencia de lobo. ‖ **Hombre medio** o **el hombre de la calle,** conjunto de personas representativas de las opiniones de una mayoría. ‖ **Hombre público,** el que interviene públicamente en política. ‖ **Hombre rana,** persona que, provista de un equipo autónomo de inmersión, se dedica a actividades submarinas. ♦ interj. Denota sorpresa o asombro.

HOMBRERA n. f. Parte de la armadura que cubría y defendía el hombro. **2.** Pequeña almohadilla colocada en los vestidos para levantar los hombros. **3.** Tirante de algunas prendas de vestir. **4.** MIL. Franja de tela que se coloca sobre los hombros del uniforme.

HOMBRÍA n. f. Calidad de hombre. **2.** Conjunto de cualidades morales que ensalzan a un hombre.

HOMBRO n. m. (lat. *humerum*). Parte superior y lateral del tronco del hombre, de donde nace el brazo. • **A hombros,** sobre los hombros; llevar entre varias personas a otra en volandas en manifestación de homenaje. ‖ **Arrimar el hombro,** cooperar o ayudar en algún trabajo. ‖ **Encogerse de hombros,** no saber o no querer responder a lo que se pregunta; mostrarse indiferente a lo que se ve u oye. ‖ **Mirar** a uno **por encima del hombro,** tenerle en menos, desdeñarle.

HOMBRUNO, A adj. Dícese de la mujer que se parece al hombre y de las cosas en que estriba esta semejanza.

HOMENAJE n. m. (provenz. *omenatge*). Demostración de admiración, respeto, etc., hacia alguien. **2.** Acto o serie de actos que se celebran en honor de alguien.

HOMENAJEAR v. tr. [1]. Tributar un homenaje.

HOMEOPATÍA n. f. Sistema terapéutico que consiste en tratar a los enfermos con la ayuda de dosis infinitesimales de agentes que determinan una afección análoga a la que se quiere combatir. CONTR.: *alopatía.*

HOMEOPÁTICO, A adj. Relativo a la homeopatía. **2.** Dícese de la dosis en que el producto activo interviene en proporción muy reducida.

HOMEOTERMIA n. f. Carácter de los organismos homeotermos. SIN.: *isotermia.*

HOMEOTERMO, A u **HOMEOTÉRMICO, A** adj. Dícese del animal cuya temperatura central es constante. SIN.: *isotermo, isotérmico;* CONTR.: *poiquilotermo.*

HOMÉRICO, A adj. Relativo a Homero.

HOMERO, poeta épico griego, al que se atribuye la autoría de la *Ilíada* y la *Odisea,* y cuya existencia estuvo rodeada de leyendas desde el s. VI a. J.C. Los poemas homéricos ejercieron una gran influencia en los filósofos, los escritores y la educación de la antigüedad.

HOMICIDA adj. y n. m. y f. (lat. *homicidam*). Dícese de la persona que voluntariamente causa la muerte de otra. **2.** Responsable de un homicidio. ♦ adj. **3.** Dícese de lo que ocasiona la muerte.

HOMICIDIO n. m. Muerte de una persona causada voluntariamente por otra.

HOMILÍA n. f. (gr. *homilía*, plática). Explicación o sermón sobre materias religiosas, que se efectúa en el curso de la misa.

HOMÍNIDO, A u **HOMINIANO, A** adj. y n. m. Relativo a un suborden de mamíferos primates vivos y fósiles, en el que se incluye el hombre actual.

HOMINIZACIÓN n. f. Proceso evolutivo que determinó la aparición de la especie humana.

HOMOCÉNTRICO, A adj. *Fig.* Dícese del haz luminoso cuyos rayos pasan todos por el mismo punto. **2.** MAT. Concéntrico.

HOMOCÍCLICO, A adj. QUÍM. Dícese de los compuestos orgánicos que contienen una o varias cadenas cerradas, constituidas exclusivamente por átomos de carbono.

HOMOCINÉTICO, A adj. Dícese de las partículas que tienen la misma velocidad. **2.** MEC. Dícese de la conexión entre dos ejes que asegura una transmisión regular de las velocidades, incluso si los dos ejes no están alineados.

HOMOCROMÍA n. f. BIOL. Propiedad de algunos animales (reptiles, peces e insectos) de armonizar su color con el de los objetos que los rodean.

HOMÓFONO, A adj. y n. m. LING. Dícese de las palabras de igual pronunciación, pero de ortografía y sentido diferentes. ♦ adj. **2.** MÚS. Dícese del canto o música en que todas las voces van al unísono. CONTR.: polifónico.

HOMOGENEIDAD n. f. Calidad de homogéneo.

HOMOGENEIZACIÓN n. f. Acción de homogeneizar y, en particular, de someter ciertos líquidos, como la leche, a un tratamiento que impide en su masa la decantación de los elementos constitutivos.

HOMOGENEIZADA, A adj. **Leche homogeneizada,** leche que ha sido sometida al proceso de homogeneización.

HOMOGENEIZAR v. tr. [**1x**]. Transformar en homogéneo.

HOMOGÉNEO, A adj. Perteneciente a un mismo género. **2.** Dícese del conjunto formado por elementos de igual naturaleza y condición o en el que no se distinguen sus partes constituyentes.

HOMOGRAFÍA n. f. LING. Naturaleza de las palabras homógrafas. **2.** MAT. Transformación puntual en la que toda forma lineal (recta, plano, etc.) tiene por imagen otra forma lineal.

HOMOGRÁFICO, A adj. Relativo a la homografía. • **Función homográfica,** cociente de dos funciones de primer grado.

HOMÓGRAFO, A adj. LING. Dícese de los homónimos que tienen la misma ortografía.

HOMOLOGABLE adj. Que puede homologarse.

HOMOLOGACIÓN n. f. Acción y efecto de homologar.

HOMOLOGAR v. tr. [**1b**]. Confirmar, corroborar, revalidar. **2.** Reconocer oficial o privadamente un aparato o técnica de ejecución comprobando las características prefijadas. **3.** Equiparar, poner en relación de igualdad o semejanza dos cosas. **4.** DEP. Registrar o confirmar un organismo autorizado el resultado de una prueba deportiva realizada con arreglo a ciertas normas.

HOMÓLOGO, A adj. y n. Dícese de la persona o cosa que se corresponde exactamente con otra. ♦ adj. **2.** MAT. Dícese de los elementos correspondientes en una transformación. **3.** QUÍM. Dícese de los cuerpos orgánicos que tienen las mismas funciones y estructuras análogas.

HOMÓNIMO, A adj. y n. (gr. *homónymos*). Dícese de las palabras que tienen la misma pronunciación o la misma ortografía, pero sentido diferente. **2.** Dícese de una persona, una ciudad, etc., que tiene el mismo nombre que otra.

HOMÓPTERO, A adj. y n. m. Relativo a un orden de insectos hemipteroides de alas iguales, a menudo vegetarianos, como la cigarra y el pulgón.

HOMOSEXUAL adj. y n. m. y f. Dícese de la persona que siente atracción sexual por individuos de su mismo sexo. ♦ adj. **2.** Relativo a la homosexualidad.

HOMOSEXUALIDAD n. f. Forma de sexualidad en la que la atracción sexual se dirige hacia una persona del mismo sexo.

HOMOSFERA n. f. Capa de la atmósfera, situada entre el suelo y una altura de aproximadamente 100 km.

HOMOTERMIA n. f. Carácter de un cuerpo con temperatura homogénea y constante.

HONDA n. f. (lat. *fundam*). Utensilio formado por una tira de una materia flexible, especialmente cuero, y que se usa para lanzar piedras.

HONDO, A adj. Que tiene mucha profundidad. **2.** Dícese de la parte del terreno más baja que la circundante. **3.** *Fig.* Oculto, recóndito: *en lo más hondo del corazón*. **4.** Dícese de los sentimientos intensos, muy íntimos y verdaderos: *sentir un hondo pesar*. • **Cante hondo,** cante jondo. ♦ n. m. **5.** Fondo de cualquier cosa hueca.

HONDO → **Honshū**.

HONDONADA n. f. Parte del terreno que está más honda que la que le rodea.

HONDURA n. f. Profundidad de una cosa. • **Meterse** uno **en honduras,** profundizar demasiado en el estudio o exposición de un asunto; querer averiguar demasiado de algo.

HONDURAS (*cabo*), cabo de la costa caribeña de Honduras (Puerto Castilla, Colón), que constituye el extremo N del país.

HONDURAS (*golfo de*), entrante de la costa centroamericana del Caribe, compartido por Belice, Guatemala y Honduras.

HONDURAS, estado de América Central, situado entre Guatemala, El Salvador y Nicaragua; 112 088 km²; 4 674 000 hab. (*Hondureños.*) CAP. Tegucigalpa. LENGUA OFICIAL: español. MONEDA: *lempira*.

GEOGRAFÍA

País accidentado por numerosas sierras, que enmarcan una estrecha depresión central que recorre el territorio de N a S. Las llanuras ocupan sólo las franjas costeras del S (golfo de Fonseca, en el Pacífico) y el N (golfo de Honduras, en el Caribe), más la Mosquitia, en el ángulo NE. La población crece a un ritmo cercano al 3 % anual. Las mayores densidades corresponden a la depresión central y las áreas cafetaleras del occidente. La capital y San Pedro Sula albergan al 60 % de la población urbana. La agricultura, que emplea al 48 % de la población activa, tiene un peso fundamental en la economía; la banana y el café son los principales productos de exportación, mientras el maíz, la alubia y el frijol se orientan al consumo interno. Son importantes asimismo la pesca y la minería (cinc, plomo, plata, oro). Pese a la penuria de capitales y de mano de obra especializada, las industrias manufactureras (agroalimentaria, tabaco, textil) han alcanzado un modesto desarrollo. E.U.A. es el principal socio comercial.

HISTORIA

El poblamiento precolombino. Honduras fue en el I milenio escenario de uno de los principales centros mayas del período clásico, Copán. En el s. XVI el territorio estaba ocupado por poblaciones muy diversas: pipiles, de origen nahua, misquitos, de origen amazónico, sumos y pamacas, emparentados con los chibchas, payas, matagalpas, caribes, lencas y jicaques, entre otros.

Conquista y colonización española. 1497: descubrimiento de la costa, a la que se dio el nombre de Honduras, por Yáñez Pinzón y Díaz de Solís. 1522-1524: las expediciones de González de Ávila y Cristóbal de Olid iniciaron la conquista del territorio. 1542-1549: funcionamiento temporal de una audiencia de los Confines en Comayagua, a partir de cuya disolución Honduras quedó bajo la jurisdicción de Guatemala, dentro del virreinato de Nueva España. 1786: la intendencia de Comayagua (1786) unificó el territorio, hasta entonces dividido entre las alcaldías mayores de Comayagua y Tegucigalpa. A pesar de una modesta producción de plata, el territorio hondureño fue objeto de una muy débil explotación colonial: en cambio su costa se convirtió en refugio de negros cimarrones, que se mestizaron con los indios y constituyeron de hecho «reino» independiente, bajo protectorado británico (1740-1859).

La independencia. 1821: la proclamación de la independencia dividió a Comayagua, que se pronunció por la integración a México, y Tegucigalpa, fiel a Guatemala. 1822-1823: anexión al imperio mexicano de Iturbide hasta su disolución. 1824-1838: se integró en las Provincias Unidas de Centroamérica, que tuvo en el tegucigalpense Morazán su principal impulsor. 1839: Honduras se separó de la federación y se constituyó de manera definitiva en república independiente, aunque todavía participó como tal en un efímero proyecto de unión con El Salvador y Nicaragua (1842-1844).

La república intervenida. 1840-1873: el guatemalteco Carrera interfirió la política hondureña: apoyó el acceso al poder del conservador Ferrera (1841), derribó a Cabañas, antiguo partidario de Morazán (1855), al que sustituyó por el también conservador Santos Guardiola y, promovió a Leiva a la presidencia (1873). 1876-1891: la intervención guatemalteca prosiguió bajo signo liberal, de la mano de Justo Rufino Barrios, que obligó a Leiva a renunciar y promovió a Bográn (1883). La influencia guatemalteca fue sustituida a partir de 1896 por la del nicaragüense Zelaya. La fragmentación de la sociedad y de la economía hondureña, sin un grupo ni un producto dominante, facilitó esa permanente interferencia que a comienzos del siglo XX dio paso a la de E.U.A.

El siglo XX. La penetración estadounidense configuró la nueva base de la economía exportadora hondureña, centrada en el banano y otras frutas tropicales explotadas por la Standard fruit y la United fruit co. Al propio tiempo se constituyeron los dos partidos, el nacional, conservador, y el liberal, que han vertebrado la vida política en el siglo XX. 1933-1957: el nacionalista Carías Andino dominó el país como presidente (1933-1949) y como poder en la sombra. 1957-1978: la experiencia reformista del liberal Villeda Morales fue abortada por un golpe militar (1963) que situó en el poder al coronel López Arellano (1963-1975), durante cuyo gobierno tuvo lugar la «guerra del fútbol» con El Salvador (1969). 1975-1994: tras un breve período de reformismo militar (1975-1978), en el que se anunció de nuevo la reforma agraria, el poder fue devuelto (1980-1981) a los partidos tradicionales, que han turnado en el el bao o la tutela conservadora del ejército; por otra parte, tras el triunfo sandinista en Nicaragua, Honduras se convirtió en la principal base de acción de la contra nicaragüense. En los últimos años se han sucedido en la presidencia los liberales R. Suazo Córdova (1981-1985) y J. S. Azcona (1985-1989), el conservador R. L. Callejas (1989-1994), el liberal C. R. Reina (1994-1997) y el también liberal Carlos Flores (desde 1997). En 2001 llegó a la presidencia Ricardo Maduro, el

HON

Partido Nacional, con lo que terminaron 16 años de gobiernos liberales.
HONDURAS BRITÁNICA → *Belice*.
HONDUREÑISMO n. m. Vocablo, giro o locución propio de los hondureños.
HONDUREÑO, A adj. y n. De Honduras. ♦ n. m. **2.** Modalidad adoptada por el español en Honduras.
HONESTIDAD n. f. Cualidad de honesto.
HONESTO, A adj. (lat. *honestum*). Conforme a lo que exige el pudor y la decencia o que no se opone a las buenas costumbres. **2.** Honrado, incapaz de robar, estafar o defraudar. **3.** Razonable, moderado.
HONG KONG u **HONGKONG**, en chino **Xianggang**, región administrativa especial de China, en la bahía de Cantón, que engloba además de la *isla de Hong Kong*, otras islas y una península continental (Kowloon); 1034 km²; 5 310 000 hab. Cap. *Victoria.* La región, superpoblada y muy industrializada (textil, electrónica), es uno de los más importantes centros financieros y comerciales del Extremo oriente, y uno de los puertos más activos. Cedida a Gran Bretaña en 1842, tras un acuerdo entre China y Gran Bretaña firmado en 1984, la colonia regresó a China (1997).
HONGO n. m. (lat. *fungum*). Vegetal sin flores y sin clorofila, que crece en lugares húmedos, ricos en materia orgánica y poco iluminados, y del que existen cerca de 250 000 especies. **2.** Sombrero de copa baja, rígida y semiesférica.
HONOLULU u **HONOLULÚ**, c. de Estados Unidos, cap. y puerto de las islas Hawai, en la isla de Oahu; 365 272 hab. Centro turístico.
HONOR n. m. (lat. *honorem*). Cualidad moral de la persona, que obedece a los estímulos de su propia estimación: *un hombre de honor.* **2.** Recompensa moral que se alcanza con esta cualidad: *preferir el honor al dinero.* **3.** Reputación, consideración: *vengar su honor.* **4.** Virginidad en las mujeres. **5.** Demostración de estima, de respeto: *celebrar una fiesta en honor a alguien.* **6.** Acto por el cual alguien se siente halagado. **7.** Dignidad, cargo, empleo: *aspirar a los honores de la presidencia.* (Suele usarse en plural.) • **Campo,** o **terreno, del honor,** lugar donde, conforme a ciertas reglas, combaten dos o más personas. ‖ **Hacer honor a** algo, comportarse conforme a lo que se dice. ‖ **Palabra de honor,** promesa o afirmación que confirma con fuerza algo. ‖ **Tener a honor,** considerar que es causa de orgullo. ♦ **honores** n. m. pl. **8.** Ceremonial, agasajo: *rendir honores.* **9.** Fórmulas particulares de respeto que deben observarse ante los jefes de estado y altos funcionarios. **10.** Ceremonias con que la guardia o tropa formada honra a determinadas personas, a la bandera, etc. ‖ **Hacer los honores,** atender a los invitados en una fiesta o ceremonia; hacer aprecio de lo que se ofrece en un convite, comiendo y bebiendo en abundancia.
HONORABILIDAD n. f. Cualidad de honorable.
HONORABLE adj. Digno de ser honrado o acatado. **2.** Respetable, digno: *hombre honorable.*
HONORARIO, A adj. Dícese de la persona que tiene los honores pero no el ejercicio ni retribución de un empleo o dignidad: *miembro honorario.* ♦ **honorarios** n. m. pl. **2.** Retribución percibida por las personas que ejercen profesiones liberales.
HONORÍFICO, A adj. (lat. *honorificum*). Que da honor: *un título honorífico.*
HONORIS CAUSA loc. adj. (voces lat., a *causa del honor*). Dícese de los grados universitarios conferidos, a título honorífico y sin examen, a altas personalidades.
HONRA n. f. Circunstancia de ser alguien por su conducta digno de aprecio y respeto. **2.** Buena opinión y fama adquirida por la virtud y el mérito. **3.** Motivo de satisfacción y orgullo: *tener algo a mucha honra.* **4.** Honor, virginidad en las mujeres. ♦ **honras** n. f. pl. **5.** Oficio solemne que se hace por los difuntos algunos días después del entierro.
HONRADEZ n. f. Calidad de honrado.
HONRADO, A adj. Incapaz de robar, estafar o defraudar. **2.** Escrupuloso en el cumplimiento de sus deberes. **3.** Honesto, decente. **4.** Dícese de lo ejecutado de forma considerada moralmente buena: *intenciones honradas.*
HONRAR v. tr. (lat. *honorare*) [1]. Manifestar respeto, estima o consideración: *honrar la memoria de alguien.* **2.** Ser motivo de estimación o gloria: *le honra su valentía.* **3.** Premiar el mérito de alguien con muestras de reconocimiento: *le honraron con títulos.* • **Honrar la casa, la mesa,** etc., fórmula de cortesía utilizada para invitar. ♦ **honrarse** v. pron. **4.** Considerarse orgulloso por algo.
HONROSO, A adj. Que da honra: *un cargo honroso.* **2.** Decoroso, decente: *un acuerdo honroso.*
HONSHŪ, ant. **Hondo,** isla de Japón, la mayor y más poblada de las que forman el país; 230 000 km²; 99 254 194 hab. C. pral. *Tōkyō, Ōsaka,* Yokohama, *Kyōto* y *Kōbe.*
HONTANAR n. m. Sitio en que nacen fuentes o manantiales.
HOPKINS (sir Frederick Gowland), fisiólogo y químico británico (Eastbourne 1861-Cambridge 1947), especialista en las vitaminas. (Premio Nobel de medicina 1929.)
HOQUIS. De hoquis (*Méx.*), gratis, de balde.
HORA n. f. (lat. *horam*). Unidad de medida de tiempo (símbolo h), equivalente a 3600 segundos, o sea, 60 minutos. **2.** Momento determinado del día: *la hora de la comida.* **3.** Momento cualquiera: *recordar horas agradables.* **4.** Momento oportuno y determinado para hacer una cosa: *hora de irnos a dormir.* **5.** Últimos instantes de la vida: *cuando llegue mi hora...* • **¡A buena hora!** o **¡a buenas horas!,** exclamación usada cuando llega algo que se esperaba, pero tarde para lo que ya era necesario. ‖ **A la hora de la hora,** o **a la mera hora** (*Méx.*), en el momento preciso, crítico o decisivo: *a la hora de la hora se arrepintió.* ‖ **Dar hora,** señalar plazo o citar en un tiempo determinado. ‖ **En su hora,** en el momento adecuado. ‖ **Hora extraordinaria,** hora de trabajo realizada fuera de la jornada laboral legal. ‖ **Hora hábil,** cada una de las que median entre la salida y la puesta del sol. ‖ **Hora punta,** aquella en que se produce mayor aglomeración en la circulación urbana. ‖ **Hora suprema,** la de la muerte. ‖ **Pedir hora,** solicitar a una persona que señale el momento adecuado para ir a verla. ♦ **horas** n. f. pl. **6.** ‖ **A todas horas,** cada hora. ‖ **Entre horas,** entre las horas de las comidas. ‖ **Horas canónicas,** horas en que tradicionalmente se recitan las diversas partes del breviario; estas mismas partes.
HORACIO, poeta latino (Venosa, Apulia, 65 a. J.C.-† 8 a. J.C.), proporcionó a las letras latinas una poesía a la vez familiar, nacional y religiosa (*Sátiras; Odas; Epístolas*). Fue el modelo de las virtudes clásicas de equilibrio y mesura para los humanistas del renacimiento.
HORADAR v. tr. [1]. Agujerear una cosa atravesándola de parte a parte.
HORARIO, A adj. Relativo a las horas. ♦ n. m. **2.** Saetilla de mano del reloj que indica la hora. **3.** Repartición de las horas de trabajo. **4.** Cuadro detallado que señala las horas de llegada y de salida: *horario de trenes.*
HORCA n. f. (lat. *furcam*). Aparato formado por una barra horizontal sostenida por otras verticales, de la que se cuelga una cuerda y que sirve para ahorcar a los condenados a esta pena. **2.** Palo que remata en dos o más púas, muy utilizado en las faenas agrícolas. **3.** Palo que remata en dos puntas y sirve para sostener las ramas de los árboles, armar los parrales, etc. **4.** Conjunto de dos ristras de ajos o de cebollas atadas por un extremo.
HORCAJADA. A horcajadas, manera de montar a caballo o de sentarse echando una pierna por cada lado.
HORCAJADURA n. f. Ángulo que forman las dos piernas en su nacimiento.
HORCHATA n. f. (cat. *orxata*). Bebida hecha a base de almendras, chufas, etc., machacadas con agua y azúcar. **2.** *Méx.* Bebida que se prepara con harina de arroz, agua, azúcar y canela.
HORCHATERÍA n. f. Establecimiento donde se hace o vende horchata.
HORCÓN n. m. *Amér.* Madero vertical que en las casas rústicas sirve para sostener vigas o aleros de tejado. **2.** *Chile.* Palo para sostener las ramas de los árboles.
HORDA n. f. (fr. *horde*). Comunidad nómada que se distingue de la tribu por el carácter rudimentario de los vínculos sociales que unen a los grupos que la integran. **2.** Grupo de gente indisciplinada: *horda de bandidos.* **3.** HIST. Tribu tártara o estado mongol.
HORIZONTAL adj. Paralelo al plano del horizonte y, por tanto, perpendicular a una dirección que representa convencionalmente la vertical. • **Coordenadas horizontales de un astro,** altura y acimut de este astro. ‖ **Plano horizontal,** plano que pasa por el observador y perpendicular a la dirección del hilo de la plomada, en un lugar determinado. ♦ n. m. **2.** MAT. Línea horizontal.
HORIZONTALIDAD n. f. Carácter o estado de lo que es horizontal: *la horizontalidad de un plano.*
HORIZONTE n. m. (lat. *horizontem*). Línea imaginaria circular cuyo centro es el observador y en la que parece que se unen el cielo y la tierra o el mar. **2.** Parte de la tierra, el mar o el cielo que señala el límite de esta línea. **3.** Campo o dominio de una acción o de cualquier actividad: *el horizonte político.* **4.** Perspectivas del porvenir. **5.** GEOL. Capa bien caracterizada por uno o varios fósiles. **6.** PREHIST. Distribución de las características culturales idénticas en una vasta región, durante un período limitado.
HORMA n. f. (lat. *formam*). Molde o forma que se emplea en la fabricación de zapatos, en sombrerería, peluquería, etc. **2.** Instrumento que se introduce en el zapato para conservar, ensanchar o alargar su forma. **3.** *Colomb., Cuba, Perú* y *Venez.* Molde o vasija para elaborar los panes de azúcar.
HORMADORAS n. f. pl. *Colomb.* Enaguas.
HORMIGA n. m. (lat. *formicam*). Insecto que vive en sociedades, u hormigueros, donde se encuentran reinas fecundas y numerosas obreras sin alas. (Orden himenópteros.) • **Hormiga blanca,** nombre dado al *termes.* ‖ **Hormiga león,** insecto cuya larva cava dentro de la arena una fosa en forma de embudo donde captura las hormigas. (Orden neurópteros.) ‖ **Ser una hormiga** (*Fam.*), ser ahorrador y laborioso.
HORMIGÓN n. m. Aglomerado artificial de piedras menudas, grava y arena, cohesionadas mediante un aglutinante hidráulico. SIN.: *calcina.* • **Hormigón armado,** hormigón que envuelve armaduras metálicas destinadas a resistir esfuerzos de tracción o de flexión que el hormigón ordinario soportaría mal.
HORMIGONADO n. m. Acción de hormigonar. **2.** Obra de albañilería hecha con hormigón.
HORMIGONAR v. tr. [1]. Construir con hormigón.

HORMIGONERA n. f. Máquina que sirve para fabricar hormigón.
HORMIGUEAR v. intr. [1]. Experimentar hormigueo. 2. Fig. Bullir, estar en movimiento una muchedumbre.
HORMIGUEO n. m. Sensación de prurito o desazón en forma de pequeños pinchazos, que aparece y desaparece espontáneamente, especialmente en las extremidades. 2. Fig. Desazón física o moral.
HORMIGUERO, A adj. y n. m. Dícese de varios mamíferos desdentados que capturan los insectos con su lengua viscosa. ♦ n. m. 2. Nido donde viven las hormigas. 3. Conjunto de hormigas que habitan en este nido. 4. Fig. Aglomeración de gente que bulle.
HORMIGUILLAR v. tr. [1]. Amér. Revolver el mineral argentífero pulverizado con el magistral y la sal común para preparar el beneficio.
HORMIGUILLO n. m. Amér. Movimiento que producen las reacciones entre el mineral y los ingredientes incorporados para el beneficio por amalgamación.
HORMIGUITA n. f. Persona laboriosa, económica y buena administradora.
HORMONA n. f. (gr. hormōn, de hormão, excitar). Sustancia producida por una glándula o por síntesis y que actúa en órganos o tejidos situados a distancia, tras ser transportada por la sangre. 2. Sustancia reguladora del crecimiento de los vegetales.
HORMONAL adj. Relativo a las hormonas.
HORNACINA n. f. Concavidad hecha en el espesor de un muro, en el que se suele colocar una estatua, una imagen, un objeto decorativo, etc.
HORNADA n. f. Cantidad de pan, piezas de cerámica, etc., que se hornean de una vez en un horno. 2. Fig. y fam. Conjunto de individuos que acaban a un mismo tiempo una carrera o reciben a la vez el nombramiento para un cargo.
HORNAGUEARSE v. pron. [1]. Chile. Moverse un cuerpo a un lado y otro.
HORNAZO n. m. Méx. Vulg. Olor fuerte y penetrante, particularmente el que despide la marihuana.
HORNEAR v. intr. [1]. Enhornar.
HORNERO, A n. Propietario o encargado de un horno. ♦ n. m. Pájaro que construye con barro y paja un característico nido en forma de horno, que vive en América Central y Meridional. (Familia furnáridos.)
HORNILLA n. f. Méx. Hornillo de la cocina o estufa.
HORNILLO n. m. Utensilio, transportable o empotrado, donde se hace el fuego para cocinar, y que puede funcionar con diversos combustibles. 2. Recipiente, suelto o empotrado en el hogar de una cocina, donde se hace fuego. 3. Cavidad destinada a recibir una carga de explosivo.
HORNO n. m. (lat. furnum). Obra de albañilería abovedada, que sirve para cocer diferentes sustancias o para la producción de temperaturas muy elevadas. 2. Aparato en el que se calienta una materia con la finalidad de someterla a transformaciones físicas o químicas. 3. Parte de una cocina calorífica o recinto calorífugo independiente y empotrable, en la que se ponen los alimentos para cocerlos o calentarlos. 4. Tahona, lugar donde se cuece y vende pan. 5. Fig. Lugar que es o está muy caliente. • **Alto horno**, construcción pensada especialmente para efectuar la fusión y la reducción de minerales de hierro, con vistas a elaborar la fundición. || **Horno catalítico**, horno autolimpiador eléctrico o de gas en el que las grasas son oxidadas en contacto con el esmalte de las paredes.
HORNOS (cabo de), extremidad S de la isla de Hornos (Chile), saliente meridional de América del Sur. — El falso cabo de Hornos es la extremidad S de la isla de Hoste.
HORÓSCOPO n. m. (gr. hōroskopos). Predicción del futuro deducida de la posición relativa de los astros del sistema solar y de los signos del Zodíaco en un momento dado.
HORQUETA n. f. Argent. Lugar donde se bifurca un camino. 2. Argent. y Chile. Fig. Parte donde el curso de un río o arroyo forma ángulo agudo, y terreno que éste comprende.
HORQUETA, cerro de Panamá (Chiriquí), uno de los más elevados de la cordillera Central panameña; 2140 m.
HORQUETA, distr. de Paraguay (Concepción); 51 738 hab. Café, vacunos. Industria maderera.
HORQUILLA n. f. Vara larga, terminada en uno de sus extremos en dos puntas, que sirve para colgar, descolgar o afianzar cosas. 2. Parte del cuadro que sostiene la rueda delantera y el manillar de una bicicleta o una motocicleta. 3. Instrumento con dientes o púas de hierro o de madera, con un mango largo, y que se emplea para diversos usos agrícolas. 4. Pieza de alambre en forma de U, para sujetar el cabello.
HORRAR v. tr. [1]. v. intr. y pron. Amér. Central y Colomb. Hablando de yeguas, vacas, etc., malográrseles las crías.
HORRENDO, A adj. (lat. horrendum, que hace erizar los cabellos). Horroroso: un crimen horrendo.
HÓRREO n. m. (lat. horreum). Granero, lugar donde se recogen los granos. 2. En el NO de la península Ibérica, cámara algo elevada, sostenida en el aire por pilares, para conservar las cosechas.
HORRIBLE adj. (lat. horribilem). Horroroso.
HORRIPILACIÓN n. f. Erección de los pelos debida al terror, al frío, etc.
HORRIPILANTE adj. Que horripila.
HORRIPILAR v. tr. y pron. (lat. horripilare, hacer erizar los cabellos) [1]. Causar horripilación. 2. Causar horror y espanto: la miseria me horri-pila.
HORRÍSONO, A adj. (lat. horrisonum). Que con su sonido causa horror: un grito horrísono.
HORROR n. m. (lat. horrorem). Miedo muy intenso. 2. Temor por algo desagradable o que causa disgusto: los exámenes le producen horror. 3. Impresión producida por algo catastrófico, sangriento o cruel: el horror de un crimen. 4. Aversión: tener horror al desorden. 5. Cosa extraordinaria por lo mala, grande o exagerada: divertirse un horror.
HORRORIZAR v. tr. [1g]. Causar horror. ♦ **horrorizarse** v. pron. 2. Sentir horror.
HORROROSO, A adj. Que causa horror por lo pavoroso, cruel, trágico, etc. 2. Fam. Muy feo. 3. Fam. Muy malo. 4. Fam. Muy grande.
HORSE-POWER n. m. (expresión inglesa, potencia de un caballo). Unidad de medida de potencia (símbolo HP) adoptada en Gran Bretaña, que equivale a 75,9 kgm/s, 1,013 CV o 0,7457 kW.
HORTALIZA n. f. Nombre que se da a las plantas de huertas cuyas semillas, hojas, tallos o raíces forman parte de la alimentación.
HORTELANO, A adj. Relativo a la huerta: productos hortelanos. ♦ n. 2. Persona que tiene por oficio cuidar y cultivar huertas. ♦ n. m. 3. Ave paseriforme de plumaje gris verdoso en la cabeza, pecho y espalda. (Familia fringílidos.)
HORTENSE u **HORTÍCOLA** adj. Relativo a la huerta.
HORTENSIA n. f. Arbusto originario de Extremo Oriente, cultivado por sus flores ornamentales. (Familia saxifragáceas.) 2. Flor de esta planta.
HORTICULTOR, RA u **HORTOFRUTICULTOR, RA** n. Persona que se dedica a la horticultura.
HORTICULTURA u **HORTOFRUTICULTURA** n. f. Rama de la agricultura que se ocupa del cultivo de las plantas de huerta.
HORUS, dios solar del ant. Egipto, simbolizado por un halcón o por un Sol alado.
HOSCO, A adj. (lat. fuscum, pardo oscuro). Falto de amabilidad y poco sociable: carácter hosco. 2. Inhospitalario o amenazador: lugar, tiempo hosco.
HOSPEDAJE n. m. Acción de hospedar. 2. Contrato por el que una persona se obliga a prestar a otra alojamiento mediante un precio. 3. Cantidad que se paga. 4. Lugar, casa donde uno se hospeda.
HOSPEDAR v. tr. [1]. Tener a alguien como huésped: nos hospedó en su casa. ♦ **hospedarse** v. pron. 2. Estar como huésped: hospedarse en un hotel.
HOSPEDERÍA n. f. Casa donde se admiten huéspedes que pagan su hospedaje. 2. Habitación destinada en los conventos para recibir a los huéspedes.
HOSPICIANO, A adj. y n. Asilado en un hospicio.
HOSPICIO n. m. (lat. hospitium, alojamiento). Asilo en que se da mantenimiento y educación a niños pobres, expósitos o huérfanos. 2. Casa destinada para albergar y recibir peregrinos y pobres. 3. Argent., Chile y Ecuad. Asilo para dementes y ancianos. 4. Argent., Chile y Perú. Asilo para menesterosos.
HOSPITAL n. m. (lat. hospitalem). Establecimiento, público o privado, donde se efectúan todos los cuidados médicos y quirúrgicos.
HOSPITALARIO, A adj. Relativo al hospital: un centro hospitalario. 2. Acogedor: una persona hospitalaria. 3. Dícese de los lugares naturales que están al abrigo. ♦ adj. y n. 4. Relativo a las órdenes religiosas militares que se entregaban al servicio de los viajeros, peregrinos y enfermos, como los templarios.
HOSPITALET DE LLOBREGAT (L'), c. de España (Barcelona), cab. de p. j.; 273 284 hab. (Hospitalenses.) En el área metropolitana de Barcelona. Centro industrial y comercial.
HOSPITALIDAD n. f. Calidad de hospitalario, acogedor. 2. Estancia de los enfermos en el hospital.
HOSPITALIZACIÓN n. f. Acción y efecto de hospitalizar.
HOSPITALIZAR v. tr. [1g]. Internar en un hospital o clínica: hospitalizar a un enfermo.
HOSQUEDAD n. f. Calidad de hosco.
HOSTAL n. m. Hostería.
HOSTE, isla de Chile (Magallanes y Antártica Chilena), al S del canal Beagle. Su extremo meridional es el falso cabo de Hornos.
HOSTELERÍA n. f. Conjunto de servicios encaminados a la satisfacción de las necesidades de alojamiento y alimentación, prestados en establecimientos públicos a cambio de una compensación económica. SIN.: hotelería.
HOSTELERO, A adj. Relativo a la hostelería: el sector hostelero. ♦ n. 2. Persona que tiene a su cargo una hostería.
HOSTERÍA n. f. Establecimiento donde por dinero se da de comer y hospedaje. 2. Argent. y Chile. Hotel, restaurante turístico.
HOSTIA n. f. (lat. hostiam, víctima). Oblea hecha con harina, huevo y azúcar, batidos en agua o leche. 2. Vulg. Bofetón, golpe. 3. LITURG. Pan ázimo que el sacerdote consagra durante la misa.
HOSTIARIO n. m. Caja en que se guardan hostias no consagradas.
HOSTIGADOR, RA adj. y n. Que hostiga.
HOSTIGAMIENTO n. m. Acción de hostigar.
HOSTIGAR v. tr. (bajo lat. fustigare) [1b]. Azotar, castigar con látigo, vara o cosa semejante: hostigar a los caballos. 2. Excitar a alguien para que haga algo. 3. Fig. Perseguir, molestar, acosar: hostigar a alguien con burlas. 4. En la guerra, inquietar al enemigo y entorpecer su actuación.

HOS

5. *Amér. Merid., Méx.* y *Nicar.* Hartar el sabor de un alimento o bebida después de algunos bocados o tragos. **6.** *Colomb.* y *Perú. Fam.* Molestar, empalagar un individuo.

HOSTIGOSO, A adj. *Chile, Guat.* y *Perú.* Empalagoso, fastidioso.

HOSTIL adj. (lat. *hostilem*). Que es contrario, enemigo o que se opone: *hostil al progreso*.

HOSTILIDAD n. f. Calidad de hostil o actitud hostil: *la hostilidad entre dos personas*. **2.** Agresión armada de un pueblo, ejército o tropa. • **Romper las hostilidades,** dar principio a la guerra.

HOSTILIZAR v. tr. [**1g**]. Realizar actos de hostilidad contra alguien, particularmente contra el enemigo.

HOSTOS (Eugenio María **de**), escritor y pedagogo puertorriqueño (Mayagüez 1839-Santo Domingo 1903). Defendió la independencia (*La peregrinación de Bayoán*, 1863, novela) y la unidad antillana, y se vinculó al krausismo. También escribió obras políticas (*Moral social*, 1888).

HOT CAKE n. m. *Méx.* Pan delgado y de forma circular que se come con mantequilla y miel.

HOT DOG n. m. (voces inglesas, *perro caliente*). Bocadillo caliente de salchichas con mostaza.

HOTEL n. m. (fr. *hôtel*). Establecimiento donde se da alojamiento a personas que, en general, están temporalmente en una población. **2.** Casa aislada de las colindantes y con jardín.

HOTELERO, A adj. Relativo al hotel: *industria hotelera* . ♦ n. **2.** Persona que posee o administra un hotel.

HOTENTOTE, A adj. y n. Relativo a un pueblo nómada que vive en Namibia; individuos de este pueblo.

HOUNSFIELD (Godfrey Newbold), ingeniero británico (Newark 1919). Contribuyó, junto con A. M. Cormack, al desarrollo del scanner. (Premio Nobel de medicina 1979.)

HOUSSAY (Bernardo Alberto), médico argentino (Buenos Aires 1887-íd. 1971), autor de *Fisiología médica* (1946) y Premio Nobel de fisiología y medicina en 1947 por su descubrimiento del papel de la hormona del lóbulo anterior de la hipófisis en el metabolismo de los hidratos de carbono.

HOUSTON, c. y puerto de Estados Unidos (Texas), en la bahía de Galvestoon; 1 630 553 hab. (3 301 937 hab. en el área metropolitana). Centro espacial. Museos. Refino de petróleo. Metalurgia. Química.

HOY adv. t. (lat. *hodie*). En este día, en el día presente. **2.** En el tiempo presente: *la juventud de hoy.* • **Hoy por hoy,** en este tiempo, en la actualidad. ‖ **Por hoy,** por ahora.

HOYA n. f. Concavidad u hondura grande formada en la tierra: *excavar una hoya en el jardín.* **2.** Sepultura. **3.** GEOMORFOL. Depresión del terreno, debida a la erosión, pero generalmente preparada de antemano por la tectónica.

HOYAR v. intr. [**1**]. *Cuba, Guat.* y *Méx.* Abrir hoyos para hacer ciertos plantíos, como el del cafeto.

HOYO n. m. Concavidad natural o artificial de la tierra o de cualquier superficie: *un suelo lleno de hoyos.* **2.** Hoya, sepultura. **3.** En el golf, agujero.

HOYUELO n. m. Hoyo en el centro de la barba, o el que se forma en la mejilla de algunas personas cuando se ríen.

HOZ n. f. (lat. *falcem*). Instrumento para segar, compuesto de una hoja acerada, corva, afianzada en un mango de madera.

HOZ n. f. (lat. *faucem*, garganta). Paso estrecho de un valle profundo, entre dos montañas.

HOZADA n. f. Cada movimiento de la hoz con que se hace una corta. **2.** Porción de mies o de hierba que se siega de una vez con la hoz.

HOZAR v. tr. (bajo lat. *fodiare*) [**1g**]. Escarbar la tierra con el hocico, como lo hacen el cerdo y el jabalí.

HUACA n. f. (voz quechua). *Amér. Central* y *Merid.* Guaca.

HUACAL n. m. *Méx.* Caja hecha con varas o tablas delgadas, usada principalmente para transportar frutas y verduras. • **Salirse alguien del huacal** (*Méx. Fam.*), salirse de ciertas normas o alineamientos; quedar fuera del control de alguien: *a esa edad los adolescentes se salen del huacal.*

HUACALÓN, NA adj. *Méx. Fam.* Grueso, obeso.

HUACAMOLE n. m. Guacamol.

HUACHAFERÍA n. f. *Perú.* Cursilería, actitud pretenciosa y vanidosa.

HUACHAFO, A adj. y n. *Perú.* Cursi, pretencioso, vanidoso.

HUACHINANGO n. m. *Méx.* Pez marino comestible de color rojo. (Familia lutiánidos.)

HUACHIPATO, localidad de Chile (Biobío), en la bahía de Concepción. Centro siderúrgico.

HUACHO n. m. (voz quechua). *Ecuad.* Surco, hendidura hecha con el arado.

HUACHO, c. y puerto de Perú (Lima); 72 800 hab. Industria alimentaria; desmotado de algodón.

HUACO n. m. Vaso de cerámica, entre los antiguos peruanos.

HUAICO n. m. *Perú.* Riada de agua, barro y piedras.

HUAINO o **HUAYNO** n. m. *Argent., Bol., Chile* y *Perú.* Baile de grupo, cuya música es semejante a la del carnavalito.

HUAIRURO n. m. (voz quechua). Fruto de una papilionácea que crece en Perú, que se emplea para hacer collares, aretes y objetos de adorno.

HUALCÁN (*nevado de*), cumbre de Perú (Ancash), en la cordillera Blanca; 6150 m de alt.

HUALLAGA, r. de Perú, afl. del Marañón (or. der.); 920 km. Nace en los Andes y es navegable en su curso inferior.

HUANCABAMBA, c. de Perú (Piura), en la *cordillera de Huancabamba;* 25 850 hab. Centro comercial.

HUANCANÉ, c. de Perú (Puno), junto al lago Titicaca; 29 836 hab. Patatas, cereales.

HUANCAVELICA (*departamento de*), dep. de Perú (Los Libertadores-Wari), en la región Central andina; 18 567 km²; 268 400 hab. Cap. Huancavelica.

HUANCAVELICA, c. de Perú, cap. del dep. homónimo; 26 800 hab. Centro minero (plata y mercurio), junto al *río Huancavelica.* Iglesias Matriz y de Santo Domingo (s. XVII) y de San Francisco (s. XVIII); Cabildo (1673).

HUANCAYO, c. de Perú, cap. del dep. de Junín; 203 200 hab. Mercado de artesanía. Turismo. Fundada en 1571. Capilla de la Merced, donde en 1839 se votó la constitución de Huancayo.

HUANDOY, grupo montañoso de Perú, en la cordillera Blanca (6356 m en la *cumbre de Huandoy*).

HUANG HE o **HOANG-HO**, llamado *río Amarillo*, r. del N de China, que nace en el Qinghai y desemboca en el golfo de Bohai; 4845 km (cuenca de 745 000 km²).

HUANGO n. m. Peinado usado por las indias de Ecuador.

HUÁNUCO (*departamento de*), dep. de Perú (Andrés A. Cáceres), entre la Sierra y la Selva; 32 137 km²; 585 100 hab. Cap. Huánuco.

HUÁNUCO, c. de Perú, cap. del dep. homónimo. Iglesias de San Francisco (s. XVI, retablos churriguerescos) y de San Cristóbal. Fue fundada en 1539.

HUANUNI, c. de Bolivia (Oruro); 20 931 hab. Importante centro minero (estaño).

HUAPALCALCO → *Tulancingo.*

HUAPANGO n. m. Baile mexicano, de tiempo muy vivo.

HUAQUERO, A n. *Amér. Central* y *Merid.* Guaquero.

HUARACHE n. m. *Méx.* Calzado, por lo general tosco, consistente en una suela de cuero o hule que se sujeta al pie mediante tiras de cuero u otro material.

HUARÁS (*cordillera de*), ramal de la cordillera Blanca de Perú; 6395 m de alt. en el Huantsán.

HUARAZ o **HUARÁS**, c. de Perú, cap. del dep. de Ancash, en el Callejón de Huaylas; 63 500 hab. Aguas termales. Centro minero. Turismo.

HUARPE, pueblo amerindio de la región de Mendoza (Argentina), act. extinguido.

HUASCA n. f. *Amér Merid.* Guasca.

HUÁSCAR n. m. *Chile. Fam.* Camión policial que dispara agua y dobla en tamaño y potencia al *guanaco.*

HUÁSCAR (**Tupic Cusi Hualpa**, llamado oficialmente) [† 1532], soberano inca [1525-1532], hijo de Huayna Cápac. A la muerte de éste, luchó por el trono con su hermano Atahualpa, quien le venció en la batalla de Cotabamba y le dio muerte junto a sus hijos. El hecho coincidió con la llegada de Pizarro a Túmbez.

HUASCARÁN, macizo de la cordillera Blanca de Perú (Ancash), que culmina en el *Huascarán*, cumbre de dos picos; el sur es el más elevado de los Andes peruanos (6768 m). — *Parque nacional Huascarán* (nevados, depósitos volcánicos, glaciares, lagos), declarado bien natural del patrimonio mundial por la Unesco (1985).

HUASCO, r. de Chile (Atacama), que desemboca en el Pacífico cerca de la c. de *Huasco;* 230 km.

HUASIPUNGO n. m. (voz quechua). *Bol., Ecuad.* y *Perú.* Terreno que el hacendado proporciona a sus peones para sembrar sus propios alimentos.

HUASO n. m. *Bol.* y *Chile.* Hombre rudo del campo.

HUASTECA, región de México que abarca parte de los estados de Tamaulipas, Veracruz, San Luis Potosí, Puebla e Hidalgo, entre la sierra Madre oriental y el golfo de México.

HUASTECA, HUAXTECA o **GUASTECA**, pueblo amerindio de la familia lingüística maya-zoque, que en época precolombina habitaba en una extensa región de la costa del golfo de México, reducido act. a dos pequeños núcleos del SE de San Luis Potosí y al N de Veracruz. Se han descubierto numerosos yacimientos de esta cultura, influida por sus vecinos totonacas y mayas y por los olmecas. Restos arquitectónicos, escultura en piedra (altorrelieves) y cerámica decorada.

HUAUZONTLE n. m. *Méx.* Planta herbácea, de hasta 2 m de alt., con inflorescencias comestibles, que se utilizan para preparar diversos guisos.

HUAVE, pueblo amerindio de México (est. de Oaxaca).

HUAYACOCOTLA, mun. de México (Veracruz); 18 125 hab. Agricultura. Explotación forestal.

HUAYHUASH (*cordillera de*), alineación montañosa de los Andes de Perú; 6634 m en el nevado de Yerupajá. Lagunas glaciares de las que nacen los principales ríos del país (Marañón, Huallaga, Mantaro).

HUAYLAS (*Callejón de*), valle de Perú (Ancash), avenado por el río Santa, entre las cordilleras Blanca y Negra. Es una de las principales áreas arqueológicas de Perú (cultura Recuay).

HUAYLAS (*pico de*), cumbre de los nevados de Santa Cruz, en Perú (Ancash); 6259 m de alt.

HUAYNA CÁPAC, llamado **el Grande** o **el Conquistador** († Quito 1525), soberano inca [1493-1525], uno de los hijos reales de Túpac Inca Yupanqui. Extendió el imperio en el NE del Perú y reprimió las revueltas ecuatorianas, en las que participó su hijo Atahualpa. A su muerte, el imperío quedó escindido entre Atahualpa y Huáscar, hijo legítimo de Huayna Cápac.

HUBBLE (Edwin Powell), astrofísico norteamericano (Marshfield, Missouri, 1889-San Marino, California, 1953). Formuló una ley empírica según la cual las galaxias se alejan unas de otras a una velocidad proporcional a su distancia (*ley de Hubble-Humason*, 1929), lo que reforzó la teoría de la expansión del universo.

HUCHA n. f. (fr. *huche*). Caja, vasija o recipiente con una ranura, destinado a guardar dinero.

HUDSON, r. de Estados Unidos, desemboca en el Atlántico, en la ciudad de Nueva York; 500 km.

HUDSON (*bahía de*), golfo del N de Canadá, que comunica con el Atlántico por el *estrecho de Hudson*.

HUDSON (Henry), navegante inglés (mediados del s. XVI - ¿cerca de la bahía de Hudson? 1611). En 1610 descubrió el río, el estrecho y la bahía que llevan su nombre.

HUECHURABA, com. de Chile, en el área metropolitana de Santiago; 61 341 hab.

HUECO, A adj. Que presenta un vacío en su interior. **2.** *Fig.* Presumido, orgulloso, vanidoso. **3.** *Fig.* Dícese del lenguaje, estilo, etc., con que afectadamente se expresan conceptos vanos o triviales. **4.** Dícese de lo que estando vacío abulta mucho por estar extendido y dilatado su superficie: *falda hueca*. **5.** Que no contiene lo que debería contener: *cabeza hueca.* ♦ n. m. **6.** Cavidad, concavidad. **7.** Vano o abertura en un muro. **8.** Intervalo de tiempo o lugar: *pude hacer un hueco en mis ocupaciones.* **9.** *Fig.* y *fam.* Plaza o puesto vacante. • **Hueco de escalera**, espacio alrededor del cual se desarrolla ésta. || **Hueco del ascensor**, el espacio en que circula la cabina o camarín del ascensor.

HUECOGRABADO n. m. Procedimiento de obtención, por medios fotomecánicos, de formas de impresión grabadas en hueco. **2.** Procedimiento de impresión que utiliza estas formas. **3.** Grabado obtenido por estos procedimientos.

HUECÚ n. m. *Chile.* Terreno empantanado con arenas movedizas.

HUEHUETENANGO (*departamento de*), dep. de Guatemala, junto a la frontera mexicana; 7400 km²; 716 771 hab. Cap. *Huehuetenango*.

HUEHUETENANGO, c. de Guatemala, cap. del dep. homónimo; 30 000 hab. Aeropuerto. Vestigios mayas de Zaculeu.

HUEHUETL n. m. (voz náhuatl). Tambor primitivo, propio de las antiguas civilizaciones centroamericanas.

HUELGA n. f. Tiempo en que uno está sin trabajar. **2.** Suspensión colectiva del trabajo destinada a presionar para obtener alguna reivindicación. • **Huelga de celo**, manifestación de descontento consistente en efectuar el trabajo con excesiva minuciosidad. || **Huelga de hambre**, abstinencia total de alimentos que se impone a sí misma una persona, mostrando de ese modo su decisión de morir si no se consigue lo que pretende. || **Huelga general**, la que se plantea simultáneamente en todos los oficios de una o varias localidades. || **Huelga salvaje**, suspensión del trabajo efectuada bruscamente por la base sin consignas sindicales.

HUELGUISTA n. m. y f. Persona que participa en una huelga.

HUELLA n. f. Señal que deja el pie del hombre o del animal, la rueda de un carro, etc., en la tierra por donde ha pasado. **2.** *Fig.* Señal o vestigio que queda de una cosa en otra: *huellas del llanto.* **3.** Plano horizontal de los escalones o peldaños de una escalera. **4.** Profundidad del escalón. **5.** *Amér. Merid.* Camino hecho por el paso de personas, animales o vehículos. **6.** *Argent.* y *Urug.* Baile campesino por parejas independientes. • **Huellas dactilares**, marcas dejadas por los surcos de la piel de los dedos.

HUELVA (*provincia de*), prov. de España, en Andalucía; 10 085 km²; 444 117 hab. Cap. *Huelva*. Accidentada al N por las sierras de Aracena y Aroche, ocupan la mitad S sus tierras llanas de la depresión bética.

HUELVA, c. de España, cap. de la prov. homónima y cab. del dep. j.; 144 579 hab. (*Onubenses* o *huelveños.*) Centro industrial (petroquímica). Puerto exportador y pesquero. — De origen tartesio, fue la *Onuba* romana y más tarde taifa musulmana. Santuario de Nuestra Señora de la Cinta. Iglesias (ss. XVII y XVIII).

HUELVEÑO, A adj. y n. Onubense.

HUEMUL n. m. Cérvido suramericano que habita estepas y bosques abiertos de los Andes australes, de formas robustas.

HUÉRFANO, A adj. y n. Dícese de la persona de menor edad a quien se le ha muerto el padre y la madre o alguno de los dos. ♦ adj. **2.** Falto de alguna cosa, especialmente de amparo. **3.** *Amér.* Expósito.

HUERO, A adj. **1.** *Fig.* Insustancial.

HUERTA n. f. Terreno destinado al cultivo de hortalizas, legumbres y árboles frutales, mayor que el huerto. **2.** En ciertas regiones, tierra de regadío: *huerta de Murcia*. **3.** En el norte argentino, sembrado donde predominan las matas de sandía.

HUERTA (Adolfo de la), político mexicano (Guaymas, Sonora, 1881-México 1954). A la muerte de Carranza (1920) fue presidente provisional de la república. Fracasó su intento de insurrección militar contra Obregón y Calles, en 1923-1924, y se exilió.

HUERTA (Efraín), poeta mexicano (Silao 1914-México 1982). Cultivó la poesía amorosa, social y política: *Absoluto amor*, 1935; *Poemas de guerra y esperanza*, 1943; *Poemas de viaje*, 1956; *Poeminimos*, 1979.

HUERTA (Victoriano), político y militar mexicano (Colotlán, Jalisco, 1845-El Paso, Texas, 1916). Durante la Decena trágica se autoproclamó presidente y mandó ejecutar a Madero (1913). El movimiento constitucionalista de Carranza en 1914 le obligó a renunciar al poder y dejar el país.

HUERTERO, A n. *Argent., Nicar.* y *Perú.* Hortelano.

HUERTO n. m. (lat. *hortum*, jardín). Pequeña extensión de terreno, donde se plantan verduras, legumbres y árboles frutales.

HUESA n. f. (lat. *fossam*, excavación). Sepultura u hoyo para enterrar en él un cadáver.

HUESCA (*provincia de*), prov. de España, en Aragón; 15 612,8 km²; 218 897 hab. Cap. *Huesca*. Al N, dominado por el Pirineo axial, se hallan las principales cumbres (Aneto, Monte Perdido), al S, se extienden las tierras de la depresión del Ebro.

HUESCA, c. de España, cap. de la prov. homónima y cab. del dep. j.; 50 085 hab. (*Oscenses.*) En el Somontano pirenaico, centro administrativo y comercial. Ciudad ilergete, conquistada por los romanos en 72 a. J.C. Iglesias de San Pedro el Viejo (s. XII) y de San Miguel (ss. XII-XIV). Catedral gótica (ss. XIII-XV). Ayuntamiento (1578). Museos.

HUESECILLO n. m. Hueso pequeño. **2.** Cada uno de los tres pequeños huesos del oído medio.

HUESERA n. f. *Chile.* Lugar en que se guardan los huesos de los muertos.

HUESILLO n. m. *Amér. Merid.* Durazno secado al sol, orejón.

HUESO n. m. (lat. *os*). Parte dura y sólida que forma el esqueleto del cuerpo del hombre y de los vertebrados. **2.** Envoltura leñosa de las semillas de algunas frutas. **3.** *Fig.* Algo que cuesta trabajo o que constituye una molestia. **4.** *Fig.* y *fam.* Persona severa y exigente: *el profesor es un hueso*. **5.** *Méx.* Cargo o puesto oficial de cierta importancia que alguien consigue por influencias: *le dieron un hueso en la oficina del ministro.* • **Hueso de santo**, pasta de repostería hecha con harina y huevos, frita en aceite. ♦ **huesos** n. m. pl. **6.** Restos mortales. **7.** *Fam.* Cuerpo, persona: *dio con sus huesos en la cárcel.* || **Estar en los huesos**, estar sumamente flaco. || **Estar por los huesos** de alguien, estar enamorado de él.

HUÉSPED, DA n. (lat. *hospitem*). Persona alojada, gratuitamente, en casa ajena o en un hotel o establecimiento similar pagando. **2.** Anfitrión. ♦ n. **3.** Organismo vivo a cuyas expensas vive un parásito.

HUESTE n. f. (lat. *hostem*, enemigo, armada). Contingentes que tomaban parte en una campaña: *huestes reales.* **2.** *Fig.* Conjunto de partidarios de una persona o de una causa. **3.** Muchedumbre: *hueste de mendigos.*

HUESUDO, A adj. Con los huesos muy marcados.

HUEVA n. f. (lat. *ova*, huevos). Masa oval que forman los huevecillos de los peces, en el interior de éstos. SIN.: *ovas*. **2.** *Méx. Vulg.* Pereza, flojera.

HUEVADA n. f. Conjunto de huevos de aves. **2.** *Argent., Bol.* y *Chile. Vulg.* Tontería, estupidez.

HUEVEAR v. intr. [**1**]. *Argent.* y *Chile. Vulg.* Molestar. **2.** *Chile. Vulg.* Hacer el tonto.

HUEVERA n. f. Utensilio para servir los huevos pasados por agua. **2.** Utensilio para transportar o guardar huevos.

HUEVERÍA n. f. Establecimiento donde se venden huevos.

HUEVERO, A n. Persona que vende huevos.

HUEVO n. m. (lat. *ovum*). Célula resultante de la fecundación, y que, por división, da un nuevo ser. **2.** Gameto femenino maduro pero aún sin fecundar. **3.** Producto comestible de la puesta de algunas aves, principalmente de la gallina, peces, etc. • **A huevo** (*Vulg.*), fácil, sin esfuerzo; a tiro; (*Méx. Vulg.*), por supuesto, claro que sí: *¿va a venir? —¡a huevo!*; a la fuerza, de manera obligada o forzada: *a huevo ni los zapatos entran.* || **Costar** una cosa **un huevo** (*Vulg.*), costar mucho, ser muy caro. • **huevos** n. m. pl. **4.** *Vulg.* Testículos.

HUEVÓN, NA adj. *Méx. Vulg.* Holgazán, flojo. ♦ adj. **2.** *Amér. Vulg.* Lento, tardo, ingenuo. **3.** *Amér. Merid.* y *Méx. Vulg.* Estúpido, imbécil.

HUEVONEAR v. intr. [**1**]. *Méx. Vulg.* Flojear, haraganear.

HUGO (Victor), escritor francés (Besançon 1802-París 1885). Ya en el prefacio de su drama histórico *Cromwell* (1827) expuso una serie de principios románticos, consolidados en *Hernani* (1830). En los años siguientes escribió poesía, teatro (*Ruy Blas*, 1838) y novelas históricas (*Nuestra Señora de París*, 1831). Tras el fracaso de *Los burgraves* (1843), se consagró a la política como republicano. Exiliado entre 1351 y 1870, escribió poemas (*Las contemplaciones*, 1856), la epopeya de *La leyenda de los siglos* (1859-1883) y novelas (*Los miserables*, 1862).

HUGONOTE, A adj. y n. (fr. *huguenot*). Sobrenombre dado a los protestantes calvinistas.

HUICHOL, pueblo amerindio de México (est. de Jalisco y Nayarit), de lengua uto-azteca. Su territorio fue conquistado tardíamente por los españoles, y se ha resistido fuertemente a la aculturación.

HUIDA n. f. Acción y efecto de huir.

HUIDIZO, A adj. Que huye o que tiende a huir. **2.** Fugaz, breve.

HUIDOBRO (Vicente), poeta chileno (Santiago 1893-Cartagena, Chile, 1948). Es gran impulsor del creacionismo, que postula la consideración de toda tradición poética y la consideración de que la poesía debe ser creación absoluta (*Manifiestos*,

HUI

1925, escrita en francés). Renovó la moderna lírica hispánica por sus insólitas imágenes (*El espejo de agua*, 1916; *Poemas árticos*, 1918; *Altazor o el viaje en paracaídas*, 1931); en francés publicó teatro y novelas.

HUILA. *Chile.* Harapo, andrajo. **2.** *Méx. Vulg.* Prostituta.

HUILA *(nevado del)*, cumbre volcánica de la cordillera Central de Colombia; 5439 m de alt.

HUILA *(departamento del)*, dep. del SO de Colombia; 19 890 km²; 647 756 hab. Cap. Neiva.

HUILIENTO, A adj. *Chile.* Andrajoso, harapiento.

HUILTE n. m. *Chile.* Tallo del *cochayuyo*, principalmente cuando está creciendo y antes de ramificarse; es comestible.

HUINCHA n. f. *Bol., Chile* y *Perú.* Cinta de lana o algodón.

HUIPIL n. m. *Guat.* y *Méx.* Camisa o túnica amplia de algodón o manta, adornada con bordados típicos, que usan principalmente las mujeres indígenas de distintas regiones del país. **2.** *Guat., Hond.* y *Méx.* Camisa de mujer, sin mangas.

HUIR v. intr. y pron. (lat. *fugere*) [**29**]. Alejarse rápidamente en un lugar para evitar un daño o peligro. ♦ v. intr. y tr. **2.** Evitar a alguien o apartarse de algo molesto o perjudicial. ♦ v. intr. **3.** *Fig.* Transcurrir o pasar velozmente el tiempo. **4.** *Fig.* Alejarse velozmente.

HUIRA n. f. *Chile.* Corteza del maqui que, sola o torcida en forma de soga, sirve para atar.

HUIRO n. m. *Bol.* y *Perú.* Tallo de maíz verde.

HUISQUIL n. m. *Amér. Central.* y *Méx.* Fruto del huisquilar, usado como verdura en el cocido.

HUISQUILAR n. m. *Amér. Central.* y *Méx.* Planta trepadora espinosa. (Familia cucurbitáceas.)

HUITLACOCHE n. m. *Méx.* Hongo comestible que parasita las mazorcas tiernas del maíz, de color blanco grisáceo que pasa a negro cuando se cuece. SIN.: *cuitlacoche, huiclacoche.*

HUITRÍN n. m. *Chile.* Colgajo de choclos o mazorcas de maíz.

HUITZILIHUITL, nombre de dos jefes del pueblo azteca. — **Huitzilihuitl I el Viejo** se instaló en Chapultepec (c. 1256) y fue asesinado por los culhuas, quienes esclavizaron a su pueblo. — **Huitzilihuitl II** [c. 1396-c. 1417] liberó a su pueblo de tributos y sentó las bases del futuro estado azteca.

HUITZILOPOCHTLI, divinidad principal de los aztecas, que los guió en forma de colibrí en su migración hasta el Valle de México. Hijo de Coatlicue, diosa de la Tierra, representaba al Sol en el mediodía y era el dios de la guerra, al que se ofrecían los corazones de los enemigos capturados.

HUIZACHE n. m. *Méx.* Árbol de ramas espinosas, con vainas largas de color morado negruzco, de las cuales se extrae una sustancia que se emplea para hacer tinta negra. (Familia leguminosas.)

HUIZAR (Candelario), compositor mexicano (Jerez, Zacatecas, 1888-México 1970). Adscrito a la corriente nacionalista, compuso cuatro sinfonías (entre 1930 y 1942) y abundante música de cámara.

HUJIER n. m. Ujier.

HULE n. m. (azteca *ulli*). Caucho. **2.** Tela pintada y barnizada por uno de sus lados para que resulte impermeable. **3.** *Amér.* Goma. **4.** *Méx.* Árbol con hojas alargadas y ásperas, del que se extrae el caucho. (Familia moráceas.)

HULERO, A n. *Amér.* Trabajador que recoge el hule o goma elástica.

HULLA (fr. *houille*). Combustible mineral fósil sólido, procedente de vegetales que en el curso de los tiempos geológicos han sufrido una transformación que les confiere un gran potencial calorífico. • **Hulla blanca**, energía obtenida a partir de los saltos de agua.

HULLERA n. f. Mina de hulla en explotación.

HULLERO, A adj. Relativo a la hulla. • **Período hullero** (GEOL.), período carbonífero.

HUMAHUACA, dep. de Argentina (Jujuy); 18 208 hab. Cereales y alfalfa. Ganado lanar.

HUMANIDAD n. f. (lat. *humanitatem*). Condición de humano, naturaleza humana. **2.** Género humano, conjunto de todos los hombres. **3.** *Fam.* Bondad, amor y compasión hacia los otros. **4.** *Fam.* Muchedumbre de personas. **5.** *Fam.* Corpulencia, gordura. ♦ **humanidades** n. f. pl. **6.** Conocimientos literarios y filosóficos, especialmente del pensamiento griego y romano.

HUMANISMO n. m. Conjunto de tendencias intelectuales y filosóficas que tienen por objeto el desarrollo de las cualidades esenciales del hombre. **2.** Movimiento intelectual que se extendió, sobre todo, en la Europa del s. XVI, cuyo método y filosofía se basaba en el estudio de los textos antiguos. **3.** Método de formación intelectual fundado en las humanidades.

HUMANISTA n. m. y f. Persona versada en humanidades. **2.** Denominación aplicada a los estudiosos y literatos de los ss. XV y XVI revalorizaron las obras de la antigüedad clásica. **3.** Filósofo que fundamenta su sistema en el desarrollo de las cualidades esenciales del hombre. ♦ adj. **4.** Humanístico.

HUMANÍSTICO, A adj. Relativo al humanismo o a los humanistas.

HUMANITARIO, A adj. (fr. *humanitaire*). Humano, solidario o caritativo con sus semejantes.

HUMANITARISMO n. m. Actitud en la que predominan los sentimientos humanitarios sobre cualquier otra consideración.

HUMANIZAR v. tr. y pron. [**1g**]. Hacer más humano, menos cruel, menos duro, etc.

HUMANO, A adj. (lat. *humanum*). Relativo al hombre. **2.** Propio del hombre como ser imperfecto: *es humano equivocarse.* **3.** *Fig.* Solidario y compasivo con sus semejantes. ♦ n. m. **4.** Ser humano.

HUMANOIDE adj. Que presenta rasgos o características humanas. ♦ n. m. y f. **2.** En lenguaje de ciencia ficción, ser o robot parecido al hombre.

HUMAREDA n. f. Abundancia de humo.

HUMBERTO I (Turín 1844-Monza 1900), rey de Italia [1878-1900]. Hijo y sucesor de Víctor Manuel II, favoreció la política germanófila de Crispi. Fue asesinado por un anarquista. — **Humberto II**, rey de Italia (Racconigi 1904-Ginebra 1983), hijo y sucesor de Víctor Manuel III, abdicó tras un referéndum favorable a la república.

HUMBOLDT (*corriente* de) o **CORRIENTE DEL PERÚ**, corriente fría del Pacífico, que corre hacia el N, a lo largo de las costas de Chile y de Perú, hasta el frente que la pone en contacto con la corriente del Niño.

HUMBOLDT (Wilhelm, *barón* Von), lingüista y político alemán (Potsdam 1767-Tegel 1835). Intentó constituir una antropología general que pretendía examinar la relación entre el lenguaje y el pensamiento, las lenguas y las culturas. — Su hermano Alexander (Berlín 1769-Potsdam 1859), naturalista y geógrafo, recorrió América del Sur (1799-1804), donde exploró las bocas del Orinoco y el Chimborazo, y México: *Viaje a las regiones equinocciales del Nuevo Continente, realizado de 1799 a 1804* (1805-1832). Posteriormente exploró Asia central.

HUME (David), filósofo e historiador británico (Edimburgo 1711-*id.* 1776). Postuló que la certeza de los conocimientos es resultado de la invariabilidad de las operaciones síquicas desarrolladas en el acto de conocer. Esta teoría empirista fue el fundamento de una concepción utilitarista de la vida social (*Ensayos morales y políticos*, 1741-1742).

HUMEAR v. intr. y pron. [**1**]. Exhalar, echar de sí humo. ♦ v. intr. **2.** Arrojar una cosa vaho o vapor. **3.** *Fig.* Quedar todavía huellas de algo pasado, como humo de enemistad. ♦ v. tr. **4.** *Amér.* Fumigar.

HUMECTACIÓN n. f. Acción y efecto de humedecer o humectar.

HUMECTADOR, RA adj. Que humedece. ♦ n. m. **2.** Aparato utilizado para efectuar la humectación de tejidos, papel, etc. **3.** Aparato que sirve para mantener un grado *higrométrico* dado en un punto o en un lugar determinados.

HUMECTAR v. tr. (lat. *humectare*) [**1**]. Producir o causar humedad. SIN.: *humidificar.*

HUMEDAD n. f. (lat. *umiditatem*). Calidad de húmedo. • **Humedad absoluta**, número de gramos de vapor de agua que contiene un metro cúbico de aire. ‖ **Humedad relativa**, relación entre la presión efectiva del vapor de agua y la presión máxima.

HUMEDECER v. tr. y pron. [**2m**]. Mojar ligeramente algo.

HÚMEDO, A adj. Que está ligeramente mojado: *ropa húmeda.* **2.** Cargado de vapor de agua: *tiempo húmedo.* **3.** Dícese del país o clima en que llueve mucho.

HUMERAL adj. Relativo al húmero. ♦ n. m. y adj. LITURG. Paño blanco que se pone sobre los hombros el sacerdote para coger la custodia o el copón.

HÚMERO n. m. (lat. *humerum*). Hueso que forma el esqueleto del brazo, articulado en el hombro con el omóplato, y en el codo con el *cúbito* y el *radio.*

HUMIFICACIÓN n. f. Transformación en humus.

HUMILDAD n. f. (lat. *humilitatem*). Ausencia completa de orgullo. **2.** Sumisión voluntaria.

HUMILDE adj. Que tiene humildad. **2.** Perteneciente a una clase social de las que viven muy pobremente.

HUMILLACIÓN n. f. Acción y efecto de humillar o humillarse.

HUMILLANTE adj. Que humilla o causa humillación.

HUMILLAR v. tr. [**1**]. Bajar o inclinar una parte del cuerpo, como la cabeza o la rodilla, en señal de sumisión. **2.** *Fig.* Abatir el orgullo de uno. ♦ **humillarse** v. pron. **3.** Adoptar alguien una actitud de inferioridad frente a otra persona, o perder su dignidad con alguna acción.

HUMITA n. f. (quechua *humínta*, pan de maíz). *Amér. Merid.* Comida hecha de maíz rallado y hervido en agua con sal, al que se agrega una salsa de guindilla, tomate y cebolla frita. (Se suele envolver en hojas de maíz.) **2.** *Argent., Chile* y *Perú.* Cierto guisado hecho con maíz tierno.

HUMITERO, A n. *Chile* y *Perú.* Persona que hace y vende humitas.

HUMO n. m. (lat. *fumum*). Conjunto de productos gaseosos y partículas sólidas sumamente tenues, que se desprende de los cuerpos en combustión. **2.** Vapor que exhala cualquier cosa que fermenta. • **Negro de humo**, hollín obtenido por combustión incompleta del benceno. ♦ **humos** n. m. pl. **3.** Hogares o casas. **4.** *Fig.* Vanidad, orgullo. ‖ **Bajarle a uno los humos** (*Fam.*), humillarle. ‖ **Irse o venirse al humo** (*Argent.* y *Urug.*), dirigirse rápida y directamente a una persona, por lo general con fines agresivos.

HUMOR n. m. (lat. *umorem*, líquido). Cualquiera de los líquidos del cuerpo animal. **2.** Disposición del ánimo habitual o pasajera: *estar de mal humor.* **3.** Buena disposición del ánimo: *tener humor.* **4.** Facultad de descubrir y manifestar lo cómico o ridículo: *sentido del humor.* **5.** Producto de dicha facultad. • **Humor gráfico**, medio de expresión en el que, mediante dibujos y con o sin ayuda de palabras, se juega con ideas casi siempre con intención satírica o irónica y a veces sin otro objetivo que la especulación intelectual o la búsqueda gráfica. ‖ **Humor negro,** el de carácter violento y corrosivo, que subraya con crueldad lo absurdo de una situación.

HUMORADA n. f. Dicho o hecho caprichoso o extravagante.

HUMORADO, A adj. Con humor.

HUMORAL adj. Relativo a los humores orgánicos.

HUMORISMO n. m. Género de ironía en el que predomina el humor, facultad de manifestar o captar lo cómico y lo ridículo.

HUMORISTA n. m. y f. Persona que cultiva el humorismo, especialmente de forma profesional.

HUMORÍSTICO, A adj. Relativo al humorismo.

HUMUS n. m. Sustancia coloidal negruzca, resultante de la descomposición parcial, realizada por los microbios del suelo, de residuos vegetales o animales.

HUNDIMIENTO n. m. Acción y efecto de hundir o hundirse.

HUNDIR v. tr. y pron. (lat. *fundere*, derribar) [3]. Hacer que algo se vaya por completo al fondo de una masa líquida. **2.** Sumergir, introducir algo en un líquido de modo que quede completamente cubierto. **3.** Introducir algo en una masa o materia. **4.** Derrumbar un edificio, construcción, etc. **5.** Hacer descender el peso de algo la superficie sobre la que se apoya. **6.** *Fig.* Arruinar o perjudicar mucho a alguien. **7.** *Fig.* Producir el fracaso de algo. ♦ v. tr. **8.** *Fig.* Derrotar a alguien en una lucha o discusión. ♦ **hundirse** v. pron. **9.** *Fig.* Haber mucho alboroto y ruido en algún lugar: *durante la fiesta la casa se hundía.*

HÚNGARO, A adj. y n. De Hungría. ♦ n. m. **2.** Lengua ugrofinesa hablada sobre todo en Hungría.

HUNGRÍA, en húng. *Magyarország,* estado de Europa central; 93 000 km²; 10 400 000 hab. (*Húngaros.*) CAP. Budapest. LENGUA OFICIAL: húngaro. MONEDA: florín.

GEOGRAFÍA
Es un país de llanuras (principalmente al E del Danubio), si se exceptúan las montañas de la dorsal húngara y las colinas de la Transdanubia (entre el lago Balatón y el Danubio); posee un clima de inviernos rigurosos y veranos a menudo cálidos y a veces húmedos. La reforma agraria y la colectivización permitieron la introducción del cultivo de oleaginosas y de algodón, junto a los cultivos tradicionales de trigo, maíz, remolacha azucarera y vid. La ganadería también experimento un gran desarrollo (porcino, bovino). Del subsuelo se extrae lignito, gas natural y especialmente bauxita. La siderurgia, para la que se importa hierro, alimenta una metalurgia de transformación bastante diversificada. Las industrias textil y química constituyen actividades notables. Budapest, principal centro industrial, agrupa la quinta parte de una población bastante densa, pero que decrece a causa del descenso de la tasa de natalidad.

HISTORIA
Los orígenes. C. 500 a. J.C.: la región estaba poblada por ilirios y tracios. 35 a. J.C.-9 d. J.C.: fue conquistada por Roma, que la convirtió en la provincia de Panonia. Ss. IV-VI: fue invadida por los hunos, los ostrogodos, los lombardos y, posteriormente, por los ávaros (568). 896: los húngaros (o magiares) llegaron a la llanura danubiana, bajo el mando de su jefe Árpád. C. 904-1301: la dinastía de los Árpád gobernó Hungría, Eslovaquia (o Alta Hungría) y Rutenia subcarpática, anexionada a principios del s. XI. 955: la victoria de Otón I en el Lechfeld puso fin a las incursiones de los húngaros en occi-

dente. 972-997: Géza abrió el país a las misiones cristianas.
El reino de Hungría. 1000: Esteban I (997-1038) fue elegido rey. Impuso el cristianismo a sus súbditos. Se declaró vasallo de la Santa Sede y mantuvo su reino fuera del Sacro imperio. 1095-1116: Kálmán obtuvo la anexión de Croacia y de Eslavonia al reino de Hungría. 1172-1196: durante el reinado de Béla III la Hungría medieval llegó a su apogeo. 1222: Andrés II (1205-1235) se vio obligado a conceder la bula de oro a los señores feudales, que se liberaron de la autoridad real. 1235-1270: Béla IV reconstruyó el país, destruido por la invasión mongola (1241-1242). 1308-1342: Carlos I Roberto, de la casa de Anjou, organizó la explotación de las minas de plata, cobre y oro de Eslovaquia y Transilvania. 1342-1382: Luis I el Grande le sucedió y continuó su obra. 1387-1437: Segismundo de Luxemburgo, derrotado por los turcos en Nicópolis (1396), fue puesto al frente del Sacro imperio. 1444: Ladislao III Jagellón murió en la batalla de Varna. 1456: Juan Hunyadi detuvo a los turcos ante Belgrado. 1458-1490: su hijo, Matías Corvino, conquistó Moravia y Silesia, y se instaló en Viena (1485). Favoreció la difusión del renacimiento italiano. 1490-1516: Ladislao VI Jagellón reinó en el país. 1526: los otomanos consiguieron la victoria de Mohács, en la que murió Luis II Jagellón. Fernando I de Habsburgo (1526-1564), hermano de Carlos Quinto, fue elegido rey de Hungría por la dieta de Presburgo. Su rival era Juan Zápolya, que dominaba el centro y el este, apoyado por los otomanos. 1540: los turcos ocuparon Buda y la llanura danubiana. 1540-1699: Hungría fue dividida en tres: Hungría real (capital Presburgo), gobernada por la casa de Austria; Hungría turca, y Transilvania, vasalla de los otomanos desde 1568. La dieta de Hungría reconoció la monarquía hereditaria de los Habsburgo (1687) y Transilvania fue anexionada por la casa de Austria (1691). La nobleza húngara obtuvo el mantenimiento del pluralismo religioso. 1699: los Habsburgo reconquistaron a los turcos la llanura húngara (paz de Karlowitz). 1703-1711: Francisco II Rákóczi dirigió la insurrección contra los Habsburgo. 1711: la paz de Szatmár reconocía la autonomía del estado húngaro en el seno de la monarquía austriaca. 1740-1780: María Teresa, apoyada por los magnates, continuó la repoblación. 1780-1790: José II intentó imponer un régimen centralizado. 1848: tras la insurrección de marzo, la asamblea nacional húngara rompió con Austria. 1849: Kossuth proclamó la destrucción de los Habsburgo. Los insurrectos fueron derrotados en Világos (ag.) por los rusos, llamados por Francisco José I. 1849-1867: el gobierno austriaco practicó una política centralista y germanizadora. 1867: tras la derrota de Austria ante Prusia (Sadowa, 1866), el compromiso austro-húngaro instauró una monarquía dual. En el seno de Austria-Hungría, Hungría recuperó la autonomía, a la vez que Croacia, Eslavonia y Transilvania. 1875-1905: el Partido liberal ocupó la dirección del país; Kálmán Tisza fue elegido presidente del consejo de 1875 a 1890. 1914: Hungría declaró la guerra a Serbia.
Hungría desde 1918. La derrota de los imperios centrales provocó la disolución de Austria-Hungría. Károly proclamó la independencia. Los rumanos ocuparon Transilvania y los checos Eslovaquia. 1919: los comunistas, dirigidos por B. Kun, instauraron la República de los Consejos, derrocada por el almirante Horthy. 1920: Horthy fue nombrado regente. Firmó el tratado del Trianón por el que Hungría perdía Eslovaquia, Rutenia, Transilvania,

el Banato y Croacia. 1938: Hungría se anexionó una parte de Eslovaquia. 1939: se adhirió al pacto anti-Komintern. 1940: ocupó el N de Transilvania y firmó el pacto tripartito. 1941: entró en guerra con la U.R.S.S. 1943: M. Kállay intentó firmar una paz separada con los aliados. 1944: Hitler ocupó el país y el partido fascista de las Cruces flechadas tomó el poder, eliminando a Horthy. 1944-1945: el ejército soviético ocupó el país. 1946-1947: el tratado de París restableció las fronteras del tratado del Trianón. 1949: M. Rákosi proclamó la República Popular Húngara e impuso un régimen estalinista. 1953-1955: I. Nagy, jefe de gobierno, inició la desestalinización. Oct.-nov. 1956: insurrección para la liberación del régimen y revisión de las relaciones con la U.R.S.S. I. Nagy proclamó la neutralidad de Hungría. Las tropas soviéticas impusieron un gobierno dirigido por J. Kádár, líder asimismo del partido, y acabaron con la resistencia de la población. 1962-1987: aunque permaneció fiel a la U.R.S.S., el gobierno dirigido por János Kádár (1968-1975) y más tarde por G. Lázár (1975-1987), mejoró el funcionamiento del sistema económico y desarrolló el sector privado. 1988: Kádár abandonó sus funciones directivas del partido. 1989: Hungría abrió su frontera con Austria (mayo). El partido comunista abandonó toda referencia al marxismo-leninismo y renunció a su papel dirigente. Una revisión de la constitución abría la vía al multipartidismo. La República Popular Húngara se convirtió oficialmente en la República de Hungría (oct.). 1990: las primeras elecciones parlamentarias libres (marzo-abril) fueron ganadas por el Foro democrático húngaro, partido de centro derecha; el parlamento nombró a Árpád Gröncz presidente de la república. 1991: las tropas soviéticas se retiraron por completo del país. 1992: Hungría, con Polonia y Checoslovaquia (desde 1993, República Checa y Eslovaquia) firman un acuerdo de cooperación económica (grupo de Visográd). 1994: el Partido socialista húngaro, socialdemócrata, obtuvo la mayoría absoluta en las elecciones legislativas. 1995: A. Gröncz reelegido presidente de la república. 1997: Aprobado, por referéndum, el ingreso en la OTAN. 1998: inició negociaciones para integrarse en la Unión europea. V. Orban, de centroderecha, presidente.

HUNO, A adj. y n. Relativo a un pueblo nómada de Asia, probablemente de origen mongol; individuo de este pueblo.

HURACÁN n. m. (voz antillana). Tempestad muy violenta, en que la velocidad del viento sobrepasa los 117 km por hora. **2.** Viento de fuerza extraordinaria. **3.** *Fig.* Cosa que destruye o trastorna lo que encuentra a su paso: *un huracán de pasiones.*

HURACANADO, A adj. Que tiene la fuerza o los caracteres del huracán: *viento huracanado.*

HURACANARSE v. pron. [1]. Arreciar el viento hasta convertirse en huracán.

HURACO n. m. *Colomb.* Agujero, oquedad.

HURAÑO, A adj. (lat. *foraneum*). Que rehúye el trato y la conversación.

HURDES (Las) o **LAS JURDES,** comarca de España (Cáceres), al pie de la sierra de Gata. HURGAR v. tr. y pron. [1b]. Remover en un hueco o cavidad: *hurgarse la nariz.* ♦ v. tr. **2.** *Fig.* Fisgar en asuntos de otros: *hurgar en la vida de otro.*

HURGÓN n. m. Instrumento para remover y atizar la lumbre.

HURGUETE r. m. *Argent.* y *Chile.* Persona que averigua lo escondido y secreto.

HURGUETEAR v. tr. [1]. *Amér.* Hurgar, escudriñar.

HURÍ n. f. (del persa *hūrī*). Mujer muy bella del paraíso islámico.

HUR

HURÓN, NA n. Carnívoro de pequeño tamaño, variedad albina del turón, que se emplea en la caza de conejos. ♦ n. y adj. **2.** *Fig.* y *fam.* Persona aficionada a averiguar y descubrir las intimidades o secretos de los demás. **3.** *Fig.* y *fam.* Persona huraña e intratable.

HURÓN o **WYANDOT**, pueblo amerindio de América del Norte, del grupo iroqués, que habitaba entre los lagos Hurón y Ontario, act. en reservas en Oklahoma.

HURÓN *(lago)*, lago de América del Norte, entre Canadá y Estados Unidos; 59 800 km².

HURRA interj. y n. m. Grito reglamentario que en algunos países da la tripulación de un navío para rendir honores a un huésped ilustre. **2.** Grito de alegría y entusiasmo o aprobación.

HURTADILLAS. A hurtadillas, furtivamente, sin que nadie lo note.

HURTADO (Osvaldo), abogado y político ecuatoriano (Chambo 1940), presidente de la república (1981-1984).

HURTADO DE MENDOZA (Antonio), poeta y comediógrafo español (Castro Urdiales c. 1586-Zaragoza 1644). De su obra poética destaca *La vida de Nuestra Señora*, de corte culterano. Es autor de entremeses y comedias en la línea de Lope de Vega.

HURTAR v. tr. [1]. Cometer un hurto: *hurtar dinero*. **2.** No dar el peso o medida cabal. ♦ v. tr. y pron. **3.** *Fig.* Ocultar, desviar, apartar.

HURTO n. m. (lat. *furtum*). Delito que comete el que se apodera, sin consentimiento, de una cosa ajena, con ánimo de lucro. **2.** Cosa hurtada.

HÚSAR n. m (fr. *hussard*). Militar de un cuerpo de caballería ligera creado en Francia en el s. XVII y cuyo uniforme fue copiado, en un principio, de la caballería húngara.

HUSAYN o **HUSSEIN** (Ṣaddām), político iraquí (Tikrit 1937). Presidente de la república y del consejo de la revolución, secretario general del partido Ba'at y jefe del ejército desde 1979, ha llevado a cabo una política de hegemonía en la zona (ataque a Irán, 1980; invasión de Kuwayt, 1990, que desencadenó la guerra del Golfo). En 2003 fue derrocado (abr.) y más tarde detenido (dic.) por una intervención militar anglo-estadounidense.

HUSMEAR v. tr. (gr. *osmaomai*) [1]. Rastrear con el olfato una cosa. **2.** *Fig.* y *fam.* Indagar, tratar alguien de enterarse de algo que no le concierne.

HUSMEO n. m. Acción y efecto de husmear.

HUSO n. m. (lat. *fusum*). Instrumento para torcer y arrollar, en el hilado a mano, el hilo que se va formando. **2.** MAT. Parte de una superficie de revolución comprendida entre dos semiplanos que pasan por el eje de dicha superficie y están limitados por ésta. **3.** TEXT. Instrumento cónico alrededor del cual se enrolla el hilo de algodón, seda, etc. • **Huso horario**, cada uno de los 24 husos geométricos convencionales en los que se divide la superficie de la Tierra, y cuyos puntos tienen la misma hora legal.

HUSSERL (Edmund), filósofo alemán (Prossnitz [act. Prostějov], Moravia, 1859-Friburgo de Brisgovia 1938). Impulsor de la fenomenología.

HUSTON (John), director de cine norteamericano (Nevada, Missouri, 1906-Newport, Rhode Island, 1987). Sus películas revelan un gran dominio del relato y un humor estimulante (*El halcón maltés*, 1941; *El tesoro de Sierra Madre*, 1948; *La jungla de asfalto*, 1950; *Vidas rebeldes*, 1961; *Dublineses*, 1987).

HUTÍA n. f. Mamífero roedor, que vive en las selvas de América. (Familia caprómidos.)

HUTU o **BAHUTU**, pueblo de África oriental, el más extendido en Burundi y Ruanda.

HUXLEY (Thomas), naturalista y viajero británico (Ealing 1825-Londres 1895), ferviente defensor del transformismo. — Su nieto, *sir* **Julian** (Londres 1887-*id.* 1975), biólogo, realizó investigaciones sobre genética y evolución. — Su otro nieto, **Aldous** (Godalming, Surrey, 1894-Hollywood 1963), escritor, describió de forma satírica el mundo moderno (*Un mundo feliz*, 1932).

¡HUY! interj. Denota dolor físico agudo, melindre o asombro.

HUYGENS (Christiaan), físico y astrónomo neerlandés (La Haya 1629-*id.* 1695). Descubrió el anillo de Saturno y la nebulosa de Orión. En mecánica estableció la teoría del péndulo. En óptica explicó la reflexión y la refracción por medio de una teoría ondulatoria.

HUYSMANS (Georges Charles, llamado **Joris-Karl**), escritor francés (París 1848-*id.* 1907). Evolucionó del naturalismo a la inclinación por el decadentismo (*Al revés*, 1884) y, más tarde, al misticismo cristiano (*La catedral*, 1898).

I i

I n. f. Novena letra del alfabeto español y tercera de sus vocales. **2.** Cifra romana que vale uno. **3.** Símbolo químico del *yodo.* • **Poner los puntos sobre las íes,** puntualizar, expresarse de forma clara y minuciosa.

IBAGUÉ, c. de Colombia, cap. del dep. de Tolima; 292 965 hab. Fundada en 1530. Centro cafetero e industrial. Conservatorio de música. Universidad.

IBÁÑEZ (Sara de), poeta uruguaya (Montevideo 1910-*id.* 1971). Su poesía oscila entre el creacionismo y un neoculteranismo surrealista: *Canto* (1940), *Pastoral* (1948), *Apocalipsis 20* (1970).

IBÁÑEZ DEL CAMPO (Carlos), político y militar chileno (Linares 1877-Santiago 1960). Presidente (1927), impuso la dictadura, pero tuvo que exiliarse (1931). De nuevo presidente (1952-1958), gobernó de acuerdo con la constitución.

IBARBOUROU (Juana Fernández Morales, llamada **Juana de**), escritora uruguaya (Melo 1895-Montevideo 1979). En su poesía, el panteísmo de sus orígenes modernistas (*Raíz salvaje,* 1922) dio paso, a partir de *La rosa de los vientos* (1930), al influjo del surrealismo: *Perdida* (1950). Escribió también cuentos y teatro.

IBARGÜENGOITIA (Jorge), escritor mexicano (Guanajuato 1928-en España, 1983). Su obra, satírica recreación de la historia hispanoamericana, comprende cuentos, novelas (*Los relámpagos de agosto,* 1964), teatro (*El atentado,* 1963), crítica y crónica de viajes.

IBARRA, c. de Ecuador, cap. de la prov. de Imbabura; 111 238 hab. Industria textil, orfebrería.

IBARRA (Gregorio), litógrafo argentino (Buenos Aires 1814-Montevideo 1883), autor de series de costumbres y vistas de Buenos Aires.

IBARRA (José de), pintor mexicano (Guadalajara 1688-México 1756), llamado en su época **el Murillo mexicano.** Realizó una abundante obra religiosa (*Mujeres del Evangelio,* San Carlos, México).

IBARZÁBAL (Federico de), escritor cubano (La Habana 1894-*id.* 1953), poeta (*Nombre del tiempo,* 1946) y autor de cuentos (*Derrelictos,* 1937).

IBERÁ (*esteros del*), lagunas y esteros de Argentina (Corrientes); 5000 a 7000 km² de extensión.

IBERIA, denominación griega de la actual península Ibérica.

IBÉRICA (*cordillera*), cordillera de España que se extiende entre la depresión del Ebro y la Meseta, a lo largo de 500 km de NO a SE: sierras de la Demanda, Cebollera, Moncayo (2313 m), Albarracín, Montes Universales, Palomera, Javalambre y serranía de Cuenca. Importante nudo hidrográfico.

IBÉRICA (*península*), la mayor y más occidental de las penínsulas del Europa meridional, repartida entre España, Portugal, Andorra y la colonia de Gibraltar; 581 600 km².

IBÉRICO, A adj. Ibero: *arte ibérico.* **2.** Relativo a España y Portugal a la vez: *pacto Ibérico.*

IBERO, A o **ÍBERO, A** adj. y n. Relativo a los pueblos que en la época prerromana habitaban en las zonas mediterránea y meridional de la península Ibérica; individuo de estos pueblos. (Realizaron cerámica y joyas de influencia oriental, céltica o helenística y dejaron interesantes esculturas: damas de Elche y de Baza, Cerro de los Santos, etc. Practicaron la metalurgia del hierro.) ♦ **n. m. 2.** Lengua preindoeuropea hablada por los iberos.

IBEROAMÉRICA, denominación dada al conjunto de países americanos de habla hispana y portuguesa. (→ **América Latina.**)

IBEROAMERICANO, A adj. y n. Relativo a Iberoamérica o que forman parte de Iberoamérica. ♦ adj. **2.** Relativo a estos pueblos y a España y Portugal a la vez.

IBERORROMÁNICO, A adj. y n. m. Dícese de las lenguas derivadas del latín hablado en la antigua Iberia.

IBEX o **ÍBICE** n. m. Rumiante parecido a una cabra, que vive en los altos parajes alpinos. (Familia bóvidos.)

IBICENCO, A adj. y n. De Ibiza. ♦ **n. m. 2.** Subdialecto balear, dentro de la lengua catalana.

IBÍDEM o **IBIDEM** adv. (lat. *ibidem*). De allí mismo, o en el mismo lugar. (Suele abreviarse *ibíd.* o *ibid.*)

IBIRAPITÁ n. f. Planta arbórea americana cuya madera es muy apreciada en tornería y carpintería.

IBIS n. m. Ave del orden zancudas, de pico largo y curvado hacia abajo.

IBIZA o **EIVISSA,** isla de España (Baleares), en el Mediterráneo; 541 km²; 74 001 hab. Cap. *Ibiza.* Es la más occidental del archipiélago. Relieve abrupto; cultivos de secano en los valles. Salinas. Turismo en Ibiza, Sant Antoni de Portmany y Santa Eulalia del Río.

IBIZA o **EIVISSA,** c. de España (Baleares), cap. de Ibiza y cab. de p. j.; 30 376 hab. (*ibicencos.*) Centro turístico. De origen púnico, conserva las fortificaciones del s. XVI. Catedral, museo arqueológico.

IBSEN (Henrik), escritor noruego (Skien 1828-Cristianía 1906), autor de dramas de inspiración filosófica y social (*Brand,* 1866; *Peer Gynt,* 1876; *Casa de muñecas,* 1879; *Los espectros,* 1881; *El pato salvaje,* 1884; *Hedda Gabler,* 1890).

ICA, pueblo amerindio del grupo arauco, de la familia lingüística chibcha, que vive en Colombia (sierra Nevada de Santa Marta).

ICA (*departamento de*), dep. de Perú (Los Libertadores-Wari), en la costa central; 21 328 km²; 553 700 hab. Cap. *Ica.*

ICA, c. de Perú, cap. del dep. homónimo; 114 900 hab. Fundada en 1563. Centro vitivinícola desde la época colonial. Museo arqueológico.

ICARIO, A adj. Relativo a Ícaro. ♦ adj. y n. **2.** De Icaria.

ÍCARO n. m. *P. Rico.* Especie de ñame.

ÍCARO, personaje de la mitología griega, hijo de Dédalo, con quien huyó del Laberinto gracias a la ayuda de unas alas hechas de plumas y sujetas con cera; el calor del Sol las fundió e Ícaro cayó al mar.

ICAZA (Francisco A. de), escritor mexicano (México 1853-Madrid 1925). Poeta afín al modernismo, destacó como crítico literario.

ICAZA (Jorge), escritor ecuatoriano (Quito 1906-*id.* 1978). Tras iniciarse como dramaturgo (*El intruso,* 1929), con su novela *Huasipungo* (1934) se convirtió en el máximo exponente de la narrativa indigenista propiciada por el grupo de Guayaquil (*Cholos,* 1938; *Huairapamushcas,* 1948; *El chulla Romero y Flores,* 1958). También escribió una triología autobiográfica (*Atrapados,* 1972) y relatos.

ICEBERG n. m. [voz inglesa]. Bloque de hielo de gran tamaño desprendido de los glaciares continentales, que flota en las regiones polares del océano, quedando sumergidas las cuatro quintas partes de su masa.

ICHO o **ICHU** n. m. (voz quechua). Planta herbácea espontánea en los páramos de la cordillera de los Andes. (Familia gramíneas.)

ICONO n. m. (gr. *eikōn, onos,* imagen). En las iglesias de oriente de tradición bizantina, imagen de Cristo, de la Virgen o de los santos. **2.** Signo que mantiene una relación de semejanza con el objeto representado. **3.** INFORMÁT. Símbolo gráfico que aparece en la pantalla de un ordenador y que corresponde a la ejecución particular en un software.

ICONOCLASIA o **ICONOCLASTIA** n. f. Doctrina, proclamada como oficial en el imperio bizantino, que prohibía como idolátricas la representación y veneración de las imágenes de Cristo y de los santos.

ICONOCLASTA adj. y n. m. y f. Relativo a la iconoclasia; partidario de esta doctrina. **2.** *Por ext.* Que es enemigo de signos, emblemas, etc., religiosos, políticos o de cualquier valor establecido.

ICONOGRAFÍA n. f. Estudio descriptivo de las diferentes representaciones figuradas de un mismo sujeto. **2.** Conjunto clasificado de las imágenes correspondientes. **3.** Colección de retratos.

ICONOGRÁFICO, A adj. Relativo a la iconografía.

ICONOSCOPIO n. m. Tubo catódico tomavistas de las cámaras de televisión.

ICONOSTASIO n. m. En las iglesias de rito oriental, mampara o cancel abierto en general por tres puertas, que separa la nave del santuario y está adornado con iconos.

ICOSAEDRO n. m. MAT. Sólido que tiene veinte caras planas.

ICOSÁGONO, A adj. MAT. Que tiene veinte ángulos: *figura icoságona.* ♦ **n. m. 2.** Polígono que tiene veinte ángulos y veinte lados.

ICTERICIA n. f. MED. Enfermedad caracterizada por coloración amarilla de la piel,

ICT

debida a la presencia en la sangre y en los tejidos de pigmentos biliares.
ICTÍNEO, A adj. Semejante a un pez.
ICTIÓFAGO, A adj. y n. Que se nutre principalmente de peces.
ICTIOGRAFÍA n. f. Descripción de los peces.
ICTIOLOGÍA n. f. Parte de la zoología que trata de los peces.
ICTIOSAURIO, A adj. y n. m. Relativo a un orden de reptiles adaptados a la vida marina, pelágicos y fósiles del mesozoico.
IDA n. f. Acción de ir.
IDAHO, estado del O de Estados Unidos, en las Rocosas; 216 412 km²; 1 006 749 hab. Cap. *Boise*.
IDEA n. f. (gr. *idea*, imagen ideal de un objeto). Representación mental de una cosa real o imaginaria. **2.** Concepción elemental, noción de una cosa. **3.** Propósito de realizar algo, plan: *tenía idea de ir hoy*. **4.** Ocurrencia, hallazgo: *fue una gran idea reunirnos*. **5.** Opinión, apreciación acerca de algo o alguien: *tenía una idea equivocada de ti*. **6.** Ingenio o maña para inventar o realizar algo: *tiene mucha idea para bordar*. **7.** Fondo, parte sustancial de una doctrina, razonamiento, etc.: *la idea es buena, aunque de difícil realización*. **8.** Esquema, proyecto: *te ha dado la idea para que la realices*. ◆ **ideas** n. f. pl. **9.** Manera de pensar que uno tiene en lo religioso, político, etc.
IDEAL adj. Relativo a la idea o ideas. **2.** Que sólo existe en la imaginación, no real. **3.** Excelente, perfecto en su clase: *un coche ideal*. ◆ n. m. **4.** Perfección que el espíritu imagina, sin poder alcanzarla por completo. **5.** Aquello que se pretende o a lo que se aspira. **6.** Doctrina, ideas, etc., que alguien profesa apasionadamente.
IDEALIDAD n. f. Calidad de ideal.
IDEALISMO n. m. Propensión a idealizar las cosas. **2.** FILOS. Filosofía que reduce la realidad al ser, el ser, al pensamiento: *el idealismo hegeliano*.
IDEALISTA adj. y n. m. y f. Relativo al idealismo; partidario de esta doctrina. **2.** Dícese de la persona que propende a idealizar las cosas.
IDEALIZACIÓN n. f. Acción y efecto de idealizar.
IDEALIZAR v. tr. [**1g**]. Conferir a alguien o algo una perfección ideal; magnificar; embellecer.
IDEAR v. tr. [1]. Pensar, discurrir. **2.** Trazar, inventar.
IDEARIO n. m. Repertorio de las principales ideas de un autor, escuela, etc.
IDEÁTICO, A adj. *Amér.* Extravagante, maniático, caprichoso. **2.** *Hond.* Ingenioso.
ÍDEM o **IDEM**. Voz procedente del pron. lat. *idem*, que significa *el mismo* o *lo mismo*, y se usa para evitar repeticiones. (Suele abreviarse *id.* o *íd.*)
IDÉNTICO, A adj. Completamente igual o muy parecido.
IDENTIDAD n. f. (lat. *identitas*). Calidad de idéntico. **2.** Circunstancia de ser efectivamente una persona lo que dice ser. **3.** Conjunto de caracteres o circunstancias que hacen que alguien o algo sea reconocido, sin posibilidad de confusión con otro. **4.** MAT. Igualdad en la que los dos miembros toman valores numéricos iguales para todo el sistema de valores atribuido a las variables. ◆ **Principio de identidad**, principio fundamental de la lógica tradicional según el cual toda cosa es igual a sí misma.
IDENTIFICABLE adj. Que puede ser identificado.
IDENTIFICACIÓN n. f. Acción y efecto de identificar o identificarse. **2.** SICOANÁL. Proceso síquico por el cual el sujeto se asimila a otra persona u objeto afectivo.
IDENTIFICAR v. tr. [1a]. Reconocer que una persona o cosa es la misma que se supo-

ne o se busca. ◆ v. tr. y pron. **2.** Considerar dos o más cosas como idénticas.
◆ **identificarse** v. pron. **3.** Solidarizarse.
IDEOGRAMA n. m. LING. Signo gráfico que representa el sentido de una palabra y no sus sonidos.
IDEOLOGÍA n. f. Conjunto de ideas que caracterizan a una persona, grupo, época, o movimiento cultural, religioso o político.
IDEÓLOGO, A n. Persona que crea ideas o que se atiene excesivamente a las ideas abstractas. **2.** En los ss. XVIII y XIX, filósofo que analizaba el origen de las ideas.
IDIARTE BORDA (Juan Bautista), político uruguayo (Mercedes 1844-Montevideo 1897). Presidente de la república (1894-1897), murió asesinado.
IDÍLICO, A adj. Relativo al idilio. **2.** Sumamente placentero o agradable.
IDILIO n. m. (lat. *idyllium*). Composición poética de motivo pastoral y generalmente amoroso. **2.** Episodio o aventura amorosa.
IDIOCIA n. f. MED. Déficit intelectual profundo de origen orgánico o síquico. SIN.: *idiotez, idiotismo*.
IDIOLECTO n. m. LING. Conjunto de las variantes de un idioma propias de una persona dada en un momento determinado.
IDIOLOGÍA n. f. Modo peculiar de hablar.
IDIOMA n. m. Término en cierto modo equivalente a lengua, en el sentido de sistema de signos lingüísticos al servicio de una comunidad de hablantes.
IDIOMÁTICO, A adj. Relativo al idioma.
IDIOSINCRASIA n. f. (gr. *idiosynkrasia*). Temperamento o manera de ser que caracteriza a un individuo o a una colectividad.
IDIOSINCRÁSICO, A adj. Relativo a la idiosincrasia.
IDIOTA adj. y n. m. y f. Dícese de la persona muy poco inteligente e ignorante. **2.** Afecto de idiocia.
IDIOTEZ n. f. Tontería. **2.** MED. Idiocia.
IDIOTISMO n. m. Ignorancia, falta de letras e instrucción. **2.** LING. Expresión o construcción peculiar de una lengua, de forma fija y no analizable. **3.** MED. Idiocia.
IDIOTIZAR v. tr. y pron. [**1g**]. Volver idiota.
IDO, A adj. *Fam.* Muy distraído. **2.** Que padece algún trastorno mental.
IDÓLATRA adj. y n. m. y f. Que idolatra.
IDOLATRAR v. tr. [1]. Adorar ídolos. **2.** *Fig.* Amar excesivamente a una persona o cosa.
IDOLATRÍA n. f. Acción y efecto de idolatrar.
ÍDOLO n. m. Objeto inanimado al que se considera dotado de poderes sobrenaturales y al que se rinde culto. **2.** *Fig.* Persona o cosa excesivamente amada o admirada: *un ídolo de la juventud*.
IDONEIDAD n. f. Calidad de idóneo.
IDÓNEO, A adj. (lat. *idoneum*, adecuado). Que tiene suficiencia o aptitud para alguna cosa.
IDUMEA o **EDOM**, ant. región del S de Palestina, habitada por los idumeos o edomitas.
IDUS n. m. pl. (voz latina). Decimoquinto día de los meses de marzo, mayo, julio y octubre, y decimotercer día de los otros meses, en el calendario romano.
IFIGENIA, en la mitología griega, hija de Agamenón y de Clitemnestra. Su padre la sacrificó a Artemisa a fin de conmover a los dioses. La leyenda proporcionó a Eurípides el tema de dos tragedias (*Ifigenia en Áulide, Ifigenia en Táuride*) y asimismo inspiró a Racine y Goethe.
IGLESIA n. f. (bajo lat. *ecclesiam*, del gr. *ekkesía*, asamblea). Sociedad religiosa fundada por Jesucristo. (Suele escribirse con mayúscula.) **2.** Conjunto del clero y pueblo de un país en donde el cristianismo tiene adeptos. **3.** Estado eclesiástico, que comprende a todos los ordenados.

4. Gobierno eclesiástico general del Sumo Pontífice, concilios y prelados. **5.** Comunidad formada por personas que profesan la misma doctrina: *Iglesia católica; Iglesia ortodoxa*. (Suele escribirse con mayúscula.) **6.** Edificio donde se reúnen los fieles.
IGLESIAS (Enrique Vicente), economista uruguayo de origen español (en Asturias 1930). Ministro de Asuntos Exteriores (1985-1988), desde 1988 preside el Banco interamericano de desarrollo.
IGLESIAS (Miguel), militar y político peruano (Cajamarca 1830-Madrid 1909). Impulsó la paz con Chile (1883) en la guerra del Pacífico. Presidente provisional (1884), fue derrocado por el general Cáceres (1886).
IGLESIAS Y CASTRO (Rafael), político costarricense (San José 1861-*id*. 1924). Durante su presidencia (1894-1902) E.U.A. reforzó su dominio económico en el país.
IGLÚ n. m. (ingl. *igloo*). Construcción de nieve que sirve de habitación temporal a determinados grupos de esquimales.
IGNACIO DE LOYOLA (*san*), español, fundador de la Compañía de Jesús (Loyola 1491-Roma 1556).
IGNARO, A adj. (lat. *ignarum*). Ignorante.
ÍGNEO, A adj. De fuego o que tiene algunas de sus propiedades.
IGNICIÓN n. f. Acción y efecto de estar un cuerpo encendido, si es combustible, o enrojecido por un fuerte calor si es incombustible. **2.** Operación de encendido de los propulsores de un cohete.
IGNÍFUGO, A adj. y n. m. Propio para hacer ininflamables los objetos combustibles.
IGNITRÓN n. m. ELECTR. Tubo rectificador cuyo cátodo está constituido por mercurio, en el que el cebado se renueva, al comienzo de cada una de las alternancias, por medio de un electrodo especial.
IGNOMINIA n. f. (lat. *ignominiam*). Situación de una persona que por sus actos o conducta deshonrosa ha perdido el respeto de los demás. **2.** Motivo para esta situación. **3.** Mala acción perpetrada contra alguien.
IGNOMINIOSO, A adj. Que es ocasión o causa de ignominia.
IGNORANCIA n. f. Falta general de instrucción. **2.** Falta de conocimiento acerca de una materia o asunto determinado.
IGNORANTE adj. y n. m. y f. Que carece de instrucción. **2.** Que ignora una determinada materia o asunto.
IGNORANTISMO n. m. Tendencia a rechazar la instrucción por los peligros sociales que pueda acarrear.
IGNORAR v. tr. (lat. *ignorare*) [1]. No saber una cosa. ◆ v. tr. y pron. **2.** *Fig.* No prestar atención deliberadamente a alguien o a algo.
IGNOTO, A adj. (lat. *ignotum*). No conocido ni descubierto.
IGUAL adj. (lat. *aequalem*). Que no difiere de otro. **2.** Semejante, muy parecido. **3.** Liso, sin desniveles. **4.** Proporcionado, en conveniente relación: *el resultado obtenido no es igual al esfuerzo realizado*. **5.** Constante, no variable. **6.** GEOMETR. Dícese de las figuras que se pueden superponer de modo que se confunden en su totalidad. ◆ adj. y n. m. y f. **7.** Dícese de la persona de la misma clase, condición, etc., que otra u otras. ◆ **Sin igual**, singular, extraordinario. ◆ n. m. **8.** Signo de igualdad, formado por dos rayas paralelas y horizontales (=). ◆ adv. m. **9.** De la misma manera: *comportarse igual que un niño*. **10.** Posiblemente, tal vez: *igual le encuentra aún en su casa*. **11.** *Argent., Chile* y *Urug.* Así y todo; a pesar de todo.
IGUALA n. f. Igualación, acción y efecto de igualar o igualarse. **2.** Composición, ajuste o pacto por el que se contratan los servicios de una asociación o persona. **3.** Lo que se paga por este ajuste. **4.** Con-

venio por el que el cliente paga al médico una cantidad anual determinada por prestar sus servicios.

IGUALA DE LA INDEPENDENCIA, c. de México (Guerrero); 101 067 hab. Yacimientos de manganeso. Centro comercial. En ella se publicó el *plan de Iguala*.

IGUALACIÓN n. f. Acción y efecto de igualar o igualarse.

IGUALADA n. f. DEP. Empate.

IGUALADA, c. de España (Barcelona), cab. de p. j.; 32 422 hab. *(Igualadinos.)* Industrias. Iglesia de Santa María y conventos del s. XVII. Museos.

IGUALADO, A adj. *Guat.* y *Méx.* Dícese de la persona que quiere igualarse con otras de clase social superior. **2.** *Méx.* Mal educado, grosero.

IGUALAR v. tr. y pron. [1]. Hacer iguales dos o más personas o cosas. **2.** Ajustar o contratar algo, especialmente una iguala sanitaria. ♦ v. tr. **3.** Allanar, reducir algo a un mismo nivel. **4.** En todos los juegos de azar, hacer una apuesta igual a la que ha sido propuesta por otro jugador. ♦ v. intr. y pron. **5.** Ser una persona o cosa igual a otra. ♦ **igualarse** v. pron. **6.** Tratar alguien a otros como si fuesen de la misma categoría que él.

IGUALDAD n. f. (lat. *aequalitatem*). Calidad de igual.

IGUALITARIO, A adj. (fr. *égalitaire*). Que entraña igualdad o tiende a ella.

IGUALITARISMO n. m. Corriente del pensamiento social que preconiza la supresión de las diferencias sociales.

IGUALMENTE adv. m. También, asimismo. **2.** De la misma manera.

IGUANA n. f. Reptil saurio de América tropical, de párpados móviles y lengua gruesa adherida al paladar, que tiene una gran papada y una cresta espinosa en el dorso.

IGUANA n. f. *Méx.* Instrumento músico parecido a la guitarra, que consta de cinco cuerdas dobles.

IGUAZÚ, en port. **Iguaçu,** r. de América del Sur, afl. del Paraná (or. izq.); 1320 km. Nace en Brasil, forma frontera con Argentina (Misiones) y desemboca en el punto de unión de Brasil, Argentina y Paraguay. En el curso bajo forma las *cataratas del Iguazú* (70 m alt. en Salto Grande de Santa María), englobadas en el *parque nacional Iguazú,* argentino y en el correspondiente parque nacional brasileño, declarados bien natural de la humanidad por la Unesco (1984 y 1986).

IGUAZÚ, dep. de Argentina (Misiones); 57 702 hab. En el término, cataratas del *Iguazú.* Centro turístico de *Puerto Iguazú,* unido por un puente a la ciudad brasileña de Foz do Iguaçu.

IJADA n. f. Cada uno de los espacios simétricos comprendidos entre las falsas costillas y los huesos de las caderas. **2.** Dolor en esta región.

IJAR n. m. Ijada del hombre y de algunos animales.

ILACIÓN n. f. (lat. *illationem*). Relación entre ideas que se deducen unas de otras o que están de acuerdo: *un discurso carente de ilación.*

ILATIVO, A adj. Que establece ilación. • **Conjunción** u **oración ilativa,** conjunción u oración consecutiva.

ILAVE, distr. de Perú (Puno), en la altiplanicie del lago Titicaca; 41 563 hab. Cereales, quina.

ILEGAL adj. Que no es legal, contrario a las leyes.

ILEGALIDAD n. f. Calidad de ilegal: *la ilegalidad de un acto.* **2.** Acto ilegal: *cometer ilegalidades.*

ILEGIBILIDAD n. f. Calidad de ilegible: *la ilegibilidad de un texto.*

ILEGIBLE adj. Que no se puede o casi no se puede leer: *letra ilegible.* **2.** Que no se debe leer.

ILEGITIMIDAD n. f. Calidad de ilegítimo.

ILEGÍTIMO, A adj. Que no cumple las condiciones requeridas por la ley: *unión ilegítima.*

ÍLEON n. m. (del gr. *eilein,* retorcer). Tercera parte del intestino delgado, entre el yeyuno y el intestino grueso.

ILESO, A adj. Que no ha recibido heridas o daño en ocasión que podía haberlo hecho.

ILETRADO, A adj. y n. Falto de instrucción.

ILÍACO, A o **ILIACO, A** adj. Relativo a las paredes laterales de la pelvis y al íleon. • **Fosa ilíaca,** cada una de las dos regiones laterales e inferiores de la cavidad abdominal. ‖ **Hueso ilíaco,** cada uno de los dos huesos que forman la cintura pélvica, resultado de la soldadura del ilion, el isquion y el pubis.

ILÍACO, A adj. y n. De Ilión o Troya.

ILICITANO, A adj. y n. De la antigua Ilici y la actual Elche.

ILÍCITO, A adj. Prohibido por las leyes o por la moral: *negocio ilícito; relaciones ilícitas.*

ILIMITABLE adj. Que no puede limitarse.

ILIMITADO, A adj. Que no tiene o no presenta límites.

ILION n. m. Uno de los tres elementos del hueso ilíaco, ancho y plano, que forma el saliente de la cadera.

ILIRIA, región montañosa de la costa septentrional del Adriático, que comprende las regiones de Istria, Carintia y Carniola, dividida entre Italia, Croacia, Eslovenia y Austria. Colonizada por los griegos (s. VII a. J.C.), estuvo sometida a Roma a partir de fines del s. III a. de J.C.

ILÍRICO, A adj. Ilirio.

ILIRIO, A adj. y n. De Iliria.

ILLAMPU *(nevado de),* pico de los Andes bolivianos (La Paz), en el macizo de Sorata; 6 421 m de alt.

ILLAPEL, com. de Chile (Coquimbo), en el valle del *río Illapel;* 28 968 hab. Minas de oro.

ILLIA (Arturo Umberto), político argentino (Pergamino, Buenos Aires, 1900-Córdoba 1983), líder de la Unión cívica radical, fue presidente de la república (1963-1966) y depuesto por el golpe militar de Onganía (junio 1966).

ILLIMANI *(nevado de),* macizo del Altiplano boliviano (La Paz); 6 332 m de alt.

ILLINOIS, estado de Estados Unidos, en el Midwest; 146 075 km²; 11 430 602 hab. Cap. *Springfield.* C. pral. *Chicago.*

ILMEN *(lago),* lago de Rusia, cerca de Nóvgorod; 982 km².

ILÓGICO, A adj. Que carece de lógica.

ILOTA o **HILOTA** n. m. (gr. *heilôs, ôtos*). El que se halla desposeído de los derechos de ciudadano. **2.** HIST. Esclavo propiedad del estado de Esparta.

ILUMINACIÓN n. f. Acción y efecto de iluminar. **2.** Conjunto de luces dispuestas para iluminar o decorar calles, monumentos públicos, etc. **3.** Conjunto de luces destinadas a realizar un espectáculo, una representación teatral o televisada, etc. **4.** Cantidad de luz. **5.** Decoración e ilustración, generalmente en colores, de un manuscrito.

ILUMINADO, A adj. y n. Dícese de la persona que ve visiones en materia de religión. ♦ **Iluminados** n. m. pl. **2.** Miembros de sectas religiosas que durante los ss. XVI-XVIII pretendían ser iluminados directamente por Dios sin recurrir a los sacramentos. **3.** Miembros de antiguas sociedades masónicas.

ILUMINADOR, RA adj. y n. Que ilumina. ♦ n. **2.** Artista que iluminaba manuscritos.

ILUMINAR v. tr. (lat. *illuminare*) [1]. Alumbrar, dar luz. **2.** Adornar con luces. **3.** Fig. Hacer claro algo: *la alegría iluminó su cara.* **4.** Decorar con iluminaciones: *iluminar un misal.*

ILUMINISMO n. m. Doctrina de determinados movimientos religiosos marginales, fundada en la creencia en una iluminación interior o en revelaciones inspiradas directamente por Dios.

ILUSIÓN n. f. (lat. *illusionem,* engaño). Imagen de un objeto que aparece en la conciencia distinto de como es en realidad: *el espejismo es una ilusión visual.* **2.** Alegría que produce la esperanza o la realización de un deseo: *llenarse de ilusiones.* **3.** Esperanza poco fundada en la realización de un deseo: *vivir con la ilusión del éxito.* • **Ilusión óptica,** error relativo a la forma, dimensiones y color de los objetos. ‖ **Ilusión óptico-geométrica,** error en la percepción visual de figuras geométricas, que se manifiesta por una sobreestimación o una subestimación sistemáticas de la longitud, la superficie, la dirección o la curvatura de los ángulos, la vertical, etc.

ILUSIONAR v. tr. y pron. [1]. Producir o sentir ilusión: *la idea me ilusiona; ilusionarse por todo.* **2.** Hacer que alguien conciba o conciba ilusiones, esperanzas, etc.: *intentar ilusionar a alguien.*

ILUSIONISMO n. m. Arte de producir fenómenos en aparente contradicción con las leyes naturales.

ILUSIONISTA adj. y n. m. y f. Que realiza ejercicios de ilusionismo.

ILUSO, A adj. Que está engañado con una ilusión o que tiende a ilusionarse con facilidad.

ILUSORIO, A adj. Que es sólo ilusión, sin valor real: *promesas ilusorias.*

ILUSTRACIÓN n. f. Acción y efecto de ilustrar: *este ejemplo sirve de ilustración del texto.* **2.** Cultura, instrucción: *persona de poca ilustración.* **3.** Estampa, grabado o dibujo que acompaña al texto de un libro, periódico, etc. **4.** Movimiento intelectual europeo (y de sus colonias americanas), centrado en el período comprendido entre la segunda revolución inglesa de 1688 y la Revolución francesa (aunque con ampliaciones hasta 1830) caracterizado por el racionalismo utilitarista de la clase burguesa en su etapa ascendente en la consecución de la hegemonía estructural capitalista y por la toma del poder político (que el *despotismo ilustrado* intentó inútilmente conjurar), y de conformación de su ideología. (Con este significado suele escribirse con mayúscula.)

ILUSTRADO, A adj. Docto, instruido: *persona ilustrada.* **2.** Adornado con grabados, imágenes, fotografías, etc.: *libro ilustrado.* ♦ adj. y n. **3.** Perteneciente o relativo a la Ilustración; partidario de ella. SIN.: *insigne.* **3.** Título de dignidad: *ilustre señor director.*

ILUSTRADOR, RA adj. y n. Que ilustra una obra.

ILUSTRAR v. tr. y pron. (lat. *illustrare*) [1]. Instruir, proporcionar conocimientos o cultura: *la lectura ilustra.* ♦ v. tr. **2.** Aclarar un punto o materia: *ilustrar un texto con notas.* **3.** Incluir en un impreso láminas o grabados alusivos al texto.

ILUSTRATIVO, A adj. Que ilustra o proporciona conocimientos: *artículo ilustrativo.*

ILUSTRE adj. (lat. *illustrem*). De noble linaje: *familia ilustre.* **2.** Que sobresale en extraordinariamente en alguna actividad: *escritor ilustre.* SIN.: *insigne.* **3.** Título de dignidad: *ilustre señor director.*

ILUSTRÍSIMO, A adj. Tratamiento que se da a ciertas personas constituidas en dignidad. • **Su ilustrísima,** tratamiento que se da a un obispo.

IMAGEN n. f. (lat. *imaginem*). Representación de una persona o de una cosa por medio de la pintura, la escultura, el dibujo, la fotografía, el cine, etc. **2.** Representación impresa de un sujeto cualquiera. **3.** Reproducción visual de un objeto a través de un instrumento óptico. **4.** Representación mental de un ser o de un objeto. **5.** Parecido; aquello que imita o reproduce; aspecto: *este niño es la imagen de su padre.* **6.** Palabra o expresión que sugiere algo con lo que tiene alguna relación o analogía: *un*

369

IMA

poema de bellas imágenes. **7.** MAT. En una aplicación de un conjunto C en un conjunto C ', elemento de C ' que corresponde a un elemento dado de C. • **A imagen o a imagen y semejanza,** de igual o parecida manera. ‖ **Derecho a la propia imagen,** derecho que tiene toda persona sobre su propia representación externa. ‖ **Imagen mental,** representación síquica de un objeto ausente.

IMAGINACIÓN n. f. (lat. *imaginationem*). Facultad de evocar imágenes, sentido interno de reproducir en la mente rastros de impresiones sensoriales en ausencia de sus objetos. **2.** Facultad de inventar, crear o concebir. **3.** Idea falsa, ilusión o sospecha sin fundamento real.

IMAGINAR v. tr. y pron. (lat. *imaginari*) [**1**]. Representarse algo en la mente: *imaginar fantasmas.* **2.** Idear, inventarse. **3.** Pensar o creer.

IMAGINARIA n. f. Guardia militar que no presta efectivamente el servicio como tal, pero está dispuesta para prestarlo en caso de necesidad. ♦ n. m. **2.** Soldado que por turno vela durante la noche en cada dormitorio del cuartel.

IMAGINARIO, A adj. (lat. *imaginarium*). Que sólo existe en la imaginación: *un temor imaginario.*

IMAGINATIVO, A adj. Que tiene mucha imaginación o que predomina ésta sobre otras facultades.

IMAGINERÍA n. f. Arte de los imagineros. **2.** Conjunto de imágenes, especialmente sagradas. **3.** Conjunto de imágenes o expresiones usadas por un autor, escuela, etc.

IMAGO n. m. (voz lat., *imagen*). Insecto adulto que ha alcanzado su completo desarrollo y es capaz de reproducirse.

IMÁN n. m. Óxido natural de hierro que atrae el hierro y otros metales. **2.** Barra de acero que ha adquirido artificialmente las mismas propiedades. **3.** *Fig.* Atractivo.

IMÁN o **IMÁM** n. m. (ár. *imām*). Jefe religioso musulmán. **2.** Título de ciertos soberanos musulmanes.

IMANATO n. m. Dignidad de imán.

IMANTACIÓN o **IMANACIÓN** n. f. Acción de imantar.

IMANTAR o **IMANAR** v. tr. y pron. [**1**]. Comunicar a un cuerpo las propiedades del imán.

IMBABURA *(provincia de),* prov. del N de Ecuador; 4817 km²; 265 499 hab. Cap. *Ibarra.*

IMBABUREÑO, A adj. y n. De Imbabura.

IMBATIDO, A adj. Que no ha sido vencido, especialmente en un combate deportivo.

IMBÉCIL adj. y n. m. y f. (lat. *imbecillem,* débil). Poco inteligente, estúpido, tonto. **2.** MED. Afecto de imbecilidad.

IMBECILIDAD n. f. Calidad o estado de imbécil. **2.** Acción o dicho propio de un imbécil: *hacer imbecilidades.* **3.** MED. Retraso mental definido por un cociente intelectual comprendido entre 20 y 50.

IMBERBE adj. (lat. *imberbem*). Que no tiene barba.

IMBORRABLE adj. Indeleble.

IMBRICACIÓN n. f. Acción y efecto de imbricar. **2.** Estado de cosas imbricadas.

IMBRICADO, A adj. (lat. *imbricatum*). Dícese de las cosas sobrepuestas de modo que se cubren parcialmente, como las tejas de un tejado, las escamas de los peces, etc.

IMBRICAR v. tr. y pron. [**1a**]. Poner parte de una cosa sobre otra, a la manera de las tejas.

IMBUIA n. m. Madera americana, resistente y de fácil trabajo, que se emplea en ebanistería, torneado, chapado, etc.

IMBUIR v. tr. y pron. (lat. *imbuere*) [**29**]. Inculcar ciertas ideas o pensamientos: *imbuir creencias.*

IMBUNCHAR v. tr. [**1**]. *Chile.* Hechizar, embrujar. **2.** *Chile.* Estafar, robar con cierta habilidad y misterio.

IMBUNCHE n. m. (voz araucana). *Chile.* Ser maléfico, deforme y contrahecho, que lleva la cara vuelta hacia la espalda y anda sobre una pierna por tener la otra pegada a la nuca. **2.** *Chile.* Brujo que hace este maléfico a los niños. **3.** *Chile. Fig.* Niño feo, gordo y rechoncho. **4.** *Chile. Fig.* Maleficio, hechicería. **5.** *Chile. Fig.* Asunto embrollado y difícil o imposible solución.

IMILLA n. f. (voz quechua). *Argent.* y *Bol.* Muchacha. **2.** *Bol.* y *Perú.* Criada india.

IMITACIÓN n. f. Acción y efecto de imitar. **2.** Cosa hecha imitando a otra: *tener la costumbre de la imitación.* **3.** Producto fabricado que imita otro más valioso: *perlas de imitación.*

IMITAR v. tr. (lat. *imitari*) [**1**]. Hacer o tratar de hacer lo mismo o algo parecido a lo hecho por otro: *imitar una firma; imitar los gestos de alguien.*

IMITATIVO, A adj. Relativo a la imitación.

IMPACIENCIA n. f. Calidad de impaciente. **2.** Exasperación, irritación, desasosiego.

IMPACIENTAR v. tr. [**1**]. Hacer perder la paciencia. ♦ **impacientarse** v. pron. **2.** Perder la paciencia.

IMPACIENTE adj. Que no tiene paciencia. **2.** Que tiene afán o prisa: *estar impaciente de esperar.* **3.** Intranquilo por falta de información o noticias.

IMPACTO n. m. (bajo lat. *impactum*; de *impingere,* empujar). Choque del proyectil en el blanco. **2.** Señal que deja en él. **3.** Choque de un objeto con otro. **4.** *Fig.* Efecto intenso que algo produce en el ánimo: *el impacto de una campaña publicitaria.*

IMPAGABLE adj. Que no se puede pagar. **2.** De tanto valor que es imposible pagarlo.

IMPALA n. m. Herbívoro que vive en África, extraordinariamente ágil, que cuando huye da saltos de hasta 4 o 5 m. (Familia bóvidos).

IMPALPABLE adj. Ligero, sutil, de muy poca densidad.

IMPAR adj. Dícese del número entero que no es divisible por dos. **2.** Que no tiene par o igual: *persona de impar belleza.* ♦ adj. y n. m. **3.** Que está expresado por un número o una cifra impar. (Los números impares son los que terminan por 1, 3, 5, 7 y 9.)

IMPARABLE adj. Que no se puede parar o detener.

IMPARCIAL adj. y n. m. y f. Que juzga o procede sin parcialidad o pasión, equitativo.

IMPARCIALIDAD n. f. Calidad de imparcial, forma de obrar imparcial.

IMPARTIR v. tr. (lat. *impartiri*) [**3**]. Comunicar, hacer participar a otros de lo que uno sabe o tiene: *impartir clase; impartir su bendición.*

IMPASIBILIDAD n. f. Calidad de impasible. **2.** Actitud impasible.

IMPASIBLE adj. Que no se altera ni muestra emoción o turbación.

IMPASSE n. m. (voz francesa). Callejón sin salida, atascamiento, crisis: *las conversaciones de paz están en un impasse.*

IMPÁVIDO, A adj. Que resiste o hace frente a un peligro sin miedo. **2.** Impasible. **3.** *Amér.* Fresco, descarado.

IMPECABLE adj. Perfecto, exento de tacha: *vestir de forma impecable.* **2.** TEOL. Incapaz de pecar.

IMPEDANCIA n. f. (ingl. *impedance,* del lat. *impedire,* estorbar). FÍS. Relación entre la amplitud compleja de una magnitud sinusoidal (tensión eléctrica y presión acústica) y la amplitud compleja de la magnitud inducida (corriente eléctrica y flujo de velocidad).

IMPEDIDO, A adj. y n. Tullido, imposibilitado de moverse o de mover algún miembro.

IMPEDIMENTA n. f. (voz latina). Bagaje que lleva la tropa y que impide la celeridad en la marcha y en las operaciones.

IMPEDIMENTO n. m. (lat. *impedimentum*). Obstáculo, estorbo para una cosa: *surgir impedimentos para proseguir una obra.* **2.** DER. Circunstancias que obstaculizan la celebración de un matrimonio.

IMPEDIR v. tr. (lat. *impedire*) [**30**]. Imposibilitar o hacer difícil la ejecución de una cosa.

IMPELENTE adj. Que impele. • **Bomba impelente,** bomba que eleva el agua por medio de la presión ejercida sobre el líquido.

IMPELER v. tr. (lat. *impellere*) [**2**]. Dar empuje para producir movimiento: *el viento impelía la nave.* **2.** *Fig.* Incitar, estimular, excitar: *impeler a una acción.*

IMPENETRABILIDAD n. f. Calidad de impenetrable. **2.** Actitud impenetrable. **3.** Propiedad en virtud de la cual dos cuerpos no pueden ocupar simultáneamente el mismo lugar en el espacio.

IMPENETRABLE adj. Que no se puede penetrar: *selva impenetrable.* **2.** *Fig.* Que no puede ser conocido o descubierto: *misterio impenetrable.*

IMPENITENCIA n. f. Obstinación en el pecado.

IMPENITENTE adj. y n. m. y f. Que muestra impenitencia. **2.** *Fig.* y *fam.* Que es incapaz de escarmentar o corregirse: *bebedor impenitente.*

IMPENSABLE adj. Que no se puede pensar racionalmente, absurdo. **2.** Muy difícil o imposible de realizar.

IMPENSADO, A adj. Dícese de las cosas que suceden sin pensar en ellas o sin esperarlas.

IMPERANTE adj. Que impera.

IMPERAR v. intr. (lat. *imperare,* mandar) [**1**]. Dominar, mandar, preponderar: *ahora imperan otras costumbres.*

IMPERATIVO, A adj. Que impera, manda u ordena: *tono imperativo.* **2.** LING. Que pertenece al modo imperativo: *forma imperativa.* ♦ adj. y n. m. **3.** LING. Dícese del modo del verbo que expresa un mandato, una exhortación, una invitación o un ruego. ♦ n. m. **4.** Necesidad absoluta: *hallarse bajo imperativos económicos.* • **Imperativo categórico,** según Kant, mandamiento moral incondicionado que conlleva su propio fin.

IMPERCEPTIBILIDAD n. f. Calidad de imperceptible.

IMPERCEPTIBLE adj. Que no se puede percibir o que apenas se percibe: *defecto imperceptible.*

IMPERDIBLE adj. Que no puede perderse. ♦ n. m. **2.** Alfiler de seguridad, doblado formando resorte, y con uno de sus extremos rematado por una caperuza, en la que se introduce el otro extremo, terminado en punta, de modo que no puede abrirse fácilmente.

IMPERDONABLE adj. Que no se debe o no se puede perdonar: *error imperdonable.*

IMPERECEDERO, A adj. Que no perece, inmortal, eterno: *fama imperecedera.*

IMPERFECCIÓN n. f. Calidad de imperfecto: *la imperfección de una obra.* **2.** Defecto, lo que impide que algo sea perfecto.

IMPERFECTIVO, A adj. y n. m. LING. Dícese de ciertos verbos y de ciertos tiempos de los mismos que indican un ciclo incompleto de acción, con una duración ilimitada.

IMPERFECTO, A adj. (lat. *imperfectum*). Que tiene defectos, no perfecto: *obra imperfecta.* ♦ n. m. y adj. **2.** LING. Denominación aplicada por la Real academia española a cinco tiempos simples de la conjugación verbal: *pretérito imperfecto de indicativo, futuro imperfecto de indicativo, potencial simple o imperfecto, pretérito imperfecto de subjuntivo y futuro imperfecto de subjuntivo.*

IMPERIAL adj. (lat. *imperialem*). Relativo al emperador o al imperio: *dignidad imperial*. ♦ n. m. 2. *Cuba*. Cigarro puro de buen tamaño y calidad. ♦ n. f. 3. Piso superior, con asientos, en un carruaje, ómnibus, tranvía, autobús, etc.

IMPERIALISMO n. m. Política de expansión de un estado en el aspecto continental, colonial, marítimo o económico, que tiende a poner a otros estados bajo su dependencia.

IMPERIALISTA adj. y n. m. y f. Relativo al imperialismo; persona o estado que lo propugnan.

IMPERICIA n. f. (lat. *imperitiam*). Falta de pericia.

IMPERIO n. m. (lat. *imperium*). Forma de gobierno monárquico cuyo jefe es un emperador. 2. Nación gobernada por este sistema. 3. Conjunto importante de territorios que dependen de un mismo gobierno: *imperios coloniales*. 4. Dignidad, cargo o ejercicio de emperador. 5. Espacio de tiempo que dura el gobierno de un emperador. • **Estilo imperio**, estilo artístico desarrollado en Francia en época del Directorio y del Imperio.

IMPERIOSO, A adj. Que denota dureza y despotismo o que emplea tono de mando. 2. Que es necesario.

IMPERMEABILIDAD n. f. Cualidad de impermeable.

IMPERMEABILIZACIÓN n. f. Operación que impermeabiliza un tejido.

IMPERMEABILIZAR v. tr. [**1g**]. Hacer impermeable al agua, a la lluvia, etc.

IMPERMEABLE adj. (lat. *impermeabilem*). Dícese de los cuerpos que no pueden ser atravesados por los líquidos: *la arcilla es impermeable*. ♦ n. m. 2. Prenda de abrigo, hecha con tela impermeable.

IMPERSONAL adj. (lat. *impersonalem*). Que no pertenece o que no se aplica a una persona en particular: *la ley es impersonal*. 2. Poco original, de poca calidad: *un estilo impersonal*. • **Modos impersonales**, el infinitivo, el gerundio y el participio, llamados así porque no expresan la persona gramatical. ♦ adj. y n. m. 3. LING. Dícese del verbo que sólo se conjuga en la tercera persona del singular (*llueve, nieva, graniza*, etc.). ♦ adj. y n. f. 4. LING. Dícese de la oración en que se omite el elemento agente de la acción expresada por el verbo.

IMPERSONALIZAR v. tr. [**1g**]. Usar como impersonal un verbo.

IMPERTÉRRITO, A adj. Que no se altera o asusta ante circunstancias peligrosas o difíciles.

IMPERTINENCIA n. f. Calidad de impertinente: *impertinencia en contestar*. 2. Palabras o acciones inconvenientes: *oír impertinencias*.

IMPERTINENTE adj. y n. m. y f. Que molesta, que no tiene o implica consideración o respeto. 2. Indiscreto, inoportuno. ♦ **impertinentes** n. m. pl. 3. Anteojos con mango.

IMPERTURBABILIDAD n. f. Calidad de imperturbable.

IMPERTURBABLE adj. (lat. *imperturbabilem*). Que no se altera, que no pierde la tranquilidad o el aplomo.

IMPÉTIGO n. m. Afección contagiosa de la piel, caracterizada por la erupción de vesículas.

IMPETRACIÓN n. f. Acción y efecto de impetrar.

IMPETRAR v. tr. (lat. *impetrare*, lograr) [**1**]. Solicitar una gracia con ahínco.

ÍMPETU n. m. Gran intensidad o fuerza de un movimiento: *el ímpetu de las olas*. 2. *Fig*. Energía y eficacia con que se realiza algo. SIN.: *impetuosidad*.

IMPETUOSO, A adj. Que se mueve o actúa con ímpetu: *un torrente impetuoso*. ♦ adj. y n. 2. *Fig*. Apasionado, irreflexivo: *carácter impetuoso*.

IMPIEDAD n. f. Falta de piedad o de religión.

IMPÍO, A adj. y n. (lat. *impium*). Falto de piedad o fe religiosa. 2. Falto de compasión o piedad: *acción impía*. ♦ adj. 3. Irreverente: *un robo impío*.

IMPLACABLE adj. (lat. *implacabilem*). Que no se puede aplacar o templar: *ira implacable*; *huracán implacable*. 2. Que no se deja ablandar en su rigor: *juez implacable*.

IMPLANTACIÓN n. f. Acción y efecto de implantar o implantarse: *la implantación de la democracia*. 2. MED. Intervención consistente en colocar un implante bajo la piel.

IMPLANTAR v. tr. y pron. (fr. *implanter*) [**1**]. Establecer, instaurar, poner en ejecución doctrinas, instituciones, prácticas o costumbres nuevas. ♦ v. tr. 2. MED. Realizar una implantación.

IMPLANTE n. m. MED. Sustancia medicamentosa que se introduce en el tejido celular subcutáneo, donde se reabsorbe lentamente.

IMPLEMENTACIÓN n. f. INFORMÁT. Instalación y puesta en marcha, en un ordenador, de un sistema de explotación o de un conjunto de programas de utilidad, destinado a usuarios.

IMPLICACIÓN n. f. Acción y efecto de implicar: *las implicaciones políticas en un asunto económico*. 2. LOG. y MAT . Unión de dos proposiciones para sí... entonces, del tipo «si es cierto que A = B y B = C, entonces A = C». SIN.: *proposición condicional*.

IMPLICANCIA n. f. *Amér*. Consecuencia, secuela. 2. *Argent., Chile* y *Urug*. Incompatibilidad o impedimento moral.

IMPLICAR v. tr. y pron. [**1a**]. Envolver, enredar, contener. ♦ v. tr. 2. *Fig*. Incluir en esencia, contener como consecuencia una cosa: *este propósito implica un arrepentimiento*. ♦ v. intr. 3. Obstar, envolver contradicción: *su pasado no implica para que confiemos en él*.

IMPLICATORIO, A adj. Que envuelve o contiene en sí implicación.

IMPLÍCITO, A adj. (lat. *implicitum*). Dícese de lo que se entiende incluido en otra cosa sin expresarlo: *condición, voluntad implícita*.

IMPLORACIÓN n. f. Acción y efecto de implorar.

IMPLORAR v. tr. (lat. *implorare*) [**1**]. Pedir con ruegos o lágrimas: *implorar perdón*.

IMPLOSIÓN n. f. Irrupción violenta de un fluido en un recinto que se halla a una presión mucho menor que la presión exterior y que, en consecuencia, resulta destruido. 2. LING. Primera fase de la emisión de una consonante oclusiva, correspondiente al término fonético de intensión.

IMPLOSIVO, A adj. y n. f. LING. Dícese de las consonantes oclusivas que se producen con una cerrazón del canal vocal.

IMPLUME adj. Desprovisto de plumas.

IMPOLUTO, A adj. (lat. *impollutum*). Limpio, inmaculado, sin mancha: *nieve impoluta*.

IMPONDERABILIDAD adj. Calidad de imponderable.

IMPONDERABLE adj. n. Que no puede pesarse, medirse o precisarse. 2. *Fig*. Que excede a toda ponderación o previsión. ♦ n. m. 3. Factor que interviene en la determinación de ciertos acontecimientos, pero cuya influencia es difícil de precisar.

IMPONENCIA n. f. *Chile* y *Colomb*. Cualidad de imponente, grandeza, majestad.

IMPONENTE adj. Que sorprende por alguna cualidad extraordinaria. ♦ n. m. y f. 2. Impositor.

IMPONER v. tr. y pron. (lat. *imponere*) [**5**]. Obligar a alguien a la aceptación de algo: *imponer condiciones*. 2. Infundir respeto o miedo: *su severidad impone*. 3. Poner a alguien el nombre que llevará en lo sucesivo: *le impondrán el nombre del abuelo* ♦ v. tr. 4. Poner dinero a crédito o en depósito. • **Imponer las manos** (LITURG.), extender las manos sobre una persona o cosa para bendecirla. ♦ **imponerse** v. pron. 5. Parecer algo, predominar, sobresalir: *se han impuesto nuevas modas*. 6. Hacerse obedecer o respetar. 7. *Méx*. Acostumbrarse.

IMPONIBLE adj. Que se puede gravar con impuesto o contribución: *base imponible*.

IMPOPULAR adj. Que no es grato a la multitud, al pueblo o a una comunidad: *una ley impopular*.

IMPOPULARIDAD n. f. Calidad de impopular.

IMPORTACIÓN n. f. Acción de importar mercancías extranjeras. 2. Conjunto de mercancías que se importan.

IMPORTADOR, RA adj. y n. Que importa o introduce géneros extranjeros.

IMPORTANCIA n. f. Calidad de importante. • **Darse importancia** (*Fam*.), afectar aires de superioridad o influencia.

IMPORTANTE adj. Que tiene valor o interés: *noticia importante*. 2. Dícese de la persona socialmente considerada: *ser gente importante*.

IMPORTAR v. intr. (lat. *importare*, introducir) [**1**]. Convenir, interesar, preocupar, hacer al caso, ser de mucha entidad o consecuencia: *sobre todo importa la salud*. ♦ v. tr. 2. Valer, llegar a tal cantidad el precio de la cosa comprada: *la factura importa mil pesetas*. 3. Introducir en un país mercancías procedentes de países extranjeros.

IMPORTE n. m. Cuantía de un precio, crédito, deuda o saldo.

IMPORTUNAR v. tr. [**1**]. Incomodar o molestar con una pretensión o solicitud.

IMPORTUNIDAD n. f. Calidad de importuno. 2. Cosa importuna.

IMPORTUNO, A adj. y n. Inoportuno: *una visita importuna*. 2. Indiscreto, molesto, enfadoso: *trabajo importuno*; *estar libre de importunos*.

IMPOSIBILIDAD n. f. Falta de posibilidad. 2. DER. Enfermedad o defecto que estorba o excusa para una función pública: *imposibilidad física*.

IMPOSIBILITADO, A adj. y n. Tullido, que ha perdido el movimiento de alguno de sus miembros: *está imposibilitado de ambas piernas*. SIN.: *impedido*.

IMPOSIBILITAR v. tr. [**1**]. Hacer imposible: *su ignorancia le imposibilita para trabajo*.

IMPOSIBLE adj. (lat. *impossibilem*). No posible: *es imposible saber el futuro*. 2. Inaguantable, intratable: *un hombre imposible*. 3. *Chile*. Se dice de la persona desaseada o muy sucia. ♦ n. m. 4. Cosa sumamente difícil: *pedir imposibles*. • **Hacer lo imposible** (*Fam*.), apurar todos los medios para conseguir o arreglar algo.

IMPOSICIÓN n. f. Acción y efecto de imponer o imponerse: *la imposición de una moda*. 2. Cantidad que se impone de una vez en cuenta, depósito. • **Imposición de manos**, acción del sacerdote, pastor, etc., que impone las manos sobre una persona o cosa para bendecir o conferir carácter sagrado.

IMPOSITIVO, A adj. Que impone. 2. Relativo a los impuestos.

IMPOSITOR, RA adj. y n. Que ingresa dinero en una institución bancaria. SIN.: *imponente*.

IMPOSTOR, RA adj. y n. Que calumnia, que atribuye falsamente a una alguna cosa. 2. Dícese de la persona que engaña con apariencia de verdad. 3. Que se hace pasar por quien no es.

IMPOSTURA n. f. Imputación calumniosa. 2. Engaño con apariencia de verdad.

IMPOTENCIA n. f. Calidad de impotente. 2. MED. Disminución del grado normal de actividad de ciertos órganos o estructuras. 3. MED. Incapacidad, orgánica o síquica, del hombre para realizar el acto sexual.

IMPOTENTE adj. Que no tiene potencia o poder para hacer alguna cosa. ♦ adj. y n. m. y f. **2.** MED. Afecto de impotencia.
IMPRACTICABLE adj. Que no se puede practicar. **2.** Dícese de los caminos y lugares por donde es imposible o difícil el paso.
IMPRECACIÓN n. f. Expresión exclamativa con que se evidencia el deseo de que a alguien le ocurra algo malo.
IMPRECAR v. tr. (lat. *imprecari*, desear) [1a]. Proferir imprecaciones.
IMPRECATORIO, A adj. Que implica o denota imprecación.
IMPRECISIÓN n. f. Vaguedad, falta de precisión.
IMPRECISO, A adj. Vago, indefinido, no preciso.
IMPREDECIBLE adj. Imprevisto, inesperado.
IMPREGNACIÓN n. f. Acción y efecto de impregnar.
IMPREGNAR v. tr. y pron. [1]. Introducir entre las moléculas de un cuerpo las de otro en cantidad perceptible, sin que haya propiamente mezcla ni combinación. **2.** Mojar, empapar.
IMPREMEDITACIÓN n. f. Falta de premeditación.
IMPREMEDITADO, A adj. No premeditado. **2.** Irreflexivo.
IMPRENTA n. f. Conjunto de técnicas y artes que concurren en la fabricación de obras impresas. **2.** Establecimiento donde se imprime.
IMPRENTAR v. tr. [1]. *Chile*. Planchar los cuellos y solapas, o las perneras de los pantalones, para darles la debida forma. **2.** *Chile*. Coser en la parte inferior de las perneras de los pantalones una tira circular.
IMPRESCINDIBLE adj. Dícese de aquello de lo que no se puede prescindir.
IMPRESCRIPTIBLE adj. DER. Que no puede prescribir.
IMPRESENTABLE adj. Que no es digno de presentarse ni de ser presentado.
IMPRESIÓN n. f. Acción y efecto de imprimir. **2.** Marca, huella o señal que una cosa deja en otra apretándola. **3.** Efecto o sensación que causa en un cuerpo otro extraño. **4.** *Fig.* Efecto especialmente vivo que las cosas causan en el ánimo. **5.** Opinión sobre un hecho, sentimiento, etc. **6.** ART. GRÁF. Calidad y forma de letra con que está impresa una obra. **7.** ART. Edición. **8.** GRÁF. Obra impresa.
IMPRESIONABILIDAD n. f. Calidad de impresionable.
IMPRESIONABLE adj. Que se impresiona fácilmente.
IMPRESIONANTE adj. Que produce fuerte impresión sobre el ánimo: *escenas de violencia impresionantes*. **2.** Que presenta una importancia, una dimensión, etc., considerables.
IMPRESIONAR v. tr. y pron. [1]. Persuadir por un movimiento afectivo. **2.** Conmover hondamente. **3.** Grabar un disco o una cinta magnetofónica. **4.** FOT. Fijar la imagen por medio de la luz en una placa fotográfica.
IMPRESIONISMO n. m. Movimiento pictórico iniciado y desarrollado primeramente en Francia durante el último tercio del s. XIX, y cuya influencia se extendió por buena parte de Europa y América, hasta bien entrado el s. XX. **2.** Tendencia general, en arte, a percibir las impresiones fugitivas, la movilidad de los fenómenos, antes que el aspecto estable y conceptual de las cosas.
IMPRESIONISTA adj. y n. m. y f. Relativo al impresionismo; partidario de este movimiento.
IMPRESO n. m. Escrito, signo o estampa reproducido por la imprenta o por otro medio mecánico. **2.** Papel con algún destino especial en el que van impresas ciertas demandas a las que hay que responder por escrito: *un impreso para la declaración de renta*. **3.** Objeto postal impreso que se expide en condiciones especiales de franqueo y distribución.
IMPRESOR, RA adj. Que imprime. ♦ n. **2.** Dueño de una imprenta. **3.** Obrero de imprenta y, particularmente, obrero prensista.
IMPRESORA n. f. Dispositivo periférico de un ordenador, constituido por una máquina que permite la salida de resultados escritos sobre papel.
IMPREVISIBLE adj. Que no se puede prever.
IMPREVISIÓN n. f. Falta de previsión.
IMPREVISOR, RA adj. Que no prevé.
IMPREVISTO, A adj. Que ocurre sin haber sido previsto o sin haber contado con ello. ♦ n. m. **2.** Gasto no previsto.
IMPRIMAR v. tr. [1]. Preparar con los ingredientes necesarios las cosas o superficies que se han de pintar o teñir. **2.** *Colomb.* y *Perú*. Cubrir la superficie no pavimentada de una carretera con un material asfáltico para evitar el polvo y la erosión.
IMPRIMIR v. tr. (lat. *imprimere*). [3k]. Estampar o dejar huella por medio de la presión. **2.** Publicar, editar. **3.** Comunicar un movimiento o influencia a una cosa. **4.** ART. GRÁF. Trasladar a un papel, tela, etc., caracteres o dibujos grabados en clichés o formas de impresión impregnados de tinta.
IMPRIMIR v. tr. [3]. Fijar en el ánimo algún afecto o carácter.
IMPROBABILIDAD n. f. Calidad de improbable.
IMPROBABLE adj. Poco probable o inseguro.
IMPROBO, A adj. Falto de probidad. **2.** Dícese del esfuerzo, trabajo, etc., excesivo y continuado.
IMPROCEDENCIA n. f. Calidad de improcedente.
IMPROCEDENTE adj. No conforme a derecho: *despido improcedente*. **2.** Inadecuado, extemporáneo: *conducta improcedente*.
IMPRODUCTIVO, A adj. Dícese de lo que no produce.
IMPRONTA n. f. (ital. *impronta*). Reproducción de imágenes en hueco o en relieve, en cualquier materia blanda o dúctil. **2.** *Fig.* Señal o carácter peculiar.
IMPRONUNCIABLE adj. De muy difícil o imposible pronunciación.
IMPROPERIO n. m. Injuria de palabra, especialmente la empleada para echar en cara algo.
IMPROPIEDAD n. f. Calidad de impropio. **2.** Falta de propiedad en el lenguaje.
IMPROPIO, A adj. No adecuado.
IMPRORROGABLE adj. Que no se puede prorrogar.
IMPROSULTO, A adj. *Chile*. Sinvergüenza, descarado. **2.** *Hond.* Malo, inútil.
IMPROVISACIÓN n. f. Acción de improvisar. **2.** Obra o composición improvisada.
IMPROVISADOR, RA adj. Que improvisa.
IMPROVISAR v. tr. [1]. Hacer algo sin haberlo preparado de antemano: *improvisar un discurso*. **2.** Preparar en poco tiempo algo cuando no se dispone de suficientes medios.
IMPROVISO, A adj. Que no se prevé ni se ve venir. • **De improviso**, sin prevención ni previsión.
IMPRUDENCIA n. f. Falta de prudencia. **2.** Acción imprudente. **3.** Indiscreción.
IMPRUDENTE adj. y n. m. y f. Que no tiene prudencia.
IMPÚBER adj. y n. m. y f. Que no ha alcanzado todavía la pubertad.
IMPUDICIA o **IMPUDICICIA** n. f. Deshonestidad.
IMPÚDICO, A adj. Deshonesto, falto de pudor.
IMPUDOR n. m. Falta de pudor y de honestidad. **2.** Cinismo, desvergüenza en defender o practicar cosas vituperables.
IMPUESTO n. m. Prestación pecuniaria requerida a los particulares por vía de autoridad, a título definitivo y sin contrapartida, con el fin de cubrir los gastos públicos. • **Impuesto directo**, el percibido directamente por la administración sobre la renta de las personas físicas y sobre los beneficios industriales y comerciales. || **Impuesto indirecto**, el percibido, especialmente, sobre los bienes de consumo, por ejemplo los carburantes. || **Impuesto progresivo**, impuesto en el cual el tipo de gravamen crece al mismo tiempo que la materia imponible. || **Impuesto proporcional**, impuesto en el cual el tipo de gravamen sobre la base imponible permanece constante. || **Impuesto sobre el valor añadido (I.V.A.)**, tributo básico de la imposición indirecta, que incide sobre el consumo y se exige con ocasión de las transacciones, entrega de bienes y prestaciones de servicios, realizadas en el desarrollo de una actividad empresarial o profesional, así como en las imputaciones de bienes.
IMPUGNABLE adj. Que se puede impugnar.
IMPUGNACIÓN n. f. Acción y efecto de impugnar.
IMPUGNAR v. tr. [1] Contradecir, combatir, refutar.
IMPULSAR v. tr. y pron. (lat. *impulsare*) [1]. Impeler, dar empuje para producir movimiento. **2.** *Fig.* Constituir la causa de un obrar. **3.** *Fig.* Aumentar la actividad de algo.
IMPULSIVIDAD n. f. Condición de impulsivo.
IMPULSIVO, A adj. Dícese de lo que impele o puede impeler. **2.** Dícese de la persona vehemente, que habla o procede de modo irreflexivo y sin cautela.
IMPULSO n. m. Acción y efecto de impeler o impulsar. **2.** Deseo, motivo o pensamiento que mueve a hacer algo. **3.** Grupo de oscilaciones de frecuencia muy elevada, utilizadas en electrónica, que se suceden periódicamente en el tiempo. • **Impulso nervioso**, fenómeno de naturaleza eléctrica por el cual la excitación de una fibra nerviosa se propaga por el nervio.
IMPUNE adj. Que queda sin castigo.
IMPUNIDAD n. f. Cualidad de impune.
IMPUREZA n. f. Cualidad de impuro. **2.** Mezcla de partículas extrañas a un cuerpo o materia.
IMPURIFICAR v. tr. y pron. [1a]. Causar impureza.
IMPURO, A adj. No puro. • **Espíritus impuros**, los demonios.
IMPUTABILIDAD n. f. Calidad de imputable.
IMPUTABLE adj. Que se puede imputar.
IMPUTACIÓN n. f. Acción de imputar.
IMPUTADO, A adj. y n. DER. Dícese del individuo al que se atribuye un delito o falta.
IMPUTAR v. tr. [1]. Atribuir a otro una culpa, delito o acción. **2.** CONTAB. Afectar a una cuenta los hechos económicos en atención a su origen, naturaleza y destino.
IN, prefijo de origen latino, que indica supresión o negación: *ileso*; *inanimado*; o que tiene el valor de *dentro*, sobre: *infiltrar*; *incriminar*. (Adopta la forma *im* delante de *b* o *p*, y la forma *i* ante *l* o *r*.)
IN EXTREMIS loc. (voces lat., *en la extremidad*). En los últimos momentos de la existencia.
IN FRAGANTI loc. (voces lat., *en flagrante*). Se aplica al hecho de sorprender a alguien en un delito o falta.
IN SITU loc. (voces lat., *en el mismo sitio*). En su medio natural: *estudiar una roca in situ*.
INACABABLE adj. Que parece no tener fin, o que se retarda éste con exceso.
INACCIÓN n. f. Falta de acción, ociosidad.
INACTIVIDAD n. f. Falta de actividad.
INACTIVO, A adj. Sin acción, movimiento o actividad.
INADAPTADO, A adj. y n. Dícese de la persona que no está adaptada a ciertas circunstancias o a la sociedad.

INADVERTENCIA n. f. Imprevisión, distracción, ignorancia.
INADVERTIDO, A adj. Dícese del que no advierte algo que debiera o no está preparado para ello. **2.** No advertido o notado.
INALÁMBRICO, A adj. Dícese de la comunicación mediante ondas electromagnéticas. **2.** Dícese de la telefonía sin hilos: *teléfono inalámbrico.*
INALIENABLE o **INAJENABLE** adj. Que no se puede enajenar. **2.** DER. Dícese de los bienes que se encuentran fuera del comercio, por disposición legal, obstáculo natural o convención.
INAMBÚ n. m. Ave de unos 40 cm, de plumaje amarillo rojizo, con franjas negras, que vive en América Meridional. (Familia tinámidos.)
INAMOVIBLE adj. Que no se puede mover. **2.** DER. Que no puede ser destituido o trasladado por vía administrativa.
INAMOVILIDAD n. f. DER. Garantía acordada a determinados titulares de funciones públicas, especialmente magistrados, de conservar el ejercicio de estas funciones o de no ser separados de ellas más que por procedimientos particulares.
INANE adj. (lat. *inanem,* vacío). Vano, fútil, inútil: *pretextos inanes.* **2.** MED. Afecto de inanición.
INANICIÓN n. f. Estado patológico de desnutrición producido por la falta total o parcial de alimentos.
INANIMADO, A adj. Que no tiene vida: *objeto inanimado.* **2.** Desmayado. • **Género inanimado** (LING.), género gramatical que, en ciertas lenguas, corresponde al neutro.
INAPELABLE adj. Dícese de la sentencia, auto, fallo o resolución contra los que no se puede apelar. **2.** *Fig.* Irremediable, inevitable.
INAPETENCIA n. f. Disminución o falta de apetito.
INAPRECIABLE adj. Que no se puede apreciar o distinguir. **2.** De tal calidad que no se puede valorar materialmente.
INAPRENSIBLE adj. Que no se puede coger. **2.** *Fig.* Que no se puede captar por demasiado sutil.
INARTICULADO, A adj. No articulado. **2.** LING. Dícese del sonido no articulado, como el grito.
INASIBLE adj. Que no se puede coger o comprender.
INASTILLABLE adj. Dícese de un vidrio especial, cuya rotura no produce fragmentos agudos y cortantes.
INAUDIBLE adj. Que no se puede oír.
INAUDITO, A adj. Nunca oído. **2.** *Fig.* Sorprendente.
INAUGURACIÓN n. f. Acto de inaugurar. **2.** Ceremonia en la que oficialmente se procede a la puesta en servicio de una instalación, edificio, etc.
INAUGURAR v. tr. [1]. Dar principio a una cosa. **2.** Abrir solemnemente un establecimiento público, o estrenar un monumento u obra.
INCA adj. y n. m. y f. Relativo a un pueblo amerindio de lengua quechua, originario del lago Titicaca, que en la época prehispánica constituyó un importante imperio que se extendía desde el S de Colombia, por Ecuador, Perú y Bolivia, al NO de Argentina y el centro de Chile; individuo de dicho pueblo. ♦ n. m. **2.** Denominación que se daba al soberano que los gobernaba. **3.** Moneda de oro de la república del Perú.
■ Los incas vivían en clanes (ayllu) y practicaban una agricultura comunitaria (patata, maíz); la tierra era propiedad del inca, soberano absoluto de origen divino, y estaba repartida entre éste, los sacerdotes y el pueblo; los campesinos recibían parcelas en función de sus necesidades. En el s. XIII se inicia un período legendario, que abarca los ocho primeros incas: Manco Cápac, Sinchi Roca, Lloque Yupanqui, Mayta Cápac, Cápac Yupanqui, Inca Roca, Yahuar Huacac y Hatun Túpac Inca (Viracocha Inca). En 1438, con Cusi Yupanqui (Pachacuti), se inicia el imperio histórico. Túpac Inca Yupanqui (1471-1493) prosiguió la expansión hacia Ecuador, Chile y Tucumán, y su hijo Tutí Cusi Hualpa o Huayna Cápac (1493-1525) consolidó la estructura administrativa del imperio, conquistado en 1533 por Pizarro, que ejecutó al inca Atahualpa. Túpac Amaru, apoyado por la nobleza inca, aspiró al trono hasta su ejecución en 1572.
La forma artística más importante del imperio inca fue la arquitectura, en particular el trabajo de la piedra. Destaca la ciudad de Cuzco, con el Coricancha y la fortaleza de Sacsahuamán, así como Ollantaytambo, Pisac y Machu Picchu. Los principales dioses eran Inti (el Sol) y Viracocha, el creador del mundo y dios civilizador. En el s. XVIII, la revuelta campesina encabezada por José Gabriel Condorcanqui (Túpac Amaru II), ejecutado en 1781, reivindicó el esplendor inca.
INCA, región administrativa de Perú que comprende los departamentos de Apurímac, Cuzco y Madre de Dios; 172 831 km^2; 1 303 000 hab.
INCA ROCA, soberano inca († c. 1246). Monarca del Alto Cuzco, desposeyó a la dinastía de Manco Cápac, y se impuso como jefe único sobre las tribus confederadas. Su actividad se centró en el engrandecimiento del Cuzco y del imperio inca.
INCAHUASI, cima volcánica de los Andes, entre Argentina (Catamarca) y Chile (Atacama); 6638 m de alt.
INCAICO, A adj. Relativo a los incas.
INCALCULABLE adj. Que no puede calcularse, demasiado numeroso o grande.
INCALIFICABLE adj. Que no se puede calificar. **2.** Muy vituperable.
INCANDESCENCIA n. f. Estado de un cuerpo que emite luz por elevación de su temperatura. **2.** *Fig.* Ardor, efervescencia.
INCANDESCENTE adj. Que está en incandescencia.
INCANSABLE adj. Que resiste mucho el cansancio o que no se cansa.
INCAPACIDAD n. f. Calidad de incapaz. **2.** DER. Carencia de capacidad legal para disfrutar de un derecho o para ejercerlo sin asistencia o autorización.
INCAPACITADO, A adj. DER. Dícese, especialmente en el orden civil, de los locos, pródigos, sordomudos, iletrados y reos que sufren pena de interdicción.
INCAPACITAR v. tr. [1]. Ser causa de que alguien o algo sea incapaz. **2.** DER. Declarar la falta de capacidad civil de personas mayores de edad. **3.** DER. Decretar la carencia, en una persona, de las condiciones legales para un cargo público.
INCAPAZ adj. Que no tiene capacidad para una cosa. **2.** Falto de aptitud para algo. **3.** *Fig.* Falto de talento. **4.** DER. Dícese del que carece de aptitud legal para ciertos actos.
INCARIO, nombre del imperio inca o *Tahuantinsuyo.* Fundado en el s. XI, se extendió, desde 1438, de Ecuador a Chile, ocupando más de millón y medio de km^2.
INCAUTARSE v. pron. [1]. Tomar posesión una autoridad competente de dinero o bienes de otra clase. **2.** Apoderarse de algo arbitrariamente.
INCAUTO, A adj. Falto de malicia y fácil de engañar.
INCENDIAR v. tr. y pron. [1]. Causar incendio.
INCENDIARIO, A adj. y n. Dícese del que voluntariamente provoca un incendio. ♦ adj. **2.** Destinado a incendiar o que puede causar incendio: *proyectil incendiario.* **3.** *Fig.* Exaltante, subversivo.

INCENDIO n. m. (lat. *incendium*). Fuego grande que se propaga y causa estragos.
INCENSAR v. tr. [1j]. Dirigir con el incensario el humo del incienso hacia una persona o cosa. **2.** *Fig.* Adular, lisonjear.
INCENSARIO n. m. Brasero colgado de unas cadenas, en el que se quema el incienso durante las ceremonias religiosas.
INCENTIVAR v. tr. [1]. Estimular para que algo se acreciente o aumente.
INCENTIVO n. m. y adj. Estímulo que mueve o incita a hacer o desear una cosa.
INCERTIDUMBRE n. f. Falta de certidumbre.
INCESANTE adj. Que no cesa. **2.** *Fig.* Repetido, frecuente.
INCESTO n. m. Relaciones sexuales entre personas consanguíneas o afines, a quienes la ley prohíbe contraer entre sí matrimonio válido.
INCESTUOSO, A adj. y n. Relativo al incesto. **2.** Que comete incesto.
INCHÁUSTEGUI CABRAL (Héctor), poeta dominicano (Baní 1912-Santo Domingo 1979). Su poesía, de profundo acento nacional, se eleva de lo social a lo metafísico (*Muerte en el Edén,* 1951). Cultivó también el teatro y el ensayo.
INCIDENCIA n. f. (ingl. *incidence*). Acción de incidir. **2.** Incidente. • **Ángulo de incidencia,** ángulo formado por la dirección de un cuerpo en movimiento o de un rayo luminoso con la normal a una superficie en el punto de encuentro. || **Punto de incidencia,** punto de encuentro de un cuerpo en movimiento o de una radiación con una superficie.
INCIDENTAL adj. Que constituye un incidente. **2.** Accesorio, de menor importancia.
INCIDENTE adj. Que incide. ♦ n. m. **2.** Hecho que sobreviene en el curso de un negocio o asunto y tiene con él alguna conexión. **3.** Pequeño suceso que interrumpe más o menos el curso de otro.
INCIDIR v. intr. [3]. Caer, incurrir: *incidir en repeticiones.* **2.** Llegar un proyectil, un rayo de luz, etc., a una superficie. **3.** Sobrevenir, ocurrir, acontecer.
INCIDIR v. intr. [3]. Cortar, romper, separar. **2.** MED. Hacer una incisión.
INCIENSO n. m. Resina aromática, que desprende un olor fuerte y agradable por combustión. **2.** Mezcla de sustancias resinosas que al arder despiden buen olor. **3.** *Fig.* Adulación, lisonja.
INCIERTO, A adj. Poco seguro. **2.** Impreciso, borroso. **3.** Desconocido, ignorado.
INCINERACIÓN n. f. Acción y efecto de incinerar.
INCINERAR v. tr. [1]. Reducir una cosa a cenizas, especialmente un cadáver.
INCIPIENTE adj. Que empieza.
INCISIÓN n. f. Hendidura hecha en algunos cuerpos con instrumento cortante: *efectuar una incisión con el bisturí.*
INCISIVO, A adj. Apto para abrir o cortar. **2.** *Fig.* Punzante, mordaz. ♦ adj. y n. m. **3.** Dícese de las piezas dentarias más anteriores de la boca, que en el hombre son cuatro en la mandíbula superior y otras cuatro en la inferior. SIN.: *diente.*
INCISO, A adj. Que lleva incisiones: *cerámica incisa.* **2.** Dícese del estilo de escritor que expresa los conceptos en cláusulas breves y sueltas. ♦ n. m. **3.** Oración de ordinario poco extensa, que se intercala en el cuerpo de una frase. **4.** Lo que se intercala en un discurso, exposición, charla, etc., para explicar una cosa poco relacionada con el tema.
INCISORIO, A adj. Que corta o puede cortar.
INCITACIÓN n. f. Acción y efecto de incitar.
INCITANTE adj. Incitador. **2.** Atractivo, estimulante.
INCITAR v. tr. [1]. Mover o estimular a alguien para que ejecute algo.
INCITATIVO, A adj. y n. m. Que incita o tiene virtud de incitar.

INCLÁN (Luis Gonzaga), escritor mexicano (Tlalpán 1816-México 1875), autor de *Astucia, el jefe de los Hermanos de la Hoja* (2 vols.; 1865-1866), extensa novela folletinesca.
INCLASIFICABLE adj. Que no se puede clasificar.
INCLEMENCIA n. f. Calidad de inclemente. **2.** *Fig.* Rigor del tiempo atmosférico, especialmente en invierno.
INCLEMENTE adj. Falto de clemencia.
INCLINACIÓN n. f. Acción y efecto de inclinar o inclinarse. **2.** Reverencia que se hace con la cabeza o el cuerpo en señal de respeto y cortesía. **3.** *Fig.* Afecto o propensión a una cosa. **4.** Dirección que una línea o superficie tiene con relación a otra línea o superficie especialmente horizontal o vertical. **5.** ASTRON. Ángulo formado por el tiempo de la órbita de un planeta con el plano de la eclíptica. **6.** ASTRON. Ángulo formado por el plano de la órbita de un satélite artificial con un plano de referencia, en general el plano ecuatorial del astro alrededor del cual gravita. • **Inclinación magnética**, ángulo que forma con el plano horizontal una aguja imantada suspendida libremente por su centro de gravedad.
INCLINAR v. tr. y pron. [1]. Desviar de la posición vertical u horizontal formando ángulo. **2.** Doblegar o flexionar el tronco o la cabeza. ♦ v. tr. **3.** *Fig.* Influir sobre alguien para que actúe de cierta manera. ♦ **inclinarse** v. pron. **4.** Tender o proprender.
ÍNCLITO, A adj. (lat. *inclitum*). Ilustre, esclarecido.
INCLUIR v. tr. [29]. Poner una cosa dentro de otra, o dentro de sus límites. **2.** Contener una cosa a otra, llevarla implícita. **3.** Comprender un número menor en otro mayor, o una parte en su todo.
INCLUSIÓN n. f. Acción y efecto de incluir. **2.** Cosa incluida en otra u otras. **3.** Partícula, metálica o no, que altera las propiedades físicas, mecánicas o químicas de un metal, de una aleación o de un medio cristalino. **4.** MAT. Propiedad de un conjunto A por la que todos sus elementos forman parte de otro conjunto B. (Se expresa por la notación A ⊃ B, que se lee *A está incluido en B.*)
INCLUSIVE adv. m. Incluyendo el último objeto nombrado.
INCLUSIVO, A adj. Que incluye o puede incluir una cosa.
INCLUSO, A adj. Dícese de lo que está incluido en otra cosa. ♦ adv. m. **2.** Con inclusión de: *perdonó a todos, incluso a sus enemigos*.
INCOACIÓN n. f. Acción de incoar.
INCOAR v. tr. (lat. *incoare*) [1]. Comenzar una cosa, especialmente un sumario, pleito, proceso, expediente o alguna otra actuación oficial.
INCOATIVO, A adj. Que explica o denota el principio de una cosa. **2.** LING. Dícese de cualquier elemento lingüístico, como verbos, afijos, etc., que expresa el principio de una acción.
INCOBRABLE adj. Que no se puede cobrar o es de muy dudosa cobranza.
INCOERCIBLE adj. Que no puede ser coercido.
INCÓGNITA n. f. En matemáticas, magnitud que se propone encontrar. **2.** *Fig.* Causa o razón oculta de un hecho que se examina.
INCÓGNITO, A adj. No conocido. ♦ n. m. **2.** Situación de una persona que oculta su identidad.
INCOGNOSCIBLE adj. Que no se puede conocer.
INCOHERENCIA n. f. Calidad de incoherente. **2.** Dicho o hecho incoherente.
INCOHERENTE adj. Carente de unidad o trabazón. **2.** Dícese de las ideas, palabras o frases que no forman un conjunto unido lógicamente.

INCOLORO, A adj. Que carece de color.
INCÓLUME adj. Sano, sin lesión ni menoscabo.
INCOMBUSTIBILIDAD n. f. Calidad de incombustible.
INCOMBUSTIBLE adj. Que no puede arder, o que resiste poderosamente la acción del fuego.
INCOMIBLE adj. Que no se puede comer.
INCOMODAR v. tr. y pron. [1]. Causar incomodidad o molestia.
INCOMODIDAD n. f. Cualidad de incómodo o circunstancia de estar incómodo. SIN.: *incomodo.*
INCÓMODO, A adj. No cómodo, molesto, violento.
INCOMPARABLE adj. Que no tiene o no admite comparación.
INCOMPARTIBLE adj. Que no se puede compartir.
INCOMPATIBILIDAD n. f. Calidad de incompatible. **2.** DER. Imposibilidad legal de ejercer simultáneamente determinadas funciones. **3.** MED. Imposibilidad de mezclar o de administrar simultáneamente dos o más medicamentos por el riesgo de modificar su acción o de aumentar su toxicidad.
INCOMPATIBLE adj. No compatible con otra cosa. **2.** Dícese de las personas cuyos caracteres chocan. **3.** Dícese de ciertas asignaturas de las que uno no puede examinarse sin antes haber aprobado otra. **4.** DER. Dícese de las funciones que no pueden recaer en una misma persona.
INCOMPETENCIA n. f. Falta de competencia. **2.** DER. Carencia de jurisdicción de un tribunal o juez para conocer de una causa.
INCOMPETENTE adj. No competente.
INCOMPLETO, A adj. No completo.
INCOMPRENDIDO, A adj. y n. Dícese de la persona que no es comprendida por los demás.
INCOMPRENSIBLE adj. Que no se puede comprender.
INCOMPRENSIÓN n. f. Falta de comprensión.
INCOMPRESIBLE adj. Que no se puede comprimir, reducir a menor volumen.
INCOMUNICABILIDAD n. f. Calidad de incomunicable.
INCOMUNICABLE adj. No comunicable.
INCOMUNICACIÓN n. f. Acción y efecto de incomunicar o incomunicarse. **2.** DER. Aislamiento temporal de procesados y testigos.
INCOMUNICAR v. tr. [1a]. Privar de comunicación a personas o cosas. ♦ **incomunicarse** v. pron. **2.** Aislarse, negarse al trato con otras personas.
INCONCEBIBLE adj. Que no se puede concebirse o comprenderse, o que parece inexplicable.
INCONCILIABLE adj. Que no puede conciliarse o armonizarse.
INCONCLUSO, A adj. No concluido, no acabado.
INCONCUSO, A adj. Firme, sin duda ni contradicción.
INCONDICIONADO, A adj. Que no está sometido a ninguna condición.
INCONDICIONAL adj. Absoluto, sin condición ni requisito: *una amiga incondicional.* ♦ n. m. y f. **2.** Adepto a una persona o idea, sin limitación ni condición alguna.
INCONEXO, A adj. Que no tiene conexión con una cosa.
INCONFESABLE adj. Dícese de lo que no puede confesarse por ser deshonroso o vergonzoso.
INCONFESO, A adj. Dícese del presunto reo que no confiesa el delito que se le imputa.
INCONFORMISMO n. m. Actitud del inconformista.
INCONFORMISTA adj. y n. m. y f. Que mantiene una actitud de rechazo o desacuerdo contra lo establecido en el orden político, social, moral, etc.

INCONFUNDIBLE adj. No confundible, del todo distinto a las demás cosas de su género.
INCONGRUENCIA n. f. Calidad de incongruente. **2.** Cosa incongruente.
INCONGRUENTE adj. Falto de acuerdo, relación o correspondencia entre sus partes.
INCONMENSURABLE adj. No conmensurable. **2.** MAT. Dícese de dos magnitudes cuya relación no es entera ni racional: *el perímetro de una circunferencia es inconmensurable con su diámetro.*
INCONMOVIBLE adj. Que no se puede conmover o alterar.
INCONOCIBLE adj. *Amér.* Dícese de la persona desconocida por haber sufrido un cambio en su manera de ser.
INCONQUISTABLE adj. Que no se puede conquistar.
INCONSCIENCIA n. f. Calidad o estado de inconsciente.
INCONSCIENTE adj. y n. m. y f. Que ha quedado sin sentido. **2.** Que actúa sin reflexión, prudencia ni sentido de la responsabilidad. ♦ adj. **3.** No deliberado, sin tener conciencia de ello: *estiró los brazos en un movimiento inconsciente.* ♦ n. m. **4.** Conjunto de fenómenos síquicos que escapan a la conciencia.
INCONSECUENCIA n. f. Calidad de inconsecuente. **2.** Acción inconsecuente.
INCONSECUENTE adj. y n. m. y f. Dícese de las personas cuyos actos no están de acuerdo lógicamente con sus ideas, conducta, palabras, etc., o que cambian fácilmente de opinión.
INCONSIDERACIÓN n. f. Falta de consideración y reflexión.
INCONSIDERADO, A adj. No considerado ni reflexionado. ♦ adj. y n. **2.** Que no considera ni reflexiona. **3.** Que trata a otros sin consideración.
INCONSISTENCIA n. f. Calidad de inconsistente.
INCONSISTENTE adj. Falto de consistencia.
INCONSOLABLE adj. Que no puede consolarse.
INCONSTANTE adj. Falto de constancia.
INCONSTITUCIONAL adj. DER. No conforme a la constitución: *decreto inconstitucional.*
INCONSTITUCIONALIDAD n. f. DER. Carácter de lo que no es constitucional.
INCONSÚTIL adj. Sin costura.
INCONTABLE adj. Que no puede contarse. **2.** Muy difícil de contar, numerosísimo.
INCONTAMINADO, A adj. Que no está contaminado.
INCONTENIBLE adj. Que no puede ser contenido o refrenado.
INCONTESTABLE adj. Que no se puede dudar ni en contestar con fundamento.
INCONTINENCIA n. f. Falta de continencia.
INCONTINENTE adj. (lat. *incontinentem*). Dícese de la persona incapaz de reprimir sus deseos o pasiones.
INCONTRASTABLE adj. Que no puede impugnarse fundadamente. **2.** *Fig.* Que no se deja reducir o convencer.
INCONTROLABLE adj. Imposible de controlar.
INCONTROLADO, A adj. No controlado.
INCONTROVERTIBLE adj. Que no admite duda ni disputa.
INCONVENCIBLE adj. Que no se deja convencer con razones.
INCONVENIENCIA n. f. Calidad de inconveniente. **2.** Acción o dicho inconveniente.
INCONVENIENTE adj. No conveniente, poco oportuno. **2.** No conforme a las conveniencias sociales. ♦ n. m. **3.** Dificultad u obstáculo. **4.** Desventaja que algo ofrece.
INCORDIA n. f. *Colomb.* Aversión, antipatía.
INCORDIAR v. tr. [1]. Fam. Molestar, fastidiar, incomodar.
INCORDIO n. m. *Fam.* Fastidio, molestia, impertinencia.
INCORPORACIÓN n. f. Acción y efecto de incorporar o incorporarse. **2.** MIL. Fase final del alistamiento de un contingente,

que consiste en la presentación de los reclutas a sus unidades.
INCORPORAR v. tr. (lat. *incorporare*) [1]. Unir dos o más cosas para que formen un cuerpo y un todo entre sí o introducir algo en un todo o que ya constituido. ♦ v. tr. y pron. 2. Levantar la parte superior del cuerpo, el que está tendido, para quedar sentado o reclinado. ♦ **incorporarse** v. pron. 3. Agregarse uno o más personas a un todo para formar un cuerpo.
INCORPÓREO, A adj. No corpóreo.
INCORRECCIÓN n. f. Calidad de incorrecto. 2. Dicho o hecho incorrecto.
INCORRECTO, A adj. No correcto.
INCORREGIBLE adj. No corregible. 2. Dícese de la persona por por su dureza y terquedad no se quiere enmendar.
INCORRUPCIÓN n. f. Estado de incorrupto.
INCORRUPTIBILIDAD n. f. Calidad de incorruptible.
INCORRUPTIBLE adj. No corruptible. 2. *Fig.* Dícese de la persona honesta y honrada a la que no se puede, o es muy difícil, pervertir.
INCORRUPTO, A adj. Que está sin corromperse. 2. No dañado ni pervertido.
INCREDIBILIDAD n. f. Imposibilidad o dificultad para que sea creída una cosa.
INCREDULIDAD n. f. Calidad de incrédulo.
INCRÉDULO, A adj. y n. Falto de religiosa. ♦ adj. 2. Que no cree fácilmente.
INCREÍBLE adj. Que no puede creerse.
INCREMENTAR v. tr. y pron. [1]. Dar incremento, aumentar.
INCREMENTO n. m. Acción y efecto de incrementar.
INCREPACIÓN n. f. Acción de increpar. 2. Reprensión fuerte, agria y severa.
INCREPAR v. tr. [1]. Reprender con dureza y severidad. 2. Insultar a alguien.
INCRIMINACIÓN n. f. Acción y efecto de incriminar.
INCRIMINAR v. tr. [1]. Inculpar a alguien de un delito o falta grave.
INCRUENTO, A adj. Que se realiza sin derramamiento de sangre.
INCRUSTACIÓN n. f. Acción de incrustar. 2. Cosa incrustada. 3. Procedimiento decorativo que consiste en engastar en una materia otra distinta, generalmente más preciosa. 4. Tipo de bordado en el que se recorta la tela que queda por debajo del motivo aplicado. ♦ **incrustaciones** n. f. pl. 5. Depósito de sustancias sólidas que deja el agua cargada de sales calcáreas.
INCRUSTAR v. tr. [1]. Embutir, en una superficie lisa y dura, piedras, metales, madera, etc., formando dibujos para que sirvan de adorno. 2. Cubrir una superficie con una costra dura. 3. *Fig.* Fijar firmemente una idea. ♦ **incrustarse** v. pron. 4. Penetrar y quedar adherido un cuerpo en otro, sin formar un todo.
INCUBACIÓN n. f. Acción y efecto de incubar. 2. BIOL. Tiempo que transcurre entre la fecundación y el desarrollo de un organismo. 3. BIOL. Tiempo que incuba un ave. 4. MED. Tiempo que transcurre entre la introducción de un agente infeccioso en un organismo y la aparición de los primeros síntomas de la enfermedad que provoca. • **Incubación artificial**, acción de llevar a la eclosión, generalmente por medio de una incubadora, los huevos de las aves de corral.
INCUBADORA n. f. Aparato que sirve para incubar artificialmente los huevos de aves domésticas. 2. MED. Aparato en el que se mantiene a los niños prematuros.
INCUBAR v. tr. [1]. Calentar el ave los huevos, poniéndose sobre ellos, para que salgan crías. 2. Sufrir el organismo humano el desarrollo de gérmenes morbosos. 3. *Fig.* Estar latente algo, sufriendo, por lo general, una evolución progresiva.
INCUESTIONABLE adj. No cuestionable.

INCULCACIÓN n. f. Acción y efecto de inculcar.
INCULCADOR, RA adj. y n. Que inculca.
INCULCAR v. tr. [1a]. Fijar en la mente una idea, un concepto, etc., a fuerza de repetirlo con ahínco.
INCULPABILIDAD n. f. Exención de culpa.
INCULPACIÓN n. f. Acción y efecto de inculpar. 2. Cosa de que se acusa a alguien.
INCULPAR v. tr. [1]. Culpar, acusar a uno de algo.
INCULTIVABLE adj. Que no puede cultivarse.
INCULTO, A adj. Que no tiene cultivo ni labor: *terreno inculto*. 2. *Fig.* Carente de cultura e instrucción. 3. *Fig.* Dícese del estilo descuidado y tosco.
INCULTURA n. f. Estado de inculto.
INCUMBENCIA n. f. Acción, asunto, etc., que corresponde a alguien. 2. Obligación y cargo de hacer una cosa.
INCUMBIR v. intr. [3]. Estar a cargo de uno alguna o concernirle una acción, función, asunto, obligación, etc.
INCUMPLIMIENTO n. m. Acción y efecto de incumplir.
INCUMPLIR v. tr. [3]. No llevar a efecto, dejar de cumplir.
INCUNABLE adj. y n. m. Dícese de las ediciones hechas desde la invención de la imprenta hasta el año 1500.
INCURABLE adj. y n. Que no se puede curar o no puede sanar. ♦ adj. 2. Que no tiene enmienda ni remedio: *un embustero incurable*.
INCURIA n. f. Falta de cuidado, negligencia.
INCURRIR v. intr. [3]. Llevar a cabo una falta, error, etc.: *incurrir en culpa grave*. 2. Hacerse objeto del odio, desprecio, etc., de alguien.
INCURSIÓN n. f. Acción de incurrir. 2. Acción de penetrar en un sitio ajeno, generalmente de forma brusca. 3. MIL. Operación que consiste en lanzar al interior de un territorio enemigo a una tropa dotada de movilidad.
INDAGACIÓN n. f. Acción y efecto de indagar.
INDAGADOR, RA adj. y n. Que indaga.
INDAGAR v. tr. (lat. *indagare*, seguir la pista de un animal) [1b]. Tratar de llegar al conocimiento de una cosa, discurriendo, o mediante gestiones y preguntas. 2. Preguntar.
INDAGATORIA n. f. DER. Primera declaración prestada en el sumario por el procesado, cuando se le notifica el auto del procesamiento.
INDAGATORIO, A adj. DER. Que tiende o conduce a indagar.
INDAYÉ n. m. Especie de gavilán de Argentina.
INDEBIDO, A adj. Que no es obligatorio ni exigible. 2. Ilícito, injusto, falto de equidad o desconsiderado.
INDECENCIA n. f. Falta de decencia. 2. Acto vituperable o vergonzoso.
INDECENTE adj. No decente, asqueroso. 2. Que ofende al pudor.
INDECIBLE adj. Que no se puede decir o explicar: *un placer indecible*.
INDECISIÓN n. f. Carácter o estado de indeciso.
INDECISO, A adj. Dícese del que está pendiente de resolución: *asunto indeciso*. 2. Perplejo, dudoso: *hallarse indeciso una persona*. 3. Vago, indeterminado: *horas indecisas*. ♦ adj. y n. 4. Dícese de la persona que nunca sabe decidirse.
INDECLINABLE adj. Que necesariamente tiene que hacerse o cumplirse: *invitación indeclinable*. 2. LING. Dícese de las palabras que no tienen declinación gramatical.
INDECOROSO, A adj. Que carece de decoro o que lo ofende.
INDEFECTIBLE adj. Que no puede faltar o dejar de ser u ocurrir.
INDEFENDIBLE adj. Que no puede ser defendido: *una causa indefendible*.

INDEFENSIÓN n. f. Estado de indefenso.
INDEFENSO, A adj. Que carece de defensa.
INDEFINIBLE adj. Que no se puede definir. 2. De tal naturaleza que no se puede precisar.
INDEFINIDO, A adj. No definido o precisado: *dibujo de trazos indefinidos*. 2. Que no tiene término señalado o conocido: *plazo indefinido*. • **Adjetivo, pronombre indefinido**, el que determina o representa al nombre de una manera vaga o general: *alguien, cada, ningún, varios, etc., son adjetivos indefinidos; alguien, quienquiera, nadie, etc., son pronombres indefinidos*. | **Artículo indefinido**, nombre dado a veces al artículo indeterminado. | **Pretérito indefinido**, tiempo perfecto de indicativo, que expresa una acción anterior, independiente de otra acción.
INDEFORMABLE adj. Que no se deforma.
INDELEBLE adj. Que no se puede borrar o quitar. 2. REL. CATÓL. Dícese del carácter que imprimen algunos sacramentos.
INDEMNE adj. (lat. *indemnem*, que no ha sufrido daño) Libre o exento de daño.
INDEMNIZACIÓN n. f. Acción y efecto de indemnizar. 2. Cosa con que se indemniza.
INDEMNIZAR v. tr. y pron. [1g]. Resarcir de un daño o perjuicio.
INDEMOSTRABLE adj. Que no puede ser demostrado: *principio indemostrable*.
INDEPENDENCIA n. f. Calidad de independiente. 2. Situación del individuo, estado, etc., que goza de libertad y autonomía. 3. Enterza, firmeza de carácter. 4. DER. Situación de una colectividad que no está sometida a la autoridad de otra.
INDEPENDENCIA (provincia de), prov. de la República Dominicana, junto a la frontera de Haití; 1861 km^2; 42 800 hab. Cap. *Jimaní*.
INDEPENDENCIA, com. de Chile, en el área metropolitana de Santiago; 77 539 hab.
INDEPENDENCIA, dep. de Argentina (Chaco); 18 416 hab. Cab. *Campo Largo*. Conservas de carne.
INDEPENDENTISMO n. m. Movimiento que propugna o reclama la independencia de un país.
INDEPENDENTISTA adj. y n. m. y f. Relativo al independentismo; partidario del mismo.
INDEPENDIENTE adj. Que no está sometido a nadie, o está exento de dependencia: *estado independiente*. 2. Que gusta de no depender de nadie y rechaza toda sujeción: *carácter independiente*. 3. Dícese de una cosa que no es solidaria de otra: *punto independiente de la cuestión*. 4. Dícese de la actividad artística que no se ciñe a las corrientes estéticas o a las formas de producción establecidas.
INDEPENDIZAR v. tr. y pron. [1g]. Hacer independiente.
INDESCIFRABLE adj. Que no se puede descifrar.
INDESCRIPTIBLE adj. Que no se puede describir por lo grande o impresionante.
INDESEABLE adj. y n. m. y f. Dícese de la persona, principalmente extranjera, cuya permanencia en un país consideran peligrosa las autoridades. 2. Dícese de la persona que por su ruindad moral se considera indigna del trato.
INDESMALLABLE adj. Dícese de los géneros o artículos de punto por urdimbre cuya textura es tal que no se rompen o deshacen las mallas de la línea.
INDESTRUCTIBLE adj. Que no se puede destruir.
INDETERMINABLE adj. Que no se puede determinar.
INDETERMINACIÓN n. f. Falta de determinación en las cosas, o de resolución en las personas.
INDETERMINADO, A adj. No implica determinación. 2. Incierto, impreciso.
INDETERMINISMO n. m. Filosofía según la cual tanto el hombre como Dios gozan

de libre albedrío. **2.** Doctrina según la cual el determinismo no existe, o existe sólo parcialmente, en la naturaleza.

INDEXACIÓN n. f. Acción y efecto de indexar. **2.** ESTADÍST. Procedimiento de ajuste mediante el cual una variable es modificada automáticamente en función de un índice determinado.

INDEXAR v. tr. [1]. En documentalismo, analizar y destacar del título de un documento o de su contenido algunas palabras clave que lo caracterizan para poder ser encontrado posteriormente mediante esta palabra. **2.** ESTADÍST. Realizar una indexación. **3.** INFORMÁT. Indicar en una instrucción de ordenador que el contenido de un registro de índice deberá añadirse al valor de la zona de dirección de la instrucción para obtener la dirección efectiva del operando.

INDIA, en hindī **Bhārat**, estado de Asia meridional; 3 268 000 km²; 859 200 000 hab. (*Indios.*) CAP. *Nueva Delhi*. La Unión India está formada por 25 estados (Andhra Pradesh, Arunachal Pradesh, Assam, Bengala Occidental, Bihar, Goa, Gujarāt, Haryana, Himāchal Pradesh, Jammu y Cachemira, Karnātaka, Kerala, Madhya Pradesh, Mahārāshtra, Manipur, Meghalaya, Mizoram, Nagaland, Orissā, Panjāb, Rājasthān, Sikkim, Tamil Nadu, Tripura y Uttar Pradesh), a los que se añaden 7 territorios. LENGUAS OFICIALES: *hindī* e *inglés*. MONEDA: *rupia*.

GEOGRAFÍA

Es el segundo país más poblado del mundo (su población se incrementa en más de 1 millón al mes), pero ocupa una posición mucho más modesta en el terreno económico, ya que forma parte todavía del Tercer mundo. La agricultura emplea por lo menos a la mitad de la población activa y se basa en el cultivo de cereales (trigo y sobre todo arroz), a pesar de la importancia de los cultivos comerciales (té, cacahuete, caña de azúcar, algodón, tabaco, yute), heredados de la colonización. Su ritmo está determinado parcialmente por el monzón, que aporta lluvias de mayo a setiembre, sobre todo en la fachada occidental del Decán y en el NE. Los contrastes de temperaturas son menos importantes que la oposición estación (relativamente) seca-estación húmeda, rasgo climático fundamental. La numerosa ganadería bovina es poco productiva. La industria se beneficia de notables recursos energéticos (hidroelectricidad, petróleo y sobre todo carbón) y minerales (hierro y bauxita). Está dominada por la metalurgia y el sector textil. Pero la productividad es a menudo mediocre, poco estimulada por un excesivo proteccionismo. El éxodo rural y la elevada natalidad han llenado las ciudades, que engloban ya a más de la cuarta parte de la población total, a menudo en la docena de aglomeraciones superpobladas que superan el millón de habitantes, entre las cuales destacan Calcuta, Bombay, Delhi y Madrás. Las principales ciudades se han desarrollado en el litoral de la península del Decán (región de tierras altas relativamente árida) o al pie del Himalaya, en la vasta llanura avenada (o irrigada) por el Ganges, donde se concentran, de Delhi a Calcuta, varios cientos de millones de indios (la densidad supera ampliamente en esta zona los 500 hab. por km², más del doble de la media nacional). La presión demográfica sobre la tierra es enorme (pocos campos o ninguno para unos campesinos a menudo endeudados) y las desigualdades regionales, sociales y religiosas se mantienen. Los problemas étnicos ligados a la heterogeneidad de las poblaciones y de las lenguas están por resolver. El paro oficial o disfrazado (multiplicación de pequeñas funciones no productivas) es importante. El déficit comercial es notable y no llega a equilibrarse con los ingresos procedentes del turismo.

HISTORIA

Los orígenes. Durante la prehistoria estuvo habitada por pueblos negroides, austroasiáticos o dravídicos. IX-VII milenio: se produjo la revolución neolítica en la cuenca del Indo (Mehrgarh). 2400-1800 a. J.C.: la civilización del Indo (Mohenjo-Dāro), urbana y poseedora de una escritura de pictogramas, alcanzó su apogeo. II milenio: los arios llegaron al Asia central y colonizaron el N de la India. Aportaron su lengua, el sánscrito, su religión védica (base del hinduismo) y su concepción de la jerarquía social (sistema de castas). Entre 1000 y 900: aparición del hierro.
La India antigua. C. 560-480 a. J.C.: la India entró en la época histórica en vida de Buda, contemporáneo de Mahāvīra, fundador del jainismo. C. 327-325: Alejandro Magno alcanzó el Indo y estableció en él unas colonias griegas. C. 320-176: el imperio de los Maurya llegó a su apogeo con Aṣoka (c. 269-232), que extendió su dominación de Afganistán al Decán y envió misiones búdicas al S de la India y a Ceilán. S. I d. J.C.: la India, fragmentada, sufrió las invasiones de los Kuṣāna. 320-550: los Gupta favorecieron el resurgimiento del hinduismo. 606-647: el rey Harsa reunificó el país. S. VII-XII: la India volvió a fragmentarse. Establecidos en el S de la India, los Pallava (ss. VIII-IX) y los Chola (ss. X-XII) llevaron la civilización india al SE de Asia. El Sind fue dominado por los árabes (s. VIII), y el valle del Indo cayó en manos de los Gaznawíes (s. XI).
La India musulmana. 1206-1414: se creó el sultanato de Delhi, que se extendió desde el valle del Ganges hasta el Decán; la India estuvo cinco siglos y medio bajo hegemonía musulmana. s. XIV-XVI: se crearon sultanatos autónomos en Bengala, Decán y Gujarāt; el imperio de Vijayanagar, al S, pugnó por la defensa política del hinduismo. 1497-1498: el portugués Vasco da Gama descubrió la ruta de las Indias. 1526: Bāber fundó la dinastía del Gran mogol. 1526-1857: los mongoles dominaron la India gracias a su ejército, a su eficaz administración y a su actitud conciliadora frente a la mayoría hindú. Tras los brillantes reinados de Akbar (1556-1605) y de Sha Yahān (1628-1658), el de Aurangzeb (1658-1707) fue el preludio de la decadencia. 1600: se creó la Compañía inglesa de las Indias Orientales. 1664: se fundó la Compañía francesa de las Indias Orientales. 1674: los mahratta fundaron un imperio. 1742-1754: Dupleix sometió a la influencia francesa Carnatic y seis provincias del Decán. 1757: Clive logró la victoria de Plassey sobre el nabab de Bengala. 1763: el tratado de París sólo dejó a Francia los Establecimientos de la India francesa; los británicos conservaron Bombay, Madrás y Bengala.
La dominación británica. 1772-1785: W. Hastings organizó la colonización de Bengala. 1799-1819: Gran Bretaña conquistó el S de la India, el valle del Ganges y Delhi, y derrotó a los mahratta. 1849: anexionó el reino sikh del Panjāb. 1857-1858: la rebelión de los cipayos se extendió por todo el valle del Ganges. 1858: la Compañía inglesa de las Indias Orientales fue suprimida y la India anexionada a la corona británica. 1876: Victoria fue coronada emperatriz de las Indias. 1885: fundación del Congreso nacional indio. 1906: se creó la Liga musulmana. 1920-1922: Gandhi lanzó una campaña de desobediencia civil. 1929: Nehru se convirtió en presidente del Congreso. 1935: el *Government of India Act* concedió la autonomía a las provincias. 1940: la Liga musulmana reclamó la creación de un estado musulmán separado.
La India independiente. 1947: se proclamó la independencia y el territorio fue dividido en dos estados: Pakistán y la India. Este reparto estuvo acompañado de matanzas (300 000 a 500 000 víctimas) y del desplazamiento de diez a quince millones de personas. 1947-1964: Nehru, primer ministro y presidente del Congreso (1947-1964), aplicó un programa de desarrollo y propugnó el no alineamiento. 1947-1948: una guerra enfrentó a India y Pakistán por el control de Cachemira. 1948: Gandhi fue asesinado. 1950: la constitución hizo de la India un estado federal, laico y parlamentario, compuesto de estados organizados sobre bases étnicas y lingüísticas. 1962: un conflicto enfrentó a China e India en el Ladākh. 1964: L. B. Shastri, primer ministro. 1965: estalló una segunda guerra indopaquistaní a propósito de Cachemira. La India se aproximó a la U.R.S.S. 1966: Indira Gandhi llegó al poder. 1971: la secesión de Bangla Desh provocó una tercera guerra indopaquistaní. 1977-1980: el Congreso hubo de ceder el poder al Janata, coalición de varios partidos. 1980: I. Gandhi volvió al poder. 1984: I. Gandhi fue asesinada por unos extremistas sikhs. Su hijo R. Gandhi le sucedió. 1989: tras el fracaso del Partido del Congreso en las elecciones, R. Gandhi dimitió. Vishwanath Pratap Singh, líder de una coalición de la oposición, se convirtió en primer ministro. 1991: Chandra Sekhar, que le sucedió en 1990, dimitió. Tras el asesinato de R. Gandhi, P. V. Narasimha Rao, elegido al frente del Partido del Congreso, formó el nuevo gobierno. 1992: recrudecimiento de los enfrentamientos entre hindúes y musulmanes. 1994: el programa de reformas económicas empezó a dar resultados positivos. 1995: las disputas entre el Frente de liberación de Cachemira y un grupo pro pakistaní provocaron nuevos estallidos de violencia. 1996: elecciones generales; Deve Godwa, líder del ala izquierda del Frente unido, apoyado por el partido del Congreso, primer ministro. 1997: el Partido del Congreso retiró su apoyo al gobierno. 1998: elecciones generales anticipadas; Atal Behari Vajpayee, líder del nacionalista Bahratiya Janata Party (BJP), formó gobierno con una coalición de centro derecha (marzo). 2004: Sonia Gandhi resulta electa primera ministra de la India (mayo), pero antes de asumir el poder renuncia y pone en su lugar a Manmohan Shing. Una serie de tsunamis debidos a un terremoto en Sumatra (Indonesia) afectaron prácticamente todas las costas del Golfo de Bengala y provocaron más de 16 000 muertes (dic.).

INDIANA, estado de Estados Unidos, en el Midwest; 94 000 km²; 5 544 159 hab. Cap. *Indianápolis.*

INDIANÁPOLIS, c. de Estados Unidos, cap. de Indiana; 731 327 hab. Universidad. Instituto de arte. Circuito para carreras automovilísticas.

INDIANISMO n. m. Estudio de las lenguas y de las civilizaciones de la India. **2.** Movimiento político e ideológico de los indios latinoamericanos, surgido por oposición al indigenismo integrador, que tiene por base la reivindicación de la identidad de los pueblos amerindios.

INDIANISTA n. m. y f. Especialista en indianismo. ♦ adj. **2. Literatura indianista,** literatura indigenista.

INDIANO, A adj. De las Indias. ♦ adj. y n. **2.** Dícese del emigrante que vuelve rico de América.

INDIAS, título oficial dado a las posesiones españolas en América y Asia, basado en la errónea teoría cosmográfica de Colón. Jurídicamente constituidas como reinos, provincias o dominios españoles (no como colonias), estaban vinculadas a la corona por instituciones centrales (consejo de Indias, etc.). Fueron organizadas como gobernaciones y posteriormente como virreinatos. La justicia se estructuró en audiencias, y en el s. XVIII en intendencias. Su régimen municipal correspondía a alcaldes mayores o corregidores, mientras la «república de indios» era regida por caciques indígenas, corregidores y protectores de indios; éstos solían estar sujetos a encomiendas o prestaciones como la mita.

INDICACIÓN n. f. Acción y efecto de indicar. **2.** Lo que sirve para indicar. **3.** Observación o corrección. **4.** *Chile.* Propuesta o consulta que se hace acerca de una cosa.

INDICADO, A adj. Conveniente o adecuado.

INDICADOR, RA adj. y n. Que indica o sirve para indicar: *poste indicador.* ◆ n. m. **2.** Signo, aparato u otra cosa que sirve para indicar: *indicador de velocidad.* **3.** Sustancia que mediante un cambio de color indica la concentración de un componente de una solución. • **Indicador económico**, cifra representativa de la situación económica para un período determinado (producto nacional bruto, índice de precios, comercio exterior, etc.).

INDICAR v. tr. [**1a**]. Dar a entender una cosa con señales, gestos o palabras.

INDICATIVO, A adj. y n. m. Que indica o sirve para indicar: *cifras indicativas.* **2.** Dícese del modo de la conjugación verbal expresivo de la realidad.

ÍNDICE n. m. Indicio o señal de una cosa. **2.** Lista ordenada de los capítulos, epígrafes, etc., de una obra con indicación de la página en que comienza cada uno, y que suele ponerse al final o al principio del libro. **3.** Catálogo de los autores o materias de las obras de una biblioteca. **4.** Número con que se representa convencionalmente el grado o intensidad de una determinada cualidad o fenómeno: *índice de natalidad; índice del coste de la vida.* **5.** Aguja, manecilla u otro elemento indicador de un instrumento graduado. **6.** Manecilla, aguja o saeta de reloj. **7.** MAT. Número que indica el grado de una raíz. • **Índice de precios al consumo, (I.P.C.)**, índice que refleja el estado y la evolución de los precios de los bienes y servicios pagados por las familias. ◆ adj. y n. m. **8.** Dícese del dedo segundo de la mano.

INDICIO n. m. Signo u otra cosa que permite presumir algo con fundamento. **2.** Primera manifestación de algo. **3.** DER. Circunstancia que da a un hecho un carácter de verosimilitud.

ÍNDICO, A adj. Relativo a las Indias. **2.** Relativo al océano Índico.

ÍNDICO *(océano)*, océano situado entre África Asia y Australia; 75 millones de km² aprox.

INDIFERENCIA n. f. Calidad de indiferente. **2.** Actitud indiferente.

INDIFERENTE adj. Que no presenta en sí ningún motivo de preferencia. **2.** Dícese de la persona hacia la que no se experimenta ningún sentimiento. **3.** De poco interés o importancia. ◆ adj. y n. m. y f. **4.** Que no toma interés o no lo manifiesta.

INDÍGENA adj. y n. m. y f. Originario del país de que se trata. **2.** Dícese del animal o planta autóctono del país en que se encuentra.

INDIGENCIA n. f. Cualidad o estado de indigente.

INDIGENISMO n. m. Condición de indígena. **2.** Tendencia política y cultural, que revaloriza el pasado de los pueblos indígenas americanos precolombinos, contraponiéndolo a las tradiciones europeas, particularmente a la española, considerada conservadora. **3.** Voz procedente de una lengua indígena, que ha sido incorporada a una lengua invasora en el mismo lugar en que se habla o se habló aquélla.

INDIGENISTA adj. Relativo al indigenismo. **2.** Partidario de esta tendencia. • **Literatura indigenista**, tendencia literaria, especialmente en la narrativa, que revaloriza la cultura, vida y problemática social del indio latinoamericano. SIN.: *literatura indianista.*

■ La literatura sobre tema indigenista tiene en Hispanoamérica especial relieve dentro del género narrativo. Con antecedentes en la novela histórica de tradición romántica, se inició propiamente hacia 1920, centrada en la situación de los indios contemporáneos. Escritores como el boliviano Alcides Arguedas, los ecuatorianos Jorge Icaza y Ángel F. Rojas González, el peruano Ciro Alegría y el guatemalteco M. Á. Asturias tendieron a ver la indio como una fuerza política y lo juzgaron según su capacidad para el cambio y el progreso. Posteriormente, el paraguayo Roa Bastos y el peruano José María Arguedas y más recientemente el peruano Manuel Scorza han intentado revalorizar las culturas indígenas en un afán de reconstruir desde dentro, con un conocimiento antropológico riguroso, su universo cultural.

INDIGENTE adj. y n. m. y f. Dícese de la persona cuyos recursos son insuficientes para vivir.

INDIGESTARSE v. pron. [**1**]. Sufrir indigestión. **2.** *Fig.* y *fam.* No agradarle a uno algo o alguien.

INDIGESTIÓN n. f. Indisposición debida a una digestión realizada de forma anormal, que generalmente termina en vómito.

INDIGESTO, A adj. Que no se digiere o se digiere con dificultad: *comida indigesta.* **2.** Afecto de indigestión: *estar indigesto.*

INDIGNACIÓN n. f. Ira, enfado vehemente contra una persona o cosa.

INDIGNANTE adj. Que causa profunda indignación.

INDIGNAR v. tr. y pron. (lat. *indignare*) [**1**]. Irritar, enfadar vehementemente a uno.

INDIGNIDAD n. f. Calidad de indigno. **2.** Acción indigna cometida contra alguien.

INDIGNO, A adj. Que es disconforme o inferior a la calidad y mérito de alguien o algo. **2.** Que no tiene mérito ni disposición para una cosa. **3.** Humillante, vergonzoso.

ÍNDIGO n. m. Materia colorante que, en su forma primitiva, es de color azul algo violáceo y se extrae de las hojas del añil o se obtiene por síntesis. **2.** BOT. Añil.

INDIO n. m. Metal blanco (In) de número atómico 49, masa atómica 114,82, que funde a 155 °C y presenta analogías con el aluminio.

INDIO, A adj. y n. De las Indias orientales. **2.** Relativo a las poblaciones autóctonas de América, y a sus actuales descendientes; individuo de estas poblaciones. • **Indios de las Praderas**, nombre que se da a los pueblos que habitaron las grandes llanuras herbáceas del centro de Norteamérica.

■ Actualmente se prefiere el término amerindio para designar a la población aborigen americana (con exclusión de los esquimales). Antropológicamente se distinguen seis grandes grupos: *indios norpacíficos* (Alaska y montañas Rocosas); *indios noratlánticos, indios surpacíficos* (México hasta la Patagonia, a lo largo de los Andes, y que cuentan entre ellos a los creadores de las grandes culturas precolombinas, aztecas, mayas, incas, chibchas, etc.); *indios de las Pampas* (desde el Chaco hasta la Patagonia, prácticamente extinguidos); *indios suratlánticos* (en las selvas amazónicas, se dan arawak, caribe y tupí-guaraní); y *paleoamerindios* (en Tierra del Fuego).

INDIRECTA n. f. Cosa que se dice con una intención determinada, pero sin expresarla claramente.

INDIRECTO, A adj. Que no va rectamente a un fin, aunque se encamine a él. • **Complemento indirecto** (GRAM.), elemento gramatical en que recae indirectamente la acción verbal o directamente el significado conjunto del verbo y el complemento directo.

INDISCERNIBLE adj. Que no se puede discernir o distinguir de otra cosa determinada.

INDISCIPLINA n. f. Falta de disciplina.

INDISCIPLINARSE v. pron. [**1**]. Negarse a obedecer o a sujetarse a la disciplina debida.

INDISCRECIÓN n. f. Falta de discreción. **2.** Dicho o hecho indiscreto.

INDISCRETO, A adj. y n. Que obra sin discreción. ◆ adj. **2.** Que se hace sin discreción.

INDISCRIMINADO, A adj. No sujeto a discriminación.

INDISCUTIBLE adj. Tan evidente que no se duda ni discute sobre ello.

INDISOLUBLE adj. Que no se puede disolver. **2.** *Fig.* Que no se puede desunir.

INDISPENSABLE adj. Que no se puede dispensar ni excusar. **2.** Que es absolutamente necesario.

INDISPONER v. tr. y pron. [**5**]. Enemistar. **2.** Producir una indisposición en el estado de salud de alguien. ◆ **indisponerse** v. pron. **3.** Sufrir una indisposición en el estado de salud.

INDISPOSICIÓN n. f. Enfermedad ligera y pasajera.

INDISTINGUIBLE adj. No distinguible, no claro y perceptible.

INDISTINTO, A adj. Que no se percibe clara y distintamente: *contornos indistintos.* **2.** Indiferente, que no presenta en sí ningún motivo de preferencia: *ser indistinta una cosa a otra.*

INDIVIDUAL adj. No colectivo, de cada individuo. **2.** Destinado a un individuo solo: *cama individual.*

INDIVIDUALIDAD n. f. Calidad de individual. **2.** Individuo, especialmente el de mucha personalidad.

INDIVIDUALISMO n. m. Tendencia a pensar y obrar con independencia sin tener en cuenta a los demás o sin ceñirse a normas generales. **2.** Tendencia a privilegiar el valor y los derechos del individuo sobre los de los grupos sociales. **3.** FILOS. Doctrina que afirma que el individuo es el fundamento de la sociedad y de los valores morales.

INDIVIDUALISTA adj. y n. m. y f. Relativo al individualismo; partidario del individualismo.

INDIVIDUALIZACIÓN n. f. Acción y efecto de individualizar.

INDIVIDUALIZAR v. tr. [**1g**]. Distinguir un individuo en una especie por sus peculiaridades. **2.** Caracterizar, particularizar.

INDIVIDUO n. m. Cada ser distinto, animal o vegetal, que no puede descomponerse en otros más simples: *el género, la especie y el individuo.* **2.** Persona considerada aisladamente con relación a una colectividad: *el individuo y la sociedad.* **3.** Persona indeterminada o de la que se habla despectivamente: *¿quién es ese individuo?*

INDIVISIBILIDAD n. f. Calidad de indivisible.

INDIVISIBLE adj. Que no puede ser dividido.

INDIVISIÓN n. f. Carencia de división. **2.** DER. Copropiedad en la que no hay división material de las partes.

INDIVISO, A adj. No dividido en partes.

INDO, A adj. Relativo a la India.

INDO o **INDOS** en sánscr. **Sindhu**, r. de Asia meridional, nacido en el Tibet, que atraviesa Cachemira y Pakistán, y que desemboca en el mar de Omán formando un amplio delta; 3040 km. Sus aguas se utilizan para el regadío.

INDOAMERICANO, A adj. y n. Amerindio.

INDOCHINA, península del Sureste asiático, que comprende Birmania, Tailandia, Malaysia, Camboya, Laos y Vietnam.
INDOCHINO, A adj. y n. De Indochina.
INDÓCIL adj. Que no tiene docilidad.
INDOCILIDAD n. f. Calidad de indócil.
INDOCUMENTADO, A adj. Dícese del que carece de documentos de identificación personal. **2.** Dícese de la persona ignorante.
INDOEUROPEO, A adj. y n. Relativo a un conjunto de sociedades que, entre 2000 y 1500 a. J.C., ocuparon el SE europeo y el occidente de Asia por sucesivas oleadas de tribus; individuo perteneciente a estas sociedades. ♦ adj. y n. m. **2.** Dícese de una lengua de la que no se tienen testimonios directos, pero que ha sido reconstruida a partir de diversas lenguas que derivarían de ella, y de esta misma familia de lenguas derivadas, habladas en Europa y Asia.
INDOGERMÁNICO, A adj. y n. m. Indoeuropeo.
ÍNDOLE n. f. Condición e inclinación natural propia de cada uno: *persona de índole compasiva*. **2.** Naturaleza y calidad de las cosas.
INDOLENCIA n. f. Calidad de indolente.
INDOLENTE adj. Perezoso, inactivo, descuidado.
INDOLORO, A adj. Que no causa dolor.
INDOMABLE o **INDÓMITO** adj. Que no se puede domar. **2.** *Fig.* Difícil de someter.
INDOMESTICABLE adj. Que no se puede domesticar.
INDONESIA, estado del Sureste asiático; 1 900 000 km²; 181 400 000 hab. (*Indonesios.*) CAP. *Yakarta.* LENGUA OFICIAL: *indonesio.* MONEDA: *rupiah.*

GEOGRAFÍA
Indonesia, el cuarto país más poblado del mundo, es un estado insular que se extiende sobre 5000 km de O a E y sobre 2000 km de N a S. Es un país muy montañoso y volcánico, próximo al ecuador, de clima cálido y húmedo en su mayor parte. La población, islamizada (Indonesia es, con mucho, el primer país musulmán) se concentra en casi dos tercios en la isla de Java. Ésta, menos vasta que las partes indonesias de Sumatra o Borneo (Kalimantan) y de Nueva Guinea (Irian Jaya), posee no obstante las tres ciudades principales (Yakarta, Surabaya y Bandung). El arroz constituye la base de la alimentación. Del período colonial deriva la importancia de las plantaciones: caucho, café, oleaginosas, tabaco, etc. La industria asegura la mayor parte del P.I.B., teniendo como base la extracción de petróleo y el gas natural. Los hidrocarburos, que constituían el grueso de las exportaciones y contribuyeron al excedente del comercio exterior (realizado en su mayor parte con Japón y E.U.A.), han disminuido su peso en favor de la industria de transformación, en rápido desarrollo. La economía se halla condicionada asimismo por el endeudamiento, por la escasez de la infraestructura (transportes) y por el crecimiento excesivo de la población, que plantea localmente (en Java sobre todo) el problema de la superpoblación.

HISTORIA
De los orígenes a las Indias neerlandesas. Indonesia, al principio fragmentada en pequeños reinos de cultura de influencia india, estuvo dominada del s. VII al XIV por el reino de Šrīvijaya. Ss. XIII-XVI: la islamización ganó todo el archipiélago a excepción de Bali, que permaneció fiel al hinduismo; el imperio de Majapahit reinó en el archipiélago durante los ss. XIV-XV. 1511: los portugueses tomaron Malaca. 1521: llegaron a las Molucas. 1602: se fundó la Compañía holandesa de las Indias orientales. Intervino en los asuntos interiores de los sultanatos javaneses (Banten, Mataram). 1641: los holandeses tomaron Malaca. 1799: la Compañía perdió su privilegio y los neerlandeses practicaron la colonización directa. 1812-1830: estallaron revueltas en Java y en las Molucas. 1830-1860: el sistema de cultivos basado en el trabajo obligatorio de los indígenas, introducido por J. Van den Bosch, enriqueció a la metrópoli. Inicios del s. XX: se produjo la pacificación total de las Indias neerlandesas. 1911-1917: se organizaron partidos políticos: Sarekat islam (1911), partido comunista (1920), partido nacionalista (1927), fundado por Sukarno. 1942-1945: Japón ocupó el archipiélago.
La Indonesia independiente. 1945: Sukarno proclamó la independencia. 1949: fue reconocida por Países Bajos. 1950-1967: Sukarno intentó instituir un socialismo propio y enfrentó varios movimientos separatistas. 1955: la conferencia de Bandung consagró el papel de Indonesia en el Tercer mundo. 1963-1969: Irian Jaya (Nueva Guinea occidental) fue cedida por Países Bajos y anexionada por Indonesia. 1963-1966: Indonesia se opuso a la formación de Malaysia. 1965-1967: Sukarno fue eliminado en beneficio de Suharto, quien aplicó una política anticomunista y antichina. 1975-1976: la anexión de Timor Oriental desencadenó una guerra de guerrillas. Suharto, reelegido sucesivamente desde 1968, favoreció la inversión de capitales occidentales. El fundamentalismo islámico se propagó. 1998: Suharto reelegido; las protestas de la población le hicieron dimitir. Y. Habibie, presidente. 1999: Timor Oriental decidió independizarse de Indonesia. A. Wahid, elegido presidente. 2001: ola de violencia interétnica. El Parlamento destituye a Wahid. Toma el poder la vicepresidenta Megawati Sukamoputri. 2004: se eligió como nuevo presidente a Susilo Bambang Yudhoyono (sep.). Un terremoto de 9 grados Richter en Sumatra causó enormes tsunamis que provocaron alrededor de 228 000 víctimas (dic.).

INDONESIO, A adj. y n. De Indonesia. ♦ adj. y n. m. **2.** Dícese de un grupo de lenguas pertenecientes a la familia malayopolinesia. **3.** Dícese de la lengua oficial de la República de Indonesia.
INDOSTÁN, región de la India, que corresponde a la *llanura indogangética.*
INDOSTANÉS, SA o **INDOSTANO, A** adj. y n. Del Indostán.
INDOSTANÍ adj. Indostánico. ♦ n. m. **2.** Lengua indoaria hablada en la India y Pakistán.
INDOSTÁNICO, A adj. Relativo al Indostán.
INDUCCIÓN n. f. (lat. *inductionem*). Acción y efecto de inducir. **2.** Generalización de una observación o un razonamiento establecido a partir de casos singulares. • **Inducción electromagnética,** producción de corriente eléctrica en un circuito por efecto de la variación del flujo de inducción magnética que la atraviesa. || **Inducción magnética,** vector que caracteriza la densidad del flujo magnético que atraviesa una sustancia.
INDUCIDO, A n. m. Circuito atravesado por una corriente inducida. **2.** Parte de una máquina eléctrica en la que se producen corrientes inducidas.
INDUCIR v. tr. (lat. *inducere*) [20]. Hacer, por diversos medios, que alguien realice determinada acción: *inducir a deponer una actitud.* **2.** Deducir, inferir: *de esto se induce que...* **3.** ELECTR. Producir los efectos de la inducción.
INDUCTANCIA n. f. Cociente del flujo de inducción a través de un circuito, creado por la corriente que atraviesa este circuito, por la intensidad de esta corriente.
INDUCTIVO, A adj. Que procede por inducción. **2.** ELECTR. Que posee una inductancia.
INDUCTOR, RA adj. y n. Que induce: *inductor de un crimen.* ♦ adj. ELECTR. Dícese de lo que produce el fenómeno de inducción. ♦ n. m. **3.** Imán o electroimán destinado a producir el flujo magnético creador de la inducción.
INDUDABLE, INDUBITABLE o **INDUBITADO, A** adj. (lat. *indubitabilem*). Que no puede ponerse en duda por lo claro, seguro o evidente.
INDULGENCIA n. f. Facilidad en perdonar o disimular culpas o en conceder gracias: *tratar con indulgencia.* **2.** TEOL. CATÓL. Remisión total, llamada *indulgencia plenaria,* o parcial, llamada *indulgencia parcial,* de la pena temporal debida a los pecados.
INDULGENTE adj. (lat. *indulgentem*). Fácil en perdonar y disimular culpas, poco exigente.
INDULTAR v. tr. [1]. Conceder un indulto. ♦ **indultarse** v. pron. **2.** *Bol.* Entrometerse. **3.** *Cuba.* Salirse de una situación difícil o comprometida.
INDULTO n. m. (lat. *indultum,* concesión). Gracia otorgada a los condenados por sentencia firme irrevocable, por la que se le remite la pena o se les conmuta por otra menos grave.
INDUMENTARIA n. f. Conjunto de todo lo que sirve para vestirse, especialmente lo que se lleva puesto.
INDUMENTARIO, A adj. Relativo al vestido.
INDUSTRIA n. f. (lat. *industriam,* actividad). Conjunto de actividades económicas que producen bienes materiales por transformación de materias primas. **2.** Conjunto de empresas pertenecientes a un sector industrial determinado: *industria textil.* **3.** Conjunto de instalaciones industriales dominadas por el mismo grupo financiero y con entidad económica y jurídica propia. **4.** Planta industrial. **5.** Destreza o habilidad para hacer algo.
INDUSTRIAL adj. Relativo a la industria: *producto, sector industrial.* **2.** Dícese del lugar donde la industria es importante: *zona, barrio industrial.* • **En cantidad industrial,** o **en cantidades industriales,** en abundancia. || **Planta industrial,** establecimiento o instalación donde se transforman materias primas o semifacturadas en productos acabados. ♦ n. m. y f. **3.** Persona que ejerce funciones directivas en una empresa dedicada a transformar materias primas en productos manufacturados o semimanufacturados. **4.** Propietario de una empresa.
INDUSTRIALISMO n. m. Tendencia al predominio indebido de los intereses industriales. **2.** Mercantilismo.
INDUSTRIALIZACIÓN n. f. Acción de industrializar.
INDUSTRIALIZADO, A adj. ECON. Dícese de los países con un alto grado de realización industrial.
INDUSTRIALIZAR v. tr. [1g]. Dar carácter industrial a una actividad. **2.** Equipar un país, región, etc., con fábricas o industrias. **3.** Dar predominio a las industrias en la economía de un país. ♦ **industrializarse** v. pron. **4.** Tomar carácter industrial.
INDUSTRIAR v. tr. [1]. Instruir, enseñar, adiestrar. ♦ **industriarse** v. pron. **2.** Ingeniarse, sabérselas componer.
INÉDITO, A adj. (lat. *ineditum*). Que no ha sido impreso o publicado: *poema inédito.* **2.** Dícese de los hechos sin precedentes conocidos.
INEFABLE adj. (lat. *ineffabilem*). Que no se puede expresar con palabras: *alegría inefable.*
INEFICACIA n. f. Calidad de ineficaz.
INEFICAZ adj. No eficaz.
INEJECUCIÓN n. f. *Chile.* Falta de ejecución en una cosa.
INELUCTABLE adj. (lat. *ineluctabilem*). Que no se puede evitar, inevitable.
INELUDIBLE adj. Que no se puede eludir: *un compromiso ineludible.*
INENARRABLE adj. Que por sus cualidades es imposible o muy difícil de describir.

INEPTO, A adj. y n. (lat. *ineptum*). No apto o a propósito para algo, incapaz: *persona inepta*.

INEQUÍVOCO, A adj. Que no admite duda.

INERCIA n. f. Propiedad de la materia, que hace que los cuerpos no puedan modificar por sí mismos su estado de reposo o de movimiento. **2.** Falta de actividad, energía o iniciativa: *sacar a alguien de su inercia*. • **Fuerza de inercia**, resistencia que los cuerpos, en razón de su masa, oponen al movimiento; resistencia pasiva, que consiste especialmente en no obedecer. ‖ **Principio de inercia**, principio por el que todo punto material que no está sometido a ninguna fuerza permanece en reposo o está animado por un movimiento rectilíneo uniforme.

INERME adj. (lat. *inermem*, sin armas). Desprovisto de defensas. **2.** BOT. Que no tiene púas ni espinas. **3.** ZOOL. Sin ganchos: *tenia inerme*.

INERTE adj. (lat. *inertem*, sin capacidad). Sin actividad propia: *materia inerte*. **2.** Sin movimiento, inmóvil: *un cuerpo inerte yacía en la calle*. **3.** Sin energía moral, sin reacción; apático.

INERVACIÓN n. f. Modo de distribución anatómica y funcional de los nervios que permite la transmisión de un impulso nervioso a una región del organismo.

INERVAR v. tr. [1]. Transmitir los estímulos de origen nervioso a una región determinada.

INESCRUTABLE adj. Que no se puede saber ni averiguar: *el destino es inescrutable*.

INESPERADO, A adj. Que sucede sin haberlo esperado o previsto: *cambio inesperado*.

INESTABILIDAD n. f. Calidad de inestable: *la inestabilidad económica de un país*.

INESTABLE adj. No estable, firme o seguro. **2.** Dícese de un equilibrio destruido por la mínima perturbación o de una combinación química que puede descomponerse espontáneamente.

INESTIMABLE adj. Que no puede ser debidamente apreciado o valorado, inapreciable.

INESTIMADO, A adj. Que está sin apreciar ni tasar. **2.** Que no se estima tanto que merece.

INEVITABLE adj. Que no se puede evitar.

INEXACTITUD n. f. Falta de exactitud, de precisión: *una biografía llena de inexactitudes*.

INEXACTO, A adj. No exacto o justo, falso.

INEXCUSABLE adj. Que no se puede eludir excusándose o que no se puede dejar de hacer. **2.** Que no puede ser disculpado.

INEXISTENCIA n. f. Falta de existencia. **2.** DER. Calidad de un acto jurídico al que le falta una cualidad esencial.

INEXISTENTE adj. Que no existe. **2.** *Fig.* Que se considera totalmente nulo.

INEXORABILIDAD n. f. Calidad de inexorable.

INEXORABLE adj. (lat. *inexorabilem*). Que no se deja vencer por ruegos, implacable: *juez inexorable*. **2.** Que no se puede evitar: *vejez inexorable*.

INEXPERIENCIA n. f. Falta de experiencia.

INEXPERTO, A adj. y n. Falto de experiencia o habilidad.

INEXPIABLE adj. Que no se puede expiar.

INEXPLICABLE adj. Que no se puede explicar.

INEXPLICADO, A adj. Falto de la debida explicación.

INEXPLORADO, A adj. No explorado.

INEXPRESABLE adj. Que no se puede expresar.

INEXPRESIVO, A adj. Que carece de expresión o que es poco expresivo: *rostro inexpresivo*.

INEXPUGNABLE adj. Que no se puede expugnar. **2.** *Fig.* Que no se deja vencer ni persuadir.

INEXTINGUIBLE adj. Que no se puede extinguir: *fuego inextinguible*. **2.** Que no se puede calmar o parar: *risa, sed inextinguible*.

INEXTIRPABLE adj. Que no se puede extirpar.

INEXTRICABLE adj. Difícil de desenredar por lo intrincado y confuso: *problema inextricable*.

INFALIBILIDAD n. f. Imposibilidad de equivocarse. **2.** Carácter de algo que produce el resultado esperado. • **Infalibilidad pontificia**, dogma proclamado en 1870 por el concilio Vaticano I, según el cual el papa, cuando habla *ex cathedra*, no puede equivocarse en materia de fe.

INFALIBLE adj. Que goza de infalibilidad. **2.** Capaz de producir los resultados esperados, que no puede dejar de suceder: *remedio infalible*.

INFALSIFICABLE adj. Que no se puede falsificar.

INFAMACIÓN n. f. Acción y efecto de infamar.

INFAMAR v. tr. y pron. [1]. Difamar.

INFAMATORIO, A adj. Dícese de lo que infama: *palabras infamatorias*.

INFAME adj. y n. m. y f. (lat. *infamem*). Dícese de la persona vil y detestable. • adj. **2.** Dícese de las acciones indignas, vergonzosas, etc.: *infame traición*. **3.** Muy malo en su línea: *obra infame*.

INFAMIA n. f. Calidad de infame: *la infamia de un crimen*. **2.** Situación de la persona deshonrada: *caer en la infamia*. **3.** Acción mala o vil.

INFANCIA n. f. (lat. *infantiam*). Período de la vida humana que va desde el nacimiento hasta la pubertad: *primera, segunda infancia*. **2.** *Fig.* Conjunto de los niños: *protección a la infancia*.

INFANTA n. f. Femenino de infante. **2.** Esposa de un infante.

INFANTE, A n. (lat. *infantem*). Niño de corta edad. **2.** Título de los hijos legítimos de los reyes de España, no herederos al trono. ♦ n. m. **3.** Término con que se designa al soldado de infantería.

INFANTE ROJAS (José Miguel), político chileno (Santiago 1778-*id*. 1844). Autor de la ley de abolición de la esclavitud en Chile (1823), participó en la junta gubernativa (1813-1814) y en la organización federal del país (1826).

INFANTERÍA n. f. (ital. *infanteria*; der. de *fante*, servidor). Tradicionalmente, tropa que combate a pie. **2.** Conjunto de tropas capaces de combatir a pie o desde vehículos acorazados.

INFANTICIDA adj. y n. m. y f. Dícese del autor de un infanticidio.

INFANTICIDIO n. m. Muerte dada violentamente a un niño, sobre todo si es recién nacido o está próximo a nacer.

INFANTIL adj. (lat. *infantilem*). Relativo a la infancia: *enfermedad infantil*. **2.** Que implica infantilismo: *comportamiento infantil*. **3.** *Fig.* Inocente, cándido.

INFANTILISMO n. m. Detención del desarrollo de un individuo, debido a una insuficiencia endocrina (hipofisaria o tiroidea) o a una anomalía genética. **2.** Comportamiento infantil, irresponsable, ausencia de madurez, puerilidad.

INFARTAR v. tr. y pron. [1]. PATOL. Producir un infarto.

INFARTO n. m. (lat. *infartum*, lleno). MED. Lesión necrótica de los tejidos debida a un trastorno circulatorio, acompañada generalmente de infiltración sanguínea. (El *infarto de miocardio*, consecuencia de la obstrucción de una arteria coronaria, es una lesión del corazón de variable gravedad.)

INFATUAR v. tr. y pron. [infatuare] [1s]. Volver o volverse fatuo.

INFAUSTO, A adj. (lat. *infaustum*). Que constituye, acompaña o anuncia una desgracia: *noticia infausta; recuerdo infausto*.

INFECCIÓN n. f. Penetración y desarrollo en un ser vivo de microbios patógenos, llamados agentes infecciosos, que invaden el organismo por vía sanguínea, como en la septicemia, o que permanecen localizados, como en la neumonía o en abscesos, etc., vertiendo sus toxinas en la sangre.

INFECCIOSO, A adj. Que produce infección. **2.** Que resulta o va acompañado de infección.

INFECTAR v. tr. [1]. Contaminar por gérmenes infecciosos. **2.** *Fig.* Llenar de emanaciones malolientes y malsanas, apestar. ♦ **infectarse** v. pron. **3.** Estar contaminado por gérmenes: *la herida se ha infectado*.

INFECTO, A adj. (lat. *infectum*). Maloliente, sucio, repugnante: *emanaciones infectas de un pantano*. **2.** Fastidioso o muy malo: *tiempo infecto*.

INFECUNDIDAD n. f. Calidad de infecundo.

INFECUNDO, A adj. No fecundo: *tierras infecundas*.

INFELICIDAD n. f. Cualidad o estado de infeliz.

INFELIZ adj. y n. m. y f. (lat. *infelicem*). Desgraciado, desventurado, no feliz: *suerte infeliz; una madre infeliz*. **2.** *Fam.* Bueno, ingenuo, sin picardía.

INFERENCIA n. f. Operación intelectual por la que se pasa de una verdad a otra que se juzga en razón de su unión con la primera: *la deducción es una inferencia*.

INFERIOR adj. (lat. *inferiorem*). Situado más bajo con respecto a otra cosa: *mandíbula inferior*. **2.** Dícese de la parte de un río más cercana al mar: *Ródano inferior*. **3.** Menor en dignidad, en mérito, en organización, en valor: *rango inferior; calidad inferior*. ♦ n. m. y f. **4.** Subordinado, subalterno.

INFERIORIDAD n. f. Desventaja en lo que concierne al rango, fuerza, mérito, etc.: *encontrarse en situación de inferioridad*. • **Complejo de inferioridad**, sentimiento mórbido que impulsa al sujeto a subestimarse, debido a su convicción íntima de ser inferior a los que lo rodean.

INFERIR v. tr. y pron. (lat. *inferre*, llevar a una parte) [22]. Sacar una consecuencia de un hecho o un principio. ♦ v. tr. **2.** Causar o hacer heridas, ofensas, etc.

INFERNAL adj. (lat. *infernalem*). Relativo al infierno. **2.** Que posee o anuncia mucha maldad o perfidia. **3.** *Fam.* Insoportable: *ruido infernal*.

INFERNILLO n. m. Infiernillo.

INFESTAR v. tr. y pron. (lat. *infestare*) [1]. Contaminar, corromper: *infestar las aguas*. **2.** Asolar por invasiones brutales o actos de bandidaje: *los piratas infestaban estas costas*. **3.** Abundar en un lugar, hablando de animales o plantas perjudiciales: *las ratas infestan algunos barcos*. **4.** MED. Hablando de parásitos, invadir un organismo.

INFICIONAR v. tr. y pron. [1]. Infectar, envenenar, contaminar: *inficionar la sangre*.

INFIDELIDAD n. f. Falta de fidelidad, especialmente en el matrimonio. **2.** Falta de exactitud, de verdad: *la infidelidad de un historiador*.

INFIEL adj. y n. m. y f. (lat. *infidelem*). Que no guarda fidelidad, que falta a sus compromisos, especialmente en el matrimonio: *infiel a sus promesas*. **2.** Inexacto, que no expresa la verdad o la realidad: *relato infiel*. **3.** Que no profesa la religión considerada como la verdadera: *pueblo infiel*.

INFIERNILLO o **INFERNILLO** n. m. Cocinilla, aparato con lámpara de alcohol.

INFIERNITO n. m. C. *Rica* y *Cuba*. Cono o pirámide de pólvora humedecida que se quema como si fuera una luz de bengala.

INFIERNO n. m. (lat. *infernum*). Según diversas religiones, lugar donde los condenados sufren un castigo eterno. **2.** *Fig.* Lugar en el que hay alboroto, discordia o malestar: *esta casa es un infierno*. **3.** *Fig.* y *fam.* Serie de circunstancias adversas: *su matrimonio es un infierno*.

INF

INFIJO n. m. (lat. *infixum*, intercalado). LING. Elemento que se intercala en el interior de una palabra para modificar su sentido o su valor.

INFILTRACIÓN n. f. Paso lento de un líquido a través de los intersticios de un cuerpo. **2.** Fig. Penetración lenta y subrepticia: *infiltración de ideas subversivas*. **3.** PATOL. Invasión de un órgano por líquidos orgánicos procedentes de un conducto natural o por células inflamatorias o tumorales. **4.** TERAP. Inyección de un medicamento en una región del organismo. • **Aguas de infiltración,** aguas de lluvia que penetran en el suelo lentamente.

INFILTRADO n. m. MED. Producto de la reacción inflamatoria, acumulado en el intersticio de los tejidos.

INFILTRAR v. tr. y pron. [1]. Introducir gradualmente un líquido en los poros o intersticios de un cuerpo sólido. **2.** Fig. Infundir en el ánimo una idea o doctrina. ♦ **infiltrarse** v. pron. **3.** Penetrar subrepticiamente en alguna parte.

ÍNFIMO, A adj. Que en su situación está muy bajo o el más bajo de todos. **2.** En el orden y graduación de las cosas, dícese de la que es última y menos que las demás.

INFINIDAD n. f. Calidad de infinito. **2.** Fig. Gran cantidad de cosas o personas.

INFINITAMENTE adv. En extremo.

INFINITESIMAL adj. MAT. Dícese de la magnitud considerada como suma de sus crecimientos sucesivos infinitamente pequeños.

INFINITÉSIMO n. m. MAT. Cantidad variable, que puede llegar a ser, en valor absoluto, inferior a todo número positivo, por pequeño que sea.

INFINITIVO, A adj. y n. m. GRAM. Dícese de la forma del verbo que expresa la acción en abstracto sin concretar persona, tiempo ni número.

INFINITO, A adj. Que no tiene fin: *el universo es infinito*. **2.** Demasiado grande o numeroso para poderse medir: *le avisé infinitas veces*. **3.** Muy grande o intenso: *odio infinito*. ♦ n. m. **4.** Lo que no tiene límites; el espacio sin límites. **5.** MAT. Cantidad variable, que, en valor absoluto, llega a ser mayor que toda otra cantidad fijada arbitrariamente (símbolo ∞, +∞ o -∞, según el signo). ♦ adv. m. **6.** Excesivamente, muchísimo: *siento infinito no haber estado aquí*.

INFIRMAR v. tr. [1]. DER. Declarar nulo, invalidar.

INFLACIÓN n. f. Acción y efecto de inflar. **2.** Desequilibrio económico que se caracteriza por un alza general de los precios y por un aumento de la circulación monetaria. **3.** Aumento excesivo.

INFLACIONISTA adj. Que es causa o señal de inflación: *tensión inflacionista*. SIN.: *inflacionario*.

INFLAMABILIDAD n. f. Calidad de inflamable.

INFLAMABLE adj. Fácil de inflamar.

INFLAMACIÓN n. f. Acción y efecto de inflamar. **2.** MED. Reacción patológica que aparece como consecuencia de una agresión traumática, química o microbiana al organismo, y que se caracteriza por calor, enrojecimiento, dolor y tumefacción.

INFLAMAR v. tr. y pron. [1]. Encender una cosa que al quemarse produce llama inmediatamente. **2.** Fig. Despertar entusiasmo: *inflamar el corazón de los jóvenes*. **3.** Producir irritación en una parte del organismo: *inflamarse la garganta*. **4.** Producirse una inflamación.

INFLAMATORIO, A adj. MED. Relativo a la inflamación.

INFLAR v. tr. y pron. [1]. Hinchar una cosa con aire u otro gas. **2.** Fig. Ensoberbecer, engreír, infatuar. ♦ v. tr. **3.** Fig. Exagerar, abultar hechos, noticias, etc. ♦ v. intr. **4.** Méx. Beber alcohol.

INFLEXIBILIDAD n. f. Calidad de inflexible.

INFLEXIBLE adj. Incapaz de torcerse o de doblarse. **2.** Fig. Que no se deja ablandar.

INFLEXIÓN n. f. Acción y efecto de doblarse una línea o algo lineal en un punto. **2.** Elevación o atenuación hecha con la voz, quebrándola o pasando de un tono a otro. **3.** LING. Elemento que pone en contacto la raíz con la desinencia. **4.** LING. Cada una de las terminaciones del verbo, el pronombre, y las demás partes variables de la oración. **5.** MAT. Cambio de sentido de la curvatura de una curva plana. • **Punto de inflexión** (MAT.), punto en que una curva corta a su tangente.

INFLIGIR v. tr. [3b]. Aplicar o causar castigos, derrotas, agravios, etc.

INFLORESCENCIA n. f. Forma de agruparse las flores en una planta: *los principales tipos de inflorescencia son racimo, espiga, umbela, capítulo y cima*. **2.** Conjunto de estas flores.

INFLUENCIA n. f. Acción y efecto de influir. **2.** Fig. Poder que ejerce uno sobre otro o que tiene en un medio por sí o por sus relaciones.

INFLUENCIABLE adj. Que se deja influir con facilidad.

INFLUENCIAR v. intr. [1]. Influir.

INFLUENZA n. f. (voz italiana). Trancazo o gripe.

INFLUIR v. intr. [29]. Causar unas cosas sobre otras ciertos efectos. **2.** Fig. Ejercer una persona o cosa predominio en un ánimo.

INFLUJO n. m. Influencia.

INFLUYENTE adj. Que influye. **2.** Que tiene influencia y poder.

INFOLIO n. m. Libro en folio.

INFORMACIÓN n. f. Acción y efecto de informar: *te lo digo para tu información*. **2.** Oficina donde se informa de alguna cosa: *preguntar en información*. **3.** Conjunto de noticias o informes: *el periódico trae información sobre el hecho*. **4.** En cibernética, factor cualitativo que designa la posición de un sistema, y que eventualmente es transmitido por este sistema a otro. **5.** DER. Averiguación jurídica y legal de un hecho o delito.

INFORMADOR, RA adj. y n. Que informa.

INFORMAL adj. y n. m. y f. Dícese de la persona falta de formalidad. ♦ adj. **2.** Que no se ajusta a las circunstancias que se dan como normales: *reunión informal*. • **Pintura informal**, informalismo.

INFORMALIDAD n. f. Calidad de informal. **2.** Acto propio de una persona informal.

INFORMALISMO n. m. Tendencia artística que se da en pintura especialmente, desarrollada sobre todo entre 1950 y 1960, que tiende a representar lo real fuera de todo orden lógico de espacio y composición.

INFORMALISTA adj. y n. m. y f. Relativo al informalismo; partidario de esta tendencia.

INFORMANTE, n. m. y f. y adj. Persona que facilita una información.

INFORMAR v. tr. [1]. Dar a alguien noticia de alguna cosa. **2.** Imprimir determinadas características: *las mismas ideas informan toda la producción del poeta*. ♦ v. intr. **3.** Dar informes acerca de determinadas cuestiones, planos, etc.

INFORMÁTICA n. f. Ciencia del tratamiento automático y racional de la información considerada como el soporte de los conocimientos y las comunicaciones. • Suelen diferenciarse varios campos dentro de la informática: *informática teórica* (análisis numérico, teoría de la información, lenguajes y gramática, autómatas, etc.), *de los sistemas* (arquitectura de los ordenadores y de los sistemas de explotación, jerarquía de los recursos, comunicación entre procesadores, redes, etc.), *tecnológica* (hardware: componentes electrónicos, memorias, registros en soportes magnéticos, órganos periféricos de entrada y salida, etc.), *metodológica* (referida especialmente al software: compilación, lenguajes, técnicas de explotación, análisis, programación estructurada, etc.) y *aplicada* (realizaciones llevadas a cabo por los ordenadores y el tratamiento automático de la información).

INFORMÁTICO, A adj. Perteneciente o relativo a la informática. • **Sistema informático,** conjunto de medios de captación, tratamiento y transmisión de la información que se emplean para una aplicación determinada. ♦ n. **2.** Especialista en informática.

INFORMATIVO, A adj. Dícese de lo que informa o sirve para dar noticia de una cosa: *hoja informativa; reunión informativa*. ♦ n. m. **2.** En radio y televisión, espacio dedicado a difundir noticias.

INFORMATIZACIÓN n. f. Acción y efecto de informatizar.

INFORMATIZAR v. tr. [1g]. Dotar a un servicio, organismo, etc., de medios informáticos, asegurar su gestión mediante medios informáticos. **2.** Utilizar la informática para tratar con ayuda de ordenador las necesidades de un sector profesional para solucionar un problema.

INFORME adj. Deforme. **2.** De forma vaga e indeterminada.

INFORME n. m. Acción y efecto de informar o dictaminar. **2.** Noticias o datos que se dan sobre alguien o algo. **3.** Exposición oral o escrita del estado de una cuestión.

INFORTUNADO, A adj. y n. Desafortunado, desdichado.

INFORTUNIO n. m. Suerte desdichada. **2.** Hecho o acontecimiento desgraciado.

INFRACCIÓN n. f. Quebrantamiento de una ley o tratado, o de una norma moral, lógica o doctrinal.

INFRACCIONAR v. tr. [1]. Méx. Multar.

INFRACTOR, RA adj. y n. Transgresor.

INFRAESTRUCTURA n. f. Conjunto de los trabajos relativos a la cimentación de los edificios, carreteras y, especialmente, de las vías férreas. **2.** ECON. Base física sobre la que se asienta la economía de un país. **3.** ECON. Conjunto de servicios considerados como esenciales en la creación de una economía moderna. • **Infraestructura aérea,** conjunto de las instalaciones de tierra indispensables para el tráfico aéreo.

INFRAHUMANO, A adj. Inferior a lo humano.

INFRANQUEABLE adj. Imposible o difícil de franquear o desembarazar.

INFRARROJO, A adj. n. m. Dícese de la radiación electromagnética de longitud de onda comprendida entre una micra y un milímetro.

INFRASCRITO, A adj. y n. Que firma al fin de un escrito. ♦ adj. **2.** Dicho abajo o después de un escrito.

INFRASONIDO n. m. Vibración de la misma naturaleza que el sonido, pero de frecuencia demasiado baja para ser percibida por el oído humano.

INFRAVALORAR v. tr. [1]. Disminuir la importancia de algo.

INFRECUENTE adj. Que no es frecuente.

INFRINGIR v. tr. [3b]. Quebrantar una ley, pacto, convenio, etc.

INFRUCTUOSO, A adj. Ineficaz para algún fin.

ÍNFULA n. f. Cada una de las dos cintas anchas que penden por la parte posterior de la mitra episcopal. ♦ **ínfulas** n. f. pl. **2.** Fig. Presunción o vanidad.

INFUNDADO, A adj. Que carece de fundamento real o racional.

INFUNDIO n. m. Noticia falsa, chisme.

INFUNDIR v. tr. [3]. Provocar cierto estado de ánimo o sentimiento: *infundir valor*.

INFUSIÓN n. f. (lat. *infusionem*). Acción y efecto de infundir. **2.** Preparado en forma líquida que resulta de la extracción de los principios activos de ciertas plantas por la acción del agua hirviendo,

INFUSORIO, A adj. y n. m. Antigua denominación de los protozoos del tipo *ciliados*, que pueden desarrollarse en las infusiones vegetales.

INGÁ n. m. *Amér.* Árbol de la familia de las leguminosas de flores blanquecinas en espigas.

INGENIAR v. tr. y pron. [1]. Trazar, idear o inventar algo con ingenio. ◆ **Ingeniárselas**, conseguir algo o salir de una dificultad con ingenio.

INGENIERÍA n. f. Arte de aplicar los conocimientos científicos a la invención, perfeccionamiento y utilización de la técnica industrial en todas sus dimensiones. ◆ **Ingeniería genética**, conjunto de técnicas que permiten la recombinación fuera de un organismo de cromosomas pertenecientes a organismos diferentes.

INGENIERO, A n. Persona que se dedica a la ingeniería con un título oficial de grado superior.

INGENIEROS (José), sociólogo y ensayista argentino (Palermo, Italia, 1877-Buenos Aires 1925). Cofundador de la *Revista de filosofía*, entre su obra destaca: *Sociología genérica*, 1911; *Sociología argentina*, 1918; *Proposiciones relativas al porvenir de la filosofía*, 1918; *La evolución de las ideas argentinas*, 1918; *Los tiempos nuevos*, 1921.

INGENIO n. m. Talento para discurrir e inventar con prontitud y facilidad. **2.** Persona de talento. **3.** Maña y artificio para conseguir algo. **4.** Máquina o artificio mecánico. **5.** Molino o explotación de caña de azúcar.

INGENIOSIDAD n. f. Calidad de ingenioso. **2.** *Fig.* Dicho o hecho que quiere resultar gracioso y resulta inoportuno.

INGENIOSO, A adj. Que tiene o implica ingenio.

INGÉNITO, A adj. No engendrado. **2.** Connatural y como nacido con uno.

INGENTE adj. Muy grande.

INGENUA n. f. Femenino de ingenuo. **2.** Actriz que hace el papel de muchacha inocente y cándida.

INGENUIDAD n. f. Calidad de ingenuo.

INGENUO, A adj. y n. (lat. *ingenuum*, noble). Sincero, candoroso, sin doblez.

INGERENCIA n. f. Injerencia.

INGERIR v. tr. [22]. Introducir por la boca la comida, bebida o medicamentos.

INGESTA n. f. (voz latina que significa *cosas introducidas*). FISIOL. Conjunto de materias que por vía bucal ingresan en el organismo, con fines alimenticios.

INGESTIÓN n. f. Acción y efecto de ingerir.

INGLATERRA en ingl. **England**, región meridional de Gran Bretaña, limitada por Escocia al N y el País de Gales al O; 130 400 km^2; 46 170 300 hab. *(Ingleses.)* Cap. *Londres*.

HISTORIA

Romanos y anglosajones. Habitada desde el III milenio a. J.C., fue ocupada por los celtas. 43-83 d. J.C.: conquistada por Roma, formó la provincia de Britania. 407: las legiones marcharon al continente para luchar contra las invasiones bárbaras. S. V: a pesar de una resistencia desesperada (rey Artús) los britanos fueron rechazados por los conquistadores germanos (sajones, anglos, jutos). Ss. VII-VIII: se constituyeron siete reinos (heptarquía). Los benedictinos procedentes de Roma, enfrentados algún tiempo con los monjes irlandeses, hicieron del país un centro profundamente cristiano (san Beda). 825: Egbert unificó la heptarquía en beneficio de Wessex.
La Inglaterra normanda. Ss. IX: los daneses, llegados en 787, multiplicaron sus incursiones, ocupando incluso Londres, pero chocaron con la resistencia de Alfredo el Grande. Ss. X-XI: se afirmó la conquista danesa, concluida por Canuto el Grande (1016-1035). 1042-1066: Eduardo el Confesor restableció una dinastía sajona. 1066: Guillermo de Normandía (el Conquistador) derrotó a su sucesor, Harold II, en Hastings. 1154: Enrique II fundó la dinastía Plantagenet. Además de su imperio continental (Normandía, Aquitania, Bretaña, etc.), emprendió la conquista del País de Gales y de Irlanda. Para dominar al clero, hizo asesinar a Thomas Becket.
El duelo franco-inglés. 1189-1199: Francia suscitó revueltas contra Ricardo Corazón de León. 1199-1216: Felipe Augusto privó a Juan sin Tierra de sus posesiones francesas; los barones, que impusieron la Carta magna (1215), aumentaron aún más su poder durante el reinado de Enrique III (1216-1272) y más tarde, tras el reinado más fuerte de Eduardo I (fin de la conquista del País de Gales), durante el reinado de Eduardo II (1307-1327). 1327-1377: las pretensiones de Eduardo III al trono de Francia y la rivalidad de los dos países en Aquitania desencadenaron la guerra de los Cien años (1337). 1377-1399: la situación se deterioró durante el reinado del débil Ricardo II: revuelta campesina (Wat Tyler), peste negra, herejía de Wyclif, agitación irlandesa. 1399: el rey fue depuesto en beneficio de Enrique IV, primer Lancaster. 1413-1422: Enrique V, después de Azincourt (1415), conquistó la mitad de Francia y fue reconocido como heredero del trono (tratado de Troyes). 1422-1461: Enrique VI perdió todas estas posesiones; los York pusieron en tela de juicio los derechos de los Lancaster a la corona (guerra de las Dos Rosas, 1450-1485). 1475: al final de la guerra de los Cien años (acuerdo de Picquigny), Inglaterra sólo conservaba Calais (hasta 1558).
La dinastía Tudor. 1485: Enrique VII, heredero de los Lancaster, inauguró la dinastía Tudor. 1509-1547: Enrique VIII rompió con Roma y se proclamó jefe de la Iglesia anglicana (1534). El protestantismo se afirmó durante el reinado de Eduardo VI (1547-1553) y, tras el paréntesis católico de María I (1553-1558), triunfó durante el reinado de Isabel I (1558-1603). La victoria de ésta contra España (Armada Invencible, 1588) prefiguró el advenimiento de la potencia marítima inglesa. 1603: Jacobo Estuardo, rey de Escocia, heredó la corona inglesa (→ *Gran Bretaña*).

INGLE n. f. (lat. *inguen*). Pliegue de flexión entre el muslo y el abdomen.

INGLÉS, SA adj. y n. De Inglaterra. **2.** Británico. ◆ adj. ◆ **A la inglesa**, al uso de Inglaterra. ‖ **Letra inglesa**, la inclinada a la derecha, con perfiles gruesos y delgados. ◆ n. m. **3.** Lengua indoeuropea del grupo germánico, hablada principalmente en Gran Bretaña y E.U.A.

INGLETE n. m. Ángulo de 45° que con cada cateto forma la hipotenusa del cartabón. **2.** Método de ensamble de carpintería, que consiste en cortar las superficies de unión bajo un ángulo de 45°. ◆ **Caja, cortador, o patrón, de ingletes**, especie de caja acanalada, para guiar la sierra bajo el ángulo deseado al cortar la pieza que se trabaja.

INGOBERNABLE adj. Que no se puede gobernar.

INGRATITUD n. f. Desagradecimiento, olvido de los favores recibidos.

INGRATO, A adj. Desagradecido, que olvida los beneficios recibidos. **2.** Desabrido, áspero, desagradable: *tiempo ingrato*. **3.** Dícese de lo que no corresponde al trabajo que cuesta: *labor ingrata*.

INGRAVIDEZ n. f. Calidad de ingrávido. **2.** Estado en el que los efectos de la gravedad se anulan.

INGRÁVIDO, A adj. Ligero, leve, que no pesa.

INGREDIENTE n. m. Cualquier cosa que entra con otras en un remedio, bebida, guisado u otro compuesto.

INGRESAR v. intr. [1]. Entrar como miembro en una corporación, sociedad, etc. **2.** Entrar como paciente en un establecimiento sanitario. **3.** Aprobar el examen de ingreso. ◆ v. tr. **4.** Imponer dinero en una entidad bancaria o comercial. **5.** Percibir regularmente por cualquier concepto determinada cantidad de dinero.

INGRESO n. m. Acción de ingresar. **2.** Examen por el que hay que pasar al comenzar determinados estudios. **3.** Entrada, lugar por donde se entra en alguna parte. ◆ **ingresos** n. m. pl. **4.** Cantidad de dinero que se percibe regularmente por cualquier concepto.

ÍNGRIMO, A adj. *Amér. Central, Colomb., Dom., Ecuad., Pan.* y *Venez.* Solitario, aislado.

INGUINAL adj. ANAT. Relativo a la ingle.

INGURGITACIÓN n. f. Acción y efecto de ingurgitar.

INGURGITAR v. tr. [1]. Engullir. ◆ v. tr. y pron. **2.** FISIOL. Aumentar de tamaño un órgano, por repleción.

INGUSHIA o **INGLSHETIA** (*República de*), república de la Federación de Rusia, en el N del Cáucaso constituida en 1992 al separarse la República autónoma de los Chechén e Ingush en dos repúblicas (Chechenia e Ingushia); 178 000 hab. aprox. Cap. *Nazran*.

INHABILITACIÓN n. f. Acción y efecto de inhabilitar. **2.** DER. Pena que priva de algún derecho o incapacita para ciertos cargos.

INHABILITAR v. tr. [1]. Declarar a uno inhábil para ejercer cargos públicos o para ejercitar derechos civiles o políticos. ◆ v. tr. y pron. **2.** Imposibilitar para una cosa.

INHABITABLE adj. No habitable.

INHABITADO, A adj. Que no está habitado.

INHALACIÓN n. f. Acción y efecto de inhalar.

INHALADOR n. m. Aparato que sirve para efectuar inhalaciones.

INHALAR v. tr. [1]. Aspirar gases y vapores, especialmente con fines médicos.

INHERENCIA n. f. Calidad de inherente.

INHERENTE adj. Que por su naturaleza está de tal manera unido a una cosa que no se puede separar.

INHIBICIÓN n. f. Acción y efecto de inhibir o inhibirse. **2.** Fenómeno de cese, bloqueo o disminución de un proceso químico, sicológico o fisiológico. **3.** Disminución de la actividad de una neurona, de una fibra muscular o de una célula secretora, bajo la acción de un influjo nervioso o de una hormona.

INHIBIR v. tr. [3]. DER. Impedir que un juez intervenga o prosiga en el conocimiento de una causa. ◆ v. tr. y pron. **2.** FISIOL. Suspender permanente o transitoriamente una función o actividad del organismo mediante la acción de un estímulo adecuado. ◆ **inhibirse** v. pron. **3.** Abstenerse de intervenir en un asunto o actividad.

INHIBITORIO, A adj. Que sirve para inhibir.

INHOSPITALARIO, A adj. No hospitalario. **2.** Inhóspito.

INHÓSPITO, A adj. Desagradable para ser habitado o poco acogedor. **2.** Que no ofrece seguridad ni abrigo.

INHUMACIÓN n. f. Acción y efecto de inhumar.

INHUMANIDAD n. f. Calidad de inhumano.

INHUMANO, A adj. Falto de humanidad, cruel. **2.** Que no parece pertenecer a la naturaleza humana. **3.** *Chile.* Muy sucio.

INHUMAR v. tr. [1]. Enterrar, dar sepultura.

INICIACIÓN n. f. Acción y efecto de iniciar. **2.** Introducción solemne de una persona entre el número de los adeptos de una religión, secta o sociedad secreta,

INICIADO, A n. Persona que participa en el conocimiento de algo, especialmente algo secreto. **2.** Miembro de una secta o sociedad secreta.

INICIADOR, RA adj. y n. Que inicia.

INICIAL adj. Relativo al principio o comienzo de las cosas. ♦ adj. y n. f. **2.** Dícese de la primera letra de una palabra, un capítulo, etc. **3.** Dícese de la primera letra de un nombre de persona.

INICIALIZACIÓN n. f. INFORMÁT. Proceso por el que un ordenador entra en funcionamiento, consistente en introducir en la memoria central un programa que requerirá luego los módulos necesarios del sistema de explotación. **2.** INFORMÁT. Atribución de un valor inicial a una variable.

INICIAR v. tr. y pron. [1]. Empezar alguna cosa. **2.** Enseñar, hacer que alguien adquiera conocimiento o los primeros conocimientos sobre una materia. ♦ v. tr. **3.** Ser el primero en hacer algo determinado. **4.** Admitir a alguien en las prácticas de una religión, secta o asociación secreta.

INICIATIVA n. f. Idea que sirve para iniciar una acción. **2.** Acción de proponer o de hacer algo el primero: *tomar la iniciativa*. **3.** Capacidad de emprender, inventar, etc.: *tener iniciativa*. **4.** DER. Derecho de someter a una asamblea una proposición sobre el voto de una moción, de una resolución o de una ley.

INICIO n. m. Comienzo, principio.

INICUO, A adj. (lat. *iniquum*, injusto). Contrario a la equidad, injusto. **2.** Malvado, perverso.

INIGUALABLE adj. Extraordinario, sin igual.

INIGUALADO, A adj. Que no tiene igual.

INIMAGINABLE adj. No imaginable.

INIMITABLE adj. Imposible de imitar.

ININTELIGIBLE adj. Imposible de entender o de descifrar: *letra ininteligible*.

ININTERRUMPIDO, A adj. Continuado, sin interrupción.

INIQUIDAD n. f. Cualidad de inicuo. **2.** Acción inicua.

INÍRIDA, r. de Colombia, que desemboca en el Guaviare junto a Puerto Inírida; 724 km.

INJERENCIA o **INGERENCIA** n. f. Acción y efecto de injerirse.

INJERIR v. tr. [22]. Incluir una cosa en otra, haciendo mención de ella.

INJERIRSE v. pron. [22]. Entrometerse.

INJERTABLE adj. Que puede injertarse.

INJERTAR v. tr. [1]. Aplicar o implantar un injerto.

INJERTO n. m. Operación que permite la multiplicación asexuada de árboles productores de frutos y flores, mediante la inserción en una planta, o patrón, de una parte de otra planta, o injerto, cuyos caracteres se quieren desarrollar. **2.** Brote, rama o yema separados de una planta para ser injertados en otra. **3.** Operación quirúrgica que consiste en transferir a un individuo, hombre o animal, tejido procedente de él mismo (*autoinjerto*), de un individuo de la misma especie (*homoinjerto*) o de un individuo de especie distinta (*heteroinjerto*). **4.** Tejido que se injerta.

INJURIA n. f. Expresión proferida o acción ejecutada en deshonra, descrédito o menosprecio de otra persona.

INJURIADO n. m. *Cuba.* Tabaco en rama, de clase inferior.

INJURIAR v. tr. [1]. Proferir o cometer injurias.

INJURIOSO, A adj. Que injuria.

INJUSTICIA n. f. Acción injusta. **2.** Cualidad de injusto.

INJUSTIFICABLE adj. Que no se puede justificar.

INJUSTIFICADO, A adj. No justificado.

INJUSTO, A adj. Que no es conforme a la justicia o a la equidad: *sentencia injusta*. **2.** Que no es equitativo o imparcial: *un profesor con fama de injusto*.

INMACULADO, A adj. Que no tiene mancha. • **Inmaculada Concepción de María,** privilegio en virtud del cual la Virgen María fue preservada del pecado original, dogma definido por Pío IX el 8 de diciembre de 1854 (bula *Ineffabilis*).

INMADUREZ n. f. Falta de madurez.

INMADURO, A adj. No maduro. **2.** Que carece de la madurez propia de la edad adulta.

INMANEJABLE adj. No manejable.

INMANENCIA n. f. Estado de lo que es inmanente.

INMANENTE adj. (lat. *inmanentem*). FILOS. Dícese de aquello que es inherente a un ser o a la experiencia.

INMARCESIBLE o **INMARCHITABLE** adj. Que no se puede marchitar.

INMATERIAL adj. No material.

INMEDIACIÓN n. f. Calidad de inmediato. ♦ **inmediaciones** n. f. pl. **2.** Contorno o parajes de que está rodeado un lugar.

INMEDIATEZ n. f. Circunstancia de estar o ser inmediato algo.

INMEDIATO, A adj. Contiguo o muy cercano. **2.** Que sucede sin intervalo de tiempo.

INMEJORABLE adj. Que no se puede mejorar.

INMEMORIAL adj. Tan antiguo, que no hay memoria de cuándo comenzó.

INMENSIDAD n. f. Calidad de inmenso. **2.** *Fig.* Muchedumbre, número o extensión grande.

INMENSO, A adj. Que no tiene medida. **2.** *Fig.* Muy grande o muy difícil de medirse o contarse.

INMENSURABLE adj. Que no puede medirse o de difícil medida.

INMERECIDO, A adj. No merecido.

INMERSIÓN n. f. Acción de sumergir o sumergirse. **2.** Hecho de encontrarse en un medio extraño sin contacto directo con el medio de origen: *inmersión lingüística*.

INMERSO, A adj. Que está sumergido.

INMIGRACIÓN n. f. Migración considerada desde el punto de vista del lugar de destino de los individuos desplazados.

INMIGRANTE adj. y n. m. y f. Que realiza o ha realizado una inmigración.

INMIGRAR v. intr. (lat. *immigrare*, introducirse). [1]. Realizar una inmigración.

INMIGRATORIO, A adj. Relativo a la inmigración.

INMINENCIA n. f. Calidad de inminente.

INMINENTE adj. Que amenaza o está para suceder muy pronto.

INMISCUIR v. tr. [29]. Poner una sustancia en otra para que resulte una mezcla. ♦ **inmiscuirse** v. pron. **2.** *Fig.* Entrometerse en un asunto o negocio.

INMOBILIARIA n. f. Empresa que construye, vende y administra edificios.

INMOBILIARIO, A adj. Relativo a cosas inmuebles.

INMODERADO, A adj. Que no tiene moderación.

INMODESTIA n. f. Falta de modestia.

INMODESTO, A adj. No modesto.

INMOLACIÓN n. f. Acción y efecto de inmolar o inmolarse.

INMOLAR v. tr. [1]. Sacrificar, hacer sacrificios. ♦ **inmolarse** v. pron. **2.** *Fig.* Sacrificarse por el bien ajeno.

INMORAL adj. y n. m. y f. Contrario a los principios de la moral.

INMORALIDAD n. f. Calidad de inmoral. **2.** Acción inmoral.

INMORTAL adj. No mortal: *el alma es inmortal*. **2.** *Fig.* Que dura tiempo indefinido: *la inmortal figura de don Quijote*.

INMORTALIDAD n. f. Calidad de inmortal.

INMORTALIZAR v. tr. [1g]. Hacer inmortal. ♦ v. tr. y pron. **2.** Hacer perpetua una cosa en la memoria de los hombres.

INMOTIVADO, A adj. Sin motivo.

INMÓVIL adj. Que no se mueve.

INMOVILIDAD n. f. Estado de inmóvil.

INMOVILISMO n. m. Tendencia a mantener sin cambios lo establecido o a oponerse a toda forma de innovación en el terreno político, social, religioso, etc.

INMOVILISTA adj. y n. m. y f. Relativo al inmovilismo; partidario de esta tendencia.

INMOVILIZACIÓN n. f. Acción y efecto de inmovilizar o inmovilizarse.

INMOVILIZAR v. tr. [1g]. Hacer que una cosa quede inmóvil. ♦ **inmovilizarse** v. pron. **2.** Quedarse o permanecer inmóvil.

INMUEBLE adj. y n. m. **Bien inmueble** (DER.), bien contra tierras, edificios, construcciones y minas, y de los adornos, artefactos o derechos a los que la ley considera no muebles. SIN.: *bienes raíces*. ♦ n. m. **2.** Casa y especialmente edificio de varios pisos.

INMUNDICIA n. f. Calidad de inmundo. **2.** Suciedad, basura. **3.** *Fig.* Asunto, ambiente, etc., inmoral.

INMUNDO, A adj. Sucio y asqueroso. • **Espíritu inmundo,** el demonio.

INMUNE adj. Exento de ciertos oficios, cargos, gravámenes o penas. **2.** BIOL. Dícese del organismo vivo que posee un estado defensivo suficiente para evitar padecer una determinada enfermedad.

INMUNIDAD n. f. Calidad de inmune. **2.** BIOL. Resistencia natural o adquirida de un organismo vivo a un agente infeccioso, como los microbios, o tóxico, como venenos y sustancias tóxicas. **3.** DER. Privilegio, derecho a beneficiarse de la derogación personal o estamental de una ley: *las inmunidades feudales*. • **Inmunidad diplomática,** privilegio de los agentes diplomáticos extranjeros, en virtud del cual no pueden ser librados a la jurisdicción del estado en que prestan sus servicios. ‖ **Inmunidad parlamentaria,** privilegio de los representantes parlamentarios de no poder ser procesados sin la autorización del parlamento.

INMUNITARIO, A adj. Relativo a la inmunidad.

INMUNIZACIÓN n. f. Acción y efecto de inmunizar.

INMUNIZAR v. tr. y pron. [1g]. Hacer inmune.

INMUNODEFICIENCIA n. f. Situación clínica en la que existe una susceptibilidad aumentada a la afección, a veces, también a las enfermedades autoinmunes y a la neoplasia.

INMUNODEPRESOR, RA adj. y n. Dícese de la sustancia o agente físico que disminuye las reacciones inmunitarias, como los corticoides, radiaciones ionizantes, etc.

INMUNOLOGÍA n. f. Parte de la biología y de la medicina que estudia los fenómenos de la inmunidad.

INMUNOTERAPIA n. f. Tratamiento que consiste en provocar o en aumentar la inmunidad del organismo.

INMUTABILIDAD n. f. Calidad de inmutable.

INMUTABLE adj. Que no cambia o no puede ser cambiado: *principios inmutables*. **2.** Que no se inmuta o es poco propenso a ello: *permanecer inmutable*.

INMUTAR v. tr. (lat. *inmutare*). [1]. Mudar o variar una cosa. ♦ v. tr. y pron. **2.** *Fig.* Impresionar repentina, vehemente y visiblemente.

INNATO, A adj. Que tiene carácter congénito. **2.** BIOL. Dícese de los caracteres que, sin ser hereditarios, se presentan desde el nacimiento.

INNAVEGABLE adj. No navegable. **2.** Dícese de la embarcación que no está en condiciones de navegar.

INNECESARIO, A adj. No necesario.

INNEGABLE adj. Que no se puede negar.

INNOBLE adj. Que no es noble. **2.** Vil y despreciable.

INNOMINADO, A adj. Que no tiene nombre. • **Hueso innominado,** hueso ilíaco.

INNOVACIÓN n. f. Acción y efecto de innovar. **2.** Lo que es nuevo; creación; transformación.
INNOVAR v. tr. [1]. Introducir novedades.
INNSBRUCK, c. de Austria, cap. del Tirol, a orillas del Inn; 117 000 hab. Estación de turismo de verano y de invierno. Universidad. Hofburg, castillo de Maximiliano I y de la emperatriz María Teresa, y otros monumentos (ss. XVI-XVIII). Museos.
INNUMERABLE adj. Que no se puede reducir a número. **2.** Copioso, muy abundante.
INOBSERVANCIA n. f. Falta de obediencia a las leyes o a los reglamentos.
INOCENCIA n. f. Estado de inocente. **2.** TEOL. Estado del hombre antes del pecado original, en el cual estaba exento de pecado y de toda inclinación al mal.
INOCENTADA n. f. *Fam.* Acción o palabra candorosa o simple. **2.** *Fam.* Engaño o broma que se hace a alguien, especialmente en el día de los Santos Inocentes.
INOCENTE adj. y n. m. y f. Libre de culpa. **2.** Falto de malicia o picardía.
INOCUIDAD n. f. Calidad de inocuo.
INOCULACIÓN n. f. Acción y efecto de inocular.
INOCULAR v. tr. y pron. [1]. Introducir accidental o voluntariamente en el organismo, con fines terapéuticos experimentales, agentes patógenos o sus toxinas. **2.** *Fig.* Pervertir a uno con el mal ejemplo o con ideas nocivas.
INOCULTABLE adj. Que no puede ocultarse.
INOCUO, A adj. **2.** Anodino, soso.
INODORO, A adj. Que no tiene olor. ♦ adj. y n. m. **2.** Dícese de los recipientes de retrete provistos de sifón.
INOFENSIVO, A adj. Que no puede causar daño ni molestia.
INOFICIOSO, A adj. *Amér.* Ocioso, innecesario, inútil.
INOLVIDABLE adj. Que no puede o no debe olvidarse.
INOPERANTE adj. Dícese de lo que no produce efecto: *medidas económicas inoperantes.*
INOPIA n. f. (lat. *inopiam*). Pobreza. • **Estar en la inopia** (*Fam.*), estar distraído, no darse cuenta de lo que pasa.
INOPINADO, A adj. Que sucede sin pensar o sin esperarse.
INOPORTUNIDAD n. f. Falta de oportunidad.
INOPORTUNO, A adj. Fuera de tiempo o de propósito.
INORGÁNICO, A adj. Dícese de cualquier cuerpo sin procesos metabólicos vitales, como son todos los minerales. **2.** *Fig.* Dícese de cualquier conjunto desordenado o mal concertado. • **Química inorgánica**, parte de la química que estudia los metales, los no metales y sus combinaciones. SIN.: *química mineral.*
INOXIDABLE adj. Que no puede oxidarse. **2.** Dícese de los metales o de las aleaciones notables por su resistencia a la oxidación: *acero inoxidable.*
INQUEBRANTABLE adj. Que permanece sin quebranto, o no puede quebrantarse.
INQUIETAR v. tr. y pron. [1]. Poner inquieto, desasosegado.
INQUIETO, A adj. Que no está quieto o es de índole bulliciosa. **2.** Desasosegado por un temor, una aprensión, una duda, etc. **3.** Que es propenso a emprender cosas nuevas o a promover cambios. **4.** *Hond.* Propenso a algo, inclinado.
INQUIETUD n. f. Estado de inquieto. ♦ n. **quietudes** f. pl. **2.** Preocupaciones de tipo espiritual.
INQUILINAJE n. m. *Chile.* Sistema de relación laboral existente en el campo mediante el cual el campesino a cambio de vivienda, elementos de subsistencia y herramientas, cultiva una parcela en beneficio del patrón. **2.** *Chile.* Inquilinato. **3.** *Chile.* Conjunto de inquilinos.
INQUILINATO n. m. *Argent., Colomb.* y *Urug.* Casa de vecindad. **2.** *Chile.* Sistema de explotación de fincas agrícolas por medio de inquilinos. **3.** DER. Contrato de arrendamiento de una casa o parte de ella.
INQUILINO, A n. Persona que ha tomado una casa o parte de ella en alquiler para habitarla. **2.** Arrendatario, especialmente de finca urbana. **3.** HIST. En Chile, campesino sometido a las condiciones de inquilinaje.
INQUINA n. f. Antipatía, animadversión.
INQUIRIDOR, RA adj. y n. Que inquiere.
INQUIRIR v. tr. [3f]. Indagar o preguntar para adquirir cierta información.
INQUIRRIADO, A adj. *Hond.* Dícese de la persona muy enamoradiza y alegre.
INQUISICIÓN n. f. Acción y efecto de inquirir. **2.** HIST. Tribunal permanente, distinto del ordinario, que estaba encargado por el papado de la lucha contra la herejía. (Con este significado suele escribirse con mayúscula.) **3.** HIST. Cárcel destinada para los reos pertenecientes a este tribunal.
INQUISIDOR, RA adj. Inquisitivo. ♦ n. m. **2.** Miembro de un tribunal de la Inquisición.
INQUISITIVO, A adj. Relativo a la indagación o averiguación: *mirada inquisitiva.*
INQUISITORIAL adj. Relativo al inquisidor o a la Inquisición. **2.** *Fig.* Dícese de los procedimientos muy severos o duros.
INSACIABLE adj. Que no se puede saciar.
INSALIVACIÓN n. f. Acción y efecto de insalivar.
INSALIVAR v. tr. [1]. Mezclar los alimentos con la saliva en la cavidad de la boca.
INSALUBRE adj. Malsano, dañoso a la salud.
INSALUBRIDAD n. f. Calidad de insalubre.
INSALVABLE adj. Que no se puede salvar.
INSANIA n. f. (lat. *insaniam*). Locura.
INSANO, A adj. (lat. *insanum*). Loco, furioso: *furor insano.* **2.** Insalubre.
INSATISFACCIÓN n. f. Estado de insatisfecho.
INSATISFACTORIO, A adj. Que no satisface.
INSATISFECHO, A adj. No satisfecho o saciado. **2.** Descontento.
INSCRIBIR v. tr. [3n]. Grabar algo para que quede constancia duradera. **2.** MAT. Dibujar una figura dentro de otra de modo que tenga todos sus vértices sobre el perímetro de la figura exterior, o que sea tangente a todos los lados de dicha figura. ♦ v. tr. y pron. **3.** Anotar el nombre de una persona en una lista o registro con un fin determinado.
INSCRIPCIÓN n. f. Acción y efecto de inscribir. **2.** Escrito sucinto hecho en un registro. **3.** Escrito sucinto grabado en piedra, metal u otra materia. **4.** DER. Acción y efecto de inscribir un asiento en uno de los libros de un registro público, con el objeto de que surta determinados efectos jurídicos.
INSCRITO, A adj. MAT. Dícese de un polígono cuyos vértices están sobre una curva dada, o de una curva tangente a todos los lados de un polígono dado. • **Ángulo inscrito**, ángulo cuyo vértice se encuentra sobre una circunferencia y cuyos lados la cortan.
INSECTICIDA adj. y n. m. Dícese del producto que destruye los insectos nocivos.
INSECTÍVORO, A adj. Dícese del animal que se nutre principalmente o exclusivamente de insectos, como el lagarto y la golondrina. ♦ adj. y n. m. **2.** Relativo a un orden de mamíferos, que se nutren especialmente de insectos, como el erizo, el topo, etc.
INSECTO adj. y n. m. Relativo a una clase de animales invertebrados del tipo artrópodos, cuyo cuerpo se divide en tres partes: la *cabeza*, con dos antenas, dos ojos compuestos y seis piezas bucales; el *tórax*, con tres pares de patas y, a menudo, dos pares de alas, y el *abdomen*, anillado y provisto de orificios o estigmas, en los que se abren las tráqueas respiratorias. ♦ n. m. • **Insecto hoja**, insecto cuya particular morfología y coloración hacen que se confunda con las hojas de las plantas sobre las que generalmente se encuentra. • **Insectos sociales**, especies de insectos, como las abejas, las hormigas y las termitas, que viven en grupos numerosos y se caracterizan por la existencia de castas de adultos estériles, los obreros y los soldados, así como por la construcción de un nido colectivo.
INSEMINACIÓN n. f. Depósito de semen por parte del macho en las vías genitales de la hembra. • **Inseminación artificial**, técnica que permite la fecundación de una hembra al margen de toda relación sexual, por depósito en las vías genitales de semen tomado de un macho. (Es muy utilizada en ganadería.)
INSEMINAR v. tr. [1]. Proceder a la inseminación artificial.
INSENSATEZ n. f. Calidad de insensato. **2.** *Fig.* Dicho o hecho insensato.
INSENSATO, A adj. y n. Falto de sensatez.
INSENSIBILIZACIÓN n. f. Acción y efecto de insensibilizar.
INSENSIBILIZAR v. tr. y pron. [1g]. Quitar la sensibilidad o privar a uno de ella.
INSENSIBLE adj. Que carece de sensibilidad: *ser insensible al dolor.* **2.** Imperceptible: *experimentar una insensible mejoría.*
INSEPARABLE adj. Que no se puede separar o que se separa con dificultad. ♦ adj. y n. m. y f. **2.** *Fig.* Dícese de la persona estrechamente unida a otra con vínculos de amistad o de amor.
INSEPULTO, A adj. No sepultado.
INSERCIÓN n. f. Acción y efecto de insertar. **2.** Punto en el que una cosa se inserta en otra.
INSERTAR v. tr. [1]. Incluir una cosa en otra. **2.** Publicar un texto en un periódico, revista, etc.
INSERTO, A adj. Incluido en algo.
INSIDIA n. f. Asechanza: *atraer con insidias.* **2.** Acción o palabras llenas de mala intención: *obrar con insidia.*
INSIDIOSO, A adj. y n. Que arma asechanzas. ♦ adj. **2.** Relativo a la insidia. **3.** Que emplea insidias. **4.** MED. Dícese de la enfermedad de comienzo progresivo, cuyos síntomas aparecen cuando la afección ya ha evolucionado.
INSIGNE adj. (lat. *insignem*, señalado). Célebre, famoso.
INSIGNIA n. f. Signo distintivo de grados y dignidades: *insignias reales.* **2.** Pendón, imagen, medalla, emblema u otro distintivo de una hermandad o asociación. **3.** MIL. Bandera especial que sirve para distinguir las graduaciones y mandos de los oficiales de divisiones, buques, flotas, escuadras, etc.
INSIGNIFICANCIA n. f. Calidad de insignificante. **2.** Cosa insignificante.
INSIGNIFICANTE adj. Que no merece ser tenido en cuenta, muy pequeño, baladí, despreciable.
INSINUACIÓN n. f. Acción y efecto de insinuar o insinuarse.
INSINUAR v. tr. (lat. *insinuare*, introducir en el interior) [1s]. Dar a entender una cosa no haciendo más que indicarla ligeramente. ♦ **insinuarse** v. pron. **2.** Adoptar ciertas actitudes prometedoras y amorosas con otra persona. **3.** *Fig.* Introducirse suavemente en el ánimo un afecto, vicio, virtud, etc. **4.** Principiar algo de forma apenas perceptible.
INSINUATIVO, A adj. Dícese de lo que tiene virtud para insinuar o insinuarse.
INSÍPIDO, A adj. Falto de sabor o que no tiene el grado de sabor que debiera tener: *comida insípida.* **2.** *Fig.* Falto de gracia: *historieta insípida.*
INSISTENCIA n. f. Acción y efecto de insistir.
INSISTIR v. intr. [3]. Repetir varias veces una petición o una acción, con el fin de lograr lo que se intenta.

INSOBORNABLE adj. Que no puede ser sobornado.
INSOCIABLE adj. Dícese de la persona que rehúye el trato con otras.
INSOLACIÓN n. f. Acción y efecto de insolar. **2.** MED. Estado patológico provocado por una exposición excesiva a los rayos solares. **3.** METEOROL. Tiempo durante el cual ha brillado el sol en un lugar.
INSOLAR v. tr. [**1**]. Poner al sol una cosa. **2.** ART. GRÁF. y FOT. Exponer a la luz una preparación sensible.
INSOLENCIA n. f. Calidad de insolente. **2.** Actitud insolente. **3.** Dicho o hecho insolente.
INSOLENTAR v. tr. [**1**]. Hacer que alguien se insolente. ♦ **insolentarse** v. pron. **2.** Mostrarse alguien insolente.
INSOLENTE adj. y n. m. y f. Dícese de la persona que trata a las otras de forma descortés o irrespetuosamente. ♦ adj. **2.** Despectivo, desafiante.
INSÓLITO, A adj. Que ocurre rara vez: *en esta ciudad las nevadas son algo insólito*. **2.** Más grande o intenso que lo habitual.
INSOLUBILIDAD n. f. Calidad o estado de insoluble.
INSOLUBLE adj. Que no puede disolverse ni diluirse. **2.** Que no se puede resolver, sin solución.
INSOLVENCIA n. f. DER. Imposibilidad de pagar por falta de recursos.
INSOLVENTE adj. y n. m. y f. Que no tiene con qué pagar. **2.** Que no ofrece garantías para encomendarle una misión o cargo.
INSOMNE adj. Falto de sueño.
INSOMNIO n. m. Imposibilidad o dificultad para conciliar el sueño o para dormir lo suficiente.
INSONDABLE adj. Que no se puede sondear: *mar insondable*. **2.** *Fig.* Que no se puede averiguar o saber a fondo: *misterios insondables*.
INSONORIDAD n. f. Calidad de insonoro.
INSONORIZACIÓN n. f. Acción y efecto de insonorizar.
INSONORIZAR v. tr. [**1g**]. Aislar de sonidos o ruidos exteriores un local, o atenuar los que se producen en su interior, utilizando dispositivos adecuados.
INSONORO, A adj. Falto de sonoridad.
INSOPORTABLE adj. Que no se puede soportar o aguantar o que es difícil hacerlo.
INSORIA n. f. *Venez.* Pizca, insignificancia.
INSOSLAYABLE adj. Imposible de evitar o eludir.
INSOSPECHABLE adj. Que no puede sospecharse.
INSOSPECHADO, A adj. No sospechado.
INSOSTENIBLE adj. Que no se puede sostener: *gastos insostenibles*. **2.** *Fig.* Que no se puede defender con razones: *opinión insostenible*.
INSPECCIÓN n. f. Acción y efecto de inspeccionar: *inspección ocular*. **2.** Cargo de velar sobre una cosa. **3.** Oficina del inspector, jurisdicción del mismo y organización dependiente de él: *inspección de hacienda*.
INSPECCIONAR v. tr. [**1**]. Examinar, reconocer atentamente una cosa.
INSPECTOR, RA adj. y n. Que inspecciona: *función inspectora*. ♦ n. **2.** Persona encargada de controlar las actividades de otras personas y vigilar el cumplimiento de las leyes, reglamentos y órdenes: *inspector de trabajo*. • **Inspector de policía**, funcionario civil del cuerpo de policía, encargado de la investigación de delitos y de la detención de los presuntos infractores del ordenamiento penal.
INSPECTORÍA n. f. *Chile.* Cuerpo de policía que está bajo el mando de un inspector. **2.** *Chile.* Territorio a que se extiende la vigilancia de dicho cuerpo.
INSPIRACIÓN n. f. Acción y efecto de inspirar o ser inspirado. **2.** *Fig.* Estado propicio para cualquier creación del espíritu, especialmente artística. **3.** *Fig.* Cosa inspirada.

4. FISIOL. Entrada de aire en los pulmones.
5. TEOL. CATÓL. Acción ejercida por Dios sobre la inteligencia humana.
INSPIRAR v. tr. [**1**]. Hacer entrar aire o una mezcla gaseosa en los pulmones mediante la inspiración. **2.** Hacer que alguien conciba sentimientos, ideas, etc. **3.** *Fig.* Sugerir ideas creadoras. **4.** TEOL. *Fig.* Iluminar Dios el entendimiento de uno y mover su voluntad. ♦ **inspirarse** v. pron. **5.** *Fig.* Sentir inspiración creadora.
INSTALACIÓN n. f. Acción y efecto de instalar o instalarse. **2.** Conjunto de cosas instaladas: *instalación eléctrica*.
INSTALAR v. tr. (fr. *installer*) [**1**]. Colocar una cosa en el lugar y forma que le es adecuada para la función que ha de realizar: *instalar una radio en el automóvil*. **2.** Poner en un lugar destinado a algún servicio unos aparatos o accesorios que se requieren: *instalar una peluquería.* ♦ v. tr. y pron. **3.** Situar, poner en un sitio: *cruzó la habitación y se instaló detrás de la mesa.* ♦ **instalarse** v. pron. **4.** Fijar la residencia en alguna parte.
INSTANCIA n. f. Acción y efecto de instar: *la investigación se realizó a instancias del fiscal.* **2.** Memorial, solicitud escrita: *presentar una instancia.* **3.** Esfera, institución, grupo de poder: *altas instancias.* **4.** DER. Conjunto de actuaciones practicadas desde la iniciación litigiosa hasta la sentencia definitiva. **5.** DER. Cada uno de los grados jurisdiccionales que la ley ha establecido para ventilar y sentenciar juicios y pleitos: *fallar en segunda instancia.*
INSTANTÁNEA n. f. Negativo o copia obtenidos por fotografía instantánea.
INSTANTÁNEO, A adj. Que sólo dura un instante: *descarga eléctrica instantánea.* **2.** Que se produce en un instante: *muerte instantánea.* **3.** Dícese del producto alimenticio deshidratado (café, sopa, puré, etc.) que está en condiciones de consumirse con sólo añadirle agua.
INSTANTE n. m. Momento, tiempo en extensión que une dos espacios de tiempo. **2.** *Fig.* Tiempo brevísimo. • **A cada instante** o **cada instante**, frecuentemente, a cada paso. || **Al instante**, al punto, sin dilación. || **Por instantes**, continuamente; sin cesar; de un momento a otro.
INSTAR v. tr. [**1**]. Insistir en una petición o súplica. ♦ v. intr. **2.** Apremiar o urgir la pronta ejecución de una cosa.
INSTAURACIÓN n. f. Acción y efecto de instaurar.
INSTAURAR v. tr. [**1**]. Fundar, instituir, establecer.
INSTIGACIÓN n. f. Acción y efecto de instigar.
INSTIGADOR, RA adj. y n. Que instiga.
INSTIGAR v. tr. [**1b**]. Incitar, provocar o inducir a uno para que haga una cosa.
INSTINTIVO, A adj. Dícese de lo que es obra, efecto o resultado del instinto y no de la razón.
INSTINTO n. m. (lat. *instinctum*, instigación). Impulso natural, intuición, sentimiento espontáneo. **2.** ETOL. Determinante hereditario del comportamiento de la especie: *instinto reproductor.* • **Por instinto**, por un impulso o propensión maquinal e indeliberada.
INSTITUCIÓN n. f. Acción de instituir. **2.** Cosa instituida. **3.** Cada uno de los órganos fundamentales de un estado o de una sociedad. **4.** DER. Cada una de las materias y figuras principales del derecho o de cualquiera de sus ramas: *la patria potestad es una institución del derecho de familia.* • **Ser** uno **una institución**, tener el prestigio debido a la antigüedad o a poseer los caracteres representativos de aquélla. ♦ **instituciones** n. f. pl. **5.** Colección metódica de los principios o elementos de una ciencia, arte, etc.
INSTITUCIONAL adj. Relativo a la institución.

INSTITUCIONALIZACIÓN n. f. Acción y efecto de institucionalizar. **2.** Legalización, acción de legalizar.
INSTITUCIONALIZAR v. tr. y pron. [**1g**]. Convertir algo en institucional.
INSTITUIR v. tr. [**29**]. Fundar, establecer, crear. **2.** Designar por testamento: *instituir heredero.*
INSTITUTO n. m. Corporación científica, literaria, artística, etc.: *Instituto de España.* **2.** Establecimiento de enseñanza, de investigaciones científicas, etc. **3.** Nombre dado a diversos establecimientos especializados: *instituto de belleza.* **4.** REL. Título que se da a una congregación de religiosos no clérigos o de laicos: *el instituto de los hermanos de las escuelas cristianas.*
INSTITUTOR n. m. *Colomb.* Profesor, maestro.
INSTITUTRIZ n. f. Maestra o persona encargada de la educación de los niños en una familia.
INSTRUCCIÓN n. f. Acción de instruir o instruirse. **2.** Caudal de conocimientos adquiridos: *persona de poca instrucción.* **3.** INFORMÁT. En un ordenador, orden codificada cuya interpretación desencadena la ejecución de una operación elemental de un tipo determinado. (Una sucesión de instrucciones constituye un programa.) • **Instrucción militar**, adiestramiento que se imparte a los militares, y en particular a los reclutas. ♦ **instrucciones** n. f. pl. **4.** Conjunto de reglas o normas dadas para la realización o empleo de algo.
INSTRUCTIVO, A adj. Dícese de lo que instruye o sirve para instruir.
INSTRUCTOR, RA adj. y n. Que instruye. ♦ n. m. **2.** MIL. Denominación de todo oficial o suboficial encargado de una misión de instrucción de los reclutas.
INSTRUIDO, A adj. Que tiene un caudal de conocimientos considerado normal dentro de una sociedad.
INSTRUIR v. tr. [**29**]. Proporcionar conocimientos. **2.** DER. Formalizar un proceso o expediente conforme a las reglas de derecho. ♦ **instruirse** v. pron. **3.** Adquirir conocimientos.
INSTRUMENTACIÓN n. f. Acción y efecto de instrumentar. **2.** MÚS. Adaptación a un instrumento determinado de una música o parte musical dada.
INSTRUMENTAL adj. Relativo a los instrumentos: *música instrumental.* **2.** Que sirve de instrumento o tiene función de tal: *agente instrumental; conocimientos instrumentales.* • **Prueba instrumental** (DER.), prueba documental. ♦ n. m. **3.** Conjunto de instrumentos: *instrumental quirúrgico.*
INSTRUMENTALISMO n. m. FILOS. Doctrina filosófica que considera a la inteligencia y las teorías como medios destinados a la acción.
INSTRUMENTALIZAR v. tr. [**1g**]. Transformar en instrumento para un fin determinado; manipular.
INSTRUMENTAR v. tr. [**1**]. Acomodar una partitura a cada uno de los instrumentos que han de interpretarla. **2.** *Fig.* Preparar, organizar una acción en la que deben intervenir diversos elementos asignando a cada uno la función que debe realizar: *instrumentar una campaña difamatoria.*
INSTRUMENTISTA n. m. y f. Artista que ejecuta música con un determinado instrumento. **2.** Artista que se dedica a instrumentar música. **3.** Fabricante de instrumentos músicos, quirúrgicos, etc. **4.** CIR. Persona que en una intervención quirúrgica actúa como auxiliar del cirujano.
INSTRUMENTO n. m. Objeto fabricado, formado por una o varias piezas combinadas, que se utiliza para facilitar trabajos o para producir algún efecto. **2.** *Fig.* Lo que sirve de medio para hacer una cosa o conseguir un fin: *esa información*

es un valioso instrumento. **3.** DER. Documento escrito en el que se hace constar algún hecho o acto que deba surtir efectos jurídicos. • **Instrumento musical**, aparato destinado a producir sonidos musicales.

INSUBORDINACIÓN n. f. Falta de subordinación.

INSUBORDINAR v. tr. [1]. Provocar la insubordinación. ♦ **insubordinarse** v. pron. **2.** Quebrantar la subordinación, sublevarse.

INSUBSTANCIAL adj. Insustancial.

INSUBSTITUIBLE adj. Insustituible.

INSUFICIENCIA n. f. Calidad de insuficiente, o circunstancia de ser algo insuficiente. **2.** Falta de suficiencia o de inteligencia. **3.** MED. Disminución cualitativa o cuantitativa del funcionamiento de un órgano: *insuficiencia hepática*.

INSUFICIENTE adj. No suficiente. ♦ n. m. **2.** Valoración negativa del aprovechamiento de un alumno en una disciplina o en el conjunto de ellas.

INSUFLAR v. tr. (lat. *insufflare*) [1]. MED. Introducir con la ayuda de un insuflador o de un aparato especial, un gas o un vapor en alguna cavidad del cuerpo.

INSUFRIBLE adj. Que no se puede sufrir, aguantar o tolerar.

ÍNSULA n. f. Isla, porción de tierra rodeada de agua por todas partes.

INSULAR adj. y n. m. y f. Isleño.

INSULARIDAD n. f. Carácter de un país constituido por una isla o un conjunto de islas. **2.** Conjunto de fenómenos geográficos característicos de las islas.

INSULINA n. f. (ingl. *insuline*). Hormona que disminuye la glucemia, secretada por los islotes de Langerhans del páncreas. (Se emplea en el tratamiento de la diabetes.)

INSULSO, A adj. Insípido, falto de sabor: *comida insulsa*. **2.** *Fig.* Falto de gracia y viveza.

INSULTADA n. f. *Amér. Central, Chile, Colomb., Ecuad., Méx., Perú y P. Rico.* Serie de insultos.

INSULTAR v. tr. [1]. Dirigir a alguien expresiones ofensivas.

INSULTO n. m. Acción y efecto de insultar. **2.** Expresión que se emplea para insultar.

INSUMERGIBLE adj. Que no se puede sumergir.

INSUMISIÓN n. f. Calidad o estado de insumiso.

INSUMISO, A adj. Que no está sometido o que se halla en rebeldía. ♦ adj. y n. **2.** Que se niega a realizar el servicio militar.

INSUPERABLE adj. No superable.

INSURGENTE adj. y n. m. y f. Levantado o sublevado contra la autoridad.

INSURRECCIÓN n. f. (lat. *insurrectionem*). Levantamiento, sublevación o rebelión de un pueblo, nación, etc.

INSURRECCIONAL adj. Relativo a la insurrección.

INSURRECCIONAR v. tr. [1]. Concitar a las gentes para que se amotinen contra las autoridades. ♦ **insurreccionarse** v. pron. **2.** Alzarse, levantarse, sublevarse contra las autoridades.

INSURRECTO, A adj. y n. Insurgente.

INSUSTANCIAL o **INSUBSTANCIAL** adj. De poca o ninguna sustancia.

INSUSTANCIALIDAD o **INSUBSTANCIALIDAD** n. f. Calidad de insustancial. **2.** Cosa insustancial.

INSUSTITUIBLE o **INSUBSTITUIBLE** adj. Que no puede sustituirse.

INTACHABLE adj. Que no admite o merece tacha o reproche: *conducta intachable*.

INTACTO, A adj. No tocado o palpado. **2.** *Fig.* Que no ha padecido alteración, menoscabo o deterioro.

INTANGIBILIDAD n. f. Calidad de intangible.

INTANGIBLE adj. Que no debe o no puede tocarse.

INTEGRABLE adj. Dícese de lo que se puede integrar. **2.** MAT. Dícese de la función que admite una integral.

INTEGRACIÓN n. f. Acción y efecto de integrar o integrarse. **2.** MAT. Cálculo de la integral de una diferencial o de una ecuación diferencial.

INTEGRADO, A adj. Dícese de un aparato que reúne en una sola pieza una serie de otros aparatos que podrían existir independientemente unos de otros: *cadena estéreo integrada*. **2.** Dícese de una empresa que abarca varios campos de producción de un bien o de un servicio.

INTEGRADOR, RA adj. Que integra. SIN.: *integrante*. ♦ n. m. **2.** Aparato que totaliza indicaciones continuas.

INTEGRAL adj. (lat. *integralem*). Que comprende todas las partes o aspectos de lo que se trata: *renovación integral*. **2.** MAT. Relativo a las integrales: *cálculo integral*. ♦ n. f. **3.** MAT. Función solución de una diferencial o de una ecuación diferencial.

INTEGRAR v. tr. y pron. (lat. *integrare*) [1]. Componer un todo con partes diversas. ♦ v. tr. **2.** Reintegrar. **3.** MAT. Determinar la integral de una función. ♦ **integrarse** v. pron. **4.** Introducirse enteramente en un grupo.

INTEGRIDAD n. f. Estado de una cosa que tiene todas sus partes o que no ha sufrido alteración. **2.** Cualidad de una persona íntegra, recta, honesta.

INTEGRISMO n. m. Disposición de ánimo de algunos creyentes quienes, apoyándose en la tradición, rechazan todo tipo de evolución.

INTEGRISTA adj. y n. m. y f. Relativo al integrismo; partidario del integrismo.

ÍNTEGRO, A adj. (lat. *integrum*). Que tiene todo lo que ordinariamente lo constituye: *obra íntegra*. **2.** *Fig.* Que actúa con rectitud: *juez íntegro*.

INTELECTIVO, A adj. Que tiene virtud de entender: *facultad intelectiva*.

INTELECTO n. m. (lat. *intellectum*). Entendimiento, facultad de entender.

INTELECTUAL adj. Relativo al entendimiento o a los intelectuales: *un trabajo intelectual*. ♦ n. m. y f. y adj. **2.** Persona que se dedica a actividades que requieren especial empleo de la inteligencia.

INTELECTUALIDAD n. f. Cualidad de lo que es intelectual. **2.** Conjunto de los intelectuales de un país, región, etc.

INTELECTUALISMO n. m. Doctrina filosófica que afirma la preeminencia de los fenómenos intelectuales sobre los volitivos y afectivos. **2.** Carácter de una obra o de un arte en los que predomina el elemento intelectual.

INTELECTUALISTA adj. y n. m. y f. Relativo al intelectualismo.

INTELECTUALIZAR v. tr. [1g]. Dar o atribuir forma o contenido intelectual o racional a algo. **2.** Tratar o analizar intelectualmente.

INTELIGENCIA n. f. Facultad de entender, de comprender: *la inteligencia distingue al hombre del animal*. **2.** Inteligibilidad, cualidad de inteligible: *texto de fácil inteligencia*. **3.** Acuerdo, entente: *llegar a una buena inteligencia; falta de inteligencia entre dos personas*. **4.** SICOL. Aptitud, variable con los individuos y las especies, para resolver todo tipo de problemas. • **Inteligencia artificial** (INFORMÁT.), conjunto de técnicas que se aplican al ordenador con objeto de desarrollar su capacidad para realizar funciones de aprendizaje y autocorrección.

INTELIGENTE adj. Dotado de inteligencia, capaz de comprender: *es muy inteligente, pero vago*. **2.** Que implica inteligencia: *respuesta inteligente*. **3.** Dícese de máquinas, sistemas, edificios, etc., que mediante control de ordenador y redes de conexión pueden actuar automáticamente, adaptándose a cada situación. ♦ adj. y n. m. y f.

4. Que tiene mucha inteligencia: *alumno inteligente*.

INTELIGIBILIDAD n. f. Calidad o carácter de inteligible.

INTELIGIBLE adj. Que puede ser entendido o comprendido. **2.** FILOS. Que sólo es conocido por el entendimiento.

INTEMPERANCIA n. f. Exceso, falta de moderación: *intemperancia en el comportamiento*.

INTEMPERIE n. f. (lat. *intemperiem*). Destemplanza o desigualdad del tiempo: *resguardarse de la intemperie*. • **A la intemperie**, al aire libre, sin techo donde guarecerse.

INTEMPESTIVO, A adj. (lat. *intempestivum*). Que está fuera de tiempo y sazón: *hora intempestiva*.

INTEMPORAL adj. Que es independiente del curso del tiempo. **2.** LING. Dícese de una forma verbal que no expresa un tiempo.

INTENCIÓN n. f. (lat. *intentionem*). Propósito de hacer algo o conseguir un objetivo: *la intención no basta para acusar de un delito; tener intención de estudiar*. **2.** Fin por el que se celebra una misa.

INTENCIONADO, A adj. **Bien**, o **mal**, **intencionado**, que tiene buenas, o malas, intenciones.

INTENCIONAL adj. Deliberado, hecho con intención: *olvido intencional*.

INTENCIONALIDAD n. f. Cualidad de intencional.

INTENDENCIA n. f. Dignidad, cargo, jurisdicción u oficina del intendente. **2.** Dirección, administración y gobierno de una cosa. • **Intendencia militar**, cuerpo del ejército de tierra encargado de proporcionarle los elementos necesarios para la vida de las tropas; oficina o establecimiento que pertenece a este cuerpo.

INTENDENTE n. m. (fr. *intendant*). Jefes de fábricas u otras empresas explotadas por cuenta del erario. **2.** En el ejército y en la marina, jefe superior de la administración militar.

INTENSIDAD n. f. Grado de energía de un agente natural o mecánico, de una cualidad, de una expresión o de un afecto: *intensidad del viento, de un esfuerzo*. **2.** Expresión del valor numérico de una magnitud, generalmente vectorial: *intensidad de una fuerza*. • **Intensidad de una corriente eléctrica**, cantidad de electricidad que circula por un conductor eléctrico durante la unidad de tiempo.

INTENSIFICACIÓN n. f. Acción de intensificar.

INTENSIFICAR v. tr. y pron. [1a]. Hacer o volverse más intenso, más fuerte, más activo: *intensificar las fuerzas; intensificarse un problema*.

INTENSIVO, A adj. Que se realiza de forma intencionadamente intensa o más intensa, enérgica o activa que de costumbre: *trabajo intensivo*. **2.** FÍS. Que tiene el carácter de la intensidad: *magnitud intensiva*. • **Cultivo intensivo**, el que se realiza sobre una superficie limitada, con gran inversión en abonos, útiles, etc., y cuyo rendimiento bruto por unidad de superficie es muy elevado.

INTENSO, A adj. Que tiene intensidad, vehemente, vivo: *calor intenso; actividad intensa*.

INTENTAR v. tr. (lat. *intentare*) [1]. Trabajar o esforzarse para hacer algo o comenzarlo: *intentar un récord; intentar abrir pero no puedo*.

INTENTO n. m. Propósito, designio: *llevar a cabo un intento*. **2.** Tentativa, acción que se intenta: *conseguirlo al primer intento*.

INTENTONA n. f. *Fam.* Intento temerario, y especialmente si se ha frustrado.

ÍNTER n. m. Ínterin.

INTER n. m. *Perú.* Sacerdote que ayuda al párroco.

INTERACCIÓN n. f. Influencia recíproca. **2.** FÍS. Acción recíproca que se ejercen entre sí las partículas elementales (gravi-

INT

tacional, electromagnética, débil [radiactividad y desintegración] y fuerte [fuerza nuclear]).
INTERACCIONAR v. intr. [1]. Ejercer una acción recíproca.
INTERACTIVO, A adj. Dícese de los fenómenos que reaccionan unos sobre otros. **2.** Dícese de un modo de empleo del ordenador en el cual el usuario dialoga con los programas de la máquina por medio de una terminal de entrada y salida (teletipo, pantalla de visualización con teclado, etc.). SIN.: *conversacional.* **3.** Dícese de un soporte de comunicación que favorece un intercambio con el público: *televisión interactiva.*
INTERAMERICANO, A adj. Relativo a diversos países americanos a la vez.
INTERANDINO, A adj. Relativo a diversos países andinos a la vez: *tráfico interandino.*
INTERBANCARIO, A adj. B. Y BOLS. Dícese del dinero prestado por una institución financiera a otra para hacer frente a las necesidades momentáneas de tesorería, o del mercado al que acuden los intermediarios financieros.
INTERCALACIÓN o **INTERCALADURA** n. f. Acción y efecto de intercalar.
INTERCALAR v. tr. y pron. (lat. *intercalare*) [1]. Poner una cosa entre otras.
INTERCAMBIABLE adj. Dícese de las cosas que pueden utilizarse indistintamente las unas en lugar de las otras. **2.** Que puede ser objeto de intercambio.
INTERCAMBIAR v. tr. y pron. [1]. Realizar un intercambio: *intercambiar sellos.*
INTERCAMBIO n. m. Trueque entre cosas, personas o grupos: *intercambios culturales; intercambio de prisioneros.* **2.** BIOL. Paso y circulación de sustancias entre una célula y el medio exterior.
INTERCEDER v. intr. (lat. *intercedere*) [2]. Intervenir en favor de alguien.
INTERCELULAR adj. Dícese de los espacios comprendidos entre las células en los seres pluricelulares y de los espacios ocupados en los tejidos animales de tipo conjuntivo por una sustancia llamada intersticial.
INTERCEPTACIÓN n. f. Acción y efecto de interceptar. **2.** MIL. Acción que consiste, tras haber detectado e identificado aparatos o misiles enemigos, en dirigir hacia ellos formaciones de caza o misiles tierra-aire, para destruirlos.
INTERCEPTAR v. tr. (del lat. *intercipere*, sustraer) [1]. Apoderarse de algo o detenerlo antes de que llegue a su destino. **2.** Obstruir una vía de comunicación. **3.** DEP. Adueñarse de un balón que iba destinado a un adversario.
INTERCESIÓN n. f. Acción y efecto de interceder.
INTERCESOR, RA adj. y n. Que intercede.
INTERCOMUNICACIÓN n. f. Comunicación recíproca. **2.** Sistema de comunicación telefónica, entre dos o más lugares de un mismo edificio.
INTERCOMUNICADOR n. m. Aparato destinado a la intercomunicación.
INTERCONECTAR v. tr. [1]. Poner en relación dos o varios centros de producción o de consumo de electricidad para permitir los intercambios de energía entre un centro a otro, pudiendo alimentar cada centro generador varios centros receptores.
INTERCONEXIÓN n. f. Acción de interconectar.
INTERCONTINENTAL adj. Que pone en relación dos o más continentes.
INTERCOSTAL adj. Que está entre las costillas.
INTERDECIR v. tr. (lat. *interdicere*) [19]. Vedar o prohibir: *interdecir nuevas disposiciones.*
INTERDENTAL adj. y n. f. Dícese de la consonante cuya articulación se produce colocando la punta de la lengua detrás del espacio formado por las dos hileras de dientes débilmente separadas, como la z.
INTERDEPENDENCIA n. f. Dependencia recíproca.
INTERDEPENDIENTE adj. Dícese de las cosas que dependen unas de otras.
INTERDICCIÓN n. f. Acción y efecto de interdecir. • **Interdicción civil,** pena accesoria que provoca la incapacidad y somete a tutela a quien le es impuesta.
INTERDICTO, A adj. Dícese de la persona sujeta a interdicción. ♦ n. m. **2.** Juicio sumario en el que se discute la posesión considerada exclusivamente como hecho.
INTERÉS n. m. (der. del lat. *interesse*, interesar). Cualidad de una cosa que la hace importante o valiosa para alguien: *el interés de un libro.* **2.** Atracción sentida hacia alguien o algo: *sentir interés por un amigo; una cuestión de mucho interés.* **3.** Beneficio, provecho, especialmente material: *obrar por interés.* **4.** Retribución del capital monetario. **5.** Cantidad que se paga por la tenencia de dinero ajeno: *préstamo a un alto interés.* **6.** Lucro producido por el capital monetario: *tanto por ciento de interés anual.* • **Interés compuesto,** interés percibido sobre un capital formado por el capital primitivo aumentado por los réditos acumulados hasta la época del vencimiento. (Un capital a, colocado al tanto por uno r durante n años se convierte en: $A = a(1+r)^n$.) ‖ **Interés simple,** interés percibido sobre el capital primitivo, sin agregarle ningún rédito vencido. (El interés simple i del capital a, colocado durante un tiempo t, al tanto por ciento r es: $i = \frac{art}{100}$.) ‖ **Tipo de interés,** precio pagado por el uso de fondos prestables, a corto y a largo plazo. ♦ **intereses** n. m. pl. **7.** Bienes materiales: *poseer muchos intereses.* **8.** Conveniencia, necesidad: *sólo mira sus intereses.*
INTERESADO, A adj. y n. Que tiene interés en algo: *notificar a los interesados.* **2.** Que se preocupa en gran manera del interés material: *ser muy interesado.*
INTERESANTE adj. Digno de interés, de atención, importante: *noticia interesante.* **2.** Que procura una ventaja material: *comprar a un precio interesante.* **3.** Que inspira interés y simpatía; apasionante: *época interesante.* • **Estado interesante,** estado de una mujer encinta. ‖ **Hacer, o hacerse, el interesante,** adoptar ciertas actitudes para hacerse notar ante los demás.
INTERESAR v. tr. [1]. Suscitar, adquirir o tomar interés: *eso me interesa.* **2.** Dar parte alguien a otro en negocios o intereses propios: *le interesó en su empresa.* **3.** Invertir dinero en algo: *interesar cien pesetas en la lotería.* **4.** Captar la atención, despertar curiosidad: *este libro me interesa.* **5.** Afectar algo a algún órgano del cuerpo: *la herida interesa a los pulmones.* ♦ **interesarse** v. pron. **6.** Tener interés en una persona o cosa. **7.** Preguntar por el estado de alguien o algo: *interesarse por un enfermo.*
INTERESTELAR adj. ASTRON. Situado entre las estrellas de una galaxia.
INTERFASE n. f. (ingl. *interface*). Período que separa dos divisiones sucesivas de una célula viva. **2.** Límite común a dos sistemas, que permite intercambios entre ellos: *interfase gas-líquido; interfase producción-distribución.* **3.** INFORMÁT. Frontera convencional entre dos sistemas o dos unidades, que permite intercambios de informaciones. **2.** INFORMÁT. Módulo de hardware o de software que permite la comunicación con el exterior de un sistema o de un subconjunto.
INTERFECTO, A adj. y n. (lat. *interfectum*, de *interficere*, matar). En terminología jurídica, muerto violentamente. **2.** *Fam.* Dícese de alguien de quien se está hablando.
INTERFERENCIA n. f. Acción y efecto de interferir: *la interferencia de hechos demográficos y políticos.* **2.** FÍS. Fenómeno que resulta de la superposición de dos movimientos vibratorios de la misma frecuencia.
INTERFERENTE adj. FÍS. Que presenta el fenómeno de interferencia.
INTERFERIR v. tr. y pron. [22]. Interponerse o mezclarse una acción o movimiento en otro. ♦ v. tr. e intr. **2.** Producir interferencias.
INTERFERÓMETRO n. m. Aparato para medir interferencias luminosas o radioeléctricas.
INTERFERÓN n. m. Proteína producida por las células atacadas por un virus, y que las hace resistentes a toda otra infección viral.
INTERFONO n. m. Aparato telefónico empleado para la comunicación entre las distintas dependencias de un mismo local.
INTERGALÁCTICO, A adj. ASTRON. Situado entre las galaxias.
ÍNTERIN n. m. Intervalo, intermedio. **2.** Interinidad, tiempo que dura el desempeño interino. ♦ adv. t. **3.** Entretanto o mientras.
INTERINA n. f. Asistenta, criada de una casa particular que no pernocta en ella.
INTERINATO n. m. *Argent., Méx., Perú* y *Urug.* Interinidad, tiempo que dura el desempeño interino de un cargo. **2.** *Chile, Guat., Hond., Perú* y *P. Rico.* Cargo o empleo interino.
INTERINIDAD n. f. Calidad de interino. **2.** Tiempo que dura el desempeño interino. **3.** *Amér. Merid., Guat., Hond.* y *P. Rico.* Cargo o empleo interino.
INTERINO, A adj. y n. Que sirve por algún tiempo en sustitución de otra persona o cosa.
INTERIOR adj. Que está, se lleva, hace u ocurre en la parte de dentro: *ropa interior.* **2.** Dícese de la vivienda o parte de ella que no da a la calle: *patio interior.* **3.** Que concierne a un país o a un territorio: *política interior.* **4.** *Fig.* Espiritual: *vida, sentimiento interior.* • **Ángulo interior,** ángulo cuyo vértice se encuentra en el interior de un círculo. ♦ n. m. **5.** La parte de dentro: *el interior de un cuerpo.* **6.** Parte central de un país: *el clima del interior.* **7.** *Fig.* Intimidad, pensamientos, sentimientos, etc., propios de alguien: *en su interior no es mala persona.* **8.** *Méx.* Provincia. **9.** DEP. En el fútbol y algunos deportes de pelota, jugador que se coloca entre el delantero centro y el extremo. ♦ **interiores** n. m. pl. **10.** Entrañas.
INTERIORIDAD n. f. Calidad de interior. **2.** FILOS. Contenido de la conciencia, intimidad. ♦ **interioridades** n. m. pl. **3.** Cosas privativas, por lo común secretas: *interioridades personales, familiares.*
INTERIORIZACIÓN n. f. Acción de interiorizar.
INTERIORIZAR v. tr. [1g]. Guardar para sí mismo, retener: *interiorizar sus reacciones.* **2.** Hacer propias opiniones o normas de conducta que hasta entonces eran de otros, hasta el punto de no reconocerlas como adquiridas. **3.** Hacer más interior.
INTERJECCIÓN n. f. (lat. *interiectionem*, de *interiicere*, poner en medio). LING. Voz con que se expresa, por lo común repentina o impremeditadamente, un estado de ánimo.
INTERLÍNEA n. f. Espacio entre dos líneas escritas o impresas.
INTERLINEADO n. m. Conjunto de los espacios que hay entre las líneas de un texto.
INTERLINEAL adj. Escrito o impreso entre dos renglones.
INTERLOCUTOR, RA n. Cada una de las personas que toman parte en un diálogo.
INTERLUDIO n. m. Intermedio dramático, musical o filmado entre dos partes de un espectáculo, de una emisión televisiva, etc. **2.** MÚS. Composición que se ejecuta

a modo de intermedio en la música instrumental.
INTERLUNIO n. m. ASTRON. Tiempo de la conjunción en que no se ve la luna.
INTERMEDIAR v. intr. [1]. Mediar.
INTERMEDIARIO, A adj. y n. Que media entre dos o más personas, y especialmente entre el productor y el consumidor de géneros o mercancías: *intervenir como intermediario.* ♦ n. 2. Agente de comercio que interviene entre las distintas partes de una operación de distribución comercial.
INTERMEDIO, A adj. Que está situado en medio: *espacio intermedio; calidad intermedia.* ♦ n. m. 2. Espacio que hay de un tiempo a otro o de una acción a otra. 3. Espacio de tiempo comprendido entre dos actos o partes de una representación teatral o de otro espectáculo. 4. TELEV. Tiempo durante el que se interrumpe un programa o retransmisión. • **Por intermedio de,** por mediación de.
INTERMINABLE adj. Que no tiene término o fin. 2. Que dura demasiado: *discurso interminable.*
INTERMINISTERIAL adj. Relativo a varios ministerios o que los relaciona entre sí.
INTERMITENCIA n. f. Calidad de intermitente. 2. MED. Intervalo que separa dos accesos de fiebre.
INTERMITENTE adj. Que se interrumpe y prosigue a intervalos: *luz intermitente.* • **Fiebre intermitente,** tipo de fiebre que evoluciona a brotes, regulares o no. (La más conocida es la del paludismo.) ♦ n. m. 2. Dispositivo que enciende y apaga alternativamente una lámpara. 3. Luz lateral de un automóvil que se enciende y se apaga para señalar un cambio de dirección.
INTERMOLECULAR adj. Que está entre las moléculas.
INTERMUSCULAR adj. Situado entre los músculos.
INTERNACIONAL adj. Relativo a dos o más naciones: *congreso internacional.* • **Derecho internacional,** el que regula las relaciones entre las organizaciones internacionales o entre los estados, entre los nacionales de un país con otro país o entre súbditos de diferentes estados. ♦ adj. y n. m. y f. 2. Que toma o ha tomado parte en competiciones internacionales: *jugador internacional.*
INTERNACIONALIDAD n. f. Calidad o estado de internacional.
INTERNACIONALISMO n. m. Doctrina según la cual los diversos intereses nacionales deben estar subordinados a un interés general supranacional. 2. Identidad de fines comunes a determinadas clases sociales o a determinados grupos políticos de diversas naciones.
INTERNACIONALISTA adj. y n. m. y f. Relativo al internacionalismo; partidario del internacionalismo.
INTERNACIONALIZACIÓN n. f. Acción de volver o volverse internacional.
INTERNACIONALIZAR v. tr. [1g]. Hacer internacional; regir sobre el plano internacional.
INTERNADO n. m. Régimen escolar en que los alumnos están internos. 2. Centro educativo donde los alumnos residen, comen y duermen. 3. Conjunto de alumnos internos. 4. Régimen de personas que viven internas en establecimientos sanitarios o benéficos. Condición o régimen del personal que presta servicios en centros sanitarios.
INTERNAMIENTO n. m. Acción y efecto de internar.
INTERNAR v. tr. [1]. Hacer que alguien resida en una institución o local, con determinada finalidad. 2. Instalar a un enfermo en un centro sanitario. ♦ **internarse** v. pron. 3. Penetrar o adentrarse en un lugar. 4. *Fig.* Profundizar en una materia.

INTERNISTA adj. y n. m. y f. Dícese del médico especialista en medicina interna.
INTERNO, A adj. Interior: *régimen interno; herida interna.* 2. Dícese de la parte de la medicina que trata de enfermedades generales que no requieren intervención quirúrgica. • **Ángulos internos** (MAT.), ángulos formados por una secante con dos rectas paralelas y situados entre estas dos rectas. ♦ adj. y n. 3. Dícese del alumno que vive en un establecimiento de enseñanza. 4. Dícese del personal que presta servicios en centros sanitarios.
INTERPARLAMENTARIO, A adj. Dícese de las comunicaciones y organizaciones que enlazan la actividad internacional entre las representaciones legislativas de diferentes cámaras o regímenes políticos.
INTERPELACIÓN n. f. Acción y efecto de interpelar.
INTERPELAR v. tr. (lat. *interpellare*) [1]. Solicitar de alguien que dé explicaciones sobre determinado suceso en que de alguna manera ha intervenido. 2. Dirigir la palabra a alguien: *interpelar a un transeúnte.* 3. DER. Intimar, requerir a alguien para que diga o haga alguna cosa: *interpelar a alguien para que firme.*
INTERPENETRARSE v. pron. [1]. Imbricarse una cosa con otra.
INTERPLANETARIO, A adj. ASTRON. Situado entre los planetas del sistema solar.
INTERPOLACIÓN n. f. Acción y efecto de interpolar.
INTERPOLAR v. tr. (lat. *interpolare*) [1]. Intercalar una cosa entre otras. 2. Interrumpir brevemente la continuación de una cosa.
INTERPONER v. tr. y pron. [5]. Poner algo o ponerse entre dos cosas o personas: *interponer una mampara.* ♦ v. tr. 2. *Fig.* Usar de su influencia o autoridad con el fin de conseguir alguna cosa para otra persona. 3. DER. Formalizar por medio de un pedimento alguno de los recursos legales. ♦ **interponerse** v. pron. 4. Hacer que no se lleve a cabo una acción o que se interrumpa o cambie de dirección determinado curso.
INTERPOSICIÓN n. f. Acción y efecto de interponer o interponerse.
INTERPRETABLE adj. Que se puede interpretar.
INTERPRETACIÓN n. f. Acción y efecto de interpretar. 2. Explicación, comentario: *interpretación de un texto, de una obra.* 3. Acción o forma de representar o de ejecutar una obra dramática, musical, coreográfica, etc. • **Interpretación musical,** ejercicio de improvisación que se hace sobre una partitura musical dada.
INTERPRETAR v. tr. (lat. *interpretare*) [1]. Explicar el sentido de una cosa, y principalmente de los textos de significado poco claro: *interpretar un texto.* 2. Dar determinado sentido a palabras, actitudes, acciones, etc.: *interpretar un sueño.* 3. Reproducir o ejecutar el artista una obra.
INTERPRETATIVO, A adj. Que sirve para interpretar una cosa: *explicación interpretativa.*
INTÉRPRETE n. m. y f. (lat. *interpretem*). Persona que traduce o explica a otras, en una lengua que entienden, lo dicho en otra que les es desconocida. 2. Persona que interpreta un texto. 3. Persona que da forma o realiza algo que está en el ánimo de otros: *hacerse intérprete del sentir general.* 4. Artista que interpreta: *aplaudir a los intérpretes.*
INTERREGNO n. m. Espacio de tiempo en que un estado no tiene soberano. 2. *Por ext.* Espacio de tiempo en que están suspendidas las funciones gubernamentales.
INTERROGACIÓN n. f. (lat. *interrogationem*). Acción de interrogar, preguntar: *responder a una interrogación.* 2. Signo de puntuación que expresa una interrogación directa (¿?). SIN.: punto de interrogación. 3. Figura de pensamiento que

INT

consiste en preguntar algo no con intención de obtener una respuesta, sino para dar más fuerza a lo que se dice.
INTERROGANTE adj. Que interroga. • **Punto interrogante,** signo de interrogación. ♦ n. m. f. 2. Incógnita, problema no aclarado: *este asunto presenta varios interrogantes.* 3. Pregunta.
INTERROGAR v. tr. y pron. [1g]. Preguntar: *interrogar a un paciente.*
INTERROGATIVO, A adj. Que implica o denota interrogación: *frase interrogativa.*
INTERROGATORIO n. m. Serie de preguntas formuladas a alguien: *tras el interrogatorio, el detenido confesó.* 2. Papel o documento que las contiene: *firmar un interrogatorio.* 3. Acto de dirigirlas a quien las ha de contestar: *suspender el interrogatorio.*
INTERRUMPIR v. tr. [3]. Cortar la continuación de una acción en el lugar o en el tiempo: *interrumpir un paseo, una corriente eléctrica.* 2. Suspender o parar por algún tiempo una obra: *interrumpir la construcción de un puente.* 3. Interceptar, impedir el paso: *interrumpir la circulación.* 4. Tomar la palabra impidiendo que otro continúe hablando.
INTERRUPCIÓN n. f. Acción y efecto de interrumpir: *trabajar sin interrupción; hubo muchas interrupciones.*
INTERRUPTOR n. m. Aparato que sirve para abrir o cerrar un circuito eléctrico.
INTERSECCIÓN n. f. (lat. *intersectionem*). Lugar donde se cortan dos vías. 2. MAT. Conjunto de puntos o de elementos comunes a dos o varias líneas, superficies o volúmenes.
INTERSIDERAL ad. ASTRON. Situado entre los astros.
INTERSINDICAL adj. Establecido entre diversos sindicatos: *reunión intersindical.*
INTERSTICIAL adj. MED. Dícese de las formaciones celulares situadas entre las células del parénquima de los órganos. 2. MED. Dícese de las sustancias que separan las células de los tejidos de tipo conjuntivo. • **Fauna intersticial,** conjunto de animales microscópicos que viven en los espacios libres que hay entre los granos de arena.
INTERSTICIO n. m. (del lat. *interstare,* estar entre dos cosas). Espacio pequeño vacío entre las partes de un todo: *los intersticios del adoquinado.*
INTERVALO n. m. Porción de espacio o de tiempo que media entre dos cosas: *el intervalo entre las columnas; diez minutos de intervalo.* 2. Espacio que hay de un tiempo a otro: *en el intervalo de un mes.* 3. FÍS. Relación de frecuencias de dos sonidos. 4. MÚS. Distancia que separa dos sonidos. • **A intervalos,** de un espacio o de un tiempo a otro.
INTERVENCIÓN n. f. Acción y efecto de intervenir. 2. Acción o estado de una organización internacional que se injiere en los asuntos que no son de su competencia. 3. MED. Operación quirúrgica: *recuperarse de una intervención.* • **No intervención,** actitud de un estado que no interviene en los asuntos de otros estados, cuando no está directamente interesado en ellos.
INTERVENCIONISMO n. m. Doctrina que defiende la intervención del estado en los asuntos privados. 2. Intervención habitual de una nación en los conflictos de otros países, o en los conflictos internos de otras naciones.
INTERVENCIONISTA adj. y n. m. y f. Que se refiere al intervencionismo: *política intervencionista;* partidario del intervencionismo.
INTERVENIR v. intr. [21]. Tomar parte en un asunto: *intervenir en un coloquio.* 2. Interponer uno su autoridad: *intervenir un juez.* 3. Mediar, interceder o interponerse: *intervenir en favor de alguien.* 4. MIL. Enviar tropas a un país extranjero

INT

para favorecer un partido, realizar una conquista, reparar una agresión, etc. ♦ v. tr. **5.** Realizar una operación quirúrgica. **6.** DER. Dirigir, limitar o suspender una autoridad el libre ejercicio de actividades o funciones. **7.** DER. Vigilar una autoridad la comunicación privada: *intervenir el teléfono.*

INTERVENTOR, RA adj. y n. Que interviene: *parte interventora.* ♦ n. m. **2.** Persona que examina y fiscaliza las cuentas del estado o de una sociedad con autoridad suficiente: *interventor del banco.* **3.** Elector designado oficialmente por un candidato para vigilar la regularidad de la votación en unas elecciones. **4.** Revisor de un tren.

INTERVOCÁLICO, A adj. Situado entre dos vocales.

INTESTADO, A adj. y n. Que no ha hecho testamento. ♦ n. m. **2.** DER. Caudal sucesorio acerca del cual no existen o no rigen disposiciones testamentarias.

INTESTINAL adj. Relativo a los intestinos: *obstrucción intestinal.* • **Jugo intestinal,** jugo digestivo segregado por las glándulas del duodeno y del yeyuno, que contiene enzimas que actúan en toda clase de alimentos.

INTESTINO, A adj. Interno, interior: *luchas intestinas.* ♦ n. m. **2.** ANAT. Víscera abdominal hueca que se extiende entre el estómago y el ano, dividida en dos partes (*intestino delgado* e *intestino grueso* o *colon*).

INTI, dios del Sol entre los antiguos peruanos. Presidía el panteón incaico, y se le consideraba el progenitor de la dinastía real.

INTIBUCÁ (*departamento de*), dep. de Honduras, en la frontera con El Salvador; 3072 km²; 123 512 hab. Cap. *La Esperanza.*

INTIMACIÓN n. f. DER. Acción de intimar.

INTIMAR v. tr. y pron. (lat. *intimare*) [**1**]. Entablar estrecha amistad con alguien. **2.** DER. Exhortar o requerir que se haga algo, especialmente con autoridad o fuerza: *intimar al testigo; intimar una orden.*

INTIMATORIO, A adj. Dícese de lo que intima un decreto u orden: *carta intimatoria.*

INTIMIDACIÓN n. f. Acción y efecto de intimidar.

INTIMIDAD n. f. Calidad de íntimo: *la intimidad del ambiente.* **2.** Sentimientos, pensamientos o hábitos propios: *en la intimidad de su conciencia.* **3.** Relación íntima entre personas: *entre ellos hay gran intimidad.* ♦ **intimidades** n. f. pl. **4.** Partes sexuales exteriores del cuerpo humano.

INTIMIDAR v. tr. y pron. Causar o infundir miedo.

INTIMISMO n. m. Estilo o tendencia intimista.

INTIMISTA adj. y n. m. y f. Dícese de los escritores, y particularmente de los poetas, que expresan sus sentimientos más secretos en un tono confidencial. **2.** Dícese de los pintores especializados en la representación de escenas de la vida familiar, o que expresan una visión íntima.

ÍNTIMO, A adj. (lat. *intimum*). Dícese de más interior y profundo: *la naturaleza íntima de un ser.* **2.** Dícese de las relaciones muy estrechas entre las personas: *amistad íntima.* **3.** Dícese de los actos a los que asisten sólo los muy amigos o familiares. **4.** Acogedor y tranquilo: *un lugar íntimo.* ♦ adj. y n. **5.** Dícese de la persona muy amiga.

INTITULAR v. tr. (lat. *intitulare*) [**1**]. Poner título a un libro o escrito. ♦ v. tr. y pron. **2.** Dar un título o nombre particular a una persona o cosa.

INTOCABLE adj. Intangible: *virtud intocable.* ♦ n. m. y adj. **2.** En la India, paria, considerado sin casta.

INTOLERABLE adj. Que no se puede tolerar.

INTOLERANCIA n. f. Calidad de intolerante. **2.** MED. Imposibilidad de un organismo para soportar determinadas sustancias que no le resultan tóxicas, pero que le producen una reacción alérgica.

INTOLERANTE adj. y n. m. y f. Que no tiene tolerancia.

INTOXICACIÓN n. f. Introducción o acumulación espontánea de un tóxico en el organismo.

INTOXICAR v. tr. y pron. [**1a**]. Envenenar, impregnar de sustancias tóxicas. ♦ v. tr. **2.** *Fig.* Dar un exceso de información manipulada y desvirtuada con el fin de crear un estado de opinión propicio a ciertos fines: *Intoxicar al lector con noticias tendenciosas.*

INTRACELULAR adj. Que está situado u ocurre entre una célula o células.

INTRADUCIBLE adj. Que no se puede traducir.

INTRAMUROS adv. l. Dentro de una ciudad, villa o lugar.

INTRAMUSCULAR adj. Que está o se realiza en el interior de una masa muscular o de un músculo.

INTRANQUILIDAD n. f. Estado de intranquilo.

INTRANQUILIZAR v. tr. [**1g**]. Quitar la tranquilidad: *su tardanza me intranquiliza.* ♦ **intranquilizarse** v. pron. **2.** Ponerse intranquilo.

INTRANQUILO, A adj. Falto de tranquilidad por cualquier alteración de ánimo, un estado febril o malestar físico intenso.

INTRANSIGENCIA n. f. Calidad o actitud de intransigente.

INTRANSIGENTE adj. Que no transige o no se presta a transigir.

INTRANSITABLE adj. Dícese del lugar o camino por donde no se puede transitar.

INTRANSITIVO, A adj. y n. m. LING. Dícese de los verbos que no van seguidos de un complemento directo, como *dormir, morir, quedar,* etc. ♦ adj. **2.** Que es propio de los verbos intransitivos: *forma intransitiva.* • **Oración intransitiva,** oración que no lleva complemento directo.

INTRASCENDENCIA n. f. Calidad de intrascendente.

INTRASCENDENTAL adj. Intrascendente.

INTRASCENDENTE adj. Falto de trascendencia.

INTRASFERIBLE e **INTRANSFERIBLE** adj. No transferible.

INTRASMISIBLE e **INTRANSMISIBLE** adj. Que no puede ser transmitido.

INTRASMUTABLE e **INTRANSMUTABLE** adj. Que no se puede trasmutar.

INTRATABLE adj. (lat. *intractabilem*). No tratable ni manejable: *metal intratable.* **2.** *Fig.* Insociable y de genio áspero: *persona intratable.*

INTRATAR v. tr. [**1**]. *Hond.* Insultar.

INTRAUTERINO, A adj. Que se halla o tiene lugar en el interior del útero.

INTRAVENOSO, A adj. Que está o se efectúa en el interior de las venas. • **Inyección intravenosa,** inyección que se pone en el interior de una vena.

INTREPIDEZ n. f. Calidad de intrépido o comportamiento intrépido.

INTRÉPIDO, A adj. Que no teme al peligro. **2.** *Fig.* Que obra o habla sin reflexión.

INTRIGA n. f. Acción que se ejecuta cautelosamente y con astucia para conseguir un fin. **2.** Encadenamiento de hechos y acciones que forman la trama de una obra teatral, una novela, película, etc.

INTRIGANTE adj. y n. m. y f. Que intriga o suele intrigar.

INTRIGAR v. intr. (ital. *intrigare*; del lat. *intricare*) [**1b**]. Hacer cautelosamente algo para conseguir un fin: *intrigar contra alguien.* ♦ v. tr. **2.** Excitar viva curiosidad una cosa: *su comportamiento me intriga.*

INTRINCADO, A adj. Enredado, enmarañado, con rodeos, confuso: *asunto, camino intrincado.*

INTRINCAR v. tr. y pron. (lat. *intricare*) [**1a**]. Enredar o enmarañar una cosa. ♦ v. tr. **2.** *Fig.* Confundir los pensamientos o conceptos.

INTRÍNGULIS n. m. *Fam.* Causa oculta o intención disimulada que se supone en alguna acción. **2.** Dificultad o complicación: *tener algo su intríngulis.*

INTRÍNSECO, A adj. Que es propio de algo por sí mismo. **2.** Que constituye la sustancia de algo: *las dificultades intrínsecas de un asunto.*

INTRODUCCIÓN n. f. Acción y efecto de introducir. **2.** Lo que sirve de preparación a un estudio o a una ciencia: *introducción a la química.* **3.** Prólogo o preámbulo de una obra o discurso.

INTRODUCIR v. tr. y pron. (lat. *introducere*) [**20**]. Dar entrada a alguien, o entrar, en un lugar: *introducir a un visitante en el salón.* **2.** *Fig.* Hacer que uno sea recibido o admitido en el trato, la amistad, etc., de otro: *lo introdujeron en el círculo de amigos.* **3.** Meter, hacer entrar o penetrar: *introducir la llave en la cerradura.* **4.** Hacer adoptar por costumbre, poner en uso: *introducir una moda.* ♦ **introducirse** v. pron. **5.** *Fig.* Entremeterse en algo en lo que no le toca: *introducirse en una conversación.*

INTRODUCTOR, RA adj. y n. Que introduce: *el introductor de embajadores.* **2.** Que es el primero en introducir una idea, un uso, una costumbre, etc.

INTROMISIÓN n. f. Acción y efecto de entrometerse.

INTROSPECCIÓN n. f. (lat. *introspectionem*). Estudio del estado de conciencia por ella misma, del sujeto por sí mismo.

INTROSPECTIVO, A adj. Basado en la introspección.

INTROVERSIÓN n. f. SICOL. Rasgo de la personalidad caracterizado por un replegarse en sí mismo, en la propia realidad interior, más que tender hacia el mundo exterior.

INTROVERTIDO, A adj. y n. Dado a la introversión.

INTRUSIÓN n. f. Acción de introducirse indebidamente en un lugar, en una sociedad, en un oficio, etc.

INTRUSISMO n. m. Ejercicio fraudulento de una profesión sin títulos para ello.

INTRUSIVO, A adj. GEOL. Dícese de las rocas formadas por la consolidación de una masa fundida introducida a presión entre otras rocas ya existentes.

INTRUSO, A adj. y n. Que detenta algo por intrusión o por intrusismo. **2.** Que penetra en un círculo en el que no es aceptado, o en un lugar donde no ha sido invitado.

INTUICIÓN n. f. (lat. *intuitionem*). Conocimiento inmediato de una cosa, idea o verdad, sin el concurso del razonamiento.

INTUIR v. tr. [**29**]. Percibir por intuición.

INTUITIVO, A adj. Relativo a la intuición: *conocimiento intuitivo.* **2.** Dícese de la persona en la que predomina la intuición sobre el razonamiento.

INTUMESCENCIA n. f. Hinchazón: *intumescencia lumbar.*

INTUMESCENTE adj. Que se va hinchando.

INUNDACIÓN n. f. Crecida que llega a un desbordamiento del agua fuera del lecho aparente. **2.** *Fig.* Multitud excesiva: *inundación de papeles.*

INUNDADO n. m. Acción y efecto de inundar un tanque, compartimiento o buque.

INUNDAR v. tr. y pron. (lat. *inundare*) [**1**]. Cubrir el agua un terreno, una población, etc. **2.** *Fig.* Llenar con exceso: *inundar un país de productos extranjeros.* **3.** Cubrir, llenar: *inundarse de lágrimas.*

INUSITADO, A adj. Que no es habitual ni frecuente.

INUSUAL adj. No usual: *un suceso inusual.*

INÚTIL adj. y n. m. y f. Que no sirve o no es apto, ineficaz, incapaz.

INUTILIDAD n. f. Calidad de inútil.

INUTILIZAR v. tr. y pron. [**1g**]. Hacer inútil, vano o nulo: *inutilizar un aparato.*

INVADIR v. tr. (lat. *invadere*) [**3**]. Acometer, entrar por fuerza o por violencia en una parte, especialmente en acción de guerra.

2. Entrar o irrumpir en un sitio algo, especialmente perjudicial o molesto. **3.** *Fig.* Apoderarse de alguien un estado de ánimo, sensación, etc.: *invadir una gran alegría.*
INVAGINACIÓN n. f. MED. Repliegue de un órgano hueco sobre sí mismo, como el dedo vuelto de un guante. (La invaginación de intestino causa su oclusión.)
INVAGINAR v. tr. y pron. [1]. Doblar o doblarse hacia dentro por invaginación.
INVALIDACIÓN n. f. Acción y efecto de invalidar.
INVALIDAR v. tr. [1]. Hacer inválida o de ningún valor y efecto una cosa: *invalidar un testamento.*
INVALIDEZ n. f. Incapacidad permanente y total de una persona para desempeñar el trabajo habitual o incapacidad absoluta para todo trabajo. **2.** DER. Falta de validez que conlleva la nulidad.
INVÁLIDO, A adj. v. m. Que no puede moverse, andar o está falto de algún miembro. ♦ adj. **2.** *Fig.* Nulo y de ningún valor. **3.** *Fig.* Falto de vigor en el entendimiento. **4.** DER. Que no es válido, que es legalmente nulo.
INVARIABLE adj. Que no padece o no puede padecer variación: *el orden invariable de las cuatro estaciones.* **2.** LING. Dícese de las palabras cuya desinencia no sufre ningún cambio.
INVARIANTE adj. Dícese de un sistema físico-químico en equilibrio, en el que la variación es nula. **2.** MAT. Dícese de una magnitud, de una relación, de una propiedad, etc., que, para un grupo de transformaciones, permanecen inalteradas tras la transformación. ♦ n. m. **3.** MAT. Cantidad numérica invariante.
INVASIÓN n. f. Acción y efecto de invadir un lugar: *invasión de turistas.* **2.** Irrupción hecha en un país por una fuerza militar: *una invasión de tropas.* **3.** Llegada masiva de animales perjudiciales: *invasión de ratas.* **4.** MED. Irrupción de una enfermedad en una determinada extensión.
INVASOR, RA adj. y n. Que invade.
INVECTIVA n. f. Discurso o escrito acre y violento.
INVENCIBLE adj. Que no puede ser vencido: *ejército invencible.* **2.** *Fig.* Imposible de sobreponerse a ello: *timidez invencible.*
INVENCIÓN n. f. Acción y efecto de inventar. **2.** Cosa inventada: *las grandes invenciones del hombre.* **3.** Hallazgo: *la penicilina fue una gran invención.* **4.** Engaño, ficción: *eso es pura invención.*
INVENTAR v. tr. [1]. Hallar la manera de hacer una cosa nueva o no conocida, o una nueva manera de hacer algo: *inventar un nuevo procedimiento de fabricación.* ♦ v. tr. y pron. **2.** Imaginar cuentos, narraciones, poesías, etc.: *inventar historias.* **3.** Contar como verdadero lo que no lo es: *inventar excusas.*
INVENTARIAR v. tr. [1]. Hacer inventario.
INVENTARIO n. m. (lat. *inventarium*). Lista en que se inscriben el nombre, artículo por artículo, todos los bienes muebles que pertenecen a una persona o se encuentran en una casa: *hacer el inventario de un almacén.* **2.** Relación y valoración de los bienes, derechos y obligaciones de una empresa, que expresa la estructura de su patrimonio en un momento dado. **3.** Documento en que están escritos el conjunto de bienes y derechos.
INVENTIVA n. f. Facultad y disposición para inventar.
INVENTIVO, A adj. Que tiene disposición para inventar: *espíritu inventivo.*
INVENTO n. m. (lat. *inventum*). Cosa material inventada: *esto es un gran invento.* **2.** Cosa nueva que alguien idea o pone de moda: *este plato es un invento del cocinero.*

INVENTOR, RA o **INVENTADOR, RA** adj. y n. Que inventa.
INVERNA n. f. *Perú.* Invernada del ganado.
INVERNÁCULO n. m. Invernadero donde se cultivan productos hortícolas.
INVERNADA n. f. *Amér.* Invernadero para el ganado. **2.** *Argent., Colomb., Perú y Urug.* Acción y efecto de invernar el ganado. **3.** *Argent., Colomb., Perú y Urug.* Época de engorde para el ganado. **4.** GEOGR. En las regiones tropicales, época de lluvias.
INVERNADERO n. m. Espacio cerrado con paredes y techo traslúcidos, que permite obtener, para la producción de vegetales, unas condiciones ambientales mejores que las naturales. **2.** *Amér.* Paraje elevado donde se resguarda el ganado en invierno, durante el período de las inundaciones. • **Efecto de invernadero**, retención de la energía calorífica enviada a la corteza terrestre por el Sol, gracias a la absorción selectiva de la atmósfera.
INVERNAL adj. Relativo al invierno. ♦ n. f. **2.** Ascensión en alta montaña, durante el invierno.
INVERNAR v. intr. [1j]. Pasar el invierno en una parte o de cierto modo: *en Laponia, los renos invernan en los bosques.* **2.** Pasar el invierno en una región: *la expedición invernó en Groenlandia.* **3.** *Argent., Colomb., Perú y Urug.* Pastar el ganado en campos durante la época de engorde.
INVERNAZO n. m. *Dom. y P. Rico.* Período de lluvias de julio a setiembre. **2.** *P. Rico.* Período de inactividad en los ingenios de azúcar.
INVEROSÍMIL adj. Que no tiene apariencia de verdad: *un relato inverosímil.*
INVEROSIMILITUD n. f. Calidad de inverosímil.
INVERSIÓN n. f. (lat. *inversionem*). Acción y efecto de invertir. **2.** ECON. Adquisición, por parte de un individuo, una empresa o una colectividad, de bienes de capital para aumentar la producción. **3.** Parte no consumida de la renta disponible en un período de un año. **4.** Empleo de fondos líquidos en una cuenta bancaria. **5.** QUÍM. Transformación de la sacarosa en glucosa y levulosa por hidrólisis. • **Inversión sexual**, homosexualidad. ‖ **Inversión térmica**, fenómeno según el cual el aire frío, más pesado, se acumula en los valles y cuencas, mientras que el aire de las cimas es relativamente más caliente.
INVERSIONISTA adj. y n. m. y f. Que dispone de capital para invertir.
INVERSO, A adj. De sentido invertido: *en un espejo, los objetos aparecen en un sentido inverso.* • **A, o por, la inversa**, al revés, de un modo opuesto. ‖ **En razón inversa**, dícese de una comparación entre objetos que varían en proporción inversa uno del otro. ‖ **Números inversos** (MAT.), números cuyo producto es igual a la unidad. ♦ n. m. **2. Inverso de un número** (MAT.), fracción que tiene este número por denominador y la unidad por numerador: *1/4 es el inverso de 4.* (Cero no tiene inverso.)
INVERSOR, RA adj. y n. ECON. Que invierte. ♦ n. m. **2.** Agente u organismo que realiza las colocaciones financieras con fines de inversión. **3.** Mecanismo destinado a invertir el sentido de marcha de un conjunto mecánico.
INVERTEBRADO, A adj. y n. m. Relativo al grupo de animales desprovistos de columna vertebral. (Los insectos, crustáceos, moluscos, arácnidos, gusanos, erizos, etc., pertenecen al grupo invertebrados.)
INVERTIDO, A adj. QUÍM. Dícese de la sacarosa transformada en glucosa y en levulosa por hidrólisis. ♦ adj. y n. **2.** Homosexual.
INVERTIR v. tr. (lat. *invertere*) [22]. Sustituir el orden, la dirección o la disposición de algo por su opuesto. **2.** Emplear una can-

tidad determinada de algo, especialmente dinero, en alguna cosa. **3.** Ocupar el tiempo en algo.
INVESTIDURA n. f. Acción y efecto de investir. **2.** Carácter que se adquiere con la toma de posesión de ciertos cargos o dignidades. **3.** DER. Votación parlamentaria que tiene por objeto designar el jefe del estado o del gobierno o ratificar su elección. **4.** DER. Votación por la que un partido político designa un candidato para ocupar una función electiva. **5.** FEUD. Entrega de feudo.
INVESTIGACIÓN n. f. Acción y efecto de investigar: *la investigación de la policía.* **2.** Actividad encaminada al descubrimiento de nuevos conocimientos en el campo de las ciencias, las artes o las letras: *dedicarse a sus investigaciones.* • **Investigación y desarrollo (I+D)**, investigación científica y desarrollo tecnológico que tiene por objeto una movilización y una valorización sistemática de los resultados de la investigación aplicada para crear unos materiales, productos o procesos nuevos.
INVESTIGADOR, RA adj. y n. Que investiga. ♦ n. **2.** Persona que se dedica a la investigación científica. • **Investigador privado**, detective.
INVESTIGAR v. tr. (lat. *investigare*) [1b]. Intentar descubrir o conocer alguna cosa examinando atentamente cualquier indicio o realizando las diligencias para averiguar o aclarar un hecho. **2.** Realizar actividades intelectuales y experimentales de modo sistemático con el propósito de aumentar los conocimientos sobre una determinada materia.
INVESTIR v. tr. (lat. *investire*) [30]. Conferir una dignidad o cargo importante.
INVETERADO, A adj. Antiguo, arraigado: *una costumbre inveterada.*
INVIABILIDAD n. f. Calidad de inviable.
INVIABLE adj. Que no es apto para alcanzar el fin propuesto: *un sistema inviable.*
INVICTO, A adj. (lat. *invictum*). No vencido, siempre victorioso: *ejército invicto.*
INVIDENTE adj. y n. m. y f. Privado del sentido de la vista: *persona invidente.*
INVIERNO n. m. (lat. *hibernum*). Estación más fría del año, comprendida entre el otoño y la primavera. **2.** En las regiones tropicales, temporada de lluvias que dura de tres a seis meses, con algunas interrupciones y alteraciones.
INVIOLABILIDAD n. f. Calidad de inviolable: *la inviolabilidad de una embajada.*
INVIOLABLE adj. Que no se debe o no se puede violar o profanar: *promesa inviolable.* **2.** Que goza de protección especial: *la persona del embajador es inviolable.*
INVIOLADO, A adj. Que se conserva en toda su integridad y pureza: *santuario inviolado.*
INVISIBILIDAD n. f. Calidad de invisible.
INVISIBLE adj. Que no se puede ver: *un ser invisible.* **2.** Que no se ve por su naturaleza, su tamaño o su ubicación: *ciertas estrellas son invisibles a simple vista.* **3.** *Argent. Fam.* Horquilla usada para mantener los peinados femeninos.
INVITACIÓN n. f. Acción y efecto de invitar. **2.** Impreso o escrito con que se invita.
INVITADO, A adj. y n. Que ha recibido invitación.
INVITAR v. tr. (lat. *invitare*) [1]. Decir a alguien que asista a una fiesta, espectáculo, comida, etc., o llevarlo allí. **2.** Obsequiar pagando algo, especialmente comida o bebida. **3.** Dar a alguien alojamiento gratuito. **4.** Indicar cortésmente que haga algo: *invitar a sentarse.* **5.** Intimar a hacer algo: *invitar a abandonar un lugar.*
INVIVIBLE adj. *Colomb.* Dícese de una casa inhabitable o de una ciudad donde, por distintas circunstancias, se han deteriorado las condiciones de vida.
INVOCACIÓN n. f. (lat. *invocationem*). Acción y efecto de invocar: *invocación a*

los santos. **2.** Fórmula inicial empleada en las cartas o documentos por la que se pide la bendición de Dios.
INVOCAR v. tr. (lat. *invocare*) [**1a**]. Pedir auxilio o ayuda: *invocar protección.* **2.** Alegar una ley o circunstancia para justificar determinada acción o actitud: *invocar un artículo de una ley.*
INVOLUCIÓN n. f. Regresión de un órgano en un individuo o en una especie, siguiendo uno de los mecanismos de la evolución. **2.** Proceso de regresión biológico y sicológico debido al envejecimiento. **3.** Modificación o proceso regresivo de una situación: *sufrir una involución del panorama político.*
INVOLUCIONAR v. tr. [**1**]. Caer en involución.
INVOLUCRAR v. tr. [**1**]. Abarcar, incluir. **2.** Añadir a los discursos o escritos temas ajenos al objeto de aquéllos. **3.** Confundir o enredar unas cosas con otras. ♦ v. tr. y pron. **4.** Complicar a alguien en un asunto, comprometiéndole en él.
INVOLUNTARIO, A adj. No voluntario. **2.** Que escapa al control de la voluntad.
INVOLUTIVO, A adj. Que se refiere a una involución: *proceso político involutivo.*
INVULNERABILIDAD n. f. Calidad de invulnerable.
INVULNERABLE adj. Que no puede ser herido. **2.** No susceptible de ser afectado por algo.
INYECCIÓN n. f. (lat. *iniectionem*). Acción de introducir bajo presión en un cuerpo un líquido, un gas o una sustancia viscosa. **2.** Líquido que se inyecta. **3.** Punción con aguja cilíndrica hueca, a la que se adosa una jeringuilla, y con la que se introduce una sustancia líquida en el interior del organismo. • **Motor de inyección** (AUTOM.), motor de combustión interna sin carburador, en el que el carburante se inyecta directamente en los cilindros.
INYECTADO, A adj. Muy lleno o coloreado por un aflujo intenso de sangre.
INYECTAR v. tr. (lat. *iniectare*) [**1**]. Introducir bajo presión un líquido o un gas en un cuerpo. **2.** Administrar algo mediante inyección. ♦ **inyectarse** v. pron. **3.** Llenarse o colorearse por aflujo de sangre: *sus ojos se inyectaron en sangre.*
INYECTOR n. m. Aparato destinado a la práctica de inyecciones. **2.** TECNOL. Aparato con el que se efectúa la introducción forzada de un fluido en una máquina o en un mecanismo.
IODO n. m. Yodo.
IÓN o **ION** n. m. Átomo o grupo de átomos que han ganado o han perdido, por electrólisis o bajo la acción de radiaciones, uno o varios electrones.
IONESCO (Eugène), dramaturgo francés de origen rumano (Slatina 1912-París 1994). Representante indiscutible del teatro del absurdo (*La cantante calva*, 1950; *Las sillas*, 1952), recrea un universo paródico y simbólico (*El rinoceronte*, 1960).
IÓNICO, A adj. Relativo a los iones.
IONIZACIÓN n. f. Transformación de átomos o de moléculas neutras en iones.
IONIZAR v. tr. [**1g**]. Producir iones en un medio.
IONOSFERA n. f. Conjunto de regiones de la alta atmósfera, aproximadamente entre 60 y 600 km, donde el aire está muy ionizado y, en consecuencia, es conductor de electricidad.
IOTA n. f. Novena letra del alfabeto griego (ι), que indica la vocal cerrada larga o breve correspondiente a la *i* española.
IOWA, pueblo amerindio de la familia lingüística siux que habitaba en el curso bajo del Missouri, act. en reservas en Kansas y Oklahoma.
IOWA, estado de Estados Unidos, en el Middle West; 146 000 km²; 2 776 755 hab. Cap. Des Moines.
I.P.C., siglas de *índice de precios al consumo.*

IPECACUANA n. f. Planta fruticosa, de tallos sarmentosos y raíz cilíndrica, torcida y llena de anillos, que crece en América Meridional. (Familia rubiáceas.) **2.** Raíz de esta planta.
IPEGÜE n. m. *Nicar.* y *Salv.* Lo que se da por añadidura a quien realiza una compra.
IPSILON n. f. Vigésima letra del alfabeto griego (Υυ) que corresponde a la *i griega* del alfabeto español.
IPSO FACTO loc. (voces lat., *por el mismo hecho*). Inmediatamente, en el acto.
IQUIQUE, c. y puerto de Chile, cap. de la región de Tarapacá; 152 529 hab. Perteneció a Perú hasta que Chile la ocupó en 1879. Fue sede del gobierno revolucionario opuesto a Balmaceda (1891).
IQUITO, pueblo amerindio de lengua *zāparo*, que vive cerca de Iquitos (Perú).
IQUITOS, c. de Perú, cap. del dep. de Loreto y principal puerto peruano en el Amazonas; 173 700 hab. Extracción y refino de petróleo. Aeropuerto. Universidad.
IR v. intr. y pron. [**18**]. Moverse hacia determinado lugar: *ir a París; ir al cine.* **2.** Moverse hacia determinado lugar del modo en que se expresa: *ir a pie; ir en coche.* ♦ v. intr. **3.** Asistir con regularidad a algún lugar: *los domingos va a misa.* **4.** Tener determinada dirección: *este tren va a Sevilla.* **5.** Extenderse entre dos límites o puntos: *la calle va desde el puente hasta la plaza.* **6.** *Fig.* Estar, funcionar, ser o suceder de la manera que se expresa: *el coche no va bien.* **7.** Cambiar, evolucionar: *el asunto va a mejor.* **8.** Llevar determinada prenda o adorno: *iba sin jersey; ir con sombrero.* **9.** *Fig.* Ser algo adecuado o conveniente para alguien: *este color no te va.* **10.** Seguido de la conjunción *y* y de un verbo, poner de relieve el significado de este verbo: *va y se enfada.* **11.** Valer: *¿a cuánto van las uvas?* **12.** Poner en juego: *en este asunto va su reputación.* • **Ir detrás,** intentar insistentemente conseguir algo de alguien. ‖ **¡Vamos!** o **¡vaya!** (*Fam.*), expresa desagrado o protesta; sorpresa; da énfasis a la palabra que acompaña: *¡vaya día!* ♦ v. auxiliar. **13.** Con gerundio intensifica la significación durativa de éste: *se han ido cayendo.* **14.** Con la preposición *a* y un infinitivo, indica disposición o inminencia: *iba a salir; va a hablar.* ♦ **irse** v. pron. **15.** Dejar de estar donde se estaba: *se fue ayer.* **16.** Estarse muriendo: *el abuelo se nos va.* **17.** Salirse un líquido o un gas del recipiente que no está: *el agua se iba por una grieta del depósito.* **18.** Deslizarse una cosa o perder el equilibrio: *se me ha ido el pie.* **19.** Desaparecer una mancha o señal: *esta mancha no se va con alcohol.* **20.** Desaparecer o borrarse de la mente una imagen, recuerdo, etc. **21.** Producirse una manifestación física involuntaria: *me fui de la mano y le di un bofetón.*
Ir, símbolo químico del *iridio.*
IRA n. f. Irritación y enfado muy violento, con pérdida del dominio de sí mismo. **2.** *Fig.* Furia o violencia de los elementos.
IRACUNDIA n. f. Calidad o estado de iracundo.
IRACUNDO, A adj. y n. Propenso a la ira o dominado por ella.
IRAK → **Iraq.**
IRÁN, en persa **Irān**, estado de Asia occidental; 1 650 000 km²; 58 600 000 hab. (*iraníes*.) CAP. **Teherán**. LENGUA OFICIAL: *persa*. MONEDA: *rial*.

GEOGRAFÍA
Irán es un país de altas llanuras áridas y desérticas, con un clima de contrastes (calor en verano, frío en invierno), rodeadas de montañas (Elburz, Zagros), cuyo pie está jalonado de ciudades (Işjahān, Šīrāz), centros de oasis donde se cultiva trigo, cebada, algodón y árboles frutales. La ganadería (ovina y caprina), junto con el cultivo extensivo de cereales, es la única forma de explotación del centro-este. Irán sigue siendo uno de los proveedores importantes de petróleo, y la evolución de su producción y cotización condiciona la de la economía. Sin embargo, ésta también depende mucho de la orientación política, sobre todo después de la revolución islámica chiíta y el conflicto con Iraq.

HISTORIA
El Irán antiguo. II milenio: los arios avanzaron del NE al O de Irán. S. IX a. J.C.: sus descendientes, los persas y los medos, llegaron al Zagros. C. 612-550: tras el hundimiento de Asiria, los medos pusieron las bases del poder iranio. 550: el aqueménida Ciro II destruyó el imperio medo y fundó el imperio persa que dominó el conjunto de Irán y una parte de Asia central. 490-479: las guerras médicas emprendidas por Darío I (522-486) y continuadas por Jerjes I (486-465) se saldaron con la derrota de los aqueménidas. 330: tras la muerte de Darío III, Alejandro Magno fue el amo del imperio persa. 312 a. J.C.: Seleuco, lugarteniente de Alejandro, fundó la dinastía seléucida. S. III: los seléucidas perdieron el control de Irán. 250 a. J.C.-224 d. J.C.: la dinastía parta de los arsácidas reinó en las regiones iranies. 224: los sasánidas derrocaron a los arsácidas. 224-661: el imperio sasánida, muy centralizado, se extendió desde los confines de la India hasta los de Arabia. C. 226-272: Ardašīr (c. 226-241) y Šāhpūr I (241-272) convirtieron el mazdeísmo en religión de estado. 310-628: los sasánidas opusieron una resistencia eficaz a Roma, durante el reinado de Šāhpūr II (310-379), y luego a Bizancio, durante el reinado de Cosroes I (531-579) y Cosroes II (590-628).
El Irán musulmán. 642: conquista árabe (victoria de Nehavend). 661: Irán fue integrado en el imperio musulmán de los omeyas. 750: fundación de la dinastía de los abasíes. 874-999: los Samaníes desarrollaron una brillante civilización en Jurāsān y Asia central. 999-1055: los turcos se adueñaron de Jurāsān (gaznawíes) y a través de Irán llegaron hasta Bagdad (selyúcidas). Asimilando la cultura irania, se convirtieron en sus difusores en Asia Menor y la India (ss. XII-XIII). 1073-1092: el Irán selyúcida tuvo su apogeo durante el reinado de Malik Šāh. 1220-1221: Gengis Khan devastó el país. 1256-1335: conquistado por Hūlāgū, Irán estuvo bajo dominación de los mongoles (Iljanes). 1381-1404: Tīmūr Lang (Tamerlán) realizó campañas devastadoras. 1501: el šafawī Ismāīl I (1501-1524) se hizo proclamar sha. Hizo del chiísmo la religión oficial del estado. 1587-1629: los šafawíes estuvieron en su apogeo durante el reinado de ʿAbbās I. 1722: los afganos se apoderaron de Işfahān y los dignatarios chiítas se establecieron en las ciudades santas de Iraq (Nayaf, Karbalaʾ). 1736-1747: Nadir sha expulsó a los afganos y emprendió numerosas conquistas.
El Irán contemporáneo. 1796: la dinastía de los qāyāries (1796-1925) accedió al poder. 1813-1828: Irán perdió las provincias del Caspio anexionadas por el imperio ruso. 1856: Gran Bretaña obligó a Irán a reconocer la independencia de Afganistán. 1906: la oposición nacionalista, liberal y religiosa obtuvo una constitución. 1907: un acuerdo anglo-ruso dividió Irán en dos zonas de influencia. 1921. Riḍā kan tomó el poder. 1925: fundó la dinastía Pahlawī. 1925-1941: impuso la modernización, la occidentalización y la secularización del país. 1941: soviéticos y británicos ocuparon una parte del país. Riḍā sha abdicó en favor de su hijo Muḥammad Riḍā sha Pahlawī. 1951: Muṣaddaq, primer ministro, nacio-

nalizó el petróleo. 1953: fue destituido por el sha. 1955: Irán se adhirió al pacto de Bagdad. 1963: el sha lanzó un programa de modernización (revolución blanca). 1979: la oposición le obligó a abandonar el país. Se instauró una república islámica, dirigida por el ayatollah Jomeini, apoyada por la milicia de los guardianes de la revolución (*Pasdaran*); crisis con E.U.A. (toma de rehenes en la embajada norteamericana de Teherán). 1980: Bani Sadr fue elegido presidente laico de la república. Iraq atacó a Irán: comienzo de la guerra irano-iraquí. 1981: Bani Sadr fue destituido. El país sufrió oleadas de terrorismo. Irán se erigió en guía de la revolución islámica en el mundo, en particular en el Líbano. 1988: se produjo un alto el fuego entre Irán e Iraq, seguido de negociaciones para una solución política del conflicto. 1989: a la muerte de Jomeini, 'Alī Jamenei le sucedió con el título de guía de la república islámica. Hashemi Rafsanyāni fue elegido presidente de la república e intentó mejorar sus relaciones con occidente. 1990: paz con Iraq. 1993: reelección de Rafsanyāni para la presidencia de la república islámica. 1997: Mohammad Jatami elegido presidente de la república. 2001: Reelección de Jatami.
IRANÍ adj. y n. m. y f. De Irán.
IRANIO, A adj. y n. Relativo a unos pueblos de la familia lingüística indoeuropea que habitaban en la meseta de Irán, el Asia Menor e Iraq, y se extendían hasta Asia central; individuo de estos pueblos. ♦ adj. n. m. **2.** Dícese de un grupo de lenguas indoeuropeas.
IRAPUATO, c. de México (Guanajuato); 362 915 hab. Iglesias decoradas con motivos de tradición prehispánica. Monumentos del s. XVIII.
IRAQ o **IRAK**, en ár. **'Irāq**, estado de Asia occidental; 434 000 km²; 17 100 000 hab. (*Iraquíes*.) CAP. *Bagdad*. LENGUA OFICIAL: *árabe*. MONEDA: *dinar iraquí*.
GEOGRAFÍA
El país se extiende sobre la mayor parte de Mesopotamia; es, en su conjunto, árido, de relieve semidesértico, con una agricultura tributaria del regadío (trigo, arroz, dátiles, algodón). La ganadería (ovina) es el único recurso de las estepas periféricas, no irrigadas. La economía se basa en el petróleo, cuya explotación y exportación se vieron perturbadas por la guerra irano-iraquí y por la guerra del Golfo y el posterior embargo internacional.
HISTORIA
El Iraq actual está constituido por la antigua Mesopotamia, cuna de las civilizaciones de Sumer, de Acad, de Babilonia y de Asiria. 224-633: los sasánidas dominaron la región donde estaba situada su capital, Ctesifonte. 633-642: los árabes la conquistaron. 661-750: durante el reinado de los omeyas, Iraq fue el escenario de sus luchas contra las 'Alidas (muerte de Ḥusayn en Karbalā, en 680). 750-1258: los abasíes reinaron en el Iraq. 762: fundaron Bagdad. 1055: los turcos selyúcidas se apoderaron de Bagdad. 1258: los mongoles de Hūgalū destruyeron Bagdad. 1258-1515: el país, arruinado, fue dominado por dinastías de origen mongol o turcomano. 1401: Bagdad fue saqueada por Timūr Lang (Tamerlán). 1515-1546: los otomanos conquistaron Iraq. 1914-1918: Gran Bretaña ocupó Iraq. 1921: el emir hachemí Fayṣal se convirtió en rey de Iraq (1921-1933). 1925: la provincia de Mosul fue atribuida a Iraq. 1927: la explotación del petróleo fue confiada a la Iraq Petroleum company (IPC). 1930: el tratado angloiraquí concedió una independencia nominal a Iraq. 1941: Rašīd Al Gaylani, nacionalista proalemán, tomó el poder. Los británi-

cos ocuparon Bagdad. 1941-1958: el regente 'Abd al-llāh y Nuri al'-Sa'īd se mantuvieron fieles a los intereses británicos. 1958: el general Kassem dirigió un golpe de estado y proclamó la república. 1961: estalló la rebelión kurda. 1963: Kassem fue depuesto por 'Abd al-Salām Aref. 1966-1968. 'Abd al-Raḥmān Aref sucedió a su hermano. 1968: golpe militar; el Ba'at se hizo con el poder y Aḥmad Ḥasan al-Bakr se convirtió en presidente de la república. 1972: la Iraq Petroleum company fue nacionalizada. 1975: un acuerdo con Irán puso fin a la rebelión kurda. 1979: Ṣaddām Ḥusayn, presidente. 1980: Iraq atacó a Irán (guerra irano-iraquí). 1988: se produjo un alto el fuego. 1990: Iraq invadió y luego se anexionó Kuwait (ag.) y se negó a retirarse a pesar de la condena de la O.N.U. 1991: al expirar el ultimátum fijado por la O.N.U., la fuerza multinacional, desplegada en la región del Golfo, con E.U.A. a la cabeza, atacó a Iraq (17 en.) y liberó Kuwait (28 febr.). Las revueltas de los chiitas y de los kurdos fueron reprimidas violentamente. Se creó una zona de exclusión aérea, al N del país, para proteger a los kurdos. 1992: se instauró otra zona, al S, para proteger a los chiitas. 1993: la violación por parte de Iraq de la zona desmilitarizada del S dio lugar a diversos ataques aéreos de E.U.A. y los aliados. 1994: Iraq reconoció la soberanía de Kuwait. 1995: Ḥusayn renovó su cargo mediante referéndum. 1997-1998: crisis con E.U.A. por el desarme controlado por la O.N.U. 1998: ataque militar de E.U.A. y Gran Bretaña, motivado por la negativa de Ḥusayn a facilitar las inspecciones de la O.N.U. 2003: intervención militar de Estados Unidos con apoyo de Gran Bretaña y España.
IRAQUÍ adj. y. n. m. y. f. De Iraq. ♦ n. m. **2.** Dialecto árabe hablado en Iraq.
IRASCIBILIDAD n. f. Calidad de irascible.
IRASCIBLE adj. Propenso a irritarse.
IRAZÚ, volcán de Costa Rica (Cartago), punto culminante del país, en la cordillera Central; 3432 m. Parque nacional.
IRIARTE (Tomás de), escritor español (Puerto de la Cruz 1750-Madrid 1791). Defendió la literatura neoclásica, y escribió comedias y obras polémicas y didácticas. En sus populares *Fábulas literarias* (1782), aplicó sus doctrinas clasicistas. (Real academia 1763.)
IRIBÚ n. m. (voz guaraní). Zopilote.
IRIDÁCEO, A adj. n. f. Relativo a una familia de plantas monocotiledóneas, generalmente de flores decorativas, como el gladiolo.
IRIDIADO, A adj. Dícese de un metal aleado con iridio.
IRIDIO n. m. Metal (Ir) blanco, de número atómico 77, de peso atómico 192,22, muy duro y resistente a la acción de los agentes químicos, que funde a unos 2400 °C, y se encuentra en algunos minerales de platino.
IRIDISCENTE adj. Que muestra o refleja los colores del arco iris.
IRIGOYEN → Yrigoyen.
IRIONDO, dep. de Argentina (Santa Fe); 62 467 hab. Cab. *Cañada de Gómez*. Industria maderera.
IRIRE n. m. *Bol.* Calabaza ovoide en la que se toma chicha.
IRIS n. m. ANAT. Membrana pigmentada del ojo, situada detrás de la córnea y delante del cristalino y atravesada por un orificio, la pupila. (Ver diafragma.) **2. Arco iris → arco.**
IRISACIÓN n. f. Acción y efecto de irisar. ♦ **irisaciones** n. f. pl. **2.** Vislumbre producida en las láminas metálicas delgadas cuando, candentes, se pasan por el agua.
IRISADO, A adj. Que presenta reflejos de diversos colores.
IRISAR v. intr. [1]. Presentar un cuerpo fajas variadas o reflejos de luz, con los

colores del arco iris. ♦ v. tr. **2.** Hacer que un cuerpo tenga por sus reflejos y colores un aspecto semejante al del arco iris.
IRISARRI (Antonio José **de**), político y escritor chileno de origen guatemalteco (Guatemala 1786-Brooklyn 1868). Literato y político polémico, escribió: *El cristiano errante* (1847), *Cartas filológicas* (1861) y *Poesías satíricas y burlescas* (1867).
IRLANDA, en gaélico **Éire**, en ingl. **Ireland**, la más occidental de las islas Británicas; 84 000 km². Dividida en *Irlanda del Norte*, parte del Reino Unido, y en *República de Irlanda*, o *Éire*.
HISTORIA
Los orígenes. S. IV a. J.C.: una población céltica, los gaëls, se instaló en suelo irlandés. Los numerosos y pequeños reinos que se fundaron se reunieron en cinco grandes unidades políticas: Ulster, Connacht, Leinster del Norte (o Meath), Leinster del Sur y Munster. S. II: los reyes de Connacht afirmaron su preeminencia y alcanzaron su apogeo con Niall-de-los-Nueve-Rehenes [380-405]. 432-461: san Patricio evangelizó Irlanda. Ss. VI-VII: el país conoció un extraordinario florecimiento cultural y religioso. Los monjes irlandeses, como san Colombano († 615), fundaron importantes monasterios en el continente. Fines del s. VIII-comienzos del s. XI: Irlanda fue invadida por los escandinavos. 1014: su expansión fue frenada por Brian Boru (victoria de Clontarf).
La dominación inglesa. 1171: la división política de la isla favoreció la incursión de los anglonormandos. 1175: Enrique II de Inglaterra impuso su soberanía a Irlanda. S. XIII: la feudalidad inglesa implantada en la isla fue asimilada poco a poco. 1468-1534: los Fitzgerald de Kildare dominaron el país. 1541: Enrique VIII tomó el título de rey de Irlanda. Su reforma religiosa provocó la rebelión de los irlandeses, apegados a la fe católica. El rey contrarrestó redistribuyendo las tierras irlandesas a ingleses. Las confiscaciones prosiguieron durante los reinados de Eduardo VI e Isabel I. 1598: los irlandeses obtuvieron el apoyo de España y derrotaron a Inglaterra en Yellow Ford. 1607: la reconquista inglesa provocó la huida de los jefes irlandeses. Fin político de la Irlanda gaélica. 1649: Oliver Cromwell llevó a cabo una sangrienta represión contra los irlandeses, quienes tomaron partido por los Estuardo (matanza de Drogheda). Fue seguida por una expoliación general de las tierras. 1690: Jacobo II fue derrotado en Boyne por Guillermo III. El país quedó completamente dominado por la aristocracia inglesa. 1702-1782: Londres aplicó terribles leyes penales contra las importaciones irlandesas. 1782-1783: Irlanda adquirió su autonomía legislativa. 1796-1798: los irlandeses se rebelaron bajo la influencia de las revoluciones norteamericana y francesa.
La unión entre Irlanda e Inglaterra. 1800: el gobierno británico optó por la vía de la integración. Pitt hizo proclamar la unión de Irlanda e Inglaterra. 1829: Daniel O'Connell obtuvo la emancipación de los católicos. 1846-1848: una espantosa crisis de alimentos (Gran Hambruna) hundió a la isla en la miseria; una enorme emigración la despobló. 1858: nacimiento de la Fraternidad republicana irlandesa, cuyos miembros adoptaron el nombre de fenianos. 1870: Isaac Butt fundó la asociación para el Home rule (autonomía), cuyo jefe popular fue Charles Parnell. 1881: Gladstone concedió el *Land act*. 1893: el retorno de los conservadores y la muerte de Parnell (1891) hicieron fracasar el Home rule. 1902: Arthur Griffith fundó el Sinn Féin, movimiento paramilitar partidario de la independencia. 1916: una insurrección nacionalista fue duramente reprimida. 1921: Lloyd

IRL

George reconoció la independencia irlandesa en el S, dando lugar al Estado Libre de Irlanda, privado de seis condados del Ulster, en Irlanda del Norte, donde los protestantes eran mayoritarios.

IRLANDA *(República de)* o **EIRE**, estado de Europa occidental que ocupa la mayor parte de la isla de Irlanda; 70 000 km²; 3 500 000 hab. *(Irlandeses.)* CAP. *Dublín.*
LENGUAS OFICIALES: *inglés* e *irlandés* (gaélico irlandés). MONEDA: *libra irlandesa*.

GEOGRAFÍA
Irlanda, de clima suave y húmedo, está formada en la periferia por altas colinas y montañas de altura media, y en el centro por una vasta llanura turbosa, sembrada de lagos, difícilmente avenada por el Shannon. La ganadería (vacuna, ovina y porcina) es un recurso esencial del país, que produce también trigo, avena, cebada (para la cerveza) y patatas. La industrialización (construcciones mecánicas y eléctricas, textil) es modesta. Los ingresos del turismo no compensan el déficit de la balanza comercial. La tradicional emigración no ha cesado por completo.

HISTORIA
1921: el tratado de Londres dio origen al Estado Libre de Irlanda, miembro de la Common-wealth. 1922: una guerra civil enfrentó al gobierno provisional contra quienes rechazaban la partición de Irlanda. 1922-1932: el gobierno de W. T. Cosgrave restableció la calma y favoreció cierta mejora agrícola. 1932-1948: el Fianna Fáil ganó las elecciones; E. De Valera al poder. Éste rompió con Gran Bretaña y dirigió contra ella una guerra económica. 1937: una nueva constitución; Irlanda tomó el nombre de Éire. 1948: Éire se convirtió en la República de Irlanda y rompió con la Commonwealth. 1951-1986: los diversos gobiernos surgidos de Fianna Fáil (1951-1954, 1957-1973 y 1977-1982) y del Fine Gael (1954-1957, 1973-1977 y 1982-1986) intentaron reforzar la industrialización del país. 1972-1973: Irlanda entró en la C.E.E. 1985: se firmó un acuerdo entre Dublín y Londres sobre la gestión de los asuntos del Ulster. 1987: el Fianna Fáil volvió al poder. 1989: por primera vez en su historia, formó un gobierno de coalición con otro partido. 1992: las elecciones legislativas estuvieron marcadas por el fracaso del Fianna Fáil y del Fine Gael y por el avance del Partido laborista. 1993: gobierno de coalición del Fine Gael con los laboristas. 1997: tras las elecciones legislativas (jun.) se forma un gobierno de coalición del Fianna Fáil con los demócratas progresistas. Elecciones presidenciales (nov.): Mary McAleese, líder del Fianna Fail, presidenta. 1998: se adecuó la constitución al acuerdo de Stormont* para la pacificación de Irlanda del Norte; ratificación del tratado de Amsterdam.

IRLANDA DEL NORTE, en ingl. **Northern Ireland**, parte del Reino Unido, que ocupa el NE de la isla de Irlanda; 14 000 km²; 1 570 000 hab. Cap. *Belfast*.

HISTORIA
1921: los seis condados del N del Ulster se mantuvieron dentro del Reino Unido y se beneficiaron de un régimen de autonomía interna. La minoría católica, mal representada, quedó en situación de inferioridad frente a los protestantes. 1969: el descontento de los católicos mantuvo una agitación permanente, reprimida por el ejército británico. 1972: el gobierno británico asumió la administración de la provincia. El I.R.A. multiplicó los atentados. 1985: el Sinn Féin (próximo al I.R.A. provisional) obtuvo representación en las instituciones locales. 1986: el gobierno británico disolvió la asamblea parlamentaria de Irlanda del Norte. 1993: acuerdo entre Gran Bretaña e Irlanda para la pacificación del Ulster. 1994: alto el fuego del I.R.A. y negociaciones de paz. 1996: el I.R.A. rompe la tregua con la explosión de una bomba en Londres. 1997: alto el fuego del I.R.A. y nuevas negociaciones de paz que culminaron en abril de 1998 con los acuerdos de paz de Stormont. 1999: (dic.) primer gobierno autónomo, formado por católicos y protestantes, en un cuarto de siglo. Lo encabeza el unionista David Trimble. El I.R.A. inicia su desarme. 2001: reelección de Trimble como primer ministro.

IRLANDÉS, SA adj. y n. De Irlanda. ♦ n. m. **2.** Lengua céltica hablada en Irlanda.
IRONÍA n. f. Burla fina y disimulada. **2.** Forma de expresión que consiste en modificar o cambiar el valor de las palabras, en hacer entender lo contrario de lo que se piensa. **3.** Oposición, contraste que parece una broma insultante.
IRÓNICO, A adj. Que denota o implica ironía, o concerniente a ella.
IRONIZAR v. tr. **[1g]**. Hablar con ironía, ridiculizar.
IROQUÉS, SA adj. y n. Relativo a un pueblo amerindio que habitaba las orillas de los lagos Erie, Hurón y Ontario, así como el valle del San Lorenzo; individuo de este pueblo. ♦ n. m. **2.** Lengua hablada por los iroqueses y otras tribus (hurón, erie, conestoga y cherokee).
IRRACIONAL, adj. Que carece de razón: *animal irracional*. **2.** Opuesto a la razón o que va fuera de ella: *acto irracional*. **3.** MAT. Dícese del número que no puede expresarse como un cociente de dos números enteros.
IRRACIONALIDAD n. f. Calidad de irracional.
IRRADIACIÓN n. f. Acción y efecto de irradiar. **2.** Exposición a una radiación radiactiva, luminosa o a otros tipos de radiaciones.
IRRADIAR v. tr. **[1]**. Despedir un cuerpo radiaciones luminosas, térmicas, magnéticas, etc. **2.** *Fig.* Propagar una acción, efecto, influencia, etc.: *irradiar simpatía*. **3.** FÍS. Someter a una radiación.
IRREAL, adj. No real, falto de realidad.
IRREALIDAD n. f. Calidad o condición de lo que es irreal.
IRREALIZABLE adj. Que no se puede realizar.
IRREBATIBLE adj. Que no se puede rebatir o refutar.
IRRECONCILIABLE adj. No reconciliable.
IRRECUPERABLE adj. Que no se puede recuperar.
IRRECUSABLE adj. Que no se puede recusar.
IRREDENTO, A adj. Que permanece sin redimir: *pueblo irredento*.
IRREDIMIBLE adj. Que no se puede redimir.
IRREDUCIBLE adj. Que no se puede reducir. **2.** Que no se puede someter o conquistar. • **Fracción irreducible,** fracción cuyo numerador y denominador no tienen más divisor común que la unidad.
IRREDUCTIBLE adj. Irreducible.
IRREFLEXIÓN n. f. Falta de reflexión, aturdimiento.
IRREFLEXIVO, A adj. Que no reflexiona: *persona irreflexiva*. **2.** Que se dice o hace sin reflexionar.
IRREFRENABLE adj. Que no se puede refrenar.
IRREFUTABLE adj. Que no se puede refutar.
IRREGULAR adj. Que no es regular, simétrico, uniforme. **2.** Que no es conforme a la ley, regla, uso, etc., establecidos: *conducta irregular*. **3.** BOT. Dícese del cáliz o de la corola cuyas piezas no son iguales. **4.** LING. Que se aparta del tipo considerado como normal: *verbo irregular; plural irregular*. **5.** MAT. Dícese de la figura geométrica que no es regular. **6.** MIL. Dícese de los contingentes armados que colaboran en las operaciones de un ejército regular.

IRREGULARIDAD n. f. Calidad de irregular. **2.** *Fig.* y *fam.* Acción o conducta que constituye un delito o falta.
IRRELEVANCIA n. f. Calidad de irrelevante.
IRRELEVANTE adj. Que carece de importancia o significación: *suceso irrelevante*.
IRRELIGIOSO, A adj. y n. Falto de sentimientos religiosos o que descuida las prácticas de la religión. **2.** Falto de respeto a la religión.
IRREMEDIABLE adj. Que no se puede remediar.
IRREMISIBLE adj. Que no se puede remitir o perdonar.
IRREMPLAZABLE adj. No remplazable.
IRRENUNCIABLE adj. Que no se puede renunciar: *derechos irrenunciables*.
IRREPARABLE adj. Que no se puede reparar.
IRREPETIBLE adj. Que no puede o debe ser repetido.
IRREPRENSIBLE adj. Que no merece represión.
IRREPRESENTABLE adj. Que no se puede representar: *obra teatral irrepresentable*.
IRREPRIMIBLE adj. Que no se puede reprimir: *deseo irreprimible*.
IRREPROCHABLE adj. Que no tiene ninguna falta: *conducta irreprochable*.
IRRESISTIBLE adj. Dícese de aquello a lo que no se puede poner resistencia: *fuerza irresistible*. **2.** Inaguantable, insufrible, intolerable: *dolor irresistible*. **3.** *Fig.* Dícese de la persona de mucho atractivo o simpatía.
IRRESOLUBLE adj. Dícese de lo que no se puede resolver o determinar.
IRRESOLUCIÓN n. f. Falta de resolución.
IRRESOLUTO, A adj. y n. Que carece de resolución. **2.** Que no se decide en un caso determinado: *permanecer irresoluto ante un dilema*.
IRRESPETUOSO, A adj. No respetuoso.
IRRESPIRABLE adj. Imposible o difícil de respirarse.
IRRESPONSABILIDAD n. f. Calidad de irresponsable.
IRRESPONSABLE adj. Carente de responsabilidad. **2.** Que actúa u obra sin tener en cuenta la responsabilidad.
IRREVERENCIA n. f. Calidad de irreverente. **2.** Dicho o hecho irreverente.
IRREVERENCIAR v. tr. **[1]**. Tratar con irreverencia, profanar.
IRREVERENTE adj. y n. m. y f. Irrespetuoso con las cosas respetables, especialmente las religiosas.
IRREVERSIBLE adj. Que no es reversible. **2.** Que sólo puede funcionar en un sentido: *mecanismo irreversible*.
IRREVOCABILIDAD n. f. Calidad de irrevocable.
IRREVOCABLE adj. Que no se puede revocar.
IRRIGABLE adj. Que se puede regar.
IRRIGACIÓN n. f. Acción y efecto de irrigar. **2.** FISIOL. Aportación de sangre a los tejidos por medio de los vasos sanguíneos. **3.** MED. Acción de hacer llegar un líquido a una zona enferma.
IRRIGADOR, RA adj. Que irriga. ♦ n. m. **2.** MED. Instrumento que se emplea para la práctica de enemas.
IRRIGAR v. tr. (lat. *irrigare*) **[1b]**. Regar. **2.** FISIOL. y MED. Efectuar la irrigación.
IRRISIÓN n. f. Burla insultante. **2.** *Fam.* Persona o cosa que no se puede ser objeto de esta burla.
IRRISORIO, A adj. Que mueve o provoca a risa y burla. **2.** Insignificante, de poca estimación.
IRRITABILIDAD n. f. Calidad de irritable. **2.** BIOL. Propiedad que posee una célula o un organismo de reaccionar frente a las excitaciones externas.
IRRITABLE adj. Que se irrita con facilidad. **2.** BIOL. Que posee la cualidad de la irritabilidad.
IRRITACIÓN n. f. Acción y efecto de irritar. **2.** BIOL. Estado producido por la acción

ISO

de un estímulo o un agente irritante sobre la materia viva.
IRRITANTE adj. Que causa irritación.
IRRITAR v. tr. y pron. [1]. Hacer sentir enfado violento o excitación. 2. Producir algo en el cuerpo cierto escozor, enrojecimiento o ardor.
IRRITATIVO, A adj. Que produce irritación.
IRROGACIÓN n. f. Acción y efecto de irrogar.
IRROGAR v. tr. y pron. [1b]. Causar un perjuicio o daño.
IRROMPIBLE adj. Que no se puede romper.
IRRUMPIR v. intr. [3]. Entrar violentamente en un lugar.
IRRUPCIÓN n. f. Acción y efecto de irrumpir. 2. Ataque brusco y violento: *una irrupción de cólera.*
IRÚN o **IRUN**, c. de España (Guipúzcoa), cab. de p. j.; 53861 hab. *(Iruneses* o *Iruñeses.)* Centro industrial y comercial en la frontera con Francia.
IRUÑA → *Pamplona.*
IRVING (Washington), escritor norteamericano (Nueva York 1783-Sunnyside 1859), uno de los creadores de la literatura norteamericana *(Historia de Nueva York por Knickerbocker,* 1809; *El libro de los bocetos,* 1819-1820; *Cuentos de la Alhambra,* 1832).
ISAAC, patriarca bíblico, hijo de Abraham, padre de Jacob y de Esaú. Fue conducido al sacrificio por su propio padre.
ISAACS (Jorge), novelista colombiano (Cali 1837-Ibagué 1895). Es el gran representante de la narrativa romántica latinoamericana, con su novela *María* (1867). Publicó también *Poesías* (1864) y ensayos.
ISABEL I la Católica (Madrigal 1451-Medina del Campo 1504), reina de Castilla [1474-1504], hija de Juan II de Castilla y de Isabel de Portugal. En 1468 fue proclamada heredera frente a Juana la Beltraneja (hija de Enrique IV), y en su difícil ascenso al trono se vio implicada en las dos guerras civiles castellanas (1464-1468 y 1474-1479). Su matrimonio en 1469 con el futuro Fernando II de Aragón posibilitó la unión dinástica de Castilla y Aragón. De su reinado destacan: la reordenación legal en las cortes de Toledo (1480) y las *Ordenanzas reales de Castilla* (1480); el integrismo religioso, con la creación de una nueva Inquisición (1478) y la expulsión de judíos (1492) y mudéjares (1502); el apoyo a la empresa americana de Colón y la conquista del reino de Granada (1481-1492).
ISABEL I (Greenwich 1533-Richmond 1603), reina de Inglaterra y de Irlanda [1558-1603], hija de Enrique VIII y de Ana Bolena. Soberana enérgica y autoritaria, dotó a Inglaterra de una religión de estado, el anglicanismo, aunque tuvo que enfrentarse a la oposición de los puritanos. La ejecución de su prima María Estuardo desencadenó los hostilidades entre Inglaterra y España, pero la Armada Invencible española fue derrotada (1588). Este combate consagró la supremacía marítima de Inglaterra y potenció su expansionismo (fundación de la Compañía de las Indias orientales, 1600). El período isabelino también estuvo marcado por un gran auge cultural y artístico. Con ella se extinguió la dinastía Tudor.
ISABEL II (Londres 1926), reina del Reino Unido de Gran Bretaña e Irlanda del Norte y jefe de la Commonwealth desde 1952. Hija y sucesora de Jorge VI, tiene cuatro hijos de su matrimonio con Felipe, duque de Edimburgo (1947): Carlos (príncipe de Gales), Ana, Andrés y Eduardo.
ISABELA (La), primera ciudad fundada en América por Colón (1493), en la costa NO de La Española.
ISAÍAS, profeta hebreo que ejerció su ministerio en el reino de Judá entre 740 y 687 a. J.C. Es el autor del *libro de Isaías* del Antiguo testamento.

ISAMITT (Carlos), compositor chileno (Rengo 1886-Santiago 1974). Autor de *Cinco estudios sobre el folklore chileno* (1932-1933), incorporó elementos araucanos a su obra *(Friso araucano,* para voces y orquesta, 1939; *El pozo de oro,* 1942, ballet).
ISANGAS n. f. pl. *Argent.* Espuertas usadas para el transporte de mercancías a lomo de bestias. 2. *Perú.* Nasas para la pesca del camarón.
ISBN, siglas de *international standard book number,* número de identificación internacional asignado a los libros.
ISCARIOTE, sobrenombre dado al apóstol Judas.
ISCHILÍN, dep. de Argentina (Córdoba); 28 273 hab. Cab. *Deán Funes.* Canteras (granito, mármol).
IŞFAHĀN, IŞPAHĀN o **ISBAHAN,** c. de Irán, al S de Teherán, ant. cap. del país; 986 753 hab. Monumentos del s. XI al XVIII, entre ellos la gran mezquita del viernes (ss. XI-XVIII); notables ejemplos de arquitectura şafawí (la plaza Real [Maydān-i Šāh], la mezquita Real, el palacio de las Cuarenta columnas, etc.).
ISIDORO DE SEVILLA (san), escritor y doctor de la Iglesia (¿Cartagena? ¿Sevilla? c. 560-Sevilla 636). Obispo de Sevilla, mente enciclopédica, escribió en latín numerosas obras históricas, teológicas *(Sentencias)* y de ciencia profana. Destacan sus dos grandes diccionarios enciclopédicos, síntesis del saber de su tiempo: las *Diferencias* y sobre todo las *Etimologías.*
ISIS, diosa egipcia, hermana y esposa de Osiris, a quien devolvió la vida, y madre de Horus.
ISLA n. f. (lat. *insulam).* Porción de tierra rodeada enteramente de agua. 2. Manzana de casas. 3. *Fig.* Zona claramente diferenciada del espacio que la rodea: *isla peatonal.* 4. *Fig.* Bosquecillo de árboles o matas, aislado en medio de un terreno no poblado. 5. *Chile. Fig.* Terreno próximo a un río, que ha estado o que está a veces cubierto por las aguas.
ISLA DE LA JUVENTUD, ant. **Isla de Pinos,** mun. especial de Cuba, constituido por la *isla de la Juventud* (ant. *isla de Pinos;* 2200 km²) y los restantes islotes del archipiélago de los Canarreos; 71 000 hab. Cab. *Nueva Gerona.* Bosques y yacimientos minerales. Turismo (parque nacional de la Ciénaga de Lanier).
ISLAM n. m. Religión de los musulmanes. 2. Conjunto de los países en los que esta religión es la predominante.
ISLĀMĀBĀD, c. y cap. de Pakistán, cerca de Rāwalpindī; 201 000 hab.
ISLÁMICO, A adj. Relativo al islam.
ISLAMISMO n. m. Conjunto de dogmas y preceptos que constituyen la religión de Mahoma. 2. Movimiento político-religioso que aspira a hacer del islam una verdadera ideología política.
ISLAMITA adj. y n. m. y f. Que profesa el islamismo.
ISLAMIZACIÓN n. f. Conversión al islam.
ISLAMIZAR v. intr. y pron. [1g]. Convertir al islam.
ISLANDÉS, SA adj. y n. De Islandia. ♦ n. m. 2. Lengua del grupo nórdico hablada en Islandia.
ISLANDIA, en islandés *Ísland,* estado europeo insular del Atlántico Norte, al SE de Groenlandia; 103 000 km²; 253 000 hab. *(Islandeses.)* CAP. *Reykjavík.* LENGUA OFICIAL: *islandés.* MONEDA: *corona islandesa.*

GEOGRAFÍA
Islandia, país de glaciares, volcanes y géiseres, vive de la ganadería ovina y sobre todo de la pesca. Reykjavík agrupa a más de la mitad de la población total.

HISTORIA
S. IX: los escandinavos iniciaron la colonización de Islandia. 930: se constituyó el Althing, asamblea de hombres libres.

1056: se creó el primer obispado autónomo. 1262: Haakon IV de Noruega sometió la isla. 1380: Islandia y Noruega quedaron bajo la autoridad de Dinamarca. 1550: Cristián III impuso la Reforma luterana. 1602: se confirió el monopolio comercial a los daneses. S. XVIII: la viruela, las erupciones volcánicas y una terrible hambruna diezmaron la población. 1834: Islandia obtuvo dos diputados en el parlamento danés. 1843: restablecimiento del Althing. 1903: la isla logró la autonomía. 1918: Islandia se convirtió en reino independiente bajo la corona danesa. 1944: se proclamó la República de Islandia y Sveinn Bjørnsson se convirtió en su primer presidente. Con las presidencias de Ásgeir Ásgeirsson (1952-1968) y de Kristján Eldjárn (1968-1980), la economía islandesa se benefició de los acuerdos firmados con los estados escandinavos. 1958-1961: un conflicto sobre la pesca (guerra del bacalao) enfrentó a al país con Gran Bretaña. 1970: Islandia ingresó en la E.F.T.A. 1980: Vigdís Finnbogadóttir se convirtió en presidenta (reelegida en 1984, 1988 y 1992). 1996: Ólafur Ragnar Grímsson fue elegido presidente.
ISLAS DE LA BAHÍA *(departamento de),* dep. de Honduras, en el golfo de Honduras; 261 km²; 21 553 hab. Cap. *Roatán.*
ISLEÑO, A adj. y n. De una isla. 2. De las islas Canarias. 3. *Colomb.* De las islas San Andrés y Providencia.
ISLETA n. f. Isla pequeña. 2. *Argent.* Grupo de árboles aislados en medio de la llanura.
ISLOTE n. m. Isla pequeña o despoblada. 2. Peñasco muy grande en el mar.
ISMAEL, hijo de Abraham y de su sirvienta egipcia Agar, considerado por la tradición bíblica y coránica el antepasado de los árabes.
ISMAELITA adj. y n. m. y f. Perteneciente a las tribus árabes de Transjordania, que según la Biblia descienden de Ismael, hijo de Abraham.
ISMO n. m. Tendencia de orientación innovadora, principalmente en las artes, que se opone a la ya existente (futurismo, vanguardismo, dadaísmo).
ISNARDI (Francisco), patriota venezolano, de origen italiano (Turín 1750-Cádiz 1814). Secretario (1810-1812) del primer congreso, en Caracas, fue uno de los redactores de la declaración de independencia venezolana y de la constitución.
ISO, escala de las sensibilidades de las emulsiones fotográficas adaptada internacionalmente en sustitución de las escalas ASA y DIN.
ISOBARA n. f. En un mapa meteorológico, línea que une los puntos de igual presión atmosférica.
ISOBÁRICO, A adj. De igual presión: *superficie isobárica.* 2. Que tiene lugar a presión constante: *transformación isobárica.*
ISOBARO, A adj. Isobárico. ♦ adj. y n. m. 2. Dícese de los núcleos que tienen el mismo número de masa pero diferentes números atómicos.
ISOCA n. f. *Argent.* y *Par.* Nombre genérico dado a las larvas de varias familias de mariposas, que son muy perjudiciales para la agricultura. 2. *Argent. Por ext.* En el lenguaje rural, cualquier larva de cuerpo blando y patas cortas.
ISOCLINAL adj. *Pliegue* **isoclinal** (GEOL.), pliegue cuyos dos flancos son paralelos.
ISOCLINO, A adj. Que tiene la misma inclinación magnética.
ISOCROMÁTICO, A adj. De igual color.
ISOCRONISMO n. m. Cualidad de lo que es isócrono.
ISÓCRONO, A adj. De igual duración.
ISOELÉCTRICO, A adj. Dícese de un cuerpo eléctricamente neutro.
ISOGLOSA n. f. LING. Línea imaginaria que une los lugares que presentan fenómenos lingüísticos análogos.

393

ISÓGONO, A adj. Que tiene los ángulos iguales. ♦ adj. y n. f. **2.** Dícese de la línea que une los puntos de la superficie terrestre que presentan la misma declinación magnética.
ISOMERASA n. f. Enzima productor de isomerizaciones.
ISOMERÍA n. f. Carácter de los cuerpos isómeros.
ISOMÉRICO, A adj. Relativo a la isomería. **2.** Que presenta el carácter de los cuerpos isómeros.
ISOMERIZACIÓN n. f. Transformación en un compuesto isómero.
ISOMERIZAR v. tr. [1g]. Transformar por isomerización.
ISÓMERO, A adj. y n. m. Que tiene la misma composición química y la misma masa molecular, pero con diferentes propiedades y estructura atómica.
ISOMETRÍA n. f. MAT. Transformación isométrica.
ISOMÉTRICO, A adj. Dícese de una transformación puntual que conserva la distancia entre dos puntos cualesquiera. **2.** De dimensiones iguales: *cristales isométricos*.
ISOMORFISMO n. m. Carácter de los cuerpos isomorfos.
ISOMORFO, A adj. MINER. Dícese de los cuerpos que pueden formar cristales mixtos en cualquier proporción. **2.** QUÍM. Que presenta la misma forma cristalina.
ISÓSCELES adj. MAT. Dícese de los planos iguales: *triángulo isósceles*. ● **Trapecio isósceles**, trapecio cuyos lados no paralelos son iguales. || **Triedro isósceles**, triedro que tiene dos caras o dos diedros iguales.
ISOTERMIA n. f. Homeotermia.
ISOTÉRMICO, A adj. Dícese del proceso en que la temperatura permanece constante. SIN.: *homeotérmico*.
ISOTERMO, A adj. FÍS. De igual temperatura. ♦ adj. y n. f. **2.** METEOROL. Dícese de la línea que une los puntos de temperatura media idéntica durante un período considerado.
ISOTERO, A adj. y n. f. METEOROL. Dícese de las isoteras medias de verano.
ISOTÓNICO, A adj. FÍS. Dícese de una solución que, con la misma concentración molecular que otra, tiene la misma presión osmótica que la primera.
ISOTÓPICO, A adj. Relativo a los isótopos.
ISÓTOPO n. m. Nombre que se da a los átomos de un mismo elemento químico que no se distinguen más que por las masas de sus núcleos. ● **Isótopo radiactivo**, radioisótopo.
ISOTROPÍA n. f. Carácter de un medio isótropo.
ISÓTROPO, A adj. FÍS. Dícese del medio cuyas propiedades físicas son idénticas en todas las direcciones.
IŞPAHĀN → Işfahān.
ISQUIÁTICO, A adj. ANAT. Relativo a la cadera o al isquion.
ISQUION n. m. ANAT. Uno de los tres huesos que forman el hueso ilíaco.
ISRAEL, otro nombre de Jacob en la Biblia. Por extensión, nombre dado al pueblo judío, descendiente de Israel.
ISRAEL, estado de Asia, en Oriente medio, a orillas del Mediterráneo; 21 000 km²; 4 900 000 hab. *(Israelíes.)* CAP. *Jerusalén* (proclamada por la Kënésset). LENGUAS OFICIALES: hebreo, árabe. MONEDA: *shekel*.

GEOGRAFÍA

Israel, resultado del reparto de la antigua Palestina, se extiende por unas regiones de clima mediterráneo al N y desértico al S (Néguev). Gracias a la irrigación, la agricultura, en el marco de explotaciones más o menos colectivistas, proporciona trigo, algodón, aceite de oliva y sobre todo diversos frutos (cítricos, aguacates). La pobreza del subsuelo (que contiene algo de potasa y sobre todo fosfatos) explica la ausencia de industria pesada. Sin embargo se han implantado sectores especializados en Tel-Aviv y en Haifa, favorecidos por la presencia de capitales y la calidad de la mano de obra (productos farmacéuticos, talla de diamantes, etc.). La balanza comercial es no obstante muy deficitaria, al igual que la balanza de pagos. La economía sufre una fuerte inflación y un considerable endeudamiento, relacionado con el presupuesto de defensa y el incremento de la inmigración.

HISTORIA

29 nov. 1947: la asamblea general de la O.N.U. aprobó una resolución sobre un plan de partición de Palestina, que fue rechazado por los países árabes limítrofes. 14 mayo 1948: se creó el estado de Israel. Ben Gurión dirigió el gobierno provisional. 1948-1949: Israel amplió su territorio tras la primera guerra árabe-israelí; se eligió el primer parlamento (Kënésset), se aprobaron las leyes fundamentales y H. Weizman se convirtió en presidente de la república. 1949-1969: el partido socialista (Mapay) estuvo en el poder con Ben Gurión (1948-1953, 1955-1961, 1961-1963) y luego Levi Eshkol (1963-1969). 1950-1960: auge económico basado en la explotación colectiva de las tierras *(kibbutz)*, el desarrollo de un importante sector estatal, los capitales extranjeros y la ayuda norteamericana. 1956: segunda guerra árabe-israelí, debida a la nacionalización del canal de Suez por parte de Egipto y el bloqueo del golfo de Eilat. 1967: durante la tercera guerra árabe-israelí *(guerra de los seis días)*, Israel ocupó el Sinaí, Gaza, Cisjordania y el Golán. 1969-1974: Golda Meir, primera ministra. 1973: cuarta guerra árabe-israelí *(guerra del Yom Kippur)*. 1977: M. Begin, primer ministro, entabló conversaciones de paz con Egipto. 1979: según el tratado de Washington, Egipto reconoció una frontera definitiva con Israel, que le restituyó (en 1982) el Sinaí. 1980: Jerusalén reunificada fue proclamada capital por la Kënésset. 1981: anexión del Golán. 1982-1983: Israel ocupó Líbano hasta Beirut y luego se retiró al S del país. 1984: se formó un gobierno de unión nacional. S. Peres ocupó durante dos años el cargo de primer ministro. 1986: de acuerdo con la alternancia prevista, le sucedió Y. Shamir. Desde 1987: los territorios ocupados (Cisjordania y Gaza) fueron el escenario de un levantamiento popular palestino *(Intifada)*. 1988: se formó un nuevo gobierno de unión nacional. Y. Shamir se mantuvo como primer ministro. 1989: Israel devolvió a Egipto el enclave de Taba. 1990: tras la crisis de este gobierno, Y. Shamir formó un gabinete de coalición con los partidos religiosos y la extrema derecha. 1991: durante la guerra del Golfo, el país, no beligerante, fue blanco de los misiles iraquíes. Israel participó, con los países árabes y los palestinos, en la conferencia de paz de Madrid. 1992-1994: los laboristas regresaron al poder y Y. Rabin se convirtió en primer ministro, negoció con la O.L.P. la autonomía de los territorios ocupados de Gaza y Cisjordania y firmó la paz con Jordania. 1995: muere asesinado Y. Rabin y es sustituido por S. Peres como primer ministro. 1996: elecciones legislativas anticipadas; Benjamin Netanyahu, líder del Likud, primer ministro. Nueva Intifada y atentados terroristas. 1997: reanudación, en Jerusalén, de las conversaciones de paz entre Israel y Palestina. 1999: el laborista E. Barak, elegido primer ministro, relanzó las negociaciones de paz. 2000: Tras 22 años de ocupación, se retiraron las tropas israelíes de Líbano. Barak renunció. 2001: Ariel Sharon, ultraderechista, primer ministro. El Parlamento aprueba un gobierno de unidad nacional. Operaciones militares en las ciudades cisjordanas de Jenín y Ramala, como represalia por el asesinato del ministro de Turismo R. Zehevi.

ISRAEL *(reino de)*, reino que agrupaba a las tribus del N de Palestina, tras la escisión del reino hebreo, a la muerte de Salomón (931-721 a. J.C.). Cap. *Samaria.* Minado por su inestabilidad política y sus rivalidades fratricidas con el reino de Judá, sucumbió ante los asirios.
ISRAELÍ adj. y n. m. y f. Del Estado de Israel.
ISRAELITA adj. y n. m. y f. Relativo al pueblo de Israel; individuo de dicho pueblo.
ISRAELÍTICO, A adj. Relativo a Israel.
ISSN, siglas de *international standard serial number*, número de identificación internacional asignado a las publicaciones periódicas.
İSTANBUL, ant. *Bizancio*, después **Constantinopla**, principal c. y puerto de Turquía, junto al Bósforo y el mar de Mármara; 6 620 241 hab. Universidad. Museos. La ciudad está situada a ambos lados del Cuerno de Oro, pequeña bahía de la costa europea del país. Al S se sitúan los principales monumentos (Santa Sofía, mezquita del sultán Ahmet, y varias obras maestras de Sinân, entre ellas la mezquita de Solimán). Al N se extiende la ciudad comercial y cosmopolita (Beyoğlu). Por la orilla asiática se extienden barrios importantes (Üsküdar) y las aglomeraciones satélites se sitúan a lo largo del Bósforo. İstanbul fue la capital del imperio otomano de 1453 a 1923 y conservó una población cosmopolita (griegos, armenios, judíos).
ISTAPACLE n. m. *Méx.* Planta apocinácea usada como purgante.
ISTMEÑO, A adj. y n. Natural u originario de un istmo.
ÍSTMICO, A adj. Relativo a un istmo.
ISTMO n. m. (lat. *isthmum*). Estrecha lengua de tierra que une dos continentes o una península con un continente. **2.** ANAT. Nombre dado a ciertas partes estrechas de una región o de un órgano.
ÍTACA, en gr. **Ithakē** o **Ithaki**, isla de Grecia, una de las islas Jónicas; 96 km²; 5000 hab. Se la identifica con la Ítaca de Homero, patria de Ulises.
ITACATE n. m. *Méx.* Provisiones alimenticias que se llevan para el viaje.
ITAGÜÍ, c. de Colombia (Antioquia); 137 623 hab. Textiles, cuchillería y cerveza.
ITAKYRY, distr. de Paraguay (Alto Paraná); 23 313 hab. Elaboración de yerba mate.
ITALIA, estado de Europa meridional; 301 000 km²; 57 700 000 hab. *(Italianos.)* CAP. *Roma.* LENGUA OFICIAL: *italiano.* MONEDA: *lira.*

GEOGRAFÍA

Italia, miembro fundador de la Comunidad europea, es más desarrollado de los estados mediterráneos, gracias al llamado milagro económico consumado tras la segunda guerra mundial. Actualmente los dos tercios de los italianos viven en ciudades, 4 de las cuales (Roma, Milán, Nápoles y Turín) superan el millón de habitantes. Pero esta población ya apenas crece, debido a la caída de la natalidad, que ha descendido aproximadamente al 10‰. La agricultura ya sólo ocupa al 12% de la población activa. Pero la producción es importante, en particular por lo que se refiere a los cereales (trigo y maíz), los cultivos frutales (cítricos), olivos (aceitunas para el aceite) y vid. La naturaleza de la producción depende estrechamente del clima: caluroso en verano en todo el país, pero frío en invierno en el N (llanura del Po y arco alpino del Mediterráneo al Friul) y particularmente seco en verano en la parte peninsular (cuyo eje lo constituyen los Apeninos) e insular (Sicilia y Cerdeña).

Este clima y el rico patrimonio cultural del país explican la importancia del turismo. La industria emplea aproximadamente a un tercio de la población activa. Comporta un importante sector estatal, algunas poderosas empresas privadas y otras muchas más pequeñas. Está implantada sobre todo en el N, puesto que la parte meridional (el Mezzogiorno) no ha recuperado su retraso. La producción está diversificada, aunque predominan las construcciones mecánicas (automóvil) y la química. En algunos sectores (textil, marroquinería), una aportación notable proviene de la economía llamada sumergida (producción y mano de obra no declaradas). Ello atenúa la amplitud del índice de paro oficial y contribuye a explicar la gran flexibilidad de una economía que parece indiferente a la tradicional debilidad de la lira, al no menos crónico déficit comercial (con un endeudamiento exterior notable) y presupuestario, y a cierta inestabilidad política que favorece el resurgimiento del regionalismo.

HISTORIA

La antigüedad. III milenio: Italia estuvo habitada por poblaciones mediterráneas que sobrevivieron con el nombre de ligures (en la península) o de sículos (en Sicilia). II milenio: las migraciones indoeuropeas llevaron al desarrollo de una civilización específica, llamada «de las terramaras», en la llanura del Po; los recién llegados, los vilanovianos, practicaron la incineración y utilizaban el hierro. C. 1000: dos grupos itálicos (o italiotas) formaban la parte esencial de la población de Italia. S. VIII a. J.C.: los etruscos se instalaron entre el Po y la Campania; los griegos establecieron factorías en las costas meridionales. S. IV: los celtas ocuparon la llanura del Po. S. IV-S. II: Roma (fundada en 753, según la leyenda) aprovechó las disensiones de estos pueblos para conquistar progresivamente el conjunto de la península, al mismo tiempo que, tras su victoria sobre Cartago, dominaba el conjunto del Mediterráneo occidental. El latín, lengua del vencedor, se impuso en toda Italia. 91-89 a. J.C.: la guerra itálica, o guerra social, obligó a Roma a conferir a las ciudades italianas el derecho de ciudadanía completa. 58-51 a. J.C.: con César, Roma se adueñó de la Galia. 42 a. J.C.: Octavio incorporó la Galia Cisalpina a Italia, cuya frontera se trasladó hacia el N. 27 a. J.C.- s. V d. J.C.: a partir de Augusto, Italia pasó a ser el centro de un vasto imperio, que dirigía y que la sustentaba. El cristianismo, introducido en la península en el s. I, perseguido durante mucho tiempo, triunfó en el s. IV en Roma, sede del papado.

La edad media. S. V: las invasiones bárbaras redujeron el imperio de occidente a Italia, que también las sufrió (saqueos de Roma, 410 y 476). S. VI: tras las tentativas de restablecimiento de Teodorico y de Justiniano, Italia se desarrolló en torno a tres polos: Milán, centro del reino lombardo; Ravena, bajo dominación bizantina; y el territorio pontificio, en torno a Roma. S. VIII: ante el avance de los lombardos, el papa pidió ayuda a los francos; Carlomagno se convirtió en rey de los lombardos (774), antes de ser coronado emperador (800). S. IX: las incursiones sarracenas y normandas en el S y la fragmentación feudal crearon una situación de anarquía. S. X: el rey de Germania Otón I fue coronado emperador en Roma (962) e Italia se integró en el Sacro imperio romano germánico. 1075-1122: la querella de las investiduras acabó con la victoria del papado sobre el imperio. Apoyados por Roma, los normandos de Roberto Guiscardo crearon un reino en el S de Italia. 1122-1250: se constituyó una nueva fuerza, la de las ciudades, erigidas en municipios y enriquecidos por el crecimiento económico (Pisa, Génova, Florencia, Milán, Venecia). Cuando se reanudó el conflicto entre la Iglesia y el imperio (1154-1250) —que permitió al emperador Federico Barbarroja conquistar el reino normando—, las ciudades se vieron forzadas a tomar partido, y se dividieron entre güelfos (partidarios del papa) y gibelinos (que apoyaban al emperador). 1266-1417: el S de Italia correspondió a Carlos de Anjou, y Sicilia pasó a la Corona de Aragón, lo que puso fin a la pretensiones imperiales sobre Italia. El papado hubo de abandonar Roma por Aviñón (1309-1376); fue debilitado por el Gran Cisma de Occidente (1378-1417). Ya no hubo potencia dominante en Italia, sino municipios y estados regionales enfrentados con las dificultades económicas y sociales que acompañaron a la peste negra (1348). S. XV: se formó una nueva potencia en el N, el ducado de Saboya; en las ciudades, donde familias principescas se impusieron contra el régimen republicano, tuvo lugar el renacimiento (Florencia).

De la decadencia del s. XVI al Risorgimento. 1494-1559: las guerras de Italia acabaron, en detrimento de las ambiciones francesas, con el establecimiento del predominio español en gran parte de la península. 1559-1718: Italia, centro de la Contrarreforma, sufrió una decadencia en el plano cultural y económico. S. XVIII: el tratado de Utrecht (1713) situó al país bajo la dominación de los Habsburgo de Austria. En Toscana, en el reino de Nápoles que, con Parma, volvió a manos de los Borbones de España a partir de 1734, se aplicó una política reformista e ilustrada. 1792-1799: Italia se situó bajo la influencia de Francia, que anexionó Saboya y Niza y ocupó la República de Génova. Se instituyeron efímeras repúblicas hermanas. 1802-1804: Bonaparte conquistó el conjunto de la península, y constituyó en el N una República italiana. 1805-1814: la República italiana, convertida en reino de Italia, tuvo como soberano a Napoleón Bonaparte; el reino de Nápoles, ocupado en 1806, fue confiado a José Bonaparte y luego (1808) a Murat. 1814: Italia recuperó su división anterior (doce estados). La dominación austríaca fue restablecida en el norte y en el centro. 1820-1831: algunas sociedades secretas (*carbonarismo*) fomentaron conjuraciones contra el retorno del absolutismo; fueron duramente reprimidas. 1831-1833: estallaron nuevas revueltas, inspiradas por el republicano Mazzini, fundador del movimiento de la Joven Italia. 1846-1849: la empresa de liberación nacional, el *Risorgimento*, fracasó ante la resistencia austríaca; pero el Piamonte, con Carlos Alberto y luego Víctor Manuel II y su ministro Cavour, se impuso al frente de ésta, y obtuvo en su favor el apoyo de Francia. 1859: las tropas franco-piamontesas vencieron a Austria (campaña de Italia), que hubo de abandonar Lombardía. 1860: Francia recuperó Saboya y Niza. Movimientos revolucionarios, en Italia central y en el reino de Nápoles conquistado por Garibaldi, llevaron a la unión de estas regiones con el Piamonte. 1861: se proclamó el reino de Italia, con Víctor Manuel como soberano y Florencia como capital. 1866: el reino conquistó el Véneto gracias a la ayuda prusiana. 1870: la caída del segundo Imperio francés permitió la anexión de Roma, que se convirtió en capital.

El reino de Italia y la época de Mussolini. 1870-1876: se sucedieron los gobiernos de derecha, mientras el Mezzogiorno se hundía en la pobreza y se desarrollaba la emigración. 1876-1900: gobiernos de izquierda los sustituyeron con Crispi, anticlerical y hostil a Francia, que intentó en vano colonizar Etiopía. A Víctor Manuel II le sucedieron en 1878 Humberto I, asesinado en 1900, y luego Víctor Manuel III. 1903-1914: se agravaron los problemas sociales. La política exterior, dominada por las reivindicaciones irredentistas, condujo al conflicto italoturco (1911-1912) y a la anexión de Tripolitania y el Dodecaneso. 1915-1918: Italia, siempre impulsada por el deseo de reconquistarle a Austria, participó en la primera guerra mundial junto a los aliados. 1919: solamente una parte de sus ambiciones se vio satisfecha (anexión de Trentino, Alto Adigio y Fiume). 1922: Mussolini fue llamado al poder por el rey tras a marcha sobre Roma de sus Camisas negras. 1922-1944: Mussolini, que se hizo llamar *duce*, instauró un régimen fascista corporativista, popular gracias a su política económica (grandes obras), religiosa (acuerdos de Letrán, 1929) y exterior (conquista de Etiopía, 1935-1936). 1940: Italia, que había firmado el pacto de Acero con el III Reich el año anterior, entró en guerra junto a Alemania. 1943: el desembarco aliado en Sicilia provocó la caída de Mussolini, que se refugió en el N, donde constituyó la República de Salò; el mariscal Badoglio firmó un armisticio con los aliados. 1944: Víctor Manuel III abdicó a su hijo Humberto II se convirtió en lugarteniente general del reino. 1945: Mussolini fue detenido y fusilado.

La Italia contemporánea. 1946: se proclamó la república tras un referéndum; el democristiano A. De Gasperi emprendió la reconstrucción del país, apoyándose en la alianza con E.U.A. 1953-1958: período de inestabilidad. 1958-1968: los democristianos, con A. Fanfani y luego A. Moro, fueron los autores de un «milagro económico» que no impidió el avance electoral de la izquierda y los forzó progresivamente a una apertura hacia los socialistas. 1968-1972: la inestabilidad política hizo que los gobiernos se sucedieran a un ritmo rápido. Estallaron disturbios graves. La clase política, considerada corrupta, se vio cada vez más aislada del resto de la sociedad. 1972-1981: para restablecer el orden, los partidos políticos trataron de realizar la mayor alianza posible; lo lograron con el llamado compromiso histórico, entre 1976 y 1979, cuando se unieron en el poder comunistas y democristianos. Mientras tanto, la sociedad italiana se vio trastornada por el desarrollo del terrorismo de derecha o de izquierda, en particular de las Brigadas rojas (asesinato de A. Moro, 1978). 1983: el socialista B. Craxi fue nombrado presidente del consejo. 1987-1992: tras su dimisión, los democristianos (Giovanni Goria [julio 1987]; Ciriaco de Mita [abr. 1988]; G. Andreotti [julio 1989]) recuperaron la presidencia del consejo. 1992: tras las elecciones legislativas (abril) marcadas por el fracaso de los grandes partidos tradicionales y por la emergencia de las Ligas (movimientos regionalistas y populistas), en particular de la Liga lombarda, el socialista G. Amato formó un gobierno de coalición (junio) que inició una política de austeridad, de revisión de las instituciones y de lucha contra la mafia y la corrupción. 1993: el independiente C. A. Ciampi formó un gobierno de coalición para gestionar el tránsito hacia una «segunda república», tras la reforma de la ley electoral. 1994: en las elecciones legislativas venció una coalición de centro-derecha; S. Berlusconi, primer ministro pero, acusado de corrupción, dimitió (dic.). 1995: Lamberto Dini fue encargado de formar gobierno. 1996: triunfo de la coalición de centro-izquierda (El Olivo) en las elecciones legislativas y su líder, Romano Prodi, primer ministro. 1998: Prodi dimitió; el excomunista M. D'Alema presidió un gobierno de centro-izquierda. 2000: D'Alema renunció. 2001: Silvio Berlusconi, primer ministro. Se reabrió al público la Torre Inclinada de Pisa, luego de once años de reparaciones.

ITALIANISMO n. m. Giro o modo de hablar propio de la lengua italiana. **2.** Palabra o giro de la lengua italiana incorporado a otra lengua. **3.** Afición por las cosas italianas.

ITALIANIZANTE adj. B. ART. Que se inspira en los estilos de Italia.

ITALIANIZAR v. tr. y pron. [**1g**]. Comunicar o tomar costumbres italianas.

ITALIANO, A adj. y n. De Italia. ♦ n. m. **2.** Lengua románica hablada en Italia.

ITÁLICA, municipio hispanorromano de la Bética, próximo a Hispalis (Sevilla), en el emplazamiento de la actual Santiponce. Fundado por Escipión el Africano (205 a. J.C.), vivió su mayor esplendor en la época de Augusto y fue cuna de los emperadores Trajano y Adriano. Restos del anfiteatro, teatro y termas.

ITÁLICO, A adj. y n. Dícese de los pueblos indoeuropeos que penetraron en Italia en el II milenio, y también de sus lenguas. **2.** Dícese del carácter, o de la letra, de imprenta ligeramente inclinado hacia la derecha, que fue creada en Venecia, hacia 1500, por Aldo Manucio. SIN.: itaIiota.

ÍTALO, A adj. y n. Poét. Italiano.

ITAPÚA (departamento de), dep. del SE de Paraguay; 16 525 km^2; 377 536 hab. Cap. Encarnación.

ITATA, r. de Chile central (Biobío), que recibe el Ñuble (or. der.), de mayor caudal, y desemboca en el Pacífico; 180 km aprox.

ÍTEM adv. (lat. item). Además, igualmente. **2.** En una escritura u otro instrumento, indica distinción de artículos o capítulos, o adición. ♦ n. m. **3.** Fig. Aditamento, añadidura. **4.** INFORMÁT. Cada uno de los elementos de que consta un conjunto de informaciones procesables por ordenador. **5.** INFORMÁT. Colección de caracteres tratados como una unidad lógica de información en un programa.

ITÉNEZ → Guaporé.

ITERABLE adj. Capaz de repetirse.

ITERACIÓN n. f. Acción y efecto de iterar. **2.** INFORMÁT. Cada una de las sucesivas ejecuciones de un bucle durante el desarrollo de un programa.

ITERAR v. tr. [**1**]. Repetir.

ITERATIVO, A adj. Que tiene la condición de repetirse o de reiterarse: acto iterativo. ♦ adj. y n. m. **2.** LING. Dícese de un verbo que indica una acción que se repite, como parpadear, vociferar. SIN.: frecuentativo.

ITERBIO n. m. Metal (Yb) de número atómico 70, de masa atómica 173,04, del grupo de las tierras raras.

ITINERANTE adj. Que se desplaza para ejercer una función determinada.

ITINERARIO, A adj. (lat. itinerarium, der. de iter, camino). Relativo a caminos. ♦ n. m. **2.** Descripción o guía de un viaje, expedición, etc., con una serie de datos geográficos o turísticos referentes a él: establecer un itinerario. **3.** Ruta que se sigue para llegar a un lugar.

ITRIO n. m. Metal (Y) de número atómico 39, y masa atómica 88,059, del grupo de las tierras raras, que acompaña a los cerio la mayoría de sus minerales.

ITURBIDE (Agustín **de**), militar y estadista mexicano (Valladolid, act. Morelia, 1783-Padilla 1824). De ideología profundamente conservadora, luchó contra la aplicación de la constitución liberal de 1812. Antiguo oficial del ejército español, asumió el liderato del movimiento independentista mexicano (1820), y con un ejército de 4000 hombres lanzó el plan de Iguala (febr. 1821), que proclamó la independencia; ésta fue efectiva en setiembre. Se hizo proclamar presidente de la junta de gobierno y en 1822, tras consagrarse emperador (Agustín I), abolió la cámara y gobernó dictatorialmente. Tuvo que abdicar en 1823 y exiliarse. A su regreso fue fusilado.

ITUZAINGÓ, dep. de Argentina (Corrientes); 28 737 hab. Naranjos. Puerto fluvial en el Paraná. En sus inmediaciones tuvo lugar una batalla, durante la rebelión de la Banda Oriental del Uruguay, en el que las tropas argentino-uruguayas vencieron al imperio brasileño (20 febr. 1827). Fue decisiva para la independencia uruguaya.

ITZÁ, pueblo amerindio del grupo maya, que vive en el Petén (N de Guatemala y Belice). Procedentes del SO del Yucatán, fundaron la c. de Chichén Itzá. En el s. X se unieron con los toltecas (esplendor de Chichén Itzá). Del s. XIII al XV estuvieron sometidos por los mayas. Lucharon contra los españoles, que sólo impusieron su dominio en la región en 1697.

ITZAMNÁ, divinidad benefactora y principal del panteón maya, señor del cielo, de la noche y del día y héroe cultural (se le atribuía la invención de la escritura y el calendario).

ITZCÓATL, cuarto soberano azteca [1427-1440], hijo ilegítimo del rey Acamapichtli. Aliado del rey de Texcoco, acabó con el imperio tepaneca (c. 1430) e inició la expansión azteca por el O del Valle de México.

ITZCUINTLI n. m. (voz náhuatl, perro). Décimo de los veinte signos del calendario azteca.

IVA n. f. Planta herbácea, que crece en los barbechos y lugares incultos, secos y pedregosos de las regiones templadas. (Familia labiadas.)

I.V.A. n. m. Siglas de impuesto sobre el valor añadido.

IXIL, pueblo amerindio de Guatemala, del grupo mam, de la familia lingüística maya-zoque.

IXTLE n. m. Méx. Especie de agave y fibra textil que proporciona.

IXTLILXÓCHITL I (†1418), sexto soberano chichimeca [1409-1418]. Accedió al trono de Texcoco en guerra con el señor tepaneca Tezozomoc. Murió asesinado, tras poner a salvo a su hijo Netzahualcóyotl.

IXTLILXÓCHITL II, príncipe de Texcoco (1500-1550), hijo de Netzahualpilli y hermano de Cacamatzin, al que se enfrentó tras la muerte de su padre en 1516. Colaboró activamente con los españoles en la conquista del imperio azteca, concluida la cual no pudo recuperar los territorios del reino de Texcoco.

IZABAL, también llamado **golfo Dulce,** lago de Guatemala (Izabal); 589 km^2. Desagua en la costa del Caribe a través de El Golfete y del río Dulce.

IZABAL (departamento de), dep. del E de Guatemala; 9038 km^2; 32 6411 hab. Cap. Puerto Barrios.

IZADA n. f. Acción y efecto de izar.

IZADO n. m. Izada.

IZALCO, c. de El Salvador (Sonsonate); 29 080 hab. Plantas textiles. Aguas termales. Está situada en la ladera del volcán Izalco (1885 m), activo.

IZAPÍ n. m. Planta arbórea que crece en Misiones, Argentina, en la estación de calor, y despide de sus hojas un abundante rocío que refresca el suelo.

IZAR v. tr. (fr. hisser) [**1g**]. Elevar una cosa tirando de la cuerda, cable, etc., a que está sujeta: izar las velas, izar una bandera.

İZMİR, ant. **Esmirna,** c. y puerto de Turquía, en la costa del mar Egeo; 1 757 414 hab. Feria internacional. Museo arqueológico.

İZMİT, ant. **Nicomedia,** c. de Turquía, en la orilla oriental del mar de Mármara; 256 882 hab. Puerto militar. Petroquímica.

IZOTE n. m. Planta arbórea de América Central, de hasta 10 m de alt., cuyas hojas y capullos carnosos son comestibles. (Familia liliáceas.)

IZOZOG o **PARAPETÍ** (bañados de), área pantanosa de Bolivia (Santa Cruz), en Los Llanos orientales.

IZQUIERDA n. f. Lo que está situado con respecto al hombre al lado del corazón: sentarse a la izquierda. **2.** Conjunto de grupos y partidos que profesan opiniones avanzadas, por oposición a la derecha, conservadora. • **Extrema izquierda,** partido político o fracción de una asamblea con la opinión de izquierda más radical.

IZQUIERDISMO n. m. Doctrina o actitud de los grupos políticos de izquierda.

IZQUIERDISTA adj. y n. m. y f. Relativo a la izquierda política; partidario de la izquierda política. **2.** Relativo al izquierdismo.

IZQUIERDO, A adj. Dícese de las partes del cuerpo situadas del lado del corazón: ojo izquierdo; mano izquierda. **2.** Dícese de lo que está situado, con respecto al hombre, del lado del corazón: zapato izquierdo. **3.** Dícese del lado de un objeto que está situado, con relación a su parte anterior, como en el hombre la parte del cuerpo en relación al lado del corazón: el ala izquierda del palacio. **4.** Dícese de la parte de un río que queda a la izquierda de quien se coloca mirando hacia donde corren las aguas: margen, orilla izquierda.

IZQUIERDO (María), pintora mexicana (San Juan de los Lagos, Jalisco, 1902-México 1955). Su obra une elementos relacionados con el surrealismo, la tradición mexicana y la pintura naïf.

IZTACCÍHUATL, macizo volcánico de México (México y Puebla); 5286 m de alt.

J j

J n. f. Décima letra del alfabeto español y séptima de sus consonantes. (Es una fricativa velar sorda.) **2.** Símbolo del *julio*.
¡JA! Voz onomatopéyica con que se imita la risa. (Suele usarse repetida.)
JABA n. f. *Amér.* Especie de cajón enrejado en que se transportan útiles domésticos. **2.** *Chile.* Cajón lleno de piedras que se pone en la ribera de los ríos para impedir su desborde. **3.** *Chile. Fig., vulg.* y *desp.* Boca. **4.** *Cuba.* Especie de cesta hecha de tejido de junco o yagua. **5.** *Cuba.* Cualquier bolsa de plástico para llevar a mano.
JABALÍ n. m. (ár. *ŷabalī*). Mamífero parecido al cerdo, del cual se distingue por tener la cabeza más aguda y colmillos muy desarrollados que le sobresalen de los labios.
JABALINA n. f. (fr. *javeline*). Especie de lanza, arma arrojadiza de los pueblos antiguos. **2.** Instrumento para lanzar, en forma de asta, usado en atletismo.
JABALINA n. f. Hembra del jabalí.
JABATO, A adj. y n. Valiente, bravo. ♦ n. m. **2.** Cachorro de jabalí.
JABEAR v. tr. [1]. *Guat.* Robar, hurtar.
JÁBEGA o **JÁBECA** n. f. Arte de pesca cerca de la costa. **2.** Embarcación menor a remos.
JABÓN n. m. Producto obtenido por la acción de una base sobre un cuerpo graso, utilizado para lavar. **2.** *Argent., Méx.* y *Urug. Fam.* Miedo, susto. ♦ **Dar jabón** *(Fam.)*, adular.
JABONADA n. f. Aplicación de jabón a una cosa para lavarla. **2.** *Fig.* y *fam.* Reprimenda. **3.** *Chile.* Jabonado.
JABONADO n. m. Acción y efecto de jabonar. **2.** *Chile.* Reprimenda, regañina. **3.** *Chile.* Jabonadura.
JABONADORA n. f. *Colomb.* Lavandera.
JABONADURA n. f. Jabonado. **2.** Jabonada. ♦ **Dar a alguien una jabonadura** *(Fam.)*, reprenderle duramente. ♦ **jabonaduras** n. f. pl. **3.** Agua que queda mezclada con el jabón y su espuma. **4.** Espuma que se forma al jabonar.
JABONAR v. tr. [1]. Enjabonar. **2.** *Fig.* y *fam.* Reprender duramente. ♦ v. tr. y pron. **3.** Humedecer la barba con agua jabonosa para afeitarla.
JABONCILLO n. m. Pastilla de jabón aromatizado. **2.** Planta arbustiva de fruto carnoso cuya pulpa contiene saponina. (Familia sapindáceas.) **3.** *Amér.* Árbol de la familia de las sapindáceas, de flores amarillentas y fruto carnoso y amargo parecido a la cereza. **4.** *Cuba.* Planta amarantácea. ♦ **Jaboncillo de sastre**, pequeña pieza de esteatita de diversos colores que se emplea para hacer señales en las telas.
JABONERA n. f. Recipiente donde se deposita o guarda el jabón. **2.** Planta de flores rosas, que crece en lugares húmedos y cuyo tallo o raíces contienen saponina, que forma espuma al agua igual que el jabón. (Familia cariofiláceas.)
JABONERÍA n. f. Establecimiento donde se hace o vende jabón.
JABONERO, A adj. Relativo al jabón. ♦ adj. y n. **2.** *TAUROM.* Dícese de la res de pelo blanco sucio o amarillento. ♦ n. **3.** Persona que fabrica o vende jabón.
JABONOSO, A adj. Que contiene jabón o es de la naturaleza del jabón.
JABORANDI n. m. (fr. *jaborandi*). Planta arbustiva de Brasil y Paraguay, cuyas hojas se utilizan como fuente de policarpina en terapéutica.
JABOTÍ n. m. *Amér.* Tortuga terrestre de carne comestible.
JACA n. f. Caballo de poca alzada. **2.** Yegua, hembra del caballo.
JACAL n. m. *Méx.* y *Venez.* Choza o casa humilde.
JACALÓN n. m. *Méx.* Cobertizo, tinglado.
JACAMAR n. m. Ave suramericana de colores brillantes y pico negro, que vive en los bosques umbrosos, cerca de las zonas acuáticas. (Familia galbúlidos.)
JACAPA n. m. Pájaro que vive en los bosques de América Meridional. (Familia tráupidos.)
JACAPUCAYO n. m. *Argent.* Planta arbórea que produce un fruto llamado vulgarmente olla de mono, que contiene semillas oleaginosas, gruesas y comestibles. (Familia lecitidáceas.)
JÁCARA n. f. Romance que trataba de la vida de malhechores y rufianes, escrito en la jerga de los bajos fondos de la sociedad. **2.** *Fig.* y *fam.* Molestia o fastidio. **3.** *Fig.* y *fam.* Razonamiento, parrafada. **4.** *MÚS.* Música para cantar o bailar en la escena.
JACARANDÁ n. m. *Amér.* Árbol de la familia de las bignoniáceas, cuya madera es muy estimada.
JACARANDOSO, A adj. *Fam.* Alegre, desenvuelto, que tiene donaire.
JÁCHAL, dep. de Argentina (San Juan); 19 989 hab. Alfalfa, cereales, vid. Ganadería.
JACHALÍ n. m. *Amér.* Planta arbórea de fruto aromático y sabroso y de madera dura, muy apreciada en ebanistería.
JACINTO n. m. Planta bulbosa una de cuyas especies del Asia Menor se cultiva por sus flores en racimos ornamentales. (Familia liliáceas.) **2.** Flor de esta planta. **3.** Piedra preciosa, variedad del circón.
JACKSON (Andrew), político norteamericano (Waxhaw, Carolina del Sur, 1767-Hermitage, Tennessee, 1845). Presidente demócrata de E.U.A. (1829-1837), su mandato creó la época *(era Jackson)* para acrecentar la autoridad presidencial y reforzar la democracia norteamericana.
JACO n. m. Caballo pequeño y poco apreciado.
JACOB, el último de los patriarcas bíblicos, hijo de Isaac y padre de doce hijos, a quien un sueño reveló que de ellos descenderían las doce tribus de Israel.
JACOB (François), médico y biólogo francés (Nancy 1920), premio Nobel de fisiología y medicina en 1965, junto con Lwoff y Monod, por sus trabajos sobre bioquímica y genética.

JACOBINISMO n m. Doctrina democrática y centralizadora profesada durante la Revolución francesa por los jacobinos. **2.** *Por ext.* Opinión democrática radical.
JACOBINO, A adj. Relativo al período en que reinó Jacobo I de Inglaterra. ♦ adj. y n. **2.** Relativo al club de los jacobinos; miembro de dicho club. **3.** *Por ext.* Partidario acérrimo de la democracia.
JACOBO → *Santiago*.
JACQUARD (Joseph Marie), mecánico francés (Lyon 1752-Oullins, Rhône, 1834), inventor del telar que lleva su nombre.
JACTANCIA n. f. Calidad de jactancioso.
2. Actitud o acción jactanciosa: *hablar sin jactancia*.
JACTANCIOSO, A adj. y n. Que se jacta.
♦ adj. **2.** Dícese de la acción o actitud jactanciosa.
JACTARSE v. pron. (lat. *iactare*) [1]. Presumir de algo que uno tiene o se atribuye, sea o no motivo de enorgullecimiento.
JACÚ n. m. *Bol.* Alimentos que como el pan, yuca, plátano, etc., se comen acompañando a otros.
JACULATORIA n. f. Oración breve y fervorosa.
JACUZZI n. m. (marca registrada). Piscina pequeña equipada con chorros de agua a presión que crean unas burbujas relajantes.
JADE n. m. (fr. *jade*). Silicato natural de aluminio, calcio y magnesio, usado como piedra preciosa, de color verde, más o menos oscuro.
JADEANTE adj. Que jadea.
JADEAR v. intr. [1]. Respirar con dificultad o entrecortadamente por efecto de cansancio, calor, enfermedad, etc.
JADEO n. m. Respiración rítmica, superficial y entrecortada.
JAÉN (*provincia de*), prov. de España, en Andalucía; 13 498 km²; 630 492 hab. Cap. Jaén. La sierra Morena, al N, y la cordillera Subbética al S, encuadran la amplia depresión del Guadalquivir.
JAÉN, c. de España, cap. de la prov. homónima y cab. de p. j.; 107 413 hab. (*jiennenses* o *jaeneses*.) Cabecera de una rica comarca agrícola. Industrias. Fue la *Aurgi* cartaginesa y luego romana. Cap. de un taifa musulmana en el s. XI. Baños árabes (s. XI), catedral (de Santa Catalina, catedral (ss. XVI-XVII). Diversas iglesias y edificios civiles (ss. XVI-XVIII). Museos.
JAENÉS, SA adj. y n. Jiennense.
JAEZ n. m. (ár. *ŷehēz*, ajuar, arnés). Cualquier adorno que se pone a las caballerías. **2.** Cualidad o propiedad de algo o alguien: *gente de semejante jaez resulta indeseable*.
JAGO n. m. Palmera americana de interés alimenticio. (Familia palmáceas.)
JAGUA n. f. (voz araucana). Planta arbórea de flores blanco amarillentas y fruto drupáceo de regular tamaño con pulpa agridulce. (Familia rubiáceas.) **2.** Fruto de esta planta. **3.** *Colomb.* Variedad de frijol.
JAGUAR n. m. Yaguar.
JAGUARETÉ n. m. *Argent., Par.* y *Urug.* Yaguar.

JAG

JAGUAY n. m. *Cuba.* Planta arbórea de madera amarilla, empleada en ebanistería. (Familia mimosáceas.)
JAGÜEL n. m. *Amér. Merid.* Jagüey.
JAGÜEY n. m. *Amér.* Balsa, pozo o zanja llena de agua, ya artificialmente, ya por filtraciones del terreno. **2.** *Amér.* Balsa o depósito natural de agua que se emplea como abrevadero. **3.** *Cuba.* Bejuco de la familia de las moráceas que crece enlazándose con otro árbol, al cual mata.
JAIBA n. f. *Chile* y *Méx.* Cangrejo de río. **2.** *Chile.* Cámbaro. ♦ adj. y n. m. y f. **3.** *Cuba.* Perezoso. **4.** *Cuba, Méx.* y *P. Rico.* Astuto, taimado.
JAILOSO, A adj. *Colomb.* Dícese del aristócrata o del que pretende serlo.
JAIMES FREYRE (Ricardo), poeta boliviano (Tacna, Chile, 1868-Buenos Aires 1933). Exponente del modernismo con *Castalia bárbara* (1897), *Los sueños son vida* (1917) y el tratado *Leyes de la versificación castellana* (1912).
JAIPUR, c. de la India, cap. de Rājasthān; 1 455 000 hab. Universidad. Centro de la civilización rājpūt. Numerosos monumentos (ss. XVI-XVIII).
JAKARTA → *Yakarta.*
JAKASIA (República de), república de la Federación de Rusia, en Siberia, al NE de los montes Altái; 61 900 km²; 569 000 hab. Cap. *Abakán.*
JAL n. m. *Méx.* Piedra pómez con fragmentos de minerales o metales preciosos.
JALA n. f. *Colomb.* Borrachera.
JALADA n. f. *Méx. Fam.* Exageración. **2.** *Méx. Fam.* Fumada de cigarrillo.
JALADO, A adj. *Méx.* Exagerado.
JALADOR, RA adj. y n. *Méx.* Dícese del que se suma con entusiasmo a una empresa común.
JALAPA n. f. Planta de América septentrional. (Familia convolvuláceas.)
JALAPA (departamento de), dep. del centro-oeste de Guatemala; 2063 km²; 154 300 hab. Cap. *Jalapa* (46 837 hab.).
JALAPA o **JALAPA ENRÍQUEZ**, c. de México, cap. del est. de Veracruz; 306 121 hab. Centro comercial, industrial y cultural (universidad). Aeropuerto.
JALAPEÑO n. m. *Méx.* Variedad de chile.
JALAR v. tr. (fr. *haler*) [1]. *Fam.* Halar. **2.** *Fam.* Tirar, atraer. **3.** *Vulg.* Comer. ♦ v. tr. e intr. **4.** *Amér.* Largarse, irse. ♦ v. intr. **5.** *Amér. Fig.* Correr o andar muy deprisa. **6.** *Amér. Central.* Mantener relaciones amorosas. ♦ **jalarse** v. pron. **7.** *Amér.* Emborracharse. • *Jalársela* (*Méx. Fam.*), exagerar.
JALCA n. f. *Perú.* Cumbre elevada de la cordillera andina.
JALDA n. f. *P. Rico.* Falda de un monte.
JALEA n. f. (fr. *gelée*). Conserva dulce de aspecto gelatinoso y transparente hecha de zumo de algunas frutas. • **Jalea real**, sustancia fluida y blanquecina, rica en vitaminas, elaborada por las abejas para alimentar a las larvas o a las reinas.
JALEAR v. tr. [1]. Animar con palmadas, exclamaciones y actitudes a los que cantan, bailan o tocan. **2.** Incitar a los perros a voces para que sigan o ataquen a la caza. **3.** *Chile Vulg.* Importunar, molestar; mofarse, burlarse.
JALEO n. m. Acción y efecto de jalear. **2.** Baile popular oriundo de Jerez y Cádiz, de compás ternario. **3.** Copla que acompaña a este baile. **4.** Última parte del merengue dominicano. **5.** *Fam.* Ruido, agitación, desorden. **6.** *Fam.* Lío, enredo.
JALISCO, A adj. *Chile.* Dícese de la persona que es mala perdedora o que pretende tener siempre la razón.
JALISCO (estado de), est. del O de México; 80 137 km²; 5 302 689 hab. Cap. *Guadalajara.*
JALÓN n. m. (fr. *jalon*). Vara con regatón de hierro que se clava en tierra para determinar puntos fijos. **2.** *Fig.* Hito, punto de referencia. **3.** *Argent., Bol.* y *Chile.* Trecho, distancia.
JALÓN n. m. *Amér.* Tirón. **2.** *Méx.* Trago de bebida alcohólica. **3.** *Méx.* Fumada de cigarrillo. • **De un jalón** (*Méx.*), de principio a fin, sin interrupción: *leí la novela de un jalón.*
JALÓN n. m. *Nicar. Fam.* Novio, pretendiente.
JALONAR v. tr. [1]. Señalar con jalones. **2.** *Fig.* Servir un acontecimiento como punto de referencia en un período de tiempo.
JALONEAR v. tr. [1]. *Guat., Méx.* y *Nicar.* Dar tirones. **2.** *Guat., Méx.* y *Nicar.* Regatear el precio.
JAMA n. f. *Hond.* Iguana de tamaño menor que el común.
JAMAICA n. f. *Cuba* y *Méx.* Planta malvácea de propiedades diuréticas. **2.** *Méx.* Tómbola o venta de caridad.
JAMAICA, estado insular de las Grandes Antillas, al S de Cuba; 11 425 km²; 2 500 000 hab. *(Jamaicanos o jamaiquinos.)* CAP. *Kingston.* LENGUA OFICIAL: *inglés.* MONEDA: *dólar jamaicano.* Isla montañosa de clima tropical, posee importantes plantaciones (caña de azúcar, plataneras) y es una notable productora de bauxita y aluminio. Recibe numerosos turistas.

HISTORIA
1494: Cristóbal Colón descubrió la isla. 1655: escasamente colonizada por los españoles, fue conquistada por los ingleses, quienes desarrollaron el cultivo de la caña de azúcar. S. XVIII: Jamaica se convirtió en el centro del tráfico de esclavos negros hacia América del Sur. 1833: la abolición de la esclavitud y los privilegios aduaneros (1846) arruinó las grandes plantaciones. 1866-1884: la isla se situó bajo la administración directa de la corona británica. 1870: se introdujo el cultivo del plátano, mientras aparecían grandes compañías extranjeras (United fruit). 1938-1940: se desarrolló el movimiento autonomista, bajo el impulso de Norman Washington Manley y de Alexander Bustamante. 1953: una nueva constitución dio a la isla el gobierno autónomo. 1962: Jamaica se independizó en el marco de la Commonwealth. 1972: tras diez años de gobierno laborista, Michael Norman Manley fue nombrado primer ministro. 1980: los laboristas, dirigidos por Edward Seaga, volvieron al poder. 1989: M. N. Manley (Partido nacional del pueblo) volvió a ser primer ministro. 1992: tras su dimisión, le sucedió Percival Patterson (P.N.P.), reelegido en 1997.

JAMAICANO, A adj. y n. De Jamaica.
JAMAR v. tr. y pron. [1]. *Fam.* Comer.
JAMÁS adv. En ningún tiempo, nunca.
JAMBA n. f. (fr. *jambe*). Cada uno de los elementos verticales que sostienen un arco o dintel de una puerta o ventana.
JAMBADO, A adj. *Méx.* Comilón, tragón, glotón.
JAMELGO n. m. (lat. *famelicum*). Caballo desgarbado y mal proporcionado.
JAMES (William), filósofo norteamericano (Nueva York 1842-Chocorua, New Hampshire, 1910), uno de los fundadores del pragmatismo (*El pragmatismo*, 1907). – Su hermano **Henry** (Nueva York 1843-Londres 1916) se nacionalizó británico. Es autor de novelas de gran capacidad de análisis (*Otra vuelta de tuerca*, 1898; *Las alas de la paloma*, 1902; *Los embajadores*, 1903; *La copa dorada*, 1904).
JAMÓN n. m. Pierna de cerdo curada. **2.** Carne de esta pierna. • **Jamón cocido,** o **en dulce,** el obtenido por cocción, generalmente deshuesado y moldeado. ‖ **Jamón serrano,** el de calidad superior, secado en climas secos y fríos de montaña.
JAMONA n. f. y adj. Mujer madura, algo gruesa y de formas pronunciadas.
JAMONCILLO n. m. *Méx.* Dulce de leche.

JAN n. m. *Cuba.* Estaca empleada para sembrar haciendo hoyos.
JANANO, A adj. *Guat., Nicar.* y *Salv.* Dícese del que tiene labio leporino.
JANEIRO n. m. Planta forrajera que crece en Colombia y Ecuador. (Familia gramíneas.)
JANGADA n. f. *Fam.* Salida o idea necia y fuera de tiempo. **2.** *Fam.* Trastada.
JANGADA n. f. (voz portuguesa). Balsa o almadía.
JANKO UMA, pico de los Andes bolivianos, en la cordillera Real; 6440 m de alt.
JAPÓN, en jap. **Nippon** o **Nihon**, estado insular de Asia oriental, en el que destacan las islas de *Honshū, Hokkaidō, Shikoku* y *Kyūshū;* 373 000 km²; 124 800 000 hab. *(Japoneses.)* CAP. *Tōkyō.* LENGUA OFICIAL: *japonés.* MONEDA: *yen.*

GEOGRAFÍA
País de dimensiones medias pero densamente poblado, Japón es ante todo una gran potencia económica mundial, a pesar de no verse favorecido por su medio natural, en el que predomina la montaña; el bosque cubre más del 60 % del territorio y el vulcanismo es en ocasiones activo, mientras que los sismos suelen ir acompañados de maremotos. El invierno es riguroso en el N; la mayor parte del archipiélago, pues, bajo la influencia de los monzones, posee un verano suave y húmedo. El desarrollo económico fue rápido a partir de la apertura de Japón a occidente con la era Meiji (1868). Este desarrollo provocó al principio una urbanización creciente (aproximadamente el 80 % de la población es urbana) con la formación de algunas grandes megalópolis, entre cuyos centros destacan Tōkyō, Ōsaka y Nagoya. Actualmente, la población crece lentamente debido al descenso del índice de natalidad (aproximadamente el 13 %). La industria se ha convertido en una de las más poderosas del mundo, gracias a la concentración estructural y financiera, así como a la agresividad comercial. Japón se sitúa en los primeros puestos mundiales por lo que se refiere a numerosas producciones (acero, barcos, automóviles y motocicletas, plásticos, televisores, vídeos, cámaras fotográficas, etc.), que en buena parte se exportan. Por ello, la balanza comercial es regularmente excedentaria, a pesar de las grandes importaciones de energía (Japón extrae algo de hulla y solamente un tercio de la producción de electricidad es de origen local, hidráulico o nuclear) y compras en el campo alimentario (a pesar de la importancia de la flota pesquera y el difícil mantenimiento de la producción de arroz). Japón, arruinado tras la segunda guerra mundial, experimentó un crecimiento excepcionalmente rápido. El nivel de vida medio ha progresado de forma considerable. La moneda es fuerte, la inflación y el paro, reducidos. Sin embargo, existen algunas contrapartidas: una evidente dependencia de los mercados exteriores, cierta negligencia respecto al medio ambiente y, más recientemente, un malestar social.

HISTORIA
Los orígenes. IX milenio: poblamiento por pueblos paleolíticos procedentes del continente norasiático. VII milenio *(período prejōmon):* cultura precerámica en vías de neolitización. VI milenio-s. III a. J.C. *(período jōmon):* vasijas decoradas, herramientas líticas pulidas, morteros de piedra. S. III a. J.C.-s. III d. J.C. *(período yayoi):* cultivo del arroz, metalurgia del bronce y del hierro, tejido y torno de alfarero. S. III-s. VI *(período de los kofun):* grandes túmulos con cámara funeraria y decoración mural que evocaba la vida cotidiana; en torno al túmulo: haniwa de terracota con forma de animales y de

guerreros. Arquitectura religiosa sintoísta: Ise e Izumo.

El Japón antiguo. Ss. V-VI: el estado de Yamato se benefició de la influencia china, que le llegó a través de los coreanos. C. 538: Japón entró en la historia con la introducción del budismo, llegado de Corea. 600-622: el regente Shōtoku Taishi creó el santuario de Hōryūjì. 645: el clan de los Nakatomi eliminó al de los Soga y estableció un gobierno que imitaba el de la China de los Tang. 710-794 (período de Nara): seis sectas budistas impusieron sus concepciones en la corte, establecida en Nara. 794: se fundó la nueva capital, Heian-kyō (Kyōto). 794-1185 (período de Heian): diversos clanes de colonos guerreros se establecieron en el N de Honshū. 858-mediados de los s. XII: los Fujiwara ostentaron el poder. 1185: el clan de los Taira fue vencido por el de los Minamoto.

El shōgunado. 1192: el jefe del clan Minamoto, Yoritomo, fue nombrado general (shōgun). En adelante hubo un doble poder central: el del emperador (tennō) y la corte, y el del shōgun y su gobierno militar (bakufu). 1185/1192-1333 (período de Kamakura): el bakufu, establecido en Kamakura, estuvo dominado por Yoritomo y sus hijos, y posteriormente por los Hōjō. 1274-1281: las tentativas de invasión de los mongoles fueron rechazadas. 1333-1582 (período de Muromachi): los shōgun Ashikaga se establecieron en Kyōto. El país se vio ensangrentado por guerras civiles (guerra de las dos cortes, 1336-1392) y por incesantes conflictos entre señores (daimyō). Entretanto, comerciantes portugueses penetraron en Japón (1542), que san Francisco Javier, llegado en 1549, comenzó a evangelizar. 1582: tras nueve años de luchas, Oda Nobunaga depuso a los Ashikaga. 1585-1598: Toyotomi Hideyoshi, primer ministro del emperador, unificó Japón sometiendo a los daimyō independientes. 1603-1616: Tokugawa Ieyasu se instaló en Edo (Tōkyō), se declaró shōgun hereditario y dotó a Japón de instituciones estables. 1616-1867 (período de Edo o de los Tokugawa): se cerró el país a los extranjeros (salvo a los chinos y neerlandeses), tras la rebelión de 1637. La clase comerciante y las ciudades experimentaron un gran desarrollo. 1854-1864: los occidentales intervinieron militarmente para obligar a Japón a abrirse al comercio internacional.

El Japón contemporáneo. 1867: el último shōgun, Yoshinobu, dimitió y el emperador Mutsuhito (1867-1912) se instaló en Tōkyō. 1868-1912 (era Meiji): se adoptaron las técnicas y las instituciones occidentales (constitución, 1889) a fin de hacer de Japón una gran potencia económica y política. Fue un período de expansión exterior: al término de la guerra chino-japonesa (1894-1895), Japón adquirió Formosa; tras vencer en la guerra ruso-japonesa (1905), se impuso en Manchuria y Corea, país que anexionó en 1910. 1912-1926: durante el reinado de Yoshihito (era Taishō), Japón entró en la primera guerra mundial junto a los aliados y obtuvo las posesiones alemanas del Pacífico. 1926: Hiro-Hito sucedió a su padre, abriendo la era Shōwa. 1931: la extrema derecha nacionalista en el poder hizo ocupar Manchuria. 1937-1938: ocupó el NE de China. 1940: firmó un tratado tripartito con Alemania e Italia. 1941-1942: ocupó la mayor parte del Sureste asiático y el Pacífico. Agosto 1945: capituló tras los bombardeos atómicos de Hiroshima y Nagasaki. 1946: una nueva constitución instauró una monarquía constitucional. 1951: el tratado de paz de San Francisco restableció la soberanía de Japón. Desde entonces, el Partido liberal-democrático (P.L.D.) dominó la vida política. 1960: se firmó un tratado de alianza militar con E.U.A. 1960-1970: Japón se convirtió en una de las primeras potencias económicas del mundo. 1978: firmó con China un tratado de paz y de amistad. 1982: Nakasone Yasuhiro fue nombrado primer ministro. 1987: Takeshita Noboru le sucedió al frente del gobierno. 1989: tras la muerte de Hiro-Hito, su hijo Aki-Hito le sucedió e inauguró la era Heisei. Escándalos político-financieros provocaron la dimisión de Takeshita Noboru (abril). Uno Sosuke (junio) y Kaifu Toshiki (ag.) le sucedieron. 1991: Miyazawa Kiichi fue nombrado primer ministro. 1992: el parlamento aprobó el proyecto de ley que permitía la participación de soldados japoneses en las misiones de paz de la O.N.U. 1993: Miyazawa Kiichi dimitió a raíz de una moción de censura. En las elecciones generales el P.L.D. perdió la mayoría absoluta; fue nombrado primer ministro Hosokawa Morihiro, con una coalición de partidos. 1994: tras la dimisión de Hosokawa fue nombrado primer ministro Hata Tsutomu, quien dimitió y asumió la presidencia del gobierno el socialista Murayama Tomichi. 1996: tras la dimisión de Murayama, Hashimoto Ryutaro, del P.L.D., es nombrado primer ministro también liberal O. Keizo. 2000: Yoshiro Mori, liberal, designado primer ministro en sustitución de Keizo. Y. Mori renunció. Japón se negó a entregar a la justicia peruana al expresidente A. Fujimori, alegando que no existe tratado bilateral de extradición.

JAPONÉS, SA adj. y n. De Japón. SIN.: nipón. ◆ n. m. **2.** Lengua hablada en Japón.

JAQUE n. m. Lance del ajedrez en el cual el rey o la reina de un jugador están amenazados por alguna pieza del otro, que tiene obligación de avisarlo. **2.** Palabra con que se avisa este lance. **3.** Fam. Valentón, perdonavidas. ◆ **Jaque mate,** mate. ‖ **Poner, tener** o **traer en jaque,** amenazar o atacar a alguien, inquietándolo o impidiéndole realizar lo que desea.

JAQUECA n. f. Dolor de cabeza.

JARA n. f. Planta arbustiva de hojas brillantes, flores blancas y fruto en cápsula. (Familia cistáceas.) **2.** Méx. Flecha.

JARA (Víctor), cantautor chileno (Chillán 1938-Santiago 1973), compositor e intérprete de temas sociales. Fue detenido y asesinado durante el golpe militar de Pinochet.

JARABA n. f. Planta herbácea de hojas con bordes aserrados e inflorescencias en umbelas, común en la península Ibérica. (Familia umbelíferas.)

JARABE n. m. (ár. šarāb, bebida). Bebida que se obtiene cociendo azúcar en agua hasta que espesa, y añadiendo alguna esencia o medicamento. **2.** Cualquier bebida muy dulce. **3.** MÚS. Baile popular mexicano de movimiento rápido, derivado del zapateado español. ◆ **Jarabe de palo** (Fig. y fam.), reprimenda que debería darse a alguien en lugar de los cuidados que aparenta necesitar.

JARACATAL n. m. Guat. Multitud, abundancia.

JARAL n. m. Terreno poblado de jaras. **2.** Fig. Cosa o asunto muy enredado o intrincado.

JARAMA, río de España, afl. del Tajo (or. der.); 168 km. En el valle, yacimientos del paleolítico inferior.

JARANA n. f. Diversión bulliciosa. **2.** Ruido, bulla. **3.** Fam. Pendencia, trifulca. **4.** Méx. Guitarra pequeña de cuatro cuerdas que se usa en la costa de Veracruz. **5.** MÚS. Baile mexicano, en especial del estado de Yucatán.

JARANEAR v. intr. [**1**]. Fam. Ir de jarana. **2.** Cuba. Chancear, burlarse.

JARANERO, A adj. Fam. Aficionado a la jarana. ◆ n. **2.** Méx. Persona que toca la jarana.

JARANISTA adj. Perú. Jaranero.

JARCIA n. f. Conjunto de todos los cabos y aparejos de un buque. **2.** Conjunto de instrumentos y redes para pescar.

JARCERÍA n. f. Méx. Conjunto de objetos de uso doméstico elaborados con fibra.

JARCIERO, A n. Méx. Persona que vende o fabrica jarcería.

JARCIO, A adj. Méx. Borracho.

JARDIEL PONCELA (Enrique), escritor español (Madrid 1901-íd. 1952). Gran renovador de la literatura humorística, escribió novelas satíricas y obras teatrales que aúnan misterio y absurdo (Eloísa está debajo de un almendro, 1940).

JARDÍN n. m. (fr. jardin). Terreno en donde se cultivan plantas, en especial de adorno. ◆ **Jardín de infancia,** escuela a la que asisten los niños cuya edad está comprendida entre los 2 y los 4 años. ‖ **Jardín de infantes** (Argent., Par. y Urug.), parvulario. ‖ **Jardín zoológico,** zoológico.

JARDINERA n. f. Mueble o receptáculo para colgar plantas de adorno o macetas con flores. **2.** Carruaje de cuatro ruedas, ligero y descubierto. **3.** Coche tranvía descubierto que se usa en verano.

JARDINERÍA n. f. Arte de cultivar jardines.

JARDINERO, A n. Persona que cuida los jardines o se dedica al arte de la jardinería. ◆ n. m. **2.** Ave paseriforme de hasta 30 cm de long. y de colores vistosos. (Familia ptilonorríngu dos.)

JARDINES DE LA REINA, archipiélago de la costa meridional de Cuba, integrado por unos 400 cayos.

JARETA n. f. Dobladillo que se hace en la ropa y por el que se hace pasar una cinta, cordón o goma que permite fruncirla. **2.** Lorza que se hace en la ropa como adorno. **3.** C. Rica. Bragueta, abertura de los pantalones. **4.** Mar. Cordaje.

JARETÓN n. m. Dobladillo muy ancho.

JARICO n. m. Cuba. Reptil quelonio emídido.

JARILLA n. f. Planta vivaz de América Meridional, con hojas opuestas. (Familia compuestas.) **2.** Argent., Chile y Urug. Nombre de diversas especies de arbustos.

JARILLAL n. m. Argent. y Chile. Lugar poblado de jarillas.

JARIPEO n. m. Méx. Fiesta charra. **2.** Méx. Suertes que los charros realizan con el lazo.

JAROCHO, A adj. y n. Dícese de la persona de modales bruscos e insolentes. ◆ n. **2.** Méx. Originario de la costa del estado de Veracruz. **3.** Méx. Natural de la ciudad de Veracruz.

JARRA n. f. Vasija de barro y cuello ancho, con una o más asas, y generalmente con un pequeño pico en el borde por donde suele verterse el líquido. **2.** El contenido de dicha vasija. ◆ **De,** o **en, jarras,** o **jarra,** con los brazos arqueados y las manos en la cintura.

JARRETE n. m. (fr. jarret, pierna). Corva de la rodilla. **2.** Parte alta y carnuda de la pantorrilla hacia la corva, especialmente en las reses.

JARRETERA n. f. (fr. jarretière). Liga con que se sujetaba al jarrete la media o el calzón.

JARRO n. m. Jarra. **2.** El contenido de dicha vasija: un jarro de vino. ◆ **A jarros** (Fam.), en abundancia, con mucha fuerza: llover a jarros. ‖ **Echarle a uno un jarro de agua,** o **de agua fría** (Fam.), desanimarlo o causarle un desengaño.

JARRÓN n. m. Pieza arquitectónica en forma de jarro, que se usa como elemento ornamental. **2.** Vaso, por lo general de porcelana, artísticamente labrado.

JARRY (Alfred), escritor francés (Laval 1873-París 1907). Creador del personaje de Ubú (Ubú rey, 1896), caricatura grotesca de la codicia y la crueldad burgue-

JAR

sas, y de la «patafísica» (*Hechos y dichos del doctor Faustroll*, 1911), precursor del surrealismo.

JARTUM, c. y cap. de Sudán, en la confluencia del Nilo Blanco y el Nilo Azul; 600 000 hab. Museo.

JASÓN, héroe legendario tesalio que organizó la expedición de los Argonautas a la Cólquida, en busca del vellocino de oro, que conquistó gracias a los sortilegios de Medea.

JASPE n. m. Roca sedimentaria silícosa, de colores vivos y entremezclados, empleada en joyería.

JASPEADO, A adj. Veteado como el jaspe. **2.** TEXT. Dícese del hilo retorcido, de fantasía, compuesto de varios cabos de diferentes colores. ♦ n. m. **3.** Acción y efecto de jaspear.

JASPEAR v. tr. [1]. Pintar imitando las vetas y salpicaduras del jaspe.

JÁTIVA o **XÀTIVA**, c. de España (Valencia), cab. de p. j.; 24 586 hab. (*Jatibeses* o *setabenses*.) Centro comercial, administrativo e industrial (papel, textil, química). Fortificaciones y murallas medievales. Iglesias de San Félix (s. XIII) y San Pedro colegiata (ss. XV-XVIII); ant. hospital, gótico y plateresco. Mansiones del s. XV. Museo. Es la ant. *Saetabis* romana.

JAUJA n. f. País imaginario donde se supone reina la felicidad, la prosperidad y la abundancia. (Con este significado suele escribirse con mayúscula.) **2.** Bienestar, abundancia.

JAULA n. f. (provenz. *jaole*). Caja hecha con listones de mimbre, alambre, hierro, madera, etc., dispuesta para encerrar animales. **2.** Embalaje de grandes dimensiones, a modo de jaula, hecha de mimbre trenzado o de tablas o listones de madera espaciados y formando enrejado. **3.** TAUROM. Chiquero.

JAURÍA n. f. Conjunto de perros que cazan dirigidos por un mismo perrero.

JAVA, isla de Indonesia; 130 000 km²; 108 millones de hab. De forma alargada y de clima ecuatorial, formada por llanuras y mesetas dominadas por una larga cadena montañosa volcánica, es la isla más poblada de Indonesia. Agricultura intensiva (arroz, caña de azúcar, tabaco).

JAVANÉS, SA adj. y s. De Java. ♦ n. m. **2.** Lengua del grupo indonesio que se habla en Java.

JAYÁN, NA n. m. Persona de gran estatura y fuerza. **2.** Persona tosca y grosera. ♦ n. m. **3.** Rufián.

JAYAO n. m. *Cuba*. Pez marino cuya carne es muy apreciada.

JAZMÍN n. m. (ár. *yāsamīn*). Planta arbustiva de flores amarillas o blancas, muy olorosas, que se cultiva por sus aplicaciones en perfumería. (Familia oleáceas.) **2.** Flor de esta planta.

JAZZ n. m. (voz anglonorteamericana). Música afronorteamericana, creada a principios del s. XX por las comunidades negra y criolla de color del S de E.U.A., y basada ampliamente en la improvisación y un énfasis en el ritmo (*swing*).

JE. Voz onomatopéyica con que se indica la risa. (Suele usarse repetida.)

JEANS n. m. pl. (voz inglesa). Pantalón tejano.

JEBE n. m. Alumbre. **2.** *Amér.* Goma elástica, caucho.

JEEP n. m. (voz inglesa) [pl. *jeeps*]. Automóvil todo terreno.

JEFATURA n. f. Dignidad y cargo de jefe. **2.** Sede de cierto tipo de organismos: *jefatura de policía*.

JEFE, A n. m. (fr. *chef*). Persona que tiene a otras a sus órdenes. ♦ n. m. **2.** Líder, guía y cabeza de un partido o corporación. **3.** Tratamiento con mezcla de respeto y confianza. **4.** MIL. En los tres ejércitos, categoría superior al empleo de capitán e inferior al de general. • **Jefe del estado**, autoridad superior de un país.

JEFFERSON (Thomas), político norteamericano (Shadwell, Virginia, 1743-Monticello, Virginia, 1826). Principal redactor de la declaración de independencia norteamericana (1776), y fundador del Partido antifederalista (1797). Presidente (1801-1809) de E.U.A.

JEGÜITE n. m. *Méx.* Maleza.

JEHOVÁ, forma incorrecta del nombre de Yahvé, que aparece en los textos cristianos a partir del s. XII.

JEJÉN n. m. *Amér.* Díptero, más pequeño que el mosquito y de picadura más irritante. (Familia simúlidos.)

JENA, c. de Alemania (Turingia), a orillas del Saale; 105 825 hab. Instrumentos de precisión y de óptica. Universidad fundada en 1557.

JENCHICERO n. m. *P. Rico.* Pozo o fuente de donde se saca agua.

JENGIBRE o **JENJIBRE** n. m. (lat. *zingiber*). Planta de rizoma aromático que se utiliza como condimento. (Familia cingiberáceas.)

JENIQUÉN n. m. *Colomb., Cuba* y *P. Rico*. Pita, planta, henequén.

JENÍZARO, A adj. Mezclado de dos especies de cosas. ♦ n. m. **2.** Soldado de infantería otomano reclutado entre los pueblos sometidos. **3.** *Méx.* Individuo de policía.

JENNER (Edward), médico británico (Berkeley 1749-*id.* 1823). Realizó la primera vacunación contra la viruela.

JENOFONTE, escritor, filósofo y político griego (Erkhia, Ática, c. 430-† c. 355 a. J.C.). Fue discípulo de Sócrates y dirigió la retirada de los Diez mil, que relató en su *Anábasis*. Es autor de tratados sobre Sócrates (*Memorables de Sócrates*), de relatos históricos, de obras de economía y de política.

JENSEN (Alfredo Julio), pintor guatemalteco (nacido en 1904-† Glen Ridge, E.U.A., 1981). Su obra se inscribe en el expresionismo abstracto.

JENSEN (Johannes Vilhelm), escritor danés (Farsø, Jutlandia, 1873-Copenhague 1950), autor de ensayos de antropología y glorificador de las razas «góticas» y de la moral pagana (*El largo viaje*, 1908-1922). [Premio Nobel de literatura 1944.]

JEQUE n. m. Entre los musulmanes, tratamiento respetuoso que se aplica a los sabios, a los religiosos y a todas las personas respetables por su edad. SIN.: *cheik*, *sheik*. **2.** En Marruecos y Argelia, jefe de tribu árabe. **3.** Jefe de una cofradía religiosa árabe o de un convento de derviches.

JERARCA n. m. Persona que tiene elevada categoría dentro de una organización.

JERARQUÍA n. f. Clasificación de las funciones, dignidades, poderes en un grupo social, de acuerdo con una relación de subordinación e importancia respectiva. **2.** Organización de un conjunto en el que cada elemento es superior al anterior: *jerarquía de valores*.

JERÁRQUICO, A adj. Relativo a la jerarquía.

JERARQUIZAR v. tr. [1g]. Organizar en forma jerárquica.

JERBO n. m. Mamífero roedor, de largas patas posteriores provistas de tres dedos, que salta y abre madrigueras en las llanuras arenosas.

JEREMIADA n. f. Lamentación o muestra exagerada de dolor.

JEREMÍAS n. m. y f. (de *Jeremías*). Persona que se lamenta continuamente.

JEREMÍAS, profeta bíblico (Anatot, cerca de Jerusalén, c. 650/645-en Egipto c. 580 a. J.C.). El *Libro de Jeremías* del Antiguo testamento es una recopilación de sus oráculos, sin plan definido. Las *Lamentaciones* constituyen una serie de lamentos sobre la destrucción de Jerusalén.

JEREMIQUEAR v. intr. [1g]. Lloriquear, gimotear. **2.** *Amér. Central, Antillas, Chile* y *Perú*. Rogar con insistencia, lloriquear, gimotear.

JEREZ n. m. Vino blanco, seco, de fina calidad y de alta graduación alcohólica.

JEREZ DE LA FRONTERA, c. de España (Cádiz), cab. de p. j.; 184 364 hab. (*Jerezanos*.) Vinos y licores de renombre y otras industrias. Cría de caballos (escuela andaluza de arte ecuestre). Catedral (s. XVIII), cartuja (ss. XV-XVI), iglesias barrocas. Cabildo antiguo, actual museo municipal; palacio Domecq.

JERGA n. f. Jergón, colchón. **2.** Tela de lana o estambre gruesa y tosca y con ligamento diagonal. **3.** *Méx.* Trapo que se utiliza para fregar o limpiar.

JERGA n. f. Lenguaje especial que hablan entre sí los individuos de ciertas profesiones o grupos.

JERGAL adj. Relativo a la jerga, lenguaje especial.

JERGÓN n. m. Colchón de paja, esparto o hierbas y sin sábanas. **2.** *Fig.* y *fam.* Vestido mal hecho y poco ajustado al cuerpo. **3.** *Fig.* y *fam.* Persona gruesa, pesada, tosca y perezosa.

JERGUILLA n. f. Tela delgada de seda o lana que se parece en el tejido a la jerga. **2.** *Chile.* Pez teleósteo de tono olivácea con pintas negras.

JERICÓ, en ár. **Arīhā** o **Arīha**, c. de Palestina, en el valle del Jordán; unos 50 000 hab. con el entorno. Habitada desde el VIII milenio, fue uno de los primeros lugares de que se apoderaron los hebreos en el s. XIII a. J.C. El área de influencia de Jericó obtuvo un estatuto de autonomía (1994), según el acuerdo entre la O.L.P. e Israel.

JERICOPLEAR v. tr. [1]. *Guat.* y *Hond.* Fastidiar.

JERIGONZA n. f. Habla especial y enrevesada, extraña a la lengua común. **2.** Lenguaje difícil de entender. **3.** *Fig.* y *fam.* Acción extraña y ridícula.

JERINGA n. f. Instrumento para aspirar o impeler líquidos, o para introducir en algún sitio materias blandas. **2.** Instrumento por medio del cual se pueden inyectar o extraer líquidos de los tejidos o cavidades naturales. ♦ adj. **3.** *Argent.* y *Chile. Vulg.* Dícese de la persona molesta e inoportuna.

JERINGAR v. tr. y pron. [1b]. Inyectar algo por medio de una jeringa. **2.** *Fig.* y *fam.* Fastidiar o pinchar a alguien.

JERINGUEAR v. tr. [1]. *Argent., Chile, Colomb.* y *Méx. Vulg.* Jeringar, fastidiar.

JERINGUILLA n. f. Jeringa pequeña para inyecciones. **2.** Planta arbustiva, de hoja sencilla y con grandes flores, utilizada en jardinería. (Familia hidrangeáceas.)

JEROGLÍFICO, A adj. y n. m. (lat. *hieroglyphicum*). Dícese de la escritura de los egipcios y otros pueblos antiguos, en la que se usaban caracteres ideográficos, combinados con caracteres fonéticos, que representaban un sonido o una sílaba. ♦ n. m. **2.** Cada uno de los caracteres usados en la escritura jeroglífica. **3.** Juego que consiste en deducir o adivinar palabras o frases a partir de unas cifras, signos o dibujos dados. **4.** Escritura o expresión difícil de descifrar.

JERÓNIMO (*san*), padre de la Iglesia latina (Estridón, Dalmacia, c. 347-Belén 419 o 420). Se dedicó sobre todo a los estudios bíblicos: comentarios exegéticos y traducción al latín (*Vulgata*).

JERSEY n. m. (voz inglesa) [pl. *jerseys* o *jerséis*]. Prenda de vestir de punto, generalmente con mangas, que llega aproximadamente hasta la cintura.

JERSEY CITY, c. de Estados Unidos (Nueva Jersey), a orillas del Hudson, frente a Nueva York; 228 537 hab. Centro industrial.

JERUSALÉN, en hebr. **Yĕrušalaym**, en ár. **al-Quds**, ciudad santa de Palestina y centro de peregrinación para judíos, cristianos y musulmanes, proclamada capital de Israel por el Knesset en 1980. Monumentos célebres: muro de las Lamentaciones; Cúpula de la roca, el más antiguo monumento del islam (s. VII); mezquita al-Aqsā (s. XI), basílica del Santo Sepulcro, etc. La ciudad consta históricamente desde c. 2000 a. J.C. Conquistada por David (s. X a. J.C.), que la convirtió en su capital y en el centro religioso de los hebreos, célebre por la suntuosidad del templo edificado por Salomón (c. 969-c. 962 a. J.C.), fue destruida por Nabucodonosor (587 a. J.C.) y por los romanos (70, 135 d. J.C.). Tras pasar a manos de los árabes (638), fue reconquistada por los cruzados y se convirtió en la capital de un reino cristiano (1099-1187 y 1229-1244), antes de volver a estar bajo dominación musulmana (mamelucos, de 1260 a 1517, y otomanos, de 1517 a 1917). La ciudad, sede de la administración de Palestina bajo mandato británico (1922), fue dividida en 1948 entre el nuevo estado de Israel y Transjordania. Durante la guerra de los seis días, en 1967, el ejército israelí se apoderó de los barrios árabes que constituían la ciudad vieja.

JERUVA n. f. Ave de América Meridional, de plumaje verde. (Familia momótidos.)

JERUZA n. f. Guat. y Hond. Cárcel, calabozo.

JESUITA n. m. Miembro de la Compañía de Jesús, sociedad de clérigos regulares fundada por san Ignacio de Loyola en 1539 y aprobada por el papa en 1540. ♦ n. m. y f. y adj. **2.** Desp. Persona hipócrita y astuta.

JESUÍTICO, A adj. Relativo a los jesuitas.

JESÚS o **JESUCRISTO**, judío de Palestina, fundador del cristianismo, cuyo nacimiento corresponde teóricamente al inicio de la era cristiana. Observando los datos de los Evangelios puede establecerse el esquema cronológico siguiente: nacimiento de Jesús durante el reinado de Herodes, antes del año 4 anterior a nuestra era; comienzo de la actividad apostólica c. 28; pasión y muerte, probablemente en abril del año 30. Jesús fue detenido, condenado a muerte y crucificado por orden del procurador romano Poncio Pilato. El testimonio de los apóstoles proclama que resucitó tres días después.

JESÚS MARÍA → **Colón**, dep. de Argentina.

JET n. m. (voz inglesa). Chorro de fluido que sale por un orificio o una tobera y produce un efecto de propulsión. **2.** Avión a reacción.

JETA n. f. Fam. Boca saliente por su configuración o por tener los labios abultados. **2.** Fam. Cara, parte anterior de la cabeza. **3.** Vulg. Cara de enfado. **4.** Méx. Fam. Gesto de enojo en el rostro. ♦ **Echarse una jeta** (Méx.), dormir una siesta. ♦ n. m. y f. **5.** Vulg. Caradura.

JETEARSE v. pron. [1]. Méx. Fam. Dormir.

JETÓN, NA adj. Méx. Fam. Malhumorado, enojado. **2.** Méx. Dormido.

JEZABEL, esposa de Ajab, rey de Israel, y madre de Atalía (s. IX a. J.C.). Introdujo el culto de Baal y Astarté y fue estigmatizada por el profeta Elías.

JI n. f. (gr. khi). Vigésima segunda letra del alfabeto griego (χ).

JI Voz onomatopéyica con que se indica la risa. (Suele usarse repetida.)

JIANG QING → **Mao Zedong**.

JIANG ZEMIN o **CHIANG TSE-MIN**, político chino (Yangzhou 1926), secretario general del Partido comunista chino desde 1989, y a la vez, desde 1993, presidente de la República Popular China.

JÍBARO, A adj. y n. Antillas. Dícese de la gente rústica y de lo relativo a ella. **2.** Dom. Dícese de los animales indómitos. **3.** P. Rico. Relativo al campesino blanco. ♦ n. m. **4.** Hond. Hombre vigoroso y alto.

JÍBARO → **jívaro**.

JIBE n. m. Cuba y Dom. Criba usada principalmente por los obreros de la construcción.

JIBIA n. f. Sepia.

JIBRALTAREÑO, A adj. y n. Gibraltareño.

JÍCAMA n. f. Méx. Nombre de varios tubérculos comestibles o medicinales, entre los que destaca uno parecido a la cebolla, que se come aderezado con sal y limón.

JICAQUE adj. Guat. y Hond. Inculto, necio, cerril.

JÍCARA n. f. Vasija pequeña, que suele emplearse para tomar chocolate. **2.** Amér. Vasija pequeña, hecha de la corteza del fruto de la güira. **3.** Amér. Central y Méx. Fruto del jícaro.

JÍCARO n. m. Amér. Central y Méx. Güira.

JICO n. m. Colomb. Cabestro. **2.** Colomb. Cuerda para enlazar. **3.** Cuba. Ramal de muchos cordones con que se rematan los dos extremos de una hamaca.

JICOTE n. m. Amér. Central y Méx. Avispa gruesa de cuerpo negro, abdomen amarillo, cuya picadura produce una herida muy dolorosa. **2.** Hond. y Nicar. Panal de esta avispa.

JICOTEA n. f. Cuba, Méx. y P. Rico. Reptil quelonio.

JICOTERA n. f. Amér. Central y Méx. Nido de avispas o jicotes.

JIENNENSE adj. y n. m. y f. De Jaén.

JIGUANÍ, c. de Cuba (Granma); 50 679 hab. Industria minerometalúrgica. Tabacalera. Fue la primera población que ocuparon los insurgentes cubanos (1868); en 1895 se dio, en el barrio de Baire, el grito que señaló la reanudación de la lucha.

JIGUILLO n. m. P. Rico. Arbusto de la familia de las piperáceas, de corteza y hojas aromáticas.

JIJO, a n. Méx. Vulg. y desp. Hijo.

JIJONA n. m. Turrón de almendras.

JILGUERO n. m. Ave paseriforme de colores vivos y canto melodioso. (Familia fringílidos.) SIN.: colorín.

JILIBIOSO, A adj. Chile. Dícese de la persona que se queja o llora sin motivo. **2.** Chile. Dícese del caballo que está siempre moviendo alguna parte de su cuerpo. **3.** Chile. Melindroso, dengoso.

JILOTE n. m. Amér. Central y Méx. Mazorca de maíz, cuando sus granos aún no han cuajado.

JILOTEAR v. intr. [1]. Amér. Central y Méx. Empezar a cuajar el maíz.

JIMÉNEZ (José Mariano), patriota mexicano (San Luis Potosí 1781-Chihuahua 1811). Fue capitán general y dominó las Provincias Internas de Oriente.

JIMÉNEZ (Juan Isidro), político dominicano (Santo Domingo 1846-¡1519 y 1919). Presidente del país (1899), fue derrocado (1902). Con el apoyo de E.U.A. volvió a la presidencia (1914-1916).

JIMÉNEZ (Juan Ramón), poeta español (Moguer 1881-San Juan de Puerto Rico 1958). Tras sus primeras obras (Arias tristes, 1903; La soledad sonora, 1909; Laberinto, 1913; Platero y yo, 1914), inició un proceso de depuración que culminaría en Diario de un poeta recién casado (1917), Eternidades (1918) y Piedra y cielo (1922). Influyó decisivamente en la generación del 27. Su poesía evolucionó hacia una religiosidad panteísta, de una desnudez casi hermética: La estación total, 1946; Animal de fondo, 1949. [Premio Nobel de literatura 1956.]

JIMÉNEZ DE QUESADA (Gonzalo), conquistador y cronista español (¿Granada? 1509-Mariquita, Colombia, 1579). Como capitán general dirigió una expedición al río Magdalena. Su expedición a El Dorado fue un sangriento fracaso. Fundó Santa Fe de Bogotá.

JIMÉNEZ OREAMUNO (Ricardo), político costarricense (Cartago 1859-† 1945), presidente de la república (1910-1914, 1924-1928 y 1932-1936).

JIMÉNEZ ZAMORA (Jesús), político costarricense (Cartago 1823-† 1897). Presidente de la república (1863-1866 y 1868-1870), gobernó dictatorialmente.

JIMENO (Rafael), pintor y grabador español (Valencia 1759-México 1825), activo en México. Director de la Academia de San Carlos de México, fue el introductor del estilo neoclásico con tema mexicano.

JINETA n. f. Mamífero carnívoro de la familia vivérridos, de pelaje claro moteado de negro, que vive en Europa y África.

JINETA n. f. Amér. Mujer que monta a caballo. ♦ **Montar a la jineta** (EQUIT.), estilo de monta de origen árabe, en que se llevan los estribos muy cortos y las piernas dobladas y pegadas al vientre de la cabalgadura.

JINETE n. m. Soldado a caballo que peleaba con lanza y adarga. **2.** Persona que va a caballo. **3.** El que es diestro en equitación.

JINETEADA n. f. Argent. Acción y efecto de jinetear. **2.** Argent. Fiesta de campo donde los jinetes exhiben su destreza.

JINETEAR v. intr. [1]. Presumir montando a caballo. ♦ v. tr. **2.** Amér. Domar caballos cerriles. **3.** Argent. Montar potros lucientes del jinete su habilidad y destreza. **4.** Méx. Fig. Tardar en pagar un dinero con el fin de sacar ganancias. ♦ **jinetearse** v. pron. **5.** Colomb. y Méx. Montarse y asegurarse en la silla.

JINOTEGA (departamento de), dep. del N de Nicaragua; 9576 km²; 122 900 hab. Cap. Jinotega (54 833 hab.).

JINOTEPE, c. de Nicaragua, cap. del dep. de Carazo; 30 554 hab. Centro comercial y agropecuario.

JIOTE n. m. Méx. Erupción cutánea acompañada de escozor.

JIPA n. f. Colomb. Sombrero de ala ancha tejido con paja muy fina.

JIPATO, A adj. Amér. Central, Antillas, Colomb., Ecuad. y Méx. Dícese de la persona pálida, de color amarillento. **2.** Cuba. Dícese de la fruta que ha perdido la sustancia.

JIPI n. m. Sombrero de jipijapa.

JIPIJAPA n. f. Tira fina y flexible de las hojas del bombonaje, que sirve para hacer sombreros, petacas, etc. ♦ n. m. **2.** Sombrero que se hace con estas tiras. SIN.: sombrero de jipijapa.

JÍQUERA n. m. Colomb. Saco de cabuya.

JÍQUERA n. f. Amér. Jícara.

JIRA n. f. Pedazo algo grande y largo que se corta o rasga de una tela.

JIRA n. f. Banquete o merienda campestre para diversión y regocijo. **2.** Excursión de un grupo de personas.

JIRAFA n. f. (ital. giraffa). Mamífero rumiante de África de cuello largo y esbelto, cabeza pequeña y pelaje gris claro con manchas leonadas. **2.** CIN. y TELEV. Brazo articulado que sostiene el micrófono.

JIRAJARA, pueblo amerindio de Venezuela, de la familia lingüística arawak.

JIRIMIQUEAR v. intr. [1]. Amér. Jeremiquear.

JIRÓN n. m. Perú. Vía urbana compuesta de varias calles o tramos entre esquinas.

JIRÓN n. m. Trozo desgarrado de una tela, prenda de vestir, etc.: llevar la camisa hecha jirones. **2.** Fig. Cada uno de los pedazos de un cuerpo, generalmente separado, violenta o injustamente.

JITAZO n. m. Méx. Fam. Éxito.

JITOMATE n. m. Méx. Variedad de tomate carnoso y grande.

JIU-JITSU o **JU-JITSU** n. m. (jap. jūjitsu, arte de la agilidad). Método japonés de control del cuerpo que es al mismo tiempo un sistema de entrenamiento físico y un arte de defensa sin armas.

JÍVARO o **JÍBARO**, pueblo amerindio de la región amazónica de Ecuador y Perú, de lengua independiente. La economía se basa en la agricultura, practicada por las

JOB

mujeres, y la caza, por los hombres. De creencias animistas y muy belicosos, matan a sus enemigos para acumular poder, y para neutralizar el alma de los muertos les cortan la cabeza y la reducen. Pese a estar muy aculturados, han mantenido su independencia.

JOB n. m. (de *Job*, n. pr.J. Hombre de mucha paciencia.

JOB, personaje bíblico protagonista del *libro de Job*, escrito en el s. v a. J.C.

JOBILLO n. m. *Antillas*. Jobo. ◆ **Irse de jobillos** (*P. Rico*. *Fig.* y *fam.*), hacer novillos.

JOBO n. m. *Amér. Central*, *Antillas*, *Colomb.*, *Pan.*, *P. Rico* y *Venez.* Árbol de la familia de las anacardiáceas, con flores hermafroditas en panojas y fruto parecido a la ciruela. ● **Comer jobos** (*P. Rico*. *Fig.* y *fam.*), irse de jobillos.

JOCHEAR v. tr. [1]. *Bol.* Torear, azuzar.

JOCKEY n. m. (voz inglesa). Profesional que monta los caballos de carreras.

JOCOQUE n. m. *Méx.* Preparación alimenticia a base de leche agriada, semejante al yogur.

JOCOSIDAD n. f. Calidad de jocoso. **2.** Chiste, cosa graciosa.

JOCOSO, A adj. (lat. *iocosum*). Gracioso, chistoso, festivo: *comentarios jocosos*.

JOCOTAL n. m. *Guat.* Variedad de jobo cuyo fruto es el jocote.

JOCOTE n. m. (voz náhuatl). *C. Rica*, *Guat.* y *Méx.* Fruta parecida a la ciruela, de color rojo o amarillo, con una película delgada que cubre la carne y un cuesco muy pequeño.

JOCOTEAR v. intr. [1]. *C. Rica* y *Guat.* Salir al campo a cortar o a comer jocotes. ◆ v. intr., tr. y pron. **2.** *C. Rica* y *Guat. Fig.* Molestar mucho, hacer daño.

JOCUNDO, A adj. Jovial, alegre, jocoso.

JODA n. f. *Argent. Vulg.* Problema, situación difícil o comprometida. **2.** *Argent.*, *Colomb.*, *Chile* y *Méx. Vulg.* Acción de joder, molestar o fastidiar. **3.** *Méx. Fam.* Molestia, incomodidad debida principalmente al exceso de trabajo: *es una joda tener que trabajar en domingo.*

JODER v. tr. e intr. [1]. *Vulg.* Practicar el coito. **2.** *Vulg.* Hurtar, robar. ◆ v. tr. y pron. **3.** *Vulg.* Molestar, fastidiar. ● **Estar jodido** (*Vulg.*), estar mal de salud; (*Vulg.*), andar de mala suerte. || **¡Joder!** (*Vulg.*), denota sorpresa, enojo, admiración, fastidio o cólera.

JODÓN, NA adj. *Méx. Fam.* Persona que molesta mucho.

JOFAINA n. f. Recipiente de uso doméstico, de gran diámetro en relación con su poca altura, que sirve para lavarse.

JOHANNESBURGO, en ingl. *Johannesburg,* c. de la República de Sudáfrica, cap. de la prov. de Gauteng, en el Witwatersrand; 1 609 408 hab. Centro financiero, industrial, comercial y cultural. Importante zoológico.

JOHNSON (Lyndon Baines), político norteamericano (Stonewall, Texas, 1908-Johnson City, cerca de Austin, 1973). Demócrata, vicepresidente de E.U.A. (1961), accedió a la presidencia tras el asesinato de J. F. Kennedy (1963 y 1964-1968).

JOJOBA n. f. *Venez.* Modo burlesco de decir las cosas.

JOJOBA n. f. Planta euforbiácea.

JOJOTO, A adj. *Venez.* Dícese del fruto verde, que no está en sazón. ◆ n. m. **2.** *Venez.* Maíz cuando aún está tierno.

JOLGORIO n. m. *Fam.* Regocijo, fiesta bulliciosa.

JOLIOT-CURIE (Irène), hija de Pierre y Marie Curie (París 1897-*id.* 1956), y su esposo **Jean-Frédéric Joliot-Curie** (París 1900-*id.* 1958), físicos franceses. Investigaron en el campo de la física nuclear y la estructura del átomo, y descubrieron la radiactividad artificial (1934), por lo que ambos recibieron el premio Nobel de química (1935).

JOLOTE n. m. *Guat.*, *Hond.* y *Méx.* Pavo. **2.** *Méx.* Guajolote, pez común de río.

JOMEINI (Ruhollāh), jefe religioso y político iraní (Jomein 1902-Teherán 1989). Exiliado en diversos países (Turquía, Iraq, Francia) desde 1964 a 1979, canalizó la oposición a las reformas del sha que triunfó con la revolución de febrero 1979 e instauró una república islámica.

JONÁS, personaje bíblico del *libro de Jonás*, ficción literaria del s. IV a. J.C., admitido entre los libros proféticos. El profeta Jonás de la historia vivió en el s. VIII a. J.C.; el del libro pasó tres días en el vientre de una ballena.

JONDO, EL. Cante jondo, canto folklórico que tiene su origen en el seno de la comunidad gitana andaluza y que suele calificar a los cantes flamencos de mayor categoría artística (tonás, seguiriyas y soleares).

JONIA, en gr. **Iōnía,** ant. región costera central de Asia Menor, habitada por emigrantes procedentes de la Grecia europea; c. pral. *Éfeso, Mileto.* Los *jonios* fueron unos de los primeros pueblos indoeuropeos que ocuparon Grecia a comienzos del II milenio.

JÓNICO, A adj. De Jonia. ● **Orden jónico,** orden arquitectónico griego aparecido hacia el 560 a. J.C., caracterizado por una columna estriada y esbelta que descansa sobre una basa moldurada y coronada por un capitel, cuyo equino, decorado con ovas y dardos, está flanqueado por dos volutas, y el ábaco está adornado generalmente en su centro con una flor. ◆ adj. y n. m. **2.** Dícese de uno de los principales dialectos de la lengua griega, que se hablaba en Jonia.

JONIO, A adj. y n. De Jonia. ◆ adj. **Escuela jonia** (FILOS.), escuela de los ss. VII y VI a. J.C., basada en una amplia observación de la naturaleza.

JONSON (Benjamin, llamado **Ben**), dramaturgo inglés (Westminster 1572-Londres 1637), amigo y rival de Shakespeare, autor de tragedias y de comedias «de carácter» (*Volpone o el Zorro*, 1606).

JORA n. f. *Amér. Merid.* Maíz germinado para hacer chicha.

JORDÁN, r. del Próximo oriente; 360 km. Nace en Líbano, atraviesa el lago de Tiberíades y desemboca en el mar Muerto. Separa Israel de Jordania y Cisjordania.

JORDANIA, en ár. **al-Urdunn,** estado de Asia occidental, al E de Israel; 92 000 km^2; 3 400 000 hab. (*Jordanos.*) CAP. *'Ammān.* LENGUA OFICIAL: *árabe.* MONEDA: *dinar jordano.*

GEOGRAFÍA

La depresión del Gur (avenada por el Jordán) y las alturas periféricas constituyen las partes vitales del país, al proporcionar trigo, cebada, vinos y aceite de oliva. La ganadería nómada (ovina y caprina) es la única forma de explotación de la pradera oriental, meseta calcárea y árida. El subsuelo encierra fosfatos. La industrialización es inexistente y la balanza comercial deficitaria; el país está muy endeudado. La guerra del Golfo agravó aún más las dificultades económicas por el bloqueo a Iraq.

HISTORIA

1949: se formó el reino de Jordania, fruto de la unión del reino hachemí de Transjordania (creado en 1921) y de Cisjordania (que formaba parte del estado árabe previsto por el plan de reparto de Palestina de 1947). **1951:** asesinato del rey Abdullah. **1952:** Husayn accedió al poder. **1956:** el británico Glubb Pachá tuvo que dimitir del mando de la Legión árabe. **1967:** Jordania se implicó en la tercera guerra árabe-israelí, durante la cual Israel ocupó Jerusalén Este y Cisjordania; un poder palestino armado compitió con la autoridad real. **1970:** las tropas reales intervinieron contra los palestinos, que fueron expulsados hacia Líbano y Siria. **1978:** tras los acuerdos de Camp David entre Israel y Egipto, Jordania se aproximó a los palestinos. **1984:** Jordania volvió a establecer relaciones con Egipto. **1988:** el rey Husayn rompió los vínculos legales y administrativos entre su país y Cisjordania, al ceder sus derechos al pueblo palestino. **1989:** en las elecciones legislativas, las primeras desde 1967, los islamistas obtuvieron más de un tercio de los escaños en el parlamento. **1991:** una carta nacional consagró el pluralismo. **1993:** elecciones multipartidistas. **1994:** firma del acuerdo de paz y cooperación económica con Israel. **1999:** a la muerte del rey Husayn le sucedió su hijo Abdullah II.

JORDANO, A adj. y n. De Jordania.

JORNADA n. f. Camino que se recorre en un día. **2.** Camino recorrido de una vez en un espacio de tiempo cualquiera. **3.** Día, desde el punto de vista de la actividad humana. **4.** *Fig.* Tiempo que dura la vida del hombre. **5.** Duración del tiempo diario o semanal en que el trabajador debe efectuar la prestación de trabajos. SIN.: *jornada laboral.*

JORNAL n. m. (provenz. *jornal*). Estipendio que percibe un trabajador por cuenta ajena por cada día de trabajo. **2.** Este mismo trabajo. **3.** Medida superficial agraria, de extensión varia.

JORNALERO, A n. Persona que trabaja a jornal, especialmente la que trabaja en el campo.

JOROBA n. f. Deformidad producida en el cuerpo por la torcedura de la columna vertebral. **2.** *Fig.* y *fam.* Fastidio: *¡qué joroba tener que trabajar!*

JOROBADO, A adj. y n. Que tiene joroba: *un anciano jorobado.* **2.** *Fam.* Fastidiado, molesto.

JOROBAR v. tr. y pron. [1]. *Fam.* Fastidiar, molestar.

JORONGO n. m. *Méx.* Poncho con que se cubren los campesinos. **2.** *Méx.* Colcha de lana.

JOROPEAR v. intr. [1]. *Colomb.* y *Venez.* Bailar el joropo. **2.** *Colomb.* y *Venez.* Divertirse.

JOROPO n. m. Baile popular venezolano de movimiento rápido, que incluye un vistoso zapateado y una leve referencia al vals. **2.** *Venez.* Fiesta hogareña.

JOSA n. f. *Amér.* Heredad sin cerca, plantada de vides y árboles frutales.

JOSÉ, patriarca bíblico, hijo de Jacob. Vendido por sus hermanos y llevado a Egipto, llegó a ser ministro del faraón. Gracias a su protección, los hebreos pudieron establecerse en Egipto.

JOSÉ (san), esposo de la Virgen María, carpintero y padre putativo de Jesucristo.

JOSÉ AGUSTÍN (José Agustín *Ramírez*, llamado), escritor mexicano (Guadalajara 1944). Pasó de narrar con la jerga de la juventud dorada de la ciudad de México (*La tumba*, 1964) al experimentalismo (*Inventado que sueño*, 1968).

JOSÉ CARLOS MARIÁTEGUI, región administrativa de Perú que comprende los departamentos de Moquegua, Puno y Tacna; 103 809 km^2; 1 375 400 hab.

JOSÉ IGNACIO (laguna de), albufera de Uruguay (Maldonado). Comunica con el Río de la Plata.

JOSEPHSON (Brian David), físico británico (Cardiff 1940). En 1962 descubrió que la corriente eléctrica puede atravesar una delgada barrera aislante situada entre dos metales superconductores. (Premio Nobel de física 1973.)

JOSPIN (Lionel Robert), político francés (Meudon, Hauts-de-Seine, 1937). Primer secretario del Partido socialista (1995), y desde 1997 primer ministro de un gobierno de coalición francés.

JOSUÉ, sucesor de Moisés (fines s. XIII a. J.C.). Condujo a los hebreos a la Tierra prometida. El *libro de Josué* del Antiguo testamento relata, de forma épica, el establecimiento de los hebreos en Canaán.

JOTA n. f. Nombre de la letra *j*. **2.** La mínima cosa que se puede saber, entender, etc., de algo: *no ver ni jota*. (Úsase siempre con negación.)

JOTA n. f. Baile popular de Aragón y otras regiones españolas, y música y copla propias de este baile.

JOTA n. f. *Amér. Merid.* Ojota, especie de sandalia.

JOTABECHE → **Vallejo** (José Joaquín).

JOTAMARIO (J. Mario **Arbeláez**, llamado), poeta colombiano (Cali 1939), del grupo nadaísta. Con su poesía combatió el conservadurismo academicista (*El profeta en casa*, 1965).

JOTE n. m. *Argent., Bol., Chile y Perú.* Buitre americano de plumaje generalmente negruzco, con la cabeza, según las especies, negra, roja o amarilla. **2.** *Chile.* Cometa grande de forma cuadrangular.

JOTO n. m. *Colomb.* Bulto o paquete pequeño, hatillo. **2.** *Méx. Desp.* Invertido, marica.

JOULE n. m. (del n. del físico británico J. P. Joule). En la nomenclatura internacional, nombre del julio, unidad de medida del trabajo. ◆ **Efecto Joule**, desprendimiento de calor en un conductor homogéneo durante el paso de una corriente eléctrica.

JOULE (James Prescott), físico británico (Salford, cerca de Manchester, 1818-Sale, Cheshire, 1889). Estudió el calor desprendido por las corrientes eléctricas en los conductores y determinó el equivalente mecánico de la caloría (1842).

JOVELLANOS (Gaspar Melchor **de**), escritor y político español (Gijón 1744-Vega 1811). Poeta y dramaturgo, destaca como prosista en sus obras *De las bellas artes*, 1782; *Informe en el expediente de la ley agraria*, 1795; *Diarios 1790-1801*, 1915. (Real academia 1783.)

JOVEN adj. y n. m. y f. Que está en la juventud. ◆ adj. **2.** Dícese de lo que no data de mucho: *un arte joven*. **3.** *Fig.* Que conserva caracteres de la juventud: *mantener el cuerpo joven*.

JOVENAZO n. m. (aum. de joven). *Méx. Fam.* Forma afectuosa de dirigirse a un hombre.

JOVIAL adj. (lat. *iovialem*, relativo a Júpiter). Contento y de buen humor: *persona jovial*. **2.** Alegre y risueño: *tono, aspecto, actitud jovial*.

JOVIALIDAD n. f. Calidad de jovial.

JOYA n. f. (fr. anc. *joie*). Objeto de metal precioso, guarnecido a veces de perlas o piedras finas, que sirve principalmente de adorno. **2.** *Fig.* Persona de mucha valía, de muy buenas cualidades. **3.** *Fig.* Cosa de mucho valor, generalmente por ser única o difícil de encontrar: *este sello es una joya*.

JOYCE (James), escritor irlandés (Rathgar, Dublín, 1882-Zurich 1941). Poeta (*Música de cámara*, 1907), autor de relatos (*Dublineses*, 1914), escribió dos novelas de simbolismo múltiple y cuyo personaje principal es el lenguaje: *Ulises* (1992) y *Finnegan's wake* (1939).

JOYEL n. m. Joya pequeña.

JOYERÍA n. f. Establecimiento donde se construyen o venden joyas. **2.** Arte, trato o comercio de las joyas. **3.** Conjunto de joyas.

JOYERO, A n. Persona que hace o vende joyas. ◆ n. m. **2.** Estuche, caja o armario para guardar joyas.

JOYOLINA n. f. *Guat.* Prisión, cárcel.

JOYUYO n. m. Pato de América del Norte y Central, de cuello corto, cabeza grande y plumaje denso. (Familia anátidos.)

JRUSCHOV (Nikita Serguéievich), político soviético (Kalínovka, Kursk, 1894-Moscú 1971). Primer secretario del comité central del partido comunista de la U.R.S.S. (1953-1964) y presidente del consejo de ministros de 1958 a 1964, a partir del XX congreso (1956) se convirtió en el artífice de la «desestalinización» y de la coexistencia pacífica.

JUAGAZA n. f. *Colomb.* En los ingenios azucareros, meloja.

SANTOS

JUAN Bautista (*san*), jefe de una secta judía del s. I d. J.C., contemporáneo de Jesús y considerado por la tradición cristiana el precursor del Mesías. Fue decapitado por orden de Herodes Antipas (c. 28).

JUAN Evangelista (*san*), apóstol, hermano de Santiago el Mayor, uno de los primeros discípulos de Jesús († Éfeso *c.* 100), autor del Apocalipsis, de tres epístolas y del cuarto Evangelio.

JUAN Crisóstomo (*san*), padre de la Iglesia de oriente (Antioquía *c.* 344-cerca de Cumanos, Capadocia, 407). Su elocuencia le valió el sobrenombre de Crisóstomo (*boca de oro*).

JUAN DE LA CRUZ (*san*), religioso y autor místico español (Fontiveros 1542-Úbeda 1591). Juan de Yepes tras conocer a santa Teresa se dedicó con ella a la reforma carmelitana. Su obra representa, junto con la de santa Teresa, la cumbre de la literatura mística española. Está formada por tres poemas: *Noche oscura del alma* (1618) —con sus comentarios en prosa *Subida al monte Carmelo* y *Noche oscura*—, *Cántico espiritual* (1627) y *Llama de amor viva* (1618).

JUAN BOSCO (*san*), sacerdote italiano (Becchi, Castelnuovo d'Asti, 1815-Turín 1888), llamado **don Bosco**, fundador de los salesianos (1859) y de las salesianas (1862).

JUAN PABLO I (Albino Luciani), papa en 1978 (Forno di Canale, Venecia, 1912-Roma 1978). Su pontificado duró 34 días. **— Juan Pablo II** (Karol **Wojtyła**) [Wadowice, Polonia, 1920-Roma 2005], papa de 1978 a 2005. Arzobispo de Cracovia (1964), es el primer papa no italiano desde Adriano VI. Promulgó el nuevo Código de derecho canónico (1983) y el nuevo Catecismo (1992). Publicó importantes encíclicas (*Centesimus annus*, 1991; *Veritatis splendor*, 1993).

JUAN CARLOS I (Roma 1938), rey de España [desde 1975], nieto de Alfonso XIII. Casado con Sofía de Grecia (1962), en 1969 fue proclamado príncipe de España y sucesor de Franco en la jefatura del estado, a título de rey. Tras la muerte de Francisco Franco (1975), fue proclamado rey por las cortes.

JUAN MANUEL, escritor castellano (Escalona 1282-Córdoba 1348), sobrino de Alfonso X el Sabio. Sus obras, en una excelente prosa, revelan sus ideas caballerescas, aristocráticas y religiosas; entre ellas cabe destacar *El conde Lucanor*, en la que trata cuestiones morales más importante de su época.

JUAN B. ALBERDI, dep. de Argentina (Tucumán); 27 348 h.

JUAN FERNÁNDEZ, archipiélago volcánico de Chile, a 700 km de la costa de Valparaíso; 185 km²; 480 hab. Cap. *Robinson Crusoe*. Formado por las islas Alejandro Selkirk (ant. Más Afuera), Robinson Crusoe (ant. Más a Tierra) y Santa Clara, descubiertas por Juan Fernández (1573).

JUAN LACAZE, c. y puerto de Uruguay (Colonia); 12 454 hab. Centro textil y papel. Astilleros.

JUANA DE ARCO (*santa*), llamada **la Doncella de Orleans**, heroína francesa (Domrémy 1412-Ruán 1431). Hija de campesinos, logró capitanear un pequeño ejército que consiguió que los ingleses levantaran el sitio de Orleans e hizo coronar rey a Carlos VII en Reims (1429). Prisionera de los ingleses, murió en la hoguera. Fue canonizada en 1920.

JUANA I la Loca (Toledo 1479-Tordesillas 1555), reina de Castilla [1504-1555], hija de los Reyes Católicos, esposa de Felipe el Hermoso y madre de Carlos Quinto. Heredó el trono en 1504, y a la muerte de su esposo (1506) perdió la razón.

JUANETE n. m. Denominación vulgar de una eminencia ósea situada en el borde interno del pie, en la unión del primer metatarsiano con la primera falange del dedo grueso. **2.** *MAR.* En los grandes veleros, nombre de las velas que van sobre la gavia y el velacho, y también de las vergas en que afirman aquéllas. ◆ **juanetes** n. m. pl. **3.** *Colomb.* Nalgas. **4.** *Hond.* Caderas.

JUÁREZ, sierra de México, en la península de Baja California; 900-2000 de alt. Yacimientos de oro.

JUÁREZ o CIUDAD JUÁREZ, ant. **Paso del Norte**, c. de México (Chihuahua), a orillas del río Bravo o Grande del Norte, junto a la frontera con E.U.A.; 789 522 hab. Unida por un puente a El Paso (Texas), es un activo centro comercial, industrial y turístico. Rica agricultura. Durante la guerra con Francia albergó a Juárez, que la convirtió en capital (1865-1866); en recuerdo de estos hechos recibió su nombre actual. Por el *tratado de Ciudad Juárez* entre Madero y Porfirio Díaz (1911), éste abandonó la presidencia.

JUÁREZ (Benito), político mexicano (San Pablo Guelatao, Oaxaca, 1806-México 1872). Elaboró la constitución liberal moderada de 1857. Comofort dio un golpe de estado y lo encarceló, lo que provocó una guerra civil, tras la cual Juárez asumió la presidencia (1858) reconocida por E.U.A. en 1859. Estableció un gobierno constitucional en Guanajuato (después en Guadalajara) y emitió las leyes de Reforma (1859). Tras la victoria liberal en 1860, Francia, de acuerdo con los conservadores, invadió el país (1863). Pero presionada por E.U.A., Francia se retiró, y Juárez ocupó la capital (1867). Fue reelegido presidente de la república (1871).

JUÁREZ (Luis), pintor mexicano documentado entre 1610 y 1630. De un estilo emanado del manierismo sevillano de fines del s. XVI evolucionó hacia el realismo barroco (*San Miguel; La oración en el huerto; San Ildefonso; Anunciación*, todas en la Academia de bellas artes de México). **— Su hijo José** (principios del s. XVII † *c.* 1670), también pintor, de estilo que se relaciona con el clarescuro de Zurbarán (*Adoración de los Reyes*, 1665).

JUÁREZ CELMAN, dep. de Argentina (Córdoba); 51 526 hab. Cab. *La Carlota*. Cereales. Ganadería.

JUÁREZ CELMAN (Miguel), político argentino (Córdoba 1844-Arrecife 1909). Liberal, fue presidente de la república (1886-1890).

JUARROZ (Roberto), poeta argentino (Dorrego, Buenos Aires, 1925-Buenos Aires 1995). Sus poemas, de carácter metafísico y con lenguaje preciso, están reunidos en volúmenes.

JUAY n. m. *Méx.* Cuchillo.

JUBILACIÓN n. f. Acción y efecto de jubilar o jubilarse. **2.** Cantidad que perciben los jubilados.

JUBILAR adj. Perteneciente al jubileo.

JUBILAR v. tr. (lat. *iubilare*, dar gritos de júbilo) [1]. Eximir del servicio por ancianidad, incapacidad física a un empleado, señalándole, generalmente, una pensión vitalicia. **2.** *Fig. y fam.* Desechar por inútil una cosa o no servirse más de ella. ◆ **jubilarse** v. pron. **3.** Conseguir la jubilación. **4.** *Colomb.* Enloquecer. **5.** *Guat. y Venez.* Hacer novillos.

JUBILEO n. m. (lat. *iubilaeum*). En la religión hebraica, año santo celebrado cada cincuenta años. **2.** En la religión católica, año privilegiado en el que los peregrinos que van a Roma se benefician, en algunas condiciones, de una indulgencia plenaria. **3.** Dicha indulgencia. **4.** Con-

memoración cincuentenaria de una institución, reinado, etc.

JÚBILO n. m. Alegría muy intensa y ostensible.

JUBILOSO, A adj. Lleno de júbilo.

JUBÓN n. m. Prenda de vestir ajustada al cuerpo, con mangas o sin ellas, que cubre hasta la cintura.

JÚCARO n. m. Planta arbórea de flores sin corola, fruto parecido a la aceituna y madera muy dura. (Familia combretáceas.)

JUCEI n. m. En Cuba, denominación oficial de la unidad política y administrativa municipal y provincial.

JUCHITÁN DE ZARAGOZA, c. de México (Oaxaca), en el golfo de Tehuantepec; 66 414 hab. Turismo.

JUCO, A adj. *Hond.* Agrio, fermentado.

JUDÁ, personaje bíblico, hijo de Jacob, antepasado epónimo de la *tribu de Judá*, que tuvo un papel fundamental en la historia de los hebreos.

JUDÁ *(reino de)* [931-587 a. J.C.], reino constituido por las tribus del S de Palestina tras la muerte de Salomón. Cap. Jerusalén. Rival del reino de Israel, contra el que se agotó en luchas fratricidas, no pudo resistir el poder de Babilonia, y, tras la toma de Jerusalén por Nabucodonosor (587), su población fue deportada a Babilonia.

JUDAICO, A adj. Relativo a los judíos.

JUDAÍSMO n. m. Conjunto de las ideas y de las instituciones religiosas del pueblo judío.

JUDAIZANTE adj. Que judaiza. ♦ adj. y n. m. y f. Dícese de los judíos hispano-portugueses, bautizados y oficialmente católicos, que conservaron pública o secretamente la fe judaica.

JUDAIZAR v. intr. [1x]. Convertirse al judaísmo. **2.** Practicar ocultamente el judaísmo los conversos al cristianismo.

JUDAS n. m. (de *Judas* Iscariote). Hombre malvado y traidor. **2.** Mirilla de la puerta de las celdas en las prisiones. **3.** *Méx.* Figura de papel que se quema el sábado de gloria.

JUDAS Iscariote, uno de los doce apóstoles. Entregó a Jesús a sus enemigos por treinta monedas de plata y, presa de remordimientos, se ahorcó.

JUDAS Tadeo *(san)*, uno de los doce apóstoles. La *Epístola de San Judas*, que se le atribuye, es una advertencia contra las innovaciones que ponen la fe en peligro.

JUDEA, en ár. **al-Yahudiyya**, prov. del S de Palestina en la época grecorromana.

JUDEOALEMÁN, NA adj. y n. Dícese de los descendientes de los judíos expulsados de Alemania en el s. XIV. ♦ n. m. **2.** Yiddish.

JUDEOESPAÑOL n. m. Dialecto del castellano hablado por los judíos sefardíes expulsados de España (1492) y sus descendientes. SIN.: *ladino.*

JUDERÍA n. f. Barrio de las ciudades españolas medievales en que habitaban los judíos.

JUDÍA n. f. Planta anual de la familia papilionáceas, originaria de América, de la que varias especies se cultivan por sus frutos comestibles y sus semillas, ricas en féculas. (La judía se come en forma de vainas verdes [*judías tiernas*], o de semillas maduras y secas [*judías secas*].) **2.** Fruto de esta planta. **3.** Semilla de esta planta.

JUDICATURA n. f. Ejercicio de juzgar. **2.** Empleo de juez y tiempo que dura. **3.** Cuerpo constituido por los jueces de un país.

JUDICIAL adj. Relativo a la organización, ejercicio o administración de la justicia: *autoridad judicial.* • **Poder judicial,** el que ejercen los órganos de la administración de justicia.

JUDÍO, A adj. y n. (lat. *iudaeum*). Relativo a una comunidad étnica, cultural e histórica procedente de la antigua Palestina, dispersa en todo el mundo; individuo de esta comunidad. **2.** Dícese del que profesa el judaísmo. **3.** De Judea.

JUDO n. m. (jap. *jûdô*). Deporte de combate originario de Japón, surgido del jiu-jitsu y que constituye un método de defensa en el que no se emplean armas.

JUDOKA n. m. y f. Persona que practica el judo.

JUEGO n. m. (lat. *iocum*, broma, diversión). Acción de jugar. **2.** Cualquier actividad que se realice con el fin de divertirse, generalmente siguiendo determinadas reglas. **3.** Práctica de los juegos de azar: *perdió cuanto tenía en el juego.* **4.** Conjunto de piezas semejantes que se complementan en el uso: *un juego de cama.* **5.** Sucesión de combinaciones o cambios que resultan de la disposición particular de algunas cosas: *juego de luces.* **6.** *Fig.* Intriga o maquinación para conseguir algo: *salirle bien el juego.* **7.** En tenis, cada una de las divisiones de un set. **8.** En pelota vasca y valenciana, tanto. **9.** Conjunto de objetos necesarios para jugar un juego determinado: *un juego de damas.* **10.** En algunos juegos, cada una de las divisiones de la partida. **11.** Cartas, fichas, etc., que tiene cada jugador: *tener buen juego.* **12.** Articulación o manera de estar unidas dos cosas de modo que, sin separarse, tengan cierto movimiento. **13.** Este mismo movimiento. • **Entrar en juego,** intervenir. || **Estar en juego,** depender de otra cosa. || **Hacer el juego** a alguien, secundarle en la realización de algo determinado. || **Hacer juego,** convenir, adecuarse una cosa con otra; en los juegos de azar, depositar las apuestas. || **Juego de azar, de suerte,** aquel en que se hacen apuestas, y cuyo resultado depende casi exclusivamente de la suerte. || **Juego de manos,** ejercicio de prestidigitación. || **Juego de niños** *(Fig.)*, cosa que no tiene dificultad o se hace sin la mayor importancia. || **Juego de palabras, vocablos, o voces,** figura que consiste en usar palabras en sentido equívoco, o en varias de sus acepciones, o en emplear dos o más que sólo se diferencian en alguna de sus letras. || **Juego de pelota** (ARQUEOL.), nombre dado a ciertas estructuras arquitectónicas encontradas en centros arqueológicos de México y Guatemala, destinadas al juego de pelota ritual. || **Poner en juego** algo, arriesgarlo, exponerlo, utilizarlo con determinada finalidad. • **juegos** n. m. pl. **14.** Fiestas o espectáculos públicos que se celebraban en Grecia y Roma. || **Juegos electrónicos,** juegos que aplican la electrónica de forma más o menos compleja a los juegos tradicionales.

JUERGA n. f. Diversión bulliciosa, particularmente la que hacen varias personas reunidas. • **Tomar** algo **a juerga** *(Fam.),* tomarlo en broma.

JUERGUISTA adj. y n. m. y f. Aficionado a las juergas.

JUEVES m. m. Quinto día de la semana, entre el miércoles y el viernes. • **Jueves gordo,** o **lardero,** el anterior al carnaval. || **Jueves santo,** el de semana santa. || **No ser** algo **cosa del otro jueves,** no ser extraordinario o digno de llamar la atención.

JUEY n. m. *P. Rico.* Cangrejo de tierra. **2.** *P. Rico.* Persona codiciosa, avara. • **Hacerse el juey dormido** (*P. Rico. Fig.* y *fam.*), hacerse el mosquita muerta.

JUEZ n. m. y f. (lat. *iudicem*). Persona que tiene a su cargo la aplicación de las leyes, teniendo autoridad y potestad para juzgar y sentenciar. **2.** Persona designada para resolver una duda. **3.** DEP. Persona encargada de hacer que se cumpla el reglamento, resolver cualquier duda y dirimir y sentenciar el resultado en una competición deportiva. **4.** HIST. REL. En Israel, jefe militar provisional de una o varias tribus, encargado de velar por sus compatriotas y de preservar su patrimonio religioso. • **Juez de paz,** el que da las partes antes de consentir que litigasen, procurando conciliarlas. (Aún existe la institución y en pequeñas entidades de población resuelve cuestiones de ínfima cuantía; no precisa su letrado.) || **Juez de primera instancia,** o **de primera instancia y de instrucción,** el ordinario en un partido o distrito, que conoce en primera instancia cuestiones no sometidas por la ley a los jueces municipales, y en materia criminal dirige la instrucción de los sumarios. || **Juez de raya** (*Argent.*), en las carreras de caballos, encargado de fallar sobre el orden de llegada de los competidores.

JUGADA n. f. Cada una de las intervenciones de los jugadores en el juego. **2.** Lance de juego. **3.** *Fig.* Acción mala e inesperada contra alguien: *hacerle una jugada a un compañero.*

JUGADOR, RA adj. y n. Que juega. **2.** Que tiene el vicio de apostar al juego. • **Jugador de ventaja,** fullero.

JUGAR v. intr. (lat. *iocari*, bromear) [1ñ]. Hacer algo como diversión: *los niños jugaban en el patio.* **2.** Tomar parte en un juego: *jugar al ajedrez; jugar a la lotería.* **3.** Intervenir los jugadores en el juego cada vez que les corresponde: *ahora te toca jugar a ti.* **4.** Tomar parte en deportes en que actúan sucesiva o conjuntamente varios jugadores: *jugar al fútbol.* **5.** Casar, hacer juego una cosa con otras. **6.** Intervenir en un negocio o asunto: *yo no juego en esto.* **7.** No tomarse algo o a alguien con seriedad: *no juegues con tu salud.* ♦ v. intr. y tr. **8.** Ponerse en movimiento una cosa que consta de piezas. ♦ v. tr. **9.** Llevar a cabo partidas o partidos de juego: *jugar un partido en campo contrario.* **10.** Hacer uso de las piezas o cartas en un juego: *voy a jugar el as.* ♦ v. prnl. **11.** Arriesgar en el juego: *jugarse el sueldo.* **12.** *Fig.* Exponerse a perder algo: *jugarse la vida.* • **Jugarla, o jugársela** a alguien, hacer algo con intención de perjudicarle.

JUGARRETA n. f. *Fam.* Engaño, mala pasada.

JUGLAR, RESA n. Persona que por estipendio o dádiva cantaba o recitaba poesías de los trovadores.

JUGLARESCO, A adj. Relativo al juglar o al mester de juglaría.

JUGLARÍA n. f. Actividad o modo propio de los juglares. **2.** Oficio de juglar. • **Mester de juglaría** → *mester.*

JUGO n. m. (lat. *sucum*). Líquido contenido en las sustancias vegetales y animales. **2.** Salsa que acompaña a ciertos guisos. **3.** *Fig.* Contenido o interés de lo que se dice o escribe: *sacar jugo de una noticia.* **4.** *Fig.* Utilidad o provecho que se saca de algo. **5.** FISIOL. Líquido orgánico producido por la secreción de una o varias glándulas.

JUGOSIDAD n. f. Calidad de jugoso.

JUGOSO, A adj. Que tiene jugo: *asado jugoso.* **2.** *Fig.* Sustancioso, enjundioso: *jugosas vacaciones.*

JUGUETE n. m. Objeto que sirve para que jueguen los niños. **2.** *Fig.* Persona o cosa dominada por una fuerza material o moral que la mueve a su arbitrio: *ser un juguete de las pasiones.* **3.** TEATR. Breve obra teatral, de carácter cómico, que a veces incluye cantables y suele tener uno o dos actos.

JUGUETEAR v. intr. [1]. Entretenerse, enredar jugando.

JUGUETERÍA n. f. Comercio o tienda donde se venden juguetes.

JUGUETÓN, NA adj. Dícese de la persona o animal aficionados a jugar: *niños juguetones.*

JUICIO n. m. (lat. *iudicium*). Facultad del entendimiento por la que conoce y compara. **2.** Acto de esta facultad. **3.** *Fig.* Cordura, prudencia: *tener juicio.* **4.** *Fig.* Opinión, criterio: *a mi juicio, eso no está bien.* **5.** DER. Tramitación de un pleito o una causa ante un juez o tribunal adecuado, y su resultado. • **Juicio de Dios,** el que se practicaba durante la edad media, para determinar la verdad de una cuestión, invocando el testimonio divino. || **Juicio final,** juicio general de la humanidad, hecho por Cristo, al final del mundo. || **Perder el juicio,** perder la razón.

JUICIOSO, A adj. v. tr. Dícese del que piensa, habla u obra con buen juicio: *mostrarse juicioso.* ♦ adj. **2.** Hecho con juicio: *comentario juicioso.*

JUIGALPA, c. de Nicaragua, cap. del dep. de Chontales; 28 840 hab. Aguas termales. Destilerías.

JUJUY (*provincia de*), prov. del NO de Argentina, junto a la frontera de Bolivia y Chile; 53 219 km²; 513 992 hab. Cap. *San Salvador de Jujuy.*

JULEPE n. m. (ár. *ŷyulläb*). Mezcla de agua destilada, jarabe y otras materias medicamentosas. **2.** *Fig. y fam.* Reprimenda, castigo. **3.** Juego de naipes que se juega con baraja de cuarenta cartas. **4.** *Amér. Merid.* y *P. Rico. Fig. y fam.* Susto, miedo. **5.** *P. Rico. Fig.* Lío, desorden.

JULEPEAR v. intr. [1]. Jugar al julepe. ♦ v. tr. **2.** *Colomb.* Insistir, urgir. **3.** *Colomb.* Molestar, mortificar. **4.** *P. Rico.* Embromar. ♦ v. tr. y pron. **5.** *Amér. Merid.* Infundir miedo.

JULI, c. de Perú (Puno), a orillas del Titicaca; 22 164 hab. Conserva iglesias y edificios civiles platerescos y barrocos (ss. XVII-XVIII), con fachadas ricamente decoradas con relieves.

JULIA n. f. Pez marino de cuerpo alargado, cuyas aletas dorsales forman una sola cresta espinosa. (Familia lábridos.)

JULIA n. m. *Méx. Fam.* Vehículo policial en el que se llevan a los detenidos.

JULIA o **IULIA** (*gens*), ilustre familia de Roma, a la que pertenecía Julio César.

JULIACA, c. de Perú (Puno); 134 700 hab. Centro comercial (mercado. Iglesia de Santa Catalina (s. XVIII), exponente del barroco del Altiplano peruano.

JULIANA n. f. Planta de flores blancas, purpúreas o multicolores, cultivada como ornamental. (Familia crucíferas.)

JULIANO, A adj. Relativo a Julio César. • **Año juliano,** año de 365,25 días. || **Calendario juliano,** calendario reformado por Julio César en el año 46 a. J.C. || **Era juliana,** espacio de 7980 años julianos, utilizado para la cronología de los fenómenos astronómicos.

JULIO n. m. (lat. *iulium*). Séptimo mes del año.

JULIO n. m. Unidad de medida de trabajo, energía y cantidad de calor (símbolo J), que equivale al trabajo producido por una fuerza de un newton cuyo punto de aplicación se desplaza un metro en la dirección de la fuerza.

JUMBO n. m. (voz inglesa). Avión comercial de gran capacidad.

JUMENTIZAR v. tr. y pron. [1g]. *Colomb.* Hacerse bruto, embrutecer.

JUMENTO, A n. (lat. *iumentum*). Asno.

JUMERA o **JUMA** n. f. *Fam.* Borrachera.

JUMIL n. m. *Méx.* Insecto hemipteroideo comestible, que se adereza con sal y limón.

JUNAR v. tr. [1]. *Argent. Fam.* Mirar, observar.

JUNCÁCEO, A adj. y n. f. Relativo a una familia de plantas monocotiledóneas herbáceas, de rizoma reptante, como algunos géneros de juncos.

JUNCAL adj. Relativo al junco. **2.** *Fig.* Gallardo, esbelto, de movimientos airosos: *figura juncal.*

JUNCAL, cerro andino, en la frontera entre Argentina (Mendoza) y Chile (Santiago); 6180 m de alt.

JUNCIA n. f. Planta herbácea con cañas triangulares. (Familia ciperáceas.)

JUNCO n. m. (lat. *iuncum*). Planta herbácea, de tallo recto y flexible. (Corresponde a diversos géneros de las familias ciperáceas, alismáceas y juncáceas.) **2.** Bastón, especialmente si es delgado. • **Junco florido,** planta de flores rosadas que crece al borde de las aguas. (Clase monocotiledóneas.)

JUNCO n. m. (malayo *jung*). Velero pequeño utilizado en Extremo oriente.

JUNG (Carl Gustav), siquiatra suizo (Kesswil 1875-Küssnacht 1961). Discípulo de Freud, se apartó de las tesis de su maestro y creó la sicología analítica.

JUNGLA n. f. (ingl. *jungle*). Formación herbácea característica de la India, constituida por una proporción irregular de árboles y que presenta una fauna variada, en la que el tigre es el animal característico.

JUNÍN, CHINCHAYCOCHA o **DE LOS REYES** (*lago*), lago de Perú (Junín); 78 km de long. Lugar sagrado prehispánico.

JUNÍN (*departamento de*), dep. de Perú (Junín & A. Cáceres), con la Sierra; 47 975 km²; 1 232 600 hab. Cap. *Huancayo.*

JUNÍN, c. de Argentina (Buenos Aires), a orillas del Salado; 84 324 hab. Maquinaria agrícola y productos químicos. — Dep. de Argentina (Mendoza); 28 465 hab. Industrias vinícola y conservera.

JUNIO n. m. (lat. *iunium*). Sexto mes del año.

JUNIO n. m. Enebro.

JUNÍPERO SERRA (*beato*) → **Serra.**

JUNO, divinidad itálica, esposa de Júpiter, protectora de la mujer, asimilada a la *Hera* griega.

JUNQUERA n. f. BOT. Junco.

JUNQUILLO n. m. Planta herbácea que se cultiva para extraer su perfume. (Familia amarilidáceas.) **2.** ARQ. Moldura saliente.

JUNTA n. f. (lat. *iunctam*). Juntura, parte por donde se unen dos o más cosas. **2.** Reunión de personas pertenecientes a determinada entidad para tratar asuntos de la misma. **3.** Conjunto de individuos nombrados para dirigir los asuntos de una colectividad: *junta directiva.* **4.** Denominación de algunos gobiernos surgidos de un golpe de estado militar. **5.** TECNOL. Pieza de poco espesor interpuesta entre dos superficies apretadas y ajustadas para asegurar su perfecta hermeticidad. • **Junta de culata,** junta de estanqueidad interpuesta entre el bloque del cilindro y la culata de un motor de combustión interna. || **Junta de dilatación,** dispositivo que permite la libre dilatación o contracción en función de la temperatura.

JUNTAMENTE adv. A un mismo tiempo.

JUNTAR v. tr. [1]. Poner unas cosas en contacto con otras: *juntar dos mesas.* **2.** Colocar cosas en un mismo sitio o formando parte de un conjunto: *juntamos todos los trastos en un rincón.* **3.** Suceder, pensar o imaginar diversos hechos a un mismo tiempo. **4.** Reunir por adiciones sucesivas determinado número de algo: *juntar dinero.* **5.** Entornar puertas o ventanas. ♦ v. tr. y pron. **6.** Reunir, agrupar: *juntarse en una reunión varios amigos.* ♦ **juntarse** v. pron. **7.** Acompañarse, estar en compañía de alguien. **8.** Amancebarse.

JUNTO, A adj. (lat. *iunctum*). Unido, cercano: *tener las camas juntas.* **2.** En compañía: *llegan juntos.* ♦ adv. **l. 3.** Seguido de la prep. *a,* cerca o al cabo de: *sentarse junto al fuego.*

JUNTURA n. f. (lat. *iuncturam*). Parte o lugar en que se unen dos o más cosas.

JUPA n. f. *C. Rica.* y *Hond.* Calabaza

JUPA n. f. *C. Rica.* y *Hond.* Cabeza.

JUPIARSE v. pron. [1]. *Amér. Central.* Emborracharse.

JÚPITER, planeta del sistema solar, el mayor por su tamaño y su masa (su diámetro ecuatorial es 11,2 veces superior al de la Tierra; su masa es 317,9 veces superior a la terrestre). Está formado esencialmente por hidrógeno y helio. Se le conocen 60 satélites.

JÚPITER, supremo dios y señor de los dioses en el panteón romano, asimilado al *Zeus* griego.

JUPÓN, NA adj. v n. *Amér. Central.* Cabezón.

JURA n. f. Acto solemne de jurar obediencia y fidelidad a un soberano, a las leyes de un país, a un cargo, etc.: *jura de la bandera.*

JURADO, A adj. Dícese del escrito o declaración realizados bajo juramento: *declaración jurada; relación jurada.* **2.** *Méx.* Dícese de la persona que ha hecho una promesa ante Dios, la Virgen María o algún santo de no beber alcohol durante un tiempo determinado. ♦ n. m. **3.** Grupo de personas a quienes se constituye en tribunal examinador y calificador en concursos, exposiciones, etc. **4.** Cada uno de los individuos que forman parte de este grupo. **5.** DER. Tribunal, constituido por sorteo entre los ciudadanos, cuya misión consiste en determinar el hecho justiciable o la culpabilidad del acusado, dejando a cuidado de los magistrados la imposición de la pena. **6.** DER. Cada una de las personas que forman un jurado.

JURAMENTAR v. tr [1]. Tomar juramento a alguien. ♦ **juramentarse** v. pron. **2.** Obligarse con juramento.

JURAMENTO n. m. Afirmación solemne de una persona para asegurar la veracidad de una cosa. **2.** Blasfemia: *proferir juramentos.*

JURAR v. tr. (lat. *iurare*) [1]. Afirmar o prometer algo tomando por testigo a una persona o cosa que se considera sagrada. **2.** Reconocer la soberanía de un monarca o de una institución y someterse a sus leyes. • **jurársela, o jurárselas,** uno a otro (*Fam.*), jurar que se vengará de él. ♦ v. intr. **3.** Blasfemar, renegar. || **Jurar en falso,** jurar sabiendo que lo que se jura no es verdad.

JURÁSICO, A adj. Relativo al Jura. • **Relieve jurásico,** tipo de relieve desarrollado en una estructura sedimentaria plegada regularmente, en la que alternan capas resistentes y capas blandas, y en el que la topografía refleja directamente la estructura. ♦ n. m. y adj. **2.** GEOL. Período de la era secundaria entre el triásico y el cretácico, que se distingue por la sedimentación de gruesas capas calcáreas, principalmente en el Jura.

JUREL n. m. Pez teleósteo de unos 20 cm de long., de color azul por el lomo y blanco por el vientre. (Familia carángidos.)

JURERO, A n. *Chile* y *Ecuad.* Persona que mediante pago presta falso testimonio.

JURÍDICO, A adj. Relativo a las formas judiciales, a la justicia, a las leyes que regulan las relaciones entre los ciudadanos y al derecho en general.

JURISCONSULTO, A n. (lat. *iurisconsultum*). Persona especializada en cuestiones jurídicas. **2.** Persona dedicada profesionalmente a la teoría o a la práctica del derecho.

JURISDICCIÓN n. f. (lat. *iurisdictionem*). Poder para gobernar y poner en ejecución las leyes. **2.** Término de una provincia o lugar. **3.** Autoridad, poder, potestad o dominio sobre otro. **4.** DER. Conjunto de atribuciones que corresponden en materia judicial a un órgano en un territorio determinado. **5.** DER. Territorio en que un juez o tribunal ejercen sus funciones.

JURISPRUDENCIA n. f. Ciencia del derecho. **2.** Enseñanza doctrinal que dimana de los fallos de las autoridades gubernativas o judiciales. **3.** Norma de juicio que suple omisiones de la ley y que se funda en las prácticas seguidas en casos análogos. **4.** Interpretación de la ley hecha por los jueces. **5.** Conjunto de sentencias que determinan un criterio sobre una cuestión jurídica. **6.** Interpretación reiterada del tribunal supremo. **7.** Práctica judicial constante.

JURISTA n. m. y f. Persona que por profesión o estudio se dedica al derecho.

JUR

JURUÁ, r. de la Amazonia, que nace en Perú (río **Yuruá**) y desemboca en Brasil en el Amazonas (or. der.); 3000 km aprox.

JUSTA n. f. (de *justar*). Competición literaria: *las justas poéticas*. **2.** HIST. Combate caballeresco individual a caballo.

JUSTAMENTE adv. m. Subraya una coincidencia.

JUSTICIA n. f. (lat. *iustitiam*). Concepción que cada época, civilización, etc., tiene del bien común: *practicar la justicia*. **2.** Cualidad o comportamiento justo: *es admirado por su justicia*. **3.** Trato justo: *dirigir con justicia*. **4.** Representante de la ley: *ser apresado por la justicia*. **5.** Conjunto de tribunales y magistrados: *la justicia española*. **6.** Acción de examinar las reclamaciones de alguien, acordando lo que sea justo. **7.** Acción por la que se reconoce o declara lo que pertenece o se debe a alguien. **8.** Jurisdicción: *justicia civil, penal*. **9.** El poder judicial. **10.** TEOL. Atributo de Dios, por el cual premia o castiga a cada uno según sus merecimientos.

JUSTICIABLE adj. Que puede o debe someterse a la acción de los tribunales.

JUSTICIAR v. tr. [1]. Condenar, declarar culpable el juez al condenado.

JUSTICIERO, A adj. Que observa y hace observar estrictamente la justicia: *espíritu justiciero*. **2.** Que observa con rigor la justicia en el castigo.

JUSTIFICABLE adj. Que se puede justificar.

JUSTIFICACIÓN n. f. Acción y efecto de justificar o justificarse. **2.** Aquello con que uno se justifica. **3.** IMPR. Longitud de una línea llena. **4.** TEOL. Acto por el cual Dios hace pasar a un alma del estado de pecado al estado de gracia.

JUSTIFICADO, A adj. Con motivo o razón: *comportamiento justificado*.

JUSTIFICANTE adj. Que justifica. ♦ n. m. **2.** Documento, comprobante, etc., con que se justifica algo: *presentar un justificante*.

JUSTIFICAR v. tr. y pron. (lat. *iustificare*) [1a]. Aducir razones para demostrar que algo no es censurable: *justificar una acción*. ♦ v. tr. **2.** Constituir algo la razón de que un hecho, acontecimiento, etc., no sea o parezca inadecuado o censurable: *su enfermedad justifica la falta de asistencia*. **3.** IMPR. Establecer la longitud máxima de una línea impresa. **4.** TEOL. Poner entre los justos.

JUSTIFICATIVO, A adj. Que sirve para justificar.

JUSTINIANO I (Jauresium? 482-Constantinopla 565), emperador bizantino [527-565]. Su obra legislativa es importante: el *Código justinianeo*, el *Digesto* o *Pandectas* y las *Instituta*, recogidas en el *Corpus iuris civilis*, que incluye las *Novelas*. Entre los monumentos que hizo construir, cabe destacar Santa Sofía de Constantinopla.

JUSTIPRECIAR v. tr. [1]. Valorar o tasar con rigor una cosa: *justipreciar la mercancía*.

JUSTIPRECIO n. m. Tasación, evaluación, valoración de una cosa. **2.** Valor o justo precio de una cosa. **3.** Valor de una cosa fijado en una estimación pericial.

JUSTO, A adj. v. n. (lat. *iustum*). Que actúa con absoluta imparcialidad, según la moral o la ley. **2.** Que respeta plenamente los principios de la religión. **3.** Bienaventurado, que goza de la bienaventuranza eterna. ♦ adj. **4.** Que está de acuerdo con los principios de la moral o de la ley. **5.** Conforme a la verdad, a la razón: *razonamiento justo*. **6.** Lícito, fundado: *es justo que esté orgulloso de su triunfo*. **7.** Preciso, adecuado: *encontrar la palabra justa*. **8.** Que tiene la cantidad, la medida exacta para responder a su función: *tener el pan justo para cenar*. **9.** Ajustado, apretado: *pantalón muy justo*. ♦ adv. m. **10.** Subraya una coincidencia: *justo ahora iba a llamarte*.

JUSTO (Agustín Pedro), militar y político argentino (Concepción del Uruguay, Entre Ríos, 1876-† 1943). Presidente (1932-1938), gobernó dictatorialmente.

JUSTO (Juan Bautista), político argentino (Buenos Aires 1865-†1928), secretario del partido socialista desde 1895. Fundó (1896) el diario *La vanguardia*.

JUTA n. f. *Ecuad.* y *Perú*. Variedad de ganso doméstico.

JUTIAPA *(departamento de)*, dep. del S de Guatemala, fronterizo con El Salvador; 3219 km²; 325 400 hab. Cap. *Jutiapa* (54 685 hab.).

JUTICALPA, c. de Honduras, cap. del dep. de Olancho; 25 965 hab. Centro agropecuario, minero (oro) y comercial. Productos lácteos. Aeropuerto.

JUVENAL, poeta latino (Aquino, Apulia, c. 60- c. 130), autor de *Sátiras* en las que ataca las costumbres corruptas de Roma.

JUVENIL adj. Relativo a la juventud. ♦ adj. y n. m. y f. **2.** Dícese de la categoría en que se engloban los deportistas de edad entre los 15 y los 18 años. **3.** Dícese del deportista comprendido en esta categoría.

JUVENTUD n. f. Edad que empieza en la pubertad y se extiende a los comienzos de la edad adulta. **2.** Período de la vida de un organismo, comprendido entre su nacimiento y su total madurez. **3.** Conjunto de jóvenes: *espectáculo para la juventud*. **4.** Condición de joven. **5.** Energía, vigor.

JUVENTUD *(Isla de la)* → *Isla de la Juventud*.

JUVIA n. f. Planta arbórea de América Meridional, cuyo fruto contiene semillas comestibles, de las que se extrae un excelente aceite. (Familia mirtáceas.) **2.** Fruto de este árbol.

JUZGADO n. m. Junta de jueces que concurren a dar sentencia. **2.** Tribunal de uno o varios jueces. **3.** Término o territorio de la jurisdicción de uno o varios jueces. **4.** Sitio donde se juzga. **5.** Judicatura, dignidad y empleo de juez.

JUZGAR v. tr. (lat. *iudicare*) [1b]. Decidir en calidad de juez: *juzgar un delito*. **2.** Opinar, creer, considerar: *juzgo necesario avisarle*. **3.** FILOS. Afirmar, después de comparar entre dos o más ideas, las relaciones que existen entre ellas.

K k k

K n. f. Undécima letra del alfabeto español y octava de sus consonantes. (La *k* es una consonante oclusiva velar sorda, cuya sonora correspondiente es la g; sólo se encuentra en palabras cultas o de origen extranjero y su sonido en español se representa por c o *qu.*) **2.** Símbolo de *kilo.* **3.** Símbolo químico del potasio. **4.** Símbolo del grado Kelvin.

K2, el segundo pico más alto del mundo, en el Himalaya (Karakoram); 8611 m.

KA n. f. Nombre de la letra *k.*

KA n. m. Kaón, partícula elemental.

KABARDINO-BALKARIA (República de), república de la Federación de Rusia, en el N del Gran Cáucaso; 12 500 km^2; 7 603 000 hab. Cap. *Nalchik.*

KABUKI n. m. (voz japonesa). Género teatral japonés en el que el diálogo alterna con partes salmodiadas o cantadas y con intermedios de ballet.

KABUL, c. y cap. de Afganistán desde 1774, a orillas del *río Kabul,* afl. del Indo (or. der.); 1 424 000 hab.

KACHARPAYA n. f. Canción boliviana ritual, que se canta al término de cada una de las estaciones del año.

KAFKA (Franz), escritor checo en lengua alemana (Praga 1883-en el sanatorio de Kierling, cerca de Viena, 1924), autor de novelas (*La metamorfosis,* 1915; *El proceso,* 1925; *El castillo,* 1926) y de un *Diario íntimo,* que expresan la desesperación del hombre frente a lo absurdo de la existencia.

KAFKIANO, A adj. Relativo a Kafka. **2.** Dícese de una situación inquietante por su absurdidad o carencia de lógica, que recuerda la atmósfera de las novelas de Kafka.

KAGEL (Mauricio), compositor argentino (Buenos Aires 1931). Su actividad incluye tanto obras instrumentales y vocales como experiencias de teatro musical, música de cine y obras de vanguardia, en las que utiliza fuentes sonoras no convencionales, como la ópera experimental *Staatstheater* (1971).

KAHLO (Frida), pintora mexicana (Coyoacán 1910-México 1954). Casó con Diego Rivera. Su obra, de sesgo muy personal, se caracteriza por una síntesis de elementos expresionistas y surrealistas, con una temática popular y autobiográfica (*Las dos Fridas,* 1939; *Autorretrato,* 1945). Museo monográfico en Coyoacán.

KÁISER n. m. (alem. *Kaiser,* emperador). Título que se suele aplicar a los tres emperadores del II Reich alemán y especialmente a Guillermo II.

KAKI n. m. Caqui.

KALAHARI, desierto del África austral, entre las cuencas del Zambeze y del Orange.

KĀLĪ, divinidad temible de la mitología hindú, esposa de Śiva y diosa de la muerte.

KALMUKIA (República de), república de la Federación de Rusia, al O del bajo Volga; 75 900 km^2; 322 000 hab. Cap. *Elista.*

KAMCHATKA, península volcánica de Rusia, en Siberia, entre el mar de Bering y el de Ojotsk. Pesca.

KAMERLINGH ONNES (Heike), físico neerlandés (Groninga 1853-Leiden 1926). Realizó la licuefacción del helio (1908), estudió los fenómenos físicos en las proximidades del cero absoluto y descubrió la superconductividad (1911). [Premio Nobel de física 1913.]

KAMIKAZE n. m. (voz japonesa, *tempestad providencial*). En 1944-1945, piloto japonés que se presentaba voluntario para estrellar su avión cargado de explosivos sobre un objetivo. **2.** Este mismo avión.

KAMPALA, c. y cap. de Uganda, cerca del lago Victoria; 773 000 hab.

KAMPUCHEA → *Camboya.*

KAN, KHAN o **JAN** n. m. Título turco principesco. **2.** En la época mongol, príncipe inferior al soberano supremo. **3.** En Persia, gobernador de una provincia.

KANDINSKY (Vasili), pintor ruso (Moscú 1866-Neuilly-sur-Seine 1944), nacionalizado alemán y después francés. Fue uno de los fundadores de Der Blaue Reiter y uno de los grandes iniciadores del arte abstracto. Se incorporó a la Bauhaus en 1922 y en 1933 se instaló en París, huyendo del nazismo. En *Lo espiritual en el arte* (1911) reflexiona sobre la creación artística.

KANGCHENJUNGA, el tercer pico más alto del mundo, en el Himalaya, entre el Sikkim y el Nepal; 8586 hab.

KANSAS, r. de Estados Unidos, afl. del Missouri (or. der.); 247 km.

KANSAS, estado del centro de Estados Unidos; 213 063 km^2; 2 477 574 hab. Cap. *Topeka.* Explorado por Vázquez de Coronado (1541), perteneció a España (1762-1800) y posteriormente a Francia. Fue cedido a E.U.A., junto con Luisiana, en 1803.

KANSAS CITY, nombre dado a dos ciudades gemelas de Estados Unidos (Missouri y Kansas) [435 146 hab. y 149 767 hab. respectivamente, y 1 566 280 hab. en la conurbación], a orillas del Missouri. Aeropuerto. Gran mercado agrícola. Museo de arte.

KANT (Immanuel), filósofo alemán (Königsberg 1724-*id.* 1804). Su filosofía sitúa la razón en el centro del mundo. Para alcanzar un conocimiento universal y necesario es imprescindible que sean los objetos del conocimiento los que se adecuen a la naturaleza del sujeto pensante y no a la inversa (*Crítica de la razón pura,* 1781). Y, para que el hombre no esté determinado en su acción moral por el conocimiento por los objetos exteriores, Kant formuló los postulados de un alma libre animada por una voluntad autónoma (*Crítica de la razón práctica,* 1788). Todo principio de acción tiene que poder ser erigido en máxima universal (*Crítica del juicio,* 1790), y el progreso del hombre pasar por la virtud individual y por la libertad social garantizada por una constitución política (*Metafísica de las costumbres,* 1797).

KANTIANO, A adj. y n. Relativo a la filosofía de Kant; partidario de esta filosofía.

KANTISMO n. m. Filosofía de Kant y sus continuadores.

KANTORÓVICH (Leonid Vitaliévich), matemático y economista ruso (San Petersburgo 1912-Moscú 1986). Restauró en la U.R.S.S. cierta idea del beneficio. (Premio Nobel de economía 1975.)

KAÓN o **KA** n. m. Fís. Partícula elemental (K), neutra o cargada positiva o negativamente, cuya masa es 965 veces la del electrón.

KAPITSA (Piotr Leonídovich), físico soviético (Kronstadt 1894-Moscú 1984). Pionero de la fusión termonuclear soviética, estudió las bajas temperaturas y descubrió la superfluidez del helio líquido. (Premio Nobel de física 1978.)

KAPPA o **CAPPA** n. f. Décima letra del alfabeto griego (κ), correspondiente a la *k.*

KARACHÁI-CHERKESIA (República de), república de la Federación de Rusia, en el N del Cáucaso; 14 100 km^2; 418 000 hab. Cap. *Cherkessk.*

KARACHI, c. y puerto de Pakistán, la mayor del país, junto al mar de Omán; 5 103 000 hab. Museo nacional de Pakistán. Cap. del país hasta 1959.

KARAJAN (Herbert von), director de orquesta austríaco (Salzburgo 1908-*id.* 1989), director titular de la orquesta filarmónica de Berlín (1954-1989).

KARAKUL o **CARACUL** adj. y n. m. Dícese de una variedad de corderos de Asia central, de vellón largo y rizado, que nacido prematuramente proporciona el astracán. **2.** Este vellón.

KARAOKE n. m. (voz japonesa). Establecimiento público en el que algunos clientes interpretan la letra de canciones conocidas con música pregrabada. **2.** Aparato amplificador utilizado para este tipo de interpretación musical.

KARATE n. m. Modalidad de lucha japonesa, basada en golpes secos realizados con el borde de la mano, los codos o los pies.

KARATEKA n. m. y f. Persona que practica el karate.

KARLOVY VARY, ant. en alem. **Carlsbad** o **Karlsbad,** c. de la República Checa (Bohemia); 56 291 hab. Estación termal. Catedral barroca (s. XVIII).

KARLSRUHE, c. de Alemania (Baden-Württemberg); 270 659 hab. Sede del Tribunal supremo. Ant. cap. de Baden, fundada en 1715. Museos.

KARLSTAD, c. de Suecia, a orillas del lago Vänern; 76 467 hab.

KARMAN o **KARMA** n. m. (voz sánscrita). En las religiones de la India, mecanismo de la retribución de los actos al que está sometido cada individuo y que condiciona su futuro escatológico.

KARNAK, aldea del Alto Egipto que se alza sobre las ruinas de Tebas, en la orilla oriental del Nilo. Templo de Amón en el centro del mayor conjunto de edificios religiosos del país, construido del s. XX al s. IV a. J.C.

KAR

KARRER (Paul), bioquímico suizo (Moscú 1889-Zurich 1971). Determinó la estructura de varias vitaminas y sintetizó la vitamina B2. (Premio Nobel de química 1937.)

KASTLER (Alfred), físico francés (Guebwiller 1902-Bandol 1984), especialista en óptica física y electrónica cuántica. (Premio Nobel de física 1966.)

KATA n. m. En judo, conjunto de llaves codificadas para realizar una demostración técnica.

KATIUSCA n. f. Bota de caucho usada para protegerse del agua.

KATMANDÚ o **KĀTMĀNDŪ**, c. y cap. del Nepal, a 1300 m de alt. aprox.; 393 000 hab. Monumentos (ss. XVI-XVIII). Museo.

KAWABATA YASUNARI, escritor japonés (Ōsaka 1899-Zushi 1972). Su obra, mezcla de realismo y fantasía, es una reflexión sobre el sufrimiento y la muerte (*País de nieve*, 1935-1948; *Nube de pájaros blancos*, 1949-1951; *Kyōto*, 1962). [Premio Nobel de literatura 1968.]

KAWASAKI, c. y puerto de Japón (Honshū); 1 173 603 hab. Centro industrial.

KAYAK n. m. (pl. *kayaks*). Embarcación de pesca de los esquimales, formada con pieles de foca extendidas sobre un armazón de madera. **2.** Embarcación de lona engrasada o embreada, que se utiliza para paseos deportivos fluviales o en competiciones.

KAZAJSTÁN, estado de Asia central, entre el mar Caspio y China; 2 717 000 km²; 16 700 000 hab. (*Kazakos.*) CAP. *Akmola* (inaugurada en dic.1997; ant. cap. Alma Atá [act. Almaty]). LENGUAS OFICIALES: *kazako*. MONEDA: tengue.

GEOGRAFÍA

Kazajstán, de clima semiárido, está poblado mayoritariamente, y a partes casi iguales, por kazakos autóctonos (40 %) y por rusos (38 %). La extensión del país explica la importancia de la producción agrícola (cereales y ganadería, sobre todo ovina) y extractiva (carbón y mineral de hierro, base de una importante metalurgia).

HISTORIA

La región fue integrada progresivamente al imperio ruso a partir del s. XVIII. 1920: se convirtió en la República autónoma de Kirguizistán, en el seno de la U.R.S.S. de Rusia 1925: la república adoptó el nombre de Kazajstán. 1936: se convirtió en república federada. 1990: los comunistas ganaron las primeras elecciones republicanas libres. 1991: el soviet supremo proclamó la independencia del país (dic.), que se adhirió a la C.E.I.

KAZÁN, c. de la Federación de Rusia, cap. de la República de Tatarstán, a orillas del Volga; 1 094 000 hab. Centro industrial. Kremlin de 1555. Museo.

KAZAN (Elia **Kazanjoglus**, llamado **Elia**), director de cine norteamericano (Ístanbul 1909). Es autor de películas líricas y atormentadas: *¡Viva Zapata!* (1952), *La ley del silencio* (1954), *Al este del Edén* (1955), *América, América* (1963), etc.

KAZANTZAKIS (Níkos), escritor griego (Hérakliōn 1883-cerca de Friburgo de Brisgovia 1957), que utilizó temas antiguos y populares para transmitir ideas modernas y universales (*Alexis Zorba*, 1946; *Cristo de nuevo crucificado*, 1954).

Kcal, símbolo de la *kilocaloría*.

KEATON (Joseph Francis, llamado **Buster**), actor y director de cine norteamericano (Pickway, Kansas, 1896-Los Ángeles 1966). Autor de la mayoría de sus películas, interpretó un personaje falsamente imperturbable ante la adversidad, profundamente poético y sutilmente cómico (*El maquinista de la General*, 1926).

KEATS (John), poeta británico (Londres 1795-Roma 1821), uno de los grandes románticos británicos que se distinguió por su sensualismo estético (*Endimión*, 1818; *Oda a un ruiseñor*).

KÉFIR n. m. Bebida fermentada, preparada a base de leche de vaca, cabra u oveja.

KEFRÉN, rey de Egipto de la IV dinastía (c. 2600 a. J.C.). Sucesor de Keops, mandó construir la segunda pirámide de Gizeh.

KELVIN n. m. Unidad de medida de temperatura termodinámica (símbolo K), equivalente a 1/273,16 de la temperatura termodinámica del punto triple del agua.

KELVIN (*lord*) → **Thomson** (sir William).

KEMAL PASA (Mustafá), llamado **Kemal Atatürk**, político turco (Salónica 1881-İstanbul 1938). Depuso al sultán (1922), abolió el califato (1924) y, elegido presidente de la república turca (1923-1938), emprendió la transformación del país en un estado laico y moderno.

KEMPIS (Tomas Hemerken, llamado **Tomás de**), escritor místico alemán (Kempen, Renania, 1379 o 1380-en el monasterio de Sint Agnietenberg, cerca de Zwolle, 1471). Se le atribuye la *Imitación de Cristo*, principal texto de la Devotio moderna.

KENDALL (Edward Calvin), bioquímico norteamericano (South Norwalk, Connecticut, 1886-Princeton 1972), premio Nobel de fisiología y medicina (1950) por sus investigaciones sobre las hormonas corticosuprarrenales.

KENNEDY (John Fitzgerald), político norteamericano (Brookline, cerca de Boston, 1917-Dallas 1963). Fue elegido presidente de E.U.A. en 1960. Su política se caracterizó por su dinamismo en el interior y por su firmeza frente a la U.R.S.S. Fue asesinado en Dallas. — Su hermano **Robert** (Brookline, cerca de Boston, 1925-Los Ángeles 1968), senador demócrata (1964), fue asesinado después de vencer en las elecciones primarias de California como candidato a la presidencia.

KENTUCKY, estado del centro de Estados Unidos; 104 623 km²; 3 685 296 hab. Cap. *Frankfort*.

KENYA, estado de África oriental; 583 000 km²; 25 200 000 hab. (*Keniatas.*) CAP. *Nairobi*. LENGUA OFICIAL: swahili. MONEDA: chelín de Kenya.

GEOGRAFÍA

En el O, montañoso y volcánico, se cultiva café y té (principales productos de exportación, a través de Mombasa). En el E, constituido por llanuras, se localizan las plantaciones de caña de azúcar, plátanos y sisal. La ganadería (bovina, ovina y caprina) está desarrollada, pero a menudo reviste un impacto valor social que económico. El turismo palía sólo en parte el déficit de la balanza comercial.

HISTORIA

Kenya, país en donde se descubrieron los restos más antiguos de prehomínidos, estaba ocupado por pueblos cercanos a los bosquimanos. 500 a. J.C.-s. XVI a. J.C.: pueblos procedentes del N o del E sustituyeron a los primitivos; el litoral fue ocupado por los bantúes y por los árabes que instalaron factorías, y, a partir de 1497, por los portugueses. 1888: Gran Bretaña obtuvo del sultán de Zanzíbar la concesión de la mayor parte del país. 1895: Kenya se convirtió en protectorado británico. 1920: se constituyó en colonia británica. 1927: Jomo Kenyatta encabezó el movimiento nacionalista. 1952-1956: la revuelta de los Mau-mau fue duramente reprimida; Kenyatta fue detenido. 1961: liberación de Kenyatta. 1963: Kenya accedió a la independencia en el marco de la Commonwealth. 1964-1978: Kenyatta, presidente. Le sucedió D. Arap Moi, quien a partir de 1982 instauró el sistema de partido único. 1991: se restableció el multipartidismo. Arap Moi fue reelegido en 1992 y 1998.

KEOPS, rey de Egipto de la IV dinastía (c. 2600 a. J.C.). Construyó la gran pirámide de Gizeh.

KEPIS n. m. Quepis.

KEPLER (Johannes), astrónomo alemán (Weil der Stadt, Württemberg, 1571-Ratisbona 1630). Partidario convencido del sistema heliocéntrico de Copérnico, descubrió las leyes del movimiento de los planetas (*leyes de Kepler*).

KEPLERIANO, A adj. Relativo o conforme al sistema de Kepler.

KERMESSE n. f. (voz francesa). Nombre dado en Países Bajos y en Flandes a fiestas parroquiales y a ferias anuales, celebradas con gran regocijo. **2.** Fiesta pública al aire libre.

KEROSEN o **KEROSENE** n. m. *Amér. Merid.* Queroseno.

KEROSENO n. m. Queroseno.

KEROUAC (Jack), escritor norteamericano (Lowell, Massachusetts, 1922-San Petersburgo, Florida, 1969), uno de los máximos exponentes de la beat generation (*En el camino*, 1957).

KESANANI (*cerro*), cerro de Bolivia, cerca de Copacabana. Observatorio astronómico preincaico (Horca del Inca).

KETCHUP n. m. (voz inglesa). Salsa elaborada a base de jugo de tomate y sazonada con especias.

KEYNES (John Maynard, *lord*), economista y financiero británico (Cambridge 1883-Firley, Sussex, 1946). Preconizó la intervención del estado para garantizar el pleno empleo a través del aumento de las inversiones públicas (*Teoría general de la ocupación, el interés y el dinero*, 1936). Su doctrina tuvo una considerable influencia en el pensamiento y en las políticas económicas del s. XX (*keynesianismo*).

kg, símbolo del *kilogramo*.

kgf, símbolo del *kilogramo-fuerza*.

kgm, símbolo del *kilográmetro*.

KHAN n. m. Kan.

KHMER adj. y n. m. y f. Relativo a un pueblo mayoritario de Camboya, que también vive en Tailandia y Vietnam; individuo de este pueblo. ◆ **Khmers rojos**, nombre que reciben los seguidores camboyanos del Partido comunista khmer. **2.** Camboyano. ◆ n. m. **3.** Lengua oficial de Camboya.

KIBBUTZ n. m. (voz hebrea) [pl. *kibutzim*]. En Israel, explotación comunitaria, casi siempre agrícola.

KIEL, c. y puerto de Alemania, cap. del Schleswig-Holstein, en el Báltico; 243 579 hab. Metalurgia. — *El canal de Kiel* comunica el Báltico con el mar del Norte, desde Kiel a la desembocadura del Elba.

KIERKEGAARD (Søren), filósofo y teólogo danés (Copenhague 1813-*id*. 1855). Defendió el cristianismo contra aquellos que lo caricaturizaban, se opuso al idealismo hegeliano y convirtió la angustia en la experiencia fundamental del hombre, que, a través de ella, se descubre como un ser único, irreductible a cualquier sistema.

KIEV, c. y cap. de Ucrania, a orillas del Dniéper; 2 587 000 hab. Universidad. Centro industrial. La catedral de Santa Sofía (ss. XI-XVIII) conserva mosaicos y pinturas bizantinas. Monasterio de las Grutas que también se remonta al s. XI, act. museo nacional.

KIF n. m. Grifa.

KIGALI, c. y cap. de Ruanda; 155 000 hab.

KILIMANJARO, **KILIMANDJARO** o **UHURU**, macizo volcánico de África, en Tanzania, junto a la frontera con Kenya, donde se halla el punto más alto del continente (5895 m en el Kibo; 5148 m en el Mawenzi).

KILO n. m. Abreviatura de *kilogramo*. **2.** *Fam.* Millón de pesetas.

KILO n. m. (voz lunfarda). Persona o cosa de importancia, de calidad: *ese tipo es un kilo*.

KILO o **KILI** (gr. *khilion*, mil), prefijo (símbolo k) que, situado delante de una unidad de medida, la multiplica por mil.

KILOCALORÍA n. f. Unidad equivalente a 1000 calorías (símbolo kcal).

KILOCICLO n. m. RADIOTECN. Mil ciclos.

KILOGRÁMETRO o **KILOPONDÍMETRO** n. m. FÍS. Unidad de energía o de trabajo (símbolo kgm o kpm), que equivale al trabajo de una fuerza de 1 kilogramo-fuerza cuyo punto de aplicación se desplaza 1 metro en la dirección de la fuerza.

KILOGRAMO n. m. Unidad de medida de masa (símbolo kg), equivalente a la masa del prototipo de platino iridiado, adoptado por la Conferencia general de pesas y medidas celebrada en París en 1889, y que se conserva en la Oficina internacional de pesas y medidas.

KILOGRAMO-FUERZA o **KILOPONDIO** n. m. FÍS. Unidad de fuerza (símbolo kgf o kp), que equivale a la fuerza con que una masa de 1 kilogramo es atraída por la Tierra.

KILOMETRAJE n. m. Número de kilómetros recorridos. **2.** Medida dada en kilómetros.

KILOMETRAR v. tr. [**1**]. Marcar las distancias kilométricas con ayuda de poyos, de estacas, etc.: *kilometrar una carretera*.

KILOMÉTRICO, A adj. Relativo al kilómetro: *distancias kilométricas*. **2.** Que marca o señala la distancia 1 kilómetro: *mojón, poste kilométrico*. **3.** Fig. Muy largo: *procesión kilométrica*.

KILÓMETRO n. m. Unidad práctica de longitud (símbolo km), que equivale a 1000 m. • **Kilómetro cuadrado**, unidad de superficie (símbolo km^2) igual a la superficie de un cuadrado de 1 km de lado, lo que equivale a un millón de metros cuadrados. ‖ **Kilómetro cúbico**, unidad de volumen (símbolo km^3) igual al volumen de un cubo de 1 km de lado, lo que equivale a mil millones de metros cúbicos. ‖ **Kilómetro por hora**, unidad de velocidad (símbolo km/h), que equivale a la velocidad de un móvil, animado de un movimiento uniforme, que recorre la distancia de un kilómetro en una hora.

KILOTÓN n. m. Unidad empleada para evaluar la potencia de una bomba o una carga nuclear comparando la energía producida por su explosión con la energía producida por la explosión de 1000 toneladas de TNT (trinitrotolueno).

KILOVATIO n. m. Unidad de potencia (símbolo kW) equivalente a 1000 vatios. • **Kilovatio hora**, unidad de energía o de trabajo (símbolo kWh), equivalente al trabajo desarrollado durante una hora por una máquina cuya potencia sea de 1 kilovatio.

KILT n. m. Falda corta, de lana a cuadros, usada por los escoceses, y que forma parte de la indumentaria tradicional.

KIMONO n. m. Quimono.

KINDERGARTEN n. m. (voz alemana). *Chile* y *Méx.* Parvulario. SIN.: *kinder*.

KINESIÓLOGO, A n. Médico que se dedica a la kinesiterapia.

KINESITERAPIA n. f. Conjunto de tratamientos que utilizan el ejercicio físico para dar o devolver a un enfermo o herido el movimiento y la función de las diferentes partes del cuerpo.

KING (Martin Luther), dirigente negro norteamericano (Atlanta 1929-Memphis 1968). Su acción pacífica promovió la integración de los negros. Fue asesinado. (Premio Nobel de la paz 1964.)

KINGMAN RIOFRÍO (Eduardo), pintor, muralista y grabador ecuatoriano (Loja 1911). Su obra se inscribe en la figuración expresionista latinoamericana de inspiración social y popular.

KINGSTON, c., cap. y puerto de Jamaica, en la costa S de la isla; 662 000 hab.

KINO (Eusebio Francisco **Chini** o **Kühn**, llamado), misionero mexicano de origen tirolés (Segno, Trento, 1645-Magdalena, Sonora, 1711). Jesuita, fundó las misiones de Pimería Alta (Sonora y Arizona).

KINSHASA, ant. **Léopoldville**, c. y cap. de la Rep. Dem. del Congo, en la or. S del Zaire; 3 500 000 hab. Centro administrativo, comercial e industrial.

KIOSCO n. m. Quiosco.

KIOWA, pueblo amerindio de las Grandes Praderas de América del Norte, de lengua tano. Su cultura, basada en la caza del bisonte y en rituales religiosos y chamánticos, desapareció con la colonización.

KIPLING (Rudyard), escritor británico (Bombay 1865-Londres 1936). Sus poemas y sus novelas (*El libro de las tierras vírgenes*, 1894-1895; *Kim*, 1901) se inspiran en las cualidades viriles y en el imperialismo anglosajón. (Premio Nobel de literatura 1907.)

KIRCHNER (Néstor), político argentino, gobernador de la provincia de Santa Cruz (1991-2003) y presidente de la república a partir de 2003.

KIRGUIZ adj. y n. m. y f. Relativo a un pueblo musulmán de lengua turca, que vive principalmente en Kirguizistán y China; individuo de este pueblo. ♦ n. m. **2.** Dialecto turco, afín al kajaz.

KIRGUISTÁN, estado de Asia central, en la frontera del Xinjian chino; 199 000 km^2; 4 300 000 hab. (*Kirguiz.*) CAP. *Bishkek*. LENGUA OFICIAL: *kirguiz*. MONEDA: *rublo*.

GEOGRAFÍA
Los kirguiz constituyen la escasa mayoría, en una población formada por importantes minorías de uzbekos y sobre todo de rusos. En este país montañoso, domina la ganadería ovina, con excepción de las zonas irrigadas (frutas y legumbres).

HISTORIA
Conquistada por los rusos, la región fue integrada en la gobernación general de Turkestán en 1865-1867. 1924: se constituyó en región autónoma de los Kara-kirguiz, en el seno de la R.S.S. de Rusia. 1926: se convirtió en república autónoma de Kirguistán. 1936: recibió el estatuto de república federada. 1990: los comunistas ganaron las primeras elecciones republicanas libres. 1991: Kirguistán se proclamó independiente y se adhirió a la C.E.I. A. Akaev, presidente.

KIRIBATI, ant. **islas Gilbert**, estado de Micronesia, que engloba principalmente el archipiélago de las Gilbert; 900 km^2; 70 000 hab. CAP. *Tarawa*. (22 000 hab.) LENGUAS OFICIALES: *inglés* y *gilbertiano*. MONEDA: *dólar australiano*. Junto con las Ellice, fue protectorado británico (1892) y luego colonia (1915). Separada de Ellice (1975), accedió a la independencia en 1979.

KIRSCH n. m. (alem. *Kirsch*, cereza). Aguardiente extraído de las cerezas fermentadas.

KISSINGER (Henry), político norteamericano (Fürth, Alemania, 1923). Secretario de Estado con Nixon (1973-1977), fue el artífice de la paz con Vietnam. (Premio Nobel de la paz 1973.)

KITSCH adj. y n. m. (voz alemana). Cursi, de mal gusto. **2.** Dícese del objeto caracterizado por su inautenticidad estética y su formalismo efectista, que persigue una gran aceptación comercial.

KIWI o **KIVI** n. m. Ave corredora de Nueva Zelanda. (Subclase ratites.) **2.** Fruta de pulpa de color verde, originaria de Nueva Zelanda.

KLEE (Paul), pintor suizo (Münchenbuchsee 1879-Muralto-Locarno 1940). Expuso con el grupo Der Blaue Reiter y fue miembro de la Bauhaus. Creó un mundo de fantasía con rasgos abstractos y surrealistas.

KLEENEX n. m. (marca registrada). Pañuelo de guata de celulosa.

KLEIN (Lawrence Robert), economista norteamericano (Omaha 1920). Realizó importantes contribuciones a la econometría y construyó modelos de previsión económica. (Premio Nobel de economía 1980.)

KLERK (Frederik Willem **de**), político sudafricano (Johannesburgo 1936). Del Partido nacional, fue presidente de la república 1989-1994), promovió la abolición del apartheid y el sufragio universal. (Premio Nobel de la paz 1993.)

KLIMT (Gustav), pintor austríaco (Viena 1862-*id.* 1918), figura clave del Jugendstil y del simbolismo vienés.

km, símbolo del *kilómetro*.

km/h, símbolo del *kilómetro por hora*.

KNOCK-OUT n. m. (voz inglesa, *fuera de combate*). En boxeo, caída de un púgil por un intervalo de tiempo superior a 10 segundos. • **Knock-out técnico**, derrota declarada por el árbitro, por inferioridad manifiesta de uno de los contrincantes. ♦ adj. **2.** Puesto fuera de combate.

KNOXVILLE, c. de Estados Unidos (Tennessee); 165 121 hab. Universidad. Nudo de comunicaciones.

K.O., abreviatura de *knock-out*.

KOBE, c. y puerto de Japón (Honshú); 1 477 410 hab. Centro industrial. Astilleros.

KOCH (Robert), médico y microbiólogo alemán (Clausthal, Hannover, 1843-Baden-Baden 1913). En 1882 descubrió el bacilo de la tuberculosis (*bacilo de Koch*), y, más tarde, el del cólera. Preparó la primera tuberculina. (Premio Nobel de fisiología y medicina 1905.)

KOCHER (Theodor Emil), cirujano suizo (Berna 1841-*id.* 1917). Estudió la fisiología y la patología de la glándula tiroides e impulsó el tratamiento quirúrgico del bocio. (Premio Nobel de fisiología y medicina 1909.)

KODÁLY (Zoltán), compositor, musicólogo y pedagogo húngaro (Kecskemét 1882-Budapest 1967), autor de obras sinfónicas, corales y de música de cámara.

KOESTLER (Arthur), escritor húngaro en lengua inglesa (Budapest 1905-Londres 1983), nacional poco británico. Sus novelas describen al individuo enfrentado a los sistemas políticos o científicos modernos (*El cero y el infinito*, 1940).

KOHL (Helmut), político alemán (Ludwigshafen 1930). Presidente de la C.D.U. desde 1973, se convirtió en canciller de la R.F.A. en 1982. Desempeñó un papel fundamental en la unificación de los dos estados alemanes y fue reelegido canciller de la Alemania unificada (1990 y 1994).

KOINÉ o **COINÉ** n. f. LING. Lengua común hablada y escrita en Grecia en las épocas helenística y romana. **2.** Toda lengua común.

KOMI (*República de*), república de la Federación de Rusia, que se extiende por los Urales septentrionales y las llanuras del NE de Rusia; 415 900 km^2; 1 263 000 hab. Cap. *Siktivkar*.

KONGO o **CONGO** (*reino del*), ant. reino africano, en los confines entre el bajo Congo (Zaire) y Angola. Fundado en el s. XIV, estuvo en relación con los portugueses a fines del s. XV y desapareció después de 1568 absorbido por el reino de Angola.

KOONING (Willem **de**), pintor norteamericano de origen neerlandés (Rotterdam 1904-Long Island, Nueva York, 1997), uno de los maestros del expresionismo, abstracto o figurativo.

KOPEK, KOPECK o **COPEC** n. m. En la U.R.S.S. hasta 1991 y desde entonces en Rusia y otras ex repúblicas soviéticas, unidad monetaria fraccionaria, que equivale a 1/100 de rublo.

KOSOVO en albanés **Kosovë**, región de la República Federal de Yugoslavia (Serbia), formada por las llanuras de Metohija y de Kosovo; 10 887 km^2; 1 585 000 hab. (más del 90 % albaneses). Cap. *Priština*.

KOS

HISTORIA
Desde 1990 reivindica la independencia, no reconocida por la República. 1999: luego de más de siete años de guerra, se llega a un acuerdo (jun.) que establece la retirada de las tropas serbias de Kosovo, la suspensión de bombardeos de la O.T.A.N. y el regreso de refugiados albano-kosovares a Kosovo, en lo que se considera el primer paso hacia el fin de la guerra de Yugoslavia. 2001: primeras elecciones democráticas desde que la O.N.U. y la O.T.A.N. expulsaron a las fuerzas servias. La Liga Democrática de I. Rugova obtuvo la mayoría de los votos.

KOSSEL (Albrecht), bioquímico alemán (Rostock 1853-Heidelberg 1927), autor de trabajos sobre los derivados de los ácidos nucleicos y sobre la formación de la urea. (Premio Nobel de fisiología y medicina 1910.) -- Su hijo **Walther** (Berlín 1888-Tubinga 1956) creó la teoría de la electrovalencia y estudió la estructura de los cristales gracias a los rayos X.

KOTO n. m. Instrumento musical de cuerda de Extremo oriente.

Kp, símbolo del kilopondio.

Kpm, símbolo del kilopondímetro.

Kr, símbolo químico del kriptón.

KRAFT n. m. y adj. (alem. Kraft, fuerza). Papel de embalaje de color oscuro y muy resistente. • **Pasta kraft**, pasta de papel obtenida por el procedimiento al sulfato.

KRAKATOA o **KRAKATAU**, isla de Indonesia, parcialmente destruida en 1883 a causa de la explosión de su volcán, el Perbuatan.

KRAKÓW → **Cracovia**.

KREBS (sir Hans Adolf), bioquímico británico de origen alemán (Hildesheim 1900-Oxford 1981). Autor de trabajos fundamentales sobre el metabolismo de los glúcidos en el organismo, describió un conjunto de fenómenos de oxidación y de reducción (ciclo de Krebs). [Premio Nobel de fisiología y medicina 1953.]

KRIPTÓN o **CRIPTÓN** n. m. (gr. kryptos, escondido). Gas raro presente en la atmósfera, incoloro, inodoro y monoatómico, de número atómico 36 y de masa atómica 83,80, cuyo símbolo químico es Kr.

KRISHNĀ → **Kistnā**.

KROGH (August), fisiólogo danés (Grenå 1874-Copenhague 1949). Estudió los intercambios respiratorios y el papel de los vasos capilares en la circulación. (Premio Nobel de fisiología y medicina 1920.)

KROPOTKIN (Piotr Alexéievich, príncipe), revolucionario ruso (Moscú 1842-Dimitrov 1921), teórico del anarquismo (Palabras de un rebelde, 1885; Campos, fábricas y talleres, 1898).

KRUPP (Alfred), industrial alemán (Essen 1812-íd. 1887). Puso en marcha un procedimiento de producción de acero (1847), fabricó los primeros cañones pesados de acero e introdujo el procedimiento Bessemer en el continente (1862).

KUALA LUMPUR, c. y cap. de Malaysia, en la península de Malaca; 1 103 000 hab.

KUANG-CHEU → **Cantón**.

KUBRICK (Stanley), director de cine norteamericano (Nueva York 1928). Su obra constituye una creación visionaria y pesimista: Senderos de gloria (1957), 2001: una odisea del espacio (1968), La naranja mecánica (1971), etc.

KUCHEN n. m. Chile. Tipo de tarta.

K'UEN-MING → **Kunming**.

KUHN (Rodolfo), director de cine argentino (Buenos Aires 1934-México 1987). Influido por la nouvelle vague francesa, fue uno de los renovadores del cine argentino de los sesenta: Los jóvenes viejos (1961), Pajarito Gómez (1964), La hora de María y el pájaro de oro (1975), El señor Galíndez (1983).

KUÍBISHEV → **Samara**.

KUKULCÁN → **Quetzalcóatl**.

KUNDERA (Milan), escritor checo (Brno 1929), nacionalizado francés. Autor de novelas y dramas, analista lúcido e irónico de la sociedad contemporánea (La broma, 1967; La insoportable levedad del ser, 1984; La inmortalidad, 1990; La lentitud, 1994; L'identité, 1998).

KUNG-FU n. m. (voz china). Deporte de combate originario de Extremo oriente.

KUNMING o **K'UEN-MING**, ant. **Yunnanfu**, c. de China, cap. de Yunnan; 1 127 411 hab. Fue capital de diversos reinos, floreciente en el s. XIII. Numerosos monumentos antiguos. Museo.

KUNZA n. m. Atacameño.

KURDISTÁN, región de Asia repartida entre Turquía, Irán, Iraq y Siria y poblada en su mayoría por kurdos.

KURDO, **A** adj. y n. Relativo a un pueblo de lengua iraní, musulmán (sunní), que habita principalmente en Turquía, Irán, Iraq y Siria; individuo de este pueblo. SIN.: curdo. ♦ n. m. **2**. Lengua del grupo iranio hablada por los kurdos.

KUROSAWA AKIRA, director de cine japonés (Tōkyō 1910). Sus películas, de gran belleza plástica, expresan una visión humanista del mundo, tanto si abordan temas históricos como contemporáneos: Rashomon (1950), Los siete samurais (1954), Ran (1985), Madayo (1993).

KUWAIT, en ár. **al-Kuwayt**, estado de Arabia, en la costa del golfo Pérsico; 17 800 km²; 140 000 hab. (Kuwaities) CAP. Kuwait (900 000 hab.). LENGUA OFICIAL: árabe. MONEDA: dinar kuwaití. Importante producción de petróleo (la Kuwait oil company [KOC] fue nacionalizada en 1975).

HISTORIA
El emirato de Kuwait fue protectorado británico a partir de 1914 y obtuvo su independencia en 1961. El 2 de agosto de 1990, el emirato fue invadido por Iraq, que lo reivindicaba y que lo anexionó poco después. Dicha invasión, condenada por la O.N.U., provocó una grave crisis internacional y la entrada en guerra (en. 1991) contra Iraq de una coalición internacional, dirigida por E.U.A. [→ **Golfo** (guerra del).] En 1994 Iraq reconoció la soberanía de Kuwait poniendo fin a sus reivindicaciones territoriales. 2001: junto con Arabia Saudí, Bahrein, los Emiratos Árabes Unidos, Omán y Qatar, firmó el primer pacto para la defensa de la región del Golfo Pérsico. Por problemas internos, renunció el gabinete en pleno.

KUZNETS (Simon), economista norteamericano de origen ruso (Járkov 1901-Cambridge, Massachusetts, 1985). Sus trabajos tratan especialmente sobre los mecanismos del crecimiento económico. (Premio Nobel de economía 1971.)

Kw, símbolo del kilovatio.

KWAKIUTL, pueblo amerindio de lengua wakash de la costa N del Pacífico (archipiélago de la Reina Carlota, N de la isla de Vancouver).

KYŌTO, c. de Japón (Honshū); 1 461 103 hab. Ant. capital imperial. Ciudad-museo con numerosos monumentos y jardines de los ss. VIII a XIX.

KYŪSHŪ, la más meridional de las cuatro grandes islas de Japón; 42 000 km²; 13 295 859 hab. C. pral. Kita Kyūshū y Fukuoka.

Ll

L n. f. Duodécima letra del alfabeto español y novena de las consonantes. (Es una consonante lateral fricativa alveolar sonora.) **2.** Símbolo del litro. **3.** Cifra romana que vale *cincuenta*.
LA art. det. f. sing. → *el*.
LA pron. pers. f. sing. átono de 3.ª pers. Se usa como complemento directo y equivale a un sustantivo sin preposición o con la preposición *a* si el nombre es de persona.
LA n. m. MÚS. Sexta nota de la escala musical. **2.** MÚS. Signo que la representa.
La, símbolo químico del *lantano*.
LÁBARO n. m. (lat. *labarum*). HIST. Estandarte imperial sobre el que, al parecer, Constantino hizo poner, después de su victoria sobre Magencio, una cruz y el monograma de Cristo, en el año 312.
LABERINTO n. m. (gr. *labyrinthos*). Edificio compuesto de gran número de compartimentos dispuestos de tal forma que resulta muy difícil encontrar la salida. **2.** Lugar formado artificialmente por caminos que se entrecruzan, de manera que es difícil orientarse. **3.** Complicación inextricable. **4.** ANAT. Estructura del oído interno.
LABIA n. f. *Fam*. Facilidad de palabra y gracia en el hablar: *tener mucha labia*.
LABIADO, A adj. y n. f. Relativo a una familia de plantas dicotiledóneas, como la menta, el tomillo, la lavanda, etc. SIN.: *labiáceo*.
LABIAL adj. Relativo a los labios. ♦ adj. y n. f. FONÉT. Dícese de un fonema en cuya articulación intervienen los labios.
LABIALIZAR v. tr. [**1g**]. Dar carácter labial a un fonema.
LÁBIL adj. (lat. *labilem*). Que resbala o se desliza fácilmente. **2.** Inestable, cambiante, débil: *pulso lábil*. **3.** Dícese de los compuestos químicos poco estables, especialmente al calor.
LABIO n. m. (lat. *labium*). Cada una de las partes exteriores, inferior y superior, de la boca que cubre los dientes. **2.** *Fig*. Cada uno de los repliegues membranosos de la vulva (labios mayores, labios menores). **3.** BOT. Cada uno de los lóbulos de determinadas flores. • **Cerrar los labios,** callar. ‖ **Labio leporino** (MED.), malformación congénita del labio superior, por defecto de soldadura de los arcos maxilares y brote medio intermaxilar. ‖ **Morderse los labios** (*Fam*.), violentarse para reprimir la risa o el habla. ‖ **No descoser, o despegar, los labios,** mantenerse callado o sin contestar. ‖ **Sellar los labios,** impedir que alguien hable. ♦ **labios** n. m. pl. ♦. *Fig*. Boca, órgano de la palabra: *sus labios callaron*.
LABIODENTAL adj. y n. f. FONÉT. Dícese de las consonantes cuya articulación se produce por acercamiento del labio inferior a los incisivos superiores (f, v).
LABIOSO, A adj. *Ecuad. Fig*. Adulador.
LABOR n. f. (lat. *laborem*). Trabajo, acción de trabajar. **2.** Obra realizada por alguien: *desarrollar una gran labor*. **3.** Labranza. **4.** Cada una de las operaciones agrícolas de preparación o cultivo de las tierras. **5.** Cava que se da a la tierra: *dar dos labores a un campo*. **6.** Cualquier trabajo de los que se hacen con hilo, a mano o a máquina. **7.** Obra hecha trabajando así. **8.** Cada uno de los grupos de productos que se confeccionan en las fábricas de tabacos. (Suele usarse en plural.) • **De labor,** dícese de los aperos y animales que se usan para el trabajo de la tierra. ‖ **Día de labor,** día laborable, de trabajo.
LABORAL adj. Relativo al trabajo en su aspecto económico y social: *problemas laborales*.
LABORALISTA adj. y n. m. y f. Dícese del abogado especialista en derecho laboral.
LABORAR v. intr. (lat. *laborare*) [**1**]. Labrar, procurar o intentar algo con esfuerzo.
LABORATORIO n. m. Local dispuesto para realizar investigaciones científicas, análisis biológicos, pruebas industriales, trabajos fotográficos, etc.
LABORERO n. m. *Bol., Chile y Perú*. Capataz, el que dirige una labor.
LABORIOSO, A adj. Trabajador, inclinado al trabajo. **2.** Trabajoso, penoso.
LABOULAYE → *Presidente Roque Sáenz Peña*.
LABRA n. f. Acción y efecto de labrar piedras, maderas y otros materiales. SIN.: *labrado*. **2.** Obra que se da a las piedras de cantería antes de asentarlas. **3.** Operación de labrar, pulir o acabar la superficie de los sillares o piedras de talla empleadas en arquitectura.
LABRADO, A adj. Dícese de los tejidos que tienen algún dibujo en relieve: *terciopelo labrado*. ♦ n. m. **2.** Labra. **3.** Campo labrado. (Suele usarse en plural.)
LABRADOR, RA adj. y n. Que labra la tierra. ♦ n. **2.** Persona que vive en el campo y se dedica a las faenas de la tierra. SIN.: *campesino, labriego*. **3.** *Cuba, Dom. y Par*. Persona que labra la madera sacándola de la corteza de los árboles para convertirlos en rollizos.
LABRANTÍO, A adj. y n. m. Dícese del campo o tierra de labor.
LABRANZA n. f. Cultivo de los campos.
LABRAPUNTAS n. m. (pl. *labrapuntas*). *Colomb*. Sacapuntas.
LABRAR v. tr. (lat. *laborare*) [**1**]. Trabajar una materia dándole una forma determinada. **2.** Cultivar la tierra. **3.** Arar. **4.** Coser o bordar. ♦ v. tr. y pron. **5.** *Fig*. Preparar, conseguir: *labrarse un porvenir*.
LABRIEGO, A n. Labrador.
LABURAR v. intr. [**1**]. *Argent. y Urug. Fam*. Trabajar.
LABURO n. m. *Argent. y Urug. Fam*. Trabajo.
LACA n. f. (lat. *lakk*). Sustancia resinosa de color rojo oscuro que se forma en las ramas de varias plantas de Extremo oriente, con la exudación que producen las picaduras de insectos. **2.** Barniz negro o rojo preparado, sobre todo en China, con esta resina. **3.** Objeto barnizado con numerosas capas de laca, eventualmente pintado, grabado y esculpido. **4.** Sustancia albuminosa coloreada, utilizada en pintura. **5.** Producto que, al vaporizarse sobre el pelo, lo recubre con una capa protectora.
LACADO n. m. Laqueado.
LACALLE (Luis Alberto), político uruguayo (Montevideo 1941). Miembro del Partido blanco, fue presidente de la república (1990-1995).
LACANDÓN, pueblo amerindio de lengua maya que vive en las montañas del curso alto del Usumacinta (NO de Guatemala) y al E del est. de Chiapas (México).
LACANDÓN, volcán de Guatemala (Quezaltenango); 2748 m.
LACANTÚN, r. de América Central (México y Guatemala), afluente del Usumacinta.
LACAR v. tr. [**1a**]. Laquear.
LÁCAR, dep. de Argentina (Neuquén), en los Andes patagónicos; 17 023 hab. Comprende el *lago Lácar*.
LACAYO n. m. Criado de librea, que acompañaba a su amo. **2.** *Fig*. Persona servil.
LACAYUNO, A adj. Propio de lacayo. **2.** *Fig*. Bajo, servil, despreciable.
LACEADOR, RA n. *Amér*. Persona encargada de echar el lazo a las reses.
LACERACIÓN n. f. Acción y efecto de lacerar.
LACERANTE adj. Que lacera.
LACERAR v. tr. y pron. (lat. *lacerare*, desgarrar, despedazar) [**1**]. Herir, producir un daño en el cuerpo. ♦ v. tr. **2.** *Fig*. Dañar, causar dolor. ♦ v. intr. **3.** Padecer, pasar penalidades.
LACHEAR v. tr. [**1**] *Chile*. Galantear, decir zalamerías a una mujer.
LACHO, A adj. y n. *Chile y Perú. Fam. y vulg*. Galán, amante, enamorado.
LACIO, A adj. (lat. *flaccidum*). Marchito, ajado. **2.** Flojo, sin vigor. **3.** Dícese del cabello que cae liso sin formar ondas ni rizos.
LACIO, región de la Italia central, junto al mar Tirreno; 17 203 km²; 5 031 230 hab. Cap. *Roma*.
LACLOS (Pierre **Choderlos de**), militar y escritor francés (Amiens 1741-Tarento 1803), autor de *Las amistades peligrosas* (1782).
LACÓNICO, A adj. (lat. *laconicum*). Breve, conciso: *respuesta lacónica*. **2.** Que habla o escribe con brevedad, concisión: *hombre lacónico*.
LACRA n. f. Señal que deja una enfermedad o daño físico. **2.** Defecto o vicio de una cosa: *las lacras de la sociedad*. **3.** *Venez*. Úlcera, llaga.
LACRAR v. tr. [**1**]. Cerrar con lacre.
LACRAR v. tr. y pron. [**1**]. Dañar la salud de alguien o contagiar una enfermedad. ♦ v. tr. **2.** *Fig*. Dañar o perjudicar a alguien en sus intereses.
LACRE n. m. Compuesto coloreado, a base de goma laca y trementina, que sirve para sellar y cerrar cartas. ♦ adj. **2.** *Amér. Fig*. De color rojo.
LACRIMAL adj. Relativo a las lágrimas: *glándulas lacrimales*.
LACRIMÓGENO, A adj. Que excita la secreción de las glándulas lacrimales: *gases lacrimógenos*. **2.** Lacrimoso, que mueve a llanto.

LAC

LACRIMOSO, A adj. Que llora o segrega lágrimas: *ojos lacrimosos*. **2.** Que mueve a llanto: *novela lacrimosa*. **3.** Que es propenso a lamentarse.

LACTANCIA n. f. Período de la vida en que el ser se alimenta fundamentalmente de leche. **2.** Dicho sistema de alimentación: *lactancia materna*.

LACTANTE n. m. y f. Ser que se halla en la fase en que es alimentado predominantemente con leche.

LACTAR v. tr. (lat. *lactare*) [1]. Amamantar o criar con leche. ♦ v. intr. **2.** Nutrirse con leche.

LACTASA n. f. QUÍM. Enzima que transforma la lactosa en glucosa y galactosa.

LÁCTEO, A adj. (lat. *lacteum*). Perteneciente a la leche o parecido a ella.

LÁCTICO, A adj. QUÍM. Dícese de un ácido alcohol CH_3–CHOH–COOH, que se forma en la fermentación de las hexosas bajo la acción de las bacterias lácticas y en la descomposición del glucógeno durante la contracción muscular.

LACTOSA n. f. QUÍM. Azúcar de fórmula $C_{12}H_{22}O_{11}$, contenido en la leche, y que se desdobla en glucosa y galactosa.

LACUSTRE adj. Relativo a los lagos. **2.** Que vive en los bordes o en las aguas de un lago.

LADEAR v. tr., intr. y pron. [1]. Inclinar o torcer hacia un lado. ♦ v. intr. **2.** Andar por las laderas de las montañas. **3.** Fig. Desviarse del camino derecho. ♦ **ladearse** v. pron. **4.** Fig. Sentir alguna inclinación hacia alguna cosa. **5.** *Chile*. Fig. y fam. Prendarse, enamorarse.

LADEO n. m. Acción y efecto de ladear o ladearse.

LADERA n. f. Declive de un monte o de una altura.

LADERO n. m. *Argent*. Caballo de tiro que, en los vehículos de varas, se ata al lado del varero y, en los de lanza, junto a cualquiera de los troncos. **2.** *Argent*. Fig. Persona que secunda a otra, particularmente a un caudillo político.

LADILLA n. f. y adj. Insecto de color amarillento, que vive parásito en las partes vellosas del cuerpo humano. (Familia tirídos.) **2.** *Argent., Chile, Méx.* y *Urug. Fam.* Persona molesta, impertinente.

LADILLO n. m. IMPR. Nota o adición marginal en un texto impreso.

LADINO, A adj. (lat. *latinum*, latino). En la edad media, romance por oposición a árabe. **2.** Fig. Astuto, sagaz: *hombre ladino y falso*. **3.** *Amér. Central*. Mestizo que sólo habla español. **4.** *Méx*. Indígena o mestizo que reniega de las costumbres de su comunidad o que se aprovecha de los indios que no hablan español. ♦ n. m. **5.** Retorrománico. **6.** Judeoespañol.

LADO n. m. Costado del cuerpo humano. **2.** Parte de algo que se contraponen a la otra. **3.** Parte de algo próxima a los bordes, en oposición al centro. **4.** Con relación a un determinado punto, cada una de las partes de su contorno que se pueden diferenciar por alguna característica especial: *la ciudad se ensancha por el lado del río*. **5.** Cara, cada una de las superficies de un cuerpo laminar: *cuartillas escritas por un solo lado*. **6.** Lugar, sitio, especialmente con referencia a otro: *no lo encuentro aquí, debe estar en otro lado*. **7.** Fig. Medio o camino para hacer algo. **8.** Fig. Aspecto, punto de vista: *el lado bueno de la vida*. **9.** Rama de un parentesco: *por el lado de la madre son primos*. **10.** GEOMETR. Cada una de las líneas que limitan un ángulo o un polígono. • **Al lado o al lado de,** tocando a la persona o cosa expresadas, o muy cerca. || **Dar de lado** a uno (*Fam.*), apartarse de su trato o compañía; rehuirle. || **Darle a alguien por su lado** (*Méx. Fam.*), fingir estar de acuerdo con él sólo por complacerlo, por no discutir, etc. || **Dejar a un, o de lado** una persona o cosa, no tenerla en cuenta, prescindir de ella. || **Hacerse a un lado,** apartarse, quitarse de en medio. || **Mirar de lado** (*Fam.*), mirar despectivamente. || **Ser** alguien **del otro lado,** ser homosexual.

LADRAR v. intr. (lat. *latrare*) [1]. Dar ladridos el perro. **2.** Fig. y fam. Amenazar sin acometer. **3.** Fig. y fam. Dirigir a alguien insultos o críticas ásperas.

LADRIDO n. m. Voz que emite el perro. **2.** Fig. y fam. Grito o expresión áspera.

LADRILLAR v. tr. [1]. Enladrillar.

LADRILLAR o **LADRILLAL** n. m. Lugar donde se fabrican ladrillos.

LADRILLO n. m. Masa de arcilla en forma de paralelepípedo rectangular, que, después de cocida, sirve para construir muros, solar habitaciones, etc.

LADRÓN, NA adj. y n. (lat. *latronem*). Que hurta o roba. ♦ n. m. **2.** Cualquier dispositivo empleado para sustraer o desviar el caudal de un fluido.

LADRONERA n. f. Guarida de ladrones.

LADRONERÍA n. f. Latrocinio.

LADRONZUELO, A n. Ladrón que comete hurtos o robos de poca importancia.

LAFAYETTE (*condesa de*) → *Fayette* (condesa de La).

LAFERRÈRE (Gregorio **de**), comediógrafo argentino (Buenos Aires 1867-id. 1913). Tras la comedia satírica *Jettatore* (1904), adoptó una estética entre la crítica de costumbres y un naturalismo dramático (*Las de Barranco*, 1907).

LAFORGUE (Jules), poeta francés (Montevideo 1860-París 1887). De estilo rebuscado e impresionista, fue uno de los creadores del verso libre.

LAFOURCADE (Enrique), novelista chileno (Santiago 1927), autor de *La fiesta del rey Acab* (1959), sátira de la dictadura de Trujillo; *En el fondo* (1973); *El gran juego* (1984), contra la dictadura de Pinochet.

LAGAÑOSO, A adj. *Méx*. Legañoso.

LAGAR n. m. Recipiente donde se prensa la aceituna para extraer aceite, se pisa la uva para obtener el mosto, etc. **2.** Edificio donde hay un lagar.

LAGARTEAR v. tr. [1]. *Chile*. Coger de los músculos de los brazos a uno y apretárselos para inmovilizarlo, con el fin de atormentarle y vencerlo en la lucha. **2.** *Colomb*. Importunar, solicitar con insistencia.

LAGARTEO n. m. *Chile*. Acción y efecto de lagartear.

LAGARTIJA n. f. Denominación de diversos saurios de menor tamaño que los lagartos, que corresponden a diversas especies. **2.** *Méx*. Ejercicio gimnástico que se practica boca abajo con el cuerpo estirado, y consiste en subir y bajar sosteniéndose únicamente con las manos y las puntas de los pies.

LAGARTO n. m. (lat. *lacertum*). Reptil que comúnmente vive entre las piedras de los muros, en los bosques y los prados. (Orden lacertilios.) **2.** Piel curtida de este animal. **3.** *Méx*. Caimán. ♦ n. m. y adj. **4.** Fig. y fam. Lagartón.

LAGERKVIST (Pär), escritor sueco (Växjo 1891-Estocolmo 1974), autor de poemas, dramas y novelas (*El enano*, 1944; *Barrabás*, 1950). [Premio Nobel de literatura 1951.]

LAGERLÖF (Selma), escritora sueca (Mårbacka 1858-id. 1940), autora de novelas de estilo romántico (*La saga de Gösta Berling*, 1891; *El carretero de la muerte*, 1912). [Premio Nobel de literatura 1909.]

LAGO n. m. (lat. *lacum*). Masa de agua, dulce o salada, acumulada de forma natural en el interior de los continentes, y de superficie y profundidad variables entre amplios límites.

LAGOS (*región de* **Los**), región de Chile, en el centro-sur del país; 66 997 km²; 953 330 hab. Cap. *Puerto Montt*.

LAGOS, c. de Nigeria, ant. cap. del país; 1 400 000 hab. (más de 4 500 000 en la aglomeración).

LÁGRIMA n. f. (lat. *lacrimam*). Líquido salado producido por dos glándulas situadas bajo los párpados, encima de los globos oculares, que humedece la conjuntiva y penetra en las fosas nasales por las carúnculas lacrimales. (Suele usarse en plural.) **2.** Cualquiera de las gotas del humor o jugo que algunas plantas destilan después de la poda, o por incisión: *las lágrimas de la vid*. **3.** Gota de cristal colorido que desluce a veces los objetos de vidrio. • **Llorar a lágrima viva,** llorar mucho y de manera ostensible. ♦ **lágrimas** n. f. pl. **4.** Fig. Padecimiento, adversidades. || **Lágrimas de cocodrilo** (*Fig.*), pena o arrepentimiento falsos.

LAGRIMAL adj. Dícese de los órganos de secreción y excreción de las lágrimas. ♦ n. m. **2.** Extremidad del ojo próxima a la nariz.

LAGRIMEAR v. intr. [1]. Segregar lágrimas los ojos. **2.** Llorar con frecuencia y facilidad.

LAGRIMEO n. m. Acción de lagrimear.

LAGRIMOSO, A adj. Lloroso. **2.** Lacrimoso, que mueve a llanto. ♦ adj. y n. **3.** Afecto de lagrimeo.

LAGUA n. f. *Bol. y Perú*. Especie de puches o gachas que, en Bolivia y Perú, se preparan con fécula de patata o de chuño.

LAGUNA n. f. (lat. *lacunam*, hueco). Extensión natural de agua, dulce o salada, estancada, más pequeña y menos profunda que el lago. **2.** Fig. Hueco, vacío, omisión o imperfección en un trabajo. **3.** Fig. Fallo de la memoria.

LAGUNA BLANCA (*sierra de la*), sierra de Argentina (Catamarca), que culmina a 5579 m.

LAGUNA MADRE, laguna de México (Tamaulipas), al S de Matamoros; 220 km² de extensión aprox.

LAGUNAR adj. Relativo a las lagunas.

LAGUNERO, A adj. y n. De La Laguna.

LAHORE, c. de Pakistán, cap. del Panjab; 2 922 000 hab. (fuerte, 1565; gran mezquita, 1627; tumba de Yahāngīr, 1627; célebre jardín).

LAI o **LAY** n. m. (voz de origen celta). En la edad media, breve poema de versos cortos, que relata una leyenda o historia de amor.

LAICIDAD n. f. Calidad de laico. **2.** Sistema que excluye a las Iglesias del ejercicio del poder político o administrativo, y en particular de la organización de la enseñanza pública.

LAICISMO n. m. Doctrina de los partidarios de las instituciones.

LAICISTA adj. y n. m. y f. Relativo al laicismo; partidario de esta doctrina.

LAICIZAR v. tr. [1g]. Dar carácter laico.

LAICO, A adj. y n. Que no es eclesiástico ni religioso. **2.** Independiente de la autoridad de los organismos religiosos.

LAÍSMO n. m. Uso de los pronombres átonos de tercera persona *la/las*, propios del acusativo, en funciones de dativo que exigirían el empleo de *le/les*, con el fin de efectuar una oposición genérica.

LAÍSTA adj. y n. m. y f. Dícese de la persona que practica el laísmo.

LAJA n. f. Lancha, piedra lisa.

LAJA, r. de Chile, afl. del Biobío; 140 km. Numerosos rápidos y saltos, entre ellos el *salto del Laja*.

LAJA (La), c. de Chile (Biobío), cerca de la confluencia del Laja con el Biobío; 24 251 hab.

LAKAS (Demetrio), político panameño (Colón 1925). Presidente de la república (1972-1978).

LAM (Wifredo), pintor cubano (Sagua la Grande 1902-París 1982). En sus grandes telas incorporó signos oníricos, con reminiscencias afrocubanas, formando un bestiario personal.

LAMA n. f. Cieno blando, de color oscuro, que se halla en el fondo del mar y de los ríos, y otros lugares cubiertos de agua. **2.** *Bol., Colomb.* y *Méx.* Moho. **3.** *Chile, Colomb.* y *Hond.* Capa de plantas criptógamas que se cría en las aguas dulces. **4.** *Chile, Colomb., Hond., Méx.* y *P. Rico.* Musgo.
LAMA n. f. (lat. *laminam*). Lámina. **2.** *Chile.* Tejido de lana con flecos en los bordes.
LAMA n. m. (voz tibetana, *superior, maestro venerable*). Monje budista tibetano.
LAMAÍSMO n. m. Forma particular del budismo, muy extendida en el Tíbet.
LAMAÍSTA adj. y n. m. y f. Relativo al lamaísmo; partidario de esta doctrina.
LAMARCK (Jean-Baptiste **de** Monet, *caballero* **de**), naturalista francés (Bazentin 1744-París 1829). Enunció por primera vez una teoría de la evolución de las especies (*lamarquismo*), basada en el carácter hereditario de las adaptaciones morfológicas al medio ambiente.
LAMARTINE (Alphonse **de**), escritor francés (Mâcon 1790-París 1869). Célebre ya desde sus primeros poemas, fue uno de los máximos exponentes del romanticismo francés (*Armonías*, 1830).
LAMAS (José Andrés), político e historiador uruguayo (Montevideo 1817-Buenos Aires 1891). Negoció la triple alianza y diversos tratados fronterizos. Introdujo en su país los postulados románticos.
LAMAS (José Ángel), compositor venezolano (Caracas 1775-*id.* 1814), autor de obras de carácter religioso.
LAMASERÍA n. f. Convento de lamas tibetanos.
LAMBARÉ, distr. de Paraguay (Central), en la zona suburbana de Asunción; 99 681 hab.
LAMBARERO, A adj. *Chile.* Dícese de la persona ociosa, errante, vagabunda.
LAMBAYEQUE (*departamento de*), dep. del N de Perú (Nor-Oriental del Marañón); 14 232 km²; 975 100 hab. Cap. *Chiclayo*.
LAMBAYEQUE, c. de Perú (Lambayeque); 15 313 hab. Iglesia de San Pedro (s. XVII), de estilo limeño. Universidad. En el *valle de Lambayeque*, yacimientos con cerámica de un período intermedio entre la cultura mochica y la chimú.
LAMBDA n. f. Undécima letra del alfabeto griego (λ), correspondiente a la *l* española.
LAMBETEAR v. tr. [1]. *Amér.* Lamer.
LAMBICHE adj. *Méx.* Dícese del que es adulador.
LAMBISCÓN, NA adj. *Méx. Fam.* Que es servil o adulador. SIN.: *lambiche.*
LAMBÓN, NA adj. *Colomb.* Soplón. **2.** *Colomb.* y *Méx.* Adulador.
LAMÉ n. m. (voz francesa). Tela adornada con finas laminillas de oro o plata o tejida con hilos de metal.
LAMECULOS n. m. y f. (pl. *lameculos*). *Vulg.* Adulador.
LAMEDURA n. f. Acción y efecto de lamer.
LAMELIBRANQUIO, A adj. y n. m. Dícese del molusco de concha bivalva (almeja, mejillón). SIN.: *bivalvo.*
LAMENTABLE adj. Digno de lamentarse. **2.** Que por cualquier causa produce mala impresión: *aspecto lamentable.*
LAMENTACIÓN n. f. (lat. *lamentationem*). Acción de lamentarse. **2.** Palabras o expresiones con que alguien se lamenta: *estar harto de lamentaciones.*
LAMENTAR v. tr. e intr. (lat. *lamentari*) [1]. Experimentar disgusto o contrariedad por alguna causa. ♦ v. tr. y pron. **2.** Quejarse, expresar disgusto por una contrariedad, pena o desgracia.
LAMENTO n. m. (lat. *lamentum*). Quejido, queja. **2.** Canto triste. (Suele aparecer en las óperas.)
LAMEPLATOS n. m. y f. (pl. *lameplatos*). Persona que no tiene con qué vivir decorosamente.
LAMER v. tr. y pron. (lat. *lambere*) [2]. Pasar la lengua por alguna cosa: *lamer el plato.* ♦ v. tr. **2.** *Fig.* Tocar suavemente algo: *las olas lamían la playa.*
LAMETÓN n. m. Cada movimiento de la lengua al lamer, especialmente si es enérgico.
LAMIDO, A adj. *Fig.* Flaco. **2.** *Fig.* Relamido.
LÁMINA n. f. (lat. *laminam*). Plancha delgada de un metal. **2.** Plancha de cobre o de otro metal en el cual se encuentra grabado un dibujo para estamparlo. **3.** Estampa, efigie o figura impresa. **4.** *Fig.* Estampa, figura buena o mala de una persona o animal: *un pura raza de excelente lámina.* **5.** *Fig.* Porción de cualquier materia extendida en superficie y de poco grosor. **6.** BOT. Cada una de las membranas que se encuentran bajo el sombrerillo de determinados hongos.
LAMINACIÓN n. f. Acción y efecto de laminar. **2.** Acción de someter un producto a una deformación por compresión entre dos cilindros, para modificar su constitución interna y su forma.
LAMINADO, A adj. Obtenido por laminación: *alambre laminado.* ♦ n. m. **2.** Laminación.
LAMINADOR, RA adj. Que lamina: *cilindro laminador.* ♦ n. m. **2.** Máquina con ayuda de la cual se puede reducir la sección de un producto haciéndolo pasar entre dos cilindros.
LAMINAR adj. De forma de lámina. **2.** Dícese de la estructura de un cuerpo cuando sus láminas y hojas están sobrepuestas y paralelamente colocadas.
LAMINAR v. tr. [1]. Transformar un material en láminas. **2.** Recubrir algo con láminas de otro material.
LAMPA n. f. (voz quechua). *Chile, C. Rica, Ecuad.* y *Perú.* Azada.
LAMPA, com. de Chile (Santiago); 24 752 hab. Centro agropecuario. Minas de oro.
LAMPALAGUA n. f. *Argent.* y *Chile.* Tragón, glotón. ♦ n. m. **2.** *Chile.* Monstruo fabuloso que se bebe el agua de los ríos y los deja secos. ♦ n. f. **3.** *Argent.* Serpiente de la misma familia que las boas, de 2,50 m de long., coloración amarronada con manchas amarillentas.
LAMPALLO, n. f. *Chile.* Hambrientos.
LÁMPARA n. f. (lat. *lampada*). Dispositivo o aparato destinados a producir luz: *lámpara de techo; lámpara de petróleo.* **2.** Objeto que sirve de soporte o adorno a una o más luces. **3.** Bombilla eléctrica: *fundirse una lámpara.* **4.** Lamparón, mancha. **5.** Aparato o utensilio que producen llama y que se utilizan como fuente de calor: *lámpara de alcohol.* **6.** ELECTRÓN. Elemento de los aparatos de radio y televisión que consta de tres electrodos metálicos: un filamento, una rejilla y una placa. SIN.: *tubo de vacío.* • **Lámpara de incandescencia,** en un espacio vacío de aire o en un gas inerte, lámpara en la que la luz procede de la incandescencia de un conductor delgado bajo la acción de una corriente eléctrica. || **Lámpara piloto,** lámpara que, al encenderse o apagarse, sirve para señalar el funcionamiento o la puesta en marcha de un aparato.
LAMPARAZO n. m. *Colomb.* Porción de líquido que se bebe de un trago.
LAMPARERO, A n. Persona que hace o vende lámparas. SIN.: *lamparista, lampista.*
LAMPARILLA n. f. Mariposa, candelilla que se enciende en un vaso de aceite. **2.** Plato o vaso en que ésta se pone. **3.** Mechero de alcohol.
LAMPARÍN n. m. Cerco de metal en que se pone la lamparilla en las iglesias. **2.** *Chile.* Candil.
LÁMPARO, A adj. *Colomb.* Dícese de la persona que se ha quedado sin blanca.
LAMPARÓN n. m. Mancha evidente en la ropa, especialmente la de grasa. **2.** *Chile.* Ubrera. (Suele usarse en plural.)
LAMPEAR v. tr. [1]. *Chile.* Encuadrar. **2.** *Chile* y *Perú.* Remover la tierra con la lampa. **3.** *Perú.* Desbastar.
LAMPEDUSA (Giuseppe **Tomasi**, *duque de* **Palma** y *príncipe* **de**), escritor italiano (Palermo 1896-Roma 1957), autor de la novela *El gatopardo* (1958).
LAMPIÑO, A adj. Que no tiene barba o que todavía no le ha salido: *joven lampiño.* **2.** De poco pelo o vello: *cabeza lampiña.*
LAMPREA n. f. (bajo lat. *lampreda*). Vertebrado acuático, de forma cilíndrica y alargada, que remonta los ríos en primavera. (Clase agnatos o ciclóstomos.)
LAMPREADO n. m. Guiso chileno, hecho con charqui y otros ingredientes.
LAMPREAR v. tr. [1]. Guisar un alimento, cociéndolo en agua o vino con azúcar o miel y especias, después de frito o asado.
LAMPUSO, A adj. *Cuba.* Atrevido, desvergonzado.
LANA n. f. (lat. *lanam*). Fibra tupida, suave y rizada, procedente del vellón de la oveja y otros rumiantes. **2.** Hilo de esta materia. **3.** Tela fabricada con esta materia textil. • **Lana de vidrio,** fibra de vidrio de diámetro muy pequeño, utilizada como aislante térmico y acústico. ♦ n. m. y f. **4.** *Guat.* y *Hond.* Persona de clase social muy baja. ♦ n. m. **5.** *Chile, Méx.* y *Perú. Fam.* Dinero.
LANAR adj. Ganado lanar, ganado ovino.
LANCE n. m. Acontecimiento, episodio, situación: *los lances de la vida.* **2.** Encuentro, riña, desafío. **3.** En el juego, cada una de los accidentes o combinaciones notables que ocurren en él. **4.** *Chile.* Esguince, marro, regate. **5.** TAUROM. Suerte de capa. • **De lance,** que se compra o se vende por menos de lo que vale. || **Lance de fortuna,** casualidad, accidente inesperado.
LANCEOLADO, A adj. BOT. Dícese de un órgano laminar de una planta que termina en forma de lanza: *hoja lanceolada.*
LANCERO n. m. (lat. *lancearium*). Soldado de un cuerpo de caballería, armado de lanza.
LANCETA n. f. Instrumento quirúrgico utilizado para efectuar pequeñas incisiones.
LANCHA n. f. Piedra plana o losa de escaso grosor. **2.** *Ecuad.* Helada, escarcha.
LANCHA n. f. (port. *lancha*). Bote grande, propio para transportar carga y pasajeros entre puntos cercanos. **2.** La mayor de las embarcaciones menores que llevan a bordo los grandes buques para su servicio. **3.** Bote, barco pequeño sin cubierta.
LANCHAR v. intr. [1]. *Ecuad.* Nublarse el cielo. **2.** *Ecuad.* Helar, escarchar.
LANCINANTE adj. Agudo, muy intenso y punzante: *dolor lancinante.*
LANCINAR v. tr. y pron. (lat. *lancinare*) [1]. Punzar, desgarrar.
LANCO n. m. Planta herbácea de América Meridional, ligeramente vomitiva, usada como expectorante. (Familia gramíneas.)
LANDA n. f. (fr. *lande*). Formación vegetal de la zona templada, considerada como una forma de degradación del bosque. **2.** Terreno cubierto por esta vegetación.
LANDA (fray Diego **de**), franciscano español (Cifuentes 1524-c. 1579). En 1549 pasó al Yucatán para evangelizar a los mayas, cuyos códices quemó. Escribió *Relación de las cosas del Yucatán* (c. 1566).
LANDAETA (Juan José), músico venezolano (Caracas 1780-Cumaná 1814). Compuso la canción *Gloria al bravo pueblo*, adoptada en 1880 como himno nacional.
LANDALUZE (Víctor Patricio **de**), pintor, dibujante y caricaturista español activo en Cuba (Bilbao 1825-Guanabacoa 1889). Su personaje, *Liborio*, se convirtió en símbolo del pueblo cubano.
LANDAU (Liev Davídovich), físico soviético (Bakú 1908-Moscú 1968), especialista en la teoría cuántica de los campos y autor de una teoría de la superfluidez. (Premio Nobel de física 1962.)

LAN

LANDÍVAR (Rafael), poeta guatemalteco (Santiago de los Caballeros 1731-Bolonia 1793). Compuso el poema latino *Rusticatio mexicana* (1781), canto al paisaje americano.

LANDÓ n. m. (fr. *landau*, de Landau, c. de Alemania). Coche hipomóvil con suspensión, de cuatro ruedas y provisto en su interior de dos asientos situados frente a frente.

LANDSTEINER (Karl), médico norteamericano de origen austríaco (Viena 1868-Nueva York 1943). En 1900 descubrió los grupos sanguíneos del sistema A, B, O y, en 1940, el factor Rh. (Premio Nobel de fisiología y medicina 1930.)

LANERO, A adj. Relativo a la lana: *la industria lanera*. ◆ n. 2. Persona que trata en lanas.

LANG (Fritz), director de cine alemán (Viena 1890-Hollywood 1976), nacionalizado norteamericano. Se impuso por la fuerza de su estilo y el rigor de su inspiración (*Metrópolis*, 1927; *El testamento del doctor Mabuse*, 1932, etcétera).

LANGARO, A adj. *Argent.* Larguirucho. **2.** *C. Rica.* Vagabundo.

LANGE (Norah), escritora argentina (Buenos Aires 1906-id. 1972). Poeta ultraísta (*Los días y las noches*, 1926), en sus relatos (*Cuadernos de infancia*, 1937) y novelas (*Los retratos*, 1956) la fantasía se mezcla con lo autobiográfico.

LANGLOIS (Juan Carlos), pintor y grabador argentino (Buenos Aires 1926). Su pintura adoptó el surrealismo, con inspiración en el arte precolombino.

LANGMUIR (Irving), químico y físico norteamericano (Brooklyn 1881-Falmouth 1957). Inventó la bombilla eléctrica con atmósfera gaseosa, perfeccionó la técnica de los tubos electrónicos y elaboró las teorías de la electrovalencia y de la catálisis heterogénea. (Premio Nobel de química 1932.)

LANGOSTA n. f. (lat. *locustam*). Crustáceo del orden decápodos, que vive en los fondos rocosos de todos los mares y es muy apreciado por su carne. **2.** Insecto herbívoro, que se desplaza saltando y volando. (Orden ortópteros.)

LANGOSTINO n. m. Crustáceo marino, de carne muy apreciada, colores variados, tendentes al azul rosado, que pasa a rojo por cocción. (Familia peneidos.)

LANGUIDECER v. intr. [2m]. Encontrarse un estado prolongado de debilidad física o moral. **2.** *Fig.* Perder vigor, intensidad, etc.

LANGUIDEZ n. f. Abatimiento prolongado, físico o moral, que se manifiesta por una astenia. **2.** Melancolía, falta de intensidad, vigor, etc.

LÁNGUIDO, A adj. Falto de fuerza, de vigor. **2.** *Fig.* Falto de actividad, de vida, de movimiento. **3.** De pocos ánimos, falto de alegría: *mirada lánguida*.

LANGUR n. m. Primate de pelo abundante y fino. (Familia cercopitécidos.)

LANÍFERO, A adj. Que está cubierto de una materia lanosa o algodonosa.

LANÍGERO, A adj. Revestido de una capa de pelusa.

LANILLA n. f. Pelillo que le queda al tejido de la lana por la haz. **2.** Tela fina de lana.

LANÍN, volcán suramericano, situado en la frontera argentino-chilena; 3776 m de alt. — En Argentina, la zona constituye el *parque nacional Lanín* (lagos de Huechulafquen, Lácar, etc.).

LANOLINA n. f. Grasa de consistencia sólida, de color ambarino, extraída de la suarda de la lana de oveja, que se utiliza como excipiente para numerosas pomadas.

LANOSIDAD n. f. Pelusa, especialmente la de las hojas de los vegetales.

LANOSO, A adj. Lanudo. **2.** BOT. Lanuginoso.

LANTÁNIDO n. m. Nombre genérico de los metales de las tierras raras, cuyo primer elemento es el lantano.

LANTANO n. m. Metal del grupo de las tierras raras, de número atómico 57 y de masa atómica 138,90, cuyo símbolo químico es La.

LANTÉN n. m. *Méx.* Llantén.

LANUDO, A adj. Que tiene mucha lana. **2.** *Venez.* Grosero, rústico.

LANUGINOSO, A adj. BOT. Que tiene lanosidad. SIN.: *lanoso*.

LANÚS, partido de Argentina (Buenos Aires), en el Gran Buenos Aires; 466 755 hab.

LANUSSE (Alejandro Agustín), político y militar argentino (Buenos Aires 1918-id. 1996). Designado presidente de la república (1971), convocó las elecciones de 1973, que posibilitaron el regreso de Perón.

LANZA n. f. (lat. *lanceam*). Arma ofensiva, compuesta de una asta larga en cuya extremidad va fijo un hierro puntiagudo y cortante. **2.** Combatiente armado de lanza. **3.** Pieza de madera o vara que, unida por uno de sus extremos al juego delantero de un carruaje, sirve para darle dirección. • **Lanza en ristre**, preparado para acometer una empresa. ‖ **Romper una lanza, o lanzas, por, o en favor de**, salir en defensa de alguien o de algo.

LANZABOMBAS, LANZACOHETES, LANZAGRANADAS, LANZALLAMAS, LANZAMISILES, LANZATORPEDOS n. m. (pl. *lanzabombas*, *lanzacohetes*, *lanzagranadas*, *lanzallamas*, *lanzamisiles*, *lanzatorpedos*). MIL. Aparato para lanzar bombas, cohetes, granadas, líquidos inflamables, misiles o torpedos.

LANZADA n. f. Golpe dado o herida producida con una lanza. SIN.: *lanzazo*.

LANZADERA n. f. Instrumento del telar para hacer pasar los hilos de la trama por los de la urdimbre en un tejido. **2.** Pieza de madera, de formas diversas, destinada a recibir el hilo utilizado para la fabricación de determinados artículos especiales, como las redes de pesca, o la trama de las alfombras confeccionadas manualmente. **3.** Instrumento en forma de huso que se emplea en algunas labores femeninas. **4.** Tren que efectúa el trayecto de ida y vuelta entre las estaciones inicial y terminal de una línea, en la que es el único en prestar servicio. • **Lanzadera espacial**, vehículo espacial recuperable, concebido para efectuar numerosos viajes entre la Tierra y una órbita terrestre. SIN.: *transbordador espacial*.

LANZADO, A adj. Decidido, audaz: *persona muy lanzada*.

LANZADOR, RA adj. y n. Que lanza o arroja: *aparato lanzador*; *un lanzador de jabalina*. ◆ n. m. **2.** Vehículo propulsor formado generalmente por varias etapas, capaz de enviar una carga útil al espacio.

LANZAMIENTO n. m. Acción y efecto de lanzar o lanzarse. **2.** Conjunto de operaciones, que acompañan el disparo de un ingenio espacial. **3.** En atletismo, prueba que consiste en arrojar lo más lejos posible un peso, disco, jabalina o martillo.

LANZAR v. tr. y pron. [**1g**]. Aplicar un fuerte impulso a una cosa, de manera que recorra una distancia en el aire. ◆ v. tr. **2.** *Fig.* Proferir, exhalar: *lanzar insultos*. **3.** *Fig.* Divulgar, propagar, dar a conocer: *lanzar un nuevo producto*. **4.** En deporte, arrojar el disco, la jabalina, el martillo o el peso. ◆ **lanzarse** v. pron. **5.** Empezar a hacer algo con gran entusiasmo, decisión o violencia.

LAOCOONTE o **LAOCOONTE**, héroe legendario troyano estrangulado junto a sus hijos por dos monstruosas serpientes. Este episodio de s. II a. J.C. (museo del Vaticano) descubierto en 1506, que influyó en muchos escultores.

LAOS, estado del Sureste asiático, al O de Vietnam; 236 800 km²; 4 100 000 hab. (*Laosianos*.) CAP. VIENTIANE. LENGUA OFICIAL: *laosiano*. MONEDA: *kip*.

GEOGRAFÍA

Laos, cubierto de bosque y sabana, está constituido por mesetas y montañas que reciben abundantes lluvias en verano (monzón), regadas por el Mekong, que ha dado lugar a algunas llanuras aluviales, en las que se cultiva arroz (base de la alimentación).

HISTORIA

Hasta el s. XIII, el país lao, situado a ambos lados del valle del Mekong, tiene una historia mal conocida. 1353: el príncipe Fa Ngum fundó el reino de Lan Xang y fijó su capital en Luang Prabang 1373-1548: sus sucesores rechazaron a los thai y anexionaron el reino del Lan Na. 1563: Vientiane se convirtió en la capital.1574-1591: soberanía birmana. S. XVII: período de anarquía seguido del reinado estable de Souligna Vongsa (1637-1694). S. XVIII: el país se dividió entre los reinos de Champassak, de Luang Prabang y de Vientiane. 1778: Siam, que ya dominaba el Champassak, extendió su soberanía al rey de Luang Prabang e invadió Vientiane. 1887: el rey de Luang Prabang, Oun Kham (1869-1895), pidió la protección de Francia. 1893-1904: Siam firmó varios tratados reconociendo el protectorado francés sobre Laos. 1904: inicio del reinado de Sisavang Vong, que duró hasta 1959. 1940: hostilidades franco-tailandesas; Japón impuso a Francia la cesión de las tierras del O del Mekong. 1945: golpe de estado japonés; se proclamó la independencia. 1946: Francia expulsó a los nacionalistas, repuso al rey en el trono y concedió la autonomía. 1949: reconocimiento de Laos en el seno de la Unión Francesa. 1975: proclamación de la República Popular Democrática de Laos. 1977: firma de un tratado de amistad con Vietnam.

LAOSIANO, A adj. y n. De Laos. ◆ n. m. **2.** Lengua oficial de Laos, de la familia thai.

LAOZI o **LAO-TSÊ**, filósofo chino (ss. VI-V a. J.C.), contemporáneo de Confucio, su obra *Tao Tê-king (Daodejing)* dio origen al taoísmo.

LAPA, n. f. Molusco comestible de concha cónica, que vive fuertemente adherido a las rocas a flor de agua. (Clase gasterópodos.) **2.** *Fig.* y *fam.* Persona pesada, molesta e insistente.

LAPACHO o **LAPACO** n. m. Planta arbórea maderable, que crece en América Meridional. (Familia bignoniáceas.) **2.** Madera de este árbol.

LAPALAPA n. f. *Méx.* Llovizna.

LAPAROSCOPIO n. m. Instrumento médico de exploración, que se introduce en la cavidad abdominal a través de una punción de la pared.

LAPAROTOMÍA n. f. Abertura quirúrgica de la pared abdominal.

LAPE adj. *Chile.* Dícese de la lana, hilo, etc., apelmazado o enredado. **2.** *Chile.* Dícese de las fiestas muy alegres y animadas.

LAPICERA n. f. *Amér. Merid.* Pluma estilográfica. **2.** *Argent.* Útil para escribir que tiene una pluma metálica insertada en el mango.

LAPICERO n. m. Instrumento en que se coloca el lápiz. **2.** Lápiz.

LÁPIDA n. f. (lat. *lapidem*, piedra). Losa con una inscripción en que se conmemora algo o a alguien.

LAPIDACIÓN n. f. Acción y efecto de lapidar.

LAPIDAR v. tr. (lat. *lapidare*) [**1**]. Apedrear, matar a pedradas. **2.** *Colomb.* Labrar piedras preciosas.

LAPIDARIO, A adj. (lat. *lapidarium*). Relativo a las piedras preciosas, o a la talla de éstas. **2.** Relativo a las lápidas: *inscripción*

lapidaria. 3. *Fig.* Digno de perdurar por su perfección o solemnidad: *frase lapidaria.* ◆ **n. 4.** Persona que tiene por oficio labrar piedras preciosas. **5.** Persona que comercia en ellas.

LAPILLI n. m. pl. (voz italiana). Proyecciones volcánicas de pequeñas dimensiones.

LAPISLÁZULI n. m. (ital. *lapislazuli*). Piedra fina, opaca, de color azul intenso, formada por silicato de aluminio y de sodio con azufre en estado muy dividido, que se utiliza en joyería y bisutería fina. SIN.: *lazuritia*.

LÁPIZ n. m. (ital. *lapis*). Barrita de grafito encerrada en un cilindro o prisma, generalmente de madera, que sirve para escribir o dibujar. SIN.: *lapicero*. **2.** Cosmético de forma de lápiz, destinado al maquillaje. **3.** Preparación medicinal, a base de una sustancia activa y de sustancias neutras y desecadas.

LAPLACE (Pierre Simon, *marqués* **de**), astrónomo, matemático y físico francés (Beaumont-en-Auge 1749-París 1827). Autor de trabajos sobre mecánica celeste y cálculo de probabilidades.

LAPÓN, NA adj. y n. Relativo a un pueblo de raza alpina que habita en Laponia; individuo de este pueblo. ◆ **n. m. 2.** Lengua ugrofinesa hablada en Laponia.

LAPONIA, región septentrional de Europa, al N del círculo polar, dividida entre Noruega, Suecia, Finlandia y Rusia. Habitada por los *lapones* (45 000 aprox.) que viven de la ganadería (reno).

LAPSO n. m. (lat. *lapsum*). Curso de un espacio de tiempo. Lapsus.

LAPSUS n. m. (voz latina). Falta cometida al hablar o al escribir, que consiste en sustituir la palabra que se iba a decir por otra.

LAQUE n. m. *Chile.* Boleadoras.

LAQUEADO n. m. Acción de laquear. SIN.: *lacado.* **2.** Extensión de una capa de laca en la superficie de un soporte impreso para hacerla más brillante y proteger la impresión.

LAQUEAR v. tr. **[1].** Cubrir con una capa de laca. SIN.: *lacar.*

LAQUEAR v. tr. **[1].** *Chile.* Coger o derribar un animal valiéndose del laque.

LAR n. m. (lat. *larem*). En la antigua Roma, cada uno de los dioses protectores del hogar doméstico. (Suele usarse en plural.) **2.** Hogar, fogón. ◆ **lares** n. m. pl. **3.** *Fig.* Casa propia u hogar.

LARA (estado), est. del N de Venezuela; 19 800 km²; 1 267 868 hab. Cap. *Barquisimeto*.

LARDAR o **LARDEAR** v. tr. **[1].** Untar con lardo o grasa lo que se va a asar.

LARDO n. m. (lat. *lardum*). Tocino o sebo.

LARDOSO, A adj. Grasiento, pegajoso.

LARGA n. f. TAUROM. Suerte de capa a una mano. • **A la larga,** cuando haya pasado bastante tiempo. || **Dar largas,** retrasar intencionadamente.

LARGAR v. tr. **[1b].** Soltar, dejar libre: *largar a los perros.* **2.** *Fig.* y *fam.* Dar, pegar: *largar una bofetada, una propina, un discurso.* **3.** Aflojar, ir soltando poco a poco, hablando de amarras, bolinas, velas, etc. ◆ **largarse** v. pron. **4.** *Fam.* Marcharse, irse.

LARGO adv. Mucho: *hablar largo.*

LARGO, A adj. (lat. *largum*). Dícese de aquello en que predomina la longitud sobre las demás dimensiones: *un pasillo largo.* **2.** Que excede a la longitud regular: *cortinas largas para esta ventana.* **3.** De mucha o excesiva duración: *una larga historia de amor.* **4.** Que mide o dura un poco más de lo justo: *un litro largo; dos horas largas.* (Suele posponerse al sustantivo.) **5.** *Fig.* Alto y delgado: *un chico largo.* **6.** *Fig.* Liberal, dadivoso: *largo en albanzas.* **7.** *Fig.* y *fam.* Astuto, listo: *parece tonto pero es muy listo.* **8.** *Fig.* Abundante, mucho: *vivió largos años.* • **A lo largo,** longitudinalmente. || **A lo largo de,** durante el espacio de tiempo que dura una cosa; paralelamente al borde en sentido longitudinal. || **A lo largo y a lo ancho,** en toda su extensión. || **De largo,** desde hace mucho tiempo. || **¡Largo!** o **¡largo de ahí!,** o **¡de aquí!,** expresiones con que se echa violentamente a alguien de un lugar. || **Largo y tendido** (*Fam.*), con profusión. ◆ **n. m. 9.** Longitud: *un metro de largo.*

LARGOMETRAJE n. m. Película cinematográfica cuya duración sobrepasa los sesenta minutos.

LARGUERO, A adj. *Chile.* Largo, abundante. **2.** *Chile.* Largo, liberal, dadivoso. ◆ **n. m. 3.** Viga maestra longitudinal de un puente, bastidor, armadura o estructura cualquiera, destinada a soportar el esfuerzo de carga o de peso. **4.** DEP. Travesaño horizontal que une los postes de una portería.

LARGUEZA n. f. Calidad de largo, generoso: *es querido por su largueza.* **2.** Acción de dar de manera generosa: *recompensar con largueza.*

LARGUÍA (Jonás), arquitecto, ingeniero y escultor argentino (San Roque 1832-Santa Fe 1891). Realizó el edificio del Congreso nacional de Buenos Aires (1866) y la residencia del gobernador de Santa Fe.

LARGUIRUCHO, A adj. Muy delgado, alto y desgarbado.

LARGURA n. f. Longitud.

LARINGE n. m. (gr. *laryux*). Órgano de la fonación, situado delante de la faringe, entre el hueso hioides y la tráquea, y que está formado por cartílagos que sostienen las cuerdas vocales.

LARÍNGEO, A adj. Relativo a la laringe.

LARINGOSCOPIO n. m. Instrumento con el que se examina la laringe.

LARRA (Mariano José **de**), escritor español (Madrid 1809-*íd.* 1837). Sus mordaces escritos, publicados con el seudónimo de **Fígaro**, fueron reunidos en *Colección de artículos dramáticos, literarios, políticos y de costumbres* (1835-1837). Sus textos costumbristas (*El castellano viejo, Vuelva usted mañana*), de reflexión profunda y personal, trasciende lo pintoresco y lo convierten en uno de los mejores románticos españoles.

LARRAÑAGA (Dámaso Antonio), político eclesiástico y naturalista uruguayo (Montevideo 1771-†1848). Autor de *Memoria geológica sobre la formación del Río de la Plata.*

LARREA ALBA (Luis), militar y político ecuatoriano (Guayaquil 1895-Córdoba, Argentina, 1980). Presidente provisional de la república en 1931, dirigió el golpe que llevó al poder a Velasco Ibarra (1944).

LARRETA (Enrique **Rodríguez**), escritor argentino (Buenos Aires 1875-*íd.* 1961). En su obra destaca su gran novela histórica *La gloria de don Ramiro* (1908); en *Zogoibi* (1926) evoca una época pretérita del campo argentino. Cultivó también el ensayo, la poesía y el teatro.

LARS (Carmen **Brannon**, llamada **Claudia**), poeta salvadoreña (Armenia, Sonsonate, 1899-San Salvador 1974), de copiosa producción lírica intimista.

LARVA n. f. (lat. *larvam*, máscara, fantasma). Estadio de desarrollo, diferente del estado adulto por su forma y por su tipo de vida, que presentan numerosos animales, como los batracios, los insectos y los crustáceos.

LARVADO, A adj. Dícese de ciertos fenómenos, situaciones, etc., especialmente de las enfermedades que se presentan ocultando su verdadera naturaleza.

LARVARIO, A o **LARVAL** adj. ZOOL. Relativo a la larva: *estadio larvario.*

LAS CASAS (Bartolomé **de**) → **Casas.**

LAS VEGAS, c. de Estados Unidos (Nevada); 258 295 hab. Centro turístico (casinos de juego).

LASAÑA n. f. (ital. *lasagna*). Pieza de pasta alimenticia delgada y plana, que se prepara superponiendo capas de pasta intercaladas con una porción de picadillo, generalmente de carne.

LASCA n. f. Trozo pequeño y delgado desprendido de una piedra. **2.** PREHIST. Esquirla de sílex cuya longitud es inferior al doble de su anchura.

LASCAR v. tr **[1a].** *Méx.* Lastimar, magullar, rozar.

LASCIVIA n. f. Calidad de lascivo. **2.** Conducta lasciva.

LASCIVO, A adj. y n. Dícese de la persona dominada por un deseo sexual exagerado. ◆ adj. **2.** Dícese de los actos en que se manifiesta dicho deseo: *mirada lasciva.*

LÁSER o **LASER** n. m. Aparato que puede producir una luz coherente, bajo forma de impulsos o continua, utilizado en telecomunicaciones, armamento, medicina, etc.

LASITUD n. f. (lat. *lassitudinem*). Cansancio, falta de vigor y de fuerzas.

LASO, A adj. (lat. *lasum*). Cansado, falto de fuerzas. **2.** Lacio: *cabellos lasos.*

LASO (Francisco), pintor peruano (Yaquía, Huari, 1823-San Mateo 1869), autor de *Los cuatro evangelistas* para la catedral de Arequipa (1869).

LASTARRIA (José Victorino), escritor chileno (Santiago 1817-*íd.* 1888), autor de obras históricas y filosóficas de tendencia positivista, relatos y ensayos costumbristas (*Antaño y hogaño*, 1855).

LÁSTIMA n. f. Sentimiento de compasión que suscitan las desgracias y males. **2.** Objeto que inspira compasión: *el coche quedó hecho una lástima.* **3.** Cosa lamentable o que causa disgusto.

LASTIMAR v. t. y pron. **[1].** Herir ligeramente o hacer daño: *se lastimó las manos.* ◆ v. tr. **2.** Agraviar, ofender: *lastimar su reputación.*

LASTIMOSO, A adj. Digno de lástima. **2.** Lamentable, que por cualquier causa produce mala impresión: *quedó en un estado lastimoso.*

LASTRA n. f. Piedra plana y delgada.

LASTRAR v. tr. **[1].** Poner lastre a una embarcación, aparejo de pesca, etc.

LASTRE n. m. Materia pesada, piedra, granalla de hierro, etc., que se embarca en un vehículo cuando la ausencia de carga hace difícil su conducción. **2.** Arena que el aeronauta lleva en la barquilla del globo, y que arroja para aliviar el peso. **3.** *Fig.* Algo que impide moverse con libertad. **4.** *Fig.* Impedimento para llevar algo a buen término.

LATA n. f. Hojalata. **2.** Envase de hojalata. **3.** *Fig.* y *fam.* Fastidio, molestia, pesadez: *es una lata tener que salir con esta lluvia.* • **Dar la lata** (*Fam.*), fastidiar o molestar con cosas inoportunas.

LATACUNGA, pueblo amerindio de lengua chibcha que vivía en la región de Quito (Ecuador).

LATACUNGA, c. de Ecuador, cap. de la prov. de Cotopaxi; 55 979 hab. Centro agrícola e industrial.

LATAZO n. m. Fastidio, pesadez.

LATENCIA n. f. Calidad de latente. **2.** Período de aparente inactividad metabólica por el que pasan algunos animales y plantas.

LATENTE adj. Que existe sin exteriorizarse o manifestarse: *rivalidad latente.* **2.** Que perdura, que se mantiene aún con fuerza: *un recuerdo latente.* **3.** Dícese de las enfermedades sin síntomas aparentes.

LATERAL adj. (lat. *lateralem*). Dícese de lo que está en un lado o va al lado de algo: *puerta lateral.* **2.** *Fig.* No directo: *sucesión lateral.* ◆ n. m. **3.** Cada uno de los lados de una avenida, separado de la zona central de la calzada por un seto o una acera de peatones.

LATERÍA n. f. Conjunto de latas de conserva. **2.** *Amér.* Hojalatería.

LATERO, A adj. Latoso. ◆ n. **2.** *Amér.* Hojalatero.

LAT

LÁTEX n. m. (lat. *látex*, líquido) [pl. *látex*]. Líquido blanco o amarillo segregado por determinadas plantas.

LATIDO n. m. Movimiento alternativo de dilatación y de contracción del corazón y de las arterias. **2.** Golpe producido por este movimiento.

LATIFUNDIO n. m. (lat. *latifundium*). Gran propiedad agrícola explotada extensivamente, característica de las economías poco desarrolladas y con fuerte concentración de la propiedad de la tierra, en la que el trabajo corre a cargo, fundamentalmente, de jornaleros.

LATIFUNDISMO n. m. Tipo de distribución de la propiedad de la tierra caracterizado por la abundancia de latifundios.

LATIFUNDISTA adj. y n. m. y f. Relativo al latifundismo; propietario de uno o varios latifundios.

LATIGAZO n. m. Golpe dado con un látigo. **2.** Chasquido del látigo. **3.** *Fig.* y *fam.* Trago de bebida alcohólica. • **Dolor en latigazo,** tipo de dolor brusco, agudo e intensísimo, ocasionado casi siempre como consecuencia de algún traumatismo.

LÁTIGO n. m. Azote largo, delgado y flexible, de cuero, cuerda u otra materia, con que se aviva y castiga a las caballerías. **2.** Máquina utilizada para diversión, en los parques de atracciones.

LATIGUDO, A adj. *Chile.* Correoso, flexible y elástico.

LATIGUEAR v. intr. [1]. Hacer restallar el látigo.

LATIGUILLO n. m. Expresión sin originalidad empleada alusivamente al hablar, escribir, etc. **2.** Exceso oratorio del actor o del orador, destinado a conseguir un aplauso.

LATÍN n. m. Lengua de la antigua Roma. • **Bajo latín,** latín hablado o escrito tras la caída del Imperio romano y durante la edad media. ‖ **Latín vulgar,** o **popular,** latín hablado, por oposición al latín escrito, y que dio lugar a las diferentes lenguas romances. ‖ **Saber latín,** ser astuto y vivo.

LATINAJO n. m. *Fam.* y *desp.* Voz o frase latina empleada en español.

LATINIDAD n. f. Cultura latina. **2.** Conjunto de los pueblos latinos en cualquiera de sus aspectos, étnico, lingüístico, geográfico, etc.

LATINISMO n. m. Vocablo o giro latinos introducidos en una lengua por cultismo.

LATINISTA adj. y n. m. y f. Relativo al latinismo; versado en la lengua y literatura latinas.

LATINIZAR v. tr. [**1g**]. Dar forma latina a voces de otra lengua. **2.** Introducir la cultura latina.

LATINO, A adj. y n. Relativo al Lacio, o a cualquiera de los pueblos italianos de que era metrópoli Roma; habitante u originario de esta región o de cualquiera de estos pueblos. **2.** Relativo a los países en que se hablan lenguas derivadas del latín; habitante u originario de dichos países. • adj. **3.** Relativo al latín. • **Iglesia latina,** Iglesia de rito latino. ‖ **Rito latino,** rito de la Iglesia romana. ‖ **Vela latina,** vela en forma de triángulo.

LATINOAMÉRICA → **América latina**.

LATINOAMERICANO, A adj. y n. De Latinoamérica.

LATIR v. intr. (lat. *glattire*, lanzar ladridos agudos) [3]. Dar latidos el corazón y las arterias, y a veces los capilares y algunas venas. **2.** Estar latente: *bajo sus palabras latía un odio feroz.* • **Latirle** algo a alguien (*Méx. Fam.*), tener una corazonada, presentir algo: *me late que no va a venir*; (*Méx. Fam.*), gustarle: *me laten tus zapatos.*

LATITUD n. f. (lat. *latitudinem*). La menor de las dos dimensiones principales de una figura plana, en contraposición a la mayor o longitud. **2.** Ángulo formado, en un punto determinado, por la vertical del lugar con el plano del ecuador. **3.** Lugar considerado desde el punto de vista del clima, la temperatura, etc.: *el hombre puede vivir en las más diversas latitudes.* • **Altas latitudes,** latitudes próximas a los polos. ‖ **Bajas latitudes,** latitudes próximas al ecuador.

LATITUDINAL adj. Que se extiende a lo ancho.

LATO, A adj. (lat. *latum*, ancho). Extenso o extendido. **2.** *Fig.* Aplícase al significado que por extensión se da a las palabras, en oposición al que literal o estrictamente les corresponde: *tomar una palabra en sentido lato.*

LATÓN n. m. (ár. *lātūn*). Aleación de cobre y cinc.

LATORRE (Mariano), escritor chileno (Cobquecura 1886-Santiago 1955), autor de cuentos (*Cuna de cóndores,* 1918) y novelas (*Zurzulita,* 1921) de tendencia descriptiva y criollista, y de ensayo.

LATORRE YAMPÉN (Lorenzo), militar y político uruguayo (Montevideo 1840-Buenos Aires 1916). Sustituyó a Varela en la presidencia del país (1876). Elegido en 1879, dimitió en 1880.

LATOSO, A adj. Fastidioso, molesto, pesado.

LATRÍA n. f. Culto y adoración que sólo se debe a Dios.

LATROCINIO n. m. (lat. *latrocinium*). Robo o fraude.

LATVIO, A adj. y n. De Letonia.

LAUCA n. f. *Fig.* Calva, especialmente la de forma circular, peladura.

LAUCHA n. f. (voz araucana). *Argent., Chile* y *Urug.* Ratón de poco tamaño. • adj. y n. f. **2.** *Argent. Fig.* y *fam.* Dícese de la persona lista y pícara. • adj. **3.** *Chile.* Dícese de la persona de constitución delgada y cara alargada.

LAÚD n. m. (ár. *al'ūd,* madera). Instrumento musical de cuerda, cuyo cuerpo tiene forma de media pera y cuyo clavijero forma ángulo recto con el mástil. **2.** Pequeña embarcación de un solo palo con vela latina.

LAUDABLE adj. Digno de alabanza.

LÁUDANO n. m. Preparado farmacéutico a base de opio.

LAUDATORIO, A adj. Que alaba o contiene alabanza.

LAUDO n. m. DER. Fallo que pronuncian los árbitros o amigables componedores a los que se ha sometido un asunto de forma voluntaria por las partes.

LAUE (Max von), físico alemán (Pfaffendorf 1879-Berlín 1960). En 1912 descubrió la difracción de los rayos X por cristales, que permitió conocer la estructura de los medios cristalizados. (Premio Nobel de física 1914.)

LAUGERUD GARCÍA (Kjell Eugenio), político y militar guatemalteco (Guatemala 1930), presidente del país (1974-1978).

LAURÁCEO, A adj. y n. f. Relativo a una familia de plantas dicotiledóneas dialipétalas como el aguacate, el canelo y el laurel.

LAUREADO, A adj. y n. (lat. *laureatum,* coronado de laurel). Que ha obtenido un premio o una condecoración.

LAUREAR v. tr. [1]. Coronar con laurel a alguien que hay triunfado. **2.** Conceder a alguien un premio o condecoración.

LAUREL n. m. (provenz. *laurier*). Planta arbustiva o arbórea de la región mediterránea, cuyas hojas perennes se utilizan como condimento. (Familia lauráceas.) **2.** *Fig.* Gloria y fama conseguidas con acciones heroicas o debidas a una actividad noble.

LAUREL y **HARDY,** actores norteamericanos (Arthur Stanley **Jefferson,** llamado **Stan Laurel** [Ulverston, Lancashire, 1890-Santa Mónica, California, 1965], y Oliver **Hardy** [Atlanta 1892-Hollywood 1957]). Formaron, a partir de 1926, la pareja cómica más famosa de la historia del cine.

LÁUREO, A adj. De laurel, o de hojas de laurel.

LAURO n. m. (lat. *laurum*). Gloria, triunfo.

LAUSANA, en fr. **Lausanne,** c. de Suiza, cap. del cantón de Vaud, a orillas del lago Leman; 128 112 hab. Centro cultural y financiero. Catedral (s. XIII). Castillo episcopal (ss. XIV-XV). Museo de bellas artes. Sede del Comité olímpico internacional. Museo olímpico.

LAUTARO, c. de Chile (Araucanía); 27 385 hab. Ganado ovino. Bosques. Criaderos de salmón.

LAUTARO, caudillo araucano (en las selvas del Carampangue y el Tirúa 1534-a orillas del Mataquito 1557), hijo del cacique Curiñanca. Venció a los españoles en varias ocasiones (Tucapel, 1553). Fue asesinado por las tropas de Villagrán.

LAUTRÉAMONT (Isidore **Ducasse,** llamado **el conde de**), escritor francés (Montevideo 1846-París 1870), considerado un precursor del surrealismo (*Cantos de Maldoror,* 1869).

LAVA n. f. Materia líquida emitida por un volcán, y que se enfría para formar una roca volcánica.

LAVABO n. m. (voz latina, *yo lavaré*). Soporte de madera o metal provisto de una palangana que se usaba para lavarse. **2.** Pila provista de grifos y accesorios varios, destinada a este mismo objeto. **3.** Habitación destinada al aseo personal. **4.** Retrete, cuarto en que está instalado el water o dispositivo para la evacuación.

LAVACOCHES n. m. y f. (pl. *lavacoches*). En los garajes y talleres de automóviles, empleado que tiene a su cargo la limpieza de los coches.

LAVADERO n. m. Piedra lisa o tabla sobre la que se lava la ropa. **2.** Sitio donde se lava la ropa: *lavadero público.* **3.** En las viviendas, pieza, situada por lo general junto a la cocina, donde se lava la ropa. **4.** Instalación para lavar los minerales. **5.** *Amér.* Paraje del lecho de un río o arroyo donde se recogen arenas auríferas y se lavan allí mismo agitándolas en una batea.

LAVADO, A n. m. Acción y efecto de lavar. **2.** MIN. Eliminación del estéril o ganga contenidos en el carbón o el mineral bruto.

LAVADORA n. f. Aparato para limpiar productos y frutos de la tierra. **2.** Máquina para lavar la ropa.

LAVAJE n. m. Lavado de heridas, cavidades, etc., con líquidos antisépticos. **2.** *Amér.* Acción y efecto de lavar.

LAVALLE, dep. de Argentina (Mendoza); 27 599 hab. Vid y frutales. Ganado ovino y vacuno. Industria vinícola. – Dep. de Argentina (Corrientes); 19 455 hab. Industria maderera. Puerto fluvial.

LAVALLE (Juan), prócer de la independencia argentina (Buenos Aires 1797-Jujuy 1841). Tras el tratado de paz de Río de Janeiro, dirigió las tropas de la Banda Oriental contra Buenos Aires (1828). Apoyado por los unitaristas intentó derrocar a Rosas (1841).

LAVALLEJA (*departamento de*), ant. **Minas,** dep. del SE de Uruguay; 10 149 km²; 61 466 hab. Cap. *Minas.*

LAVALLEJA (Juan Antonio), patriota uruguayo (Santa Lucía, Minas, c. 1780-† 1853). Luchó por la independencia de Uruguay con respecto a Brasil, conseguida en 1825, y fue presidente provisional de las Provincias Unidas (1830). Líder de los blancos en la guerra civil, tras la victoria de los colorados (1838), marchó a Buenos Aires.

LAVAMANOS n. m. (pl. *lavamanos*). Lavabo pequeño, destinado a lavarse las manos.

LAVANDA n. f. Espliego.

LAVANDERA n. f. Ave paseriforme que se caracteriza por su cola larga, que mueve constantemente. (Familia motacílidos.)

LAVANDERÍA n. f. Establecimiento dedicado a la industria del lavado de la ropa. **2.** Lugar donde ésta se lava y se plancha.

LAVANDINA n. f. *Argent.* y *Par.* Líquido clorado que se usa para aclarar y desinfectar ropa blanca, vajilla, suelos, etc., lejía.

LAVAPLATOS n. m. (pl. *lavaplatos*). Máquina para lavar platos y menaje de cocina. SIN.: *lavavajillas*. **2.** *Argent.*, *Chile* y *Méx.* Mozo que se encarga de lavar los platos en un restaurante o bar. **3.** *Chile*, *Colomb.* y *Méx.* Fregadero, pila dispuesta para fregar la vajilla.

LAVAR v. tr. y pron. (lat. *lavare*) [1]. Limpiar con agua u otro líquido. ◆ v. tr. **2.** *Fig.* Hacer desaparecer una mancha moral, purificar. **3.** MIN. Eliminar, por procedimientos puramente físicos, el estéril contenido en el carbón o la ganga de los minerales metalíferos.

LAVARDÉN (Manuel José **de**), escritor argentino (Buenos Aires 1754-*id.* 1809). Su obra, de tema localista adecuada a la estética neoclásica, se conserva fragmentariamente: *Oda al Paraná* (1801) y la tragedia *Siripo* (1789).

LAVASECO n. m. *Chile*. Tintorería.

LAVATIVA n. f. Enema. **2.** Instrumento manual con que se administra el enema.

LAVATORIO n. m. (lat. *lavatorium*). Lavamanos. **2.** *Amér.* Lavabo, pieza de la casa dispuesta para el aseo. **3.** *Amér.* Lavabo, mueble especial donde se pone la palangana. **4.** *Amér.* Jofaina. **5.** LITURG. Acción de lavarse los dedos el sacerdote durante la misa. • **Lavatorio de pies** (LITURG.), ceremonia que tiene lugar el jueves santo en recuerdo de Jesucristo, quien, según san Juan, lavó los pies a los apóstoles antes de la Cena.

LAVERAN (Alphonse), médico militar francés (París 1845-*id.* 1922). Descubrió el agente causal del paludismo. (Premio Nobel de fisiología y medicina 1907.)

LAVÍN (Carlos), compositor y musicólogo chileno (Santiago 1883-Barcelona 1962), autor de piezas sinfónicas y de obras de investigación.

LAVOISIER (Antoine Laurent **de**), químico francés (París 1743-*id.* 1794), uno de los creadores de la química moderna. Enunció la ley de conservación de la masa y la de conservación de los elementos, descubrió el papel del oxígeno en la combustión y en la respiración, el papel del oxígeno y el nitrógeno del aire (1777). Ideó una nomenclatura química racional (1787). En física, efectuó las primeras medidas calorimétricas.

LAWRENCE (David Herbert), escritor británico (Eastwood 1885-Vence, Francia, 1930). Exaltó la libre expansión de todas las facultades humanas (*El amante de lady Chatterley*, 1928).

LAWRENCE (Ernest Orlando), físico norteamericano (Canton, Dakota del Sur, 1901-Palo Alto, California, 1958). Premio Nobel de física (1939) por la invención del ciclotrón, preparó un procedimiento de separación del uranio 235.

LAWRENCE (Thomas Edward), llamado **Lawrence de Arabia**, orientalista y agente político británico (Tremadoc, País de Gales, 1888-Clouds Hill, Dorset, 1935). Concibió el proyecto de un imperio árabe bajo influencia británica y apoyó la revuelta de los árabes contra los turcos (1917-1918). Es autor de *Los siete pilares de la sabiduría* (1926).

LAWRENCIO n. m. (de E. O. *Lawrence*, físico norteamericano). Elemento químico transuránico, de número atómico 103, cuyo símbolo químico es Lr.

LAXANTE adj. Que laxa. ◆ n. m. **2.** MED. Purgante de acción suave.

LAXAR v. tr. y pron. (lat. *laxare*) [1]. Aflojar, ablandar, disminuir la tensión de una cosa. **2.** Ayudar a la evacuación del vientre mediante la acción de un laxante.

LAXITUD n. f. Calidad de laxo.

LAXNES (Halldór Kiljan **Gudjonsson,** llamado), escritor islandés (Reykjavik 1902-*id.* 1998), autor de novelas sociales e históricas (*Salka Valka*, 1931-1932; *La campana de Islandia*, 1943-1946). [Premio Nobel de literatura 1955.]

LAXO, A adj. (lat. *laxum*). Flojo, que no tiene la tensión que debería tener naturalmente. **2.** *Fig.* Poco firme o severo: *moral laxa*.

LAY n. m. Lai.

LAYA n. f. (vasc. *laia*). Pala fuerte de hierro, para labrar y remover la tierra.

LAYA n. f. Calidad, especie, clase.

LAZADA n. f. Nudo que se deshace con facilidad tirando de uno de sus cabos: *lazada corrediza*. **2.** Cada una de las asas o anillas de este nudo. **3.** Lazo, nudo que sirve de adorno.

LAZARETO n. m. (ital. *lazzaretto*). Establecimiento sanitario en el que se aíslan enfermos afectos de enfermedades contagiosas.

LAZARILLO n. m. Muchacho que guía y dirige a un ciego.

LÁZARO n. m. Pobre andrajoso.

LAZO n. m. (lat. *laqueum*). Atadura o nudo de cintas o cosa semejante, que sirve de adorno. **2.** Lazada, atadura que se deshace con facilidad. **3.** Trampa o cuerda con un nudo corredizo que sirve para cazar o sujetar animales. **4.** Emblema o distinción del que forma parte una cinta doblada en forma conveniente y reglamentaria. **5.** *Fig.* Acechó, asechanza, artificio oculto para cazar: *caer en el lazo enemigo*. **6.** *Fig.* Vínculo, obligación: *lazos familiares*. **7.** *Hond.* y *Méx.* Cuerda. • **Tirarle un lazo** a alguien (*Méx. Fam.*), hacerle caso, prestarle atención.

LE pron. pers. m. y f. de 3.ª pers. (pl. *les*). Funciona como complemento indirecto y puede utilizarse como complemento directo, aunque solamente en género masculino referido a personas; no admite preposición y en ambas funciones se puede usar como sufijo: *dale el libro*, *síguele*.

LE PARC (Julio), pintor argentino (Mendoza 1928). Es uno de los iniciadores del arte óptico y cinético.

LEAL adj. y n. m. y f. (lat. *legalem*). Dícese de la persona fiel y noble e incapaz de cometer cualquier traición o engaño. ◆ adj. **2.** Dícese de las acciones y actitudes propias de dicha persona: *amistad leal*. **3.** Dícese de algunos animales domésticos fieles para con su amo.

LEAL (Fernando), pintor y grabador mexicano (México 1896-*id.* 1964), muralista (frescos del anfiteatro Bolívar, México 1939).

LEALES, dep. de Argentina (Tucumán); 47 282 hab. Maíz, algodón. Ganadería. Apicultura.

LEALTAD n. f. Calidad de leal.

LEAN (David), director de cine británico (Croydon 1908-Londres 1991). Se consagró con prestigiosas y espectaculares producciones como: *El puente sobre el río Kwai* (1957), *Lawrence de Arabia* (1962) y *Pasaje a la India* (1984).

LEANDRO N. ALEM, dep. de Argentina (Misiones); 35 260 hab. Yerba mate, tabaco, cítricos y ganadería. — Partido de Argentina (Buenos Aires); en la Pampa; 16 552 hab. Ganado vacuno.

LEBREL adj. y n. m. (cat. *llebrer*). Dícese de los perros de talla alta, aspecto esbelto, cabeza alargada, hocico largo y pecho estrecho y profundo.

LEBRERO, A adj. Dícese de los perros que sirven para cazar liebres.

LEBRIJA, r. de Colombia (Santander, Magdalena), afl. del Magdalena (or. der.); 225 km.

LEBRILLO n. m. Barreño.

LEBRUNO, A adj. Perteneciente a la liebre o semejante a ella.

LEBU, c. de Chile (Biobío), puerto de la desembocadura del *río Lebu*; 24 671 hab. Turismo.

LECCIÓN n. f. (lat. *lectionem*, elección, lectura). Cada una de las partes, numeradas correlativamente y con cierta unidad, en que se divide la materia de una disciplina y sirve para facilitar su estudio. **2.** Materia que un profesor manda a los alumnos para estudiar y aprender. **3.** Enseñanzas dadas en una sesión a una o más personas y estas mismas sesiones. **4.** *Fig.* Advertencia o consejo que se da a una persona para corregirla o aleccionarla.

LECHADA n. f. *Masa* muy fina de cal, yeso o argamasa, para blanquear paredes o para unir piedras o hiladas de ladrillos. **2.** Líquido que tiene en disolución cuerpos insolubles muy divididos.

LECHAL adj. y n. m. Dícese del animal de cría que aún mama: *cordero lechal*.

LECHE n. f. (lat. *lactem*). Líquido producido por las mamas de los mamíferos hembras, alimento de gran valor nutritivo que asegura, de forma especial, la subsistencia de las crías al principio de su vida gracias a su riqueza en grasas emulsionadas, prótidos, lactosa, vitaminas y sales minerales. **2.** *Vulg.* Semen. **3.** Líquido que se parece a la leche: *leche de almendras*. **4.** Preparación líquida destinada a suavizar la epidermis o para desmaquillar. • **De leche,** dícese de las hembras de animales vivíparos criadas para explotar su leche; dícese de los animales que aún maman; dícese de los dientes de la primera dentición. ‖ **Leche condensada,** la que se obtiene por evaporación en el vacío entre 45° y 55°, con adición de azúcar. ‖ **Leche en polvo,** leche deshidratada, descremada o no, azucarada o no, que se puede reconstituir adicionando agua. ‖ **Leche homogeneizada,** leche en que el grosor de sus glóbulos grasos ha sido reducido tratándola en un homogeneizador. ‖ **Leche maternizada,** leche de vaca cuya composición ha sido modificada con el fin de que se asemeje a la de la mujer.

LECHERA n. f. Vasija en que se guarda, sirve o transporta la leche.

LECHERÍA n. f. Tienda, puesto o dependencia donde se vende leche y, por lo común, otros productos lácteos. **2.** *Chile.* Vaquería.

LECHERO, A adj. Relativo a la leche: *industria lechera*. **2.** Dícese de las hembras vivíparas que se tienen para aprovechar su leche: *vaca lechera*. • **Central lechera,** fábrica donde se trata la leche para su consumo y para la fabricación de productos derivados. ◆ n. **3.** Persona que tiene por oficio vender leche.

LECHIGUANA n. f. *Argent.* Avispa pequeña y negra del orden de los himenópteros. **2.** *Argent.* Nido colgante de esta avispa y miel que produce.

LECHÍN OQUENDO (Juan), sindicalista y político boliviano (Corocoro 1912). Dirigente de la Central obrera boliviana (1952-1964 y 1978-1987), en 1964 fundó el Partido revolucionario de la izquierda nacionalista (PRIN).

LECHO n. m. (lat. *lectum*). Cama con colchones, sábanas, etc. **2.** Capa, porción de cosas extendidas horizontalmente. **3.** HIDROL. Parte del fondo del valle por donde se escurren las aguas.

LECHÓN n. m. Cerdo pequeño, que todavía mama. **2.** Puerco de cualquier tiempo.

LECHOSA n. f. *Dom.* y *Venez.* Papaya.

LECHOSO, A adj. Que tiene la apariencia o las cualidades de la leche. **2.** Dícese de las plantas que contienen látex.

LECHUCEAR v. tr. [1]. *Argent. Fam.* Presagiar desgracias. **2.** *Argent.* Curiosear, espiar.

LECHUGA n. f. Planta herbácea de la familia compuestas, que se come corrientemente en ensalada.

LECHUGUILLA n. f. Lechuga silvestre. **2.** Cuello o puño grande almidonado y rizado.

LECHUGUINO n. m. Lechuga pequeña antes de ser trasplantada. ◆ n. m. y adj. **2.** *Fig.* y *fam.* Hombre joven que se compone mucho y sigue rigurosamente la moda.

LECHUZA n. f. Rapaz nocturna, de cabeza redonda, con discos faciales y pico corto y encorvado en la punta. (Familia estrígidos y titónidos.)

LECHUZÓN n. m. *Argent.* Lechuza campestre, de gran tamaño.

LECONTE DE LISLE (Charles Marie **Leconte**, llamado), poeta francés (Saint-Paul, La Reunión, 1818-Louveciennes 1894). Autor de *Poemas antiguos* (1852) y *Poemas bárbaros* (1862), agrupó a su alrededor la escuela parnasiana.

LECTIVO, A adj. Dícese de los días y del tiempo destinados a dar lección en los centros docentes.

LECTOR, RA adj. y n. Que lee, especialmente respecto a un libro, periódico, etc., determinado. ♦ n. **2.** En la enseñanza de idiomas extranjeros, profesor nativo que enseña su lengua materna. ♦ n. m. **3.** Aparato que transforma en impulsos eléctricos las señales o los datos registrados en una cinta magnética, un disco, etc. • **Lector óptico** (INFORMÁT.), dispositivo que permite leer automáticamente, por un procedimiento optoelectrónico, caracteres impresos o manuscritos.

LECTURA n. f. Acción de leer: *horas de lectura.* **2.** Escrito que se lee. **3.** Manera de interpretar un texto, una película, etc.

LECUNA (Juan Vicente), compositor venezolano (Valencia 1899-Roma 1954). Uno de los renovadores de la música venezolana.

LECUNA (Vicente), historiador venezolano (Caracas 1870-*id.* 1954), especializado en la biografía de Simón Bolívar.

LECUONA (Ernesto), compositor cubano (Guanabacoa 1896-Santa Cruz de Tenerife 1963). Autor de canciones de éxito (*Siboney*, 1927; *Malagueña*, 1933) y de zarzuelas (*El cafetal, María de la O*).

LEDA, personaje mitológico griego, esposa de Tíndaro. Fue amada por Zeus, que se metamorfoseó en cisne para poseerla. De su unión nacieron Cástor y Pólux, y Helena y Clitemnestra.

LEDESMA, dep. de Argentina (Jujuy); 69 215 hab. Cab. *Libertador General San Martín*. Refinería de azúcar; destilerías. Minas de plomo. Petróleo.

LEDUC (Paul), director de cine mexicano (México 1942). Formado en Francia, es uno de los más firmes innovadores del cine mexicano: *Reed, México insurgente* (1971), *Dólar mambo* (1993).

LEE (Robert Edward), general norteamericano (Stratford, Virginia, 1807-Lexington, Virginia, 1870). Jefe de los ejércitos sudistas durante la guerra de Secesión.

LEEDS, c. de Gran Bretaña (Yorkshire Occidental); 450 000 hab. Gran centro de la industria de la lana y de la confección. Museos.

LEER v. tr. (lat. *legere*) [2i]. Interpretar mentalmente con la vista la palabra escrita. **2.** Dar una interpretación de un texto. **3.** *Fig.* Descubrir, averiguar o comprender los sentimientos o pensamientos de alguien por la apariencia exterior.

LEEWARD ISLANDS → *Barlovento* (islas de).

LEFEBVRE (Henri), filósofo y sociólogo francés (Hagetmau, Londres, 1901-Pau 1991). Intentó promover un marxismo antidogmático.

LEGACIÓN n. f. (lat. *legationem*). Empleo o cargo del legado. **2.** Asunto o mensaje que se le encarga. **3.** Personal que el legado tiene a sus órdenes. **4.** Casa u oficina del legado. **5.** Cargo diplomático que confiere un gobierno a un individuo para que le represente cerca de otro gobierno extranjero.

LEGADO n. m. (lat. *legatum*). Persona que una suprema potestad envía a otra para tratar de un asunto concreto. **2.** Representante del papa. **3.** DER. Disposición hecha en el testamento o codicilo en beneficio de una o varias personas: *aceptar un legado.*

LEGAJO n. m. Conjunto, generalmente atado, de papeles referentes a un mismo asunto o materia.

LEGAL adj. (lat. *legalem*). Relativo a la ley: *requisitos legales.* **2.** Relativo a la justicia: *medicina legal.* **3.** *Fam.* Leal, digno de confianza.

LEGALIDAD n. f. Calidad de legal. **2.** Régimen jurídico-político que viene configurado por el conjunto de leyes fundamentales en cada estado.

LEGALISMO n. m. Preocupación por respetar minuciosamente la letra de la ley.

LEGALISTA adj. y n. m. y f. Que antepone a toda otra consideración la aplicación literal de las leyes.

LEGALIZACIÓN n. f. DER. Acción de legalizar. **2.** DER. Certificado o nota que acredita la autenticidad de un documento o de una firma.

LEGALIZAR v. tr. [**1g**]. DER. Dar estado legal a una cosa. **2.** DER. Certificar la autenticidad de un documento o firma.

LÉGAMO o **LÉGANO** n. m. Cieno, lodo pegajoso.

LEGANÉS, v. de España (Madrid), cab. de p. j.; 171 907 hab. (*Leganenses*.) Centro industrial.

LEGAÑA n. f. Producto resultante de la secreción de las glándulas de los párpados, de color amarillento o blanquecino.

LEGAÑOSO, A adj. y n. Que tiene muchas legañas.

LEGAR v. tr. (lat. *legare*) [**1b**]. Dejar una persona a otra alguna cosa por disposición testamentaria o codicilar: *legar una fortuna.* **2.** Enviar a un legado o representante. **3.** *Fig.* Transmitir ideas, tradiciones, etc., a los que viven después.

LEGARDA (Bernardo **de**), escultor y pintor quiteño (principios del s. XVIII-Quito 1773). Fue uno de los más notables imagineros coloniales por su colorido brillante.

LEGATARIO, A n. (lat. *legatarium*). Beneficiario de un legado.

LEGENDARIO, A adj. Que constituye una leyenda o que sólo existe en ella: *personaje legendario.* **2.** De mucha fama.

LÉGER (Fernand), pintor francés (Argentan 1881-Gif-sur-Yvette 1955). Del cubismo pasó a un lenguaje plástico y evolucionó hacia un realismo caracterizado por el dibujo bien delimitado.

LEGHORN n. f. (voz inglesa). Raza de gallinas, excelentes ponedoras.

LEGIÓN n. f. (lat. *legionem*). Unidad fundamental del ejército romano. **2.** Número indeterminado y copioso de personas o de seres vivientes. **3.** MIL. Nombre que suele darse a ciertos cuerpos de tropa.

LEGIONARIO, A adj. Relativo a la legión. ♦ n. m. **2.** Soldado de una legión.

LEGISLACIÓN n. f. DER. Conjunto de leyes de un estado. **2.** DER. Conjunto de disposiciones legislativas que conciernen a una materia determinada. **3.** DER. Ciencia de las leyes y de los códigos.

LEGISLADOR, RA adj. y n. (lat. *legislatorem*). Que legisla.

LEGISLAR v. intr. y tr. [**1**]. Hacer o dictar o implantar leyes.

LEGISLATIVO, A adj. Que tiene por misión hacer leyes. **2.** Relativo al legislador o a la legislación: *disposición legislativa.* ♦ adj. y n. m. **3.** Dícese del poder en que reside la potestad de hacer o reformar las leyes.

LEGISLATURA n. f. Conjunto de los órganos legislativos. **2.** Tiempo durante el cual funcionan los órganos legislativos. **3.** En Argentina, congreso o cuerpo legislativo de las provincias, en oposición a congreso nacional.

LEGITIMACIÓN n. f. Acción y efecto de legitimar.

LEGITIMAR v. tr. [**1**]. Certificar o probar la verdad de una cosa o la calidad de una persona o cosa conforme a las leyes. **2.** Reconocer por legítimo al hijo que no lo era. **3.** Habilitar a una persona, de suyo inhábil,

para un oficio o empleo. **4.** POL. Conceder o adquirir legitimidad un poder político, régimen, etc.

LEGITIMIDAD n. f. Calidad de legítimo. **2.** POL. Derecho de una dinastía que se considera legítima. **3.** POL. Cualidad de un poder político que engendra y mantiene las creencias dominantes en una sociedad.

LEGITIMISMO n. m. Doctrina que afirma la legitimidad de una rama de una dinastía, por considerarla con mayores derechos al trono que la rama reinante.

LEGITIMISTA adj. y n. m. y f. Relativo al legitimismo; partidario de esta doctrina.

LEGÍTIMO, A adj. (lat. *legitimum*). Hecho o establecido conforme al derecho: *dueño legítimo.* **2.** Justo, lícito: *es legítimo exigir garantías.* **3.** Auténtico, verdadero: *oro legítimo.* • **Legítima defensa**, violencia autorizada en ciertos casos para rechazar una agresión injusta.

LEGO, A adj. y n. (lat. *laicum*). Laico. **2.** Ignorante. ♦ adj. y n. m. **3.** En los conventos de religiosos, dícese del que siendo profeso no tiene opción a las sagradas órdenes. ♦ adj. y n. f. **4.** En algunas órdenes religiosas, dícese de la monja profesa, que sirve a la comunidad en las faenas caseras.

LEGRADO n. m. Intervención quirúrgica en que se desprenden, mediante un instrumento apropiado, las partes blandas que recubren una superficie ósea o mucosa, por una operación de rascado. SIN.: *raspado.*

LEGRAR v. tr. [**1**]. Raspar o raer quirúrgicamente las superficies óseas o mucosas.

LEGUA n. f. Medida real de Castilla, de longitud. (En Iberoamérica se emplea también como medida de longitud en varios países, con valores distintos: en Argentina equivale a 5199 m; en Colombia y Paraguay, a 5000 m; en Guatemala, a 5572 m, y en México, a 4190 m.) • **A la legua, a legua, a leguas**, desde muy lejos, a gran distancia.

LEGUÍA (Augusto Bernardino), político y hombre de negocios peruano (Lambayeque 1863-Bellavista de Callao 1932). Presidente de la república (1908 y 1919-1930). Fue derrocado.

LEGUMBRE n. f. (lat. *legumen*). Fruto de las leguminosas. **2.** Hortaliza.

LEGÚMINA n. f. Sustancia proteica que se encuentra en determinadas semillas, como el guisante o la judía.

LEGUMINOSO, A adj. y n. f. Relativo a un orden de plantas dicotiledóneas cuyo fruto es una vaina, o legumbre, como el guisante, la judía y la lenteja.

LEIBNIZ (Gottfried Wilhelm), filósofo y matemático alemán (Leipzig 1646-Hannover 1716). En 1666 publicó *De arte combinatoria,* en donde intentó definir una lógica y una combinatoria de los pensamientos humanos. En 1676 inventó el cálculo infinitesimal. Para él, todo emana de Dios, cuya existencia es perfectamente demostrable. Dios concibe las sustancias posibles, llamadas *mónadas,* y sus combinaciones (*Ensayos de teodicea,* 1710; *La monadología,* 1714).

LEICESTER, c. de Gran Bretaña (Inglaterra), cap. del *condado de Leicester* (2553 km²; 860 000 hab.); 270 600 hab. Industrias mecánicas y químicas. Ruinas romanas y monumentos medievales.

LEIDEN, c. de Países Bajos (Holanda Meridional); 111 949 hab. Universidad. Museos.

LEÍDO, A adj. Dícese de la persona culta, instruida.

LEIPZIG, c. de Alemania (Sajonia), a orillas del Elster Blanco; 530 010 hab. Universidad. Feria internacional. Centro industrial. Monumentos antiguos.

LEÍSMO n. m. Uso incorrecto de los pronombres átonos de tercera persona, *le/les,*

LEO

en funciones de complemento directo, que exigirían el empleo de *lo/los*.

LEITMOTIV n. m. (alem. *Leitmotiv*, motivo conductor). Tema básico de una composición poética o musical que se repite insistentemente. **2.** Idea alrededor de la cual se desarrolla un discurso, conferencia, conversación, monólogo, etc.

LEIVA (José Ramón), militar y patriota colombiano (Cartagena de Indias 1747-Santa Fe de Bogotá 1816), vicepresidente de la Junta que proclamó la independencia (1813), fue fusilado al entrar las tropas españolas en Bogotá.

LEJANÍA n. f. Calidad de lejano. **2.** Conjunto de lugares que se ven lejos.

LEJANO, A adj. Que está lejos.

LEJÍA n. f. Agua que lleva disueltos álcalis o sales alcalinas con que se emplea para desinfectar y blanquear la ropa.

LEJOS adv. l. y t. (lat. *laxius*). A gran distancia en el espacio o en el tiempo. • **A lo lejos, de lejos,** o **desde lejos,** a o desde gran distancia. || **Lejos de,** señala cierta oposición respecto a algo que se ha dicho: *lejos de mejorar, iba de mal en peor.*

LEJURA n. f. *Colomb.* y *Ecuad.* Parte muy lejana, lejanía.

LELE adj. y n. m. y f. *Amér.* Lelo.

LELO, A adj. y n. Simple, pasmado, tonto.

LELOIR (Luis Federico), bioquímico argentino de origen francés (París 1906-Buenos Aires 1987). Aisló numerosas sustancias que intervienen en el metabolismo de los glúcidos. (Premio Nobel de química 1970.)

LEMA n. m. (lat. *lemma*). Rótulo o encabezamiento que precede a ciertas composiciones literarias para indicar el asunto de la obra. **2.** Frase que expresa una idea como guía de una conducta, institución, etc. **3.** Palabra o palabras que se usan como contraseña en algunos concursos, para saber después del fallo a quién pertenece. **4.** MAT. Proposición preliminar cuya demostración facilita la de un teorema subsiguiente.

LÉMAN (*lago*), lago de Europa, entre Francia y Suiza, al N de los Alpes de Saboya; 582 km² (348 km² en Suiza); 72 km de long. Situado a 375 m de alt., está atravesado por el Ródano. — A veces se da el nombre de *lago de Ginebra* a la parte del lago cercana a esta ciudad.

LEMMING n. m. Mamífero del orden roedores, de 10 cm de long., que vive en madrigueras.

LEMPA, r. de Guatemala, Honduras y El Salvador; 300 km. Desagua en el Pacífico formando un delta. Presa Cinco de noviembre, en El Salvador.

LEMPIRA (*departamento de*), dep. del O de Honduras, junto a la frontera con El Salvador; 4290 km²; 175 000 hab. Cap. *Gracias.*

LEMPIRA, cacique hondureño (1497-1537). Según la tradición, se negó a someterse a los españoles y fue asesinado.

LÉMUR n. m. Mamífero primate arborícola de Madagascar, del tamaño de un gato.

LEMUROIDEO, A adj. y n. m. Relativo a un suborden de mamíferos primates con lóbulos olfativos muy desarrollados. SIN.: *prosimio.*

LEMUS (José María), militar y político salvadoreño (El Salvador 1911-*id.* 1993). Elegido presidente de la república (1956), fue derrocado en 1960.

LENARD (Philip), físico alemán (Presburgo [act. Bratislava] 1862-Messelhausen 1947), premio Nobel de física en 1905 por sus trabajos sobre los rayos catódicos y el efecto fotoeléctrico.

LENCA, pueblo amerindio de las montañas de Honduras y el NE de El Salvador.

LENCERÍA n. f. Ropa blanca en general, y, especialmente, ropa interior. **2.** Tienda o departamento de una tienda en que se vende ropa.

LENCERO, A n. Persona que confecciona o vende lencería.

LENCO, A adj. y n. *Hond.* Tartamudo.

LENG (Alfonso), compositor chileno (Santiago 1884-*id.* 1974). Destacan en su obra, de denso lenguaje armónico, el poema sinfónico *La muerte de Alsino* (1922), *Fantasía para piano y orquesta* (1927).

LENGÓN n. m. *Colomb.* Mentiroso.

LENGUA n. f. (lat. *linguam*). Órgano carnoso fijado por su parte posterior en la cavidad bucal, móvil gracias a diecisiete músculos estriados inervados por el hipogloso mayor. **2.** Sistema de señales verbales propio de una comunidad, de un grupo, de un individuo, etc.: *la lengua inglesa.* **3.** Cosa que tiene la forma de una lengua: *una lengua de tierra.* • **Irse uno de la lengua** o **írsele** uno **la lengua** (*Fam.*), revelar algo que no debía manifestar. || **Lengua glaciar,** parte alargada de un glaciar de valle, a partir del punto en que el hielo forma un río bien individualizado. || **Lengua larga** (*Méx. Fam.*), dícese del mentiroso que gusta de exagerar cuando habla. || **Lengua materna,** lengua del país en donde se ha nacido. || **Lengua muerta,** lengua que ya no se habla, como el latín, el sánscrito, etc. || **Lengua viva,** lengua que se habla actualmente. || **Malas lenguas** (*Fig.* y *fam.*), gente murmuradora y calumniadora. || **Morderse** uno **la lengua,** contenerse en hablar, callando lo que se iba a decir. || **Tirar de la lengua** a uno (*Fam.*), provocarle a que hable de algo que debería callar.

LENGUA, pueblo amerindio de Paraguay, de lengua *mascoi.*

LENGUADO n. m. Pez de cuerpo asimétrico, casi plano, boca lateral y ojos a un mismo lado del cuerpo, muy apreciado por su carne. (Familia soleidos.)

LENGUAJE n. m. Cualquiera de los sistemas que emplea el hombre para comunicar a sus semejantes sus sentimientos o ideas. **2.** Facultad humana que sirve para la representación, expresión y comunicación de ideas, por medio de un sistema de símbolos: *lenguaje hablado; lenguaje escrito.* **3.** Manera de expresarse: *lenguaje agresivo.* **4.** *Fig.* Conjunto de señales que dan a entender una cosa: *el lenguaje de las flores.* **5.** Modo de transmisión de la información en algunos animales: *el lenguaje de las abejas.* **6.** INFORMÁT. Conjunto de caracteres, símbolos y reglas que permiten unirlos, utilizado para escribir las instrucciones que se dan a un ordenador.

LENGUARAZ adj. Dícese de la persona que habla con descaro y atrevimiento.

LENGÜETA n. f. Pieza de material flexible que remata, en punta, *la lengüeta de un zapato.* **2.** Espiga longitudinal, que se labra en el canto de una tabla y encaja en la canal o ranura de la tabla contigua. **3.** MÚS. Laminilla de caña, madera o metal, cuyas vibraciones dan un sonido tanto más agudo cuanto mayor es su frecuencia, en ciertos instrumentos de viento y en los tubos del órgano.

LENGÜETADA n. f. Acción de tomar o lamer una cosa con la lengua. SIN.: *lengüetazo.*

LENGÜETEAR v. intr. [1]. Sacar repetidamente la lengua con movimientos rápidos. **2.** *Amér.* Hablar mucho, sin sustancia o sin claridad.

LENGÜILARGO, A adj. *Fam.* Lenguaraz, descarado.

LENIDAD n. f. (lat. *lenitatem*). Excesiva condescendencia en exigir el cumplimiento de los deberes o en castigar las faltas.

LENIFICAR v. tr. [1a]. Suavizar, ablandar.

LENIN (Vladímir Ilich **Uliánov,** llamado), político ruso (Simbirsk 1870-Gorki [act. Nizhni Nóvgorod] 1924). En abril 1917 dirigió la insurrección de octubre. Fue presidente del Consejo de comisarios del pueblo (oct.-nov. 1917-1924) y creó la Internacional comunista (1919). La guerra civil en Rusia y el fracaso de los movimientos revolucionarios en Europa le hicieron consagrarse a la construcción del socialismo en la U.R.S.S., que él mismo fundó en 1922. Además de un hombre de acción, fue un teórico (*Materialismo y empirocriticismo,* 1909; *El estado y la revolución,* 1917).

LENINGRADO → *San Petersburgo.*

LENINISMO n. m. Doctrina de Lenin, considerada como desarrollo del marxismo.

LENINISTA adj. y n. m. y f. Relativo a Lenin; partidario de Lenin o de sus ideas.

LENITIVO, A adj. Que ablanda y suaviza. ♦ n. m. **2.** Medio para mitigar un padecimiento físico o moral.

LENOCINIO n. m. (lat. *lenocinium*). Alcahuetería.

LENTE n. f. (lat. *lentem,* lenteja). Disco de cristal o de una sustancia refringente cualquiera, limitado por dos superficies generalmente esféricas. • **Lente de contacto** → *contacto.* ♦ **Lentes** n. m. pl. **2.** Instrumento óptico compuesto de dos lentes montadas en una armadura que permite tenerlo sujeto delante de los ojos.

LENTEJA n. f. (lat. *lenticulam*). Planta herbácea trepadora de semillas comestibles, de la familia papilionáceas. **2.** Semilla de esta planta. • **Lenteja de agua,** planta muy pequeña, que crece en gran número en la superficie de las aguas estancadas. (Familia lemnáceas.)

LENTEJUELA n. f. Laminilla redondeada de metal o de un material brillante, que se aplica a los vestidos como adorno.

LENTICULAR adj. De forma de lenteja.

LENTIGO n. m. Presencia en la piel de manchas generalmente de pequeño tamaño. **2.** Cada una de esas manchas. SIN.: *peca.*

LENTILLA n. f. Lente de contacto.

LENTITUD n. f. Calidad de lento.

LENTO, A adj. (lat. *lentum*). Tardo o pausado en el movimiento o en la acción: *caminar lento.*

LEÑA n. f. (lat. *ligna*). Conjunto de ramas, matas y troncos que, cortados y hechos trozos, se destinan a la combustión. **2.** *Fig.* y *fam.* Golpes que se dan a alguien como castigo o que se cruzan en una pelea: *cargar de leña.* • **Echar leña al fuego,** aportar medios para acrecentar un mal; dar incentivo a un afecto, inclinación o vicio.

LEÑADOR, RA n. Persona que tiene por oficio cortar leña.

LEÑATERO n. m. Planta trepadora, de fruto capsular, que crece en las regiones tropicales de América. (Familia ramnáceas.)

LEÑERA n. f. Sitio destinado a guardar leña.

LEÑERO, A n. Persona que tiene por oficio vender leña.

LEÑERO (Vicente), escritor mexicano (Guadalajara 1933). Notable cuentista y novelista (*Los albañiles,* 1964; *Redil de ovejas,* 1973; *El evangelio de Lucas Gavilán,* 1979), destaca también por sus obras teatrales de denuncia social (*Pueblo rechazado,* 1969) y sus crónicas (*La gota de agua,* 1984). [Premio Xavier Villaurrutia 2000.]

LEÑO n. m. (lat. *lignum*). Trozo de árbol cortado y limpio de ramas. **2.** *Fig.* y *fam.* Persona torpe y de poco talento. **3.** BOT. Conjunto de elementos conductores lignificados de las plantas.

LEÑOSO, A adj. Que es de la naturaleza de la madera. **2.** Dícese de las plantas que contienen suficientes bases lignificadas como para que sus tallos sean resistentes.

LEO, constelación zodiacal. — Quinto signo del zodíaco, que el Sol atraviesa del 22 de julio al 23 de agosto.

LEÓN, NA n. (lat. *leonem*). Mamífero carnívoro de la familia félidos, de unos 2 m de long., de pelaje pardo ocráceo adornado por una melena en el caso del macho, confinado actualmente en las sabanas de África. **2.** *Fig.* Persona audaz y valiente. **3.** *Argent., Bol., Chile, Par.* y *Perú.*

419

LEO

Puma. • **La parte del león** (*Fig.*), la mayor, la que se lleva el más fuerte. ♦ n. m. ‖ **León americano** o **plateado**, puma. ‖ **León marino**, mamífero parecido a la foca. SIN.: otario.

LEÓN, región histórica del NO de España, que comprende las provincias de León, Salamanca y Zamora y que forma parte de la comunidad autónoma de Castilla y León. Se corresponde con la zona S del ant. reino de León, proyección del de Asturias en el curso de la reconquista.

LEÓN (*provincia de*), prov. de España, en Castilla y León; 15 468 km²; 520 433 hab. Cap. *León.* Los montes de León y la vertiente S de la cordillera Cantábrica enmarcan, por el O y el N, el Páramo leonés. Clima continental.

LEÓN (*departamento de*), dep. del O de Nicaragua; 5243 km²; 344 500 hab. Cap. *León.*

LEÓN, c. de España, cap. de la prov. homónima y cab. de dep. j.; 147 625 hab. (*Leoneses.*) Núcleo administrativo y comercial, y el principal centro industrial de la provincia. Ciudad monumental, conserva restos romanos (termas, murallas). Colegiata de San Isidoro (ss. X-XII) en el estilo de Santa María del Mercado (s. XII). Catedral de estilo gótico francés (ss. XIII-XIV), con claustro de ss. XIII-XVI, sepulcros del s. XIII, coro del s. XV y trascoro de 1585. Iglesias, ayuntamiento y palacio de los Guzmanes (s. XVI). Parador de turismo y museo en el ant. convento de San Marcos (ss. XVI-XVIII). Casa de los Botines, de Gaudí.

LEÓN o **LEÓN DE LOS ALDAMAS**, c. de México (Guanajuato); 867 920 hab. Destacado centro industrial (calzado, metalurgia). Catedral (s. XVIII), iglesia barroca de Nuestra Señora de los Ángeles. Fue fundada en 1576.

LEÓN, c. de Nicaragua, cap. del dep. homónimo; 121 104 hab. Centro industrial, administrativo y cultural (universidad). Catedral (s. XVIII); tumba de Rubén Darío). Iglesias barrocas.

LEÓN (Mošé o Moisés **de**), cabalista hebraicoespañol (León c. 1240-?c. 1290), autor del *Zóhar*, la obra más importante de la cábala.

LEÓN (fray Luis **de**), escritor español (Belmonte 1527-Madrigal de las Altas Torres 1591). Tradujo libros bíblicos y clásicos y publicó en latín unos comentarios al *Cantar de los Cantares* (1580). En 1583 publicó sus obras en prosa más conocidas: *De los nombres de Cristo* y *La perfecta casada*. Sus poesías son de tema religioso y su estilo y métrica derivan de Garcilaso. *La vida retirada* es una recreación horaciana, la oda *A Salinas* es claramente platonizante.

LEÓN CARPIO (Ramiro **de**), político guatemalteco (Guatemala 1942). En 1993 (junio) fue elegido por el parlamento presidente constitucional, en sustitución del destituido Jorge Serrano. Durante su mandato (hasta 1996) se reformó la constitución.

LEONADO, A adj. De color rubio oscuro, semejante al del pelo del león: *cabello leonado.*

LEONARDO da Vinci, pintor, escultor, arquitecto, ingeniero y sabio italiano (Vinci, cerca de Florencia, 1452-en el castillo de Cloux [act. Clos-Lucé], cerca de Amboise, 1519). Fue famoso como pintor, autor de *La Gioconda, La Virgen de las rocas, La Cena* (Milán), *La Virgen, el Niño Jesús y santa Ana* (Louvre), etc., pero mostró interés por todas las ramas del arte y de la ciencia, como lo atestiguan sus escritos y sus sorprendentes cuadernos de dibujos.

LEONERA n. f. Lugar en que se encierra a los leones. **2.** *Fig.* y *fam.* Sitio en que hay muchas cosas en desorden. **3.** *Colomb.*

Reunión de personas de poco seso o de mala vida.

LEONERO, A adj. *Chile.* Dícese del perro adiestrado en la caza de pumas.

LEONÉS, SA adj. y n. De León. ♦ n. m. **2.** Dialecto que se hablaba en el antiguo reino de León.

LEONI (Raúl), abogado y político venezolano (Upata 1905-Nueva York 1972), presidente de la república con Acción democrática (1964-1969).

LEÓNIDAS (†en las Termópilas 480 a. J.C.), rey de Esparta de 490 a 480 a. J.C., héroe de las Termópilas, a las que defendió de los persas y donde encontró la muerte.

LEONINO, A adj. (lat. *leoninum*). Relativo al león. **2.** Dícese del contrato oneroso en que toda la ventaja se da a una de las partes, sin la adecuada compensación a la otra.

LEÓN-PORTILLA (Miguel), historiador y antropólogo mexicano (México 1926), especialista en culturas precolombinas mesoamericanas: *Los antiguos mexicanos* (1961), *De Teotihuacán a los aztecas* (1971), *El pensamiento azteca* (1985), *Literatura indígena de México* (1991).

LEONTIEF (Wassily), economista norteamericano de origen ruso (San Petersburgo 1906). Sus trabajos, sobre las relaciones interindustriales le valieron el Premio Nobel de economía en 1973.

LEONTINA n. f. Cadena de reloj, ancha y colgante.

LEOPARDI (Giacomo, *conde*), escritor italiano (Recanati, Marcas, 1798-Nápoles 1837). En su poesía, puede llegar a plasmar sus sueños de heroísmo (*A Italia*, 1818) a expresar el dolor y la angustia (*Canto nocturno*, 1831; *La retama*, 1836).

LEOPARDO n. m. (lat. *leopardum*). Mamífero carnívoro de África y Asia, de cuerpo esbelto y zarpas con uñas muy robustas. (Familia félidos.) SIN.: *pantera.* **2.** Piel de este animal.

LEOPOLDVILLE → **Kinshasa**.

LEOTARDOS n. m. pl. Medias que cubren de los pies hasta la cintura.

LEPANTO (*golfo de*), nombre con el que también se conoce el golfo de Corinto.

LEPERADA n. f. *Amér. Central* y *Méx.* Acción o dicho de lépero.

LÉPERO, A adj. y n. *Amér. Central* y *Méx.* Grosero, ordinario. ♦ adj. **2.** *Cuba.* Astuto, perspicaz. **3.** *Ecuad. Fig.* y *fam.* Dícese de la persona muy pobre y sin recursos.

LÉPIDO (Marco Emilio) (†13 o 12 a. J.C.), colega de César en el consulado (46 a. J.C.), miembro, con Marco Antonio y Octavio, del segundo triunvirato.

LEPIDÓPTERO, A adj. y n. m. Relativo a un orden de insectos de metamorfosis completa. (La larva del orden *lepidópteros* se denomina *oruga*, la ninfa *crisálida* y el animal adulto *mariposa*.)

LEPIDOSIRENA n. f. Pez de las ciénagas de la cuenca del Amazonas, que respira mediante branquias y pulmones.

LEPÓRIDO, A adj. y n. m. Relativo a una familia de mamíferos roedores lagomorfos, como la liebre y el conejo.

LEPORINO, A adj. (lat. *leporinum*). Relativo a la liebre. • **Labio leporino** → **labio**.

LEPRA n. f. (lat. *lepram*). Enfermedad infecciosa crónica, producida por un bacilo específico llamado de Hansen, que cubre la piel de pústulas y escamas.

LEPROSERÍA n. f. Hospital para leprosos.

LEPROSO, A adj. y n. Que padece lepra.

LEPTÓN n. m. (gr. *leptos*, delgado). Partícula elemental que no sufre interacciones nucleares.

LERDEAR v. intr. [1]. *Amér. Central* y *Argent.* Moverse con pesadez o torpeza, hacer algo con lentitud. **2.** *Amér. Central* y *Argent.* Demorarse.

LERDO, A adj. Tardo y torpe para ejecutar o comprender una cosa.

LERDO DE TEJADA (Miguel), político mexicano (Veracruz 1812-México 1861). Promulgó la ley de desamortización y promovió las leyes de Reforma. Presidió la Compañía lancasteriana. — Su hermano **Sebastián** (Jalapa 1827-Nueva York 1889), apoyó a Juárez en la guerra de Intervención (1863). Presidente de la república (1872), fue combatido y derrotado por Porfirio Díaz en Tecoac (1876) y se exilió en E.U.A.

LÉRIDA (*provincia de*), prov. de España, en Cataluña; 12 028 km²; 359 725 hab. Cap. *Lérida.* Al N se extienden el Pirineo y las sierras de Cadí, Boumort, Montsec; al S, la depresión del Ebro.

LÉRIDA o **LLEIDA**, c. de España, cap. de la prov. homónima y cab. de dep. j.; 119 380 hab. (*Leridanos.*) A orillas del Segre. Centro comercial de productos agrícolas e industrial. Capital de los ilergetes, fue la *Ilerda* romana. Fortaleza musulmana (Zuda). Edificios románicos: iglesias, ayuntamiento o *paería*, castillo. Catedral del románico final (s. XIII), con claustro, portada y pinturas murales góticas.

LERIDANO, A adj. y n. De Lérida.

LERMA-SANTIAGO, sistema fluvial de México; 900 km. El *río Lerma* nace en las lagunas *de Lerma*, a 2600 m de alt., y tras 500 km de recorrido desagua en la laguna de Chapala; de ésta nace el *río Grande de Santiago*, que desemboca en el Pacífico. Aprovechamiento para el riego e hidroeléctrico (presas de Tepuxtepec y Solís).

LESAGE (Alain René), escritor francés (Sarzeau 1668-Boulogne-sur-Mer 1747), autor de novelas realistas de inspiración española (*El diablo cojuelo*, 1707; *Gil Blas de Santillana*, 4 vols., 1715-1735) y de comedias.

LESBIANA n. f. Mujer homosexual.

LESBIANISMO n. m. Homosexualidad femenina.

LÉSBICO, A adj. Lesbio. **2.** Dícese de la relación homosexual femenina.

LESBIO, A adj. y n. De Lesbos.

LESBOS o **MITILENE**, isla griega del mar Egeo, cerca del litoral turco; 1631 km²; 97 000 hab. (*Lesbios*). Cap. *Mitilene* (25 400 hab.). Olivares.

LESEAR v. intr. [1]. *Chile.* Tontear, hacer o decir leseras.

LESERA n. f. *Bol., Chile* y *Perú.* Tontería, estupidez.

LESIÓN n. f. (lat. *laesionem*). Alteración patológica en la textura de los órganos, como llaga, contusión, inflamación, tumor, etc. **2.** *Fig.* Cualquier daño o perjuicio.

LESIONAR v. tr. y pron. [1]. Causar lesión.

LESIVO, A adj. *DER.* Que causa o puede causar lesión, daño o perjuicio.

LESO, A adj. (lat. *laesum*, herido, ofendido). Palabra que se coloca delante de determinados sustantivos para indicar que la cosa expresada por el sustantivo ha sido agraviada, atacada o lastimada: *crimen de lesa majestad.* **2.** *Argent., Bol.* y *Chile.* Tonto, necio; tonta.

LESOTHO, ant. **Basutolandia**, estado de África austral, miembro de la República de Sudáfrica; 30 355 km²; 1 800 000 hab. CAP. *Maseru.* LENGUAS OFICIALES: *inglés* y *shoto.* MONEDA: *loti.* Economía dependiente de la República de Sudáfrica.

HISTORIA

Basutolandia, creada en el s. XIX, colocada bajo la autoridad del rey Moshoesh I, y más tarde protectorado británico (1868), adquirió la independencia en 1966 con el nombre de Lesotho. 1970: el rey Moshoesh II perdió poder a favor del primer ministro J. Leabua Jonathan, quien fue derrocado en 1986; se sucedieron al frente del país los militares, que obligaron a Moshoesh II a abdicar (1990) en su hijo Letsie III, quien a su vez abdicó (1995) en su padre, muerto en 1996 y sucedido por Letsie III.

LESSEPS (Ferdinand, *vizconde* **de**), diplomático francés (Versalles 1805-La Chênaie 1894). Hizo construir el canal de Suez (1869) y fundó una compañía para construir el canal de Panamá.

LETAL adj. (lat. *letalem*; de *letum*, muerte). Mortífero, capaz de ocasionar la muerte.

LETANÍA n. f. (ital. *litania*). *Fam.* Larga y enojosa enumeración. **2.** LITURG. Plegarias formadas por una serie de cortas invocaciones, que los fieles rezan o cantan en honor de Dios, de la Virgen o de los santos.

LETÁRGICO, A adj. Relativo al letargo; afecto de letargo: *sueño, estado letárgico*.

LETARGO n. m. (gr. *léthargos*; de *lethé*, olvido, y *argos*, inactivo). Sueño profundo, anormalmente continuo, sin fiebre ni infección, con relajación muscular completa. **2.** Modorra, sopor. **3.** Hibernación.

LETELIER (Alfonso), compositor chileno (Santiago 1912). En 1940 fundó la Escuela moderna de música de Santiago, que dirigió hasta 1953. Destaca en su obra la ópera sacra *Tobías* y *Sara* (1955).

LETEO, uno de los ríos de los infiernos de la mitología griega, cuyas aguas hacían olvidar el pasado a las almas de los muertos.

LETICIA, c. de Colombia, cap. del dep. de Amazonas; 19 245 hab. Puerto fluvial en el Amazonas.

LETÓN, NA adj. y n. De Letonia. ♦ n. m. **2.** Lengua báltica hablada en Letonia.

LETONIA, en letón **Latvija**, estado de Europa, a orillas del Báltico; 64 000 km²; 2 700 000 hab. *(letones)*. CAP. *Riga*. LENGUA OFICIAL: *letón*. MONEDA: *lat*.

GEOGRAFÍA
El país está poblado por una escasa mayoría de origen letón (52 %) y una tercera parte de rusos. Presenta un alto índice de urbanización (más de un tercio de la población en Riga) y de industrialización (construcciones mecánicas y eléctricas, silvicultura).

HISTORIA
Principio de la era cristiana: pueblos del grupo ugrofinés y del grupo báltico se establecieron en la región. Fines del s. XII-principios del s. XIII: los caballeros portaespada y los teutónicos conquistaron el país. 1237-1561: ambos se fusionaron formando la orden livónica para gobernar el país y cristianizarlo. 1561: Livonia fue anexionada por Polonia y Curlandia se erigió en ducado bajo soberanía polaca. 1721-1795: la totalidad del país quedó sometido al Imperio ruso. 1918: Letonia proclamó su independencia. 1920: los soviéticos reconocieron su independencia por el tratado de Riga. 1940: de acuerdo con el pacto germano-soviético, Letonia fue anexionada a la U.R.S.S. 1941-1944: Alemania ocupó el país. 1944: Letonia volvió a ser república soviética. 1990: el Frente popular ganó las primeras elecciones republicanas libres. 1991: la independencia, restaurada, fue reconocida por la U.R.S.S. y por la comunidad internacional (set.), y el país ingresó en la O.N.U. 1993: Guntis Ulmanis fue elegido presidente. 1995: Letonia solicitó su integración en la U.E. 1997: Ulmanis fue reelegido.

LETRA n. f. (lat. *litteram*). Cada uno de los signos o figuras con que se representan los sonidos de un alfabeto. **2.** Modo particular de escribir estos signos que tiene un individuo, o que se usa en determinado país o en determinada época: *tener mala letra; escribir en letra gótica*. **3.** Sentido propio y exacto de las palabras empleadas en un texto: *ceñirse a la letra*. **4.** Pieza de metal fundido en forma de prisma rectangular, con cualquier signo de escritura relevado en una de las bases, para que pueda estamparse. **5.** Conjunto de estas piezas: *letra itálica*. **6.** Texto de una obra musical, por oposición a la música. • **A la letra**, o **al pie de la letra,** literalmente, según el sentido literal de las palabras. ‖ **Letra capitular**, letra adornada que empieza un capítulo. ‖ **Letra de cambio**, documento mercantil por el que una persona (librador) manda a otra (librado) pagar una determinada cantidad, o se obliga ella misma a hacerlo, a la orden de un tercero (tomador) o a su propia orden. ‖ **Letra de imprenta**, o **de molde**, letra impresa. ‖ **Letra de mano**, o **manuscrita**, la que se hace al escribir con pluma, lápiz, etc., a diferencia de la impresa o escrita a máquina. ‖ **Letra menuda**, sagacidad o astucia para actuar o comportarse. ‖ **Letra muerta** *(Fig.),* escrito, regla o precepto que no tiene vigencia o que no se cumple. ‖ **Protestar una letra**, requerir ante notario al que no la ha pagado, para recobrar su importe. ♦ **letras** n. f. pl. **8.** Conjunto de las diversas ramas de los conocimientos humanos: *ser una persona de letras*. **9.** Ciencias humanas, por oposición a ciencias o conocimientos técnicos: *licenciado en letras*. ‖ **Bellas, o buenas, letras**, literatura. ‖ **Dos, o cuatro, letras** *(Fig. y fam.)*, escrito breve y conciso. ‖ **Primeras letras,** rudimentos de lectura, escritura, aritmética, etc.

LETRADO, A adj. y n. Docto, instruido. **2.** *Fam.* e *irón.* Que presume de instrucción. ♦ n. **3.** Abogado.

LETRERO n. m. Escrito que se coloca en determinado lugar para avisar o hacer pública alguna cosa.

LETRILLA n. f. Composición poética de versos cortos que suele ponerse en música. **2.** Composición poética semejante al villancico, pero de tema satírico y burlesco.

LETRINA n. f. (lat. *letrinam*). Retrete. **2.** Lugar sucio y repugnante. **3.** *Fig.* Asunto inmoral.

LETRISTA n. m. y f. Autor de letras para canciones.

LEUCEMIA n. f. Enfermedad que se manifiesta por un aumento del número de glóbulos blancos en la sangre (hasta 500 000 por mm³) y por la presencia de células anormales.

LEUCOCITO n. m. Glóbulo blanco de la sangre o de la linfa, que asegura la defensa contra los microbios.

LEUCOPOYESIS n. f. Formación de glóbulos blancos o leucocitos.

LEUVEN → *Lovaina*.

LEVA n. f. Acción y efecto de levar. **2.** Espeque. **3.** Nombre dado a diferentes mecanismos, que realizan una transformación de movimiento mediante un sistema más o menos complicado. **4.** *Cuba. Americana.* **5.** MIL. Forma de reclutamiento, empleada durante el Antiguo régimen para allegar tropas.

LEVADIZO, A adj. Que se puede levantar con algún artificio: *puente levadizo*.

LEVADURA n. f. (de *levar*). Hongo unicelular que produce la fermentación alcohólica de las soluciones azucaradas o de las masas harinosas. **2.** Masa constituida por dichos microorganismos. **3.** Cualquier sustancia que hace fermentar el cuerpo con que se la mezcla.

LEVANTAMIENTO n. m. Acción y efecto de levantar o levantarse. **2.** Elevación del conjunto de la corteza terrestre en una región. • **Levantamiento topográfico,** conjunto de operaciones necesarias para ejecutar un mapa o plano topográfico.

LEVANTAR v. tr. y pron. (lat. *levantare*) [1]. Llevar algo a un nivel más alto: *levantar la persiana, un peso; levantar en brazos.* **2.** Poner derecho y en posición vertical: *levantar un poste derribado.* **3.** Separar una cosa de la superficie donde está o despegar lo que está adherido: *levantar un vendaje.* **4.** Sublevar, rebelar: *levantar al pueblo.* **5.** *Fig.* Producir, ocasionar: *levantar pasiones, protestas.* • **Levantar la caza,** obligarla a huir para poder disparar sobre ella o para soltar los perros en su persecución. ♦ v. tr. **6.** Dirigir la mirada, los ojos, etc., hacia arriba: *levantar la vista.* **7.** Desmontar una cosa que está instalada en un sitio: *levantar una tienda de campaña.* **8.** Construir, edificar: *levantar un edificio.* **9.** Producir algo que forme prominencia o hinchazón: *se le ha levantado un chichón.* **10.** *Fig.* Dar mayor intensidad a algo no material: *levantar la voz, el tono.* **11.** *Fig.* Dar ánimo, valor, etc.: *levantar la moral.* **12.** *Fig.* Suprimir una pena o prohibición: *levantar la veda.* **13.** Reclutar gente para el ejército. **14.** *Fig.* Calumniar, imputar: *levantar infamias.* **15.** *Fig.* Ensalzar, encumbrar: *levantar a un actor.* • **Levantar el asedio,** o **el sitio,** cesar en el asedio de una plaza fuerte por imposibilidad de conquistarla o por la presencia de fuerzas enemigas. • **levantarse** v. pron. **15.** Ponerse de pie: *levantarse del suelo.* **17.** Dejar la cama después de haber dormido o haber estado enfermo en ella. **18.** Elevarse, resaltar sobre una superficie o plano: *un castillo se levanta en el horizonte.* **19.** Empezar a hacer viento o a agitarse el mar: *levantarse un temporal, el oleaje.*

LEVANTE n. m. Acción y efecto de levantar. **2.** *Chile.* Derecho que paga al dueño de un terreno el que corta maderas en él para beneficiarlas por su cuenta. **3.** *Colomb.* Edad de un bovino comprendido entre el destete y el principio de la vida. **4.** *Colomb.* Actividad pecuaria que produce esa categoría de bovinos. **5.** *Hond.* Difamación, calumnia.

LEVANTE n. m. (lat. *levantem*). Oriente, este, parte por donde sale el sol. **2.** Viento del este. **3.** En las costas levantinas españolas, viento que sopla del nordeste y del sureste.

LEVANTE, nombre que se dio a los países del litoral oriental del Mediterráneo.

LEVANTE, sector que abarca las comarcas mediterráneas de España correspondientes a los antiguos reinos de Valencia y Murcia.

LEVANTINO, A adj. y n. Relativo a Levante; natural o habitante de Levante.

LEVANTISCO, A adj. Turbulento o rebelde: *tribus levantiscas*.

LEVAR v. tr. [1]. MAR. Levantar o arrancar el ancla del fondo. • **Levar anclas** (MAR.), zarpar, hacerse a la mar. ♦ v. intr. **2.** MAR. Zarpar, hacerse a la mar.

LEVE adj. (lat. *levem*). De poco peso: *una carga leve.* **2.** Muy fino, sutil: *un leve velo.* **3.** De poca intensidad o profundidad: *pecado leve.*

LEVEDAD n. f. Calidad de leve.

LEVENE (Ricardo), historiador y jurista argentino (Buenos Aires 1885-† 1959). Autor, entre otras obras, de *Lecciones de historia argentina* (1924) e *Historia del derecho argentino* (1945).

LEVIATÁN, monstruo acuático de la mitología fenicia mencionado en la Biblia como símbolo de paganismo.

LEVILLIER (Roberto), diplomático e historiador argentino (Buenos Aires 1866-*id.* 1969), estudió a A. Vespucio y el s. XVI en Suramérica.

LEVINGSTON (Roberto Marcelo), militar y político argentino (San Luis 1920). Opuesto a Onganía, las fuerzas armadas le nombraron presidente (1970), pero fue destituido (1971).

LÉVI-STRAUSS (Claude), antropólogo francés (Bruselas 1908). Aplicó el estructuralismo al estudio de los fenómenos humanos: *Las estructuras elementales del parentesco* (1949), *Antropología estructural* (1958), *El hombre desnudo* (1971), *Historia del lince* (1991).

LEVITA n. f. (fr. *évite*). Prenda de vestir masculina, con faldones que, a diferencia de los del chaqué, tienen el borde delantero recto.

LEVITACIÓN n. f. Fenómeno por el que un cuerpo se eleva del suelo y se mantiene así sin ningún apoyo natural. **2.** Fenómeno

LEV

por el que algunos seres serían capaces de elevarse en el espacio, como si estuvieran privados de peso, o de levantar objetos sin tocarlos.

LEVITAR v. intr. [1]. Hallarse en estado de levitación.

LEWIS (Gilbert Newton), físico y químico norteamericano (Weymouth, Massachusetts, 1875-Berkeley 1946). Autor de la teoría de la covalencia, propuso el término *fotón* para el cuanto de energía radiante.

LEWIS (Sinclair), escritor norteamericano (Sauk Centre, Minnesota, 1885-Roma 1951), autor de novelas que constituyen un testimonio satírico de la burguesía norteamericana y de sus preocupaciones sociales y religiosas (*Babbitt*, 1922; *Elmer Gantry*, 1927). [Premio Nobel de literatura 1930.]

LEWIS (sir William Arthur), economista británico (Santa Lucía, 1915-en la isla de Barbados 1991). Se especializó en las teorías del crecimiento económico y del desarrollo. (Premio Nobel de economía 1979.)

LEXEMA n. m. Elemento léxico de un signo lingüístico que aporta sustancia predicativa (significado) y que se opone a los demás morfemas del mismo signo.

LÉXICO n. m. (gr. *lexikon*; de *lexis*, palabra). Conjunto de palabras de una lengua, o conjunto de las palabras propias de una región, una actividad determinada, un individuo, etc. **2.** Diccionario que comprende la lista alfabética de los términos utilizados en una ciencia o en una técnica. **3.** Diccionario o vocabulario de una lengua.

LEXICOGRAFÍA n. f. Arte de elaborar diccionarios. **2.** Estudio de los vocablos o léxico de una lengua.

LEXICOLOGÍA n. f. Ciencia que estudia el léxico de una lengua en su aspecto sincrónico.

LEY n. f. (lat. *legem*). Relación necesaria que enlaza entre sí fenómenos naturales. **2.** Regla constante que expresa esta relación: *las leyes de la naturaleza*. **3.** Precepto dictado por la suprema autoridad, en que se manda o prohíbe una cosa. **4.** Estatuto o condición establecida para una acción particular: *las leyes dramáticas*. **5.** Derecho escrito, en especial el impuesto unilateralmente por vía de autoridad. **6.** Disposición jurídica de carácter general, dictada por el poder legislativo para ordenar las relaciones de los hombres dentro de un estado. **7.** Conjunto de las leyes o cuerpo del derecho civil. **8.** En los regímenes constitucionales, disposición votada por las Cortes y sancionada por el jefe del estado. **9.** Lealtad, fidelidad. **10.** Religión: *la ley de los mahometanos*. ♦ **Con todas las de la ley**, sin omisión de ninguno de los requisitos indispensables para su perfección o buen acabamiento. ‖ **Ley del embudo** (*Fig.* y *fam.*), la que se emplea con desigualdad, aplicándola estrictamente a unos y ampliamente a otros. ‖ **Ley divina**, o **de Dios**, conjunto de preceptos que provienen de la voluntad de Dios y que han sido manifestados por una revelación. ‖ **Ley fundamental**, constitución. ‖ **Ley moral**, la que ordena hacer el bien y evitar el mal. ‖ **Ley natural**, o **de la naturaleza**, reglas de conducta fundadas en la misma naturaleza del hombre y de la sociedad. ‖ **Ley orgánica**, la que deriva inmediatamente de la constitución de un estado y determina la organización de un sector o servicio del mismo. ‖ **Ley seca**, la que prohíbe la producción y tráfico de bebidas alcohólicas y su consumo.

LEY n. f. (del fr. ant. *alej*). Cantidad de oro o plata finos que hay en la ligas de barras, alhajas de oro y plata y que es fijada por las leyes. **2.** Cantidad de metal contenido en una mena.

LEYENDA n. f. (lat. *legenda*, cosas que se leen). Narración o relato de sucesos fabulosos, a veces con una base histórica, que se transmiten por tradición oral o escrita. **2.** Pie explicativo de un cuadro, grabado, mapa, etc.

LEZAMA LIMA (José), escritor cubano (La Habana 1910-*id.* 1976). Su obra poética delata una visión a la vez intelectual y sensual del mundo, basada en el poder de la imagen, bajo el modelo de Góngora, que halla su desarrollo teórico en sus ensayos. Fruto de una labor de años es su compleja y poética novela *Paradiso* (1966).

LHASSA, c. y cap. del Tibet (China), a 3600 m de alt.; 105 000 hab. Numerosas lamaserías. Palacio de Potala, antigua residencia del dalai-lama.

LHOTSE, pico del Himalaya, cercano al Everest, el cuarto del mundo por altitud; 8545 m.

Li, símbolo químico del *litio*.

LI BO o **LI PO**, llamado también **Li Taibo** o **Li T'ai-po**, poeta chino (Turkestán 701-Jiangsu 762), uno de los grandes poetas de la dinastía de los Tang.

LIANA n. f. Nombre dado a diversas plantas, generalmente sarmentosas, de la selva tropical que, tomando como soporte los árboles, se encaraman sobre ellos hasta alcanzar la parte alta y despejada, donde ramifican con abundancia. **2.** Por ext. Enredadera o planta trepadora.

LIAR v. tr. (lat. *ligare*) [1t]. Atar, envolviéndolo o no, con ligaduras una cosa. **2.** Formar cigarrillos envolviendo el tabaco picado en el papel de fumar. **3.** Devanar. ♦ v. tr. y pron. **4.** *Fig.* Enredar, complicar un asunto. **5.** *Fig.* Engañar o complicar a alguien en un asunto: *se lió en un mal negocio.* ♦ **liarse** v. pron. **6.** Aturdirse o embarullarse. **7.** Entablar o empezar algo: *liarse a bofetadas*. **8.** Mantener relaciones amorosas ilícitas.

LIBACIÓN n. f. (lat. *libationem*). Acción y efecto de libar, especialmente una bebida alcohólica. **2.** Ofrenda ritual de los antiguos a una divinidad.

LIBANÉS, SA adj. y n. Del Líbano.

LÍBANO (*cordillera del*), macizo montañoso del Líbano, famoso antiguamente por sus magníficos cedros; 3083 m.

LÍBANO, estado de Oriente medio, junto al Mediterráneo; 10 400 km²; 2 900 000 hab. (*Libaneses.*) CAP. *Beirut*. LENGUA OFICIAL: *árabe*. MONEDA: *libra libanesa*.

GEOGRAFÍA

La cordillera del Líbano (en cuyas dos vertientes se cultiva trigo, vid, árboles frutales y olivos) domina una estrecha llanura costera, que, intensamente explotada, concentra la mayor parte de la población, muy densa, y predominantemente musulmana en la actualidad. En el E se encuentra la llanura de la Bekaa, depresión árida, limitada al E por el Antilíbano.

HISTORIA

De los orígenes a la independencia. Desde el III milenio: la costa fue ocupada por los cananeos, y luego por los fenicios, que fundaron las ciudades estado de Biblos, Beritos (act. Beirut), Sidón y Tiro. Inicios del I milenio: los fenicios dominaron el comercio mediterráneo. Ss. VIII-a. J.C.: el país estuvo dominado por Asiria, Egipto, Persia, Babilonia y Grecia. 64-63 a. J.C.-636: formó parte de la provincia romana, luego bizantina, de Siria. 636: fue conquistado por los árabes. Ss. VII-XI: la montaña sirvieron de refugio a comunidades cristianas, chiitas y drusa. 1099-1289/1291: los latinos del reino de Jerusalén y el condado de Trípoli ocuparon la costa libanesa hasta su reconquista por los mamelucos de Egipto. 1516: fue anexionado por el Imperio otomano. 1593-1840: los emires drusos, especialmente Fajr īn II (1593-1633) y Bašī

ll Šihāasa e intentaron obtener su autonomía. 1858-1860: disturbios enfrentaron a los drusos y a los maronitas (en pleno apogeo demográfico y económico). 1861: Francia obtuvo la creación de la provincia del Monte Líbano, con cierta autonomía. 1918: Líbano fue liberado de los turcos y formó con la llanura de la Bekaa el Gran Líbano. 1920-1943: la S.D.N. confirmó el mandato de Francia.

La República libanesa. 1943: proclamación de la independencia. El «pacto nacional» instituyó un sistema político confesional que repartía los poderes entre maronitas, sunies, chiitas, griegos ortodoxos, drusos y griegos católicos. 1952-1958: Chamoun practicó una política prooccidental. 1958: los nacionalistas árabes, partidarios de Nasser, desencadenaron la guerra civil, que acabó con la intervención norteamericana. 1958-1970: la república estuvo presidida por F. Chehab (1958-1964) y luego por C. Helou. 1967: los palestinos, refugiados en el Líbano desde 1948, se organizaron de forma autónoma. 1970-1976: durante la presidencia de S. Frangié se produjeron enfrentamientos con los palestinos. 1976: esos enfrentamientos degeneraron en guerra civil; Siria intervino. Se produjo un enfrentamiento entre una coalición de «izquierda» (favorable a los palestinos, de mayoría suní, drusa y chiita, cuyas principales fuerzas armadas eran los fedayines, las milicias drusas y las del movimiento Amal) y una coalición de «derecha» (de mayoría maronita, favorable a Israel, cuyas fuerzas principales fueron las Falanges cristianas y el ejército del Líbano Sur, aliado de Israel). 1978: creación de una Fuerza interina de las Naciones Unidas en el Líbano (F.I.N.U.L.). 1982: el ejército israelí asedió Beirut, de donde evacuaron a las fuerzas armadas palestinas. A. Gemayel sucedió a su hermano Béshir, asesinado, como presidente de la república. 1984: se constituyó un gobierno de unión nacional, apoyado por Siria. 1985: retirada del ejército israelí; la guerra civil continuó, complicada con discordias al interior de cada bando, sobre todo entre diversas tendencias musulmanas: sunies, chiitas moderados del movimiento Amal y chiitas partidarios de Irán (Hezbolah). Estos últimos comenzaron a partir de 1985 a capturar rehenes occidentales (especialmente franceses y norteamericanos). Esta situación provocó la vuelta, en 1985, de las tropas sirias a Beirut-Oeste. 1988: el mandato de A. Gemayel se acabó sin que el parlamento lograse elegir sucesor. Se constituyeron dos gobiernos (uno civil y musulmán en Beirut Oeste dirigido por Selim al-Hoss; el otro, militar y procristiano en Beirut Este, presidido por el general Michel Aoun, contrario a la presencia siria). 1989: René Moawad, elegido presidente de la república, fue asesinado; le sucedió Elias Hrawi. 1990: una nueva constitución ratificó los acuerdos, firmado en Ṭā'if en 1989, que preveían un reequilibrio del poder en favor de los musulmanes. El ejército libanés, ayudado por Siria, puso fin a la resistencia del general Aoun. 1991: el desarme de las milicias y el despliegue del ejército libanés en el Gran Beirut y el S del país fueron el inicio de una restauración de la autoridad del estado, bajo tutela siria (ratificada, en mayo, por la firma de un «tratado de fraternidad» entre los dos países). Caso económico. 1992: tras unas elecciones legislativas, muy cuestionadas y marcadas por la abstención masiva de los cristianos, se constituyó un nuevo parlamento y Rafic Hariri fue nombrado primer ministro. 1995: el parlamento prorroga, mediante una reforma constitucional, el mandato presidencial de E. Hrawi tres años más.

1996: nuevos enfrentamientos entre Hezbolah y el ejército israelí. Elecciones legislativas; condujeron a una mayoría prosiria en el parlamento. 1998: R. Hariri, primer ministro. 2004: tras la dimisión de R. Hariri, Omar Karame ocupa el cargo de primer ministro.

LIBAR v. tr. (lat. *libare*) [1]. Chupar los insectos el néctar de las flores. **2.** Chupar el jugo de una cosa. **3.** Probar o gustar una bebida, especialmente alcohólica. ♦ v. intr. **4.** Hacer libaciones para sacrificios religiosos.

LIBBY (Willard Frank), químico norteamericano (Grand Valley, Colorado, 1908-Los Ángeles 1980). Especialista en radiactividad, ideó el sistema de datación de los objetos mediante la dosificación del carbono 14. (Premio Nobel de química 1960.)

LIBELO n. m. (lat. *libellum*). Escrito infamatorio. **2.** DER. Petición o memorial.

LIBÉLULA n. f. Insecto dotado de cuatro alas membranosas, que vive en las cercanías de las aguas, y cuya larva es acuática. (Orden odonatos.)

LÍBER n. m. (lat. *liber*, corteza de árbol). BOT. Tejido vegetal que se encuentra en la parte profunda de la corteza del tronco y de las ramas y que asegura, mediante sus conductos cribosos, la conducción de la savia elaborada.

LIBERACIÓN n. f. Acción y efecto de liberar. • **Teología de la liberación**, reflexión teológica nacida del compromiso de los cristianos en la lucha contra la opresión en América latina.

LIBERAL adj. Dícese de la persona dadivosa. **2.** Partidario de la libertad y de la tolerancia. • **Artes liberales**, en la antigüedad clásica y en la edad media, conjunto de actividades intelectuales fundamentales; en la época clásica, artes en las que predominaba la concepción intelectual y la inspiración. || **Partido liberal**, nombre que ostentan los partidos seguidores del liberalismo político en diferentes países. || **Profesión liberal**, profesión independiente y de tipo intelectual (abogado, médico, ingeniero consultor, etc.). ♦ adj. y n. m. y f. **3.** Relativo al liberalismo; partidario de esta doctrina.

LIBERALIDAD n. f. Calidad de liberal.

LIBERALISMO n. m. Doctrina (liberalismo económico) de los partidarios de la libre empresa, que se opone al socialismo y al dirigismo; en especial, teoría según la cual el estado no debe intervenir en las relaciones económicas que existen entre individuos, clases o naciones. **2.** Doctrina (liberalismo político) que, sin negar la autoridad del estado, sostiene que ésta no es absoluta y que los ciudadanos conservan una parte de autonomía que el estado debe respetar.

LIBERALIZAR v. tr. y pron. [1g]. Hacer liberal. **2.** Practicar una política liberal, de supresión de restricciones.

LIBERAR v. tr. y pron. [1]. Libertar, poner en libertad: *liberar a los presos*. **2.** Eximir a alguien de una obligación o carga.

LIBERIA, estado de África occidental; 111 000 km²; 2700 [LENGUA OFICIAL: inglés. MONEDA: *dólar liberiano*.

GEOGRAFÍA

El país, cubierto en gran parte por una densa selva, posee plantaciones de palmas de aceite, cafetales y heveas. El subsuelo contiene diamantes y, sobre todo, hierro, principal producto de exportación de un país cuya economía está parcialmente controlada por E.U.A., y obtiene importantes ingresos del «préstamo» de su bandera (pabellón de conveniencia) [la flota liberiana es la primera del mundo].

HISTORIA

Ss. XV-XVIII: la región estaba ocupada por pueblos de lengua mandé y kru. El litoral (Costa de la Pimienta, de las Semillas o de los Granos), descubierto por los portugueses, era frecuentado por los mercaderes europeos. 1822: la Sociedad americana de colonización, fundada en 1816, estableció en esta costa a esclavos negros liberados, pese a la hostilidad de los autóctonos. 1847: se proclamó la República de Liberia, independiente.

LIBERIA, c. de Costa Rica, cap. de la prov. de Guanacaste, junto al *río Liberia*; 34 333 hab.

LIBERIANO, A adj. y n. De Liberia.

LIBERIANO, A adj. Relativo al líber.

LIBERTAD n. f. (lat. *libertatem*). Poder inmanente del sujeto, en cuanto a su realización, que puede definirse como la capacidad de decidirse o autodeterminarse. **2.** Estado del que no sufre ni sujeción ni impedimento: *estar en libertad*. **3.** Naturalidad, soltura, falta de cohibición en el comportamiento: *moverse con libertad*. **4.** Familiaridad, confianza: *tomarse demasiadas libertades*. **5.** DER. Estado o condición del que no es esclavo ni del que no está preso. • **Libertad de conciencia**, o **de pensamiento**, la que permite manifestar las propias opiniones, especialmente las religiosas, defenderlas y propagarlas. || **Libertades públicas**, conjunto de libertades reconocidas a los individuos y a los grupos frente al estado (libertad de opinión, libertad religiosa, libertad de enseñanza, libertad de prensa y expresión, libertad de reunión, libertad de asociación, etc.).

LIBERTAD, región administrativa de Perú, que constituye el departamento homónimo; 25 570 km²; 1 307 000 hab. Cap. *Trujillo*.

LIBERTAD (*departamento de* **La**), dep. de El Salvador, junto al Pacífico; 1653 km²; 522 071 hab. Cap. *Nueva San Salvador*.

LIBERTAD (**La**), localidad de Ecuador (Guayas), junto a la bahía de Santa Elena. Refinerías de petróleo. Oleoducto. Industrias químicas.

LIBERTADOR, RA o **LIBERADOR, RA** adj. y n. Que liberta.

LIBERTADOR GENERAL BERNARDO O'HIGGINS (*región del*), región de Chile, en el centro del país; 16 365 km²; 688 385 hab. Cap. *Rancagua*.

LIBERTADOR GENERAL SAN MARTÍN (*cumbre de*), nombre oficial del nevado de Cachi (Argentina).

LIBERTADOR GENERAL SAN MARTÍN, dep. de Argentina (Chaco); 48 013 hab. Cab. *General José de San Martín*. – Dep. de Argentina (Misiones); 37 833 hab. Cab. *Puerto Rico*. Industria forestal.

LIBERTADORES-WARI (**Los**), región administrativa de Perú que comprende los departamentos de Ayacucho, Huancavelica e Ica; 88 849 km²; 1 545 000 hab.

LIBERTAR v. tr. y pron. [1]. Poner en libertad, dejar libre algo o a alguien que estaba sujeto o preso. **2.** Eximir a uno de una obligación, sujeción o deuda.

LIBERTARIO, A adj. y n. Anarquista.

LIBERTINAJE n. m. Conducta de libertino.

LIBERTINO, A adj. y n. Que lleva una vida irregular y licenciosa.

LIBERTO, A n. (lat. *libertum*). Esclavo que recibía la libertad de su señor.

LIBIA, estado de África, junto al Mediterráneo; 1 760 000 km²; 4 400 000 hab. (*Libios.*) CAP. *Trípoli*. LENGUA OFICIAL: *árabe*. MONEDA: *dinar libio*.

GEOGRAFÍA

Tradicionalmente la economía se basaba en la ganadería nómada (ovina y camellos), obligada por la extensión del desierto, y en una agricultura sedentaria (trigo, cebada, palmera datilera y frutales), localizada en los oasis y en la franja litoral, menos árida. La economía ha sufrido una transformación, por lo menos a nivel local, gracias a la explotación del petróleo, cuyos beneficios explican el peso político del país, a pesar de su escaso desarrollo demográfico.

HISTORIA

De los orígenes a la dominación otomana. S. XIII a. J.C.: los habitantes de la región, llamados libios por los griegos, participaron en las invasiones de los pueblos del mar en Egipto. S. VII: los griegos fundaron en Cirenaica las cinco colonias de la Pentápolis. S. V: Cartago dominó los establecimientos creados por los fenicios en Tripolitania. S. IV: Cirenaica fue anexionado al Egipto lágida. 106-19 a. J.C.: el país fue conquistado por Roma. S. III: la romanización conoció su apogeo. 642-643: conquista árabe. Ss. VII-XVI: el país fue sometido por los Omeyas, los Abasíes y por diversas dinastías magrebíes o egipcias. 1510: los españoles se apoderaron de Trípoli. 1517: los otomanos conquistaron Cirenaica. 1551: los otomanos se adueñaron de Tripolitania.

La Libia contemporánea. 1911-1912: Italia conquistó el país, al que tuvieron que renunciar los otomanos (paz de Ouchy). 1912-1931: le hermandad de los sanúsies dirigió en Cirenaica la resistencia armada contra la conquista italiana. 1934: se creó la colonia italiana de Libia. 1940-1943: la campaña de Libia enfrentó a las fuerzas germano-italianas (especialmente del Afrika Korps de Rommel) con las tropas británicas, ayudadas por destacamentos aliados. Al final de la campaña, Francia administró Fezzán; y Gran Bretaña, Tripolitania y Cirenaica. 1951: estos tres territorios se reunieron en un estado federal independiente cuyo rey fue Idris I (1951-1969). 1961: comenzó la explotación del petróleo. 1963: se abolió la organización federal. 1969: el golpe de estado de los «oficiales libres» convirtió a Gadafi en dueño del país. 1988: Libia se integra en la Unión del Magreb árabe. 1996: firma de un acuerdo de cooperación económica con Rusia. 1997: los países árabes rompieron el embargo sobre Libia.

LIBIDINAL adj. Relativo a la libido.

LIBIDINOSO, A adj. Lujurioso.

LIBIDO n. f. (voz lat., *deseo*). SICOANÁL. Energía de la pulsión sexual.

LIBIO, A adj. y n. De Libia.

LIBRA n. f. (lat. *libram*, libra de peso). Antigua unidad de peso, de valor variable, dividida en 16 onzas y que equivale aproximadamente a medio kilo. **2.** Antigua moneda de cuenta, que representaba el valor de una libra de oro o de plata. **3.** Unidad monetaria principal de varios países, entre ellos Chipre, Egipto, Irlanda, Líbano, Siria y Sudán. **4.** *Cuba.* Hoja de tabaco de calidad superior. • **Libra esterlina**, unidad monetaria principal (£) de Gran Bretaña.

LIBRA, constelación zodiacal. – Séptimo signo del zodíaco, en el que el Sol entra en el equinoccio de otoño.

LIBRADO, A n. Persona sobre la cual se gira una letra de cambio. • **Salir bien** o **mal librado**, salir beneficiado o con desventaja de una situación determinada.

LIBRADOR, RA n. Persona que libra una letra de cambio.

LIBRAMIENTO n. m. Acción y efecto de librar o libertar. **2.** Orden que se da por escrito para que uno pague una cantidad de dinero u otro género.

LIBRANZA n. f. Orden de pago. **2.** Libramiento.

LIBRAR v. tr. y pron. (lat. *liberare*) [1]. Dejar libre o preservar a alguien de un trabajo, peligro o situación desagradable: *librarse del suplicio*. ♦ v. tr. **2.** Expedir letras de cambio, cheques y otras órdenes de pago. **3.** *Méx.* Lograr pasar por un lugar estrecho, o alcanzar a esquivar un obstáculo pasando muy cerca de él: *el conductor apenas pudo librar el poste para no chocar*. **4.** DER. Eximir a una persona de una obligación. ♦ v. intr. **5.** Parir, dar a luz. **6.** *Fam.* Disfrutar los empleados del día de descanso semanal.

LIBRE adj. (lat. *liberem*). Que goza de libertad o puede obrar con libertad: *hombre libre*. **2.** Excluido de determinadas

423

LIB

obligaciones, cargos, normas, etc.: está *libre de preocupaciones*. **3.** Suelto, no sujeto. **4.** No interceptado: *dejar vía libre*. **5.** Independiente. **6.** Vacante, desocupado: *queda un sitio libre*. **7.** Dícese de la persona sin compromiso matrimonial. **8.** Disoluto, desenfrenado. • **Traducción libre**, traducción que no sigue exactamente el texto original. ♦ n. m. **9.** Méx. Taxi.

LIBREA n. f. (fr. *livrée*). Traje de uniforme, que llevan algunos empleados y criados. **2.** Pelaje de determinados animales; plumaje de ciertas aves. **3.** Conjunto de caracteres morfológicos que caracterizan un animal: *librea nupcial*.

LIBRECAMBIO n. m. Comercio entre países sin trabas ni derechos aduaneros. (Se opone a *proteccionismo*.)

LIBRECAMBISMO n. m. Doctrina que propugna el establecimiento del librecambio.

LIBRECAMBISTA adj. y n. m. y f. Relativo al librecambio o al librecambismo; partidario del librecambismo.

LIBREPENSADOR, RA adj. y n. Partidario del librepensamiento.

LIBREPENSAMIENTO n. m. Doctrina o actitud que afirma la independencia de la razón frente al pensamiento dogmático, principalmente religioso.

LIBRERA n. f. *Guat.* y *Pan.* Librería, mueble con estanterías para colocar libros.

LIBRERÍA n. f. Establecimiento donde se venden libros. **2.** Ejercicio o profesión de librero. **3.** Mueble donde se colocan libros. **4.** *Argent.* Comercio donde se venden papeles, cuadernos, lápices y otros artículos de escritorio.

LIBRERO, A n. Comerciante de libros. ♦ n. m. **2.** Méx. Librería, mueble donde se colocan libros.

LIBRESCO, A adj. *Desp.* Relativo al libro. **2.** *Desp.* Dícese de la obra o del autor que se inspira en los libros y no en la realidad.

LIBRETA n. f. Cuaderno en que se escriben anotaciones, cuentas, etc. • **Libreta de ahorros**, cartilla que las cajas de ahorro y los bancos entregan a sus depositantes, y donde se inscriben los depósitos y reembolsos efectuados. ‖ **Libreta cívica** (*Argent.*), documento oficial con el que la mayor acredita su identidad. ‖ **Libreta de enrolamiento** (*Argent.*), documento oficial con el que el varón acredita su identidad.

LIBRETISTA n. m. y f. Autor de libretos.

LIBRETO n. m. (ital. *libretto*, libro pequeño). Texto literario que sirve de base a una obra dramática musical.

LIBREVILLE, c., cap. y puerto de Gabón, en el estuario del Gabón; 257 000 hab.

LIBRILLO n. m. Conjunto de hojas de papel de fumar, de papel higiénico, etc.

LIBRO n. m. (lat. *librum*). Conjunto de hojas manuscritas o impresas, cosidas o encuadernadas juntas, y que forman un volumen ordenado para la lectura. **2.** Obra científica o literaria de bastante extensión para formar volumen. **3.** Conjunto de hojas cosidas o encuadernadas juntas, donde se anotan datos, informes, etc., para que consten permanentemente: *libro de reclamaciones; libro de registro.* **4.** Tercera cavidad del estómago de los rumiantes, llamada así por los repliegues laminados de su pared interna. • **Libro amarillo, azul, rojo**, etc., nombre que reciben las publicaciones oficiales de un estado que contienen documentos diplomáticos o políticos, para información de los órganos legislativos o de la opinión pública. ‖ **Libro blanco**, reunión, en forma de libro, de documentos sobre un tema cualquiera de actualidad, presentados en forma objetiva: *libro blanco de educación.* ‖ **Libro de contabilidad**, instrumento material de la contabilidad, en el que se efectúan las anotaciones contables. ‖ **Libro de texto**, el destinado a los alumnos de un centro de enseñanza.

LICANTROPÍA n. f. Conversión de un hombre en lobo.

LICÁNTROPO, A adj. y n. Dícese del hombre convertido en lobo.

LICENCIA n. f. (lat. *licentiam*). Facultad o permiso para hacer algo: *¿quién te ha dado licencia para hablar?* **2.** Abusiva libertad de decir u obrar: *tomarse demasiadas licencias con los superiores.* **3.** DER. Documento expedido por una federación a un deportista, que le permite participar en competiciones oficiales. **4.** DER. Autorización, permiso. **5.** DER. Documento en que consta: *licencia judicial, marital.* **6.** MIL. Permiso concedido a un militar para ausentarse de su cuerpo. • **Licencia absoluta**, la que marca el fin de todas las obligaciones del soldado. ‖ **Licencia poética**, uso que hacen los escritores, y preferentemente los poetas, de frases, figuras y voces que pueden suponer una transgresión de las reglas teóricas y gramaticales comúnmente admitidas.

LICENCIADO, A adj. Dado libre de algún servicio. ♦ n. **2.** Persona que ha obtenido el grado de licenciatura. ♦ n. m. **3.** Soldado que ha recibido la licencia absoluta.

LICENCIAMIENTO n. m. Acción y efecto de licenciar a los soldados.

LICENCIAR v. tr. [1]. Dar a los soldados la licencia ilimitada, que pone fin al servicio en filas, o la absoluta. ♦ **licenciarse** v. pron. **2.** Obtener el grado de licenciado.

LICENCIATURA n. f. Grado universitario al que pueden aspirar los alumnos que hayan aprobado todas las asignaturas que integran el plan de estudios de cada facultad.

LICENCIOSO, A adj. Contrario a las buenas costumbres, especialmente en cuestiones sexuales.

LICEO n. m. Nombre dado en algunos países a establecimientos de segunda enseñanza. **2.** Nombre de ciertas sociedades literarias o recreativas.

LICITACIÓN n. f. Acción y efecto de licitar.

LICITAR v. tr. [1]. Ofrecer precio por una cosa en subasta.

LÍCITO, A adj. (lat. *licitum*). Permitido por la ley o la moral.

LICITUD n. f. Calidad de lícito.

LICOR n. m. (lat. *liquorem*). Sustancia líquida. **2.** Bebida alcohólica obtenida sin fermentación por una mezcla de alcohol, agua, sustancias aromáticas y azúcar. **3.** Nombre de diferentes soluciones químicas o farmacéuticas.

LICORERA n. f. Botella decorativa para servir el licor. **2.** Juego de botella, copas o vasitos de licor, con el soporte adecuado.

LICORERÍA n. f. Fábrica o tienda de licores.

LICUABLE adj. Que se puede licuar.

LICUACIÓN n. f. Acción y efecto de licuar.

LICUADORA n. f. Aparato eléctrico para licuar frutos u otros alimentos.

LICUAR v. tr. y pron. (lat. *liquare*) [1]. Convertir en líquido una sustancia sólida o gaseosa.

LICUEFACCIÓN n. f. (lat. *liquefactionem*). Acción y efecto de licuefacer. **2.** FÍS. Transformación de un gas en líquido.

LICUEFACER v. tr. y pron. (lat. *liquefacere*) [2m]. Licuar.

LICURGO, legislador mítico de Esparta, a quien se atribuyen las severas instituciones espartanas (¿s. IX a. J.C.?).

LID n. f. (lat. *litem*). Combate, pelea. **2.** *Fig.* Discusión, controversia de razones y argumentos. **3.** *Fig.* Actividad: *ser experto en estas lides.* (Suele usarse en plural.) • **En buena lid**, por medios lícitos.

LÍDER n. m. y f. (ingl. *leader*). Dirigente, jefe, especialmente el de un partido político. **2.** Empresa, grupo, producto, etc., que ocupa el primer lugar, un papel de primer orden en determinado campo. **3.** DEP. Persona o equipo que en el transcurso de una competición deportiva va en cabeza.

LIDERAR v. tr. [1]. Dirigir o estar a la cabeza de un grupo, partido político, competición, etc.

LIDERATO o **LIDERAZGO** n. m. Condición de líder o ejercicio de sus actividades.

LIDIA n. f. Acción y efecto de lidiar. **2.** TAUROM. Conjunto de suertes que se practican con el toro desde que se le da suelta del toril hasta su arrastre.

LIDIAR v. intr. (lat. *litigare*, disputar) [1]. Batallar, pelear: *lidiar contra el enemigo.* **2.** *Fig.* Tratar con personas a las que hay que saber llevar: *lidiar con clientes difíciles.* ♦ v. tr. **3.** TAUROM. Torear.

LIEBRE n. f. (lat. *leporem*). Mamífero de largas patas posteriores adaptadas a la carrera, que tiene las puntas de las orejas negras y se guarece en las depresiones del terreno. (Orden roedores; suborden lagomorfos.) **2.** *Chile.* Autobús pequeño de transporte urbano. • **Levantar una liebre** (*Fam.*), llamar la atención sobre algo dando lugar a que otros se aprovechen de ello o lo entorpezcan.

LIECHTENSTEIN, estado de Europa central, entre Austria (Vorarlberg) y Suiza (Sankt Gallen); 160 km²; 26 000 hab. CAP. *Vaduz.* LENGUA OFICIAL: *alemán.* MONEDA: *franco suizo.* Turismo. Centro financiero y comercial. Constituido por los señoríos de Vaduz y Schellenberg, fue erigido en principado en 1719 y formó parte de la Confederación del Rin (1806-1814) y de la Confederación germánica (1815-1866). Tras la adopción de la constitución de 1921, se integró económicamente con Suiza, que también dirige sus relaciones exteriores. Miembro de la O.N.U. (1990), se adhirió a la E.F.T.A. en 1991 y al Espacio Económico Europeo (E.E.E.) en 1995.

LIED n. m. (alem. *Lied*, canción) [pl. *lieder*]. Breve composición vocal a una o varias voces, con o sin acompañamiento instrumental. **2.** Forma musical instrumental.

LIEJA, en fr. *Liège*, en neerlandés *Luik*, c. de Bélgica, cap. de la prov. homónima y de la región federal de Valonia, en la confluencia del Mosa y el Ourthe; 194 596 hab. (500 000 hab. en la aglomeración). Universidad. Puerto fluvial. Industrias. Iglesia de San Bartolomé (pila bautismal de R. de Huy). Palacio de los príncipes-obispos (s. XVI).

LIENDRE n. f. (lat. *leudinem*). Huevecillo de piojo.

LIENZO n. m. (lat. *linteum*). Tela de lino, cáñamo o algodón. **2.** Cada fachada o pared de un edificio. **3.** Porción de muralla que corre en línea recta de baluarte a baluarte o de cubo a cubo. **4.** Tela usada para pintar. **5.** Cuadro.

LIGA n. f. Alianza, confederación de varios estados: *liga ofensiva y defensiva.* **2.** Agrupación de individuos o colectividades humanas con algún designio que les es común. **3.** Sustancia viscosa con que se untan esparatos, mimbres o juncos, para cazar pájaros al enviscado. **4.** Cinta, tira de goma o cualquier dispositivo usado para sujetar a la pierna las medias o calcetines. **5.** Aleación, mezcla. **6.** Méx. Banda elástica, oval o circular para sujetar cosas. • **Campeonato de liga** (DEP.), competición entre varios equipos.

LIGADURA n. f. Acción y efecto de ligar o ligarse. **2.** Cualquier cosa que sirve para atar: *soltarse las ligaduras.* **3.** *Fig.* Atadura, sujeción moral. **4.** Acción de fijar o constreñir una estructura, generalmente un vaso u órgano hueco, durante una intervención. **5.** Operación que consiste en atar una planta, un injerto, las ramas de los árboles frutales criados en formas artificiales, etc.

LIGAMEN n. m. (voz latina). Atadura, lazo.

LIGAMENTO n. m. Conjunto de fibras conjuntivas densas y resistentes, orientadas en el mismo sentido, que unen los hue-

sos al nivel de las articulaciones, o mantienen en su sitio los órganos.
LIGAMIENTO n. m. Acción y efecto de ligar o ligarse.
LIGAR v. tr. (lat. ligare) [1b]. Atar o sujetar: *ligar las manos.* **2.** Fig. Existir una determinada relación: *les ligan intereses comunes.* **3.** *Fig.* Unir, relacionar: *ligar la mahonesa.* **4.** *Fam.* Entablar una relación de tipo amoroso superficial y pasajera: *ligar con un compañero.* **5.** Practicar una ligadura en un órgano: *ligar una arteria.* **6.** Sujetar, mediante una ligadura, el tronco de un arbusto, la rama de un árbol, etc., para corregir su dirección. **7.** TECNOL. Alear metales. ◆ v. intr. **8.** En ciertos juegos de naipes, juntar dos o más cartas adecuadas para alguna combinación. ◆ v. tr. e intr. **9.** CULINAR. Conseguir que sustancias como la leche, natillas, salsas, etc., presenten un aspecto homogéneo. ◆ **ligarse** v. pron. **10.** Obligarse a algo. **11.** Unirse a alguien.
LIGAZÓN n. f. Unión, trabazón.
LIGEREAR v. intr. [1]. *Chile.* Andar de prisa o despachar algo con ligereza.
LIGEREZA n. f. Calidad de ligero. **2.** Acto propio de persona ligera, informal: *las ligerezas de la juventud.*
LIGERO, A adj. (fr. *léger*, leve, poco pesado). Que obra o se mueve con rapidez o facilidad: *andar ligero.* **2.** Que pesa poco: *armamento ligero.* **3.** Muy fino, sutil: *un vestido ligero.* **4.** Que está constituido por sustancias o materias menos consistentes que las normales: *comida ligera.* **5.** De poca intensidad o profundidad: *dolor ligero.* **6.** Informal, irreflexivo: *una joven ligera.* ● **A la ligera,** de manera irreflexiva; sin fundamento; de prisa y sin cuidado, superficialmente; frívolamente. ‖ **Peso ligero,** en boxeo, judo y lucha, una de las clasificaciones entre las que se distribuyen los practicantes según su peso.
LIGNIFICACIÓN n. f. Acción y efecto de lignificar o lignificarse.
LIGNIFICAR v. tr. (lat. *lignum*, leño, madero, y *facere*, hacer) [1a]. Dar contextura de madera. ◆ **lignificarse** v. pron. **2.** Tomar consistencia de madera.
LIGNINA n. f. BOT. Sustancia orgánica que impregna las células, fibras y vasos de la madera, haciéndolos impermeables e inextensibles.
LIGNITO n. m. (del lat. *lignum*, madera). Roca de origen orgánico, que resulta de la descomposición incompleta de residuos vegetales.
LIGUA (La), c. de Chile (Valparaíso); 27 378 hab. Ganadería ovina. Manufacturas de lana.
LIGUANO, A adj. *Chile.* Dícese de una raza americana de carneros, de lana gruesa y larga. **2.** *Chile.* Dícese de la lana producida por los carneros de esta raza, y de lo que se fabrica con tal lana.
LIGUE n. m. *Fam.* Acción y efecto de ligar, entablar una relación. **2.** *Fam.* Persona con la que se liga.
LIGUERO, A adj. y n. Relativo a una liga; miembro o partidario de ella: *los equipos ligueros de la temporada.* ◆ n. m. **2.** Portaligas.
LIGUILLA n. f. En fútbol y otros deportes de equipo, torneo similar al de la liga, que se juega entre un número reducido de equipos.
LIHN (Enrique), escritor chileno (Santiago 1929-*id.* 1988). Poeta reflexivo y crítico (*La pieza oscura,* 1963; *Poesía de paso,* 1966), fue también narrador (*Batman en Chile,* 1973; *La orquesta de cristal,* 1976; *El arte de la palabra,* 1980).
LIJA n. f. Pintarroja. **2.** Piel seca de la pintarroja o de otro selacio, que se emplea para pulir. ● **Dar lija** (*Cuba* y *Dom. Fam.*), adular. ‖ **Darse lija** (*Cuba* y *Dom.*), darse pisto. ‖ **Papel de lija,** papel de esmeril o de vidrio, que sirve como abrasivo para

alisar y pulir metales, maderas y otros materiales.
LIJADO n. m. Operación de alisar y pulir las superficies con papel de lija u otros abrasivos.
LIJADORA n. f. y adj. Máquina que efectúa el lijado de objetos de madera, para facilitar la ulterior aplicación de la pintura y, especialmente, de los barnices. **2.** Máquina para alisar las pieles por el lado de la carne.
LIJAR v. tr. [1]. Alisar con papel de lija.
LIJOSO, A adj. *Cuba.* Vanidoso.
LIKAN-ANTAI adj. y n. m. y f. Atacameño.
LILA n. f. Arbusto originario de Oriente medio, cultivado por sus racimos de flores olorosas, malvas o blancas. (Familia oleáceas.) **2.** Flor de este arbusto. ◆ adj. y n. m. **3.** De un morado más o menos rosado. ◆ adj. y n. m. y f. **4.** *Fam.* Tonto, fatuo.
LILE adj. *Chile.* Débil, decaído.
LILIÁCEO, A adj. y n. f. Relativo a una familia de plantas herbáceas, con flores hermafroditas, y fruto muy variado, como el lirio, el tulipán, el ajo y el puerro.
LILIPUTIENSE adj. y n. m. y f. (de *Liliput,* n. propio). De talla muy pequeña.
LILLE, c. de Francia, cap. de la región Nord-Pas-de-Calais y del dep. de Nord, en Flandes, a orillas del Dêule; 178 301 hab. (1 millón aprox. en la aglomeración). Universidad. Ciudad pañera (s. XII), fue capital de los duques de Borgoña. Con Carlos Quinto pasó a la corona española y se incorporó a Francia en 1667. Monumentos (edificio de la Bolsa, 1652-1653). Museo de bellas artes.
LILLO (Baldomero), escritor chileno (Lota 1867-Santiago 1923). Destacado narrador social, publicó los libros de cuentos: *Sub-Terra* (1904) y *Sub-Sole* (1907).
LILONGWE, c. y cap. de Malawi, junto al río Lilongwe; 223 318 hab.
LIMA n. f. (lat. *limam*). Instrumento de acero templado, con la superficie finamente estriada para desgastar y pulir los metales: *lima plana; lima de cuchillas.* **2.** Acción de limar: *proceder a la lima de un objeto.* **3.** Cualquier instrumento para pulir: *lima de uñas.* **4.** *Fig.* Corrección, enmienda: *lima de estilo.*
LIMA n. f. (ár. *lima*). Limero. **2.** Fruto de este árbol.
LIMA, c. de Perú, cap. de la república y del dep. homónimo; 6 414 500 hab. en la aglomeración urbana. (*Limeños.*) Se extiende sobre ambas orillas del río Rímac. Principal centro administrativo, fabril, financiero y cultural (universidad) del país. Fundada en 1535, conserva su antiguo núcleo colonial en torno a la plaza de Armas (catedral, iglesias y conventos barrocos, palacios, mansiones). En el barroco fue Lima un gran centro artístico no sólo en arquitectura (especialmente rococó), sino también en pintura y escultura. Importantes museos de arte precolombino y virreinal. Capital del virreinato del Perú y sede de una rica aristocracia criolla, fue una de las últimas ciudades de la América española en independizarse. — El *departamento de Lima* tiene 34 802 km² y 6 989 000 hab.
LIMACHE, c. de Chile (Valparaíso); 34 973 hab. Centro agropecuario y minero (cobre, plata, oro).
LIMADO n. m. Acción y efecto de limar.
LIMADORA n. f. Máquina-herramienta acepilladora, en la cual el movimiento de corte se obtiene por desplazamiento del útil.
LIMADURA n. f. Limado. ◆ **limaduras** n. f. pl. **2.** Partículas que se desprenden al limar un metal.
LIMAR v. tr. (lat. *limare*) [1]. Pulir, desbastar, afinar, etc., con la lima. **2.** *Fig.* Pulir una obra, escrito, etc. **3.** *Fig.* Debilitar o

cercenar: *limar asperezas.* **4.** Igualar con la lima las piezas dentadas.
LIMARÍ, r. de Chile (Coquimbo), que pasa por Ovalle y desemboca en el Pacífico; 200 km. Instalaciones hidroeléctricas y regadíos (frutales).
LIMAY, r. de Argentina (Río Negro y Neuquén), que con el Neuquén forma el río Negro; 400 km. Presa del Chocón. Regadíos.
LIMAZA n. f. Babosa.
LIMBO n. m. (lat. *limbum,* borde, orla). En la teología católica, estado de las almas que, no habiendo merecido el infierno, no pudieron, antes de la redención, entrar en el cielo (limbo *de los patriarcas*), o son excluidos de él por el pecado original no perdonado (*limbo de los niños*). **2.** ASTRON. Borde exterior de un astro. **3.** BOT. Parte principal, ensanchada y más a la vista de la hoja. **4.** BOT. Parte ancha y patente de un sépalo o de un pétalo. ● **Estar en el limbo** (*Fam.*), estar ensimismado; no enterarse de lo estar enterado de algo.
LIMEÑO, A adj. y n. De Lima.
LIMERO n. m. Planta arbórea de flores blancas y olorosas y fruto de corteza amarilla y pulpa jugosa y dulce. (Familia rutáceas.)
LIMITACIÓN n. f. Acción y efecto de limitar. **2.** Término o distrito.
LIMITADO, A adj. De corto entendimiento: *inteligencia muy limitada.* **2.** Pequeño, escaso, poco: *reservado para un limitado número de personas.*
LIMITAR v. tr. (lat. *limitare*) [1]. Fijar o señalar límites: *limitar un terreno.* **2.** *Fig.* Fijar la mayor extensión que pueden tener la jurisdicción, los derechos o facultades de uno. ◆ v. tr. y pron. **3.** *Fig.* Atenerse, ajustarse uno en sus acciones a alguna cosa: *limitar los gastos.* ◆ v. intr. **4.** Tener un país, territorio, terreno, etc., límites comunes con otro: *España limita al oeste con Portugal.*
LÍMITE n. m. (lat. *limitem*). Línea visible o imaginaria que señala el fin de algo o la separación entre dos cosas: *ambición sin límites.* **2.** Término, separación, línea común a dos territorios, países, etc. **3.** *Fig.* Lo que indica o determina hasta dónde puede llegar una cosa: *precio límite.* **4.** MAT. Valor fijo hacia el que tiende una magnitud variable y del que toma valores tan próximos como se quiera.
LIMÍTROFE adj. Que limita o confina con algún país, territorio, terreno, etc.: *Francia y España son países limítrofes.*
LIMO n. m. (lat. *limum*). Cieno.
LIMOGES, c. de Francia, cap. de la región de Lemosín y del dep. de Haute-Vienne, a orillas del Vienne; 136 407 hab. Universidad. Porcelana. Catedral (s. XIII-XVI). Museo de cerámica.
LIMÓN n. m. (ár *laymūn*). Fruto del limonero, de color amarillo pálido y sabor ácido.
LIMÓN n. m. (fr. *limon*). Limonera. **2.** Zanca.
LIMÓN (bahía del), bahía de Panamá que constituye la terminación N del canal de Panamá.
LIMÓN (provincia de), prov. del E de Costa Rica en el Caribe; 9300 km²; 206 675 hab. Cap. *Limón.*
LIMÓN o **PUERTO LIMÓN,** c. de Costa Rica, cap. de la prov. homónima; 64 406 hab. Principal puerto exportador del país, en el Caribe. Centro industrial. Refino de petróleo. Oleoducto. Aeropuerto.
LIMÓN (El), c. de Venezuela (Aragua); 90 030 hab.
LIMONADA n. f. Refresco que se hace con agua, azúcar y zumo de limón.
LIMONAR n. m. Terreno plantado de limoneros. **2.** *Guat.* Limonero.
LIMONCILLO n. m. Planta rutácea maderable. **2.** Madera de esta planta, dura y utilizada en taracea y fabricación de tableros.
LIMONERO, A n. Persona que se dedica a vender limones. ◆ n. m. **2.** Planta arbórea

LIM

espinosa, de flores blancas, teñidas de púrpura exteriormente, y cuyo fruto es el limón. (Familia rutáceas.) **3.** Madera de este árbol, que se emplea en ebanistería y tabletería.

LIMOSNA n. f. (lat. *eleemosynam*). Lo que se da gratuitamente para socorrer una necesidad, como dinero, comida, ropa, etc.

LIMOSNEAR v. intr. [1]. Pordiosear, mendigar.

LIMOSNERO, A adj. Dícese de la persona que da limosnas. ♦ n. **2.** *Amér.* Mendigo, pordiosero.

LIMOSO, A adj. Que tiene limo o abunda en él: *fondo limoso*. **2.** Parecido al limo: *barro limoso*.

LIMPIA n. f. Acción y efecto de limpiar. **2.** Limpieza. **3.** *Méx.* Cura supersticiosa para liberar de la mala suerte o de algún hechizo.

LIMPIABOTAS n. m. y f. (pl. *limpiabotas*). Persona que tiene por oficio limpiar el calzado. (Suele abreviarse *limpia*.)

LIMPIACHIMENEAS n. m. y f. (pl. *limpiachimeneas*). Deshollinador.

LIMPIADOR, RA adj. y n. Que limpia: *producto limpiador*. **2.** *Méx.* Limpiaparabrisas.

LIMPIAMENTE adv. Con suma agilidad, desembarazo y destreza: *saltó limpiamente la tapia*. **2.** Con integridad, honestamente, sin interés.

LIMPIAPARABRISAS n. m. (pl. limpiaparabrisas). Mecanismo adaptado a la cara exterior del cristal del parabrisas de los automóviles, que sirve para limpiarlo.

LIMPIAR v. tr. y pron. [1]. Quitar la suciedad de una cosa: *limpiar la casa*. ♦ v. tr. **2.** *Fig.* Absolver, depurar. **3.** *Fig.* Apartar de un lugar, o de una persona o cosa, aquello que le es perjudicial: *limpiar el jardín de maleza*. **4.** *Fig.* y *fam.* Hurtar: *le limpiaron la cartera*. **5.** *Fam.* En el juego, ganar. **6.** *Chile.* Escardar la tierra.

LIMPIAUÑAS n. m. (pl. *limpiauñas*). Utensilio que se emplea para limpiar las uñas.

LÍMPIDO, A adj. (lat. *limpidum*). Limpio, puro, sin mancha: *agua límpida*.

LIMPIEZA n. f. Acción y efecto de limpiar. **2.** Calidad de limpio. **3.** *Fig.* Integridad con que se procede en la conducta: *obrar con limpieza*. **4.** *Fig.* Destreza, perfección, precisión: *trabajar con limpieza*. **5.** En los juegos, observación estricta de las reglas de cada uno. • **Limpieza étnica,** eliminación, por parte de la población dominante, de otros grupos étnicos que viven en el mismo territorio, por medio de la violencia física o sicológica. SIN.: *depuración étnica*.

LIMPIO, A adj. Que no tiene suciedad. **2.** Que tiene el hábito del aseo y la pulcritud. **3.** Que no tiene mezcla: *aire limpio*. **4.** Neto: *mil pesetas limpias*. **5.** *Fig.* y *fam.* Que no tiene dinero, especialmente ha lo perdido todo en el juego: *quedarse limpio*. **6.** *Fig.* Exento de lo que daña, inficciona o perjudica: *limpio de toda sospecha*. **7.** *Fig.* Honrado, decente: *intenciones limpias*. **8.** *Fig.* Claro, despejado: *cielo limpio*. **9.** *Fig.* Ignorante o desprovisto de lo necesario en cierta materia: *en matemáticas está limpio*. • **A golpe, grito, palo,** etc., **limpio,** úsase para dar mayor énfasis a la palabra que acompaña. || **En limpio,** expresa el valor fijo que queda de una cosa, deducidos los gastos; sin enmiendas, ni tachones; en concreto, en resumen.

LIMPIÓN n. m. Limpieza ligera. **2.** *Colomb., C. Rica* y *Venez.* Paño para secar y limpiar los platos.

LIMUSINA n. f. (fr. *limousine*). Automóvil que posee cuatro puertas y seis cristales laterales.

LINA n. f. *Chile.* Hebra de lana gruesa y basta. (Suele usarse en plural.)

LINÁCEO, A adj. y n. f. Relativo a una familia de plantas dicotiledóneas, de hojas alternas u opuestas, y flores regulares y hermafroditas, como el lino.

LINAJE n. m. (cat. *llinatge*). Ascendencia o descendencia de un individuo. **2.** Clase, especie, índole, naturaleza. **3.** ANTROP. Grupo de parentesco unilineal cuyos miembros descienden de un antepasado conocido o fundador.

LINAJUDO, A adj. y n. Que es o presume de gran linaje: *familia encopetada y linajuda.*

LINARES, c. de Chile (Maule); 76 154 hab. Centro agropecuario; industrias derivadas.

LINARES, c. de España (Jaén), cab. de p. j.; 58 417 hab. (*Linarenses.*) Centro minero (plomo) e industrial. Iglesias gótica y barrocas. Museo arqueológico de las minas romanas de Cástulo.

LINARES (José María), político y abogado boliviano (Potosí 1810-Valparaíso 1861). Derrocó al presidente Córdova (1857) e implantó la dictadura. Fue desterrado por sus ex partidarios (1861).

LINARES ALCÁNTARA (Francisco), militar y político venezolano (Turmero 1828-La Guaira 1878). Participó en la revolución federal y fue presidente de la república (1877-1878).

LINARIA n. f. Planta herbácea cuyas flores poseen una larga espuela. (Familia escrofulariáceas.)

LINATI (Claudio), pintor y litógrafo italiano (Carbonera de Parma 1790-Tampico 1832), activo en México, donde fue el iniciador de la litografía (*Trajes civiles, militares y religiosos de México,* 1828).

LINAZA n. f. Semilla del lino.

LINCE n. m. (gr. *lynx*). Mamífero carnívoro de aspecto parecido a un gato, pero de mayor tamaño, orejas puntiagudas y vista vivaz. (Familia félidos.) ♦ n. m. y f. y adj. **2.** *Fig.* Persona lista o sagaz.

LINCHAMIENTO n. m. Acción y efecto de linchar.

LINCHAR v. tr. [1]. Ejecutar a alguien sin formación de proceso regular previo, en especial cuando lo hace de forma tumultuosa una muchedumbre un grupo numeroso de personas.

LINCOLN, partido de Argentina (Buenos Aires); 18 698 hab. Conservas de carne; industrias lácteas.

LINCOLN (Abraham), político norteamericano (cerca de Hodgenville, Kentucky, 1809-Washington 1865). Diputado republicano y antiesclavista militante, su elección a la presidencia de E.U.A. en 1860 provocó la guerra de Secesión. Reelegido en 1864 fue asesinado por un fanático (14 abril 1865).

LINDAR v. intr. [1]. Tener límites uno con otro dos terrenos, fincas, etc.: *dos casas que lindan.* **2.** Llegar algo a estar en el límite con otra cosa: *su descaro linda con la grosería.*

LINDBERGH (Charles), aviador norteamericano (Detroit 1902-Hana, Hawai, 1974). Realizó la primera travesía sin escalas del Atlántico norte (1927) a bordo del Spirit of Saint Louis.

LINDE n. m. o f. (lat. *limitem*). Límite o línea que divide terrenos, fincas, etc. **2.** *Fig.* Límite que indica el fin de algo o la separación entre dos cosas: *llegar al linde de la paciencia.*

LINDERA n. f. Linde o conjunto de lindes.

LINDERO, A adj. Limítrofe, lindante. ♦ n. m. **2.** Linde. **3.** *Hond.* Hito o mojón.

LINDEZA n. f. Calidad de lindo: *la lindeza de una joven.* **2.** Hecho o dicho gracioso: *reír una lindeza.* ♦ n. f. pl. **3.** *Irón.* Insultos o impropiedades: *proferir lindezas.* **4.** Palabras agradables, galantes o cariñosas: *deshacerse en lindezas.*

LINDO, A adj. Correcto de formas y agradable a la vista. ♦ n. m. **2.** *Fam.* Hombre afeminado o que cuida demasiado de su compostura y aseo. SIN.: *lindo don Diego.* • **De lo lindo,** con gran primor; mucho o con exceso.

LINDO (Juan), abogado y político centroamericano (en Honduras 1790-† 1857), presidente de El Salvador (1841-1842) y de Honduras (1847-1852).

LINDURA n. f. Lindeza.

LÍNEA n. f. (lat. *lineam*). Figura cuya imagen es un hilo muy fino. **2.** Trazo largo, fino y continuo. **3.** Lo que forma un límite o una separación: *la línea de demarcación entre dos regiones.* **4.** Contorno de una figura o silueta de una persona: *no comer para guardar la línea.* **5.** Instalación que sirve para la comunicación, para la transmisión o para el transporte de energía. **6.** Vía de comunicación regular, terrestre, marítima o aérea: *autobús de línea.* **7.** Dirección continua hacia un punto determinado: *seguir en línea recta.* **8.** Serie continuada de personas o de cosas: *una línea de árboles.* **9.** Serie de generaciones sucesivas de parientes. **10.** *Fig.* Conjunto de directrices que enmarcan un sistema de actuación individual o de grupo: *seguir una línea de conducta.* **11.** *Fig.* Categoría, orden de valor: *escritor de primera línea.* **12.** *Fig.* Referido a personas, figura armoniosa, delgada y esbelta. **13.** Serie de palabras dispuestas transversalmente, o siguiendo una misma dirección. **14.** Corte de las prendas de vestir según la moda: *vestir una línea clásica.* **15.** En las artes, trazado de los contornos. **16.** *Fam.* Dosis de un estupefaciente, especialmente cocaína. **17.** MAT. Conjunto de puntos que son función continua de un parámetro. **18.** MIL. Despliegue de hombres, unidades o medios de combate colocados uno junto a otro. • **En primera línea,** lo más cerca del enemigo. || **En toda la línea,** completa, totalmente. || **Línea de agua,** o **de flotación** (MAR.), intersección de la superficie del agua con el costado del buque. || **Línea de combate,** despliegue en dirección al enemigo. || **Línea equinoccial,** o **ecuatorial,** ecuador terrestre. || **líneas** n. f. pl. **19.** Rasgos del rostro: *una cara de líneas desdibujadas.* || **Leer entre líneas,** comprender un escrito cuando el sentido de éste se halla, más que desarrollado, implicado en él.

LINEAL adj. Relativo a las líneas. **2.** Dícese de una medida de longitud, por oposición a medida de superficie o de volumen. **3.** MAT. Dícese de la magnitud cuya variación puede ser representada por una línea recta. • **Dibujo lineal,** dibujo geométrico que se vale sólo de líneas y cuyo trazado se obtiene con ayuda de instrumentos auxiliares. || **Función lineal,** función en que cada una de las variables sólo figura en primer grado, quedando excluidos los productos entre sí de las variables.

LINEALIDAD n. f. Cualidad de lo que está dispuesto o se produce de manera lineal.

LINFA n. f. (lat. *limpha*). Líquido orgánico, límpido e incoloro que, en el hombre, se compone de un 97 % de plasma y un 3 % de leucocitos.

LINFÁTICO, A adj. Relativo a la linfa, o abundante en ella. ♦ adj. y n. **2.** *Fig.* Falto de energía: *temperamento linfático.* ♦ adj. **3.** Dícese del aparato circulatorio y de los órganos anexos que contienen linfa.

LINFOCITO n. m. Variedad de leucocitos que se origina en los ganglios linfáticos y en los órganos linfoides, y es responsable de la inmunidad celular.

LINFOIDE adj. Dícese de una variedad de tejido conjuntivo donde se forman los linfocitos. • **Órganos linfoides,** órganos ricos en tejido linfoide (ganglios linfáticos, amígdalas, folículos cerrados del intestino, timo, bazo).

LINGOTE n. m. Bloque de metal o de aleación obtenido por colada en lingotera y destinado a la refundición, laminación o forja.

LINGOTERA n. f. Molde en que se vierte un metal o aleación en fusión y donde se solidifica formando lingotes.

LINGUAL adj. Relativo a la lengua: *músculo lingual*. **2.** Dícese de un fonema cuya articulación implica un movimiento activo de la lengua, por ejemplo *d*, *t* y *l*.

LINGUE n. m. Planta arbórea de Chile y Argentina, alta y frondosa, de corteza lisa y ceniciento, y madera flexible de gran duración. (Familia lauráceas.) **2.** Corteza de este árbol.

LINGÜISTA n. m. y f. Persona que por profesión o estudio se dedica a la lingüística.

LINGÜÍSTICA n. f. Ciencia que tiene por objeto el estudio del lenguaje y de las lenguas.

LINIMENTO n. m. (lat. *linimentum*; de *linire*, untar). Medicamento untuoso, cuyo excipiente es una materia grasa, que se usa para dar fricciones.

LINNEO (Carl **von**), naturalista sueco (R'ashult 1707-Uppsala 1778). Su principal mérito fue describir con precisión gran número de especies vegetales y animales y atribuir a cada una de ellas doble nombre latín o, genérico y específico (nomenclatura binomial).

LINO n. m. (lat. *linum*). Planta herbácea, textil y oleaginosa, de flores azules, cultivada en las regiones templadas. **2.** Materia textil extraída de los tallos de esta planta. **3.** Tejido hecho de lino.

LINÓLEO o **LINÓLEUM** n. m. (ingl. *linoleum*; del lat. *linum*, lino, y *oleum*, aceite). Especie de cubierta que sirve para pavimentos, hecha con una tela de yute impregnada de una mezcla de aceite de linaza, con resina y con harina de corcho, todo ello aglomerado.

LINOTIPIA n. f. (ingl. *linotype*). IMPR. Máquina de componer que funde los tipos por líneas enteras.

LINOTIPISTA n. m. y f. Persona que tiene por oficio manejar la linotipia.

LINTERNA n. f. (lat. *lanternam*). Farol manual o portátil, con una sola cara de vidrio u otra materia transparente y un asa en la opuesta. **2.** Utensilio manual que sirve para proyectar luz y que funciona con pilas eléctricas. **3.** ARQ. Torre o torrecilla con aberturas que corona una cúpula, protege la parte alta de una escalera o se pone como remate en algunas construcciones. **4.** MAR. Garita del farol óptico de un faro. • **Linterna mágica,** aparato óptico que sirve para proyectar, amplificadas, sobre una superficie blanca, imágenes transparentes colocadas cerca del foco de su sistema óptico.

LINUDO, A adj. *Chile*. Dícese del animal que tiene mucha lana. **2.** *Chile*. Dícese del tejido hecho con lina.

LINYERA n. f. *Argent. y Urug*. Bolsa en que se guarda ropa y otros efectos personales. **2.** *Argent. y Urug*. Persona vagabunda, dejada y ociosa, que vive de variados recursos.

LINZ, c. de Austria, cap. de la Alta Austria, a orillas del Danubio; 200 000 hab. Siderurgia. Iglesias medievales y barrocas. Museo del Castillo.

LIÑÁN Y CISNEROS (Melchor), eclesiástico y político español (Torrelaguna 1629-Lima 1708). Arzobispo de Charcas (1673) y de Lima (1678), fue virrey del Perú (1678-1681).

LÍO n. m. Conjunto de ropas o de otras cosas atadas. **2.** *Fig*. Situación o problema de difícil solución: *encontrarse en un buen lío.* **3.** *Fig*. Chisme. **4.** *Fig*. Relación amorosa íntima, considerada ilícita por la sociedad. • **Hacerse**, o **estar hecho, un lío,** no entender algo con claridad.

LIOSO, A adj. *Fam*. Que gusta de armar enredos o de ir contando chismes: *persona liosa*. **2.** *Fam*. Difícil de entender o de solucionar.

LIPA n. f. *Venez*. Barriga.

LIPASA n. f. (del gr. *lipos*, grasas). Enzima contenido en varios jugos gástricos y que actúa hidrolizando los lípidos.

LÍPEZ (*cordillera de*), alineación montañosa de Bolivia (Potosí), que constituye el extremo S de la cordillera Real boliviana; 5903 m de alt.

LIPIDIA n. f. *Amér. Central.* Miseria, pobreza.

LIPIDIAR v. tr. [1]. *Cuba, Méx. y P. Rico.* Importunar, fastidiar.

LIPÍDICO, A adj. Relativo a los lípidos.

LIPIDIOSO, A adj. *Cuba, Méx. y P. Rico.* Majadero, fastidioso.

LÍPIDO n. m. y adj. Sustancia orgánica corrientemente denominada *grasa*, insoluble en el agua, soluble en benceno y éter, y formada por ácidos grasos unidos a otros cuerpos.

LIPOCITO n. m. Célula específica del tejido adiposo.

LIPOIDEO, A adj. Que tiene aspecto de grasa.

LIPOMA n. m. (del gr. *lipos*, grasas). Tumor benigno del tejido adiposo.

LIPOPROTEÍNA n. f. Combinación de una proteína y de un lípido.

LIPOSOLUBLE adj. Soluble en las grasas o en los aceites.

LIPOSOMA n. m. Inclusión lipídica, generalmente esférica, del citoplasma celular que constituye una reserva de alimentos para la célula.

LIPOSUCCIÓN n. f. Método de tratamiento de las sobrecargas adiposas de los tejidos, consistente en introducir una fina cánula metálica conectada a un motor electrónico que crea el vacío.

LIPOTIMIA n. f. PATOL. Pérdida transitoria de la conciencia con brusca relajación muscular, sin paro cardíaco ni respiratorio.

LIPPMANN (Gabriel), físico francés (Hollerich, Luxemburgo, 1845-en alta mar, a bordo del France, 1921). Estudió la relación entre fenómenos eléctricos y capilares y la piezoelectricidad e ideó la fotografía en color por un método de interferencias. (Premio Nobel de física 1908.)

LIQUEN n. m. (lat. *lichen*; del gr. *leikhén*, lepra, herpes). Vegetal que vive sobre el suelo, los árboles y las piedras, constituido por un tallo aplanado o ramoso, donde viven asociados un hongo y un alga.

LIQUIDACIÓN n. f. Acción y efecto de liquidar. **2.** Venta de mercancías a bajo precio por necesidad de eliminar un stock. **3.** Acción y efecto de ajustar formalmente unas cuentas. **4.** Acción y efecto de poner término a una cosa o a las operaciones de una empresa o establecimiento: *liquidación de una sociedad, de una herencia*.

LIQUIDAR v. tr. y pron. (lat. *liquidare*) [1]. Licuar, convertir en líquido. ◆ v. tr. **2.** Pagar enteramente una cuenta: *liquidar una factura.* **3.** Gastar algo, especialmente dinero, en un tiempo muy breve: *liquidar una fortuna.* **4.** *Fig*. Poner fin a una situación difícil: *liquidar un asunto, un problema.* **5.** *Fig. y fam*. Matar. **6.** Vender mercancías en liquidación. **7.** DER. Ajustar formalmente unas cuentas. **8.** DER. Poner término a una cosa o a las operaciones de una empresa.

LIQUIDEZ n. f. Calidad de líquido. **2.** Disponibilidad de medios de pago. **3.** Conjunto de activos financieros fácilmente realizables en dinero.

LÍQUIDO, A adj. y n. m. (lat. *liquidum*). Dícese de los cuerpos cuyas moléculas se mueven libremente sin tendencia a separarse, y por ello se adaptan a la forma de la cavidad que los contiene, y mantienen horizontal la superficie libre. ◆ adj. y n. f. **2.** FONÉT. Dícese de aquellos fonemas que ofrecen la particularidad de participar al mismo tiempo del carácter de las vocales y de las consonantes, como *r* y *l* en *brazo* y *plaza*. ◆ adj. **3.** Dícese de los bienes de la máxima liquidabilidad: *renta líquida; capital líquido*. ◆ n. m. **4.** CONTAB. Saldo de las cuentas de Caja y Bancos.

LIRA n. f. (lat. *liram*). Instrumento músico antiguo, compuesto de varias cuerdas tensadas en un marco, que se pulsaban con ambas manos, o con un plectro. **2.** *Fig*. Numen o inspiración de un poeta determinado. **3.** MÉTRIC. Estrofa de cinco versos, tres heptasílabos y dos endecasílabos, en rima consonante.

LÍRICA n. f. Género de poesía en que predomina la expresión del sentimiento subjetivo.

LÍRICO, A adj. y n. (gr. *lyrikos*). Relativo a la lírica; poeta que cultiva este género literario. ◆ adj. **2.** *Méx*. Dícese de la persona que ha aprendido algún oficio, profesión o arte de forma empírica, sin haber estudiado: *ur músico lírico*. **3.** MÚS. Dícese de las obras dramáticas que son cantadas o tienen acompañamiento musical. **4.** MÚS. Dícese de las compañías que representan estas obras y de algunos de sus componentes.

LIRIO n. m. (lat. *lilium*). Planta herbácea vivaz, de bulbo escamoso, flores con seis pétalos azules, morados o blancos, y fruto en cápsula. (Familia iridáceas.) **2.** Flor de esta planta. • **Lirio blanco,** azucena. ‖ **Lirio de agua,** cala.

LIRISMO n. m. Calidad de lírico. **2.** Abuso de las cualidades características de la poesía lírica, o empleo indebido de este género de poesía o del estilo lírico en composiciones de toda clase. **3.** Expresión poética y exaltada de sentimientos personales, de pasiones.

LIRÓN n. m. Mamífero roedor, de 15 cm de long., que establece sus madrigueras en nidos abandonados por otros animales o en refugios naturales, en los que inverna enrollado. • **Dormir uno como un lirón** (*Fam*.), dormir mucho o de continuo. ‖ **Lirón enano,** lirón de pequeño tamaño, con el pelaje de la región dorsal amarillento. SIN.: *muscardino*. ‖ **Lirón gris,** lirón de pequeño tamaño, de pelaje gris, con manchas negras.

LIRONDO → *mondo*.

LIS n. f. (fr. *lys*). LITER. • **Flor de lis,** forma heráldica de la flor del lirio.

LISA n. f. *Méjol*.

LISAMENTE adv. m. Con lisura. • **Lisa y llanamente,** sin ambages ni rodeos.

LISBOA, c. y cap. de Portugal, en la desembocadura del Tajo; 677 790 hab. (1 200 000 hab. en la aglomeración). Bibliotecas. Puerto y centro industrial. Catedral en parte románica. Torre de Belém, a orillas del Tajo, y monasterio de los Jerónimos de Belém, típico del estilo manuelino (principios del s. XVI). Plaza del Comercio, de fines del s. XVIII. Importantes museos, entre ellos la Fundación Calouste Gulbenkian. La ciudad fue fundada por los fenicios y fue ocupada por los musulmanes de 726 a 1147. En el s. XIII se convirtió en la capital de Portugal y, en el s. XV, conoció una gran prosperidad. Destruida por un sismo en 1755 y reconstruida por Pombal, su centro histórico resultó gravemente dañado por un incendio en 1988.

LISBOETA adj. y n. m. y f. De Lisboa.

LISCANO (Juan), escritor venezolano (Caracas 1915-Caracas? 2001). Poeta de gran preciosismo formal, de tendencia onírica y pasional (*Nuevo Mundo Orinoco,* 1959; *Cármenes,* 1966).

LISÉRGICO adj. **Ácido lisérgico,** sustancia derivada de un alcaloide del cornezuelo del centeno, que posee propiedades alucinógenas.

LISIADO, A adj. y n. Dícese de la persona que tiene alguna imperfección orgánica en las extremidades.

LISIAR v. tr. y pron. [1]. Lesionar.

LISO, A adj. (lat. *ïsum*, pulido). Sin desigualdades, sin asperezas, sin arrugas. **2.** Dícese del pelo sin rizar. **3.** Sencillo, sin adornos: *vestido liso*. **4.** De un solo

LIS

color. 5. *Fig.* Sin dificultades u obstáculos: *una carrera de cien metros lisos.* • **Liso y llano,** sin rodeos ni consideraciones, con libertad.
LISONJA n. f. (provenz. *lauzenja*). Lo que se dice o hace para lisonjear a alguien.
LISONJEAR v. tr. [1]. Adular, halagar. ♦ v. tr. y pron. **2.** Envanecer, satisfacer el amor propio.
LISONJERO, A adj. Halagüeño, satisfactorio, prometedor de cosas buenas.
LISTA n. f. Tira, pedazo largo y estrecho de tela, papel, etc. **2.** Línea de color que, por contraste, se forma en un cuerpo cualquiera, especialmente en los tejidos: *camiseta a listas rojas y blancas.* **3.** Relación de nombres de personas, cosas, etc., que se forma con algún propósito. • **Lista de boda,** lista de regalos seleccionados en una tienda por los futuros esposos. || **Lista de correos,** oficina a la que se dirigen las cartas y paquetes, cuyos destinatarios han de presentarse en ella para recogerlos. || **Lista electoral,** lista en que están inscritos los electores de una circunscripción. || **Lista negra,** relación secreta en que se inscriben los nombres de las personas que se consideran vitandas. || **Pasar lista,** llamar en voz alta para que respondan las personas cuyos nombres figuran en una relación.
LISTADO, A adj. Que forma o tiene listas, bandas: *blusa listada de rojo y blanco.* ♦ n. m. **2.** INFORMÁT. Salida en una impresora del resultado de un proceso de un ordenador.
LISTAR v. tr. [1]. INFORMÁT. Efectuar un listado.
LISTEZA n. f. Calidad de listo.
LISTO, A adj. Dícese de la persona que comprende y asimila las cosas con rapidez y con ingenio: *chico listo.* **2.** Diligente, hábil para hacer o llevar a cabo alguna cosa: *manos listas.* **3.** Preparado, dispuesto: *estar listo para partir.* • **Estar, o ir listo,** expresa la convicción de que la esperanza o el propósito de una persona saldrán fallidos.
LISTÓN n. m. Pedazo de tabla delgado y largo. **2.** Méx. Cinta de tela.
LISURA n. f. Calidad de liso. **2.** *Fig.* Sinceridad, franqueza. **3.** *Guat., Pan.* y *Perú. Fig.* Palabra o acción grosera e irrespetuosa. **4.** *Pan.* y *Perú. Fig.* Atrevimiento, desparpajo. **5.** *Perú. Fig.* Gracia, donaire.
LISZT (Franz), compositor y pianista húngaro (Doborján [act. Raiding] en Burgenland, 1811-Bayreuth 1886). Artista brillante, de incomparable virtuosismo, es autor de poemas sinfónicos, *Fausto* (1854-1857), *Estudios de ejecución transcendente* y 19 *Rapsodias húngaras* para piano.
LITERA n. f. (cat. *llitera*). Vehículo antiguo, con dos asideros, para ser transportado por hombres o por caballerías. **2.** Cama de los camarotes de los buques o de los compartimientos de los trenes. **3.** Mueble formado por dos camas superpuestas.
LITERAL adj. Conforme a la letra del texto y al sentido exacto y propio de las palabras que lo forman.
LITERALIDAD n. f. Calidad de literal.
LITERARIO, A adj. (lat. *litterarium*). Relativo a las letras o a la literatura: *revista literaria.*
LITERATO, A adj. y n. Dícese de la persona versada en literatura. ♦ n. **2.** Escritor, persona que escribe por profesión.
LITERATURA n. f. Arte que emplea la palabra hablada o escrita como forma de expresión. **2.** Conjunto de producciones literarias compuestas en determinada lengua o en determinado período: *la literatura española.* **3.** Conjunto de escritos relativos a una materia o asunto: *la literatura cervantina.* **4.** Producción de obras literarias, profesión de literato: *se dedica a la literatura.* **5.** *Desp.* En el discurso, exceso de palabras sin contenido esencial: *no dices nada de interés, todo es literatura.*

LÍTICO, A adj. PREHIST. Relativo a la industria de la piedra.
LITIGAR v. tr. (lat. *litigare*) [1b]. Entablar o mantener un litigio. ♦ v. intr. **2.** *Fig.* Altercar, contender.
LITIGIO n. m. (lat. *litigium*). Pleito, disputa en un juicio. **2.** *Fig.* Disputa, contienda.
LITIO n. m. Metal alcalino, el más ligero de todos los metales, de número atómico 3 y de masa atómica 6,94, cuyo símbolo químico es Li y funde a 180 °C.
LITOGÉNESIS o **LITOGENESIA** n. f. GEOL. Formación de las rocas.
LITOGRAFÍA n. f. Arte de reproducir por impresión los dibujos trazados con tinta o lápiz graso sobre una piedra caliza. **2.** Estampa impresa mediante este procedimiento. **3.** Taller del litógrafo.
LITOGRAFIAR v. tr. [1t]. Imprimir mediante los procedimientos de la litografía.
LITOGRÁFICO, A adj. Relativo a la litografía. • **Piedra litográfica,** variedad de piedra caliza de grano muy fino y homogéneo, utilizada en litografía.
LITOLOGÍA n. f. Ciencia que estudia las piedras.
LITORAL adj. (lat. *litoralem*). Relativo a la costa: *zona litoral.* ♦ n. m. **2.** Conjunto de las costas de un país o de un mar. **3.** *Argent., Par.* y *Urug.* Orilla o franja de tierra al lado de los ríos.
LITOSFERA n. f. Capa externa del globo terrestre, rígida, constituida por la corteza y el manto superior, y limitada hacia el interior por la astenosfera.
LÍTOTE o **LITOTE** n. f. (lat. *litotes*). RET. Forma de atenuación consistente en disminuir las cualidades de un objeto mediante el procedimiento de decir lo contrario de lo que se quiere afirmar.
LITRE n. m. *Chile.* Planta arbórea de la familia de las anacardiáceas, de flores amarillas. **2.** *Chile. Fam.* Enfermedad producida por la sombra de este árbol.
LITRO n. m. (fr. *litre*). Unidad de medida de volumen (símbolo l) que vale 10^{-3} metros cúbicos. **2.** Cantidad de líquido que cabe en este volumen.
LITTIN (Miguel), director de cine chileno (Palmilla 1942). Obtuvo un gran éxito en su país con *El chacal de Nahueltoro* (1969), entre otras películas, y a partir de 1973 prosiguió su obra en el exilio: *Actas de Marusia* (1975), *La viuda Montiel* (1979), *Sandino* (1991), etc.
LITUANIA, en lituano *Lietuvo,* estado de Europa, en el Báltico; 65 600 km²; 3 700 000 hab. (*lituanos.*) CAP. *Vilnius.* LENGUA OFICIAL: *lituano.* MONEDA: *litas.*

GEOGRAFÍA

Es la más extensa y, sobre todo, la más poblada de las Repúblicas Bálticas. El 80 % de su población es de origen lituano y menos del 10 % rusa. Combina la ganadería (bovina y porcina) con la industria (construcciones mecánicas y electrónica).

HISTORIA

S. V aprox.: algunas tribus báltico-eslavas de la región se organizaron para luchar contra las incursiones escandinavas. C. 1240: Mindaugas fundó el gran ducado de Lituania. Segunda mitad del s. XIII-s. XIV: este estado combatió contra los caballeros teutónicos y extendió su dominio sobre los principados rusos del SO, sobre todo con Guedimín (1316-1341). 1385-1386: Lituania se unió con Polonia, al convertirse el gran duque Jagellón en rey de Polonia con el nombre de Ladislao II (1386-1434) y Lituania adoptó el catolicismo. 1392-1430: con Witold, Lituania se extendió hasta el mar Negro. 1569: la unión de Lublín creó el Estado polaco-lituano. 1795: la mayor parte del país fue anexionada al Imperio ruso. 1915-1918: Lituania fue ocupada por los alemanes. 1918: proclamó su independencia. 1920: fue reconocida por la Rusia soviética. 1940: Lituania fue anexionada por la U.R.S.S. como se determinaba en el pacto germano-soviético. 1941-1944: fue ocupada por los alemanes. 1948-1949: la resistencia a la sovietización fue duramente reprimida. 1990: los lituanos proclamaron la independencia de su república. 1991: la independencia fue reconocida por la U.R.S.S. y por la comunidad internacional (set.), e ingresó en la O.N.U. 1992: el socialdemócrata Algidas Brazauskas fue elegido presidente provisional y se aprobó una nueva constitución. 1993: Brazauskas fue confirmado en la presidencia. 1995: Lituania solicitó su ingreso en la U.E. 1998: elecciones presidenciales ganadas por el estadounidense lituano Valdas Adamkus.
LITUANO, A adj. y n. De Lituania. ♦ n. m. **2.** Lengua báltica hablada en Lituania.
LITURGIA n. f. Conjunto de ritos y oraciones, determinado por la autoridad competente, que constituye el culto divino de una comunidad religiosa: *la liturgia romana.*
LITÚRGICO, A adj. Relativo a la liturgia.
LIUTO n. m. Planta herbácea de cuyas raíces, tuberosas y comestibles, se extrae el chuño. (Familia amarilidáceas.)
LIVERPOOL, c. y puerto de Gran Bretaña, en el estuario del Mersey; 448 300 hab. Museos.
LIVIANO, A adj. Ligero, de poco peso: *ropa liviana.* **2.** *Fig.* Leve, de poca importancia: *enfadarse por motivos livianos.* **3.** *Fig.* Inconstante, voluble, informal: *mujer liviana.*
LIVIDECER v. intr. [2m]. Ponerse lívido.
LIVIDEZ n. f. Calidad de lívido.
LÍVIDO, A adj. (lat. *lividus*). Cárdeno, que tira a morado. **2.** Referido a personas, extremadamente pálido: *está serio, lívido, desencajado.*
LIVING n. m. (voz inglesa, abrev. de *living-room*) [pl. *livings*]. Cuarto de estar.
LIVINGSTONE (David), explorador británico (Blantyre, Escocia, 1813-Chitambo, Zambia, 1873). Misionero protestante, en 1849 inició una serie de viajes a África central y austral. Con Stanley, buscó en vano las fuentes del Nilo. Fue un decidido adversario del esclavismo.
LIXIVIACIÓN n. f. Acción y efecto de lixiviar. **2.** EDAFOL. Proceso de arrastre por el agua de lluvia de las materias solubles o coloidales de los horizontes superiores de un suelo a horizontes más profundos.
LIXIVIAR v. tr. [1]. Tratar una sustancia por un líquido que disuelva uno o más componentes de la misma.
LJUBLJANA, en alem. **Laibach,** c. y cap. de Eslovenia; 303 000 hab. Universidad. Metalurgia. Castillo, reconstruido en el s. XVI, y otros monumentos, especialmente barrocos (ss. XVII-XVIII). Museos.
LL n. f. Antigua letra del alfabeto español. (En realidad son dos letras que representan un sonido de articulación palatal, lateral, fricativa y sonora.)
LLACA n. f. Mamífero marsupial de color gris pálido, que vive en Argentina y Chile. (Familia didélfidos.)
LLAGA n. f. (lat. *plagam*). Úlcera. **2.** *Fig.* Pesadumbre, pena.
LLAGAR v. tr. y pron. [1b]. Producir llagas.
LLAGUE n. m. *Chile.* Planta solanácea. **2.** *Perú.* Planta poligonácea.
LLAILLAY, com. de Chile (Valparaíso); 20 250 hab. Vid, frutales, cáñamo. Industrias farmacéuticas.
LLALLAGUA → **Bustillos.**
LLALLI n. f. (voz araucana). *Chile.* Palomita o roseta de maíz. • **Hacer llalli** algo (*Chile*), destrozarlo.
LLAMA n. f. (lat. *flammam*). Masa gaseosa en combustión, de forma de lengua, que permanece en contacto con un cuerpo en ignición, y en la que se realiza una interacción química que desprende luz y calor. **2.** *Fig.* Sentimiento apasionado o vivo: *la llama del amor.*
LLAMA n. f. (lat. *lamam*). Terreno pantanoso.

LLAMA n. f. (voz quechua). Mamífero rumiante de la cordillera de los Andes, de 2,50 m de long., que en la actualidad sólo se encuentra en forma doméstica.

LLAMADA n. f. Acción de llamar. **2.** Atracción ejercida por algo sobre alguien: *sentir la llamada del deber.* **3.** Voz o señal con que se llama: *acudir a una llamada.* **4.** IMPR. Signo, letra o número que se pone en el texto para indicar que hay una cita o nota al pie de la página, al margen, o al fin del capítulo o del volumen. **5.** MIL. Toque de corneta o de otro instrumento para que la tropa tome las armas y entre en formación o se reúna en un lugar determinado.

LLAMADO n. m. *Amér.* Llamada telefónica. **2.** *Amér.* Llamamiento.

LLAMADOR, RA n. Persona que llama. ♦ n. m. **2.** Aldaba o timbre para llamar. **3.** Botón o piececita redonda que cierra el circuito en el timbre eléctrico. **4.** Aparato que en una estación telegráfica intermedia avisa las llamadas de otra.

LLAMAMIENTO n. m. Acción de llamar, especialmente al hacerlo solemne o patéticamente.

LLAMAR v. tr. (lat. *clamare*) [1]. Hacer que alguien preste atención o vaya a un sitio determinado: *llamar al camarero.* **2.** Establecer una comunicación telefónica. **3.** Convocar, citar: *llamar a declarar como testigo.* **4.** Aplicar un nombre o apelativo. **5.** Atraer: *las aventuras le llaman.* ‖ **Llamar la atención,** hacer que alguien se fije en una cosa determinada; reprender al que ha obrado mal en cierta cosa; hacerse notar, sobresalir. ♦ v. intr. **6.** Hacer sonar el timbre, campanilla, aldaba, etc., para que acudan a abrir, servir, etc.: *llamar a la puerta.* **7.** MIL. Tocar llamada. ‖ **Llamar a filas,** citar, convocar a quienes han de alistarse. ♦ **llamarse** v. pron. **8.** Tener por nombre.

LLAMARADA n. f. Llama grande que brota y se apaga con rapidez. **2.** *Fig.* Acceso repentino y pasajero de rubor. **3.** *Fig.* Arrebato, furor momentáneo: *una llamarada de ira.*

LLAMARÓN n. m. *Chile, Colomb.* y *Ecuad.* Llamarada.

LLAMATIVO, VA adj. Que llama la atención, generalmente por lo exagerado: *un color llamativo.*

LLAMAZAR o **LLAMARGO** n. m. Terreno pantanoso.

LLAME n. m. (voz araucana). *Chile.* Lazo o trampa para cazar pájaros.

LLAMEAR v. intr. [1]. Echar llamas: *el fuego llamea.*

LLAMPO n. m. *Chile.* Polvo y parte menuda del mineral que queda una vez separada la parte más gruesa.

LLANA n. f. (lat. *planam*). Herramienta de albañil para extender el yeso y la argamasa.

LLANA n. f. (lat. *planam*, f. de *planum*, llano). Plana, cara de un escrito. **2.** Llanura.

LLANARCA n. m. *Argent.* Atajacaminos.

LLANCA n. f. *Chile.* Cualquier mineral de cobre, de color verde azulado. **2.** *Chile.* Piedrezuelas de este mineral, usadas por los araucanos para hacer collares y adornos de trajes.

LLANEAR v. intr. [1]. Correr o andar por un lugar llano. **2.** Andar por el llano evitando las pendientes.

LLANERO, A n. Habitante de las llanuras.

LLANERO, A adj. y n. Relativo a los Llanos.

LLANEZA n. f. Sencillez, naturalidad, falta de afectación. **2.** *Fig.* Familiaridad, afabilidad en el trato.

LLANGANATES (*cordillera de los*), alineación montañosa de Ecuador, que forma parte de la cordillera Oriental; 4639 m de alt. en Cerro Hermoso.

LLANISTO, TA adj. y n. *Argent.* Para el montañés, perteneciente o relativo a las tierras bajas, en particular a los llanos de la provincia de La Rioja.

LLANO, A adj. Dícese de la superficie igual y lisa, sin desniveles: *terreno llano.* **2.** *Fig.* Afable, natural, sencillo: *hombre de trato llano.* **3.** *Fig.* Sincero, legal: *un consejo llano.* **4.** *Fig.* Fácil, corriente: *explicación llana.* **5.** Dícese de la palabra grave. • **Ángulo llano,** ángulo de 180 grados. ♦ n. m. **6.** Llanura.

LLANO ZAPATA (José Eusebio), escritor peruano (Lima c. 1724-Cádiz 1778). Se estableció en España y en 1761 presentó a Carlos III sus *Memorias histórico-físicas crítico-apologéticas de la América Meridional,* sobre hidrografía, flora, fauna y subsuelo de América del Sur.

LLANOS (Los), extensa llanura de la Venezuela central, encuadrada por el arco montañoso andino-caribe y el macizo de las Guayanas y avenada por el Orinoco y sus afluentes. Se distinguen los *llanos occidentales* y los *orientales,* separados por el eje El Baúl-Paraguaná. Ganadería. Petróleo.

LLANQUE n. m. *Perú.* Sandalia rústica.

LLANQUIHUE, lago de Chile (Los Lagos); 1600 km². Pesca. Deportes náuticos. En su orilla se encuentra la c. de *Llanquihue* (14 410 hab.).

LLANTA n. f. Cerco metálico de las ruedas de los vehículos. **2.** Fleje. **3.** Pieza de hierro plana, larga y mucho más ancha que gruesa. **4.** *Amér.* Cubierta de caucho de una rueda, neumático. **5.** *Méx.* Pliegue que se forma alrededor del cuerpo por acumulación excesiva de grasa.

LLANTÉN n. m. Planta herbácea con cuyas hojas se hace una infusión empleada como astringente y contra las oftalmías. (Familia plantagináceas.) • **Llantén de agua,** alisma.

LLANTO n. m. (lat. *planctum*). Efusión de lágrimas acompañada generalmente de lamentos y sollozos.

LLANURA n. f. Región de escaso relieve y cuya altitud media es próxima al nivel del mar.

LLAPA n. f. *Amér. Merid.* Añadidura, añadido.

LLAPAR v. tr. [1]. *Amér. Merid.* En minería, añadir.

LLARETA n. f. *Argent., Bol., Chile* y *Perú.* Planta herbácea cuyo tallo destila una resina balsámica. (Familia umbelíferas.)

LLAUCANA n. f. (voz quechua). *Chile.* Barreta corta que usan los mineros para picar la veta.

LLAUQUEARSE v. pron. [1]. *Chile.* Venirse abajo, desmoronarse.

LLAVE n. f. (lat. *clavem*). Instrumento, que sirve para abrir o cerrar una cerradura. **2.** *Fig.* Medio para descubrir lo oculto o secreto. **3.** *Fig.* Principio que facilita el conocimiento de otras cosas. **4.** Grifo, dispositivo para abrir o cerrar el paso de un fluido. **5.** Nombre de diversos instrumentos o herramientas que sirven para apretar o aflojar tuercas y tornillos, para dar tensión o aflojar el resorte o muelle de un mecanismo, etc. **6.** Aparato para abrir y cerrar con la mano un circuito eléctrico. **7.** Signo ortográfico que abraza dos o más guarismos, palabras o renglones. **8.** Aparato de metal colocado en algunos instrumentos músicos de viento, que abre o cierra el paso del aire produciendo diversos sonidos. **9.** DEP. En lucha y judo, presa que inmoviliza al adversario. • **Debajo de,** o **bajo, llave,** da a entender que algo está guardado o cerrado con llave. ‖ **Debajo de,** o **bajo, siete llaves,** denota que una cosa está muy guardada y segura. ‖ **Llave inglesa,** herramienta provista de un dispositivo que, al girar, abre más o menos las dos partes que forman la cabeza, hasta que ésta se acopla a la tuerca o tornillo que se quiere mover. ‖ **Llave maestra,** la que está hecha de forma que abre y cierra todas las cerraduras. ‖ **Llave plana,** llave de dos bocas o cabezas fijas, propia para apretar o aflojar las tuercas de las bicicletas o automóviles.

LLAVERO n. m. Utensilio donde se guardan las llaves.

LLAVÍN n. m. Llave pequeña con que se abre el picaporte.

LLEGADA n. f. Acción y efecto de llegar. **2.** En deporte, meta.

LLEGAR v. intr. (lat. *plicare, plegar*) [1]. Empezar a estar en el lugar al que se dirigía: *llegar a casa.* **2.** Hacerse actual un momento o una época: *ya llega el verano.* **3.** Durar, existir hasta cuando se expresa: *llegar a viejo.* **4.** Alcanzar cierta altura, grado o nivel. **5.** Alcanzar el fin perseguido. **6.** Tener capacidad, extensión, potencia, etc., suficientes para determinado objeto: *llegar a comprender algo.* **7.** Ser suficiente un dinero para algo. **8.** Expresa que lo que a continuación se dice es muy extremo o exagerado: *llegó a insultarme.* ♦ **llegarse** v. pron. **9.** Acercarse alguien a una persona o cosa. **10.** Ir a un sitio cercano: *llegarse hasta el parque.*

LLEIDA → **Lérida.**

LLENADOR, RA adj. *Chile.* Dícese del alimento que rápidamente produce saciedad.

LLENAR v. tr. y pron. [1]. Ocupar un espacio determinado: *llenar las copas.* **2.** Hartar o hartarse de comida. ♦ v. tr. **3.** Ocupar algo un espacio. **4.** Poner o haber en un sitio gran cantidad de algo: *llenar una pared de cuadros.* **5.** Colmar, satisfacer plenamente deseos, aspiraciones, etc.: *el trabajo le llena.* **6.** Colmar, dar con abundancia: *llenar de consejos.* **7.** Rellenar un impreso.

LLENE o **LLENO** n. m. Acción de llenar.

LLENO, A adj. (lat. *plenum*). Que contiene de algo tanto como permite su capacidad: *el vaso está lleno.* **2.** Que contiene gran cantidad: *casa llena de gente.* **3.** Saciado, satisfecho de comida: *sentirse lleno.* **4.** Algo gordo: *persona un poco llena.* ♦ n. m. **5.** Gran concurrencia en un espectáculo público: *haber un lleno total.* **6.** ASTRON. Plenilunio de la Luna. • **De lleno** o **de lleno en lleno,** enteramente, totalmente.

LLERAS CAMARGO (Alberto), periodista y político colombiano (Bogotá 1906-*id.* 1990). Fue el primer secretario general de la O.E.A. (1948-1954). Ocupó la presidencia de la república en 1945-1946 y de 1958 a 1962.

LLERAS RESTREPO (Carlos), político colombiano (Bogotá 1908-*id.* 1994). Presidió el Partido liberal y fue presidente de la república (1966-1970).

LLEVAR v. tr. [1]. Transportar algo de una parte a otra que no sea el lugar en donde está el que habla: *llevar la ropa a la lavandería.* **2.** Conducir o transportar un vehículo, de un sitio a otro: *este autobús me lleva hasta casa.* **3.** Ir a parar un camino a determinado lugar: *un sendero que lleva al pueblo.* **4.** Conducir, guiar un vehículo, montura, etc.: *lleva bien el coche.* **5.** Acompañar o guiar a alguien a determinado lugar: *llevar a los niños al colegio.* **6.** Tener la cualidad, estado o circunstancia que se especifica: *llevar razón.* **7.** Tener puesta una prenda de vestir o un adorno personal, o usarlos habitualmente: *llevar sombrero.* **8.** Traer consigo en la mano, bolsillo, etc.: *llevar el bolso.* **9.** Dirigir, administrar un negocio o asunto: *llevar las cuentas.* **10.** Hacer algo de la manera que se expresa: *llevar bien los estudios.* **11.** Soportar, sufrir: *llevar una enfermedad con resignación.* **12.** Ser causa de que algo suceda: *llevar la alegría a los padres.* **13.** Transmitir, comunicar: *llevar una noticia.* **14.** Con un complemento de tiempo, haberlo pasado uno en la misma situación en que se encuentra o haciendo lo mismo que hace, hasta el momento en que se habla: *llevar una hora esperando.* **15.** Marcar el paso, el ritmo, etc.: *llevar mal el paso.* ♦ **Llevar**

LLI

adelante, realizar algo, conseguir que prospere un negocio. ‖ **Llevar consigo,** hacerse alguien acompañar de una o varias personas. ‖ **Llevar las de perder** *(Fam.),* estar en desventaja o en situación desesperada. ‖ **Llevar y traer** *(Fam.),* andar en chismes y cuentos. ♦ v. tr. y pron. **16.** Lograr, conseguir: *llevarse un premio.* **17.** Exceder una persona o cosa a otra en la cantidad que se determina: *le llevo diez años.* **18.** Requerir cierto trabajo o tiempo, hacer algo que se expresa: *arreglarlo llevará una hora.* **19.** Cobrar determinada cantidad por algo: *ese médico lleva cinco mil pesetas por visita.* ♦ v. auxiliar. **20.** Con algunos participios equivale a *haber: llevo dichas muchas verdades.* ♦ **llevarse** v. pron. **21.** Tomar una cosa de alguien, por lo general, violenta u ocultamente. **22.** Estar algo de moda: *este año se lleva el color negro.* **23.** Recibir o sufrir un disgusto, sofocón, etc.: *llevarse un buen susto.* ‖ **Llevarse bien** o **mal** con alguien, avenirse o desavenirse.

LLICLLA n. f. *Bol., Ecuad.* y *Perú.* Mantelata vistosa de color distinto del de la falda, con que las indias se cubren los hombros y la espalda.

LLICTA n. f. *Argent.* y *Bol.* Masa semiblanda hecha a base de patatas hervidas, que acompaña las hojas de coca del acullico.

LLIGUES n. m. pl. *Chile.* Habas pintadas que se utilizan como fichas en algunos juegos.

LLOCLLA n. f. *Perú.* Avenida anegada de agua a causa de las lluvias torrenciales.

LLOICA n. f. *Chile.* Loica.

LLONA (Numa Pompilio), poeta ecuatoriano (Guayaquil 1832-*id.* 1907). Poeta romántico, coronado públicamente en 1904, fue el autor predilecto de la oligarquía criolla: *Cantos americanos,* 1866; *Clamores del occidente,* 1880, 1881 y 1882.

LLOQUE o **LLOQUI YUPANQUI,** tercer soberano inca (s. xIII), segundo hijo y sucesor de Sinchi Roca.

LLORAR v. intr. y tr. (lat. *plorare*) [**1**]. Derramar lágrimas. **2.** *Fig.* Caer un líquido gota a gota, o destilar: *este botijo llora.* ♦ v. intr. **3.** Fluir un humor por los ojos. **4.** Fluir savia después de la poda de los árboles, especialmente las vides. ♦ v. tr. **5.** *Fig.* Estar muy afligido por una desgracia: *llorar la muerte de alguien.* **6.** *Fig.* Quejarse con el fin de despertar compasión: *llorarle a alguien.*

LLORENS (Antonio), pintor uruguayo (Montevideo 1920-*id.* 1995). Inscrito en el movimiento no figurativo, formó parte del grupo argentino Madí.

LLORERA n. f. *Fam.* Llanto violento y prolongado.

LLORIDO n. m. *Méx.* Gemido, lloro, llanto.

LLORIQUEAR v. intr. [**1**]. Llorar de forma débil, desganada o monótona.

LLORIQUEO n. m. Acción y efecto de lloriquear.

LLORO n. m. Acción y efecto de llorar. **2.** Llanto.

LLORÓN, NA adj. Relativo al llanto: *derrochera llorona.* **2.** Dícese de ciertos árboles en los que las ramas cuelgan por la acción de la gravedad, como el sauce. ♦ adj. y n. **3.** Que llora con poco motivo o se queja habitualmente: *niño llorón.*

LLORONAS n. f. pl. *Argent.* y *Urug.* Espuelas grandes.

LLOROSO, A adj. Que tiene señales de haber llorado o con aspecto de echarse a llorar: *ojos llorosos.*

LLOVEDIZO, A adj. Dícese de los techos o cubiertas que, por defecto, dejan pasar el agua de lluvia.

LLOVER v. impers. (lat. *plovere*) [**2e**]. Caer agua de las nubes. **2.** *Fig.* Venir u ocurrir de una vez muchas cosas: *los contratos le llueven.* • **Como llovido del cielo,** modo imprevisto e inesperado. ‖ **Llover sobre mojado,** ocurrirle algo a alguien después de otras cosas y cuando ya tiene el ánimo afectado por ellas.

LLOVIZNA n. f. Lluvia bastante uniforme, formada por gotas de agua muy pequeñas, que parecen flotar en el aire.

LLOVIZNAR v. intr. [**1**]. Caer llovizna.

LLOYD (Harold), actor norteamericano (Burchard, Nebraska, 1893-Hollywood 1971). Creó un personaje torpe y retraído, que se convirtió en una de las figuras más populares del cine cómico norteamericano (*El hombre mosca,* 1923).

LLULL (beato Ramon), escritor catalán (Palma de Mallorca c. 1235-† c. 1315). La originalidad de su obra se basa en la alianza entre filosofía, mística y poesía y en la elección de la lengua vernácula (junto al latín y el árabe) como vehículo expresivo. Dos libros centran su labor narrativa: el *Blanquerna* y el *Libre de Maravilles* (*Libre de Meravelles*), que contiene el *Libro de los animales* (*Llibre de les bèsties*).

LLULLAILLACO, volcán andino, en la frontera entre Argentina (Salta) y Chile (Antofagasta); 6739 m de alt. Cubierto por nieves perpetuas.

LLUQUI adj. (voz quechua). *Ecuad.* Zurdo.

LLUVIA n. f. (lat. *pluvia*). Precipitación líquida de agua atmosférica en forma de gotas. **2.** Caída de objetos, de materias: *una lluvia de ceniza.* **3.** Gran cantidad o abundancia de algo: *lluvia de regalos.* **4.** *Argent, Chile* y *Nicar.* Agua que surge de la ducha. **5.** *Argent., Chile* y *Nicar.* Dispositivo que regula la caída de ese chorro, ducha. • **Lluvia ácida,** contaminación atmosférica debida a la presencia de compuestos de azufre en el aire.

LLUVIOSO, A adj. Caracterizado por la lluvia: *tiempo lluvioso; zona lluviosa.*

Lm, símbolo del lumen.

LO art. det. neutro (lat. *illum*). Se antepone a adjetivos, adverbios y frases dándole carácter sustantivo: *lo noble.* ♦ pron. pers. masculino sing. átono de 3.ª pers. **2.** Se usa como complemento directo y equivale a un sustantivo masculino: *no tiene coche porque lo vendió.* ♦ pron. pers. neutro sing. átono de 3.ª pers. **3.** Se usa con sujeto, predicado nominal o complemento directo y es derivado de *ello: parecía un general pero no lo era.*

LOA n. f. Acción y efecto de loar.

LOA, r. de Chile (Antofagasta), en la vertiente pacífica, el más largo del país; 440 km. Aprovechado por el centro minero de Chuquicamata.

LOAR v. tr. (lat. *laudare*) [**1**]. Alabar.

LOBATO, A n. m. Cachorro de lobo.

LOBERA n. f. Monte en que hacen guarida los lobos. **2.** Guarida del lobo.

LOBERA, cumbre de España, en la cordillera Ibérica (sierra del Moncayo); 2222 m de alt.

LOBERÍA n. f. *Argent.* y *Perú.* Paraje de la costa donde los lobos marinos hacen su vida en tierra.

LOBERÍA, partido de Argentina (Buenos Aires); 17 491 hab. Cereales y lino. Ganadería. Harinas.

LOBERO, A adj. Lobuno. ♦ n. **2.** Persona que caza lobos por la remuneración señalada a los que matan estos animales. ♦ n. m. **3.** *Argent.* Cazador de lobos marinos.

LOBERO, A n. Cachorro de lobo.

LOBISÓN n. m. *Argent., Par.* y *Urug.* Hombre, generalmente el séptimo hijo varón, a quien la tradición popular atribuye la facultad de transformarse en bestia durante las noches de luna llena. **2.** *Argent., Par.* y *Urug.* Por ext. Persona intratable.

LOBITO n. m. **Lobito de río** (*Amér. Merid.*), nutria que vive en los grandes ríos de la región subtropical de Argentina y Brasil.

LOBO n. m. (gr. *lobos*). Lóbulo, perilla de la oreja. **2.** Porción redondeada de un órgano cualquiera.

LOBO, A n. (lat. *lupum*). Mamífero carnívoro correspondiente a diversos géneros de las familias cánidos y hiénidos. El más conocido es el *lobo común,* propio de Europa, Asia y América septentrional, de tronco ágil y esbelto.) • **Lobo cerval,** lince. ‖ **Lobo marino,** mamífero carnívoro que vive en el mar, donde se alimenta de peces y moluscos. (Familia otáridos.) ♦ n. m. **2.** Pez de agua dulce, de cuerpo alargado, ojos grandes y hocico prominente. (Familia ciprínidos.) **3.** Pez de agua dulce, de color amarillento, que se encuentra en los ríos de toda Europa. (Familia cobítidos.) ‖ **Lobo de mar** (*Fig.* y *fam.*), marino viejo y experimentado.

LOBOS (*isla de*), isla de Uruguay, frente a la costa de Maldonado. Faro.

LOBOS, partido de Argentina (Buenos Aires); 30 815 hab. Ganadería e industrias derivadas.

LÓBREGO, A adj. Oscuro, sombrío.

LOBREGUECER v. tr. [**2m**]. Hacer lóbrego. ♦ v. intr. **2.** Anochecer.

LOBREGUEZ o **LOBREGURA** n. f. Calidad de lóbrego.

LOBULADO, A adj. Dividido en lóbulos: *hoja lobulada.*

LOBULAR adj. Relativo al lóbulo.

LÓBULO n. m. Cada una de las partes a manera de ondas que forman saliente en el borde de una cosa. **2.** ANAT. Parte inferior carnosa de la oreja. **3.** ANAT. Cada una de las partes, a menudo poco diferenciadas anatómicamente, en que se divide una víscera.

LOBUNO, A adj. Relativo al lobo. **2.** *Argent.* Dícese del caballo cuyo pelaje es grisáceo en el lomo, más claro en las verijas y en el hocico, y negro en la cara, crines, cola y remos.

LOCACIÓN n. f. Arrendamiento.

LOCAL adj. (lat. *localem*). Que es particular de un lugar: *costumbres locales.* **2.** Municipal o provincial, por oposición a general o nacional: *autoridades locales.* **3.** Dícese de lo que se refiere sólo a una parte y no a su totalidad: *anestesia local.* ♦ n. m. **4.** Sitio cerrado y cubierto.

LOCALIDAD n. f. Población o ciudad. **2.** Cada una de las plazas o asientos en los locales destinados a espectáculos públicos. **3.** Billete, entrada que da derecho a ocupar un asiento o plaza en un local de espectáculos: *agotadas las localidades.*

LOCALISMO n. m. Apego excesivo hacia el propio país y a sus tradiciones. **2.** Palabra o giro que sólo tienen uso en determinada localidad.

LOCALISTA adj. Relativo al localismo.

LOCALIZACIÓN n. f. Acción y efecto de localizar.

LOCALIZAR v. tr. y pron. [**1g**]. Fijar, delimitar el lugar de una cosa: *el dolor se le ha localizado en la pierna.* ♦ v. tr. **2.** Averiguar el lugar preciso en que se halla una persona o cosa: *no pude localizarte en todo el día.* **3.** Circunscribir, reducir una cosa a ciertos límites.

LOCARNO, c. y estación turística de Suiza (Ticino), junto al lago Mayor, al pie de los Alpes; 13 796 hab. Castillo de los ss. xv-xvI (museo). Iglesias medievales y barrocas.

LOCATARIO, A n. Arrendatario.

LOCATIVO, A adj. DER. Relativo al contrato de locación o arrendamiento. ♦ n. m. y adj. **2.** LING. En algunas lenguas, caso que expresa el lugar donde se desarrolla la acción.

LOCERÍA n. f. *Amér.* Fabrica de loza.

LOCHA n. f. Brótola.

LOCHE n. m. *Colomb.* Mamífero rumiante, similar al ciervo, de pelo muy lustroso.

LOCIÓN n. f. (lat. *lotionem*). Fricción o lavado dado sobre una parte del cuerpo con un líquido, para limpieza o como medicación. **2.** Líquido para el cuidado y tratamiento de la piel o del cabello.

LOCKE (John), filósofo inglés (Wrington, Somerset, 1632-Oates, Essex, 1704). Exponente de un materialismo sensualista, rechazó las ideas innatas de Descartes y situó la fuente del conocimiento en la experiencia sensible (*Ensayo sobre el entendimiento humano*, 1690). Consideraba que la sociedad se basa en un contrato y que el soberano debe obedecer las leyes; de otro modo, la insurrección del pueblo es legítima (*Cartas sobre la tolerancia*, 1689).

LOCO, A adj. y n. Dícese de la persona que no tiene normales sus facultades mentales. **2.** De poco juicio, imprudente: *es un loco conduciendo.* **3.** Dícese de la persona que sufre un fuerte estado pasional o un dolor físico intenso: *está loco por esa chica.* • **Loco de atar** (*Fig. y fam.*), persona que actúa como si tuviera perturbadas las facultades mentales. ♦ adj. **4.** Dícese de los estados que provocan una actuación irrazonable: *un orgullo loco.* **5.** *Fig.* Extraordinario, muy grande: *has vendido una suerte loca.* • **A lo loco** o **a locas**, sin reflexión. ‖ **Hacer el loco**, divertirse actuando de forma irreflexiva. ‖ **Volver loco** a alguien, marearle; gustarle mucho; enamorarle. ‖ **Volverse loco** por alguien o algo, desear intensamente o desvivirse por dicha persona o cosa.

LOCOMOCIÓN n. f. Acción de desplazarse de un punto a otro. **2.** Función que asegura ese desplazamiento. • **Medios de locomoción**, término general con que se designan los diversos sistemas que el hombre utiliza para desplazarse.

LOCOMOTOR, RA adj. Propio para la locomoción, o que la produce. **2.** Dícese de las patas de los insectos o de los crustáceos que únicamente sirven para la marcha.

LOCOMOTORA n. f. Máquina de vapor, eléctrica, con motor térmico o de aire comprimido, etc., montada sobre ruedas y destinada a arrastrar los vagones de un tren.

LOCOMOTRIZ adj. Locomotor: *fuerza locomotriz.*

LOCRIO n. m. *Dom.* Arroz cocido con carne, sin otros ingredientes.

LOCRO n. m. *Amér. Merid.* Guiso de maíz blando con patatas, carne, especias y otros ingredientes.

LOCUACIDAD n. f. (lat. *loquacitatem*). Calidad de locuaz.

LOCUAZ adj. (lat. *loquacem*). Que habla mucho.

LOCUCIÓN n. f. Modo de hablar. **2.** Grupo de palabras que forman sentido, frase. **3.** LING. Expresión pluriverbal, de forma fija o con flexión en algún elemento, cuyo sentido unitario, familiar a la comunidad lingüística, no se justifica como una suma del significado normal de los componentes.

LOCUELO, A adj. y n. *Fam.* Atolondrado, ligero, informal.

LÓCULO n. m. (lat. *loculum*). BOT. Cavidad de algunos órganos donde se contienen las semillas o esporas.

LOCURA n. f. Denominación antigua e imprecisa de algunos trastornos mentales. **2.** Dicho o hecho disparatado: *decir locuras.* **3.** Afecto o afición exagerados por alguien o algo: *querer con locura.*

LOCUTOR, RA n. Persona que por profesión se dirige a un auditorio, dando noticias, anuncios, etc., especialmente en las emisoras de radio y televisión.

LOCUTORIO n. m. Departamento dividido comúnmente por una reja, donde reciben las visitas las monjas o los penados. **2.** Departamento que tiene un teléfono para uso del público. **3.** Local convenientemente preparado para realizar una audición transmitida por una emisora de radio.

LODAZAL o **LODAZAR** n. m. Terreno lleno de lodo.

LODO n. m. (lat. *lutum*). Mezcla de tierra y de agua, especialmente la que resulta de la lluvia en el suelo. **2.** *Fig.* Deshonra, descrédito: *cubrir de lodo.*

LODOÑERO o **LODONERO** n. m. Guayacán.

ŁÓDZ, c. del centro de Polonia; 844 900 hab.

LOEWI (Otto), farmacólogo alemán (Frankfurt del Main 1873-Nueva York 1961). Identificó las sustancias activas (acetilcolina y adrenalina) en el sistema nervioso autónomo. (Premio Nobel de fisiología y medicina 1936.)

LOGARÍTMICO, A adj. Relativo a los logaritmos: *tabla logarítmica.* • **Cálculo logarítmico**, cálculo efectuado mediante logaritmos. ‖ **Función logarítmica**, función de la forma $\log_a$ x inversa de la función exponencial.

LOGARITMO n. m. **Logaritmo de un número real positivo en un sistema de base a positivo**, o, más simplemente, **logaritmo**, exponente de la potencia a la que hay que elevar a para hallar el número considerado (símbolo $\log_a$). ‖ **Logaritmo natural**, o neperiano, de un número, logaritmo de este número en un sistema cuya base es el número e (símbolo ln). ‖ **Logaritmo vulgar**, o **decimal, de un número**, logaritmo de este número en un sistema cuya base es 10 (símbolo log).

LOGIA n. f. (ital. *loggia*). Galería exterior, techada y abierta por delante, formada por columnas que soportan arquitrabes o arcadas: *las logias del Vaticano.* **2.** Lugar en el que los masones celebran sus asambleas. **3.** Cada una de estas asambleas. **4.** Conjunto de individuos que la constituyen.

LÓGICA n. f. (gr. *logikē*). Disciplina que estudia la estructura, fundamento y uso de las expresiones del conocimiento humano. **2.** Serie coherente de ideas y razonamientos: *su explicación carece de toda lógica.* • **Lógica formal**, conjunto de leyes y de reglas relativas al razonamiento deductivo. ‖ **Lógica matemática**, teoría científica del razonamiento, con exclusión de los procesos sicológicos que intervienen en él, y que se divide en cálculo de proposiciones y cálculo de predicados.

LÓGICO, A adj. (lat. *logicum*). Relativo a la lógica: *principio lógico.* **2.** Aprobado por la razón como bien deducido o pensado: *excusa lógica.* **3.** Natural, normal: *es lógico que con los años vengan los achaques.* ♦ n. **4.** Especialista en lógica.

LOGÍSTICA n. f. Lógica formal. **2.** Conjunto de métodos y de medios relativos a la organización de un servicio, de una empresa, etc. **3.** MIL. Parte de la ciencia militar que calcula, prepara y realiza cuanto se refiere a la vida, movimientos y necesidades de las tropas que están en campaña.

LOGÍSTICO, A adj. *logisticus*). Relativo a la logística.

LOGOPEDIA n. f. Técnica que tiene como finalidad corregir los defectos de fonación y de lenguaje.

LOGOS n. m. (voz griega). FILOS. Palabra inteligible.

LOGOTIPO n. m. Forma característica que distingue una marca o nombre de una empresa o de un producto.

LOGRADO, A adj. Bien hecho, que resulta: *este libro está muy logrado.*

LOGRAR v. tr. (lat. *lucrari*) [1]. Llegar a obtener lo que se pretendía: *no logré convencerle.* ♦ **lograrse** v. pron. **2.** Llegar a realizar plenamente: *temía abortar y que su hijo no se lograse.*

LOGREAR v. intr. [1]. Hacer tratos con usura.

LOGRERÍA n. f. Ejercicio de la usura.

LOGRERO, A adj. y n. Dícese de la persona que presta dinero a un interés muy alto. **2.** Que guarda y retiene géneros, para venderlos después a precio excesivo.

3. Dícese de quien explota a sus subordinados. **4.** *Chile.* Gorrón. ♦ n. **5.** *Argent., Chile, Colomb., Par.* y *Urug.* Persona que procura lucrarse por cualquier medio.

LOGRO n. m. (lat. *lucrum*, ganancia). Acción y efecto de lograr.

LOGROÑÉS, SA adj. y n. De Logroño.

LOGROÑO, c. de España, cap. de la comunidad autónoma uniprovincial de La Rioja y cab. de p. j.; 128 331 hab. (*Logroñeses.*) En la or. der. del Ebro. Centro administrativo, comercial (productos agrícolas) e industrial (vinos, conservas). Catedral (ss. XV-XVI) con fachada barroca (s. XVIII). Iglesias y edificios civiles (ss. XIV-XVIII). Es la ant. *Iuliobriga* romana.

LOICA n. f. Ave paseriforme algo mayor que el estornino, que se domestica con facilidad y es muy estimada por su canto melódico. (Vive en la zona S de Chile y Argentina; familia ictéridos.)

LOIRA, en fr. *Loire*, r. de Francia, el más largo del país; 1020 km. Su cuenca cubre 115 120 km². Nace en el macizo Central (Ardèche) y desemboca en el Atlántico, formando un estuario.

LOÍSMO n. m. Uso incorrecto de *lo* por *le*: *lo di una torta.* (Su uso está poco extendido.)

LOÍSTA adj. y n. f. Que practica el loísmo.

LOÍZA o **GRANDE DE LOÍZA**, r. de Puerto Rico, en la vertiente atlántica; 64 km. Pasa por Caguas y Carolina y desemboca junto a *Loíza Aldea*. Regadíos.

LOJA (provincia de), prov. de Ecuador, en la sierra Meridional; 12 033 km²; 356 512 hab. Cap. *Loja*.

LOJA, c. de Ecuador, cap. de la prov. homónima; 120 035 hab. Centro agrícola y minero. Universidad. Aeropuerto de La Toma.

LOJANO, A adj. y n. De Loja (Ecuador).

LOLO, A n. *Chile.* Chico, adolescente.

LOMA n. f. Altura pequeña y alargada.

LOMA DE CABRERA, ant. **La Loma**, mun. de la República Dominicana (Dajabón); 21 573 hab. Café y arroz.

LOMA n. f. *Amér. Merid.* Loma.

LOMAJE n. m. *Chile.* Terreno formado por lomas.

LOMAS DE ZAMORA, partido de Argentina (Buenos Aires); 572 769 hab. En el Gran Buenos Aires.

LOMBARDÍA, reg. del N de Italia, situada al pie de los Alpes; 23 850 km²; 8 831 264 hab. (*Lombardos.*) Cap. *Milán.* Se distinguen dos grandes zonas: los *Alpes lombardos*, bordeados, al S, por una serie de grandes lagos (Mayor, Como, Garda, etc.), y la *llanura lombarda*.

LOMBARDO, A adj. y n. De Lombardía. **2.** Relativo a un pueblo germánico establecido entre el Elba y el Odra, y posteriormente al S del Danubio; invadieron el este pueblo. ♦ adj. **Col lombarda**, variedad de col de cabeza repollada, de hojas rizadas y de intenso color violáceo.

LOMBARDO TOLEDANO (Vicente), político y dirigente sindical mexicano (Tezintlan, Puebla, 1894-México 1969), fundador y presidente (1938-1963) de la Confederación de trabajadores de América latina, y vicepresidente de la Federación sindical mundial (1945-1969). Fundó el Partido popular.

LOMBOY (Reinalco), escritor y periodista chileno (Coronel 1910), de temática social (*Cuando maduren las espigas; Ránquil*).

LOMBRICIENTO, A adj. *Amér.* Que tiene muchas lombrices.

LOMBRIGUERA n. f. Agujero que hacen en la tierra las lombrices.

LOMBRIZ n. f. **Lombriz de tierra**, oligoqueto terrestre, de cuerpo cilíndrico y unos 30 cm de long., que tiene gran importancia en agricultura por su régimen alimenticio micrófago y por las galerías que excava en el suelo, que contribuyen a airear la tierra. (Familia lumbrícidos.) ‖ **Lombriz intestinal**, nematodo del intestino delgado del hombre y de ciertos vertebrados. (Familia ascáridos.)

LOMÉ, c., cap. y puerto de Togo, junto al golfo de Guinea; 366 476 hab. Universidad.

LOMILLERÍA n. f. *Amér. Merid.* Guarnicionería, taller o tienda donde se venden lomillos, riendas, etc. **2.** DEP. Conjunto de los aparejos de montar.

LOMILLO n. m. Parte superior de la albarda. **2.** *Amér.* Pieza del recado de montar consistente en dos almohadas rellenas de junco o de totora, afianzadas a una lonja de suela. ♦ **lomillos** n. m. pl. **3.** Aparejo con dos almohadillas largas y estrechas, que se pone a las caballerías de carga.

LOMO n. m. (lat. *lumbum*). Parte inferior y central de la espalda. (Suele usarse en plural.) **2.** Parte por donde doblan a lo largo de la pieza las pieles, telas y otras cosas. **3.** En los instrumentos cortantes, parte opuesta al filo. **4.** Tierra que levanta el arado entre surco y surco. **5.** Carne de diversas regiones del cuerpo de las reses destinadas a consumo. **6.** Parte del libro opuesta al canal o corte delantero de las hojas, y en la cual van cosidos los pliegos. • **A lomo o a lomos**, sobre una caballería. ‖ **Agachar, o doblar, el lomo** (*Fam.*), trabajar duramente; humillarse.

LOMUDO, A adj. Que tiene grandes lomos.

LONA n. f. Tela de lino, cáñamo o algodón, recia e impermeable, con la que se confeccionan toldos, velas, etc. **2.** *Fig.* En boxeo, lucha, etc., piso del cuadrilátero. **3.** *Argent.* Pieza rectangular de tela gruesa que se emplea en actividades al aire libre. • **Irse, mandar, o tirar lona** (*Argent. Fam.*), perder, arruinar.

LONARDI (Eduardo), militar y político argentino (Entre Ríos 1896-Buenos Aires 1956). Se levantó contra Perón (1955) y ocupó la presidencia de la república (set.). Fue derrocado por Aramburu (nov.).

LONCH, LONCHA o **LUNCH** n. m. *Méx.* Almuerzo, principalmente el que se lleva a la escuela o trabajo.

LONCHA n. f. Lonja. **2.** Lancha, piedra lisa y plana.

LONCHERÍA n. f. *Amér. Central* y *Méx.* Restaurante donde se sirve comida rápida.

LONCO n. m. (voz araucana). *Chile.* Cuello, pescuezo.

LONCOCHE, c. de Chile (Araucanía); 23 638 hab. Centro agrícola, ganadero, forestal e industrial.

LONDINENSE adj. y n. m. y f. De Londres.

LONDON (John Griffith **London**, llamado **Jack**), escritor norteamericano (San Francisco 1876-Glen Ellen, California, 1916), autor de numerosas novelas de aventuras (*El lobo de mar*, 1904; *Colmillo blanco*, 1905).

LONDONDERRY, c. y puerto de Irlanda del Norte, en el estuario del Foyle; 88 000 hab.

LONDRES, en ingl. **London**, c. y cap. de Gran Bretaña, a orillas del Támesis; 2 349 900 hab. (6 378 600 hab. en el *Gran Londres*) [*Londinenses.*] La ciudad debe su origen a un paso del río, lugar de intercambios entre el N y el S. La *city*, en el corazón de la ciudad, es el centro de negocios. En el O se ubican los barrios residenciales, con numerosos parques, y en el E, las zonas obreras industriales. Principal puerto británico, es una importante metrópoli política, financiera, cultural e industrial. A partir de 1945 el crecimiento de la aglomeración se vio frenado por la creación de las *new towns* en un amplio radio alrededor de Londres. Los principales monumentos son: la Torre de Londres (s. XI), la abadía de Westminster (ss. XIII-XVI) y la catedral de San Pablo (fines del s. XVII). Famosos museos (museo Británico, galería nacional, galería Tate, museo Victoria y Alberto, etc.).

HISTORIA

Fue el centro estratégico y comercial de la Bretaña romana (*Londinium*), pero decayó a causa de las invasiones anglosajonas (s. V); renació en los ss. VI-VII como capital del reino de Essex y sede del obispado (604). Fue asediada continuamente por los reyes anglosajones y daneses (ss. X-XI) y, a partir del s. XII, fue la capital del reino anglonormando. Recibió una carta comunal (1191), fue sede del parlamento (1258), capital oficial del reino (1327) y conoció una extraordinaria expansión, gracias a la actividad de su puerto y al auge de la industria textil (s. XV). En 1665 fue asolada por la peste y por un incendio en 1666, pero, en los ss. XVIII y XIX, el ritmo de desarrollo se aceleró y Londres se convirtió en la capital de las finanzas y el comercio internacionales. Durante la segunda guerra mundial fue duramente castigada por los bombardeos alemanes.

LONETA n. f. (dim. de *lona*). Lona delgada propia para velas de botes. **2.** *Argent.* Por ext. Lona, pieza rectangular. **3.** *Argent.* y *Chile.* Lona delgada.

LONG BEACH, c. y puerto de Estados Unidos (California), en el área suburbana de Los Ángeles; 429 433 hab.

LONG ISLAND, isla de Estados Unidos (Nueva York), en cuya parte SO se encuentran Brooklyn y Queens, barrios de Nueva York.

LONGANIZA n. f. Embutido hecho de carne de cerdo adobada y picada.

LONGAVÍ, com. de Chile (Maule), a orillas del río Longaví, subafluente del Maule; 27 729 hab.

LONGEVIDAD n. f. Prolongación de la vida hasta una edad muy avanzada.

LONGEVO, A adj. Que ha alcanzado edad muy avanzada.

LONGFELLOW (Henry Wadsworth), poeta norteamericano (Portland 1807-Cambridge, Massachusetts, 1882), influido por la cultura y el romanticismo europeos (*Evangelina*, 1847).

LONGITUD n. f. (lat. *longitudinem*). Dimensión única que se considera en una línea, o la mayor dimensión en los cuerpos que tienen varias. **2.** Ángulo diedro formado, en un lugar dado, por el plano meridiano de tal lugar con el plano meridiano de otro lugar tomado como origen.

LONGITUDINAL adj. Relativo a la longitud. **2.** En el sentido o dirección de la longitud.

LONGITUDINAL o **CENTRAL** (*valle*), región fisiográfica de Chile que se extiende desde el río Aconcagua, al N, hasta la isla de Chiloé, al S. Es la región más densamente poblada del país.

LONGORÓN n. m. *Cuba* y *Pan.* Molusco lamelibranquio comestible.

LONJA n. f. (fr. *longe*). Lámina delgada, larga y de poco grueso que se corta de ciertos productos, especialmente de jamón. **2.** *Argent.* Tira de cuero.

LONJA n. f. (cat. *llotja*). Edificio o lugar oficial de reunión periódica de comerciantes, para realizar sus contratos sobre mercancías, fletes y seguros marítimos.

LONJEAR v. tr. [1]. *Argent.* Hacer lonjas descarnando y rapando el pelo a un cuero. ♦ **lonjearse** v. pron. **2.** *Argent.* Cortarse la piel.

LONQUIMAY, volcán de Chile (Araucanía), entre las cuencas del Biobío y del Cautín; 2890 m de alt.

LONTANANZA n. f. (voz italiana). Términos de un cuadro más distantes del plano principal. • **En lontananza**, lejos, o a lo lejos.

LOOR n. m. Alabanza.

LÓPEZ (Cándido), pintor argentino (Buenos Aires 1840-Baradero 1902). Se alistó en el ejército y se convirtió en pintor de batallas y paisajista en un estilo *naïf* detallista y colorido.

LÓPEZ (Carlos Antonio), político paraguayo (Asunción 1792-*id.* 1862). Presidente de la república (1844-1862), promulgó una nueva constitución e implantó un régimen autoritario.

LÓPEZ (Estanislao), militar argentino (Santa Fe 1786-†1838). Caudillo federalista, fue gobernador de Santa Fe (1818-1836).

LÓPEZ (Francisco Solano), militar y político paraguayo (Asunción 1827-Cerro Corá 1870). Presidente de la república (1862-1870), intentó invadir Brasil (1864) y declaró la guerra a Argentina (1865). Estos países firmaron con Uruguay la Triple alianza (1865) contra Paraguay, que fue derrotado.

LÓPEZ (José Hilario), militar y político colombiano (Popayán 1798-Neiva 1869). En 1828 se alzó contra Bolívar. Presidente de la república (1849-1853).

LÓPEZ (Lucio Vicente), escritor argentino (Montevideo 1848-Buenos Aires 1894). Periodista e investigador de temas históricos y jurídicos, escribió relatos y la novela *La gran aldea* (1884).

LÓPEZ (Vicente Fidel), historiador, escritor y político argentino (Buenos Aires 1815-*id.* 1903), autor de *Manual de historia de Chile* (1845) e *Historia de la República Argentina* (1883-1893) y de narraciones de tema histórico.

LÓPEZ ALBÚJAR (Enrique), escritor peruano (Piura 1872-Lima 1966). En sus *Cuentos andinos* (1920) y novelas (*Matalaché*, 1928), denuncia la realidad social de los indios.

LÓPEZ ARELLANO (Osvaldo), militar y político hondureño (Danlí 1921). Ocupó el poder, tras encabezar golpes de estado, en 1963-1971 y 1972-1975.

LÓPEZ BUCHARDO (Carlos), compositor argentino (Buenos Aires 1881-*id.* 1948), autor de óperas (*El loco del alma*, 1914), comedias musicales (*Madame Lynch*, 1932; *Amalia*, 1935) y piezas para piano.

LÓPEZ CONTRERAS (Eleazar), militar y político venezolano (Queniquea, Táchira, 1883-Caracas 1973). Participó en la revolución liberal restauradora de 1899 y en la pacificación del país (1900-1903). Fue presidente de la república (1936-1941).

LÓPEZ DE AYALA (Pero), escritor y político castellano (Vitoria 1332-Calahorra 1407). Compuso el poema didáctico *Rimado de palacio*, cuatro *Crónicas* de dos reyes castellanos y un *Libro de cetrería*.

LÓPEZ DE GÓMARA (Francisco), historiador de Indias (Gómara, Soria, 1511-*¿id.?* a. de 1566), autor de *Historia general de las Indias y conquista de México* (1522).

LÓPEZ DE HERRERA (Alonso), pintor mexicano (México 1579-†c. 1654). Dominico, su pintura religiosa se distingue por una tonalidad cálida y la perfección del dibujo (*El divino rostro*, 1643, catedral de México).

LÓPEZ DE MESA (Luis), escritor y político colombiano (Donmatías 1884-Medellín 1967). Autor de ensayos sociológicos (*El factor étnico*, 1927) y de novelas (*Iola*, 1918).

LÓPEZ DE ROMAÑA (Eduardo), político peruano (Arequipa 1847-†1912). Miembro del Partido civilista, fue presidente de la república (1899-1903).

LÓPEZ DE ÚBEDA (Francisco), escritor y médico español de los ss. XVI y XVII, nacido en Toledo, autor del *Libro de entretenimiento de la pícara Justina* (1605).

LÓPEZ DE ZÚÑIGA (Francisco), *marqués* **de Baides** (Pedrosa, Valladolid, 1599-† en alta mar 1655). Gobernador de Chile (1639-1646), firmó con los indios el tratado de Quillén (1641).

LÓPEZ GUTIÉRREZ (Rafael), militar y político hondureño (1854-1924). Presidente del país en 1920, al finalizar su mandato se proclamó dictador (1924).

LÓPEZ MATEOS (Adolfo), político mexicano (Atizapán de Zaragoza 1910-México 1969). Presidente de la república (1958-1964), volvió al liberalismo económico.

LÓPEZ MICHELSEN (Alfonso), político colombiano (Bogotá 1913). Fundó el Movimiento revolucionario liberal (1958) y fue presidente de la república (1974-1978).

LÓPEZ PORTILLO (José), político y jurista mexicano (México 1920-id. 2004). Presidente de la república (1976-1982), tras un despegue industrial del país, la crisis le llevó a la nacionalización de la banca en 1982. Es autor de obras sobre teoría del estado.

LÓPEZ PORTILLO Y ROJAS (José), escritor y político mexicano (Guadalajara 1850-México 1923). Su obra, de un realismo influido por Pereda, incluye novelas (*La parcela*, 1898; *Los precursores*, 1909; *Fuertes y débiles*, 1919).

LÓPEZ PUMAREJO (Alfonso), político colombiano (Honda 1886-Londres 1959), presidente de la república en 1934-1938 y 1942-1945, presidió el consejo de seguridad de la O.N.U. (1947). Fundó varios periódicos.

LÓPEZ RODEZNO (Arturo), pintor y ceramista hondureño (Copán 1906). Se destaca por su abundante obra de ceramista destacan los murales del aeropuerto de Tocontín (1943) y del hotel Duncan Mayab.

LÓPEZ VELARDE (Ramón), poeta mexicano (Jerez, Zacatecas, 1888-México 1921), precursor de la moderna poesía mexicana: *La sangre devota* (1916) y *Zozobra* (1919). Póstumamente se publicaron *El son del corazón* (1932), con su conocido poema *La suave patria*.

LÓPEZ Y FUENTES (Gregorio), escritor mexicano (*El Mamey* 1887-México 1966). Poeta modernista, destacó como novelista de la revolución mexicana: *Campamento*, 1931; *Tierra*, 1932; *¡Mi general!*, 1934, a las que siguieron *El indio* (1935) y *Milpa, potrero y monte* (1951).

LÓPEZ Y PLANES (Vicente), político y poeta argentino (Buenos Aires 1784-† 1856). Luchó contra los británicos (1806-1807) y fue presidente de la república (1827-1828). Es autor de la letra del himno nacional.

LOQUERA n. f. Jaula de locos. **2.** *Amér.* Locura, desatino.

LOQUERO, A n. Persona que tiene por oficio cuidar locos. **2.** *Méx. Fam.* Siquiatrica. ♦ n. m. **3.** *Argent.* Hospicio, clínica siquiátrica.

LORA n. f. *Amér. Merid. Fig.* y *fam.* Mujer charlatana. **2.** *Chile.* Hembra del loro. **3.** *Colomb., C. Rica, Ecuad., Hond., Nicar.* y *Perú.* Loro.

LORAN n. m. (de LOng Range Aid to Navigation, ayuda de navegación a larga distancia). Procedimiento de radionavegación que permite a un aviador o a un navegante determinar su posición con relación a tres estaciones.

LORCA, c. de España (Murcia), cab. de p. j.; 67 024 hab. (*Lorquinos.*) Centro comarcal del Campo de Lorca. Industria alimentaria; curtidos; cemento. Centro monumental: plaza Mayor (ayuntamiento, palacio de justicia y colegiata de San Patricio, con fachadas barrocas). Antiguo castillo y barrios medievales; palacios renacentistas y barrocos; iglesias barrocas.

LORENA, en fr. **Lorraine**, región histórica y administrativa del E de Francia; 23 547 km²; 2 305 726 hab. Cap. Metz.

LORENA (Claude **Gellée**, llamado **Claude Lorrain** y en España **Claudio de**), pintor francés (Chamagne 1600-Roma 1682), uno de los grandes maestros del paisaje «histórico» (*Jacob y las hijas de Labán*).

LORENÉS, SA adj. y n. De Lorena.

LORENTZ (Hendrik Antoon), físico neerlandés (Arnhem 1853-Haarlem 1928). Obtuvo el premio Nobel de física en 1902 por su teoría electrónica de la materia, que describe el comportamiento individual de los electrones y entronca con la teoría macroscópica de Maxwell.

LORENZ (Konrad), etólogo y zoólogo austríaco (Viena 1903-Altenberg, Baja Austria, 1989). Uno de los fundadores de la etología moderna. (Premio Nobel de fisiología y medicina 1973.)

LORETO, región administrativa del N de Perú, que constituye el departamento amazónico; 368 852 km²; 672 400 hab. Cap. Iquitos.

LORETO, localidad de México (mun. de Comondú, Baja California Sur), junto al golfo de California. Puerto pesquero. Importante centro turístico. La misión de Nuestra Señora de Loreto, fundada en 1697, fue el centro de la expansión misionera en California.

LORI n. m. Pequeño loro de Oceanía.

LORIGA n. f. (lat. *loricam*). Cota de malla medieval. **2.** Armadura del caballo para la guerra.

LORO n. m. (de la voz caribe *roro*). Papagayo. **2.** *Fig.* Mujer fea. **3.** *Fig.* Persona que habla mucho. **4.** *Chile.* Orinal de cristal para los enfermos. **5.** *Chile.* Individuo enviado por que, con cierto disimulo, averigüe alguna cosa. • **Estar al loro** (*Fam.*), estar al corriente de lo que sucede; estar a la moda. ‖ **Loro barraquero** (*Argent.*), ave de la familia de los sitácidas, que forma bandadas y nidifica generalmente en cuevas.

LORRAIN (Claude) → **Lorena** (Claudio de).

LORZA n. f. Pliegue que lleva una costura paralela al dobleż.

LOS ÁLAMOS, localidad de Estados Unidos (Nuevo México), centro de investigaciones nucleares. En la región se probó la primera bomba atómica.

LOS ÁNGELES, c. y puerto de Estados Unidos (California), 3 485 398 hab. (8 863 164 en la aglomeración, la segunda de E.U.A., con importantes minorías hispanohablantes y de color). Centro cultural, artístico (universidades, museos), financiero e industrial. Hollywood es uno de sus barrios.

LOSA n. f. Placa de mármol, piedra, vidrio, cemento, etc., que se emplea para revestir suelos, muros de edificios, cubrir sepulcros, etc. **2.** Placa de hormigón de gran superficie empleada como pavimento. **3.** *Fig.* Sepulcro.

LOSADA o **LOZADA** (Diego **de**), conquistador español (Río Negro del Puente, Zamora, c. 1511-El Tocuyo, Venezuela, 1569). Estuvo en Puerto Rico y participó en diversas expediciones y fundaciones en Venezuela (Nueva Segovia, act. Barquisimeto, 1552; Santiago de León de Caracas, 1567).

LOSAR v. tr. [1]. Enlosar.

LOSETA n. f. Losa pequeña que se emplea para revestimiento de paredes y pavimentación de interiores.

LOSEY (Joseph), director de cine norteamericano (La Crosse, Wisconsin, 1909-Londres 1984). Obligado a exiliarse en Gran Bretaña, en donde adquirió reputación internacional: *El sirviente* (1963), *Accidente* (1967), *El mensajero* (1971), etc.

LOT, personaje bíblico, sobrino de Abraham. Establecido en Sodoma, escapó de la legendaria destrucción de la ciudad. Su mujer fue convertida en estatua de sal por haber mirado hacia atrás.

LOTA, c. y puerto de Chile (Biobío); 50 173 hab. La ciudad baja es un centro de veraneo; en la alta se explotan minas de carbón. Fundiciones de cobre.

LOTE n. m. (fr. *lot*). Cada una de las partes en que se divide un todo que se ha de distribuir entre varias personas. **2.** Lo que le toca a cada uno en la lotería u otros juegos en que se sortean sumas desiguales. **3.** Conjunto de objetos que se agrupan con un fin determinado: *regalar un lote de Navidad*. **4.** *Vulg.* Magreo: *pegarse el lote.*

LOTERÍA n. f. Juego de azar, administrado por el estado, en que se premian con diversas cantidades varios billetes sacados a la suerte entre un gran número de ellos que se ponen en venta. **2.** Casa en que se despachan los billetes de lotería. **3.** Bingo. • **Caerle, o tocarle, una lotería**, corresponderle uno de los premios; (*Irón.*), sucederle accidentalmente algún acontecimiento desagradable o molesto.

LOTERO, A n. Persona que vende lotería o tiene a su cargo un despacho de billetes de lotería.

LOTO n. m. (lat. *lotum*; del gr. *lotos*). Planta acuática, de hojas coriáceas y flores grandes y olorosas, que abunda en las orillas del Nilo. **2.** Flor y fruto de esta planta. **3.** Arbusto de las regiones desérticas, cuyas bayas tónicas son suculentas. **4.** Planta ebenácea de fruto comestible.

LOURDES, c. de Francia (Hautes-Pyrénées); 16 581 hab. Importante centro de peregrinaciones consagrado a la Virgen, desde las visiones, en 1858, de Bernadette Soubirous.

LOURENÇO MARQUES → **Maputo**.

LOUVAIN → **Lovaina**.

LOUVIÈRE (La), mun. de Bélgica (Hainaut); 76 432 hab.

LOVAINA, en fr. **Louvain**, en neerlandés **Leuven**, c. de Bélgica, en el Brabante, a orillas del Dyle; 85 018 hab. Ayuntamiento del s. XV. Célebre por su universidad, de 1425.

LOVANIENSE adj. y n. m. y f. De Lovaina.

LOVECRAFT (Howard Phillips), escritor norteamericano (Providence, Rhode Island, 1890-id. 1937), maestro del género fantástico y uno de los precursores de la ciencia ficción.

LOWRY (Malcolm), escritor británico (Birkenhead, Cheshire, 1909-Ripe, Sussex, 1957). En su novela, *Bajo el volcán* (1947) plasmó la desesperación de la soledad.

LOYNAZ (Dulce María), poeta cubana (La Habana 1903-id. 1997). Su obra se sitúa en el intimismo posmodernista: *Versos*, 1938; *Poemas sin nombre*, 1953. [Premio Cervantes 1992.]

LOYO n. m. Hongo chileno comestible.

LOZA n. f. Cerámica de pasta porosa recubierta por un barniz vítreo, transparente u opaco. **2.** Conjunto de objetos de este material destinados al ajuar doméstico. • **Loza dura, o pedernal**, o **pedernal**, especie de loza, cuya pasta, que contiene feldespato, es dura, fina y opaca. ‖ **Loza fina**, cerámica de pasta blanca y fina, revestida de un esmalte transparente.

LOZANEAR v. tr. [1]. y pron. [1]. Ostentar lozanía. ♦ v. intr. **2.** Estar en la edad lozana. **3.** Mostrarse orgulloso.

LOZANÍA n. f. Calidad de lozano.

LOZANO, A adj. Con mucho vigor y vitalidad: *planta lozana*. **2.** De aspecto sano y juvenil: *persona lozana*. **3.** Gallardo.

LOZANO (Abigail), poeta venezolano (Valencia 1821-Nueva York 1866), de un romanticismo retórico (*Oda a Barquisimeto*) o intimista (*Horas de martirio*, 1846).

LOZANO (Cristóbal), pintor peruano (Lima inicios del s. XVIII-id. 1776), autor de los retratos de los virreyes (museo nacional) y de pintura religiosa.

LOZANO (Jorge Tadeo), prócer y escritor colombiano (Bogotá 1771-id. 1816). Independentista, participó en la redacción de la constitución de 1811. Fue fusilado por Morillo.

LOZZA (Raúl), pintor argentino (Alberti, Buenos Aires, 1911), integrante de los grupos Contrapunto y Arte concreto-Invención de arte abstracto.

Lr, símbolo químico de lawrencio.

L.S.D. n. m. (siglas de *lysergic acid diethylamide*). Derivado del ácido lisérgico, alu-

433

LU

cinógeno de síntesis que modifica las sensaciones visuales y auditivas.
Lu, símbolo químico del *lutecio.*
LU XUN o **LU SIUN,** escritor chino (Shaoxing 1881-Shanghai 1936), considerado el mejor novelista de la China moderna (*Historia verídica de Ah Q,* 1921).
LÚA n. f. Especie de guante de esparto.
LUANDA, c., puerto y cap. de Angola, junto al Atlántico; 1 200 000 hab.
LÜBECK, c. y puerto de Alemania (Schleswig-Holstein), cerca del Báltico; 212 932 hab. Metalurgia. Industria agroalimentaria. Importantes monumentos medievales y barrocos. Museos. Fue el centro de la Hansa de 1230 a 1535.
LUBINA n. f. Especie de perca grande, común en las costas mediterráneas. (Familia morónidos.)
LUBITSCH (Ernst), director de cine norteamericano de origen alemán (Berlín 1892-Hollywood 1947). Después de realizar algunas películas en Alemania, se estableció en E.U.A. (1923), donde se convirtió en autor de comedias irónicas (*La viuda alegre,* 1934, *Ser o no ser,* 1942, etc.).
LUBLIN, c. de Polonia, al SE de Varsovia; 352 500 hab. Monumentos de los ss. XIV-XVIII. Sede del gobierno provisional de Polonia (1918-1944).
LUBRICACIÓN o **LUBRIFICACIÓN** n. f. Acción y efecto de lubricar.
LUBRICANTE o **LUBRIFICANTE** adj. y n. m. Dícese de toda sustancia útil para lubricar. ◆ n. m. **2.** Composición o mezcla, por lo común de naturaleza orgánica, que se agrega a las materias moldeables a fin de facilitar el desmoldeo de las piezas o la fabricación de los materiales. **3.** Producto o sustancia utilizados para el engrase o lubricación.
LUBRICAR o **LUBRIFICAR** v. tr. (lat. *lubricare,* hacer resbaladizo) [**1a**]. Hacer resbaladiza una cosa. **2.** Impregnar con una sustancia grasa u oleosa las superficies que frotan entre sí en las máquinas, motores, mecanismos, etc., para facilitar su funcionamiento: *lubricar los cojinetes.*
LÚBRICO, A adj. (lat. *lubricum*). Resbaladizo. **2.** *Fig.* Propenso a la lujuria o que refleja lujuria.
LUCANO, poeta latino de origen hispano (Córdoba 39-Roma 65), sobrino de Séneca el Filósofo. Es autor de una epopeya sobre la lucha entre César y Pompeyo (la *Farsalia,* conocida también como *La guerra civil*).
LUCAS (san), uno de los cuatro evangelistas. Compañero de san Pablo y autor del tercer Evangelio y de los *Hechos de los Apóstoles,* defendió la universalidad del mensaje evangélico.
LUCAS GARCÍA (Fernando Romeo), militar y político guatemalteco (Guatemala 1925), presidente de la República (1978-1982).
LUCAYAS (islas) → **Bahamas.**
LUCENA, c. de España (Córdoba), cab. de p. j.; 32 054 hab. (*Lucentinos.*) Olivos; industria aceitera. Iglesia de San Mateo, con fachada gótica.
LUCENSE adj. y n. m. y f. De Lugo SIN.: *lugués.* **2.** Relativo a uno de los pueblos en que se dividían los galaicos; individuo de este pueblo.
LUCERNA n. f. (voz latina). Araña, lámpara grande para alumbrar. **2.** Claraboya.
LUCERNA, en alem. *Luzern,* en fr. *Lucerne,* c. de Suiza, cap. del cantón homónimo, a orillas del lago de los Cuatro Cantones; 61 034 hab. Monumentos medievales y barrocos.
LUCERO n. m. Astro grande y brillante. **2.** Lunar blanco y grande que tienen en la frente algunos cuadrúpedos. • **Lucero del alba, de la mañana, matutino de la tarde,** o *vespertino, el planeta Venus.* ◆ **luceros** n. m. pl. **3.** *Fig.* Ojos.
LUCHA n. f. (lat. *luctam*). Acción de luchar, combate de dos personas. **2.** Deporte consistente en el combate cuerpo a cuerpo entre dos personas que tratan de derribarse, siguiendo ciertas reglas. **3.** Esfuerzo realizado por dos personas, pueblos, facciones, tendencias, etc., para vencerse mutuamente y ganar una causa: *luchas políticas, religiosas.* **4.** Acción de dos fuerzas que actúan en sentido contrario, antagonismo: *la lucha de los elementos naturales.* **5.** *Fig.* Desasosiego, inquietud del ánimo: *mantener serias luchas interiores.* • **Hacer la lucha** *(Méx.),* esforzarse por conseguir algo.
LUCHADOR, RA n. Persona que lucha, o que toma parte en luchas ideológicas. **2.** Deportista que practica la lucha.
LUCHAR v. intr. (lat. *luctare*) [**1**]. Contender, pelear cuerpo a cuerpo dos o más personas. **2.** Batallar, batirse. **3.** *Fig.* Contraponerse, estar en oposición. **4.** *Fig.* Tratar de vencer obstáculos, dificultades, para librarse de algo o conseguirlo. **5.** Practicar las modalidades del deporte de la lucha.
LUCHE n. m. *Chile.* Juego de la raya.
LUCHE n. m. *Chile.* Especie de alga comestible.
LUCHÓN, NA adj. *Méx. Fam.* Esforzado, que hace todo lo posible para alcanzar sus objetivos.
LUCIANO de Samosata, escritor griego (Samosata, Siria, c. 125-† c. 192), autor de diálogos (*Diálogos de los dioses, Diálogos de los muertos*).
LUCIDEZ n. f. Calidad de lúcido. • **Lucidez mental** (SICOL.), cristestesia.
LÚCIDO, A adj. (lat. *lucidum*). Claro o inteligible: *palabras lúcidas.* **2.** Que comprende claramente: *mente lúcida.* **3.** En condiciones de pensar normalmente. **4.** *Poét.* Resplandeciente.
LUCIENTE adj. Brillante: *ojos lucientes.*
LUCIÉRNAGA n. f. (del lat. *lucernam,* candil). Insecto coleóptero de cuerpo blando, cuya hembra está dotada de un aparato luminiscente.
LUCIFER, uno de los nombres del demonio. Es el ángel de la Luz, caído tras rebelarse contra Dios.
LUCIFERINO, A adj. Relativo a Lucifer.
LUCÍFERO, A adj. *Poét.* Luminoso.
LUCIMIENTO n. m. Acción y efecto de lucir o lucirse.
LUCIO n. m. (lat. *lucium*). Pez de agua dulce, voraz, cuyas aletas posteriores le permiten alcanzar una gran velocidad. (Familia esócidos.)
LUCIO (Rafael), médico mexicano (Jalapa 1819-México 1886). Fundador y presidente de la escuela de medicina, escribió en colaboración con I. Alvarado *Opúsculo sobre el mal de San Lázaro* (1851), estudio sobre la lepra.
LUCIR v. intr. (lat. *lucere*) [**3g**]. Brillar, resplandecer. **2.** *Fig.* Corresponder notoriamente el provecho al trabajo o realizar un empleado: *el estudio no le luce.* **3.** *Amér.* Ofrecer cierta imagen, aspecto exterior. ◆ v. tr. **4.** Manifestar, mostrar alguna cosa o hacer ostentación de ella: *lucir una joya.* ◆ v. intr. v. pron. **5.** *Fig.* Sobresalir, resaltar: *su belleza luce entre las demás.* ◆ **lucirse** v. pron. **6.** Vestirse y adornarse con esmero. **7.** *Fig.* Salir airoso, causar buena impresión: *lucirse en un discurso.* **8.** Quedar chasqueado, defraudado, etc.
LUCRAR v. tr. (lat. *lucrare,* ganar) [**1**]. Lograr o conseguir algo: *lucrar un buen sueldo.* ◆ **lucrarse** v. pron. **2.** Sacar provecho: *lucrarse con un negocio.*
LUCRATIVO, A adj. Que proporciona lucro.
LUCRECIA BORGIA → **Borja.**
LUCRECIO, poeta latino (¿Roma? c. 98-55 a. J.C.). En *De rerum natura,* epopeya inspirada en la ciencia y en la filosofía epicúreas, expuso, de modo poético, su moral del placer, o bien supremo.
LUCRO n. m. (lat. *lucrum*). Ganancia o provecho que se obtiene de algo, especialmente de un negocio: *tener afán de lucro; el lucro del trabajo.*

LUCTUOSO, A adj. (lat. *luctuosum*). Triste y digno de llanto: *noticia luctuosa.*
LUCUBRACIÓN n. f. Acción o efecto de lucubrar.
LUCUBRAR v. tr. (lat. *lucubrare*) [**1**]. Dedicarse intensamente a trabajos intelectuales o artísticos, especialmente dedicando a ello las noches.
LÚCUMA n. f. *Chile y Perú.* Fruto del lúcumo que es muy usado en repostería.
LÚCUMO n. m. *Chile y Perú.* Planta arbórea de la familia de las sapotáceas.
LUDIBRIO n. m. (lat. *ludibrium*). Escarnio, desprecio.
LÚDICO, A o **LÚDICRO, A** adj. (lat. *ludicrum*). Relativo al juego: *actividad lúdica.*
LUDIR v. tr. [**3**]. Frotar, rozar una cosa con otra: *ludir dos piedras.*
LUDÓPATA n. m. y f. Afecto de ludopatía.
LUDOPATÍA n. f. Hábito de quien se deja dominar por el juego de azar de forma irresistible y compulsiva.
LUDOTECA n. f. Local con una serie de juegos y de juguetes puestos a disposición del público, en particular de los niños.
LUEGO adv. y c. *Lat.* Después: *primero trabaja y luego te divertirás.* ◆ adv. t. **2.** Pronto, en seguida: *espero luego tu contestación.* • **Hasta luego,** expresión con que se despide alguien que se espera volver a ver dentro de poco tiempo. || **Luego luego** *(Méx.),* de inmediato, en seguida: *luego luego nos atendieron.* || **Luego que,** en seguida que. ◆ conj. **3.** Denota deducción o consecuencia: *esto no puede ser, luego no es verdad.* || **Desde luego,** indudablemente.
LUENGO, A adj. (lat. *longum*). Largo: *luengas barbas.*
LUGANO n. m. Pájaro, de 12 cm de long., con pico cónico, muy puntiagudo, que vive en América del Norte y Europa y nidifica en Europa central, en los Alpes y los Pirineos. (Familia fringílidos.)
LUGANO, c. de Suiza (Ticino), junto al *lago de Lugano;* 25 334 hab. Turismo. Catedral medieval con fachada renacentista. Iglesia de Santa María de los Ángeles del s. XVI (frescos de Luini).
LUGAR n. m. (lat. *localem*). Porción determinada del espacio. **2.** Sitio, paraje o localidad: *ir siempre al mismo lugar.* **3.** Situación relativa de algo en una serie o jerarquía: *relegar a un segundo lugar.* **4.** Puesto, empleo, oficio: *ocupar un buen lugar en la empresa.* **5.** Tiempo, ocasión, oportunidad: *hacer lugar para divertirse.* **6.** Causa, motivo: *dar lugar a sospechas.* **7.** *Chile.* Letrina. • **A como dé lugar** *(Méx.),* sea como sea, a toda costa, cueste lo que cueste: *a como dé lugar tengo que terminar hoy.* || **En lugar de,** en sustitución de, en vez o cosa; al contrario, lejos de. || **En primer lugar,** primeramente. || **Fuera de lugar,** poco oportuno o no adecuado al momento o a la circunstancia. || **Hacer lugar,** dejar libre un sitio o una parte de él. || **Hacerse lugar,** hacerse estimar o tender entre otros. || **Lugar común,** expresión trivial o ya muy empleada en casos análogos; letrina. || **Lugar geométrico** (MAT.), conjunto de puntos que gozan de una propiedad determinada y característica. || **Tener lugar,** ocurrir, suceder algo.
LUGAREÑO, A adj. y n. De los lugares o poblaciones pequeñas.
LUGARTENIENTE n. m. Persona que tiene autoridad y poder para sustituir a otro en algún cargo.
LUGO (*provincia de*), prov. de España, en Galicia; 9803 km²; 381 511 hab. Cap. *Lugo.* Al E, las sierras de Meira, Ancares y Caurel dominan la *meseta de Lugo,* en el centro de la provincia, atravesada por el Miño, y el afluente del Sil, al S.
LUGO, c. de España, cap. de la prov. homónima y cab. de p. j.; 87 605 hab. (*Lucenses* o *lugueses.*) A orillas del Miño. Centro comercial agropecuario e indus-

trias derivadas. Conserva las murallas romanas. Catedral de origen románico (s. XII), con naves góticas (s. XIV) y fachada neoclásica. Iglesias y conventos (ss. XV-XVI). Ayuntamiento (s. XVIII).

LUGONES (Leopoldo), escritor argentino (Santa María del Río Seco, Córdoba, 1874-Buenos Aires 1938). Original representante del modernismo rioplatense, tras sus primeros libros de poesía publicó su obra capital, *Lunario sentimental*, decantándose luego hacia los temas nacionales: *Odas seculares*, 1910; *El libro de los paisajes*, 1916. Posteriores son *Poemas solariegos*, 1927; *Romances del Río Seco*, 1938. De su prosa destacan: *La guerra gaucha*, 1905; *Las fuerzas extrañas*, 1906; *El payador*, 1916; *Cuentos fatales*, 1924. Se suicidó.

LÚGUBRE adj. (lat. *lugubrem*). Triste, fúnebre: *imagen lúgubre*.

LUGUÉS, SA adj. y n. Lucense, de Lugo.

LUIS IX o **SAN LUIS** (Poissy 1214 o 1215-Túnez 1270), rey de Francia [1226-1270], hijo de Luis VIII y Blanca de Castilla. Acabó la guerra contra los albigenses (1229). Participó en la séptima cruzada. Reforzó la autoridad real y reformó la justicia.

LUIS XIV el Grande o **el Rey Sol** (Saint-Germain-en-Laye 1638-Versalles 1715), rey de Francia [1643-1715], hijo de Luis XIII y de Ana de Austria. Reinó con un poder absoluto y se consideró monarca de derecho divino. Quiso imponer sus criterios en Europa; consiguió que su nieto Felipe V ocupase el trono de España. Su corte en Versalles alcanzó un gran esplendor.

LUIS XVI (Versalles 1754-París 1793), rey de Francia [1774-1791], nieto de Luis XV. Casó con la archiduquesa María Antonieta de Austria. A pesar del acierto de apoyar la independencia de las colonias norteamericanas, la situación económica se deterioró. La crisis desembocó en la convocatoria de estados generales (1788), el tercero de los cuales se convirtió en asamblea constituyente (1789). El rey, obligado a jurar la constitución, intentó huir de Francia (1791), quiso frenar la Revolución y se hizo impopular. Hecho prisionero (1792), fue guillotinado.

LUISA n. f. Planta aromática de jardín, cuyas hojas se usan en infusiones estomáquicas y antiespasmódicas. (Familia verbenáceas.) SIN.: *hierba luisa*.

LUISIANA, en ingl. **Louisiana**, estado del S de Estados Unidos, a orillas del golfo de México; 125 674 km²; 4 219 973 hab. Cap. *Baton Rouge*. C. pral. *New Orleans*.

LUISIANA, ant. territorio colonial, que se extendía de los Grandes Lagos al golfo de México, y de los Allegheny a México. En 1519, A. Álvarez de Pineda descubrió el litoral, pero, a pesar de diversas expediciones (Hernández de Soto, Vázquez de Coronado), los españoles se desentendieron del territorio. En 1682 Cavelier de la Salle tomó posesión en nombre de Luis XIV, y empezó la colonización francesa. Durante la guerra entre España y Francia, los españoles ocuparon Pensacola (1721). Tras la guerra de los Siete años, Francia cedió a Gran Bretaña la Luisiana oriental, al E del Mississippi (tratado de París, 1763), y a España el resto del territorio (tratado de Fontainebleau, 1763), en compensación por la pérdida de Florida. En 1800 (segundo tratado de San Ildefonso) la colonia fue devuelta a Francia, y en 1803 Napoleón la vendió a E.U.A.

LUJÁN, partido de Argentina (Buenos Aires); 80 712 hab. *Santuario de Nuestra Señora de Luján* (s. XVIII), de estilo neoclásico, el centro mariano más importante de Argentina. Museo histórico.

LUJÁN DE CUYO, dep. de Argentina (Mendoza); 79 983 hab. Refinería de petróleo. Industria vinícola.

LUJO n. m. (lat. *luxum*). Suntuosidad, riqueza ostentosa. **2.** Aquello que pone de manifiesto que quien lo hace dispone de mucho dinero, tiempo, libertad, etc.: *darse el lujo de perder dos horas en la peluquería*. **3.** *Fig.* Abundancia de algo que no siempre es necesario: *un gran lujo de detalles*. • **De lujo**, que corresponde a gustos rebuscados y costosos y no a primeras necesidades: *artículo de lujo*.

LUJOSO, A adj. Relativo al lujo: *residencia lujosa*.

LUJURIA n. f. Apetito desordenado del goce sexual. **2.** *Fig.* Exceso o abundancia de alguna cosa: *ser alguien feo con lujuria*.

LUJURIANTE adj. Abundante, exuberante.

LUJURIOSO, A adj. y n. Dado a la lujuria. ♦ adj. **2.** Dícese de los actos, conducta, etc., en que se manifiesta la lujuria.

LULES, dep. de Argentina (Tucumán); 44 763 hab. Caña de azúcar, arroz, maíz.

LULIANO, A adj. y n. Relativo a Ramon Llull o a sus doctrinas.

LULIO (Raimundo) → **Llull** (Ramon).

LULO n. m. *Chile*. Envoltorio, lío o paquete, de forma cilíndrica. **2.** *Chile*. *Fig.* Persona alta y delgada, en particular refiriéndose a adolescentes.

LULÚ n. m. Raza de perros de hocico puntiagudo y pelaje largo y abundante.

LUMA n. f. Planta arbórea, que puede alcanzar los 20 m de alt., de madera dura y pesada. (Familia mirtáceas.) **2.** Madera de este árbol. **3.** *Chile*. Bastón que usan los carabineros.

LUMAQUELA n. f. Roca calcárea que contiene numerosas conchas de moluscos.

LUMBAGO n. m. Dolor vivo de la musculatura lumbar, de origen reumático o traumático. SIN.: *lumbalgia*.

LUMBAR adj. ANAT. Relativo a la región situada en el dorso, entre el borde inferior de las últimas costillas y la cresta ilíaca, en la parte superior e inferior del tronco.

LUMBRE n. f. (lat. *lumen*). Fuego encendido para cocinar o calentarse. **2.** Materia combustible encendida. **3.** Espacio que una puerta, ventana u otro vano dejan franco a la entrada de la luz. **4.** Brillo, claridad. • **Dar lumbre**, aproximar el pedernal herido del eslabón; *(fam.)*, prestar alguien a un fumador una cerilla, mechero, etc., para que encienda su cigarrillo.

LUMBRERA n. f. Cuerpo que despide luz. **2.** *Fig.* Persona de talento o sabia. **3.** CONSTR. Abertura, tronera o caño que, desde el techo de una habitación o desde la bóveda de una galería, comunica con el exterior y proporciona luz o ventilación. **4.** MEC. En las máquinas de vapor, cada uno de los orificios o aberturas que permiten que este fluido pase del cilindro a la caja de distribución y viceversa.

LUMEN n. m. (pl. *lumen* o *lúmenes*). Unidad de medida del flujo luminoso (símbolo lm), equivalente al flujo luminoso emitido en un ángulo sólido de un estereorradián por una fuente puntual uniforme de una candela de intensidad, situada en el vértice del ángulo sólido.

LUMIÈRE (Louis), químico e industrial francés (Besançon 1864-Bandol 1948). Junto con su hermano **Auguste** (Besançon 1862-Lyon 1954), inventó el cinematógrafo (1895) y también un sistema de fotografía en color (1903).

LUMINANCIA n. f. Cociente entre la intensidad luminosa de una superficie y su área aparente, para un observador lejano.

LUMINAR n. m. Estrella, astro. **2.** *Fig.* Lumbrera, persona de talento.

LUMINARIA n. f. (lat. *luminaria*). Cada una de las luces que se ponen en los balcones, torres, monumentos, etc., en señal de fiesta, solemnidad o ceremonia de carácter público. **2.** *Méx.* Actor o actriz muy famoso: *las luminarias del cine nacional*. **3.** LITURG. Luz que arde en los templos delante del altar.

LUMÍNICO, A adj. Relativo a la luz.

LUMINISCENCIA n. f. Característica propia de numerosas sustancias que emiten luz a bajas temperaturas bajo el efecto de una excitación.

LUMINISCENTE adj. Que emite rayos luminosos por luminiscencia.

LUMINOSIDAD n. f. Calidad de luminoso. **2.** Potencia total irradiada por un astro, considerada la totalidad del espectro electromagnético y en todas las dimensiones.

LUMINOSO, A adj. (lat. *luminosum*). Que despide luz. **2.** Dícese de las ideas, enseñanzas, explicaciones muy claras o acertadas: *una idea luminosa*.

LUMINOTECNIA n. f. Técnica de la iluminación con luz artificial.

LUMINOTÉCNICO, A adj. Relativo a la luminotecnia. ♦ n. **2.** Persona especializada en luminotecnia.

LUMUMBA (Patrice), político congoleño (Katako Kombé 1925-Elisabethville 1961). Luchó por la independencia del Congo Belga (Rep. Dem. del Congo).

LUNA n. f. (lat. *lunam*). Satélite natural de la Tierra. (Con este significado suele escribirse con mayúscula.) **2.** Luz nocturna que este satélite refleja. **3.** Satélite natural de un planeta cualquiera: *las lunas de Júpiter*. **4.** *Fig.* Manía pasajera o variación brusca del estado de ánimo: *cambiar de luna cada cinco minutos*. **5.** Espejo o pieza de cristal de gran tamaño: *las lunas de los escaparates*. **6.** Cristal de los anteojos. • **Dejar, o quedarse, uno a la luna, o a la luna de Valencia** *(Fam.)*, dejar o quedarse chasqueado. ‖ **Estar en la luna** *(Fam.)*, estar distraído. ‖ **Luna de miel**, primeros tiempos del matrimonio. ‖ **Luna llena**, fase de la Luna en la que ésta, al encontrarse en oposición al Sol con respecto a la Tierra, presenta a la Tierra su hemisferio iluminado, por lo que es visible bajo el aspecto de un disco entero. ‖ **Luna nueva**, fase de la Luna en la que ésta, al encontrarse entre el Sol y la Tierra, presenta a la Tierra su hemisferio oscuro, por lo que es invisible. ‖ **Media luna** *(fig.)*, islamismo; *(fig.)*, imperio turco. ‖ **Pedir la luna** *(Fam.)*, pedir algo imposible o muy difícil.

LUNA *(isla de la)* o **COATI**, isla de Bolivia, en el lago Titicaca. Restos arqueológicos incaicos.

LUNACIÓN n. f. Tiempo que transcurre entre dos lunas nuevas consecutivas (29,5 días).

LUNADA n. f. *Méx.* Fiesta o reunión nocturna al aire libre que se realiza cuando hay luna llena.

LUNADO, A adj. Que tiene figura de media luna.

LUNAR n. m. Pequeña mancha en la piel humana. **2.** Mancha de forma más o menos redondeada que se distingue, por el color, de la superficie que la rodea: *tela de lunares rojos sobre fondo blanco*. **3.** *Fig.* Defecto o imperfección leve.

LUNAR adj. (lat. *lunarem*). Relativo a la Luna.

LUNAREJO, A adj. y n. *Colomb.* y *Perú*. Dícese de la persona que tiene uno o más lunares en la cara. ♦ adj. **2.** *Amér*. Dícese de los animales que tienen lunares en el pelo.

LUNÁTICO, A adj. y n. De estado de ánimo muy variable.

LUNCH n. m. (voz inglesa). Refrigerio que se ofrece a los invitados a una fiesta o celebración. **2.** *Méx.* Lonch.

LUNES n. m. Segundo día de la semana, entre el domingo y el martes.

LUNETA n. f. Cristal o vidrio pequeño de los anteojos. **2.** Cristal trasero del automóvil. • **Luneta térmica**, luneta de automóvil provista de hilos eléctricos al calentar el cristal trasero.

LUNFA n. m. *Argent.* Ratero. **2.** *Argent.* Lunfardo, jerga.

LUN

LUNFARDISMO n. m. Voz, giro o modo de hablar peculiar del lunfardo. **2.** Palabra o giro lunfardos empleados en otra lengua.
LUNFARDO, A adj. Relativo al lunfardo. ♦ n. **2.** Ratero, ladrón. **3.** Chulo, rufián. ♦ n. **4.** Jerga que originariamente empleaban los delincuentes porteños de Buenos Aires, y que se ha ido extendiendo al lenguaje coloquial de los argentinos.
■ El lunfardo, lenguaje de *lunfas* (ladrones), puede considerarse una jerga gremial. Posee un amplio léxico con elementos caló, españoles, italianos, etc., y utiliza métodos para la formación de palabras, como la metáfora, la supresión de fonemas, la sustitución de palabras por similitud del significante o la alteración del orden habitual de las sílabas de la palabra.
LÚNULA n. f. Mancha blanca en forma de elipsoide, situada en la base de las uñas del hombre. **2.** Figura geométrica formada por dos arcos de círculo que tienen las mismas extremidades y cuyas convexidades están orientadas hacia el mismo lado.
LUPA n. f. (fr. *loupe*). Lente convergente que amplía los objetos.
LUPANAR n. m. (lat. *lupanar*). Prostíbulo.
LUPERÓN (Gregorio), patriota dominicano (Puerto Plata 1839-isla de Saint Thomas 1897). Durante la guerra civil de 1871-1882, encabezó los Azules y desempeñó provisionalmente la presidencia en 1879.
LUPIA n. f. *Colomb.* Cantidad insignificante de dinero. (Se usa más en plural.)
LUPINO, A adj. Relativo al lobo. ♦ n. m. **2.** Altramuz. **3.** Fruto de esta planta.
LÚPULO n. m. Planta herbácea trepadora de hasta 5 m de alt., cultivada por sus inflorescencias femeninas, que se utilizan para aromatizar la cerveza. (Familia cannabináceas.)
LUQUE, distr. de Paraguay (Central); 62 761 hab. Agricultura, ganadería e industrias derivadas.
LUQUILLO, sierra de Puerto Rico, en el NE de la isla, que culmina en El Toro (1074 m). En ella se halla el Bosque nacional del Caribe.
LUSAKA, c. y cap. de Zambia, gran centro natural de comunicaciones; 982 362 hab.
LUSINCHI (Jaime), político venezolano (Clarines 1924). Miembro de Acción democrática desde 1941, fue presidente de la república (1984-1989), desde donde impulsó el entendimiento democrático latinoamericano (grupo de Contadora).
LUSITANIA, región de la Hispania romana que comprendía la zona portuguesa del sur del Duero y la actual Extremadura española.
LUSITANISMO o **LUSISMO** n. m. Voz, giro o modo de hablar peculiar de la lengua portuguesa. **2.** Palabra o giro portugueses empleados en otra lengua.
LUSITANO, A o **LUSO, A** adj. y n. Relativo a un pueblo primitivo de la península Ibérica asentado en Lusitania, base étnica de los act. portugueses; individuo de este pueblo. **2.** Portugués.
LUSTRABOTAS n. m. y f. (pl. *lustrabotas*). *Amér. Merid.* Limpiabotas.
LUSTRADO o **LUSTRAMIENTO** n. m. Acción y efecto de lustrar, dar lustre.
LUSTRADOR n. m. *Argent., Bol., Chile, Perú* y *Urug.* El que tiene por oficio lustrar muebles. **2.** *Nicar.* Limpiabotas.
LUSTRAR v. tr. (lat. *lustrare*) [1]. Dar lustre a algo frotándolo con insistencia: *lustrar las botas*.
LUSTRE n. m. Luz que reflejan las cosas tersas o bruñidas. **2.** *Fig.* Lucimiento, gloria, distinción: *trabajar por el lustre de la patria*.
LUSTREAR v. tr. [1]. *Chile.* Lustrar, dar lustre.
LUSTRÍN n. m. *Chile.* Limpiabotas.
LUSTRO n. m. (lat. *lustrum*). Período de cinco años.

LUSTROSO, A adj. Que tiene lustre. **2.** De aspecto lúcido o robusto por el color o la tirantez de la piel.
LUTECIA, ant. c. de la Galia cuyo emplazamiento corresponde al centro de París (Île de la Cité).
LUTECIO n. m. Metal del grupo de las tierras raras, de número atómico 71 y de masa atómica 174,97, cuyo símbolo químico es Lu.
LUTEÍNA n. f. BIOL. Xantofila de color amarillo, que se encuentra en las hojas de los vegetales y en la yema de huevo. **2.** Progesterona.
LÚTEO, A adj. (lat. *luteum*). De lodo.
LUTERANISMO n. m. Doctrina teológica surgida del pensamiento de Lutero en el s. XVI. **2.** Religión basada en esta doctrina.
LUTERANO, A adj. y n. Relativo al luteranismo; que profesa el luteranismo.
LUTERO (Martín), en alem. **Martin Luther**, teólogo y reformador alemán (Eisleben 1483-*id.* 1546). Monje agustino y doctor en teología, obtuvo la cátedra de Sagrada Escritura en la universidad de Wittenberg (1513); atacó el tráfico de indulgencias y el principio mismo de éstas en sus 95 tesis (1517), que fueron el punto de partida de la Reforma. En 1520 fue condenado por Roma, pero continuó su obra; en ese mismo año aparecieron los tres escritos reformadores: el *Manifiesto a la nobleza cristiana de Alemania* (sobre la supremacía romana), *La cautividad de Babilonia* (sobre los sacramentos), *De la libertad del cristiano* (sobre la Iglesia). Tras la dieta de Worms, en la que se negó a retractarse (1521), se pasó al bando de los príncipes imperiales. Dedicó el resto de su vida a estructurar y a defender su obra; publicó su *Catecismo* en 1529. Luchó a la vez contra el catolicismo, que apoyaba al poder político y contra aquellos que, como Zuinglio, daban a su reforma una nueva orientación. Iniciador de un gran movimiento religioso, fue también escritor: sus obras, y, principalmente, su traducción de la Biblia (1521-1534), lo convierten en uno de los primeros grandes prosistas del alemán moderno.
LUTHULI (Albert John), político sudafricano (en Rodesia 1898-Stanger, Natal, 1967). De etnia zulú, luchó contra la segregación racial. (Premio Nobel de la paz 1960.)
LUTO n. m. Situación consiguiente a la muerte de un familiar en que se viste de manera especial y se guardan determinadas formas sociales. **2.** Vestido o cualquier señal exterior, como color varía según los lugares, que acostumbra llevarse tras el fallecimiento de un pariente. **3.** Cualquier manifestación de respeto por la muerte de alguien: *día de luto oficial*. **4.** Dolor por el fallecimiento de un ser querido o por alguna desgracia. • **Aliviar el luto**, vestirse de medio luto. ‖ **Medio luto**, vestido menos severo que se lleva después del luto riguroso.
LUTOCAR n. m. *Chile.* Carrito de mano para recoger basura.
LUTOSLAWSKI (Witold), compositor polaco (Varsovia 1913-*id.* 1994), autor de *Libro para orquesta* y de tres poemas de Henri Michaux.
LUX n. m. Unidad de medida de la iluminación (símbolo lx), equivalente a la iluminación de una superficie que recibe, de manera uniformemente repartida, un flujo luminoso de un lumen por metro cuadrado.
LUXACIÓN n. f. MED. Pérdida permanente de las relaciones normales entre dos superficies articulares.
LUXAR v. tr. y pron. [1]. Provocar o sufrir una luxación.
LUXEMBURGO (Rosa), revolucionaria alemana (Zamość 1870-Berlín 1919). Líder de la socialdemocracia alemana, escribió *Huelga de masas, partido y sindicatos* (1906) y *La acumulación del capital* (1913).

LUXEMBURGO, en fr. **Luxembourg**, estado de Europa occidental; 2586 km²; 380 000 hab. (*Luxemburgueses*.) CAP. *Luxemburgo*.
LENGUA. OFICIAL: *francés*. MONEDA: *franco luxemburgués*.
GEOGRAFÍA
La región septentrional (*Ösling*) pertenece a las Ardenas, mientras que la meridional (*Gutland*) forma parte de la Cuenca de París. En esta última, de clima más suave y suelos fértiles, se desarrolla la mayor parte de la vida económica y urbana. En el SO se extraía, hasta hace poco, hierro, lo que favoreció la siderurgia. Act. predomina el sector terciario (servicios financieros, instituciones de la Unión europea).
HISTORIA
963: se constituyó el condado de Luxemburgo, al dividirse Lotaringia. 1308: el conde Enrique VII fue elegido emperador. Su nieto Carlos IV erigió el condado en ducado (1354). 1441: Isabel pasó a Felipe el Bueno, duque de Borgoña. 1506: se convirtió en posesión de los Habsburgo españoles. Ocupado por Francia (s. XVII), en 1714 fue cedido a Austria. 1795: fue anexionado por Francia. 1815: el congreso de Viena lo convirtió en Gran Ducado. 1831: la mitad occidental pasó a Bélgica, y el resto a Países Bajos. 1867: el tratado de Londres hizo de Luxemburgo un estado neutral. 1890: entronización de la familia Nassau. 1914-1918: ocupación alemana. 1919: la gran duquesa Carlota aprobó una constitución democrática. 1940-1944: nueva ocupación alemana. 1947: Luxemburgo pasó a ser miembro del Benelux. 1948: el país abandonó su neutralidad. 1949: adhesión a la O.T.A.N. 1957: miembro fundador de la Comunidad económica europea. 1964: la gran duquesa Carlota abdicó en favor de su hijo Juan.
LUXEMBURGO, c. y cap. del gran ducado de Luxemburgo, a orillas del Alzette; 75 377 hab. Centro financiero y cultural, y sede de organismos europeos. Palacio ducal (ss. XVI-XIX). Catedral (ss. XVII y XX).
LUXEMBURGUÉS, SA adj. y n. De Luxemburgo.
LUXOR o **LUQSOR**, en ár. **al-Aqsur**, c. de Egipto, a orillas del Nilo; 142 000 hab. Museo. La ciudad moderna ocupa un sector de la antigua Tebas. Templo de Amón, una de las obras maestras de la XVIII dinastía, construido por Amenofis III y ampliado por Ramsés II.
LUZ n. f. (lat. *lucem*). Radiación emitida por los cuerpos calentados a altas temperaturas (incandescencia) o por cuerpos excitados (luminiscencia) y que es percibida por los ojos. (La luz está constituida por ondas electromagnéticas, y su velocidad de propagación en el vacío es de 299792,5 km/s; se puede considerar también como un fluido de partículas energéticas desprovistas de masa [*fotones*]). **2.** Agente físico que hace visibles los objetos. **3.** Utensilio o aparato para alumbrar. **4.** *Fig.* Modelo, persona o cosa capaz de ilustrar o guiar. **5.** *Fig.* Esclarecimiento o claridad de la inteligencia. **6.** *Méx.* Dinero. **7.** ANAT. Calibre interior de un vaso o de cualquier conducto del organismo. **8.** ARQ. Cada una de las ventanas o troneras por donde se da luz a un edificio. (Suele usarse en plural.) **9.** ARQ. Dimensión horizontal interior de un arco, un vano o una habitación. **10.** CONSTR. Distancia entre los puntos de apoyo de una pieza o elemento, que sólo se sostiene sobre alguna de sus partes. **11.** PINT. Parte clara o más iluminada de las demás en un cuadro, grabado o dibujo. • **Arrojar, echar, luz sobre**, aclararlo o ayudar a comprenderlo. ‖ **Dar a luz**, parir la mujer. ‖ **Entre dos luces**, al amanecer o al anochecer. ‖ **Luces de señalización**, dispositivo, aparato luminoso, semáforo, etc., utilizados para regular el tráfico. (La de color verde es señal de

paso libre, la roja de parada, la amarilla o ámbar, que precede a la roja, indica que hay que disponerse para parar.) ‖ **Luz cenital,** la que en un edificio o patio se recibe por el techo. ‖ **Luz mala** (*Argent.* y *Urug.*), fuego fatuo que en el campo producen de noche los huesos en descomposición y que la superstición atribuye a las almas de los muertos que no han sido sepultados. ‖ **Luz negra,** radiación ultravioleta, invisible, que provoca la fluorescencia de determinados cuerpos. ‖ **Media luz,** la que es escasa. ‖ **Sacar a luz,** publicar una obra; descubrir, manifestar lo que estaba oculto. ‖ **Salir a luz,** aparecer publicada una obra; manifestar algo que estaba oculto. ‖ **Ver la luz,** nacer. ♦ **luces** n. f. pl. **12.** *Fig.* Ilustración, cultura: *persona de pocas luces.* **13.** *Méx.* Fiestas nocturnas.
LUZÁN (Ignacio **de**), escritor español (Zaragoza 1702-Madrid 1754). Destacó como preceptista con su *Poética*, expresión de la estética neoclásica. (Real academia 1751.)
LUZERN → *Lucerna.*

LUZÓN, la isla más grande y más poblada de las Filipinas; 108 172 km²; 21 millones de hab. C. pral. *Manila.* —Centro de la conquista española del archipiélago, por su situación la isla sufrió diversos ataques y durante la guerra de los Siete años cayó en poder británico (1762-1763). Tuvo un destacado papel en las luchas de independencia filipina contra España, E.U.A. y Japón. Fue ocupada por los japoneses de 1942 a 1945.
LUZURIAGA (Toribio), prócer de la independencia americana (Huaraz 1782-†1842). A las órdenes de San Martín, fue jefe del estado mayor del ejército patriota (1812) y ministro de Guerra y Marina (1815). En 1820 se incorporó al ejército libertador.
LWOFF (André), médico y biólogo francés (Ainay-le-Château 1902-París 1994), autor de estudios de fisiología microbiana y genética molecular. (Premio Nobel de fisiología y medicina, con J. Monod y F. Jacob, 1965.)
lx, símbolo del *lux.*
LYNCH (Benito), novelista argentino (La Plata 1885-*id.* 1952). Fue uno de los renovadores del género gauchesco, con sus novelas ambientadas en la Pampa, en las que el realismo del lenguaje es uno de sus mejores hallazgos: *Los caranchos de la Florida* (1916), *El inglés de los güesos* (1924), su mayor logro, y *El romance de un gaucho* (1933). Su obra ofrece un cuadro fiel del campo argentino a principios de siglo.
LYNCH (Marta), escritora argentina (Buenos Aires 1925-*id.* 1985). Su narrativa combina la preocupación por la realidad política del país con temas como el paso del tiempo, la situación de la mujer y la frustración sentimental: *La alfombra roja,* 1962; *Cuentos tristes,* 1967; *La señora Ordóñez,* 1968; *No te duermas, no me dejes,* 1985.
LYON, c. de Francia, cap. de la región Ródano-Alpes y del dep. de Rhône, en la confluencia del Ródano y el Saona; 422 444 hab. 1 260 000 en la aglomeración). Universidad. Centro industrial. Catedral gótica. Museo (galorromano). Importante colonia romana *(Lugdunum).*
LYRA (Carmen), escritora costarricense (San José 1888-México 1949), novelista y popular autora de cuentos infantiles: *Los cuentos de mi tía Panchita* (1920).

M m m

M n. f. Decimotercera letra del alfabeto español y décima de las consonantes. (Es una consonante nasal, bilabial.) **2.** Cifra romana que vale mil. **3.** Símbolo del maxwell. **4.** Símbolo del metro. **5.** Símbolo del prefijo mili.

MAASTRICHT o **MAËSTRICHT**, c. de Países Bajos, cap. de Limburgo, a orillas del Mosa; 117 417 hab. Iglesias (Nuestra Señora; ss. X-XI). Museos.

MABÍ n. m. *Dom.* y *P. Rico.* Árbol pequeño de corteza amarga. (Familia raumáceas.)

MABITA n. f. *Venez.* Mal de ojo. ◆ n. m. y f. **2.** *Venez.* Persona que tiene o trae mala suerte.

MACÁ, pueblo amerindio de lengua matacomacá que habitaba en la región del río Pilco-mayo.

MACABEOS, familia de patriotas judíos que dirigió un levantamiento nacional contra la política de helenización de los seléucidas Antíoco IV Epífano (167 a. J.C.).

MACABRO, A adj. (fr. *macabre*). Que participa de lo terrorífico y repulsivo de la muerte.

MACACHÍN n. m. *Argent.* y *Urug.* Pequeña planta de flores amarillas o violadas, que se utiliza con fines medicinales. (Familia oxalidáceas.)

MACACINAS n. f. pl. *Amér. Central.* Especie de calzado tosco, propio para el campo.

MACACO, A n. m. (voz portuguesa). Mono semejante a los cercopitecos, mide de 50 a 60 cm de long., sin contar la cola. ◆ adj. y n. **2.** *Cuba* y *Chile.* Feo, deforme.

MACACOA n. f. *Colomb.* y *Venez.* Murria, tristeza. **2.** *P. Rico.* Mala suerte.

MACADAM o **MACADÁN** n. m. (del ingeniero J. L. *McAdam*). Revestimiento de una calzada hecho con piedra machacada y arena, que se aglomera mediante rodillos compresores.

MACAGUA n. f. Planta arbórea que crece en Cuba, y cuyo fruto comen los monos. (Familia rubiáceas.) **2.** Serpiente venenosa, de color negro, que vive en las regiones cálidas de Venezuela. **3.** Ave falconiforme diurna, que vive en los bosques de América Meridional. (Familia falcónidos.)

MACANA n. f. Arma ofensiva de algunos pueblos precolombinos consistente en una especie de maza de madera. **2.** *Amér.* Garrote grueso de madera dura y pesada. **3.** *Amér. Merid.* Especie de chal que usan las mestizas. **4.** *Argent.* Regalo de poca importancia. **5.** *Argent., Perú* y *Urug. Fig.* Desatino, embuste. **6.** *Bot.* Palmera de madera muy fina y resistente, utilizada para fabricar armas y otros instrumentos. (Familia palmáceas.) ◆ **¡Qué macana!** (*Argent.*), exclamación que expresa contrariedad.

MACANAZO n. f. Golpe dado con la macana.

MACANEADOR, RA n. *Argent.* Persona que macanea, dice mentiras.

MACANEAR v. tr. [1]. *Colomb.* Dirigir bien un negocio. **2.** *Colomb., Nicar.* y *Venez.* Desbrozar. **3.** *Cuba, Dom., Méx.* y *P. Rico.* Golpear con la macana. ◆ v. intr. **4.** *Argent., Bol., Chile, Par.* y *Urug.* Decir desatinos o embustes. **5.** *Colomb.* y *Hond.* Trabajar fuertemente y con asiduidad.

MACANO n. m. *Chile.* Color oscuro que se obtiene de la corteza del huigán, y que se usa para teñir lana.

MACANUDO, A adj. y n. Chocante por lo grande, gracioso, extraordinario, etc. **2.** *Amér.* Muy bueno, fenómeno, en sentido material y moral.

MACAO, en port. **Macau**, en chino **Aomen**, colonia portuguesa de la costa S de China, en el río de las Perlas, al O de Hong Kong. 16 km²; 355 693 hab. Puerto. Centro industrial y turístico. En posesión de Portugal desde 1557, está prevista su devolución a China en 1999.

MACAÓN n. m. Mariposa diurna, de alas amarillas con manchas negras, rojas y azules.

MACARÁ (*Hoya del*), región fisiográfica de Ecuador y Perú, avenada por el *río Macará*, fronterizo entre ambos países, que desagua en el Pacífico.

MACARRÓN n. m. (ital. *maccherone*). Pasta de harina de trigo en forma de tubo, más o menos delgado.

MACARRÓNICO, A adj. Dícese de un género de poesía burlesca, escrita en un latín caricaturesco mezclado con voces romances latinizadas. **2.** Dícese del lenguaje, estilo, etc., incorrecto o falto de elegancia.

MACARTHUR (Douglas), general norteamericano (Fort Little Rock, Arkansas, 1880-Washington 1964). Comandante en jefe aliado en el Pacífico, derrotó a Japón (1944-1945) y dirigió las fuerzas de la O.N.U. en Corea (1950-1951).

MACAZUCHIL n. m. Planta cuyo fruto, de sabor fuerte, empleaban los habitantes de México para perfumar el chocolate. (Familia piperáceas.)

McCARTHY (Joseph), político norteamericano (cerca de Appleton, Wisconsin, 1908-Bethesda, Maryland, 1957). Senador republicano, dirigió una virulenta campaña anticomunista en los años cincuenta (*maccarthismo*).

MACCIÓ (Rómulo), pintor argentino (Buenos Aires 1931). Adscrito a la nueva figuración, pasó de los colores lisos y claros al de recursos de tipo expresionista.

McCULLERS (Carson Smith), escritora norteamericana (Columbus, Georgia, 1917-Nyack, Nueva York, 1967). Sus novelas tratan sobre la soledad del ser humano (*La balada del café triste*, 1951).

MACEAR v. tr. [1]. Golpear con el mazo o la maza. ◆ v. intr. **2.** Machacar, insistir en algo.

MACEDONIA n. f. Postre preparado con diversas frutas mondadas y cortadas en trozos pequeños, aderezado con azúcar, licor o zumos de frutas. **2.** Guiso hecho con una mezcla de diferentes legumbres, hervidas y aderezadas.

MACEDONIA, en maced. **Makhedonía**, en macedonio y búlgaro **Makedonija**, región histórica de la península de los Balcanes, act. compartida entre Bulgaria, Grecia (dividida administrativamente en tres regiones; c. pral. *Tesalónica*), que posee la parte costera, y la República de Macedonia (segregada de Yugoslavia).

HISTORIA
Ss. VII-VI a. J.C.: unificación de las tribus macedonias. 359-336: Filipo II llevó al reino a su apogeo e impuso su hegemonía en Grecia. 336-323: Alejandro Magno conquistó Egipto y Oriente. 323-276: a su muerte, los diadocos se disputaron Macedonia. 276-168: las Antigónidas reinaron en el país. 168: la victoria romana de Pidna puso fin a la independencia macedonia. 148: se convirtió en provincia romana. S. IV d. J.C.: fue anexionada al imperio romano de oriente. S. VII: los eslavos ocuparon la región. Ss. IX-XIV: bizantinos, búlgaros y serbios lucharon por la posesión del país. 1371-1912: Macedonia pasó a formar parte del imperio otomano. 1912-1913: la primera guerra balcánica la liberó de los turcos. 1913: Serbia, Grecia y Bulgaria se enfrentaron por la división de Macedonia en el transcurso de la segunda guerra balcánica, y por el tratado de Bucarest (10 ag.) se repartieron la región. 1915-1918: la región fue escenario de una campaña dirigida por los aliados contra las fuerzas austrogermano-búlgaras. 1947: con el tratado de paz entre Bulgaria, Grecia y Yugoslavia, la República de Macedonia integró la federación de Yugoslavia. 1991: declaración de independencia de la segregada República de Macedonia.

MACEDONIA (*República de*), en macedonio **Makedonija**, estado europeo de los Balcanes; 25 700 km²; 2 100 000 hab. (*Macedonios.*) CAP. *Skopje*. LENGUA OFICIAL: *macedonio*. MONEDA: *dinar*.

GEOGRAFÍA
El territorio es en gran parte montañoso, aunque existen algunas cuencas y valles (como el del Vardar), y alterna la ganadería, la agricultura (que en ocasiones se beneficia del regadío y de un clima localmente mediterráneo) y minería (plomo, cinc). En Skopje se concentra aproximadamente el 20 % de la población, compuesta por una notable minoría de origen albanés, localizada en la zona occidental.

HISTORIA
La parte de la Macedonia histórica atribuida en 1913 a Serbia fue ocupada durante la segunda guerra mundial por Bulgaria. En 1945 se erigió en República federada de Yugoslavia, y en 1991, proclamó su independencia y ingresó en la O.N.U. 1996: reconocimiento de la república por Yugoslavia. 2001: se pactó un gobierno de concertación. El ejército de liberación albano-macedonio firmó un acuerdo de desarme con la OTAN. El Parlamento proclamó la nueva constitución y reconoció el albanés como la segunda lengua oficial de este país.

MACEDONIO, A adj. y n. De Macedonia. ◆ n. m. **2.** Lengua del grupo eslavo meridional.

MACEGUAL n. m. En México, denominación de los indios libres que formaban la mayor parte de la población autóctona.

MACENTYRE (Eduardo), pintor y dibujante argentino (Buenos Aires 1929). Su obra, inscrita en el arte óptico, destaca por su pureza lineal.

MACEO (Antonio), patriota cubano (Santiago de Cuba 1845-Punta Brava 1896). Se unió a la lucha por la independencia desde el grito de Yara (1868). En 1895 Martí le confió el mando de los guerrilleros de la provincia de Santiago. Murió en combate contra los españoles.

MACERACIÓN n. f. Operación que consiste en sumergir en un líquido una sustancia para extraer de ella los elementos solubles, o un producto alimenticio para perfumarlo o conservarlo.

MACERAR v. tr. [1]. Efectuar una maceración. ♦ v. tr. y pron. **2.** Mortificarse físicamente con penitencias.

MACETA n. f. Maza pequeña, utilizada en diversos oficios. **2.** Empuñadura o mango de algunas herramientas. **3.** Martillo con cabeza de dos bocas iguales y mango corto, que usan los canteros para golpear sobre el cincel.

MACETA n. f. (ital. *mazetto*). Vaso de barro cocido con una perforación en su base que, lleno de tierra, sirve para cultivar plantas.

MACETERO n. m. Soporte para macetas de flores.

MACH (Ernst), físico austríaco (Chirlitz-Turas, Moravia, 1838-Haar, cerca de Munich, 1916). Puso de manifiesto la importancia de la velocidad del sonido en aerodinámica y llevó a cabo la primera crítica de la mecánica newtoniana.

MACHACA n. f. Piedra machacada, reducida a pequeños o pequeño tamaño. **2.** *Méx.* Carne seca y deshebrada. ♦ n. m. y f. **3.** Machacón.

MACHACADORA n. f. Máquina que sirve para triturar o reducir materiales a pequeños fragmentos.

MACHACAMIENTO n. m. Acción y efecto de machacar. SIN.: *machacadura*.

MACHACANTE n. m. Soldado destinado a servir a un sargento. **2.** *Fam.* Duro, moneda.

MACHACAR v. tr. [1a]. Golpear una cosa para deformarla. **2.** Triturar, deshacer o aplastar una sustancia mediante golpes. **3.** *Fig.* Causar con insistencia y tenacidad una materia. ♦ v. intr. **4.** *Fig.* Insistir fuertemente sobre algo.

MACHACÓN, NA adj. y n. m. Pesado, que repite las cosas: *insistencia machacona*.

MACHADO (Antonio), poeta español (Sevilla 1875-Collioure 1939). En las revistas del modernismo publicó sus primeros poemas, de tono melancólico y musical, que recopiló en *Soledades* (1903). De 1912 es *Campos de Castilla*, donde asoma la preocupación nacional, y un tono filosófico y crítico que se acentuaría en sus *Poesías completas* (1917) y *Nuevas canciones* (1924). De 1924 a 1936 publicó la serie de poemas *De un cancionero apócrifo*, con la invención de sus heterónimos Abel Martín y Juan de Mairena, y las canciones a Guiomar. Escribió con su hermano Manuel obras de teatro: *Julianillo Valcárcel*; *Las adelfas*, etc. En 1936 publicó su gran libro en prosa: *Juan de Mairena*.

MACHADO (Gerardo), político cubano (Santa Clara 1871-Miami 1939). Luchó al lado de Gómez desde 1895. Fue presidente de 1925 a 1931.

MACHADO (Manuel), poeta español (Sevilla 1874-Madrid 1947). Representante del modernismo en *Alma*, 1900), en *Alma, museo y cantares* (1907) y *El mal poema* (1909) su tono coloquial expresa una peculiar abulia entre andaluza y decadentista. En *Cante hondo* (1912) recrea coplas populares andaluzas. Escribió teatro con su hermano Antonio (*Juan de Mañara*, 1927; *La Lola se va a los puertos*, 1929; etc.).

MACHADO DE ASSIS (Joaquim Maria), escritor brasileño (Río de Janeiro 1839-íd. 1908). Fue poeta parnasiano, y novelista realista (*Quincas Borba*, 1891; *Memorial de Buenos Aires*, 1908). Fundó la Academia brasileña de las letras (1897).

MACHAJE n. m. *Chile.* Conjunto de animales machos.

MACHALA, c. de Ecuador, cap. de la prov. de El Oro; 144 197 hab. Centro agropecuario y comercial.

MACHALÍ, c. de Chile (Libertador General Bernardo O'Higgins), a orillas del Cachapoal; 24 054 hab. Minas de cobre en El Teniente.

MACHAMARTILLO. A machamartillo, con fuerte trabazón y firmeza: *ser honrado a machamartillo*.

MACHAR v. tr. [1]. Machacar. ♦ **macharse** v. pron. **2.** *Argent.* y *Bol.* Emborracharse.

MACHETAZO n. m. Golpe dado con el machete.

MACHETE n. m. Arma blanca, más corta que la espada, ancha, pesada y de un solo filo. **2.** Cuchillo grande, que se utiliza para desmontar, abrirse paso en bosques y selvas, y para cortar caña.

MACHETEAR v. tr. [1]. Dar machetazos. ♦ v. intr. **2.** *Méx.* Trabajar con ahínco hasta alcanzar algún objetivo: *tienes que machetearte si quieres terminar tus estudios*.

MACHETERO, A n. Persona que abre camino con el machete. **2.** Persona que en los ingenios azucareros corta la caña de azúcar. ♦ adj. y n. **3.** *Méx.* Dícese del estudiante que se dedica con empeño a sus labores escolares.

MACHI o **MACHÍ** n. m. y f. *Chile.* Curandero.

MÁCHICA n. f. (voz quechua). *Perú.* Harina de maíz tostado, mezclada con azúcar y canela.

MACHIGUA n. f. *Amér.* Agua con residuos de maíz.

MACHIHEMBRADO adj. y n. m. Dícese de un ensamblaje de dos tablas por sus cantos, por medio de ranura y lengüeta.

MACHIHEMBRAR v. tr. [1]. Ensamblar dos tablas a caja y espiga o a ranura y lengüeta.

MACHÍN n. m. *Colomb.*, *Ecuad.* y *Venez.* Mono, mico.

MACHINCUEPA n. f. *Méx.* Voltereta que se da poniendo la cabeza en el suelo y dejándose caer sobre la espalda.

MACHISMO n. m. Actitud que considera al sexo masculino superior al femenino.

MACHISTA adj. y n. m. y f. Relativo al machismo; partidario del machismo.

MACHO n. m. (lat. *masculum*). Ser vivo del género masculino. **2.** *Fam.* Machote. **3.** En los ensambladuras, empalmes, articulaciones, uniones, etc., pieza que se introduce y encaja en otra. **4.** ZOOTECN. Mulo. • **Macho cabrío**, o **de cabrío**, macho de la cabra; hombre lujurioso.

MACHO n. m. Martillo grande y de largo mango empleado por los forjadores y herreros.

MACHORRA n. f. Hembra estéril. **2.** Marimacho.

MACHO adj. Estéril, infructífero.

MACHOTE n. m. *Fam.* Varón en quien se quieren destacar las cualidades consideradas típicamente masculinas, como el valor, la fuerza, etc. ♦ adj. **2.** *Chile.* Dícese del animal macho que es estéril.

MACHOTE n. m. *Amér. Central.* Borrador, dechado, modelo. **2.** *Méx.* Formulario con espacios en blanco para rellenar. **3.** *Méx.* Señal que se pone para medir los destajos en las minas.

MACHUCANTE n. m. *Colomb. Fam.* Individuo, tipo.

MACHUCAR v. tr. [1a]. Herir, golpear, machacar maltratando y causando contusiones o magulladuras.

MACIEGA n. f. *Argent.*, *Bol.* y *Urug.* Hierba silvestre o conjunto de ellas que son perjudiciales para las plantas cultivadas.

MACILENTO, A adj. (lat. *macilentum*). Flaco, pálido: *luz macilenta*.

MACILLO n. m. Pieza del piano que, a impulso de la tecla, hiere la cuerda correspondiente. SIN.: *martillo*. **2.** Palillo para tocar los distintos instrumentos de percusión.

MACIZO, A adj. Formado por una masa sólida, sin huecos en su interior: *oro macizo*. **2.** De carne dura, no fofa: *brazos macizos*. ♦ n. m. **3.** Masa sólida y compacta de algo. **4.** Parte de una pared entre dos vanos. **5.** Obra de hormigón o de mampostería maciza. **6.** Conjunto de plantas que decoran los cuadros de los jardines: *un macizo de tulipanes*. **7.** Conjunto de alturas de relieve que presentan un carácter montañoso unitario.

McKINLEY (monte), punto culminante de América del Norte (Alaska); 6194 m.

McKINLEY (William), político norteamericano (Niles, Ohio, 1843-Buffalo 1901). Presidente de E.U.A. (1896), llevó a cabo una política imperialista (Cuba, Hawai). Reelegido (1900), fue asesinado.

MACLEOD (John), médico británico (cerca de Dunkeld, Escocia, 1876-Aberdeen 1935), premio Nobel de fisiología y medicina (1923) por su descubrimiento de la insulina.

McMILLAN (Ecwin Mattison), físico norteamericano (Redondo Beach, California, 1907-El Cerrito, California, 1991). Descubrió el neptunio y aisló el plutonio. (Premio Nobel de química 1951.)

MACONDO n. m. *Colomb.* Árbol corpulento que alcanza de treinta a cuarenta metros de altura. (Familia bombáceas.)

MACORÍS, cabo de la costa N de la República Dominicana (Puerto Plata).

MACRAMÉ n m. Tejido reticular hecho a mano con hilos o cuerdas trenzadas y anudadas.

MACROBIÓTICA n. f. Sistema de vida cuya principal característica es un régimen alimenticio compuesto fundamentalmente por cereales integrales, legumbres, hortalizas y algas marinas.

MACROCEFALIA n. f. MED. Aumento anormal del volumen del cráneo.

MACROCOSMOS n. m. FILOS. El universo supuesto en armonía con el hombre, o microcosmos.

MACROECONOMIA n. f. Rama de las ciencias económicas que estudia las magnitudes y variables agregadas y que ignora por ello los comportamientos individuales.

MACROESTRUCTURA n. f. Estructura general de una aleación, tal como se revela a simple vista, sin empleo de microscopio. **2.** Estructura de amplias dimensiones.

MACROINSTRUCCIÓN n. f. INFORMÁT. Instrucción en lenguaje simbólico que genera varias instrucciones formuladas en lenguaje máquina. SIN.: *macro*.

MACROMOLÉCULA n. f. Molécula de gran tamaño formada por polimerización.

MACROMOLECULAR adj. Dícese de la sustancia química cuyas moléculas tienen una masa molecular elevada.

MACROSCÓPICO, A adj. Que se ve a simple vista.

MACUCA n. f. Planta de flores blancas, muy pequeñas, y fruto parecido al del anís. (Familia umbelíferas.)

MACUCO, A adj. *Chile.* Astuto, cuco, taimado. ♦ n. m. **2.** *Colomb.* y *Perú.* Muchacho grandullón.

MACUL, c. de Chile (Santiago), en la aglomeración de la capital; 123 535 hab.

MÁCULA n. f. Mancha. **2.** *Fig.* y *fam.* Engaño, embuste, secreto.

MACULAR v. tr. [1*]. Manchar. **2.** Desacreditar.

MACULÍS n. m. Planta arbórea de la que se obtiene una madera de gran calidad, el roble americano. (Familia bignoniáceas.)

MAC

MACURISE n. m. Planta arbórea, muy apreciada por su madera, dura, olorosa y de color amarillento. (Familia sapindáceas.)
MACUTENO, A n. Méx. Ladrón, ratero.
MACUTO n. m. Mochila. **2.** *Amér.* Cesto para recoger las limosnas.
MADAGASCAR, en malgache **Malagasy**, estado constituido por una gran isla del océano Índico, separada de África por el canal de Mozambique; 587 000 km²; 12 400 000 hab. *(Malgaches.)* CAP. Antananarivo. LENGUAS OFICIALES: *malgache* y *francés.* MONEDA: *franco malgache.*

GEOGRAFÍA

La isla está formada, en el centro, por mesetas graníticas, coronadas por macizos volcánicos, con clima atemperado por la altitud, que descienden bruscamente al E sobre una estrecha llanura litoral, cálida, húmeda y boscosa. El O está ocupado por mesetas y colinas sedimentarias, de clima más seco, en las que predominan zonas de bosques claros, sabana y maleza. La mandioca y el arroz, junto a la ganadería bovina, constituyen las bases de la alimentación. Las plantaciones de café y, sobre todo, el clavo, la vainilla y la caña de azúcar representan la parte fundamental de las exportaciones, complementadas por los productos del subsuelo (grafito, mica, cromo, piedras preciosas) y de la pesca.

HISTORIA

Los orígenes. Ss. XII-XVII: comerciantes árabes se instalaron en la costa, poblada por una mezcla de africanos de raza negra y de polinesios; los europeos (primero portugueses a partir de 1500) no consiguieron establecer colonias duraderas. Fort-Dauphin, fundado por los franceses (1643), fue abandonado en 1674. Fines s. XVII-S. XVIII: la isla fue dividida en reinos de base tribal. 1787: uno de ellos, el Imerina (capital Antananarivo), unificó la isla en beneficio suyo. 1817: su soberano, Radama I (1810-1828) recibió de Gran Bretaña el título de rey de Madagascar. 1828-1861: Ranavalona I expulsó a los europeos. 1865-1895: el poder real estaba en manos de Rainilaiarivony, esposo de tres reinas sucesivas, quien modernizó el país y se convirtió al protestantismo, pero tuvo que aceptar el protectorado francés (1883). 1895-1896: la expedición de Duchesne acabó con la deposición de la última reina, Ranavalona III y en la anexión de la isla por Francia, que abolió la esclavitud.
La independencia. 1946: se convirtió en territorio francés de ultramar. 1947-1948: una violenta rebelión fue duramente reprimida. 1956: la isla consiguió la autonomía (Tsiranana presidente). 1960: se constituyó en estado independiente, con el nombre de República Malgache. 1972: a causa de las importantes revueltas, Tsiranana dimitió. 1975: D. Ratsiraka fue elegido presidente de la República Democrática de Madagascar. 1992: se aprobó por referéndum una constitución democrática. 1993: Albert Zafu, candidato de la oposición, fue elegido presidente. 1997: Ratsiraka, de nuevo presidente.
MADAMA n. f. (fr. *dame,* señora). *R. de la Plata.* Mujer que regenta un prostíbulo.
MADEIRA o **MADERA** n. m. Vino que se obtiene en la isla de Madeira.
MADEIRA, archipiélago portugués del Atlántico, al N de las islas Canarias, que constituye una región autónoma desde 1976; 794 km²; 253 000 hab. Cap. *Funchal,* en la *isla de Madeira* (740 km²).
MADEIRA o **MADERA**, r. de Bolivia y Brasil; 3240 km. Forma frontera entre ambos países y desagua en el Amazonas, aguas abajo de Manaus.
MADEJA n. f. (lat. *mataxam*). Nombre con que se designa una longitud devanada de hilo. **2.** Mata de pelo. ♦ n. m. **3.** *Fam.* Hombre dejado.

MADERA n. f. (lat. *materiam*). Sustancia compacta del interior de los árboles, formada por células, fibras y vasos que transportan la savia bruta. **2.** Pieza de madera labrada. **3.** *Fig.* y *fam.* Talento y disposición natural de las personas para determinada actividad: *tiene madera de artista.* **4.** MÚS. Término genérico que designa una de las dos subfamilias en que se dividen los instrumentos de viento, la otra es el metal.
MADERABLE adj. Dícese del árbol, bosque, etc., que da madera útil.
MADERAMEN o **MADEREJE** n. m. Conjunto de maderas que entran en la construcción de una obra.
MADERAR v. tr. [1]. Aprovechar árboles para obtener madera.
MADERERÍA n. f. Sitio donde se recoge madera para su venta.
MADERERO, A adj. Relativo a la industria de la madera. ♦ n. **2.** Persona que trata en maderas.
MADERO n. m. Pieza larga de madera escuadrada. **2.** *Fig.* y *fam.* Persona necia, torpe e insensible. **3.** *Vulg.* Individuo de la policía.
MADERO (Francisco Ignacio), político mexicano (Parras, Coahuila, 1873-México 1913). Terrateniente contrario a Porfirio Díaz, fue candidato presidencial en 1910, pero tuvo que exiliarse. En 1911 las fuerzas de Madero forzaron la renuncia de Porfirio Díaz, y en noviembre Madero fue elegido presidente. Fue depuesto y asesinado por orden de V. Huerta tras la Decena trágica (febr. 1913).
MADI n. m. Chile. Planta herbácea, de cuyas semillas se extrae un aceite comestible. (Familia compuestas.)
MADONA n. f. Nombre de origen italiano dado a la Virgen María. (Suele escribirse con mayúscula.) **2.** B. ART. Imagen de la Virgen, sola o con el Niño.
MADRAS o **MADRÁS**, c. de la India, cap. de Tamil Nadu, en la costa de Coromandel; 5 361 468 hab. Puerto. Industria textil *(madrás)* y química. Monumentos antiguos. Museo.
MADRASTRA n. f. Mujer del padre respecto de los hijos habidos por éste en otro matrimonio o anterior.
MADRAZO n. m. *Méx.* Golpe muy fuerte.
MADRE n. f. (lat. *matrem*). Hembra que ha tenido uno o más hijos, especialmente respecto a éstos. **2.** *Fam.* Mujer anciana de pueblo. **3.** *Fig.* Causa u origen de una cosa: *la experiencia es la madre de la ciencia.* **4.** Aquello en que figuradamente concurren algunas circunstancias propias de la maternidad: *la madre patria.* **5.** Cauce de un río o arroyo. **6.** Título que se da a las abadesas y superioras de conventos, y en algunas comunidades, a todas las religiosas de coro. **7.** Heces del mosto, vino o vinagre. • **A toda madre** *(Méx. Vulg.),* estupendo, muy bueno. ‖ **Cientm y la madre,** muchas o demasiadas personas. ‖ **Darle** a algo o a alguien **en la madre** *(Méx. Vulg.),* dañarlo, herirlo seriamente. ‖ **Estar uno hasta la madre** *(Méx. Vulg.),* estar harto o estar completamente borracho o drogado. ‖ **Importarle** o **valerle** a alguien **madre,** o **madres** algo o alguien *(Méx. Fam.),* no importarle nada. ‖ **La madre del cordero,** razón o causa real de un hecho o suceso. ‖ **Madre de Dios,** la Virgen María. (En esta acepción suele escribirse con mayúscula.) ‖ **Madre de leche,** nodriza. ‖ **Madre política,** suegra. ‖ **Mentarle** a alguien **la madre,** insultando mentando a su madre. ‖ **Sacar de madre** a uno, inquietar a alguien; hacer perder la paciencia.
MADRE (laguna), albufera del golfo de México, entre México (Tamaulipas) y E.U.A. (Texas), a ambos lados del delta del río Bravo; 350 km².
MADRE CENTROAMERICANA (sierra) o **ANDES CENTROAMERICANOS,** sistema montañoso de América Central, paralelo a la costa del Pacífico, que se extiende desde el istmo de Tehuantepec (México), al N, hasta la barranca del Atrato (Colombia), al S. Comprende la sierra Madre de Chiapas, el Eje volcánico guatemalteco-salvadoreño y el nicaragüense-costarricense-panameño; 4220 m de alt. máx. en el volcán Tajumulco (Guatemala).
MADRE DE CHIAPAS (sierra), sierra del S de México, desde el río Ostuta hasta la frontera con Guatemala; 4092 m de alt. máx. en el volcán de Tacaná.
MADRE DE DIOS, archipiélago deshabitado del S de Chile (Magallanes y Antártica Chilena). Las islas principales son *Madre de Dios* y Duque de York.
MADRE DE DIOS, r. de la cuenca amazónica; 1100 km. Nace en la sierra de Carabaya (Perú), forma frontera entre Perú y Bolivia, y desemboca en el Beni.
MADRE DE DIOS *(departamento de),* dep. del E de Perú (loc.); 85 183 km²; 51 300 hab. Cap. *Puerto Maldonado.*
MADRE DE OAXACA (sierra), sierra de México, que se extiende casi en su totalidad por el estado de Oaxaca; 3396 m en el Zempoaltepetl.
MADRE DEL SUR (sierra) o **MADRE MERIDIONAL** (sierra), sistema montañoso del S de México, que bordea el Pacífico a lo largo de 1200 km, desde la depresión del Balsas hasta el istmo de Tehuantepec; 3703 m de alt. máx. en el Teotepec.
MADRE OCCIDENTAL (sierra), sistema montañoso de México, prolongación de las Rocosas. Se extiende a lo largo de 1250 km sobre la fachada pacífica, entre la cuenca del Yaqui, al N, y el sistema Lerma-Santiago, al S; alt. máx., 3150 m.
MADRE ORIENTAL (sierra), sierra de México, que se extiende desde la región del Big Bend (Texas, E.U.A.) hasta la cordillera Neovolcánica; 1300 km de long.; 3664 m de alt. en Peña Nevada.
MADREAR v. tr. [1]. *Méx.* Arruinar alguna cosa a golpes. **2.** *Méx. Vulg.* Golpear a alguien con fuerza, por lo general dejándolo mal herido.
MADREPERLA n. f. Lamelibranquio, que vive en el fondo de los mares tropicales, donde se pesca para recoger las perlas que suele contener.
MADRÉPORA n. f. Cnidario que desempeña un papel determinante en la formación de los arrecifes coralinos.
MADRESELVA n. f. Planta arbustiva sarmentosa, del S de Europa y de las montañas andinas. (Familia caprifoliáceas.) **2.** Flor de esta planta.
MADRID (Comunidad de), comunidad autónoma uniprovincial de España; 7995 km²; 5 030 958 hab. Cap. *Madrid.*

GEOGRAFÍA

Se extiende desde el sistema Central (sierras de Guadarrama, Somosierra y Gredos), al N, hasta el valle del Tajo al S. La población se concentra en la capital y núcleos vecinos, asiento de una pujante industria. Los núcleos rurales son de economía agropecuaria y zonas residenciales.

HISTORIA

Vetones y carpetanos fueron los pobladores prerromanos. Los romanos fundaron Complutum (Alcalá de Henares) y los árabes la fortaleza de Mayrit. 1083-1085: conquista de Alfonso VI de Castilla y León. 1498: inauguración de la universidad de Alcalá. 1520: participación en la guerra de las Comunidades. 1561: Felipe II instaló en Madrid la capital y la corte del reino. S. XVIII: creación de la provincia de Madrid, cuyos límites fueron fijados en 1833. Fue uno de los principales escenarios de la guerra civil (1936-1939). 1983: aprobación del estatuto de autonomía.
MADRID, v. de España, cap. del país y de la comunidad autónoma de Madrid, cab. de p. j.; 3 084 673 hab. *(Madrileños*

o *matritenses.*) A las funciones políticas, administrativas y económicas de orden terciario inherentes a la capitalidad, ha añadido una notable infraestructura industrial. Madrid fue en su origen una fortaleza musulmana, reconquistada por Alfonso VI. La ciudad, que se sumó al movimiento de los comuneros, cobró importancia cuando Felipe II instaló en ella la corte (1561); a la época de los Austrias pertenecen la plaza de la Villa (ayuntamiento) y la plaza Mayor, más las iglesias de San Isidro y de San Jerónimo el Real. En la época borbónica, en especial con Carlos III, experimentó notables mejoras urbanísticas (palacio real o de Oriente, paseo del Prado con las fuentes de Cibeles y Neptuno, puertas de Alcalá y de Toledo, convento de las Descalzas Reales, iglesia de San Francisco el Grande y ermita de San Antonio de la Florida, decorada por Goya). La población desplegó un relevante protagonismo político en los motines de Esquilache (1766) y Aranjuez (1809), y los sucesos de mayo de 1808 contra los franceses. El s. XIX y el primer tercio del XX aportaron un gran desarrollo (barrio de Salamanca, parque del Retiro, proyecto de Ciudad lineal de Arturo Soria, ciudad universitaria). Durante la guerra civil (1936-1939), fue tenazmente defendida por las fuerzas republicanas. En 1964 se constituyó el *área metropolitana de Madrid*, que se extiende a 22 municipios más. Una nueva reorganización urbanística se acometió desde la década de los ochenta, con notables edificaciones modernas. Entre los museos destacan: el Prado, con sus anejos del Casón del Buen Retiro y del palacio de Villahermosa (colección Thyssen-Bornemisza); museo nacional centro de arte Reina Sofía; arqueológico nacional; Lázaro Galdiano; municipal (en el antiguo Hospicio, obra churrigueresca de P. Ribera), etc.
MADRID (Miguel **de la**), político mexicano (Colima 1934). Miembro del P.R.I., fue presidente de la república (1982-1988). Renegoció la deuda externa y aplicó una política de austeridad. Participó en los trabajos del grupo de Contadora.
MADRIGAL n. m. Composición poética breve, que expresa un pensamiento delicado, tierno o galante. **2.** MÚS. Composición para varias voces.
MADRIGALISTA n. m. y f. Compositor de madrigales.
MADRIGUERA n. f. (lat. *matricariam*). Pequeña cueva, estrecha y profunda, en que habitan ciertos animales, especialmente los mamíferos, como el conejo, la liebre, etc. **2.** *Fig.* Lugar donde se refugian o esconden los maleantes.
MADRILEÑO, A adj. y n. De Madrid.
MADRINA n. f. Mujer que presenta y asiste al que recibe el bautismo, por lo que contrae con él un parentesco espiritual. **2.** Mujer que en ciertos actos solemnes, actúa como acompañante o protectora: *madrina de boda.* **3.** *Fig.* Mujer que favorece o protege a alguien en sus pretensiones. **4.** *Hond.* Cualquier animal manso al que se ata otro con el fin de domarlo.
MADRINAZGO n. m. Acto de asistir como madrina. **2.** Función de madrina.
MADRIZ (*departamento del*), dep. del N de Nicaragua; 2199 km²; 75 525 hab. Cap. *Somoto.*
MADRIZA n. f. *Méx. Vulg.* Paliza.
MADROÑO n. m. Planta arbustiva cuyo fruto esférico, rojo por fuera y amarillo en su interior, es comestible. (Familia ericáceas.) **2.** Fruto de esta planta.
MADRUGADA n. f. Alba, amanecer. **2.** Horas que siguen a la medianoche: *las tres de la madrugada.*
MADRUGAR v. intr. (bajo lat. *maturicare*) [**1b**]. Levantarse de la cama al amanecer o muy temprano. **2.** *Fig.* Anticiparse a otro en la ejecución o solicitud de algo. **3.** Ganar tiempo.
MADRUGÓN n. m. *Fam.* Acción de levantarse excesivamente temprano.
MADURACIÓN n. f. Acción y efecto de madurar. **2.** BOT. Conjunto de transformaciones que sufre un órgano antes de poder cumplir su función.
MADURAR v. tr. (lat. *maturare*) [**1**]. Dar sazón a los frutos. **2.** *Fig.* Reflexionar sobre algo para preparar su ejecución: *madurar una idea.* ♦ v. intr. y pron. **3.** Volverse maduros los frutos. **4.** *Fig.* Crecer en edad, juicio y prudencia.
MADUREZ n. f. Cualidad o estado de maduro: *punto de madurez de un fruto.* **2.** *Fig.* Sensatez, buen juicio o prudencia: *madurez de carácter.* **3.** BIOL. Período de la vida del adulto, comprendido entre la juventud y la vejez.
MADURO, A adj. (lat. *maturum*). Que está en sazón: *fruta madura.* **2.** *Fig.* Preparado para determinado fin: *una idea madura.* **3.** Entrado en años: *un señor maduro.* **4.** *Fig.* Juicioso, prudente: *actuación madura.* • **Edad madura**, madurez, período de la vida entre la juventud y la vejez.
MAESTRA (*sierra*), alineamiento montañoso del extremo S de Cuba y Santiago de Cuba; junto a la costa caribe; 1974 m de alt. en el pico Real del Turquino. En ella se inició (1957) la guerrilla contra la dictadura de Batista.
MAESTRANZA n. f. Corporación nobiliaria que tomó a su cargo, en el aspecto militar, algunos de los cometidos de las antiguas órdenes de caballería.
MAESTRAZGO n. m. Nombre que se daba a los señoríos de las órdenes militares. **2.** Ingresos obtenidos de estos señoríos por los monarcas españoles en su condición de maestres.
MAESTRÍA n. f. Arte y gran destreza en enseñar o ejecutar una cosa.
MAESTRICHT o *Maastricht.*
MAESTRO, A adj. (lat. *magistrum*). Excelente o perfecto en su clase: *una obra maestra.* **2.** Principal: *pared maestra.* ♦ adj. y n. m. **3.** Dícese del palo mayor. ♦ n. **4.** Persona que tiene por función enseñar. **5.** Persona que personalmente o a través de su obra ejerce una enseñanza sobre los demás. **6.** Persona de gran sabiduría o habilidad en una ciencia o arte: *ser un maestro en su oficio.* **7.** El que dirige el personal u las operaciones de un servicio: *maestro de taller.* **8.** Lo que instruye, enseña: *la experiencia es una gran maestra.* ♦ adj. y n. m. **9.** Tratamiento popular afectuoso. **10.** MÚS. Compositor o intérprete. **11.** TAUROM. Matador de toros.
MAETERLINCK (Maurice), escritor belga en lengua francesa (Gante 1862-Niza 1949). Unió simbolismo y misticismo en sus dramas (*Peleas y Melisanda*, 1892; *Monna Vanna*, 1902; *El pájaro azul*, 1908). [Premio Nobel de literatura 1911.]
MAFIA n. f. (voz italiana). Organización clandestina de criminales. **2.** Grupo secreto de personas que se apoyan entre sí por defender sus intereses.
MAFIOSO, A adj. y n. Relativo a la mafia; miembro de esta organización.
MAGALLANES (*estrecho de*), estrecho de América del Sur, que separa el continente de la isla Grande de Tierra del Fuego y comunica los océanos Atlántico y Pacífico. Su anchura varía entre 3 y 30 km. Fue descubierto por Magallanes en 1520.
MAGALLANES, com. de Chile → *Punta Arenas.*
MAGALLANES (Fernando **de**), en port. Fernão **de Magalhães**, navegante portugués al servicio de España (Ponte da Barca, Miño, 1480-Mactán, Filipinas, 1521). Tras entrar al servicio de Carlos Quinto, emprendió el primer viaje alrededor del mundo. Partió de Sevilla en 1519, descubrió el estrecho que lleva su nombre (1520) y cruzó el océano Pacífico, pero fue muerto en Filipinas.
MAGALLANES MOURE (Manuel), poeta chileno (Santiago 1878-La Serena 1924). Epígono del modernismo (*Facetas*, 1901; *La jornada*, 1910), escribió también teatro y relatos.
MAGALLANES Y DE LA ANTÁRTICA CHILENA (*región de*), región de Chile; 1 382 033 km²; 143 058 hab. Cap. *Punta Arenas.*
MAGALLÁNICO, A adj. Relativo al estrecho de Magallanes.
MAGANZÓN, NA adj. y n. *Colomb.* y *C. Rica.* Holgazán.
MAGARIÑOS CERVANTES (Alejandro), escritor uruguayo (Montevideo 1825-íd. 1893). Dentro del romanticismo, fue poeta (*Celiar*, 1852) y autor de la novela indianista *Caramurú* (1848).
MAGAYA n. f. *Amér. Central.* Colilla.
MAGAZINE n. m. (voz inglesa). Revista ilustrada.
MAGDALENA n. f. Bollo pequeño de aceite, harina, huevo y leche.
MAGDALENA, bahía de México, frente a la costa E de la península de Baja California, limitada por las islas *Santa Magdalena* y *Santa Margarita.*
MAGDALENA, r. de Colombia el más importante del país, que nace en la cordillera Central de los Andes y desemboca en el Caribe, en forma de delta; 1538 km. Sus principales afluentes son Cauca y San Jorge (or. izq.) y Carare y Sogamoso (or. der.). Navegable hasta el puerto de Honda (a 1000 km de la desembocadura).
MAGDALENA (*departamento del*), dep. del N de Colombia; 22 901 km²; 769 141 hab. Cap. *Santa Marta.*
MAGDALENA, partido de Argentina (Buenos Aires); 22 416 hab. Ganadería e industrias eléctricas.
MAGDALENA (*santa*) → *María Magdalena.*
MAGDALENA DEL MAR o **MAGDALENA NUEVA**, c. de Perú (Lima), en la costa; 55 237 hab. Centro veraniego de Lima.
MAGDALÉNICO, A adj. Relativo al río Magdalena.
MAGDALENO (Mauricio), escritor mexicano (Villa del Refugio 1906-México 1986). Fundador del Teatro de Ahora, es autor de obras teatrales (*Pánuco 137, Emiliano Zapata, Trópico*, 1933), novelas sobre la revolución (*El resplandor*, 1937), guiones cinematográficos (*María Candelaria*) y ensayos.
MAGENTA n. m. y adj. Color rojo violáceo.
MAGIA n. f. (lat. *magiam*; del gr. *mageia*). Conjunto de creencias y prácticas basadas en la idea de que existen poderes ocultos en la naturaleza, y que se pueden conciliar o conjurar, para conseguir un beneficio (*magia blanca*) o provocar una desgracia (*magia negra*). **2.** Atractivo o encanto de algo que parece exceder la realidad.
MAGIAR adj. y n. m. y f. Relativo a un pueblo ugrofinés que se estableció en las llanuras de Hungría en el s. IX; individuo de este pueblo. **2.** Húngaro.
MÁGICO, A adj. Relativo a la magia: *poder mágico.* **2.** Que sorprende o fascina; maravilloso: *espectáculo mágico.*
MAGÍN n. m. *fam.* Imaginación.
MAGÍSTER n. m. *Colomb.* y *Chile.* Maestro, grado inmediatamente inferior al de doctor en universidades.
MAGISTERIO n. m. (lat. *magisterium*). Labor de las personas que tienen por profesión enseñar. **2.** Conjunto de estudios para la obtención del grado de maestro. **3.** Profesión de maestro. **4.** Conjunto de los maestros de una nación, provincia, etc.
MAGISTRADO n. m. Superior en el orden civil, en especial, miembro de la judicatura. **2.** Dignidad y empleo de juez o ministro de justicia superior. **3.** Miembro de una sala de la audiencia territorial o provincial del Tribunal supremo de justicia.

MAG

4. Juez de las magistraturas de trabajo. • **Primer magistrado,** máxima autoridad en el campo civil.
MAGISTRAL adj. (lat. *magistralem*). Relativo al ejercicio del magisterio. **2.** Dícese de lo que se hace con maestría: *demostración magistral.* **3.** Dícese de actos externos afectados: *tono magistral.* **4.** De extraordinaria precisión: *un instrumento magistral.* • **Fórmula magistral,** medicamento que se prepara en la farmacia según receta.
MAGISTRATURA n. f. Oficio o dignidad de magistrado. **2.** Tiempo que dura su ejercicio. **3.** Conjunto de los magistrados.
MAGMA n. m. Masa pastosa, espesa y viscosa. **2.** GEOL. Líquido que se forma en el interior de la Tierra, por fusión de la corteza o del manto, y que, al enfriarse, da origen a una roca eruptiva.
MAGMÁTICO, A adj. GEOL. Relativo al magma. • **Roca magmática,** roca eruptiva.
MAGNA o **MAINA,** en gr. **Manē** o **Mani,** región de Grecia, en el S del Peloponeso.
MAGNA GRECIA, nombre dado a las tierras del S de Italia y de Sicilia colonizadas por los griegos entre los ss. VII-II a. J.C.
MAGNANIMIDAD n. f. Calidad de magnánimo.
MAGNÁNIMO, A adj. (lat. *magnanimum*). Que muestra grandeza de ánimo, generoso: *sentirse magnánimo.*
MAGNATE n. m. (lat. *magnates*). En la edad media, título honorífico de los altos funcionarios de Hungría; en España, noble de primera categoría. **2.** Representante más importante del mundo de los negocios, de la industria y de las finanzas.
MAGNESIA n. f. QUÍM. Óxido o hidróxido de magnesio. (Es una sustancia terrosa, blanca, que se usa en medicina como laxante, o purgante.)
MAGNESIO n. m. Metal sólido (Mg), número atómico 12, de masa atómica 24,305 y densidad 1,7, blanco plateado, que puede arder en el aire con llama deslumbrante.
MAGNESITA n. f. Carbonato natural de magnesio $MgCO_3$. SIN.: giobertita.
MAGNÉTICO, A adj. (lat. *magneticum*). Relativo al imán: *atracción magnética.* **2.** Que tiene las propiedades del imán. **3.** Relativo al magnetismo: *campo magnético.* **4.** Que tiene una influencia poderosa y misteriosa: *mirada magnética.*
MAGNETISMO n. m. Fuerza atractiva de un imán. **2.** Parte de la física que estudia las propiedades de los imanes. **3.** Atractivo o influencia ejercidos por una persona sobre otra. • **Magnetismo terrestre,** conjunto de los fenómenos magnéticos ligados al globo terráqueo. SIN.: *geomagnetismo.*
MAGNETITA n. f. Mezcla de óxidos de hierro $FeOFe_2O_3$, que cristaliza en el sistema cúbico. Es de color negruzco, con brillo metálico, muy pesada, frágil y dura, y tiene propiedades magnéticas.
MAGNETIZAR v. tr. [**1g**]. Comunicar a un cuerpo propiedades magnéticas. **2.** *Fig.* Deslumbrar, entusiasmar o fascinar a alguien.
MAGNETO n. f. (abrev. de *magnetogeneratriz*). Generador de corriente eléctrica en el que la inducción es producida por un campo magnético creado por un imán permanente.
MAGNETÓFONO o **MAGNETOFÓN** n. m. Aparato de registro y reproducción del sonido, por imantación remanente de una cinta magnética.
MAGNETOHIDRODINÁMICA n. f. Ciencia que trata de la dinámica de los fluidos conductores.
MAGNETÓMETRO n. m. Instrumento empleado para medir la intensidad de los campos y momentos magnéticos.
MAGNETOSCOPIO n. m. Aparato de registro de imágenes y sonido sobre cinta magnética.

MAGNETOSFERA n. f. Parte externa de la envoltura de un planeta dotado de campo magnético.
MAGNICIDA adj. y n. m. y f. Dícese del autor de un magnicidio.
MAGNICIDIO n. m. Asesinato de un jefe de estado, o de una persona relevante del gobierno.
MAGNIFICAR v. tr. y pron. [**1a**]. Engrandecer, enaltecer, alabar.
MAGNIFICENCIA n. f. Calidad de magnífico. **2.** Excelente, admirable.
MAGNÍFICO, A adj. De gran suntuosidad.
MAGNITUD n. f. Cualquier característica de los cuerpos capaz de ser medida: *magnitud física.* **2.** *Fig.* Grandeza o importancia de algo: *la magnitud de una catástrofe.*
MAGNO, A adj. Grande, importante.
MAGNOLIA n. f. Planta arbórea o arbustiva originaria de Asia y de América, de flores grandes de olor suave, estimada para la ornamentación de parques y jardines. **2.** Flor y fruto de esta planta.
MAGNOLIAL adj. y n. f. Relativo a un orden de plantas con flores, como el tulipero, la magnolia y el badián.
MAGO, A n. y adj. (lat. *magum*). Persona que practica la magia. **2.** Persona versada en las ciencias ocultas. • **Los Reyes Magos,** personajes que acudieron, guiados por una estrella, a adorar a Jesús en Belén.
MAGÓN → *González Zeledón.*
MAGREB → *Mogreb.*
MAGRITTE (René), pintor belga (Lessines 1898-Bruselas 1967), autor de obras surrealistas ejecutadas con una técnica figurativa impersonal.
MAGRO, A adj. (lat. *macrum*). Con poca o ninguna grasa: *carne magra.* **2.** Pobre, esquilmado: *terreno magro.* ♦ n. m. **3.** Carne magra del cerdo, próxima al lomo.
MAGUA n. f. *Cuba, P. Rico* y *Venez.* Chasco, decepción.
MAGUARSE v. pron. [**1c**]. *Cuba.* Aguarse la fiesta. **2.** *Cuba, P. Rico* y *Venez.* Llevarse un chasco.
MAGUEY n. m. (voz antillana). BOT. *Amér.* Agave.
MAGULLADURA n. f. Magullamiento. **2.** Contusión caracterizada por la aparición de una mancha azulada.
MAGULLAMIENTO n. m. Acción y efecto de magullar.
MAGULLAR v. tr. y pron. [**1**]. Causar daño o contusiones a un tejido orgánico, pero sin producir herida.
MAGULLÓN n. m. *Chile.* Magulladura.
MAGUNCIA, en alem. **Mainz,** c. de Alemania, cap. de Renania-Palatinado, en la or. izq. del Rin; 177 062 hab. Catedral románica (ss. XII-XIII).
MAHĀRĀJA n. m. (voz sánscrita, *gran rey*). Título que se otorga a los príncipes feudatarios de la India. (Femenino *mahārānī.*)
MAHĀTMĀ n. m. (voz sánscrita, *alma grande*). Título dado en la India a personalidades espirituales eminentes.
MAHFUZ (Nadjib), novelista egipcio (El Cairo 1912). Sus obras evocan su ciudad natal (*El callejón de los milagros,* 1947; *Hijos de nuestro barrio,* 1963; *Principio y fin,* 1995). [Premio Nobel de literatura 1988.]
MAHLER (Gustav), compositor y director de orquesta austríaco (Kalischt, Bohemia, 1860-Viena 1911), autor de lieder y de diez sinfonías de lirismo posromántico.
MAHO n. m. Denominación de varios árboles de América del Sur, pertenecientes a diversas familias, como las esterculiáceas, las malváceas, las anonáceas, etc.
MAHOMA o **MUHAMMAD,** fundador de la religión musulmana (La Meca c. 570-Medina 632). Según la tradición musulmana, Mahoma tuvo una visión del arcángel Gabriel (c. 610), y bajo su dictado comenzó a predicar la fe en un único Dios. Su mensaje (recogido en el Corán) captó adeptos pero desencadenó la hostilidad de los dirigentes de La Meca, lo cual obligó a Mahoma y a sus fieles a buscar refugio en Medina. Esta huida de Medina (o *hégira*) en 622 marcó el inicio de la era musulmana. En diez años, Mahoma organizó un estado y una sociedad en los cuales la ley del islam sustituyó a las antiguas costumbres de Arabia. La Meca, tras duros enfrentamientos, se rindió en 630. Cuando Mahoma murió, Arabia estaba islamizada.
MAHOMETANO, A adj. y n. Musulmán.
MAHOMETISMO n. m. Islam, islamismo.
MAHONESA o **MAYONESA** n. f. y adj. Salsa fría compuesta por una emulsión de yema de huevo y aceite.
MAIAKOVSKI (Vladímir Vladímirovich), escritor ruso (Bagdadí [act. Maiakovski], Georgia, 1893-Moscú 1930). Tras haber participado en el movimiento futurista, ensalzó la revolución en octubre (*Octubre,* 1927), aunque en su teatro satirizó el nuevo régimen (*La chinche,* 1929).
MAICILLO n. m. Planta herbácea, que crece en América Central y Meridional, de fruto en cariopsis, muy nutritivo. (Familia gramíneas.) **2.** *Chile.* Arena gruesa y amarillenta con que se cubre el pavimento de jardines y patios.
MAILER (Norman Kingsley), escritor norteamericano (Long Branch, Nueva Jersey, 1923). Sus novelas analizan con humor la «neurosis social norteamericana» (*Los desnudos y los muertos,* 1948; *Un sueño americano,* 1965; *El evangelio según el Hijo,* 1997).
MAILLOT n. m. (voz francesa) [pl. *maillots*]. Traje de baño, especialmente el de mujer. **2.** DEP. Camiseta deportiva, especialmente la del ciclista.
MAIMÓNIDES (Moše ibn **Maymón,** llamado), filósofo, médico y talmudista hebraicoespañol (Córdoba 1135-al-Fust,āt,, Egipto, 1204). En su *Guía de perplejos* (1190), escrita en árabe, concilia fe y razón, y propone la filosofía como base racional de la teología. Su pensamiento influyó en la escolástica cristiana.
MAIN, r. de Alemania, afl. del Rin (or. der.); 524 km. Pasa por Bayreuth y Frankfurt, y desemboca en Maguncia. Está comunicado con el Danubio por un canal. Importante tráfico fluvial.
MAINE, estado de Estados Unidos (Nueva Inglaterra); 86 027 km²; 1 227 928 hab. Cap. *Augusta.*
MAINZ → *Maguncia.*
MAIPO, r. de Chile (Santiago), que nace al pie del *volcán Maipo* (5323 m de alt.) y desemboca en el Pacífico; 250 km. Afl.: Yeso, Colorado y Mapocho (que pasa por Santiago).
MAIPÚ, c. de Chile, en el área metropolitana de Santiago; 257 426 hab. Industria ligera. Cemento. Oleoducto.
MAIPÚ, dep. de Argentina (Mendoza), en el Gran Mendoza; 125 406 hab. Industria vitivinícola. — Dep. de Argentina (Chaco); 24 981 hab. Cab. *Tres Isletas.* Cultivos de oleaginosas.
MAIQUETÍA, c. de Venezuela (Distrito Federal); 62 834 hab. Aeropuerto de Caracas.
MAIRE *(estrecho de* **Le),** estrecho del extremo S de Argentina, que separa la isla Grande de Tierra del Fuego de la isla de los Estados.
MAITÉN n. m. Planta arbórea de Argentina y Chile, de hojas muy apetecidas por el ganado y flores purpúreas. (Familia celastráceas.)
MAITÍN (José Antonio), poeta venezolano (¿1804?-Caracas 1874), representante del romanticismo en su país. Publicó *Obras poéticas* (1851), *Las orillas del río* y sus leyendas poéticas.
MAITINES n. m. pl. Primera de las horas del oficio divino.
MAÎTRE n. m. (voz francesa). Jefe de comedor de un restaurante u hotel.

MAÍZ n. m. Cereal cultivado en Europa y América por sus granos comestibles, ricos en almidón. (Familia gramíneas.) **2.** Grano de esta planta.
Maíz *(islas del)*, en ingl. **Corn Islands**, islas de Nicaragua, en el Caribe; 12 km²; 2651 hab. Turismo.
MAIZAL n. m. Terreno sembrado de maíz.
MAJÁ n. m. *Cuba*. Culebra no venenosa, de color amarillento con manchas de color pardo rojizo. **2.** *Cuba*. Fig. y fam. Persona holgazana.
MAJADA n. f. Lugar o paraje que sirve de aprisco a los animales y de albergue a los pastores. **2.** Estiércol de los animales. **3.** *Argent., Chile* y *Urug*. Manada o hato de ganado lanar.
MAJADAL n. m. Lugar de pasto a propósito para ganado menor. **2.** Majada, lugar donde se recoge el ganado.
MAJADEAR v. intr. [1]. Permanecer el ganado en la majada. **2.** Abonar la tierra.
MAJADEREAR v. tr. e intr. [1]. *Amér*. Molestar, incomodar uno a otra persona. ◆ v. intr. **2.** *Amér*. Insistir con terquedad importuna.
MAJADERÍA n. f. Calidad de majadero. **2.** Dicho o hecho de majadero.
MAJADERO, A adj. y n. Insensato, inoportuno o pedante. ◆ n. m. **2.** Mano de almirez o de mortero.
MAJADO n. m. *Argent*. y *Chile*. Caldo de trigo o maíz triturado al que, en ocasiones, se añade carne machacada. **2.** *Argent*. y *Chile*. Postre o guiso hecho con este trigo.
MAJAGUA n. f. *Antillas, Colomb., Ecuad., Méx., Pan*. y *Salv*. Árbol, de copa poblada, flores purpúreas y fruto amarillo. (Familia malváceas.)
MAJAL n. m. Banco de peces.
MAJAMAMA n. f. *Chile*. Enredo, engaño solapado, especialmente en cuentas y negocios.
MAJAR v. tr. (del lat. *malleum*, mazo) [1]. Machacar una cosa desmenuzándola o aplastándola. **2.** *Fig*. y *fam*. Molestar, importunar.
MAJARETA adj. y n. m. y f. *Fam*. Dícese del que tiene algo perturbadas sus facultades mentales.
MAJARETE n. m. *P. Rico*. Desorden, barullo, confusión.
MAJE adj. y n. m. y f. *Méx. Fam*. Tonto, bobo.
MAJESTAD n. f. (lat. *maiestatem*). Condición o aspecto de una persona o cosa que inspira admiración y respeto. **2.** Título que se da a Dios y también a reyes y emperadores.
MAJESTUOSO, A adj. Que tiene majestad: *el majestuoso vuelo del águila*.
MAJEZA n. f. *Fam*. Calidad de majo. *Fam*. Ostentación de esta cualidad.
MAJO, A adj. *Fam*. Guapo, hermoso, bonito. **3.** *Fam*. Simpático, agradable de trato.
MAKALU, pico del Himalaya central; 8515 m.
MAL adj. Apócope de *malo*: *hace mal día*.
MAL n. m. Conjunto de todas aquellas cosas que son malas porque dañan o porque son contrarias a la moral: *saber distinguir entre el bien y el mal*. **2.** Daño moral o material: *no haber hecho mal a nadie*. **3.** Inconveniente, aspecto pernicioso de un asunto: *el mal está en su actitud*. **4.** Desgracia, calamidad: *ella trajo el mal a esta casa*. **5.** Enfermedad, dolor. • **Decir mal de**, maldecir, denigrar. ‖ **Mal de ojo**, supuesto influjo maléfico que, por arte de hechicería, ejerce una persona sobre otra mirándola de cierta manera. ‖ **Mal haya, hayas** o **hayan**, exclamación imprecatoria: *¡mal haya el diablo!* ‖ **Ponerse a mal**, con uno, indisponerse con uno, romper las buenas relaciones. ‖ **Tomar a mal** una cosa, interpretar torcidamente algo que dicen o hacen y ofenderse por ello.

MAL adv. m. (lat. *male*). De forma contraria a la debida, desacertadamente: *hacer las cosas mal*. **2.** Contrario a lo que se apetece o requiere, de manera impropia e inadecuada para un fin: *cenar tarde y mal*. **3.** Con dificultad o imposibilidad: *mal podrás si si no tienes coche*. **4.** Poco, insuficientemente: *oír mal*. **5.** Con verbos como *saber, oler,* etc., de manera desagradable. • **De mal en peor**, expresión que denota un empeoramiento progresivo de algo: *ir las cosas de mal en peor*.
MALABAR adj. y n. m. y f. De la costa de Malabar. ◆ adj. **2. Juegos malabares**, ejercicios de agilidad y destreza que se practican generalmente con espectáculo, manteniendo objetos en equilibrio inestable, lanzándolos a lo alto y recogiéndolos. SIN.: *malabarismo*.
MALABAR *(costa de)*, región litoral de la India, en el SO del Decán.
MALABARISMO n. m. Juegos malabares. **2.** *Fig*. Actuación hábil encaminada a sostener una situación dificultosa.
MALABARISTA n. m. y f. Persona que hace juegos malabares. **2.** *Chile*. Persona que roba o quita una cosa con astucia.
MALABO, ant. **Santa Isabel**, cap. y cap. de Guinea Ecuatorial, en la costa N de la isla de Bioco; 37 000 hab. Puerto y aeropuerto.
MALACARA n. m. *Argent*. Caballo que tiene blanca la mayor parte de la cara.
MALACATE n. m. Máquina que consta de un árbol vertical provisto de una o varias palancas horizontales en cuyo extremo se enganchan las caballerías, que dan vueltas en torno al árbol. **2.** *Hond., Nic*. y *Nicar*. Huso, instrumento para hilar. **3.** *Méx*. Cabestrante para elevar objetos pesados.
MALACITANO, A adj. y n. Malagueño.
MALACOLOGÍA n. f. Estudio de los moluscos.
MALACONSEJADO, A adj. y n. Que obra desatinadamente, llevado de malos consejos.
MALACOPTERIGIO, A adj. y n. Relativo a un grupo de peces óseos de aletas blandas o flexibles, como el salmón, la carpa y el bacalao.
MALACOSTUMBRADO, A adj. Acostumbrado a excesiva comodidad.
MÁLAGA *(provincia de)*, provincia del S de España, en Andalucía; 7276 km²; 1 197 308 hab. Cap. **Málaga**. La cordillera Penibética abarca los tercios de la provincia; el resto corresponde a la franja litoral (Costa del Sol), baja y arenosa.
MÁLAGA, c. de España, cap. de la prov. homónima y cab. de p. j.; 534 683 hab. *(Malagueños* o *malacitanos.)* Situada junto al Mediterráneo, con un activo puerto mercantil y pesquero. Industria alimentaria, siderúrgica, textil y química. Turismo. Universidad. Fue colonia comercial fenicia *(Malaca)*, griega y romana, y puerto principal del reino islámico de Granada. Conserva la antigua alcazaba (s. XI, actual museo), con doble muralla, unida al castillo de Gibralfaro. Catedral (s. XVI), palacio episcopal. Museos (arqueológico, de cerámica, de bellas artes).
MALAGANA n. f. *Fam*. Desfallecimiento, desmayo.
MALAGRADECIDO, A adj. Ingrato, desagradecido.
MALAGUEÑA n. f. Canción y danza española.
MALAGUEÑO, A adj. y n. De Málaga.
MALAGUETA n. f. Planta herbácea, que produce unas semillas parecidas a la pimienta. (Familia cingiberáceas.)
MALALECHE n. y f. *Fig*. y *vulg*. Persona de mala intención.
MALAMBO n. m. *Argent., Chile* y *Urug*. Baile gaucho, rápido de zapateo, acompañado de guitarra, sin movimientos que los de las piernas y pies.
MALAMENTE adv. m. Mal.

MALAMISTADO, **A** adj. *Chile*. Enemistado.
MALAMISTARSE. *Chile*. Amancebado.
MALAMUJER n. f. *Méx*. Planta espinosa de distintas especies que produce irritación en la piel.
MALANDANZA n. f. Desgracia, suceso adverso o violento.
MALANDRÍN, NA adj. y n. (ital. *malandrino*, salteador). Dícese de la persona mentirosa, traidora, perversa, etc.
MALANGAY n. m. *Colomb*. Planta característica de las aráceas.
MALAPATA m. y f. Patoso.
MALAQUITA n. f. Carbonato natural de cobre, de un hermoso color verde, susceptible de ser tallado y pulido para usos de joyería y de marquetería.
MALAR adj. Relativo a la mejilla: *región malar*. ◆ n. m. **2.** Pómulo.
MALARGÜE, dep. de Argentina (Mendoza); 21 951 hab. Minas y planta procesadora de uranio.
MALARIA n. f. Paludismo.
MALASANGRE adj. y n. m. y f. Dícese de la persona de condición aviesa.
MALASIA, estado federal del Sureste asiático, formado por una parte continental *(Malaysia Occidental)* en la península de Malaca, y por otra peninsular *(Malaysia Oriental,* que está formada a su vez por los estados de Sabah y de Sarawak, en el N de Borneo); 330 000 km²; 18 300 000 hab. CAP. **Kuala Lumpur**. LENGUA OFICIAL: *malayo*. MONEDA: *dólar de Malaysia (ringgit).*

GEOGRAFÍA
El estado, de clima tropical, es el primer productor mundial de caucho (natural) y de estaño. El subsuelo alberga todavía bauxita y especialmente petróleo. El arroz es la base de la alimentación de una población concentrada en Malaysia Occidental, donde conviven importantes minorías indias y chinas. Desarrollo industrial emergente.

HISTORIA
Ss. VIII-XIV: los reinos indianizados de la península de Malaca estuvieron bajo el dominio de los soberanos de Sumatra primero, y posteriormente de los de Java y de los reyes de Siam. 1419: el príncipe de Malaca se convirtió al islam y tomó el título de sultán. 1511: los portugueses se apoderaron de Malaca. 1641: los neerlandeses expulsaron a los portugueses. 1795: ocupación británica. 1819: fundación de Singapur. 1830: Malaca, Penang y Singapur se agruparon para formar el Establecimiento de los Estrechos, constituidos en colonia de la corona británica en 1867. 1867-1914: la administración británica se extendió a todos los sultanatos malayos. Desarrollo de la exportación del caucho y del estaño. 1942-1945: Japón ocupó la península. 1946: Gran Bretaña creó la Unión Malaya. 1957: la Federación de Malasia accedió a la independencia, en el marco de la Commonwealth. 1963: la nueva Malasia agrupó la parte continental del país, Singapur, Sarawak y el N de Borneo. 1965: Singapur se retiró de la Federación. 1970: Abdul Razak sucedió a Abdul Rahmán, primer ministro desde 1957. Conflictos entre malayos y la comunidad china, insurrección comunista y (a partir de 1979) aflujo de refugiados de Vietnam y Camboya. 1981: Mahatir bin Mohamed, primer ministro sucesivamente reelegido. 2004: un terremoto con epicentro en Sumatra (Indonesia) causó tsunamis que provocaron 68 muertos.
MALATOBA o **MALATOBO** n. m. *Amér*. Gallo de color rojo claro, con las alas más oscuras y con plumas negras en la pechuga.
MALAVENIDO, A adj. Descontentadizo.
MALAVENTURA o **MALAVENTURANZA** n. f. Desventura, desgracia.
MALAVENTURADO, A adj. Desgraciado.
MALAWI *(lago)*, ant.: **lago Nyasa**, gran lago de África oriental, entre Malawi, Tanzania y Mozambique; 30 800 km².

MAL

MALAWI, ant. **Nyasalandia**, estado de África oriental, en la orilla O del lago Malawi; 118 000 km²; 9 400 000 hab. CAP. Lilongwe. LENGUA OFICIAL: inglés. MONEDA: kwacha malawi. Es un país de altas mesetas casi exclusivamente agrícola, en donde el maíz constituye la base de la alimentación. El tabaco, el azúcar y el té proveen lo esencial de las exportaciones.

HISTORIA

1859: Livingstone descubrió el lago Malawi, en cuyos alrededores los pueblos bantúes eran objeto, desde 1840, de las razzias de los negreros de Zanzíbar. 1889: los británicos constituyeron, mediante tratados, el protectorado del África central británica, que en 1907 adoptó el nombre de Nyasalandia. 1953: Gran Bretaña federó Nyasalandia y Rhodesia. El Congreso nacional africano de Nyasalandia, partido dirigido por Hastings Kamuzu Banda, reclamó la independencia. 1958: Nyasalandia accedió a la autonomía. 1962: abandonó la federación. 1964: accedió a la independencia con el nombre de Malawi. 1966: se proclamó la república; al poder H. K. Banda, presidente vitalicio desde 1971. 1993: por presiones internas e internacionales introdujo el multipartidismo. 1994: B. Muluzi elegido presidente.

MALAXAR v. tr. [1]. Amasar una sustancia para reblandecerla o para darle homogeneidad: *malaxar la mantequilla*.

MALAYA n. f. *Chile y Perú*. Corte de carne de vacuno correspondiente a la parte superior de las costillares.

MALAYO, A adj. y n. Relativo a un pueblo que ocupa la península de Malaca y las islas de la Sonda; individuo de este pueblo. ♦ n. m. **2**. Lengua indonesia hablada en la península de Malaca y en las costas de las islas indonésicas, convertida en lengua oficial de Indonesia.

MALAYOPOLINESIO, A adj. y n. m. Dícese de una familia de lenguas habladas en las islas del océano Índico y Oceanía, entre las que figura el indonesio y las lenguas polinesias.

MALAYSIA → *Malasia (Federación de)*.

MALBARATAR v. tr. [1]. Vender a bajo precio: *malbaratar las mercancías*. **2**. Despilfarrar, malgastar: *malbaratar una herencia*.

MALCARADO, A adj. Que tiene aspecto repulsivo. **2**. Que pone cara enfadada.

MALCASADO, A adj. y n. Dícese del que no vive en armonía con su cónyuge, o del que está separado o divorciado.

MALCASAR v. tr., intr. y pron. [1]. Casar o casarse desacertadamente.

MALCOMER v. tr. e intr. [2]. Comer escasamente o con poco gusto.

MALCONSIDERADO, A adj. Que no guarda consideración.

MALCONTENTADIZO, A adj. Descontentadizo.

MALCONTENTO, A adj. Descontento, insatisfecho. **2**. Rebelde, revoltoso.

MALCRIADEZ o **MALCRIADEZA** n. f. *Amér.* Cualidad de malcriado, grosería, indecencia.

MALCRIADO, A adj. Mal educado, descortés.

MALCRIAR v. tr. [1t]. Educar mal a los hijos por exceso de condescendencia.

MALDAD n. f. Calidad de malo. **2**. Acción mala.

MALDECIDO, A adj. y n. Dícese de la persona de mala índole.

MALDECIR v. tr. [19a]. Sentir o expresar abominación, enfado o irritación contra algo o alguien: *maldigo el día en que te conocí*. ♦ v. intr. **2**. Hablar con mordacidad en perjuicio de alguien, criticar: *maldice de sus amigos*. **3**. Quejarse de algo, criticar: *maldice de su juventud*.

MALDICIÓN n. f. (lat. *maledictionem*). Acción de maldecir contra una persona o cosa manifestando enojo o aversión. **2**. Deseo expreso de que el prójimo le sobrevenga algún daño: *abandonó el hogar con la maldición de su padre*. **3**. Expresión con que se maldice: *soltar una maldición*.

MALDISPUESTO, A adj. Indispuesto, algo enfermo. **2**. Que no tiene la disposición de ánimo necesaria para una cosa.

MALDITO, A adj. Que es objeto de enfado, abominación, etc.: *un escritor maldito*. **2**. Que disgusta o molesta: *estos malditos zapatos no me dejan andar*. **3**. Aplicado a un sustantivo con artículo, equivale al concepto de nada o ninguno, expresando hastío o desilusión: *maldita la falta que me hacen sus consejos*. • **¡Maldita sea!**, exclamación de disgusto o disconformidad. ♦ n. m. El diablo.

MALDIVAS, estado insular del océano Índico, al SO de Sri Lanka; 300 km²; 200 000 hab. CAP. *Malé*. LENGUA OFICIAL: *divehi*. MONEDA: *rupia maldiva*. Protectorado británico a partir de 1887, independientes desde 1965, las islas Maldivas constituyen una república desde 1968. En 2004 gran parte de sus centros turísticos de Maldivas resultaron dañados debido a los tsunamis provocados por un terremoto de 9 grados Richter con epicentro en Indonesia.

MALDONADO (*departamento de)*, dep. del SE de Uruguay; 4705 km²; 94 314 hab. Cap. *Maldonado* (22 200 hab.).

MALDONADO (Tomás), pintor argentino (Buenos Aires 1922), uno de los creadores del movimiento de arte abstracto Arte concreto-Invención.

MALDOSO, A adj. *Méx.* Que le gusta hacer maldades o travesuras.

MALÉ, c. y cap. de las Maldivas, en la *isla de Malé*; 55 000 hab. Aeropuerto.

MALEABILIDAD n. f. TECNOL. Calidad de maleable.

MALEABLE adj. (lat. *malleare*). Dícese del metal que puede batirse y extenderse en planchas o láminas.

MALEANTE adj. y n. m. y f. Delincuente, persona de mala conducta o que tiene antecedentes penales.

MALEAR v. tr. y pron. [1]. Dañar, echar a perder. **2**. *Fig.* Pervertir a alguien.

MALECÓN n. m. Muralla o terraplén para defensa contra las aguas. **2**. Rompeolas adaptado para atracar. **3**. Terraplén que se construye para elevar el nivel de la vía del ferrocarril.

MALEDICENCIA n. f. Acción y efecto de maldecir, hablar con mordacidad en perjuicio de otro.

MALEDUCADO, A adj. y n. Descortés, malcriado.

MALEFICIO n. m. Influencia dañosa causada por arte de hechicería. **2**. Hechizo que causa este daño.

MALÉFICO, A adj. Que perjudica a otro con maleficios: *invocación maléfica*. **2**. Que puede ocasionar daño.

MALEMPLEAR v. tr. y pron. [1]. Desperdiciar, malgastar.

MALENTENDER v. tr. [2d]. Entender o interpretar equivocadamente.

MALENTENDIDO n. m. Mala interpretación, entendimiento erróneo de algo.

MALESTAR n. m. Sensación indefinida de encontrarse mal física o espiritualmente.

MALETA n. f. Caja de piel, lona u otra materia, con asas y cerradura, que se usa como equipaje manual. **2**. *Amér.* Lío de ropa. **3**. *Chile y Guat.* Alforja. • **Hacer la maleta**, o **las maletas**, llenar de ropa y objetos la maleta para hacer un viaje. || **Largar o soltar uno la maleta** (*Chile*), morir.

MALETERO n. m. Persona que tiene por oficio hacer o vender maletas. ♦ n. m. **2**. Mozo que transporta equipajes. **3**. En los vehículos, compartimento donde se pone el equipaje. **4**. *Chile*. Ladrón, ratero.

MALETILLA n. m. Aprendiz de torero, que actúa en capeas y tentaderos.

MALETÍN n. m. Maleta de pequeño tamaño.

MALETUDO, A adj. *Colomb., Cuba, Ecuad. y Méx.* Jorobado.

MALEVAJE n. m. *Argent.* Grupo constituido por malevos.

MALEVO, A adj. y n. *Argent.* Relativo al malevo. **2**. *Argent., Bol. y Urug.* Maleante, malhechor. ♦ n. m. **3**. *Argent.* Hombre matón, pendenciero que vivía en los alrededores de Buenos Aires.

MALEVOLENCIA n. f. Mala voluntad, mala intención: *actuar con malevolencia*.

MALÉVOLO, A adj. y n. Malicioso, mal intencionado: *ideas malévolas*.

MALEZA n. f. (lat. *malitiam*). Abundancia de malas hierbas en los sembrados. **2**. Espesura de arbustos. **3**. Formación de hierbas, arbustos o pequeños árboles. **4**. *Chile, Colomb. y Perú*. Cualquier hierba mala. **5**. *Dom. y Nicar.* Achaque, enfermedad.

MALFORMACIÓN n. f. FISIOL. Alteración morfológica congénita de un tejido o un órgano del cuerpo humano: *malformación fetal*.

MALGACHE adj. y n. m. y f. De Madagascar. ♦ n. m. **2**. Grupo de lenguas malayopolinesias habladas en Madagascar.

MALGASTAR v. tr. [1]. Gastar en cosas malas o inútiles: *malgastar la paciencia*.

MALGENIOSO, A o **MALGENIUDO, A** adj. y n. *Amér.* Que tiene mal genio.

MALHABLADO, A adj. y n. Que tiene costumbre de decir expresiones soeces o inconvenientes.

MALHADADO, A adj. Infeliz, desventurado, desgraciado.

MALHARRO (Martín), pintor argentino (Azul 1865-Buenos Aires 1911). Colorista y con preferencia por el paisaje, introdujo el impresionismo en Argentina.

¡MALHAYA! o **¡MALHAYAS!** interj. Exclamación imprecatoria.

MALHECHO, A adj. De cuerpo mal formado.

MALHECHOR, RA adj. y n. Delincuente, en especial el habitual.

MALHERIR v. tr. [22]. Herir gravemente.

MALHORA n. m. y f. *Méx. Fam.* Amigo de hacer maldades o travesuras.

MALHUMOR n. m. Mal humor.

MALHUMORADO, A adj. Que está de mal humor, desabrido o displicente.

MALHUMORAR v. tr. y pron. [1]. Poner o ponerse de mal humor.

MALÍ adj. y n. m. y f. De Malí.

MALÍ n. m. Hipopótamo enano.

MALÍ o **MALIS** (*imperio de*), imperio mandingo (ss. XI-XVII), cuyo núcleo fue la región de Bamako. En su apogeo se extendía por los actuales estados de Malí, Senegal, Gambia, Guinea y Mauritania.

MALÍ o **MALIS**, estado de África occidental; 1 240 000 km²; 8 300 000 hab. CAP. *Bamako*. LENGUA OFICIAL: *francés*. MONEDA: *franco CFA*.

GEOGRAFÍA

En el N y centro del país, enclavados en el Sahara y su periferia, se desarrolla la ganadería nómada (bovina y sobre todo ovina y caprina), base de la economía de una nación muy pobre, que sufre las consecuencias de carecer de una salida al mar y de recursos minerales destacables. El S, más húmedo y explotado, en parte por los trabajos realizados en los valles del Senegal y del Níger (Macina), proporciona mijo, sorgo, arroz, algodón y cacahuetes.

HISTORIA

Ss. VII-XVI: Malí fue cuna de los grandes imperios de Níger, Ghana, Malí y Gao (cap. Tombouctou). Ss. XVII-XIX: ocuparon sucesivamente el poder Marruecos, los tuareg, los bambara y los fulbé (capital Segu). 1857: Francia ocupó el país, impidiendo la constitución de un nuevo estado en el S a iniciativa de Samory Turé (encarcelado en 1898). 1904: se creó, en el marco del África occidental francesa, la colonia del Alto Senegal-Níger. 1920: Alto Senegal-Níger, separada de Alto Volta, se convirtió en el Sudán Francés. 1958: se proclamó la República Su-

MAL

danesa, que formó con Senegal, la Federación de Malí (1959). 1960: se disolvió la federación. La República Sudanesa se convirtió en la República de Malí. M. Keita, presidente. 1968: golpe de estado; al poder M. Traoré. 1974: nueva constitución que estableció un régimen presidencial y un partido único. 1991: Traoré derrocado por el ejército. Gobierno de transición compuesto por militares y civiles. 1992: se instauró el multipartidismo. A. O. Konaré (reelegido en 1997), presidente.

MALICIA n. f. (lat. *malitiam*). Maldad, calidad de malo. **2.** Inclinación a hacer el mal. **3.** Intención malévola y disimulada: *actuar con malicia.* **4.** Sagacidad, picardía.
MALICIAR v. tr. y pron. [1]. Sospechar algo con malicia. **2.** Malear.
MALICIOSO, A adj. y n. Que tiene malicia, que tiende a atribuir mala intención a los hechos de los demás. ♦ adj. **2.** Hecho con malicia, que contiene malicia: *mirada maliciosa.*
MALIGNIDAD n. f. Calidad de maligno: *la malignidad de una mirada.* **2.** Carácter de una lesión o enfermedad que obliga a hacer un pronóstico desfavorable.
MALIGNO, A adj. y n. (lat. *malignum*). Propenso a pensar u obrar mal. ♦ adj. **2.** De índole perniciosa: *sonrisa maligna.* **3.** Dícese de la lesión o enfermedad que evoluciona de modo desfavorable. • **Espíritu maligno**, el demonio.
MALINCHE o **MATLALCUÉYATL**, volcán apagado de México, en la cordillera Neovolcánica (Tlaxcala y Puebla); 4461 m.
MALINCHE, indígena mexicana (s. XVI), hija de un cacique de lengua náhuatl, a quien los españoles bautizaron como Marina. Amante de Hernán Cortés, le sirvió como intérprete de las lenguas náhuatl y maya.
MALINCHISTA adj. y n. m. y f. *Méx.* Dícese del individuo que da preferencia a las personas, costumbres, cosas extranjeras y desprecia las nacionales, y adopta una actitud servil frente a los extranjeros.
MALINTENCIONADO, A adj. y n. Que tiene mala intención: *idea malintencionada.*
MALLA n. f. Tejido poco tupido y transparente, hecho con un hilo que va enlazándose consigo mismo formando agujeros. **2.** Cada uno de los elementos de forma diversa cuyo conjunto constituye este tejido. **3.** Cada una de las anillas del tejido de punto. **4.** *Argent., Perú y Urug.* Bañador, traje de baño. **5.** *Chile.* Clase de patata de tubérculo muy pequeño. **6.** ARM. Tejido de anillos o piececitas metálicas, utilizado para confeccionar cotas. **7.** ELECTR. Conjunto de conductores que unen los nudos de una red y forman un circuito cerrado. **8.** TECNOL. Rejilla metálica o de hilo de seda u otro material, que constituye el fondo de un cedazo o tamiz. **9.** TECNOL. Cada una de las aberturas de un tamiz o de una tela metálica o de rejilla. **10.** TEXT. Elemento constitutivo de todo artículo o género textil compuesto de una red de hilos más o menos tensos. ♦ **mallas** n. f. pl. **11.** Vestido de punto, elástico y ajustado al cuerpo, que se usa para ballet, gimnasia, etc.
MALLARINO (Manuel María), político y escritor colombiano (Cali 1802-Bogotá 1872). Presidente de la república (1855-1857), participó en la fundación de la Academia colombiana de la lengua.
MALLARMÉ (Stéphane), poeta francés (París 1842-Valvins 1898). Iniciador del simbolismo, confiere a las palabras la iniciativa en la constitución de un espacio literario dotado de cualidades plásticas (*La siesta de un fauno*, 1874).
MALLE (Louis), director de cine francés (Thumeries, Nord, 1932-Los Ángeles 1995). Su obra constituye un testimonio de su época (*Zazie en el metro*, 1960; *Atlantic City*, 1980).

MALLEA (Eduardo), escritor argentino (Bahía Blanca 1903-Buenos Aires 1982). Su narrativa tiende a la digresión ensayística: *La ciudad junto al río inmóvil*, 1936; *La bahía del silencio*, 1940, *Todo verdor perecerá*, 1941, etc.
MALLÍN n. m. *Argent.* Pradera cenagosa.
MALLO n. m. (lat. *malleum*, martillo). Mazo, martillo grande de madera. **2.** Macho manejado por el ayudante o machacador para auxiliar al forjador o herrador. **3.** TECNOL. Mazo, martillo metálico de gran tamaño, utilizado por los canteros.
MALLO n. m. *Chile.* Guiso de patatas cocidas y molidas.
MALLOS (isla de), isla de España (Baleares); 3640 km²; 602 074 hab. Cap. *Palma de Mallorca*. La sierra de Tramontana (Puig Major, 1445 m) discurre paralela a la costa de SO a NE, formando grandes acantilados, mientras que al SE se alza la costa de Levante; en medio, el Pla se abre al mar en la bahía de Palma, al O, y la de Alcudia, al E. Cultivos de secano (almendros y algarrobos). Ganadería. Industrias tradicionales de calzado, vidrio y bisutería. La principal actividad económica es el turismo.

HISTORIA

Edad del bronce: cultura megalítica. 123 a J.C.: conquista romana, aunque la romanización fue escasa. Dependió del califato de Córdoba (903), de la taifa de Denia (1013-1063) y de los almorávides (1120-1203), aunque con los Banū Ganīya gozó de relativa independencia. 1229: conquista de Jaime I de Aragón, que la cedió a su hijo Jaime II como reino (1276). 1343: incorporación a la Corona de Aragón. 1715: decreto de Nueva planta.
MALLORQUÍN, NA adj. y n. De Mallorca. ♦ n. m. **2.** Dialecto del catalán que se habla en Mallorca.
MALMARIDADA n. f. y adj. Malcasada.
MALMIRADO, A adj. Que está mal considerado por otros: *hombre malmirado*.
MALNUTRICIÓN n. f. Mala adaptación de la alimentación a las condiciones de vida de un individuo. **2.** Desequilibrio alimentario en general.
MALO adv. m. Denota desaprobación, disconformidad o contrariedad: *malo es que llueva ahora*.
MALO, A adj. (lat. *malum*). Que carece de las cualidades propias de su naturaleza o función: *mala memoria.* **2.** Dañoso, perjudicial: *beber demasiado es malo.* **3.** Que se opone a la razón o a la ley: *las malas costumbres.* **4.** Enfermo: *estar malo del hígado.* **6.** Difícil: *gente mala de gobernar.* **6.** Desagradable, molesto: *oir una mala noticia.* **7.** Travieso, revoltoso: *un niño malo.* **8.** Deslucido, deteriorado: *un traje que ya está malo.* • **A malas**, en actitud de hostilidad o enemistad. || **Por la mala**, o **las malas**, por la fuerza o coacción. ♦ adj. y n. **9.** Que es de costumbres o vida censurables: *una mala persona.*
MALOCA n. f. *Amér. Merid.* Malón, ataque inesperado de indios. **2.** *Amér. Merid.* Invasión de hombres blancos en tierra de indios, con pillaje y exterminio. **3.** *Colomb.* Guarida o pueblo de indios salvajes.
MALOGRADO, A adj. Dícese de la persona, especialmente de cierta categoría o de especial dotación y actividades, que muere joven: *el malogrado actor*.
MALOGRAR v. tr. [1]. Perder, desaprovechar algo: *malograr esfuerzos.* ♦ v. tr. y pron. **2.** No llegar al término que se pretendía o esperaba: *malograr un chiste.* **3.** *Amér.* Estropear. ♦ **malograrse** v. pron. **4.** Frustrarse, no llegar a su natural desarrollo o perfeccionamiento alguien o algo.
MALOJA n. f. *Cuba.* Planta de maíz que se usa como forraje.
MALOJO n. m. *Venez.* Maloja.
MALOLIENTE adj. Que exhala mal olor.
MALÓN n. m. *Amér. Merid.* Irrupción o ataque inesperado de indios, con saqueo y depredaciones. **2.** *Amér. Merid.* Grupo de personas que provocan desórdenes en espectáculos o reuniones públicas. **3.** *Argent. y Chile.* Fig. y fam. Visita sorpresiva de un grupo de personas a la casa de unos amigos.
MALOQUEAR v. intr. [1]. *Amér. Merid.* Acometer contra el enemigo en forma de malones o malocas.
MALOQUERO, A adj. y n. *Amér. Merid.* Que maloquea.
MALPAÍS n. m. Nombre dado originariamente en los países de habla española a los terrenos cubiertos de un tipo de corriente de lava de superficie irregular, formada por bloques sueltos, agrietados y ampulosos. (En algunos países de América Latina suele llamársele *huayquería*.)
MALPARADO, A adj. Que ha sufrido notable menoscabo: *salir malparado de un negocio.*
MALPARIR v. intr. [3]. Abortar.
MALPARTO n. m. Aborto.
MALPASAR v. intr. [1]. Vivir con estrechez o apuro.
MALPELO, isla de Colombia, en el océano Pacífico, a unos 500 km al O de Buenaventura; 2 km².
MALPENSADO, A adj. y n. Que tiene tendencia a ver malicia o mala intención en los actos o palabras de los demás.
MALQUERENCIA n. f. Antipatía, mala voluntad hacia alguien.
MALQUERER v. tr. [7]. Tener antipatía o mala voluntad hacia alguien.
MALQUISTAR v. tr. y pron. [1]. Enemistar a una persona con otra.
MALQUISTO, A adj. Que está mal considerado por otras personas o que recibe la antipatía o enemistad de otros.
MALRAUX (André), escritor y político francés (París 1901-Créteil 1976). Sus novelas (*La condición humana*, 1933; *La esperanza*, 1937) y su obra crítica (*Las voces del silencio*, 1951) constituyen una lucha por la dignidad.
MALRO n. m. *Chile.* Maslo, tronco de la cola de las caballerías.
MALSANO, A adj. Perjudicial para la salud: *humo malsano.* **2.** Enfermizo: *deseo malsano.*
MALSONANTE adj. Que suena de forma desagradable: *ruido malsonante.* **2.** Incorrecto, grosero: *palabras malsonantes.*
MALTA n. f. (ingl. *malt*). Cebada germinada artificialmente, desecada y tostada, utilizada en la elaboración de la cerveza. **2.** Esta misma cebada, utilizada para hacer una infusión.
MALTA, isla principal (246 km²) de un pequeño archipiélago del Mediterráneo (formado también por Gozo y Comino), entre Sicilia y África, que constituye un estado. Ocupa una extensión de 316 km² y tiene 400 000 hab. (*Malteses*.) CAP. *La Valletta*. LENGUAS OFICIALES: maltés e inglés. MONEDA: *libra maltesa*.

HISTORIA

IV-II milenio (del neolítico a la edad del bronce): Fue el centro de una civilización megalítica (Mnajdra, Ggantija, Tarxien y la isla de Gozo), con templos de planta compleja y decoraciones esculpidas que evocan a la diosa madre. S. x a. J.C.: se convirtió en un establecimiento fenicio. Fue ocupada por los griegos (s. VIII) y por los cartagineses (s. VI). 218 a. J.C.: al comienzo de la segunda guerra púnica, fue anexionada por los romanos. 870: la isla fue ocupada por los árabes e islamizada. 1090: Roger de Sicilia se apoderó de Malta, cuya suerte estuvo ligada al reino de Sicilia hasta el s. XVI. 1530: Carlos Quinto cedió la isla a los caballeros de San Juan de Jerusalén, a condición de que hicieran frente al avance otomano. 1798: Napoleón ocupó la isla. 1800: Gran Bretaña se instaló en ella y la convirtió en base estratégica. 1940-1943: Malta desempeñó un papel determinante

MAL

en la guerra en el Mediterráneo. 1964: la isla accedió a la independencia, en el seno de la Commonwealth. 1974: se convirtió en república. 1998: inició negociaciones para ingresar en la Unión europea.
MALTASA n. f. Enzima del jugo intestinal, que hidroliza la maltosa.
MALTEADO n. m. Operación que transforma la cebada u otros cereales en malta.
MALTÉS, SA adj. y n. De Malta. ♦ n. m. **2.** Dialecto árabe hablado en la isla de Malta.
MALTHUS (Thomas Robert), economista británico (cerca de Dorking, Surrey, 1766-Claverton, cerca de Bath, 1834). En su *Ensayo sobre el principio de la población* (1798) presenta el aumento de la población como un peligro para la subsistencia del mundo y recomienda la restricción voluntaria de nacimientos (*malthusianismo*).
MALTÓN, NA adj. y n. *Bol., Chile, Ecuad.* y *Perú.* Dícese del animal o persona joven, pero de desarrollo precoz.
MALTOSA n. f. Azúcar que por hidrólisis da dos moléculas de glucosa, y que se obtiene a su vez por hidrólisis del almidón.
MALTRAER v. tr. [**10**]. Maltratar, injuriar. • *Traer*, o *llevar, a maltraer*, importunar, molestar e irritar constantemente.
MALTRAÍDO, A adj. *Bol., Chile* y *Perú.* Mal vestido, desaliñado.
MALTRATAMIENTO o **MALTRATO** n. m. Acción y efecto de maltratar.
MALTRATAR v. tr. y pron. [**1**]. Golpear, insultar o tratar mal: *maltratar a un niño.* ♦ v. tr. **2.** Estropear, echar a perder algo: *maltratar la ropa.*
MALTRECHO, A adj. En mal estado físico o moral por alguna causa determinada.
MALUQUERA n. f. *Colomb.* Fealdad. **2.** *Colomb.* y *Cuba.* Indisposición, enfermedad.
MALURA n. f. *Chile.* Malestar, desazón.
MALVA n. f. (lat. *malvam*). Planta cuyas flores, de color rosado o violáceo, se usan en infusiones laxantes y calmantes. (Familia malváceas.) **2.** Flor de esta planta. ♦ **Como una malva**, dócil y apacible. ‖ **Estar criando malvas** (*Fam.*), estar muerto y enterrado. ♦ adj. y n. m. **3.** Relativo al color violeta claro.
MALVÁCEO, A adj. y n. f. Relativo a una familia de plantas arbustivas o arbóreas, como el algodonero y la malva.
MALVADO, A adj. y n. (bajo lat. *malifatius*). Muy malo, perverso.
MALVARROSA n. f. Geranio rosa.
MALVAVISCO n. m. Planta de rizoma grueso, cuya raíz se utiliza como emoliente. (Familia malváceas.)
MALVENDER v. tr. [**2**]. Vender a un precio inferior del que se considera adecuado.
MALVERSACIÓN n. f. Sustracción o desviación de fondos públicos en el ejercicio de un cargo.
MALVERSAR v. tr. [**1**]. Sustraer caudales públicos. **2.** Gastar indebidamente los fondos públicos de que está encargado de administrarlos.
MALVINAS (*islas*), archipiélago de Argentina (Tierra del Fuego, Antártida e Islas del Atlántico Sur), en el Atlántico; 11 410 km²; 2500 hab. C. pral. *Puerto Argentino.* Está integrado por dos islas principales, *Gran Malvina* y *Soledad*, separadas por el estrecho de San Carlos, y más de un centenar de islotes. Ganadería y pesca.

HISTORIA

S. XVI: Figuran en los mapas españoles. 1600: el neerlandés Sebald de Weert estableció las coordenadas del archipiélago. 1690: el inglés John Strong navegó por ellas y llamó Falkland al estrecho que separa las islas. S. XVIII: los balleneros franceses, procedentes de Saint-Malo, las llamaron Malouines (Malvinas) y se produjeron asentamientos franceses (1764) y británicos (1765); España reclamó sus derechos. 1766: Francia renunció y cedió a España las islas; España fundó asentamientos y consiguió el abandono británico de facto (1771). 1820: Argentina tomó posesión de las islas como heredera de la soberanía, no reconocida por Gran Bretaña. 1833: conquista y ocupación por Gran Bretaña. 1982 (abril-junio): rescate militar de Argentina, rechazado por Gran Bretaña (*guerra de las Malvinas*).
MALVINERO, A adj. y n. De las islas Malvinas. SIN.: *malvinense.*
MALVISCO n. m. *Amér. Merid.* Malvavisco.
MALVIVIR v. intr. [**3**]. Vivir estrechamente o con penalidades.
MALVÓN n. m. *Argent., Méx., Par.* y *Urug.* Planta muy ramificada, con hojas afelpadas y flores rosadas, rojas o, a veces, blancas. (Familia geraniáceas.)
MAM, conjunto de pueblos de la familia lingüística maya-zoque, que viven en la región fronteriza de México y Guatemala.
MAMA n. f. Cada una de las glándulas situadas en la cara ventral del tronco de las hembras de los mamíferos, que segregan, después de la gestación, la leche que alimentará a las crías.
MAMÁ o **MAMA** n. f. Madre, en lenguaje afectivo y familiar.
MAMA OCLLO, en la mitología incaica, hija del Sol y de la Luna, hermana y esposa de Manco Cápac, el fundador de la dinastía de los soberanos incas.
MAMACONA o **MAMACUNA** n. f. En el Perú precolombino, mujer anciana que dirigía las casas en que vivían en comunidad las vírgenes consagradas al servicio de los templos del Sol. **2.** *Bol.* Jáquima de cuero torcido que se pone a las caballerías de reata.
MAMADA n. f. Acción y efecto de mamar. **2.** Cantidad de leche mamada de una vez. **3.** *Amér.* Ganga. **4.** *Argent., Perú* y *Urug. Fig.* y *vulg.* Embriaguez, borrachera. **5.** *Méx. Vulg.* Cosa, hecho o dicho absurdo, disparatado o ridículo: *esta película es una mamada.*
MAMADERA n. f. Instrumento para descargar los pechos de las mujeres cuando tienen exceso de leche. **2.** *Amér.* Biberón. **3.** *Cuba* y *P. Rico.* Tetilla del biberón. **4.** *Venez.* Tomadura de pelo.
MAMADO, A adj. *Vulg.* Ebrio, borracho. **2.** *Vulg.* Dícese del asunto o cosa muy fácil. **3.** *Méx. Vulg.* Fuerte, musculoso: *jiliana está muy mamada.*
MAMALÓN, NA adj. *Cuba* y *P. Rico.* Holgazán.
MAMANCONA n. f. *Chile.* Mujer vieja y gorda.
MAMANDURRIA n. f. *Amér. Merid.* Sueldo que se disfruta sin merecerlo.
MAMAR v. tr. (lat. *mammare*) [**1**]. Chupar la leche de las mamas. **2.** Adquirir alguna costumbre o cualidad por nacimiento o el ambiente en que se ha criado. **3.** *Vulg.* Besar los órganos genitales. ♦ v. tr. y pron. **4.** Obtener algún beneficio sin méritos ni esfuerzo. ♦ v. intr. **5.** *Méx. Vulg.* Echarse a perder, arruinarse algo: *ya mamó la televisión.* ♦ **mamarse** v. pron. **6.** Emborracharse.
MAMARIO, A adj. Relativo a las mamas.
MAMARRACHADA n. f. *Fam.* Conjunto de mamarrachos. **2.** *Fam.* Acción ridícula y desconcertada. **3.** Mamarracho, cosa defectuosa, ridícula.
MAMARRACHO n. m. Persona que viste grotescamente y actúa de forma ridícula. **2.** *Fam.* Persona informal o despreciable. **3.** Cosa defectuosa, ridícula o extravagante.
MAMBÍ, ISA n. (pl. *mambises*). Insurrecto en las guerras de independencia de Santo Domingo y Cuba en el s. XIX. SIN.: *manigüero.*
MAMBO n. m. Baile de origen cubano, de compás indefinido, mezcla de rumba y de swing.
MAMBORETÁ n. m. *Argent., Par.* y *Urug.* Insecto ortóptero de color verde claro que se alimenta de otros insectos, santateresa.
MAMEY n. m. Planta arbórea que crece en América, de fruto casi redondo, de pulpa amarilla, aromática y sabrosa. (Familia gutíferas.) **2.** Planta arbórea de fruto ovoide, de pulpa roja y dulce. (Familia sapotáceas.) **3.** Fruto de estas plantas.
MAMEYERO n. m. *Amér. Merid.* Mamey.
MAMÍFERO, A adj. y n. m. Relativo a una clase de animales vertebrados caracterizados por la presencia de glándulas mamarias y por una reproducción generalmente vivípara.
MAMILA n. f. (lat. *mamillam*). Parte de la mama de la hembra, exceptuando el pezón. **2.** Tetilla en el hombre. **3.** *Méx.* Biberón.
MAMOGRAFÍA n. f. Radiografía de las glándulas mamarias.
MAMÓN, NA adj. y n. Que todavía mama. **2.** Que mama demasiado. ♦ adj. **3.** *Méx. Vulg.* Dícese de la persona muy arrogante o soberbia. ♦ n. m. **4.** Especie de bizcocho de almidón y huevo, que se hace en México. **5.** *Hond.* Garrote, palo.
MAMORÉ, r. de la cuenca amazónica boliviana, afl. del Madeira (or. izq.); 1900 km aprox. Sus principales afluentes son el Yacuma, el Beni y el Iténez o Guaporé. En su curso bajo y hasta la desembocadura, marca la frontera con Brasil.
MAMOTRETO n. m. (bajo lat. *mammothreptus*). *Fam.* Libro o legajo muy abultado. **2.** Armatoste, objeto grande y embarazoso.
MAMPARA n. f. Cancel movible consistente en un bastidor de madera cubierto generalmente de piel o tela, que sirve para limitar una habitación, cubrir puertas, etc. **2.** Puerta interior, ligera, forrada de paño u otro material.
MAMPATO, A adj. y n. *Chile.* Dícese del animal de piernas cortas o de poca estatura.
MAMPORRO n. m. *Fam.* Golpe dado con la mano o con una cosa cualquiera. **2.** *Fam.* Golpe que se recibe al caer o tropezar: *darse un mamporro.*
MAMPOSTERÍA n. f. Obra de albañilería hecha de mampuesto o piedras sin labrar, o con labra grosera, unidas con argamasa o mortero, yeso, cal, cemento, etc. **2.** Oficio de mampostero.
MAMPOSTERO, A n. Persona que trabaja en obras de mampostería.
MAMÚA n. f. *Argent.* y *Urug. Vulg.* Borrachera.
MAMULLAR v. tr. [**1**]. Comer o mascar con los mismos ademanes y gestos que hace el que mama. **2.** *Fam.* Mascullar.
MAMUT n. m. Elefante fósil del cuaternario.
MANÁ n. m. (lat. *mannam*, del hebr. *man*). Alimento milagroso que, según la Biblia, Dios procuró a los hebreos en el desierto.
MANA n. f. *Amér.* Maná. **2.** *Bol.* Dulce de maní.
MANÁ n. f. *Colomb.* Manantial.
MANABÍ (*provincia de*), prov. del O de Ecuador; 18 255 km²; 1 031 927 hab. Cap. *Portoviejo.*
MANADA n. f. Conjunto de animales de una misma especie que viven o se desplazan juntos. **2.** Hato de ganado al cuidado de un pastor. **3.** *Fig.* Grupo de gente. **4.** Manojo, porción de una cosa que puede cogerse de una vez con la mano.
MANAGUA o **XOLOTLÁN**, lago del O de Nicaragua, junto a la cap. del país; 1042 km². Comunica con el lago Nicaragua a través del Tipitapa.
MANAGUA (*departamento de*), dep. del O de Nicaragua; 3450 km²; 1 026 100 hab. Cap. *Managua.*
MANAGUA, c. de Nicaragua, cap. de la república y de dep. homónimo; 819 731 hab. (*Managüenses* o *managüeros*.) Destruida por sendos sismos en 1931 y 1972, es una ciudad moderna, con grandes avenidas y espacios verdes. Industrias (petroquímica, metalurgia, alimentarias). Uni-

MAN

versidad. Catedral nueva, que sustituye a la destruida en 1972, por R. Legorreta.
MANAGUACO, A adj. *Cuba.* Dícese de la persona rústica y torpe. **2.** *Cuba.* Dícese del animal manchado de blanco en las patas o en el hocico.
MANAGÜENSE adj. y n. m. y f. De Managua. SIN.: *managüero.*
MANAJÚ n. m. *Cuba.* Planta que produce una resina medicinal.
MANĀMA, c. y cap. de Baḥrayn, en la isla de Baḥrayn; 122 000 hab. Refinería de petróleo.
MANANTIAL adj. Dícese del agua que mana. ♦ n. m. **2.** Afloramiento a la superficie terrestre de las aguas de circulación subterránea. **3.** Lugar en que se produce el afloramiento. **4.** *Fig.* Origen y principio de una cosa.
MANANTIALES, localidad de Chile (Magallanes y Antártica Chilena), en la isla Grande de Tierra del Fuego. Extracción y refino de petróleo.
MANAR v. intr. y tr. (lat. *manare*) [1]. Salir un líquido de algún sitio. **2.** *Fig.* Fluir de forma fácil y natural: *palabras que manan de la boca.*
MANARE n. m. *Colomb.* y *Venez.* Especie de cesta de bejucos o mimbres, para llevar o guardar frutos, verduras o ropas. **2.** *Venez.* Cedazo para cerner el almidón de yuca.
MANASLU, cima del Himalaya, en Nepal; 8156 metros.
MANATÍ n. m. Mamífero herbívoro del orden sirenios, que vive en los ríos de la zona tropical de África y América.
MANAUS, ant. **Manaos,** c. y puerto de Brasil, cap. del estado de Amazonas, a orillas del río Negro, cerca de la confluencia con el Amazonas; 1 164 372 hab.
MANAUTA (Juan José), escritor y periodista argentino (Gualeguay 1919). Autor realista, alcanzó el éxito con su novela *Las tierras blancas.*
MANAZAS n. m. y f. (pl. *manazas*). Persona de ademanes torpes o desmañados.
MANCACABALLOS n. m. (pl. *mancacaballos*). *Chile.* Insecto coleóptero que pica a las caballerías entre el casco y la carne.
MANCAPERRO n. m. *Cuba.* Miriápodo que produce lesiones en el perro.
MANCARRÓN n. m. *Amér. Merid.* Caballón o empalizada para torcer o contener el curso de una corriente de agua.
MANCEBÍA n. f. Prostíbulo. **2.** Mocedad. **3.** Diversión deshonesta.
MANCEBO, A adj. y n. m. (lat. *mancipium,* esclavo). Joven: *un apuesto mancebo.* ♦ n. m. **2.** Hombre soltero. **3.** En algunos oficios, oficial. **4.** Auxiliar de farmacia.
MANCHA n. f. (lat. *macular*). Señal que hace algo en un cuerpo ensuciándolo. **2.** *Fig.* Lo que deshonra o desprestigia: *una mancha el honor familiar.* **3.** Zona de una cosa de distinto color y aspecto de la generalidad de ella: *animal blanco con manchas negras.*
MANCHA (canal de la), en fr. **la Manche,** en ingl. **English Channel** o **the Channel,** brazo de mar formado por el Atlántico entre Francia y Gran Bretaña. En su extremo norte existe un túnel ferroviario que franquea el paso de Calais (Eurotúnel).
MANCHA (La), región fisiográfica de España, en el SE de la Meseta (Albacete, Ciudad Real, Toledo y Cuenca). Constituye una llanura de una altitud de 600-700 m, limitada al S por el escalón de sierra Morena.
MANCHAR v. tr. y pron. (lat. *maculare*) [1]. Poner sucia o con manchas una cosa. **2.** *Fig.* Deshonrar, desacreditar.
MANCHEGO, A adj. y n. De La Mancha. ♦ n. m. y adj. **2.** Queso sin cocer, prensado y salado, que se elabora con leche de oveja.
MANCHESTER, c. de Gran Bretaña, a orillas del Irwell, afl. del Mersey; 397 400 hab. (2 445 200 en el *condado metropolitano del Gran Manchester*). Universidad. Museos. Catedral en parte del s. XV.
MANCHÚ adj. y n. m. y f. Relativo a un pueblo mongólico del NE de China; individuo de este pueblo.
MANCHURIA, ant. nombre de una parte de China, que ocupa en la actualidad la mayor parte de China del Nordeste. C. pral. *Shenyang (Mukden), Harbin.*
MANCILLA n. f. (lat. *mancellam*). Mancha, deshonra.
MANCILLAR v. tr. y pron. [1]. Manchar, deshonrar: *mancillar el honor.*
MANCISIDOR (José), escritor e historiador mexicano (Veracruz 1895-Monterrey 1956). Marxista, tomó parte en la revolución y escribió novelas de tema revolucionario y nacionalista (*La asonada,* 1931; *La ciudad roja,* 1932; *Frontera junto al mar,* 1953; *El alba en las simas,* 1953).
MANCO, A adj. y n. (lat. *mancum*). Que le falta un brazo o una mano, o los dos, o los tiene inutilizados. ♦ adj. **2.** *Fig.* Defectuoso, incompleto: *una obra manca.*
MANCO CÁPAC I, inca legendario (fines s. XII o inicios s. XIII), considerado el fundador del imperio inca y del Cuzco, y descendiente del Sol. Casado con su hermana Mama Ocllo, su hijo Sinchi Roca fue el auténtico fundador del imperio inca.
MANCO CÁPAC II (c. 1500-1544), soberano inca [1533-1544], hijo de Huayna Cápac y hermano de Huáscar y de Atahualpa. Reconocido emperador por Pizarro (1533), en 1536 se levantó contra los españoles. En 1541 participó en la conspiración de Almagro.
MANCOMUNAR v. tr. y pron. [1]. Unir personas, esfuerzos o intereses para un fin.
MANCOMUNIDAD n. f. Acción y efecto de mancomunar: *mancomunidad de intereses.*
MANCORNAR v. tr. [1r]. Derribar las reses a pie, asiéndolas por los cuernos y doblándolas la cabeza. **2.** Atar dos reses por los cuernos para que anden juntas. **3.** *Fig.* Unir dos cosas de una misma especie que estaban separadas.
MANCORNERA n. f. *Chile.* Correa que sirve para levantar o bajar los estribos, cuando la acción es fija.
MANCUERNA n. f. Pareja de animales o cosas mancornadas: *mancuerna de bueyes.* **2.** Conjunto de dos o tres hojas de tabaco, unidas por el tallo. **3.** *Colomb., Cuba* y *Chile.* Porción de tallo de la planta del tabaco con un par de hojas. **4.** *Colomb., Cuba* y *Chile.* Disposición con que suele hacerse el corte de la planta en tiempo de recolección. **5.** *Méx.* Pareja de aliados. ♦ **mancuernas** n. f. pl. **6.** *Amér. Central, Méx.* y *Venez.* Gemelos de los puños de la camisa.
MANCUERNILLAS n. f. pl. *Méx.* Mancuernas, gemelos.
MANDA n. f. Donación que se hace por testamento. **2.** *Argent., Chile* y *Méx.* Voto o promesa hecha a Dios, a la Virgen o a un santo.
MANDADERO, A n. Persona que lleva encargos o recados de un sitio a otro.
MANDADO, A n. Persona que ejecuta una comisión por mandato ajeno. ♦ n. m. **2.** Comisión, encargo. **3.** Mandato, orden. **4.** *Argent.* y *Méx.* Compra de lo necesario para la comida. **5.** *Méx.* Conjunto de artículos de consumo familiar: *guarda el mandado en la alacena.* • **Comerle** a alguien **el mandado** (*Méx. Fam.*), ganarle la partida en algo, conseguir para uno alguna cosa que otro deseaba.
MANDAMÁS adj. y n. m. y f. *Fam.* Que asume funciones de mando, y, especialmente, que lo hace sin título legítimo.
MANDAMIENTO n. m. Mandato, orden. **2.** Cada uno de los preceptos del Decálogo y de la Iglesia. ♦ **mandamientos** n. m. pl. **3.** *Fam.* Los cinco dedos de la mano. • **Mandamientos de la ley de Dios,** preceptos que, según el Antiguo Testamento, dio Dios a Moisés en el monte Sinaí.
MANDAR v. tr. (lat. *mandare*) [1]. Imponer a alguien la realización de una cosa. **2.** Encargar que se haga cierta cosa: *mandar a un botones a un recado.* **3.** Enviar, hacer que algo o alguien sea llevado o se traslade a alguna parte: *mandar una carta.* **4.** *Chile.* Dar la voz de partida en carreras u otros juegos semejantes. ♦ v. tr. e intr. **5.** Regir, gobernar, dirigir. ♦ **mandarse** v. pron. **7.** *Méx. Fam.* Sobrepasarse en algunas cosas o con alguien: *no te mandes con los gastos.*
MANDARÍN n. m. (port. *mandarim,* del malayo *mantari_*. Título dado antaño en China a los altos funcionarios. **2.** *Fig.* Persona que ejerce un cargo y es tenida en poco. **3.** *Fig.* Persona influyente en los ambientes políticos, artísticos, sociales, etc. **4.** LING. El más importante de los dialectos chinos.
MANDARINA n. f. y adj. Fruto del mandarinero, parecido a una pequeña naranja.
MANDARINERO o **MANDARINO** n. m. Arbusto parecido al naranjo, cuyos frutos, comestibles, son las mandarinas. (Familia rutáceas.)
MANDARINISMO r. m. Gobierno arbitrario.
MANDATARIO, A r. Titular de un mandato estatal. • **Primer mandatario,** jefe del estado.
MANDATO n. m. Acción y efecto de mandar. **2.** Palabras o escrito con que se manda: *recibir un mandato.* **3.** Ejercicio del mando por una autoridad. **4.** Título de representación o voto delegado que una asamblea confiere a una o más personas. **5.** Tiempo que dura esa representación. **6.** Contrato consensual por el que una persona confía su representación personal a otra. **7.** Representación que los electores confieren a las personas elegidas para ocupar un cargo.
MANDELA (Nelson), político sudafricano (Mwezo, Umtata 1918). Dirigente histórico del Congreso nacional africano (A.N.C.), organizador de la lucha armada, en 1962 fue arrestado y condenado a cadena perpetua (1964). Liberado en 1990, en 1994 fue elegido presidente de la República de Sudáfrica. (Premio Nobel de la paz 1993).
MANDÍ n. m. *Argent.* Pez de unos 60 cm de long. de carne muy delicada.
MANDÍBULA n. f. (lat. *mandibulam;* de *mandere,* masticar). Hueso de la cara en el que van incrustados los dientes. **2.** Cada una de las dos piezas quitinosas, córneas o óseas que los vertebrados y algunos artrópodos tienen a los lados o alrededor de la boca, y que sirven para la aprehensión de alimentos y para su ulterior desplazamiento o trituración.
MANDIBULAR adj. Relativo a la mandíbula.
MANDIL n. m. Prenda de cuero o tela fuerte, que se usa para proteger la ropa. **2.** Delantal.
MANDINGA n. m. *Amér. Fam.* El diablo, en el lenguaje de los campesinos. **2.** *Argent. Fig.* y *fam.* Muchacho travieso. **3.** *Argent.* Encantamiento, brujería.
MANDÍO n. m. Madera comercial, de origen americano, producida por diversos árboles.
MANDIOCA n. f. Planta euforbiácea que se cultiva en los países tropicales, cuya raíz, en tubérculo, proporciona una fécula de la que se extrae la tapioca.
MANDIOLA (Francisco Javier), pintor chileno (Copiapó 1820-Santiago 1900). Destacado retratista (*Retrato de niña,* 1857), y pintor religioso, inauguró la pintura de género en su país.
MANDO n. m. Autoridad, facultad de mandar que tiene el superior sobre sus subordinados. **2.** Persona, conjunto de personas u organismos que tienen dicha autoridad. **3.** ELECTR. Dispositivo empleado en los aparatos eléctricos para el ma-

MAN

nejo de los diferentes controles. **4.** MEC. Procedimiento de puesta en marcha de ciertos mecanismos. • **Mando a distancia,** gobierno de un aparato desde un puesto de control situado a alguna distancia del mismo.

MANDOBLE n. m. Cuchillada o golpe violento que se da esgrimiendo el arma con ambas manos. **2.** *Fig.* y *fam.* Represión violenta.

MANDOLINA n. f. (ital. *mandolino*). Instrumento musical con caja de resonancia abombada o plana.

MANDÓN, NA adj. y n. Dícese de la persona demasiado aficionada a mandar. ♦ n. m. **2.** *Amér.* Capataz de una mina. **3.** HIST. En la América española, funcionario subordinado, generalmente indígena de un pueblo, barrio o estancia.

MANDRÁGORA o **MANDRÁGULA** n. f. (lat. *mandragoram*; del gr. *mandragoras*). Planta herbácea de las regiones cálidas a cuya raíz, que recuerda la forma de un cuerpo humano, se le atribuían numerosas virtudes y se usaba en las prácticas de hechicería. (Familia solanáceas.)

MANDRIL n. m. (ingl. *mandrill*). Mono de África, de hocico alargado y grueso y nariz escarlata. (Familia cercopitécidos.)

MANDRILAR v. tr. [1]. Ajustar al diámetro exacto el interior de un tubo, agujero, etc. **2.** Taladrar una pieza metálica con un mandril.

MANDUBÍ n. m. *Argent.* y *Bol.* Cacahuete.

MANDUCA o **MANDUCATORIA** n. f. *Fam.* Comida, alimento.

MANDUCAR v. tr. e intr. (lat. *manducare*) [1a]. *Fam.* Comer.

MANEADO, A adj. *Chile.* Dícese del individuo torpe, lento, irresoluto.

MANEADOR n. m. *Amér.* Tira larga de cuero para atar al caballo, apiolar animales y otros usos.

MANECILLA n. f. Broche de algunos objetos: *las manecillas de un misal.* **2.** Aguja o saeta que señala la hora en la esfera de un reloj.

MANEJAR v. tr. (ital. *maneggiare*) [1]. Usar, utilizar, emplear algo o servirse adecuadamente de ello, especialmente con las manos: *saber manejar los cubiertos.* **2.** Regir, dirigir: *manejar un negocio.* **3.** Tener dominio sobre alguien: *maneja al marido a su antojo.* **4.** *Amér.* Conducir, guiar un automóvil. ♦ **manejarse** v. pron. **5.** Adquirir agilidad después de haber estado algún tiempo impedido. **6.** *Fig.* Actuar con desenvoltura.

MANEJO n. m. Acción y efecto de manejar o manejarse. **2.** *Fig.* Dirección y gobierno de un negocio. **3.** *Fig.* Maquinación, intriga. (Suele usarse en plural.)

MANERA n. f. (bajo lat. *manuaria*, maña). Modo particular de ser, de hacer o de suceder algo: *camina de una manera muy graciosa.* **2.** Porte, modales: *tener buenas maneras.* **3.** Estilo de un escritor, de un artista, de una escuela: *las distintas maneras de Goya.* • **A la manera de,** realizando la acción como suele hacerlo el que a continuación se nombre: *a la manera de sus abuelos.* || **A manera de,** se usa para aplicar a algo un nombre que, aun no correspondiéndole exactamente, sirve para describirlo: *llevaba, a manera de barba, una mancha de carbón;* como si fuera otra cosa, con otro uso que el suyo normal: *cubría sus hombros con una manta a manera de abrigo.* || **De cualquier manera,** sin cuidado ni interés. || **De,** o **por manera que,** expresa consecuencia o finalidad: *De ninguna manera* o **en manera alguna,** sirve para reforzar una negación. || **De todas maneras** o **de una manera o de otra,** en cualquier caso o circunstancia. || **No haber manera,** manifiesta la imposibilidad de lo que se pretende. || **Sobre manera** o **en gran manera,** mucho.

MANET (Edouard), pintor francés (París 1832-*id.* 1883). Influido por los pintores clásicos, fue uno de los padres del impresionismo y del arte moderno (*La merienda campestre*, 1862; *Olympia*, 1863; *El balcón*, 1868).

MANETO, A adj. *Guat.* y *Venez.* Patizambo. **2.** *Hond.* Deforme en una o ambas manos.

MANGA n. f. (lat. *manicam*). Parte de una prenda de vestir que cubre total o parcialmente el brazo. **2.** Especie de colador o filtro de bayeta, de forma cónica. **3.** Especie de embudo de tela, con tubo en las bocas de riego que se adapta a las bocas de riego para conducir el agua hasta la lanza o tubo metálico terminal. SIN.: *manguera.* || **Tirar la manga** (*Argent. Fig.* y *fam.*), pedir dinero prestado con insistencia y oportunismo.

MANGA n. m. Árbol de los países intertropicales, variedad del mango. **2.** Fruto de este árbol.

MANGA n. m. Género de cómic y dibujos animados de origen japonés.

MANGAJO, A n. *Ecuad.* Persona despreciable. **2.** *Ecuad.* y *Perú.* Persona sin voluntad que se deja manejar por otros.

MANGANA n. f. Lazo que se arroja a las manos de un caballo o toro para apresarlo.

MANGANEAR v. tr. [1]. Echar manganas a una res. **2.** *Perú Fig.* Fastidiar, importunar.

MANGANESO n. m. Metal grisáceo (Mn), de número atómico 25, de masa atómica 54,93 y densidad 7,2, muy duro y quebradizo, que se encuentra en la naturaleza en estado de óxido y se utiliza en la fabricación de aceros especiales.

MANGANETA n. f. *Amér.* Manganilla, engaño.

MANGANGÁ n. m. *Amér. Merid. Fig.* Individuo fastidioso por su continua insistencia. **2.** *Argent., Par.* y *Urug.* Especie de abejorro que al volar produce un zumbido fuerte y prolongado.

MANGANTE adj. y n. m. y f. Dícese del que saca provecho con poco trabajo.

MANGANZÓN, NA adj. y n. *Amér.* Holgazán.

MANGAZO n. m. *Argent. Fig.* y *fam.* Acción de pedir dinero con habilidad o insistencia, sablazo.

MANGLAR n. m. Formación vegetal, en la que predomina el mangle, característica de las regiones litorales de la región tropical. **2.** Terreno en que se da este tipo de formación vegetal.

MANGLARES, cabo de Colombia, en la costa del Pacífico, extremo occidental del país.

MANGLE n. m. (voz caribe). Planta arbórea con ramas descendentes que llegan al suelo y arraigan en él. (Familia rizoforáceas.)

MANGO n. m. (bajo lat. *manicus*). Parte estrecha y larga de un instrumento o utensilio, por donde se agarra o sostiene con la mano al usar de él. **2.** *Argent. Fam.* Dinero.

MANGO n. m. Árbol de las regiones tropicales, de fruto en drupa, aromático y comestible. (Familia terebintáceas.) **2.** Fruto de este árbol.

MANGÓN n. m. (lat. *mangonem*, traficante). Revendedor. **2.** *Argent., Bol.* y *Colomb.* Cerco para encerrar ganado.

MANGONEAR v. intr. [1]. *Fam.* Asumir oficiosamente el mando, para imponerse con arbitrariedad y persistencia sobre los demás. **2.** *Fam.* Manejar a alguien.

MANGONEO n. m. *Fam.* Acción y efecto de mangonear.

MANGOSTA n. f. Mamífero carnívoro de Asia y África (aparte una especie de Europa, el *meloncillo*), que ataca las serpientes, incluso venenosas.

MANGRULLO n. m. *Argent.* Torre rústica que servía de atalaya en las proximidades de fortines, estancias y poblaciones de regiones llanas.

MANGUALA n. f. *Colomb. Fam.* y *vulg.* Confabulación con fines ilícitos.

MANGUEAR v. tr. e. intr. [1]. *Argent., Chile* y *Méx.* Acosar al ganado mayor o menor para que entre en la manga, vía entre estacas. ♦ v. tr. **2.** *Argent. Fam.* Tirar la manga.

MANGUERO, A adj. y n. *Argent. Fam.* Dícese de la persona que acostumbra a manguear, sablista.

MANGUITO n. m. Pieza tubular, generalmente de piel, en que se introducen las manos para preservarlas del frío. **2.** Media manga que cubre desde el codo hasta la muñeca. **3.** *Mec.* Pieza cilíndrica para unir o acoplar tubos, barras, etc.

MANGURUYÚ n. m. *Argent.* y *Par.* Pez de río, sin escamas, de carne muy apreciada.

MANHATTAN, isla de Estados Unidos, entre el Hudson, el East River y el río de Harlem, que constituye un distrito (*borough*) en el centro de la ciudad de Nueva York; 1 428 000 hab.

MANÍ n. m. (voz caribe) [pl. *manises*]. Cacahuete.

MANÍA n. f. Idea fija, obsesiva. **2.** Costumbre o aprensión injustificada. **3.** Gusto excesivo, afición exagerada por algo: *tiene manía por el fútbol.* **4.** *Fam.* Ojeriza: *el profesor me ha cogido manía.*

MANÍACO, A o **MANIACO, A** adj. y n. Que padece manías.

MANÍACO-DEPRESIVO, A adj. SICOPATOL. Dícese de una sicosis caracterizada por una alternancia de fases de excitación maníaca y de depresión melancólica, y de los enfermos que la padecen.

MANIATAR v. tr. [1]. Atar las manos.

MANIÁTICO, A adj. y n. Relativo a la manía; afecto de esta obsesión. **2.** Que se aplica con gusto y cuidados excesivos a las detalles.

MANICERO, A n. Persona que vende maní.

MANICOMIO n. m. (gr. *manía*, locura, y *komeō*, cuidar). Hospital para enfermos mentales.

MANICORTO, A adj. y n. *Fam.* Poco generoso.

MANICURA n. f. Cuidado de las manos y las uñas.

MANICURISTA n. m. y f. *Antillas, Colomb., Méx., Pan.* y *Perú.* Manicuro.

MANICURO, A n. Persona que tiene por oficio cuidar y embellecer las manos, especialmente las uñas.

MANIDO, A adj. Ajado por el mucho uso. **2.** Dícese de las comidas que empiezan a descomponerse. **3.** *Fig.* Falto de originalidad, repetido excesivamente.

MANIERISMO n. m. Estilo artístico que, bajo la influencia de la *maniera* (estilo) de los grandes maestros del renacimiento clásico fue practicado por un grupo de artistas europeos del s. XVI.

MANIERISTA adj. y n. m. y f. Relativo al manierismo; partidario de este estilo artístico.

MANIFESTACIÓN n. f. (lat. *manifestationem*). Acción y efecto de manifestar o manifestarse. **2.** Demostración colectiva, general-

mente al aire libre, en favor de una opinión o de una reivindicación.
MANIFESTANTE n. m. y f. Persona que toma parte en una manifestación, reunión pública.
MANIFESTAR v. tr. y pron. [1j]. Dar a conocer por medio de la palabra: *manifestó sus sentimientos*. **2.** Mostrar, hacer patente: *se manifestó su ignorancia*. ♦ v. tr. **3.** Expresar algo de forma solemne y pública para que se difunda: *así lo manifestó el primer ministro a los periodistas*. ♦ **manifestarse** v. pron. **4.** Organizar o hacer una manifestación.
MANIFIESTO, A adj. Evidente, cierto: *una tendencia manifiesta al empeoramiento*. ♦ n. m. **2.** Declaración escrita por la cual un partido, un grupo de escritores o de artistas, etc., define sus opiniones, su programa, o justifica su acción pasada. **3.** Obra que equivale a tal declaración. • **Poner de manifiesto** algo, manifestarlo, darlo a conocer.
MANIGORDO n. m. *C. Rica*. Ocelote.
MANIGUA n. f. En las Antillas, terreno húmedo cubierto de malezas.
MANIGÜERO, A adj. y n. Relativo a la manigua; habitante de la manigua. **2.** Mambí.
MANIJA n. f. Mango de utensilios o herramientas. **2.** Órgano de maniobra de una cerradura. **3.** Abrazadera de metal.
MANILA, c. y cap. de Filipinas, en la isla de Luzón, a orillas de la *bahía de Manila*; 1 876 194 hab. (más de 4 millones con la aglomeración). Principal centro intelectual, comercial e industrial del país. La ciudad fue conquistada en 1571 por Legazpi, que estableció en ella el gobierno español de las islas. Prosperó por el comercio con España, las colonias americanas, China y Japón. Durante el s. XIX fue escenario de la agitación independentista, hasta su rendición (13 ag. 1898).
MANILARGO, A adj. Que tiene largas las manos. **2.** *Fig*. Aficionado al hurto. **3.** *Fig*. Liberal, generoso, pródigo.
MANILEÑO, A adj. y n. De Manila.
MANILLA n. f. (ital. *maniglia*). Pulsera de adorno. **2.** Anilla de hierro que se pone a los presos en las muñecas. **3.** Manecilla del reloj.
MANILLAR n. m. Pieza de la bicicleta o de la motocicleta, formada por un tubo transversal, en el cual el conductor apoya las manos para dirigir la máquina.
MANIOBRA n. f. Operación o serie de movimientos que se hacen para poner en funcionamiento o dirigir el manejo de una máquina, instrumento, etc. **2.** *Fig*. Operación que, con habilidad y malicia, se lleva a cabo para conseguir un determinado fin. ♦ **maniobras** n. f. pl. **3.** MIL. Evoluciones y simulacros en que se ejercita la tropa.
MANIOBRAR v. intr. y tr. [1]. Ejecutar maniobras.
MANIPULACIÓN n. f. Acción y efecto de manipular.
MANIPULADOR, RA adj. y n. Que manipula: *manipulador de la opinión pública*.
MANIPULAR v. tr. [1]. Operar con las manos, o con cualquier instrumento, especialmente con ciertas sustancias para obtener un resultado: *manipular productos químicos*. **2.** *Fig*. y *fam*. Gobernar los asuntos propios o ajenos. **3.** *Fig*. Intervenir de forma poco escrupulosa en la política, la sociedad, etc., para servir intereses propios o ajenos.
MANIQUEÍSMO n. m. Doctrina de Manés, fundada sobre un nosticismo dualista. **2.** Visión de la realidad reducida a dos principios opuestos, especialmente el bien y el mal.
MANIQUEO, A adj. y n. Relativo al maniqueísmo; adepto a esta doctrina. **2.** Que reduce la explicación de la realidad a dos principios opuestos.

MANIQUÍ n. m. (fr. *mannequin*) [pl. *maniquíes* o *maniquís*]. Armazón o muñeco de figura humana, que se usa para probar, arreglar o exhibir prendas de ropa. **2.** B. ART. Armadura de metal o figurín de madera, articulado, susceptible de tomar todas las actitudes del hombre o del animal. ♦ n. m. y f. **3.** Modelo, persona que exhibe trajes.
MANIR v. tr. [3ñ]. Hacer que algunos alimentos, especialmente la carne, se pongan tiernos y sazonados, dejándolos cierto tiempo preparados con el condimento necesario.
MANIRROTO, A adj. y n. Derrochador, pródigo.
MANITA n. f. Dim. de mano. • **Manita de gato** (*Méx*.), arreglo rápido y superficial de la apariencia de algo o alguien: *le dimos una manita de gato a la casa*. ♦ **manitas** n. f. pl. **Árbol de las manitas**, árbol ornamental, de flores rojas, que semejan una mano abierta. (Crece en México; familia esterculiáceas.)
MANITAS n. m. y f. (pl. *manitas*). *Fam*. Persona mañosa.
MANITO, A n. *Méx*. Tratamiento popular de confianza que se emplea para dirigirse a hermanos o amigos.
MANIVELA n. f. (fr. *manivelle*). Palanca acodada en ángulo recto, por medio de la cual se imprime un movimiento de rotación al eje del que es solidaria. **2.** Órgano de una máquina, que transforma un movimiento rectilíneo alternativo en un movimiento circular continuo. **3.** Parte del plato de la bicicleta que lleva el pedal.
MANJAR n. m. Cualquier cosa de comer, especialmente los alimentos exquisitos y muy bien preparados. **2.** *Chile* y *Pan*. Dulce de leche.
MANJARETE n. m. *Cuba* y *Venez*. Dulce hecho de maíz tierno rallado, leche y azúcar.
MANKIEWICZ (Joseph Leo), director de cine norteamericano (Wilkes Barre, Pennsylvania, 1909-Mont Kisco, Nueva York, 1993). Entre sus mejores películas destacan: *Eva al desnudo* (1950), *La condesa descalza* (1954), *Cleopatra* (1963), etc.
MANN (Heinrich), escritor alemán (Lübeck 1871-Santa Mónica, California, 1950), autor de *Profesor Unrat* (1905).
MANN (Thomas), escritor alemán (Lübeck 1875-Zurich 1955), hermano de Heinrich Mann. Autor de novelas que oponen al culto de la acción la vida del espíritu (*La muerte en Venecia*, 1912; *La montaña mágica*, 1924; *El doctor Fausto*, 1947). [Premio Nobel de literatura 1929.]
MANNHEIM, c. de Alemania (Baden-Württemberg), a orillas del Rin; 305 974 hab. Puerto fluvial. Centro industrial. Palacio del s. XVIII. Museos.
MANO n. f. (lat. *manum*). Parte del cuerpo humano que va desde la muñeca hasta la punta de los dedos. **2.** En algunos animales, extremidad cuyo dedo pulgar puede oponerse a los otros. **3.** En los cuadrúpedos, cada una de las patas delanteras. **4.** Cada uno de los lados, derecho e izquierdo, respecto del que habla. **5.** Majador que se usa para moler o desmenuzar: *la mano del mortero*. **6.** *Fig*. Cada operación que se hace de una vez en algún trabajo en que se realizan varias repetidas: *una mano de pintura*. **7.** *Fig*. Conjunto de personas reunidas para un fin determinado: *mano de segadores*. **8.** *Fig*. Medio o camino para alcanzar algo. **9.** *Fig*. Persona que ejecuta una cosa: *la mano asesina*. **10.** *Fig*. Habilidad, destreza: *¡qué manos tienes para bordar!* **11.** *Fig*. Poder, mando: *el asunto está en manos de la justicia*. (Suele usarse en plural.) **12.** *Fig*. Intervención: *aquí hace falta la mano de una mujer*. **13.** *Fig*. Reprensión, castigo: *¡buena mano te espera de tu padre!* **14.** *Fig*. Referido al compromiso de boda, la mujer: *petición de mano*.

15. Manecilla o aguja del reloj. **16.** Cada jugada parcial de una partida en la que se gana o pierde algún tanto. **17.** *Amér. Central*, *Antillas*, *Ecuad*. y *Perú*. Cada uno de los gajos de varios frutos que forman el racimo de bananas. **18.** *C. Rica*, *Chile* y *Hond*. Aventura, percance. **19.** DEP. En fútbol, falta que se comete cuando un jugador toca el balón con la mano o con el brazo. (Suele usarse en plural.) • **A mano**, sin máquinas: *hecho a mano*; en lugar fácilmente asequible: *tener a mano*. ‖ **A mano armada**, con armas: *atraco a mano armada*. ‖ **A manos llenas**, generosamente, en gran abundancia. ‖ **Bajo, o por debajo, mano**, de manera oculta o secreta: *lo consiguió bajo mano*. ‖ **Caérsele** a alguien **la mano** (*Méx*.), ser homosexual. ‖ **Cargar la mano** en algo, echar en exceso un condimento o ingrediente. ‖ **Con la mano a la cintura** (*Méx*.), con extrema facilidad. ‖ **Con las manos en la masa**, en el mismo momento de estar cometiendo una falta o delito. ‖ **Dar la mano** a alguien, ofrecérsela para saludarle; llevar la mano en la de la otra persona para caminar. ‖ **De la mano**, llevándola cogida en la de otro. ‖ **De mano en mano**, de una persona a otra. ‖ **De primera mano**, de la persona que lo ha hecho o del sitio de origen, sin intermediarios. ‖ **De segunda mano**, después de haberlo tenido o usado otro; no directamente, a través de otro. ‖ **Doblar unas las manos** (*Méx*.), darse por vencido o ceder en algo: *después de mucho insistir dobló las manos y nos dejó salir*. ‖ **Echar una mano**, ayudar. ‖ **Estar, quedar**, etc., **a mano** (*Méx*.), estar quedar, etc., en igualdad de condiciones dos o más personas, sin que haya deuda alguna entre ellas: *con este pago ya quedamos a mano*. ‖ **Ganar por la mano** a alguien, anticipársele a hacer algo. ‖ **Llegar**, o **venir**, **a las manos**, pegarse en una disputa. ‖ **Mano a mano**, en compañía, con familiaridad y confianza. ‖ **Mano de obra** (ECON.), trabajo físico incorporado al proceso productivo de una empresa; total de fuerza de trabajo disponible en una región o país. ‖ **Mano derecha**, persona que es muy útil a otra como auxiliar o colaborador. ‖ **Mano dura**, severidad o dureza en el trato con la gente o al mandar algo. ‖ **Mano izquierda**, habilidad o astucia para resolver asuntos difíciles. ‖ **Mano negra** (*Méx*.), intervención indebida de alguien en algo en lo que no tiene derecho.
MANO, A n. *Méx*. Manito.
MANOBRAR v. tr. [1]. *Chile*. Maniobrar.
MANOJEAR v. tr. [1]. *Cuba*. Hacer manojos de hojas de tabaco.
MANOJEO n. m. *Amér*. Operación de formar manojos o andullas de las hojas de tabaco, atándolas por su base.
MANOJO n. m. Conjunto de cosas, casi siempre alargadas que generalmente se pueden coger de una vez con la mano. **2.** *Amér*. Atado de tabaco en rama, que tiene aproximadamente dos libras. • **Ser un manojo de nervios** (*Fig*.), ser muy nervioso y fácilmente irritable.
MANOMETRÍA n. f. FÍS. Medida de las presiones de los fluidos.
MANÓMETRO n. m. Instrumento que sirve para medir la presión de un fluido.
MANOPLA n. f. Pieza de la armadura con que se protegía a mano y el puño. **2.** Guante sin separaciones para los dedos, salvo el pulgar **3.** Tira de suela o trozo de cuero que rodea y envuelve la palma de la mano para no dañarse en el trabajo. **4.** Mitón empleado para asir utensilios calientes. **5.** *Argent*., *Chile* y *Perú*. Llave inglesa, arma de hierro en forma de eslabón.
MANOSEAR v. tr. y pron. [1]. Tocar repetidamente una cosa con las manos, con riesgo de ajarla o deslucirla. **2.** *Argent*. Tratar reiterada e imprudentemente un tema

449

MAN

o la conducta de una persona para que caiga en descrédito. ♦ v. tr. **3.** Fig. Insistir demasiado en un asunto: *este tema ha sido muy manoseado últimamente.*

MANOSEO n. m. Acción y efecto de manosear.

MANOTAZO n. m. Golpe dado con la mano.

MANOTEAR v. tr. [1]. Dar manotazos. ♦ v. intr. **2.** Accionar las manos exageradamente al hablar.

MANQUEAR v. intr. [1]. Estar o fingirse manco.

MANQUEDAD o **MANQUERA** n. f. Circunstancia de ser manco. **2.** Fig. Falta o defecto.

MANRESA, c. de España (Barcelona), cab. de p. j.; 66 879 hab. *(Manresanos.)* Conjunto medieval, iglesias barrocas. Edificios modernistas.

MANRIQUE (Jorge), poeta español (Paredes de Nava 1440-castillo de Garci Muñoz, Cuenca, 1479), hijo de Rodrigo Manrique, le cantó en las *Coplas a la muerte del maestre don Rodrigo* o *Coplas a la muerte de su padre.* Gran poeta de cancionero, alterna la temática amorosa, en «esparsas», canciones o alegorías, con la burlesca. Famosa es su composición *Sin Dios y sin vos y mí,* ejemplo de juego verbal, de grave y contenida emoción lírica.

MANS (Le), c. de Francia, a orillas del Sarthe; 148 465 hab. Universidad. Circuito automovilístico.

MANSALVA. A mansalva, sin riesgo ni peligro.

MANSARDA n. f. Cubierta con vertientes quebradas, de las cuales la inferior es más empinada que la superior, estando separadas las dos pendientes por una arista en línea tesa. **2.** *Amér.* Buhardilla, desván.

MANSEQUE n. m. *Chile.* Baile infantil.

MANSFIELD (Kathleen **Mansfield Beauchamp,** llamada **Katherine),** escritora británica (Wellington, Nueva Zelanda, 1888-Fontainebleau 1923), autora de relatos *(Fiesta en el jardín,* 1922).

MANSILLA (Lucio Victorio), escritor argentino (Buenos Aires 1831-París 1913). Sobrino del dictador Rosas, intervino en la campaña del Paraguay y en las luchas contra los indios como comandante de frontera. Fruto de esta experiencia es su principal obra, *Una excursión a los indios ranqueles* (1870).

MANSIÓN n. f. (lat. *mansionem).* Casa, especialmente la suntuosa.

MANSO, A adj. Benigno, apacible. **2.** Dícese de los animales que no son bravos. **3.** Dícese de ciertas cosas que se mueven lenta o suavemente: *las mansas aguas del río.* **4.** *Chile. Vulg.* Grande, extraordinario. ♦ n. m. **5.** Cabestro, animal macho que sirve de guía a los demás del rebaño.

MANTA n. f. Pieza de lana o algodón grueso, de forma rectangular, que sirve para abrigarse, especialmente en la cama. **2.** Tela ordinaria de algodón, que se fabrica y usa en México. **3.** Cubierta que sirve de abrigo a la caballería. **4.** Costal de pita que se usa en las minas de América para transportar los minerales. **5.** Fig. Tunda, somanta. **6.** Cierto baile popular colombiano.

MANTA n. f. Pez de cuerpo aplanado, parecido a la raya.

MANTA, pueblo amerindio precolombino de la costa de Manabí (Ecuador). Agricultores, tejedores y comerciantes, trabajaban el cobre, el oro y la plata, y eran muy religiosos; ofrecían sacrificios, incluso humanos, a sus dioses (el mar, el jaguar y la serpiente), y enterraban a los muertos en pozos profundos.

MANTA, c. y puerto de Ecuador (Manabí), en la *bahía de Manta;* 125 505 hab. Centro industrial. Turismo (playas). Yacimiento arqueológico de las culturas de Manabí, y en especial de los manta.

MANTACA n. f. *Chile.* Manta de hilos gruesos, que se usa para abrigo en los campos.

MANTARO, r. de Perú (Junín y Huancavelica), afl. del Apurímac; 600 km. Navegable en su curso bajo.

MANTEADO n. m. *Amér. Central.* Tienda de campaña.

MANTEAMIENTO o **MANTEO** n. m. Acción y efecto de mantear.

MANTEAR v. tr. [1]. Hacer saltar repetidas veces a una persona o pelele sobre una manta sostenida entre varios. ♦ v. pron. **2.** *Chile.* Convertirse en manto una veta de metal.

MANTECA n. f. Grasa de los animales, especialmente la del cerdo. **2.** Sustancia grasa de la leche, especialmente una vez separada de ella. **3.** Grasa del cuerpo humano cuando es excesiva. (Suele usarse en plural.) **4.** Pomada. • **Manteca de cacao,** materia grasa extraída de las bayas del cacao.

MANTECADA n. f. Especie de bollo de harina de flor, huevos, azúcar y mantequilla.

MANTECADO n. m. Pasta hecha a base de harina, azúcar, huevo y manteca de cerdo. **2.** Helado elaborado con leche, huevos y azúcar.

MANTECOSO, A adj. Que tiene mucha manteca. **2.** Semejante a la manteca.

MANTEL n. m. (lat. *mantelem).* Pieza de tela con que se cubre la mesa para comer.

MANTELERÍA n. f. Juego de mantel y servilletas.

MANTENER v. tr. y pron. [8]. Costear las necesidades económicas de alguien, especialmente las de alimentación. **2.** Sostener un cuerpo sin caer: *no podía mantenerse en pie.* ♦ v. tr. **3.** Sostener algo para que no se caiga o se deforme: *esta columna mantiene la estructura del edificio.* **4.** Fig. Hacer que algo no decaiga, no se extinga ni perezca, o que continúe en la forma que se expresa: *mantener el fuego encendido.* **5.** Proseguir en lo que se está ejecutando: *mantener relaciones diplomáticas.* **6.** Defender una opinión o sistema: *mantengo lo dicho.* ♦ **mantenerse** v. pron. **7.** Perseverar en una acción o posición: *mantenerse firme en una idea.*

MANTENIDO, A n. *Vulg.* Persona que vive a expensas de otra.

MANTENIMIENTO n. m. Acción y efecto de mantener o mantenerse. **2.** Alimento, comida, sustento. **3.** Acción de reparar y mantener o conservar en buen estado el material y las instalaciones de edificios, industrias, etc.: *servicio de mantenimiento.*

MANTEO n. m. (fr. *manteau).* Capa larga que llevan los eclesiásticos sobre la sotana.

MANTEQUERA n. f. Vasija en que se sirve la mantequilla. **2.** Aparato con el que se hace la mantequilla.

MANTEQUERÍA n. f. Fábrica de mantequilla. **2.** Tienda en que se vende mantequilla y otros productos comestibles.

MANTEQUERO, A adj. Relativo a la manteca. ♦ n. **2.** Persona que tiene por oficio hacer o vender mantequilla.

MANTEQUILLA n. f. Sustancia grasa, de color amarillo claro, que se obtiene de la leche de vaca por agitación. **2.** Esta misma sustancia, batida con azúcar, de modo que resulte muy esponjosa.

MANTEQUILLERA n. f. *Amér.* Mantequera.

MANTEQUILLERO, A n. *Amér.* Mantequero.

MANTILLA n. f. Prenda femenina, generalmente de encaje, tul o seda, que cubre la cabeza y, a veces, parte del vestido.

MANTILLO n. m. Capa superior del suelo, formada en gran parte por la descomposición de materias orgánicas. **2.** Abono resultante de la fermentación y putrefacción del estiércol.

MANTIS n. f. Santateresa, insecto.

MANTISA n. f. MAT. Fracción decimal que sigue a la característica de un logaritmo.

MANTO n. m. Prenda amplia que se coloca sobre la cabeza o los hombros y cubre todo o parte del vestido. **2.** Velo negro, generalmente de crespón, llevado por las mujeres, en algunos lugares, en señal de luto. **3.** Fig. Lo que protege, encubre u oculta una cosa. **4.** GEOL. Parte del globo terrestre comprendida entre la corteza y el núcleo. **5.** ZOOL. Pelaje de los mamíferos. **6.** ZOOL. En los moluscos, membrana que segrega la concha.

MANTÓN n. m. Prenda femenina, generalmente de abrigo, que se lleva sobre los hombros.

MANTUA, c. de Cuba (Pinar del Río), a orillas del *río Mantua;* 26 221 hab. Centro declarado monumento nacional.

MANTUA, en ital. **Mantova,** c. de Italia (Lombardía), cap. de prov., rodeada por tres lagos formados por el Mincio; 52 948 hab. Palacio ducal de los ss. XIII-XVII. Dos iglesias de L. B. Alberti. Palacio del Té, obra maestra manierista de Julio Romano.

MANUAL adj. Que se ejecuta con las manos: *trabajo manual.* ♦ n. m. **2.** Libro en que se resume lo más sustancial de una materia.

MANUALIDAD n. f. Trabajo realizado con las manos. ♦ **manualidades** n. f. pl. **2.** Trabajos manuales propios de los escolares.

MANUBRIO n. m. (lat. *manubrium).* Empuñadura o manija de un instrumento. **2.** *Argent.* y *Chile.* Manillar de la bicicleta. **3.** *Chile.* Volante del automóvil.

MANUFACTURA n. f. Obra hecha a mano o con el auxilio de una máquina. **2.** Fábrica, lugar donde se fabrica algo. **3.** Empresa o equipo industrial dedicado a algunas actividades fabriles consideradas ligeras. **4.** Conjunto de estas empresas de una región, zona o país.

MANUFACTURADO, A adj. y n. m. Dícese del producto resultante de la transformación industrial, en una manufactura, de ciertas materias primas.

MANUFACTURAR v. tr. [1]. Fabricar.

MANUSCRIBIR v. tr. [3n]. Escribir a mano.

MANUSCRITO n. m. Documento o libro escrito a mano, especialmente el de algún valor o antigüedad.

MANUTENCIÓN n. f. Acción y efecto de mantener o mantenerse. **2.** Lo que se consume para mantener o mantenerse.

MANUTENER v. tr. [8]. Mantener o amparar.

MANZANA n. f. Fruto comestible del manzano. **2.** Unidad topográfica mínima, representada por el bloque de casas delimitado en sus cuatro frentes por calles. • **Manzana de Adán,** nuez de la garganta.

MANZANERO n. m. *Ecuad.* Manzano.

MANZANIL adj. Dícese de ciertas frutas que se parecen a la manzana.

MANZANILLA n. f. Planta herbácea aromática, cuyas flores tienen propiedades medicinales. (Familia compuestas.) **2.** Flor o conjunto de flores de esta planta. **3.** Infusión de flores de manzanilla que se toma como digestivo. **4.** Fruto del manzanillo. **5.** Vino blanco, variante del jerez.

MANZANILLO, A adj. y n. m. Dícese de cierto olivo que produce una aceituna pequeña. ♦ adj. **2. Aceituna manzanilla,** fruto del olivo manzanillo. ♦ n. m. **3.** Árbol originario de las Antillas y de América ecuatorial, de flores blanquecinas y fruto semejante a la manzana, cuyo jugo, cáustico, es muy venenoso. (Familia euforbiáceas.)

MANZANILLO, punta de la costa caribe de Panamá, la más septentrional del país.

MANZANO n. m. Árbol de la familia rosáceas, cuyo fruto, la manzana, es una drupa con pepitas, comestible, redonda y carnosa. **2.** *Méx.* y *P. Rico.* Variedad de plátano, de fruto pequeño y dulce.

MANZO (José), arquitecto, pintor y grabador mexicano (Puebla 1785-íd. 1860). Remodeló el interior de la catedral de Puebla con sus retablos neoclásicos.

MANZONI (Alessandro), escritor italiano (Milán 1785-*id.* 1873), autor de una novela histórica (*Los novios*, 1825-1827), modelo del romanticismo italiano.
MANZUR (David), pintor colombiano (Neira 1929), que ha evolucionado de un cromatismo luminoso al claroscuro.
MAÑA n. f. Destreza, habilidad: *tiene maña para peinarse*. **2.** Ardid, astucia: *emplea todas sus mañas para convencerle.* (Suele usarse en plural.) **3.** Mala costumbre, resabio. (Suele usarse en plural.) • **Darse maña**, ingeniarse para hacer algo con habilidad.
MAÑACH (Jorge), escritor cubano (Sagua la Grande 1898-San Juan, Puerto Rico, 1961), ensayista de temas históricos, culturales y literarios (*Indagación del choteo*, 1928; *Martí, el apóstol*, 1933).
MAÑANA n. f. (bajo lat. *maneana*, abrev. de *hora maneana*, en hora temprana). Tiempo que transcurre desde que amanece hasta el mediodía. **2.** Madrugada, horas que siguen a la medianoche hasta que sale el sol: *acostarse a las tres de la mañana.* ♦ n. m. **3.** Tiempo futuro, pero indeterminado. ♦ adv. tr. **4.** En el día que seguirá inmediatamente al de hoy. **5.** *Fig.* En tiempo futuro. • **De mañana**, al amanecer, en las primeras horas del día. ∥ **Pasado mañana**, en el día que seguirá inmediatamente al de mañana.
MAÑANEAR v. intr. [1]. Madrugar.
MAÑANERO, A adj. Madrugador. **2.** Matutino.
MAÑANITA n. f. Principio de la mañana. ♦ **mañanitas** n. f. pl. **2.** *Méx.* Composición musical que se canta para celebrar el cumpleaños o la onomástica de alguien.
MAÑEREAR v. intr. [1]. *Argent., Urug.* y *Vulg.* Obrar, proceder con malas mañas. **2.** *Argent.* y *Chile.* Usar un animal malas mañas.
MAÑERÍA n. f. Esterilidad en las hembras. **2.** Esterilidad en las tierras.
MAÑERO, A adj. Sagaz, astuto. **2.** Fácil de tratar, hacer o manejar. **3.** *Argent.* Que tiene malas mañas o resabios. **4.** *Argent. Fam.* Dícese de la persona o animal que tiene mañas, mañoso.
MAÑÍU n. m. *Chile.* Árbol semejante al alerce, cuya madera es muy apreciada.
MAÑOSEAR v. intr. [1]. *Chile* y *Perú.* Actuar con maña y resabio.
MAÑOSO, A adj. Que tiene o demuestra mañas.
MAO ZEDONG o **MAO TSÉ-TUNG**, político chino (Shaoshan, Hunan, 1893-Pekín 1976). Participó en la fundación del Partido comunista chino (1921). Dirigió la insurrección del Hunan (1927), cuyo fracaso le costó ser expulsado del buró político del P.C.Ch. Se refugió en Jiangxi y fundó la República soviética china (1931), pero tuvo que batirse en retirada ante los nacionalistas (la Larga marcha, 1934-1935). Se reincorporó a la secretaría política (1935) y se impuso como líder del movimiento comunista chino, mediante la alianza con Chang Kai-shek contra los japoneses. Después de tres años de guerra civil (1946-1949), obligó a Chang Kai-shek a abandonar el continente y proclamó la República Popular de China (1 oct. 1949) en Pekín. Presidente del consejo, de la república (1954-1959) y del partido, intentó acelerar la evolución del país mediante las campañas del gran salto adelante (1958) y de la revolución cultural (1966-1976), cuyo programa se especificaba en el llamado *Libro rojo.*
MAOÍSMO n. m. Doctrina política que se inspira en el pensamiento de Mao Zedong.
MAOÍSTA adj. y n. m. y f. Relativo al maoísmo; partidario de esta doctrina.
MAORÍ adj. y n. m. y f. Relativo a un pueblo polinésico de Nueva Zelanda; individuo de este pueblo ♦ n. m. **2.** Lengua del grupo polinesio, hablada por dicho pueblo.
MAPA n. m. (abrev. del lat. *mappa mundi*, de *mappa*, pañuelo). Representación convencional, sobre un plano, de la distribución de fenómenos geográficos, geológicos, etc.
MAPACHE n. m. Mamífero carnicero de América del Norte, apreciado por su pelaje, de color gris amarillento. SIN.: *oso lavador.*
MAPACHÍN n. m. *Amér. Central.* Mapache.
MAPALÉ n. m. Danza típica de Colombia.
MAPAMUNDI n. m. (lat. *mappa mundi*). Mapa que representa el globo terráqueo dividido en dos hemisferios. • **Mapamundi celeste**, mapa plano de la bóveda celeste sobre el que figuran las constelaciones.
MAPLES ARCE (Manuel), poeta mexicano (Papantla, Veracruz, 1900-México 1981). Fundador del estridentismo (*Andamios interiores*, 1922; *Urbe*, 1924; *Poemas interdictos*, 1927), adoptó un tono más intimista en *Memorial de la sangre* (1947). Escribió unas *Memorias* y varios ensayos.
MAPUCHE adj. m. y f. y n. Relativo a un pueblo amerindio del grupo araucano que vive en comunidades entre los ríos Salado y Toltén (Chile); individuo de este pueblo. **2.** Araucano.
MAPUEY n. m. Ñame.
MAPUTO, ant. **Lourenço Marques**, cap., puerto y cap. de Mozambique, a orillas del océano Índico; 1 007 000 hab.
MAQUE n. m. Laca.
MAQUEAR v. tr. [1]. Adornar muebles u otros objetos con pinturas o dorados, usando para ello el maque. ♦ **maquearse** v. pron. **2.** *Fig.* y *fam.* Acicalarse, engalanarse.
MAQUETA n. f. (fr. *maquette*). Primer bosquejo, en cera, arcilla, etc., de una escultura. **2.** Representación en tres dimensiones, a escala reducida, de un aparato, un edificio, un decorado, etc. **3.** IMPR. Boceto o modelo de un libro o parte de él que sirve de guía al impresor. **4.** MÚS. Producto del registro de sonidos, generalmente sobre soporte magnético, a partir del cual se organiza la composición sonora previa a la grabación de un disco.
MAQUETISTA n. m. y f. Profesional que ejecuta con arreglo a un plano o dibujo, y a una escala dada, cualquier reproducción. **2.** Profesional de artes gráficas que realiza las maquetas.
MAQUI n. m. (voz araucana). Planta arbustiva, de hojas opuestas y frutos redondeados, de color rojo, dulces y astringentes, con los que se hacen confituras. (Familia eleocarpáceas.)
MAQUIAVÉLICO, A adj. Astuto o hábil para conseguir algo con engaño y falsedad.
MAQUIAVELISMO n. m. Doctrina política de Maquiavelo. **2.** *Fig.* Mala fe.
MAQUIAVELO (Nicolás), en ital. *Niccolò Machiavelli*, político, escritor y filósofo italiano (Florencia 1469-*id.* 1527). La caída de la república por obra de los Médicis (1513) lo apartó del poder. Aprovechó esta retirada forzosa para escribir la mayor parte de su obra: *El príncipe* (1513, publicada en 1532), *El arte de la guerra* (1519-1521), *Historia de Florencia* (1520-1525) y las comedias *La mandrágora* (1520) y *Clizia* (1525). Su obra define un orden nuevo (moral, libre y laico) en el que la razón de estado tiene como objetivo último la mejora del hombre y de la sociedad.
MAQUILA n. f. (ár. *makila*, cierta medida de capacidad). Porción de grano, harina o aceite que corresponde al molinero por la molienda.
MAQUILADORA n. f. y adj. *Méx.* Pequeño taller donde se maquilan ciertos productos: *maquiladora de ropa.*
MAQUILAR v. tr. [1]. *Méx.* Realizar para una fábrica aquellos pasos del proceso de fabricación de un producto que requieren trabajo manual o unitario.
MAQUILLADOR, RA n. Persona que por profesión se dedica a maquillar.
MAQUILLAJE n. m. Acción y efecto de maquillar. **2.** Técnica de maquillar. **3.** Producto adecuado para maquillar el rostro.
MAQUILLAR v. tr. y pron. [1]. Aplicar cosméticos a un rostro para disimular sus imperfecciones y hacer resaltar sus calidades estéticas o para caracterizarlo.
MÁQUINA n. f. (lat. *machinam*). Conjunto de mecanismos combinados para recibir una forma determinada de energía, transformarla y restituirla en otra más apropiada, o bien para producir un efecto determinado. **2.** Tramoya del teatro. **3.** Bicicleta, motocicleta o automóvil de carreras. **4.** F.C. Locomotora. • **A toda máquina**, con la máxima velocidad. ∥ **Máquina de vapor**, máquina en que se utiliza el vapor como fuerza motriz.
MAQUINACIÓN n. f. (lat. *machinationem*). Proyecto o asechanza artificiosa y ocultada, dirigida regularmente a un mal fin.
MAQUINAL adj. Perteneciente a los movimientos y efectos de una máquina. **2.** *Fig.* Dícese de los actos y movimientos irreflexivos o involuntarios.
MAQUINAR v. tr. (lat. *machinari*) [1]. Urdir, tramar algo oculta y artificiosamente.
MAQUINARIA n. f. Conjunto de máquinas para un fin determinado: *renovar la maquinaria de una factoría.* **2.** Mecanismo que da movimiento a un artefacto: *la maquinaria del reloj.*
MAQUINILLA n. f. **Maquinilla de afeitar**, utensilio compuesto de dos piezas separadas acopladas a un mango, entre las que se inserta una cuchilla u hoja de acero flexible de doble filo, perforada o cañalada en el medio. • **Maquinilla eléctrica**, aparato eléctrico para afeitar en seco.
MAQUINISMO n. m. Empleo generalizado de máquinas en sustitución de la mano de obra en la industria.
MAQUINISTA n. m. y f. Persona encargada del funcionamiento de una máquina. **2.** F.C. Persona que tiene a su cargo la conducción y gobierno de una locomotora de vapor.
MAQUINIZAR v. tr. y pron. [1g]. Emplear en la producción industrial, agrícola, etc., máquinas que sustituyen o mejoran el trabajo del hombre.
MAQUIRITARE, pueblo amerindio de lengua caribe de Venezuela (est. Bolívar y territorio del Amazonas).
MAR n. m. o f. (lat. *mare*). Masa de agua salada que cubre la mayor parte de la superficie de la Tierra. **2.** Cada una de las partes en que se considera dividida: *mar Mediterráneo.* **3.** Marejada u oleaje alto producido por los vientos fuertes. **4.** *Fig.* Abundancia extraordinaria de algo: *un mar de dudas.* **5.** ASTRON. Vasta extensión de la superficie de la Luna, que aparece más oscura, deprimida y menos accidentada que los relieves que la rodean. • **A mares**, mucho, con abundancia: *llover a mares.* ∥ **Alta mar** (DER.), parte del mar que no pertenece al mar territorial, ni a las aguas interiores de un estado. ∥ **Golpe de mar**, ola fuerte que se quiebra en las embarcaciones. ∥ **Hombre de mar**, marino, marinero. ∥ **La mar de**, mucho. ∥ **Mar alta**, mar alborotado. ∥ **Mar de fondo** (*Fig.*), inquietud o descontento que momentáneamente no trasciende al exterior. ∥ **Mar interior**, el bordeado totalmente por un solo estado, o que se considera que forma parte de su territorio. ∥ **Mar territorial**, zona del mar adyacente a la costa de un estado, en la que éste ejerce su soberanía.
MAR (José de La), militar y político peruano (Cuenca, Ecuador, 1777-en Costa Rica 1839). Luchó en la guerra de la independencia española y con las tropas realistas en Perú, pero se unió a San Mar-

MAR

tín y mandó la división peruana en Ayacucho (1824). Miembro de la Junta gubernativa del primer Congreso constitucional (1823), fue presidente en 1827. Vencido por Sucre (1829) en la guerra peruanocolombiana, fue derrocado por un golpe de estado (1829).

MAR CHIQUITA, laguna de Argentina (Córdoba), que recoge los aportes del río Dulce; 1 853 km^2. Sus aguas son ricas en sales. Turismo.

MAR DEL PLATA, c. y puerto de Argentina (Buenos Aires), cab. del partido de General Pueyrredón, a orillas del Atlántico; 511 852 hab. Turismo. Pesca. Industria textil y conservera. Base naval militar. Universidad. Museos.

MAR MUERTO, albufera de México, en el golfo de Tehuantepec; 72 km de long.; 1,5-6 km de ancho.

MARA n. f. Mamífero roedor que vive en el centro y S de Argentina. (Familia cávidos.)

MARABÚ n. m. Ave zancuda de África y Asia, de pico enorme y cuyo cuello, desprovisto de plumas, queda medio hundido entre las alas. **2.** Pluma de esta ave. **3.** Adorno hecho con estas plumas o con las de otras especies.

MARABUNTA n. f. (voz brasileña). Migración masiva de hormigas que devoran a su paso todo lo comestible que encuentran.

MARACA n. f. Instrumento musical hecho con el fruto del totumo, vaciado, en cuyo interior se introducen semillas secas u otros objetos. Actualmente se fabrica con otros materiales. **2.** *Antillas.* Sonajero. **3.** *Chile. Fig.* Ramera. **4.** *Chile y Perú.* Juego de azar que se juega con tres dados.

MARACAIBERO, A adj. y n. De Maracaibo.

MARACAIBO *(lago de),* lago del NO de Venezuela; 14 000 km^2. Comunica a través de un gollete con la bahía del Tablazo, abierta al golfo de Venezuela, llamada también golfo de Maracaibo. Explotación de yacimientos petrolíferos sublacustres. El puente General Rafael Urdaneta (8678 m) une la c. de Maracaibo, en la orilla O, a las regiones centrales. — En sus aguas tuvo lugar un combate naval de la guerra de independencia de la Gran Colombia (24 julio 1823), en el que la flota colombiana de José Padilla venció a la realista de Laborde.

MARACAIBO, c. y puerto de Venezuela, cap. del est. Zulia, en la boca del gollete que comunica el golfo de Venezuela con el lago Maracaibo; 1 249 670 hab. *(Maracaiberos.)* Gran centro comercial e industrial (textiles, cemento, químicas, alimentación).

MARACAY, c. de Venezuela, cap. del est. Aragua; 354 196 hab. Centro industrial. Turismo. Gasoducto.

MARACAYÁ n. m. *Amér. Merid.* Mamífero carnicero, pequeño, de cola larga y piel manchada.

MARACO n. m. *Chile.* Invertido, sodomita.

MARACÓ, dep. de Argentina (La Pampa); 44 239 hab. Cab. *General Pico.* Cereales. Ganado vacuno.

MARAÑA n. f. Maleza, espesura. **2.** *Fig.* Enredo de los hilos o del cabello. **3.** Embuste inventado para enredar un asunto o negocio. **4.** Lance intrincado y de difícil resolución.

MARAÑÓN n. m. Planta arbórea de Antillas y América Central con fruto en forma de nuez y semilla comestible. (Familia anacardiáceas.)

MARAÑÓN, r. de Perú; 1 800 km. Nace en la cordillera de Huayhuash, de la laguna de Lauricocha, y se une al Ucayali, con el que forma el Amazonas, aguas arriba de Iquitos. Sus principales afluentes son: Santiago, Morona, Pastaza y Tigre.

MARASMO n. m. Estado de pérdida intensa de vitalidad y actividad de un organismo, que se halla extenuado y caquéctico, como consecuencia de una enfermedad crónica consuntiva. **2.** Suspensión, inmovilidad física o moral.

MARAT (Jean-Paul), político francés (Boudry, cantón de Neuchâtel, 1743-París 1793). Fue un virulento defensor de los intereses revolucionarios, lo que le valió gran popularidad. Diputado por París en la Convención, consiguió la condena a muerte de Luis XVI. Fue asesinado por Charlotte Corday.

MARATÓN o **MARATHON** n. m. (de la batalla de *Maratón*). Carrera pedestre de gran fondo (42 195 km por carretera). **2.** *Por ext.* Cualquier competición deportiva de resistencia.

MARATÓNICO, A adj. *Argent.* y *Méx.* Maratoniano.

MARAVEDÍ n. m. (pl. *maravedís, maravedises* o *maravedíes).* Ant. moneda española de diferentes valores y calificativos.

MARAVILLA n. f. (lat. *mirabilia,* cosas admirables). Suceso o cosa extraordinaria que causa admiración. **2.** Admiración, acción de admirar: *causa maravilla oírla cantar.* **3.** Variedad de pasta para sopa, en forma de pequeños granos. **4.** Planta herbácea trepadora, de hojas parecidas a las de la hiedra y flores azules con rayas rojas. (Familia convolvuláceas.) • **A las maravillas, a las mil maravillas** o **a maravilla,** muy bien, de modo exquisito y primoroso. ‖ **Las siete maravillas del mundo,** las siete obras más notables de la antigüedad: las pirámides de Egipto, los jardines colgantes de Semíramis y las murallas de Babilonia, la estatua de Zeus en Olimpia, el coloso de Rodas, el templo de Artemisa en Éfeso, el mausoleo de Halicarnaso y el faro de Alejandría.

MARAVILLAR v. tr. [1]. Admirar. ♦ **maravillarse** v. pron. **2.** Ver con admiración.

MARAVILLOSO, A adj. Extraordinario, admirable, excelente.

MARBELLA, c. de España (Málaga), cab. de p. j.; 84 410 hab. *(Marbellíes.)* Centro turístico y residencial en la Costa del Sol.

MARBETE n. m. Cédula que se adhiere a un objeto para indicar la marca de fábrica, contenido, cualidades, precio, etc. **2.** Cédula pegada en los equipajes de ferrocarril para anotar el punto de destino y el número del registro.

MARBURGO, en alem. **Marburg an der Lahn,** c. de Alemania (Hesse), junto al Lahn; 72 656 hab. Universidad. Iglesia gótica. Museos.

MARCA n. f. (germ. *marka*). HIST. En la alta edad media, circunscripción territorial situada en las fronteras del imperio carolingio y destinada a desempeñar el papel de zona de defensa militar. **2.** Provincia surgida de una marca carolingia.

MARCA n. f. (de *marcar*). Señal hecha en una persona, animal o cosa, para distinguirla de otra, o para denotar calidad o pertenencia. **2.** Huella, señal. **3.** Acción de marcar. **4.** DEP. Resultado obtenido por un deportista en pruebas de velocidad, distancia, altura, lanzamiento, etc. **5.** DER. Signo o medio material que sirve para señalar los productos de la industria (marca de fábrica o industrial) o del comercio (marca de comercio o mercantil) con el objeto de que el público los conozca y distinga. • **De marca, de marca mayor** o **de más marca,** denota que lo que se expresa está llevado al máximo: *este niño es un maleducado de marca.* ‖ **Marca registrada,** marca de fábrica o de comercio anotada en los registros públicos, adoptada por un industrial o un comerciante.

MARCACIÓN n. f. Cerco en el que encajan puertas y ventanas. **2.** Conjunto de estos cercos.

MARCADO, A adj. Notable, manifiesto, evidente. ♦ n. m. **2.** Operación de marcar a un animal con fines de identificación.

MARCADOR, RA adj. Que marca. ♦ n. m. **2.** *Argent.* Instrumento semejante a un bolígrafo, con punta de vidrio o fieltro, rotulador. **3.** DEP. Tablero en el que figuran los nombres de los deportistas o de los equipos contendientes y el resultado en puntos o tantos que acumulan cada uno de éstos durante el desarrollo del encuentro.

MARCAJE n. m. DEP. Acción y efecto de marcar al contrario.

MARCAPASOS o **MARCAPASO** n. m. (pl. *marcapasos).* MED. Aparato eléctrico destinado a provocar la contracción cardíaca cuando ésta deja de efectuarse normalmente.

MARCAR v. tr. [1a]. Poner una marca a algo o a alguien para que se distinga. **2.** Dejar algo impreso, una huella o señal: *aquella desgracia marcó su vida.* **3.** Indicar a alguien la situación o dirección de alguna cosa o el modo de hacerla: *le marcó el camino que debía seguir.* **4.** Accionar el teléfono para componer las cifras del número al que se quiere llamar. **5.** Indicar el reloj la hora, o señalar otro aparato el peso, índice, número, cantidad, etc. **6.** Hacer que se noten las separaciones o divisiones en el paso, o el compás en la marcha, la danza, etc.: *marcar el ritmo.* **7.** Poner el precio a los géneros expuestos en un comercio. **8.** Resaltar o significar lo que a continuación se expresa: *esto marca una gran diferencia de pareceres.* **9.** Bordar en la ropa las iniciales de su dueño. **10.** Dar al cabello una inclinación estable, generalmente después del lavado. **11.** DEP. Apuntarse un tanto o gol a un jugador o un equipo. **12.** DEP. Seguir el juego de un contrario a fin de entorpecer las jugadas que pudieran originarse o producirse en su demarcación. ♦ v. tr. y pron. **13.** Realizar una acción: *marcarse un tango.*

MARCASITA n. f. Sulfuro natural de hierro, FeS$_2$, que cristaliza en el sistema ortorrómbico.

MARCEÑO, A adj. Relativo al mes de marzo. **2.** Dícese de las simientes o granos que se siembran durante el mes de marzo.

MARCHA n. f. Acción de marchar. **2.** Forma o modo de andar. **3.** Grado de celeridad en el movimiento de una máquina, buque, locomotora, etc.: *disminuir la marcha de un vehículo.* **4.** Cualquier desplazamiento de un conjunto de personas con un fin determinado: *marcha ecologista.* **5.** *Fam.* Energía, actividad: *tener marcha.* **6.** *Fig.* Curso o desenvolvimiento de un asunto, negocio, operación, etc.: *tener un negocio en marcha.* **7.** AUTOM. Cada una de las posibles posiciones del cambio de velocidades. **8.** DEP. Ejercicio atlético derivado de la forma de andar ordinaria, en el que debe mantenerse sin interrupción el contacto con el suelo. **9.** MIL. Desplazamiento de una tropa a pie. **10.** MÚS. Pieza musical cuyo ritmo marcado evoca el paso de un hombre o de un grupo en marcha. • **A marchas forzadas,** indica la rapidez con que se hace algo. ‖ **Dar,** o **hacer marcha atrás** *(Fam.),* retroceder deliberadamente en un asunto o desistir de él. ‖ **Poner en marcha,** hacer funcionar una máquina. ‖ **Sobre la marcha,** improvisando, sin plan previo.

MARCHAMAR v. tr. [1]. Poner marchamo.

MARCHAMO n. m. Señal que los aduaneros ponen en los fardos ya reconocidos. **2.** Marca que se pone a los productos que han de ser objeto de reconocimiento, especialmente embutidos.

MARCHANTE adj. (fr. *marchand*). Mercantil. ♦ n. m. y f. **2.** Persona que tiene como profesión comprar y vender. **3.** Persona que comercia con cuadros y otras obras de arte.

MARCHANTE, A n. *Amér.* Parroquiano, persona que suele comprar en una misma tienda. **2.** *Méx.* Vendedor al que suele comprar una persona ciertas mercancías,

con respecto a ésta: *mi marchanta siempre me reserva la mejor fruta.* • **A la marchanta** (*Argent.*), de cualquier manera, descuidadamente; (*Argent. y Bol. Fam.*), a la rebatiña. ‖ **Tirarse a la marchanta** (*Argent. Fig. y fam.*), abandonarse, dejarse estar.
MARCHANTÍA n. f. *Amér. Central, P. Rico y Venez.* Clientela.
MARCHAR v. intr. y pron. (fr. *marcher*, andar) [1]. Andar, caminar, viajar, ir o partir de un lugar. ♦ v. intr. **2.** Andar o funcionar un artefacto: *el coche no marcha bien.* **3.** Andar o caminar la tropa con cierto orden: *marchar en columna de a dos.* **4.** *Fig.* Funcionar o desenvolverse una cosa: *los negocios le marchan muy bien.*
MARCHITAR v. tr. y pron. (der. del lat. *marcere*). [1]. Ajar, secar, poner mustias las plantas, flores, etc. **2.** Enflaquecer, debilitar, quitar el vigor.
MARCHITO, A adj. Ajado, falto de vigor y lozanía.
MARCHOSO, A adj. y n. *Fam.* Animado, juerguista, calavera.
MARCIAL adj. (lat. *martialem*). Relativo a la guerra o a la milicia: *disciplina marcial.* **2.** *Fig.* Firme, erguido, gallardo: *porte marcial.* ‖ **Artes marciales**, conjunto de los deportes de origen japonés, como el kendo, el judo, el karate y el aikido, fundados en un código moral que era el de los samuráis. ‖ **Corte marcial, tribunal marcial,** en algunos países hispanoamericanos, instituciones jurídicas equivalentes al consejo de guerra español. ‖ **Ley marcial,** bando que, una vez declarado el estado de guerra, puede dictar la autoridad militar.
MARCIAL, poeta latino de origen hispano (Bílbilis, cerca de la actual Calatayud, c. 40 d. J.C.-*id.* c. 104). Sus *Epigramas* trazan un cuadro satírico de la sociedad romana de la época.
MARCIANO, A adj. y n. Relativo al planeta Marte; habitante imaginario de este planeta.
MARCO n. m. (germ. *mark*). Unidad ponderal monetaria, patrón de la talla de las monedas, utilizada desde la edad media, con distinto valor según los países. **2.** Unidad monetaria principal de Alemania y Finlandia.
MARCO n. m. Cerco que rodea algunas cosas o en el cual se encajan éstas. **2.** *Fig.* Fondo, ambiente físico. **3.** Bastidor de madera que contiene los panales de cera en las colmenas. **4.** *Fig.* Límite en que se encuadra un problema, cuestión, etapa histórica, etc.: *en el marco de la Constitución.* **5.** DEP. En algunos deportes de equipo, portería.
MARCO ANTONIO, general romano (83-30 a. J.C.). Recibió oriente en el reparto del triunvirato y se casó con la reina de Egipto, Cleopatra VII. Vencido en Accio en 31, se suicidó.
MARCO AURELIO (Roma 121-Vindobona 180), emperador romano [161-180]. Emperador filósofo, dejó unos *Pensamientos*, escritos en griego, en los que expresaba su adhesión al estoicismo.
MARCONI (Guglielmo), físico italiano (Bolonia 1874-Roma 1937). Realizó las primeras comunicaciones mediante ondas hertzianas. (Premio Nobel de física 1909.)
MARCOS (*san*), uno de los cuatro evangelistas (s. I). Compañero de Pablo, de Bernabé y de Pedro, es el autor, según la tradición, del segundo Evangelio y el fundador de la Iglesia de Alejandría.
MARCOS (Ferdinand), político filipino (Sarrat 1917-Honolulu 1989). Presidente de la república (1965-1986), tuvo que dejar el poder en 1986 por la presión popular y se exilió a Honolulu.
MARCOS JUÁREZ, dep. de Argentina (Córdoba); 97 818 hab. Trigo, maíz; avicultura y ganadería.

MARCOS PAZ, partido de Argentina (Buenos Aires), integrado en el Gran Buenos Aires; 29 110 hab.
MAREA n. f. (fr. *marée*). Movimiento oscilatorio del nivel del mar, debido a la atracción de la Luna y del Sol sobre las partículas líquidas de los océanos. **2.** Agua que efectúa este movimiento. **3.** *Fig.* Multitud, masa de gente que avanza e invade un lugar o sitio de un modo impetuoso y desordenado. • **Marea alta,** pleamar. ‖ **Marea ascendente,** flujo. ‖ **Marea baja,** bajamar. ‖ **Marea descendente,** reflujo. ‖ **Marea negra,** llegada a una costa de manchas de petróleo procedentes de un buque que ha sufrido un accidente o que ha limpiado sus depósitos.
MAREANTE adj. y n. m. y f. Navegante. **2.** Que marea por sus movimientos, charla, pesadez, etc.
MAREAR v. tr., intr. y pron. [1]. Aturdir, molestar, fastidiar. ♦ **marearse** v. pron. **2.** Sufrir o padecer mareo. **3.** Estar a punto de desmayarse. **4.** Emborracharse ligeramente.
MARECHAL (Leopoldo), escritor argentino (Buenos Aires 1900-*id.* 1970). Poeta vanguardista, evolucionó hacia una poesía clasicista y religiosa (*Cinco poemas australes,* 1937; *Sonetos a Sophia,* 1940), reflejando luego la agria realidad de su mundo (*Heptamerón,* 1966). En sus novelas construyó reelaboraciones míticas a través de personajes argentinos (*Adán Buenosayres,* 1948; *Megafón o la guerra,* 1970).
MAREJADA n. f. Movimiento tumultuoso del mar, con formación de olas vivas y de alguna consideración, sin llegar a ser temporal.
MAREMAGNO o **MAREMÁGNUM** n. m. Abundancia, confusión.
MAREMOTO n. m. Seísmo en el fondo del mar, que origina movimientos de las aguas. **2.** *Chile.* Marejada.
MAREO n. m. Malestar que se manifiesta por un estado nauseoso acompañado de sialorrea, vómitos, sudoración, palidez, miosis, cefalalgia e incapacidad de mantenerse en pie. **2.** Aturdimiento, cansancio mental.
MARFIL n. m. (del ant. *almafil,* del ár. *'azn al-fil,* hueso del elefante). Materia obtenida de los colmillos o incisivos de algunos animales mamíferos como el elefante. **2.** Parte dura de los dientes cubierta por el esmalte. **3.** Color que va del blanco al amarillo.
MARFILEÑO, A adj. Relativo al marfil. **2.** De aspecto de marfil o semejante a él.
MARGA n. f. (lat. *marga*). Roca sedimentaria arcillosa que contiene una fuerte porción de carbonato cálcico, que se utiliza para fabricar cemento.
MARGARINA n. f. Sustancia grasa comestible, de consistencia blanda, elaborada con diversos aceites y grasas, casi siempre vegetales (cacahuete, soja, copra, etc.).
MARGARITA n. f. (lat. *margaritam,* del gr. *magarites,* perla). Nombre de diversas plantas de la familia compuestas, cuyos capítulos presentan un disco central amarillo y hojas blancas. **2.** Flor de estas plantas.
MARGARITA, isla de Venezuela (Nueva Esparta), en el E de la costa del Caribe; 1072 km²; 118 000 hab. Principales núcleos: La Asunción y Porlamar. Pesca. Cultivo de perlas. Turismo. Descubierta por Colón (1498), fue colonizada en 1528 y donada en propiedad vitalicia a Aldonza Manrique (1542-1575). Se unió a la revolución contra España (1810), y por su heroísmo fue llamada Nueva Esparta.
MARGAY n. m. Gato salvaje que vive en América Meridional.
MARGEN n. m. o f. (lat. *marginam*). Extremidad u orilla de una cosa: *margen del río.* **2.** Espacio que queda en blanco a los lados de una página manuscrita o impresa. **3.** *Fig.* Diferencia tolerada o previsible entre el cálculo de cierta cosa y su aproximación. **4.** *Fig.* Ocasión, oportunidad: *dar margen para decidir.* • **Al margen,** aparte, desligado de la intervención en algún asunto.
MARGESI n. m. *Perú.* Inventario de los bienes del Estado, de la Iglesia y de las corporaciones oficiales.
MARGINADO, A adj. y n. Dícese de una persona o de un grupo que ocupa una posición límite en uno o varios sistemas sociales y que por tanto se encuentra excluido de la participación y de los privilegios de los que disfrutan los miembros de dicho sistema. SIN.: *marginal.*
MARGINADOR, RA adj. Que margina. ♦ n. m. **2.** Accesorio de la máquina de escribir que sirve para detener el carro en los puntos previstos por el dactilógrafo.
MARGINAL adj. Relativo al margen. **2.** Que está al margen: *una posición marginal.* **3.** *Fig.* No sustancial, no importante: *sólo es un problema marginal.*
MARGINAR v. tr. [1]. Apostillar, poner anotaciones marginales. **2.** Dejar márgenes en el papel al escribir. **3.** Dejar al margen, apartar la sociedad o un sector de ella a una o varias personas, evitando su trato, relación o compañía. **4.** *Fig.* Prescindir, hacer caso omiso, no tener en cuenta.
MARGUERA n. f. Cantera o veta de marga.
MARGULLAR v. t. [1]. *Cuba y Venez.* Acodar plantas.
MARGULLO n. m. *Cuba y Venez.* Acodo.
MARI (*República de*), república de la Federación de Rusia, al N del Volga, aguas arriba de la confluencia con el Kama; 23 200 km²; 750 000 hab. Cap. Yoshkar-Olá.
MARÍA, madre de Jesús, esposa de José, llamada también **la Virgen María.**
MARÍA MAGDALENA (*santa*), personaje del evangelio, mujer pecadora que bañó en perfume los pies de Jesús durante una cena.
MARÍA TERESA (Viena 1717-*id.* 1780), emperatriz de Austria [1740-1780], reina de Hungría [1741-1780] y de Bohemia [1743-1780], hija de Carlos VI. Tuvo que afrontar la guerra de Sucesión de Austria (1740-1748). En 1745 consiguió que su esposo, Francisco I, fuese elegido emperador germánico.
MARÍA I ESTUARDO (Linlithgow 1542-Fotheringay 1587), reina de Escocia [1542-1567]. Hija de Jacobo V, casó con el rey de Francia Francisco II (1558). Enviudó en 1561 y regresó a Escocia, donde luchó contra la Reforma y contra las intrigas de la reina de Inglaterra Isabel I. Tras su abdicación (1567), buscó refugio en Inglaterra y se dejó implicar en varios complots contra Isabel, quien la mandó encarcelar y ejecutar. — **María II Estuardo** (Londres 1662-*id.* 1694), reina de Inglaterra, de Irlanda y de Escocia [1689-1694], hija de Jacobo II y esposa de Guillermo II de Nassau.
MARÍA ANTONIETA (Viena 1755-París 1793), reina de Francia. Hija del emperador Francisco I y de María Teresa, casó con Luis XVI (1770). Impopular por sus escándalos, fue guillotinada.
MARÍA TRINIDAD SÁNCHEZ (*provincia de*), prov. del N de la República Dominicana; 1310 km²; 110 100 hab. Cap. Nagua.
MARIACHI o **MARIACHE** n. m. Música mexicana de carácter alegre, originaria del estado de Jalisco. **2.** Orquesta o músico que la interpreta.
MARIANAO, c. de Cuba (La Habana), en el área urbana de La Habana; 219 278 hab. Industria.
MARIANAS (*fosa de las*), fosa del Pacífico occidental, la más profunda conocida (−11 034 m), al E del archipiélago de las Marianas.
MARIANAS (*islas*), archipiélago volcánico del Pacífico, al E de las Filipinas. Fueron descubiertas por Magallanes en 1521

MAR

ocupadas por España en 1565 y evangelizadas a partir de 1668 con la protección de la reina Mariana de Austria, de donde su nombre actual. Desde 1977 formaron un estado asociado a E.U.A., la *Commonwealth de las Marianas del Norte* (477 km²; 19 000 hab.; cap. *Saipan*). En 1986 se retiró la tutela norteamericana.

MARIANISTA adj. y n. m. Relativo a los religiosos de la Compañía de María de Burdeos fundada en 1817, en Burdeos.
MARIANO, A adj. Relativo a la Virgen María, y, en especial, a su culto: *devoción mariana*.
MARIARA, c. de Venezuela (Carabobo), cab. del mun. de Diego Ibarra; 69 404 hab. Centro industrial.
MARÍAS *(islas)* → **Tres Marías**.
MARIÁTEGUI (José Carlos), político y ensayista peruano (Lima 1895-*id.* 1930). En 1928 fundó el Partido comunista de Perú. Reflejó su pensamiento, dominado por una conciencia americanista asimiladora del marxismo, en *Siete ensayos de interpretación de la realidad peruana* (1929).
MARIBOR o **MARBURGO**, c. de Eslovenia, a orillas del Drave; 105 000 hab. Castillo de los ss. XV y XVIII.
MARICA n. m. *Fam.* Hombre afeminado u homosexual.
MARICÓN n. m. *Fam.* Marica. **2.** *Fam.* Persona despreciable o indeseable.
MARICONADA n. f. Acción propia del marica. **2.** *Fig.* Mala pasada, acción malintencionada o indigna contra otro.
MARICUECA n. m. *Chile.* Eufemismo de marica.
MARIDAJE n. m. Unión y conformidad de los cónyuges. **2.** Unión y semejanza de unas cosas con otras: *un maridaje entre la ciencia y el arte*.
MARIDAR v. intr. [**1**]. Casar, contraer matrimonio. **2.** Hacer vida matrimonial. ♦ v. tr. y pron. **3.** *Fig.* Unir, enlazar.
MARIDO n. m. (lat. *maritum*). Hombre casado, con respecto a su mujer.
MARIGUANZA n. f. *Chile.* Ceremonia supersticiosa de manos que hacen los curanderos. (Suele usarse en plural.) **2.** *Chile.* Movimientos o gestos con que se hace burla. (Suele usarse en plural.) **3.** *Chile.* Salto, pirueta.
MARIHUANA n. f. Sustancia preparada con las hojas y las flores de *Cannabis sativa*, var. *indica*, que se fuma mezclada con tabaco y produce efectos parecidos a los del hachís. (Úsase también MARIGUANA o MARIJUANA.)
MARIMACHO n. m. *Fam.* Mujer que por su aspecto o forma de actuar parece un hombre.
MARIMANDÓN, NA n. Persona autoritaria y dominante.
MARIMBA n. f. Instrumento músico moderno, originario de África. **2.** *Amér.* Instrumento de percusión que consiste en una serie de tablas, puestas sobre unos tubos metálicos, los cuales se golpean con unos palillos.
MARIMORENA n. f. Camorra, riña, pendencia.
MARÍN CAÑAS (José), novelista costarricense (San José 1904-*id.* 1980). Representó la adaptación en Costa Rica de la novela indigenista, con su vertiente metafísica.
MARINA n. f. Arte o ciencia de la navegación y conjunto de actividades y elementos que intervienen en ella. **2.** Potencia naval de una nación. **3.** Zona de terreno próxima al mar. **4.** Pintura paisajística en que se representa un tema marítimo. **5.** *Chile.* Escuela naval. • **Marina de guerra**, o **militar**, conjunto de fuerzas navales aéreas y terrestres de un estado. ‖ **Marina mercante**, conjunto de los buques y personal de una nación que se emplean en el comercio.

MARINA → *Malinche*.
MARINAJE n. m. Ejercicio de la marinería. **2.** Conjunto de los marineros de una embarcación.
MARINAMO, A adj. *Chile.* Que tiene un dedo de más.
MARINAR v. tr. [**1**]. Sazonar el pescado para conservarlo. **2.** Poner a remojo en un líquido aromático una carne, pescado, etc., con el fin de realzar su sabor.
MARINELLO (Juan), escritor cubano (San Diego del Valle 1898-La Habana 1977), poeta (*Liberación*, 1927) y ensayista (*Momento español*, 1939; *Once ensayos martinianos*, 1965).
MARINERA n. f. *Chile, Ecuad.* y *Perú.* Baile popular.
MARINERÍA n. f. Profesión de marinero. **2.** Conjunto de marineros.
MARINERO, A adj. Dícese del buque fácil de gobernar. **2.** Relativo a la marina o a los marineros. • **A la marinera**, forma de preparar pescados, crustáceos o marisco en vino blanco, con cebolla, ajo, perejil, pimienta y aceite. ♦ n. m. **3.** Hombre que sirve en las maniobras de un barco. **4.** Persona experta en marinería. **5.** Individuo que sirve en la marina de guerra con el grado inferior.
MARINETTI (Filippo Tommaso), escritor italiano (Alejandría, Egipto, 1876-Bellagio, Como, 1944), iniciador del futurismo.
MARINO, A adj. (lat. *marinum*). Relativo al mar. **2.** Que se ha formado a partir de sedimentos depositados y consolidados en los fondos marinos: *roca marina*. ♦ n. m. **3.** Experto en navegación. **5.** Persona con conocimientos teóricos y prácticos de navegación, que forma parte del personal que dirige las maniobras de un barco.
MARIÑO (Santiago), militar y político venezolano (en isla Margarita, c. 1788-La Victoria 1854). Fue lugarteniente de Bolívar y jefe del estado mayor en la batalla de Carabobo (1821). Candidato a presidente (1834), fue derrotado por Vargas, a quien intentó derrocar en 1835, al frente de la revolución reformista.
MARIONETA n. f. (fr. *marionette*). Títere o figurilla que se mueve por medio de hilos u otro artificio. ♦ **marionetas** n. f. pl. **2.** Teatro representado con estos títeres.
MARIPOSA n. f. Cualquier insecto del orden lepidópteros, con cuatro alas recubiertas de escamas microscópicas. **2.** Especie de candelilla que flota sobre un corcho en un vaso con aceite para conservar luz de noche; luz encendida a este efecto. **3.** Modalidad de la natación derivada de la braza, en los que los brazos deben ser proyectados juntos hacia delante, sobre la superficie del agua, y impulsados simultánea y simétricamente hacia atrás.
MARIPOSEAR v. intr. [**1**]. Mostrar inconstancia en los estudios, ocupaciones, trabajos, etc. **2.** *Fig.* Galantear un hombre a diversas mujeres.
MARIPOSEO n. m. Acción y efecto de mariposear.
MARIPOSÓN n. m. y adj. Hombre que galantea a varias mujeres. **2.** *Fam.* Marica, hombre afeminado u homosexual.
MARIQUITA n. f. Pequeño insecto coleóptero con élitros de color anaranjado con siete puntos negros. SIN.: *cochinilla de san Antón.* ♦ n. m. **2.** *Fam.* Hombre afeminado. ♦ n. f. **3.** *Cuba.* Miel o almíbar mezclado con queso fresco.
MARIQUITA n. f. *Argent.* Baile popular que ejecutan varias parejas enfrentadas con un pañuelo blanco en la mano, acompañadas por un guitarrista cantor. **2.** *Argent.* Música y cante con que se acompaña este baile.
MARISABIDILLA n. f. Mujer que presume de sabia.
MARISCADA n. f. Comida a base de mariscos.

MARISCAL n. m. (fráncico *marhskalk*, caballerizo mayor). HIST. Encargado de las cuadras o caballerizas de los príncipes germánicos. **2.** MIL. En algunos ejércitos, una de las más altas graduaciones.
MARISCAL ESTIGARRIBIA, c. de Paraguay, cap. del dep. de Boquerón, en el Gran Chaco; 12 923 hab. (*Estigarribeños*.)
MARISCAR v. intr. [**1a**]. Coger mariscos.
MARISCO n. m. Invertebrado marino comestible provisto de esqueleto externo.
MARISMA n. f. (lat. *maritimam*, borde del mar). GEOGR. Terreno pantanoso, de aguas salobres, en las proximidades de la costa, por lo general junto a la desembocadura de un río.
MARISMEÑO, A adj. Relativo a la marisma o propio de ella.
MARISQUERÍA n. f. Establecimiento donde se venden o consumen mariscos.
MARISTA adj. y n. m. Relativo a alguna de las congregaciones religiosas fundadas bajo la advocación de la Virgen; miembro de dichas congregaciones.
MARITAL adj. Relativo al marido. **2.** Relativo a la vida conyugal.
MARITATA n. f. *Bol.* y *Chile.* Cedazo de tela metálica usado en los establecimientos mineros. **2.** *Chile* y *Méx.* Canal cuyo fondo se cubre de pieles de carnero para que, haciendo pasar por él agua corriente con mineral pulverizado, el polvo metalífero que arrastra se deposite en ellas. ♦ **maritatas** n. f. pl. **3.** *Guat.* y *Hond.* Chismas, baratijas.
MARÍTIMO, A adj. (lat. *maritimum*). Relativo al mar. **2.** Cercano al mar. **3.** Dícese de los organismos que viven en la zona costera.
MARIVAUX (Pierre **Carlet de Chamblain de**), escritor francés (París 1688-*id.* 1763). Renovó la comedia con una refinada sicología y un lenguaje delicado (*La sorpresa del amor*, 1722; *El juego del amor y del azar*, 1730; *Las falsas confidencias*, 1737).
MARJAL n. m. (ár. *marý*). Terreno bajo y pantanoso.
MARLÍN n. m. Pez espada de las costas americanas.
MARLO n. m. *Amér. Merid.* Espiga de maíz desgranada. **2.** *Argent.* En lenguaje rural, tronco de la cola de los caballos, maslo.
MARLOWE (Christopher), poeta y dramaturgo inglés (Canterbury 1564-Deptford, Londres, 1593), autor de *La trágica historia del doctor Fausto* (1588) y *Eduardo II* (c. 1592).
MÁRMARA (*mar de*), mar interior de la cuenca del Mediterráneo, entre las partes europea y asiática de Turquía; 11 500 km² aprox. Es la antigua *Propóntide*.
MARMITA n. f. (fr. *marmite*). Olla de metal, con tapadera ajustada. **2.** Olla exprés.
MÁRMOL n. m. (lat. *marmorem*). Roca metamórfica que resulta de la transformación de una caliza, dura, con frecuencia veteada de colores variados, susceptible de recibir un buen pulimento.
MÁRMOL, escritor argentino (Buenos Aires 1818-*id.* 1871). Atacó a Rosas desde su exilio en versos románticos. Imitó a Byron en *Cantos del peregrino* (1844). En *Armonías* (1851-1854) los poemas políticos alternan con otros de tema personal. Su novela folletinesca *Amalia* (1855) interesa por la descripción del ambiente de la dictadura.
MARMOLADO, A adj. Coloreado o veteado como el mármol.
MARMOLEJO n. m. Columna pequeña.
MARMOLERÍA n. f. Obra de mármol. **2.** Taller de marmolista.
MARMOLINA n. f. *Argent.* y *Chile.* Estuco de cal y polvo de mármol.
MARMOLISTA n. m. y f. Artífice que trabaja en mármoles. **2.** Persona que trabaja en otras piedras, y, especialmente, la que se dedica a la inscripción de lápidas funerarias.

MAR

MARMÓREO, A adj. Que es de mármol. **2.** Semejante al mármol: *rostro marmóreo*.
MARMOSA n. f. Mamífero marsupial de pequeño tamaño, que vive en América Central y del Sur. (Familia didélfidos.)
MARMOTA n. f. (fr. *marmotte*). Mamífero roedor, de hábitos nocturnos, que hiberna varios meses en una madriguera. **2.** *Fig.* Persona que duerme mucho.
MARNE, r. de Francia, afl. del Sena (or. der.); 525 km. Un canal lo enlaza con el Rin.
MARO n. m. Planta herbácea usada como antiespasmódica, tónica y excitante. (Familia labiadas.)
MAROCHA n. f. *Hond.* Muchacha sin juicio, locuela.
MAROMA n. f. Cuerda gruesa de esparto o cáñamo. **2.** *Amér.* Función acrobática. **3.** *Amér.* Voltereta o pirueta de un acróbata. **4.** *Amér. Fig.* Voltereta política, cambio oportunista de opinión o de partido. **5.** *Argent. Fam.* Lío, desorden.
MAROMEAR v. intr. [1]. *Amér.* Bailar el volatinero en la maroma o hacer volatines en ella. **2.** *Amér.* Inclinarse, según las circunstancias, a uno u otro bando. **3.** *Chile. Fig.* Hacer pruebas de equilibrio. **4.** *Hond.* Columpiarse en la hamaca.
MAROMERO, A n. *Amér.* Acróbata, volatinero. **2.** *Amér.* Político astuto que varía de opinión o partido según las circunstancias. **3.** *P. Rico.* Persona que usa procedimientos de mala fe. ♦ adj. **4.** *Amér.* Versátil.
MAROTA n. f. *Méx.* Marimacho. **2.** *Venez.* Soga con que se atan las patas delanteras de una bestia para impedir que corra.
MARQUÉS, SA n. (provenz. *marqués*, jefe de un territorio fronterizo). Título nobiliario de categoría inferior al de duque y superior al de conde.
MARQUÉS (René), escritor puertorriqueño (Arecibo 1919-*id.* 1979). En sus obras teatrales cargadas de simbolismo (*El sol y los MacDonald*, 1950; *La carreta*, 1952; *La casa sin reloj*, 1961) y en sus ensayos refleja la búsqueda de la identidad nacional frente al colonialismo norteamericano.
MARQUESA n. f. *Amér.* Marquesina, alero o protección. **2.** *Chile.* Especie de cama de madera fina tallada.
MARQUESADO n. m. Título de marqués. **2.** Territorio sobre el que recaía este título o en que ejercía jurisdicción un marqués.
MARQUESAS (islas), archipiélago de la Polinesia francesa; 1274 km²; 7358 hab. Cap. *Taiohae*.
MARQUESINA n. f. Especie de alero, por lo general de cristal o hierro, que avanza sobre una puerta, escalinata o andén para resguardarlos de la lluvia. **2.** Cubierta para resguardar a los que esperan un autobús, autocar, taxi, etc.
MARQUESOTE n. m. *Hond.* y *Nicar.* Torta de figura de rombo, hecha de harina de arroz o de maíz, con huevo, azúcar, etc., y cocida al horno.
MARQUETA n. f. *Guat.* Bloque de cualquier cosa que tiene forma prismática.
MARQUETERÍA n. f. (fr. *marqueterie*). Decoración que se obtiene por incrustación de mármol, metal, nácar, etc., en obras de ebanistería. **2.** Arte de hacer estos trabajos o labores. **3.** Ebanistería.
MÁRQUEZ (José Ignacio **de**), político y jurisconsulto colombiano (Ramiriquí, Boyacá, 1793-† 1880). Fue presidente (1837-1841) de la república.
MÁRQUEZ BUSTILLOS (Victoriano), político venezolano (Guanare 1858-† 1941). Fue presidente provisional de la república (1915-1922), a la sombra de la dictadura de Gómez.
MÁRQUEZ MIRANDA (Fernando), arqueólogo argentino (Buenos Aires 1987-*id.* 1961), especializado en las culturas precolombinas (*Los aborígenes de América del Sur*, 1940).

MARRAJO, A adj. *Fig.* Cazurro, astuto. ♦ n. m. **2.** Pez marino parecido al tiburón.
MARRAKECH, en ár. **Marrākuš**, c. de Marruecos, al pie del Alto Atlas; 549 000 hab. Centro comercial y turístico. Numerosos monumentos: la Kutūbiyya, mezquita del s. XII y tumbas de la dinastía Sa'dī (s. XVI).
MARRANADA o **MARRANERÍA** n. f. *Fam.* Cosa sucia, chapucera, repugnante. **2.** *Fam.* Acción indecorosa o grosera.
MARRANEAR v. tr. [1]. Ensuciar, manchar. **2.** *Colomb.* Engañar. ♦ v. intr. **3.** Comportarse o actuar indignamente.
MARRANO, A n. m. Cerdo. **2.** HIST. Judío converso que, en España, seguía practicando en secreto la religión judaica. ♦ adj. y n. **3.** *Fam.* Dícese de la persona sucia y desaseada. **4.** *Fam.* Dícese de la persona que se porta y procede con bajeza.
MARRAQUETA n. f. *Chile* y *Perú.* Conjunto de varios panes pequeños que se cuecen en una sola pieza pero con incisiones para después separarlos con facilidad.
MARRAS adv. t. Antiguamente. • **De marras**, consabido: *todo ocurrió en lo noche de marras*.
MARRÓN adj. y n. m. Castaño, color parecido al de la cáscara de la castaña. ♦ n. m. **2.** *Fig.* En el lenguaje del hampa, causa criminal, sumario, condena. **3.** *Amér. Central.* Martillo grande de hierro. **4.** *P. Rico.* Badajo de campana. • **Marrón glacé**, castaña confitada en azúcar y escarchada con almíbar.
MARROQUÍ adj. y n. m. y f. De Marruecos. ♦ n. m. **2.** Marroquín, tafilete occidental hablado en Marruecos.
MARROQUÍN (José Manuel), escritor y político colombiano (Bogotá 1827-*id.* 1908). Vicepresidente (1898), lideró la rebelión de los «históricos» (1899) y presidió el ejecutivo (1900-1904). Con los seudónimos **Gonzalo González de la Gonzalera** y **Pedro Pérez de Perales**, publicó novelas (*Blas Gil*, 1896), poemas y obras críticas e históricas.
MARROQUINERÍA n. f. Tafiletería.
MARROQUINERO, A n. Tafiletero.
MARRUBIO n. m. Planta aromática de la familia labiadas.
MARRUECO n. m. *Chile.* Bragueta del pantalón.
MARRUECOS, en ár. **al-Magrib**, estado del NO de África, bañado por el Atlántico y el Mediterráneo; 710 000 km² (con el Sahara Occidental; 26 200 000 hab. (*Marroquíes*.) CAP. *Rabat.* C. PRAL. *Casablanca, Marrakech, Fez y Mequínez.* LENGUA OFICIAL: *árabe.* MONEDA: *dirham marroquí.*
GEOGRAFÍA
Las cadenas del Atlas separan el Marruecos oriental, meseta que domina la depresión del Muluya, del Marruecos atlántico, formado por mesetas y llanuras (a lo largo del litoral). El N está ocupado por la cadena del Rif, cuyas caras abruptamente sobre el Mediterráneo. El S se adentra en el Sahara. La latitud y la disposición del relieve explican la relativa humedad del Marruecos atlántico y la aridez de la parte oriental y meridional. La población, islamizada y predominantemente árabe (a pesar de la presencia beréber), experimenta un crecimiento rápido. La agricultura combina cereales (trigo), pastos (sobre todo para la cría de ganado ovino) y cultivos comerciales (cítricos). Los fosfatos constituyen la parte fundamental de las exportaciones. La industria de transformación está poco desarrollada y el desempleo, generando tensiones sociales. El desarrollo del turismo y las remesas de los emigrantes no consiguen paliar el déficit comercial, al que se suma la gravosa carga de los gastos militares ligados al problema del Sahara Occidental.
HISTORIA
El antiguo Marruecos. Ss. IX-VIII. a. J.C.: los fenicios fundaron factorías en el litoral. S. VI: dichas factorías pasaron a manos de Cartago. 146 a. J.C.: Cartago fue destruida, pero su influencia se extendió al reino de Mauritania. 40 d. J.C.: Mauritania fue anexionada por Roma y dividida en dos provincias: Cesariana (cap. Cherchell) y Tingitana (cap. Tánger). 435-442: ambas fueron ocupadas por los vándalos. 534: Justiniano restableció el dominio bizantino.
Del islam a las dominaciones francesa y española. 700-710: los árabes conquistaron el país e impusieron el islam a las tribus beréberes, cristianas, judías y animistas. 739-740: revuelta de los beréberes jāriŷíes. 789-985: la dinastía de los Idrisíes gobernó el país. 1061-1147: los Almorávides unificaron el Mogreb y al-Andalus y formaron un vasto imperio. 1147-1269: con los Almohades se desarrolló una brillante civilización arábigo-andalusí que se expandió en Fez, Marrakech y Sevilla. 1269-1420: Marruecos, dominado por los Benimerines, tuvo que renunciar a España (1340). 1415: los portugueses conquistaron Ceuta. 1472-1554: con los Waṭṭāsíes se produjo un retroceso de la vida urbana, al tiempo que crecían el nomadismo, el particularismo tribal y la devoción por los morabitos. 1554-1659: con los Sa'díes los portugueses fueron derrotados en la batalla de Alcazarquivir (1578) por al-Manṣūr (1578-1603). 1591: conquista de Tombouctou. 1666: Mūlāy al-Rašīd fundó la dinastía de los 'Alawíes. Ss. XVII-XVIII: luchas por la sucesión y grave crisis económica. S. XIX: las potencias europeas (Gran Bretaña, España, Francia) obligaron a los sultanes a abrir el país a sus productos. 1873-1912: con Ḥasan I (1873-1894), 'Abd al-'Aziz (1900-1908) y Mūlāy Ḥāfiẓ (1908-1912) Marruecos mantuvo su independencia gracias a la rivalidad entre las grandes potencias. 1906-1912: tras los acuerdos de Algeciras, Marruecos quedó bajo control internacional, aunque fueron Francia y España las potencias que se repartieron de hecho el territorio marroquí.
La época contemporánea. 1912: el tratado de Fez estableció el protectorado francés. España obtuvo la zona N (el Rif) y una zona del S (Ifni, Tarfaya). 1912-1925: el general Lyautey emprendió la pacificación del país. 1921-1926: 'Abd el-Krim promovió la guerra del Rif y fue vencido por una coalición francoespañola. 1933-1934: fin de la resistencia de los beréberes en el Alto Atlas; Francia controló el país. 1944: el partido del Istiqlāl reclamó la independencia. 1953-1955: el sultán Muḥammad V (1927-1961) fue depuesto y exiliado por las autoridades francesas. 1956: proclamación de independencia; España conservó Ceuta, Melilla, Ifni, Tarfaya (devuelta en 1958) y el Sahara Español. 1957: Marruecos se erigió en reino. 1961: Ḥasan II accedió al trono. 1969: España cedió Ifni. 1975-1979: después de la llamada marcha verde, Marruecos consiguió la cesión de la administración del N del Sahara Occidental (antiguo Sahara Español), y la totalidad del territorio tras la retirada de Mauritania del S en 1979, que ocupó de facto, con la oposición del Frente polisario. 1989: el país integró la Unión del Mogreb Árabe. 1993: elecciones legislativas tras la reforma constitucional destinada a lograr que el gobierno refleje la composición de la cámara. 1998: Tras las elecciones legislativas de 1997 Ḥasan II nombró por primera vez un jefe de gobierno socialista. 1999: a la muerte de Hassan II, su hijo Muhammad VI subió al trono.
MARRULLERÍA n. f. Astucia destinada a conseguir algo o halago con que se pretende engañar a alguien.
MARRULLERO, A adj. y n. Que usa de marrullerías.

MAR

MARSÉ (Juan), escritor español (Barcelona 1933). La recreación de ambientes marginados de Barcelona y la crítica de la burguesía son constantes en sus novelas (*Últimas tardes con Teresa*, 1965; *Si te dicen que caí*, 1973; *El embrujo de Shanghai*, 1993). Premio Juan Rulfo, 1997.

MARSELLA, en fr. **Marseille,** c. de Francia, cap. de la región de Provenza-Alpes-Costa Azul y del dep. de Bouches-du-Rhône; 807 726 hab. (más de 1,5 millones en la aglomeración). *[Marselleses.]* Principal puerto comercial francés. Centro administrativo, universitario e industrial. Restos griegos y romanos (barrio del Vieux-port).

MARSELLÉS, SA adj. y n. De Marsella.

MARSHALL, archipiélago y estado de Micronesia; 181 km²; 41 000 hab. CAP. Majuro. LENGUA OFICIAL: inglés. MONEDA: dólar E.U.A. Las islas Marshall, descubiertas por los españoles en el s. XVI (Diego de Saavedra), y visitadas por los británicos (entre ellos Marshall), pertenecieron a Alemania de 1885 a 1914 y estuvieron bajo mandato japonés hasta 1944. Puestas por la O.N.U. bajo tutela norteamericana (1947), en 1986 pasaron a ser un estado libre asociado a E.U.A. En 1991 fueron admitidas en la O.N.U.

MARSHALL (George Catlett), general y político norteamericano (Uniontown, Pennsylvania, 1880-Washington 1959). Secretario de Estado del presidente Truman (1947-1949), dio su nombre al plan norteamericano de ayuda económica a Europa (*plan Marshall*). [Premio Nobel de la paz 1953.]

MARSOPA n. f. Mamífero cetáceo parecido al delfín, que mide 1,50 m, muy voraz, común en el Atlántico.

MARSUPIAL adj. y n. m. (der. del lat. *marsupium*, bolsa). Relativo a una subclase de mamíferos de un tipo primitivo, cuya hembra posee una bolsa ventral, o marsupio, para llevar a las crías. (El canguro y la zarigüeya pertenecen a dicha subclase.)

MARSUPIO n. m. Bolsa ventral exterior de los mamíferos marsupiales.

MARTA n. f. (fr. *marte*). Mamífero carnívoro de unos 25 cm de alt., de piel muy estimada, entre cuyas especies destacan la *marta común*, la *cebellina* y la *marta de Pennant*. (Familia mustélidos.) **2.** Piel de este animal.

MARTA n. f. *Chile*. Mujer que vive en una congregación de religiosas y ayuda a éstas en los quehaceres domésticos.

MARTAJAR v. tr. [**1**]. *Méx.* Picar, quebrar el maíz u otra cosa.

MARTE, planeta del sistema solar, situado entre la Tierra y Júpiter. Su superficie, rocosa y desértica, es de un color rojizo muy característico, debido a la presencia de óxido de hierro. Posee los volcanes (extinguidos) más grandes del sistema solar. Está envuelto por una tenue atmósfera de gas carbónico y cuenta con dos satélites, Fobos y Deimos.

MARTE, en la mitología romana, dios de la guerra, identificado con el Ares de los griegos.

MARTES n. m. (lat. *dies Martis*, día de Marte). Tercer día de la semana que está entre el lunes y el miércoles.

MARTÍ (Farabundo), político salvadoreño († San Salvador 1932). Militante revolucionario en México, Guatemala, El Salvador y Nicaragua, junto a Sandino, fue ejecutado a raíz de la insurrección salvadoreña de 1931.

MARTÍ (José), político y escritor cubano (La Habana 1853-Dos Ríos 1895), héroe de la independencia cubana. Sufrió la cárcel, deportaciones a España y largos exilios en Guatemala y Nueva York. Tras firmar el *Manifiesto de Monte Cristi* (1895), programa ideológico de la revolución, marchó a Cuba, donde murió combatiendo contra las tropas españolas. Su obra poética (*Ismaelillo*, 1882; *Versos sencillos*, 1891; *Versos libres*, 1913), le convierte en un precursor del modernismo, al igual que su novela *Amistad funesta* (1885). Sus artículos *(Nuestra América)* y ensayos reflejan su profundo americanismo y su idea de la libertad basada en «un cambio de espíritu» con una perspectiva liberal (*El presidio en Cuba*, 1871; *La República Española ante la revolución cubana*, 1873; *Bases del partido revolucionario cubano*, 1892). También escribió obras teatrales, escritos sobre literatura y arte y *Cartas de Nueva York* (1881-1891).

MARTILLAR O **MARTILLEAR** v. tr. [**1**]. Golpear repetidamente con el martillo. **2.** METAL. Forjar el metal batiéndolo con el macho, o mecánicamente, con martinete o martillo pilón. ♦ v. tr. y pron. **3.** *Fig.* Oprimir, atormentar.

MARTILLAZO n. m. Golpe fuerte dado con el martillo.

MARTILLEO n. m. Acción y efecto de martillar o martillear. **2.** Ruido que produce. **3.** *Fig.* Cualquier ruido parecido al martilleo.

MARTILLERO n. m. *Argent., Chile* y *Perú*. Dueño o encargado de un martillo, establecimiento para las subastas públicas.

MARTILLO n. m. Herramienta de percusión formada por una cabeza de acero duro templado y un mango. **2.** Pieza de relojería que golpea una campana o un timbre para dar las horas. **3.** *Fig.* El que persigue una cosa con el fin de acabar con ella. **4.** ANAT. Primer huesecillo del oído medio, cuyo mango es solidario del tímpano y cuya cabeza se articula con el yunque. **5.** ARM. Pieza que en determinadas armas portátiles y cañones golpea sobre la cápsula o el percutor para producir la inflamación de la carga. **6.** DEP. Esfera metálica de 7,257 kg, provista de un cable de acero y una empuñadura, que lanzan los atletas. • **A macha martillo,** expresa que una cosa está construida con solidez, pero sin esmero; con firmeza. ‖ **Martillo neumático,** aparato de percusión en el que la energía la suministra el aire comprimido. ‖ **Martillo perforador,** aparato neumático para abrir barrenos. ‖ **Martillo pilón,** gran martillo de forja que funciona con vapor, aire comprimido, etc. ‖ **Martillo piolet,** instrumento de alpinismo que permite clavar pitones o cortar el hielo. ‖ **Pez martillo** (ZOOL.), tiburón de los mares tropicales, con la cabeza prolongada en dos lóbulos laterales, donde están situados los ojos.

MARTÍN n. m. **Martín pescador,** ave que vive a orillas de los cursos de agua y se zambulle con rapidez para capturar pequeños peces. (Orden coraciformes.)

MARTIN DU GARD (Roger), escritor francés (Neuilly-sur-Seine 1881-Sérigny 1958), relator de las crisis intelectuales y sociales de su tiempo (*Los Thibault*, ciclo de novelas, 1922-1940). [Premio Nobel de literatura 1937.]

MARTÍN GARCÍA, isla de Argentina, en el Río de la Plata, frente a la desembocadura del río Uruguay; 2 km².

MARTINA n. f. Pez teleósteo muy parecido al congrio, de cuerpo cilíndrico y hocico puntiagudo. (Familia equílidos.)

MARTINETA n. f. *Argent.* y *Urug.* Ave que se caracteriza por un copete de plumas.

MARTINETE n. m. Ave parecida a la garza, que vive cerca de ríos y lagos. SIN.: *aldorta*. **2.** Penacho de plumas de esta ave.

MARTINETE n. m. (fr. *martinet*). Industria o mazo movido mecánicamente. **2.** METAL. Martillo basculante que, movido por una rueda de levas, sirve para batir metales.

MARTÍN (Arturo), pintor guatemalteco (Cantel 1912-† 1956), de estilo naïf y onírico con influencia indigenista.

MARTÍNEZ (Celestino), pintor y litógrafo venezolano (1820-1885). Publicó los *Cuadros de costumbres granadinas* (1851) y divulgó la fotografía.

MARTÍNEZ (Efraín), pintor colombiano (Popayán 1898-*id.* 1956). Destacó en el retrato y en el dibujo.

MARTÍNEZ (Francisco), pintor mexicano (México fines del s. XVII-*id.* 1758), retratista y autor de obras religiosas (*La Merced*).

MARTÍNEZ (Isidro), pintor y dibujante mexicano (Toluca 1861-*id.* 1937), autor de dos grandes cuadros históricos: *Los informantes de Moctezuma* (1894) y *El letargo de la princesa Papatzin* (1893).

MARTÍNEZ (José Luis), escritor mexicano (Atoyac, Jalisco, 1918). Director de la Academia mexicana, es un fecundo ensayista y crítico literario (*La técnica en literatura*, 1943; *Pasajeros de Indias*, 1982).

MARTÍNEZ (Tomás), militar y político nicaragüense (León 1812-† 1873), presidente de la república (1857-1867).

MARTÍNEZ DE PERÓN (María Estela, también llamada **Isabel**), política argentina (La Rioja 1931). Esposa de Perón (1961), vicepresidenta de la república (1973-1974) y presidenta a la muerte de su marido (1974), fue destituida por la junta militar en 1976.

MARTÍNEZ ESTRADA (Ezequiel), escritor argentino (San José de la Esquina, Santa Fe, 1895-Bahía Blanca 1964). Poeta (*Nefelibal*, 1922), narrador (*Marta Riquelme*, 1956) y dramaturgo, desarrolló una brillante labor ensayística: *Radiografía de la pampa* (1933), *Sarmiento* (1946), *Muerte y transfiguración de Martín Fierro* (1948).

MARTÍNEZ RUIZ (José) → **Azorín.**

MARTÍNEZ TRUEBA (Andrés), político uruguayo (Florida 1884-† 1959). Presidente de la república desde 1950, aprobó una nueva constitución (1852) y presidió hasta 1955 el consejo nacional de gobierno.

MARTÍNEZ VILLENA (Rubén), escritor y político cubano (Alquízar 1899-La Habana 1931). Su poesía fue recogida póstumamente en *La pupila insomne* (1936) y sus cuentos y ensayos en *Un hombre* (1940).

MARTINGALA n. f. (fr. *martingale*). Artimaña, artificio, astucia.

MARTINICA, en fr. **Martinique,** isla de las Pequeñas Antillas, que constituye un departamento francés de ultramar; 1100 km²; 359 572 hab. CAP. Fort-de-France. Isla volcánica, de clima tropical. Descubierta por Colón (1502), fue colonizada por Francia a partir de 1635. Desde 1982 cuenta con un consejo regional.

MARTINSON (Harry), escritor sueco (Jämshög 1904-Estocolmo 1978), novelista y poeta realista (*Caminos de Klockrike*, 1948). [Premio Nobel de literatura 1974.]

MÁRTIR n. m. y f. (lat. *martyrem*). Persona que ha sufrido o sufre martirio.

MARTIRIO n. m. (lat. *martyrium*). Muerte o tormentos que alguien padece a causa de su fe religiosa. **2.** Muerte o tormentos sufridos por una creencia, una opinión, una causa. **3.** *Fig.* Cualquier dolor o sufrimiento físico o moral.

MARTIRIZADOR, RA adj. y n. Que martiriza.

MARTIRIZAR v. tr. [**1g**]. Hacer sufrir martirio. ♦ v. tr. y pron. **2.** *Fig.* Hacer padecer, atormentar.

MARTIROLOGIO n. m. Lista o catálogo de los mártires o de los santos. **2.** Lista de víctimas de una causa.

MARTUCHA n. f. Mamífero carnívoro de cola larga y prensil y hocico puntiagudo, que vive en América, desde México hasta Mato Grosso. (Familia prociónidos.)

MARX (Karl), filósofo, economista y teórico del socialismo alemán (Tréveris 1818-Londres 1883). Entró en contacto con el mundo obrero y redactó con F. Engels el *Manifiesto comunista* (1848). Fue expulsado de Alemania y luego de Francia. Se refugió en Gran Bretaña, donde sentó las bases de su obra maestra, *El capital*. En 1864 fue uno de los principales dirigentes del I Internacional, a la que dotó

MAS

de su objetivo primordial: abolir el capitalismo. Para Marx la historia se basa en la lucha de clases. La doctrina de Marx fue llamada, en contra de su voluntad, marxismo.
MARXISMO n. m. Doctrina de K. Marx y F. Engels y de sus continuadores.
MARXISMO-LENINISMO o **MARXISMOLENINISMO** n. m. Teoría y práctica política que se inspiran en Marx y Lenin.
MARXISTA adj. y n. m. y f. Relativo al marxismo; partidario de esta doctrina.
MARXISTA-LENINISTA o **MARXISTALENINISTA** adj. y n. m. y f. Relativo al marxismo-leninismo; partidario de esta teoría y práctica política.
MARYLAND, estado de Estados Unidos, en la fachada del Atlántico; 27 092 km^2; 4 781 468 hab. Cap. *Annapolis.* C. pral. *Baltimore.*
MARZAL adj. Relativo al mes de marzo.
MARZO n. m. (lat. *Martius*). Tercero de los meses del calendario gregoriano, colocado entre febrero y abril.
MAS conj. advers. (lat. *magis*). Pero.
MÁS adv. c. (lat. *magis*). Denota mayor cantidad numérica o mayor intensidad de las cualidades y acciones: *es el más listo de la clase; es más guapo que tú; había más de cien personas.* **2.** Equivale a *tan* en exclamaciones de ponderación: *¡Qué cosa más buena!* **3.** Denota preferencia o predilección: *más quiero perderlo que rogarle.* • **A lo más,** hasta el límite máximo a que algo puede llegar. ‖ **A más,** denota idea de aumento o adición: *a más de ésta tiene otras tres hijas.* ‖ **De más,** de sobra, en exceso: *hay comida de más.* ‖ **El que más y el que menos,** todos, cualquier persona. ‖ **Es más** o **más aún,** expresión con que se intensifica el valor de una afirmación hecha anteriormente: *no quiero ir, es más me niego a acompañarle.* ‖ **Los,** o **las más,** la mayor parte de las personas o cosas a las que se hace referencia. ‖ **Más bien,** denota oposición, preferencia o aproximación: *no le gustó, más bien le molestó.* ‖ **Más o menos,** aproximadamente. ‖ **Ni más ni menos,** precisa, exactamente. ‖ **Por más que,** aunque. ‖ **Sin más ni más ni más,** sin motivo, de manera injustificada o irreflexiva. ‖ **Sus más y sus menos,** dificultades, complicaciones que tiene algo; altercados que existen entre dos o más personas. ♦ prep. **4.** Expresa adición y equivale a *además de: con esto más esto habrá suficiente.* ♦ **5.** pron. indef. Cuantitativo invariable: *mucho más que eso.* ♦ n. m. **6.** Signo de la adición que se representa por una cruz (+) y que se coloca entre las dos cantidades que se quieren sumar.
MASA n. f. (lat. *massam*). Mezcla resultante de la incorporación de un líquido a una materia sólida o pulverizada. **2.** Aglomeración de personas o cosas: *una masa humana llenaba las calles.* **3.** *Argent.* Pastelito. **4.** ELECTR. Conjunto de piezas conductoras que, en una instalación eléctrica, se ponen en comunicación con el suelo (toma de tierra). **5.** FÍS. Cociente entre la intensidad de una fuerza constante y la aceleración del movimiento que ella produce cuando se aplica al cuerpo considerado *(masa inercial)* o magnitud que caracteriza a este cuerpo en relación a la atracción que sufre por parte de otro *(masa gravitatoria).* [La unidad principal de masa es el kilogramo masa.] **6.** SOCIOL. Conjunto no delimitado de individuos, considerados fuera de las estructuras sociales tradicionales, y que constituyen el objetivo sociocultural de ciertas actividades, como la publicidad, la cultura de masas y el ocio. • **Masa atómica,** relación entre la masa del átomo de un elemento y la doceava parte de la masa del átomo de carbono 12. ‖ **Masa encefálica,** encéfalo. ‖ **Masa específica,** cociente de la masa de un cuerpo por su volumen. ‖ **Número de masa** (QUÍM.), número total de partículas, protones y neutrones, que constituyen el núcleo de un átomo. ‖ **Unidad de masa atómica,** unidad de medida de masa atómica (símbolo *u*) igual a la fracción 1/12 de la masa de núcleo ^{12}C y que vale aproximadamente 1,66056 · 10^{-27} kilogramos. ♦ **masas** n. f. pl. **7.** Las clases trabajadoras y populares.
MASACRAR v. tr. (fr. *massacrer*) [**1**]. Asesinar, matar en masa.
MASACRE n. f. (fr. *massacre*). Matanza, carnicería de gentes indefensas.
MASAJE n. m. (fr. *massage*). Procedimiento terapéutico e higiénico que consiste en presionar, frotar o golpear rítmicamente en la superficie del cuerpo.
MASAJISTA n. m. y f. Persona que realiza masajes.
MASARYK (Tomáš), político checoslovaco (Hodonín 1850-en el castillo de Lány 1937). En 1918 fundó la República Checoslovaca, de la que se convirtió en primer presidente. Dimitió en 1935.
MASATO n. m. *Amér. Merid.* Bebida que se prepara con maíz o arroz, agua y azúcar, y a veces, con zumo de algunas frutas. **2.** *Perú.* Mazamorra de plátano, boniato o yuca.
MASAYA, volcán de Nicaragua (Masaya); 635 m de alt. Entre el volcán y la ciudad homónima se encuentra la *laguna de Masaya* (7,70 km^2).
MASAYA (departamento de), dep. del O de Nicaragua; 581 km^2; 146 122 hab. Cap. *Masaya* (70 000 h.).
MASCADA n. f. Mascadura, acción y efecto de mascar. **2.** *Amér. Central* y *Merid.* y *Méx.* Porción de tabaco que se toma de una sola vez para mascarlo. **3.** *Argent.* Porción de tabaco que se arranca del andullo del tabaco para mascarla. **4.** *Chile, Colomb.* y *Cuba.* Bocado, porción de comida que cabe en la boca. **5.** *Méx.* Especie de pañuelo grande que se ata para cubrir la cabeza o el cuello, especialmente de seda, para adorno. • **Dar una mascada** a alguien (*Amér. Central.* Fig. y fam.), reprender a alguien.
MASCADURA n. f. Acción y efecto de mascar. **2.** *Hond.* Pan o bollo que se toma con el café o el chocolate. **3.** *P. Rico.* Tasajo.
MASCAR o **MASTICAR** v. tr. [**1a**]. Someter algo, especialmente los alimentos, a una serie de presiones entre los dientes por medio del movimiento del maxilar inferior contra el superior. **2.** Fig. Cavilar: *masticar la derrota.* **3.** Fig. y fam. Mascullar. **4.** Fig. y fam. Hacer que alguien entienda o asimile algo sin tener que expresarse. ♦ **mascarse** v. pron. **5.** Fig. y fam. Considerarse como inminente un hecho importante: *se mascaba la tragedia.*
MÁSCARA n. f. Objeto de tela, cartón o alambre, con el que se cubre la cara para disfrazarse, ocultarse, protegerse o expresar una creencia, un deseo, un temor, etc. **2.** Traje singular o extravagante con que alguien se disfraza. **3.** Persona que va disfrazada, especialmente en las fiestas de Carnaval. **4.** Fig. Pretexto, excusa. **5.** CIR. Tela destinada a cubrir boca y nariz para evitar la transmisión de gérmenes. • **Máscara, mascarilla,** o **inhalador de oxígeno,** careta que cubre la nariz y la boca y ayuda a inhalar el oxígeno procedente de un depósito. ‖ **Máscara antigás** (ARM.), aparato de protección individual contra los gases de guerra.
MASCARADA n. f. Fiesta de personas vestidas de máscara. **2.** Comparsa de máscaras. **3.** Fig. Farsa, enredo para engañar.
MASCARILLA n. f. Máscara que sólo cubre la parte superior del rostro. **2.** Vaciado que se saca sobre el rostro de una persona o escultura, y particularmente de un cadáver. **3.** Máscara de cirujano. **4.** Crema, pasta o gel utilizados a modo de máscara para los cuidados estéticos de la cara y del cuello.
MASCARÓN n. m. Máscara de fantasía, que decora puertas, claves de arco, cornisas, entablamentos, consolas, etc. • **Mascarón de proa,** representación de una figura humana, dios o ser fantástico, que se colocaba como adorno en la proa de las embarcaciones.
MASCOI, pueblo amerindio, de lengua independiente, que habita en la región de la confluencia del río Paraguay con el Pilcomayo.
MASCOTA n. f. (fr. *mascotte*). Persona, animal o cosa a los cuales se atribuyen virtudes para alejar desdichas o atraer la buena suerte. **2.** *Méx.* Tela de vestidos cuyo dibujo forma cuadros negros y blancos.
MASCULINIDAD n. f. Calidad de masculino.
MASCULINIZAR v. tr. [**1g**]. Dar caracteres masculinos. BIOL. Virilizar. ♦ **masculinizarse** v. pron. **3.** Adquirir caracteres masculinos.
MASCULINO, A adj. (lat. *masculinum*). Relativo al varón o al ser dotado de órganos sexuales masculinos: *sexo masculino; órganos masculinos.* **2.** Fig. Varonil, enérgico: *actitud masculina.* ♦ adj. y n. m. **3.** LING. Que tiene la forma atribuida gramaticalmente a los nombres que designan, en principio, seres del sexo masculino, o considerados como tales, y a las calificaciones de estos nombres: *nombre masculino; pronombre masculino.* **4.** Dícese del género de estos nombres y calificativos.
MASCULLAR v. tr. [**1**]. Hablar entre dientes o pronunciar mal las palabras.
MÁSER o **MASER** n. m. Dispositivo que funciona según los mismos principios que el láser, pero para ondas electromagnéticas no visibles.
MASERU, c. y cap. de Lesotho; 109 000 hab. Universidad. Talla de diamantes.
MASETERO n. m. y ad. (gr. *masêtêr,* masticador.) Músculo de la cara, que eleva la mandíbula inferior.
MASIFICACIÓN n. f. Adaptación de un grupo o de un fenómeno a las características de las masas, o de los sectores más amplios de la sociedad, mediante la supresión o transformación de los caracteres diferenciados por aquéllos presentaban: *la masificación de la cultura.*
MASIFICAR v. tr. [**1a**]. Efectuar un proceso de masificación.
MASILLA n. f. Mezcla pastosa, de constitución diversa, utilizada para rellenar cavidades o unir tubos y otras piezas. SIN.: mástic.
MASITA n. f. (fr. *massite*). *Amér. Merid.* y *Dom.* Pastelito.
MASIVO, A adj. Grande o fuerte, dícese especialmente de la dosis de un medicamento cuando se acercan al límite máximo de tolerancia del organismo. **2.** Que agrupa a un gran número de personas: *emigración masiva.*
MASÓN n. m. Miembro de la masonería. SIN.: *francmasón.*
MASONERÍA n. f. Asociación, en parte secreta, extendida por diversos países, cuyos miembros profesan principios de fraternidad, se reconocen entre sí mediante signos y emblemas y se dividen en grupos denominados logias. SIN.: *francmasonería.*
MASÓNICO, A adj. Relativo a la masonería.
MASOQUISMO n. m. Perversión sexual en la cual el sujeto experimenta un placer asociado con el dolor que le inflige otro sujeto. **2.** Complacencia en el dolor propio.
MASOQUISTA adj. y n. m. y f. Relativo al masoquismo; afecto de masoquismo.
MASSACHUSETTS, estado de Estados Unidos, en Nueva Inglaterra; 21 500 km^2; 6 016 425 hab. Cap. *Boston.*
MASS-MEDIA o **MASS MEDIA** n. m. pl. Conjunto de instrumentos de difusión masiva

MAS

de la información, como radio, televisión, etc. (Úsase abreviadamente *media*.)

MASSÓ (Bartolomé), patriota cubano (Manzanillo 1830-*id*. 1907). Apoyó la insurrección de Martí en Baire y fue presidente de la república en armas.

MASTELERO n. m. MAR. Palo menor que se coloca en las embarcaciones sobre cada uno de los mayores. SIN.: *mástil*.

MÁSTER n. m. (ingl. *master*). Curso de especialización de la enseñanza superior.

MASTICADOR, RA adj. Que interviene en la masticación. **2.** ZOOL. Dícese del aparato bucal de ciertos insectos, apto para la trituración del alimento. **3.** ZOOL. Dícese de los insectos que presentan tal aparato bucal.

MASTICAR v. tr. (lat. *masticare*; doble etim. *mascar*) [**1a**]. Someter algo, especialmente los alimentos, a una serie de presiones entre los dientes por medio del movimiento del maxilar inferior contra el superior. **2.** *Fig.* Cavilar.

MÁSTIL n. m. Palo de una embarcación. **2.** Palo que se coloca verticalmente para sostener algo: *el mástil de la cama*. **3.** MÚS. Pieza estrecha y larga de los instrumentos de arco, púa y pulsación, sobre la cual son tendidas las cuerdas.

MASTÍN, NA adj. y n. m. Dícese de una raza de perros guardianes, grandes, potentes y robustos.

MASTITIS n. f. MED. Inflamación de la glándula mamaria. SIN.: *mamitis*.

MASTODONTE n. m. (del gr. *mastos*, pezón, y *odus, odontos*, diente). Mamífero fósil de fines del terciario y principios del cuaternario, parecido al elefante pero dotado de dos pares de defensas. **2.** *Fig.* Persona o cosa de gran tamaño.

MASTODÓNTICO, A adj. *Fam.* De gran tamaño.

MASTOIDES adj. y n. f. ANAT. Dícese de una apófisis situada en la parte inferior, posterior y externa del hueso temporal.

MASTRANTO n. m. Mastranzo. **2.** *Colomb. y Venez.* Nombre que se da a diversas plantas aromáticas.

MASTRANZO n. m. Planta herbácea anual, con flores en espiga, que crece en la península Ibérica. (Familia labiadas.)

MASTRONARDI (Carlos), poeta y ensayista argentino (Gualeguay 1901-Buenos Aires 1976). Heredero del simbolismo tardío (*Tierra amanecida*, 1926). Destaca su poemario *Conocimiento de la noche* (1937).

MASTUERZO adj. y n. Hombre necio y grosero.

MASTURBACIÓN n. f. Acción de masturbar o masturbarse.

MASTURBAR v. tr. (lat. *masturbari*) [**1**]. Excitar manualmente los órganos genitales externos con el fin de provocar placer sexual. ♦ **masturbarse** v. pron. **2.** Procurarse solitariamente goce sexual.

MATA n. f. Arbusto de poca altura, de tallo leñoso muy ramificado, y que vive varios años. **2.** Cualquier planta herbácea o arbustiva. **3.** Matorral. (Suele usarse en plural.) **4.** *Cuba y Venez.* Árbol, arbusto. **5.** *Venez.* Grupo de árboles de una llanura. • **Mata de pelo** (*Fig.*), cabellera larga y espesa, especialmente de mujer.

MATA (Andrés), poeta venezolano (Carúpano 1870-París 1931), parnasiano (*Pentélicas*, 1896) e intimista (*Arias sentimentales* 1930).

MATA HARI (Margaretha Geertruida *Zelle*, llamada), bailarina y aventurera neerlandesa (Leeuwarden 1876-Vincennes 1917). Fue fusilada por sus actividades de espionaje en favor de Alemania.

MATACALLOS n. m. (pl. *matacallos*). *Chile y Ecuad.* Planta parecida a la siempreviva, cuyas hojas se emplean para curar los callos. (Familia crasuláceas.)

MATACANDIL n. m. Planta herbácea de tallos lisos y flores amarillas que crece en lugares húmedos. (Familia crucíferas.)

MATACANDILES n. m. (pl. *matacandiles*). Planta bulbosa, de largas hojas en roseta, acanaladas, y flores en racimos alargados colgantes. (Familia liliáceas.)

MATACHÍN n. m. Matarife. **2.** *Fig.* y *fam.* Hombre pendenciero y matón.

MATACO-MACÁ, familia de pueblos amerindios del Chaco central (pueblos del Chaco), a lo largo de los ríos Pilcomayo y Bermejo; los principales pueblos son: mataco, macá, chorotí y ashluslay.

MATADERO n. m. Establecimiento donde se mata y prepara el ganado para el abasto público. • **Ir, venir, o llevar, al matadero** (*Fam.*), meterse o poner a otro en peligro inminente de perder la vida.

MATADO, A adj. *Méx. Fam.* Dícese del que se dedica con exagerado empeño a su trabajo o a sus estudios.

MATADOR, RA adj. y n. Que mata: *veneno matador*. ♦ adj. **2.** *Fam.* Feo, ridículo: *un traje matador*. ♦ n. **3.** Diestro que en la lidia mata al toro con estoque.

MATADURA n. f. Llaga producida a una caballería por el roce del aparejo.

MATAGALPA, pueblo amerindio de Honduras, ya extinguido.

MATAGALPA (*departamento de*), dep. del centro de Nicaragua; 6794 km²; 217 417 hab. Cap. *Matagalpa*.

MATAGALPA, c. de Nicaragua, cap. del dep. homónimo; 80 951 hab. Centro comercial. Café.

MATAHAMBRE n. m. *Argent.* Matambre. **2.** *Cuba.* Especie de mazapán hecho con harina de yuca, azúcar y otros ingredientes.

MATALASCALLANDO adj. y n. m. y f. (pl. *matalascallando*). Dícese de la persona astuta que consigue sus fines sin aparentarlo.

MATALOBOS n. m. (pl. *matalobos*). Acónito. **2.** Planta herbácea cuyas cabezuelas y raíces se emplean en sustitución del árnica. (Familia compuestas.)

MATALÓN, NA adj. y n. Dícese de la caballería flaca y llena de mataduras.

MATALOTAJE n. m. *Amér.* Equipaje y provisiones que se llevan a lomo en los viajes por tierra.

MATAMBRE n. m. *Argent.* Lonja de carne que se saca de entre el cuero y el costillar del ganado vacuno. **2.** *Argent.* Fiambre hecho, por lo común, con esa capa de carne, rellena y adobada.

MATAMOROS adj. y n. m. y f. (pl. *matamoros*). Valentón.

MATAMOROS, c. de México (Tamaulipas), en la or. der. del Bravo del Norte; 303 293 hab. Centro de un área de regadío (meses Falcón y El Azúcar) y núcleo industrial. Puerto de salida de los campos petrolíferos de Reynosa. Aeropuerto.

MATAMOSCAS n. m. (pl. *matamoscas*). Instrumento para matar moscas. **2.** Cualquier sustancia para el mismo uso.

MATANCERO n. m. *Amér. Merid.* Matarife, carnicero, descuartizador de reses.

MATANGA n. f. *Méx.* Juego de muchachos en que uno procura quitar a otro un objeto que tiene en la mano, dándole un golpe en ella. • **¡Matanga dijo la changa!** (*Méx*.), expresión que se usa cuando se le arrebata una cosa a alguien.

MATANZA n. f. Acción de matar las reses destinadas a la alimentación. **2.** Mortandad de personas, ejecutada en una batalla, asalto, etc. **3.** Acción de matar los cerdos y preparar su carne. **4.** Época del año en que ordinariamente se matan los cerdos. **5.** Conjunto de la carne del cerdo, y sus embutidos y conservas hechos para el consumo doméstico.

MATANZA (La), partido de Argentina (Buenos Aires); 1 121 164 hab. En or. Gran Buenos Aires.

MATANZAS (*provincia de*), prov. de Cuba; 12 122 km²; 557 628 hab. Cap. *Matanzas*.
MATANZAS, c. y puerto de Cuba, cap. de la prov. homónima, en la *bahía de Matan-*

zas; 111 984 hab. Centro comercial, industrial y turístico. Fue fundada a fines del s. XVII.

MATAPALO n. m. Diversas plantas americanas productoras de látex, que finalmente ocasionan la muerte del árbol sobre el que crecen. (Familia moráceas.) **2.** *Amér. Merid.* Bejuco.

MATAPALO, cabo de Costa Rica (Puntarenas), en el Pacífico, extremo SE de la península de Osa.

MATAPERICO n. m. *Amér.* Capirotazo.

MATAPERREAR v. intr. [**1**]. *Argent., Ecuad. y Perú.* Travesear.

MATAR v. tr. y pron. [**1**]. Quitar la vida. ♦ v. tr. **2.** Redondear o achaflanar puntas, aristas, etc.: *matar las esquinas de un mueble*. **3.** *Fig.* Molestar, fastidiar mucho: *matar a alguien a preguntas*. **4.** *Fig.* Atenuar, extinguir: *matar la sed*. **5.** *Fig.* Alterar la salud: *los disgustos me matan*. **6.** En los juegos de cartas, echar una superior a la que ha jugado el contrario. **7.** Apagar el brillo de los metales. • **Estar a matar con alguien**, estar enemistado o muy irritado con él. || **Matarlas callando**, actuar con astucia aparentando timidez o incapacidad para hacerlo. ♦ **matarse** v. pron. **8.** *Fig.* Trabajar con afán y sin descanso. || **Matarse por algo**, hacer grandes esfuerzos para conseguirlo.

MATARIFE n. m. El que tiene por oficio matar y descuartizar las reses.

MATARÓ, c. de España (Barcelona), cab. de p. j.; 101 479 hab. (*Matoronenses*.) Agricultura y floricultura. Centro industrial. Fa la *Iluro* ibérica y romana.

MATARRATAS adj. y n. m. (pl. *matarratas*). Dícese de las sustancias propias para matar ratas. ♦ n. m. **2.** *Fam.* Aguardiente muy fuerte y de ínfima calidad.

MATASANO n. m. *Amér. Central.* Planta rutácea de fruto narcótico.

MATASANOS n. m. y f. (pl. *matasanos*). *Fam.* Mal médico.

MATASARNA n. f. Planta arbórea de gran tamaño, que crece en Ecuador y Perú, cuya madera es muy apreciada para las construcciones navales. (Familia papilionáceas.)

MATASELLOS n. m. (pl. *matasellos*). Instrumento para inutilizar los sellos de las cartas en las oficinas de correos. **2.** Marca producida por dicho instrumento.

MATASIETE n. m. y f. y adj. *Irón.* Fanfarrón, persona que se precia de valiente.

MATASUEGRAS n. m. (pl. *matasuegras*). Tubo de papel enrollado que tiene una boquilla en un extremo, por la que se sopla para que se desenrolle y emita un pitido.

MATATE n. m. *Amér. Central* y *Méx.* Red rústica que se usa para cargar con mecapal a la cabeza.

MATAZÓN n. f. *Amér. Central, Colomb., Cuba* y *Venez.* Matanza de personas, masacre.

MATCH n. m. (voz inglesa) [pl. *match* o *matches*]. Competición deportiva que se disputa entre dos participantes o dos equipos: *un match de tenis*.

MATE adj. (fr. *mat*, marchito). Que carece de lustre, apagado, sin brillo. Dícese del oro sin bruñir.

MATE n. m. (persa *māt*, fuera de tino). En el juego de ajedrez, lance que pone término a la partida, por estar amenazado y sin posibilidad de defensa uno de los reyes. SIN.: *jaque mate*. • **Dar mate**, burlarse o reírse de alguien.

MATE n. m. *Amér. Merid.* Calabaza seca y vaciada que sirve para muchos usos domésticos. **2.** *Amér. Merid.* Lo que cabe en una de estas calabazas. **3.** *Amér. Merid.* Infusión de yerba mate. **4.** *Bol., Chile y R. de la Plata.* Juicio, talento, capacidad. **5.** *Bol., Chile y R. de la Plata. Fig. y fam.* Cabeza humana. **6.** *Bol. y R. de la Plata.* Calabacera. **7.** *Bol. y R. de la Plata.* Infusión de cualquier yerba medicinal que

se toma con bombilla. **8.** *R. de la Plata.* Calabaza, especialmente la que se utiliza para preparar y servir la infusión de yerba. **9.** *R. de la Plata. Por ext.* Cualquier recipiente para tomar la infusión de yerba.
MATEADA n. f. *Amér. Merid.* Acción de matear, tomar mate. **2.** *Argent.* Reunión en la que varias personas se juntan a tomar mate.
MATEAR v. intr. [1]. *Amér. Merid.* Tomar mate. **2.** *Chile.* Mezclar un líquido con otro. ♦ v. tr. **3.** *Chile.* En ajedrez, dar mate.
MATEMÁTICA n. f. Disciplina que, mediante el razonamiento deductivo, estudia las propiedades de los entes abstractos, números, figuras geométricas, etc., así como las relaciones que se establecen entre ellos. (Suele usarse en plural.)
MATEMÁTICO, A adj. (del gr. *mathēmatikos*, estudioso, der. de *mathēma*, conocimiento). Relativo a las matemáticas: *lógica matemática*. **2.** *Fig.* Exacto, preciso: *puntualidad matemática*. ♦ n. **3.** Persona que por profesión o estudio se dedica a las matemáticas.
MATEO (san), apóstol y evangelista (s. I), autor del primer Evangelio, en el orden canónico (c. 80-90).
MATERIA n. f. (lat. *materiam*). Realidad constituyente de los cuerpos, susceptible de tomar cualquier forma. **2.** Sustancia que tiene unas características determinadas: *materia combustible*. **3.** Sustancia de la que está hecha una cosa: *la materia de un objeto*. **4.** Lo que constituye el fondo o el sujeto de un discurso o de una obra. **5.** Lo que es objeto de enseñanza o de conocimiento: *profundizar en una materia*. ● **En materia de**, tratándose de la cuestión que se expresa seguidamente. ‖ **Entrar en materia**, empezar a tratar un asunto después de algún preliminar. ‖ **Índice de materias**, lista ordenada en que se indican los temas tratados a lo largo del libro. ‖ **Materia orgánica**, conjunto de materiales vegetales y animales, total o parcialmente descompuestos por la acción de los microorganismos presentes en el suelo. ‖ **Materias primas** o **primeras materias**, productos básicos que intervienen por transformación o consumición en los procesos de fabricación.
MATERIAL adj. (lat. *materialem*). Relativo a la materia: *objeto material*. **2.** Relativo a los aspectos físicos o corporales de la existencia, en contraposición a lo espiritual o intelectual: *bienes materiales*. **3.** Que existe verdaderamente, efectivo: *error material*. ♦ n. m. **4.** Ingrediente, materia u objetos que se necesitan para hacer una obra. **5.** Maquinaria, herramientas y utensilios necesarios para el desempeño de un servicio o el ejercicio de una profesión.
MATERIALIDAD n. f. Carácter, calidad, naturaleza de lo que es material: *la materialidad de un cuerpo*. **2.** Sonido de las palabras: *la materialidad de una expresión*.
MATERIALISMO n. m. Posición filosófica que considera la materia como la única realidad y que hace del pensamiento un fenómeno material, como cualquier otro fenómeno. **2.** Manera de vivir de aquellos para los que sólo cuentan los bienes materiales y el placer inmediato.
MATERIALISTA adj. y n. m. y f. Relativo al materialismo; partidario de esta doctrina. **2.** Apegado especialmente a los bienes materiales.
MATERIALIZAR v. tr. [1g]. Representar algo bajo forma material. ♦ v. tr. y pron. **2.** Realizar, llevar a cabo, concretar. ♦ **materializarse** v. pron. **3.** Tomar consistencia material. **4.** Hacerse alguien materialista.
MATERIALMENTE adv. De hecho, realmente, enteramente: *es materialmente imposible*.
MATERNAL adj. Materno.
MATERNIDAD n. f. Estado o calidad de madre. **2.** Hospital destinado a la asistencia médica de parturientas y lactantes. **3.** Período de la vida de la mujer comprendido entre el comienzo de la gestación y el momento del parto.
MATERNIZAR v. tr. [1g]. Conferir propiedades de madre o tratar como madre. **2.** Dotar a la leche vacuna de las propiedades que posee la de mujer.
MATERNO, A adj. (lat. *maternum*). Relativo a la madre: *cuidados maternos*. ● **Lengua materna**, lengua del país donde se ha nacido o de la comunidad a la que se pertenece originariamente.
MATERO, A adj. y n. *Amér. Merid.* Aficionado a tomar mate.
MATETE n. m. *Argent.* y *Urug.* Confusión, enredo. **2.** *Argent.* y *Urug.* Reyerta, disputa. **3.** *Argent.* y *Urug.* Mezcla de sustancias deshechas en un líquido formando una masa inconsistente.
MÁTICO o **MATICO** n. m. Planta arbustiva de América Meridional, de cuyas hojas se extrae un aceite esencial, aromático, balsámico y astringente. (Familia piperáceas.)
MATINAL adj. Matutino: *luz matinal*. ♦ adj. y n. f. **2.** Dícese de las sesiones de algunos espectáculos que se realizan por la mañana.
MATISSE (Henri), pintor y escultor francés (Le Cateau-Cambrésis 1869-Niza 1954). Pionero del fauvismo, es considerado el más importante artista plástico francés del s. XX. Realizó pinturas, esculturas, vidrieras, decoración, grabados, dibujos e ilustraciones.
MATIZ n. m. Cada una de las gradaciones que puede tener un color. **2.** Combinación de varios colores mezclados con proporción. **3.** Rasgo o tono de distinto colorido y expresión en las obras literarias: *captar los distintos matices de una narración*. **4.** Rasgo o aspecto que da a una cosa un carácter determinado: *matiz irónico, ofensivo*.
MATIZAR v. tr. [1g]. Armonizar los diversos tonos y colores de varias cosas. **2.** *Fig.* Dar a algo un determinado matiz: *matizar las palabras con cierta ironía*. **3.** *Fig.* Expresar los distintos matices o diferencias de algo: *matizar todos los aspectos de un asunto*.
MATLATZINCA, pueblo amerindio precolombino de lengua otomangue, que vivía en México (est. de Guerrero).
MATOCO n. m. *Chile. Fam.* El diablo, el demonio.
MATOJO n. m. Planta arbustiva, de unos 40 cm de alt., que crece en la península Ibérica. (Familia quenopodiáceas.) **2.** *Desp.* Mata. **3.** *Colomb.* Matorral. **4.** *Cuba.* Retoño de un árbol cortado.
MATÓN, NA n. *Fam.* Persona que presume de valiente e intenta intimidar a los demás.
MATORRAL n. m. Formación vegetal baja de los países mediterráneos, constituida por olivos silvestres (acebuches), lentiscos, madroños, encinas pequeñas (coscojas), etc.
MATOS RODRÍGUEZ (Gerardo), compositor uruguayo (Montevideo 1898-id. 1971), creador de algunos tangos clásicos (*La cumparsita*).
MATRACA n. f. Rueda de tablas con badajos de madera entre las dos, que al girar producen un ruido fuerte y estridente. **2.** Instrumento de madera compuesto de un tablero y uno o más mazos, que al sacudirlo produce un ruido fuerte y opaco. **3.** *Fig.* y *fam.* Insistencia molesta en un tema o pretensión. **4.** *Fig.* y *fam.* Chascarro, persona pesada.
MATRAQUEAR v. intr. [1]. *Fam.* Hacer sonar la matraca. **2.** *Fam.* Hacer ruido machaconamente. **3.** *Fig.* y *fam.* Chasquear, importunar con insistencia.
MATRAZ n. m. (fr. *matras*). Vasija de vidrio o de cristal, de figura esférica, terminada en un tubo estrecho y recto, que se emplea en los laboratorios químicos.
MATRERIAR o **MATRERIAR** v. intr. [1]. *Argent.* Llevar vida de matrero. **2.** *Argent. Fig.* y *fam.* Jugar los niños libremente.

MATRERO, A adj. Astuto, diestro, experimentado. **2.** *Argent.* En lenguaje rural, dícese del ganado cimarrón. **3.** *Argent., Bol., Chile, Perú* y *Urug.* Dícese del fugitivo que buscaba el monte para escapar de la justicia.
MATRIARCADO n. m. Tipo teórico de organización social en el que el derecho, la autoridad y la riqueza son ostentados por las mujeres.
MATRIARCAL adj. Relativo al matriarcado: *sociedad matriarcal*.
MATRICIAL adj. Relativo a las matrices.
MATRICIDIO n. m. Acto de matar una persona a su madre.
MATRÍCULA n. f. (lat. *matriculam*). Registro o lista de los nombres de las personas o cosas que se inscriben para un fin determinado. **2.** Documento acreditativo de esta inscripción. **3.** Conjunto de la gente matriculada. **4.** Placa que se coloca en las partes delantera y trasera de los vehículos automóviles, en la que figura la identificación del vehículo. **5.** Formalidad que debe cumplir un estudiante para seguir estudios en un centro de enseñanza.
MATRICULACIÓN n. f. Acción y efecto de matricular o matricularse.
MATRICULAR v. tr. y pron. [1]. Inscribir o hacer inscribir en una matrícula.
MATRILINEAL adj. ANTROP. Dícese de un sistema de filiación y de organización social en el que sólo se toma en cuenta la ascendencia materna.
MATRIMONIAL adj. Relativo al matrimonio: *relaciones matrimoniales*.
MATRIMONIAR v. intr. [1]. Casarse. ♦ **matrimoniarse** v. pron. **2.** *Chile.* Casarse.
MATRIMONIO n. m. (lat. *matrimonium*). Institución social, reconocida como legítima por la sociedad, consistente en la unión de dos personas de distinto sexo para establecer una comunidad de vida, más o menos estable. **2.** Sacramento por el cual hombre y mujer se ligan perpetuamente con arreglo a las prescripciones de la Iglesia. **3.** *Fam.* Marido y mujer. ● **Consumar el matrimonio**, tener los legítimos casados el primer contacto carnal. ‖ **Contraer matrimonio**, casarse.
MATRIZ n. f. (lat. *matricem*). ANAT. Útero. **2.** DER. Parte de un talonario, que queda encuadernada al separar los cheques, títulos u otros documentos que lo forman. **3.** MAT. Tabla de m x n números dispuestos en m filas y n columnas, en la que m y n pueden ser iguales. ♦ adj. y n. f. **4.** Principal, generadora: *una casa matriz*.
MATRONA n. f. (lat. *matronam*). En la antigüedad, madre de familia, noble y virtuosa. **2.** Mujer madura. **3.** Encargada de registrar a las mujeres en aduanas o de ciertas labores de vigilancia en las cárceles femeninas. **4.** Comadrona.
MATTA (Roberto), pintor chileno (Santiago 1911-Villaveccia 2002). Descubrió y adoptó el surrealismo en París (*Morfologías sicológicas*, 1938). De 1938 a 1948 residió en Nueva York, donde su onirismo tendente a la abstracción automatista tuvo gran repercusión.
MATTO DE TURNER (Clorinda), novelista peruana (Paullu 1852-en Argentina 1909), autora de *Tradiciones cuzqueñas* (1875) y *Aves sin nido* (1889), anticipación de la novela indigenista.
MATUCHO, A adj. *Chile.* Dícese del alumno externo de un colegio en el que también hay internos.
MATUNGO, A adj. y n. *Argent.* y *Cuba.* Dícese del caballo endeble, matalón.
MATURÍN, c. de Venezuela, cap. del est. Monagas; 206 624 hab. Petróleo. Centro industrial y comercial. Iglesia barroca de San Antonio.
MATURRANGO, A adj. y n. *Amér. Merid.* Mal jinete. **2.** *Chile.* Dícese de la persona pesada y tosca en sus movimientos.
MATUSALÉN n. m (de *Matusalén*, personaje bíblico). Hombre de muchos años.

MAT

MATUSALÉN O MATUSALEM, patriarca bíblico antediluviano. La Biblia le atribuye una longevidad de 969 años.

MATUTE (Ana María), escritora española (Barcelona 1926), autora de novelas (*Los hijos muertos*, 1958; la trilogía *Los mercaderes*, 1960-1969; *Olvidado Rey Gudú*, 1996), cuentos y literatura infantil (*Sólo un pie descalzo*, 1984). [Real academia 1996.]

MATUTINO, A adj. (lat. *matutinum*). Relativo a las horas de la mañana: *luz matutina*. **2.** Que ocurre o se hace por la mañana: *trabajo matutino*.

MAUGHAM (William Somerset), escritor británico (París 1874-Saint-Jean-Cap-Ferrat 1965). Describió a la alta sociedad inglesa y el Extremo oriente (*El filo de la navaja*, 1944).

MAULA n. f. Trasto, persona o cosa inútil. ♦ adj. y n. m. y f. **2.** *Argent.*, *Perú* y *Urug.* Cobarde, despreciable. ♦ n. m. y f. **3.** *Fam.* Persona tramposa o mala pagadora. **4.** *Fig.* y *fam.* Holgazán.

MAULE, r. de Chile (Maule); 282 km. Nace en la laguna de Maule y desemboca en el Pacífico, junto a la Constitución. Aprovechado para el riego y la producción de energía eléctrica junto a la c. de Maule (13 694 hab.).

MAULE (región del), región de Chile; 30 301 km²; 834 053 hab. Cap. *Talca*.

MAULLAR O MAULAR v. intr. [**1w**]. Dar maullidos el gato.

MAULLIDO o MAÚLLO n. m. Voz del gato.

MAULLÍN, r. de Chile (Los Lagos); 140 km. Nace en el lago de Llanquihue y desemboca en el Pacífico, junto a la ciudad de Maullín (17 258 hab.).

MAULOSO, A adj. y n. *Chile.* Embustero.

MAUNA KEA, volcán apagado de Hawai, punto culminante del archipiélago (4208 m). Observatorio astronómico (telescopios Keck; el primero entró en servicio en 1993).

MAUNA LOA, volcán activo de la isla de Hawai; 4 170 m.

MAUPASSANT (Guy de), escritor francés (en el castillo de Miromesnil 1850-París 1893). Del naturalismo (*Bola de sebo*, 1880) pasó al realismo (*Una vida*, 1883; *Bel-Ami*, 1885).

MAURIAC (François), escritor francés (Burdeos 1885-París 1970), autor de novelas que evocan los conflictos entre las tentaciones de la carne y la fe (*Thérèse Desqueyroux*, 1927; *Nudo de víboras*, 1932). [Premio Nobel de literatura 1952.]

MAURICIO (isla), est. insular del océano Índico, al E de Madagascar; 2040 km²; 1 100 000 hab. Cap. *Port Louis*. LENGUA OFICIAL: *inglés*. MONEDA: *rupia mauricia*. Gran producción de caña de azúcar.

HISTORIA

1598: los neerlandeses tomaron posesión de la isla y le dieron su nombre actual, en honor de Mauricio de Nassau. 1715: la isla cayó en manos francesas y adoptó el nombre de Île de France. 1810: Gran Bretaña se apoderó de la isla. 1814: el tratado de París confirmó el dominio británico sobre la isla, que volvió a llamarse Mauricio. 1968: accedió a la independencia, pero conservó estrechos vínculos con Gran Bretaña. 1982: Aneerood Jugnauth fue nombrado primer ministro. 1992: el país se constituyó en república en el seno de la Commonwealth; presidente C. Uteem. 1995: N. Ramgoolam, primer ministro.

MAURITANIA, ant. país del NO de África, situado entre los Ampsagas (act. Rummel, en Argelia) al E y el Atlántico al O, y habitado por los mauritanos, tribus bereberes que formaron hacia el s. V a. J.C., un reino que se integró a Roma en el s. I a. J.C. Provincia romana en 40 d. J.C., fue dividida, en 42, en *Mauritania Cesariana* y *Mauritania Tingitana*; hacia 288, la parte oriental de la Cesariana fue separada, para constituir la Mauritania Sitifense. La región, ocupada por los vándalos en el s. V y por los bizantinos en 534, fue conquistada por los árabes en el s. VIII.

MAURITANIA, en ár. **al-Muritaniyya**, en fr. **Mauritanie**, estado de África occidental; 1 080 000 km²; 2 100 000 hab. (*Mauritanos*.) CAP. *Nouakchott*. LENGUAS OFICIALES: *árabe y francés*. MONEDA: *ouguiya*.

GEOGRAFÍA

Encuadrada en el occidente sahariano, es un país desértico, en el que predomina la ganadería nómada de ovinos, caprinos y camellos. Los yacimientos de hierro (en torno a F'Derick) proporcionan lo esencial de las exportaciones, expedidas a través de Nouadhibou.

HISTORIA

Fines del neolítico: la desecación de la región provocó la migración hacia el S de los primeros habitantes, negroides. Inicios de la era cristiana: fueron progresivamente remplazados por pastores bereberes. SS. VII-IX: Mauritania, tierra de contacto entre el África negra y el Mogreb, se convirtió al islam. S. XI: Abd Allah ibn Yāsīn promovió la conquista almorávide y constituyó un inmenso imperio que iba de Senegal a España. Ss. XV-XVIII: los Hasaníes organizaron el país en emiratos; los europeos, y en primer lugar los portugueses, se instalaron en el litoral. 1902: la conquista francesa (iniciada en el s. XIX) se afirmó con Coppolani. 1920: se constituyó en colonia en el seno del África occidental francesa. 1934: el territorio mauritano, bajo dominio francés. 1946: se convirtió en territorio de ultramar. 1957: se fundó Nouakchott. 1958: se proclamó la República islámica de Mauritania, con Moktar Ould Daddah como presidente (1958-1978). 1960: el país accedió a la independencia. 1976: Mauritania ocupó el S del Sahara occidental; se inició el conflicto con el Frente polisario. 1979: renunció a sus pretensiones sobre el Sahara. 1984: por golpe de estado, O. Taya llegó al gobierno; reelegido en 1992 y 1997.

MAURITIUS (André), escritor francés (Elbeuf 1885-Neuilly 1967), autor de recuerdos de guerra, novelas (*Clímas*, 1928), ensayos y biografías noveladas.

MAUSOLEO n. m. Monumento funerario.

MAUSOLO († 353 a. J.C.), sátrapa de Caria [c. 377-353 a. J.C.], célebre por su tumba (*Mausoleo*) en Halicarnaso.

MAXILAR adj. (lat. *maxillam*). Relativo a la quijada o mandíbula: *arteria maxilar*; *nervio maxilar*. ♦ adj. y n. m. **2.** Dícese de los huesos de la cara situados en la región anteroinferior.

MÁXIMA n. f. Sentencia que resume un principio moral o un juicio de orden general. **2.** Regla de conducta general, o en cualquier campo de actividad: *máxima del arte*.

MÁXIME adv. m. Más aún, con mayor motivo o más razón.

MAXIMILIANO (Viena 1832-Querétaro 1867), archiduque de Austria (Fernando José **de Habsburgo**), emperador de México [1864-1867], hijo del archiduque Francisco Carlos y de Sofía de Baviera. Casado con Carlota de Bélgica (1857). Fue nombrado emperador de México por Napoleón III (tratado de Miramar, 1864). Fue sitiado por las tropas de Juárez y fusilado.

MÁXIMO, A adj. (lat. *maximum*). Dícese de las cosas que, en cantidad o en grado, son lo más grandes posible, o las más grandes dentro de su especie. ♦ n. m. **2.** Límite superior o extremo a que puede llegar una cosa: *rendir el máximo*. **3.** MAT. El mayor de los valores que puede tomar una cantidad variable entre ciertos límites.

MAXWELL n. m. (de J. C. *Maxwell*, físico escocés). Unidad CGS de flujo magnético (símbolo M) equivalente al flujo producido por una inducción magnética de 1 guass a través de una superficie de 1 c, normal al campo.

MAXWELL (James Clerk), físico británico (Edimburgo 1831-Cambridge 1879). Fue el primero en unificar las teorías de la electricidad y el magnetismo, al establecer las leyes generales del campo electromagnético (1873).

MAYA n. f. Planta herbácea con inflorescencias de flores amarillas y fruto en aquenio. (Familia compuestas.)

MAYA adj. y n. m. y f. Relativo a un pueblo indígena mesoamericano que desarrolló una de las más altas civilizaciones de la América prehispánica, en una amplia región que comprende el SE de México, Yucatán y Guatemala, desde comienzos de la era cristiana hasta el s. XVI; individuo de este pueblo. ♦ n. m. **2.** Lengua amerindia de América Central, hablada en la península de Yucatán, N del estado mexicano de Campeche y por los lacandones de México y Guatemala. SIN.: *yucateco*.

♦ Desde el IX milenio el área de poblamiento maya experimentó un proceso de sedentarización. Del magno período formativo de la cultura maya (desde c. 1500 a. J.C.) se conocen poblados de agricultores (Cuello, Ocos, Cuadros), con organización social teocrática. En el s. VIII a. J.C. los mayas ocuparon el valle de Guatemala (Kaminaljuyú). En los siglos posteriores destacan la cerámica de Charcas y la pirámide de Uaxactún. Del período clásico (300 - 900 d. J.C.) se conoce la cerámica policroma y se han constatado avanzados conocimientos astronómicos y matemáticos. Tikal, Copán y Palenque fueron ciudades-estado autónomas. El apogeo de la cultura maya se sitúa en la segunda mitad del s. VII. La producción artística alcanzó un gran desarrollo, en particular la arquitectura, que dio magníficos monumentos en ciudades como Palenque, Yaxchilán, Piedras Negras, Copán, Tikal, Quiriguá, Uxmal o Chichén Itzá. Destacan los bellos relieves de muros y estelas, así como la pintura mural (Bonampak, Chichén Itzá) y la cerámica, extraordinariamente numerosa y variada. Los mayas disponían de los calendarios, uno ritual y otro solar y llevaron a cabo numerosos estudios de astronomía y matemáticas (conocían el valor cero). Utilizaron la escritura jeroglífica en las estelas (Chiapa de Corzo, Izapa) y los códices (de los que se conservan cuatro). En literatura cabe citar el *Popol Vuh*. En el s. IX se inició una etapa de decadencia económica y política de los mayas cuyo territorio fue conquistado en 978 - 987 por los itzaes, aliados a los toltecas; éstos impusieron el culto a Quetzalcóatl y una estructura militarista, pero asimilaron la cultura científica y artística maya (observatorio de El Caracol, en Chichén Itzá). En 1200 la liga de Mayapán estableció su dominio en el N de Yucatán, y se inició la decadencia cultural maya, que culminó tras la caída del imperio de Mayapán (1450) y diversas guerras entre las ciudades. En Guatemala los quichés, de influencia tolteca, formaron un imperio que se hundió por luchas intestinas por el poder. En 1525 Pedro de Alvarado conquistó Guatemala, y en 1536 tuvo lugar la ocupación de Yucatán por Francisco de Montejo el Mozo. Los itzaes, último núcleo maya, cayeron ante los españoles en 1697. En los ss. XVI - XVIII los mayas del Yucatán se rebelaron contra los españoles en diversas ocasiones (1652, 1761). La organización social de los mayas estaba presidida por el monarca o *halach-uinic*, que nombraba *bataboob* o jefe de aldea a un noble. La casta sacerdotal, *ah konoob*, la formaban el *ahuacán,* o señor serpiente, y los *chillanes,* o adivinos. Por debajo de la clase popular de artesanos y agricultores estaban los *pentacoob,* o esclavos, utilizados en los sacrificios humanos. Los principales dioses del panteón maya eran Itzamná, dios supremo, Kinich Ahau, el sol, Ixchel, la luna, y Chac, la lluvia. La lengua maya, del grupo maya-quiché, familia maya-zoque, fue una de las más importantes lenguas de civilización de la América precolombina.

MAYA (Rafael), poeta colombiano (Popayán 1897-Bogotá 1980), academicista y parnasiano (*Coros del mediodía,* 1928; *Navegación nocturna,* 1959; *El tiempo recobrado,* 1970).

MAYA-QUICHÉ, grupo de lenguas de América Central de la familia maya-zoque, dividido en: *huasteco* (SE de San Luis Potosí y N de Veracruz, México); *maya* (península de Yucatán y N de Campeche, México); *chol* (extendido antiguamente de Tabasco a Honduras); *tzeltal* (Chiapas, México); *mam* (S de la frontera entre México y Guatemala); *quiché,* que comprende el quiché y el cakchiquel, hablados en Guatemala.

MAYAR v. tr. [1]. Maullar.

MAYATE n. m. Coleóptero de color negro, que vive en México. (Familia melolóntidos.)

MAYA-ZOQUE, familia lingüística amerindia formada por numerosas lenguas y dialectos de la región que comprende el SE de México, Guatemala, parte de Honduras y una zona de la costa del golfo de México. El principal grupo de lenguas es el maya-quiché.

MAYEAR v. intr. [1]. Hacer el tiempo propio del mes de mayo.

MAYEQUE n. m. (náhuatl *maitl,* mano). En México, denominación dada a los indígenas de las clases inferiores a los maceguales, que tenían una condición semejante a la de los siervos.

MAYESTÁTICO, A adj. Relativo a la majestad. • Plural **mayestático,** plural del pronombre de primera persona empleado con sentido singular, en el estilo oficial, por personas revestidas de un carácter de autoridad: *nos, rey de España.*

MAYÉUTICA n. f. En la filosofía socrática, arte de hacer descubrir al interlocutor las verdades que lleva en sí por medio de una serie de preguntas.

MAYIDO n. m. Maullido.

MAYO n. m. (lat. *maium*). Quinto mes del año gregoriano. • **Para mayo** (Chile. Fam.), para las calendas griegas.

MAYO, pueblo amerindio de lengua uto-azteca, del grupo cahita, que vivía en Sonora, act. repartido entre ese estado y el de Sinaloa (México).

MAYOCOL n. m. Méx. En Yucatán, mayordomo, capataz.

MAYONESA n. f. y adj. Mahonesa.

MAYOR adj. (lat. *maiorem*). Más grande, en cualquier aspecto material: *su casa es mayor que la nuestra.* (Se usa como comparativo, y precedido del artículo determinado, como superlativo relativo.) **2.** Más intenso: *su mayor ambición es llegar a ministro.* **3.** MÚS. Dícese de un modo, una escala, un acorde o un intervalo cuya tercera se compone de dos tonos. • **Comercio al por mayor,** compra de mercancías en grandes cantidades directamente al fabricante, y venta también en cantidades importantes a los detallistas. ‖ **Mayor que** (MAT.), signo matemático (>) que colocado entre dos cantidades indica que es mayor la primera que la segunda. ‖ **Premisa mayor** (LÓG.), primera proposición de un silogismo. ‖ **Verso de arte mayor,** verso de más de ocho sílabas, compuesto por dos hemistiquios. ♦ adj. y n. m. y f. **4.** Dícese de las personas que han pasado la edad madura. (Como sustantivo se usa en plural.) ♦ n. m. **5.** En los ejércitos de diversos países, especialmente los anglosajones, grado militar que equivale al de comandante. • **mayores,** n. m. pl. **6.** Antepasados, sean o no progenitores del que habla o de otra persona determinada. **7.** Personas adultas.

MAYOR (*lago*), en ital. **lago Maggiore** y **Verbano,** lago subalpino entre Italia y Suiza; 216 km². En él se hallan las islas Borromeas. Turismo.

MAYOR LUIS J. FONTANA, dep. de Argentina (Chaco); 48 911 hab. Cab. *Villa Ángela.* Algodón.

MAYORAL n. m. Pastor principal de un ganado, especialmente de una ganadería de reses bravas. **2.** Capataz de las cuadrillas de segadores y cavadores.

MAYORANA n. f. Mejorana.

MAYORAZGO n. m. Institución destinada a perpetuar en una familia la propiedad de ciertos bienes. **2.** Conjunto de estos bienes. **3.** Poseedor de ellos. **4.** *Fam.* Primogenitura.

MAYORDOMO n. m. Criado principal de una casa encargado de la servidumbre y de la administración. **2.** *Chile.* Sobrestante. **3.** *Perú.* Criado, sirviente.

MAYOREO n. m. Comercio al por mayor.

MAYORÍA n. f. Calidad de mayor. **2.** La parte mayor entre las que se considera dividido un todo: *la mayoría de las veces llega tarde.* **3.** Conjunto de votos que dan a una persona, a un gobierno o a un partido la superioridad sobre sus adversarios: *obtener la mayoría.* **4.** Partido o conjunto de partidos que, en una asamblea, representan el mayor número. • **Mayoría de edad,** estado de la persona que ha alcanzado la edad mínima establecida por las leyes para el pleno goce de los derechos políticos y civiles.

MAYORISTA adj. Dícese del comercio en que se vende y compra al por mayor. ♦ n. m. y f. **2.** Comerciante al por mayor.

MAYORITARIO, A adj. y n. Dícese del sistema electoral basado en el triunfo de la mayoría, absoluta o relativa, sin que ningún efecto los sufragios conseguidos por las minorías; partidario de este sistema de votación. ♦ adj. **2.** Que pertenece a la mayoría o que se apoya en ella: *gobierno mayoritario.*

MAYORMENTE adv. m. Principalmente, con especialidad.

MAYTA CÁPAC, soberano inca (ss. XIII-XIV), que dominó la zona de Cuzco. Padre de Cápac Yupanqui.

MAYUATO n. m. *Argent.* Pequeño carnívoro suramericano semejante al coatí.

MAYÚSCULO, A adj. Col. *mayúsculum.*) Que es mayor de lo ordinario: *susto mayúsculo.* ♦ adj. y n. f. **2.** Dícese de las letras que en un mismo contexto son de mayor tamaño que las minúsculas.

MAZA n. f. (bajo lat. *mattea*). Utensilio provisto de un extremo pesado, usado para machacar, golpear, apisonar, etc. **2.** Bastón nudoso, más grueso en uno de sus extremos, que en la antigüedad se utilizó como arma contundente. **3.** Bastón en forma de maza, con puño de metal, usado como insignia por los maceros, en las ceremonias. **4.** *Chile.* Cubo de la rueda.

MAZACOTE n. m. (ital. *marzacotto*). Hormigón, mezcla de piedra, mortero de cal y arena. **2.** *Fig.* Cualquier objeto de arte tosco o pesado. **3.** *Fig. y fam.* Hombre molesto y pesado. **4.** *Fig. y fam.* Cosa seca, dura y pegajosa. **5.** *Argent.* Pasta hecha de los residuos del azúcar que quedan adheridos al fondo y paredes de la caldera en el elaborado.

MAZACOTUDO, A adj. *Amér.* Amazacotado.

MAZACUATA n. f. Especie de boa mexicana, de unos 4 m de long., que habita en zonas de clima cálido. SIN.: *mazacuate.*

MAZADA n. f. Mazazo.

MAZAMORRA n. f. Bizcocho estropeado. **2.** *Fig.* Cosa desmenuzada. **3.** *Colomb.* Ulceración en las pezuñas del ganado vacuno, causada por infección microbiana. **4.** *Colomb.* y *Perú. Fig.* Revoltillo de ideas o de cosas. **5.** *Perú.* Comida compuesta por harina de maíz con azúcar o miel. **6.** *R. de la Plata.* Comida criolla hecha con maíz blanco partido y hervido, que se come frío, con o sin leche y a veces con azúcar o miel.

MAZAPÁN n. m. (ital. *marzapane*). Pasta de almendras molidas y azúcar cocida al horno.

MAZAR v. tr. [**1g**]. Batir la leche para separar la manteca.

MAZARINO (Giulio Raimondo), en fr. **Jules Mazarin,** prelado y estadista francés de origen italiano (Pescina 1602-Vincennes 1661). Primer ministro durante la regencia de Ana de Austria, puso fin a la guerra de los Treinta años (paz de Westfalia, 1648). Firmó la paz de los Pirineos con España (1659).

MAZATECA, pueblo amerindio de lengua otomangue del N de los est. de Oaxaca y Guerrero, hasta la ciudad de Veracruz. Principal santuario: **San Bartolomé Mazatenango.**

MAZATENANGO, c. de Guatemala, cap. del dep. de Suchitepéquez; 40 072 hab. Agricultura.

MAZATLÁN, c. y puerto de México (Sinaloa); 314 345 hab. Importante puerto de cabotaje. Pesca. Refinería de petróleo. Metalurgia. Centro turístico.

MAZAZO n. m. Golpe que se da con maza o mazo. **2.** *Fig.* Algo que causa fuerte impresión.

MAZDEÍSMO n. m. Religión del antiguo Irán reformada por Zaratustra.

MAZMORRA n. f. (ár. *matmūra*). Prisión subterránea.

MAZO n. m. Martillo grande de madera. **2.** Maza, utensilio con un extremo pesado. **3.** *Fig.* Hombre pesado y molesto. **4.** Conjunto de cosas que forman un haz o paquete.

MAZORCA n. f. Espiga densa y apretada, que da un gran número de granos que crecen unos junto a otros, como sucede con el maíz. **2.** *Argent.* Nombre dado a la Sociedad popular restauradora, organización que apoyaba al gobernador de Buenos Aires, Juan Manuel Rosas. **3.** *Chile. Fig.* Junta de personas que forman un gobierno despótico.

MAZORQUERO, A adj. y n. *Argent.* Relativo a la mazorca; miembro de esta organización. ♦ n. m. **2.** *Chile.* Bandolero que formaba parte de una cuadrilla.

MAZURCA n. f. Danza de origen polaco. **2.** Música de esta danza.

MBARACAYÁ n. m. Mamífero carnívoro de cráneo alargado y pelaje corto, bayo, con pintas elípticas negras, que vive en Argentina, S de Brasil, Paraguay y Uruguay. (Familia félidos.) SIN.: *gato montés.*

MBARACAYÚ (*cordillera del*), en port. **Serra de Maracajú,** sistema montañoso fronterizo entre Paraguay (Amambay) y Brasil (Mato Grosso do Sul). Culmina en el Pan de Azúcar (500 m).

MBAYÁ → **guaicurú.**

MBICURE n. m. *Amér.* Comadreja.

m.c.d. MAT. Abrev. de *máximo común divisor.*

m.c.m. MAT. Abrev. de *mínimo común múltiplo.*

ME pron. pers. m. y f. sing. átono de 1.ª pers. Se usa como complemento directo e indirecto: *me sa'udó; me dio la mano.* (Se usa siempre sin preposición y se antepone al verbo.)

MEADA n. f. *Vulg.* Orina expelida de una vez. **2.** *Vulg.* Sitio que moja o señal que deja.

MEADE (James Edward), economista británico (Swanage, Dorset, 1907-Cambridge 1995), investigador del crecimiento y del intercambio internacional. (Premio Nobel de economía 1977.)

MEADERO n. m. *Vulg.* Urinario.

MEA

MEADO n. m. **Meado de zorra**, planta de bulbo muy grande y flores de color blanco. (Familia amarilidáceas.) ♦ **meados** n. m. pl. **2.** *Vulg.* Orines.

MEANDRO n. m. Sinuosidad que describe un curso de agua.

MEAR v. tr., intr. y pron. (lat. *meiere*) [**1**]. *Vulg.* Orinar.

MEATO n. m. (lat. *meatum*). ANAT. Conducto, canal u orificio: *los meatos de la nariz*. **2.** ANAT. Orificio terminal de un conducto: *meato urinario*.

MECA n. f. (de La Meca, ciudad de Arabia Saudí). Lugar que es el centro más importante de determinada actividad: *Hollywood es la meca del cine*.

MECA n. f. *Chile*. Estiércol, excremento. **2.** *Chile*. Persona torpe e inexperta.

MECA (La), en ár. **Makka**, c. de Arabia Saudí, cap. de la prov. de Hiyaz; 618 000 hab. Cuna de Mahoma y ciudad santa del islam.

¡MECACHIS! interj. *Eufem*. Denota contrariedad o enfado.

MECÁNICA n. f. Ciencia que tiene por objeto el estudio de las fuerzas y de sus acciones. **2.** Estudio de las máquinas, de su construcción y de su funcionamiento. **3.** Aparato o resorte interior que da movimiento a un ingenio o artefacto. **4.** *Fig.* Mecanismo, manera de producirse una actividad, función o fenómeno. • **Mecánica celeste**, disciplina científica que trata de los movimientos de los cuerpos celestes. || **Mecánica cuántica**, conjunto de leyes que describen la evolución de los sistemas microscópicos, fundadas en la teoría de los cuantos. || **Mecánica estadística**, aplicación de la mecánica y de los medios estadísticos al estudio de los sistemas formados por un gran número de elementos semejantes (moléculas, átomos). || **Mecánica ondulatoria**, disciplina científica, establecida por L. de Broglie en 1924, según la cual las partículas en movimiento están asociadas a unas ondas capaces de producir fenómenos de interferencia y de difracción. || **Mecánica racional**, o **clásica**, mecánica considerada en su aspecto teórico, generalmente para los cuerpos macroscópicos. || **Mecánica relativista**, mecánica fundada en los principios de la relatividad.

MECANICISMO n. m. FILOS. Sistema filosófico que trata de explicar el conjunto de fenómenos naturales mediante las leyes del movimiento.

MECÁNICO, A adj. (gr. *mekhanikos*). Relativo a la mecánica. **2.** Que se hace con máquina: *barrido mecánico*. **3.** Dícese de los actos y movimientos ejecutados instintivamente o por costumbre: *gesto mecánico*. **4.** QUIM. Que no actúa químicamente sino según las leyes del movimiento: *acción mecánica de un agente*. **5.** Dícese de ciertas propiedades físicas de una sustancia, como la dureza y la elasticidad. ♦ n. **6.** Persona que por profesión u oficio se dedica al manejo, reparación o mantenimiento de las máquinas.

MECANISMO n. m. Combinación de órganos o de piezas dispuestos de manera que se obtenga un resultado determinado: *el mecanismo de un reloj*. **2.** Modo de realizarse una actividad, función, etc.

MECANIZACIÓN n. f. Acción y efecto de mecanizar.

MECANIZAR v. tr. y pron. [**1g**]. Implantar el uso de las máquinas en operaciones militares, industriales, agrícolas, etc. **2.** Someter a elaboración mecánica.

MECANOGRAFÍA n. f. Arte de escribir a máquina. SIN.: *dactilografía*.

MECANOGRAFIAR v. tr. [**1t**]. Escribir a máquina. SIN.: *dactilografiar*.

MECANÓGRAFO, A n. Persona que se dedica al estudio, práctica o enseñanza de la mecanografía. SIN.: *dactilógrafo*.

MECAPACLE o **MECAPATLI** n. m. *Méx*. Zarzaparrilla.

MECAPAL n. m. *Amér. Central.* y *Méx*. Faja de cuero con dos cuerdas en los extremos, que, aplicada a la frente, sirve para llevar carga a cuestas.

MECAPALERO n. m. *Amér. Central.* y *Méx*. Mozo de cordel, o cargador que usa el mecapal.

MECATAZO n. m. *Amér*. Latigazo o golpe dado con un mecate.

MECATE n. m. *Amér. Central, Méx.* y *Venez*. Cuerda, cordel de pita.

MECATIAR v. tr. [**1**]. *Colomb*. Comer algo ligero entre comidas.

MECATO n. m. *Colomb*. Golosinas, dulces que se comen entre comidas.

MECEDOR, RA adj. Que mece o sirve para mecer. ♦ n. m. **2.** Columpio.

MECEDORA n. f. Silla cuyos pies descansan sobre dos arcos o terminan en forma circular, a la que se puede dar un movimiento de balanceo.

MECENAS n. m. y f. (de Mecenas, consejero de Augusto). Protector de las letras y las artes.

MECENAS, patricio romano (¿Arezzo? c. 69-8 a. J.C.). Amigo personal de Augusto, favoreció las letras y las artes.

MECENAZGO n. m. Protección dispensada por una persona o entidad a un escritor, artista, institución, fundación, etc.

MECER v. tr. (lat. *miscere*, mezclar) [**2a**]. Mover un líquido o el recipiente que lo contiene de un lado a otro, generalmente para mezclarlo. ♦ v. tr. y pron. **2.** Imprimir un movimiento de vaivén a un cuerpo suspendido o que tiene un punto fijo, sin que este cuerpo pierda su posición de equilibrio.

MECHA n. f. (fr. *mèche*). Conjunto de hilos, cordón o trenza, empleado en la confección de velas y bujías o para conducir un líquido combustible en un aparato de alumbrado. **2.** Mechón de cabellos. **3.** Cuerda o tubo cilíndrico, largo y delgado, para dar fuego a una mina o explosivo. **4.** Trozo de tocino gordo, de jamón o cualquier otro ingrediente para mechar la carne. **5.** *Colomb., Ecuad.* y *Venez*. Burla, broma, chanza. **6.** *Amér. Merid*. Broca de taladros. • **Aguantar mecha**, o **la mecha**, sufrir resignadamente las molestias, contrariedades, burlas o impertinencias de que se es objeto. ♦ **mechas** n. f. pl. **7.** *Amér. Merid*. Cabellos largos, melenas, greñas.

MECHAR v. tr. [**1**]. Rellenar con trozos de tocino, jamón u otros ingredientes la carne, las aves, etc.

MECHELEN → **Malinas**.

MECHERA n. f. adj. Aguja de mechar.

MECHERA n. f. Planta herbácea de propiedades antihemorroidales. (Familia labiadas.)

MECHERO n. m. Utensilio provisto de mecha, utilizado para dar luz o calor. **2.** Utensilio que da llama, aunque no tenga mecha. **3.** Boquilla de los utensilios para alumbrar por donde sale el gas que produce la llama.

MECHIFICAR v. intr. [**1a**]. *Amér. Merid*. Burlarse, mofarse.

MÉCHNIKOV o **MIÉCHNIKOV** (Iliá), zoólogo y microbiólogo ruso (Ivánovka, cerca de Járkov, 1845-París 1916), descubridor del fenómeno de la fagocitosis. (Premio Nobel de fisiología y medicina 1908.)

MECHÓN n. m. Porción de pelos, hebras o hilos, separada o destacada de un conjunto de la misma clase.

MECHONEADA n. f. *Chile, Colomb., Ecuad.* y *Guat*. Acción de tirar del cabello a una persona.

MECHONEAR v. tr. y pron. [**1**]. *Amér. Merid*. Mesar el cabello, desgreñarse.

MECHUDO, A adj. *Amér. Central, Argent., Chile, Colomb., Méx*. y *Urug*. Mechoso.

MEDALLA n. f. (ital. *medaglia*). Pieza de metal, generalmente circular, acuñada como recuerdo de un acontecimiento o en honor de un personaje. **2.** Pieza de metal que se entrega como premio en determinados certámenes y competiciones, como recompensa honorífica en actos de homenaje, etc. **3.** Pieza de metal en la que hay grabado un objeto de devoción.

MEDALLERO n. m. DEP. Relación del número y tipo de medallas obtenidas por cada país participante en una competición internacional.

MEDALLISTA n. m. y f. Artista grabador de medallas. **2.** Profesional que pule los sellos y las matrices que sirven para acuñar las monedas y estampar las medallas. **3.** DEP. Competidor que ha conseguido una medalla.

MEDALLÓN n. m. Medalla que excede en peso y volumen a las ordinarias. **2.** *Bajorrelieve* redondo o en óvalo, que representa una cabeza o cualquier otro motivo, y que se coloca en las portadas y en otros lugares de los edificios. **3.** Joya en forma de caja pequeña y achatada, en cuyo interior se guardan retratos, pinturas, rizos, etc.

MÉDANO n. m. Duna o barján. (Se aplica generalmente a las dunas costeras móviles.)

MEDAWAR (Peter Brian), biólogo británico (Río de Janeiro 1915-Londres 1987), autor de trabajos sobre los trasplantes (Premio Nobel de fisiología y medicina 1960.)

MEDELLÍN, c. de Colombia, cap. del dep. de Antioquia; 1 468 089 hab. (*Medellinenses*.) Centro industrial (exportación floral; orquídeas en el Jardín botánico y en El Ranchito), es el segundo núcleo urbano del país, enriquecido con el comercio del oro y el café. Catedral; Centro sudamericano (esculturas); universidades. Museos.

MEDIA n. f. Prenda de vestir de punto, destinada a cubrir el pie y la pierna, generalmente por encima de la rodilla. **2.** *Amér*. Calcetín.

MEDIA n. f. En las determinaciones horarias, espacio de tiempo, treinta minutos, que sobrepasa a la hora indicada: *son las siete y media*. **2.** Media aritmética de los valores observados de un elemento meteorológico (temperatura, precipitaciones, número de días de lluvia, etc.) en un determinado período de tiempo. • **Media aritmética de n números**, suma de estos números dividida por n. || **Media geométrica de n números**, raíz enésima del producto de estos números. || **Media ponderada**, media aritmética en que algunos números se multiplican por un coeficiente que tiene en cuenta su importancia relativa.

MEDIA n. m. pl. *Mass-media*.

MEDIA, región del NO del antiguo Irán, habitada por los medos.

MEDIACAÑA n. f. Forma de media caña, partida ésta longitudinalmente.

MEDIACIÓN n. f. Acción y efecto de mediar. **2.** ASTRON. Momento de la culminación de un astro.

MEDIADO, A adj. Lleno, gastado o hecho más o menos hasta la mitad: *mediado el camino, se detuvo para comer*. • **A, hacia, mediados del mes, año**, etc., hacia la mitad de este tiempo.

MEDIADOR, RA adj. y n. Que media o interviene en una discusión, problema, etc., tratando de solucionarlo. **2.** Que media o interviene a favor de alguien.

MEDIAGUA n. f. *Amér*. Tejado con declive en una sola dirección para la caída de las aguas. **2.** *Amér*. Edificio cuyo tejado está construido en esa forma.

MEDIALUNA n. f. *Croissant*.

MEDIANA n. f. ESTADÍST. Término que, en una serie establecida por orden de magnitud, ocupa la posición central.

MEDIANERO, A adj. Que está en medio de dos cosas: *pared medianera*.

MEDIANÍA n. f. Calidad de mediano. **2.** *Fig*. Persona mediocre, de escasas dotes inte-

lectuales o de limitada capacidad en un campo determinado.
MEDIANO, A adj. De calidad intermedia. **2.** De tamaño intermedio. **3.** *Fig. y fam.* Mediocre: *un trabajo mediano.* • **Plano mediano** (GEOMETR.), plano diametral de una figura. ♦ adj. y n. f. **4.** MAT. Dícese de la recta que, en una figura plana, divide en dos partes iguales todas las cuerdas paralelas a una dirección dada; en un triángulo, dícese del segmento de recta que une un vértice con el punto medio del lado opuesto.
MEDIANOCHE n. f. Las doce de la noche, hora que señala el final de un día y el inicio del siguiente. **2.** Espacio de tiempo más amplio que comprende las horas centrales de la noche: *llegó a medianoche.*
MEDIANTE adv. m. Utilizando lo a continuación que se expresa: *mediante el soborno.* • **Dios mediante,** expresión que se añade a la exposición de un proyecto que se desea suceda sin ningún obstáculo.
MEDIAR v. intr. [**1**]. Llegar aproximadamente a la mitad de algo: *mediaba el mes de julio cuando dejó la ciudad.* **2.** Intervenir alguien en una discusión, problema, etc., entre varios, tratando de encontrar una solución: *medió para apaciguar los ánimos.* **3.** Interceder en favor de alguien: *medió ante el rey en favor de los condenados.* **4.** Ocurrir un hecho o existir determinada circunstancia que influye en aquello de que se trata: *de no mediar algún imprevisto, será el sábado.* **5.** Transcurrir cierto tiempo entre dos hechos: *así empleó las horas que median entre ambos sucesos.* **6.** Estar algo entre dos puntos: *entre las dos fincas mediaban los kilómetros.*
MEDIÁTICO, A adj. Relativo a los medios de comunicación.
MEDIATIZACIÓN n. f. Acción y efecto de mediatizar.
MEDIATIZAR v. tr. [**1g**]. Influir de modo decisivo en el poder, autoridad o negocio que otro ejerce.
MEDIATO, A adj. No inmediato: *jurisdicción mediata.*
MEDIATRIZ n. f. MAT. Perpendicular a un segmento por su punto medio. **2.** MAT. En un triángulo, cada una de las mediatrices de sus lados.
MEDIATUNA n. f. Canción típica de Colombia.
MEDICACIÓN n. f. (lat. *medicationem*). Empleo terapéutico de los medicamentos. **2.** Conjunto de medicamentos y medios curativos que tienden a un mismo fin.
MEDICAMENTO n. m. (lat. *medicamentum*). Sustancia que actúa como remedio en el organismo enfermo.
MEDICAMENTOSO, A adj. Dícese de las sustancias que tienen utilidad como medicamento.
MEDICAR v. tr. [**1a**]. Administrar medicinas a un enfermo.
MEDICASTRO, A n. Médico indocto o malo. **2.** Curandero.
MEDICINA n. f. (lat. *medicinam*). Ciencia que tiene por objeto la conservación y el restablecimiento de la salud. **2.** Sustancia que posee acción terapéutica.
MEDICINAL adj. Que tiene cualidades o usos terapéuticos: *una planta medicinal.*
MEDICIÓN n. f. Acción y efecto de medir.
MÉDICIS, en ital. **Medici,** familia italiana de banqueros que dominó Florencia a partir de 1434. Sus principales miembros fueron: **Lorenzo I**, llamado el **Magnífico** (Florencia 1449-Careggi 1492), protector de las artes y las letras y poeta; – **Alejandro,** primer duque de Florencia (Florencia c. 1510-*id.* 1537), asesinado por su primo Lorenzino (*Lorenzaccio*); – **Cosme I,** primer gran duque de Toscana (Florencia 1519-Villa di Castello, cerca de Florencia, 1574).
MÉDICO, A adj. *Medo.*

MÉDICO, A adj. (lat. *medicum*). Relativo a la medicina: *examen médico.* ♦ n. **2.** Persona que se halla legalmente autorizada para profesar y ejercer la medicina.
MEDIDA n. f. Acción y efecto de medir. **2.** Expresión numérica del resultado de medir una magnitud, dimensión o cantidad. **3.** Unidad que se emplea para medir longitudes, áreas o volúmenes. **4.** Disposición, prevención: *adoptar medidas drásticas.* **5.** Cordura y prudencia en las palabras y acciones: *hablar sin medida.* **6.** Grado, proporción, intensidad: *di en qué medida te afecta.* • **A, o a la, medida,** hecho expresamente para lo que va destinado. ‖ **A medida que,** a la vez, según. ‖ **Colmarse, o llenarse, la medida,** llegar algo a un punto ya no tolerable. ‖ **En gran medida,** mucho.
MEDIDOR, RA adj. y n. Que mide o sirve para medir. ♦ n. m. **2.** Aparato o instrumento que sirve para medir, contador. **3.** *Amér.* Contador de agua, gas o electricidad.
MEDIEVAL adj. Relativo a la edad media.
MEDIEVALISMO n. m. Conocimiento de la civilización y costumbres de la edad media. **2.** Predilección por la cultura de la edad media. **3.** Carácter medieval.
MEDIEVO o **MEDIOEVO** n. m. Edad media.
MEDINA, en ár. **al-Madina** o **Madinat al-Nabi,** c. de Arabia Saudí (Hiÿaz); 500 000 hab. Ciudad santa del islam, en la que se refugió Mahoma durante la *hégira* (622). Mezquita del profeta (tumba de Mahoma).
MEDINA (José María), militar y político hondureño (1826-1878). Presidente de la república (1864-1872 y 1876), gobernó dictatorialmente. Fue fusilado.
MEDINA ANGARITA (Isaías), militar y político venezolano (San Cristóbal 1879-Caracas 1953). Presidente de la república (1941-1945).
MEDINA DEL CAMPO, v. de España (Valladolid), cab. de p. j.; 20 499 hab. *(Medinenses.)* Importante centro del comercio lanero en el s. XV, conserva del castillo de la Mota. Iglesia gótica de San Antolín (s. XV). Edificio del s. XVI. Ayuntamiento (1660).
MEDINACELI (Carlos), escritor boliviano (1899-1949). Su única novela, *La Chaskañawi* (1947), expresa la irrupción mestiza en la conformación del carácter nacional boliviano.
MEDIO, A adj. (lat. *medium*). Que es la mitad de un entero, en un todo: *medio litro.* **2.** Que corresponde aproximadamente a la mitad de algo: *a medio camino.* **3.** Imperfecto, incompleto: *media luz.* **4.** Que corresponde a los caracteres o condiciones más generales de un grupo social, pueblo, época, etc.: *ciudadano medio.* **5.** *Fam.* Gran cantidad o número de lo que se expresa: *vino medio pueblo.* **6.** Dícese del estado de una lengua intermedia entre antiguo y moderno. • **A media asta,** posición de la bandera cuando no se iza hasta el tope, en señal de duelo. ‖ **A medias,** la mitad o aproximadamente la mitad cada uno. ‖ **Arco de medio punto** (ARQ.), arco prototipo de las arquitecturas romana, románica y renacentista que consta de un semicírculo. ‖ **Peso medio,** cierta categoría de boxeadores; boxeador o luchador de esta categoría. ‖ **Término medio,** término de un silogismo que sirve para deducir entre los otros dos (extremos) la relación que permite establecer la conclusión. ‖ **Voz media,** conjugación que, en ciertas lenguas, participa de la activa y de la pasiva, y que expresa un retorno directo o indirecto de la acción sobre el sujeto. ♦ adv. y n. m. **7.** Dícese del tercero de los dedos de la mano. ♦ adv. m. **8.** No del todo, de manera incompleta (con verbos en infinitivo, va precedido de la prep. *a*): *a medio hacer.* ♦ n. m. **9.** La mitad de un entero, de un todo. **10.** Punto central en-

tre dos límites o extremos: *estar en el medio de un lugar.* **11.** Diligencia para conseguir una finalidad: *utilizar medios prácticos.* **12.** Ambiente social, conjunto de circunstancias materiales o espirituales que rodean a una persona o entre las cuales se desenvuelve: *estar influido por el medio.* **13.** Espacio en que un ser y conjunto de factores que condicionan el ambiente: *el aire es un medio en que vivimos.* **14.** En algunos deportes de equipo, jugador encargado de coordinar el juego entre la delantera y la defensa. ‖ **De medio a medio,** por completo, totalmente. ‖ **En medio** o **en medio de,** equidistante de los extremos del lugar que se expresa; entre otros, entre varios. ‖ **Medio ambiente,** conjunto de factores externos e internos, físicos, sociales y biológicos, que determinan el modo de ser y de vida de los individuos. ‖ **Medio geográfico,** o **natural,** conjunto de las características físicas que influyen en la existencia de los seres vivos, en la superficie de la Tierra. ‖ **Por medio de,** mediante. ♦ **medios** n. m. pl. **15.** Bienes o hacienda que alguien posee. ‖ **Medios de cultivo** (BACTER.), sustancia apta para favorecer el desarrollo de los microorganismos.
MEDIO OESTE, en ingl. **Middle West** o **Midwest,** vasta región de Estados Unidos, entre los Apalaches y las Rocosas.
MEDIOAMBIENTAL adj. ECOL. Relativo al medio ambiente.
MEDIOCRE adj. (lat. *mediocrem*). Mediano, intermedio. **2.** De inteligencia poco sobresaliente.
MEDIOCRIDAD n. f. Calidad de mediocre.
MEDIODÍA n. m. Las doce de la mañana, hora en que el sol está en el punto más alto de su elevación sobre el horizonte. **2.** Espacio de tiempo más amplio que comprende las horas centrales del día. **3.** En los países y regiones del hemisferio norte, sur, punto cardinal. **4.** Territorio situado en la dirección de este punto o parte más cercana a él.
MEDIOMETRAJE n. m. Película cinematográfica de duración comprendida entre 30 y 60 minutos.
MEDIOPENSIONISTA adj. y n. m. y f. Dícese del alumno que sigue el régimen de media pensión.
MEDIR v. tr. (lat. *metiri*) [**30**]. Determinar la longitud, extensión, volumen o capacidad de algo. **2.** Determinar la cantidad de una magnitud por comparación con otra que se toma como unidad: *medir la intensidad.* **3.** *Fig.* Igualar o comparar una actividad, aptitud, etc., con otra: *medir sus fuerzas.* **4.** *Fig.* Reflexionar sobre ciertos aspectos de algo, considerando ventajas o inconvenientes: *medir los pros y los contras.* ♦ v. tr. y pron. **5.** Contener o moderar: *medir las palabras.* ♦ v. intr. **6.** Tener determinada longitud, extensión, volumen o capacidad.
MEDITABUNDO, A adj. Que medita o reflexiona en silencio.
MEDITACIÓN n. f. Acción y efecto de meditar.
MEDITAR v. tr. (at. *meditari*) [**1**]. Aplicar con atención el pensamiento a la consideración de una cosa. **2.** Discurrir con atención sobre los medios de conseguir algo.
MEDITATIVO, A adj. Propio de la meditación o referente a ella: *actitud meditativa.*
MEDITERRÁNEO, A adj. y n. (lat. *mediterraneus*). Relativo al Mediterráneo: *pueblos mediterráneos.* ♦ adj. **Clima mediterráneo,** tipo de clima característico de las regiones próximas al Mediterráneo, con veranos e inviernos suaves.
MEDITERRÁNEO *(mar),* mar continental del Atlántico, comprendido entre Europa meridional, N de África y Asia occidental; 2,5 millones de km² de extensión y 5093 m de profundidad máxima. Se comunica con el océano Atlántico por el

estrecho de Gibraltar y con el mar Rojo por el canal de Suez. El pequeño espacio existente entre Sicilia y Tunicia lo divide en dos cuencas: el *Mediterráneo occidental*, con su anexo, el mar Tirreno, y el *Mediterráneo oriental*, más compartimentado, con sus anexos (el mar Jónico, el Adriático y el Egeo).

MÉDIUM n. m. y f. (lat. *medium*) [pl. *médium*]. Persona con poder de percibir realidades parasicológicas, y, en un sentido más estricto y más clásico, de percibir los mensajes de los espíritus.

MEDO, A adj. y n. Relativo a un pueblo del antiguo Irán, que, en el s. VII a. J.C., creó un imperio cuya capital era Ecbatana; individuo de este pueblo.

MEDRAR v. intr. [1]. Crecer los animales y plantas. **2.** *Fig.* Mejorar de fortuna o de posición.

MEDROSO, A adj. y n. Temeroso, pusilánime. ♦ adj. 2. Que infunde o causa miedo.

MÉDULA o **MEDULA** n. f. (lat. *medullam*). Sustancia grasa que se halla en el conducto central de los huesos largos. (Se llama también *médula amarilla*, para distinguirla de la *médula ósea* o *roja*, contenida en los huesos esponjosos y que produce diversos glóbulos sanguíneos). **2.** *Fig.* Meollo, fondo de una cosa. **3.** BOT. Tejido poco resistente situado en el centro de las raíces y de los tallos jóvenes. • **Médula espinal**, centro nervioso situado en el conducto raquídeo que transmite el influjo nervioso entre el cerebro, los órganos del tronco y las extremidades, así como los actos reflejos.

MEDULAR adj. Relativo a la médula ósea o a la médula espinal. **2.** Que tiene el aspecto o la naturaleza de la médula: *sustancia medular*.

MEDUSA n. f. (de *Medusa*, personaje mitológico). Forma libre de diversos grupos celentéreos, constituida por una sombrilla o disco (*umbrela*) contráctil cuyo borde lleva unos filamentos o tentáculos urticantes.

MEDUSA, una de las tres Gorgonas de la mitología griega, la única cuya mirada era mortal. Perseo le cortó la cabeza, y de su sangre nació Pegaso.

MEFISTOFÉLICO, A adj. (de *Mefistófeles*, personaje de la leyenda de Fausto). Diabólico, perverso: *una idea mefistofélica*.

MEFÍTICO, A adj. (lat. *mephiticum*). Irrespirable o maloliente.

MEGA, prefijo (símbolo M), que, colocado delante de una unidad, la multiplica por 10^6.

MEGA n. m. INFORMÁT. Apócope de *megabyte*, unidad de información equivalente a 10^6 bytes.

MEGACICLO n. m. **Megaciclo por segundo**, megahertzio.

MEGAFONÍA n. f. Técnica que se ocupa de los aparatos e instalaciones precisos para aumentar el volumen del sonido. **2.** Conjunto de aparatos que, debidamente coordinados, aumentan el volumen del sonido en un recinto de gran capacidad.

MEGÁFONO m. Aparato con forma de bocina de gran tamaño usado para amplificar la voz cuando hay que hablar a distancia. **2.** Aparato que sirve para amplificar los sonidos registrados en los discos fonográficos o gramofónicos. **3.** Altavoz usado como aparato de difusión al aire libre, o en recintos de gran capacidad.

MEGAHERTZIO n. m. Unidad de frecuencia que vale un millón de hertzios.

MEGALÍTICO, A adj. Relativo a los megalitos (menhires, dólmenes, crómlechs). • **Cultura megalítica**, cultura neolítica originada a raíz del contacto de los técnicos y prospectores mineros del Mediterráneo oriental con la población de las costas de Almería.

MEGALITO n. m. Monumento formado por grandes bloques de piedra en bruto o ligeramente pulidos.

MEGALOMANÍA n. f. Sobreestimación de las propias capacidades físicas o intelectuales. **2.** SICOL. Idea delirante de grandeza.

MEGALÓMANO, A adj. y n. Que padece megalomanía.

MEGALÓPOLIS, ant. c. de Arcadia (Grecia), fundada en 368 a. J.C. con la ayuda de Epaminondas. Fue el centro de la Confederación arcadia. Ruinas.

MEGAOHMIO n. m. Un millón de ohmios (símbolo MΩ).

MEGATÓN n. m. Unidad que sirve para medir la potencia de un proyectil nuclear, comparando la energía producida por la explosión de este proyectil con la energía producida por la explosión de un millón de toneladas de trinitrotolueno.

MEGAVATIO n. m. Un millón de vatios (símbolo MW).

MEIJI TENNÔ, nombre póstumo de **Mutsuhito** (Kyōto 1852-Tōkyō 1912), emperador de Japón [1867-1912]. En 1889 dotó a Japón de una constitución. Dirigió victoriosamente las guerras contra China (1895) y Rusia (1905), y se anexionó Corea (1910).

MEIOSIS n. f. *Meyosis*.

MEIR (Golda), política israelí (Kíev 1898-Jerusalén 1978). Laborista, fue primera ministra de 1969 a 1974.

MEJÍA (Liborio), patriota colombiano (Rionegro 1792-Bogotá 1816). Presidente de la república (1816), fue fusilado por los españoles.

MEJÍA COLINDRES (Vicente), político hondureño (La Esperanza, Intibucá, 1878-Tegucigalpa 1966), presidente de la república (1929-1933).

MEJÍA SÁNCHEZ (Ernesto), escritor nicaragüense (Masaya 1923-Mérida, México, 1985). De la generación poética de los cuarenta (*Recolección a mediodía*, 1980), publicó ensayos sobre Rubén Darío.

MEJÍA VALLEJO (Manuel), escritor colombiano (Jericó, Antioquia, 1923). En su narrativa se alternan una temática de la violencia civil (*Años de indulgencia*, 1989) con otra enmarcada en los ambientes populares urbanos (*Al pie de la ciudad*, 1958; *Aire de tango*, 1973).

MEJÍA VÍCTORES (Óscar Humberto), militar y político guatemalteco (Guatemala 1930). Derrocó a Ríos Montt y se autoproclamó jefe del estado (1983-1986).

MEJICANA (La) o **GENERAL M. BELGRANO**, cumbre de Argentina (La Rioja), en la sierra de Famatina; 6250 m. Minas de cobre, act. abandonadas.

MEJICANISMO n. m. Mexicanismo.

MEJICANO, A adj. y n. Mexicano.

MEJILLA n. f. (lat. *maxillam*). Conjunto de las partes blandas de la cara que contribuyen a formar la pared externa de la cavidad bucal.

MEJILLÓN n. m. (port. *mexilhão*). Molusco lamelibranquio comestible, de concha bivalva de color negruzco, que vive fijo en las rocas batidas por el mar o en los estuarios.

MEJILLONERO, A adj. Relativo a la cría de mejillones: *industria mejillonera*. ♦ adj. y n. **2.** Que se dedica a la cría de mejillones.

MEJOR adj. (lat. *meliorem*). Que es más bueno que aquello con lo que se compara: *esto es mejor que aquello*. **2.** Más conveniente, preferible: *es mejor que se vaya*. ♦ adv. m. **3.** De manera más conforme a lo bueno o lo conveniente: *ahora me tratan mejor*. • **A lo mejor** *(Fam.)*, indica que algo no es seguro, aunque posible. ‖ **Mejor que mejor, mucho mejor** o **tanto mejor**, expresan satisfacción o aprobación íntima.

MEJORA n. f. Acción y efecto de mejorar.

MEJORAMIENTO n. m. Mejora, acción y efecto de mejorar.

MEJORANA n. f. Planta herbácea de flores olorosas, de la familia labiadas, usada en medicina como antiespasmódica. SIN.: *mayorana*.

MEJORAR v. tr. (lat. *meliorare*) [1]. Hacer que algo sea mejor de lo que era: *mejorar la casa*. **2.** Poner mejor, hacer recobrar la salud a un enfermo. **3.** Pujar, aumentar el precio de una cosa. **4.** Superar, ser una persona o cosa mejor que otra. ♦ v. intr. y pron. **5.** Restablecerse un enfermo. **6.** Ponerse el tiempo más favorable o de benigno. **7.** Pasar a tener mejor posición social o económica.

MEJORÍA n. f. Acción y efecto de mejorar o mejorarse en una enfermedad o dolencia. **2.** Superioridad de una cosa respecto a otra.

MEJUNJE n. m. Bebida, cosmético o medicamento formado por la mezcla de diversos ingredientes.

MEKONG, r. del Sureste asiático; 4200 km. Nace en el Tíbet, atraviesa el Yunnan por profundas gargantas, Laos, Camboya y el S de Vietnam, pasa por Vientiane y Phnom Penh, y desemboca en el mar de la China Meridional.

MELADO, A adj. De color de miel: *cabellos melados*.

MELANCOLÍA n. f. (lat. *melancholiam*; del gr. *melas, anos, negro, y kholê*, bilis). Propensión a la tristeza. **2.** Tristeza nostálgica y suave.

MELANCÓLICO, A adj. Relativo a la melancolía. ♦ adj. y n. **2.** Que tiene melancolía o es propenso a ella.

MELANESIA, división de Oceanía, que comprende Nueva Guinea, el archipiélago Bismarck, las islas Salomón, Nueva Caledonia, Vanuatu y las islas Fidji.

MELANESIO, A o **MELANÉSICO, A** adj. y n. De Melanesia. ♦ adj. **2.** *Lenguas melanésicas*, lenguas de la familia malayopolinesia habladas en Melanesia.

MELÁNICO, A adj. Relativo a la melanina.

MELANINA n. f. Pigmento pardo que da color a la piel, los cabellos y la coroides, del que las razas negras están ricamente provistas, mientras que los individuos albinos carecen de él.

MELAR v. intr. [1j]. Dar la segunda cochura al zumo de la caña en los ingenios de azúcar, hasta que toma la consistencia de la miel.

MELAZA n. f. Jarabe denso y viscoso, no cristalizable, que queda de la fabricación del azúcar cristalizado a partir de la remolacha o de la caña de azúcar, usado para la alimentación del ganado.

MELBOURNE, c. y puerto de Australia, cap. del estado de Victoria; 3 002 300 hab. Centro comercial, industrial y cultural. Museo de arte.

MELCOCHA n. f. Miel proveniente del azúcar a la que se ha sometido a un tratamiento. **2.** Cualquier tipo de pasta preparada con esta miel.

MELENA n. f. Cabello suelto que cuelga sobre los hombros. **2.** Crin del león. • **Andar a la melena** *(Fam.)*, reñir o discutir acaloradamente. ♦ **melenas** n. f. pl. **3.** Cabello enredado y desarreglado.

MELÉNDEZ, familia salvadoreña que gobernó el país en el primer cuarto del s. XX. **Carlos** (1861-1919) fue presidente de la república (1913-1914 y 1915-1918). Su hermano **Jorge** (1871-1953) lo fue en 1919-1923, y **Alfonso Quiñones** (1874-1950), cuñado de Carlos, en 1914-1915, 1918-1919 y 1923-1927.

MELÉNDEZ (Concha), escritora puertorriqueña (Caguas 1904-San Juan 1983), poeta y ensayista (*La novela indianista en Hispanoamérica*, 1934; *Literatura hispanoamericana*, 1967).

MELENUDO, A adj. De cabello largo y abundante.

MELGA n. f. *Amér.* Amelga.
MELGAR n. m. Campo abundante en mielgas.
MELGAR CASTRO (Juan Alberto), político hondureño (Marcala 1930). Depuso a López Arellano en 1975 y se proclamó presidente. Fue derrocado en 1978.
MELGAREJO (Mariano), general y político boliviano (Cochabamba 1818-Lima 1871). En 1864 implantó una dictadura militar. Derrocado por Morales en 1871, fue asesinado en Perú.
MÉLIÈS (Georges), director de cine francés (París 1861-*id.* 1938), pionero de la realización cinematográfica, inventó numerosos trucajes.
MELIFICADOR n. m. *Chile.* Cajón de lata con tapa de vidrio, para extraer la miel separada de la cera.
MELIFICAR v. intr. y tr. [**1a**]. Elaborar las abejas la miel.
MELÍFICO, A adj. (lat. *mellificum*). Que produce miel.
MELIFLUO, A adj. (lat. *mellifluum*). Que tiene miel o se parece a ella. **2.** *Fig.* Afectadamente amable: *una sonrisa meliflua*.
MELILLA, c. de España, en el N de África, que constituye un municipio especial, cab. de p. j.; 63 670 hab. (*Melillenses.*) Emplazada en un saliente del litoral, una franja neutral de 500 m la separa de Marruecos. Notables edificaciones modernistas. Fue conquistada en tiempos de los Reyes Católicos y pasó a la corona española en 1556. Plaza de soberanía después de la independencia de Marruecos, desde 1995 el municipio tiene un estatuto de autonomía.
MELILLENSE adj. y n. m. y f. De Melilla.
MELINDRE n. m. Fruta de sartén, hecha con miel y harina. **2.** Pasta de mazapán, generalmente en forma de rosquilla, cubierta de azúcar. **3.** *Fig.* Delicadeza exagerada o afectada en el lenguaje o en los modales.
MELINDREAR v. intr. [**1**]. Hacer melindres en los ademanes o expresiones.
MELINDROSO, A adj. v n. Que hace o es inclinado a hacer melindres.
MELIPILLA, com. de Chile (Santiago); 80 086 hab. Centro agropecuario.
MELISA n. f. Planta herbácea de la familia labiadas, antiespasmódica y digestiva. SIN.: *cidronela, toronjil.*
MELLA n. f. Rotura o hendidura en el filo de un arma o herramienta o en el borde de un objeto. **2.** Hueco que deja una cosa en el lugar que ocupaba. **3.** *Fig.* Merma, menoscabo. • **Hacer mella**, producir impresión en el ánimo acontecimientos o palabras.
MELLADO, A adj. Falto de uno o más dientes.
MELLADURA n. f. Mella.
MELLAR v. tr. y pron. [**1**]. Hacer mellas. **2.** *Fig.* Mermar o menoscabar una cosa no material: *mellar la salud*.
MELLIZO, A adj. y n. Gemelo, cada uno de los hermanos nacidos en un mismo parto.
MELO, c. de Uruguay, cap. del dep. de Cerro Largo; 38 300 hab. Industria frigorífica.
MELOCOTÓN n. m. (lat. *malum cotonium*, membrillo). Fruto del melocotonero. SIN.: *pérsico.*
MELOCOTONAR n. m. Terreno plantado de melocotoneros.
MELOCOTONERO n. m. Planta arbórea originaria de Asia, de flores rosadas y fruto en drupa, el melocotón. (Familia rosáceas.) SIN.: *pérsico.*
MELODÍA n. f. (lat. *melodiam*). Sucesión de sonidos musicales de altura variable. **2.** Serie de sonidos ordenados en una estructura unitaria que al poder ser percibida globalmente forman un motivo.
MELÓDICO, A adj. Relativo a la melodía.
MELODIOSO, A adj. Dulce y agradable al oído.

MELODRAMA n. m. Composición teatral íntegramente puesta en música y cantada. **2.** Obra dramática en la que la voz declama y es sostenida por un acompañamiento musical. **3.** Obra dramática que trata de conmover al auditorio por la violencia y el acusado sentimentalismo de las situaciones.
MELODRAMÁTICO, A adj. Relativo al melodrama. **2.** Exageradamente patético: *situación melodramática*.
MELÓMANO, A n. Persona muy aficionada a la música.
MELÓN n. m. Planta de tallo tendido y grueso, cuyo pesado fruto es una pepónide de carne jugosa y dulce, de color amarillento o rojizo. (Familia cucurbitáceas.) **2.** Fruto de esta planta. **3.** *Fig.* Persona inepta, boba. • **Melón de agua**, sandía.
MELONADA n. f. *Fig.* y *fam.* Bobada. **2.** *Cuba* y *Méx.* Torpeza, bellaquería.
MELONCILLO n. m. Subespecie de mangosta común que vive en Andalucía. **2.** Ave paseriforme que vive en Australia. (Familia melifágidos.)
MELOPEA n. f. Término con que los griegos designaban la utilización, para el logro de una creación artística, de todos los elementos constitutivos de la melodía. **2.** Canto monótono. **3.** Melopeya. **4.** *Fam.* Borrachera, efecto de emborracharse.
MELOPEYA n. f. (gr. *melopoiia*, de *melos*, música, y *poieō*, hacer). Arte de producir melodías. **2.** Entonación rítmica dada al recitado.
MELOSIDAD n. f. Calidad de meloso. **2.** Materia melosa. **3.** *Fig.* Dulzura, suavidad.
MELOSO, A adj. (lat. *mellosum*). Semejante a la miel: *color meloso*. **2.** *Fig.* Blando, dulce: *carne melosa*. **3.** *Fig.* Empalagoso, meliflu: *voz melosa*.
MELVA n. f. Pez de cuerpo oblongo, que vive en los mares cálidos y templados. (Familia escómbridos.)
MELVILLE (Herman), escritor norteamericano (Nueva York 1819-*id.* 1891). Antiguo marino, escribió novelas en las que la aventura adquiere un significado simbólico (*Moby Dick*, 1851).
MEMBRANA n. f. (lat. *membranam*). Lámina delgada de un material elástico y resistente. **2.** ANAT. Estructura anatómica e histológica, dispuesta en forma de fina hoja o capa, que delimita un espacio. **3.** BIOL. Lámina delgada y flexible, de tejido animal o vegetal, que envuelve ciertos órganos, o bien absorbe, exhala o segrega ciertos fluidos.
MEMBRANOSO, A adj. Que tiene la naturaleza de una membrana.
MEMBRETE n. m. Nombre, dirección o título de una persona o entidad, que va impreso en la parte superior del sobre o papel que se emplea para la correspondencia.
MEMBRILLERO n. m. Membrillo, árbol.
MEMBRILLETE n. m. *Perú.* Planta silvestre de hoja parecida a la del membrillo.
MEMBRILLO n. m. Árbol frutal oriundo de Asia, que produce unos frutos amarillos, muy aromáticos, de carne áspera y granular. (Familia rosáceas.) **2.** Fruto de este árbol. **3.** Codoñate, dulce de membrillo.
MEMBRUDO, A adj. Robusto, forzudo.
MEMELA n. f. *Méx.* Tortilla de maíz grande, gruesa y ovalada que se sirve con salsa y queso.
MEMEZ n. f. Calidad de memo. **2.** Acción propia de un memo.
MEMO, A adj. y n. Necio, bobo.
MEMORABLE adj. (lat. *memorabilem*). Digno de ser recordado o que deja un recuerdo duradero.
MEMORANDO n. m. Memorándum.
MEMORÁNDUM n. m. (lat. *memorandum*) [pl. *memorándum* o *memorándums*]. Cuadernito en que se anota lo que se quiere recordar. **2.** Nota diplomática que contiene la exposición sumaria del estado de una cuestión. **3.** Informe o comunicación en que se exponen hechos o razones para que se tengan en cuenta en determinados asuntos. **4.** *Chile.* Papel con membrete. **5.** *Chile.* Sección de los periódicos en que se anuncian ciertos servicios públicos.
MEMORAR v. tr. y pron. [**1**]. Recordar una cosa.
MEMORIA n. f. (lat. *memoriam*). Función general gracias a la cual el hombre almacena, conserva y posteriormente reactualiza o utiliza informaciones que se le han presentado durante su existencia. **2.** Capacidad de repetir lo previamente aprendido: *tener buena memoria*. **3.** Recuerdo: *ofreció un donativo en memoria de su marido*. **4.** Estudio, disertación o resumen general escrito sobre las actividades de una institución o sobre una materia. **5.** INFORMAT. Dispositivo electrónico capaz de almacenar información y restituirla a petición del usuario. ‖ **Ayuda memoria** (*Argent.*), escrito breve o apunte del que se vale un expositor para recordar algunos datos o la organización general de lo que va a decir. ‖ **De memoria**, reteniendo en ella puntualmente lo aprendido u oído. ‖ **Hacer memoria**, esforzarse por recordar algo; recordar, citar. ‖ **Venir a la memoria** una cosa, ser recordada súbitamente. ♦ **memorias** n. f. pl. **6.** Saludo afectuoso que se envía a un ausente por medio de una tercera persona. **7.** Obra autobiográfica en la que se evocan vivencias del autor.
MEMORIAL n. m. Libro o cuaderno en que se apunta una cosa para un fin. **2.** Escrito en que se pide una gracia, acompañando los méritos en que se funda la petición. **3.** Boletín o publicación oficial de algunas colectividades. **4.** LITURG. Acto que hace presente por el rito un hecho salvífico obrado por Dios en otro tiempo.
MEMORIALISTA n. m. y f. El que tiene por oficio escribir memoriales y otros documentos.
MEMORIZACIÓN n. f. Trabajo de la memoria o acción de fijar metódicamente algo en la memoria.
MEMORIZAR v. tr. [**1g**]. Aprender de memoria. **2.** Registrar datos en una memoria.
MEMPHIS, c. de Estados Unidos (Tennessee), a orillas del Mississippi; 610 337 hab.
MENA n. f. Parte del filón o criadero que contiene minerales útiles en proporción notable y que requieren una elaboración para ser utilizados para la industria. Mineral beneficiable, aunque no sea metalífero.
MENA (Juan de), poeta español (Córdoba 1411-Torrelaguna 1456). Su poesía muestra una tendencia ultracultista y latinizante (*Laberinto de Fortuna* o *Las trescientas*, en coplas de arte mayor). Destacan también su *Ilíada en romance*, y sus comentarios a la *Coronación*.
MÉNADE n. f. Compañera de Dioniso. **2.** Mujer consagrada a los misterios de este dios. **3.** *Fig.* Mujer furiosa y frenética.
MENAJE n. m. (fr. *ménage*). Conjunto de muebles, utensilios y ropas de la casa.
MENCHÚ (Rigoberta), líder campesina guatemalteca (Chimel, Uspantán, 1959). Tras ser asesinados sus familiares (1979-1980), escogió el exilio y la lucha cívica para lograr la emancipación social y política de los pueblos indígenas y mestizos pobres de Guatemala y de toda América. (Premio Nobel de la Paz 1992.)
MENCIÓN n. f. (lat. *mentionem*). Acción y efecto de nombrar o citar una persona o cosa. • **Hacer mención**, mencionar. ‖ **Mención honorífica**, en los concursos, honor que se concede a una obra de mérito, no premiada.
MENCIONAR v. tr. [**1**]. Decir el nombre de una persona o cosa o aludir a ellos en el curso de una conversación, escrito, etc.

MEN

MENDACIDAD n. f. (lat. *mendacitatem*). Hábito o costumbre de mentir. **2.** Mentira descarada.

MENDAZ adj. y n. m. y f. Mentiroso.

MENDEL (Johann, en religión **Gregor**, religioso y botánico austríaco (Heinzedorf, Austria, 1822-Brünn 1884). Fue célebre por sus experiencias acerca de la herencia de los caracteres en los guisantes (*Ensayos sobre los híbridos vegetales*, 1866). Al cruzar cepas que diferían por *un solo carácter*, se propuso observar las leyes de la reaparición del carácter en cuestión, es decir, de su transmisión (*leyes de Mendel*).

MENDELÉIEV (Dmitri Ivánovich), químico ruso (Tobolsk 1834-San Petersburgo 1907), autor de la clasificación periódica de los elementos químicos (1869).

MENDELEVIO n. m. (de D. I. *Mendeléiev*, químico ruso). QUÍM. Elemento transuránico (Mv), núm. 101.

MENDELISMO n. m. Teoría derivada de los trabajos de Mendel.

MENDELSSOHN-BARTHOLDY (Felix), compositor alemán (Hamburgo 1809-Leipzig 1847). Dejó una considerable obra basada en la tradición alemana, de un discreto romanticismo (*Concierto para violín*; *Romanzas sin palabras* para piano; cinco sinfonías).

MÉNDEZ (Leopoldo), pintor y grabador mexicano (México 1902-*id* 1969). Cofundador del Taller de gráfica popular, destacó en el grabado y en los murales.

MÉNDEZ MONTENEGRO (Julio César), político guatemalteco (Guatemala 1915). Fue presidente de la república (1966-1970).

MENDICANTE adj. y n. m. y f. Que mendiga o pide limosna. ◆ adj. **2. Órdenes mendicantes**, órdenes religiosas fundadas o reorganizadas en el s. XIII, que hacían profesión de pobreza absoluta. (Las cuatro más antiguas e importantes son: los carmelitas, los franciscanos, los dominicos y los agustinos.)

MENDIETA (Jerónimo **de**), franciscano e historiador español (Vitoria 1525-†1604). En Nueva España redactó una *Historia eclesiástica indiana* (1573-1597).

MENDIGAR v. tr. e intr. (lat. *mendicare*) [**1b**]. Pedir limosna. ◆ v. tr. **2.** *Fig.* Solicitar o pedir algo humillándose: *mendigar un favor*.

MENDIGO, A n. Persona que vive habitualmente de pedir limosna.

MENDILAHARZU (Graciano), pintor argentino (Buenos Aires 1857-*id.* 1894), autor de la decoración de la Cámara de diputados en Buenos Aires.

MENDIVE (Rafael María **de**), poeta cubano (La Habana 1821-*id.* 1886). Poeta romántico (*Poesías*, 1860), fue maestro de José Martí.

MENDOZA (*provincia de*), prov. del O de Argentina; 148 827 km^2; 1 414 058 hab. Cap. *Mendoza*.

MENDOZA, c. de Argentina, cap. de la prov. homónima, junto al río *Mendoza*, en un área de extensos viñedos; 121 696 hab. (605 623 en el *Gran Mendoza*). Industrias vitivinícolas (bodegas, fábricas de cerveza), químicas y petroquímica. Fundada en 1561 por Pedro del Castillo, prosperó en los ss. XVII-XVIII, gracias a la rica agricultura de su campiña, el comercio y la minería. Fue asolada por un terremoto en 1861.

MENDOZA (*familia*), linaje aristocrático castellano, muy vinculado a la dinastía Trastámara. – **Iñigo López de Mendoza** (1398-1458), escritor y político, recibió el título de marqués de Santillana.

MENDOZA (Antonio **de**), administrador español (¿Granada?-c. 1490-Lima 1552 o 1553). Fue primer virrey de Nueva España (1535-1550) y virrey del Perú (desde 1551).

MENDOZA (Jaime), escritor boliviano (Sucre 1874-*id.* 1940), autor de novelas de tema social (*En las tierras del Potosí*, 1911) y de ensayos (*La tragedia del Chaco*, 1933).

MENDRUGO n. m. Pedazo de pan duro o desechado. ◆ adj. y n. m. **2.** *Fam.* Tonto, zoquete.

MENE GRANDE, c. de Venezuela (Zulia), cap. del mun. Libertador; 31 558 hab. Extracción y refino de petróleo. Oleoducto a San Timoteo.

MENEAR v. tr. y pron. [**1**]. Mover o agitar una cosa de una parte a otra: *el perro meneaba la cola*. ◆ v. tr. **2.** *Fig.* Hacer gestiones para resolver algo. ◆ **menearse** v. pron. **3.** Moverse, hacer con prontitud y diligencia una cosa, y especialmente andar de prisa.

MENELAO, héroe del ciclo troyano, hermano de Agamenón, rey de Esparta, y esposo de Helena.

MENEM (Carlos Saúl), político argentino (Anillaco, La Rioja, 1930). Presidente del Partido justicialista y de la república desde 1989, privatizó gran parte del sector público y promulgó el indulto a los implicados en la dictadura militar de 1976-1983. Fue reelegido en 1995. De nuevo candidato a la presidencia en 2003, se retiró luego de la segunda vuelta de las elecciones.

MENÉNDEZ (Francisco), general y político salvadoreño (1830-1890). Tras derrocar a Zaldívar (1885), fue presidente constitucional (1887-1890).

MENÉNDEZ PELAYO (Marcelino), historiador y erudito español (Santander 1856-*id.* 1912). Se propuso reconstruir el pasado cultural español. Entre sus estudios destacan: *Historia de los heterodoxos españoles* (1880-1882), *Antología de poetas líricos castellanos* (1890-1906), *Antología de poetas hispanoamericanos* (1892), *Orígenes de la novela* (1905-1910) y *Estudios de crítica literaria* (1881-1892).

MENÉNDEZ PIDAL (Ramón), filólogo e historiador español (La Coruña 1869-Madrid 1968). Es autor del *Manual de gramática histórica española* (1918) y de *Orígenes del español* (1926). En el campo de la historia literaria destacan: *La leyenda de los infantes de Lara* (1896), el *Cantar de Mio Cid* y *Poesía juglaresca y orígenes de las literaturas románicas* (1924).

MENEO n. m. Acción y efecto de menear o menearse. **2.** *Fig.* y *fam.* Vapuleo.

MENESES (Guillermo), escritor venezolano (Caracas 1911-*id.* 1978), autor de relatos y novelas (*El mestizo José Vargas*, 1942; *La misa de Arlequín*, 1962).

MENESTER n. m. (lat. *ministerium*, servicio). Falta o necesidad de algo. **2.** Ocupación, trabajo o algo que alguien necesita hacer. ◆ **menesteres** n. m. pl. **3.** Necesidades fisiológicas. **4.** *Fam.* Utensilios necesarios para ciertos usos u oficios.

MENESTEROSO, A adj. y n. Que carece de algo, especialmente de lo necesario para su subsistencia.

MENESTRA n. f. (ital. *minestra*). Guiso de verduras generalmente mezcladas con trozos de carne o jamón. **2.** Legumbre seca. (Suele usarse en plural.)

MENESTRAL, LA n. (lat. *ministerialem*). Artesano.

MENFIS, c. del antiguo Egipto, a orillas del Nilo, aguas arriba del Delta, cap. del Imperio antiguo.

MENGALA n. f. *Amér. Central.* Mujer del pueblo soltera y joven.

MENGANO, A n. Una persona cualquiera: *siempre están cotilleando: que si fulana esto, que si mengano lo otro*.

MENGUA n. f. Acción y efecto de menguar. **2.** Falta que padece una cosa para estar cabal y perfecta. **3.** *Fig.* Descrédito, deshonra.

MENGUADO, A adj. y n. Cobarde, pusilánime. **2.** Tonto, necio. ◆ n. m. **3.** En las labores de punto, cada uno de los puntos que se menguan.

MENGUANTE adj. Que mengua: *cuarto menguante*. ◆ n. f. **2.** Estiaje de los ríos o arroyos. • **Menguante de la Luna** (ASTRON.), período durante el cual decrece el disco iluminado, desde la Luna llena hasta la Luna nueva.

MENGUAR v. intr. (lat. *minuare*) [**1c**]. Disminuir o irse empequeñeciendo una cosa: *sus fuerzas menguaban día a día*. **2.** ASTRON. Disminuir la parte iluminada de la Luna.

MENHADEN n. m. Pez muy abundante en el golfo de México, del que se aprovecha la grasa. (Familia clupeidos.)

MENHIR n. m. (fr. *menhir*). Monumento megalítico formado por un bloque de piedra hincado verticalmente en el suelo.

MENINGE n. f. Cada una de las tres membranas (*piamadre*, *aracnoides* y *duramadre*) que rodean los centros nerviosos.

MENÍNGEO, A adj. Relativo a las meninges: *arterias meningeas*.

MENINGITIS n. f. Enfermedad microbiana o viral que provoca la inflamación de las meninges y se traduce por la rigidez de la nuca, cefaleas y vómitos.

MENINGOCOCO n. m. Variedad de diplococo responsable de la meningitis cerebroespinal.

MENISCO n. m. (gr. *mēniskos*, luna pequeña). Lente convexa por un lado y cóncava por el otro: *menisco convergente, divergente*. **2.** Superficie curva que se forma en el extremo superior de una columna de líquido contenida en un tubo. **3.** ANAT. Lámina cartilaginosa situada entre los huesos en ciertas articulaciones, como la rodilla.

MENNONITA o **MENONITA** n. m. y f. HIST. Miembro de una secta anabaptista fundada por el reformador neerlandés Menno Simonsz, en la actualidad extendida sobre todo por América.

MENOPAUSIA n. f. Cese de la ovulación en la mujer, caracterizado por la detención definitiva de la menstruación. **2.** Época en que se produce.

MENOR adj. (lat. *minorem*). Que tiene menos cantidad que otra cosa de la misma especie: *nuestro hijo es menor que el vuestro*. (Se usa como comparativo y, precedido del artículo determinado, como superlativo relativo.) **2.** Menos intenso: *tu responsabilidad será menor si no firmas el documento*. • **Comercio al por menor**, compra de mercancías al por mayor para su posterior venta, en pequeñas cantidades, a los consumidores directamente. || **Menor que** (MAT.), signo matemático (<) que, colocado entre dos cantidades, indica que es menor la primera que la segunda. || **Premisa menor** (LÓG.), segunda de las premisas de un silogismo, que tiene por sujeto el término que sirve de sujeto a la conclusión y por atributo el término medio. || **Verso de arte menor**, verso de dos a ocho sílabas y que sólo lleva un acento rítmico. ◆ adj. y n. m. y f. **3.** Dícese de las personas que no han alcanzado la edad que la ley establece para gozar de la plena capacidad jurídica.

MENORCA (*isla de*), isla de España, la más septentrional y oriental de las Baleares; 701,84 km^2; 65 109 hab. Las ciudades principales son Mahón, cap. de la isla, y Ciudadela. Relieve suave, con perfil costero poco accidentado, a excepción de la rada de Mahón. Agricultura de secano, ganadería. Turismo. Industria. Yacimientos de la cultura megalítica (talayots, navetas, taulas). Ocupada por Gran Bretaña de 1708 a 1802, salvo en 1756-1763 (bajo soberanía francesa) y 1782-1798 (incorporada a España).

MENORQUÍN, NA adj. y n. De Menorca. ◆ n. m. **2.** Subdialecto balear.

MENORRAGIA n. f. MED. Hemorragia menstrual de intensidad superior a la normal.

MENOS adv. (lat. *minus*). Denota menor cantidad numérica o menor intensidad de las cualidades y acciones: *tengo me-*

nos dinero que antes. **2.** Denota idea opuesta a la de preferencia: *menos quiero perder la honra que el caudal.* • **A menos que,** introduce una salvedad a lo dicho antes: *no iré a menos que me acompañes.* ‖ **Al, a lo, cuando** o **por lo menos,** como mínimo: *al menos tenía cuatro.* ‖ **De menos,** expresa falta de la cantidad que se indica para llegar a la debida: *me han dado cien gramos de menos.* ‖ **En menos,** en menor grado o cantidad: *llegó en menos tiempo del previsto.* ‖ **Nada menos,** expresión enfatizante: *me debe diez mil duros nada menos.* ‖ **Ni mucho menos,** expresión con que se niega rotundamente algo: *no le debo nada, ni mucho menos.* ♦ prep. **3.** Excepto: *todos menos el hijo menor.* ♦ pron. indef. **4.** Cuantitativo invariable: *mucho menos dinero.* ♦ n. m. **5.** Signo (−) de la sustracción: 5 − 3 = 2.
MENOSCABAR v. tr. y pron. [1]. Mermar una cosa quitándole una parte. **2.** *Fig.* Estropear o quitar realce a algo. **3.** *Fig.* Perjudicar, dañar a alguien.
MENOSCABO n. m. Acción y efecto de menoscabar.
MENOSPRECIAR v. tr. [1]. Tener una cosa o a una persona en menos de lo que merece: *menospreciar el valor del dinero.* **2.** Despreciar.
MENOSPRECIO n. m. Acción y efecto de menospreciar.
MENSAJE n. m. (provenz. *messatge*). Noticia o comunicación importante enviada a alguien: *la radio transmitía mensajes solicitando ayuda.* **2.** Recado, noticia: *recibí tu mensaje hace un rato.*
MENSAJERÍA n. f. Transporte urbano de correos y paquetes, como empresa privada. **2.** Empresa que los tiene establecidos. (Suele usarse en plural.)
MENSAJERO, A adj. y n. Que lleva un mensaje. ♦ adj. **2.** Dícese de lo que anuncia la llegada de algo: *llegaron los primeros fríos mensajeros del invierno.* ♦ n. **3.** Persona encargada de un transporte de mensajería urbana. **4.** Persona que lleva un recado o noticia a otra.
MENSO, A adj. *Méx. Fam.* Tonto, pesado, bobo.
MENSTRUACIÓN n. f. FISIOL. Eliminación periódica, acompañada de hemorragia, de la caduca uterina cuando no ha habido fecundación. SIN.: *menstruo.*
MENSTRUAR v. intr. [1s]. Realizar la menstruación.
MENSÚ n. m. *Argent.* Peón rural.
MENSUAL adj. Que ocurre, se hace o aparece cada mes: *revista mensual.* ♦ n. m. **2.** *Argent.* y *Urug.* Peón contratado para realizar diversos trabajos en el campo.
MENSUALIDAD n. f. Sueldo o salario de un mes. **2.** Cantidad que se paga por meses.
MÉNSULA n. f. Repisa o apoyo para sustentar cualquier cosa. **2.** Elemento arquitectónico que sobresale de un plano vertical y se emplea como apoyo de algo. **3.** Parte en voladizo de las vigas de ciertos puentes.
MENSURAR v. tr. [1]. Medir.
MENTA n. f. (lat. *mentam*). Planta aromática, de flores rosadas o blancas, utilizada en infusión por sus propiedades digestivas y estimulantes, y para aromatizar licores, caramelos, etc. (Familia labiadas.) ♦ **mentas** n. f. pl. **2.** *Argent.* En el lenguaje rural, fama, reputación. • **De mentas** *(Argent.),* en el lenguaje rural, de oídas.
MENTADA n. f. *Méx. Vulg.* Insulto: *de cada tres palabras que dice, dos son mentadas.* • **Ser algo una mentada de madre** *(Méx.),* ser insultante: *es una mentada de madre lo que recibe de sueldo.*
MENTADO, A adj. Que tiene fama, célebre, famoso.
MENTAL adj. Relativo a la mente: *enfermo mental.*
MENTALIDAD n. f. Disposición particular que tiene un individuo o una colectividad para pensar o enjuiciar los hechos.

MENTALIZAR v. intr. y pron. [1g]. Adquirir o cimentar una idea.
MENTAR v. tr. [1j]. Nombrar o mencionar una cosa. ♦ v. intr. **2.** *Amér.* Apodar.
MENTE n. f. Entendimiento: *mente privilegiada.* **2.** Intención, propósito, voluntad: *no estaba en mi mente ofenderte.* **3.** Mentalidad: *mente maliciosa.*
MENTECATO, A adj. y n. Dícese de las personas faltas de sensatez o buen sentido.
MENTIDERO n. m. *Fam.* Sitio donde se reúne la gente para hacer tertulia.
MENTIDO, A adj. Mentiroso, engañoso.
MENTIR v. intr. (lat. *mentiri*) [22]. Decir una mentira o mentiras. **2.** Inducir a error: *las esperanzas mienten.*
MENTIRA n. f. Cosa que se dice sabiendo que no es verdad con intención de engañar. **2.** *Fig.* y *fam.* Manchita blanca que suele aparecer en las uñas.
MENTIRIJILLA. De mentirijillas, por broma, para engañar, por juego.
MENTIROSO, A adj. y n. Que tiene costumbre de mentir. ♦ adj. **2.** Engañoso, fingido o falso: *siempre fue la palabra más mentirosa que la imprenta.*
MENTÍS n. m. (pl. *mentis*). Hecho o demostración que contradice o niega categóricamente un aserto: *el gobierno dio un rotundo mentís a la noticia.*
MENTOL n. m. Alcohol terpénico que se extrae de la esencia de menta.
MENTOLADO, A adj. Que contiene mentol.
MENTÓN n. m. (fr. *menton*). Barbilla o prominencia de la mandíbula inferior.
MENTOR n. m. Consejero o guía de otro. **2.** El que sirve de ayo.
MENÚ n. m. (fr. *menu*) [pl. *menús*]. Lista de los platos que componen una comida o que pueden pedirse en un restaurante. **2.** La comida que se toma. **3.** Comida a precio fijo que se sirve en un restaurante. **4.** INFORMÁT. Lista de opciones que aparecen en la pantalla de un ordenador, entre las cuales debe elegir el usuario.
MENUDEAR v. tr. [1]. Hacer una cosa repetidas veces: *menudea sus visitas.* ♦ v. intr. **2.** Ocurrir o suceder una cosa con frecuencia: *aquel invierno menudearon las nevadas.* ♦ v. tr. e intr. **3.** *Chile* y *Colomb.* Vender al por menor.
MENUDENCIA n. f. Pequeñez e insignificancia de una cosa. **2.** Cosa de poco valor y estimación. **3.** Exactitud y cuidado con que se considera una cosa. ♦ **menudencias** n. f. pl. **4.** Menudillos de las aves.
MENUDEO n. m. Acción y efecto de menudear.
MENUDILLO n. m. En los cuadrúpedos, articulación entre la caña y la cuartilla. ♦ **menudillos** n. m. pl. **2.** Ovarios, hígado, molleja y otras vísceras de las aves.
MENUDO, A adj. De tamaño muy pequeño. **2.** Insignificante, de poca importancia: *la menuda realidad de las cosas.* **3.** Exacto, minucioso: *le hizo una menuda relación del material existente.* **4.** Se emplea en frases de sentido ponderativo, tanto estimativo como despectivo: *menudo es él para estas cosas.* • **A menudo,** muchas veces, frecuentemente. ♦ n. m. **5.** *Méx.* Guiso que se prepara con estómago de res cocido en un caldo condimentado con especias y chile. ♦ **menudos** n. m. pl. **6.** Entrañas, manos y sangre de las reses que se matan. **7.** Menudillos.
MEÑIQUE adj. y n. m. Dícese del quinto dedo de la mano. ♦ adj. **2.** *Fam.* Muy pequeño.
MEOGUIL n. m. *Méx.* Oruga que se cría en las pencas del maguey.
MEOLLO n. m. Masa nerviosa de la cavidad del cráneo o de la médula. **2.** Miga del pan. **3.** *Fig.* Sustancia, contenido o interés de algo: *el meollo de una cuestión.*
MEÓN, NA adj. y n. Que mea mucho o frecuentemente. ♦ n. **2.** *Fam.* Niño recién nacido.

MEQUETREFE n. m. y f. *Fam.* Persona entrometida, de poca importancia y de poco juicio.
MERA (Juan León), escritor ecuatoriano (Ambato 1832-*id.* 1894). Es autor de la novela indianista *Cumandá o un drama entre salvajes* (1879), de poesías *(Melodías indígenas,* ˙ 858) y de la letra del himno nacional de Ecuador.
MERCADEAR v. intr. [1]. Hacer trato o comercio de mercancías.
MERCADEO n. m. Acción y efecto de mercadear.
MERCADER n. m. y f. (cat. *mercader*). Persona que trata o comercia con géneros vendibles.
MERCADERÍA n. f. Mercancía.
MERCADILLO n. m. Mercado de pequeñas dimensiones en el que suelen venderse géneros baratos, generalmente en días determinados.
MERCADO n. m. (lat. *mercatum*). Contratación pública de mercancías en un sitio destinado al efecto y en días señalados. **2.** Lugar o edificio público destinado permanentemente a los días señalados, a comprar, vender o permutar géneros y mercancías. **3.** Concurrencia de gente en un mercado: *el mercado se alborotó.* **4.** ECON. Ámbito que comprende a los consumidores y productores que normalmente tienen influencia sobre la formación del precio del bien objeto de cambio. • **Mercado común,** concierto de países entre los que se han establecido derechos arancelarios comunes frente a otros países. ‖ **Mercado de trabajo,** conjunto de relaciones entre la oferta y la demanda de trabajo como factor productivo. ‖ **Mercado negro,** tráfico clandestino de divisas monetarias, mercancías no autorizadas o mercancías escasas, a precios superiores a los normales.
MERCADO *(cerro del),* cerro de México (Durango), junto a la ciudad de Durango. Yacimiento de hierro; extracción de magnetita y hematites.
MERCANCÍA n. f. (ital. *mercanzia*). Acción de comerciar. **2.** Todo género vendible. **3.** *Fig.* Cosa que se hace objeto de trato o venta. **4.** Cuenta de activo representativa del valor de las mercancías adquiridas por la empresa para su posterior venta. **5.** Cosa material cuya producción, transformación, distribución, utilización o venta es motivo de la actividad y trato mercantil. **6.** Producto destinado a ser vendido sin transformación. **7.** Carga transportada por un buque.
MERCANTE adj. Mercantil. **3.** Marina mercante → **marina.** ♦ adj. y n. m. **4.** Dícese del buque dedicado al transporte de mercancías y pasajeros. ♦ n. m. y f. **5.** Mercader.
MERCANTIL adj. Relativo al mercader, a la mercancía o al comercio.
MERCANTILISMO n. m. Espíritu mercantil, especialmente aplicado a cosas que no deben ser objeto de comercio. **2.** HIST. Doctrina económica, elaborada en los ss. XVI y XVII según la cual los metales preciosos constituyen la riqueza principal de los países.
MERCANTILISTA adj. y n. m. y f. Relativo al mercantilismo; partidario del mercantilismo. **2.** Experto en derecho mercantil.
MERCAR v. tr. y pron. (lat. *mercari*) [1]. *Fam.* Comprar.
MERCATOR (Gerhard **Kremer,** llamado **Gerard**), matemático y geógrafo flamenco (Rupelmonde 1512-Duisburg 1594). Trazó mapas e inventó un sistema de proyección cartográfica *(proyección de Mercator).*
MERCED n. f. (lat. *mercedem,* paga, recompensa). Beneficio o favor que se hace a alguien gratuitamente. **2.** Voluntad o arbitrio de alguien: *quedar a merced del viento.* **3.** Tratamiento de cortesía. • **Merced a,** gracias a.

MERCEDARIO (cerro), cumbre de los Andes argentinos (San Juan); 6769 m.

MERCEDES, c. y puerto de Uruguay, cap. del dep. de Soriano; 34 700 hab. Activo centro comercial.

MERCEDES, partido de Argentina (Buenos Aires); 55 685 hab. Industrias metalúrgicas, cemento. — Dep. de Argentina (Corrientes); 33 795 hab. Arroz, olivos y frutales. Canteras de piedra y sal.

MERCENARIO, A n. y adj. (lat. *mercenarium*). Soldado que sirve a un gobierno extranjero a cambio de un estipendio convenido: *cuerpo de mercenarios*. **2.** Persona que realiza cualquier trabajo por una retribución. **3.** Persona que sustituye a otra por el salario que le da.

MERCERÍA n. f. (cat. *merceria*). Tienda de artículos accesorios, generalmente de costura. **2.** Comercio de dichos artículos.

MERCERIZACIÓN n. f. (de *Mercer*, químico británico). Operación que consiste en impregnar los hilados o los tejidos de algodón, previamente tensados, con una solución de sosa cáustica para que resulten brillantes. SIN.: *mercerizado*.

MERCERIZAR v. tr. [**1g**]. Realizar una mercerización.

MERCERO, A n. (cat. *mercer*). Persona que comercia en mercería.

MERCURIAL adj. Relativo al mercurio. ♦ n. f. **2.** Planta herbácea casi lampiña, que antiguamente se utilizaba como purgante. (Familia euforbiáceas.)

MERCURIO n. m. Metal líquido de color blanco plateado (Hg), de número atómico 80 y de masa atómica 200,59, que se encuentra en las minas en estado nativo, pero principalmente en combinación con el azufre.

MERCURIO, planeta del sistema solar, el más cercano al Sol y cuya superficie es muy parecida a la de la Luna (numerosos cráteres).

MERCURIO, dios romano del comercio y de los viajeros, identificado con el *Hermes* griego.

MERCUROCROMO n. m. Antiséptico y colorante rojo, empleado en soluciones. SIN.: *mercurescína*.

MERECER v. tr. [**2m**]. Hacerse digno de premio o de castigo. **2.** Lograr, conseguir. **3.** Tener cierta estimación o aprecio una cosa: *su obra merece el respeto de todos*. ♦ v. intr. **4.** Hacer méritos, ser digno de premio. • **Estar en edad de merecer**, encontrarse en edad de contraer matrimonio.

MERECIDO n. m. Castigo de que se juzga digno a uno: *tener su merecido*.

MERENDAR v. intr. [**1j**]. Tomar la merienda. **2.** En algunas partes, comer al mediodía. ♦ v. tr. **3.** Comer en la merienda algo.

MERENDERO n. m. Establecimiento público, situado en el campo o en la playa, donde se va a merendar o a comer, generalmente llevando la propia comida.

MERENDÓN (sierra del), sistema montañoso del O de Honduras: forma frontera con Guatemala.

MERENGUE n. m. Dulce elaborado con claras de huevo batidas y azúcar en polvo, cocido al horno. **2.** Persona empalagosa por lo dulce o amable. **3.** Baile nacional dominicano, de movimiento moderado, basado en la mazurca, el vals y otros bailes europeos. **4.** *Argent., Par.* y *Urug. Fig.* y *fam.* Lío, desorden, trifulca. **5.** *Dom.* Danza popular, conocida también en otros países.

MERETRIZ n. f. (lat. *meretricem*). Prostituta.

MÉRIDA (cordillera de) o **ANDES VENEZOLANOS**, sistema montañoso de Venezuela, que se extiende a lo largo de 450 km en dirección SO-NE, desde territorio colombiano hasta la depresión de Yaracuy; alt. máx. 5007 m en el pico Bolívar, punto culminante del país.

MÉRIDA (estado), est. del O de Venezuela; 11 300 km²; 609 771 hab. Cap. Mérida.

MÉRIDA, c. de España (Badajoz), cap. de Extremadura, a orillas de de p. j.; 51 135 hab. *(Emeritenses.)* Centro administrativo, industrial y comercial de una rica región agropecuaria. Floreciente c. romana *(Emerita Augusta)*, fundada en 25 a. J.C., monumentos romanos; alcazaba (s. IX). Museo nacional de arte romano (edificio de R. Moneo).

MÉRIDA, c. de México, cap. del est. de Yucatán; 556 819 hab. Centro industrial, comercial, turístico y cultural (universidad). Fue fundada en 1542 por Francisco Montejo. Plaza Mayor Plaza porticada. Museo de arqueología e historia. Iglesias de los ss. XVII-XVIII.

MÉRIDA, c. de Venezuela, cap. del est. homónimo, a orillas del río Chama; 170 902 hab. *(Merideños.)* Centro comercial, cultural (universidad) y turístico. Refino de azúcar. Aeropuerto. Destacan los edificios de la catedral y la universidad.

MÉRIDA (Carlos), pintor guatemalteco (Guatemala 1891-México 1984). Preocupado por las raíces americanas, creó una abstracción personal (murales del Banco central de Guatemala y del edificio Social de México).

MERIDIANO, A adj. (lat. *meridianum*, de *meridiem*, mediodía). Relativo a la hora del mediodía: *sombra meridiana*. **2.** *Fig.* Muy claro: *una verdad meridiana*. **3.** ASTRON. Dícese del plano que, en un lugar, comprende la vertical de este lugar y el eje del mundo. ♦ n. m. **4.** Plano definido por la vertical local y el eje de rotación de la Tierra. SIN.: *plano meridiano*. **5.** Semicírculo máximo de la esfera celeste limitado por los polos y que pasa por el cenit de un lugar. **6.** En la superficie de la Tierra o de un astro cualquiera, lugar de los puntos que tienen la misma longitud. • **Meridiano magnético**, plano vertical que contiene la dirección del campo magnético terrestre. ‖ **Primer meridiano**, meridiano de Greenwich por pasa por el antiguo observatorio, y en relación al cual se cuentan los grados de longitud. ♦ n. m. y adj. **7.** MAT. Sección de una superficie de revolución por un plano que pasa por el eje de esta superficie.

MERIDIONAL adj. y n. m. y f. Relativo al mediodía y a las personas que habitan en él; persona que habita en estos países o regiones.

MERIDIONAL (altiplanicie), región fisiográfica de México, entre las sierras Madre occidental y Madre oriental y la cordillera Neovolcánica. Densamente poblada y urbanizada. Minería e industria, concentrada en Guanajuato y San Luis Potosí.

MERIENDA n. f. (lat. *merendam*). Comida ligera que se toma por la tarde. **2.** En algunas partes, comida que se toma al mediodía. **3.** *Ecuad.* Cena. • **Merienda de negros** *(Fig.* y *fam.)*, confusión y desorden; arreglo o reparto caprichoso o abusivo.

MERILLO n. m. Pez comestible, que vive en fondos arenosos y fangosos del Mediterráneo y del Atlántico oriental. (Familia serránidos.)

MÉRIMÉE (Prosper), escritor francés (París 1803-Cannes 1870). Es autor de cuentos y novelas cortas *(Colomba*, 1840; *Carmen*, 1845).

MERÍN o **MERIM**, en port. *Mirim*, laguna litoral de Uruguay y Brasil; 2966 km².

MERINO, A adj. y n. m. Dícese de una raza de carneros de cuerpo cubierto de lana fina y rizada, muy apreciada.

MERINO (Ignacio), pintor peruano (Piura 1817-París 1876). Se inspiró en temas del pasado para sus acuarelas y dibujos.

MÉRITO n. m. (lat. *meritum*). Aquello que hace a alguien digno de aprecio o de recompensa: *obtener muchos méritos*. **2.** Aquello que da valor a algo: *este trabajo tiene mérito*. • **De mérito**, notable, recomendable. ‖ **Hacer méritos**, tratar de merecer o conseguir algo realizando ciertas acciones.

MERITORIO, A adj. Digno de premio. ♦ n. **2.** Persona que trabaja sin sueldo, para hacer méritos, a fin de obtener el mismo puesto retribuido. **3.** Aspirante administrativo.

MERLO n. m. Pez marino, de color azul intenso, que vive en el Mediterráneo y en el Atlántico. (Familia lábridos.)

MERLO, partido de Argentina (Buenos Aires); 390 031 hab. En el Gran Buenos Aires.

MERLO (Tomás de), pintor guatemalteco (Guatemala 1649-*id.* 1739). En 1737 comenzó a pintar la serie de ocho cuadros de la serie *La pasión de Cristo* (museo nacional, Guatemala).

MERLUZA n. f. Pez comestible, de cuerpo fusiforme y alargado, con la parte dorsal gris y aletas de radios blandos. (Familia gádidos.) **2.** *Fig.* y *fam.* Borrachera, embriaguez.

MERMA n. f. Acción y efecto de mermar. **2.** Porción que se consume naturalmente o se sustrae de una cosa: *la merma de los bienes*. **3.** Depreciación por pérdida de materia que se produce en mercancías de toda clase transportadas o almacenadas.

MERMAR v. intr. y pron. (bajo lat. *minimare*) [**1**]. Bajar o disminuir una cosa, o consumirse naturalmente una parte de ella. ♦ v. tr. **2.** Quitar una parte de algo, o de lo que a uno le corresponde: *mermar la fortuna*.

MERMELADA n. f. (port. *marmelada*). Conserva hecha de fruta cocida con azúcar o miel.

MERO adv. t. y c. *Méx.* Pronto, casi: *ya mero llega*. **2.** *Méx.* Precisa, justa, exactamente.

MERO n. m. Pez comestible, de carne muy apreciada con las aletas caudal y pectorales con los bordes posteriores redondeados. (Familia serránidos.)

MERO, A adj. (lat. *merum*). Solo, simple, sin nada más: *una mera explicación*. **2.** Propio, mismo: *es la mera verdad*. • **Ser el** o **ser el mero mero** (*Méx. Fam.*), ser la persona principal, la más importante en cierto lugar o en cierta circunstancia: *el jefe es el mero mero de la oficina*.

MERODEAR v. intr. [**1**]. Apartarse algunos soldados del cuerpo en que marchan, en busca de lo que puedan coger o robar. **2.** Vagar por un sitio en busca de algo o para curiosear.

MERODEO n. m. Acción y efecto de merodear.

MEROLICO n. m. *Méx.* Vendedor callejero, que atrae a los transeúntes con su verborrea. **2.** *Méx. Fig.* Parlanchín, hablador.

MERQUÉN n. m. *Chile.* Ají con sal que se lleva preparado para condimentar la comida durante los viajes.

MES n. m. (lat. *mensem*). Cada una de las doce divisiones del año civil. **2.** Espacio de unos treinta días. **3.** Unidad de trabajo y de salario correspondiente a un mes legal. **4.** Mensualidad. **5.** Menstruación.

MESA n. f. (lat. *mensam*). Mueble compuesto por un tablero horizontal, sostenido en su parte superior generalmente constituido por varios pies. **2.** Dicho mueble, preparado con todo lo necesario para comer. **3.** Conjunto de personas que forman la junta directiva de una corporación: *la mesa aceptó la propuesta del presidente*. **4.** Conjunto de personas que desempeñan provisionalmente la presidencia de un acto: *la mesa electoral*. **5.** GEOGR. Terreno elevado y llano, de gran extensión, rodeado de valles y barrancos, constituido por los restos de una colada volcánica. • **A mesa puesta**, sin tener que trabajar para el mantenimiento. ‖ **Mesa camilla**, la armada con unos bastidores plegadizos y un tablero de quita y pon, debajo del cual hay un enrejado y una tarima para brasero. ‖ **Mesa de luz** *(Argent.)*, mesita de noche. ‖ **Mesa de noche,** mueble pequeño que se coloca junto a la cabecera de la cama. ‖ **Mesa de operaciones,** mesa articulada sobre la que se sitúa al enfermo para intervenirle quirúrgicamente. ‖ **Poner la mesa,** poner todo el servicio necesario para comer. ‖ **Sentarse a la mesa,** ocupar cada comensal su asiento para empezar a comer.

MESADA n. f. Mensualidad.

MESADA n. f. *Argent.* Cobertura de los espacios auxiliares de las cocinas, encimera.

MESALINA n. f. (de *Mesalina,* esposa del emperador Claudio). Mujer de costumbres disolutas.

MESALINA (c. 25 d. J.C.-48), emperatriz romana, tercera esposa del emperador Claudio y madre de Británico y de Octavio. Ambiciosa y disoluta, fue asesinada a instancias del liberto Narciso.

MESANA n. m. f. (ital. *mezzana*). Mástil (palo de mesana) que está más a popa en el buque de tres palos. ♦ n. f. **2.** Vela atravesada que se coloca en el mástil de mesana.

MESAR v. tr. y pron. (bajo lat. *messare,* segar) [1]. Arrancar o estrujar los cabellos o barbas con las manos.

MESCAL n. m. Mezcal.

MESCALERO → *mezcalero.*

MESCALINA n. f. Alcaloide alucinógeno que se obtiene del peyote, cactácea americana.

MESENTERIO n. m. ANAT. Membrana conjuntiva que fija las diversas estructuras del intestino delgado a la pared posterior del abdomen.

MESERO, A n. *Chile, Colomb., Ecuador, Guat.* y *Méx.* Camarero de restaurante.

MESETA n. f. Región poco accidentada, con un nivel de cumbres bastante constante, que se halla elevada respecto al resto de las regiones vecinas. **2.** Descansillo de la escalera.

MESIÁNICO, A adj. Relativo al Mesías o al mesianismo.

MESIANISMO n. m. Nombre dado a diversos movimientos religiosos de carácter político nacidos de la crisis de una sociedad, que creen en la venida de un «mesías» que establecerá un nuevo orden o restablecerá el orden original.

MESÍAS n. m. (lat. *messias*). Enviado divino, encargado de establecer en la Tierra el reino de Dios, anunciado por los profetas judíos y reconocido por los cristianos en la persona de Jesús. (Con este significado se escribe con mayúscula.) **2.** *Fig.* Persona real o imaginaria de cuya intervención se espera la solución de problemas.

MESILLA n. f. **Mesilla de noche,** mesa de noche.

MESNADA n. f. (bajo lat. *mansionata,* del lat. *mansio,* habitación). Compañía de gente de armas al servicio de un rey, de un magnate o de un noble. **2.** *Fig.* Compañía, junta, congregación.

MESOAMÉRICA, denominación de América Central, que designa el área cultural precolombina localizada entre la cordillera Neovolcánica (México) y el istmo de Panamá. Civilizaciones destacadas fueron la maya y la azteca.

MESOAMERICANO, A adj. y n. De Mesoamérica.

MESOCARPO o **MESOCARPIO** n. m. Zona media de un fruto, entre la epidermis y el hueso o las semillas, carnosa y azucarada en los frutos comestibles.

MESOCÉFALO, A adj. Dícese de la persona cuyo cráneo tiene las proporciones intermedias entre la braquicefalia y la dolicocefalia.

MESOCRACIA n. f. Forma de gobierno en que prepondera la clase media. **2.** *Fig.* Burguesía.

MESODÉRMICO, A o **MESOBLÁSTICO, A** adj. Relativo al mesodermo.

MESODERMO o **MESOBLASTO** n. m. Tercera hoja embrionaria situada entre el endoblasto y el ectodermo, que da origen a la sangre, esqueleto, riñones, músculos, etc.

MESOLÍTICO, A adj. y n. m. Dícese de la fase del desarrollo técnico de las sociedades prehistóricas que corresponde al abandono progresivo de una economía de predación, la del paleolítico, y a la orientación hacia una economía de producción, la del neolítico.

MESOMERÍA n. f. QUÍM. Estructura de un compuesto intermedia entre dos formas isómeras.

MESÓMERO, A adj. QUÍM. Que presenta mesomería.

MESÓN n. m. (lat. *mansionem*). Establecimiento público donde se da hospedaje y se sirven comidas. **2.** *Chile.* Mostrador de los bares y cantinas, barra.

MESÓN n. m. Partícula subatómica que tiene una masa comprendida entre la del electrón y la del protón. (Se conocen diversos tipos: maones, kaones, piones.)

MESONERO, A adj. Relativo al mesón. ♦ n. **2.** Patrón o dueño de un mesón.

MESOPOTAMIA, región de Asia occidental, entre el Tigris y el Éufrates, uno de los más brillantes núcleos de civilización entre el VI y el I milenio a. J.C.

MESOPOTAMIA ARGENTINA, región fisiográfica del NE de Argentina (Misiones, Corrientes y Entre Ríos), entre los ríos Paraná y Uruguay. Es una zona predominantemente llana, agrícola, ganadera y forestal.

MESOPOTÁMICO, A adj. y n. De Mesopotamia.

MESOSFERA n. f. Capa atmosférica que se extiende entre la estratosfera y la termosfera, entre los 40 y 80 km de alt., aproximadamente.

MESOTÓRAX n. m. ANAT. Parte media del tórax. **2.** ZOOL. Segunda división del tórax de los insectos, entre el *protórax* y el *metatórax.*

MESOZOICO, A adj. y n. GEOL. Dícese de los períodos triásico, jurásico y cretácico, correspondientes a la era secundaria. SIN.: secundario.

MESSINA, c. de Italia (Sicilia), cap. de prov., a orillas del estrecho de Messina, que separa el Italia peninsular de Sicilia y comunica el Tirreno y el Jónico; 267 741 hab. Catedral de época normanda.

MESTER n. m. **Mester de clerecía** (LIT.), denominación dada a la escuela poética erudita del s. XIII español. ‖ **Mester de juglaría** (LIT.), denominación dada al arte de los juglares en España y al conjunto de obras que originó.

MESTIZAJE n. m. Cruzamiento de razas. **2.** Conjunto de mestizos.

MESTIZAR v. tr. [1g]. Cruzar individuos de diversas razas.

MESTIZO, A adj. y n. Persona nacida de padre y madre de razas diferentes, especialmente hijo de hombre blanco e india o de indio y mujer blanca. ♦ adj. y n. **2.** BIOL. Híbrido obtenido a partir de dos variedades diferentes de la misma especie.

■ El mestizaje fue un elemento fundamental en la conformación de los nuevos países producto de la colonización española. Una gran cantidad de denominaciones tipificó en Hispanoamérica los distintos grados de mestizaje; así son tipos étnicos frecuentes sobre todo en México: *castizo, mestizo y español; mulato, español y negro; morisco,* mulata y español; *albino,* español y morisco; *torna atrás,* español y albina; *lobo,* india y torna atrás; *sambayo,* lobo e india; *cambujo, sambayo* e india; *alvarazado,* cambujo y mulata; *chamiso,* coyote e india; etc. Y en Perú: *mulato,* negro e indio, o blanco y negro; *cholo,* hijo de mulatos; *cuatralbo,* español y mestiza; *tercerón,* blanco y mulato; *zambo,* resultado del cruce de negro y sus mezclas con indio; etc.

MESURA n. f. lat. *mensuram*). Gravedad y compostura en la actitud, gestos y palabras: *obrar con mesura.* **2.** Moderación, comedimiento: *beber con mesura.*

MESURAR v. tr. [1]. Infundir mesura en la actitud y el semblante. ♦ **mesurarse** v. pron. **2.** Contenerse, moderarse.

META n. f. Cada uno de los dos bornes situados en los extremos de la espina del circo romano. **2.** *Fig.* Fin u objetivo de una acción: *su meta es llegar a ministro.* **3.** DEP. Límite, final de una carrera. **4.** DEP. En diversos deportes de equipo, como fútbol, hockey, etc., portería, marco.

META, r. de América del Sur que nace en el macizo de Sumapaz, al S de Bogotá, señala parte de la frontera entre Colombia y Venezuela y desemboca en el Orinoco (or. izq.); 1 046 km. Navegable.

META (*depa-tamento del*), dep. del centro de Colombia; 85 635 km²; 412 312 hab. Cap. *Villavicencio.*

METABÓLICO, A adj. Relativo al metabolismo.

METABOLISMO n. m. Conjunto de transformaciones que experimentan las sustancias absorbidas por un organismo vivo.

METABOLITO n. m. Nombre que se da a las sustancias orgánicas que resultan de las reacciones metabólicas. **2.** Producto simple y asimilable de la digestión de un alimento.

METACARPIANO, A adj. Relativo al metacarpo. ♦ adj. y n. m. **2.** Dícese de los huesos del metacarpo.

METACARPO n. m. Parte del esqueleto de la mano comprendida entre el carpo y los dedos.

METADONA n. f. Sustancia de síntesis utilizada como sustituto de la morfina en ciertas curas de desintoxicación de toxicomanías.

METAFASE n. f. Segunda fase de la división celular por mitosis.

METAFÍSICA n. f. (gr. *meta ta physika,* después de las cosas de la naturaleza). Investigación acerca del ser en cuanto tal, y de sus propiedades, principios y causas primeras. **2.** Investigación acerca de los principios más elevados del pensamiento y de la existencia. **3.** Teoría general y abstracta: *metafísica del lenguaje.* **4.** *Fig.* Modo de discurrir con demasiada sutileza sobre cualquier materia.

METAFÍSICO, A adj. Relativo a la metafísica: *pruebas metafísicas de la existencia de Dios.* **2.** *Fig.* Abstracto y difícil de comprender.

METÁFORA n. f. (lat. *metaphoram,* del gr. *metaphora,* traslado). Tropo que consiste en usar palabras con un sentido distinto del propio, en virtud de una comparación tácita.

METAFÓRICO, A adj. Relativo a la metáfora. **2.** Que incluye una metáfora o que abunda en ellas: *lenguaje metafórico.* **3.** Figurado: *sentido metafórico.*

METAL n. m. (lat. *metallum*). Cuerpo simple, dotado de un brillo particular, en general buen conductor del calor y de la electricidad y que posee además la propiedad de dar como mínimo un óxido básico al combinarse con el oxígeno. (Los elementos químicos que no poseen estas propiedades se llaman NO METALES.) **2.** Material constituido por uno de estos elementos químicos o por una aleación de varios de ellos. **3.** *Fig.* Timbre de la voz. **4.** *Fig.* Calidad o condición de una cosa: *eso es de otro metal.* **5.** MÚS. Una de las dos subfamilias en que se dividen los instrumentos de viento. ♦ **El vil metal,** el dinero. ‖ **Metales preciosos,** el oro, la plata y el platino.

METALADA n. f. *Chile.* Cantidad de metal explotable contenido en una veta.

METALENGUAJE n. m. Lenguaje especializado que se utiliza para describir una lengua natural.
METALERO, A adj. *Chile*. Dícese de algunas cosas que tienen relación con los metales: *saco metalero*.
METÁLICO, A adj. Relativo al metal. **2.** Relativo a medallas: *historia metálica*. **3.** Que contiene metal: *sal metálica*. **4.** Que tiene una sonoridad parecida a la del metal: *voz metálica*. ♦ n. m. **5.** Dinero líquido: *pagar en metálico*.
METÁLICOS o **METALÍFEROS** (*montes*), nombre de varios macizos montañosos europeos, ricos en minerales: las **Colinas Metalíferas**, en ital. **Colline Metallifere**, de Italia, en Toscana (1059 m); los **montes Metálicos** o **Metalíferos de Eslovaquia**, en checo **Slovenské Krušnohoří** o **Rudohoří**, en Eslovaquia, al S de los Tatras (1480 m); los **montes Metálicos** o **Metalíferos de Bohemia**.
METALÍFERO, A adj. Que contiene metal.
METALIZAR v. tr. [**1g**]. Cubrir una sustancia con una capa ligera de metal o impregnarla de compuestos metálicos. **2.** Hacer que un cuerpo adquiera propiedades metálicas. ♦ **metalizarse** v. pron. **3.** Convertirse una cosa en metal o impregnarse de él.
METALÓGICA n. f. Disciplina que investiga las fórmulas de un sistema matemático o lógico ya constituido, así como las reglas de su empleo.
METALOGRAFÍA n. f. Estudio de los metales y de sus aleaciones.
METALOIDE n. m. Antigua denominación de los no metales.
METALOPLÁSTICO, A adj. Que tiene las características de un metal y de una materia plástica.
METALURGIA n. f. (lat. *metallurgiam*). Conjunto de procedimientos y técnicas de extracción, elaboración y tratamiento de los metales y sus aleaciones.
METALÚRGICO, A adj. Relativo a la metalurgia. ♦ n. **2.** Persona que trabaja en metalurgia.
METAMATEMÁTICA n. f. Teoría deductiva que tiene por objeto establecer ciertas propiedades de las teorías matemáticas ya formalizadas.
METAMÓRFICO, A adj. GEOL. Relativo al metamorfismo. • **Rocas metamórficas**, grupo de rocas resultantes de la transformación, por el metamorfismo, de rocas sedimentarias o endógenas preexistentes.
METAMORFISMO n. m. GEOL. Transformaciones que sufren las rocas en el interior de la corteza terrestre por efecto de la temperatura y la presión.
METAMORFIZAR v. tr. y pron. [**1g**]. GEOL. Transformar por metamorfismo.
METAMORFOSEAR v. tr. y pron. [**1**]. Transformar.
METAMORFOSIS n. f. (gr. *metamórphōsis*). Transformación de una cosa en otra. **2.** *Fig.* Cambio extraordinario en la fortuna, el carácter o el estado de una persona. **3.** BIOL. Transformación importante del cuerpo y del modo de vida, experimentada por ciertos vertebrados, como los anfibios, y ciertos insectos en el transcurso de su desarrollo, que se manifiesta no sólo en la variación de forma sino también en las funciones y en el género de vida.
METÁN, dep. de Argentina (Salta); 34 311 hab. Cereales, arroz. Ganaderías. Hornos de cal.
METANO n. m. Gas incoloro (CH_4), de densidad 0,554, que arde en el aire con llama pálida.
METANOL n. m. Alcohol metílico.
METAPA → *Ciudad Darío*.
METAPÁN-ALOTEPEQUE (*montañas de*), cordillera de América Central, en la frontera entre Guatemala, El Salvador y Honduras; 2416 m de alt. en el cerro Monte Cristo.

METAPLASMO n. m. (gr. *metaplasmos*, transformación). LING. Cambio fonético que consiste en la alteración material de una palabra por supresión, adición o trasposición de fonemas.
METÁSTASIS n. f. (gr. *metastasis*, desplazamiento). MED. Aparición, en un punto del organismo, de un fenómeno patológico presente ya en otra parte.
METATARSIANO, A adj. Relativo al metatarso. ♦ n. m. **2.** Cada uno de los huesos del metatarso.
METATARSO n. m. Parte del esqueleto del pie comprendida entre el tarso y los dedos, que se mantiene vertical durante la marcha en los vertebrados ungulígrados y digitígrados.
METATE n. m. Tipo de molino de mano utilizado por diversos pueblos amerindios.
METÁTESIS n. f. (gr. *methathesis*, trasposición). LING. Desplazamiento de vocales, consonantes o sílabas en el interior de una palabra.
METATÓRAX n. m. Tercer segmento del tórax de los insectos en el que están implantadas las patas posteriores.
METAZOO adj. y n. m. Dícese del animal pluricelular. CONTR.: *protozoo*.
METEDOR, RA adj. Que mete. ♦ n. m. **2.** Nombre que se daba a los españoles que actuaban ilegalmente de intermediarios en el comercio de los extranjeros con las colonias españolas de América.
METEDURA n. f. Acción de meter o meterse. • **Metedura de pata** (*Fam.*), equivocación indiscreta.
METEMPSICOSIS, METEMPSÍCOSIS, METENSICOSIS o **METENSÍCOSIS** n. f. REL. Transmigración de las almas de un cuerpo a otro. **2.** REL. Doctrina según la cual una misma alma puede animar sucesivamente diferentes cuerpos.
METEÓRICO, A adj. Relativo a los meteoros. • **Aguas meteóricas**, aguas de lluvia.
METEORÍTICO, A adj. Relativo a los meteoritos.
METEORITO n. m. Fragmento de roca o metálico que, procedente de los espacios interplanetarios, llega a la superficie terrestre. SIN.: *aerolito*.
METEORO o **METÉORO** n. m. (gr. *metéōros*, elevado). Fenómeno físico que tiene lugar en la atmósfera. **2.** ASTRON. Cuerpo sólido que, procedente del espacio exterior, penetra en la atmósfera terrestre y al calentarse por rozamiento se pone incandescente y emite luz.
METEOROLOGÍA n. f. (gr. *meteōrologia*). Estudio de los fenómenos atmosféricos y de sus leyes, especialmente para la previsión del tiempo.
METEORÓLOGO, A n. Persona que por profesión o estudio se dedica a la meteorología.
METER v. tr. y pron. (lat. *metere*) [**2**]. Poner una cosa en el interior de otra o entre otras: *metió la ropa en el armario*. ♦ v. tr. **2.** Ingresar dinero en una entidad bancaria: *metió todo su capital en el banco*. **3.** Internar a alguien en un centro determinado o que tiene poder sobre él: *le metieron en la cárcel*. **4.** Hacer intervenir a alguien en un asunto: *me metió en un lío*. **5.** Invertir dinero en un negocio: *metió cuanto tenía en la fábrica*. **6.** Engañar a alguien o hacerle creer algo falso: *¡menuda historia te han metido!* **7.** Causar, motivar o provocar algo: *meter miedo*. **8.** Hacerle soportar a alguien una cosa pesada o molesta: *me metió un rollo*. **9.** Pegar: *le metió un par de tortas*. **10.** Dedicar a alguien a una ocupación u oficio: *le metió de programador*. ♦ **meterse** v. pron. **11.** Entrometerse, intervenir en cuestiones ajenas sin haber sido solicitado: *no te metas en lo que no te importa*. **12.** Introducirse, conseguir entrar en un ambiente determinado mediante influencias: *se ha metido en el ministerio*. **13.** Junto con nombres que indican pro-

fesión o estado, seguirlos: *se metió monja*. • **A todo meter**, con gran intensidad o rapidez. || **Meterse con** alguien, provocarle, molestarle.
METICHE adj. y n. m. y f. *Chile* y *Méx*. Dícese de la persona que gusta entrometerse en los asuntos ajenos.
METICULOSIDAD n. f. Calidad de meticuloso.
METICULOSO, A adj. (lat. *meticulosum*, miedoso). Escrupuloso, concienzudo. **2.** Medroso, temeroso.
METIDA n. f. Acción y efecto de meter. **2.** *Fam.* Acometida que se da a algo en su uso o consumo: *darles una metida a los dulces*.
METIDO, A adj. Abundante en algo: *metida en carnes*. • **Estar muy metido en** una cosa, estar muy comprometido o muy ocupado en ella. ♦ adj. **2.** *Amér*. Metomentodo. ♦ n. m. **3.** Puñetazo dado en el cuerpo. **4.** *Fig.* y *fam*. Represión áspera y desconsiderada.
METILBENCENO n. m. Tolueno.
METILENO n. m. Nombre comercial del *alcohol metílico* impuro. **2.** Radical divalente CH_2: *cloruro de metileno* (CH_2Cl_2). • **Azul de metileno**, colorante y desinfectante extraído de la hulla.
METÍLICO, A adj. Relativo al metilo. **2.** Dícese de ciertos compuestos derivados del metano. • **Alcohol metílico**, alcohol CH_3OH, extraído de los alquitranes de madera o preparado por síntesis, y utilizado como disolvente, combustible y producto intermediario en ciertas síntesis. SIN.: *metanol*.
METILO n. m. Radical monovalente (CH_3) derivado del metano.
METÓDICO, A adj. Hecho con método. **2.** Dícese de la persona que procede con gran orden.
METODISMO n. m. Movimiento religioso protestante fundado en Gran Bretaña, en el s. XVIII, por John Wesley, en reacción contra el ritualismo de la Iglesia anglicana.
METODIZAR v. tr. [**1g**]. Poner orden y método en una cosa.
MÉTODO n. m. Conjunto de operaciones ordenadas con que se pretende obtener un resultado. **2.** Modo de obrar o proceder que cada uno tiene y observa. **3.** Obra destinada a enseñar los elementos de un arte o ciencia.
METODOLOGÍA n. f. Estudio de los métodos. **2.** Aplicación coherente de un método. **3.** Método en sentido genérico.
METOMENTODO adj. y n. m. y f. Dícese de la persona entrometida y chismosa.
METONIMIA n. f. (gr. *metonymia*). Procedimiento estilístico que consiste en expresar el efecto por la causa, el contenido por el continente, el todo por la parte, etc.
METOPA o **MÉTOPA** n. f. (lat. *metopam*). Parte del friso dórico situada entre dos triglifos.
METRAJE n. m. (fr. *métrage*). Longitud de una película cinematográfica.
METRALLA n. f. Munición menuda con que se cargaban antes las piezas de artillería y se cargan actualmente ciertos artefactos explosivos. **2.** Cada uno de los fragmentos en que se divide después de la explosión cualquier proyectil, bomba o artefacto explosivo.
METRALLETA n. f. Nombre genérico de determinadas armas automáticas portátiles.
MÉTRICA n. f. Ciencia que trata del ritmo, estructura y combinación de los versos.
MÉTRICO, A adj. Relativo a la métrica. **2.** Relativo al metro o a las medidas de las cuales el metro es la base. • **Espacio métrico** (MAT.), par formado por un conjunto y una distancia. || **Quintal métrico**, masa de 100 kilogramos (símbolo q). || **Sistema métrico decimal**, conjunto de medidas que tienen el metro por base. || **Tonelada métrica**, masa de 1000 kilogramos (símbolo t).
METRIFICACIÓN n. f. Versificación.

METRIFICAR v. tr. e intr. [**1a**]. Versificar.
METRO. n. m. (lat. *metrum*). Unidad de medida de longitud (símbolo m), equivalente a la longitud del trayecto recorrido en el vacío por la luz de láser durante un tiempo de 1/299 792 458 s. **2.** Objeto que sirve para medir y que tiene la longitud de un metro. **3.** MÉTRIC. Verso, con relación a la medida peculiar que a cada especie de versos corresponde. • **Metro cuadrado**, unidad de medida de área o de superficie (símbolo m²), equivalente al área de un cuadrado de 1 metro de lado. ‖ **Metro cuadrado por segundo**, unidad de medida de viscosidad cinemática (símbolo m²/ss). ‖ **Metro cúbico**, unidad de medida de volumen (símbolo m³), equivalente al volumen de un cubo de 1 metro de lado. ‖ **Metro cúbico por kilogramo**, unidad de medida de volumen másico (símbolo m³/kg), equivalente al volumen másico de un cuerpo homogéneo cuyo volumen es 1 metro cúbico y la masa 1 kilogramo. ‖ **Metro por segundo**, unidad de medida de velocidad (símbolo m/s), equivalente a la velocidad de un móvil que, animado de un movimiento uniforme, recorre la longitud de 1 metro en 1 segundo. ‖ **Metro por segundo al cuadrado**, unidad de medida de aceleración (símbolo m/s²), equivalente a la aceleración de un móvil animado de un movimiento uniformemente variado, cuya velocidad varía en 1 metro por segundo cada segundo.
METRO. n. m. Apócope de metropolitano, ferrocarril.
METRÓNOMO n. m. Aparato destinado a indicar el movimiento en el que debe ejecutarse un fragmento musical.
METRÓPOLI o **METRÓPOLIS** n. f. (gr. *mētrópolis*, de *mētēr*, madre, y *polis*, ciudad). Estado o ciudad considerados en relación con sus colonias. **2.** Ciudad principal de una provincia, región o estado.
METROPOLITANO, A adj. Relativo a la metrópoli. • **Área metropolitana** (URBAN.), conjunto formado por el casco urbano de una ciudad, que a veces ha llegado a formar una aglomeración, y su área urbana. ♦ n. m. y adj. **2.** Ferrocarril eléctrico, subterráneo o elevado, utilizado como medio de transporte rápido de pasajeros en las grandes ciudades.
METTERNICH-WINNEBURG (Klemens, *príncipe de*), estadista austríaco (Coblenza 1773-Viena 1859). En 1813 hizo entrar a Austria en la coalición contra Francia. Alma del congreso de Viena (1814-1815), restauró el equilibrio europeo y el poder austríaco en Alemania e Italia.
MeV n. m. Símbolo del *megaelectronvoltio* (un millón de electrones-voltio), unidad práctica de energía utilizada en física de las altas energías.
MEXICA adj. y n. m. y f. Azteca.
MEXICALI, c. de México, cap. del est. de Baja California, en la frontera con E.U.A.; 601 938 hab. Agricultura (algodón, hortalizas). Industrias alimentarias, químicas, plásticos y maquiladoras de capital estadounidense.
MEXICANISMO n. m. Voz o giro propios de México.
MEXICANO, A adj. y n. De México. ♦ n. m. **2.** LING. Modalidad adoptada por el español en México. **3.** LING. Nombre dado en español al azteca.
MÉXICO (Altiplano), altiplano de México, encuadrado por la sierra Madre occidental, la sierra Madre oriental y la cordillera Neovolcánica. Se divide en altiplanicie Septentrional y altiplanicie Meridional.
MÉXICO (Cuenca o Valle de), región fisiográfica de México, en la cordillera Neovolcánica (Distrito Federal, México e Hidalgo). Es una amplia depresión de origen volcánico, de clima templado, y la región más densamente poblada del país.

MÉXICO (*golfo de*), mar interior del océano Atlántico, entre las costas de México, Estados Unidos y Cuba. Las aguas templadas que provienen de la corriente noreecuatorial penetran por el canal de Yucatán, salen por el estrecho de Florida y contribuyen a formar la corriente del Golfo.
MÉXICO, estado de América del Norte, entre el golfo de México y el océano Pacífico; 1 972 547 km²; 81 249 645 hab. (*Mexicanos.*) CAP. MÉXICO. LENGUA OFICIAL: *español*. MONEDA: *peso mexicano*.
GEOGRAFÍA
El elemento dominante de la zona N del territorio es el Altiplano (1700 m de alt. media), que más allá de la frontera del río Bravo o Grande del Norte, enlaza con las tierras altas centrales de E.U.A.; está enmarcado a E y O por dos grandes cadenas montañosas, que corren paralelas en dirección NS: la sierra Madre oriental y la sierra Madre occidental. Entre la primera y el golfo de México se abren la amplia planicie Tamaulipeca y la Huasteca; entre la sierra Madre occidental y una tercera alineación montañosa paralela, la cordillera Surcaliforniana, se sitúan el largo y angosto golfo de California y la planicie costera Noroccidental. La cordillera Neovolcánica, un relieve transversal que da inestabilidad volcánica que se extiende del Atlántico al Pacífico y cuenta con las mayores alturas del país (Orizaba, 5747 m), separa la zona N árida, templada, del S, tropical. Vertebra esta área la sierra Madre del sur, próxima a la costa del Pacífico, que se prolonga hasta el Portillo ístmico, entre los golfos de Tehuantepec y de México. Al E se sitúa la sierra Madre de Chiapas y, al N, la planicie costera del Suroeste se abre a la plataforma Yucateca, que ocupa la península del Yucatán. La población ha experimentado un intenso crecimiento demográfico a lo largo del s. XX, algo contenido a partir de los años ochenta. La región central concentra el mayor número de habitantes, en la capital y otros núcleos industriales (Guadalajara y Monterrey), mientras que las áreas mineras del altiplano norte y las agrarias del centro-oeste tienden a despoblarse. Predomina todavía la agricultura de subsistencia (maíz y frijol) según el sistema de explotación minifundista de los ejidos, nacido de la revolución. La extensión de los regadíos en el N ha permitido el cultivo de algodón, trigo, soja, hortalizas, etc., con una alta productividad; en el S se extienden los cultivos de plantación (café, caña de azúcar, palma cocotera y plátano). Importancia creciente ha adquirido la ganadería, en especial la bovina (unos 30 millones de cabezas). La riqueza del subsuelo es determinante para la economía: se extraen plata (primer productor mundial), oro, cinc, plomo, cobre, manganeso, mercurio, hierro, carbón, azufre, fluorita, uranio y en especial petróleo, que por sí solo representa más de un tercio del valor total de las exportaciones. México es, con Brasil, la primera potencia industrial de América latina. El Distrito Federal concentra casi la mitad de las industrias del país, mientras que Monterrey es el gran centro siderúrgico; la petroquímica se asienta en nuevos polos próximos a los yacimientos petrolíferos (Tampico, Coatzacoalcos, Lázaro Cárdenas, Salina Cruz). Por otra parte, en torno a la frontera con E.U.A. las maquiladoras se ocupan de una parte del proceso de elaboración de productos norteamericanos. México ha pasado a ser un exportador neto de maquinaria y de manufacturas. El turismo es una importante fuente de ingresos del país. En las relaciones comerciales exteriores, E.U.A. figura a la cabeza, con unos dos tercios de las importaciones como de las exporta-

ciones, posición reforzada tras la entrada en vigor en 1994 del Tratado de libre comercio (T.L.C.), entre México, E.U.A. y Canadá. Asimismo su vocación integradora regional ha presidido el principio de acuerdo (1994) con Venezuela y Colombia para crear una zona de libre comercio (Grupo de los Tres, G-3).
HISTORIA
El poblamiento prehispánico. El México antiguo se organizó en tres grandes franjas. En el centro se situaba el México nuclear, que albergó diversas civilizaciones urbanas desde Teotihuacán y Tula hasta el estado azteca de los mexicas, con capital en Tenochtitlan, que proyectó su dominio hacia el S, más allá del istmo de Tehuantepec; el México nuclear albergaba la mayor concentración humana de América en el s. XVI. En el SE, especialmente en el Yucatán, se desarrolló la civilización maya. Al N se extendían los pueblos chichimecas, con su ancestral modo de vida cazador y recolector.
La conquista española. 1518: expedición de Juan de Grijalva, que recorrió la costa desde Cozumel hasta Tampico y se enteró de la existencia de un rico estado indígena, el azteca, en el interior. 1519-1521: Hernán Cortés llevó a cabo la conquista del estado azteca, con la ayuda de los tlaxcaltecas, a los que había vencido (1519); tras someter al soberano azteca Moctezuma y verse obligado a retirarse de Tenochtitlan (1520), Cortés puso cerco a la capital azteca y la conquistó definitivamente con la derrota de su último soberano, Cuauhtémoc (1521). La conquista del Yucatán se realizó en 1547, y la región chichimeca fue objeto de una lenta penetración posterior.
El virreinato de Nueva España. 1522-1528: Hernán Cortés gobernó como capitán general el territorio conquistado, hasta que las acusaciones en su contra de otros españoles llevó a la corona a desposeerle. 1535: Antonio de Mendoza inició su gobierno efectivo como virrey de Nueva España. 1546-1558: el descubrimiento de importantes yacimientos de plata en Zacatecas y Guanajuato configuró una importante región minera que determinó el desarrollo de la economía colonial en Nueva España. La expansión de la minería y la nueva ganadería perjudicó la agricultura tradicional y contribuyó, con los efectos directos de la conquista y la importación de enfermedades europeas, a la brutal caída de la población indígena. 1760-1808: la economía novohispana experimentó una gran expansión, reconocida en el comercio colonial por la apertura legal al exterior del puerto de Veracruz (1770-1789).
La independencia. 1808-1810: ante la agitación criolla que suscitó la ocupación de la metrópoli por los franceses, la audiencia promovió un golpe a favor del mantenimiento de la autoridad española. 1810-1811: el levantamiento del cura Hidalgo en Dolores constituyó el primer movimiento emancipador efectivo. 1811-1815: Morelos prosiguió la rebelión tras la derrota de Hidalgo (1811), y proclamó la independencia de México (1813); la alianza entre los españoles y la aristocracia criolla, atemorizada por el carácter popular de los movimientos de Hidalgo y Morelos, determinó la derrota de ambos. 1820-1821: la vuelta a la revolución liberal en España catalizó la independencia definitiva proclamada por Iturbide, con el apoyo de la aristocracia criolla, los españoles y la Iglesia.
La construcción del estado. 1822-1823: Iturbide se proclamó emperador con el nombre de Agustín I; el pronunciamiento de Santa Anna (dic. 1822), que lo obligó a abdicar, inició una etapa de inestabilidad política. 1824-1836: la primera república

MEX

federal asistió a la formación de los dos grandes partidos, el federalista o liberal y el centralista o conservador, entre los que Santa Anna maniobró constantemente para conservar el poder. 1836-1846: instauración de una república centralista, que asistió a la secesión de Texas (1837) y tuvo que hacer frente al expansionismo norteamericano. 1846-1848: guerra entre E.U.A. y México, tras la cual éste perdió su territorio al norte del río Bravo.
La Reforma liberal. 1854: la revolución de Ayutla inició el ciclo del triunfo final del liberalismo. 1856-1857: la ley de desamortización y la constitución de 1857 sentaron las bases legales del estado liberal. 1858-1861: el golpe conservador de Zuloaga inició la guerra de Reforma; Juárez asumió la presidencia en el bando liberal y dictó las leyes de Reforma (1859), de nacionalización de los bienes del clero. 1861: triunfo de Juárez y ocupación posterior de Veracruz por tropas británicas, españolas y francesas. 1862: el ejército francés emprendió la ocupación militar de México, con el apoyo de los conservadores; Juárez tuvo que abandonar de nuevo la capital y reanudó la resistencia liberal. 1864-1867: Napoleón III de Francia entronizó a Maximiliano de Austria como emperador de México; la retirada de las tropas francesas dejó a Maximiliano I con el único apoyo de los conservadores (1866), poco después fue derrotado y ejecutado.
La república restaurada y el porfiriato. 1867: el triunfo de Juárez restauró la república liberal. 1868: ley de tierras baldías que proseguía y ampliaba la privatización de los bienes raíces iniciada con la desamortización. 1872: la muerte de Juárez potenció la lucha interna entre los liberales, que finalizó con el triunfo del plan de Tuxtepec proclamado por Porfirio Díaz. 1876-1880: primera presidencia de Díaz, que, tras reformar la constitución, se hizo reelegir sucesivamente al frente de la república. El porfiriato (1876-1910) significó la integración de la aristocracia criolla en el estado liberal y la formación de una nueva oligarquía basada en la propiedad de la tierra y las finanzas, y constituyó una etapa de expansión económica protagonizada por la recuperación de la minería, el avance de la agricultura comercial, la articulación de la red ferroviaria y las inversiones extranjeras.
La revolución. 1910-1911: F. I. Madero promovió un levantamiento popular que obligó a Díaz a abandonar el país. 1911-1913: nuevas elecciones dieron el triunfo a Madero (1912), cuyo gobierno tuvo que hacer frente a la rebelión zapatista y a la conspiración del ejército, que acabó derribándolo (1913). 1913-1914: la revolución constitucionalista, liderada por V. Carranza, con el apoyo de Zapata y Villa, derrotó al usurpador V. Huerta. 1914-1919: el bando revolucionario volvió a escindirse entre los que aceptaron a Carranza como presidente, y Zapata y Villa, que constituyeron una frágil alianza; el triunfo final fue para Carranza, aunque la constitución de 1917 estableció un régimen de tipo populista que Carranza no compartía.
El estado populista. 1920: el pronunciamiento de Calles y Obregón depuso a Carranza e inició la articulación del nuevo estado. 1921-1924: Obregón estableció las líneas fundamentales de la política populista: apoyo en un movimiento obrero no revolucionario, reparto de tierras a las comunidades campesinas, modernización económica y búsqueda del entendimiento con E.U.A. 1924-1934: Calles se enfrentó a la Iglesia católica y a la insurrección cristera (1927-1930) y, tras el asesinato de Obregón (1928), estableció un dominio político personal (*maximato*), que se extendió hasta mediados de los años treinta. 1934-1940: Lázaro Cárdenas rompió con Calles, culminó el reparto agrario, nacionalizó el petróleo (1938) y consolidó el sistema presidencialista, apoyado en la hegemonía del partido gobernante y el respeto, en su seno, de los turnos de acceso al poder.
La revolución institucionalizada. 1940-1946: Ávila Camacho dio por finalizada la etapa de reforma, culminada en el sexenio cardenista, y decantó las prioridades hacia el fomento económico y la estabilización social. El Partido revolucionario institucional monopolizó de hecho la vida política del país, sin que el pluralismo llegara a constituir una realidad efectiva (1946-1952, presidencia de Miguel Alemán; 1952-1958, Ruiz Cortines; 1958-1964, López Mateos; 1964-1970, Díaz Ordaz). La matanza de la plaza de las Tres culturas (1968) abrió un paulatino proceso de revisión política (1970-1976, presidencia de L. Echeverría; 1976-1982, López Portillo; 1982-1988, M. de la Madrid), que se acentuó desde fines de los años setenta ante la creciente presión del Partido Acción Nacional (P.A.N.) y la lenta emergencia de una izquierda independiente. 1988-1994: Salinas de Gortari promovió el relevo generacional del P.R.I., la aceleración de la reforma económica, y la firma del T.L.C. (1994). Persistieron las tensiones sociales; estalló una rebelión campesina indígena en Chiapas (1994) y el candidato del P.R.I. a la presidencia de la república, L.D. Colosio, fue asesinado. 1994: el candidato presidencial del P.R.I., E. Zedillo, fue elegido presidente de la república; fuerte devaluación del peso y crac de la Bolsa, con repercusión en la economía mundial. 1997: tras las elecciones federales el P.R.I. pierde el control de la Cámara de diputados y de la capital, que pasa a manos del líder del Partido de la Revolución Democrática (P.R.D.), C. Cárdenas. 2000: V. Fox, el opositor P.A.N., ganó las elecciones y asumió la presidencia. 2001: se integró como miembro no permanente del Consejo de Seguridad de la O.N.U.
MÉXICO *(estado de),* est. de México central; 21 461 km²; 9 815 795 hab. Cap. Toluca.
MÉXICO, c. de México, cap. del país y del Distrito Federal; 8 235 744 hab. en el Distrito Federal (15 047 000 hab. en la aglomeración). *[Mexicanos.]* A partir del centro histórico, que agrupa el distrito comercial, administrativo y financiero, la aglomeración urbana e industrial ha rebasado los límites oficiales de la ciudad y del Distrito Federal. Es además el primer centro cultural (universidades, instituto politécnico nacional) y turístico del país. La antigua Tenochtitlan, destruida por Cortés (mayo 1521), fue reconstruida de nueva planta. Sede del virreinato y de la audiencia de Nueva España, tras la independencia fue capital de la nueva república. El terremoto de 1985 afectó a un amplio sector del centro urbano. Se conservan los restos del templo Mayor azteca, junto al Zócalo, donde se alzan la catedral (ss. XVI-XVIII), con la capilla barroca del Sagrario, y el palacio presidencial. Durante el s. XVII y a lo largo del s. XVIII la ciudad se enriqueció notablemente. Se ampliaron paseos, plazas y se ordenó la Alameda. Se construyeron numerosas iglesias y conventos. En arquitectura civil, el mejor monumento es el palacio de los Virreyes (1696-1703), que inauguró un nuevo período, el del floreciente México barroco. En esta época se construyeron magníficos palacios, lo que hizo que se llamara a México «la ciudad de los palacios». La antigua basílica de Guadalupe y la iglesia de la Profesa inauguran el estilo neoclásico que debió como muestras el palacio de Minería, la Ciudadela y el templo de Loreto. En 1852 se comenzó la expansión hacia el bosque de Chapultepec, y, en 1865, el paseo de la Reforma. Además de la arquitectura finisecular, la renovación moderna parte de la ciudad universitaria (1948-1952) con una impronta mexicana de la que la plaza de las Tres culturas es el paradigma. Entre los numerosos museos destacan el nacional de antropología, el del virreinato y la pinacoteca de San Diego, el de San Carlos, el de arte moderno, el nacional de historia, etc.
MEYERHOF (Otto), fisiólogo alemán (Hannover 1884-Filadelfia 1951), premio Nobel de medicina (1922) por sus investigaciones sobre los músculos.
MEYOSIS o **MEIOSIS** n. f. Forma de división de la célula viva. En las dos células hijas tiene la mitad de cromosomas que la célula madre, y constituye el estadio esencial de la formación de las células.
MEYÓTICO, A adj. Relativo a la meyosis.
MEZCAL o **MESCAL** n. m. Planta industrial y alimenticia. **2.** Aguardiente que se obtiene de esta planta. **3.** *Hond.* Fibra de pita preparada para hacer cuerdas. **4.** *Méx.* Bebida alcohólica que se obtiene al destilar la penca de ciertas especies de maguey.
MEZCALAPA, r. de América Central, en la vertiente del golfo de México; 600 km. Nace en Guatemala con el nombre de Chejel, y en México recibe los nombres de Grande de Chiapas, Mezcalapa y Grijalva. Presa de Netzahualcóyotl.
MEZCALERO o **MESCALERO,** tribu amerindia de América del Norte, una de las principales del conjunto apache, que habitaban las tierras centrales de Nuevo México.
MEZCLA n. f. Acción y efecto de mezclar o mezclarse. **2.** Argamasa, mortero. **3.** Operación que permite mezclar varias bandas de señales sonoras. **4.** Adaptación de estas bandas magnéticas a una película. **5.** QUÍM. Asociación de varios cuerpos sin que entren en reacción química.
MEZCLADO, A adj. Dícese del animal que es fruto del cruce de castas o razas diferentes.
MEZCLADOR n. m. Aparato mediante el cual es posible mezclar, en cantidades determinadas, agua caliente y fría.
MEZCLADORA f. TECNOL. Aparato o máquina que sirve para mezclar diversas sustancias. **2.** En medios audiovisuales, mesa de control de sonidos e imágenes.
MEZCLAR v. tr. y pron. [1]. Juntar o incorporar varias cosas, obteniendo una homogeneidad total o aparente: *mezclar colores.* ♦ v. tr. **2.** Desordenar lo que estaba ordenado. ♦ **mezclarse** v. pron. **3.** Introducirse o interponerse uno entre otros. **4.** Intervenir en un asunto que no es de incumbencia de uno o del que se le puede derivar malas consecuencias. **5.** Tener trato con determinada clase de gente: *mezclarse con gente baja.* ● **Mezclar** a alguien en algo, hacerle cómplice en un asunto.
MEZCLILLA n. f. Tejido de mezcla, de poco cuerpo. **2.** *Méx.* Tela basta de algodón, por lo general de color azul, que se emplea principalmente en la confección de pantalones estilo vaquero.
MEZCOLANZA n. f. *Fam.* Mezcla extraña, confusa e inconexa.
MEZONTETE n. m. *Méx.* Tronco hueco y seco de maguey.
MEZQUINAR v. tr. [1]. *Argent.* Esquivar, apartar, hacer a un lado. **2.** *Colomb.* Librar a alguien de un castigo.
MEZQUINDAD n. f. Calidad de mezquino. **2.** Acción o cosa mezquina.
MEZQUINO, A adj. (ár. *miskīn*). Pobre, necesitado, falto de lo necesario. **2.** Avaro, tacaño. **3.** Pequeño, escaso, miserable: *un sueldo mezquino.* **4.** Falto de generosidad y de sentimientos nobles: *comportamiento mezquino.* ♦ n. m. **5.** *Méx.* Especie de

verruga dolorosa que sale en las manos o en los pies.
MEZQUITA n. f. (ár. *masýid*). Edificio destinado al culto musulmán y centro de la vida cultural, social y, en parte, política del islam.
MEZQUITE n. m. *Méx*. Planta arbórea, parecida a la acacia, de cuyas hojas se saca un extracto para el tratamiento de las oftalmías. (Familia mimosáceas.)
MEZZOSOPRANO n. f. (voz italiana). Voz femenina, más grave y extensa que la de soprano.
Mg, símbolo químico del *magnesio*.
MI adj. Apócope de *mío*, que se utiliza cuando va antepuesto al nombre: *mi libro*.
MI n. m. Nota musical, tercer grado de la escala de *do*. **2.** Signo que la representa.
MÍ, forma tónica del pron. pers. de la 1.ª pers. sing. (lat. *mihi*). Funciona como complemento con preposición: *a mí me gusta; habló contra mí; vino hacia mí; lo hizo para mí*. • **¡A mí!**, exclamación con que alguien pide auxilio o socorro. || **A mí qué**, expresión con que alguien manifiesta que algo le es indiferente, o que quiere desentenderse de ello. || **Para mí**, según yo creo.
MIAMI, c. de Estados Unidos (Florida); 358 548 hab. (1 937 094 hab. en la aglomeración). Gran estación balnearia (turismo). Aeropuerto. Constituye uno de los grandes focos hispanos de E.U.A., en especial de la emigración urbana.
MIASMA n. m. (gr. *miasma*, der. de *miainō*, marchar). Emanación fétida que se desprende de cuerpos enfermos, de materias en descomposición. (Suele usarse en plural.)
MIAU, voz onomatopéyica del maullido del gato.
MICA n. f. (lat. *micam*, partícula). Mineral brillante y exfoliable, abundante en las rocas eruptivas y metamórficas, formado por silicato de aluminio y de potasio. **2.** *Guat*. Coqueta, mujer que *coquetea*.
MICADA n. f. *Amér*. Central y *Méx*. Conjunto de micos.
MICCIÓN n. f. (der. del lat. *mingere*, orinar). Acto de emisión de orina.
MICCIONAR v. intr. y tr. [1]. Orinar.
MICELA n. f. Partícula que mide entre 0,001 y 0,3 micras, formada por un agregado de moléculas semejantes y que constituye un sistema coloidal.
MICELIO n. m. Aparato vegetativo de los hongos formado por filamentos ramificados, generalmente de color blanco.
MICENAS, localidad de Grecia, en el Peloponeso (nomo de la Argólida) *[Micenos.]* Capital legendaria de los Átridas, a partir del s. XVI a. J.C., fue el centro de una civilización histórica (*Civilización micénica*).
MICÉNICO, A adj. y n. De Micenas.
MICERINOS → **Mikerinos**.
MICHAUX (Henri), poeta y pintor francés de origen belga (Namur 1899-París 1984). Su obra poética es testimonio de sus viajes reales o imaginarios (*Un bárbaro en Asia*, 1933; *En otros lugares*, 1948), al igual que su obra pictórica.
MICHELET (Jules), historiador francés (París 1798-Hyères 1874), autor de una monumental y documentada *Historia de Francia* (1833-1846 y 1855-1867) y de una *Historia de la Revolución francesa* (1847-1853).
MICHELSON (Albert Abraham), físico norteamericano (Strelno [act. Strzelno], Polonia, 1852-Pasadena 1931). Es autor, junto con E. W. Morley, de experimentos sobre la velocidad de la luz, fundamentales para la elaboración de la teoría de la relatividad. (Premio Nobel de física 1907.)
MICHIGAN (*lago*), uno de los cinco Grandes Lagos de América del Norte; 58 300 km².
MICHIGAN, estado de Estados Unidos, en el centro noreste del país; 150 780 km²;
9 295 297 hab. Cap. *Lansing*. C. pral. *Detroit*.
MICHOACÁN (*estado de*), est. de México, junto al océano Pacífico; 59 864 km²; 3 548 199 hab. Cap. *Morelia*.
MICHOACANO, A adj. y n. De Michoacán.
MICO n. m. Mono de cola larga. **2.** *Fig*. y *fam*. Persona muy fea. • **Hecho un mico** (*Fam*.), avergonzado. || **Volverse mico** (*Fam*.), serle muy difícil a alguien el logro o la realización de cierta cosa.
MICOLOGÍA n. f. Estudio científico de los hongos.
MICOSIS n. f. Infección provocada por hongos parásitos, que afecta a diversas partes del cuerpo.
MICR(O), prefijo, cuyo símbolo es μ, que se antepone al nombre de la unidad dividiéndola por un millón.
MICRA n. f. (gr. *mikros*, pequeño). Unidad de medida de longitud (símbolo μ) igual a la millonésima parte de un metro. SIN.: *micrón*.
MICRO n. m. Apócope de *micrófono*.
MICROANÁLISIS n. m. Análisis químico que, al realizarse sobre masas extremadamente pequeñas de sustancia, requiere un instrumental especial.
MICROBALANZA n. f. Balanza utilizada para medir masas muy pequeñas, del orden de la millonésima de gramo.
MICROBIO n. m. Ser vivo microscópico, constituido por una sola célula, que origina putrefacciones y enfermedades infecciosas.
MICROBIOLOGÍA n. f. Ciencia que estudia los microbios.
MICROBIÓTICO, A adj. Dícese de las especies vegetales cuya semilla pierde su aptitud para germinar menos de tres años después de su diseminación.
MICROBÚS n. m. Vehículo de transporte colectivo para desplazamientos rápidos, con capacidad para un pequeño número de viajeros.
MICROCALORIMETRÍA n. f. Técnica de la determinación de cantidades de calor muy pequeñas.
MICROCEFALIA n. f. Anomalía morfológica del cráneo, cuyo volumen se encuentra reducido.
MICROCIRCUITO n. m. Circuito eléctrico o electrónico de dimensiones muy pequeñas.
MICROCIRUGÍA n. f. Cirugía que se efectúa bajo control del microscopio y utilizando instrumentos miniaturizados especiales.
MICROCLIMA n. m. Conjunto de condiciones atmosféricas particulares de un espacio homogéneo de poca extensión, en la superficie del suelo.
MICROCOCO n. m. Bacteria de cuerpo esférico, cuyos individuos se presentan aislados.
MICROCOSMOS o **MICROCOSMO** n. m. Universo en pequeño. **2.** El hombre en tanto refleja el universo.
MICROECONOMÍA n. f. Rama de la ciencia económica que estudia los comportamientos individuales de los agentes económicos.
MICROELECTRÓNICA n. f. Parte de la electrónica que se ocupa de la concepción y fabricación de circuitos, memorias, etc., de volumen extraordinariamente reducido.
MICROESTRUCTURA n. f. Estructura que depende de otra más vasta.
MICRÓFAGO, A adj. y n. m. Dícese de la célula que realiza la fagocitosis de elementos muy pequeños, tales como las bacterias.
MICROFICHA n. f. Fotografía que reproduce, a escala muy reducida, un documento de archivo.
MICROFILM o **MICROFILME** n. m. Película que está constituida por una serie de microfichas.
MICROFÍSICA n. f. Parte de la física que trata de los átomos, los electrones y partículas análogas.
MICRÓFONO n. m. Instrumento que transforma las vibraciones sonoras en oscilaciones eléctricas.
MICROFOTOGRAFÍA n. f. Fotografía de las investigaciones microscópicas.
MICROGRAFÍA n. f. Estudio al microscopio de objetos muy pequeños, en especial de la estructura de metales y aleaciones.
MICROMETRÍA n. f. Medición de dimensiones muy pequeñas.
MICRÓMETRO n. m. Instrumento que permite medir con gran precisión longitudes o ángulos muy pequeños. **2.** Dispositivo óptico o instrumento destinado a medir objetos pequeños o pequeñas imágenes. **3.** Micra.
MICROMÓDULO n. m. Circuito lógico o aritmético miniaturizado de una calculadora electrónica.
MICRÓN n. m. Micra.
MICRONESIA, conjunto de islas del Pacífico, de superficie muy reducida, entre Indonesia y Filipinas al O, Melanesia al S y Polinesia al E. Comprende las Marianas, las Carolinas, las Marshall y Kiribati.
MICRONESIA (*Estados Federados de*), archipiélago y estado de Micronesia, formado por las islas Truk, Yap, Kosrae y Pohupei (Carolinas occidentales); 707 km²; 80 000 hab. CAP. *Palikir* (Pohnpei). LENGUA OFICIAL: *inglés*. MONEDA: *dólar*. El archipiélago, bajo tutela norteamericana desde 1947 por resolución de la O.N.U., se convirtió en estado libre asociado a E.U.A. (1986). En 1991 fue admitido en la O.N.U.
MICRONESIO, A adj. y n. De Micronesia.
MICROONDA n. f. Onda electromagnética cuya longitud se halla comprendida entre 1 m y 1 mm.
MICROONDAS n. m. (pl. *microondas*). Horno en que el calor está generado por ondas de alta frecuencia. SIN.: *horno de microondas*.
MICROORDENADOR n. m. Ordenador de poco volumen cuya unidad central de tratamiento está constituida por un microprocesador.
MICROORGANISMO o **MICRORGANISMO** n. m. Organismo microscópico, vegetal o animal.
MICROPROCESADOR n. m. Órgano de tratamiento de la información, realizado en forma de microcircuitos electrónicos integrados.
MICROSCÓPICO, A adj. Relativo al microscopio. **2.** Hecho con la ayuda del microscopio. **3.** Que sólo puede observarse con el microscopio: *partículas microscópicas*. **4.** Extremadamente pequeño: *un brillante microscópico*.
MICROSCOPIO n. m. (de *micro* y gr. *skopeō*, examinar). Instrumento óptico, compuesto de varias lentes, que sirve para observar objetos muy pequeños. • **Microscopio electrónico**, microscopio en el que los rayos luminosos son remplazados por un haz de electrones.
MICROSONDA n. f. Aparato que, mediante el impacto de un haz de electrones sobre una lámina delgada, permite determinar los elementos que esta lámina contiene.
MIDAS, rey de Frigia (738-696 o 675 a. J.C.). Su reino fue destruido por los cimerios. Según la leyenda, Dioniso le concedió el poder de convertir en oro todo lo que tocaba.
MIDEROS (Luis), escultor ecuatoriano (San Antonio, Ibarra, 1898), especializado en monumentos públicos (*Vicente Rocafuerte*, Quito y México).
MIEDICA adj. y n. m. y f. *Fam*. Miedoso.
MIEDITIS n. f. *Fam*. Miedo.
MIEDO n. m. (lat. *metum*). Perturbación angustiosa del ánimo ante un peligro real o imaginario, presente o futuro. **2.** Temor o

recelo de que suceda algo contrario a lo que se desea: *tener miedo de caerse.*
MIEDOSO, A adj. y n. *Fam.* Que tiene miedo o es propenso a tenerlo.
MIEL n. f. (lat. *mel*). Néctar y exudaciones azucaradas de las plantas, una vez han sido recogidas y almacenadas en el panal por las abejas. **2.** *Fig.* Dulzura, suavidad, ternura. **3.** En los ingenios azucareros, zumo de la caña, después que se ha dado la segunda cochura.
MIELERO n. m. *Amér. Melero.*
MIELINA n. f. Sustancia refringente, de naturaleza lipídica, que recubre las fibras del sistema nervioso central.
MIELITIS n. f. (der. del gr. *myelos*, médula). Inflamación de la médula espinal.
MIELOIDE adj. Relativo a la médula, especialmente a la médula ósea.
MIEMBRO n. m. (lat. *membrum*). Cada uno de los apéndices que aparecen en el tronco del hombre o de los animales, dispuestos en forma par, y útiles para las funciones de locomoción o aprehensión. **2.** Otras estructuras en forma de apéndice. **3.** Individuo que forma parte de una corporación o colectividad: *miembro del consejo de administración.* **4.** Parte de un todo: *estado miembro de una federación.* **5.** MAT. Cada una de las dos expresiones de una igualdad o de una desigualdad. **• Miembro viril,** pene.
MIENTE n. f. Pensamiento. (Úsase en plural.) **• Parar,** o **poner mientes en** algo, considerarlo, meditarlo y recapacitar sobre ello.
MIENTRAS adv. t. Entre tanto, en tanto, durante el tiempo en que: *mientras esperaba empezó a llover.* ♦ conj. **2.** Une oraciones expresando simultaneidad entre ellas: *ella leía mientras yo descansaba.* **• Mientras que,** expresa contraste u oposición entre dos acciones. ∥ **Mientras tanto,** en el tiempo en que sucede u ocurre una acción, entre tanto.
MIER (fray Servando Teresa **de**), escritor y político mexicano (Monterrey 1765-México 1827). Independentista, tomó parte en la expedición de Mina (1817) y se opuso al imperialismo de Iturbide. Es autor de *Historia de la revolución de Nueva España* (1813).
MIÉRCOLES n. m. (lat. *dies Mercuri,* día de Mercurio). Cuarto día de la semana, entre martes y jueves.
MIERDA n. f. (lat. *merdam*). Excremento humano y de algunos animales. **2.** *Fig.* y *fam.* Grasa, suciedad, porquería. **3.** *Fam.* Persona o cosa que se considera sin valor y despreciable. **• ¡A la mierda!** (*Vulg.*), expresión con que se rechaza algo o a alguien con enfado, menosprecio o indignación. ∥ **Irse a la mierda** (*Fam.*), derrumbarse, hundirse o arruinarse algo.
MIES n. f. (lat. *messem;* de *metere,* segar). Cereal maduro. **2.** Tiempo de la siega y cosecha de granos. ♦ **mieses** n. f. pl. **3.** Campos sembrados.
MIGA n. f. (lat. *micam*). Migaja, porción pequeña de cualquier cosa y especialmente de pan. (Suele usarse en plural.) **2.** Parte interior y blanda del pan que está recubierta por la corteza. **3.** *Fig.* y *fam.* Contenido, lo sustancial o esencial de algo: *un discurso de mucha miga.* ♦ **migas** n. f. pl. **4.** Pan desmenuzado, humedecido con agua y frito. **• Hacer buenas** o **malas migas** (*Fam.*), avenirse o no las personas en su trato. ∥ **Hacer migas,** dejar en mal estado físico o moral.
MIGAJA n. f. Fragmento o partícula de pan. **2.** Porción pequeña de cualquier cosa. **3.** *Fig.* Nada o casi nada. ♦ **migajas** n. f. pl. **4.** Partículas de pan o de comida que caen en la mesa o quedan en ella después de haber comido. **5.** Sobras, residuos: *dar las migajas a los pobres.*
MIGAJÓN n. m. Miga de pan o parte de ella. **2.** *Fig.* y *fam.* Meollo o interés de una cosa.

MIGALA o **MIGALE** n. f. Araña que excava una madriguera cerrada por un opérculo.
MIGAR v. tr. [**1b**]. Desmenuzar el pan en pedazos muy pequeños. **2.** Echar migas de pan en una salsa o en un líquido.
MIGRACIÓN n. f. Desplazamiento de personas o grupos de un país, o de una región, a otro para establecerse en él, bajo influencia de factores económicos o políticos. **2.** Desplazamiento en grupo y en una dirección determinada, que emprenden determinados animales estacionalmente.
MIGRAÑA n. f. Dolor violento que afecta un lado de la cabeza y que, con frecuencia, va acompañado de náuseas y vómitos.
MIGRAR v. intr. [**1**]. Desplazarse en solitario o en grupo a través de una distancia significativa.
MIGRATORIO, A adj. Relativo a la migración.
MIGUEL (san), arcángel. En la Biblia, Miguel es el ángel por excelencia, el vencedor de Satán, el jefe de los ejércitos celestiales y el protector de Israel.
MIGUEL ÁNGEL (Michelangelo **Buonarroti,** llamado **Michelangelo** y, en español), escultor, pintor, arquitecto y poeta italiano (Caprese, cerca de Arezzo, 1475-Roma 1564), artista inigualable por la originalidad y fuerza de concepción de sus obras. Se le debe, entre otras obras, una *Pietà,* el *David,* las diversas estatuas destinadas a la tumba de Julio II (*Moisés* [1516, iglesia de San Pietro in Vincoli de Roma], la *Victoria,* [Palazzo Vecchio de Florencia]), los frescos de la capilla Sixtina y de San Pedro de Roma (a partir de 1547) y la disposición de la plaza del Capitolio.
MIGUELEAR v. tr. [**1**]. *Amér. Central.* Enamorar, cortejar.
MIJE n. m. Planta arbórea, de madera apreciada y frutos comestibles, parecidos a los del grosellero. (Familia mirtáceas.) **2.** *Méx.* Tabaco de mala calidad.
MIJO n. m. (lat. *milium*). Planta herbácea de la familia gramíneas, cuya semilla es utilizada en Europa como alimento de los animales domésticos. **2.** Semilla de esta planta.
MIKADO o **MICADO** n. m. (voz japonesa). Palacio imperial de Japón. **2.** Emperador de Japón.
MIKERINOS o **MICERINOS,** faraón de la IV dinastía (c. 2600 a. J.C.), que mandó construir la tercera pirámide de Gizeh.
MIL adj. num. card. (lat. *mille*). Diez veces ciento. ♦ adj. num. ordin. y n. **2.** Milésimo, que corresponde en orden al número mil. ♦ adj. **3.** *Fig.* Dícese del número o cantidad indefinidamente grande.
MILAGRERÍA n. f. Tendencia a narrar o admitir como milagros hechos explicables naturalmente.
MILAGRERO, A adj. y n. Dícese de la persona que tiende a la milagrería. **2.** Dícese de la persona que finge milagros. ♦ adj. **3.** *Fig.* y *fam.* Milagroso, que obra o hace milagros.
MILAGRO n. m. (lat. *miraculum*). En lenguaje religioso, hecho que no se explica por causas naturales y que se atribuye a una intervención divina. **2.** Cualquier suceso o cosa extraordinaria y maravillosa: *un milagro de la técnica.* **• De milagro,** por casualidad, por modo poco frecuente.
MILAGROSO, A adj. Que ocurre por milagro: *aparición milagrosa.* **2.** Asombroso, maravilloso, pasmoso: *es milagroso que consiguiera vencer.* **3.** Que obra o hace milagros: *santo milagroso.*
MILAMORES n. f. (pl. *milamores*). Planta herbácea de 60 a 70 cm de alt., que se cultiva en los jardines. (Familia valerianáceas.)

MILÁN, en ital. **Milano,** c. de Italia, cap. de Lombardía, ant. cap. del Milanesado; 1 371 008 hab. (cerca de 4 millones en la aglomeración). *[Milaneses.]* Primer centro económico de Italia, es un gran centro industrial, comercial, intelectual y religioso. Catedral gótica (*duomo*), iniciada en 1386 y acabada a principios del s. XIX. Iglesias de origen paleocristiano (San Ambrosio) o medieval. Conjunto de Santa Maria delle Grazie, obra en parte de Bramante (*La Cena,* de Leonardo da Vinci). Castillo de los Sforza (1450; museo). Teatro de la Scala (s. XVIII). Biblioteca ambrosiana. Pinacoteca Brera y otros museos.
MILANÉS, SA adj. y n. De Milán. **• A la milanesa,** dícese de una carne empanada con huevo y frita. ♦ n. m. **2.** Dialecto lombardo hablado en Milán.
MILANES Y FUENTES (José Jacinto), poeta cubano (Matanzas 1814-*id.* 1863), autor de obras dramáticas (poesía, narración costumbrista y teatro).
MILANO n. m. Ave rapaz propia de las regiones cálidas o templadas, que alcanza 1,50 m de envergadura y tiene la cola larga y ahorquillada, y se alimenta de desperdicios y de pequeños animales. **2.** Pez marino parecido a la raya.
MILCAO n. m. *Chile.* Guiso de patatas ralladas o machacadas.
MILDIU o **MILDEU** n. m. (ingl. *mildew,* moho). Nombre que se da a diversas enfermedades de las plantas cultivadas, como vid, patatas, cereales, etc.
MILENARIO, A adj. Relativo al número mil. **2.** Dícese de lo que tiene mil años. ♦ n. m. **3.** Espacio de mil años. **4.** Milésimo aniversario. **5.** Fiestas con que se celebra.
MILENARISMO n. m. Creencia de determinados escritores cristianos de los primeros siglos y de algunas sectas cristianas posteriores, según la cual Cristo volvería a la tierra para reinar durante mil años. **2.** Doctrina que anuncia el advenimiento definitivo de una sociedad justa y feliz.
MILENIO n. m. Período de mil años.
MILEPORA n. f. Animal marino, con esqueleto calcáreo macizo, que forma colonias de pólipos. (Tipo cnidarios; orden hidrocoralarios.)
MILÉSIMO, A adj. (lat. *millesimum*). Dícese de cada una de las mil partes iguales en que se divide un todo. ♦ adj. num. ordin. **2.** Que corresponde en orden al número mil. ♦ n. m. **3.** Unidad monetaria divisionaria de Chile, equivalente a 1/1000 de escudo.
MILETO, ant. c. jonia de Asia Menor, que, a partir del s. VII a. J.C., fue una gran metrópoli colonizadora, un importante centro comercial y un foco de cultura griega (escuela filosófica).
MILHOJAS n. m. (pl. *milhojas*). Pastel de hojaldre relleno de merengue o crema.
MILI (voz latina), prefijo (símbolo m) que, colocado delante de una unidad, la multiplica por 10^{-3}.
MILIAMPERIO n. m. Milésima parte de un amperio (mA).
MILIÁREA n. f. Medida de superficie que equivale a la milésima parte de un área.
MILIBAR n. m. Unidad de medida de presión atmosférica, equivalente a una milésima de bar, o mil barias, o sea, aproximadamente, 3/4 de milímetro de mercurio.
MILICIA n. f. (lat. *militiam*). Arte de la guerra y de disciplinar a los soldados para ella. **2.** Servicio o profesión militar. **3.** Formación militar o paramilitar: *milicia fascista.*
MILICIANO, A adj. y n. Relativo a la milicia; individuo de una milicia.
MILICO n. m. *Amér. Merid. Desp.* Militar, soldado.
MILIGRAMO n. m. Milésima parte del gramo (mg).
MILILITRO n. m. Milésima parte del litro (ml).

MILIMÉTRICO, A adj. Relativo al milímetro.
MILÍMETRO n. m. Milésima parte del metro (mm).
MILITANCIA n. f. Actitud, actividad e ideología del militante político o sindical.
MILITANTE adj. y n. m. y f. Que milita.
MILITAR adj. (lat. *militarem*). Relativo a las fuerzas armadas o a la guerra: *disciplina militar; autoridad militar.* ♦ n. m. 2. El que tiene por profesión la carrera de las armas.
MILITAR v. intr. [1]. Servir en la guerra o profesar la milicia. 2. Figurar activamente en un partido o colectividad que se propone determinados fines.
MILITARISMO n. m. Preponderancia del elemento militar en el gobierno de un estado. 2. Doctrina o sistema político fundados en esta preponderancia.
MILITARISTA adj. y n. m. y f. Relativo al militarismo; partidario del militarismo.
MILITARIZACIÓN n. f. Acción y efecto de militarizar. 2. Situación de carácter excepcional establecida mediante decreto por el gobierno de una nación, por la que determinadas empresas privadas o servicios de carácter público pasan a depender de la jurisdicción militar.
MILITARIZAR v. tr. [1g]. Inculcar en forma de disciplina o el espíritu militar. 2. Proceder a la militarización de un cuerpo o servicio civil.
MILIVOLTIO n. m. Milésima de voltio (mV).
MILL (John Stuart), filósofo y economista británico (Londres 1806-Aviñón 1873), hijo de James Mill. Partidario del asociacionismo, preconizó una moral utilitarista y el liberalismo económico (*Principios de economía política,* 1848; *Utilitarismo,* 1863).
MILLA n. f. (lat. *milia passuum,* miles de pasos). Medida itineraria de los romanos (1 478,50 m). 2. Medida itineraria anglosajona que equivale a 1609 m. 3. MAR. Unidad de medida de longitud, cuyo empleo sólo está autorizado para expresar las distancias en navegación (marítima o aérea), y que corresponde a la distancia media entre dos puntos de la superficie terrestre que tienen la misma longitud y cuyas latitudes difieren en un ángulo de 1 minuto (1852 m).
MILLAR n. m. Conjunto de mil unidades. 2. *Fig.* Número grande indeterminado: *te lo he dicho millares de veces.*
MILLARDO n. m. Mil millones.
MILLE (Cecil Blount **de**) → *De Mille.*
MILLER (Arthur), dramaturgo norteamericano (Nueva York 1915). Los protagonistas de sus obras luchan por ser reconocidos y aceptados por la sociedad (*Las brujas de Salem,* 1953).
MILLER (Henry), escritor norteamericano (Nueva York 1891-Los Ángeles 1980). Denuncia las represiones sociales y morales y exalta la búsqueda de la realización humana y sensual (*Trópico de Cáncer,* 1934; *Trópico de Capricornio,* 1939).
MILLIKAN (Robert Andrews), físico norteamericano (Morrison, Illinois, 1868-San Marino, California, 1953). Midió la carga del electrón (1911) y realizó estudios sobre los rayos ultravioleta y cósmicos. (Premio Nobel de física 1923.)
MILLÓN n. m. (ital. *milione*). Mil millares. 2. *Fig.* Número grande indeterminado: *me quedan por hacer un millón de cosas.*
MILLONADA n. f. Cantidad muy grande, especialmente de dinero.
MILLONARIO, A adj. y n. Muy rico, acaudalado.
MILLONÉSIMO, A adj. Dícese de cada una del millón de partes iguales en que se divide un todo. ♦ adj. num. ordin. 2. Que corresponde en orden al número un millón.
MILMILLONÉSIMO, A adj. Dícese de cada una de las mil millones de partes iguales en que se divide la unidad. ♦ adj. num.

ordin. 2. Que corresponde en orden al número mil millones.
MILO, en gr. **Mêlos** o **Milo,** isla griega del mar Egeo (Cícladas); 161 km²; 8600 hab. Antiguas ruinas cerca de la capital, donde se descubrió la famosa *Venus de Milo.*
MILONGA n. f. Copla andaluza derivada de un baile popular de origen argentino y uruguayo. 2. *Argent. Fam.* Lugar o reunión en que se baila. 3. *Argent. Fig.* y *Fam.* Lío, discusión. 4. *Argent.* y *Urug.* Composición musical de ritmo vivo y marcado en compás de dos por cuatro, emparentada con el tango. 5. *Argent.* y *Urug.* Canto con que se acompaña. 6. *Argent.* y *Urug.* Baile rápido de pareja enlazada. ♦ **milongas** n. f. pl. 7. *Méx.* Excusa, evasiva.
MILONGUERO, A n. *Amér. Merid.* Persona que canta o baila milongas. 2. *Amér. Merid.* Aficionado o concurrente asiduo a los bailes populares. ♦ adj. 3. *Argent.* Relativo a la milonga.
MILOSEVIC (Slobodan), político serbio (Pozarevac, Serbia, 1941). Miembro de la Liga de los comunistas de Yugoslavia desde 1959, fue presidente de Serbia de 1990 a 1996 y presidente de la República Federal de Yugoslavia de 1997 a 2000. Detenido en La Haya, enfrenta un proceso del Tribunal Penal Internacional desde feb. de 2002.
Milosz (Czesław), escritor polaco (Szetejnie, Lituania, 1911-Croacia 2004), nacionalizado norteamericano. Poeta, novelista y ensayista (*El pensamiento cautivo,* 1953), se exilió en E.U.A. (Premio Nobel de literatura, 1980.)
MILPA n. f. Nombre que daban los españoles, en México, a las parcelas individuales dedicadas al cultivo del maíz, que integraban los calpullalli aztecas. 2. *Amér. Central* y *Méx.* Maizal.
MILPEAR v. intr. [1]. *Amér. Central* y *Méx.* Comenzar a brotar el maíz sembrado. 2. *Amér. Central* y *Méx.* Sembrar milpas, hacer maizales.
MILSTEIN (César), biólogo argentino (Bahía Blanca 1927-Inglaterra 2002), nacionalizado británico. Con G. J. Köhler desarrolló un método para la producción de anticuerpos monoclonales, que les valió el premio Nobel de fisiología y medicina en 1984.
MILTOMATE n. m. *Méx.* Tomate verde. 2. *Méx.* Fruto de esta planta.
MILTON (John), poeta inglés (Londres 1608-Chalfont Saint Giles, Buckinghamshire, 1674). Autor de poemas filosóficos y pastoriles, *El paraíso perdido* (1667) y *El paraíso recobrado* (1671).
MILWAUKEE, c. y puerto de Estados Unidos (Wisconsin), a orillas del lago Michigan; 628 088 hab. (1 432 149 con el área metropolitana).
MIMAR v. tr. [1]. Tratar a alguien con mimo, o hacerle mimos. 2. Interpretar por medio de mimo.
MIMBRAR v. tr. y pron. [1]. Abrumar, molestar, humillar.
MIMBRE n. m. (lat. *vimen*). Rama joven y flexible de sauce. 2. Sauce con ramas flexibles. 3. Rama de la mimbrera, especialmente la desnuda, que se usa en cestería.
MIMBREAR v. intr. y pron. [1]. Moverse o doblarse con flexibilidad, como el mimbre.
MIMBRERA n. f. Planta arbustiva cuyas ramas, amarillas, largas y flexibles, se emplean en cestería. 2. Diversas especies de sauces. 3. Mimbreral.
MIMBRERAL n. m. Plantación de mimbreras.
MIMBROSO, A adj. Relativo al mimbre. Hecho de mimbres. 3. Abundante en mimbreras.
MIME n. m. *Dom.* y *P. Rico.* Especie de mosquito. • **Caerle** a uno **mimes** (*P. Rico. Fig.* y *fam.*), tener mala suerte; (*P. Rico*), venir a menos.
MIMEOGRAFIAR v. tr. [1t]. Multicopiar.
MIMEÓGRAFO n. m. Multicopista manual que utiliza una punta cortante para la incisión de la matriz.

MÍMESIS o **MIMESIS** n. f. (gr. *mimesis*). Imitación de los gestos, manera de hablar, etc., de una persona o colectividad.
MIMÉTICO, A adj. Relativo al mimetismo o a la mímesis. 2. Que imita por mímesis o mimetismo.
MIMETISMO n. m. Semejanza que toman ciertos seres vivos con el medio en que viven, con las especies mejor protegidas o con aquellas a cuyas expensas viven. 2. Mímesis.
MIMETIZAR v. intr. y pron. [1g]. Adquirir el color, apariencia, etc., de las cosas o seres del contorno.
MÍMICA n. f. Arte de expresar el pensamiento por medio del gesto o el movimiento de los músculos faciales.
MÍMICO, A adj. (lat. *mimicum*). Relativo a la mímica. • **Lenguaje mímico,** lenguaje de gestos.
MIMO n. m. Género de comedia en la que el actor representa la acción o los sentimientos mediante gestos. 2. En las literaturas griega y latina, género de comedia realista que imita la vida y las costumbres. 3. Pantomima. 4. Excesiva condescendencia con que se trata a alguien, especialmente a los niños. 5. Cariño, halago. ♦ n. m. y f. 6. Actor especializado en representar obras de mimo.
MIMODRAMA n. m. Acción dramática representada en forma de pantomima.
MIMOSA n. f. Planta arbustiva o arbórea de hojas pequeñas y flores amarillas olorosas, agrupadas en cabezuelas, muy apreciada en jardinería. (Familia mimosáceas.) 2. Flor de esta planta.
MIMOSO, A adj. Inclinado a hacer mimos, o que gusta de recibirlos.
MINA n. f. (célt. *mina,* mineral). Excavación realizada para extraer del subsuelo sustancias minerales útiles. 2. Conjunto de instalaciones necesarias para la extracción y tratamiento previo de las sustancias minerales. 3. Barrita cilíndrica que forma el eje de un lápiz y está constituida por una materia que deja una traza sobre el papel. 4. *Fig.* Persona o cosa de la que resulta mucho provecho: *este negocio es una mina.* 5. *Argent.* y *Chile. Desp.* Mujer. 6. MIL. Carga explosiva instalada en el suelo, bajo tierra o en el agua, destinada a producir su explosión al paso del enemigo.
MINA (Francisco Xavier), guerrillero español (Idocín, Navarra, 1789-cerca de Pénjamo 1817). Luchó en la guerra de Independencia española y posteriormente se dirigió a México para continuar la lucha contra Fernando VII, pero fue apresado y fusilado.
MINADO n. m. Acción y efecto de minar.
MINADOR, RA adj. Que mina. 2. Dícese de los animales que excavan galerías, tanto en el suelo como en la roca o madera. ♦ adj. y n. m. 3. Dícese de los buques especialmente dedicados a la operación de sembrar minas.
MINAR v. tr. [1]. Abrir minas en un terreno. 2. *Fig.* Debilitar o destruir poco a poco alguna cosa: *los disgustos están minando su salud.* 3. Sembrar de minas un terreno o colocar minas submarinas.
MINARETE n. m. Alminar.
MINAS (*sierra de las*), sierra de Guatemala (Alta Verapaz y Zacapa); 3000 m aprox. Está limitada por los ríos Polochic y Motagua.
MINAS, c. de Uruguay, cap. del dep. de Lavalleja; 37 700 hab. Centro turístico y comercial.
MINATITLÁN, c. de México (Veracruz); 195 523 hab. Yacimientos de azufre y petróleo. Refinerías. Oleoductos a México, Ciudad Pemex y Salina Cruz.
MINDANAO, isla de Filipinas; 99 000 km²; 9 millones de hab.
MINDORO, isla de Filipinas; 10 000 km²; 472 000 hab.

MIN

MINERAL adj. Relativo a las sustancias naturales que constituyen la corteza terrestre. **2.** Constituido por materia no viva: *compuesto mineral.* • **Agua mineral**, agua que contiene minerales en disolución y se emplea como bebida o en baños para fines terapéuticos. || **Química mineral**, química inorgánica. || **Reino mineral**, conjunto de objetos comprendidos bajo el nombre de *minerales*. ♦ n. m. **3.** Cuerpo inorgánico, sólido a la temperatura ordinaria, que constituye las rocas de la corteza terrestre. **4.** MIN. Parte útil de una explotación minera, cuando se trata de filones metalíferos.

MINERALIZACIÓN n. f. Acción y efecto de mineralizar.

MINERALIZAR v. intr. y pron. [**1g**]. Transformarse una sustancia en mineral, generalmente por la acción de agentes exteriores. **2.** GEOL. Formarse concentraciones de minerales.

MINERALOGÍA n. f. Ciencia que tiene por objeto el estudio de los minerales.

MINERALURGIA n. f. Conjunto de las técnicas de tratamiento de materias minerales brutas, para obtener productos directamente utilizables en la industria o transformables en metalurgia.

MINERÍA n. f. Beneficio de los minerales y rocas útiles. **2.** Explotación de las minas. **3.** Conjunto de minas de un país o región.

MINERO, A adj. Relativo a la minería: *compañía minera; cuenca minera.* ♦ n. m. **2.** El que trabaja en las minas. **3.** *Argent. Fig.* Ratón, mamífero roedor.

MINERÓLOGO, A n. Especialista en mineralogía.

MINERVA, diosa itálica, protectora de Roma y patrona de los artesanos, identificada con la Atenea griega.

MINESTRONE n. m. (voz italiana). Sopa italiana elaborada con arroz, judías, col, pastas y tocino.

MINGA n. f. (voz quechua). *Amér. Merid.* Reunión de amigos y vecinos para hacer algún trabajo en común, con la única remuneración de una comilona pagada por el que encarga el trabajo. **2.** *Perú.* Chapuza que en día festivo hacen los peones de las haciendas a cambio de un poco de chicha, coca o aguardiente. ♦ n. m. y f. **3.** Persona que trabaja en la minga. ♦ interj. **4.** *Argent.* Expresa negación, falta o ausencia de algo.

MINGACO n. m. *Chile.* Minga, reunión de amigos o vecinos.

MINGITORIO, A adj. Relativo a la micción. ♦ n. m. **2.** Urinario.

MINGO n. m. Bola de billar, que, al comenzar cada mano del juego, se coloca en la cabecera de la mesa.

MINGÓN, NA adj. *Venez.* Dícese del niño muy mimado y consentido.

MINIATURA n. f. (voz italiana). Arte de ejecutar pinturas de pequeñas dimensiones, sobre papel, pergamino, marfil, etc. **2.** Obra realizada según este arte. **3.** Modelo de un objeto a escala muy reducida. **4.** *Fam.* Cosa muy pequeña.

MINIATURISTA n. m. y f. Artista que realiza miniaturas.

MINIATURIZAR v. tr. [**1g**]. Dar a un mecanismo la dimensiones más pequeñas posibles.

MINIFALDA n. f. Falda muy corta.

MINIFUNDIO n. m. Finca rústica que, por su reducida extensión, no constituye por sí sola una explotación económicamente rentable.

MINIFUNDISMO n. m. Tipo de distribución de la propiedad de la tierra en el que predominan los minifundios.

MINIFUNDISTA adj. n. m. y f. Relativo al minifundismo; propietario de un minifundio.

MINIMAL adj. (voz inglesa, *mínimo*). ART. Dícese de una obra reducida a unas formas geométricas estrictas y a unas modalidades elementales de materia o color.

MINIMALISMO n. m. Arte minimal; características de este arte.

MINIMALISTA adj. y n. m. y f. Relativo al arte minimal o minimalismo; artista que practica el arte minimal.

MINIMIZAR v. tr. [**1g**]. Disminuir o reducir al mínimo la importancia o el valor de algo.

MÍNIMO, A adj. (lat. *minimum*, el más pequeño). Que, en cantidad o en grado, es lo más pequeño posible, o lo más pequeño dentro de su especie: *no hacer el mínimo caso; temperatura mínima.* • **Como mínimo**, calculando la cantidad o medida más pequeña posible. || **Lo más mínimo** (*Fam.*), expresión que se emplea en frases negativas. ♦ n. **2.** Miembro de una orden mendicante instituida por san Francisco de Paula en 1435, en Cosenza (Italia). ♦ n. m. **3.** Grado más pequeño al que puede reducirse una cosa cualquiera: *el mínimo del mal; el mínimo de velocidad.* **4.** MAT. Elemento más pequeño (si existe) de un conjunto ordenado. • **Mínimo de una función** (MAT.), el menor de los valores que toma dicha función en un intervalo dado o en su dominio de definición.

MÍNIMUM n. m. (lat. *minimum*, la menor parte) [pl. *minimums*]. Mínimo.

MININO, A n. *Fam.* Gato, mamífero carnicero.

MINIO n. m. (lat. *minium*, bermellón). Óxido de plomo (Pb_3O_4), de color rojo. **2.** Pintura de minio con la que se recubre el hierro para preservarlo de la herrumbre.

MINISTERIAL adj. Relativo al ministerio o al gobierno del estado, o a alguno de sus ministros. ♦ adj. y n. m. y f. **2.** Que apoya habitualmente al gobierno en las cámaras o en la prensa: *diputado ministerial.*

MINISTERIO n. m. (lat. *ministerium*, servicio, oficio). Gobierno del estado, considerado en el conjunto de los varios departamentos en que se divide. **2.** Cargo o empleo de ministro que forma parte del gobierno de un estado. **3.** Tiempo que dura su ejercicio. **4.** Cuerpo de ministros de un estado. **5.** Cada uno de los departamentos en que se divide el gobierno de un estado. **6.** Edificio en que se halla la oficina de cada departamento ministerial. **7.** Función, empleo o cargo, especialmente cuando es noble y elevado. **8.** Uso o destino que tienen las cosas. **9.** Servicio eclesial derivado del sacramento del orden.

MINISTRO n. m. Pájaro de América del Norte y Central, de pequeño tamaño, muy apreciado como ave de adorno. (Familia fringílidos.)

MINISTRO, A n. (lat. *ministrum*). Persona que ejerce un ministerio, función especialmente noble y elevada. **2.** Miembro del gobierno y jefe de uno de los grandes departamentos en que se divide la administración del estado. **3.** Juez empleado en la administración de justicia. **4.** Cualquier representante o agente diplomático. **5.** En algunas órdenes, prelado ordinario de cada convento. • **Ministro de Dios**, o **del Señor**, sacerdote.

MINNEAPOLIS, c. de Estados Unidos (Minnesota), a orillas del Mississippi; 368 383 hab. Universidad. Museos. Centro industrial y de servicios.

MINNELLI (Vincente), director de cine norteamericano (Chicago 1910-Los Ángeles 1986), especialista en la comedia musical cinematográfica: *Un americano en París* (1951), *Melodías de Broadway* (1953), etc.

MINNESOTA, estado de Estados Unidos, en el centro-noroeste del país; 217 735 km²; 4 375 099 hab. Cap. *Saint Paul*.

MINOICO, A adj. y n. m. Relativo a la historia de Creta desde el III milenio hasta alrededor del 1100 a. J.C.

MINORACIÓN n. f. Acción y efecto de minorar.

MINORAR v. tr. y pron. [**1**]. Disminuir la extensión, intensidad o número de una cosa.

MINORÍA n. f. Conjunto de individuos de una sociedad determinada discriminados, por distinguirse, en alguna forma, de los que forman la categoría social predominante. **2.** Parte de la población de un estado que difiere de la mayoría en etnia, lengua o religión. SIN.: *minoría nacional.*

MINORISTA n. m. y f. Persona que vende al por menor. ♦ adj. **2.** Dícese del comercio al por menor.

MINORITARIO, A adj. Que pertenece a una minoría o que se apoya en ella.

MINOS, rey legendario de Creta, famoso por su sabiduría y justicia, virtudes que le valieron, después de su muerte, el ser juez de los infiernos.

MINOTAURO, monstruo de la mitología griega, con cuerpo de hombre y cabeza de toro, nacido de los amores de Pasífae, esposa de Minos, y de un toro blanco enviado por Poseidón. Teseo lo mató.

MINUCIA n. f. (lat. *minutiam*). Menudencia, cosa de poco aprecio e importancia. **2.** Detalle, pormenor: *contar algo con minucia.*

MINUCIOSIDAD n. f. Calidad de minucioso.

MINUCIOSO, A adj. Que se detiene en los menores detalles: *un relato minucioso.*

MINUÉ o **MINUETO** n. m. (fr. *menuet*). Danza de compás ternario. **2.** Composición musical de esta danza.

MINUENDO n. m. (lat. *minuendum*, que se ha de disminuir). MAT. Cantidad de la que ha de restarse otra.

MINÚSCULO, A adj. (lat. *minusculum*). De muy pequeñas dimensiones, o de poca entidad. ♦ adj. y n. f. **2.** Dícese de las letras que, en un mismo contexto, se distinguen de las mayúsculas por su figura y menor tamaño.

MINUSVALIDEZ n. f. Cualidad de minusválido. SIN.: *discapacidad.*

MINUSVÁLIDO, A adj. y n. Dícese de la persona que tiene en cierto aspecto disminuidas sus facultades físicas.

MINUSVALORAR v. tr. [**1**]. Subestimar.

MINUTA n. f. (lat. *minutam*, pequeña). Extracto o borrador de un documento o contrato. **2.** Apuntación que se hace de una cosa para tenerla presente. **3.** Cuenta que de sus honorarios o derechos presentan los abogados y otros profesionales. **4.** Lista de los platos de una comida.

MINUTAR v. tr. [**1**]. Hacer la minuta de un documento o contrato. **2.** Tasar los honorarios o derechos de los abogados. **3.** Contar los minutos que dura algo.

MINUTARIO n. m. Cuaderno en que el notario guarda las minutas de las escrituras que se otorgan ante él.

MINUTERO n. m. Manecilla del reloj, que señala los minutos.

MINUTO n. m. Unidad de medida de tiempo (símbolo mn) que vale 60 segundos. **2.** Corto espacio de tiempo: *vuelvo en un minuto.* • **Minuto centesimal**, unidad de medida de ángulo que equivale a 1/100 de grado centesimal, o sea, $\pi/20\,000$ de radián. SIN.: *centígrado.* || **Minuto sexagesimal**, unidad de medida de ángulo (símbolo ') que equivale a 1/60 de grado sexagesimal, o sea, $\pi/10\,800$ de radián.

MÍO, A adj. y pron. poses. de 1.ª persona. (lat. *meum*). Establece relación de posesión o pertenencia: *esto no es asunto mío; este libro es mío.* • **De las mías** (*Fam.*), indica un desacierto o una acción indigna cometida por la persona que habla. || **De mío**, por mi naturaleza. || **Los míos**, las personas de la familia, partido, etc., propios o las del mismo parecer que uno.

MIOCARDIO n. m. Parte muscular del corazón, que constituye la parte contráctil de la pared del mismo.

MIOCENO n. m. y adj. Cuarto período de la era terciaria, entre el oligoceno y el plioceno, en el transcurso del cual aparecieron

los mamíferos evolucionados, como simios, rumiantes, mastodontes y hombres.
MIOFIBRILLA n. f. Fibrilla contráctil constitutiva de la fibra muscular.
MIOGRAFÍA n. f. Registro gráfico de la contracción de los músculos.
MIOLOGÍA n. f. Estudio de los músculos.
MIONCILLO n. m. *Chile.* Carne de la parte inferior e interna del muslo del animal.
MIOPE adj. y n. m. y f. (gr. *myops*). Que padece miopía. **2.** Que carece de perspicacia.
MIOPÍA n. f. Anomalía de la visión que hace que se vean borrosos los objetos alejados.
MIQUILO n. m. *Argent.* y *Bol.* Nutria.
MIQUIZTLI n. m. (voz náhuatl, *muerte*). Segundo de los veinte días del mes azteca.
MIRA n. f. Pieza que en ciertos instrumentos sirve para dirigir la vista a un punto, con objeto de verlo con la mayor precisión posible. **2.** *Fig.* Intención u objetivo a que van dirigidas ciertas acciones. (Suele usarse en plural.) ♦ **Punto de mira,** en las armas de fuego, pieza o conjunto de piezas que sirven para dirigir la vista y asegurar con ello la puntería.
MIRA, r. de Ecuador y Colombia, en la vertiente pacífica; 240 km aprox.
MIRABEAU (Honoré Gabriel **Riqueti,** **conde de**), político francés (Le Bignon, Loiret, 1749-París 1791). Orador de prestigio, abogó en vano por una monarquía constitucional.
MIRADA n. f. Acción de mirar. **2.** Vistazo, ojeada. **3.** Modo de mirar, expresión de los ojos: *una mirada penetrante.*
MIRADO, A adj. Prudente, comedido, delicado: *ser muy mirado.* **2.** Merecedor de buen o mal concepto: *actitud bien, o mal, mirada.*
MIRADOR n. m. Balcón cubierto y cerrado con cristales o persianas. **2.** Lugar alto y bien situado para observar o contemplar un paisaje.
MIRAFLORES, c. de Perú (Arequipa), unida al núcleo urbano de Arequipa; 52 172 hab.
MIRAGUANO n. m. (voz antillana). Palmera de poca altura, de flores axilares en racimo y fruto seco, lleno de una materia semejante al algodón, que crece en regiones cálidas de América y Oceanía. (Familia palmáceas.) **2.** Pelo vegetal que llena el interior del fruto de esta palma, utilizado como relleno en aparatos y chalecos salvavidas, y en almohadas y colchones.
MIRAMIENTO n. m. Acción de mirar o considerar una cosa. **2.** Circunspección, reserva que se observa ante alguien por consideración o interés: *actuar sin miramientos.* (Suele usarse en plural.)
MIRANDA (*estado*), est. del N de Venezuela; 7950 km²; 2 019 566 hab. Cap. *Los Teques.*
MIRANDA (Francisco **de**), prócer de la independencia venezolana (Caracas 1750-San Fernando, España, 1816). Participó en la guerra de independencia de E.U.A. y en la Revolución francesa. En 1797 presidió en París una junta de diputados americanos independentistas. Apoyado por Jefferson, organizó una fallida expedición a Venezuela (1806). En Gran Bretaña se unió a Bolívar, con quien llegó a Venezuela en 1810. Generalísimo y dictador (1812), capituló ante los realistas y, entregado por sus revolucionarios, fue encarcelado hasta su muerte.
MIRANDA DE EBRO, c. de España (Burgos), cab. de p. j.; 37 197 hab. (*Mirandeses.*) Centro industrial (química, textil) y comercial. Nudo ferroviario.
MIRAR v. tr. y pron. (lat. *mirari*, admirar) [**1**]. Fijar el sentido de la vista sobre alguien o algo: *mirar el paisaje.* **2.** Registrar, revisar: *mirar los papeles.* **3.** Considerar, reflexionar acerca de algo: *mirar en lo que se hace.* ♦ v. tr. **4.** Tener determinado objetivo al hacer algo: *mirar de asegurar el fu-*

turo. **5.** Dar, estar orientado hacia determinada dirección: *la ventana mira al mar.* **6.** Concernir, guardar relación: *en lo que mira a nosotros...* **7.** En imperativo, su función es expletiva: *mira, yo creo que no es verdad.* ♦ **Mirar por** algo o alguien, cuidarlo o protegerlo. ‖ **Mirar por encima,** examinar algo superficialmente. ‖ **Si bien se mira,** si se piensa o considera con exactitud o detenimiento.
MIRAVALLES, volcán de Costa Rica, en la cordillera de Guanacaste; 2020 m.
MIRIADA n. f. (gr. *myrias*). Conjunto de diez mil unidades. **2.** Cantidad indefinidamente grande.
MIRIÁPODO, A adj. y n. m. Relativo a una clase de artrópodos terrestres, unisexuales y dimórficos, de tronco dividido en numerosos segmentos, cada uno de ellos provisto de uno o dos pares de patas, como el ciempiés.
MIRÍFICO, A adj. *Poét.* Admirable, maravilloso.
MIRIKINÁ n. m. Mono de color amarillo con unas manchas blancas en la cabeza, que vive en Argentina y Paraguay. (Familia cébidos.)
MIRILLA n. f. Pequeña abertura de una puerta, pared, etc., que sirve para mirar.
MIRIÑAQUE n. m. Prenda interior femenina de tela rígida o muy almidonada, y a veces con aros de metal, con que las mujeres se ahuecaban las faldas. **2.** *Argent.* Armazón que las locomotoras llevan en su parte anterior para quitar los obstáculos.
MIRLO n. m. (lat. *merulam*). Ave paseriforme, común en parques y bosques, de plumaje oscuro. (Voz: el mirlo *silba.*) ♦ **Ser un mirlo blanco,** ser excepcional.
MIRÓ (Gabriel), escritor español (Alicante 1879-Madrid 1930). Escribió, con una prosa descriptiva de delicado estilismo, novelas y narraciones (*Figuras de la Pasión del Señor,* 1916; *Nuestro padre san Daniel,* 1921).
MIRÓ (Joan), pintor español (Barcelona 1893-Palma de Mallorca 1983). Tras una primera etapa influida por Cézanne y el fauvismo, y el período llamado detallista (*La masía,* 1920), contactó con el surrealismo en París, pero pronto se distinguió por su personal estilo. Al desgarro de su etapa salvaje, le sucedió el onirismo evasivo de la serie de las Constelaciones (1940-1941), donde maduró su peculiar lenguaje signico y poético.
MIRÓ (Ricardo), poeta panameño (Panamá 1883-*id.* 1940). Su obra periodística (fundador de *El heraldo*) y poética fomentó una conciencia nacional (*Caminos silenciosos,* 1929).
MIRÓN, NA adj. y n. Que mira, especialmente el que lo hace con excesiva curiosidad.
MIRÓN, escultor griego (nacido en Ática en el segundo cuarto del s. v a. J.C.), autor del *Discóbolo.*
MIROTÓN n. m. *Chile.* Mirada rápida, generalmente con expresión de enfado.
MIROXILO n. m. Árbol de América tropical, que proporciona resinas aromáticas, como el bálsamo de Perú.
MIRRA n. f. (lat. *myrrham;* del gr. *myrrha*). Gomorresina aromática y medicinal, suministrada por un árbol de Arabia y Abisinia.
MIRRA n. f. *Amér.* Pizca, pedacito.
MIRRIA n. m. *Amér.* Pizca, pedacito.
MIRTO n. m. (lat. *myrtum*). Arbusto de follaje siempre verde, de pequeñas flores blancas y olorosas.
MISA n. f. (lat. *missa,* de *mittere ite, missa est*). En la religión católica, sacrificio del cuerpo y la sangre de Jesucristo, que se realiza en el altar por el ministerio del sacerdote. **2.** Orden del presbiterado. ♦ **Cantar misa,** celebrar la primera misa el nuevo sacerdote. ‖ **Ir a misa** algo, ser irrefutable, indiscutible. ‖ **No saber de la misa la media,** o **la mitad** (*Fam.*), no es-

tar enterado de cierta cosa alguien que pretende o debería estarlo.
MISACHICO n. m. *Amér.* Ceremonia de campesinos que, entre festejos, realizan una procesión en honor de un santo.
MISAL n. m. Libro litúrgico que contiene el texto de la misa para todos los días del año, y que el sacerdote usa en el altar. **2.** Libro de piedad para uso de los fieles, que contiene el texto de todas las misas del año, o solamente de los domingos y fiestas.
MISANTROPÍA n. f. Calidad de misántropo.
MISÁNTROPO, A n. (*fr. misanthrope;* del gr. *misánthropos*). Persona que se aparta del trato con la gente.
MISCELÁNEA n. f. Mezcla de cosas diversas. **2.** Título que se da a ciertas colecciones o recopilaciones literarias. **3.** Obra compuesta por una serie de artículos sobre distintos temas. **4.** *Méx.* Tienda pequeña.
MISCELÁNEO, A adj. (lat. *miscellaneum,* mezclado). Mixto, compuesto de cosas distintas.
MISCIBILIDAD n. f. Carácter de lo que es miscible.
MISCIBLE adj. Que puede formar una mezcla homogénea con otro cuerpo.
MISERABLE adj. y n. m. y f. (lat. *miserabilem*). Muy pobre: *viviendas miserables.* **2.** Digno de compasión: *situación miserable.* **3.** Que escatima, da o gasta lo menos posible. **4.** Escaso, insuficiente: *una cantidad miserable.* **5.** Dícese de la persona perversa.
MISERIA n. f. (lat. *miseriam,* desventura). Extrema pobreza: *vivir en la miseria.* **2.** Desgracia, suceso funesto: *contar miserias.* (Suele usarse en plural.) **3.** Tacañería. **4.** Insignificancia, cantidad insuficiente de algo: *ganar una miseria.* **5.** Parásitos, especialmente piojos, del hombre.
MISERICORDIA n. f. (lat. *misericordiam*). Compasión que impulsa a ayudar o perdonar: *tener misericordia de alguien.*
MISERICORDIOSO, A adj. y n. Inclinado a sentir misericordia. ♦ adj. **2.** Relativo a la misericordia.
MÍSERO, A adj. (lat. *miserum*). Miserable: *una mísera vivienda.*
MISHIADURA n. f. (voz lunfarda). Pobreza, miseria extrema.
MISHIMA YUKIO (**Hiraoka Kimitake,** llamado), escritor japonés (Tōkyō 1925-*id.* 1970). Novelista de la fascinación por la nada (*El marino que perdió la gracia del mar,* 1963) y autor dramático, se suicidó.
MISIA o **MISIÁ** n. f. *Amér. Merid.* Tratamiento de cortesía equivalente a *señora.*
MISIL n. m. (ingl. *missile,* del lat. *missile,* arma arrojadiza). Proyectil autopropulsado, autodirigido o teledirigido durante su trayectoria o parte de ella.
MISIÓN n. f. (lat. *missionem*). Acción de enviar. **2.** Cosa encomendada a alguien: *enviar con una misión.* **3.** Expedición científica por tierras poco exploradas. **4.** Obra que una persona o colectividad se sienten obligadas a realizar. **5.** Comisión temporal dada por un estado a un diplomático o agente especial para un fin determinado: *misión comercial.* **6.** Trabajo de evangelización emprendido por personal especialmente dedicado, generalmente en países de mayoría no cristiana. **7.** Serie de predicaciones para la evangelización de los no cristianos o para la conversión y adoctrinamiento de los fieles en países cristianos: *misiones parroquiales.* **8.** Cada una de dichas predicaciones. **9.** Casa, capilla o centro de los misioneros.
MISIONERO, A adj. Relativo a las misiones: *apostolado misionero.* ♦ n. **2.** Sacerdote, religioso, pastor dedicado a las misiones, en territorios de misión, o en país cristiano.
MISIONES (*departamento de*), dep. de Paraguay, lindante con Argentina; 9556 km²; 88 624 hab. Cap. *San Juan Bautista de Misiones.*

MISIONES (provincia de), prov. del NE de Argentina; 29 801 km²; 789 677 hab. Cap. *Posadas.*

MISIVA n. f. Carta que se envía a alguien.

MISKITOS → *misquitos.*

MISMAMENTE adv. m. Precisamente, cabalmente.

MISMO, A pron. dem. y adj. dem. Expresa identidad o semejanza: *los dos llevan el mismo nombre.* **2.** Subraya con énfasis aquello de que se trata: *vive en la misma calle que yo.* ♦ adv. m. **3.** Pospuesto a un adverbio o locución adverbial tiene valor enfático: *mañana mismo.* **4.** Pospuesto a un nombre o a un adverbio añade cierto matiz de indiferencia. • **Por lo mismo,** a causa de ello, por esta razón. ‖ **Ser, o dar, lo mismo,** ser indiferente.

MISOGINIA n. f. Aversión o menosprecio hacia las mujeres.

MISÓGINO, A adj. y n. (gr. *misogynēs*). Que siente misoginia.

MISQUITOS, MISKITOS o **MOSQUITOS,** pueblo amerindio de América Central que ocupa la costa de los Mosquitos o Mosquitia, entre Honduras y Nicaragua. Hablan una lengua chibcha.

MISR → *Egipto.*

MISSISSIPPI, r. que atraviesa la parte central de Estados Unidos; 3780 km (6210 km con el Missouri; 3 222 000 km² avenados por el conjunto). Nace en Minnesota, pasa por Saint Paul, Minneapolis, Saint Louis, Memphis y Nueva Orleans, y desemboca en el golfo de México en un amplio delta.

MISSISSIPPI, estado de Estados Unidos, en el centro-sudeste del país; 123 500 km²; 2 573 216 hab. Cap. *Jackson.*

MISSOURI, r. de Estados Unidos, afl. del Mississippi (or. der.); 4370 km.

MISSOURI, estado de Estados Unidos, en el centro oeste del país; 180 500 km²; 5 117 073 hab. Cap. *Jefferson City.* C. pral. *Saint Louis, Kansas City.*

MISTERIO n. m. (lat. *mysterium,* del gr. *mysterion*). Cosa incomprensible para la mente humana o muy difícil de entender o interpretar: *los misterios de la vida.* **2.** Circunstancia de hacer algo en secreto o de forma cautelosa o reservada: *contar algo con gran misterio.* **3.** HIST. En ciertas religiones antiguas originarias de Grecia o de oriente, conjunto de doctrinas o ceremonias secretas cuya revelación se suponía que debía traer la salvación. **4.** LIT. En la edad media, obra de teatro de tema religioso, en la que intervenían Dios, los santos, los ángeles y el diablo. **5.** TEOL. Verdad de fe inaccesible a la sola razón humana y que sólo puede conocerse por revelación divina. **6.** TEOL. Cada uno de los pasajes, considerado por separado y como objeto de meditación, de la vida, pasión y muerte de Cristo. ♦ **misterios** n. m. pl. **7.** LITURG. Ceremonias del culto: *los sagrados misterios.*

MISTERIOSO, A adj. Que encierra misterio: *mirada misteriosa.* **2.** Que acostumbra actuar de forma enigmática: *persona misteriosa.*

MISTI, volcán de Perú (Arequipa), en la cordillera occidental de los Andes; 5842 m.

MÍSTICA n. f. (der. del gr. *mystikos,* cerrado). Filosofía o teología que trata de los fenómenos que no se pueden explicar racionalmente. **2.** Creencia absoluta que se forma en torno a una idea o a una persona. **3.** Literatura mística.

MISTICISMO n. m. Doctrina filosófica y religiosa que admite la realidad de una comunicación directa y personal con Dios. **2.** Doctrina o creencia fundada en el sentimiento o la intuición, y no en la razón.

MÍSTICO, A adj. (gr. *mystikos,* cerrado). Relativo a la mística: *fenómenos místicos; literatura mística.* **2.** Misterioso, que encierra misterio. **3.** *Colomb., Cuba, Ecuad., Pan.* y *P. Rico.* Remilgado. ♦ adj. y n. **4.** Entregado a la mística. **5.** Que escribe obras de mística. **6.** *Fam.* Que afecta devoción exagerada.

MISTIFICACIÓN n. f. Acción y efecto de mistificar.

MISTIFICAR v. tr. (fr. *mystifier*) [**1a**]. Embaucar, burlarse, engañar. **2.** Falsear, falsificar.

MISTOL n. m. *Argent.* y *Par.* Planta de ramas abundantes y espinosas, flores pequeñas y fruto castaño ovoide, con el que se suele elaborar arrope y otros alimentos. (Familia ramnáceas.)

MISTRAL (Frédéric), escritor francés en lengua provenzal (Maillane 1830-*id.* 1914). Autor de *Mireya* (1859) y *Calendal* (1867), en él es el más ilustre representante del felibrismo (Premio Nobel de literatura 1904).

MISTRAL (Lucila Godoy, llamada **Gabriela**), escritora chilena (Vicuña 1889-Nueva York 1957). Maestra de profesión, su consagración poética tuvo lugar con *Los sonetos de la muerte,* incluidos en su libro *Desolación* (1924). Su poesía surge del modernismo y es de lenguaje coloquial. Sus temas predilectos fueron la maternidad, el amor, la muerte y un cierto panteísmo religioso *(Tala,* 1938; *Poemas de las madres,* 1950). [Premio Nobel de literatura 1945.]

MITA n. f. (del quechua *mitachanacuy,* turno familiar). En el Imperio incaico, servicio personal de los súbditos del inca para satisfacer los impuestos. **2.** En la América española, repartimiento forzado de los indios para los diversos servicios personales del convento, agricultura y minería, particularmente, trabajo en las minas del virreinato del Perú.

MITACA n. f. *Bol.* Cosecha.

MITAD n. f. (lat. *medietatem*). Cada una de las dos partes iguales en que se divide un todo: *sólo queda la mitad del pastel.* **2.** Punto o parte que equidista o dista aproximadamente igual de sus extremos: *a mitad del camino.* • **En mitad,** durante el desarrollo de lo que se expresa. ‖ **Mitad y mitad,** por partes iguales.

MITAYO n. m. Indígena americano que trabajaba en la mita.

MITCHELL (Margaret), novelista norteamericana (Atlanta 1900-*id.* 1949), autora de *Lo que el viento se llevó* (1936).

MÍTICO, A adj. Relativo al mito. **2.** Legendario, fabuloso, quimérico.

MITIFICACIÓN n. f. Acción y efecto de mitificar.

MITIFICAR v. tr. [**1a**]. Dar carácter de mito.

MITIGAR v. tr. y pron. (lat. *mitigare*) [**1b**]. Moderar, calmar.

MITILENE → *Lesbos.*

MÍTIMA n. f. En el imperio de los incas, sistema de deportaciones en masa, que tenía por objeto la rápida asimilación de las poblaciones recién conquistadas.

MITIMAE n. m. En el Imperio incaico, colono que se establecía en las tierras en que se aplicaba la mítima.

MITIN n. m. (ingl. *meeting,* der. de *meet,* reunirse) [pl. *mítines*]. Acto público de propaganda, principalmente sobre cuestiones políticas o sociales, en el que intervienen uno o varios oradores.

MITO n. m. (gr. *mythos,* fábula). Relato popular o literario en el que intervienen seres sobrehumanos y se desarrollan acciones imaginarias que trasponen acontecimientos históricos, reales o deseados, en los que se proyectan ciertos complejos individuales o ciertas estructuras subyacentes a las relaciones familiares o sociales. **2.** Idealización de un hecho o de un personaje histórico que presenta características extraordinarias: *el mito napoleónico.* **3.** Idea, teoría, doctrina, etc., que expresa los sentimientos de una colectividad y se convierte en estímulo de un movimiento: *el mito americano.* **4.** Utopía, creencia reputada como irrealizable: *el mito del buen salvaje.* **5.** Fantasía, producto de la imaginación: *eso de que tiene millones en el banco es un mito.*

MITO n. m. Ave paseriforme en cuyo plumaje alternan los tonos blanquecinos, negruzcos y rosados. (Familia páridos.)

MITOCONDRIA n. f. Orgánul presente en el citoplasma de toda célula animal o vegetal. SIN.: *condriosoma.*

MITOLOGÍA n. f. Conjunto de los mitos y leyendas propios de un pueblo, una civilización, una religión: *la mitología grecorromana.* **2.** Estudio sistemático de los mitos. **3.** Conjunto de creencias que se refieren a la misma idea y que se imponen en el seno de una colectividad: *mitología del cine.*

MITOMANÍA n. f. Tendencia arraigada a elaborar explicaciones y relatos de hechos imaginarios, generalmente de forma inconsciente.

MITÓMANO, A n. Individuo que presenta conductas mitomaníacas. **2.** Persona tendente a crear y cultivar mitos.

MITÓN n. m. (fr. *miton*). Guante que deja los dedos al descubierto.

MITOSIS n. f. Proceso de división indirecta de la célula, que se caracteriza por la duplicación de todos sus elementos, y un reparto por igual entre las dos células hijas. (Comprende cuatro fases: profase, metafase, anafase y telofase.) SIN.: *cariocinesis.*

MITOTE n. m. Baile antiguo de los indios americanos, durante el cual bebían hasta embriagarse. **2.** *Amér.* Fiesta casera. **3.** *Amér.* Melindre, aspaviento. **4.** *Méx.* Situación donde impera el desorden o en la que hay mucho ruido.

MITOTERO, A adj. y n. *Amér. Fig.* Que hace mitotes o melindres. **2.** *Amér. Fig.* Bullanguero, amigo de diversiones. **3.** *Amér. Fig.* Que hace mitotes, pendencias.

MITRA n. f. (lat. *mitram*). Tocado de ceremonia, que llevan, cuando oficían, el papa, los obispos, ciertos abades, los investidos de la prelatura, e incluso los miembros de algunas salas capitulares. **2.** Dignidad de arzobispo u obispo. **3.** Gorro alto y puntiagudo que usaban los persas.

MITRADO, A adj. Dícese del eclesiástico que usa mitra. ♦ n. m. **2.** Arzobispo u obispo.

MITRAL, adj. Que tiene forma de mitra. • **Válvula mitral,** válvula situada entre la aurícula y el ventrículo izquierdos del corazón.

MITRE (Bartolomé), militar, político y escritor argentino (Buenos Aires 1821-*id.* 1906). Mandó las tropas porteñas que lucharon contra la Confederación argentina, y fue derrotado en Cepeda por Urquiza (1859). Gobernador de Buenos Aires (1860), derrotó a los confederados en Pavón (1861). Primer presidente de la República Argentina (1862-1868), firmó la Triple alianza con Brasil y Uruguay y luchó en la guerra del Paraguay (1865-1870). Periodista (fundador de *La nación*), su obra poética (*Rimas,* 1854) y narrativa (*Soledad,* 1847) se inscribe en el romanticismo. Son valiosas sus obras históricas.

MITRÍDATES, nombre de varios príncipes y soberanos de la época helenística y romana.

MITTERRAND (François), político francés (Jarnac 1916-Paris 1996). Varias veces ministro de la IV república, fue presidente de la república (1981-1995).

MITÚ n. m. Ave pasciniforme, de unos 50 cm de long., de pico corto y comprimido, que lleva un tubérculo córneo en su base, y vive en América Meridional. (Familia crácidos.)

MITÚ, c. de Colombia, cap. del dep. del Vaupés; 13 192 hab. Explotación forestal (caucho y chicle). Turismo. Puerto fluvial en el Vaupés. Aeropuerto.

MIXE, pueblo amerindio de la familia lingüística maya-zoque (Oaxaca, México).

MIXOMICETE adj. y n. m. Relativo a una clase de hongos inferiores, que forman masas gelatinosas, informes, móviles, y que se alimentan de vegetales en descomposición.

MIXTECA adj. y n. m. y f. Relativo a un pueblo amerindio de lengua otomangue que en época prehispánica vivía en Oaxaca, act. repartido en los est. de Oaxaca, Guerrero y Puebla (México); individuo de este pueblo.

■ Los mixtecas destacaron por su dominio de la metalurgia y la orfebrería, con piezas de gran calidad artística y técnica; por su cerámica polícroma con dibujos geométricos y naturalistas; por sus códices (realizados en piel de venado), en los que consignaban aspectos de su historia y costumbres; por la talla de materiales delicados (turquesa, cristal de roca, alabastro); por su arquitectura (mosaico de piedra) y por sus conocimientos avanzados de medicina, astronomía, geografía, aritmética y otras ciencias.

MIXTECO (escudo), región montañosa del S de México (Oaxaca), entre la sierra Madre del Sur y la sierra Madre de Oaxaca; 1500 m de alt. Su núcleo principal es Oaxaca.

MIXTIFICACIÓN n. f. Mistificación.
MIXTIFICAR v. tr. [**1a**]. Mistificar.
MIXTO, A adj. (lat. *mixtum*, mezclado). Formado de elementos de diferente naturaleza. **2.** Que comprende personas de ambos sexos o pertenecientes a orígenes o formaciones diferentes: *equipo mixto; escuela mixta*. • **Línea mixta** (MAT.), línea compuesta de rectas y curvas. ♦ adj. y n. **3.** Mestizo. ♦ adj. y n. m. **4.** En tenis, equipo de dobles, formado por un jugador y una jugadora. ♦ n. m. **5.** Fósforo, cerilla.

MIXTURA n. f. Mezcla.
MIXTURAR v. tr. [**1**]. Mezclar, incorporar varias cosas.

MÍZCALO n. m. Seta comestible, que desprende un látex aromático, dulce o ligeramente acre, que presenta sombrerillo anaranjado y laminillas del mismo color o verdosas. (Clase basidiomicetes; familia agaricáceas.)

mn, símbolo del *minuto*.
Mn, símbolo químico del *manganeso*.
MNEMOSINE, diosa griega de la memoria y madre de las Musas.
MNEMOTECNIA o **MNEMOTÉCNICA** n. f. Nemotecnia.
Mo, símbolo químico del *molibdeno*.
MOABITA adj. y n. m. y f. Relativo a un pueblo nómada establecido al E del mar Muerto (s. XIII a. J.C.), emparentado con los hebreos, con los que tuvieron frecuentes conflictos; individuo de este pueblo.
MOARÉ n. m. Muaré.
MOBILIARIO, A adj. Mueble. ♦ n. m. **2.** Conjunto de muebles de una casa. SIN.: *moblaje*.
MOBLAR v. tr. [**1r**]. Amueblar.
MOBUTU SESE SEKO, político zaireño (Lisala, 1930-Rabat 1997). Coronel y jefe de estado mayor (1960), tras un golpe de estado (1965), se proclamó presidente de la república. Derrotado tras la guerra civil (1997), se exilió.
MOCA o **MOKA** n. m. Variedad de café, de calidad muy apreciada. **2.** Infusión de café. **3.** Crema hecha de mantequilla, café, vainilla y azúcar que sirve para rellenar o adornar pasteles.
MOCA, c. de la República Dominicana, cap. de la prov. de Espaillat; 31 270 hab. Café, cacao.
MOCAR v. tr. y pron. [**1a**]. Sonar, limpiar los mocos.
MOCASÍN n. m. Calzado de los indios, hecho de piel sin curtir. **2.** Calzado plano, flexible y sin cordones.
MOCASÍN n. m. Ofidio escamoso de América y Asia. (Familia crotálidos.)

MOCEAR v. intr. [**1**]. Portarse como la gente moza. **2.** Llevar una vida irregular o licenciosa.
MOCEDAD n. f. Edad o estado del mozo, persona joven y soltera.
MOCERÍO n. m. Grupo o conjunto de gente moza.
MOCETÓN, NA n. Persona joven y robusta.
MOCHAR v. tr. [**1**]. Dar mochadas o topetazos. **2.** Desmochar.
MOCHE. A troche y moche, con desorden e irreflexión.
MOCHICA o **MOCHE**, cultura precolombina (330 a. J.C.-500 d. J.C.) que floreció en los valles de Chicama, Moche, Virú y Santa, en la costa N de Perú. De su arquitectura se conservan en Trujillo las pirámides religiosas llamadas *Huaca del Sol* y *Huaca de la Luna*. Su cerámica, naturalista, recrea múltiples temas de su vida cotidiana.
MOCHILA n. f. Bolsa, generalmente de lona, que se lleva a la espalda sujeta a los hombros por correas. **2.** Morral, saco de los cazadores y soldados. **3.** *Méx.* Maleta, cofre pequeño.
MOCHO, A adj. Dícese de las cosas a las que falta la punta o el remate ordinario. **2.** *Fig. y fam.* Pelado, con el pelo cortado. **3.** *Méx.* Conservador, carca. ♦ adj. y n. **4.** *Chile*. Dícese del religioso motilón y de la religiosa lega. **5.** *Ecuad*. Dícese de la persona calva. **6.** *Méx.* Dícese de la persona mojigata, fanática de sus creencias religiosas. **7.** *Méx.* Dícese de las personas o animales a los que se les falta algún miembro: *el gato está mocho de la cola*. **8.** *Venez.* Manco. ♦ n. m. **9.** Remate grueso y romo de un instrumento largo, de un arma de fuego, etc. **10.** *Chile*. Pedazo corto de un madero para aserrar.
MOCHONGADA n. f. *Méx.* Payasada.
MOCHONGO n. m. *Méx.* Hazmerreír.
MOCHUELO n. m. Ave rapaz nocturna, de pequeño tamaño, gris, con la cabeza aplanada, que nidifica en los muros viejos y en los árboles huecos. (Familia estrígidos.) **2.** *Fig. y fam.* Trabajo fastidioso o difícil del que nadie quiere encargarse: *cargar con el mochuelo*.
MOCIÑO (José Mariano), médico y botánico mexicano (Real de Minas de Temascaltepec 1757-Barcelona, España, 1820). Participó en la expedición botánica de M. Sessé por el virreinato de Nueva España (1790-1804), y publicó sus resultados.
MOCIÓN n. f. Acción y efecto de mover, moverse o ser movido. **2.** *Fig.* Alteración del ánimo, en que se siente atraído por alguna cosa. **3.** Proposición que se hace a una asamblea, congreso, etc.
MOCO n. m. (lat. *mocum*). Sustancia espesa y viscosa que segregan las membranas mucosas y especialmente la que fluye por la nariz. **2.** Sustancia fluida y viscosa que forma grumos dentro de un líquido. **3.** Extremo del pabilo encendiente o parte que se tuerce por ser muy larga. **4.** Cera derretida de las velas, que se va cuajando a lo largo de ellas. • **Moco de pavo**, apéndice carnoso y eréctil que posee esta ave sobre el pico. || **No ser una cosa moco de pavo**, no ser despreciable, ser importante.
MOCOA, c. de Colombia, cap. del dep. de Putumayo; 20 325 hab. Explotación forestal. Minas de cobre.
MOCOBÍ o **MOCOVÍ**, pueblo amerindio argentino del Chaco austral (pueblos del Chaco), del grupo guaicurú.
MOCOCOA n. f. *Bol.* y *Colomb.* Murria, mal humor.
MOCOSO, A adj. Que tiene mocos en las narices. ♦ n. **2.** *Fam.* Muchacho que se las da de adulto o de experto en algo.
MOCTEZUMA, r. de México. Nace en la confluencia del San Juan con el Tula, y tras recibir el Tamuín recibe el nombre de Pánuco. Regadíos.
MOCTEZUMA I (1390-1469), emperador azteca [1440-1469], hijo de Huitzilihuitl.

MOD

Jefe del ejército hasta 1440, consolidó la confederación azteca y el poder absoluto del soberano sobre la aristocracia.
MOCTEZUMA II (1466-1520), emperador azteca [1502-1520], sucesor de Axayácatl y sucesor de Ahuitzotl. Sometió el área mesoamericana de Honduras y Nicaragua (1513), pero sus ansias de dominio desintegraron la confederación azteca y fomentaron las rebeliones internas. Intentó negociar con Cortés, quien lo apresó (1519); obligado a arengar al pueblo, fue apedreado.
MODA n. f. (fr. *mode*). Manera pasajera de actuar, vivir, pensar, etc., ligada a un medio o a una época determinada. **2.** Manera particular de vestirse y arreglarse conforme al gusto de una determinada época o sociedad: *la moda parisiense*. **3.** ESTADÍST. Magnitud del elemento o en un conjunto de datos que se presenta con mayor frecuencia. • **A la moda** o **de moda**, según el gusto del momento.
MODADO, A adj. *Colomb*. Con los adverbios *bien* o *mal*, que tiene buenos o malos modales.
MODAL adj. Relativo al modo, especialmente al modo gramatical: *formas modales*. ♦ **modales** n. m. pl. **4.** Gestos, expresiones o comportamiento, en general, adecuados o no a lo que se considera correcto o distinguido por determinado grupo social.
MODALIDAD n. f. Modo, forma particular de ser o de manifestarse una cosa.
MODELADO n. m. Acción y efecto de modelar. **2.** GEOMORFOL. Conjunto de formas del relieve que caracterizan un sistema morfogenético: *modelado glaciar*.
MODELAR v. tr. [**1**]. Dar forma artística a una sustancia plástica. **2.** *Fig.* Hacer que una persona adquiera o desarrolle determinadas características morales. ♦ **modelarse** v. pron. **3.** Imitar, ajustarse a un modelo.
MODELISMO n. m. Arte y técnica de construcción de modelos.
MODELISTA n. m. y f. Operario que utiliza los moldes para el vaciado de piezas de metal, cemento, etc. **2.** TECNOL. Persona que fabrica modelos reducidos o maquetas.
MODELO n. m. Aquello que se imita. **2.** Reproducción a escala reducida de un edificio, máquina, etc. **3.** Tipo, categoría, variedad particular o clase: *el último modelo*. **4.** Prenda de vestir, exclusiva y original, realizada por un modista de alta costura. **5.** Objeto diseñado por un artista de fama. • **Modelo matemático**, representación matemática de un fenómeno físico, económico, humano, etc., realizada con el fin de poder estudiarlo mejor. || **Modelo reducido** (CIB.), reproducción a escala reducida de un mecanismo, estructura, etc. ♦ adj. y n. m. **6.** Dícese de la persona o cosa que por sus cualidades merece ser imitada. ♦ n. m. y f. **7.** Persona que posa para pintores, escultores, fotógrafos, etc. **8.** Persona que exhibe, vistiéndolas, las novedades de la moda. **9.** Persona que aparece haciendo publicidad en carteles, filmlets, etc. SIN.: *modelo publicitario*.
MÓDEM n. m. INFORMÁT. Dispositivo que convierte la información que recibe de una forma generalmente digital a otra forma adecuada para su transmisión a través de una línea del teleproceso, y viceversa.
MÓDENA, en italia. **Modena**, c. de Italia (Emilia-Romaña), cap. de prov.; 176 148 hab. Universidad. Construcciones mecánicas. Catedral románica iniciada en 1099 y otros monumentos. Museos.
MODERACIÓN n. f. Acción de moderar o moderarse. **2.** Cualidad o actitud de la persona que se mantiene en un justo medio.
MODERADO, A adj. No excesivo. ♦ adj. y n. **2.** Dícese de la persona que actúa con moderación.

479

MOD

MODERADOR, RA adj. y n. Que modera. ♦ n. **2.** Persona que preside o dirige un debate, asamblea, mesa redonda, etc.

MODERAR v. tr. (lat. *moderari*, reducir a medida) [1]. Disminuir la intensidad. **2.** Hacer de moderador en un debate, asamblea, etc. ♦ v. tr. y pron. **3.** Hacer que algo vuelva a una justa medida: *moderar las pasiones*.

MODERATO adv. (voz italiana). MÚS. De un movimiento moderado: *allegro moderato*.

MODERNAMENTE adv. m. Recientemente. **2.** En los tiempos actuales.

MODERNIDAD n. f. Calidad de moderno.

MODERNISMO n. m. Calidad de moderno. **2.** Afición, gusto por lo moderno. **3.** *Fam.* Comportamiento nuevo respecto a lo tradicionalmente admitido. **4.** B. ART. Estilo artístico desarrollado a fines del s. XIX y principios del s. XX. **5.** LIT. Movimiento literario hispanoamericano y español, cuyo desarrollo histórico cabe encuadrarlo a fines del s. XIX y principios del s. XX.
■ B. ART. El modernismo, que se caracterizó por un empleo, tanto estructural como decorativo, del arabesco, a menudo imitando una flora más o menos estilizada, llegó también a Hispanoamérica, donde sobresalieron J. J. García Núñez, E. Folkers, A. Locatti, O. Ravzenholer, en Argentina, y M. Beltrán, en México.
En literatura, surgió en correspondencia con tendencias artísticas del momento e incluye a numerosos escritores hispanoamericanos y españoles cuya obra se desarrolló entre 1890 y 1914. Sus inicios se sitúan en la atmósfera de crisis del fin de siglo, que estimuló la actitud diferencial del artista frente a la sociedad. Las iniciativas renovadoras partieron de América: José Martí, R. Darío, J. Asunción Silva, Lugones, Herrera, Rodó, Larreta, etc., y se extendieron hacia España: Valle-Inclán, Villaespesa, los Machado y J. R. Jiménez.

MODERNISTA adj. y n. m. y f. Relativo al modernismo; partidario del modernismo.

MODERNIZACIÓN n. f. Acción de modernizar.

MODERNIZAR v. tr. y pron. [1g]. Transformar según las costumbres y gustos modernos.

MODERNO, A adj. m. (lat. *modernum*). Actual, o de una época relativamente reciente. **2.** Representativo de una época que domina en dicha época. • **Edad moderna**, período histórico que va desde el final de la edad media a la Revolución francesa. ♦ adj. y n. **3.** Relativo a la época actual; persona que vive o ha vivido en esta época. **4.** Relativo a la edad moderna; que ha vivido en esta edad.

MODESTIA n. f. Cualidad de modesto. **2.** Recato en las acciones externas.

MODESTO, A adj. y n. (lat. *modestum*). Dícese de la persona que no se vanagloria de los propios méritos. ♦ adj. **2.** Que tiene modestia, recato. **3.** Sencillo, no lujoso. **4.** De mediana posición social.

MÓDICO, A adj. (lat. *modicum*). Moderado, no excesivo: *precio módico*.

MODIFICACIÓN n. f. Acción y efecto de modificar.

MODIFICAR v. tr. y pron. (lat. *modificare*) [1a]. Hacer que una cosa sea diferente de como era sin alterar su naturaleza. ♦ v. tr. **2.** Determinar o especificar el sentido de una palabra.

MODIGLIANI (Amedeo), pintor y escultor italiano (Livorno 1884-París 1920). Instalado en París (1906), su obra, consagrada a la figura humana, se distingue por su audacia y pureza de líneas.

MODISMO n. m. Frase o locución característica de una lengua, cuyo significado no se deduce de los significados aislados de las palabras que la forman, sino solamente de la frase entendida en su totalidad.

MODISTA n. m. y f. Persona que confecciona vestidos de mujer o que los diseña. SIN.: *modisto*.

MODO n. m. (lat. *modum*). Cada realización distinta que puede presentar una cosa variable. **2.** Forma de hacer una cosa. **3.** GRAM. Categoría gramatical propia del verbo y relativa a la manera en que se presenta el proceso verbal. (En español hay cuatro modos: indicativo, condicional, subjuntivo o imperativo.) • **Modo de vida** (GEOGR. y ETNOL.), conjunto de actividades regulares y repetidas de un grupo humano en función de un hábitat determinado. || **Ni modo** (Méx.), indica que no se puede hacer nada ante algo que no tiene remedio: *ni modo, ya es muy tarde*. ♦ **modos** n. m. pl. **4.** Gestos, expresiones o comportamiento en general, adecuados a lo que se considera correcto dentro de una determinada sociedad.

MODORRA n. f. Somnolencia muy pesada.

MODORRO, A adj. Que tiene o padece modorra. **2.** Dícese de la fruta que se modorra.

MODOSO, A adj. Moderado, respetuoso. **2.** Dícese de la mujer recatada.

MODULACIÓN n. f. Acción y efecto de modular. **2.** FÍS. Variación, en el tiempo, de una característica de una onda (amplitud, fase, frecuencia) según una ley impuesta. **3.** FONÉT. Entonación. **4.** MÚS. Paso de una tonalidad a otra. **5.** RADIOTECN. Procedimiento utilizado para incorporar la señal que debe transmitirse a la corriente portadora de alta frecuencia. • **Modulación de frecuencia**, sistema de modulación en el que varía la frecuencia de la onda portadora según la cadencia de las señales moduladoras, manteniéndose constante la amplitud de la onda portadora.

MODULADOR, RA adj. y n. Que modula o sirve para modular. ♦ n. m. **2.** Dispositivo que realiza la operación de modulación.

MODULAR v. intr. (lat. *modulari*, someter a cadencia) [1]. Pasar melódicamente, en una composición, de una tonalidad a otra, dentro de un mismo fragmento. **2.** Ejecutar modulaciones al cantar o al tocar un instrumento. **3.** RADIOTECN. Hacer variar la amplitud, la frecuencia o la fase de la corriente portadora bajo la acción de la señal que se ha de transmitir.

MÓDULO n. m. (lat. *modulum*). Proporción que existe entre las dimensiones de los elementos de un cuerpo u obra que se considera perfecta. **2.** Unidad que se toma para establecer su proporción. **3.** Elemento tipo que se utiliza en construcciones prefabricadas. **4.** Coeficiente que caracteriza ciertas propiedades mecánicas. **5.** Elemento de una nave espacial: *módulo lunar*. **6.** Elemento combinable con otros de la misma naturaleza o que concurren a una misma función. • **Módulo de un número complejo** $z = a + bi$, número real positivo de valor $\sqrt{a^2 + b^2}$. || **Módulo de un número real**, valor absoluto de este número. || **Módulo de un vector**, longitud de este vector.

MODUS OPERANDI loc. (voces latinas que significan *modo de actuar*). Manera especial de actuar o trabajar para alcanzar el fin propuesto.

MODUS VIVENDI loc. (voces latinas que significan *modo de vivir*). Arreglo, transacción o ajuste transitorio entre las partes. **2.** Solución o recurso de tipo económico.

MOER n. m. Muaré.

MOFA n. f. Burla que se hace con desprecio.

MOFAR v. tr., intr. y pron. [1]. Hacer mofa.

MOFETA n. f. Mamífero carnívoro de América, que tiene la facultad de defenderse lanzando un líquido fétido secretado por las glándulas anales. **2.** GEOL. Emanación de gas carbónico que se produce con frecuencia en las regiones volcánicas.

MOFLETE n. m. *Fam.* Carrillo grueso y carnoso.

MOFLETUDO, A adj. Que tiene mofletes.

MOGADISCIO o **MOGADISHU** → *Muqdisho*.

MOGO n. m. *Colomb.* y *Chile.* Moho.

MOGOL, LA adj. y n. Mongol. **2.** Relativo al Gran Mogol.

MOGOL (*Gran*), título de los soberanos de una dinastía que reinó en la India de 1526 a 1857 y que contó con dos grandes reyes excepcionales, Akbar y Aurangzeb. Al período de los grandes mogoles se le debe un estilo propio de arquitectura islámica.

MOGOLLA n. f. *Colomb.* Pan moreno hecho de salvado.

MOGOLLÓN n. m. Entremetimiento, gorronería. **2.** *Fam.* Gran cantidad de algo. **3.** *Fam.* Lío, jaleo, enredo.

MOGREB o **MAGREB**, en ár. **Marhrib** o **Maghrib** *(poniente)*, conjunto de países del NO de África: Marruecos, Argelia y Tunicia, que por geopolíticamente comprende además Libia y Mauritania. — En 1989, los países del Mogreb crearon una unión económica, la *Unión del Mogreb Árabe* (U.M.A.).

MOHAIR n. m. y adj. f. Del Mogreb. ♦ n. m. **2.** Variedad del árabe hablado en el Mogreb.

MOHAIR n. m. y adj. (voz inglesa). Pelo de cabra de angora, con el cual se fabrican telas ligeras y lanas para hacer punto. **2.** Lana fabricada con este pelo. **3.** Tela hecha con esta lana.

MOHARRA n. f. Mamífero quiróptero de tronco y miembros gruesos y robustos, que vive en América Central y Meridional. (Familia filostómidos.)

MOHAVE o **MOJAVE** *(desierto de)*, región desértica de Estados Unidos, en el SE de California.

MOHAWK, r. de Estados Unidos (Nueva York), afl. del Hudson (or. der.); 238 km.

MOHICANO o **MOHICÁN** n. m., pueblo amerindio algonquino de América del Norte.

MOHÍN n. m. Gesto gracioso que expresa generalmente enfado fingido.

MOHÍNA n. f. Enfado contra alguno.

MOHÍNO, A adj. Triste, disgustado. **2.** Dícese del mulo o mula nacidos de caballo y burra.

MOHO n. m. Cualquier micromiceto que se desarrolla formando capas sobre materias orgánicas en descomposición. **2.** Película que se forma en la superficie de algunos metales. **3.** *Fig.* Pereza de recomenzar a trabajar, después de un largo período de inactividad.

MOHOSO, A adj. Cubierto de moho.

MOISÉS, en hebr. **Mošé** (s. XIII a. J.C.), personaje bíblico, una de las principales figuras de la historia de Israel. La Biblia lo presenta como el jefe que dio una patria, una religión y una ley a los hebreos. Nacido en Egipto, fue el alma de la resistencia a la opresión sufrida por los hebreos, a los que condujo en su partida de Egipto (Éxodo), que los historiadores sitúan c. 1250 a. J.C., cuando las llamadas *diez plagas de Egipto* obligaron al faraón a dejarlos partir. En este período la tradición sitúa la entrega de las Tablas de la Ley. Moisés murió en el país de Moab, en la cima del monte Nebo, muy cerca de la Tierra prometida.

MOISSAN (Henri), químico francés (París 1852-*id.* 1907). El empleo del horno eléctrico le permitió la fusión de numerosos óxidos metálicos y la obtención del cromo, el titanio y el carburo cálcico. Aisló el flúor, el silicio y el boro. (Premio Nobel de química 1906.)

MOJADA n. f. Acción y efecto de mojar o mojarse.

MOJADO, A adj. y n. Dícese de los chicanos residentes ilegalmente en E.U.A.

MOJAMA n. f. Cecina de atún.

MOJAR v. tr. y pron. [1]. Humedecer algo con un líquido o embeberlo en él. ◆ **mojarse** v. pron. 2. Comprometerse, contraer obligación o responsabilidad.

MOJARRA n. f. Pez marino de unos 30 cm de long., de color gris plateado con tornasoles y grandes fajas transversales negras. (Familia espáridos.) 2. Lancha que se utiliza en la pesca del atún. 3. *Amér.* Cuchillo ancho y corto. 4. *Argent.* Nombre genérico de varias especies de peces pequeños que abundan en aguas dulces de América del Sur.

MOJARRILLA n. m. y f. *Fam.* Persona alegre y burlona.

MOJE o **MOJO** n. m. Caldo o salsa de cualquier guisado.

MOJICÓN n. m. Especie de bizcocho de mazapán. 2. Bizcocho delgado que suele comerse mojado en chocolate. 3. *Fam.* Golpe que se da en la cara con la mano.

MOJIGANGA n. f. Fiesta pública que se hacía antiguamente con disfraces, generalmente de animales.

MOJIGATERÍA n. f. Calidad de mojigato. 2. Acción propia del mojigato.

MOJIGATO, A adj. y n. Dícese de la persona de moralidad o recato exagerados, que se escandaliza fácilmente. 2. Dícese de la persona que aparenta humildad o timidez para lograr lo que pretende.

MOJINETE n. m. *Argent., Par. y Urug.* Remate triangular de las dos paredes más altas y angostas de un rancho, galpón o construcción similar, sobre las que se apoya el caballete.

MOJÓN n. m. Piedra, poste, etc., que se pone para señalar los límites de una heredad, territorio, etc., o la dirección y distancia en los caminos. 2. Montón, conjunto de cosas puestas una encima de otras. 3. Porción compacta de excremento humano expelida de una vez.

MOJONAR v. tr. [1]. Señalar los límites de una propiedad o de un término jurisdiccional.

MOJONERA n. f. Sitio donde se ponen los mojones. 2. Serie de mojones entre dos términos o jurisdicciones.

MOKA n. m. Moca.

MOL n. m. FÍS. Unidad de medida de materia equivalente a la cantidad de materia de un sistema que contiene tantas entidades elementales (átomos, moléculas, iones, etc.) como átomos hay en 0,012 kilogramos de carbono 12. SIN.: *moléculagramo*.

MOLA n. f. *Colomb. y Pan.* Especie de blusa confeccionada con telas de distintos colores.

MOLALIDAD n. f. QUÍM. En una disolución, número de moles de soluto por cada 1000 g de disolvente.

MOLAR adj. Relativo a la muela. 2. Apto para moler. ◆ adj. y n. m. 3. Dícese de la pieza dentaria lateral que sirve para triturar los alimentos.

MOLAR adj. FÍS. Relativo al mol.

MOLAR v. intr. [1]. *Fam.* Ser una cosa del agrado de una persona: *esta canción me mola cantidad.* 2. Presumir de algo o lucir una cosa: *cómo molas con esos zapatos.*

MOLARIDAD n. f. QUÍM. Número de moles de soluto que existen en un litro de disolución.

MOLDAR v. tr. [1]. Amoldar. 2. Moldurar.

MOLDAU o **MOLDAVA** → *Vltava.*

MOLDAVIA, en rumano **Moldova**, región de Europa, act. dividida entre Rumania y la República de Moldavia.

HISTORIA
C. 1352-1354: Luis I de Anjou, rey de Hungría, creó la marca de Moldavia. 1359: el territorio se emancipó de la tutela de Hungría bajo la égida de Bogdan. 1538: se convirtió en un estado autónomo vasallo del imperio otomano. 1774: pasó a estar bajo protección de Rusia. 1775: Austria anexionó Bucovina. 1812: Rusia consiguió la cesión de Besarabia. 1829-1831: Moldavia quedó bajo un doble protectorado otomano y ruso. 1859: Alejandro Cuza fue elegido príncipe de Moldavia y de Valaquia. 1862: se proclamó definitivamente la unión de ambos principados. 1918-1940: Besarabia fue anexionada a Rumania. (V. art. siguiente.)

MOLDAVIA (*República de*), estado de Europa oriental, limítrofe con Rumania; 34 000 km^2; 4 300 000 hab. (*Moldavos.*) CAP. Chişinău. LENGUA OFICIAL: rumano. MONEDA: leu.

GEOGRAFÍA
Los dos tercios de su población son moldavos de origen, si bien son importantes las minorías ucraniana y rusa. Es un país de clima bastante suave y húmedo, favorable a la agricultura (cereales, remolacha, fruta, verduras, vid) y la ganadería (bovina, porcina).

HISTORIA
1918: Besarabia fue anexionada por Rumania. 1924: los soviéticos crearon una República Autónoma de Moldavia, anexionada a Ucrania, en la or. izq. del Dniéster. 1940: de acuerdo con el pacto germano-soviético los soviéticos anexionaron Besarabia, cuya parte S fue integrada a Ucrania. El resto de Besarabia y una parte de la República Autónoma de Moldavia formaron la República Socialista Soviética de Moldavia. 1991: el soviet supremo de Moldavia proclamó la independencia del país (ag.), el cual se adhirió a la C.E.I. 1994: nueva constitución, con autonomía para Transdniéster. 1996: P. Lusinschi, presidente de la república. 2001: Vladimir Voronin asume la presidencia.

MOLDAVO, A adj. y n. De Moldavia.

MOLDE n. m. (lat. *modulum*). Objeto que presenta una cavidad en la que se introduce una materia en polvo, pastosa o líquida, que toma, solidificándose, la forma de dicha cavidad. 2. Cualquier instrumento que sirve para estampar o dar forma o cuerpo a una cosa. 3. Fig. Esquema, norma: *romper moldes.* 4. Utensilio de cocina que se emplea para dar determinadas formas a ciertos platos y pasteles. 5. METAL. Forma de arena, de tierra o metálica, destinada a recibir un metal en fusión, en la fabricación de piezas por colada.

MOLDEADO n. m. Acción y efecto de moldear, especialmente cuando se trata del pelo.

MOLDEAR v. tr. [1]. Formar un objeto echando en un molde la materia fundida con que se hace. 2. Sacar un molde de una figura. 3. Modelar, dar determinada forma a algo. 4. Hacer que alguien adquiera ciertos sentimientos, ideas o gustos.

MOLDEO n. m. Procedimiento de modelado de los plásticos para la obtención de piezas u objetos. 2. METAL. Realización de moldes, sirviéndose de modelos y arenas o tierras preparadas, para la obtención de objetos metálicos por colada. 3. METAL. Obtención de objetos metálicos por colada en moldes.

MOLDURA n. f. Parte saliente que sirve de adorno a una obra de arquitectura, ebanistería, cerrajería y otras artes.

MOLDURADO n. m. Trabajo de acabado que tiene por objeto la ejecución del perfil de una moldura.

MOLDURAR v. tr. [1]. Hacer molduras en una cosa.

MOLE adj. (lat. *mollem*). Muelle, blando.

MOLE n. f. (lat. *molem*) Cuerpo pesado y de enormes dimensiones. 2. Corpulencia o voluminosidad.

MOLE n. m. (azteca *mulli*). *Méx.* Salsa espesa preparada con diferentes chiles y muchos otros ingredientes y especias. 2. *Méx.* Guiso de carne de pollo, de guajolote o de cerdo que se prepara con esta salsa.

MOLÉCULA n. f. La porción más pequeña de un cuerpo que puede existir en estado libre sin perder las propiedades de la sustancia original. 2. *Fig.* Elemento, la menor partícula constituyente de un conjunto.

MOLÉCULA-GRAMO n. f. (pl. *moléculas-gramo*). Mol.

MOLECULAR adj. Relativo a las moléculas.

MOLEDERA n. f. Piedra en que se muele. 2. *Fig. y fam.* Molienda, cansancio.

MOLEDOR, RA adj. y n. Que muele. 2. *Fig. y fam.* Dícese de la persona que cansa por su pesadez. ◆ n. m. 3. Cada uno de los cilindros del molino de caña que machacan las cañas en los ingenios azucareros.

MOLEDURA n. f. Molienda, acción de moler. 2. *Fig. y fam.* Molienda, cansancio.

MOLEJÓN n. m. *Cuba.* Roca alta y tajada que sobresale en el mar.

MOLER v. tr. (lat. *molere*) [2e]. Reducir el grano u otros materiales a polvo o pequeños fragmentos por presión o frotamiento. 2. *Fig.* Maltratar a alguien: *moler a palos.* 3. Reducir a polvo más o menos fino las materias empleadas en ciertos actos, aplastándolas con una moleta. 4. Desmenuzar o triturar un mineral pasándolo por el molino. 5. *Cuba.* Exprimir la caña de azúcar en el molino. 6. *Méx. Fam.* Molestar, fastidiar: *ya no me muelas, déjame trabajar.* ◆ v. tr. e intr. 7. *Fig.* Cansar o fatigar mucho físicamente.

MOLESTAR v. tr. y pron. (lat. *molestare*) [1]. Alterar la normalidad física o moral de alguien ocasionándole una sensación desagradable u obligándole a hacer un esfuerzo que no desea: *el ruido me molesta.* 2. Producir un dolor leve: *estos zapatos me molestan.* 3. Ofender levemente: *aquel insulto le molestó.* ◆ **molestarse** v. pron. 4. Tomarse algún trabajo: *molestarse por alguien.*

MOLESTIA n. f. Sensación producida por algo que molesta. 2. Lo que molesta.

MOLESTO, A adj. (lat. *molestum*). Que causa molestia: *una visita molesta.* 2. *Fig.* Que siente molestia.

MOLESTOSO, A adj. *Amér.* Molesto, que causa molestia.

MOLIBDENO n. m. (gr. *molybdaina,* de *molybdos,* plomo). Metal (Mo) número atómico 42, de masa atómica 95,94, blanco, duro, quebradizo y difícil de fundir.

MOLICIE n. f. (lat. *mollitiem*). Blandura. 2. *Fig.* Excesiva comodidad.

MOLIDO, A adj. Cansado, fatigado, maltratado: *tener el cuerpo molido.*

MOLIENDA n. f. Acción de moler. 2. Cantidad que se muele de una vez. 3. Temporada que dura la operación de moler. 4. *Fig. y fam.* Cansancio, molestia.

MOLIÈRE (Jean-Baptiste **Poquelin,** llamado), dramaturgo francés (París 1662-*id.* 1673). Creó el Illustre-théâtre (1643) y dirigió un grupo de ilustres cómicos ambulantes. Instalado en París (1658) y protegido por Luis XIV, creó y dirigió numerosas obras en prosa y verso (*Las preciosas ridículas* (1659); *Tartufo* (1664); *El misántropo* (1666); *El avaro* (1668); *El burgués gentilhombre* (1670); *El enfermo imaginario* (1673); etc.

MOLIFICAR v. tr. y pron. (lat. *mollificare*) [1a]. Ablandar o suavizar una cosa.

MOLINA, com. de Chile (Maule); 35 622 hab. Vid, lino, frutales. Industrias del tabaco y vinícolas.

MOLINA (Arturo Armando), militar y político salvadoreño (San Salvador 1927), presidente de la república (1972-1977).

MOLINA (Enrique), escritor argentino (Buenos Aires 1910-*id.* 1996). Fue portavoz del surrealismo poético en su país (*Las cosas y el delirio,* 1941; *Las bellas furias,* 1966) y publicó una novela histórica (*Una sombra donde sueña Camila O'Gorman,* 1974).

MOLINA (Mario José), químico mexicano (México 1943), nacionalizado norteame-

MOL

ricano. Junto con F. S. Rowland demostró la importancia del papel de los C.F.C. en la destrucción del ozono estratosférico. (Premio Nobel de química 1995.)

MOLINA (Tirso de) → *Tirso de Molina*.

MOLINARI (Ricardo E.), poeta argentino (Buenos Aires 1898-*id.* 1996). En su obra influye desde el conceptismo español hasta Mallarmé y Elliot, con ecos del vitalismo ultraísta (*El imaginero*, 1927; *Mundos de la madrugada*, 1943; *Una sombra antigua canta*, 1966).

MOLINERÍA n. f. Industria que tiene por objeto producir harina a partir de los granos de cereales, y especialmente del trigo, por medio de la molturación o molienda. **2.** Técnica propia de la fabricación de harinas.

MOLINERO, A adj. Relativo al molino o a la molinería. ♦ n. **2.** Persona que tiene a su cargo un molino o que trabaja en él.

MOLINETE n. m. Aparato utilizado para renovar el aire de un local, consistente en una rueda de paletas colocada en un orificio que comunica con el exterior. **2.** Juguete que consiste en una caña o palo a cuyo extremo se fija con un alfiler una rueda o estrella de papel, que gira impulsada por el viento. **3.** Accesorio de caña de pescar que sirve para arrollar el sedal.

MOLINILLO n. m. Utensilio doméstico para moler: *molinillo de café*.

MOLINO n. m. (lat. *molinum*). Máquina, aparato o instalación que sirve para moler, desmenuzar, triturar o pulverizar ciertos materiales o sustancias: *molino de viento*. **2.** Máquina constituida por cilindros de acero estriados o acanalados, para quebrantar y aplastar los tallos, en la fabricación del azúcar de caña, con objeto de extraerles el jugo.

MOLLA n. f. Parte carnosa o blanda de una cosa opalosa. **2.** *Fam.* Exceso de grasa que forma un bulto en el cuerpo de una persona. **3.** Miga del pan.

MOLLAR adj. Dícese de ciertas frutas blandas y fáciles de partir: *albaricoque mollar*. **2.** *Fig.* Dícese de lo que mucho provecho con poco esfuerzo.

MOLLE n. m. Planta arbórea de mediano tamaño, propia de América Central y Meridional, de frutos rojizos, de cuya corteza se extrae esencia de trementina. (Familia anacardiáceas.)

MOLLEJA n. f. Parte del aparato digestivo de los artrópodos y de las aves, que garantiza la trituración de los alimentos. **2.** Apéndice carnoso de las reses jóvenes, formado generalmente por infarto de las glándulas.

MOLLENDO, c. y puerto de Perú (Arequipa); 22 400 hab. Agricultura. Pesca (anchoveta). Industrias de conservas y harina de pescado; textiles.

MOLLERA n. f. Parte más alta de la cabeza, junto a la comisura coronal. **2.** Fontanela situada en la parte más alta de la frente. **3.** *Fig.* Caletre, seso, talento. • **Cerrado, o duro, de mollera** (*Fam.*), torpe u obstinado.

MOLLET DEL VALLÈS, v. de España (Barcelona), cab. de p. j.; 40 947 hab. (*Molletenses.*) Industria.

MOLLETE n. m. Méx. Rebanada de pan de corteza dura, untado de mantequilla o de frijoles y queso: *hoy cené molletes*.

MOLO n. m. Malecón.

MOLOC n. m. *Ecuad.* Puré de patatas.

MOLÓN n. m. *Ecuad.* y *Perú.* Trozo de piedra sin labrar.

MOLOTE n. m. *Amér. Central, Antillas, Colomb.* y *Méx.* Alboroto, escándalo. **2.** *Méx.* Moño. **3.** *Méx.* Empanada rellena de carne, papas, cebolla, chile, queso, etc. **4.** *Méx.* Voluminosa alargada, lío.

MOLTO adv. (voz italiana). MÚS. Mucho, muy. • **Molto expressivo**, muy expresivo.

MOLUCAS, en indonesio *Maluku*, ant. *islas de las Especias*, archipiélago de Indonesia, separado de las Célebes por el mar de Banda y el *mar de las Molucas*; 75 000 km^2; 1 589 000 hab. Las principales islas son *Halmahera*, *Ceram* y *Amboina*.

MOLUCHE, pueblo amerindio de la región andina (Chile y Argentina), de la familia araucana.

MOLUSCO adj. y n. m. (lat. *molluscum*). Relativo a un tipo de invertebrados de cuerpo blando, que presentan dorsalmente un manto, generalmente cubierto por una concha, y más o menos ventralmente, un pie. (El tipo molusco comprende tres clases principales: *gasterópodos* [caracol, babosa], *lamelibranquios* o *bivalvos* [mejillón, ostra] y *cefalópodos* [pulpo, sepia].)

MOMBASA, c. y principal puerto de Kenya, en la *isla de Mombasa*; 425 600 hab.

MOMENTÁNEO, A adj. Que dura sólo un momento. **2.** Que se ejecuta rápidamente.

MOMENTO n. m. (lat. *momentum*). Espacio de tiempo. **2.** Breve instante. **3.** Ocasión, oportunidad, circunstancia: *ahora es el momento oportuno*. **4.** Período de duración indeterminada durante el que sucede cierta cosa o sucede algo: *los momentos de nuestra vida*. **5.** Tiempo presente, época de la que se trata: *las figuras más importantes del momento*. • **A cada momento**, muy frecuentemente. ∥ **Al momento**, inmediatamente. ∥ **De momento o por el momento**, expresan algo que sucede ahora, aun que tal vez no ocurra en el futuro. ∥ **De un momento a otro**, pronto, inminentemente. ∥ **Desde el momento en que**, introduce la expresión de algo que hace posible indicar otra cosa. ∥ **Momento cinético**, vector igual al momento del vector cantidad de movimiento. ∥ **Momento de inercia de un cuerpo**, integral del producto de cada elemento de masa de este cuerpo por el cuadrado de la distancia que separa este elemento de un eje fijo, llamado *eje de inercia*. ∥ **Momento de un par** (MEC.), producto de una de las fuerzas del par por el brazo de palanca de este par. ∥ **Momento de una fuerza en relación a un punto**, vector igual al momento del vector que representa la fuerza. ∥ **Momento eléctrico, o magnético, de un dipolo**, producto de la carga, eléctrica o magnética, de uno de los dos polos por la distancia que los separa. ∥ **Por momentos**, de forma progresiva.

MOMIA n. f. (ár. *mūmiyya*, der. de *mūm*, cera). Cadáver conservado por medio de materias balsámicas o por embalsamamiento. **2.** Cuerpo embalsamado. **3.** Persona muy delgada o demacrada.

MOMIFICACIÓN n. f. Transformación de un cadáver en momia. **2.** Estado de desecación de frutas y otras partes vegetales normalmente turgentes y acuosas. **3.** Conjunto de fenómenos que se suceden en un cadáver situado en un ambiente muy caliente y seco.

MOMIFICAR v. tr. y pron. [1a]. Convertir un cadáver en momia.

MOMO, d. n. m. Magro, sin gordura. ♦ n. m. **2.** Lo que se da u obtiene sobre la ganancia legítima. **3.** *Fig.* Ganga, cosa apreciable que se adquiere a poca costa o con poco trabajo.

MOMOTOMBO, volcán de Nicaragua, en la cordillera de los Marrabios; 1280 m. Central geotérmica (35 MW).

MOMPOSINA (depresión), región fisiográfica de Colombia, que ocupa la confluencia del Magdalena, Bolívar, Sucre y Córdoba. Es una planicie aluvial en la que abundan los ciénagos. Ganado vacuno (pastos); cultivos de arroz y maíz.

MONA n. f. Hembra del mono. **2.** Borrachera, embriaguez. **3.** Cierto juego de naipes. **4.** *Fig.* En este juego, la carta que se separa al jugar. • **Como la mona** (*Amér. Merid.*), indica el mal resultado de los negocios, la salud, cualquier actividad, encargo, situación, etc. ∥ **Dormir la mona**, dormir después de emborracharse. ∥ **Enviar, o mandar, a freír monas**, despedir a alguien con aspereza, enojo o sin miramientos. ∥ **Estar hecho una mona**, estar enfadado o enojado. ∥ **Mona de Gibraltar**, macaco desprovisto de cola, que vive en el norte de África y en Gibraltar. SIN.: *magote*. ♦ n. m. y f. **5.** Persona ebria.

MONA (canal de la), canal entre Puerto Rico y La Española, que comunica el Caribe con el Atlántico.

MONA (isla), isla de Puerto Rico, en el *canal de la Mona*; 40 km^2 aprox. Reserva forestal. El único núcleo de población es Playa Pájaro.

MONACAL adj. Relativo al género de vida de los monjes o de las monjas.

MONACATO n. m. Estado de monje, vida monástica. **2.** Institución monástica.

MÓNACO, estado situado en la costa mediterránea, entre Niza y la frontera italiana; 2 km^2; 28 000 hab. (*Monegascos.*) CAP. Mónaco. LENGUA OFICIAL: francés. MONEDA: franco francés. Gran centro turístico. Casino. Museo oceanográfico.

HISTORIA

La ciudad, ant. colonia fenicia, cayó en el s. XI bajo la dominación genovesa. Los Grimaldi la convirtieron en su señorío (1297), y a partir de 1419 la conservaron definitivamente. Francia reconoció su independencia en 1512.

MONADA n. f. Gesto o acción propia de monos. **2.** Gesto o figura afectada. **3.** Cosa bonita, graciosa y pequeña. **4.** *Fig.* Acción tonta e impropia de personas sensatas. **5.** *Fig.* Mimo o halago afectuoso y zalamero. **6.** *Fig.* Monería, gesto o acción graciosa de los niños.

MÓNADA n. f. (der. del gr. *monos*, uno, solo). En la filosofía de Leibniz, sustancia simple, activa e indivisible, cuyo número es infinito y de la que todos los seres son compuestos.

MONADOLOGÍA n. f. Teoría de Leibniz según la cual el universo está compuesto de mónadas.

MONAGAS (estado), est. de Venezuela, junto al delta del Orinoco; 28 900 km^2; 502 388 hab. Cap. Maturín.

MONAGAS (José Tadeo), militar y político venezolano (Maturín 1784-El Valle, Caracas, 1868). Alcanzó el generalato en la guerra de la Independencia. Presidente de la república (1847-1851), fue reelegido en 1855 e implantó un régimen dictatorial. Derrocado en 1858, se exilió hasta 1864. En 1868 encabezó la revolución azul contra Falcón, pero murió al poco de hacerse con el poder. — Su hermano **José Gregorio** (Maturín 1795-Maracaibo 1858), también general a las órdenes de Bolívar, sucedió en la presidencia a José Tadeo (1851-1855). Aprobó la abolición de la esclavitud (1854). Fue arrestado tras la revuelta de Castro (1858).

MONAGUILLO n. m. Niño que ayuda a misa.

MONARCA n. m. (gr. *monarkhēs*). Soberano de una monarquía.

MONARQUÍA n. f. (gr. *monarkhía*). Forma de gobierno en que la soberanía es ejercida por una sola persona, generalmente con carácter vitalicio y hereditario. **2.** Estado regido por esta forma de gobierno; su territorio. **3.** Tiempo durante el cual ha perdurado este régimen político en un país. • **Monarquía absoluta**, aquella en que la autoridad del monarca no tiene limitación efectiva alguna. ∥ **Monarquía constitucional**, aquella en que la autoridad del monarca está limitada por una constitución.

MONARQUISMO n. m. Adhesión a la monarquía.

MONASTERIO n. m. (gr. *monastērion*). Casa o convento donde vive una comunidad monástica. **2.** Cualquier casa de religiosos o de religiosas.

MONCAYO GARCÍA (José Pablo), compositor mexicano (Guadalajara 1912-México 1958), miembro del Grupo de los cuatro, con Ayala, Contreras y Galindo. Entre sus obras destacan *Huapango* (1941), *Sinfonietta* (1945) y la ópera *La mulata de Córdoba* (1948). Dirigió la orquesta sinfónica nacional (1949-1952).

MONCLOVA, ant. **Santiago de Mendoza**, c. de México (Coahuila); 178 606 hab. Centro siderúrgico: altos hornos, laminados. Planta petroquímica. Gasoducto.

MONDA n. f. Acción y efecto de mondar. **2.** Mondadura, cáscara. **3.** Operación que consiste en cortar casi a ras del tronco, en la poda de invierno, las ramas agotadas para obtener renuevos vigorosos. • **Ser la monda** (*Fam.*), ser extraordinario por bueno o malo; ser muy divertido.

MONDADIENTES n. m. (pl. *mondadientes*). Instrumento pequeño, rematado en punta, que sirve para limpiarse los dientes y sacar lo que se mete entre ellos. SIN.: *escarbadientes, palillo.*

MONDADURA n. f. Monda, acción y efecto de mondar. **2.** Piel o desperdicios que se quitan de las cosas al mondarlas.

MONDAR v. tr. (lat. *mundare*) [**1**]. Limpiar o purificar una cosa de una sustancia, quitándole lo inútil, superfluo o extraño que tiene mezclado. **2.** Quitar la cáscara, la vaina, el hollejo, etc., a las frutas y legumbres. **3.** Podar. **4.** Limpiar un cauce, un pozo, etc. **5.** *Fig. y fam.* Quitar algo a alguien, especialmente dinero. • **Mondarse de risa**, o **mondarse**, reírse mucho.

MONDO, A adj. (lat. *mundum*). Limpio de cosas superfluas mezcladas, añadidas o adherentes. • **Mondo y lirondo** (*Fam.*), limpio, solo, sin mezcla alguna.

MONDONGO n. m. Intestinos y panza de un animal, especialmente del cerdo. **2.** *Fam.* Intestinos de las personas. **3.** *Guat.* y *P. Rico. Fig.* Adefesio, traje o adorno ridículo. **4.** *Méx.* Guiso que se prepara con panza de res, menudo.

MONDRIAN (Pieter Cornelis **Mondriaan**, llamado **Piet**), pintor neerlandés (Amersfoort 1872-Nueva York 1944). Influido por el cubismo analítico, pasó de una figuración al estilo de Van Gogh a una abstracción geométrica que, a través de la ascesis espiritual del *neoplasticismo* y la fundación de De Stijl, consigue un rigor extremo.

MONEAR v. intr. [**1**]. *Fam.* Hacer monadas. **2.** *Argent.* y *Chile.* Presumir, envanecerse.

MONEDA n. f. (lat. *monetam*). Objeto de valor convenido, generalmente un disco metálico acuñado por la autoridad, que sirve de medida común para el precio de las cosas y se emplea para pagos y transacciones comerciales. **2.** Cualquier medio legal de pagos. **3.** Unidad monetaria de un país. **4.** Conjunto de monedas y billetes de pequeño valor en circulación dentro de un país. **5.** *Fig. y fam.* Dinero, caudal, bienes. • **Acuñar, batir,** o **labrar, moneda,** fabricar moneda. || **Casa de moneda** o **Moneda,** fábrica o taller donde se funde y acuña moneda. || **Pagar en,** o **con, la misma moneda,** corresponder a una buena o mala acción con otra semejante. || **Papel moneda,** billetes de banco. || **Ser moneda corriente** (*Fam.*), estar algo admitido, o no causar sorpresa, por ocurrir con mucha frecuencia.

MONEDAJE n. m. Servicio o tributo de doce dineros por libra que estableció, en Cataluña y Aragón, Pedro II sobre todos los bienes muebles y raíces.

MONEDERO, A adj. Que sirve para poner moneda: *sobre monedero.* ♦ n. **2.** Persona que fabrica moneda. ♦ n. m. **3.** Bolsa o cartera donde se lleva el dinero en metálico.

MONEGASCO, A adj. y n. De Mónaco.

MONEMA n. m. LING. Mínima unidad significativa. **2.** Cada uno de los términos que integran un sintagma.

MONERÍA n. f. Monada.

MONET (Claude), pintor francés (París 1840-Giverny 1926). De su cuadro *Impresión, amanecer* (1872) proviene el nombre de la escuela impresionista, de la que es una de las principales figuras (*Mujeres en el jardín,* 1867; series sobre *La catedral de Ruán,* 1892-1893, y *Los nenúfares,* 1899-1926, paisajes).

MONETARIO, A adj. Relativo a la moneda. • **Autoridad monetaria,** personas y organismos a los que se asigna el control de la política monetaria de un país. || **Política monetaria,** conjunto de medidas, dentro de las de política económica general de un gobierno, que tienen por objeto la adecuación de las disponibilidades monetarias a las necesidades de la actividad económica de carácter productivo o distributivo, y la contención del aumento desmesurado de los precios o desequilibrios graves de la balanza de pagos, fundamentalmente. || **Sistema monetario europeo,** sistema adoptado por los países de la C.E.E., destinado a armonizar la política monetaria de dichos países. || **Sistema monetario internacional,** conjunto de normas e instituciones que regulan la forma de pagar las transacciones económicas entre países como consecuencia de su comercio de mercancías, servicios u operaciones financieras. ♦ n. m. **2.** Colección de medallas y monedas.

MONETARISMO n. m. Doctrina según la cual existe un nexo entre el volumen de la masa monetaria y el comportamiento de la economía.

MONETARISTA adj. y n. m. y f. Relativo al monetarismo; partidario de esta doctrina.

MONETARIZACIÓN n. f. Evolución de las estructuras monetarias.

MONETIZAR v. tr. [**1g**]. Dar curso legal como moneda a billetes de banco u otros signos pecuniarios. **2.** Amonedar.

MONGE (Luis Alberto), político costarricense (Palmares 1926). Fundador y secretario general del socialdemócrata Partido de liberación nacional (P.L.N.), fue presidente de la república (1982-1986).

MONGOL, LA adj. y n. De Mongolia. Relativo a un pueblo de la familia altaica que habita en, en la República de Mongolia, Rusia y China; individuo de este pueblo. ♦ n. m. **3.** Grupo de lenguas habladas por los pueblos mongoles.

MONGOLIA, región de Asia central, en general árida, de veranos calurosos e inviernos muy rigurosos, que corresponde al desierto de Gobi y a sus alrededores montañosos (Gran Xingan, Altái, Tian-Shan). Está repartida entre la República de Mongolia y China (Mongolia Interior).

MONGOLIA (República de), **Mongolia Exterior**, estado de Asia central; 1 565 000 km²; 2 200 000 hab. (*Mongoles.*) CAP. Ulan Bator. LENGUA OFICIAL: khalkha. MONEDA: tugrik./Situado en la parte septentrional de Mongolia, es un país fundamentalmente ganadero (ovino), cuya población está en vías de sedentarización. Autónoma desde 1911, Mongolia Exterior, ayudada por la Rusia soviética, se proclamó república popular en 1921 y en 1945 accedió a su independencia. 1992: nueva constitución.

MONGOLIA INTERIOR, en chino **Neimenggu,** región autónoma de China septentrional; 1 200 000 km²; 19 560 000 hab. Cap. Hohhot.

MONGÓLICO, A adj. y n. Relativo al mongolismo; afecto de mongolismo.

MONGOLISMO n. m. Aberración cromosómica caracterizada por déficit intelectual y modificaciones somáticas particulares, como talla pequeña, extremidades cortas, región occipital aplanada, hendiduras palpebrales oblicuas y angostas, con repliegue del ángulo cutáneo interno de los párpados.

MONGOLOIDE adj. y n. m. y f. Que presenta caracteres comparables a los del mongol: *tipo mongoloide.*

MONIGOTE n. m. *Fam.* Persona insignificante y de poco carácter. **2.** *Fam.* Muñeco o figura grotesca. **3.** *Fam.* Dibujo, pintura o escultura caricaturescos o mal hechos. **4.** *Cuba.* Nombre vulgar de un bejuco silvestre que produce una flor blanca y morada. **5.** *Cuba.* Flor de esta planta. **6.** *Cuba.* Monaguillo. **7.** *Cuba.* Trozo o cilindro de madera en que los muchachos enrollan el hilo del papelote. **8.** *Chile* y *Perú.* Seminarista.

MONISMO n. m. FILOS. Sistema según el cual existe una sola clase de realidad. CONTR.: *dualismo, pluralismo.*

MONISTA adj. y n. m. y f. Relativo al monismo; partidario de este sistema.

MONITOR, RA n. Persona encargada de la enseñanza y de la práctica de ciertos deportes o de ciertas disciplinas: *monitor de esquí.* ♦ n. m. **2.** Aparato, generalmente electrónico, que facilita datos para el control de un proceso. **3.** Receptor de televisión usado para controlar la imagen en emisión.

MONIZ (Egas), médico portugués (Avanca 1874-Lisboa 1955). Promotor de la arteriografía cerebral, recibió el premio Nobel de fisiología y medicina (1949) con sus investigaciones sobre la leucotomía prefrontal.

MONJA n. f. Religiosa de cualquier orden o congregación, especialmente la de alguna de las órdenes aprobadas por la Iglesia, que se consagra con votos solemnes.

MONJE n. m. (lat. *monachum*). Anacoreta. **2.** Miembro de una orden religiosa masculina aprobada.

MONJIL adj. Relativo a las monjas. ♦ n. m. **2.** Hábito de monje.

MONJITA n. f. Ave paseriforme de tamaño medio, de pico fuerte, con un gancho, y cola y alas largas. (Familia tiránidos.)

MONO, A n. Mamífero primate cuadrúmano de extremidades plantígradas, que presenta dentición completa y las fosas orbitarias separadas por las temporales y dirigidas hacia adelante. • **Mono araña,** simio de América del Sur, de extremidades muy prolongadas y cola larga y prensil. ♦ adj. **2.** *Fig.* Bonito, gracioso, pulido. **3.** *Colomb.* Rubio. ♦ n. m. **4.** Prenda utilitaria de una sola pieza que cubre el torso y extremidades. **5.** *Fig.* Dibujo o pintura, generalmente humorístico. **6.** *Vulg.* Droga. **7.** *Vulg.* Síndrome de abstinencia de la droga. **8.** *Chile. Fig.* Montón o pila en que se exponen los frutos u otras mercancías en las tiendas y mercados. **9.** *Méx.* Muñeco: *un mono de peluche.* • **Último mono,** persona insignificante y poco considerada por los demás.

MONOÁCIDO, A adj. y n. m. QUÍM. Dícese del ácido que posee un solo átomo de hidrógeno ácido.

MONOAMINA n. f. Amina que posee un solo radical NH₂.

MONOATÓMICO, A adj. QUÍM. Dícese de los cuerpos simples cuya molécula contiene un solo átomo.

MONOAXIAL adj. MINER. Dícese del cristal birrefringente que posee una dirección en la que un rayo luminoso se propaga sin ser desdoblado.

MONOBLOC o **MONOBLOQUE** adj. y n. m. De una sola pieza: *fusil monobloc.*

MONOCAMERALISMO n. m. Sistema político en el que existe una sola asamblea legislativa.

MONOCARRIL o **MONORRAÍL** adj. y n. m. Dícese del sistema de ferrocarril que utiliza un solo riel de rodamiento, y de todos los vehículos y otros dispositivos que se desplazan sobre un solo riel.

MONOCIGÓTICO, A adj. Dícese de los gemelos nacidos de un mismo huevo.

MONOCLINAL adj. GEOL. Dícese de una estructura en la que todas las capas tienen un mismo buzamiento y dirección.

MONOCLÍNICO, A adj. Dícese del sistema cristalino cuyas formas holoédricas se caracterizan por tener un centro de simetría, un eje binario y un plano perpendicular a él. **2.** Dícese de las formas pertenecientes a este sistema.

MONOCOLOR adj. Que es de un solo color.

MONOCORDE adj. (fr. *monocorde*). Dícese del instrumento musical que tiene una sola cuerda. **2.** Dícese del canto o serie de sonidos que repiten una misma nota. **3.** Monótono, insistente, sin variaciones.

MONOCOTILEDÓNEO, A adj. y n. f. Relativo a una clase de plantas angiospermas cuyas semillas poseen una plántula con un solo cotiledón, cuyas hojas presentan nervaduras paralelas y cuyas flores tienen una simetría axial de orden 3. (Las principales familias de la clase monocotiledóneas son: gramíneas, orquídeas, liliáceas y palmáceas.)

MONOCROMÁTICO, A adj. Monocromo. **2.** FÍS. Dícese de una radiación compuesta de vibraciones de una sola frecuencia.

MONOCROMÍA n. f. Calidad de monocromo. **2.** Arte de pintar empleando exclusivamente un solo color. **3.** Pintura o cuadro así obtenido.

MONOCROMO, A adj. De un solo color.

MONOCULAR adj. Relativo a un solo ojo: *visión monocular*.

MONÓCULO, A adj. y n. Que tiene un solo ojo. ◆ n. m. **2.** Lente correctora para un solo ojo.

MONOCULTIVO n. m. Cultivo único o predominante de un vegetal en determinada región.

MONOD (Jacques), biólogo y médico francés (París 1910-Cannes 1976). Autor de trabajos de biología molecular, en 1965 recibió el premio Nobel de química, con A. Lwoff y F. Jacob, por sus trabajos sobre los mecanismos de la regulación genética a nivel celular y el descubrimiento del A.R.N. mensajero. Autor de *El azar y la necesidad* (1970).

MONODIA n. f. (gr. *monôdia*). Canto para una voz sola.

MONOFÁSICO, A adj. Dícese de las tensiones o de las corrientes sinusoidales distribuidas mediante un hilo neutro y un hilo de línea, así como de los aparatos que producen o utilizan estas corrientes.

MONOGAMIA n. f. Sistema en el cual un hombre no puede ser simultáneamente esposo de más de una mujer, ni una mujer esposa de más de un hombre. CONTR.: *poligamia*.

MONOGÁMICO, A adj. Relativo a la monogamia.

MONÓGAMO, A adj. Relativo a la monogamia. **2.** Que se ha casado una sola vez. **3.** Que no tiene simultáneamente más que una sola mujer, o un solo marido.

MONOGRAFÍA n. f. Estudio sobre un asunto particular y de tema generalmente muy concreto o limitado.

MONOGRÁFICO, A adj. Relativo a la monografía.

MONOGRAMA n. m. Cifra compuesta por dos o más letras de un nombre, utilizada como abreviatura de éste. **2.** Marca o firma abreviada.

MONOLINGÜE adj. Que habla una sola lengua. **2.** Escrito en una sola lengua.

MONOLÍTICO, A adj. Relativo al monolito. **2.** Que está hecho de un solo bloque de piedra. **3.** Que se presenta como un todo coherente, homogéneo o sin contradicciones: *partido monolítico*.

MONOLITISMO n. m. Sistema de construcción en el que se utilizan piedras de gran tamaño. **2.** Estructura de poder autárquico (político, social, ideológico), que no admite cuestionamiento, modificaciones o desviaciones respecto a sus principios o sistema de valores.

MONOLITO n. m. Columna, obelisco o dintel tallado en un solo bloque de piedra, por oposición a las columnas formadas por varios tambores superpuestos.

MONOLOGAR v. intr. [**1b**]. Hablar una persona consigo misma, o ella sola cuando está entre otras.

MONÓLOGO n. m. Acción de monologar. **2.** Lo que se dice al monologar. **3.** En una obra teatral, discurso que un personaje se hace a sí mismo. **4.** Obra teatral, generalmente de corta extensión, escrita para ser recitada y representada por un solo actor.

MONOMANÍA n. f. Preocupación, aprensión o afición exagerada y obsesiva por algo.

MONOMANÍACO, A o **MONOMANIÁTICO, A** adj. y n. Que padece monomanía.

MONÓMERO, A adj. y n. m. QUÍM. Dícese de la molécula que puede reaccionar con otras moléculas idénticas para dar polímeros.

MONOMIO n. m. MAT. Expresión algebraica que comprende un solo término.

MONOMOTOR n. m. y adj. Avión equipado con un solo motor.

MONONUCLEAR adj. Dícese de los glóbulos blancos de la sangre formados en los ganglios linfáticos (linfocitos) o en el sistema reticuloendotelial (monocitos).

MONONUCLEÓTIDO n. m. BIOL. Sustancia compuesta de una molécula de pentosa, una base púrica o pirimídica, y una o más moléculas de ácido fosfórico.

MONOPATÍN n. m. DEP. Skate board.

MONOPLANO, A adj. y n. m. AERON. Dícese del avión que tiene un solo plano de sustentación.

MONOPLAZA adj. y n. m. Dícese del vehículo que tiene una sola plaza.

MONOPOLIO n. m. Privilegio exclusivo de fabricar ciertas cosas o de ejercer un determinado control sobre el mercado de un producto o un servicio. **2.** Fig. Derecho o disfrute de una cosa poseídos por alguien con carácter exclusivo: *nadie puede atribuirse el monopolio de la verdad*.

MONOPOLISTA adj. Monopolístico. ◆ n. m. y f. **2.** Persona que ejerce monopolio.

MONOPOLIZACIÓN n. f. Acción de monopolizar.

MONOPOLIZAR v. tr. [**1g**]. Tener o explotar algo en monopolio. **2.** Fig. Acaparar exclusivamente algo o a alguien: *monopolizar la atención del público*.

MONOPROGRAMACIÓN n. f. INFORMÁT. Modo de operar de un ordenador, caracterizado por la presencia de un solo programa en la memoria.

MONORRAÍL adj. y n. m. Monocarril.

MONORREFRINGENTE adj. ÓPT. Dícese de los cuerpos que producen una refracción simple, es decir, que para cada rayo incidente dan un solo rayo refractado.

MONORRIMO, A adj. De una sola rima.

MONORRÍTMICO, A adj. De un solo ritmo.

MONOSACÁRIDO n. m. QUÍM. Glúcido no hidrolizable, que contiene 3 o más átomos de carbono por molécula. SIN.: *osa*.

MONOSÍLABO, A adj. y n. Dícese de la palabra de una sola sílaba.

MONOSPERMO, A adj. Dícese de los frutos que contienen una sola semilla.

MONOTEÍSMO n. m. Doctrina o religión que sólo admite un Dios, como el judaísmo, el cristianismo y el islam.

MONOTEÍSTA adj. y n. m. y f. Relativo al monoteísmo; partidario de esta doctrina o religión.

MONOTIPIA n. f. IMPR. Máquina de componer fuente que funde y compone letras sueltas.

MONOTONÍA n. f. Uniformidad de tono, entonación, inflexión: *la monotonía de una voz*. **2.** Fig. Falta de variedad: *la monotonía de un paisaje*.

MONÓTONO, A adj. Que adolece de monotonía: *canto monótono; vida monótona*. ◆ **Función monótona** (MAT.), función que, en un intervalo dado, varía en un solo sentido: *función monótona decreciente*.

MONOTREMA adj. y n. m. Relativo a un orden de mamíferos primitivos que ponen huevos y presentan un pico sin dientes, pero que amamantan sus crías y tienen el cuerpo cubierto de pelos o de púas. (El ornitorrinco pertenece a este orden.)

MONOVALENTE adj. QUÍM. Que tiene valencia uno. SIN.: *univalente*.

MONOVOLUMEN adj. Dícese del vehículo de perfil compacto, sin discontinuidad entre la parte trasera y la delantera.

MONÓXIDO n. m. Óxido que contiene un solo átomo de oxígeno en su molécula.

MONROE (James), político norteamericano (Monroe's Creek, Virginia, 1758-Nueva York 1831), presidente republicano de E.U.A. de 1817 a 1825. Su nombre está ligado a la doctrina (*doctrina Monroe*), que enunció en 1823 y que rechaza cualquier intervención europea en los asuntos de América, así como de América en los asuntos europeos (aislacionismo).

MONROVIA, n. f., cap. y puerto de Liberia; 421 000 hab.

MONSEÑOR n. m. (fr. *monseigneur*). Título de honor que se da en algunos países a los prelados y dignatarios eclesiásticos y a algunos nobles.

MONSEÑOR n. m. Ave africana de brillante colorido, muy apreciada por su plumaje de adorno. (Familia ploceidos.)

MONSEÑOR NOUEL (*provincia de*), prov. de la República Dominicana; 1004 km²; 124 000 hab. Cap. Bonao.

MONSERGA n. f. Fam. Lenguaje confuso y enredado. **2.** Fam. Pretensión o petición fastidiosa o importuna.

MONSERRATE, cerro de Colombia, unido por un funicular a la ciudad de Bogotá; 3152 m de alt. En su cima, santuario del *Señor de Monserrate*.

MONSIVÁIS (Carlos), ensayista mexicano (México 1938), en la línea del Nuevo periodismo (*Días de guardar*, 1970; *A ustedes les consta*, 1979; *Sabor a PRI*, 1979; *Nuevo catecismo para indios remisos*, 1982).

MONSTRUO n. m. Ser vivo que posee características morfológicas muy distintos de los habituales de su especie: *monstruo de dos cabezas*. **2.** Ser fantástico, extraño y desproporcionado: *el monstruo del lago Ness*. **3.** Fig. Persona o cosa de una fealdad o dimensión extraordinarias. **4.** Fig. Persona muy cruel o perversa: *un monstruo de maldad*. **5.** Fam. Prodigioso, extraordinario: *una idea monstruo*. **6.** Fam. Dícese de la persona extraordinariamente dotada para una determinada actividad: *Manolete, el monstruo del toreo*. ◆ **Monstruo de Gila**, lagarto venenoso que vive en México y suroeste de E.U.A.

MONSTRUOSIDAD n. f. Calidad de monstruoso. **2.** Hecho monstruoso: *cometer una monstruosidad*.

MONSTRUOSO, A adj. (lat. *monstruosum*). Que tiene características propias de un monstruo. **2.** Fig. Abominable, horrible, vituperable: *crimen monstruoso*. **3.** Fig. Extraordinariamente grande: *sufrir pérdidas monstruosas*.

MONT BLANC, cima culminante en Europa (aparte el Cáucaso), en los Alpes franceses (Haute-Savoie), en el macizo del *Mont Blanc*, cerca de la frontera con Italia; 4807 m.

MONTA n. f. Acción y efecto de montar una caballería. **2.** Valor o importancia de algo: *asunto de poca monta*. **3.** Importe total o suma de varias partidas.

MONTACARGAS n. m. (pl. *montacargas*). Aparato que sirve para el transporte vertical de pesos en una plataforma o jaula que se desliza entre guías.

MONTADO, A adj. Dícese del militar o tropa que utiliza una montura: *policía montada*.

MONTADOR, RA n. Persona que monta. **2.** Obrero que ensambla las diversas piezas constitutivas de un conjunto. **3.** CIN. Especialista encargado del montaje de películas cinematográficas. ♦ n. m. **4.** Poyo, escabel, asiento u otra cosa que sirve para montar fácilmente en las caballerías.

MONTADURA n. f. Acción y efecto de montar. **2.** Montura de una caballería de silla. **3.** ORFEBR. Guarnición o cerco de metal que abraza y asegura la piedra montada.

MONTAGNAIS, pueblo amerindio algonquino de los bosques subárticos de América del Norte, entre el Labrador y las Rocosas, act. muy aculturado.

MONTAGNIER (Luc), médico francés (Chabris, Indre, 1932). En 1983 descubrió, con su equipo del instituto Pasteur, el virus V.I.H., asociado al sida (1983).

MONTAIGNE (Michel **Eyquem de**), escritor francés nacido en el castillo de Montaigne [act. Saint-Michel-de-Montaigne], Périgord, 1533-*id.* 1592). Desde 1572 se consagró a la redacción de los *Ensayos*, obra que fue enriqueciendo hasta su muerte y en la que propugna un equilibrio moral basado en la prudencia y la tolerancia, y con la que configuró el género ensayístico en Europa. Filosóficamente profesó un escepticismo moderado y crítico.

MONTAJE n. m. Acción y efecto de montar. **2.** Soporte de la boca de fuego de un arma. **3.** Selección y empalme en una cinta definitiva de las escenas rodadas para una película, de las cintas grabadas para una emisión de radio, etc. **4.** IMPR. Reunión de textos e ilustraciones que serán copiados juntos en la forma de impresión. **5.** TEATR. Presentación escénica de una obra o espectáculo teatral. **6.** Acción de montar, de ajustar las piezas unas con otras para constituir un conjunto.

MONTALE (Eugenio), poeta italiano (Génova 1896-Milán 1981). Su obra, precursora del hermetismo, constituye una tenaz resistencia frente a las convenciones de la retórica y de la vida. (Premio Nobel de literatura 1975.)

MONTALVO (Juan), escritor ecuatoriano (Ambato 1832-París 1889). Polemista político, se enfrentó sucesivamente a García Moreno y Veintemilla (*Catilinarias*, 1880). Su estilo como ensayista busca la frase sentenciosa y justa, la sintaxis rítmica y la anécdota erudita (*El espectador*, 1886).

MONTANA, estado del NO de Estados Unidos, en las Rocosas; 381 000 km²; 799 065 hab. Cap. *Helena*.

MONTANO, A adj. Relativo al monte.

MONTANTE adj. Que monta. ♦ n. m. **2.** Todo elemento vertical de un entrepaño, bastidor o estructura, que sirve de soporte o refuerzo. **3.** Jamba. **4.** Cada uno de los largueros o banzos de una escalera de mano, unidos a intervalos iguales por travesaños. **5.** Ventana que constituye una prolongación de una puerta por la parte superior. **6.** Importe total de una cuenta, de una factura o de una suma cualquiera.

MONTAÑA n. f. (bajo lat. *montanea*). Cualquier elevación natural del terreno, ya sea grande o pequeña, aislada o formando un conjunto con múltiples cumbres. **2.** Parte montañosa de un lugar, por oposición a la llanura: *pasar las vacaciones en la montaña*. **3.** Cualquier elevación formada por la acumulación de algún material: *una montaña de escombros*. **4.** *Fig.* Dificultad, o problema difícil de resolver: *todo se le hace una montaña*. **5.** *Amér. Merid.* Monte de árboles y arbustos. • **Alta montaña** (ALP.), la que hoy o sobrepasa los 3000 m. ‖ **Montaña rusa**, atracción de feria que consiste en un montículo o pista por una serie de desniveles a lo largo de un recorrido en línea recta o curva, por los que se deslizan vehículos.

MONTAÑERO, A adj. y n. Dícese de la persona que practica el montañismo.

MONTAÑÉS, SA adj. y n. Dícese de la persona que habita en la montaña, en un país montañoso, o que procede de él. **2.** De La Montaña, comarca histórica de España (Cantabria). **3.** Santanderino. ♦ n. m. **4.** Modalidad dialectal del grupo leonés extendida por el O de Cantabria.

MONTAÑISMO n. m. Práctica del excursionismo y deportes de alta montaña.

MONTAÑOSO, A adj. Relativo a las montañas: *clima montañoso*. **2.** Abundante en ellas: *terreno montañoso*.

MONTAR v. tr., intr. y pron. [1]. Subir sobre un animal o en un vehículo: *montó en la bicicleta y se largó*. **2.** Colocar o estar una cosa encima de otra: *un diente le monta sobre otro*. ♦ v. intr. y tr. **3.** Dirigir una caballería: *saber montar a caballo*. ♦ v. intr. **4.** *Fig.* Importar, ser de mucha entidad: *que te guste o no, poco monta*. ♦ v. tr. **5.** Armar, ajustar, ensamblar o poner en su lugar las piezas o elementos de una estructura, aparato, máquina, etc.: *montar un andamiaje*. **6.** Importar o sumar una cantidad las facturas, deudas, etc.: *los daños montan más de tres millones de pesetas*. **7.** Poner las cosas necesarias en una casa para habitarla, o en un negocio o industria para que empiece a funcionar: *montar piso*. **8.** Amartillar un arma de fuego. **9.** Batir la clara del huevo hasta ponerla esponjosa y consistente. **10.** Poner las piedras preciosas en su montura o soporte de metal. **11.** Poner en escena una obra teatral. **12.** Realizar el montaje de una película o un programa de televisión. **13.** Cubrir el macho a la hembra. • **Montar la guardia** (MIL.), establecer un servicio de guardia. ‖ **Montárselo** (*Fam.*), organizarse de forma fácil y productiva. ‖ **Tanto monta**, es igual, tanto da.

MONTARAZ adj. Que vive en los montes o se ha criado en ellos. **2.** *Fig.* Rústico, arisco, insociable. ♦ n. m. **3.** Guarda de montes y fincas.

MONTE n. m. (lat. *montem*). **2.** Terreno inculto, poblado de árboles, arbustos o matas. **3.** *Fig.* Montaña, dificultad. • **Batir**, o **correr el monte**, o **montes**, ir de caza. ‖ **Echarse**, o **tirarse al monte**, adoptar una actitud expeditiva o violenta. ‖ **Monte de Venus** (ANAT.), eminencia triangular situada delante del pubis.

MONTE, partido de Argentina (Buenos Aires), en la Pampa; 15 495 hab. Cab. *San Miguel del Monte*.

MONTE (El), com. de Chile (Santiago); 21 357 hab. Centro agrícola y ganadero.

MONTE CASEROS, dep. de Argentina (Corrientes); 29 471 hab. Centro agropecuario. Puerto fluvial sobre el Uruguay.

MONTE CRISTI (*provincia de*), prov. del NO de la República Dominicana; 1989 km²; 92 000 hab. Cap. *Monte Cristi* (9932 hab.).

MONTE LEÓN, isla de Argentina, en la Patagonia (Santa Cruz). Guano.

MONTE LINDO, r. de Paraguay, afl. del Paraguay (or. der.); 400 km aprox.

MONTE PATRIA, com. de Chile (Coquimbo); 28 206 hab. Centro agrícola y ganadero (vacuno).

MONTEAGUDO (Bernardo **de**), patriota peruano (Tucumán 1786-Lima 1825). Redactó el acta de independencia de Chile (1818). Participó en la liberación de Perú.

MONTEALEGRE (José María), militar y político costarricense (San José 1815-San Francisco, E.U.A., 1887). Presidente de la república (1859-1863).

MONTECARLO, barrio del principado de Mónaco, donde se encuentra el casino. Da su nombre a un importante rallye automovilístico anual.

MONTECARLO, dep. de Argentina (Misiones), a orillas del Paraná; 30 166 hab. Maíz, yerba mate.

MONTECASSINO, colina de Italia meridional, cerca de Cassino; 516 m. En 529 san Benito fundó allí un monasterio benedictino.

MONTECILLOS (*sierra de*), alineación montañosa de Honduras. Forma el reborde O de la depresión central y se bifurca al N, en torno al lago Yojoa.

MONTECRISTO, islote italiano situado al S de la isla de Elba, famoso por la novela de Dumas padre (*El conde de Monte Cristo*).

MONTEFORTE TOLEDO (Mario), novelista guatemalteco (Guatemala 1911-*id.* 2004), cultivador del cuento preciosista de temática indigenista.

MONTEJO (Francisco **de**), conquistador español (Salamanca c. 1479-Sevilla c. 1553). Gobernador y capitán general del Yucatán (1526), realizó la conquista de este territorio (1527-1535).

MONTEMAYOR (Jorge **de**), escritor hispanoportugués (Montemoro-Velho, cerca de Coimbra, c. 1520-Piamonte c. 1562). Autor de diversas *Epístolas* y poesía, destacó con la novela pastoril *Diana*.

MONTENEGRINO, A adj. y n. De Montenegro.

MONTENEGRO, en serbio **Crna Gora**, república federada con Serbia. M. Bulatovic, presidente. 1997: asume la presidencia M. Djunanovic, reelegido en 1998; 13 812 km²; 600 000 hab. (*Montenegrinos.*) Cap. *Podgorica*.

HISTORIA
S. XI: la región se constituyó en un estado llamado Dioclea y posteriormente Zeta. Ss. XIII-XIV: fue incorporada al reino de Serbia. 1360-1479: recuperó su independencia. 1479-1878: cayó bajo el dominio otomano. 1782-1918: con los príncipes Pedro I (1782-1830), Pedro II (1830-1851), Danilo I (1851-1860) y Nicolás I (1860-1918) se organizó un estado moderno. 1918: fue anexionado a Serbia. 1945: se convirtió en una de las seis repúblicas federadas de Yugoslavia. 1992: junto con Serbia formó la nueva República Federal de Yugoslavia. M. Bulatovic, presidente. 1997: Asume la presidencia M. Djunanovic, reelegido en 1998.

MONTEPÍO n. m. Fondo o depósito de dinero, formado con los descuentos hechos a los individuos de algún cuerpo o clase, o de otras contribuciones que los mismos efectúan, con el fin de obtener pensiones para sus viudas o huérfanos o recursos económicos en sus enfermedades o vejez. **2.** Establecimiento fundado con este objeto.

MONTERA n. f. Gorro o gorra. **2.** Galería cubierta de cristales sobre un patio. **3.** TAUROM. Gorro de terciopelo negro y pasamanería de seda, usado por los toreros.

MONTERDE (Francisco), escritor mexicano (México 1894-*id.* 1985). Escribió poesía, teatro, narrativa y especialmente ensayo histórico y literario (*Perfiles de Taxo*, 1928; *Cultura mexicana*, 1946). Fue director de la Academia mexicana.

MONTERÍA n. f. Cacería con perros, y generalmente a caballo, para cobrar piezas mayores. **2.** Arte de cazar con conjunto de reglas para la caza.

MONTERÍA, c. de Colombia, cap. del dep. de Córdoba; 224 147 hab. Puerto sobre el Sinú. Industrias (metalúrgicas, químicas, calzado y tabaco).

MONTERITA n. f. Ave de coloración grisácea u ocrácea, con el pico casi cónico, que vive en América Meridional. (Familia fringílidos.)

MONTERO (José Pío), político paraguayo († 1927), vicepresidente de la república (1916) y presidente interino (1919-1920) a la muerte de Manuel Franco.

MON

MONTEROS, dep. de Argentina (Tucumán); 51 941 hab. Centro agrícola.

MONTERREY, c. de México, cap. del est. de Nuevo León; 1 069 238 hab. Es uno de los primeros centros siderúrgicos del país, y cuenta además con industrias textiles, químicas, del plástico y del papel. Universidad, instituto tecnológico. Aeropuerto. Fundada por Diego de Montemayor, recibió su nombre actual en 1596. De la época colonial conserva el Obispado, barroco (1787-1790), y la catedral (concluida en 1796-1800). El palacio del gobierno (museo militar) data de 1908.

MONTERROSO (Augusto), escritor guatemalteco (Guatemala 1921-México 2003). Su narrativa está al servicio de un análisis irónico de la condición humana (*La oveja negra y demás fábulas*, 1969; *La letra e. Fragmentos de un diario*, 1987).

MONTES (Ismael), político boliviano (La Paz 1861-*id.* 1933). Dirigente liberal, participó en la revolución federalista de 1898. Fue presidente de la república en 1904-1909 y 1913-1917.

MONTÉS, SA o **MONTESINO, A** adj. Dícese de las plantas y animales salvajes.

MONTES DE OCA (Marco Antonio), escritor mexicano (México 1932). Su poesía se caracteriza por un extenso ámbito imaginativo, por la metáfora y por la precisión idiomática (*Delante de la luz cantan los pájaros*, 1959; *En honor de las palabras*, 1979; *Vaivén*, 1987).

MONTESQUIEU (Charles de Secondat, barón **de La Brède y de**), escritor francés (en el castillo de La Brède, cerca de Burdeos, 1689-París 1755). Autor de *Cartas persas* (1721) y *El espíritu de las leyes* (1748), obra que inspiró las doctrinas constitucionales y la división de poderes. Sentó las bases de las ciencias sociales.

MONTEVIDEANO, A adj. y n. De Montevideo.

MONTEVIDEO (departamento de), dep. del S de Uruguay; 543 km²; 1 312 000 hab. Cap. *Montevideo*.

MONTEVIDEO, c. de Uruguay, cap. del país y del dep. homónimo; 1 251 647 hab. (*Montevideanos*). Fundada en 1726, adquirió importancia comercial por su excelente puerto, en la bahía de Montevideo, en el Río de la Plata. La inmigración extranjera en el s. XIX y el aflujo de población de zonas rurales le han dado un peso demográfico determinante en el conjunto del país. Gran centro industrial, financiero, comercial y cultural (universidad). Centro de la Ciudad Vieja es la plaza de la constitución (catedral, 1790-1804; cabildo, 1804-1810) y de la moderna, la plaza de la Independencia (palacio del gobierno, teatro Solís, museo de historia natural).

MONTEZUMA → *Moctezuma*.

MONTÍCULO n. m. Pequeña elevación del terreno, natural o hecha por el hombre.

MONTO n. m. Monta, importe total.

MONTÓN n. m. Conjunto de cosas puestas sin orden unas encima de otras. **2.** *Fig.* y *fam.* Número considerable, gran cantidad: *un montón de veces*. • **A, de,** o **en, montón** (*Fam.*), juntamente, sin separación o distinción. ‖ **A montones** (*Fam.*), con abundancia, en gran cantidad o número. ‖ **Del montón** (*Fam.*), vulgar, no destacado. ‖ **Echar montón** (*Méx. Fam.*), actuar en conjunto un grupo de personas para aprovecharse o abusar de alguien, para atacarlo, hacer burla de él, etc.

MONTONERA n. f. Montón. **2.** *Amér. Merid.* En la época de las luchas de la independencia, guerrilla. **3.** *Colomb.* Montón de hierba o paja.

MONTONERO adj. *Méx. Fam.* Dícese de quien actúa junto con otros en contra de alguien: *no sean montoneros, si quieren pelear que sea uno por uno*. ♦ n. m. **2.** Miembro de la caballería federal durante las guerras que siguieron a la independencia del virreinato del Río de la Plata.

MONTPELLIER, c. de Francia, cap. de la región de Languedoc-Rosellón y del dep. de Hérault; 210 866 hab. Universidad. Catedral (s. XIV). Conjunto urbano de los ss. XVII-XVIII. Museos.

MONTREAL, en fr. **Montréal**, c. de Canadá (Quebec) a orillas del San Lorenzo; 1 017 666 hab. (2 900 000 en la aglomeración). Universidades. Centro financiero e industrial de Quebec. Puerto fluvial. Aeropuerto.

MONTREUX, c. de Suiza (Vaud), junto al lago Léman; 22 917 hab. Centro turístico y cultural.

MONTSERRAT, isla de las Pequeñas Antillas británicas; 106 km²; 12 000 hab. Cap. *Plymouth*. La erupción del volcán La Soufrière obligó a evacuar totalmente la isla en 1997.

MONTSERRAT, macizo de España (Barcelona), en la cordillera Prelitoral catalana; 1224 m. Constituido por una masa de conglomerados que forma un relieve característico de formas prismáticas redondeadas. Monasterio benedictino (*Santa María de Montserrat*) fundado por el abad Oliba de Ripoll (c. 1025).

MONTT (Manuel), político chileno (Petorca 1809-Santiago 1880). Presidente de la república (1851-1861), fomentó el desarrollo económico y cultural, desamortizó los mayorazgos y suprimió los diezmos de la Iglesia. — Su hijo **Jorge** (Casablanca 1846-Santiago 1922) fue presidente de la república de 1891 a 1896. — Su otro hijo **Pedro** (Santiago 1849-Bremen 1910), presidió la república de 1906 a 1910, y durante su mandato reprimió el movimiento revolucionario de Iquique (1910).

MONTUBIO, A adj. y n. *Amér.* Dícese de la persona montaraz y grosera. **2.** *Colomb, Ecuad.* y *Perú.* Campesino de la costa.

MONTUNO, A adj. *Amér.* Agreste, montaraz, rústico.

MONTUOSO, A adj. Abundante en montes: *una zona montuosa*.

MONTURA n. f. (fr. *monture*). Cabalgadura, bestia para cabalgar. **2.** Montaje, acción y efecto de montar. **3.** Soporte sobre el que está colocada la parte esencial de un objeto: *la montura de unas gafas*. **4.** Arreos, conjunto de guarniciones de una caballería de silla. **5.** Silla de montar.

MONUMENTAL adj. Relativo al monumento. **2.** *Fig.* y *fam.* Muy grande, impresionante: *un objeto monumental*.

MONUMENTALIDAD n. f. Carácter monumental de una obra de arte, sobre todo por sus proporciones y estilo.

MONUMENTO n. m. (lat. *monumentum*). Obra arquitectónica o escultórica destinada a perpetuar el recuerdo de un personaje o de un acontecimiento. **2.** Edificio notable por su belleza o antigüedad. **3.** Sepulcro, obra por lo común de piedra, que se construye levantada del suelo, para dar en ella sepultura al cadáver de una persona y honrar o hacer más duradera su memoria. SIN.: *monumento funerario*. **4.** Objeto, documento u obra científica, artística o literaria digna de perdurar por su utilidad, importancia o mérito excepcional. **5.** *Fam.* Persona bien proporcionada y de apariencia física llamativa. **6.** En la liturgia católica, altar adornado donde se deposita el Santísimo Sacramento para ser adorado por los fieles, después de la misa vespertina del jueves santo.

MONZA, c. de Italia (Lombardía); 121 151 hab. Catedral de los ss. XII-XVIII. Circuito automovilístico.

MONZÓN n. m. (port. *monção*; del ár. *mawsim*, tiempo para hacer algo). Nombre que se da a unos vientos que soplan, sobre todo en Asia meridional, alternativamente hacia el mar (en invierno: *monzón seco*) y hacia tierra (en verano: *monzón húmedo*) durante varios meses.

MOÑA n. f. Lazo de cintas negras que se sujetan los toreros a la coleta. **2.** Adorno de cintas o flores colocado en la divisa de los toros.

MOÑA n. f. *Fam.* Borrachera.

MOÑO n. m. Cabello sujeto y arrollado detrás, encima o a los lados de la cabeza. **2.** *Fig.* Cima o cumbre de algunas cosas. **3.** Copete de algunos animales. ♦ **moños** n. m. pl. **4.** Adornos superfluos o de mal gusto. • **Ponerse moños** (*Fam.*), presumir, vanagloriarse. ‖ **Ponerse sus moños** (*Méx. Fam.*), ponerse pesado, hacerse de rogar: *se puso sus moños y no quiso venir a la fiesta*.

MOÑUDO, A adj. Dícese de las aves que tienen moño.

MOORE (Henry), escultor y grabador británico (Castleford, Yorkshire, 1898-Much Hadham, Hertfordshire, 1986). Célebre a partir de 1935 por su estilo, biomórfico y monumental (*Figura tendida*, sede de la Unesco, París).

MOQUEAR v. intr. [1]. Echar mocos.

MOQUEGUA (*departamento de*), dep. del S de Perú (José C. Mariátegui); 15 734 km²; 138 800 hab. Cap. *Moquegua* (30 400 hab.).

MOQUEO n. m. Secreción nasal abundante.

MOQUERO n. m. Pañuelo de bolsillo.

MOQUETA n. f. (fr. *moquette*). Tejido espeso y aterciopelado que se emplea para tapizar o alfombrar el suelo.

MOQUETE n. m. Puñetazo dado en el rostro, especialmente en las narices.

MOQUETEAR v. tr. [1]. Dar moquetes. ♦ v. intr. **2.** Moquear con frecuencia.

MOQUETERO, A adj. y n. *Chile.* Dícese del que da moquetes.

MOQUILLO n. m. *Ecuad.* Nudo corredizo con que se sujeta el labio superior del caballo para domarlo.

MOQUITA n. f. Moco claro que fluye de la nariz.

MOR. Por mor de, a causa de.

MORA n. f. (*bajo* lat. *mora*). Fruto de la mora y del moral. **2.** Zarzamora. **3.** *Hond.* Frambuesa. **4.** *Méx.* Morera o moral.

MORA (José Joaquín), escritor español (Cádiz 1783-Madrid 1864). Exiliado por sus ideas liberales, en Chile escribió la constitución del estado (1828). Fue periodista, ensayista y narrador (*Leyendas españolas*, 1840).

MORA FERNÁNDEZ (Juan), patriota y estadista costarricense (San José 1784-*id.* 1854). Primer jefe del estado (1824-1833).

MORA PORRAS (Juan Rafael), político costarricense (San José 1814-Puntarenas 1860). Presidente desde 1850 (reelegido en 1853), fue derrocado en 1859.

MORÁCEO, A adj. y n. f. Relativo a una familia de plantas apétalas de las regiones cálidas a la que pertenecen el moral y la higuera.

MORADA n. f. Lugar donde se mora. **2.** Permanencia por algún tiempo en un sitio.

MORADO, A adj. y n. m. Dícese del color violeta que tira a rojo o azul. • **Pasarlas moradas** (*Fam.*), encontrarse en una situación difícil, dolorosa o comprometida. ‖ **Ponerse morado** (*Fam.*), disfrutar de algo hasta la saciedad.

MORADOR, RA adj. y n. Que habita o mora en un sitio.

MORADURA n. f. Cardenal, mancha de la piel.

MORAL n. m. Planta arbórea originaria de Asia, de hojas dentadas y acorazonadas, y cuyo fruto, la mora, es comestible, y fermentado da una bebida alcohólica. (Familia moráceas).

MORAL adj. Relativo a las costumbres o a las reglas de conducta: *los valores morales*. **2.** Que es conforme o favorable a las buenas costumbres: *conducta moral*. **3.** Relativo al espíritu, en oposición a lo físico y material: *formación moral*. • **Virtudes**

MORTUORIO, A adj. Relativo al muerto o a las honras que por él se hacen. ♦ n. m. **2.** Preparativos para enterrar a los muertos.

MÓRULA n. f. EMBRIOL. Uno de los primeros estadios del embrión animal, que se presenta como una masa cuya superficie externa tiene el aspecto de una mora.

MOSA, en fr. **Meuse,** en neerl. **Maas,** r. de Francia, Bélgica y Países Bajos; 950 km. Pasa por Verdún, Sedán, las Ardenas, Namur y Lieja y acaba en un delta cuyas ramas se mezclan con el Rin.

MOSAICO n. m. y adj. (ital. *mosaico*). Obra compuesta de trocitos de piedra, mármol, alfarería, esmalte, vidrio, etc., de diversos colores, y cuya reunión forma una composición o dibujo decorativo. ♦ n. m. **2.** *Méx.* Cada una de las losas pequeñas de forma cuadrada, generalmente con dibujo, con las que se cubre un piso: *la sala tiene pisos de mosaico*.

MOSAICO, A adj. Relativo a Moisés, o al mosaísmo.

MOSAÍSMO n. m. Ley de Moisés, conjunto de preceptos e instituciones dados por Moisés al pueblo de Israel.

MOSAÍSTA adj. y n. m. y f. Relativo al mosaico; artista que hace mosaicos.

MOSCA n. f. (lat. *muscam*). Diversos insectos pterigógenos del orden dípteros, y, en sentido amplio, otros insectos de diferentes órdenes. (La *mosca común* o dañina por los microbios que transporta en sus patas y su trompa; la *mosca verde* y la *mosca azul* depositan sus huevos en la carne; la *mosca borriguera*, *de burro o de caballo*, parasita las caballerías; la *mosca de establo* pica al hombre, al caballo y al buey; la *mosca tse-tse* transmite la enfermedad del sueño; la *mosca escorpión* tiene las alas moteadas de negro y el abdomen del macho termina en punta.) **2.** Pelo que nace delantero en el labio inferior y en la barbilla. **3.** *Fam.* Dinero. **4.** *Fig.* y *fam.* Moscón, persona pesada y molesta. **5.** *Fig.* y *fam.* Estado de disgusto o recelo: *está algo mosca.* ♦ **Hacer mosca** *(Méx. Fam.)*, estorbar la relación entre dos personas interponiéndose entre ellas: *mejor los dejo solos, no quiero hacer mosca.* || **Peso mosca** (DEP.), boxeador de la categoría más ligera. || **Por si las moscas,** por si acaso.

MOSCARDA n. f. Insecto díptero que se alimenta de carne muerta, sobre la cual la hembra deposita las larvas, ya nacidas. (Familia califóridos.)

MOSCARDÓN n. m. Mosca grande y vellosa. SIN.: *estro.* **2.** Avispón. **3.** *Fig.* Moscón.

MOSCATEL adj. y n. m. (cat. *moscatell*). Dícese de una uva blanca, o menos frecuentemente, morada, de grano redondeado y muy dulce. ♦ adj. **2.** Dícese del viñedo que produce la uva moscatel. ♦ n. m. **3.** Vino español que se elabora principalmente en Málaga y Valencia, a partir de la uva moscatel.

MOSCO, A adj. *Chile.* Dícese de la caballería de color muy negro y algún que otro pelo blanco.

MOSCÓN n. m. Persona pesada y molesta, especialmente en requerimientos amorosos.

MOSCOVITA adj. y n. m. y f. De Moscovia o de Moscú.

MOSCÚ, en ruso **Moskvá,** c. y cap. de Rusia, en la llanura rusa, a orillas del Moskvá; 8 967 000 hab. *(Moscovitas.)* Centro administrativo, cultural, comercial e industrial. El Kremlin, en el centro, forma un conjunto de edificios administrativos y monumentos históricos. Otros monumentos relevantes son la catedral de San Basilio el Bienaventurado (s. XVI), la iglesia de San Nicolás de los Tejedores (s. XVII) y el gran monasterio de Novodiévichi (iconos, tesoro). Museo histórico, galería Tretiakov (arte ruso), museo Pushkin (bellas artes), etc. — La ciudad, mencionada por primera vez en 1147, se convirtió a partir del s. XIII en el centro del principado de Moscovia hasta 1712 en que fue abandonada como capital en beneficio de San Petersburgo. En 1918 se convirtió en la sede del gobierno soviético y fue capital de la U.R.S.S. (1922-1991). Tras el desmembramiento de la U.R.S.S., pasó a ser capital de Rusia.

MOSELA, r. de Europa occidental (Francia y Alemania); 550 km. Nace en los Vosgos y se dirige hacia el N, pasando por Nancy y Metz, antes de formar la frontera entre Alemania y Luxemburgo. Atraviesa Tréveris y el macizo esquistoso Renano y se une al Rin (or. izq.) en Coblenza.

MOSHINSKY (Marcos), físico mexicano de origen ucraniano (Kiev 1921), autor de numerosos trabajos de física teórica, en particular sobre ecuaciones diferenciales no lineales.

MOSQUEADO, A adj. Salpicado de pintas.

MOSQUEAR v. tr. y pron. [1]. Ahuyentar las moscas. ♦ v. tr. **2.** *Fig.* Responder alguien enfadado, como picado por algo. ♦ **mosquearse** v. pron. **3.** *Fig.* Enfadarse o resentirse alguien por lo que hacen o dicen.

MOSQUEO n. m. Acción de mosquear o mosquearse.

MOSQUERA (Joaquín), político colombiano (Popayán 1787-Bogotá 1877), fue presidente de la república (mayo-set. 1830). — Su hermano **Tomás Cipriano** (Popayán 1798-*id.* 1878), militar y político, fue presidente de la república (1845-1849, 1861-1864 y 1866-1867) implantó una dictadura. Fue derrocado por una revolución y desterrado.

MOSQUETAZO n. m. Tiro disparado con el mosquete. **2.** Herida hecha con este tiro.

MOSQUETE n. m. (ital. *moschetto*). Arma de fuego portátil, empleada en los ss. XVI y XVII.

MOSQUETERO n. m. Soldado de infantería dotado de un mosquete. **2.** En Francia, gentilhombre perteneciente a una de las dos compañías de caballo de la casa del rey (ss. XVII-XVIII).

MOSQUETÓN n. m. Sistema de enganche rápido, consistente en una anilla metálica que se abre y cierra mediante un muelle o resorte. **2.** Arma de fuego individual, más corta que el fusil, pero semejante a él.

MOSQUITERO n. m. Pabellón de cama hecho de un tejido muy fino para impedir el acceso de mosquitos, insectos, etc. **2.** Bastidor de tela metálica ligera, que se coloca en las ventanas con igual fin. SIN.: *mosquitera.*

MOSQUITO n. m. Insecto del orden dípteros, de abdomen alargado y patas largas y frágiles, cuya hembra pica la piel del hombre y de los animales para alimentarse con su sangre.

MOSQUITOS → *misquitos.*

MOSQUITOS *(Costa de los),* o **MOSQUITIA,** región pantanosa de América Central (Honduras y Nicaragua), en la planicie costera del Caribe, habitada por los indios misquitos o mosquitos. Minería. Yacimientos de petróleo.

MÖSSBAUER (Rudolf), físico alemán (Munich 1929). Descubrió un efecto de resonancia nuclear que permitió precisar la estructura de las transiciones nucleares. (Premio Nobel de física 1961.)

MOSTACHO n. m. (ital. *mostaccio*). Bigote poblado. **2.** Mancha de suciedad en el rostro.

MOSTACHÓN n. m. Bollo de almendras, avellanas o nueces frescas, harina y especias.

MOSTAZA n. f. Planta herbácea de la familia de las crucíferas que proporciona el condimento del mismo nombre: *mostaza negra; mostaza blanca.* **2.** Semilla de esta planta. **3.** Condimento elaborado con semilla de mostaza molida, agua, vinagre, plantas aromáticas, etc.

MOSTO n. m. (lat. *mustum,* vino nuevo). Zumo de la uva o de la manzana, antes de fermentar. **2.** Zumo de ciertos frutos o vegetales con que se preparan licores alcohólicos. **3.** Vino en general.

MÓSTOLES, v. de España (Madrid), cab. de p. j.; 193 056 hab. *(Mostolenses* o *mostoleños.)* Ciudad dormitorio de Madrid. Industria electrónica.

MOSTRADOR, RA adj. y n. Que muestra. ♦ n. m. **2.** Mesa o tablero que hay en las tiendas para presentar los géneros. **3.** Especie de mesa cerrada en su parte exterior, que en los bares, cafeterías y otros establecimientos análogos se utiliza para servir lo que piden los clientes. **4.** Esfera del reloj.

MOSTRAR v. tr. (lat. *mostrare*) [1r]. Exponer o enseñar a la vista una cosa para que sea observada o apreciada. **2.** Dejar ver algo un propósito de hacerlo: *mostrar unos dientes blancos.* **3.** Hacer patente un afecto, modo de ser, o un estado de ánimo: *mostrar preocupación.* **4.** Explicar algo o intentar hacerlo asequible. ♦ **mostrarse** v. pron. **5.** Manifestarse o darse a conocer de alguna manera.

MOSTRENCO, A adj. Dícese de todas las cosas muebles o inmuebles que se encuentran abandonadas y que carecen de dueño conocido. ♦ adj. y n. **2.** *Fig.* y *fam.* Ignorante o torpe. **3.** *Fig.* y *fam.* Dícese de la persona muy gorda y pesada.

MOTA n. f. Nudillo o granillo que se forma en el paño. **2.** Pequeña partícula de cualquier materia perceptible sobre un fondo. **3.** *Fig.* Defecto poco consistente. **4.** *Amér. Merid.* Cabello corto, ensortijado y crespo, como el de las personas de raza negra. **5.** *Méx. Fam.* Mariguana.

MOTAGUA, r. de Guatemala, en la vertiente del Caribe, el más largo del país; 400 km. Nace cerca de Chichicastenango y desemboca en el golfo de Honduras, donde marca la frontera con Honduras.

MOTE n. m. (fr. *mot*, palabra). Apodo que se da a una persona. **2.** *Chile* y *Perú.* Error gramatical de un escrito o modo de hablar defectuoso.

MOTE n. m. *Amér.* Guiso de maíz desgranado, cocido y deshollejado. **2.** *Chile.* Postre de trigo quebrantado, después de haberse cocido en lejía y deshollejado. Suele acompañarse con huesillos.

MOTEADO, A adj. Dícese de los tejidos y paños de tinte irregular.

MOTEAR v. tr. [1]. Salpicar de motas una tela.

MOTEAR v. intr. [1]. *Perú.* Comer mote.

MOTEJAR v. tr. [1]. Aplicar a alguien calificaciones y denominaciones despectivas.

MOTEJO n. m. Acción de motejar.

MOTEL n. m. (de *motor* y *hotel*). Hotel situado en las cercanías de las carreteras de gran circulación, especialmente dispuesto para albergar a los automovilistas.

MOTERO, A adj. y n. *Chile.* Que vende mote. ♦ adj. **2.** *Chile.* Relativo al mote.

MOTETE n. m. Apodo, denuesto. **2.** *Amér. Central, Antillas* y *Méx.* Lío, envoltorio. **3.** *Amér. Central, Antillas* y *Méx.* Cesto grande de tiras de bejuco que los campesinos llevan en la espalda.

MOTETE n. m. (provenz. *moter*). MÚS. Pieza vocal religiosa.

MOTILIDAD n. f. MED. Facultad de moverse.

MOTILLÓN, grupo de pueblos amerindios de lengua caribe que viven en la cordillera de Perijá (Colombia y Venezuela).

MOTILONES (*sierra de los*), sistema montañoso de Colombia (Cesar) y Venezuela (Zulia), enmarcado en la cordillera de Perijá (o *Motilones-Perijá*), ramal terminal de los Andes; 3750 m en el pico Tetaria.

MOTÍN n. m. Tumulto, movimiento o levantamiento popular contra la autoridad constituida, especialmente el de la tripulación de un buque y el de la tropa contra sus mandos.

MOT

MOTIVACIÓN n. f. Acción y efecto de motivar.
MOTIVAR v. tr. [1]. Ser causa o motivo de algo: *su tardanza motiva mi inquietud*. **2.** Explicar el motivo o razón de algo. ♦ v. tr. y pron. **3.** Concienciar para realizar una acción.
MOTIVO, A adj. (lat. *motivum*). Que mueve o tiene virtud para mover. ♦ n. m. **2.** Causa o razón que determina que exista o se haga algo. **3.** B. ART. Tema básico de una ornamentación, de una figura, un grupo o un paisaje. ♦ **motivos** n. m. pl. **4.** *Chile.* Dengues, melindres.
MOTO n. f. Apócope de *motocicleta*.
MOTO, A n. *Méx. Fam.* Persona adicta a la marihuana.
MOTOBOMBA n. f. Bomba aspirante impelente accionada por un motor.
MOTOCARRO n. m. Vehículo de tres ruedas con motor, propio para transportar cargas ligeras.
MOTOCICLETA n. f. Vehículo de dos ruedas impulsado por un motor de explosión.
MOTOCICLISMO n. m. Deporte que agrupa las diferentes competiciones disputadas sobre motocicletas o vehículos similares.
MOTOCICLISTA n. m. y f. Persona que conduce una motocicleta.
MOTOCICLO n. m. Vehículo automóvil de dos ruedas.
MOTOCROSS n. m. Competición deportiva en motocicleta con un terreno muy accidentado.
MOTOCULTIVADOR o **MOTOCULTOR** n. m. Máquina automotora, de medianas o pequeñas dimensiones, utilizada en jardinería, horticultura y viticultura.
MOTOCULTIVO n. m. Utilización del motor en la agricultura, especialmente en la realización de trabajos en los campos. SIN.: *motocultura*.
MOTOLINÍA (fray Toribio **de Paredes** o **Benavente,** llamado), franciscano español (Benavente *c.* 1490-México *c.* 1568). En México, desde 1524, defendió a los indios pero tras la aprobación de las *Leyes nuevas* (1542) se enfrentó a los dominicos y al padre Las Casas. En su *Historia de los indios de la Nueva España* (1538) aporta conocimientos del mundo azteca.
MOTONÁUTICA n. f. Arte de navegar a motor. **2.** Deporte de la navegación en embarcaciones a motor.
MOTONAVE n. f. Buque propulsado por medio de motores diesel.
MOTOPROPULSOR, RA adj. Dícese del conjunto de órganos y mecanismos que sirven para propulsar un vehículo.
MOTOR, RA adj. y n. Que produce movimiento. ♦ adj. **2.** Dícese de diversas estructuras anatómicas relacionadas con el movimiento: *nervio motor.* **3.** F. C. Dícese del vehículo que, movido eléctricamente o por un motor de explosión, sirve para la tracción o arrastre de los demás coches: *unidad motora.* ♦ n. m. **4.** Sistema material que transforma en energía mecánica otras formas de energía. • **Motor cohete,** propulsor de reacción utilizado en aviación y en astronáutica, que funciona sin recurrir al aire exterior para obtener su comburente. SIN.: *cohete*. ‖ **Motor de explosión,** motor cuya energía es producida por la expansión de un gas. ‖ **Motor de reacción,** motor en el cual la acción mecánica se realiza mediante la expulsión de un flujo gaseoso a gran velocidad. ‖ **Motor lineal,** motor eléctrico que sirve para mover un vehículo y cuyo inducido es fijo mientras que el inductor, fijado al vehículo, se desplaza paralelamente al inducido. ‖ **Motor térmico,** motor que transforma la energía térmica en energía mecánica. ‖ **Motor eléctrico,** motor que transforma la energía eléctrica en energía mecánica.
■ En los motores térmicos, la energía calorífica puede proceder de diversas fuentes (nuclear, solar, etc.), pero la más frecuente es la producida por la combustión de una mezcla de aire y combustible. Se distinguen los *motores de combustión externa,* en los que un fluido diferente del gas de combustión realiza un ciclo termodinámico generador de trabajo (turbinas de vapor, máquinas de vapor, motor Stirling, etc.) y los *motores de combustión interna,* en los que el fluido de trabajo está constituido por los mismos gases de combustión (motor de explosión, motor diesel, turbina de gas, turbopropulsor, turborreactor, estatorreactor o cohete).
MOTORA n. f. Embarcación menor provista de motor.
MOTORISMO n. m. Manifestación deportiva en que se emplea un vehículo de motor, particularmente, motocicleta.
MOTORISTA n. m. y f. Persona que conduce una motocicleta. **2.** Persona que practica el motorismo. **3.** *Fam.* Guardia civil o policía de tráfico motorizado.
MOTORIZADO, A adj. MIL. Dícese de las unidades dotadas de medios de transporte automóvil. (Motorizados.)
MOTORIZAR v. tr. y pron. [**1g**]. Dotar de medios mecánicos de tracción o transporte.
MOTORREACTOR n. m. Motor de reacción que no lleva turbina, sino solamente un compresor accionado por un motor rotativo.
MOTOSO, A adj. y n. *Amér. Merid.* Motudo.
MOTOZINTLECA, pueblo amerindio de la familia lingüística maya-zoque (SE del est. de Chiapas, México).
MOTRICIDAD n. f. Conjunto de las funciones de relación aseguradas por el esqueleto, los músculos y el sistema nervioso, que permiten los movimientos y el desplazamiento del hombre y los animales.
MOTRIL, c. de España (Granada), cab. de p. j.; 45 880 hab. (*Motrileños*.) Agricultura. Activo puerto (El Varadero). Centro industrial y comercial.
MOTRIZ adj. Que mueve: *fuerza motriz.*
MOTU PROPRIO loc. adv. (voces lat., *por propio movimiento*). Voluntariamente, de propia voluntad.
MOTUDO, A adj. y n. *Amér. Merid.* Dícese del cabello dispuesto en forma de mota. **2.** *Amér. Merid.* Dícese de la persona que lo tiene.
MOVEDIZO n. m. Ave de garganta y pecho de color gris oliváceo, vientre amarillo y dorso verde, que vive en las selvas subtropicales de América Meridional. (Familia tiránidos.)
MOVEDIZO, A adj. Fácil de ser movido. **2.** Inseguro. **3.** *Fig.* Inconstante, voluble.
MOVER v. tr. y pron. (lat. *movere*) [**2e**]. Hacer que un cuerpo o parte de él cambie de posición o de situación: *mover la cabeza.* **2.** *Fig.* Inducir a hacer determinada acción: *me mueve el deseo de ayudarte.* **3.** *Fig.* Conmover, emocionar: *mover al llanto.* **4.** *Fig.* Suscitar, promover: *mover una polvareda de comentarios.* ♦ v. intr. **5.** Empezar a echar brotes las plantas. **6.** Abortar o parir antes de tiempo. ♦ **moverse** v. pron. **7.** Darse prisa: *si no te mueves, llegaremos tarde.* **8.** *Fig.* Realizar gestiones para conseguir algo. **9.** *Fig.* Tener desenvoltura: *se mueve bien en los ambientes distinguidos.*
MOVIBLE adj. Que puede moverse o ser movido. **2.** *Fig.* Variable, inconstante.
MOVIDA n. f. Metida, yemas y brotes subsiguientes a cada período de la actividad de una planta. **2.** *Fam.* Ambiente juvenil de creación cultural y diversión. **3.** *Fig.* y *fam.* Confusión, lío. **4.** *Fam.* Juerga. **5.** *Venez. Fig.* y *fam.* Situación, estado de ánimo, gestión.
MOVIDO, A adj. Agitado, activo: *he tenido un día movido; viaje movido.* **2.** *Amér.* y *Chile.* Enteco, raquítico. **3.** FOT. Dícese de la prueba que sale borrosa por culpa de un movimiento durante el tiempo de exposición. ♦ n. m. **4.** Aborto, feto.
MÓVIL adj. Que puede moverse o ser movido: *unidad móvil.* **2.** Que no tiene estabilidad o permanencia. • **Fiestas móviles,** fiestas cristianas cuya fecha varía en función de la fecha de la Pascua de resurrección. ‖ **Letra,** o **tipo, móvil** (IMPR.), letras separadas, que se juntan una a una para la composición. ♦ n. m. **3.** Cuerpo en movimiento. **4.** Motivo, causa.
MOVILIDAD n. f. (lat. *mobilitatem*). Calidad de movible.
MOVILIZACIÓN n. f. Acción y efecto de movilizar: *los sindicatos llamaron a movilización.*
MOVILIZAR v. tr. [**1g**]. Poner en actividad o movimiento tropas, partidos políticos, capitales, etc. **2.** Poner en práctica un recurso para conseguir un fin.
MOVIMIENTO n. m. Acción de moverse o ser movido. **2.** Tráfico, circulación, animación, entradas y salidas: *movimiento turístico.* **3.** *Fig.* Impulso, pasión: *mis palabras obedecen a movimientos del corazón.* **4.** *Fig.* Corriente, tendencia de ciertos grupos de personas hacia determinadas realizaciones: *movimiento artístico moderno.* **5.** POL. Tendencia o grupo político, o alianza de varios de éstos: *movimientos libertarios.* • **Cantidad de movimiento de un punto material,** producto de la masa de este cuerpo por su vector velocidad. ‖ **Movimiento absoluto,** movimiento de un cuerpo considerado con respecto a unos puntos de referencia fijos. ‖ **Movimiento continuo,** movimiento de una máquina hipotética que sería capaz de funcionar indefinidamente sin gasto de energía. ‖ **Movimiento ondulatorio,** propagación de una vibración periódica con transporte de energía. ‖ **Movimiento uniforme,** movimiento cuya velocidad es numéricamente constante. ‖ **Movimiento uniformemente acelerado,** movimiento en el que el espacio recorrido es una función de segundo grado del tiempo.
MOVIOLA n. f. CIN. y TELEV. Aparato de visión individual para contemplar en una pequeña pantalla una película, que puede desplazarse a diferentes cadencias, detenerse o circular hacia atrás, y que se utiliza para operaciones de montaje.
MOXO o **MOJO,** pueblo amerindio amazónico de Bolivia, de lengua arawak. Ofrecieron gran resistencia en 1881 a su asimilación y explotación.
Moxos, región de Bolivia (Beni). Yacimientos correspondientes a pueblos agroalfareros (300 a. J.C.-1000 d. J.C.). Misiones jesuíticas (ss. XVII-XVIII).
MOYA n. m. *Chile.* Fulano, o Perico de los palotes.
MOYANO (Daniel), escritor y periodista argentino (Buenos Aires 1930-Madrid 1992). Perteneciente a la generación del 55, su novelística se adscribe al realismo mágico (*El oscuro,* 1969).
MOYOBAMBA, c. de Perú, cap. del dep. de San Martín; 9699 hab. Destilerías; vinos. Pozos de petróleo y placeres de oro. Fundada en 1539.
MOZA n. f. Femenino de *mozo.* **2.** En ciertas áreas rurales, sirvienta doméstica u hostelera. **3.** Prostituta.
MOZALBETE n. m. Mozuelo, muchacho.
MOZAMBIQUE, estado de la costa E de África; 785 000 km²; 16 100 000 hab. (*Mozambiqueños.*) CAP. Maputo. LENGUA OFICIAL: *portugués.* MONEDA: *metical.*

GEOGRAFÍA

El país, bien irrigado, está formado fundamentalmente por una vasta llanura costera que se eleva hacia el interior. La economía es predominantemente agrícola (mandioca, caña de azúcar, algodón, té, copra). La situación económica del país, que es uno de los más pobres de África

(endeudamiento, sequía, hambre), está agravada por la guerra civil.
HISTORIA
Ss. X-XV: el país, poblado por bantúes, estaba organizado en pequeños grupos gobernados por un jefe, perteneciente a una dinastía hereditaria, los reinos Maravi. Exportaba el marfil local hacia el sur. 1490: los portugueses se establecieron a lo largo de la costa; los comerciantes árabes desviaron el comercio hacia Zambeze. 1544: Lourenço Marques fundó una ciudad a la que dio su nombre (act. Maputo). Ss. XVII-XVIII: la influencia portuguesa se consolidó en los bajos valles orientales. 1886-1893: se fijaron las fronteras de la nueva colonia portuguesa entre Alemania y Gran Bretaña. 1951: Mozambique se transformó en provincia portuguesa de ultramar. 1964: el Frente de liberación de Mozambique (Frelimo), fundado dos años antes, inició la guerrilla contra la dominación portuguesa. 1975: se proclamó la independencia.

MOZÁRABE adj. y n. m. y f. (ár. musta'rab, que procura parecerse a los árabes). Relativo a la población de la España musulmana que conservó la religión cristiana; individuo de esta población. ♦ adj. y n. m. **2.** Dícese de un conjunto de dialectos románicos hablados por la población de la península Ibérica bajo dominio musulmán. ♦ adj. **Arte mozárabe**, nombre dado a la producción artística de las comunidades cristianas sometidas a la dominación musulmana tras la conquista de la península Ibérica, y que se extendió también por los territorios liberados del norte. ‖ **Rito**, o **liturgia, mozárabe**, conjunto de ritos, propios de las iglesias de España, que se crearon a partir del s. V, alcanzaron su organización definitiva en el s. VII, fueron abolidos en el s. XI y restaurados, en algunas partes, en el s. XVI. SIN.: *liturgia visigótica*.

MOZART (Wolfgang Amadeus), compositor austríaco (Salzburgo 1756-Viena 1791). Uno de los grandes maestros de la ópera, es autor de *El rapto en el serrallo* (1782), *Las bodas de Fígaro* (1786), *Don Juan* o *El libertino castigado* (1787), *Cosi fan tutte* (1790) y *La flauta mágica* (1791). Compuso además sinfonías, sonatas y conciertos para piano, obras de música religiosa y de música de cámara, y un magnífico *Réquiem* (1791).

MOZO, A adj. y n. Dícese de la persona joven y soltera. ♦ n. m. **2.** Hombre que presta ciertos servicios domésticos o públicos, pero que no constituyen ningún oficio especializado. • **Buen mozo**, hombre joven, alto y de buena presencia.

MOZÓN, NA adj. *Perú*. Bromista, burlón.

MOZONADA n. f. *Perú*. Broma, chanza.

MOZONEAR v. intr. [1]. *Perú*. Bromear.

MOZUELO, A n. Muchacho.

MUARÉ, MOARÉ o **MOER** n. m. (fr. moiré). Tela cuya superficie produce reflejos, aguas o visos cambiantes, obtenidos por prensado en una calandria especial. **2.** Efectos de la luz análogos a los que producen estos tejidos.

MUAY n. m. *Argent*. Insecto colorado, más irritante que la cantárida europea.

MUBARAK (Hosni), político egipcio (Kafr El-Moseilha 1928). Fue elegido presidente tras el asesinato de Sadat (1981).

MUCAMO, A n. *Amér. Merid.* Criado, servidor. **2.** En hospitales y hoteles, persona encargada de la limpieza.

MUCHACHA n. f. Femenino de muchacho. **2.** Empleada del servicio doméstico.

MUCHACHADA o **MUCHACHERÍA** n. f. Acción propia de muchachos. **2.** Grupo de muchachos.

MUCHACHEAR v. intr. [1]. Hacer cosas propias de muchachos.

MUCHACHO, A adj. y n. Adolescente, joven. *Fam*. Con calificativos encomiásticos, se emplea para hablar en favor de una persona o alabarla: *es un buen muchacho*. **3.** *Fam*. Trato que se da a una persona de cualquier edad con la que se tiene confianza: *¿cómo va, muchacha?* ♦ n. m. **4.** *Chile*. En carpintería, cárcel en que se comprimen dos piezas de madera encoladas.

MUCHEDUMBRE n. f. Multitud o reunión de gran número de personas o cosas.

MUCHIGAY n. m. *Colomb*. Ser pequeño.

MUCHITANGA n. f. *Perú* y *P. Rico*. Populacho. **2.** *P. Rico*. Grupo de muchachos, muchachería que mete mucho ruido.

MUCHO, A adj. y pron. indef. Que abunda en cantidad, número o intensidad: *mucho dinero*. ♦ adv. o **2.** Con gran intensidad o frecuencia; en grado elevado: *querer, llover, estudiar mucho*. ♦ **Como mucho**, señala el límite superior en un cálculo aproximado. ‖ **Muy mucho** (*Fam*.), expresión enfática con el significado de mucho. ‖ **Ni con mucho**, expresa la gran diferencia que hay de una cosa a otra. ‖ **Ni mucho menos**, expresa para negar rotundamente. ‖ **Por mucho que** o **por mucho**, aunque.

MUCÍLAGO n. m. (lat. mucilaginem). Sustancia presente en numerosos vegetales, que se hincha en contacto con el agua y da unas soluciones viscosas.

MUCOSA n. f. y adj. Membrana con abundantes papilas y orificios glandulares, que tapiza las superficies no cutáneas que están relacionadas directa o indirectamente con el exterior (fosas nasales, tubo digestivo, etc.).

MUCOSIDAD n. f. Secreción viscosa elaborada por las glándulas de una mucosa.

MUCOSO, A adj. Semejante al moco: *sustancia mucosa*. **2.** Dícese de los órganos u organismos que tienen o producen moco o mucosidades.

MUCRE adj. *Chile*. Acre, áspero.

MUCUÑUQUE, pico de Venezuela, máxima elevación de la sierra de Santo Domingo; 4672 m.

MÚCURA n. f. *Bol., Colomb*. y *Venez*. Ánfora de barro para transportar agua y conservarla fresca. ♦ adj. **2.** *Colomb*. Inhábil, tonto.

MUDA n. f. Renovación total o parcial de los tegumentos de un animal, plumaje, pelo o piel, que se opera bajo la influencia del crecimiento, de la edad y de las condiciones del medio. **2.** Época del año en que se realiza este cambio. **3.** Cambio que se opera en el timbre de la voz de los jóvenes en la pubertad. **4.** Rechazo total y reconstitución del tegumento quitinoso, que permite el crecimiento de los artrópodos. **5.** Despojo del animal que ha mudado. SIN.: *exuvio*. **6.** Juego de ropa interior.

MUDABLE o **MUDADIZO, A** adj. (lat. mutabilem). Que cambia con gran facilidad.

MUDADA n. f. *Amér*. Muda de ropa. **2.** *Amér*. Mudanza de casa.

MUDANZA n. f. Acción y efecto de mudar o mudarse. **2.** Cambio de muebles o enseres de una casa a otra o de una habitación a otra. **3.** Inconstancia, volubilidad.

MUDAR v. tr. e intr. (lat. mutare) [1]. Cambiar el aspecto, la naturaleza, el estado, etc. ♦ v. tr. **2.** Destituir a alguien de un empleo, puesto. **3.** Verificar la muda los animales. ♦ v. tr. y pron. **4.** Quitarse alguien la ropa que viste y ponerse otra. ♦ v. intr. y pron. **5.** Trasladar la residencia a otra casa o lugar. ♦ **mudarse** v. pron. **6.** *Fam*. Irse alguien del lugar en que estaba.

MUDÉJAR adj. y n. m. y f. (ár. mudayyan, aquel al que se ha permitido quedarse). Relativo a la población musulmana de la península Ibérica que vivía en una zona reconquistada por los cristianos; individuo de esta población. **2.** Morisco. ♦ adj. **3.** **Arte mudéjar**, nombre dado a la producción artística de los musulmanes que vivían en los territorios cristianos de la España de la baja edad media (ss. XII-XVI). [El arte mudéjar se proyectó en Hispanoamérica desde el s. XVI: iglesia de Huejotzingo, en México, iglesia de Santa Clara, en Tunja (Colombia), palacio de Torre Tagle, en Lima, iglesia de San Francisco, en Santa Fe (Argentina).]

MUDO, A adj. y n. (lat. mutum). Dícese de la persona que no puede hablar por defecto físico. ♦ adj. **2.** Dícese del que circunstancialmente no habla: *permaneció mudo*. **3.** Dícese del que no emite el sonido que le es propio: *las campanas permanecieron mudas*. **4.** FONÉT. Dícese de un antiguo fonema que a lo largo de su evolución se ha debilitado hasta perderse totalmente en la lengua hablada. (La *h* del español *humo, hombre*, es una *h* muda.) • **Cine mudo**, cine sin registro de palabra ni sonido.

MUEBLE adj. (lat. mobilem). **Bien mueble** (DER.), bien que puede ser trasladado de un lugar a otro sin detrimento de su naturaleza. ♦ n. m. **2.** Cada uno de los objetos prácticos o de adorno que hay en las casas, especialmente los que se apoyan sobre el suelo.

MUEBLERÍA n. f. Taller donde se hacen muebles. **2.** Tienda donde se venden.

MUEBLISTA n. m. y f. Que tiene por oficio hacer o vender muebles.

MUECA n. f. (fr. ant. *moque*, burla). Gesto muy expresivo del rostro.

MUELA n. f. (lat. molam). Cuerpo sólido, de origen natural o artificial, que actúa por abrasión y se emplea en numerosos trabajos. **2.** Cada uno de los dientes posteriores a los caninos. **3.** Piedra de aspecto en forma de disco que se usa para afilar herramientas. **4.** AGRIC. Piedra de molino, cada una de las dos piedras redondas o *ruedas*, que giran una sobre otra y trituran los granos que caen entre ellas. **5.** GEOGR. Cerro escarpado, alto y con cima plana, de poca extensión.

MUELLE n. m. (cat. moll). Orilla de un curso de agua o de un puerto, especialmente dispuesta para la circulación de vehículos y para la carga y descarga de las embarcaciones. **2.** En las estaciones ferroviarias, andén.

MUELLE adj. (lat. mollem, blando, suave). Blando, cómodo. ♦ n. m. **2.** Resorte, pieza elástica capaz de soportar importantes deformaciones, que reacciona para recobrar de nuevo su posición natural, desarrollando una fuerza utilizable.

MUENGA o **MUENGO, A** adj. *Cuba* y *P. Rico*. Dícese de los seres faltos de una oreja.

MUÉRDAGO n. m. Planta de flores apétalas que vive parásita en las ramas de algunos árboles (álamo, manzano o raras veces encina) y cuyos frutos, blancos, contienen una sustancia viscosa (liga).

MUÉRGANO n. m. *Colomb*. y *Venez*. Objeto inútil o invendible. **2.** *Méx*. Dulce hecho con trocitos cuadrados de harina de trigo fritos y pegados unos con otros con miel. ♦ adj. y n. **3.** *Ecuad*. Persona tonta o boba.

MUERTE n. f. (lat. mortem). Cesación completa y definitiva de la vida: *fallecer de muerte natural*. **2.** Homicidio: *fue acusado de la muerte de dos personas*. **3.** Personificación de la muerte, generalmente en forma de esqueleto llevando una guadaña. **4.** *Fig*. Destrucción, aniquilamiento: *un panorama de desolación y muerte*. • **A muerte**, hasta la total destrucción de una de las partes: *combate a muerte*; en extremo: *odiarse a muerte*. ‖ **De mala muerte**, dícese de lo que tiene poco valor o importancia. ‖ **De muerte**, muy grande: *un susto de muerte*.

MUERTE (Valle de la), en ingl. **Death Valley**, profunda depresión árida de California (Estados Unidos).

MUERTO, A adj. y n. Que ha cesado completa y definitivamente de vivir. ♦ adj. **2.** Privado de animación, con poca gente y poca actividad: *la ciudad aparece muerta los fines de semana*. • **Medio muerto**, muy cansado. ‖ **Muerto de hambre**, miserable o desgraciado. ♦ n. m. **3.** Cosa que en determinado momento resulta molesta para alguien. ‖ **Echarle** a alguien **el muerto**, atribuirle la culpa de algo; hacerle cargar con una comisión o trabajo que otros no quieren. ‖ **Hacer el muerto** (DEP.), en natación, quedarse una persona flotando boca arriba.

MUERTO (mar), lago de Palestina, entre Israel y Jordania, donde desemboca el Jordán; 1015 km²; 390 m aprox. por debajo del nivel del mar, con un nivel de salinidad muy alto (30 % aprox.).

MUESCA n. f. Concavidad que hay se hace en una cosa para encajar otra. **2.** Incisión o corte hecho como señal.

MUESTRA n. f. Porción de un producto que da a conocer las cualidades del mismo. **2.** Pequeña cantidad de algo. **3.** *Fig.* Prueba, señal: *muestra de cariño*. **4.** Modelo que se copia o imita. **5.** Objeto que se coloca en la puerta de una tienda para anunciar la clase de mercancía que se vende.

MUESTRARIO n. m. Colección de muestras de mercancías.

MUESTREO n. m. Acción de escoger muestras. **2.** Técnica empleada para esta selección. **3.** ESTADÍST. Estudio de la distribución de determinadas características de una población, utilizando una muestra representativa de la misma.

MUGA n. f. Acción y efecto de mugar.

MUGAR v. intr. [**1b**]. Desovar. **2.** Fecundar las huevas en los peces y anfibios.

MUGIDO n. m. Voz de las reses vacunas. **2.** *Fig.* Grito de la persona cuando está enfurecida. **3.** *Fig.* Estrépito del mar, del aire, etc.: *el mugido de las olas*.

MUGIR v. intr. (lat. *mugire*) [**3b**]. Dar mugidos la res vacuna. **2.** *Fig.* Bramar.

MUGRE n. f. (lat. *mucorem*, moho). Suciedad grasienta.

MUGRIENTO, A o **MUGROSO, A** adj. Lleno de mugre.

MUINA n. f. *Méx.* Enojo, disgusto.

MUITÚ n. m. Ave galliforme de América Meridional. (Familia crácidos.)

MUJAHIDDIN o **MUYAHIDÚN**, voz árabe que significa *combatientes*, utilizada por designar a los combatientes en pro de una causa político-religiosa («combatientes de la fe»).

MUJER n. f. (lat. *mulierem*). Hembra, persona del sexo femenino de la especie humana. **2.** Persona adulta del sexo femenino de la especie humana. **3.** Esposa. **4.** Hembra dotada de las cualidades que caracterizan la madurez síquica: *a pesar de sus pocos años es toda una mujer*. • **Mujer de su casa**, la que cuida con eficiencia del gobierno de la casa.

MUJERERO, A adj. *Amér.* Mujeriego.

MUJERIEGO, A adj. Mujeril. ♦ adj. y n. m. **2.** Dícese del hombre aficionado a las mujeres.

MUJERIL adj. Relativo a la mujer.

MUJERÍO n. m. Conjunto de mujeres.

MUJERONA n. f. *Fig.* Dícese de la mujer muy alta y corpulenta.

MUJERZUELA n. f. Prostituta.

MUJICA LAINEZ (Manuel), escritor argentino (Buenos Aires 1910-La Cumbre, Córdoba, 1984). Su obra narrativa trata de temas porteños, europeos (*Bomarzo*, 1962; *El unicornio*, 1965), así como de recorrido por diversas etapas de la historia de occidente (*El laberinto*, 1974; *El escarabajo*, 1982).

MÚJOL n. m. Pez de cabeza grande y labios muy gruesos y provistos de verrugas, muy apreciado por su carne y sus huevas. SIN.: *múgil*.

MULA n. f. Femenino de mulo. **2.** *Méx.* Ficha doble del dominó: *mula de seises*.

MULADAR n. m. Lugar donde se echa el estiércol o basura de las casas. **2.** *Fig.* Lugar sucio o pervertido.

MULATAS (archipiélago de las), archipiélago de Panamá, en el Caribe, frente al golfo de San Blas.

MULATEAR v. intr. [**1**]. *Chile.* Empezar a tomar color negro la fruta que, cuando madura, es de este color.

MULATO, A adj. y n. Dícese del hijo de una persona blanca y otra negra. ♦ adj. **2.** De color moreno. **3.** Dícese de las cosas de color más oscuro que la generalidad de su especie. ♦ n. m. **4.** *Amér.* Mineral de plata de color oscuro o verde cobrizo.

MULCHÉN, com. de Chile (Biobío), a orillas del *río Mulchén*; 30 524 hab. Centro agrícola. Harineras.

MULERO n. m. Mozo de mulas.

MULETA n. f. Prótesis primitiva, constituida por un palo largo con un travesaño transversal que permite el apoyo de la axila. **2.** *Fig.* Aquello que sirve para sostener algo o a alguien. **3.** Alzeja de río. **4.** TAUROM. Palo con un paño rojo sujeto a él por una de sus orillas, con el que el torero trastea al toro.

MULETAZO n. m. TAUROM. Pase de muleta.

MULETEAR v. intr. [**1**]. TAUROM. Torear con la muleta.

MULETILLA n. f. Bastón que tiene un travesaño por puño. **2.** Travesaño colocado en el extremo de un palo. **3.** Expresión que se repite innecesariamente en el lenguaje.

MULITA n. f. Tatú.

MULLER (Hermann Joseph), biólogo norteamericano (Nueva York 1890-Indianápolis 1967). Sus investigaciones sobre genética y, en particular, sobre las mutaciones obtenidas por la acción de rayos X, le valieron el premio Nobel de fisiología y medicina en 1946.

MÜLLER (Paul Hermann), bioquímico suizo (Olten 1899-Basilea 1965), inventor del D.D.T. (Premio Nobel de fisiología y medicina 1948.)

MULLIDO, A adj. Dícese del suelo que ha sido cavado y ahuecado con la finalidad de facilitar la germinación de las semillas y el desarrollo de las plantas jóvenes. ♦ n. m. **2.** Material blando para que se rellenan colchones, asientos, etc.

MULLIKEN (Robert Sanderson), químico norteamericano (Newburyport 1896-Arlington, Virginia, 1986). Introdujo las nociones de orbitales atómicos y de orbitales moleculares para explicar la estructura electrónica y el enlace de las moléculas. (Premio Nobel de química 1966.)

MULLIR v. tr. (lat. *mollire*, ablandar) [**3h**]. Esponjar algo para que esté blando.

MULLO n. m. *Ecuad.* Abalorio, cuenta de rosario o collar.

MULO, A n. (lat. *mulum*). Híbrido resultante del cruce entre asno y yegua o bien entre caballo y burra. **2.** *Fig.* y *fam.* Persona fuerte y vigorosa. **3.** *Fig.* y *fam.* Persona muy tozuda y de escasa inteligencia.

MULÓN, NA adj. *Chile.* Dícese del niño que tarda mucho en hablar. **2.** *Chile.* Estropajoso, que no pronuncia bien.

MULTA n. f. (lat. *multam*). Pena o sanción pecuniaria que se impone por haber realizado una infracción.

MULTAR v. tr. [**1**]. Imponer a alguien una multa.

MULTICELULAR adj. BOT. Pluricelular.

MULTICOLOR adj. Que presenta gran número de colores.

MULTICOPIAR v. tr. [**1**]. Reproducir un escrito, dibujo, etc., por medio de una multicopista.

MULTICOPISTA n. f. y adj. Máquina que permite obtener con rapidez muchas copias de un texto o dibujo a partir de un original preparado en una hoja especial.

MULTIDIMENSIONAL adj. MAT. Dícese de un espacio de más de tres dimensiones.

MULTIFAMILIAR adj. y n. *Amér.* Dícese del edificio de varias plantas, con numerosos apartamentos, cada uno de los cuales está destinado para habitación de una familia.

MULTIFORME adj. Que tiene varias formas.

MULTÍGRAFO n. m. y adj. *Méx.* y *Venez.* Multicopista.

MULTILATERAL adj. Dícese de un acuerdo, económico o político, entre varios países.

MULTIMEDIA adj. Referente a varios medios de comunicación. **2.** Que utiliza varios medios de comunicación.

MULTIMILLONARIO, A adj. y n. Muy rico, millonario.

MULTINACIONAL adj. y n. f. Dícese de la empresa o grupo industrial, comercial o financiero cuyas actividades y capitales se distribuyen entre varios países. SIN.: *transnacional*.

MULTÍPARO, A adj. Que pare varios hijos en un solo parto: *la coneja es multípara*. **2.** Dícese de una mujer que ha tenido más de un parto.

MULTIPARTIDISMO n. m. Sistema político caracterizado por la multiplicidad de partidos.

MULTIPLANO, A adj. y n. m. Dícese del aeroplano que tiene varios planos o superficies de sustentación.

MÚLTIPLE adj. (lat. *multiplum*). Que no es simple. **2.** Vario, mucho. (Suele usarse en plural.)

MULTIPLEX n. m. y adj. (lat. *multiplex*, múltiple). Sistema electrónico que permite la transmisión simultánea de varias informaciones por la misma vía.

MULTIPLICACIÓN n. f. Acción y efecto de multiplicar. **2.** MAT. Operación que tiene por objeto, dados dos números, uno llamado *multiplicando* y el otro *multiplicador*, hallar un tercero, llamado *producto*, que contenga al multiplicando tantas veces como indique el multiplicador.

MULTIPLICADOR, RA adj. Que multiplica o sirve para multiplicar. ♦ adj. y n. m. **2.** MAT. Dícese del factor que en una multiplicación indica las veces que se debe tomar el multiplicando.

MULTIPLICANDO adj. y n. m. MAT. Dícese del factor que en una multiplicación debe tomarse como sumando tantas veces como indica el multiplicador.

MULTIPLICAR v. tr. y pron. (lat. *multiplicare*) [**1a**]. Aumentar algo un número considerable de veces. **2.** Reproducirse los seres vivos de generación en generación. ♦ v. tr. **3.** MAT. Efectuar una multiplicación. ♦ **multiplicarse** v. pron. **4.** Realizar alguien una serie de trabajos u ocupaciones propios de muchos: *se multiplicaba por poder atender a todos*.

MULTIPLICATIVO, A adj. Que multiplica o aumenta. **2.** MAT. Dícese de un grupo cuya operación se indica con el signo ×.

MULTIPLICIDAD n. f. Calidad de múltiple. **2.** Abundancia de una cosa.

MÚLTIPLO, A adj. y n. m. (lat. *multiplum*). Dícese del número o cantidad que contiene a otro u otra varias veces exactamente. ♦ n. m. • **Múltiplo común de varios números**, número que es múltiplo a la vez de dos o más números considerados. ‖ **Mínimo común múltiplo de varios números**, el más pequeño de los múltiplos comunes de estos números.

MULTIPOLAR adj. ELECTR. Que tiene más de dos polos. **2.** HISTOL. Dícese de una neurona cuyo cuerpo celular está rodeado de varias dendritas.

MULTIPROCESADOR, RA adj. y n. m. INFORMÁT. Dícese de un sistema informático que posee varias unidades de proceso.

MULTIPROCESO n. m. INFORMÁT. Técnica de utilización de un ordenador que permite la ejecución de varios programas con una misma máquina.

MULTIPROGRAMACIÓN n. f. INFORMÁT. Método de explotación de un ordenador que permite la ejecución de varios programas con una misma máquina.

MULTIPROPIEDAD n. f. Sistema de propiedad compartida por el que cada participante adquiere el derecho a disfrutar de un mismo bien inmueble durante un cierto período de tiempo cada año.

MULTISALA n. f. CIN. Local de exhibición que consta de varias salas en las que se proyectan simultáneamente diversas películas.

MULTITRATAMIENTO n. m. INFORMÁT. Ejecución simultánea de varios programas en diversos procesadores de un mismo ordenador.

MULTITUD n. f. Gran número de personas o cosas.

MULTITUDINARIO, A adj. Que forma multitud, o que pertenece a ella.

MUMBAY → Bombay.

MUNCH (Edvard), pintor y grabador noruego (Löten 1863-cerca de Oslo 1944). Sus temas dominantes son el dolor, la angustia y la dificultad de vivir (*El grito*, 1893, galería nacional de Oslo; *Angustia*, 1894, museo de Munch, *ibid.*).

MUNCHO, A adj. MÉX. Mucho.

MUNDANEAR v. intr. [1]. Llevar una vida mundana. **2.** Conceder gran importancia a las cosas del mundo.

MUNDANO, A o **MUNDANAL** adj. Relativo al mundo. **2.** Que hace referencia a la vida social: *fiesta mundana*. **3.** Dícese de la persona que gusta de frecuentar la alta sociedad.

MUNDIAL adj. Relativo al mundo entero: *campeonato mundial de fútbol*.

MUNDIALIZACIÓN n. f. Proceso de internacionalización de la política, las relaciones económicas y financieras y el comercio.

MUNDICIA n. f. Limpieza.

MUNDIFICACIÓN n. f. Acción y efecto de mundificar.

MUNDIFICAR v. tr. y pron. [1a]. Limpiar, purgar, purificar.

MUNDO n. m. (lat. *mundum*). Conjunto de todo lo que existe: *Dios creó el mundo*. **2.** Cada parte, real o imaginaria, en que puede dividirse todo lo que existe: *mundo de las ideas*. **3.** Sociedad humana: *el mundo corre hacia su propia destrucción*. **4.** Sociedad humana considerada en un momento de la historia o según sus creencias, costumbres, etc.: *mundo pagano*. **5.** Conjunto de personas que constituyen un grupo determinado por una serie de actividades, problemas, etc., comunes: *mundo obrero*. **6.** Planeta Tierra: *dar la vuelta al mundo*. **7.** Vida seglar, por oposición a la monástica: *Teresa de Jesús, en el mundo Teresa de Cepeda*. **8.** Baúl grande y de mucho fondo. **9.** Globo que representa la esfera terrestre. ● **Correr,** o **ver mundo,** viajar por muchas tierras sin permanecer en ellas, sin rumbo fijo. ‖ **El otro mundo,** la vida de ultratumba. ‖ **Gran mundo,** grupo social distinguido por la riqueza, rango o situación de los que lo forman. ‖ **Medio mundo,** mucha gente o gran extensión. ‖ **Mundo antiguo** o **Viejo mundo,** Asia, Europa y África. ‖ **No ser algo nada del otro mundo,** no ser excepcional. ‖ **Nuevo mundo,** América. ‖ **Por nada del mundo,** o **en el mundo,** denota que alguien no está dispuesto, bajo ningún concepto, a hacer una cosa que se expresa. ‖ **Tener mundo** o **ser de mundo,** tener experimento y desenvoltura en el trato con la gente. ‖ **Tercer mundo,** conjunto de países subdesarrollados. ‖ **Todo el mundo,** generalidad de personas de un ambiente determinado. ‖ **Venir al mundo,** nacer.

MUNDOLOGÍA n. f. Experiencia y desenvoltura en el trato social.

MUNICH, en alem. **München,** c. de Alemania, cap. de Baviera, junto al Isar; 1 206 363 hab. (*Muniqueses.*) Metrópoli cultural, comercial e industrial del S de Alemania (construcciones eléctricas y mecánicas, agroalimentaria, química). Catedral (s. XV) e iglesia de San Miguel (fines ss. XVI). Residencia (palacio real) de los ss. XV-XIX. Monumentos barrocos del s. XVIII y neoclásicos. Universidad, antigua pinacoteca, gliptoteca, museo de las ciencias y de la técnica.

MUNICIÓN n. f. Carga de las armas de fuego.

MUNICIONAR v. tr. [1]. Proveer de municiones a una plaza o una fuerza armada.

MUNICIPAL adj. Relativo al municipio. ● n. m. **2.** Individuo de la guardia municipal. **3.** Concejal.

MUNICIPALIDAD n. f. Municipio, ayuntamiento de una población.

MUNICIPALIZAR v. tr. [1g]. Asignar al municipio un servicio que estaba a cargo de una empresa privada.

MUNÍCIPE n. m. Vecino de un municipio.

MUNICIPIO n. m. Circunscripción administrativa básica, regida por un ayuntamiento, en que se divide oficialmente el territorio español, y algún país de Hispanoamérica. **2.** Territorio que comprende. **3.** Conjunto de ciudadanos que viven en ella. **4.** Ayuntamiento. **5.** Término municipal.

MUNIECA (cordillera de), alineación montañosa de Bolivia, en la cordillera Real (La Paz). Yacimientos metalíferos.

MUÑECO n. m. Figura humana hecha de diversos materiales y que sirve para diferentes usos, especialmente el que constituye un juguete. **2.** *Fig.* Hombre de poco carácter.

MUÑECA n. f. Figura de niña o de mujer, que sirve de juguete. **2.** *Fig.* y *fam.* Mujer generalmente joven y agradable y de poco juicio. **3.** Pequeño bulto de trapos de forma redondeada que empapado en un líquido se emplea para frotar algo, especialmente para barnizar muebles. **4.** Parte del cuerpo humano, correspondiente a la articulación del antebrazo con los huesos del carpo. **5.** *Argent., Bol., Perú* y *Urug.* Habilidad y sutileza para manejar situaciones diversas. (Suele usarse con el verbo *tener.*)

MUÑEQUEAR v. tr. e intr. [1]. *Argent., Bol.* y *Par.* Buscar o procurarse influencia para obtener algo. ● v. intr. **2.** *Chile.* Empezar a echar muñequilla el maíz o plantas semejantes.

MUÑEQUERA n. f. Tira que se ajusta a la muñeca para curar una distorsión. **2.** Correa del reloj.

MUÑO n. m. *Chile.* Comida a base de harina de trigo o maíz tostado, sazonada con sal y ají.

MUÑÓN n. m. Parte de un miembro amputado que permanece adherida al cuerpo. **2.** Miembro que ha quedado atrofiado, sin llegar a tomar la forma de la correspondiente. **3.** Músculo deltoides. **4.** Región del hombro limitada por este músculo.

MUÑOZ GAMERO, península de Chile, en la Patagonia (Magallanes y Antártica Chilena), al S de Puerto Natales; 1750 m en el monte Burney.

MUÑOZ MARÍN (Luis), político puertorriqueño (San Juan 1898-*id.* 1980). Fundador del Partido popular democrático, fue el primer gobernador elegido de Puerto Rico (1948-1964).

MUÑOZ MOLINA (Antonio), escritor español (Úbeda 1956). Domina los resortes del lenguaje y de la intriga (*El invierno en Lisboa*, 1987; *Eeltenebros*, 1988; *El jinete polaco*, 1991; *Plenilunio*, 1997).

MUÑOZ RIVERA (Luis), escritor y político puertorriqueño (Barranquitas 1859-Santurce 1916). Partidario de la autonomía de su país, poeta vanguardista (*Tropicales*, 1902), escribió sátiras políticas con el seudónimo **Demócrito.**

MUQDISHO, art. **Mogadishu,** en ital. **Mogadiscio,** c. y cap. de Somalia, en orillas del océano Índico; 1 000 000 hab. Puerto. Aeropuerto. Refinería de petróleo. Industrias alimentarias. Universidad.

MURAL adj. Relativo al muro. **2.** Dícese de lo que se aplica o fija sobre un muro: *pintura mural*. ● n. m. **3.** Pintura realizada sobre un muro o aplicada al mismo.

MURALISMO n. m. Tendencia artística consistente en la utilización de grandes superficies murales como soporte de la pintura, del mosaico, etc. ● **Muralismo mexicano,** corriente artística mexicana del s. XX caracterizada por la utilización pictórica de grandes superficies murales como expresión plástica de un contenido ideológico.

MURALISTA adj. y n. m. y f. Relativo al muralismo; seguidor de estas tendencias.

MURALLA n. f. (ital. *muraglia*). Fortificación permanente de una plaza, fortaleza o territorio, y, en particular, recinto o línea continua con que los quiere distinguir de las otras exteriores. **2.** *Méx.* Casa con una sola puerta a la calle.

MURALLÓN n. m. Muro robusto.

MURCIA (Región de), región del SE de España, que constituye una comunidad autónoma uniprovincial; 11 317 km²; 1 059 612 hab. (*Murcianos.*) Cap. Murcia.

GEOGRAFÍA

Región montuosa con elevaciones en general poco importantes (2001 m en la sierra de Seca) y depresiones por las que fluyen el Segura y sus afluentes. Litoral llano. Clima árido. Agricultura de secano (cereales, almendro, olivo) y regadío (hortalizas, cítricos), con industrias agroalimentarias (conservas). Minas de plomo, salinas. El complejo Cartagena-Escombreras concentra industria pesada (metalurgia, astilleros), petroquímica y química. Turismo (La Manga del Mar Menor).

HISTORIA

Edad de bronce: culturas metalúrgicas. Los massienos fueron desplazados por los cortesanos y los bastetanos antes de la llegada de los cartagineses (s. III a. J.C.). 209 a. J.C.: Escipión conquistó Cartago Nova, capital de la Cartaginense con Diocleciano. 554: dominio bizantino. 621: provincia visigoda de Aurariola. S. IX: reino musulmán de Murcia. 1172: conquista almohade. 1243: vasallaje hacia el reino de Castilla. 1266: conquista de Jaime I de Aragón y cesión a Castilla, en aplicación del tratado de Almizra (1244). S. XVII: expulsión de los moriscos; estructuración del reino en corregimientos. S. XVIII: fortificación y acondicionamiento del puerto de Cartagena por el comercio con América. 1873: insurrección cantonalista en Cartagena. 1983: estatuto de autonomía.

MURCIA, c. de España, de la comunidad autónoma uniprovincial de Murcia y cab. de p. j.; 338 250 hab. (*Murcianos.*) Regada por el Segura. Agricultura e industrias derivadas. Catedral gótica (1394-1465), con fachada barroca. Numerosos edificios e iglesias barrocos. Museos arqueológico, de bellas artes y de Salzillo.

MURCIANO, A adj. y s. De Murcia.

MURCIÉLAGO n. m. Mamífero insectívoro volador, que pasa el día colgado cabeza abajo en grupos y se por la noche, orientándose por ecolocación. (Orden quirópteros.) ● **Murciélago marino,** pez de unos 25 cm de long., de cuerpo aplastado y aleta dorsal mucho más alta que el resto del cuerpo. (Familia efípidos.)

MURENA (Héctor Álvarez), escritor argentino (Buenos Aires 1923-*id.* 1975). De su obra destaca el ensayo *El pecado original de América* (1954). También escribió poemas y relatos sicológicos.

MURGA n. f. *Fam.* Compañía de músicos callejeros. **2.** *Fam.* Fastidio, molestia.

MURILLO (Bartolomé Esteban), pintor español (Sevilla 1617-*id.* 1682). Primero ligado al tenebrismo de Zurbarán, creó pronto un estilo propio marcado por la suavidad y la delicadeza, no exento de realismo, pero siempre con un planteamiento amable e idealista. Son célebres la llamada *Cocina de los ángeles* (Louvre) y *La Sagrada Familia del pajarito* (Prado), así como sus pinturas sobre niños (*Muchachos comiendo melones y uvas,* Munich; *Niño Jesús,* Prado; *Inmaculada Soult,* Prado).

MURILLO (Gerardo) → **Atl** (Doctor).

MURILLO (Pedro Domingo), patriota boliviano (nacido en La Paz-*id.* 1810). Dirigió el levantamiento insurreccional de La Paz (1809) y fue ahorcado.

MURILLO TORO (Manuel), político y periodista colombiano (Chaparral 1816-Bogotá 1880). Miembro del Partido liberal, fue presidente de la república en 1864-1866 y 1872-1874.

MURMULLO n. m. (lat. *murmurium*). Ruido suave y confuso de varias personas que hablan a la vez, de las aguas que corren, del viento que agita el follaje, etc.

MURMURACIÓN n. f. Conversación en perjuicio de un ausente.

MURMURAR v. intr. (lat. *murmurare*) [**1**]. Producir un murmullo. ♦ v. intr. y pr. **2.** *Fig.* Hablar de forma casi imperceptible, manifestando queja o enfado. **3.** *Fig.* y *fam.* Conversar en perjuicio de un ausente, censurando sus acciones.

MURMURÓN, NA adj. *Chile* y *Ecuad.* Murmurador.

MURO n. m. (lat. *murum*). Obra de albañilería, de espesor variable, formada de materiales o elementos superpuestos y, por lo general, unidos con mortero de cal, de yeso o de cemento. **2.** Pared vertical de un edificio. **3.** Tabique. **4.** *Fig.* Lo que aísla o separa: *ha formado un muro en torno a su vida privada.*

MURQUE n. m. *Chile.* Harina tostada.

MURRIA n. f. *Fam.* Abatimiento, melancolía.

MURRIAR v. tr. [**1**t]. *Colomb.* Impregnar una superficie con cemento muy diluido en agua.

MURRIO, A adj. Que tiene murria o melancolía.

MURRO n. m. *Chile.* Mohín de desagrado.

MURUCUYÁ o **MURUCUCA** n. f. (voz guaraní). *Amér. Merid.* Pasionaria.

MUSA n. f. (lat. *musam;* del gr. *musa*). Cada una de las nueve divinidades grecorromanas de las artes y de las letras: Clío (historia), Euterpe (música), Talía (comedia), Melpómene (tragedia), Terpsícore (danza), Erato (elegía), Polimnia (poesía lírica), Urania (astronomía) y Calíope (elocuencia) [Con este sentido se escribe con mayúscula.] **2. Fuente de inspiración artística. 3.** Ingenio poético particular de cada poeta. ♦ **musas** n. f. pl. **4.** Actividad artística, generalmente poética: *cultivar las musas.*

MUSARAÑA n. f. (lat. *mus araneus,* ratón araña). Mamífero insectívoro parecido a una rata, de hocico alargado y puntiagudo, útil porque destruye gran número de gusanos, insectos, etc. **2.** *Fig.* y *fam.* Nubecilla que se ve delante de los ojos por defecto de la vista. **3.** *Chile, Dom., Nicar.* y *Salv. Fig.* y *fam.* Mueca que se hace con el rostro, morisqueta. • **Mirar a,** o **pensar en, las musarañas** (*Fam.*), estar distraído.

MUSCULAR adj. Relativo a los músculos: *tejido muscular.*

MUSCULATURA n. f. Conjunto de los músculos del cuerpo. **2.** Grado de desarrollo de los músculos.

MÚSCULO n. m. (lat. *musculum*). Órgano formado por fibras excitables y contráctiles, que sirve para producir el movimiento en el hombre y en los animales.

MUSCULOSO, A adj. Formado por tejido muscular. **2.** Que tiene los músculos muy desarrollados: *persona musculosa.*

MUSELINA n. f. (ital. *mussolina*). Tejido claro, ligero, fino y transparente.

MUSEO n. m. (lat. *museum;* del gr. *museion,* lugar dedicado a las Musas). Institución cuya finalidad consiste en la conservación de aquellos objetos que mejor ilustran los fenómenos de la naturaleza y las actividades del hombre. **2.** Edificio público en que se custodian colecciones de obras de arte, objetos científicos, etnográficos, etc.

MUSEOLOGÍA n. f. Ciencia que trata de los museos, su historia, su instalación y organización.

MUSGO adj. y n. m. (lat. *muscum*). Relativo a un tipo de plantas formadas por una alfombra de cortos tallos foliáceos y apretados, que viven en el suelo, los árboles, las paredes y los tejados.

MUSGOSO, A adj. Relativo al musgo. **2.** Cubierto de musgo.

MÚSICA n. f. (lat. *musicam;* del gr. *musikē*). Arte de combinar los sonidos. **2.** Producto de este arte. **3.** Teoría de este arte: *aprender música.* **4.** Serie de signos que permiten dar forma gráfica a una idea musical: *saber leer música.* **5.** Conjunto de composiciones de un país, de un compositor o de una época: *música española.* **6.** Serie de sonidos, considerados desde el punto de vista del efecto que producen al oído: *la música de un verso.* • **Música celestial** (*Fig.* y *fam.*), palabras que se escuchan sin hacer caso de ellas o sin entenderlas. ‖ **Música de cámara,** música escrita para un reducido número de instrumentos.

MUSICAL adj. Relativo a la música: *tradición musical; velada musical.* **2.** Que tiene el carácter de la música, armonioso: *voz musical.* ♦ n. m. **3.** Espectáculo que asocia la música, el canto, la danza y la prosa, en boga en E.U.A. y Gran Bretaña desde fines del s. XIX. SIN.: *comedia musical.*

MUSICALIDAD n. f. Calidad o carácter musical.

MUSICAR v. tr. [**1g**]. Poner música a una obra.

MUSIC-HALL n. m. (voz inglesa) [pl. *music-halls*]. Establecimiento especializado en espectáculos de variedades. **2.** Este mismo espectáculo.

MÚSICO, A adj. (lat. *musicum*). Relativo a la música: *instrumento músico.* ♦ n. **2.** Persona que, por profesión o estudio, se dedica a la música. **3.** Persona que toca un instrumento.

MUSICOGRAFÍA n. f. Actividad del musicógrafo.

MUSICÓGRAFO, A n. Autor que escribe sobre temas musicales.

MUSICOLOGÍA n. f. Conjunto de disciplinas que tienen por objeto el estudio teórico y científico de la música.

MUSICÓLOGO, A n. Especialista en musicología.

MUSIL (Robert **von**), escritor austríaco (Klagenfurt 1880-Ginebra 1942). Analizó la crisis social y espiritual de la civilización europea (*Las tribulaciones del estudiante Törless,* 1906; *El hombre sin atributos,* 1930-1943).

MUSITACIÓN n. f. Modificación de la emisión de voz que consiste en la pronunciación de palabras escasamente articuladas y con poca intensidad de voz.

MUSITAR v. intr. (lat. *mussitare*) [**1**]. Hablar en voz muy baja.

MUSLO n. m. (lat. *musculum*). Parte de la pierna que se extiende desde la cadera hasta la rodilla.

MUSSOLINI (Benito), político italiano (Dovia di Predappio, Forlì 1883-Giulino di Mezzegra, Como, 1945). Después de la primera guerra mundial, fundó los Fascios italianos de combate, núcleo del Partido fascista (1919). Convenció al rey, después de la marcha sobre Roma, para que le confiara el gobierno (1922). A partir de 1925, habiendo obtenido plenos poderes, se convirtió en el verdadero *duce,* y ejerció una dictadura absoluta. Rompió con las democracias occidentales después de la conquista de Etiopía (1935-1936) y formó el eje Roma-Berlín (1936), reforzado por el pacto de Acero (1939). En 1940, Italia entró en la guerra junto a la Alemania de Hitler. Arrestado por orden del rey (1943), fue liberado por los alemanes y constituyó, en el N de Italia, en Salpuna república social italiana que no sobrevivió a la derrota alemana. Cuando intentaba huir a Suiza fue arrestado y ejecutado.

MUSTAFA KEMAL → **Kemal Paşa.**

MUSTÉLIDO, A adj. y n. m. Relativo a una familia de mamíferos carnívoros de patas cortas, bebedores de sangre. (La comadreja, el armiño, el hurón y la marta pertenecen a dicha familia.)

MUSTIAR v. tr. y pron. [**1**]. Poner mustio.

MUSTIO, A adj. Dícese de las plantas y flores que han perdido su lozanía. **2.** Falto de la rigidez que le es habitual: *cutis mustio.* **3.** *Fig.* Abatido, triste. **4.** *Méx.* Que esconde su verdadero carácter tras una apariencia de seriedad y humildad.

MUSUCO, A adj. *Hond.* De pelo rizado o crespo.

MUSULMÁN, NA adj. y n. (persa *musulmān,* del ár. *muslim*). Relativo al islam; adepto a esta religión.

MUSURANA n. f. Serpiente de América tropical que alcanza 1,50 m de long., de tronco robusto, hocico redondeado y ojos con pupila vertical, que se alimenta de otras serpientes.

MUTABILIDAD n. f. Calidad de mutable.

MUTABLE adj. Susceptible de sufrir mutación.

MUTACIÓN n. f. Acción y efecto de mutar: *las mutaciones históricas.* **2.** Cambio de decoración en el teatro. **3.** Variación muy sensible de la temperatura o del estado del tiempo: *mutaciones atmosféricas.* **4.** BIOL. Modificación de la estructura de los cromosomas en los seres vivos, que se encuentra en el origen de una modificación hereditaria del fenotipo.

MUTACIONISMO n. m. Teoría explicativa de la evolución, formulada por De Vries, en 1901, que asigna a las mutaciones el papel principal en la aparición de especies nuevas.

MUTANTE adj. Que muta. ♦ adj. y n. **2.** Dícese del gen, cromosoma u organismo que ha sufrido alguna alteración en la cantidad, estructura o composición química de su material hereditario. ♦ n. m. y f. **3.** En ciencia ficción, ser nacido del linaje humano, pero que presenta cualidades extraordinarias.

MUTAR v. tr. y pron. (lat. *mutare*) [**1**]. Mudar, cambiar una persona o cosa el aspecto, naturaleza, estado, etc. ♦ v. tr. **2.** Mudar, destinar a alguien de un empleo o puesto. ♦ v. intr. y tr. **3.** BIOL. Experimentar una mutación o provocarla.

MUTATIS MUTANDI loc. (voces lat., *cambiando lo que se debe cambiar*). Haciendo los cambios necesarios.

MUTE n. m. *Colomb.* Mote de maíz.

MUTILACIÓN n. f. Acción y efecto de mutilar. **2.** Pérdida, sin que exista regeneración, de un órgano o parte del mismo.

MUTILADO, A adj. y n. Víctima de una mutilación.

MUTILAR v. tr. y pron. (lat. *mutilare*) [**1**]. Cercenar un miembro o una parte del cuerpo a un ser vivo. **2.** Quitar una parte a una cosa: *mutilar un texto.*

MUTIS n. m. En representaciones y textos teatrales, indicación de que un actor debe retirarse de la escena. **2.** Acción de retirarse de cualquier lugar. • **Hacer mutis,** salir de la escena o de otro lugar; *(Fam.),* callarse.

MUTIS (Álvaro), escritor colombiano (Bogotá 1923). Entre sus obras poéticas destacan *Los elementos del desastre* (1953), *Los trabajos perdidos* (1965) y *Summa de Magroll el Gaviero* (1973), cuyo personaje se convertiría en protagonista de una serie de novelas (*La nieve del almirante,* 1986; *Amirbar,* 1991). Premio Príncipe de Asturias de las letras, 1997; Premio Cervantes 2001.

MUTIS (José Celestino Bruno), botánico y matemático español (Cádiz 1732-Santa Fe de Bogotá 1808). Médico del virrey de Nueva Granada desde 1760, dejó escrito el estudio *Flora de la real expedición botánica del Nuevo Reino de Granada.*

MUTISMO n. m. Actitud del que permanece callado.

MUTRE adj. *Chile.* Dícese de la persona muda o que pronuncia mal. **2.** *Chile.* Tonto, bobalicón.

MUTRO, A adj. *Chile.* Mutre. **2.** *Chile.* Mudo. **3.** *Chile.* Tartamudo. ♦ n. **4.** *Chile.* Individuo que no habla español.

MUTSUHITO → *Meiji tennô.*

MUTUALIDAD n. f. Calidad de mutuo. **2.** Asociación voluntaria o, más modernamente, obligatoria, para los afectados por unos mismos intereses o riesgos, para la mejor salvaguardia común de aquellos intereses o la división y prorrateo de aquellos riesgos. SIN.: *mutua.*

MUTUALISMO n. m. Simbiosis en sentido estricto, es decir, asociación entre individuos de especies diferentes, en que ambas partes resultan beneficiadas.

MUTUALISTA adj. y n. m. y f. Relativo a la mutualidad; socio de una mutualidad. ♦ n. m. **2.** Cada uno de los participantes en el fenómeno del mutualismo.

MUTUO, A adj. Dícese de lo que se intercambia entre dos o más personas o cosas de forma respectiva: *aprecio mutuo.*

MUY adv. Marca la intensidad de un adjetivo o de un adverbio llevada a su más alto grado: *muy bueno; muy mal; muy lejos.*

MUY MUY o **MUIMUY** n. m. *Perú.* Crustáceo de 3 a 5 cm de long., con caparazón a modo de uña, que vive bajo la arena de la rompiente marina.

Mv, símbolo químico del *mendelevio.*

MW, abreviatura de *megawatio.*

MY n. f. Letra del alfabeto griego (μ), correspondiente a la *m.*

MYANMAR, nombre oficial de Birmania.

MYRDAL (Karl Gunnar), economista y político sueco (Gustaf, Dalecarlia, 1898-Estocolmo 1987). Estudió fundamentalmente el problema de los países subdesarrollados. (Premio Nobel de economía 1974.)

N n

N n. f. Decimocuarta letra del alfabeto español y undécima de las consonantes. (La *n* es una consonante nasal dental.) **2.** Designa el norte geográfico. **3.** Designa el conjunto de los números naturales, incluido el cero. **4.** Designa el conjunto de los números naturales, sin incluir el cero. **5.** Símbolo químico del *nitrógeno*. **6.** Símbolo del *newton*. **7.** Símbolo del *nano*.

N.º, abreviatura de *número*.

Na, símbolo químico del *sodio*.

NABACO n. m. *Amér.* Planta ornamental. (Familia solanáceas.) **2.** *Amér.* Planta rubiácea de aplicaciones medicinales.

NABO n. m. (lat. *napum*). Planta bianual de raíz carnosa, ahusada y comestible. (Familia crucíferas.) **2.** Raíz gruesa y fusiforme.

NABOKOV (Vladimir), escritor norteamericano en lenguas inglesa y rusa, de origen ruso (San Petersburgo 1899-Montreux, Suiza, 1977). Realizó una descripción irónica de las obsesiones, extravagancias o vicios de su época (*La verdadera vida de Sebastian Knight*, 1941; *Lolita*, 1955).

NABORÍ n. m. Criado indio en la América española de principios de la conquista.

NABORÍA n. f. Repartimiento de indios en calidad de criados (*naboríes*), para el servicio personal, que se hacía en la América española al principio de la conquista.

NABUCODONOSOR II, rey de Babilonia (605-562 a. J.C.), hijo de Nabopolasar. La victoria de Karkemiš sobre los egipcios (605) y la toma de Jerusalén (587) le aseguraron el dominio de Siria y Palestina. Embelleció Babilonia y la convirtió en la capital del mundo oriental.

NACAOME, c. de Honduras, cap. del dep. de Valle, a orillas del río Nacaome (80 km); 22 644 hab.

NÁCAR n. m. Sustancia dura, con reflejos irisados, rica en caliza, que producen ciertos moluscos en el interior de su concha y que se utiliza en joyería.

NACARADO, A adj. Parecido al nácar. **2.** Adornado con nácar.

NACARIGÜE n. m. *Hond.* Potaje de carne y pinole.

NACARINO, A adj. Propio del nácar o parecido a él.

NACATAMAL n. m. *Hond., Méx.* y *Nicar.* Tamal relleno de carne de cerdo.

NACATAMALERA n. f. *Hond.* Mujer que hace y vende nacatamales.

NACEDERO n. m. *Colomb.* Planta acantácea.

NACER v. intr. (lat. *nasci*) [**2m**]. Salir un ser del vientre de la madre. **2.** Salir un animal ovíparo de un huevo. **3.** Salir un vegetal de su semilla o de la tierra. **4.** Salir el vello, el pelo o la pluma en los animales o las hojas, flores, fruto o brotes en las plantas. **5.** *Fig.* Descender de una familia o linaje. **6.** *Fig.* Aparecer un astro en el horizonte. **7.** *Fig.* Tener principio, originarse: *el Ebro nace en Fontibre.* **8.** *Fig.* Proceder una cosa de otra: *su comportamiento nace de la desesperación.*

NACIDO, A adj. y n. Dícese del ser humano que ha vivido, por lo menos, veinticuatro horas desprendido totalmente del seno materno. **2.** Dícese del ser humano en general: *no tolerar la mentira a ningún nacido.* • **Recién nacido**, niño en los días inmediatos al parto.

NACIENTE adj. Que nace, que está naciendo: *una actividad naciente.* ♦ n. m. **2.** Este, punto cardinal.

NACIMIENTO n. m. Acción de nacer. **2.** Origen, lugar o momento en que algo comienza o empieza a manifestarse: *el nacimiento de un río.* **3.** Estirpe, ascendencia familiar: *de noble nacimiento.* **4.** Representación de la venida al mundo de Jesús por medio de figuras.

NACIMIENTO, com. de Chile (Biobío); 25 171 hab. Explotación forestal, base de industrias de la madera, celulosa y papel.

NACIÓN n. f. (lat. *nationem*). Conjunto de los habitantes de un país regido por el mismo gobierno. **2.** Territorio de este mismo país.

NACIONAL adj. Relativo a una nación: *orgullo nacional.* **2.** Opuesto a extranjero: *consumir productos nacionales.* ♦ adj. y n. m. y f. **3.** Natural de una nación.

NACIONALIDAD n. f. Condición o cualidad de pertenecer a la comunidad de una nación. **2.** POL. Nación que no ha alcanzado el nivel de nación estado.

NACIONALISMO n. m. Preferencia o exaltación por lo que es propio de la nación a la que se pertenece. **2.** Doctrina que reivindica para la nación el derecho a practicar una política dictada por la exclusiva consideración de sus intereses y reafirmar una personalidad propia completa. **3.** Movimiento de los individuos que toman conciencia de constituir una comunidad nacional en razón de los vínculos históricos, étnicos, lingüísticos, culturales, económicos, etc., que los unen.

NACIONALISTA adj. y n. m. y f. Relativo al nacionalismo; partidario de esta doctrina y movimiento.

NACIONALIZACIÓN n. f. Acción y efecto de nacionalizar. **2.** Transferencia a la colectividad de la propiedad de ciertos medios de producción pertenecientes a particulares, realizada en bien del interés público.

NACIONALIZAR v. tr. y pron. [**1g**]. Naturalizar a una persona. **2.** Introducir y emplear en un país usos y costumbres de otros. **3.** Efectuar una nacionalización.

NACIONALSOCIALISMO n. m. Doctrina nacionalista y racista establecida por Adolfo Hitler, basada en la supremacía de la raza germánica. SIN.: *nazismo.*

NACIONALSOCIALISTA adj. y n. m. y f. Relativo al nacionalsocialismo; partidario de esta doctrina. SIN.: *nazi.*

NACO n. m. *Amér.* Andullo de tabaco. **2.** *Colomb.* Puré de patata.

NADA pron. indef. Ninguna cosa, ninguna cantidad: *no he leído nada de este autor.* **2.** Muy poca cosa, algo sin importancia: *mil pesetas hoy no son nada.* ♦ adv. c. **3.** En absoluto: *no me gusta nada.* • **Como si nada**, sin tener en cuenta lo ocurrido o dicho. ‖ **De nada**, de poca importancia: *un regalo de nada*; expresión usada para responder a quien da las gracias. ‖ **Nada más**, sólo, únicamente: *comerse nada más un bocadillo.* ♦ n. f. **4.** El no ser.

NADADOR, RA adj. y n. Que nada. **2.** Que practica la natación como deporte.

NADAR v. intr. (lat. *natare*) [**1**]. Sostenerse y avanzar en el agua por medio de ciertos movimientos de los miembros. **2.** Flotar algo, mantenerse en la superficie de un líquido. **3.** *Fig.* Abundar en una cosa: *nadar en la opulencia.*

NA-DENÉ, grupo etnolingüístico amerindio, que agrupa los atapasco, eyak, tlingit y haida.

NADERÍA n. f. Cosa de poco valor o importancia.

NADIE pron. indef. Ninguna persona: *no haber nadie.* ♦ n. m. **2.** *Fig.* Persona de poca importancia o de poco carácter: *tú no eres nadie para aconsejarme.*

NADIR n. m. (ár. *nazir*, opuesto). Punto de la esfera celeste diametralmente opuesto al cenit.

NADO n. m. *Amér.* Acción de nadar. • **A nado**, nadando: *atravesar un río a nado.*

NAFTA n. f. (lat. *naphtam*). Mezcla líquida de hidrocarburos que se obtiene por destilación del petróleo entre 100 y 250 ºC. **2.** Nombre que se da a numerosos líquidos inflamables que resultan de la descomposición pirogenada de materias orgánicas. **3.** *Argent.* y *Urug.* Gasolina.

NAFTALENO n. m. Hidrocarburo aromático $C_{10}H_8$, principal constituyente de la naftalina, formado por dos núcleos bencénicos unidos.

NAFTALINA n. f. Nombre comercial del naftaleno impuro.

NAGASAKI, c. y puerto de Japón (Kyūshū); 444 599 hab. Astilleros. Monumentos antiguos (ss. XVII-XVIII). La segunda bomba atómica fue lanzada sobre esta ciudad por los norteamericanos el 9 de agosto de 1945.

NAGOYA, c. y puerto de Japón (Honshū), junto al Pacífico; 2 154 793 hab. Metalurgia. Química. Santuario sintoísta de Atsuta.

NAGUA, c. de la República Dominicana, cap. de la prov. de María Trinidad Sánchez; 60 194 hab. Centro comercial y agrícola.

NAGUAL n. m. *Amér. Central* y *Méx.* Brujo, hechicero, que se supone puede transformarse en algún animal. **2.** *Guat., Hond., Méx.* y *Nicar.* Animal tutelar de una persona, que es el compañero y protector espiritual durante toda su vida.

NAGUAPATE n. m. *Hond.* Planta crucífera cuyo cocimiento se usa contra las enfermedades venéreas.

NAHUA adj. y n. m. y f. Relativo a un pueblo amerindio de América Central, que constituye el grupo étnico más importante numéricamente de México; individuo de este pueblo. ♦ n. m. **2.** Lengua de la familia uotazteca que en época precolombina fue la mayor lengua de civilización de México.

■ Los nahua viven a ambos lados de la sierra Madre occidental y oriental, practican el cultivo sobre rozas y son hábiles artesanos (tejidos, alfarería). En el s. XVI la lengua nahua se hablaba en México-Tenochtitlán, y se extendía hasta los actuales estados de Veracruz, Hidalgo y Guerrero. Era el idioma oficial, comercial y de cultura del imperio azteca. El nahua es un conjunto de dialectos: el náhuatl (Valle de México), el nahual, hablado en el O del país, y el nahuat, en vías de desaparición, que se hablaba al E (Veracruz, Puebla) y en puntos diversos de América Central (El Salvador, Nicaragua).

NÁHUATL n. m. Dialecto nahua hablado en México en el momento de la conquista española, cuya variante más conocida es el azteca clásico.

NAHUATLATO, A adj. y n. Dícese del indio que, en México, servía de intérprete entre los españoles y los indígenas.

NAHUATLISMO n. m. Giro o modo de hablar propio y privativo de la lengua náhuatl. **2.** Vocablo, giro o elemento fonético de esta lengua empleado en otra.

NAHUEL HUAPI, lago glaciar argentino (600 km²), en las cerros Tronador, Mirador y Crespo. *Parque nacional Nahuel Huapi* (Neuquén y Río Negro). Turismo.

NAÏF adj. m. y f. (voz francesa). B. ART. Dícese de un tipo de arte, generalmente pintura, practicado por artistas autodidactas dotados de un sentido artístico natural, al margen de las corrientes del arte culto; artista que practica este arte.

NAIGUATÁ, pico de Venezuela, punto culminante de la cordillera de la Costa, al NE de Caracas; 2765 m.

NAILON n. m. Nylon.

NAIPE n. m. Cada una de las cartulinas rectangulares de la baraja.

NAIROBI, c. y cap. de Kenya, a 1660 m de alt.; 1 504 900 hab. Universidad.

NAJA n. f. Serpiente venenosa de la familia elápidos. (Entre las najas figuran la cobra india, la cobra egipcia y la cobra de cuello negro.)

NAJICHEVÁN, república autónoma de Azerbaiján; 5500 km²; 295 000 hab. Cap. Najichevan (37 000 hab.).

NALÉ ROXLO (Conrado), escritor argentino (Buenos Aires 1898-id. 1971). Cultivó el humorismo en sus poemas (*El grillo,* 1923) y relatos (*Cuentos de Chamico,* 1941). Como autor teatral cultivó la farsa y el drama legendario (*Judith y las rosas,* 1956).

NALGA n. f. Cada una de las partes carnosas situadas debajo de la espalda en el cuerpo humano. **2.** Anca, cada una de las dos mitades laterales de la parte posterior de algunos animales.

NALGÓN, NA adj. *Colomb., Guat., Hond.* y *Méx.* Nalgudo.

NALGUDO, A adj. Que tiene nalgas gruesas.

NALGUEAR v. intr. [1]. Mover exageradamente las nalgas al andar. ◆ v. tr. **2.** *C. Rica* y *Méx.* Dar nalgadas, golpear a alguien en las nalgas.

NAMBIRA n. f. *Hond.* Mitad de una calabaza que, quitando la pulpa, sirve para usos domésticos.

NAMIB (desierto de), región costera y árida de Namibia.

NAMIBIA, ant. **África del Sudoeste,** estado de África austral, junto al Atlántico; 825 000 km²; 1 500 000 hab. CAP. Windhoek. LENGUAS OFICIALES: afrikaans e inglés. MONEDA: rand.

GEOGRAFÍA
El país está formado principalmente por altas mesetas que dominan el desierto de Namib, y posee un rico subsuelo (diamantes, uranio). Es importante la riqueza pesquera del litoral. Habitado mucho tiempo ha estado dominado por la minoría blanca.

HISTORIA
—Fines del s. XV-XVIII: algunos europeos, portugueses y posteriormente holandeses, se aventuraron en sus costas. Entretanto, los bantúes (herero y hotentotes) ocuparon el país, rechazando a bosquimanos y namaqua. 1892: Alemania se aseguró el dominio de la región (salvo un enclave convertido en colonia británica en 1878), que bautizó con el nombre de África del Sudoeste. 1904-1906: los alemanes reprimieron duramente las sublevaciones de los herero. 1914-1915: la Unión Sudafricana conquistó la región. 1920: la recibió como mandato de la S.D.N. 1922: el enclave británico fue anexionado al África del Sudoeste. 1949: la O.N.U. rechazó la anexión de la región a la Unión Sudafricana, que conservó su mandato sobre ella e implantó el apartheid. 1966: la O.N.U. revocó el mandato de la República de Sudáfrica. 1968: la O.N.U. cambió el nombre del África del Sudoeste por el de Namibia. La República de Sudáfrica ignoró esta decisión, pero no pudo impedir la formación de un partido independentista, S.W.A.P.O (South West África people's organization): 1974: S.W.A.P.O. inició operaciones de guerrilla contra la República de Sudáfrica. 1988: acuerdos entre la República de Sudáfrica, Angola y Cuba provocaron un alto el fuego en el N de Namibia y abrieron el camino a la independencia del territorio. 1990: Namibia accedió a la independencia. S. Nujoma, de S.W.A.P.O., presidente. 1994: Walvis Bay, enclave sudafricano, devuelto a Namibia.

NANA n. f. Canto con que se duerme a los niños. **2.** Pieza de vestir en forma de saco, abierto por delante, con que se abriga a los niños muy pequeños. **3.** *Fam.* Abuela. **4.** *Amér. Central. Madre.* **5.** *Amér. Central, Méx.* y *Venez.* Niñera; nodriza. ● **El año de la nana,** o **nanita** (*Fam.*), tiempo incierto y muy antiguo.

NANA n. f. (voz quechua). *Argent., Chile, Parag.* y *Urug.* En lenguaje infantil, pupa. ◆ **nanas** n. f. pl. *Amér. Merid.* Achaques y dolencias sin importancia, en especial las de la vejez.

NANAY adv. neg. *Fam.* No.

NANCE n. m. *Amér. Central.* Nanche.

NANCEAR v. intr. [1]. *Hond.* Coger.

NANCHE n. m. *Méx.* Planta arbustiva, de fruto pequeño, globoso y de color amarillo. (Familia malpigiáceas.) **2.** *Méx.* Fruto de esta planta.

NANCY, c. de Francia, cap. del dep. de Meurthe-et-Moselle, a orillas del Meurthe; 102 410 hab. (330 000 aprox. en la aglomeración). Iglesia de los Cordeliers (s. XV), catedral y plaza Stanislas (s. XVIII).

NANDA DEVI, cumbre del Himalaya (India); 7816 m.

NANDINO (Elías), poeta mexicano (Cocula, Jalisco, 1903-Guadalajara 1993). Tras su etapa vanguardista (*Color de ausencia,* 1932) cultivó una poesía de gran nitidez formal (*Nocturno amor,* 1958; *Cerca de lo lejos,* 1979).

NANGA PARBAT o **DIAMIR,** cumbre del Himalaya occidental (Cachemira); 8126 m.

NANKÍN, en chino **Nanjing,** c. de China central, cap. del Jiangsu, puerto a orillas del Yangzi Jiang; 2 290 000 hab. En las proximidades, tumba del emperador Ming Hongwu (1381) y acantilado de los Mil Budas, conjunto monástico rupestre fundado en el s. V.

NANGA PARBAT o **DIAMIR,** cumbre del Himalaya occidental (Cachemira); 8126 m.

NANO, prefijo (símbolo n) que colocado delante de una unidad, la divide por mil millones.

NANSEN (Fridtjof), explorador noruego (Store-Fröen, cerca de Olso, 1861-Lysaker 1930). Atravesó Groenlandia (1888), exploró el Ártico e intentó alcanzar el polo N en trineo (1893-1896). Tuvo un papel importante en las empresas humanitarias, en particular en la ayuda a los refugiados. (Premio Nobel de la paz 1922.)

NANTERRE, c. de Francia, cap. del dep. de Hauts-de-Seine, al O de París; 86 627 hab. Universidad.

NANTES, c. de Francia, cap. de la región Pays de la Loire y del dep. Loire-Atlantique, a orillas del Loira; 252 029 hab. Universidad (1460). Puerto y centro industrial. Catedral gótica (s. XV).

NAO n. f. Embarcación, nave.

NAPA n. f. (fr. *nappe*). Capa o manto subterráneo de cualquier material líquido o gaseoso: *napa freática.* **2.** Piel de algunos animales, especialmente después de curtida y preparada para ciertos usos.

NAPE n. m. *Chile.* Cierto cangrejo que se utiliza como cebo.

NAPO, r. de América del Sur; 885 km. Nace en territorio ecuatoriano, penetra en Perú y desemboca en el Amazonas (or. izq.).

NAPO (*provincia de*), prov. del NE de Ecuador; 33 409 km²; 103 387 hab. Cap. Tena.

NAPOLEÓN I (Ajaccio 1769-Santa Elena 1821), emperador de los franceses [1804-1814 y 1815]. Perteneció a la familia corsa de los Bonaparte. En 1796 casó con Josefina de Beauharnais y recibió el mando del ejército de Italia, donde venció a austríacos y piamonteses y creó en 1797 la República Cisalpina (→ *Italia* [campañas de]). El Directorio quiso alejarlo y lo envió a Egipto (1798); a su regreso se convirtió en primer cónsul, impuso una constitución autoritaria y centralizó la administración. Cónsul vitalicio (1802), firmó la paz con Austria y Gran Bretaña. Se proclamó emperador de los franceses (1804) y rey de Italia (1805), estableció una monarquía y prosiguió las reformas modernizadoras. Tras su derrota en Trafalgar ante los británicos (1805), derrotó a los austrorrusos en Austerlitz (1805) y a los prusianos en Jena (1806). Intentó controlar Europa mediante acciones militares contra Gran Bretaña. Las duras condiciones de las campañas, sobre todo en España (1808) y en Rusia (desde 1812), y sus enormes gastos, desestabilizaron el régimen. Tras el fracaso de la campaña de Rusia, los aliados entraron en París (1814) y Napoleón, obligado a abdicar, fue confinado en la isla de Elba, mientras el congreso de Viena reorganizaba Europa. Huyó (1815) e intentó reconstruir el imperio (los Cien días), pero fue derrotado en Waterloo y deportado a la isla de Santa Elena.

NAPOLEÓN III (París 1808-Chislehurst, Gran Bretaña, 1873), emperador de los franceses [1852-1870]. Hijo de Luis Bonaparte, rey de Holanda, en 1836 y 1840 intentó proclamarse emperador. Encarcelado, se evadió y volvió a Francia después de la revolución de 1848. Presidente de la II república (dic. 1848), dio un golpe de estado (1851) y se proclamó emperador (1852). En 1853 casó con Eugenia de Montijo. Hasta 1860 su poder fue absoluto, pero posteriormente el régimen se liberalizó. Después de la Guerra de Crimea (1854-1856), fracasó militarmente en México (1862-1867) y, tras declarar la guerra a Alemania (1870), tuvo que capitular en Sedan. Fue encarcelado y pasó finalmente a Gran Bretaña.

NÁPOLES, en ita. **Napoli,** c. de Italia, cap. de prov. y de la Campania, junto al *golfo de Nápoles* (formado por el mar Tirreno y cerca del Vesubio); 1 054 601 hab. (*Napolitanos*). Universidad. Puerto comercial. Industrias metalúrgicas, textiles, químicas y alimentarias. Castel Nuovo (ss. XIII-XV). Numerosas iglesias de origen medieval. Palacio real (ss. XVII-XVIII). Teatro San Carlo (1737). Ant. cartuja de San Martín (decoración barroca; museo). Galería de Capodimonte (pintura, porcelanas, etc.). Museo nacional (colecciones

de arte romano procedentes de Pompeya y Herculano).
NAPOLITANA n. f. Femenino de napolitano. **2.** MÚS. Modalidad simplificada de madrigal, seguramente de origen napolitano.
NAPOLITANO, A adj. y n. De Nápoles. ♦ n. m. **2.** Dialecto hablado en Nápoles y su región.
NARA, c. de Japón (Honshū); 349 349 hab. Primera cap. estable de Japón de 710 a 784. Numerosos templos.
NARANGO n. m. *Amér. Central.* Planta de fruto comestible.
NARANJA n. f. (ár. *nāranya*; del persa *nārang*). Fruto comestible del naranjo, de color entre amarillo y rojo. • **Media naranja** *(Fig. y fam.),* con respecto a una persona, otra que se adapta perfectamente a ella; el marido o la mujer, el uno respecto del otro.
NARANJADA n. f. Bebida refrescante a base de zumo de naranja, agua y azúcar.
NARANJERO, A adj. Relativo a la naranja. ♦ n. **2.** Comerciante o cultivador de naranjas. ♦ n. m. **3.** *Argent.* Pájaro de plumaje vistoso, cuya área de distribución es muy amplia en el país.
NARANJILLA n. f. Naranja amarga de pequeño tamaño que se utiliza en confitería. **2.** *Ecuad.* Planta solanácea de fruto comestible. **3.** *Ecuad.* Fruto de esta planta.
NARANJILLO n. m. *Argent.* Árbol con flores verdosas y pequeñas, cuyo follaje exhala un fuerte olor a naranja. (Familia rutáceas.) **2.** *Argent.* Arbusto cuyo fruto es una baya de color amarillo verdoso. (Familia capariidáceas.) **3.** *Argent.* Arbusto de flores blancas y fruto esférico amarillo. (Familia solanáceas.)
NARANJO n. m. Árbol frutal de hojas coriáceas y perennes, extendido en las regiones cálidas. (Género *Citrus;* familia rutáceas.) **2.** Madera de este árbol.
NARCISISMO n. m. (de *Narciso,* personaje mitológico). Admiración preferente de sí mismo.
NARCISISTA adj. y n. m. y f. Relativo al narcisismo; que presenta narcisismo.
NARCISO, A n. (lat. *narcissum*). Persona muy satisfecha de sí misma y exageradamente preocupada de su apariencia exterior. ♦ n. m. **2.** Planta bulbosa, de flores amarillas o blancas, que se cultiva como planta ornamental. (Familia amarilidáceas.) **3.** Flor de esta planta. **4.** *Méx.* Nombre de diversas plantas de la misma familia que la adelfa, algunas de las cuales son venenosas.
NARCISO, personaje de la mitología griega. Joven de gran belleza seducido por su propia imagen reflejada en una fuente, murió al no poder alcanzar el objeto de su pasión.
NARCOSIS n. f. Sueño artificial producido por la administración intravenosa de un narcótico.
NARCÓTICO, A adj. (gr. *narkotikōs*). Relativo a la narcosis. ♦ adj. y n. m. **2.** Que provoca la aparición del sueño.
NARCOTIZAR v. tr. y pron. [1g]. Suministrar un narcótico.
NARCOTRAFICANTE n. m. y f. Que practica el narcotráfico.
NARCOTRÁFICO n. m. Tráfico ilegal de estupefacientes.
NARDO n. m. (lat. *nardum*). Planta herbácea de los países intertropicales, flores blancas, muy olorosas. (Familia amarilidáceas.) **2.** Planta herbácea vivaz, de flores blancas o rosadas, agrupadas en cimas. (Familia valerianáceas.) **3.** Flor de estas plantas.
NARIGADA n. f. *Ecuad.* Polvo de tabaco que se toma de una vez entre el pulgar y otro dedo, pero aspirado.
NARIGUDO, A o **NARIGÓN, NA** adj. y n. De nariz grande.
NARIGUERA n. f. Adorno que se coloca en las partes cartilaginosas de la nariz, propio de los papúes de Nueva Guinea, de muchas tribus africanas y de numerosos pueblos amerindios y de la India.
NARIÑO *(departamento de),* dep. del SO de Colombia; 31 045 km²; 1 019 098 hab. Cap. *Pasto.*
NARIÑO (Antonio), patriota colombiano (Santa Fe de Bogotá 1765-Leiva 1823). Presidente de Cundinamarca (1811), se enfrentó al congreso de las Provincias Unidas y proclamó la independencia de aquel estado (1813). Derrotado por los realistas en Pasto (1814), fue deportado a Cádiz (1816-1820). Bolívar le nombró vicepresidente de la Gran Colombia (1821), pero dimitió al no aprobarse sus tesis federalistas.
NARIZ n. f. (bajo lat. *naricae*). Parte saliente de la cara, entre la boca y la frente, que es el órgano del olfato. (Úsase también en plural.) **2.** Cada uno de dichos orificios. **3.** Olfato: *este perro tiene nariz.* • **En mis, tus, sus, propias narices,** en presencia de la persona de que se trata. ‖ **Estar hasta las narices,** estar muy cansado de tolerar algo molesto o desagradable. ‖ **Hablar por la nariz,** ganguear. ‖ **Hincharsele las narices** a alguien *(Fam.),* enfadarse mucho. ‖ **Meter,** o **asomar, las narices** *(Fam.),* entrometerse. ‖ **No ver más allá de sus narices** *(Fam.),* ser poco perspicaz.
NARIZÓN, NA adj. *Fam.* Narigudo.
NARIZUDO, A adj. *Méx. Fam.* Narigudo.
NARRACIÓN n. f. Acción de narrar. **2.** Cosa narrada. **3.** Relato, cuento, novela.
NARRADOR, RA adj. y n. Que narra. ♦ n. **2.** LIT. Autor de narraciones.
NARRAR v. tr. (lat. *narrare*) [1]. Decir de palabra o por escrito alguna historia: *narrar lo sucedido.*
NARRATIVA n. f. Narración, acción de narrar. **2.** Habilidad para narrar. **3.** Género literario que abarca la novela, el relato y el cuento.
NARVÁEZ (Francisco), pintor y escultor venezolano (Porlamar 1908-†1982). Su producción está basada en una reflexión sobre las culturas americanas a la abstracción *(Atleta,* 1952).
NARVÁEZ (Pánfilo **de**), conquistador español (Valladolid o Cuéllar c. 1470-en el golfo de México 1528). Participó en la conquista de Cuba (1514). Enviado a Nueva España para frenar a Cortés, fue derrotado por éste en Cempoala (1520). Murió durante una fracasada expedición a Florida.
NARVAL n. m. (danés *narhval*). Mamífero cetáceo de los mares árticos, de hasta 4 m de long.
NASA n. f. (lat. *nassam*). Arte de pesca que consiste en una especie de cesta cilíndrica o troncocónica, formada por un enrejado de varillas vegetales o de alambre galvanizado, red, etc. **2.** Artificio parecido al anterior, consistente en una manga de red, ahuecada por aros de madera. **3.** Cesta de boca estrecha, en que echan los pescadores la pesca. **4.** Cesto para guardar pan, harina, etc.
NASAL adj. (del lat. *nasum,* nariz). Relativo a la nariz. **2.** FONÉT. Dícese de un rasgo distintivo, caracterizado acústicamente por la difusión de la energía sobre bandas de frecuencia amplias y por la presencia de formantes adicionales y, articulatoriamente, por la intervención de la cavidad nasal. • **Fosas nasales,** las dos cavidades limitadas por el etmoides y el paladar, separadas por un tabique perpendicular, y en las que penetra el aire a través de los orificios nasales antes de pasar a los pulmones.
NASALIZAR v. tr. y pron. [1g]. Hacer nasal o pronunciar como tal un sonido.
NASHVILLE, c. de Estados Unidos, cap. de Tennessee; 488 374 hab.
NASO n. m. Pez de agua dulce de carne no comestible. (Familia ciprínidos).

NASSER *(lago),* embalse de Egipto y Sudán, formado sobre el Nilo por la presa de Asuán; 60 000 km².
NASSER (Gamal Abdel), en ár. **Ŷamāl ʿAbd al-Nāṣir,** político egipcio (Beni Mor 1918-El Cairo 1970). Organizó un golpe de estado contra el rey Faruk (1952), proclamó la república (1953) y asumió todos los poderes. Nacionalizó el canal de Suez (1956), aceleró el proceso de estatalización de la economía y comenzó la presa de Asuán (1957). Se constituyó en el adalid de la unidad árabe.
NATA n. f. Sustancia constituida por glóbulos de materia grasa que se encuentra emulsionada en la leche. **2.** Capa que se forma en la superficie de algunos líquidos, debido a las sustancias que hay en los mismos. **3.** Leche batida. **4.** *Fig.* Lo mejor y más selecto.
NATACIÓN n. f. (lat. *natationem,* de *natare,* nadar). Acción y efecto de nadar, considerado como un ejercicio o como un deporte. **2.** Propulsión activa de los animales en el seno del agua o en su superficie.
NATAL adj. Relativo al nacimiento. **2.** Nativo, perteneciente al país o lugar en que uno ha nacido.
NATALICIO, A adj. Relativo al día del nacimiento: *fecha natalicia.* ♦ n. m. **2.** Nacimiento.
NATALIDAD n. f. Relación entre el número de nacimientos y el de habitantes de una región durante un tiempo determinado.
NATILLAS n. f. pl. Dulce hecho a base de huevos, leche y azúcar.
NATIVIDAD n. f. Nacimiento. **2.** Fiesta litúrgica del nacimiento de Jesucristo, de la Virgen María y de san Juan Bautista. (Con este significado suele escribirse con mayúscula.)
NATIVO, A adj. (lat. *nativum*). Perteneciente al país o lugar en que uno ha nacido y a sus peculiaridades: *costumbres nativas.* **2.** Indígena, nacido en el país de que se trata: *hablante nativo.* **3.** Innato, natural: *estupidez nativa.*
NATO, A adj. Dícese de las cualidades o defectos que se tienen desde el nacimiento: *artista nato.* **2.** Dícese del título o cargo que está anejo a un empleo o a la calidad de un sujeto: *presidente nato del tribunal.*
NATRAL n. m. *Chile.* Terreno poblado de natris.
NATRI o **NATRE** n. m. *Chile.* Arbusto solanáceo de dos a tres metros de altura, con flores blancas. (Con el cocimiento amargo de sus hojas se untan el pecho las mujeres para destetar a los niños.)
NATURA n. f. Naturaleza: *ir contra natura.*
NATURAL adj. Relativo a la naturaleza: fenómenos naturales. **2.** Intrínseco a la naturaleza de un ser: *bondad natural.* **3.** Que se tiene por naturaleza, no adquirido: *cabello de color natural.* **4.** Normal, conforme al orden habitual de las cosas: *es natural que quiera liberarse.* **5.** Genuino, no adulterado ni elaborado: *vino natural.* **6.** Espontáneo, exento de afectación: *lenguaje simple y natural.* **7.** Que se encuentra en la naturaleza: *gas natural.* • **Al natural,** sin artificio, sin aderezo: *lata de atún al natural.* ‖ **Hijo natural,** el nacido fuera de matrimonio. ‖ **Muerte natural,** muerte que se produce a consecuencia de una enfermedad o de la edad. ‖ **Número natural,** cada uno de los números enteros positivos, como el 0, el 1, el 2, ... ♦ adj. y n. m. y f. **8.** Con respecto a un pueblo o lugar, nacido allí: *natural de Burgos.* ♦ n. m. **9.** Manera de ser de una persona: *ser de natural sencillo.*
NATURALEZA n. f. Realidad física que existe independientemente del hombre (por oposición a cultura). **2.** Conjunto de caracteres fundamentales propios de un ser o de una cosa: *la naturaleza humana.* **3.** Conjunto de inclinaciones e instintos de un individuo. **4.** Complexión del cuerpo: *ser de naturaleza robusta.*

NATURALIDAD n. f. Calidad de natural. **2.** Espontaneidad, sencillez: *hablar con naturalidad*. **3.** Derecho inherente a los naturales de un país.

NATURALISMO n. m. Escuela literaria y artística del s. XIX que, por medio de la aplicación al arte de los métodos de la ciencia positivista, trata de reproducir la realidad con absoluta objetividad, incluso en los aspectos más ínfimos. **2.** FILOS. Doctrina que no admite otra realidad que la naturaleza.

NATURALISTA n. m. y f. Persona que se dedica al estudio de los minerales, animales o plantas. ♦ adj. y n. m. y f. **2.** Relativo al naturalismo; adepto al naturalismo.

NATURALIZACIÓN n. f. Acción y efecto de naturalizar. **2.** Acto soberano y discrecional del poder público por el que una persona adquiere la cualidad de nacional en el estado que el poder representa. **3.** Adquisición de una nacionalidad distinta de la originaria. **4.** Aclimatación duradera de una especie animal o vegetal en un ambiente que no es el suyo.

NATURALIZADO, A n. y adj. Persona que ha obtenido la naturalización.

NATURALIZAR v. tr. **[1g]**. Conceder la naturalización a un extranjero. **2.** Conservar por naturalización. ♦ v. tr. y pron. **3.** Introducir y emplear en un país usos y costumbres de otros. **4.** Aclimatar definitivamente. ♦ **naturalizarse** v. pron. **5.** Adquirir los derechos de los naturales de un país o nación.

NATURISMO n. m. Tendencia a vivir en contacto con la naturaleza. **2.** Doctrina higiénica y deportiva que aplica esta tendencia. **3.** Nudismo.

NATURISTA adj. y n. m. y f. Relativo al naturismo; que practica el naturismo. SIN.: *fisiatra*. **2.** Nudista.

NATUSH (Alberto), militar y político boliviano (Magdalena 1933). Derrocó al presidente Guevara (1979), pero tuvo que ceder el poder a Lidia Gueiler meses después.

NAUFRAGAR v. intr. (lat. *naufragare*) **[1b]**. Hundirse o perderse una embarcación en el agua. **2.** Sufrir este accidente los pasajeros de una embarcación. **3.** *Fig.* Fracasar un intento o asunto: *naufragar un negocio*.

NAUFRAGIO n. m. (lat. *naufragium*). Acción y efecto de naufragar. **2.** Desastre, ruina material o moral.

NAURU, atolón de Micronesia, al S de las islas Marshall, que forma un estado independiente desde 1968; 21 km²; 8000 hab. CAP. *Yaren*. LENGUAS OFICIALES: *inglés* y *nauruán*. MONEDA: *dólar australiano*. Fosfatos.

NÁUSEA n. f. (lat. *nauseam*). Estado patológico caracterizado por una sensación penosa, localizada en el epigastrio y mediastino, con deseos de vomitar. **2.** Repugnancia física o moral que causa una cosa.

NAUSEABUNDO, A adj. Que produce náuseas: *un olor nauseabundo*. **2.** Propenso al vómito.

NAUSEAR v. intr. **[1]**. Tener náuseas.
NAUSICA o **NAUSICAA**, personaje legendario griego, hija de Alcínoo, rey de los feacios, que acogió a Ulises náufrago.

NAUTA n. m. Marino, marinero, navegante.
NÁUTICA n. f. Ciencia y arte de navegar.
NÁUTICO n. m. Molusco cefalópodo de los mares cálidos, de concha espiral, de unos 25 cm de diámetro, con el interior dividido por tabiques, que existe desde la era primaria.

NAUYACA n. f. Méx. Serpiente grande y venenosa que tiene muy hendido el labio superior, lo cual le da el aspecto de tener cuatro fosas nasales.

NAVA n. f. Tierra baja y húmeda, a veces pantanosa.

NAVAJA n. f. Cuchillo cuya hoja se puede doblar para que el filo quede oculto entre las dos cachas que forman el mango. ♦ **2.** Aguijón cortante de algunos insectos. **3.** *Fig.* y *fam.* Lengua de los maldicientes y murmuradores. **4.** En la riña de gallos, cuchilla puntiaguda y ligeramente arqueada, que se adapta a la pata izquierda del gallo de pelea. **5.** Molusco de cuerpo alargado, encerrado en dos largas valvas con los extremos abiertos. ♦ **Navaja de afeitar**, o **barbera**, cuchillo plegable de acero que se emplea para rasurar la barba.

NAVAJADA n. f. Golpe dado con la navaja. **2.** Herida que produce.

NAVAJAZO n. m. Navajada.

NAVAJO, pueblo amerindio de América del Norte, de la familia lingüística atapasco, act. en reservas en Texas, Oklahoma, Nuevo México y Arizona.

NAVAL adj. Relativo a la navegación: *construcciones navales*. **2.** Relativo a la marina de guerra.

NAVARINO, isla de Chile (Magallanes), entre el canal Beagle y la bahía de Nassau; 80 km de long. En la costa N se encuentra Puerto Williams.

NAVARRA, en vasco **Naparra** o **Nafarroa**, región del NE de España que constituye una comunidad autónoma uniprovincial, 10 421 km²; 523 563 hab. Cap. *Pamplona*.
GEOGRAFÍA
Entre los Pirineos, al N, y la depresión del Ebro, ocupa el S de la región, se extienden las tierras de transición de Estella y Tafalla, regadas por el Aragón y el Arga. Poblamiento disperso, en especial en el N; la aglomeración de la capital agrupa al 36% del total provincial.
HISTORIA
S. III a. J. C.: pobladores suesetanos y vascones. Los vascones ofrecieron gran resistencia a las conquistas romana, visigoda y musulmana. 778: derrota de los francos carolingios por los vascones en Roncesvalles. S. IX: formación del reino de Navarra. 1515: anexión del reino de Navarra a Castilla, conservando sus instituciones y sus fueros. 1530: Carlos Quinto renunció a una de las seis merindades navarras, Ultrapuertos o Baja Navarra, que en 1607 se incorporó a Francia. Las otras merindades (Pamplona, Estella, Tudela, Sangüesa y Olite) conservaron sus cortes, leyes, moneda, privilegios y fronteras, mantenidas después de la guerra de Sucesión en el s. XVIII. Tuvo un gran papel en la guerra de la Independencia (Espoz y Mina). 1841: ley pactada de amejoramiento del fuero en la que se suprimieron las viejas instituciones y se creaba la provincia, pero Navarra conservó cierta autonomía administrativa (Diputación foral) y los fueros. Fue uno de los principales focos del carlismo (s. XIX) y de la insurrección militar de 1936 contra la república. 1982: ley de reintegración y amejoramiento del régimen foral, por la que se constituía Navarra en Comunidad autónoma foral.

NAVARRETE (fray Manuel), poeta mexicano (1768-1809). Figuró en el grupo neoclásico de la Arcadia mexicana. Su poesía, pastoril y elegíaca, fue recopilada en *Entretenimientos poéticos* (1823 y 1835).

NAVARRO, A adj. y n. De Navarra.
NAVE n. f. (lat. *navem*). Embarcación. **2.** Cada uno de los espacios que, entre muros o filas de columnas, se extienden a lo largo de los templos, fábricas, almacenes, etc. **3.** *Colomb.* Hoja de puerta o ventana. ♦ **Nave espacial**, astronave de grandes dimensiones o astronave utilizada para los vuelos espaciales del hombre.

NAVEGACIÓN n. f. Acción de conducir de un lugar a otro un vehículo marítimo, aéreo o espacial y de determinar su posición en cualquier instante.

NAVEGANTE adj. y n. m. y f. Que navega.
NAVEGAR v. intr. y tr. (lat. *navigare*) **[1b]**. Ir un vehículo o en un vehículo por el agua o el aire. ♦ v. intr. **2.** INFORMÁT. Realizar con gran facilidad las acciones necesarias para obtener la información buscada en un ordenador o de datos informatizado o en una red telemática.

NAVIDAD n. f. Nacimiento de Jesús. (Con este significado suele escribirse con mayúscula.) **2.** Día en que se celebra. **3.** Tiempo que va desde dicho día hasta la Epifanía: *pasar las navidades en la montaña*. **4.** *Fig.* Año: *tener alguien muchas navidades*. (Suele usarse en plural.)

NAVIDEÑO, A adj. Relativo a las navidades: *fiestas navideñas*.

NAVIERO, A adj. Relativo a una nave o a la navegación: *compañía naviera*. ♦ n. **2.** Propietario de un buque, al que explota en nombre y por cuenta propios.

NAVÍO n. m. (lat. *navigium*). Embarcación de grandes dimensiones.

NAYARIT (estado de), est. del O de México; 27 621 km²; 824 643 hab. Cap. *Tepic*.
NAZARENAS n. f. pl. *R. de la Plata*. Espuelas grandes usadas por los gauchos.

NAZARENO, A adj. y n. De Nazaret. ♦ adj. **2.** Dícese de la imagen de Jesús vestido con una túnica morada. ♦ n. m. **3.** Nombre dado a los primeros cristianos. **4.** Hombre vestido con túnica y capirote, que forma parte de las procesiones de semana santa. **5.** Planta arbórea de América, de gran tamaño, de cuya madera se obtiene un tinte amarillo muy duradero. (Familia cesalpináceas.) ♦ **El Nazareno**, Jesucristo.

NAZARET, c. de N de Israel, en Galilea; 39 400 hab. (*Nazarenos*.) Jesús vivió en ella hasta el comienzo de su ministerio.

NAZAS, r. de México (Durango); 300 km. Nace en la sierra Madre occidental y desemboca en la laguna del Mayrán, en vías de desaparición. Embalse Lázaro Cárdenas (3000 Mm³).

NAZCA (dorsal), dorsal oceánica asísmica, de una longitud superior a los 1000 km y dispuesta perpendicularmente a la costa de Perú.

NAZCA (placa), parte SE del océano Pacífico, delimitada por las dorsales de las Galápagos, del Pacífico este, y de Chile, y las fosas oceánicas de Chile y de Perú.

NAZCA o **NASCA**, c. de Perú (Ica); 27 300 hab. Centro agrícola y minero (hierro). Museo arqueológico. En la *Pampa de Nazca*, grandes figuras, trazadas en el suelo, de la cultura nazca.

NAZI adj. y n. m. y f. Nacionalsocialista.
NAZISMO n. m. Nacionalsocialismo.
Nb, símbolo químico del niobio.
Nd, símbolo químico del neodimio.
N'DJAMENA, ant. **Fort-Lamy**, c. y cap. de Chad, a orillas del Chari; 687 800 hab. Puerto fluvial.

NE, abrev. de *noreste*.
Ne, símbolo químico del neón.
NEBLINA n. f. Niebla espesa y baja. **2.** Enturbiamiento de la atmósfera por cualquier causa.

NEBLINEAR v. intr. impers. **[1]**. *Chile.* Lloviznar.

NEBLINOSO, A adj. Que abunda en neblina: *paraje neblinoso*.

NEBRASKA, estado de Estados Unidos, en las grandes llanuras; 200 000 km²; 1 578 385 hab. Cap. *Lincoln*.

NEBRIJA (Antonio **Martínez de Cala**, llamado **Elio Antonio de**), humanista español (Lebrija 1441-Alcalá 1522). Escribió *Gramática de la lengua castellana* (1492), la primera sobre una lengua vulgar, y *Reglas de la ortografía castellana* (1517).

NEBULAR adj. Relativo a las nebulosas.
NEBULIZADOR n. m. Aparato que se utiliza para pulverizar en gotas finísimas un líquido, especialmente una sustancia medicamentosa.

NEBULIZAR v. tr. **[1g]** Proyectar un líquido en gotas pequeñísimas con ayuda de un nebulizador.

NEB

NEBULOSA n. f. ASTRON. Nube concentrada de materia interestelar. • **Nebulosa espiral**, o **exhagaláctica**, galaxia. ‖ **Nebulosa planetaria**, nebulosa de forma aproximadamente circular, formada por materia emitida por una estrella central.
NEBULOSO, A adj. Oscurecido por la niebla o por las nubes. **2.** Turbio, que no tiene transparencia. **3.** *Fig.* Poco claro, oscuro: *poema nebuloso*.
NECEDAD n. f. Calidad de necio. **2.** Dicho o hecho necio.
NECESARIO, A adj. (lat. *necessarium*). Que no puede dejar de ser o suceder. **2.** Imprescindible, que hace falta para un fin.
NECESER n. m. (fr. *nécessaire*). Caja o estuche con los utensilios de tocador, costura, etc.
NECESIDAD n. f. (lat. *necessitatem*). Calidad de necesario. **2.** Falta de las cosas necesarias para vivir. **3.** Situación de alguien que precisa de auxilio o ayuda: *ayudar a alguien en una necesidad*. **4.** Hambre muy intensa: *caerse de necesidad*. **5.** Evacuación de orina o excrementos: *hacer sus necesidades*. (Suele usarse en plural.) • **De necesidad**, que es imprescindible o irremediable: *esto es vital de necesidad*.
NECESITADO, A adj. y n. Pobre, falto de lo necesario: *gente necesitada*.
NECESITAR v. tr. e intr. [1]. Tener necesidad de alguien o de alguna cosa. ♦ v. tr. **2.** Obligar a alguien a realizar una cosa.
NECIO, A adj. y n. (lat. *nescium*). Dícese de la persona ignorante, necia o presumida. ♦ adj. **2.** Dícese de los dichos o hechos que revelan necedad.
NECOCHEA, c. de Argentina (Buenos Aires); 84 681 hab. Puerto pesquero (conservas). Turismo (playas).
NECRÓFAGO, A adj. Dícese del animal que se nutre de cadáveres.
NECROFILIA n. f. Inclinación por la muerte.
NECROLOGÍA n. f. Biografía de una persona muerta recientemente. **2.** Lista o noticia de muertos en estadísticas y periódicos.
NECRÓPOLIS n. f. (gr. *nekropolis*). Grupo de sepulturas primitivas, de mayor o menor carácter monumental. **2.** Cementerio importante adornado con monumentos funerarios.
NECROSIS n. f. PATOL. Mortificación tisular o celular que, produciéndose a nivel de un tejido, de un órgano, de una región anatómica, permite que el resto del organismo continúe viviendo.
NÉCTAR n. m. (gr. *nektar*). Jugo azucarado que segregan ciertos órganos florales. **2.** Bebida agradable al paladar. **3.** MIT. GR. Bebida de los dioses, que confería la inmortalidad a quienes la tomaban.
NECTARINA n. f. Híbrido de melocotón y ciruelo.
NECTON n. m. Conjunto de animales marinos que nadan de forma activa, por oposición a plancton.
NEDERLAND → *Países Bajos*.
NÉEL (Louis), físico francés (Lyon 1904). Descubrió nuevos tipos de magnetismo y completó las teorías de P. Curie. (Premio Nobel de física 1970.)
NEERLANDÉS, SA adj. y n. De Países Bajos. ♦ n. m. **2.** Lengua germánica hablada en Países Bajos y en la zona norte de Bélgica.
NEFANDO, A adj. Abominable, que repugna u horroriza moralmente.
NEFASTO, A adj. (lat. *nefastum*). Que causa, va acompañado o anuncia desgracia: *época nefasta*. **2.** Muy malo, perjudicial: *influencias nefastas*.
NEFERTARI, NEFERTITI O **NEFRETETE**, reina de Egipto, esposa del faraón Ramsés II.
NEFERTITI, reina de Egipto, esposa de Amenofis IV Ajnatón (s. XIV a. J.C.).
NEFRÍTICO, A adj. Relativo al riñón: *cólico nefrítico*.
NEFRITIS n. f. Enfermedad renal inflamatoria.

NEFROLOGÍA n. f. Parte de la medicina que estudia los riñones, su fisiología y sus enfermedades.
NEGACIÓN n. f. Acción y efecto de negar. **2.** Lo contrario de lo que se expresa: *ser la negación de la inteligencia*. **3.** GRAM. Palabra o expresión que sirven para negar; oración negativa. **4.** LÓG. Paso de un juicio a su opuesto contradictorio, es decir de la verdad a la falsedad o de la falsedad a la verdad.
NEGADO, A adj. y n. Incapaz o inepto: *ser negado para el estudio*.
NEGAR v. tr. (lat. *negare*) [1d]. Decir que algo no existe o no es verdad. **2.** Responder negativamente a una pregunta: *negó con la cabeza*. **3.** No reconocer un parentesco, amistad o cualquier relación: *negar a su propio hijo*. **4.** Ocultar o disimular algo: *siempre he negado mi nombre*. **5.** Denegar, no conceder lo que se pide: *le negó su ayuda*. ♦ **negarse** v. pron. **6.** Decir que no se quiere hacer cierta cosa: *negarse a colaborar*.
NEGATIVA n. f. Acción de negar o negarse. **2.** Palabra, gesto, etc., con que se niega.
NEGATIVIDAD n. f. Calidad de lo negativo. **2.** ELECTR. Estado de un cuerpo electrizado negativamente.
NEGATIVO, A adj. Que expresa, implica o contiene una negación: *actitud negativa*. **2.** No positivo, que consiste en la ausencia de una cosa: *diagnóstico negativo*. **3.** GRAM. Dícese de la partícula, palabra o expresión que sirva para negar: *locución negativa*. • **Electricidad negativa**, una de las dos formas de electricidad estática. ‖ **Magnitud negativa** (MAT.), magnitud de signo opuesto al de una magnitud positiva de la misma naturaleza. ‖ **Número negativo**, número obtenido colocando el signo – delante del número positivo del mismo valor absoluto. ♦ n. m. **5.** FOT. Imagen que se forma al revelar un cliché fotográfico y cuyos tonos claros y oscuros se hallan invertidos.
NEGATÓN n. m. FÍS. Electrón ordinario de carga negativa.
NEGLIGENCIA n. f. Falta de diligencia y cuidado debidos.
NEGLIGENTE adj. y n. m. y f. (lat. *negligentem*). Que muestra o incurre en negligencia.
NEGOCIACIÓN n. f. Acción y efecto de negociar.
NEGOCIADO n. m. Negocio, negociación. **2.** Conjunto de oficinas o departamentos de la administración que tienen a su cargo un servicio determinado o una rama del mismo: *el negociado de asuntos extranjeros*. **3.** *Amér. Merid.* Negocio de importancia, ilícito y escandaloso.
NEGOCIANTE adj. y n. m. y f. Que se dedica a negocios. **2.** Dícese de la persona que ejerce una profesión con un afán excesivo de dinero.
NEGOCIAR v. intr. (lat. *negotiari*) [1]. Dedicarse a negocios o a cierto negocio. ♦ v. tr. e intr. **2.** Hacer alguna operación con un valor bancario o de bolsa. **3.** Hablar una persona con otras para resolver algo o gestionarlo.
NEGOCIO n. m. (lat. *negotium*). Transacción comercial que comporta una utilidad o una pérdida. **2.** Operación comercial ventajosa: *hacer negocio*. **3.** Provecho o ganancia que se obtiene en lo que se trata o comercia. **4.** Cualquier ocupación, empleo o trabajo. **5.** Establecimiento comercial o industrial: *tiene un negocio de cerería*.
NEGRA n. f. Femenino de negro. **2.** MÚS. Figura que tiene una duración doble de la de la corchea y mitad de la de la blanca.
NEGRA (*cordillera*), cordillera de Perú, que se alza sobre la costa del Pacífico paralela a la cordillera Blanca, de la que la separa el Callejón de Huaylas; 5 187 m de alt. en el Rocarre.

NEGRA (*laguna*), laguna glaciar de Venezuela, en el Páramo de Mucuchíes (sierra Nevada de Mérida). Turismo. Flora andina (frailejón).
NEGRA o **DE LOS DIFUNTOS** (*laguna*), laguna del S de Uruguay (Rocha), en el litoral oriental.
NEGRADA n. f. *Cuba*. Conjunto de esclavos negros que constituía la dotación de una finca.
NEGREAR v. intr. [1]. Estar, ponerse o tirar a negro: *empezar a negrear la noche*.
NEGRECER v. intr. y pron. [2m]. Ponerse negro.
NEGRERÍA n. f. Lugar donde se encerraba a los esclavos negros con los que se comerciaba. **2.** Lugar donde se hacía trabajar a los esclavos negros.
NEGRERO, A adj. y n. Que se dedicaba a la trata de esclavos negros. **2.** *Fig.* Dícese de la persona que trata con crueldad a sus subordinados o los explota.
NEGRET (Edgar), escultor colombiano (Popayán 1920). A partir de 1953 trabajó en sus aparatos mágicos (realizados a base de planchas metálicas o tubos policromados).
NEGRILLO, A adj. y n. f. Dícese de la letra de imprenta del mismo tamaño que la redonda, pero de trazo más grueso. SIN.: *negrito*. **2.** *Amér. Merid.* Dícese de la mena de plata cuprífera o mineral de hierro, cuyo color es muy oscuro.
NEGRITA n. f. Letra negrilla.
NEGRITO n. m. *Cuba*. Ave paseriforme de color negro, con el dorso castaño, cuyas hembras son pardogrisáceas, con el dorso rojizo. (Familia tiránidos.)
NEGRITUD n. f. Movimiento reivindicativo de los valores étnicos y culturales negros.
NEGRO, A adj. y n. m. (lat. *nigrum*). Dícese del color más oscuro de todos, debido a la ausencia o a la absorción total de los rayos luminosos. ♦ adj. **2.** De color negro: *un sombrero negro*. **3.** Dícese de las cosas de color más oscuro que el corriente en su especie: *pan negro*. **4.** Oscurecido, que ha perdido color: *ponerse negro el cielo*. **5.** *Fig.* Triste, desgraciado: *mi negra suerte*. • **Misa negra**, parodia de la misa católica, propia del culto satánico. ♦ adj. y n. **6.** Dícese de los individuos o grupos cuya pigmentación de la piel es oscura, y de sus manifestaciones culturales. ‖ **Trabajar como un negro**, trabajar mucho, sin descanso. ♦ n. m. **7.** Persona que trabaja anónimamente para lucimiento y provecho de otro. ♦ n. m. **8.** Denominación genérica de diversos pigmentos colorantes de color negro. • **Negro espiritual**, canto religioso de los negros norteamericanos, de inspiración cristiana, en lengua angloamericana.
NEGRO, nombre que recibe el curso alto del río Usumacinta a su paso por Guatemala.
NEGRO, r. de América Central, que nace en las mesetas de Estelí (Nicaragua), forma frontera con Honduras y desemboca en el golfo de Fonseca; 100 km aprox.
NEGRO, r. de América del Sur, afl. del Amazonas (or. der.); 2200 km. Nace en Colombia con el nombre de Guainía, forma un tramo de frontera con Brasil y se adentra en territorio de este país hasta desembocar aguas abajo de Manaus.
NEGRO, r. de Argentina (Río Negro), de la vertiente atlántica; 635 km. Formado por la confluencia del Neuquén y el Limay. Su curso es regulado por el complejo Chocón-Cerros Colorados, y aprovechado para el regadío de una extensa zona.
NEGRO, r. de Uruguay, afl. del Uruguay y el principal curso del interior del país; 800 km. Aprovechamiento hidroeléctrico.
NEGRO (*cerro*), volcán activo de Nicaragua (León); 675 m de alt.
NEGROIDE adj. y n. m. y f. Que presenta caracteres propios de las razas negras.

NEGRURA n. f. Calidad de negro. SIN.: negror.

NEGRUZCO, A adj. Que tira a negro: *color negruzco*.

NEHRU (Jawajarlāl), político indio (Allahabad 1889-Nueva Delhi 1964). Discípulo de Gandhi, presidente del Congreso nacional indio a partir de 1929 y primer ministro (1947-1964), se convirtió en uno de los principales defensores del neutralismo.

NEIBA (*sierra de*), alineación montañosa del S de República Dominicana, que forma el reborde del lago Enriquillo; 2262 m de alt. máxima.

NEIBA, c. de la República Dominicana, cap. de la prov. de Baoruco; 35 960 hab. Explotación forestal. Minas de sal.

NEIRA (Juan José), militar y patriota colombiano (Guchantivá, Boyacá, 1793-Bogotá 1840). Tomó parte en la guerra de independencia y posteriormente defendió Bogotá en las luchas civiles.

NEIS o **GNEIS** n. m. Roca metamórfica constituida por cristales de mica, cuarzo y feldespato, dispuestos en lechos.

NEIVA, c. de Colombia, cap. del dep. de Huila; 194 556 hab. Mercado del valle alto del Magdalena. Industria farmacéutica y de la construcción. Fue fundada en 1539.

NEJA n. f. *Méx*. Tortilla de maíz que adquiere un color ceniciento por tener demasiada cal.

NELSON (Horatio, *vizconde*), *duque de* **Bronte**, almirante británico (Burnham Thorpe 1758-en el mar 1805). Después de conquistar Malta, logró la victoria decisiva de Trafalgar contra la unión de las flotas francesa y española (1805). Murió durante esta batalla.

NEMATELMINTO, A adj. y n. m. Relativo a un tipo de gusanos cilíndricos, no anillados, provistos de tubo digestivo.

NEMATODO, A adj. y n. m. Relativo a una clase de gusanos que habitan en el suelo o como parásitos del hombre y de los mamíferos, y que constituye la clase principal de los nematelmintos.

NEME n. m. *Colomb.* Betún o asfalto.

NEMOTECNIA, NEMOTÉCNICA, MNEMOTECNIA o **MNEMOTÉCNICA** n. f. Arte de desarrollar la memoria por medio de una serie de ejercicios apropiados.

NENE, A n. *fam.* Niño pequeño.

NENEQUE n. m. *Hond.* Persona muy débil que no puede valerse por sí misma.

NENÚFAR n. m. (ár. *nainúfar*). Planta acuática que se cultiva en los estanques de agua por sus grandes hojas flotantes y sus flores de pétalos blancos, amarillos o rojos. (Familia ninfeáceas.) **2.** Flor de esta planta. SIN.: *ninfea*.

NEOCAPITALISMO n. m. Forma contemporánea del capitalismo, caracterizada por el predominio de las grandes empresas y de las sociedades anónimas, y por la aparición de una clase dirigente que no se apoya en la propiedad del capital.

NEOCELANDÉS, SA o **NEOZELANDÉS, SA** adj. y n. De Nueva Zelanda.

NEOCLASICISMO n. m. Tendencia artística y literaria inspirada en la antigüedad clásica. **2.** Tendencia que vuelve a un cierto clasicismo como reacción en contra de la audacia y atrevimiento de un período anterior. (En Hispanoamérica destacan: en México, M. Tolsá [palacio de la Minería], J. D. Ortiz de Castro, González Velázquez [iglesia de San Pablo Nuevo], M. Constansó e I. Castera; en Colombia, M. Pérez de Arroyo y Valencia; en Perú, M. Maestro; en Chile, Toesca [Casa de la Moneda, en Santiago].)

NEOCOLONIALISMO n. m. Nueva forma de colonialismo que tiende al dominio económico de los países subdesarrollados.

NEODARVINISMO o **NEODARWINISMO** n. m. Teoría de la evolución que explica la selección natural mediante las mutaciones.

NEODIMIO n. m. Metal del grupo de las tierras raras, de número atómico 60 y de masa atómica 144,24, cuyo símbolo químico es Nd.

NEÓFITO, A n. (gr. *neophytos*). En la Iglesia primitiva, persona recién bautizada. **2.** Persona recién bautizada o convertida a una religión. **3.** Persona recién admitida en el estado eclesiástico o en una orden religiosa. **4.** Persona recientemente adherida a una causa o institución.

NEÓGENO n. m. GEOL. Parte superior del terciario, que se subdivide en mioceno y plioceno.

NEOGRANADINO, A adj. y n. De Nueva Granada.

NEOGUINEANO, A adj. y n. De Nueva Guinea.

NEOLATINO, A adj. y n. m. Romance: *lenguas neolatinas*.

NEOLIBERALISMO n. m. Forma moderna del liberalismo, que permite una intervención limitada del estado.

NEOLÍTICO, A adj. y n. m. Dícese de la fase del desarrollo técnico de las sociedades prehistóricas (piedra pulimentada, cerámica), que coincide con su acceso a una economía productiva (agricultura, ganadería).

NEOLOGISMO n. m. Palabra, expresión o acepción de creación reciente, que aparece o se adopta en una lengua.

NEÓN n. m. (gr. *neon*, neutro; de *neos*, nuevo). Gas noble existente en la atmósfera, de número atómico 10 y de masa atómica 20,179, cuyo símbolo químico es Ne, que se emplea para iluminación en tubos luminiscentes de luz roja.

NEONATO, A adj. y n. m. Dícese de un ser vivo que acaba de nacer, de un lactante de menos de un mes.

NEOPLASIA o **NEOPLASMA** n. f. MED. Tejido nuevo formado en el organismo, en particular un tumor.

NEOPLATONISMO n. m. Corriente filosófica que nació con Plotino (s. III) y que hizo del *Parménides* el diálogo principal de Platón.

NEOPOSITIVISMO n. m. Empirismo lógico.

NEORREALISMO n. m. Escuela cinematográfica italiana que, a partir de 1945, describió la realidad cotidiana más humilde.

NEOVOLCÁNICA (*cordillera*), cordillera de México que forma el reborde S del Altiplano mexicano, desde el golfo de México hasta el Pacífico. Comprende numerosos volcanes: Orizaba (5747 m), el pico más alto del país, Popocatépetl, Iztaccíhuatl, Paricutín.

NEOYORQUINO, A adj. y n. De Nueva York.

NEOZELANDÉS, SA adj. y n. Neocelandés.

NEOZOICO, A adj. y n. GEOL. Dícese, a veces, de las eras terciaria y cuaternaria.

NEPAL, estado de Asia, al N de la India; 140 000 km²; 19 600 000 hab. (*Nepaleses.*) CAP. Katmandú. LENGUA OFICIAL: nepalés. MONEDA: rupia nepalesa. Nepal se extiende sobre el S del Himalaya. Su frontera con el Tíbet pasa por el Everest.
HISTORIA
S. IV-VIII: los newar del valle de Katmandú adoptaron la civilización india. Desde el s. XII: el resto del país, salvo los valles del N ocupados por tibetanos, fue colonizado paulatinamente por indoeuropeos. 1744-1780: la dinastía de los gurkha unificó el país. 1816: por el tratado de Segowlie tuvo que aceptar una especie de protectorado de Gran Bretaña. 1846-1951: una dinastía de primeros ministros, los Ranā, detentó el poder efectivo. 1923: Gran Bretaña reconoció formalmente la independencia de Nepal. 1951: Tribhuvana Bir Bikram (1911-1955) restableció la autoridad real. 1955-1972: Mahendra Bir Bikram se proclamó rey. 1972: le sucedió Birendra Bir Bikram. 1991: se celebraron las primeras elecciones multipartidistas. 2001: el príncipe Gyanendra, proclamado nuevo rey. Enfrentamientos entre la guerrilla maoísta y el ejército.

NEPALÉS, SA adj. y n. De Nepal. ♦ n. m. **2.** Lengua indoirania hablada en Nepal. SIN.: *nepalí*.

NEPOTISMO n. m. (ital. *nepotismo*; del lat. *nepotem*, sobrino). Política adoptada por algunos papas que consistía en favorecer particularmente a sus parientes. **2.** Abuso que una persona hace de su poder en favor de su familia.

NEPTUNIO n. m. Metal transuránido radiactivo, de número atómico 93 y masa atómica 237,048, cuyo símbolo químico es Np.

NEPTUNO, planeta del sistema solar situado después de Urano, descubierto en 1846 por el astrónomo alemán Galle, gracias a los cálculos de Le Verrier (diámetro ecuatorial: 49 500 km). Presenta numerosos rasgos de similitud con Urano.

NEPTUNO, dios romano del mar, identificado con el *Poseidón* griego.

NEREIDAS, divinidades marinas griegas, hijas de Nereo. Eran cincuenta y acudían en auxilio de los marinos.

NEREO, dios marino de la mitología griega, padre de las *Nereidas*.

NERNST (Walther), físico y químico alemán (Briesen, Prusia, 1364-cerca de Muskau 1941). Inventor de una de las primeras lámparas eléctricas de incandescencia, estudió un método de determinación de los calores específicos a muy baja temperatura. (Premio Nobel de química 1920.)

NERÓN (Antium 37 d. J.C.-Roma 68), emperador romano [54-68]. Fue adoptado por el emperador Claudio, a quien sucedió. Después de la caída en desgracia de Séneca (62), Nerón se abandonó a un despotismo tal que se vio marcado por la locura y llevó a cabo la primera persecución de los cristianos, acusados del incendio de Roma (64). En 68, el ejército se sublevó. Proclamado enemigo público por el senado, se suicidó.

NERUDA (Neftalí Ricardo **Reyes**, llamado **Pablo**), poeta chileno (Parral 1904-Santiago 1973). Tras sus primeros poemas (*Veinte poemas de amor y una canción desesperada*, 1924), encontró en el aislamiento de su labor diplomática el camino de la vanguardia (*Residencia en la tierra*, 1933 y 1935), en una poesía que expresa un estado de crisis y disolución personal. Su compromiso político de izquierda se manifestó en la serie *España en el corazón* (1937), que se integra en *Tercera residencia* (1942), y en el poema épico *Canto general* (1950). Su poesía posterior se centró en lo cotidiano, el amor y la fantasía (*Odas elementales*, 1954-1957; *Estravagario*, 1958; *Memorial de Isla Negra*, 1964). En 1974 se editaron sus memorias (*Confieso que he vivido*). [Premio Nobel de literatura 1971.]

NERVADURA n. f. Disposición de las nerviaciones de una hoja o de un ala de insecto. **2.** Línea saliente en una superficie. **3.** ARQ. Moldura especialmente en el intradós de las bóvedas góticas.

NERVAL (Gérard **Labrunie**, llamado **Gérard de**), escritor francés (París 1808-*id.* 1855). Sus obras más conocidas son *Las quimeras* (1852), poemas, y *Las hijas del fuego* (1854), relatos.

NERVIO n. m. (bajo lat. *nervum*). Cada uno de los troncos periféricos del sistema nervioso, constituidos por la unión de gran número de fibras que tienen un trayecto común, y que sirven de conductores de los influjos nerviosos de la sensibilidad y de la motricidad. **2.** Cualquier tendón o tejido blanco, duro o resistente: *carne llena de nervios*. **3.** *Fig.* Vigor: *trabajar con nervio*. **4.** *Fig.* Parte de una cosa que se considera la fuente de su vitalidad: *él es el que da nervio a la*

NER

empresa. **5.** Moldura redonda y saliente del intradós de una bóveda o de un techo plano. **6.** Cada uno de los hacecillos fibrovasculares que se hallan en el pecíolo de las hojas. **7.** ZOOL. Cada uno de los tubos quitinosos que dan rigidez a las alas de los insectos. ♦ **nervios** n. m. pl. **10.** Nerviosismo. • **Ponérsele a uno los nervios de punta,** excitarse, irritarse mucho.

NERVIOSIDAD n. f. Calidad de nervioso. **2.** Nerviosismo.

NERVIOSISMO n. m. Irritabilidad, tensión interior, emotividad.

NERVIOSO, A adj. Relativo a los nervios: *centro nervioso; trastorno nervioso.* **2.** Que se irrita fácilmente, inquieto, incapaz de permanecer en reposo: *persona nerviosa; carácter nervioso.* • **Centros nerviosos,** el encéfalo y la médula espinal. ‖ **Sistema nervioso,** conjunto de los nervios, ganglios y centros nerviosos, que aseguran la dirección y coordinación de las funciones vitales y la recepción de los mensajes sensoriales.

NERVO (Amado), poeta mexicano (Tepic 1870-Montevideo 1919). Como poeta se inició en el modernismo: *Perlas negras, Místicas,* ambas de 1898. Sus obras posteriores adoptan un tono de sentimentalidad confidencial (*En voz baja,* 1909; *Plenitud,* 1918; *La amada inmóvil,* 1920). Escribió asimismo crónicas, crítica y novela corta.

NERVUDO, A adj. Que tiene las venas, tendones y arterias muy perceptibles: *manos nervudas.*

NÉSTOR, rey legendario de Pilos, héroe de la guerra de Troya, arquetipo del sabio consejero.

NETANYAHU (Benjamín), político israelí (Tel-Aviv 1949). Líder del Likud desde 1993, fue elegido primer ministro tras las elecciones de 1996.

NETO, A adj. (fr. *net,* limpio). Claro, bien definido: *una diferencia neta.* **2.** Exento de deducciones, de cargas: *salario neto.* CONTR.: *bruto.* • **En neto,** expresa el valor fijo que queda de una cosa, deducidos los gastos.

NETZAHUALCÓYOTL o **NEZAHUALCÓYOTL** (c. 1402-1472), soberano de Texcoco [1418-1472]. Hijo de Ixtlilxóchitl, luchó contra Tezozómoc y, aliado a los mexicas, se apoderó del reino en 1431. Fue poeta, filósofo y jurista.

NETZAHUALPILLI o **NEZAHUALPILLI** (1462-Tescotzinco 1516), soberano de Texcoco [1472-1516], hijo de Netzahualcóyotl. Su reinado coincide con la máxima prosperidad de Texcoco, que se anexionó reinos tributarios vecinos.

NEUMÁTICO, A adj. Relativo al aire o a los gases: *colchón neumático.* **2.** Que funciona con la ayuda de aire comprimido: *martillo neumático.* ♦ n. m. **3.** Cubierta deformable y elástica que se monta en la llanta de las ruedas de ciertos vehículos, y que sirve de envoltura protectora a una cámara de aire que puede ser independiente o no.

NEUMOGÁSTRICO, A adj. y n. Dícese del tronco nervioso que sale del cráneo y tiene un trayecto descendente por el cuello, la laringe, faringe, corazón, estómago, hígado e intestino.

NEUMONÍA n. f. Inflamación del parénquima pulmonar, producida por una bacteria (el neumococo) o por un virus. SIN.: *pulmonía.*

NEUMOTÓRAX n. m. Presencia de aire o gas en la cavidad pleural.

NEUQUÉN, r. de Argentina (Neuquén) que, con el Limay, forma el Negro; 400 km aprox. Obras de regadío e hidroeléctricas (Cerros Colorados).

NEUQUÉN (*provincia del*), prov. del E de Argentina; 94 078 km²; 388 934 hab. Cap. *Neuquén.*

NEUQUÉN, c. de Argentina, cap. de la prov. homónima y del dep. de Confluencia; 167 078 hab. Centro de una rica zona agrícola (frutales y plantas forrajeras).

NEURAL adj. ANAT. Relativo al sistema nervioso.

NEURALGIA n. f. Dolor intenso que se localiza en el trayecto de un nervio.

NEURÁLGICO, A adj. Relativo a la neuralgia. • **Punto neurálgico,** punto sensible.

NEURASTENIA n. f. MED. Síndrome que asocia diversos trastornos funcionales sin que existan lesiones (astenia, cefaleas, trastornos cardíacos o digestivos) y trastornos síquicos (angustia, depresión).

NEUROCIRUJANO, A n. Cirujano especializado en neurocirugía.

NEUROLOGÍA n. f. Especialidad médica que estudia el sistema nervioso y sus enfermedades.

NEURONA n. f. Célula nerviosa que no presenta fenómenos de división por carecer de centrosoma.

NEUROPATOLOGÍA n. f. Parte de la neurología que estudia las enfermedades del sistema nervioso.

NEUROSIS n. f. Afección nerviosa, caracterizada por conflictos intrasíquicos que inhiben las conductas sociales, y por una conciencia dolorosa de los trastornos.

NEURÓTICO, A adj. y n. Relativo a la neurosis; afecto de esta enfermedad.

NEUROVEGETATIVO, A adj. Relativo a la parte del sistema nervioso que regula la vida vegetativa, formado por ganglios y nervios y unido al eje cerebroespinal, que contiene los centros reflejos.

NEUTRAL adj. y n. m. y f. Que no toma partido: *permanecer neutral.*

NEUTRALIZACIÓN n. f. Acción y efecto de neutralizar.

NEUTRALIZAR v. tr. y pron. [**1g**]. Declarar neutral un estado, un territorio, etc. **2.** *Fig.* Anular o debilitar el efecto de una causa por una acción contraria. **3.** QUÍM. Convertir en sustancias neutras los ácidos o las bases.

NEUTRINO n. m. Partícula fundamental leptónica de carga nula y masa nula o muy pequeña.

NEUTRO, A adj. (lat. *neutrum*). Dícese de lo que no presenta ni uno ni otro de dos caracteres opuestos, no determinado: *color neutro.* **3.** FÍS. Dícese de los cuerpos que no presentan fenómeno alguno eléctrico o magnético, y de los conductores por los que no circula corriente. **4.** LING. Dícese de un tercer género que no es ni masculino ni femenino, y de las palabras que tienen este género: *adjetivo neutro.* **5.** QUÍM. Que no tiene carácter ácido ni básico.

NEUTRÓN n. m. Partícula eléctricamente neutra que constituye, con los protones, el núcleo del átomo.

NEUTRÓNICO, A adj. Relativo al neutrón.

NEVADA n. f. Acción y efecto de nevar. **2.** Cantidad de nieve caída. **3.** Temporal de nieve.

NEVADA (*sierra*), sierra de España (Granada y Almería), en la zona central de la cordillera Bética. Destacan los picos Mulhacén (3478 m), el más alto peninsular, Veleta (3327 m) y loma de la Alcazaba (3366 m). *Observatorio de Sierra Nevada* (Granada), a 2850 m, cercano al pico Veleta.

NEVADA o **NEVADA DE MÉRIDA** (*sierra*), sierra del O de Venezuela, que forma parte de la cordillera de Mérida. Culmina en el pico Bolívar (5007 m), el más alto del país.

NEVADA, estado del O de Estados Unidos; 295 000 km²; 1 201 833 hab. Cap. *Carson City.*

NEVADA DE SANTA MARTA (*sierra*), sierra del N de Colombia (Magdalena); 5775 m en el pico Cristóbal Colón, máxima altura del país.

NEVADA DEL COCUY (*sierra*), sierra andina de Colombia (Boyacá y Arauca); 5493 m de alt. Constituye la máxima elevación de la cordillera Oriental.

NEVADO, A adj. Cubierto de nieve. **2.** *Fig.* Blanco: *sienes nevadas.* **3.** *Amér.* Cumbre cubierta por nieves perpetuas.

NEVADO (El), cerro de la cordillera Oriental de Colombia (Meta); 4560 m.

NEVADO DEL RUIZ → *Ruiz.*

NEVAR v. intr. [**1j**]. Caer nieve.

NEVAZÓN n. f. *Argent., Chile y Ecuad.* Temporal de nieve.

NEVERA n. f. Sitio donde se guarda o conserva nieve. **2.** Frigorífico. **3.** *Fig.* Habitación muy fría.

NEVERÍA n. f. *Méx.* Heladería.

NEVERO n. m. Pequeña extensión de nieve que permanece sin fundir durante el verano. **2.** Parte superior del glaciar, donde se acumula la nieve y se convierte en hielo.

NEVIS, en esp. **Nieves,** isla de las Pequeñas Antillas; 93 km²; 10 000 hab. Cap. *Charlestown.* Desde 1983 forma, con Saint Kitts, un estado independiente en el seno de la Commonwealth.

NEVISCA n. f. Nevada corta de copos menudos.

NEVISCAR v. intr. [**1a**]. Caer nevisca.

NEVOSO, A adj. Cubierto a menudo de nieve. **2.** Dícese del tiempo cuando parece que va a nevar.

NEW HAMPSHIRE, estado de Estados Unidos, en Nueva Inglaterra; 24 000 km²; 1 109 252 hab. Cap. *Concord.*

NEW HAVEN, c. y puerto de Estados Unidos (Connecticut), al NE de Nueva York; 130 474 hab. Universidad de Yale (con museo de arte).

NEW JERSEY → *Nueva Jersey.*

NEW MEXICO → *Nuevo México.*

NEW ORLEANS → *Nueva Orleans.*

NEW PROVIDENCE, isla del archipiélago de las Bahamas; 207 km²; 135 000 hab. C. pral. *Nassau.*

NEW YORK → *Nueva York.*

NEWFOUNDLAND → *Terranova.*

NEWPORT, en galés **Monmouth,** c. y puerto de Gran Bretaña (País de Gales), junto al estuario del Severn; 117 000 hab. Iglesia parcialmente románica, act. catedral.

NEWTON n. m. Unidad de medida de fuerza (símbolo N), equivalente a la fuerza que comunica a un cuerpo de 1 kilogramo de masa una aceleración de 1 metro por segundo al cuadrado.

NEWTON (*sir* Isaac), físico, matemático y astrónomo inglés (Woolsthorpe, Lincolnshire, 1642-Londres 1727). En 1669 estableció una teoría acerca de la composición de la luz blanca, a la que concibió como formada de corpúsculos. Su mecánica, expuesta en 1687 en los *Principios matemáticos de filosofía natural,* sería la base de todos los posteriores desarrollos de esta ciencia; está basada en el principio de la inercia, la proporcionalidad de la fuerza respecto a la aceleración y la igualdad de la acción y de la reacción. Descubrió la ley de la gravitación universal, identificando gravedad terrestre y atracción entre los cuerpos celestes. Inventó el telescopio (1671) y, al mismo tiempo que Leibniz, sentó las bases del cálculo diferencial moderno.

NEWTONIANO, A adj. Relativo al sistema de Newton; partidario de este sistema.

NEXO n. m. (lat. *nexus*). Nudo, unión o vínculo.

NI conj. cop. (lat. *nec*). Partícula negativa y conjuntiva que enlaza palabras y frases que denotan negación, precedida o seguida de otra u otras: *ni Juan ni Pedro han estado aquí.*

NI, símbolo químico del *níquel.*

NIÁGARA, en ingl. **Niagara,** r. de América del Norte, que limita Canadá y Estados Unidos y une los lagos Erie y Ontario; 56 km. Forma las *cataratas del Niágara* (50 m de alt. aprox.).

NIAMEY, c. y cap. de Níger, a orillas del río Níger; 392 169 hab. Centro industrial, administrativo y comercial. Universidad. Aeropuerto.

NIBELUNGOS, enanos de la mitología germánica, poseedores de grandes riquezas subterráneas y que tenían por rey a *Nibelung*.

NICARAGUA *(lago de)*, lago de Nicaragua; 8264 km². Entre sus tributarios, el Tipitapa lo comunica con el lago Managua; desagua en el Atlántico por el San Juan. Tiene más de un millar de islas.

NICARAGUA, estado de América Central; 139 000 km² (incluidos 9000 de aguas interiores); 4 139 486 hab. *(Nicaragüenses.)* CAP. *Managua.* LENGUA OFICIAL: *español.* MONEDA: *córdoba.*

GEOGRAFÍA
En la región del Pacífico, una estrecha franja litoral da paso al Eje volcánico, que comprende varios grupos montañosos (alt. máx. 1745 m en el volcán San Cristóbal) y la fosa tectónica de los lagos de Nicaragua, Managua y Tisma. El Escudo central es una amplia meseta que continúa en la sierra granítica de Dipilto-Jalapa (Mogotón, 2107 m). Finalmente, al E la llanura del Caribe se extiende hasta la costa, baja y pantanosa, surcada por los principales ríos del país (Coco, Grande de Matagalpa). La población se concentra en las tierras bajas de la región del Pacífico, en tanto que la zona caribeña acoge sólo al 8 % de los habitantes. Las etnias amerindias (misquitos, sumo) representan un 5 % de la población. Managua concentra la cuarta parte del total. La agricultura es la principal actividad económica (algodón, café, azúcar, banano, ajonjolí). También tienen algún relieve la explotación forestal de las llanuras orientales, la ganadería, y la pesca. Del subsuelo se extrae bentonita, oro, plata y cinc. Las industrias, escasas, se localizan en los departamentos occidentales. Las gravosas herencias de la etapa somocista (importante deuda externa) y de la guerra civil agravan la precaria estructura de la economía.

HISTORIA
La población precolombina. El territorio estaba habitado por pueblos heterogéneos, fruto de las diversas migraciones. Los más importantes eran: nicarao, de origen nahua, en el istmo de Rivas; maribio, en el O, rama, de origen chibcha, y misquitos en el E; matagalpa en el macizo central; cholutecas en el golfo de Fonseca; mangue al NO del país y ulúa en el Bocao.
La conquista y colonización española. 1522: expedición de Gil González Dávila. 1524: F. Hernández de Córdoba inició la conquista del territorio y fundó, entre otras ciudades, Granada y León. 1527: se constituyó la gobernación de Nicaragua, con capital en León, bajo la jurisdicción de la audiencia de Guatemala. 1610: un terremoto obligó a trasladar León a su actual emplazamiento. 1786: constitución de la intendencia de León.
La independencia. 1811: sustitución del intendente de León por una junta, y movimiento criollo en Granada. 1821: acta de independencia de Centroamérica. 1822-1823: anexión al imperio mexicano de Iturbide; inicio inmediato de un período de guerras civiles que, tras la integración de Nicaragua en las Provincias Unidas de Centroamérica (1824) se prolongó hasta 1829. 1838: Nicaragua fue el primer estado en proclamar su secesión de la federación centroamericana.
Conservadores y liberales. 1838-1858: la constante rivalidad entre León, que se proclamaba liberal, y Granada, conservadora, marcó la historia del s. XIX; para neutralizarla se estableció la capital en Managua (1852). 1855-1857: apoyándose en las disensiones internas, el filibustero Walker se apoderó temporalmente de la república. 1858-1893: gobiernos conservadores; el proyecto de un canal interoceánico en Nicaragua y la explotación del oro revalorizó la débil economía del país, que entró en la órbita de E.U.A. 1893-1909: José Santos Zelaya impulsó la reforma liberal, aunque gobernó dictatorialmente, e intentó constituir una República Mayor de Centroamérica con El Salvador y Honduras (1895-1898).
La intervención norteamericana. 1910: el apoyo de E.U.A. a la rebelión conservadora inició un período de constantes intervenciones. 1912-1916: la ocupación norteamericana forzó el tratado Bryan-Chamorro (1914). 1924-1927: la guerra civil entre Sacasa y Díaz, testaferro de E.U.A., dio paso al levantamiento de Sandino contra la presencia norteamericana (1927-1932); la guardia nacional, organizada por E.U.A., se convirtió en el poder fáctico tras el asesinato de Sandino (1934), instigado por Anastasio Somoza, jefe de la guardia.
La dictadura somocista. 1936-1979: Anastasio Somoza instauró una dictadura familiar, apoyada en el control de la guardia nacional; los Somoza se adueñaron de los principales recursos económicos del país (azúcar, café, parte de la industria y el transporte) y reprimieron sangrientamente la oposición. 1972: el terremoto de Managua y la apropiación de la ayuda internacional por los Somoza recrudeció la oposición, en la que destacó la guerrilla del Frente Sandinista. 1978: el asesinato del periodista liberal Pedro Joaquín Chamorro amplió el frente opositor y determinó la victoria de la guerrilla, que derrocó a la dictadura.
El sandinismo y la conciliación. 1979-1980: constitución de una junta de reconstrucción nacional presidida por el sandinista Daniel Ortega; se expropiaron los bienes de los somocistas, se nacionalizó la banca y se inició la reforma agraria. 1981-1984: la salida de la junta del sector liberal inició una disensión interna que dio origen a una organización armada antisandinista, la contra, financiada por E.U.A. 1984-1990: la guerra erosionó gravemente la economía y el gobierno sandinista entró en una vía de negociación, amparada en los trabajos del grupo de Contadora (1986-1987) y las cumbres centroamericanas de Esquipulas (1987-1988); finalmente se acordó celebrar en 1990 elecciones con participación de la oposición, en las que ganó la Unión Nacional Opositora. 1990-1996: Violeta Chamorro asumió la presidencia y pactó una política de conciliación, manteniendo al sandinista Humberto Ortega al frente del ejército hasta 1995. Reforma constitucional que redujo el poder de intervención del gobierno en la propiedad privada (1995). 1997: Arnoldo Alemán asume la presidencia tras las elecciones de octubre de 1996. 2001: Enrique Bolaños derrota en las elecciones a Daniel Ortega. 2002: Bolaños asume la presidencia.

NICARAGÜEÑO, A adj. y n. De Nicaragua. SIN.: *nicaragüense.* ◆ n. m. **2.** Modalidad adoptada por el español de Nicaragua.

NICARAGÜISMO n. m. Vocablo o giro privativo de Nicaragua.

NICARAO, pueblo de lengua nahua, act. extinguido, que en el s. XI se asentó en Nicaragua y Costa Rica.

NICEA, ant. c. de Bitinia (Asia Menor), donde se celebraron dos concilios ecuménicos, uno de ellos convocado por Constantino (325), condenó el arrianismo y elaboró un símbolo de fe *(símbolo de Nicea);* el otro, reunido por iniciativa de la emperatriz Irene (787), condenó a los iconoclastas y definió la doctrina ortodoxa sobre el culto de las imágenes. (Es la actual *Iznik.*)

NICENO, A adj. y n. De Nicea.

NICHO n. m. Cada una de las concavidades construidas superpuestas formando un muro en los cementerios o excavadas en los muros de éstos, para colocar los ataúdes o las urnas funerarias. **2.** B. ART. Hornacina.

NICOL (Eduardo), filósofo español (Barcelona 1907-México 1990), nacionalizado mexicano. Crítico de Ortega (*Historicismo y existencialismo,* 1950), se interesó por la antropología (*Metafísica de la expresión,* 1957).

NICOLLE (Charles), bacteriólogo francés (Ruán, 1866-Túnez 1936), descubridor del modo de transmisión de diversas enfermedades (tifus exantemático, fiebre recurrente). [Premio Nobel de fisiología y medicina 1928.]

NICOSIA, en gr. **Leukosía** o **Lefkosía**, en turco **Lefkosha**, c. y cap. de Chipre, en el interior de la isla; 161 000 hab. Monumentos góticos de los ss. XIII y XIV; muralla veneciana del s. XVI.

NICOTINA n. f. (fr. *nicotine*). Alcaloide del tabaco.

NICOTINISMO o **NICOTISMO** n. m. Tabaquismo.

NICOYA, golfo de Costa Rica, en el Pacífico, entre el cabo Blanco y la punta Judas. Puerto principal, Puntarenas. La *península de Nicoya* limita por el O una depresión ocupada por el golfo.

NICOYA, c. de Costa Rica (Guanacaste); 42 903 hab. Centro de una región agrícola, es una de las ciudades más antiguas del país. Su iglesia fue la primera del territorio, vicaría en 1544; arruinada por diversos incendios y un terremoto, fue reconstruida en 1827.

NICTEMERAL adj. Relativo al mismo tiempo al día y a la noche.

NICTÉMERO n. m. Duración de veinticuatro horas, que comprende un día y una noche.

NIDACIÓN n. f. BIOL. Implantación del huevo o del embrión en la mucosa uterina de los mamíferos.

NIDADA n. f. Conjunto de los huevos o de las crías en el nido.

NIDAL n. m. Lugar donde las gallinas u otras aves domésticas suelen ir a poner los huevos.

NIDIFICAR v. intr. [1a]. Hacer las aves su nido.

NIDO n. m. (lat. *nidum*). Pequeño abrigo que hacen las aves para poner sus huevos, empollarlos y tener allí sus crías. **2.** Construcción hecha por ciertos animales o lugar resguardado que aprovechan para estos mismos fines. **3.** Lugar donde algunos animales viven agrupados: *un nido de ratas, de hormigas.* **4.** Nidada. **5.** Nidal. **6.** Fig. Casa, hogar. **7.** Fig. Lugar donde vive o se reúne gente maleante: *un nido de bribones.* **8.** Fig. Cosa o lugar que es origen de discordias, riñas, etc.: *un nido de murmuraciones.* **9.** Cierto tipo de asentamiento protegido para armas de infantería: *nido de ametralladora.* ● **Nido de pájaro**, planta parásita de raíces carnosas y flores amarillo rojizas. (Familia orquídeas.)

NIEBLA n. f. (lat. *nebulam*). Nube estratificada que reposa sobre la superficie terrestre, constituida por gotitas de agua. **2.** Fig. Confusión u oscuridad en algún asunto.

NIEMEYER (Oscar), arquitecto brasileño (Río de Janeiro 1907). Explotando con virtuosismo las posibilidades del hormigón armado, construyó el centro de ocio de Pampulha, cerca de Belo Horizonte (c. 1943), y los principales monumentos de Brasilia.

NIEPCE (Nicéphore), físico francés (Chalon-sur-Saône 1765-Saint-Loup-de-Varennes 1833), inventor de la fotografía (1816).

NIE

NIETASTRO, A n. Respecto de una persona, hijo de un hijastro suyo.

NIETO, A n. (bajo lat. *neptus*). Respecto de una persona, hijo de un hijo suyo. **2.** Descendiente de una línea a partir de la tercera generación: *nieto segundo*.

Nieto Caballero (Luis Eduardo), escritor y político colombiano (Bogotá 1888-*id.* 1957). Intervino en el movimiento republicano que derrocó a Rafael Reyes (1909).

Nietzsche (Friedrich Wilhelm), filósofo alemán (Röcken, cerca de Lützen, 1844-Weimar 1900). Crítico de los prejuicios morales, desarrolló el tema del "espíritu libre" que se libera de la servidumbre moral y religiosa a través del pensamiento científico (*La gaya ciencia*, 1882-1887). Pero los temas de la transmutación de los valores, del super hombre y del eterno retorno, a través de los cuales se reafirma el espíritu libre, fueron desarrollados en *Así hablaba Zaratustra* (1883-1885), *Más allá del bien y el mal* (1886), *La genealogía de la moral* (1887) y *El crepúsculo de los ídolos* (1889).

NIEVE n. f. (lat. *nivem*). Precipitación de hielo cristalizado, que cae en forma de copos blancos y ligeros. **2.** Nevada: *febrero es tiempo de nieves*. (Suele usarse en plural.) **3.** *Fig. y poét.* Blancura. **4.** *Fam.* Cocaína. **5.** *Cuba, Méx. y P. Rico.* Polo, sorbete helado. • **Nieve carbónica**, gas carbónico solidificada.

NIFE n. m. GEOL. Materia pesada, constituida en su mayor parte por níquel y hierro, que según ciertas teorías forma la parte central de la Tierra (núcleo).

Níger, r. de África occidental. Nace en Guinea, atraviesa el monte Loma. Describe un gran bucle, atravesando Mali (Bamako) y luego el SO de Níger (Niamey) antes de desembocar en Nigeria, en el golfo de Guinea, donde forma un amplio delta; 4200 km (cuenca de 1 100 000 km²).

Níger, estado de África occidental; 1 267 000 km²; 8 millones de hab. (*Nigerianos.*) CAP. *Niamey.* LENGUA OFICIAL: *francés.* MONEDA: *franco CFA.* El país, muy extenso, y estepario o desértico aparte del valle del Níger, vive muy pobremente de la ganadería y de algunos cultivos (mijo y cacahuete). El subsuelo contiene uranio.

HISTORIA

La ocupación humana de la región es muy antigua. I milenio a. J.C.: los bereberes se introdujeron a través de una de las rutas transaharianas, rechazando hacia el S a las poblaciones sedentarias o mezclándose con ellas. S. VII d. J.C.: mezclándose con el imperio songay, tempranamente islamizado. S. X: Gao capital. 1591: fue destruido por los marroquíes. Ss. XVII-XIX: los tuareg y los fulbé controlaron el país. 1897: la penetración francesa, iniciada en 1830, se afirmó con la instalación de establecimientos a orillas del Níger. 1922: sometida la resistencia tuareg, Níger, III territorio militar y luego territorio del Níger, se convirtió en la colonia del África Occidental Francesa. 1960: Níger, autónoma desde 1956 y república desde 1958, se independizó.

Nigeria, estado de África occidental, junto al golfo de Guinea, atravesado por el Níger; 924 000 km²; 88 514 500 hab. (*Nigerianos.*) CAP. *Abuja.* C. PRAL. *Lagos, Ibadan.* LENGUA OFICIAL: *inglés.* MONEDA: *naira.*

GEOGRAFÍA

Nigeria, el país más poblado de África, es un estado federal formado por etnias distintas (hausa, ibo, yoruba, etc.), en su mayoría islamizadas. El S, más húmedo, posee cultivos de plantación (cacao, caucho, cacahuete); el N, más seco, es el ámbito de la sabana, donde domina la ganadería. El petróleo (del que el país es el primer productor africano) constituye la riqueza esencial del país y la base de las exportaciones.

HISTORIA

Los orígenes. 900 a. J.C.-200 d. J.C.: la civilización de Nok se expandió, y se difundió probablemente hacia Ifé y Benín. Ss. VII-XI: los hausa se instalaron en el N, y los yoruba en el SO. Ss. XI-XVI: en el N se organizaron reinos, pronto islamizados. Los más brillantes fueron los de Kanem (en su apogeo en el s. XIV) y más tarde de Kanem-Bornu (s. XVI). En el S, Ifé constituía el centro religioso y cultural común del reino de Oyo y del de Benín, que entró en relación con los portugueses a partir de 1486.

La colonización. 1553: Inglaterra eliminó a Portugal (destrucción de las naves portuguesas), asegurándose así el monopolio de la trata de negros en la región. S. XVII-inicios del XIX: los fulbé musulmanes intervinieron en el N, y constituyeron un imperio en torno a Sokoto. 1851: los británicos ocuparon Lagos. 1879: la creación de la United African company, que se convirtió pronto en la Royal Niger company, permitió a Gran Bretaña excluir a las empresas extranjeras y asegurar la penetración y la administración de territorios cada vez más extensos. 1900: Nigeria se situó bajo la jurisdicción del Colonial office. 1914: se crearon la colonia y el protectorado de Nigeria, que englobaban el N y el S del país, más una parte de Camerún. 1951: se creó en la colonia un gobierno representativo. 1954: se promulgó una constitución federal. 1960: Nigeria accedió a la independencia. 1963: es aprobada la constitución republicana; el país decide permanecer en la Common Wealth. 1966: tras un golpe de estado sube al poder el general Ironsi, asesinado meses más tarde. Revueltas raciales sangrientas contra la etnia ibo. 1967-1970: se desencadena la guerra de Biafra, por las secesión de la región suroriental, de mayoría ibo. Biafra capitula en enero de 1970. Tras ello, de 1979 a 1983 se sucedieron golpes de estado militares. 1985-1993: controló el país el general Babangida, quien le entregó a un gobierno de transición que fue derrocado por el general S. Abacha, quien instauró la dictadura militar. 1998: a la muerte de Abacha, el general Abdusalam Abubakar asumió la presidencia e inició reformas democráticas. 2001: enfrentamientos violentos entre musulmanes y cristianos.

NIGERIANO, A adj. y n. De Níger o Nigeria.

NIGHT-CLUB n. m. (voz inglesa). Cabaret.

NIGROMANCIA o **NIGROMANCÍA** n. f. (gr. *nekromanteia*). Evocación de los muertos para saber el futuro o alguna cosa oculta. SIN.: *necromancia, necromancía.* **2.** Magia.

NIGROMANTE n. m. y f. Persona que practica la nigromancia.

NIGUA n. f. *Amér.* Insecto parecido a la pulga, pero más pequeño.

NIHILISMO n. m. (del lat. *nihil*, nada). Negación de toda creencia.

NIHILISTA adj. y n. m. y f. Relativo al nihilismo; partidario del nihilismo.

Nijinski o **Nizhinski** (Vaslav Fómich), bailarín ruso de origen polaco (Kiev 1889-Londres 1950). Principal bailarín de su época.

Nilo, en ár. **al-Nil**, principal r. de África; 6700 km (5600 a partir del lago Victoria) [cuenca de 3 millones de km² aprox.]. Partiendo del lago Victoria (con el nombre de *Nilo Victoria*), donde vierte sus aguas su brazo madre, el Kagera, el Nilo discurre hacia el N. Tras atravesar los lagos Kioga y Mobutu, toma el nombre de *Nilo Blanco* (Baḥr al-Abyad) a la salida del cauce pantanoso del Sudán meridional. En Jartum recibe al *Nilo Azul* (Baḥr al-Azraq), y, aguas abajo, al Atbara. Atraviesa Nubia y Egipto, y alcanza El Cairo, donde comienza el delta en el Mediterráneo.

NILÓN n. m. Nylon.

NIMBO n. m. (lat. *nimbum*, nube). En la antigüedad, círculo luminoso que se colocaba alrededor de la cabeza de los dioses. **2.** Círculo luminoso que suele figurarse alrededor de la cabeza de las imágenes de Dios y de los santos, así como del centro místico. **3.** Círculo que aparece, algunas veces, alrededor de un astro.

NIMBOESTRATO o **NIMBOSTRATUS** n. m. Capa de nubes bajas que se presentan en forma densa y sombría, característica del mal tiempo.

NIMBUS n. m. Nube de color gris oscuro. (Se utiliza en composición: *cumulonimbus.*) SIN.: *nimbo.*

Nîmes, c. de Francia, cap. del dep. de Gard; 133 607 hab. Centro Industrial. Fue una de las principales ciudades de la Galia romana. Importantes monumentos romanos: anfiteatro (Arenas), templo de estilo corintio, *Maison carrée.*

NIMIEDAD n. f. Calidad de nimio. **2.** Cosa nimia.

NIMIO, A adj. (lat. *nimium*). Insignificante, sin importancia. **2.** Escrupuloso, prolijo, minucioso.

NINFA n. f. (gr. *nymphē*). Muchacha bella y graciosa. **2.** *Fig.* Prostituta. **3.** MIT. GR. Deidad de las aguas, de los bosques y de los campos, de los que personifica la fecundidad y la gracia. **4.** ZOOL. En los insectos con metamorfosis completa, estadio transitorio entre la larva y el imago.

NINFEA n. f. Nenúfar.

NINFÓMANA n. f. y adj. Afecta de ninfomanía.

NINFOMANÍA n. f. Exageración de las necesidades sexuales en la mujer.

NINGÚN adj. indef. Apócope de *ninguno*, que se emplea antepuesto a nombres masculinos: *no tiene ningún vicio*.

NINGUNEAR v. tr. [1]. No tomar en consideración a alguien. **2.** Menospreciar a una persona.

NINGUNO, A adj. y pron. indef. Denota negación total de lo expresado por el nombre al que se aplica o al que se refiere en última instancia: *ninguno protestó*. **2.** Equivale a *uno* con valor determinado cuando éste aparece en oraciones negativas: *no busca ninguna recompensa.* **3.** Equivale a *nadie*, pero añade siempre la idea de individualización respecto a los elementos de un conjunto: *ninguno (de ellos) dijo nada.*

Nínive, c. de la ant. Mesopotamia, a orillas del Tigris. (*Ninivitas*.) Fundada en el VI milenio, se convirtió en capital de Asiria durante el reinado de Senaquerib (705-680 a. J.C.). Su destrucción (612 a. J.C.) marcó el fin del imperio asirio. Restos.

NIÑA n. f. Femenino de *niño*. **2.** Pupila del ojo. • **Niñas de los ojos** (*Fig. y fam.*), persona o cosa muy querida.

NIÑEAR v. intr. [1]. Hacer niñerías.

NIÑERA n. f. Criada encargada del cuidado de los niños.

NIÑERÍA o **NIÑADA** n. f. Acción de niños o propia de ellos. **2.** Acción o dicho impropio de persona adulta. **3.** Cosa, hecho o dicho de poca importancia.

NIÑERO, A adj. Que gusta de los niños o de niñerías.

NIÑEZ n. f. Período de la vida humana, que se extiende desde la infancia a la pubertad. **2.** *Fig.* Primer período de la existencia de una cosa: *la niñez de la civilización.* **3.** *Fig.* Niñería. (Suele usarse en plural.)

NIÑO, A n. y adj. Persona en la etapa de la niñez. **2.** Persona joven: *aún es una niña para casarse.* **3.** *Fig.* Ingenuo, de poca experiencia, que obra irreflexivamente. **4.** *Amér.* En algunos países, tratamiento de respeto que da el servicio a sus empleadores o personas de cierta consideración social, como a los solteros. • **Ni**

qué niño muerto!, se usa para rechazar lo que acaba de decir un interlocutor. ‖ **Niña de mano** (Chile), sirvienta que se ocupa del trabajo de la casa, excluyendo las funciones de la cocina. ‖ **Niño de teta, de pecho o de pañales**, el que aún está en la lactancia. ‖ **Niño mimado**, persona preferida por otra.

Niño (corriente del), prolongación meridional de la contracorriente ecuatorial del Pacífico, que circula frente a las costas de Colombia, de Ecuador y N de Perú. Su reforzamiento durante el verano austral (a partir de diciembre, de allí su nombre) puede adoptar el aspecto de excepcionales incursiones de agua cálida en la zona que corresponde a la corriente de Perú o de Humboldt. — En las aguas ecuatoriales del Pacífico se produce el fenómeno meteorológico de *El Niño* que, debido a un calentamiento anormal de las aguas, induce una corriente en chorro atmosférica e influye en el clima en zonas alejadas de diversos continentes.

NIOBIO n. m. Metal gris, bastante raro, que se encuentra asociado al tántalo en sus minerales, cuyo número atómico es 41, su masa atómica 92,90 y su símbolo químico Nb.

NIPE (sierra de), conjunto montañoso de Cuba (Holguín), al S de la bahía de Nipe; 995 m de alt. en La Mensura. Yacimientos de hierro.

NIPÓN, NA adj. y n. Japonés.

NIPPON → *Japón*.

NÍQUEL n. m. (alem. *Nickel*). Metal blanco grisáceo, brillante y de rotura fibrosa, cuyo número atómico es 28, su masa atómica 58,71 y su símbolo químico Ni. **2.** *Cuba* y *P. Rico*. Moneda de cinco centavos. **3.** *Urug*. Caudal, bienes, dinero. **4.** *Urug*. Moneda.

NIQUELAR v. tr. [1]. Recubrir de una capa de níquel.

NIRGUA, macizo de Venezuela (Yaracuy y Carabobo), en la cordillera de la Costa; 1810 m en La Copa.

NIRVANA n. m. (voz sánscrita). En el pensamiento oriental (principalmente en el budismo), desaparición del dolor.

NÍSPERO n. m. (bajo lat. *nespirum*). Arbusto de hojas grandes y flores blancas, que produce un fruto comestible. (Familia rosáceas.) **2.** Fruto de esta planta. **3.** *Amér*. Zapote, árbol. **4.** *Amér*. Fruto de este árbol.

NÍSPOLA n. f. Fruto aovado y rojizo del níspero.

NIT. n. m. Unidad de luminancia, igual a una candela por metro cuadrado de superficie aparente.

NITIDEZ n. f. Calidad de nítido.

NÍTIDO, A adj. (lat. *nitidum*). Limpio, transparente: *agua nítida*. **2.** No confuso, muy preciso: *imagen nítida*.

NITRACIÓN n. f. Tratamiento polímero por medio del ácido nítrico. **2.** Reacción de sustitución que introduce en una molécula orgánica el radical NO$_2$.

NITRADO, A adj. Dícese de un cuerpo obtenido por nitración.

NITRAR v. tr. [1]. Transformar un compuesto orgánico en derivado nitrado.

NITRATACIÓN n. f. Transformación de ácido nitroso o de un nitrito en nitrato o en ácido nítrico.

NITRATADO, A adj. Impregnado de nitrato: *papel nitratado*. • **Explosivo nitratado**, explosivo formado por nitrato de amonio envuelto en una ligera película de fuel o de gasoil.

NITRATAR v. tr. [1]. Transformar en nitrato. **2.** Incorporar un nitrato.

NITRATO n. m. Sal o éster del ácido nítrico: *nitrato de plata*. SIN.: *azoato*. ‖ **Nitrato de Chile**, nitrato sódico, nitrato potásico y pequeñas cantidades de sales de boro, yodo y otros elementos.

NÍTRICO, A adj. Dícese de las bacterias que realizan la nitratación. • **Ácido nítrico**, compuesto oxigenado derivado del nitrógeno (HNO$_3$), ácido fuerte y oxidante.

NITRIFICACIÓN n. f. Formación aeróbica de nitratos a partir de materias orgánicas, que se realiza en dos fases: nitrosación y nitratación.

NITRIFICAR v. tr. [1a]. Transformar en nitrato.

NITRILO n. m. Compuesto orgánico cuya fórmula contiene el radical —CN.

NITRITO n. m. Sal o éster del ácido nitroso.

NITRO n. m. (lat. *nitrum*; del gr. *nitron*). Nombre usual del nitrato de potasio. **2.** Cualquier sal del ácido nítrico.

NITROBENCENO n. m. Derivado nitrado del benceno, conocido en perfumería con el nombre de *esencia de mirbana*.

NITROCELULOSA n. f. Éster nítrico de la celulosa, base del colodión y de las pólvoras sin humo.

NITROGENACIÓN n. f. Fijación del nitrógeno libre en los tejidos de plantas o de animales.

NITROGENADO, A adj. QUÍM. Que contiene nitrógeno.

NITROGENAR v. tr. [1]. QUÍM. Mezclar o combinar con nitrógeno.

NITRÓGENO n. m. Cuerpo simple gaseoso, incoloro, inodoro e insípido, de número atómico 7, masa atómica 14,006 y símbolo químico N.

NITROGLICERINA n. f. Éster nítrico de la glicerina, líquido oleoso y amarillento que entra en la composición de la dinamita.

NITROSO, A adj. Que contiene nitrógeno: *óxido nitroso*. **2.** QUÍM. Dícese del ácido HNO$_2$. **3.** Dícese de las bacterias que realizan la nitrosación.

NIVAL adj. Relativo a la nieve. **2.** Producido u ocasionado por la nieve: *plantas nivales*.

NIVEL n. m. (bajo lat. *libellum*). Instrumento que sirve para comprobar o realizar la horizontalidad de un plano, o para determinar la diferencia de altura entre dos puntos. **2.** Estado de un plano horizontal. **3.** Grado de elevación de una línea de un plano en relación a una superficie horizontal de referencia. **4.** Grado de elevación de la superficie de un líquido. **5.** Valor alcanzado por una magnitud. **6.** Fase o etapa del sistema educacional con unos objetivos y tipo de estudios que la caracterizan: *nivel superior o universitario*. **7.** Situación de una cosa en relación a otra, equilibrio: *el nivel de precios del año pasado*. **8.** Grado social, intelectual, moral, de clases, de categoría, de mérito: *él no está a tu mismo nivel*. • **A nivel**, en un plano horizontal; en línea recta. ‖ **Curva de nivel**, línea imaginaria que une los puntos de la misma altitud, y que se utiliza para representar el relieve en un mapa. ‖ **Nivel de burbuja**, nivel formado por un tubo de cristal que contiene un líquido muy movible (alcohol o éter) y una burbuja de gas. ‖ **Nivel de energía**, valor de la energía de una partícula, del núcleo de un átomo o de una molécula que existe en estado estacionario. ‖ **Nivel de lengua**, carácter de la utilización de una lengua definida por las condiciones de la comunicación y los interlocutores. ‖ **Nivel de vida**, evaluación cuantitativa y objetiva del modo de existencia medio de una nación, de un grupo social, etc. SIN.: *estándar de vida*. ‖ **Nivel mental**, o **intelectual**, grado de desarrollo intelectual de un individuo que se define y mide mediante la aplicación de los llamados tests de inteligencia o tests psicotécnicos.

NIVELACIÓN n. f. Acción y efecto de nivelar. **2.** Acción de medir las diferencias de nivel, de medir los niveles, de poner al mismo nivel o de establecer una base horizontal en un terreno. **3.** Allanamiento de los accidentes del relieve por la erosión. **4.** Acción de igualar las fortunas, las condiciones sociales, etc.

NIVELADORA n. f. Máquina para todo terreno que se utiliza para la nivelación, principalmente de carreteras.

NIVELAR v. tr. [1]. Poner un plano o superficie en la posición horizontal: *nivelar el suelo*. **2.** OBR. PÚBL. Igualar una superficie excavada o terraplenada, rebajándola hasta un plano aproximadamente horizontal. **3.** TECNOL. Medir o verificar con un nivel. ♦ v. tr. y prnl. **4.** *Fig*. Poner o quedar a un mismo nivel, grado o altura: *nivelarse las fortunas*.

NÍVEO, A adj. Poét. De nieve o semejante a ella: *manos níveas*.

NIVOGLACIAR adj. Dícese del régimen de las corrientes de agua que se alimentan de la fusión de la nieve y de los glaciares (máximos de primavera y verano y mínimo invernal).

NIVOPLUVIAL adj. Dícese del régimen de las corrientes de agua que se alimentan de la fusión de la nieve y de las lluvias (máximos de primavera y otoño y mínimo invernal).

NIVOSIDAD n. f. En una región, coeficiente que define la proporción de las precipitaciones sólidas con respecto al total de precipitaciones anuales.

NIXON (Richard), político norteamericano (Yorba Linda, California, 1913-Nueva York 1994). Republicano, fue elegido presidente en 1968. Reelegido en 1972, puso fin a la guerra del Vietnam (1973). Tuvo que dimitir en 1974 a consecuencia del escándalo Watergate.

NIXTAMAL n. m. *Amér. Central* y *Méx*. Maíz preparado para hacer tortillas.

NIZA, en fr. **Nice**, c. de Francia, cap. del dep. de Alpes-Maritimes, en la Costa Azul; 345 674 hab. Universidad. Centro turístico o residencial. Monumentos de los ss. XVII y XVIII en la ciudad antigua. Museos de arte, historia y arqueología, además de los dedicados a Chagall y Matisse.

No, símbolo químico del *nobelio*.

NO adv. Expresa la idea de negación, de rechazo, y se opone a *sí*. **2.** Se usa en frases interrogativas para expresar duda o extrañeza, o para pedir la confirmación de algo que ya se sabe o supone: *¿no vienes?* **3.** Se usa a veces para acentuar la afirmación de la frase a que pertenece: *él lo podrá decir mejor que no yo*. • **A que no**, expresa incredulidad, desafío o incitación. ‖ **No bien**, inmediatamente que, en cuanto. ‖ **No más**, solamente; basta. ‖ **No menos**, expresión con que se pondera alguna cosa. ‖ **No sin**, con. ‖ **No ya**, no solamente.

NO., abrev. de *noroeste*.

NÔ n. m. (voz japonesa). Drama lírico japonés, en el que se combinan la música, la danza y la poesía.

NOBEL (Alfred), industrial y químico sueco (Estocolmo 1833-San Remo 1896). Dedicó toda su vida al estudio de las pólvoras y de los explosivos e inventó la dinamita. En su testamento dispuso la creación de cinco premios anuales para autores de obras literarias, científicas y filantrópicas.

NOBELIO n. m. (de A. *Nobel*). Elemento químico transuránido, de número atómico 102 y símbolo químico No.

NOBILIARIO, A adj. Relativo a la nobleza: *título nobiliario*.

NOBLE adj. y n. m. y f. (lat. *nobilem*). Que por nacimiento o por decisión de un soberano, goza de ciertos privilegios y tiene ciertos títulos. ♦ adj. **2.** Que tiene distinción o señorío: *un aspecto noble*. **3.** Magnánimo, de sentimientos elevados: *una actitud noble*. **4.** Dícese de algunos materiales muy finos o de las unidades más selectas de otros: *un vino noble*. • **Gas noble**, denominación dada a los gases raros de la atmósfera. ‖ **Metal noble**, metal precioso; metal más electronegativo que el hidrógeno.

NOBLEZA n. f. Calidad de noble, generosidad, magnanimidad: *obrar con nobleza*.

NOB

2. Conjunto de los nobles considerados como una clase social privilegiada que, por derecho hereditario o por concesión de los soberanos, gozan de particulares prerrogativas. **3.** Condición de noble.
NOBOA Y ARTETA (Diego), patriota ecuatoriano (Guayaquil 1789-*id.* 1870). Presidente interino (1850) y constitucional (febr. 1851), fue destituido por la revolución de Urbina (julio).
NOCHE. n. f. (lat. *noctem*). Tiempo comprendido entre la puesta y la salida del sol. **2.** Oscuridad que reina durante este tiempo: *hacerse de noche.* **3.** Cuadro que representa una escena o paisaje vistos de noche. **4.** *Fig.* Tristeza: *la noche de sus pensamientos...* • **Ayer noche,** anoche. ‖ **Buenas noches** (*Fam.*), saludo usual durante la noche. ‖ **De la noche a la mañana,** de pronto, de repente, en muy poco espacio de tiempo. ‖ **Hacer noche,** detenerse en algún sitio para dormir. ‖ **Noche y día,** siempre, continuamente. ‖ **Pasar de claro en claro, o en claro, la noche,** pasarla sin dormir.
NOCHEBUENA n. f. Noche de la vigilia de Navidad.
NOCHERO, A adj. y n. m. *Argent.* Dícese del caballo que se reserva para emplearlo por la noche. ♦ adj. y n. **2.** *Argent.* Noctámbulo.
NOCHEVIEJA n. f. Noche comprendida entre el 31 de diciembre y el 1 de enero.
NOCIÓN n. f. (lat. *notionem*). Conocimiento o idea de algo: *no tener noción de lo que pasa.* **2.** Conocimiento elemental: *nociones de gramática.* (Suele usarse en plural.)
NOCIVIDAD n. f. Calidad de nocivo.
NOCIVO, A adj. (lat. *nocivum*). Dañoso, perjudicial: *animales nocivos.* SIN.: *nocible.*
NOCTAMBULAR v. intr. [1]. Pasear o divertirse de noche.
NOCTÁMBULO, A adj. y n. Que acostumbra salir, pasear o divertirse de noche.
NOCTÍVAGO, A adj. y n. *Poét.* Noctámbulo.
NÓCTULO n. m. Murciélago de 9 cm de long., sin la cola. (Familia vespertiliónidos.)
NOCTURNIDAD n. f. Calidad o condición de nocturno.
NOCTURNO, A adj. (lat. *nocturnum*). Relativo a la noche: *club nocturno.* **2.** *Fig.* Solitario, triste. **3.** Dícese de las flores que se abren durante la noche. **4.** Dícese de los animales que se ocultan de día y buscan su alimento por la noche. ♦ adj. y n. f. **5.** Dícese de las rapaces, tales como las lechuzas y los búhos, que constituyen el orden de las estrigiformes. ♦ n. m. **6.** Fragmento musical de carácter soñador y melancólico.
NODAL adj. Relativo al nodo. • **Puntos nodales,** puntos del eje de un sistema óptico tales que, a todo rayo incidente que pase por uno de estos puntos, corresponde un rayo emergente paralelo al primero y que pasa por el otro.
NODO n. m. ASTRON. Cada uno de los puntos opuestos, donde la órbita de un cuerpo celeste que gravita alrededor de otro corta el plano de la órbita de este segundo cuerpo: *nodo ascendente; nodo descendente.* **2.** *Fig.* Punto inmóvil de un cuerpo vibrante o de un sistema de ondas estacionarias. **3.** MED. Nódulo, nudo o nudosidad.
NODRIZA n. f. (lat. *nutricem*). Ama de cría. • **Avión nodriza,** avión cisterna.
NODULAR adj. Relativo a los nódulos.
NÓDULO n. m. (lat. *nodulum*). Nudosidad o concreción de poco tamaño.
NOÉ, en hebr. **Noah,** patriarca bíblico. Cuando Dios resolvió hacer perecer el género humano con el diluvio, le perdonó y le hizo construir un arca (barco) para refugiarse con su familia y una pareja de todos los animales.
NOÉ (Luis Felipe), pintor argentino (Buenos Aires 1933). Formó con Deira, Macció y De La Vega el grupo Otra figuración.

Su neofigurativismo es de un colorido brillante y contrastado.
NOGAL. n. m. Árbol de gran tamaño y gran longevidad (300 a 400 años), que proporciona una madera dura muy apreciada en ebanistería, y cuyo fruto es la nuez. (Familia juglandáceas.)
NOGALES, c. de México (Sonora), puesto fronterizo con E.U.A.; 107 936 hab. Centro industrial y minero. — Mun. de México (Veracruz); 27 524 hab. Industrias textiles y alimentarias.
NOGOYÁ, dep. de Argentina (Entre Ríos); 37 230 hab. Lino, vid; ganado vacuno. Harineras.
NOLASCO (fray Pedro de), grabador francés activo en Perú a mediados del s. XVII.
NOLÍ n. m. *Colomb.* Palma cuyo fruto da aceite.
NÓMADA o **NÓMADE** adj. y n. m. y f. (lat. *nomadem*). Relativo a los pueblos que practican el nomadismo; individuo de dichos pueblos. **2.** Sin residencia fija.
NOMADISMO n. m. Modo de vida caracterizado por el desplazamiento de grupos humanos sin residencia fija con el fin de asegurar su subsistencia. **2.** Desplazamiento de ciertos animales.
NOMADIZACIÓN n. f. Evolución de los sedentarios hacia formas de vida nómadas.
NOMÁS adv. *Argent., Bol., Méx. y Venez.* En oraciones exhortativas, se emplea para añadir énfasis: *pase nomás.* **2.** *Argent., Méx. y Venez.* Sólo, nada más, únicamente: *nomás me quedan dos días de vacaciones.* **3.** *Argent. y Venez.* Apenas, precisamente. **4.** *Méx.* Apenas, inmediatamente después: *nomás llegó y se fue a dormir.*
NOMBRADÍA n. f. Reputación, fama.
NOMBRADO, A adj. Célebre, famoso: *un nombrado poeta.*
NOMBRAMIENTO n. m. Acción y efecto de nombrar. **2.** Elección de designación para un cargo. **3.** Documento en que se faculta para ejercer un cargo u oficio.
NOMBRAR v. tr. (lat. *nominare*) [1]. Citar o hacer referencia particular de una persona o cosa: *oír nombrar a alguien.* **2.** Elegir a uno para desempeñar un cargo o empleo: *nombrar un nuevo cónsul.* **3.** Llamar, decir el nombre de alguien o de algo.
NOMBRE n. m. (lat. *nomen*). Palabra que sirve para designar un ser, una cosa o un conjunto de seres o cosas. **2.** Palabra o palabras que preceden al apellido y designan personalmente a un individuo, como *Pilar, Pedro,* etc. **3.** Conjunto formado por el nombre de los apellidos de un individuo. **4.** Apodo, mote. **5.** Fama, reputación. **6.** LING. Categoría lingüística opuesta funcionalmente a verbo. • **Decir,** o **llamar, las cosas por su nombre,** expresarse con gran franqueza y sin rodeos. ‖ **En nombre de alguien,** bajo su autoridad o responsabilidad. ‖ **No tener nombre** (*Fam.*), ser muy indignante. ‖ **Nombre de pila,** el que se impone en el bautismo.
NOMBRE DE DIOS, sierra de Honduras (Atlántido y Yoro), paralela a la costa del Caribe; 2450 m.
NOMEDEJES n. m. (pl. *nomedejes*). Planta herbácea de flores rosadas o blancas, que crece en América Central. (Familia apocináceas.)
NOMENCLADOR o **NOMENCLÁTOR** n. m. Catálogo o lista de nombres, especialmente de pueblos, de personas o de voces técnicas de una ciencia: *el nomenclátor de las calles de Madrid.*
NOMENCLATURA n. f. Catálogo, lista detallada. **2.** Conjunto de voces técnicas de una ciencia: *nomenclatura química.* **3.** HIST. NAT. Denominación regular de los animales y plantas, establecida según leyes aceptadas internacionalmente.
NOMEOLVIDES n. m. (pl. *nomeolvides*). Planta de flores ordinariamente azules, pequeñas y elegantes. (Familia borragináceas.) SIN.: *miosotis.* **2.** Flor de esta planta.

NÓMINA. n. f. (lat. *nomina*). Lista de nombres de personas o cosas. **2.** Relación del personal contratado por una empresa, en la que figuran para cada perceptor los importes íntegros de sus retribuciones y emolumentos. **3.** *Por ext.* Dichos importes.
NOMINACIÓN n. f. Nombramiento. **2.** Designación para un puesto o cargo.
NOMINADO, A adj. Designado para un puesto o cargo.
NOMINAL adj. Relativo al nombre. **2.** Que o existe sólo de nombre, pero no en realidad. • **Formas nominales del verbo** (GRAM.), formas del verbo que no expresan la persona que realiza la acción (infinitivo, gerundio y participio). ‖ **Valor nominal** (B. Y BOLS.), valor consignado en un título, que generalmente difiere del valor con que se cotiza en bolsa; valor teórico inscrito en una moneda o efecto de comercio.
NOMINALISMO n. m. Doctrina filosófica según la cual a la universalidad propia de los conceptos del entendimiento no corresponde nada real común en los seres individuales a que aquéllos se refieren.
NOMINALISTA adj. y n. m. y f. Relativo al nominalismo; partidario de esta doctrina.
NOMINAR v. tr. [1]. Nombrar. **2.** Designar para un puesto o cargo.
NOMINATIVO, A adj. Dícese de los títulos del estado o de las sociedades mercantiles que han de llevar el nombre de su propietario, en oposición a los que son al portador. ♦ **nominativos** n. m. pl. **2.** *Fig. y fam.* Nociones o principios de cualquier cosa.
NOMO o **GNOMO** n. m. MIT. Ser pequeño y deforme que, según los cabalistas, vive en el interior de la Tierra guardando sus riquezas. **2.** *Poét.* Ser fantástico.
NON adj. y n. m. Impar, indivisible por dos: *números nones.* (Suele usarse en plural.) ♦ **nones** n. m. pl. y adv. neg. **2.** *Fam.* No: *dijo nones a todas mis peticiones.*
NONADA n. f. Cosa muy pequeña o de muy poca importancia.
NONAGENARIO, A adj. y n. De edad comprendida entre los noventa y los cien años.
NONAGÉSIMO, A adj. num. ord. Que corresponde en orden al número noventa.
NONATO, A adj. No nacido naturalmente sino extraído del vientre de la madre. **2.** *Fig.* No sucedido o aún no existente.
NONIGENTÉSIMO, A adj. num. ord. Que corresponde en orden al número novecientos. ♦ adj. y n. **2.** Dícese de cada una de las novecientas partes en que se divide un todo.
NONIS adj. *Amér.* Central. Insuperable.
NONO, A adj. Noveno. ♦ n. **2.** *Argent. y Urug.* Abuelo, padre o madre del padre o de la madre.
NONÚPLO, A adj. y n. m. Que contiene nueve veces una magnitud, un valor determinado.
NOPAL n. m. (azteca *nopalli*). Planta crasa cuyo fruto, el higo chumbo, es comestible. (Crece en los países cálidos de América. Familia cactáceas.) SIN.: *chumbera.* **2.** Penca del nopal.
NOPALITOS n. m. pl. *Méx.* Hojas tiernas de nopal guisadas.
NOQUEAR v. tr. [1]. En boxeo, dejar un púgil fuera de combate a su adversario por k.o.
NORCOREANO, A adj. y n. De Corea del Norte.
NORDESTE, región de Brasil, entre los estados de Bahía y de Pará, que se extiende sobre más de 1,5 millones de km² y cuenta con 40 millones de hab. aprox. La alternancia de sequías y de inundaciones contribuye a un intenso éxodo rural.
NÓRDICO, A adj. Relativo al norte. ♦ adj. y n. **2.** De los países escandinavos. ♦ adj. y n. m. **3.** Dícese de las lenguas germánicas habladas en los países escandinavos.

NORESTE o **NORDESTE** n. m. Punto del horizonte entre el norte y el este, a igual distancia de ambos (abrev. NE). **2.** Región o lugar situados en esta dirección. ♦ adj. y n. m. **3.** Dícese del viento que sopla de esta parte.

NORFOLK, condado del E de Gran Bretaña, junto al mar del Norte; 5355 km²; 686 000 hab.; cap. *Norwich*.

NORFOLK, c. y puerto de Estados Unidos (Virginia); 261 229 hab. Centro comercial.

NORIA n. f. (ár. *nā'ūra*). Máquina para elevar agua, formada por una serie de cangilones unidos a una cadena sin fin, que entran invertidos en el pozo y salen llenos de líquido. **2.** Artefacto de feria que consiste en una rueda que gira verticalmente y de la que cuelgan asientos.

NORIEGA (Manuel Antonio), militar y político panameño (Panamá 1939). Comandante en jefe del ejército (1983), se hizo con el poder. En 1989, tras la invasión norteamericana de Panamá, fue capturado, juzgado y condenado por narcotráfico en E.U.A.

NORMA n. f. (lat. *normam*). Escuadra que usan los artífices para arreglar y ajustar los maderos, piedras y otras cosas. **2.** Regla general sobre la manera como se debe obrar o hacer una cosa, o por la que se rigen la mayoría de las personas. **3.** Uso, costumbre: *hacer algo por norma*. **4.** DER. Mandato que establece la forma en que ha de ordenarse una relación social. **5.** LING. En las gramáticas normativas, conjunto de caracteres lingüísticos a que se ajusta la «corrección» gramatical. **6.** MAT. Magnitud asociada a cada uno de los elementos de un espacio vectorial, cuyas propiedades generalizan las del valor absoluto para los números reales y las del módulo para los números complejos. **7.** TECNOL. Regla que fija las características de un objeto fabricado, así como las condiciones técnicas de fabricación.

NORMADO, A adj. MAT. Dícese de un sistema de coordenadas cuyos ejes tienen vectores unitarios de igual longitud. **2.** MAT. Dícese de un espacio vectorial que posee una norma.

NORMAL adj. Conforme a la regla, a la norma. **2.** Dícese de lo que por su acomodación a la naturaleza o al uso o por su frecuencia, no produce extrañeza. **3.** MAT. Perpendicular. **4.** QUÍM . Dícese de una solución tipo, que sirve para las mediciones químicas y que contiene un equivalente gramo activo por litro. ♦ n. f. **5.** MAT. Recta perpendicular.

NORMALIDAD n. f. Calidad o condición de normal: *reinar la normalidad en un país.* **2.** QUÍM. Concentración de una solución, comparada con la de una solución normal.

NORMALIZACIÓN n. f. Acción y efecto de normalizar. **2.** TECNOL. Unificación de las medidas y calidades de los productos industriales o manufacturados, para simplificar la fabricación y reducir el coste de los mismos.

NORMALIZAR v. tr. **[1g]**. Hacer que algo sea normal o recuperar la normalidad. **2.** Fijar normas.

NORMANDÍA, fr. **Normandie,** región histórica del N de Francia, formada por las act. regiones administrativas de *Alta Normandía* y *Baja Normandía*. El E forma parte del macizo Armoricano y el O de la Cuenca de París.

NORMANDO, A adj. y n. De Normandía. **2.** Relativo a unos pueblos procedentes de Escandinavia (noruegos, daneses, suecos) que durante la alta edad media realizaron incursiones por las costas de Europa; individuo de estos pueblos.

NORMATIVA n. f. Conjunto de normas aplicables a una determinada materia o actividad: *la normativa laboral.*

NORMATIVO, A adj. Que sirve de norma o la implica. • **Gramática normativa,** gramática concebida como un conjunto de reglas resultantes de una norma fundada en valores socioculturales.

NORNORESTE o **NORNORDESTE** n. m. Punto del horizonte entre el norte y el noreste, a igual distancia de ambos (abrev. NNE). ♦ adj. y n. m. **2.** Dícese del viento que sopla de esta parte.

NORNOROESTE n. m. Punto del horizonte entre el norte y el noroeste, a igual distancia de ambos (abrev. NNO). ♦ adj. y n. m. **2.** Dícese del viento que sopla de esta parte.

NOROCCIDENTAL *(planicie costera),* región de México, al S del desierto de Sonora, limitada al E por la sierra Madre occidental. Costa baja, con numerosos esteros y albuferas. Principales núcleos urbanos: Ciudad Obregón, Los Mochis y Culiacán.

NOROESTE n. m. Punto del horizonte situado entre el norte y el oeste, a igual distancia de ambos (abrev. NO). **2.** Región o lugar situados en esta dirección. ♦ adj. y n. m. **3.** Dícese del viento que sopla de esta parte.

NOR-ORIENTAL DEL MARAÑÓN, región administrativa de Perú que comprende los departamentos de Amazonas, Cajamarca y Lambayeque; 86 728 km²; 2 582 000 hab.

NORTE n. m. (fr. *nord*). Uno de los cuatro puntos cardinales, en la dirección de la estrella Polar. **2.** Lugar de la Tierra o de la esfera celeste que, respecto de otro, se halla situado en dirección a este punto cardinal. **3.** Parte de un todo que se encuentra en esta dirección. **4.** *Fig.* Meta, fin a que se tiende o que se pretende conseguir. ♦ adj. y n. m. **5.** Dícese del viento que sopla del norte.

NORTE, puerto de Argentina, en la costa atlántica (Buenos Aires). Constituye el límite S del Río de la Plata y de la bahía de Samborombón.

NORTE *(isla del),* en ingl. **North island,** una de las dos grandes islas de Nueva Zelanda; 114 600 km²; 2 414 000 hab. C. pral. *Auckland* y *Wellington*.

NORTE *(mar del),* mar del NO de Europa, formado por el Atlántico. Baña Francia, Gran Bretaña, Noruega, Dinamarca, Alemania, Países Bajos y Bélgica. En los estuarios que desembocan en él se encuentran la mayor parte de los grandes puertos europeos (Rotterdam, Londres, Amberes, Hamburgo). El subsuelo contiene importantes yacimientos de hidrocarburos.

NORTE o **DE LA CULATA** *(sierra),* sierra de Venezuela que se extiende de SO a NE frente al lago Maracaibo; 4762 m en Piedras Blancas o Pan de Azúcar.

NORTE CHICO, región fisiográfica de Chile (Atacama, Coquimbo y Valparaíso), entre los valles del Copiapó y el Aconcagua. Árida y accidentada por los Andes. Minas de cobre, hierro y manganeso.

NORTE DE SANTANDER *(departamento de),* dep. del NE de Colombia; 20 815 km²; 883 884 hab. Cap. *Cúcuta.*

NORTE GRANDE, región fisiográfica de Chile (Tarapacá, Antofagasta, Atacama y Coquimbo), una de las áreas más áridas del mundo (desiertos y salares). Minería (cobre, molibdeno, nitrato); pesca.

NORTEADO, A adj. *Méx. Vulg.* Desorientado, perdido.

NORTEAFRICANO, A adj. y n. Del N de África.

NORTEAMERICANO, A adj. De América del Norte. ♦ adj. y n. **2.** De Estados Unidos de América.

NORTEAR v. tr. **[1]**. Observar el norte para emprender un viaje, especialmente por mar. ♦ v. intr. **2.** Hacer rumbo al norte. **3.** Declinar el viento hacia el norte. ♦ **nortearse** v. pron. **4.** *Méx.* Perder la orientación: *al dar la vuelta nos norteamos.*

NORTEÑO, A adj. y n. Relativo al norte; habitante u originario de estos países o regiones.

NORTINO, A adj. y n. *Chile* y *Perú.* Norteño.

NORUEGA, en noruego **Norge,** estado del N de Europa, situado al *mar de Noruega;* 325 000 km²; 4 300 000 hab. (*Noruegos.*) CAP. *Oslo.* LENGUA OFICIAL: *noruego.* MONEDA: *corona.*

GEOGRAFÍA

Noruega, que ocupa la parte occidental de la península escandinava, se extiende sobre más de 1530 km, y es una región montañosa (al margen del N, donde dominan las mesetas) y boscosa, con un litoral recortado por fiordos, donde se ubican las principales ciudades (Oslo, Bergen, Trondheim y Stavanger). A pesar de la latitud, el clima, suavizado por la influencia oceánica, permite, por lo menos en el S, los cultivos (cereales y patatas). No obstante, la ganadería (bovina y ovina) reviste mayor importancia. Constituye uno de los fundamentos de la economía, que se basa aún en la explotación forestal y en las industrias derivadas de ésta, en la pesca (arenque sobre todo), en los beneficios obtenidos de la marina mercante y sobre todo en la explotación de los yacimientos de petróleo y gas natural del mar del Norte. La metalurgia y la química (relacionadas con la abundante producción hidroeléctrica) son los sectores industriales dominantes.

HISTORIA

Los orígenes. Ss. VIII-XI: los vikingos se aventuraron hacia las islas Británicas, el imperio carolingio y Groenlandia. Estas expediciones pusieron a Noruega en contacto con la cultura occidental y contribuyeron a su constitución como estado. 995-1000: el rey Olav I inició la conversión al cristianismo de sus vasallos. 1016-1030: esta obra fue proseguida por Olav II Haraldsson o san Olav, que murió luchando contra los daneses.
La edad media. S. XII: las querellas dinásticas debilitaron el poder real. 1163: Magnus V Erlingsson fue consagrado rey de Noruega. La Iglesia otorgó así una autoridad espiritual a la monarquía noruega. 1223-1263: Haakon IV Haakonsson estableció su autoridad en las islas del Atlántico (Feroe, Orcadas y Shetland), así como en Islandia y en Groenlandia. 1263-1280: su hijo Magnus VI Lagaböte mejoró la legislación y la administración. S. XIII: los mercaderes de la Hansa establecieron su supremacía económica en el país. 1319-1343: Magnus VII Eriksson unió momentáneamente Noruega y Suecia. 1363: su hijo Haakon VI Magnusson (1343-1380) casó con Margarita, hija de Valdemar, rey de Dinamarca. 1380-1387: Margarita, regente, gobernó Dinamarca y Noruega en nombre de su hijo Olav, menor de edad. 1389: restableció los derechos de su marido en Suecia.
De la Unión a la independencia. 1396: Erik de Pomerania fue proclamado soberano de los tres reinos, cuya unión se consagró en Kalmar (1397). 1523: Suecia recuperó su independencia. Durante tres siglos, Noruega permaneció bajo dominio de los reyes de Dinamarca, que le impusieron el luteranismo y la lengua danesa. S. XVII: Noruega se vio inmersa en los conflictos europeos; perdió Jämtland (1645) y Trondheim (1658) en beneficio de Suecia. S. XVIII: la economía noruega experimentó un auténtico auge. Maderas, metales y pescado se exportaron en grandes cantidades. 1814: por el tratado de Kiel, Dinamarca cedió Noruega a Suecia. Los noruegos denunciaron de inmediato este acuerdo, pero la invasión sueca les obligó a aceptar la unión. Noruega obtuvo una constitución propia, con una Asamblea (Storting), constituyendo cada estado un reino autónomo

bajo la autoridad de un mismo rey. 1884: el jefe de la resistencia nacional, Johan Sverdrup, consiguió un régimen parlamentario. 1898: se instituyó el sufragio universal.

La Noruega independiente. 1905: tras un plebiscito decidido por el Storting, se produjo la ruptura con Suecia. Noruega eligió a un príncipe danés, que se convirtió en rey con el nombre de Haakon VII. Rápidamente, el país se transformó en una democracia; se implantó una legislación social. 1935: la importancia de la clase obrera llevó a los laboristas al poder. 1940-1945: los alemanes ocuparon Noruega. El rey y el gobierno se instalaron en Gran Bretaña, mientras que el jefe del partido pronazi, Quisling, tomaba el poder en Oslo. 1945-1965: los laboristas practicaron una política intervencionista. 1957: Olav V sucedió a su padre Haakon VII. 1965-1971: una coalición que agrupaba a conservadores, liberales y agrarios accedió al poder. 1972: un referéndum rechazó la entrada de Noruega en el Mercado común. 1991: Harald V sucedió a su padre Olav V. La vida política está dominada por los laboristas y los conservadores, que se alternan en el poder. 1992: Noruega solicitó de nuevo su adhesión a la C.E.E., rechazada por referéndum en 1994. 2000: El primer ministro K. M. Bondevik (demócrata-cristiano) renunció. 2001: el partido Laborista perdió las elecciones legislativas.

NORUEGO, A adj. y n. De Noruega. ♦ n. m. **2.** Conjunto de lenguas nórdicas habladas en Noruega.

NOS pron. pers. átono. Forma átona del pronombre personal de primera persona del plural *nosotros, nosotras*, en función de complemento directo e indirecto: *creo que nos ha visto; nos dieron el premio.* ♦ pron. pers. tónico de 1.ª persona. **2.** Se usa como sujeto, con sentido singular, aunque con concordancia plural, por jerarcas de la Iglesia en ocasiones solemnes: *nos os bendecimos.*

NOSEOLOGÍA o **GNOSEOLOGÍA** n. f. (del gr. *gnósis*, conocimiento). FILOS. Ciencia o doctrina del conocimiento.

NO-SER n. m. FILOS. Contrario a ser, y, generalmente, equivalente a nada.

NOSIS o **GNOSIS** n. f. (gr. *gnósis*). En el misticismo y corrientes afines, saber absoluto.

NOSOCOMIAL adj. Dícese de la infección contraída durante la estancia en un medio hospitalario.

NOSOTROS, AS pron. pers. de 1.ª persona del plural. Forma tónica apta para todas las funciones gramaticales: *nosotros lo hicimos.* **2.** Sustituye a *yo*, como plural de modestia, en algunos escritos o conferencias en que se exponen opiniones o críticas propias.

NOSTALGIA n. f. Tristeza por encontrarse lejos del país natal o de algún lugar querido. **2.** Tristeza que acompaña al recuerdo de épocas o personas a las que uno se siente vinculado afectivamente: *nostalgia del pasado.*

NOSTICISMO o **GNOSTICISMO** n. m. Sistema filosófico y religioso, cuyos adeptos pretendían poseer un conocimiento completo y trascendental de todo.

NÓSTICO, A o **GNÓSTICO, A** adj. y n. (gr. *gnósticos*). Relativo al nosticismo; adepto de este sistema.

NOTA n. f. (lat. *notam*). Escrito breve hecho para recordar algo o con intención de desarrollarlo después: *las notas de una conferencia.* **2.** Noticia breve, comunicación sucinta: *le dejé una nota en la portería.* **3.** Calificación, apreciación dada en palabras o números sobre la conducta o el trabajo de un alumno, un empleado, etc.: *sacar buenas notas.* **4.** Cuenta, factura global o detallada de gastos: *pedir la nota al camarero.* **5.** Aspecto, detalle, elemento que tiene determinado carácter que se expresa: *la tolerancia es la nota más destacada de su carácter.* **6.** Fama, reputación: *una casa de mala nota.* **7.** *Méx.* Documento que se da como comprobante de pago de una compra o servicio. **8.** IMPR. Llamada que se pone en un texto para advertir al lector que consulte la anotación correspondiente que se halla al margen o al pie de la página, o al final de la obra; la adición o anotación misma. **9.** MÚS. Signo convencional cuya misión es representar gráficamente un sonido musical; sonido representado por este signo. • **Dar la nota** a alguien (*Fig.* y *fam.*), llamar la atención, especialmente de forma negativa. ‖ **Tomar nota**, apuntar; fijarse bien en algo para tenerlo luego en cuenta.

NOTABLE adj. Digno de ser tenido en cuenta, importante: *un acontecimiento notable.* ♦ n. m. **2.** Persona principal en una colectividad. (Suele usarse en plural.) **3.** En la calificación de exámenes, nota inferior al sobresaliente y superior al aprobado: *notable en matemáticas.*

NOTACIÓN n. f. Anotación. **2.** Sistema de signos empleados en una ciencia, arte, etc.: *notación musical.*

NOTAR v. tr. (lat. *notare*) **[1].** Ver, sentir o advertir una cosa: *notar que a uno le miran.* • **Hacerse notar,** hacer alguien algo para atraer hacia sí la atención de los demás. ♦ **notarse** v. pron. **2.** Ser perceptible: *se nota que está cansado.*

NOTARÍA n. f. Profesión de notario. **2.** Oficina donde despacha el notario.

NOTARIADO, A adj. Dícese del que está autorizado ante notario o abonado con fe notarial. ♦ n. m. **2.** Carrera, profesión o ejercicio de notario. **3.** Colectividad de notarios.

NOTARIAL adj. Relativo al notario. **2.** Hecho o autorizado por notario. **3.** Que goza de fe pública extrajudicial.

NOTARIO, A n. (lat. *notarium*). Funcionario autorizado por la ley para dar fe pública de los contratos, testamentos y otros actos extrajudiciales.

NOTICIA n. f. (lat. *notitiam*). Comunicación o información, en especial de un acontecimiento reciente. **2.** Noción, conocimiento elemental. • **Noticia bomba** (*Fam.*), la impresionante y sensacional.

NOTICIARIO n. m. Programa de radio o de televisión o película cinematográfica en que se transmiten o dan noticias.

NOTICIERO, A adj. y n. Portador de noticias. **NOTICIÓN** n. m. *Fam.* Noticia bomba.

NOTICIOSO, A adj. Que tiene o contiene noticia de una cosa. **2.** Erudito. ♦ n. m. **3.** *Amér.* Programa de radio o de televisión en que se transmiten noticias.

NOTIFICACIÓN n. f. Acción y efecto de notificar. **2.** Documento en que se notifica o se hace constar algo: *recibir una notificación judicial.*

NOTIFICAR v. tr. **[1a].** Comunicar o dar una noticia.

NOTORIEDAD n. f. Calidad de notorio. **2.** Nombradía, fama.

NOTORIO, A adj. (lat. *notorium*). Que se manifiesta con evidencia: *semejanza notoria.* **2.** Conocido o sabido por todos: *hecho notorio.*

NOTTINGHAM, c. de Gran Bretaña, a orillas del Trent, cap. del condado de *Nottinghamshire* (2 164 km²; 980 600 hab.); 271 000 hab. Centro industrial. Castillo reconstruido en el s. XVII (museo).

NOUAKCHOTT o **NUWAQSOT**, c. y cap. de Mauritania, cerca del Atlántico; 393 325 hab. Ciudad creada en 1958.

NOUMÉA, c. y cap. de Nueva Caledonia; 65 110 hab. Puerto.

NOÚMENO n. m. (gr. *noumenon*). FILOS. Para Kant, concepto de la cosa en sí, concebida como más allá de toda experiencia posible, por oposición a *fenómeno*.

NOVA n. f. Estrella que, al aumentar bruscamente de brillo, parece formar una nueva estrella.

NOVACIÓN n. f. DER. Sustitución de una obligación por otra que extingue o modifica la primera.

NOVALIS (Friedrich, barón **von Hardenberg**, llamado), escritor alemán (Wiederstedt 1772-Weissenfels 1801). Unió el misticismo a una explicación alegórica de la naturaleza en sus poemas (*Himnos a la noche*, 1800).

NOVÁS CALVO (Lino), escritor cubano (Granas de Sor, La Coruña, 1905-† 1982). Escribió novelas y cuentos realistas con técnicas cinematográficas (*El negrero*, 1933; *Cayo Canas*, 1946).

NOVATADA n. f. Broma que en una colectividad hacen los antiguos a los compañeros novatos. **2.** Contratiempo o dificultad que se experimenta al hacer algo por falta de experiencia: *pagar la novatada.*

NOVATO, A adj. y n. Dícese de la persona nueva en algún sitio o principiante en cualquier actividad u oficio.

NOVECENTISMO n. m. Denominación dada a algunas tendencias o movimientos literarios y artísticos del primer tercio del s. XX.

NOVECIENTOS, AS adj. num. cardin. y n. m. Nueve veces ciento. ♦ adj. num. ordin. y n. m. **2.** Que corresponde en orden al número novecientos.

NOVEDAD n. f. Calidad de nuevo; cosa nueva. **2.** Cambio introducido o surgido en una cosa: *no hay novedad en su estado de salud.* **4.** Suceso reciente, noticia: *página de las novedades de la semana.* **5.** Género o mercancía de moda: *presentar las últimas novedades en el vestir.* (Suele usarse en plural.)

NOVEDOSO, A adj. Que tiene o constituye novedad. **2.** *Amér.* Novelero, novelesco.

NOVEL adj. (cat. *novell*). Principiante y sin experiencia: *un pintor novel.* **2.** En boxeo, categoría de boxeador aficionado.

NOVELA n. f. (ital. *novella*). Obra de ficción que consiste en una narración en prosa de considerable extensión, cuyo interés estriba en la descripción de aventuras, el estudio de costumbres o de caracteres y el análisis de sentimientos o de pasiones. **2.** Género literario constituido por esta clase de narraciones: *la novela de aventuras.* **3.** Aventura desprovista de verosimilitud: *esta explicación tiene todo el aire de una novela.*

NOVELAR v. intr. y tr. **[1].** Escribir novelas o relatar en forma de novela. ♦ v. intr. **2.** *Fig.* Contar patrañas o chismes.

NOVELERÍA n. f. Calidad de novelero. **2.** Fantasía, ficción. **3.** Chismes, habladurías.

NOVELERO, A adj. y n. Aficionado a fantasías y ficciones. **2.** Aficionado a las habladurías, chismoso. **3.** Aficionado a las novelas.

NOVELESCO, A adj. Propio o característico de las novelas: *relatos novelescos.* **2.** Que parece de novela, por ser fantástico, interesante o extraordinario: *aventura novelesca.*

NOVELISTA n. m. y f. Autor de novelas.

NOVELÍSTICA n. f. Tratado histórico o preceptivo de la novela. **2.** Literatura novelesca.

NOVELÓN n. m. *Desp.* Novela dramática, extensa y generalmente mal escrita.

NOVENA n. f. Oraciones, actos de devoción realizados durante nueve días seguidos.

NOVENARIO n. m. Período de nueve días que se dedica a la memoria de un difunto. **2.** Período de nueve días en honor de un santo determinado.

NOVENO, A adj. num. ordin. Que corresponde en orden al número nueve. ♦ adj. y n. m. **2.** Dícese de cada una de las nueve partes en que se divide un todo.

NOVENTA adj. num. cardin. y n. m. Nueve veces diez. ♦ adj. num. ordin. y n. m. 2. Nonagésimo. 3. Dícese de la década que empieza en el año noventa y termina en el cien.

NOVENTAVO, A adj. y n. m. Dícese de cada una de las noventa partes iguales en que se divide un todo.

NOVENTÓN, NA adj. y n. Nonagenario: *un hombre noventón.*

NÓVGOROD, c. de Rusia, al S de San Petersburgo; 229 000 hab. Tras liberarse de la tutela de Kíev (s. XII), fue una ciudad mercantil libre (1136-1478), donde se creó una factoría de la Hansa (s. XIII).

NOVIAR v. intr. [1t]. *Argent.* Entablar una relación amorosa sin mayor compromiso, flirtear.

NOVIAZGO n. m. Período en que dos personas son novios: *un largo noviazgo.* 2. Relaciones que mantienen durante este período: *romper el noviazgo.*

NOVICIADO n. m. Tiempo de prueba impuesto a los novicios antes de pronunciar los primeros votos. 2. Casa o residencia donde viven los novicios. 3. Régimen a que están sometidos los novicios. 4. Conjunto de los novicios. 5. *Fig.* Tiempo o período que dura un aprendizaje.

NOVICIO, A adj. y n. (lat. *novicium*). Dícese de la persona que, habiendo ingresado en una orden o congregación religiosa, se encuentra en el período de prueba previo a la formulación de votos y a su admisión definitiva. 2. *Fig.* Nuevo, principiante: *ser novicio en una materia.* 3. *Fig.* Muy modesto y moderado en su conducta.

NOVIEMBRE n. m. (lat. *novembrem*). Undécimo mes del año.

NOVILLADA n. f. TAUROM. Conjunto de novillos. 2. TAUROM. Corrida en la que se lidian novillos.

NOVILLERO n. m. Hombre que cuida de los novillos. 2. Lidiador de novillos, que no ha recibido todavía la alternativa de matador.

NOVILLO n. m. Toro o vaca de dos o tres años, especialmente cuando no están domados. 2. *Chile.* Ternero castrado.

NOVILUNIO n. m. Conjunción de la Luna con el Sol. SIN.: *luna nueva.*

NOVIO, A n. (bajo lat. *novius*). Persona respecto a otra con la que mantiene relaciones amorosas con vistas a casarse. 2. Cada uno de los contrayentes el día de la boda. 3. Recién casado. • **Quedarse compuesta y sin novio** (Fam.), no lograr algo que se esperaba después de haber hecho planes y preparativos creyéndolo seguro. ♦ n. m. 4. *Colomb., Ecuad.* y *Venez.* Planta geranácea de flores rojas, muy común en los jardines.

NOVÍSIMO, A adj. Último en el orden de las cosas. ♦ n. m. 2. TEOL. Cada una de las cuatro postrimerías del hombre (muerte, juicio, infierno y gloria).

NOVO (Salvador), escritor mexicano (México 1904-id. 1974). Perteneciente al grupo Contemporáneos, escribió poesía (*Nuevo amor*, 1933), relatos, obras teatrales (*La culta dama*, 1951; *Ha vuelto Ulises*, 1962), guiones de cine, crónicas y ensayos.

NOVOA (Leopoldo), pintor y ceramista uruguayo (Montevideo 1919), autor del inmenso mural del estadio del Cerro, de estilo informalista.

NOVOHISPANO, A adj. y n. Relativo a Nueva España: *los virreyes novohispanos.*

NUBARRÓN n. m. Nube grande, de aspecto negruzco.

NUBE n. f. (lat. *nubem*). Conjunto de finas partículas de agua, líquidas o sólidas, que se mantienen en suspensión gracias a los movimientos verticales del aire. 2. Lo que forma una masa: *nube de humo, de insectos.* 3. *Fig.* Cualquier cosa que oscurece la vista. 4. *Fig.* Lo que ofusca la inteligencia o altera la serenidad. 5. *Fig.* Multitud de personas o cosas juntas: *una nube de fotógrafos.* • **Como caído de las nubes,** de pronto, de forma inesperada. ‖ **En las nubes,** distraído. ‖ **Nube de verano,** tormenta repentina de poca duración; *(Fig.),* disgusto o enfado pasajeros. ‖ **Nube radiactiva,** nube de polvo, partículas y vapor que se forma a consecuencia de una explosión nuclear en la atmósfera. ‖ **Poner en,** o **por, las nubes,** alabar a alguien o algo. ‖ **Por las nubes,** a un precio muy elevado.

NUBIA, región del NE de África, correspondiente a la parte septentrional del estado de Sudán y al extremo S de Egipto. (*Nubios.*) Llamada por los egipcios «país de Kuš».

NUBIENSE adj. y n. m. y f. Nubio.

NÚBIL adj. Que está en edad de casarse o en las condiciones requeridas para el matrimonio.

NUBIO, A adj. y n. De Nubia.

NUBLADO, A adj. Cubierto de nubes. ♦ n. m. 2. Nube, particularmente la que amenaza tempestad. 3. *Fig.* Nube, multitud de cosas juntas. 4. *Fig.* Aquello que perturba o inquieta.

NUBLAR v. tr. y pron. [1]. Formarse nubes, cubrirse el cielo de nubes. 2. *Fig.* Enturbiar la vista: *sus ojos se nublaron de ira.* 3. *Fig.* Confundir, turbar: *nublar el entendimiento.* 4. *Fig.* Empañar, oscurecer.

NUBLO, A adj. (lat. *nubilum*). Nubloso, cubierto de nubes.

NUBLOSO, A adj. Cubierto de nubes. 2. *Fig.* Desgraciado, adverso.

NUBOSIDAD n. f. Estado del tiempo en que el cielo aparece cubierto de nubes, en mayor o menor grado, referido generalmente a un momento dado y sobre una estación determinada.

NUBOSO, A adj. Con abundantes nubes: *cielo nuboso.*

NUCA n. f. (ár. *nuhāc*). Región anatómica que corresponde a la parte posterior del cuello.

NUCHE n. m. *Argent.* Tábano. 2. *Colomb.* Larva que se introduce en la piel de los animales.

NUCLEACIÓN n. f. Formación, en un medio de estructura y de composición definidas, de gérmenes que constituyen centros de desarrollo de una nueva estructura física o química.

NUCLEADO, A adj. BIOL. Que posee uno o varios núcleos.

NUCLEAR adj. Relativo al núcleo del átomo y a la energía que se desprende de él: *fisión nuclear.* 2. BIOL. Relativo al núcleo de la célula.

NUCLEARIZACIÓN n. f. Sustitución de las fuentes de energía tradicionales por energía nuclear.

NUCLEARIZAR v. tr. [1g]. Realizar la nuclearización.

NUCLEICO, A adj. Dícese de los ácidos fosforados, que son uno de los constituyentes fundamentales del núcleo de la célula. Existen dos tipos de ácidos nucleicos: el *ácido desoxirribonucleico* (ADN) y el *ácido ribonucleico* (ARN).

NUCLEIDO n. m. Núcleo atómico caracterizado por su número de protones y por su número de neutrones.

NÚCLEO n. m. (lat. *nucleum*; de *nucem, nuez*). Parte central de un objeto, de densidad distinta a la de la masa. 2. Parte alrededor de la cual se organiza un grupo, un conjunto o un sistema: *el núcleo de una reunión.* 3. Pequeño grupo de individuos que forman un elemento esencial: *núcleos de resistencia.* 4. ASTRON. Concentración de materia en el centro de una galaxia. 5. CIT. Cuerpo esférico que posee toda célula, formado por una nucleoproteína, la cromatina, y por uno o varios nucléolos. 6. FÍS. Parte central de un átomo, formada por protones y neutrones y donde está concentrada la casi totalidad de su masa. 7. GEOL. Parte central del globo terrestre.

NUCLÉOLO n. m. Cuerpo esférico rico en ARN que se encuentra en el interior del núcleo de las células.

NUCLEÓN n. m. Partícula constituyente del núcleo de un átomo.

NUCLEÓNICO, A adj. Relativo a los nucleones.

NUCLEÓTIDO n. m. Prótido que resulta de la unión de un nucleósido con ácido fosfórico, y que forma parte de la composición de los ácidos nucleicos.

NUCO n. m. *Chile.* Ave de rapiña, nocturna, semejante a la lechuza.

NUDILLO n. m. Artejo, cualquiera de las articulaciones de las falanges de los dedos.

NUDISMO n. m. Doctrina que defiende la vida al aire libre en un estado de completa desnudez. SIN.: *desnudismo, naturismo.*

NUDISTA adj. y n. m. y f. Relativo al nudismo; que practica el nudismo. SIN.: *desnudista, naturista.*

NUDO n. m. (lat. *nodum*). Entrelazamiento de uno o más cuerpos flexibles, como cuerda, hilo, etc., que se hace para sujetar o atar, o para unir cuerpos entre sí. 2. *Fig.* Vínculo que une a las personas entre sí. 3. Porción dura o abultamiento en un sólido. 4. Punto donde se cruzan o de donde arrancan varias cosas: *la ciudad como importante nudo de comunicaciones.* 5. *Fig.* Punto principal de un problema que hay que resolver: *éste es el nudo de la cuestión.* 6. Punto del tallo donde se insertan a la vez una hoja o un grupo de hojas, una rama o un grupo de ramas, o al menos una yema axilar, y donde las fibras leñosas toman una nueva orientación. 7. Excrecencia leñosa que se produce en el tronco y las ramas de algunos árboles. 8. Punto de una red eléctrica donde coinciden por lo menos tres conductores lineales recorridos por corriente. 9. Momento de una obra teatral o de una novela en que la intriga llega a su punto de máximo interés, pero en el que todavía no se conoce el desenlace. 10. Cruce de varias vías de comunicación (vías férreas, carreteras). 11. MAR. Unidad de velocidad utilizada en navegación, equivalente a 1852 m por hora o una milla marina por hora. • **Hacérsele,** o **atravesársele,** a uno **un nudo en la garganta,** sentir un impedimento para tragar o hablar, por causa física o por alteración del ánimo. ‖ **Nudo corredizo,** nudo que se aprieta y se afloja sin deshacerse. ‖ **Nudo gordiano,** dificultad insoluble que se solventa por medios expeditivos.

NUDO, A adj. *Poét.* Desnudo. • **Nuda propiedad** (DER.), conjunto de atributos del dominio de una cosa, considerado separadamente y en contraposición del usufructo mientras éste perdure.

NUDOSIDAD n. f. Nudo, endurecimiento abultado.

NUDOSO, A adj. Que tiene nudos.

NUECERO n. m. Ardilla con el pelaje de coloración ocre rojiza, que vive en Argentina.

NUERA n. f. (bajo lat. *nora*). Mujer del hijo, respecto de los padres de éste. SIN.: *hija política.*

NUESTRO, A adj. y pron. poses. de 1.ª pers. pl. Expresa la posesión o pertenencia atribuida a dos o más personas, incluida la que habla: *nuestra casa, nuestros padres.*

NUEVA n. f. Noticia, información. • **Buena nueva,** el Evangelio de Jesucristo. ‖ **Cogerle** a uno **de nuevas** una cosa, tener conocimiento de ella sin previo anuncio. ‖ **Hacerse alguien de nuevas,** aparentar desconocer algo que ya se sabía.

NUEVA ANDALUCÍA, ant. denominación de los estados venezolanos de Anzoátgui, Sucre, Delta Amacuro, Monagas, Bolívar y Amazonas y las Guayanas. Fue división administrativa en tiempos de Felipe II y fue perdiendo paulatinamente territorios. En 1864 se dio este nombre a la provincia de Cumaná al convertirse en estado (act. Sucre).

Nueva Asunción (departamento de), ant. dep. del N de Paraguay, act. integrado en el departamento de Boquerón.

Nueva Caledonia, en fr. **Nouvelle-Calédonie**, isla de Oceanía, en el Pacífico, territorio francés de ultramar; 16 750 km² (19 103 km² con sus dependencias); 164 173 hab. Cap. Nouméa. Producción de níquel. Cook la descubrió en 1774, y fue francesa desde 1853. Ante el desarrollo de un importante movimiento independentista en 1988 se acordó iniciar un proceso de autodeterminación.

Nueva Castilla, nombre dado al Perú (act. Perú y Ecuador) cuando su gobierno fue entregado a F. Pizarro (1529), al capitular éste con la corona la conquista del imperio inca.

Nueva Delhi, en ingl. **New Delhi**, c. y cap. de la India, englobada en la conurbación de Delhi; 301 297 hab.

Nueva España, virreinato español de Indias, correspondiente al actual México. Tras conquistar el imperio azteca, Hernán Cortés se convirtió en gobernador, capitán general y jefe judicial de la región (1522). Creado el virreinato (1535), el primer virrey fue Antonio de Mendoza. En 1763 fue dotado con un ejército permanente. En 1786 se realizó una ordenanza de intendentes para concentrar los órganos de gobierno. Las altas exigencias pecuniarias de España favorecieron la corriente emancipadora. Tras una efímera proclamación independentista del virrey Iturrigaray (1808), la guerra de independencia, iniciada por Hidalgo en 1810, fue también una revolución agraria contra las propiedades de los españoles en el virreinato.

Nueva Esparta (estado), est. insular del NE de Venezuela, en el Caribe (islas Margarita, Coche y Cubagua); 1150 km²; 281 043 hab. Cap. La Asunción.

Nueva Extremadura, nombre dado a la región mexicana que comprendía el act. estado de Coahuila y parte de Texas, organizada administrativamente en 1674.

Nueva Extremadura, nombre del actual Chile, conquistado por Valdivia (1540), que limitaba con el Pacífico, al O, Copiapó, al N y Osorno, al S.

Nueva Galicia, región del virreinato de Nueva España formada por Jalisco, Zacatecas, Nayarit, Aguascalientes y parte de San Luis Potosí, Sinaloa y Durango. Conquistada en 1529, su capital fue Compostela (1531). A fines del s. XVI la capital pasó a Guadalajara.

Nueva Gerona, c. de Cuba, cap. del mun. de la Juventud; 30 898 hab. Puerto pesquero.

Nueva Granada, virreinato español de Indias creado a principios del s. XVIII. Comprendía territorios separados del Perú y de las audiencias de Santo Domingo y de Panamá (actuales Colombia, Ecuador, Venezuela y Panamá), y parte del Perú y de Brasil), demasiado dispersos para permitir una viabilidad económica. En 1717 fue nombrado el primer virrey, Jorge de Villalonga, quién aconsejó la supresión del virreinato (1724). Reconstituido en 1739, Sebastián Eslora fue el nuevo virrey (1740). El virreinato desapareció tras la insurrección de Santa Fe (1810), y aunque el mismo territorio constituyó en el proceso de independencia la República de la Gran Colombia (1819), éste se fraccionó en diversas repúblicas en 1828-1830.

Nueva Granada (República de), denominación de Colombia desde que, tras la disolución de la Gran Colombia bolivariana (1830), se reasumió la independencia (1831) y se estableció la constitución centralista de 1832. El nombre perduró hasta que en 1858 la nueva constitución federal denominó al país Confederación Granadina, cambiado por el de Estados Unidos de Colombia, por el pacto de Unión de 1861 y la constitución de 1863 surgida de la Convención de Rionegro. En la constitución de 1886 adoptó el nombre actual de República de Colombia.

Nueva Guinea, en ingl. **New Guinea**, gran isla de Oceanía (800 000 km² aprox.), al N de Australia. La parte occidental pertenece a Indonesia; la parte oriental constituye, con algunas islas próximas, el estado de Papúa y Nueva Guinea. La isla, montañosa y muy húmeda, está en gran parte cubierta de bosques.

HISTORIA

S. XVI: la isla fue descubierta por los portugueses. S. XVIII: Cook reconoció la insularidad de su territorio. 1828: los holandeses ocuparon la parte occidental de Nueva Guinea. 1884: Alemania estableció un protectorado en el NE, mientras que Gran Bretaña se anexionó el SE, que cedió a Australia (1906). 1921: la zona alemana fue confiada por mandato de la S.D.N. a Australia. 1946: fue confirmada en esta tutela por la O.N.U. 1969: la Nueva Guinea occidental neerlandesa fue definitivamente anexionada a Indonesia. 1975: la parte oriental accedió a la independencia, con el nombre de Papúa y Nueva Guinea, estado miembro de la Commonwealth.

Nueva Imperial, c. de Chile (La Araucanía), en el valle del río Imperial; 36 841 hab. Harineras, curtidurías. Puerto fluvial.

Nueva Inglaterra, en ingl. **New England**, nombre dado a los seis estados norteamericanos que corresponden a las colonias inglesas fundadas en el s. XVII en la costa atlántica: Maine, New Hampshire, Vermont, Massachusetts, Rhode Island y Connecticut; 13 206 943 hab.

Nueva Jersey, en ingl. **New Jersey**, estado de Estados Unidos, junto al Atlántico; 20 295 km²; 7 730 188 hab. Trenton. C. pral. Newark.

Nueva Loja, c. de Ecuador, cap. de la prov. de Sucumbíos; y cab. del cantón de Lago Agrio; 13 089 hab. Fundada en 1979, junto a los yacimientos de petróleo.

Nueva Ocotepeque, c. de Honduras, cap. del dep. de Ocotepeque, avenada por el Lempa; 9570 hab.

Nueva Orleans, en ingl. **New Orleans**, c. del S de Estados Unidos, en Lusiana, a orillas del Mississippi; 496 938 hab. (1 238 816 hab. en la aglomeración). Ciudad cosmopolita, es un gran centro comercial e industrial. Se desarrolló a partir de su antiguo núcleo francés, el Vieux Carré. Centro turístico. Fundada en 1718 por los franceses, capital de Luisiana, fue española de 1762 a 1800; en 1803, fue vendida (con Luisiana) por Francia a E.U.A.

Nueva San Salvador, c. de El Salvador, cap. del dep. de La Libertad; 116 575 hab. Centro comercial de un área agropecuaria (cultivo preferente del café). Sede del Centro nacional de Agronomía.

Nueva Segovia (departamento de), dep. del N de Nicaragua; 3341 km²; 93 400 hab. Cap. Ocotal.

Nueva Vizcaya, antigua denominación de los estados mexicanos de Durango y Chihuahua, conquistados por un grupo de vascos al mando de Francisco de Ibarra (1560).

Nueva York, en ingl. **New York**, estado del NE de Estados Unidos, junto al Atlántico; 128 400 km²; 18 197 000 hab. Cap. Albany. C. pral. Nueva York, Buffalo, Rochester.

Nueva York, en ingl. **New York**, c. de Estados Unidos (Nueva York), junto al Atlántico, junto a la desembocadura del Hudson; 7 322 564 hab. (Neoyorquinos.) |18 087 251 hab. en el área metropolitana.| La ciudad se fundó en el extremo S de la isla de Manhattan, donde se extiende el barrio de los negocios (Wall street). Se desarrolló en el s. XIX hacia el N (Bronx, más allá del barrio negro de Harlem), alcanzando el estado de Nueva Jersey en la otra orilla del Hudson y las islas próximas: Long Island (barrios de Brooklyn y de Queens, en la orilla opuesta del East River) y Staten Island (Richmond). Ciudad cosmopolita, es el primer centro financiero del mundo: gran puerto, nudo aéreo y ferroviario, centro industrial y sobre todo terciario (comercios, administraciones, turismo). Es además una metrópoli cultural (universidades, museos: Metropolitan, de arte moderno, Guggenheim). La colonia de Nueva Amsterdam, holandesa en 1626, tomó el nombre de Nueva York (en honor del duque de York, el futuro Jacobo II) cuando pasó a los ingleses en 1664.

Nueva Zelanda, en ingl. **New Zealand**, estado de Oceanía, miembro de la Commonwealth; 270 000 km²; 3 500 000 hab. (Neocelandeses o neozelandeses.) CAP. Wellington. C. PRAL. Auckland. LENGUA OFICIAL: inglés. MONEDA: dólar neocelandés.

GEOGRAFÍA

Distante 2 000 km del SE de Australia, está situada casi en su totalidad en la zona templada del hemisferio austral. La población (de la que los maoríes representan aproximadamente el 12 %) se concentra en sus tres cuartas partes en la isla del Norte. La ganadería (principalmente ovina) constituye la base de la economía y sus derivados (lana carne, productos lácteos), la base de las exportaciones y de la industria (agroalimentaria y textil). Ésta se beneficia de una notable producción hidroeléctrica.

HISTORIA

1642: el holandés Tasman descubrió el archipiélago, habitado por los maoríes. 1769-1770: James Cook exploró su litoral. 1814: misioneros católicos y protestantes emprendieron la evangelización. 1841: se designó a un gobernador británico. 1843-1847, 1860-1870: la dura política de expansión llevada a cabo por Gran Bretaña provocó las guerras maoríes. 1852: una constitución concedió a la colonia una amplia autonomía. 1870: la paz y el descubrimiento de oro (1861) propiciaron la prosperidad del país. 1889: se instauró el sufragio universal. 1891-1912: los liberales realizaron una política social avanzada. 1907: Nueva Zelanda se convirtió en dominio británico. 1914-1918: participó en los combates de la primera guerra mundial. 1929: el país se vio gravemente afectado por la crisis mundial. 1945: participó activamente en la derrota japonesa y pretendió ser un interlocutor de pleno derecho en el Sureste asiático y el Pacífico. 1951-1971: apoyó la política norteamericana en el Sureste asiático y envió tropas a Corea y Vietnam. 1972: estableció relaciones diplomáticas con la República Popular China. 1974: tras la entrada de Gran Bretaña en el Mercado común europeo, Nueva Zelanda tuvo que diversificar sus actividades y buscar salidas hacia Asia, especialmente Japón. Desde los años ochenta Nueva Zelanda pasó a encabezar el movimiento antinuclear en el S del Pacífico. 1985: su participación en el A.N.Z.U.S. fue suspendida. 1997: Jenny Shipley, primera mujer en ese cargo, asumió la jefatura de gobierno. 1999: Helen Clark, laborista, sucedió a J. Shipley.

Nuevas Hébridas → Vanuatu.

Nueve, adj. num. card. y n. m. (lat. novem). Ocho y uno. ◆ adj. num. ordin. y n. m. 2. Noveno.

Nueve de Julio, partido de Argentina (Buenos Aires); 44 015 hab. Ganado vacuno. Conservas de carne. — Dep. de Argentina (Santa Fe), en la izq. del Salado; 27 155 hab. Cereales, alfalfa y algodón. — Dep. de Argentina (Chaco);

24 737 hab. Cab. *Las Breñas*. Desmotado de algodón.

NUEVO, A adj. (lat. *novum*). Recién hecho, aparecido o conocido: *la nueva moda de primavera*. **2.** Que se suma o sustituye a lo de su misma clase: *el nuevo gobernador tomó posesión de su cargo*. **3.** Que está poco o nada estropeado por el uso: *un traje que está nuevo*. **4.** Otro, distinto: *comprarse un nuevo coche*. **5.** Dícese del producto agrícola de cosecha reciente, para distinguirlo del almacenado de cosechas anteriores: *patatas nuevas*. ♦ adj. y n. **6.** Que todavía no tiene experiencia en algo determinado; que hace poco que está en un sitio: *ser nuevo en un oficio*. • **De nuevo**, otra vez.

NUEVO (golfo), golfo de Argentina, en la costa atlántica (Chubut), entre la península de Valdés, al N, y la punta Ninfas, al S. En la costa O se halla Puerto Madryn.

NUEVO LAREDO, c. de México (Tamaulipas), puesto fronterizo con E.U.A. en la or. derecha del río Bravo; 219 468 hab. Centro comercial y punto de entrada preferente del turismo. Yacimientos de gas natural. Aeropuerto.

NUEVO LEÓN (*estado de*), est. del NE de México; 64 555 km²; 3 098 736 hab. Cap. *Monterrey*.

NUEVO MÉXICO, en ingl. *New Mexico*, estado del SO de Estados Unidos; 315 000 km²; 1 515 069 hab. Cap. *Santa Fe*. En los ss. XVI y XVII recibió el nombre de Nuevo México el conjunto de sus actuales estados de E.U.A. de Nuevo México, Arizona, Utah, Texas y parte de Nevada y Colorado. La conquista española de estos territorios iniciada en 1595 chocó con una fuerte resistencia indígena. La zona se incorporó a México en 1821 y, tras la separación de Texas (1836) se integró en E.U.A. (1848). El territorio, creado en 1850, fue desgajándose en beneficio de Colorado (1861) y de Arizona (1863) y se convirtió en estado en 1912.

NUEVO MUNDO, cumbre de Bolivia, en la cordillera Real u Oriental (Potosí); 6020 m.

NUEVO MUNDO, nombre que Pedro Mártir de Anglería dio a América en el momento de su descubrimiento, y que aún se sigue utilizando.

NUEVO REINO DE GRANADA, nombre dado en 1538 por los conquistadores a la zona que corresponde al actual territorio federal de Colombia. En el s. XVIII formó parte del virreinato de Nueva Granada.

NUEVO REINO DE LEÓN, territorio colonial de México (act. estado de Nuevo León), creado como reino en 1582 y constituido en provincia en 1595. Los pueblos indígenas más belicosos no fueron sometidos hasta el s. XVIII.

NUEVO REINO DE TOLEDO, provincia colonial de México, dependiente de Nueva Galicia, creada en 1721, también denominada *Nayarit*.

NUEVO SANTANDER, nombre que se dio en el período colonial al territorio mexicano correspondiente al actual estado de Tamaulipas.

NUEVO TOLEDO, nombre que recibió en 1534 el territorio de Chile al S de Nueva Castilla, hasta la actual Taltal, que debía conquistar Pedro de Almagro.

NUEZ n. f. Fruto del nogal. **2.** Fruto simple seco, que no se abre ni se fragmenta naturalmente al llegar la madurez. **3.** Diversos frutos o semillas pertenecientes a plantas muy diversas.: *la nuez de areca, la nuez moscada, la nuez vómica*. **4.** ANAT. Prominencia formada en la parte delantera del cuello por el cartílago tiroides, más marcada en el hombre que en la mujer.

NUGATORIO, A adj. (lat. *nugatorium*). Engañoso, que decepciona.

NULIDAD n. f. Calidad de nulo. **2.** *Fig.* Persona nula, incapaz.

NULO, A adj. (lat. *nullum*). De ningún valor, sin eficacia: *el resultado de las gestiones fue nulo*. **2.** Incapaz, inepto.

NUMEN n. m. (voz latina). Inspiración artística. **2.** Cualquiera de las deidades paganas.

NUMERABLE adj. Que se puede numerar. **2.** Dícese del conjunto cuyos elementos pueden ser numerados con la ayuda de los números enteros.

NUMERACIÓN n. f. (lat. *numerationem*). Acción y efecto de numerar. **2.** Forma de escribir los números (*numeración escrita*) y de enunciarlos (*numeración hablada*).

NUMERADOR, RA adj. Que numera. ♦ n. m. **2.** MAT. Término superior de una fracción que indica de cuántas partes de la unidad se compone dicha fracción.

NUMERAL adj. Relativo al número. ♦ adj. y n. m. **2.** GRAM. Dícese de los adjetivos que sirven para indicar un número.

NUMERAR v. tr. (lat. *numerare*) [1]. Contar las cosas de una serie según el orden de los números. **2.** Expresar con números una cantidad. **3.** Marcar con números.

NUMERARIO, A adj. Relativo al número. ♦ adj. y n. **1.** y **2.** Dícese del individuo que forma parte con carácter fijo de determinada corporación: *catedrático numerario*. ♦ n. m. **3.** Moneda acuñada o dinero contante.

NUMÉRICO, A adj. Relativo a los números. **2.** Compuesto o ejecutado con ellos: *cálculo numérico*.

NÚMERO n. m. Cada uno de los entes abstractos que forman una serie ordenada y que indican la cantidad de los elementos de un conjunto. **2.** Cada una de las palabras que designan a dichos entes. **3.** Cada uno de los signos con que se representan gráficamente. **4.** Cantidad indeterminada: *un gran número de estudiantes*. **5.** Categoría o clase: *hallarse en el número de los escogidos*. **6.** En las publicaciones periódicas, cada una de las aparecidas en distinta fecha de edición. **7.** Billete para una rifa o lotería. **8.** Cifra con que se designa el tamaño de ciertas cosas que forman una serie correlativa: *calzar el número cuarenta*. **9.** Parte de un espectáculo ejecutada en escena por un artista o un grupo de artistas. **10.** LING. Categoría gramatical que permite la oposición entre el singular y el plural. **11.** MAT. Noción fundamental de las matemáticas que permite contar, clasificar los objetos o medir magnitudes, pero que no puede ser objeto de definición rigurosa. • **Número atómico** (QUÍM.) [símbolo Z], número de orden de un elemento en la clasificación periódica, e igual al número de protones del núcleo. ‖ **Ser alguien o algo el número uno** (*Fam.*), sobresalir en algo. ‖ **Sin número**, muchos, innumerables: *sortear peligros sin número*.

NUMEROSIDAD n. f. Calidad de numeroso. **2.** Gran cantidad de algo.

NUMEROSO, A adj. (lat. *numerosum*). Que comprende muchos elementos: *un numeroso rebaño*. ♦ **numerosos** adj. pl. **2.** Muchos: *numerosos alumnos*.

NUMERUS CLAUSUS n. m. (voces lat., *número cerrado*). Norma por la que se limita la cantidad de personas admitidas en un cargo, lugar, etc.

NUMISMÁTICA n. f. Ciencia que trata de las monedas y medallas, considerada una de las fuentes auxiliares de la historia.

NUMISMÁTICO, A adj. Relativo a la numismática: *sociedad numismática*. ♦ n. **2.** Persona que por profesión o estudio se dedica a la numismática.

NUNCA adv. f. (lat. *numquam*). En ningún tiempo, ninguna vez: *nunca lo haré*. **2.** En frases interrogativas, se usa con sentido positivo: *¿has visto nunca algo semejante?* • **Nunca jamás**, expresión enfática de negación. ‖ **Nunca más**, expresión enfática de negación referida al futuro.

NUNCIATURA n. f. Dignidad y cargo de nuncio, prelado: *acceder a la nunciatura*. **2.** Tiempo de ejercicio del cargo de nuncio. **3.** Tribunal y residencia del nuncio. **4.** En España, tribunal de la Rota.

NUNCIO n. m. (lat. *nuntium*). Persona que lleva un mensaje. **2.** *Fig.* Anuncio, señal. **3.** Prelado encargado de representar al Papa cerca de un gobierno extranjero: *nuncio apostólico*.

NÚÑEZ (José), político nicaragüense (s. XIX). Jefe interino del estado (1834). Presidente (1838), durante su mandato Nicaragua se proclamó independiente de las Provincias Unidas de Centroamérica.

NÚÑEZ (Rafael), político y escritor colombiano (Cartagena de Indias 1825-*id.* 1894). Presidente de la república (1880-1882 y 1884-1886).

NÚÑEZ DE ARCE (Gaspar), escritor y político español (Valladolid 1834-Madrid 1903). Escribió crónicas, obras teatrales y poesía, siendo en este género, con Campoamor, una figura muy representativa de la Restauración (*Gritos de combate*, 1875; *El vértigo*, 1879).

NÚÑEZ DE BALBOA (Vasco), descubridor español (Jerez de los Caballeros 1475-Acla, Panamá 1517). Gobernador del Darién (1511), exploró e incorporó al dominio español el istmo de Panamá y descubrió el océano Pacífico, al que llamó *mar del Sur* (1513). Fue nombrado adelantado del mar del Sur y gobernador de Panamá y de Coiba (1514). Acusado de conspirar contra el rey, fue ejecutado.

NÚÑEZ DE CÁCERES (José), patriota dominicano (1772-Ciudad Victoria, México 1846). Proclamó la independencia de la zona occidental, a la que llamó *Haití español* (1821). Huyó del país tras la invasión francesa (1822).

NÚÑEZ DE PINEDA Y BASCUÑÁN (Francisco), escritor chileno (Chillán 1607-† 1682). Militar, hecho prisionero por los araucanos en la batalla de Cangrejeras (1629), evocó su experiencia en *Cautiverio feliz*, escrito en 1673 y publicado en 1863.

NÚÑEZ DEL PRADO (Marina), escultora boliviana (La Paz 1910). Primero realista, luego interesada por el espíritu del Altiplano, practicó finalmente la abstracción (*Plenitud*).

NÚÑEZ URETA (Teodoro), pintor peruano (Arequipa 1912). Destacado acuarelista, de técnica fluida y brillante colorido.

NUPCIAL adj. Relativo a la boda: *banquete nupcial*. **2.** BIOL. Dícese de los fenómenos relacionados con la época de apareamiento: *parada nupcial*.

NUPCIAS n. f. pl. (lat. *nuptias*). Matrimonio.

NURÉIEV (Rudolf Gametovich), bailarín de origen ruso (I-kutsk 1938-París 1993), nacionalizado austríaco (1982). Dotado de una técnica ejemplar, fue uno de los mejores intérpretes del repertorio clásico (*Giselle; El lago de los cisnes*); afirmó asimismo su talento en la modern dance.

NUREMBERG, en alem. **Nürnberg**, c. de Alemania (Baviera), a orillas del Pegnitz; 485 717 hab. Centro industrial (construcciones mecánicas y eléctricas, química), universitario y cultural. Barrios medievales muy restaurados tras la segunda guerra mundial (iglesias que conservan notables esculturas). Museo nacional germánico. Fue uno de los baluartes del nazismo y la sede del proceso de los grandes criminales de guerra nazis (1945-1946).

NUTRIA n. f. Mamífero carnívoro nadador, de pelo espeso y sedoso, que se alimenta de peces. **2.** Piel de este animal.

NUTRICIO, A adj. Nutritivo. **2.** Que procura alimento para otra persona. **3.** ZOOL. Dícese del individuo que, en una asociación de animales, se encarga de alimentar a los demás.

NUTRICIÓN n. f. (lat. *nutritionem*). Conjunto de las funciones orgánicas de transformación y utilización de los alimentos

para el crecimiento y la actividad de un ser vivo, animal o vegetal, como la digestión, la absorción, la asimilación, la excreción, la respiración y la circulación.
NUTRIDO adj. *Fig.* Lleno, numeroso: *un nutrido grupo de manifestantes*.
NUTRIENTE adj. Nutritivo. ♦ n. m. **2.** BIOL. Nutrimento.
NUTRIERO n. m. *Argent.* y *Urug.* Persona que se dedica a cazar nutrias y a traficar con sus pieles.

NUTRIMENTO o **NUTRIMIENTO** n. m. Nutrición. **2.** Sustancia asimilable de los alimentos. **3.** *Fig.* Lo que mantiene o fomenta algo.
NUTRIR v. tr. y pron. (lat. *nutrire*) [**3**]. Proporcionar el alimento a un organismo vivo. **2.** *Fig.* Mantener, fomentar la existencia de algunas cosas. **3.** *Fig.* Llenar, colmar con abundancia. **4.** *Fig.* Suministrar.
NUTRITIVO, A adj. Que nutre o tiene la propiedad de nutrir: *un caldo nutritivo*.

NUUK, ant. **Godthab,** c. y cap. de Groenlandia, en la costa O de la isla; 10 000 hab.
NY n. m. Letra del alfabeto griego (υ), correspondiente a la *n* española.
NYASALANDIA → *Malawi.*
NYLON n. m. (voz inglesa). Fibra sintética a base de resina poliamida. SIN.: *nailon, nilón.*

Ñ ñ ñ

Ñ n. f. Decimoquinta letra del alfabeto español y duodécima de las consonantes: (La ñ es una consonante nasal palatal.)
ÑA n. f. *Amér.* En algunos países, tratamiento vulgar y respetuoso por *doña.*
ÑACANINÁ n. f. *Argent.* Serpiente acuática de gran agresividad, perteneciente a la familia de las culebras, de 2,5 m de long., dorso pardusco con manchas oscuras redondeadas.
ÑÁCARA n. f. *Amér. Central.* Úlcera, llaga.
ÑACHI n. m. *Chile.* Guiso o alimento de sangre de animal, especialmente de cordero, aliñado con algunas especias. **2.** *Chile. Fig. y fam.* Sangre.
ÑACUNDA n. m. Ave de color ocráceo claro y gris, con el vientre blanco, que vive en amplias zonas de América del Sur. (Familia caprimúlgidos.)
ÑACURUTÚ n. m. Ave de plumaje amarillento y pardo, hábitos nocturnos y fácil de domesticar. (Familia estrígidos.)
ÑAMAL n. m. Plantío de ñames.
ÑAME n. m. Planta herbácea de corteza casi negra y carne parecida a la de la batata. (Familia dioscoreáceas.) **2.** Raíz de esta planta.
ÑANCO n. m. *Chile.* Aguilucho.
ÑANDÚ n. m. Ave corredora, parecida al avestruz, que vive en América. (Subclase ratites.)
ÑANDUBAY n. m. Planta arbórea, de tronco y madera muy dura, que crece en América del Sur. (Familia mimosáceas.)
ÑANDUTÍ n. m. *Amér. Merid.* Encaje que imita la tela de araña.
ÑANGOTADO, A adj. y n. *P. Rico.* Servil, adulador. **2.** *P. Rico.* Alicaído, sin ambiciones.
ÑANGOTARSE v. pron. [1]. *Dom.* y *P. Rico.* Ponerse en cuclillas. **2.** *P. Rico.* Humillarse, someterse. **3.** *P. Rico.* Perder el ánimo.
ÑAÑA n. f. *Amér.* Excremento. **2.** *Chile.* Niñera.
ÑAÑARAS n. f. pl. *Méx. Fam.* Miedo, escalofríos por el miedo.
ÑÁÑIGO n. m. En Cuba, durante la dominación española, adepto a una sociedad secreta afrocubana (*ñañiguismo*), que ejercitaba prácticas religiosas sincréticas y que destacaba por la defensa mutua de sus componentes.
ÑAÑO, A n. *Argent.* y *Chile. Fam.* Hermano, compañero. **2.** *Perú.* Niño. ♦ adj. **3.** *Colomb.* y *Pan.* Consentido, mimado en demasía. **4.** *Ecuad.* y *Perú.* Unido por una amistad íntima.
ÑAPA n. f. *Amér.* Propina. **2.** *Amér.* Añadidura, yapa.
ÑAPANGO, A adj. *Colomb.* Mestizo, mulato.
ÑAPINDÁ n. m. *R. de la Plata.* Especie de acacia muy espinosa. (Familia mimosáceas.)
ÑAPO n. m. *Chile.* Especie de mimbre con que se tejen canastos.
ÑARUSO, A adj. *Ecuad.* Dícese de la persona picada de viruela.
ÑATA n. f. *Amér.* Nariz.
ÑATO, A adj. *Amér.* Que tiene la nariz pequeña o roma, chato.
ÑECO n. m. *Ecuad.* Golpe que se da con el puño, puñetazo.
ÑEEMBUCÚ (departamento de), dep. del SO de Paraguay; 12 147 km²; 69 884 hab. Cap. Pilar.
ÑENGO, A adj. y n. *Méx.* Desmedrado, flaco, enclenque.
ÑEQUE adj. *C. Rica, Hond.* y *Nicar.* Fuerte, vigoroso. ♦ n. m. **2.** *Chile, Ecuad.* y *Perú.* Fuerza, energía. **3.** *Perú.* Valor, coraje.
ÑERO, A n. *Méx. Vulg.* Compañero, amigo, cuate.
ÑIPE n. m. *Chile.* Arbusto cuyas ramas se emplean para teñir. (Familia mirtáceas.)
ÑIQUIÑAQUE n. m. *Fam.* Persona o cosa despreciable.
ÑIRE n. m. *Chile.* Árbol con flores solitarias y hojas profundamente aserradas. (Familia fagáceas.)
ÑISCA n. f. *Amér. Fam.* Porción mínima de algo. **2.** *Amér. Fam.* Excremento.
ÑISÑIL n. m. *Chile.* Espadaña, planta.
ÑO n. m. *Amér.* En algunos países, tratamiento vulgar y respetuoso por *don.*
ÑOCHA n. f. *Chile.* Planta herbácea cuyas hojas sirven para hacer canastas, sombreros y esteras. (Familia bromeliáceas.)
ÑOCLO n. m. Masa frita.
ÑOCO, A adj. y n. *Colomb., Dom., P. Rico* y *Venez.* Dícese de la persona a quien le falta un dedo o la mano.
ÑONGA n. f. *Méx. Vulg.* Pene.
ÑOÑA n. f. *Chile.* Estiércol, especialmente el humano.
ÑOÑERÍA n. f. Acción o dicho ñoño. **2.** *Méx. Fam.* Chochez, cursilada.
ÑOÑEZ n. f. Calidad de ñoño. **2.** Ñoñería.
ÑOÑO, A adj. y n. Dícese de la persona excesivamente recatada o remilgada: *pecar de ñoño.* ♦ adj. **2.** Sin gracia ni sustancia. ♦ n. **3.** *Méx. Fam.* Chocho, cursi, afectado.
ÑOQUI n. m. *Argent. Fig. y desp.* Empleado público que asiste al lugar de trabajo sólo en fecha de cobro.
ÑOQUIS n. m. pl. CULINAR. Bolitas de sémola o de puré de patata que se escalfan, se gratinan, etc.
ÑORBO n. m. *Ecuad.* y *Perú.* Flor pequeña, muy fragante, de una pasionaria, muy común, utilizada como adorno en las ventanas.
ÑU o **GNU** n. m. Antílope de cabeza gruesa y cuernos curvados que habita en África del Sur. (Familia bóvidos.)
ÑUBLE, r. de Chile (Biobío); 200 km. Confluye en el Itata (or. der.) y forma un sistema que desemboca en el océano Pacífico.
ÑUÑOA, c. de Chile (Santiago); 165 536 hab. Está englobada en el área metropolitana de Santiago.
ÑUSTA n. f. Según el Inca Garcilaso de la Vega, nombre con el que se conocía en el Perú incaico a las hijas de los emperadores incas y a las muchachas pertenecientes a la estirpe real.
ÑUTO, A adj. y n. *Argent., Colomb., Ecuad.* y *Perú.* Dícese de la carne blanda o ablandada a golpes. ♦ n. m. **2.** *Argent.* y *Perú.* Añicos, trizas, polvo.

Ooo

O n. f. Decimosexta letra del alfabeto español y cuarta de las vocales. **2.** Designa el oeste. **3.** Símbolo químico del oxígeno.
O conj. coord. (lat. *aut*). Sirve para indicar exclusión, alternativa o contraposición entre las oraciones y términos que relaciona: *un buen o un mal estudiante*. **2.** Indica equivalencia o identidad: *el protagonista o personaje principal*. **3.** Indica inclusión: *en la guerra o en la paz*.
OAHU, isla del archipiélago de las Hawai, la más poblada y en donde están situados la capital del estado, *Honolulú*, y el puerto militar de *Pearl Harbor*; 1564 km^2; 763 000 hab.
OAKLAND, c. y puerto de Estados Unidos (California), junto a la bahía de San Francisco; 372 242 hab. Centro industrial.
OASIS n. m. (gr. *oasis*). Zona de un desierto donde la presencia de agua permite el crecimiento de vegetación. **2.** *Fig.* Lugar apacible o situación momentánea de sosiego en medio de ambientes de otras características: *un oasis de paz*.
OAXACA (estado de), est. del S de México; 95 364 km^2; 3 019 560 hab. Cap. *Oaxaca de Juárez*.
OAXACA DE JUÁREZ, c. de México, cap. del est. de Oaxaca; 213 985 hab. (*Oaxaqueños.*) Centro agropecuario, comercial y turístico. Convento de Santo Domingo (s. XVII), de rica decoración interior; catedral (s. XVIII), iglesias barrocas del s. XVIII. Universidad; museos (arqueológico y Rufino Tamayo). En las cercanías, yacimiento arqueológico de Monte Albán.
OAXAQUEÑO, A adj. y n. De Oaxaca o de Oaxaca de Juárez.
OBALDÍA (José Domingo **de**), político panameño (David, Chiriquí, 1845-Panamá 1910), presidente de la república (1908-1910).
OBANDO (José María), militar y político colombiano (Caloto, Cauca, 1795-Cruzverde 1861). Luchó contra las dictaduras de Bolívar y Urdaneta. Presidente del país (1853), fue destituido (1854).
OBANDO (Miguel), prelado nicaragüense (La Libertad 1926). Arzobispo de Managua (1970) y cardenal (1985), se opuso al régimen de Somoza y actuó de mediador para la paz entre el gobierno sandinista y la contra.
OBCECACIÓN n. f. Acción y efecto de obcecar.
OBCECAR v. tr. y pron. (lat. *obcaecare*) [**1a**]. Privar una idea preconcebida, o un determinado estado de ánimo, de la capacidad de juzgar con claridad acerca de algo o de alguien.
OBEDECER v. tr. (lat. *oboedire*) [**2m**]. Cumplir lo que otro manda. **2.** Responder un animal o un mecanismo a la acción de quien lo dirige: *no obedecer los frenos*. **3.** Ceder una fuerza a otra que sobre ella se ejerce. ◆ v. intr. **4.** Estar motivado por algo: *su dimisión obedece a múltiples causas*.
OBEDIENCIA n. f. Acción y efecto de obedecer. **2.** Calidad o actitud de obediente.

3. REL. Sumisión a un superior: *hacer voto de obediencia*.
OBEDIENTE adj. Que obedece o acostumbra obedecer: *niño obediente*.
OBELISCO n. m. (gr. *obelískos*). Monolito de base cuadrangular, tallado en forma de pirámide muy esbelta, que termina en una punta asimismo piramidal.
OBERÁ, dep. de Argentina (Misiones); 83 490 hab. Té, yerba mate y tabaco. Industria maderera.
OBERTURA n. f. (fr. *ouverture*). MÚS. Composición instrumental que precede a una ópera, oratorio, etcétera.
OBESIDAD n. f. Aumento patológico de la grasa del cuerpo, que determina un peso superior al normal.
OBESO, A adj. (lat. *obesum*). Que padece obesidad.
ÓBICE n. m. (lat. *obicem*). Inconveniente u obstáculo: *la lluvia no es óbice para salir de casa*.
OBISPADO n. m. Dignidad de obispo. **2.** Territorio o distrito sometido a la jurisdicción de un obispo. **3.** Local o edificio donde funciona la curia episcopal.
OBISPO n. m. (lat. *episcopum*). Prelado de la Iglesia que posee la plenitud del sacerdocio, a cuyo cargo está la dirección espiritual de una diócesis. **2.** *Méx.* Borrego de cuatro cuernos. ● **Cada muerte de obispo**, *Amér. Merid., Cuba, Méx.* y *P. Rico*, cada mucho tiempo, de tarde en tarde.
ÓBITO n. m. (lat. *obitum*). Fallecimiento, defunción, muerte.
OBITUARIO n. m. Registro de una iglesia o de un monasterio donde se anota el nombre de los bienhechores, la muerte de los abades, etc., y también los funerales celebrados. **2.** Sección necrológica de un periódico. **3.** Depósito de cadáveres. **4.** *Méx.* Óbito. **5.** *Méx.* Libro donde se registran las defunciones.
OBIUBI n. m. *Venez.* Mono cébido de color negro.
OBJECIÓN n. f. (lat. *obiectionem*). Inconveniente que alguien opone a algo. **2.** Observación o argumento que se hace en contra de una afirmación para negar su validez o señalar alguna deficiencia en su razonamiento. ● **Objeción de conciencia**, actitud de la persona que, por motivos de conciencia, rehúsa prestar el servicio militar y que acepta llevar a cabo, en su lugar, otro tipo de servicios públicos.
OBJETAR v. tr. (lat. *obiectare*) [**1**]. Hacer u oponer objeciones. ◆ v. tr. e intr. **2.** Acogerse a la objeción de conciencia.
OBJETIVACIÓN n. f. Acción y efecto de objetivar.
OBJETIVAR v. tr. [**1**]. Trasponer a una realidad exterior.
OBJETIVIDAD n. f. Calidad de objetivo.
OBJETIVISMO n. m. Doctrina según la cual el valor de los postulados morales es independiente de la voluntad o conciencia de los individuos. **2.** FILOS. Actitud filosófica que concede primacía al objeto en sus relaciones con el sujeto.

OBJETIVO, A adj. Dícese de lo referente al objeto de conocimiento considerado en sí mismo, con independencia del sujeto cognoscente. **2.** Que obra, juzga, etc., con imparcialidad y justicia. **3.** Dícese de los juicios, acciones, etc., de estas características: *un análisis objetivo*. ◆ n. m. **4.** Fin, propósito. **5.** Sistema óptico de un telescopio, un microscopio, etc., que se dirige hacia el objeto que se quiere observar (por oposición a *ocular*, elemento al que se aplica el ojo). **6.** Parte de un aparato tomavistas, de una cámara fotográfica, etc., que contiene las lentes que son atravesadas por los rayos luminosos. **7.** MIL. Punto, línea o zona de terreno que deben ser batidos por el fuego o conquistados por el movimiento y el choque.
OBJETO n. m. (bajo lat. *obiectum*; de *obiicere*, poner delante). Cosa material y determinada, generalmente de dimensiones reducidas. **2.** Causa o motivo de una acción, una operación intelectual o un sentimiento: *ser el objeto de una violenta discusión*. **3.** Finalidad de una acción o una actividad: *el objeto de una visita*. **4.** FILOS. Aquello que se percibe o se piensa, y que se opone al ser pensante, o sujeto. **5.** LING. Término que a veces designa el complemento directo de un verbo.
OBJETOR, RA adj. y n. Que objeta. ● **Objetor de conciencia**, persona que practica la objeción de conciencia.
OBLACIÓN n. f. (lat. *oblationem*). Ofrenda de carácter religioso.
OBLEA n. f. Hoja muy fina, hecha de harina y agua o de goma arábiga. **2.** Trozo de esta hoja, especialmente el usado para pegar sobres, pliegos, etc. **3.** *Fig.* y *fam.* Extremadamente esculálido o desmedrado. **4.** FARM. Sello.
OBLICUA n. f. MAT. Recta que corta a otra recta o a un plano sin ser perpendicular ni paralela a ellos.
OBLICUÁNGULO, A adj. Dícese de la figura que no tiene ningún ángulo recto.
OBLICUAR v. tr. [**1s**]. Dar a una cosa dirección oblicua con relación a otra.
OBLICUIDAD n. f. Calidad de oblicuo. ● **Oblicuidad de la eclíptica** (ASTRON.), ángulo de unos 23° 27' que la eclíptica forma con el ecuador celeste.
OBLICUO, A adj. (lat. *obliquum*). Que no es perpendicular ni paralelo a un plano o línea dados. **2.** Inclinado, no vertical ni horizontal.
OBLIGACIÓN n. f. Circunstancia de estar alguien obligado a algo: *tener la obligación de trabajar*. **2.** Aquello que se está obligado a hacer: *mis obligaciones no me permiten ir*. **3.** Reconocimiento, correspondencia al beneficio recibido: *tener grandes obligaciones hacia alguien*. **4.** FIN. Título, comúnmente amortizable, nominativo o al portador, con un interés fijo, que representa una suma exigible a la persona o entidad que lo emitió.
OBLIGACIONISTA n. m. y f. Portador o tenedor de una o varias obligaciones.

OBLIGADO, A adj. Que por costumbre o norma social se ha hecho casi imprescindible: *normas obligadas.*

OBLIGADO (Rafael), poeta argentino (Buenos Aires 1851-Mendoza 1920), cultivador de la poesía de tradición gauchesca. (*El Negro Falucho, La cautiva* y *Santos Vega,* su poema más ambicioso.)

OBLIGAR v. tr. (lat. *obligare*) [1b]. Imponer como deber, atar por medio de una ley, una convención, etc. **2.** Forzar, poner en la necesidad de algo: *obligar a alguien a quedarse.* **3.** Forzar un objeto para conseguir algún efecto: *obligar a un tornillo a ceder.* ◆ **obligarse** v. pron. **4.** Comprometerse a cumplir una cosa.

OBLIGATORIEDAD n. f. Calidad de obligatorio: *la obligatoriedad de las leyes.*

OBLIGATORIO, A adj. Que obliga a su cumplimiento o ejecución: *giro obligatorio a la derecha.*

OBLITERAR v. tr. y pron. [1]. Cubrir con una señal o una marca especial: *obliterar un sello.* **2.** MED. Obstruir una cavidad o conducto.

OBLONGO, A adj. (lat. *oblongum*). Más largo que ancho.

OBNUBILACIÓN n. f. Ofuscación de la conciencia y enlentecimiento de los procesos intelectuales.

OBNUBILAR v. tr. y pron. [1]. Provocar o sufrir una obnubilación.

OBOE n. m. (fr. *hautbois;* de *haut,* alto, y *bois,* madera). Instrumento musical de viento, hecho de madera y provisto de una doble lengüeta. **2.** Persona que toca el oboe. SIN.: *oboísta.*

ÓBOLO n. m. (gr. *obolos*). Cantidad pequeña con que se contribuye a un fin determinado.

OBRA n. f. (lat. *operam*). Cosa producida por un agente. **2.** Producto resultante de una actividad artística o pictórica: *obra teatral.* **3.** Libro en general, texto científico o literario. **4.** Trabajo o tiempo empleado en la realización de una cosa: *tener más valor la obra que el material.* **5.** Serie de acciones dirigidas a un fin: *dedicarse a obras de caridad.* **6.** Edificio en construcción. **7.** Reparación o reformas que se hacen en un edificio. **8.** Parte de alto horno que está encima del crisol, en el que desembocan las toberas. **9.** MIL. Elemento autónomo de fortificación capaz de resistir incluso después de un asedio. • **Buenas obras,** todas las acciones de las virtudes cristianas; lo que se hace con fines no lucrativos y con el propósito de proporcionar el bien ajeno. ‖ **De obra,** con actos. ‖ **Obra de fábrica,** toda construcción hecha con ladrillos, piedra u hormigón. ‖ **Obra maestra,** obra capital o superior, en cualquier género, especialmente en el artístico. ‖ **Obra muerta,** parte del buque que va fuera del agua. ‖ **Obra pública** (DER.) bien inmueble de interés general, destinada a uso público y en el que suelen realizarse trabajos públicos. ‖ **Obra viva** (MAR.), parte del casco de un buque situada por debajo de la línea de flotación, fondos. ‖ **Obras de cimentación,** conjunto de los elementos de construcción de un edificio que aseguran su estabilidad, resistencia y protección. ‖ **Obras públicas,** obras de construcción, reparación, conservación o derribo realizadas con fines de utilidad general. ‖ **Por obra de** o **por obra y gracia de,** debido a la acción o intervención de la persona o cosa que se nombra.

OBRADOR, RA adj. Que obra. ◆ n. m. **2.** Taller, lugar en que se trabaja una obra.

OBRAJE n. m. Manufactura, fabricación. **2.** *Amér.* Establecimiento de una explotación forestal. **3.** *Méx.* Despacho público de carnes porcinas. **4.** HIST. En la América española, manufactura en la que trabajaban los indios, y que constituyó una de las primeras formas de producción capitalista.

OBRAJERO n. m. *Amér.* Propietario de un obraje. **2.** *Amér.* Artesano. **3.** *Argent.* y *Par.* Peón de un obraje. **4.** *Méx.* Carnicero.

OBRAR v. tr. (lat. *operari,* trabajar) [1]. Ejecutar o realizar una cosa no material: *hay que obrar más y hablar menos.* **2.** Actuar, proceder de un modo determinado: *obrar con precipitación.* **3.** Construir, edificar, hacer una obra. **4.** Construir las abejas los panales. ◆ v. intr. **5.** Evacuar el vientre. **6.** Existir algo en un sitio determinado: *la carta obra en mi poder.* ◆ v. intr. y tr. **7.** Hacer una cosa, trabajar en ella. **8.** Causar algún efecto pretendido: *el medicamento comienza a obrar.*

OBREGÓN (Alejandro), pintor colombiano (Barcelona, España, 1920-Cartagena de Indias 1992). Su obra, próxima al expresionismo abstracto, estimuló la renovación pictórica colombiana.

OBREGÓN (Álvaro), político mexicano (Siquisiva, Sonora, 1880-México 1928). Presidente del país de 1920 a 1924, aplicó la reforma agraria, consolidó las organizaciones obreras e impulsó la educación. Reelegido en 1928, fue asesinado.

OBRERO, A adj. Que trabaja. **2.** Relativo al trabajador: *reivindicaciones obreras.* ◆ n. **3.** Persona que realiza un trabajo manual por cuenta de un patrono y a cambio de un salario. ◆ adj. n. f. **4.** En los insectos sociales (abejas, avispas, hormigas y termes), dícese del individuo que proporciona la nutrición, construye los nidos o galerías, cuida de las larvas y asegura la defensa de la sociedad.

OBSCENIDAD n. f. Calidad de obsceno. **2.** Palabra o acción obscenas.

OBSCENO, A adj. (lat. *obscenum*). Que presenta o sugiere maliciosa y groseramente cosas relacionadas con el sexo: *canción obscena.*

OBSCURANTISMO n. m. Oscurantismo.

OBSCURECER v. tr. [2m]. Oscurecer.

OBSCURO, A adj. v. n. Oscuro.

OBSECUENTE adj. (lat. *obsequentem*). Obediente, sumiso, amable.

OBSEQUIAR v. tr. [1]. Hacer un obsequio, agasajar. **2.** Galantear a una mujer.

OBSEQUIO n. m. (lat. *obsequium,* complacencia). Regalo, agasajo. **2.** Ofrecimiento, amabilidad, cortesía.

OBSEQUIOSIDAD n. f. Calidad de obsequioso.

OBSEQUIOSO, A adj. Dispuesto a agasajar. **2.** Que manifiesta un exceso de complacencia, respeto, etc., hacia otros.

OBSERVACIÓN n. f. Acción y efecto de observar. **2.** Facultad de observar. **3.** Gran capacidad de observación. **3.** Advertencia, indicación que se hace sobre el comportamiento de alguien. **4.** Objeción, reparo. **5.** Anotación o comentario que se hace a un texto.

OBSERVADOR, RA adj. y n. Que tiene hábito de observar o capacidad de observación. ◆ n. **2.** Persona delegada para asistir, sin voz ni voto, a un congreso, concilio, reunión, etc. **3.** Persona a quien se encarga la misión de observar una situación económica, política, social, etc.

OBSERVANCIA n. f. Cumplimiento exacto de aquello que se manda ejecutar: *la observancia de las leyes.* **2.** Respeto y obediencia que se presta a los mayores y a los superiores constituidos en dignidad: *guardar la debida observancia.*

OBSERVAR v. tr. (lat. *observare*) [1]. Examinar con atención. **2.** Advertir, darse cuenta de algo: *observar la presencia de alguien.* **3.** Hacer notar, llamar la atención sobre algo, señalar: *observar la conveniencia del cambio.* **4.** Acomodar la propia conducta a aquello que está prescrito: *observar las leyes.* **5.** Atisbar, mirar disimuladamente: *observar las acciones de algún sospechoso.*

OBSERVATORIO n. m. Lugar apropiado para hacer observaciones. **2.** Centro destinado a observaciones astronómicas, meteorológicas o sismológicas.

OBSESIÓN n. f. (lat. *obsessionem,* bloqueo). Idea o preocupación que no se puede alejar de la mente.

OBSESIONAR v. tr. y pron. [1]. Ser motivo de obsesión, producir o sentir obsesión.

OBSESIVO, A adj. Que obsesiona: *idea obsesiva.* **2.** Propenso a obsesionarse: *persona obsesiva.*

OBSESO, A adj. y n. (lat. *obsessum*). Dominado por una obsesión: *obseso sexual.*

OBSIDIANA n. f. Roca volcánica vítrea compacta, de color oscuro o casi negro.

OBSOLESCENCIA n. f. Calidad o condición de obsolescente.

OBSOLETO, A adj. Anticuado o caído en desuso.

OBSTACULIZAR v. tr. [1g]. Interponer obstáculos para impedir la consecución de algo.

OBSTÁCULO n. m. (lat. *obstaculum*). Lo que hace difícil o imposible el paso, lo que impide o dificulta la realización de algo. **2.** DEP. Dificultad que se coloca en la pista, en algunas pruebas de equitación, atletismo, motociclismo, etc.

OBSTANTE adj. Que obsta. • **No obstante,** sin que estorbe el que sea impedimento para otra cosa que se enuncia.

OBSTAR v. intr. (lat. *obstare*) [1]. Impedir, estorbar, oponerse. (Úsase sólo en oraciones negativas.)

OBSTETRA n. m. y f. Médico especialista en obstetricia.

OBSTETRICIA n. f. (del lat. *obstetricem,* comadrona). Técnica de la gestación, el parto y el puerperio.

OBSTINACIÓN n. f. Mantenimiento tenaz de una resolución, propósito, opinión, empeño, etc.

OBSTINADO, A adj. Perseverante, tenaz.

OBSTINARSE v. pron. [1]. Sostenerse tenazmente en una resolución o en una opinión.

OBSTRUCCIÓN n. f. Acción y efecto de obstruir. **2.** Táctica utilizada, en las asambleas políticas u otros cuerpos deliberantes, para obstaculizar sistemáticamente la discusión y votación de las leyes u otras resoluciones.

OBSTRUIR v. tr. y pron. (lat. *obstruere*) [29]. Situar o colocar un obstáculo: *obstruir el paso; obstruir una cañería.* ◆ v. tr. **2.** Fig. Impedir o dificultar una acción.

OBTENCIÓN n. f. Acción y efecto de obtener.

OBTENER v. tr. (lat. *obtinere*) [8]. Llegar a tener cierta cosa, por esfuerzo personal o por concesión de otro: *obtener un diploma.* **2.** Llegar a un resultado en un experimento, en una operación matemática, en un análisis: *obtener un número exacto.* **3.** Extraer de un material algún producto industrial, químico, etc.

OBTURACIÓN n. f. Acción y efecto de obturar.

OBTURADOR, RA adj. Que sirve para obturar. ◆ n. m. **2.** Dispositivo de un objetivo fotográfico que permite obtener diferentes tiempos de exposición.

OBTURAR v. tr. (lat. *obturare*) [1]. Tapar o cerrar un orificio o conducto.

OBTUSÁNGULO, A adj. Dícese del triángulo que tiene un ángulo obtuso.

OBTUSO, A adj. (lat. *obtusum*). Romo, sin punta. **2.** Fig. Torpe, tardo de comprensión. **3.** MAT. Dícese del ángulo mayor que un ángulo recto.

OBÚS n. m. (fr. *obus;* del alem. *Haubitze*). Pieza de artillería. **2.** Proyectil disparado por estas piezas.

OBVIAR v. tr. (lat. *obviare*) [1]. Evitar, soslayar una dificultad u obstáculo: *obviar un inconveniente.*

OBVIO, A adj. (lat. *obvium*). Manifiesto, evidente.

OCA n. f. (bajo lat. *auca*). Ganso.

OCA n. f. (voz de origen quechua). Planta herbácea de Chile y Perú, de tubérculos

OCA

comestibles. (Familia oxalidáceas.) **2.** Raíz de esta planta.

OCA *(montes de)*, ramal N de la cordillera de Perijá, en la frontera entre Colombia (Magdalena) y Venezuela (Zulia).

OCAMPO (Miguel), pintor argentino (Buenos Aires 1922). Su pintura, inscrita en la abstracción geométrica, atravesó una etapa op art.

OCAMPO (Victoria), escritora argentina (Buenos Aires 1891-*id*. 1979). Además de cultivar la biografía y el ensayo literario, fundó la revista y editorial *Sur* (1930). — Su hermana **Silvina** (Buenos Aires 1909-*id*. 1993), esposa de Bioy Casares, fue excelente poeta (*Pequeña antología*, 1954) y escribió ensayo, teatro y cuentos fantásticos.

OCAPI n. m. Okapi.

OCARINA n. f. Instrumento musical de viento, con ocho orificios dispuestos en dos líneas que corresponden a las notas de la escala diatónica.

OCASIÓN n. f. (lat. *occasionem*; de *occidere*, caer). Tiempo o lugar al que se asocian determinadas circunstancias: *en cierta ocasión...* **2.** Oportunidad, circunstancia favorable: *buscar la ocasión.* **3.** Peligro o riesgo. **4.** Causa o motivo que justifica cierta acción: *dar ocasión para murmurar.* **5.** Objeto vendido a un precio inferior al habitual. **6.** Todo objeto que se pone a la venta cuando ya ha sido usado.

OCASIONAL adj. Que sucede accidentalmente: *encuentro ocasional.* **2.** Que es apropiado para la ocasión de que se trata: *improvisar un discurso ocasional.* **3.** Que se dice de una manera improvisada y evasiva: *respuesta ocasional.*

OCASIONAR v. tr. [**1**]. Ser causa o motivo de algo.

OCASO n. m. (lat. *occasum*). Puesta del sol por el horizonte. **2.** Occidente, punto cardinal. **3.** *Fig.* Decadencia, inclinación: *el ocaso del Imperio.*

OCCAM (Guillermo **de**) → **Ockham** (Guillermo de).

OCCIDENTAL adj. y n. m. y f. De occidente. **OCCIDENTAL** u **OCCIDENTAL DE LOS ANDES** *(cordillera)*, cordillera de América del Sur, que se extiende desde Colombia hasta Bolivia; máx. alt., 6768 m en el Huascarán (Perú).

OCCIDENTALIZACIÓN n. f. Acción de occidentalizar.

OCCIDENTALIZAR v. tr. y pron. [**1g**]. Transformar según las ideas y la civilización de occidente.

OCCIDENTE n. m. (lat. *occidentem*). Punto cardinal del horizonte por donde se pone el sol en los días equinocciales. **2.** Lugar de la Tierra o de la esfera terrestre que, respecto de otro con el cual se compara, cae hacia donde se pone el sol. **3.** Conjunto de países de Europa occidental y de América del Norte, especialmente conjunto de países miembros del pacto del Atlántico norte. • **Iglesia de Occidente,** las iglesias de rito latino.

OCCIDENTE (*imperio de*), parte occidental del imperio romano. Surgido de la partición del imperio a la muerte de Teodosio (395 d. J.C.), desapareció en 476.

OCCIPITAL adj. Relativo al occipucio: *lóbulo occipital.* ♦ adj. y n. m. **2.** Dícese del hueso que forma la parte posterior e inferior del cráneo.

OCCIPUCIO n. m. Parte inferior y posterior de la cabeza.

OCCISO, A adj. y n. (lat. *occissum*.) Muerto violentamente.

OCEANÍA, una de las cinco partes del mundo, constituida por el continente australiano y una multitud de islas diseminadas por el Pacífico, entre Asia al O y América al E. Los archipiélagos oceánicos se dividen en tres grandes conjuntos: *Melanesia, Micronesia* y *Polinesia.* Estas divisiones son más etnográficas que geográficas. Oceanía cuenta con 28 millones de hab. aprox. y con una superficie de casi 9 millones de km². Aparte de Australia, Nueva Guinea y Nueva Zelanda, fragmento de un antiguo zócalo, a menudo afectado por movimientos tectónicos recientes, y de los atolones, de origen coralino, la mayoría de las islas de Oceanía deben su existencia a fenómenos volcánicos. Los archipiélagos gozan de un clima tropical, influido por la insularidad, que explica también el marcado carácter endémico de la flora y la fauna. Desde los puntos de vista humano y económico, Australia y Nueva Zelanda, con un nivel de vida elevado, contrastan con el resto de Oceanía, donde los indígenas (melanesios y polinesios) viven sobre todo del cultivo de cocotero y de la pesca. El turismo se desarrolla localmente.

OCEÁNICO, A adj. Relativo al océano. • **Clima oceánico,** en las zonas templadas, clima de las vertientes occidentales de los continentes.

OCEÁNIDA n. f. De Oceanía.

OCÉANO n. m. (lat. *oceanum*; del gr. *ōkeanos*). Vasta extensión de agua salada que cubre unas tres cuartas partes del globo terrestre. **2.** Cada una de las grandes subdivisiones de esta masa. **3.** *Fig.* Inmensidad, gran extensión de algo: *un océano de vegetación.*

OCEANOGRAFÍA n. f. Estudio físico, químico y biológico de las aguas y de los fondos marinos.

OCEANOLOGÍA n. f. Conjunto de las disciplinas científicas y de las técnicas relativas al estudio y a la utilización de los océanos.

OCELO n. m. (lat. *ocellum*; de *oculum*, ojo). Órgano visual rudimentario de numerosos artrópodos. **2.** Mancha redonda de las alas de algunos insectos, del plumaje de ciertas aves, etc.

OCELOTE n. m. (náhuatl *ocelot*). Mamífero carnívoro, de 65 cm de long., pelaje gris con motas rojizas rodeadas de negro y muy apreciado en peletería. (Familia félidos.) SIN.: *gatopardo, onza.* **2.** Piel de ocelote.

OCHENTA adj. num. card. y n. m. (bajo lat. *octaginta*). Ocho veces diez. ♦ adj. num. ordin. y n. m. **2.** Octogésimo: *página ochenta.* **3.** Dícese de la década que empieza en el año ochenta.

OCHENTAVO, A adj. y n. Dícese de cada una de las ochenta partes iguales en que se divide un todo.

OCHENTÓN, NA adj. y n. Octogenario.

OCHO adj. num. cardin. y n. m. (lat. *octo*). Siete y uno. ♦ adj. num. ordin. y n. m. **2.** Octavo: *el lugar ocho.*

OCHO n. m. *Méx.* Pajarillo idéntido propio de las tierras cálidas.

OCHOA (Severo), médico y bioquímico español (Luarca 1905-Madrid 1993), nacionalizado norteamericano. Emigró en 1941 a E.U.A. Premio Nobel de fisiología y medicina (1959), por su síntesis del ácido ribonucleico.

OCHOCIENTOS, AS adj. num. cardin. y n. m. Ocho veces ciento. ♦ n. m. **2.** Denominación que se aplica al arte, la literatura y, en general, la historia y la cultura del s. XIX.

OCIO n. m. (lat. *otium*). Estado de la persona inactiva: *darse al ocio.* **2.** Tiempo libre, fuera de las obligaciones y ocupaciones habituales.

OCIOSEAR v. intr. [**1**]. Andar ocioso, flojear.

OCIOSIDAD n. f. Permanencia en el ocio o inactividad. **2.** Lo que se hace en momentos de ocio.

OCIOSO, A adj. y n. Que está en ocio, inactivo: *gente ociosa.* **2.** Desocupado, exento de obligaciones. ♦ adj. **3.** Inútil, trivial: *es ocioso insistir.*

OCKHAM u **OCCAM** (Guillermo **de**), filósofo inglés (Ockham, Surrey, c. 1285-Munich c. 1349). Partidario de la corriente nominalista en la controversia de los universales y autor de una lógica que distingue los objetos del pensamiento de las categorías del conocimiento, su pensamiento preparó la doctrina de Lutero.

OCLUIR v. tr. y pron. (lat. *occludere*) [**29**]. Cerrar un orificio o el conducto de un canal.

OCLUSIÓN n. f. Acción y efecto de ocluir: *la oclusión de una vía de desagüe.* **2.** FONÉT. Cierre momentáneo de los órganos de fonación.

OCLUSIVO, A adj. Relativo a la oclusión. **2.** Que produce oclusión. ♦ adj. y n. f. **3.** Dícese de los sonidos o de las consonantes cuya fase característica de emisión implica la oclusión de los órganos de la fonación. (*p, t, k, b, d* y *g*.)

OCO n. m. *Colomb.* Vasija de calabaza.

OCOMISTLE n. m. *Méx.* Ardilla de gran agresividad que vive en los ocotales.

OCOSIAL n. m. *Perú.* Terreno húmedo y deprimido, con abundante vegetación.

OCOTAL n. m. *Guat.* y *Méx.* Terreno poblado de ocotes.

OCOTAL, c. de Nicaragua, cap. del dep. de Nueva Segovia; 14 599 hab. Industrias del calzado, muebles y bebidas. Centro comercial.

OCOTE n. m. *Guat.* y *Méx.* Pino de distintas especies, de madera resinosa.

OCOTEPEQUE (*departamento de*), dep. del O de Honduras; 1680 km²; 77 000 hab. Cap. *Nueva Ocotepeque.*

OCOZOAL n. m. *Méx.* Culebra de cascabel.

OCRE n. m. (fr. *ocre*; del gr. *ōkhra*). Variedad de arcilla rica en hematites (ocre rojo) o en limonita (ocre amarillo, tierra de Siena), utilizada en pintura. ♦ adj. y n. m. **2.** De color amarillo o naranja mezclado con marrón.

OCTAEDRO n. m. y adj. MAT. Sólido de ocho caras. • **Octaedro regular,** octaedro que tiene por caras triángulos equiláteros iguales.

OCTAGONAL u **OCTOGONAL** adj. Que tiene la forma de un octágono.

OCTÁGONO u **OCTÓGONO** n. m. y adj. MAT. Polígono que tiene ocho ángulos y, por lo tanto, ocho lados.

OCTANO n. m. Hidrocarburo saturado (C_8H_{18}) que existe en los aceites de petróleo. • **Índice de octano,** índice que indica el valor antidetonante de los combustibles.

OCTANTE n. m. Instrumento náutico análogo al sextante, pero cuyo sector comprende únicamente la octava parte del círculo (45°).

OCTAVA n. f. LING. Estrofa compuesta por ocho versos endecasílabos. **2.** REL. Período de ocho días que se prolonga en cada una de las principales fiestas del año. **3.** REL. El último de estos ocho días.

OCTAVIANO, nombre que tomó *Augusto* tras ser adoptado por César.

OCTAVILLA n. f. Octava parte de un pliego de papel. **2.** Impreso de propaganda política o social.

OCTAVIO, nombre de *Augusto* antes de ser adoptado por César.

OCTAVO, A adj. num. ordin. y n. m. (lat. *octavum*). Que ocupa el último lugar en una serie ordenada de ocho. ♦ adj. y n. m. **2.** Dícese de cada una de las ocho partes iguales en que se divide un todo.

OCTETO n. m. INFORMÁT. Elemento de información de ocho bits. **2.** MÚS. Composición vocal o instrumental a ocho voces. **3.** MÚS. Formación de cámara, compuesta por ocho cantantes o instrumentistas.

OCTOGENARIO, A adj. y n. Que se halla entre los ochenta y los noventa años de edad.

OCTOGÉSIMO, A adj. num. ordin. y n. m. Que ocupa el último lugar en una serie de ochenta. ♦ adj. y n. m. **2.** Dícese de cada una de las ochenta partes iguales en que se divide un todo.

OCTÓPODO, A adj. y n. m. Relativo a un orden de moluscos cefalópodos con corona de tentáculos formada por ocho brazos iguales, como el pulpo.

OCTOSILÁBICO, A adj. De ocho sílabas. **2.** Relativo al verso octosílabo. **3.** Escrito en octosílabos.

OCTOSÍLABO, A adj. Octosilábico. ♦ adj. y n. m. **2.** Verso que tiene ocho sílabas.

OCTUBRE n. m. (lat. *octobrem*). Décimo mes del año, de treinta y un días.

OCULAR adj. Relativo al ojo: *globo ocular*. • **Testigo ocular**, el que ha presenciado los hechos que se refieren. ♦ n. m. **2.** Sistema óptico de una lente, de un microscopio, etc., colocado en la parte a la que se aplica el ojo del observador para examinar la imagen que ofrece el objetivo.

OCULISTA n. m. y f. y adj. Oftalmólogo.

OCULTACIÓN n. f. Acción y efecto de ocultar.

OCULTAR v. tr. y pron. (lat. *occultare*) [1]. Impedir que sea vista una persona o cosa. ♦ v. tr. **2.** Callar intencionadamente alguna cosa: *ocultar los hechos*. **3.** Evitar la manifestación externa de sentimientos, deseos, etc.: *ocultar el dolor*.

OCULTISMO n. m. Estudio y práctica de las ciencias ocultas.

OCULTISTA adj. y n. m. y f. Relativo al ocultismo; que practica el ocultismo.

OCULTO, A adj. (lat. *occultum*). Que está tapado por algo de forma que no se deja ver. **2.** Que no se comprende, secreto, misterioso: *poder oculto*. • **Ciencias ocultas**, la alquimia, la magia, la nigromancia, la astrología, la cábala, la adivinación, el espiritismo, etc., que se basan en pruebas no experimentales.

OCUMARE DEL TUY, c. de Venezuela (Miranda); 76 880 hab. Centro comercial e industrial del valle del Tuy.

OCUMO n. m. *Venez*. Planta comestible de tallo corto y flores amarillas. (Familia aráceas.)

OCUPACIÓN n. f. Acción y efecto de ocupar. **2.** Trabajo o actividad en que uno emplea el tiempo: *tener muchas ocupaciones*. **3.** Empleo u oficio: *nivel bajo de ocupación*. **4.** Permanencia en un territorio de ejércitos extranjeros que, sin anexionarse aquél, intervienen en su vida pública y la dirigen.

OCUPACIONAL adj. Relativo a la ocupación, actividad, empleo.

OCUPADO, A adj. Atareado. **2.** Dícese de la línea telefónica que, al ser probada, da la señal especial intermitente de estar comunicado.

OCUPAR v. tr. (lat. *occupare*) [1]. Tomar posesión, instalarse en un sitio por la fuerza. **2.** Llenar un espacio o lugar. **3.** Habitar, estar instalado en una casa o habitación: *ocupar un piso*. **4.** Ejercer un empleo o cargo. **5.** Requerir, llevarle a alguien una actividad cierto tiempo o trabajo. **6.** Emplear, proporcionar trabajo: *esta fábrica ocupa a cien obreros*. ♦ **ocuparse** v. pron. **7.** Emplearse en algún trabajo. **8.** Cuidar, atender: *ocuparse de los niños*.

OCURRENCIA n. f. Hecho de suceder algo. **2.** Cosa que sucede. **3.** Idea de hacer algo que se le ocurre a una persona. **4.** Pensamiento, dicho agudo o gracioso que se dice ocasionalmente.

OCURRENTE adj. Gracioso, oportuno: *idea, persona ocurrente*. ♦ adj. y n. m. y f. **2.** Que ocurre.

OCURRIR v. intr. (lat. *ocurrere*) [3]. Suceder, acontecer: *ocurrir un percance*. **2.** Prevenir, anticipar o salir al encuentro. ♦ v. intr. y pron. **3.** Venir a la mente un pensamiento, una idea.

ODA n. f. (gr. *ōidē*, canto). Poema lírico, dividido en estrofas, destinado a celebrar grandes acontecimientos o a importantes personajes (odas heroicas), o bien a expresar sentimientos más familiares (odas anacreónticas).

ODALISCA n. f. (fr. *odalisque*; del turco *ōdaliq*). Esclava perteneciente al servicio de las mujeres del sultán en la Turquía otomana.

ODEÓN n. m. (gr. *ōdeion*). Edificio con gradas, destinado en la antigüedad a audiciones musicales.

ODER → Odra.

ODESSA, c. y puerto de Ucrania, junto al mar Negro; 1 115 000 hab. Centro cultural e industrial. Base naval y puerto fundados por los rusos en 1794.

ODIAR v. tr. [1]. Sentir odio.

ODÍN u **ODINN**, gran dios escandinavo de la guerra y de la sabiduría.

ODIO n. m. (lat. *odium*). Sentimiento que impulsa a desear el mal de alguien, o a alegrarse de su desgracia. **2.** Viva repugnancia hacia alguien.

ODIOSO, A adj. Digno de odio. **2.** Antipático, desagradable.

ODISEA n. f. (de *Odisea*, poema de Homero). Serie de sucesos penosos y molestos.

O'DONOJÚ (Juan), militar y administrador español (Sevilla 1762-México 1821). Virrey de México (1821). Firmó con Iturbide los tratados de Córdoba. Tras la independencia formó parte del consejo de regencia.

ODONTOLOGÍA n. f. Estudio de los dientes, de sus enfermedades y de su tratamiento.

ODONTÓLOGO, A n. y adj. Médico especializado en odontología. SIN.: *dentista*.

ODORÍFERO, A u **ODORÍFICO, A** adj. Aromático.

ODRE n. m. (lat. *utrem*). Piel cosida y empegada para contener líquidos (vino, aceite). **2.** *Fig.* y *fam*. Persona borracha.

ODRÍA (Manuel Arturo), militar y político peruano (Tarma 1897-Lima 1974). Dirigió el golpe contra Bustamante y asumió el poder (1948). Presidente electo del país (1950-1956), actuó dictatorialmente.

ODUBER QUIRÓS (Daniel), político costarricense (San José 1921-*id*. 1991), presidente de la república (1974-1978).

OE KENZABURŌ, escritor japonés (Ose, Shikoku, 1935). Su novelística, de corte moral, centrada en la esperanza y el temor, está caracterizada por una agresividad del lenguaje y las imágenes (*Una cuestión personal*, 1963; *El grito silencioso*, 1967; *Las cartas de los años de la nostalgia*, 1986). [Premio Nobel de literatura 1994.]

OERSTED n. m. (de Ch. *Oersted*, físico danés). Unidad de medida CGS electromagnética de intensidad de campo magnético.

OERSTED u **ØRSTED** (Hans Christian), físico danés (Rudkøbing 1777-Copenhague 1851). En 1820 descubrió la existencia del campo magnético creado por las corrientes eléctricas.

OESTE n. m. Occidente, punto cardinal (abrev. O; internacionalmente, W). **2.** Occidente, lugar hacia donde se pone el sol. ♦ adj. y n. m. **3.** Dícese del viento que sopla de occidente.

OFENDER v. tr. *offendere*, chocar, atacar) [2]. Causar daño a la dignidad, al honor de alguien o herir su susceptibilidad. **2.** Dañar físicamente. **3.** Impresionar algo desagradablemente los sentidos: *olores que ofenden*. ♦ **ofenderse** v. pron. **4.** Sentirse herido en su dignidad, molestarse.

OFENSA n. f. (lat. *offensam*). Acción y efecto de ofender u ofenderse. **2.** Acto o palabra que ofende.

OFENSIVA n. f. Acción y efecto de atacar.

OFENSIVO, A adj. Que ofende o puede ofender. **2.** Que ataca, que sirve para atacar.

OFERENTE adj. y n. m. y f. (lat. *offerentem*). Que ofrece.

OFERTA n. f. Proposición que se hace a alguien. **2.** Ofrecimiento de algo en venta. **3.** Don, regalo. **4.** Promesa de dar o de hacer algo. **5.** Producto a precio rebajado. (Úsase también con las prep. *de* y *en*.) • **Ley de la oferta y la demanda**, ley económica que determina el precio en que se equilibran el volumen de la oferta de un producto (o de un servicio) y el de la demanda. ‖ **Oferta pública de adquisición (O.P.A.)**, técnica por la cual una persona física o jurídica pone públicamente en conocimiento de los accionistas de una sociedad que está dispuesto, durante un período de tiempo determinado, a adquirir sus títulos a un precio prefijado.

OFERTAR v. tr. [1]. Ofrecer en venta un producto de comercio. **2.** *Amér*. Ofrecer, dedicar algo a Dios o a un santo. **3.** *Amér*. Ofrecer, prometer algo. **4.** *Amér*. Ofrecer, dar voluntariamente una cosa.

OFERTORIO n. m. Parte de la misa durante la cual el sacerdote ofrece a Dios el pan y el vino que deben ser consagrados. **2.** Ritos y oraciones que constituyen esta parte de la misa. **3.** Antífona con que se empieza la segunda parte de la misa.

OFFENBACH (Jacques), compositor alemán (Colonia 1819-París 1880), nacionalizado francés. Autor de más de 100 operetas (*La vida parisiense*, 1866) y de la ópera *Los cuentos de Hoffmann*.

OFFSET n. m. y adj. (voz inglesa, *repinte*, *reporte*). ART. GRÁF. Procedimiento de impresión indirecta por intermedio de una mantilla de caucho que toma la tinta aplicada a la plancha y la transfiere a su vez al papel. • **Máquina offset**, máquina de imprimir por el procedimiento offset.

OFICIAL adj. Que procede del gobierno o de la autoridad competente: *boletín oficial del estado*. **2.** Dícese de aquello cuyo carácter auténtico o formal está públicamente reconocido por una autoridad: *una nota oficial*. **3.** Dícese de las instituciones, centros de enseñanza, edificios, etc., que se sufragan con fondos públicos y dependen del estado. ♦ adj. y n. m. y f. **4.** *Méx*. Formal, establecido: *novio oficial*. ♦ n. m. **5.** En determinados oficios, el que tiene el grado intermedio entre aprendiz y maestro. **6.** En los cuerpos administrativos, el que desempeña la categoría intermedia entre auxiliar y jefe. **7.** MIL. Título y función de un militar que posee cualquiera de los empleos desde alférez a capitán general.

OFICIALA n. f. En determinados oficios, la que tiene el grado intermedio entre aprendiza y maestra.

OFICIALIDAD n. f. Carácter o calidad de oficial. **2.** MIL. Conjunto de oficiales de las fuerzas armadas, de un ejército o de una unidad orgánica del mismo.

OFICIALISTA adj. Dícese de la persona o grupo que apoya al gobierno.

OFICIALIZAR v. tr. [1g]. Dar carácter o validez oficial a algo: *oficializar una lengua*.

OFICIANTE adj. y n. m. Que preside un oficio litúrgico.

OFICIAR v. tr. [1]. Comunicar una cosa oficialmente por escrito. **2.** LITURG. Celebrar el sacerdote la misa, o asistirlo en la celebración. ♦ v. intr. **3.** *Fig.* y *fam*. Actuar con el carácter que se determina: *oficiar de conciliador*.

OFICINA n. f. (lat. *officinam*, taller). Local destinado a trabajos de tipo administrativo. **2.** Lugar donde se trabaja, prepara o gestiona algo. **3.** Laboratorio de farmacia.

OFICINISTA n. m. y f. Persona empleada en una oficina.

OFICIO n. m. (lat. *officium*). Profesión mecánica o manual. **2.** Ocupación habitual. **3.** Función propia de alguna cosa. **4.** Habilidad que se adquiere por el ejercicio habitual de una actividad: *tener un actor mucho oficio*. **5.** Comunicación oficial escrita. **6.** LITURG. Conjunto de ceremonias y oraciones litúrgicas, especialmente las de la semana santa. • **De oficio**, a costas del estado: *le nombraron un abogado defensor de oficio*.

OFICIOSO, A adj. Que proviene de una autoridad, pero sin tener carácter oficial: *noticia oficiosa*. **2.** Que interviene como mediador. **3.** Dícese de la persona se entromete en asuntos ajenos sin haber sido solicitada. **4.** Solícito en ser agradable o en halagar a alguien.

OFIDIO, A adj. y n. m. Relativo a un suborden de reptiles escamosos de cuerpo alargado, cilíndrico y sin extremidades, como las serpientes.

OFQUI *(istmo de)*, istmo de Chile (Aisén del General Carlos Ibáñez del Campo), que une la península de Taitao al continente.

OFRECER v. tr. y pron. (lat. *offerre*) [**2m**]. Poner algo o ponerse a disposición de alguien sin que éste lo haya solicitado. **2.** Mostrar, presentar algo cierta característica, aspecto, etc.: *la ciudad ofrecía un aspecto desolado*. ♦ v. tr. **3.** Dar una fiesta, banquete, etc., en honor a alguien. **4.** Proponer determinada suma para adquisición de algo. **5.** Prometer, obligarse: *me ofreció cambiar de actitud si le ayudaba*. **6.** Proporcionar, deparar: *el viaje me ofreció la oportunidad de conocer nuevos ambientes.* **7.** REL. Inmolar, sacrificar. **8.** REL. Dedicar o consagrar a Dios o a un santo las obras que se hacen, un objeto piadoso, o el daño que se padece. ♦ **ofrecerse** v. pron. **9.** Venirle a alguien algo a la imaginación, ocurrírsele. **10.** Ocurrírsele a alguien un encargo, mandato, etc.: *si no se le ofrece nada más, me retiraré.*

OFRECIDO, A adj. (p. p. de *ofrecer*). *Méx.* Dícese de la persona que espontáneamente se ofrece a ayudar a los demás o a hacer algo por ellos, adoptando generalmente una actitud servil.

OFRECIMIENTO n. m. Acción y efecto de ofrecer u ofrecerse.

OFRENDA n. f. (lat. *offerenda*, cosas que se deben ofrecer). Don que se hace a la divinidad o se deposita en un templo con una intención religiosa. **2.** Regalo o favor en señal de gratitud.

OFRENDAR v. tr. [**1**]. Hacer ofrendas.

OFTÁLMICO, A adj. Relativo al ojo y a la región ocular.

OFTALMOLOGÍA n. f. Especialidad médica cuyo objeto es el tratamiento de las afecciones del ojo y región ocular y la corrección de los trastornos de la visión.

OFTALMÓLOGO, A m. Médico especialista en oftalmología. SIN.: *oculista*.

OFUSCACIÓN n. f. Acción de ofuscar. SIN.: *ofuscamiento*.

OFUSCAR v. tr. y pron. (lat. *offuscare*) [**1a**]. Privar de la visión un exceso de luz o un brillo muy intenso. **2.** *Fig.* Trastornar algo la mente, confundir las ideas.

O'GORMAN (Edmundo), historiador mexicano (Coyoacán 1906-† 1995), autor entre otras obras de *Fundamentos de la historia de América*.

O'GORMAN (Juan), arquitecto y pintor mexicano (México 1905-*id.* 1982). Relacionado con el muralismo y el funcionalismo arquitectónico (derivando luego hacia el neobarroco), su obra paradigmática es la biblioteca central de la ciudad universitaria de México.

OGRO, ESA n. (fr. *ogre*). Gigante legendario que se alimentaba de carne humana. **2.** *Fig.* Persona cruel o de mal carácter. **3.** *Fig.* Monstruo, persona muy fea.

¡OH! interj. Denota generalmente asombro, alegría o dolor.

O'HIGGINS, lago de Chile (Aisén del General Carlos Ibáñez del Campo), junto al *cerro O'Higgins* (2910 m). La mitad oriental, que pertenece a Argentina (Santa Cruz), recibe el nombre de *lago San Martín*.

O'HIGGINS, dep. de Argentina (Chaco); 20 440 km². Cab. *San Bernardo*. Ganadería.

O'HIGGINS (Bernardo), prócer de la independencia americana (Chillán 1778-Lima 1842), hijo de Ambrosio. General en jefe del ejército (1814), con la victoria de Chacabuco (febr. 1817) inició la reconquista chilena. Fue nombrado director supremo y participó en la batalla de Maipo (abril 1818), que aseguró la independencia de Chile. Dimitió (en. 1823) y fue desterrado a Perú.

O'HIGGINS (Pablo), pintor y grabador mexicano de origen norteamericano (Salt Lake City 1900-México 1983), adscrito al movimiento muralista.

OHIO, estado del NE de Estados Unidos; 107 000 km²; 10 847 115 hab. Cap. *Columbus*. C. pral. *Cleveland, Cincinnati, Toledo*.

OHM n. m. (de G. S. Ohm, físico alemán). Nombre del ohmio, en la nomenclatura internacional.

OHM (Georg Simon), físico alemán (Erlangen 1789-Munich 1854). Enunció en 1827 las leyes fundamentales de las corrientes eléctricas e introdujo las nociones de cantidad de electricidad y de fuerza electromotriz.

ÓHMICO, A adj. Relativo al ohmio.

OHMIO n. m. (de G. S. Ohm, físico alemán). Unidad de medida de resistencia eléctrica, de símbolo Ω. • **Ohmio metro**, unidad de resistividad.

OÍBLE adj. Audible.

OÍDA n. f. Acción y efecto de oír. • **De, o por, oídas**, dícese de lo que se conoce únicamente por haber oído hablar de ello: *conocer a alguien de oídas*.

OÍDO n. m. Sentido por el que se perciben los sonidos. **2.** Órgano o aparato de la audición. **3.** Agujero que tienen las armas de fuego para comunicar éste a la carga. **4.** Aptitud para percibir y reproducir la altura relativa de un sonido musical: *tener buen oído*. • **Al oído**, dicho en un tono muy bajo o junto al oído de otro. || **Dar oídos**, escuchar a alguien con benevolencia y creyendo lo que dice. || **Duro de oído**, que no oye muy bien, que tiene dificultades para percibir la diferencia de los sonidos musicales. || **Ser uno todo oídos**, escuchar con atención.

OIDOR, RA adj. y n. Que oye. ♦ n. m. **2.** HIST. Juez o magistrado de las audiencias y chancillerías.

OIDORÍA n. f. Empleo o dignidad de oidor.

OÍR v. tr. (lat. *audire*) [**26**]. Percibir los sonidos. **2.** Escuchar, poner atención en percibir palabras o sonidos. **3.** Atender o acceder a los ruegos o avisos de uno: *¡Dios te oiga!* **4.** Hacerse uno cargo de aquello de que le hablan: *¿oyes lo que te estoy diciendo?*

OJAL n. m. Pequeña abertura, reforzada generalmente en sus bordes, que se hace en una pieza de tela, cuero, etc., para sujetar el botón. **2.** Agujero que atraviesa de parte a parte algunas cosas.

¡OJALÁ! interj. Denota vivo deseo de que suceda una cosa.

OJEADA n. f. Mirada rápida: *echar una ojeada.*

OJEADOR, RA n. Persona que ojea la caza.

OJEAR v. tr. [**1**]. Dirigir los ojos para mirar a determinada parte.

OJEAR v. tr. [**1**]. Levantar la caza y llevarla hacia los puestos de los cazadores o hacia las armadas. **2.** *Fig.* Espantar, ahuyentar.

OJEO n. m. Acción y efecto de ojear la caza. • **Echar un ojeo**, cazar ojeando.

OJERA n. f. Mancha amoratada alrededor del párpado inferior.

OJERIZA n. f. Antipatía hacia alguien, que impide ver con agrado sus cosas e inclina a desfavorecerle: *tomarle ojeriza a alguien.*

OJEROSO, A adj. Que tiene ojeras.

OJETADA n. f. *Méx. Vulg.* Acción vil: *fue una ojetada que te burlaras de él.*

OJETE n. m. Agujero redondo hecho en una tela, cuero, etc. **2.** *Vulg.* Ano. **3.** *Méx. Vulg.* Persona muy mala, perversa o que se aprovecha de los demás.

OJIBWA o **CHIPPEWA**, pueblo amerindio algonquino de la región de los Grandes Lagos.

OJÍMETRO n. m. *Fam.* Cálculo hecho a ojo.

OJITUERTO, A adj. Bizco.

OJIVA n. f. (fr. *ogive*). Figura de ángulo curvilíneo formada por dos arcos de círculo iguales, que presentan su concavidad contrapuesta y se cortan por uno de sus extremos. **2.** Arco que tiene esta figura. **3.** Parte anterior de un proyectil, de forma cónica u ojival. • **Ojiva atómica**, ojiva con carga nuclear, de la que están provistos determinados misiles o proyectiles. SIN.: *cabeza atómica.*

OJIVAL, adj. En forma de ojiva. • **Arco ojival**, arco apuntado que caracteriza al estilo gótico.

OJO n. m. Órgano de la visión, compuesto por el globo ocular y sus anexos. **2.** Vista, mirada: *no te quita los ojos de encima*. **3.** Agujero que atraviesa algo de una parte a otra: *el ojo de la aguja.* **4.** Mancha o dibujo más o menos redondo. **5.** Cada uno de los círculos que forman las gotas de grasa en la superficie de un líquido. **6.** Agujero, cavidad en la masa de algunas sustancias: *los ojos del queso.* **7.** *Fig.* Vista, perspicacia: *tener ojo.* **8.** *Fig.* Cuidado, tacto: *andarse con ojo.* • **A ojo** *(Fam.)*, sin medida, aproximadamente; a discreción de uno. || **A ojo de buen cubero** *(Fam.)*, sin medida, aproximadamente. || **A ojos vistas**, manifiesto, palpablemente. || **Abrir los ojos a uno**, descubrirle algo que ignoraba; desengañarle. || **Bajar uno los ojos**, avergonzarse, humillarse. || **Clavar los ojos** en una persona o cosa, mirarla fijamente y con atención. || **Comerse con los ojos** a alguien o algo *(Fam.)*, manifestar en la mirada una pasión o deseo intenso. || **Cuatro ojos** *(Fig. y fam.)*, persona que lleva gafas. || **Delante de los ojos o en los ojos de uno**, en su presencia. || **Echar ojo** a alguien o algo, mirarlo con atención mostrando deseo de ello. || **Echar un ojo** *(Méx.)*, echar una ojeada, dar una mirada superficial o rápida a algo: *antes de irte, échale un ojo al libro.* || **En un abrir y cerrar, o en un volver de, ojos** *(Fam.)*, en un instante, muy rápidamente. || **Mirar con buenos, o malos, ojos** a una persona o cosa, sentir por ella simpatía o al contrario. || **No pegar el ojo, o los ojos** *(Fam.)*, no poder dormir en toda la noche. || **No quitar ojo** de una persona o cosa, poner en ella atención grande y persistente. || **No tener ojos en la cara**, no darse cuenta de algo que es evidente. || **¡Ojo!**, o **¡mucho ojo!**, expresiones de aviso, atención o amenaza. || **Ojo alerta**, o **avizor** *(Fam.)*, expresión con que se advierte a alguien que esté en actitud vigilante. || **Ojo de buey**, ventana circular u ovalada; planta herbácea, de cabezuelas amarillas. (Familia compuestas.) || **Ojo de gallo**, variedad de calcedonia de color gris paja, amarillo y verdoso, en fajas que, cuando se talla la piedra, forman círculos concéntricos. || **Ojo de huracán**, parte central de un huracán en la que todo está en calma. || **Ojo de pez** (FOT.), objetivo de gran angular, con un ángulo de campo de 180° o más. || **Ojo de tigre**, variedad de crecidolita empleada como piedra ornamental. || **Pelar los ojos** *(Méx. Fam.)*, abrirlos desmesuradamente, por lo general como gesto de sorpresa o admiración. || **Saltar a los ojos** una cosa, ser muy clara; ser vistosa y sobresaliente. || **Valer** una cosa **un ojo de la cara**, ser una cosa muy cara.

OJOS DEL SALADO, pico de los Andes argentinos (Catamarca), junto a la frontera chilena; 6864 m.

OJOTA n. f. *Amér. Merid.* Calzado rústico confeccionado con desechos neumáticos o una suela sin curtir, de la que salen amarras atravesadas sobre el empeine y el tuerto.

OKAPI u **OCAPI** n. m. Mamífero rumiante africano, parecido a la jirafa, pero con el cuello más corto y la piel rayada en la parte posterior.

OKINAWA, isla principal del archipiélago japonés de Ryūkyū; 1183 km². C. pral. *Naha.*

OKLAHOMA, estado de Estados Unidos, al N de Texas; 181 000 km²; 3 145 585 hab. Cap. *Oklahoma City* (444 719 hab.). Petróleo.

OLA n. f. Onda formada por el viento en la superficie del mar o de un lago. **2.** *Fig.* Oleada. **3.** *Fig.* Afluencia momentánea de gran cantidad de algo. • **Ola de calor, de frío** (METEOROL.), aflujo de masas de aire caliente, de aire frío. ‖ **Quebrar, romperse, las olas,** estrellarse las olas contra los peñascos, playa, etc.

OLÁN n. m. *Méx.* Volante, tira de tela plegada que llevan como adorno algunas prendas femeninas: *una falda con olanes.*

OLANCHO (departamento de), dep. del E de Honduras; 24 531 km²; 282 018 hab. Cap. *Juticalpa.*

OLAÑETA (Casimiro), político boliviano (Sucre 1796-*id.* 1860). Abanderado de la independencia del Alto Perú, limitó el poder de Bolívar y se opuso a Sucre.

OLAVARRÍA, c. de Argentina (Buenos Aires); 98 078 hab. Caolín, canteras de mármol. Cemento, lácteos, conservas cárnicas, industrias del calzado.

OLAYA HERRERA (Enrique), político y abogado colombiano (Guateque, Boyacá, 1880-Roma 1937), fue presidente de la república (1930-1934).

¡OLE! u **¡OLÉ!** interj. Exclamación de entusiasmo con que se anima y aplaude, o de alegría ante algo.

OLEÁCEO, A adj. y n. f. Relativo a una familia de árboles o arbustos de flores gamopétalas, como el olivo.

OLEADA n. f. Ola grande. **2.** Embate y golpe de la ola. **3.** *Fig.* Muchedumbre o aglomeración que se desplaza. **4.** *Fig.* Manifestación intensa.

OLEAGINOSO, A adj. (lat. *oleaginum*). Que tiene la naturaleza del aceite: *líquido oleaginoso.* **2.** Que suministra o contiene aceite: *semillas oleaginosas.* • **Planta oleaginosa,** planta de la que se puede extraer materias grasas alimenticias o industriales.

OLEAJE n. m. Sucesión continuada de olas. **2.** Movimiento ondulatorio del mar.

O'LEARY (Daniel Florencio), militar y diplomático irlandés (Cork 1801-Bogotá 1854). Edecán de Bolívar (1819), le sirvió hasta 1830. Fue diplomático de Venezuela de 1830 a 1839.

OLEICULTURA n. f. Cultivo del olivo y de las plantas oleaginosas en general.

ÓLEO n. m. (lat. *oleum*). Procedimiento pictórico que utiliza un vehículo graso, generalmente aceite de linaza, como disolvente de los pigmentos: *pintar al óleo.* **2.** Pintura ejecutada con este procedimiento: *exposición de óleos.* • **Santos óleos** (LITURG.), aceites consagrados que se destinan a diversas ceremonias litúrgicas.

OLEODUCTO n. m. Pipe-line que sirve para el transporte de productos petrolíferos líquidos.

OLER v. tr. (lat. *olere*) [**2h**]. Percibir los olores. **2.** Aplicar la nariz a algo para percibir su olor. **3.** *Fig.* Sospechar o adivinar algo que estaba oculto. **4.** *Fig.* Indagar con curiosidad algo que ocurre o lo que hacen los demás. ♦ v. intr. **5.** Despedir olor. **6.** *Fig.* Parecer o tener el aspecto de ser lo que se expresa: *ese hombre me huele a hereje.*

OLFATEAR v. tr. [**1**]. Aplicar el olfato a algo. **2.** *Fig.* y *fam.* Curiosear o investigar en alguna cosa. **3.** *Fig.* y *fam.* Figurarse o sospechar algo que pasa ocultamente.

OLFATO n. m. (lat. *olfactum*). Sentido que permite la percepción de los olores, que tiene una importancia primordial como medio de información en la mayor parte de las especies. **2.** *Fig.* Sagacidad para descubrir o advertir algo conveniente.

OLFATORIO, A u **OLFATIVO, A** adj. Relativo al sentido del olfato.

OLID (Cristóbal de), conquistador español (Baeza o Linares 1488-Naco, Honduras, 1524). En 1519 se unió a Cortés en la conquista del imperio azteca, pero le traicionó para repartirse las ganancias de la conquista de Honduras. Fue ajusticiado.

OLIGARCA n. m. y f. (gr. *oligarkhēs*). Miembro de una oligarquía.

OLIGARQUÍA n. f. (gr. *oligarkhia*). Régimen político en que el poder es controlado por un pequeño grupo de individuos o familias. **2.** Autoridad, influencia preponderante que ejercen en su provecho un pequeño número de personas.

OLIGÁRQUICO, A adj. Relativo a la oligarquía.

OLIGISTO n. m. (gr. *oligistos,* muy poco). Óxido natural de hierro Fe$_2$O$_3$, de color gris negruzco o pardo rojizo, muy apreciado en siderurgia por su riqueza en metal.

OLIGOCENO, A adj. GEOL. Relativo al tercer período de la era terciaria. SIN.: *oligocénico.* ♦ n. m. **2.** GEOL. Tercer período del terciario, que sigue al eoceno y con el que finaliza el terciario antiguo o paleógeno.

OLIGOELEMENTO n. m. BIOL. Sustancia necesaria, en muy pequeña cantidad, para el funcionamiento de los organismos vivos. (El hierro, el boro, el magnesio, el cobalto, etc., son oligoelementos.)

OLIGOFRENIA n. f. Desarrollo deficiente de la inteligencia.

OLIGOPOLIO n. m. Situación de mercado en la que pocos vendedores satisfacen la demanda de multitud de compradores.

OLIMPIA, c. del Peloponeso, centro religioso panhelénico donde se celebraban cada cuatro años los Juegos olímpicos. Ruinas del templo de Zeus (s. v a. J.C.); metopas en el museo local y en el Louvre.

OLIMPÍADA u **OLIMPIADA** n. f. (gr. *olympias*). Competición universal de juegos atléticos que se celebra cada cuatro años. **2.** Período de cuatro años comprendido entre dos celebraciones consecutivas de Juegos olímpicos.

OLÍMPICO, A adj. Relativo al Olimpo. **2.** Relativo a Olimpia, centro religioso del Peloponeso. **3.** Relativo a los Juegos olímpicos. **4.** *Fig.* Altanero, despectivo: *desdén olímpico.*

OLIMPO, en gr. *Olympos,* macizo montañoso de Grecia, en los confines de Macedonia y Tesalia (alt. 2917 m). Según los antiguos griegos era la morada de los dioses.

OLISCAR v. tr. [**1a**]. Olfatear, oler ligeramente alguna cosa. **2.** *Fig.* Curiosear, intentar averiguar un suceso o noticia. ♦ v. intr. **3.** Empezar a oler mal una cosa que se está descomponiendo.

OLISQUEAR v. tr. [**1**]. Oler uno o un animal una cosa. **2.** *Fig.* Curiosear, husmear.

OLIVA n. f. Aceituna. **2.** Lechuza, ave rapaz nocturna.

OLIVÁCEO, A adj. De color parecido al de la aceituna verde: *tez olivácea.*

OLIVAR n. m. Terreno plantado de olivos.

OLIVARERO, A adj. Perteneciente al cultivo del olivo y al comercio y aprovechamiento de sus frutos. ♦ adj. y n. **2.** Que se dedica a este cultivo.

OLIVARES (*cerro de*), cerro de la cordillera de los Andes, en la frontera entre Chile (Coquimbo) y Argentina (San Juan); 6250 m de alt.

OLIVARES (Gaspar de Guzmán y Pimentel, *conde de Olivares* y *duque de Sanlúcar la Mayor,* llamado **conde-duque de**), político español (Roma 1587-Toro 1645). Nombrado gentilhombre de Felipe IV, que le entregó el gobierno (1621), se propuso restaurar la autoridad de la monarquía mediante una política unificadora del imperio e hizo entrar a España en la guerra de los Treinta años (1636).

Los levantamientos de Portugal y Cataluña (1640) y la oposición de la corte marcaron su declive; fue expulsado de la corte (1643).

OLIVARI (Nicolás), escritor argentino (Buenos Aires 1900-*id.* 1966). Cultivó la poesía (*Los poemas rezagados,* 1946), el relato (*La noche es nuestra,* 1952) y el drama, con tono humorístico.

OLIVERA (Héctor), director, productor y guionista de cine argentino (Olivos 1931), autor de películas comerciales, pero también de otras de denuncia política (*La Patagonia rebelde,* 1974; *La noche de los lápices,* 1986).

OLIVICULTURA n. f. Cultivo o arte de cultivar los olivos.

OLIVINO n. m. MINER. Silicato de magnesio y hierro (Mg Fe)$_2$SiO$_4$, que se presenta en forma de cristales de color verde oliva, común en las rocas eruptivas básicas. SIN.: *peridoto.*

OLIVO n. m. Planta arbórea de los países cálidos, que proporciona la aceituna. (Familia oleáceas.) **2.** Madera de este árbol. • **Dar el olivo** (*Argent. Fam.*), despedir, echar, expulsar.

OLIVOS (*monte de los*), colina al E de Jerusalén, a cuyo pie se encontraba el huerto de Getsemaní, donde Jesús fue a orar la víspera de su muerte.

OLLA n. f. (lat. *ollam*). Vasija redonda, más honda que ancha, con dos asas, que se utiliza para guisar. **2.** Plato compuesto de carnes, tocino, legumbres, hortalizas y, a veces, algún embutido. • **Olla de grillos** (*Fig.* y *fam.*), lugar en que hay gran desorden y confusión. ‖ **Olla a presión,** o **exprés,** aparato de cocción, herméticamente tapado, por que los alimentos se cuecen muy rápidamente.

OLLAR n. m. Cada uno de los orificios de la nariz de las caballerías.

OLLER (Francisco), pintor puertorriqueño (Bayamón 1833-San Juan de Puerto Rico 1917). Influido por Courbet, pintó escenas de costumbres puertorriqueñas.

OLLUCO n. m. Planta herbácea, de flores amarillas que crece en los Andes. (Familia baselláceas.)

OLMECA adj. y n. m. y f. Relativo a un pueblo prehispánico de México que vivió en la costa de los estados de Veracruz y Tabasco y se extendió por el interior hasta el altiplano central; individuo de este pueblo. • Desarrolló la más antigua cultura preclásica del país (1500 a. J.C.-300 d. J.C.). En sus yacimientos (La Venta, Tres Zapotes, San Lorenzo, Cerro de las Mesas) se han hallado desde vasijas de cerámica y figurillas de barro hasta monumentos y esculturas de piedra tallada (cabezas colosales, altares, estelas). Los olmecas crearon el más antiguo sistema de escritura americano, así como un calendario del que derivarían los demás. Utilizaron el caucho, fueron grandes comerciantes (jade, hule, pieles, caolín), e introdujeron el culto al jaguar y la serpiente.

OLMEDA n. f. Terreno plantado de olmos. SIN.: *olmedo.*

OLMEDO (José Joaquín), patriota y escritor ecuatoriano (Guayaquil 1780-*id.* 1847). Fue presidente de la junta de gobierno de Guayaquil (1820-1822) y miembro del gobierno provisional en 1845. Sus poesías son de inspiración neoclásica (*Canto a Bolívar,* 1825).

OLMO n. m. (lat. *ulmum*). Árbol que alcanza de 20 a 30 m de alt., con hojas dentadas. (Familia ulmáceas.) **2.** Madera de este árbol.

OLÓGRAFO, A u **HOLÓGRAFO, A** adj. Autógrafo. **2.** DEF. Dícese del testamento o memoria testamentaria de puño y letra del testador.

OLOR n. m. Emanación de ciertas sustancias percibida por el olfato. **2.** Impresión que producen ciertas sustancias en el olfato. • **En olor de santidad,** con fama de

OLO

santo: *morir en olor de santidad.* ♦ **olores** n. m. pl. **3.** *Chile.* Especias.

OLOROSEAR u **OLOSAR** v. tr. [1]. *Chile.* Oler.

OLOROSO, A adj. Que exhala de sí fragancia. ♦ n. m. **2.** Vino de Jerez, muy aromático y de color dorado tirando a oscuro.

OLOT, c. de España (Gerona), cab. de p. j.; 26 613 hab. *(Olotenses.)* Iglesia neoclásica de San Esteban.

OLOTE n. m. *Amér. Central y Méx.* Marlo, zuro del maíz.

OLVIDADIZO, A adj. Que se olvida con facilidad de las cosas. **2.** *Fig.* Ingrato, desagradecido.

OLVIDAR v. tr. y pron. [1]. Dejar de tener algo presente en la memoria. **2.** Dejar de sentir un afecto. **3.** Omitir algo por negligencia o descuido.

OLVIDO n. m. Falta de recuerdo acerca de algo. **2.** Cesación de un afecto que antes se sentía. **3.** Omisión o negligencia de algo que se debía de hacer o tener presente.

OMAGUA adj. y n. m. y f. Relativo a un pueblo amerindio del N de Perú, de la familia lingüística tupí; individuo de este pueblo. (Desde 1541 diversas expediciones recorrieron el territorio omagua, que hasta el s. XVIII se identificó con el mítico El Dorado.)

OMAHA, c. de Estados Unidos (Nebraska), a orillas del Missouri; 335 795 hab.

OMÁN (mar de) → **Arabia** (mar de).

OMÁN, en ár. *Umān,* estado del extremo oriental de Arabia, junto al *golfo y al mar de Omán;* 212 000 km²; 1 600 000 hab. CAP. Mascate. LENGUA: árabe. MONEDA: riyal de Omán. Petróleo.

HISTORIA

Del s. XVII al s. XIX, los sultanes de Omán gobernaron un imperio marítimo, adquirido a expensas de Portugal y cuyo centro era Zanzíbar. A partir de 1970 el sultán Qābūs ibn Sa'id emprendió la modernización del país. En 2001, junto con Arabia Saudita, Bahrein, los Emiratos Árabes Unidos, Kuwait y Qatar, firmó el primer pacto de defensa de la región del Golfo Pérsico.

OMASO n. m. Libro, tercera cavidad del estómago de los rumiantes.

OMATE o **HUAYNAPUTINA,** volcán de Perú (Moquegua); 6175 m de alt.

OMBLIGO n. m. (lat. *umbilicum).* Cicatriz del cordón umbilical, en el centro del abdomen. **2.** *Fig.* Centro principal y activo de una cosa: *la ciudad se convirtió en el ombligo cultural del país.* ● **Ombligo de Venus** (BOT.), planta herbácea con hojas carnosas circulares. (Familia crasuláceas.)

OMBÚ n. m. (voz guaraní). Planta arbórea de América Meridional, de tronco muy ancho y copa densa, cuyas flores se presentan en racimos. (Es el árbol nacional de Argentina. Familia fitolacáceas.)

OMBUDSMAN n. m. (voz sueca) [pl. *ombudsmen*]. En Suecia y en algunos otros países, persona encargada de controlar el funcionamiento de la administración pública y de la justicia.

OMEGA n. f. Última letra del alfabeto griego (ω, Ω), que corresponde a una larga. **2.** *Fig.* Final de una cosa. **3.** Símbolo del *ohmio.*

OMETEPE, isla de Nicaragua (Rivas), en el lago Nicaragua; 273 km². Formada por dos volcanes *(Ometepe,* 1610 m, y Maderas).

ÓMICRON n. f. Letra del alfabeto griego (o), que corresponde a la o breve.

OMINOSO, A adj. (lat. *ominosum).* De mal agüero, azaroso. **2.** Abominable.

OMISIÓN n. f. **1.** Acción y efecto de omitir. **2.** Cosa omitida. **3.** Falta que constituye la abstención de hacer o decir una cosa: *pecado de omisión.* **4.** Descuido o negligencia.

OMISO, A adj. Negligente y descuidado: *hacer caso omiso de lo que ocurre.*

OMITIR v. tr. (lat. *omittere*) [3]. Dejar de hacer alguna cosa. **2.** Dejar de decir o de señalar cierta cosa: *no omitir nada en un relato.*

ÓMNIBUS n. m. (lat. *omnibus*). Vehículo de gran capacidad, destinado al transporte público dentro de las poblaciones. **2.** *Argent., Perú y Urug.* Autobús. ● **Tren ómnibus,** tren que para en todas las estaciones de un recorrido.

OMNIDIRECCIONAL adj. Dícese de la antena emisora o receptora que emite las ondas con la misma intensidad en todas direcciones o que las recibe con la misma eficacia.

OMNÍMODO, A adj. Total, que comprende todos los aspectos de algo.

OMNIPOTENTE adj. Que todo lo puede. (Se considera atributo sólo de Dios.) **2.** *Fig.* Que tiene mucho poder.

OMNIPRESENCIA n. f. Ubicuidad.

OMNISCIENCIA n. f. TEOL. CATÓL. Ciencia universal, uno de los atributos de Dios.

OMNISCIENTE adj. y s. Que tiene omnisciencia. **2.** *Fig.* Dícese del que sabe mucho o sobre muchas cosas.

OMNÍVORO, A adj. Que se alimenta de carne y de vegetales: *mamíferos omnívoros.*

OMÓPLATO u **OMOPLATO** n. m. (gr. *ōmoplatē*). Hueso plano, delgado y triangular, situado en la parte posterior de la espalda, donde se articulan el húmero y la clavícula. SIN.: *escápula.*

ONA, pueblo amerindio de la familia patagona, extinguido, que vivía en la isla Grande de Tierra del Fuego.

ONAGRO n. m. Mamífero ungulado salvaje, intermedio entre el caballo y el asno, que vive en Asia. (Familia équidos.)

ONANISMO n. m. Masturbación.

ONCE adj. num. cardin. y n. m. (lat. *undecim*). Diez y uno. ♦ adj. num. ordin. y n. m. **2.** Undécimo.

ONCE n. f. *Chile.* Merienda. (Úsase también en plural.)

ONCEAVO, A u **ONZAVO, A** adj. y n. Dícese de cada una de las once partes iguales en que se divide un todo.

ONCENO, A adj. y n. Undécimo.

ONCÓGENO, A adj. Que es capaz de provocar un tumor, principalmente un tumor maligno.

ONCOLOGÍA n. f. Parte de la medicina que trata de los tumores.

ONDA n. f. (lat. *undam*). Perturbación que se propaga en un medio desde un punto a otros, sin que en dicho medio, como conjunto, se produzca ningún desplazamiento permanente. (Se distinguen las *ondas materiales* [ondas sonoras, olas en un líquido], que se propagan por vibración de la materia, y las *ondas electromagnéticas,* que se propagan sin ningún soporte material, en el vacío.) **2.** Ola del mar. **3.** Cada una de las curvas de una superficie o línea sinuosa: *las ondas del cabello.* **4.** Reverberación y movimiento de la llama. **5.** *Fam.* Asunto, tema, hecho: *No sé nada de esa onda.* || **Captar la onda,** entender lo que se dice, en general indirectamente. || **Estar en la onda,** estar en el asunto, estar al día. || **Longitud de onda,** distancia entre dos puntos consecutivos de la misma fase de un movimiento ondulatorio que se propaga en línea recta. || **Número de onda,** inverso de la longitud de onda. || **Onda corta,** onda radioeléctrica de longitud comprendida entre 11 m y 60 m (27 MHz a 5 MHz), de la que varias bandas están reservadas para la radiodifusión. || **Onda larga,** onda radioeléctrica de longitud comprendida entre 1000 m y 2000 m (300 kHz a 150 kHz), reservada a la radiodifusión. || **Onda media,** onda radioeléctrica de longitud comprendida entre 187,5 m y 577 m (1600 kHz a 520 kHz), reservada a la radiodifusión. || **Poner en onda,** realizar radiofónicamente una obra, o una emisión, espacio de un programa, etc. || **¿Qué onda?** *(Méx. Fam.),* ¿qué tal?, ¿qué hay? ¿qué pasa? || **Ser** alguien **buena o mala onda** *(Argent. y Méx.),* ser buena o mala persona.

ONDEAR v. intr. [1]. Formar ondas un cuerpo flexible: *ondear las banderas.* **2.** Hacer ondas el agua.

ONDINA n. f. Ser imaginario de las mitologías germánica y escandinava que se decía habitaba en las profundidades de las aguas.

ONDULACIÓN n. f. Acción y efecto de ondular. **2.** FÍS. Movimiento de vaivén en un fluido o en un medio elástico, sin traslación permanente de sus moléculas.

ONDULADO, A adj. Dícese de toda magnitud que varía de manera periódica con el tiempo, manteniendo constantemente el mismo sentido.

ONDULAR v. tr. e intr. [1]. Moverse formando ondas. ♦ v. tr. **2.** Formar ondas en algo.

ONDULATORIO, A adj. En forma de onda. **2.** Ondulante. **3.** FÍS. Que se propaga por ondas: *naturaleza ondulatoria de la luz.*

O'NEILL (Eugene), dramaturgo norteamericano (Nueva York 1888-Boston 1953). Su teatro pasó del realismo *(Anna Christie,* 1922; *El deseo bajo los olmos,* 1924) a una visión esencialmente poética del esfuerzo humano para integrarse a un universo *(El emperador Jones,* 1921; *A Electra le sienta bien el luto,* 1931). [Premio Nobel de literatura 1936.]

ONEROSO, A adj. (lat. *onerosum*). Pesado, molesto. **2.** Que ocasiona gasto: *un convite oneroso.*

ONETTI (Juan Carlos), escritor uruguayo (Montevideo 1909-Madrid 1994). Su primera novela *El pozo* (1939) supuso una renovación de la técnica en la novela latinoamericana. Con *La vida breve* (1943) inauguró el ciclo narrativo de Santa María, territorio mítico concebido como refugio de la soledad, y que culmina en *El astillero* (1961) y *Juntacadáveres* (1964). Publicó también libros de cuentos, relatos y otras novelas *(Cuando entonces,* 1987; *Cuando ya no importe,* 1993). [Premio Cervantes 1980.]

ONGANÍA (Juan Carlos), militar argentino (Marcos Paz, Buenos Aires, 1914-Buenos Aires 1995). Jefe del ejército (1962-1965), derrocó a Illia (1966) e inició un régimen dictatorial. Fue derrocado por Lanusse (1970).

ÓNICE u **ÓNIX** n. m. o f. (lat. *onicem*). Variedad de ágata, notable por su finura y por las bandas de diversos colores que presenta.

ONÍRICO, A adj. Relativo a los sueños.

ONIRISMO n. m. SICOL. Estado de sueño. **2.** Estado patológico constituido por alucinaciones visuales que aparecen en los sueños.

ÓNIX n. m. o f. Ónice.

ONOMÁSTICA n. f. LING. Conjunto de los nombres propios de persona o de lugar. **2.** LING. Disciplina que estudia tales nombres. SIN.: *onomatología.*

ONOMÁSTICO, A adj. Relativo a los nombres propios, especialmente de persona: *fiesta onomástica.*

ONOMATOPEYA n. f. (gr. *onomatopoiía*). Modo de formación de palabras propias para sugerir, por armonía imitativa, la realidad extralingüística que designan. **2.** Palabra formada por armonía imitativa. **3.** Empleo de vocablos onomatopéyicos para imitar el sonido de las cosas con fines significativos.

ONOMATOPÉYICO, A adj. Que ofrece los caracteres de la onomatopeya.

ONSAGER (Lars), químico norteamericano de origen noruego (Cristianía 1903-Miami 1976). Sentó las bases de la termodinámica de los procesos irreversibles que tiene, especialmente, aplicaciones en biología. (Premio Nobel de química 1968.)

ONTARIO, lago de América del Norte, entre Canadá y Estados Unidos. Se comunica con el lago Erie a través del Niágara

y vierte sus aguas en el San Lorenzo; 18 800 km².
ONTENIENTE u ONTINYENT, c. de España (Valencia), cab. de p. j.; 29 511 hab. *(Ontenienses.).*
ONTOLOGÍA n. f. Parte de la filosofía que estudia el ente en cuanto tal.
O.N.U. (Organización de las Naciones Unidas), organización internacional constituida en 1945 (para suceder a la Sociedad de naciones, creada por el tratado de Versalles en 1919) por los estados que aceptaron cumplir las obligaciones previstas por la *Carta de las Naciones Unidas*, a fin de salvaguardar la paz y la seguridad internacionales, y de instituir entre las naciones una cooperación económica, social y cultural. La O.N.U. cuya sede se halla en Nueva York, comenzó a existir oficialmente el 24 de octubre de 1945. China, E.U.A., Francia, Gran Bretaña y Rusia ocupan un escaño permanente y poseen derecho de veto en el Consejo de seguridad. Órganos principales: la *asamblea general* (todos los estados miembros), principal órgano de deliberación que emite las recomendaciones; el *consejo de seguridad* (5 miembros permanentes y 10 elegidos cada 2 años por la Asamblea general), órgano ejecutivo cuyo fin es el mantenimiento de la paz internacional; el *consejo económico y social*, que coordina las actividades económicas y sociales de la O.N.U., bajo la autoridad de la asamblea general; el *Tribunal internacional de justicia*; el *secretariado* o *secretaria*, que asegura las funciones administrativas de la O.N.U.; está dirigido por un *secretario general*, designado por un plazo de cinco años por la asamblea general según recomendación del consejo de seguridad. La O.N.U. cuenta con organismos especializados, como las comisiones económicas regionales, F.A.O., Unesco, Unicef, UNCTAD, etc.
ONUBENSE adj. y n. m. y f. De Huelva. SIN.: *huelveño.*
ONZA n. f. (lat. *unciam*). Antigua medida de peso de muchos países, con diversos valores, comprendidos entre 24 y 33 g.
ONZA n. f. Ocelote.
ONZAVO, A adj. y n. m. y f. Onceavo.
OÑA (Pedro **de**), poeta chileno (Angol de los Infantes 1570-Cuzco o Lima c. 1643). Intentó continuar *La Araucana* de Ercilla, con *Arauco domado* (1596), pero con predominio de motivos cortesanos y líricos.
OÑATE (Juan **de**), conquistador de Nuevo México (¿Minas de Pánuco, Zacatecas, 1550?-† c. 1625), hijo de **Cristóbal de Oñate** (¿1540?-1567), gobernador de Nueva Galicia. Impuso la soberanía española a los caciques indígenas de Nuevo México (1598). Emprendió nuevas exploraciones, alcanzó el río Colorado y fundó Santa Fe (1605).
OOCITO u OVOCITO n. m. Célula sexual femenina que aún no ha sufrido la meiosis.
OOSFERA n. f. BOT. Gameto femenino que corresponde en el reino vegetal al óvulo de los animales.
OPA adj. y n. (voz quechua). *Argent., Bol.* y *Urug.* Tonto, retrasado mental.
OPACAR v. tr. y pron. [1a]. *Amér.* Hacer opaco, oscurecer, nublar. ♦ v. tr. 2. *Méx.* Hacer opaca u oscura alguna cosa: *opacar un vidrio.* 3. *Méx.* Superar por mucho a algo o a alguien, hacerlo desmerecer: *su belleza opaca a la de las demás.*
OPACLE n. m. *Méx.* Hierba silvestre que se añade al pulque en su fermentación.
OPACO, A adj. (lat. *opacum*). Que no deja pasar la luz. 2. Sin brillo: *ojos opacos.* 3. *Fig.* Oscuro, insignificante. 4. *Fig.* Triste, melancólico.
OPALESCENCIA n. f. Reflejos de ópalo. 2. Calidad de opalescente.
OPALESCENTE adj. Semejante al ópalo.

OPALINA n. f. Sustancia vítrea que imita el ópalo, utilizada en la fabricación de objetos artísticos.
OPALINO, A adj. Relativo al ópalo. 2. De color entre blanco y azulado, con reflejos irisados.
ÓPALO n. m. (lat. *opalum*). Piedra semipreciosa, variedad de sílice hidratada, con reflejos cambiantes irisados.
ÓPATA, grupo amerindio de México, de lengua utoazteca, formado por los ópatas, cahita y tarahumara.
OPCIÓN n. f. (lat. *optionem*). Acción y efecto de optar. 2. Facultad de elegir. 3. Derecho a ocupar cierto empleo, cargo o dignidad. 4. Derecho derivado o inherente a cierta cosa.
ÓPERA n. f. (ital. *opera*). Composición dramática con diálogo hablado, compuesta por una obertura orquestal, arias, dúos, tríos, coros, recitativos y fragmentos orquestales. 2. Poema dramático escrito para este fin. 3. Género constituido por esta clase de obras. 4. Edificio donde se representan estas obras. • **Ópera prima**, primera obra artística de un autor.
OPERACIÓN n. f. Acción y efecto de operar. 2. Compra y venta de bienes y servicios: *operación comercial; operación de bolsa.* 3. CIR. Intervención practicada por un cirujano a un enfermo o a un herido. 4. MAT. Combinación efectuada con entes matemáticos siguiendo unas reglas dadas y que admite como resultado un ente matemático perfectamente determinado. 5. MIL. Conjunto de combates y maniobras de toda clase desarrollados por fuerzas terrestres, navales o aéreas, en una región determinada o contra un objetivo concreto.
OPERACIONAL adj. Relativo a las operaciones matemáticas, comerciales o militares. 2. Dícese de las unidades militares que están en condiciones de operar.
OPERADOR, RA adj. y n. Que opera. 2. Cirujano. ♦ n. 3. CIN. y TELEV. Técnico encargado de la parte fotográfica de un rodaje. 4. TELECOM. Persona que atiende el servicio público en una central telefónica. ♦ n. m. 5. INFORMÁT. Órgano que efectúa una operación aritmética o lógica. 6. MAT. Símbolo de una operación lógica o matemática que se efectúa sobre un ente matemático, o sobre un grupo de proposiciones.
OPERANDO n. m. MAT. Elemento sobre el cual se aplica una operación.
OPERAR v. intr. [1]. Actuar, ejercer una acción. 2. Negociar, realizar compras y ventas. 3. Robar o cometer actos delictivos: *operar una banda en un barrio.* 4. MAT. Realizar combinaciones con números o expresiones, según las reglas matemáticas, para llegar a un resultado. 5. MIL. Maniobrar. ♦ v. tr. 6. CIR. Ejecutar una operación quirúrgica. ♦ v. tr. y pron. 7. Realizar, producir un resultado. ♦ **operarse** v. pron. 8. Someterse a una operación quirúrgica.
OPERARIO, A n. (lat. *operarium*). Obrero, trabajador manual.
OPERATIVO, A adj. Dícese de lo que obra y hace su efecto. • **Sistema operativo** (INFORMÁT.), programa o conjunto de programas que realizan la gestión de los procesos básicos del sistema informático, permitiendo la ejecución del resto de operaciones.
OPÉRCULO n. m. (lat. *operculum*, tapadera). Pieza, generalmente redondeada, que cierra algunas aberturas del cuerpo de los animales, a modo de tapadera, como la de las agallas de los peces. 2. Tapa de cera con que las abejas cubren las celdillas llenas de miel. 3. BOT. Cualquier parte de un esporangio o fruto que se desprende a modo de tapadera.
OPERETA n. f. Género teatral ligero, en el que los fragmentos cantados alternan con los hablados.

OPO

OPERÍSTICO, A adj. Relativo a la ópera.
OPHÜLS (Maximilian **Oppenheimer**, llamado **Max**), director de cine francés de origen alemán (Saarbrücken 1902-Hamburgo 1957). Barroco y refinado, consagró su obra a una búsqueda apasionada de la felicidad: *La ronda* (1950), *Lola Montes* (1955).
OPIMO, A adj. (at. *opimum*). Rico, fértil, abundante.
OPINAR v. tr. e intr. (lat. *opinari*) [1]. Tener cierta opinión. 2. Expresar una opinión.
OPINIÓN n. f. (lat. *opinionem*). Juicio, manera de pensar sobre un tema. 2. Fama, reputación. • **Opinión pública**, manera de pensar más extendida en una sociedad.
OPIO n. m. (lat. *opium*). Látex seco extraído de las cápsulas maduras de diversas variedades de adormidera, utilizado en medicina como calmante y somnífero analgésico.
OPIOMANÍA n. f. Toxicomanía producida por el opio.
OPIÓMANO, A adj. y n. Afecto de opiomanía.
OPÍPARO, A adj. (lat. *opiparum*). Dícese de la comida o banquete abundantes y espléndidos.
OPONENTE adj. y n. m. y f. Con respecto a una persona, dícese de otra que sostiene la opinión contraria.
OPONER v. tr. y pron. (lat. *opponere*) [5]. Poner en contra, obstaculizar. ♦ v. tr. 2. Imputar, objetar. ♦ **oponerse** v. pron. 3. Ser una cosa contraria a otra.
OPONIBLE adj. Que se puede oponer.
OPORTO n. m. Vino licoroso, aromático y generoso, cosechado en el valle del Duero, en la parte septentrional de Portugal.
OPORTO, en port. **Porto**, c. y puerto de Portugal, en la pror. del Duero, cerca de su desembocadura; 350 000 hab. (Casi un millón en la aglomeración). Es la segunda ciudad del país. Centro industrial. Comercialización en la zona suburbana de vinos del valle del Duero (*oporto*). Catedral románica transformada en época barroca (ss. XVII-XVIII); varias iglesias construidas o transformadas en esta época (torre de los Clérigos). Iglesia del antiguo convento del Pilar (ss. XVI-XVII), con claustro circular. Puente Luis I, metálico, obra de Eiffel. Museo Soares Reis.
OPORTUNIDAD n. f. Calidad de oportuno. 2. Circunstancia oportuna.
OPORTUNISMO n. m. Táctica o política de aquellos que, para conseguir sus fines, aprovechan las circunstancias oportunas sobre sus propios principios.
OPORTUNISTA adj. y n. m. y f. Relativo al oportunismo; que actúa o se manifiesta con oportunismo.
OPORTUNO, A adj. (lat. *opportunum*). Dícese de lo que se hace o sucede en el tiempo, lugar o circunstancia a propósito o conveniente. 2. Ingenioso, ocurrente: *un dicho oportuno.*
OPOSICIÓN n. f. Acción y efecto de oponer u oponerse. 2. Resistencia a lo que alguien hace o dice. 3. Posición de una cosa enfrente a otra. 4. Procedimiento selectivo consistente en una serie de ejercicios en que los aspirantes a un cargo someten al juicio de un tribunal su respectiva competencia. 5. ASTRON. Situación de dos cuerpos celestes cuyas longitudes geocéntricas difieren en 180°. 6. POL. Acción emprendida contra un gobierno. 7. POL. Grupo que desarrolla esta acción.
OPOSITAR v. tr. [1]. Hacer oposiciones a un cargo o empleo.
OPOSITOR, RA n. Persona que aspira a un cargo o empleo mediante unas oposiciones. 2. *Amér.* Partidario de la oposición en política.
OPOSUM n. m. Mamífero marsupial de América, que es muy apreciado por su piel.

OPPENHEIMER (Julius Robert), físico norteamericano (Nueva York 1904-Princeton 1967). Autor de trabajos sobre la teoría cuántica del átomo, tuvo un papel importante en las investigaciones nucleares.

OPRESIÓN n. f. (lat. *oppressionem*). Acción y efecto de oprimir. **2.** Dificultad para respirar.

OPRESIVO, A adj. Que oprime.

OPRESOR, RA adj. y n. Que oprime.

OPRIMIR v. tr. (lat. *oprimere*) [3]. Hacer presión en una cosa. **2.** *Fig.* Someter por la violencia, tratar con excesivo rigor. **3.** *Fig.* Provocar en alguien un sentimiento de molestia o angustia.

OPROBIO n. m. (lat. *opprobium*). Deshonor público, ignominia.

OPTAR v. tr. e intr. (lat. *optare*) [1]. Escoger, decidirse entre varias posibilidades. ♦ v. tr. **2.** Pretender alcanzar algo, especialmente un empleo.

OPTATIVO, A adj. Que se puede optar: *clases optativas*. ♦ adj. y n. m. **2.** LING. Dícese del modo del verbo o sistemas verbales que expresan deseo.

ÓPTICA n. f. Parte de la física que trata de las propiedades de la luz y de los fenómenos de la visión. **2.** Tienda de aparatos ópticos. **3.** *Fig.* Manera de juzgar, punto de vista.

ÓPTICO, A adj. (gr. *optike tekhnē*, arte de la visión). Relativo a la visión. **2.** Que pertenece al ojo. • **Nervio óptico,** nervio que enlaza el ojo con el encéfalo y que forma el segundo par de nervios craneales. ♦ n. **3.** Persona que fabrica o vende aparatos ópticos, especialmente gafas. **4.** Profesional titulado para trabajar en materia de óptica.

OPTIMACIÓN n. f. Acción y efecto de optimar. SIN.: *optimización.*

OPTIMAR v. tr. [1]. Optimizar. **2.** INFORMÁT. Organizar la disposición de las informaciones o de las instrucciones para obtener el tiempo mínimo de tratamiento de un programa.

OPTIMISMO n. m. Actitud de los que afirman la bondad fundamental del mundo, o que el conjunto del bien supera al del mal. **2.** Tendencia a tomarse las cosas en su aspecto más favorable, a confiar en el porvenir. CONTR.: *pesimismo.*

OPTIMISTA adj. y n. m. y f. Que tiene o implica optimismo.

OPTIMIZAR v. tr. [1g]. Lograr el mejor resultado posible de una actividad o proceso mediante el aprovechamiento al máximo de sus potencialidades.

ÓPTIMO, A adj. (lat. *optimum*). Que en su línea es lo mejor posible: *calidad óptima.* ♦ n. m. **2.** Término que designa la posición más adecuada para conseguir determinado objetivo.

OPUESTO, A adj. Contrario, que se opone a algo por estar enfrente. **2.** Contradictorio, de naturaleza diferente: *caracteres opuestos.*

OPUGNAR v. tr. (lat. *oppugnare*) [1]. Oponerse con fuerza o violencia. **2.** Embestir, atacar. **3.** Contradecir, impugnar.

OPULENCIA n. f. Abundancia, gran cantidad. **2.** Riqueza, caudal: *vivir en la opulencia.*

OPULENTO, A adj. (lat. *opulentum*, rico). Que tiene opulencia: *vida opulenta.* **2.** Muy rico.

OPUS n. m. (voz latina, *obra*). Término que, seguido de un número, sirve para situar un fragmento musical en la producción de un compositor. (Suele usarse la forma abreviada: op.)

OPÚSCULO n. m. (lat. *opusculum*). Obra impresa de poca extensión.

OQUEDAD n. f. Espacio vacío en el interior de un cuerpo.

OQUEDAL n. m. Monte arbóreo sin maraña de sotobosque.

OQUENDO (Manuel de), pintor peruano activo en Chuquisaca en la segunda mitad del s. XVIII. Autor de *El éxtasis de santa Teresa* (Potosí).

OQUENDO DE AMAT (Carlos), poeta peruano (Puno 1906-Madrid 1936). Su única obra, *5 metros de poemas* (1927), integra la voz la corriente nativista y su libertad de vanguardia.

ORA conj. Implica relación de alternancia entre los elementos que enlaza: *ora leía, ora paseaba.* (Se usa repetida.)

ORACIÓN n. f. (lat. *orationem*). Obra de elocuencia, acción oral. **2.** Súplica, deprecación, ruego a Dios, a la Virgen o a los santos. **3.** Deprecación litúrgica que se recita en la misa o en cualquier otra celebración. **4.** Discurso, exposición sobre un tema que un orador hace en público. **5.** LING. Conjunto de elementos lingüísticos que forman una unidad sintáctica de comunicación relativamente independiente y completa.

ORACIONAL adj. Relativo a la oración gramatical.

ORÁCULO n. m. (lat. *oraculum*). Respuesta de una divinidad a la que se hacía consultas según unos ritos determinados. **2.** La misma divinidad: *consultar al oráculo.* **3.** Imagen ante la que consultaban. **4.** Afirmación decisiva y tajante que se admite sin discusión por la gran autoridad de quien la emite. **5.** Persona o entidad a la que todos escuchan con respeto por su gran sabiduría.

ORADOR, RA n. (lat. *oratorem*). Persona que pronuncia un discurso en público. **2.** Persona elocuente. **3.** Predicador.

ORAL adj. Relativo a la boca: *vía oral.* **2.** Que se expresa verbalmente, por medio del habla. CONTR.: *escrito.* **3.** Transmitido de viva voz. **4.** Dícese del examen con preguntas y respuestas verbales.

¡ÓRALE! interj. *Méx. Fam.* ¡Oiga! **2.** *Méx.* ¡Venga!

ORÁN, dep. de Argentina (Salta); 100 734 hab. Cab. *San Ramón de la Nueva Orán.* Accidentado por la *sierra de Orán.* Minería (oro, plata y cobre). Industria maderera.

ORÁN, en ár. **Wahrān,** c. de Argelia, cap. de vilayato; 663 000 hab. (*Oraneses.*) Universidad. Puerto en el Mediterráneo. — Fundada por musulmanes de al-Andalus (c. 903), fue conquistada por los españoles (1509-1708; 1732-1790). En 1831 fue ocupada por los franceses.

ORANGUTÁN n. m. (malayo *òrang ütan,* hombre salvaje). Mono antropoideo de Asia, de 1,20 a 1,50 m de alt., con cuerpo robusto y brazos largos.

ORANTE adj. Que ora. ♦ n. m. y f. **2.** B. ART. Personaje representado en actitud de orar.

ORAR v. intr. [1]. Hablar en público, pronunciar un discurso. **2.** Hacer oración a Dios vocal o mentalmente. ♦ v. tr. **3.** Rogar, pedir, suplicar.

ORATE n. m. y f. (cat. *orat*). Loco, demente. **2.** *Fig.* y *fam.* Persona de poco juicio y poca prudencia.

ORATORIA n. f. Arte de hablar con elocuencia.

ORATORIO n. m. (lat. *oratorium*). Lugar destinado para orar. **2.** Capilla privada, para el uso de un grupo determinado de fieles.

ORATORIO n. m. Composición musical dramática, de tema religioso a veces profano.

ORATORIO, A adj. Relativo a la oratoria o al orador.

ORBE n. m. (lat. *orbem*). Mundo, universo.

ORBEGOSO u **ORBEGOZO** (Luis José **de**), general y político peruano (Chuquisango, Huamachuco, 1795-Trujillo 1847). Presidente del país (1833), creó, con Santa Cruz, la confederación Perú-boliviana (1836).

ORBICULAR adj. Redondo o circular.

ÓRBITA n. f. (lat. *orbitam*). Trayectoria cerrada de un cuerpo animado por un movimiento periódico. **2.** Curva descrita por un planeta alrededor del Sol, o por un satélite alrededor de su planeta. **3.** Cavidad ósea de la cara, en la que se halla alojado el ojo. • **Puesta en órbita,** conjunto de operaciones encaminadas a colocar un satélite artificial en una órbita determinada.

ORBITAL adj. Relativo a la órbita.

ORBON (Julián), compositor cubano de origen español (Avilés 1925-Miami 1991), autor de *Tres versiones sinfónicas* (1954), una sinfonía inédita, obras corales y piezas para piano y guitarra.

ORCA n. f. (lat. *orcam*). Cetáceo del Atlántico norte, similar a la marsopa, que mide de 5 a 9 m de long., de color azul oscuro por el lomo y blanco por el vientre, y muy voraz.

ORCADAS DEL SUR, islas subantárticas de Argentina, al NE de la península antártica; 1064 km².

ÓRDAGO n. m. (voz vasca). **De órdago** (*Fam.*), expresión que indica calidad superlativa en tamaño, liberalidad, belleza, etc.

ORDALÍA n. f. (bajo lat. *ordalia*; del anglosajón *ordal,* juicio). Prueba judicial de carácter mágico o religioso.

ORDÁS (Diego **de**), conquistador español (Castroverde de Campos c. 1480-† en el mar 1532), al servicio de Cortés. En 1530 firmó unas capitulaciones para conquistar tierras, e intentó llegar a El Dorado (1531), recorriendo el Orinoco.

ORDEN n. f. Mandato, acción y efecto de mandar: *dar órdenes.* **2.** Escrito por el que la autoridad competente manda o dispone algo: *recibir una orden de pago.* **3.** Organización religiosa, ligada por votos solemnes y aprobada por el papa, cuyos miembros viven bajo las reglas establecidas por su fundador o por sus reformadores. **4.** Comisión o poder que se da a alguien para hacer algo. **5.** Norma obligatoria dictada por la administración central del estado para un caso particular. **6.** Mandamiento expedido por un juez o tribunal. **7.** Cuerpo de personas unidas por alguna regla común o por una distinción honorífica: *orden de Carlos III.* **8.** Prescripción militar imperativa, verbal o escrita, de ejecutar una misión, cualquiera que sea su naturaleza. • **Estar a la orden del día,** ser frecuente en determinado tiempo o lugar. || **Orden de caballería,** caballería, institución militar feudal; institución honorífica creada por un soberano para premiar a los caballeros o distinguir con ella los servicios prestados a su persona o a la monarquía. || **Orden sagrada,** cada uno de los tres grados derivados del sacramento del orden.

ORDEN n. m. Organización y disposición armoniosa de las cosas. **2.** Reglas, leyes y estructuras que constituyen una sociedad: *el orden social.* **3.** Cualidad de las personas que saben organizar y organizarse. **4.** Categoría, rango, clase: *un escritor de primer orden.* **5.** ARQ. Sistema lógico y armonioso de proporciones modulares aplicando en la antigüedad y en la época contemporánea a la construcción, disposición y decoración de las partes salientes de una obra, en especial del basamento, soportes y entablamento. (Se distinguen tres órdenes griegos: el dórico, el jónico y el corintio. Los romanos crearon el toscano, el dórico romano y el compuesto.) **6.** HIST. NAT. División de clasificación de las plantas o de los animales, intermedia entre la clase y la familia. **7.** MIL. Disposición que adoptan las tropas para el desempeño de cada una de sus diferentes misiones. **8.** REL. Sacramento constitutivo de la jerarquía de la Iglesia. (Comporta tres grados: obispo, sacerdote y diácono.) **9.** Clase jerárquica de los ángeles. • **Del orden de,** significa que la cantidad en cuestión es aproximadamente la que se expresa. || **En orden,** ordenadamente, que cumple los requisitos necesarios. ‖ **En orden a,** para; expresa relación, referencia. ‖ **Fuerzas del orden,** servicios de la policía encargados de mantener el orden público y de la represión de disturbios. ‖ **Llamar al orden,** reprender o advertir a alguien para que se reporte. ‖ **Sin orden ni concierto,** que se hace o se dice, o está dispuesto, desordenadamente.

ORDENACIÓN n. f. Acción y efecto de ordenar. **2.** Orden, manera de estar ordenado algo. **3.** Disposición, prevención. **4.** Mandato, precepto. **5.** REL. Acción de conferir el sacramento del orden. **6.** REL. Esta misma ceremonia.

ORDENADO, A adj. Que guarda orden y método en sus acciones: *persona muy ordenada.* **2.** Bien arreglado, que presenta orden: *habitación ordenada.* ♦ **Conjunto ordenado** (MAT.), conjunto que tiene una relación de orden. ♦ **Par ordenado** (MAT.), par cuyos elementos están clasificados en un orden determinado. ♦ adj. y n. f. **3.** MAT. Dícese de una de las coordenadas cartesianas en un punto. ♦ adj. y n. **4.** Dícese de la persona que ha recibido el sacramento del orden.

ORDENADOR, RA adj. Que ordena: *política ordenadora de la economía del país.* ♦ n. m. **2.** Máquina automática para el tratamiento de la información, que obedece a programas formados por sucesiones de operaciones aritméticas y lógicas. (Un ordenador comprende una parte física *(hardware),* constituida por circuitos electrónicos de alta integración, y una parte no física *[software]*). SIN.: *calculador digital, computador, computadora.* ♦ **Ordenador personal,** microordenador.

ORDENAMIENTO n. m. Acción y efecto de ordenar. **2.** DER. Ley, pragmática u ordenanza **3.** Breve código de leyes promulgadas al mismo tiempo. **4.** Colección de disposiciones referentes a determinada materia: *ordenamiento jurídico.*

ORDENANDO n. m. (lat. *ordinandum*). El que se dispone a recibir las órdenes sagradas.

ORDENANZA n. f. Conjunto de preceptos dictados para la reglamentación de una comunidad, una tropa militar, etc. (Suele usarse en plural.) **2.** Mandato, disposición. **3.** DER. Norma dictada por la administración para la aplicación de una ley o decreto: *ordenanzas fiscales, municipales.* **4.** MIL. Ley que regula las normas de conducta dentro de las fuerzas armadas o de un ejército. ♦ n. m. **5.** En ciertas oficinas, empleado subalterno encargado de hacer recados. **6.** Soldado designado para llevar órdenes, recados o para realizar determinados servicios a los jefes u oficiales.

ORDENAR v. tr. (lat. *ordinare*) [1]. Poner en orden. **2.** Mandar, dar una orden para que se haga cierta cosa: *el médico le ordenó reposo.* **3.** Encaminar o dirigir algo a un fin determinado. **4.** REL. Conferir las órdenes sagradas. ♦ **ordenarse** v. pron. **5.** REL. Recibir las órdenes sagradas.

ORDEÑA n. f. Méx. Ordeño.

ORDEÑADORA n. f. Aparato para ordeñar.

ORDEÑAR v. tr. (bajo lat. *ordiniare,* arreglar) [1]. Extraer la leche de las vacas, cabras y, en general, de los animales hembras exprimiendo las ubres. **2.** Recolectar la aceituna.

ORDEÑO n. m. Acción y efecto de ordeñar.

ORDINAL adj. Relativo al orden. ♦ **Adjetivo numeral ordinal** o **adjetivo ordinal,** adjetivo numeral que expresa el lugar, rango u orden de los seres o de las cosas. ‖ **Número ordinal,** número entero que indica el lugar ocupado por los objetos de una serie cuando están colocados en un determinado orden.

ORDINARIEZ n. f. Calidad de ordinario, grosero. **2.** Expresión o acción ordinaria, de mal gusto.

ORDINARIO, A adj. Común, corriente. **2.** Vulgar, grosero. **3.** No selecto, de clase inferior. ♦ **De ordinario,** regularmente, con frecuencia. ♦ adj. y n. m. **4.** Dícese del gasto diario y de las cosas que se consumen diariamente en una casa. ♦ n. m. **5.** Recadero, persona que se dedica a llevar encargos o mercancías de un lugar a otro.

ORDÓÑEZ (Julián), pintor mexicano (Puebla 1780-*id.* 1856). Entre sus obras destacan *Los cuatro evangelistas,* y la *Perspectiva,* gran estructura de lienzos, ambas en la catedral de Puebla.

OREAMUNDO (Yolanda), novelista costarricense (San José 1916-† 1956), de esmerada técnica narrativa *(La ruta de su evasión,* 1948).

OREAR v. tr. (del lat. *auram,* aire) [1]. Dar el aire o el viento en algo refrescándolo, secándolo o quitándole el olor. ♦ **orearse** v. pron. **2.** Salir al aire libre para refrescarse. ♦ v. intr. **3.** *Chile.* Pasársele a una persona la borrachera.

ORÉGANO n. m. (lat. *origanum*). Planta herbácea aromática, con tallos vellosos, que se emplean como condimento. (Familia labiadas.)

OREGÓN, estado del NO de Estados Unidos, junto al Pacífico, bordeado al N por el r. Columbia (est. Canadá); 251 000 km²; 2 842 321 hab. Cap. *Salem.* C. pral. *Portland.*

OREJA n. f. (lat. *auriculam*). Órgano del oído, en particular la parte externa situada a cada lado de la cabeza. **2.** Oído, aparato y sentido de la audición. **3.** Cualquier apéndice, flexible o no, de un objeto, especialmente la que va a cada lado: *un sillón de orejas.* **4.** Cada una de las asas o agarraderas de una vasija. **5.** Cada una de las partes del zapato que sirve para ajustarlo por medio de cintas, botones, etc. **6.** *Colomb.* Desviación circular que cruza la recta de una autopista. **7.** *Méx.* Pan dulce en forma de dos orejas unidas. ‖ **Aguzar las orejas,** poner mucha atención en escuchar algo. ‖ **Asomar, descubrir** o **enseñar, la oreja,** descubrir uno su condición o sus intenciones sin darse cuenta. ‖ **Bajar,** o **agachar las orejas,** humillarse, ceder en una disputa. ‖ **Calentar las orejas** *(Fam.),* reprender a alguien, pegarle. ‖ **Parar las orejas** *(Argent. Fam.),* aguzar la oreja, prestar atención. ♦ n. m. y f. **8.** *Méx.* Espía.

OREJERA n. f. Cada una de las dos piezas de la gorra o montera que cubren las orejas. **2.** Pieza de la cabezada de las caballerías, que sirve para defender los ojos del polvo, paja, etc.

OREJERO, A n. *Chile. Fig.* y *fam. Desp.* Soplón, persona chismosa.

OREJÓN, NA adj. Orejudo, de orejas grandes o largas. **2.** Dícese de la persona zafía y tosca. ♦ n. m. **3.** Pedazo de melocotón o de otra fruta, secado al aire y al sol. (Suele usarse en plural.) **4.** Tirón de orejas. **5.** HIST. Entre los antiguos peruanos, persona noble que llevaba horadadas las orejas y podía aspirar a los primeros puestos del imperio.

OREJUDO, A adj. Que tiene orejas grandes o largas. ♦ n. m. **2.** Sillón de orejas. **3.** Pequeño murciélago que se caracteriza por sus enormes orejas en forma de cucurucho. (Familia vespertiliónidos.)

ORELLANA (Francisco de), explorador español (Trujillo 1511-† 1546). Tras poblar Santiago (Guayaquil) [1538], navegó en el Amazonas hasta su desembocadura. Nombrado gobernador de Nueva Andalucía, murió durante otra expedición al Amazonas desde la desembocadura, que fracasó.

ORENSE u **OURENSE** *(provincia de),* prov. de España, en Galicia; 7278 km²; 354 474 hab. Cap. *Orense.* Terreno montañoso, con depresiones y valles por los que corren el Miño, el Sil, el Limia y sus afluentes. Clima húmedo y templado.

ORENSE u **OURENSE,** c. de España, cap. de la prov. homónima y cab. de p.j.; 108 382 hab. *(Orensanos* o *aurenses.)* Junto al Miño. Centro comercial. Industrias derivadas de la agricultura. Aguas termales. Catedral románica (ss. XII-XIII); iglesia de la Trinidad y puente sobre el Miño (s. XIII); iglesia de San Francisco (s. XVI). Museo arqueológico.

ORESTES, en la mitología griega, hijo de Agamenón y de Clitemnestra, hermano de Electra. Para vengar la muerte de su padre, mató a su madre y al amante de ésta.

ORFANATO n. m. Asilo de huérfanos.

ORFANATORIO n. m. *Méx.* Asilo, orfelinato.

ORFANDAD n. f. **1.** Situación de huérfano. **2.** Pensión que disfrutan algunos huérfanos. **3.** *Fig.* Desamparo, carencia de ayuda o protección.

ORFEBRE n. m. (fr. *orfèvre;* del lat. *auri faber,* metalúrgico de oro). Persona que realiza o vende objetos de oro o plata.

ORFEBRERÍA n. f. Arte, oficio o comercio del orfebre; obras realizadas por el orfebre.

ORFELINATO n. m. Orfanato.

ORFEO, en la mitología griega, príncipe tracio, hijo de Calíope, poeta, músico y cantante. Bajó a los Infiernos para buscar a Eurídice.

ORFEÓN n. m. (fr. *orphéon*). Nombre dado a algunas asociaciones corales.

ORGAMBIDE (Pedro), escritor argentino (Buenos Aires 1929-*id.* 2003). Su narrativa equidista del realismo y de la literatura fantástica *(El encuentro,* 1957).

ORGANDÍ n. m. Muselina de algodón, muy transparente y ligera.

ORGÁNICO, A adj. Relativo a los órganos, a los tejidos vivos, a los seres organizados y a la constitución del ser. **2.** Relativo a la parte de la química que estudia los compuestos del carbono. **3.** Dícese de lo que atañe a la constitución de corporaciones o entidades, o a sus funciones. **4.** Dícese de un conjunto que forma una unidad: *estructura orgánica.*

ORGANIGRAMA n. m. Gráfico de la estructura de una organización social, que representa a la vez los diversos elementos de un grupo y sus relaciones respectivas. **2.** Representación gráfica de las operaciones sucesivas de un proceso industrial, de informática, etc.

ORGANILLERO A n. Persona que tiene como oficio tocar el organillo.

ORGANILLO n. m. Órgano pequeño o piano portátil, que se hace sonar por medio de un cilindro con púas, movido por una manija. SIN.: *manubrio.*

ORGANISMO n. m. (ingl. *organism*). Ser vivo orgánico. **2.** Conjunto de órganos que constituyen un ser vivo. **3.** El cuerpo humano. **4.** Conjunto de órganos administrativos encargados de la gestión de un servicio público, de un partido, etc.

ORGANIZACIÓN n. f. Acción y efecto de organizar u organizarse. **2.** Manera en que las partes que componen un ser vivo están dispuestas para cumplir ciertas funciones. **3.** Manera en que un estado, una administración o un servicio están constituidos. **4.** Conjunto de personas que pertenecen a un cuerpo o grupo organizado. ♦ **Organización internacional,** agrupación, con carácter gubernamental o no, que tiene por objeto, especialmente, la seguridad colectiva de los estados o la defensa de la condición humana en la comunidad internacional. ‖ **Organización no gubernamental,** organización cuyo financiamiento depende principalmente de donativos particulares y se dedica a la ayuda humanitaria en una o varias de sus diferentes vertientes.

ORGANIZADOR, RA adj. y n. Que organiza o que tiene aptitud para organizar.

ORGANIZAR v. tr. [1g]. Preparar la realización o el desarrollo de una

algo ordenadamente con miras a una función o uso determinados. ♦ **organizarse** v. pron. **3.** Formarse algo espontáneamente.

ÓRGANO n. m. (lat. *organum*). En los seres vivos, parte del cuerpo destinada a realizar una función determinada. **2.** *Fig.* Lo que sirve de instrumento o medio para la realización de algo. **3.** *Fig.* Medio de difusión portavoz de un partido, agrupación, etc.: *el periódico es el órgano del partido*. **4.** *Fig.* Persona o cosa que sirve para la ejecución de un acto o un designio. **5.** Medio o conducto que pone en comunicación dos cosas. **6.** Instrumento musical de viento y teclado, usado principalmente en las iglesias. **7.** Tribuna elevada donde se coloca el órgano, en una iglesia. **8.** *Méx.* Planta cactácea de distintas especies que se caracteriza por unos tallos delgados y muy altos, que semejan columnas. ♦ **Órgano de Berbería, o de Barbería** (deformación de *Barberi*, nombre de un fabricante de Módena), instrumento de música mecánica, accionado por bandas de cartón perforado. | **Órgano electrónico**, instrumento que utiliza la electrónica para producir las señales eléctricas necesarias para la producción de los sonidos.

ÓRGANOS (sierra de los), sierra de Cuba (Pinar del Río), parte occidental de la cordillera de Guaniguanico. Originales formas cársicas (*órganos*).

ORGASMO n. m. Culminación del placer sexual.

ORGÍA n. f. (fr. *orgie*). Fiesta o banquete en que se come y bebe con exageración y se cometen otros excesos. **2.** *Fig.* Desenfreno en la satisfacción de los deseos y pasiones.

ORGIÁSTICO, A adj. Relativo a la orgía.

ORGULLO n. m. (cat. *orgull*). Exceso de estimación propia, fatuidad, vanidad. **2.** Sentimiento elevado de la propia dignidad.

ORGULLOSO, A adj. Que tiene orgullo, soberbia. **2.** Que siente orgullo, satisfacción.

ORIBE (Emilio), poeta uruguayo (Melo 1893-Montevideo 1975). Tras sus libros iniciales, evolucionó hacia el vanguardismo (*Rapsodia bárbara*, 1954; *Ars Magna*, 1960).

ORIBE (Manuel), político uruguayo (Montevideo 1796-*id.* 1857). Su presidencia de la república (1835-1838) originó el enfrentamiento (1836) entre *blancos* (sus seguidores) y *colorados* (partidarios de Rivera). Inició el bloqueo de Montevideo (guerra grande, 1843-1851). Firmó la paz con Urquiza.

ORIENTACIÓN n. f. Acción y efecto de orientar u orientarse. **2.** Posición de un objeto, un edificio, etc., con relación a los puntos cardinales. **3.** *Fig.* Dirección, tendencia.

ORIENTAL adj. y n. m. y f. Relativo a oriente; habitante u originario de estas regiones. **2.** De la provincia de Oriente (antes Santiago de Cuba). **3.** Uruguayo. ♦ **Iglesias orientales**, Iglesias cristianas de oriente, separadas de Roma (nestorianos, monofisitas y ortodoxos).

ORIENTAL u **ORIENTAL DE LOS ANDES** (*cordillera*), cordillera andina que se extiende de Venezuela (cordilleras de Perijá y Mérida) a Bolivia, donde recibe el nombre de *cordillera Real* y alcanza las mayores cotas (Illimani, 6882 m).

ORIENTALISMO n. m. Conjunto de disciplinas que tienen por objeto el estudio de las civilizaciones orientales. **2.** Afición por las cosas de oriente. **3.** Carácter oriental.

ORIENTAR v. tr. y pron. [1]. Colocar algo en determinada dirección respecto a los puntos cardinales. **2.** Determinar dónde está la dirección que se ha de seguir. **3.** *Fig.* Dirigir una persona, cosa o acción hacia un fin determinado. **4.** *Fig.* Informar sobre algo. ♦ **orientarse** v. pron. **5.** *Fig.*

Reconocer, estudiar la situación de un asunto o de una cuestión.

ORIENTE n. m. (lat. *orientem*). Punto cardinal del horizonte por donde aparece el Sol en los días equinocciales. **2.** Lugar de la Tierra o de la esfera terrestre que, respecto de otro con el cual se compara, cae hacia donde sale el Sol. **3.** Conjunto de países del antiguo continente situados al este en relación con la parte occidental de Europa. **4.** Viento que sopla de la parte de oriente. **5.** Color y brillo peculiar de las perlas. **6.** En la masonería, nombre con que se designan las logias de provincia. ♦ **Gran oriente**, alto cuerpo central de la masonería, que agrupa a las logias de un país.

ORIENTE (*imperio de*), parte oriental del imperio romano, que se organizó, a partir de 395, como estado independiente. (→ *bizantino* [*imperio*].)

ORIENTE MEDIO, expresión que abarca diversas acepciones. La más amplia engloba la totalidad de los países ribereños del Mediterráneo oriental (Siria, Líbano, Israel y también Egipto y Turquía), la península de Arabia, y los estados de Asia occidental hasta Pakistán (es decir: Jordania, Iraq, Irán e incluso Afganistán). En un sentido más restringido se excluyen Irán, Afganistán, Turquía y Egipto. Esta expresión se acerca entonces a la de *Próximo oriente*, que designaba en un principio a los estados ribereños del Mediterráneo oriental, pero que indica actualmente también a los productores de petróleo del golfo Pérsico.

ORIFICE n. m. Artesano que trabaja en oro.

ORIFICIO n. m. Boca o agujero.

ORIFLAMA n. f. (fr. *oriflamme*). Estandarte, pendón o bandera.

ORIGEN n. m. (lat. *originem*). Principio, procedencia de algo: *el origen de la vida*. **2.** Causa, aquello que hace que una cosa se produzca: *el origen de una discusión*. **3.** País, lugar donde uno ha nacido o de donde una cosa proviene. **4.** Ascendencia, clase social a la que pertenece o de la que procede una persona: *ser de origen humilde*. **5.** MAT. Punto a partir del cual se miden las coordenadas de un punto o la longitud de un segmento. ♦ **Dar origen**, causar.

ORIGINAL adj. Relativo al origen. **2.** Dícese del artista, intelectual, etc., cuya producción es muy personal: *autor original*. **3.** Singular, excéntrico. ♦ **Pecado original**, el que todos los hombres, según las creencias cristianas, habrían contraído en la persona de Adán. ♦ adj. y n. m. **4.** Dícese de aquello, especialmente de las obras intelectuales o artísticas, que no son repetición, copia, traducción o imitación de otras. ♦ n. m. **5.** Ejemplar o modelo del que se copia. **6.** Cosa o persona que sirve de modelo a un artista. **7.** ART. GRÁF. Manuscrito o modelo que se da a la imprenta para que, de acuerdo con él, se proceda a la composición tipográfica.

ORIGINAR v. tr. [1]. Producir o dar origen o principio a una cosa. ♦ **originarse** v. pron. **2.** Proceder una cosa de otra.

ORIGINARIO, A adj. Que da origen o principio. **2.** Que es originario o que procede de él: *originario de América*. **3.** DER. Dícese del juez y escribano que empezaron las actuaciones de una causa o pleito.

ORIHUELA, c. de España (Alicante), cab. de p. j.; 49 642 hab. (*Orcelitanos* u *oriolanos*). Subsiste la vieja traza árabe. Castillo medieval. Catedral (ss. XIV-XV) con portada plateresca. Necrópolis de la cultura de El Argar.

ORILLA n. f. Límite que separa una franja de tierra de un mar, río, lago, etc. **2.** Faja de tierra que está más inmediata al agua. **3.** Línea que limita la parte extrema de una superficie. **4.** Borde inferior o remate de un vestido. **5.** Orillo. ♦ **orillas**

n. f. pl. **6.** *Argent.* y *Méx.* Arrabales de una población.

ORILLAR v. tr., intr. y pron. [1]. Arrimar a la orilla. ♦ v. tr. **2.** *Fig.* Esquivar o eludir algún obstáculo o dificultad: *orillar una discusión*. ♦ v. intr. **3.** Hacerle orillo a una tela.

ORILLERO, A adj. y n. m. *Amér. Central, Argent., Cuba, Urug.* y *Venez. Desp.* Arrabalero. ♦ adj. **2.** *Argent.* Propio de las orillas, y sus costumbres.

ORÍN n. m. Producto de corrosión de los metales férreos, constituido principalmente por hidróxido férrico rojizo y que se forma fácilmente al aire húmedo.

ORÍN n. m. Orina.

ORINA n. f. (lat. *urinam*). Líquido excretado por los riñones, acumulado en la vejiga antes de su expulsión por la uretra.

ORINAL n. m. Recipiente para recoger la orina.

ORINAR v. intr. [1]. Expeler la orina. ♦ v. tr. **2.** Expeler por la uretra algún otro líquido: *orinar sangre*. ♦ **orinarse** v. pron. **3.** Expeler la orina involuntariamente.

ORINOCO, r. de América del Sur, en la vertiente atlántica; 2060 km. Su cuenca abarca 880 000 km² en Colombia y Venezuela, y recibe las aguas de 194 afl. y 520 subafl. Nace en el macizo de la Guayana, cerca de la frontera entre Venezuela y Brasil; en el curso alto, el Casiquiare lo comunica con el Amazonas por el Guainía-Negro; forma frontera entre Venezuela y Colombia (entre el Guaviare y el Meta); y a 70 km del Atlántico se abre en un extenso delta de 230 000 km² (*Bocas del Orinoco*). Es navegable para buques de gran tonelaje hasta Ciudad Bolívar. Cristóbal Colón avistó su delta (1498). Fue descubierto por Vicente Yáñez Pinzón (1500) y recorrido por Diego de Ordás (1531).

ORIOLANO, A adj. y n. De Orihuela.

ORIUNDO, A adj. y n. (lat. *oriundum*). Originario, que ha nacido en el lugar que se especifica o procede de él.

ORIX n. m. Oryx.

ORIZABA, c. de México (Veracruz); 114 216 hab. Industrias textiles y metalúrgicas; construcciones mecánicas, cemento y manufacturas de tabaco. Iglesias barrocas del s. XVIII.

ORIZABA o **CITLALTÉPETL** (*pico de*), volcán de México, máx. alt. del país, en la cordillera Neovolcánica; 5747 m.

O.R.L. abrev. de otorrinolaringología.

ORLA n. f. Adorno que se dibuja, graba o imprime en los bordes de un papel, pergamino, tapiz, etc. **2.** Cuadro con las fotografías de todos los alumnos que han terminado los estudios.

ORLANDO, c. de Estados Unidos (Florida); 164 693 hab. En las proximidades, parque de atracciones de Disney World.

ORLAR v. tr. [1]. Adornar con una orla. **2.** Adornar cualquier cosa, o poner un adorno alrededor de ella.

ORLEANS, en fr. **Orléans**, c. de Francia, cap. de la región Centro y del dep. de Loiret, a orillas del Loira; 107 965 hab. (más de 240 000 en la aglomeración). Universidad. Metrópoli religiosa desde el s. IV. Catedral gótica (ss. XIII-XIX). Iglesias medievales. Museos.

ORLICH (Francisco José), militar y político costarricense (San Ramón, Alajuela, 1908-San José de Costa Rica 1969), presidente de la república (1962-1966).

ORNAMENTACIÓN n. f. Acción y efecto de ornamentar: *la ornamentación de un altar*.

ORNAMENTAR v. tr. [1]. Adornar, poner adornos.

ORNAMENTO n. m. Adorno. **2.** *Fig.* Cualidades morales de una persona que la hacen digna de estimación. ♦ **ornamentos** n. m. pl. **3.** LITURG. Vestiduras que usan los ministros del culto católico en las funciones litúrgicas.

ORNAR v. tr. y pron. [1]. Adornar.

ORNATO n. m. Adorno, aquello que sirve para adornar una cosa.
ORNITOLOGÍA n. f. Parte de la zoología que estudia las aves.
ORNITORRINCO n. m. Mamífero monotrema de Australia y Tasmania, que mide 40 cm de long., es ovíparo, y posee un pico córneo parecido al de un pato.
ORO n. m. (lat. *aurum*). Elemento químico (Au), de número atómico 79, de masa atómica 196,96, es un metal precioso, de color amarillo brillante. **2.** Moneda o monedas de dicho metal. **3.** Joyas y objetos de oro. **4.** *Fig.* Dinero, riquezas. **5.** Cualquiera de los naipes del palo de oros. **6.** DEP. En las competiciones deportivas, categoría del concursante que ha obtenido el primer puesto: *ha sido oro en atletismo.* • ∥ **De oro**, muy bueno, inmejorable: *tener un corazón de oro.* ∥ **Hacerse de oro**, enriquecerse mucho. ∥ **Oro bruñido**, el que se da sobre piezas talladas, previa preparación de la superficie. ∥ **Oro en barras**, oro refinado, dispuesto para la acuñación. ∥ **Oro negro** (*Fam.*), petróleo. ∥ **Regla de oro**, regla cuya aplicación resulta provechosa. ♦ **oros** n. m. pl. **7.** Uno de los cuatro palos de la baraja española.
ORO (*provincia de El*), prov. del SO de Ecuador; 5826 km²; 412 572 hab. Cap. *Machala*.
OROGÉNESIS n. f. Formación de los sistemas montañosos.
OROGENIA n. f. Parte de la geología que estudia la formación de las montañas, y por extensión, de todo movimiento de la corteza terrestre.
OROGÉNICO, A adj. Relativo a la orogenia. • **Movimientos orogénicos**, movimientos de la corteza terrestre que dan lugar a la formación de montañas.
OROGRAFÍA n. f. Estudio del relieve terrestre. **2.** Disposición de un relieve terrestre.
ORONDO, A adj. Dícese de las vasijas de mucha concavidad. **2.** *Fam.* Hueco, hinchado, esponjoso. **3.** *Fig.* y *fam.* Satisfecho de sí mismo. **4.** *Fig.* y *fam.* Grueso, gordo.
ORONJA n. f. Hongo comestible, con sombrerillo anaranjado y láminas del himenio amarillas. • **Oronja falsa**, hongo venenoso que se distingue de la oronja por su sombrerillo rojo, salpicado de escamas blancas.
OROPEL n. m. Lámina de cobre, delgada y pulida, que imita el oro. **2.** *Fig.* Cosa o adorno de poco valor, pero de mucha apariencia. **3.** *Fig.* Ostentosidad, apariencia vana.
OROPÉNDOLA n. f. Ave paseriforme de unos 24 cm de long., de plumaje amarillo con las alas y la cola negras. (Familia oriólidos.) SIN.: *oriol, papafigo*.
OROTAVA (La), v. de España (Santa Cruz de Tenerife), en la vertiente N del Teide, cab. de p. j., en Tenerife; 34 871 hab. (*Orotavenses*.) Casas señoriales (s. XVII).
OROYA (La), c. de Perú (Junín); 26 075 hab. Centro metalúrgico. Central hidroeléctrica de Malpaso. Industria química y fertilizantes.
OROZCO (José Clemente), pintor mexicano (Ciudad Guzmán, antes Zapotlán el Grande, 1883-México 1949). Protagonista del muralismo mexicano con Siqueiros y Rivera, su obra se fundamenta en la revalorización de la cultura precolombina y la voluntad revolucionaria. Su estilo, monumentalista, es de un vigoroso realismo expresionista (frescos en Guadalajara; paneles móviles del museo de arte moderno, Nueva York).
OROZCO (Olga), poeta argentina (Toay, 1920-Buenos Aires 1999). Ligada al surrealismo, su poesía es un desgarrado canto a la soledad y a la muerte (*Las muertes*, 1952; *Cantos a Berenice*, 1977).
OROZCO (Pascual), revolucionario mexicano (en Chihuahua 1882-El Paso, Texas, 1916). Se sublevó contra Díaz (1911) y Madero (1912), y reconoció a Huerta (1913-1914). Fue asesinado.
ORQUESTA n. f. (lat. *orchestram*). Conjunto de instrumentistas que interpretan una obra musical. **2.** En un teatro, espacio comprendido entre la escena y el público, destinado a los músicos.
ORQUESTACIÓN n. f. Adaptación de una obra musical a la orquesta.
ORQUESTAR v. tr. **[1]**. Disponer una composición musical siguiendo los timbres de los instrumentos que componen la orquesta. **2.** *Fig.* Canalizar alguien actuaciones, hechos, aspiraciones, etc., a fin de darles la máxima amplitud y resonancia.
ORQUÍDEA n. f. Planta de la familia de las orquídeas; flor de esta planta.
ORQUÍDEO, A u **ORQUIDÁCEO, A**, adj. y n. f. Relativo a una familia de plantas monocotiledóneas, con una extensa gama de colores y variedades. (Más de 15 000 especies.)
ORREGO LUCO (Luis), escritor y político chileno (Santiago 1886-*id.* 1948). Adscrito al realismo, publicó novelas de tema histórico (*A través de la tempestad*, 1914) y costumbristas (*Casa grande*, 1908).
ORREGO SALAS (Juan), compositor chileno (Santiago 1919), autor de la ópera-ballet *El retablo del rey pobre* (1952), y de *Cantata de Navidad* (1945).
ØRSTED (Hans Christian) → *Oersted*.
ORTEGA (Daniel), político nicaragüense (La Libertad, Chontales, 1945). Miembro desde 1966 de la directiva del Frente sandinista de liberación nacional (F.S.L.N.), fue coordinador de la junta de gobierno (desde 1981) y presidente de la república (1985-1990). Promulgó la constitución de 1987. Fue derrotado en las elecciones de 1990 y 1996.
ORTEGA Y GASSET (José), filósofo español (Madrid 1883-*id.* 1955). La vida, concebida como unidad dinámica y contemplada desde una perspectiva histórica, aparece como el centro de su sistema filosófico, el raciovitalismo, que expuso en *El tema de nuestro tiempo* (1923) y *Ni vitalismo ni racionalismo* (1924). Otras obras que resumen su pensamiento histórico, social y artístico son *El espectador* (1916-1935), *España invertebrada* (1921), *La deshumanización del arte* (1925) y *La rebelión de las masas* (1930).
ORTIGA n. f. (lat. *urticam*). Planta herbácea de flores poco visibles, cubierta de pelos cuya base contiene un líquido irritante. (Familia urticáceas.) • **Ortiga de mar**, medusa.
ORTIZ (Adalberto), escritor y diplomático ecuatoriano (Esmeraldas 1914). El tema indigenista marca su producción, tanto poética (*Tierra, son y tambor*, 1945) como narrativa (*El espejo y la ventana*, 1967; *La envoltura del sueño* 1892).
ORTIZ (José Joaquín), escritor colombiano (Tunja 1814-Bogotá 1842). Cultivó el ensayo, la narrativa y la poesía; en esta última representa el paso del neoclasicismo al romanticismo en su país (*Horas de descanso*, 1834; *Poesías*, 1880).
ORTIZ (Roberto Mario), político argentino (Buenos Aires 1886-*id.* 1942). Presidente de la república (1938-1942).
ORTIZ DE DOMÍNGUEZ (Josefa de), patriota mexicana, llamada **la Corregidora** (Morelia 1764-México 1829). Actuó de enlace entre los caudillos de la independencia. Fue detenida en 1810.
ORTIZ DE MONTELLANO (Bernardo), poeta mexicano (México 1899-*id.* 1949). Su obra poética está recogida en *Sueño y poesía* (1952). Escribió también teatro (*La cabeza de Salomé*, 1943), ensayos y relatos (*Cinco horas sin corazón*, 1940).
ORTIZ DE ZÁRATE (Manuel), pintor chileno (Santiago 1887-París 1946), introdujo el postimpresionismo en Chile.

ORTIZ RUBIO (Pascual), político mexicano (Morelia 1877-México 1963). Maderista (1912), participó en la revolución contra Carranza (1919). Miembro del Partido nacional republicano, presidió la república (1930-1932) bajo la presión de Calles.
ORTIZ Y FERNÁNDEZ (Fernando), escritor cubano (La Habana 1881-*id.* 1969), especializado en temas folklóricos afrocubanos y sociológicos.
ORTO n. m. (lat. *ortum*). ASTRON. Salida del Sol o de otro astro por el horizonte.
ORTO n. m. *Argent., Chile* y *Urug. Vulg.* Ano.
ORTOCENTRO n. m. MAT. Punto de intersección de las tres alturas de un triángulo.
ORTODONCIA n. f. Parte de la estomatología que se ocupa de la corrección de las anomalías en la posición de las piezas dentarias.
ORTODOXIA n. f. Conjunto de doctrinas y opiniones conformes a la revelación y a las decisiones oficiales de la Iglesia. **2.** Conformidad a la doctrina tradicional en cualquier campo: *ortodoxia filosófica, literaria, política* **3.** Conjunto de las Iglesias cristianas ortodoxas.
ORTODOXO, A adj. (gr. *orthodoxos*). Conforme al dogma y a la doctrina de la Iglesia: *doctrina ortodoxa*. **2.** Conforme a los principios tradicionales en cualquier dominio, verdadero, conforme a la opinión de la mayoría. **3.** Relativo a las Iglesias ortodoxas. • **Iglesias ortodoxas**, Iglesias cristianas orientales, separadas de Roma desde 1054, pero que permanecen fieles a la doctrina definida por el concilio de Calcedonia (451). ♦ adj. y n. **4.** Que profesa la doctrina de las Iglesias ortodoxas. **5.** En la terminología protestante, partidario de los dogmas tradicionales o del orden establecido.
ORTOFONÍA n. f. Pronunciación considerada como correcta o normal.
ORTOGONAL adj. Dícese de dos rectas, dos círculos, una recta y un plano, dos planos, etc., que se cortan en ángulo recto. • **Proyección ortogonal**, proyección efectuada según perpendiculares al eje o al plano de proyección.
ORTOGRAFÍA n. f. Manera de escribir correctamente las palabras de una lengua. **2.** Parte de la gramática normativa que da reglas para el adecuado uso de las letras y otros signos en la escritura. • **Falta de ortografía**, incorrección en la escritura de una palabra.
ORTOGRÁFICO, A adj. Relativo a la ortografía: *sistema ortográfico*. • **Signo ortográfico**, o **de puntuación**, cada uno de los signos que completan la ortografía de las palabras y frases.
ORTOPEDIA n. f. Parte de la medicina que se ocupa del tratamiento de las afecciones del esqueleto, articulaciones, aparato locomotor, etc.
ORTÓPTERO, A adj. y n. m. Relativo a un orden de insectos masticadores con metamorfosis incompleta, como el saltamontes y el grillo.
ORUGA n. f. (lat. *erucam*). Larva típica de los lepidópteros, que se alimenta de vegetales y es por ello a menudo muy perjudicial. **2.** Banda sin fin, formada por una cinta continua de caucho armado o por placas metálicas articuladas, que se interpone entre el suelo y las ruedas de un vehículo, lo que permite que éste pueda avanzar por terrenos blandos o accidentados.
ORUJO n. m. Residuo que se obtiene del prensado de las uvas, aceitunas, manzanas, etc. • **Aceite de orujo**, aceite de calidad inferior, que se extrae del orujo de la aceituna.
ORURO (*departamento de*), dep. del O de Bolivia; 53 588 km²; 338 893 hab. Cap. *Oruro*.
ORURO, c. de Bolivia, cap del dep. homónimo; 183 194 hab. Centro comercial,

industrial (fundiciones, textiles, alimentarias) y minero. Universidad.

ORWELL (Eric **Blair**, llamado **George**), escritor británico (Motihâri, India, 1903-Londres 1950), autor de relatos satíricos (*Rebelión en la granja*, 1945) y de anticipación (*1984*, 1949), descripción de un mundo totalitario.

ORYX u **ORIX** n. m. Antílope de grandes cuernos apenas curvados y cola muy larga. (Familia bóvidos.)

ORZUELO n. m. (lat. *hordeolum*). Pequeña lesión inflamatoria en el borde de los párpados.

OS pron. pers. Forma átona del pronombre personal de segunda persona del plural *vosotros, vosotras*, o del antiguo *vos*, que funciona como complemento directo o indirecto.

Os, símbolo químico del *osmio*.

OSA n. f. Oso hembra.

Osa (*Mayor* y *Menor*), nombre de dos constelaciones boreales cercanas al polo N celeste, llamadas también *Carro Mayor* y *Carro Menor*. En la Osa menor se encuentra la estrella *Polar*.

OSADÍA n. f. Temeridad, atrevimiento. **2.** Descaro, insolencia.

OSADO, A adj. Que tiene o implica osadía.

ÖSAKA, c. y puerto de Japón, en el S de Honshū, en el Pacífico; 2 623 801 hab. Segundo polo económico de Japón y centro industrial. Museos.

OSAMENTA n. f. Esqueleto.

OSAR v. intr. (lat. *ausare*) [1]. Atreverse.

OSARIO n. m. (lat. *ossarium*). Lugar donde se entierran o se hallan enterrados huesos.

OSCENSE adj. y n. m. y f. De Huesca o de Huéscar.

OSCILACIÓN n. f. Acción y efecto de oscilar.

OSCILADOR n. m. Aparato que produce corrientes eléctricas oscilantes.

OSCILAR v. intr. [1]. Desplazarse alternativamente un cuerpo en un sentido y en otro de su posición de equilibrio. **2.** *Fig.* Variar, cambiar algunas cosas dentro de determinados límites, como los precios de las cosas, la temperatura, etc. **3.** *Fig.* Vacilar, dudar entre dos cosas. **4.** Fís. Variar una magnitud fija alrededor de una posición de equilibrio.

OSCILATORIO, A adj. Dícese del movimiento de los cuerpos que oscilan, y de la aptitud o disposición para oscilar. **2.** Fís. Dícese de las magnitudes que oscilan.

OSCILÓGRAFO n. m. Aparato que permite observar y registrar las variaciones de una magnitud física variable en función del tiempo.

OSCO, A adj. y n. Relativo a un antiguo pueblo de Italia, establecido en los Apeninos centrales; individuo de este pueblo.

ÓSCULO n. m. (lat. *osculum*). Beso.

OSCURANA n. f. *Amér.* Oscuridad.

OSCURANTISMO u **OBSCURANTISMO** n. m. Actitud de oposición a la instrucción, a la razón y al progreso.

OSCURECER u **OBSCURECER** v. tr. [2m]. Privar parcial o totalmente de luz o claridad. **2.** *Fig.* Disminuir el prestigio, la estimación, deslucir. **3.** *Fig.* Ofuscar, turbar la razón. **4.** *Fig.* Confundir las ideas al expresarlas. ♦ v. intr. **5.** Anochecer. ♦ **oscurecerse** v. pron. **6.** Nublarse: *oscurecerse el cielo*.

OSCURECIMIENTO u **OBSCURECIMIENTO** n. m. Acción y efecto de oscurecer u oscurecerse.

OSCURIDAD u **OBSCURIDAD** n. f. Calidad de oscuro: *la oscuridad de la noche*. **2.** Lugar o situación oscuros. **3.** *Fig.* Falta de noticias acerca de un hecho, o de sus causas y circunstancias.

OSCURO, A u **OBSCURO, A** adj. (lat. *obscurum*). Que tiene poca luz o carece de ella: *un cuarto oscuro*. **2.** *Fig.* Poco claro, difícil de conocer o comprender: *un razonamiento oscuro*. **3.** *Fig.* Humilde, sin fama: *un oscuro escritor*. **4.** *Fig.* Vago, indistinto: *un oscuro presentimiento*. **5.** *Fig.* Incierto; peligroso: *un porvenir oscuro*. **6.** Dícese del día en que está nublado. **7.** Dícese del color que tira a negro. ♦ **A oscuras**, sin luz: *estar un cuarto a oscuras*; sin vista, ciego; en la ignorancia.

ÓSEO, A adj. (lat. *osseum*). De hueso. **2.** De la naturaleza del hueso. ♦ **Tejido óseo**, tejido orgánico que constituye la parte dura de los huesos.

OSERA n. f. Guarida del oso.

OSEZNO n. m. Cachorro del oso.

OSIFICACIÓN n. f. Acción y efecto de osificarse.

OSIFICARSE v. pron. [1a]. BIOL. Convertirse en hueso o adquirir consistencia de él un tejido orgánico: *osificarse un tejido cartilaginoso*.

OSIRIS, dios del ant. Egipto, esposo de Isis y padre de Horus.

OSLO, c. y cap. de Noruega, junto a un golfo formado por el Skagerrak; 467 441 hab. Centro administrativo e industrial. Puerto activo. Castillo de Akershus (c. 1300 y s. XVII). Museos, entre ellos el de folklore, al aire libre, en la isla de Bygdø.

OSMIO n. m. (gr. *osmē*, olor). QUÍM. Metal (Os) de número atómico 76, de masa atómica 190,2 y densidad 22,5, que funde hacia los 2700 °C y se encuentra en el mineral de platino.

ÓSMOSIS n. f. Fenómeno de difusión de dos disoluciones de distinta concentración, realizada a través de una membrana permeable, como un pergamino o el intestino, o semipermeable. **2.** *Fig.* Influencia recíproca, interpenetración.

OSMÓTICO, A adj. Relativo a la ósmosis. ♦ **Presión osmótica**, presión ejercida sobre una membrana por una disolución.

OSO n. m. (lat. *ursum*). Mamífero carnívoro, plantígrado, de cuerpo macizo y pesado, cubierto de un tupido pelo y de gran potencia muscular. **2.** *Méx. Fam.* Acción ridícula y vergonzosa: *Estaba tan borracho que hizo puros osos en la fiesta.* SIN.: *yurumi.* ♦ **Oso blanco, polar,** o **marítimo,** oso de las regiones árticas, de vida acuática. || **Oso hormiguero,** o **bandera,** mamífero desdentado de hocico cilíndrico y manos con largas y fuertes uñas. || **Oso lavador,** mapache. || **Oso malayo, biruang,** o **bruang,** oso de las zonas forestales de Malaca e Insulindia, excelente trepador. || **Oso marino,** carnívoro pinnípedo parecido al león marino. || **Oso pardo,** oso que vive en solitario en los bosques montañosos de Europa y Asia.

Oso (*gran lago del*), lago del N de Canadá (Territorios del Noroeste); 31 100 km².

Osorio (Miguel Ángel), poeta colombiano (Santa Rosa de Osos, Antioquia, 1883-México 1952). Perteneciente a los últimos modernistas, su espíritu desgarrado y sincero queda reflejado en su obra, publicada con el seudónimo de *Porfirio Barba Jacob* (*Poemas intemporales*, 1944).

Osorio (Óscar), militar y político salvadoreño (Sonsonate 1910-Houston, Texas, 1969), presidente de la república (1950-1956).

Osorio Lizarazo (José Antonio), escritor colombiano (Bogotá 1900-*id.* 1964), autor de novelas sociales impregnadas de naturalismo (*El árbol turbulento*, 1954).

Osorno, volcán de Chile (Los Lagos); 2720 m de alt. Estación de deportes de nieve.

Osorno, c. de Chile (Los Lagos); 128 709 hab. Industrias lácteas, madereras; cerveza, conservas de carne. Turismo. Fundada en 1553, fue destruida por los indios en 1601 y reconstruida en 1792.

Ospina (Pedro Nel), militar y político colombiano (Bogotá 1858-Medellín 1927). Conservador, fue presidente de la república (1922-1926).

Ospina Pérez (Mariano), político colombiano (Medellín 1891-Bogotá 1976). Conservador, fue presidente de la república (1946-1950).

Ospina Restrepo (Marcos), pintor y muralista colombiano (Bogotá 1912-*id.* 1983), de tendencia abstracta, decoró la iglesia de Fátima de Bogotá.

Ospina Rodríguez (Mariano), político colombiano (Guasca, Cundinamarca, 1805-Medellín 1885). Presidente de la república (1857-1861), apoyó a los federalistas frente a los centralistas.

Ossaye (Roberto), pintor guatemalteco (Guatemala 1927-† 1954). Se inició en el surrealismo para pasar a un riguroso geometrismo (*La Verónica*).

OSTALGIA u **OSTEALGIA** n. f. Dolor óseo.

OSTEÍNA n. f. Sustancia nitrogenada constituyente de la piel y de los cartílagos animales y que se halla también en las partes óseas.

OSTENSIBLE adj. Manifiesto, patente. **2.** Que puede manifestarse o mostrarse.

OSTENSIVO, A adj. Que ostenta una cosa.

OSTENTACIÓN n. f. Acción y efecto de ostentar. **2.** Afectación por la que se hace alarde de una ventaja o de una cualidad.

OSTENTAR v. tr. (lat. *ostentare*) [1]. Mostrar una cosa, hacerla patente. **2.** Mostrar, exhibir con afectación cualquier cosa que halaga la vanidad. **3.** Estar en posesión de algo que da derecho a ejercer ciertas actividades o a obtener ciertas ventajas, beneficios, etc.: *ostentar el título de doctor*.

OSTENTOSO, A adj. Magnífico, lujoso: *una casa ostentosa*. **2.** Dícese de aquello que se muestra o se hace de una manera llamativa y con intención de que los demás lo vean o lo noten.

OSTEOBLASTO n. m. Célula del tejido óseo.

OSTEOLOGÍA n. f. Parte de la anatomía que trata de los huesos.

OSTEOPATÍA n. f. MED. Nombre genérico de las enfermedades de los huesos.

OSTEOPLASTIA n. f. CIR. Reconstrucción de un hueso con la ayuda de fragmentos óseos.

OSTEOPOROSIS n. f. Fragilidad de los huesos debida a la rarefacción del tejido óseo y el ensanchamiento de los espacios medulares.

OSTEOSÍNTESIS n. f. CIR. Intervención quirúrgica para la fijación mecánica de los fragmentos óseos de una fractura por medio de una pieza metálica.

OSTIÓN n. m. Ostrón.

OSTIONERÍA n. f. *Méx.* Restaurante donde se sirven ostiones y otros mariscos.

OSTRA n. f. (port. *ostra*). Molusco bivalvo comestible, que vive fijado a las rocas marinas por una valva de su concha. ♦ **Ostra perlífera,** madreperla.

OSTRACISMO n. m. (gr. *ostrakismos*). Destierro político. **2.** *Fig.* Acción de tener apartada a una persona que no se quiere tratar.

OSTRERO, A adj. Relativo a las ostras. ♦ n. **2.** Persona que tiene por oficio vender ostras. ♦ n. m. **3.** Ave de plumaje negro y blanco, que vive en las costas y se alimenta de crustáceos y moluscos. **4.** Lugar donde se crían y conservan vivas las ostras. **5.** Lugar donde se crían las perlas.

OSTRICULTURA n. f. Industria destinada a la reproducción y mejoramiento de las ostras.

OSTRÍFERO, A adj. Que cría o tiene abundancia de ostras.

Ostwald (Wilhelm), químico alemán (Riga 1853-Grossbothen, cerca de Leipzig, 1932). Recibió el premio Nobel de química en 1909 por sus trabajos sobre los electrólitos y la catálisis.

OSUNO, A adj. Relativo al oso.

Oświęcim → *Auschwitz*.

OTALGIA n. f. MED. Dolor de oído.

OTARIO, A adj. *Argent.* y *Pan.* Tonto, necio. **2.** *Argent.* y *Urug.* Tonto, fácil de engañar.

OTEAR v. tr. [1]. Abarcar, divisar algo con la mirada desde un lugar elevado. **2.** Explorar o mirar algo con atención.

OTERO n. m. Cerro aislado que domina un llano.

OTERO (Alejandro), artista venezolano (El Manteco 1921-† 1990). Se inició en la pintura (murales de la ciudad universitaria de Caracas) y posteriormente pasó a la realización de grandes esculturas.

OTERO (Blas de), poeta español (Bilbao 1916-Madrid 1979). Tras una etapa existencial y religiosa (*Ángel fieramente humano*, 1950), evolucionó hacia una poesía de denuncia social con *Pido la voz y la palabra* (1955).

OTERO SILVA (Miguel), escritor venezolano (Barcelona 1908-Caracas 1985). Sus obras, de tendencia realista y social, combinan aspectos poéticos y de narrativa oral (*Casas muertas*, 1955; *La piedra que era Cristo*, 1985). También escribió poesía (*Obra poética*, 1977) y humorismo social.

OTHÓN (Manuel José), escritor mexicano (San Luis de Potosí 1858-id. 1906). Cultivó el periodismo, el teatro, el cuento y la poesía (*Poemas rústicos*, 1902) de sensibilidad clásica y tema paisajístico.

OTHÓN P. BLANCO → **Chetumal**.

ÓTICO, A adj. ANAT. Relativo al oído.

OTOBA n. f. Planta arbórea de fruto muy parecido a la nuez moscada, que crece en las regiones tropicales americanas. (Familia mirísticáceas.)

OTOLOGÍA n. f. Estudio del oído y de sus enfermedades.

OTOMACO, pueblo amerindio, actualmente extinguido, que vivía entre los ríos Orinoco, Meta y cuenca superior del Arauca (Venezuela).

OTOMÁN n. m. Tejido que forma cordoncillos anchos en sentido horizontal.

OTOMANA n. f. (fr. *ottomane*). Silla alargada o lecho de reposo, en uso a partir de mediados del s. XVIII.

OTOMANGUE n. m. Familia lingüística de América Central y México, cuya lengua más importante es el otomí.

OTOMANO, A adj. y n. De Turquía.

OTOMANO (*imperio*), conjunto de territorios sobre los que los sultanes otomanos ejercían su autoridad.

La formación y el apogeo. C. 1299: Osmán se independizó de los Selyúcidas. 1326: Orján conquistó Brusa, que convirtió en su capital. 1354: penetró en Europa (Gallípoli). 1359-1389: Murat I conquistó Adrianópolis, Tracia, Macedonia y Bulgaria. 1402: Bayaceto I (Bāyazid) [1389-1403] fue derrotado por Timūr Lang (Tamerlán). 1413-1421: Mehmed I reconstituyó el imperio de Anatolia. 1421-1451: Murat II continuó la expansión por Europa. 1453: Mehmed II (1451-1481) conquistó Constantinopla, que se convirtió en una de las metrópolis del islam. 1454-1463: sometió Serbia y Bosnia. 1475: sometió a vasallaje Crimea. 1512-1520: Selim I conquistó Anatolia oriental, Siria y Egipto. El último califa abasí se sometió a Constantinopla. 1520-1566: con Solimán el Magnífico el imperio alcanzó el apogeo: dominio sobre Hungría (victoria de Mohács [1526]), Argelia, Túnez y Tripolitania, y sitio de Viena (1529).

El estancamiento y el declive. 1570-1571: a la conquista de Chipre siguió el desastre de Lepanto. 1669: el imperio conquistó Creta. 1683: el fracaso ante Viena originó la formación de una liga santa contra los turcos (Austria, Venecia, Polonia y Rusia). 1699: el tratado de Karlowitz marcó el primer retroceso de los otomanos. 1718: el tratado de Passarowitz consagró la victoria austríaca. 1774: el tratado de Kuchuk-Kainarzli confirmó el ascenso del imperio ruso. 1808-1839: Mahmud II se desembarazó de los jenízaros (1826), pero tuvo que reconocer la independencia de Grecia (1830) y aceptar la conquista de Argelia por Francia. 1840: Egipto se independizó. 1856: el congreso de París situó al imperio bajo la garantía de las potencias. 1861-1909: el endeudamiento del imperio provocó una mayor injerencia de los occidentales. Los otomanos perdieron Serbia, Rumania, Túnez y Bulgaria. 1909: los Jóvenes turcos tomaron el poder. 1912-1913: después de las campañas de los Balcanes, los otomanos sólo conservaban en Europa Tracia oriental. 1914: en la primera guerra mundial, el imperio se alió con Alemania. 1918-1920: tras el armisticio de Mudhros, el imperio fue ocupado y desmembrado por los aliados, quienes impusieron el tratado de Sèvres. 1922: Mustafá Kemal abolió el sultanato. 1924: suprimió el califato. (→ **Turquía**.)

OTOMÍ adj. y n. m. y f. Relativo a un pueblo amerindio que habitaba en el centro de México; individuo de este pueblo. ♦ n. m. **2.** Lengua de la familia otomangue hablada por los otomíes.

• Los otomíes son de origen desconocido, aunque algunos autores los han relacionado con los chichimecas. Ocupaban los actuales estados de San Luis Potosí, Jalisco y Guanajuato y parte de los de Puebla, Tlaxcala y Guerrero. A fines del s. IX fueron derrotados por los toltecas, y en la segunda mitad del s. XIII se instalaron en el valle de México. Sometidos por los aztecas en el s. XIV, muchos otomíes se replegaron en las montañas. El otomí se hablaba en el s. XVI en las altas mesetas mexicanas, y en la época colonial se extendió hacia el NO. Sus dialectos principales son: *mazahua*, *pame*, *jonaz* y *matlatzinca*.

OTOÑAL adj. Relativo al otoño.

OTOÑAR v. intr. [1]. Pasar el otoño.

OTOÑO n. m. (lat. *autumnus*). Estación del año, comprendida entre el verano y el invierno, y que, en el hemisferio boreal, comienza hacia el 23 de septiembre y termina hacia el 22 de diciembre. **2.** *Fig.* Período de la vida próximo a la vejez: *estar en el otoño de la vida.*

OTORGAMIENTO n. m. Permiso, consentimiento, licencia, parecer favorable.

OTORGAR v. tr. (bajo lat. *auctoricare*) [1]. Conceder algo como favor o recompensa. **2.** DER. Disponer, establecer, ofrecer, estipular o prometer una cosa ante notario. **3.** DER. Dar una ley o mandato.

OTORRINOLARINGOLOGÍA n. f. Parte de la medicina que trata de las enfermedades de la oreja, la nariz y la laringe.

OTRO, A adj. y pron. indef. Distinto de aquello de que se habla. ♦ **Otra, u otro, que tal** (*Fam.*), indica una semejanza, generalmente molesta, entre algunas personas o cosas.

OTROSÍ adv. c. Además.

OTTAWA, c. y cap. federal de Canadá (Ontario) desde 1867, junto al *río Ottawa* u *Outaouais*, afl. del San Lorenzo (or. izq.) [1120 km]; 313 987 hab. (750 710 en la aglomeración, que engloba a Hull, en la prov. de Quebec.) Centro administrativo y cultural.

OTTO (Nikolaus), ingeniero alemán (Holzhausen 1832-Colonia 1891). Construyó el primer motor de cuatro tiempos (1876).

OUAGADOUGOU, c. y cap. de Burkina Faso; 441 514 hab.

OURENSE → **Orense**.

OUTAOUAIS → **Ottawa**.

OVA n. f. (lat. *ulvam*). Alga clorofícea filamentosa, que corresponde a diversas especies de las familias confervácea y ulvácea.

OVACIÓN n. f. (lat. *ovationem*). Aplauso ruidoso tributado por una colectividad.

OVACIONAR v. intr. [1]. Tributar una ovación, aclamar.

OVAL adj. Que tiene la forma de un huevo. **2.** Dícese de toda curva cerrada, cóncava y alargada, que tiene dos ejes de simetría como la elipse.

OVALADO, A adj. De forma de óvalo o de huevo.

OVALLE, c. de Chile (Coquimbo); 84 855 hab. Centro agropecuario y comercial. Minas de cobre. Fábricas de zapatos, curtidurías. Aeropuerto.

OVALLE (Alonso de), escritor chileno (Santiago 1601-Lima †1651). Jesuita, se le considera el primer historiador chileno (*Histórica relación del reino de Chile*, 1646).

OVALLE (José Tomás), político chileno (Santiago 1788-*id.* 1831). Fue presidente interino antes de la dimisión de Ruiz-Tagle (1830-183).

ÓVALO n. m. (ital. *ovolo*). Figura o forma oval. **2.** MAT. Curva cerrada semejante a una elipse, que se obtiene uniendo cuatro arcos de círculo iguales dos a dos.

OVANDO (Alfredo), militar y político boliviano (Cobija 1918-La Paz 1982). Fue presidente de la república (mayo 1965-en. 1966; en.-julio 1966 y set. 1969-oct. 1970), siempre tras un golpe de estado.

OVAR v. intr. [1]. Aovar.

OVARIO n. m. (lat. *ovarium*; de *ovum*, huevo). Glándula genital femenina donde se forman los óvulos, y que produce hormonas, como la foliculina y la progesterona. **2.** BOT. Parte abultada y hueca del pistilo, que contiene los óvulos y formará el fruto después de la fecundación.

OVAS n. f. pl. Hueva.

OVEJA n. f. (bajo lat. *ovicula*). Hembra del carnero. (Voz: la oveja *bala*.) ♦ **Oveja negra** (*Fig.*), persona que dentro de una colectividad no sigue las líneas de conducta aceptadas.

OVEJERO, A adj. y n. Que cuida de las ovejas.

OVEJUNO, A adj. Relativo a las ovejas.

OVERLISTA n. f. *Chile*. Operaria que se encarga de manejar la máquina overlista. ♦ adj. **2.** *Chile*. Se aplica a la máquina que confecciona el overlock.

OVERLOCK n. m. *Argent.* y *Chile*. Costura en forma de cadeneta que se realiza sobre los tejidos de punto para rematarlos.

OVERO, A adj. Dícese del animal que tiene el pelo de color blanco y azafrán mezclados. **2.** *Amér.* Dícese de la caballería de color ojo.

OVEROL n. m. (ingl. *overall*). *Amér.* Mono, traje de faena.

OVETENSE adj. y n. De Oviedo.

OVIDIO, poeta latino (Sulmona 43 a. J.C.-Tomes [act. Constanța], Rumania, 17 o 18 d. J.C.). Autor de poemas ligeros o mitológicos (*Arte de amar*, *Heroidas*, *Las metamorfosis*, *Fastos*), fue desterrado por motivos que se desconocen y murió en el exilio a pesar de las súplicas de sus últimas elegías (*Tristes* y *Pónticas*).

OVIDUCTO n. m. Conducto por el que los huevos pasan del ovario al exterior del cuerpo del animal.

OVIEDO, c. de España, cap. de Asturias y cab. de p. j.; 204 276 hab. (*Ovetenses.*) Centro administrativo, comercial e industrial. Monumentos prerrománicos del arte asturiano en el Naranco. Catedral gótica (ss. XIV-XV; retablo mayor [s. XVI] y Cámara santa [célebres tesoros]). Abundantes monumentos civiles y religiosos (ss. XV-XVIII). Museo de bellas artes. Fue sede de la corona del reino astur (s. IX).

OVILLAR v. intr. [1]. Hacer ovillos. ♦ **ovillarse** v. pron. **2.** *Fig.* Acurrucarse.

OVILLO n. m. Bola formada devanando un hilo de lino, algodón, lana, cuerda, etc. **2.** *Fig.* Cosa enredada y de figura redonda. **3.** *Fig.* Enredo, revoltijo.

OVINO, A adj. Relativo a las ovejas y los corderos: *ganado ovino*. ♦ adj. y n. m. **2.** Relativo a una subfamilia de rumiantes bóvidos de pequeño tamaño, como los muflones y las ovejas salvajes.

OVÍPARO, A adj. y n. Que se reproduce por huevos puestos antes o después de la fecundación, pero siempre antes de la eclosión.

OVNI n. m. (de la expresión *Objeto Volante No Identificado*). Ingenio volante de origen misterioso, que algunas personas aseguran haber observado en la atmósfera terrestre.

OVOCITO n. m. Oocito.

OVOIDE adj. Ovoideo.

OVOIDEO, A adj. De figura o forma de huevo.

OVOVIVÍPARO, A adj. y n. Dícese del animal que se reproduce por huevos, pero que los conserva en sus vías genitales hasta la eclosión, desarrollándose el embrión únicamente por las reservas acumuladas en el huevo.

OVULACIÓN n. f. Producción y desprendimiento natural del óvulo en el ovario, por rotura del folículo, en la mujer y en las hembras de los animales.

OVULAR adj. Relativo al óvulo.

OVULAR v. intr. [1]. Tener una ovulación.

OVULATORIO, A adj. Relativo a la ovulación.

ÓVULO n. m. Célula femenina destinada a ser fecundada. **2.** BOT. Pequeño órgano contenido en el ovario, que encierra la célula hembra y proporciona la semilla después de la fecundación del polen.

OWEN (Gilberto), poeta mexicano (El Rosario, Sinaloa, 1905-Filadelfia 1952). En *Desvelo* (1925), *Línea* (1930) y *Libro de Ruth* (1944) evoca a veces de un modo irónico, un mundo mítico de raíz surrealista.

OWEN (Robert), teórico socialista británico (Newtown 1771-*íd.* 1858). Creó las primeras cooperativas de consumo. Sus ideas impregnaron el cartismo.

OWEN (sir Richard), naturalista británico (Lancaster 1804-Londres 1892), estudioso de los vertebrados (actuales y fósiles).

OXÁCIDO u **OXIÁCIDO** n. m. QUÍM. Ácido que contiene oxígeno.

OXFORD, c. de Gran Bretaña (Inglaterra), en la confluencia del Támesis y del Cherwell, cap. del condado de *Oxfordshire* (2608 km^2; 553 800 hab.); 109 000 hab. Catedral románica y gótica. Museos. La universidad de Oxford se fundó en el s. XII.

OXHÍDRICO, A adj. Dícese del compuesto de hidrógeno y de oxígeno, cuya combustión desprende gran cantidad de calor.

OXIACETILÉNICO, A adj. Relativo a la mezcla de oxígeno y de acetileno.

OXICARBONADO, A adj. Dícese de una combinación con óxido de carbono: *hemoglobina oxicarbonada*.

OXIDABLE adj. Que se puede oxidar.

OXIDACIÓN n. f. Combinación con el oxígeno y, más generalmente, reacción en la que un átomo o un ion pierde electrones. **2.** Estado de lo que está oxidado.

OXIDANTE adj. Que se oxida o puede oxidar.

OXIDAR v. tr. [1]. Hacer pasar al estado de óxido o recubrir de óxido. **2.** Combinar con el oxígeno. **3.** Hacer perder electrones a un átomo o a un ion. ♦ **oxidarse** v. pron. **4.** Pasar al estado de óxido o recubrirse de óxido.

ÓXIDO n. m. (del gr. *oxys*, ácido). Compuesto que resulta de la combinación de un cuerpo con el oxígeno: *óxido de carbono.* **2.** Capa de este compuesto que se forma sobre los metales expuestos al aire o a la humedad.

OXIDORREDUCCIÓN n. f. Oxidación de un cuerpo combinada con la reducción de otro cuerpo. (Los fenómenos de oxidorreducción permiten la transpiración celular de los organismos vivos.)

OXIGENACIÓN n. f. Acción de oxigenar u oxigenarse.

OXIGENADO, A adj. Que contiene oxígeno. ♦ **Agua oxigenada**, solución acuosa de dióxido de hidrógeno H$_2$O$_2$.

OXIGENAR v. tr. [1]. Combinar un cuerpo con el oxígeno. ♦ **oxigenarse** v. pron. **2.** *Fig.* Airearse, respirar al aire libre.

OXÍGENO n. m. (del gr. *oxys*, ácido, y *gennaō*, engendrar, generar). Elemento *químico no metálico* de número atómico 8, masa atómica 16 y símbolo O, presente en forma gaseosa en la atmósfera terrestre y necesario para la respiración.

OXIHEMOGLOBINA n. f. Combinación inestable de hemoglobina y de oxígeno, que da el color rojo vivo a la sangre cuando sale del aparato respiratorio.

OYAMEL u **OYAMELETE** n. m. Planta arbórea maderable de América Central. (Familia abietáceas.)

OZOMATLI n. m. (voz náhuatl, *mono*). Tercero de los veinte días del mes azteca.

OZONAR v. tr. [1]. Ozonizar.

OZONIZACIÓN u **OZONACIÓN** n. f. Acción de ozonizar. **2.** Reacción que produce un ozónido.

OZONIZAR v. tr. [1g] Transformar el oxígeno en ozono. **2.** Hacer reaccionar el ozono sobre un cuerpo para esterilizarlo o transformarlo.

OZONO n. m. (del gr. *ozō*, oler). Variedad alotrópica del oxígeno, cuya fórmula es O$_3$.

OZONOSFERA n. f. Capa de la atmósfera terrestre situada entre los 15 y los 40 km de alt., y que contiene ozono.

Ppp

P n. f. Decimoséptima letra del alfabeto español y decimotercera de las consonantes. (Es una consonante oclusiva labial sorda.) **2.** METROL. Símbolo de *pico*. **3.** METROL. Símbolo del *poise*. **4.** REL. Abrev. de *padre*. **5.** QUÍM. Símbolo del *fósforo*.
Pa, símbolo del *pascal*. **2.** Símbolo químico del *protactinio*.
PABELLÓN n. m. Tienda de campaña de forma cónica, sostenida en su interior por un palo hincado en tierra, y sujeta al suelo, en el exterior, por cuerdas y estacas. **2.** Dosel que cobija una cama, altar, etc. **3.** Edificio que depende de otro mayor contiguo o próximo a él. **4.** Cada uno de los edificios que forman un conjunto de varios: *el pabellón de una exposición*. **5.** Bandera nacional, con el escudo de su país. **6.** Bandera que indica la nacionalidad a que se ha acogido un buque, y especialmente la que, con el escudo de su país, lleva la nave capitana de una escuadra. **7.** Ensanche cónico o parte abocinada de un embudo u otro instrumento: *el pabellón de un instrumento musical de viento*. **8.** Dispositivo empleado para concentrar o dirigir las ondas acústicas. **9.** Tapa de material aislante que cubre la parte de los teléfonos que se aplica al oído. • **Pabellón del oído**, oreja. ♦ **pabellones** n. m. pl. **10.** *Colomb.* Cohetes grandes y luminosos. **11.** *Venez.* Plato con que se sirven separadamente carne frita, arroz y frijoles.
PABILO o **PÁBILO** n. m. (lat. *papyrum*). Mecha o torcida de las velas, candiles, etc. **2.** Parte carbonizada de esta mecha.
PABLO (*san*), llamado **el Apóstol de los gentiles** (Tarso, Cilicia, entre 5 y 15 d. J.C.-Roma entre 62 y 67). Una visión de Cristo en el camino de Damasco (c. 36) convirtió a este fariseo ferviente, cuyo nombre judío era Saulo, en un apóstol de Jesucristo. La tradición ha conservado catorce epístolas de san Pablo: a los romanos, a los corintios (2), a los gálatas, a los efesios, a los filipenses, a los colosenses, a los tesalonicenses (2), a Timoteo (2), a Tito, a Filemón y a los hebreos.
PACA n. m. (voz quechua). Alpaca doméstica de Perú y Bolivia, apreciada por su lana y por su carne. **2.** Mamífero roedor de formas rechonchas y orejas cortas, del tamaño de una liebre, que vive desde México hasta el sur de Brasil. (Familia cávidos.) ♦ n. f. **3.** *Amér.* Roedor domesticable, del tamaño de una liebre, con cuerpo robusto y pelaje espeso de color rojizo.
PACANA n. f. Planta arbórea de América del Norte que proporciona una madera muy apreciada parecida a la del nogal. (Familia juglandáceas.)
PACARAIMA (*sierra de*), cadena montañosa del sur de la Guayana, situada entre Venezuela y Brasil.
PACARANA n. m. Mamífero roedor de cuerpo macizo y patas cortas, que vive en las selvas de Perú. (Familia dinómidos.)
PACATO, A adj. Mojigato. **2.** Pacífico, tranquilo. **3.** De poco valor, insignificante.

PACAYA n. m. *C. Rica* y *Hond.* Palmera cuyos cogollos se toman como legumbre. ♦ n. f. **2.** *Guat.* Fig. Dificultad.
PACAYA, volcán de Guatemala (Escuintla), en la sierra Madre centroamericana; 2552 m de alt.
PACENSE adj. y n. m. y f. Badajocense.
PACEÑO, A adj. y n. De La Paz.
PACER v. intr. y tr. (lat. *pascere*) [**2m**]. Comer del ganado la hierba del campo. SIN.: *pastar*. ♦ v. tr. **2.** Apacentar, dar pasto al ganado. **3.** *Fig.* Comer, roer, o gastar algo.
PACHA n. f. *Méx.* y *Nicar.* Botella aplanada y pequeña para bebidas alcohólicas, que puede llevarse en el bolsillo. **2.** *Nicar.* Biberón.
PACHA n. m. Bajá. • **Vivir como un pachá** (*Fam.*), vivir de manera ostentosa.
PACHACAMAC, divinidad preincaica de la vida y creador del mundo.
PACHACHO, A adj. *Chile.* Dícese de las personas o animales rechonchos y de piernas cortas.
PACHACO, A adj. *Amér. Central.* Aplastado. **2.** *C. Rica.* Inútil, enclenque.
PACHACUTI o **PACHACUTEC INCA YUPANQUI**, soberano inca [c. 1438-1471], hijo de Viracocha. Fue el gran constructor civil de Cuzco y amplió los dominios del imperio.
PACHAMAMA n. f. *Amér. Merid.* Divinidad de origen inca que se identifica con la madre tierra.
PACHAMANCA n. f. *Amér. Merid.* Carne condimentada con ají que se asa entre piedras calientes.
PACHANGA n. f. Cierto baile. **2.** Fiesta, jolgorio, diversión.
PACHANGUERO, A adj. Dícese de un espectáculo, de una fiesta y principalmente de una música fácil, bulliciosa y pegadiza.
PACHECO n. m. *Ecuad.* y *Venez.* Frío intenso.
PACHECO (Basilio), pintor cuzqueño del s. XVIII, activo entre 1738 y 1752. Su obra, de estilo barroco, está dispersa en Cuzco, Lima y Ayacucho.
PACHECO (Gregorio), político boliviano (Sud Chichas, Potosí, 1823-La Paz 1899), presidente de la república (1884-1888).
PACHECO (José Emilio), escritor mexicano (México 1939). Su poesía es testimonio crítico del mundo (*Los elementos de la noche*, 1963; *Isla a la deriva*, 1976; *Ciudad de la memoria*, 1989). Asimismo, ha publicado cuentos y novelas (*Las batallas del desierto*, 1981).
PACHECO (María Luisa), pintora boliviana (La Paz 1919). Adoptó la abstracción lírica para las representaciones de países del Altiplano.
PACHECO ARECO (Jorge), político uruguayo (Montevideo 1921), presidente de la república (1967-1972) y embajador en España, Suiza y E.U.A.
PACHITEA, r. de Perú (Pasco y Huánuco), afl. del Ucayali; 320 km.
PACHO, A adj. *Amér. Merid.* Regordete, rechoncho. **2.** *Hond.* Flaco, aplastado.
PACHOCHA n. f. *Chile, Colomb., Cuba, Pan.* y *Perú.* Indolencia, flema.

PACHÓN, NA adj. y n. m. Dícese de una raza de perros de hocico cuadrado, patas cortas y pelo no muy largo, amarillo con manchas marrones. ♦ adj. **2.** *Chile, Hond., Méx.* y *Nicar.* Peludo, lanudo. ♦ n. **3.** Persona calmosa y flemática.
PACHORRA n. f. Cachaza, flema.
PACHORRIENTO, A adj. *Amér. Merid.* Pachorrudo.
PACHORRUDO, A adj. Que tiene pachorra.
PACHUCA DE SOTO, c. de México, cap. del est. de Hidalgo; 180 630 hab. Centro minero-metalúrgico (plomo, plata y oro). Iglesias (ss. XVI-XVIII). Museo histórico de las minas de plata.
PACHUCO n. m. Lengua jergal hispanoamericana que se habla en el sur y sureste de E.U.A. ♦ n. m. **2.** *Méx. Fam.* Joven de origen mexicano, de clase social baja, que vivía en las ciudades del S de E.U.A. hacia los años cincuenta y que se caracterizaba por defender su identidad como grupo social frente a las costumbres norteamericanas.
PACHULÍ n. m. (fr. *patchouli*). Planta aromática de la familia labiadas, de la que se extrae un aceite esencial, que crece en Asia y Oceanía. **2.** Perfume extraído de esta planta.
PACIENCIA n. f. (lat. *patientiam*). Capacidad de soportar molestias sin rebelarse. **2.** Facultad de saber esperar, contenerse. **3.** Aptitud para realizar trabajos entretenidos o pesados. **4.** Flema, lentitud. • **Hierba de la paciencia**, planta de usos purgantes, cultivada en jardinería. (Familia poligonáceas.)
PACIENTE adj. Que tiene paciencia. **2.** LING. En la gramática tradicional, dícese del sujeto de las oraciones pasivas. ♦ n. m. y f. Enfermo que está sometido a un tratamiento médico.
PACIENZUDO, A adj. Que tiene mucha paciencia.
PACIFICACIÓN n. f. Acción y efecto de pacificar.
PACIFICADOR, RA adj. y n. Que pacifica.
PACIFICAR v. tr. (lat. *pacificare*) [**1a**]. Poner paz entre contendientes. **2.** Restablecer la paz en un país, ciudad, etc. ♦ **pacificarse** v. pron. **3.** Fig. Quedarse en reposo lo que estaba alterado.
PACÍFICO, A adj. Que ama la paz: *hombre pacífico.* **2.** Tranquilo, que está en paz: *vivimos en un país pacífico.* **3.** Que no tiene o no halla oposición: *invasión pacífica.*
PACÍFICO (*cordillera del*), alineación montañosa del O de Nicaragua, que forma parte de la s. Madre centroamericana.
PACÍFICO (*océano*), la mayor masa marítima del globo, entre América, Asia y Australia; 180 millones de km² (la mitad de la superficie oceánica total). Descubierto por Balboa (1513), Magallanes lo cruzó por primera vez en 1520. De forma toscamente circular, ampliamente abierto al S hacia el Antártico, comunicado con el Ártico por el estrecho de Bering y recorrido por dorsales cuyas cimas constituyen islas (Hawai, Tuamotu, isla de Pascua), está rodeado, al N y al O, por una

PAC

guirnalda insular y volcánica que bordea profundas fosas marinas, y salpicado, entre los trópicos, de formaciones coralinas (atolones, arrecifes).

PACIFISMO n. m. Doctrina de quienes preconizan la búsqueda de la paz a través de la negociación. **2.** Tendencia a evitar la violencia en cualquier terreno.

PACIFISTA adj. y n. m. y f. Relativo al pacifismo; partidario de esta doctrina o tendencia.

PACO n. m. *Nicar.* Tamal de maíz lavado.

PACO, A adj. y n. m. *Chile* y *Perú.* Dícese del color rojizo o bermejo. ♦ n. **2.** *Chile, Colomb., Ecuad.* y *Pan. Fam.* Policía. ♦ n. m. **3.** *Amér.* Mineral de plata con ganga ferruginosa. **4.** *Chile* y *Perú.* Llama, rumiante.

PACOTILLA n. f. Mercaderías que los marineros u oficiales de un buque pueden embarcar por su cuenta libres de fletes. • **De pacotilla,** de clase inferior.

PACTAR v. tr. [1]. Acordar dos o más personas o entidades algo que una vez aceptado se comprometen a cumplir. **2.** Contemporizar, transigir, especialmente la autoridad: *el gobierno pactó con los insurrectos.*

PACTO n. m. (lat. *pactum*). Acción y efecto de pactar. **2.** Convenio, acuerdo firme entre dos o varias partes.

PACÚ n. m. *Argent.* Pez caracoideo, muy apreciado por su carne, de considerable tamaño y peso, que habita en la cuenca del Plata.

PADECER v. tr. [2m]. Recibir la acción de algo que causa dolor físico o moral. **2.** Sufrir una enfermedad. **3.** *Fig.* Incurrir en un error, engaño, etc. **4.** *Fig.* Estar una cosa forzada de tal modo que pueda llegar a estropearse. **5.** Soportar, aguantar, tolerar.

PADECIMIENTO n. m. Acción de padecer.

PADILLA (Herberto), escritor cubano (La Habana 1932-Auburn 2000). Principalmente poeta, escribió novela y el volumen autobiográfico *La mala memoria* (1989).

PADILLA (José), marino y patriota colombiano (Riohacha 1778-Bogotá 1828). Combatió en Trafalgar (1805). Luchó por la independencia de Nueva Granada, pero fue ejecutado por conspirar contra Bolívar.

PADRASTRO n. m. Marido de una mujer respecto de los hijos habidos antes por ella. **2.** *Fig.* Padre que se porta mal con su hijo. **3.** *Fig.* Pedacito de pellejo que se levanta del borde de la piel que rodea las uñas.

PADRE n. m. (lat. *patrem*). Hombre o macho que ha engendrado uno o más hijos, especialmente respecto a éstos. **2.** Cabeza de una estirpe, familia, pueblo. **3.** *Fig.* Creador, iniciador, promotor: *Galeno es uno de los padres de la medicina.* **4.** *Fig.* Título dado a los sacerdotes miembros de congregaciones religiosas, por oposición a los hermanos. (Se abrevia P.) **5.** TEOL. Primera persona de la Santísima Trinidad. • **Padre espiritual,** confesor que cuida y dirige el espíritu y conciencia del penitente. ‖ **Padre nuestro,** padrenuestro. ‖ **Padres de la Iglesia** o **Santos padres,** los primeros doctores de la Iglesia griega y latina, que escribieron sobre los misterios y sobre la doctrina de la religión. ‖ **Santo padre** o **Padre santo,** Sumo pontífice. ♦ adj. Grande, de importancia: *un susto padre.* **6.** *Méx. Fam.* Estupendo, extraordinario, maravilloso: *padre película.* ♦ **padres** n. m. pl. **7.** El padre y la madre. **8.** Antepasados.

PADRE ABAD (*paso del*), paso de los Andes peruanos, en la carretera Lima-Tingo María-Pucallpa. Comunica la zona costera con la Amazonia.

PADRILLO n. m. *Argent., Chile, Par., Perú* y *Urug.* Caballo semental.

PADRINAZGO n. m. Acción y efecto de apadrinar. **2.** Título o cargo de padrino.

3. *Fig.* Protección, favor que uno dispensa a otro.

PADRINO n. m. Hombre que presenta y asiste al que recibe el bautismo. **2.** Hombre que cumple funciones de algún modo parecidas a las del padrino del bautismo en un acto solemne de la vida de un individuo o comunidad. **3.** Protector y acompañante de alguien en un desafío, concurso, etc. **4.** *Fig.* Persona que favorece y protege a otra en sus pretensiones. ♦ **padrinos** n. m. pl. **5.** El padrino y la madrina.

PADRÓN n. m. Relación nominal de los habitantes de una entidad administrativa. **2.** Patrón, modelo. **3.** *Bol., Colomb., Cuba, Dom., Nicar., Pan.* y *Venez.* Semental.

PADRÓN (Julián), escritor venezolano (San Antonio, Oriente, 1910-Caracas 1954), autor de novelas realistas (*Clamor campesino,* 1944) o de ambiente urbano (*Primavera nocturna,* 1950).

PADROTE n. m. *Amér. Central, Colomb., P. Rico* y *Venez.* Semental. **2.** *Amér. Central* y *Méx.* Hombre que vive de explotar una o más prostitutas.

PADUA, en ital. **Padova,** c. de Italia (Véneto), cap. de prov.; 215 025 hab. (*paduanos.*) Universidad. Basílica de San Antonio. Catedral del s. XVI y otros monumentos.

PAELLA n. f. Plato típico de la región valenciana, consistente en arroz guisado con distintas carnes o pescados, mariscos, caracoles, verduras, etc. **2.** Paellera.

PÁEZ, c. de Venezuela (Aragua), que forma parte de la ciudad de Maracay; 80 296 hab.

PÁEZ (José Antonio), militar y político venezolano (Curpa, cerca de Acarigua, 1790-Nueva York 1873). General en jefe tras la victoria de Carabobo (1821), fue el primer presidente de Venezuela tras la escisión de la Gran Colombia (1830-1835). Ocupó de nuevo la presidencia en 1839-1843 y en 1861-1863.

PÁEZ VILARÓ (Carlos), pintor uruguayo (Montevideo 1923), realizador de importantes murales (*El éxodo del pueblo oriental,* Montevideo; *Raíces de la paz,* Washington).

PAGA n. f. Retribución económica periódica mensual, que se percibe por un trabajo fijo. **2.** Acción de pagar. **3.** Correspondencia, gratitud. • **Paga y señal,** en lenguaje comercial, cantidad que se paga a cuenta cuando se hace un encargo de compra, pedido, etc.

PAGADERO, A adj. Que se ha de pagar en un plazo determinado. **2.** De precio no exagerado.

PAGADO, A adj. Ufano, engreído, que hace ostentación de lo que posee.

PAGADURÍA n. f. Oficina donde se paga.

PÁGALO n. m. Ave palmípeda, de hasta 60 cm de long., de los mares árticos, de plumaje pardo y blanco. (Familia estercoráridos.)

PAGANINI (Niccolò), violinista italiano (Génova 1782-Niza 1840). De prodigioso virtuosismo, es autor de veinticuatro *Caprichos* (1820) y de conciertos para violín.

PAGANISMO n. m. Nombre dado por los cristianos, a partir del s. IV, al politeísmo. **2.** Nombre dado por los cristianos al estado religioso de un pueblo que todavía no ha sido evangelizado.

PAGANIZAR v. tr. [1g]. Introducir el paganismo o caracteres paganos en algo. ♦ v. intr. **2.** Profesar el paganismo.

PAGANO, A adj. y n. Relativo al paganismo; adepto al paganismo.

PAGANO, A n. y adj. Persona que paga, generalmente por abuso de otros. **2.** *Fam.* Persona que paga culpas ajenas.

PAGAR v. tr. [1b]. Dar a uno lo que se le debe: *pagar a los acreedores.* **2.** Costear, sufragar: *esta cena la pago yo.* **3.** *Fig.* Corresponder en reciprocidad a una actitud, acción o sentimiento de otro: *favor con*

favor se paga. **4.** *Fig.* Cumplir la pena correspondiente o sufrir las consecuencias de alguna falta o imprudencia cometida: *pagó su atrevimiento con la vida.* ♦ **pagarse** v. pron. **5.** Ufanarse, hacer ostentación de cierta cosa: *se paga de ser el más rico.*

PAGARÉ n. m. Documento por el cual una persona se compromete a pagar una cantidad en determinada fecha a otra persona y en el que se ha suscrito dicho documento, o a su orden, es decir, a una tercera persona a quien la segunda ha endosado el documento.

PAGAZA (Joaquín Arcadio), poeta y prelado mexicano (Valle de Bravo 1839-Jalapa 1918), cultivador de una poesía clásica y bucólica (*Murmurios de la selva,* 1887; *María,* 1890).

PÁGINA n. f. (lat. *paginam,* conjunto de cuatro hileras de vides). Cada una de las dos caras de una hoja de un libro o cuaderno. **2.** Lo escrito o impreso en ella. **3.** *Fig.* Momento importante de la vida de alguien o de la historia de un pueblo.

PAGINACIÓN n. f. Acción y efecto de paginar.

PAGINAR v. tr. [1]. Numerar las páginas de un escrito o impreso.

PAGO n. m. Acción de pagar. **2.** Dinero o cosa con que se paga. **3.** Correspondencia a algo recibido, especialmente un beneficio.

PAGO, n. m. (lat. *pagum*). Aldea, pueblo pequeño. **2.** Lugar en general. **3.** *Fig.* Edificio religioso de Extremo oriente.

PAGUA n. f. *Méx.* Variedad de aguacate, de fruto grande y de sabor un poco dulce.

PAGURO n. m. Cangrejo ermitaño.

PAICO n. m. *Chile.* Planta herbácea anual, de hasta 60 cm de alt., muy aromática y cuyas hojas y flores se toman en infusión, pazote. (Familia quenopodiáceas.)

PAILA n. f. (lat. *patellam*). Vasija grande, redonda y poco profunda, de metal. **2.** *Amér. Central* y **3.** *Chile. Fam.* Oreja. **4.** *Nicar.* Machete de hoja ancha y delgada utilizado para cortar la caña de azúcar.

PAINE, com. de Chile (Santiago); 37 420 hab. Regadíos (frutales y vid).

PAIPOTE, c. de Chile (Atacama), cerca de Copiapó; 3300 hab. Fundición de cobre, oro y plata.

PAÍS n. m. Territorio que constituye una unidad geográfica o política, limitada natural o artificialmente. **2.** Conjunto de habitantes de este territorio.

PAISAJE n. m. (fr. *paysage*). Extensión de terreno visto desde un lugar determinado. **2.** Pintura, grabado o dibujo en el que el tema principal es la representación de un lugar natural o urbano.

PAISAJISTA adj. y n. m. y f. Artista que dibuja o pinta paisajes.

PAISANAJE n. m. Conjunto de paisanos. **2.** Circunstancia de ser paisano.

PAISANO, A adj. y n. (fr. *paysan*). Con relación a una persona, otra que es del mismo país, población, región o provincia. ♦ n. **2.** Campesino. ♦ n. m. **3.** El que no es militar. **4.** *Chile.* Nombre que reciben los extranjeros, especialmente los árabes y sirios, residentes en el país.

PAÍSES BAJOS, nombre dado a lo largo de la historia a una serie de territorios de extensión variable del NO de Europa, situados entre los Ems, el mar del Norte, las colinas de Artois y el macizo de las Ardenas.

HISTORIA

De los orígenes al imperio carolingio.

La presencia antigua del hombre en esta zona está atestiguada por monumentos megalíticos (dólmenes) y túmulos de la edad del bronce. 57 a. J.C.: César conquistó la región, poblada por tribus celtas y germánicas (bátavos, frisones). 15 a. J.C.: la región se convirtió en una provincia imperial, la Galia belga. S. IV: las inva-

siones germánicas se extendieron por la zona: los sajones al E, los francos en los territorios meridionales. Ss. VII-VIII: la cristianización de estos pueblos se realizó con Carlomagno.
De Carlomagno a la época borgoñona. S. IX: las invasiones normandas y las divisiones territoriales (tratado de Verdún, 843) debilitaron la región. Ss. X-XII: ésta se desmembró en numerosos principados feudales (ducados de Güeldres y de Brabante, condados de Holanda, de Flandes y de Hainaut, obispados de Utrecht y de Lieja). Ss. XII-XIII: mientras se ganaban nuevas tierras al mar, las ciudades experimentaron un notable auge, especialmente gracias al comercio de telas (Gante, Ypres, Brujas). S. XIV: en Flandes, los trabajadores del sector textil se enfrentaron al patriciado urbano, que se alió con el rey de Francia. 1369: el duque de Borgoña, Felipe el Atrevido, casó con la hija del conde de Flandes. 1382: las milicias comunales fueron vencidas en Roosebeke por el rey de Francia Carlos VI.
El período borgoñón y el período español. S. XV: a través de compras, enlaces y herencias, los duques de Borgoña se anexionaron poco a poco todos los Países Bajos. 1477: María de Borgoña, hija y heredera de Carlos el Temerario, casó con Maximiliano de Austria. El país pasó a formar parte de las posesiones de los Habsburgo. 1515: Carlos Quinto heredó su padre, Felipe I el Hermoso, los Países Bajos, que convirtió en un círculo del Imperio (el de Borgoña, 1548) con diecisiete provincias, y puso bajo el mando sucesivo de dos gobernadoras: Margarita de Austria (1519-1530), y María de Hungría (1531-1555). El país experimentó una fuerte expansión económica, extendiéndose ampliamente las ideas de la Reforma.
La rebelión de los Países Bajos y el nacimiento de las Provincias Unidas. 1555: Felipe II sucedió a su padre como príncipe de los Países Bajos. 1559-1567: a través de la gobernadora, Margarita de Parma, llevó a cabo una política absolutista y hostil a los protestantes, que levantó contra él al pueblo y a la nobleza. 1566: se sublevaron Flandes, Hainaut y las provincias del N. 1567-1573: el duque de Alba, sucesor de Margarita de Parma, llevó a cabo una represión brutal, que desembocó en la rebelión general de Holanda y Zelanda (1568), dirigida por Guillermo de Orange. Los sublevados ganaron para su causa Brabante, Hainaut, Flandes y Artois. 1576: la pacificación de Gante marcó la expulsión de las tropas españolas y el retorno a la tolerancia religiosa. 1579: las provincias del S, católicas en su mayoría, se sometieron a España (Unión de Arras); las del Norte, calvinistas, proclamaron la Unión de Utrecht, base de las Provincias Unidas.
Los Países Bajos en los ss. XVII y XVIII. 1581: después de repudiar solemnemente la autoridad de Felipe II, las Provincias Unidas prosiguieron su lucha contra España, salvo la interrupción de la tregua de los Doce años (1609-1621). 1648: el tratado de Münster reconoció oficialmente la independencia de las Provincias Unidas. Los Países Bajos meridionales o del S continuaron siendo españoles. 1714: tras la guerra de Sucesión de España por los tratados de Utrecht (1713) y Rastadt (1714), los Países Bajos del S fueron entregados a Austria. 1795: los Países Bajos meridionales fueron anexionados por Francia; las Provincias Unidas se convirtieron en la República bátava. 1815: el congreso de Viena decidió reunir el conjunto de las provincias en el reino de Países Bajos.
PAÍSES BAJOS, en neerl. **Nederland**, estado de Europa, junto al mar del Norte; 34 000 km²; 15 millones de hab. (*Neerlandeses.*) CAP. *Amsterdam*. Sede de los poderes públicos y de la Corte, *La Haya*. LENGUA OFICIAL: *neerlandés*. MONEDA: *florín*.
GEOGRAFÍA
La historia, la escasa superficie y la excepcional densidad (más de 400 hab. por km²) explican la apertura económica de este país, nación comerciante, que exporta más de la mitad de su producción. Los servicios (finanzas y transportes) y la industria (construcciones eléctricas, agroalimentaria, química, a las que se añade un importante yacimiento de gas natural) ocupan a más del 90 % de una población, muy urbanizada, concentrada en un cuadrilátero delimitado por las cuatro principales ciudades (Amsterdam, La Haya, Rotterdam [primer puerto mundial] y Utrecht). La agricultura, muy intensiva, explota la abundancia de terrenos llanos (en ocasiones ganados al mar mediante pólders) y se beneficia de un clima suave y húmedo. Asocia ganadería (vacuna y porcina) y cultivos tradicionales florales y de hortalizas. El comercio exterior se efectúa principalmente con los socios de la U.E. (especialmente Alemania y Bélgica). Su economía es equilibrada, pero muy dependiente del mercado mundial, vulnerabilidad que constituye, junto con el paro, una preocupación básica de un país con abundantes reservas de divisas frente a un endeudamiento exterior moderado.
HISTORIA
El reino de Países Bajos hasta 1830. 1815: el reino se constituyó con la unión de las antiguas Provincias Unidas, de los antiguos Países Bajos austríacos y del gran ducado de Luxemburgo. Guillermo de Orange, convertido en Guillermo I, rey de Países Bajos, concedió una constitución a sus súbditos. Pero la unión de Bélgica y Holanda se enfrentó con múltiples antagonismos. 1830: Bélgica se sublevó y proclamó su independencia.
De 1830 a 1945. 1839: Guillermo I reconoció la independencia de Bélgica. 1840: abdicó en favor de su hijo Guillermo II. 1848: una nueva constitución estableció un sistema de elección censitaria para las dos cámaras. 1849: Guillermo III accedió al cap. Durante su reinado, liberales (Thorbecke) y conservadores se alternaron en el poder. 1851: la reconstitución de la jerarquía católica permitió la integración de los católicos en la vida política. 1862: la instauración del librecambio favoreció el auge económico. A la muerte de Thorbecke, el abanico político se diversificó y complicó, debido especialmente a la cuestión escolar. 1890: Guillermina, de 10 años de edad, sucedió a Guillermo III y reinó bajo la regencia de la reina madre Emma hasta 1898. 1894: Troelstra fundó el partido socialdemócrata. 1897-1901: por influencia de los liberales se implantó una importante legislación social mientras se desarrollaba un poderoso sindicalismo. 1905-1913: el fraccionamiento de los partidos dificultó la vida política. 1913-1918: un gobierno extraparlamentario mantuvo la neutralidad neerlandesa durante la primera guerra mundial. 1917: se instauraron el sufragio universal y el voto femenino (1918). 1925-1926, 1933-1939: el gobierno de H. Colijn, líder del partido antirrevolucionario, se enfrentó a las repercusiones de la crisis económica mundial y a los progresos del nacionalismo en Indonesia. 1939: la escalada de la crisis permitió la subordinación de la coalición cristiana. 1940-1945: el país, invadido por Alemania, vivió una trágica ocupación.
Desde 1945. 1944-1948: el país participó en la formación del Benelux. 1948: la reina Guillermina abdicó en su hija Juliana. 1949: Indonesia accedió a la independencia. 1951-1953: Países Bajos se adhirió a la C.E.C.A. 1957: el país entró en la C.E.E. 1973-1977 un gobierno de coalición dirigido por el socialista Joop Den Uyl tuvo que hacer frente a los efectos de la primera crisis del petróleo. 1980: la reina Juliana abdicó en su hija Beatriz. A partir de 1982: el democristiano Rudolf Lubbers dirigió gobiernos de coalición (centro derecha [1982-1989]; centro izquierda [1989-1994]). 1994: el socialista Wim Kok formó un gobierno de coalición que excluía a los democristianos. 1998: nuevo gobierno de coalición liderado por Wim Kok tras las elecciones. 2001: El senado legalizó la eutanasia. 2002: Renuncia el gobierno de Kok. La oposición democracia-cristiana ganó las elecciones legislativas.

PAITA, c. de Perú (Piura), en la *bahía de Paita*; 37 098 hab. Puerto pesquero y comercial.

PAIVA (FÉLIX), político paraguayo (Caazapá 1877-Asunción 1965). Liberal, fue presidente del gobierno (1937-1939) tras el derrocamiento militar de R. Franco.

PAJA n. f. (lat. *paleam*). Caña o tallo seco de gramínea, y especialmente de cereal. **2.** Conjunto de estas cañas o tallos. **3.** Tubo pequeño y delgado hecho de caña, plástico, etc., que sirve para sorber líquidos. **4.** *Fig.* Cosa insignificante o inútil, especialmente aquello de que se puede prescindir en un libro, discurso, etc. **5.** *Colomb., Guat.* y *Hond.* Grifo, llave para la salida del agua.

PAJAR n. m. Lugar donde se guarda la paja. **2.** Almiar.

PÁJARA n. f. Pajarita de papel. **2.** *Fig.* Mujer astuta y granuja. **3.** Cometa. **4.** *Fam.* Bajón brusco o súbito de las energías vitales.

PAJAREAR v. intr. [1]. Cazar pájaros. **2.** *Fig.* Vagabundear.

PAJARERA n. f. Jaula grande donde se crían pájaros. **2.** Planta herbácea, de tallos tendidos, con una toma de pelos en cada entrenudo, y hojas ovales. (Familia cariofiláceas.)

PAJARERÍA n. f. Multitud o abundancia de pájaros. **2.** Arte de criar pájaros. **3.** Tienda donde se venden pájaros.

PAJARERO, A adj. y n. Relativo a los pájaros. **2.** *Fig.* y *fam.* Dícese de la persona excesivamente bromista. ◆ adj. **3.** *Amér.* Asustadizo, receloso, especialmente referido a las caballerías. ◆ n. **4.** Persona que tiene por oficio cazar, criar o vender pájaros. ◆ n. m. **5.** *Amér.* Muchacho encargado de espantar los pájaros en los sembrados.

PAJARITA n. f. Figura de papel que resulta de doblar éste varias veces hasta conseguir la forma de un pájaro. **2.** Tira de tejido ligero, que se coloca alrededor del cuello y se anuda por delante con un lazo sin caídas.

PÁJARO n. m. (lat. *passerem*). Cualquier ave con capacidad para volar, y generalmente de pequeño tamaño. **2.** *Fig.* Hombre astuto y granuja. ◆ **Pájaro bobo**, ave palmípeda de las regiones del hemisferio sur cuyas extremidades anteriores, impropias para el vuelo, utiliza como aletas natatorias. ‖ **Pájaro carpintero**, pico. ‖ **Pájaro mosca**, colibrí.

PAJARÓN, NA adj. y n. *Argent.* y *Chile. Fam.* y *desp.* Distraído, atolondrado.

PAJARRACO n. m. *Desp.* Pájaro grande. **2.** *Fig.* y *fam.* Persona despreciable por su mala intención o catadura.

PAJE n. m. (provenz. *page*). En la jerarquía feudal, joven noble al servicio de un señor con objeto de realizar el aprendizaje de las armas. **2.** Criado joven que servía en las habitaciones particulares, alumbraba el camino a sus señores en los desplazamientos, etc.

PAJERITO n. m. Pájaro granívoro de América Meridional, de pequeño tamaño y colores vistosos.

PAJERO, A n. *Nicar.* Fontanero.
PAJIZO, A adj. 1. Hecho o cubierto de paja. 2. De color de paja.
PAJÓN n. m. Caña alta y gruesa de las rastrojeras. 2. *Cuba, Dom.* y *Venez.* Planta gramínea silvestre, muy rica en fibra, que en época de escasez sirve de alimento al ganado.
PAJONAL n. m. *Argent., Chile, Urug.* y *Venez.* Paraje poblado por la alta vegetación herbácea propia de los terrenos bajos y anegadizos.
PAJOSO, A adj. Que tiene mucha paja. 2. De paja o semejante a ella.
PAJUERANO, A adj. *Argent., Bol.* y *Urug. Desp.* Que procede del campo y se comporta torpemente en la ciudad, paleto.
PAKISTÁN, estado de Asia meridional; 803 000 km²; 117 500 000 hab. (*Paquistaníes* o *pakistaníes*). CAP. *Islamabad*. C. PRAL. *Karachi* y *Lahore*. LENGUAS OFICIALES: *urdu* e *inglés*. MONEDA: *rupia pakistaní*.

GEOGRAFÍA
Los sectores irrigados del S y sobre todo del NE (Panjāb), que corresponden a la llanura aluvial del Indo y de sus afluentes, constituyen las zonas vitales de Pakistán; proporcionan trigo, sorgo, arroz y algodón (principal producto de exportación y base de la única industria notable, la textil). Su entorno está formado sobre todo por montañas poco pobladas (Baluchistán al O, parte del Hindū Kūš al N). Los problemas económicos (fuerte endeudamiento) se añaden a la tensión persistente con la India.

HISTORIA
1940: 'Alī Ŷinna reclamó la creación de un estado que reagrupase a los musulmanes del subcontinente indio. 1947: En el momento de la independencia y partición de la India se creó Pakistán. Se constituyó a partir de dos provincias: *Pakistán occidental* y *Pakistán oriental*, formadas respectivamente por los antiguos territorios de Sind, de Baluchistán, de Panjāb oriental y de la Provincia del Noroeste, por un lado, y por Bengala Oriental, por otro. 'Alī Ŷinna fue su primer gobernador general. 1947-1949: una guerra enfrentó a la India y Pakistán a propósito de Cachemira. 1956: la constitución estableció la República islámica de Pakistán, federación de las dos provincias que la constituían. Iskandar Mīrzā fue su primer presidente. 1958: se instauró la ley marcial. Ayyūb kan se hizo con el poder y se convirtió en presidente de la república. 1962: se aprobó una constitución de tipo presidencialista. 1965: estalló la segunda guerra indopaquistaní. 1966: Mujibur Raḥmān, jefe de la liga Awami, reclamó la autonomía de Pakistán Oriental. 1969: el general Yaḥyà kan sucedió al mariscal Ayyūb kan. 1971: Pakistán Oriental se separó y se convirtió en Bangla Desh. La India intervino militarmente en su apoyo. 1971-1977: 'Alī Bhutto puso en marcha el llamado socialismo islámico. Se desarrolló la agitación conservadora y religiosa. 1977: un golpe de estado derrocó a 'Alī Bhutto. 1978: el general Zia Ul-Ḥaq se convirtió en presidente de la república. 1979: Bhutto fue ejecutado. Se implantó la ley islámica. 1986: se levantó la ley marcial, pero la oposición al régimen, procedente sobre todo de los medios chiítas, continuó siendo fuerte. 1988: Zia Ul-Ḥaq murió en un accidente aéreo. Gulam Isāq Kan le sucedió al frente del estado y Benazir Bhutto se convirtió en primera ministra. 1990: B. Bhutto fue destituida. La Alianza democrática islámica ganó las elecciones legislativas anticipadas; su líder, Nawaz Sharif, fue nombrado primer ministro. 1993: Sharif fue destituido. Benazir Bhutto, primera ministra, y Farup Leghari presidente. 1996: Destitución de Benazir Bhutto por corrupción y nepotismo (nov.). 1997: elecciones generales: Nawaz Sharif, primer ministro (feb.) F. Leghari dimite (dic.) y se convocan elecciones. 1998: Mohammed Rafid Tarar es juez del Tribunal Supremo, es elegido presidente (en.) 1999: (oct.) con un golpe de estado incruento, el general Pervez Musharraf disuelve el gobierno del primer ministro Nawaz Sharif. 2001: fracasó la cumbre entre India y este país sobre la provincia de Cachemira.

PAKISTANÍ adj. y n. m. y f. Paquistaní.
PALA n. f. (lat. *pala*). Utensilio compuesto por una tabla de madera o plancha de hierro generalmente de forma rectangular o redonda y por un mango más o menos largo, que se usa con distintas finalidades. 2. Instrumento de forma parecida que se emplea para jugar a pelota. 3. Hoja de hierro en figura de trapecio que forma parte del azadón, hacha y otras herramientas. 4. Elemento de una hélice propulsora de las aeronaves. 5. Aspa de un avión giroplano. 6. Cada uno de los elementos o aspas que forman del núcleo de una hélice de barco. 7. En los buques de ruedas, cada uno de los álabes o paletas de las ruedas. 8. Parte plana y principal del timón. 9. Parte plana y ancha de un remo, que penetra en el agua. 10. Parte superior del calzado. • **Pala mecánica** o **excavadora de pala**, máquina de gran potencia utilizada en los trabajos de movimiento de tierras de cierta importancia.
PALABRA n. f. (lat. *parabolam*). Conjunto de sonidos o de letras que representan un ser, una idea. 2. Facultad natural de expresar el pensamiento por medio del lenguaje articulado. 3. Ejercicio de esta facultad: *el don de la palabra*. 4. Promesa basada en el sentimiento del honor, pero privada de una obligación jurídica: *cumplir su palabra*. 5. Fidelidad a las promesas: *ha demostrado tener palabra*. 6. Elocuencia, aptitud oratoria: *persona de palabra fácil.* • **En una palabra**, expresión con que se introduce lo que resume o pone fin a un razonamiento. ‖ **La palabra de Dios**, las Sagradas Escrituras. ‖ **¡Palabra!** o **¡palabra de honor!**, dícese para confirmar con franqueza algo que se afirma o promete. ‖ **Última palabra**, decisión que se da como definitiva e inalterable; lo que está de última moda. ♦ **palabras** n. pl. 7. Lo que se dice o escribe en uso de lenguaje: *dirigir unas palabras*. 8. Lo que el autor de un escrito dice en él: *las palabras de san Pablo en la epístola a los corintios*. ‖ **De pocas palabras**, se dice de la persona que es parca en el hablar. ‖ **Ser palabras mayores**, ser de importancia o consideración.
PALABREAR v. tr. [1]. *Chile, Colomb.* y *Ecuad.* Convenir verbalmente algún asunto. 2. *Chile, Colomb.* y *Ecuad.* Tantear para comprometer a una persona. 3. *Chile.* Insultar.
PALABRERÍA n. f. Abundancia de palabras vanas, sin contenido.
PALABRERO, A adj. y n. Que habla mucho y sin fundamento. 2. Que promete fácilmente y después no cumple.
PALABROTA n. f. *Desp.* Palabra, juramento, maldición vulgar y groseros.
PALACETE n. m. Mansión de recreo, de edificación y adorno como un palacio, pero más pequeña.
PALACIEGO, A adj. Relativo al palacio. ♦ n. 2. Persona que forma parte de una corte.
PALACIENSE n. m. y adj. Piso del cretácico superior de Uruguay, compuesto por areniscas ferrificadas, cuyo estrato tipo se halla en la gruta Palacio de los indios.
PALACIO n. m. (lat. *palatium*). Residencia grande y suntuosa de un gran personaje, especialmente un rey. 2. Gran mansión. 3. Denominación dada a algunos edificios públicos monumentales: *palacio de bellas artes; palacio de los deportes*.

PALACIO (Gaspar), pintor argentino (Santiago del Estero c. 1828-Zárate 1892). Practicó la pintura de costumbres (*Escenas de rancho*) y el retrato.
PALACIOS (Eloy), escultor venezolano (Maturín 1847-Camagüey, Coba, 1919), autor del *Monumento a Carabobo*, llamado *La India del palacio* (Caracas).
PALACIOS (Pedro Bonifacio) → *Almafuerte*.
PALACIOS Y VILLAFRANCA (Los), v. de España (Sevilla); 29 417 hab. (*Palaciegos*).
PALACOLITENSE n. m. y adj. Piso del mioceno de Chile y Argentina, cuya localidad tipo se encuentra en la sierra Palaco.
PALADA n. f. Porción que puede coger una pala de una sola vez. 2. Cada movimiento que se hace al usar una pala. 3. Golpe que da en el agua la pala del remo o de la hélice. 4. Breve rotación de la hélice. 5. Distancia recorrida por el impulso de la pala del remo o de la hélice.
PALADAR n. m. (der. del lat. *palatum*). Bóveda ósea y membranosa que separa la boca de las fosas nasales. 2. Gusto, capacidad de percibir, apreciar o valorar sabores. 3. *Fig.* Sensibilidad para discernir la calidad de algo, especialmente obras artísticas.
PALADEAR v. tr. y pron. [1]. Saborear, gustar lentamente. 2. *Fig.* Saborear, deleitarse.
PALADÍN n. m. (ital. *paladino*). Caballero errante; héroe caballeresco. 2. *Fig.* Defensor de alguna persona o causa.
PALADINO, A adj. Público, claro y sin reservas.
PALADIO n. m. (de *Palas*, asteroide). Metal blanco (Pd), número atómico 46, de masa atómica 106,4, dúctil y duro, de densidad 11,4, que absorbe el hidrógeno.
PALAFOX Y MENDOZA (Juan de), prelado y administrador colonial español (Fitero 1600-Burgo de Osma 1659), virrey de Nueva España (1642), es autor de obras históricas.
PALANCA n. f. (lat. *palangam*; del gr. *phalanx*, angos, rodillo). Barra rígida que se apoya y puede girar sobre un punto fijo (punto de apoyo) y sirve para transmitir fuerzas. 2. Pértiga o palo que sirve para llevar entre dos un gran peso. 3. *Fig.* Influencia que se usa para conseguir algo. 4. DEP. Plataforma desde la que salta al agua el nadador. 5. TECNOL. Manecilla para el accionamiento manual de ciertos órganos de máquinas.
PALANGANA n. f. Jofaina. ♦ n. m. y adj. 2. *Argent., Perú* y *Urug.* Fanfarrón, pedante. ♦ adj. 3. *Chile.* Dícese de la persona superficial.
PALANQUEAR v. tr. [1]. Apalancar. 2. *Argent.* y *Urug.* Emplear alguien su influencia en beneficio o acomodo de otra persona.
PALANQUETA n. f. Barrita de hierro para forzar puertas o cerraduras. 2. *Méx.* Dulce en forma de barra o disco hecho con cacahuete o pepitas de calabaza mezclados con miel de azúcar.
PALAPA n. f. *Méx.* Construcción rústica y abierta, hecha con palos o troncos, y con techo de palma, común en los lugares muy calurosos.
PALATAL adj. Relativo al paladar. ♦ adj. y n. f. 2. FONÉT. Dícese del fonema que se articula entre la lengua y el paladar duro.
PALCA n. f. *Bol.* Cruce de dos ríos o de dos caminos. 2. *Bol.* Horquilla formada por una rama.
PALCO n. m. (voz italiana). En los teatros, departamento, en forma de balcón, en el que hay varios asientos. • **Palco escénico**, escena, parte del teatro en que se representa la obra.
PALENA, nombre que en Chile recibe el río argentino Carrenleufú y el lago andino cuya parte argentina se denomina General Vintter.
PALENCIA (*provincia de*), prov. de España, en Castilla y León; 8029 km²; 184 396 hab. Cap. *Palencia*. Se suceden de N a S

La Montaña, vertiente S de la cordillera Cantábrica, El Páramo, surcado por los valles de los afl. del Duero, y la Tierra de Campos, en un paisaje de suaves colinas.
PALENCIA, c. de España, cap. de la prov. homónima y cab. de p. j.; 81 988 hab. *(Palentinos.)* Junto al río Carrión. Centro comercial y administrativo. Industrias agropecuarias. Construcciones metálicas. Restos paleolíticos y romanos. Catedral gótica con numerosas esculturas y pinturas (sepulcros, retablos). Iglesias góticas. Museo arqueológico.
PALENQUE n. m. (cat. *palenc*). *Amér. Merid.* Madero al que se atan los animales.
PALENQUEAR v. tr. [1]. *Argent. y Urug.* Sujetar un caballo al palenque para domarlo.
PALENTINO, A adj. y n. De Palencia.
PALEOAMERINDIO, A adj. y n. Relativo a un grupo de pueblos amerindios, de cultura muy rudimentaria, que correspondería a los primeros grupos humanos que emigraron a este continente americano; individuo de este grupo.
PALEOANTROPO, A adj. y n. Dícese de una forma de homínidos intermedia entre los arcantropos y los neantropos.
PALEOANTROPOLOGÍA n. f. Ciencia que estudia los restos humanos fósiles. SIN.: *paleontología humana.*
PALEOBOTÁNICA n. f. Parte de la paleontología que tiene por objeto el estudio de las plantas fósiles.
PALEOCENO, A adj. y n. m. GEOL. Dícese del primer período de la era terciaria que comprende entre los −65 y −55 millones de años aproximadamente.
PALEOGEOGRAFÍA n. f. Ciencia que tiene por objeto la reconstrucción hipotética de la repartición de los mares y de los continentes a lo largo de las épocas geológicas.
PALEOGRAFÍA n. f. Ciencia que permite descifrar las escrituras antiguas.
PALEOLÍTICO, A adj. y n. m. Dícese del primer período prehistórico, caracterizado por la invención y el desarrollo de la industria lítica, y por una economía de depredación a lo largo del pleistoceno.
PALEONTOLOGÍA n. f. Estudio científico de los seres orgánicos cuyos restos se hallan fósiles.
PALEONTÓLOGO, A n. Especialista en paleontología.
PALEOZOICO, A adj. y n. m. Dícese de la era primaria.
PALEOZOOLOGÍA n. f. Estudio de los animales fósiles.
PALERMO, c. y puerto de Italia, cap. de Sicilia y de prov., en la costa N de la isla; 697 162 hab. Centro administrativo y turístico. Notables monumentos, de estilos bizantino, árabe y barroco. Rico museo arqueológico. Galería nacional de Sicilia.
PALERO, A n. *Méx.* Persona que, en ciertos espectáculos, se mezcla entre el público fingiendo ser parte de él, para apoyar a los actores. **2.** *Méx.* Gancho, persona que en complicación con un vendedor ambulante, finge ser un cliente para animar a otros a comprar.
PALÉS MATOS (Luis), poeta puertorriqueño (Guayama 1889-San Juan 1959). Del modernismo *(Azaleas, 1915)* evolucionó hacia una poesía de inspiración afroamericana.
PALESTINA, región del Oriente medio, entre Líbano al N, el mar Muerto al S, el Mediterráneo al O y el desierto de Siria al E.
HISTORIA
1220-1200 a. J.C.: los hebreos conquistaron el país de los cananeos. 64-63: Roma sometió la región. 132-135 d. J.C.: a consecuencia de la sublevación de Barcokebas, numerosos judíos fueron deportados. S. IV: tras la conversión de Constantino, Palestina se convirtió para los cristianos en Tierra Santa. 634-640:

con la conquista árabe el país se liberó de la dominación bizantina y se integró en el imperio musulmán. 1099: los cruzados fundaron el reino latino de Jerusalén. 1291: los mamelucos de Egipto reconquistaron las últimas posesiones latinas y dominaron al país hasta la conquista otomana. 1516: el imperio otomano dominó durante cuatro siglos la región. A partir de 1882: los pogroms rusos provocaron la inmigración judía alentada por el movimiento sionista. 1916: los británicos alentaron la sublevación árabe contra los otomanos. 1917-1918: Gran Bretaña ocupó la región. 1922: la S.D.N. le confió el mandato sobre Palestina, que estipulaba el establecimiento de la región de un hogar nacional judío, de acuerdo con la declaración Balfour (nov. 1917). 1928-1939: sangrientos disturbios enfrentaron a los palestinos árabes con los inmigrantes judíos. 1939: el *Libro blanco* británico impuso restricciones a la inmigración judía y provocó la oposición del movimiento sionista (acción terrorista del Irgún). 1947: la O.N.U. decidió una partición de Palestina en un estado judío y un estado árabe, rechazada por los árabes. 1948-1949: se creó el estado de Israel y, tras la derrota árabe en la primera guerra árabe-israelí, los palestinos huyeron masivamente hacia los estados limítrofes. 1950: Cisjordania se integró en el reino de Jordania. 1964: se fundó la Organización para la liberación de Palestina (O.L.P.). 1967: Cisjordania y la banda de Gaza fueron ocupadas por Israel. 1979: el tratado de paz egipcio-israelí preveía cierta autonomía para estas dos regiones. Desde 1987: los territorios ocupados fueron escenario de una insurrección popular palestina (intifada). 1988: el rey Husayn rompió los vínculos legales y administrativos entre su país y Cisjordania, reconociendo a la O.L.P. como única y legítima representante del pueblo palestino (julio). La O.L.P. proclamó la creación de un estado independiente «en Palestina» (nov.). 1989: Y. 'Arafat fue nombrado presidente del «estado palestino». 1991: los palestinos y los países árabes participaron con Israel en la conferencia de paz sobre Oriente medio, abierta en Madrid en octubre. 1992-1993: negociaciones entre Israel y la O.L.P. en Washington y acuerdo (set. 1993) para la retirada israelí de Gaza y Jericó y la autonomía parcial de los territorios ocupados. 1994: se establece en ellos la Autoridad nacional palestina (A.N.P.), presidida por 'Arafat. 1995: ampliación de la autonomía en Gaza y Cisjordania. 1996: 'Arafat es confirmado en su cargo por sufragio universal. La elección del nuevo primer ministro israelí B. Netanyahu, líder del Likud, interrumpe el proceso de paz. 1997: nueva intifada palestina (marzo). Se reanudan las negociaciones (oct.). 1998: nuevo bloqueo israelí al proceso de paz (mayo). 2004: muerte de Arafat. 2005: Mahmoud Abbas triunfó en las elecciones para suceder a Arafat.
PALESTINO, A adj. y n. De Palestina.
PALESTRA n. f. (lat. *palaestram*, del gr. *palaistra*). En la antigüedad, lugar donde se practicaban combates o deportes. **2.** Lugar en que se celebran competiciones literarias, se confrontan ideas o se discuten determinados problemas.
PALETA n. f. Pala pequeña. **2.** Utensilio en forma de pala, ancho, plano, por lo común de madera, y que sirve para diversos usos. **3.** Tabla de madera o placa de porcelana, cuadrada u oval, con un agujero cerca de uno de sus bordes, donde mete el dedo pulgar y sobre la que los artistas pintores extienden y mezclan sus colores. **4.** Cuchilla. **5.** Utensilio de palastro, de figura triangular y mango de madera, que usan los albañiles para manejar la mezcla o mortero. **6.** Pala o álabe de una rueda de buque de vapor. **7.** Cada una de las piezas que, unidas a un núcleo central, constituyen la hélice marina. **8.** Cada una de las piezas que, unidas al núcleo central de los ventiladores y de otros aparatos, reciben y utilizan el choque o la resistencia del aire. **9.** Elemento receptor de la carga en las carretillas elevadoras. **10.** Paletilla, omoplato. **11.** *Guat., Méx., Nicar. y Pan.* Dulce o helado en forma de pala o disco, con un palito encajado que sirve de mango.
PALETADA n. f. Golpe dado con una paleta o una pala. **2.** Porción que se coge de una vez con la paleta: *una paletada de yeso.*
PALETEADO, A adj. *Chile. Fig. y fam.* Dícese de una persona de complexión fuerte y destacados atributos morales. ◆ adj. y n. **2.** *Chile.* Sencillo, generoso, capaz de realizar lo que promete.
PALETILLA n. f. Omóplato. **2.** Espaldilla, cuarto delantero de las reses.
PALIACATE n. m. *Méx.* Pañuelo grande, estampado, para adornar el cuello o cubrir la cabeza.
PALIAR v. tr. (lat. *palliare*, tapar) [1]. Atenuar un sufrimiento físico o moral, una pena, disgusto, etc. **2.** Disculpar, justificar: *paliar una falta.* **3.** Encubrir, disimular: *paliar un delito.*
PALIDECER v. intr. [2m]. Ponerse pálido. **2.** Perder o disminuir algo su importancia, valor o brillo.
PALIDEZ n. f. Calidad o estado de pálido.
PÁLIDO, A adj. Que tiene el color más atenuado del que es lo propio. **2.** De tono apagado, poco intenso: *rosa pálido.* **3.** *Fig.* Poco expresivo, poco impresionante.
PALILLO n. m. Mondadientes. **2.** *Fig. y fam.* Persona muy flaca: *estar hecho un palillo.* **3.** *Fig.* Palique, charla. **4.** Cada una de las dos baquetas con que se toca el trombón. **5.** Castañuelas. **6.** Danza argentina picaresca del s. XIX. ◆ **palillos** n. m. pl. **7.** Par de pequeños palos que se usan como utensilio de mesa en algunos países orientales.
PALIMPSESTO n. m. (gr. *palimpsestos*). Códice o documento de pergamino raspado para escribir de nuevo sobre él.
PALÍNDROMO, A adj. y n. m. Dícese del escrito que tiene el mismo sentido leído de izquierda a derecha que a la inversa: *dábale arroz a la zorra el abad.*
PALIO n. m. (lat. *pallium*). LITURG. Especie de dosel colocado sobre cuatro o más varas largas, bajo el cual se lleva procesionalmente el Santísimo Sacramento, y que se utilizado también por los reyes, el Papa y otros prelados en ciertas funciones.
PALIQUE n. m. *Fam.* Conversación de poca importancia, charla.
PALISANDRO n. m. (fr. *palissandre*, del neerlandés *palissander*). Madera pesada y dura, de color marrón oscuro con reflejos violáceos, muy apreciada en ebanistería, que proporcionan diversas especies de árboles de América del Sur.
PALITO n. m. *Pisar el palito* (*Argent. Fam.*), caer alguien en una trampa.
PALIZA n. f. Serie de golpes dados con la finalidad de dañar. **2.** Cualquier esfuerzo que produce un agotamiento. **3.** *Fig. y fam.* Derrota en una disputa o competición. ◆ *Dar la paliza,* soltar un rollo o discurso pesado. ◆ n. m. y f. *Fam.* **4.** Persona pesada y latosa.
PALIZADA n. f. Sitio cercado con estacas. **2.** Defensa hecha de estacas para impedir la salida de los ríos o dirigir su corriente. **3.** Empalizada.
PALMA n. f. (lat. *palmam*). Parte interior de la mano, entre la muñeca y la raíz de los dedos. **2.** Palmera, planta arbórea. **3.** Hoja de palmera, en especial la que ha sido atada con otras al árbol, para que no adquiera el color verde. **4.** *Fig.* Representación de la gloria y el triunfo:

PAL

obtener la palma en una competición. ♦ **palmas** n. f. pl. **5.** Aplausos, palmadas. **6.** Acompañamiento adicional con que suele marcarse el ritmo de determinados cantes flamencos.

PALMA (La), isla de España, en las Canarias (Santa Cruz de Tenerife); 728 km²; 75 577 hab. Cap. *Santa Cruz de la Palma*. De origen volcánico, la parte N está ocupada por la Caldera de Taburiente, que culmina en el Roque de los Muchachos (2423 m, observatorio astrofísico del IAC.)

PALMA (La), c. de Panamá, cap. de la prov. de Darién; 1634 hab. Puerto pesquero.

PALMA (José Joaquín), poeta y revolucionario cubano (Bayamo 1844-Guatemala 1911). Perteneciente a la segunda generación romántica cubana, cultivó en especial la elegía.

PALMA (Ricardo), escritor peruano (Lima 1833-Miraflores 1919). Autor de teatro y poesía, su obra principal pertenece a la narración histórica, que se inicia con *Anales de la Inquisición de Lima* (1863) y culmina con la serie *Tradiciones* peruanas* (1872-1918).

PALMA DE MALLORCA, c. de España, cap. de la comunidad autónoma de Baleares y de la isla de Mallorca, y cab. de p. j.; 308 616 hab. (*Palmesanos.*) Puerto en la *bahía de Palma*. Centro administrativo, comercial e industrial. Turismo. Catedral gótica (ss. XIII-XVI). Castillo de Bellver (ss. XIII-XIV), lonja (s. XV), Consulado de mar, renacentista, palacio de la Almudaina (ss. XIII-XVII). Casas señoriales. Ayuntamiento con fachada barroca. Palacio de Marivent, residencia veraniega de los reyes de España.

PALMÁCEO, A adj. y n. f. Relativo a una familia de plantas arbóreas cuyo tallo termina en un penacho de hojas generalmente pennadas.

PALMADA n. f. Golpe dado con la palma de la mano. **2.** Golpe de una palma contra otra, que produce un ruido. (Suele usarse en plural.)

PALMAR adj. Relativo a la palma de la mano. ♦ n. m. **2.** Palmeral.

PALMAR v. intr. [1]. *Fam.* Morir. (Suele usarse, generalmente, *palmarla*.)

PALMARÉS n. m. Lista de vencedores en una competición. **2.** Historial, hoja de servicios.

PALMARIO, A adj. Claro, evidente.

PALMAS (*península de Las*), península de Panamá, en la costa del Pacífico.

PALMAS (*provincia de Las*), prov. de España, en Canarias; 4 099,34 km²; 853 628 hab. Cap. *Las Palmas de Gran Canaria*. Comprende las islas orientales del archipiélago: Gran Canaria, Fuerteventura y Lanzarote, más seis islotes (Alegranza, Graciosa, Montaña Clara, Roque del Oeste o del Infierno, Roque del Este y Lobos). Economía agrícola (plátano, tomate, tabaco) y turismo.

PALMAS DE GRAN CANARIA (Las), c. de España, cap. de la comunidad autónoma de Canarias (alternativamente con Santa Cruz de Tenerife), de la prov. de Las Palmas y de la isla de Gran Canaria, y cab. de p. j.; 360 483 hab. (*Palmenses.*) Centro comercial y de servicios. Catedral gótica (1497), renovada en estilo neoclásico. Castillo de la Luz (s. XVI). Casa de Colón (museo, archivo histórico). Iglesias de los ss. XVII-XVIII. Museo Canario. Centro atlántico de arte moderno.

PALMATORIA n. f. Utensilio en forma de platillo, que sirve para sostener la vela.

PALMEADO, A adj. De forma de palma.

PALMEAR v. tr. e intr. [1]. Dar palmadas. **2.** DEP. En el baloncesto, golpear al balón con la punta de los dedos cuando éste ha salido rebotado del aro.

PALMENSE adj. y n. m. y f. De Las Palmas de Gran Canaria.

PALMERA n. f. Planta arbórea monocotiledónea, en general de tronco simple, largo y esbelto, con un penacho de robustas hojas en su cima. (Esta denominación incluye especies de gran interés por sus frutos: cocotero, palmera de dátiles, palmera intertropical americana, palma de Guinea. Familia palmáceas.)

PALMERAL n. m. Bosque o plantación de palmeras.

PALMESANO, A adj. y n. De Palma de Mallorca.

PALMETA n. f. Instrumento utilizado antiguamente en las escuelas para golpear en la mano, como castigo, a los niños.

PALMETAZO n. m. Golpe dado con la palmeta. **2.** *Fig.* Represión áspera.

PALMICHE n. *Perú*. Planta palmácea. ♦ n. f. **2.** *Cuba.* Tela de pana negra usada para hacer trajes de hombre.

PALMÍPEDO, A adj. y n. f. Relativo a un grupo de aves, a menudo acuáticas, que presentan las patas con los dedos unidos mediante una membrana, como el ganso, el pato, el cisne, etc.

PALMIRA (*la ciudad de las palmeras*), c. ant. de Siria, entre Damasco y el Éufrates. Con Odenat (267) y la reina Zenobia (c. 267-272) se convirtió en la capital de un estado que, junto con Siria, llegó a controlar parte del Asia Menor. Palmira fue destruida por los árabes (634). Ruinas helenísticas y romanas. Rica necrópolis.

PALMIRA, c. de Colombia (Valle del Cauca); 214 395 hab. Centro agrícola (caña de azúcar, algodón y tabaco). Destilerías de alcohol. Universidad.

PALMIRA, c. de Cuba (Cienfuegos), junto al río Caunao; 28 648 hab. Industria azucarera.

PALMÍTEO n. m. *Fam.* Cara agraciada o bonita figura de mujer.

PALMITO n. m. Palmera de tronco corto, ramificado, de hojas en abanico. (Familia palmáceas.) **2.** Parte central del tronco de esta planta, que es comestible.

PALMO n. m. (lat. *palmum*). Distancia que hay con la mano abierta y extendida desde el extremo del pulgar hasta el del meñique. **2.** Unidad de medida de longitud muy usada antiguamente y cuyo valor varió con el tiempo y de unos a otros lugar. **3.** Cantidad muy pequeña o muy grande de algo: *torcer una nariz de palmo.*

PALMOTEAR v. tr. [1]. Dar palmadas.

PALO n. m. (lat. *palum*). Trozo de madera, más largo que ancho, generalmente cilíndrico: *el palo de la escoba.* **2.** Madera: *cuchara de palo.* **3.** Golpe dado con un palo: *te voy a dar un palo.* **4.** *Fig.* y *fam.* Varapalo, daño o perjuicio: *la obra recibió palos de la crítica.* **5.** Diversas plantas arbóreas, generalmente de América del Sur (*palo blanco, palo cochino, palo de hule*). **6.** Trazo de algunas letras que sobresalen de las demás como la *d* o la *p*. **7.** Cada una de las cuatro series de la baraja de naipes. **8.** *Argent., Par.* y *Urug.* Pedacito del tronco de la rama que, en la yerba mate, queda como resto junto a la hoja triturada. **9.** DEP. En béisbol, golf, hockey y polo, denominación vulgar del instrumento que se emplea para jugar. **10.** MAR. Larga pieza de sección circular, de madera o metálica, vertical u oblicua, que sostiene el velamen de un buque. **11.** SILVIC. Diversas maderas de América del Sur. • **A palo seco**, escuetamente, sin nada accesorio ni complementario. ‖ **Palo a pique** (*Argent.*), poste clavado en la tierra, firme y perpendicularmente. ‖ **Palo borracho** (*Argent.* y *Urug.*), nombre de dos especies de árboles cuyas semillas están recubiertas por abundantes pelos sedosos que forman como un copo blanco, al que se denomina paina. ‖ **Palo de algo** (*Amér.*), expresa excelencia: *no es lo mismo un palo de hombre que un hombre de palo.* ‖ **Palo de agua** (*Amér. Central, Colomb., Ecuad.* y *Venez.*), lluvia torrencial. ‖ **Palo de ciego** (*Fig.*), golpe dado sin reparar a quién se da; (*Fig.*), cualquier castigo o injuria hecho irreflexivamente o sin discriminación. ‖ **Palo enjabonado**, o **jabonado** (*Argent., Par.* y *Urug.*), juego que consiste en trepar un palo largo untado de jabón o grasa, cucaña. ‖ **Palo grueso** (*Chile*), persona influyente, de mando. ‖ **Palo santo**, caqui; (*Argent.* y *Par.*), árbol de madera aromática; (*Argent.* y *Par.*), árbol de hasta 8 m de alt., cuya madera es apreciada en ebanistería y tornería. (Familia compuestas.)

PALO NEGRO, c. de Venezuela (Aragua), en la cuenca del lago Valencia; 50 718 hab. Mercado agrícola.

PALOMA n. f. (lat. *palumbam*). Ave granívora y sociable, del orden columbiformes, de carne apreciada (*paloma bravía*, *paloma torcaz, paloma zurita*). **2.** *Méx.* Petardo de forma triangular, hecho con papel y pólvora. **3.** *Méx.* Señal que se pone en un escrito para indicar acierto o aprobación, consistente en una raya diagonal. ♦ **palomas** n. f. pl. **4.** Ondas espumosas que se forman en el mar cuando empieza a soplar viento fresco.

PALOMAR n. m. Sitio donde se crían palomas.

PALOMAR (*monte*), montaña de Estados Unidos (California); 1871 m. Observatorio astronómico (telescopio de 5,08 m de abertura).

PALOMETA n. f. Pez comestible, parecido al jurel, aunque mayor que éste.

PALOMILLA n. f. Cualquier mariposa pequeña, en especial las nocturnas. **2.** Palomita. **3.** Tuerca con dos expansiones laterales en las que se apoyan los dedos para darle vueltas. **4.** Planta anual, de 30 cm de alt., que crece en los campos, con pequeñas flores rosas provistas de un espolón. (Familia fumariáceas.) **5.** *Chile.* Niño ruidoso. **6.** *Chile, Hond., Méx.* y *Pan.* Pandilla de vagabundos, plebe. **7.** *Chile* y *Perú.* Niño vagabundo, mal vestido y callejero.

PALOMINO n. m. Pollo de la paloma brava. **2.** *Fam.* Mancha de excremento de ave en un vestido.

PALOMINO n. m. Planta bulbosa, de flores rojas con manchas violetas por el exterior. (Familia liliáceas.)

PALOMITA n. f. Grano de maíz que se abre al tostarlo.

PALOMO n. m. Macho de la paloma. **2.** Paloma torcaz.

PALOTE n. m. Palo mediano, como las baquetas con que se tocan los tambores. **2.** Trazo recto que se hace como ejercicio caligráfico para aprender a escribir. **3.** *Chile.* Insecto de la familia de los acrílidos.

PALPABLE adj. Que puede tocarse con las manos. **2.** *Fig.* Claro, evidente.

PALPALÁ, c. de Argentina (Jujuy); 43 622 hab. Siderurgia que utiliza el hierro de Zapla.

PALPALLÉN n. m. *Chile.* Arbusto con hojas dentadas, cubiertas de una vello blanquecino y flores amarillas.

PALPAR v. tr. y pron. (lat. *palpare*) [1]. Tocar con las manos o con los dedos para examinar o reconocer algo o a alguien. ♦ v. tr. **2.** Tantear los objetos o personas para orientarse cuando se anda a tientas o a oscuras. **3.** *Fig.* Ver, entender o conocer una cosa tan claramente como si se tocara: *la decepción se palpa en el ambiente.*

PALPEBRAL adj. Relativo a los párpados y región vecina.

PALPITACIÓN n. f. Acción y efecto de palpitar.

PALPITANTE adj. Que palpita. **2.** *Fig.* Vivo, de actualidad.

PALPITAR v. intr. (lat. *palpitare*) [1]. Contraerse y dilatarse el corazón. **2.** Moverse o agitarse una parte del cuerpo interiormente, con movimiento trémulo e involuntario. **3.** *Fig.* Manifestarse perceptiblemente en las acciones o palabras de alguien cierto afecto o pasión: *en el ánimo de todos palpita la esperanza.*

PÁLPITO n. m. Presentimiento, corazonada.

PALPO n. m. Pequeño apéndice móvil de las piezas bucales de los artrópodos.

PALQUI n. m. Planta arbustiva americana, de tallos erguidos y olor fétido, empleada en medicina. (Familia solanáceas.) SIN.: *pañil.*

PALTA n. f. *Amér. Merid.* Aguacate, fruto.

PALTO n. m. *Amér. Merid.* Aguacate, árbol.

PALUDISMO n. m. (der. del lat. *paludem*, pantano). Enfermedad contagiosa transmitida por un mosquito de las regiones cálidas y pantanosas, el anofeles, que se manifiesta por accesos de fiebre a intervalos regulares siguiendo un ritmo característico (fiebres terciaria o cuartana). SIN.: *malaria.*

PALURDO, A adj. y n. Dícese del hombre del campo tosco o ignorante. **2.** Dícese de la persona falta de cultura y trato social.

PALUSTRE adj. (lat. *palustrem*). Relativo a lagunas o pantanos.

PAMBA n. f. *Méx.* Serie de golpes leves con la palma de la mano que se da a alguien en la cabeza en son festivo.

PAMBAZO n. m. *Urug.* Pan achatado y redondo.

PAME, pueblo amerindio de México (est. de San Luis Potosí), del grupo otomí, de la familia otomangue.

PAMPA n. f. (voz quechua). *Amér. Merid.* Llanura extensa con vegetación, pero desprovista de árboles. ♦ **Pampa alta** *(Amér. Merid.)*, meseta.

PAMPA adj. y n. m. y f. Pampeano.

PAMPA (la), región fisiográfica de Argentina (Buenos Aires, La Pampa, Santa Fe y Córdoba). Es una región llana, que abarca el 14 % del territorio y el 60 % de la población del país. Clima templado y uniforme, con precipitaciones que se distribuyen desigualmente: abundantes en la *Pampa oriental* o *Pampa húmeda*, de praderas y pastos tiernos, y escasas en la árida *Pampa occidental*. Tienen gran importancia la ganadería vacuna, los cultivos cerealistas y la industria en los grandes núcleos urbanos (Buenos Aires, Rosario, Córdoba).
Poblada por tribus nómadas hasta la llegada de los conquistadores, Sebastián Caboto inició las exploraciones en la región en 1528, y en 1536 se introdujo la ganadería, origen del gaucho. En 1828 el gobierno argentino emprendió el sometimiento de los indios, realizado en gran parte durante el segundo mandato de Rosas (1835-1852).

PAMPA (*provincia de La*), prov. del centro de Argentina; 143 440 km²; 260 030 hab. Cap. *Santa Rosa.*

PÁMPANO n. m. (lat. *pampinum*). Vástago tierno o pimpollo de la vid. **2.** Pámpana. **3.** Pez teleósteo de los mares ibéricos, cuya carne es de baja calidad. (Familia estromateidos.)

PAMPEANAS *(sierras)*, conjunto de sierras del NO de la Pampa argentina, entre ellas la de Famatina (alt. máx. 6250 m) y Aconquija (5550 m).

PAMPEANO, A adj. y n. Relativo a La Pampa; habitante u originario de esta región o provincia argentinas de este nombre. **2.** Relativo a un grupo de pueblos amerindios, llamados también *pampas* en Argentina, que se extendieron hasta s. XIX por el Chaco, las Pampas y la Patagonia; individuo de este grupo. **3.** GEOL. Pampense.

PAMPEAR v. intr. [1]. *Amér. Merid.* Recorrer las pampas.

PAMPENSE n. m. y adj. GEOL. Piso del cuaternario medio de América, compuesto por limos calcáreos.

PAMPERO, A adj. n. Pampeano. ♦ n. m. **2.** *Amér. Merid.* Viento fuerte, frío y seco que sopla desde el S patagónico al Río de la Plata.

PAMPITE (José Olmos, llamado), escultor ecuatoriano (c. 1670-†1730). Sus Cristos se caracterizan por policromía y realismo acentuados.

PAMPLINA n. f. Cosa insignificante o de poca utilidad. **2.** *Fig.* y *fam.* Melindres o lisonjas. **3.** Planta herbácea que crece en la península Ibérica. (Familia fumariáceas.)

PAMPLONA o **IRUÑA**, c. de España, cap. de la comunidad autónoma de Navarra y cab. de p.; 191 197 hab. (*Pamploneses* o *pamplonicas.*) A orillas del Arga. Centro comercial, industrial, cultural y sanitario. Catedral gótica (ss. XIV-XVI), con fachada neoclásica. Iglesias góticas y edificios barrocos. Museos.

PAMPLONA, c. de Colombia (Norte de Santander); 39 436 hab. Centro minero.

PAMPLONÉS, SA adj. y n. De Pamplona. SIN.: *pamplonica.*

PAN n. m. (lat. *panem*). Alimento obtenido por cocción en horno de una pasta previamente amasada y fermentada, compuesta esencialmente de harina, agua, sal y de un agente de fermentación, la levadura. **2.** Cualquier masa de forma semejante: *pan de higos.* **3.** *Fig.* Alimento, sustento: *ganarse el pan.* **4.** *Fig.* Trigo. **5.** Hoja o laminilla de oro, plata u otro metal, propia para dorar o platear: *batir los panes de oro.* ♦ **Árbol del pan**, árbol originario de Oceanía, cuyos frutos, ricos en almidón, pueden consumirse como pan. ‖ **Pan ázimo**, el que no tiene levadura. ‖ **Pan bendito**, el que se bendice en determinadas festividades y se reparte al pueblo; *(Fig.)*, aquello que se recibe con gran aceptación. ‖ **Pan de azúcar** (GEOMORFOL.), domo rocoso y liso de forma parabólica y pendiente muy acusada. ‖ **Pan integro**, o **integral**, el que conserva todas las partes de que se compone el trigo y tiene color algo moreno. ‖ **Pan negro**, el de centeno. ‖ **Ser alguien bueno como**, o **más bueno que el pan** o **un pedazo de pan** *(Fam.)*, ser muy bueno y algo infeliz. ‖ **Ser algo pan comido** *(Fam.)*, ser muy fácil, no ofrecer ningún problema. ♦ **panes** n. m. pl. **6.** Los trigos, centenos, cebadas, etc., desde que nacen hasta que se siegan.

PAN, dios griego de los campos, de los pastores y de los rebaños.

PAN DE AZÚCAR → **Pão de Açúcar.**

PAN DE AZÚCAR, pico de la cordillera Central de Colombia (Huila); 4670 m.

PAN DE AZÚCAR → **Piedras Blancas.**

PANA n. f. (fr. *panne*, piel). Terciopelo de trama, tejido generalmente con algodón.

PANA n. f. (voz mapuche). *Chile.* Hígado de los animales.

PANA n. f. (fr. *panne*). *Chile.* Desperfectos que provocan el mal funcionamiento de una máquina. **2.** *Chile.* Detención accidental de un vehículo por fallos en el motor o en las ruedas.

PANACEA n. f. (gr. *panakeia*). Remedio al que se le atribuye eficacia contra todas las enfermedades. **2.** *Fig.* Remedio general para todos los males, tanto físicos como morales.

PANADERÍA n. f. Oficio de panadero. **2.** Sitio o establecimiento donde se hace o vende pan.

PANADERO, A n. Persona que tiene por oficio hacer o vender pan.

PANADIZO n. m. Inflamación flemonosa aguda, que asienta en un dedo.

PANAL n. m. Masa esponjosa de cera que elaboran las abejas, constituida por la yuxtaposición de multitud de alvéolos, o celdillas, donde depositan la miel. **2.** Construcción semejante que fabrican las avispas y otros animales.

PANAMÁ n. m. Sombrero de pita con el ala recogida, que suele bajar sobre los ojos.

PANAMÁ (*golfo de*), amplio golfo de la costa pacífica panameña, entre la puntas Mala, al O. y Piñas, al E. Alberga las ciudades de Panamá y Balboa y una de las entradas del Canal de Panamá.

PANAMÁ (*istmo de*), istmo entre el Atlántico y el Pacífico, que une América Central con América del Sur, en territorio de Panamá; 700 km de longitud y entre 50 y 200 km de ancho.

PANAMÁ, estado de América Central, entre Colombia y Costa Rica; 77 326 km²; 2 563 000 hab. (*Panameños.*) CAP. *Panamá.* LENGUA OFICIAL: *español.* MONEDA: *balboa.*

GEOGRAFÍA

El país ocupa una estrecha franja de tierra en forma de S, con el Caribe al N y el Pacífico al S que engloba el archipiélago de las Perlas, accidentada al E por la serranía del Darién y al O por prolongaciones de la sierra Madre centroamericana (sierras de Veraguas y Tabasará; 3478 m en el volcán Chiriquí). Poco poblado, alcanza las densidades más altas junto al canal y en la vertiente del Pacífico, y las más bajas en el SE (Darién) y NO (Bocas del Toro). Los núcleos más populosos son la ciudad de Panamá, Colón, David y La Chorrera. La agricultura sólo representa un 11 % del P.I.B., pero mantiene su importancia exportadora: caña de azúcar, bananas, café. También la pesca (camarón) se orienta a la exportación y ofrece buenas perspectivas, en tanto que la minería (oro, plata, hierro y volframio), que cuenta con una larga tradición, está en decadencia. La actividad industrial tiene dimensiones muy modestas, y su principal asiento es la ciudad de Colón; por el contrario, la favorable localización del país a una legislación tributaria propicia han convertido al país en un activo centro financiero y sede de numerosas compañías transnacionales. Esta capitalización de la economía ha supuesto un aumento sostenido de la deuda externa y graves riesgos para la autodeterminación real del país. Son importantes los ingresos por el tránsito del canal.

HISTORIA

El poblamiento precolombino. La región estaba habitada por los chocó, de posible ascendencia fueguina, al S; los chibchas, en las tierras altas del O, y los caribes, en el E.

Conquista y colonización. 1501-1502: primeras exploraciones de la costa por Rodrigo de Bastidas y Colón. 1510-1511: fundación del fortín de Nombre de Dios y de Santa María la Antigua del Darién. 1513-1535 Castilla del Oro o Tierra Firme, como se conoció inicialmente la región, fue encomendada a la gobernación de Pedrarias Dávila, que fundó Panamá (1519). 1535: constitución de la audiencia, adscrita desde 1565 sucesivamente a los virreinatos del Perú y de Nueva Granada. Fue un importante núcleo colonial, primero como centro de irradiación de la conquista hacia Centroamérica y Perú, y después como lugar de enlace entre Perú y Extremo oriente, con el sistema de flotas que desde las Antillas unía América y España, a través del eje terrestre Panamá-Portobelo, por lo que le valió los ataques de Drake (1572, 1591), Morgan (1671) y Vernon (1739-1742).

El s. XIX. 1821: proclamación de la independencia e integración en la república de la Gran Colombia, tras cuya disolución se mantuvo dentro de la república de Colombia; las crisis internas colombianas se reflejaron en las efímeras secesiones de 1841 y 1853, como Estado del Istmo. El descubrimiento de oro en California revalorizó su papel como enlace interoceánico. 1846: concesión a E.U.A. del derecho de construcción de un ferrocarril a través del istmo. 1882-1889: primera fase de la construcción del canal por Lesseps.

PAN

La independencia en la órbita de E.U.A. 1902: el gobierno colombiano acordó con E.U.A. la construcción del canal; primera intervención militar norteamericana. 1903: proclamación de la independencia de acuerdo con E.U.A.; el tratado Hay-Bunau-Varilla estableció el control de la Zona del canal durante un siglo y el derecho de una intervención militar norteamericana en todo Panamá, derogado en 1936. El dominio de E.U.A. se completó con la expansión de empresas agrícolas multinacionales.
La época de la guardia nacional. 1941-1947: el ejército norteamericano depuso a Arnulfo Arias, favorable a Alemania, y ocupó la república; durante la ocupación se creó la guardia nacional (1946), que dominó la política panameña en las décadas siguientes. 1946-1955: Remón, jefe de la guardia, controló el poder, destituyó a varios presidentes, incluido de nuevo Arias (1951), y ocupó él mismo la jefatura del estado (1952-1955). 1955-1968: la reducida oligarquía panameña se sucedió en el poder en periodo de supuesta constitucionalidad, hasta que en 1968 el jefe de la guardia nacional, Omar Torrijos, dio un nuevo golpe contra el ultraconservador Arias y asumió el poder.
El torrijismo. 1968-1978: el general Torrijos se apoyó en el campesinado y en los sectores nacionalistas para emprender una política populista y reclamó la recuperación de la soberanía en la Zona del canal; en 1977 el acuerdo Torrijos-Carter estableció la devolución en 1999. 1978-1984: el acceso a la presidencia de A. Royo, mientras Torrijos siguió desde la guardia controlando el poder, inició el proceso de institucionalización del torrijismo, frustrado por el asesinato de Torrijos (1981), el cual debilitó al bloque populista devolviendo a la guardia su estricto carácter pretoriano.
El retorno de E.U.A. 1984-1998: el despotismo del nuevo hombre fuerte, el general Noriega, facilitó la reacción de E.U.A., que en 1986 reclamó su extradición bajo acusación de narcotráfico. 1989: el ejército norteamericano ocupó Panamá, capturó a Noriega y entregó el poder a G. Endara, representante de las fuerzas políticas tradicionales; ello no devolvió estabilidad al país, por las disensiones en el seno del bloque gobernante, pero retornó la hegemonía norteamericana. En las elecciones presidenciales democráticas de 1994 resultó vencedor E. Pérez Balladares, del torrijista Partido Revolucionario Democrático. 1999: Mireya Moscoso, viuda de A. Arias, elegida presidenta. 2004: Martín Torrijos, presidente de la república.
Panamá *(canal de)*, canal que comunica el Atlántico y el Pacífico, entre la bahía de Limón (Caribe) y el golfo de Panamá; 79,6 km de long. y unos 12-13,7 km de profundidad. Las esclusas de Gatún, Pedro Miguel y Miraflores permiten salvar las diferencias de nivel, y los puertos de Cristóbal y Balboa aseguran los servicios de mantenimiento. Un oleoducto construido en 1982 entre Puerto Armuelles (Pacífico) y Chiriquí Grande ha obviado las dificultades del tránsito de petroleros.
PANAMÁ *(Zona del canal de)*, en ingl. *Canal Zone*, territorio situado a ambos lados del canal de Panamá, bajo jurisdicción norteamericana a partir de 1903 en concepto de arriendo a perpetuidad. En virtud del acuerdo Carter-Torrijos de 1977 (en vigor desde el 1 de oct. de 1979), E.U.A. reconoció la soberanía panameña sobre la Zona, reservándose hasta 1999 el control militar.
PANAMÁ *(provincia de)*, prov. de Panamá; 11 292 km²; 1 168 492 hab. Cap. *Panamá*.
PANAMÁ, c. de Panamá, cap. de la república y de la prov. homónima; 411 549 hab. *(Panameños.)* Centro financiero y de comunicaciones. Universidad. Su origen se remonta a 1519, aunque el antiguo núcleo colonial fue trasladado al emplazamiento actual en 1673. De la época colonial se conservan varios templos, entre ellos la catedral (1690-1762) y la iglesia de Santa Ana (s. XVIII).
PANAMEÑISMO n. m. Palabra o expresión peculiar del panameño.
PANAMEÑO, A adj. y n. De Panamá. ♦ n. m. **2.** Modalidad adoptada por el español en Panamá.
PANAMERICANISMO n. m. Movimiento de solidaridad tendente a mejorar y a desarrollar las relaciones entre los estados y los pueblos americanos.
PANAMERICANISTA n. m. y f. Partidario del panamericanismo.
PANAMERICANO, A adj. Relativo al panamericanismo. **2.** Relativo a toda América.
PANARABISMO n. m. Doctrina política que propugna la unión de todos los países de lengua y civilización árabes.
PANCA n. f. *Bol.* y *Perú.* Vaina que envuelve la mazorca de maíz.
PANCARTA n. f. Placa de madera, cartón, papel, tela, etc., destinada a dar al público un aviso, o a presentar un eslogan político o reivindicativo.
PANCETA n. f. Hoja de tocino entreverada con magro.
PANCHO, A adj. Tranquilo, flemático. **2.** Satisfecho.
PANCITA n. f. *Méx.* Guiso que se prepara con panza de res en caldo. **2.** *Méx.* Menudos.
PÁNCREAS n. m. Glándula abdominal humana de secreción interna y externa situada detrás del estómago, cuyos canales excretales desembocan en el duodeno.
PANCREÁTICO, A adj. Relativo al páncreas.
PANCUTRAS n. f. pl. *Chile.* Guiso popular que se prepara con tiras de masa cocida en caldo y agua.
PANDA n. m. Mamífero carnívoro parecido al oso, que vive en el Tíbet y el Himalaya, escondido entre las malezas de bambú. (Familia prociónidos.)
PANDEAR v. intr. y pron. [1]. Combarse o deformarse por el medio, con tendencia a ceder y a romperse, las piezas de cierta longitud y sección reducida comprimidas en el sentido de su eje longitudinal.
PANDEMIA n. f. Enfermedad que se presenta en forma de brote epidémico de gran intensidad, y que afecta a gran parte de la población.
PANDEO n. m. Acción y efecto de pandear.
PANDERETA n. f. Instrumento musical de percusión constituido por una membrana de piel sujeta a un cuadro circular en el que hay algunos pares de sonajas.
PANDERO n. m. Instrumento musical de percusión de forma similar a la de la pandereta, pero de mayor tamaño. **2.** *Fig.* y *fam.* Culo.
PANDILLA n. f. Grupo de gente que se reúne para algún fin: *pandilla de amigos*; *pandilla de ladrones*.
PANDO, A adj. (lat. *pandum*). Que panda o se pandea. **2.** Que se mueve lentamente. **3.** Dícese de lo que es poco profundo, de poco fondo, en especial de las aguas y de las cavidades que las contienen. **4.** *Méx.* Torcido, combado.
PANDO *(departamento de)*, dep. del N de Bolivia; 63 827 km²; 37 785 hab. Cap. *Cobija.*
PANDO, c. de Uruguay (Canelones); 19 654 hab. Centro agrícola.
PANDO (José Manuel), militar y político boliviano (La Paz 1848-*id.* 1917). Presidente de la república (1899-1904), mantuvo guerras con Brasil (1899-1900 y 1902-1903).
PANDORA, en la mitología griega, la primera mujer de la humanidad. Es la responsable de la venida del mal a la Tierra, por haber abierto la caja en la que Zeus había encerrado todos los males. En la *caja de Pandora* sólo quedó la esperanza.
PANDORGA n. f. *Colomb.* Chanza, broma, diablura.
PANDORGUEAR v. intr. [1]. *Colomb.* Herir a una persona con groserías o bromas pesadas.
PANECILLO n. m. Pan pequeño. **2.** Lo que tiene forma de un pan pequeño.
PANEGÍRICO, A adj. y n. m. Dícese del discurso oratorio en alabanza de una persona. ♦ n. m. **2.** Elogio de una persona.
PANEGIRISTA n. m. y f. Orador que pronuncia un panegírico. **2.** Persona que alaba a otra.
PANEL n. m. Cada uno de los compartimientos en que se dividen los lienzos de pared, las hojas de las puertas, etc. **2.** CONSTR. Material prefabricado de grandes dimensiones y muy poco espesor: *panel de madera*; *panel aislante.* ♦ n. f. **3.** *Méx.* Camioneta cerrada para el transporte de mercancías.
PANERA n. f. Cesta grande, sin asa, para transportar pan. **2.** Nasa, cesto. **3.** Canastilla o cualquier otro recipiente donde se pone el pan para el servicio de la mesa.
PANERO, A adj. Dícese de la persona muy aficionada a comer pan.
PÁNFILO, A adj. y n. Dícese de la persona muy calmosa y lenta en sus acciones. **2.** Bobo, simple y excesivamente cándido.
PANFLETARIO, A adj. Dícese del escrito de características semejantes a las del panfleto.
PANFLETISTA n. m. y f. Autor de panfletos.
PANFLETO n. m. (ingl. *pamphlet*). Escrito en prosa de tono polémico, violento y agresivo, de difusión manual y carácter clandestino.
PANGARÉ adj. y n. m. *Argent.* Dícese del caballo cuya capa básica, dorada o castaña, se ve descolorida en algunas regiones del cuerpo, especialmente las inferiores.
PANGELÍN n. m. Planta arbórea de América Meridional, cuyo fruto es una almendra dura y rojiza que se usa en medicina. (Familia papilionáceas.) **2.** Madera de este árbol, muy apreciada.
PANGOLÍN n. m. Mamífero desdentado de África y Asia, que se nutre de hormigas y termes.
PANGUE n. m. *Chile* y *Perú.* Planta con hojas de pecíolos comestibles, que crece en terrenos húmedos. (Familia gunneráceas.)
PANGUIPULLI, com. de Chile (Los Lagos), junto al *lago Panguipulli;* 31 269 hab. Explotación maderera. Pesca. Minas de cobre. Turismo.
PANHELÉNICO, A adj. Relativo a todos los griegos. ♦ **Juegos panhelénicos,** las cuatro grandes fiestas que reunían a todos los griegos, juegos olímpicos, píticos, ístmicos y nemeos.
PANI (Mario), arquitecto mexicano (México, D.F., 1911-*id.* 1993). Es autor junto con L. Barragán y M. Goeritz de las torres de la Ciudad satélite y de la facultad de filosofía y letras de la Ciudad universitaria de México (con E. del Moral).
PANIFICADORA n. f. Instalación industrial destinada a la elaboración del pan.
PANIFICAR v. tr. [1a]. Hacer pan.
PANIZO n. m. Planta herbácea anual, de tallos altos y hojas largas, con panoja gruesa y densa. (Familia gramíneas.) **2.** Grano de esta planta. **3.** En algunas regiones, maíz. **4.** *Chile.* Criadero de minerales.
PANJAB, PENDJAB o **PUNJAB,** región de Asia meridional, bañada por los afluentes del Indo y dividida desde 1947 entre la India (estados de *Panjab* [50 362 km²; 20 190 975 hab. Cap. *Chandigarh*] y de *Haryana*) y Pakistán (prov. de Panjab [205 345 km²; 50 312 000 hab.] Cap. *Lahore*). Cultivos irrigados de arroz, algodón y caña de azúcar.

PANO, familia lingüística amerindia del SO de la cuenca amazónica (Perú y Bolivia), dividido en tres grupos: central, que incluye los pueblos del grupo chama y otros (cashibo, omagua, catuquina); el segundo grupo, al SO, vive disperso entre pueblos de lengua quechua o aymará; el tercer grupo, al SE, incluye los capuibo, caripuna y yacariá.

PANOCHA n. f. Panoja.

PANOJA n. f. (bajo lat. *panúcula*). Mazorca del maíz, del panizo o del mijo. **2.** Colgajo, ristra. **3.** Panícula.

PANOPLIA n. f. Colección de armas ordenadamente colocadas. **2.** Tablas para sostener armas diversas, ordenadas decorativamente.

PANORAMA n. m. Vista extensa de un horizonte. **2.** *Fig.* Visión general de un tema, de un asunto.

PANQUÉ n. m. *Méx.* Especie de bizcocho de masa suave y esponjosa, por lo general de forma alargada y cocido en un molde de papel encerado.

PANQUEQUE n. m. *Amer.* Tortita muy delgada y blanda de harina, leche, huevos, mantequilla y azúcar, que se suele comer doblada, con chocolate, mermelada, etc., en su interior.

PANTALETAS n. m. pl. *Méx.* y *Venez.* Bragas.

PANTALLA n. f. Obstáculo colocado para interceptar rayos de luz o de otras radiaciones u ondas, para dirigirlos en cierta dirección. **2.** Superficie blanca para proyectar sobre ella imágenes fotográficas y cinematográficas. **3.** Cinematografía: *un astro de la pantalla.* **4.** Especie de mampara de las chimeneas para resguardarse del resplandor de la llama y del exceso de calor. **5.** *Fig.* Persona o cosa que oculta o hace sombra a otra. **6.** *Fig.* Persona o cosa que sirve para llamar o atraer hacia sí la atención u ocultar algo. **7.** *Amér. Merid.* Instrumento para hacer o hacerse aire. **8.** ELECTRÓN. En un tubo catódico, superficie en la que se reproduce la imagen visible: *pantalla de televisión.*

PANTALÓN n. m. Prenda de vestir ceñida a la cintura, que baja más o menos, cubriendo por separado ambas piernas. (Suele usarse en plural.) **2.** Traje interior femenina. • **Pantalón bombacho**, el ancho y acampanado, cuyos perniles se ciñen a la pierna generalmente con una goma. ♦ **pantalones** n. m. pl. **4.** *Fam.* Hombre u hombres, en oposición a la mujer.

PANTANAL n. f. Tierra pantanosa.

PANTANO n. m. Región cubierta por aguas poco profundas y en parte invadida por la vegetación. **2.** Embalse. **3.** Gas de los pantanos, metano. **4.** *Fig.* Dificultad, obstáculo grande.

PANTANOSO, A adj. Dícese de los terrenos donde hay pantanos, charcos o cenagales. **2.** *Fig.* Lleno de dificultades.

PANTEÍSMO n. m. Doctrina que identifica el mundo y Dios.

PANTEÓN n. m. Templo que los griegos y los romanos consagraban a todos sus dioses. **2.** Conjunto de todos los dioses de una nación, de un pueblo, etc. **3.** Monumento funerario destinado a enterrarse en él varias personas. **4.** *Amér.* Cementerio.

PANTEONERO n. m. *Méx.* Persona encargada de cuidar un panteón o cementerio, o de cavar las sepulturas.

PANTERA n. f. (lat. *pantheram*). Leopardo. **2.** *Amér.* Yaguar.

PANTOCRÁTOR n. m. y adj. (gr. *pantokrator*, todopoderoso). Sobrenombre dado a Zeus. **2.** Epíteto atribuido al Dios de los cristianos, y aplicado especialmente, en el arte bizantino y en el románico, a las representaciones de Jesucristo de medio figura, en los ábsides y en las cúpulas de las iglesias.

PANTOMIMA n. f. (lat. *pantomimum*). Representación teatral en que la palabra se sustituye enteramente por gestos o actitudes. **2.** *Fig.* Aquello que se simula o que se finge hacer o sentir.

PANTORRILLA o **PANTORRA** n. f. Masa carnosa de la parte posterior de la pierna.

PANTUFLA n. f. (fr. *pantoufle*). Zapatilla sin talón.

PANTY n. m. Medias unidas como leotardos.

PANUCHO n. m. *Méx.* Tortilla de maíz rellena con frijoles, a la que se añade carne o pescado deshebrados encima.

PÁNUCO, r. de México, el más caudaloso del país, en la vertiente atlántica; 600 km. Se dirige de SO a NE y a lo largo de su recorrido recibe los nombres de Tula, cerca de su nacimiento, Moctezuma, al unírsele el San Juan, y Pánuco, al confluir el Moctezuma con el Tamuín. Desemboca en el golfo de México junto a Tampico.

PANUDO, A adj. *Cuba.* Se dice del fruto del aguacate que tiene carne consistente.

PANUELA n. f. *Colomb.* y *Hond.* Chancaca dispuesta en panes.

PANZA n. f. (lat. *panticem*). Barriga o vientre, especialmente cuando es muy abultado. **2.** Comba que hace una pared o un muro vertical cuando adopta forma convexa, amenazando derrumbamiento. **3.** Parte inferior y abombada de un balaustre de piedra o madera, de un vaso, etc. **4.** Primera cámara del estómago de los rumiantes. SIN.: *herbario.*

PANZADA n. f. *Fam.* Hartazgo.

PANZUDO, A o **PANZÓN, NA** adj. Que tiene mucha panza.

PAÑAL n. m. Pieza rectangular de tela con que se envuelve a los niños de pecho. ♦ **pañales** n. m. pl. **2.** Conjunto de ropa de los niños de pecho. **3.** *Fig.* Origen, línea o ascendencia de una persona. **4.** *Fig.* Niñez, primera etapa de la vida.

PAÑALERA n. f. *Argent.* Fábrica de pañales. **2.** *Méx.* Bolsa con asa para llevar los pañales y las cosas del bebé.

PAÑERÍA n. f. Comercio o tienda de paños. **2.** Conjunto de los mismos paños.

PAÑO n. m. (lat. *pannum*). Tejido muy tupido y raso, especialmente de lana. **2.** Cualquier pedazo de lienzo u otra tela, generalmente de forma rectangular: *paño de cocina; paño de altar.* **3.** Lienzo de pared. **4.** Mancha o impureza que disminuye el brillo o la transparencia de algunas cosas. • **Conocer el paño** (*Fam.*), conocer bien la persona o cosa de que se trata. ‖ **Paño de lágrimas** (*Fig.* y *fam.*), persona confidente de otra y que la consuela y aconseja en sus problemas y dificultades. ♦ **paños** n.m. pl. **5.** Vestiduras. **En paños menores** (*Fam.*), vestido solamente con ropa interior. ‖ **Paños calientes** (*Fig.* y *fam.*), atenuantes que suavizan o disminuyen el rigor con que se ha de proceder en alguna cosa; remedios ineficaces.

PAÑOLETA n. f. Prenda de vestir femenina, de forma triangular, que se lleva sobre los hombros.

PAÑOLÓN n. m. Mantón.

PAÑUELO n. m. Pequeña pieza de lencería que se utiliza para sonarse. **2.** Pieza de tejido de fantasía que tiene diversos usos: *llevar un pañuelo al cuello.*

PAO (El), centro de minería de hierro de Venezuela (Bolívar), en La Guayana, al E del río Caroní.

PÃO DE AÇÚCAR o **PAN DE AZÚCAR**, relieve granítico, en la entrada de la bahía de Guanabara, en Río de Janeiro; 395 m.

PAPA n. m. (lat. *papam*). Obispo de Roma, jefe de la Iglesia católica romana.

PAPA n. f. (voz quechua). Patata. **2.** *Argent., Chile* y *Perú.* Agujero en la media. **3.** *Chile.* Mentira. ♦ adj. **4.** *Argent.* y *Chile. Fig.* y *vulg.* En el lenguaje estudiantil, fácil. • **Papa de la guagua** (*Chile*), leche que el niño obtiene de la madre.

PAPA n. f. (lat. *pappam*, comida). Papurracha. ♦ **papas** n. f. pl. **2.** Cualquier clase de comida. **3.** Sopas blandas, especialmente las que se dan a los niños.

PAPÁ o **PAPA** n. m. *Fam.* Padre.

PAPACHA n. f. *Méx.* Hoja ancha del plátano que se usa como envoltorio.

PAPACHAR v. tr. [1]. *Méx.* Hacer papachos. SIN.: *apapachar.*

PAPACHO n. m. *Méx.* Caricia, especialmente la hecha con las manos. SIN.: *apapacho.*

PAPADA n. f. Abultamiento carnoso anormal debajo de la barba.

PAPADO n. m. Dignidad de papa. **2.** Administración, gobierno, magisterio de un papa.

PAPAGAYO n. m. Nombre que reciben las aves trepadoras de mayor tamaño de la familia sitácidos, propias de los países tropicales, de pico grueso y encorvado y colores brillantes (las especies de menor tamaño son los periquitos). SIN.: *loro.* **2.** Planta herbácea originaria de China, cultivada con frecuencia en países de clima templado. (Familia amarantáceas.) **3.** Víbora muy venenosa de color verde, que vive en las ramas de los árboles tropicales. **4.** Pez actinopterigio de boca protáctil y coloración carmín amarillo. (Familia serránidos.) **5.** *Argent.* Orinal de cama para varones.

PAPAL adj. Relativo al papa.

PAPALINA n. f. *Fam.* Borrachera.

PAPALOAPAN, r. de México, de la vertiente del golfo de México, que desemboca en la laguna de Alvarado; 900 km aprox. Recibe los nombres de *Grande*, *Tomellín* y *Santo Domingo*. Embalses.

PAPALOTE n. m. *Amér. Central, Antillas* y *Méx.* Cometa de papel o plástico.

PAPAMOSCAS n. m. (pl. *papamoscas*). Ave paseriforme insectívora, de pico ganchudo y ancho en la base. (Familia muscicápidos.) ♦ n. m. y f. **2.** *Fig.* y *fam.* Papanatas.

PAPANATAS n. m. y f. (pl. *papanatas*). *Fam.* Persona que se pasma de cualquier cosa o que es fácil de engañar.

PAPAR v. tr. [1]. Comer cosas blandas sin masticar, como sopas, papas, etc. **2.** *Fam.* Comer. **3.** *Fig.* y *fam.* Estar distraído o hacer poco caso de las cosas.

PAPARRUCHA o **PAPARRUCHADA** n. f. *Fam.* Cosa insustancial y desatinada que se dice o hace. **2.** *Fam.* Noticia falsa.

PAPASEBO n. m. Ave paseriforme de coloración viva, que habita en América Meridional. (Familia tiránidos.)

PAPATLA n. f. *Méx.* Hoja ancha del plátano, que se usa como envoltorio.

PAPAYA n. f. Fruto del papayo, de forma oblonga, carnoso, grande y hueco. **2.** *Chile. Vulg.* Vulva. ♦ adj. **3.** *Chile. Fig.* Dícese de lo que es fácil y sencillo de ejecutar.

PAPAYO n. m. Planta arbórea, de tronco recto, desnudo, fibroso y de poca consistencia, que crece en las zonas tropicales. (Familia caricáceas.)

PAPEAR v. intr. [1]. Balbucir, tartamudear.

PAPEETE, c. y cap. de la Polinesia Francesa, en la costa NO de la isla de Tahití; 23 555 hab.

PAPEL n. m. (cat. *paper*). Lámina delgada hecha con pasta de fibras vegetales blanqueadas y desleídas en agua, que después se hace secar y endurecer por procedimientos especiales. **2.** Trozo u hoja de este material. **3.** En una obra teatral, cinematográfica o televisiva, parte que representa cada actor. **4.** *Fig.* Quehacer o función que uno desempeña en cierta situación o en la vida. • **Papel cebolla**, papel muy fino, tenaz y ligero, propio para copias múltiples. ‖ **Papel de aluminio**, **papel de estaño**, hoja finísima de aluminio, o lámina muy delgada de estaño aleado, que se utiliza para envolver ciertos productos. ‖ **Papel de lija**, papel o tela recios, con una de sus caras revestida de arena fina encolada. ‖ **Papel de**

tornasol (QUÍM.), el impregnado en la tinta de tornasol, que sirve como reactivo para reconocer los ácidos. ‖ **Papel higiénico,** papel para uso sanitario que se presenta en rollos. ‖ **Papel maché,** papel reducido a pasta por maceración y cohesionado con cola para ser modelado. ‖ **Papel mojado** (*Fig.*), el de poca importancia y que carece de valor legal; (*Fig. y fam.*), cualquier cosa inútil e inconsistente. ‖ **Papel secante,** papel esponjoso y sin cola, que absorbe los líquidos y se usa para secar lo escrito y enjugar manchas de tinta. ♦ **papeles** m. pl. **6.** Documentos con que se acreditan la identidad, estado civil, profesión o calidad de una persona.

PAPELEAR v. intr. [1]. Revolver papeles o enredar entre papeles.

PAPELEO n. m. Acción y efecto de papelear. **2.** Trámites que se hacen sobre un asunto en las oficinas públicas.

PAPELERA n. f. Cesto para echar papeles inservibles. **2.** Fábrica de papel.

PAPELERÍA n. f. Tienda en que se venden papel y otros objetos de escritorio. **2.** Conjunto de papeles desordenados e inútiles.

PAPELERÍO n. m. En trámites administrativos, documentación excesiva y engorrosa. SIN.: *papelería*. **2.** *Argent.* Conjunto desordenado de papeles.

PAPELERO, A adj. Relativo al papel: *industria papelera*. ♦ adj. y n. **2.** Farolero, fantoche. ♦ n. **3.** Persona que tiene por oficio fabricar o vender papel.

PAPELETA n. f. Cucurucho de papel. **2.** Papel pequeño con un escrito que acredita un derecho o en que se consigna algún dato de interés **3.** *Fig. y fam.* Asunto, situación difícil o engorrosa.

PAPELÓN n. m. Escrito que se desprecia por algún motivo. **2.** Cartón delgado hecho de dos papeles pegados. **3.** *Fig. y fam.* Actuación deslucida o ridícula de alguien ante una situación. **4.** *Amér.* Pan de azúcar sin refinar.

PAPELONERO, A n. *Argent. Fam.* Persona que hace frecuentes papelones ridículos.

PAPELUCHO n. m. *Desp.* Papel escrito.

PAPERA n. f. Bocio. ♦ **paperas** n. f. pl. **2.** Parotiditis.

PAPICHE adj. *Chile. Fam.* Dícese de la persona de mentón desproporcionado.

PAPILA n. f. (lat. *papillam*). Nombre de las pequeñas prominencias que aparecen en la superficie de una mucosa, principalmente en la lengua.

PAPILIONÁCEO, A adj. y n. f. Relativo a una familia de plantas de corola papilionada del orden leguminosas, a la que pertenecen la retama, la judía, la soja, la lenteja, el guisante, etc.

PAPILLA n. f. Comida hecha con harina, patatas u otras féculas, cocidas en agua o en leche hasta presentar la consistencia de una pasta más o menos espesa.

PAPILOMA n. m. Tumor benigno que se forma en la piel y en las mucosas.

PAPINI (Giovanni), escritor italiano (Florencia 1881-*id.* 1956), polemista y satírico, fue uno de los principales animadores del futurismo antes de su conversión al catolicismo (*Gog*, 1931; *El diablo*, 1953).

PAPIÓN n. m. Simio catarrino de dimensiones notables y formas robustas, más adaptado a la vida terrestre que a la arbórea, que vive en Arabia y en toda África, al S del Sahara.

PAPIRO n. m. Planta de la familia ciperáceas, de hasta 3 m de alt. y 10 cm de grueso, con ramas muy numerosas, divididas y colgantes. **2.** Lámina sacada del tallo de esta planta, que empleaban los antiguos como soporte para la escritura. **3.** Manuscrito en papiro: *descifrar un papiro*.

PAPIROTE n. m. *Fam.* Tonto. **2.** Papirotazo.

PAPIRUSA n. f. (voz lunfarda). Mujer bonita.

PAPISA n. f. Femenino de papa. (Se usa únicamente aplicado al personaje de la papisa Juana.)

PAPÚA Y NUEVA GUINEA, estado de Oceanía, formado por la mitad E de la isla de Nueva Guinea y varias islas; 463 000 km²; 3 900 000 hab. CAP. *Port Moresby*. LENGUA OFICIAL: *neomelanesio*. MONEDA: *kina*. El país es montañoso al N, pantanoso al S, de clima tropical húmedo y está cubierto en gran parte por el bosque y habitado por tribus diseminadas. Plantaciones (café, cacao, etc.) cerca del litoral. El subsuelo contiene cobre, oro, plata e hidrocarburos. Se independizó en 1975 en el marco de la Commonwealth.

PAQUEBOTE o **PAQUEBOT** n. m. (ingl. *packetboat*). Buque mercante que lleva correspondencia y pasajeros. **2.** Transatlántico.

PAQUETE n. m. (fr. *paquet*). Bulto formado por un objeto o conjunto de objetos de una misma o distinta clase envueltos o atados. **2.** Fajo, mazo, manojo. **3.** *Fig.* Conjunto de medidas y disposiciones que se adoptan para poner en práctica o hacer efectiva alguna: *paquete de medidas económicas*. **4.** *Fig.* Persona que va detrás del conductor en una motocicleta. **5.** *Fig.* Persona torpe o molesta. **6.** INFORMÁT. Conjunto de programas que cubren una clase completa de aplicaciones. ‖ **Dar** o **ser un paquete** (*Méx. Fam.*), darse importancia. ‖ **Meter** o **dar el paquete,** reprenderle, castigarle. ‖ **Paquete postal,** el que se envía por correo. ♦ adj. y n. m. **7.** *Fam.* Petimetre.

PAQUETE, A adj. y n. *Argent.* Dícese de la persona bien vestida o de las casas o locales bien puestos. • **De paquete** o **hecho un paquete** (*Argent. Fig. y fam.*), bien vestido, acicalado.

PAQUETEAR v. intr. [1]. *Argent.* y *Urug.* Presumir, ir bien vestido para lucirse ante los demás.

PAQUETERÍA n. f. Género de mercancías que se guarda o vende en paquetes. **2.** Comercio de este género. **3.** *Argent, Par.* y *Urug.* Compostura en el vestido o en el arreglo de casas o locales. **4.** *Chile.* Mercería.

PAQUIDERMO, A adj. (gr. *pakhydermos*). Dícese de los animales de piel gruesa, como el elefante, el rinoceronte y el hipopótamo.

PAQUISTANÍ adj. y n. m. y f. De Pakistán.

PAR adj. Igual, por cualidad, condición o cantidad, a otra cosa o persona. **2.** Dícese del número que es exactamente divisible por 2. **3.** ZOOL. Dícese del órgano que se corresponde a otro igual. ♦ **A la par, al par** o **a par,** a la vez, además. ‖ **A pares,** de dos en dos. ‖ **De par en par,** dícese de las puertas, ventanas, etc., completamente abiertas. ‖ **Sin par,** que no tiene igual, superior a todos. ♦ n. m. **4.** Conjunto de dos unidades de la misma especie. **5.** Pareja, conjunto de dos cosas que se complementan: *un par de zapatos*. **6.** Algo de lo que no se determina el número exacto: *¿vamos a tomar un par de copas?* **7.** En el golf, número de golpes necesarios para cumplir el recorrido de un hoyo o de un campo: *el hoyo cinco es de par cuatro*. **8.** MAT. Conjunto formado por dos elementos asociados. • **Par de fuerzas** (FÍS.), sistema formado por dos fuerzas iguales, paralelas y de sentido contrario. ♦ n. f. **9. A la par** (B. Y BOLS.), término usado para expresar que el valor de mercado de un título equivale a su valor nominal. ‖ **Par de una moneda,** valor de una moneda en términos de otra.

PARA prep. Denota la utilidad, fin o término a que se encamina una acción: *estudia para aprender*. **2.** Hacia: *salió para tu casa*. **3.** Señala el tiempo en que finaliza o se ejecuta una acción: *estará listo para el jueves*. **4.** Con relación a: *le pagan poco dinero para lo que trabaja*. **5.** Por, a fin de: *lo hice para complacerte*. **6.** Determina el uso o utilidad que se puede dar a una cosa: *esto es para hacer agujeros*. **7.** Se utiliza como elemento de relación con algunos adjetivos: *el tratado es conveniente para todos*. **8.** Significa el motivo o causa de una cosa: *¿para qué has venido?* **9.** Junto con los pronombres personales *mí, ti, ...,* y ciertos verbos denota la particularidad de la persona o una acción interior: *lee para sí.* **10.** Con la preposición *con,* en relación con, entre: *es amable para con todos sus amigos.* **11.** Con el verbo *estar,* indica la necesidad o conveniencia de algo: *el coche está para el desguace.* **12.** Expresa que algo está todavía sin realizar: *esta ropa está para lavar.*

PARABIÉN n. m. Felicitación.

PARÁBOLA n. f. (lat. *parabolam*). Alegoría que sirve para explicar una verdad, una enseñanza. **2.** MAT. Lugar geométrico de los puntos M de un plano equidistantes de un punto fijo F, o foco, y de una recta fija, o directriz, D; es el resultado de la sección de un cono de revolución por un plano paralelo a un plano tangente.

PARABÓLICO, A adj. Relativo a la parábola.

PARABÓLICO, A adj. **2.** MAT. En forma de parábola: *superficie parabólica.*

PARABRISAS n. m. (pl. *parabrisas*). Placa de cristal especial o de material transparente, situada en la parte delantera de un vehículo, que sirve para proteger al conductor del polvo y del aire.

PARACA n. f. *Amér.* Viento muy fuerte del Pacífico.

PARACAÍDAS n. m. (pl. *paracaídas*). Dispositivo destinado a amortiguar el movimiento vertical u horizontal de un cuerpo en la atmósfera.

PARACAIDISMO n. m. Técnica o deporte del salto con paracaídas.

PARACAIDISTA n. m. y f. Deportista o militar entrenado en el salto con paracaídas.

PARACELSO (Theophrastus **Bombastus von Hohenheim,** llamado), alquimista y médico suizo (Einsiedeln c. 1493-Salzburgo 1541). Su terapéutica se basaba en una pretendida correspondencia entre el mundo exterior (*macrocosmos*) y las diferentes partes del organismo humano (*microcosmos*).

PARACHOQUES n. m. (pl. *parachoques*). En los automóviles y otros vehículos, cada una de las piezas montadas respectivamente en la parte trasera y delantera para proteger la carrocería y ciertos accesorios contra los choques de poca importancia.

PARADA n. f. Acción de pararse o detenerse. **2.** Sitio donde se para. **3.** Lugar donde se detienen los vehículos de transporte público. **4.** Lugar fijo donde están los vehículos de alquiler a disposición del público: *parada de taxis.* **5.** Formación de tropas para pasarles revista o hacer alarde de ellas en una solemnidad. **6.** DEP. Acción de detener el ataque de un adversario, sujetando o desviando el arma, la bola o el balón. • **Comportamiento de parada** (ETOL.), conjunto de actos ritualizados dependiente del comportamiento reproductor que se desbloquea antes de la cópula. ‖ **Hacer la parada** (*Méx.*), hacer una seña a un vehículo de pasajeros para que se detenga.

PARADERO n. m. Sitio donde se está o se va a parar. **2.** *Fig.* Fin o estado a que se llega. **3.** *Amér. Merid.* y *Méx.* Apeadero de ferrocarril o parada de autobuses.

PARADIGMA n. m. (gr. *paradeigma*). Ejemplo que sirve de norma. **2.** LING. Conjunto de formas que sirven de modelo en los diversos tipos de flexión: *paradigma verbal.*

PARADIGMÁTICO, A adj. Relativo al paradigma. **2.** Ejemplar.

PARADISÍACO, A o **PARADISIACO, A** adj. Relativo al paraíso.

PARADO, A adj. Calmoso, remiso en palabras, acciones o movimientos. **2.** Vacilante, desconcertado: *lo que me contó me ejó parado*. **3.** Con verbos de resultado, y acompañado de *bien, mal, mejor, peor*, etc., beneficiado o perjudicado: *salir mal parado de un negocio*. **4.** *Amér*. De pie, en posición vertical. **5.** *Chile, Perú y P. Rico*. Orgulloso, engreído. ♦ adj. y n. **6.** Dícese del trabajador que está sin empleo.

PARADOJA n. f. (gr. *paradoxa*). Idea extraña, opuesta a lo que se considera verdadero o a la opinión general. **2.** Expresión lógica en la que hay una incompatibilidad aparente. **3.** Coexistencia ilógica de cosas.

PARADOR n. m. Establecimiento, situado generalmente en la carretera, donde se hospedan los viajeros.

PARAESTATAL adj. Dícese de los organismos que cooperan a los fines del estado, por delegación de éste, pero sin formar parte de la administración pública.

PARAFERNALIA n. f. (ingl. *paraphernalia*, trastos). Aparato o conjunto de cosas generalmente ostentosas que rodean a una persona o cosa.

PARAFINA n. f. Mezcla de hidrocarburos saturados sólidos caracterizados por su poca afinidad con los agentes químicos.

PARAFRASEAR v. tr. [1]. Hacer una paráfrasis.

PARÁFRASIS n. f. Explicación o interpretación amplificativa de un texto. **2.** Traducción libre en verso de un texto.

PARAGOLPES n. m. (pl. *paragolpes*). *Argent., Par.* y *Urug*. Pieza alargada que llevan los vehículos para protegerse de golpes, parachoques.

PARÁGRAFO n. m. Párrafo.

PARAGUA, r. de Venezuela, que nace en la sierra de Pacaraima, junto a la frontera con Brasil, discurre por la Guayana y desemboca en el Caroní (or. izq.); 580 km. Su curso es muy accidentado.

PARAGUANÁ (península de), península de Venezuela (Falcón), en el Caribe. Cierra por el E el golfo de Venezuela y se une al continente por un estrecho istmo rocoso (istmo de Médanos). Refinerías de petróleo.

PARAGUARÍ (*departamento de*), dep. del SO de Paraguay; 8705 km²; 203 000 hab. Cap. *Paraguarí* (13 743 hab.).

PARAGUAS n. m. (pl. *paraguas*). Utensilio portátil, compuesto de un mango y una cubierta circular de tela, que sirve para resguardarse de la lluvia.

PARAGUAY, en port. **Paraguai**, r. de América del Sur, tributario del Paraná (or. der.); 2500 km. Nace en el Mato Grosso, en Brasil, marca parte de la frontera de este país con Bolivia primero y Paraguay después, y, tras atravesar Paraguay, desemboca en territorio argentino, cerca de Corrientes. Navegable, destacan los puertos de Corumba (Brasil), Asunción (Paraguay) y Formosa (Argentina). Sus principales afluentes son: Juaru, Apa, Cuiabá, Negro, Monte Lindo, Pilcomayo, Bermejo, Jejuí-Guazú y Tebicuary.

PARAGUAY, estado de América del Sur, situado entre Brasil, Bolivia y Argentina; 406 752 km²; 4 613 000 hab. (*Paraguayos.*) CAP. Asunción. LENGUA OFICIAL: español. OTRA LENGUA: guaraní. MONEDA: *guaraní*.

GEOGRAFÍA
La porción oriental, la Selva, cubierta de denso bosque tropical húmedo, prolonga al Mato Grosso y sólo presenta elevaciones de escasa altitud. Al O se extiende la planicie del Chaco, marcada por la aridez, donde la principal actividad económica es la explotación maderera. El Campo, en el centro sur, está regado por el Paraguay, el Paraná y el Pilcomayo, que inundan periódicamente grandes extensiones y originan suelos pantanosos; en esta zona se concentran las principales áreas de cultivo y se dan las mayores densidades de población, que en el conjunto del país son aún muy bajas (menos de 11 hab./km²), a pesar del alto ritmo de crecimiento (3 % anual). La cría de ganado vacuno y la explotación forestal (quebracho) han perdido su importancia tradicional en el sector primario, en beneficio de la agricultura (algodón, semillas oleaginosas [soja], mandioca, maíz, tabaco y arroz). Es notable la producción hidroeléctrica (central de Itaipú, sobre el Paraná). La actividad industrial es muy modesta, a pesar de los incentivos concedidos al establecimiento de empresas extranjeras. El comercio exterior, que se desarrolla sobre todo con Brasil y Argentina, arroja un fuerte déficit. En 1991 Paraguay constituyó Mercosur.

HISTORIA
La población precolombina. El territorio estaba habitado por pueblos diversos, frecuentemente enfrentados. En el Chaco vivían cazadores, recolectores y pescadores, como los chané, de lengua arawak, y el grupo lingüístico guaicurú; los agacé ocupaban la desembocadura del río Paraguay; el pueblo más extendido era el guaraní, agricultor, cuyo enemigo tradicional eran los guaicurúes.
Conquista y colonización. 1524: expedición de Alejo García desde Brasil. 1528: viaje de Sebastián Caboto remontando el Paraná-Paraguay. 1535: Pedro de Mendoza inició la colonización, apoyándose en los guaraníes. 1537: fundación de Asunción, por Juan de Salazar, y posterior potenciación de la ciudad por Martínez de Irala como centro de irradiación de la conquista del Río de la Plata. Sin metales preciosos, la colonia paraguaya fue una sociedad rural basada en la explotación del indígena a través de la encomienda; las misiones o reducciones jesuíticas (desde 1604) se convirtieron en áreas de refugio de los guaraníes, lo que suscitó diversos conflictos con los encomenderos (1649); revolución de los comuneros, 1717-1735), hasta la guerra guaraní de 1753-1756, tras de la cual fue expulsada la Compañía de Jesús. 1777: creación del virreinato del Río de la Plata y desplazamiento de la capital colonial a Buenos Aires.
La independencia y el régimen de J. G. Rodríguez de Francia. 1810-1811: guerra con la Junta de Buenos Aires. 1811: constitución de una junta en Asunción. 1813: proclamación de la independencia frente a España y Buenos Aires. Se creó el consulado, presidido por F. Yegros y J. G. Rodríguez de Francia. 1814-1840: Rodríguez de Francia se proclamó dictador supremo y estableció un control político férreo, que derivó en terror tras la frustrada conspiración de la aristocracia criolla (1820); pero aseguró la independencia del Paraguay, y su política de aislamiento favoreció el desarrollo de la agricultura, la artesanía y la pequeña industria.
Los López y la guerra de la Triple alianza. 1840-1862: Carlos Antonio López mantuvo la política de independencia nacional aunque inició la apertura al exterior, en particular a Europa; emprendió la construcción del ferrocarril e impulsó el desarrollo industrial. 1862-1870: le sucedió su hijo, Francisco Solano López, que asumió una posición intervencionista en los conflictos de la región; la guerra de la Triple alianza –Argentina, Brasil, Uruguay– contra el Paraguay (1865-1870) tuvo consecuencias humanas y económicas catastróficas, y Paraguay perdió parte de su territorio.
De 1870 a la guerra del Chaco. 1870-1876: durante la ocupación argentino-brasileña se promulgó la constitución liberal de 1870, y empezaron a configurarse las principales corrientes políticas. 1880-1904: el general Caballero asumió el poder e inició la primera etapa de dominio del Partido colorado, que él mismo constituyó durante su gestión se expandió la gran propiedad a expensas de la tierra pública y se impulsó la penetración de capital extranjero. 1904-1932: revolución liberal (1904) apoyada por Argentina; la inestabilidad política culminó en la guerra civil de 1922-1923; el régimen liberal fracasó ante su incapacidad para frenar la progresiva invasión del Chaco por Bolivia, que desembocó en la guerra del Chaco (1932-1935).
La época del autoritarismo 1936-1948: la guerra y las demandas populares de reforma agraria propiciaron el golpe del coronel R. Franco (1936), que abrió una época de intervencionismo militar; la constitución presidencialista de 1940 favoreció el establecimiento del régimen autoritario del general Moríñigo (1940-1948). 1940-1989: el Partido colorado volvió al poder. 1954: el general Stroessner, apoyado en los colorados, instauró una férrea dictadura en beneficio de la oligarquía colorada. 1989-1994: Stroessner, derribado por un golpe del general A. Rodríguez (1989); se restablecieron las libertades políticas, aunque prosiguió la hegemonía colorada. 1992: nueva constitución. 1993: en las elecciones presidenciales venció el candidato del Partido colorado, J. C. Wasmosy. 1998: R. Cubas, líder del Partido colorado, presidente. 1999: Cubas renunció; L. González Macchi elegido presidente. 2003: Nicanor Duarte Frutos, del Partido Colorado, presidente de la república.

PARAGUAY (*departamento del* **Alto**), dep. del N de Paraguay; 82 349 km²; 11 816 hab. Cap. *Fuerte Olimpo.*

PARAGUAYA n. f. Fruta de aspecto y sabor semejantes al melocotón mollar, pero de forma más aplanada.

PARAGUAYO, A adj. y n. De Paraguay. ♦ n. m. **2.** Modalidad lingüística adoptada por el español en Paraguay.

PARAGÜERÍA n. f. Tienda de paraguas.

PARAGÜERO, A n. Persona que tiene por oficio hacer, componer o vender paraguas. ♦ n. m. **2.** Mueble para colocar los paraguas y bastones.

PARAÍSO n. m. (lat. *paradisum*, del gr. *paradeisos*, parque). Lugar en que, según el relato de la Biblia, colocó Dios a Adán y Eva. SIN.: *paraíso terrenal*. **2.** Cielo, lugar en que los bienaventurados gozan de la presencia de Dios. **3.** *Fig.* Lugar donde uno se encuentra muy a gusto, protegido o impune. **4.** En algunos teatros, gallinero.

PARAÍSO (*departamento de* **El**), dep. de Honduras; 7218 km²; 277 000 hab. Cap. *Yuscarán.*

PARAJE n. m. Lugar, principalmente el lejano o aislado.

PARALÁCTICO, A adj. Relativo a la paralaje.

PARALAJE n. f. (del gr. *parallaxis*, cambio). Ángulo bajo el cual se vería de forma normal, a partir de un astro, una longitud igual al radio terrestre, en el caso de los astros del sistema solar, o al semieje mayor de la órbita terrestre, en el caso de las estrellas. **2.** Desplazamiento de la posición aparente de un cuerpo, debido a un cambio de posición del observador.

PARALELA n. f. Recta paralela a otra recta o a un plano. ♦ **paralelas** n. f. pl. **2.** Barras paralelas para ejercicios gimnásticos. (Pueden ser *simétricas* o *asimétricas*.)

PARALELEPÍPEDO n. m. Poliedro de seis caras, todas paralelogramos, siendo las caras opuestas iguales y paralelas dos a dos.

PARALELISMO n. m. Calidad de paralelo o circunstancia de ser dos cosas paralelas.

PARALELO, A adj. (lat. *parallelum*, del gr. *parallelos*). Dícese de dos o más rectas que, dos a dos, se encuentran en

PAR

mismo plano y no se cortan. **2.** Que se desarrolla en la misma dirección, parecido. • **Curvas** (o **superficies**) **paralelas,** curvas (o superficies) planas que admiten las mismas normales y que, como las porciones de normales comprendidas entre las dos curvas (o las dos superficies), tienen una longitud constante. ‖ **Planos paralelos,** planos que no tienen ningún punto común. ♦ n. m. **3.** Círculo imaginario de la Tierra o de un astro cualquiera, en un plano paralelo al del ecuador, que sirve para medir la latitud. **4.** Comparación entre dos personas o dos cosas para apreciar sus cualidades o sus defectos. **5.** MAT. Sección de una superficie de revolución por un plano perpendicular al eje. ‖ **En paralelo** (ELECTR.), dícese de los circuitos bifurcados entre los que se reparte la corriente. SIN.: *en derivado*.

PARALELOGRAMO n. m. Cuadrilátero cuyos lados son paralelos dos a dos.

PARALÍMPICO, A adj. Paraolímpico.

PARÁLISIS n. f. Pérdida total o disminución considerable de la función motriz. **2.** Imposibilidad de actuar. **3.** Paro completo: *el país se encuentra en una parálisis económica.*

PARALÍTICO, A adj. y n. Relativo a la parálisis; afecto de parálisis.

PARALIZACIÓN n. f. Acción y efecto de paralizar.

PARALIZAR v. tr. y pron. (fr. *paralyser*) [**1g**]. Causar parálisis en un miembro u órgano del cuerpo. **2.** *Fig.* Detener una actividad o movimiento.

PARAMARIBO, c., cap. y puerto de Surinam, junto al r. Surinam; 152 000 hab.

PARAMECIO n. m. Protozoo del tipo ciliados, común en las aguas dulces estancadas y cuyo cuerpo puede alcanzar 1/5 mm de long.

PARAMENTAR v. tr. Cubrir o adornar con paramentos.

PARAMENTO n. m. (lat. *paramentum*). Revestimiento de una cubierta, tejado, pared, muro, etc. **2.** Adorno con que se cubre una cosa. **3.** Cualquiera de las dos caras de una pared. ♦ **paramentos** n. m. pl. **4.** Adornos del altar.

PARAMÉTRICO, A adj. Relativo al parámetro.

PARÁMETRO. n. m. Elemento constante en el planteamiento de una cuestión. **2** MAT. Valor que se presenta como una constante en una expresión o ecuación, pero que puede ser fijado a voluntad. • **Parámetro de una parábola,** distancia de su foco a su directriz.

PARAMILITAR adj. Dícese de ciertas organizaciones civiles cuya estructura y disciplina son similares a las del ejército.

PÁRAMO n. m. (lat. *paramum*). Superficie estructural de erosión horizontal o subhorizontal, elevada y de suelo áspero, pedregoso, sin cultivo ni viviendas, y cubierta por una vegetación pobre. **2.** *Fig.* Lugar frío y desagradable. **3.** *Colomb.* y *Ecuad.* Llovizna.

PARANÁ, r. de América del Sur; 4500 km^2 aprox. Su cuenca abarca 890 000 km^2 en Brasil, 55 000 km^2 en Paraguay y 565 000 km^2 en Argentina, y su curso marca parte de la frontera entre los tres paises. Nace en la confluencia del Paranaíba y el Grande, y desemboca en el Río de la Plata formando un extenso delta. Sus principales afluentes son: Iguazú, Verde, Pardo, Paraguay, Corrientes, Gualeguay y Salado. Explorado por J. Díaz de Solís (1515), tras la llegada de Ayolas a las bocas del Paraguay (1537) el río se convirtió en la vía preferente para la colonización del área del Río de la Plata. Actualmente sigue siendo una importante arteria de comunicación y transporte; su equipamiento hidroeléctrico incluye la central de Itaipú, y está en construcción la presa de Yacyretá-Apipé, en el tramo paraguayo-argentino.

PARANÁ (*departamento del* **Alto**), dep. de Paraguay; 14 895 km^2; 403 858 hab. Cap. Ciudad del Este.

PARANÁ, c. de Argentina, cap. de la prov. de Entre Ríos; 277 338 hab. Puerto en el Paraná. Unida a Santa Fe por el túnel subfluvial R. Uranga-C. Silvestre. Centro agropecuario e industrial. La ciudad fue fundada en 1730.

PARANGÓN n. m. (ital. *paragone*). Comparación o símil.

PARANGONAR v. tr. [**1**]. Hacer una comparación entre dos cosas.

PARANINFO n. m. En las universidades y otros centros de enseñanza, salón en que se celebran ciertos actos que revisten carácter solemne.

PARANOIA n. f. (voz griega). Sicosis crónica caracterizada por la organización lógica de los temas delirantes, que se forman por intuición o interpretación a partir de premisas falsas.

PARANOMASIA n. f. Paronomasia.

PARANORMAL adj. Dícese de los fenómenos al margen de la normalidad, como los que estudia la parasicología.

PARAOLÍMPICO, A adj. Relativo a la competición universal de juegos atléticos inspirada en las olimpiadas y reservada a disminuidos físicos.

PARAPENTE n. m. Práctica deportiva que consiste en lanzarse en paracaidas desde una montaña o punto elevado, controlando el vuelo con el fin de prolongar su duración y decidir la trayectoria. **2.** Tipo de paracaídas rectangular, diseñado para practicar este deporte.

PARAPETARSE v. pron. [**1**]. Resguardarse tras un parapeto. **2.** *Fig.* Protegerse para evitar un riesgo.

PARAPETO n. m. (ital. *parapetto*, de *parare*, defender, y *petto*, pecho). CONSTR. Antepecho. **2.** FORT. Muro, terraplén o barricada que protege a los defensores de una fortificación y les permite disparar al abrigo de sus asaltantes.

PARAPLEJÍA o **PARAPLEJIA** n. f. Parálisis de las extremidades inferiores.

PARAR v. intr. y pron. (lat. *parare*) [**1**]. Cesar en el movimiento o en la acción. **2.** *Amér.* Estar o ponerse de pie. ♦ v. intr. **3.** Llegar, después de pasar por distintas vicisitudes, a determinada situación. **4.** Alojarse, hospedarse. • **No parar,** estar continuamente ocupado; estar o ser muy inquieto. ‖ **Parar mal,** llegar a una mala situación. ‖ **Sin parar,** continuamente, sin interrupción. ♦ v. tr. **5.** Detener o impedir un movimiento o acción: *parar un motor, el tráfico, el trabajo.* **6.** Preparar o disponer: *parar la mesa.* ♦ v. tr. y pron. **7.** Poner de pie o en posición vertical. ♦ **pararse** v. pron. **8.** Seguido de la prep. *a* y el infinitivo del verbo de pensamiento, realizar lo que se expresa con detenimiento: *pararse a pensar.* **9.** *Fig.* Detenerse o interrumpir la ejecución de un designio. **10.** *Méx.* Despertarse.

PARARRAYOS o **PARARRAYO** n. m. (pl. *pararrayos*). Instalación colocada en un edificio para protegerlo de los efectos de los rayos. **2.** Dispositivo que sirve para proteger los aparatos y líneas eléctricas de los efectos de los rayos.

PARASICOLOGÍA n. f. Estudio de los fenómenos paranormales, esencialmente la percepción extrasensorial y la sicoquinesia. SIN.: metasíquica.

PARASIMPÁTICO, A adj. y n. m. Dícese de uno de los dos sistemas nerviosos neurovegetativos, que aminora el ritmo cardíaco y acelera los movimientos del tubo digestivo. (Obra antagónicamente al simpático.)

PARASITAR v. tr. [**1**]. Invadir un organismo animal o vegetal. **2.** Vivir a expensas de dicho organismo.

PARASITISMO n. m. Modo de vida de un parásito.

PARÁSITO, A o **PARASITO, A** adj. y n. m. (lat. *parasitum*, del gr. *parasitos*). Dícese del ser vivo que obtiene su alimento de otro ser vivo llamado *huésped*, como la tenia, del hombre, y el mildiu, de la vid. **2.** Dícese de la persona que vive en la ociosidad, a expensas de otros o de la sociedad. ♦ **parásitos** n. m. pl. **3.** Perturbaciones, de origen atmosférico o industrial, que interfieren la recepción de las señales radioeléctricas.

PARASOL n. m. Sombrilla, quitasol.

PARATIROIDES n. f. Glándula endocrina situada a los lados del tiroides, dos a cada lado, que produce la parathormona, hormona que regula el nivel de fósforo y de calcio.

PARAULATA n. f. *Venez.* Ave de color ceniciento que es similar al tordo.

PARCA n. f. (de *Parcas,* diosas infernales). *Poét.* La muerte.

PARCAS, divinidades latinas del destino, identificadas con las *Moiras* griegas Cloto, Láquesis y Átropos (en lat. Nona, Décima y Morta), que presidían sucesivamente el nacimiento, la vida y la muerte de los humanos.

PARCELA n. f. (fr. *parcelle*). Porción de terreno continuo que presenta uniformidad, bien por pertenecer a un único propietario, bien por estar ocupada por una única clase de cultivo, bien por constituir una unidad de explotación. **2.** Partícula, parte pequeña.

PARCELACIÓN n. f. Acción y efecto de parcelar.

PARCELAR v. tr. [**1**]. Dividir o medir un terreno en parcelas. **2.** *Fig.* Dividir algo en partes.

PARCHA n. f. Diversas plantas pasifloráceas que crecen en América. • **Parcha granadilla,** planta trepadora, de fruto del tamaño de un melón con pulpa sabrosa y agridulce, que crece en América tropical. (Familia pasifloráceas.)

PARCHAR v. tr. [**1**]. *Méx.* Poner parches o algo.

PARCHE n. m. (del lat. *Parthica pellis,* cuero del país de los partos). Pedazo de cualquier material que se pega sobre una cosa, generalmente para tapar un agujero. **2.** Trozo de lienzo que contiene un preparado medicamentoso, que se adhiere sobre la piel de determinadas regiones del cuerpo. **3.** *Fig.* Cosa que se añade a otra de forma chapucera, especialmente retoque mal hecho en la pintura. **4.** *Fig.* y *fam.* Arreglo o solución transitoria a una situación o a un problema económico, social o político.

PARCHEAR v. tr. [**1**]. *Fam.* Poner parches.

PARCHÍS n. m. Juego de mesa de origen indio que se juega con un tablero con cuatro salidas y fichas que avanzan según el número de puntos que sacan al tirar un dado.

PARCIAL adj. Que forma parte de un todo; que pertenece a una parte de un todo: *elecciones parciales.* **2.** Incompleto: *vista parcial; eclipse parcial.* ♦ adj. y n. m. y f. **3.** Que procede en favor o en contra de algo o alguien sin tener en cuenta la ecuanimidad o equidad: *una persona parcial.* ♦ n. m. y adj. **4.** Examen que forma parte del control continuado en la enseñanza.

PARCIALIDAD n. f. Actitud del que no procede con ecuanimidad o equidad. **2.** Familiaridad en el trato. **3.** Grupo de personas que se separan de otro mayor.

PARCO, A adj. (lat. *parcum*, de *parcere*, ahorrar). Moderado, sobrio: *parco en el comer.* **2.** Escaso: *texto parco en ejemplos.*

¡PARDIEZ! interj. *Fam.* ¡Caramba!

PARDO, A adj. (lat. *pardum,* del gr. *pardos,* leopardo). Dícese del color que resulta de una mezcla de tonos amarillentos, rojizos y negruzcos. **2.** Oscuro; nubes pardas. **3.** Poco claro o vibrante. ♦ adj. y n. **4.** *Amér. Merid.* Mulato. **5.** HIST. Denominación dada a los indios y negros que se enfrentaron a la aristocracia criolla durante la lucha por la emancipación venezolana (1810-1823).

PARDO (Manuel), político peruano (Lima 1834-*id.* 1878). Presidente de la república (1872-1876). — Su hijo **José** (Lima 1864-*id.* 1947), presidente de la república (1904-1908 y 1915-1919), fue derrocado.

PARDO BAZÁN (Emilia), escritora española (La Coruña 1851-Madrid 1921). Sus primeras novelas están marcadas por el naturalismo (*Los pazos de Ulloa*, 1886; *La madre naturaleza*, 1887). Posteriormente adoptó un tono espiritualista (*La quimera*, 1905). Cultivó también el cuento, el ensayo y los libros de viaje.

PARDO GARCÍA (Germán), poeta colombiano (Ibagué 1902). Poeta mesurado y sincero, su obra representa la conciencia atormentada de la inseguridad del presente (*Iris pagano*, 1973).

PARDO Y ALIAGA (Felipe), escritor peruano (Lima 1806-*id.* 1868). Cultivó la sátira costumbrista en poemas y comedias.

PARDUSCO, A o **PARDUZCO, A** adj. De color pardo.

PAREADO, A adj. y n. m. Dícese de la forma estrófica compuesta por dos versos que riman entre sí en asonante o en consonante y que pueden tener un número variable de sílabas.

PAREAR v. tr. [1]. Juntar dos cosas, comparándolas entre sí. **2.** Formar una pareja con dos cosas.

PARECER n. m. Opinión que se tiene acerca de algo: *a su parecer*; *ser del mismo parecer*. **2.** Apariencia exterior: *persona de buen parecer.*

PARECER v. intr. [2m]. Tener determinada apariencia: *parecer mayor.* **2.** Dar lugar, creer, ser posible: *parece que va a llover.* ♦ v. intr. y pron. **3.** Tener parecido con otra persona o cosa: *se parece a su madre.*

PARECIDO, A adj. Con los adv. *bien* o *mal*, de aspecto físico agradable o desagradable. ♦ n. m. **2.** Semejanza, calidad de semejante: *tener cierto parecido.*

PARED n. f. (lat. *perietem*). Muro o tabique de fábrica que sostiene los techumbres o, en el interior de los edificios, separa las piezas contiguas. **2.** Superficie lateral, costado, cara interna o cualquier superficie que limita una cavidad: *las paredes de una caja.* **3.** Conjunto de cosas o personas estrechamente unidas: *una pared de libros.* **4.** En el alpinismo, vertiente abrupta de una montaña.

PAREDÓN n. m. Pared que queda en pie de un edificio en ruinas. **2.** Muro de defensa o contención. **3.** Pared junto a la que se fusila a los condenados. • **Llevar al paredón**, fusilar a alguien.

PAREJA n. f. Conjunto de dos personas o animales, especialmente si son macho y hembra de la misma especie. **2.** Con respecto a una persona o cosa, otra que forma par con ella: *la pareja de baile*; *pareja de ases.*

PAREJA DÍEZ-CANSECO (Alfredo), escritor ecuatoriano (Guayaquil 1908). Tras publicar sus novelas más importantes: *Don Balón de Baba* (1939), *Hombres sin tiempo* (1941) y *Las tres ratas* (1946), abordó la serie novelística *Los nuevos años* (1956-1964), crónica de la sociedad ecuatoriana.

PAREJO, A adj. Igual o semejante. **2.** Liso, llano.

PAREMIA n. f. (gr. *paroimia*). Sentencia o refrán.

PAREMIOLOGÍA n. f. Tratado de los refranes.

PARÉNQUIMA n. m. (gr. *parenkhyma*, atrs, sustancia orgánica). ANAT. Tejido esponjoso fundamental del pulmón, hígado, riñón, etc. **2.** BOT. Tejido vegetal de las células vivas, limitadas por tabiques celulósicos delgados, que puede ejercer varias funciones: de nutrición, parénquima clorofílico, de relleno, médula, de reserva, etc.

PARENTELA n. f. Conjunto de los parientes de alguien.

PARENTESCO n. m. Vínculo que une a las personas que proceden unas de la otra o que descienden de un autor común. **2.** *Fig.* Relación entre las cosas.

PARÉNTESIS n. m. Frase que se intercala en un período, con sentido independiente del mismo. **2.** Cada uno de los signos gráficos ( ) entre los cuales se encierran las palabras de un paréntesis. **3.** *Fig.* Interrupción o suspensión. **4.** MAT. Signo que aísla una expresión algebraica e indica que una operación se aplica a esta expresión por entero.

PAREO n. m. Acción y efecto de parear.

PAREO n. m. Prenda de tela que se enrolla alrededor del cuerpo, cubriendo, generalmente, desde la cintura hasta las pantorrillas, y es característica de las zonas de clima tropical.

PARGO n. m. Pez marino parecido a la dorada, de carne apreciada y de unos 50 cm de long.

PARIA n. m. y f. (tamil *pareiyan*, tocador de bombo). Nombre dado en la India a todos los que no pertenecen a casta alguna. **2.** *Fig.* y *desp.* Persona excluida de las ventajas y trato de que gozan los demás, por considerarla inferior: *ser un paria de la sociedad.*

PARIA (*golfo de*), golfo de Venezuela y Trinidad y Tobago, en el Atlántico, limitado por la *península de Paria* al N y la isla de Trinidad al E.

PARICUTÍN, volcán de México (Michoacán), en la cordillera Neovolcánica; 2250 m de alt. Surgió en 1943 (20 febr.), en medio de un campo cultivado, y arrasó, entre otros, el pueblo de Parangaricutiro.

PARIDA n. f. Adj. y n. f. Hembra que acaba de parir. ♦ n. f. **2.** *Fam.* Hecho o dicho desafortunado.

PARIDAD n. f. Igualdad o semejanza. **2.** Comparación de una cosa con otra por ejemplo o símil. **3.** Relación existente entre una unidad monetaria y su equivalencia en peso de metal. • **Paridad de cambio**, equivalencia de intercambio monetario entre dos países.

PARIDIGITADO, A adj. y n. m. Artiodáctilo.

PÁRIDO, A adj. y n. m. Relativo a una familia de aves paseriformes, de cuerpo rechoncho y pico reducido, que no presentan dimorfismo sexual.

PARIENTE, A n. (lat. *parentes*). Respecto a una persona, otra de su familia. **2.** *Fam.* Marido y mujer, respectivamente.

PARIETAL adj. Relativo a la pared. • **Arte parietal**, arte rupestre. ‖ **Pintura parietal**, pintura mural. ♦ adj. y n. m. **2.** ANAT. Dícese de cada uno de los dos huesos que forman los lados y la parte media de la bóveda del cráneo. ‖ **Lóbulo parietal** (ANAT.), lóbulo cerebral situado debajo del hueso parietal.

PARIETARIA n. f. Planta herbácea de las regiones templadas y cálidas que crece cerca de las paredes. (Familia urticáceas.)

PARIGUAL adj. Igual o muy parecido.

PARIHUELAS n. f. pl. Utensilio para transportar cosas entre dos personas, formado por dos barras horizontales entre las que está fijada una plataforma o cajón. **2.** Camilla, cama portátil.

PARIMA n. f. *Argent.* Especie de garza de color violado.

PARINA n. f. Pequeño pájaro flamenco de América Meridional, de patas rojas, que frecuenta las lagunas altoandinas. (Familia fenicoptéridos.)

PARINACOTA, pico de Chile y Bolivia, en la cordillera Occidental de los Andes; 6330 m de alt.

PARIR v. tr. e intr. [3]. Expeler las hembras de los animales mamíferos el hijo concebido. **2.** *Fig.* Realizar una obra, generalmente de creación. **3.** *Fig.* Expresar bien un pensamiento. **4.** *Fig.* Salir a la luz, manifestarse lo que estaba oculto o ignorado.

PARIS, en la mitología griega, héroe del ciclo troyano, hijo de Príamo y de Hécuba; raptó a Helena, lo que provocó la guerra de Troya.

PARÍS, en fr. **Paris**, c. de Francia, cap. del país y de la región Île-de-France, a orillas del Sena. Constituye un dep.; 2 152 423 hab. (*Parisinos.*) La aglomeración tiene más de 9 millones de hab. Primer centro financiero, comercial e industrial de Francia, capital política y cultural.

HISTORIA

52 a. J.C.: Roma conquistó *Lutecia*, donde vivían los *parisii*. S VI: capital de los francos. Los condes de París dieron origen a la dinastía de los Capetos (987), y convirtieron la ciudad en cap. de Francia. 1215: creación de la universidad. Con la sublevación de E. Marcel (1356-1358), la burguesía intentó conseguir el poder político. Destacado centro humanista, fue núcleo protestante, diezmado la noche de san Bartolomé (1572). 1588: París, aliada de la Liga, obligó a Enrique III a huir. 1594: Enrique IV abrazó el catolicismo, entró en la ciudad y la embelleció. 1648: jornada de las barricadas e inicio de la Fronda. Ss. XVII-XVIII: París se convirtió en el centro cultural de Europa. 1789: toma de la Bastilla; desde París se dirigió la Revolución. 1814-1815: entrada de los aliados en París después de la abdicación de Napoleón. 1830 y 1848: jornadas revolucionarias. 1870-1871 (set.-en.): los alemanes asediaron París. 1871 (marzo-mayo): establecimiento y derrota de la Comuna de París. 1940-1944: ocupación alemana. Mayo de 1968: manifestaciones de estudiantes y obreros.

BELLAS ARTES

La época galorromana: termas «de Cluny». *Románico:* Saint-Germain-des-Prés. *Gótico:* catedral de Notre-Dame (ss. XII-XIII), Santa Capilla y Conserjería (en parte del s. XIV). *Renacimiento:* palacio del Louvre. S. XVII: palacio del Luxemburgo, diversas plazas y edificios. S. XVIII: plaza de la Concordia, edificios clásicos o neoclásicos (Panteón, Odeón). Ss. XIX y XX: eclecticismo (Ópera), empleo del hierro (estaciones, torre Eiffel, Centro Georges Pompidou) y del hormigón. Numerosos museos; destacan los del Louvre, Orsay, Cluny, Guimet, del Hombre, Rodin, Picasso, Cernuschi, Carnavalet, de arte moderno y la ciudad de las ciencias de la Villette.

PARISIENSE o **PARISIÉN** adj. y n. m. y f. De París. SIN.: *parisino.*

PARITARIO, A adj. Dícese de un organismo, una negociación, una comisión, etc., en los que las dos partes están representadas por un igual.

PARLA n. f. Acción y efecto de parlar. **2.** Charla insustancial. **3.** Locuacidad.

PARLAMENTAR v. intr. [1]. Hablar o conversar. **2.** Entrar en negociaciones con el enemigo para conseguir la paz, la rendición, etc., o tratar sobre una diferencia.

PARLAMENTARIO, A adj. Relativo al parlamento: *usos parlamentarios.* ♦ n. m. **2.** Miembro de un parlamento. **3.** Persona autorizada para parlamentar.

PARLAMENTARISMO n. m. Sistema político en el que el gobierno es responsable ante el parlamento.

PARLAMENTO n. m. (fr. *parlement*). Acción de parlamentar. **2.** Recitación larga de un actor, en prosa o verso. **3.** Asamblea deliberativa que tiene por misión votar el presupuesto y las leyes y controlar la actividad de los ministros.

PARLANCHÍN, NA adj. y n. Muy hablador. **2.** Hablador indiscreto.

PARLANTE adj. Que habla: *máquina parlante.*

PARLAR v. intr. [1]. Hablar, charlar.

PARLOTEAR v. intr. [1]. *Fam.* Hablar, generalmente de forma insustancial.

PARMA, c. de Italia (Emilia), cap. de prov.; 168 905 hab. *(Parmesanos.)* Conjunto románico-gótico de la catedral (cúpula pintada por Correggio) y del baptisterio, con esculturas de Antelami. Iglesias, entre ellas la Steccata (cúpula del Parmigianino). Palacio de la Pilotta, de los ss. XVI-XVII (museos; teatro Farnesio).

PARMÉNIDES de Elea, filósofo griego (Elea, Magna Grecia, c. 515-c. 440 a. J.C.). En su poema *Sobre la naturaleza* formuló la proposición fundamental de la ontología: el ser es uno, continuo y eterno.

PARNASIANO, A adj. y n. Relativo a un movimiento poético francés que, a partir de 1850, reaccionó contra el lirismo romántico y propugnó una poesía culta e impersonal; poeta perteneciente a este movimiento.

PARNASO, nom. gr. **Parnassós**, montaña de Grecia, al NE de Delfos; 2457 m. En la antigüedad, el Parnaso, monte de las Musas, estaba consagrado a Apolo.

PARO n. m. Acción y efecto de parar. **2.** Situación del que se encuentra privado de trabajo. **3.** Huelga, cesación voluntaria en el trabajo por común acuerdo de obreros o empleados. **4.** Suspensión o finalización de la jornada laboral. • **Seguro de paro**, ayuda económica que se da a los parados, instituida por muchos gobiernos con carácter obligatorio.

PARODIA n. f. (gr. *paroïdía*). Imitación burlesca de una obra o del estilo de un escritor. **2.** Cualquier imitación burlesca de algo.

PARODIAR v. tr. [1]. Hacer una parodia. **2.** Imitar, remedar.

PARONIMIA n. f. Circunstancia de ser parónimos dos o más vocablos.

PARÓNIMO, A adj. y n. m. Dícese de los vocablos parecidos por su forma, ortografía o sonoridad.

PARONOMASIA o **PARANOMASIA** n. f. Semejanza fonética entre dos o más vocablos, por ej.: entre *roja* y *reja, tejo* y *tajo, espaldilla* y *espadilla*. **2.** Conjunto de vocablos que forman paronomasia. **3.** RET. Figura que consiste en la combinación de palabras fonéticamente semejantes.

PARÓTIDA n. f. ANAT. Glándula salival de la parte más lateral y posterior de la boca.

PAROTIDITIS n. f. Enfermedad contagiosa debida a un virus, que ataca especialmente a los niños y se manifiesta por una hinchazón de las glándulas parótidas. SIN.: paperas.

PAROXISMO n. m. (gr. *paroxysmos*). Exacerbación o acceso violento de una enfermedad. **2.** *Fig.* Exaltación violenta de un afecto o pasión.

PARPADEAR v. intr. [1]. Mover los párpados. **2.** Oscilar o titilar una luz o un cuerpo luminoso.

PARPADEO n. m. Movimiento rápido y repetido, que consiste en el cierre y abertura sucesivos de los párpados. **2.** Acción de parpadear una luz o un cuerpo luminoso.

PÁRPADO n. m. Revestimiento cutáneo, móvil, que protege la parte anterior de los globos oculares.

PARQUE n. m. (fr. *parc*). Terreno cercado, con variedad de árboles y plantas, destinado a recreo. **2.** Conjunto de las máquinas, aparatos, vehículos, etc., pertenecientes a una empresa u organismo, o destinados a un servicio público: *parque de incendios*. **3.** Parte de una fábrica o factoría, generalmente al aire libre, donde se almacenan materias primas, lingotes, piezas de forja, etc.: *parque de chatarra*. **4.** Pequeño recinto protegido de diversas formas donde se coloca a los niños pequeños para que jueguen. **5.** *Argent.* y *Méx.* Conjunto de municiones de que dispone un ejército o grupo de soldados. • **Parque de atracciones**, terreno cercado en el que hay varias atracciones. ‖ **Parque de estacionamiento**, zona dedicada al estacionamiento de vehículos. ‖ **Parque móvil**, conjunto de material rodante, propiedad del estado o de algún organismo. ‖ **Parque nacional**, área donde se protegen estrictamente la flora y la fauna. ‖ **Parque zoológico**, aquel en que se conservan, cuidan o crían fieras y animales no comunes.

PARQUEADERO n. m. *Colomb.* y *Pan.* Aparcamiento.

PARQUEAR v. tr. [1]. *Amér.* Aparcar.

PARQUEDAD n. f. Calidad de parco.

PARQUET o **PARQUÉ** n. m. (pl. *parquets* o *parqués*). Entarimado formado con tablas estrechas y pulimentadas, dispuestas regularmente en composiciones geométricas. **2.** En el salón de contratación de la bolsa, recinto reservado a los agentes.

PARRA n. f. Vid, especialmente la que está levantada artificialmente y extiende mucho sus vástagos. **2.** *Amér. Central.* Especie de bejuco que destila un agua que beben los caminantes.

PARRA (Ana Teresa **Parra Sanojo**, llamada **Teresa de la**), escritora venezolana (París 1890-Madrid 1936). Cultivó la novela social de inspiración autobiográfica *(Memorias de Mamá Blanca*, 1929).

PARRA (Aquileo), político colombiano (Barichara, Santander, 1825-Pacho, Cundinamarca, 1900), presidente del país (1876-1878) se enfrentó a una guerra civil.

PARRA (Nicanor), poeta chileno (Chillán 1914). En 1937 publicó *Cancionero sin nombre*. En *Poemas y antipoemas* (1954) aparecen rasgos de un humor cáustico y directo. *Sermones y prédicas del Cristo de Elqui* (1977) es una poesía dolorosa. (Premio Reina Sofía de Poesía Iberoamericana 2001.) — Su hermana **Violeta** (San Carlos, Ñuble, 1917-Santiago 1966), cantautora de temática social, realizó una gran labor de investigación musical.

PARRAFADA n. f. Párrafo largo en discurso, conversación, impresos, etc. **2.** *Fam.* Conversación larga y confidencial.

PÁRRAFO n. m. (lat. *paragraphum*). Cada una de las divisiones de un escrito señaladas por letra mayúscula al principio del renglón y punto y aparte al final del trozo de escritura. **2.** Signo ortográfico (§) con que se denota cada una de estas divisiones.

PARRAL n. m. Conjunto de parras sostenidas con una armazón adecuada. **2.** Sitio donde hay parras.

PARRAL, c. de Chile (Maule), a orillas del río *Perquilauquén*; 38 044 hab. Centro comercial e industrial.

PARRANDA n. f. Juerga, especialmente la que se hace yendo de un sitio a otro. **2.** Reunión de músicos que salen de noche tocando o cantando para divertirse.

PARRANDEAR v. intr. [1]. Ir de parranda.

PARRICIDA n. m. y f. Persona que comete parricidio.

PARRICIDIO n. m. DER. Delito que comete el que mata a su padre, madre o hijo, o a cualquier otro de sus ascendientes o descendientes legítimos o ilegítimos, o a su cónyuge.

PARRILLA n. f. Utensilio de hierro en forma de rejilla, que se coloca sobre el fuego para asar o tostar los alimentos. **2.** Establecimiento especializado en asar alimentos con este utensilio. **3.** DEP. Posición de salida a la que se hacen acreedores los pilotos en las competiciones automovilísticas de velocidad, en orden a los tiempos registrados en los entrenamientos previos.

PARRILLADA n. f. Plato compuesto por diversas clases de pescados, o carnes, asados a la parrilla. **2.** *Argent.* y *Chile.* Asado de carne e interiores de vacuno, preparado en una parrilla al aire libre.

PÁRROCO n. m. y adj. Sacerdote encargado de una parroquia.

PARROQUIA n. f. Iglesia que tiene a su cargo la jurisdicción espiritual de determinado territorio, parte de una diócesis. **2.** Territorio de esta iglesia. **3.** Comunidad de fieles de dicha iglesia. **4.** *Fig.* Clientela. **5.** En Asturias y Galicia, división administrativa menor en la que se dividen los municipios. **6.** En el Distrito Federal de Venezuela, división administrativa equivalente al municipio. **7.** En Ecuador, división administrativa menor en que se subdivide el cantón. **8.** Célula elemental de la sociedad rural, constituida por un conjunto de aldeas colocadas bajo la advocación de una iglesia.

PARROQUIANO, A adj. y n. Relativo a determinada parroquia. ♦ n. **2.** Cliente de una tienda o establecimiento.

PARSEC n. m. (contracción de *paralaje* y *segundo*). Unidad de distancia usada en astronomía, que corresponde a la distancia de la Tierra de una estrella cuyo paralaje anual es igual a un segundo de grado, y que equivale a 3,26 años luz.

PARSIMONIA n. f. (lat. *parsimoniam*, economía). Moderación, especialmente en los gastos. **2.** Calma, flema.

PARSIMONIOSO, A adj. Que actúa con parsimonia.

PARTE n. f. (lat. *partem*). Porción de un todo. **2.** Elemento que forma parte de un conjunto. **3.** Cantidad que corresponde a cada uno en cualquier distribución. **4.** Sitio o lugar. **5.** Cada una de las personas, equipos, ejércitos, etc., que dialogan, se oponen, luchan o contienden. **6.** Cada una de las personas o grupos que contratan o negocian algo. **7.** Cada división importante que comprende otras menores, y que suelen tener las obras literarias, científicas, etc. **8.** En una obra teatral, papel representado por cada actor. **9.** DER. Cada una de las personas que tienen participación o interés en un acto jurídico plural: *la parte contratante*. • **Conjunto de las partes de un conjunto** (MAT.), conjunto constituido por todas las partes que pueden formarse con los elementos de un conjunto dado. ‖ **Dar parte**, comunicar un aviso o noticia, particularmente a la autoridad; dar participación en un negocio. ‖ **De,** o **por mi, tu,** etc., **parte,** por lo que a esta persona respecta, no siendo un asunto exclusivamente suyo. ‖ **Parte de la oración,** en la gramática tradicional, cada una de las clases de palabras que integran el sistema de una lengua. ‖ **Parte de un conjunto** (MAT.), subconjunto de un conjunto dado. ‖ **Parte del mundo** (GEOGR.), cada uno de los seis grandes sectores en que se considera dividida la Tierra. ‖ **Ponerse de parte de**, adherirse a su opinión. ‖ **Por otra parte**, además. ♦ n. m. **10.** Comunicación enviada o recibida, generalmente de tipo oficial: *parte de guerra; parte meteorológico*. **11.** Papel en que está consignada. ♦ **partes** n. f. pl. **12.** *Fam.* Órganos de la generación.

PARTENOGÉNESIS n. f. Reproducción a partir de un óvulo o de una oosfera no fecundados.

PARTERRE n. m. (voz francesa). Macizo o cuadro de jardín con césped y flores.

PARTICIÓN n. f. Acción y efecto de partir o repartir. • **Partición de un conjunto** (MAT.), familia de partes no vacías de dicho conjunto, disjuntas dos a dos y cuya reunión es igual al conjunto.

PARTICIPACIÓN n. f. Acción y efecto de participar. **2.** Parte que se juega en un décimo de la lotería y papel en que consta. **3.** Escrito en que se comunica un acontecimiento.

PARTICIPANTE adj. y n. m. y f. Que participa.

PARTICIPAR v. tr. (lat. *participare*) [1]. Comunicar, informar. ♦ v. intr. **2.** Tomar parte, intervenir. **3.** Recibir una parte de algo. **4.** Compartir, tener en común una particular cualidad, carácter, opinión, etc.

PARTÍCIPE adj. y n. m. y f. Que tiene o participa en algo con otros.

PARTICIPIO n. m. (lat. *participium*, que participa). Forma nominal del verbo con carácter adjetival.

PARTÍCULA n. f. (lat. *particulam*). Parte pequeña. **2.** GRAM. Nombre genérico que se aplica a los elementos de relación o modificación invariables, cuya función en la frase es primordialmente sintáctica o pragmática y no semántica, y a elementos que entran en la formación de ciertas palabras. • **Partícula elemental,** o **fundamental,** constituyente fundamental de la materia (electrón, quark, etc.) o de la luz (fotón) que aparece en el estado actual de los conocimientos, como no capaz de descomponerse en otros elementos.

PARTICULAR adj. Propio, peculiar de una persona o cosa. **2.** Raro, no corriente, no ordinario. **3.** Propio, poseído por una persona o reducido número de individuos. **4.** Que tiene carácter privado, no oficial: *audiencia particular.* **5.** Concreto, determinado: *caso particular.* • **En particular,** especialmente. ♦ adj. y n. m. y f. **6.** Dícese de las personas sin títulos o cargo oficial. ♦ n. m. **7.** Asunto, materia de que se trata. ‖ **Sin otro particular,** sin más que decir o añadir; con el exclusivo objeto de.

PARTICULARIDAD n. f. Carácter particular de una cosa. **2.** Detalle particular.

PARTICULARIZAR v. tr. [**1g**]. Expresar una cosa con todas sus particularidades. **2.** Mostrar preferencia por alguien determinado. ♦ v. tr. y pron. **3.** Distinguir, singularizar.

PARTIDA n. f. Acción de partir o marcharse. **2.** Cierta cantidad de una mercancía que se entrega o se manda de una vez: *una partida de azúcar.* **3.** Conjunto de personas reunidas para algún fin: *partida de facciosos.* **4.** Cada una de las cantidades parciales o apartados que contiene una cuenta o presupuesto. **5.** Registro en los libros de bautismo, confirmación, matrimonio o entierro que figura escrito en los libros de las parroquias o del registro civil, y copia certificada que se da de tales asientos. **6.** Cada una de las manos de un juego o el conjunto de las mismas. **7.** *Fig.* Muerte. **8.** MIL. Guerrilla, tropas de escasa importancia numérica o paisanos armados que operan libremente en tiempo de guerra, sin sujeción a un mando militar superior.

PARTIDARIO, A adj. y n. Dícese de la persona que, por estar de acuerdo con algo o alguien, lo sigue, defiende y ayuda.

PARTIDISMO n. m. Celo exagerado a favor de un partido, tendencia u opinión. **2.** Parcialidad.

PARTIDISTA adj. y n. m. y f. Relativo al partidismo; que actúa con partidismo.

PARTIDO n. m. Cada uno de los grupos en que se divide una comunidad, en oposición de ideas y tendencias con otros: *partido político.* **2.** Persona casadera con relación respecto a las ventajas de su situación: *un buen partido.* **3.** Provecho, conveniencia. **4.** Competición deportiva. **5.** Organización de personas, con carácter estable, destinada a adquirir el poder para ejercer desde él un programa político general. **6.** En la provincia de Buenos Aires, división administrativa menor equivalente al departamento en el resto del país. • **Partido judicial,** unidad territorial que comprende varios pueblos, donde uno ejerce jurisdicción un juez de primera instancia.

PARTIR v. tr. [**3**]. Separar en partes. **2.** Repartir, distribuir. **3.** Compartir, dar parte de lo que se tiene. **4.** *Fig.* y *fam.* Causar a alguien un perjuicio o contrariedad. **5.** Romper las cáscaras o huesos de algunos frutos: *partir nueces.* **6.** MAT. Dividir, cuarta regla matemática. • **A partir de,** desde; tomando como base lo que se expresa a continuación. ♦ v. tr. y pron. **7.** Hender, rajar. ♦ v. intr. **8.** *Fig.* Tomar un antecedente cualquiera como base para un razonamiento, cálculo, etc. ♦ v. intr. y pron. **9.** Alejarse de un lugar, ponerse en camino: *partiremos al amanecer.* ♦ **partirse** v. pron. **10.** Dividirse en opiniones o parcialidades, desavenirse.

PARTISANO, A n. Miembro de un grupo de gente civil, organizado para la resistencia clandestina armada contra el ejército ocupante o la autoridad constituida.

PARTITIVO, A adj. Que puede partirse o dividirse. ♦ adj. y n. m. **2.** Dícese de la partícula, complemento, caso o construcción gramatical que indica que se toma una parte del todo significado por otro elemento.

PARTITURA n. f. (voz italiana). Cuaderno o volumen de música en cuyas páginas se encuentran todas las partes vocales o instrumentales de una composición.

PARTO n. m. (lat. *partum*). Expulsión o extracción del claustro materno del feto viable y sus anexos. **2.** *Fig.* Creación de la mente humana, de la inteligencia, etc.

PARTURIENTA n. f. y adj. Dícese de la mujer que está pariendo o acaba de parir.

PARVADA n. f. *Méx.* Bandada.

PARVEDAD n. f. Calidad de parvo.

PARVO, A adj. (lat. *parvum*). Pequeño. **2.** Escaso en cantidad o número.

PARVULARIO n. m. Centro de enseñanza preescolar.

PÁRVULO, A adj. y n. (lat. *parvulum*). Dícese del niño pequeño, de edad comprendida entre los tres y los seis años.

PASA n. f. y adj. Uva seca, enjugada naturalmente en la vid, o artificialmente al sol o por otros procedimientos.

PASABLE adj. Mediano, intermedio. **2.** Aceptable.

PASABOCAS n. m. pl. *Colomb.* Pequeñas cantidades de comida que se toman generalmente acompañadas de alguna bebida, tapas.

PASACALLE n. m. Marcha popular, de compás muy vivo. **2.** Danza cortesana de compás ternario.

PASADA n. f. Acción de pasar o pasarse. **2.** Mano, cada operación que se hace de una vez en algún trabajo y que se realizan varias repetidas. **3.** *Fig.* y *fam.* Jugada, acción mal intencionada que perjudica a alguien: *le han jugado una mala pasada.* **4.** Puntada larga en el cosido. **5.** En las labores de punto, vuelta, fila de puntos que se hacen seguidos de un lado a otro. **6.** *Fam.* y *vulg.* Acción exagerada. • **De pasada,** sin dedicarle mucha atención, superficialmente.

PASADENA, c. de Estados Unidos (California), cerca de Los Ángeles; 131 591 hab. Centro de investigaciones espaciales (*jet propulsion laboratory*). Museo. — En las proximidades, observatorio del monte Wilson (alt. 1740 m).

PASADERO, A adj. Que se puede pasar con facilidad. **2.** Pasable.

PASADIZO n. m. Cualquier paso estrecho, y generalmente corto, que sirve para pasar de un sitio a otro, atajando camino.

PASADO, A adj. Aplicado a un nombre de tiempo, el inmediatamente anterior: *el mes pasado.* **2.** Estropeado por ser no reciente. **3.** Falto de actualidad. ♦ n. m. **4.** Tiempo que transcurrió. **5.** Conjunto de hechos relativos a una persona o colectividad en tiempo anterior al presente: *renegar una persona de su pasado.* **6.** GRAM. Pretérito.

PASADOR n. m. Imperdible que se sujeta en el uniforme, y sirve para llevar condecoraciones y medallas. **2.** Alfiler o pinza utilizado para sujetar el pelo o como adorno de la cabeza. **3.** Especie de prendedor con el que se sujeta la corbata a la camisa. **4.** Barreta corrediza para asegurar una puerta. **5.** Utensilio de cocina, generalmente cónico, que sirve para colar. **6.** Pequeña clavija de metal que se introduce en el extremo de ciertas piezas para fijarlas y asegurarlas a otras que aquéllas atraviesan o en las que se encajan.

PASAJE n. m. Paso, acción de pasar. **2.** Sitio por donde se pasa. **3.** Billete para un viaje en barco o en avión. **4.** Conjunto de pasajeros de un mismo barco o avión. **5.** Fragmento con unidad de sentido de una obra literaria o musical. **6.** Calle estrecha y corta de paso entre dos calles. **7.** Callejón con una sola salida. **8.** Danza típica de Colombia.

PASAJERO, A adj. Que dura poco tiempo, que pasa pronto. **2.** Dícese del sitio o lugar por donde pasa continuamente mucha gente. ♦ n. **3.** Viajero que va en un vehículo público, o en un barco o en un avión sin pertenecer a la tripulación. **4.** *Argent., Chile* y *Colomb.* Persona que está de tránsito y se aloja en un hotel.

PASAMANO o **PASAMANOS** n. m. Barandal, listón que sujeta por encima de los balaustres.

PASAMONTAÑAS n. m. pl. *pasamontaña*). Prenda para abrigar la cabeza y que la cubre toda, excepto los ojos y la nariz.

PASANTE n. m. Auxiliar que trabaja con un jurista para adquirir práctica en su profesión.

PASAPORTE n. m. (fr. *passeport*). Documento extendido por la autoridad para permitir a una persona el paso de un estado a otro. **2.** *Fig.* Permiso para hacer algo. • **Dar pasaporte** a uno, despedirle, echarle de algún sitio; matarle.

PASAR v. intr. [**1**]. Con relación a lo que está activo, moverse, trasladarse de un lugar a otro: *ver pasar la gente.* **2.** Ir a un sitio sin detenerse en él mucho tiempo: *ayer pasó por casa.* **3.** Poder algo por sus dimensiones atravesar determinado espacio o abertura: *no pasar por una puerta.* **4.** Cambiar de actividad, estado o condición. **5.** Cambiar en la opinión que se expresa. **6.** Cesar, acabarse una cosa. **7.** Suceder, ocurrir. **8.** Transcurrir el tiempo: *pasar los años.* **9.** Seguir viviendo, actuando, etc., aunque precariamente y con dificultades. **10.** Estar algo todavía en condiciones de ser utilizado. **11.** Ser admitido algo y poder seguir su curso. **12.** *Fam.* No preocuparse seriamente de algo, mantener una actitud indiferente: *pasar de los estudios.* **13.** En el dominó y ciertos juegos de naipes, no jugar por carecer de la ficha o carta requerida. **14.** En ciertos juegos de naipes, hacer más tantos de los requeridos para ganar, y, por tanto, perder la partida. **15.** No apostar. • **Pasar a mejor vida,** morir. ‖ **Pasar de largo,** no entrar o detenerse. ‖ **Pasar por encima,** superar a los obstáculos que se oponen a la realización de algo. ♦ v. tr. **16.** Trasladar una cosa de un sitio a otro próximo. **17.** Hacer cambiar de posición o correr sucesiva y ordenadamente cada uno de los elementos de una serie o conjunto. **18.** Alargar, coger algo y darlo a otro que está más lejos. **19.** Introducir, meter dentro. **20.** Mover o llevar una cosa por el lugar que se expresa. **21.** Tragar, ingerir. **22.** Colar, filtrar. **23.** Tolerar, perdonar. **24.** Sobrepasar, ir más allá de cierto punto o límite. **25.** Superar una prueba: *pasar un examen.* **26.** Padecer, soportar: *pasar penalidades.* **27.** Permanecer determinado tiempo en el lugar o de la manera que se expresa: *pasar unos días en el campo.* **28.** Recorrer, leyendo o estudiando, un libro o tratado: *no ha pasado todos los libros que tratan del tema.* **29.** Leer o rezar sin atención: *pasar el rosario.* **30.** En ciertos deportes, entregar la pelota, bola, balón, etc., a un compañero. **31.** Proyectar una película cinematográfica. **32.** Introducir o extraer géneros de contrabando, o que adeuden derechos, sin registro. **33.** *Méx.* Ensayar parte o la totalidad de una obra teatral: *Vamos a pasar la primera escena.*

PAS

Pasar por las armas, fusilar. ♦ v. tr. e intr. **34.** Atravesar, cruzar: *pasar el río a nado.* **35.** Transmitir o transferir algo de un sujeto a otro: *sus bienes pasarán a sus hijos.* ♦ v. tr. y pron. **36.** Exceder, aventajar. **37.** Hacer deslizar algo sobre una superficie: *pasar la mano por la frente.* ♦ v. intr. y pron. **38.** Cesar, tener fin. ♦ **pasarse** v. pron. **39.** Tomar un partido contrario al que antes se tenía, o ponerse de la parte opuesta: *pasarse al enemigo.* **40.** Olvidarse, borrarse de la memoria una cosa. **41.** Perder la sazón o empezarse a estropear las frutas, carnes, etc. **42.** Dejar alguien pasar una ocasión, una oportunidad. **43.** Excederse, exagerar.

PASARELA n. f. Puente estrecho y pequeño para salvar un espacio. **2.** Pasillo estrecho y algo elevado destinado al desfile de artistas, modelos, etc., para ser contemplados por el público.

PASATIEMPO n. m. Diversión, entretenimiento.

PASCAL n. m. (de B. Pascal). Unidad de medida de presión (símbolo Pa), equivalente a la presión uniforme que, actuando en una superficie plana de 1 metro cuadrado, ejerce una fuerza total de 1 newton sobre dicha superficie.

PASCAL (Blaise), matemático, físico, filósofo y escritor francés (Clermont-Ferrand 1623-París 1662). Investigó, entre otros temas, el vacío, la presión atmosférica, los líquidos y el cálculo de probabilidades. Desde 1646 entró en contacto con el jansenismo. Escribió *Las provinciales* (1656-1657), cartas contra los jesuitas, y una apología de la religión cristiana (*Pensamientos*, 1670).

PASCANA n. f. *Amér. Merid.* Jornada, etapa de un viaje. **2.** *Argent., Bol.* y *Perú.* Posada, mesón.

PASCO (nudo de), relieve montañoso de Perú. Constituye una cordillera que en la actualidad recibe el nombre de Huayhuash.

PASCO (*departamento de*), dep. de Perú central (Andrés A. Cáceres); 25 320 km²; 287 660 hab. Cap. Cerro de Pasco.

PASCUA n. f. (lat. *pascham*). Fiesta solemne celebrada con los judíos el día catorce de la primera luna de su año religioso, en memoria de su salida de Egipto. **2.** Fiesta solemne celebrada todos los años por los cristianos, en memoria de la resurrección de Cristo. (Con este significado suele escribirse con mayúscula.) SIN.: *Pascua de Resurrección, Pascua florida*. • **Hacer la pascua**, fastidiar a alguien. • **pascuas** n. f. pl. **3.** Nombre que se da a las fiestas que se celebran con motivo de Navidad, Pascua y Pentecostés. ‖ **De pascuas a ramos** (*Fam.*), con poca frecuencia.

PASCUA (*isla de*) o **RAPA NUI**, isla de Chile (Valparaíso), en el Pacífico, a 3200 km de la costa continental; 163,6 km²; 2770 hab. Cap. *Hanga Roa*. Parque nacional. Turismo. Gigantescas esculturas (*moai*) talladas en piedra volcánica, que eran anteriores a la colonización polinésica (c. s. v d. J.C.).

PASCUERO, A adj. *Chile.* Perteneciente o relativo a la pascua. • **Viejito pascuero** (*Chile*), Papá Noel, Santa Claus.

PASE n. m. Acción y efecto de pasar: *pase de modelos, de una película.* **2.** Licencia por escrito para pasar géneros de un lugar a otro, para transitar por algún sitio, para entrar en un lugar o para viajar gratuitamente. **3.** Permiso dado por quien tiene autoridad para que se use de un privilegio o favor especial. **4.** En ciertos deportes y juegos, acción y efecto de pasar. **5.** Movimiento que hace con las manos el magnetizador o hipnotizador: *pases magnéticos.* **6.** Lance o suerte de muleta en el que se mueve el trapo de sitio mientras que el torero permanece parado. **7.** Lance de capa que ejecuta el torero.

PASEANDERO, A adj. y n. *Argent., Chile, Par., Perú* y *Urug.* Dícese de los personas a las que les gusta pasear o lo hacen con frecuencia.

PASEANTE adj. y n. m. y f. Que pasea o se pasea. **2.** Dícese de la persona desocupada.

PASEAR v. intr., tr. y pron. [1]. Ir andando por placer o por hacer ejercicio, generalmente al aire libre y sin una meta precisa. **2.** Ir con el mismo fin, a caballo, en coche, etc. ♦ v. tr. **3.** Hacer pasear: *pasear a un niño.* **4.** *Fig.* Llevar de una parte a otra, exhibir: *pasear la bandera por la calle.* ♦ **pasearse** v. pron. **5.** *Fig.* Tratar de una materia vagamente o pensar en algo sin profundizar en ello. **6.** *Fig.* Estar ocioso.

PASEO n. m. Acción y efecto de pasear: *dar un largo paseo.* **2.** Lugar a propósito para pasear: *paseo concurrido.* **3.** Distancia corta. **4.** Desfile que efectúan las cuadrillas y en el que da comienzo la corrida de toros. SIN.: *pasello.*

PASIFLORA n. f. Planta herbácea o leñosa, de flores grandes, brillantes, de color rosado, rojo o purpúreo y agrupadas en pedúnculos uniflores. SIN.: *flor de la pasión, pasionaria.*

PASIFLORÁCEO, A adj. y n. f. Relativo a una familia de plantas, de ordinario trepadoras, y todas ellas de las regiones tropicales.

PASILLO n. m. Pieza de paso, estrecha y generalmente larga, del interior de un edificio o de una casa, que comunica unas habitaciones con otras. **2.** Paso que rodea los palcos, la orquesta y la platea en los teatros. **3.** Baile colombiano de carácter vivo y gracioso, que se danza también en Venezuela y en Ecuador.

PASIÓN n. f. (lat. *passionem*). Inclinación impetuosa de la persona hacia lo que desea. **2.** Emoción fuerte y continua que domina la razón y orienta toda la conducta. **3.** Objeto de este intenso sentimiento. **4.** Afición exagerada: *tener la pasión del juego.* **5.** REL. Conjunto de los acontecimientos de la vida de Jesucristo, desde su detención hasta su muerte. (Con este significado se escribe con mayúscula.) SIN.: *Pasión de Cristo.*

PASIÓN (*río de la*), r. de Guatemala (Petén), afl. del Usumacinta; 300 km. En su curso alto recibe los nombres de Santa Isabel y Cancuén.

PASIONARIA n. f. Nombre con el que se designan también las pasifloras.

PASIVIDAD n. f. Calidad de pasivo.

PASIVO, A adj. (lat. *passivum*, que soporta). Que recibe la acción, por oposición al sujeto o agente de la realiza: *una enseñanza pasiva.* **2.** Que permanece inactivo y deja obrar a los otros: *comportamiento pasivo.* **3.** DER. Dícese de los haberes o pensiones que se reciben por servicios prestados o por un familiar fallecido: *cobrar clases pasivas.* ♦ adj. y n. f. **4.** LING. Dícese de las formas verbales compuestas por el auxiliar *ser*, el participio de pasado del verbo activo y, eventualmente, un complemento agente, que representa el sujeto de la frase activa correspondiente. **5.** LING. Dícese del conjunto de estas formas verbales: *verbo pasivo; voz pasiva; oración pasiva; la pasiva refleja.* ♦ n. m. **6.** Conjunto de deudas y obligaciones de una persona o de un sujeto económico: *el pasivo de una empresa.* **7.** DER. Conjunto de fondos propios, deudas y resultados que aparecen en un balance.

PASMADO, A adj. Alelado, absorto o distraído: *quedarse pasmado.*

PASMAR v. tr. y pron. [1]. Enfriar mucho o bruscamente; helarse. **2.** Producir un pasmo o enfriamiento. **3.** Causar un desmayo. ♦ v. tr., intr. y pron. **4.** *Fig.* y *fam.* Asombrar mucho.

PASMO n. m. Enfriamiento, catarro con dolor de huesos y otras molestias. **2.** *Fig.* Admiración o asombro muy grande, que deja sin saber qué hacer o qué decir.

PASMÓN, NA adj. y n. Torpe, que parece estar siempre asombrado.

PASMOSO, A adj. Que produce pasmo o asombro: *tranquilidad pasmosa.*

PASO n. m. (lat. *passum*). Acción de pasar. **2.** Movimiento de cada uno de los pies al andar. **3.** Espacio recorrido con este movimiento: *el salón mide diez pasos.* **4.** Marcha, forma o modo de andar: *ir a buen paso.* **5.** Pisada, señal dejada por los pies al andar: *descubrir pasos en la arena.* **6.** Sitio por donde se pasa o se puede pasar: *¡apártate del paso!* **7.** Desfiladero, garganta entre dos elevaciones; estrecho. **8.** El más lento de los aires naturales del caballo: *pasar del trote al paso.* **9.** *Fig.* Diligencia, gestión que se realiza para la consecución de alguna cosa: *dar los pasos necesarios para conseguir un trabajo.* (Suele usarse en plural.) **10.** *Fig.* Progreso conseguido en cualquier cosa. **11.** *Fig.* Trance, situación crítica o difícil por la que se pasa. **12.** Cada uno de los avances que realiza un aparato contador. **13.** En las máquinas eléctricas, distancia entre varios elementos medida sobre la periferia del inducido. **14.** Cruce de dos vías de comunicación en carreteras, caminos, ferrocarriles, etc. **15.** Distancia entre dos irregularidades consecutivas que se repiten periódicamente y que, en el caso de tornillos, hélices, etc., equivale al avance longitudinal al dar estos mecanismos un giro completo. **16.** Obra dramática corta, de carácter cómico. • **A pasos agigantados**, con gran rapidez. ‖ **Abrir**, o **abrirse paso**, quitar los obstáculos que impiden pasar por un sitio; conseguir situarse en la vida; imponerse, triunfar. ‖ **De paso**, al ir a otra parte, incidentalmente; al mismo tiempo. ‖ **Paso a nivel**, lugar en que una vía férrea cruza con un camino o carretera al mismo nivel. ‖ **Paso a paso**, con lentitud, despacio. ‖ **Paso de peatones**, zona señalada por donde los peatones deben cruzar una calle, avenida o plaza. ‖ **Salir al paso**, salir al encuentro de alguien para detenerle o interpelarle; contradecirle, replicarle en lo que dice o intenta. ‖ **Salir del paso** (*Fam.*), librarse de cualquier manera de un asunto, compromiso, dificultad, etc. ‖ **Seguir los pasos**, espiar o vigilar a alguien; imitarle en sus acciones. ♦ **pasos** n. m. pl. **17.** En baloncesto, falta en que incurre el jugador de tres o más pasos consecutivos, mueve el pie pivot o se desliza, reteniendo la pelota.

PASO adv. En voz baja: *hablar muy paso.*

PASO (Fernando **del**), escritor mexicano (México 1935). En sus novelas, *José Trigo* (1966) y *Palinuro de México* (1980), se aprecian influencias de Rabelais y Joyce. Ha escrito también novela histórica (*Noticias del imperio*, 1987) y poesía.

PASO (Juan José), político argentino (Buenos Aires 1758-*id.* 1833), integrante de los dos primeros triunviratos (1811-1815) y redactor del proyecto de constitución de 1819.

PASO DE LOS LIBRES, dep. de Argentina (Corrientes); 41 126 hab. El *puente internacional Paso de los Libres*, sobre el río Uruguay, comunica con la ciudad brasileña de Uruguayana.

PASO DE LOS TOROS, ant. **Santa Isabel**, c. de Uruguay (Tacuarembó), a orillas del río Negro; 12 695 hab. Embalse del Rincón del Bonete.

PASO DEL NORTE → Juárez.

PASO Y TRONCOSO (Francisco **del**), historiador mexicano (Veracruz 1842-Florencia 1916). Publicó numerosa documentación inédita e investigó sobre el período colonial en Nueva España (*Epistolario de la Nueva España*, 16 vols.).

PASODOBLE n. m. Música y danza de ritmo vivo, escrita en compás de dos tiempos.
PASOLINI (Pier Paolo), escritor y director de cine italiano (Bolonia 1922-Ostia 1975). Sus poemas, sus novelas y sus películas (*El evangelio según San Mateo*, 1964; *Teorema*, 1968; *El decamerón*, 1971) llevan la impronta de una personalidad desgarrada y contradictoria.
PASOS (Joaquín), escritor nicaragüense (Granada 1914-Managua 1947). Destacó por su poesía vanguardista, recogida póstumamente (*Poemas de un joven*, 1962).
PASPADURA n. f. *Argent.*, *Par.* y *Urug.* Agrietamiento o excoriación de la piel.
PASQUÍN n. m. (de *Pasquino*, fragmento de un grupo escultórico). Escrito anónimo colocado en lugares públicos con carácter clandestino y con un contenido crítico contra el poder establecido o las instituciones.
PASTA n. f. (bajo lat. *pasta*). Masa de harina trabajada con manteca o aceite y otros ingredientes, como azúcar, huevos, etc. **2.** Sustancia más o menos consistente para elaborar productos alimenticios, farmacéuticos, técnicos, etc.: *sopa de pasta; pasta dentífrica; pasta de arcilla, de pegar.* **3.** Cualquiera de los productos elaborados con masa de harina de trigo y agua y dejados desecar, como fideos, macarrones, etc. SIN.: *pasta alimenticia.* **4.** Pieza pequeña de pastelería, como las que se toman en el aperitivo, con el té, etc. **5.** Encuadernación hecha con cartón forrado de tela o de piel: *cubiertas de pasta.* **6.** *Fig.* y *fam.* Dinero. **7.** *Fig.* y *fam.* Natural, temperamento, talante, disposición natural, madera. (Úsase como n. m. en la loc. *tener pasta.*) **8.** *Argent.* Temperamento, talante, disposición natural, madera. (Úsase como n. m. en la loc. *tener pasta.*)
PASTAR v. intr. v tr. [1]. Pacer. ◆ v. tr. **2.** Llevar o conducir el ganado al pasto.
PASTAZA, r. de Ecuador y Perú, afl. del Marañón (or. izq.); 600 km aprox. Nace en la región andina ecuatoriana y penetra en territorio brasileño.
PASTAZA (provincia de), prov. del E de Ecuador; 29 870 km²; 41 811 hab. Cap. Puyo.
PASTEL n. m. Masa de harina o fécula, manteca o mantequilla, huevos, azúcar, etc., que se adorna o rellena, generalmente, de nata, crema, chocolate, frutas, etc., y a veces de carne o pescado, y se cuece después al horno. **2.** *Fam.* Chanchullo, manejo. **3.** *Fig.* y *fam.* Chapucería. **4.** B. ART. Lápiz constituido básicamente con pasta acuosa de carbonato de calcio, pigmentada con diversos colores.
PASTELEAR v. intr. [1]. *Fam.* Contemporizar por conveniencia.
PASTELEO n. m. Acción y efecto de pastelear.
PASTELERÍA n. f. Arte de elaborar pasteles, tartas y toda clase de dulces. **2.** Comercio o lugar donde se preparan y venden estos productos. **3.** Conjunto de pasteles o tartas.
PASTELERO, A n. Persona que hace o vende pasteles. **2.** *Fig.* y *fam.* Persona que transige o contemporiza demasiado.
PASTELÓN n. m. *Chile.* Loseta grande que se emplea para la pavimentación.
PASTERNAK (Borís Leonídovich), escritor ruso (Moscú 1890-Peredélkino 1960). Poeta futurista (*Mi hermana la vida*, 1922), publicó en Italia, sin autorización de la U.R.S.S., una novela, *El doctor Zhivago* (1957), que desencadenó contra él una dura campaña de críticas. Se vio obligado a rechazar el premio Nobel que le fue concedido en 1958. Este mismo año fue expulsado de la Unión de escritores de la U.R.S.S.; fue rehabilitado en 1987.
PASTEUR (Louis), químico y biólogo francés (Dole 1822-Villeneuve-l'Étang 1895). Efectuó investigaciones sobre estereoquímica y sobre fermentaciones, demostrando que se deben a la acción de microorganismos, e ideó un método para conservar los alimentos (*pasteurización*). Entre 1870 y 1886 se consagró al estudio de las enfermedades infecciosas, y descubrió diversas vacunas. La vacuna contra la rabia (1885) le dio la definitiva celebridad.
PASTICHE n. m. (voz francesa). Imitación o falsificación que consiste en combinar cierto número de motivos tomados de obras de determinado artista, de modo que parezcan una creación independiente.
PASTILLA n. f. Pequeña porción de masa medicinal o aromática, obtenida por moldeo o por corte de las placas de masa: *pastillas para la tos; pastillas de menta.* **2.** Caramelo de café y leche. **3.** Pequeña porción de ciertas sustancias, generalmente de forma cuadrada, rectangular o redonda: *pastilla de chocolate, de jabón.* ◆ **A toda pastilla** (*Fam.*), con gran rapidez.
PASTINA n. f. *Argent.* Mezcla de albañilería para sellar grietas o realizar junturas de mampostería.
PASTIZAL n. m. Terreno abundante en pastos.
PASTO n. m. (lat. *pastum; de pascere,* pacer). Acción de pastar. **2.** Hierba que pace el ganado, o cualquier alimento que le sirve para su sustento. **3.** Sitio en que pasta el ganado. (Suele usarse en plural.) **4.** *Fig.* Materia o cosa sobre la que se ejerce una actividad que la destruye o perjudica: *la casa fue pasto de las llamas.* **5.** *Argent., Chile, Méx.* y *Perú.* Césped. ◆ **A pasto** o **a todo pasto**, mucho, sin restricciones.
PASTO o **COAIQUER**, pueblo amerindio de Colombia (Nariño) y Ecuador (Carchi), de lengua chibcha.
PASTO (nudo de) o **ALTIPLANO DE NARIÑO**, elevación de los Andes, donde convergen los tres ramales andinos centrales, cerca de la frontera entre Colombia y Ecuador.
PASTO o **SAN JUAN DE PASTO**, c. de Colombia, cap. del dep. de Nariño; 244 700 hab. Junto al río Pasto. En el término, laguna de La Cocha y cascada del río Bobo, lugares turísticos. Universidad. Catedral (1667).
PASTOR, RA n. (lat. *pastorem*). Persona que guarda o lleva el ganado a los pastos. ◆ n. m. **2.** Ministro de una Iglesia, especialmente protestante. ◆ **Pastor alemán**, perro de gran tamaño y fuerza y huesos bien proporcionados, caracterizado por su inteligencia y capacidad de aprendizaje.
PASTORAL adj. Pastoril. **2.** REL. Propio de los ministros del culto y, en especial, de los obispos: *visita pastoral.* ◆ **Carta pastoral**, comunicación de un obispo a sus diocesanos sobre algún punto doctrinal o de disciplina.
PASTOREAR v. tr. [1]. Cuidar el ganado llevarlo a los pastos.
PASTORELA n. f. *Méx.* Representación teatral en la que se escenifica el nacimiento del Niño Jesús.
PASTOREO n. m. Acción y efecto de pastorear.
PASTORIL adj. Relativo a los pastores de ganado. **2.** Dícese de las obras líricas, épicas o dramáticas que se desarrollan dentro de un mundo bucólico.
PASTOSO, A adj. De consistencia blanda y moldeable, semejante a la pasta. **2.** Espeso, pegajoso. **3.** Suave, sin resonancia metálica: *voz pastosa.* **4.** *Amér.* Dícese del terreno que tiene muchos pastos.
PASTRANA BORRERO (Misael), político colombiano (Neiva 1924). Presidente de la república por el Partido conservador (1970-1974).
PASTURA n. f. Pasto, hierba que come el ganado. **2.** Sitio donde pasta el ganado.
PATA n. f. Pie y pierna de los animales, que sirven para andar, correr o trepar. **2.** *Fam.* Pie y pierna de las personas. **3.** Pieza que soporta un mueble o un objeto; pie, base o apoyo de algo. **4.** Pato hembra. ◆ **A cuatro patas** (*Fam.*), con las manos y los pies o las rodillas en el suelo. ‖ **Estirar la pata** (*Fam.*), morirse. ‖ **Hacer la pata** (*Chile*), dar coba, adular. ‖ **Hacer pata ancha,** o **la pata ancha** (*Argent. Fam.*), enfrentar un peligro o dificultad. ‖ **Mala pata** (*Fig.* y *fam.*), suerte adversa, mala suerte; falto de gracia o de oportunidad. ‖ **Meter la pata** (*Fam.*), intervenir en algo con inoportunidad o desacierto. ‖ **Pata de gallo**, arruga o surco divergente que con los años se forma en el ángulo externo de cada ojo; planta herbácea, gramínea, con flores en espigas que forman panoja; tela tejida, que presenta dibujos que recuerdan las huellas de las patas de un gallo o gallina. ‖ **Pata de ganso** (*Argent.*), hierba anual de la familia de las gramíneas de hasta 50 cm de alt., propia de las zonas templadas. ‖ **Patas arriba**, al revés, desordenado. ‖ **Verle las patas a la sota** (*Argent.*), darse cuenta de un peligro o adivinar las intenciones de alguien.
PATADA n. f. Golpe dado con el pie o con la pata. ◆ **A patadas** (*Fam.*), con excesiva abundancia; con desconsideración, de modo violento. ‖ **Dar cien patadas** (*Fam.*), desagradar algo o alguien mucho. ‖ **Dar la patada** (*Fam.*), echar a alguien, despedirle de algún trabajo. ◆ **patadas** n. f. pl. **2.** Pasos, gestiones.
PATAGÓN, NA adj. y n. De Patagonia. **2.** Relativo a unos pueblos amerindios pampeanos que habitaban en la Patagonia (tehuelche) y en Tierra del Fuego (ona); individuo de estos pueblos.
PATAGONES, partido de Argentina (Buenos Aires); 27 637 hab. Cab. Carmen de Patagones. Ganadería.
PATAGONIA, región fisiográfica de América del Sur, que se extiende desde el estrecho de Magallanes, al S, hasta el río Colorado en Argentina y la región de Los Lagos en Chile. Atravesada de N a S por los Andes patagónicos, al E desciende hacia el mar en mesetas escalonadas. Ganadería ovina (lana, carne). Hidrocarburos y gas natural.

HISTORIA
1520: llegada de Magallanes. 1561: exploración de Juan Ju're. 1601: derrota de Hernandarias de Saavedra ante los patagones. 1768: el virrey Sotomayor organizó una expedición evangelizadora de jesuitas, que estableció una organización política y administrativa. S. XVIII: se fundó la colonia Carmen de Los Patagones, destruida en las guerras de independencia (1810). 1879-1883: «guerra del desierto», exterminio de los indios nómadas. 1884: Chubut fue declarado territorio de la República Argentina.
PATAGÓNICO, A adj. Relativo a Patagonia o a los patagones.
PATAGUA n. f. *Chile.* Planta filiácea de flores blancas cuya madera se usa en carpintería.
PATALEAR v. intr. [1]. Agitar las piernas o los pies. **2.** Golpear con los pies el suelo, violenta y repetidamente, en señal de enfado o disgusto. **3.** *Fig.* Rabiar.
PATALEO n. m. Acción y efecto de patalear. **2.** Ruido hecho con las patas o con los pies.
PATALETA n. f. Manifestación violenta y poco duradera de un disgusto, producida generalmente por una contrariedad insignificante.
PATÁN n. m. y adj. *Fam.* Hombre rústico e ignorante. **2.** *Fig.* y *fam.* Hombre zafio y grosero.
PATAO n. m. *Cuba.* Pez de color plateado, con el morro abultado, que es comestible.
PATARROYO (Manuel Elkin), médico e inmunólogo colombiano (Ataco 1947),

inventor de una vacuna contra la malaria (1987).
PATASCA n. f. *Argent.* y *Chile*. Guiso de carne de cerdo cocida con maíz. **2.** *Pan.* Pendencia, disputa.
PATATA n. f. (cruce de *papa* y *batata*). Planta herbácea, originaria de América del Sur, de tubérculos comestibles, ricos en almidón, de la familia solanáceas. **2.** Tubérculo de esta planta. • **Patata de mar** (ZOOL.), denominación vulgar de una especie mediterránea de *Microcosmus*, comestible.
PATATE (*hoya del*), hoya del Ecuador, en la región central de los Andes, avenada por el río *Patate*, formador del Pastaza. Fértiles valles.
PATATERO, A adj. y n. Relativo a la patata. **2.** Dícese de la persona a quien le gustan mucho las patatas. **3.** Vendedor o cultivador de patatas.
PATATÚS n. m. (voz onomatopéyica). *Fam.* Desmayo, ataque de nervios. **2.** *Fam.* Impresión, susto.
PATAY n. m. *Amér. Merid.* Pasta seca hecha del fruto del algarrobo.
PATÉ n. m. (voz francesa). Pasta hecha de carne o hígado picado, particularmente de cerdo o de aves.
PATEAR v. tr. [1]. *Fam.* Dar golpes con los pies. **2.** Pisotear alguna cosa maltratándola. **3.** *Fig.* y *fam.* Tratar con desconsideración o malos tratos. ◆ v. intr. **4.** *Fam.* Dar patadas en el suelo en señal de enfado o disconformidad. **5.** *Fig.* y *fam.* Andar mucho, haciendo gestiones para conseguir algo. **6.** *Fig.* y *fam.* Estar muy encolerizado o enfadado.
PATENA n. f. (lat. *patenam*; del gr. *phatnē*, pesebre). LITURG. Recipiente de forma redonda y ligeramente cóncavo, en el que se deposita, durante la misa, el pan destinado a la consagración.
PATENTAR v. tr. [1]. Conceder y expedir patentes. **2.** Obtener patente para un invento o una marca.
PATENTE adj. (lat. *patentem*, de *patere*, extenderse). Manifiesto, visible, claro, evidente. ◆ n. f. **2.** Documento expedido por una autoridad en el que se acredita un derecho o se da permiso para algo. **3.** Derecho que se concede a una persona para la explotación en exclusiva de un invento, con determinadas limitaciones. **4.** Cualquier testimonio que acredita una cualidad o méritos. **5.** *Amér. Merid.* Matrícula de un coche.
PATENTIZAR v. tr. [1g]. Hacer patente o manifiesta una cosa.
PATEO n. m. Acción y efecto de patear.
PATERA n. f. Barca de fondo muy plano para cazar patos en aguas poco profundas.
PATERNA, v. de España (Valencia), cab. de p. j.; 42 855 hab. (*Paterneros.*) Núcleo agrícola e industrial. Cerámica. En los ss. XIII-XVI fue un centro mudéjar de fabricación de loza (*cerámica de Paterna*).
PATERNAL adj. Propio de padre: *casa paternal*. **2.** Como de padre: *hablar en tono paternal*.
PATERNALISMO n. m. Carácter paternal. **2.** Actitud protectora de un superior respecto a sus subordinados.
PATERNIDAD n. f. Estado y cualidad de padre. **2.** Unión jurídica entre el padre y sus hijos. **3.** Calidad de autor o de inventor: *reconocer la paternidad de una obra*.
PATERNO, A adj. Relativo al padre: *familia paterna*.
PATERNOSTRO (César Pedro), pintor argentino (La Plata 1931). En 1961 integró el movimiento informalista *Sí*, de proyección internacional.
PATERO, A adj. y n. *Chile. Fig.* y *fam.* Adulador, servil, soplón, rastrero.
PATÉTICO, A adj. (gr. *pathētikos*). Dícese del gesto, actitud, etc., que expresa padecimiento moral, angustia, pasión o un sentimiento intenso, que emociona o conmueve.

PATETISMO n. m. Calidad de patético.
PATÍ n. m. *Argent.* Pez de río, que alcanza los 7 kg, de color gris azulado con manchas oscuras y carne amarilla muy apreciada.
PATÍA, r. de Colombia; 450 km. Nace en la cordillera Central, al S de Popayán, y desemboca en el Pacífico, formando varios brazos. Navegable.
PATIBULARIO, A adj. Perteneciente al patíbulo. **2.** Que por su repugnante aspecto produce horror o espanto.
PATÍBULO n. m. (lat. *patibulum*). Tablado o lugar en que se ejecuta la pena de muerte. **2.** Horca.
PATICOJO, A adj. y n. *Fam.* Cojo.
PATICORTO, A adj. y n. Dícese de la persona o animal que tiene cortas las patas.
PATIDIFUSO, A adj. *Fam.* Patitieso, sorprendido por algo extraordinario.
PATILLA n. f. Parte accesoria de distintas cosas que las sujeta o encaja en otras: *patillas de las gafas*; *patillas de un tablón*. **2.** Porción de pelo que crece por delante de las orejas. **3.** Cartera o portezuela en las prendas de vestir: *patilla del bolsillo*. **4.** *Colomb., Dom., P. Rico y Venez.* Sandía.
PATÍN n. m. Aparato que consiste en una plancha adaptable a la suela del zapato, provista de una especie de cuchilla o de cuatro ruedas, usado para patinar sobre el hielo o sobre una superficie dura, lisa y muy llana. **2.** Patinete. **3.** Aparato compuesto de dos flotadores paralelos unidos por dos o más travesaños, y movido a remo, por una vela o por un sistema de paletas accionado por pedales, usado para dar paseos en lagos, proximidades de la costa, etc. • **Patín del diablo** (*Méx.*), juguete que consiste en una plataforma con dos ruedas y una barra de dirección.
PÁTINA n. f. (lat. *patinam*, fuente). Brillo y coloración artificiales que se da a ciertos objetos para protegerlos o decorarlos. **2.** Coloración que toman ciertos objetos con el tiempo.
PATINADOR, RA adj. y n. Que patina. ◆ n. **2.** Persona diestra en patinar. **3.** Persona que practica el patinaje como deporte.
PATINAJE n. m. Acción y efecto de patinar. • **Patinaje artístico**, exhibición sobre hielo a base de figuras obligatorias o libres, saltos acrobáticos y danza, que se efectúa como espectáculo o en competición. | **Patinaje de velocidad**, carrera sobre hielo, con patines.
PATINAR v. intr. [1]. Deslizarse con patines. **2.** Resbalar o deslizarse por falta de adherencia. **3.** *Fig.* y *fam.* Hacer o decir algo con inoportunidad o desacierto.
PATINAR v. tr. [1]. Dar pátina artificial a un objeto.
PATINAZO n. m. Acción y efecto de patinar, especialmente de forma brusca, las ruedas de un vehículo. **2.** *Fig.* y *fam.* Indiscreción, torpeza o equivocación.
PATINETA n. f. *Argent., Chile, Méx. y Urug.* Patinete.
PATINETE n. m. (fr. *patinette*). Juguete compuesto de una plancha montada sobre dos o tres ruedas, armada por delante de una barra de dirección articulada en el bastidor y provista en su parte superior de un manillar. SIN.: *patín*.
PATIÑO, estero de Paraguay y Argentina, que se extiende a lo largo del río Pilcomayo.
PATIÑO, dep. de Argentina (Formosa); 58 401 hab. Cab. *Comandante Fontana*. Industria maderera.
PATIÑO (Simón Ituri), hombre de negocios y diplomático boliviano (Cochabamba 1860-Buenos Aires 1947). Magnate de la industria del estaño boliviano, controló trusts mineros en varios países. — A su hijo **Antenor** (nacido en 1874-Nueva York 1892) en 1952 le fueron nacionalizadas sus minas en Bolivia, pero conservó su monopolio al fijar, con el apoyo de

E.U.A., la cotización internacional del estaño, lo que provocó el hundimiento de la economía boliviana.
PATIÑO IXTOLINQUE (Pedro), escultor mexicano (San Pedro Ecatzingo 1774-México 1835). Su obra más importante es el retablo y el altar mayor del Sagrario metropolitano (1827).
PATIO n. m. Espacio cerrado por paredes o galerías que queda en el interior de un edificio, y que suele dejarse al descubierto. **2.** Portal o entrada de una casa. **3.** En las casas de campo, espacio que queda entre los edificios y que puede ser abierto o cerrado. **4.** En los teatros, planta baja que ocupan las butacas o lunetas. SIN.: *patio de butacas*, *platea*.
PATIPERREAR v. intr. [1]. *Chile*. Vagabundear, caminar sin rumbo fijo.
PATITIESO, A adj. *Fam.* Que se queda sin movimiento en las piernas o en los pies, bien por el frío, o a causa de cualquier otro motivo. **2.** *Fig.* y *fam.* Que se queda sorprendido por algo extraordinario o inesperado. **3.** *Fig.* y *fam.* Que por orgullo o afectación anda muy erguido y tieso.
PATIVILCA, r. de Perú, uno de los más caudalosos del país, que nace en la cordillera Blanca y desemboca en el Pacífico; 110 km.
PATIZAMBO, A adj. Que tiene las piernas torcidas hacia afuera y junta mucho las rodillas.
PATO n. m. Ave palmípeda de la familia anátidos, de pico ancho y tarsos cortos, excelente voladora, migratoria en estado salvaje. **2.** *Argent.* Competencia deportiva en la que dos equipos de cuatro jugadores cada uno intentan introducir en el aro una pelota, llamada *pato*, de seis asas. **3.** *Cuba, P. Rico y Venez. Fig.* Hombre afeminado. **4.** *Cuba y Méx.* Orinal de cama para varón. • **El pato de la boda** (*Argent. Fam.*), persona a quien se le atribuyen culpas o responsabilidades ajenas. | **Estar** o **andar pato** (*Argent., Chile y Urug.*), estar o andar sin dinero. | **Pagar el pato** (*Fam.*), padecer un castigo no merecido, o sufrir las consecuencias de algo sin tener culpa. | **Pato aguja**, ave zancuda de unos 90 cm de long., que vive, en grupos de pocos individuos, cerca de las corrientes y lagos de las selvas tropicales de América del Sur. | **Pato cuchara**, pato de pico largo en forma de cuchara, que mide unos 51 cm de long. | **Pato de Berbería**, o **almizclero**, pato sudamericano, de unos 90 cm de long., de color negro y rojo rodeado de unas excrecencias carnosas. | **Pato real**, pato nadador europeo.
PATÓGENO, A adj. Que produce las enfermedades: *virus patógeno*.
PATOJO, A adj. Que tiene las piernas o pies torcidos o desproporcionados, y anda como los patos, moviendo el cuerpo de un lado a otro. ◆ n. **2.** *Colomb.* Niño, muchacho.
PATOLOGÍA n. f. Ciencia de las causas, síntomas y evolución de las enfermedades.
PATOSO, A adj. Que pretende ser gracioso sin conseguirlo. **2.** Torpe y sin gracia en los movimientos.
PATOTA n. f. *Amér. Merid.* Pandilla de jóvenes gamberros. • **En patota** (*Argent. Fam.*), en grupo de amigos.
PATOTERO, A adj. *Amér. Merid.* Miembro de una patota. ◆ adj. **2.** *Amér. Merid.* Que manifiesta o posee los caracteres propios de una patota.
PATRAÑA n. f. Mentira de pura invención.
PATRAÑERO, A adj. Que suele contar o inventar patrañas.
PATRIA n. f. Nación considerada como unidad histórica a la que sus naturales se sienten vinculados. **2.** Lugar, ciudad o país en que se ha nacido. SIN.: *patria chica*. • **Madre patria**, estado del que depende o ha dependido un país. (Dícese en His-

panoamérica respecto a España.) ‖ **Patria celestial,** el cielo o la gloria.

PATRIARCA n. m. (gr. *patriarkhēs*). Nombre dado a los primeros jefes de familia, en el Antiguo Testamento. **2.** *Fig.* Persona más respetada y con mayor autoridad de una familia o colectividad. **3.** Título honorífico dado antiguamente en la Iglesia latina a los obispos de las primeras sedes. **4.** En las Iglesias orientales, título dado a los obispos de una sede episcopal con autoridad sobre otras sedes secundarias.

PATRIARCADO n. m. Dignidad de patriarca y ejercicio de sus funciones. **2.** Territorio sometido a la jurisdicción de un patriarca. **3.** SOCIOL. Forma de familia y de sociedad de un grupo caracterizada por la preponderancia del padre sobre los demás miembros de la tribu o de la familia.

PATRIARCAL adj. Relativo al patriarca o al patriarcado. **2.** SOCIOL. Que se basa en el patriarcado: *sociedad patriarcal.*

PATRICIO, A adj. (lat. *patricium*). Decíase del ciudadano romano perteneciente a la clase aristocrática. **2.** Noble: *rango patricio.* ♦ n. m. Alta dignidad otorgada por los emperadores del bajo imperio romano.

PATRIMONIAL adj. DER. Relativo al patrimonio.

PATRIMONIO n. m. (lat. *patrimonium*). Bien que una persona hereda de sus ascendientes o por cualquier otro procedimiento. **2.** Bienes propios que cada uno posee, sea cual sea el origen de su procedencia. **3.** Bien común de una colectividad o de un grupo de personas, considerado como una herencia transmitida por los ascendientes. **4.** DER. Conjunto de los bienes, derechos y cargas de una persona.

PATRIO, A adj. Relativo a la patria. **2.** Relativo al padre. • **Patria potestad,** conjunto de derechos y deberes que corresponden a los padres sobre sus hijos no emancipados.

PATRIOTA adj. y n. m. y f. (gr. *patriōtēs*, compatriota). Que ama ardientemente a su patria y quiere serle útil.

PATRIOTERÍA n. f. *Fam.* Calidad de patriotero.

PATRIOTERO, A adj. y n. *Fam.* Que alardea excesivamente de patriotismo.

PATRIÓTICO, A adj. Relativo al patriota o al patriotismo.

PATRIOTISMO n. m. Calidad de patriota.

PATRÍSTICA n. f. Historia de la doctrina cristiana en tiempos de los padres de la Iglesia; ss. II-VII.

PATROCINADOR, RA adj. y n. Que patrocina: *casa patrocinadora.*

PATROCINAR v. tr. [1]. Favorecer o proteger una causa, empresa, candidatura, etc., quien tiene poder para ello. **2.** Sufragar una empresa o institución, generalmente con fines publicitarios, los gastos de un programa de radio o televisión, competición deportiva, concurso, etc.

PATROCINIO n. m. (lat. *patrocinium*). Ayuda o protección que alguien recibe de un patrono o de alguien con poder o influencia. **2.** Acción de patrocinar, sufragar una empresa algo con fines generalmente publicitarios. **3.** Mecenazgo.

PATRÓN, NA n. m. (lat. *patronum*). Amo, señor, respecto del criado, obrero, etc. **2.** Dueño de una casa de huéspedes, en relación a éstos o a la casa. **3.** REL. Santo o santa de quien se lleva el nombre, o bajo cuya advocación y protección se pone una iglesia, un país, una ciudad, una comunidad, una corporación, o un grupo de obras o de asociaciones piadosas. ♦ adj. n. m. **4.** Tipo, lo que se toma como ejemplo o modelo para comparar o referirse a otra cosa de la misma especie. **5.** Árbol o arbusto sobre cuyo tronco se efectúa un injerto. **6.** Pieza de papel u otro material con la forma debida para cortar igual que ella las que se utilizan para hacer vestidos u otras cosas. **7.** Persona que gobierna una embarcación menor. SIN.: *patrón de buque.* **8.** METROL. Valor tipo que sirve para definir una unidad. **9.** METROL. Modelo o tipo legal de los pesos y las medidas. • **Cortados por el mismo patrón** (*Fam.*), semejantes en su totalidad.

PATRONAL adj. Perteneciente al patrono o al patronato. ♦ adj. y n. f. **2.** Dícese de las relaciones, entidades, asociaciones, etc., entre patronos.

PATRONATO n. m. Derecho, poder o facultad del patrono. **2.** Corporación que forman los patronos. **3.** DER. Organismo autónomo, de carácter institucional, al que se adscriben fondos públicos y privados para el cumplimiento de fines específicos del ente que lo crea. **4.** REL. Fundación de una obra pía.

PATRONÍMICO, A adj. (gr. *patrōnymikos*; de *patēr*, padre, y *onoma*, nombre). Dícese de un sustantivo derivado de un nombre propio, común a los descendientes de un mismo personaje.

PATRONO, A n. Patrón, amo, señor. **2.** Patrón, santo titular.

PATRULLA n. f. (fr. *patrouille*). Conjunto de gente armada, policías, soldados, etc., que rondan para mantener el orden y la seguridad. **2.** Grupo de buques o aviones que prestan servicio en una costa, paraje de mar, campo minado, etc., para la defensa o para observaciones meteorológicas o de vigilancia. **3.** Grupo de personas que tienen un determinado fin: *una patrulla de vecinos le salvó.* **4.** Servicio que da una patrulla: *estar de patrulla.* **5.** Méx. Automóvil en el que patrullan los policías.

PATRULLAR v. intr. tr. [1]. Ir de patrulla.

PATRULLERO, A adj. y n. Dícese del buque ligero de guerra que puede desempeñar diversas misiones acompañado a buques de mayor porte o, también, otras de vigilancia marítima. **2.** Dícese del soldado, avión o buque que forma parte de una patrulla. **3.** *Argent.*, *Cuba* y *Ecuad.* Patrulla, vehículo.

PATUCA, río de Honduras, que nace con el nombre de Guayape, toma el de Patuca tras recibir al Guayambre y desemboca en el Caribe a través de varios brazos; 525 km.

PATUDO, A adj. *Fam.* Que tiene grandes los pies o patas. **2.** *Chile. Fig., fam.* y *vulg.* Dícese de la persona entrometida y de modales toscos. **3.** *Chile.* Dícese de la persona desfachatada. ♦ adj. n. m. **4.** Pez teleósteo comestible, de tamaño, forma y aspecto semejantes a los atunes, de los que se diferencia por las aletas pectorales mucho más largas.

PATURRO, A adj. *Colomb.* Dícese de la persona chaparra y rechoncha.

PÁTZCUARO, lago de México (Michoacán), en la cordillera Neovolcánica; 20 km de long. y 14 de anch. Alberga cinco islas. Pesca. Turismo. Fue centro de la cultura de los tarasco.

PAULATINO, A adj. (lat. *paulatim*). Lento, gradual.

PAULI (Wolfgang), físico suizo de origen austríaco (Viena 1900-Zurich 1958), premio Nobel de física en 1945 por sus trabajos sobre los electrones de los átomos. En 1931 emitió la hipótesis de la existencia del neutrino.

PAULING (Linus Carl), químico norteamericano (Portland, Oregón, 1901-Palo Alto, California, 1994), autor de trabajos sobre las macromoléculas orgánicas y los enlaces químicos. (Premio Nobel de química 1954 y premio Nobel de la paz 1962).

PAULISTA adj. y n. m. y f. De São Paulo.

PAUPERIZACIÓN n. f. Empobrecimiento de una población de una clase social.

PAUPERIZAR v. tr. [1g]. Empobrecer una población, una clase social.

PAUPÉRRIMO, A adj. Muy pobre: *país paupérrimo.*

PAUSA n. f. (lat. *pausam*). Interrupción momentánea de una acción, de un discurso, de un cantar, etc. **2.** Lentitud, tardanza: *hablar con pausa.* **3.** En la notación musical, signo que representa la interrupción del sonido. SIN.: *silencio.*

PAUSADO, A adj. Que se mueve con lentitud o que se produce con calma y sin precipitación.

PAUTA n. f. (lat. *pacta*). Instrumento para rayar el papel en blanco, para que, cuando se escriba en él, los renglones queden rectos. **2.** Raya c conjunto de rayas horizontales hechas con este instrumento. **3.** *Fig.* Guía, norma o regla que se tiene en cuenta para la ejecución de algo.

PAUTAR v. tr. [1]. Rayar el papel con la pauta. **2.** *Fig.* Dar reglas o determinar el modo de ejecutar una acción.

PAVA n. f. Femenino de pavo. **2.** *Amér. Merid.* Recipiente de metal con asa en la parte superior, tapa y pico, que se usa para calentar agua y, especialmente, para cebar el mate. • **Pelar la pava** (*Fam.*), cortejar los novios.

PAVADA n. f. Manada de pavos. **2.** *Fig.* y *fam.* Sosería. **3.** *Argent., Perú* y *Urug.* Tontería, estupidez.

PAVEAR v. intr. [1]. *Argent.* Decir o hacer pavadas.

PAVESA n. f. Partícula incandescente que se desprende de un cuerpo en combustión, reduciéndose a ceniza.

PAVIMENTACIÓN n. f. Acción y efecto de pavimentar.

PAVIMENTADO, A adj. Pavimentado.

PAVIMENTAR v. tr. [1] Recubrir con un pavimento.

PAVIMENTO n. m. (lat. *pavimentum*). Revestimiento del suelo, destinado a darle firmeza, belleza y comodidad de tránsito.

PAVIPOLLO n. m. Pollo del pavo.

PAVITO n. m. *Venez. Fig.* Gamberro; adolescente.

PAVLOTZKY (Raúl), pintor uruguayo (en Palestina 1918). Miembro fundador del Grupo 8, su obra se inscribe en el movimiento abstracto uruguayo.

PÁVLOV (Iván Petróvich), fisiólogo ruso (Riazán 1849-Leningrado 1936). Es autor de trabajos sobre la digestión y es conocido por haber llevado a el descubrimiento del reflejo condicionado y a su concepción general de la actividad nerviosa superior. (Premio Nobel de fisiología y medicina 1904).

PAVLOVA (Anna), bailarina rusa (San Petersburgo 1881-La Haya 1931). Primera compañera de Nijinski en los Ballets rusos de Diáguilev.

PAVO, A n. (lat. *pavum*). Ave gallinácea, originaria de América del Norte, cuyo macho puede pesar hasta 19 kg, lleva en la cabeza verrugas y carúnculas coloreadas, y puede enderezar las plumas de la cola. **2.** *Amér. Central, Chile, Ecuad., Méx.* y *Perú.* Pasajero clandestino, polizón. • **Pavo real,** o **ruán,** ave gallinácea originaria de Asia, de magnífico plumaje, principalmente en el macho, cuyas plumas de la cola, moteadas de ocelos, pueden levantarse y extenderse en abanico. ♦ adj. y n. **3.** *Fam.* Dícese de una persona sosa y parada.

PAVÓN n. m. Pavo real. **2.** Mariposa nocturna de la familia saturnidos. **3.** Color azul oscuro.

PAVONADO, A adj. De color azul oscuro.

PAVONEAR v. intr. y pron. [1]. Presumir, hacer ostentación. ♦ v. intr. **2.** *Fig.* y *fam.* Entretener a alguien sin darle a hacerle alguna cosa que espera.

PAVONEO n. m. Acción de pavonear o pavonearse.

PAVOR n. m. (lat. *pavorem*). Temor, miedo muy grande.

PAVOROSO, A adj. Que causa o inspira pavor.

PAYADA n. f. *Argent., Chile* y *Urug.* Canto del payador. **2.** *Argent.* Competencia o contrapunto entre dos o más payadores.

PAY

• **Payada de contrapunto** (*Argent., Chile y Urug.*), competencia en la que, alternándose dos payadores, improvisan cantos sobre un mismo tema.
PAYADOR n. m. Ave de pequeño tamaño, arborícola, de pico curvado en la punta, que vive en América Meridional. (Familia corébidos.) **2.** Cantor popular de Argentina, Chile y Uruguay que, acompañándose con una guitarra y generalmente en contrapunto con otro, improvisa sobre temas variados.
PAYAGUÁ, pueblo amerindio de Argentina y Paraguay (curso alto del río Paraguay), de lengua guaicurú y cultura de los pueblos del Chaco.
PAYANA n. f. *Argent.* Juego en el que los niños arrojan al aire piedrecitas o carozos para recogerlos mientras dura su turno.
PAYARA n. f. Pez cinodóntido que vive en el Orinoco.
PAYASADA n. f. Acción o dicho de payaso. **2.** Acción ridícula o fuera de lugar. **3.** *Chile. Fig., fam. y desp.* Acción o cosa deleznable, indigna de consideración. **4.** *Chile.* Acción o manejo mal intencionado y turbio.
PAYASO, A n. (fr. *paillasse*). Personaje bufo que efectúa sus actuaciones en los espectáculos de circo. **2.** Persona que dice chistes, o que con sus gestos o bromas hace reír a los demás. **3.** Persona poco seria en su comportamiento.
PAYÉ n. m. *Argent., Par. y Urug.* Brujería, sortilegio, hechizo. **2.** *Argent., Par. y Urug.* Amuleto, talismán.
PAYNO (Manuel), escritor y político mexicano (México 1810-San Ángel 1894). Fue el introductor del folletín de aventuras en México (*El fistol del diablo*, 1845-1846; *Los bandidos de Río Frío*, 1889-1891).
PAYO, A adj. y n. Dícese del campesino ignorante y rudo.
PAYRÓ (Roberto J.), escritor argentino (Mercedes 1867-Buenos Aires 1928). Cultivó la novela realista de ambiente gaucho (*El casamiento de Laucha*, 1906), la novela de tema colonial (*El capitán Vergara*, 1925), así como el drama naturalista (*Marco Severi*, 1902) y el cuento satírico (*Pago Chico*, 1908).
PAYSANDÚ (*departamento de*), dep. del O de Uruguay; 14 106 km²; 103 763 hab. Cap. *Paysandú*.
PAYSANDÚ, c. de Uruguay, cap. del dep. homónimo; 76 191 hab. Puerto. Aeropuerto. El puente internacional General Artigas, sobre el río Uruguay, la une a la ciudad argentina de Colón. Centro comercial e industrial.
PAZ n. f. Ausencia de guerra. **2.** Estado de concordia, de acuerdo entre los miembros de un grupo. **3.** Sosiego, estado de la persona no agitada. **4.** Calma, silencio, reposo. **5.** Cese de las hostilidades; tratado que pone fin al estado de guerra: *firmar la paz.* • **Dejar en paz**, no molestar o importunar.
PAZ, r. de Guatemala y El Salvador, en la vertiente del Pacífico, que forma un tramo de la frontera entre ambos países.
PAZ (*departamento de* **La**), dep. O de Bolivia; 133 985 km²; 1 883 122 hab. Cap. *La Paz.*
PAZ (*departamento de* **La**), dep. de El Salvador; 1 202 km²; 246 147 hab. Cap. *Zacatecoluca.*
PAZ (*departamento de* **La**), dep. de Honduras; 2321 km²; 112 000 hab. Cap. *La Paz* (8 876 hab.).
PAZ (La), c. de Bolivia, cap. administrativa de la república y del dep. homónimo; 1 115 403 hab. (*Paceños*.) Situada a 3632 m de alt., al pie del Illimani, es el principal centro industrial y comercial del país. Universidad. Fundada en 1548 por Alonso de Mendoza, tras la revolución de 1898-1899 se convirtió en capital efectiva de Bolivia, frente a la constitucional Sucre. Conserva su carácter colonial: iglesias del s. XVIII, convento de San Francisco (iglesia con portada barroca), casas señoriales. Palacio Quemado y catedral del s. XIX. Museos nacional de arte, colonial y de Tiahuanaco.
PAZ (La), c. de Uruguay (Canelones); 14 400 hab. Ciudad dormitorio de Montevideo.
PAZ (La), c. y puerto de México, cap. del est. de Baja California Sur; 160 970 hab. Pesca de altura. Central termoeléctrica. Industrias. — Mun. de México (México), en el área suburbana de la ciudad de México; 134 782 hab. Cab. *Los Reyes.* Centro agropecuario.
PAZ (La), dep. de Argentina (Entre Ríos), a orillas del Paraná; 62 063 hab. Maíz, girasol y maní; ganado. Puerto fluvial. — Dep. de Argentina (Catamarca); 17 000 hab. Cab. *San Antonio.*
PAZ (José Clemente), periodista y político argentino (Buenos Aires 1842-Montecarlo 1912). Luchó en la guerra civil junto a Mitre. En 1869 fundó en Buenos Aires el diario *La prensa* y en 1874 encabezó el alzamiento revolucionario.
PAZ (José María), militar y político argentino (Córdoba 1791-Buenos Aires 1854). Ministro de Guerra (1828), prisionero de Rosas (1831-1839), organizó contra éste un ejército (1841-1842) y tomó Entre Ríos. Defendió Montevideo durante la guerra Grande (1843-1851) y fue ministro de Guerra y Marina (1853-1854).
PAZ (Juan Carlos), compositor argentino (Buenos Aires 1897-*id.* 1972). Compuso música de cámara, piezas para piano y composiciones orquestales (*Canto de Navidad*, 1927; *Invenciones*, 1961).
PAZ (Octavio), escritor mexicano (México 1914-*id.* 1998). Diplomático hasta 1968. En 1960 publicó la recopilación de su primer corpus poético, *Libertad bajo palabra.* La crítica ocupa un lugar importante en su obra de esta época (*El laberinto de la soledad*, 1950; *El arco y la lira*, 1956; *Las peras del olmo*, 1957). La poesía de su segunda etapa entronca con el surrealismo (*Salamandra*, 1962) antes de entrar en contacto con lo oriental, el erotismo y el conocimiento (*Ladera de este*, 1969; *Pasado en claro*, 1975). En 1989 recopiló buena parte de su poesía en *El fuego de cada día.* Entre sus restantes ensayos destacan *Puertas al campo* (1966), *Los hijos del limo* (1974) y *Convergencias* (1991), en los que trata temas literarios y sociales. (Premio Cervantes 1981; premio Nobel de literatura 1990.)
PAZ ESTENSSORO (Víctor), político boliviano (Tarija 1907-*id.* 2001). Fundador (1941) del Movimiento nacionalista revolucionario (M.N.R.), lo dirigió hasta 1990. Presidente del país (1952-1956; 1960-1964 y 1985-1989).
PAZ ZAMORA (Jaime), político boliviano (Cochabamba 1939). Líder del Movimiento de izquierda revolucionaria (M.I.R.), fue presidente de la república (1989-1993).
PAZGUATERÍA n. f. Calidad de pazguato. **2.** Actitud o acción propia del pazguato.
PAZGUATO, A adj. y n. Simple, pasmado.
Pb, símbolo químico del *plomo.*
PC n. m. (siglas de *personal computer*). Ordenador personal, de capacidad relativamente reducida.
Pd, símbolo químico del *paladio.*
pd., abrev. de *posdata.*
PE n. f. Nombre de la letra *p.* • **De pe a pa**, completamente, desde el principio al fin.
PEAJE n. m. Derecho que se paga por utilizar un puente, carretera, autopista, etc. **2.** Lugar donde se paga este derecho.
PEANA n. f. Base o apoyo para colocar encima una figura u otro objeto.
PEARL HARBOR, ensenada de las islas Hawai (isla Oahu), en la que la escuadra norteamericana del Pacífico fue destruida, por sorpresa, por los japoneses (7 dic. 1941), lo que provocó la intervención de E.U.A. en la segunda guerra mundial.
PEARY (Robert), explorador norteamericano (Cresson Springs, Pennsylvania, 1856-Washington 1920). Demostró la insularidad de Groenlandia y fue el primero en alcanzar el polo norte (6 abril 1909).
PEATÓN n. m. (fr. *piéton*). Persona que va a pie.
PEATONAL adj. Relativo a los peatones; de uso exclusivo para peatones: *calle peatonal.*
PEBETE, A n. *Argent.* Pibe, muchacho. ♦ n. m. **2.** *Argent.* Pan de forma ovalada que se amasa con trigo candeal, de miga esponjosa y corteza fina y tostada.
PEBETERO n. m. Perfumador, vaso para quemar perfumes. **2.** Recipiente donde se mantiene la llama olímpica durante la celebración de los Juegos olímpicos.
PECA n. f. Lentigo.
PECADO n. m. Transgresión de la ley divina. **2.** Cosa lamentable, falta.
PECADOR, RA adj. y n. Que peca. **3.** Inclinado al pecado o que puede cometerlo.
PECADORA n. f. Femenino de pecador. **2.** *fam.* Prostituta.
PECAMINOSO, A adj. Relativo al pecado o a los pecadores. **2.** Inmoral, censurable.
PECANA n. f. *Argent.* Mortero propio para machacar granos y especialmente maíz.
PECAR v. intr. (lat. *peccare*) [1]. Cometer un pecado. **2.** Faltar a una regla moral o a un deber social. **3.** Tener en exceso algo que se expresa: *pecar de prudente.*
PECARÍ n. m. Mamífero de América similar al jabalí, de pelaje espeso, provisto de una glándula dorsal que segrega una sustancia aceitosa. (Familia tayasuidos.)
PECERA n. f. Vasija de cristal llena de agua, donde se tienen peces vivos.
PECES o **PISCIS**, constelación zodiacal. — Duodécimo signo del Zodíaco, que el Sol abandona en el equinoccio de primavera.
PECETO n. m. *Argent.* Corte de carne extraído del cuarto trasero de los vacunos.
PECHAR v. tr. (lat. *pactare*) [1]. Pagar pecho o tributo. **2.** *Amér.* Sablear, estafar. **3.** *Amér.* Empujar. ♦ v. tr. e intr. **4.** Asumir una responsabilidad u obligación que no es del agrado de uno: *pechar con las culpas.*
PECHAZO n. m. *Amér. Merid. Fam.* Sablazo.
PECHE adj. y n. m. y f. *Salv.* Débil, enclenque.
PECHERA n. f. En algunas prendas de vestir, parte que cubre el pecho. **2.** *Fam.* Parte exterior del pecho, especialmente en las mujeres.
PECHICHE n. m. Planta arbórea de América Meridional con cuya fruta madura se hace un dulce, y cuya madera es fina e incorruptible. (Familia verbenáceas.)
PECHO n. m. (lat. *pectum*). Parte del cuerpo entre el cuello y el abdomen, que contiene el corazón y los pulmones. **2.** Parte exterior y delantera de esta cavidad. **3.** Pulmones: *enfermo de pecho.* **4.** Senos de la mujer. **5.** *Fig.* El corazón como sede de los sentimientos: *la alegría no me cabe en el pecho.* **6.** *Fig.* Valor, entereza, paciencia. • **A pecho descubierto**, sin armas defensivas, sin resguardo; con sinceridad y nobleza.
PECHUGA n. f. Pecho del ave, que está como dividido en dos. **2.** *Fig. y fam.* Pecho de una persona.
PECHUGONA n. f. y adj. *Fam. y vulg.* Dícese de la mujer de senos prominentes.
PECIOLADO, A adj. BOT. Provisto de pecíolo.
PECÍOLO o **PECIOLO** n. m. BOT. Rabillo de la hoja, que une la lámina con la base foliar o el tallo.
PECKINPAH (Sam), director de cine norteamericano (Madera County, California, 1926-Inglewood, California, 1984), creador de un nuevo tipo de *western* (violento y pesimista): *Duelo en la alta sierra* (1963), *Grupo salvaje* (1969), etc.

PÉCORA n. f. En la clasificación de Linneo, rumiante. **2.** *Fig.* y *fam.* Mujer astuta y maligna. **3.** *Fig.* y *fam.* Prostituta.

PECOSO, A adj. Que tiene pecas.

PECTORAL adj. (lat. *pectoralem*). Relativo al pecho: *músculos pectorales*. • **Aletas pectorales,** aletas pares anteriores de los peces. ♦ adj. y n. m. **2.** Útil y provechoso para el pecho. ♦ n. m. **3.** Joya colgante trapezoidal, atributo de los faraones.

PECUARIO, A adj. Relativo al ganado.

PECUECA n. f. *Amér.* Mal olor en los pies.

PECULIAR adj. Privativo o propio de cada persona o cosa.

PECULIARIDAD n. f. Calidad de peculiar. **2.** Detalle peculiar.

PECULIO n. m. (lat. *peculium*). Patrimonio o caudal que el padre o señor confería al hijo de familia o al esclavo, en disfrute y administración. **2.** *Fig.* Dinero o bienes particulares que tiene cada persona.

PECUNIA n. f. (lat. *pecuniam*). Dinero.

PECUNIARIO, A adj. Perteneciente al dinero efectivo.

PEDAGOGÍA n. f. (gr. *paidagōgia*). Ciencia de la educación. **2.** Teoría educativa.

PEDAGOGO, A n. Maestro, educador. **2.** Experto en pedagogía.

PEDAL n. m. (lat. *pedalem*, de un pie de dimensión). Órgano de un mecanismo, de una máquina o de un vehículo que se acciona con el pie. **2.** MÚS. Palanca que se mueve por la acción del pie, y que en el arpa eleva las cuerdas, en el piano modifica la calidad de los sonidos y en el armonio mueve los fuelles.

PEDALADA n. f. Cada uno de los impulsos dados a un pedal con el pie.

PEDALEAR v. intr. [1]. Mover un pedal o los pedales, especialmente los de una bicicleta.

PEDALEO n. m. Acción y efecto de pedalear.

PEDANTE adj. y n. m. y f. Dícese de la persona engreída, que hace ostentación y alarde de su erudición.

PEDANTERÍA n. f. Calidad de pedante. **2.** Dicho o hecho pedante.

PEDAZO n. m. (lat. *pitaecium*). Parte o porción de una cosa.

PEDERASTA n. m. (gr. *paiderastēs*). Persona que practica la pederastia.

PEDERASTIA n. f. Homosexualidad practicada con los niños. **2.** Homosexualidad masculina.

PEDERNAL n. m. Variedad de sílex que al ser golpeada con el eslabón da chispas. **2.** *Fig.* Cualquier cosa de mucha dureza: *tener el corazón como un pedernal*.

PEDERNALES, prov. del SO de la República Dominicana; 1011 km^2; 17 000 hab. Cap. *Pedernales* (7880 hab.).

PEDESTAL n. m. (it. *piedistallo*). Cuerpo macizo destinado a soportar una columna, una estatua, etc. **2.** *Fig.* Aquello de lo que se sirve o en lo que se apoya una persona o cosa para adquirir una situación ventajosa.

PEDESTRE adj. Que se hace a pie: *carrera pedestre*. **2.** *Fig.* Vulgar, ordinario: *lenguaje pedestre*.

PEDIATRA o **PEDÍATRA** n. m. y f. Médico especializado en pediatría.

PEDIATRÍA n. f. Rama de la medicina que se ocupa de la infancia y de sus enfermedades.

PEDICURISTA n. m. y f. *Méx.* Pedicuro.

PEDICURO, A n. Persona que se dedica al cuidado de los pies. SIN.: *callista*, *podólogo*.

PEDIDO n. m. Petición, acción de pedir. **2.** Encargo de géneros hecho a un fabricante o vendedor de ellos.

PEDIGREE o **PEDIGRÍ** n. m. Genealogía de un animal de raza. **2.** Documento en que consta.

PEDIGÜEÑO, A adj. Demasiado aficionado a pedir.

PEDINCHE adj. y n. m. y f. *Méx.* Pedigüeño.

PEDIPALPO n. m. Apéndice par propio de los arácnidos, que en los escorpiones se desarrolla en forma de pinzas.

PEDIR v. tr. [30]. Decir a alguien qué se desea obtener de él. **2.** Mendigar, pordiosear. **3.** Poner precio el vendedor a la mercancía. **4.** Querer, desear, apetecer. **5.** Hablar uno mismo o alguien en su nombre con los padres o parientes de su novia para que la concedan en matrimonio. **6.** *Fig.* Requerir una cosa algo como necesario o conveniente.

PEDO n. m. (lat. *peditum*). *Vulg.* Ventosidad que se expele por el ano. **2.** *Fam.* Borrachera.

PEDOFILIA n. f. Atracción sexual del adulto por los niños.

PEDORRERA n. f. *Vulg.* Acción de expeler ventosidades por el ano. **2.** *Vulg.* Serie de ventosidades expelidas del vientre por el ano.

PEDORRERO, A o **PEDORRO, A** adj. y n. *Vulg.* Que expele ventosidades del vientre con frecuencia o sin reparo.

PEDORRETA n. f. *Vulg.* Sonido hecho con la boca, imitando al pedo.

PEDRADA n. f. Acción de arrojar una piedra. **2.** Golpe dado con una piedra lanzada. **3.** Señal que deja.

PEDRARIAS DÁVILA (Pedro **Arias Dávila,** llamado), conquistador español (Segovia ¿1440?-León, Nicaragua, 1531). Gobernador y capitán general de Tierra Firme y Castilla del Oro (1514-1526), fundó la nueva capital del territorio, Nuestra Señora de la Asunción de Panamá (1519). En 1526 se adjudicó el gobierno de Nicaragua, tras imponerse a su descubridor, Gil González Dávila. Confirmado en el cargo por el rey (1527).

PEDREA n. f. Acción de apedrear. **2.** Lucha hecha a pedradas. **3.** Pedrisco, granizada. **4.** Conjunto de los premios menores de la lotería.

PEDREGAL o **PEDROCHE** n. m. Paraje o terreno cubierto por cantos o piedras sueltas.

PEDREGOSO, A adj. Dícese del terreno cubierto de piedras.

PEDREGULLO n. m. *Amér. Merid.* Conjunto de piedras pequeñas, trituradas, que se usan para afirmar caminos; gravilla.

PEDRERA n. f. Cantera, lugar o sitio de donde se sacan las piedras.

PEDRERÍA n. f. Conjunto de piedras preciosas trabajadas.

PEDRO (*san*), apóstol de Jesús († Roma entre 64 y 67). Primero del colegio apostólico según los Evangelios, es considerado el primer papa. Pescador galileo, se llamaba en realidad Simón, y el nombre de Pedro, que le fue dado por Jesús, simboliza la fundación de la Iglesia cristiana.

PEDRO AGUIRRE CERDA, com. de Chile (Santiago); 128 342 hab.

PEDRO JUAN CABALLERO, c. de Paraguay, cap. del dep. de Amambay; 51 092 hab. Centro cafetalero.

PEDRUSCO n. m. *Fam.* Pedazo de piedra sin labrar.

PEDUNCULADO, A adj. BIOL. Provisto de un pedúnculo.

PEDUNCULAR adj. Relativo al pedúnculo.

PEDÚNCULO n. m. (lat. *pedunculum*). BIOL. Pieza alargada o tallo que une un pequeño órgano terminal con el conjunto del cuerpo. **2.** BOT. Eje floral que sostiene las flores.

PEGA n. f. Acción de pegar una cosa con otra. **2.** Sustancia que sirve para pegar. **3.** *Fig.* Obstáculo, contratiempo que se presenta o que alguien pone para la realización de algo. **4.** Pregunta capciosa, difícil de contestar. **5.** *Chile.* Lugar donde se trabaja. **6.** *Chile.* Edad del hombre en que culminan sus atractivos. **7.** *Chile, Colomb., Cuba y Perú. Fam.* Empleo, trabajo. **8.** *Cuba y P. Rico.* Liga para cazar pájaros. • **De pega,** falso, fingido.

PEGADA n. f. DEP. Potencia que el deportista puede imprimir a sus puños, golpes, etc.

PEGADIZO, A adj. Pegajoso, que se pega. **2.** Contagioso. **3.** *Fig.* Que se graba con facilidad en la memoria: *música pegadiza*. ♦ adj. y n. **4.** Gorrón.

PEGAJOSO, A adj. Dícese de lo que se pega o adhiere de forma espontánea. **2.** Contagioso. **3.** *Fig.* y *fam.* Excesivamente cariñoso, suave o meloso.

PEGAMENTO n. m. Sustancia que sirve para pegar.

PEGAMIENTO n. m. Acción de pegar o pegarse una cosa con otra.

PEGAR v. tr. (lat. *picare*) [1b]. Unir una cosa a otra por medio de una sustancia adherente o atándola o cosiéndola: *pegar un sello, un botón*. **2.** *Fig.* Aplicar una cosa a otra de modo que queden en contacto: *pegar el oído a la puerta*. **3.** Maltratar con golpes: *pegó a su hermano*. **4.** Con voces como *golpe*, *paliza*, *bofetada*, darlos. **5.** Con complementos como *voces*, *saltos*, *tiros*, etc., expresa la acción que éstos significan. • **Pegársela a** alguien, engañarle; *Fam.*), faltar a la fidelidad conyugal. ♦ v. tr. y pron. **6.** Comunicar, contagiar: *le pegaron la gripe*. ♦ v. intr. **7.** Armonizar una cosa con otra. **8.** Estar una cosa próxima o contigua a otra. **9.** Dar, tropezar con fuerza o impulso. **10.** Prender, comunicar fuego a una cosa. ♦ v. intr. y pron. **11.** Asirse o unirse una cosa a otra por su naturaleza o por las circunstancias. ♦ **pegarse** v. pron. **12.** Adherirse los guisos al recipiente. **13.** Convertirse de manera pesada e insistente en acompañante asiduo de alguien.

PEGASO, en la mitología griega, caballo alado, nacido de la sangre de Medusa, que sirvió de montura a Belerofonte. Es el símbolo de la inspiración poética.

PEGATINA n. f. Adhesivo.

PEGOTE n. m. Cualquier cosa que está espesa y se pega al tacto. **2.** *Fig.* y *fam.* Cosa mal hecha, chapucería. **3.** Parche, cualquier cosa sobrepuesta a otra.

PEHUAJÓ, partido de Argentina (Buenos Aires); 38 293 hab. Girasol, cereales. Vacunos.

PEHUÉN n. m. *Argent.* y *Chile.* Planta araucariácea.

PEINADO n. m. Cada una de las formas distintas de arreglarse el pelo o de peinarse. **2.** *Fam.* Operación sistemática de rastreo, realizada por funcionarios de inspección policial, fiscal, etc., para detectar un objetivo concreto.

PEINADOR, RA adj. y n. Que peina. ♦ n. m. **2.** Prenda que se pone sobre el vestido al peinarse.

PEINAR v. tr. y pron. (lat. *pectinare*) [1]. Desenredar, alisar o arreglar el pelo con el peine. ♦ v. tr. **2.** Desenredar o limpiar cualquier clase de pelo o lana. **3.** *Fam.* Efectuar un peinado, rastreo.

PEINE n. m. (lat. *pectinem*). Utensilio de madera, marfil, concha u otra materia, que tiene muchos dientes espesos, con el cual se desenreda y arregla el pelo. **2.** Pieza mecánica con esta misma forma.

PEINETA o **PEINA** n. f. Peine convexo que usan las mujeres como adorno para sujetar el peinado. **2.** *Chile.* Peine.

PEINILLA n. f. *Colomb.* y *Ecuad.* Peine. **2.** *Colomb., Ecuad., Pan.* y *Venez.* Especie de machete.

PEJE n. m. Pez, animal acuático.

PEJEGALLO n. m. *Chile.* Pez sin escamas que tiene una cresta carnosa que le llega hasta la boca.

PEJERREY n. m. Pez de carne apreciada, que abunda en las costas y en las lagunas litorales de la península Ibérica. (Familia aterínidos.) **2.** *Argent.* Nombre de diversos peces marinos o de agua dulce, apreciados por su carne, que tienen una banda plateada a lo largo del flanco.

PEJESAPO n. m. Rape.

PEKÍN, en chino **Beijing** o **Pei-king**, c. y cap. de China, que constituye un municipio autónomo de 17 000 km² aprox. y 9 830 000 hab. Centro administrativo, universitario e industrial. Los barrios centrales están formados por la yuxtaposición de la *ciudad china*, o *exterior*, y de la *ciudad tártara*, o *interior*; en el centro de esta última, la *ciudad imperial* alberga la antigua *ciudad prohibida*, que estaba reservada a la familia imperial. Ricos museos.

PEKINÉS, SA adj. y n. Pequinés.

PELA n. f. Peladura. **2.** *Fam.* Peseta. **3.** *Méx.* Azotaina, zurra.

PELADA n. f. *Amér.* Acción y efecto de cortar el pelo. **2.** *Argent.* y *Chile. Fig.* La muerte, representada por el esqueleto.

PELADA (montaña), en fr. **montagne Pelée** o **mont Pelé**, cumbre volcánica del N de la isla Martinica (1 397 m). Su erupción de 1902 destruyó Saint-Pierre.

PELADEZ n. f. *Méx.* Acto o dicho grosero, insultante y falto de cortesía o buena educación.

PELADILLA n. f. Confite que consiste en una almendra recubierta con azúcar cocido.

PELADILLO n. m. Variedad de melocotonero y fruto del mismo.

PELADO, A adj. Desprovisto de lo que naturalmente suele adornarlo, cubrirlo, rodearlo, etc.: *un campo pelado.* **2.** Simple, escueto, sin añadido. **3.** *Argent., Chile* y *Ecuad.* Dícese de la persona que ha perdido parte del cabello, calvo. **4.** *Argent., Chile* y *Urug.* Dícese de la persona que tiene el cabello muy corto. ◆ adj. y n. **5.** Dícese de la persona pobre y sin dinero. **6.** *Méx.* Mal educado, grosero. **7.** *Méx.* Dícese del individuo de clase social baja y sin educación. ◆ **n. m. 8.** Calvero. **9.** *Chile. Fig.* Soldado raso.

PELADURA n. f. Acción y efecto de pelar o descortezar una cosa. **2.** Mondadura, corteza.

PELAGATOS n. m. y f. (pl. *pelagatos*). *Fam.* Persona con escasos recursos económicos o de baja posición social.

PELÁGICO, A adj. Relativo al mar. ● **Depósitos pelágicos**, depósitos de los mares profundos. || **Zona pelágica**, zona del mar que comprende su totalidad con excepción de las aguas que bañan el fondo y las orillas.

PELAJE n. m. Conjunto de pelos de un animal. **2.** Naturaleza o calidad del pelo o de la lana de un animal. **3.** Gran cantidad de pelo. **4.** *Fig.* y *desp.* Aspecto exterior de una persona o cosa. **5.** *Fig.* y *desp.* Condición social, categoría de una persona.

PELAMBRE n. m. o f. Pelaje, gran cantidad de pelo. **2.** Conjunto de pelo, especialmente el arrancado o cortado.

PELAMBRERA n. f. Pelo espeso y largo. **2.** Pelaje, pelambre.

PELAMEN n. m. *Fam.* Pelambre.

PELANDUSCA n. f. Prostituta.

PELAR v. tr. y pron. [1]. Cortar el pelo: *pelar al rape.* **2.** Levantar parte de la epidermis o ser causa de que se levante: *el sol le peló la espalda.* ◆ v. tr. **3.** Quitar la piel al animal o quitar las plumas al ave. **4.** Quitar la piel o corteza a una cosa. **5.** *Fig.* y *fam.* Robar, quitar a uno sus bienes. **6.** *Fig.* y *fam.* En el juego, ganar a un jugador todo el dinero. **7.** *Argent.* Desenvainar un arma. **8.** *Argent. Por ext.* y *fam.* Sacar, exhibir algo. **9.** *Méx. Fam.* Hacer caso a alguien, prestarle atención. ◆ **pelarse** v. pron. **10.** Perder el pelo por enfermedad u otro accidente.

PELDAÑO n. m. Cada uno de los elementos de una escalera en que se apoya el pie al subir o bajar por la misma.

PELEA n. f. Acción y efecto de pelear o pelearse.

PELEAR v. intr. y pron. [1]. Batallar, combatir con sus fuerzas o sus armas dos personas, animales o grupos. **2.** Estar en oposición las cosas unas a otras. **3.** *Fig.* Resistir y luchar contra las pasiones y apetitos. **4.** *Fig.* Afanarse, trabajar por conseguir algo. ◆ **pelearse** v. pron. **5.** Enfadarse, enemistarse.

PELELE n. m. Muñeco de figura humana, hecho de paja o trapos. **2.** *Fig.* Persona de poco carácter y que se deja dominar por los demás. **3.** Traje de punto de una sola pieza, que se pone a los niños.

PELEÓN, NA adj. Que pelea. **2.** *Fam.* Dícese del vino muy ordinario.

PELEONERO, A adj. *Méx.* Peleón, pendenciero.

PELETERÍA n. f. Arte de adobar y preparar las pieles con su pelo y de hacer con ellas prendas de abrigo o de adorno. **2.** Conjunto o surtido de pieles finas. **3.** Establecimiento o tienda donde se venden o actividad a ellas dedicada. **4.** *Cuba.* Zapatería, tienda de zapatos.

PELETERO, A n. Persona que tiene por oficio trabajar en pieles finas o venderlas.

PELIAGUDO, A adj. *Fam.* Dícese del negocio o asunto difícil de resolver.

PELICANO, A adj. Que tiene cano el pelo.

PELÍCANO o **PELICANO** n. m. (lat. *pelicanum*). Ave palmípeda de pico recto, fuerte y largo, con una membrana de piel dilatable en la mandíbula inferior, que forma una especie de bolsa, donde guarda los peces destinados a la alimentación de las crías. (Familia pelecánidos.)

PELÍCULA n. f. (lat. *pellicula*m). Piel tenue, o membrana muy fina. **2.** Telilla o capa delgada, sólida o líquida, que se forma sobre cualquier cosa, o sobre la superficie de ciertos líquidos. **3.** Cinta perforada de acetilcelulosa, sobre la que se extiende una emulsión gelatinosa de bromuro de plata, empleada en fotografía y en cinematografía. **4.** Obra cinematográfica.

PELICULÓN n. m. *Fam.* Película cinematográfica larga y aburrida. **2.** Película muy buena.

PELIGRAR v. intr. [1]. Estar en peligro.

PELIGRO n. m. (lat. *periculum*). Situación de la que puede derivar un daño para una persona o cosa. **2.** Aquello que puede ocasionar un daño o mal.

PELIGROSIDAD n. f. Calidad de peligroso.

PELIGROSO, A adj. Que implica peligro. **2.** *Fig.* Que puede dañar.

PELILLO n. m. *Fam.* Causa o motivo muy leve de disgusto. ● **Echar pelillos a la mar** *(Fam.),* reconciliarse dos o más personas, olvidando el motivo de su enfado o disputa.

PELIRROJO, A adj. De pelo rojo.

PELLA n. f. Masa de cualquier material, de forma redondeada. **2.** Manteca del cerdo tal como se saca de él.

PELLEGRINI, dep. de Argentina (Santiago del Estero); 16 034 hab. Vacuno. Conservas cárnicas.

PELLEGRINI (Carlos), político argentino (Buenos Aires 1846-íd. 1906), presidente de la república (1890-1892).

PELLEJA n. f. Pellejo, piel de un animal. **2.** Cuero de oveja o carnero, curtido de modo que conserva la lana.

PELLEJERÍAS n. f. pl. *Chile.* Escasez, miseria, contratiempos causados por la pobreza.

PELLEJO n. m. Piel de un animal, generalmente separada del cuerpo. **2.** Piel del hombre. **3.** Odre para contener líquidos. **4.** Piel de algunos frutos. **5.** *Fig.* y *fam.* Persona borracha.

PELLICER (Carlos), poeta mexicano (Villahermosa 1899-México 1977). Católico y de izquierdas, su poesía, entregada a la imagen y al humor, es de las más significativas del vanguardismo mexicano.

PELLÍN n. m. *Chile.* Especie de haya cuya madera es muy dura e incorruptible. **2.** *Chile.* Corazón de este árbol. **3.** *Chile. Fig.* Persona o cosa muy fuerte y de gran resistencia.

PELLIZA n. f. Prenda de abrigo hecha o forrada de piel o de otra tela.

PELLIZCAR v. tr. y pron. [1a]. Coger entre los dedos un poco de piel o carne y apretar, a veces retorciendo. ◆ v. tr. **2.** Asir o herir leve o sutilmente una cosa: *la puerta le pellizcó los dedos.* **3.** Tomar o quitar pequeña cantidad de una cosa.

PELLIZCO n. m. Acción de pellizcar. **2.** Pequeña cantidad de algo que se coge entre los dedos: *un pellizco de sal.* **3.** Señal que queda en el cuerpo al pellizcarlo. **4.** Cantidad pequeña de algo.

PELLÓN n. m. *Amér. Merid.* Pelleja curtida que forma parte del recado de montar.

PELMA n. m. y f. *Fam.* Persona pesada, lenta y fastidiosa.

PELMAZO, A n. Pelma.

PELO n. m. (lat. *pilum*). Formación filiforme de la epidermis, que cubre la piel de ciertos animales y, en determinados lugares, el cuerpo humano. **2.** Plumón de las aves. **3.** Cualquier hebra delgada o filamento muy fino y corto. **4.** Pelaje de las caballerías. **5.** Cantidad mínima o insignificante de algo: *por un pelo no ganó la carrera.* **6.** Defecto que tienen algunas gemas y que les resta pureza.**7.** Superficie velluda del terciopelo. ● **Al**, o **a**, **pelo** *(Fam.),* muy bien, muy oportunamente. || **De medio pelo** *(Fam.),* dícese de la persona de poca categoría social; dícese de las cosas de mediana calidad.

PELÓN, NA adj. v. n. Que no tiene pelo en la cabeza. **2.** *Fig.* Pobre, de escasos recursos económicos.

PELOPONENSE adj. y n. m. y f. Del Peloponeso.

PELOPONÉSICO, A adj. y n. Peloponense.

PELOPONESO o **MOREA**, península del S de Grecia, dividida a su vez en varias penínsulas, unida al continente por el istmo de Corinto. Está constituido por Argólida, Laconia, Mesenia, Élida, Acaya y Arcadia; 21 500 km²; 1 077 002 hab. En el II milenio, fue el centro de la civilización micénica. Su historia, en la época clásica, se confunde con la de Esparta y Grecia. El desmembramiento del Imperio bizantino convirtió al Peloponeso en el despotado de Mistra (o de Morea).

PELOTA n. f. Bola u objeto de forma esférica, formado generalmente por una materia blanda, y especialmente aquel con que se practican diversos deportes. **2.** Juego que se hace con ella, especialmente aquellos en que dos o más participantes compiten impulsándola con la mano o con ciertos instrumentos. **3.** *Fam.* Cabeza. ● **Hacer la pelota** a alguien (FAM.), adularle por algún interés. || **Pelota base**, béisbol. || **Pelota vasca**, deporte en el que el jugador (*pelotari*) lanza una pelota contra un frontón o trinquete, impulsándola con la mano o con ciertos instrumentos, como la pala o la cesta. ◆ **pelotas** n. pl. **4.** *Vulg.* Testículos.

PELOTAZO n. m. Golpe dado con la pelota. **2.** *Vulg.* Copa de bebida alcohólica.

PELOTEAR v. intr. [1]. Jugar a la pelota como entrenamiento. **2.** *Fig.* Arrojar una cosa de una parte a otra. **3.** *Fig.* Reñir dos o más personas entre sí. ◆ v. tr. **4.** *Argent. Fig.* y *fam.* Tener a alguien a mal traer. **5.** *Argent. Fig.* y *fam.* Demorar o trabar deliberadamente un asunto.

PELOTEO n. m. Acción de pelotear. **2.** ECON. Procedimiento fraudulento para crear un crédito artificial.

PELOTERA n. f. *Fam.* Riña, pelea.

PELOTERO, A n. Persona que recoge las pelotas en el juego. **2.** *Amér.* Jugador de pelota, especialmente el de fútbol y el de béisbol.

PELOTÓN n. m. Conjunto de alguna cosa apretada y enredada, especialmente de pelos e hilos. **2.** *Fig.* Muchedumbre de gente en desorden. **3.** En ciclismo, grupo numeroso de corredores que marchan juntos en el transcurso de una prueba.

4. Pequeña unidad de soldados, menor que la sección, mandada por un sargento o cabo primero.

PELOTUDO, A adj. y n. *Argent., Par. y Urug. Vulg.* Estúpido, imbécil.

PELUCA n. f. Cabellera postiza.

PELUCHE n. m. Felpa. **2.** Muñeco o juguete hecho con este material.

PELUDEAR v. intr. [1]. *Argent. Fam.* Emprender una tarea difícil.

PELUDO, A adj. y n. Que tiene mucho pelo. ♦ n. m. **2.** *Argent. y Urug.* Borrachera. **3.** ZOOL. Armadillo nativo de Argentina y Uruguay. (Familia dasipódidos.) • **Caer como peludo de regalo** (*Argent. y Urug.*), llegar de sorpresa e inoportunamente.

PELUQUEAR v. tr. y pron. [1]. *Amér. Merid., C. Rica y Méx.* Cortar o arreglar el cabello a una persona.

PELUQUERÍA n. f. Establecimiento u oficio del peluquero.

PELUQUERO, A n. Persona que tiene por oficio el cuidado y arreglo del cabello.

PELUQUÍN n. m. Peluca pequeña.

PELUSA n. f. Vello muy tenue. **2.** Pelo menudo que se desprende de las telas. **3.** *Fig. y fam.* Envidia o celos propios de los niños.

PELVIANO, A adj. ANAT. Relativo a la pelvis. • **Aletas pelvianas**, aletas abdominales de los peces, que pueden estar insertas en la parte delantera o trasera de la zona ventral, según las especies. ‖ **Cintura pelviana**, en los mamíferos, estructura anatómica formada por la unión de tres pares de huesos: *ilion, isquion* y *pubis*.

PELVIS n. f. Cinturón óseo de los vertebrados, situado en el extremo posterior o inferior del tronco, y que se articula, por una parte, con la columna vertebral y, por otra, con las extremidades posteriores o inferiores.

PENA n. f. Cualquier castigo. **2.** Sentimiento de tristeza producido por algo desagradable. **3.** Aquello que produce dicho sentimiento. **4.** Dolor, padecimiento físico. **5.** Lástima: *da pena tirar tanta comida*. **6.** Dificultad, trabajo: *con muchas penas logra llegar a fin de mes*. **7.** *Amér. Central, Colomb., Méx. y Venez.* Vergüenza, cortedad. **8.** DER. PEN. Sufrimiento impuesto por el estado, en ejecución de una sentencia, al culpable de una infracción penal. • **A duras, graves, o malas, penas**, con gran dificultad o trabajo. ‖ **A penas**, apenas.

PENA (Antonio), escultor, pintor y grabador uruguayo (Montevideo 1894-*id.* 1947). Destaca su *Monumento a Hemandarias* (Montevideo).

PENACHO n. m. (ital. *pennacchio*). Adorno de plumas que sobresale en los cascos, en el tocado de las mujeres, en la cabeza de las caballerías engalanadas, etc. **2.** *Fig.* Cualquier adorno parecido al anterior. **3.** Grupo de plumas que tienen algunas aves en la parte superior de la cabeza.

PENADO, A n. Delincuente, condenado a una pena.

PENAL adj. Relativo a los delitos y faltas y a las penas que se les asignan: *leyes penales*. ♦ n. m. **2.** Lugar donde se cumplen las penas privativas de libertad. **3.** DEP. Penalty.

PENALBA (Alicia), escultora argentina (Buenos Aires 1918-Dax, Francia, 1982). En París desde 1948, desarrolló una obra abstracta (*Tótems*), a veces integrada en la arquitectura.

PENALIDAD n. f. Dificultad que comporta trabajo y sufrimiento. (Suele usarse en plural.)

PENALISTA n. m. y f. Especialista en derecho penal.

PENALIZACIÓN n. f. Acción y efecto de penalizar.

PENALIZAR v. tr. [1]. Imponer una sanción o castigo.

PENALTY n. m. (voz inglesa). En diversos deportes de equipo, como el fútbol y el balonmano, falta grave cometida por un equipo dentro de su área. **2.** Castigo de esta falta.

PENAR v. intr. [1]. Padecer, sufrir un dolor o una pena. ♦ v. tr. **2.** Castigar al autor de una falta o delito con una pena. **3.** Señalar la ley una pena para un acto u omisión.

PENAS (*golfo de*), golfo de Chile (Aisén del General Carlos Ibáñez del Campo), junto a la península de Taitao.

PENCA n. f. Hoja carnosa y aplanada, o parte de ella que presenta estas características. **2.** Tallo de ciertas hortalizas.

PENCO n. m. *Fam.* Jamelgo. **2.** *Fam.* Persona torpe, holgazana o inútil. **3.** *Amér.* Penca.

PENCO, com. de Chile (Biobío); 40 383 hab. Forma parte del área industrial de Concepción.

PENDEJEAR v. intr. [1]. *Colomb. Fam.* Hacer o decir necedades o tonterías.

PENDEJO n. m. Pelo del pubis y las ingles. **2.** *Fig.* Hombre cobarde. **3.** *Fig. y fam.* Pendón, persona de vida irregular y desordenada.

PENDENCIA n. f. Acción de reñir dos o más personas con palabras o acciones.

PENDENCIERO, A adj. Propenso a riñas o pendencias.

PENDER v. intr. (lat. *pendere*) [2]. Estar colgada alguna cosa. **2.** Depender. **3.** *Fig.* Estar por resolverse un asunto.

PENDIENTE adj. Que pende. **2.** *Fig.* Que está por resolverse o terminarse: *asunto pendiente*. ♦ n. m. **3.** Joya o adorno atravesado o prendido en el lóbulo de la oreja. **4.** *Fig.* Preocupación: *estoy con pendiente porque ya es muy tarde y mi hijo no ha llegado.* ♦ n. f. **5.** Declive, inclinación de un terreno o superficie. SIN.: *cuesta*. **6.** Inclinación que tienen los planos de los tejados para facilitar el desagüe. **7.** Cada uno de dichos planos. • **Pendiente de una recta**, tangente del ángulo que forma esta recta con el plano horizontal.

PENDÓN n. m. Bandera o estandarte. **2.** *Fig. y fam.* Persona de vida irregular y desordenada. **3.** *Fig. y fam.* Mujer de vida licenciosa.

PENDONEAR v. intr. [1]. Callejear.

PENDULAR adj. Relativo al péndulo: *movimiento pendular*.

PÉNDULO, A adj. Pendiente, colgante. ♦ n. m. **2.** Cuerpo suspendido en un punto fijo y que oscila por acción de su peso. **3.** Todo sólido animado de un movimiento de esta naturaleza: *péndulo elástico, magnético, de torsión*.

PENE n. m. (lat. *penem*). ANAT. Órgano masculino de la copulación.

PENÉLOPE, en la mitología griega, esposa de Ulises y madre de Telémaco. Es el símbolo de la fidelidad conyugal.

PENETRACIÓN n. f. Acción y efecto de penetrar. **2.** Perspicacia, agudeza.

PENETRANTE o **PENETRADOR, RA** adj. Profundo, que penetra mucho. **2.** *Fig.* Agudo, sagaz, incisivo.

PENETRAR v. intr. y tr. (lat. *penetrare*) [1]. Pasar desde el exterior al interior. **2.** Introducir un cuerpo en otro por sus poros, huecos, etc. **3.** *Fig.* Hacerse sentir con intensidad el frío, los gritos, etc. ♦ v. tr. **4.** *Fig.* Afectar profundamente el dolor u otro sentimiento. ♦ v. tr. y pron. **5.** *Fig.* Comprender bien, profundizar.

PENICILINA n. f. Antibiótico aislado del *Penicillium notatum* y cuyas propiedades fueron descubiertas por Alexander Fleming en 1929.

PENICILIO n. m. Hongo que se desarrolla sobre el queso, en las frutas almacenadas, etc., y de una de cuyas especies se extrae la penicilina.

PENÍNSULA n. f. (lat. *paeninsulam*). Porción de tierra rodeada de agua por todas partes excepto por una, llamada *istmo*, mediante la cual se comunica con otra tierra de mayor extensión.

PENÍNSULA ANTÁRTICA o **TIERRA DE SAN MARTÍN**, península del O de la Antártida argentina, situada al O por el mar de Weddell. Bases del Instituto antártico argentino.

PENINSULAR adj. y n. m. y f. Relativo a una península; habitante u originario de ella. **2.** Relativo a la península Ibérica; habitante u originario de ella. (Suele emplearse en oposición a lo relativo a las islas.)

PENITENCIA n. f. (lat. *paenitentiam*). Mortificación que uno se impone a sí mismo para expiar sus pecados. **2.** *Fam.* Algo desagradable que hay que sufrir de grado o por fuerza. **3.** REL. Uno de los siete sacramentos de la Iglesia católica. **4.** REL. Pena que impone el confesor al penitente.

PENITENCIAL adj. Relativo a la penitencia.

PENITENCIARÍA n. f. Establecimiento donde se recluye a los condenados a penas privativas de libertad.

PENITENCIARIO, A adj. y n. m. Dícese del presbítero que tiene la obligación de confesar en una iglesia determinada. **2.** Relativo a la penitenciaría: *establecimiento penitenciario*.

PENITENTE n. m. y f. Persona que confiesa sus pecados al sacerdote. **2.** Persona que va en una procesión para hacer penitencia, con cierto traje establecido para este uso. ♦ n. m. **3.** Planta herbácea con racimos de pequeñas flores de color violeta. (Familia liliáceas.)

PENN (Arthur), director de cine norteamericano (Filadelfia 1922). Fue uno de los primeros en romper con los esquemas de Hollywood: *El zurdo* (1958), *La jauría humana* (1966), etc.

PENN (William), cuáquero inglés (Londres 1644-Jordans 1718). Obtuvo la concesión de un territorio norteamericano al que llamó *Pennsylvania* (1681), al que dotó de una legislación que fue modelo de las instituciones norteamericanas. Fundó Filadelfia.

PENNSYLVANIA, estado de Estados Unidos que se extiende del lago Erie al Delaware; 117 400 km^2; 11 881 643 hab. Cap. *Harrisburg*. C. pral. *Filadelfia, Pittsburgh*.

PENONOMÉ, c. de Panamá, cap. de la prov. de Coclé; 48 335 hab. Explotación forestal (caucho).

PENOSO, A adj. Que causa pena o penas, trabajoso. **2.** *Méx.* Que es muy tímido o se avergüenza con facilidad.

PENSACOLA, c. de Estados Unidos (Florida), en la *bahía de Pensacola*, en la costa del golfo de México; 57 600 hab. Importante base naval. Puerto pesquero y comercial. Colonia española desde el s. XVI, pasó a Gran Bretaña por la paz de París (1763) y volvió a España por la de Versalles (1783). Se incorporó definitivamente a E.U.A. en 1819.

PENSADO, A adj. y n. Precedido del adverbio *mal*, dícese de la persona que interpreta desfavorablemente las palabras, actitudes o acciones de los demás.

PENSADOR, RA adj. Que piensa, especialmente que lo hace con intensidad y eficacia. ♦ n. **2.** Filósofo.

PENSAMIENTO n. m. Facultad de pensar. **2.** Acto de esta facultad, cosa pensada: *un pensamiento cruzó por mi mente*. **3.** Idea principal, manera de opinar de un individuo o de un determinado ambiente. **4.** Máxima, sentencia: *los pensamientos de Marco Aurelio*. **5.** Planta herbácea de flores muy variables, con los pétalos laterales muy cerca de los superiores. **6.** Flor de esta planta.

PENSAR v. tr. [1j]. Formar y ordenar en la conciencia ideas ∕ conceptos: *pienso, luego existo*. **2.** Meditar, reflexionar. **3.** Hacer proyectos para poner en práctica alguna cosa. **4.** Tener determinada opinión. **5.** Imaginar, suponer: *¡quién lo*

PEN

iba a pensar! • **Sin pensar,** improvisadamente.
PENSATIVO, A adj. Que está absorto en sus pensamientos.
PENSIL o **PÉNSIL** n. m. Jardín delicioso.
PENSIÓN n. f. (lat. *pensionem,* pago). Prestación en metálico entregada periódicamente a alguien: *pensión de viudedad.* **2.** Casa particular en la que se alojan huéspedes mediante pago. **3.** Precio que se paga por este alojamiento. **4.** Establecimiento hotelero de categoría inferior al hotel.
PENSIONADO, A adj. y n. Que tiene o cobra una pensión. ♦ **n. 2.** Colegio, casa o establecimiento para alumnos pensionistas.
PENSIONARIO, A n. Persona que paga una pensión.
PENSIONISTA n. m. y f. Persona que recibe una pensión. **2.** Persona que paga una pensión para la manutención y el alojamiento. **3.** Alumno hospedado, alimentado e instruido en un centro de enseñanza.
PENTAEDRO n. m. MAT. Sólido de cinco caras.
PENTAGONAL adj. Relativo al pentágono. **2.** De figura semejante o igual a la del pentágono. **3.** Dícese de los sólidos cuya base es un pentágono: *prisma pentagonal.*
PENTÁGONO n. m. MAT. Polígono de cinco ángulos y, por lo tanto, de cinco lados.
PENTAGRAMA o **PENTÁGRAMA** n. m. MÚS. Sistema de cinco líneas horizontales, equidistantes y paralelas, sobre las cuales o entre las cuales se escriben las notas musicales.
PENTÁMERO, A adj. BIOL. Que está formado por cinco partes o miembros. **2.** Dícese de los coleópteros cuyo tarso está dividido en cinco partes.
PENTASÍLABO, A adj. y n. Dícese del verso de cinco sílabas.
PENTATHLON o **PENTATLÓN** n. m. En atletismo, conjunto de cinco pruebas, los 200 m, 1500 m, lanzamiento de jabalina, lanzamiento de disco y salto de longitud.
PENTECOSTÉS n. m. (gr. *pentekostē,* quincuagésimo [día]). Fiesta judía, celebrada cincuenta días después de Pascua, que conmemora la entrega de las tablas de la ley a Moisés en el Sinaí. (Suele escribirse con mayúscula.) **2.** Fiesta cristiana, celebrada cincuenta días después de Pascua, que conmemora el descenso del Espíritu Santo sobre los apóstoles. (Suele escribirse con mayúscula.)
PENTEDECAGONO o **PENTADECÁGONO** n. m. Polígono de quince ángulos y, por lo tanto, de quince lados.
PENÚLTIMO, A adj. y n. Inmediatamente antes de lo último.
PENUMBRA n. f. (lat. *paene umbram*). Estado de una superficie incompletamente iluminada por un cuerpo luminoso no puntual cuando un cuerpo opaco intercepta parte de los rayos. **2.** Sombra débil o poco oscura.
PENURIA n. f. (lat. *paenuriam*). Insuficiencia, falta de algo, especialmente de aquello que se necesita para vivir.
PENZIAS (Arno), radioastrónomo norteamericano (Munich 1933). En colaboración con R. Wilson descubrió, en 1965, de forma fortuita, la radiación térmica del fondo del cielo a 3 kelvins, confirmando así la teoría cosmológica del big bang. (Premio Nobel de física, 1978.)
PEÑA n. f. (lat. *pinnam*). Roca de gran tamaño que constituye un relieve topográfico, generalmente de naturaleza pedregosa. **2.** *Fig.* Grupo de amigos o compañeros que se reúnen habitualmente con algún fin artístico, cultural o recreativo. **3.** *Fig.* Nombre que toman algunos círculos de recreo.
PEÑA BLANCA (macizo de), macizo de Nicaragua, máxima alt. de la cordillera Isabelia; 1745 m.

PEÑAFLOR, c. de Chile (Santiago); 76 603 hab. Cereales y frutales en regadío.
PEÑALOLÉN, com. de Chile (Santiago); 178 728 hab.
PEÑARANDA CASTILLO (Enrique), militar y político boliviano (Larecaja, La Paz, 1892-Madrid 1969), presidente de la república en 1940, fue derrocado en 1943.
PEÑASCAL n. m. Terreno cubierto de peñascos.
PEÑASCAZO n. m. *Chile.* Pedrada.
PEÑASCO n. m. Peña grande y elevada. **2.** Molusco gasterópodo marino, de color pardo, con el interior anaranjado. (Familia murícidos.)
PEÑASCOSO, A adj. Dícese del lugar donde hay muchos peñascos.
PEÑÓN n. m. Monte peñascoso.
PEÓN n. m. (bajo lat. *pedonem*). Obrero no especializado, que suele ocupar el grado más bajo en la escala socioprofesional. **2.** En América latina, bracero agrícola. **3.** Juguete de madera, de forma cónica y terminado en una púa metálica, al cual se arrolla una cuerda para lanzarlo y hacerlo bailar. **4.** Cada una de las piezas que se emplean en el juego de damas y en otros de tablero; en especial, cualquiera de las ocho iguales, blancas o negras, del ajedrez. • **Peón de albañil,** o **de mano,** obrero que ayuda al oficial de albañilería.
PEONADA n. f. Obra o trabajo que un peón o jornalero hace en un día. **2.** Peonaje.
PEONAJE n. m. Conjunto de peones que trabajan en una obra.
PEONIA o **PEONÍA** n. f. (lat. *paeoniam*). Planta bulbosa, de la que se cultivan, por sus grandes flores rojas, rosas o blancas, especies procedentes de Extremo oriente. (Familia ranunculáceas.) **2.** Flor de esta planta. **3.** *Amér. Merid.* y *Cuba.* Planta arbustiva trepadora, de pequeñas flores blancas o rojas y semillas gruesas y duras. (Familia papilionáceas.)
PEONÍA n. f. Porción de tierra que, en un país conquistado, se solía asignar a cada soldado a pie. **2.** En las Indias, lo que podía labrar en un día.
PEONZA n. f. Juguete de madera, semejante al peón, pero sin punta metálica. **2.** *Fig.* y *fam.* Persona pequeña y bulliciosa.
PEOR adj. (lat. *peiorem*). Que es más malo que aquello con lo que se compara: *es peor estudiante que su hermano.* ♦ adv. m. **2.** Más malo que aquello con lo que se compara: *hoy ha dormido peor que ayer.* • **Tanto peor,** peor todavía.
PEPA n. f. *Amér.* Pepita, semilla.
PEPE n. m. *Bol.* y *Venez.* Petimetre, lechuguino.
PEPENADOR, RA n. *Méx.* Persona que vive de recoger desechos de papel, metal, etc., que todavía se pueden aprovechar para venderlos.
PEPENAR v. tr. [1]. *Amér.* Recoger cosas del suelo. **2.** *Amér.* Rebuscar, escoger.
PEPERINA n. f. *Argent.* Subarbusto muy ramificado, de flores blancas y cuyas hojas, aromáticas, se utilizan en infusión. (Familia labiadas.)
PEPINILLO n. m. Cohombro pequeño en adobo.
PEPINO n. m. Hortaliza de la familia cucurbitáceas, de frutos alargados, que se consumen como verdura o ensalada; fruto de esta planta.
PEPITA n. f. (lat. *pituitam*). Semilla de ciertos frutos. **2.** Trozo redondo de oro o de otros metales nativos, que suele hallarse entre arenas en el cauce de ciertos ríos. **3.** *Méx.* Semilla de calabaza que se come tostada y salada.
PEPSINA n. f. (gr. *pepsis,* cocción). Enzima del jugo gástrico, que inicia la digestión de las proteínas.
PÉPTIDO, A adj. y n. m. Dícese de unos compuestos cuya molécula está formada por la unión de unas pocas moléculas de aminoácidos.

PEQUE adj. y n. m. y f. *Fam.* Forma apocopada de pequeño, niño.
PEQUÉN n. m. *Chile.* Ave rapaz diurna similar a la lechuza.
PEQUEÑEZ n. f. Calidad de pequeño. **2.** Nimiedad, cosa sin importancia. **3.** Mezquindad, poca nobleza en los sentimientos o acciones.
PEQUEÑO, A adj. Dícese de las cosas que tienen poco o menor tamaño que otras de su misma especie. **2.** De dimensión o cantidad inferior a lo necesario o conveniente. **3.** Nimio, insignificante por su poca importancia. **4.** *Fig.* Humilde o de poca categoría. ♦ adj. y n. **5.** De poca edad, niño. ♦ **n. 6.** Entre dos o varios hermanos, el de menor edad.
PEQUEÑOBURGUÉS, SA adj. y n. Que pertenece a la pequeña burguesía. **2.** *Desp.* Que tiene prejuicios.
PEQUINÉS, SA adj. y n. De Pekín. ♦ adj. y n. m. **2.** Dícese de una raza de perros de pequeño tamaño, de morro muy corto y orejas lacias.
PER CÁPITA loc. Se usa en la terminología estadística con el significado de *por habitante.*
PER SAECULA SAECULORUM loc. (voces lat., *por los siglos de los siglos*). Para siempre.
PER SE loc. (voces lat., *por sí*). Por sí mismo.
PERA n. f. Fruto del peral. **2.** *Fig.* Perilla, clase de barba. **3.** Instrumento de goma, en forma de pera, provisto de una cánula, permite inyectar líquido o aire en un lugar determinado. **4.** Interruptor eléctrico de pulsador, en forma de pera. • **Partir peras con** uno (*Fam.*), tratarle con familiaridad y llaneza; enfadarse, romper la amistad. || **Pedir peras al olmo** (*Fam.*), pretender algo imposible. ♦ adj. **5.** *Fam.* Dícese de la persona muy elegante y refinada, que raya en lo cursi.
PERÁCIDO n. m. QUÍM. Nombre de los ácidos derivados del agua oxigenada, cuya molécula contiene uno o más pares de átomos de oxígeno unidos directamente. **2.** Nombre de los ácidos en los cuales el no metal, que tiene cuatro valencias distintas, actúa con la mayor de ellas.
PERAL n. m. Árbol frutal de la familia rosáceas, cuyo fruto, la pera, es una drupa de endocarpio delgado y forma oblonga.
PERALTA (Pedro de), escritor peruano (Lima 1663-*id.* 1743), poeta, dramaturgo (*Afectos vencen finezas,* 1720), autor de libros científicos y prosista.
PERALTA AZURDIA (Enrique), militar y político guatemalteco (Guatemala 1908), presidente de la junta militar que derrocó a Ydígoras (1963-1967).
PERALTADO, A adj. Que forma peralte. • **Arco peraltado,** el que prolonga su perfil en sentido de dos rectas paralelas hasta la hilada de sillares.
PERALTAR v. tr. [1]. OBR. PÚBL. Dar peralte.
PERALTE n. m. Lo que en la altura de un arco, bóveda, etc., excede del semicírculo. **2.** Pendiente transversal que existe entre los dos carriles de una curva de la vía o entre los bordes de una curva de carretera.
PERAVIA (*provincia de*), prov. del S de la República Dominicana; 1621 km²; 166 000 hab. Cap. *Baní.*
PERCA n. f. Pez dulceacuícola, de hasta 50 cm de long., con dos aletas dorsales, la primera espinosa, voraz y de carne muy apreciada. • **Perca negra,** pez teleósteo introducido en diversos países por su valor deportivo. || **Perca trepadora,** pez anfibio del litoral del SE asiático, que trepa a los matorrales para comerse los insectos.
PERCAL n. m. Tela de algodón, tejida con ligamento tafetán.
PERCANCE n. m. Contratiempo, perjuicio que entorpece o detiene el curso de algo.
PERCATAR v. intr. y pron. [1]. Advertir, darse cuenta.

PERCEBE n. m. Crustáceo con seis pares de apéndices y un pedúnculo carnoso comestible. (Familia pollicípedos.) **2.** *Fig.* y *fam.* Tonto, ignorante.
PERCEPCIÓN n. f. (lat. *perceptionem*). Acción de percibir. **2.** Idea. **3.** Acto de recaudar: *la percepción del impuesto*.
PERCEPTIBLE adj. Que se puede percibir.
PERCEPTIVO, A adj. Relativo a la percepción.
PERCHA n. f. Madero o estaca larga y delgada, colocados de forma que sirven para sostener algo. **2.** Mueble de madera, metal o plástico en que van dispuestos varios colgadores. **3.** Colgador.
PERCHERO n. m. Mueble con perchas para colgar en ellas abrigos, sombreros, etc.
PERCHERÓN, NA adj. y n. m. Dícese de una raza de caballos de tiro originaria de Perche (Francia).
PERCIBIR v. tr. (lat. *percipere*) [3]. Cobrar, recibir una cantidad a la que uno tiene derecho. **2.** Recibir impresiones, apreciar algo por medio de los sentidos o de la inteligencia.
PERCIBO n. m. Acción y efecto de percibir, cobrar: *el percibo de haberes*.
PERCIFORME o **PERCOMORFO, A** adj. y n. m. Dícese de unos peces que pertenecen a un amplio grupo de familias cuyo tipo es la perca.
PERCOCHO n. m. *Hond.* Traje o tela muy sucio.
PERCOLACIÓN n. f. GEOGR. Penetración lenta de las aguas meteóricas en el suelo.
PERCUSIÓN n. f. Acción y efecto de percutir. **2.** Operación elemental del funcionamiento de un arma de fuego, en el curso de la cual el percutor golpea la cápsula fulminante y provoca el disparo. • **Instrumentos de percusión**, nombre genérico de los instrumentos musicales de los que se obtiene el sonido golpeándolos con las manos, bastones o mazos.
PERCUSIONISTA n. m. y f. Músico que toca un instrumento de percusión.
PERCUSOR, RA adj. y n. Que percute. ♦ n. m. **2.** ARM. Percutor.
PERCUTIR v. tr. (lat. *percutere*) [3]. Golpear.
PERCUTOR o **PERCUSOR** n. m. ARM. Vástago metálico cuyo extremo golpea el estopín o cápsula fulminante del cartucho y provoca la percusión.
PERDER v. tr. (lat. *perdere*) [2d]. Estar privado de una cosa que se poseía: *perder un anillo*. **2.** Estar privado de una parte de sí, de una facultad, de una ventaja física o moral: *perder el conocimiento*. **3.** Verse privado de alguien a causa de su muerte: *perdió a su padre*. **4.** Desperdiciar, emplear algo mal o inútilmente: *perdió tres horas esperando*. **5.** Dejar escapar, no aprovechar una oportunidad: *perdimos aquella ocasión*. **6.** Ocasionar algún grave perjuicio a alguien: *le perdieron las malas compañías*. **7.** Disminuir o empeorar con respecto a un estado anterior: *hemos perdido con el cambio*. ♦ v. tr. e intr. **8.** Quedar vencido en una competición, apuesta, lucha, etc., no consiguiendo lo que se disputaba: *perder el partido*. **9.** Dejar escapar poco a poco su contenido un recipiente: *el depósito pierde*. ♦ v. intr. **10.** Desteñirse, decolorarse las telas. ♦ **perderse** v. pron. **11.** Extraviarse, ir a parar algo a un lugar que se desconoce: *se me han perdido los guantes*. **12.** Equivocar el camino o dirección que se quería seguir, no llegando a donde se pretendía: *los excursionistas se perdieron*. **13.** *Fig.* Distraerse, perder la continuidad en un relato, acción, etc.: *los alumnos se perdieron y no entendieron nada*. **14.** Aturdirse, turbarse: *me perdí en aquel mar de papeles*. **15.** *Fig.* Dejar de percibirse una cosa por los sentidos: *la nave se perdió en el horizonte*. **16.** *Fig.* Estar muy enamorado de una persona o anhelar mucho una cosa: *se pierde por aquella chica*.
17. No ser útil algo que podía serlo, desaprovecharlo: *esta fruta se va a perder*.
PERDICIÓN n. f. Acción y efecto de perderse una persona a causa de una pasión, delito, etc. **2.** Causa, motivo o persona que hacen que alguien se pierda.
PÉRDIDA n. f. Acción de perder algo o de perderse. **2.** Cantidad o cosa perdida. **3.** Daño que se recibe en alguna cosa. **4.** Escape, fuga, cantidad de un fluido que se pierde por filtraciones o contactos. **5.** MIL. Baja de personal o de material a consecuencia de una acción enemiga o por cualquier otra causa.
PERDIDAMENTE adv. m. Mucho, excesivamente.
PERDIDO, A adj. Que no tiene o no lleva destino determinado. **2.** Con ciertos sustantivos, da un sentido aumentativo al sustantivo al que se trata: *tonto perdido; borracho perdido*. • **Estar perdido por** alguien o algo, estar muy enamorado de alguien o muy aficionado a algo. ♦ n. **3.** Persona viciosa y de costumbres libertinas.
PERDIGÓN n. m. Pollo de la perdiz. **2.** Proyectil esférico, de plomo, cuyo diámetro no excede los 8 mm.
PERDIGONADA n. f. Tiro de perdigones. **2.** Herida que produce.
PERDIGUERO n. m. Dícese de la variedad de perro muy apreciado para la caza, con orejas grandes y caídas, patas altas y nervudas y color blanco con manchas negras.
PERDIZ n. f. Ave galliforme, de cuerpo grueso, que anida en los huecos del suelo y cuya carne es muy estimada. (La *perdiz común*, o *roja*, vive en la península Ibérica y parte de Europa; la *perdiz pardilla* se encuentra en la mayor parte de Europa; la *perdiz de la cordillera*, de color gris, con alas y cola negras manchadas de blanco, vive en América del Sur.)
PERDÓN n. m. Acción de perdonar. • **Con perdón**, dícese para excusarse por decir o hacer algo que molesta a otro.
PERDONAR v. tr. [1]. Renunciar a obtener satisfacción o venganza de una ofensa recibida, no guardando resentimiento ni rencor. **2.** Conceder la absolución de una pena. **3.** Eximir a alguien de una obligación. **4.** Excusar: *perdone, pero disiento de lo que usted dice*. **5.** Seguido de los verbos como *medio, ocasión, esfuerzo*, etc., y en frases negativas, aprovecharlos, utilizarlos a no omitirlos, o no transigir con ellos.
PERDONAVIDAS n. m. y f. (pl. *perdonavidas*). Fanfarrón, persona que presume de valiente.
PERDULARIO, A adj. y n. Que es muy descuidado con su persona o con sus bienes. **2.** Dícese de las personas viciosas o disipadas.
PERDURABLE adj. Perpetuo, que dura siempre. **2.** Que dura mucho tiempo.
PERDURAR v. intr. [1]. Durar largo tiempo: *perduraría el tiempo seco*. **2.** Persistir, mantenerse firme en una actitud, opinión, etc.: *perdura en sus ideas*.
PERECEDERO, A adj. Temporal, destinado a perecer o acabarse.
PERECER v. intr. [2m]. Morir de accidente, de muerte violenta: *pereció en el incendio*. **2.** *Fig.* Dejar de existir, terminar, extinguirse: *perecieron muchos ideales tras el fracaso de la revolución*.
PEREDA (José María de), escritor español (Polanco 1833-Santander 1906). Sus novelas están dentro de un realismo alejado de los métodos naturalistas (*Pedro Sánchez*, 1883; *Sotileza*, 1885; *Peñas arriba*, 1893).
PEREGRINACIÓN n. f. Acción y efecto de peregrinar.
PEREGRINAJE n. m. Peregrinación.
PEREGRINAR v. intr. [1]. Andar, viajar de un lugar a otro, por tierras extrañas o que no se suelen frecuentar. **2.** *Fam.* Ir de un sitio a otro, haciendo gestiones para conseguir algo, o en busca de algo. **3.** Ir a un santuario o lugar santo, por devoción o por voto.
PEREGRINO, A adj. (lat. *peregrinum*). Que anda por tierras extrañas. **2.** Dícese de las aves de paso. **3.** *Fig.* Singular, extravagante, extraño: *respuesta peregrina*. **4.** *Fig.* Extraordinario, excelente: *belleza peregrina*. ♦ adj. y n. **5.** Dícese de la persona que, por devoción o voto, va a visitar un santuario o lugar santo.
PEREIRA, c. de Colombia, cap. del dep. de Risaralda; 287 999 hab. Mercado cafetalero. Centro cultural (universidad). Aeropuerto de Matecaña.
PEREIRA (Gabriel Antonio), político uruguayo (Montevideo 1794-*id.* 1861). Firmó la declaración de independencia (1825) y presidente de la república en 1856-1860; reprimió la revolución de 1857-1858.
PEREJIL n. m. (proverz. *peiressil*). Planta herbácea aromática, utilizada como condimento. (Familia umbelíferas.) **2.** *Fig.* y *fam.* Adornos excesivos en un vestido o en una persona. (Suele usarse en plural.)
PERENGANO, A n. Una persona cualquiera: *fulano, mengano, zutano y perengano*.
PERENNE adj. (lat. *perennem*). Perpetuo, que dura indefinidamente, o durante un tiempo muy largo. **2.** Continuo, incesante, sin pausa ni interrupción. **3.** Dícese del vegetal que vive más de tres años. **4.** Dícese de la parte de la planta que permanece viva durante el invierno. **5.** GEOGR. Dícese de un río o de un manantial cuyo flujo es permanente. • **Hoja perenne** (BOT.), hoja que se mantiene más de dos años.
PERENNIDAD n. f. Calidad de perenne.
PERENTORIEDAD n. f. Calidad de perentorio.
PERENTORIO, A adj. (lat. *peremptorium*). Urgente, apremiante.
PERES (Shimon), político israelí (Polonia 1923). Presidente del partido laborista israelí (1977-1992), ha sido primer ministro (1984-1986 y 1995-1996). [Premio Nobel de la paz 1994.]
PEREYRA (Carlos), historiador mexicano (Saltillo 1871-Madrid 1942), autor de *Historia de la América española* (1920-1924) y *Hernán Cortés* (1931).
PÉREZ (Carlos Andrés), político venezolano (Rubio 1922). Dirigente de Acción democrática, fue presidente de la república en 1974-1978, reelegido en 1988, superó dos golpes de estado en 1992. En 1993 fue destituido del cargo por el parlamento y procesado por corrupción.
PÉREZ (Felipe), escritor colombiano (Sotaquirá 1836-Bogotá 1891), autor de poemas, ensayos y novelas históricas (*Atahualpa*, 1856).
PÉREZ (José Joaquín), político chileno (Santiago 1801-*id.* 1889), fue presidente de la república (1861-1871) por la alianza liberal-conservadora.
PÉREZ (Santiago), político colombiano (Zipaquirá 1830-París 1900). Presidente de la república (1874-1876), fue desterrado en 1893.
PÉREZ BALLADARES (Ernesto), político panameño (Panamá 1946). Candidato del torrijista Partido revolucionario democrático, fue elegido presidente de la república en 1994.
PÉREZ BONALDE (Juan Antonio), poeta venezolano (Caracas 1846-La Guaira 1892), adscrito al romanticismo (*Estrofas*, 1877; *Ritmos*, 1880).
PÉREZ DE AYALA (Ramón), escritor español (Oviedo 1881-Madrid 1962). En sus primeras obras hay elementos satíricos y autobiográficos (*Troteras y danzaderas*, 1913). Posteriormente acentúa los aspectos simbólicos y experimentales (*Belarmino y Apolonio*, 1921).
PÉREZ DE CUÉLLAR (Javier), diplomático peruano (1920), fue secretario general de la O.N.U. de 1982 a 1991.
PÉREZ DE HOLGUÍN (Melchor), pintor boliviano (Cochamba ¿1665?-Potosí *d.* 1724). Formado en Sevilla con Murillo,

su pintura entronca con el claroscurismo de Zurbarán.

PÉREZ DE QUESADA (Hernán), conquistador español del s. XVI. Con su hermano Jiménez de Quesada exploró Nueva Granada, de la que fue gobernador (1539).

PÉREZ DE URDININEA (José María), militar y político boliviano (Anquioma 1782-La Paz 1865). Combatió por la independencia, presidió el gobierno (1827-1828) y fue presidente interino de la república (1828 y 1842).

PÉREZ DE ZAMBRANA (Luisa), escritora cubana (¿El Cobre 1835?-Regla 1922). Escribió novela aunque destacó como poeta.

PÉREZ ESQUIVEL (Adolfo), pacifista argentino (Buenos Aires 1931), impulsor del movimiento de cristianos de base Servicio paz y justicia y militante en pro de los derechos humanos en Latinoamérica. (Premio Nobel de la paz 1980.)

PÉREZ GALDÓS (Benito), escritor español (Las Palmas de Gran Canaria 1843-Madrid 1920). Influido por el realismo de Balzac, abordó temas históricos (*Episodios nacionales*, 1873-1879 y 1898-1912) y religiosos, desde una perspectiva liberal y algo anticlerical (*Doña Perfecta*, 1876). En una segunda etapa sus novelas tendieron hacia el naturalismo (*La desheredada*, 1881), culminando con una narrativa cada vez más espiritualizada (*Fortunata y Jacinta*, 1887; la serie *Torquemada*, 1889-1895; *Misericordia*, 1897). Entre sus últimas obras figuran «novelas dialogadas» (*La loca de la casa*, 1892) y obras teatrales (*Electra*, 1901).

PÉREZ JIMÉNEZ (Marcos), político venezolano (Michelena, Táchira, 1914-España 2001). Nombrado presidente por los militares (1953), implantó una férrea dictadura. Destituido en 1958.

PEREZA n. f. (lat. *pigritiam*). Falta de ganas de hacer algo. **2.** Lentitud o descuido en las acciones o movimientos.

PEREZOSA n. f. Femenino de perezoso. **2.** *Argent.*, *Perú* y *Urug.* Tumbona, silla articulada y extensible con asiento y respaldo de lona.

PEREZOSO, A adj. Que tiene pereza. ◆ n. m. **2.** Mamífero arborícola, de 60 cm de long., de América del Sur, de movimientos muy lentos. (Orden desdentados.)

PERFECCIÓN n. f. (lat. *perfectionem*). Calidad de perfecto. **2.** Cosa perfecta.

PERFECCIONAMIENTO n. m. Acción y efecto de perfeccionar o perfeccionarse.

PERFECCIONAR v. tr. y pron. [1]. Acabar completamente una obra, con la mayor perfección posible. **2.** Mejorar algo haciéndolo más perfecto.

PERFECCIONISMO n. m. Búsqueda excesiva de la perfección en todo.

PERFECCIONISTA adj. y n. m. y f. Dícese de la persona que tiende al perfeccionismo.

PERFECTIBLE adj. Capaz de perfeccionarse o de ser perfeccionado.

PERFECTIVO, A adj. Que da o puede dar perfección.

PERFECTO, A adj. (lat. *perfectum*). Que tiene todas las cualidades, sin defectos. **2.** Que posee en grado máximo una determinada cualidad o defecto: *un perfecto caballero*; *un perfecto imbécil*. ◆ n. m. **3.** GRAM. Conjunto de formas verbales que indican un estado resultante de una acción pasada.

PERFIDIA n. f. (lat. *perfidiam*). Calidad de pérfido.

PÉRFIDO, A adj. y n. Desleal, traidor, que falta a su palabra.

PERFIL n. m. (voz provenzal, *dobladillo*). Contorno, línea que limita cualquier cuerpo. **2.** Contorno de alguna cosa no vista de frente. **3.** Características o rasgos que definen un determinado estilo. **4.** Trazo delicado, delgado, que se hace con la pluma escribiendo o dibujando. **5.** Dibujo que representa un corte perpendicular de un objeto. **6.** Conjunto de los rasgos psicológicos sobresalientes que definen el tipo de persona adecuada para ejercer una función o desempeñar una tarea o una ocupación: *el perfil profesional*. **7.** Conjunto de características que definen fundamentalmente un tipo de cosa; configuración de algo en un momento dado: *el perfil de ventas de un producto*. **8.** EDAFOL. Aspecto del suelo tal como se presenta en el frente de un corte. **9.** METAL. Producto metalúrgico, con perfil especial de sección constante, obtenido por laminación u otro procedimiento.

PERFILADO, A adj. Dícese del rostro delgado y largo. **2.** Aplícase a la nariz bien formada.

PERFILAR v. tr. [1]. Precisar el contorno o perfil de una cosa. **2.** *Fig.* Afinar, completar con esmero algo, para dejarlo perfecto. ◆ **perfilarse** v. pron. **3.** *Fig.* Empezar a verse algo con aspecto definido.

PERFORACIÓN n. f. Acción y efecto de perforar. **2.** Pozo excavado mecánicamente en el subsuelo y destinado al reconocimiento y a la explotación de un yacimiento de hidrocarburo.

PERFORADOR, RA adj. Que perfora u horada: *máquina perforadora*. ◆ adj. y n. **2.** Especialista en trabajos de perforación o sondeo.

PERFORADORA n. f. TECNOL. Máquina para perforar.

PERFORAR v. tr. (lat. *perforare*) [1]. Horadar, hacer un agujero que atraviese algo de un lado a otro. **2.** Abrir un agujero en el terreno con una herramienta mecánica.

PERFORMANCE n. f. (voz inglesa). *Amér.* Rendimiento o actuación de una persona en determinado puesto, actividad o profesión. **2.** *Méx.* Espectáculo en el que se combinan la música, la danza, el teatro y las artes plásticas. **3.** ART. Acción. ◆ **performances** n. f. pl. **4.** Conjunto de números que dan las posibilidades de un vehículo, como la aceleración, la velocidad, el consumo, el radio de acción, etc.

PERFUMAR v. tr. y pron. [1]. Dar o comunicar perfume. ◆ v. tr. **2.** Exhalar perfume.

PERFUME n. m. Solución líquida que contiene alguna sustancia intensamente odorante. **2.** *Fig.* Cualquier olor agradable.

PERFUMERÍA n. f. Tienda donde se venden perfumes y demás productos de tocador. **2.** Arte de fabricar perfumes. **3.** Conjunto de productos y materias de esta industria.

PERFUSIÓN n. f. (lat. *perfusionem*). Baño, untura. **2.** Introducción lenta y continuada de una sustancia medicamentosa o de sangre en un organismo u órgano.

PERGAMINO n. m. (lat. *pergaminum*). Piel de carnero preparada para la escritura, encuadernación, etc. **2.** Título o documento escrito en pergamino. **3.** Papel sin encolar que, sometido a un tratamiento químico especial, toma la apariencia del pergamino.

PERGAMINO, c. de Argentina (Buenos Aires); 95 021 hab. Industria agropecuaria y metalúrgica.

PERGENIO n. m. *Chile.* Entrometido. **2.** *Chile.* Persona chica y de mala traza.

PERGEÑAR v. tr. [1]. Ejecutar una cosa con poca habilidad.

PÉRGOLA n. f. (voz italiana). Galería formada por pilastras o columnas que sostienen un enrejado, por donde trepan plantas ornamentales.

PERGOLESI (Giovanni Battista), compositor italiano (Iesi 1710-Pozzuoli 1736). Uno de los maestros de la escuela napolitana.

PERIANTIO o **PERIANTO** n. m. BOT. Conjunto de las envolturas florales, cáliz y corola, que rodean los estambres y el pistilo. SIN.: *perigonio*.

PERICARDIO n. m. ANAT. Membrana serosa que envuelve el corazón, formada por dos hojas.

PERICARPIO o **PERICARPO** n. m. BOT. Conjunto de tejidos que constituyen el fruto y envuelven la semilla. (Se distinguen el *epicarpio*, el *mesocarpio* y el *endocarpio*.)

PERICIA n. f. (lat. *peritiam*). Habilidad, cualidad del que es experto en alguna cosa.

PERICIAL adj. Relativo al perito y al peritaje.

PERICLES, estadista ateniense (c. 495-Atenas 429 a. J.C.). Jefe del partido democrático (461 a. J.C.) y reelegido estratega durante treinta años, democratizó la vida política, permitiendo el acceso de todos los ciudadanos a las altas magistraturas. A su alrededor se agrupó un equipo de artistas, entre ellos su amigo Fidias.

PERICLITAR v. intr. [1]. Declinar, decaer.

PERICO n. m. Nombre que se da a diferentes especies de loro. **2.** *Fig.* Abanico grande. **3.** Espárrago de gran tamaño. **4.** *Fig.* Orinal. **5.** *Fam.* En el lenguaje de la droga, cocaína.

PERICÓN n. m. Abanico muy grande. **2.** *Argent.* y *Urug.* Baile tradicional con carácter de danza nacional.

PERICONA n. f. En Chile, baile zapateado parecido al pericón chileno uruguayo y argentino.

PERICOTE n. m. Rata crepuscular o nocturna, de costumbres arborícolas, que vive en América. (Familia cricétidos.) **2.** Baile popular asturiano.

PERIFERIA n. f. (gr. *periphereia*). Espacio que rodea un núcleo cualquiera.

PERIFÉRICO, A adj. Relativo a la periferia. ◆ n. m. **2.** INFORMÁT. Elemento de un sistema de tratamiento de la información distinto de la unidad central, que sirve para memorizar datos o comunicar con el exterior.

PERIFOLLO n. m. Planta aromática que se utiliza como condimento. (Familia umbelíferas.) ◆ **perifollos** n. m. pl. **2.** *Fam.* Adornos superfluos y generalmente de mal gusto en el traje o en el peinado.

PERIFRASEAR v. intr. [1]. Usar de perífrasis.

PERÍFRASIS n. f. (gr. *períhrasis*). RET. Tropo de sentencia que consiste en expresar por medio de un rodeo un concepto único.

PERIFRÁSTICO, A adj. Relativo a la perífrasis. • **Conjugación perifrástica**, la que se forma con un auxiliar y el infinitivo, gerundio o participio de otro verbo, para conseguir matices verbales; en sentido estricto, conjugación formada por los auxiliares *haber* o *tener* seguidos de *de* o *que*, respectivamente, y un infinitivo.

PERIGEO n. m. (gr. *perigeios*). Punto de la órbita de un astro o de un satélite artificial más próximo a la Tierra. CONTR.: *apogeo*.

PERIGLACIAR adj. GEOMORFOL. Dícese del tipo de modelado de relieve característico de las regiones de clima frío, con temperaturas invernales inferiores a 0 °C.

PERIHELIO n. m. Punto más cercano al Sol en la órbita de un planeta. CONTR.: *afelio*.

PERIJÁ o **MOTILONES-PERIJÁ** (*cordillera de*), cordillera de América del Sur, extremo septentrional de los Andes, en la frontera entre Colombia y Venezuela. La constituyen la *sierra de los Motilones*, la serranía de Valledupar, la *sierra de Perijá* (3490 m de alt.) y los montes de Oca.

PERILLA n. f. Barba formada por los pelos que crecen en la barbilla. **2.** Extremo del cigarro puro, por donde se fuma.

PERILLÁN, NA adj. y n. Granuja, persona que engaña.

PERÍMETRO n. m. Ámbito. **2.** GEOMETR. Medida de un contorno.

PERIMIR v. tr. [27]. *Argent.* y *Colomb.* Caducar el procedimiento por haber transcurrido el término fijado por la ley sin que lo hayan impulsado las partes.

PERINDINGUÍN n. m. (voz lunfarda). Baile. **2.** Local de diversión de mala fama.

PERINÉ o **PERINEO** n. m. (gr. *perineos*). Región anatómica de forma romboidal, entre el ano y los órganos genitales.

PERIODICIDAD n. f. Calidad de periódico.

PERIÓDICO, A adj. Dícese de lo que sucede o se hace con regularidad o frecuencia. **2.** *Fig.* Dícese del fenómeno cuyas características se repiten a intervalos re-

gulares de tiempo. **3.** QUÍM. Dícese de una clasificación de los elementos químicos según el orden creciente de sus números atómicos, en la cual elementos distintos situados a intervalos dados poseen propiedades físicas o químicas parecidas. • **Fracción periódica** (MAT.), fracción en cuyo desarrollo decimal se repiten indefinidamente una serie de cifras, a partir de la coma *(periódica pura)* o de cierto decimal *(periódica mixta).* ‖ **Función periódica** (MAT.), función de una variable que vuelve a tomar el mismo valor cuando la variable sufre un incremento igual a cualquier múltiplo de una cantidad fija llamada *periodo.* ♦ n. m. **4.** Publicación impresa de periodicidad regular.
PERIODISMO n. m. Profesión de los que escriben en periódicos o revistas o participan en la redacción de programas informativos radiados o televisados. **2.** Estudios o carrera de periodista.
PERIODISTA n. m. y f. Persona que ejerce el periodismo.
PERÍODO o **PERIODO** n. m. (gr. *periodos*, revolución de los astros). Espacio de tiempo, época. **2.** Tiempo que una cosa tarda en volver al estado o posición que tenía al principio. **3.** Serie de varios años que sirve para el cómputo del tiempo. **4.** Fig. Intervalo de tiempo constante que separa dos pasos sucesivos de algunas magnitudes variables por el mismo valor, con el mismo sentido de la variación. **5.** GEOL. Cada una de las subdivisiones de las eras geológicas. **6.** GRAM. Conjunto de varias oraciones relacionadas por elementos de coordinación o de subordinación. **7.** MED. En ginecología, ciclo menstrual. • **Período de revolución de un astro,** intervalo de tiempo transcurrido entre dos pasos consecutivos de dicho astro por un punto cualquiera de su órbita. ‖ **Período de una fracción periódica** (MAT.), cifras que, en el desarrollo decimal de esta fracción, se reproducen indefinidamente, a partir de una coma o a partir de cierto decimal. ‖ **Período de una función periódica** (MAT.), la menor cantidad fija en que debe incrementarse la variable para que la función tome el mismo valor.
PERIOSTIO n. m. Membrana conjuntiva que rodea los huesos y se encarga de su crecimiento en espesor.
PERIPECIA n. f. (gr. *peripeteía*). Suceso imprevisto que cambia el estado de las cosas, que rompe la monotonía.
PERIPLO n. m. (gr. *periplos*). Circunnavegación, viaje alrededor de algún lugar.
PERIPUESTO, A adj. *Fam.* Acicalado, excesivamente arreglado.
PERIQUETE. En un periquete, en un momento, en un tiempo muy breve.
PERIQUITO n. m. Ave de pequeño tamaño y plumaje con listas onduladas, que, por su vivacidad y fácil domesticación, es objeto de activo comercio como ave de adorno. (Familia sitácidos.)
PERISCÓPICO, A adj. Relativo al periscopio. **2.** Dícese del cristal óptico que da una mayor amplitud del campo visual.
PERISCOPIO n. m. Instrumento óptico formado por un sistema de lentes y prismas de reflexión total, que permite ver por encima de un obstáculo. **2.** Tubo equipado con un sistema óptico que permite a un submarino en inmersión observar la superficie.
PERISODÁCTILO, A adj. y n. m. Relativo a un suborden de mamíferos ungulados con un número impar de dedos de los cuales el tercero es el más desarrollado, como el rinoceronte y el caballo.
PERISTÁLTICO, A adj. FISIOL. Que tiene la capacidad de contraerse. • **Movimiento peristáltico,** contracción anular que se propaga de arriba hacia abajo por el tubo digestivo.
PERISTALTISMO n. m. Actividad peristáltica del tubo digestivo.

PERITACIÓN n. f. Trabajo o estudio de un perito.
PERITAJE n. m. Peritación.
PERITAR v. tr. [1]. Evaluar en calidad de perito.
PERITO, A adj. y n. (lat. *peritum*). Experto, entendido en una ciencia o arte. ♦ n. m. **2.** Persona que, por sus especiales conocimientos, es llamada al proceso judicial para informar sobre hechos cuya apreciación se relaciona con su especial saber o experiencia.
PERITONEAL adj. ANAT. Relativo al peritoneo.
PERITONEO n. m. Membrana serosa que tapiza interiormente la cavidad del abdomen *(peritoneo parietal)* y los órganos que contiene *(peritoneo visceral).*
PERITONITIS n. f. Inflamación del peritoneo.
PERJUDICAR v. tr. y pron. [1a]. Causar o producir un daño material o moral.
PERJUDICIAL adj. Que perjudica o puede perjudicar.
PERJUICIO n. m. Acción y efecto de perjudicar. • **Sin perjuicio de,** dejando a salvo.
PERJURAR v. intr. [1]. Jurar mucho o por vicio. ♦ v. intr. y pron. **2.** Jurar en falso. **3.** Incumplir un juramento.
PERJURIO n. m. Acción de perjurar. **2.** DER. Delito de jurar en falso.
PERJURO, A adj. y n. Que jura en falso o quebranta un juramento.
PERLA n. f. (ital. *perla*). Concreción esférica que se forma alrededor de cuerpos extraños, entre el manto y la concha de determinados moluscos bivalvos. **2.** Fig. Persona o cosa excelente y muy valiosa: *esta secretaria es una perla.* • **De perlas,** perfectamente, muy bien.
PERLADO, A adj. De color perla. **2.** Que tiene la forma y el brillo de perla: *dientes perlados.* **3.** Lleno de gotas: *frente perlada de sudor.*
PERLAS *(archipiélago de las)*, archipiélago de Panamá, en el Pacífico (golfo de Panamá). Lo forman 39 islas mayores, 63 menores y numerosos islotes; 600 km²; 3000 hab. Pesquerías de perlas.
PERLAS *(laguna de)*, laguna de Nicaragua, en el litoral caribe; 50 km de long. y 8 de anch. En su orilla se asienta la c. de Laguna de Perlas.
PERLÍFERO, A adj. Que lleva o produce perlas: *ostras perlíferas.*
PERLINO, A adj. De color perla.
PERMAFROST n. m. En las regiones frías, parte profunda del suelo frecuentemente helada.
PERMANÁ n. m. *Bol.* Chicha de gran calidad.
PERMANECER v. intr. [2m]. Seguir estando en un lugar durante un tiempo determinado. **2.** No cambiar el estado, situación o calidad en que una persona o cosa se encuentra.
PERMANENCIA n. f. Calidad de permanente. **2.** Acción de permanecer en cierto lugar o en cierto estado.
PERMANENTE adj. Que permanece, que dura. ♦ n. f. y adj. **2.** Ondulación duradera artificial obtenida por la reacción química de un líquido en mechones de cabellos enrollados en bigudíes.
PERMEABILIDAD n. f. Calidad de permeable. **2.** Propiedad física que poseen ciertos terrenos y rocas de dejar filtrar a través de ellos líquidos o gases.
PERMEABLE adj. (del lat. *permeare*, pasar a través). Dícese del cuerpo que puede ser atravesado por fluidos, radiaciones o líneas de fuerza de un campo magnético: *el papel secante es permeable al agua.* **2.** Que se deja influir por un consejo o una sugerencia.
PERM n. m. y adj. (de *Perm,* c. de Rusia). Último período de la era primaria, que sucede al carbonífero, con una duración aproximada de 30 millones de años.
PERMISIVIDAD n. f. Condición de permisivo.

PERMISIVO, A adj. Que manifiesta gran tolerancia ante comportamientos no conformistas: *sociedad permisiva.*
PERMISO n. m. Facultad que se da a una persona para que pueda hacer o decir una cosa: *dar permiso para fumar.* **2.** Autorización de cesar temporalmente el trabajo, estudios u otras obligaciones, especialmente los militares: *estar de permiso.*
PERMITIR v. tr. y pron. (lat. *permittere*) [3]. Autorizar para que se haga o se diga algo. **2.** No impedir algo, teniendo la posibilidad de hacerlo. ♦ v. tr. **3.** Hacer posible, dar la ocasión o el medio: *el puente permite atravesar el río; si mis ocupaciones me lo permiten.* ♦ **permitirse** v. pron. **4.** Tomarse con audacia o atrevimiento la libertad de hacer o decir cierta cosa.
PERMUTA n. f. Acción y efecto de permutar.
PERMUTACIÓN n. f. Acción y efecto de permutar. **2.** Cambio de un empleo o destino por otro. **3.** Trasposición recíproca de dos cosas. **4.** MAT. Paso de un orden de sucesión determinada de *m* elementos a otro orden de sucesión de los mismos elementos. • **Permutación de *m* elementos,** conjunto formado por estos *m* elementos clasificados en un orden determinado.
PERMUTAR v. tr. [1]. Cambiar una cosa por otra, sustituir, trasponer, remplazar. **2.** Variar la disposición u orden.
PERNERA n. f. Cada una de las dos partes del pantalón que cubre la pierna.
PERNICIOSO, A adj. Peligroso y perjudicial para la salud, la vida o la moral.
PERNIL n. m. Anca y muslo del animal, especialmente los de cerdo para su consumo.
PERNO n. m. (cat. *pern*). Pieza metálica que por un extremo termina en una cabeza, y en el otro tiene una rosca en que se atornilla una tuerca.
PERNOCTAR v. intr. [1]. Pasar la noche en algún lugar, fuera de propio domicilio, y especialmente viajando.
PERO conj. advers. Expresa contraposición u oposición: *ese chico es inteligente pero vago.* **2.** Puede tener valor concesivo: *un hogar sencillo, pero limpio;* con valor restrictivo: *habla, pero poco.* **3.** Se usa como partícula enfática, encabezando alguna frase: *pero ¿cómo es posible?;* o expresando objeción en determinada ocasión: *pero ¿quieres callarte?* ♦ n. m. **4.** Defecto, objeción: *poner peros a todo lo que se dice.*
PEROGRULLADA n. f. *Fam.* Perogrullo). Verdad que, por sabida, es tontería y simpleza decirla.
PEROL n. m. Vasija semiesférica de metal, que sirve para guisar. **2.** *Venez.* Cosa, asunto.
PERÓN (Eva) → **Duarte** (María Eva).
PERÓN (Isabel) → **Martínez de Perón** (María Estela).
PERÓN (Juan Domingo), militar y político argentino (Lobos, Buenos Aires, 1895-Buenos Aires 1974). Participó en el golpe militar de 1943. Se impuso en las elecciones presidenciales de 1946 y fue reelegido en 1951. Implantó un régimen populista y personalista con un Partido único de la revolución, y nacionalizó los ferrocarriles y los teléfonos. La crisis económica incrementó la oposición al régimen, que acentuó la represión. Derrocado por los militares en 1955, se exilió en España. Tras el triunfo del Frente justicialista de liberación, dirigido por H. Cámpora (1973), regresó a Argentina y asumió de nuevo la presidencia del país tras los comicios de septiembre. Muerto a los pocos meses, le sustituyó su viuda.
PERONÉ n. m. (fr. *péroné*). Hueso largo y delgado de la parte externa de la pierna.
PERORACIÓN n. f. Acción y efecto de perorar.

PER

PERORAR v. intr. (lat. *perorare*) [1]. Pronunciar un discurso. **2.** Hablar con énfasis y afectación.

PERORATA n. f. Discurso o razonamiento extenso y pesado, molesto o inoportuno.

PEROTTI (José), escultor y pintor chileno (Santiago 1898-† 1956). Tras perfeccionarse con Bourdelle, integró el grupo Montparnasse (monumento a *Pasteur*).

PEROXIDACIÓN n. f. Reacción química que consiste en llevar un átomo o una molécula al más alto grado de oxidación posible. **2.** Reacción química que forma un peróxido en sentido estricto, es decir, un derivado del agua oxigenada.

PEROXIDAR v. tr. [1]. Transformar en peróxido.

PERÓXIDO n. m. Óxido que contiene más oxígeno que el óxido normal. **2.** Nombre genérico de los derivados disustituidos del agua oxigenada.

PERPENDICULAR adj. Que forma un ángulo recto con una recta o plano: *trazar una línea perpendicular a otra*. SIN.: *normal*. • **Rectas perpendiculares,** las que forman un ángulo recto. ♦ n. f. **2.** Recta perpendicular. SIN.: *normal*.

PERPENDICULARIDAD n. f. Calidad de perpendicular.

PERPETRAR v. tr. [1]. Cometer, consumar un crimen, un atentado, etc.

PERPETUA n. f. Planta herbácea cuyas flores se conservan durante mucho tiempo. **2.** Flor de esta planta.

PERPETUACIÓN n. f. Acción de perpetuar o perpetuarse.

PERPETUAR v. tr. y pron. [1s]. Hacer que algo sea perpetuo o quede como perpetuo.

PERPETUIDAD n. f. Calidad de perpetuo. • **A perpetuidad,** para siempre; para toda la vida.

PERPETUO, A adj. (lat. *perpetuum*; de *petere*). Que dura siempre o un tiempo ilimitado: *tener problemas económicos perpetuos*. **2.** Que dura toda la vida: *cadena perpetua*.

PERPLEJIDAD n. f. Estado de perplejo.

PERPLEJO, A adj. (lat. *perplexum*, embrollado). Indeciso, confuso.

PERRA n. f. Femenino de perro. **2.** *Fam.* Rabieta, berrinche. **3.** *Fam.* Tema o idea fija, obstinación caprichosa. **4.** *Fig.* Borrachera. **5.** *Fig.* y *fam.* Moneda de cobre que con el valor de diez céntimos se denominaba perra gorda o grande, y con el valor de cinco céntimos perra chica. **6.** Dinero en general: *estar sin una perra; ahorrar unas perras.*

PERRADA n. f. Conjunto de perros. **2.** *Fig.* y *fam.* Perrería.

PERRAULT (Charles), escritor francés (París 1628-*id.* 1703), famoso por sus *Cuentos* (1697).

PERRERA n. f. Sitio donde se guardan o encierran los perros. **2.** Coche destinado a la recogida de perros vagabundos.

PERRERÍA o **PERRADA** n. f. Mala jugada.

PERRERO, A n. **1.** Obrero municipal encargado de recoger los perros vagabundos. **2.** El que tiene a su cargo los perros de caza. **3.** Aficionado a tener o criar perros.

PERRIN (Jean), físico francés (Lille 1870-Nueva York 1942). Estudió los rayos catódicos y aportó pruebas decisivas sobre la existencia de los átomos. (Premio Nobel de física 1926.)

PERRO, A n. **1.** Mamífero doméstico carnicero del que existen gran número de razas, criadas como perros guardianes, de pastor, de tiro, de caza y de lujo. (Familia cánidos.) [Voz: el perro *ladra.*] **2.** *Fig.* Persona muy fiel. **3.** *Fig.* Persona perseverante. **4.** *Fig.* Persona ruin y malvada. • **De perros** (FAM.), muy malo: *tiempo de perros.* **Perro faldero,** el que por ser pequeño puede estar en las faldas de las mujeres. ‖ **Perro lobo,** nombre dado a algunas razas de perros domésticos parecidos al lobo. ‖ **Perro pastor,** perro procedente de diversas razas, apto para proteger o dirigir los rebaños. ♦ adj. **5.** Muy malo: *una perra vida*. ♦ n. m. **6. Perro caliente,** bocadillo de salchichas, generalmente de Frankfurt, hecho a la parrilla.

PERRUNO, A adj. Relativo al perro.

PERSA adj. y n. m. y f. De Persia. **2.** Relativo a un pueblo de lengua aria del SO de Irán; individuo de este pueblo. (Constituyó la base de dos imperios: los aqueménidas [ss. VI-IV a. J.C.] y los sasánidas [ss. III-VII d. J.C.], que impusieron su cultura a todo el conjunto iranio.) ♦ adj. **3.** Dícese de una raza de gatos de angora. ♦ n. m. **4.** Conjunto de lenguas del grupo iranio, de las que deriva el persa moderno, hablado en Irán y Afganistán.

PERSECUCIÓN n. f. Acción de perseguir. **2.** Medidas represivas arbitrarias de la autoridad contra un grupo religioso, político, étnico, etc.

PERSECUTORIO, A o **PERSECUTOR, RA** adj. Que persigue. **2.** Relativo a la persecución: *manía persecutoria.*

PERSÉFONE o **CORÉ,** divinidad griega del mundo subterráneo, hija de Deméter. Los romanos la adoraban con el nombre de *Proserpina.*

PERSEGUIR v. tr. (lat. *persequi*) [30a]. Seguir al que huye o se esconde para cogerle. **2.** Tratar de obtener, de alcanzar: *perseguir un fin, un objetivo.* **3.** Infligir penas a una creencia, opinión, etc., o a sus adeptos: *perseguir el cristianismo.* **4.** Repetirse en una persona una desgracia, molestia o daño: *le persigue la mala suerte.* **5.** DER. Proceder judicialmente contra uno.

PERSEO, héroe de la mitología griega, hijo de Zeus y de Dánae. Decapitó a Medusa.

PERSEVERANCIA n. f. Acción de perseverar. **2.** Constancia en la fe, en la virtud.

PERSEVERANTE adj. Que tiene perseverancia.

PERSEVERAR v. intr. (lat. *perseverare*) [1]. Persistir, mantenerse firme en una actitud, opinión, etc.

PERSHING (John Joseph), general norteamericano (cerca de Laclede, Missouri, 1860-Washington 1948). Estuvo al mando de las tropas de E.U.A. que penetraron en territorio mexicano (1916-1917).

PERSIA, ant. nombre de Irán.

PERSIANA n. f. Especie de contraventana, formada por tablillas unidas entre sí, que sirve para graduar la entrada del aire y de la luz en una habitación, e impedir la visión desde el exterior.

PÉRSICO, A adj. y n. y Persa. ♦ n. m. **2.** Melocotonero. **3.** Melocotón.

PÉRSICO (golfo), llamado también **golfo Arábigo,** o simplemente **Golfo,** parte del océano Índico, entre Arabia, Irán e Iraq. Importantes yacimientos de petróleo. La zona ha sido escenario de crisis y conflictos (guerra irano-iraquí y guerra del Golfo).

PERSIGNAR v. tr. y pron. [1]. Signar, hacer la señal de la cruz. **2.** Signar y santiguar a continuación. ♦ **persignarse** v. pron. **3.** *Fig.* y *fam.* Asombrarse.

PERSISTENCIA n. f. Acción y efecto de persistir. **2.** Cualidad de lo que persiste, duración: *la persistencia del trío, de la fiebre.*

PERSISTENTE adj. Que persiste, que dura, tenaz: *dolor persistente.* **2.** BOT. Dícese de las hojas que perduran durante todas las estaciones.

PERSISTIR v. intr. (lat. *persistire*) [3]. Mantenerse firme en la manera de pensar, de opinar, de actuar, etc., perseverar: *persistir en una idea, en una decisión.* **2.** Seguir durando: *dolor que persiste.*

PERSONA n. f. (lat. *personam*, máscara de actor). Individuo de la especie humana. **2.** Hombre de mujer indeterminados, cuyo nombre se omite o desconoce: *¿quiénes son estas personas?* **3.** Adjetivo que se aplica a quien es de buen trato y tiene cualidades morales. **4.** LING. Categoría gramatical, propia del verbo y del pronombre, que hace referencia a la relación de los hablantes respecto al discurso. **5.** TEOL. Cada uno de los componentes de la Trinidad. • **Persona física** (DER.), cualquier individuo de la especie humana. ‖ **Persona jurídica** (DER.), sociedad, agrupación de individuos.

PERSONAJE n. m. Persona importante: *es todo un personaje.* **2.** Cada uno de los seres humanos, sobrenaturales o simbólicos que toman parte en la acción de una obra literaria, película, etc.

PERSONAL, adj. Perteneciente a la persona propio de ella. **2.** Relativo a una sola persona. **3.** Subjetivo: *una opinión muy personal.* • **Pronombre personal,** modo del verbo que tiene desinencia propia para indicar las diversas personas gramaticales y son el indicativo, potencial, subjuntivo e imperativo. ‖ **Pronombre personal,** pronombre que lleva o es indicador de persona gramatical. ♦ n. m. **4.** Conjunto de las personas que trabajan en un mismo organismo, empresa, etc.: *el personal de una fábrica.* **5.** *Fam.* Gente o público: *asistió mucho personal.* ♦ n. f. y adj. **6.** En baloncesto, falta que comete un jugador sobre otro del equipo contrario.

PERSONALIDAD n. f. Conjunto de los componentes que constituyen la individualidad de una persona. **2.** Energía, originalidad que constituye el carácter de alguien: *un hombre con personalidad.* **3.** Persona destacada en el campo social: *asistieron al acto destacadas personalidades.* **4.** Circunstancia de ser determinada persona: *documentos que acreditan su personalidad.*

PERSONALISMO n. m. Trato favorable que se da a determinadas personas según las propias inclinaciones personales.

PERSONALIZAR v. tr. [1g]. Referirse a una persona determinada: *no personalices para no herir susceptibilidades.* **2.** Dar carácter personal a algo. **3.** Incurrir en personalismos.

PERSONARSE v. pron. [1]. Presentarse en cierto sitio: *deberá personarse en estas oficinas mañana.*

PERSONERO n. m. *Amér.* Representante de asuntos ajenos.

PERSONIFICACIÓN n. f. Acción y efecto de personificar. **2.** Persona o cosa que personifica algo que se expresa. **3.** RET. Prosopopeya.

PERSONIFICAR v. tr. [1a]. Atribuir acciones o cualidades propias de una persona a las cosas inanimadas, abstractas o animales. **2.** Representar una persona o cosa cierta acción, movimiento, opinión, etc. ♦ v. tr. y pron. **3.** Referirse a personas determinadas con alusiones o nombres supuestos.

PERSONILLA n. f. *Desp.* Persona pequeña de cuerpo o de mala condición. **2.** Apelativo cariñoso que se emplea para nombrar a un niño o a una persona querida.

PERSPECTIVA n. f. Forma de representar por medio del dibujo, en un plano, los objetos tal y como se ven a cierta distancia y en una posición dada. **2.** Aspecto que presentan, en relación al lugar desde donde se miran, los objetos vistos a distancia o considerados como un todo. **3.** Representación convencional, en un plano, del relieve de los objetos: *dibujo en perspectiva.* **4.** Esperanza o temor de sucesos considerados como probables, aunque alejados en el tiempo: *haber malas perspectivas económicas.* **5.** *Fig.* Apariencia o representación engañosa de las cosas. **6.** Gran avenida en línea recta. • **En perspectiva,** en un futuro: *tener un buen plan en perspectiva.* ‖ **Perspectiva caballera,** perspectiva establecida desde un punto de vista alejado al infinito.

PERSPECTIVO, A adj. Que representa un objeto en perspectiva: *un dibujo perspectivo.*

PERSPICACIA n. f. Calidad de perspicaz.

PERSPICAZ adj. (lat. *perspicacem*). Que percibe a largas distancias: *vista, mirada perspicaz.* **2.** *Fig.* Dícese de la persona aguda y sagaz, que se percata de las cosas aunque éstas no estén claras.
PERSPICUO, A adj. Claro, transparente y terso. **2.** *Fig.* Dícese del lenguaje claro e inteligible. **3.** *Fig.* Dícese de la persona que se expresa de este modo.
PERSUADIR v. tr. y pron. (lat. *persuadere*) [3]. Convencer para que alguien crea, haga o quiera cierta cosa.
PERSUASIÓN n. f. Acción y efecto de persuadir. **2.** Estado del que está persuadido: *tener dotes de persuasión.*
PERSUASIVO, A adj. Hábil y eficaz para persuadir: *argumentos persuasivos.*
PERTENECER v. intr. [2m]. Ser una cosa propiedad de uno: *este libro me pertenece.* **2.** Formar parte una cosa de otra: *esta silla pertenece al comedor.* **3.** Corresponder, tener la obligación de hacer cierta cosa.
PERTENECIENTE adj. Que pertenece.
PERTENENCIA n. f. Acción de pertenecer: *pertenencia a un partido político.* **2.** MAT. Propiedad que tienen ciertos objetos de ser elementos de un conjunto (relación de pertenencia). ♦ **pertenencias** n. f. pl. **3.** DER. Cosas muebles físicas independientes que son propiedad de alguien.
PÉRTIGA n. f. (lat. *perticam*). Vara larga. **2.** En atletismo, vara larga y flexible que se emplea en cierta prueba de salto.
PERTINACIA n. f. Calidad de pertinaz.
PERTINAZ adj. (lat. *pertinacem*). Duradero, persistente: *dolor pertinaz.* **2.** Obstinado, terco.
PERTINENCIA n. f. Calidad de pertinente.
PERTINENTE adj. Oportuno, adecuado: *observaciones pertinentes.* **2.** Referente, relativo: *esta decisión no es pertinente a mi cargo.*
PERTRECHAR v. tr. [1]. Abastecer de pertrechos. ♦ v. tr. y pron. **2.** *Fig.* Disponer lo necesario para la ejecución de una cosa.
PERTRECHO n. m. Utensilio, especialmente todo tipo de municiones y armas necesarios para las tropas y para su defensa. (Suele usarse en plural.)
PERTURBACIÓN n. f. Acción y efecto de perturbar. **2.** Estado de la atmósfera, caracterizado por vientos fuertes y precipitaciones, que corresponde a una depresión ciclónica.
PERTURBADO, A adj. Alterado, inquieto, desordenado. ♦ adj. y n. **2.** Enfermo mental.
PERTURBAR v. tr. y pron. [1]. Producir desorden, alteración, inquietud o intranquilidad.
PERÚ (*corriente del*) → **Humboldt** (corriente de).
PERÚ (*fosa del*), zona oceánica de América del Sur (6262 m en la depresión de Lima), producida por la subducción de la placa Nazca bajo el continente suramericano.
PERÚ, estado de América del Sur, en la fachada del Pacífico; 1 285 216 km²; 22 927 000 hab. (*Peruanos.*) CAP. **Lima.** LENGUAS OFICIALES: *español* y *quechua.* MONEDA: *sol.*
GEOGRAFÍA
La cordillera de los Andes, que recorre el país de N a S, vertebra tres grandes regiones fisiográficas: la Costa, al O; la Sierra, en el centro, y la Montaña o Selva, al E. La primera es una estrecha franja de planicies arenosas y áridas, entre el océano y el pie de monte andino. La Sierra va ganando hacia el S en anchura (altiplanos de Junín y del Titicaca) y altitud (6758 m en el Huascarán). La Selva incluye la vertiente E de la cordillera y la Amazonia peruana, y es en general llana, con un clima tropical lluvioso. La población tiende a desplazarse de la Sierra –su asiento tradicional– a la Costa; en la Selva se registran las densidades más bajas. Con la excepción de algunas zonas de regadío en la Costa (algodón, tabaco, caña de azúcar) y cafetales, predomina la agricultura de subsistencia, con bajos rendimientos; el cultivo de la coca en la vertiente oriental andina se ha incrementado por impulso del tráfico ilegal. La pesca sufrió un brusco bajón en los años setenta, debido al cambio de las condiciones climáticas y a la sobreexplotación, pero se recuperó en el decenio siguiente. La minería es la espina dorsal de la economía: se extraen metales (cobre, hierro, plata, plomo, oro, cinc, bismuto, mercurio, wolframio, molibdeno, antimonio), productos no metálicos (fosfatos, guano), y también petróleo (yacimientos de Loreto y Ucayali) y gas natural. Las industrias principales se relacionan con la pesca (conservas, harinas de pescado), la metalurgia, el refino del petróleo y la petroquímica, y se concentran en la Costa, en particular en el complejo urbano-portuario de Lima-El Callao.

HISTORIA
La población prehispánica. Las culturas de Chavín de Huantar en el N y Paracas en el S constituyeron los principales centros formativos de la civilización centroandina, que presentó un doble esquema de desarrollo: N-S y Costa-Sierra-Altiplano-Selva. Al período clásico corresponden las culturas mochica en el N y nazca en el S, las civilizaciones interregionales de Tiahuanaco y Huari y la nueva dispersión regional representada por las culturas chimú, en la costa N, de Chancay en la central, y chincha en el S. A comienzos del s. xv se inició la expansión del Tahuantinsuyu, el estado inca constituido en el Altiplano, que llegó a abarcar desde el S de Colombia y Ecuador hasta Chile y el NE argentino.
Conquista y colonización. 1524-1527: primeras expediciones de Pizarro. 1531-1535: Pizarro conquistó Perú favorecido por la guerra civil del imperio incaico (1526-1531). 1536-1537: rebelión de Manco Capac. 1537-1548: guerras civiles entre los conquistadores. 1544: instauración del primer virrey del Perú, Blasco Núñez de Vela. Las bases de la economía colonial fueron la plata, y en menor medida el oro, y el monopolio comercial de Lima; su instrumento fue la mita, que sometió a trabajos obligados a la población indígena, que fue diezmada; ello originó la rebelión de Túpac Amaru I (1572). La fundación del virreinato del Río de la Plata (1776), la liberalización del comercio (1778) y el declive de la explotación minera supusieron el fin de la hegemonía peruana en las colonias hispanoamericanas de América del Sur. 1780-1781: sublevación de Túpac Amaru II.
La independencia. Perú se mantuvo bajo el control del poder colonial hasta que San Martín lo ocupó (1820-1821) y proclamó la independencia. 1822-1827: tras el fracaso del proyecto monárquico de San Martín, Perú cayó bajo la influencia de Bolívar, quien derrotó definitivamente a los realistas en Junín y Ayacucho (1824). 1827: Santa Cruz sucede a Bolívar cuando éste parte a Colombia y afirma de la independencia de la república peruana, que perdía definitivamente el control del Altiplano boliviano.
De la Confederación Perú-boliviana a la guerra del Pacífico. 1827-1840: el nuevo estado cayó en manos de caudillos militares, como Gamarra, favorecidos por la falta de una conciencia nacional definida; el intento de constituir una confederación entre Perú y Bolivia (Confederación Perú-boliviana, 1836-1839) fracasó ante las tendencias centrífugas de la aristocracia criolla, y la hostilidad de Chile y Argentina. 1841: el efecto de la explotación del guano proporcionó un nuevo recurso económico para la consolidación del estado y la formación de una oligarquía exportadora; Ramón Castilla (1845-1851 y 1854-1862) sentó las bases del estado liberal, que reforzó el latifundismo y bloqueó el desarrollo industrial. 1865-1866: guerra del Pacífico contra España. 1879-1883: el control de la región salitrera desató la guerra entre Chile y la coalición Perú-Bolivia, de importancia creciente ante el agotamiento de la explotación del guano; tras la ocupación de Lima (1881), se consumó la derrota de Perú, que tuvo que ceder Arica y Tarapacá a Chile.
La república aristocrática. 1884-1895: la crisis de posguerra facilitó el retorno del caudillismo militar, encarnado en A. Cáceres; la agricultura costeña y la ganadería de la Sierra encabezaron la recuperación económica. 1895-1919: la revolución de 1895 devolvió el poder a la oligarquía exportadora, aglutinada en torno al partido civilista; el caucho, el algodón y sobre todo el cobre se añadieron como nuevos productos de exportación, y E.U.A. desplazó a Gran Bretaña como metrópoli.
Leguía y la emergencia del A.P.R.A. 1919-1930: un golpe militar, con amplio apoyo popular, instauró al general Leguía en el poder; tras una primera fase de gobierno populista, la rebelión indígena y la agitación obrera y estudiantil llevaron a Leguía a renunciar a sus promesas reformistas y a instaurar la dictadura, frente a la cual Haya de la Torre fundó el A.P.R.A. (1924) y Mariátegui el Partido comunista (1928). 1930-1968: el ejército desalojó a Leguía, reprimió con dureza la insurrección del A.P.R.A. en el N (1932) y mediatizó, con apoyo del sector exportador, la política peruana, para impedir el acceso al poder del aprismo, influyente entre la pequeña burguesía y el movimiento obrero; la moderación del A.P.R.A. a partir de 1948 no modificó la hostilidad militar, pero propició el desarrollo de la izquierda de orientación comunista y la aparición de guerrillas durante las presidencias de Odría y Belaúnde Terry.
Del populismo militar al autoritarismo. 1968-1980: el régimen militar instaurado por el golpe de Velasco Alvarado desarrolló una política populista y nacionalista; impulsó la reforma agraria en todo el país, limitó la presencia económica norteamericana y promovió un sector de empresa estatal; 1975: el sector conservador del ejército desplazó a Velasco Alvarado, dio marcha atrás en su política de reformas y devolvió el poder a las fuerzas políticas tradicionales. 1980-1990: la crisis económica volcó el electorado en favor del A.P.R.A. en las elecciones de 1985; su líder, Alan García, accedió a la presidencia, pero perdió rápidamente apoyo ante la persistencia de la crisis y el incremento de la violencia en la lucha contra el grupo Sendero Luminoso, lo que facilitó, en 1990, el triunfo electoral de A. Fujimori, al frente de un movimiento populista. 1990-1993: autogolpe de Fujimori, apoyado por el ejército (1992), de orientación autoritaria; represión de la guerrilla; disolución del parlamento, elecciones constituyentes; nueva constitución (1993). 1995: conflicto armado con Ecuador en la cordillera del Cóndor, solucionado por la firma de la Declaración de Paz de Itamaraty. Reelección de A. Fujimori. 2000: Fujimori reelegido por un tercer gobierno consecutivo; renunció 5 meses después, le sustituyó el político Valentín Paniagua. J. Pérez de Cuéllar, primer ministro. 2001: Fujimori, acusado de corrupción y crímenes contra la humanidad. Alejandro Toledo, presidente.
PERÚ (*virreinato del*), circunscripción territorial colonial que comprendía toda la América del Sur bajo dominio español, excepto la costa venezolana. Su capital era Lima y agrupaba los reinos o provin-

PER

cias de Nueva Castilla (Perú), Tierra Firme (Panamá y Costa N de Colombia), Quito (Ecuador), Charcas (Bolivia y países del Río de la Plata) y Chile. Fue creado en 1542 para poner fin a los enfrentamientos entre Pizarro y Almagro. La separación de los territorios que constituyeron los virreinatos de Nueva Granada (1717) y del Río de la Plata (1776) y la capitanía general de Chile (1798) marcó el ocaso del virreinato y de Lima.

PERUANISMO n. m. Vocablo, giro o modo de hablar propio de los peruanos.
PERUANO, A adj. y n. De Perú. ♦ n. m. **2.** Modalidad adoptada por el español en Perú.
PERUGIA, c. de Italia, cap. de Umbría y de prov.; 143 698 hab. Ruinas etruscas y romanas. Monumentos medievales y renacentistas.
PERVERSIDAD n. f. Calidad de perverso.
PERVERSIÓN n. f. Acción y efecto de pervertir. **2.** SIQUIATR. Desviación de los instintos, que induce a realizar actos contrarios a los habituales: *perversiones sexuales.*
PERVERSO, A adj. y n. Que por placer realiza actos crueles o inmorales.
PERVERTIDOR, RA adj. y n. Que pervierte.
PERVERTIR v. tr. y pron. [22]. Volver malo o vicioso.
PERVINCA n. f. Planta herbácea que crece en lugares umbríos, de flores azules o malvas y pétalos curvos. (Familia apocináceas.)
PERVIVIR v. tr. [3]. Seguir viviendo.
PESA n. f. Masa tipo que sirve para hallar, por comparación efectuada con la balanza, el valor de otra masa. **2.** Contrapeso. **3.** Pieza pesada que, pendiente de una cuerda o cadena, sirve para dar movimiento a determinados relojes, o de contrapeso en algunas suspensiones o mecanismos. **4.** *Colomb., C. Rica, Méx, Nicar.* y *Venez.* Carnicería, tienda. **5.** DEP. Haltera.
PESADA n. f. Acción y efecto de pesar. **2.** Cantidad que se pesa de una vez.
PESADEZ n. f. Calidad de pesado.
PESADILLA n. f. Ensueño angustioso y tenaz, que causa terror. **2.** Disgusto o preocupación intensa y continua.
PESADO, A adj. Que pesa mucho. **2.** *Fig.* Muy lento en sus movimientos. **3.** Duro, dícese de los mecanismos que cuesta mucho esfuerzo mover. **4.** *Fig.* Dícese del sueño del que es difícil despertar. **5.** Dícese del tiempo atmosférico caluroso y cargado de humedad. **6.** *Fig.* Dícese de algunos órganos cuando se siente en ellos cargazón: *sentir la cabeza pesada.* **7.** *Fig.* Duro, que cuesta esfuerzo realizarlo o soportarlo: *trabajo pesado.* **8.** *Fig.* Aburrido, carente de interés: *conversación pesada.* **9.** *Fig.* Molesto, fastidioso: *no te pongas pesado.* **10.** En varios deportes individuales, como el boxeo, dícese de una categoría de peso. **11.** QUÍM. Dícese de los elementos de peso atómico elevado. • **Agua pesada**, óxido de deuterio (D_2O), líquido análogo al agua corriente y utilizado como moderador en determinados reactores nucleares.
PESADO (José Joaquín), poeta mexicano (San Agustín, Puebla, 1801-México 1861). Conservador en política, un tardío exponente del neoclasicismo en poesía (*Las aztecas,* 1854; *Poesías originales y traducidas*).
PESADUMBRE n. f. Disgusto, padecimiento moral, y su causa.
PESAJE n. m. Acción de pesar o manera de hacerlo.
PÉSAME n. m. Manifestación de sentimiento por el fallecimiento de alguien.
PESANTEZ n. f. FÍS. Gravedad.
PESAR n. m. Sentimiento de dolor que abate el ánimo. **2.** Arrepentimiento. • **A pesar de,** sin que lo que se expresa a continuación constituya obstáculo o impedimento para la cosa de que se trata.

PESAR v. intr. [1]. Tener un peso determinado, o un peso notable: *un litro de agua pesa un kilo.* **2.** *Fig.* Valer, tener gran influencia o importancia. **3.** *Fig.* Ser una cosa molesta o penosa de soportar: *me pesan tantas responsabilidades.* **4.** *Fig.* Arrepentirse: *le pesó no haber dicho la verdad.* ♦ v. tr. **5.** Determinar, por comparación con la unidad de masa, la masa de un objeto. **6.** Medir un peso. **7.** Examinar atentamente, valorar: *pesar los pros y los contras.*
PESAROSO, A adj. Preocupado, con pesadumbre.
PESCA n. f. Acción y efecto de pescar. **2.** Aquello que se pesca. **3.** Arte de pescar.
PESCADERÍA n. f. Sitio donde se vende pescado.
PESCADERO, A n. Persona que vende pescado.
PESCADILLA n. f. Cría de la merluza.
PESCADO n. m. Pez u otro animal comestible sacado del agua donde vive.
PESCADOR, RA adj. y n. Dícese de la persona que pesca o se dedica a pescar.
PESCANTE n. m. En los carruajes, asiento exterior desde donde el conductor dirige el vehículo. **2.** MAR. Viga recta o curva, de madera o de hierro, que, a bordo de los buques, sirve para suspender pesos, amarrar ciertos cabos, etc.
PESCAR v. tr. (lat. *piscare*) [1a]. Coger peces u otros animales acuáticos. **2.** Sacar alguna cosa del fondo del mar u otro líquido. **3.** *Fig.* y *fam.* Contraer, caer en una enfermedad, costumbre, vicio, etc.: *pescar un resfriado.* **4.** *Fig.* y *fam.* Conseguir aquello que se pretendía: *pescar novio.* **5.** *Fig.* y *fam.* Sorprender, descubrir a alguien por sorpresa. **6.** *Fig.* y *fam.* Entender alguien una cosa o percatarse de algo con rapidez y agudeza.
PESCOZÓN n. m. Golpe dado con la mano en el pescuezo o en la cabeza. SIN.: cozada.
PESCUEZO n. m. Parte del cuerpo de los animales desde la nuca hasta el tronco. **2.** *Fam.* Cuello de las personas.
PESEBRE n. m. (lat. *praesepem*). Especie de cajón o artesa donde comen los animales. **2.** Instalación destinada a recibir las raciones de forraje, etc., para el consumo inmediato de los animales. **3.** Nacimiento, belén.
PESIMISMO n. m. Disposición o propensión a ver y esperar las cosas en su aspecto más desfavorable. CONTR.: *optimismo.*
PESIMISTA adj. y n. m. y f. Que tiene o implica pesimismo.
PÉSIMO, A adj. (lat. *pessimum*). Muy malo.
PESO n. m. Fuerza resultante de la acción de la gravedad sobre un cuerpo. **2.** Valor de esta fuerza. **3.** *Fig.* Valor, eficacia o importancia de algo. **4.** *Fig.* Sensación de cansancio o molestia: *sentir un peso en el estómago.* **5.** *Fig.* Aquello que causa preocupación, angustia o padecimiento. **6.** *Fig.* Carga u obligación que uno tiene a su cuidado. **7.** Pesa. **8.** Balanza para pesar. **9.** Unidad monetaria principal de Argentina, Bolivia, Chile, Colombia, Cuba, Filipinas, Guinea-Bissau, México, República Dominicana y Uruguay. **10.** DEP. Esfera metálica de 7,257 kg (4 kg para las concursantes femeninas) que se lanza con una sola mano tan lejos como sea posible. **11.** DEP. Categoría en que se encuadran los boxeadores en atención a su peso. **12.** NUMISM. Nombre dado en Nueva España, y luego en todas las Indias, al real de a ocho. • **De peso** (*Fig.*), dícese de la persona juiciosa, sensata e influyente; dícese de una razón o un motivo de peso consistente o poderoso. || **Peso específico de un cuerpo,** cociente entre el peso de un cuerpo y su volumen. || **Peso molecular de un cuerpo,** peso de una molécula-gramo de ese cuerpo. || **Peso muerto,** peso de los órganos de un mecanismo que, absorbiendo potencia, reduce el trabajo útil.
PESQUERÍA n. f. Conjunto de actividades relacionadas con la pesca. **2.** Establecimiento de pesca.
PESQUERO, A adj. Relativo a la pesca: *industria pesquera.* ♦ n. m. adj. **2.** Embarcación o barco de pesca.
PESQUISA n. f. Indagación que se hace de una cosa para averiguarla.
PESSOA (Fernando), poeta portugués (Lisboa 1888-*íd.* 1936). Publicó con diversos seudónimos una obra que ejerció una influencia considerable en la lírica portuguesa (*Poesías de Álvaro de Campos; Poemas de Alberto Caeiro; Odas de Ricardo Reis; Libro del desasosiego de Bernardo Soares*).
PESTAÑA n. f. Cada uno de los pelos del borde de los párpados. **2.** Saliente que sobresale en cualquier cosa.
PESTAÑEAR v. intr. [1]. Parpadear.
PESTAÑEO n. m. Acción de pestañear.
PESTE n. f. (lat. *pestem*). Enfermedad infecciosa y contagiosa producida por un bacilo que la rata transmite al hombre mediante mordedura o a través de las pulgas. **2.** Mal olor. **3.** *Fig.* y *fam.* Abundancia excesiva de una cosa molesta o nociva. **4.** *Fig.* Aquello que produce molestia. **5.** VET. Nombre de diversas enfermedades que afectan a determinados animales domésticos.
PESTICIDA adj. y n. m. Dícese del producto destinado a luchar contra los parásitos animales y vegetales de los cultivos. SIN.: plaguicida.
PESTILENCIA n. f. Peste, mal olor.
PESTILLO n. m. Pasador con que se asegura una puerta, corriéndolo a modo de cerrojo. **2.** Pieza prismática que sale de la cerradura, por la acción de la llave, y entra en el cerradero. **3.** *P. Rico.* Novio.
PESTO n. m. *Argent.* Salsa hecha a base de albahaca y ajo que se liga con aceite. **2.** *Argent. Fig.* y *fam.* Paliza.
PESUÑO n. m. Cada una de las formaciones óseas de los dedos de los animales artiodáctilos.
PETA, prefijo (símbolo P) que, colocado delante de una unidad, la multiplica por 10^{150}.
PETACA n. f. (azteca *petlacalli*). Estuche para tabaco. **2.** Caja de cuero, madera o mimbre, cubierta de cuero, usada principalmente en América, para colocar la carga a cada lado de la caballería. **3.** *Méx.* Maleta, especialmente la pequeña y con tirante para colgarla del brazo. ♦ **petacas** n. f. pl. **4.** *Méx.* Nalgas.
PETACÓN, NA adj. *Colomb.* y *Méx.* Dícese de la persona que tiene las nalgas muy grandes.
PÉTALO n. m. (gr. *petalon*, hoja). Pieza floral formada por un limbo plano y coloreado que se inserta por medio de una uña sobre el receptáculo floral, en el interior del cáliz. (Conjunto de pétalos forma la *corola*.)
PETARDEAR v. tr. [1]. Disparar petardos.
PETARDO n. m. Canuto que se llena de pólvora u otro explosivo y que provoca detonaciones. **2.** *Fig.* y *fam.* Engaño, estafa, sablazo. **3.** *Fig.* y *fam.* Persona o cosa muy fea o de escasas cualidades.
PETARE, c. de Venezuela (Miranda), en el área urbana de Caracas; 338 417 hab. Industrias.
PETATE n. m. (náhuatl *petlatl,* estera). Lío de ropa de la cama y de uso personal de los marineros, soldados, presos o de las personas que viajan en barco. **2.** Esterilla de palma que se usa en los países cálidos para dormir sobre ella. **3.** *Fig.* y *fam.* Hombre despreciable.
PETÉN (*departamento del*), dep. del N de Guatemala; 35 854 km²; 253 000 hab. Cap. Flores.
PETENERA n. f. Aire popular, parecido a la malagueña. • **Salir por peteneras** (*Fam.*), hacer o decir algo inoportuno.

558

PETICIÓN n. f. (lat. *petitionem*). Acción de pedir. **2.** Cláusula o palabras con que se pide. • **Petición de principio,** razonamiento vicioso que consiste en dar como cierto lo mismo que se trata de probar.

PETICIONARIO, A adj. y n. m. Que pide o solicita cierta cosa.

PETIMETRE, A n. Presumido, persona excesivamente preocupada por su aspecto físico.

PETIRROJO n. m. Ave paseriforme de unos 15 cm de long. y plumaje marrón, con el cuello y el pecho rojos, que reside en toda Europa hasta el círculo polar, y emigra hacia el N de África y Asia. (Familia túrdidos.)

PETITORIO, A adj. Relativo a la petición: *mesa petitoria.*

PETIZO, A o **PETISO, A** adj. *Amér. Merid.* Que es de baja estatura. ♦ n. m. **2.** *Amér. Merid.* Caballo de poca alzada. ♦ n. m. y f. **3.** *Amér. Merid.* Persona de baja estatura.

PETO n. m. (lat. *pectum*). Pieza del vestido que se coloca sobre el pecho. **2.** Armadura defensiva que servía para cubrir el pecho. **3.** *Cuba.* Pez de gran tamaño, comestible, con el lomo azul y el vientre pálido.

PETRARCA (Francesco), poeta y humanista italiano (Arezzo 1304-Arquá, Padua, 1374). Historiador, arqueólogo y estudioso de manuscritos antiguos, fue el primero de los grandes humanistas del renacimiento. Su fama se debe sobre todo a sus poemas en toscano, los sonetos de las *Rimas* y de los *Triunfos,* compuestos en honor de Laura de Noves y reunidos en el *Cancionero,* publicado en 1470.

PETREL n. m. Ave palmípeda, de unos 20 cm de long. que vive en alta mar, en las zonas frías, y sólo acude a tierra para reproducirse.

PÉTREO, A adj. Relativo a la piedra o que tiene sus características. **2.** Pedregoso, cubierto de piedra.

PETRIFICAR v. tr. y pron. [1a]. Convertir algo en piedra. **2.** *Fig.* Dejar a alguien paralizado por el asombro o el terror.

PETROGÉNESIS n. f. Acción y efecto de formarse una roca.

PETROGLIFO n. m. Piedra sobre la que se han grabado diseños de tipo simbólico.

PETROGRADO → *San Petersburgo.*

PETRÓLEO n. m. (bajo lat. *petroleus,* del lat. *petram,* piedra, y *oleum,* aceite). Aceite mineral natural, combustible, de color oscuro y olor característico más o menos pronunciado, cuya densidad varía entre 0,8 y 0,95, y que está formado por hidrocarburos. **2.** Producto de la destilación del petróleo, intermedio entre la gasolina y el gasoil, incoloro o de color algo dorado, utilizado como fuente de energía.

PETROLERO, A adj. Relativo al petróleo. ♦ adj. y n. m. **2.** Dícese del buque cisterna construido para el transporte, un envase previo, de hidrocarburos líquidos. ♦ n. **3.** Persona que vende petróleo al por menor.

PETROLÍFERO, A adj. Que contiene petróleo.

PETROLOGÍA n. f. Parte de la geología que estudia las rocas.

PETROLÓGICO, A adj. Relativo a la petrología.

PETRONIO, escritor latino († Cumas 66 d. J.C.), autor del *Satiricón.* Comprometido en la conjuración de Pisón, se abrió las venas.

PETROQUÍMICA n. f. Ciencia, técnica e industria de los productos químicos derivados del petróleo.

PETTORUTI (Emilio), pintor argentino (La Plata 1892-París 1971). A través del futurismo y del cubismo, se fue orientando hacia la abstracción.

PETULANCIA n. f. Calidad de petulante.

PETULANTE adj. y n. m. y f. (lat. *petulantem*). Pedante, engreído. **2.** Insolente, atrevido.

PETUNIA n. f. Planta herbácea de hojas alternas enteras y flores axiales solitarias, que se cultiva como ornamental. (Familia solanáceas.) **2.** Flor de esta planta.

PEUCO n. m. *Chile.* Especie de gavilán que se alimenta de pajarillos y lagartijas.

PEUMO n. m. *Chile.* Planta arbórea de propiedades medicinales. (Familia lauráceas.)

PEYORATIVO, A adj. LING. Que expresa una idea desfavorable: *los sufijos -aco y -ote son peyorativos.*

PEYOTE n. m. (voz azteca). Cactácea de México y Texas, no espinosa, de pequeño tamaño, cubierta de pelos sedosos, y que contiene numerosos alcaloides, entre ellos la mescalina que produce alucinaciones. (Género *Echinocactus.*)

PEZ n. f. (lat. *picem*). Materia blanda y pegajosa, de color oscuro, insoluble en agua, que se obtiene como residuo en la destilación de la trementina, con algunas de las maderas resinosas. **2.** Nombre dado con frecuencia a los betunes.

PEZ n. m. (lat. *píscem*). Vertebrado acuático, generalmente ovíparo y de respiración branquial, de cuerpo casi siempre fusiforme, que nada con ayuda de aletas pares (pectorales y pelvianas), e impares (dorsales, caudal y anal) y cuya piel está cubierta de escamas. **2.** *Fig.* Persona astuta y poco escrupulosa. • **Como pez en el agua,** cómodo, satisfecho, dichoso. ǁ **Estar pez,** no saber nada de algún asunto o materia. ǁ **Pez aguja,** aguja. ǁ **Pez de arena,** lagarto de las regiones desérticas del Viejo mundo. ǁ **Pez de colores,** o **dorado,** pez de agua dulce, de hasta 25 cm de long., de color pardo verdoso. (Familia cipriínidos.) ǁ **Pez de cuatro ojos,** pez de las aguas cenagosas de los ríos de América intertropical, cuyos ojos están divididos en dos partes, la superior para la visión en el aire, y la inferior para la visión en el agua. ǁ **Pez de plata,** pez del Mediterráneo, de cuerpo alargado y comprimido, aleta dorsal dividida en dos partes, y color pardusco con manchas largas y plateadas. (Familia clínidos.) ǁ **Pez de san Pedro,** pez de cuerpo alto y comprimido, de 30 a 50 cm de long., comestible, común en los mares templados. ǁ **Pez del paraíso,** pez de colores brillantes, originario del SE de Asia, de 7 cm de long., con frecuencia criado en acuarios. ǁ **Pez espada,** pez de los mares cálidos y templados, que alcanza 4 m de long., cuya mandíbula superior se alarga en forma puntiaguda, como la hoja de una espada. (Orden perciformes.) ǁ **Pez gato,** pez de agua dulce, con ocho largas barbillas, originario de Norteamérica. SIN.: *siluro.* ǁ **Pez gordo,** persona importante. ǁ **Pez luna,** pez de los mares tropicales, de hasta 3 m de long., de cabeza grande y cuerpo casi discoidal. ǁ **Pez martillo,** martillo. ǁ **Pez sierra,** pez marino de rostro en forma de sierra con doble hilera de dientes implantados en los alvéolos. (Familia prístidos.) ǁ **Pez volador,** pez de los mares cálidos, con las aletas pectorales muy desarrolladas, que le permiten planear sobre la superficie del mar distancias de 200 o 300 m.

PEZA (Juan de Dios), poeta mexicano (México 1852-*id.* 1910), fue un prolífico escritor de poesía (*Cantos del hogar,* 1884; *Hojas de margarita,* 1910).

PEZET (Juan Antonio), militar y político peruano (Lima 1810-Chorrillos 1879). Presidente de la república (1863), fue derrocado por Prado por su moderación en la guerra del Pacífico (1865).

PEZOA VÉLIZ (Carlos), poeta chileno (Santiago 1879-*id.* 1908). Su poesía, de testimonio y protesta social, fue recopilada póstumamente (*Alma chilena,* 1912).

PEZÓN n. m. (bajo lat. *pecciolus,* pecíolo). Parte central, eréctil y más prominente de la glándula mamaria. **2.** *Fig.* Cualquier saliente por donde se agarra algo o que tiene forma de pezón: *el pezón del eje de una rueda.* **3.** Rabillo que sostiene la hoja, la flor o el fruto de las plantas: *el pezón del limón.*

PEZUÑA n. f. (lat. *pedis ungulam,* uña del pie). En los animales de pata hendida, pesuño o conjunto de los pesuños de una misma pata.

pH n. m. (de *p,* potencial, y *H,* hidrógeno). Coeficiente que caracteriza la acidez o la basicidad de una solución acuosa. (Una solución es ácida si su pH es inferior a 7, y básica si es superior a 7.)

PHILADELPHIA → *Filadelfia.*

PHILLIPS (William D.), físico norteamericano (Wilkes Barre, Pennsylvania, 1948). Obtuvo el Premio Nobel de física 1997, junto con C. Cohen-Tannoudji y S. Chu, por sus investigaciones sobre la utilización del láser para enfriar o atrapar átomos.

PHNOM PENH, o cap. de Camboya, en la confluencia del Mekong y del Tonlé Sap; 800 000 hab.

PHOENIX, c. de Estados Unidos, cap. de Arizona, en un oasis regado por el Salt River; 983 403 hab. (2 122 101 hab. en la aglomeración).

PHOT o **FOT** n. m. En la nomenclatura internacional, unidad de iluminación (símbolo ph) que equivale a 1 lumen por cm^2, o sea 10 000 lux.

PHYLUM n. m. (voz latina). Serie evolutiva de las formas animales o vegetales.

PI n. f. Letra del alfabeto griego (π) equivalente a la *p.* **2.** MAT. Símbolo que representa la relación constante entre el diámetro de una circunferencia y su longitud, y que vale aproximadamente 3,1416.

PIADOSO, A adj. Devoto, religioso. **2.** Inclinado a sentir piedad y compasión. **3.** Relativo a la piedad.

PIAFAR v. tr. (fr. *piaffer,* contonearse) [1]. Dar patadas el caballo con las patas delanteras rascando el suelo, cuando está inquieto.

PIAMADRE n. f. ANAT. La más interna de las membranas meníngeas.

PIAMONTE, región del NO de Italia, formada por las prov. de Alessandria, Asti, Cuneo, Novara, Turín y Vercelli; 25 399 km^2; 4 290 412 hab. (*Piamonteses.*) Cap. *Turín.* Ocupa la mayor parte de la cuenca superior del Po y goza de un clima continental, aunque una parte montañosa (*Alpes piamonteses*).

PIANISTA n. m. y f. Persona que toca o que tiene como profesión tocar el piano.

PIANÍSTICO, A adj. Relativo al piano. **2.** Dícese de una obra musical que se adapta bien a las posibilidades del piano.

PIANO n. m. (abrev. del ital. *pianoforte*). Instrumento musical de cuerdas percutidas mediante pequeños martillos accionados por unas teclas. SIN.: *pianoforte.* • **Piano de cola,** el que tiene las cuerdas y la caja de resonancia en posición horizontal. ǁ **Piano electrónico,** instrumento que produce el sonido de las cuerdas percutidas característico del piano mediante un conjunto de osciladores electrónicos. ǁ **Piano vertical,** el que tiene las cuerdas y la caja de resonancia en posición vertical.

PIANOFORTE n. m. (voz italiana). Piano.

PIANOLA n. f. Piano que puede tocarse mecánicamente, por pedales o por medio de corriente eléctrica. **2.** Aparato unido al piano para ejecutar mecánicamente las piezas musicales.

PIAPOCO n. m. *Venez.* Tucán.

PIAR v. intr. [1t]. Emitir su sonido onomatopéyico las aves.

PIAR (Manuel Carlos), patriota venezolano (Willemstaat, Curaçao, 1782-Angostura [act. Ciudad Bolívar] 1817). Mulato, imprimió un carácter racial a las guerras de liberación. Fue ejecutado por orden de Bolívar, al que había disputado el poder.

PIARA n. f. Manada de cerdos.

PIA

PIAZZOLA (Astor), bandoneonista y compositor argentino (Mar del Plata 1921-Buenos Aires 1992), figura decisiva en la evolución del tango, que enriqueció con influencias clásicas y del *jazz* (*Concierto para bandoneón*, *Tangos futuros*).

P.I.B., abrev. de producto interior bruto.

PIBE, A n. *Argent.* y *Urug.* Muchacho. **2.** *Argent.* Fórmula de tratamiento afectuosa. • **Estar hecho un pibe** (*Argent. Fam.*), conservarse joven un adulto.

PICA n. f. HIST. Especie de lanza larga, formada por un asta que termina en un hierro pequeño y agudo (ss. XVI y XVII). **2.** Soldado armado con este arma. **3.** TAUROM. Vara para picar los toros que tiene en un extremo una punta de acero. ♦ **picas** n. f. pl. **4.** Uno de los cuatro palos de la baraja francesa. • **Tercio de picas** (TAUROM.), primer tercio de la lidia.

PICABUEYES n. m. (pl. *picabueyes*). Ave paseriforme de pequeño tamaño, que suele posarse sobre los bueyes y búfalos para cazar las larvas parásitas de su piel.

PICACHO n. m. Pico agudo de algunos montes y riscos.

PICADA n. f. Picotazo. **2.** Picadura, mordedura o punzada. **3.** *Amér.* Senda que se abre en un bosque o en un monte espeso. **4.** *Amér. Central, Argent., Bol., Par.* y *Urug.* Carrera ilegal de automotores que se realiza en la vía pública y perturba la normal circulación. **5.** *Argent.* Tapa, acompañamiento de una bebida, por lo común alcohólica. **6.** *Colomb. Fam.* Punzada, dolor agudo.

PICADERO n. m. Recinto donde los picadores adiestran a los caballos. **2.** Escuela de equitación. **3.** *Argent.* Pista o arena de circo. **4.** *Colomb.* Matadero.

PICADILLO n. m. Guiso a base de carne, tocino y ajos picados, revueltos con huevos y sazonados con especias. **2.** Conjunto de alimentos picados.

PICADO, A adj. Que está labrado o adornado con picaduras o minúsculos agujeritos. **2.** Que tiene en la piel cicatrices de pústulas variolosas: *picado de viruela.* **3.** Dícese de los vinos que se avinagran debido a bacterias acéticas. **4.** *Fig.* y *fam.* Resentido u ofendido por algo. **5.** *Amér.* Algo embriagado. ♦ n. m. **6.** Descenso de un avión con el morro muy inclinado hacia abajo, con o sin empuje. **7.** Picadillo. **8.** Avinagramiento de los vinos, debido a bacterias acéticas. • **En picado**, vuelo descendente de un avión en posición casi vertical y a gran velocidad; *fig.*, caída o descenso brusco de una actividad: *las ventas cayeron en picado*.

PICADOR, RA n. Persona encargada de domar y adiestrar los caballos. **2.** Torero a caballo que pica con garrocha a los toros. **3.** MIN. El que tiene por oficio arrancar el mineral por medio del pico.

PICADORA n. f. Aparato o máquina que sirve para picar carnes, verduras u otros alimentos.

PICADURA n. f. Acción de picar o picarse. **2.** Pinchazo o mordedura de ciertos insectos, aves o reptiles. **3.** Herida de superficie pequeña y de profundidad variable. **4.** Tabaco picado para fumar.

PICAFLOR n. m. Colibrí. **2.** *Amér. Fig.* Hombre enamoradizo y galanteador. **3.** *Amér.* Colibrí.

PICANA n. f. *Amér. Merid.* y *Méx.* Aguijada, vara para aguijonear los bueyes.

PICANEAR v. tr. [1]. *Amér. Merid.* Aguijar, picar a los bueyes con la aguijada.

PICANTE adj. Que pica al paladar. **2.** *Fig.* y *fam.* Libre, sin llegar a ser obsceno: *chiste, historieta picante.* ♦ n. m. **3.** Sustancia o especia que tiene un sabor fuerte que excita o pica al paladar.

PICAPEDRERO, A n. Cantero, persona que labra las piedras.

PICAPLEITOS n. m. y f. (pl. *picapleitos*). *Desp.* Abogado.

PICAPORTE n. m. Aldaba, pieza de las puertas para llamar. **2.** Dispositivo para cerrar de golpe una puerta.

PICAR v. tr. (voz de creación expresiva) [1a]. Punzar o morder las aves, los insectos o ciertos reptiles. **2.** Herir levemente con un instrumento punzante. **3.** Tomar las aves la comida con el pico. **4.** Morder los peces el cebo quedando enganchados en el anzuelo. **5.** Cortar o dividir una cosa en trozos muy menudos, desmenuzarla: *picar carne.* **6.** Recortar o agujerear, haciendo dibujos: *picar papel, tela.* **7.** *Fig.* Estimular, incitar: *picar la curiosidad, el amor propio.* **8.** Espolear al caballo. **9.** Herir al toro con una pica desde el caballo. ♦ v. tr. e intr. **10.** Sentir o causar comezón en alguna parte del cuerpo: *este traje me pica mucho; me pica la nariz.* **11.** Enardecer el paladar ciertas cosas de sabor fuerte: *la pimienta y la mostaza pican.* **12.** Coger de una en una cosas pequeñas para comerlas. **13.** Coger de cuando en cuando trozos pequeños de un alimento. **14.** *Fig.* Dejarse atraer, coger o engañar. ♦ v. intr. **15.** Calentar mucho el sol. **16.** Llamar a la puerta. **17.** AERON. Efectuar un descenso siguiendo una trayectoria casi vertical. **18.** *Argent. Fam.* Acelerar un automotor. ♦ *picarse* v. pron. **19.** Agujerearse, estropearse: *picarse un diente.* **20.** Empezar a descomponerse algunos alimentos o bebidas. **21.** *Fig.* Resentirse, ofenderse: *siempre se pica por tonterías.* **22.** *Fig.* Sentirse estimulado por amor propio o emular lo que hacen otros. **23.** *Fam.* Inyectarse una droga. **24.** MAR. Formarse olas pequeñas en el mar por la acción del viento. || **Pícarselas** (*Argent.* y *Perú. Fam.*), irse, abandonar un lugar o una situación repentinamente.

PICARDÍA n. f. Calidad de pícaro. **2.** Manera de obrar hábil y con cierto engaño o simulación. **3.** Dicho en voz baja y con malicia o intención picaresca.

PICARESCA n. f. Profesión o modo de vivir de un pícaro. • **Novela picaresca**, modalidad de novela narrativa nacida y popularizada en el siglo de oro español. (En Hispanoamérica tuvo su máxima representación con *El lazarillo de ciegos caminantes* de Concolorcorvo, y con *El periquillo Sarniento* de Fernández de Lizardi.)

PICARESCO, A adj. Relativo a los pícaros.

PÍCARO, A adj. y n. Dícese de la persona, no exenta de simpatía, que comete engaños en provecho propio, con habilidad y destreza. **2.** Dícese del protagonista de las novelas picarescas. ♦ adj. **3.** *Fig.* Malicioso, picante.

PICASSO (Pablo Ruiz), pintor español (Málaga 1881-Mougins 1973). Tras una primera fase ligada al modernismo y la etapas azul y rosa (arlequines y mundo del circo), su interés por la plástica primitiva abrió las puertas al cubismo (*Les demoiselles d'Avignon*, 1907). El *Guernica* (1937) culminó sus investigaciones cubistas; también destaca de esta época el *Retrato de Dora Maar* (1937). Sus últimas obras reinterpretan la tradición (serie de *Las meninas*) o adoptan un personal hedonismo. Cultivó también la escultura (*Cabeza de mujer*), el grabado (*La tauromaquia*, 1958) y la cerámica.

PICAZÓN n. f. Picor, sensación producida por algo que pica. **2.** *Fig.* Enfado, enojo. **3.** *Fig.* Inquietud, desasosiego por un temor, aprensión, etc.

PICEA n. f. (lat. *piceam*, falso abeto). Planta arbórea parecida al abeto, pero mucho más común, que se explota por su resina y su madera.

PICHANGA n. f. *Argent.* Vino que no ha terminado de fermentar. • **Engaña pichanga** (*Argent.*), engañapichanga, engañabobos.

PICHARDO MOYA (Felipe), escritor y arqueólogo cubano (Camagüey 1892-La Habana 1957), autor de novelas (*La ciudad de los espejos*, 1925), poesía y teatro (*La oración*, 1941).

PICHÍ n. m. *Argent.* y *Chile.* Orina, pipí, en el lenguaje de los niños.

PICHICATO, A adj. *Amér.* Mezquino, ruin.

PICHINCHA n. f. *Amér. Merid.* Precio muy bajo, ganga. **2.** *Argent.* Ganga, ocasión, oportunidad.

PICHINCHA, macizo volcánico de Ecuador (Pichincha), en la cordillera Occidental de los Andes.

PICHINCHA (*provincia de*), prov. del N de Ecuador; 19 543 km²; 1 756 228 hab. Cap. *Quito*.

PICHIRUCHE adj. *Chile* y *Perú.* Dícese de la persona insignificante.

PICHÓN, NA n. Palomo joven. **2.** *Fig.* y *fam.* Apelativo cariñoso.

PICHULEAR v. tr. [1]. *Argent.* y *Urug.* Hacer negocios de poca importancia. **2.** *Chile.* Engañar.

PICNIC n. m. (voz inglesa). Merienda campestre.

PICO, prefijo (símbolo p) que, colocado delante de una unidad, la multiplica por 10^{-12}.

PICO n. m. (celta *beccus*). Órgano de las aves formado por las dos mandíbulas y las piezas córneas que las recubren. **2.** Órgano bucal de los insectos hemípteros y de la cabeza de algunos coleópteros. **3.** Cúspide aguda de una montaña. **4.** Montaña de cumbre puntiaguda. **5.** Herramienta de mano compuesta de una pieza puntiaguda de acero templado, enastada en un mango de madera. **6.** Instrumento formado por una barra de hierro o acero, ligeramente encorvada, aguda por un extremo y con un ojo en el otro para enastarla en el mango con que se maneja. **7.** Parte puntiaguda que sobresale en la superficie o en el borde de alguna cosa. **8.** Punta acanalada que tienen en el borde algunas vasijas. **9.** Parte pequeña de una cantidad que excede de un número redondo: *cien y pico.* **10.** Cantidad grande que cuesta algo: *el piso vale un buen pico.* **11.** *Fig.* y *fam.* Boca: *mejor será que no abras el pico.* **12.** *Fig.* y *fam.* Elocuencia, labia. **13.** *Fam.* Dosis de droga que se inyecta.

PICO n. m. Pájaro insectívoro que vive en los troncos de los árboles, de plumaje muy variado blanco o negro, oscuro o verde o más o menos manchado de rojo o amarillo. (Familia pícidos.) SIN.: *pájaro carpintero*, *picamaderos*.

PICO DE LA MIRANDOLA (Giovanni **Pico della Mirandola**, llamado en español **Juan**), humanista italiano (Mirandola, Módena, 1463-Florencia 1494). Su inmensa erudición y su tolerancia lo convierten en uno de los principales pensadores del renacimiento.

PICÓN, NA n. m. *Méx. Fam.* Hecho o dicho irónico que se hace o dice para provocar celos, resentimiento, enojo a alguien.

PICÓN FEBRES (Gonzalo), escritor venezolano (Mérida 1860-Curaçao 1918). Destacó como novelista adscrito al realismo (*Fidelia*, 1893).

PICÓN-SALAS (Mariano), escritor venezolano (Mérida 1901-Caracas 1965), es autor de importantes ensayos sobre la historia venezolana y narraciones.

PICOR n. m. Sensación en alguna parte del cuerpo, producida por algo que pica. **2.** Escozor que se siente en el paladar y la lengua por haber comido alguna cosa picante.

PICOTA n. f. Rollo o columna de piedra donde se exhibían las cabezas de los ajusticiados y se exponía a los reos a la vergüenza pública. **2.** *Fig.* Parte superior puntiaguda de una torre o montaña muy alta. **3.** Variedad de cereza, de consistencia carnosa y escasa adherencia al pedúnculo. • **Poner en la picota**, exponer públicamente los defectos o faltas de alguien.

PICOTAZO n. m. Golpe que da al picar un ave, insecto o reptil. **2.** Señal que deja dicho golpe.

PICOTEAR v. tr. [1]. Picar algo las aves. ♦ v. intr. **2.** Picar, coger cosas pequeñas o trozos pequeños de algo para comerlos. **3.** *Fig.* y *fam.* Hablar mucho de cosas inútiles o triviales.

PICTOGRAFÍA n. f. Tipo elemental de escritura en el que los conceptos se representan mediante escenas figuradas o por símbolos complejos.

PICTOGRAMA n. m. Dibujo o signo de una escritura pictográfica.

PICTÓRICO, A adj. Relativo a la pintura. **2.** Que posee cualidades propias de la pintura. **3.** Que tiene cualidades aptas para inspirar a la pintura.

PICUDILLA n. f. *Cuba, P. Rico y Venez.* Pez teleósteo de carne muy estimada.

PICUDO, A adj. Que tiene pico.

PICUNCHE, pueblo amerindio, del grupo araucano, que vive en la costa N de Chile.

PICURÉ n. m. *Venez.* Agutí, roedor.

PIE n. m. (lat. *pedem*). Parte de la extremidad de la pierna que sirve al hombre y a los animales para sostenerse y andar. (El esqueleto del pie comprende el *tarso* astrágalo y calcáneo, escafoides, cuboides, cuneiformes], el *metatarso* [metatarsiano] y las *falanges* [dedos].) **2.** Órgano muscular de los moluscos, sobre el que pueden arrastrarse. **3.** Unidad de medida de longitud anglosajona que vale 12 pulgadas y equivale a 30,48 cm. **4.** Antigua medida de longitud de aproximadamente 33 cm. **5.** Base o parte en que se apoya un objeto: *el pie de una estatua.* **6.** En los calcetines, zapatos, etc., parte que cubre el pie. **7.** Lugar contiguo al comienzo de cualquier cosa, generalmente alta: *quedarse al pie de la escalera.* **8.** Parte final de un escrito y espacio en blanco que queda en la parte inferior del papel: *anotar algo a pie de página.* **9.** En algunas cosas, parte opuesta a la cabecera: *estaba a los pies de la cama.* (Suele usarse en plural.) **10.** Modo de estar o de hacer cierta cosa: *estar en pie de guerra.* **11.** Tronco de los árboles y de las plantas en general. **12.** En métrica clásica, elemento rítmico más pequeño del verso, integrado por dos, tres o cuatro sílabas. **13.** Leyenda de una fotografía, ilustración, grabado, etc. **14.** Palabra con que termina lo que dice un personaje en una representación dramática, cada vez que le toca hablar a otro. **15.** *Chile.* Señal o cantidad de dinero que se da como garantía de lo que se ha comprado. || **A pie, o por su pie,** andando. || **A pie, o pies, juntillas,** sin asomo de duda. || **Al pie de la letra,** literal, textualmente; con exactitud, sin variación. || **Dar pie,** ofrecer ocasión o motivo para una cosa. || **De pie, de pies o en pie,** erguido o en posición vertical. || **Hacer algo con los pies,** hacerlo mal. || **No tener una cosa pies ni cabeza o sin pies ni cabeza** (*Fam.*), ser completamente absurdo. || **Pie de imprenta,** mención del taller o establecimiento tipográfico, lugar y año de la impresión, que suele constar en los libros. || **Pie de monte** (GEOGR.), llanura de acumulación aluvial, que forma un *glacis* al pie de una cadena de montañas o de un macizo elevado. SIN.: piedemonte, piedmont. || **Pie de rey,** instrumento que sirve para medir el diámetro, longitud y espesor de diferentes objetos. || **Poner pies en polvorosa,** huir.

PIEDAD n. f. (lat. *pietatem*). Virtud que inclina hacia los actos del culto divino. **2.** Compasión ante una persona desgraciada o que sufre. **3.** Representación de la Virgen con el cuerpo inerte de Cristo, recostado en su regazo.

PIEDAD CABADAS (La), c. de México (Michoacán); 81 162 hab. Centro agropecuario. Quesos.

PIEDEMONTE o PIEDMONT n. m. GEOGR. Pie de monte.

PIEDRA n. f. Materia mineral dura y sólida, que se emplea en construcción. **2.** Trozo de dicha materia, tallado o no. **3.** Muela, piedra para moler. **4.** Granizo grueso. **5.** PATOL. Cálculo. • **Edad de la piedra,** período de la prehistoria en que se utilizó la piedra como materia básica del utillaje. || **Mal de piedra** (MED.), litiasis, principalmente renal y vesical. || **Piedra angular,** la que forma esquina en los edificios. || **Piedra de, o del escándalo** (*Fig.*), persona, hecho o palabra que es motivo de escándalo. || **Piedra pómez,** pómez. || **Piedra preciosa,** diamante, esmeralda, rubí y zafiro. || **Primera piedra,** piedra de fundación, generalmente angular, colocada solemnemente.

PIEDRAS (Las), c. de Uruguay (Canelones), en la periferia N de Montevideo; 58 288 hab. Vinos.

PIEDRAS BLANCAS o PAN DE AZÚCAR, pico de Venezuela (Mérida), punto culminante de la sierra del Norte; 4672 m.

PIEDRAS NEGRAS, ant. *Porfirio Díaz,* c. de México (Coahuila), en la or. der. del río Bravo, en la frontera con E.U.A.; 98 185 hab. Centro minero (hierro y carbón) e industrial (siderometalurgia).

PIEL n. f. (lat. *pellem*). Parte diferenciada del organismo que recubre enteramente casi todo el cuerpo. **2.** Parte exterior que cubre la pulpa de ciertas frutas. **3.** *Fig.* Con verbos como *dejar, jugar,* etc., vida, existencia. **4.** Cuero curtido: *bolso de piel de cocodrilo.* **5.** Cuero curtido de modo que conserve por fuera su pelo natural: *abrigo de piel de visón.* ♦ n. m. y f. **6. Piel roja,** indio indígena de América del Norte.

PIÉLAGO n. m. (lat. *pelagum*). Parte del mar muy alejada de la costa. **2.** *Fig.* Gran cantidad de algo.

PIENSO n. m. (lat. *pensum*). Ración de alimento seco que se da a los animales estabulados o semiestabulados.

PIER n. m. *Amér.* Muelle perpendicular al eje de un río o de un estuario.

PIERNA n. f. (lat. *pernam*). Extremidad inferior en el hombre. **2.** Parte de esta extremidad comprendida entre la articulación de la rodilla y la del tobillo. **3.** En los cuadrúpedos y aves, muslo. **4.** *Argent. Fam.* Persona dispuesta a prestar compañía. • **A pierna suelta, o tendida** (*Fam.*), con tranquilidad, con completa despreocupación. || **Hacer pierna** (*Argent. Fam.*), colaborar, ayudar.

PIERNAS, n. m. y f. (pl. *piernas*). *Fam.* Persona de poca importancia y de poca formalidad, o que actúa sin personalidad propia.

PIERO DELLA FRANCESCA o DE' FRANCESCHI, pintor italiano (Borgo San Sepolcro, Arezzo, c. 1416-*id.* 1492). Su obra se considera la síntesis más elevada del arte pictórico del s. XV.

PIÉROLA (Nicolás de), político peruano (Cumaná 1839-Lima 1913). Durante la guerra con Chile se proclamó Dictador (1879-1881). Fundador del Partido Demócrata (1884), fue presidente constitucional (1895-1899).

PIERRI (Orlando), pintor argentino (Buenos Aires 1913). Partió del surrealismo y creó una síntesis personal de los distintos movimientos de vanguardia.

PIES NEGROS o PLACKFOOT, pueblo amerindio de lengua algonquina, act. en reservas de Montana y Alberta.

PIEZA n. f. **1.** Cada parte, cada elemento de un todo: *la biela es una pieza del motor.* **2.** Trozo que se adapta a una cosa para repararla. **3.** Tira de papel o de tela, plegada o arrollada sobre sí misma, con que sale de la fábrica. **4.** Cada unidad de un género de cosas de un mismo precio. **5.** Cada habitación de una casa. **6.** Moneda, trozo de metal labrado: *pagó con dos piezas de un duro.* **7.** Animal, como objeto de caza o pesca. **8.** Porción de espacio o tiempo. **9.** Objeto, cosa cualquiera. **10.** Cada una de las fichas de los figuras que sirven para jugar a las damas, al ajedrez y a otros juegos. **11.** Obra dramática, y particularmente la que no tiene más que un acto. **12.** Composición suelta de música vocal o instrumental. **13.** METROL. Unidad de presión (símbolo pz) que corresponde a la presión uniforme que ejerce sobre una superficie plana de 1 m^2 una fuerza normal de 1 esteno. • **Quedarse, o dejar,** a alguien **de una pieza,** o **hecho una pieza,** quedarse o dejar a a quien paralizado por el asombro.

PIFIA n. f. **1.** Golpe en falso que se da con el taco en la bola de billar. **2.** *Fig.* y *fam.* Desacierto, dicho o hecho indiscreto o inoportuno.

PIFIAR v. tr. e intr. [1]. Cometer una pifia.

PIGMALIÓN, rey legendario de Chipre. Enamorado de una estatua que él mismo había esculpido, logró que Afrodita le diese vida, y se casó con ella. El tema ha inspirado a numerosos artistas y escritores (Voltaire, Rousseau, Shaw).

PIGMENTACIÓN n. f. Formación y acumulación de pigmento en los tejidos, especialmente en la piel.

PIGMENTAR v. tr. [1]. Dar color con un pigmento. ♦ v. tr. y pron. **2.** Producir coloración anormal y prolongada en la piel o en otros tejidos.

PIGMENTO n. m. (lat. *pigmentum*). Sustancia coloreada producida por un ser vivo. **2.** Sustancia finamente pulverizada, componente de la pintura, que se agrega al soporte para conferirle su color o para hacerlo opaco.

PIGMEO, A adj. y n. Relativo a unos grupos humanos africanos de corta estatura; individuo de estos pueblos. ♦ adj. **2.** *Fig.* Muy pequeño.

PIGNORACIÓN n. f. Acción y efecto de pignorar.

PIGNORAR v. tr. (lat. *pignorari*) [1]. Empeñar, dar en prenda.

PIJAMA n. m. (ingl. *pyjamas*). Conjunto de chaqueta y pantalón que se usa para dormir. (En algunos países de América suele usarse en femenino.) **2.** Postre compuesto por helado, flan, nata y diversas frutas.

PIJAO, pueblo amerindio de lengua chibcha, aniquilado en el s. XVII, que habitaba en la región andina cercana al río Magdalena (Colombia).

PIJE n. m. *Chile y Perú.* Cursi.

PIJITE n. m. *Amér.* Ave palmípeda acuática, parecida al pato, pero de patas largas y color rojizo oscuro, cuya carne es muy apreciada.

PIJO, A adj. y n. Dícese de la persona, generalmente joven, cuyos gestos, indumentaria, lenguaje, etc., reflejan modas propias de clases sociales elevadas. ♦ n. m. **2.** *Vulg.* Pene.

PILA n. f. (lat. *pilam*, columna, pilar). Conjunto de cosas colocadas unas sobre otras: *una pila de leña.* **2.** *Fig.* y *fam.* Montón, gran cantidad. **3.** Aparato que transforma directamente en energía eléctrica la energía desarrollada en una reacción química. **4.** Macizo de fábrica que constituye un apoyo intermedio de un puente. • **Pila atómica,** reactor nuclear. || **Pila solar,** dispositivo que transforma directamente una radiación electromagnética en corriente eléctrica.

PILA n. f. (lat. *pilam*, mortero). Recipiente hondo donde cae o se echa el agua: *pila bautismal, de agua bendita.* • **Nombre de pila,** el del bautismo.

PILAGÁ, pueblo del NE de Argentina, de lengua guaicurú, uno de los subgrupos tobas.

PILAGÁS, dep. de Argentina (Formosa); 17 395 hab. Alfalfa, sorgo, maní, algodón, vacunos.

PILAR adj. Relativo a los pelos.

PIL

PILAR n. m. Soporte vertical, distinto de la columna, pues no es necesariamente cilíndrico ni ha de seguir las proporciones de un orden. **2.** Mojón, señal que se pone en los caminos. **3.** *Fig.* Persona o cosa que sirve de amparo, apoyo o protección.

PILAR, c. de Paraguay, cap. del dep. de Ñeembucú, a orillas del río Paraguay; 18 339 hab.

PILAR, partido de Argentina (Buenos Aires), en el Gran Buenos Aires; 130 177 hab. Metalurgia.

PILASTRA n. f. (ital. *pilastro*). Pilar adosado a una pared.

PILATOS (Poncio), procurador romano (s. I d. J.C.). Se le menciona en los Evangelios por haber pronunciado la sentencia de muerte contra Jesús, a propuesta del sanedrín.

PILCA n. f. *Amér. Merid.* Pirca.

PILCHA n. f. *Amér. Merid.* Prenda de vestir pobre o en mal estado. (Suele usarse en plural.) **2.** *Argent.* Prenda de vestir, particularmente si es elegante y cara. (Suele usarse en plural.) **3.** *Argent., Chile* y *Urug.* Prenda del recado de montar.

PILCHE n. m. *Amér. Merid.* Vasija de madera o de la corteza seca de un fruto.

PILCOMAYO, r. de América del Sur, afl. del Paraguay (or. der.); 1100 km. Nace al E del lago Poopó (Bolivia), y desde Esmeralda hasta su desembocadura marca frontera entre Argentina y Paraguay. — El *parque nacional Pilcomayo* (Argentina) comprende la parte S de la desembocadura del río.

PILCOMAYO, dep. de Argentina (Formosa); 66 781 hab. Cab. *Clorinda*, unida a Asunción mediante un puente internacional sobre el Pilcomayo. Puerto fluvial (*Puerto Pilcomayo*). Parque nacional.

PÍLDORA n. f. (lat. *pillulam*). Medicamento en forma de bolita que se administra por vía oral. **2.** Cualquiera de los anovulatorios con esta presentación.

PILETA n. f. *Argent., Par.* y *Urug.* Pila de cocina o de lavar. **2.** *Argent.* y *Urug.* Abrevadero. **3.** *R. de la Plata.* Piscina. • **Tirarse a la pileta** (*Argent. Fam.*), emprender una acción de resultado incierto.

PILILO n. m. *Argent.* y *Chile.* Persona sucia y andrajosa.

PILLAJE n. m. Robo, rapiña.

PILLAR v. tr. (ital. *pigliare*, coger) [1]. Robar, tomar por fuerza una cosa. **2.** Alcanzar a alguien o algo que se persigue. **3.** Atropellar, alcanzar y derribar a alguien una caballería o un vehículo. **4.** *Fam.* Coger, adquirir o contraer: *pillar un resfriado.* **5.** *Fig.* Encontrar, sorprender: *le pillé con las manos en la masa.* ♦ v. tr. y pron. **6.** Aprisionar por accidente una cosa a otra al moverse: *pillarse el dedo con la puerta.* ♦ v. intr. **7.** Hallarse, estar situado: *la casa pilla muy lejos.*

PILLASTRE n. m. *Fam.* Pillo.

PILLEAR v. intr. [1]. *Fam.* Hacer vida de pillo, o proceder como tal.

PILLERÍA n. f. *Fam.* Acción propia de un pillo. **2.** *Fam.* Conjunto de pillos.

PILLO, A adj. y n. Dícese de la persona, especialmente del niño, que comete pequeños engaños en provecho propio, sin intención de daño. **2.** Granuja, persona falta de escrúpulos. **3.** *Fam.* Sagaz, astuto. ♦ n. **4.** Niño vagabundo o callejero que comete pequeños delitos.

PILMAMA n. f. *Méx.* Nodriza, niñera.

PILME n. m. *Chile.* Coleóptero negro que produce grandes daños en las huertas.

PILÓN n. m. Pilar, columna, poste. **2.** Pan de azúcar refinado, de figura cónica. **3.** Pesa móvil que se coloca en el brazo mayor de la romana. **4.** *Méx.* Cantidad extra de una mercancía que el comerciante da como regalo al cliente. • **De pilón** (*Méx.*), por añadidura, por si fuera poco: *nos perdimos y, de pilón llovía.*

PILONCILLO n. m. *Méx.* Pieza en forma de cono truncado de azúcar moreno.

PILÓRICO, A adj. Relativo al píloro.

PÍLORO n. m. (lat. *pylorum*). ANAT. Orificio que pone en comunicación el estómago con el duodeno.

PILOSIDAD n. f. ANAT. Revestimiento piloso del tegumento.

PILOSO, A adj. Relativo al pelo. **2.** Cubierto de pelos.

PILOTAJE n. m. Acción de pilotar un vehículo.

PILOTAR v. tr. [1]. Conducir como piloto un vehículo.

PILOTE n. m. Pieza larga, cilíndrica o prismática, hincada en el suelo para soportar una carga o para comprimir las capas de tierra.

PILOTO n. m. Persona que gobierna y dirige una embarcación o una aeronave. **2.** Persona que conduce un vehículo en una competición automovilística o motociclística. **3.** Lo destinado a servir de modelo o como prueba: *industria piloto.* **4.** Pequeña lámpara eléctrica de advertencia de diversos aparatos, cuadros de mandos, etc. • **Pez piloto,** pez pelágico de los mares cálidos, de 20 a 30 cm de long., que suele acompañar a los grandes escualos y a los barcos de marcha lenta y se nutre de desperdicios. || **Piloto automático,** dispositivo, generalmente dotado de un giroscopio, que permite la conducción de un avión sin que intervenga la tripulación; dispositivo mecánico o electrónico que mantiene el rumbo de una embarcación sin intervención humana.

PILPIL n. m. Planta arbustiva de fruto comestible, que crece en Chile. (Familia lardizabaláceas.)

PILTRAFA n. f. Residuos o trozos inaprovechables, especialmente de carne. **2.** *Fig.* Persona de poca consistencia física o moral.

PILUCHO, A adj. *Chile.* Desnudo.

PIMA n. y adj. Pueblo amerindio de lengua utoazteca de América del Norte (S de Arizona y N de Sonora).

PIMENTERO n. m. Planta leñosa de las regiones cálidas, que proporciona la pimienta. (Familia piperáceas.) **2.** Vasija en que se pone la pimienta en la mesa.

PIMENTÓN n. m. Polvo de pimientos encarnados secos, que se utiliza como condimento.

PIMIENTA n. f. (lat. *pigmenta*). Fruto del pimentero, que se emplea como condimento.

PIMIENTO n. m. Solanácea cultivada, de la que existen numerosas variedades, que se distinguen por sus frutos: encarnado largo, pajizo, guindilla, dulce, morrón, chorricero, cerecilla, etc. **2.** Fruto de esta planta. **3.** Pimentero. (En América se cultivan preferentemente las variedades picantes, llamadas *chiles* o *ajíes.*)

PIMPINA n. f. *Venez.* Botijo de cuerpo esférico y cuello largo.

PIMPINELA n. f. Planta herbácea vivaz, de tallos erguidos, empleada como tónica. (Familia rosáceas.) **2.** Flor de esta planta.

PIMPOLLO n. m. Vástago o tallo nuevo de las plantas. **2.** Capullo de rosa. **3.** *Fig.* y *fam.* Persona joven y de aspecto atractivo.

PIMPÓN n. m. Ping-pong.

PINACATE n. m. Coleóptero de color negruzco, hediondo, que suele criarse en lugares húmedos de América Central. (Familia tenebriónidos.)

PINÁCEO, A adj. y n. f. Abietáceo.

PINACOTECA n. f. (lat. *pinacothecam*). Museo de pintura.

PINÁCULO n. m. Terminación apuntada de un capitel o una construcción arquitectónica. **2.** Pequeña pirámide terminal de un contrafuerte o muro, frecuentemente adornada con motivos vegetales. **3.** *Fig.* Apogeo, auge, momento más alto de una cosa inmaterial.

PINAR n. m. Bosque de pinos.

PINAR DEL RÍO (*provincia de*), prov. del extremo O de Cuba; 10 901 km^2; 640 740 hab. Cap. *Pinar del Río.*

PINAR DEL RÍO, c. de Cuba, cap. de la prov. homónima, a orillas del río Guamá; 144 206 hab. Centro industrial. Manufacturas de tabaco.

PINCEL n. m. (lat. *penicillum*). Utensilio compuesto por un mechón de cerdas o fibras sujeto al extremo de una varilla y que sirve para pintar, engomar, etc.

PINCELADA n. f. Cada una de las aplicaciones que se dan con el pincel al pintar. **2.** *Fig.* Frase o conjunto de frases con que se define o describe sucintamente algo.

PINCHAQUE n. m. Mamífero perisodáctilo de tamaño inferior al tapir americano, que habita las zonas muy altas de los Andes. (Familia tapíridos.)

PINCHAR v. tr. y pron. [1]. Introducir una punta en un cuerpo poroso: *pinchar una aceituna.* **2.** *Fig.* Incitar a alguien para que haga cierta cosa. **3.** *Fig.* Hacer enfadar a alguien. **4.** *Fam.* Poner inyecciones. ♦ v. intr. **5.** Sufrir alguien un pinchazo en una rueda de un vehículo en el transita. **6.** *Fig.* y *fam.* Fallar. ♦ **pincharse** v. pron. **7.** Inyectarse habitualmente heroína u otra droga dura.

PINCHAZO n. m. Acción y efecto de pinchar. **2.** Huella que queda al pincharse algo. **3.** Punzada en un neumático que le produce pérdida de aire. **4.** *Fam.* Inyección de heroína u otra droga dura; marca física que deja.

PINCHE n. m. y f. Ayudante de cocina. **2.** *Chile. Fam.* Hombre o mujer con quien se forma pareja en una relación amorosa informal y de corta duración. ♦ n. **3.** *Chile. Fig.* y *fam.* Trabajo ocasional. ♦ adj. y n. m. y f. **4.** *Méx. Vulg.* Dícese de lo sumamente desagradable, despreciable o de pésima calidad: *¡pinches abusivos!; ¡qué pinches frío hace!*

PINCHO n. m. Punta aguda de cualquier cosa. **2.** Varilla con punta aguda. **3.** Pinchito.

PÍNDARO, poeta griego (Cinoscéfalos 518-¿Argos? 438 a. J.C.). Su único libro conservado es el de las *Odas triunfales* o *Epinicios*, que comprenden 45 poemas y diversos fragmentos, que en relatos míticos desarrollan verdades religiosas y morales.

PINEAL adj. Relativo a la epífisis. • **Glándula pineal,** epífisis.

PINEDA n. f. Pinar.

PINEDA (Mariana), heroína española (Granada 1804-*id.* 1831), ajusticiada por haber bordado una bandera con el lema «Ley. Libertad. Igualdad» su figura pasó al folklore.

PINEDO n. m. *Amér. Merid.* Pinar.

PINGAJO n. m. Trozo desgarrado que cuelga de algo.

PINGO n. m. *Fam.* Vestido de poca calidad. **2.** *Fig.* y *fam.* Prostituta. **3.** *Fam.* *Argent., Chile* y *Urug.* Caballo. **5.** *Méx.* Muchacho travieso.

PING-PONG n. m. Tenis de mesa.

PINGÜE adj. Graso, mantecoso. **2.** *Fig.* Abundante, cuantioso: *pingües beneficios.*

PINGÜINERA n. f. *Argent.* Lugar de la costa donde se agrupan los pingüinos en época de nidificación y cría.

PINGÜINO n. m. (fr. *pingouin*). Ave caradriforme extinguida, piscívora, que vivía en acantilados del Atlántico septentrional. (Familia álcidos.) • **Pingüino antártico,** pájaro bobo.

PINGULLO n. m. Nombre indígena de la flauta usada por los aborígenes de Ecuador, Perú y Bolivia.

PINITO n. m. Primeros pasos del niño. **2.** Primeros progresos de un convaleciente o primeras veces que se hace algo.

PINO n. m. (lat. *pinum*). Conífera de follaje persistente y hojas en forma de agujas, y cuya madera se emplea en carpintería o construcción. (Familia abietáceas.) • **Pi-**

no araucaria, brasileño, misionero, o **Paraná**, planta arbórea de crecimiento rápido, que crece en algunas zonas de Brasil y Argentina. (Familia araucariáceas.) ‖ **Pino chileno**, conífera de madera apreciada y piñones comestibles. (Familia araucariáceas.)
- Los pinos autóctonos de la península Ibérica son: el pino carrasco, blanco o de Alepo; el pino piñonero, doncel, manso o real; el pino rodeno o marítimo, llamado también pinastro; el pino negral, cascalbo, pudio, salgareño o de Cuenca; el pino albar, silvestre, blanquillo o rojo, y el pino negro. Entre los principales pinos americanos se encuentran: el pino de Monterrey y el pino del azúcar, del N de México; el pino de Montezuma y el pino ayalcahuite, de México y Guatemala; el pino de sierra Maestra, de las islas del Caribe, y el pino colorado de Guatemala, el más meridional de los pinos americanos que crece desde México hasta el S de Nicaragua.

PINO. n. m. Chile. Relleno de la empanada de horno, compuesto de carne picada mezclada con huevo duro, cebolla, pasas y aceitunas.

PINO HACHADO, paso de los Andes, entre Argentina (Neuquén) y Chile (La Araucanía); 1884 m de alt.

PINOCHET (Augusto), militar y político chileno (Valparaíso 1915). Comandante en jefe del ejército, derrocó al presidente Allende (1973) y asumió la presidencia del consejo de gobierno y de la república. Instauró un régimen dictatorial, derrotado en un referéndum popular (1988), que dio paso a unas elecciones en 1989. En 1990 abandonó la presidencia de la república, pero mantuvo la jefatura del ejército. En marzo de 1998 dejó el mando del ejército para ejercer como senador vitalicio, figura que se reservó en la Constitución antes de abandonar el poder.

PINOL o **PINOLE**. n. m. Amér. Central y Méx. Harina de maíz tostada, que suele mezclarse con cacao, azúcar y canela para preparar una bebida refrescante.

PINOLILLO. n. m. Méx. Insecto ácaro muy pequeño y de color rojo, cuya picadura es muy irritante y molesta.

PINOS (isla de) → **Isla de la Juventud.**

PINSAPO. n. m. Planta arbórea, de corteza blanquecina, hojas aciculares y piñas derechas, más gruesas que las del abeto. (Familia abietáceas.)

PINTA. n. f. Mota, lunar. **2.** Fig. Aspecto de una persona o cosa por el que se conoce su calidad. ◆ n. m. y f. **3.** Fam. Pícaro, sinvergüenza. • **Irse de pinta** (Méx.), faltar uno a la escuela o al trabajo para ir a divertirse.

PINTADA. n. f. Acción de pintar en las paredes, vallas, etc., letreros o murales de contenido político o social. **2.** Letrero o mural de este carácter. **3.** Gallinácea, originaria de África, aclimatada en el mundo entero.

PINTADO, A adj. Dícese del que está matizado en diversos colores. **2.** Que tiene pintas, lunares. • **El más pintado** (Fam.), el más experto, hábil.

PINTADOS (salar de), salar de Chile (Tarapacá). Boratos y otras sales.

PINTANA (La), com. de Chile (Santiago); 153 506 hab.

PINTAR. v. tr. [**1**]. Representar algo mediante líneas y colores: pintar un paisaje. **2.** Cubrir de pintura la superficie de algo: pintar la puerta. **3.** Fam. Dibujar. **4.** Fig. Describir, representar por la palabra o la escritura algo. ◆ v. intr. **5.** Señalar un palo de la baraja que éste es el triunfo en el juego: pintan bastos. ◆ v. intr. v pron. **6.** Empezar a verse la calidad de algo: este asunto pinta bien. **7.** Tener algún importancia, significación, en determinada situación o asunto: no pintas nada en esa empresa. ◆ **pintarse** v. pron. **8.** Mancharse de pintura. **9.** Ponerse maquillaje en el rostro. **10.** Manifestarse cierta expresión en el rostro: la angustia se pintó en su cara.

PINTARRAJEAR v. tr. y pron. [**1**]. Fam. Pintar de cualquier forma o excesivamente.

PINTIPARADO, A adj. Que es adecuado, a propósito.

PINTIPARAR v. tr. [**1**]. Fam. Comparar.

PINTO, A adj. Pintado, coloreado: caballo pinto.

PINTO (Francisco Antonio), político chileno (Santiago 1775-id. 1858), presidente de la república (1827-1829). — Su hijo **Aníbal** (Santiago 1825-Valparaíso 1884) fue presidente de la república (1876-1881) y declaró la guerra a Perú y Bolivia (guerra del Pacífico).

PINTOR, RA n. Artista que se dedica a la pintura. **2.** Persona que tiene por oficio pintar paredes, puertas, ventanas, etc.

PINTORESCO, A adj. (ital. pittoresco). Que llama la atención por su belleza, por su variedad, etc. **2.** Interesante por su tipismo. **3.** Fig. Original, extravagante.

PINTURA. n. f. Arte de pintar. **2.** Conjunto de colores dispuestos sobre una superficie según un cierto orden y con una finalidad representativa, expresiva o decorativa. **3.** Materia colorante. **4.** Revestimiento de una superficie con dicha materia colorante.

PINZA. n. f. (fr. pince). Instrumento que, por presión de sus extremidades de sus dos brazos, permite coger objetos o sujetarlos. (Suele usarse en plural.) **2.** Pliegue de forma triangular que, recogiendo el exceso de vuelo, hace que la prenda se adapte mejor a la figura. **3.** ZOOL. Cualquiera de las piezas móviles, opuestas, dispuestas simétricamente y con función prensora, que poseen algunos animales.

PINZAR v. tr. [**1g**]. Sujetar con pinza. **2.** Tomar una cosa con los dedos en forma de pinza.

PINZÓN n. m. Ave seriforme canora, que vive en Europa occidental, de plumaje azul y verde con zonas negras y el cuello rojo. (Familia fringílidos.)

PINZÓN (Martín Alonso Yáñez), navegante español (Palos de Moguer 1440-La Rábida 1493). Mandó la carabela Pinta en el primer viaje a América. — Su hermano **Vicente**, también navegante († c. 1519), mandó la carabela Niña en el primer viaje a América. Fue el primero en cruzar el ecuador y en la costa de Brasil descubrió las bocas del Amazonas y del Orinoco. Exploró la costa del Yucatán (1508) y llegó por el S hasta el Río de la Plata (1509).

PIÑA. n. f. (lat. pineam). Estróbilo de diversas plantas, pero comúnmente del pino, de figura aovada más o menos aguda, que se compone de varias piezas triangulares leñosas. **2.** Ananás. **3.** Fig. Conjunto de personas o cosas unidas estrechamente. ◆ Argent. y Urug. Fam. Trompada, puñetazo.

PIÑÓN n. m. Semilla de la piña o estróbilo del pino, que es comestible.

PIÑÓN n. m. (fr. pignon). Pequeña rueda dentada de un sistema de transmisión de movimiento, la que engrana con una cadena de eslabones soldados o articulados: piñón de bicicleta. **2.** La menor de las ruedas dentadas de un engranaje.

PIÑONERO, A adj. Dícese del pino de piñones comestibles.

PÍO n. m. Voz onomatopéyica con que se representa el sonido de las aves.

PÍO, A adj. (lat. pium). Devoto, piadoso.

PIOCHA. n. f. (fr. pioche). Especie de pico o zapapico que sirve para varios usos. **2.** Méx. Barba terminada en punta que cubre únicamente la barbilla.

PIOJO n. m. Insecto sin alas de 2 mm de long., parásito externo de los mamíferos, cuya sangre chupa. • **Piojo de mar**, crustáceo de 3 a 4 cm de long., que vive como parásito de las ballenas y de otros grandes mamíferos marinos.

PIOJOSO, A adj. y n. Que tiene piojos. **2.** Fig. Miserable, mezquino. **3.** Sucio, harapiento.

PIOLA n. f. Amér. Soga, cuerda. **2.** Argent., Chile y Perú. Bramante. ◆ adj. **3.** Argent. Astuto, pícaro.

PIOLET n. m. (voz francesa). Bastón de alpinista que sirve para asegurar sus movimientos sobre el hielo.

PIOLÍN n. m. Amér. Cordel delgado de cáñamo, algodón u otra fibra.

PIÓN n. m. Partícula elemental (π) que posee una carga eléctrica positiva o negativa igual a la del electrón, o eléctricamente neutra, y cuya masa equivale a 273 veces la del electrón.

PIONERO, A n. (fr. pionnier). Explorador o colonizador de tierras incultas: los pioneros americanos. **2.** Persona que inicia una actividad nueva, preparando el camino a los que vendrán después.

PIONÍA n. f. Semilla del bucare, semejante a una alubia, que se emplea, sobre todo en Venezuela, para confeccionar collares y pulseras.

PIORREA n. f. MED. Flujo de pus en las encías.

PIPA. n. f. (del lat. pipare, piar). Tonel de madera para guardar líquidos, especialmente aceite y vino. **2.** Utensilio formado por una cazoleta y un boquilla que se emplea para fumar. **3.** Cantidad de tabaco contenido en este utensilio. **4.** Tubo, conducto: pipa de admisión. **5.** Vulg. Pistola. **6.** Méx. Camión que lleva un depósito muy grande para transportar líquidos: una pipa de gasolina.

PIPA. n. f. Pepita, simiente. **2.** Simiente de girasol, que se come generalmente tostada. (Suele usarse en plural.) **3.** C. Rica. Fruto completo del cocotero con su corteza exterior e interior. **4.** C. Rica. Fig. y fam. Cabeza.

PIPETA n. f. Tubo de cristal abierto por ambos extremos, que sirve para transvasar pequeñas cantidades de líquido en los laboratorios.

PIPÍ n. m. En lenguaje infantil, orina.

PIPIÁN n. m. Méx. Salsa hecha con pepitas de calabaza tostadas y molidas o maíz con achiote, que se usa para adobar carnes: pollo en pipián.

PIPIL, pueblo amerindio del grupo nahua, familia lingüística uto-azteca (El Salvador y Guatemala).

PIPILA. n. f. Méx. Pava, hembra del guajolote.

PIPIOL n. m. Méx. Dulce de harina en forma de hojuela.

PIPIOLO, A n. Fam. Persona joven e inexperta.

PIPIOLO, A adj. y n. Relativo a un grupo político chileno creado en 1823; miembro de este grupo. (Demócratas liberales, vencieron en las legislativas de 1828, pero tras la revuelta conservadora de 1829-1830 el grupo fue disuelto.)

PIPIRIGALLO n. m. Planta herbácea de flores rosadas. (Familia papilionáceas.) ‖ **Irse a pique**, hundirse en el agua una embarcación u otro objeto flotante; fracasar o acabarse algo.

PIPÓN, NA adj. Amér. Barrigudo. **2.** Argent. y Urug. Harto de comida.

PIQUE n. m. Resentimiento, disgusto. **2.** Sentimiento de emulación o de rivalidad. **3.** Argent. En competencias y refiriéndose a animales y automotores, aceleración. **4.** Argent., Nicar. y Par. Camino estrecho que se abre en un bosque. **5.** Chile. Juego infantil. **6.** Chile y Hond. Socavón que, con fines mineros, se hace en un monte. • **A los piques** (Argent. Fam.), apresuradamente.

PIQ

pecialmente el que intenta imponer o mantener una huelga. **3.** *Méx.* Porción de licor que se agrega al café y a otras bebidas. **4.** MIL. Pequeña fuerza armada que se emplea en determinados servicios extraordinarios: *piquete de ejecución.*

PIQUILLÍN n. m. Planta arbórea de América Meridional, de cuyo fruto se hace arrope y aguardiente. (Familia ramnáceas.)

PIQUITUERTO n. m. Paseriforme granívoro y pico grande, que vive en los bosques de coníferas de las montañas del hemisferio norte.

PIRA n. f. (gr. *pyra*). Hoguera en la que se quemaba antiguamente a las víctimas de los sacrificios y los cadáveres. **2.** *Fig.* Hoguera.

PIRAGUA n. f. (voz caribe). Embarcación ligera, larga, estrecha y de fondo plano, movida por remos o a vela. **2.** Planta trepadora de hojas grandes lanceoladas, que crece en América Meridional. (Familia aráceas.)

PIRAMIDAL adj. Que tiene forma de pirámide.

PIRÁMIDE n. f. (lat. *pyramidem*). Monumento funerario del Egipto faraónico. **2.** Elevación que sostiene el templo precolombino. **3.** MAT. Poliedro limitado por un polígono plano *(base)*, en el que las demás caras *(caras laterales)* son triángulos que tienen respectivamente como base los diferentes lados del polígono y un vértice común *(vértice).*

PIRANDELLO (Luigi), escritor italiano (Agrigento 1867-Roma 1936). Autor de novelas y relatos breves en la tradición del verismo *(La excluida,* 1901), destacó por su teatro, donde presenta la personalidad humana dislocada en facetas y opiniones contradictorias *(Así es si así os parece,* 1917; *Seis personajes en busca de autor,* 1921; *Esta noche se improvisa,* 1930). [Premio Nobel de literatura 1934.]

PIRANÉ, dep. de Argentina (Formosa); 57 268 hab. Arroz, maíz y algodón. Ganado vacuno.

PIRAÑA n. f. Caribe, *pez.*

PIRAR v. intr. y pron. (voz gitana) [**1**]. Largarse, irse: *¡pírate ya!* • **Pirárselas** *(Fam.),* irse, fugarse.

PIRATA adj. (lat. *piratam*). Relativo a la piratería. **2.** Clandestino, no autorizado: *radio, emisora pirata; edición pirata.* ♦ n. m, y f. **3.** Persona que comete piratería. **4.** *Fig. y fam.* Persona que saca provecho del trabajo de los demás, que se apropia de obras ajenas.

PIRATEAR v. intr. [**1**]. Cometer piraterías. **2.** Cometer delitos contra la propiedad intelectual: *piratear un disco, un programa informático.*

PIRATERÍA n. f. Actos de depredación o violencia cometidos en el mar contra un buque, su tripulación o su cargamento. **2.** Robo o destrucción de los bienes ajenos.

PIRCA n. f. *Amér. Merid.* Tapia de piedras sin tallar que en el campo suele acotar propiedades.

PIRCO n. m. *Chile.* Guiso a base de porotos, choclo y zapallo.

PIRENAICO, A adj. y n. De los Pirineos.

PIRÉTICO, A adj. Relativo a la fiebre.

PIRIBEBUY, distr. de Paraguay (Cordillera); 21 537 hab. Confección artesanal. Centro turístico.

PIRINCHO, A adj. *Argent.* Dícese del pelo levantado y tieso. ♦ n. m. **2.** *Argent., Par. y Urug.* Ave trepadora de plumaje pardusco acanelado, desordenadamente erguido en el cuello y la cabeza.

PIRINEOS o **PIRINEO,** en fr. *Pyrénées,* en cat. **Pirineu,** cordillera del SO de Europa, entre el Atlántico y el Mediterráneo, frontera natural y política entre España y Francia. Con una long. de 430 km, culmina en el Aneto (3404 m), en la zona axial central, donde se encuentran las principales cumbres, así como profundos valles y circos glaciares con pequeños lagos *(ibones).* Al E se abren las depresiones de la Cerdaña, Capcir, Vallespir y Conflent. Al N y S de la zona axial se halla el Prepirineo. En el Prepirineo español se suceden, de N a S, las sierras interiores (zonas del Monte Perdido y Pallars Sobirá, con los parques nacionales de Ordesa y de Aigüestortes; sierras de Boumort y Cadí), la depresión intermedia (Cuenca de Pamplona, Canal de Berdún, Conca de Tremp) y las tierras exteriores (Montsec, Guara, Orel). El Prepirineo francés tiene alturas inferiores a las del español (Saint-Barthélemy, 2349 m; Petits-Pyrénées, en el borde de la llanura de Aquitania). Hacia el O, la cordillera enlaza con las montañas Vascas en la región cantábrica, mientras hacia el E pierde rápidamente altura y termina junto al Mediterráneo en los montes Alberes (975 m).

PIRINOLA n. f. *Méx.* Peonza pequeña con un manguillo en la parte superior.

PIRITA n. f. Diversos sulfuros metálicos naturales y en especial el sulfuro de hierro, FeS_2.

PIROCLÁSTICO, A adj. Dícese de las rocas formadas por acumulación de productos fragmentados y sueltos, de origen volcánico.

PIROLUSITA n. f. Bióxido natural de manganeso, MnO_2.

PIROMANCIA o **PIROMANCÍA** n. f. Adivinación supersticiosa por el color, chasquido y disposición de la llama.

PIROMANÍA n. f. Tendencia patológica a provocar incendios.

PIRÓMANO, A n. m. Persona afecta de piromanía.

PIROPEAR v. tr. [**1**]. Decir piropos.

PIROPO n. m. (lat. *pyropum;* del gr. *pyrōpos*). Lisonja, alabanza dicha a una persona, especialmente cumplido halagador dirigido a una mujer.

PIROTECNIA n. f. Ciencia de las materias explosivas. **2.** Arte de preparar explosivos y fuegos de artificio.

PIROTÉCNICO, A adj. Relativo a la pirotecnia. ♦ n. **2.** Especialista en pirotecnia.

PIROXENO n. m. Silicato de hierro, magnesio, calcio y a veces aluminio, presente en las rocas eruptivas y metamórficas.

PIRQUÉN. Trabajar al pirquén *(Chile),* trabajar tal como el operario quiera, pagando lo convenido al dueño de la mina.

PIRQUINERO, A n. *Chile.* Individuo que trabaja al pirquén.

PÍRRICO, A adj. (gr. *Pyrriko*). Dícese del triunfo obtenido con más daño del vencedor que del vencido.

PIRÚ o **PIRUL** n. m. *Méx.* Árbol de tronco tortuoso, ramillas colgantes, flores pequeñas y amarillas, y fruto globoso, pequeño con una semilla de sabor parecido al de la pimienta. (Familia anacardiáceas.)

PIRUETA n. f. (fr. *pirouette*). Vuelta entera que se da sobre la punta o el talón de un solo pie. **2.** *Fig.* Salida airosa de una situación difícil, incómoda o comprometida.

PIRUJA n. f. *Argent.* Mujer de clase media que pretende aparentar refinamiento. **2.** *Méx.* Prostituta.

PIRUJO, A adj. *Guat.* Hereje, incrédulo.

PIRULÍ n. m. Caramelo atravesado por un palito que sirve de mango.

PIS n. m. *Fam.* Orina.

PISA n. f. Acción de pisar. **2.** Porción de aceituna o uva que se estruja de una vez en el lagar para aceite o vino. **3.** Pisado. **4.** *Cuba.* En los ingenios azucareros, lugar destinado a que el buey pise y prepare el barro para purificar el azúcar. **5.** *Cuba.* El barro así preparado.

PISA, c. de Italia (Toscana). cap. de prov., a orillas del Arno; 98 006 hab. Universidad. Excepcional conjunto de la plaza de los Milagros, con monumentos decorados con arcadas características del estilo pisano: catedral románica (ss. XI-XII); baptisterio románico y gótico (ss. XII-XIV); campanile, o torre inclinada (ss. XII-XIII), y camposanto con galerías góticas decoradas con frescos. Monumentos diversos. Museo nacional.

PISADA n. f. Acción de pisar al andar. **2.** Huella dejada por el pie en el suelo al pisar.

PISADERO n. m. *Argent.* Lugar donde se pisa el barro para la fabricación de adobe.

PISADO n. m. Operación consistente en aplastar y romper los granos de uva antes de la fermentación (vino tinto) o del prensado (vino blanco). SIN.: *pisa.*

PISANELLO (Antonio **Pisano,** llamado **il**), pintor y medallista italiano (c. 1395-c. 1455). Es un exponente de la unión, propia del estilo gótico internacional, entre afán realista y maga imaginativa.

PISAPAPELES n. m. (pl. pisapapeles). Utensilio pesado que se pone sobre los papeles para que no se muevan.

PISAR v. tr. [**1**]. Poner un pie sobre alguna cosa o sobre el pie de otra persona. **2.** Poner alternativamente los pies en el suelo al andar. **3.** Apretar o estrujar algo con los pies con algún instrumento adecuado: *pisar las uvas.* **4.** En las aves, especialmente en las palomas, cubrir el macho a la hembra. **5.** *Fig.* Entrar en un lugar, estar en él. **6.** *Fig.* Estar una cosa cubriendo parte de otra. **7.** *Fig.* Anticiparse a obtener o realizar lo que otro pretendía: *me ha pisado la colocación.* **8.** *Fig.* Humillar con desprecio o desconsideración: *no se deja pisar por nadie.*

PISAVERDE n. m. *Fam.* Lechuguino, hombre presumido y afeminado que busca aventuras amorosas constantemente.

PISCÍCOLA adj. Relativo a la piscicultura.

PISCICULTURA n. f. Arte de criar y multiplicar peces en un río, estanque o lago.

PISCIFORME adj. Que tiene forma de pez.

PISCINA n. f. Estanque para bañarse o nadar.

PISCO n. m. *Bol., Chile y Perú.* Aguardiente de uva fabricado originariamente en Pisco, ciudad de Perú. **2.** *Colomb.* y *Venez.* Pavo, ave. • **Pisco sauer** *(Bol., Chile y Perú),* cóctel de pisco, jugo de limón, azúcar y hielo picado.

PISCOLABIS n. m. *Fam.* Refrigerio o aperitivo que se hace entre las comidas principales. **2.** *Amér.* Trago de aguardiente que suele tomarse como aperitivo.

PISO n. m. Suelo, pavimento. **2.** Cada una de las plantas de un edificio situadas en diferentes planos. **3.** Cada vivienda independiente en una planta. **4.** Suela del calzado. **5.** Capa de cosas superpuestas. **6.** GEOL. Cada una de las divisiones estratigráficas fundamentales constituidas por formaciones o capas correspondientes a una misma edad geológica.

PISÓN n. m. Instrumento pesado y grueso que sirve para apretar o apisonar tierra, asfalto, piedras.

PISOTEAR v. tr. [**1**]. Pisar algo repetidamente, estropeándolo o destrozándolo. **2.** *Fig.* Humillar, tratar injustamente o con desconsideración. **3.** *Fig.* Infringir o desobedecer alguna ley o precepto.

PISOTÓN n. m. Pisada fuerte, especialmente sobre el pie de alguien.

PISPAR v. tr. [**1**]. *Argent. Fam.* Pispear.

PISPEAR o **PISPIAR** v. tr. [**1**]. *Amér. Merid.* Espiar.

PISSIS *(monte),* volcán de Argentina, en los Andes (Catamarca y La Rioja); 6779 m de alt.

PISTA n. f. Rastro dejado por una persona o un animal. **2.** *Fig.* Todo indicio o señal que sirve de guía u orientación para descubrir algo. **3.** Extensión de terreno de un aeropuerto en que los aviones despegan y aterrizan. **4.** Superficie, generalmente circular, que se utiliza como escenario en un circo o como espacio para bailar. **5.** En las regiones intertropicales, vía de circulación realizada prácticamente sin materiales ajenos al terreno natural. **6.** Recorrido de una carrera pedestre, convenientemente preparado y señalizado para su celebración. **7.** Lugar donde se celebra una prueba deportiva. **8.** ELECTRÓN. Cada uno de los espacios paralelos de una cinta magnética en que se registran grabaciones independientes que se pueden oír luego por separado o conjuntamente.

PISTACHE n. m. *Méx.* Pistacho.

PISTACHERO n. m. Planta arbórea que se cultiva por su fruto, el pistacho. (Familia anacardiáceas.)

PISTACHO n. m. (ital. *pistacchio*). Fruto del pistachero, cuya semilla se utiliza en pastelería y en cocina. **2.** *Méx.* Cacahuete.

PISTERO, A adj. y n. *Amér. Central.* Muy aficionado al dinero. ♦ n. m. **2.** *Colomb. Fig.* Hematoma alrededor del ojo, producido por un puñetazo.

PISTILO n. m. (lat. *pistillum*, mano de almirez). Conjunto de los elementos femeninos de una flor, resultante de la soldadura de varios carpelos, en el que se distinguen el ovario, el estilo y el estigma.

PISTO n. m. (lat. *pistum*; de *pinsere*, machacar). Guiso de pimientos, tomates, cebolla, calabacín, berenjena, etc., troceados y fritos. **2.** *Fig.* Mezcla confusa de cosas heterogéneas. **3.** *Amér. Central* y *Perú.* Dinero.

PISTOLA n. f. (alem. *Pistole*). Arma de fuego individual ligera, de cañón corto, que se dispara con una sola mano. **2.** Pulverizador para pintar, que tiene la forma semejante a la de una pistola.

PISTOLERA n. f. Funda, generalmente de cuero, en la que se guarda una pistola.

PISTOLERO n. m. Persona que utiliza de ordinario la pistola para atracar, asaltar o realizar atentados personales.

PISTOLETAZO n. m. Tiro de pistola. **2.** Ruido originado por un tiro.

PISTÓN n. m. Émbolo.

PITA n. f. Agave. **2.** Hilo que se hace de las hojas de esta planta.

PITA RODRÍGUEZ (Félix), escritor cubano (Bejucal 1909-La Habana 1990), poeta vanguardista (*Cárcel de fuego,* 1941) y revolucionario (*Las crónicas, poesía bajo consigna,* 1981).

PITADA n. f. Pitido. **2.** Acción y efecto de pitar en señal de desagrado. **3.** *Fig.* Salida de tono, dicho inoportuno o extravagante. **4.** *Amér. Merid.* Acción de inhalar y exhalar el humo de un cigarro, calada.

PITÁGORAS, filósofo y matemático griego (Samos c. 570 a. J.C.-Metaponte c. 480 a. J.C.). No dejó ninguna obra escrita. La aritmética pitagórica, limitada a los números enteros, incluía una teoría de las proporciones. Consideraba los números son el principio, la fuente y la raíz de todas las cosas.

PITAHAYA n. f. Planta trepadora de América Meridional, alguna de cuyas especies da frutos comestibles. (Familia cactáceas.)

PITAJAÑA n. f. Planta crasa de América Meridional, con tallos serpenteantes que se ciñen a otras plantas, sin hojas y con flores. (Familia cactáceas.)

PITANGA n. f. *Argent.* Planta arbórea de hojas olorosas y fruto comestible. (Familia mirtáceas.)

PITANZA n. f. Ración de comida que se distribuye a los pobres o a los que viven en comunidad. **2.** *Fam.* Alimento cotidiano.

PITAR v. tr. e intr. [1]. Tocar o hacer sonar el pito. **2.** Silbar o dar pitos, en señal de descontento o desagrado. **3.** *Fig.* y *fam.* Dar el rendimiento que se esperaba: *este coche pita bien.* ♦ v. tr. **4.** *Amér. Merid.* Fumar, aspirar el humo.

PITAZO n. m. *Méx.* Aviso velado que se da a alguien sobre algo que le puede ser de utilidad, o para advertirle de algún peligro, soplo.

PITECANTROPO o **PITECÁNTROPO** n. m. Fósil humano perteneciente a la especie *Homo erectus,* uno de los más antiguos representantes del género *Homo.*

PÍTICO, A adj. Relativo a Delfos. **2.** Sobrenombre de Apolo. ◆ **Juegos píticos** (ANT. GR.), juegos panhelénicos que se celebraban cada cuatro años en Delfos, en honor de Apolo.

PITIDO n. m. Sonido que se emite con un pito. **2.** Silbido de los pájaros.

PITIHUÉ n. m. *Chile.* Ave pécida que se alimenta de insectos.

PITILLERA n. f. Estuche para cigarrillos.

PITILLO n. m. Cigarrillo.

PITO n. m. (voz onomatopéyica). Pequeño instrumento que produce al soplar un sonido agudo. **2.** Mecanismo que produce un sonido semejante al del pito, como el de los trenes. **3.** Cigarrillo, pitillo. **4.** *Fam.* Pene.

PITOL (Sergio), escritor mexicano (Puebla 1933). Los personajes de sus novelas están desarraigados y torturados por la soledad y el miedo (*Los climas,* 1966; *Vida conyugal,* 1991).

PITÓN n. m. Serpiente de Asia y África, no venenosa, que asfixia a sus presas enrollándose alrededor de ellas.

PITÓN n. m. Tubo recto o curvo que arranca de la parte inferior del cuello en los botijos y porrones, y sirve para moderar la salida del líquido que en ellos se contiene. **2.** Pico, punto elevado de una montaña, particularmente en las Antillas y en las Mascareñas. **3.** Montaña submarina en forma de cono. **4.** *Chile, Ecuad.* y *Hond.* Boquilla metálica que remata la manguera. **5.** TAUROM. Asta del toro.

PITONISA n. f. En la antigüedad griega, mujer dotada del don de la profecía. **2.** Adivinadora.

PITORA o **PITORÁ** n. f. *Colomb.* Serpiente muy venenosa.

PITORREARSE v. pron. [1]. *Fam.* Guasearse o burlarse de otro.

PITORREO n. m. *Fam.* Acción y efecto de pitorrearse.

PITORRO n. m. Parte de los botijos, porrones, etc., que tiene un agujero por donde sale el líquido para beber.

PITRUFQUÉN, com. de Chile (Araucanía); 20 187 hab. Centro comercial agrícola, ganadero y forestal.

PITTSBURGH, c. de Estados Unidos (Pennsylvania), a orillas del Ohio; 369 879 hab. (2 056 705 hab. en la aglomeración).

PITUCO, A adj. *Argent.* Dícese de la persona elegantemente vestida. **2.** *Argent., Chile, Par., Perú* y *Urug.* Petimetre.

PITUITA n. f. (lat. *pituitam*). Mucosa nasal rica en terminaciones nerviosas olfativas.

PITUITARIO, A adj. y n. f. Relativo a la pituita.

PIUNE n. m. Planta arbórea que crece en América Meridional y se usa como medicamento. (Familia proteáceas.)

PIUQUÉN n. m. Avutarda de colores claros, que vive en América Meridional.

PIUQUENES, cordón andino en la frontera de Chile (Santiago) y Argentina (Mendoza); 6000 m.

PIURA (*departamento de*), dep. de Perú (Grau); 35 892 km²; 1 548 100 hab. Cap.: Piura.

PIURA, c. de Perú, cap. del dep. homónimo, a orillas del *río Piura;* 186 354 hab. Centro algodonero. Fundada en 1532 por Francisco Pizarro, en 1912 fue destruida por un terremoto. Aeropuerto.

PIVOTAR o **PIVOTEAR** v. intr. (fr. *pivoter*) [1]. Girar sobre un pivote o alrededor de un pivote.

PIVOTE n. m. Extremo de un eje giratorio. **2.** *Fig.* Base, punto de apoyo, elemento principal. **3.** Pieza cilíndrica que gira sobre una parte fija que le sirve de soporte.

PIYAMA n. m. o f. *Amér.* Pijama.

PIZARNIK (Alejandra), poeta argentina (Buenos Aires 1936-id. 1972). Su poesía destaca por la luminosa imaginería surrealista (*La tierra más ajena,* 1955; *Árbol de Diana,* 1962).

PIZARRA n. f. Roca sedimentaria de grano muy fino, color gris o azulado y que se divide fácilmente en lajas. **2.** Trozo de dicha roca en forma de loseta delgada, preparado especialmente para escribir sobre él o para techar. **3.** Encerado o tablero para escribir o dibujar en él con tiza.

PIZARRERO n. m. *Colomb.* y *P. Rico.* Barra para escribir en la pizarra.

PIZARRÍN n. m. Barrita cilíndrica de lápiz o de pizarra blanda, con que se escribe o dibuja en las pizarras.

PIZARRO (Francisco), conquistador español (Trujillo 1478-Lima 1541). Lugarteniente de Alonso de Ojeda (1510) y de Núñez de Balboa, exploró Centroamérica y fue alcalde de Panamá (c. 1522), donde exploró el SE. Realizó expediciones al Perú (1524-1525 y 1526-1528). Aprovechando la guerra civil entre Atahualpa y Huáscar, emprendió la conquista del Incario en 1531. Ocupó Cajamarca y apresó a Atahualpa, al que ejecutó en 1533, y fundó la Ciudad de los Reyes o Lima (1535) y se impuso en la guerra civil con Almagro (1538). Fue asesinado por seguidores de Almagro. — Su hermano **Hernando** (Trujillo ¿1478?-*id.* d. 1578), también conquistador de Perú, fue depuesto de su cargo de gobernador de Cuzco por Almagro, derrotó a éste en la batalla de las Salinas (1538). — Su otro hermano **Gonzalo** (Trujillo 1502-Xaquixaguana 1548) fue nombrado gobernador de Quito (1539) por Francisco. Encabezó un levantamiento de los encomenderos contra las Leyes nuevas de Indias y decapitó al virrey Núñez Vela (1546). Fue derrotado por el ejército de La Gasca y ejecutado.

PIZARRÓN n. m. *Amér.* Pizarra, encerado.

PIZCA n. f. *Fam.* Porción mínima o muy pequeña. **2.** Recolección, cosecha. ◆ **Ni pizca** o **ni una pizca**, nada.

PIZCAR v. tr. [1a]. *Méx.* Recoger, cosechar, principalmente el maíz o el algodón.

PIZPIRETA adj. *Fam.* Dícese de la mujer vivaracha o coqueta.

PIZPITA n. f. *Cuba* y *P. Rico,* pájaro. SIN.: *pizpitillo.*

PLACA n. f. (fr. *plaque*). Lámina, hoja u objeto de una materia rígida que forma una superficie de poco espesor. **2.** Pieza de metal con inscripciones. **3.** Insignia de ciertas profesiones, de ciertos grados: *placa de policía.* **4.** Capa delgada y poco extensa de alguna cosa. **5.** Fogón circular de una cocina eléctrica. **6.** GEOL. Elemento rígido, de 100 a 200 km de espesor, que, según la teoría de las placas, forma con otros elementos comparables la capa esférica superficial de la Tierra. ◆ **Placa de matrícula**, chapa en que figura el número de matrícula de un vehículo.

PLACARD n. m. *Argent.* y *Urug.* Armario empotrado.

PLACEBO n. m. Sustancia inactiva que se administra en lugar de un medicamento para estudiar la acción sicológica y la acción farmacológica de este último.

PLACENTA n. f. En los mamíferos, órgano que relaciona el embrión con el útero materno durante la gestación. **2.** BOT. Región del carpelo en la que se fijan los óvulos.

PLACENTARIO, A adj. Relativo a la placenta. ◆ adj. y n. m. **2.** Relativo a una subclase de mamíferos provistos de placenta, que comprende la mayoría de los mamíferos. SIN.: *euterio.*

PLACENTERO, A adj. Agradable, acogedor.

PLACER n. m. (cat. *placer*). PESC. Pesquería de perlas en las costas de América.

PLACER n. m. Sensación o sentimiento agradables, satisfacción. **2.** Aquello que gusta y divierte, que da satisfacción: *los*

PLA

placeres de la vida. **3.** Gusto, satisfacción: *ha sido un placer conocerle.*

PLACER v. tr. [17]. Agradar o dar gusto.

PLACETAS, c. de Cuba (Villa Clara); 74 748 hab. Centrales azucareras. Manufacturas de tabaco.

PLACIDEZ n. f. Calidad de plácido.

PLÁCIDO, A adj. Agradable, tranquilo.

PLAFÓN n. m. (fr. *plafond*). Tablero o superficie adornada que se aplica a techos, paredes, focos luminosos, etc. **2.** Lámpara traslúcida que se coloca pegada al techo para disimular las bombillas.

PLAGA n. f. Desgracia pública, calamidad. **2.** Organismo animal o vegetal que perjudica a la agricultura. **3.** *Fig.* Abundancia de una cosa, especialmente si es nociva o molesta.

PLAGAR v. tr. y pron. [1b]. Llenar o cubrir con excesiva abundancia de algo.

PLAGIAR v. tr. (lat. *plagiare*) [1]. Copiar o imitar voluntariamente una obra ajena, especialmente literaria o artística. **2.** *Amér.* Secuestrar, raptar.

PLAGIO n. m. (lat. *plagium*). Acción y efecto de plagiar. **2.** Cosa plagiada. **3.** *Amér.* Secuestro.

PLAGUICIDA adj. y n. m. Pesticida.

PLAN n. m. Proyecto, intención de realizar algo. **2.** Programa o disposición detallada de una obra o acción y del modo de realizarlas. **3.** Tratamiento médico prescrito a un enfermo. **4.** *Fig.* Forma o manera de pasar bien, o según se exprese, cierto espacio de tiempo: *¡Menudo plan, tener que estudiar!* **5.** *Fig. y fam.* Persona con quien se mantienen relaciones sexuales informales o ilícitas durante un tiempo. **6.** *Fig. y fam.* Mujer fácil.

PLANA n. f. (lat. *planam*). Cada una de las caras de una hoja de papel, especialmente las escritas o impresas. **2.** Porción llana y extensa de un país. • **Plana mayor** (MIL.), órgano de trabajo que auxilia al jefe de una unidad, tanto en las funciones de mando como en las administrativas; *(Fig.)*, conjunto de las personas más importantes de un determinado sitio.

PLANCHA n. f. (fr. *planche*). Pieza, especialmente de metal, delgada y de grosor homogéneo. **2.** *Fig. y fam.* Desacierto, indiscreción o error que alguien comete. **3.** Placa de hierro, de cobre, etc., que se usa para asar o tostar ciertos alimentos. **4.** Utensilio dotado de una superficie metálica calentada que se usa para alisar y desarrugar las prendas de ropa. **5.** Conjunto de la ropa planchada o por planchar. **6.** Operación de planchar la ropa. **7.** En artes gráficas, reproducción estereotípica o galvanoplástica preparada para la impresión. **8.** Plantillazo. **9.** En gimnasia, postura horizontal del cuerpo en el aire, sin más apoyo que el de las manos asidas a un punto.

PLANCHADO n. m. Acción y efecto de planchar.

PLANCHAR v. tr. [1]. Alisar y desarrugar las prendas de ropa con una plancha. ♦ v. intr. **2.** *Argent., Chile y Urug.* No bailar una mujer ninguna pieza en una reunión porque nadie la invita a ello.

PLANCHÓN *(paso del)*, paso de los Andes, entre Argentina (Mendoza) y Chile (Maule); 2850 m de alt.

PLANCK (Max), físico alemán (Kiel 1858-Gotinga 1947). Para resolver el problema del cuerpo negro (equilibrio térmico de la radiación), formuló la hipótesis según la cual los intercambios de energía se efectúan de forma discontinua, creando así la teoría de los cuantos. (La *constante de Planck*, base de dicha teoría, tiene el valor de: $h = 6{,}626 \times 10^{-34}$ julios/seg.) [Premio Nobel de física 1918.]

PLANCTON n. m. (gr. *plagktos*, errante). Conjunto de los seres microscópicos o de pequeñas dimensiones que están en suspensión en el mar o en el agua dulce. (Según exista o no clorofila en las células, se distingue el *fitoplancton* y el *zooplancton*.)

PLANEACIÓN n. f. *Méx.* Planificación, acción y efecto de planificar.

PLANEADO, A adj. Dícese del vuelo que efectúa un planeador o un avión que desciende sin la acción del motor.

PLANEADOR n. m. Avión sin motor que evoluciona por los aires utilizando sólo las corrientes atmosféricas.

PLANEAR v. tr. [1]. Trazar o formar el plan de una obra. **2.** Hacer o forjar planes.

PLANEAR v. intr. [1]. Evolucionar en el aire un planeador o un avión con los motores parados.

PLANETA n. m. (lat. *planetam*). Cuerpo celeste sin luz propia, que gira alrededor del Sol o de una estrella. • **Planeta exterior**, o **superior**, planeta más alejado del Sol que la Tierra (Marte, Júpiter, Saturno, Urano, Neptuno y Plutón). || **Planeta interior**, o **inferior**, planeta más cercano al Sol que la Tierra (Mercurio y Venus).

PLANETARIO, A adj. (lat. *planetarium*). Relativo a los planetas. • **Sistema planetario**, conjunto de planetas que gravitan alrededor de una estrella y, en particular, del Sol. ♦ n. m. **2.** Instalación que permite representar sobre una bóveda hemisférica, mediante proyecciones luminosas, los aspectos del cielo y los movimientos de los astros. SIN.: *planetarium*. **3.** Edificio en que se instala. SIN.: *planetarium*.

PLANETOIDE n. m. Asteroide. • **Planetoide artificial**, ingenio procedente de la Tierra, que gravita alrededor del Sol.

PLANICIE n. f. (lat. *planitiem*). Llanura muy extensa.

PLANIFICACIÓN n. f. Acción y efecto de planificar. **2.** Técnica que trata de coordinar *ex ante* los comportamientos de las diversas unidades económicas que participan en el sistema económico, con objeto de alcanzar objetivos predeterminados.

PLANIFICAR v. tr. [1a]. Hacer planes o realizar una planificación.

PLANILLA n. f. *Amér.* Liquidación, estado de cuentas. **2.** *Méx.* Cada uno de los grupos que contienden en un proceso electoral, principalmente dentro de un sindicato: *vota por la planilla azul.* **3.** *Méx.* Boleta para ser llenada por cupones.

PLANISFERIO n. m. Mapa en el que la esfera celeste o la terrestre están representadas en un plano.

PLANO, A adj. (lat. *planum*). Dícese de una superficie sin relieves. • **Ángulo plano, figura plana,** ángulo, figura trazados sobre un plano. || **Geometría plana,** parte de la geometría que estudia las figuras planas. ♦ n. m. **2.** Disposición general de una obra. **3.** Superficie formada por puntos situados a un mismo nivel. **4.** *Fig.* Posición social de las personas. **5.** *Fig.* Aspectos diversos de una cosa, asunto, etc.: *veía el problema desde un plano teórico.* **6.** Representación gráfica, en proyección horizontal o según una sección horizontal, de las diferentes partes de una ciudad, de un edificio, de una máquina, etc.: *dibujar los planos de una casa.* **7.** CIN. En una película cinematográfica, serie de fotogramas impresionados con continuidad de tiempo. **8.** MAT. Superficie ilimitada que contiene la totalidad de la recta que une dos de sus puntos. SIN.: *superficie plana*. || **Plano inclinado** (FÍS.), máquina simple constituida por una superficie plana inclinada, por medio de la cual se facilita la elevación o el descenso de cuerpos pesados.

PLANTA n. f. (lat. *plantam*). Superficie inferior del pie, que se apoya en el suelo. **2.** Denominación dada a todo vegetal. **3.** Cada uno de los pisos de una casa. **4.** Plano de la distribución de los locales de un edificio. • **De planta** (*Argent. y Méx.*), con carácter permanente, fijo: *un profesor de planta*. || **Planta industrial,** unidad física o edificio en que se realizan los procesos de producción de una empresa.

PLANTACIÓN n. f. Acción de plantar. **2.** Gran explotación agrícola o cultivo extensivo de ciertas plantas industriales: *plantación de café*.

PLANTADO, A adj. Bien plantado, de buena presencia. • **Dejar plantado** a alguien (*Fig. y fam.*), no acudir a una cita; (*Fig. y fam.*), romper bruscamente una relación amorosa.

PLANTADOR, RA adj. y n. Que planta. ♦ n. **2.** Dueño de una plantación.

PLANTAR adj. Relativo a la planta del pie.

PLANTAR v. tr. (lat. *plantare*) [1]. Meter en tierra una planta o un vástago o esqueje: *plantó un rosal en el jardín*. **2.** Poblar de plantas un terreno: *ha plantado el solar de árboles frutales*. **3.** *Fig.* Hincar algo en tierra para que se sostenga verticalmente: *plantaron un palo en mitad de la era*. **4.** *Fig.* Colocar una cosa en el lugar que le corresponde o donde debe ser utilizada. **5.** *Fig. y fam.* Dar golpes, pegar: *le plantó dos bofetadas*. **6.** *Fig. y fam.* Poner a alguien o algo en una parte contra su voluntad o con fuerza: *le plantaron en la calle*. **7.** *Fig. y fam.* Decir algo a alguien con brusquedad: *le plantó cuatro frescas*. **8.** *Fig. y fam.* Abandonar, dejar, especialmente romper el noviazgo con alguien: *plantó a su novia el día de la boda*. **9.** *Fig. y fam.* Dejar a alguien esperando por no acudir a una cita: *íbamos a comer juntos pero me plantó*. ♦ v. intr. y pron. **10.** En algunos juegos de cartas, no querer más de las que se tienen. • **plantarse** v. pron. **11.** *Fig. y fam.* Ponerse o quedarse firme de pie en un sitio: *se plantó en la puerta y no dejaba pasar a nadie*. **12.** *Fig. y fam.* Llegar a un lugar en menos tiempo del que se considera normal. **13.** *Fig. y fam.* Pararse un animal negándose a seguir adelante. **14.** *Fig. y fam.* Mantenerse firme en una actitud. **15.** *Fig. y fam.* Ponerse una prenda de vestir, adorno, etc.

PLANTE n. m. Acción de plantarse. **2.** Actitud de varias personas que se encuentran en una misma situación y que se niegan a actuar de determinada manera, para exigir o rechazar algo.

PLANTEAMIENTO n. m. Acción y efecto de plantear.

PLANTEAR v. tr. [1]. Suscitar y poner en condiciones de resolver un problema, asunto, etc.

PLANTEL n. m. Criadero, lugar destinado a la cría de plantas. **2.** *Fig.* Institución o lugar donde se forman personas hábiles o capaces. **3.** Planta joven antes de su plantación definitiva. **4.** Conjunto de plantas, arbustos, etc., plantados en el mismo terreno: *un plantel de espárragos*. **5.** Este mismo terreno. **6.** *Argent.* Conjunto de animales que pertenecen a un establecimiento ganadero. **7.** *Argent.* Personal de una institución. **8.** *Argent.* Integrantes de un equipo deportivo.

PLANTEO n. m. Planteamiento. **2.** *Argent.* Protesta colectiva o individual.

PLANTIFICAR v. tr. [1a]. *Fam.* Plantar una bofetada, una insolencia, etc. **2.** *Fam.* Plantar, colocar a alguien en un sitio con violencia o contra su voluntad. ♦ v. tr. y pron. **3.** *Fam.* Plantar, colocar en un sitio. **4.** Ponerse alguien una cosa inadecuada o ridícula. ♦ **plantificarse** v. pron. **5.** *Fam.* Plantarse, llegar a un lugar en menos tiempo del que se considera normal.

PLANTÍGRADO, A adj. ZOOL. Que anda sobre la totalidad de la planta de los pies y no sólo sobre los dedos.

PLANTILLA n. f. Tabla o plancha cortada con los mismos ángulos, figuras y tamaños que ha de tener la superficie de una pieza, y utilizada en varios oficios para marcarla, cortarla, labrarla o moldearla. **2.** Instrumento usado por los delineantes para dibujar curvas que no sean arcos circulares. **3.** Conjunto del personal fijo de una empresa. **4.** Conjunto de jugadores de un

equipo deportivo. **5.** Suela sobre la cual los zapateros arman el calzado. **6.** Pieza de badana, tela, corcho, palma, etc., con que interiormente se cubre la planta del calzado.
PLANTILLAZO n. m. En el fútbol, acción punible de quien adelanta la suela de la bota, generalmente en alto, con riesgo de lesionar a un contrario.
PLANTÍO n. m. Lugar plantado recientemente de vegetales. **2.** Conjunto de estos vegetales.
PLANTÓN n. m. Arbolito nuevo que puede ser plantado. **2.** *Méx.* Grupo de personas que se congrega y permanece cierto tiempo en un lugar público, con el propósito de protestar por algo o para exigir ciertas demandas: *hay un plantón frente al palacio de gobierno.*
PLÁNTULA n. f. Planta joven germinada, que se alimenta todavía de las reservas de la semilla o de los cotiledones.
PLAÑIDERA n. f. Mujer a la que se pagaba para asistir a los funerales y llorar al muerto.
PLAÑIDERO, A adj. Dícese de la persona que llora y gime, y de las voces, ademanes, etc., con que lo hace.
PLAÑIDO n. m. Queja y llanto.
PLAÑIR v. intr., tr. y pron. [**3h**]. Llorar y gemir.
PLAQUETA n. f. Elemento de la sangre, que interviene en su coagulación. SIN.: *trombocito.*
PLASENCIA, c. de España (Cáceres), cap. de p. j.; 36 826 hab. (*Placentinos.*) Centro comercial, agrícola y ganadero. Restos de murallas. Catedral constituida por la antigua (ss. XIII-XIV) y la nueva (iniciada en 1498). Casas señoriales.
PLASMA n. m. Parte líquida de la sangre antes de la coagulación. **2.** Sustancia orgánica fundamental de la célula y los tejidos.
PLASMAR v. tr. (lat. *plasmare*) [**1**]. Trabajar una materia y moldearla para darle determinada forma. **2.** *Fig.* Formar, modificar. ◆ **plasmarse** v. pron. **3.** Manifestarse una cosa en determinada forma.
PLASMÁTICO, A adj. Relativo al plasma celular.
PLASTA n. f. Cosa blanda o aplastada. **2.** Excremento del ganado. **3.** *Fig.* y *fam.* Cosa mal hecha, imperfecta o sin proporción. ◆ n. m. y f. **4.** Persona pesada, molesta o aburrida.
PLÁSTICA n. f. Arte de plasmar o de modelar una materia blanda. **2.** Conjunto de las artes figurativas. **3.** Efecto estético de las formas consideradas en sí mismas.
PLASTICIDAD n. f. Calidad de plástico.
PLÁSTICO, A adj. (gr. *plastikos*). Relativo a la plástica: *artes plásticas.* **2.** Dúctil, blando, fácil de moldear. **3.** *Fig.* Dícese del estilo o descripción que da realce a las ideas. • **Cirugía plástica**, especialidad quirúrgica que se ocupa del tratamiento reconstructivo o estético, mediante la realización de injertos. ◆ n. m. **4.** Sustancia sintética de estructura macromolecular, que puede ser conformada por efecto del calor o la presión. Explosivo constituido por pentrita o hexógeno y un plastificante, que tiene la consistencia de la masilla de vidriero.
PLASTIFICANTE adj. Que plastifica. ◆ n. m. **2.** Producto que se añade a una materia para aumentar su plasticidad.
PLASTIFICAR v. tr. [**1a**]. Incorporar un plastificante. **2.** Revestir de plástico. **3.** En el lenguaje musical, grabar un disco.
PLATA n. f. Elemento químico (Ag), de número atómico 47 y de masa atómica 107,86, metal blanco, brillante e inalterable. **2.** Dinero en monedas de plata. **3.** *Fig.* Dinero en general, o riqueza. **4.** Conjunto de objetos de plata de una casa. **5.** *Amér.* Dinero, pasta.
PLATA (el), nombre con que se designa la región del Río de la Plata, el estuario y la cuenca.

PLATA (La), c. de Argentina, cap. de la prov. de Buenos Aires, en el estuario del Río de la Plata; 542 567 hab. en el *Gran La Plata.* Centro administrativo y universitario en cuya periferia se han implantado industrias asociadas a la actividad portuaria.
PLATAFORMA n. f. (fr. *plate-forme*). Superficie llana horizontal más elevada que lo que le rodea. **2.** *Fig.* Causa o ideología cuya defensa o propaganda toma una persona para algún fin, generalmente interesado. **3.** Parte de un tranvía, un autobús o ferrocarril, en que los viajeros van de pie. **4.** Conjunto de ideas en las que se apoya una organización o movimiento político, o unas negociaciones. **5.** La propia organización o movimiento. **6.** *Argent.* Andén de una estación de ferrocarril. **7.** GEOGR. Tipo de estructura caracterizada por replieges de gran radio de curvatura y, por tanto, con escasa pendiente. **8.** PETRÓL. Instalación para la perforación de pozos submarinos. • **Plataforma continental**, prolongación del continente bajo el mar, a una profundidad generalmente inferior a los 200 m, limitada por el talud continental. || **Plataforma de lanzamiento**, construcción en la que se montan los elementos de un cohete espacial y desde la que éste se dispara.
PLATANAR o **PLATANAL** n. m. Lugar poblado de plátanos.
PLATANERO, A n. Cultivador o vendedor de plátanos. ◆ n. m. **2.** Plátano.
PLÁTANO n. m. Planta herbácea de gran porte, y fruto comestible, que crece en las regiones cálidas. (Familia musáceas.) **2.** Fruto de esta planta. • **Plátano de sombra**, o **de los paseos**, árbol, de hasta 3 o 4 m de alt., y gran longevidad (de 500 a 2000 años), que se utiliza como árbol de adorno en plazas y paseos. || **Plátano falso**, árbol de corteza lisa, con hojas de color verde oscuro por el haz y amarillo azulado por el envés.
PLÁTANO (río), c. de Honduras, tributario del Caribe. Su cuenca (350 000 ha), que incluye variados ecosistemas, fue declarada reserva de la biosfera por la Unesco (1982).
PLATEA n. f. Patio, parte baja de los teatros.
PLATEADO, A adj. Que tiene un baño de plata. **2.** De color de plata o semejante a ella. ◆ n. m. **3.** Acción y efecto de platear.
PLATEAR v. tr. [**1**]. Revestir o cubrir de plata un objeto. ◆ v. intr. **2.** En las plantaciones, tomar las hojas del tabaco un color verde oscuro por encima y claro por el envés.
PLATELMINTO, A adj. y n. m. Relativo a un tipo de gusanos, de cuerpo aplanado, que se divide en tres clases: turbelarios, trematodos y cestodos.
PLATENSE adj. y n. m. y f. De La Plata. **2.** Rioplatense.
PLATERESCO, A adj. y n. m. Dícese del estilo arquitectónico, eminentemente decorativista, desarrollado en España durante el primer tercio del s. XVI, y que representa la introducción de las formas ornamentales renacentistas en la arquitectura hispana. (También en Hispanoamérica llegaron los reflejos del plateresco aplicado sobre la base gótico-mudéjar de la primera arquitectura colonial: fachada de la iglesia de Acolman, en México.)
PLATERÍA n. f. Arte y oficio de platero. **2.** Tienda del platero.
PLATERO, A n. Artífice que labra la plata. **2.** Persona que vende objetos labrados de plata u oro, o joyas con pedrería.
PLÁTICA n. f. Conversación entre dos o más personas. **2.** Sermón breve.
PLATICAR v. tr. e intr. [**1a**]. Decir una plática, sermón. **2.** Conversar dos o más personas entre sí.
PLATIJA n. f. (lat. *platissam*). Pez plano, común en el Atlántico, que a veces remonta los estuarios. (Familia pleuronéctidos.)
SIN.: *pelaya.*
PLATILLO n. m. Cualquiera de las dos piezas que, en figura de disco o plato, tiene la balanza. **2.** Címbalo. **3.** Cierto guiso de carne y verduras picadas. **4.** *Méx.* Plato, comida que se sirve en un plato. • **Platillo volante**, aeronave en forma lenticular.
PLATINA n. f. Plataforma del microscopio en la que se coloca e portaobjetos.
PLATINAR v. tr. [**1**]. Cubrir un objeto con una capa de platino.
PLATINO n. m. (fr. *platine*). Metal precioso de color blanco grisáceo, cuyo símbolo químico es Pt, su número atómico, 78, y su masa atómica, 195,09. • **Platino iridiado**, aleación de un 90 % de platino y un 10 % de iridio. ◆ **platinos** n. m. pl. **2.** Cada una de las piezas de contacto, hechas de platino, de los dispositivos de encendido en los automóviles.
PLATO n. m. Pieza de vajilla con el centro más o menos hondo, que se emplea para poner en él la comida. **2.** Comida que se sirve en un plato: *un plato de lentejas.* **3.** Guiso, alimentos preparados para ser comidos: *la pasta es un típico plato italiano.* **4.** Cada uno de los guisos que se sirven separados en una comida: *de primer plato comimos sopa.* **5.** Rueda dentada situada en el eje de los pedales de una bicicleta y que sirve para transmitir, a través de una cadena, el movimiento a la rueda posterior. **6.** Disco de arcilla que sirve para ejercitarse en el tiro al plato o tiro al vuelo. **7.** Platillo de la balanza. **8.** Parte de un tocadiscos a la que un motor comunica un movimiento de rotación regular alrededor de un eje vertical, y que soporta el disco gramofónico que se graba o se escucha. ◆ adj. y n. m. **9.** *Argent.* y *Chile.* Dícese de la persona divertida, original y extravagante.
PLATÓN, filósofo griego (Atenas c. 427-íd. 348/347 a. J.C.). Su obra filosófica está formada por unos treinta diálogos que ponen en escena a discípulos y adversarios frente a Sócrates. Por medio de la dialéctica, trata de hacer descubrir, a través de sus contradicciones, ideas que tenían en sí mismos sin saberlo, y les hace progresar hacia un ideal en el que la belleza, lo justo y el bien son las verdades últimas de la existencia terrenal del alma humana. Las principales obras de Platón, *El banquete; Teetetes; La república; Fedro; Parménides; El sofista; El Timeo, y Las leyes*, han marcado el pensamiento occidental.
PLATÓNICO, A adj. Relativo a la filosofía de Platón. **2.** Dícese de un amor puramente ideal sin que se manifieste en actos. ◆ n. **3.** Seguidor de la filosofía de Platón o miembro de su escuela.
PLATONISMO n. m. Sistema filosófico de Platón y sus discípulos.
PLATUDO, A adj. *Amer.* Rico, acaudalado.
PLAUSIBLE adj. Digno de aplauso o de alabanza. **2.** Admisible, justificado: *justificación plausible.*
PLAYA n. f. Al borde del mar, de un lago o de un río, extensión casi plana, cubierta de arena, grava o guijarros. **2.** *Amér. Merid.* Lugar llano y espacioso, explanada: *playa de estacionamiento.*
PLAYA BONITA (bahía de), bahía del NO de Costa Rica (Guanacaste), en el Pacífico.
PLAYERO, A adj. Dícese de las prendas de vestir de la playa. ◆ n. m. **2.** *Argent.* Peón encargado de una playa de estacionamiento o de maniobras.
PLAYO, A adj. y n. m. *Argent., Par.* y *Urug.* Que tiene poco fondo.
PLAZA n. f. (lat. *plateam*). Espacio libre, de anchura considerable en proporción con su longitud, dentro de una población. **2.** Población o zona, consideradas desde el punto de vista comercial. **3.** Mercado, lugar donde se venden comestibles. **4.** Conjunto de comestibles comprados para el consumo diario. **5.** Espacio reservado a un

viajero en un medio de transporte. **6.** En una institución, colegio, hospital, etc., puesto o lugar destinado a ser ocupado por una persona. **7.** Empleo, puesto de trabajo. **8.** Lugar donde se llevan a cabo corridas de toros. **9.** MIL. Toda ciudad con guarnición.

PLAZA (Galo), diplomático y político ecuatoriano (Nueva York 1906-Quito 1987). Presidente de la república en 1948-1952.

PLAZA (Leónidas), militar y político ecuatoriano (Charapotó, Manabí, 1866-Guayaquil 1932). Presidente de la república en 1901-1905 y en 1912-1916.

PLAZA (Nicanor), escultor chileno (Santiago 1844-Florencia 1918). Su obra maestra es la escultura en mármol *La quimera*.

PLAZA (Victorino de la), político argentino (Salta 1840-Buenos Aires 1919), presidente de la república (1914-1916).

PLAZA DEL MORO ALMANZOR, pico de España (Ávila y Toledo), que constituye el punto más elevado de la sierra de Gredos; 2592 m.

PLAZO n. m. Espacio de tiempo señalado para hacer cierta cosa. **2.** Cada parte de una cantidad pagadera en dos o más veces.

PLAZOLETA n. f. Plaza pequeña.

PLEAMAR o **PLENAMAR** n. f. Altura máxima alcanzada por la marea. **2.** Tiempo que dura esta altura.

PLEBE n. f. (lat. *plebem*). *Desp.* El pueblo.

PLEBEYEZ n. f. Calidad de plebeyo.

PLEBEYO, A adj. y n. (lat. *plebeyum*). Relativo a la plebe. ♦ n. **2.** Persona del pueblo. ♦ adj. **3.** Vulgar, popular.

PLEBISCITAR v. tr. [1]. Ratificar mediante un plebiscito. **2.** Elegir con una gran mayoría.

PLEBISCITO n. m. Modo de votación de democracia semidirecta que recurre directamente a todos los habitantes de un territorio para obtener la ratificación de la gestión de un gobernante, o para decidir sobre alguna cuestión de importancia.

PLECTRO n. m. (lat. *plectrum*). Lámina de madera, marfil, carey, etc., utilizada para pulsar las cuerdas de ciertos instrumentos musicales. SIN.: púa. **2.** *Fig.* En poesía, inspiración, estilo.

PLEGADERA n. f. Utensilio de madera, metal, marfil, etc., semejante a un cuchillo, que sirve para cortar y plegar papel. SIN.: cortapapeles.

PLEGADIZO, A adj. Que se pliega o se dobla con facilidad.

PLEGAMIENTO n. m. Acción y efecto de plegar o plegarse. **2.** Deformación de las capas geológicas relacionada con la orogénesis; conjunto de pliegues que se forman.

PLEGAR v. tr. (lat. *plicare*) [**1d**]. Doblar, aplicar una sobre otra dos partes de una cosa flexible. ♦ v. tr. y pron. **2.** GEOL. Ondularse o doblarse un estrato o conjunto de ellos. ♦ **plegarse** v. pron. **3.** *Fig.* Ceder, someterse.

PLEGARIA n. f. Oración o súplica que se hace para pedir una cosa.

PLEISTOCENO n. m. y adj. Primer período de la era cuaternaria, correspondiente al paleolítico o edad de la piedra tallada.

PLEITEAR v. tr. [1]. Litigar o contender judicialmente sobre una cosa.

PLEITESÍA n. f. Muestra reverente de acatamiento y cortesía.

PLEITO n. m. Disputa, riña mantenida entre dos personas, o en una familia, o entre dos grupos de personas. **2.** DER. Litigio, contienda o controversia judicial entre partes.

PLENA n. f. Baile cantado puertorriqueño.

PLENARIO, A adj. Completo, lleno, total. ♦ adj. n. m. **2.** Pleno, reunión general.

PLENILUNIO n. m. Luna llena.

PLENIPOTENCIA n. f. Poder pleno que se concede a otro para ejecutar, concluir o resolver una cosa.

PLENIPOTENCIARIO, A adj. y n. Dícese del agente diplomático investido de plenos poderes.

PLENITUD n. f. Calidad o estado de pleno. **2.** *Fig.* Momento o situación de mayor intensidad o perfección de algo.

PLENO, A adj. (lat. *plenum*). Lleno, completo. **2.** Con toda su intensidad, del todo, en el centro: *en pleno invierno*. • **En pleno,** entero, con todos los miembros de la colectividad que se expresa: *el ayuntamiento en pleno.* ‖ **Plenos poderes,** autorización para negociar definitivamente en nombre del país o de la persona que se representa. ♦ n. m. **3.** Reunión o junta general de una corporación.

PLEONASMO n. m. (lat. *pleonasmum*). Figura retórica que consiste en el uso de palabras innecesarias para dar más fuerza a la expresión: *«yo lo vi con mis ojos»,* es un pleonasmo.

PLÉTORA n. f. (gr. *plēthorē*, plenitud). Gran abundancia de algo.

PLETÓRICO, A adj. *Fig.* Que tiene gran abundancia de algo.

PLEURA n. f. (gr. *pleura*, costado). Membrana serosa que tapiza el tórax y envuelve los pulmones.

PLEURAL adj. Relativo a la pleura.

PLÉYADE n. f. Grupo de personas señaladas especialmente en las letras, que desarrollan su actividad en la misma época.

PLÉYADES, en la mitología griega, nombre de las siete hijas de Atlas, a las que Zeus metamorfoseó en estrellas para sustraerlas a la persecución de Orión.

PLICA n. f. Sobre cerrado y sellado con un documento o noticia en su interior, que no debe conocerse o publicarse hasta una fecha u ocasión determinada.

PLIEGO n. m. Hoja de papel, especialmente la de forma cuadrangular y doblada por la mitad. **2.** Carta, oficio o documento de cualquier clase que se envía cerrado de una parte a otra. **3.** Conjunto de papeles contenidos en un mismo sobre o cubierta. **4.** ART. GRÁF. Conjunto de páginas que resultan de plegar una hoja impresa.

PLIEGUE n. m. Doblez, señal que queda en la parte por donde se ha doblado una cosa. **2.** Ángulo marcado por la piel en las articulaciones. **3.** Tela doblada sobre sí misma, cosida a su largo o sólo en sus extremos o simplemente marcada con plancha. **4.** GEOL. Ondulación de las capas de terreno, que puede ser hacia fuera (*anticlinal*) o hacia dentro (*sinclinal*). • **Eje de un pliegue** (GEOL.), dirección del pliegue.

PLINIO el Viejo, naturalista y escritor latino (Como 23 d. J.C.-Stabiae 79). Es autor de una *Historia natural*, vasta compilación científica en 37 libros.

PLINIO el Joven, escritor latino (Como 61 o 62 d. J.C.-c. 114), sobrino de Plinio el viejo. Es autor de un *Panegírico de Trajano* y de *Epístolas*, valioso documento sobre la sociedad de su época.

PLIOCENO n. m. y adj. Quinto y último período de la era terciaria, que sucede al mioceno.

PLISAR v. tr. [1]. Marcar pliegues: *plisar una tela.*

PLOMADA n. f. Pesa metálica, comúnmente de plomo, que cuelga del extremo de un cordel y sirve para comprobar la verticalidad de un elemento: *plomada de albañil.*

PLOMERÍA n. f. Arte de fundir y trabajar el plomo. **2.** Oficio de plomero. **3.** Taller del plomero. **4.** Conjunto de piezas de plomo que entran en la construcción de un edificio. ♦ n. m. **5.** *Amér.* Fontanería.

PLOMERO, A n. Persona que instala y repara conducciones de agua o de gas, así como los aparatos y accesorios correspondientes. **2.** *Amér.* Fontanero.

PLOMÍFERO, A adj. Que contiene plomo. **2.** *Fig.* y *fam.* Fastidioso o aburrido por demasiado insistente o falto de interés.

PLOMIZO, A adj. Que tiene plomo, de color de plomo o semejante al plomo en alguna de sus cualidades.

PLOMO n. m. (lat. *plumbum*). Metal denso y pesado, de un color gris azulado, cuyo símbolo químico es Pb, su número atómico, 82, y su masa atómica, 207, 21. **2.** Pieza o pedazo de este metal usados con cualquier utilidad, como las pesas, etc. **3.** *Fig.* Bala, proyectil. **4.** *Fig.* y *fam.* Persona o cosa pesada y molesta. **5.** ELECTR. Fusible de hilo de plomo. • **A plomo,** verticalmente; (*Fam.*), pesadamente. ‖ **Con pies de plomo,** con mucha cautela.

PLOMO, cerro de los Andes, entre Argentina (Mendoza) y Chile (Santiago); 6120 m.

PLOTINO, filósofo alejandrino (Licópolis [act. Asiut], Egipto, c. 205-en Campania 270). Su filosofía neoplatónica influyó en los padres de la Iglesia (*Enéadas*).

PLUMA n. f. (lat. *plumam*). Órgano producido por la epidermis de las aves, formado por un tubo provisto de barbas y bárbulas, que les sirve para volar, proteger el cuerpo y mantener una temperatura constante. **2.** Conjunto de plumas. **3.** Pluma de ave cortada y afilada convenientemente para escribir. **4.** Instrumento de metal, en forma de pico y con un mango, que sirve para escribir o dibujar. **5.** Plumilla. **6.** Caligrafía de alguien. **7.** *Fig.* Actividad literaria en general o de un escritor determinado. **8.** *Fig.* Estilo, manera de escribir. **9.** *Fig.* Escritor. **10.** *Fig.* y *fam.* Persona o cosa muy ligera. **11.** DEP. En boxeo, una de las categorías de peso.

PLUMAJE n. m. Conjunto de plumas que cubren el cuerpo de un ave. **2.** Adorno de plumas que se pone en los sombreros, cascos, etc.

PLUMAZO n. m. Trazo hecho con la pluma de una sola vez. • **De un plumazo** (*Fam.*), dícese de la forma expeditiva de tomar una resolución.

PLÚMBEO, A adj. De plomo. **2.** *Fig.* Pesado como el plomo.

PLÚMBICO, A adj. Relativo al plomo.

PLUMERO n. m. Utensilio para limpiar el polvo, compuesto de plumas o diversos filamentos sujetos a un mango. **2.** Plumier. **3.** Plumaje, adorno de plumas.

PLUMÍFERO, A adj. Que tiene plumas. ♦ adj. n. **2.** *Desp.* Dícese del periodista o escritor mediocre.

PLUMILLA n. f. Parte de la pluma de escribir o dibujar que, humedecida por la tinta, sirve para hacer trazos. SIN.: *pluma.*

PLUMÓN n. m. Cada una de las pequeñas plumas, de barbas libres, cuya reunión constituye la pelusa de las aves. **2.** Prenda de abrigo llena de esta pluma.

PLUMOSO, A adj. Que tiene plumas o es semejante a ellas.

PLURAL adj. (lat. *pluralem*). Que expresa un número gramatical superior a uno. **2.** Múltiple: *una actividad plural.* ♦ n. m. **3.** LING. Carácter particular de la forma de una palabra, correspondiente a un número superior a la unidad.

PLURALIDAD n. f. (lat. *pluralitatem*). El hecho de ser más de uno. **2.** Multiplicidad, abundancia o multitud de cosas.

PLURALISMO n. m. Multiplicidad. **2.** Concepción social, política, económica, etc., que admite la pluralidad, la diversidad de opiniones, de tendencias, etc.

PLURALISTA adj. n. m. y f. Relativo al pluralismo; partidario del pluralismo.

PLURALIZAR v. tr. [1]. Referir o atribuir a dos o más personas algo que es peculiar de una, pero sin generalizar.

PLURIANUAL, adj. Que dura varios años.

PLURICELULAR adj. BIOL. Que consta de muchas células. SIN.: *multicelular.*

PLURIDIMENSIONAL adj. Que tiene varias dimensiones.

PLURIEMPLEO n. m. Ejercicio o desempeño de varios empleos u ocupaciones por una persona.

PLURIPARTIDISMO n. m. Sistema político que admite la coexistencia de varios partidos.

PLURIVALENTE adj. Que tiene varios valores.

PLUS n. m. (voz latina, *más*). Cualquier gaje o cantidad suplementaria.

PLUSCUAMPERFECTO n. m. LING. Tiempo del verbo que expresa una acción pasada que se ha producido antes que otra acción pasada.

PLUSMARCA n. f. Récord deportivo.

PLUSMARQUISTA n. m. y f. Deportista que ha establecido una plusmarca.

PLUSVALÍA n. f. Aumento del valor de un bien, por razones distintas al trabajo o actividad productiva de su propietario o poseedor.

PLUTARCO, escritor griego (Queronea c. 50 d. J.C.-*id.* c. 125). Escribió numerosas obras, que se dividen, ya desde la antigüedad, en dos grupos: las *Obras morales* y las *Vidas paralelas*.

PLUTO, divinidad griega de la riqueza.

PLUTOCRACIA n. f. Régimen político en que el gobierno del estado está mayoritariamente en manos de los ricos.

PLUTÓN n. m. GEOL. Masa de magma procedente de grandes profundidades, que se ha solidificado lentamente.

PLUTÓN, planeta más alejado del Sol que Neptuno, descubierto en 1930. Es el más pequeño de los planetas principales del sistema solar (2200 km de diámetro).

PLUTÓNICO, A adj. Relativo al plutonismo. **2.** GEOL. Dícese de las rocas eruptivas que se han producido en las profundidades de la Tierra por la acción de fuerzas internas, y que presentan una estructura granulosa, como el granito o el gabro.

PLUTONIO n. m. Metal (Pu), de número atómico 94, muy tóxico, que se obtiene en los reactores nucleares de uranio, puede ser sometido a fisión y se emplea en armas nucleares y en los superregeneradores.

PLUVIAL adj. Que procede de la lluvia: *aguas pluviales*.

PLUVIAL n. m. Ave zancuda de las orillas arenosas de los lagos y ríos de África tropical. (Familia glareólidos.)

PLUVIOMETRÍA o **PLUVIMETRÍA** n. f. Medida de la cantidad de lluvia con el pluviómetro.

PLUVIÓMETRO o **PLUVÍMETRO** n. m. Instrumento que sirve para medir la cantidad de lluvia caída en un lugar durante un tiempo determinado.

PLUVIOSIDAD n. f. Cantidad de lluvia caída en un lugar determinado durante un tiempo dado.

PLUVIOSO, A adj. Lluvioso.

PLYMOUTH, c. y puerto de Gran Bretaña (Devon); 238 800 hab. Base militar. Centro industrial.

Pm, símbolo químico del *prometio*.

p.m., abrev. de *post meridiem*.

Po, símbolo químico del *polonio*.

Po, r. de Italia septentrional, el más importante del país; 652 km. Nace en los Alpes, en el monte Viso, discurre en dirección general O-E, penetra en la llanura y avena, entre los Alpes y los Apeninos, una vasta región baja, la *llanura del Po* o *llanura Padana*, antes de desembocar en el Adriático formando un amplio delta.

POÁS, volcán de Costa Rica (Alajuela), en la cordillera Central; 2737 m de alt.

POBLACHO n. m. *Desp.* Pueblo.

POBLACIÓN n. f. Acción y efecto de poblar. **2.** Ciudad, villa o lugar. **3.** Conjunto de los habitantes de un país o área geográfica. **4.** Conjunto de seres humanos que componen una categoría particular: *población rural*. **5.** Conjunto de especies animales o vegetales que viven en un espacio delimitado. **6.** Conjunto de elementos sometidos a un estudio estadístico. **7.** *Chile.* Barrio marginal de chabolas.

POBLACIONAL adj. Relativo a la población.

POBLADO n. m. Forma de asentamiento de los pueblos. **2.** Grupo social nacido de la comunidad de habitación, que tuvo un papel importante en la formación de la sociedad política o estado.

POBLADOR, RA adj. y n. Habitante. **2.** Que establece poblaciones en un país, lugar, etc. ◆ n. **3.** *Chile*. Persona que habita una chabola.

POBLAMIENTO n. m. Acción y efecto de poblar.

POBLANO, A adj. y n. De Puebla. **2.** *Amér.* Lugareño, campesino.

POBLAR v. tr. [1r]. Ocupar con gente un lugar para que habite o trabaje en él. **2.** Ocupar un lugar con cualquier clase de seres vivos: *poblar un monte*. **3.** Habitar, vivir en algún lugar. ◆ v. tr. e intr. **4.** Fundar uno o más pueblos o poblaciones. ◆ **poblarse** v. pron. **5.** Llenarse de una cosa, hallarse ésta en gran número o cantidad en algún sitio.

POBRE n. m. y f. y adj. (lat. *pauperem*). Persona que no tiene lo necesario para vivir, o que lo tiene con mucha escasez. **2.** Mendigo. ◆ adj. **3.** Humilde, modesto. **4.** Escaso, insuficiente, mediocre. **5.** *Fig.* Infeliz, digno de compasión: *pobre hombre*. ● **Arte pobre**, tendencia artística surgida hacia los años sesenta y caracterizada por su rechazo de las técnicas tradicionales y de los materiales nobles. || **Mineral pobre**, mineral de bajo contenido de metal.

POBRETÓN, NA adj. y n. *Desp.* Pobre.

POBREZA n. f. Calidad o estado de pobre. **2.** *Fig.* Falta de carácter, de generosidad, etc.: *pobreza de espíritu*.

POCATERRA (Rafael), escritor venezolano (Valencia 1888-Montreal 1955), creador de la novela urbana venezolana (*Vidas oscuras*, 1916).

POCHO, A adj. Marchito, pasado. **2.** Pálido, descolorido. **3.** *Fig.* Triste, decaído, que no goza de buena salud. ◆ n. **4.** *Méx.* Persona de origen mexicano que vive en E.U.A. y ha adoptado las costumbres norteamericanas, especialmente aquella que habla el español con acento norteamericano.

POCHOTE n. m. *C. Rica, Hond.* y *Méx.* Planta arbórea silvestre, cuyo fruto encierra una materia algodonosa, con la que se rellenan almohadas. (Familia bombacáceas.)

POCILGA n. f. (del lat. *porcum*, cerdo). Especie de establo o cobertizo en que se aloja el ganado de cerda. **2.** *Fig.* y *fam.* Lugar sucio y maloliente.

POCILLO n. m. (lat. *pocillum*, cerdo). Jícara, vasija pequeña.

PÓCIMA n. f. (lat. *apozemam*; del gr. *apozema*, cocimiento). Bebida medicinal, especialmente de materias vegetales. **2.** Cualquier bebida desagradable al gusto.

POCIÓN n. f. (lat. *potionem*), acción de beber). Líquido edulcorado que contiene productos medicinales en disolución. **2.** Cualquier líquido que se bebe.

POCITO, dep. de Argentina (San Juan), en la cuenca del San Juan; 30 684 hab. Cab. *Villa Aberastain*.

POCO adv. C. Con escasez, en corto grado, insuficientemente.

POCO, A adj. y pron. *indef.* (lat. *paucum*). Escaso; reducido en número o cantidad; menos de lo regular y preciso.

POCOMAN, pueblo amerindio del SE de Guatemala, del grupo lingüístico quiché.

POCONCHI, pueblo amerindio de Guatemala, del grupo lingüístico quiché.

PODA n. f. Acción y efecto de podar. **2.** Tiempo en que se realiza esta acción.

PODADERA n. f. Herramienta utilizada para podar o escamondar los árboles, arbustos, etc.

PODAR v. tr. (lat. *putare*) [1]. Cortar o quitar las ramas superfluas de los árboles y otras plantas. SIN.: *mondar*.

PODENCO n. m. Tipo de perro muy parecido al lebrel, aunque algo menor y más robusto, muy apreciado para la caza.

PODER n. m. Facultad para hacer algo. **2.** Dominio o influencia que uno tiene sobre alguien o algo. **3.** Posesión actual o tenencia de algo. **4.** Fuerza, capacidad, eficacia. **5.** Gobierno de un estado. **6.** Fuerzas de un estado, en especial las militares. **7.** Facultad que una persona da a otra para que obre en su nombre y por su cuenta. **8.** Potencia de una máquina. ● **Poder adquisitivo**, cantidad de bienes o de servicios que se pueden adquirir con una suma de dinero. || **Poder calorífico**, cantidad de calor desprendido durante la combustión, en condiciones normales, de una cantidad dada de combustible. ◆ **poderes** n. m. pl. **9.** Facultades, autorizaciones para hacer algo, dada por el que tiene autoridad para ello. || **Poderes públicos**, conjunto de las autoridades que ejercen el poder en el estado.

PODER v. tr. [6]. Tener la facultad o potencia de hacer una cosa. **2.** Tener facilidad, tiempo o lugar de hacer una cosa. ◆ v. intr. **3.** Ser más fuerte que otro. **4.** Ser posible que suceda una cosa: *puede que llueva*. ● **Poderlas** (*Méx.*), tener mucho poder o influencia. || **Poderle** algo a uno (*Méx.*), producirle gran pena o tristeza: *me pudo mucho la noticia de su muerte*.

PODERÍO n. m. Poder, facultad de hacer o impedir algo. **2.** Dominio que se tiene sobre alguien o sobre algo. **3.** Hacienda, bienes, riquezas. **4.** Poder, fuerza, valor.

PODEROSO, A adj. y n. Que tiene mucho poder. **2.** Rico, influyente. ◆ adj. **3.** Activo, eficaz, que tiene virtud para una cosa: *remedio poderoso*. **4.** Grande, excelente o magnífico en su línea.

PODIO o **PÓDIUM** n. m. (lat. *podium*). Plataforma sobre la que se coloca a una persona para ponerla en lugar preeminente por alguna razón, como un triunfo deportivo, la presidencia de un acto, etc.

PODOLOGÍA n. f. Rama de la medicina que tiene por objeto el tratamiento de las afecciones y deformidades de los pies.

PODREDUMBRE n. f. Estado de aquello que está podrido. **2.** Cosa o parte de ella podrida. **3.** Asunto o ambiente inmoral.

POE (Edgar Allan), escritor norteamericano (Boston 1809-Baltimore 1849). Poeta (*El cuervo*, 1845), en sus cuentos aplicó sistemáticamente una técnica de la sensación llevada hasta los límites de lo morboso (*Las aventuras de Arthur Gordon Pym*, 1838; *Narraciones extraordinarias*, 1840).

POEMA n. m. (lat. *poemam*). Cualquier texto oral o escrito, compuesto en verso. **2.** *Fig.* Lo que llama la atención por fuera de lo común o por cómico: *su forma de actuar es todo un poema*.

POEMARIO n. m. Conjunto o colección de poemas.

POESÍA n. f. (lat. *poesin*, del gr. *poiēsis*). Arte de evocar y sugerir sensaciones, emociones e ideas mediante un empleo particular del lenguaje sujeto a medidas, cadencias, ritmos e imágenes. **2.** Cada uno de los géneros poéticos: *poesía épica*. **3.** Conjunto de versos, poema de poca extensión: *recitar una poesía*. **4.** Carácter de lo que afecta a la sensibilidad: *la poesía de un paisaje*. **5.** Conjunto de la actividad poética y de los poetas: *la poesía del siglo de oro*.

POETA n. m. y f. (lat. *poetam*). Persona que compone poesía. **2.** Persona con temperamento poético.

POÉTICA n. f. Arte de componer obras poéticas. **2.** Obra o tratado sobre los principios y reglas de la poesía. **3.** Ciencia que se ocupa del lenguaje poético y, en general, del lenguaje literario.

POÉTICO, A adj. Relativo a la poesía. **2.** Propio de la poesía: *estilo poético*. **3.** Que contiene poesía, que afecta, que conmueve.

POETISA n. f. Mujer que compone poesía.

POETIZAR v. intr. [1g]. Componer poesía, escribir en verso. ♦ v. tr. 2. Dar carácter poético: *poetizar un recuerdo*.
POINCARÉ (Henri), matemático francés (Nancy 1854-París 1912). Estudió las ecuaciones diferenciales y su utilización en física matemática y mecánica celeste, y fundó la topología algebraica.
POINCARÉ (Raymond), político francés (Bar-le-Duc 1860-París 1934), presidente de la república (1913-1920).
POINTER adj. y n. m. Dícese de una raza de perros de caza, de origen británico.
POIQUILOTERMO, A adj. y n. m. Dícese de los animales cuya temperatura varía según la del medio ambiente, como los reptiles, los peces, etc. SIN.: *heterotermo*. CONTR.: *homeotermo*.
POISE n. m. Unidad de medida de viscosidad dinámica (símbolo P), que vale 10^{-1} pascal-segundo.
POITIERS, c. de Francia, cap. de la región Poitou-Charentes y del dep. de Vienne; 82 507 hab. Universidad. Ant. cap. de los *pictavi*, centro religioso de la Galia. Monumentos medievales. Iglesias románicas y catedral gótica. Palacio condal.
POKER n. m. (voz inglesa). Póquer.
POLACO, A adj. y n. De Polonia. ♦ n. m. 2. Lengua eslava hablada principalmente en Polonia.
POLAINA n. f. Especie de media calza, generalmente de cuero o de paño, que cubre la pierna hasta la rodilla.
POLAR adj. Relativo a uno de los polos. 2. ELECTR. Relativo a los polos de un imán o de un generador eléctrico. 3. QUÍM. Dícese de una molécula asimilable a un dipolo eléctrico. • **Círculo polar**, círculo paralelo al ecuador, que marca el límite de las zonas polares, donde, durante los solsticios, el día o la noche duran veinticuatro horas. ∥ **Órbita polar** (ASTRONÁUT.), órbita de un satélite situado en un plano que contiene los polos del planeta en torno al cual gravita ese satélite.
POLAR o **ESTRELLA POLAR**, la estrella más brillante de la constelación de la Osa Menor. Debe el nombre a su proximidad (menos de 1°) al polo celeste boreal.
POLARES (regiones), regiones próximas a los polos. Su límite se considera la isoterma de 10 °C en el mes más caluroso. Están ocupadas principalmente por el mar en el Ártico, y por tierra en el Antártico.
POLARIDAD n. f. Cualidad que permite distinguir entre sí cada uno de los polos de un imán o de un generador eléctrico. 2. Fig. Condición de lo que tiene propiedades o potencias opuestas, en partes o direcciones contrarias, como los polos.
POLARIZACIÓN n. f. Acción y efecto de polarizar. 2. Propiedad de las ondas electromagnéticas (y más especialmente de la luz) de presentar un reparto privilegiado de la orientación de las vibraciones que las componen. 3. Propiedad de las partículas elementales y de los núcleos, de presentar una orientación privilegiada de su spin. 4. ELECTR. Establecimiento de una diferencia de potencial entre dos conductores.
POLARIZADO, A adj. Dícese de un aparato que presenta dos polos de distinta naturaleza. 2. Que ha experimentado polarización: *luz polarizada*.
POLARIZAR v. tr. [1g]. Someter a polarización. 2. Concentrar, reunir en uno o en dos puntos opuestos. ♦ v. tr. y pron. 3. *Fig*. Concentrar la atención, las fuerzas, etc., en algo determinado.
POLCA n. f. (voz de origen eslavo). Danza de origen polaco. 2. Música para bailar esta danza.
PÓLDER n. m. (voz neerlandesa) [pl. *pólders* o *pólderes*]. Región pantanosa rodeada de diques, a fin de evitar la inundación por las aguas marinas o fluviales, que después es avenada y cultivada.

POLEA n. f. Rueda que puede girar libremente sobre un árbol o que va fijada a éste por un pasador, y con una llanta de forma apropiada para que pueda arrastrar o ser arrastrada por una correa, cuerda, cadena, etc. SIN.: *garrucha*.
POLÉMICA n. f. (gr. *polemikos*, referente a la guerra). Controversia, discusión sobre cuestiones políticas, literarias, científicas, religiosas, etc.
POLÉMICO, A adj. Relativo a la polémica o al polemista.
POLEMISTA n. m. y f. Persona que polemiza o es aficionada a hacerlo.
POLEMIZAR v. intr. [1g]. Entablar o sostener una polémica.
POLEN n. m. (lat. *polinem*). Conjunto de granos microscópicos producidos por los estambres y que forman los elementos masculinos de las plantas con flores.
POLEO n. m. Planta herbácea, de hojas ovales y flores de color azul pálido, que se usa como tónica y antiespasmódica. (Familia labiadas.)
POLEO (Héctor), pintor venezolano (Caracas 1918). Familiarizado con el muralismo en México, realizó un gran mural en la Ciudad Universitaria de Caracas (1952).
POLESELLO (Rogelio), artista plástico argentino (Buenos Aires 1939). En su escultura estudia las distintas calidades de los materiales.
POLIÁCIDO, A adj. y n. m. Dícese de un cuerpo que posee varias funciones ácidas.
POLIALCOHOL n. m. Cuerpo que posee varias funciones alcohólicas. SIN.: *poliol*.
POLIAMIDA n. f. Copolímero que resulta de la policondensación de un diácido con una diamina o de aminoácidos.
POLIANDRIA n. f. Estado de una mujer poliandra. 2. BOT. Estado de una planta poliandra.
POLIANDRO, A adj. Dícese de la mujer que tiene simultáneamente varios maridos. 2. BOT. Dícese de la planta que tiene varios estambres.
POLICÁRPICO, A adj. Relativo al fruto policarpo.
POLICARPO n. m. y adj. Tipo de fruto no abridero, monospermo o polispermo, formado por varios carpelos.
POLICHINELA n. m. Títere de madera, jorobado, que representa el papel de Polichinela, personaje fanfarrón de la commedia dell'arte, en el teatro de títeres. SIN.: *pulchinela*. 2. *Fig*. Títere, marioneta.
POLICÍA n. f. (lat. *politiam*; del gr. *politeia*, administración de una ciudad). Conjunto de reglas impuestas al ciudadano para que reine el orden, la tranquilidad y la seguridad dentro de un cuerpo social. 2. Fuerza pública encargada del cumplimiento de estas reglas. 3. Conjunto de los agentes de esta fuerza pública. 4. Cortesía y educación en el trato y costumbres. ♦ n. m. y f. 5. Agente de policía.
POLICÍACO, A o **POLICIACO, A** adj. Relativo a la policía. 2. Dícese de las obras literarias, cinematográficas, teatrales o televisivas, cuyo tema es la búsqueda del culpable de un delito.
POLICIAL adj. Policíaco.
POLICLETO, escultor y arquitecto griego del s. v a. J.C. Su teoría del canon, que aplicó a sus estatuas masculinas (Diadúmeno, Doríforo), es una de las bases del clasicismo griego.
POLICOPISTA adj. *Bol*. Multicopista.
POLICROMAR v. tr. [1]. Aplicar diversos colores a algo.
POLICROMÍA n. f. Estado de un cuerpo cuyas partes presentan colores diversos.
POLICROMO, A o **POLÍCROMO, A** adj. De varios colores.
POLICULTIVO n. m. Sistema de utilización del suelo que consiste en practicar cultivos diferentes en una explotación agrícola o en una región.

POLIDEPORTIVO, A adj. y n. m. Dícese de los lugares, instalaciones, etc., destinados al ejercicio de varios deportes.
POLIÉDRICO, A adj. Relativo al poliedro.
POLIEDRO n. m. Sólido limitado por superficies planas llamadas *caras*.
POLIÉSTER n. m. Copolímero termoendurecible, resultante de la condensación de poliácidos con alcoholes no saturados o con glicoles, utilizado para la fabricación de fibras artificiales y materiales textiles.
POLIESTIRENO n. m. Materia termoplástica obtenida por polimerización del estireno.
POLIETILENO n. m. Materia plástica resultante de la polimerización del etileno. SIN.: *politeno*.
POLIFACÉTICO, A adj. Que ofrece varias facetas o aspectos. 2. Dícese de las personas de múltiples aptitudes o que se dedican a diversas cosas.
POLIFEMO, cíclope que, en la *Odisea*, retuvo prisionero a Ulises y a sus compañeros.
POLIFONÍA n. f. MÚS. Escritura musical en partes distintas, sobre todo en contrapunto y preferentemente cuando se trata casi exclusivamente de partes vocales.
POLIFÓNICO, A o **POLÍFONO, A** adj. Relativo a la polifonía. CONTR.: *homófono*.
POLIGAMIA n. f. Forma de relación conyugal en la que es permitida por la colectividad la pluralidad simultánea de esposos o esposas. CONTR.: *monogamia*. 2. ZOOL. Condición de los animales en los que un solo macho se acopla con varias hembras o una sola hembra con varios machos.
POLÍGAMO, A adj. y n. (gr. *polygamos*). Dícese de la persona que practica la poligamia. ♦ adj. 2. BOT. Dícese de las plantas que poseen flores hermafroditas y flores unisexuales, masculinas y femeninas, en el mismo pie. 3. ZOOL. Dícese de los animales que presentan poligamia.
POLÍGLOTA o **POLIGLOTO, A** adj. Escrito en varias lenguas. ♦ adj. y n. 2. Que habla varias lenguas.
POLIGONÁCEO, A adj. Relativo a una familia de plantas sin pétalos, a menudo rojizas y ácidas, como la acedera y el ruibarbo.
POLIGONAL adj. Relativo al polígono. 2. Que tiene varios ángulos: *línea poligonal*.
POLÍGONO n. m. Figura formada por una línea poligonal cerrada. 2. Porción de plano limitada por dicha figura. 3. ARQ. En la ordenación urbana de un territorio, sector destinado a una función concreta: *polígono industrial*.
POLIGRAFÍA n. f. Actividad de escribir sobre diversas materias.
POLÍGRAFO, A n. Persona que se dedica a la poligrafía. 2. *C. Rica*. Multicopista.
POLIHOLÓSIDO n. m. Poliósido.
POLILLA n. f. Denominación que se aplica a diversas especies de lepidópteros, cuyas larvas destruyen los tejidos, especialmente la lana. 2. *Fig*. Lo que destruye lenta e insensiblemente algo. • **Polilla de la cera**, insecto lepidóptero que causa estragos en las colmenas. (Familia galéridos.)
POLIMERÍA n. f. QUÍM. Relación que existe entre las moléculas, cuando una es polímero de la otra.
POLIMERIZACIÓN n. f. Reacción que, a partir de moléculas de escasa masa molecular, forma, por enlaces de éstas, compuestos de masa molecular elevada.
POLIMERIZAR v. tr. [1g]. Producir la polimerización.
POLÍMERO n. m. Compuesto químico de elevado peso molecular formado por polimerización.
POLIMÓRFICO, A adj. QUÍM. Dotado de polimorfismo.
POLIMORFISMO n. m. Propiedad de los cuerpos que pueden cambiar de formas sin variar su naturaleza. SIN.: *heteromorfismo*. 2. Propiedad que poseen ciertas sustancias químicas de presentarse bajo

varias formas cristalinas diferentes. **3.** BIOL. Carácter de las especies cuyos individuos del mismo sexo pueden ser muy diferentes unos de otros, como en el caso de ciertos insectos sociales.

POLIMORFO, A adj. Que puede tener varias formas. SIN.: heteromorfo. **2.** Susceptible de polimorfismo.

POLINESIA, parte de Oceanía, que comprende las islas y archipiélagos situados entre Nueva Zelanda, las islas Hawai y la isla de Pascua; 26 000 km² (los dos tercios de los cuales corresponden a las Hawai). Plantaciones de cocoteros, pesca y turismo.

POLINESIA FRANCESA, (en fr. **Polynésie Française**), territorio francés de ultramar en Oceanía, que comprende las islas de la Sociedad (Tahití y dependencias), Tuamotú, con las Gambier, Marquesas y las Tierras Australes y Antárticas Francesas; 4000 km²; 188 814 hab. Cap. *Papeete* (en Tahití).

POLINÉSICO, A o **POLINESIO, A** adj. De Polinesia. ♦ n. m. Lengua perteneciente al grupo oriental de las lenguas malayopolinesias.

POLINIZACIÓN n. f. Transporte del polen desde los estambres hasta el estigma de una flor de la misma especie, con objeto de efectuar la fecundación.

POLINIZAR v. tr. **[1g]**. Llegar o hacer que llegue el polen al estigma o abertura micropilar.

POLINÓMICO, A adj. Relativo a los polinomios. • **Expresión polinómica**, expresión en la que únicamente figuran adiciones y sustracciones.

POLINOMIO n. m. MAT. Suma algebraica de monomios. • **Polinomio entero**, polinomio en que todos los términos son enteros.

POLINUCLEAR adj. Dícese de una célula que parece contener varios núcleos, como los leucocitos de la sangre.

POLIO n. f. Abrev. de poliomielitis.

POLIOL n. m. Polialcohol.

POLIOMIELITIS n. f. Enfermedad contagiosa producida por un virus que se fija en los centros nerviosos, particularmente en la médula espinal, y provoca parálisis graves.

POLIÓSIDO o **POLIHOLÓSIDO** n. m. Glúcido formado por gran número de osas, como el almidón, la celulosa y el glucógeno. SIN.: *polisacárido*.

POLIPASTO o **POLISPASTO** n. m. MEC. Aparejo, sistema de poleas.

POLIPÉPTIDO n. m. Molécula formada por la asociación de un número importante de moléculas de aminoácidos.

POLÍPERO n. m. Esqueleto calcáreo de las madréporas, secretado por cada pólipo y que separa a los individuos de una misma colonia.

PÓLIPO n. m. Forma fija de los cnidarios, compuesta por un cuerpo cilíndrico con dos paredes entre las que se encuentra la cavidad digestiva.

POLIPODIO n. m. Helecho de hojas anchamente lobuladas, común en las peñas y muros húmedos.

POLÍPTICO n. m. (gr. *polyptykhos*). B. ART. Conjunto de paneles pintados o esculpidos unidos entre sí, que comprenden generalmente unas hojas que pueden cerrarse sobre el panel central.

POLIS n. f. (voz griega, *ciudad estado*). En la antigüedad, comunidad política que se administraba por sí misma.

POLISACÁRIDO n. m. Poliósido.

POLISEMIA n. f. Propiedad de una palabra que presenta diferentes sentidos.

POLISÍLABO, A adj. y n. m. Dícese de una palabra, o de una raíz, compuesta de varias sílabas.

POLISÍNDETON n. m. (gr. *polysyndeton*, *enlace múltiple*). Figura retórica que consiste en repetir las conjunciones que unen los términos de una enumeración.

POLISÍNTESIS n. f. LING. Uso característico de un gran número de lenguas amerindias, del esquimal y de la mayor parte de las lenguas paleoasiáticas, que representan algunas palabras sumamente largas que comprenden morfemas unidos, y que pueden ser el equivalente de toda una oración.

POLISPASTO n. m. Polipasto.

POLITÉCNICO, A adj. Que abarca conocimientos de diversas ciencias o artes.

POLITEÍSMO n. m. Forma de religión que admite una pluralidad de dioses.

POLITEÍSTA adj. y n. m. y f. Relativo al politeísmo; que profesa esta creencia.

POLITENO n. m. Polietileno.

POLÍTICA n. f. (gr. *politikē*). Conjunto de prácticas, hechos, instituciones y determinaciones del gobierno de un estado o de una sociedad. **2.** Modo de ejercer la autoridad en un estado o una sociedad: *política exterior*; *política de represión*. **3.** Conducta seguida en los asuntos particulares. **4.** Actividad del que participa directamente en la vida pública: *se dedica a la política*. **5.** Comportamiento prudente y hábil para conseguir un determinado fin: *actuar con política*.

POLITICASTRO n. m. *Desp.* Político.

POLÍTICO, A adj. (gr. *politikos*). Relativo a la política. **2.** Dícese de la persona que se muestra fría y reservada. **3.** Dícese de la persona que muestra habilidad y prudencia en el trato o en el manejo de un asunto. **4.** Dícese del parentesco que lo es por afinidad: *padre político*. ♦ n. **5.** Persona que se dedica a la política.

POLITIQUEAR v. intr. **[1]**. *Desp.* Intervenir en política.

POLITIZACIÓN n. f. Acción y efecto de politizar.

POLITIZAR v. tr. y pron. **[1g]**. Dar una formación política a una persona o un matiz político a una cosa.

POLIURETANO n. m. Materia plástica empleada en la industria de las pinturas y de los barnices y que sirve para fabricar espumas y elastómeros.

POLIVALENCIA n. f. Calidad de polivalente.

POLIVALENTE adj. Que es útil y eficaz en diversos aspectos. **2.** QUÍM. Que puede tener varias valencias. • **Lógica polivalente**, lógica que admite más de dos valores de verdad.

POLIVINÍLICO, A adj. Dícese de las resinas obtenidas por polimerización de monómeros derivados del vinilo.

POLIVINILO n. m. Polímero obtenido a partir del cloruro y del acetato de vinilo, que tiene numerosas aplicaciones.

PÓLIZA n. f. (ital. *polizza*). Sello suelto con que se satisface en determinados documentos el impuesto del timbre. **2.** DER. MERC. Instrumento formal del contrato de seguro, que acredita a efectos de prueba su existencia.

POLIZÓN n. m. (fr. *polisson*). Persona que se embarca clandestinamente en un buque o aeronave.

POLIZONTE n. m. *Desp.* Policía, agente.

POLK (James Knox), político norteamericano (en Mecklemburg, Carolina del Norte, 1795-Nashville, Tennessee, 1849). Presidente demócrata de E.U.A. (1845-1849), llevó a cabo la anexión de Texas a la Unión (1845), provocando la guerra contra México (1846-1848).

POLLA n. f. Gallina joven que no pone huevos o hace poco tiempo que ha empezado a poner. **2.** Diversas aves ralliformes que reciben este nombre por su parecido a las gallinas, como la polla de agua. **3.** *Vulg.* Pene.

POLLERA n. f. Sitio en que se crían los pollos. **2.** *Amér. Merid.* Falda de mujer.

POLLERÍA n. f. Tienda o sitio donde se venden pollos, gallinas y otras aves comestibles.

POLLERO, A n. Vendedor o criador de pollos.

POLLINA n. f. *P. Rico* y *Venez.* Flequillo.

POLLINO, A n. Asno joven. **2.** *Fig.* Persona necia y torpe.

POLLITO, A n. Polluelo. **2.** Pollo, persona joven.

POLLO, A n. (lat. *pullum*). Cría de las aves y particularmente de las gallinas. **2.** *Fig.* y *fam.* Persona joven.

POLLOCK (Jackson) pintor norteamericano (Cody, Wyoming, 1912-Springs, Long Island, 1956). Influido por los muralistas mexicanos, Picasso, la cultura amerindia y el automatismo surrealista, llegó a una pintura gestual, ejemplo de expresionismo abstracto.

POLLUELA n. f. Ave zancuda, de 20 cm de longitud, parecida al rascón, que anida entre la hierba a orillas de los cursos de agua y en terrenos pantanosos.

POLLUELO, A n. Pollo de pocos días.

POLO n. m. (gr. *polos*, *eje*). Cualquiera de los extremos del eje de rotación de una esfera o cuerpo redondeado dotado de este movimiento real o imaginario. **2.** *Fig.* Concepto en completa oposición con otro. **3.** *Fig.* Punto, persona o cosa donde convergen o hacia donde se dirigen la atención, interés, etc. **4.** Cada uno de los extremos o bornes de un generador de electricidad, que sirven para conectar los conductores exteriores. **5.** Cada una de las regiones de un imán o electroimán que ejercen una acción máxima sobre las sustancias paramagnéticas y ferromagnéticas. **6.** ASTRON. Cada uno de los dos puntos en los que el eje de rotación de un astro encuentra la superficie del mismo, a los que se llama *polo norte* o *boreal* y *polo sur* o *austral* • **Polo celeste**, cada uno de los dos puntos donde el eje de rotación de la Tierra encuentra la esfera celeste. ∥ **Polo magnético**, lugar del globo terráqueo en el que la inclinación magnética es de 90°.

POLO n. m. (voz inglesa). Juego que se practica a caballo y que consiste en impulsar una pelota, con la ayuda de un mazo, hacia la meta. **2.** Jersey abrochado por delante hasta la altura del pecho y con cuello camisero.

POLO (Marco), viajero veneciano (Venecia 1254-*id.* 1324). A partir de 1271, atravesó toda Asia por Mongolia y regresó por Sumatra, tras permanecer dieciséis años al servicio del Gran kan. El relato de sus viajes (*El libro de las maravillas del mundo*, o *Lo descubrimiento del mundo*) es el primer documento europeo sobre la China de los mongoles.

POLOCHIC, r. de Guatemala, en la vertiente atlántica; 240 km. Nace en el cerro Xucanelo (Alta Verapaz) y desemboca en el lago de Izabal.

POLOLEAR v. tr. **[1]**. *Amér.* Molestar, importunar. **2.** *Chile.* Requebrar, galantear. **3.** *Chile.* Tontear, bromear.

POLOLO n. m. *Chile.* Individuo que pretende a una mujer con fines amorosos. **2.** *Chile.* Insecto fitófago.

POLONÉS, SA adj. y n. Polaco.

POLONIA, en polaco **Polska**, estado de Europa central, a orillas del Báltico; 313 000 km²; 38 200 000 habs. (*Polacos*.) CAP. *Varsovia*. LENGUA OFICIAL: polaco. MONEDA: *zloty*.

GEOGRAFÍA

País limítrofe con la U.R.S.S., se individualizó en el área socialista por el mantenimiento del predominio del sector privado en el ámbito agrícola y también por la implantación de un catolicismo militante en la mayor parte de su población. La industria se beneficia de algunos recursos mineros: cobre, cinc, sal gema y sobre todo carbón, riqueza esencial y principal producto de exportación. Siderurgia y metalurgia, química y textil son los sectores dominantes. Los cereales, la patata y la remolacha azucarera constituyen las grandes producciones agrícolas, condicionadas por un clima frío en invierno (más duro a medida que se avanza hacia el E) y a veces asociadas a la ganadería (bovina y porcina). Los intercambios siguen siendo importantes con los demás países de la Europa oriental. Ello no impide un notable endeudamiento respecto a occidente, ligado al marasmo de una economía sacudida por los conflictos sociopolíticos de los años ochenta. El paso a la economía de mercado (que provocó el aumento del paro) planteó, a partir de 1990, nuevos problemas.

HISTORIA

De la protohistoria a los Piast. En la región, ocupada desde el III milenio, se sucedieron las civilizaciones lusaciana (ss. XIII-IV a. J.C.) y pomerania (ss. VI-II a. J.C.). Ss. I-II d. J.C.: el territorio, atravesado por la ruta del ámbar, entró en contacto con el mundo romano. Ss. V-VI: los eslavos se establecieron entre el Odra y el Elba. 966: el duque Mieszko I (c. 960-992), fundador de la dinastía de los Piast, hizo entrar a Polonia en la cristiandad romana. 1025: Boleslao I el Valiente (992-1025) fue coronado primer rey de Polonia 1034-1058: Casimiro I estableció la capital en Cracovia. S. XII: los germanos aprovecharon el desmembramiento del país, así como la anarquía política y social, para reemprender su avance hacia N y el E. 1226: Conrad de Mazovia dio en feudo la tierra de Chełmo a la orden Teutónica. 1230-1283: ésta conquistó Prusia. 1308-1309: se apoderó de Pomerania oriental. 1320-1333: Ladislao I Łokietek restauró la unidad del país, aunque no englobaba ya Silesia ni Pomerania. 1333-1370: Casimiro III el Grande llevó la expansión hacia el E (Rutenia, Volinia) y fundó la universidad de Cracovia (1364). 1370: la corona pasó a Luis I de Anjou, rey de Hungría.
Los Jagellón y la república nobiliaria. 1385-1386: el acta de Krewo estableció una unión personal entre Lituania y Polonia; Jogaila (Jagellón), duque de Lituania, y rey de Polonia con el nombre de Ladislao II (1386-1434), fundó la dinastía de los Jagellón. 1410: obtuvo sobre los caballeros teutónicos la victoria de Grunwald. 1466: Casimiro IV (1445-1492) ganó la Pomerania de Gdańsk y Warmia. 1506-1572: el apogeo de Polonia se alcanzó durante los reinados de Segismundo I el Viejo (1506-1548) y de Segismundo II Augusto (1548-1572). Estuvo marcado por la difusión del humanismo, la tolerancia religiosa y el auge económico. 1526: el ducado de Mazovia fue incorporado al reino. 1569: la Unión de Lublin aseguró la fusión de Polonia y Lituania en una «república» gobernada por una dieta única y un soberano elegido en común. 1572-1573: tras la muerte de Segismundo II, último de los Jagellón, la nobleza impuso un control riguroso sobre la autoridad real. 1587-1632: Segismundo III Vasa llevó a cabo guerras ruinosas contra Rusia, los otomanos y Suecia. 1632-1648: durante el reinado de Ladislao IV Vasa se sublevaron los cosacos (1648). 1648-1660: Rusia conquistó Bielorrusia y Lituania, mientras que Suecia ocupó casi todo el país. Fueron los llamados años del diluvio (*potop*), de los que la Polonia liberada salió arruinada. 1674-1696: Juan III Sobieski venció a los turcos que sitiaban Viena. Tras su reinado, la práctica del *liberum veto* instituida en 1652 acarreó una gran anarquía; las potencias extranjeras intervinieron en los asuntos internos del país. 1697-1733: el elector de Sajonia, Augusto II, apoyado por Rusia, fue coronado tras Estanislao I Leszczyński, apoyado por Suecia (1704), y más tarde regresó a Varsovia (1709) gracias a Pedro el Grande. 1733-1738: la guerra de Sucesión de Polonia acabó con la derrota de Estanislao I (apoyado por Francia) ante Augusto III (candidato de Rusia). 1733-1763: durante el reinado de Augusto III comenzó la recuperación económica.
Los tres repartos y la dominación extranjera. 1764-1795: durante el reinado de Estanislao II Augusto Poniatowski se formó la confederación de Bar dirigida contra Prusia (1768-1772). 1772: Rusia, Austria y Prusia procedieron al primer reparto de Polonia. 1788-1791: los patriotas reunieron la gran dieta e impusieron la constitución del 3 de mayo de 1791. 1793: Rusia y Prusia procedieron al segundo reparto de Polonia. 1794: la insurrección de Kościuszko fue aplastada. 1795: el tercer reparto suprimió el país. 1807-1813: Napoleón creó el gran ducado de Varsovia. 1815: el congreso de Viena cedió Posnania a Prusia y Cracovia se convirtió en república libre; con el resto se formó un reino de Polonia anexionado al imperio ruso. 1830: la insurrección de Varsovia fue duramente reprimida, lo que ocasionó la llamada gran emigración hacia occidente. 1863-1864: nueva insurrección, duramente reprimida. 1864-1918: la parte prusiana y la parte rusa de Polonia fueron sometidas a una política de asimilación, la Galitzia-Rutenia austríaca sirvió de refugio a la cultura polaca. 1918: Piłsudski proclamó en Varsovia la República independiente de Polonia.
La Polonia independiente. 1918-1920: Dantzig fue convertida en ciudad libre. Silesia fue repartida entre Checoslovaquia y Polonia. 1920-1921: tras la guerra polaco-soviética, la frontera se trasladó 200 km al E de la línea Curzon. 1926-1935: Piłsudski, que había dimitido en 1922, volvió al poder mediante un golpe de estado y lo conservó hasta 1935. Polonia firmó pactos de no agresión con la U.R.S.S. (1932) y Alemania (1934). 1938: obtuvo de Checoslovaquia la Silesia de Cieszyn. 1939: al negarse a ceder Dantzig y su corredor, fue invadida por las tropas alemanas, que cruzaron la frontera (1 set.); Alemania y la U.R.S.S. se repartieron Polonia de acuerdo con el pacto germano-soviético. 1940: el gobierno en el exilio, dirigido por Sikorski, se estableció en Londres. Stalin hizo ejecutar a miles de militares y civiles polacos (matanza de Katyn). 1943: insurrección y aniquilación del gheto de Varsovia. 1944: la insurrección de Varsovia fracasó a falta del apoyo soviético. La ciudad fue destruida y la población, deportada. 1945: las tropas soviéticas penetraron en Varsovia e instalaron allí el comité de Lublin, que se transformó en gobierno provisional. Las fronteras del país se fijaron en Yalta y Potsdam.
Polonia desde 1945. La organización del país fue acompañada de traslados masivos de población (los polacos de las tierras hoy anexionadas por la U.R.S.S. fueron transferidos a los territorios recuperados de Alemania). 1948: Gomułka, partidario de una vía polaca hacia el socialismo, fue apartado en beneficio de Bierut, quien se convirtió en primer secretario del P.O.U.P. (Partido obrero unificado polaco). Éste se alineó según el modelo soviético. 1953-1956: la lucha del estado contra la Iglesia católica culminó con el encarcelamiento del cardenal Wyszyński. 1956: tras el XX congreso del P.C.U.S. y las revueltas obreras de Poznań, el partido recurrió a Gomułka para evitar un levantamiento anticomunista y antisoviético. Fue el llamado octubre polaco. 1970: Gomułka fue sustituido por Gierek. Éste quiso remediar los problemas de la sociedad polaca modernizando la economía con la ayuda de occidente. 1978: la elección de Karol Wojtyła, arzobispo de Cracovia, como papa con el nombre de Juan Pablo II, alentó las aspiraciones de los polacos a la libertad intelectual y política. 1980: tras las huelgas, se firmó el acuerdo de Gdańsk y se creó el sindicato Solidaridad (Solidarność) con L. Wałęsa al frente. 1981: los soviéticos amenazaron con una intervención militar. El general Jaruzelski, primer secretario del P.O.U.P., instauró el estado de guerra. Éste fue suspendido en 1982. 1988: se desarrollaron huelgas para protestar contra los aumentos de precios y reclamar la legalización de Solidaridad. 1989: negociaciones entre el poder y la oposición condujeron al restablecimiento del pluralismo sindical (legalización de Solidaridad) y a la democratización de las instituciones. El nuevo parlamento surgido de las elecciones, en el que la oposición obtuvo un amplio éxito, eligió al general Jaruzelski presidente de la república. Tadeusz Mazowiecki, uno de los dirigentes de Solidaridad, se convirtió en jefe de un gobierno de coalición. El papel dirigente del partido fue abolido; el país recuperó oficialmente el nombre de República de Polonia. 1990: Lech Wałęsa fue elegido presidente de la república por sufragio universal. 1991: tras las primeras elecciones legislativas libres, unos treinta partidos obtuvieron representación en la Dieta. 1992: las unidades rusas de combate llevaron a cabo su retirada del país. 1995: elecciones presidenciales, en las que Aleksander Kwasniewski, ex comunista de la Alianza de la izquierda democrática, resultó vencedor frente a L. Wałęsa. 1997: Aprobada por referéndum una nueva constitución. Polonia es admitida en la O.T.A.N. Elecciones legislativas; Jerzy Buzek, de Solidaridad, primer ministro. 2001: Nuevo gobierno de izquierda, presidido por el primer ministro Leszek Miller.

POLONIO n. m. Metal radiactivo, que a menudo acompaña al radio, cuyo símbolo químico es Po y su número atómico, 84.

POLONIO, cabo de Uruguay (Rocha), en la costa atlántica. Sus alrededores constituyen el parque nacional *Dunas del Polonio*. Faro.

POLTRÓN, NA adj. (ital. *poltrone*). Holgazán, comodón.

POLTRONA n. f. Sillón particularmente confortable.

POLUCIÓN n. f. Derrame involuntario de semen. **2.** Contaminación.

POLUCIONAR v. tr. [1]. Contaminar.

POLUTO, A adj. Sucio, manchado.

POLVAREDA n. f. Gran cantidad de polvo levantada por el viento o por otra causa. **2.** *Fig.* y *fam.* Agitación que una noticia o suceso origina entre la gente.

POLVERA n. f. Estuche o cajita que sirve para contener los polvos faciales y la borla con que suelen aplicarse.

POLVILLO n. m. *Amér.* Nombre genérico de varios hongos que atacan a los cereales.

POLVO n. m. Tierra en pequeñísimas partículas, que con cualquier movimiento se levantan en el aire. **2.** Cualquier materia reducida a partes muy menudas: *polvo de talco*. **3.** Pellizco, cantidad pequeña de una cosa que se coge entre los dedos. ♦ **polvos** n. m. pl. **4.** Cosmético en polvo que se aplica sobre el cutis. SIN.: *polvos de tocador*.

PÓLVORA n. f. (lat. *pulveram*). Materia explosiva sólida que sirve para disparar proyectiles o para la propulsión de ingenios o cohetes. **2.** Conjunto de fuegos artificiales que se queman en una ocasión o festejo. ♦ **Pólvora negra,** mezcla de salitre, azufre y carbón vegetal. ‖ **Pólvora sin humo,** pólvora a base de nitrocelulosa.

POLVORÍN n. m. Instalación en la que se almacenan municiones, explosivos, pólvoras y otros artificios.

POMA n. f. Manzana, fruto. **2.** Cierta variedad de manzanas pequeñas y chatas.

POMA DE AYALA (Felipe **Huamán**), cronista peruano (región de Huánuco c. 1534 † 1615), nieto de Túpac Yupanqui. Escribió *Nueva crónica* (1600), compendio de la historia preincaica del Perú, y *Buen gobierno* (1615), donde denuncia los abusos contra los indios de los encomenderos y funcionarios españoles.

POMADA n. f. Medicamento de uso tópico, que está constituido por una mezcla de grasas o vaselina, a la que se añaden excipientes y productos activos.

POMAR n. m. Sitio o huerta donde hay árboles frutales, especialmente manzanos.

POMARAPA, pico de Bolivia (Oruro); 6222 m de alt.

POMBO (Rafael), poeta colombiano (Bogotá 1833-*id.* 1912). Sus temas fueron el amor y la naturaleza, aunque también escribió poesías elegíacas y filosóficas.

POMELO n. m. (ingl. *pommelo*). Árbol parecido al naranjo, cultivado en los países cálidos, por sus frutos. **2.** Fruto comestible de este árbol, de sabor ligeramente amargo o ácido y tamaño mayor que las naranjas.

PÓMEZ n. f. (lat. *pumicem*). **Piedra pómez**, roca volcánica, porosa, ligera y muy dura, que se utiliza para pulir.

POMO n. m. (lat. *pomum*). Pieza de metal, madera, etc., que sirve de remate de algunas cosas o como tirador en muebles, puertas, etc. **2.** Frasco o vaso pequeño, usado para contener licores y confecciones olorosas. **3.** Extremo de la guarnición de la espada, encima del puño, que la mantiene unido y firme con la hoja y sirve de contrapeso a ésta. **4.** *Argent.* Recipiente cilíndrico de material flexible en el que se expenden cosméticos, fármacos, pinturas, etc. **5.** *Argent.* Juguete, por lo común cilíndrico y flexible, con el que se arroja agua durante el carnaval. **6.** *Méx. Fam.* Botella de alguna bebida alcohólica.

POMPA n. f. (lat. *pompam*). Ampolla formada por una película líquida llena de aire que se desprende de la masa líquida en que se ha formado. **2.** Acompañamiento suntuoso o cortejo solemne. **3.** Ostentación de grandeza, fausto, vanidad. **4.** *Méx. Fam.* Nalga: *se cayó de pompas.* ◆ **Pompas fúnebres**, actividades funerarias.

POMPEYA en ital. Pompei, ant. c. de Campania, al pie del Vesubio, cerca de Nápoles. Sepultada, junto con sus habitantes, bajo una densa capa de cenizas por la erupción del Vesubio (79), fue redescubierta y excavada a partir del s. XVIII.

POMPEYO, general y estadista romano (106-Pelusium 48 a. J.C.). Formó con Craso y César un triunvirato (60), renovado en 56; la muerte de Craso (53) le dejó frente a frente con César. La ambición de ambos hizo inevitable la guerra civil. César cruzó el Rubicón (49) y marchó sobre Roma. Pompeyo fue derrotado en Farsalia (48), tras lo que se refugió en Egipto, donde fue asesinado.

POMPO, A adj. *Colomb.* y *Ecuad.* Que no tiene filo, romo.

POMPOSIDAD n. f. Calidad de pomposo.

POMPOSO, A adj. Con pompa. **2.** Dícese del lenguaje, estilo, que se caracteriza por el empleo de recursos altisonantes y enfáticos.

PÓMULO n. m. Hueso par, corto y compacto, que está situado a ambos lados de la cara cerrando la cuenca del ojo en su parte inferior externa. SIN.: *malar*. **2.** Parte de la cara más prominente de la mejilla.

PONCE, c. del S de Puerto Rico; 159 151 hab. Centro industrial. Puerto (Playa Ponce). Universidad.

PONCE (Aníbal), escritor argentino (Buenos Aires 1898-México 1938). Escribió ensayos literarios (*La vejez de Sarmiento*, 1927), políticos y sobre educación y sicología.

PONCE (Manuel María), compositor mexicano (Fresnillo, Zacatecas, 1886-México 1948). Muy influyente en la música mexicana por su labor musicológica y docente, sus piezas sinfónicas e instrumentales se inspiran en el folklore autóctono.

PONCE DE LEÓN (Hernán), conquistador español del s. XVI. Participó en la expedición a la costa O del istmo de Panamá, y junto con Bartolomé Hurtado, llegó al golfo de Nicoya (Costa Rica) en 1516. Posteriormente tomó parte en la conquista del Perú.

PONCE DE LEÓN (Juan), conquistador español (Santervás de Campos, Valladolid, 1460-en Cuba 1521). Participó en la conquista de La Española (1502) y en 1508 conquistó Borinquén (Puerto Rico), de donde fue nombrado gobernador (1510-1512). En 1521 tocó las costas de Florida.

PONCE ENRÍQUEZ (Camilo), político ecuatoriano (Quito 1912-*id.* 1976), presidente de la república (1956-1960).

PONCHADA n. f. Cantidad de ponche preparado para varias personas. **2.** *Amér. Merid.* Cantidad importante de algo.

PONCHARSE v. pron. [1]. *Guat.* y *Méx.* Pincharse una rueda de un automóvil.

PONCHAZO n. m. **A los ponchazos** (*Argent.*), de la mejor manera posible y con esfuerzo, (*Argent.*), de cualquier manera, improvisadamente.

PONCHE n. m. (ingl. *punch*). Bebida hecha mezclando un licor con agua caliente, limón y azúcar, y, a veces, alguna especia.

PONCHERA n. f. Vasija en la cual se prepara y sirve el ponche.

PONCHO n. m. Manta cuadrada, con una abertura en el centro para pasar la cabeza, y que cae a lo largo del cuerpo. (De origen quechua, su uso está extendido en América de Sur.) ● **Alzar el poncho** (*Argent.*), marcharse, ǁ **Perder el poncho** (*Argent.*), enloquecer de amor.

PONDERABLE adj. Que se puede pesar. **2.** Digno de ponderación.

PONDERACIÓN n. f. Acción y efecto de ponderar. **2.** Calidad de ponderado. **3.** Expresión con que se pondera.

PONDERADO, A adj. Que es resultado de ponderar. **2.** Bien equilibrado, que procede con mesura.

PONDERAR v. tr. (lat. *ponderare*) [1]. Hablar de algo alabándolo mucho, encareciendo sus cualidades. **2.** Considerar con atención e imparcialidad un asunto.

PONDERATIVO, A adj. Que encierra ponderación. (Suele aplicarse a la conjunción *sí*.)

PONDO n. m. *Ecuad.* Tinaja.

PONEDERO, A adj. Que se puede poner. **2.** ZOOTECN. Ponedor. ◆ n. m. **3.** Nidal.

PONEDOR, RA adj. Que pone. Dícese de la gallina y otras aves durante el período vital de puesta.

PONENCIA n. f. Comunicación sobre un tema concreto que se somete al examen y resolución de una asamblea.

PONENTE n. m. y f. Persona que presenta en una asamblea una propuesta a discutir.

PONER v. tr. y pron. (lat. *ponere*) [5]. Asignar a un objeto un lugar o un modo de estar en el espacio: *poner el libro sobre la mesa.* **2.** Adquirir o hacer adquirir a una persona la condición o cualidad expresada por medio de un adjetivo o construcción adjetiva que se pospone al verbo: *sus palabras me pusieron de buen humor.* **3.** Emplear, colocar a alguien en un oficio o trabajo: *mis padres me pusieron a trabajar a los catorce años.* **4.** Vestir a alguien con una prenda: *ponerse el abrigo.* **5.** Exponer algo o alguien a la acción de cierta cosa para que surta su efecto: *lo he puesto a secar.* ◆ v. tr. **6.** Disponer, preparar algo para un fin determinado: *poner la mesa.* **7.** Establecer, instalar o montar: *poner un negocio.* **8.** Suponer, dar por sentada una cosa: *pongamos que el fin no viene, ¿qué hacemos?* **9.** Dejar un asunto a la resolución de otro: *pongo el caso en tus manos.* **10.** Estalecer, determinar: *poner precio a algo.* **11.** Dar, imponer un nombre: *al niño le han puesto Juan.* **12.** Representar una obra teatral o proyectar una película. *¿qué ponen en el cine?* **13.** Contribuir con algo a un fin determinado: *pon algo de tu parte para arreglarlo.* **14.** Pagar a escote o contribuir en algún gasto: *vosotros ponéis el vino, nosotros la comida.* **15.** Enjuiciar: *Pedro la pone bien.* **16.** Con la preposición *en* y algunos nombres, ejercer la acción de los verbos a que los nombres corresponden: *poner en claro.* **17.** Con la preposición *por* y algunos nombres, valerse o servirse de lo que el nombre significa para determinado fin: *poner por testigo.* **18.** Con ciertos nombres, expresar con éstos significan: *poner fin.* **19.** Imponer o señalar cierta obligación: *me han puesto una multa.* **20.** Conectar determinados aparatos eléctricos: *poner el televisor.* **21.** Escribir o enviar una carta, comunicación, etc.: *poner un telegrama.* **22.** Estar escrito: *el periódico no lo pone.* **23.** Soltar o deponer el huevo las aves. ◆ **ponerse** v. pron. **24.** Con la preposición *a* seguida de infinitivo, comenzar una acción: *ponerse a llover.* **25.** Llenarse, macharse o hartarse: *se puso de barro hasta el cuello.* **26.** Ocultarse los astros, especialmente el Sol, bajo el horizonte.

PONEY n. m. (ingl. *pony*) [pl. *poneys* o *ponis*]. Caballo de talla pequeña. SIN.: *poni*.

PONFERRADA, c. de España (León), cab. de p. j.; 59 702 hab. (*Pon*(*erradinos.*) Capital comarcal de El Bierzo. Industria metalúrgica y química. Castillo templario (s. XIII).

PONGO n. m. *Amér. Merid.* Indio que hace el oficio de criado. **2.** *Amér. Merid.* Indio que sirve en una finca a cambio del permiso del propietario para sembrar una porción de tierra. **3.** *Ecuad.* y *Perú.* Paso angosto y peligroso de un río. **4.** GEOGR. Cañón estrecho y profundo excavado por los ríos andinos al atravesar obstáculos montañosos en su camino hacia la selva de Amazonas.

PONIATOWSKA (Elena), escritora mexicana de origen francés (París 1933). Narradora y periodista, su obra trasciende las técnicas del nuevo periodismo (*La noche de Tlatelolco*, 1971). [Premio de novela Alfaguara 2001.]

PONIENTE n. m. Occidente, parte por donde se pone el Sol. **2.** Viento del oeste.

PONTEAREAS → **Puenteareas**.

PONTEVEDRA (*provincia de*), prov. de España, en Galicia; 4477 km²; 886 949 hab. Franja costera muy articulada (Rías Bajas). Cap. *Pontevedra*. Vigo es el principal núcleo de población.

PONTEVEDRA, c. de España, cap. de la prov. homónima y cab. de p. j.; 75 148 hab. (*Pontevedreses.*) Iglesias góticas del s. XIV, basílica de Santa María la Grande (s. XVI) y capilla barroca de la Virgen Peregrina (s. XVIII).

PONTEVEDRÉS, SA adj. y n. De Pontevedra.

PONTIFICADO n. m. Dignidad de pontífice. **2.** Tiempo en que cada uno de los pontífices ostenta dicha dignidad.

PONTIFICAL adj. Relativo al pontífice. **2.** Dícese de una ceremonia celebrada solemnemente por un prelado revestido de la autoridad episcopal: *misa pontifical.* ◆ n. m. **3.** Conjunto de ornamentos que sirven al obispo para la celebración de los oficios divinos. (Suele usarse en plural.) **4.** Libro que contiene el orden de las ceremonias propias del papa y los obispos: *el pontifical romano.*

PONTIFICAR v. intr. [1]. Oficiar en calidad de pontífice. **2.** *Fig.* y *fam.* Actuar o hablar con tono dogmático y suficiente.

PONTÍFICE n. m. (lat. *pontificem*). Prelado supremo de la Iglesia católica romana: *sumo pontífice; romano pontífice.* **2.** Obispo de una diócesis.

PONTOPPIDAN (Henrik), escritor danés (Fredericia 1857-Copenhague 1943), autor de novelas naturalistas (*Pedro el Afortunado*). [Premio Nobel de literatura 1917.]

PONZOÑA n. f. Sustancia que tiene en sí cualidades nocivas a la salud o destructivas de la vida. **2.** *Fig.* Lo que es perjudicial para la salud física o espiritual.

PONZOÑOSO, A adj. Que contiene ponzoña. **2.** *Fig.* Dícese de escritos, palabras, etc., malintencionados. **3.** *Fig.* Perjudicial para la salud física o espiritual.

POOPÓ o **PAMPA AULLAGAS**, lago de Bolivia (Oruro), en el Altiplano, a 3600 m de alt; 3140 km². Comunica con el Titicaca por el río Desaguadero. En su centro, *isla de Panza*.

POPA n. f. (lat. *puppem*). Parte posterior de la nave, donde se coloca el timón y están las habitaciones principales. • **Viento en popa**, el que sopla hacia el mismo punto a que se dirige el buque.

POP-ART n. m. (voz inglesa, de *popular art*). Tendencia artística esencialmente anglonorteamericana, que se propone evocar la civilización contemporánea por medio de imágenes extraídas del mundo de la publicidad, composiciones a base de objetos cotidianos, etc.

POPAYÁN (*peniplano de*), altiplano de Colombia (Cauca), entre las cordilleras Central y Occidental de los Andes; 1000 m de alt. aprox.

POPAYÁN, c. de Colombia, cap. del dep. del Cauca; 158 336 hab. Centro agropecuario, comercial, industrial y turístico. Fundada por S. de Belalcázar en 1536, el centro histórico conserva rasgos coloniales; iglesias de San Francisco, Santo Domingo y la Encarnación (s. XVIII); casas señoriales. Museo de arte religioso. Fue muy dañada por el seísmo de 1983.

POPE n. m. (ruso *pop*). Sacerdote de alguna de las Iglesias ortodoxas.

POPOCATÉPETL, volcán de México, en la cordillera Neovolcánica, al SE de la ciudad de México; 5452 m de alt. Cumbre cubierta por nieves perpetuas. Entró de nuevo en actividad en 1997. Después de 500 años, hizo erupción en 2000 (dic).

POPOCHO adj. *Colomb.* Repleto, harto.

POPOLOCA, pueblo amerindio de México (S del est. de Puebla), del grupo popoloca-mazateca.

POPOLOCA DE MICHOACÁN → *cuitlateca*.
POPOLOCA DE OAXACA → *chocho*.

POPOLOCA-MAZATECA, grupo de pueblos amerindios de México (popoloca, chocho, mazateca e ixcateca), de la familia lingüística otomangue.

POPOTE n. m. *Méx.* Tubito de papel o plástico para sorber líquidos.

POPULACHERO, A adj. Relativo al populacho. **2.** Propio para halagar al populacho. **3.** Dícese de la persona que procura halagar al populacho o busca ser comprendida o halagada por él.

POPULACHO n. m. Plebe, chusma.

POPULAR adj. Relativo al pueblo como colectividad. **2.** Propio del pueblo, en contraposición a culto: *lenguaje popular*. **3.** Que está al alcance de los menos dotados económicamente: *precios populares*. **4.** Muy conocido o extendido en una colectividad: *el fútbol es un deporte muy popular*.

POPULARIDAD n. f. Hecho de ser popular.

POPULARISMO n. m. Tendencia o afición a lo popular en formas de vida, arte, literatura, etc.

POPULARISTA adj. y n. m. y f. Relativo al popularismo; partidario de esta tendencia o afición.

POPULARIZAR v. tr. y pron. **[1g]**. Hacer popular.

POPULISMO n. m. Doctrina política que pretende defender los intereses y aspiraciones del pueblo.

POPULISTA adj. Relativo al populismo; partidario del populismo.

POPULOSO, A adj. Dícese del lugar muy poblado.

POPURRÍ o **POPURRÍ** n. m. (fr. *pot-pourri*). Composición musical que consiste en una serie de fragmentos de obras diversas. **2.** Mezcolanza de cosas diversas.

POPUSA n. f. *Bol., Guat.* y *Salv.* Tortilla de maíz con queso o trocitos de carne.

POQUEDAD n. f. Calidad de poco. **2.** Timidez, apocamiento. **3.** Cosa insignificante.

PÓQUER o **POKER** n. m. Juego de cartas de origen norteamericano en el que cada jugador recibe cinco. **2.** En este juego, cuatro cartas del mismo valor.

POQUIL n. m. *Chile.* Planta compuesta cuyas flores se usan en tintorería para dar color amarillo.

POR prep. Unida a un nombre de lugar, determina tránsito por ellos: *iremos por Madrid*. **2.** Unida a un nombre de tiempo, indica la fecha aproximada. **3.** Unida a un nombre de lugar, indica localización aproximada: *tu casa está por allí*. **4.** Indica parte o lugar concreto: *lo cogió por el asa*. **5.** Se usa para denotar la causa: *lo detuvieron por robo*. **6.** Se usa para indicar el modo de ejecutar una cosa: *preséntalo por escrito*. **7.** Indica el juicio u opinión que se tiene de alguien: *le tienen por santo*. **8.** Indica que se da o reparte con igualdad una cosa: *a mil pesetas por persona*. **9.** Indica idea de compensación: *lo uno por lo otro*. **10.** Denota multiplicación de números. **11.** Denota proporción: *al diez por ciento*. **12.** Con verbos en infinitivo, indica la acción futura que expresa el infinitivo: *está por pulir*. • **Por qué**, locución adverbial interrogativa que expresa por qué razón, causa o motivo: *¿por qué se enfada?* ‖ **Por si** o **por si acaso**, expresión en la que se juntan el significado final de *por* y el hipotético de *si*: *se lo di por si lo necesitaba*.

PORCELANA n. f. (ital. *porcellana*). Producto cerámico, generalmente de color blanco, traslúcido si es de poco espesor, impermeable y muy vitrificado. **2.** Objeto de este material.

PORCENTAJE n. m. (ingl. *percentage*). Tanto por ciento, proporción de una cantidad respecto a otra, evaluada sobre la centena.

PORCENTUAL adj. Dícese de la composición, distribución, etc., calculadas o expresadas en tantos por ciento.

PORCHE n. m. (cat. *porxo*). Soportal, cobertizo. **2.** Entrada o galería adosada a un edificio, cubierta con un techo separado.

PORCINO, A adj. (lat. *porcinum*). Relativo al cerdo.

PORCIÓN n. f. (lat. *portionem*). Cantidad separada de otra mayor. **2.** Parte que corresponde a cada uno en un reparto. **3.** Cada una de las partes en que se dividen las tabletas de chocolate. **4.** *Fig.* y *fam.* Gran cantidad de las personas o cosas.

PORDIOSEAR v. intr. **[1]**. Pedir limosna. **2.** *Fig.* Pedir alguien algo con insistencia y humillándose.

PORDIOSERO, A adj. y n. Dícese de la persona que pide limosna.

PORFÍA n. f. (lat. *perfidiam*, mala fe). Disputa o lucha mantenidas con obstinación. **2.** Actitud del que porfía e insiste a pesar de la resistencia. • **A porfía**, con emulación.

PORFIAR v. intr. **[1t]**. Disputar o luchar con obstinación. **2.** Rogar inoportuna e insistentemente para conseguir algo.

PORFÍDICO, A adj. Relativo al pórfido. **2.** Que tiene la naturaleza o la textura del pórfido.

PÓRFIDO n. m. (gr. *porphyros*, de color de púrpura). Roca volcánica antigua, alterada, formada por fenocristales de feldespatos sobre un fondo uniforme de grano muy fino, utilizada en decoración.

PORÍFERO, A adj. y n. m. Relativo a un tipo de animales acuáticos, casi siempre marinos, muy primitivos, que viven fijos y cuyas paredes están perforadas por canales de circulación. (Los animales del tipo *poríferos* reciben la denominación de esponjas.)

PORLAMAR, c. de Venezuela (Nueva Esparta), en la isla Margarita; 62 732 hab. Pesca. Industrias conserveras.

PORMENOR n. m. Detalle, circunstancia particular que completa un suceso. **2.** Circunstancia secundaria en un asunto.

PORMENORIZAR v. tr. **[1g]**. Describir o enumerar con pormenores.

PORNO adj. Apócope de *pornográfico*.

PORNOGRAFÍA n. f. Representación complaciente de actos sexuales en obras literarias, artísticas o cinematográficas.

PORNOGRÁFICO, A adj. Relativo a la pornografía: *cine pornográfico*.

PORO n. m. (lat. *porum*). Intersticio que hay entre las partículas de los sólidos de estructura discontinua. **2.** Cada una de las pequeñas aberturas del conducto excretor de una glándula en una superficie, principalmente de las glándulas de la piel.

PORO n. m. (voz quechua). *Argent.* y *Urug.* Calabaza en forma de pera, usada para cebar el mate.

PORONGO n. m. *Argent., Par.* y *Urug.* Calabaza, poro. **2.** *Bol., Chile, Pan., Par.* y *Urug.* Vasija de arcilla para guardar agua o chicha. **3.** *Perú.* Recipiente de hojalata en que se vende leche.

PORONGUERO, A n. *Perú.* Vendedor de leche.

POROSIDAD n. f. Calidad de poroso.

POROSO, A adj. Que tiene poros.

POROTO n. m. (quechua *purutu*). *Amér. Merid.* Diversas plantas papilionáceas muy próximas a la alubia. **2.** *Amér. Merid.* Guiso que se hace con este vegetal. **3.** *Amér. Merid. Fig.* Niño. **4.** *Amér. Merid. Fig.* Persona de poca importancia. • **Anotarse un poroto** (*Amér. Merid.*), anotarse un tanto en el juego o un acierto en cualquier actividad.

PORQUE conj. causal. Por causa o razón de que: *no pudo asistir porque estaba enfermo*. ♦ conj. final. **2.** Para que: *hice cuanto pude porque no llegara este caso*.

PORQUÉ n. m. *Fam.* Causa, razón o motivo: *preguntarse el porqué de algo*.

PORQUERÍA n. f. Suciedad, inmundicia, basura. **2.** *Fam.* Acción sucia. **3.** *Fam.* Grosería, desatención. **4.** *Fam.* Cosa de poco valor. **5.** *Fam.* Cosa de comer, apetitosa pero poco nutritiva o indigesta.

PORQUERIZA n. f. Pocilga, establo de cerdos.

PORQUERIZO o **PORQUERO**, n. A. Persona que cuida puercos.

PORRA n. f. Clava, palo o bastón nudoso, cuyo grueso aumenta desde la empuñadura al extremo opuesto. **2.** Cachiporra. **3.** Instrumento contundente consistente en un cilindro de caucho con alma de acero. **4.** Churro recto, corto y grueso. **5.** *Argent.* Maraña de cerda, tierra y abrojos que se forma en la cola y crines de los yeguarizos. **6.** *Argent. Fam.* Pelo abundante, enmarañado. **7.** *Méx.* Conjunto de frases fijas que se dicen con fuerza y ritmo para animar a alguien: *los aficionados no paraban de echar porras a su equipo*. **8.** *Méx.* Conjunto de seguidores de un equipo deportivo.

PORRAS (Belisario), político panameño (Las Tablas 1852-Panamá 1942). Tras la secesión de Panamá fue presidente de este país en 1912-1916, 1918 y 1920-1924.

PORRAZO n. m. Golpe que se da con la porra o con cualquier cosa. **2.** *Fig.* Golpe fuerte que se recibe al caer o al topar con alguna cosa.

PORRES o **PORRAS** (Diego de), arquitecto guatemalteco (c. 1678-c. 1776). Fue el principal arquitecto de Antigua Guatemala durante la primera mitad del s. XVIII.

PORRISTA n. m. y f. *Méx.* Miembro de una porra, conjunto de seguidores de un equipo deportivo.

PORRO n. m. *Fam.* Cigarrillo de hojas de marihuana, hachís, etc.

PORRÓN n. m. Vasija de vidrio de forma cónica, usada para beber vino a chorro por el pitón, que sale de cerca de la base.
PORRÓN n. m. Nombre que se da a diversos patos cuya característica común consiste en anidar en agujeros o en el suelo, excelentes buceadores, que acostumbran a chapotear la superficie del agua al levantar el vuelo: *porrón albeola, porrón de collar, porrón moñudo, porrón pardo.*
PORRUDO adj. y n. *Argent.* Dícese de la persona o animal que tiene porra, pelo enmarañado.
PORT LUIS, c. y cap. de la isla Mauricio; 144 000 hab. Centro comercial y agrícola.
PORT MORESBY, c. y cap. de Papúa y Nueva Guinea, junto al mar de Coral; 144 000 hab.
PORT OF SPAIN, c. de la isla Trinidad, cap. del estado de Trinidad y Tobago; 56 000 hab.
PORTA n. f. y adj. Vena que conduce la sangre procedente del intestino y el bazo al hígado.
PORTAAERONAVES o **PORTAERONAVES** n. m. (pl. *portaaeronaves* o *portaerónaves*). Término genérico que designa a cualquier buque de guerra acondicionado para recibir aeronaves.
PORTAAVIONES o **PORTAVIONES** n. m. (pl. *portaaviones* o *portaviones*). Portaaeronaves cuyo armamento principal está formado por aviones.
PORTADA n. f. Obra de ornamentación con que se realza la puerta o fachada principal de un edificio. **2.** Una de las primeras páginas de un libro, en la que se pone el título con sus detalles complementarios. **3.** Primera página de un periódico o revista.
PORTADILLA n. f. Anteportada.
PORTAEQUIPAJE o **PORTAEQUIPAJES** n. m. (pl. *portaequipajes*). Soporte que se dispone sobre el techo de los automóviles para el transporte de bultos. **2.** Maletero de un coche.
PORTAESTANDARTE n. m. Oficial que lleva el estandarte.
PORTAFOLIO o **PORTAFOLIOS** n. m. (pl. *portafolios*). Carpeta o cartera para llevar papeles, documentos, etcétera.
PORTAHELICÓPTEROS n. m. (pl. *portahelicópteros*). Portaaeronaves cuyo armamento principal lo constituyen los helicópteros.
PORTAL n. m. Zaguán o primera pieza de la casa, donde está la puerta principal. **2.** Arco que corona una entrada. **3.** En algunas partes, puerta de la ciudad.
PORTALES (Diego), político chileno (Santiago 1793-Cabriería, Valparaíso, 1837). Fue ministro y defendió los intereses de la oligarquía terrateniente. Fue fusilado en el transcurso de la sublevación militar del Quillota (1837).
PORTALLAVES n. m. (pl. *portallaves*). *Venez.* Llavero, utensilio para guardar llaves.
PORTALÓN n. m. Portalada. **2.** MAR. Abertura de los costados de un barco para la entrada de personas o mercancías.
PORTAMINAS n. m. (pl. *portaminas*). Especie de lapicero cuya mina de grafito va suelta y puede moverse, por acción de un botón o pulsador, en el interior de un estuche.
PORTAMONEDAS n. m. (pl. *portamonedas*). Bolsa o cartera para llevar dinero a mano.
PORTAOBJETO o **PORTAOBJETOS** n. m. Pequeña lámina de vidrio rectangular, donde se coloca el objeto para ser examinado en el microscopio.
PORTAPLUMAS n. m. (pl. *portaplumas*). Varilla en cuyo extremo se inserta una plumilla metálica que se moja en tinta para escribir o dibujar.
PORTAR v. tr. (lat. *portare*) [1]. Llevar o traer: *portar un paquete.* ♦ **portarse** v. pron. **2.** Actuar de cierta manera: *portarse bien, mal.* **3.** Salir airoso, causar buena impresión, actuar con libertad y franqueza.

PORTÁTIL adj. Movible, fácil de ser llevado de una parte a otra: *radio portátil.*
PORT-AU-PRINCE → **Puerto Príncipe.**
PORTAVOZ n. m. y f. Persona o publicación que, con carácter oficioso, tiene el encargado de transmitir la opinión de las autoridades, de un grupo, partido, etc.
PORTAZO n. m. Golpe recio dado con una puerta al cerrarse o ser cerrada. **2.** Acción de cerrar la puerta violentamente para echar a alguien o para mostrar el enfado al marcharse de un sitio.
PORTE n. m. Acción de portear. **2.** Aspecto en cuanto a la propia figura, modo de vestirse, modales, etc.: *tener un porte distinguido; edificio de porte señorial.* **3.** Tamaño, dimensión o capacidad: *un baúl de gran porte.* ♦ **portes** n. m. pl. **4.** Gastos de transporte de mercancías, máquinas o bienes materiales.
PORTEAR v. tr. [1]. Llevar de una parte a otra una cosa por un precio convenido.
PORTENTO n. m. (lat. *portentum,* presagio). Prodigio, acción o cosa que parece casi milagrosa. **2.** Persona o cosa que tiene dotes extraordinarias.
PORTENTOSO, A adj. Extraordinario, singular.
PORTEÑO, A adj. y n. Bonaerense.
PORTERÍA n. f. Vivienda del portero. **2.** Habitación o garita en la entrada de un edificio, donde está el portero. **3.** Empleo u oficio de portero. **4.** En ciertos deportes de equipo, meta.
PORTERO, A n. Persona que custodia la puerta de un edificio público o de una casa privada. **2.** En ciertos deportes de equipo, jugador que defiende la meta de su bando. SIN.: *guardameta.* ♦ n. m. **3. Portero automático,** o **electrónico,** mecanismo electrónico para abrir los portales en las casas desde el interior de las mismas.
PORTES GIL (Emilio), político mexicano (Ciudad Victoria, Tamaulipas, 1891-México 1978). Presidente provisional tras el asesinato de Obregón (1928-1930).
PORTEZUELA n. f. Puerta de un coche.
PÓRTICO n. m. (lat. *porticum*). Espacio cubierto y con columnas, situado delante de los templos u otros edificios monumentales. **2.** Galería con arcadas o columnas a lo largo de una fachada, patio, etc.
PORTLAND, c. de Estados Unidos (Oregón); 437 319 hab. (1 239 842 hab. en la aglomeración). Centro cultural e industrial. Electrónica.
PORTO → **Oporto.**
PORTOBELO, c. de Panamá (Colón); 2000 hab. El lugar fue descubierto por Colón en 1502. La ciudad, fundada en 1597 (*San Felipe de Portobelo*), fue punto de arribada de los galeones españoles.
PORTOCARRERO (Réné), pintor cubano (La Habana 1912-*id.* 1985). Permaneció fiel al geometrismo. Fue autor de murales en edificios públicos de Cuba.
PORTOCARRERO LASSO DE VEGA (Melchor), conde de la Monclova, militar y administrador español (Madrid 1636-Lima 1705). Virrey de Nueva España (1686-1688) y del Perú (1689-1705), mandó construir el puerto del Callao (1693-1696).
PORTOLÁ (Gaspar de), explorador y conquistador español (Balaguer 1717-Lérida 1786). Gobernador de la Baja California (1767), colonizó la Alta California con fray Junípero Serra; descubrieron la bahía de San Francisco y fundaron San Diego (1769) y Monterrey (1770).
PORTÓN n. m. Puerta grande y tosca.
PORTORRIQUEÑO, A adj. y n. Puertorriqueño.
PORTOVIEJO, c. de Ecuador, cap. de la prov. de Manabí; 132 937 hab. Centro de región agrícola. Industrias artesanas. Universidad técnica de Manatí. Fue fundada en 1535.
PORTUARIO, A adj. Relativo al puerto: *actividad portuaria.*
PORTUGAL, estado de Europa meridional, en el O de la península Ibérica y los ar-

chipiélagos de Madeira y Azores, en el Atlántico; 92 000 km²; 10 400 000 hab. (*Portugueses.*) CAP. *Lisboa.* LENGUA OFICIAL: *portugués.* MONEDA: *escudo.*
GEOGRAFÍA
Portugal, miembro desde 1986 de la C.E.E., sigue siendo un país de población básicamente rural. El clima es de zona mediterránea con influencia atlántica, que atenúa la sequía estival; en el Algarve el clima es árido y EN pertenece a la zona húmeda. Los principales productos agrícolas son los cereales (maíz al N, trigo al S), la vid, el olivo, frutas y hortalizas. Ganadería ovina, porcina y bovina. Producción y exportación de vino y corcho. El litoral vive de la pesca y del turismo, contribuyendo este último recurso, junto con las remesas de los emigrantes, a compensar el tradicional déficit comercial. Lisboa y Oporto son las principales ciudades. El sector industrial se está desarrollando con vistas al siglo XXI. Destacan los sectores: de la confección, metalurgia, montaje de automóviles, electrónica y marroquinería. Las importaciones superan a las exportaciones y el país está endeudado. Existen grandes desequilibrios regionales y un importante índice de paro.
HISTORIA
La formación de la nación. El territorio estuvo ocupado por unas tribus relacionadas con los fenicios, los cartagineses y los griegos. S. II a. J.C.: se creó la provincia romana de Lusitania. S. V d. J.C.: la provincia fue invadida por los suevos y los alanos, y posteriormente por los visigodos, que se establecieron allí de forma permanente. 711: los musulmanes conquistaron la zona. 866-910: Alfonso III de Asturias reconquistó la región de Oporto. 1064: Fernando I de Castilla liberó la región situada entre el Duero y el Mondego. Fines del s. XI: Alfonso VI, rey de Castilla y de León, confió el condado de Portugal a su yerno, Enrique de Borgoña. 1139-1185: Alfonso Henriques, hijo de Enrique de Borgoña, tomó el título de rey de Portugal tras su victoria de Ourique contra los musulmanes (1139) y hizo reconocer la independencia de Portugal. 1212: Después de la derrota almohade de las Navas de Tolosa, se constituyeron las cortes en Coimbra. 1249: Alfonso III (1248-1279) acabó la reconquista ocupando el Algarve. 1290: Dionisio I (1279-1325) fundó la universidad de Lisboa, que se trasladaría, en 1308, a Coimbra. 1383: con Fernando I (1367-1383) se extinguió la dinastía de Borgoña. 1385: Juan I (1385-1433) fundó la dinastía de Avís, tras la victoria sobre los castellanos en la batalla de Aljubarrota, que consolidó la independencia.
La edad de oro. Portugal prosiguió en el s. XV y a comienzos del s. XVI su expansión marítima y tuvo un papel importante en los viajes de descubrimientos, estimulados por Enrique el Navegante (1394-1460). 1487: Bartolomeu Dias dobló el cabo de Buena Esperanza. 1494: el tratado de Tordesillas estableció una línea divisoria entre las posesiones extraeuropeas de España y las de Portugal. 1497: Vasco de Gama descubrió la ruta de las Indias. 1500. P. Álvares Cabral tomó posesión de Brasil. 1505-1515: se constituyó el Imperio portugués de las Indias. 1521-1557: durante el reinado de Juan II, el mundo intelectual y artístico experimentó el mismo auge que la economía.
La crisis y la decadencia. 1578: Sebastián I (1557-1578) murió en la batalla de Alcazarquivir, en Marruecos. 1580: al extinguirse la dinastía de Avís, Felipe II de España se convirtió en rey de Portugal, uniendo así los dos reinos. 1640: los portugueses se sublevaron contra España y proclamaron rey al duque de Braganza, Juan IV (1640-1656). 1668: por el tra-

tado de Lisboa, España reconoció la independencia de Portugal, mediante la cesión de Ceuta. Fines del s. XVII: resignándose al hundimiento de sus posiciones en Asia y a su retroceso en África, Portugal se dedicó a la explotación de Brasil. 1703: el tratado de Methuen vinculó económicamente a Portugal y a Gran Bretaña. 1707-1750: durante el reinado de Juan V, el oro de Brasil no logró estimular la economía metropolitana. 1750-1777: José I confió el gobierno a Carvalho y Melo, marqués de Pombal, quien impuso un enérgico régimen de despotismo ilustrado y reconstruyó Lisboa tras el terremoto de 1755. 1792: María I (1777-1816) dejó el poder a su hijo, el futuro Juan VI. 1801: guerra de las Naranjas entre Portugal y España. 1807: el país fue invadido por las tropas francesas de Junot; la familia real se trasladó a Brasil. 1808: Wellesley (después duque de Wellington) desembarcó en Portugal. 1811: el país fue liberado de los franceses; la corte permaneció en Brasil y Portugal se vio sometido a un régimen militar controlado por Gran Bretaña. 1822: Juan VI (1816-1826) regresó a Lisboa a petición de las cortes y aceptó una constitución liberal. Su primogénito, Pedro I, se proclamó emperador de Brasil, cuya independencia fue reconocida en 1825. 1826: a la muerte de Juan VI Pedro I se convirtió en rey de Portugal con el nombre de Pedro IV; abdicó en favor de su hija María II y confió la regencia a su hermano Miguel. 1828: Miguel se proclamó rey con el nombre de Miguel I e intentó restablecer el absolutismo. 1832-1834: Pedro I desembarcó en Portugal y restableció a María II (1826-1853). 1834-1853: continuaron la tensión política y las luchas civiles. 1852-1908: tras el establecimiento del sufragio censual, Portugal conoció durante los reinados de Pedro V (1853-1861), Luis I (1861-1889) y Carlos I (1889-1908) un verdadero régimen parlamentario; el país intentó emprender la «regeneración» y reconstituir un imperio colonial en torno a Angola y Mozambique. 1907-1908: João Franco instauró una dictadura. Carlos I fue asesinado junto con su primogénito. 1908-1910: su segundo hijo, Manuel II, renunció al régimen autoritario pero fue destituido por la revolución cívico-militar republicana.
La república. 1910-1911: se proclamó la república. El gobierno provisional estableció la separación Iglesia-estado y concedió el derecho de huelga. 1911-1926: reinó una gran inestabilidad política durante la I república; Portugal no obtuvo ventajas sustanciales de su participación, junto a los aliados, en la primera guerra mundial. 1926: el golpe de estado del general Gomes da Costa acabó con el régimen, fue desplazado por el general Antonio Oscar de Fragoso Carmona. 1928: Carmona, presidente de la república, entregó la cartera de Finanzas a Antonio Oliveira Salazar, quien logró una espectacular recuperación. 1933-1968: Salazar, presidente del gobierno, gobernó según la constitución de 1933 que instauraba «el estado nuevo», corporativista y nacionalista. 1968-1974: Salazar fue sustituido por Marcello Caetano, quien combatió las rebeliones de Guinea, Mozambique y Angola. 1974: una junta, dirigida por el general de Spínola, se hizo con el poder e inauguró la llamada revolución de los claveles; fue eliminada por las fuerzas de izquierdas. 1975: el Consejo nacional de la revolución aplicó un programa socialista. Las antiguas colonias portuguesas accedieron a la independencia. 1976-1996: R. Eanes presidió la república, mientras que se sucedían los gobiernos de M. Soares (socialista, 1976-1978), Sá Carneiro (centro-derecha, 1979-1980), F. Pinto Balsemão (socialdemócrata, 1981-1983), M. Soares (1983-1985) y A. Cavaco Silva (socialdemócrata, 1986). La nueva constitución (1982) abolió la tutela de los militares. 1986: M. Soares fue elegido presidente de la C.E.E. En las elecciones de 1987 y 1991, el partido socialdemócrata obtuvo la mayoría absoluta; Cavaco Silva reforzó su posición de primer ministro. 1995: el socialista António Guterres fue elegido primer ministro. 1996: el socialista Jorge Sampaio, presidente de la república. 1999: A. Guterres fue reelegido. 2001: Segundo mandato de J. Sampaio.

PORTUGALETE, v. de España (Vizcaya); 55 404 hab. *(Portugalujos.)* Centro portuario e industrial en la aglomeración de Bilbao. Iglesia gótica de Santa María.

PORTUGUÉS, SA adj. y n. De Portugal. ♦ n. **2.** Lengua románica hablada en Portugal y en Brasil.

PORTUGUESA *(estado)*, est. de Venezuela; 15 200 km²; 622 250 hab. Cap. *Guanare.*

PORVENIR n. m. El tiempo futuro. **2.** Situación futura.

POS, En pos de, detrás o después de.

POSADA n. f. Casa en que, mediante cierto precio, se da estancia y comida, o sólo alojamiento. **2.** Hospedaje. **3.** Precio del hospedaje. **4.** En México, fiesta popular navideña consistente en un recorrido por las casas, acompañando con velas y canciones unas figuras de san José y la Virgen, seguida de bailes, etc.

POSADA *(José Guadalupe)*, grabador mexicano (Aguascalientes 1852-México 1931), realizó numerosísimos grabados de seres vivos, cosas o ideas abstractas en forma de esqueletos de valor emblemático.

POSADAS, c. de Argentina, cap. de la prov. de Misiones, a orillas del Paraná; 219 824 hab. Activo comercio con Paraguay (un puente internacional sobre el Paraná la une con Encarnación) y Brasil.

POSADAS *(Gervasio Antonio de)*, patriota argentino (Buenos Aires 1757-*id.* 1833), director supremo de las Provincias Unidas (1814), no supo resolver la sedición de Artigas. Dimitió en 1815.

POSADERAS n. f. pl. Nalgas.

POSADERO, A n. Patrón o dueño de una posada.

POSAR v. intr. [1]. Alojarse u hospedarse en un sitio. **2.** Permanecer en una postura determinada, para servir de modelo a un pintor, escultor o fotógrafo. ♦ v. intr. y pron. **3.** Detenerse las aves, u otros animales que vuelan, o las aeronaves, en algún sitio después de haber volado. ♦ v. tr. **4.** Dejar la carga que se trae a cuestas, para descansar. ♦ v. tr. y pron. **5.** Poner, colocar suavemente. ♦ **posarse** v. pron. **6.** Depositarse en el fondo de un recipiente o en el suelo las partículas sólidas que están en suspensión en un líquido o en el aire.

POSAVASOS n. m. (pl. *posavasos*). Soporte de cualquier material, utilizado para que los vasos de bebida no dejen huellas en las mesas.

POSDATA n. f. Lo que se añade a una carta después de concluida y firmada.

POSE n. f. Postura del cuerpo intencionada. **2.** Actitud, manera afectada de comportarse o de hablar.

POSEER v. tr. (lat. *possidere*) [2i]. Tener, ser el dueño. **2.** Conocer bien una materia. **3.** Tener un hombre trato sexual con una mujer.

POSEÍDO, A adj. y n. Dominado por una idea o pasión: *poseído por el odio; poseído del deseo.* **2.** Poseso. **3.** Que está muy seguro de su superioridad.

POSEIDÓN, dios griego del mar, que corresponde al Neptuno de los romanos.

POSESIÓN n. f. Acción de poseer, facultad de disponer de algo: *una posesión legítima.* **2.** Cosa poseída. • **Tomar posesión**, realizar algún acto que pruebe el ejercicio del derecho o disposición de la cosa que se empieza a poseer.

POSESIONAR v. tr. y pron. [1]. Dar o adquirir posesión de algo. ♦ **posesionarse** v. pron. **2.** Apoderarse de algo.

POSESIVO, A adj. y n. m. Dícese de las partículas lingüísticas que expresan posesión, pertenencia, dependencia: *adjetivo posesivo.* ♦ adj. y n. **2.** Que denota posesión, que siente necesidad de posesión, de dominio: *una madre posesiva.*

POSESO, A adj. y n. Dícese de la persona a la que se atribuye la posesión de algún espíritu.

POSGLACIAL n. m. y adj. GEOL. Período o materiales que han seguido a la última glaciación cuaternaria.

POSGUERRA n. f. Período de tiempo inmediatamente posterior a una guerra.

POSIBILIDAD n. f. Calidad de posible. **2.** Hecho de ser posible una cosa. ♦ **posibilidades** n. f. pl. **3.** Medios, caudal o hacienda de uno: *es un hombre de posibilidades.*

POSIBILITAR v. tr. [1]. Facilitar y hacer posible una cosa.

POSIBLE adj. (lat. *possibilem*). Que puede ser o suceder, que se puede hacer. ♦ **posibles** n. m. pl. **2.** Facultad o medios para hacer una cosa, generalmente medios económicos.

POSICIÓN n. f. (lat. *positionem*). Postura, modo de estar puesta una cosa, o una persona. **2.** Emplazamiento, lugar que ocupa una persona o cosa. **3.** Acción de poner. **4.** Circunstancias en las que uno se encuentra. **5.** Situación, condición o categoría social: *disfrutar de una buena posición económica.* **6.** COREOGR. Cada una de las cinco diferentes maneras de posar los pies en el suelo y de colocar los brazos, unos en relación a los otros.

POSICIONAMIENTO n. m. Acción y efecto de tomar o adoptar una determinada actitud o elegir una opción.

POSITIVIDAD n. f. Carácter de lo que es positivo.

POSITIVISMO n. m. Filosofía de Auguste Comte, que considera que la humanidad atraviesa por tres etapas: teológica, metafísica y positiva. **2.** Filosofía que admite sin crítica el valor de la ciencia como tal.

POSITIVISTA adj. y n. m. y f. Relativo al positivismo; partidario del positivismo.

POSITIVO, A adj. (lat. *positivum*). Que se basa en los hechos, la experiencia, etc. **2.** Cierto, constante: *hecho positivo.* **3.** Que afirma: *respuesta positiva.* **4.** Que da pruebas de realismo, que tiene sentido práctico. **5.** Lo que es racional, provechoso. • **Electricidad positiva**, electricidad que puede obtenerse frotando vidrio con una gamuza, y que se señala con el signo +. ‖ **Magnitud positiva** (MAT.), magnitud superior a cero. ♦ adj. y n. m. **6.** LING. Dícese del grado de significación del adjetivo o del adverbio empleado sin idea de comparación. ♦ n. m. **7.** Pequeño órgano de cámara o de iglesia. **8.** FOT. Prueba obtenida de un negativo, por contacto o ampliación, y que constituye la imagen definitiva del objeto reproducido. SIN.: *prueba positiva.*

POSITÓN o **POSITRÓN** n. m. Antipartícula del electrón que posee la misma masa que éste y una carga igual y de signo contrario, es decir, positiva.

POSMODERNIDAD n. f. Término usado para designar el carácter adquirido por la cultura occidental a partir de sus transformaciones y críticas, que han afectado notablemente la ciencia, la literatura y el arte del s. XX.

POSMODERNO, A adj. y n. Relativo a la posmodernidad; partidario de la posmodernidad.

POSO n. m. Sedimento del líquido contenido en una vasija. **2.** *Fig.* Señal, huella que queda en el espíritu de alguna cosa pasada: *le queda un poso de amargura.*

POSPONER v. tr. [5]. Poner o colocar una persona o cosa después de otra, especialmente en cuanto a juicio o estimación. **2.** Colocar a alguien en lugar inferior al que tenía o le corresponde. **3.** Diferir. **4.** LING. Colocar pospuesto.

POSPRETÉRITO n. m. LING. En la nomenclatura de los tiempos verbales de Bello, potencial simple.

POST MERIDIEM loc. (voces latinas, después del mediodía). Indica las horas del día desde el mediodía hasta media noche. (Se utiliza principalmente en los países anglosajones. Suele abreviarse *p. m.*).

POST SCRIPTUM loc. (voces latinas, después del escrito). Posdata. (Suele abreviarse P.S.).

POSTA n. f. (voz italiana). Conjunto de caballerías que se apostaban en los caminos a distancias regulares para renovar las del correo, diligencias, etc. **2.** Casa o lugar donde estaban apostadas. **3.** Distancia que hay de una posta a otra. • **A posta** (*Fam.*) adrede.

POSTAL adj. Relativo al correo. ◆ adj. y n. f. **2.** Cartulina que lleva en una de las caras la reproducción de un paisaje, grabado o dibujo, y que se envía por correo sin sobre.

POSTE n. m. (lat. *postem*). Madero, piedra o columna que se coloca verticalmente para servir de apoyo, señal, o para cualquier otro fin. **2.** Cada uno de los dos palos verticales de la portería del fútbol y de otros deportes.

POSTER o **PÓSTER** n. m. (ingl. *poster*). Cartel o fotografía de formato grande y papel ligero, destinado a la decoración.

POSTERGACIÓN n. f. Acción y efecto de postergar.

POSTERGAR v. tr. [1b]. Hacer sufrir un retraso a una cosa. **2.** Colocar en lugar inferior al que tenía o al que le corresponde.

POSTERIDAD n. f. (lat. *posteritatem*). Descendencia o generación venidera. **2.** El tiempo futuro. **3.** Fama póstuma: *pasar a la posteridad*.

POSTERIOR adj. (lat. *posteriorem*). Que sigue en el orden del tiempo. **2.** Que sigue en la colocación a otra cosa: *una fila posterior a ésta.* **3.** Que está detrás o en la parte de atrás de algo: *parte posterior de la cabeza*.

POSTERIORIDAD n. f. Calidad o situación de posterior: *me lo contó con posterioridad*.

POSTIGO n. m. (lat. *posticum*). Puerta pequeña abierta en otra mayor. **2.** Puerta falsa o excusada de una casa. **3.** Puerta de una sola hoja que cubre una ventana, cerrando el paso de la luz.

POSTIMPRESIONISMO n. m. Movimiento artístico que, entre 1885 y 1905, disintió del impresionismo o se opuso a él.

POSTÍN n. m. (voz gitana). *Fam.* Presunción, vanidad. • **Darse**, o **gastar, postín** (*Fam.*), presumir de algo, atribuirse importancia. || **De postín** (*Fam.*), de lujo.

POSTIZO, A adj. Que suple una falta o escasez natural: *dientes postizos*. **2.** Que está añadido, sobrepuesto: *puño, cuello postizo*. **3.** Fig. Falso, ficticio: *nombre postizo*. **4.** Fig. Que está en desacuerdo con el resto. ◆ n. m. **5.** Añadido de pelo que se hace a un peinado o que suple una escasez o falta.

POSTOR n. m. (lat. *positorem*). Persona que licita en una subasta. SIN.: licitador.

POSTRACIÓN n. f. Acción y efecto de postrar o postrarse. **2.** Estado de gran abatimiento, con disminución de la energía física y síquica.

POSTRADO, A adj. Abatido, debilitado.

POSTRAR v. tr. [1]. Derribar o inclinar hasta el suelo. ◆ v. tr. y pron. **2.** Debilitar física o moralmente: *la enfermedad le postró*. ◆ **postrarse** v. pron. **3.** Arrodillarse humillándose en señal de respeto, veneración, etc.: *postrarse ante el altar*.

POSTRE n. m. Fruta, plato dulce, etc., que se toma al final de las comidas. • **A la,** o **al, postre**, al final.

POSTRENO, A adj. Postrero, último.

POSTRER adj. Apócope de *postrero*, usado antepuesto al sustantivo: *el postrer día; el postrer deseo*.

POSTRERO, A adj. y n. Que se encuentra el último en una serie de cosas. **2.** Que está, se queda o viene detrás.

POSTRIMERÍAS n. f. pl. Último período en la duración de algo o de un tiempo determinado: *las postrimerías del siglo*. **2.** Últimos momentos de la vida de una persona. **3.** TEOL. Lo que aguarda al hombre al término de su vida: la muerte, el juicio, el infierno o la gloria.

POSTULADO n. m. (lat. *postulatum*, pedido). Principio primero, indemostrable o no demostrado, cuya admisión es necesaria para establecer una demostración.

POSTULANTE, A n. Persona que postula.

POSTULAR v. tr. (lat. *postulare*) [1]. Pedir, especialmente por la calle, en una colecta. **2.** Pedir que se tome una determinada resolución. **3.** Predicar. **4.** FILOS. Proponer una proposición como postulado.

PÓSTUMO, A adj. (lat. *postumum*). Que nace después de la muerte del padre: *hijo póstumo*. **2.** Que aparece después de la muerte del autor.

POSTURA n. f. (lat. *posituram*). Manera de estar las personas o animales según la posición relativa de sus miembros. **2.** *Fig.* Actitud que se toma con respecto a un asunto, ideología, etc. **3.** Cantidad que ofrece el postor en una puja o subasta.

POTABILIZAR v. tr. [1g]. Hacer potable.

POTABLE adj. (lat. *potabilem*). Que se puede beber sin que dañe: *agua potable*. **2.** *Fig.* y *fam.* Aceptable: *un argumento potable*.

POTAJE n. m. (fr. *potage*, de *pot*, puchero). Caldo de olla. **2.** Guiso hecho a base de legumbres secas, verduras y otros ingredientes. **3.** Legumbres secas. **4.** Bebida o brebaje en que entran muchos ingredientes. **5.** *Fig.* Conjunto de varias cosas mezcladas y confusas. **6.** ELECTR. Magnitud definida por una constante aproximada que caracteriza a los cuerpos electrificados y a las zonas del espacio en las que domina un campo eléctrico, y relacionada con el trabajo producido por el campo eléctrico.

POTASA n. f. (fr. *potasse*). Nombre común de varios derivados potásicos: el hidróxido de potasio (*potasa cáustica*) y los carbonatos de potasio (*potasas carbonatadas*). **2.** Cualquier variedad de carbonato de potasio impuro.

POTÁSICO, A adj. Relativo al potasio. **2.** Que deriva del potasio. **3.** Que contiene compuestos de potasio.

POTASIO n. m. Metal alcalino ligero, de símbolo químico K, número atómico 19 y masa atómica 39,1.

POTE n. m. (cat. *pot*). Vasija cilíndrica, de barro, porcelana, metal, etc.

POTENCIA n. f. (lat. *potentiam*). Capacidad para realizar acciones o producir un efecto. **2.** Fuerza, poder, vigor. **3.** Capacidad de mandar, dominar, imponer o influir. **4.** Estado soberano: *las potencias aliadas*. **5.** Persona, grupo o entidad poderosa, importante o influyente. **6.** FILOS. Carácter, virtualidad, posibilidad: *la potencia y el acto*. **7.** FÍS. Cociente entre el trabajo realizado por una máquina y el tiempo empleado en realizarlo. **8.** MAT. Producto que resulta de multiplicar una cantidad por sí misma tantas veces como indica un número llamado *exponente* o *grado*. • **En potencia**, de manera virtual, que puede producirse o ser producido. | **Potencia de un conjunto** (LÓG.), número cardinal de este conjunto. | **Potencia de un punto respecto a una circunferencia, a una esfera**, producto de las distancias de este punto a las intersecciones de la circunferencia o de la esfera con una secante que pasa por este punto.

POTENCIACIÓN n. f. Acción y efecto de potenciar. **2.** MAT. Elevación de un número a un exponente para obtener la potencia correspondiente.

POTENCIAL adj. Relativo a la potencia. **2.** Que sólo existe en potencia. • **Energía potencial** (FÍS.), energía que posee un cuerpo o un sistema físico, en función de su posición, de su estado. ◆ adj. y n. m. **3.** LING. Dícese de una forma verbal que indica la posibilidad o realización en el presente o futuro (*potencial simple* o *pospretérito*) o pasado (*potencial compuesto* o *antepospretérito*). SIN.: condicional. ◆ n. m. **4.** Fuerza, potencia de la que se puede disponer: *el potencial militar, industrial*. **5.** Cantidad de energía liberable que tiene almacenada un cuerpo. **6.** ELECTR. Magnitud definida por una constante aproximada que caracteriza a los cuerpos electrificados y a las zonas del espacio en las que domina un campo eléctrico, y relacionada con el trabajo producido por el campo eléctrico.

POTENCIAR v. tr. [1]. Facilitar, fomentar, impulsar.

POTENCIÓMETRO n. m. ELECTR. Aparato de medida que sirve para comparar una diferencia de potencial con una fuerza electromotriz de una pila patrón. **2.** ELECTR. Resistencia graduable que sirve de divisor de tensión.

POTENTADO, A n. Persona poderosa y opulenta.

POTENTE adj. (lat. *potentem*). Que tiene potencia. **2.** Poderoso, fuerte. **3.** Capaz de engendrar.

POTESTAD n. f. (lat. *potestatem*). Dominio, poder, jurisdicción o facultad que se tiene sobre una persona o cosa. ◆ **potestades** n. f. pl. **2.** REL. Espíritus bienaventurados que forman el cuarto coro.

POTINGUE n. m. *Fam.* Cualquier bebida de farmacia o de aspecto o sabor desagradable. **2.** Crema o producto cosmético.

POTO n. m. Argent., Chile y Perú. Nalgas. **2.** Perú. Vasija pequeña de barro.

POTOSÍ n. m. Riqueza extraordinaria. • **Valer un potosí** (*Fam.*), valer mucho.

POTOSÍ (*cerro de*) o **CERRO RICO DE POTOSÍ**, cerro de Bolivia, en la cordillera Real de los Andes; 4739 m de alt. Antiguas minas de plata (agotadas).

POTOSÍ (departamento de), dep. del SO de Bolivia; 118 218 km²; 645 817 hab. Cap. *Potosí*.

POTOSÍ, c. de Bolivia, cap. del dep. homónimo, al pie del cerro de Potosí; 112 291 hab. Su época de esplendor (ss. XVI y XVII) estuvo ligada a la explotación de las minas de plata. Templos y mansiones con típica ornamentación barroca.

POTOSINO, A adj. y n. De Potosí o de San Luis Potosí.

POTRANCO, A n. Potro de menos de tres años.

POTREREAR v. tr. [1]. *Argent. Fam.* Jugar los niños libremente, como en un potrero, terreno baldío.

POTRERO, A n. Persona que cuida de los potros cuando están en la dehesa. ◆ n. m. **2.** Lugar destinado a la cría y pasto de ganado caballar. **3.** *Amer.* Porción de terreno de buena pastura, acotado y destinado al sostenimiento de ganados, especialmente de engorde. **4.** *Argent.* Parcela en que se divide la estancia ganadera. **5.** *Argent.* y *Perú.* Terreno sin edificar donde suelen jugar los niños.

POTRO n. m. Caballo o yegua desde que nace hasta la edad de dentición de leche. ◆ n. m. **2.** Aparato gimnástico que consiste en una armazón de madera, recubierta de crin y cuero y montada sobre cuatro patas. **3.** Antiguo instrumento de tortura.

POTSDAM, c. de Alemania, cap. de Brandeburgo, al SO de Berlín; 141 430 hab. Antiguamente llamada el *Versalles prusia-*

POU

no, conserva diversos monumentos, museos y sobre todo, el pequeño palacio homónimo, joya del rococó.

POUND (Ezra Loomis), poeta norteamericano (Hailey, Idaho, 1885-Venecia 1972). Buscó la unión de culturas y lenguajes el antídoto contra el desgaste y la disgregación que el mundo moderno impone al hombre (*Cantos*, 1919-1969).

POVEDA (Alfredo), militar y político ecuatoriano (Ambato 1926-Miami 1990). Presidió la junta militar que gobernó tras un golpe de estado (1976-1979).

POVEDA (José Manuel), escritor cubano (Santiago de Cuba 1888-Manzanillo 1926). Su única obra, *Versos precursores* (1917) le sitúa en el modernismo innovador.

POWELL (Cecil Frank), físico británico (Tonbridge 1903-Casargo, Italia, 1969), premio Nobel de física (1950) por su descubrimiento del mesón pi, gracias al empleo de la placa fotográfica aplicada al estudio de los rayos cósmicos.

POZA n. f. Charca, charco. **2.** Pozo de un río, paraje donde éste es más profundo.

POZA RICA DE HIDALGO, c. de México (Veracruz); 151 739 hab. Extracción de petróleo y gas natural (oleoductos). Refinería y planta petroquímica.

POZNAŃ, c. de Polonia, en Posnania, cap. de voivodato, a orillas del Warta; 589 700 hab. Centro comercial e industrial. Ayuntamiento renacentista. Iglesias góticas y barrocas. Museos.

POZO n. m. Hoyo que se hace en la tierra ahondándolo hasta encontrar una vena de agua. **2.** Hoyo profundo, aunque esté seco. **3.** *Fig.* Persona que tiene en alto grado la cualidad o defecto que se expresa: *un pozo de ciencia.* **4.** *Argent., Par. y Urug.* Socavón, hoyo que se hace en el pavimento de las calles o caminos. **5.** *Colomb.* Parte de un río apropiada para bañarse. **6.** GEOGR. Depresión en el fondo del mar, cerca de las orillas o los bajos, que los buques buscan para fondear. **7.** GEOGR. Sitio o paraje donde los ríos tienen más profundidad. **8.** MIN. Perforación vertical o ligeramente inclinada, de sección constante, para extraer los minerales o el carbón de una mina, o para otros fines propios de la explotación (ventilación, acceso, etc.). **9.** PETRÓL. Perforación vertical, cilíndrica y profunda para localizar o explotar un yacimiento petrolífero.

POZO (sierra del), sierra de España (Jaén), al E de la sierra de Cazorla; 2031 m de alt. en el monte Cabañas. En ella nace el río Guadalquivir.

POZO COLORADO, c. de Paraguay, cap. del dep. de Presidente Hayes; 3878 hab.

POZOLE n. m. *Guat.* Triturado utilizado para alimentar a las aves de corral. **2.** *Méx.* Guiso que consiste en un caldo muy condimentado, cuyos ingredientes principales son granos de maíz tierno, chile y carne de cerdo o pollo. **3.** *Méx.* Bebida refrescante de agua y harina de maíz batida.

POZUELO DE ALARCÓN, v. de España (Madrid); 48 278 hab. Centro industrial en el área metropolitana de Madrid.

PRÁCTICA n. f. Ejercicio de ejercer o realizar un trabajo, facultad, habilidad: *la práctica del deporte fortalece el organismo.* **2.** Destreza o habilidad que se adquiere con la repetición o continuidad de este ejercicio: *tiene mucha práctica en hacer este trabajo.* **3.** Uso, costumbre, manera que se tiene de hacer una cosa: *la circuncisión es una práctica normal entre los judíos.* **4.** Aplicación de los conocimientos adquiridos, especialmente la que hacen los estudiantes bajo la dirección de un profesor en un ejercicio o clase.

PRACTICABLE adj. Que se puede practicar. **2.** Que se puede pasar. **3.** Que se puede abrir o cerrar: *puerta practicable.*

PRÁCTICAMENTE adv. m. Casi.

PRACTICANTE adj. y n. m. y f. Que practica. **2.** Dícese de la persona que profesa y practica su religión: *católico practicante.* ♦ n. m. y f. **3.** Profesional sanitario que pone inyecciones y realiza otras curas de asistencia médica.

PRACTICAR v. tr. [**1a**]. Realizar, ejercer una actividad, trabajo, acto, etc. **2.** Ejercitar, hacer una cosa con cierta asiduidad o frecuencia: *practica varios deportes.* **3.** Hacer, ejecutar: *practicar un agujero en la pared.* **4.** Ejercer o aplicar unos conocimientos o una profesión bajo la dirección de un profesor o jefe experto en la materia.

PRÁCTICO, A adj. (lat. *practicum*). Que produce un provecho o utilidad material. **2.** Diestro, experimentado, hábil para hacer algo. **3.** En oposición a teórico, dícese de lo que tiende a la realización o aplicación de determinados conocimientos. ♦ n. m. **4.** Persona que dirige las entradas y salidas de los barcos en un puerto.

PRADA OROPEZA (Renato), escritor boliviano (1937), autor de novelas donde recoge el impacto de las conmociones sociales, cuentos y ensayos.

PRADERA n. f. Conjunto de prados. **2.** Prado grande. **3.** BOT. Formación herbácea integrada principalmente por diversas gramíneas que se agosta más o menos en verano. ♦ **Perro**, o **perrito, de la praderas**, mamífero roedor, excelente zapador y muy prolífico, que habita en América del Norte, incluido México. (Familia esciúridos.)

PRADERA (La), **LAS PRADERAS** o **GRANDES PRADERAS**, nombre dado a las regiones de Estados Unidos, comprendidas entre el Mississippi y las Rocosas (comprende la región del Midwest).

PRADO n. m. (lat. *pratum*). Terreno muy húmedo o de regadío, en el que se deja crecer o se siembra la hierba para pasto del ganado. **2.** Lugar entre árboles y césped que sirve de paseo en algunas poblaciones.

PRADO (Lo), com. de Chile (Santiago); 110 883 hab.

PRADO (Mariano Ignacio), militar y político peruano (Huánuco 1826-París 1901). Fue presidente de la asamblea (1867). Reelegido en 1876, la crisis política le llevó al exilio en 1879.

PRADO (Mariano), político salvadoreño del s. XIX. Presidió la primera junta de gobierno (1823-1824) y fue jefe del estado (1826-1829 y 1832-1833).

PRADO (Pedro), escritor chileno (Santiago de Chile 1886-† 1952). Su poesía fue innovadora (*Flores de cardo*, 1905). Escribió poesía en prosa (*Androvar*, 1925) y novela (*Alsino*, 1920).

PRADO Y UGARTECHE (Manuel), político peruano (Lima 1889-París 1967), hijo de Mariano Ignacio Prado. Presidente de la república (1939-1945), fue reelegido (1956) y derrocado por el ejército (1962).

PRADOS (Emilio), poeta español (Málaga 1889-México 1962). Figura entre los poetas de la generación del 27: *Llanto de sangre* (1937). Desde 1939 residió en México (*Memoria del olvido*, 1964).

PRAGA, en checo **Praha**, c. y cap. de la República Checa, junto al Vltava; 1 212 010 hab. Metrópoli histórica e intelectual de Bohemia, centro comercial e industrial. Recinto del Hradčany (castillo y ciudad real), catedral gótica, puente Carlos, monumentos civiles y religiosos de estilo barroco. Fue de 1918 a 1992 la capital de Checoslovaquia.

PRAGMÁTICA n. f. **Pragmática sanción**, disposición legislativa de un soberano sobre una materia fundamental (sucesión, relaciones entre Iglesia y estado).

PRAGMÁTICO, A adj. y n. Relativo a la acción y no a la especulación, práctico.

PRAGMATISMO n. m. (ingl. *pragmatism*). Doctrina que toma como criterio de verdad el valor práctico.

PRAIA, c. y cap. del archipiélago de Cabo Verde, en la isla de São Tiago; 61 797 hab.

PRANGANA adj. m. y f. *Méx. Fam.* Que es pobre en extremo.

PRASEODIMIO n. m. Metal del grupo de las tierras raras, cuyo símbolo químico es Pr, su número atómico 59 y su masa atómica 140,90.

PRAXIS n. f. (voz griega, acción). Práctica, acción.

PRAXÍTELES o **PRAXÍTELES**, escultor griego, nacido en Atenas, activo en el s. IV a. J.C. Sus obras (*Apolo Sauróctono; Afrodita de Cnido; Hermes con Dionisio niño*), conocidas sólo a través de réplicas, ejercieron una influencia considerable en los artistas de la época helenística.

PREÁMBULO n. m. Introducción, prefacio, aquello que se escribe o dice como preparación o explicación de lo que se va a tratar. **2.** Rodeo o digresión antes de entrar en materia o de empezar a decir una cosa claramente.

PREBENDA n. f. Renta aneja a una canonjía u otro oficio eclesiástico. **2.** Cualquiera de los beneficios eclesiásticos superiores de las iglesias catedrales y colegiatas. **3.** *Fig.* y *fam.* Oficio o empleo lucrativo y de poco trabajo.

PREBISCH (Raúl), economista argentino (Tucumán 1901-Santiago de Chile 1986). Dirigió el instituto latinoamericano de planificación económica en 1962-1964 y en 1969 (*Transformación y desarrollo, la gran tarea de América latina,* 1970-1972).

PRECÁMBRICO, A adj. y n. m. Dícese de la primera era de la historia de la Tierra, cuya duración se calcula en 4000 millones de años, en la que aparecen las primeras formas de vida.

PRECARIO, A adj. (lat. *precarium*). Inestable, inseguro o escaso.

PRECAUCIÓN n. f. Medida que se toma para evitar un mal. (Suele usarse en plural.) **2.** Actitud de prudencia por la existencia o temor de un peligro.

PRECAUTORIO, A adj. Preventivo.

PRECAVER v. tr. y pron. (lat. *praecavere*) [**2**]. Prevenir, tomar las medidas necesarias para evitar o remediar un mal.

PRECEDENCIA n. f. Antelación, prioridad de una cosa respecto a otra en el tiempo o en el espacio. **2.** Primacía, superioridad, importancia de una cosa sobre otra. **3.** Preferencia en el lugar y asiento y en algunos actos honoríficos.

PRECEDENTE adj. y n. m. y f. Que precede. ♦ n. m. **2.** Antecedente, acción, dicho o circunstancia que sirve para justificar hechos posteriores.

PRECEDER v. tr. e intr. (lat. *praecedere*) [**2**]. Ir, ocurrir o estar algo o alguien delante de aquello que se expresa, en tiempo, orden o lugar. ♦ v. tr. **2.** *Fig.* Estar una persona en posición o cargo de más importancia o categoría que otra determinada.

PRECEPTIVA n. f. Conjunto de preceptos aplicables a determinada materia.

PRECEPTIVO, A adj. Dícese de lo que cuyo cumplimiento se está obligado.

PRECEPTO n. m. (lat. *praeceptum*). Orden o mandato dado por una autoridad competente. **2.** Norma o regla que se da para el ejercicio de una actividad. **3.** REL. CATÓL. Mandamiento de la ley de Dios o de la Iglesia. ♦ **Fiesta de precepto** (REL. CATÓL.), fiesta cuya observancia es obligatoria.

PRECEPTOR, RA n. Maestro, persona que convive con una familia y está encargada de la instrucción y educación de los niños.

PRECEPTUAR v. tr. [**1s**]. Establecer o prescribir un precepto.

PRECES n. f. pl. Ruegos, súplicas.

PRECESIÓN n. f. Desplazamiento del eje de giro de un cuerpo rígido giratorio, producido por la acción de pares de fuerza externos. ♦ **Precesión de los equinoccios** (ASTRON.), movimiento rotatorio retrógra-

do del eje de la Tierra alrededor del polo de la eclíptica, que produce un movimiento gradual de los equinoccios hacia el O.
PRECIADO, A adj. Valioso, excelente, digno de estimación.
PRECIARSE v. pron. [1]. Vanagloriarse, presumir de algo.
PRECINTADO n. m. Acción y efecto de precintar.
PRECINTAR v. tr. [1]. Poner precinto.
PRECINTO n. m. (lat. *praecimetum*). Ligadura y sello que mantiene cerrado algo de manera que no pueda abrirse sin romper dicha ligadura.
PRECIO n. m. (lat. *praetium*). Valor atribuido en el mercado a una cosa, expresado en dinero. **2.** *Fig.* Esfuerzo o dificultad que sirve de medio para obtener alguna cosa.
PRECIOSIDAD n. f. Calidad de precioso. **2.** Persona o cosa preciosa.
PRECIOSO, A adj. Que tiene mucho valor. **2.** Que sobresale en importancia, utilidad o calidad. **3.** *Fig. y fam.* Hermoso, muy bonito.
PRECIOSURA n. f. *Amér.* Preciosidad, persona o cosa preciosa.
PRECIPICIO n. m. (lat. *praecipitium*). Abismo, cavidad o declive alto y profundo en un terreno escarpado. **2.** *Fig.* Ruina, pérdida material o espiritual.
PRECIPITACIÓN n. f. Acción y efecto de precipitar o precipitarse. **2.** Cantidad total de agua líquida o sólida depositada por la atmósfera. **3.** QUÍM. Fenómeno que se opera cuando un cuerpo en disolución se separa del disolvente y se deposita en el fondo del recipiente.
PRECIPITADO, A adj. y n. m. QUÍM. Dícese de la sustancia que en el curso de una reacción química se separa de su disolvente y se deposita en el fondo del recipiente.
PRECIPITAR v. tr. y pron. (lat. *praecipitare*) [1]. Arrojar a una persona o cosa desde un lugar alto o un precipicio. **2.** *Fig.* Acelerar o hacer que una cosa se desarrolle u ocurra antes del tiempo adecuado. **3.** QUÍM. Provocar o producirse una precipitación. ◆ v. tr. **4.** *Fig.* Exponer a alguien a un peligro material o espiritual u ocasionarle una desgracia. ◆ **precipitarse** v. pron. **5.** Acudir de prisa a un lugar. **6.** *Fig.* Proceder con irreflexión y apresuramiento.
PRECISAR v. tr. [1]. Tener necesidad de alguien o de alguna cosa. **2.** Determinar o expresar algo con detalle y exactitud.
PRECISIÓN n. f. Calidad de preciso, necesario. **2.** Exactitud o explicación detallada de algo. **3.** Concisión y exactitud rigurosa del lenguaje, estilo, etc. • **Aparato de precisión**, instrumento de medida destinado a usos que requieren una gran precisión.
PRECISO, A adj. (lat. *praecisum*). Necesario, indispensable para un fin. **2.** Determinado con exactitud. **3.** Claro, distinto. **4.** Dícese del lenguaje, estilo, etc., conciso y rigurosamente exacto.
PRECITADO, A adj. Citado anteriormente.
PRECLARO, A adj. Esclarecido, ilustre, digno de admiración.
PRECOCIDAD n. f. Calidad de precoz.
PRECOGNICIÓN n. f. Conocimiento anterior.
PRECOLOMBINO, A adj. Relativo a las culturas y al arte desarrollados por los pueblos de América con anterioridad a la llegada de Cristóbal Colón. SIN.: *prehispánico*.
■ En el continente americano se desarrollaron distintas culturas repartidas en tres grandes áreas: *Área mesoamericana*. Del período paleoamerindio (9000-7000 a. J.C.) se conservan muy pocos vestigios. Las culturas preclásicas erigieron la primera pirámide, la pirámide de Cuicuilco. Los olmecas alcanzaron una gran importancia en el panorama del arte precolombino mexicano (Tres Zapotes, Las Ventas). La cultura *totonaca* (ss. V-XI d. J.C.) estableció su centro en El Tajín. Al norte de los totonacas se desarrolló la *cultura huaxteca*, de arte muy refinado, y en el Valle de México se encontraba la *cultura de Teotihuacán*, civilización teocrática con un arte de gran excelencia. Teotihuacán fue destruida por los *toltecas*, que fueron derrotados a su vez por los *aztecas*, instalados en el lago Texcoco (1267), que fundaron en 1325 la metrópoli de Tenochtitlan. En la península de Yucatán y altas tierras de Guatemala se desarrolló la *civilización maya*, que sobresalió en arquitectura, escultura y pintura, con una secuencia cultural que va desde el período formativo (2000 a. J.C.) hasta el período clásico (900 d. J.C.) y una etapa posclásica de ocupación tolteca (950-1500). La zona de la *cultura zapoteca* (Monte Albán) fue ocupada posteriormente por los *mixtecas* (ss. XV).
Área circuncaribe. En la costa atlántica colombiana se desarrolló la *cultura Tairona*, y en las Antillas los principales vestigios pertenecen a los *taínos*.
Área andina. En esta zona se han encontrado restos muy antiguos. La cultura formativa de Colombia fue la de *San Agustín*, que dejó más de trescientos monolitos esculpidos. Las altas culturas colombianas, *chibcha y quimbayá*, destacaron por su orfebrería. En la costa norte peruana sobresalieron las culturas del horizonte *Chavín* y la *cultura mochica*, notable por su cerámica. Sus herederos culturales fueron los *chimú* (1000-1400 d. J.C.). En la costa sur los restos más antiguos pertenecen a las *culturas Paracas* (necrópolis y Cavernas). La *cultura Nazca*, contemporánea de la *mochica*, destacó por su cerámica. La civilización más importante de la Sierra es la de los *incas*, establecidos en Cuzco en la primera mitad del s. XIII, que extendieron su imperio desde Colombia hasta Chile. En Bolivia la cultura más importante es la de *Tiahuanaco*. En el nordeste argentino la *cultura chacosantiagueña* produjo una cerámica de decoración estilizada.
PRECONCEBIR v. tr. [30]. Pensar o proyectar una cosa de antemano.
PRECONIZAR v. tr. [1]. Recomendar o aconsejar con intensidad alguna cosa de interés general. **2.** REL. Designar el papa un nuevo obispo.
PRECORDILLERA n. f. Sistema montañoso de Argentina, al E de los Andes y paralelo a ellos, entre la sierra de Punilla al N, y el río Mendoza al S. Se le llama también *Precordillera de La Rioja, San Juan y Mendoza* o *Precordillera Salto-jujeña*.
PRECOZ adj. (lat. *praecocem*). Que se produce, desarrolla o madura antes de tiempo. **2.** Dícese del que tiene un desarrollo físico o intelectual superior al que le corresponde por su edad.
PRECURSOR, RA adj. y n. (lat. *praecursorem*). Que precede o va delante. **2.** *Fig.* Que anuncia, empieza o divulga algo que tendrá su desarrollo y culminación posteriormente. ◆ n. m. **3. El precursor** (por *antonom.*), san Juan Bautista.
PREDAR v. tr. [1]. Saquear, robar.
PREDATORIO, A adj. Propio del robo o saqueo. **2.** ZOOL. Relativo al acto de hacer presa.
PREDECESOR, RA n. Ser que precede a otro en tiempo, orden o lugar. **2.** Antecesor, antepasado.
PREDECIR v. tr. [19]. Anunciar por adivinación, suposición, revelación, etc., algo que ha de suceder en el futuro.
PREDESTINACIÓN n. f. Acción y efecto de predestinar.
PREDESTINADO, A adj. y n. Que fatalmente tiene que acabar de modo determinado.
PREDESTINAR v. tr. [1]. Destinar anticipadamente una cosa para un fin. **2.** TEOL. Destinar y elegir Dios a los que por medio de su gracia han de lograr la gloria.

PREDETERMINACIÓN n. f. Acción y efecto de predeterminar.
PREDETERMINAR v. tr. [1]. Determinar o decidir anticipadamente una cosa.
PRÉDICA n. f. *Desp.* Sermón o discurso.
PREDICABLE adj. GRAM. y LÓG. Que se puede afirmar o decir de un sujeto.
PREDICACIÓN n. f. Acción de predicar.
PREDICADO n. m. (lat. *praedicatum*). LING. Miembro de la oración funcionalmente complementario del sujeto y que está ligado al mismo por una relación de implicación mutua. **2.** LÓG. Lo que se afirma o niega del sujeto en una proposición.
PREDICADOR, RA adj. y n. Que predica. ◆ n. m. **2.** Orador evangélico que predica la palabra de Dios.
PREDICAMENTO n. m. Prestigio, fama de que goza una persona o cosa e influencia que tiene a causa de ello.
PREDICAR v. tr. (lat. *praedicare*) [**1a**]. Publicar, hacer clara y patente una cosa. **2.** Pronunciar un sermón. **3.** Aconsejar o publicar algo en un sermón: *predicar la caridad*. **4.** LING. y LÓG. Decir algo de un sujeto.
PREDICATIVO, A adj. LING. y LÓG. Relativo al predicado.
PREDICCIÓN n. f. Acción y efecto de predecir. **2.** Cosa que se predice.
PREDILECCIÓN n. f. Cariño o preferencia con que se distingue a una persona o cosa entre otras.
PREDILECTO, A adj. Preferido, favorito.
PREDIO n. m. (lat. *praedium*). Finca, heredad, hacienda, tierra o posesión inmueble.
PREDISPONER v. tr. y pron. [5]. Disponer anticipadamente a alguien para alguna cosa, especialmente una enfermedad. **2.** Influir en el ánimo de una persona a favor o en contra de alguien o de algo.
PREDISPOSICIÓN n. f. Acción y efecto de predisponer.
PREDOMINANCIA n. f. Acción y efecto de predominar.
PREDOMINANTE adj. Que predomina, que prevalece o ejerce la principal influencia.
PREDOMINAR v. tr. e intr. [1]. Ser una cosa la más importante, estar en más cantidad, tener una cualidad en mayor grado, etc.
PREDOMINIO n. m. Hecho de tener más calidad, superioridad, dominio o difusión una cosa que otra.
PREEMINENCIA n. f. Primacía, privilegio o ventaja que alguien o algo tiene sobre otros por razón de sus méritos, calidad o categoría.
PREEMINENTE adj. Que es superior, que sobresale en algo o que tiene más importancia que otros.
PREESTABLECER v. tr. [2c]. Establecer de antemano.
PREEXISTIR v. intr. [3]. Existir antes o realmente, o con antelación de naturaleza u origen.
PREFABRICACIÓN n. f. Sistema de fabricación que permite realizar un conjunto (casa, buque, etc.) por medio de elementos estandarizados fabricados de antemano, y cuyo montaje se realiza según un plano preestablecido.
PREFABRICADO n. m. Material de construcción compuesto de varios elementos y preparado en fábrica.
PREFABRICAR v. tr. [**1a**]. Construir por el sistema de prefabricación.
PREFACIO n. m. (lat. *praefationem*). Introducción, preámbulo, prólogo. **2.** LITURG. CATÓL. Solemne introducción a la misa, que canta o recita el celebrante.
PREFECTO n. m. (lat. *praefectum*). DER. CAN. Presidente del tribunal, junta o comunidad eclesiástica. **2.** ENSEÑ. Persona encargada en una colectividad de vigilar el desarrollo de ciertas funciones.
PREFECTURA n. f. Dignidad, cargo y funciones de un prefecto. **2.** Edificio u oficina en que ejerce su poder.
PREFERENCIA n. f. Tendencia o inclinación favorable hacia una persona o cosa que predispone a su elección. **2.** Primacía,

ventaja. **3.** En un espectáculo público, asiento o localidad que se considera el mejor.

PREFERENTE adj. y n. m. y f. Que prefiere o se prefiere. ♦ adj. **2.** Que establece una preferencia a favor de alguien: *clase preferente.*

PREFERIR v. tr. y pron. (lat. *praeferre*, llevar delante) [22]. Gustar más una persona o cosa que otras.

PREFIGURAR v. tr. [1]. Representar o describir una cosa anticipadamente.

PREFIJAR v. tr. [1]. Determinar o señalar anticipadamente los detalles de una cosa. **2.** LING. Proveer de un prefijo.

PREFIJO, A adj. (lat. *praefixum*). Que queda prefijado. ♦ n. m. **2.** En telefonía, señal que precede a otra de servicio o funcional. **3.** LING. Morfema de la clase de los afijos que se antepone a una palabra para constituir un derivado.

PREGLACIAL adj. y n. m. GEOL. Que ha precedido a la primera época glacial, o a los primeros períodos glaciares de un lugar.

PREGÓN n. m. (lat. *praeconem*). Promulgación o divulgación que se hace en alta voz y en un lugar público de una noticia, aviso, o hecho que conviene hacer saber a todos. **2.** Propaganda o anuncio de algún producto o mercancía que se suele hacer a voces por la calle. **3.** Discurso literario que se pronuncia en público con ocasión de alguna festividad o celebración.

PREGONAR v. tr. [1]. Difundir, divulgar una noticia o un hecho mediante un pregón. **2.** *Fig.* Publicar o difundir algo que debía callarse o permanecer oculto. **3.** *Fig.* Alabar públicamente las cualidades de una persona.

PREGONERO, A adj. y n. Que pregona. ♦ n. m. **2.** Oficial público que publica los pregones.

PREGUNTA n. f. Acción de preguntar y palabras con que se pregunta. **2.** Interrogatorio, serie de preguntas formuladas a alguien. (Suele usarse en plural.)

PREGUNTAR v. tr. y pron. (lat. *percontari*) [1]. Pedir una persona información sobre algo que desea saber o que le satisfaga cierta duda. ♦ **preguntarse** v. pron. **2.** No saber con seguridad cierta cosa o plantearse algo sobre lo que se duda.

PREGUNTÓN, NA adj. y n. *Fam.* Que pregunta demasiado o que es indiscreto al preguntar.

PREHELÉNICO, A adj. Relativo a las civilizaciones de principios del III milenio a. J.C. que se desarrollaron en el Mediterráneo oriental antes de la llegada de los primeros aqueos.

PREHISPÁNICO, A adj. Precolombino.

PREHISTORIA n. f. Historia de las sociedades humanas desde la aparición del hombre hasta los primeros textos escritos. **2.** Período cronológico que precede a la historia. **3.** Fase inicial en el proceso de evolución de un fenómeno o una ciencia o período en que se gesta un movimiento de tipo social.

PREHISTÓRICO, A adj. Relativo a la prehistoria. **2.** *Fig.* Anticuado, viejo.

PREHOMÍNIDO n. m. Primate fósil próximo a la línea filética humana, junto a cuyos restos no se han encontrado vestigios de cultura.

PREINDUSTRIAL adj. Anterior a la revolución industrial de fines del s. XVIII.

PREJUICIO n. m. Acción y efecto de prejuzgar. **2.** SOCIOL. Actitud de ordinario afectiva, adquirida antes de toda prueba y experiencia adecuadas, y que se manifiesta en forma de simpatía o antipatía frente a individuos, grupos, razas, nacionalidades o ideas, pautas e instituciones.

PREJUZGAR v. tr. [1b]. Juzgar las cosas antes de conocerlas o sin tener todos los elementos necesarios.

PRELACIÓN n. f. Preferencia o antelación de una cosa respecto de otra.

PRELADO n. m. Clérigo, secular o religioso, a quien se ha conferido cualquier cargo o dignidad superior dentro de la Iglesia.

PRELATURA n. f. Dignidad de prelado y territorio en el que ejerce su jurisdicción.

PRELIMINAR adj. Que sirve de preámbulo o introducción a una materia que se ha de tratar. ♦ adj. y n. m. **2.** *Fig.* Que antecede o se antepone a algo, particularmente a un escrito.

PRELUDIAR v. tr. *Fig.* Iniciar o preparar una cosa.

PRELUDIO n. m. (lat. *praeludium*). Lo que precede o anuncia. **2.** Pieza musical escrita o improvisada, ejecutada antes de una obra, al iniciarse un culto, una representación o una ceremonia.

PREMATRIMONIAL adj. Dícese de lo que se realiza antes del matrimonio o sirve como preparación a él.

PREMATURO, A adj. Que no está maduro. **2.** Que ocurre antes de tiempo. ♦ adj. y n. **3.** MED. Nacido antes del término previsible.

PREMEDITACIÓN n. f. Acción de premeditar. **2.** DER. PEN. Voluntad de ejecutar un delito de modo reflexivo y deliberado.

PREMEDITAR v. tr. [1]. Reflexionar prolongadamente sobre algo antes de realizarlo.

PREMIAR v. tr. [1]. Dar un premio.

PREMINGER (Otto), director de cine norteamericano de origen austríaco (Viena 1906-Nueva York 1986). Expresó, a lo largo de su abundante y variada obra, una constante preocupación por la objetividad unida a un estilo fluido y sutil (*Laura*, 1944; *Éxodo*, 1960).

PREMIO n. m. (lat. *praemium*). Aquello que se da a alguien en reconocimiento o recompensa de un acto meritorio o para gratificarle un servicio prestado. **2.** Denominación que se da a algunas competiciones deportivas, concursos literarios, etc. **3.** El ganador de una de estas competiciones o concursos. **4.** Cada uno de los lotes sorteados en la lotería nacional.

PREMIOSIDAD n. f. Calidad o situación de premioso.

PREMIOSO, A adj. Que apremia. **2.** Gravoso, molesto. **3.** *Fig.* Dícese de la persona torpe o lenta para actuar o expresarse o que lo hace con dificultad. **4.** *Fig.* Dícese del lenguaje o estilo que carece de espontaneidad y soltura.

PREMISA n. f. LÓG. Cada una de las proposiciones de un silogismo. **2.** LÓG. Supuesto material, no necesariamente válido lógicamente, a partir del cual se infiere una conclusión.

PREMOLAR n. m. y adj. Pieza dentaria situada entre los caninos y los molares.

PREMONICIÓN n. f. Sensación o percepción síquica, un hecho real conocida, que informa de un hecho que ocurrirá posteriormente. **2.** *Por ext.* Presentimiento. **3.** Advertencia moral.

PREMONITORIO, A adj. Que anuncia o presagia algo.

PREMURA n. f. Apremio, prisa, urgencia. **2.** Escasez, falta de una cosa.

PRENATAL adj. Que precede al nacimiento.

PRENDA n. f. Cualquier pieza de vestido o de calzado o cualquiera de las de tela o material semejante que componen el equipo doméstico. **2.** Lo que se da o hace como garantía, prueba o demostración de algo o para un fin determinado. **3.** Cada una de las buenas cualidades de una persona. **4.** Apelativo cariñoso.

PRENDAR v. tr. [1]. Gustar mucho o impresionar favorablemente. ♦ **prendarse** v. pron. **2.** Enamorarse o entusiasmarse.

PRENDER v. tr. (lat. *prehendere*) [2]. Agarrar, asir. **2.** Arrestar, detener o poner preso. **3.** *Amér.* Conectar la luz o cualquier aparato eléctrico. ♦ v. tr. **4.** Sujetar o enredarse una cosa en otra de modo que no pueda moverse. ♦ v. intr. **5.** Arraigar la planta en la tierra. ♦ v. intr. y tr. **6.** Encender, hacer brotar luz o fuego. **7.** *Fig.* Extender o propagar algo.

PRENDIMIENTO n. m. Acción de prender. **2.** Detención de Jesucristo en el huerto de los Olivos, y la obra de arte que lo representa.

PRENSA n. f. (cat. *premsa*). Máquina compuesta por dos elementos que pueden acercarse el uno al otro por efecto de un mando, para comprimir o cerrar lo que se ha colocado entre ellos, o para hacer una impronta: *prensa tipográfica; prensa de estampar*. **2.** Conjunto de publicaciones diarias y periódicas. **3.** Actividad de los periodistas. **4.** Personas dedicadas a esta actividad. **5.** Máquina de imprimir; imprenta.

PRENSADO n. m. Acción de prensar.

PRENSAR v. tr. [1]. Apretar en la prensa una cosa. **2.** Apretar algo con cualquier otro procedimiento: *prensar las aceitunas*.

PRENSIL adj. Que sirve para asir o coger: *cola prensil*.

PREÑADO, A adj. Lleno o cargado de cierta cosa. **2.** *Fig.* Que oculta en sí cierta cosa. ♦ adj. y n. **3.** Dícese de la hembra que ha concebido y tiene el feto en el vientre.

PREÑAR v. tr. [1]. Fecundar a una hembra. **2.** *Fig.* Llenar, henchir.

PREÑEZ n. f. Gravidez.

PREOCUPACIÓN n. f. Pensamiento o idea que preocupa. **2.** Prejuicio. **3.** Escrúpulo, aprensión.

PREOCUPANTE adj. Que causa preocupación.

PREOCUPAR v. tr. y pron. [1]. Ocupar predominante e insistentemente el pensamiento alguna cosa que causa inquietud. ♦ **preocuparse** v. pron. **2.** Encargarse, tomar alguien algo a su cuidado.

PREPARACIÓN n. f. Acción o efecto de preparar o prepararse. **2.** Conocimientos que se tienen sobre alguna materia: *examinarse en la debida preparación*.

PREPARADO n. m. Medicamento.

PREPARADOR, RA n. Persona que prepara algo. **2.** Entrenador deportivo.

PREPARAR v. tr. (lat. *praeparare*) [1]. Poner en condiciones de ser usado, de cumplir o realizar su fin, de servir a un efecto: *preparar la comida, las maletas*. **2.** Adquirir conocimientos de alguna materia para sufrir un examen o prueba: *preparar oposiciones*. ♦ v. tr. y pron. **3.** Poner a alguien en condiciones de realizar una acción o de superar una prueba, un examen o una dificultad: *prepararse para cualquier eventualidad*. ♦ **prepararse** v. pron. **4.** Darse las condiciones necesarias para que ocurra cierta cosa: *se prepara una tormenta*. **5.** Estar las cosas en vías de ocurrir de cierta manera: *se nos prepara un buen viaje*.

PREPARATIVOS n. m. pl. Lo que se hace para preparar algo: *los preparativos de un viaje*.

PREPARATORIO, A adj. Que prepara o sirve para preparar.

PREPONDERANCIA n. f. Calidad de preponderante.

PREPONDERANTE adj. y n. m. y f. Que preponderar: *opinión preponderante sobre las demás*.

PREPONDERAR v. intr. [1]. Prevalecer, dominar o tener más fuerza.

PREPOSICIÓN n. f. Partícula invariable que une dos palabras estableciendo una relación de dependencia entre ellas.

PREPOSICIONAL adj. Relativo a la preposición. **2.** Que tiene el valor de una preposición. **3.** Introducido por una preposición.

PREPOSITIVO, A adj. LING. Que tiene los caracteres o hace las funciones de una preposición.

PREPOTENCIA n. f. Calidad de prepotente. **2.** Abuso o alarde de poder.

PREPOTENTE adj. y n. m. y f. Más poderoso que otros o muy poderoso. **2.** Que abusa de su poder o hace alarde de él.

PREPUCIO n. m. (lat. *praeputium*). Repliegue de la piel que recubre el glande del pene.

PREPUNA, SUBPUNA, REGIÓN DE LOS VALLES o **PUNA DESGARRADA**, región fisiográfica de América del Sur, especialmente de Bolivia y una pequeña parte del S de Perú y del N de Argentina, que forma la parte oriental del Altiplano andino.

PRERRAFAELISMO n. m. Doctrina de un grupo de pintores británicos de la época victoriana que adoptaron como modelos ideales las obras de los predecesores de Rafael.

PRERROGATIVA n. f. (lat. *praerogativam*). Privilegio o ventaja ligado a ciertas funciones, cargos, títulos, etc. **2.** Facultad de alguno de los poderes del estado en orden a su ejercicio o relación con los demás poderes.

PRERROMÁNICO, A adj. Dícese del arte que precede al románico.

PRERROMANO, A adj. Anterior a lo romano.

PRERROMANTICISMO n. m. Período que precedió al romanticismo.

PRERROMÁNTICO, A adj. Que precede y anuncia el romanticismo.

PRESA n. f. (cat. *presa*). Acción de prender, coger o apresar: *hacer presa*. **2.** Cosa apresada: *una presa de caza; las presas de un botín*. **3.** OBR. PÚBL. Obstáculo artificial para detener una corriente o curso de agua, a fin de regularizar vías navegables, abastecer de agua a ciudades, irrigar campos o producir energía eléctrica. • **Ave de presa**, ave que se alimenta de otros animales.

PRESAGIAR v. tr. [1]. Anunciar o prever por señales o signos algo que va a ocurrir: *las nubes presagiaban tormenta*.

PRESAGIO n. m. (lat. *praesagium*). Señal que indica y anuncia algún suceso. **2.** Conjetura derivada de esta señal.

PRESAS (Leopoldo), pintor argentino (Buenos Aires 1915), a partir de 1952 su pintura fue haciéndose cada vez más abstracta.

PRESBICIA n. f. Disminución del poder de acomodación del cristalino, que impide ver los objetos cercanos.

PRÉSBITA o **PRÉSBITE** adj. y n. m. y f. Afecto de presbicia. SIN.: *vista cansada*.

PRESBITERIANISMO n. m. Sistema eclesiástico preconizado por Calvino que confiere el gobierno de la Iglesia a un cuerpo mixto (pastores y laicos) llamado *presbyterium*.

PRESBITERIO n. m. (lat. *presbyterium*). Parte de la iglesia, al fondo de la nave central, donde está el altar mayor.

PRESBÍTERO n. m. (lat. *presbyterem*; del gr. *presbyteros*, más viejo). Sacerdote, eclesiástico.

PRESCINDIBLE adj. Dícese de aquello de que se puede prescindir.

PRESCINDIR v. intr. (lat. *praescindere*, separar) [3]. Renunciar a, poder pasar sin alguien o algo. **2.** Pasar por alto, omitir.

PRESCRIBIR v. tr. (lat. *praescribere*) [3n]. Determinar, mandar o indicar: *prescribir un régimen*. **2.** Recetar. ◆ v. intr. **3.** Extinguirse, caducar un derecho o la responsabilidad penal por el transcurso del tiempo, en las condiciones previstas por la ley.

PRESCRIPCIÓN n. f. Acción y efecto de prescribir: *prescripción moral, de una ley*. **2.** Tratamiento ordenado por el médico, receta: *prescripción facultativa*.

PRESCRITO, A o **PRESCRIPTO, A** adj. Determinado, ordenado, mandado. **2.** Extinguido, liberado.

PRESELECCIÓN n. f. Selección previa.

PRESELECCIONAR v. tr. [1]. Efectuar una preselección.

PRESENCIA n. f. Hecho de estar o encontrarse una persona o cosa en un lugar determinado. **2.** Aspecto exterior de una persona. • **Presencia de ánimo**, serenidad, imperturbabilidad.

PRESENCIAR v. tr. [1]. Estar presente o asistir a cierto acontecimiento, espectáculo, etc.

PRESENTABLE adj. Que está en estado o en condiciones de presentarse o ser presentado: *aspecto presentable*.

PRESENTACIÓN n. f. Acción y efecto de presentar o presentarse. **2.** Aspecto exterior de algo: *un plato de inmejorable presentación*.

PRESENTADOR, RA n. Persona que tiene por oficio presentar y comentar un espectáculo, espacio o programa en la radio o en la televisión.

PRESENTAR v. tr. [1]. Poner algo delante de alguien para que lo vea, juzgue, coja, etc. **2.** Mostrar algo determinadas características o apariencia. **3.** Dar, ofrecer: *presentar excusas, respetos*. **4.** Hacer que el público conozca un espectáculo, programa, libro, etc. **5.** Colocar algo en un sitio provisionalmente para comprobar el efecto que producirá. ◆ v. tr. y pron. **6.** Mostrar alguien una persona a otra para que la conozca, dando su nombre: *presentar a unos amigos; presentarse al nuevo director*. **7.** Mostrar, dar a conocer algo atribuyéndole un determinado carácter. ◆ **presentarse** v. pron. **8.** Aparecer en un lugar o en un momento inesperado. **9.** Comparecer ante un jefe o autoridad. **10.** Hablando de una enfermedad o de complicaciones en su curso, surgir, aparecer: *se le ha presentado una pulmonía*.

PRESENTE adj. (lat. *praesentem*). Que está delante o en presencia del que habla, referido al tiempo en que uno está o al instante en que está ocurriendo algo. ◆ adj. y n. m. **2.** Dícese del tiempo en que actualmente el que habla, o de los acontecimientos que ocurren en él. **3.** LING. Dícese del tiempo que indica que la acción expresada por el verbo se realiza actualmente. ◆ n. m. **4.** Regalo, obsequio. ◆ interj. **5.** Fórmula con que se contesta al pasar lista.

PRESENTIMIENTO n. m. Sentimiento vago, instintivo, que hace prever lo que va a suceder. **2.** Cosa que se presiente.

PRESENTIR v. tr. (lat. *praesentire*) [22]. Tener una sensación vaga o intuitiva de que va a ocurrir algo. **2.** Adivinar algo que va a suceder por algunos indicios o señales.

PRESERVACIÓN n. f. Acción y efecto de preservar.

PRESERVAR v. tr. y pron. [1]. Proteger, defender o resguardar anticipadamente de un daño o peligro.

PRESERVATIVO, A adj. y n. m. Que sirve o tiene eficacia para preservar. ◆ n. m. **2.** Anticonceptivo masculino consistente en una funda de goma que sirve para cubrir el pene durante el coito.

PRESIDENCIA n. f. Dignidad, empleo o cargo de presidente. **2.** Tiempo que dura el cargo. **3.** Acción de presidir. **4.** Lugar, oficina o despacho que ocupa un presidente.

PRESIDENCIAL adj. Relativo a la presidencia o al presidente: *tribuna presidencial*.

PRESIDENCIALISMO n. m. Régimen político en el que el poder ejecutivo pertenece al presidente de la república, que ostenta simultáneamente las funciones de jefe del estado y jefe del gobierno.

PRESIDENTE, A n. Cabeza o superior de un consejo, tribunal, junta o sociedad. • **Presidente de la república**, jefe de estado en un régimen republicano. || **Presidente de gobierno**, persona que dirige las funciones del gobierno.

PRESIDENTE HAYES (departamento de), dep. de Paraguay; 72 907 km²; 59 100 hab. Cap. *Pozo Colorado*.

PRESIDENTE ROQUE SÁENZ PEÑA, dep. de Argentina (Córdoba), que comprende los bañados de la Amarga; 34 519 hab. Cab. *Laboulaye* (18 854 hab.).

PRESIDIARIO, A n. Persona condenada penalmente que cumple en presidio la condena.

PRESIDIO n. m. (lat. *praesidium*, protección). Establecimiento penitenciario donde se cumplen penas por delitos. **2.** Conjunto de presidiarios de un mismo lugar. **3.** Denominación que se da en algunos países a penas graves de privación de libertad.

PRESIDIR v. tr. (lat. *praesidere*; de *sedere*, estar sentado) [3]. Tener u ocupar el puesto o lugar más importante o el de más autoridad en una asamblea, reunión, empresa, etc.; ser presidente. **2.** *Fig.* Estar algo presente como elemento dominante, que influye en los demás: *la bondad preside sus actos*.

PRESILLA n. f. Cordoncillo o tirilla de tela cuyos extremos se cosen al borde de una prenda de modo que forman una especie de anilla.

PRESIÓN n. f. (lat. *pressionem*). Acción y efecto de apretar u oprimir. **2.** *Fig.* Fuerza o coacción que se ejerce sobre una persona o colectividad. **3.** DEP. *Pressing*. **4.** FÍS. Cociente entre la fuerza ejercida por un fluido sobre una superficie y el valor de esta superficie. • **Presión arterial,** tensión arterial. || **Presión atmosférica,** presión que ejerce el aire en un lugar determinado y que se mide en milímetros de mercurio o en milibares, con ayuda de un barómetro.

PRESIONAR v. tr. [1]. Ejercer presión. **2.** DEP. Efectuar el *pressing*.

PRESO, A n. Persona que está en prisión. SIN.: *prisionero*.

PRESTACIÓN n. f. Acción y efecto de prestar un servicio, ayuda, etc. **2.** Servicio exigido por una autoridad. **3.** Objeto o contenido de la obligación, constituido por la conducta del obligado de dar, hacer o no hacer algo. **4.** Objeto o contenido de la relación del seguro social. ◆ n. f. pl. **5.** Servicios que ofrece una máquina, una instalación, un ente administrativo, etc: *este coche ofrece excelentes prestaciones*.

PRESTADO, A adj. Dícese de lo que se ha dejado a alguien por algún tiempo con el fin de restituirlo después: *libro, dinero prestado*.

PRESTADOR, RA n. Persona que entrega algo a otra en un contrato.

PRESTAMISTA n. m. y f. Persona que presta dinero con interés.

PRÉSTAMO n. m. Acción de prestar. **2.** Lo que se presta: *devolver un préstamo*. **3.** LING. Elemento que una lengua toma de otra.

PRESTANCIA n. f. Excelencia, calidad superior entre los de su clase. **2.** Aspecto de distinción.

PRESTAR v. tr. (lat. *praestare*) [1]. Ceder por un tiempo algo para que después sea restituido. **2.** Ayudar, contribuir al logro de una cosa. **3.** Dar, comunicar, transmitir. **4.** Con determinados nombres, tener u observar lo que éstos significan: *prestar atención, paciencia, silencio*. ◆ v. intr. **5.** Dar de sí, extenderse, aumentar: *las prendas de punto prestan*. ◆ **prestarse** v. pron. **6.** Ofrecerse por amabilidad a hacer lo que se expresa: *prestarse a ayudar*. **7.** Avenirse, acceder a algo. **8.** Dar motivo, ser propio para algo: *palabras que se prestan a error*.

PRESTATARIO, A n. Persona que toma dinero a préstamo.

PRESTEZA n. f. Prontitud, diligencia en hacer o decir algo.

PRESTIDIGITACIÓN n. f. Arte de producir ciertos efectos por medio de las manos o por procedimientos ópticos y mecánicos.

PRESTIDIGITADOR, RA n. Persona que practica la prestidigitación.

PRESTIGIAR v. tr. [1]. Dar prestigio, acreditar o realzar algo.

PRESTIGIO n. m. Buena fama, ascendente de que goza una persona o cosa: *el prestigio de un gran nombre, de una marca*.

PRESTO, A adj. Dispuesto para hacer alguna cosa que se expresa. **2.** Pronto, diligente, ligero o rápido en la ejecución de algo.

PRESUMIDO, A adj. y n. Que presume.
PRESUMIR v. tr. (lat. *praesumere*) [3]. Conjeturar, creer por indicios o señales que algo ocurre o va a ocurrir. ♦ v. intr. **2.** Vanagloriarse de poseer una cualidad, de sí mismo, etc., especialmente de la propia belleza. **3.** Atender alguien excesivamente su arreglo personal para parecer atractivo.
PRESUNCIÓN n. f. Suposición, conjetura o hipótesis fundada en indicios o señales. **2.** Calidad de presumido.
PRESUNTO, A adj. y n. Que se cree o supone que es lo que se expresa: *los presuntos herederos; el presunto culpable.*
PRESUNTUOSIDAD n. f. Calidad de presuntuoso.
PRESUNTUOSO, A adj. y n. Vanidoso, presumido, que alardea excesivamente de sus cualidades. ♦ adj. **2.** Con muchas pretensiones.
PRESUPONER v. tr. [5]. Suponer o admitir la existencia o realidad de algo como base para tratar otra cosa, o para actuar de cierta manera.
PRESUPOSICIÓN n. f. Suposición, supuesto. **2.** Presupuesto, motivo. **3.** Suposición previa, necesaria para la validez lógica de una aserción. **4.** Proposición implícita ligada a la estructura interna de un enunciado.
PRESUPUESTAR v. tr. [1]. Hacer un presupuesto. **2.** Inscribir en el presupuesto. **3.** DER. Incluir una partida en los presupuestos del estado o de una corporación.
PRESUPUESTARIO, A adj. Relativo al presupuesto, especialmente a los del estado.
PRESUPUESTO, A adj. Que se ha supuesto o admitido de antemano: *partir de una base presupuesta tal.* ♦ n. m. **2.** Motivo, pretexto. **3.** Suposición, supuesto. **4.** Documento contable que presenta la estimación anticipada de los ingresos y gastos relativos a una determinada actividad u organismo, por cierto período de tiempo.
PRESURIZACIÓN n. f. Acción de presurizar.
PRESURIZAR v. tr. [1g]. Mantener una presión normal en el interior de un avión que vuela a grandes alturas o de una nave espacial.
PRESUROSO, A adj. Con prisa, con rapidez.
PRETE (Juan del), pintor y escultor argentino de origen italiano (Chieti 1897), precursor de la abstracción en Argentina.
PRETENCIOSO, A adj. Presuntuoso.
PRETENDER v. tr. (lat. *praetendere*) [2]. Pedir, tratar de conseguir algo a lo que uno aspira o cree tener derecho, poniendo los medios necesarios para obtenerlo. **2.** Procurar, tratar de, intentar. **3.** Afirmar, dar por cierto algo de cuya realidad se duda. **4.** Solicitar un empleo. **5.** Cortejar un hombre a una mujer: *la pretenden varios jóvenes.*
PRETENDIDO, A adj. Supuesto, imaginado.
PRETENDIENTE, A adj. Que pretende o solicita una cosa. ♦ n. m. **2.** Hombre que pretende a una mujer. **3.** Príncipe que reivindica un trono al que pretende tener derecho.
PRETENSIÓN n. f. Acción y efecto de pretender. **2.** Derecho que se tiene sobre algo. **3.** Aspiración. (Suele usarse en plural.) **4.** Aspiración ambiciosa o vanidosa y exigencia excesiva o impertinente. (Suele usarse en plural.)
PRETERIR v. tr. [22]. Omitir, prescindir de una persona o cosa.
PRETÉRITO, A adj. Transcurrido, pasado: *época pretérita; tiempos pretéritos.* ♦ n. m. **2.** LING. Sistema temporal de formas verbales que presentan el proceso o la cualidad designada por el verbo como realizada o realizándose en un tiempo anterior al actual o a un momento determinado. **3.** LING. En la nomenclatura de los tiempos verbales de Bello, pretérito indefinido. • **Pretérito anterior**, tiempo que expresa un hecho pasado anterior a otro hecho también pasado. SIN.: *antepretérito.* ‖ **Pretérito imperfecto**, tiempo que expresa un hecho pasado no acabado, simultáneo a otro hecho pasado y acabado. SIN.: *copretérito.* ‖ **Pretérito indefinido**, tiempo que expresa un hecho completamente acabado en el momento en que se habla. SIN.: *pretérito, pretérito perfecto simple.* ‖ **Pretérito perfecto**, tiempo que expresa un hecho acabado en un período de tiempo que todavía no ha terminado. SIN.: *antepresente, pretérito perfecto compuesto.*
PRETEXTAR v. tr. [1]. Alegar como pretexto.
PRETEXTO n. m. (lat. *praetextum*). Razón fingida que se alega para ocultar el motivo verdadero.
PRETIL n. m. Barrera o barandilla que se pone a los lados del puente y otros parajes para preservar de caídas. **2.** Paseo a lo largo de esta barrera.
PRETORIA, c. y cap. administrativa de la República de Sudáfrica (Gauteng), sede del gobierno; 528 000 hab. Centro universitario e industrial. — Pretoria, junto con el Witwatersrand, conforma la *provincia de Gauteng* (18 810 km²; 6 165 000 hab.).
PREVALECER v. intr. (lat. *praevalere*) [2m]. Imponerse o triunfar entre varias cosas, ideas, opiniones, etc., o personas, una determinada de ellas.
PREVALER v. intr. [9]. Prevalecer. ♦ **prevalerse** v. pron. **2.** Aprovecharse, valerse o servirse de algo.
PREVARICACIÓN n. f. Acción y efecto de prevaricar.
PREVARICADOR, RA adj. y n. Que prevarica.
PREVARICAR v. intr. [1a]. Faltar voluntariamente a la obligación de la autoridad o cargo que se desempeña, quebrantando la fe, palabra, religión o juramento. **2.** Cometer cualquier otra falta análoga, aunque menos grave, en el cargo que se desempeña.
PREVENCIÓN n. f. Acción y efecto de prevenir. **2.** Opinión o idea generalmente desfavorable, formada sin fundamento o sin él. **3.** Conjunto de medidas tomadas para evitar accidentes, enfermedades profesionales, el desarrollo de epidemias o el agravamiento de los estados sanitarios individuales. **4.** Estado de una persona contra la que existe una acusación de delito o de crimen. **5.** Tiempo que un acusado pasa en prisión antes de ser juzgado. **6.** Puesto de policía o vigilancia destinado a la custodia y seguridad de los detenidos como presuntos autores o cómplices de un delito o falta.
PREVENIDO, A adj. Advertido, cuidadoso. **2.** Dispuesto, preparado para una cosa.
PREVENIR v. tr. y pron. (lat. *praevenire*) [21]. Proveer, preparar con anticipación las cosas para determinado fin: *prevenir el armamento para la guerra.* **2.** Tomar las medidas precisas para evitar o remediar un mal: *prevenir una infección.* **3.** Predisponer, influir en el ánimo o voluntad de alguien a favor o en contra de alguien o de algo: *me previno contra él.* ♦ v. tr. **4.** Avisar o informar a alguien de algo, especialmente si es de un daño o peligro que le amenaza: *te prevengo de que te están difamando.* **5.** Prever, conocer con anticipación un daño o peligro. **6.** Salir al encuentro de un inconveniente, dificultad u objeción.
PREVENTIVO, A adj. Que previene o evita.
PREVER v. tr. (lat. *praevidere*) [2j]. Ver con anticipación, conjeturar algo que va a ocurrir. **2.** Tomar por adelantado las medidas o precauciones necesarias para hacer frente a algo.
PREVIO, A adj. (lat. *praevium*). Que precede o sirve de preparación a algo.
PREVISIBLE adj. Que puede ser previsto, que es fácil deducir que va a ocurrir debido a ciertos acontecimientos o señales.
PREVISIÓN n. f. Acción y efecto de prever o precaver: *previsión del tiempo.*
PREVISOR, RA adj. y n. Que prevé o previene las cosas.
PREVISTO, A adj. Que se sabe o se prevé por anticipado: *tiempo previsto.*
PREVOST D'EXILES (abate Antoine François), escritor francés (Hesdin 1697-Courteuil 1763). Autor de novelas de costumbres y de aventuras, se hizo célebre con *Manon Lescaut* (1731).
PRÍAMO, último rey mitológico de Troya, esposo de Hécuba y padre de Héctor, Paris y Casandra.
PRIETO, A adj. Dícese del color muy oscuro y que casi no se distingue del negro. **2.** Apretado, tenso. ♦ adj. n. **3.** *Méx.* Muy moreno.
PRIETO (Guillermo), político y escritor mexicano (México 1818-Tacubaya 1897), divulgó las teorías de Adam Smith y J. B. Say. Liberal, anticlerical y populista, escribió poesía, cuadros costumbristas y *Memorias de mis tiempos* (1906).
PRIETO (Jenaro), escritor chileno (Santiago de Chile 1889-† 1946). Periodista de comentario humorístico, es autor de las novelas *Un muerto de mal criterio* (1926) y *El socio* (1928).
PRIETO (Joaquín), militar y político chileno (Concepción 1786-Santiago 1854). Presidente de la república (1831-1841), promulgó la constitución de 1833.
PRIGOGINE (Ilya), físico y químico belga de origen ruso (Moscú 1917). Estudió los fenómenos aleatorios y construyó una nueva metodología científica. (Premio Nobel de química 1977.)
PRIM (Juan), militar y político español (Reus 1814-Madrid 1870). Fue capitán general de Puerto Rico (1847) y de Granada (1855-1856). Participó en las campañas de Marruecos (1859-1860). Tomó parte en la guerra de intervención de México (1862). Jefe de los progresistas, fue uno de los cabecillas de la revolución de 1868. Triunfante ésta, fue jefe del gobierno (1869) y logró que Amadeo de Saboya aceptara el trono español. Murió en un atentado.
PRIMA n. f. Premio, generalmente dinero, que se da como incentivo o recompensa del logro de algo considerado especial.
PRIMACÍA n. f. Calidad o hecho de ser el primero. **2.** Prioridad que se concede a alguien o algo sobre otro u otros. **3.** Dignidad u oficio de primado.
PRIMADA n. f. *Fam.* Acción de persona poco cauta, con que se deja engañar fácilmente.
PRIMADO n. m. Prelado eclesiástico con jurisdicción o precedencia especial sobre los arzobispos y obispos de una región o de un país.
PRIMAR v. intr. [1]. Sobresalir, aventajar: *hoy en día lo que prima es la técnica.* ♦ v. tr. **2.** Dar una prima o un premio, como incentivo o recompensa: *primar a los vendedores.*
PRIMARIO, A adj. Principal o primero en orden de grado o importancia. **2.** *Fig.* Primitivo, sin civilizar. • **Colores primarios**, colores rojo, amarillo y azul. ♦ n. m. y adj. **3.** GEOL. Período geológico de, aproximadamente, 370 millones de años de duración, y dividido en seis períodos: cámbrico, ordovícico, silúrico, devónico, carbonífero y pérmico. SIN.: *era primaria, paleozoico.*
PRIMATE adj. y n. m. Relativo a un orden de mamíferos trepadores, de uñas planas y cerebro muy desarrollado, al que pertenecen los lemuroideos y los simios. ♦ n. m. **2.** Persona importante, prócer. (Suele usarse en plural.)
PRIMAVERA n. f. (bajo lat. *prima veris*). La primera de las cuatro estaciones del año (del 20 o 21 de marzo al 21 o 22 de junio, en el hemisferio norte). **2.** *Fig.* Época durante la cual alguien o algo alcanza y mantiene el completo vigor o desarrollo. **3.** Con respecto a la edad de una persona joven, año: *tener quince primaveras.* **4.** Planta herbácea de flores solitarias o

agrupadas en umbelas, cultivada en jardinería. (Familia primuláceas.) SIN.: *prímula*. **5.** Madera suministrada por diversas plantas de América tropical, que se emplea en ebanistería y contraplacado y para hacer hélices de aviones. ♦ adj. y n. m. y f. **6.** *Fam.* Poco cauto, que se deja engañar fácilmente.

PRIMAVERAL adj. Relativo a la primavera: *tiempo primaveral.*

PRIMER adj. Apócope de primero, cuando va antepuesto al nombre en singular: *el primer lugar; el primer día.*

PRIMERA n. f. La primera de las velocidades del cambio de marchas de un vehículo.

PRIMERIZO, A adj. y n. Principiante en cualquier actividad u oficio.

PRIMERO adv. t. Ante todo, en primer lugar: *primero debo terminar este trabajo.* **2.** Antes, más bien, con más o mayor gusto.

PRIMERO, A adj. y n. (lat. *primarium*). Que precede a todos los demás componentes de una serie: *la primera página.* **2.** Que predomina en notoriedad, en valor, en importancia: *ser el primero de la clase.*

PRIMICIA n. f. (lat. *primitiam*). Fruto primero de cualquier cosa. **2.** *Fig.* Noticia hecha pública por primera vez. **3.** *Fig.* Producto lanzado al mercado por primera vez.

PRIMIGENIO, A adj. Primitivo, originario.

PRIMÍPARA n. f. y adj. Hembra que pare por primera vez. SIN.: *primeriza*.

PRIMITIVISMO n. m. Condición o actitud propia de los pueblos primitivos. **2.** Carácter peculiar del arte o literatura primitivos. **3.** *Fig.* Tosquedad, rudeza. **4.** Ingenuidad fingida.

PRIMITIVO, A adj. (lat. *primitivum*). De los primeros tiempos, del primer período, inicial, originario: *los muros primitivos de un edificio.* **2.** *Fig.* Salvaje, sin civilizar: *instintos primitivos.* • **Función primitiva de otra función** (MAT.), función cuya derivada es esta última.

PRIMO, A adj. (lat. *primum*). Primero. **2.** Primoroso, excelente. **3.** En un grupo de varias letras iguales empleadas en una figura geométrica, o en una expresión algebraica, dícese de aquellas que están marcadas por un acento: b' *se lee b prima*. • **Número primo**, número entero que sólo es divisible por sí mismo y por la unidad. || **Números primos entre sí,** números que sólo tienen como divisor común la unidad. ♦ n. **4.** Con respecto a una persona, un hijo de un tío suyo. **5.** *Fam.* Persona poco cauta, que se deja engañar fácilmente.

PRIMOGÉNITO, A adj. y n. Dícese del hijo que nace el primero.

PRIMOGENITURA n. f. Condición de primogénito. **2.** Conjunto de derechos atribuidos al primogénito.

PRIMOR n. m. (lat. *primores*). Delicadeza y esmero con que se hace una cosa. **2.** Cosa hecha de esta manera.

PRIMORDIAL adj. De un modo necesario, básico, esencial.

PRIMOROSO, A adj. Que está hecho con primor. **2.** Diestro, experimentado, que hace las cosas con primor.

PRIMULÁCEO, A adj. y n. f. Relativo a una familia de plantas herbáceas gamopétalas, de corola regular y fruto en cápsula, que se abre longitudinalmente. (La primavera y el ciclamen pertenecen a dicha familia.)

PRÍNCEPS adj. (voz latina, *primero, principal*). Dícese de la primera edición de una obra. SIN.: *príncipe*.

PRINCESA n. f. (fr. *princesse*). Mujer que pertenece a la realeza y especialmente la primogénita del rey, heredera de la corona. **2.** Esposa o hija de un príncipe.

PRINCETON. c. de Estados Unidos (Nueva Jersey); 25 718 hab. Universidad fundada en 1746. Museos.

PRINCIPADO n. m. Título o dignidad de príncipe. **2.** Territorio sujeto a la potestad de un príncipe: *erigir un ducado en principado.* **3.** Pequeño estado independiente, cuyo jefe tiene el título de príncipe. ♦ **principados** n. m. pl. Nombre dado al primer grado de la tercera jerarquía de los ángeles.

PRINCIPAL adj. De más importancia o valor con respecto a otros: *desempeñar el papel principal.* **2.** Ilustre, noble: *un caballero principal.* **3.** Esencial o fundamental, por oposición a accesorio: *explicar el motivo principal de una visita.* • **Oración principal** (LING.), aquella que, sin depender de ninguna otra, tiene bajo su dependencia una o varias oraciones subordinadas. ♦ adj. y n. m. **4.** Dícese del piso que está sobre la planta baja o sobre el entresuelo. ♦ n. m. **5.** Jefe, persona que tiene otras a sus órdenes.

PRÍNCIPE n. m. (lat. *principem*). Título dado a un miembro de la realeza, especialmente al primogénito del rey, heredero de la corona. **2.** Título nobiliario que tiene su origen en casas principescas. **3.** El primero y más excelente, superior o aventajado en algo: *el príncipe de los ingenios.* • **Príncipe de Asturias,** título del heredero al trono español.

PRINCIPESCO, A adj. Que es o parece propio de un príncipe.

PRINCIPIANTE, A adj. y n. Que principia, o que comienza a ejercer un arte, trabajo, etc.

PRINCIPIAR v. tr., intr. y pron. [1]. Empezar, comenzar. ♦ v. intr. **2.** Tener una cosa su comienzo en la forma, tiempo o lugar que se expresa. ♦ v. tr. **3.** Ser el comienzo de alguna cosa o acción.

PRINCIPIO n. m. (lat. *principium*). Acción de principiar. **2.** Primera parte de una cosa; primera fase de una acción, de un período: *contar una historia desde el principio.* **3.** Causa, origen. **4.** Concepto, idea fundamental que sirve de base a un orden determinado de conocimientos o sobre la que se apoya un razonamiento. **5.** Norma o idea fundamental que rige el pensamiento o la conducta. (Suele usarse en plural.) **6.** FÍS. Ley de carácter general que regula un conjunto de fenómenos físicos y que se justifica por la exactitud de sus consecuencias. **7.** QUÍM. Cada uno de los componentes de una sustancia. ♦ **principios** n. m. pl. **8.** Nociones primeras de una ciencia o arte.

PRINGAR v. tr. [1b]. Mojar el pan en el pringue u otra salsa. ♦ v. tr. y pron. **2.** Manchar con pringue o con algo grasiento o pegajoso. **3.** Comprometer o hacer participar a alguien en un determinado asunto. ♦ v. intr. **4.** *Fig.* y *fam.* Participar en un negocio o asunto. ♦ **pringarse** v. pron. **5.** *Fig.* y *fam.* Malversar o apropiarse alguien indebidamente del caudal de un negocio en que interviene. **6.** Participar en un negocio sucio.

PRINGOSO, A adj. Muy sucio de grasa o pringue, o de una cosa pegajosa.

PRINGUE n. m. o f. Grasa que suelta el tocino o cualquier parte grasa de un animal cuando se fríe o se asa. **2.** Suciedad, grasa o pringue que se pega a la ropa o a otra cosa.

PRÍO SOCARRÁS (Carlos), político cubano (Bahía Honda 1903-Miami Beach 1977), primer ministro (1945-1947) y presidente de la república (1948-1952), fue derrocado por Batista. Se opuso al régimen castrista.

PRIOR, RA n. (lat. *priorem*, primero). En algunas órdenes, superior o prelado ordinario del convento; en otras, segundo prelado después del abad.

PRIORIDAD n. f. Anterioridad de una cosa respecto de otra, en el tiempo y en el espacio: *prioridad de edad, de fecha.* **2.** Anterioridad o procedencia de una cosa sobre otra que procede o depende de ella. **3.** Anterioridad en importancia, urgencia, valor, superioridad, etc.

PRIORITARIO, A adj. Que goza de prioridad.

PRISA n. f. (lat. *pressam*, aprieto). Prontitud y rapidez con que sucede o se hace una cosa: *trabajar con prisa.* **2.** Necesidad o deseo de apresurarse: *tener prisa.*

PRISIÓN n. f. (lat. *prehensionem*). Establecimiento penitenciario donde se encuentran los privados de libertad, ya sea como detenidos, como procesados o como condenados. **2.** Estado del que está preso o prisionero. **3.** *Fig.* Cualquier cosa que ata o estorba físicamente.

PRISIONERO, A n. Persona que en campaña cae en poder del enemigo. **2.** Preso.

PRISMA n. m. Poliedro limitado por dos polígonos iguales y paralelos y por los paralelogramos que unen dos a dos sus lados correspondientes. **2.** FÍS. Sistema óptico en forma de prisma triangular, de vidrio blanco o de cristal, que sirve para desviar, reflejar, polarizar o descomponer los rayos luminosos.

PRISMÁTICO, A adj. Que tiene forma de prisma. **2.** Que contiene uno o varios prismas: *anteojos prismáticos.* • **Colores prismáticos,** colores producidos por el prisma. ♦ **prismáticos** adj. y n. m. pl. **3.** Dícese de los anteojos, instrumento óptico.

PRÍSTINA, c. de la República Federal de Yugoslavia (Serbia), cap. de Kosovo; 70 000 hab. Núcleo antiguo de carácter oriental (mezquitas turcas).

PRÍSTINO, A adj. Primitivo, originario.

PRIVACIDAD n. f. Derecho de los individuos a salvaguardar su intimidad, especialmente sobre los datos relativos a sus personas de que disponen las entidades públicas o privadas.

PRIVACIÓN n. f. Acción y efecto de privar o privarse. **2.** Carencia o falta de una cosa necesaria, que hace padecer.

PRIVADO, A adj. Que no pertenece a la colectividad sino a un particular: *camino privado.* **2.** Que es estrictamente personal y no interesa a los demás, íntimo: *vida privada.* ♦ n. m. **3.** Valido. **4.** *Méx.* Reservado, local o compartimiento donde se puede estar a solas.

PRIVAR v. tr. (lat. *privare*) [1]. Dejar a alguien o a algo sin alguna cosa. **2.** Prohibir o vedar. **3.** Complacer o gustar extraordinariamente. ♦ v. tr. y pron. **4.** Dejar o quedar sin sentido. ♦ v. intr. **5.** Tener general aceptación una persona o cosa. **6.** Gustar mucho. ♦ **privarse** v. pron. **7.** Renunciar a una cosa.

PRIVATIVO, A adj. Propio y especial de una cosa o persona, y no de otras. **2.** LING. Dícese de los prefijos que indican ausencia, privación, como *in* en *inexacto*.

PRIVATIZACIÓN n. f. Acción de hacer que recaiga en el campo de la empresa privada lo que era competencia del estado.

PRIVATIZAR v. tr. [1g]. Proceder a la privatización.

PRIVILEGIADO, A adj. y n. Que goza de un privilegio: *clases privilegiadas.* **2.** Extraordinariamente bien dotado, superior: *una mente privilegiada.*

PRIVILEGIAR v. tr. [1]. Conceder privilegio.

PRIVILEGIO n. m. (lat. *privilegium*). Ventaja o exención especial o exclusiva que se concede a alguien.

PRO n. m. o f. Provecho. • **El pro y el contra,** expresión con que se alude a lo favorable y desfavorable de una cuestión. || **Hombre de pro,** el que es honrado. ♦ prep. **2.** En favor de: *asociación pro ciegos.* || **En pro de,** en favor de.

PROA n. f. (lat. *proram*). Parte delantera de una embarcación o de una aeronave.

PROBABILIDAD n. f. Calidad de probable. • **Cálculo de probabilidades,** conjunto de reglas que permiten determinar el porcentaje de posibilidades de que un suceso se realice.

PROBABLE adj. (lat. *probabilem*). Que se puede probar. **2.** Que tiene muchas pro-

583

PRO

babilidades de producirse, de ser verdad. SIN.: *verosímil*.

PROBADO, A adj. Acreditado por la experiencia. **2.** DER. Aceptado por el juez como verdad en los hechos controvertidos de una causa.

PROBADOR n. m. En las tiendas y los talleres de modistas sobre a sastres, habitación destinada a probar las prendas de vestir.

PROBAR v. tr. (lat. *probare*) [**1r**]. Examinar las cualidades de una persona o cosa. **2.** Poner a prueba. **3.** Examinar, reconocer si una cosa se adapta al uso al cual ha sido destinada. **4.** Demostrar, evidenciar la verdad de cierta cosa. **5.** Indicar, servir para hacer saber o conocer cierta cosa. **6.** Tomar una pequeña cantidad de alguna sustancia para apreciar su sabor. **7.** Comer o beber algo: *no probar bocado*. ♦ v. tr. y pron. **8.** Poner a alguien algo, especialmente una prenda de vestir, para ver si le sienta bien. ♦ v. intr. **9.** Intentar dar principio a una acción: *probó a levantarse, pero no pudo*. **10.** Ser una cosa buena o mala para cierto fin.

PROBATORIO, A adj. Que sirve para probar la verdad de una cosa.

PROBETA n. f. Recipiente de cristal, alargado, en forma de tubo, generalmente graduado, con un pie soporte, que se utiliza en análisis químico.

PROBIDAD n. f. Calidad de probo.

PROBLEMA n. m. (lat. *problemam*). Cuestión en que hay algo que averiguar o que provoca preocupación. **2.** Situación difícil que debe ser resuelta. **3.** MAT. Proposición dirigida a averiguar un resultado cuando ciertos datos son conocidos.

PROBLEMÁTICA n. f. Conjunto de problemas pertenecientes a una ciencia o actividad determinadas.

PROBLEMÁTICO, A adj. Dudoso, de solución incierta o difícil, que implica problema.

PROBO, A adj. Honesto, honrado, recto.

PROBÓSCIDE n. f. (lat. *proboscem*). Porción nasal o bucal de diversos animales, prolongada en forma de tubo, con diversas finalidades. SIN.: *trompa*.

PROBOSCIDIO, A o **PROBOSCÍDEO, A** adj. y n. m. Relativo a un orden de mamíferos ungulados provistos de una trompa prensil formada por la prolongación de la nariz unida al labio superior. (El *elefante* pertenece a dicho orden.)

PROCACIDAD n. f. Dicho o hecho procaz.

PROCARIOTA n. m. Organismo con organización celular procariótica.

PROCARIÓTICO, A adj. **Célula procariótica**, organización celular, en la que el núcleo no está completamente separado del citoplasma, propia de las bacterias y de las esquizofíceas.

PROCAZ adj. (lat. *procacem*). Desvergonzado, insolente, grosero.

PROCEDENCIA n. f. Origen de donde procede alguien o algo. **2.** Punto de donde procede un barco, un tren, una persona, etc. **3.** Conformidad con la moral o el derecho.

PROCEDENTE adj. Que procede de un lugar, persona, cosa, etc. **2.** Oportuno, necesario, conforme a unas normas.

PROCEDER n. m. Manera de actuar alguien.

PROCEDER v. intr. (lat. *procedere*, adelantar) [**2r**]. Tener una cosa su principio en lo que se expresa u obtenerse de ello. **2.** Tener su origen, provenir de un determinado lugar. **3.** Actuar, comportarse de una forma determinada: *proceder irreflexivamente*. **4.** Iniciar una acción después de algunos preparativos: *se procedió al reparto*. **5.** Ser oportuno, necesario, conforme a unas normas de derecho, mandato o conveniencia en general. **6.** Iniciar o seguir procedimiento criminal contra alguien: *la justicia procedió contra el demandado*.

PROCEDIMIENTO n. m. Acción de proceder. **2.** Método, operación o serie de operaciones con que se pretende obtener un resultado. **3.** DER. Actuación por trámites judiciales o administrativos.

PROCELOSO, A adj. Poét. Borrascoso, tormentoso: *el proceloso mar*.

PRÓCER adj. Alto, elevado, majestuoso. ♦ n. m. y f. **2.** Persona importante, noble y de elevada posición social.

PROCESADO, A adj. y n. DER. Dícese de la persona que es tratada y declarada como presunto reo en un proceso criminal.

PROCESADOR, RA adj. Que procesa. ♦ n. m. **2.** INFORMÁT. Órgano capaz de efectuar el tratamiento completo de una serie de informaciones. **3.** INFORMÁT. Programa general de un sistema operativo que ejecuta una función compleja homogénea.

PROCESAL adj. Relativo al proceso.

PROCESAMIENTO n. m. Acción y efecto de procesar.

PROCESAR v. tr. [**1**]. DER. Formar autos, instruir procesos. **2.** DER. Declarar y tratar a una persona como presunto culpable de delito. **3.** INFORMÁT. Desarrollar un proceso de datos. **4.** TECNOL. Someter a un proceso de elaboración, transformación, etc.

PROCESIÓN n. f. (lat. *processionem*, acción de adelantarse). Acción o circunstancia de ir unas cosas tras otras en serie. **2.** Sucesión de personas que avanzan lentamente una tras otra, llevando imágenes de santos o cualquier otro signo religioso. **3.** Sucesión de personas o animales que avanzan uno tras otro en fila.

PROCESIONAL adj. Relativo a la procesión. **2.** Ordenado en forma de procesión.

PROCESIONARIA n. f. Oruga que se alimenta de las hojas del pino, roble y encina, a las que causa grandes estragos, y que tiene la costumbre de avanzar en largas filas, con la cabeza de una tocando la parte posterior de la anterior.

PROCESO n. m. (lat. *processum*). Desarrollo, evolución de las fases sucesivas de un fenómeno. **2.** Método, sistema adoptado para llegar a un determinado fin: *proceso químico; proceso industrial*. **3.** Transcurso de un determinado tiempo. **4.** DER. Institución mediante la cual el estado cumple a través de sus órganos de justicia su misión de defensa del orden jurídicosocial, otorgando a los individuos que elevan una pretensión a los tribunales la oportunidad de satisfacerla. **5.** Causa criminal. • **Proceso de datos** (INFORMÁT.), preparación adecuada de datos o elementos básicos de información y tratamiento de los mismos mediante reglas y procedimientos que ejecutan distintas operaciones (clasificaciones, cálculos, etc.).

PROCLAMACIÓN n. f. Acción de proclamar. **2.** Actos públicos y ceremonias con que se declara e inaugura un nuevo reinado, principado, etc.

PROCLAMAR v. tr. (lat. *proclamare*) [**1**]. Hacer saber una cosa pública y solemnemente. **2.** Otorgar por voz común un título o dignidad: *fue proclamada la mejor actriz*. **3.** Manifestar mediante ciertas señales un hecho, un estado físico o moral, un sentimiento, etc.: *su modo de vestir proclamaba su pobreza*. ♦ **proclamarse** v. pron. **4.** Declararse alguien en posesión de un título, cargo, dignidad o condición: *se proclamó jefe de la banda*.

PROCLIVE adj. Inclinado, propenso a cierta cosa, especialmente a algo reprobable.

PROCLIVIDAD n. f. Calidad de proclive.

PROCREACIÓN n. f. Acción y efecto de procrear.

PROCREADOR, RA adj. y n. Que procrea.

PROCREAR v. tr. (lat. *procreare*) [**1**]. Engendrar, reproducirse una especie.

PROCURA n. f. Procuración, poder dado a una persona. • **En procura** (Méx.), con la intención de procurarse algo.

PROCURACIÓN n. f. Cuidado o diligencia en la realización de los negocios. **2.** Poder que uno da a otro para que en su nombre ejecute algo. **3.** Procuraduría, oficina.

PROCURADOR, RA n. Persona que, con poder de otra, ejecuta algo en su nombre. **2.** Persona, con aptitudes legalmente reconocidas, que representa a una parte, bien ante los órganos de justicia, en cuyo caso es parte integrante de la defensa, bien en negocios meramente civiles, para ejecutar actos en nombre de su representado.

PROCURADURÍA n. f. Oficio o cargo de procurador. **2.** Oficina o despacho del mismo.

PROCURAR v. tr. y pron. (lat. *procurare*) [**1**]. Hacer diligencias, esfuerzos, etc., para conseguir lo que se expresa. ♦ v. tr. **2.** Proporcionar o facilitar a alguien una cosa o intervenir para que la tenga: *me procuró una colocación*.

PRODIGALIDAD n. f. Calidad o comportamiento del pródigo.

PRODIGAR v. tr. y pron. [**16**]. Dar mucho de algo. ♦ v. tr. **2.** Derrochar, malgastar. ♦ **prodigarse** v. pron. **3.** Esforzarse en ser útil y agradable a los demás. **4.** Excederse en la exhibición personal.

PRODIGIO n. m. (lat. *prodigium*). Suceso extraño que excede los límites regulares de la naturaleza. **2.** Persona, cosa o hecho que manifiesta caracteres excepcionales. **3.** Milagro.

PRODIGIOSO, A adj. Que constituye un prodigio. **2.** Maravilloso, extraordinario, fuera de lo común.

PRÓDIGO, A adj. y n. (lat. *prodigum*). Que gasta sin prudencia. ♦ adj. **2.** Generoso. **3.** Que produce o da en abundancia.

PRODUCCIÓN n. f. Acción de producir. **2.** Cosa producida. **3.** CIN. y TELEV. Etapa de la preparación de una película o programa. **4.** CIN. y TELEV. Película o programa ya realizado. **5.** ECON. Actividad mediante la cual determinados bienes se transforman en otros de mayor utilidad. **6.** ECON. Conjunto de productos agrícolas e industriales.

PRODUCIR v. tr. (lat. *producere*) [**20**]. Hacer una cosa natural salir de dentro de sí misma: *los árboles producen frutos*. **2.** Fabricar, transformar materias primas en manufacturadas: *esta factoría produce automóviles*. **3.** Dar provecho o ganancias: *quiero invertir en algo que produzca*. **4.** Causar, originar: *su muerte me produjo un gran dolor*. **5.** Crear obras literarias o artísticas. ♦ CIN. y TELEV. Realizar una producción. ♦ **producirse** v. pron. **7.** Tener lugar, ocurrir.

PRODUCTIVIDAD n. f. Calidad de productivo. **2.** Relación mensurable entre una producción dada y el conjunto de factores empleados (productividad global) o uno solo de estos factores (productividad de este factor).

PRODUCTIVO, A adj. Que produce, capaz de producir: *terreno productivo*. **2.** Que produce utilidad, ganancia: *empresa productiva*.

PRODUCTO n. m. Cosa producida por la naturaleza o por la actividad humana: *productos agrícolas; producto de belleza*. **2.** El resultado de alguna cosa: *el incidente fue producto de un malentendido*. **3.** MAT. Resultado de la multiplicación de un número (multiplicando) por otro (multiplicador). **4.** MAT. Resultado de aplicar una ley de composición a dos elementos. • **Producto escalar de dos vectores**, producto de sus módulos por el coseno del ángulo que forman. ‖ **Producto interior**, suma de todos los bienes y servicios producidos en un país durante un período de tiempo, generalmente un año. ‖ **Producto interior bruto (P.I.B.)**, producto interior al que se le ha añadido las amortizaciones habidas en el período. ‖ **Producto nacional**, producto interior deduciéndole la parte que se debe a los factores productivos extranjeros, y sumándole el producto que corresponda (de los obtenidos en otros países) de los factores nacionales. ‖ **Producto vectorial de dos vectores**, vector perpendicular al plano de estos vectores, que tiene como longitud el valor del área del paralelogramo que subtienden y que forma con ellos un triedro orientado positivamente.

PRODUCTOR, RA adj. y n. Que produce. ♦ n. **2.** Persona que emplea su fuerza de trabajo en la fabricación de bienes o en la prestación de servicios. **3.** Empresario o entidad que financia la producción de películas o programas y emisiones de radio o televisión.

PROEMIO n. m. (gr. *prooimion*, entrada). Preludio de un canto, o introducción o prólogo de un discurso o libro.

PROEZA n. f. Hazaña, acción valerosa o heroica.

PROFANACIÓN n. f. Acción y efecto de profanar.

PROFANAR v. tr. (lat. *profanare*) [**1**]. Tratar una cosa sagrada sin el debido respeto. **2.** Tratar sin el debido respeto a alguien o algo o hacer uso indigno de cosas respetables: *profanar una tumba*.

PROFANO, A adj. (lat. *profanum*, lo que está fuera del templo). Que no es sagrado ni sirve para usos sagrados: *música profana*. **2.** Irreverente, con carácter antirreligioso. ♦ adj. y n. **3.** No entendido o inexperto en determinada materia.

PROFASE n. f. BIOL. Primera fase de la mitosis celular, durante la cual los cromosomas se individualizan en filamentos teñidos longitudinalmente.

PROFECÍA n. f. (gr. *prophēteia*). Don sobrenatural que consiste en conocer las cosas distantes o futuras por inspiración divina. **2.** Oráculo de un profeta. **3.** Predicción de un hecho futuro.

PROFERIR v. tr. [**22**]. Emitir palabras o sonidos.

PROFESAR v. tr. [**1**]. Ser adepto a ciertos principios, doctrinas, etc. **2.** Sentir, tener un afecto, sentimiento, etc. **3.** Ejercer una profesión. **4.** Enseñar, especialmente en una universidad. **5.** REL. Obligarse en una orden religiosa a cumplir los votos propios de su instituto.

PROFESIÓN n. f. (lat. *professionem*). Acción y efecto de profesar. **2.** Actividad permanente que sirve de medio de vida y que determina el ingreso en un grupo profesional determinado.

PROFESIONAL adj. Relativo a la profesión. ♦ adj. y n. m. y f. **2.** Que ejerce especialmente una profesión u oficio, por oposición al aficionado. **3.** Que vive de una determinada actividad.

PROFESIONALIDAD n. f. Calidad de profesional. **2.** Eficacia en la propia profesión.

PROFESIONALISMO n. m. Cultivo o utilización de una actividad como medio de lucro.

PROFESIONALIZAR v. tr. [**1n**]. Ejercer habitual y remuneradamente una determinada actividad intelectual o manual. **2.** Convertir en profesión lucrativa una actividad intelectual o manual.

PROFESO, A adj. y n. Dícese del religioso que ha profesado.

PROFESOR, RA n. Persona que enseña o ejerce una ciencia o arte.

PROFESORADO n. m. Conjunto de los profesionales de la enseñanza. **2.** Cargo de profesor.

PROFETA n. m. (lat. *prophetam*). Persona a través de la cual se manifiesta la voluntad divina, tanto para el presente como para el futuro. **2.** Persona que anuncia un acontecimiento futuro.

PROFÉTICO, A adj. Relativo a la profecía o al profeta.

PROFETISA n. f. Mujer que posee el don de la profecía.

PROFETISMO n. m. Tendencia a profetizar. **2.** Presencia de dones proféticos en un pueblo, en una comunidad religiosa o en una secta. **3.** Conjunto de las enseñanzas y predicciones de los profetas.

PROFETIZAR v. tr. [**1g**]. Hacer profecías.

PROFILÁCTICO, A adj. Relativo a la profilaxis. ♦ n. m. **2.** Preservativo.

PROFILAXIS n. f. Conjunto de medidas destinadas a impedir la aparición o la propagación de enfermedades. **2.** Conjunto de medidas que se toman para evitar algo.

PRÓFUGO, A adj. Fugitivo que huye de la justicia u otra autoridad. ♦ n. m. **2.** Mozo que se ausenta u oculta para eludir el servicio militar.

PROFUNDIDAD n. f. Calidad de profundo. **2.** Hondura. **3.** Dimensión de los cuerpos perpendicular a una superficie dada.

PROFUNDIZACIÓN n. f. Acción y efecto de profundizar.

PROFUNDIZAR v. tr. [**1g**]. Hacer más profundo. ♦ v. tr. e intr. **2.** *Fig.* Examinar o analizar algo a fondo.

PROFUNDO, A adj. (lat. *profundum*). Que tiene el fondo muy distante de la superficie: *pozo profundo*. **2.** Que penetra muy adentro: *herida profunda*. **3.** *Fig.* no superficial: *dolor profundo*. **4.** *Fig.* Extremo, total, completo: *silencio profundo*. **5.** *Fig.* Notable, acusado: *existe entre ambos una profunda diferencia*. **6.** *Fig.* Difícil de penetrar o comprender: *un discurso muy profundo*. **7.** *Fig.* Dícese de la voz, sonido, etc., que resuenan bajos.

PROFUSIÓN n. f. Abundancia excesiva.

PROFUSO, A adj. (lat. *profusum*). Abundante.

PROGENIE n. f. *Fam.* Descendencia, conjunto de hijos.

PROGENITOR, RA n. Pariente en línea recta ascendente de una persona. ♦ **progenitores** n. m. pl. **2.** Padre y madre de una persona.

PROGRAMA n. m. (gr. *programma*). Exposición general de las intenciones o proyectos de una persona, partido, etc. **2.** Proyecto, plan. **3.** Lista de las distintas partes o detalles de un trabajo, espectáculo, ceremonia, etc. **4.** Folleto o impreso que contiene dicha lista. **5.** Sesión de cine, teatro, etc., o emisión de televisión, radio, etc. **6.** Conjunto de instrucciones, dadas o expresiones registradas en un soporte, que permite ejecutar una serie de operaciones determinadas, solicitadas a un ordenador, a un aparato automático o a una máquina-herramienta. **7.** *Argent.* y *Urug.* Amorío que no se toma en serio. **8.** *Argent.* y *Urug.* Amante ocasional.

PROGRAMACIÓN n. f. Acción y efecto de programar.

PROGRAMADOR, RA adj. y n. Que programa. ♦ n. **2.** Especialista encargado de la preparación de programas de ordenador. ♦ n. m. **3.** Aparato cuyas señales de salida gobiernan la ejecución de una serie de operaciones que corresponden a un programa. **4.** Dispositivo integrado en ciertos aparatos electrodomésticos, que gobierna automáticamente la ejecución de las diversas operaciones a realizar.

PROGRAMAR v. tr. [**1**]. Establecer un programa o fijar las diversas partes o elementos de una determinada acción. **2.** INFORMÁT. Fraccionar un problema que debe resolver un ordenador en instrucciones codificadas aceptables por la máquina.

PROGRAMÁTICO, A adj. Relativo al programa, exposición general de intenciones o proyectos.

PROGRESAR v. intr. [**1**]. Hacer progresos.

PROGRESIÓN n. f. Acción de progresar. **2.** MAT. Sucesión de números cada uno de los cuales engendra el siguiente según una ley constante. • **Progresión aritmética** (MAT.), sucesión de números tal que la diferencia entre cada uno de ellos y el que le precede inmediatamente es una cantidad constante, llamada *razón de diferencia*. ‖ **Progresión geométrica**, sucesión de números de la cual el cociente entre cada término y el término que le precede es una cantidad constante, llamada *razón*.

PROGRESISMO n. m. Ideas y doctrinas partidarias del progreso en todos los órdenes y, especialmente, en el político-social.

PROGRESIVO, A adj. Que progresa o favorece el progreso.

PROGRESO n. m. (lat. *progressum*). Acción de ir hacia adelante. **2.** Cambio gradual de algo tendiendo a aumentar o a mejorar. **3.** Desarrollo de la civilización.

PROGRESO (*departamento de El*), dep. del centro de Guatemala; 1922 km²; 104 500 hab. Cap. *El Progreso* (11 910 hab.).

PROGRESO (El), c. de Honduras (Yoro); 17 156 hab. Centro comercial del sector bananero del N.

PROHIBICIÓN n. f. Acción y efecto de prohibir.

PROHIBIR v. tr. (lat. *prohibere*) [**3q**]. Vedar o impedir el uso o ejecución de algo.

PROHIBITIVO, A adj. Prohibitorio. • Dícese del precio de las cosas que no están al alcance de alguien o de la mayoría de la gente.

PROHIJAMIENTO n. m. Acto jurídico por el que una persona recibe como hijo adoptivo a un expósito o niño abandonado por sus padres y recogido en un establecimiento de beneficencia pública. SIN.: *prohijación*.

PROHIJAR v. tr. [**1u**]. Recibir a alguien como hijo por prohijamiento. **2.** *Fig.* Adoptar y defender como propias opiniones, doctrinas o ideas ajenas.

PROHOMBRE n. m. Hombre ilustre, que goza de especial consideración entre los de su clase.

PRÓJIMO n. m. (lat. *proximum*). Cualquier persona con respecto a otra. **2.** *Desp.* Individuo, tipo.

PROKÓFIEV (Serguéi Serguéievich), compositor y pianista ruso (Sontsovka 1891-Moscú 1953). En sus obras para piano y para orquesta, así como en su música de cámara, sus ballets y sus óperas, destaca una gran fuerza rítmica.

PROLE n. f. (lat. *prolem*). Descendencia de alguien, especialmente sus hijos.

PROLEGÓMENO n. m. Tratado que precede a una obra o escrito, para establecer los fundamentos generales de la materia que se ha de tratar en los mismos. (Suele usarse en plural.)

PROLETARIADO n. m. Dentro del modo de producción capitalista, clase social cuyos miembros, productores no propietarios de los medios de producción, venden su fuerza de trabajo por un salario.

PROLETARIO, A adj. y n. (lat. *proletarium*). Relativo al proletariado; miembro de dicha clase social. ♦ adj. **2.** *Fig.* Plebeyo, vulgar.

PROLIFERACIÓN n. f. Multiplicación del número de células por división. **2.** *Fig.* Multiplicación rápida.

PROLIFERAR v. intr. [**1**]. Multiplicarse por proliferación.

PROLÍFICO, A adj. Capaz de reproducirse.

PROLIJIDAD n. f. Calidad de prolijo.

PROLIJO, A adj. (lat. *prolixum*). Excesivamente extenso y detallado. **2.** Cuidadoso, esmerado. **3.** Impertinente, pesado, molesto.

PROLOGAR v. tr. [**1b**]. Escribir el prólogo de una obra.

PRÓLOGO n. m. (gr. *prologos*). Texto, generalmente en prosa, que precede el cuerpo de una obra. **2.** *Fig.* Cualquier cosa que precede a otra, y que sirve de preparación a ella.

PROLOGUISTA n. m. y f. Autor de un prólogo.

PROLONGACIÓN n. f. Acción y efecto de prolongar. **2.** Parte prolongada de una cosa.

PROLONGAMIENTO n. m. Prolongación.

PROLONGAR v. tr. y pron. (lat. *prolongare*) [**1b**]. Aumentar la longitud o duración de algo.

PRO

PROMEDIAR v. tr. [1]. Calcular el promedio de algo. **2.** Igualar aproximadamente dos partes de algo o repartirlo en dos partes aproximadamente iguales. ♦ v. intr. **3.** Llegar aproximadamente a su mitad un espacio de tiempo determinado: *antes de promediar el mes de junio.*

PROMEDIO n. m. (lat. *pro medio*, como término medio). Cantidad o valor medio que resulta de repartir entre varios casos la suma de todos los valores correspondientes a cada uno.

PROMESA n. f. (lat. *promissa*). Acción de prometer. **2.** Cosa prometida. **3.** Persona o cosa que promete: *es una promesa del fútbol.* **4.** *Fig.* Indicio o señal que promete algo. **5.** REL. Ofrecimiento hecho a Dios o a sus santos de ejecutar una obra piadosa.

PROMESANTE n. m. y f. *Argent. y Chile.* Persona que cumple una promesa piadosa, generalmente en procesión.

PROMETEO, personaje de la mitología griega, uno de los titanes, iniciador de la primera civilización humana. Robó del cielo el fuego y lo transmitió a los hombres. Zeus, para castigarle, le encadenó en una cima del Cáucaso, donde un águila le mordía el hígado, que volvía a crecer sin cesar. Heracles le liberó.

PROMETER v. tr. (lat. *promittere*) [2]. Decir alguien que se obliga a hacer o dar algo. **2.** Augurar por indicios, señales, etc., un futuro generalmente favorable. **3.** Afirmar la certeza de lo que se dice. ♦ v. intr. **4.** Dar muestras de una capacidad potencial. ♦ **prometerse** v. pron. **5.** Confiar en el logro o realización de una cosa. **6.** Darse palabra de matrimonio.

PROMETIDO, A n. Con respecto a una persona, otra con la que se ha concertado promesa de matrimonio.

PROMETIO o **PROMECIO** n. m. Metal del grupo de las tierras raras, cuyo símbolo químico es Pm, su número atómico 61 y su masa atómica 147.

PROMINENCIA n. f. Calidad de prominente. **2.** Abultamiento o elevación en cualquier cosa.

PROMINENTE adj. Que sobresale de la cosa de que forma parte, o que sobresale más de lo que se considera normal. **2.** *Fig.* Dícese de la persona ilustre, destacada.

PROMISCUIDAD n. f. Calidad de promiscuo.

PROMISCUO, A adj. (lat. *promiscuum*). Mezclado confusa o indiferentemente. **2.** Que tiene relaciones sexuales con varias personas.

PROMISIÓN n. f. Promesa, acción de prometer: *tierra de promisión.*

PROMOCIÓN n. f. Acción de promocionar o promover. **2.** Conjunto de individuos que han obtenido al mismo tiempo un grado, empleo o título. **3.** DEP. Torneo en que se enfrentan deportistas o equipos, a fin de determinar cuáles pertenecerán, en la temporada siguiente, a la categoría superior.

PROMOCIONAR v. tr. [1]. Hacer que alguien mejore en su situación, cargo o categoría. **2.** Dar impulso a una determinada acción, y especialmente a una empresa, producto comercial, etc.

PROMONTORIO n. m. (lat. *promontorium*, cabo). Elevación en el terreno, o monte de poca altura. **2.** Altura de tierra que avanza dentro de mar. **3.** *Fig.* Bulto, elevación.

PROMOTOR, RA adj. y n. Que promueve.

PROMOVER v. tr. [2e]. Iniciar o activar cierta acción. **2.** Ascender a una persona a un grado superior al que tenía. **3.** Producir algo que lleve en sí agitación, movimiento, etc.

PROMULGACIÓN n. f. Acción y efecto de promulgar.

PROMULGAR v. tr. (lat. *promulgare*) [1b]. Publicar algo solemnemente u oficialmente, en especial una ley.

PRONOMBRE n. m. Categoría lingüística que se caracteriza por su capacidad de funcionar como sustantivo, adjetivo o adverbio y cuyas formas carecen de ficción denotativa fija. (En español existen pronombres personales, demostrativos, posesivos, relativos, interrogativos e indefinidos.)

PRONOMINAL adj. (lat. *pronominalem*). GRAM. Relativo al pronombre. • **Adjetivo pronominal,** adjetivo posesivo, demostrativo, relativo, interrogativo e indefinido que tiene la forma del pronombre correspondiente. ‖ **Adverbio pronominal,** adverbio que ejerce el oficio de pronombre (*cuándo, dónde,* etc.). ‖ **Verbo pronominal,** verbo que se conjuga con dos pronombres de la misma persona.

PRONOSTICAR v. tr. [1a]. Conocer o prever, por algunos indicios o señales, el futuro. **2.** Predecir lo que ha de suceder.

PRONÓSTICO n. m. (lat. *prognosticum*). Acción y efecto de pronosticar. **2.** Señal por la que se adivina o conjetura una cosa futura. **3.** Calendario en que se incluye el anuncio de los fenómenos astronómicos y meteorológicos. **4.** Juicio del médico acerca de la gravedad y evolución de una enfermedad o lesiones.

PRONTITUD n. f. Rapidez o diligencia en hacer una cosa.

PRONTO adv. t. En seguida, en un breve espacio de tiempo. • **De pronto,** apresuradamente, sin reflexión; repentinamente, improvisadamente.

PRONTO, A adj. (lat. *promptum*). Rápido, inmediato: *le deseó una pronta mejoría.* **2.** Dispuesto, preparado para obrar: *siempre está pronto para salir.* ♦ n. m. **3.** *Fam.* Arrebato, decisión o impulso repentino.

PRONTUARIO n. m. Resumen breve. **2.** Manual, compendio de las reglas de una ciencia o arte.

PRONUNCIACIÓN n. f. Acción de pronunciar. **2.** Modo de pronunciar las palabras de una lengua.

PRONUNCIAMIENTO n. m. Alzamiento militar destinado a derribar un gobierno o a presionar sobre él.

PRONUNCIAR v. tr. (lat. *pronuntiare*) [1]. Emitir y articular sonidos para hablar. **2.** DER. Publicar una sentencia, auto u otra resolución judicial. ♦ v. tr. y pron. **3.** Acentuar, realzar, resaltar: *las diferencias entre ellos se pronuncian cada vez más.* ♦ **pronunciarse** v. pron. **4.** Declararse o mostrarse a favor o en contra de alguien o de algo: *no quiero pronunciarme sobre este asunto.* **5.** Sublevarse.

PROPAGACIÓN n. f. Acción y efecto de propagar. **Fís.** Modo de transmisión de las ondas sonoras, luminosas, hertzianas, de las radiaciones X, etc.

PROPAGANDA n. f. Publicidad desarrollada para propagar o difundir un producto, una materia, un espectáculo, etc. **2.** Material o trabajo que se emplea para este fin.

PROPAGANDISTA adj. y n. m. y f. Dícese de la persona que hace propaganda, especialmente en materia política.

PROPAGANDÍSTICO, A adj. Relativo a la propaganda.

PROPAGAR v. tr. y pron. (lat. *propagare*) [1b]. Multiplicar por generación u otro medio de reproducción: *la especie humana.* **2.** *Fig.* Extender, difundir o aumentar una cosa: *el fuego se propagó rápidamente.* **3.** Extender el conocimiento de una idea, opinión, doctrina, etc.

PROPALAR v. tr. [1]. Divulgar o extender algo que debía permanecer oculto.

PROPANO n. m. Hidrocarburo saturado gaseoso (C_3H_8), empleado como combustible.

PROPASAR v. tr. pron. [1]. Pasar más adelante de lo debido. ♦ **propasarse** v. pron. **2.** Excederse, faltar al respeto o cometer un atrevimiento, particularmente un hombre con una mujer. **3.** Excederse de lo razonable en lo que se hace o dice.

PROPENDER v. intr. [2] Tender por naturaleza, por condición o por otras causas a ser o estar de determinada manera o a hacer alguna cosa.

PROPENO n. m. Propileno.

PROPENSIÓN n. f. Tendencia, inclinación a hacer algo.

PROPENSO, A adj. Que tiene propensión.

PROPICIAR v. tr. (lat. *propitiare*) [1]. Hacer o volver propicio.

PROPICIATORIO, A adj. Que sirve para propiciar.

PROPICIO, A adj. (lat. *propitium*). Benigno, inclinado a hacer un bien. **2.** Favorable, adecuado.

PROPIEDAD n. f. Derecho de usar y disponer de un bien de forma exclusiva y absoluta, sin más limitaciones que las contenidas en la ley. **2.** Cosa poseída, especialmente si es inmueble. **3.** Atributo o cualidad característica o esencial de una persona o cosa: *las propiedades químicas de una sustancia.* **4.** Adecuación de la expresión oral con la idea a expresar: *hablar con propiedad.* **5.** *Fig.* Semejanza perfecta entre una cosa y su representación. • **En propiedad,** como propiedad; se aplica a la manera de poseer un cargo o empleo cuando no es como interino o sustituto. ‖ **Propiedad horizontal,** en los inmuebles sujetos a comunidad de propietarios, dominio de cada uno de los diferentes pisos o locales por personas distintas y copropiedad conjunta de los elementos comunes. ‖ **Propiedad industrial,** derecho exclusivo de utilizar un nombre comercial, una marca, una patente, un diseño, etc. ‖ **Propiedad intelectual,** conjunto de derechos que el autor de una obra intelectual tiene sobre ésta y que hacen referencia a su publicación y reproducción.

PROPIETARIO, A adj. y n. Que tiene derecho de propiedad sobre una cosa, especialmente sobre bienes inmuebles. **2.** Que tiene un cargo o empleo que le pertenece, a diferencia del que sólo transitoriamente desempeña las funciones inherentes a él.

PROPILENO n. m. Hidrocarburo etilénico $CH_3-CH=CH_2$, homólogo superior del etileno. SIN.: propeno.

PROPINA n. f. Dinero dado por un cliente a título de gratificación.

PROPINAR v. tr. (lat. *propinare*) [1]. Dar, administrar: *le propinó una bofetada.*

PROPIO, A adj. (lat. *proprium*). Que pertenece en propiedad a una persona: *vive en casa propia.* **2.** Característico o particular de una persona o cosa determinada: *diversiones propias de la juventud.* **3.** Apropiado, indicado para lo que se expresa: *se viste con atuendos poco propios para su edad.* **4.** Natural, no adquirido o artificial: *el color de su pelo no es el propio, sino teñido.* **5.** El mismo: *el propio autor presentó la obra.* • **Movimiento propio** (ASTRON.), movimiento real de un astro, por oposición a su *movimiento aparente.* ‖ **Nombre propio,** nombre que sólo puede aplicarse a un solo ser, a un solo objeto o a una sola categoría de seres o de objetos, por oposición a *nombre común.* ‖ **Sentido propio,** sentido primero, real, de una palabra. ♦ adj. y n. m. **6.** LÓG. Que se sigue necesariamente a la esencia de las cosas. ♦ n. m. **7.** Enviado, mensajero. **8.** REL. Serie de oficios especiales para las diferentes partes del año litúrgico.

PROPONER v. tr. (lat. *proponere*) [5]. Exponer un plan, proyecto, negocio, idea, etc., a alguien con intención de que sea aceptado. **2.** Recomendar o presentar a una persona como idónea para un empleo o cargo o como merecedora de un premio. ♦ v. tr. y pron. **3.** Tomar la decisión o formar el proyecto de hacer o conseguir una cosa.

PROPORCIÓN n. f. (lat. *proportionem*). Relación en cuanto a magnitud, cantidad o grado, de una cosa con otra o de una parte con el todo: *la anchura de esta mesa no guarda proporción con su longitud.* **2.** Tamaño, medida o dimensión. **3.** Importancia o intensidad de un hecho o acción: *el incendio adquirió proporciones alarmantes.* **4.** Ocasión u oportunidad para obrar. **5.** MAT. Igualdad entre dos razones.

PROPORCIONADO, A adj. Que tiene la justa y debida proporción o tamaño. **2.** Conveniente o adecuado para algo.

PROPORCIONAL adj. Relativo a la proporción, o que la incluye en sí. **2.** MAT. Que está relacionado por una proporción. • **Magnitudes,** o **cantidades, directamente proporcionales,** magnitudes que varían de tal manera que los números que las miden permanecen en una relación constante. ‖ **Magnitudes,** o **cantidades, inversamente proporcionales,** magnitudes que varían de tal manera que el producto de los números que las miden permanece constante. ‖ **Representación proporcional,** sistema electoral que concede a los diversos partidos un número de representantes proporcional al número de sufragios obtenidos.

PROPORCIONALIDAD n. f. Proporción. **2.** Carácter de las cantidades proporcionales entre sí.

PROPORCIONAR v. tr. [1]. Establecer o hacer que una cosa tenga la debida proporción con otra. ♦ v. tr. y pron. **2.** Hacer lo necesario para que una persona tenga algo que necesita, facilitándoselo o dándoselo.

PROPOSICIÓN n. f. Acción y efecto de proponer. **2.** Cosa que se propone. **3.** Palabras con que se propone. **4.** Unidad lingüística de estructura oracional. **5.** Proposición gramatical. **6.** LÓG. Enunciado susceptible de ser verdadero o falso.

PROPOSICIONAL adj. LÓG. Relativo a la proposición.

PROPÓSITO n. m. Aquello que uno se propone hacer. **2.** Objeto, finalidad. **3.** Asunto, materia de que se trata.

PROPUESTA n. f. Proposición o idea que se manifiesta o expone a alguien con un fin determinado. **2.** Recomendación o indicación de cierta persona hecha a la autoridad para un empleo o cargo. **3.** Consulta de un asunto o negocio que se presenta a la junta o consejo que ha de aprobar o desestimar.

PROPUGNAR v. tr. (lat. *propugnare*) [1]. Defender, apoyar especialmente una postura o idea que se considera conveniente.

PROPULSAR v. tr. (lat. *propulsare*) [1]. Impulsar, impeler hacia adelante. **2.** *Fig.* Aumentar la actividad o el desarrollo de algo.

PROPULSIÓN n. f. Acción y efecto de impeler.

PROPULSOR, RA adj. y n. Que propulsa. ♦ n. m. **2.** Órgano o máquina destinado a imprimir un movimiento de propulsión. **3.** Materia combustible para la propulsión por cohete.

PRORRATEAR v. tr. [1]. Repartir una cantidad entre varios según la parte que proporcionalmente toca pagar a cada uno.

PRÓRROGA n. f. Acción de prorrogar. Plazo de tiempo durante el cual se prorroga algo.

PRORROGAR v. tr. (lat. *prorogare*) [1b]. Continuar o prolongar algo haciendo que dure más tiempo. **2.** Aplazar, retardar la ejecución o realización de algo.

PRORRUMPIR v. tr. (lat. *prorumpere*) [3]. Salir con ímpetu. **2.** *Fig.* Proferir o emitir repentina y bruscamente un grito, suspiro, lamento, risa, etc.: *prorrumpir en llanto.*

PROSA n. f. (lat. *prosam,* que anda en línea recta). Forma ordinaria del lenguaje hablado o escrito, que no está sujeta a las reglas de ritmo o de cadencia propias de la poesía. **2.** *Fig.* Aspecto o parte vulgar o corriente de una cosa.

PROSAICO, A adj. Relativo a la prosa. **2.** *Fig.* Vulgar, anodino, falto de elevación o interés.

PROSAÍSMO n. m. Cualidad de prosaico.

PROSAPIA n. f. (lat. *prosapiam*). Alcurnia, linaje, ascendencia de una persona.

PROSCENIO n. m. (gr. *proskénion*). Parte del escenario comprendida entre el borde del mismo y el primer orden de bastidores.

PROSCRIBIR v. tr. (lat. *proscribere*) [3n]. Expulsar a una persona del territorio nacional, generalmente por causa política. **2.** *Fig.* Prohibir una costumbre o uso.

PROSCRIPCIÓN n. f. Acción y efecto de proscribir.

PROSCRITO, A adj. y n. Dícese de quien ha sido desterrado.

PROSECUCIÓN n. f. Acción de proseguir. **2.** Seguimiento, persecución.

PROSEGUIMIENTO n. m. Prosecución.

PROSEGUIR v. tr. (lat. *prosequi*) [30a]. Continuar lo que se había empezado a hacer o decir, o seguir en un mismo estado o actitud.

PROSELITISMO n. m. Celo exagerado por hacer prosélitos.

PROSELITISTA adj. y n. m. y f. Que practica o es partidario del proselitismo.

PROSÉLITO n. m. (lat. *proselytum*). Persona ganada para una opinión, una doctrina, un partido, etc.

PROSERPINA, diosa romana, asimilada muy pronto a la griega *Perséfone.*

PROSISTA n. m. y f. Escritor de obras en prosa literaria.

PROSÍSTICO, A adj. Relativo a la prosa literaria.

PROSODIA n. f. (gr. *prosoidía*). Parte de la gramática que enseña la recta pronunciación y acentuación de las letras, sílabas y palabras.

PROSÓDICO, A adj. Relativo a la prosodia.

PROSOPOPEYA n. f. (gr. *prosöpopoiía*). Tropo de sentencia por semejanza, que consiste en atribuir cualidades de los seres animados a los inanimados y abstractos. **2.** *Fam.* Afectación en la manera de ser o de hablar.

PROSPECCIÓN n. f. Exploración de los yacimientos minerales de un terreno.

PROSPECTAR v. tr. (ingl. *to prospect,* del lat. *prospectum*) [1]. Realizar prospecciones.

PROSPECTO n. m. (lat. *prospectum*). Impreso de pequeño tamaño en que se presenta una obra, espectáculo, mercancía, etc. **2.** Impreso que acompaña a un medicamento, mercancía, máquina, etc., dando instrucciones sobre su empleo.

PROSPERAR v. tr. (lat. *prosperare*) [1]. Dar u ocasionar prosperidad. ♦ v. intr. **2.** Ganar prosperidad. **3.** *Fig.* Prevalecer o imponerse una opinión, idea, etc., poniéndose en práctica o aceptándose.

PROSPERIDAD n. f. Bienestar material o mejora de la situación económica. **2.** Curso favorable de las cosas, buena suerte o éxito en lo que se emprende.

PRÓSPERO, A adj. (lat. *prosperum*). Favorable, afortunado, venturoso. **2.** Que mejora y se enriquece progresivamente.

PRÓSTATA n. f. (gr. *prostatés,* que está delante). Cuerpo glandular, propio del sexo masculino, que rodea el cuello de la vejiga y parte de la uretra, y secreta gran parte del líquido espermático.

PROSTERNARSE v. pron. (fr. *prosterner*) [1]. Postrarse, arrodillarse en señal de adoración o de respeto.

PROSTÍBULO n. m. (lat. *prostibulum*). Casa de prostitución.

PROSTITUCIÓN n. f. (lat. *prostitutionem*). Acto por el cual una persona admite relaciones sexuales a cambio de dinero. **2.** *Fig.* Envilecimiento, degradación.

PROSTITUIR v. tr. y pron. (lat. *prostituere,* exponer en público) [29]. Entregar o entregarse a la prostitución. **2.** *Fig.* Envilecer o degradar por interés o para obtener una ventaja: *prostituir su talento literario.*

PROSTITUTA n. f. (lat. *prostitutam*). Mujer que se dedica a la prostitución.

PROSUDO, A adj. *Chile, Ecuad.* y *Perú.* Dícese del orador pomposo. **2.** *Ecuad.* Que se da importancia o toma actitudes de superioridad.

PROTACTINIO n. m. Metal radiactivo, cuyo símbolo químico es Pa y su número atómico 91.

PROTAGONISMO n. m. Calidad de protagonista. **2.** Afán de mostrarse como la persona más calificada y necesaria para una actividad, independientemente de que se posean o no méritos que lo justifiquen.

PROTAGONISTA n. m. y f. (gr. *prötos,* primero, y *agónistés,* actor). Personaje principal de una obra literaria, teatral, cinematográfica, etc. **2.** Persona o cosa que tiene la parte principal en un hecho o suceso cualquiera.

PROTAGONIZAR v. tr. [1g]. Actuar como protagonista.

PROTECCIÓN n. f. Acción y efecto de proteger. **2.** Cosa que protege.

PROTECCIONISMO n. m. Sistema que consiste en proteger la agricultura, el comercio o la industria de un país frente a la competencia extranjera. CONTR.: *libre cambio.*

PROTECCIONISTA adj. y n. Relativo al proteccionismo; partidario del proteccionismo.

PROTECTOR, RA adj. y n. Que protege: *crema protectora.* ♦ n. m. **2.** Cosa que protege: *un protector de la piel.* **3.** Título dado a diversos próceres americanos. (J. G. Artigas, J. F. de San Martín, A. Santa Cruz.) [Con este significado, suele escribirse con mayúscula.]

PROTECTORADO n. m. Situación de un estado que está bajo la protección de otro estado, especialmente para todo aquello que concierne a relaciones exteriores y seguridad.

PROTEGER v. tr. (lat. *protegere*) [2b]. Resguardar a alguien o a algo de peligros, daños o incomodidades. **2.** Favorecer, apoyar: *proteger las artes y las letras; proteger una candidatura.* **3.** Defender el mercado nacional de los productos extranjeros.

PROTEGIDO, A n. Favorito, ahijado.

PROTEICO, A adj. (de *Proteo,* dios marino). Que cambia de formas, de ideas o de aspecto: *temperamento proteico.*

PROTEICO, A adj. (de gr. *prêtos,* primero). Relativo a las proteínas.

PROTEÍNA n. f. Macromolécula constituida por el encadenamiento de numerosos aminoácidos unidos por enlaces peptídicos, que forma parte de la materia fundamental de las células y de las sustancias vegetales y animales. SIN.: *proteído.*

PROTEÍNICO, A adj. Relativo a las proteínas y a los prótidos.

PROTEO, dios marino griego que había recibido de su padre Poseidón el don de cambiar de forma según su voluntad y el de predecir el porvenir.

PROTEOSÍNTESIS n. f. Elaboración de proteínas por células vivas.

PROTERVO, A adj. (lat. *protervum*). Malvado, perverso.

PRÓTESIS n. f. (gr. *prothesis,* adición). Adición artificial que tiene por objeto sustituir un órgano extraído en parte o en su totalidad. **2.** Pieza o aparato con que se verifica esta sustitución.

PROTESTA n. f. Acción y efecto de protestar. **2.** Documento o palabras con que se protesta.

PROTESTANTE adj. y n. m. y f. Relativo al protestantismo; que profesa el protestantismo. ♦ adj. **Iglesias protestantes,** conjunto de iglesias surgidas de la Reforma.

PROTESTANTISMO n. m. Conjunto de las iglesias y comunidades cristianas surgidas de la Reforma. **2.** Su doctrina.

PROTESTAR v. tr. (lat. *protestari*) [1]. Mostrar vehementemente disconformidad y opo-

PRO

sición. ♦ v. intr. **2.** Afirmar con ímpetu un sentimiento, una actitud, una opinión.
PRÓTIDO n. m. y adj. Proteína.
PROTISTO n. m. Ser vivo unicelular de núcleo diferenciado, como el *paramecio* o la *ameba*.
PROTOCOLARIO, A adj. Relativo o conforme al protocolo.
PROTOCOLO n. m. (lat. *protocolum*; del gr. *prōtokollon*). Conjunto de reglas de cortesía y urbanidad establecidas para determinadas ceremonias. **2.** Regla ceremonial, diplomática o palatina, establecida por decreto o por costumbre.
PROTOHISTORIA n. f. Período de la historia de la humanidad subsiguiente a la prehistoria.
PROTÓN n. m. Partícula elemental cargada de electricidad positiva, constituyente estable de la materia, que junto con el neutrón entra en la composición de los núcleos atómicos.
PROTÓNICO, A adj. Relativo al protón.
PROTOPLASMA n. m. Conjunto del citoplasma, del núcleo y de los plastos.
PROTOPLASMÁTICO, A o **PROTOPLÁSMICO, A** adj. Relativo al protoplasma.
PROTOTIPO n. m. Primer ejemplar, modelo. **2.** Primer ejemplar construido industrialmente de una máquina, aparato, vehículo, etc., y destinado a experimentar en funcionamiento sus cualidades y características, con vistas a la construcción en serie. **3.** *Fig.* Persona, individuo o cosa que reúne en sí las más acusadas características de una cualidad, acción, vicio, virtud, etc., a las que representa en su máximo grado.
PROTOZOO adj. y n. m. Dícese de los seres unicelulares de núcleo diferenciado, sin clorofila, generalmente dotados de una boca, como los ciliados (*paramecios*), los flagelados (*tripanosoma*), los rizópodos (*amebas, foraminíferos, radiolarios*) y el hematozoo del paludismo.
PROTRÁCTIL adj. Que puede estirarse hacia delante.
PROTUBERANCIA n. f. (del lat. *protuberare*, ser prominente). Prominencia más o menos redonda de la superficie de un hueso, de la piel, etc.
PROUST (Joseph Louis), químico francés (Angers 1754-*id*. 1826), uno de los fundadores del análisis químico. En 1808, enunció la ley de las proporciones definidas.
PROUST (Marcel), escritor francés (París 1871-*id*. 1922). Autor de traducciones, ensayos y relatos, se incorporó a la redacción de su gran obra, el ciclo novelesco *En busca del tiempo perdido* (7 vols., 1913-1927). Es junto con Joyce, el renovador de la novela en el s. XX.
PROVECHO n. m. (lat. *profectum*). Beneficio o utilidad que resulta de algo o que se proporciona a alguien. **2.** Efecto natural que produce al organismo una comida o bebida. **3.** Rendimiento o adelantamiento en alguna materia, arte o virtud.
PROVECHOSO, A adj. Que causa provecho o es de provecho o utilidad.
PROVECTO, A adj. (lat. *provectum*). Que ha adelantado o aprovechado mucho en un aprendizaje, en su desarrollo, etc. **2.** Maduro, entrado en años.
PROVEEDOR, RA n. Persona o empresa encargada de proveer, suministrar.
PROVEER v. tr. y pron. [2ñ]. Preparar, disponer o reunir las cosas necesarias para un fin: *proveer lo más indispensable para un viaje*. **2.** Suministrar o aprovisionar de lo necesario o conveniente para un fin: *proveer de víveres a los damnificados*. ♦ v. tr. **3.** Dar o conferir un empleo o cargo. **4.** Resolver, tramitar un asunto o negocio.
PROVEIMIENTO n. m. Acción de proveer.
PROVENIENTE adj. Que proviene.
PROVENIR v. intr. (lat. *provenire*) [21]. Proceder, derivarse, tener su origen.
PROVENZA, en fr. *Provence*, región histórica del S de Francia, que corresponde a la casi totalidad de la act. región de Provenza-Alpes-Costa Azul. Cap. *Aix-en-Provence*. Estuvo en la órbita de los condados de Toulouse y de Barcelona, que lucharon entre ellos para anexionarla. Después de la cruzada contra los albigenses (s. XIII), pasó a la casa de Anjou. Fue anexionada por Francia en 1481.
PROVENZAL adj. y n. m. y f. De Provenza. ♦ adj. **2.** Dícese de la literatura de los trovadores. ♦ n. m. **3.** Dialecto de la lengua de oc hablado en Provenza. **4.** Nombre dado a la lengua utilizada por los trovadores.
PROVERBIAL adj. Relativo al proverbio, o que lo incluye: *frase proverbial*. **2.** Muy conocido o sabido de todos: *su proverbial mal genio*.
PROVERBIO n. m. (lat. *proverbium*). Sentencia, adagio o refrán.
PROVIDENCE, c. de Estados Unidos, cap. de Rhode Island; 160 728 hab.
PROVIDENCIA n. f. Disposición anticipada de una cosa, medida o previsión que se toma al ir a realizar algo o para remediar un daño o peligro que puede suceder. **2.** DER. Resolución de un tribunal o juzgado con fines de ordenación e impulso del procedimiento. **3.** TEOL. Previsión y cuidado que Dios tiene de sus criaturas. **4.** TEOL. Dios mismo, considerado como gobernante del universo. (Con este significado se escribe con mayúscula.)
PROVIDENCIA, isla de Colombia → **San Andrés y Providencia**.
PROVIDENCIA, com. de Chile (Santiago); 110 954 hab. Zona residencial de la capital.
PROVIDENCIAL adj. Relativo a la providencia de Dios. **2.** *Fig.* Que libra de un peligro o una desgracia inminente: *su llegada fue providencial*.
PROVINCIA n. f. (lat. *provinciam*). División territorial y administrativa de algunos países. ♦ **provincias** n. f. pl. **2.** Por oposición a capital, el resto del territorio del país: *vivir en provincias*.
PROVINCIAL, adj. Relativo a una provincia.
PROVINCIALISMO n. m. Voz, giro o locución particular de una provincia o comarca.
PROVINCIANISMO n. m. Condición de provinciano.
PROVINCIANO, A adj. Relativo a una provincia. ♦ adj. y n. **2.** Habitante u originario de una provincia, en oposición al de la capital. **3.** Poco habituado a la vida y costumbres de la capital.
PROVINCIAS UNIDAS DE CENTRO AMÉRICA → **Centro América**.
PROVINCIAS UNIDAS DE NUEVA GRANADA, entidad política federalista de Nueva Granada, creada en noviembre de 1811. Fue suprimida virtualmente con la ocupación de Bogotá por el realista Morillo (1816).
PROVINCIAS UNIDAS DEL RÍO DE LA PLATA, entidad política formada por parte de los territorios del virreinato del Río de la Plata. Proclamó su independencia en el congreso de Tucumán (julio 1816). En 1825 (ag.) se incorporó a la Banda Oriental del Plata, para librarse de la dominación brasileña. (→ ***Argentina*.)**
PROVISIÓN n. f. Acción y efecto de proveer. **2.** Conjunto de cosas necesarias o útiles para el mantenimiento, especialmente víveres. (Suele usarse en plural.) **3.** *Argent.* y *Urug.* Tienda de comestibles en la que también se venden frutas y verduras.
PROVISIONAL adj. No definitivo, que se hace, se tiene o está en espera de lo definitivo.
PROVOCACIÓN n. f. Acción y efecto de provocar.
PROVOCADOR, RA adj. y n. Que provoca o es inclinado a provocar.
PROVOCAR v. tr. (lat. *provocare*) [1a]. Incitar o desafiar a alguien a que haga una cosa. **2.** Irritar a alguien o estimularle con palabras, gestos o acciones para que se irrite. **3.** Excitar o tratar de despertar deseo sexual en alguien, por medio de gestos, actitudes, modos de vestir, etc. **4.** Ocasionar, causar, mover a algo: *provocar la risa*. **5.** *Colomb., Perú* y *Venez. Fam.* Apetecer.
PROVOCATIVO, A adj. Que provoca, irrita o excita.
PROXENETA n. m. y f. (gr. *proxēnētēs*). Persona que procura o facilita la prostitución de otra y comparte las ganancias. SIN.: *alcahuete*.
PROXENETISMO n. m. Actividad u oficio de proxeneta.
PROXIMIDAD n. f. Calidad de próximo. **2.** Cercanía, contorno, afueras de un lugar. (Suele usarse en plural.)
PRÓXIMO, A adj. (lat. *proximum*). Que dista muy poco en el espacio o en el tiempo, que está muy cerca. **2.** Que está o sigue inmediatamente después al lugar o momento que se expresa.
PRÓXIMO ORIENTE, conjunto de los países ribereños del Mediterráneo oriental (Turquía, Siria, Líbano, Israel, Egipto). Se incluye a veces Jordania y los países del golfo Pérsico.
PROYECCIÓN n. f. Acción y efecto de proyectar, lanzar: *proyección de piedras, de agua, de gases*. **2.** Acción de proyectar imágenes sobre una pantalla. **3.** Imagen luminosa formada sobre una pantalla. **4.** Operación cartográfica que permite representar el elipsoide terrestre sobre una superficie plana, llamada *plano de proyección*, según ciertas reglas geométricas. **5.** MAT. Operación que a un punto o a un vector de un espacio vectorial hace corresponder un punto o un vector de un subespacio. • **Planos de proyección**, en geometría descriptiva, plano horizontal y plano frontal sobre los que se proyectan ortogonalmente las figuras del espacio. | **Proyección volcánica**, materia proyectada por un volcán en erupción, que cae a tierra.
PROYECTAR v. tr. (lat. *proiectare*) [1]. Lanzar, dirigir hacia adelante o arrojar a distancia: *proyectar piedras*. **2.** Hacer planes o preparativos sobre cierta cosa que se desea o piensa hacer: *proyectar un viaje*. **3.** Hacer un proyecto de arquitectura o de ingeniería. **4.** MAT. Efectuar una proyección. **5.** ÓPT. Formar sobre una pantalla la imagen óptica ampliada de diapositivas, películas u objetos opacos. ♦ v. tr. y pron. **6.** Hacer visible por medio de la luz, sobre un cuerpo o una superficie plana, una figura o una sombra.
PROYECTIL n. m. Cualquier cuerpo que es lanzado contra un objetivo para producir efectos destructivos (bala, bomba, cohete, granada, misil, obús, etc.).
PROYECTISTA n. m. y f. Persona que hace o dibuja proyectos de arquitectura, ingeniería, etc.
PROYECTIVO, A adj. MAT. Dícese de las propiedades que conservan las figuras cuando se las proyecta sobre un plano. • **Geometría proyectiva**, geometría que estudia las propiedades proyectivas de las figuras.
PROYECTO n. m. Intención de hacer algo o plan que se idea para poderlo realizar. **2.** Redacción o disposición provisional de un escrito, un tratado, un reglamento, etc. **3.** Conjunto de planos y documentos de una obra o edificio, instalación, máquina, etc., que se han de construir o fabricar.
PROYECTOR n. m. Aparato que concentra y dirige en una dirección determinada la luz procedente de un foco de gran intensidad. **2.** Aparato que sirve para proyectar imágenes sobre una pantalla.
PRUDENCIA n. f. Moderación, cautela en la manera de ser o de actuar. **2.** Sensatez, buen juicio.
PRUDENCIAL adj. Relativo a la prudencia. **2.** Dícese de la cantidad de una cosa suficiente, no excesiva.
PRUDENTE adj. (lat. *prudentem*). Que implica prudencia o actúa con prudencia.

PRUEBA n. f. Acción y efecto de probar: *período de prueba*. **2.** Ensayo que se hace de una cosa: *hacer una prueba a un motor, a un coche*. **3.** Señal, muestra o indicio que permite demostrar una cosa: *presentar pruebas fidedignas*. **4.** Examen para demostrar determinadas cualidades o habilidades: *pruebas teóricas*. **5.** Competición deportiva. **6.** Primera muestra de una composición tipográfica, que se saca para corregirla. **7.** MAT. Operación mediante la cual se controla la exactitud de un cálculo y la veracidad de la solución de un problema. • **A prueba de**, capaz de resistir la cosa que se expresa.
PRURITO n. m. Picazón, comezón. **2.** *Fig.* Deseo vehemente o empeño en hacer una cosa por amor propio.
PRUSIA, antiguo estado del N de Alemania. Cap. *Berlín*.
De los orígenes al reino de Prusia. El territorio original de Prusia, situado entre el Vístula y el Nieman, fue conquistado en 1280 por la orden teutónica, que instaló a colonos alemanes. 1466: por la paz de Toruń la orden reconoció la soberanía de Polonia. 1660: Federico Guillermo, el gran elector (1640-1688), logró que Polonia renunciase a su soberanía sobre Prusia. 1701: su hijo, Federico III de Brandeburgo fue coronado con el nombre de Federico I, rey de Prusia. 1740-1786: Federico II, el rey filósofo, hizo de Prusia, a la que anexionó Silesia y los territorios que recibió en el primer reparto de Polonia, una gran potencia europea. 1806: Prusia fue derrotada por Napoleón en Auerstedt y Jena. 1813-1814: Prusia tuvo un papel determinante en la lucha contra Napoleón.
La hegemonía prusiana en Alemania. 1814-1815: Prusia obtuvo en el congreso de Viena el N de Sajonia, Westfalia y los territorios renanos más allá del Mosela. Se convirtió en el estado más fuerte de la confederación germánica. 1834: mediante la Unión aduanera *(Zollverein)*, preparó la unión política con los restantes estados de la Alemania del norte bajo su égida. 1862: Guillermo I (1861-1888) llamó a Bismarck a la presidencia del consejo. 1866: Austria fue derrotada en Sadowa. 1867: se creó la Confederación de la Alemania del norte. 1871: tras su victoria en la guerra franco-alemana, Guillermo I fue proclamado emperador de Alemania en Versalles. 1933-1935: el nacionalsocialismo puso fin a la existencia de Prusia como estado autónomo.
PRUSIA OCCIDENTAL, ant. prov. alemana. Cap. *Dantzig*. Organizada en 1815, agrupaba los territorios que correspondieron a Prusia en los dos primeros repartos de Polonia (1772, 1793). Fue atribuida, salvo Dantzig, a Polonia en 1919.
PRUSIA ORIENTAL, ant. prov. alemana repartida en 1945 entre la U.R.S.S. y Polonia. Cap. *Königsberg*.
PRUSIANO, A adj. y n. De Prusia.
PRUSINER (Stanley), bioquímico y neurólogo norteamericano (Des Moines, Iowa, E.U.A., 1942). Obtuvo el premio Nobel de medicina 1997 por su descubrimiento de los priones –proteínas infecciosas– como agentes causales de la encefalopatía espongiforme bovina (mal de las vacas locas), entre otras enfermedades neurodegenerativas.
PSI n. f. Vigesimotercera letra del alfabeto griego, que corresponde a *ps*.
PSIC(O) → **sic(o)**.
Pt, símbolo químico del *platino*.
PTEROSAURIO, A adj. y n. m. Relativo a un orden de reptiles del secundario, adaptados al vuelo gracias a una amplia membrana sostenida por el quinto dedo de la mano, muy alargado.
PTOLOMEO → **Tolomeo**.
Pu, símbolo químico del *plutonio*.

PÚA n. f. Cuerpo rígido y delgado acabado en punta afilada. **2.** Diente de un peine. **3.** Hierro del trompo. **4.** Cada uno de los pinchos del puerco espín, erizo, etc. **5.** MÚS. Plectro.
PUÁN, partido de Argentina (Buenos Aires), en la Pampa húmeda; 17 644 hab. Cereales. Ganadería.
PÚBER adj. y n. m. y f. Que está en la pubertad.
PUBERTAD n. f. (lat. *pubertatem*). Período de la vida caracterizado por el inicio de la actividad de las glándulas reproductoras y la manifestación de los caracteres sexuales secundarios (en el hombre: vellosidad, cambio de voz; en la mujer: desarrollo de la vellosidad y de los senos, menstruación).
PUBESCENCIA n. f. BOT. Estado de una superficie cubierta de vello, pelo fino y suave.
PUBESCENTE adj. BOT. Que presenta pubescencia.
PUBIANO, A adj. Relativo al pubis.
PUBIS n. m. (lat. *pubem*, bajo vientre). Parte inferior del vientre, que forma una eminencia triangular y se cubre de vello en la pubertad.
PUBLICABLE adj. Que se puede publicar, apto para ser publicado.
PUBLICACIÓN n. f. Acción y efecto de publicar. **2.** Obra publicada.
PUBLICAR v. tr. (lat. *publicare*) [**1a**]. Difundir una cosa para ponerla en conocimiento de todos, hacerla notoria. **2.** Imprimir o editar una obra. **3.** Escribir y hacer imprimir una obra.
PUBLICIDAD n. f. Condición o carácter de público que se da a una cosa para que sea conocida de todos. **2.** Conjunto de medios y técnicas que permiten la divulgación de las ideas o de los objetos y que tienden a provocar comportamientos o actitudes en quienes reciben sus mensajes.
PUBLICISTA n. m. y f. Profesional de la publicidad. **2.** Autor que escribe para el público, especialmente en publicaciones periódicas.
PUBLICITARIO, A adj. Relativo a la publicidad. **2.** Publicista, profesional de la publicidad.
PÚBLICO, A adj. (lat. *publicum*). Relativo a la comunidad: *el bien público*. **2.** Que puede ser usado o frecuentado por todos: *parque público*. **3.** Notorio, conocido por todos: *la noticia se hizo pública ayer*. **4.** Que se dedica a una actividad por la cual es conocido por todos. • **Mujer pública**, prostituta. ◆ n. m. **5.** Conjunto indefinido de personas que forman una colectividad. **6.** Clientela, número determinado de personas que asisten o frecuentan un lugar, espectáculo, etc., o que participan de unas determinadas aficiones.
PUBLIRREPORTAJE n. m. Publicidad insertada en un periódico, revista, etc., bajo la forma de artículo o reportaje.
PUCALLPA, c. de Perú, cap. del dep. de Ucayali; 94 000 hab. Centro maderero (laminados, prensados). Refinería de petróleo. Puerto. Central térmica.
PUCARA o **PUCARÁ** n. m. (voz quechua). En Perú y Bolivia, fortaleza precolombina, construida generalmente con gruesos muros de pirca.
PUCCINI (Giacomo), compositor italiano (Lucca 1858-Bruselas 1924), autor de música religiosa, obras para piano y orquesta y sobre todo óperas: *La Bohème* (1896), *Tosca* (1900), *Turandot* (estrenada en 1926).
¡PUCHA! interj. *Amér.* Se emplea para expresar enfado, contrariedad o sorpresa.
PUCHERO n. m. (lat. *pultarium*). Vasija de guisar, alta, algo abombada y con asas. **2.** Olla, cocido. **3.** *Fig.* y *fam.* El alimento diario necesario para mantenerse. **4.** *Fig.* y *fam.* Gesto facial que precede al llanto. (Suele usarse en plural.)

PUCHO n. m. *Amér. Merid.* Colilla de cigarro. **2.** *Amér. Merid.* Resto, residuo, pequeña cantidad sobrante de alguna cosa. • **A puchos** (*Amér. Merid.*), en pequeñas cantidades, poco a poco. ǁ **No valer un pucho** (*Amér. Merid.*), no valer nada. ǁ **Sobre el pucho** (*Amér. Merid.*), inmediatamente, enseguida.
PUCHUNCAY adj. *Ecuad.* Dícese del último hijo, nacido bastantes años después que el que le precede.
PUCHUSCO, A n. *Chile.* Hijo menor de una familia.
PUDAHUEL, com. de Chile (Santiago); 136 642 hab. Aeropuerto internacional de Santiago.
PUDENDO, A adj. (lat. *pudendum*). Vergonzoso. • **Órganos pudendos**, órganos de la generación.
PUDIBUNDEZ n. f. Calidad de pudibundo.
PUDIBUNDO, A adj. (lat. *pudibundum*). Mojigato, pudoroso con afectación o exageración.
PÚDICO, A adj. (lat. *pudicum*). Que tiene o revela pudor.
PUDIENTE adj. y n. m. y f. Rico, influyente.
PUDÍN n. m. Budín.
PUDOR n. m. (lat. *pudorem*). Sentimiento de reserva hacia lo que puede tener relación con el sexo. **2.** Vergüenza, timidez, embarazo.
PUDOROSO, A adj. Que tiene o revela pudor.
PUDRIR v. tr. y pron. (lat. *putrere*) [**3j**]. Corromper, alterar una materia orgánica. **2.** *Fig.* Causar impaciencia, molestar, fastidiar a alguien.
PUDÚ n. m. Pequeño ciervo de las faldas de la cordillera andina. (Familia cérvidos.)
PUEBLA (*estado de*), est. del centro de México; 33 919 km²; 4 126 101 hab. Cap. *Puebla*.
PUEBLA, PUEBLA DE ZARAGOZA o **PUEBLA DE LOS ÁNGELES**, c. de México, cap. del est. de Puebla; 1 057 454 hab. Centro industrial (textiles), comercial y de comunicaciones entre la capital federal y Veracruz. Artesanía (porcelana, ónice). Universidad. La ciudad fue fundada en 1530 por Motolinía. Resistió a los franceses de Maximiliano, que la tomaron en 1863; Porfirio Díaz la liberó en 1867. Notable conjunto artístico de numerosos edificios religiosos y civiles de estilo barroco de la época de esplendor poblano (ss. XVII y XVIII), continuado –más sencillo– en el s. XIX. La decoración típica de la arquitectura de Puebla, en ladrillo rojo y azulejos, data de s. XVIII. La catedral, iniciada en 1536, fue concluida en 1649.
PUEBLADA n. f. *Amér. Merid.* Revuelta popular.
PUEBLERINO, A adj. y n. Que es propio de pueblo o de la persona que ha nacido o vive en un pueblo. **2.** *Fig.* y *desp.* Tosco, que no sabe desenvolverse en sociedad, o que se asombra o escandaliza de lo moderno.
PUEBLERO, A adj. *Argent.* y *Urug.* Relativo a una ciudad o pueblo. **2.** *Argent.* y *Urug.* Habitante u originario de una ciudad o pueblo, en oposición a campesino.
PUEBLO n. m. (la:. *populum*). Conjunto de personas que forman una comunidad. **2.** Conjunto de individuos que tienen la misma nacionalidad, o que pertenecen a distintas nacionalidades pero que están agrupados en el mismo estado: *el pueblo español*. **3.** Conjunto de hombres de un mismo país, pero que es propio a por cualquier otro vínculo: *el pueblo judío*. **4.** Conjunto de los pertenecientes a las clases sociales que menos tienen, en contraposición a los pudientes: *la explotación del pueblo por la oligarquía dominante*. **5.** Conjunto de los ciudadanos de un país en relación con los gobernantes: *el rey se dirigió al pueblo a través de la*

radio. **6.** Población pequeña: *nací en un pueblo de la sierra.* **7.** ETNOL. Etnia.
PUEBLO o **PUEBLOS,** grupo de amerindios del SO de Estados Unidos (Arizona y Nuevo México). Los principales son los hopi, los tano y los zuñi. Se les denomina *indios pueblo* por la construcción de grandes agrupaciones de casas de piedras. La época floreciente de su cultura fue de 900 a 1300.
PUEBLO LIBRE, c. de Perú (Lima), comprendida en el área urbanizada de Lima; 69 267 hab.
PUEBLOS DEL CHACO, conjunto de pueblos amerindios diversos que viven en esta región de América del S. Comprende las familias lingüísticas guaicurú, mascoi, lulevillela, mataco-macá y zamuco, así como pueblos de lengua arawak, tupí-guaraní y otras. La economía de estos pueblos se basa en una vida seminómada, que se mantiene sólo en los grupos de los extremos N y O del Chaco, mientras que los indios del Chaco argentino viven en reducciones y en invierno trabajan en las plantaciones de caña. La estructura social está fundada en la banda, compuesta por varias familias extendidas que obedecen a un jefe.
PUELCHE adj. y n. m. y f. Relativo a un pueblo amerindio de Argentina, del grupo pampeano, actualmente casi extinguido; individuo de este pueblo. (Su lengua, el het o chechehet, dejó de hablarse en el s. XVIII.) ♦ n. m. 2. *Chile.* Viento que sopla de la cordillera de los Andes en dirección a poniente.
PUENTE n. m. o f. (lat. *pontem*). Estructura capaz de soportar cargas dinámicas, construida sobre un obstáculo para cruzarlo. **2.** Día o días laborables que se consideran como festivos por estar entre dos que son realmente festivos. **3.** ELECTR. Conexión que se realiza para permitir el paso de la electricidad entre dos cables. **4.** MAR. Superestructura más elevada de un buque en el sentido de la manga, donde se halla el puesto de mando. • **Puente levadizo,** el que se emplea en los castillos para atravesar el foso, y que se levanta mediante poleas o cadenas.
PUENTE ALTO, c. de Chile (Santiago); 254 534 hab. Industrias. Planta hidroeléctrica.
PUENTE-GENIL, v. de España (Córdoba), cab. de p. j.; 25 969 hab. *(Pontanenses* o *puenteños.)* Olivares. Industria alimentaria y química. Alfarería.
PUERCADA n. f. *Amér. Central.* y *Méx.* Porquería, acción indigna, injusticia.
PUERCO, A n. y adj. Cerdo. **2.** *Amér.* Coendú. • **Puerco espín,** mamífero roedor cuyo cuerpo está cubierto de pinchos, y que vive en el sur de Europa, en Asia y en África; es inofensivo, nocturno y se alimenta de raíces y frutos. || **Puerco montés,** o **salvaje,** jabalí.
PUERICULTOR, RA n. Persona que se dedica a la puericultura.
PUERICULTURA n. f. Estudio de la salud y cuidados que deben darse a los niños durante los primeros años.
PUERIL adj. Relativo a la puericia, a la infancia. **2.** Iluso, ingenuo, infundado.
PUERILIDAD n. f. Calidad de pueril. **2.** Dicho o hecho propio de niño. **3.** *Fig.* Cosa sin importancia o fundamento.
PUERPERAL adj. Relativo al puerperio.
PUERPERIO n. m. Período transcurrido desde el momento del parto hasta que los órganos genitales, sus funciones y el estado general de la mujer vuelven a su estado ordinario anterior al parto.
PUERRO n. m. (lat. *porrum*). Planta hortícola de hojas anchas y planas y bulbo comestible. (Familia liliáceas.)
PUERTA n. f. (lat. *portam*). Abertura de comunicación cerrada por uno o más batientes. **2.** Lo que cierra esta abertura. **3.** Lugar en que se encontraba en otro tiempo una abertura practicada en la muralla de una población. **4.** *Fig.* Medio, posibilidad, camino para alcanzar algo. **5.** DEP. Portería, meta. **6.** DEP. Espacio señalizado por dos postes, que los esquiadores deben franquear durante las pruebas del slalom. **7.** GEOGR. Garganta, desfiladero: *las puertas del Cáucaso.* • **A las puertas,** inminente, inmediato. || **Llamar a las puertas de** alguien, pedirle ayuda. || **Por la puerta grande** *(Fam.),* con privilegio, honor.
PUERTO n. m. (lat. *portum*). Abrigo natural o artificial para embarcaciones, provisto de las instalaciones necesarias para embarcar y desembarcar carga y pasajeros. **2.** *Fig.* Situación, persona o lugar en que se encuentra amparo, defensa. **3.** Punto de paso entre montañas, por donde se atraviesa una cordillera.
PUERTO ARGENTINO, en ingl. **Stanley** o **Port Stanley,** c. de Argentina, la principal de las islas Malvinas, en la isla Soledad; 1400 hab.
PUERTO ARMUELLES, c. de Panamá (Chiriquí), en el Pacífico; 12 562 hab. Puerto exportador (bananas).
PUERTO AYACUCHO, c. de Venezuela, cap. del est. Amazonas, a orillas del Orinoco; 48 914 hab. Centro comercial de región maderera.
PUERTO BARRIOS, c. de Guatemala, cap. del dep. de Izabal; 46 782 hab. Puerto exportador de bananas del valle del Motagua. Refinería de petróleo.
PUERTO BELGRANO, c. de Argentina (Buenos Aires), en la conurbación de Bahía Blanca. Base naval en el Atlántico.
PUERTO CABELLO, c. de Venezuela (Carabobo); 128 825 hab. Centro industrial y puerto exportador.
PUERTO DE LA CRUZ, c. de España (Santa Cruz de Tenerife), cab. de p. j., en Tenerife; 39 549 hab. *(Porteros.)* Al pie del valle de la Orotava.
PUERTO DE SANTA MARÍA (El), c. de España (Cádiz), cab. de p. j.; 69 663 hab. *(Porteños* o *portuenses.)* Castillo de San Marcos (ss. XIII-XIV). Iglesia gótica y barroca. Casas señoriales.
PUERTO DESEADO, c. de Argentina (Santa Cruz), cab. del dep. de Deseado, junto a la desembocadura del río Deseado. Puerto pesquero y de embarque de ganado. Aeropuerto.
PUERTO LA CRUZ, c. y puerto de Venezuela (Anzoátegui); 155 731 hab. Refino de petróleo. Forma una aglomeración con Barcelona y Guanta.
PUERTO MIRANDA, puerto de Venezuela en el lago Maracaibo (mun. Altagracia, Zulia). Exportación de petróleo.
PUERTO MONTT, c. y puerto de Chile, cap. de la región de Los Lagos; 130 730 hab. Industria naval e industrial. Turismo.
PUERTO ORDAZ → *Ciudad Guayana.*
PUERTO PLATA *(provincia de),* prov. del N de la República Dominicana; 1881 km²; 230 000 hab. Cap. *Puerto Plata.*
PUERTO PLATA o **SAN FELIPE DE PUERTO PLATA,** c. de la República Dominicana, cap. de la prov. homónima; 75 310 hab. Puerto exportador en la costa N. Industrias alimentarias.
PUERTO PRESIDENTE STROESSNER → *Ciudad del Este.*
PUERTO PRÍNCIPE, en fr. **Port-au-Prince,** c., cap. y puerto de Haití, en la *bahía de Puerto Príncipe;* 1 144 000 hab. (en la aglomeración). Catedral (s. XVIII), palacio del gobierno, neoclásico.
PUERTO REAL, v. de España (Cádiz), cab. de p. j.; 29 914 hab. *(Puertorrealeños.)* Pesca. Astilleros.
PUERTO RICO *(fosa de),* fosa oceánica del Atlántico occidental tropical (9218 m), que se extiende por más de 1500 km en el límite N de la isla homónima.
PUERTO RICO, isla de América, la menor y más oriental de las Grandes Antillas, que junto con las islas Vieques, Mona, Culebra y otras menores constituye un estado libre asociado a E.U.A.; 8897 km²; 3 522 037 hab. *(Puertorriqueños* o *portorriqueños.)* CAP. *San Juan.* LENGUAS OFICIALES: *español* e *inglés.* MONEDA: *dólar de E.U.A.*
GEOGRAFÍA
La cordillera Central (1338 m en el cerro de Punta) recorre la isla O a E. Ríos cortos y caudalosos (Grande de Loíza, Grande de Arecibo, La Plata, Manatí). País densamente poblado, entre los años cincuenta y setenta se produjo una intensa emigración a E.U.A., pero en la actualidad es mucho menor. La economía, tradicionalmente basada en la agricultura (caña de azúcar, tabaco, piña, café), ha experimentado una industrialización acelerada gracias a las inversiones de capital norteamericano, atraído por las condiciones favorables (exención de impuestos, bajo coste de la mano de obra); las principales ramas son la textil, equipo eléctrico, electrónica, química, farmacéuticas, petroquímica y alimentaria. Paralelamente se han desarrollado las actividades terciarias, en especial el turismo. Un 80 % de las exportaciones se dirigen a E.U.A.
HISTORIA
El poblamiento indígena y la conquista. Antes de la llegada de los españoles, Borinquén, nombre indígena de la isla, estaba ocupada por indios taínos, gobernados por un solo cacique que dominaba las ricas explotaciones de sal del S de la isla. 1493: Colón la descubrió en su segundo viaje, y le dio el nombre de isla de San Juan Bautista. 1508: Ponce de León fundó el primer establecimiento español, Villa Caparra (llamada luego Ciudad de Puerto Rico), y llevó a cabo la conquista de la isla. 1511: levantamiento indígena dirigido por el cacique Guariney, sofocado por los españoles.
La colonia española. Los recursos agrícolas naturales constituyeron la base de la explotación colonial y se recurrió a la importación regular de esclavos africanos, ante el drástico descenso de la población aborigen; ello originó una sociedad multirracial, con un alto grado de mestizaje. 1815: la nueva legislación comercial española estimuló las exportaciones de frutas a la metrópoli; la inmigración procedente de Santo Domingo, Venezuela y Luisiana, atraída a Puerto Rico por el mantenimiento de su status colonial, reforzó el crecimiento económico de la isla en el s. XIX. 1835: primer levantamiento independentista, derrotado, como los posteriores (1839, 1867). 1873: abolición de la esclavitud. 1897: concesión de un régimen de autonomía y constitución del primer gobierno de Puerto Rico, presidido por F. M. Quiñones.
La ocupación norteamericana. 1898: ocupación de la isla por el ejército de E.U.A. a raíz de la guerra hispano-norteamericana. La paz de París (1899) estableció la cesión de Puerto Rico a E.U.A., que en 1917 otorgó la ciudadanía norteamericana a los puertorriqueños. La resistencia a la ocupación, que se expresó en la constitución del Partido nacionalista, culminó en la masacre Ponce en la que murieron 22 personas y más de 200 fueron heridas. (1937). 1938: la fundación del Partido popular democrático de Muñoz Marín, que preconizaba la autonomía interna sin poner en cuestión el dominio estadounidense, abrió una nueva etapa política y dejó a los sectores independentistas en minoría.
El estado libre asociado. 1950: concesión a Puerto Rico del estatuto de estado asociado, y elaboración de la constitución interior (1952). El P.P.D. dominó la política puertorriqueña hasta que en 1969 ganó las elecciones el Partido nuevo progresista, partidario de la plena integración en E.U.A. como estado de la unión; a partir de ese momento ambas formaciones se

han alternado en el gobierno. El tema constante de la política puertorriqueña es la cuestión de la relación con E.U.A. El referéndum de 1993 dio una ajustada victoria a los partidarios de la continuidad del estado libre asociado frente a los partidarios de constituirse en nuevo estado de E.U.A. En marzo de 1998 el congreso de E.U.A. aceptó celebrar un nuevo referéndum para constituirse en el 51.º estado de la Unión; decidió continuar como estado libre asociado. 2001: Sila María Calderón, del Partido Popular Democrático, asume como gobernadora. 2004: Aníbal Acevedo Vilá resulta electo como nuevo gobernador.

PUERTO SANDINO, hasta 1979 **Puerto Somoza**, c. de Nicaragua, en el mun. de Nagarote (León). Puerto comercial, canaliza la importación de petróleo (depósitos).

PUERTO VARAS, com. de Chile (Los Lagos), junto al lago Llanquihue; 26 597 hab. Turismo.

PUERTOLLANO, c. de España (Ciudad Real), cab. de p. j.; 49 459 hab. *(Puertollaneros.)* Centro minero.

PUERTORRIQUEÑISMO n. m. Vocablo o giro privativo de Puerto Rico.

PUERTORRIQUEÑO, A o **PORTORRIQUEÑO, A** adj. y n. De Puerto Rico. ♦ n. m. 2. Modalidad adoptada por el español en Puerto Rico.

PUES conj. Expresa una relación de causa, consecuencia o ilación: *no insistas, pues ya lo tengo decidido.* 2. Introduce expresiones exclamativas: *¡pues será caradura el tipo ese!*

PUESTA n. f. Acción y efecto de poner o ponerse. 2. Período de la producción de huevos por las aves. 3. Cantidad de huevos puestos por un ave de corral en un tiempo determinado. 4. En los juegos de azar, cantidad que arriesga cada jugador. 5. Acción con que un astro que desciende bajo el horizonte. 6. Momento en que este astro se pone. 7. Aspecto que da al cielo en este momento.

PUESTERO, A n. *Amér.* Persona que tiene un puesto de venta en un mercado. 2. *Argent, Chile, Par.* y *Urug.* Persona que tiene a su cargo un puesto de estancia.

PUESTO, A adj. Con los adverbios *bien* y *mal*, bien o mal vestido, ataviado o arreglado. 2. Con el adverbio *muy*, peripuesto, acicalado. 3. Con el verbo *estar*, empeñado, resuelto, determinado. (Va acompañado de la prep. *en*.) • **Puesto que**, expresión que introduce una oración con sentido continuativo o causal. ♦ n. m. 4. Lugar que ocupa una cosa. 5. Sitio determinado para la ejecución de una cosa. 6. Tiendecilla, por lo general ambulante, quiosco, instalación desmontable donde se vende al por menor. 7. Cargo, empleo. 8. *Argent, Chile* y *Urug.* Cada una de las partes en que se divide una estancia para criar animales, y la vivienda que allí tiene su responsable.

PUEYRREDÓN, lago de Argentina (Santa Cruz) y de Chile (Aisén del General Carlos Ibáñez del Campo), donde se llama *lago Cochrane.*

PUEYRREDÓN (Carlos Alberto), historiador argentino (Buenos Aires 1887-*id.* 1962). Fue presidente de la Academia nacional de historia y autor de *En tiempos de los virreyes* (1932).

PUEYRREDÓN (Juan Martín **de**), patriota argentino (Buenos Aires 1776-*id.* 1850). Jefe del ejército del Alto Perú (1811-1812), miembro del triunvirato (marzo-oct. 1812) y director supremo del nuevo estado (1816-1819). Su política centralista y sus tendencias monárquicas (constitución de 1819) provocaron la insurrección de las provincias, y tuvo que dimitir.

PUEYRREDÓN (Prilidiano), pintor y arquitecto argentino (Buenos Aires 1823-*id.* 1870). Dirigió numerosas obras en Buenos Aires (planos de la casa del Gobierno, construcción de la capilla de la Recoleta). Pintó retratos y paisajes rioplatenses.

¡PUF! interj. Indica asco, repugnancia o desprecio.

PUGIA (Antonio), escultor argentino de origen italiano (Polia, Italia, 1929). Su escultura se caracteriza por el tratamiento etéreo de la materia en figuras y grupos que aprovechan del vacío.

PÚGIL, n. m. (lat. *pugilem*). Boxeador.

PUGILATO n. m. (lat. *pugilatum*). Lucha de púgiles. 2. *Fig.* Lucha, discusión.

PUGILISMO n. m. Boxeo.

PUGILÍSTICO, A adj. Relativo al boxeo.

PUGNA n. f. Batalla, pelea. 2. Oposición entre personas, naciones, partidos, etc.

PUGNAR v. intr. (lat. *pugnare*) [1]. Combatir, luchar, especialmente con armas no materiales. 2. Procurar, hacer grandes esfuerzos para conseguir cierta cosa.

PUIG (Manuel), escritor argentino (General Villegas 1932-Cuernavaca 1990). Sus novelas, influidas por el cine y el folletín, giran en torno al mundo sentimental de una sórdida clase media *(Boquitas pintadas,* 1970; *El beso de la mujer araña,* 1976).

PUJA n. f. Acción de pujar, hacer esfuerzos.

PUJADOR, RA n. Persona que hace puja en las subastas.

PUJANTE adj. (fr. *puissant*). Que crece o se desarrolla con mucha fuerza o impulso.

PUJANZA n. f. (fr. *puissance*). Vigor, fuerza con que crece o se desarrolla algo.

PUJAR v. tr. (lat. *pulsare*) [1]. Hacer esfuerzos por pasar adelante o por proseguir una acción.

PUJAR v. tr. e intr. (cat. *pujar*) [1]. Aumentar los licitadores o pretendientes el precio puesto a una cosa que se vende o arrienda.

PULAR (El), cerro de Chile (Antofagasta), en los Andes, al S del salar de Atacama; 6225 m de alt.

PULCHINELA n. m. Polichinela.

PULCRITUD n. f. (lat. *pulchritudinem*). Calidad de pulcro.

PULCRO, A adj. (lat. *pulchrum*). Aseado, de aspecto cuidado, esmerado y limpio. 2. Delicado, esmerado en la conducta, el habla, etc.

PULGA n. f. (lat. *pulicem*). Insecto sin alas y de patas posteriores saltadoras, que se alimenta de sangre extraída por picadura en la piel de los mamíferos; pertenece a un orden próximo a los dípteros y mide como máximo 4 mm de long. • **Pulga de agua**, pequeño crustáceo de agua dulce, de 5 mm de long. máxima, que nada a saltos. (Subclase branquiópodos.) ǁ **Pulga de mar**, pequeño crustáceo saltador, de 2 cm de long., que pulula en la arena de las playas. (Orden anfípodos.)

PULGADA n. f. Unidad de medida de longitud, usada antiguamente y aún en la actualidad en diversos países. (En Gran Bretaña y E.U.A. equivale a 2,54 cm.)

PULGAR n. m. y adj. Dedo primero y más grueso de los de la mano.

PULGÓN n. m. Nombre genérico que se da a unos pequeños insectos, de 1 mm de long. media, que a menudo pululan en los vegetales, cuya savia extraen, causando a veces graves daños. (Orden homópteros.) SIN.: *piojuelo.*

PULGOSO, A o **PULGUERO, A** adj. Que tiene pulgas.

PULGUERA n. f. Lugar donde hay muchas pulgas.

PULGUIENTO, A adj. *Amér.* Que tiene pulgas, pulgoso.

PULIDO, A adj. Arreglado con mucho cuidado y esmero. ♦ n. m. 2. Pulimento.

PULIDOR, RA adj. y n. Que pule, compone o adorna algo. ♦ n. m. 2. Instrumento para pulir.

PULIDORA n. f. Máquina para pulir superficies, dejándolas lisas y brillantes.

PULIMENTAR v. tr. [1]. Dar pulimento.

PULIMENTO n. m. Acción y efecto de pulir. 2. Operación de acabado a que se someten los objetos y superficies a fin de eliminar sus irregularidades y asperezas. 3. Sustancia que da lustre.

PULIR v. tr. (lat. *polire*) [3]. Suavizar la superficie de un objeto dándole tersura y lustre por medio de frotación. 2. *Fig.* Perfeccionar, corregir algo revisándolo cuidadosamente. ♦ v. tr. y pron. 3. Arreglar, dar buen aspecto a algo. 4. *Fig.* Quitar la tosquedad a una persona. ♦ **pulirse** v. pron. 5. *Fam.* Gastarse los bienes, generalmente malvendiéndolos o perdiéndolos despreocupadamente.

PULLA n. f. Dicho con que indirectamente se zahiere a alguien. 2. Broma, burla.

PULLMAN n. m. (de C. *Pullman*, industrial norteamericano). Coche de lujo en ciertas líneas de ferrocarril. 2. Autocar equipado con elementos de confort.

PULMÓN n. m. (lat. *pulmonem*). Víscera par, situada en el tórax y rodeada por la pleura, que es el órgano principal del aparato respiratorio. 2. Órgano de la respiración de ciertas arañas y algunos moluscos terrestres, parecido en su estructura a las branquias. • **Pulmón de acero**, o **artificial**, aparato que mediante cambios muy precisos de la presión en su interior facilita la respiración de las personas cuyo tórax es sometido a su acción.

PULMONAR adj. Relativo al pulmón.

PULMONARIA n. f. Planta herbácea, empleada contra las enfermedades pulmonares. (Familia borragináceas.) 2. Liquen coriáceo, de color pardo y superficie con ampollas, que crece sobre los troncos de diversos árboles. (Familia parmeliáceas.)

PULMONÍA n. f. Neumonía.

PULPA n. f. Parte mollar de las carnes, o carne sin huesos ni ternilla. 2. Residuo de las fábricas que utilizan como materias primas productos agrícolas, en especial de las fábricas de azúcar. 3. Nombre que se da a ciertos tejidos blandos de los animales (pulpa dentaria) o de los vegetales (pulpa azucarada de los frutos carnosos).

PULPEJO n. m. Parte carnosa y mollar de un miembro pequeño del cuerpo humano, y más comúnmente, parte de la palma de la mano de donde sale el dedo pulgar.

PULPERÍA n. f. *Amér.* Tienda donde se venden bebidas, comestibles, mercería y otros géneros muy variados.

PULPERO, A n. *Amér.* Persona que tiene una pulpería.

PÚLPITO n. m. Plataforma con antepecho y tornavoz, que hay en las iglesias para predicar desde ella, cantar la epístola, el evangelio, etc. 2. *Fig.* En las órdenes religiosas, cargo de predicador.

PULPO n. m. Molusco cefalópodo con ocho brazos provistos de ventosas, que vive en las oquedades de las rocas, cerca de las costas, y se alimenta de crustáceos y moluscos.

PULPOSO, A adj. Que tiene pulpa.

PULQUE n. m. Bebida espirituosa de origen americano, que se obtiene haciendo fermentar el aguamiel, o jugo que dan los bohordos de las pitas cortados antes de florecer. (Suele mezclarse con jugos de frutas.)

PULQUERÍA n. f. En América latina, taberna donde se venden pulque y comidas populares.

PULQUÉRRIMO, A adj. Muy pulcro.

PULSACIÓN n. f. Acción de pulsar. 2. Cada uno de los golpes perceptibles en el organismo, producidos por efecto de los impulsos rítmicos de la sangre por los latidos del corazón. 3. Cada uno de los golpes o toques que se dan sobre un teclado de una máquina de escribir. 4. Cada impulso en un movimiento periódico de un fluido.

PULSADOR, RA adj. y n. Que pulsa. ♦ n. m. 2. Dispositivo accionador de un aparato eléctrico que ha de ser oprimido

PUL

presionado para provocar el funcionamiento.

PULSAR v. tr. [1]. Tocar, golpear o palpar algo con la yema de los dedos. **2.** Mover las teclas de la máquina de escribir. **3.** *Fig.* Tantear un asunto para conocer el modo de tratarlo, la opinión de alguien, etc. **4.** MÚS. Hacer sonar las cuerdas de un instrumento tocando las teclas o las mismas cuerdas.

PÚLSAR n. m. (del inglés *pulsating star*, estrella pulsante). ASTRON. Fuente de radiación radioeléctrica, luminosa, X o gamma, cuyas emisiones son muy breves (alrededor de 50 ms) y se repiten a intervalos extremadamente regulares (de algunas centésimas de segundo a unos cuantos segundos).

PULSEADA n. f. *Argent., Par., Perú* y *Urug.* Acción y efecto de pulsear.

PULSEAR v. intr. [1]. Probar una persona con otra, asiéndose mutuamente las manos derechas, cuál de las dos tiene más fuerza y logra derribar el brazo de la otra.

PULSERA n. f. Aro que, como adorno, se lleva alrededor de la muñeca o en el brazo.

PULSO n. m. (lat. *pulsum*). Latido intermitente de las arterias que se percibe especialmente en cierto punto de la muñeca. **2.** Firmeza en la mano para hacer o realizar con acierto un trabajo delicado. **3.** *Fig.* Habilidad y prudencia con un asunto, negocio, etc. • **A pulso**, haciendo fuerza con la muñeca y la mano sin apoyar el brazo en ninguna parte; sin ayuda de nadie, por su propio esfuerzo.

PULULANTE adj. Que pulula.

PULULAR v. intr. (lat. *pullulare*) [1]. Empezar a brotar y echar renuevos o vástagos un vegetal. **2.** Abundar, reproducirse en un sitio con rapidez y abundancia insectos, sabandijas, etc. **3.** *Fig.* Bullir, abundar y moverse en un sitio personas o cosas.

PULVERIZADOR, RA adj. Que pulveriza. ♦ n. m. **2.** Instrumento que sirve para proyectar un líquido en finísimas gotas.

PULVERIZAR v. tr. y pron. [1g]. Reducir a polvo una cosa. ♦ v. tr. **2.** Esparcir, derramar un líquido, dispersarlo en distintas direcciones en gotas menudísimas. **3.** *Fig.* y *fam.* Destruir, aniquilar.

PULVERULENTO, A adj. En forma de polvo.

PUMA n. m. Mamífero carnívoro, que puede alcanzar hasta 2 m de long. y 100 kg de peso, de formas esbeltas y musculosas, con la cabeza corta y ancha, las orejas redondas, más bien pequeñas, y la cola larga y gruesa, que vive en las zonas frías de América. (Familia félidos.) SIN.: *león americano*.

PUNA n. f. (voz quechua, *sensación penosa*). Piso andino que corresponde a las partes elevadas de la cordillera y a las altiplanicies situadas entre 3000 y 4000 m. **2.** *Amér.* Páramo. **3.** *Amér.* Soroche.

PUNÁ, isla de Ecuador (Guayas), en el golfo de Guayaquil, frente a la desembocadura del Guayas; 920 km². Pesca y caza. Principal población: *Puná*.

PUNA, nombre que a veces recibe el Altiplano andino.

PUNA, región del NO de Argentina, enmarcada por los Andes al O, zona desértica de unos 3800 m de alt. media.

PUNDONOR n. m. (cat. *punt d'honor*). Amor propio.

PUNDONOROSO, A adj. y n. Que tiene pundonor.

PÚNICO, A adj. y n. De Cartago. ♦ n. m. **2.** Dialecto fenicio propio de Cartago.

PUNILLA, dep. de Argentina (Córdoba); 121 173 hab. Cab. *Cosquín*. Vacuno e industrias lácteas. Yacimientos de uranio. Central hidroeléctrica.

PUNITIVO, A adj. Relativo al castigo.

PUNO (departamento de), dep. de Perú (José Carlos Mariátegui); 72 012 km²; 1 014 600 hab. Cap. *Puno*.

PUNO o **SAN CARLOS DE PUNO**, c. de Perú, cap. del dep. homónimo, a orillas del Titicaca; 48 470 hab. Puerto lacustre más alto del mundo (3837 m). Astilleros, conservas. Catedral barroca.

PUNTA n. f. Extremo agudo y punzante de algo. **2.** Extremo de un objeto alargado: *se pilló la punta de los dedos en la puerta*. **3.** Colilla de cigarro. **4.** Pequeña cantidad de algo, especialmente de alguna cualidad moral o intelectual: *tiene una punta de loco*. **5.** Lengua de tierra, generalmente baja y de poca extensión, que penetra en el mar. **6.** Clavo, pieza de hierro puntiaguda. • *Sacar punta* a una cosa (*Fam.*), atribuirle malicia o un significado que no tiene; aprovecharla mucho o emplearla para un fin distinto del que le corresponde. || *Una punta de* (*Amér.*), expresión con que se pondera la abundancia de algo. ♦ **puntas** n. f. pl. **7.** Puntillas.

PUNTA (*cerro de*), pico culminante de Puerto Rico, en la cordillera Central, en el bosque nacional del Caribe; 1338 m.

PUNTA ARENAS, c. y puerto de Chile, cap. de la región de Magallanes y Antártica Chilena, en el estrecho de Magallanes; 113 661 hab. Petroquímica.

PUNTA DEL ESTE, c. de Uruguay (Maldonado), en el extremo N de la desembocadura del Río de la Plata; 6500 hab. Centro turístico. Sede de tres reuniones de la O.E.A. (1961, 1962 y 1967), en las que se tomaron acuerdos de integración económica entre los países latinoamericanos.

PUNTA GORDA, c. de Nicaragua, en la vertiente del Caribe; 120 km. Navegable.

PUNTADA n. f. Cada uno de los agujeros hechos al coser. **2.** Espacio entre dos de estos agujeros próximos entre sí. **3.** Porción de hilo que ocupa este espacio. **4.** *Fig.* y *fam.* Indirecta o alusión que se dice en una conversación para insinuar algo.

PUNTAL n. m. Madero sólido que sirve para sostener un muro, techo, edificio, etc. **2.** *Fig.* Persona o cosa que es el apoyo de otra. **3.** *Amér.* Tentempié, refrigerio. **4.** *Venez. Fig.* Merienda ligera.

PUNTANO, A adj. y n. De San Luis (Argentina).

PUNTAPIÉ n. m. Golpe dado con la punta del pie.

PUNTARENAS (*provincia de*), prov. de Costa Rica; 11 000 km²; 321 920 hab. Cap. *Puntarenas*.

PUNTARENAS, c. de Costa Rica, cap. de la prov. homónima; 88 342 hab. Puerto exportador y pesquero en el Pacífico. Industrias mecánicas y alimentarias. Turismo.

PUNTEADO, A adj. Dícese de la línea formada por una sucesión de puntos regularmente espaciados. ♦ n. m. **2.** Acción y efecto de puntear.

PUNTEAR v. tr. [1]. Señalar con puntos u otros signos en un escrito, relación o cuenta, al ser comprobadas sus distintas partes. **2.** Dibujar, pintar o grabar con puntos. **3.** *Argent., Chile* y *Urug.* Remover con la punta de la pala la capa superior de la tierra. ♦ v. intr. **4.** *Amér. Merid.* Marchar a la cabeza de un grupo de personas o animales. **5.** *Méx.* Ocupar el primer lugar una competición o torneo deportivo.

PUNTEO n. m. Acción y efecto de puntear.

PUNTERA n. f. Parte del calzado, de la media o del calcetín que cubre la punta del pie. **2.** *Fam.* Puntapié.

PUNTERÍA n. f. Acción de disponer un arma de modo que su proyectil alcance el objetivo. **2.** Destreza del tirador para acertar en un blanco. **3.** Dirección en que se apunta.

PUNTERO, A adj. y n. Dícese de la persona que sobresale en alguna actividad. **2.** *Argent.* y *Urug.* Dícese de la persona o animal que va delante de los demás componentes de un grupo. ♦ n. m. **3.** Palo terminado en punta que se usa para señalar los encerados, mapas, etcétera. ♦ adj. **4.** *Amér. Merid.* Dícese de la persona o animal que va delante de los demás componentes de un grupo. **5.** *Amér. Merid.* En algunos de-portes, el que juega en primera fila, delantero. **6.** *Argent.* En el fútbol, delantero que juega en los laterales. **7.** *Argent.* El que se halla en primer puesto en las competencias de velocidad.

PUNTIAGUDO, A adj. Que acaba en punta, que tiene la punta aguda.

PUNTILLA n. f. Encaje estrecho con el borde en forma de puntas u ondas. • **De puntillas**, pisando sólo con la punta de los pies, levantando los talones.

PUNTILLAZO n. m. *Fam.* Puntapié.

PUNTILLISMO n. m. Técnica de los pintores neoimpresionistas, que yuxtaponían las pinceladas de color sobre la tela en lugar de mezclar los colores en la paleta. SIN.: *divisionismo*.

PUNTILLO n. m. Orgullo exagerado que hace que uno se sienta ofendido por cualquier nimiedad.

PUNTILLOSO, A adj. Que tiene mucho puntillo.

PUNTO n. m. (lat. *punctum*). Dibujo o relieve redondeado y muy pequeño: *en vez de puntos pone redondeles sobre las íes*. **2.** Parte extremadamente pequeña del espacio: *el punto de intersección de dos líneas*. **3.** Lugar determinado: *punto de reunión*. **4.** Parada, lugar donde se sitúan los coches para esperar que los alquilen. **5.** Momento, instante: *llegó al punto de las seis*. **6.** Estado, situación en que se encuentra algo. **7.** Grado o intensidad de algo: *su insolencia ha llegado a un punto insoportable*. **8.** Cada una de las distintas partes de un escrito, discusión, argumento, cuestión: *estamos de acuerdo en todos los puntos*. **9.** Apartado, cláusula de un escrito, discurso, etc. **10.** Núcleo o meollo de un asunto o cuestión: *ése es el punto de todo el problema*. **11.** Fin o intento de cualquier acción: *siempre llego al punto que me marco*. **12.** Cada una de las unidades que constituyen la puntuación o el elemento de valoración en un juego, concurso, en las notas escolares, etc. **13.** *Fig.* y *fam.* Persona capaz de engañar, estafar, etc. **14.** Pundonor. **15.** Cada una de las puntadas que se dan en la tela para hacer una labor. **16.** Cada clase de puntada que se da cosiendo o bordando. **17.** Cada una de las diversas maneras de pasar y trabar el hilo en los tejidos de punto. **18.** ARQ. Saetera o hilera de la flecha o saeta de un arco. **19.** FÍS. Cuerpo de dimensiones despreciables: *punto material*. **20.** GRAM. Signo de puntuación (El *punto* [.] indica una pausa amplia y se emplea al final de una frase; el *punto y coma* [;] indica una pausa media y se utiliza para separar entre sí las partes semejantes de una misma frase; los *dos puntos* [:] se emplean antes de una cita, de una frase que desarrolla lo que antecede o antes de una enumeración; los *puntos suspensivos* [...] se utilizan cuando la frase queda inacabada.) **21.** MAT. Figura geométrica sin dimensiones. • **A punto**, preparado; a tiempo, oportunamente. || **De todo punto**, enteramente. || **En punto**, exactamente. || **Hasta cierto punto**, en alguna manera, no del todo. || **Punto culminante**, punto más importante, de mayor intensidad, esplendor, etc., de una cosa. || **Punto de apoyo** (*Fig.*), aquello que sirve de apoyo; lugar fijo sobre el que estriba una palanca. || **Punto de ebullición, de fusión, de congelación**, temperatura a la cual un cuerpo hierve, funde o se congela. || **Punto de vista**, criterio, manera de juzgar o considerar algo. || **Punto débil**, o *flaco* (*Fig.*), parte o aspecto más vulnerable física o moralmente de alguien o algo. || **Punto muerto** (*Fig.*), en cualquier cosa que sufre un proceso o desarrollo, momento en que ya no se realiza ningún progreso. || **Punto y aparte**, el que se pone cuando termina párrafo y el texto continúa en otro renglón. || **Punto y seguido**, el que se pone cuando termina un período y el texto continúa inmediatamente después del punto en el mismo renglón.

PUNTUACIÓN n. f. Acción y efecto de puntuar. • **Signos de puntuación**, signos gráficos que sirven para señalar las pausas entre frases o elementos de frases y las relaciones sintácticas, como el *punto*, la *coma*, los *guiones*, etc.

PUNTUAL adj. Relativo al punto. **2.** Dícese de las personas que llegan a los sitios exactamente a las horas convenidas o que hacen las cosas al tiempo prometido. **3.** Exacto, detallado, cierto.

PUNTUALIDAD n. f. Calidad de puntual.

PUNTUALIZAR v. tr. [**1g**]. Especificar, referir con exactitud cada detalle de algo precisando las características esenciales.

PUNTUAR v. tr. [**1s**]. Ganar u obtener puntos, unidad de tanteo en algunos juegos. **2.** Poner en la escritura los signos ortográficos necesarios. **3.** Calificar con puntos una prueba. ♦ v. intr. **4.** Entrar en el cómputo de los puntos el resultado de una prueba o competición.

PUNZADA n. f. Pinchazo. **2.** *Fig.* Sentimiento de aflicción producido por un hecho, palabra, etc. **3.** Dolor intenso, agudo, brusco, que da la sensación de instrumento agudo que se clava.

PUNZANTE adj. Que punza. **2.** *Fig.* Dícese de las palabras, estilo, humor, etc., que llevan en sí una ironía aguda.

PUNZAR v. tr. [**1g**]. Pinchar. **2.** *Fig.* Causar dolor o aflicción.

PUNZÓN n. m. Instrumento de acero templado que puede servir, cuando es puntiagudo, para abrir orificios, y, si es cilíndrico o cónico y en combinación con una matriz, para cortar o embutir chapa, estampar o matrizar, en frío o en caliente, piezas metálicas. **2.** Buril.

PUÑADO n. m. Porción de cualquier cosa o cantidad de cosas que caben dentro del puño o de la mano cerrada. **2.** Número restringido de personas o cosas. • **A puñados**, con abundancia y prodigalidad.

PUÑAL n. m. Arma ofensiva de acero, de hoja corta y puntiaguda.

PUÑALADA n. f. Golpe dado con el puñal, u otra arma semejante. **2.** Herida que produce este golpe. **3.** Disgusto o pena muy grande causada a una persona.

PUÑETA n. f. Bocamanga de algunas togas adornada con bordados o puntillas. **2.** *Fam.* Tontería, cosa nimia. • **Hacer la puñeta a** alguien *(Fam.)*, fastidiarle, molestarle.

¡PUÑETA! interj. *Vulg.* Denota enfado.

PUÑETAZO n. m. Golpe dado con el puño.

PUÑETERÍA n. f. *Fam.* Calidad de puñetero.

PUÑETERO, A adj. y n. *Fam.* Que fastidia, molesta o causa un perjuicio.

PUÑO n. m. (lat. *pugnum*). La mano cerrada. **2.** Parte de la espada, bastón, etc., por donde se agarran y que suele estar adornada de una pieza de materia diferente. **3.** Mango. **4.** *Fig.* y *fam.* Cualquier cosa demasiado pequeña: *un puño de casa*. **5.** Pieza que se pone en la parte inferior de la manga de la camisa y otras prendas de vestir, generalmente para recoger el vuelo de la manga. • **De puño y letra**, escrito a mano por la misma persona de que se trata. ♦ **puños** n. m. pl. **6.** *Fig.* y *fam.* Fuerza, energía, dominio físico.

PUPA n. f. Erupción en los labios. **2.** Voz infantil usada para expresar dolor, daño, etc. **3.** Cualquier lesión cutánea bien circunscrita.

PUPA n. f. (lat. *pupam*, muñeca). Ninfa, en particular la de los dípteros. **2.** Envoltura quitinosa de donde sale el insecto.

PUPILA n. f. (lat. *pupillam*). Abertura central del iris en la parte anterior del ojo. **2.** *Fig.* y *fam.* Perspicacia, ingenio.

PUPILA n. f. (lat. *pupillam*). Prostituta.

PUPILAJE n. m. Calidad de pupilo. **2.** Reserva de plaza de aparcamiento de forma permanente en un garaje y cuota que se paga.

PUPILO, A n. (lat. *pupillum*). Persona que se hospeda en una casa particular por precio convenido, o huésped de una pensión. **2.** DER. CIV. Huérfano que se encuentra bajo la custodia de un tutor.

PUPITRE n. m. (fr. *pupitre*). Mueble con tapa generalmente en forma de plano inclinado para escribir sobre él, usado especialmente en las escuelas. **2.** TECNOL. Tablero inclinado en el que se agrupan los mandos e instrumentos de control de una central eléctrica, fábrica, calculadora, emisora u otra instalación automática.

PUPO n. m. *Argent., Bol.* y *Chile.* Ombligo.

PUPOSO, A adj. *Fam.* Que tiene pupas.

PUQUÍO n. m. *Amér. Merid.* Manantial, fuente.

PURACÉ, volcán de Colombia (Cauca y Huila), en la cordillera Central de los Andes; 4756 m de alt.

PURAMENTE adv. m. Solamente.

PURASANGRE n. m. Caballo de una raza de carreras, caracterizada por una extraordinaria consanguinidad de origen y una gran aptitud para la velocidad.

PURÉ n. m. (fr. *purée*). Plato que se hace de legumbres, verduras, patatas, etc., cocidas y trituradas de modo que se obtenga una pasta. • **Estar hecho puré** *(Fam.)*, estar maltrecho o destrozado.

PUREPECHA → *tarasco*.

PUREZA n. f. Calidad de puro.

PURGA n. f. Medicina purgante. **2.** Acción de purgar o purgarse. **3.** Depuración, eliminación en una administración, empresa, partido, etc., de una o de varias personas que por razones generalmente políticas. **4.** TECNOL. Eliminación de gases, líquidos o residuos indeseables de un recipiente o de un recinto cerrado.

PURGANTE adj. Que purga. SIN.: *purgativo*. ♦ n. m. **2.** Sustancia que, administrada por vía oral, facilita o acelera la evacuación del contenido intestinal.

PURGAR v. tr. y pron. (lat. *purgare*, purificar) [**1b**]. Administrar un purgante. ♦ v. tr. **2.** Limpiar, purificar algo eliminando lo que no conviene. **3.** Expiar, padecer un castigo como satisfacción de una culpa anterior o un delito. **4.** Hablando de una tubería, canalización o recipiente, evacuar un fluido que tendería a acumularse en ellos, o cuya presencia impediría su normal funcionamiento.

PURGATORIO n. m. En la religión católica, estado o lugar en el que las almas de los justos, purificadas de forma incompleta, acaban de purgar sus faltas. **2.** *Fig.* Lugar donde se padecen o se pasan sufrimientos y penalidades. **3.** *Fig.* Estos mismos sufrimientos.

PURIDAD. **En puridad**, claramente, sin rodeos.

PURIFICACIÓN n. f. Acción y efecto de purificar.

PURIFICANTE adj. y n. m. y f. Que purifica.

PURIFICAR v. tr. y pron. (lat. *purificare*) [**1a**]. Hacer puro o quitar las impurezas. **2.** Limpiar de toda imperfección una cosa no material.

PURÍSIMA n. f. REL. Nombre antonomástico de la Virgen María en el misterio de su Inmaculada Concepción.

PURISMO n. m. Preocupación exagerada por la pureza del lenguaje, caracterizada por el deseo de fijar una lengua en una fase de su evolución considerada ideal. **2.** Voluntad de adaptarse a un modelo ideal, que se manifiesta por una preocupación exagerada por la perfección.

PURISTA adj. y n. m. y f. Propio del purismo.

PURITANISMO n. m. Doctrina de los puritanos. **2.** Rigorismo moral o político.

PURITANO, A adj. y n. m. y f. (ingl. *puritan*). Miembro de unas comunidades inglesas, de inspiración calvinista, que, a mediados del s. XVI, quisieron volver a la pureza del cristianismo primitivo como reacción contra los compromisos de la Iglesia anglicana. **2.** Que profesa los principios de una moral rigurosa.

PURO, A adj. (lat. *purum*). Sin mezcla, que no contiene ningún elemento extraño: *oro puro*. **2.** Que no está alterado ni viciado: *aire puro*. **3.** Límpido, transparente: *cielo puro*. **4.** Casto. **5.** Íntegro, persona de recto proceder, difícil de corromper por interés. **6.** Dícese de la raza cuya descendencia no está mestizada con aportaciones de estirpes distintas. **7.** *Fig.* Mero, que es sólo y exclusivamente lo que se expresa: *la pura verdad*. **8.** *Fig.* Bello, perfecto: *perfil puro*. **9.** Dícese del estilo o lenguaje correcto, exento de barbarismos. • **De puro**, tiene mucho de lo que se expresa: *de puro valiente y temerario*. ♦ n. m. **10.** Cigarro.

PÚRPURA n. f. (lat. *purpura*). Molusco gasterópodo que segrega un colorante rojo. (Familia murícidos.) **2.** Color rojo violáceo.

PURPURADO n. m. Cardenal, prelado.

PURPÚREO, A adj. Relativo a la púrpura. **2.** De color purpura.

PURPURINA n. f. Polvo finísimo de bronce o de metal blanco que, aplicado a los barnices o pinturas al aceite, sirve para dorarlos o platearlos.

PURRANQUE, com. de Chile (Los Lagos); 20 177 hab. Cereales, ganado vacuno. Industrias lácteas.

PURULENCIA n. f. PATOL. Estado purulento de un tejido o lesión.

PURULENTO, A adj. PATOL. Que tiene aspecto semejante al pus o lo contiene.

PURUS o **PURÚS**, r. de América del Sur (Perú y Brasil), afl. del Amazonas (or. der.); 3380 km.

PUS n. m. (lat. *pus*). Líquido amarillento que se forma en los focos de infección y que está constituido por los residuos de leucocitos y bacterias.

PUSHKIN (Alexandr Sergueíevich), escritor ruso (Moscú 1799-San Petersburgo 1837). Alcanzó rápidamente gran prestigio por su obra literaria: poesía lírica *(Ruslan y Liudmila)*, una novela en verso *(Eugenio Oneguin*, 1825-1833), un drama histórico *(Boris Godunov*, 1825 publicado en 1831) y varias novelas cortas. Es el fundador de la literatura rusa moderna.

PUSILÁNIME adj. (lat. *pusillanimem*). Falto de ánimos y de audacia.

PUSILANIMIDAD n. f. Calidad de pusilánime.

PÚSTULA n. f. (lat. *pustulam*). Vesícula que contiene pus.

PUTA n. f. *Fam.* Prostituta.

PUTADA n. f. *Vulg.* Mala pasada, acción malintencionada que perjudica a alguien.

PUTATIVO, A adj. (lat. *putativum*). Reputado o tenido por padre, hermano, etc., no siéndolo.

PUTEADA n. f. *Argent., Par.* y *Urug. Vulg.* Insulto grosero.

PUTEAR v. intr. [**1**]. Frecuentar el trato con prostitutas. **2.** *Amér. Vulg.* Insultar groseramente. ♦ v. tr. **3.** Convertir en prostituta. **4.** *Vulg.* Fastidiar, perjudicar a alguien. **5.** *Méx. Vulg.* Golpear, reprender fuertemente a alguien: *le asaltaron y también le putearon*. **6.** *Méx. Vulg.* Vencer de forma apabullante: *putearon al equipo de fútbol de la escuela*.

PUTERÍA n. f. Vicio, profesión de prostituta. **2.** Reunión de prostitutas. **3.** Casa de prostitución. **4.** *Fig.* y *fam.* Estratagemas o zalamerías.

PUTIZA n. f. *Méx. Vulg.* Paliza, golpiza.

PUTO n. m. Hombre homosexual. **2.** Hombre que se dedica a la prostitución.

PUTREFACCIÓN n. f. Acción y efecto de pudrir o pudrirse.

PUTREFACTO, A adj. Podrido, corrompido.

PUTRESCENTE adj. BIOL. Que se halla en vías de putrefacción.

PUTRIDEZ n. f. Calidad de pútrido.

PUT

PÚTRIDO, A adj. Podrido.

PUTUMAYO, r. de América del Sur, afl. del Amazonas (or. izq.), cuya cuenca se extiende por Ecuador, Colombia, Perú y Brasil (donde recibe el nombre de Içá); 1600 km. Navegable.

PUTUMAYO *(departamento del)*, dep. del S de Colombia; 24 885 km²; 119 815 hab. Cap. *Mocoa*.

PUTUTO o **PUTUTU** n. m. (voz aymara). *Bol.* y *Perú*. Cuerno de buey utilizado como instrumento musical.

PUYA n. f. *Chile*. Planta bromeliácea de propiedades medicinales.

PUYANA (Rafael), clavecinista colombiano (Bogotá 1931). Destaca por su dominio de los distintos estilos.

PUYEHUE, lago de Chile (Los Lagos). Al NE se levanta el *volcán Puyehue* (2240 m) y en su orilla se asienta la localidad de *Puyehue*.

PUYO, A adj. *Argent.* Dícese del poncho más corto de lo ordinario.

PUYO, c. de Ecuador, cap. de la prov. de Pastaza; 27 679 hab. Centro comercial. Puerto fluvial.

PUZOL n. m. Puzolana.

PUZOLANA n. f. Roca volcánica muy fragmentada y de composición basáltica.

PUZZLE n. m. (voz inglesa). Rompecabezas, juego.

PVC n. m. (siglas de *poly vinyl chloride*). Cloruro de polivinilo.

PYONGYANG o **P'YONG-YANG**, c. y cap. de Corea del Norte; 2 355 000 hab. Centro administrativo e industrial. Museos. Monumentos antiguos.

PYREX n. m. (marca registrada). Vidrio especialmente resistente al fuego.

pz, símbolo de *pieza*, unidad de medida de presión.

Q q

Q n. f. Decimoctava letra del alfabeto español y decimocuarta de las consonantes. (Representa un sonido oclusivo velar sordo.) **2.** Símbolo del *quintal métrico*.
QACENTINA → *Constantina*.
QANDAHĀR o **KANDAHAR**, c. del S de Afganistán; 209 000 hab.
QASBA n. f. (voz árabe). Alcazaba. SIN.: *casba*. **2.** Barrio antiguo de algunas ciudades norteafricanas. SIN.: *casba*.
QATAR, estado de Arabia, que ocupa una península junto al golfo Pérsico; 11 400 km²; 500 000 hab. CAP. *Duḥa*. LENGUA OFICIAL: árabe. MONEDA: *rial de Qatar*. Petróleo y gas natural. Unido a Gran Bretaña por un tratado en 1868, Qatar se independizó en 1971. En 2001 firmó con Arabia Saudí, Bahrein, los Emiratos Árabes Unidos, Kuwait y Omán, el primer pacto para la delimitación de la región del golfo Pérsico.
QUANTO n. m. (lat. *quantum*) [pl. *quanta*]. FÍS. Cuanto.
QUART DE POBLET, v. de España (Valencia), cab. de p. j.; 27 404 hab. (*Cuartanos*.) Cultivos de huerta; centro industrial.
QUASAR n. m. (voz inglesa). Astro de apariencia estelar cuyo espectro presenta un fuerte desplazamiento hacia el rojo, y que corresponde generalmente a una radiofuente potente y lejana.
QUASIMODO (Salvatore), poeta italiano (Siracusa 1901-Nápoles 1968). Uno de los principales representantes de la escuela hermética. (Premio Nobel de literatura 1959.)
QŪBĪLAY KAN, KŪBĪLAY KAN o **KUBLAI KAN** (1214-1294), emperador mongol [1260-1294], nieto de Gengis Kan, fundador de la dinastía de los Yuan de China.
QUE conj. Sirve para unir una oración principal a una subordinada completiva de sujeto, atributo u objeto: *quiero que vengan todos*. **2.** Enlaza oraciones entre las que no existe relación de subordinación, expresando cierto matiz adversativo: *justicia pido, que no gracia*. **3.** Enlaza oraciones o partes de una oración entre las que se establece una comparación: *prefiero pasear que ir al cine*. **4.** Puede depender de expresiones que manifiestan deseo o afirmación: *¡lástima que no llegara a tiempo!* **5.** Inicia oraciones interrogativas o exclamativas sin precedentes, que pueden expresar duda, extrañeza o queja: *¡que no llegue tarde!; ¿qué quieres ir?* **6.** Tiene como equivalente *de lo mismo si... que si... tanto si... como si, ya... ya...* o *quieras que no, lo harás*. **7.** Expresa relaciones causales, ilativas y finales: *no subas, que no está en casa*. **8.** Aparece en expresiones reiterativas: *charla que charla*. **9.** Forma parte de auxiliares verbales: *tengo que irme*. **10.** En lenguaje coloquial, se usa para expresar una hipótesis y equivale, en cierta manera, a *si: que no vienes..., me avisas*. ♦ pron. **11.** Se emplea para representar a una persona o una cosa nombradas en una oración completada por un nombre o un pronombre, llamados antecedente: *el hombre que vino*.
QUÉ pron. Se usa en frases exclamativas o interrogativas, o sustituye a sustantivos y adjetivos que se omiten: *¡qué tarde es!; ¿qué dices?*
QUEBEC (provincia de), en fr. *Québec*, prov. del E de Canadá; 1 540 680 km²; 6 895 963 hab. Cap. *Quebec*. La presencia francesa se inició en el s. XVI. El Bajo Canadá, francófono, estuvo separado del Alto Canadá, anglófono, hasta 1840, en que se unificaron por el acta de la Unión. 1867: con la creación de la Confederación canadiense pasó a tener un estatuto provincial. Los referendos sobre la soberanía (1980, 1992 y 1995) determinaron que la provincia continuara unida a Canadá.
QUEBEC, en fr. *Québec*, c. de Canadá, cap. de la prov. homónima, a orillas del San Lorenzo; 167 517 hab. Centro industrial y cultural (universidad).
QUEBRACHO n. m. Nombre piloto de las maderas muy ricas en taninos (*quebracho blanco* y *quebracho colorado*), propias de América Meridional. **2.** *Amér. Merid.* Árbol de gran altura del que se extrae el tanino y que proporciona una madera dura usada en construcción.
QUEBRADA n. f. Abertura estrecha y áspera entre montañas. **2.** Quiebra, depresión en el terreno. **3.** *Amér.* Arroyo que corre por una zona montañosa encajonado entre valles.
QUEBRADERO n. m. *Quebradero de cabeza* (*Fam.*), preocupación.
QUEBRADIZO, A adj. Fácil de quebrarse: *mineral quebradizo*. **2.** *Fig.* Enfermizo, delicado de salud. **3.** *Fig.* Dícese de la voz ágil para hacer quiebros en el canto. **4.** *Fig.* Débil, de poca entereza moral.
QUEBRADO, A adj. Desigual y tortuoso: *terreno quebrado*. **2.** Pálido: *color quebrado*. ♦ *Pie quebrado*, el verso más corto que los demás de la misma estrofa. **3.** *Méx.* Dícese del cabello ondulado. ♦ adj. y n. **4.** Que ha hecho bancarrota o quiebra. ♦ n. m. y adj. **5.** MAT. Fracción.
QUEBRADURA n. f. Hendidura, grieta. **2.** *Fig.* Rompimiento.
QUEBRANTAHUESOS n. m. (pl. *quebrantahuesos*). Ave falconiforme de gran tamaño, que vive en Europa meridional. (Familia accipítridos.)
QUEBRANTAR v. tr. [**1**]. Romper, separar con violencia las partes de un todo. **2.** Machacar algo sin llegar a deshacerlo. **3.** Traspasar, violar una ley, palabra u obligación. **4.** *Fig.* Hacer perder o debilitar la voluntad, la fuerza o la resistencia: *quebrantar la salud*. **5.** *Fig.* Causar pesadumbre, lástima o piedad. **6.** Abrir algo, violentando lo que lo mantiene cerrado. **7.** *Fig.* Forzar, vencer un obstáculo o dificultad. ♦ v. tr. y pron. **8.** Cascar o hender algo, sin separar totalmente sus partes. ♦ **quebrantarse** v. pron. **9.** *Fig.* Experimentar daño o malestar a causa de un golpe, la edad, una enfermedad, etc.
QUEBRANTO n. m. Acción y efecto de quebrantar o quebrantarse. **2.** *Fig.* Debilidad, desaliento. **3.** *Fig.* Lástima, conmiseración. **4.** *Fig.* Pérdida o daño en salud, fortuna, etc.: *quebranto económico*.
QUEBRAR v. tr. (lat. *crepare*, crujir) [**1j**]. Quebrantar, romper con violencia. **2.** *Fig.* Estorbar la continuación, o cambiar la dirección de algo. **3.** *Fig.* Vencer una dificultad o limitación. **4.** *Fig.* Templar, suavizar. **5.** *Méx. Fam.* Matar. **6.** DER. Cesar en una actividad comercial o industrial por no poder hacer frente a las obligaciones. **7.** DER. Traspasar, violar una ley u obligación. ♦ v. tr. y pron. **8.** Doblar o torcer el cuerpo, generalmente por la cintura. **9.** *Fig.* Ajar el color de la cara. ♦ v. intr. **10.** *Fig.* Romper la amistad con uno. **11.** *Fig.* Ceder, flaquear. ♦ **quebrarse** v. pron. **12.** Agudizarse la voz de modo que se emita un chillido. **13.** Interrumpirse la continuidad de una cordillera o terreno. **14.** Herniarse.
QUEBRAZÓN n. f. *Amér. Central, Chile, Colomb.* y *Méx.* Destrozo grande de objetos de vidrio o loza.
QUECHUA o **QUICHUA** adj. y n. m. y f. Relativo a unos pueblos del área andina que hablan una lengua propia y que fueron los creadores del imperio incaico; individuo de estos pueblos. **2.** Lengua de civilización de América del Sur, de la época precolombina, hablada aún en la actualidad en Perú y Bolivia, y en algunas zonas de Ecuador, Colombia y Argentina. ■ Los quechuas viven de la agricultura y la ganadería; los métodos de cultivo son similares a los de la época incaica. La lengua quechua, originaria del alto Apurímac y del Urubamba, sustituyó en muchas regiones al aymará y otras lenguas, y se extendió con el imperio inca por los Andes y la costa del Pacífico, imponiendo una lengua y una cultura común a pueblos de orígenes distintos. Con la conquista prosiguió su expansión, ya que fue la lengua utilizada por los misioneros para la evangelización.
QUECHUISMO n. m. Palabra o giro propio del quechua.
QUEDA n. f. Hora de la noche, a menudo anunciada con toque de campana, señalada para que los vecinos se recogieran. **2.** Campana destinada a este fin. ♦ **Toque de queda**, llamada a silencio de la tropa en un cuartel o campamento; aviso que se da a la población para que se retire a sus hogares a una hora fijada por la autoridad.
QUEDADA n. f. *Méx.* Solterona.
QUEDADO, A adj. *Argent.* y *Chile.* Inactivo, flojo, tardo, indolente.
QUEDAR v. intr. y pron. (lat. *quietare*) [**1**]. Permanecer en cierto lugar o estado: *quedar a la espera; quedarse quieto*. **2.** Con la prep. *en*, resultar definitivamente de una cosa algo que se expresa y se considera comparativamente insignificante: *quedarse en chupatitras*. ♦ v. intr. **3.** Subsistir, restar, permanecer: *quedan sólo mil pesetas*. **4.** Haber todavía de cierta cosa, o estar cierta cosa disponible: *aún quedan unos días*. **5.** Resultar en cierta situación

QUE

do: *quedar viudo.* **6.** Pasar de un estado a otro, llegar a cierto estado: *quedar en la miseria.* **7.** Con los adv. *bien, mal,* o con *como,* dar lugar a ser juzgado como se expresa: *le gusta quedar bien; quedar como un señor.* **8.** Acordar, convenir en lo que se expresa: *quedó en venir.* **9.** *Fam.* Caer, estar situado aproximadamente: *la oficina queda lejos de aquí.* **10.** Faltar lo que se expresa para alcanzar un punto o situación determinada: *quedan aún cien kilómetros.* **11.** Con la prep. *por* y un infinitivo, faltar hacer la diligencia que se expresa para terminar un asunto: *queda por limpiar este despacho.* ♦ **quedarse** v. pron. **12.** Apoderarse, adquirir, conservar en su poder: *se quedó con todos los bienes; quedarse un recuerdo.* **13.** Morirse. **14.** *Méx.* Refiriéndose a las mujeres, permanecer soltera.
QUEDO adv. m. Con voz baja o que apenas se oye: *hablar quedo.*
QUEDO, A adj. (lat. *quietum*). Suave, silencioso.
QUEGUAY, r. de Uruguay, que desagua en el Uruguay (or. izq.) frente a la *isla de Queguay;* 255 km. Forma cascadas cerca de la desembocadura.
QUEHACER n. m. Ocupación, negocio. (Suele usarse en plural.) **2.** Conjunto de las labores domésticas. (Suele usarse en plural.)
QUEIROZ (José Maria Eça de) → *Eça de Queiroz.*
QUEJA n. f. Expresión de dolor, pena o sentimiento: *las quejas de un enfermo.* **2.** Manifestación de disconformidad, disgusto o descontento: *exponer quejas a la dirección.* **3.** Motivo de queja. **4.** DER. Querella.
QUEJAR v. pron. [1]. Expresar con palabras o gritos el dolor o la pena que se siente: *quejarse de una desgracia.* **2.** Manifestar resentimiento, disgusto o disconformidad. **3.** Querellarse.
QUEJIDO n. m. Exclamación lastimosa.
QUEJOSO, A adj. Que tiene queja de algo o de alguien: *quejoso de su mala suerte.* **2.** *Argent., Colomb., Méx., Par.* y *Urug.* Quejumbroso.
QUEJUMBROSO, A adj. Que expresa queja.
QUELÍCERO n. m. Apéndice situado en la cabeza de los arácnidos.
QUELITE n. m. *Méx.* Nombre de ciertas hierbas silvestres tiernas y comestibles.
QUELMAHUE n. m. *Chile.* Mejillón pequeño de color negro o marrón oscuro.
QUELTEHUE n. m. *Chile.* Ave zancuda que se domestica y se tiene en los jardines para que destruya los insectos nocivos.
QUELTRO n. m. *Chile.* Suelo preparado para la siembra.
QUEMA n. f. Acción y efecto de quemar o quemarse. **2.** Incendio, fuego, combustión. **3.** *Argent.* Lugar donde se queman basuras, residuos, desperdicios, etc. • **Huir de la quema,** apartarse de un peligro o compromiso.
QUEMADA n. f. Parte del monte quemado. **2.** *Argent.* y *Mex.* Acción que pone en ridículo. **3.** *Méx.* Quemadura, acción y efecto de quemar.
QUEMADO, A adj. *Argent., Chile, Méx.* y *Urug.* Que tiene la piel morena por haber tomado el sol, moreno. **2.** *Méx. Fam.* Desacreditado. **3.** Cosa quemada o que se quema.
QUEMADO (punta del), saliente de Cuba (Guantánamo), que constituye el extremo E de la isla.
QUEMADOR n. m. Dispositivo que mezcla íntimamente un combustible fluido o pulverulento con un comburente gaseoso, y a cuya salida se efectúa la combustión. **2.** Mechero.
QUEMADURA n. f. Descomposición de un tejido orgánico, producida por el calor o por una sustancia cáustica o corrosiva. **2.** Herida, señal o destrozo causado por el fuego o algo que quema.

QUEMAR v. tr. y pron. [1]. Consumir o destruir por el fuego: *quemar papeles.* **2.** Estropear la comida por demasiado fuego. **3.** *Fig.* Gastar o desgastar una persona, generalmente la frecuencia o intensidad de una actividad. **4.** Secar una planta el excesivo calor o frío. **5.** Destruir por la acción de una corriente eléctrica o de una tensión de valor excesivo. ♦ v. tr. **6.** Pigmentar la piel el sol. **7.** *Fig.* Malbaratar, vender a precio demasiado bajo o derrochar: *quemar la fortuna.* **8.** *Méx. Fam.* Denunciar, calumniar a alguien. **9.** *Méx.* Estafar, engañar. ♦ v. tr., intr. y pron. **10.** Causar dolor o lesión algo muy caliente: *quemarse con una cerilla.* **11.** *Fig.* Producir sensación de ardor un alimento picante o fuerte. **12.** *Fig.* Destruir objetos o tejidos orgánicos una sustancia corrosiva o cáustica, el frío, etc.: *la lejía quema.* ♦ v. intr. **13.** Estar una cosa muy caliente: *esta sopa quema.* ♦ v. intr. y pron. **14.** Enfadar, solivianar a alguien. ♦ **quemarse** v. pron. **15.** *Fig.* Sufrir por una pasión o afecto fuerte. **16.** *Fig.* Estar cerca de hallar o de acertar algo.
QUEMARROPA. A quemarropa, desde muy cerca del blanco; bruscamente, sin rodeos.
QUEMAZÓN n. f. Acción y efecto de quemar o quemarse. **2.** Calor excesivo. **3.** *Fig.* Sensación de ardor o picor.
QUEMO n. m. *Argent.* Quemón.
• **Darse un quemón** (*Méx. Fam.*), conocer algo.
QUENA n. f. Flauta o caramillo de algunos pueblos amerindios de Ecuador, Perú y Bolivia.
QUEPIS o **KEPIS** n. m. (alem. *Kaeppi*). Gorra con visera, utilizada por los ejércitos de diversos países.
QUEQUE n. m. *Amér. Central* y *Chile.* Bizcocho hecho de harina, huevos, leche, levadura y azúcar.
QUERATINA n. f. Sustancia de naturaleza proteica, que interviene en la constitución de las uñas, pelos, plumas, etc.
QUERELLA n. f. (lat. *querelam*). Discordia, pendencia, discusión. **2.** DER. Acusación presentada ante un juez o tribunal. SIN.: *queja.*
QUERELLANTE n. m. y f. Persona que presenta una querella.
QUERELLARSE v. pron. [1]. Presentar querella judicial. **2.** Manifestar resentimiento contra uno.
QUERENCIA n. f. Inclinación afectiva hacia alguien o algo, principalmente tendencia de las personas y los animales a volver al lugar en que se criaron. **2.** Este mismo lugar. **3.** TAUROM. Inclinación o preferencia que el toro siente por un determinado lugar de la plaza. **4.** TAUROM., Este mismo lugar.
QUERENDÓN, NA adj. y n. *Amér.* Dícese de la persona muy cariñosa.
QUERER v. tr. (lat. *quarere*) [7]. Desear, tener la intención de poseer o lograr algo: *querer una fortuna.* **2.** Desearle algo a uno: *todos le quieren felicidad.* **3.** Decidir, tomar una determinación. **4.** Pedir o exigir cierto precio: *¿cuánto quiere por esta joya?* **5.** Desear, necesitar: *si no llueve, no quiero el paraguas.* **6.** Tener amor o cariño. **7.** *Fig.* Dar motivo con obras o dichos a que ocurra algo que va en perjuicio propio: *éste quiere que le rompan la cara.* **8.** Pretender, intentar: *quiere hacérnoslo creer.* **9.** Aceptar uno hacer o recibir cierta cosa a instancias de otro: *le invitamos pero no quiso venir.* **10.** *Fam.* Requerir algo de alguien, pedírselo o preguntárselo. **11.** Estar próximo a ser verificarse algo, haber indicios de que va a ocurrir: *parece que quiere llover.* • **Sin querer,** involuntariamente.
QUERER n. m. Cariño, amor.

QUERÉTARO (estado de), est. del centro de México; 11 769 km[2]; 1 051 235 hab. Cap. *Querétaro.*
QUERÉTARO, c. de México, cap. del est. homónimo; 456 458 hab. Industrias derivadas de la agricultura (harinas, conservas), textiles, maquinaria agrícola. Centro importante del barroco mexicano: iglesias de Santa Rosa y Santa Clara, convento de San Agustín (claustro). Palacios y casas nobles.
QUERIDO, A n. Amante, persona que mantiene relaciones sexuales con otra, con la que no está casada. **2.** Apelativo cariñoso.
QUERMÉS o **QUERMESE** n. f. Kermesse.
QUERO o **KERO** n. m. (voz quechua). Vaso ceremonial incaico de madera tallada.
QUEROSENO, QUEROSENE o **QUEROSÉN** n. m. Líquido incoloro o ligeramente amarillento, obtenido como producto intermedio entre la gasolina y el gas-oil a partir del petróleo crudo.
QUERUBÍN n. m. Nombre dado en la tradición cristiana a una categoría de ángeles. **2.** *Fig.* Persona de gran belleza. **3.** B. ART. Cabeza o busto de niño con dos alas.
QUESADA LOYNAZ (Manuel de), patriota cubano (Camagüey 1833-Costa Rica 1884). Dirigió la primera expedición para luchar contra los españoles (1868) y fue nombrado general en jefe del ejército libertador (1869).
QUESADILLA n. f. Cierto pastel de queso y masa. **2.** Pastelillo relleno de almíbar, dulce de fruta, etc. **3.** *Méx.* Tortilla de maíz rellena de diversos ingredientes que se asa o fríe en el comal doblada por la mitad y se le añade salsa de chile a la hora de comerse.
QUESERA n. f. Utensilio con una cubierta en forma de campana, generalmente de cristal o plástico, donde se guarda y se sirve el queso.
QUESERÍA n. f. Establecimiento dedicado a la venta o a la fabricación de quesos.
QUESERO, A adj. Relativo al queso: *industria quesera.* ♦ n. **2.** Persona que hace o vende quesos.
QUESO n. m. (lat. *casseum*). Alimento elaborado a partir de la cuajada obtenida por coagulación de la leche.
QUETRO n. m. *Chile.* Pato grande que tiene alas sin plumas y no vuela.
QUETZAL, n. m. (voz náhuatl). Ave de los bosques centroamericanos y mexicanos, de plumaje verde tornasolado y rojo escarlata y un copete de plumas desflecadas desde el pico a la cerviz. **2.** Unidad monetaria principal de Guatemala.
QUETZALCÓATL, divinidad de diversos pueblos precolombinos de Mesoamérica, de los teotihuacanos hasta los aztecas. Su símbolo era la serpiente emplumada y los toltecas lo adoraron como personaje histórico y héroe civilizador. Entre los mayas de Chichén Itzá tomó el nombre de Kukulcán.
QUEVEDESCO, A adj. Propio de Quevedo, o que tiene relación o semejanza con su obra.
QUEVEDO Y VILLEGAS (Francisco), escritor español (Madrid 1580-Villanueva de los Infantes 1645). En su poesía, inscrita en la corriente conceptista del barroco, se da cita lo grave de los poemas amorosos y metafísicos, y lo burlesco de muchos de sus sonetos, letrillas y romances. Como prosista escribió con una gran capacidad crítica y pesimismo propios del barroco: novela picaresca (*Historia de la vida del Buscón llamado don Pablos,* 1626), obra ascética (*Los sueños,* 1627, *La cuna* y *la sepultura,* 1635), obras burlescas (*La culta latiniparla,* 1631), contra Góngora y el culteranismo (*Aguja de navegar cultos,* 1616-1636) y obras de contenido político (*Política de Dios, gobierno de Cristo,* 1626; *Vida de Marco Bruto,* 1632-1644).
QUEVEDOS n. m. pl. Anteojos que se sujetan solamente en la nariz.

QUEZALTENANGO *(departamento de)*, dep. del E de Guatemala; 1951 km²; 557 873 hab. Cap. *Quezaltenango.*

QUEZALTENANGO, c. de Guatemala, cap. del dep. homónimo; 93 439 hab. Centro comercial e industrial. Universidad.

QUEZALTEPEQUE, volcán de Guatemala (Chiquimula); 1907 m.

¡QUIA! interj. *Fam.* Denota incredulidad o negación.

QUIACA n. f. *Chile.* Planta arbórea de flores blancas y pequeñas.

QUIASMA n. m. (gr. *khiasma*, cruce). ANAT. Entrecruzamiento en X de las fibras provenientes de las cintas ópticas.

QUIAUITL n. m. (voz náhuatl, *lluvia*). Decimosexto de los veinte días del mes azteca.

QUIBEY n. m. Planta herbácea de las Antillas, que contiene un jugo lechoso, acre y cáustico. (Familia lobeliáceas.)

QUICHÉ, grupo de pueblos amerindios de Guatemala, de lengua de la familia mayazoque. En época precolombina ocupaban también Yucatán y llegaban hasta el Pacífico, y la capital era Utatlán. En los ss. IX-XVI los quichés conocieron su esplendor político y cultural. En el s. XVI redactaron el libro sagrado *Popol-Vuh*, fuente histórica de la civilización maya. En 1524 fueron sometidos por Pedro de Alvarado.

QUICHÉ *(departamento del)*, dep. del NE de Guatemala; 8378 km²; 574 843 hab. Cap. *Santa Cruz del Quiché.*

QUICHUA adj. y n. m. y f. Quechua.

QUICIO n. m. Larguero del marco de una puerta o ventana en que se articula el quicial. SIN.: *quicial.* **2.** Parte de las puertas o ventanas en que entra y juega el espigón del quicial. • **Fuera de quicio,** fuera de orden o estado regular. ‖ **Sacar de quicio,** desviar una cosa de su natural curso u orden; exagerar su importancia; exasperar a alguien.

QUID n. m. (voz latina). Razón, esencia, punto más delicado o importante.

QUÍDAM n. m. *Fam.* Persona indeterminada. **2.** *Fam. y desp.* Persona insignificante o despreciable.

QUIEBRA n. f. Acción de quebrar. **2.** Rotura o abertura de algo. **3.** Fracaso, posibilidad de fallar o fracasar.

QUIEBRO n. m. Gesto que se hace con el cuerpo doblándolo por la cintura. **2.** Gorgorito hecho con la voz. **3.** TAUROM. Lance o suerte con que el torero hurta el cuerpo con rápido movimiento de la cintura, al embestirle el toro.

QUIEN pron. relativo (lat. *quem*). Equivale a *el/la cual, aquel/lla que,* y se refiere a personas concordando en número con el antecedente: *ésta es la mujer de quien te hablé.* • pron. indef. **2.** Equivale a *el/la que,* y carece de antecedente expreso: *cásate con quien quieras.*

QUIÉN pron. interrog. Equivale a *cuál,* pero a diferencia de éste no puede adquirir valor adjetivo: *¿quién llama?; dime con quién hablabas.* **2.** Introduce frases exclamativas: *¡quién lo hubiera dicho!*

QUIENQUIERA pron. indef. (pl. *quienesquiera*). Cualquiera, persona indeterminada: *quienquiera que sea dile que no estoy.*

QUIESCENCIA n. f. Calidad de quiescente.

QUIESCENTE adj. Que está en reposo.

QUIETO, A adj. (lat. *quietum*). Que no se mueve ni traslada de lugar. **2.** *Fig.* Parado, que no avanza en su desarrollo: *dejar un asunto quieto.* **3.** Pacífico, tranquilo.

QUIETUD n. f. Falta de movimiento. **2.** *Fig.* Sosiego, reposo.

QUIJADA n. f. Cada uno de los dos huesos del cráneo de los mamíferos en que están encajados los dientes y muelas.

QUIJONGO n. m. Instrumento de percusión, típico de Colombia.

QUIJOTADA n. f. *Desp.* Acción propia de quijote.

QUIJOTE n. m. (cat. *cuixot;* de *cuixa,* muslo). Parte superior de las ancas de las caballerías.

QUIJOTE n. m. y f. (de *don Quijote de la Mancha*). Persona que interviene en asuntos que no siempre le atañen, en defensa de la justicia.

QUIJOTERÍA n. f. Calidad de quijote. **2.** Quijotada.

QUIJOTESCO, A adj. Que obra con quijotería. **2.** Que se ejecuta con quijotería.

QUIJOTISMO n. m. Carácter, condición o actitud de quijote.

QUILA n. f. *Amér. Merid.* Planta parecida al bambú, pero más fuerte. (Familia gramíneas.)

QUILAMBÉ o **KILAMBÉ**, cordillera de Nicaragua, formada por el *macizo de Quilambé* (1750 m), y los de *Guamblón* y *Galán.*

QUILATE n. m. (ár. *qirāṭ*; del gr. *keration,* unidad de peso). Unidad de masa utilizada para pesar perlas y piedras preciosas, que vale 200 mg. SIN.: *quilate métrico.* **2.** Cantidad de oro puro contenido en una aleación de este metal, expresada en veinticuatro partes de la masa total. **3.** *Fig.* Valor atribuido a alguien o algo.

QUILCO n. m. *Chile.* Canasta grande.

QUILICO n. m. *Ecuad.* Ave rapaz de plumaje rojizo.

QUILICURA, com. de Chile (Santiago); 40 659 hab. Cereales, vid, frutales; ganadería.

QUILIFICAR v. tr. y pron. [1a]. Convertir el alimento en quilo.

QUILLA n. f. (fr. *quille*). En las embarcaciones, pieza longitudinal que va de proa a popa, y que constituye el eje del barco y la base de la armazón. **2.** Esternón de las aves, o parte saliente del mismo. SIN.: *carena.*

QUILLANGO n. m. *Argent., Chile* y *Urug.* Manta de pieles que usaban algunos pueblos indígenas. **2.** *Argent., Chile* y *Urug.* Cobertor realizado con pieles, principalmente de guanaco.

QUILLAY n. m. *Argent.* y *Chile.* Arbusto espinoso, de hasta 2 m de alt., con flores de color blanco amarillento. **2.** *Argent.* y *Chile.* Árbol de gran tamaño cuya corteza es rica en saponinas. (Familia rosáceas.)

QUILLOTA, com. de Chile (Valparaíso); 68 284 hab. Industria química, textil y alimentaria (vinos).

QUILMAY n. m. *Chile.* Planta trepadora de hermosas flores, generalmente blancas. (Familia apocináceas.) **2.** Fruto de esta planta.

QUILMES, partido de Argentina (Buenos Aires), comprendido en el Gran Buenos Aires; 509 445 hab.

QUILO n. m. Planta arbustiva de tallo trepador y fruto azucarado, que crece en Chile y del cual se hace una chicha. (Familia poligonáceas.) **2.** Fruto de esta planta.

QUILO n. m. Líquido blanquecino contenido en el intestino delgado, que constituye el resultado de la digestión.

QUILO n. m. Abreviatura de quilogramo.

QUILOGRAMO n. m. Kilogramo.

QUILOMBO n. m. En Brasil, comunidad de negros cimarrones. **2.** *Argent. Fig. y vulg.* Lío, barullo, gresca, desorden. **3.** *Chile y R. de la Plata.* Lupanar, casa de mujeres públicas. **4.** *Venez.* Choza, cabaña campestre.

QUILÓMETRO n. m. Kilómetro.

QUILPUÉ, com. de Chile (Valparaíso); 102 824 hab. Zona residencial e industrial del área de Valparaíso.

QUILQUIL n. m. Helecho arbóreo de rizoma comestible, que crece en Chile. (Familia polipodiáceas.)

QUILTRO n. m. *Chile.* Perro ordinario. • adj. y n. **2.** *Chile. Fig. y fam.* Dícese de la persona despreciable y sin ninguna importancia.

QUIMBA n. f. *Amér. Merid.* Garbo, contoneo. **2.** *Colomb., Ecuad.* y *Venez.* Calzado rústico.

QUIMBAYÁ, pueblo amerindio de la familia lingüística caribe, act. extinguido, que en época precolombina se extendía por el valle central del Cauca (dep. de *Caldas* y *Antioquia,* Colombia).

QUIMBO n. m. *Cuba.* Machete.

QUIMERA n. f. (gr. *khimaira*). En heráldica, animal fantástico con el busto de mujer y el cuerpo de cabra. **2.** *Fig.* Creación de la mente, que se toma como algo real o posible. **3.** *Fig. y fam.* Aprensión, sospecha infundada de algo desagradable.

QUIMÉRICO, A adj. Fabuloso, irreal. **2.** Sin fundamento, ilusorio o imposible.

QUÍMICA n. f. Ciencia que estudia las propiedades y la composición de los cuerpos así como sus transformaciones. • **Química analítica,** rama de la química que utiliza procedimientos analíticos, en particular para determinar la composición cualitativa y cuantitativa de las sustancias complejas. ‖ **Química biológica,** bioquímica. ‖ **Química general,** la que trata de los principios y de las leyes generales. ‖ **Química industrial,** la que trata de las operaciones que interesan especialmente a la industria. ‖ **Química mineral,** o **inorgánica,** rama de la química que estudia los metales, los metales y sus combinaciones. ‖ **Química orgánica,** rama de la química que comprende el estudio de los compuestos del carbono.

QUÍMICO, A adj. Relativo a la química. • n. **2.** Especialista en química.

QUIMIFICAR v. tr. y pron. [1a]. Convertir el alimento en quimo.

QUIMIORRECEPCIÓN o **QUIMIOCEPCIÓN** n. f. Capacidad de un organismo para captar modificaciones en la composición química del medio interno, reaccionando en consecuencia.

QUIMIORRECEPTOR, RA adj. y n. m. Dícese de un receptor sensible a los estímulos químicos.

QUIMIOTERAPIA n. f. MED. Tratamiento mediante sustancias químicas.

QUIMO n. m. (gr. *khymos*, humor). Líquido contenido en el estómago, que resulta de la digestión gástrica de los alimentos.

QUIMONO o **KIMONO** n. m. (jap. *kimono*). Túnica japonesa muy amplia, de una sola pieza que se cruza por delante y se sujeta con un cinturón.

QUINA n. f. Planta arbórea cuya corteza, amarga, llamada también *quinquina,* tiene propiedades tónicas astringentes y antipiréticas. **2.** Corteza de esta planta. **3.** Bebida que se prepara con dicha corteza. • **Tragar quina** *(Fam.),* soportar o sobrellevar algo a disgusto, sin manifestarlo externamente.

QUINADO, A adj. Dícese del vino o líquido preparado con quina y usado como medicamento.

QUINARIO, A adj. MAT. Que tiene por base el número cinco.

QUINATZIN, soberano chichimeca (¿1298?-1397). Sucedió a Tlotzin Pochotl. Llevó la capital a Texcoco, y su territorio fue invadido por los mixtecas.

QUINCALLA n. f. Artículo de metal, de poco precio o escaso valor.

QUINCALLERÍA n. f. Fábrica, tienda o comercio de quincalla. **2.** Mercancías de quincalla.

QUINCE adj. núm. cardin. y n. m. (lat. *quindecim*). Diez y cinco. • adj. núm. ordin. **1.** Decimoquinto. • n. m. **3.** En el tenis, primer punto de un juego.

QUINCEAVO, A adj. y n. m. Quinzavo.

QUINCENA n. f. Serie de quince días consecutivos. **2.** Paga que se recibe cada quince días.

QUINCENAL adj. Que sucede o repite cada quincena. **2.** Que dura una quincena.

QUINCENO, A adj. Decimoquinto.

QUINCHA n. f. (quechua, *kincha*). *Amér. Merid.* Tejido o trama de junco con que se afianza un techo o pared de paja, totora, caña, etc.

QUINCHAMALÍ n. m. Planta anual, que crece en América Meridional. (Familia santaláceas.)

QUINCHAR v. tr. [1]. *Amér. Merid.* Cercar o cubrir con quinchas.

QUI

QUINCHIHUE n. m. Planta herbácea olorosa y de usos medicinales. (Familia compuestas.)

QUINCHO n. m. *Argent.* Cobertizo consistente en un techo de paja sostenido por columnas de madera.

QUINCHONCHO n. m. Planta arbustiva de semillas comestibles, originaria de la India y cultivada en América. (Familia papilionáceas.)

QUINCUAGENARIO, A adj. y n. Cincuentón.

QUINCUAGÉSIMA n. f. REL. CAT. Domingo que precede al primer domingo de cuaresma y que corresponde al día cincuenta antes de Pascua.

QUINCUAGÉSIMO, A adj. núm. ordin. (lat. *quinquagesimum*). Que ocupa el último lugar en una serie ordenada de cincuenta. ♦ adj. y n. m. **2.** Dícese de cada una de las cincuenta partes iguales en que se divide un todo.

QUINDE n. m. *Colomb., Ecuad.* y *Perú.* Colibrí.

QUINDÍO (*nevado del*), cumbre volcánica de Colombia, en la cordillera Central; 5150 m de altura.

QUINDÍO (*departamento del*), dep. del centro de Colombia; 1845 km²; 377 860 hab. Cap. *Armenia.*

QUINGENTÉSIMO, A adj. núm. ordin. Que ocupa el último lugar en una serie ordenada de quinientos. ♦ adj. y n. m. **2.** Dícese de cada una de las quinientas partes iguales en que se divide un todo.

QUINGOMBÓ o **QUIMBOMBÓ** n. m. Planta herbácea originaria de África y cultivada en América por sus frutos. (Familia malváceas.)

QUINGOS n. m. *Amér.* Zigzag.

QUINIELA n. f. Sistema reglamentado de apuestas, hecho sobre las predicciones del resultado de unos determinados partidos de fútbol, carreras de caballos, galgos, etc. **2.** Papel impreso en que se escriben dichas predicciones. **3.** *Argent., Dom., Par.* y *Urug.* Juego que consiste en apostar a la última o a las últimas cifras de los premios mayores de la lotería.

QUINIELISTA n. m. y f. Persona que hace quinielas.

QUINIENTOS, AS adj. núm. card. y n. m. Cinco veces cien. ♦ adj. núm. ordin. y n. m. **2.** Quingentésimo.

QUININA n. f. Principal alcaloide de la quina.

QUINO (Joaquín Salvador Lavado, llamado), dibujante de humor argentino (Mendoza 1932), nacionalizado español, creador del personaje de *Mafalda* (1962).

QUINOA o **QUINUA** n. f. (voz quechua). Planta anual cuyas semillas se comen cocidas o se usan en forma de harina, y cuyas hojas se consumen como verdura. (Familia quenopodiáceas.)

QUINOTO n. m. *Argent.* Arbusto de flores y pequeños frutos de color naranja, que se usan para preparar dulces y licores. (Familia rutáceas.) **2.** *Argent.* Fruto de este árbol.

QUINQUÉ n. m. Lámpara de aceite o petróleo, cuya llama se halla resguardada por un tubo de cristal.

QUINQUELA MARTÍN (Benito), pintor argentino (Buenos Aires 1890-*id.* 1977). Practicó especialmente la pintura mural. Sus obras reflejan la vida del barrio bonaerense de La Boca.

QUINQUENAL adj. Que sucede o se repite cada quinquenio o que dura un quinquenio.

QUINQUENIO n. m. Período de cinco años.

QUINQUINA n. f. Corteza de la quina.

QUINTA n. f. Acción de quintar. **2.** Finca de recreo en el campo. **3.** Remplazo anual para prestar el servicio militar obligatorio. **4.** Sorteo de mozos para el servicio militar. **5.** MÚS. En la escala diatónica, intervalo de cinco grados. • **Entrar en quintas,** ser llamado para hacer el servicio militar.

QUINTA NORMAL, com. de Chile (Santiago), en el Gran Santiago; 115 964 hab.

QUINTAESENCIA n. f. *Fig.* Lo más puro, intenso y acendrado de algo.

QUINTAESENCIAR v. tr. [1]. *Fig.* Purificar, depurar.

QUINTAL n. m. Antigua unidad de peso, cuyo valor varía según las regiones. • **Quintal métrico,** unidad de peso del sistema métrico decimal, que vale 100 kg (símbolo q).

QUINTANA (Manuel), político argentino (Buenos Aires 1836-*id.* 1906). Presidente de la república (1904-1906), reprimió la oposición.

QUINTANA ROO (*estado de*), est. del SE de México, en la península del Yucatán; 50 350 km²; 493 277 hab. Cap. *Chetumal.*

QUINTANA ROO (Andrés), político y escritor mexicano (Mérida 1787-† 1851). Ocupó importantes cargos desde la independencia. Es autor de artículos y prosa oratoria, y especialmente poesía.

QUINTANILLA QUIROGA (Carlos), militar y político boliviano (Cochabamba 1888-*id.* 1964), presidente de la república (1939-1940).

QUINTAR v. tr. [1]. Sortear el destino de los mozos que han de hacer el servicio militar. **2.** Sacar por sorteo una cosa de cada cinco de un conjunto.

QUINTERO, com. de Chile (Valparaíso); 17 135 hab. Base aérea militar. Estación balnearia.

QUINTETO n. m. Estrofa de cinco versos de arte mayor. **2.** MÚS. Composición a cinco voces o instrumentos. **3.** MÚS. Conjunto vocal o instrumental de cinco ejecutantes.

QUINTILLA n. f. Estrofa compuesta por cinco versos de arte menor, generalmente octosílabos, con dos rimas. **2.** Combinación de cinco versos de cualquier medida, con dos distintas consonancias.

QUINTILLIZO, A adj. y n. Cada uno de los cinco hermanos nacidos en un parto quíntuple.

QUINTILLÓN n. m. Un millón de cuatrillones (10^{30}).

QUINTO, A adj. núm. ordin. Que ocupa el último lugar en una serie ordenada de cinco. ♦ adj. y n. m. **2.** Dícese de cada una de las cinco partes iguales en que se divide un todo. ♦ n. m. **3.** Denominación tradicional dada al recluta. **4.** *Méx. Vulg.* Virgen.

QUINTRAL n. m. *Chile.* Muérdago de flores rojas de cuyo fruto se extrae tiza y sirve para teñir. **2.** *Chile.* Cierta enfermedad que sufren las sandías y los porotos.

QUINTRAL n. m. *Chile.* Fruto del algarrobo.

QUINTUPLICAR v. tr. y pron. [1a]. Ser o hacer cinco veces mayor.

QUÍNTUPLO, A o **QUÍNTUPLE** adj. y n. m. Que contiene un número cinco veces exactamente.

QUINUA n. f. Quinoa.

QUINZAVO adj. y n. m. Dícese de cada una de las quince partes iguales en que se divide un todo.

QUIÑAZO n. m. *Chile, Colomb., Ecuad., Pan.* y *Perú.* Empujón, encontronazo.

QUIÑONES (Alfonso) → **Meléndez,** familia salvadoreña.

QUIOSCO o **KIOSCO** n. m. (fr. *kiosque*). Pabellón abierto por todos los lados que decora terrazas y jardines. **2.** Pabellón pequeño destinado a la venta de periódicos, flores, etcétera.

QUIPU n. m. (voz quechua, nudo). Serie de cuerdecillas anudadas, que se utilizaban en el Perú precolombino con fines nemotécnicos, para realizar cálculos numéricos o recoger historias o noticias.

QUIQUE n. m. *Amér. Merid.* Especie de comadreja. • **Ser como un quique** (*Chile*), ser vivo, rápido y pronto.

QUIQUIRIQUÍ n. m. y f. Canto del gallo.

QUIRÓFANO n. m. Departamento del centro médico donde se realizan operaciones quirúrgicas.

QUIROGA (Horacio), escritor uruguayo (Salto 1878-Buenos Aires 1937). Tras iniciarse como poeta modernista, escribió cuentos en los que, influido por Poe, Maupassant y Chéjov, recreó situaciones de horror y locura surgidas de una naturaleza exuberante (*Anaconda,* 1921; *Los desterrados,* 1925). Escribió también novela corta.

QUIROGA (Juan Facundo), caudillo argentino (en La Rioja 1793-Barranca Yaco, Córdoba, 1835), conocido como **el Tigre de los Llanos.** Jefe de las milicias provinciales de La Rioja, se enfrentó al gobernador (1823) y se hizo con el NO del país. Finalmente se alió con Rosas. Murió asesinado. Su figura inspiró el *Facundo* de Sarmiento.

QUIROGA (Vasco de), administrador y eclesiástico español (Madrigal de las Altas Torres ¿1470?-Urupan 1565). Oidor de Nueva España y visitador y obispo de Michoacán (1534), fundó la comunidad indígena de Santa Fe.

QUIROMANCIA o **QUIROMANCÍA** n. f. Procedimiento de adivinación fundado en el estudio de la mano (forma, líneas, etc.).

QUIROMÁNTICO, A adj. y n. Relativo a la quiromancia; persona que la profesa.

QUIROMASAJE n. m. Masaje practicado con las manos.

QUIROPRAXIA o **QUIROPRÁCTICA** n. f. Tratamiento de ciertas enfermedades por manipulación de las vértebras.

QUIRÓPTERO, A adj. y n. m. Relativo a un orden de mamíferos que, como el murciélago, están caracterizados por su adaptación al vuelo, por el que cuentan con extremidades anteriores transformadas en alas.

QUIRQUINCHO n. m. *Amér. Merid.* Nombre de varias familias de mamíferos adentados cavadores.

QUIRÚRGICO, A adj. Relativo a la cirugía.

QUISCO n. m. *Chile.* Cacto espinoso con aspecto de cirio. (Familia cactáceas.)

QUISPE TITO (Diego), pintor peruano (¿nacido en Cuzco? 1611). Fue uno de los más destacados pintores de la escuela cuzqueña, en la que introdujo su característico gusto por la naturaleza y las flores.

QUISQUE. Cada quisque, cada cual.

QUISQUEYANO, A adj. y n. Dominicano, de la República Dominicana.

QUISQUILLA n. f. Camarón.

QUISQUILLOSO, A adj. y n. Que da demasiada importancia a problemas insignificantes. **2.** Muy susceptible.

QUISQUIS, guerrero peruano del s. XVI. Jefe del ejército de Atahualpa, se sublevó contra Pizarro (1533) y fue vencido por Almagro.

QUISTE n. m. (gr. *kystis,* vejiga). Formación patológica con contenido líquido, y a veces con elementos sólidos, limitada por una pared.

QUITAMANCHAS n. m. (pl. *quitamanchas*). Producto que sirve para quitar manchas de la ropa.

QUITANIEVES n. m. (pl. *quitanieves*). Máquina que sirve para remover y quitar la nieve que obstruye una vía de comunicación.

QUITAR v. tr. y pron. [1]. Separar una cosa de otra con la que está unida, de la que forma parte o a la que cubre, o apartarla del lugar donde estaba: *se quitó el abrigo.* ♦ v. tr. **2.** Despojar o privar de una cosa. **3.** Hurtar. **4.** Impedir, obstar: *lo cortés no quita lo valiente.* **5.** Exceptuar, prescindir: *quitando el postre, el resto de la comida estuvo bien.* ♦ **quitarse** v. pron. **6.** Apartarse, separarse de un lugar: *quítate de ahí.* **7.** Dejar una cosa, apartarse de ella no en sentido espacial: *voy a quitarme del tabaco.*

QUITASOL n. m. Sombrilla de gran tamaño.

QUITASOLILLO n. m. *Cuba.* Planta umbelífera de raíz picante y aromática.

QUITE n. m. Movimiento con que se evita un golpe o un ataque. **2.** TAUROM. Suerte que efectúa el torero para apartar al toro de otro torero o del caballo. • **Estar al qui-**

te, o a los quites, estar preparado para defender a alguno.
QUITELIPE o **QUITILIPI** n. m. *Argent.* Ñacurutú, ave.
QUITEÑO, A adj. y n. De Quito.
QUITILIPI, dep. de Argentina (Chaco); 29 751 hab. Explotación forestal. Algodón y maíz.
QUITINA n. f. Sustancia orgánica nitrogenada de la cutícula de los insectos y otros artrópodos.
QUITINOSO, A adj. Con caracteres de quitina.
QUITO, A adj. Libre, exento.
Quito, c. de Ecuador, cap. de la república y de la prov. de Pichincha; 1 110 847 hab. Centro comercial, industrial, administrativo y financiero. Dos universidades, escuela politécnica, observatorio astronómico. Fue capital de un reino precolombino, incorporado al imperio inca. Tomada por Belalcázar (1533), formó parte del virreinato de Nueva Granada (1739) y fue un reducto realista durante las guerras de Independencia. Bella arquitectura colonial religiosa (catedral, iglesia de la Compañía, conventos de San Francisco, San Agustín y La Merced) y civil (palacio del Gobierno, Real de Lima). Museo nacional, con magníficas muestras del arte colonial de la escuela quiteña; museo del Oro.
Quito *(reino de),* nombre de un estado precolombino, con capital en Quito (Ecuador). Huayna Cápac lo incorporó al imperio inca.
QUITRÍN n. m. Carruaje abierto, de dos ruedas, con una sola fila de asientos, usado en Cuba.
QUIULLA n. f. *Chile.* Gaviota serrana.
QUIVI n. m. Kiwi.
QUIZÁ o **QUIZÁS** adv. d. Expresa posibilidad o duda.
QUIZARRÁ n. f. *C. Rica.* Planta arbórea de la familia de las lauráceas.
QUÓRUM n. m. Número de miembros que una asamblea debe reunir para que sea válida una deliberación.

Rr

R n. f. Decimonona letra del alfabeto español y decimoquinta de las consonantes. (Representa un sonido alveolar vibrante sonoro.) **2.** R, símbolo de la resistencia óhmica de los conductores eléctricos. **3.** R, conjunto de los números reales, es decir, de los números racionales y de los números irracionales. ‖ **4.** Símbolo de *roentgen*.
Ra, símbolo químico del *radio*.
RA, gran dios solar del antiguo Egipto, representado en forma de hombre con cabeza de halcón, con un disco a modo de tocado.
RABADILLA n. f. ANAT. Punta o extremidad de la columna vertebral. **2.** CARN. Parte de la carne del buey correspondiente a la región de las ancas.
RÁBANO n. m. (lat. *raphanum*). Planta hortícola comestible, con raíz de tipo tubérculo, de la familia crucíferas. **2.** Raíz de esta planta.
RABASA (Emilio), escritor y jurista mexicano (Ocosocoantla 1856-México 1930). Publicó bajo el seudónimo de **Sancho Polo** novelas de un realismo costumbrista (*Moneda falsa*, 1888).
RABAT, en ár. **Rabāṭ**, c. y cap. de Marruecos, puerto del Atlántico, en la desembocadura del Bou Regreg; 520 000 hab. (800 000 hab. en la aglomeración). Centro administrativo, comercial e industrial. Monumentos de s. XII al s. XVIII. Murallas (s. XII), con puertas fortificadas. Museos.
RABELAIS (François), escritor francés (La Devinière, Turena, c. 1494-París 1553). Con una vasta cultura y un espíritu tolerante y humanista, no exento de ironía y mordacidad, escribió *Los horribles y espantosos hechos y proezas del muy famoso Pantagruel, rey de los dipsodas* (1532, 1546 y 1562) y el *Gargantúa* (1534).
RABÍ n. m. (voz hebrea que significa *mi superior*). Rabino.
RABIA n. f. (lat. *rabiem*). Enfermedad causada por un virus, transmitida por la mordedura de determinados animales al hombre y que se caracteriza por fenómenos de excitación y parálisis. **2.** Ira, enfado, cólera violenta.
RABIAR v. intr. [1]. Padecer intensamente del dolor que se expresa: *rabiar de dolor de muelas*. **2.** Fig. Desear mucho una cosa: *rabiar por comer*. **3.** Fig. Irritarse, enfadarse. **4.** Fig. Exceder en mucho a lo normal u ordinario. • **A rabiar** (*Fam.*), mucho, con exceso.
RABIETA n. f. *Fam.* Enfado o llanto muy violento y de poca duración.
RABIETAS n. m. y f. (pl. *rabietas*). Persona que se irrita fácilmente.
RABILARGO n. m. Ave de color azul grisáceo y región ventral de color gris leonado. (Familia córvidos.)
RABILLO n. m. (dim. de *rabo*). Pecíolo. **2.** Pedúnculo. • **Rabillo del ojo**, ángulo externo del ojo.
RABIN (Itzhak), general y político israelí (Jerusalén 1922-Tel-Aviv 1995). Jefe de estado mayor (1964-1967), fue primer ministro al frente de un gobierno laborista (1974-1977 y 1992-1995). Fue asesinado. (Premio Nobel de la paz 1994.)
RABÍNICO, A adj. Relativo a los rabinos o al rabinismo.
RABINISMO n. m. Actividad religiosa y literaria del judaísmo, después de la destrucción del templo (70 d. J.C.) y la dispersión del pueblo judío.
RABINO n. m. Doctor de la Ley judía. **2.** Jefe espiritual de una comunidad judía.
RABIOSO, A adj. Encolerizado, furioso. **2.** *Fig.* Muy violento o intenso. ♦ adj. y n. **3.** Que padece rabia.
RABO n. m. (lat. *rapum*). Cola, especialmente la de los cuadrúpedos. **2.** *Fig.* y *fam.* Apéndice, parte de una cosa parecida a la cola de un animal. **3.** BOT. Pecíolo, pedúnculo.
RABÓN, NA adj. Dícese del animal que no tiene rabo o que lo tiene más corto que lo ordinario en su especie. **2.** *Argent.* y *Méx. Fam.* Dícese de la prenda de vestir que queda corta.
RABONA n. f. *Amér.* Mujer que suele acompañar a los soldados en las marchas y en campaña.
RACHA n. f. Ráfaga de viento. **2.** *Fig.* y *fam.* Afluencia de muchas cosas de la misma clase, que se dan de manera repentina y en un período breve de tiempo.
RACHEADO, A adj. Dícese del viento que sopla por rachas.
RACHMANINOF → **Rajmáninov**.
RACIAL adj. Relativo a la raza.
RACIMO n. m. Infrutescencia de la vid, compuesta por varias uvas. **2.** *Fig.* Conjunto de cosas dispuestas en forma de racimo. **3.** BOT. Inflorescencia en la que las flores están fijadas a un eje principal, como en el grosellero, la vid, las lilas, etc.
RACINE (Jean), escritor francés (La Ferté-Milon 1639-París 1699). Se consagró totalmente al teatro: *Andrómaca* (1667), *Británico* (1669), *Berenice* (1670), *Mitridates* (1673), *Ifigenia* (1675), *Fedra* (1677), *Ester* (1689) y *Atalía* (1691). Escribió también una comedia, *Los litigantes* (1668).
RACIOCINAR v. intr. [1]. Hacer funcionar la inteligencia para obtener unas ideas de otras.
RACIOCINIO n. m. Facultad de raciocinar. **2.** Discurso, pensamiento, razonamiento.
RACIÓN n. f. (lat. *rationem*). Cantidad de cualquier cosa, especialmente de comida, que se da o asigna a cada individuo. **2.** Cantidad de cualquier cosa, especialmente de comida, que se considera suficiente para una persona o se vende a un determinado precio: *una ración de langostinos*.
RACIONAL adj. Relativo a la razón: *animal racional*. **2.** Ajustado a la razón: *motivo racional*. **3.** Fundado en la razón: *método racional*. **4.** MAT. Dícese de una expresión algebraica que no contiene ningún radical. • **Número racional**, cada uno de los números que resultan de la ampliación de los números enteros. ♦ adj. y n. m. y f. **5.** Dotado de razón.
RACIONALIDAD n. f. Calidad de racional.
RACIONALISMO n. m. FILOS. Filosofía del conocimiento basada en la razón, por oposición a las que se basan en la revelación o en la experiencia.
RACIONALISTA adj. y n. m. y f. Relativo al racionalismo; partidario del mismo.
RACIONALIZACIÓN n. f. Acción y efecto de racionalizar. **2.** SICOL. Justificación lógica y consciente de un comportamiento que revela otras motivaciones inconscientes o no conformes a la moral.
RACIONALIZAR v. tr. [1g]. Reducir a normas o conceptos racionales. **2.** Determinar, organizar según cálculos y razonamientos: *racionalizar la alimentación*. **3.** Hacer más eficaz y menos costoso un proceso de producción. **4.** Normalizar.
RACIONAMIENTO n. m. Acción y efecto de racionar.
RACIONAR v. tr. [1]. Distribuir una cosa en raciones. **2.** Reducir el consumo repartiendo algo en cantidades limitadas.
RACISMO n. m. Ideología que afirma la superioridad de un grupo racial respecto a los demás.
RACISTA adj. y n. m. y f. Relativo al racismo; partidario del mismo.
rad, símbolo del *radián*.
RADA n. f. (fr. *rade*). Bahía o ensenada que constituye un puerto natural.
RADAL n. m. Planta arbórea de madera muy dura y de color pardo utilizada en ebanistería, que crece en América Meridional. (Familia proteáceas.)
RADAR n. m. (de la expresión inglesa *radio detection and ranging*, detección y situación por radio). Dispositivo que permite determinar la posición y la distancia de un obstáculo por emisión de ondas radioeléctricas y por la detección de ondas reflejadas en su superficie.
RADIACIÓN n. f. Acción y efecto de radiar. **2.** Emisión y propagación de energía bajo forma de ondas o de partículas. **3.** FÍS. Conjunto de los elementos constitutivos de una onda que se propaga en el espacio. • **Radiación solar**, energía emitida por el sol. ‖ **Radiaciones ionizantes**, rayos X, y rayos α, β y γ emitidos por los cuerpos radiactivos.
RADIACTIVIDAD n. f. Desintegración espontánea de un núcleo atómico, con emisión de partículas o de radiación electromagnética.
RADIADO, A adj. Formado por rayos divergentes. ♦ adj. y n. m. **2.** Relativo a una antigua división del reino animal, que comprendía los equinodermos y los celentéreos.
RADIADOR n. m. Aparato de calefacción que transmite el espacio que lo rodea el calor que recibe o que genera. **2.** TECNOL. Dispositivo en que se enfría el líquido de refrigeración de un motor de automóvil, y otros motores de explosión.
RADIAL adj. Relativo a un radio. **2.** Dícese de la disposición análoga a la de los rayos de una rueda. **3.** ANAT. Relativo al radio: *nervio radial*.
RADIÁN n. m. Unidad de medida de ángulos (símbolo rad), equivalente al ángulo

que, teniendo su vértice en el centro de un círculo, intercepta en la circunferencia de este círculo un arco de longitud igual a la del radio.
RADIANTE adj. Que radia. **2.** *Fig.* Resplandeciente, muy brillante. **3.** *Fig.* Que denota intensa alegría o felicidad.
RADIAR v. tr. [**1**]. Fís. Emitir radiaciones.
RADIAR v. tr. [**1**]. Difundir algo o transmitir por radio.
RADICACIÓN n. f. Acción y efecto de radicar o radicarse. **2.** *Fig.* Hecho de estar arraigada una cosa inmaterial. **3.** BOT. Disposición de las raíces.
RADICAL adj. (lat. *radicalem*). Relativo a la raíz. **2.** *Fig.* Que afecta al origen mismo de una cosa, o que se produce de manera completa: *cambio radical*. **3.** Relativo al radicalismo. **4.** BOT. Propio de la raíz. **5.** LING. Concerniente a las raíces de las palabras. ♦ adj. y n. m. y f. **6.** Miembro de un partido radical. **7.** *Fig.* Extremoso, tajante, intransigente. ♦ n. m. **8.** LING. Parte esencial de una palabra, que expresa su sentido principal. **9.** MAT. Signo de la operación de la extracción de raíces (√). **10.** MAT. Expresión que contiene un radical. **11.** QUÍM. Parte de un compuesto molecular que puede existir en estado no combinado (radical libre), o que no cambia en una reacción (radical orgánico). ♦ **índice de un radical** (MAT.), cifra que se sitúa entre las ramas de un radical para indicar el grado de la raíz.
RADICALISMO n. m. Doctrina y actitud de los que postulan la eficacia de las medidas drásticas para conseguir el mejoramiento de las condiciones sociales. **2.** Actitud radical.
RADICALIZACIÓN n. f. Acción y efecto de radicalizar.
RADICALIZAR v. tr. y pron. [**1g**]. Hacer radical, sin términos medios.
RADICANDO n. m. MAT. Número o expresión algebraica de que se extrae la raíz.
RADICAR v. intr. y pron. [**1a**]. Arraigar. ♦ v. intr. **2.** Estar o encontrarse ciertas cosas en determinado lugar. **3.** *Fig.* Estribar. ♦ **radicarse** v. pron. **4.** Establecerse, fijar la residencia.
RADÍCULA n. f. BOT. Parte de la plántula que dará lugar a la raíz.
RADICULAR adj. BOT. Relativo a la radícula. **2.** MED. Relativo a las raíces, en especial a las de los nervios raquídeos y a las dentarias.
RADIO n. m. (lat. *radium*). Recta que une un punto de una circunferencia con su centro. **2.** Distancia determinada a partir de un centro o de un punto de origen en todas direcciones. **3.** Cada una de las varillas metálicas que, en las ruedas de las bicicletas, unen la llanta con el cubo. **4.** ANAT. El más corto de los dos huesos del antebrazo, que se articula con el *cúbito*.
RADIO n. m. Metal (Ra), número atómico 88 y de masa atómica 226,025, descubierto en 1898 por P. y M. Curie, que posee intensa radiactividad.
RADIO n. m. Apócope de *radiodifusión* y *radioemisora*. ♦ n. m. o f. Apócope de *radiograma* o *radiotelegrama*. ♦ n. m. o f. **3.** Apócope de *radiorreceptor*.
RADIOAFICIONADO, **A** n. Persona que, por afición, se dedica a la radiotransmisión y radiorrecepción por ondas.
RADIOASTRONOMÍA n. f. Rama de la astronomía que tiene por objeto el estudio de la radiación radioeléctrica de los astros.
RADIOBALIZA n. f. Emisor de poca potencia modulado por una señal de identificación, para guiar a los buques en el mar o para indicar su posición a los aviones.
RADIOCARBONO n. m. Isótopo 14 del carbono.
RADIOCASSETTE o **RADIOCASETE** n. m. Aparato electrónico en que van unidos una radio y un casete.

RADIOCOBALTO n. m. Isótopo radiactivo del cobalto. SIN.: *cobalto radiactivo, cobalto 60.*
RADIOCOMPÁS n. m. Radiogoniómetro que permite a un avión o a un buque mantener su dirección. SIN.: *radiobrújula.*
RADIOCOMUNICACIÓN n. f. Transmisión de mensajes y señales a distancia, efectuada por medio de ondas radioeléctricas que se propagan en la atmósfera.
RADIOCONDUCTOR n. m. Conductor cuya resistencia varía por acción de las ondas electromagnéticas.
RADIOCRISTALOGRAFÍA n. f. Estudio de la estructura de los cristales basado en la difracción que producen en los rayos X, los electrones, los neutrones, etc.
RADIODIAGNÓSTICO n. m. Aplicación de las radiaciones ionizantes al diagnóstico médico.
RADIODIFUNDIR v. tr. [**3**]. Radiar, transmitir por radio.
RADIODIFUSIÓN n. f. Emisión, por ondas hertzianas, de noticias, programas literarios, científicos, artísticos, etc., para uso del público en general. **2.** Organismo que se ocupa de esta emisión.
RADIODIFUSORA n. f. *Argent.* Empresa que realiza emisiones radiofónicas destinadas al público.
RADIODIRIGIR v. tr. [**3b**]. Dirigir a distancia un móvil por ondas radioeléctricas.
RADIOELECTRICIDAD n. f. Técnica que permite la transmisión a distancia de mensajes y sonidos por medio de ondas electromagnéticas.
RADIOELÉCTRICO, A adj. Relativo a la radioelectricidad. **2.** Relativo a la radiación electromagnética de longitud de onda superior al milímetro.
RADIOELEMENTO n. m. Radioisótopo.
RADIOEMISORA n. f. Emisora.
RADIOESCUCHA n. m. y f. Persona que escucha las emisiones radiofónicas, radiotelefónicas o radiotelegráficas.
RADIOFARO n. m. Estación emisora de ondas radioeléctricas, que permite a un buque o un avión determinar su posición o seguir la ruta prevista.
RADIOFONÍA n. f. Sistema de transmisión de sonidos que utiliza las propiedades de las ondas radioeléctricas.
RADIOFÓNICO, A adj. Relativo a la radiofonía.
RADIOFOTOGRAFÍA n. f. Fotografía de la imagen obtenida en una pantalla durante una exploración radiológica.
RADIOFRECUENCIA n. f. Gama de frecuencias de las ondas hertzianas utilizadas en radiocomunicaciones.
RADIOFUENTE n. f. Área del cielo emisora de radiación radioeléctrica.
RADIOGONIOMETRÍA n. f. Determinación de la dirección y la posición de un emisor radioeléctrico.
RADIOGONIÓMETRO n. m. Aparato que permite determinar la dirección de un emisor radioeléctrico y que, a bordo de los aviones y los barcos, sirve para conocer la dirección y la posición.
RADIOGRAFÍA n. f. Técnica fotográfica que utiliza las propiedades penetrantes de los rayos X y γ para el estudio de la estructura interna de los cuerpos. **2.** Imagen obtenida por este método.
RADIOGRAFIAR v. tr. [**1t**]. Obtener radiografías.
RADIOGRAMA n. m. Copia sobre papel de un negativo radiográfico. **2.** Radiotelegrama.
RADIOGUIAR v. tr. [**1t**]. Conducir o pilotar a distancia por medio de ondas hertzianas.
RADIOISÓTOPO n. m. Átomo de un elemento químico que emite radiaciones radiactivas. SIN.: *isótopo radiactivo, radioelemento.*
RADIOLARIO, A adj. y n. m. Relativo a una clase de protozoos de los mares cálidos, formados por un esqueleto silíceo del que emergen radialmente finos seudópodos.

RADIOLOCALIZACIÓN n. f. Método que permite determinar la posición de un objeto utilizando las sondas electromagnéticas.
RADIOLOGÍA n. f. Rama de la física que estudia los rayos X. **2.** Aplicación de los rayos X al diagnóstico y a la terapéutica.
RADIÓMETRO n. m. Aparato que sirve para medir el flujo de energía transportada por las ondas electromagnéticas o acústicas.
RADIONAVEGACIÓN n. f. Técnica de navegación basada en la utilización de procedimientos radioeléctricos.
RADIONAVEGANTE n. m. y f. Operador de radio que forma parte de la tripulación de un buque o un avión.
RADIOONDA n. f. Onda electromagnética empleada en radiocomunicación.
RADIOOPERADOR, RA n. Operador de radiotelegrafía o radiotelefonía.
RADIORRECEPTOR n. m. Aparato receptor de radiocomunicaciones.
RADIOSCOPIA n. f. Examen de un objeto o de un órgano a través de su imagen proyectada sobre una superficie fluorescente por medio de rayos X.
RADIOSONDA n. f. Aparato que transmite de forma automática a un operador situado en tierra, las informaciones recogidas por un equipo meteorológico instalado en un globo sonda.
RADIO-TAXI n. m. Servicio de taxis conectados con la central por radiotelefonía.
RADIOTECNIA o **RADIOTÉCNICA** n. f. Conjunto de técnicas de utilización de las radiaciones radioeléctricas.
RADIOTÉCNICO, A ad. y n. Relativo a la radiotecnia; especialista en radiotecnia.
RADIOTELEFONÍA n. f. Sistema de enlace telefónico entre dos interlocutores por medio de ondas electromagnéticas.
RADIOTELEFONISTA n. m. y f. Especialista en radiotelefonía.
RADIOTELÉFONO n. m. Teléfono en el que la comunicación se establece por ondas.
RADIOTELEGRAFÍA n. f. Telegrafía sin hilos.
RADIOTELEGRAMA n. m. Telegrama cursado por radio.
RADIOTELESCOPIO n. m. Aparato receptor utilizado en radioastronomía.
RADIOTERAPIA n. f. Tratamiento por rayos X, rayos γ y radiaciones ionizantes.
RADIOTRANSMISIÓN n. f. Emisión efectuada por medio de radioondas.
RADIOYENTE n. m. y f. Persona que escucha las emisiones de radio.
RADÓN n. m. Elemento gaseoso radiactivo (Rn), de número atómico 86.
RAEDURA n. f. Acción y efecto de raer. **2.** Parte menuda o desperdicio que se rae de una cosa.
RAER v. tr. [**16**]. Quitar algo que se encuentra adherido a una superficie, con un instrumento duro, áspero o cortante. **2.** Rasar, igualar con el rasero.
RAFAEL, uno de los siete arcángeles de la tradición judía. Aparece en el libro bíblico de Tobías.
RAFAEL (Raffaello **Santi** o **Sanzio**, llamado), pintor italiano (Urbino 1483-Roma 1520). Maestro del clasicismo, aúna precisión de dibujo, armonía de líneas y delicadeza de colorido con una amplitud espacial y expresiva totalmente nueva. Entre sus obras maestras destacan *La transfiguración* (1518-1520, pinacoteca vaticana) y una parte de los frescos de las estancias del Vaticano.
RAFAELESCO, A adj. B. ART. Que tiene las características del arte de Rafael o que lo recuerda.
RÁFAGA n. f. Viento que aumenta de velocidad súbitamente, aunque por poco espacio de tiempo. **2.** Golpe de luz vivo e instantáneo. **3.** Serie de disparos sucesivos que efectúa un arma automática.
RAFIA n. f. Palmera que crece en África y América y proporciona una fibra textil muy sólida. **2.** Fibra de esta palmera.
RAGÚ n. m. (fr. *ragoût*). Guisado de carne con patatas, zanahorias, guisantes, etc.

RAICILLA n. f. Filamento de la raíz de una planta.

RAID n. m. (voz inglesa). Incursión militar rápida y de duración limitada ejecutada en territorio enemigo. • **Raid aéreo**, vuelo a larga distancia realizado por uno o varios aparatos.

RAÍDO, A adj. Dícese del vestido o cualquier otra tela muy gastados o deteriorados por el uso.

RAIGAMBRE n. f. Conjunto de raíces de los vegetales, unidas y trabadas entre sí. **2.** Fig. Conjunto de antecedentes, hábitos, afectos, etc., que ligan a alguien a un sitio. **3.** Fig. Tradición o antecedentes.

RAIGÓN n. m. Raíz de las muelas y los dientes.

RAÍL n. m. (ingl. *rail*). Carril de las vías férreas.

RAÍZ n. f. (lat. *radicem*). Órgano de los vegetales que fija la planta al suelo, de donde absorbe el agua y las sales minerales. **2.** Parte de una cosa por la cual se fija en otra. **3.** Fig. Causa u origen de algo. **4.** ANAT. Nombre que se da a diversas estructuras anatómicas, en relación con su disposición: *raíces dentarias; raíces nerviosas.* **5.** LING. Elemento de base, irreductible, común a todas las palabras de una misma familia, en una lengua o un grupo de lenguas. • **A raíz de**, inmediatamente, a consecuencia de. ‖ **Bien raíz**, bien inmueble. ‖ **Extraer una raíz** (MAT.), calcular su valor. ‖ **Raíz cuadrada, cúbica, cuarta..., n-ésima** (de un número o de una expresión algebraica) [MAT.], número o expresión algebraica que, elevado al cuadrado, al cubo, a la cuarta potencia..., a la potencia *n*, dan el número o la expresión inicial. ‖ **Raíz de una ecuación**, valor real o complejo que satisface esta ecuación.

RAJA n. f. Hendedura, abertura o quiebra de una cosa. **2.** Porción más o menos delgada y uniforme que se corta de algo, generalmente en forma de cuña.

RAJÁ n. m. (voz sánscrita). Gran personaje de la India.

RAJADIABLO o **RAJADIABLOS** adj. y n. m. Chile. Dícese de la persona aficionada a hacer picardías.

RAJADO, A n. Chile. Persona que conduce a gran velocidad un automóvil. ♦ adj. **2.** Chile. Fam. Dícese del que ha sido suspendido en un examen. **3.** Chile. Vulg. Desinteresado, generoso.

RAJAR v. tr. [1]. Romper o partir algo en rajas o trozos. **2.** Fig. y fam. Hablar mucho. **3.** Fig. y fam. Fanfarronear. **4.** Amér. Desacreditar a alguien, hablar mal de él. **5.** Chile. Fig. y fam. Suspender a alguien en los exámenes. ♦ v. tr. y pron. **6.** Dividir una cosa sin que las partes se separen del todo. ♦ **rajarse** v. pron. **7.** Fig. y fam. Dejar de hacer algo que se tenía intención de hacer. **8.** Amér. Central, Chile, Perú y P. Rico. Dar con generosidad. **9.** Chile. Gastar mucho dinero en obsequios y fiestas. **10.** Méx. Acobardarse.

RAJATABLA. A rajatabla, con todo rigor, de manera absoluta.

RAJMÁNINOV (Serguéi Vasílievich), pianista y compositor ruso (cerca de Nóvgorod, 1873-Beverly Hills 1943), autor de conciertos para piano, sinfonías y poemas sinfónicos de tinte posromántico y de influencias rusas.

RALEA n. f. Especie, clase *un peral de mala ralea.* **2.** *Desp.* Raza, casta de una persona.

RALEIGH (*sir* Walter), navegante, político y escritor inglés (Hayes, Devon, c. 1554-Londres 1618), favorito de Isabel I. En 1584-1585 intentó colonizar Virginia. Multiplicó las expediciones y las incursiones contra los españoles (Cádiz, 1596). Cayó en desgracia durante el reinado de Jacobo I.

RALENTÍ n. m. (fr. *ralenti*). El régimen más débil de un motor de automóvil. **2.** Disminución de energía, de intensidad. **3.** CIN. Cámara lenta.

RALENTIZAR v. tr. [1g]. Hacer más lento, frenar.

RALLADOR n. m. Utensilio de cocina que sirve para rallar algunas sustancias.

RALLADURA n. f. Partícula que resulta al rallar alguna cosa.

RALLAR v. tr. [1]. Desmenuzar una cosa restregándola con el rallador.

RALLY n. m. (voz inglesa). Competición, generalmente automovilística, en la que los concursantes deben llegar a un punto determinado después de superar unas pruebas.

RALO, A adj. Claro, poco poblado, más separado de lo normal.

RAM adj. y n. f. INFORMÁT. Dícese de la memoria cuyo contenido puede ser leído, borrado o modificado a voluntad, a diferencia de la memoria ROM.

RAMA n. f. Cada una de las partes que nacen del tronco o del tallo de un árbol o de un arbusto. **2.** Cada una de las divisiones de un arte, facultad o ciencia, de una familia o de un sistema complejo. **3.** Cada una de las ramificaciones o divisiones de ciertos instrumentos o aparatos, de un órgano anatómico, de un objeto, etc., que divergen de un eje o a partir de un centro. • **Rama de una curva** (MAT.), parte finita de una curva; parte de una curva que se aleja hacia el infinito.

RAMA, pueblo amerindio de Nicaragua, del grupo chibcha-arawak.

RĀMA, una de las encarnaciones del dios Viṣṇú en la mitología hindú y héroe del *Rāmāyaṇa*.

RAMADA n. f. *Amér.* Cobertizo hecho con ramas de árboles, enramada. **2.** Chile. Puesto de feria que está construido con este material.

RAMADÁN n. m. (ár. *ramaḍān*). Noveno mes del año musulmán, consagrado al ayuno y privaciones.

RAMAJE n. m. Conjunto de ramas de los árboles y otras plantas.

RAMAL n. m. Cada uno de los cabos de que se componen las cuerdas, sogas y trenzas. **2.** Parte que arranca de la línea principal de una carretera, camino, acequia, mina, cordillera, etc. **3.** Fig. División que resulta de una cosa en relación o dependencia de ella, como rama suya.

RAMALAZO n. m. Acometida repentina y pasajera de un dolor, enfermedad, desgracia, daño, etc. **2.** Fig. Destello, chispazo. **3.** MAR. Racha, ráfaga.

RAMALLO, partido de Argentina (Buenos Aires); 27 023 hab. Central eléctrica. Puerto fluvial.

RAMAN (*sir* Chandrasekhara Venkata), físico indio (Trichinopoly [act. Tiruchchirāppalli] 1888-Bangalore 1970). Descubrió el efecto Raman, relacionado con la difusión de la luz por las moléculas, los átomos y los iones, en los medios transparentes. (Premio Nobel de física 1930.)

RAMBLA n. f. (ár. *ramla*, arenal). Río de lecho ancho que recoge las aguas pluviales, pero que la mayor parte del año lleva escasa agua superficial.

RAMERA n. f. Prostituta.

RAMIFICACIÓN n. f. Acción y efecto de ramificarse. **2.** Rama, parte derivada de otra principal o central. **3.** Consecuencia o derivación de un hecho. **4.** División en varias ramas del tronco de un árbol, una carretera, una vía férrea, un conducto, etc. **5.** División de las arterias, venas y nervios en partes más pequeñas. **6.** Bifurcación de un arroyo, río, etc. en ramales o brazos.

RAMIFICARSE v. pron. [1a]. Dividirse en ramas.

RAMILLETE n. m. Ramo pequeño de flores o plantas. **2.** Fig. Conjunto de cosas selectas, útiles o bonitas.

RAMÍREZ (Ignacio), escritor y político mexicano (San Miguel de Allende 1818-México 1879). Liberal revolucionario, fue autor de escritos políticos y de poemas de corte clásico con el seudónimo el *Nigromante*.

RAMÍREZ (Norberto), político nicaragüense († en Nicaragua 1856). Presidente de El Salvador (1840-1841) y de Nicaragua (1849-1851).

RAMÍREZ (Pedro), pintor activo en México entre 1633 y 1678. Destacan sus cuadros del retablo principal de la capilla de La Soledad de la catedral de México.

RAMÍREZ (Pedro Pablo), militar y político argentino (La Paz, Entre Ríos, 1884-Buenos Aires 1962), fue presidente de la república (1943-1944).

RAMÍREZ (Sergio), escritor y político nicaragüense (Masatepe 1942). Autor de relatos cortos, ensayos y novelas de ambiente nicaragüense. Fue vicepresidente de la república en el gobierno sandinista (1984-1990).

RAMÍREZ VÁZQUEZ (Pedro), arquitecto mexicano (México 1919). Entre sus obras más notables destacan el estadio Azteca (México) y la nueva basílica de Nuestra Señora de Guadalupe (1976).

RAMNÁCEO, A adj. y n. f. Relativo a una familia de plantas arbóreas o arbustivas, de los países templados e intertropicales.

RAMO n. m. (lat. *ramum*). Rama de segundo o tercer orden del tronco o tallo. **2.** Rama cortada del árbol. **3.** Conjunto natural o artificial de flores, ramas o hierbas. **4.** Ristra de ajos, cebollas, etc. **5.** Fig. Cada una de las partes en que se divide una ciencia, industria o actividad.

RAMÓN Y CAJAL (Santiago), médico español (Petilla de Aragón 1852-Madrid 1934). Su *Textura del sistema nervioso del hombre y los vertebrados* (1894-1904) sentó las bases citológicas e histológicas de la neurología moderna. Fue autor asimismo de un volumen de memorias (*Recuerdos de mi vida*) y *El mundo visto a los ochenta años* (1934). Compartió con C. Golgi el Premio Nobel de fisiología y medicina en 1906.

RAMONEAR v. intr. [1]. Pacer los animales las hojas y las puntas de las ramas de los árboles.

RAMOS (José Antonio), escritor cubano (La Habana 1885-íd. 1946). Influido por Ibsen y Hauptmann, sus dramas tratan con sensibilidad los problemas políticos y sociales del país.

RAMOS (Samuel), filósofo mexicano (Zitácuaro 1897-México 1959). Discípulo de A. Caso, se especializó en estudios de estética y antropología filosófica (*Hacia un nuevo humanismo*, 1940).

RAMOS SUCRE (José Antonio), poeta venezolano (Cumaná 1890-Ginebra 1930). Sus poemas de carácter intimista y hermético, fueron recopilados póstumamente (*Obras*, 1956).

RAMPA n. f. (fr. *rampe*). Plano inclinado que une dos superficies y que sirve, principalmente, para subir o bajar cargas disminuyendo los esfuerzos. **2.** Terreno en pendiente.

RAMPA n. f. Calambre.

RAMPLA n. f. Chile. Carrito de mano, que se utiliza para transportar mercaderías. **2.** Chile. Acoplado de un camión.

RAMPLÓN, NA adj. Vulgar, chabacano.

RAMPLONERÍA n. f. Calidad de ramplón. **2.** Cosa ramplona.

RAMSAY (*sir* William), químico británico (Glasgow, Escocia, 1852-High Wycombe 1916). Atribuyó el movimiento browniano a los choques moleculares y participó en el descubrimiento de los gases raros. (Premio Nobel de química 1904.)

RAMSÉS, **RAMSESS** o **RAMOSS**, nombre de once faraones de las XIX y XX dinastías egipcias. Los más importantes son: **Ramsés I** (c. 1314-1312 a. J.C.), fundador de la XIX dinastía. — **Ramsés II** (1301-1235 a. J.C.). Realizó grandes construcciones en el valle del Nilo (sala hipóstila de Karnak, templos de Abū Simbel, etc.). — **Ramsés**

III (1198-1166 a. J.C.). Frenó la invasión de los pueblos del mar.
RANA n. f. (lat. *ranam*). Anfibio saltador y nadador, que vive junto a estanques y lagunas. (Orden anuros.) [Voz: la rana *croa*.]
RANCAGUA, c. de Chile, cap. de la región Libertador General Bernardo O'Higgins; 181 000 hab. Cultivos intensivos, agroindustria, minería (El Teniente, la mina subterránea de cobre más grande del mundo). — Derrota de los patriotas chilenos de O'Higgins ante los realistas de Osorio (oct. 1814).
RANCHERÍA n. f. *Méx*. Pueblo pequeño.
RANCHERO, A n. Persona que guisa el rancho o cuida de él. **2.** Persona que gobierna un rancho o trabaja en él. ♦ adj. y n. f. **3.** Dícese de un tipo de canción mexicana que adquirió gran popularidad en el s. XX, a partir de la revolución. • **No cantar mal las rancheras** (*Méx. Fam.*), no hacer alguna actividad mal.
RANCHO n. m. Comida que los soldados hacen en común. **2.** Comida que se hace de una vez para muchos y que generalmente se compone de un solo guiso. **3.** En E.U.A., granja ganadera dedicada a la cría extensiva de ganado mayor. **4.** *Antillas* y *Méx*. Conjunto de caballos y otros cuadrúpedos. **5.** *Argent*. y *R. de la Plata*. Vivienda popular campesina. **6.** *Venez*. Chabola.
RANCIAR v. tr. y pron. [1]. Enranciar.
RANCIO, A adj. (lat. *racidum*). Dícese del vino y de los comestibles grasientos que con el tiempo adquieren sabor y olor más fuerte. **2.** *Fig*. Dícese de las cosas o costumbres antiguas, y de las personas que las observan. **3.** *Fig*. Anticuado, pasado de moda.
RANCO, lago de Chile (Los Lagos). Bosques y pesca. Turismo.
RANGO n. m. (fr. *rang*). Categoría social, que viene dada por el grado de prestigio, honor, derecho o privilegio de que se disfruta. **2.** Clase, índole, categoría. **3.** Lugar que ocupa un político o un funcionario en el orden de jerarquía o protocolo.
RANGOSO, A adj. *Amér. Central, Chile* y *Cuba*. Rumboso, generoso.
RANGÚN, en birmano **Yangun**, en ingl. **Rangoon**, c. y cap. de Birmania, cerca de la desembocadura del Irawadi; 2 459 000 hab. Centro económico del país. Peregrinación budista. Pagoda de Shwedagon.
RANILLA n. f. Parte del casco de las caballerías más blanca y flexible que el resto.
RANITA n. f. Denominación común de diversas especies pequeñas de anfibios anuros. • **Ranita de san Antón**, único anfibio arborícola europeo, que vive en los árboles, cerca del agua. ‖ **Ranita marsupial**, anfibio de América tropical, que lleva los huevos en una bolsa dorsal.
RANQUEL, pueblo amerindio del NO de La Pampa argentina, act. extinguido.
RANUNCULÁCEO, A adj. y n. f. Relativo a una familia de plantas renales, de fruto en folículo, baya o aquenio.
RANÚNCULO n. m. Planta herbácea de la que existen numerosas especies con flores amarillas (*botón de oro*) y otras con flores blancas o rojas. (Familia ranunculáceas.)
RANURA n. f. Hendidura o canal estrecho de un objeto.
RAPA NUI → **Pascua**.
RAPACIDAD o **RAPACERÍA** n. f. Calidad de rapaz. **2.** Inclinación al robo.
RAPAPOLVO n. m. *Fam*. Represión severa.
RAPAR v. tr. y pron. [1]. Afeitar. **2.** Cortar el pelo al rape.
RAPAZ adj. (lat. *rapacem*). Inclinado al robo o a la rapiña. **2.** *Fig*. y *fam*. Relativo a un orden de aves carnívoras, de pico curvado y garras fuertes y encorvadas, como el águila, el halcón y el búho.
RAPAZ, ZA n. Muchacho, chico.
RAPE n. m. Pez comestible, común en las costas mediterráneas y atlánticas, de cabeza enorme, cubierto de apéndices y espinas. (Familia lófidos.) SIN.: *pejesapo*.
RAPE. Al rape, casi a raíz.
RAPÉ adj. y n. m. (fr. *rapé*, tabaco rallado). Dícese del tabaco reducido a polvo, especialmente preparado para ser tomado por la nariz.
RAPEL, r. de Chile, formado por el Cachapoal y el Tinguiririca; 200 km. Embalse y central eléctrica (350 000 kW).
RAPIDEZ n. f. Calidad de rápido.
RÁPIDO, A adj. (lat. *rapidum*; de *rapere*, arrebatar). Que actúa, evoluciona, se mueve o se hace en poco espacio de tiempo, de prisa: *comida rápida*. **2.** *Fig*. Hecho a la ligera, sin profundidad: *una lectura rápida*. ♦ adj. y n. m. **3.** Dícese del tren que únicamente se detiene en algunas estaciones importantes. ♦ n. m. **4.** Corriente impetuosa de los ríos, especialmente en los puntos donde hay algún obstáculo que el río debe salvar.
RAPINGACHO n. m. *Perú*. Tortilla de queso.
RAPIÑA n. f. (lat. *rapinam*; de *rapere*, arrebatar). Acción de apoderarse de las cosas ajenas valiéndose del propio poder o de la violencia. • **Ave de rapiña**, ave rapaz.
RAPIÑAR v. tr. [1]. *Fam*. Robar o quitar, a escondidas, algo de poca importancia.
RAPOSA n. f. Zorra. **2.** *Fig*. y *fam*. Persona astuta.
RAPOSO n. m. Zorro, macho de la zorra.
RAPSODA n. m. (gr. *rhapsôidos*). En la antigua Grecia, persona que recorría los lugares recitando y cantando poemas épicos. **2.** Poeta, vate. **3.** Recitador de versos.
RAPSODIA n. f. (gr. *rhapsôidia*). Fragmento de un poema épico, especialmente homérico. **2.** Obra musical que utiliza temas procedentes de músicas nacionales o regionales determinadas.
RAPTAR v. tr. (lat. *raptare*) [1]. Llevarse a una persona consigo utilizando el engaño o la violencia, con fines sexuales. **2.** Secuestrar a una persona, generalmente para obtener rescate.
RAPTO n. m. (lat. *raptum*). Acción y efecto de raptar. **2.** Impulso súbito y violento, arrebato.
RAPTOR, RA adj. y n. Que rapta.
RAQUEL, esposa de Jacob, madre de José y Benjamín.
RAQUETA n. f. (fr. *raquette*). Bastidor ovalado provisto de una red y terminado en un mango, utilizado para jugar al tenis y en otros juegos de pelota. **2.** Marco de madera que encierra una rejilla hecha con tiras de cuero para andar sobre la nieve blanda. **3.** Utensilio en forma de rastrillo sin púas, que se usa en las mesas de juego.
RAQUIANESTESIA n. f. Anestesia de las extremidades inferiores y del abdomen mediante inyección en el conducto raquídeo.
RAQUÍDEO, A adj. Relativo a la columna vertebral o raquis: *nervios raquídeos*. • **Conducto raquídeo**, conducto formado por las vértebras, que contiene la médula espinal.
RAQUIS n. m. ANAT. Columna vertebral. **2.** BOT. Eje de cualquier inflorescencia. **3.** ZOOL. Eje córneo de las plumas de las aves.
RAQUÍTICO, A adj. y n. Que padece raquitismo. **2.** *Fig*. Exiguo, débil, mezquino.
RAQUITISMO n. m. Enfermedad propia de la infancia, que se caracteriza por la existencia de alteraciones en los tejidos de sostén, secundaria a un trastorno complejo del metabolismo del fósforo y del calcio.
RAREFACER v. tr. y pron. [11]. Enrarecer.
RAREZA n. f. Calidad de raro. **2.** Cosa o acción rara. **3.** Hecho de ocurrir raras veces algo.
RARIFICAR v. tr. [1a]. Enrarecer.
RARO, A adj. (lat. *rarum*). Escaso en su clase o especie. **2.** Especial, extraordinario por lo poco frecuente. ♦ adj. y n. **3.** Extravagante, singular.
RAS n. m. Plano del nivel que alcanza una cosa. • **A ras de** o **al ras de**, más o menos al mismo nivel de otra cosa.
RASANTE adj. Que pasa rozando el suelo y otra superficie: *vuelo rasante*. **2.** MIL. Que tiene la trayectoria tensa, próxima a una línea recta entre arma y objetivo: *tiro rasante*. ♦ n. m. **3.** Inclinación de la línea del perfil longitudinal de una calle respecto al plano horizontal. • **Cambio de rasante**, punto en que varía el valor o el sentido de la pendiente de un terreno.
RASAR v. tr. y pron. [1]. Igualar con el rasero. **2.** Pasar rozando ligeramente un cuerpo con otro.
RASCA n. f. *Amér*. Borrachera, embriaguez. ♦ adj. **2.** *Chile*. Ordinario.
RASCACIELOS n. m. (pl. *rascacielos*). Edificio en forma de torre y con gran número de pisos.
RASCADOR n. m. Instrumento que sirve para rascar.
RASCAR v. tr. y pron. y nat [1]. Restregar la piel con las uñas. **2.** Restregar la superficie de algo con un instrumento agudo o raspante. ♦ v. tr. **3.** Arañar, hacer arañazos. **4.** *Fig*. y *fam*. Tocar mal un instrumento de cuerda.
RASCUACHE adj. *Méx*. Pobre, miserable, escaso. **2.** *Méx. Fam*. De baja calidad.
RASERA n. f. Paleta para dar vuelta a las cosas que se fríen, sacarlas de la sartén, etc.
RASERO n. m. Palo con que se rasan las medidas de capacidad para áridos. • **Medir**, o **llenar**, **por el mismo**, o **por un**, **rasero** (*Fam.*), no hacer diferencias.
RASGADO, A adj. Dícese de los ojos que tienen muy prolongada la comisura de los párpados. ♦ n. m. **2.** Rasgón.
RASGADURA n. f. Acción y efecto de rasgar. **2.** Rotura que se hace al rasgar algo.
RASGAR v. tr. y pron. (lat. *resccare*, cortar) [1b]. Romper alguna cosa de poca consistencia, tirando de ella en direcciones opuestas. ♦ v. tr. **2.** Rasguear.
RASGO n. m. Línea o trazo, especialmente el de adorno. **2.** Facción del rostro de una persona. **3.** *Fig*. Aspecto distinto en la manera de ser o de actuar de alguien: *un rasgo de personalidad*. **4.** *Fig*. Acción notable y digna de alabanza: *un rasgo de confianza*. ♦ **rasgos**, n. m. pl. **5.** Carácter de letra: *escritura de rasgos claros*. • **A grandes rasgos**, sin detalles, superficialmente.
RASGÓN n. m. Rasgadura, rotura.
RASGUEAR v. tr. [1]. Tocar la guitarra u otro instrumento semejante rozando las cuerdas con las yemas de los dedos con las puntas de los dedos. ♦ v. intr. **2.** Hacer rasgos con la pluma. **3.** *Fig*. Escribir.
RASGUEO o **RASGUEADO** n. m. Acción y efecto de rasguear.
RASGUÑAR v. tr. *Méx*. Rasguño.
RASGUÑAR v. tr. [1] Arañar o rascar con las uñas o con algo agudo y cortante.
RASGUÑO n. m. Arañazo, raspadura.
RASMUSSEN (Knud), explorador y antropólogo danés (Jakobshavn, Groenlandia, 1879-Copenhague 1933). Dirigió varias expediciones en el Ártico y estudió las culturas esquimales.
RASO n. m. (de *paño de Ras*). TEXT. Tela de seda, de urpel fire muy lustrosa. SIN.: *satén*.
RASO, A adj. (lat. *rasum*; de *radere*, raer). Llano, liso. **2.** Despejado, sin nubes. **3.** Que pasa rozando o a muy poca altura del suelo: *vuelo raso*. **4.** Lleno pero sin rebasar los bordes: *una taza rasa de harina*.
RASPA n. f. Filamento áspero de la cáscara del grano de trigo y otros cereales. **2.** Núcleo de la espiga del maíz. **3.** Espina dorsal de un pescado. **4.** *Fig*. y *fam*. Persona irritable. **5.** *Amér*. Reprimenda, regañina. **6.** *Méx*. Vulgo, pueblo.
RASPADILLA n. f. *Méx*. y *Perú*. Raspado, hielo.

RASPADO n. m. Acción y efecto de raspar. **2.** Legrado.
RASPADO n. m. *Méx.* Hielo raspado al que se añade jarabe de frutas y se come como helado.
RASPADOR n. m. Instrumento que sirve para raspar.
RASPADURA n. f. Acción y efecto de raspar. **2.** Lo que se saca al raspar una superficie. **3.** Señal que se deja después de raspar.
RASPAJO n. m. BOT. Escobajo de uvas.
RASPAR v. tr. [1]. Frotar o rascar una superficie con un instrumento agudo y cortante. **2.** Alisar o suavizar una cosa por este procedimiento. **3.** Ser una cosa áspera, o que pueda causar daño al rozar. **4.** Rasar, rozar ligeramente. ♦ v. intr. **5.** *Venez.* Salir apresuradamente.
RASPILLA n. f. Planta herbácea, de tallos tendidos y flores azules, que crece en la Península ibérica. (Familia borragináceas.)
RASPÓN n. m. *Colomb.* Sombrero de paja que usan los campesinos.
RASPOSO, A adj. Que tiene abundantes raspas. **2.** *Fig.* Áspero al tacto. **3.** *Fig.* De trato desapacible. **4.** *Argent.* y *Urug.* Dícese de la prenda de vestir raída y del que la lleva. ♦ adj. y s. **5.** *Argent.* y *Urug.* Mezquino, tacaño.
RASPUTÍN (Grigori Yefimovich), aventurero ruso (Pokróskoie 1864 o 1865-Petrogrado 1916), fue protegido por la emperatriz Alejandra Fiódorovna. Contribuyó a desacreditar la corte y fue asesinado.
RASQUETA n. f. Plancha delgada de hierro para rascar superficies.
RASQUETEAR v. tr. *Amér. Merid.* Pasar un cepillo por el pelo de un caballo para limpiarlo.
RASQUIÑA n. f. *Amér. Central.* Picor, escozor.
RASTRA n. f. Rastrillo para allanar la tierra. **2.** Rastro, indicio, vestigio. **3.** Cualquier cosa que se lleva colgando o arrastrando o que sirve para arrastrar objetos de peso. **4.** Ristra, sarta de frutos secos. **5.** Cable o red fuerte que se arrastra por el fondo del mar, para buscar y recoger objetos sumergidos. **6.** *Argent.* y *Urug.* Pieza para sujetar el tirador del gaucho, hecha de plata labrada, que lleva una chapa central y monedas o botones unidos a ésta por cadenas.
RASTREAR v. tr. [1]. Perseguir o buscar siguiendo el rastro. **2.** *Fig.* Inquirir, hacer indagaciones. **3.** Llevar arrastrando por el fondo del mar una rastra. ♦ v. intr. **4.** Hacer alguna labor con el rastro. **5.** Seguir el rastro de una pieza de caza.
RASTREO n. m. Acción de rastrear.
RASTRERO, A adj. Que va arrastrando. **2.** Dícese de lo que va por el aire casi rozando el suelo. **3.** *Fig.* Mezquino, innoble. **4.** BOT. Dícese de los tallos que están extendidos sobre el suelo.
RASTRILLADA n. f. *Argent.* y *Urug.* Huellas de animales sobre el pasto o en tierra.
RASTRILLADO n. m. Acción de rastrillar.
RASTRILLAR v. tr. [1]. Pasar la rastra por lo sembrados. **2.** Recoger o limpiar con el rastrillo. **3.** *Argent.* En operaciones militares o policiales, batir áreas urbanas o despobladas para registrarlas.
RASTRILLO n. m. Instrumento agrícola para desterronar, arrancar las hierbas, recubrir las semillas, etc. **2.** Azada de dientes que sirve para varios usos. **3.** *Méx.* Instrumento para afeitar.
RASTRO n. m. (lat. *rastrum*). Indicio, pista que se deja en un sitio de algo. **3.** Instrumento agrícola propio para recoger hierba, paja, etc. **4.** Especie de azada que tiene dientes.
RASTROJAR v. tr. [1]. Arrancar el rastrojo.
RASTROJO n. m. Parte de las cañas de la mies que quedan en la tierra después de segar. **2.** Campo o tierra después de segada la mies. ♦ **rastrojos** n. m. pl. **3.** *Fam.* Residuo que queda de algo.
RASURADA n. f. *Méx.* Afeitado.
RASURADO n. m. Afeitado.
RASURAR v. tr. y pron. [1]. Afeitar, raer la barba con la navaja o maquinilla.
RATA n. f. Mamífero roedor, con patas cortas y hocico puntiagudo, muy fecundo, destructivo y voraz. **2.** Pez óseo de 25 cm de long., que vive en los fondos arenosos. • **Hacer la rata** *(Argent. Fam.)*, faltar a clase, hacer novillos. ‖ **Rata almizclada**, mamífero roedor de América del Norte, es muy apreciada en peletería. ‖ **Rata de agua**, roedor silvestre omnívoro de Asia y Europa. ♦ n. m. **3.** *Fam.* Ratero, ladrón que roba cosas de poco valor. ♦ n. m. y f. **4.** *Fam.* Persona tacaña.
RATAPLÁN n. m. Voz onomatopéyica con que se imita el sonido del tambor.
RATEAR v. intr. [1]. Hurtar con destreza cosas de poco valor.
RATEAR v. tr. [1]. Disminuir la proporción de algo. **2.** Repartir proporcionalmente algo. ♦ **ratearse** v. pron. **3.** *Argent. Fam.* Hacerse la rata.
RATERÍA n. f. Hurto de cosas de poco valor.
RATERO, A adj. y n. Dícese del ladrón que hurta cosas de poco valor.
RATICIDA n. m. Producto que destruye las ratas.
RATIFICACIÓN n. f. Acción y efecto de ratificar.
RATIFICAR v. tr. y pron. [1a]. Confirmar la validez o verdad de algo dicho anteriormente.
RATIO n. m. Cada una de las relaciones existentes entre las diversas magnitudes constantes de una empresa.
RATO n. m. Espacio de tiempo, especialmente cuando es corto. • **A cada rato**, con mucha frecuencia. ‖ **A ratos** y **de rato en rato**, con intervalos de tiempo.
RATÓN n. m. Pequeño mamífero roedor semejante a la rata pero de menor tamaño. **2.** INFORMÁT. Dispositivo explorador de la pantalla de un ordenador, que simplifica y agiliza considerablemente su manejo sin usar el teclado.
RATONA n. f. *Argent.* Pájaro que se alimenta de insectos y anida en huecos de paredes y cornisas.
RATONERA n. f. Trampa para cazar ratones. **2.** Madriguera de ratones. **3.** Agujero que hace el ratón. **4.** *Fig.* Trampa para engañar a alguien.
RATONERO n. m. Ave rapaz diurna, de formas pesadas y de dedos frágiles. (Familia falcónidos.)
RAUDAL n. m. Afluencia de agua que corre con fuerza. **2.** *Fig.* Abundancia de cosas que se acumulan o surgen de repente: *un raudal de lágrimas.* • **A raudales**, en abundancia.
RAUDO, A adj. Rápido, veloz.
RAULÍ n. m. Planta arbórea de América Meridional, cuya madera es muy empleada en carpintería. (Familia fagáceas.)
RAVEL (Maurice), compositor francés (Ciboure 1875-París 1937), el más clásico de los compositores modernos franceses. Entre las obras líricas destaca *La hora española* (1911); entre las sinfónicas, *Bolero* (1928), suites de *Dafnis* y *Cloe* (1909-1912); entre las obras para piano *Concierto para la mano izquierda* (1931), y entre las melódicas, *Scheherezade* (1903).
RAVENA, en ital. **Ravenna**, c. de Italia (Emilia-Romaña), cap. de prov., cerca del Adriático; 135 435 hab. Ciudad rica en monumentos bizantinos de los s. v y vi (San Vital, San Apolinar Nuevo, mausoleo de Gala Placidia, San Apolinar in Classe y dos baptisterios), célebres por los mosaicos, algunos con fondo de oro. Tumba de Dante.
RAVIOLI, RAVIOLIS o **RAVIOLES** n. m. pl. (voz italiana). Emparedados de masa cocida con carne picada que se sirven cocidos con salsa y queso rallado.
RĀWALPINDI, c. del N de Pakistán (Panjāb); 928 000 hab. Centro universitario y turístico con algunas industrias.
RAWSON, c. y puerto de Argentina, cap. de la prov. de Chubut; 100 132 hab. Pesca (conservas). Centro comercial y administrativo.
RAWSON, dep. de Argentina (San Juan); 90 492 hab. Cab. *Villa Krause* (66 506 hab.), integrada en el Gran San Juan.
RAYA n. f. Línea o señal larga y estrecha. **2.** Línea que queda en el peinado al separar los cabellos. **3.** Guión largo que se usa para separar oraciones incidentales o indicar el diálogo en los escritos. **4.** En el lenguaje de la droga, dosis de cocaína u otra droga en polvo. **5.** *Méx.* Salario de obrero o campesino. • **A rayas**, con dibujo de rayas. ‖ **Pasar de la raya,** o **de raya** *(Fam.)* propasar el límite de lo tolerable. ‖ **Poner,** o **tener, a raya**, no dejar que alguien se propase o exceda.
RAYA n. f. (lat. *rajam*). Pez cartilaginoso, de cuerpo plano y aletas pectorales triangulares muy desarrolladas y unidas a la cabeza.
RAYADILLO n. m. Tela de algodón rayada.
RAYADITO n. m. Pájaro frecuente en bosques de Patagonia y Tierra de Fuego, de cabeza negra, con una larga ceja ocrácea. (Familia furnáridos.)
RAYADO n. m. Acción y efecto de rayar. **2.** Conjunto de rayas, listas o estrías de una cosa.
RAYADOR n. m. *Amér. Merid.* Ave palmípeda parecida a las golondrinas de mar, de color blanco y negruzco y pico rojo. (Familia rincópidos.)
RAYANO, A adj. Que confina o linda con algo. **2.** *Fig.* Próximo, cercano: *rayano en lo ordinario.*
RAYAR v. tr. [1]. Hacer o trazar rayas. **2.** Tachar lo escrito. **3.** Subrayar. **4.** *Méx.* Pagar la raya. ♦ v. tr. y pron. **5.** Estropear o deteriorar una superficie con rayas o incisiones: *se ha rayado el disco.* ♦ v. intr. **6.** Confinar, lindar: *raya en los ochenta años.* **7.** Asemejarse a ella: *raya en el insulto.* **8.** *Fig.* Sobresalir en algo, distinguirse de los demás personas o cosas. **9.** *Méx.* Cobrar la raya.
RAYLEIGH (John William **Strutt,** *lord*), físico británico (cerca de Maldon, Essex, 1842-Witham, Essex, 1919). Descubrió el argón, en colaboración con Ramsay, estudió la difusión de la luz y dio un valor del número de Avogadro. (Premio Nobel de física 1904.)
RAYMI o **RAIMI** n. m. (voz quechua, *danza*). Nombre que los incas daban a sus principales fiestas religiosas, especialmente a la fiesta del Sol.
RAYO n. m. (lat. *radium*). Descarga disruptiva acompañada de explosión (trueno) y de luz (relámpago) entre dos nubes o entre una nube y la Tierra. **2.** Cada una de las líneas que parten del punto en que se produce una determinada forma de energía y señalan la dirección en que ésta es transmitida: *un haz de rayos luminosos.* **3.** Haz de corpúsculos o radiación electromagnética que transporta esta energía: *rayos X; rayos gamma.* **4.** *Fig.* Aquello que tiene mucha fuerza o eficacia en su acción. **5.** *Fig.* Persona de carácter muy vivo, o muy rápida en sus acciones. **6.** *Fig.* Desgracia o castigo repentino e imprevisto.
RAYO (Omar), pintor y caricaturista colombiano (Roldanilla 1928). En su pintura domina un cierto geometrismo y los mecanismos ópticos.
RAYÓN n. m. Fibra textil artificial fabricada a base de celulosa. **2.** Tejido de esta fibra.
RAYUELA n. f. Juego que consiste en tirar monedas o tejos a una raya hecha en el

suelo, y en el que gana el que toca o se acerca más a ella. **2.** *Amér.* Juego de muchachos que consiste en sacar, de varias divisiones trazadas en el suelo, un tejo al que se da con un pie, saltando a pata coja.
RAZA n. f. Agrupación natural de seres humanos que presentan un conjunto de rasgos físicos comunes y hereditarios. **2.** Grupo en que se subdividen algunas especies botánicas y zoológicas, cuyos caracteres diferenciales se perpetúan por herencia. **3.** *Fig.* Calidad del origen o linaje. **4.** Calidad de algunas cosas. **5.** *Méx. Fam.* Grupo de gente. **6.** *Méx. Fam.* Plebe. **7.** *Perú.* Descaro.
RAZÓN n. f. (lat. *rationem*). Facultad de pensar. **2.** Palabras o frases con que se expresa el discurso. **3.** Argumento que tiende a justificar o a probar una cosa: *aduce razones que no vienen al caso.* **4.** Causa o motivo: *no conozco la razón de su negativa.* **5.** Aquello que es conforme al derecho, a la justicia, al deber: *la razón está de su parte.* **6.** Noticia, aviso, información: *me mandó razón de que fuera a verle.* **7.** FILOS. Facultad por la que la persona conoce, ordena sus experiencias, tendencias y conducta en su relación con la totalidad de lo real. **8.** MAT. Cociente entre dos cantidades. • **En razón directa** (o **inversa**) [MAT.], directamente (o inversamente) proporcional. ‖ **Razón social,** denominación de las compañías o sociedades colectivas o comanditarias.
RAZONABLE adj. Conforme a la razón. **2.** Prudente, sensato, que obra con buen juicio. **3.** Justo, equitativo, suficiente en cantidad o calidad.
RAZONAMIENTO n. m. Acción y efecto de razonar. **2.** Serie de conceptos para demostrar algo.
RAZONAR v. intr. [1]. Pensar para llegar a deducir una consecuencia o conclusión. **2.** Dar las razones o motivos de algo. ♦ v. tr. **3.** Exponer, aducir las razones en que se apoyan unas cuentas, dictámenes, etc.
RAZZIA o **RAZIA** n. f. Incursión realizada en territorio enemigo con objeto de saquear o destruir. **2.** Acción de explorar una zona buscando a alguien o algo.
Rb, símbolo químico del *rubidio.*
rd, símbolo químico del *rad.*
R.D.A. → *Alemana* (República Democrática).
RE n. m. Nota musical, segundo grado de la gama de *do.*
Re, símbolo químico del *renio.*
REABSORBER v. tr. [2]. Absorber de nuevo.
REACCIÓN n. f. Acción provocada por otra y de efectos contrarios a ésta. **2.** Respuesta a un estímulo. **3.** Tendencia tradicionalista en lo político opuesta a las innovaciones. **4.** Conjunto de los partidarios de esta tendencia. **5.** CIB. Acción de retorno, retroacción. SIN.: *realimentación.* **6.** FÍS. Fuerza que un cuerpo, sujeto a la acción de otro, ejerce sobre él en dirección opuesta. **7.** QUÍM. Fenómeno que se produce entre cuerpos químicos en contacto y que da lugar a nuevas sustancias. **8.** SICOL. Comportamiento de un ser vivo, que se manifiesta en presencia de un estímulo. SIN.: *respuesta.*
REACCIONAR v. intr. [1]. Producirse una reacción por efecto de determinado estímulo. **2.** Volver a recobrar actividad. **3.** Defenderse o rechazar un ataque o agresión. **4.** Oponerse fuertemente a algo que se cree inadmisible.
REACCIONARIO, A adj. y n. Que está en contra de las innovaciones en lo ideológico, político, etc. **2.** Que tiende a restablecer lo abolido.
REACIO, A adj. Que muestra resistencia a hacer algo o a dejar que se ejerza una acción sobre él.
REACTIVACIÓN n. f. Acción y efecto de reactivar. **2.** Resurgimiento económico.
REACTIVAR v. tr. [1]. Activar de nuevo, dar más actividad. **2.** QUÍM. Regenerar.

REACTIVIDAD n. f. BIOL. Capacidad o modo especial de reaccionar un ser vivo frente a un hecho concreto. **2.** QUÍM. Aptitud para reaccionar presentada por un cuerpo.
REACTIVO, A adj. Que produce reacción. ♦ n. m. **2.** QUÍM. Sustancia empleada para reconocer la naturaleza de los cuerpos, según las reacciones que produce.
REACTOR n. m. Propulsor aéreo que utiliza el aire ambiente como comburente y que funciona por reacción directa sin accionar hélice alguna. **2.** Avión provisto de motor de reacción. **3.** Instalación industrial donde se efectúa una reacción química en presencia de un catalizador. • **Reactor nuclear,** parte de una central nuclear en la que la energía se libera por fisión del combustible.
READAPTAR v. tr. [1]. Adaptar de nuevo. **2.** Hacer que alguien se habitúe de nuevo a las condiciones normales de vida.
READMITIR v. tr. [3]. Admitir de nuevo.
REAFIRMAR v. tr. y pron. [1]. Afirmar de nuevo y de forma más categórica.
REAGAN (Ronald Wilson), político norteamericano (Tampico, Illinois, 1911). Fue actor de cine. Afiliado al Partido republicano (1962), fue presidente del país (1981-1989).
REAGRUPAR v. tr. y pron. [1]. Agrupar de nuevo.
REAJUSTAR v. tr. [1]. Volver a ajustar. **2.** Hablando de salarios, impuestos, precios, etc., aumentar o disminuir su cuantía.
REAJUSTE n. m. Acción y efecto de reajustar.
REAL adj. Relativo al rey o a la realeza. **2.** *Fig.* y *fam.* Muy bueno, excelente: *una real moza.* ♦ n. m. **3.** Moneda equivalente a veinticinco céntimos de peseta. **4.** Unidad monetaria principal de Brasil.
REAL adj. Que tiene existencia verdadera y efectiva. **2.** ASTRON. Dícese de la medida de tiempo empleada en la marcha real del Sol. **3.** ÓPT. Dícese de la imagen que se forma en la intersección de rayos convergentes. CONTR.: *virtual.* • **Números reales,** conjunto de los números racionales e irracionales por oposición a los números imaginarios.
REAL o **DE LA PAZ** (cordillera), sistema montañoso de Bolivia (La Paz), en la cordillera Oriental de los Andes; 6882 m en el Illimani.
REALCE n. m. Acción y efecto de realzar. **2.** *Fig.* Importancia, lustre, grandeza. • **Bordado de realce,** tipo de bordado que sobresale de la superficie de la tela.
REALENGO, A adj. Dícese de los pueblos que no eran de un señorío ni de una orden. **2.** Dícese de los terrenos pertenecientes al estado.
REALEZA n. f. Dignidad o soberanía real. **2.** Magnificencia como la que rodea a un rey.
REALIDAD n. f. Calidad de real. **2.** Cosa o hecho real. **3.** Lo efectivo o que tiene valor práctico. **4.** *Verdad,* lo que ocurre verdaderamente: *la realidad es que no están casados.* • **En realidad,** realmente.
REALIMENTACIÓN n. f. CIB. Reacción.
REALISMO n. m. Calidad de realista. **2.** Tendencia literaria y artística que pretende representar la naturaleza tal como es, sin tratar de idealizarla. **3.** Escuela literaria y artística de mediados del s. XIX, que pretende la reproducción íntegra de la realidad y que continuará en el naturalismo. **4.** Doctrina filosófica que afirma que el ser existe independientemente del espíritu que lo percibe (por oposición a *idealismo*). • **Realismo mágico,** corriente literaria latinoamericana que, frente al documentalismo del realismo tradicional, postula una profundización de la realidad a través de lo que de mágico hay en ella.
REALISMO n. m. Doctrina u opinión favorable a la monarquía.
REALISTA adj. y n. m. y f. Relativo al realismo; partidario de estas doctrinas filosófi-

ca y estética. **2.** Que tiene sentido de la realidad o que obra con sentido práctico.
REALIZACIÓN n. f. Acción y efecto de realizar o realizarse. **2.** Obra realizada por alguien.
REALIZADOR, RA adj. y n. Que realiza. ♦ n. **2.** Director cinematográfico o de una emisión televisiva.
REALIZAR v. tr. y pron. [1g]. Hacer real, efectivo, algo. ♦ v. tr. **2.** Ejecutar, llevar a cabo una acción. **3.** Dirigir una película o una emisión de televisión. ♦ **realizarse** v. pron. **4.** Hacer realidad las propias aspiraciones.
REALMENTE adv. m. De manera real.
REALQUILAR v. tr. [1]. Alquilar a otra persona una casa, local, etc., alguien que lo tenía ya en alquiler.
REALZADO, A adj. ARQ. Dícese de un arco o de una bóveda que tiene una altura mayor que la mitad de su luz. CONTR.: *rebajado.*
REALZAR v. tr. y pron. [1g]. Destacar, hacer que algo o alguien parezca mayor, mejor o más importante.
REANIMACIÓN n. f. MED. Procedimiento manual o mecánico o medicamentoso para restablecer las funciones vitales del organismo.
REANIMAR v. tr. y pron. [1]. Confortar, restablecer las energías físicas. **2.** Someter a reanimación. **3.** *Fig.* Infundir valor y ánimo a alguien que está abatido.
REANUDAR v. tr. y pron. [1]. Continuar algo que ha sido interrumpido.
REAPARECER v. intr. [2m]. Aparecer de nuevo un artista, una publicación, etc.
REARMAR v. tr. [1]. Proceder al rearme.
REARME n. m. Proceso de reforzamiento de la capacidad militar de un estado.
REASEGURO n. m. Contrato por el cual una compañía de seguros, después de asegurar a un cliente, se cubre de todo o una parte del riesgo haciéndose asegurar a su vez por otras compañías.
REASUMIR v. tr. [3]. Asumir de nuevo.
REATA n. f. Cuerda o correa que ata dos o más caballerías para que vayan en hilera. **2.** Hilera de caballerías que van atadas.
REAVIVAR v. tr. [1]. Excitar o avivar de nuevo. ♦ **reavivarse** v. pron. **2.** Renovarse.
REBABA n. f. Resalto que sobresale irregularmente en los bordes de un objeto cualquiera.
REBAJA n. f. Acción de rebajar. **2.** Cantidad que se rebaja de un precio. ♦ **rebajas** n. f. pl. **3.** Acción de vender a bajo precio, durante un período de tiempo, en un establecimiento comercial.
REBAJADO, A adj. ARQ. Dícese de un arco o de una bóveda cuya altura es menor que la mitad de su luz. SIN.: *realzado.* ♦ adj. y n. m. **2.** MIL. Dícese del soldado dispensado de algún servicio.
REBAJAR v. tr. [1]. Hacer más bajo el nivel, altura de algo. **2.** Disminuir el precio de algo o deducir una parte de una cantidad. **3.** Reducir los grados del alcohol por adición de agua. **4.** PINT. Apagar los colores. ♦ v. tr. y pron. **5.** Humillar a alguien. **6.** Dispensar o excluir a alguien de un servicio, obligación, etc., especialmente en la milicia.
REBAJO o **REBAJE** n. m. Corte o disminución hecho en el borde de una pieza, generalmente de madera, para ajustarla con otra.
REBALSAR v. tr., intr. y pron. [1]. Detener y recoger el agua u otro líquido de modo que forme una balsa. ♦ v. intr. **2.** *Argent., Chile* y *Urug.* Rebosar.
REBANADA n. f. Porción delgada que se saca de una cosa cortándola en toda su anchura.
REBANAR v. tr. [1]. Hacer rebanadas de algo. **2.** Cortar algo de parte a parte de una sola vez.
REBAÑAR v. tr. [1]. Recoger o apoderarse de algo sin dejar nada. **2.** Apurar el contenido de un plato.

REBAÑO n. m. Hato grande de ganado, especialmente lanar.
REBASAR v. tr. [1]. Pasar o exceder de un límite o señal. **2.** Dejar algo atrás en una marcha.
REBATIBLE adj. Que se puede rebatir o refutar.
REBATINGA n. f. *Méx.* Rebatiña.
REBATIÑA n. m. Arrebatiña.
REBATIR v. tr. [3]. Refutar con argumentos o razones lo aducido por otro. **2.** *Fig.* Resistir, rechazar tentaciones, sugestiones y propuestas.
REBATO n. m. Llamamiento o convocación hecho a la gente por medio de campana, tambor, etc., cuando sobreviene un peligro o siniestro. • **Tocar a rebato**, dar la señal de alarma.
REBECA n. f. Cierto tipo de jersey abrochado por delante.
REBECA, personaje bíblico, esposa de Isaac, madre de Esaú y de Jacob.
REBECO n. m. ZOOL. Gamuza.
REBELARSE v. pron. [1]. Negarse a obedecer a la autoridad legítima. **2.** Oponer resistencia a algo o alguien.
REBELDE adj. y n. m. y f. Que se rebela. **2.** DER. Dícese de la persona que es declarada en rebeldía por el juez. ♦ adj. **3.** Dícese de la persona o animal difícil de gobernar o educar. **4.** Dícese de las cosas difíciles de dominar: *tos rebelde.*
REBELDÍA n. f. Calidad de rebelde. **2.** Acción o situación de rebelde. **3.** DER. Situación del demandado, imputado o procesado que no se persona en los autos a requerimiento del juez.
REBELIÓN n. f. Acción y efecto de rebelarse. **2.** DER. Delito de naturaleza política contra un régimen establecido.
REBENCAZO n. m. *Amér. Merid.* Golpe dado con un rebenque.
REBENQUE n. m. Látigo de cuero o cáñamo embreado con el cual se castigaba a los galeotes. **2.** *Amér. Merid.* Látigo recio de jinete. **3.** MAR. Cabo corto y embreado.
REBLANDECER v. tr. y pron. [2m]. Ablandar, poner tierno.
REBOBINADO n. m. Acción y efecto de rebobinar.
REBOBINAR v. tr. [1]. Arrollar hacia atrás un rollo de película fotográfica o cinematográfica, una cinta magnética, etc. **2.** ELECTR. Cambiar los arrollamientos del inducido o del inductor de un motor eléctrico.
REBOLLEDO (Efrén), diplomático y escritor mexicano (Actopan, Hidalgo, 1877-Madrid 1929). Adscrito al modernismo, escribió poesía, de tema preferentemente erótico, novela y teatro.
REBORDE n. m. Borde saliente de algo.
REBORUJAR v. tr. [1]. *Méx.* Desordenar.
REBOSADERO n. m. Sitio por donde rebosa un líquido.
REBOSAR v. intr. y pron. [1]. Salirse un líquido por los bordes del recipiente o depósito que lo contenía. ♦ v. intr. y tr. **2.** Estar un lugar muy lleno de lo que se expresa. **3.** *Fig.* Sobreabundar, generalmente algo bueno o provechoso: *rebosar alegría.*
REBOTAR v. intr. [1]. Botar repetidamente un cuerpo elástico. **2.** Botar cualquier objeto al chocar en algún sitio. ♦ v. tr. **3.** Rechazar una cosa a otra que choca con ella. **4.** *Argent.* y *Méx.* Rechazar el banco un cheque por falta de fondos.
REBOTE n. m. Acción y efecto de rebotar. • **De rebote** (*Fam.*), de rechazo, de resultas.
REBOZAR v. tr. y pron. [1g]. Embozar, cubrir casi todo el rostro con una prenda. ♦ v. tr. **2.** Pasar un alimento por huevo batido, harina, etc.
REBOZO n. m. Prenda que se cubre la parte inferior del rostro. **2.** *Fig.* Simulación, pretexto. **3.** *Amér. Central* y *Méx.* Manto cuadrangular que usan las mujeres a modo de abrigo. • **Sin rebozo,** o **rebozos,** abiertamente, sin rodeos.

REBROTAR v. tr. [1]. Volver a brotar.
REBROTE n. m. Acción y efecto de rebrotar. **2.** BOT. Retoño.
REBUJAR v. tr. y pron. [1]. Arrebujar.
REBUJO n. m. Envoltorio hecho con desaliño. **2.** Maraña de papeles, hilos, pelo, etc.
REBULL (Santiago), pintor mexicano (en el Atlántico 1829-México 1902). Decoró las terrazas del castillo de Chapultepec con murales de temas clasicistas. Su obra maestra es *La muerte de Marat.*
REBULLIR v. intr. y pron. [3h]. Empezar a moverse lo que estaba quieto.
REBUSCADO, A adj. Dícese del estilo, lenguaje, maneras, etc., que pecan de afectación y de las personas que los usan.
REBUSCAR v. tr. [1a]. Escudriñar, buscar algo con minuciosidad. • **Rebuscárselas** (*Argent., Chile, Colomb.* y *Perú. Fam.*), ingeniarse para sortear las dificultades cotidianas.
REBUSQUE n. m. *Argent.* y *Par. Fam.* Acción y efecto de rebuscársela. **2.** *Argent.* y *Par. Fam.* Solución ingeniosa con que se sortean las dificultades.
REBUZNAR v. intr. [1]. Dar rebuznos.
REBUZNO n. m. Voz del asno.
RECABAR v. tr. [1]. Conseguir con instancias y súplicas lo que se desea. **2.** Reclamar alguien para sí derechos, libertades, responsabilidad, etc., que cree le corresponden. **3.** Pedir, solicitar: *recabar información.*
RECADERO, A n. Persona que tiene por oficio llevar recados o paquetes.
RECADO n. m. Mensaje o respuesta que de palabra se da o envía a otro. **2.** Escrito u objeto que una persona envía a otra. **3.** Conjunto de útiles necesarios para hacer algo: *recado de escribir.* **4.** Diligencia u otro quehacer que requiere que una persona salga a la calle: **5.** *Amér.* Apero de montar. **6.** *Nicar.* Picadillo con que se rellenan las empanadas.
RECAER v. intr. [16]. Caer nuevamente enfermo el que estaba convaleciente o había recobrado ya la salud. **2.** *Fig.* Reincidir en vicios, errores, etc. **3.** Ir a parar sobre alguien cierta cosa: *recaer la responsabilidad del negocio en una persona.* **4.** Estar situada una ventana, balcón, etc., en la dirección o lugar que se expresa.
RECAÍDA n. f. Acción y efecto de recaer.
RECALADA n. f. Acción de recalar un buque.
RECALAR v. tr. y pron. [1]. Penetrar un líquido en un cuerpo seco mojándolo. ♦ v. intr. **2.** *Fig.* Aparecer por algún sitio una persona. **3.** MAR. Llegar un buque a la vista de un punto de la costa.
RECALCAR v. tr. [1a]. Apretar mucho una cosa contra otra. **2.** *Fig.* Decir algo acentuándolo con una inflexión de la voz o con énfasis.
RECALCIFICAR v. tr. [1a]. MED. Enriquecer en calcio.
RECALCITRANTE adj. Que insiste en sus opiniones o errores.
RECALENTADO n. m. *Méx. Fam.* Guiso que queda de una fiesta y se come al día siguiente.
RECALENTAMIENTO n. m. Acción y efecto de recalentar o recalentarse. **2.** Estado de una pieza de rodamiento o de fricción cuya temperatura se eleva por falta de engrase o de refrigeración.
RECALENTAR v. tr. [1j]. Calentar de nuevo o demasiado.
RECAMADO n. m. Bordado de realce.
RECÁMARA n. f. Habitación contigua destinada a servicios auxiliares. **2.** *Fig. Fam.* Cautela, reserva, segunda intención. **3.** Parte del arma de fuego situada en la zona posterior de la boca, donde se coloca la carga de proyección. **4.** *Amér. Central, Colomb.* y *Méx.* Alcoba, dormitorio.
RECAMARERA n. f. *Méx.* Criada.
RECAPACITAR v. tr. e intr. [1]. Pensar detenidamente una cosa.

RECAPITULACIÓN n. f. Acción y efecto de recapitular.
RECAPITULAR v. tr. [1]. Resumir breve y ordenadamente algo dicho o escrito anteriormente.
RECARGAR v. tr. [1b]. Cargar demasiado o volver a cargar a alguien o algo. **2.** Aumentar una cantidad a pagar. **3.** Poner mucha cantidad de algo en algún sitio. **4.** *Fig.* Obligar a alguien a realizar mucho trabajo de cierta clase. **5.** Volver a cargar. ♦ v. tr. y pron. **6.** *Fig.* Adornar con exceso.
RECARGO n. m. Acción de recargar. **2.** Cantidad o tanto por ciento que se recarga a algo, especialmente por retraso en el pago.
RECATADO, A adj. Que actúa con modestia o recato.
RECATO n. m. Honestidad, pudor. **2.** Cautela, reserva.
RECAUCHAJE n. m. *Chile.* Acción de volver a cubrir con caucho una llanta desgastada.
RECAUCHUTADO n. m. Acción y efecto de recauchutar.
RECAUCHUTAR v. tr. [1]. Reparar el desgaste de un neumático, cubierta, etc., recubriéndolo con una disolución de caucho.
RECAUDACIÓN n. f. Acción de recaudar. **2.** Cantidad recaudada. **3.** Oficina donde se recauda.
RECAUDADOR, RA adj. y n. Que recauda, especialmente el encargado de cobrar los tributos.
RECAUDAR v. tr. [1]. Cobrar o percibir dinero por cualquier concepto. **2.** Reunir cierta cantidad en cobros diversos. **3.** Asegurar, poner o tener en custodia. **4.** DER. FISC. Cobrar contribuciones, impuestos y otras rentas públicas.
RECAUDO n. m. Precaución, cuidado. **2.** DER. Caución, seguridad. • **A buen recaudo**, bien guardado o custodiado.
RECELAR v. tr. y pron. [1]. Temer, desconfiar, sospechar.
RECELO n. m. Acción y efecto de recelar.
RECENSIÓN n. f. Crítica o comentario de algún libro, publicado en un periódico o revista.
RECENTAL adj. y n. Dícese de las reses de ganado ovino y bovino de poca edad.
RECEPCIÓN n. f. Acción y efecto de recibir. **2.** Ceremonia en que desfilan ante un personaje principal, representantes diplomáticos o dignatarios. **3.** Reunión festiva, que se celebra en alguna casa particular. **4.** Servicio de un hotel, empresa, etc., encargado de recibir y atender a los clientes. **5.** Lugar donde está instalado este servicio. **6.** Acción de captar las ondas radioeléctricas por un receptor.
RECEPCIONISTA n. m. y f. Persona empleada en un servicio de recepción, encargada de recibir a los clientes o huéspedes: *recepcionista de hotel.*
RECEPTÁCULO n. m. Cualquier recipiente o cavidad en que puede contenerse algo. **2.** BOT. Parte axial de la flor, sobre la que descansan los diversos verticilos de la misma. **3.** BOT. Extremo del pedúnculo, asiento de las flores de un capítulo.
RECEPTIVIDAD n. f. Calidad de receptivo. **2.** MED. Aptitud para contraer determinadas enfermedades. **3.** RADIOTECN. Cualidad de un receptor capaz de captar ondas de longitudes muy diversas.
RECEPTOR, RA adj. y n. (lat. *receptorem*). Que recibe. ♦ n. m. **2.** Fís. Conductor en el que la energía eléctrica produce un efecto, mecánico o químico, distinto del efecto Joule. **3.** MED. Persona que recibe un órgano, tejido o sangre de un donante. **4.** RADIOTECN. Aparato que recibe una señal de telecomunicación o de radiodifusión, transformándola en sonidos. **5.** ZOOL. Órgano de sensibilidad.
RECESAR v. intr. [1]. *Amér.* Cesar temporalmente en sus actividades una corporación.

♦ v. tr. **2.** *Perú.* Clausurar una cámara legislativa, una universidad, etc.
RECESIÓN n. f. Disminución de la actividad económica de un país.
RECESIVO, A adj. Que tiende a la recesión o la provoca. **2.** BIOL. Dícese del gen o carácter hereditario que no se manifiesta en el fenotipo del individuo que lo posee, pero que puede aparecer en la descendencia de éste.
RECESO n. m. Separación, desvío. **2.** *Amér.* Suspensión temporal de actividades en los cuerpos colegiados, asambleas, etc. **3.** *Amér.* Tiempo que dura esa suspensión.
RECETA n. f. Fórmula que indica los distintos componentes que entran en un preparado y el modo de preparación. **2.** Escrito que contiene una prescripción médica. **3.** *Fig. y fam.* Procedimiento conveniente para hacer o conseguir algo.
RECETAR v. tr. [**1**]. Prescribir un medicamento o un tratamiento.
RECETARIO n. m. Conjunto de recetas o fórmulas de determinada clase de cosas. **2.** Anotación de todo lo que el médico ordena que se suministre al enfermo. **3.** Farmacopea.
RECHAZAR v. tr. [**1g**]. Separar de sí algo o alguien a otra cosa o persona, obligándola a retroceder en su curso o movimiento. **2.** *Fig.* Contradecir lo que otro expresa o no admitir lo que propone u ofrece. **3.** *Fig.* Resistir al enemigo obligándole a ceder. **4.** *Fig.* Denegar una petición, instancia, etcétera.
RECHAZO n. m. Acción y efecto de rechazar. SIN.: *rechazamiento*. **2.** Retroceso o vuelta de un cuerpo al encontrarse con alguna resistencia. **3.** MED. Reacción del organismo ante la agresión de un cuerpo extraño.
RECHIFLA n. f. Acción de rechiflar. **2.** *Fam.* Burla.
RECHIFLAR v. tr. [**1**]. Silbar con insistencia. ♦ **rechiflarse** v. pron. **2.** *Fam.* Burlarse.
RECHINAR v. intr. [**1**]. Hacer o causar algo un ruido o sonido desapacible, por frotación o al ponerse en movimiento. **2.** Producir ruido los dientes al frotar unos con otros. **3.** *Fig.* Hacer o aceptar una cosa con disgusto.
RECHISTAR v. intr. [**1**]. Chistar. (Úsase en frases negativas.)
RECHONCHO, A adj. *Fam.* Grueso y de poca altura.
RECIBIDO, A adj. *Amér.* Que ha terminado un ciclo de estudios.
RECIBIDOR, RA adj. y n. Que recibe. ♦ n. m. **2.** Antesala, vestíbulo.
RECIBIMIENTO n. m. Acción y manera de recibir, de acoger a alguien. **2.** Recibidor, antesala.
RECIBIR v. tr. (lat. *recipere*) [**3**]. Tomar, aceptar aquello que se nos presenta, da, o envía: *recibir un regalo*. **2.** Tomar una cosa dentro de sí a otra: *este río recibe muchos afluentes*. **3.** Padecer uno el daño que otro le hace o casualmente le sucede: *recibir una bofetada*. **4.** Acoger, tratar de una determinada manera a alguien que llega, o una opinión o propuesta: *le recibieron muy fríamente*. **5.** Esperar, salir al encuentro de alguien que llega: *fue a recibirla a la estación*. **6.** Admitir, acoger una persona a otra en su casa, compañía o comunidad: *le reciben en las mejores casas*. **7.** Esperar o hacer frente al que acomete, para resistirle o rechazarle: *el torero recibió al toro de rodillas*. ♦ v. tr. e intr. **8.** Admitir, atender alguien en su casa, despacho, etc., visitas: *sólo recibe los lunes*. ♦ **recibirse** v. pron. **9.** Tomar uno la investidura o el título conveniente para ejercer una facultad o profesión. **10.** *Amér.* Terminar un ciclo de estudios, graduarse.
RECIBO n. m. Acción y efecto de recibir. **2.** Documento en que el acreedor reconoce expresamente haber recibido del deudor dinero u otra cosa a efectos del pago o cumplimiento de la obligación.
RECICLAJE n. m. Formación, generalmente complementaria, que reciben los cuadros técnicos, docentes, etc., con objeto de adaptarse a los progresos industriales, científicos, etc. **2.** Conjunto de técnicas que tienen por objeto recuperar desechos y reintroducirlos en el ciclo de producción del que provienen. **3.** TECNOL. Acción de someter repetidamente una materia a un mismo ciclo para incrementar los efectos de éste.
RECICLAR v. tr. (fr. *recycler*) [**1**]. Proceder a un reciclaje.
RECIEDUMBRE n. f. Calidad de recio. SIN.: *reciura*.
RECIÉN adv. t. Sucedido poco antes. (En España se usa antepuesto a participios pasivos: *recién llegado*; en América se emplea con todos los tiempos verbales: *recién llegamos*.)
RECIENTE adj. Que ha sucedido poco antes. **2.** Fresco, acabado de hacer.
RECIFE, ant. **Pernambuco** o **Fernambuco**, c. y puerto del NE de Brasil, cap. del estado de Pernambuco, a orillas del Atlántico; 1 290 149 hab. (2 859 469 hab. en la aglomeración). Centro comercial e industrial. Iglesias barrocas del s. XVIII.
RECINTO n. m. Espacio cerrado y comprendido dentro de ciertos límites. **2.** Zona interior de un castillo o de otra plaza fortificada.
RECIO adv. m. Fuertemente, con vigor y violencia.
RECIO, A adj. Fuerte, robusto, vigoroso. **2.** Grueso, gordo. **3.** Fuerte, duro, violento: *viento recio*.
RECIPIENDARIO, A n. El que es recibido solemnemente en una corporación para formar parte de ella.
RECIPIENTE n. m. Utensilio cóncavo que puede contener algo.
RECIPROCIDAD n. f. Circunstancia de ser recíproco.
RECÍPROCO, A adj. Igual en la correspondencia de uno a otro. **2.** LING. Dícese del verbo pronominal que expresa la acción mutua de varios sujetos. **3.** MAT. Dícese de una transformación tal que si *b* es el transformado del elemento *a*, éste es, a su vez, el transformado de *b*.
RECITACIÓN n. f. Acción de recitar. SIN.: *recitación*. **2.** MÚS. Composición musical para una sola voz, que se declama libremente.
RECITAL n. m. Audición de un solista. **2.** Sesión artística dada por un solo intérprete, o dedicada a un solo género.
RECITAR v. tr. [**1**]. Decir de memoria, en voz alta y con expresividad, párrafos literarios, versos, etc. **2.** Pronunciar en voz alta un discurso u oración.
RECITATIVO n. m. MÚS. En la ópera, el oratorio y la cantata, fragmento narrativo cuya declamación cantada se asemeja al lenguaje hablado.
RECLAMACIÓN n. f. Acción y efecto de reclamar. **2.** Oposición o impugnación que se hace a una cosa.
RECLAMAR v. intr. (lat. *reclamare*) [**1**]. Pedir que sea revocado un acuerdo, fallo, etc. ♦ v. tr. **2.** Pedir o exigir con derecho o con instancia una cosa: *reclamar una herencia*. **3.** Llamar la autoridad a un prófugo. **4.** Exigir: *reclamar la atención*.
RECLAMO n. m. Voz con que un ave llama a otra. **2.** *Fig.* Cualquier cosa con que se atrae la atención sobre otra. **3.** Silbato o instrumento de viento con que se imita el canto de las aves para atraerlas.
RECLINAR v. tr. y pron. [**1**]. Inclinar una cosa apoyándola en otra. **2.** Inclinar o apoyar el cuerpo, o parte de él, sobre algo.
RECLINATORIO n. m. Mueble en forma de silla, dispuesto para arrodillarse sobre la parte correspondiente al asiento.
RECLUIR v. tr. y pron. [**29**]. Encerrar o retener a alguien en un lugar.

RECLUSIÓN n. f. Encierro o prisión voluntaria o forzada. **2.** Lugar en que uno está recluso. **3.** DER. PEN. Condena a pena privativa de libertad.
RECLUSO, A adj. y n. Preso.
RECLUTA n. m. El que voluntariamente se alista en un cuerpo de tropas. **2.** Mozo alistado para el servicio militar obligatorio.
RECLUTAMIENTO n. m. Acción de reclutar soldados, técnicos, funcionarios, etc.
RECLUTAR v. tr. [**1**]. Alistar reclutas. **2.** Reunir personas para alguna obra o fin.
RECOBRAR v. tr. [**1**]. Recuperar lo que antes se tenía o poseía: *recobrar la voz, la salud*. ♦ **recobrarse** v. pron. **2.** Desquitarse, reintegrarse de lo perdido. **3.** Restablecerse después de un daño, o de un accidente o enfermedad.
RECOCER v. tr. y pron. [**2f**]. Volver a cocer o cocer mucho.
RECOCIDO n. m. Acción de recocer.
RECODO n. m. Ángulo o curva muy marcada que forman las calles, caminos, ríos, etc.
RECOGEDOR, RA adj. Que recoge. ♦ n. m. **2.** Utensilio para recoger la basura.
RECOGER v. tr. (lat. *recolligere*) [**2b**]. Coger alguna cosa que se ha caído. **2.** Buscar y reunir cosas de distintos sitios. **3.** Ir juntando y guardando poco a poco alguna cosa, especialmente dinero. **4.** Ir a buscar a alguien o algo en el sitio donde se ha dejado o en un lugar prefijado o convenido: *te recogeré a las siete*. **5.** Coger los frutos de la tierra. **6.** *Fig.* Recibir, obtener o sufrir las consecuencias, buenas o malas, de algo que se ha hecho. **7.** Volver a enrollar o replegar alguna cosa. **8.** Reunir ordenadamente los utensilios al terminar el trabajo. **9.** Albergar, dar asilo. **10.** Ceñirse o peinarse la cabellera de modo que se reduzca su longitud o su volumen. **11.** Tomar en cuenta lo que otro ha dicho o escrito para aceptarlo, rebatirlo o transmitirlo. • **Recoger vela** (MAR.), aferrarla. ♦ v. tr. y pron. **12.** Arremangar, doblar o arrollar hacia arriba alguna cosa, especialmente la extremidad de una tela o de una prenda de vestir: *recogerse los pantalones*. ♦ **recogerse** v. pron. **13.** Retirarse a su casa, redil, etc., las personas o animales. **14.** Abstraerse, generalmente retirándose a un sitio adecuado para meditar, rezar, etc.
RECOGIDA n. f. Acción y efecto de recoger. **2.** Recolección.
RECOGIDO, A adj. Que vive retirado del trato y comunicación con la gente. ♦ adj. y n. f. **2.** Dícese de la mujer que vivía retirada en un convento.
RECOGIMIENTO n. m. Acción y efecto de recoger o recogerse.
RECOLECCIÓN n. f. Acción y efecto de recolectar. **2.** Momento en que se cosecha. **3.** Recopilación, resumen o compendio de una materia.
RECOLECTAR v. tr. [**1**]. Recoger los frutos de la tierra, especialmente la cosecha: *recolectar el trigo*. **2.** Reunir: *recolectar dinero*.
RECOLECTOR, RA adj. y n. Que recolecta.
RECOLETA, com. de Chile (Santiago); 162 964 hab.
RECOLETO, A adj. Dícese de la persona que lleva una vida retirada y austera. **2.** Dícese del lugar apartado y solitario.
RECOMENDACIÓN n. f. Acción y efecto de recomendar. **2.** Alabanza en favor de alguien para interceder cerca de otro. **3.** Escrito en que se recomienda.
RECOMENDAR v. tr. [**1j**]. Aconsejar algo a alguien cierta cosa para bien suyo. **2.** Encargar, pedir a uno que cuide o se ocupe de cierta persona o cosa. **3.** Interceder o hablar en favor de una persona a otra.
RECOMENZAR v. tr. [**1e**]. Comenzar de nuevo.
RECOMERSE v. pron. [**2**]. Reconcomerse.
RECOMPENSA n. f. Acción de recompensar. **2.** Cosa que se da para recompensar.
RECOMPENSAR v. tr. [**1**]. Retribuir o remunerar un servicio. **2.** Premiar.

RECOMPONER v. tr. [5]. Componer de nuevo, reparar.
RECOMPOSICIÓN n. f. Acción y efecto de recomponer.
RECONCENTRAMIENTO n. m. Acción y efecto de reconcentrar o reconcentrarse. SIN.: reconcentración.
RECONCENTRAR v. tr. y pron. [1]. Concentrar. ♦ **reconcentrarse** v. pron. **2.** Fig. Abstraerse, ensimismarse.
RECONCILIACIÓN n. f. Acción y efecto de reconciliar.
RECONCILIAR v. tr. y pron. [1]. Hacer que se pongan de acuerdo, que vuelvan a ser amigas dos o más personas que habían dejado de estarlo o serlo.
RECÓNDITO, A adj. Muy escondido, reservado u oculto. **2.** Íntimo.
RECONFORTADOR, RA o **RECONFORTANTE** adj. Que reconforta.
RECONFORTAR v. tr. [1]. Confortar física o espiritualmente a alguien.
RECONOCER v. tr. [2m]. Darse cuenta de que una persona o cosa era ya conocida o que es una determinada. **2.** Admitir que alguien o algo es lo que expresa. **3.** Declarar que se considera legítimo un nuevo gobierno o un nuevo estado de cosas establecido en un país de forma anormal. **4.** Examinar o registrar a una persona o cosa: *reconocer a un paciente; reconocer un terreno.* **5.** Admitir, aceptar como verdadera una cosa. **6.** Mostrarse agradecido por cierto beneficio recibido. ♦ **reconocerse** v. pron. **7.** Ser reconocible algo como lo que es. **8.** Acusarse o declararse culpable de un error, falta, etc.
RECONOCIDO, A adj. Agradecido.
RECONOCIMIENTO n. m. Acción y efecto de reconocer o reconocerse. **2.** Gratitud, agradecimiento. **3.** MIL. Operación que tiene por objeto recoger y transmitir informes sobre el enemigo en la situación y los movimientos del mismo.
RECONQUISTA n. f. Acción y efecto de reconquistar.
RECONQUISTAR v. tr. [1]. Volver a conquistar. **2.** Conquistar en la guerra plazas, tierras, etc., que se habían perdido. **3.** Recuperar la opinión, el afecto, la confianza, etc.
RECONSIDERAR v. tr. [1]. Volver a tener en cuenta, volver a pensarlo.
RECONSTITUIR v. tr. y pron. [29]. Volver a constituir, rehacer.
RECONSTITUYENTE adj. Que reconstituye. ♦ n. m. y adj. **2.** Denominación genérica de ciertos medicamentos destinados a mejorar la vitalidad general del organismo.
RECONSTRUCCIÓN n. f. Acción y efecto de reconstruir.
RECONSTRUIR v. tr. [29]. Construir de nuevo: *reconstruir una casa.* **2.** Volver a formar algo que se ha deshecho o roto. **3.** Volver a componer el desarrollo de un hecho, suceso pasado, etc., a partir de elementos conocidos.
RECONTAR v. tr. [1r]. Contar de nuevo. **2.** Calcular o contar algo atentamente para saber con seguridad su valor o cantidad.
RECONVENCIÓN n. f. Acción de reconvenir. **2.** Cargo o argumento con que se reconviene.
RECONVENIR v. tr. [21]. Censurar, reprender a alguien por sus actos o palabras.
RECONVERSIÓN n. f. Acción y efecto de reconvertir. **2.** ECON. Proceso por el cual la economía de un país o un factor de producción se adapta a nuevas condiciones técnicas, políticas o sociales.
RECONVERTIR v. tr. [22]. Hacer que vuelva a su ser, estado o creencia lo que había sufrido un cambio. **2.** ECON. Realizar una reconversión.
RECOPILACIÓN n. f. Acción de recopilar. **2.** Compendio, resumen de una obra o discurso. **3.** Tratado o texto que resulta de reunir varios. ♦ **recopilaciones** n. f. pl. **4.** Nombre dado a las distintas compilaciones del derecho realizadas en época moderna.
RECOPILAR v. tr. [1]. Juntar en compendio, recoger o unir diversas cosas, particularmente, reunir varios textos literarios.
RÉCORD n. m. (ingl. *record*). [pl. *récords*]. Marca deportiva constatada oficialmente y que supera las anteriores. **2.** Cualquier cosa que supera una realización precedente: *récord de producción.* **3.** Méx. Expediente, historial. • **En un tiempo récord,** en poco tiempo.
RECORDAR v. tr. e intr. (lat. *recordari*) [1r]. Tener o traer algo a la memoria. **2.** Hacer que alguien tenga presente o no olvide algo. **3.** Nombrar, mencionar. ♦ v. tr. y pron. **4.** Parecerse a alguien o algo, o sugerir cierta cosa algo o alguien. ♦ v. intr. y pron. **5.** Méx. En las zonas rurales, despertar.
RECORDATORIO n. m. Aviso, advertencia, comunicación, etc., para hacer recordar algo a alguien. **2.** Estampa religiosa impresa con motivo de una primera comunión, fallecimiento o aniversario.
RECORRER v. tr. (lat. *recurrere*) [2]. Atravesar un lugar en toda su extensión o longitud: *recorrer un camino.* **2.** Efectuar un trayecto: *ha recorrido la distancia en pocos minutos.* **3.** Examinar rápidamente con la mirada. **4.** Repasar, leer por encima un libro, escrito, etc.: *recorrer un escrito.* **5.** IMPR. Justificar la composición pasando letras de una línea a otra.
RECORRIDO n. m. Acción y efecto de recorrer. **2.** Camino o conjunto de lugares que se recorren, itinerario. **3.** *Fam.* Reprensión que abarca varios puntos. **4.** MAT. Conjunto de los valores que toma una función. **5.** MEC. Carrera del émbolo o pistón de una máquina o motor.
RECORTABLE adj. Que se puede recortar. ♦ n. m. **2.** Pliego u hoja de papel con figuras para recortar.
RECORTADO, A adj. Méx. Falto de dinero: *con las compras de navidad, este mes ando muy recortado.*
RECORTAR v. tr. [1]. Cortar o cercenar lo que sobra de una cosa. **2.** Cortar figuras separándolas de un material cortable. **3.** *Fig.* Disminuir o empequeñecer una cosa material o inmaterial: *recortar los presupuestos.* ♦ **recortarse** v. pron. **4.** Perfilarse, dibujarse el perfil de una cosa sobre otra.
RECORTE n. m. Acción y efecto de recortar. **2.** Suelto o noticia breve de un periódico. **3.** TAUROM. Suerte en que el jinete, para burlar al toro, se sale del viaje recto que lleva para tomar otra dirección. ♦ **recortes** n. m. pl. **4.** Porciones o cortaduras excedentes de cualquier materia recortada.
RECOSTAR v. tr. y pron. [1r]. Reclinar, apoyar algo como el cuerpo, o parte de él, en posición inclinada en algún sitio.
RECOVA n. f. Comercio de huevos, gallinas y otras aves. **2.** *Argent., Par.* y *Urug.* Soportal.
RECOVECO n. m. Curva, ángulo o revuelta en el curso de una calle, un pasillo, un arroyo, etc. **2.** Rincón, sitio escondido. **3.** *Fig.* Fingimiento, rodeo.
RECREACIÓN n. f. Acción y efecto de recrear. **2.** Recreo.
RECREAR v. tr. [1]. Crear o producir de nuevo. ♦ v. tr. y pron. **2.** Divertir, deleitar, alegrar.
RECREATIVO, A adj. Que recrea, divierte.
RECREO n. m. Acción y efecto de recrear, divertir. **2.** En lenguaje escolar, intervalo entre clase y clase, en que los niños juegan o descansan.
RECRIMINACIÓN n. f. Acción y efecto de recriminar.
RECRIMINAR v. tr. y pron. [1]. Reprochar, censurar a alguien por sus acciones o sentimientos.
RECRUDECER v. intr. y pron. [2m]. Tomar nuevo incremento algo malo o desagradable.
RECRUDECIMIENTO n. m. Acción y efecto de recrudecer.
RECTA n. f. MAT. Línea recta.
RECTAL adj. ANAT. Relativo al recto.
RECTANGULAR adj. Relativo al ángulo recto o al rectángulo. **2.** Que tiene uno o más ángulos rectos. **3.** Que contiene uno o más rectángulos.
RECTÁNGULO, A adj. Rectangular, que tiene ángulos rectos. • **Trapecio rectángulo,** trapecio que tiene dos ángulos rectos. ‖ **Triángulo rectángulo,** triángulo que tiene un ángulo recto. ♦ n. m. **2.** Paralelogramo que tiene los cuatro ángulos rectos y los lados contiguos desiguales.
RECTIFICABLE adj. Que puede ser rectificado.
RECTIFICACIÓN n. f. Acción y efecto de rectificar. **2.** Palabra o escrito con que se rectifica. **3.** ELECTR. Conversión de una corriente alterna en continua. **4.** QUÍM. Destilación fraccionada de un líquido para separar sus elementos constitutivos o para purificarlo.
RECTIFICADO n. m. MEC. Acción y efecto de rectificar.
RECTIFICADOR, RA adj. y n. Que rectifica. ♦ n. m. **2.** Aparato que convierte la corriente alterna en continua. **3.** QUÍM. Aparato destilatorio para purificar líquidos.
RECTIFICADORA n. f. Máquina-herramienta provista de una muela o de útiles abrasivos para efectuar trabajos de rectificado de piezas.
RECTIFICAR v. tr. [1a]. Poner o hacer recto. **2.** Corregir imperfecciones, errores o defectos: *rectificar el asfaltado.* **3.** ELECTR. Transformar una corriente alterna en continua. **4.** MEC. Acabar la superficie de una pieza mecanizada alisándola con la muela. **5.** QUÍM. Purificar los líquidos. ♦ v. tr. y pron. **6.** Enmendar los actos, palabras o proceder.
RECTILÍNEO, A adj. En forma de línea recta o que se compone de líneas rectas: *figura rectilínea.* **2.** *Fig.* Dícese del carácter o comportamiento de las personas exageradamente rectas, justas.
RECTITUD n. f. Calidad de recto. **2.** *Fig.* Recta razón o conocimiento práctico de lo que se debe hacer o decir. **3.** *Fig.* Exactitud o justificación en las operaciones.
RECTO, A adj. Que tiene forma lineal, sin ángulos ni curvas: *un camino recto.* **2.** Que va sin desviarse al punto hacia donde se dirige: *ir recto a la puerta.* **3.** *Fig.* Justo, severo, firme, en sus resoluciones: *tiene un padre muy recto.* **4.** *Fig.* Dícese del sentido primitivo y literal de las palabras. **5.** *Fig.* Dícese del sentido verdadero, justo, conveniente, de una obra o acción: *dar una recta interpretación.* **6.** MAT. Dícese de la línea más corta que se puede imaginar entre dos puntos. **7.** MAT. Dícese de uno cualquiera de los ángulos formados por dos líneas rectas, cuando estos ángulos son todos iguales. ♦ n. m. **8.** ANAT. Segmento terminal del tubo digestivo, que aboca al ano.
RECTOR, RA adj. y n. Que gobierna o señala la dirección u orientación de algo. ♦ n. **2.** Persona que rige una universidad o centro de estudios superiores. ♦ n. m. **3.** Cura párroco.
RECTORADO n. m. Oficio, cargo y oficina del rector. **2.** Tiempo durante el cual se ejerce el cargo.
RECTORÍA n. f. Oficio o jurisdicción del rector. **2.** Oficina o casa del rector, cura párroco.
RECUA n. f. Grupo de caballerías que van juntas. **2.** *Fig.* y *fam.* Conjunto de cosas que van o siguen unas detrás de otras.
RECUADRO n. m. Parte de una superficie limitada por una línea en forma de cuadrado o rectángulo. **2.** Esta misma línea.
RECUBRIMIENTO n. m. Acción y efecto de recubrir. **2.** Sustancia o material que recubre o sirve para recubrir: *un recubrimiento de oro; un recubrimiento de pintura plástica.* **3.** CONSTR. Parte de una

pizarra, teja, etc., que queda cubierta por otra.
RECUBRIR v. tr. [3m]. Cubrir la superficie de una cosa con otra.
RECUENTO n. m. Acción y efecto de recontar.
RECUERDO n. m. Acción y efecto de recordar. **2.** Presencia en la mente de algo percibido con anterioridad. **3.** *Fig.* Objeto que sirve para recordar a quien lo posee una persona, cosa, situación o lugar determinados.
RECULAR v. intr. [1]. Cejar o retroceder, andar hacia atrás. **2.** *Fig.* y *fam.* Flaquear, ceder en una actitud u opinión.
RECUPERABLE adj. Que puede o debe recuperarse: *un envase recuperable*.
RECUPERACIÓN n. f. Acción y efecto de recuperar o recuperarse. **2.** MED. Conjunto de medidas dirigidas a conseguir que vuelva a la normalidad el funcionamiento del aparato locomotor.
RECUPERADOR n. m. INDUSTR. Aparato para la recuperación de calor o de energía.
RECUPERAR v. tr. [1]. Volver a tener algo que, habiéndolo poseído antes, se había perdido. **2.** Trabajar un determinado tiempo para remplazar el que se ha perdido por una causa cualquiera. **3.** Volver a poner en servicio lo que ya estaba inservible. **4.** Aprobar un examen después de haberlo suspendido en la primera convocatoria. ♦ **recuperarse** v. pron. **5.** Volver a la normalidad física o espiritual después de una crisis. **6.** Recobrar el conocimiento después de un desmayo.
RECURRENCIA n. f. BOT. Fenómeno de aparición de formas relacionadas con las otras especies, más o menos afines o congéneres, alejadas en el tiempo o en el espacio.
RECURRENTE adj. y n. m. y f. Que recurre. ♦ adj. **2.** ANAT. Que vuelve hacia atrás: *nervios recurrentes*. • **Imagen recurrente**, imagen que persiste después de que el ojo haya sido impresionado por un objeto muy iluminado. ♦ n. m. y f. **3.** DER. Persona que tiene entablado un recurso.
RECURRIR v. intr. [3]. Buscar en alguien o en algo ayuda en una necesidad. **2.** Volver una cosa al lugar de donde salió. **3.** DER. Acudir a un juez o autoridad con una demanda o petición. **4.** DER. Entablar recurso contra una resolución.
RECURSIVO, A adj. INFORMÁT. Dícese de un programa organizado de tal forma que puede pedir su propia ejecución en el curso de su desarrollo.
RECURSO n. m. Acción y efecto de recurrir. **2.** Medio al que se recurre o se puede recurrir para lograr algo. **3.** DER. Medio de impugnación que persigue un nuevo examen de una resolución judicial. ♦ **recursos** n. m. pl. **4.** ECON. Medios materiales de que se puede disponer para ser utilizados para un determinado proceso económico. • **Recursos humanos**, conjunto del personal de una empresa.
RECUSACIÓN n. f. Acción y efecto de recusar.
RECUSAR v. tr. (lat. *recusare*) [1]. Rechazar, negarse a admitir algo. **2.** Rechazar a alguien por inepto y parcial. **3.** DER. Rechazar justificadamente el que ha de ser juzgado o sentenciado.
RED n. f. (lat. *retem*). Aparejo hecho con hilos, cuerdas o alambres trabados en forma de mallas, que sirve para pescar, cazar, cercar, sujetar, etc. **2.** Conjunto de tuberías, líneas de comunicación, de tráfico, etc., que se entrecruzan: *red de carreteras*. **3.** *Fig.* Organización con ramificaciones en varios lugares y con comunicación entre ellos: *una red de supermercados*. **4.** Conjunto de personas que están en relación entre ellas por una acción común: *red de espionaje*. **5.** *Fig.* Ardid o engaño con que se atrae a una persona. **6.** En tenis y otros deportes, malla de hilo tensa que se coloca en el centro de la pista por encima de la cual debe pasar la pelota. **7.** En gimnasios y circos, malla de cuerda tensa que se coloca horizontalmente debajo de los aparatos gimnásticos cuando el ejercicio puede ser peligroso. **8.** En fútbol, malla que recubre la portería. **9.** Conjunto de ordenadores interconectados para llevar a cabo el tratamiento de datos o el intercambio de información. • **Red de teleproceso** (INFORMÁT.), conjunto de elementos capaces de tratar información, conectados entre sí por líneas telefónicas. || **Red hidrográfica**, conjunto de ríos que riegan una región.
REDACCIÓN n. f. (lat. *redactionem*). Acción y efecto de redactar. **2.** Escrito que se ha redactado. **3.** Ejercicio escolar que consiste en un relato escrito sobre un tema determinado. **4.** Lugar u oficina donde se redacta. **5.** Conjunto de redactores.
REDACTAR v. tr. [1]. Poner por escrito cosas sucedidas, acordadas o pensadas.
REDACTOR, RA n. Persona que redacta, que participa en la redacción de un periódico, libro, etc.
REDADA n. f. Acción de lanzar la red. **2.** Conjunto de animales que se capturan de una vez con la red. **3.** Operación policíaca que consiste en apresar de una vez a un conjunto de personas. **4.** Conjunto de personas.
REDAÑO n. m. Mesenterio. ♦ **redaños** n. m. pl. **2.** *Fig.* Fuerzas, valor: *persona de muchos redaños*.
REDECILLA n. f. Pequeña malla, usada para recoger el pelo. **2.** ZOOL. Segunda de las cuatro cavidades que componen el estómago de los rumiantes.
REDENCIÓN n. f. Acción y efecto de redimir. **2.** TEOL. Acción de redimir Jesucristo al género humano por medio de su pasión y muerte.
REDENTOR, RA adj. y n. Que redime. ♦ n. m. **2.** Jesucristo. (En esta acepción se escribe con mayúscula.)
REDIL n. m. Aprisco rodeado con un vallado.
REDILAS n. f. pl. *Méx.* Armazón de tablas alrededor de la plataforma de un camión: *camión de redilas*.
REDIMIR v. tr. y pron. [3]. Rescatar al cautivo o sacarle de la esclavitud mediante el pago de un precio. **2.** Librar de una obligación extinguiéndola: *redimir del ayuno*. **3.** Poner fin a una vejación, penuria, dolor, etc. **4.** DER. Dejar libre una cosa de hipoteca, prenda u otro gravamen; librar de culpa o gravamen. ♦ v. tr. **5.** Comprar de nuevo una cosa que se había poseído y vendido.
REDINGOTE n. m. Especie de capote con mangas.
REDISTRIBUCIÓN n. f. Cambio que se opera en la estructura distributiva de los bienes o rentas. **2.** Modificación en la distribución que proviene de una intervención estatal deliberada con una finalidad social.
REDISTRIBUIR v. tr. [29]. Efectuar una redistribución.
RÉDITO n. m. (lat. *reditum*; de *redire*, regresar). Cantidad de dinero que produce, durante un período de tiempo, un bien de capital, como consecuencia de su inversión en una actividad lucrativa. **2.** Interés producido por 100 unidades en un año. SIN.: *tanto por ciento*.
REDITUAR v. tr. [1g]. Rendir, producir utilidad o rédito.
REDIVIVO, A adj. Vuelto a la vida, resucitado.
REDOBLAMIENTO n. m. Acción y efecto de redoblar.
REDOBLANTE n. m. Tambor alargado con caja de madera, cuyo sonido es más alto que el tambor corriente.
REDOBLAR v. tr. [1]. Hacer que una cosa, especialmente un clavo, se doble sobre sí mismo. ♦ v. tr. y pron. **2.** Aumentar, intensificar algo otro tanto o el doble de lo que antes era: *redoblar la vigilancia*. ♦ v. intr. **3.** Tocar redobles en el tambor.

REDOBLE n. m. Redoblamiento. **2.** Toque vivo y sostenido que se produce tocando rápidamente el tambor con los palillos.
REDOMA n. f. Recipiente de laboratorio ancho de base y estrecho de cuello.
REDOMADO, A adj. Muy cauteloso y astuto. **2.** Consumado, experto.
REDOMÓN, NA adj. *Amér. Merid.* Dícese de la caballería no domada por completo.
REDONDA n. f. Comarca: *el labrador más rico de la redonda*. **2.** MÚS. Figura de nota musical, que está considerada como medida fundamental del tiempo, o sea, como unidad básica de la métrica musical. • **A la redonda**, alrededor. ♦ n. f. y adj. **3.** Tipo de letra común, de forma circular y derecha. **4.** Redondilla.
REDONDEADO, A adj. De forma aproximadamente redonda.
REDONDEAR v. tr. y pron. [1]. Hacer redondo o más redondo. **2.** *Fig.* Completar algo de modo satisfactorio: *redondear un negocio*. ♦ v. tr. **3.** Hablando de cantidades, prescindir de fracciones para completar unidades de cierto orden. ♦ **redondearse** v. pron. **4.** *Fig.* Incrementar o tener alguien bastantes bienes o rentas para poder vivir.
REDONDEL n. m. *Fam.* Círculo o circunferencia. **2.** TAUROM. Ruedo.
REDONDELA n. f. *Argent.* y *Chile.* Cualquier objeto circular. **2.** *Chile. Fam.* Círculo.
REDONDELA n. f. Villa de España (Pontevedra), cab. de p. j.; 27 751 hab. *(Redondelanos.)* Pesca. Industria alimentaria, madera, confección, funciones.
REDONDEZ n. f. Calidad de redondo. **2.** Superficie de un cuerpo redondo: *la redondez de la Tierra*.
REDONDILLA n. f. y ad. Carácter de escritura derecha y circular, con los trazos más gruesa que en la escritura ordinaria. SIN.: *redonda*. ♦ n. f. **2.** MÉTRIC. Estrofa formada por cuatro versos octosílabos que riman aconsonantadamente, el primero con el cuarto y el segundo con el tercero.
REDONDO, A adj. (lat. *rotundum*). Dícese de un cuerpo o una figura que se pueden obtener por revolución de una superficie o de una línea alrededor de un eje: *la esfera, el cilindro y el cono son cuerpos redondos*. **2.** Dícese del perfil de sección circular o aproximadamente circular: *mesa de cantos redondos*. **3.** *Fig.* Perfecto, acabado, que no presenta fallos: *un negocio redondo*. **4.** *Fig.* Categórico, claro, sin duda: *su respuesta fue un: no redondo*. **5.** *Fig.* Dícese de la cantidad o del número de cuya parte fraccionaria o más pequeña se prescinde. ♦ n. m. **6.** CARN. En el despiece de la carne bovina, nombre de un trozo de forma relativamente cilíndrica.
REDOVA n. f. *Méx.* Trozo pequeño de madera hueco que se toca a manera de tambor de madera, característico de la música del N de México. **2.** *Méx.* Grupo musical que toca composiciones típicas del N del país.
REDUCCIÓN n. f. Acción y efecto de reducir o reducirse: *reducción de la jornada laboral*. **2.** Disminución de precio. **3.** Operación a que se someten los resultados de las observaciones para corregirlos de los factores que alteran la exactitud de las medidas, tales como aberraciones, perturbaciones, etc. **4.** CIR. Acción de colocar en su lugar los huesos dislocados o fracturados. **5.** MAT. Operación por la que se remplaza una figura por otra semejante, pero más pequeña. **6.** Transformación que remplaza una expresión algebraica por otra equivalente, pero más simple o más manejable. **7.** MÚS. Arreglo de una partitura para que pueda ser interpretada por una formación instrumental o vocal de menos efectivos. **8.** QUÍM. Reacción en la que se extrae el oxígeno de un cuerpo que lo contiene o, más

RED

generalmente, en la que un átomo o un ion ganan electrones.
REDUCCIONISMO n. m. FILOS. Tendencia a simplificar los enunciados o fenómenos complejos, exponiéndolos en proposiciones sencillas.
REDUCIBLE adj. Que se puede reducir. • **Ecuación reducible,** ecuación cuyo grado puede disminuirse. || **Fracción, o quebrado, reducible,** fracción o quebrado que pueden simplificarse.
REDUCIDO, A adj. Estrecho, pequeño, limitado: *un espacio reducido.* ♦ adj. y n. f. **2.** MAT. Dícese del resultado de varias reducciones.
REDUCIDOR, RA n. Argent., Chile, Colomb. y Perú. Perista, persona que comercia con objetos robados.
REDUCIR v. tr. y pron. (lat. *reducere*) [20]. Disminuir, limitar algo de tamaño, extensión, intensidad o importancia. **2.** Cambiar una cosa en otra de características distintas y generalmente dividiéndola en partes menudas: *reducir a cenizas.* **3.** Obligar a alguien a aceptar u obedecer cierta situación o a realizar una acción involuntaria: *reducir al enemigo.* **4.** Resumir, explicar o describir algo, manifestando sólo sus rasgos más representativos. **5.** Concentrar por ebullición: *reducir una salsa.* ♦ v. tr. **6.** AUTOM. Pasar de una marcha a otra más corta, para disminuir la velocidad del vehículo. **7.** FÍS. Efectuar una reducción. **8.** MAT. Transformar, simplificar: *reducir dos fracciones al mismo denominador.* **9.** QUÍM. Extraer el oxígeno de un cuerpo y, más generalmente, hacer que un átomo o un ion ganen electrones. ♦ **reducirse** v. pron. **10.** Moderarse, ceñirse.
REDUCTO n. m. (ital. *ridotto*). Lugar que presenta condiciones para encerrarse o defenderse. **2.** Obra fortificada aislada y cerrada. **3.** *Fig.* Lugar que se considera posesión exclusiva de un determinado grupo, ideología, etc.
REDUCTOR, RA adj. Que reduce o sirve para reducir. ♦ adj. y n. m. **2.** MEC. Dícese de un mecanismo que disminuye la velocidad de rotación de un eje. **3.** QUÍM. Dícese del cuerpo que tiene la propiedad de reducir: *el carbono es un reductor.*
REDUNDANCIA n. f. Empleo de palabras innecesarias por estar ya dicho lo que ellas expresan en la frase.
REDUNDANTE adj. Que presenta redundancia.
REDUNDAR v. intr. (lat. *redundare*) [1]. Resultar, venir a ser o a parar una cosa en beneficio de alguien o algo.
REEDICIÓN n. f. Acción de reeditar. **2.** Nueva edición.
REEDITAR v. tr. [1]. Hacer una nueva edición.
REEDUCACIÓN n. f. Conjunto de métodos que tienen como objetivo desarrollar las funciones sanas en un niño o un adulto disminuido, para compensar sus deficiencias y reintegrarlo en un ambiente normal.
REEDUCAR v. tr. [1a]. Someter a los métodos de reeducación.
REELECCIÓN n. f. Acción de reelegir.
REELEGIR v. tr. [30b]. Elegir de nuevo para el mismo cargo a la persona que lo ocupaba por una elección anterior.
REEMBARCAR v. tr. y pron. [1a]. Volver a embarcar, inmediatamente después de haber desembarcado. ♦ **reembarcarse** v. pron. **2.** *Fig.* Meterse de nuevo en un asunto, negocio, etc.
REEMBARQUE n. m. Acción y efecto de reembarcar.
REEMBOLSAR v. tr. [1]. Rembolsar.
REEMBOLSO n. m. Rembolso.
REEMISOR n. m. Repetidor.
REEMPLAZAR v. tr. [1g]. Remplazar.
REEMPRENDER v. tr. [2]. Reanudar algo que se había interrumpido.

REENCARNACIÓN n. f. Encarnación de un alma en un nuevo cuerpo, tras separarse, por la muerte, de otro.
REENCARNAR v. tr. y pron. [1]. Efectuar una reencarnación.
REENCAUCHAR v. tr. [1]. *Colomb.* y *Perú.* Recauchutar.
REENCUENTRO n. m. Situación de volverse a encontrar dos o más personas.
REENGANCHAR v. tr. y pron. [1]. Continuar en el servicio militar.
REENGANCHE n. m. Acción y efecto de reengancharse.
REENVIAR v. tr. [1t]. Reexpedir.
REENVÍO n. m. Reexpedición.
REESTRENAR v. tr. [1]. Volver a estrenar, especialmente películas u obras teatrales al cabo de algún tiempo de su estreno.
REESTRENO n. m. Acción y efecto de reestrenar.
REESTRUCTURAR v. tr. [1]. Modificar la estructura de una obra, disposición, empresa, proyecto, etc.: *reestructurar la industria textil.*
REEXPEDICIÓN n. f. Acción y efecto de reexpedir.
REEXPEDIR v. tr. [30]. Enviar algo recibido previamente al lugar de donde procede o a otro sitio.
REEXPORTAR v. tr. [1]. Exportar lo que se había importado.
REFACCIÓN n. f. Comida ligera que se toma para reparar fuerzas. **2.** *Méx.* Pieza de repuesto para cualquier aparato mecánico.
REFACCIONARIA n. f. *Méx.* Tienda de refacciones para aparatos mecánicos.
REFAJO n. m. Falda de tela gruesa que usaban las mujeres como prenda interior de abrigo.
REFALOSA n. f. *Argent.* y *Chile.* Baile popular. **2.** *Argent.* y *Chile.* Pancutras.
REFECTORIO n. m. Comedor común de un colegio o convento.
REFERENCIA n. f. Acción y efecto de establecer relación entre una cosa y otra, o de aludir a algo: *hacer referencia a hechos pasados.* **2.** Nota con la que en un texto se remite a otro o a otra parte del mismo. **3.** Noticia, información: *las referencias de la guerra.* **4.** Informe que se da o se tiene sobre las cualidades, aptitudes o solvencia de alguien o algo: *dar buenas referencias.* (Suele usarse en plural.) • **Sistema de referencia** (MAT.), sistema de elementos que sirven para fijar la posición de un elemento variable.
REFERENCIAL n. m. Conjunto de elementos que forman un sistema de referencia. **2.** Conjunto de los elementos unidos a este sistema. **3.** MAT. Conjunto general en el que los conjuntos estudiados constituyen subconjuntos.
REFERÉNDUM n. m. Procedimiento jurídico por el que se somete al voto popular una medida constitucional o legislativa.
REFERENTE adj. Que se refiere a la cosa que se expresa: *declaraciones referentes a la economía.*
REFERÍ n. m. *Amér.* Juez de una competición deportiva, árbitro.
RÉFERI n. m. *Méx.* Referí.
REFERIR v. tr. (lat. *referre*) [22]. Dar a conocer, narrar algo real o ficticio: *referir una anécdota.* **2.** Remitir, enviar al lector a otro texto. **3.** Atribuir algo a un motivo, origen, época, etc. **4.** Reducir o dar la equivalencia de una cantidad en otro tipo de unidades o monedas: *referir una suma a pesetas.* ♦ v. tr. y pron. [1]. **5.** Establecer una relación: *referir a alguien varias cualidades.* **6.** Aludir, mencionar explícita o implícitamente: *se refería a ti.*
REFILAR v. intr. [1]. *Chile.* Pasar tocando ligeramente una cosa.
REFILÓN. De refilón, se aplica a la forma oblicua o ladeada de incidir una cosa en otra; *(Fam.),* superficialmente, sin dedicarle mucha atención.
REFINACIÓN n. f. Acción y efecto de refinar.

REFINADO, A adj. Exquisito, muy cuidado en todos sus detalles y libre de tosquedad o vulgaridad. **2.** *Fig.* Perfecto, consumado en alguna cualidad o defecto: *una crueldad refinada.* **3.** INDUSTR. Libre de impurezas: *aceite refinado.* ♦ n. m. **4.** Refinación. **5.** PETRÓL. Producto de refino.
REFINADOR, RA adj. Que refina: *pila refinadora.* ♦ n. **2.** Persona que explota o posee una refinería. ♦ n. m. **3.** El que se dedica al afinado de metales. **4.** Técnico o industrial especializado en el refino de petróleo. **5.** Aparato utilizado para refinar o purificar la pasta de papel.
REFINAMIENTO n. m. Esmero, buen gusto, manera cuidada, refinada. **2.** Ensañamiento en el proceder de personas astutas o maliciosas: *cruel refinamiento.* **3.** Detalle de perfección: *una casa con todos los refinamientos modernos.*
REFINAR v. tr. [1]. Hacer más fina o más pura una cosa, separando cualquier impureza o materia heterogénea. **2.** *Fig.* Perfeccionar una cosa, cuidando sus últimos detalles y adecuándola a un fin determinado: *refinar los modales.* **3.** Efectuar la refinación del azúcar, aceite, metales, etc.
REFINERÍA n. f. Instalación industrial donde se refinan determinados productos, como azúcar, petróleo, etc.
REFINO n. m. Transformación del petróleo crudo en productos acabados. **2.** Tratamiento a que se somete un producto derivado del petróleo para transformarlo, fraccionarlo y purificarlo.
REFLECTAR v. intr. [1]. Reflejar la luz, el calor, etc.
REFLECTOR, RA adj. Que refleja: *espejo reflector.* ♦ n. m. **2.** Aparato de superficie bruñida que refleja los rayos luminosos, el calor u otra radiación. **3.** Aparato que lanza la luz de un foco luminoso en determinada dirección.
REFLEJAR v. tr. [1]. Hacer retroceder o cambiar la dirección de la luz, el calor, el sonido o algún cuerpo elástico, oponiéndoles una superficie lisa. ♦ v. tr. **2.** *Fig.* Manifestar, hacer patente o perceptible una cosa. ♦ v. tr. y pron. **3.** Devolver una superficie brillante la imagen de un objeto.
REFLEJO, A adj. (lat. *reflexum*, retroceso). Que ha sido reflejado: *onda refleja.* **2.** Que tiene lugar por reflexión: *visión refleja.* **3.** Dícese de un efecto que siendo producido en un sitio se reproduce espontáneamente en otro: *dolor reflejo.* **4.** Dícese de las acciones que obedecen a motivaciones inconscientes: *acto reflejo.* ♦ n. m. **5.** Destello, luz reflejada por un objeto. **6.** Imagen, representación de algo o alguien o cosa que manifiesta algo. **7.** Reacción rápida ante un acontecimiento repentino: *tener buenos, malos reflejos.* **8.** FISIOL. Conjunto de una excitación sensorial transmitida a un centro por vía nerviosa y de la respuesta motriz o glandular, siempre involuntaria, que provoca.
REFLEX adj. y n. f. (voz inglesa). Dícese de la cámara dotada de un visor que, mediante un sistema óptico adecuado, permite la observación de la imagen en condiciones idénticas a como va a ser captada por la película.
REFLEXIÓN n. f. (lat. *reflexionem*). Acción y efecto de reflejar. **2.** Acción y efecto de reflexionar. **3.** *Fig.* Advertencia, consideración, consejo. **4.** Cambio de dirección de un cuerpo que ha chocado con otro. **5.** Cambio de dirección de las ondas electromagnéticas o sonoras que inciden sobre una superficie reflectante. • **Ángulo de reflexión,** ángulo formado por el rayo reflejado y la perpendicular a la superficie reflectante en el punto de incidencia. (El ángulo de reflexión es igual al ángulo de incidencia.)
REFLEXIONAR v. tr. [1]. Centrar el pensamiento en algo, considerar con atención.
REFLEXIVO, A adj. Que refleja o reflecta. **2.** Que habla o actúa con reflexión. • **Pro-**

nombre reflexivo, pronombre personal átono que designa la misma persona o la misma cosa que el sujeto. ‖ **Verbo reflexivo,** aquel cuyo complemento es un pronombre reflexivo.

REFLUIR v. intr. [29]. Volver hacia atrás una corriente líquida. **2.** *Fig.* Redundar una cosa en otra.

REFLUJO n. m. Movimiento de descenso de la marea. **2.** MED. Flujo de un líquido en sentido inverso al normal.

REFOCILAR v. tr. y pron. [1]. Divertir de forma grosera o causar alegría maligna.

REFORESTACIÓN n. f. Reconstitución de un bosque. **2.** Repoblación artificial por plantación de pequeños árboles.

REFORMA n. f. Acción y efecto de reformar. **2.** Innovación o mejora que se propone, proyecta o ejecuta en alguna cosa.

REFORMABLE adj. Que se puede o debe reformar. **2.** Digno de reforma.

REFORMADO, A adj. y n. Partidario de la religión reformada, protestante. **2.** Religioso de una orden reformada. ♦ adj. **3. Religión reformada,** religión protestante, protestantismo. ♦ n. m. **4.** Gasolina cuyo índice de octano ha sido mejorado mediante reforming.

REFORMAR v. tr. (lat. *reformare*) [1]. Modificar con el fin de mejorar, dar un nuevo aspecto. **2.** Efectuar el proceso de reforming. ♦ **reformarse** v. pron. **3.** Cambiarse, corregirse.

REFORMATORIO, A adj. Que reforma o arregla. ♦ n. m. **2.** Establecimiento penitenciario para el tratamiento correccional de los menores de edad, a fin de readaptarlos a la vida social.

REFORMISMO n. m. Doctrina orientada a la transformación, por vías legales de las estructuras políticas, económicas y sociales. **2.** Denominación dada por algunos historiadores al despotismo ilustrado en España.

REFORMISTA adj. n. m. y f. Relativo al reformismo; partidario de esta doctrina.

REFORZANTE n. m. Tónico.

REFORZAR v. tr. (lat. *reformare*) [1n]. Aumentar o añadir nuevas fuerzas a algo. **2.** Fortalecer o reparar. ♦ v. tr. y pron. **3.** *Fig.* Alentar, animar, fortalecer.

REFRACCIÓN n. f. Acción y efecto de refractar o refractarse. **2.** FÍS. Cambio de dirección de una onda o de un rayo luminoso al pasar de un medio a otro.

REFRACTAR v. tr. y pron. [1]. Hacer que cambie de dirección el rayo de luz, que pasa oblicuamente de un medio a otro diferente: *el prisma refracta la luz.*

REFRACTARIO, A adj. Opuesto, rebelde a aceptar o recibir una idea, enseñanza, opinión o costumbre. **2.** Inmune a alguna enfermedad. ♦ adj. y n. m. **3.** Que resiste a ciertas influencias físicas o químicas. **4.** Que resiste a muy altas temperaturas: *arcilla refractaria.* **5.** BIOL. Que resiste a una infección microbiana.

REFRACTOR n. m. Anteojo formado únicamente de lentes.

REFRÁN n. m. Sentencia que consta de pocas palabras y es de carácter popular y didáctico.

REFRANERO n. m. Colección de refranes.

REFRANGIBLE adj. Susceptible de refracción.

REFREGAR v. tr. y pron. [1d]. Frotar una cosa contra otra repetidamente. **2.** *Fig.* y *fam.* Decir, mostrar o recordar insistentemente algo que ofende, humilla, avergüenza o mortifica.

REFRENAR v. tr. (lat. *refrenare*; de *frenare, frenar*) [1]. Sujetar o reducir el jinete al caballo con el freno. ♦ v. tr. y pron. **2.** *Fig.* Contener, reprimir, aminorar, evitar que se manifieste violentamente un impulso o pasión: *refrenar la cólera.*

REFRENDAR v. tr. [1]. Autorizar un despacho u otro documento por medio de la firma de persona hábil para ello. **2.** *Fig.* Corroborar, aceptar confirmando la cualidad o forma de ser que se exprese de algo o alguien.

REFRENDARIO, A n. Funcionario público con autoridad, después del superior, para legalizar con su firma un despacho o documento.

REFRENDO n. m. Acto por el que el ministro competente se responsabiliza, con su firma, de un decreto o mandato suscrito por el jefe del estado y de la fuerza coercitiva. **2.** Firma del refrendario.

REFRESCAR v. tr. y pron. [1a]. Atemperar, disminuir la temperatura o el calor. **2.** *Fig.* Hacer que se recuerden cosas olvidadas o volver a hacer actuar algo: *refrescar la memoria.* ♦ v. intr. **3.** Disminuir su temperatura el tiempo en general, el ambiente o el calor del aire. ♦ v. intr. y pron. **4.** *Fig.* Tomar fuerzas, vigor o aliento, o recuperarlas después de una pérdida o disminución de los mismos. **5.** Tomar alguna bebida. **6.** *Fam.* Tomar el fresco.

REFRESCO n. m. Bebida fría o atemperada, sin alcohol, que se toma para quitar la sed. **2.** Refrigerio, alimento moderado y ligero que se suele tomar en un descanso del trabajo. • **De refresco,** de nuevo.

REFRIEGA n. f. Combate inferior, en importancia y participación de fuerzas, a una batalla. **2.** Riña o disputa violenta.

REFRIGERACIÓN n. f. Operación que tiene por objeto hacer descender la temperatura, eliminar calor o producir frío.

REFRIGERADO, A adj. Que ha sufrido el proceso de refrigeración: *carne refrigerada.*

REFRIGERADOR, RA adj. Que refrigera: *aparato refrigerador.* ♦ n. m. **2.** Aparato de producción de frío. **3.** Nevera, frigorífico.

REFRIGERADORA n. f. *Perú.* Nevera, frigorífico.

REFRIGERANTE adj. Que refrigera. ♦ n. m. **2.** Aparato, instalación o sustancia para enfriar. **3.** Intercambiador de calor utilizado para enfriar un líquido o un gas mediante un fluido más frío.

REFRIGERAR v. tr. y pron. (lat. *refrigerare*) [1]. Enfriar, someter a la refrigeración.

REFRIGERIO n. m. Comida ligera que se toma, generalmente entre las principales, para reparar fuerzas. **2.** *Fig.* Alivio con que se suele en cualquier incomodidad o pena.

REFRINGENCIA n. f. Propiedad de refractar la luz.

REFRINGENTE adj. Que refracta la luz; que quiebra. FÍS. Que refracta la luz: *medio refringente.*

REFRINGIR v. tr. y pron. [3b]. Refractar.

REFRITO, n. m. Aceite recalentado con la sartén o muy frito. ♦ n. m. **2.** Comida o condimento formados por trozos pequeños y fritos de algo. **3.** *Fig.* y *fam.* Cosa rehecha o recompuesta, especialmente una obra u obra literaria, o compuesta por fragmentos de otras.

REFUCILAR v. intr. [1]. *Amér.* Relampaguear.

REFUCILO n. m. *Amér.* Relámpago.

REFUERZO n. m. Acción y efecto de reforzar. **2.** Cualquier cosa con que se refuerza o repara algo, fortaleciéndolo. **3.** *Fig.* Ayuda que se presta o recibe en alguna necesidad. **4.** TECNOL. Pieza que se une o junta con otra para fortalecerla y aumentar su resistencia, o para evitar que se desgaste. **5.** TEXT. En una pieza o prenda de punto, parte más gruesa o tejida con hilo más resistente. ♦ **refuerzos** n. m. pl. **6.** Tropas que se suman a otras para aumentar su fuerza o eficacia.

REFUGIADO, A n. Persona que, a consecuencia de guerras, revoluciones, persecuciones, etc., vive fuera de su país.

REFUGIARSE v. pron. [1]. Retirarse o ir a un lugar para encontrar seguridad o tranquilidad.

REFUGIO n. m. Lugar o construcción que sirve para resguardar de las inclemencias del tiempo. **2.** Asilo, acogida o amparo. **3.** Zona situada dentro de la calzada, reservada para los peatones y convenientemente protegida del tránsito rodado. **4.** Construcción subterránea para preservarse de los bombardeos. **5.** Edificio construido en las montañas para acoger a excursionistas.

REFULGENCIA n. f. Cualidad de refulgente.

REFULGENTE adj. Que emite resplandor.

REFULGIR v. intr. (lat. *refulgere*) [3b]. Resplandecer, brillar, emitir o dar fulgor.

REFUNDICIÓN n. f. Acción y efecto de refundir. **2.** Obra refundida.

REFUNDIR v. tr. (lat. *refundere*) [3]. Volver a fundir. **2.** *Fig.* Dar nueva forma y disposición a una obra. ♦ v. tr. y pron. **3.** Fundir, reunir.

REFUNFUÑAR v. intr. (vcz onomatopéyica) [1]. Emitir voces confusas o palabras mal articuladas en señal de enojo o desagrado.

REFUNFUÑÓN, NA adj. y n. Que refunfuña. **2.** Inclinado a refunfuñar, que tiene por costumbre quejarse de todo.

REFUTABLE adj. Que puede refutarse.

REFUTACIÓN n. f. Acción y efecto de refutar. **2.** Argumento o prueba cuyo objeto es destruir las razones del contrario.

REFUTAR v. tr. (lat. *refutare*) [1]. Impugnar con argumentos o razones lo que otros dicen.

REGADERA n. f. Vasija portátil, a propósito para regar. **2.** *Méx.* Ducha.

REGADERAZO n. m. *Méx.* Baño ligero que se toma con una regadera.

REGADÍO, A adj. y n. m. Dícese del terreno que se puede regar. ♦ n. m. **2.** Terreno dedicado a cultivos que se fertilizan con el riego.

REGALADO, A adj. Agradable, con muchas comodidades o placeres: *una vida regalada.* **2.** *Fig.* y *fam.* Muy barato: *comprar a un precio regalado.*

REGALADO (Tomás), militar y político salvadoreño (Santa Ana 1860-Guatemala 1906), presidente de la república (1899-1903).

REGALAR v. tr. [1]. Dar sin recibir nada a cambio. **2.** Halagar, dar muestras de afecto o admiración. ♦ v. tr. **3.** Deleitar, recrear. ♦ **regalarse** v. pron. **4.** Procurarse cosas que proporcionan comodidad, agrado, placer, etc.

REGALÍA n. f. Derecho exclusivo del soberano. **2.** *Fig.* Privilegio o excepción de cualquier clase. **3.** ECON. Participación en los ingresos o cantidad fija que se paga al propietario de un derecho a cambio del permiso para ejercerlo.

REGALIZ n. m. Planta arbustiva de la familia papilionáceas. **2.** Trozo seco de la raíz de esta planta. **3.** Pasta elaborada con el jugo de la raíz de dicha planta.

REGALO n. m. Aquello que se regala. **2.** Placer o gusto que una cosa proporciona, especialmente una comida o bebida. **3.** Comodidades y placeres con que se vive: *llevar una vida llena de regalo.*

REGALONEAR v. tr. [1]. *Argent.* y *Chile.* Tratar con excesivo regalo. ♦ v. intr. **2.** *Chile.* Dejarse mimar.

REGANTE adj. Que riega. ♦ n. m. y f. **2.** Persona que tiene derecho de regar con agua comprada o repartida para ello. **3.** Obrero encargado del riego de los campos.

REGAÑADIENTES, A regañadientes, de mala gana, refunfuñando.

REGAÑAR v. intr. [1]. Refunfuñar, dar muestras de enfado con palabras y gestos. **2.** *Fam.* Reñir, disputar dos o más personas. ♦ v. tr. **3.** *Fam.* Reprender a una persona.

REGAÑO n. m. Palabras y gestos con que se regaña. **2.** *Fam.* Reprensión.

REGAR v. tr. (lat. *rigare*) [1d]. Esparcir o derramar agua sobre la tierra, las plantas, etc., para beneficiarla, limpiarla o refrescarla. **2.** Atravesar un río, afluente o canal una comarca o territorio. • **Regarla** (*Méx. Fam.*), cometer un gran descuido, hacer o decir algo sumamente inconveniente. ♦ v. tr. y pron. **3.** *Fig.* Esparcir, derramar: *regar el suelo de papeles.*

REGATA n. f. Competición entre varias embarcaciones. **2.** Reguera pequeña.

REGATE n. m. Ademán o movimiento rápido que se hace con el cuerpo, hurtándolo para evitar un golpe, choque o caída. **2.** *Fig. y fam.* Recurso o salida con que se elude hábilmente una dificultad, una obligación, un compromiso, etc. **3.** DEP. Acción de driblar.

REGATEAR v. tr. [1]. Debatir el comprador y el vendedor el precio de una mercancía. **2.** Vender al por menor los comestibles que se han comprado al por mayor. **3.** *Fig. y fam.* Escatimar, ahorrar. ♦ v. intr. **4.** Hacer regates, ademanes. ♦ v. tr. e intr. **5.** Driblar.

REGATEO n. m. Acción y efecto de regatear.
REGATISTA n. m. y f. Deportista de regatas.
REGAZO n. m. Cavidad que forma una falda entre la cintura y la rodilla, cuando la persona está sentada. **2.** Parte del cuerpo comprendida entre la cintura y las rodillas, cuando la persona está sentada. **3.** *Fig.* Aquello que da proporciona amparo y refugio.

REGENCIA n. f. Gobierno establecido durante la minoridad, la ausencia o la incapacidad de un rey. • **Estilo regencia,** estilo artístico de transición entre Luis XIV y Luis XV.

REGENERACIÓN n. f. Acción o efecto de regenerar. **2.** BIOL. Capacidad natural de un órgano para sustituir tejidos u órganos lesionados o perdidos.

REGENERACIONISMO n. m. Movimiento que propone una serie de reformas políticas, económicas y sociales para la regeneración del país.

REGENERAR v. tr. y pron. (lat. *regenerare*) [1]. Volver a poner en buen estado, o mejorar una cosa degenerada o gastada. **2.** *Fig.* Corregir, hacer que una persona cambie de vida apartándose del vicio. **3.** Tratar materias gastadas para que puedan servir de nuevo: *regenerar el caucho.* **4.** QUÍM. Restablecer la actividad de un catalizador.

REGENTA n. f. Mujer del regente. **2.** En algunos centros de enseñanza, profesora.
REGENTAR v. tr. [1]. Desempeñar temporalmente cierto cargo o empleo como sustituto. **2.** Ejercer u ocupar un cargo honorífico o de autoridad. **3.** Dirigir un negocio: *regentar un hotel.*
REGENTE adj. n. m. y f. Que rige o gobierna. ♦ n. m. **2.** En las órdenes religiosas, el que gobierna y rige los estudios. **3.** En España, magistrado que presidía una audiencia territorial. ♦ n. m. y f. **4.** Jefe del gobierno durante la minoría de edad, la ausencia o la enfermedad de un soberano. **5.** Persona que, sin ser el dueño, dirige o lleva el mando de un negocio.
REGICIDA adj. y n. m. y f. Asesino de un rey.
REGICIDIO n. m. Acto o crimen del regicida.
REGIDOR, RA adj. Que rige o gobierna. ♦ n. **2.** Concejal. **3.** En un teatro o en una producción cinematográfica o televisiva, persona que se encarga de hacer cumplir las órdenes del director, y que tiene la responsabilidad del desarrollo del espectáculo.
REGIDORÍA o **REGIDURÍA** n. f. Oficio de regidor.

RÉGIMEN n. m. (lat. *regimen*) [pl. *regímenes*]. Conjunto de normas que rigen una cosa o modo con que se rigen: *régimen penitenciario.* **2.** Serie de condiciones regulares y habituales que provocan y acompañan una sucesión de fenómenos determinados: *régimen de lluvias de un país.* **3.** Regla observada en el modo de vida, y especialmente en las comidas y en las bebidas. **4.** Forma de funcionamiento de la organización política, social o económica de un estado: *régimen parlamentario.* **5.** Denominación dada en España a la dictadura franquista, y en América, a los gobiernos dictatoriales. **6.** Forma de funcionamiento normal de una máquina. **7.** Velocidad de rotación de un motor. **8.** Conjunto de variaciones experimentadas por el caudal de un curso de agua: *regímenes fluviales.* **9.** Forma en que se mueve un fluido: *régimen turbulento.* **10.** LING. Dependencia que entre sí tienen las partes en la oración. **11.** Preposición que pide un determinado verbo.

REGIMIENTO n. m. MIL. Unidad orgánica de una misma arma, cuyo jefe es un coronel.
REGIO, A adj. (lat. *regium*). Relativo al rey. **2.** *Fig.* Suntuoso, magnífico: *mansión regia.* **3.** *Argent., Chile* y *Urug. Fam.* Excelente, magnífico. • **Agua regia,** mezcla de ácido nítrico y de ácido clorhídrico, que disuelve el oro y el platino.
REGIOMONTANO, NA adj. y n. De Monterrey.
REGIÓN n. f. (lat. *regionem*). Territorio o zona que debe su unidad a causas físicas, como clima, vegetación, relieve o humanas como población, economía, estructuras políticas, o administrativas, etc. **2.** *Fig.* Espacio o lugar que se imagina de gran amplitud: *las regiones remotas del universo.* **3.** *Fig.* Parte, sitio, lugar: *la región del inconsciente.* **4.** Nombre de algunas áreas administrativas mayores de ciertos países. **5.** ANAT. Nombre que se da a algunas zonas amplias y delimitadas del organismo.
REGIONAL adj. Relativo a una región.
REGIONALISMO n. m. Doctrina política y social cuyo principio consiste en favorecer las agrupaciones regionales. **2.** Tendencia a sólo considerar los intereses particulares de la región en que se habita. **3.** Tendencia a otorgar autonomía a las regiones. **4.** Palabra, giro o locución propios de una región.
REGIONALISTA adj. y n. m. y f. Relativo al regionalismo; partidario del regionalismo.
REGIONALIZACIÓN n. f. Transferencia a las regiones de las competencias que pertenecían al poder central. **2.** División del mundo en grandes regiones.
REGIONALIZAR v. tr. [1g]. Efectuar una regionalización.
REGIR v. tr. (lat. *regere*, gobernar) [30b]. Dirigir, mandar con autoridad. **2.** Guiar, conducir. **3.** LING. Tener por complemento; fijar, determinar. ♦ v. intr. **4.** Estar vigente, tener validez una ley, disposición, etc. **5.** Evacuar normalmente el intestino. **6.** *Fam.* Estar una persona cuerda, en su juicio.

REGISTRO, A adj. Dícese de un modelo o marca que se somete a la formalidad del registro, para protegerlo contra las falsificaciones.
REGISTRADOR, RA adj. Que registra. ♦ adj. y n. m. **2.** TECNOL. Dícese del aparato que deja anotados automáticamente el resultado de ciertos fenómenos. ♦ n. **3.** Funcionario que tiene a su cargo algún registro público: *registrador de la propiedad.*
REGISTRAR v. tr. [1]. Mirar, examinar una cosa con cuidado y minuciosidad para encontrar algo que puede estar oculto. **2.** Anotar, inscribir, o incluir algo en un libro, registro, periódico, etc. **3.** Grabar sonidos o imágenes en un disco, cinta, etc., de manera que puedan reproducirse. ♦ **registrarse** v. pron. **4.** Inscribirse, matricularse. **5.** Observar, comprobar. **6.** Producirse un suceso, fenómeno, etc., que puede señalarse o anotarse mediante instrumentos apropiados.
REGISTRO n. m. Acción de registrar. **2.** Libro o cuaderno donde se anotan ciertas cosas para que consten permanentemente. **3.** Asiento, anotación o apuntamiento que queda de lo que se registra. **4.** Lugar y oficina donde se registra: *registro mercantil.* **5.** Departamento de la administración pública donde se entrega, anota y registra la documentación referente a dicha dependencia. **6.** Abertura con su tapa o cubierta que se hace en el suelo para poder examinar, limpiar o reparar lo que está empotrado o subterráneo. **7.** Conjunto de técnicas que permiten fijar, conservar y eventualmente reproducir sonidos e imágenes. **8.** ART. GRÁF. Correspondencia exacta de los diversos elementos de un trabajo de superposición. **9.** INFORMÁT. Dispositivo para el almacenamiento temporal de una o más posiciones de memoria del ordenador, destinado a facilitar diversas operaciones. **10.** MÚS. Cada una de las tres grandes partes en que se puede dividir la escala musical. **11.** MÚS. En el órgano o en el clave, nombre dado a las tablillas o botones que se maniobran en la consola y que sirven para variar la sonoridad y el timbre.
REGLA n. f. (lat. *regulum*). Instrumento largo, con aristas vivas y rectilíneas, que se usa para trazar líneas o efectuar mediciones. **2.** Pauta, utensilio para rayar el papel. **3.** Principio o fórmula establecido que se haga cierta cosa: *la regla del juego.* **4.** Ley o constancia en la producción de los hechos. **5.** Menstruación. **6.** REL. Conjunto de principios por los que se rige la vida de los religiosos de una orden monástica o de una congregación. • **Las cuatro reglas,** las cuatro operaciones fundamentales de la aritmética: sumar, restar, multiplicar y dividir. ∥ **Regla de cálculo,** instrumento utilizado para los cálculos rápidos formado por una regla graduada móvil que se desplaza sobre otra regla provista de otras graduaciones. ∥ **Regla de tres,** cálculo de una magnitud desconocida a partir de otras tres conocidas, dos de las cuales varían en proporción directa o en proporción inversa.
REGLAJE n. m. MEC. Reajuste, corrección o regulación de las piezas de un mecanismo o aparato.
REGLAMENTACIÓN n. f. Acción y efecto de reglamentar. **2.** Conjunto de reglas.
REGLAMENTAR v. tr. [1]. Sujetar a reglamento.
REGLAMENTARIO, A adj. Relativo al reglamento. **2.** Conforme al reglamento.
REGLAMENTO n. m. Conjunto de reglas o normas que regulan la aplicación de una ley, el régimen de una corporación, un deporte, etc.
REGLAR v. tr. [1]. Regular, someter a reglas.
REGOCIJAR v. tr. y pron. [1]. Causar regocijo.
REGOCIJO n. m. Alegría, sentimiento intenso de contento y placer que se manifiesta, por lo general, con signos exteriores.
REGODEARSE v. pron. [1]. Alegrarse malignamente con un daño, percance, mala situación de otro. **2.** Deleitarse, complacerse con algo. **3.** *Argent., Chile* y *Colomb.* Tardar una persona en decidirse por algo, manifestando duda en la elección y haciéndose rogar.
REGODEO n. m. Acción y efecto de regodearse. **2.** *Fam.* Diversión, entretenimiento.
REGODEÓN, NA adj. *Chile* y *Colomb. Fam.* Exigente, descontento.
REGOLDAR v. intr. [1r]. Eructar.
REGORDETE, A adj. *Fam.* Pequeño y grueso: *manos regordetas.*
REGRESAR v. intr. [1]. Volver de nuevo al lugar de donde se ha salido. ♦ v. intr. y pron. **2.** *Amér.* Volver: *nos regresamos hoy mismo.* ♦ v. tr. **3.** *Amér.* Devolver o restituir algo a su poseedor.
REGRESIÓN n. f. Retroceso, acción de volver hacia atrás. **2.** BIOL. Disminución del rendimiento funcional y atrofia de un órgano o tejido.
REGRESIVO, A adj. Dícese de lo que hace retroceder o implica retroceso.
REGRESO n. m. Acción de regresar.
REGUERO n. m. Hilo, corriente o chorro muy delgado de un líquido que se desliza sobre una superficie. **2.** Huella o señal que queda de un líquido u otra cosa que se ha ido vertiendo. **3.** Reguera.
REGULABLE adj. Que se puede regular.
REGULACIÓN n. f. Acción y efecto de regular. **2.** Operación que consiste en ajustar o corregir el funcionamiento de un aparato o de un mecanismo: *la regulación de un reloj.* **3.** BIOL. Conjunto de mecanismos

que aseguran la constancia de una característica física o química del medio interior de un animal. • **Regulación de empleo**, acción de ajustar o reducir el número de empleados de una empresa según las necesidades de ésta, en un momento determinado.

REGULADOR, RA adj. Que regula. ♦ n. m. **2**. Aparato capaz de mantener o de hacer variar según unas leyes precisas un elemento de funcionamiento de una máquina: corriente, tensión, frecuencia, presión, velocidad, potencia, etc.

REGULAR adj. (lat. *regularem*). Sujeto y conforme a una regla. **2**. Comedido, moderado en las acciones y modo de vivir. **3**. Mediano, de calidad o tamaño intermedio: *estatura regular*. • **Poliedro regular** (MAT.), poliedro que tiene todas las caras iguales y todos los ángulos diedros iguales. ‖ **Polígono regular** (MAT.), polígono que tiene todos sus ángulos y sus lados iguales. ‖ **Verbos regulares**, verbos que se atienen a las conjugaciones dadas como tipo. ♦ n. m. **4**. MIL. Soldado español encuadrado en el grupo de regulares en las plazas de Ceuta y Melilla.

REGULAR v. tr. (lat. *regulare*) [**1**]. Ajustar, poner en orden una cosa o hacer que se produzca según unas reglas: *regular un caudal de agua*. **2**. Señalar las reglas o normas a que se debe ajustarse una persona o cosa. **3**. Ajustar el funcionamiento de un sistema a determinados fines.

REGULARIDAD n. f. Calidad de regular.
REGULARIZACIÓN n. f. Acción y efecto de regularizar.
REGULARIZADOR, RA adj. y n. Que regulariza.
REGULARIZAR v. tr. [**1g**]. Regular.
REGURGITACIÓN n. f. Acción y efecto de regurgitar.
REGURGITAR v. tr. [**1**]. FISIOL. Retornar o refluir una sustancia sin ser ingerida en un conducto o cavidad.

REGUSTO n. m. Sabor secundario o difícil de determinar y que queda después de ingerir algo: *tiene un regusto amargo*. **2**. Fig. Sensación o evocación imprecisa, placentera o dolorosa, que queda después de una acción. **3**. Fig. Impresión de analogía, semejanza, etc., que evocan algunas cosas.

REHABILITACIÓN n. f. Acción y efecto de rehabilitar. **2**. Restauración y remodelación de edificios, zonas urbanizadas, etc. **3**. Recuperación progresiva de la actividad después de una enfermedad, accidente o herida.

REHABILITAR v. tr. y pron. [**1**]. Habilitar de nuevo o restituir una persona o cosa a su antiguo estado.

REHACER v. tr. [**11b**]. Volver a hacer lo que se había hecho, deshecho o hecho mal. ♦ v. tr. y pron. **2**. Reponer, reparar lo deteriorado. ♦ **rehacerse** v. pron. **3**. Recuperarse, recobrar la salud, las fuerzas, la serenidad, etc.

REHÉN n. m. Persona que queda en poder del enemigo como garantía o fianza. **2**. Fortaleza, castillo, ciudad, etc., que queda como garantía o fianza.

REHILETE n. m. Flechilla con púa para lanzarla al blanco. **2**. Volante para el juego de raqueta. **3**. TAUROM. Banderilla. **4**. *Méx*. Juguete de niños en cuya punta hay una estrella de papel, que gira movida por el viento. **5**. *Amér*. Aparato mecánico que reparte el agua en círculos y se usa para regar el patio.

REHOGAR v. tr. [**11b**]. Guisar un alimento en manteca o aceite, a fuego lento, sin agua.

REHUIR v. tr., intr. y pron. [**29a**]. Evitar o eludir hacer o decir algo. ♦ v. tr. **2**. Rehusar admitir algo.

REHUSAR v. tr. [**1w**]. Rechazar o no aceptar una cosa.

REIDOR, RA adj. y n. Que ríe con frecuencia. **2**. Risueño, alegre.

REIMPLANTAR v. tr. [**1**]. Volver a implantar. **2**. CIR. Colocar de nuevo un órgano seccionado, desprendido o extirpado en su lugar.

REIMPORTAR v. tr. [**1**]. Importar de nuevo lo que se había exportado.
REIMPRIMIR v. tr. [**3**]. Imprimir de nuevo una obra.

REIMS, c. de Francia (Marne), a orillas del Vesle; 185 164 hab. Universidad. Elaboración de champaña. Los reyes de Francia acudían a Reims a ser consagrados, en honor a Clodoveo I, allí bautizado. Su catedral es una obra maestra de la arquitectura y escultura góticas (s. XIII). Abadía de Saint-Remi (ss. XI-XIII).

REINA n. f. (lat. *reginam*). Mujer titular de un reino o princesa soberana del mismo. **2**. Esposa del rey. **3**. Mujer, animal o cosa del género femenino que por su excelencia sobresale entre las demás de su clase o especie: *reina de la belleza*. **4**. Pieza del juego de ajedrez, la más importante después del rey. SIN.: *dama*. **5**. En la baraja francesa, undécima carta de cada palo. SIN.: *dama*. • **Reina mora** (*Argent.*), pájaro de plumaje azul brillante y canto melodioso, fácilmente domesticable. ♦ n. f. y adj. **6**. Hembra fértil, con función reproductora en una colonia de insectos sociales: *abeja reina*.

REINA (La), com. de Chile (Santiago); 88 132 hab. Comprendida en el Gran Santiago.
REINA (Carlos Roberto), político hondureño (Comayagüela 1926). Liberal, fue presidente de la república de 1994 a 1998.
REINA ADELAIDA (archipiélago de la), archipiélago de Chile (Magallanes y Antártica Chilena), entre los estrechos de Magallanes y Nelson.
REINA BARRIOS (José María), político guatemalteco (San Marcos 1853-Guatemala 1898). Presidente de la república (1892-1897). Fue asesinado.

REINADO n. m. Ejercicio de la dignidad real por un rey determinado. **2**. Tiempo que dura. **3**. *Fig*. Predominio con popularidad de una persona o cosa.
REINANTE adj. Que reina.
REINAR v. intr. (lat. *regnare*) [**1**]. Regir un rey, reina o príncipe de estado. **2**. *Fig*. Predominar una o varias personas o cosas sobre otras. **3**. *Fig*. Prevalecer, permanecer con carácter general una cosa durante cierto tiempo: *reina un frío glacial*.
REINCIDENCIA n. f. Acción de reincidir. **2**. DER. PEN. Circunstancia agravante de la culpabilidad penal en que incurre el que reincide en un delito.
REINCIDENTE adj. y n. m. y f. Que reincide.
REINCIDIR v. intr. [**3**]. Volver a incurrir en un error, falta o delito.
REINCORPORACIÓN n. f. Acción y efecto de reincorporar.
REINCORPORAR v. tr. [**1**]. Volver a unir a algo lo que se había separado. **2**. Incorporar de nuevo una persona a un empleo o servicio.
REINGRESAR v. intr. [**1**]. Entrar de nuevo a formar parte de una corporación.
REINGRESO n. m. Acción y efecto de reingresar.
REINO n. m. (lat. *regnum*). Territorio o estados sujetos al gobierno de un rey. **2**. *Fig*. Ámbito, campo, que abarca un asunto o materia: *el reino del amor*. **3**. HIST. NAT. Cada uno de los tres grandes grupos objeto de estudio de la historia natural: *reino mineral, reino vegetal y reino animal*.
REINO UNIDO DE GRAN BRETAÑA E IRLANDA, o abrev. **REINO UNIDO**, Estado europeo oficialmente constituido el 1 enero 1801 por la unión de Gran Bretaña y de Irlanda (acta de 1800). Después de la secesión de la mayor parte de Irlanda en 1922, el título oficial pasó a ser *Reino Unido de Gran Bretaña e Irlanda del Norte* (1 en. 1923).
REINOSA o **REYNOSA**, c. de México (Tamaulipas); 282 667 hab. Regadíos (algodón). Industrias. Puesto fronterizo con E.U.A.

REINSERCIÓN n. f. Acción y efecto de reinsertar.
REINSERTAR v. tr. [**1**]. Efectuar las acciones que permitan a alguien reintegrarse en un grupo o en la sociedad: *reinsertar a un ex presidiario*.
REINSTAURAR v. tr. [**1**]. Instaurar de nuevo lo que había sido derrocado.
REINTEGRABLE adj. Que se puede o se debe reintegrar.
REINTEGRACIÓN n. f. Acción y efecto de reintegrar o reintegrarse.
REINTEGRAR v. tr. y pron. [**1**]. Reincorporar a alguien a un trabajo, grupo, etc., o restituirle en su anterior posición, derechos, etc. ♦ v. tr. **2**. Devolver o pagar a una persona una cosa. **3**. Poner a un documento la póliza correspondiente. ♦ **reintegrarse** v. pron. **4**. Recobrarse enteramente de lo que se había perdido o dejado de poseer.
REINTEGRO n. m. Reintegración. **2**. Pólizas que se ponen en un documento. **3**. En la lotería, premio consistente en la devolución de la misma cantidad jugada.
REÍR v. intr. y pron. (lat. *ridere*) [**25**]. Expresar alegría o regocijo con cierta expresión de la cara y ciertos movimientos y sonidos provocados por contracciones espasmódicas del diafragma. ♦ v. tr. **2**. Celebrar con risas aquello que dice o hace una persona: *rieron el chiste*. ♦ v. tr. **3**. *Fig*. Tener una expresión alegre, festiva: *sus ojos ríen*. ♦ **reírse** v. pron. **4**. Burlarse, menospreciar o no hacer caso: *reírse de su aspecto*.
REITERACIÓN n. f. Acción y efecto de reiterar.
REITERAR v. tr. y pron. [**1**]. Repetir, volver a hacer o decir una cosa o insistir sobre ella.
REITERATIVO, A adj. Que tiene la propiedad de reiterarse. **2**. Que denota reiteración.
REIVINDICACIÓN n. f. Acción y efecto de reivindicar.
REIVINDICAR v. tr. [**1a**]. Reclamar, exigir o defender alguien aquello a que tiene derecho. **2**. Rehabilitar la fama o el buen nombre de alguien. **3**. Reclamar algo como propio, o la autoría de una acción: *reivindicar un atentado*.
REIVINDICATORIO, A adj. Que sirve para reivindicar o atañe a la reivindicación.
REJA n. f. (lat. *regulam*, barra de metal o de madera). Pieza del arado destinada a abrir el surco en la tierra. **2**. Labor o vuelta que se da a la tierra con el arado.
REJA n. f. Red formada de barras de hierro que se pone en las ventanas y otras aberturas para seguridad y adorno.
REJEGO, A adj. *Méx. Fam*. Terco, rebelde.
REJILLA n. f. Enrejado de madera, alambre, tela metálica, etc., que se pone en algunos sitios. **2**. Tejido en forma de red, colocado en los coches de trenes, autocares, etc., para depositar el equipaje de mano. **3**. Labor realizada entretejiendo tiras de tallos flexibles de ciertas plantas, y que sirve como respaldo y asiento de sillas. **4**. ELECTRÓN. Electrodo en forma de reja colocado entre el cátodo y el ánodo de algunos tubos electrónicos.
REJO n. m. Punta o aguijón de hierro. **2**. *Amér*. Azote, látigo. **3**. *Cuba* y *Venez*. Soga o pedazo de cuero que sirve para atar animales.
REJUVENECER v. tr., intr. y pron. [**2m**]. Dar a alguien fortaleza o energías propias de la juventud o aspecto de joven. ♦ v. tr. **2**. Dar a una cosa un aspecto más nuevo o más moderno a una cosa.
REJUVENECIMIENTO n. m. Acción y efecto de rejuvenecer.
RELACIÓN n. f. (lat. *relationem*, lo que hace referencia). Situación que se da entre dos cosas, ideas o hechos cuando por alguna circunstancia están unidos de manera real o imaginaria. **2**. Correspondencia, trato o comunicación: *nuestras relaciones son puramente comerciales*. **3**. Persona con la

REL

que se mantiene amistad o trato social: *tiene muy buenas relaciones en el ministerio.* (Suele usarse en plural.) **4.** Narración de un hecho, de una situación. **5.** Lista, enumeración: *relación de alumnos.* **6.** MAT. Condición a la que satisfacen dos o varias magnitudes. **7.** En un conjunto, correspondencia existente entre determinados pares de elementos. **8.** Argent. Copla que intercambian los integrantes de las parejas en algunos bailes folklóricos. • **Relaciones públicas,** conjunto de actividades profesionales cuyo objeto es informar sobre las realizaciones de colectividades de todo tipo. ♦ **relaciones** n. f. pl. **9.** Noviazgo.
RELACIONAR v. tr. [**1**]. Establecer relación entre dos o más cosas, ideas o hechos. **2.** Hacer relación de un hecho. ♦ **relacionarse** v. pron. **3.** Tener relación. **4.** Mantener relaciones sociales con mucha gente o con personas importantes.
RELAJACIÓN n. f. Acción y efecto de relajar o relajarse. **2.** Inmoralidad en las costumbres.
RELAJADO, A adj. Argent. y Urug. Vicioso, desvergonzado. **2.** Pan. Que acostumbra a tomar las cosas en broma.
RELAJAMIENTO n. m. Relajación. **2.** FISIOL. y SICOL. Disminución del tono muscular, voluntaria o involuntariamente.
RELAJANTE adj. Que relaja. ♦ adj. y n. m. **2.** Dícese del medicamento que tiene la virtud de relajar. **3.** Argent. y Chile. Dícese de los alimentos y bebidas muy azucarados, empalagosos.
RELAJAR v. tr. y pron. [**1**]. Aflojar, ablandar, poner flojo o menos tenso. **2.** Fig. Distraer el ánimo con algún descanso. **3.** Fig. Hacer menos severas o rigurosas algunas costumbres, reglas, leyes, etc. **4.** FISIOL. Disminuir el estado de tono normal de una estructura, principalmente de la muscular. ♦ **relajarse** v. pron. **5.** Fig. Viciarse, incurrir en malas costumbres.
RELAJO n. m. Alboroto, desorden, falta de seriedad. **2.** Holganza, laxitud en el cumplimiento de algo. **3.** Degradación de costumbres. **4.** Argent., Chile, Méx. y Urug. Acción inmoral o deshonesta. **5.** Cuba y P. Rico. Escarnio.
RELAMER v. tr. [**1**]. Lamer algo insistentemente. ♦ **relamerse** v. pron. **2.** Lamerse los labios. **3.** Fig. Saborear, encontrar satisfacción en una cosa.
RELAMIDO, A adj. Muy arreglado o pulcro.
RELÁMPAGO n. m. Descarga eléctrica en forma de chispa que se produce entre dos nubes cargadas de electricidad o entre una nube y la tierra. **2.** Fig. Cualquier fuego o resplandor repentino. **3.** Fig. Cualquier cosa muy veloz o fugaz.
RELAMPAGUEANTE adj. Que relampaguea.
RELAMPAGUEAR v. intr. [**1**]. Haber relámpagos. **2.** Fig. Arrojar destellos, o brillar mucho algo, especialmente los ojos, por la alegría o la ira.
RELAMPAGUEO n. m. Acción de relampaguear.
RELAPSO, A adj. y n. REL. Que reincide en un pecado del que ya había hecho penitencia, o en una herejía de la que ya había abjurado.
RELATAR v. tr. [**1**]. Contar, narrar, hacer la relación de un suceso o hecho.
RELATIVIDAD n. f. Calidad de relativo. **2.** FÍS. Teorías formuladas por Einstein, que se basan en la equivalencia, para las leyes físicas, de todos los sistemas de referencia en traslación uniforme *(relatividad restringida)* o en movimiento relativo *(relatividad general).*
RELATIVISMO n. m. Cualidad de relativo. **2.** FILOS. Doctrina que sostiene la relatividad del conocimiento.
RELATIVISTA adj. y n. m. y f. Relativo a la relatividad o al relativismo; partidario de estas doctrinas.
RELATIVIZAR v. tr. [**1g**]. Hacer perder el carácter absoluto.

RELATIVO, A adj. Que concierne o hace referencia a una persona o cosa. **2.** Que no tiene nada de absoluto, que depende de otra cosa. **3.** Poco, en poca cantidad o intensidad. ♦ adj. y n. m. **4.** GRAM. Dícese de un elemento, que refiriéndose a un antecedente, actúa como nexo entre oraciones, ejerciendo además una función gramatical en el seno de la oración que introduce: *pronombre relativo.* • **Oración de relativo,** oración subordinada introducida por un pronombre relativo.
RELATO n. m. Acción y efecto de relatar. **2.** LIT. Obra narrativa de ficción en prosa, menos extensa que la novela.
RELATOR, RA adj. y n. Que relata. ♦ n. **2.** Persona que, en un congreso o asamblea, hace relación de los asuntos tratados. **3.** DER. Letrado encargado de hacer relación de los autos o expedientes en los tribunales superiores.
RELATORÍA n. f. Empleo u oficina de relator.
RELÉ n. m. (fr. *relais*). ELECTR. Aparato destinado a producir una acción en un circuito, cuando en él se han provocado unas condiciones previas.
RELEER v. tr. [**2i**]. Leer de nuevo.
RELEGAR v. tr. [**1b**]. Apartar, no hacer caso a una persona o cosa: *relegar al olvido.*
RELENTE n. m. Humedad que en las noches serenas se nota en la atmósfera.
RELEVACIÓN n. f. Acción y efecto de relevar. **2.** DER. Extinción de una obligación o gravamen.
RELEVANCIA n. f. Calidad o condición de relevante.
RELEVANTE adj. Sobresaliente, excelente. **2.** Importante o significativo.
RELEVAR v. tr. [**1**]. Eximir a alguien de una obligación. **2.** Destituir a alguien de un cargo. ♦ v. tr. y pron. **3.** Sustituir una persona por otra. **4.** MIL. Mudar un centinela o cuerpo de tropa que da una guardia o guarnece un puesto.
RELEVO n. m. Acción de relevar. **2.** Persona o animal que releva a otra. **3.** MIL. Cambio de guardia. **4.** MIL. Soldado o guardia que releva a otro. • **Carrera de relevos,** prueba en que los competidores de un mismo equipo se relevan, realizando cada uno de ellos una parte del recorrido.
RELICARIO n. m. Lugar donde se guardan reliquias. **2.** Caja, cofre o estuche donde se guardan recuerdos.
RELIEVE n. m. (lat. *rilievo*). Lo que sobresale de una superficie. **2.** Elevación o espesor de dicha parte. **3.** Fig. Importancia, renombre de una persona. **4.** GEOGR. Conjunto de formas y accidentes de la corteza terrestre. • **Alto relieve,** altorrelieve. || **Bajo relieve,** bajorrelieve.
RELIGIÓN n. f. Conjunto de creencias y dogmas que definen las relaciones entre el hombre y la divinidad. **2.** Conjunto de prácticas y ritos específicos propios de cada una de dichas creencias. **3.** Estado de las personas que se obligan con voto a cumplir unas de las reglas autorizadas por la Iglesia.
RELIGIOSAMENTE adv. m. Con puntualidad y exactitud: *pagó religiosamente.*
RELIGIOSIDAD n. f. Calidad de religioso. **2.** Observancia de los preceptos y prácticas religiosas. **3.** Exactitud escrupulosa en hacer, observar o cumplir una cosa.
RELIGIOSO, A adj. Relativo a la religión. **2.** Que tiene creencias religiosas o que observa las reglas de la religión. **3.** Fig. Escrupuloso en el cumplimiento del deber. ♦ n. **4.** REL. CATÓL. Miembro de una orden, congregación o instituto religioso.
RELINCHAR v. intr. [**1**]. Dar relinchos.
RELINCHO n. m. Voz del caballo. **2.** Fig. y fam. Grito de alegría o satisfacción.
RELIQUIA n. f. Residuo que queda de un todo. **2.** Fig. Huella o vestigio de cosas pasadas. **3.** REL. Resto de algún santo o de cosas que han estado en contacto con su cuerpo.

RELLANO n. m. Descansillo. **2.** GEOGR. Llano que interrumpe la pendiente de un terreno.
RELLENA n. f. Méx. Morcilla, moronga.
RELLENAR v. tr. [**1**]. Volver a llenar, o llenar enteramente una cosa. **2.** Escribir en un impreso determinados datos, en espacios destinados a ello. ♦ v. tr. y pron. **3.** Fig. y fam. Hartar de comida o bebida a alguien. **4.** Meter en el interior de aves, pescados, tartas, etc., un relleno.
RELLENO, A adj. Muy lleno. **2.** Dícese de las aves, pescados, tartas, etc., que llevan dentro un preparado de diversas sustancias, adecuadas en cada caso. ♦ n. m. **3.** Acción de rellenar. **4.** Material con que se rellena algo. **5.** Fig. Parte superflua de algunas cosas, especialmente de un discurso o escrito.
RELOJ n. m. Instrumento, aparato o máquina que sirve para medir el tiempo y señalar la hora. **2.** Lo que hace perceptible el paso del tiempo, cualquier fenómeno periódico que permite dividirlo en períodos iguales: *las estrellas son el reloj de los pastores.* • **Contra reloj,** con un plazo de tiempo perentorio o demasiado corto; dícese de las carreras ciclistas en las que los participantes van tomando la salida uno tras otro con determinado intervalo. || **Reloj automático,** reloj que funciona mediante la energía suministrada para la aceleración de la gravedad a masa oscilante. || **Reloj de agua,** reloj de origen egipcio, que mide el tiempo mediante el paso regular de agua de un recipiente a otro. || **Reloj de arena,** aparato compuesto de dos ampollas unidas por el cuello, y que sirve para medir cortos espacios de tiempo mediante el paso de una determinada cantidad de arena. || **Reloj de cuarzo,** reloj eléctrico cuyas oscilaciones son mantenidas mediante las vibraciones de un cristal de cuarzo. || **Reloj de sol,** artificio para saber la hora diurna, basado en la proyección de la sombra de un estilo o varilla. || **Reloj digital,** reloj sin agujas ni cuadrante, en el que la hora se ve mediante cifras que aparecen en una pantalla. || **Reloj eléctrico,** reloj cuyo movimiento pendular es producido, mantenido y regulado por una corriente eléctrica.
RELOJERÍA n. f. Arte de hacer relojes. **2.** Taller donde se hacen o componen. **3.** Tienda donde se venden.
RELOJERO, A n. Persona que fabrica, compone o vende relojes.
RELONCAVÍ *(seno)*, amplio entrante de la costa de Chile (Los Lagos), en la parte más interna del golfo de Ancud. En él se halla Puerto Montt.
RELUCIENTE adj. Que reluce.
RELUCIR v. intr. [**3g**]. Lucir o resplandecer mucho. **2.** Fig. Lucir o sobresalir en alguna actividad, virtud, etc.
RELUCTANCIA n. f. Cociente entre la fuerza magnetomotriz de un circuito magnético y el flujo de inducción que la atraviesa.
RELUMBRANTE adj. Que relumbra.
RELUMBRAR v. intr. [**1**]. Resplandecer.
RELUMBRE n. m. Destello. **2.** Oropel, cosa de poco valor. • **De relumbrón,** más aparente que verdadero, o de mejor apariencia que realidad.
REM n. m. (de Roentgen Equivalent Man). Unidad utilizada para evaluar el efecto biológico de una radiación radiactiva, igual a la dosis de radiación que produce los mismos efectos biológicos en el hombre que 1 rad de rayos X de 200 keV.
REMACHAR v. tr. [**1**]. Golpear la punta o la cabeza del roblón o clavo ya clavado. **2.** Fig. Recalcar, insistir mucho en algo que se dice. **3.** MEC. Abrir chapas o piezas semejantes con remaches o doblones.
REMACHE n. m. Acción y efecto de remachar. **2.** MEC. Elemento de unión permanente entre piezas de poco espesor, consistente en un vástago cilíndrico que presenta en uno

de sus extremos un ensanchamiento en forma de cabeza cónica o esférica.
REMANENCIA n. f. Fís. Persistencia de la imantación en una barra de acero que ha estado sometida a la acción de un campo magnético.
REMANENTE adj. y n. m. Dícese de la parte que queda o se reserva de algo.
REMANGAR v. tr. y pron. [1b]. Arremangar.
REMANSARSE v. pron. [1]. Formar un remanso.
REMANSO n. m. Detención o suspensión de una corriente de agua. **2.** Lugar donde se produce dicha detención. **3.** Lentitud, flema. • **Remanso de paz**, lugar tranquilo.
REMAR v. intr. [1]. Mover el remo o los remos para impulsar una embarcación en el agua.
REMARCABLE adj. Notable, sobresaliente.
REMARCAR v. tr. [1a]. Volver a marcar una cosa. **2.** Hacer notar algo de manera especial.
REMATADO, A adj. Sin remedio, por completo: *un loco rematado*.
REMATADOR, RA n. *Argent.* Persona a cargo de una subasta pública.
REMATAR v. tr. [1]. Acabar, finalizar o terminar una cosa. **2.** Acabar de matar a una persona o a un animal. **3.** *Fig.* Agotar, consumir, gastar del todo. **4.** Asegurar el extremo de una costura para que no se deshaga. **5.** DEP. En el fútbol y otros deportes, dar término a una jugada o serie de jugadas lanzando el balón hacia la meta contraria. **6.** *Amér. Merid.* y *Méx.* Comprar o vender en subasta pública. ◆ v. intr. **7.** Terminar o fenecer.
REMATE n. m. Acción de rematar. **2.** Fin, extremidad o conclusión de una cosa. **3.** *Amér. Merid.* y *Méx.* Venta pública en la que se adjudican los objetos al mejor postor, subasta. **4.** ARQ. Adorno que recubre el caballete de un tejado o que corona un pináculo, aguja, etc. • **De remate**, absolutamente, sin remedio: *loco de remate.*
REMBOLSABLE o **REEMBOLSABLE** adj. Que puede o debe rembolsarse.
REMBOLSAR o **REEMBOLSAR** v. tr. [1]. Devolver a alguien una cantidad desembolsada.
REMBOLSO o **REEMBOLSO** n. m. Acción de rembolsar. **2.** Cantidad rembolsada. **3.** Pago de una cantidad debida. • **Contra rembolso**, forma de pago al contado que realiza el comprador en su domicilio al serle librada una mercancía.
REMBRANDT (Rembrandt Harmenszoon Van Rijn, llamado), pintor y grabador neerlandés (Leiden 1606-Amsterdam 1669). Se le considera uno de los más grandes maestros de la pintura por la fuerza expresiva tanto de sus composiciones como de sus retratos, gracias a su dominio del claroscuro. Entre sus obras maestras destacan: en el Rijksmuseum de Amsterdam, *La ronda de noche* (1642), *La negación de san Pedro* (1660) y, en el Louvre, *Los peregrinos de Emaús* (dos versiones), *Betsabé en el baño* (1654), *Autorretrato* (1668). Fue, además, el más famoso especialista en la técnica del aguafuerte (*Las tres cruces*, *La moneda de cien florines*).
REMEDAR v. tr. [1]. Imitar, copiar, especialmente por burla o broma.
REMEDIABLE adj. Que se puede remediar.
REMEDIAR v. tr. y pron. [1]. Poner remedio. **2.** Librar de una necesidad o urgencia. ◆ v. tr. **3.** Evitar que se produzca o que continúe un daño o molestia.
REMEDIO n. m. Medio que se toma para reparar o evitar un daño. **2.** Cualquier cosa, especialmente una medicina, que produce un cambio favorable. **3.** Ayuda, auxilio: *buscar remedio en su desgracia*. **4.** Enmienda o corrección.
REMEDO n. m. Acción de remedar. **2.** Cosa que remeda.
REMEMBRANZA n. f. Recuerdo.

REMEMORACIÓN n. f. Acción y efecto de rememorar.
REMEMORAR v. tr. [1]. Recordar, traer a la memoria: *rememorar días pasados*.
REMENDAR v. tr. [1j]. Componer o reparar un objeto roto. **2.** Coser a una prenda de ropa o vestido un trozo de tela, para sustituir o reforzar la parte rota o gastada de los mismos.
REMENDÓN, NA adj. y n. Que arregla prendas usadas en lugar de hacerlas nuevas.
REMERA n. f. adj. Cada una de las plumas grandes del ala de un ave. ◆ n. f. **2.** *Argent.* Camiseta de manga corta.
REMESA n. f. Acción de remitir, enviar. **2.** Conjunto de cosas, especialmente mercancías, que se remiten de una sola vez.
REMESAR v. tr. [1]. Hacer remesas con dinero o mercancías.
REMETER v. tr. [2]. Meter de nuevo lo que se ha salido. **2.** Empujar algo para meterlo en un lugar.
REMEZÓN n. m. *Amér.* Temblor de tierra de poca intensidad.
REMIENDO n. m. Acción y efecto de remendar. **2.** *Fig.* Arreglo o reparación. **3.** *Fig.* Obra de poca importancia que se hace para añadir un complemento a otra o completar un escrito con un remiendo. **4.** Pedazo de tela que se cose a una prenda vieja o rota.
REMILGADO, A adj. Que hace o gasta remilgos.
REMILGO n. m. Porte, gesto o acción que muestra delicadeza exagerada o afectada.
REMILGOSO, A n. *Méx.* Remilgado.
REMINISCENCIA n. f. Recuerdo vago o incompleto. **2.** Recuerdo inconsciente; vuelta a la conciencia de una imagen. **3.** Cosa que en una obra artística recuerda una imagen anterior, otra obra, etc., o tiene influencia de ellos.
REMISIBLE adj. Que se puede remitir.
REMISIÓN n. f. Acción y efecto de remitir o remitirse. **2.** Envío. **3.** Indicación en un escrito del lugar del mismo, o de otro escrito, a que se remite al lector. **4.** Perdón: *remisión de los pecados.* **5.** Condonación de toda o parte de una deuda. **6.** MED. Disminución o desaparición del síntoma en el curso de una enfermedad. • **Sin remisión**, sin indulgencia, sin remedio.
REMISO, A adj. Reacio, irresoluto.
REMITE o **REMITENTE** n. m. Nota escrita en los sobres, paquetes, etc., que se mandan por correo, con el nombre y señas de la persona que lo envía.
REMITENTE adj. y n. m. y f. Que remite, especialmente una carta. ◆ adj. **2.** MED. Que disminuye de intensidad a intervalos: *fiebre remitente.*
REMITIDO n. m. Artículo o noticia que se inserta en un periódico mediante pago.
REMITIR v. tr. (lat. *remittere*) [3]. Hacer que algo llegue a un determinado sitio o a una determinada persona: *remitir un impreso*. **2.** Enviar en un escrito a otro lugar del mismo texto o de otro: *remitir de un capítulo a otro*. **3.** Diferir o retrasar. **4.** DER. Perdonar una pena, eximir o liberar. ◆ v. tr., intr. y pron. **5.** MED. Perder la fiebre parte de su intensidad. ◆ v. tr. y pron. **6.** Dejar a juicio o dictamen de otro la resolución de una cosa. ◆ **remitirse** v. pron. **7.** Atenerse a lo dicho o hecho.
REMO n. m. (lat. *remum*). Instrumento de madera, alargado y terminado en una pala, que sirve para impulsar una barca. **2.** Deporte que se practica en embarcaciones movidas a remo. **3.** Ala de las aves. **4.** *Fam.* Brazo o pierna en el hombre y en los cuadrúpedos. (Suele usarse en plural.)
REMO, personaje legendario romano, hermano gemelo de Rómulo.
REMOCIÓN n. f. Acción y efecto de remover. **2.** DER. Privación de cargo o empleo.
REMODELACIÓN n. f. Reestructuración, especialmente en arquitectura y urbanismo.
REMODELAR v. tr. [1]. Efectuar una remodelación.

REMOJAR v. tr. y pron. **1].** Mojar, especialmente sumergiendo en agua: *remojar la ropa*. ◆ v. tr. **2.** *Fig.* y *zam.* Celebrar algún suceso feliz bebiendo.
REMOJO n. m. Acción de remojar. **2.** Inmersión en agua de algunos alimentos. **3.** *Cuba* y *Pan.* Propina, gratificación. **4.** *Méx.* Acto de vestir por primera vez alguna prenda, estreno.
REMOJÓN n. m. Mojadura causada por accidente, como la lluvia o la caída en un sitio con agua.
REMOLACHA n. f. Planta bianual de raíz gruesa, con diferentes variedades: *remolacha azucarera*, *roja*, *forrajera*. (Familia quenopodiáceas.) **2.** Raíz de esta planta.
REMOLACHERO, A adj. Relativo a la remolacha.
REMOLCADOR, RA adj. y n. Que remolca o sirve para remolcar. ◆ n. m. **2.** Buque especialmente concebido para el remolque.
REMOLCAR v. tr. [1a]. Arrastrar un vehículo a otro tirando de él. **2.** *Fig.* Arrastrar a alguien a hacer algo por lo que no está muy decidido.
REMOLER v. tr. [2e]. *Chile* y *Perú*. De juerga, divertirse. **2.** *Guat.* y *Perú*. Incomodar, fastidiar.
REMOLIENDA n. f. *Chile* y *Perú*. Juerga, jarana.
REMOLINO n. m. Movimiento giratorio y rápido del aire, agua, polvo, humo, etc. **2.** Mechón de pelos que sale en dirección distinta del resto. **3.** *Fig.* Amontonamiento desordenado de gente en movimiento. **4.** *Fig.* Disturbio, confusión. **5.** Torbellino.
REMOLÓN, NA adj. y n. Que se resiste a trabajar o hacer cierta cosa.
REMOLONEAR v. intr. y pron. [1]. Hacerse el remolón.
REMOLQUE n. m. Acción y efecto de remolcar. **2.** Vehículo sin motor remolcado por otro.
REMÓN (José Antonio), militar y político panameño (Panamá 1308-íd. 1955), presidente de la república (1952-1955).
REMONTA n. f. Remiente. **2.** MIL. Servicio que comprende la compra, reproducción, cría y cuidado de las caballerías. **3.** MIL. Establecimiento dedicado a este servicio.
REMONTAR v. tr. [1]. Subir una cosa. **2.** En los juegos de cartas, jugar una carta superior a las que han sido anteriormente jugadas. **3.** Proveer de caballos una formación militar o plaza montada. ◆ v. tr. y pron. **4.** *Fig.* Elevar, encumbrar. **5.** Superar algún obstáculo o dificultad: *remontar una desgracia*. ◆ v. intr. **6.** Subir el sitio que se expresa: *remontar un río.* **7.** Rebasar un punto contra la corriente o marea. ◆ **remontarse** v. pron. **8.** Subir o volar muy alto las aves, los aviones, etc. **9.** *Fig.* Llegar retrospectivamente a una determinada época: *remontarse a la prehistoria*.
REMONTE n. m. Acción y efecto de remontar. • **Remonte mecánico**, en las estaciones de esquí, instalación para el transporte de los esquiadores en las pistas.
RÉMORA n. f. Pez marino que no supera los 40 cm de long. y que posee en la cabeza un disco en forma de ventosa, con el que se adhiere a otros peces, cetáceos e incluso embarcaciones, y es transportado por ellos. **2.** *Fig.* Cualquier cosa que se opone al progreso o realización de algo.
REMORDER v. tr. [2e]. Inquietar, desasosegar interiormente una acción que se ha cometido. ◆ **remorderse** v. pron. **2.** Tener algún sentimiento interior reprimido de celos, rabia, etc.
REMORDIMIENTO n. m. Dolor moral por la conciencia de haber hecho una mala acción.
REMOTAMENTE adv. m. Confusamente, vagamente: *lo recuerdo remotamente*.
REMOTO, A adj. Muy lejos en el tiempo y en el espacio. **2.** *Fig.* Poco verosímil o probable.

REMOVER v. tr. y pron. [2e]. Mover, especialmente cosas que están juntas o partes de una cosa, para que cambien de situación y posición: *remover la tierra; removerse de inquietud.* **2.** Resolver, investigar: *remover un asunto.* **3.** *Fig.* Activar algo que está detenido o abandonado. ♦ v. tr. **4.** Quitar, apartar algún inconveniente u obstáculo. **5.** Deponer, destituir a alguien de su cargo o empleo.

REMOZAMIENTO n. m. Acción y efecto de remozar.

REMOZAR v. tr. [**1g**]. Dar aspecto más nuevo o moderno. ♦ v. tr. y pron. **2.** Dar o tener energías propias de la juventud o aspecto de joven.

REMPLAZAR o **REEMPLAZAR** v. tr. [**1g**]. Ocupar el lugar dejado por alguien o algo.

REMPLAZO o **REEMPLAZO** n. m. Acción y efecto de remplazar. **2.** MIL. Conjunto de mozos que han alcanzado la edad de cumplir el servicio militar.

REMUDAR v. tr. y pron. [**1**]. Mudar.

REMUNERACIÓN n. f. Acción y efecto de remunerar. **2.** Lo que se da o sirve para remunerar.

REMUNERAR v. tr. [**1**]. Pagar o recompensar.

RENACENTISTA adj. y n. m. y f. Relativo al renacimiento; que participa de las actitudes y realizaciones propias del renacimiento.

RENACER v. intr. [**2m**]. Volver a nacer, crecer de nuevo: *las flores renacen en primavera.* **2.** *Fig.* Tomar nuevas energías y fuerzas.

RENACIMIENTO n. m. Acción de renacer. **2.** Renovación, retorno: *el renacimiento de las artes, de las letras, de las costumbres.* **3.** Movimiento literario, artístico y científico que tuvo lugar en Europa en los ss. XV y XVI, basado en gran parte en la imitación de la antigüedad. (Hispanoamérica se aprestó a ser receptáculo del renacimiento español, de la mano de los propios colonizadores que le infundieron una inequívoca impronta religiosa. Cabe señalar las catedrales de Guadalajara en México y Lima y Cuzco en Perú.)

RENACUAJO n. m. Larva de los anfibios, acuática, de respiración branquial. **2.** *Desp.* Persona pequeña o raquítica. **3.** Niño pequeño.

RENAL adj. Relativo al riñón.

RENANO, A adj. y n. Relativo a los territorios situados en las orillas del río Rin.

RENARD (Jules), escritor francés (Châlons, Mayenne, 1864-París 1910), autor de novelas realistas, con un humor cruel (*El pelirrojo*, 1894) y de un *Diario*, testimonio de la vida literaria de su época.

RENCA n. f. *Chile.* Planta compuesta.

RENCA, com. de Chile (Santiago); 129 173 hab. Agricultura (fresas). Centro de veraneo.

RENCHIDO, A adj. *Méx.* Muy apretado.

RENCILLA n. f. Riña leve, especialmente estado de hostilidad entre dos o más personas. (Suele usarse en plural.)

RENCO, A adj. y n. Cojo por lesión de las caderas.

RENCOR n. m. Sentimiento persistente de animosidad o de resentimiento: *no le guardo rencor.*

RENCOROSO, A adj. Propenso a sentir rencor: *ser rencoroso.* **2.** Dominado por el rencor.

RENDICIÓN n. f. Acción y efecto de rendir o rendirse. **2.** Acto por el cual una tropa cercada o una fortaleza asediada deponen las armas, conforme a una capitulación que puede ser acordada con el enemigo. • **Rendición de cuentas**, presentación para su examen y verificación, de la relación minuciosa justificada de los gastos e ingresos de una administración o gestión.

RENDIDO, A adj. Sumiso, obsequioso, galante: *un rendido admirador.* **2.** Muy cansado, fatigado.

RENDIJA n. f. Abertura estrecha y larga que atraviesa un cuerpo o separa dos cosas muy juntas.

RENDIMIENTO n. m. Producto o utilidad que da una persona o cosa en relación con lo que gasta, cuesta, trabaja, etc. **2.** Sumisión, subordinación, humildad. **3.** Amabilidad en el trato, procurando servir o complacer. **4.** ECON. Capacidad de transformar los bienes de forma que aumente su cantidad o su utilidad. **5.** Relación entre la cantidad de un producto y la de los factores utilizados para su producción. **6.** INDUSTR. Relación entre el trabajo útil obtenido y la cantidad de energía consumida.

RENDIR v. tr. [**30**]. Vencer, obligar a alguien a que se entregue o someter a alguien o a algo al dominio de uno. **2.** Cansar, fatigar mucho sin dejar fuerzas. **3.** Dar u ofrendar lo que ciertos nombres significan: *rendir homenaje, tributo, culto.* **4.** Dar cuentas de algo: *rendir un informe.* **5.** Obligar a la entrega de tropas, plazas o embarcaciones enemigas: *rendir la plaza.* **6.** Realizar actos de sumisión y respeto con enseñas o instrumentos: *rendir armas.* ♦ v. tr. e intr. **7.** Producir utilidad o provecho. ♦ **rendirse** v. pron. **8.** Dejar de oponer resistencia ante la evidencia.

RENEGADO, A adj. y n. Que ha abandonado su religión o creencias.

RENEGAR v. tr. [**1d**]. Negar insistentemente algo. ♦ v. intr. **2.** Apostatar, abandonar una religión o creencias. **3.** Abandonar un lazo de parentesco o de amistad. **4.** Blasfemar. **5.** Detestar, abominar. **6.** *Fam.* Hablar mal, quejarse.

RENEGRIDO, A adj. Ennegrecido por el humo, la suciedad, etc. **2.** Dícese de la piel muy oscura.

RENGLÓN n. m. Serie de palabras o caracteres escritos o impresos en línea recta. **2.** *Fig.* Determinado concepto en el presupuesto, renta o beneficios de uno. • **A renglón seguido** (*Fam.*), inmediatamente. ♦ **renglones** n. m. pl. **3.** *Fig.* y *fam.* Cualquier escrito o impreso.

RENGO, A adj. y n. Renco.

RENGO, com. de Chile (Libertador General Bernardo O'Higgins); 43 602 hab. Siderurgia, conservas.

RENGUERA n. f. *Méx.* Cojera.

RENIEGO n. m. Blasfemia. **2.** *Fig.* y *fam.* Dicho injurioso. **3.** Cosas que se dicen refunfuñando. (Suele usarse en plural.)

RENIO n. m. Metal blanco (Re), de gran resistividad, de número atómico 75 y de masa atómica 186,2, análogo al manganeso.

RENNES, c. de Francia, cap. de Bretaña y del dep. de Ille-et-Vilaine, en la confluencia del Ille y del Vilaine; 203 533 hab. Universidad. Palacio de justicia (s. XVII) y ayuntamiento (s. XVIII). Iglesias. Museos.

RENO n. m. (fr. *renne*). Mamífero rumiante, de hasta 1,50 m de talla, parecido al ciervo, de astas muy ramosas y pelaje espeso. (Familia cérvidos.)

RENO, c. de Estados Unidos (Nevada); 254 667 hab. Centro turístico.

RENOIR (Auguste), pintor francés (Limoges 1841-Cagnes-sur-Mer 1919), uno de los maestros del impresionismo. Pintó figuras y escenas alegres y su vitalidad sensual se afirmó en las figuras femeninas y los desnudos: *Lisa con sombrilla* (1867), *El palco* (1874) y *Las bañistas* (c. 1918).

RENOIR (Jean), director de cine francés (París 1894-Beverly Hills, California, 1979). Se interesó por la forma y creó un estilo propio, mezcla de realismo y fantasía (*La gran ilusión*, 1936; *El río*, 1951).

RENOMBRADO, A adj. Célebre, famoso.

RENOMBRE n. m. Celebridad, fama. • **De renombre**, célebre, famoso.

RENOVABLE adj. Que puede renovarse.

RENOVACIÓN n. f. Acción y efecto de renovar.

RENOVAR v. tr. y pron. [**1r**]. Dar nueva fuerza, actividad, intensidad, validez, a algo.

2. Cambiar una cosa por otra nueva: *renovar la vajilla.*

RENQUEAR v. intr. [**1**]. Cojear, andar como renco. **2.** *Fig.* Vivir, actuar o funcionar con dificultad o trabajosamente.

RENTA n. f. Utilidad o beneficio que rinde anualmente una cosa, o lo que de ella se cobra. **2.** Lo que paga de dinero o en frutos un arrendatario. **3.** Deuda pública o títulos que la representan. **4.** Ingreso anual de una persona cualquiera que sea su origen. **5.** *Chile* y *Méx.* Alquiler. • **Impuesto sobre la renta**, impuesto calculado según los ingresos anuales de los contribuyentes. || **Política de rentas**, intervención de los poderes públicos con vistas a repartir entre las categorías sociales los ingresos procedentes de la actividad económica. || **Renta nacional**, suma de todas las rentas percibidas por los residentes habituales de un país, con inclusión del gobierno, corporaciones y sociedades y que sean remuneraciones de servicios prestados por factores de producción. || **Renta perpetua**, título de deuda pública emitido por el estado, en el que la fecha de amortización no es fija. || **Renta por habitante**, o **per cápita**, la obtenida al dividir la renta nacional por la cifra de población. || **Renta vitalicia**, contrato aleatorio en que una parte cede a otra una suma o capital, con la obligación de pagar una pensión al cedente o a una tercera persona durante la vida del beneficiario.

RENTABILIDAD n. f. Calidad de rentable.

RENTABLE adj. Que produce una renta, un beneficio. **2.** Provechoso.

RENTAR v. tr. [**1**]. Producir renta, utilidad o beneficio.

RENTERÍA, v. de España (Guipúzcoa); 41 163 hab. (*Renterianos.*) Centro industrial (metalurgia, textil).

RENTERO, A n. Colono que tiene en arrendamiento una finca rural.

RENTISTA n. m. y f. Persona que vive de sus rentas.

RENUENCIA n. f. Calidad de renuente.

RENUENTE adj. Reacio, remiso.

RENUEVO n. m. Vástago que echa el árbol después de podado o cortado. **2.** Brote de una planta.

RENUNCIA n. f. Acción y efecto de renunciar. **2.** Documento que contiene una renuncia.

RENUNCIACIÓN n. f. Renuncia, especialmente la que supone un sacrificio.

RENUNCIAR v. intr. y tr. [**1**]. Desprenderse voluntariamente de algo, ceder algún bien o derecho: *renunciar a una herencia.* **2.** Dejar de hacer algo que se tenía la posibilidad de hacer: *renunciar a sus proyectos.* **3.** Abstenerse de algo.

RENUNCIO n. m. *Fig.* y *fam.* Mentira o contradicción: *coger en renuncio.*

REÑIDO, A adj. Que está enemistado con otro. **2.** Dícese de las oposiciones, elecciones, carreras, etc., especialmente disputadas. **3.** *Méx.* Opuesto. • **Estar reñido con**, ser incompatible u opuesto.

REÑIR v. intr. [**24**]. Disputar de obra o de palabra. **2.** Pelear, batallar. **3.** Desavenirse, enemistarse. ♦ v. tr. **4.** Reprender a alguien con rigor. **5.** Con complementos como *batalla, desafío, pelea,* etc., ejecutar, llevar a cabo.

REO, A n. DER. Durante el proceso penal, el acusado o presunto autor o responsable. **2.** DER. El condenado después de la sentencia.

REOJO. Mirar, o **ver, de reojo**, mirar disimuladamente, sin volver la cabeza o por encima del hombro; tener prevención contra alguien.

REORGANIZACIÓN n. f. Acción y efecto de reorganizar.

REORGANIZAR v. tr. y pron. [**1g**]. Organizar de manera distinta y más eficientemente.

REÓSTATO n. m. ELÉCTR. Resistencia variable que, colocada en un circuito, permite modificar la intensidad de la corriente.

REPANTIGARSE o **REPANCHIGARSE** v. pron. [1b]. Arrellanarse en el asiento para mayor comodidad.

REPARACIÓN n. f. Acción y efecto de reparar. **2.** Desagravio, satisfacción de una ofensa o daño.

REPARADOR, RA adj. y n. Que repara, arregla o mejora algo, y especialmente que restablece las fuerzas.

REPARAR v. tr. [1]. Arreglar lo que estaba roto o estropeado: *reparar una radio*. **2.** Reanimar, restablecer las fuerzas. **3.** Remediar un daño o falta. **4.** Considerar, reflexionar antes de hacer algo: *no reparar en gastos*. **5.** Fijarse, advertir, darse cuenta.

REPARO n. m. Observación que se hace a algo, especialmente si señala una falta o defecto. **2.** Dificultad, inconveniente para hacer algo.

REPARTICIÓN n. f. Acción y efecto de repartir. **2.** *Amér.* Cada una de las dependencias que, en una organización administrativa, están destinadas a despachar determinadas clases de asuntos.

REPARTIDOR, RA adj. y n. Que reparte, distribuye, especialmente el que lleva a domicilio alguna cosa: *repartidor de periódicos, de la leche.*

REPARTIJA n. f. *Argent.* y *Chile. Desp.* Reparto desordenado.

REPARTIMIENTO n. m. Acción y efecto de repartir. **2.** HIST. Sistema de repoblación utilizado en la península Ibérica, que consistía en la distribución de tierras entre los conquistadores. • **Repartimiento de indios** (HIST.), encomienda, asignación de mano de obra indígena a los colonos españoles.

REPARTIR v. tr. y pron. [3]. Asignar un destinatario, colocación, fin o destino a cada una de las partes de algo. ◆ v. tr. **2.** Asignar a cada uno su parte en una contribución o gravamen. **3.** Clasificar, ordenar. **4.** Entregar las cosas que distintas personas han encargado o deben recibir. **5.** Extender o distribuir una materia sobre una superficie.

REPARTO n. m. Acción de repartir, especialmente a domicilio. **2.** Relación de los personajes de una obra y de los actores que los representan.

REPASADOR n. m. *Argent., Perú* y *Urug.* Paño de cocina que se emplea para secar la vajilla.

REPASAR v. tr. e intr. [1]. Volver a pasar por un mismo sitio. ◆ v. tr. **2.** Volver a mirar algo. **3.** Volver a examinar algo para corregir las imperfecciones. **4.** Volver a estudiar una lección para acabar de aprenderla. **5.** Leer algo por encima. **6.** Coser la ropa rota o descosida.

REPASO n. m. Acción y efecto de repasar. **2.** *Fam.* Reprimenda.

REPATRIACIÓN n. f. Acción y efecto de repatriar. **2.** Regreso espontáneo a la patria. **3.** DER. INTERN. Devolución o canje de un extranjero al país de origen.

REPATRIADO, A adj. y n. Dícese del expatriado que regresa a su patria.

REPATRIAR v. tr., intr. y pron. [1]. Hacer que alguien que está expatriado regrese a su patria.

REPE n. m. *Ecuad.* Manjar preparado con plátano verde, mezclado con queso y cocido con leche.

RECHAR v. intr. [1]. *Argent.* y *Urug.* Reponerse lentamente de una enfermedad.

REPECHO n. m. Cuesta empinada y corta.

REPELAR v. tr. [1]. Pelar completamente. **2.** Cercenar, disminuir. **3.** *Méx.* Protestar airadamente.

REPELENTE adj. Que repele o produce repulsión. ◆ adj. y n. m. y f. **2.** *Fam.* Dícese de la persona, generalmente joven, redicha o sabidilla.

REPELER v. tr. [2]. Rechazar, echar de sí alguien o algo a otra persona o cosa que se le acerca, la ataca o choca con ella, y obligarla a retroceder. **2.** No admitir un material o elemento a otro en su masa o composición. **3.** *Fig.* Rechazar, contradecir una idea, actitud, etc. **4.** *Fig.* Causar aversión o repugnancia.

REPELÓN, NA adj. *Méx.* Quejica. ◆ n. m. **2.** Tirón que se da al pelo. **3.** *Fig.* Pequeña porción que se coge con brusquedad o se arranca de una cosa.

REPENSAR v. tr. [1j]. Volver a pensar algo con detenimiento.

REPENTE n. m. *Fam.* Movimiento súbito de personas o animales. • **De repente**, de manera repentina.

REPENTINO, A adj. Que se produce de manera imprevista.

REPERCUSIÓN n. f. Acción y efecto de repercutir; resonancia.

REPERCUTIR v. intr. [3]. Retroceder, o cambiar de dirección un cuerpo al chocar con otro. **2.** Producir eco el sonido. **3.** *Fig.* Trascender, causar efecto una cosa en otra.

REPERTORIO n. m. Índice o registro en que las noticias, informaciones, etc., están ordenadas de manera que puedan encontrarse fácilmente. **2.** Conjunto de noticias o textos de una misma clase. **3.** TEATR. y MÚS. Conjunto de obras en un teatro o piezas musicales ya interpretadas y aptas para ser repuestas. **4.** TEATR. y MÚS. Conjunto de papeles aprendidos o representados por un actor, intérprete, etc. **5.** TEATR. y MÚS. Colección de obras de un autor dramático o compositor.

REPETICIÓN n. f. Acción y efecto de repetir. **2.** RET. Figura de dicción que consiste en comenzar siempre con una misma palabra.

REPETIDAMENTE adv. m. Varias veces.

REPETIDOR, RA adj. Que repite. ◆ n. **2.** Dícese del estudiante que repite un curso o asignatura por haber suspendido en los exámenes. ◆ n. m. **3.** El que repasa o toma a otro la lección. **4.** TECNOL. Dispositivo que reproduce un fenómeno. **5.** TELECOM. Conjunto de órganos que permiten la amplificación de las corrientes telefónicas en ambos sentidos de la transmisión. **6.** TELEV. Emisor de débil potencia, que retransmite los programas difundidos por una estación principal. SIN.: *reemisor*.

REPETIR v. tr. y pron. [30]. Volver a hacer o decir lo que se había hecho o dicho. ◆ v. tr. **2.** Volver a servirse de una misma comida. ◆ v. intr. **3.** Venir a la boca el sabor de lo que se ha comido o bebido. ◆ v. intr. pron. **4.** Darse, suceder varias veces una misma cosa.

REPETITIVO adj. Que se produce de forma monótona, que se repite sin cesar; iterativo.

REPICAR v. tr. [1a]. Tañer repetidamente las campanas en señal de fiesta.

REPINTAR v. tr. [1]. Pintar nuevamente. ◆ **repintarse** v. pron. **2.** Maquillarse de forma exagerada.

REPIQUE n. m. Acción y efecto de repicar.

REPIQUETEAR v. tr. e intr. [1]. Repicar con viveza las campanas u otro instrumento sonoro. **2.** Golpear repetidamente sobre algo.

REPIQUETEO n. m. Acción y efecto de repiquetear.

REPISA n. f. Estante, anaquel. **2.** ARQ. Elemento a modo de ménsula.

REPLANTACIÓN n. f. Acción y efecto de replantar.

REPLANTAR v. tr. [1]. Volver a plantar. **2.** Plantar un terreno de algo distinto de lo que estaba plantado anteriormente en él. **3.** Trasplantar una planta.

REPLANTEAMIENTO o **REPLANTEO** n. m. Acción y efecto de replantear.

REPLANTEAR v. tr. [1]. Plantear de nuevo un asunto sobre nuevas bases.

REPLEGAR v. tr. [1d]. Plegar o doblar muchas veces una cosa. **2.** Meter dentro de algo. ◆ **replegarse** v. pron. **3.** Retirarse ordenada y progresivamente las tropas en combate.

REPLETO, A adj. Muy lleno. **2.** Saciado, ahíto.

RÉPLICA n. f. Acción de replicar. **2.** Palabras o escrito, gesto, etc., con que se replica. **3.** B. ART. Copia de una obra de arte, ejecutada por el mismo autor o supervisada por él. **4.** DER. Alegación que tiende a fijar con carácter definitivo los términos en que se plantea el litigio. • **Derecho de réplica**, derecho de los particulares a insertar en los periódicos respuestas o aclaraciones sobre informaciones aparecidas en ellos, que puedan afectar a sus personas.

REPLICAR v. tr. [1a]. Contestar a una respuesta o argumento. ◆ v. intr. y tr. **2.** Poner objeciones a lo que se dice o manda. **3.** DER. Presentar el escrito de réplica en una causa.

REPLICÓN, NA adj. y n. *Fam.* Respondón.

REPLIEGUE n. m. Pliegue doble. **2.** GEOL. Pliegue secundario. **3.** MIL. Acción por la cual una tropa en combate se retira ordenadamente.

REPOBLACIÓN n. f. Acción y efecto de repoblar. • **Repoblación forestal**, conjunto de labores que tienen por objeto la regeneración de los montes explotados.

REPOBLAR v. tr. y pron. [1r]. Volver a poblar un lugar con habitantes, plantas, etc.

REPOLLO n. m. Variedad de col.

REPONER v. tr. [5]. Volver a poner, asignar de nuevo a una persona o cosa el empleo, lugar o estado que antes tenía. **2.** Reemplazar, sustituir aquello que falta o ha sido sacado, roto, etc., de un determinado lugar. **3.** Replicar, oponer, responder a un argumento. **4.** Poner de nuevo en escena o proyectar una obra ya estrenada anteriormente. ◆ **reponerse** v. pron. **5.** Recobrar la salud o la fuerza. **6.** Serenarse, tranquilizarse.

REPORTAJE n. m. Género periodístico consistente en el relato de unos hechos con el testimonio lo más directo posible de los mismos. **2.** Película o emisión radiodifundida o televisada de escenas documentales. • **Reportaje gráfico**, información fotográfica de un suceso, tema, etc., en una publicación periódica.

REPORTAR v. tr. y pron. [1]. Refrenar, contener o moderar un impulso, pasión, etc. ◆ v. tr. **2.** Obtener o producir algún provecho o satisfacción.

REPORTERISMO n. m. Oficio de reportero.

REPORTERO, A n. y adj. Periodista especializado en la elaboración de reportajes. • **Reportero gráfico**, el que se ocupa del testimonio fotográfico de los acontecimientos.

REPOSACABEZAS n. m. (pl. *reposacabezas*). AUTOM. Accesorio interior de los vehículos de pasajeros, colocado en la parte superior de los respaldos por medio de un sistema de ajuste, que desempeña un papel de protección en caso de choque frontal. **2.** ETNOL. Soporte, generalmente en forma de pequeña banqueta o taburete, utilizado por diversos pueblos para reclinar la cabeza en posición tumbada. SIN.: *apoyacabezas*.

REPOSADO, A adj. Tranquilo, pausado, sosegado.

REPOSAPIÉS n. m. (pl. *reposapiés*). Especie de estribos cubiertos de caucho y adosados al cuadro de una motocicleta, para apoyar los pies del conductor y el pasajero.

REPOSAR v. intr. [1]. De ar de trabajar o de realizar algún esfuerzo. ◆ v. intr. y pron. **2.** Permanecer sin realizar una actividad. **3.** Dormir, generalmente durante poco tiempo. **4.** Yacer, estar enterrado. **5.** Posarse, depositarse las partículas sólidas que están en suspensión en un líquido.

REPOSERA n. f. *Argent.* y *Par.* Tumbona, silla de tijera con asiento y respaldo de lona.

REPOSICIÓN n. f. Acción y efecto de reponer o reponerse. **2.** Cosa que se repone, especialmente una película.

REPOSO n. m. Acción de reposar. **2.** Tranquilidad, ausencia de inquietud, de turbación. **3.** Estado de una cosa que está en inactividad.

REPOSTERÍA n. f. Oficio y arte de hacer pasteles, dulces y fiambres. **2.** Tienda donde se hacen y venden estos productos.

REPOSTERO, A n. Persona que tiene por oficio hacer dulces de repostería. ♦ n. m. **2.** *Chile* y *Perú*. Despensa.

REPRENDER o **REPREHENDER** v. tr. [2]. Amonestar o censurar a alguien.

REPRENSIBLE adj. Que debe reprenderse.

REPRENSIÓN n. f. Acción de reprender. **2.** Expresión o palabras con que se reprende.

REPRESA n. f. OBR. PÚBL. Estanque, contención del agua mediante un muro, obstáculo o barrera. **2.** OBR. PÚBL. Presa.

REPRESALIA n. f. Daño causado por alguien como réplica a otro recibido, o medida tomada para llevar a término dicha réplica.

REPRESAR v. tr. y pron. [1]. Detener o estancar un curso de agua para formar un embalse o una presa. **2.** *Fig.* Contener, reprimir.

REPRESENTACIÓN n. f. Acción de representar, especialmente una obra de teatro. **2.** Hecho de representar a otra persona o colectividad: *tiene la representación del gobierno*. **3.** Persona o conjunto de personas que representan a una colectividad, entidad, etc. **4.** Cosa que representa a otra. **5.** Imagen de algo que se tiene en la mente. **6.** Autoridad, importancia o categoría de una persona en un medio social. **7.** MAT. Correspondencia de los elementos de un conjunto con los elementos de otro conjunto. • **En representación de**, representando a la persona, entidad o corporación que expresa.

REPRESENTANTE adj. y n. m. y f. Dícese de la persona o cosa que representa a otra. ♦ n. m. y f. **2.** Agente que representa a una casa comercial y realiza la venta de sus productos. **3.** Persona que gestiona los contratos y asuntos profesionales a toreros, artistas, etc. **4.** Actor o actriz.

REPRESENTAR v. tr. [1]. Ser imagen, imitación o símbolo de algo. **2.** Significar, implicar, suponer. **3.** Actuar en nombre o por cuenta de otro, hacer las veces de otra persona o colectividad. **4.** Ejecutar una obra de teatro. **5.** Hacer un determinado papel en una obra de teatro o cinematográfica. **6.** Aparentar una persona determinada edad, sentimientos o características. ♦ v. tr. y pron. **7.** Evocar, hacer presente a alguien o algo en la imaginación: *representarse una situación vivida*.

REPRESENTATIVIDAD n. f. Carácter de representativo.

REPRESENTATIVO, A adj. Que se puede tomar como representación de otra persona o cosa. **2.** Característico, ejemplar, modélico.

REPRESIÓN n. f. Acción y efecto de reprimir. **2.** Acto, o conjunto de actos, ordinariamente desde el poder, para contener o castigar con violencia actuaciones políticas o sociales. **3.** SICOL. Acción de impedir el paso a la superficie de la conciencia de un acto o tendencia síquica.

REPRESIVO, A adj. Que reprime.

REPRESOR, RA adj. y n. Dícese de la persona que reprime.

REPRIMENDA n. f. Represión, acción de reprender a alguien o palabras con que se reprende.

REPRIMIR v. tr. y pron. [3]. Impedir que se manifieste un impulso, que se produzca o se desarrolle una acción: *reprimir un grito*.

REPRISE n. f. (voz francesa). Reposición, especialmente de una obra teatral o cinematográfica. **2.** AUTOM. Paso rápido de un régimen bajo de motor a un régimen superior.

REPRIVATIZACIÓN n. f. Proceso a través del cual se devuelve a la iniciativa privada una empresa o actividad productiva que había sido asumida por el sector público.

REPRIVATIZAR v. tr. [1g]. Proceder a una reprivatización.

REPROBACIÓN n. f. Acción y efecto de reprobar.

REPROBAR v. tr. [1r]. Censurar o desaprobar una cosa o la conducta de una persona. **2.** *Argent.*, *Chile* y *Méx.* No aprobar un curso o examen.

RÉPROBO, A adj. y n. Condenado al infierno.

REPROCHAR v. tr. y pron. [1]. Reconvenir, quejarse a alguien por sus actos o palabras.

REPROCHE n. m. Acción de reprochar. **2.** Expresión con que se reprocha.

REPRODUCCIÓN n. f. Acción y efecto de reproducir. **2.** Copia o imitación, especialmente de una obra literaria o artística. **3.** Función mediante la cual los seres vivos perpetúan su especie. • **Derechos de reproducción**, derechos que posee el autor o el propietario de una obra literaria o artística a autorizar la difusión de la misma o a sacar beneficio de ella. ‖ **Reproducción asistida** (MED.), utilización de técnicas como la inseminación artificial, fecundación in vitro, etc., para paliar las dificultades de incapacidad de la pareja para la fecundación. SIN.: procreación asistida.

REPRODUCIR v. tr. y pron. [20]. Volver a producir, o producir de nuevo. **2.** Procrear, propagarse las especies. ♦ v. tr. **3.** Repetir, volver a decir lo que se había dicho antes. **4.** Sacar copia, en uno o muchos ejemplares de una obra de arte, objeto arqueológico, etc., por diversos procedimientos.

REPRODUCTIVO, A adj. Que produce mucho provecho o beneficio.

REPRODUCTOR, RA adj. Relativo a la reproducción. **2.** Que reproduce. **3.** Dícese del reactor nuclear de neutrones rápidos, caracterizado por la producción en su núcleo de una cantidad de combustible mayor que la que se consume. ♦ n. m. **4.** Altavoz. **5.** Animal destinado a reproducirse, seleccionado de ordinario para mejorar la raza.

REPROGRAFÍA n. f. Conjunto de técnicas que permiten reproducir un documento.

REPTACIÓN n. f. Acción de reptar.

REPTAR v. intr. [1]. Andar arrastrándose, como lo hacen los reptiles y otros animales.

REPTIL o **RÉPTIL** adj. y n. m. Relativo a una clase de vertebrados, poiquilotermos, con el cuerpo cubierto de escamas córneas, la piel desprovista prácticamente de glándulas y, en general, con las extremidades terminadas en garras, como la serpiente, el lagarto, etc.

REPÚBLICA n. f. Forma de gobierno en la que el pueblo ejerce la soberanía directamente o por medio de delegados elegidos.

REPUBLICANISMO n. m. Cualidad de republicano.

REPUBLICANO, A adj. Relativo a la república: *régimen republicano*. ♦ adj. y n. **2.** Ciudadano de una república. **3.** Partidario de la república.

REPUDIAR v. tr. [1]. Rechazar algo, no aceptarlo: *repudiar una herencia*. **2.** Repulsar lo que se considera repugnante o condenable: *repudiar la violencia*. **3.** Rechazar legalmente a la propia esposa.

REPUDIO n. m. Acción y efecto de repudiar el marido a la mujer.

REPUESTO n. m. Provisión, conjunto de cosas guardadas para usarlas en determinada ocasión. **2.** Recambio, pieza de un mecanismo que sirve para sustituir a otra que se ha averiado. • **De repuesto**, dícese de las cosas preparadas para sustituir a las que se estropean: *rueda de repuesto*.

REPUGNANCIA n. f. Sensación física provocada por una repulsión ante algo. **2.** Sentimiento que inclina a rechazar una persona o cosa o a oponer resistencia a hacer o admitir algo.

REPUGNANTE adj. Que repugna o causa repugnancia.

REPUGNAR v. intr. [1]. Sentir repugnancia. ♦ v. tr. **2.** Contradecir o negar una cosa. **3.** Rehusar, admitir con dificultad o hacer de mala gana una cosa. ♦ v. tr. y pron. **4.** Ser opuesta una cosa a otra.

REPUJADO n. m. Procedimiento de decoración que utiliza el cuero o el metal, trabajado en hueco y en relieve con ayuda de un buril o punzón especial. **2.** Obra así realizada.

REPUJAR v. tr. [1]. Efectuar un repujado.

REPULSA n. f. Condenación enérgica de algo o de alguien. **2.** Reprimenda.

REPULSIÓN n. f. Acción y efecto de repeler.

REPULSIVO, A adj. Que causa repulsión. **2.** Que repulsa.

REPUNTAR v. intr. [1]. *Argent.* y *Urug.* Reunir el ganado que está disperso. ♦ v. intr. **2.** *Argent.* y *Urug.* Volver a cobrar impulso un hecho o fenómeno cuya intensidad había disminuido. **3.** *Argent.* y *Urug.* P. ext. Recuperar una posición favorable.

REPUTACIÓN n. f. Fama, opinión que se tiene sobre alguien o algo.

REPUTAR v. tr. y pron. [1]. Estimar, juzgar de cierta manera. **2.** Apreciar, reconocer y estimar un mérito.

REQUEBRAR v. tr. [1j]. Lisonjear a alguien, principalmente a una mujer, alabando sus atractivos.

REQUEMAR v. tr. y pron. [1]. Quemar ligeramente. **2.** Causar ardor en la boca alguna sustancia. ♦ v. tr. **3.** Privar de jugo a las plantas, haciéndoles perder su verdor. ♦ **requemarse** v. pron. **4.** Tener resentimientos sin exteriorizarlos.

REQUERIMIENTO n. m. Acción y efecto de requerir. **2.** DER. Comunicación de un juez o tribunal por la que se intima a una persona para que, en cumplimiento de una resolución, ejecute, o se abstenga de hacerlo, un acto ordenado en ella. **3.** DER. Aviso, manifestación o pregunta que se hace, generalmente bajo fe notarial, a alguna persona para que declare su actitud o dé su respuesta.

REQUERIR v. tr. [22]. Intimar a alguien a hacer algo o persuadirle para que lo haga. **2.** Solicitar el amor de una mujer. ♦ v. tr. y pron. **3.** Necesitar, tener precisión de cierta cosa: *esto requiere un análisis detallado*.

REQUESÓN n. m. Masa blanca y mantecosa que se obtiene cuajando la leche y quitando el suero. **2.** Cuajada que se obtiene de los residuos de la leche que quedan después de hecho el queso.

REQUETEBIÉN adv. m. *Fam.* Bien en sentido intensivo.

REQUIEBRO n. m. Acción y efecto de requebrar. **2.** Expresión con que se requiebra.

RÉQUIEM o **REQUIEM** n. m. Plegaria de la Iglesia católica por los muertos. **2.** Música compuesta sobre este texto.

REQUINTO n. m. HIST. Servicio extraordinario impuesto a los indios en Perú y en otras provincias americanas, durante el reinado de Felipe II, que consistía en la quinta parte de sus contribuciones ordinarias. **2.** MÚS. Instrumento de cuerda típico de Colombia y Venezuela.

REQUIRENTE adj. y n. m. y f. Que requiere.

REQUISA n. f. Revista o inspección de las personas o de las dependencias de un establecimiento. **2.** Acción de requisar.

REQUISAR v. tr. [1]. Expropiar una autoridad competente ciertos bienes, generalmente a cambio de una indemnización.

REQUISITO n. m. Condición o circunstancia necesaria para una cosa.

REQUISITORIA n. f. DER. Requerimiento judicial para citar o emplazar al reo o acusado de un delito.

REQUISITORIO, A adj. y n. m. y f. Dícese del despacho con que un juez requiere a otro para que ejecute un mandato expedido por el requirente.

RES n. f. Animal cuadrúpedo de cualquiera de las especies domésticas de ganado vacuno, lanar, etc., o salvajes, como jabalíes, venados, etc.

RESABIAR v. tr. y pron. [1]. Hacer tomar a alguien un vicio o mala costumbre.

RESABIDO, A adj. y n. Dícese de la persona necha y pedante.

RESABIO n. m. Sabor desagradable que deja una cosa después de tomarla. **2.** Vicio o mala costumbre que alguien tiene o adquiere.

RESACA n. f. Movimiento de retroceso de las olas. **2.** Reflujo. **3.** Malestar que se siente al día siguiente de haber bebido con exceso.

RESALADO, A adj. *Fam.* Que tiene mucha gracia o donaire.

RESALTADOR n. m. *Argent.* Marcador usado para señalar con colores traslúcidos diversas partes de un texto.

RESALTAR v. intr. [1]. Sobresalir una cosa o parte de ella más que el resto o lo que está a su lado. **2.** *Fig.* Distinguirse o destacar una cosa entre otras.

RESALTE n. m. Resalto, saliente.

RESALTO n. m. Acción y efecto de resaltar. **2.** Parte que sobresale de una superficie.

RESARCIMIENTO n. m. Acción y efecto de resarcir.

RESARCIR v. tr. y pron. [3a]. Indemnizar o compensar a una persona por un gasto realizado, o una pérdida o agravio causados.

RESBALADILLA n. f. *Méx.* Resbalín.

RESBALADIZO, A adj. Que se resbala o se escurre fácilmente. **2.** Dícese del lugar en que es fácil resbalar. **3.** *Fig.* Dícese de lo que expone o se presta a incurrir en algún desacierto, equivocación o torpeza.

RESBALADURA n. f. Señal o huella que queda después de haber resbalado.

RESBALAR v. intr. y pron. [1]. Perder el equilibrio al andar o correr sobre una superficie lisa, húmeda, helada, etc. **2.** Moverse lenta o suavemente una cosa deslizándose sobre una superficie. **3.** *Fig.* Incurrir en un desliz o error. **4.** *Fig.* No interesarle o no importarle algo a alguien. **5.** Patinar un automóvil.

RESBALÍN n. m. *Chile.* Tobogán pequeño para los niños.

RESBALÓN n. m. Acción de resbalar. **2.** Movimiento que se hace al resbalar. **3.** Desacierto, falta o equivocación que alguien comete.

RESCATAR v. tr. [1]. Recuperar, por un precio convenido o mediante la fuerza, a alguien o algo que estaba en poder de otro. ◆ v. tr. y pron. **2.** *Fig.* Liberar a algo o alguien del peligro, trabajo u opresión en que se hallaba.

RESCATE n. m. Acción y efecto de rescatar. **2.** Precio que se paga para rescatar a alguien.

RESCINDIR v. tr. [3]. Dejar sin efecto un contrato o una obligación por decisión de una o ambas partes.

RESCISIÓN n. f. Acción y efecto de rescindir.

RESCISORIO, A adj. Que rescinde.

RESCOLDO n. m. Brasa resguardada por la ceniza. **2.** *Fig.* Resentimiento, recelo o escrúpulo.

RESECO, A adj. Demasiado seco. **2.** Flaco, enjuto. ◆ n. m. **3.** Sensación de sequedad o molestia en la boca.

RESEDA n. f. Planta herbácea de flores pequeñas agrupadas en espigas o racimos. (Familia resedáceas.) **2.** Flor de esta planta.

RESELLAR v. tr. [1]. Volver a sellar una cosa.

RESENTIDO, A adj. y n. Que tiene resentimiento.

RESENTIMIENTO n. m. Acción y efecto de resentirse. **2.** Sentimiento penoso y contenido del que se cree maltratado y hostilidad hacia los autores del mal trato.

RESENTIRSE v. pron. [22]. Verse afectado el buen estado, funcionamiento, etc., de una cosa, por acción de otra. **2.** Sentir dolor o molestia a consecuencia de alguna enfermedad pasada. **3.** *Fig.* Sentir disgusto o pena por algo.

RESEÑA n. f. Acción y efecto de reseñar. **2.** Información crítica o comentario sobre una obra literaria, científica, etc. **3.** Artículo o escrito breve de un periódico en que se describe algo.

RESEÑAR v. tr. [1]. Describir a una persona o animal con sus señas características. **2.** Describir algo brevemente por escrito. **3.** Hacer una reseña literaria.

RESERO n. m. *Argent.* y *Urug.* Arreador de reses.

RESERVA n. f. Acción de reservar. **2.** Documento o anotación que acredita que uno puede disponer de cierta cosa o cierto derecho. **3.** Conjunto de cosas que se tienen guardadas para cuando sean necesarias: *reserva de víveres.* **4.** Acción de callar alguna cosa por discreción o prudencia. **5.** Actitud de no aceptar completamente una cosa o de no manifestar abierta o totalmente una idea, afecto, estado de ánimo, etc. **6.** Excepción que se hace o condición que se pone a una oferta o promesa: *aceptar algo con reserva.* **7.** LITURG. Acción de reservar el Santísimo Sacramento. **8.** MIL. Situación de los individuos sujetos a las obligaciones militares legales, que empieza al término de la situación de actividad. • **Reserva de indios**, territorio reservado a los indios en E.U.A. y Canadá, y que está sometido a un régimen especial. ‖ **Reserva natural**, territorio delimitado y protegido jurídicamente para preservar ciertas especies animales o vegetales amenazadas de desaparición, o las que albergue de manera permanente o temporal. ◆ n. m. y f. **9.** Suplente. ◆ **reservas** n. f. pl. **10.** Cantidad de petróleo recuperable en un yacimiento. ‖ **Reservas monetarias**, conjunto de medios de pago internacionales de que dispone un país. ‖ **Reservas nutritivas**, sustancias dotadas de valor calórico, que se acumulan en determinadas regiones del organismo, para facilitar la nutrición en caso de posible déficit alimenticio. ‖ **Sin reservas**, abierta o incondicionalmente.

RESERVACIÓN n. f. *Amér.* Reserva de billetes, habitaciones, etc.

RESERVADO, A adj. Que se reserva o debe reservarse. **2.** Cauteloso, callado. ◆ n. m. **3.** Compartimiento destinado exclusivamente a determinadas personas o usos.

RESERVAR v. tr. y pron. [1]. Apartar o guardar una cosa para alguien o para otro momento u ocasión. **2.** Dejar de decir o hacer cierta cosa en el momento que se podía o debía: *reservar la opinión.* **3.** Encargar con anticipación billetes, entradas, habitaciones, etc. **4.** LITURG. Ocultar el Santísimo Sacramento que estaba expuesto. ◆ **reservarse** v. pron. **5.** Conservarse o irse deteniendo para mejor ocasión.

RESERVISTA n. m. Individuo en situación de reserva dentro del servicio militar.

RESFRIADO n. m. Afección aguda de las vías respiratorias altas.

RESFRIAR v. tr. y pron. [1t]. Causar o coger un resfriado.

RESFRÍO n. m. Resfriado.

RESGUARDAR v. tr. y pron. [1]. Defender o proteger.

RESGUARDO n. m. Acción de resguardar. **2.** Lo que sirve para proteger o amparar. **3.** Documento que garantiza y acredita haber realizado determinada gestión, pago o entrega: *resguardo de matrícula.* **4.** HIST. En Perú, territorio que los españoles entregaban a los indios y en el que éstos se regían por sus propios cabildos y alcaldes.

RESIDENCIA n. f. Acción y efecto de residir. **2.** Lugar en que se reside: *fijó su residencia en Madrid.* **3.** Casa, domicilio, especialmente el lujoso y que ocupa un edificio entero. **4.** Casa en la que conviven personas afines por sexo, estado, edad, y que tienen una reglamentación: *residencia de estudiantes, de ancianos.* **5.** Conjunto de viviendas familiares independientes para personas de una misma profesión, o afines por algún concepto: *residencia de profesores.* **6.** Establecimiento público donde se alojan viajeros o estables en régimen de pensión, mediante el pago de cierta cantidad.

RESIDENCIAL adj. Dícese del barrio de una ciudad destinado a residencias, generalmente lujosas.

RESIDENCIAR v. tr. [1]. Tomar cuenta un juez a quien ha ejercido cargo público de la conducta que en su desempeño ha observado. **2.** Pedir cuentas a alguien sobre el cargo que ocupa.

RESIDENTE adj. y n. m. y f. Que reside en determinado lugar. ◆ n. m. **2.** HIST. Denominación de diferentes cargos coloniales en los ss. XIX y XX. **3.** INFORMÁT. Conjunto de rutinas del sistema operativo que permanecen siempre en memoria central.

RESIDIR v. intr. [1]. Vivir habitualmente en un lugar. **2.** *Fig.* Estar, radicar, estribar.

RESIDUAL adj. Relativo al residuo.

RESIDUO n. m. Lo que queda de un todo después de haber quitado una o más partes. **2.** Material que queda como inservible después de haber realizado algún trabajo u operación. (Suele usarse en plural.) **3.** MAT. Resto de una división o de la extracción de una raíz. • **Residuos radiactivos**, radioelementos inutilizables que se acumulan en un reactor nuclear.

RESIGNACIÓN n. f. Acción de resignar o resignarse. **2.** Paciencia y conformidad en las dificultades o adversidades.

RESIGNAR v. tr. [1]. Entregar la autoridad saliente el mando a la que la releva o sucede. **2.** Renunciar un beneficio eclesiástico a favor de un sujeto determinado. ◆ **resignarse** v. pron. **3.** Conformarse ante un acontecimiento que no puede remediarse.

RESILIENCIA n. f. MEC. Índice de resistencia al choque de un material.

RESINA n. f. (lat. *resinam*). Sustancia insoluble en el agua, soluble en alcohol, combustible, producida por determinados vegetales, como las coníferas y las terebintáceas. • **Resina sintética**, producto artificial dotado de propiedades análogas a las de la resina natural.

RESINAR v. tr. [1]. Extraer resina.

RESINOSO, A adj. Que tiene resina o se parece a ella: *madera resinosa.*

RESISTENCIA n. f. Acción y efecto de resistir. **2.** Capacidad para resistir. **3.** ELECTR. Cociente entre la diferencia de potencial aplicada a las extremidades de un conductor y la intensidad de corriente que produce, cuando el conductor no es la sede de una fuerza electromotriz. **4.** ELECTR. Conductor en el que toda la energía de la corriente eléctrica se transforma en calor por el efecto Joule y no comprende ninguna fuerza electromotriz. **5.** MEC. Fuerza que se opone al movimiento. **6.** Fuerza que en una palanca se opone a la potencia. • **Resistencia de materiales**, ciencia que tiene como fin determinar las dimensiones de los elementos de una construcción a fin de permitirles resistir los esfuerzos que tendrán que soportar. ‖ **Resistencia del aire**, fuerza que el aire opone al desplazamiento de un cuerpo. ‖ **Resistencia pasiva**, método de oposición al régimen establecido, consistente en la desobediencia a determinadas normas cuya conculcación dificulta el normal funcionamiento de la vida cotidiana.

RESISTENCIA, c. de Argentina, cap. de la prov. de Chaco y cab. del dep. de San Fernando, en la or. der. del río Negro; 228 199 hab. Centro comercial e industrial. Universidad.

RESISTENTE adj. Que resiste o se resiste. **2.** Fuerte, duro. ♦ n. m. y f. **3.** Miembro de la Resistencia.

RESISTIR v. intr., tr. y pron. [3]. Oponer un cuerpo una fuerza a la acción de otra que tiende a moverlo, deformarlo, etc.: *el dique resistió la riada.* **2.** Oponerse, no ceder a la voluntad de otro, a un impulso, deseo, etc. ♦ v. tr. **3.** Aguantar, soportar.

RESISTIVIDAD n. f. ELECTR. Característica de una sustancia conductora, numéricamente igual a la resistencia de un cilindro de esta sustancia de longitud y de sección iguales a la unidad.

RESMA n. f. Conjunto de veinte manos de papel (500 pliegos).

RESMILLA n. f. Paquete de 20 cuadernillos de papel de cartas.

RESNAIS (Alain), director de cine francés (Vannes 1922). Tras el gran impacto de su primer largometraje, *Hiroshima mon amour* (1959), realizó *El año pasado en Marienbad* (1961) y *Mi tío de América* (1980) y *On connaît la chanson* (1997), entre otras.

RESOL n. m. Reverberación del sol.

RESOLANA n. f. *Amér.* Luz y calor producidos por la reverberación del sol, resol.

RESOLLAR v. intr. [1r]. Respirar. **2.** Resoplar, respirar fuertemente y haciendo ruido. **3.** *Fig.* y *fam.* Hablar. (Úsase en frases negativas.)

RESOLUBLE adj. Que puede ser resuelto.

RESOLUCIÓN n. f. Acción y efecto de resolver o resolverse. **2.** Solución de un problema. **3.** Decisión, cosa que resulta o que se decide. **4.** Prontitud, viveza. **5.** Firmeza de carácter, valor. • **Resolución de un triángulo** (MAT.), cálculo de los elementos de un triángulo a partir de tres de dichos elementos. ‖ **Resolución de una ecuación** (MAT.), determinación de las raíces de esta ecuación. ‖ **Resolución judicial**, decisión o providencia que pronuncia un juez o tribunal en una causa.

RESOLUTIVO, A adj. Útil para resolver algo. ♦ adj. y n. m. **2.** FARM. Dícese de los medicamentos que influyen de modo directo y rápido en la resolución de un proceso patológico.

RESOLUTORIO, A adj. Que motiva o denota resolución.

RESOLVER v. tr. y pron. [2n]. Encontrar la solución a un problema, duda o dificultad. **2.** Tomar una resolución, decidir: *resolvieron volver a casa.* ♦ v. tr. **3.** Resumir, recapitular. **4.** Deshacer, disgregar. **5.** MED. Curar una enfermedad o hacer desaparecer sus síntomas. ♦ **resolverse** v. pron. **6.** Reducirse, cambiarse una cosa en otra.

RESONANCIA n. f. Sonido producido por repercusión de otro. **2.** Prolongación del sonido que se va reproduciendo por grados. **3.** *Fig.* Gran divulgación que adquiere algo, especialmente un hecho, una noticia, etc. **4.** FÍS. Aumento elevado de la amplitud de una oscilación bajo la influencia de una acción periódica de una frecuencia próxima. **5.** FÍS. Estado inestable de un sistema de partículas elementales en interacción. • **Resonancia magnética**, método de análisis espectroscópico basado en las transiciones inducidas entre los niveles de energía hiperfinos de un átomo, de un ion o de una molécula.

RESONANTE adj. Que resuena. **2.** FÍS. Susceptible de entrar en resonancia.

RESONAR v. intr. [1r]. Producir resonancia. **2.** *Fig.* Tener resonancia una noticia, suceso, etc.

RESOPLAR v. intr. [1]. Respirar violentamente o con ruido.

RESOPLIDO n. m. Acción y efecto de resoplar. **2.** *Fig.* y *fam.* Respuesta brusca.

RESORTE n. m. Pieza elástica que recobra su posición natural, desarrollando una fuerza utilizable. **2.** Fuerza elástica de una cosa. **3.** *Fig.* Medio de que uno se vale para conseguir algo.

RESORTERA n. f. *Méx.* Tirachinas para disparar piedras.

RESPALDAR n. m. Respaldo.

RESPALDAR v. tr. y pron. [1]. Servir de garantía, ayudar. ♦ v. tr. **2.** Poner una nota en el respaldo de un escrito, documento, etc. ♦ **respaldarse** v. pron. **3.** Apoyarse en el respaldo de un asiento.

RESPALDO n. m. Parte de un asiento en que se apoya la espalda. **2.** Vuelta o parte posterior de un papel escrito en que se anota alguna cosa; lo que allí se escribe. **3.** Acción de respaldar: *no lo conseguirás sin el respaldo del partido.*

RESPECTIVO, A adj. Dícese de los elementos de una serie o conjunto que corresponden cada uno a otro de otro conjunto: *estaban situados en sus respectivos asientos.*

RESPECTO n. m. (lat. *respectum*). Relación. • **Al respecto**, en relación con el asunto o cosa de que se trata. ‖ **Con respecto a**, **respecto a**, o **respecto de**, en relación con, por lo que corresponde a.

RESPETABILIDAD n. f. Calidad de respetable.

RESPETABLE adj. Digno de respeto. **2.** Dícese con carácter ponderativo de ciertas cosas medibles: *distancia respetable.* ♦ n. m. **3. El respetable** (*Fam.*), público de los espectáculos.

RESPETAR v. tr. [1]. Tener respeto. **2.** Reconocer, no violar los derechos, la dignidad, etc., de otro: *respetar sus opiniones.* **3.** Cumplir leyes, normas, etc. **4.** No destruir cierta cosa, conservarla.

RESPETO n. m. (lat. *respectum*). Sentimiento o actitud deferente o sumisa con que se trata algo o a alguien. **2.** Sentimiento que lleva a reconocer los derechos, la dignidad, decoro de una persona o cosa y a abstenerse de ofenderlos. **3.** *Fam.* Miedo. • **Campar** uno **por sus respetos**, obrar con total independencia. ‖ **Presentar respetos** a alguien, transmitir manifestaciones de cortesía.

RESPETUOSO, A adj. Que observa respeto hacia otro.

RESPINGAR v. intr. [1b]. Sacudirse la bestia y gruñir. ♦ v. intr. y pron. **2.** *Fam.* Levantarse el borde de una falda, chaqueta, etc., por estar mal hecha.

RESPINGO n. m. Acción y efecto de respingar. **2.** Sacudida violenta del cuerpo a causa de un sobresalto, sorpresa, etc. **3.** Acortamiento indebido de una prenda de vestir por algún olvido. **4.** *Fam.* Réspice. **5.** *Fam.* Contestación seca y desabrida. **6.** *Fam.* Represión breve, pero fuerte. **7.** *Chile.* Frunce, arruga.

RESPINGÓN, NA adj. Dícese de la nariz que tiene la punta algo hacia arriba.

RESPIRACIÓN n. f. Función mediante la cual las células vivas oxidan sustancias orgánicas, que se manifiesta por intercambios gaseosos, como absorción de oxígeno y expulsión de gas carbónico. **2.** Ventilación directa: *cuarto sin respiración.* • **Respiración artificial**, método de tratamiento de la asfixia y de las parálisis respiratorias, como electrocución, poliomielitis, etc.
■ Se distinguen cuatro tipos de respiración: la *respiración cutánea* (lombriz, rana); la *respiración pulmonar* (aves, mamíferos); la *respiración branquial* (peces, crustáceos) y la *respiración traqueal* (insectos). La respiración pulmonar se realiza mediante fenómenos mecánicos de expansión y contracción de la caja torácica que provocan la entrada (inspiración) y la salida (espiración) del aire por la tráquea.

RESPIRADERO n. m. Abertura o conducto por donde entra el aire o por donde salen humos y gases nocivos para la ventilación. **2.** CONST. Lumbrera, tronera.

RESPIRAR v. intr. (lat. *respirare*) [1]. Absorber el aire y expelerlo sucesivamente para mantener las funciones vitales de la sangre. **2.** Realizar el organismo la absorción del oxígeno propia de la respiración. **3.** *Fig.* Sentirse aliviado, liberado. **4.** *Fig.* y *fam.* Dar noticia de sí una persona ausente. **5.** *Fig.* Exhalar, despedir. **6.** *Fig.* Tener un recinto comunicación con el aire libre. **7.** *Fig.* Animarse, cobrar ánimo. ♦ v. tr. **8.** *Fig.* Tener aquello que se respira en alto grado: *respirar felicidad; la noche respira paz.*

RESPIRATORIO, A adj. Relativo a la respiración. **2.** Que sirve para la respiración o la facilita.

RESPIRO n. m. Descanso en el trabajo. **2.** *Fig.* Alivio en una preocupación, dolor, pena, etc. **3.** *Fig.* Prórroga en el plazo convenido para pagar una deuda o de cumplir una obligación.

RESPLANDECER v. intr. (lat. *resplendere*) [2m]. Despedir rayos de luz propia o reflejada. **2.** *Fig.* Sobresalir en algo: *resplandecer de hermosura.* **3.** *Fig.* Reflejar gran satisfacción o alegría.

RESPLANDECIENTE adj. Que resplandece.

RESPLANDOR n. m. *Fig.* Luz muy clara que sale de algún sitio. **2.** *Fig.* Brillo de algunas cosas: *ojos llenos de resplandor.* **3.** Esplendor, lustre.

RESPONDER v. tr. e intr. (lat. *respondere*) [2]. Decir o escribir algo para satisfacer una pregunta o proposición. **2.** Manifestar o expresar que se ha recibido una llamada. ♦ v. intr. **3.** Reaccionar a un estímulo, impulso, móvil, etc., o producir su efecto. **4.** Estar en relación de conformidad, corresponder una cosa a otra: *responder a un ideal formado.* **5.** Corresponder con una acción a la realizada por otro: *el enemigo respondió a tiros.* **6.** Corresponder, mostrarse agradecido. **7.** Hacerse responsable de alguien o algo. **8.** Replicar, poner objeciones. **9.** Rendir, dar producto o utilidad: *esta tierra no responde.* **10.** Repetir el eco un sonido o voz.

RESPONDÓN, NA adj. y n. Que replica mucho.

RESPONSABILIDAD n. f. Calidad de responsable. **2.** Obligación moral que se tiene a consecuencia de haber o haberse cometido una falta.

RESPONSABILIZAR v. tr. y pron. [1g]. Hacer o hacerse responsable de algo o alguien.

RESPONSABLE adj. Que debe responder, rendir cuentas de sus actos o de los de otros: *gobierno responsable.* **2.** Consciente y formal en sus palabras, acciones o actitudes: *trabajador responsable.* ♦ adj. y n. m. y f. **3.** Culpable de algo. ♦ n. m. y f. **4.** Persona que tiene autoridad, capacidad para tomar decisiones, dirigir una actividad, el trabajo de un grupo, etc.

RESPONSO n. m. Rezo por los difuntos.

RESPONSORIAL adj. Dícese del salmo litúrgico cantado después de las lecturas de la misa.

RESPONSORIO n. m. (lat. *responsorium*). Canto que tiene lugar después de las lecturas de la misa y de las horas del oficio divino. **2.** Responso.

RESPUESTA n. f. Acción de responder. **2.** Aquello que se responde, palabras o escrito con que se responde. **3.** Refutación. **4.** Reacción de un ser vivo a un estímulo.

RESQUEBRAJADIZO, A adj. Con tendencia a resquebrajarse.

RESQUEBRAJADURA n. f. Hendidura, grieta.

RESQUEBRAJAR v. tr. y pron. [1]. Producir o producirse grietas en algo.

RESQUEMOR n. m. Sentimiento no exteriorizado que causa inquietud, pesadumbre, desasosiego, etc.

RESQUICIO n. m. Abertura que queda entre el quicio y la puerta. **2.** Abertura pequeña por donde pasa o puede pasar algo. **3.** Ocasión, oportunidad favorable.

RESTA n. f. Operación de restar, de hallar la diferencia entre dos cantidades. **2.** Residuo.

RESTABLECER v. tr. [2m]. Volver a establecer. ♦ **restablecerse** v. pron. **2.** Recuperarse, volver a tener salud o reponerse moralmente.

RESTABLECIMIENTO n. m. Acción y efecto de restablecer o restablecerse.

RESTALLAR v. intr. [1]. Chasquear, producir un sonido agudo y seco.
RESTANTE adj. Que resta.
RESTAÑADURA n. f. Acción y efecto de restañar.
RESTAÑAR v. tr. [1]. Volver a estañar de nuevo.
RESTAÑAR v. tr., intr. y pron. [1]. Detener el curso de un líquido.
RESTAR v. tr. [1]. Quitar parte de alguna cosa, generalmente inmaterial. **2.** MAT. Hallar la diferencia entre dos cantidades. **3.** MAT. Sacar el residuo de una cosa rebajando una parte del todo. ♦ v. intr. **4.** Quedar o faltar: *lo que resta del mes, de vino, de sueldo, etc.*
RESTAURACIÓN n. f. Acción y efecto de restaurar: *la restauración de un monumento.* **2.** Reposición en el trono de un rey destronado.
RESTAURACIÓN n. f. Rama de la hostelería que abarca el ámbito de comedores y restaurantes.
RESTAURADOR, RA adj. y n. Que restaura, especialmente obras de arte.
RESTAURADOR, RA n. Persona que tiene o dirige un restaurante.
RESTAURANTE, RESTAURÁN o **RESTORÁN** n. m. Establecimiento público donde se sirven comidas pagando.
RESTAURAR v. tr. (lat. *restaurare*) [1]. Restablecer, volver a poner algo o a alguien en el estado que antes tenía. **2.** Reparar un deterioro, dejar en buen estado: *restaurar un cuadro, una estatua.* **3.** Recuperar, recobrar: *restaurar las fuerzas.*
RESTIRADOR n. m. Méx. Mesa de tablero movible que usan los dibujantes.
RESTITUCIÓN n. f. Acción y efecto de restituir.
RESTITUIBLE adj. Que se puede restituir.
RESTITUIR v. tr. (lat. *restituere*) [29]. Dar lo que uno tenía antes de quitárselo, haberlo perdido o prestado: *restituir lo robado; restituir el bienestar en la familia.* **2.** Restablecer, volver a poner algo en el estado que antes tenía: *restituir un texto, el buen aspecto de un edificio.* ♦ **restituirse** v. pron. **3.** Regresar al lugar donde se había salido, o volver a la ocupación o actividad que se había dejado: *al terminar el año se restituyó a su empresa.*
RESTITUTORIO, A adj. DER. Que restituye, o se da o se recibe por vía de restitución.
RESTO n. m. Residuo, parte que queda de una cosa, de un todo. **2.** *Galic.* Lo demás, lo restante: *ya te escribiré el resto.* **3.** En tenis y pelota vasca, acción de devolver la pelota que proviene de un saque. **4.** En los juegos de envite, cantidad que se señala para envidar. **5.** MAT. Resultado de una sustracción. **6.** MAT. Exceso del dividendo sobre el producto del divisor por el cociente, en una división. **7.** MAT. Número que es preciso añadir al cuadrado de la raíz cuadrada de un número para encontrar dicho número. ● **Echar el resto** *(Fam.),* hacer todo lo posible para conseguir algo. ♦ **restos** n. m. pl. **8.** Residuos, sobras de comida. **9.** Cuerpo o parte del cuerpo de una persona después de muerta: *los restos mortales.* **10.** Vestigios.
RESTREGAR v. tr. [1d]. Refregar, estregar, pasar con fuerza y aspereza una cosa sobre otra.
RESTREPO (Antonio José), escritor y político colombiano (Concordia 1855-Barcelona, España, 1933). Autor de obras políticas, recopilaciones y estudios de folklore.
RESTREPO (Carlos Emilio), abogado y político colombiano (Medellín 1867-† 1937). Conservador, fue presidente de la república (1910-1914).
RESTREPO (Ernesto), etnólogo colombiano (Medellín 1862-Bogotá 1949), autor de trabajos sobre los pueblos amerindios colombianos.
RESTREPO (Félix), jesuita y filólogo colombiano (Medellín 1887-† 1965). Fue autor de estudios lingüísticos (*El castellano en los clásicos*).
RESTREPO (José Félix), político colombiano (1760-1832), presidente del congreso constituyente (1821) que abolió la esclavitud.
RESTREPO (José Manuel), político e historiador colombiano (Envigado, Antioquia, 1781-Bogotá 1863), es autor de *Historia de la revolución de la república de Colombia* (1827).
RESTREPO JARAMILLO (José), escritor colombiano (1896-1945), introductor de la novela sicológica en Colombia (*David, hijo de Palestina*, 1931).
RESTRICCIÓN n. f. Acción y efecto de restringir. ♦ **restricciones** n. f. pl. [3b]. Medidas de reducción impuestas en el suministro de productos de consumo, debido a su escasez.
RESTRICTIVO, A adj. Que restringe o sirve para restringir: *medidas restrictivas.*
RESTRINGIR v. tr. (lat. *restringere*) [3b]. Reducir, limitar generalmente cosas materiales expresadas en abstracto, como gastos, bienes, etc.
RESUCITAR v. tr. (lat. *resuscitare*) **1.** Devolver de la muerte a la vida. **2.** *Fig.* y *fam.* Poner de nuevo en uso, en vigor, algo que había decaído o desaparecido: *resucitar viejas costumbres.* **3.** *Fig. fam.* Reanimar: *un trago no resucitará.* ♦ v. intr. **4.** Volver a la vida.
RESUELLO n. m. Acción y efecto de resollar.
RESUELTO, A adj. Solucionado, decidido: *asunto resuelto.* **2.** Que actúa con determinación, firmeza y seguridad: *persona resuelta.* **3.** Pronto, diligente.
RESULTADO n. m. Lo que resulta, en consecuencia, el efecto de una acción, de un hecho, de una operación matemática, el resultado de una negociación, de una suma. ♦ **resultados** n. m. pl. **2.** Realizaciones concretas: *exigir resultados.*
RESULTANTE adj. Que resulta. ♦ n. f. **2.** Resultado de la composición de todos los elementos de un sistema.
RESULTAR v. intr. [1]. Derivarse, producirse algo como efecto o consecuencia de una causa. **2.** Llegar a ser o ser algo lo que se expresa o de la manera que se expresa. **3.** Ocurrir, suceder, producirse algo. **4.** Parecer, producir una cosa el efecto que se expresa. **5.** Tener una cosa el resultado, generalmente bueno. **6.** Costar cierta cantidad.
RESULTAS. De resultas de, como consecuencia, por efecto, como resultado de lo que se expresa.
RESUMEN n. m. Acción y efecto de resumir o resumirse. **2.** Exposición resumida de un asunto o materia: *el resumen de un discurso.*
RESUMIDERO n. m. *Amér.* Conducto por el que desaguan las aguas residuales o de lluvia.
RESUMIR v. tr. y pron. (lat. *resumere*, tomar de nuevo, repasar) [3]. Exponer en pocas palabras algo que ha sido dicho, escrito o representado más extensamente. ♦ **resumirse** v. pron. **2.** Reducirse.
RESURGENCIA n. f. Reaparición al aire libre, bajo forma de fuente grande, del agua absorbida en las cavidades subterráneas.
RESURGIMIENTO n. m. Acción y efecto de resurgir.
RESURGIR v. intr. (lat. *resurgere*) [3b]. Aparecer, surgir de nuevo. **2.** Reanimarse, volver de nuevo a las energías físicas o del ánimo.
RESURRECCIÓN n. f. Acción y efecto de resucitar. **2.** Retorno a la vida de Jesucristo, al tercer día después de su muerte. (Con este significado suele escribirse con mayúscula.) **3.** Cuadro que representa este hecho.
RETABLO n. m. En las iglesias, construcción vertical pintada o esculpida, situada detrás del altar. **2.** Serie de figuras pintadas o de talla que representan un suceso, especialmente de la historia sagrada. **3.** Representación teatral de un episodio de la historia sagrada.
RETACEAR v. tr. [1]. *Argent., Par., Perú* y *Urug. Fig.* Escatimar lo que se da a otro.
RETACO n. m. Escopeta corta, muy reforzada en la recámara. **2.** En los juegos de trucos y billar, taco más corto que los regulares. **3.** *Fig.* Persona baja y rechoncha.
RETACÓN, NA adj. *Amér. Fam.* Retaco, persona baja y rechoncha.
RETAGUARDIA n. f. Tropas últimas de una marcha. **2.** Fuerzas e instalaciones bélicas situadas detrás de la línea de fuego. **3.** Zona de una nación en guerra apartada del combate.
RETAHÍLA n. f. Serie de cosas que se suceden unas a otras de manera monótona o excesiva.
RETAL n. m. (cat. *retall*). Pedazo sobrante de piel, tela, chapa, papel, etc.
RETALHULEU (departamento de), dep. del SO de Guatemala; 1856 km²; 238 887 hab. Cap. *Retalhuleu* (35 246 hab.).
RETAMA n. f. (ár. *ratam*). Diversos arbustos de flores amarillas, pertenecientes a numerosas especies. (Familia papilionáceas.) SIN.: hiniesta.
RETAR v. tr. [1]. Desafiar a un duelo, pelea o a competir en cualquier terreno. **2.** *Amér. Merid.* Regañar.
RETARDADO, A adj. MEC. Dícese del movimiento cuya velocidad disminuye. ● **Apertura retardada,** abertura del paracaídas gobernada por el paracaidista, al cabo de cierto tiempo de caída libre.
RETARDAR v. tr. y pron. (lat. *retardare*) [1]. Retrasar, diferir, frenar.
RETARDO n. m. Acción y efecto de retardar: *ha llegado con retardo.*
RETAZO n. m. Retal de una tela. **2.** Fragmento o trozo de un discurso, escrito, libro, etc. **3.** *Méx.* Pedazo de carne de res.
RETEJAR v. tr. [1]. Reparar un tejado.
RETEMBLAR v. intr. [1. Temblar.
RETÉN n. m. Provisión que se tiene de una cosa. **2.** Grupo de gente armada dispuesta para caso de necesidad. **3.** *Chile.* Pequeño cuartel de carabineros.
RETENCIÓN n. f. Acción y efecto de retener. **2.** Parte o totalidad retenida de un haber. **3.** Detención o marcha muy lenta de los vehículos provocada por su aglomeración o por obstáculos que impiden o dificultan su circulación normal. (Suele usarse en plural.) **4.** GEOGR. Inmovilización del agua en forma de nieve (*retención nívea*) o de hielo (*retención glaciar*). **5.** MED. Dificultad para evacuar un conducto o cavidad.
RETENER v. tr. (lat. *retinere*) [8]. Hacer que alguien o algo no se separe de otro, o que permanezca en el lugar donde estaba, conservando para sí: *tratar de retener a alguien.* ♦ v. tr. ♥ pron. **2.** Reprimir, contener. **3.** Conservar en la memoria, recordar: *retener fechas.* **4.** Imponer prisión preventiva, arrestar. **5.** Dejar de dar algo o parte de ello para destinarlo a otro fin.
RETENTIVA n. f. Memoria, facultad de recordar.
RETENTIVO, A adj. y n. Que tiene virtud de retener.
RETICENCIA n. f. Acción y efecto de decir una cosa sólo en parte o de decirla de manera indirecta y con cautela: *hablar sin reticencias.* **2.** RET. Figura que consiste en dejar incompleta una frase, para que se entienda algo de lo que al parecer se calla.
RETICENTE adj. Que tiene reticencias. **2.** Que incluye reticencias.
RETÍCULA n. f. Retículo.
RETICULADO, A adj. Reticular, en forma de red.
RETICULAR adj. De figura de red o retículo. **2.** Relativo a una red cristalina. ● **Sustancia reticular** (ANAT.), sistema formado por un conjunto de neuronas del tronco cerebral, que tiene una función muy importante en la regulación de la actividad de la corteza cerebral.

RET

RETÍCULO n. m. (lat. *reticulum*). Tejido en forma de red. **2.** BIOL. Red formada por las fibras de determinados tejidos o las anastomosis de pequeños vasos. **3.** ÓPT. Disco agujereado con una abertura cortada por dos hilos muy finos que se cruzan en ángulo recto, y que sirve para graduar los anteojos astronómicos y terrestres.

RETINA n. f. (del lat. *retem*, red). Membrana sensible del globo ocular, situada en el interior de la coroides y formada por una expansión del nervio óptico.

RETINIANO, A adj. Relativo a la retina.

RETINTÍN n. m. Sensación que persiste en el oído del sonido de una campana u otro cuerpo sonoro. **2.** *Fig. y fam.* Entonación y modo de hablar reticente que se utiliza para ofender a alguien.

RETINTO, A adj. Dícese de ciertos animales que son de color castaño oscuro.

RETIRADA n. f. Acción y efecto de retirar o retirarse, especialmente hacerlo ordenadamente en la guerra. **2.** Toque militar que indica esta acción.

RETIRADO, A adj. Alejado, distante: *un lugar retirado*. ♦ adj. y n. **2.** Dícese de la persona, especialmente los militares, que ha dejado toda actividad profesional, conservando algunos derechos.

RETIRAR v. tr. y pron. [1]. Apartar, quitar, separar. **2.** Dejar de prestar servicio activo en una profesión. ♦ v. tr. **3.** Dejar de utilizar una cosa o quitarla del lugar donde estaba. ♦ **retirarse** v. pron. **4.** Apartarse o separarse del trato con la gente o de la amistad con una persona. **5.** Recogerse al final de la jornada para acostarse o descansar. **6.** Abandonar el lugar de la lucha.

RETIRO n. m. Acción de retirar o retirarse. **2.** Lugar distante y tranquilo. **3.** Situación del militar o empleado retirado. **4.** Sueldo o pensión que cobra. **5.** En la religión católica, alejamiento de las ocupaciones cotidianas durante uno o varios días, para dedicarse a ejercicios de piedad.

RETO n. m. Acción de retar. **2.** Palabras con que se reta. **3.** Amenaza, dicho o hecho con que se amenaza. **4.** *Bol.* y *Chile.* Insulto, injuria.

RETOBADO, A adj. *Amér. Central*, *Cuba* y *Ecuad.* Indómito, obstinado. **2.** *Amér. Central*, *Ecuad.* y *Méx.* Respondón, rebelde. **3.** *Argent.*, *Méx.* y *Urug.* Enojado, airado.

RETOBAR v. tr. [1]. *Argent.* y *Urug.* Forrar o cubrir con cuero ciertos objetos como las boleadoras, el cabo del rebenque, etc. **2.** *Chile.* Envolver o forrar los fardos de cuero o arpillera. **3.** *Méx.* Rezongar, responder. ♦ **retobarse** v. pron. **4.** *Argent.* Rebelarse, enojarse. **5.** *Argent.* y *Urug.* Ponerse displicente y en actitud de reserva excesiva.

RETOCAR v. tr. [1a]. Volver a tocar, o tocar repetidamente una cosa. **2.** Dar a una cosa, particularmente un dibujo, pintura o fotografía, ciertos toques, rasgos o detalles para perfeccionarla o restaurarla. **3.** *Fig.* Dar la última mano a cualquier obra.

RETOÑAR v. intr. [1]. Volver a echar vástagos la planta. **2.** *Fig.* Reproducirse de nuevo una cosa.

RETOÑO n. m. Vástago o tallo que echa de nuevo la planta. **2.** *Fig. y fam.* Hijo de corta edad.

RETOQUE n. m. Acción y efecto de retocar.

RETORCER v. tr. y pron. [2f]. Hacer que una cosa dé vueltas cogiéndola de uno de sus extremos, o por los dos extremos de manera que éstos giren en sentido contrario: *retorcer la ropa lavada*. **2.** *Fig.* Dirigir un argumento contra el mismo que lo ha esgrimido antes. **3.** *Fig.* Tergiversar, interpretar erróneamente: *retorcer el sentido de una frase*. **4.** Efectuar el retorcido de los hilos. ♦ **retorcerse** v. pron. **5.** Enrollarse o liarse una cosa alrededor de otra. **6.** *Fig.* Contraerse el cuerpo violentamente por alguna causa: *retorcerse de risa*.

RETORCIDO, A adj. Dícese del lenguaje o estilo complicado o de la persona que lo emplea. **2.** Que habla u obra disimulando sus verdaderos sentimientos o intenciones, generalmente malignos. ♦ n. **3.** Acción de torcer conjuntamente dos o más hilos sencillos en el sentido contrario al de su propia torsión, para obtener hilos más resistentes.

RETORCIJÓN n. m. *Argent.*, *Chile*, *Colomb.* y *Guat.* Retortijón.

RETÓRICA n. f. (lat. *rhetoricam*). Conjunto de procedimientos y técnicas que permiten expresarse correctamente con elocuencia. **2.** Tratado de este arte. ♦ **retóricas** n. f. pl. **3.** *Fam.* Palabrería, abundancia de palabras sin contenido.

RETÓRICO, A adj. Relativo a la retórica. • **Figura retórica**, aspecto o giro en el estilo que hace más viva la expresión del pensamiento. ♦ adj. y n. **2.** Versado en retórica.

RETORNAR v. intr. y pron. [1]. Regresar, volver. ♦ v. tr. **2.** Volver a poner una cosa en la situación o en el lugar donde estaba. **3.** Devolver o restituir.

RETORNO n. m. Acción y efecto de retornar: *el retorno al hogar*. **2.** ELECTR. Línea o conductor por el que la corriente vuelve al origen en un circuito eléctrico.

RETORTA n. f. QUÍM. Vasija de cuello largo, estrecho y curvado, que sirve para la destilación. **2.** QUÍM. Horno industrial que sirve para lo mismo uso.

RETORTIJÓN n. m. Acción de retorcer una cosa. **2.** (*Fam.*) Dolor de tipo cólico localizado en el abdomen.

RETOZAR v. intr. [1g]. Juguetear alegre, brincando o persiguiéndose unos a otros. ♦ v. intr. y tr. **2.** Entregarse a juegos amorosos.

RETOZO n. m. Acción y efecto de retozar.

RETOZÓN, NA o **RETOZADOR, RA** adj. Inclinado a retozar, o que retoza con frecuencia.

RETRACCIÓN n. f. Acción y efecto de retraer. **2.** MED. Acortamiento o deformidad de ciertos tejidos u órganos.

RETRACTABLE adj. Que se puede o debe retractar.

RETRACTACIÓN n. f. Acción de retractarse.

RETRACTAR v. tr. y pron. (lat. *retractare*, retocar) [1]. Volverse atrás de una cosa que se ha dicho o de una actitud que se ha mantenido.

RETRÁCTIL adj. Dícese de ciertas estructuras orgánicas que pueden reducir parcialmente sus dimensiones.

RETRACTILIDAD n. f. Calidad de retráctil.

RETRACTO n. m. DER. Derecho que compete a una persona para adquirir una cosa vendida a otro, al precio y bajo las condiciones en que se haya sido transmitida a otra.

RETRAER v. tr. [10]. Reproducir una cosa en la imaginación. **2.** DER. Ejercer un derecho de retracto. ♦ v. tr. y pron. **3.** Retirar, retroceder. **4.** Apartar o disuadir a alguien de un intento. ♦ **retraerse** v. pron. **5.** Acogerse, refugiarse en algún sitio. **6.** Aislarse, retirarse del trato con la gente. **7.** Retirarse temporalmente de una actividad.

RETRAÍDO, A adj. y n. Que gusta de la soledad y se aparta del trato con la gente. **2.** *Fig.* Poco comunicativo, tímido.

RETRAIMIENTO n. m. Acción y efecto de retraerse. **2.** Reserva, timidez, introversión.

RETRANCA n. f. *Colomb.* y *Cuba.* Freno de cualquier vehículo o máquina.

RETRANQUEAR v. tr. [1]. Remeter el muro de fachada en la planta o plantas superiores de un edificio.

RETRANQUEO n. m. Acción y efecto de retranquear.

RETRANSMISIÓN n. f. Acción y efecto de retransmitir. **2.** Difusión por radio o televisión de acontecimientos desde el punto en que tienen lugar.

RETRANSMITIR v. tr. [3]. Volver a transmitir. **2.** Efectuar una retransmisión.

RETRASADO, A adj. Que actúa, sucede o tiene lugar más tarde de lo previsto. ♦ n. **2. Retrasado mental** (SIQUIATR.), persona afecta de retraso mental.

RETRASAR v. tr. y pron. [1]. Aplazar, diferir la realización de algo: *retrasar la boda*. ♦ v. tr. **2.** Atrasar, retroceder las agujas del reloj. ♦ v. intr. y pron. **3.** Señalar el reloj una hora anterior a la que realmente es o no marchar con la debida velocidad. **4.** Rezagarse, quedarse atrás.

RETRASO n. m. Acción y efecto de retrasar o retrasarse. • **Retraso mental**, todo estado de deficiencia intelectual congénita.

RETRATAR v. tr. [1]. Hacer el retrato de una persona o cosa por medio del dibujo, pintura, escultura o fotografía. ♦ v. tr. y pron. **2.** Describir exactamente con palabras a una persona o cosa.

RETRATISTA n. m. y f. Persona que tiene por oficio hacer retratos. **2.** *Fam.* Fotógrafo profesional.

RETRATO n. m. Representación de una persona mediante el dibujo, la fotografía, la pintura o la escultura. **2.** *Fig.* Descripción de una persona o cosa. **3.** *Fig.* Persona o cosa que se asemeja a otra: *este niño es el retrato de su padre*. **4.** Fotografía. • **Retrato robot**, dibujo de la cara de un individuo, efectuado según la descripción hecha por varios testigos.

RETREPARSE v. pron. [1]. Echar hacia atrás la parte superior del cuerpo. **2.** Recostarse en el asiento, echándolo hacia atrás al apoyarse en el respaldo.

RETRETA n. f. Toque que se da en los cuarteles y campamentos militares, por la noche, para señalar el momento en que la tropa debe estar de regreso en los mismos.

RETRETE n. m. Habitación dispuesta para evacuar las necesidades. **2.** Recipiente utilizado para ello.

RETRIBUCIÓN n. f. Acción de retribuir. **2.** Recompensa o pago de una cosa.

RETRIBUIR v. tr. (lat. *retribuere*) [29]. Pagar un servicio o trabajo recibido. **2.** *Argent.* Corresponder al obsequio o favor que uno recibe.

RETRIBUTIVO, A adj. Que produce retribución y ganancia.

RETRO adj. *Fam.* Dícese de un estilo, de una moda inspirados en los de la primera mitad del s. XX, o de alguien que sigue este estilo, esta moda. **2.** Dícese de todo lo que señala un retorno hacia una época pasada.

RETROACCIÓN n. f. Regresión, retroceso. **2.** En cibernética, acción de retorno de las correcciones y regulaciones de un sistema de informaciones sobre el centro de mando del sistema. SIN.: *feed-back*.

RETROACTIVIDAD n. f. Calidad de retroactivo.

RETROACTIVO, A adj. Que tiene aplicación, efectividad o fuerza sobre lo pasado.

RETROCEDER v. intr. (lat. *retrocedere*) [2]. Volver hacia atrás. **2.** Abandonar un propósito o intento, o detenerse ante un obstáculo o peligro.

RETROCESO n. m. Acción y efecto de retroceder. **2.** Recrudecimiento de una enfermedad. **3.** Movimiento hacia atrás de un arma de fuego en el momento del disparo.

RETROCOHETE n. m. Cohete de frenado, utilizado en astronáutica.

RETRÓGRADO, A adj. MEC. y ASTRON. Dícese del sentido del movimiento de las agujas del reloj. ♦ adj. y n. **2.** Opuesto al progreso, partidario de lo anticuado y reaccionario: *ideas retrógradas*.

RETRONAR v. intr. [1r]. Retumbar.

RETROPROPULSIÓN n. f. Frenado de un vehículo espacial mediante un cohete.

RETROSPECCIÓN n. f. Mirada o examen retrospectivo.

RETROSPECTIVO, A adj. Que se refiere a tiempo pasado.

RETROTRAER v. tr. y pron. [10]. Retroceder con la memoria a un tiempo o época pasada.

RETROVISOR n. m. y adj. Espejo pequeño que llevan los vehículos en la parte superior del parabrisas o lateralmente, que permite al conductor ver detrás de sí.
RETRUCAR v. intr. [1a]. En los juegos de billar y de trucos, pegar la bola impulsada por otra en la banda y devolverle el golpe a ésta al retroceder. 2. Dirigir contra una persona un argumento esgrimido por ella misma. 3. *Argent., Perú* y *Urug. Fam.* Replicar prontamente con acierto y energía.
RETRUÉCANO n. m. Figura de sentencia que consiste en invertir los términos de una proposición en otra subsiguiente para que el sentido de esta última forme contraste o antítesis con el de la anterior. Por ej.: *conviene comer para vivir, no vivir para comer*. SIN.: conmutación.
RETRUQUE o **RETRUCO** n. m. En los juegos de billar y de trucos, golpe que la bola herida, dando en la banda, vuelve a dar en la bola que hirió. • **De retruque**, como consecuencia o resultado de una cosa.
RETUMBANTE adj. Que retumba. 2. *Fig.* Ostentoso, aparatoso.
RETUMBAR v. intr. [1]. Resonar, hacer mucho ruido una cosa o repercutir el sonido.
REUMA o **REÚMA** n. m. o f. Reumatismo.
REUMÁTICO, A adj. y n. Relativo al reumatismo; afecto de reumatismo.
REUMATISMO n. m. Enfermedad caracterizada por una afección inflamatoria en una o varias articulaciones. SIN.: reuma, reúma.
REUMATOIDE adj. Dícese de un dolor análogo al de los reumatismos.
REUMATOLOGÍA n. f. Parte de la medicina que trata de las afecciones óseas articulares, reumáticas y degenerativas.
REUNIÓN n. f. Acción y efecto de reunir o reunirse. 2. Conjunto de personas reunidas. • **Reunión de dos conjuntos** (MAT.), conjunto formado por los elementos que pertenecen por lo menos a uno de los dos conjuntos.
REUNIR v. tr. y pron. [3r]. Volver a unir. 2. Juntar, congregar. ♦ v. tr. 3. Recoger, ir juntando o guardando cosas, especialmente dinero: *reunir un pequeño capital*. 4. Poseer determinadas cualidades o requisitos: *reunir las condiciones necesarias*.
REUS, c. de España (Tarragona), cab. de p. j.; 88 595 hab. (Reusenses.) Centro agropecuario, comercial e industrial. Avicultura. Aeropuerto. Universidad.
REVÁLIDA n. f. Acción y efecto de revalidarse. 2. Examen que se hace al finalizar ciertos estudios.
REVALIDACIÓN n. f. Acción y efecto de revalidar.
REVALIDAR v. tr. [1]. Dar validez de nuevo a algo. ♦ v. tr. y pron. 2. Realizar un examen general al finalizar determinados estudios.
REVALORIZACIÓN n. f. Acción y efecto de revalorizar.
REVALORIZAR v. tr. [1g]. Dar a algo o a alguien su antiguo valor o darle un valor mayor.
REVALUACIÓN n. f. Aumento de valor de la moneda de un país en relación con las monedas extranjeras.
REVALUAR v. tr. [1s]. Volver a evaluar. ♦ v. tr. y pron. 2. Producir una revaluación.
REVANCHA n. f. (fr. *revanche*). Desquite, venganza, represalia.
REVANCHISMO n. m. Actitud política agresiva, inspirada en el deseo de revancha.
REVANCHISTA adj. y n. m. y f. Relativo al revanchismo; que presenta esta actitud política.
REVELACIÓN n. f. Acción y efecto de revelar o revelarse; aquello que se revela: *la revelación de un secreto*. 2. Persona que manifiesta de golpe un gran talento. 3. REL. Manifestación de un misterio o desvelamiento de una verdad por Dios o por una inspiración de Dios.

REVELADO n. m. Conjunto de operaciones que tienen por objeto transformar una imagen impresionada latente en imagen fotográfica visible y estable.
REVELADOR, RA adj. y n. Que revela. ♦ n. m. 2. Baño que actúa sobre la emulsión fotográfica impresionada para conseguir el revelado.
REVELAR v. tr. (lat. *revelare*, quitar el velo) [1]. Descubrir, manifestar lo que era materia secreta u oculta. 2. Manifestar, mostrar, dar a conocer algo o ser causa de que se conozca: *revelar una gran bondad*. 3. FOT. Efectuar un revelado. 4. REL. Hacer una revelación. ♦ **revelarse** v. pron. 5. Manifestarse como se expresa: *se reveló como un gran músico*.
REVENTA n. f. Establecimiento que vende con recargo sobre su precio original entradas y localidades para espectáculos públicos.
REVENTADERO n. m. *Chile*. Lugar donde las olas del mar revientan. 2. *Méx.* Manantial, hervidero.
REVENTADO, A adj. y n. *Argent. Fam.* Dícese de la persona de carácter sinuoso e intratable.
REVENTAR v. tr., intr. y pron. [1j]. Abrir o abrirse por impulso interior. ♦ v. tr. 2. Deshacer o romper aplastando con violencia: *reventar una puerta*. 3. *Fig.* y *fam.* Molestar, fastidiar mucho: *me revientan los ruidos*. 4. *Fig.* y *fam.* Causar un daño grave: *la crisis ha reventado a muchos*. ♦ v. intr. 5. Romperse las olas del mar deshaciéndose en espuma. 6. *Fig.* Estar lleno de cierta cualidad o estado de ánimo: *reventar de satisfacción*. 7. *Fig.* Tener deseos incontenibles de algo: *revienta por hablar*. ♦ v. tr. y pron. 8. Cansar o cansarse, sometiendo a un trabajo excesivo: *reventarse fregando*. ♦ v. intr. y pron. 9. Morir violentamente.
REVENTAZÓN, r. de Costa Rica (Cartago y Limón), que nace en la cordillera de Talamanca y desemboca en el Caribe; 145 km.
REVENTÓN adj. Dícese de ciertas cosas que revientan o parece que van a reventar: *clavel reventón*. ♦ n. m. 2. Acción y efecto de reventar o reventarse. 3. *Méx. Fam.* Fiesta. 4. AUTOM. Desgarramiento o rotura brusca de la cubierta o de la cámara de aire del neumático.
REVERBERACIÓN n. f. Reflexión de la luz o del calor. 2. Persistencia de las sensaciones auditivas en un recinto o local, después de haber cesado la emisión del sonido.
REVERBERAR v. intr. [1]. Producir reverberación.
REVERBERO n. m. Reverberación. • **Horno de reverbero**, horno en el que las materias que deben ser tratadas se calientan indirectamente por medio de la bóveda que proyecta una fuerte radiación sobre la solera.
REVERDECER v. intr. y tr. [2m]. Recobrar el verdor los campos. 2. *Fig.* Renovarse o tomar nuevo vigor.
REVERENCIA n. f. Respeto o admiración que se siente y muestra hacia alguien o algo. 2. Inclinación del cuerpo o flexión de las piernas en señal de respeto o cortesía. 3. Tratamiento dado a algunos religiosos.
REVERENCIAR v. tr. [1]. Respetar o venerar.
REVERENDÍSIMO, A adj. y n. Tratamiento que se da a los cardenales, arzobispos, obispos y otras dignidades eclesiásticas.
REVERENDO, RA adj. y n. Tratamiento que se da a sacerdotes y religiosos.
REVERENTE adj. Que muestra reverencia.
REVERÓN (Armando), pintor venezolano (Caracas 1899-id. 1954), cultivó cierto impresionismo. Su obra suele dividirse en tres etapas: azul, blanca (la más importante: *Oleaje*) y sepia.

REVERSA n. f. *Chile*, *Colomb.* y *Méx.* Velocidad o marcha atrás en los vehículos de motor.
REVERSIBILIDAD n. f. Calidad de reversible.
REVERSIBLE adj. Que puede o debe revertir: *un proceso reversible*. 2. Dícese de las prendas que pueden usarse por el derecho y por el revés. 3. FÍS. y QUÍM. Dícese de una transformación que puede cambiar de sentido en cualquier momento, bajo la influencia de una modificación infinitesimal en las condiciones de producción del fenómeno.
REVERSIÓN n. f. Vuelta de una cosa al estado que tenía anteriormente. 2. Acción y efecto de revertir.
REVERSO n. m. Revés de algo. 2. Cara de una moneda o de una medalla opuesta a la efigie o elemento principal.
REVERTIR v. intr. [22]. Volver una cosa al estado o condición que tuvo antes. 2. Redundar, derivar de una cosa el efecto o resultado que se expresa. 3. DER. Volver una cosa a la propiedad del dueño que antes tuvo.
REVÉS n. m. (lat. *reversum*, de *revertere*, volver). Lado o parte posterior u opuesta al que se considera como cara o principal en una tela, papel, etc. 2. Golpe que se da con una cosa al volverla en otra vuelta. 3. *Fig.* Desgracia, daño imprevisto, contratiempo. 4. *Fig.* Cambio brusco en el trato o carácter de alguien. 5. En algunos deportes de pelota, golpe dado a la pelota con el dorso de la raqueta.
REVESTIMIENTO n. m. Capa o cubierta con que se resguarda o adorna algo.
REVESTIR v. tr. y pron. (lat. *revestire*) [30]. Vestir una determinada ropa sobre otra, especialmente los sacerdotes al oficiar. 2. *Fig.* Presentar determinado aspecto, cualidad o carácter: *el acto revistió gran solemnidad*. ♦ v. tr. 3. Recubrir con una capa, envoltura, etc. 4. *Fig.* Adornar con palabras retóricas o complementarias. 5. *Fig.* Disfrazar, desfigurar representando algo distinto de lo que es: *revestir la ignorancia con decoro*.
REVILLAGIGEDO o **REVILLA GIGEDO**, archipiélago de México (Colima), en el Pacífico, de origen volcánico. Islas principales: Socorro o Santo Tomás, San Benedicto y Clarión o Santa Rosa.
REVISADA n. f. *Amér.* Revisión, acción de revisar.
REVISAR v. tr. [1]. Examinar una cosa para comprobar si está bien o completa.
REVISIÓN n. f. Acción de revisar. • **Revisión médica** (MED.), reconocimiento médico.
REVISIONISMO n. m. Actitud de quienes ponen en tela de juicio las bases de una doctrina o de un sistema económico, político, etc.
REVISIONISTA adj. y n. m. y f. Relativo al revisionismo; seguidor de esta corriente.
REVISOR, RA adj. Que revisa o examina con cuidado una cosa. ♦ n. 2. Persona que revisa, especialmente la que revisa los billetes en un transporte público.
REVISTA n. f. Inspección, acción de revisar a las personas o cosas que están bajo la autoridad o cuidado de uno. 2. Exposición o crítica que se hace y se publica de producciones literarias, teatrales, funciones, etc. 3. Presentación de tropas, locales o armas, para que un superior las inspeccione. 4. Publicación periódica. 5. Espectáculo teatral, relacionado con el music-hall. • **Pasar revista**, ejercer un jefe las funciones de inspección que le correspondan; examinar con cuidado y detenidamente una serie de cosas.
REVISTAR v. tr. (ant. *revistare*) [1]. Pasar revista.
REVISTERO, A n. Persona encargada de escribir revistas o reseñas en un periódico. ♦ n. m. 2. Mueble auxiliar para guardar revistas.
REVIVIFICAR v. tr. [1a]. Vivificar, reavivar.
REVIVIR v. intr. [5]. Volver a la vida, resucitar. 2. Volver en sí el que parecía muerto.

3. *Fig.* Renovarse, recobrar actividad o fuerza una cosa pasada, olvidada, etc. **4.** *Fig.* Evocar, traer a la memoria.

REVOCABLE adj. Que se puede o debe revocar.

REVOCACIÓN n. f. (lat. *revocationem*). Acción y efecto de revocar. **2.** Anulación de una orden, mandato, decreto, etc.: *revocación de un testamento.*

REVOCADOR, RA adj. Que revoca. ◆ n. **2.** Obrero que revoca paredes.

REVOCADURA n. f. Revoque, acción de revocar. SIN.: *revoco*.

REVOCAR v. tr. [1a]. Anular una concesión, un mandato, una norma legal o una resolución: *revocar una sentencia.* **2.** Disuadir de un propósito o una intención. **3.** Enlucir o pintar de nuevo las paredes exteriores de un edificio.

REVOLCADO n. m. *Guat.* Guiso de pan tostado, tomate, chile y otros condimentos.

REVOLCAR v. tr. [1]. Derribar a alguien y darle vueltas en el suelo maltratándole. **2.** *Fig.* y *fam.* Vencer o confundir a un adversario en una discusión, competición, etc. **3.** *Fig.* y *fam.* Suspender a alguien en un examen. ◆ **revolcarse** v. pron. **4.** Echarse al suelo o sobre algo refregándose o dando vueltas sobre ella.

REVOLCÓN n. m. *Fam.* Acción de revolcar. **2.** *Fig.* y *fam.* Acto sexual.

REVOLEAR v. tr. [1]. *Argent.* y *Urug.* Hacer girar con el brazo correas, lazos, etc., o ejecutar molinetes con cualquier objeto.

REVOLOTEAR v. intr. [1]. Volar dando vueltas y giros en poco espacio o alrededor de algo. **2.** Moverse una cosa ligera por el aire dando vueltas.

REVOLOTEO n. m. Acción y efecto de revolotear.

REVOLTIJO o **REVOLTILLO** n. m. Conjunto de muchas cosas desordenadas. **2.** *Fig.* Confusión o enredo. **3.** Guisado a manera de pisto.

REVOLTOSO, A adj. Travieso, enredador. **2.** Que promueve disturbios, alborotos, etc.

REVOLTURA n. f. *Méx. Fam.* Desorden, mezcla confusa.

REVOLUCIÓN n. f. (lat. *revolutionem*). Movimiento orbital periódico de un cuerpo móvil en torno a un cuerpo central: *la revolución de un planeta.* **2.** Tiempo empleado por este móvil para efectuar este movimiento. **3.** Movimiento, alrededor de un eje, de una figura de forma invariable. **4.** Cambio brusco y violento en la estructura social o política de un estado, generalmente de origen popular: *la revolución de 1868.* **5.** *Fig.* Cambio total y radical, transformación completa. • **Revolución por minuto**, unidad de medida de velocidad angular (símbolo r.p.m.) que equivale a 2π rd/mn. ‖ **Superficie de revolución**, superficie obtenida por la rotación de una línea de forma invariable, denominada generatriz, alrededor de un eje.

REVOLUCIONAR v. tr. [1]. Perturbar el orden, alterar la tranquilidad o normalidad de un país, entidad, persona. **2.** Producir un cambio o alteración en cualquier cosa: *el turismo revolucionó las costumbres.* **3.** MEC. Imprimir más o menos revoluciones en un tiempo determinado a un cuerpo que gira o al mecanismo que produce el movimiento.

REVOLUCIONARIO, A adj. y n. Relativo a la revolución; partidario de la revolución.

REVOLVEDORA n. f. *Méx.* Máquina en forma de torno para mezclar los materiales de construcción.

REVOLVER v. tr. [2e]. Hacer que una cosa dé vueltas de modo que sus elementos y componentes cambien de orden, posición o se mezclen. **2.** Alborotar, enredar, mover no lo ordenado. **3.** Indignar, inquietar, confundir. **4.** Meditar, reflexionar. ◆ v. tr. y pron. **5.** Hacer que alguien o algo gire o dé una vuelta entera. ◆ **revolverse** v. pron. **6.** Moverse de un lado para otro. **7.** Cambiarse el tiempo, poniéndose borrascoso. **8.** Enfrentarse a alguien o a algo atacándolo o contradiciéndolo.

REVÓLVER n. m. (ingl. *revolver*). Arma de fuego individual, de repetición, cuyo cargador está formado por un tambor.

REVOQUE n. m. Acción y efecto de revocar, enlucir. **2.** Capa de material con que se revoca.

REVUELCO n. m. Acción y efecto de revolcar o revolcarse.

REVUELO n. m. Segundo vuelo que dan las aves. **2.** Revoloteo. **3.** *Fig.* Agitación de cosas semejantes al movimiento de las alas. **4.** *Fig.* Agitación o turbación producida por algún acontecimiento.

REVUELTA n. f. Disturbio, alteración del orden público. **2.** Riña, disputa entre varias personas. **3.** Punto en que una cosa se desvía, cambiando de dirección; este mismo cambio de dirección. **4.** Vuelta o mudanza de un estado o parecer a otro.

REVUELTAS (José), escritor mexicano (Durango 1914-México 1976). Su obra se centra en los problemas sociales y en sus experiencias personales. Autor de ensayos y obras teatrales, destacó por sus relatos y novelas.

REVUELTAS (Silvestre), compositor mexicano (Santiago Papasquiaro 1899-México 1940). Fundó la orquesta nacional mexicana y compuso obras vinculadas al folklore de su país y a España.

REVUELTO, A adj. Travieso, revoltoso. **2.** Difícil de entender, intrincado. **3.** Díceșe del mar cuando está agitado o del tiempo inseguro, variable. ◆ n. m. **4.** Plato que consiste en una mezcla de huevos batidos y otros ingredientes menudamente cortados, que se sofríe sin adquirir forma definida.

REVULSIÓN n. f. MED. Irritación local provocada para hacer cesar un estado congestivo o inflamatorio.

REVULSIVO, A adj. y n. m. Dícese del agente capaz de provocar una revulsión. **2.** *Fig.* Dícese de las cosas que están produciendo un padecimiento son beneficiosas por la reacción que producen.

REY n. m. Monarca o príncipe soberano de un reino. **2.** *Fig.* Persona, animal, planta o cosa del género masculino que sobresale entre los demás de su especie o en determinado campo. **3.** Pieza principal del juego de ajedrez. **4.** Carta de la baraja que tiene pintada la figura de un rey. • **Reyes católicos**, Isabel I, reina de Castilla, y Fernando II, rey de Aragón.

REY (*isla del*) o **SAN MIGUEL** (*isla de*), isla de Panamá, en el archipiélago de las Perlas; 32 km². Pesquerías de perlas.

REYERTA n. f. Contienda, disputa, riña.

REYES (Alfonso), escritor mexicano (Monterrey 1889-México 1959). Diplomático desde 1914, se especializó en temas literarios del siglo de oro. Su copiosa producción abarca muy diversos géneros, especialmente el ensayo: reflexión sobre los clásicos; sobre estética; sobre literatura española o sobre cultura mexicana (*Visión de Anáhuac*, 1915; *Letras de la Nueva España*, 1948).

REYES (Neftalí) → **Neruda** (Pablo).

REYES (Salvador), escritor chileno (Copiapó 1899-Santiago 1969), de temas marítimos, con vigorosa imaginación (*Tres novelas de la costa*, 1934).

REYES PRIETO (Rafael), militar y político colombiano (Santa Rosa de Viterbo, Boyacá, 1850-Bogotá 1921), presidente de la república (1904-1909).

REYEZUELO n. m. Nombre dado al príncipe o señor de los distritos hispanomusulmanes que se habían constituido en taifas independientes. **2.** Paseriforme de pequeño tamaño, insectívoro.

REYKJAVÍK, v. y cap. de Islandia, en el SO de la isla; 125 800 hab. en la aglomeración.

REYLES (Carlos), escritor uruguayo (Montevideo 1868-*id*. 1938). Influido por el naturalismo, su narrativa es representativa del modernismo. Trata a menudo temas rurales (*El terruño*, 1916; *El gaucho florido*, 1932).

REYMONT (Władysław Stanisław), escritor polaco (Kobiele Wielkie 1867-Varsovia 1925), autor de novelas sobre la vida campesina polaca y de relatos históricos. [Premio Nobel de literatura 1924.]

REYNOLDS (sir Joshua), pintor británico (Plympton, Devon, 1723-Londres 1792). Fecundo retratista, admirador de Rembrandt y de los grandes artistas italianos.

REYNOSA → **Reinosa**.

REZADORA → n. f. *Urug.* Mujer que se encarga de rezar en los velatorios.

REZAGARSE v. pron. [1b]. Quedarse atrás.

REZAR v. intr. [1g]. Dirigir a Dios o a los santos, oral o mentalmente, alabanzas o súplicas. **2.** *Fig.* y *fam.* Gruñir, refunfuñar. ◆ v. tr. **3.** Decir una oración. **4.** Leer o decir con atención las oraciones del oficio divino o las horas canónicas. **5.** *Fam.* Decir o decirse algo en un escrito.

REZO n. m. Acción de rezar. **2.** Oración, aquello que se reza. **3.** Oficio eclesiástico que se reza diariamente. **4.** Conjunto de los oficios particulares de cada festividad.

REZONGAR v. intr. [1b]. Gruñir o refunfuñar.

REZUMAR v. intr. y pron. [1]. Salir un líquido a través de los poros del recipiente que lo contiene. ◆ v. tr. **2.** *Fig.* Tener una persona alguna cualidad en alto grado. ◆ **rezumarse** v. pron. **3.** *Fam.* Traslucirse o divulgarse un hecho, situación, etc.

R.F.A. → **Alemania** (República Federal de).

rH, índice análogo al pH, que representa cuantitativamente el valor del poder oxidante o reductor de un medio.

Rh, símbolo químico del *rodio*.

rh, abrev. de *factor Rhesus*.

RHESUS n. m. Primate de unos 60 cm de long. y 25 cm de cola. (Familia cercopitécidos.) • **Sistema Rhesus**, conjunto de grupos sanguíneos eritrocitarios cuyo antígeno principal (*antígeno D* o *factor Rhesus*) es común al hombre y al mono *Macacus rhesus*.

RHO o **RO** n. f. Letra del alfabeto griego (ρ), correspondiente a la *r*.

RHODESIA, territorio del África oriental, en la cuenca del Zambeze. Había constituido dos territorios de la Commonwealth, que, en 1953, se integraron en una federación, junto con Nyasalandia, hasta 1963. En 1964 *Rhodesia del Norte* se independizó con el nombre de *Zambia*, y Nyasalandia adoptó el nombre de *Malawi*; *Rhodesia del Sur* se independizó unilateralmente en 1970 como República de Rhodesia y desde 1980 constituye el estado independiente de *Zimbabwe*.

RHODESIANO, A adj. y n. Rodesiano.

RÍA n. f. Valle fluvial encajado, invadido por el mar y que queda influido por la penetración de las mareas. **2.** En atletismo e hípica, obstáculo consistente en un espacio de agua colocado tras una valla fija.

RIACHUELO n. m. Río pequeño y poco caudal.

RIAD → **Riyāḍ**.

RIADA n. f. Crecida del caudal de un río. **2.** Inundación que provoca.

RIAL n. m. Unidad monetaria de Irán, dividida en 100 dinares.

RIBAS (José), prócer de la independencia venezolana (Caracas 1775-Tamanaco 1814 o 1815). Miembro de la Junta suprema de Caracas (1810), derrotó en varias ocasiones a los realistas. Fue asesinado.

RIBAZO n. m. Terreno en declive pronunciado a los lados de un río o de una carretera. **2.** Talud entre dos fincas que están a distinto nivel.

RIBERA n. f. Margen y orilla del mar o río. **2.** Tierra cercana a los ríos, aunque no esté a su margen.

RIBERA (José o Jusepe), llamado **el Españoleto**, pintor y grabador español (Játiva 1591-Nápoles 1652). Su estilo se basa en violentos contrastes de luz, un denso plasticismo de las formas, un gran detallismo y una propensión a la monumentalidad compositiva. Sus grabados fueron muy difundidos (*Martirio de san Bartolomé*).

RIBERALTA, c. de Bolivia (Beni); 18 032 hab. Caucho, nueces de Brasil, arroz. Aeropuerto.

RIBERANO ad. y n. *Amér.* Ribereño.

RIBEREÑO, A adj. Perteneciente a la ribera o propio de ella. ♦ adj. y n. **2.** Dícese del dueño o habitante de un predio contiguo al río.

RIBETE n. m. Cinta o galón con que se guarnece o refuerza la orilla de una prenda de ropa, del calzado, etc. **2.** *Fig.* Añadidura que se pone en una cosa como complemento o adorno. **3.** *Fig.* Detalle que se añade en una conversación o escrito para darle amenidad. ♦ **ribetes** n. m. pl. **4.** *Fig.* Asomos, indicios de la cosa que se expresa.

RIBETEADO, A adj. Dícese de los ojos cuando los párpados están irritados. ♦ n. m. **2.** Acción y efecto de ribetear.

RIBETEAR v. tr. [1]. Poner ribetes.

RIBEYRO (Julio Ramón), escritor peruano (Lima 1929-*id.* 1994). Sus cuentos, influidos por Chéjov y Kafka, fueron reunidos en *La palabra del mudo* (1973). También publicó novela y ensayos.

RIBONUCLEICO, A adj. Dícese de un grupo de ácidos nucleicos localizados en el citoplasma y el nucléolo, y que desempeñan un importante papel en la síntesis de las proteínas.

RIBOSOMA n. m. Partícula citoplasmática de las células vivas, que asegura la síntesis de las proteínas.

RICACHÓN, NA adj. *Fam.* y *desp.* Muy rico.

RICAMENTE adv. m. Muy bien, cómodamente.

RICARDO (David), economista británico (Londres 1772-Gatcomb Park, Gloucestershire, 1823). Uno de los primeros teóricos de la economía política clásica. Estableció la ley de la renta de los bienes raíces.

RICHARDSON (sir Owen Williams), físico británico (Dewsbury, Yorkshire, 1879-Alton, Hampshire, 1959), Premio Nobel de física en 1928 por su descubrimiento de las leyes de la emisión de electrones por los metales incandescentes.

RICHELIEU (Armand Jean du Plessis, *cardenal de*), prelado y estadista francés (París 1585-*id.* 1642). Creado cardenal (1620), durante el reinado de Luis XIII se convirtió en el principal miembro del consejo del rey. Luchó contra la casa de Austria, declaró la guerra a España (1635) y apoyó las sublevaciones de Cataluña y Portugal.

RICHET (Charles), fisiólogo francés (París 1850-*id.* 1935). Investigó junto con Portier los mecanismos de la alergia y las reacciones anafilácticas. Fue precursor de la medicina aeronáutica. (Premio Nobel de fisiología y medicina 1913.)

RICHTER (Jeremías Benjamín), químico alemán (Hirschberg, Silesia, 1762-Berlin 1807). Aisló el uridio y descubrió la ley de los números proporcionales.

RICICULTURA n. f. Cultivo del arroz.

RICINO n. m. Planta de cuyas semillas, tóxicas, se extrae un aceite utilizado como purgante o como lubricante. (Familia euforbiáceas.)

RICO, A adj. y n. Que posee grandes bienes o una gran fortuna. Dícese de la persona noble de nacimiento o de condición y estimable reputación. • **Nuevo rico**, persona enriquecida en poco tiempo y que hace ostentación de sus bienes y dinero. ♦ adj. **3.** Que posee en abundancia la cosa que se expresa: *alimento rico en azúcar.* **4.** Dícese del alimento muy sabroso y agradable al paladar. **5.** Dícese del terreno fértil. **6.** Magnífico, suntuoso, excelente en su línea: *ricas alfombras.* **7.** *Fig.* Mono, agradable, simpático.

RICOTA n. f. *Argent.* Requesón.

RICTUS n. m. Contracción de la boca que da al rostro una expresión de risa, dolor, miedo, etc.

RICURA n. f. Calidad de rico. **2.** Apelativo cariñoso aplicado a los niños.

RIDICULEZ n. f. Dicho o hecho ridículo. **2.** Cosa excesivamente pequeña, insignificante o sin importancia.

RIDICULIZAR v. tr. [1g]. Poner en ridículo.

RIDÍCULO, A adj. Que mueve a risa o burla. **2.** Insignificante, escaso: *cobra una pensión ridícula.* **3.** Extraño, irregular. ♦ n. m. **4.** Situación desairada del que queda menospreciado o burlado.

RIEGO n. m. Acción y efecto de regar. **2.** Agua disponible para regar. • **Riego sanguíneo**, circulación de la sangre.

RIEL n. m. Barra pequeña de metal en bruto. **2.** Carril de una vía férrea.

RIEL n. m. Unidad monetaria principal de Camboya.

RIELAR v. intr. [1]. Brillar trémulamente la luz por reflejarse en un cuerpo transparente, generalmente el agua.

RIENDA n. f. Cada una de las dos correas que, sujetas al freno de las caballerías, sirven para conducirlas. (Suele usarse en plural.) ♦ **riendas** n. f. pl. **2.** *Fig.* Dirección o gobierno: *llevar las riendas de la nación.*

RIESCO, isla de Chile (Magallanes y Antártica chilena); 120 km de long. y 32 km de anch. Ganado ovino. Minas de carbón.

RIESCO (Germán), político y abogado chileno (Rancagua 1854-1916). Líder del Partido liberal, fue presidente de la república (1901-1906).

RIESGO n. m. Peligro o inconveniente posible.

RIESGOSO, A adj. *Amér.* Arriesgado, aventurado, peligroso.

RIFA n. f. Juego u operación que consiste en dar o vender cierto número de billetes y sacar a suerte un número, correspondiendo un premio al que tiene en tu billete el número igual al sacado.

RIFAR v. tr. [1]. Sortear, adjudicar algo mediante rifa. ♦ **rifarse** v. pron. **2.** *Fig.* y *fam.* Disputarse una cosa o defenderla con obstinación dos o más personas. • **Rifársela** (*Méx. Fam.*), arriesgar la vida.

RIFEÑO, A adj. y n. Del Rif.

RIFLE n. m. (ingl. *rifle*, fusil con estrías). Tipo de fusil rayado y de repetición.

RIFLERO n. m. *Amér.* Soldado provisto de rifle. **2.** *Argent.* y *Chile.* Persona que hace negocios ocasionales y generalmente deshonestos o ilícitos.

RIFT-VALLEY, nombre dado por los geólogos a una serie de fosas tectónicas (parcialmente ocupadas por lagos) que se extienden desde el valle del Jordán hasta el curso inferior del Zambeze, yacimientos prehistóricos, entre ellos el del Olduvai.

RIGA, c. y cap. de Letonia, puerto del Báltico, en el golfo de Riga; 915 000 hab. Centro industrial.

RIGIDEZ n. f. Calidad de rígido. **2.** ECON. Inflexibilidad de una magnitud económica para reaccionar ante variaciones de otras. **3.** ELECTR. Propiedad de un dieléctrico de oponerse al paso de la chispa.

RÍGIDO, A adj. Muy difícil de torcerse o doblarse. **2.** *Fig.* Riguroso, severo. **3.** *Fig.* Dícese de la persona de cara inexpresiva. **4.** *Fig.* Que carece de flexibilidad para adaptarse a las circunstancias.

RIGOR n. m. (lat. *rigorem*). Severidad, dureza. **2.** Grado de mayor intensidad de la temperatura. **3.** Gran exactitud y precisión. **4.** Actitud o aspereza de carácter. **5.** Extremo o último término a que pueden llegar las cosas. **6.** MED. Rigidez. • **De rigor**, obligado, indispensable. ‖ **En rigor**, realmente, estrictamente.

RIGORISMO n. m. Exceso de severidad en la moral o en la disciplina.

RIGÜE n. m. *Hond.* Tortilla de maíz.

RIGUROSIDAD n. f. Rigor.

RIGUROSO, A adj. Muy severo, inexorable. **2.** Exacto, preciso. **3.** Dícese del rigor y de las temperaturas extremadas. **4.** De carácter áspero.

RIJOSIDAD n. f. Calidad de rijoso.

RIJOSO, A adj. Pendenciero. **2.** Lujurioso, sensual. **3.** Dícese del animal que se alborota y excita ante la presencia de la hembra.

RILKE (Rainer Maria), escritor austríaco (Praga 1875-en el sanatorio de Valmont, Montreux, 1926). Pasó del simbolismo a la búsqueda de la significación concreta del arte y de la muerte en sus poemas (*El libro de las horas*, 1905) y su novela (*Los cuadernos de Malte Laurids Brigge*, 1910).

RIMA n. f. Repetición de sonidos en dos o más versos a partir de la última vocal acentuada. • **Rima asonante**, o **vocálica**, la se repiten los sonidos vocálicos. ‖ **Rima consonante**, o **perfecta**, si la repetición de sonidos afecta a vocales y consonantes. ♦ **rimas** n. f. pl. **2.** Composición poética.

RÍMAC, r. de Perú, que pasa por la ciudad de Lima y desemboca en el Pacífico; 160 km.

RIMAR v. intr. [1]. Componer versos. **2.** Ser una palabra asonante o consonante de otra, o ser dos palabras o dos versos asonantes o consonantes. ♦ v. tr. **3.** Usar una palabra como asonante o consonante de otra.

RIMBAUD (Arthur), poeta francés (Charleville 1854-Marsella 1891). Su obra, rebelde y aureolada de leyenda, fue reivindicada por el surrealismo.

RIMBOMBANCIA n. f. Calidad de rimbombante.

RIMBOMBANTE adj. *Fam.* Muy aparatoso y ostentoso; enfático y grandilocuente.

RIMERO n. m. Pila o conjunto de cosas amontonadas unas sobre otras: *un rimero de platos.*

RÍMINI, c. de Italia (Emilia-Romaña), en la costa del Adriático; 128 119 hab. Estación balnearia. Arco de Augusto. Templo de Malatesta, iglesia de s. XIII.

RIMMEL n. m. (de *Rimmel*, empresa que lanzó el producto). Pasta cosmética que se aplica a las pestañas.

RIMSKI-KÓRSAKOV (Nikolái Andréievich), compositor ruso (Tijvin, Nóvgorod, 1844-Liúbensk, cerca de San Petersburgo, 1908). Sus obras orquestales (*Capricho español*, 1887; *Scheherazade*, 1888) demuestran un gran dominio de la sonoridad. Autor de un concierto para piano (1882), y algunas obras de música de cámara, destacó en la ópera (*El gallo de oro*, 1909).

RIMÚ n. m. *Chile.* Planta oxalidácea de flores amarillas.

RIN n. m. *Méx.* Aro metálico de la rueda del automóvil, al cual se ajusta la llanta.

RIN, en alem. **Rhein**, en neerlandés **Rijn**, en fr. **Rhin**, r. de Europa occidental; 1320 km. Se forma en Suiza por la conjunción de dos torrentes alpinos (el Rin anterior, que nace en el macizo de San Gotardo, y el Rin posterior, en el macizo de Adula), atraviesa el lago Constanza, franquea el Jura (saltos de Schaffhausen) y recibe el Aar (or. izq.) antes de llegar a Basilea. Aguas abajo, discurre hacia el N, por un amplio valle, siguiendo la fosa de hundimiento de Alsacia y Baden, y recibe el Ill (or. izq.), al Neckar (or. der.) y al Main (or. der.). Tras rebasar Maguncia, se encaja al pasar por el macizo esquistoso Renano por el llamado paso heroico y recibe las aguas del Mosela (or. izq.) y el Lahn (or. der.). A la altura de Bonn entra en terreno llano, recibe al Ruhr (or. der.) y al Lippe (or. der.), penetra en Países Bajos para desembocar en el mar del Norte a través de tres brazos principales. Este río desempeña un importante papel económico. Es la arteria navegable

RIN

más importante de Europa occidental, que comunica Suiza, el E de Francia, una parte de Alemania (Ruhr) y Países Bajos. Está jalonado de puertos muy activos: los principales son, además de Rotterdam, Duisburgo, Mannheim y Ludwigshafen, Estrasburgo y Basilea.

RINCÓN. n. m. Ángulo entrante que resulta del encuentro de dos superficies que se cortan. **2.** Lugar o paraje alejado o retirado. **3.** Espacio o lugar pequeño u oculto. **4.** *Fig.* y *fam.* Casa o habitación usada como retiro por alguien. **5.** *Fig.* y *fam.* Resto de algo que queda apartado o almacenado. **6.** *Argent.* y *Colomb.* Rinconada. **7.** DEP. Ángulo del ring donde el boxeador descansa entre los asaltos.

RINCÓN DE LA VIEJA, volcán de Costa Rica, en la cordillera de Guanacaste; 1895 m. Solfataras.

RINCONADA n. f. Ángulo entrante que se forma en la unión de dos edificios, calles, caminos, etc. **2.** *Argent.* y *Colomb.* Porción de un terreno destinado a ciertos usos de la hacienda.

RINCONERA n. f. Mueble pequeño, de forma adecuada para colocar en un rincón.

RINDE n. m. *Argent.* Provecho o rendimiento.

RINENCÉFALO n. m. Conjunto de formaciones nerviosas situadas en la cara interna e inferior de cada hemisferio cerebral.

RING n. m. (voz inglesa). Cuadrilátero, lugar donde se disputan los combates de boxeo o de lucha.

RINGLERA o **RINGLA** n. f. Fila o hilera de personas o cosas puestas unas detrás de otras.

RINGLERO n. m. Cada una de las líneas de papel pautado para aprender a escribir.

RINGLETEAR v. intr. [1]. *Chile.* Corretear, callejear.

RINITIS n. f. Proceso inflamatorio de la mucosa de las fosas nasales.

RINOCERONTE n. m. Mamífero perisodáctilo, caracterizado por la presencia de uno o dos cuernos sobre la nariz. (Voz: el rinoceronte *barrita*.)

RINOFARINGE n. f. Parte superior de la faringe, en comunicación inmediata con las fosas nasales.

RINOPLASTIA n. f. Operación quirúrgica que tiene como finalidad reconstruir o remodelar la nariz.

RIÑA n. f. Acción de reñir. • **Riñas de gallos,** pelea que consisten en hacer pelear dos gallos, con espolones armados de espuelas de acero.

RIÑÓN n. m. Órgano par, que segrega la orina. **2.** *Fig.* Parte central o principal de un lugar, asunto, etc. • **Costar algo un riñón** *(Fam.)*, costar muy caro. ‖ **Riñón artificial,** conjunto de aparatos que permiten purificar la sangre en los casos de insuficiencia renal. ‖ **Tener cubierto el riñón** *(Fam.)*, disponer de una buena situación económica. ♦ **riñones** n. m. pl. **3.** ANAT. Parte del cuerpo que corresponde a la pelvis.

RIÑONADA n. f. Tejido adiposo que envuelve los riñones. **2.** Lugar del cuerpo en que están los riñones.

RIÑONERA n. f. Bolsa de pequeño tamaño que se ata a la cintura y se adapta a la forma de la espalda. **2.** Tipo de faja que protege la zona lumbar, utilizada especialmente para la práctica de algunos deportes.

RÍO n. m. (lat. *rivum*). Curso de agua que desemboca en el mar. **2.** *Fig.* Gran abundancia de una cosa: *un río de dinero.*

RÍO BUENO, com. de Chile (Los Lagos); 33 384 hab. Centro maderero. Lácteos y curtidos.

RÍO CARIBE, c. de Venezuela (Sucre); 21 387 hab. Centro agrícola. Puerto pesquero. Salinas.

RÍO CHICO, dep. de Argentina (Tucumán); 46 389 hab. Industria azucarera. Central hidroeléctrica.

RÍO CUARTO, dep. de Argentina (Córdoba); 217 717 hab. Centro agropecuario e industrial.

RÍO DE JANEIRO, en port. **Rio de Janeiro,** c. de Brasil, cap. del *estado de Río de Janeiro* (43 305 km² y 12 584 108 hab., que en 1975 englobó el estado de Guanabara); 5 487 346 hab. (9 600 528 en la aglomeración urbana). Capital de Brasil hasta 1960, su función política favoreció el desarrollo de los servicios y de la industria. Segundo puerto del país, dos aeropuertos, uno internacional (Galeão) y otro nacional (Santos Dumont). Edificios modernos (palacio de cultura, obra de Niemeyer, estadio Maracaná, etc.).

RÍO DE LA PLATA, estuario de América del Sur, formado por la desembocadura del Paraná y el Uruguay. Se extiende entre Argentina (or. der.) y Uruguay (or. izq.), con una longitud de 287 km y una anchura de 220 km entre Punta del Este, al N, y el cabo San Antonio, al S. El área de alimentación del Río de la Plata recibe el nombre de *Cuenca del Plata*. Ésta abarca unos 3 100 000 km², desde el Altiplano boliviano hasta el océano Atlántico y desde la llanura de Parecís hasta el S de Buenos Aires. El área de la Cuenca del Plata no coincide con la de la *región del Plata*, expresión que, aunque de sentido bastante impreciso, designa usualmente los dos países que circundan el estuario (Argentina y Uruguay).

HISTORIA
1535: el adelantado Pedro de Mendoza inició la colonización española; Asunción era la capital del territorio. S. XVI: división del territorio en dos gobernaciones dependientes del virreinato del Perú, Tucumán y Paraguay, de la que en 1617 se escindió el Río de la Plata. Buenos Aires se convirtió en el eje comercial y político del territorio, mientras en Paraguay se desarrollaba el sistema de reducciones. S. XVII: lucha contra el expansionismo portugués. S. XVIII: litigio con los británicos con Río de la Plata. 1806-1807: invasiones británicas del Río de la Plata.

RÍO DE LA PLATA *(virreinato del),* virreinato creado por España en 1777. Comprendía las delegaciones de Buenos Aires, Paraguay, Santa Cruz de la Sierra, Tucumán, y el distrito de la audiencia de Charcas y los territorios bajo la jurisdicción de las ciudades de Mendoza y San Juan del Pico. Fue creado para frenar el expansionismo de Portugal hacia Uruguay y la creciente presencia de comerciantes británicos y neerlandeses en el territorio. El virreinato, que proclamó su independencia de España en 1814, tuvo, pese a su brevedad, una fuerte pujanza económica y social.

RÍO GALLEGOS, c. y puerto de Argentina, cap. de la prov. de Santa Cruz y del dep. de Güer-Aike; 64 628 hab. Petróleo. Industrias cárnicas.

RÍO GRANDE, brazo S del delta del Orinoco; 200 km. Se utiliza como vía de navegación.

RÍO GRANDE, dep. de Argentina (Tierra del Fuego, Antártida e Islas del Atlántico Sur); 39 627 hab.

RÍO HONDO, dep. de Argentina (Santiago del Estero); 45 096 hab. Cab. *Termas de Río Hondo.* Turismo (aguas termales).

RÍO NEGRO *(departamento de),* dep. del O de Uruguay; 9637 km²; 50 121 hab. Cap. *Fray Bentos.*

RÍO NEGRO *(provincia de),* prov. del S de Argentina; 203 013 km²; 506 796 hab. Cap. *Viedma.*

RÍO PRIMERO, dep. de Argentina (Córdoba); 36 883 hab. Cab. *Santa Rosa de Río Primero.*

RÍO SAN JUAN *(departamento de),* dep. del S de Nicaragua; 7448 km²; 27 821 hab. Cap. *San Carlos.*

RÍO SEGUNDO, dep. de Argentina (Córdoba); 84 357 hab. Cab. *Villa del Rosario.*

RÍO TERCERO, c. de Argentina (Córdoba); 42 646 hab. Fabricación de material de transporte y elementos para la industria petrolera.

RIOBAMBA, c. de Ecuador, cap. de la prov. de Chimborazo; 149 757 hab. Centro comercial e industrial.

RIOHACHA, c. y puerto de Colombia, cap. del dep. de La Guajira; 76 943 hab. Centro comercial. Salinas. Yacimientos de gas natural. Fundada en 1545.

RIOJA n. m. Vino español producido y elaborado en la comarca de La Rioja.

RIOJA (La), comarca del N de España que abarca la comunidad autónoma de La Rioja y la parte S de la prov. de Álava *(Rioja Alavesa).* En el valle del Ebro, entre La Bureba al O y La Ribera navarra al E, la enmarcan las sierras de la cordillera Ibérica y los derrames meridionales de la Cantábrica.

RIOJA (La), región del N de España que constituye una comunidad autónoma uniprovincial; 5034 km²; 267 943 hab. Cap. *Logroño.*

GEOGRAFÍA
El territorio abarca la comarca de La Rioja, excluida la zona alavesa, y el sector NO de la cordillera Ibérica (sierra de la Demanda, Picos de Urbión, sierra Cebollera), de la que descienden los afluentes del Ebro: Cidacos, Leza, Iregua, Najerilla, Oja. El curso del Ebro es el principal eje demográfico y económico.

HISTORIA
Varea era la capital de los berones antes de la conquista romana (180 a. J.C.). S. II a. J.C.: fundación de Iuliobriga (Logroño). 923: Ordoño II de León y Sancho Garcés de Pamplona conquistaron la Rioja alta a los musulmanes. Alfonso VI de Castilla completó la conquista (1076). 1163: Sancho el Sabio de Navarra ocupó Logroño. 1179: arbitraje de Enrique II de Inglaterra, que atribuyó La Rioja a Castilla. 1368-1373: Navarra aprovechó los enfrentamientos entre Pedro I y Enrique de Trastámara para conquistar La Rioja, devuelta a Castilla en la paz de Briones (1379). 1833: se constituyó la provincia de Logroño en La Rioja (sin la zona alavesa). 1982: aprobación del estatuto de autonomía.

RIOJA *(provincia de La),* prov. del NO de Argentina; 89 680 km²; 220 729 hab. Cap. *La Rioja.*

RIOJA (La), c. de Argentina, cap. de la prov. homónima; 106 281 hab. Frutales, olivo y algodón. Industrias alimentaria, textil y artes gráficas. Fundada en 1591.

RIOJANO, A adj. y n. De La Rioja.

RIOPLATENSE adj. y n. m. y f. Del Río de la Plata.

RÍOS *(provincia de Los),* prov. centroccidental de Ecuador; 5912 km²; 527 559 hab. Cap. *Babahoyo.*

RÍOS (Juan Antonio), político chileno (Cañete 1888-Santiago 1946). Elegido presidente de la república por el Frente popular (1942), renunció al cargo en 1946.

RÍOS (Saturio), pintor uruguayo (nacido c. 1840-San Lorenzo de Campo Grande 1922), destacado retratista *(Retrato del obispo Palacios).*

RÍOS MONTT (Efraín), militar y político guatemalteco (Huehuetenango 1927). Asumió la presidencia del país tras dar un golpe de estado (marzo 1982). Fue derrocado por O. Mejía (ag. 1983).

RIPIO n. m. Residuo o desperdicio de alguna cosa. **2.** Palabras de relleno en un discurso o escrito. **3.** Cascotes utilizados en construcción para rellenar juntas, huecos, etc. • **No perder ripio** *(Fam.),* no perder detalle.

RIPIOSO, A adj. Abundante en ripios.

RIPOLLET, v. de España (Barcelona); 26 385 hab. Centro industrial y ciudad dormitorio.

RIQUEZA n. f. Abundancia de bienes, fortuna. **2.** *Fig.* Conjunto de cualidades que tiene una persona. **3.** Cualidad de rico.

4. Lujo, suntuosidad. **5.** Abundancia relativa de cualquier cosa.
RISA n. f. Acción de reír, de manifestar alegría y regocijo.
RISARALDA (*departamento del*), dep. centrooccidental de Colombia; 4140 km²; 625 451 hab. Cap. *Pereira*.
RISCO n. m. Peñasco alto y escarpado.
RISCOSO, A adj. Peñascoso.
RISIBILIDAD n. f. Cualidad de risible.
RISIBLE adj. Que causa risa, ridículo.
RISORIO, A adj. y n. m. Dícese de un pequeño músculo superficial de la cara que contribuye a la expresión de la risa.
RISOTADA n. f. Carcajada, risa impetuosa o ruidosa.
RISTRA n. f. Conjunto de ajos o cebollas atados uno a continuación de otro. **2.** Conjunto de otros frutos o de cualquier otra cosa atados de igual forma. **3.** *Fig.* Serie de cosas inmateriales que van o se suceden una tras otra.
RISTRE n. m. ARM. Pieza que se fijaba en la parte derecha del peto de la armadura, para encajar en él el cabo de la manija de la lanza en el momento de acometer: *lanza en ristre*. ◆ **En ristre** (*Fam.*), dícese de algunos objetos que se esgrimen: *paraguas en ristre*.
RISUEÑO, A adj. Sonriente o es propenso a reír. **2.** De aspecto alegre, placentero. **3.** *Fig.* Próspero, favorable: *un porvenir risueño*.
RITACUVA (*alto de*), punto culminante de la sierra Nevada del Cocuy (Colombia); 5493 m.
RÍTMICO, A adj. Sujeto a un ritmo o compás. **2.** MÉTRIC. Dícese del acento que determina y sostiene el ritmo en una expresión lingüística.
RITMO n. m. (lat. *rhythmum*). Repetición a intervalos regulares de los tiempos fuertes y de los tiempos débiles de un verso, una frase musical, etc. **2.** *Fig.* Marcha o curso acompasado en la sucesión o acaecimiento de una cosa. **3.** MÚS. Uno de los elementos de la música, junto con la melodía y la armonía.
RITO n. m. (lat. *ritum*). Acto, generalmente religioso, repetido invariablemente con arreglo a normas prescritas. **2.** Conjunto de normas prescritas para la realización de una ceremonia o del culto religioso. **3.** Costumbre, acto repetido de una manera invariable. **4.** *Fig.* Manera de hacer alguna cosa ceremoniosamente y con sujeción a un orden prescrito. **5.** REL. Liturgia: *rito bizantino; rito mozárabe*. **6.** REL. Ceremonia prescrita para la liturgia: *el rito del bautismo*.
RITORNELO o **RETORNELO** n. m. (ital. *ritornello*). MÚS. Repetición, estribillo.
RITSOS (Yannis), poeta griego (Malvasía, Peloponeso, 1909-Atenas 1990). Reinterpretó los mitos clásicos a través de las luchas sociales y políticas modernas (*Epitafios*, 1936; *Helena*, 1972).
RITUAL adj. Relativo al rito. ◆ n. m. Rito, conjunto de normas prescritas para la realización de una ceremonia, especialmente religiosa. **3.** Libro litúrgico que contiene el orden y la forma de las ceremonias religiosas, con las oraciones que deben acompañarlas.
RITUALISMO n. m. Tendencia a acentuar o aumentar la importancia del rito y liturgias en el culto. **2.** *Fig.* Exagerada observancia o sujeción a las formalidades, trámites o normas establecidos. **3.** Nombre dado, en el s. XIX, a un movimiento que tendía a restaurar en la Iglesia anglicana las ceremonias y las prácticas de la Iglesia romana.
RITUALISTA adj. y n. m. y f. Relativo al ritualismo; partidario de este movimiento.
RITUALIZAR v. tr. [**1g**]. Instaurar ritos; codificar por medio de ritos.
RIVA AGÜERO (José Mariano **de la**), historiador y político peruano (Lima 1783-*id.* 1858). Primer presidente de la república (febr. 1823), fue destituido tras la caída de Lima (ag.). Fue presidente del estado Norperuano dentro de la Confederación Perú-boliviana (1838-1839).
RIVA PALACIO (Vicente), militar y escritor mexicano (México 1832-Madrid 1896). Escribió novelas folletinescas de tema histórico, narraciones, mordaces biografías, y dirigió una obra histórica (*México a través de los tiempos*).
RIVADAVIA, dep. de Argentina (San Juan); 57 273 hab. En el área metropolitana de San Juan. Vinos. — Dep. de Argentina (Mendoza); 47 032 hab. Agricultura e industrias derivadas (vino, aceite y harina). Petróleo. — Dep. de Argentina (Salta); 21 002 hab. En el Chaco occidental. Ganadería, bosques. — Partido de Argentina (Buenos Aires); 15 017 hab. Ganadería, molinos harineros. Cerámicas.
RIVADAVIA (Bernardino), político argentino (Buenos Aires 1780-Cádiz 1845). Tomó parte en la revolución de mayo (1810) y fue ministro en 1811-1814 y 1820-1824. Elegido presidente de la república (1826), sancionó una constitución de carácter unitario y reorganizó el ejército, pero una insurrección federalista le obligó a dimitir (julio 1827) y exiliarse.
RIVAL n. m. y f. Competidor, el que tiende con otro, o aspira a conseguir lo que él.
RIVALIDAD n. f. Calidad de rival. **2.** Enemistad producida por emulación o competencia muy viva.
RIVALIZAR v. intr. [**1g**]. Intentar igualar o sobrepasar a alguien, luchar.
RIVAROLA (Cirilo Antonio), político paraguayo († Asunción 1878). Miembro del triunvirato de gobierno (1869-1870), elegido presidente (1870), disolvió el congreso (oct. 1871) y dimitió (dic.).
RIVAS (*departamento de*), dep. del SO de Nicaragua; 2149 km²; 105 844 hab. Cap. *Rivas* (32 901 hab.).
RIVAS (Ángel **de Saavedra, duque de**), escritor español (Córdoba 1791-Madrid 1865). Después de una etapa neoclásica, escribió poemas románticos, entre los que destaca *El moro expósito* (1831). De su obra teatral destaca el drama en prosa y verso *Don Álvaro o la fuerza del sino* (1834). [Real academia 1847.]
RIVAS GROOT (José María), escritor colombiano (Bogotá 1863-Roma 1923). Modernista y decadentista, escribió novela corta (*Resurrección*, 1905) y poesía.
RIVERA (*departamento de*), dep. del NE de Uruguay; 9099 km²; 89 475 hab. Cap. *Rivera*.
RIVERA, c. de Uruguay, cap. del dep. homónimo; junto a la frontera con Brasil; 57 316 hab. Constituye una conurbación con la ciudad brasileña de Santa Anna do Livramento. Turismo.
RIVERA (Diego), pintor mexicano (Guanajuato 1886-México 1957). Fundó, con Orozco, Siqueiros y otros, el sindicato de pintores, del cual arrancó el muralismo mexicano. Su obra se fundamenta en la revalorización de las raíces indígenas y el espíritu revolucionario, con un estilo monumental y colorista.
RIVERA (José Eustasio), escritor colombiano (Neiva del Huila 1889-Nueva York 1928). Sus viajes por tierras del Orinoco y del Amazonas le proporcionaron material para sus dos únicos libros: la colección de sonetos *Tierra de promisión* (1921) y la novela *La vorágine* (1924).
RIVERA (José Fructuoso), militar y político uruguayo (¿1784 o 1788?-Montevideo 1854). Líder del Partido colorado, fue el primer presidente de la república (1830-1834). Elegido de nuevo presidente (1839-1843), una nueva guerra lo enfrentó a Brasil. Miembro, con Lavalleja y Flores, del triunvirato pactado al finalizar la guerra Grande (1851), murió antes de su constitución.
RIVERA PAZ (Mariano), político guatemalteco (1804-1849). Presidente (1839-1844), durante su mandato México se anexionó Soconusco.
RIVIERA (**La**), nombre que recibe el litoral italiano del golfo de Génova, desde la frontera francesa hasta el golfo de La Spezia. En ella se distinguen la *Riviera di Ponente*, al O de Génova, y la *Riviera di Levante*, al E.
RIYĀD o **RIAD**, c. y cap. de Arabia Saudí; 1 308 000 hab. Centro comercial. Refinería de petróleo.
RIZADO n. m. Acción y efecto de rizar.
RIZAR v. tr. y pron. [**1g**]. Formar rizos en el pelo. **2.** Formar rizos en cualquier otra cosa. **3.** Formar el viento olas pequeñas en el agua. ◆ v. tr. **4.** Hacer en las telas, papel, etc., pliegues o dobleces muy pequeños.
RIZO n. m. Mechón de pelo en forma de onda, bucle, sortija, etc. **2.** AERON. Figura o acrobacia aérea. **3.** DEP. Salto del patinaje artístico en el que se hace, al menos, un giro completo en el aire. **4.** TEXT. Tela utilizada para la confección de artículos de tocador y baño. ◆ **Rizar el rizo** (*Fam.*), realizar felizmente o poner de manifiesto algo que contiene más dificultades que otra cosa del mismo estilo.
RIZOMA n. m. Tallo subterráneo, con frecuencia alargado y horizontal, que posee yemas, echa vástagos y suele producir también raíces.
Rn, símbolo químico del radón.
RO n. f. Rho.
ROA BÁRCENA (José María), escritor mexicano (Jalapa 1827-México 1908), autor de poesías (*Poesías líricas*, 1859) y novelas publicadas en una recensión (*Novelas*, 1870).
ROA BASTOS (Augusto), escritor paraguayo (Asunción 1917-*id.* 2005). Se inició con *Fulgencio Miranda* (1941) y alcanzó su madurez con *Hijo de hombre* (1960). Posteriormente ha publicado entre otras *El balido* (1960), *Cuerpo presente y otros textos* (1972) y *Yo el Supremo* (1974), *La vigilancia del almirante* (1992), *El fiscal* (1993), *Madama Sui* (1996). [Premio Cervantes 1989.]
ROATÁN, c. de Honduras, cap. del dep. de Islas de la Bahía, en la *isla de Roatán*; 3572 hab.
RÓBALO o **ROBALO** n. m. Lubina.
ROBAR v. tr. [**1**] Cometer un robo. **2.** Raptar a alguien. **3.** Llevarse los ríos y corrientes parte de la tierra por donde pasan. **4.** *Fig.* Quitar cualquier cosa no material. **5.** *Fig.* Atraer o captar la voluntad o el afecto, embelesar. **6.** En ciertos juegos de cartas y en el dominó, tomar naipes o fichas.
ROBESPIERRE (Maximilien **de**), político francés (Arras 1758-París 1794). Principal dirigente del Comité de salvación pública, centralizó todo el poder e inició el período del Terror, eliminando a los grupos políticos de Danton, Hébert, etc. Sus enemigos de la Convención lo encarcelaron y fue guillotinado el 9 de termidor (27 de julio) de 1794.
ROBINSON n. m. (de Robinson Crusoe). Hombre que vive en la soledad y sin ayuda de nadie.
ROBINSON (*sir* Robert), químico británico (Bufford, cerca de Chesterfield, 1886-Great Missenden, cerca de Londres, 1975). Premio Nobel de química (1947) por la síntesis de la penicilina.
ROBINSON CRUSOE, ant. **Más a Tierra**, isla de Chile (Valparaíso), que forma parte del archipiélago de Juan Fernández.
ROBLE n. m. (lat. *robur*). Árbol de gran tamaño y copa ancha y con fruto en glande (bellota), que crece en climas más fríos y húmedos que las especies de hoja perenne del mismo género. (Familia fagáceas.) **2.** Madera de este árbol. **3.** *Fig.* Persona o cosa de gran resistencia y fortaleza.

ROBLE, cerro de Costa Rica, en la cordillera de Talamanca; 2732 m de alt.

ROBLEDAL o **ROBLEDO** n. m. Lugar poblado de robles.

ROBLES, dep. de Argentina (Santiago del Estero); 32 805 hab. Cab. *Fernández*. Centro agrícola.

ROBLES (Francisco), militar y político ecuatoriano (Guayaquil 1811-*id.* 1893), presidente de la república en 1856-1859.

ROBLES (Marco Aurelio), político panameño (Aguadulce 1906-† 1990). Presidente de la república (1964-1968).

ROBO n. m. Delito cometido por el que toma con violencia lo que no le pertenece. **2.** Producto del robo. **3.** Cartas, o fichas en el dominó, que se toman del mazo de descartes o bien del monte.

ROBOT n. m. (pl. *robots*). Aparato electrónico capaz de actuar de forma automática para una función determinada. **2.** Máquina de aspecto humano. **3.** *Fig.* Persona que actúa como un autómata. • **Robot industrial**, aparato automático capaz de manipular objetos o ejecutar una o varias operaciones según un programa establecido.

ROBÓTICA n. f. Conjunto de técnicas utilizadas para el diseño y construcción de robots industriales y la puesta en práctica de sus aplicaciones.

ROBUSTECER v. tr. y pron. [**2m**]. Hacer más fuerte y vigoroso.

ROBUSTECIMIENTO n. m. Acción y efecto de robustecer.

ROBUSTO, A adj. Fuerte, vigoroso, de gran resistencia. **2.** Dícese de la persona de buena salud y fuertes miembros.

ROCA n. f. Material constitutivo de la corteza terrestre, formado por un agregado de minerales y que presenta una homogeneidad de composición, de estructura y de modo de formación. (Las rocas se dividen, según su origen, en tres grupos: *rocas sedimentarias, o exógenas, rocas eruptivas, o magmáticas* y *rocas metamórficas.*) **2.** *Fig.* Cosa o persona muy firme, dura y estable.

ROCA → *Inca Roca* y *Sinchi Roca*.

ROCA (Julio Argentino), militar y político argentino (Tucumán 1843-Buenos Aires 1914). Dirigió la «guerra del desierto» contra los indios de la Pampa (1878-1879). Presidente de la república (1880-1886 y 1898-1904), resolvió el problema fronterizo con Chile (1902).

ROCA (Vicente Ramón), político ecuatoriano (Guayaquil 1792-*id.* 1858), presidente de la república (1845-1849).

ROCAFUERTE (Vicente), político ecuatoriano (Guayaquil 1783-Lima 1847). Elegido presidente de la república (1835), fue derrocado (1839) y obligado a exiliarse.

ROCALLA n. f. Conjunto de fragmentos de roca desprendidos o tallados. **2.** Jardín formado por piedras, en el que se plantan vegetales resistentes a la sequedad.

ROCAMBOLA n. f. Planta herbácea, que se cultiva como condimento, en sustitución del ajo. (Familia liliáceas.)

ROCAMBOLESCO, A adj. Lleno de peripecias inverosímiles o extraordinarias.

ROCA-REY (Joaquín), escultor peruano (Lima 1923). Influido por H. Moore, es autor de los monumentos *Al prisionero político desconocido* (Panamá) y al inca *Garcilaso de la Vega* (villa Borghese, Roma).

ROCE n. m. Acción de rozar o rozarse. **2.** Señal que queda. **3.** *Fig.* y *fam.* Trato frecuente con algunas personas. **4.** *Fig.* y *fam.* Enfado, o tensión en las relaciones entre personas.

ROCHA (*departamento de*), dep. del SE de Uruguay; 10 991 km²; 66 601 hab. Cap. *Rocha* (21 672 hab.).

ROCHAR v. intr. [**1**]. *Chile.* Sorprender a alguien en alguna cosa ilícita.

ROCHEFOUCAULD (François, *duque de* La), escritor francés (París 1613-*id.* 1680). Sus *Reflexiones o sentencias y máximas morales* (1664-1678) expresan su pesimismo sobre un mundo donde los sentimientos son siempre interesados.

ROCHELA n. f. *Colomb.* y *Venez.* Bullicio, tumulto.

ROCIADA n. f. Acción y efecto de rociar. **2.** Rocío. **3.** *Fig.* Represión áspera.

ROCIADOR n. m. Instrumento o dispositivo para rociar o pulverizar.

ROCIAR v. tr. [**1t**]. Esparcir en menudas gotas un líquido. **2.** *Fig.* Arrojar algunas cosas de modo que caigan diseminadas. **3.** *Fig.* Acompañar una comida con alguna bebida. **4.** Humedecer con jugo, grasa, salsa, etc., una carne asada. ♦ v. intr. **5.** Caer rocío o lluvia menuda.

ROCÍN n. m. Caballo de mala raza y de poca alzada. **2.** Caballo de trabajo. **3.** *Fig.* Hombre tosco e ignorante.

ROCÍO n. m. Vapor que, con la frialdad de la noche, se condensa en la atmósfera en gotas muy menudas. **2.** Las mismas gotas, perceptibles a la vista. **3.** Lluvia ligera y pasajera. **4.** *Fig.* Gotas menudas esparcidas sobre una cosa para humedecerla.

ROCOCÓ n. m. y adj. Estilo artístico desarrollado en Europa durante el s. XVIII, que coexistió con el barroco tardío y con los inicios del neoclasicismo. ♦ adj. **2.** Dícese de lo recargado y amanerado en los adornos.

ROCOSAS (*montañas*), en ingl. **Rocky Mountains**, sistema montañoso del O de América del Norte. A veces se aplica este nombre al conjunto de tierras altas del Oeste americano desde la frontera de México hasta Alaska, pero, en sentido estricto, sólo se aplica a su parte oriental, que domina las Grandes Llanuras.

ROCOSO, A adj. Abundante en rocas.

ROCOTO n. m. (voz quechua). *Amér. Merid.* Planta y fruto de una especie de ají grande, de la familia solanáceas.

RODA n. f. Pieza, de madera o de hierro, que limita el buque por la proa.

RODABALLO n. m. Pez marino, de hasta 80 cm de long., de carne muy apreciada, con el cuerpo comprimido.

RODADA n. f. Señal que deja impresa la rueda en el suelo al pasar.

RODADO, A adj. Dícese del tránsito o movimiento efectuado por vehículos de ruedas y del transporte realizado por medio de los mismos. • **Canto rodado** (GEOL.), canto desprendido de una roca o vena que, arrastrado por su propio peso, es desgastado por el agua, el hielo o el viento. ♦ n. m. **2.** *Argent.* Cualquier vehículo con ruedas.

RODADOR, RA adj. Que rueda o cae rodando. ♦ n. m. **2.** Cierta especie de mosquito americano. **3.** Corredor en terreno llano.

RODAJA n. f. Rueda, loncha o tajada redonda.

RODAJE n. m. CIN. Operación específica en la realización de una película que consiste en la toma de vistas. SIN.: *filmación.* **2.** MEC. Funcionamiento controlado de un motor nuevo hasta conseguir que las superficies de fricción se pulan y se ajusten sus huelgos; período de tiempo durante el cual se mantiene este funcionamiento.

RODAMIENTO n. m. MEC. Pieza interpuesta entre los cojinetes y los árboles giratorios de las máquinas, y que sustituye el rozamiento de deslizamiento entre las superficies del eje y del cojinete por un rozamiento de rodadura: *rodamiento de bolas; rodamiento de rodillos.*

RÓDANO, en fr. **Rhône**, r. de Suiza y Francia; 812 km. Nace en el macizo de San Gotardo, fluye hacia el O y atraviesa el lago Léman, que regulariza su caudal, atraviesa Francia y desemboca en el Mediterráneo en un delta. Entre sus afluentes figuran el Ain, el Saona y el Ardèche, por la derecha, y el Isère y el Durance, por la izquierda.

RODAR v. intr. [**1r**]. Dar vueltas un cuerpo alrededor de su eje. **2.** Dar vueltas un cuerpo sobre una superficie, trasladándose de lugar. **3.** Moverse por medio de ruedas. **4.** Caer dando vueltas. **5.** *Fig.* Ir algo o alguien de un sitio a otro sin quedar en ninguno de manera estable. **6.** *Fig.* Suceder en el tiempo unas cosas a otras. **7.** *Fig.* Existir: *vuelven a rodar modas que ya conocí en mi juventud.* • **Echar** algo a **rodar**, malograr, frustrar algún proyecto, asunto o situación. ♦ v. tr. **8.** Hacer que un cuerpo dé vueltas alrededor de su eje: *rodar un aro.* **9.** MEC. Proceder al rodaje de un automóvil. ♦ v. tr. e intr. **10.** Proceder al rodaje de una película cinematográfica.

RODAS, en gr. **Rhodos**, isla griega del mar Egeo (Dodecaneso), cerca de Turquía; 1400 km²; 67 000 hab. Importante escala comercial entre Egipto, Fenicia y Grecia, conoció una gran prosperidad en la antigüedad. — La ciudad de *Rhodas* (43 619 hab.), cap. del Dodecaneso, es un centro turístico.

RODEAR v. tr. [**1**] Estar o poner una cosa alrededor de alguien o alguna. **2.** Estar o colocarse varias personas o animales alrededor de alguien o algo. **3.** Andar alrededor. **4.** Hacer dar vueltas a una cosa. **5.** *Argent., Chile, Colomb., Cuba, Nicar.* y *Perú.* Reunir el ganado mayor en un sitio determinado, arreándolo desde los distintos lugares donde pace. ♦ v. intr. **6.** Ir por camino más largo que el ordinario. **7.** *Fig.* Decir algo o hablar de manera indirecta, sin claridad o eludiendo la verdad. • **rodearse** v. pron. **8.** Procurarse alguien ciertas cosas a su alrededor, o tener a determinadas personas formando parte de su ambiente: *rodearse de amigos.*

RODELA n. f. (ital. *rotella*). Escudo redondo. **2.** Disco amarillo utilizado como distintivo por los judíos. **3.** *Chile.* Roncha.

RODEO n. m. Acción y efecto de rodear. **2.** Camino más largo o desviación del camino derecho. **3.** Vuelta que se da para despistar a un perseguidor. **4.** *Fig.* Manera indirecta de hacer o conseguir algo a fin de eludir dificultades. **5.** *Fig.* Manera de decir algo sin la claridad necesaria, o eludiendo decir la verdad. **6.** En algunas partes de América, fiesta y competición consistente en la exhibición de ciertos ejercicios o lances en la que los jinetes demuestran su destreza ecuestre. **7.** *Argent., Chile* y *Urug.* Acción de contar o separar el ganado de distintos dueños o el que está destinado a la venta. • **Sin rodeos**, directa o claramente.

RODERA n. f. Carril, surco que queda marcado. **2.** En el campo, camino abierto por el paso de carros.

RODESIANO, A o **RHODESIANO, A** adj. y n. De Rhodesia.

RODETE n. m. Objeto en forma de rosca o rueda. **2.** Rosca de lienzo o paño que, colocada en la cabeza, sirve para llevar un peso sobre ella. **3.** Moño en forma de rosca sobre la cabeza.

RODILLA n. f. Parte del cuerpo humano en que la pierna se articula con el muslo. **2.** En los cuadrúpedos, articulación de los huesos carpo y metacarpo con el radio. • **De rodillas**, con las rodillas dobladas y apoyadas en el suelo en tono suplicante y con insistencia. ‖ **Doblar, hincar, la rodilla**, someterse, humillarse.

RODILLAZO n. m. Golpe dado con la rodilla o recibido en ella.

RODILLERA n. f. Tricot flexible que se coloca en las rodillas. **2.** Remiendo o pieza en la parte de los pantalones correspondiente a la rodilla. **3.** Convexidad que se forma por el uso en la parte de los pantalones correspondiente a la rodilla. **4.** Pieza de la armadura que protegía la rodilla.

RODILLO n. m. Cilindro de madera, piedra u otro material utilizado en diversos usos o que forma parte de diversas máquinas o aparatos: *rodillo para pintar,* para

amasar, para allanar; rodillo de una máquina de escribir, de imprimir.
RODIN (Auguste), escultor francés (París 1840-Meudon 1917). Mezcló realismo y romanticismo en sus figuras y monumentos, con un lirismo sensual (*El beso*) pero también con una gran intensidad trágica (*Los burgueses de Calais*). Cabe destacar también *El pensador* (1888).
RODIO n. m. Metal (Rh) de número atómico 45, de masa atómica 102,90 y densidad 12,4, que funde hacia 2000 °C, análogo al cromo y al cobalto.
RODÓ (José Enrique), escritor uruguayo (Montevideo 1872-Palermo, Italia, 1917). Se le considera un gran ensayista del modernismo y un defensor de Hispanoamérica frente a las influencias norteamericanas. Su ensayo más conocido, *Ariel* (1900), fue guía intelectual para su generación.
RODODENDRO n. m. Arbusto de montaña, cultivado por sus flores ornamentales. (Familia ericáceas.) **2.** Flor de esta planta.
RODOLFO (lago) → **Turkana**.
RODRIGO (Joaquín), compositor español (Sagunto 1902), ciego desde los tres años de edad. Alcanzó una gran popularidad con el *Concierto de Aranjuez* para guitarra (1939). Otras obras: *Concierto de estío* para violín (1943), *Fantasía para un gentilhombre* (1955), *Concierto pastoral* para flauta (1978), *Homenaje a Turina* (1982). Premio Príncipe de Asturias de las artes, 1996.
RODRIGÓN n. m. Estaca o vara que hincada en tierra al lado de un árbol o un arbusto le sirve de arrimo. **2.** *Fig.* y *fam.* Criado anciano que acompañaba a las señoras.
RODRÍGUEZ (Abelardo), militar y político mexicano (San José de Guaymas, Sonora, 1889-La Jolla, E.U.A., 1967). En 1913 se unió a la revolución, en las filas constitucionalistas. Fue presidente de la república (1932-1934).
RODRÍGUEZ (Andrés), militar y político paraguayo (San Salvador 1925-Nueva York 1997). Colaborador de Stroessner desde 1954, en 1989 lo depuso, asumió la presidencia de la república y convocó elecciones en las que triunfó apoyado en el Partido colorado (1989-1993).
RODRÍGUEZ (Antonio), pintor mexicano del s. XVII, de estilo colorista y teatral (*Santa Magdalena*). —Su hijo **Nicolás Rodríguez Juárez** (México 1667-*id.* 1734), fue su continuador. —Su otro hijo **Juan Rodríguez Juárez** (México 1675-*id.* 1728), es considerado el último gran pintor barroco de la colonia.
RODRÍGUEZ (Cayetano), sacerdote y escritor argentino (San Pedro 1761-Buenos Aires 1823), destacó como frayle y redactó las actas de la asamblea de 1816, con la declaración de independencia.
RODRÍGUEZ (fray Antonio), arquitecto mexicano del s. XVII. Su obra maestra es el templo y santuario de Guápulo.
RODRÍGUEZ (José Joaquín), político costarricense (San José 1838-? 1917). Presidente de la república (1890-1894), suprimió el monopolio del tabaco.
RODRÍGUEZ (Martín), político argentino (Buenos Aires 1771-Montevideo 1884). Luchó contra los británicos (1806 y 1808) y en la revolución de 1810. Fue gobernador de Buenos Aires (1820-1824).
RODRÍGUEZ (Miguel Ángel), político costarricense (San José de Costa Rica 1940), líder del Partido unidad social cristiano, fue nombrado presidente tras las elecciones de 1998.
RODRÍGUEZ (Simón), pedagogo venezolano (Caracas 1771-Amotape, Perú, 1854). Fue maestro de Simón Bolívar, en cuya formación influyó poderosamente. En sus ensayos defendió las ideas de Rousseau y de los socialistas utópicos.
RODRÍGUEZ ALCALÁ (Hugo), escritor paraguayo (Asunción 1927), cultivador de la poesía (*Abril que cruza el mundo*, 1960) y el ensayo.
RODRÍGUEZ ALCONEDO (José Luis), pintor y grabador mexicano (Puebla 1761-Apan 1815), influido por Goya y con gran dominio del pastel.
RODRÍGUEZ CARNERO (José), pintor mexicano (Ciudad de México c. 1650-Puebla 1725). Su obra es de un barroco arcaizante.
RODRÍGUEZ DE FRANCIA (José Gaspar) → **Francia** (Rodríguez de).
RODRÍGUEZ ERDOIZA (Manuel), patriota chileno. (Santiago 1785-Til-Til 1818). Fue detenido y asesinado por orden de O'Higgins.
RODRÍGUEZ ETCHART (Severo), pintor argentino (Buenos Aires 1865-*id.* 1903). Su estilo, de luminoso colorido, estuvo ligado al academicismo.
RODRÍGUEZ LARA (Guillermo), militar y político ecuatoriano (Pujilí, Cotopaxi, 1923). Lideró el golpe militar de 1972 y presidió el gobierno hasta 1976.
RODRÍGUEZ PEÑA (Nicolás), patriota argentino (Buenos Aires 1775-en Chile 1853). Miembro del segundo triunvirato, presidió el consejo de Estado (1814).
RODRÍGUEZ TORICES (Manuel), patriota colombiano (Cartagena de Indias 1788-Popayán 1816). Firmó el acta de independencia (1811). Dictador (1811-1812 y 1814), miembro del triunvirato de las Provincias Unidas de Nueva Granada (1814), fue ahorcado por los españoles.
ROEDOR, RA adj. Que roe. **2.** *Fig.* Que conmueve o agita el ánimo. ♦ adj. y n. m. **3.** Relativo a un orden de mamíferos, vegetarianos u omnívoros, como la ardilla, el ratón y la rata.
ROEDURA n. f. Acción de roer. **2.** Señal que queda. **3.** Porción que se corta royendo.
ROENTGEN o **RÖNTGEN** n. m. (de W. C. Roentgen, físico alemán). Unidad de medida de exposición a los rayos X (símbolo R).
ROENTGEN (Wilhelm Conrad), físico alemán (Lennep 1845-Munich 1923). Descubrió los rayos X en 1895. (Premio Nobel de física 1901.)
ROER v. tr. [2i]. Raspar con los dientes una cosa, arrancando algo de ella. **2.** *Fig.* Ir gastando poco a poco una cosa. **3.** *Fig.* Producir un malestar o atormentar íntima y persistentemente una cosa.
ROGAGUA, lago de Bolivia (Beni); unos 35 km de long., 15 km de anch. Su emisario es el río Negro.
ROGAR v. tr. [1m]. Pedir a alguien como gracia o favor alguna cosa. **2.** Instar o pedir insistentemente con súplicas.
ROGOAGUADO, lago de Bolivia (Beni); unos 40 km de long. y 12 km de anch.
ROGÓN, NA adj. *Méx. Fam.* Persona que ruega mucho.
ROÍDO, A adj. Carcomido.
ROJAS, partido de Argentina (Buenos Aires); 22 811 hab. Maíz, trigo y lino. Maquinaria.
ROJAS (Cristóbal), pintor venezolano (Cúa 1858-Caracas 1890). Si bien en los grandes formatos siguió el academicismo, en los pequeños se acercó al impresionismo (*Muchacha vistiéndose*).
ROJAS (Fernando de), escritor español (nacido en Puebla de Montalbán-Talavera de la Reina 1541). Judío converso, es el autor principal de *La Celestina*.
ROJAS (Jorge), poeta colombiano (Santa Rosa de Viterbo 1911), autor, entre otras, de *La forma de su huida* (1939), *Soledades I* (1949) y *Soledades II* (1954).
ROJAS (Manuel), escritor chileno (Buenos Aires 1896-Santiago 1973). En su obra narrativa acoge vivencias personales y descripciones de la vida de los trabajadores (*Hijo de ladrón*, 1950).
ROJAS (Ricardo), escritor argentino (Tucumán 1882-Buenos Aires 1957). Escribió poesía, narrativa y teatro. Sobresalió en el ensayo, la crítica y la biografía (*La argentinidad*, 1916; *Historia de la literatura argentina*, 1924-1925).
ROJAS GARRIDO (José María), periodista, abogado y político colombiano (Agrado, Tolima, 1824-Bogotá 1883). Diplomático, fue presidente interino de la república (1866).
ROJAS PAÚL (Juan Pablo), político y jurista venezolano (Caracas 1829-*id.* 1905) Fue presidente de la república (1888-1890).
ROJAS PINILLA (Gustavo), militar y político colombiano (Tunja 1900-Melgar 1975). Dirigió el golpe de estado contra Gómez (1953) y tomó el poder. Derrocado en 1957, se exilió hasta 1963.
ROJEAR v. tr. [1]. Dar a algo color rojo. ♦ v. intr. **2.** Mostrar una cosa su color rojo. **3.** Tender algo a color rojo.
ROJEZ n. f. Calidad de rojo. **2.** Zona de piel enrojecida.
ROJIZO, A adj. Que tiende a color rojo.
ROJO, A adj. y n. m. (lat. *russeum*). Dícese del color simple correspondiente a las radiaciones de mayor longitud de onda del espectro visible. • **Al rojo** o **al rojo vivo**, incandescente, en estado de gran excitación. ♦ adj. **2.** De color rojo. **3.** Rubio. **4.** Pelirrojo. ‖ **Ponerse rojo**, avergonzarse. ♦ adj. y n. m. **5.** Dícese de los partidarios de la acción revolucionaria y de los grupos políticos de izquierda en general. **6.** Comunista **7.** En la guerra de España, denominación dada por los nacionales a los republicanos. ♦ n. m. **8.** Nombre de diversos colorantes de uso industrial o empleados para tinciones de células y tejidos: *rojo de cromo; rojo de anilina*.
ROJO, cabo de Puerto Rico, que constituye el extremo SO de la isla.
ROJO (mar), ant. **golfo Arábigo**, mar intercontinental del NO del océano Índico, que comunica con el Mediterráneo a través del canal de Suez. Debe su origen a una fosa de hundimiento invadida por las aguas.
ROJO (Vicente), pintor mexicano de origen español (Barcelona 1932). Destacado representante de la abstracción mexicana, en su obra trata de hacer aflorar lo orgánico de los colores y las formas.
ROKHA (Carlos Díaz Loyola, llamado **Pablo de**), poeta chileno (Curicó 1894-Santiago 1968), comunista y rebelde, cultivó una poesía militante, abundante en metáforas y de gran riqueza rítmica.
ROL n. m. Lista de nombres, nómina o catálogo. **2.** *Galic.* Papel, carácter, cometido o función que desempeña una persona.
ROLAR v. intr. [1]. *MAR.* Dar vueltas en círculo. **2.** *MAR.* Ir variando de dirección el viento.
ROLDÁN (Amadeo), violinista y compositor cubano (París 1900-La Habana 1939). Su música incorpora elementos afrocubanos.
ROLDANA n. f. Rueda de una polea.
ROLDÓS (Jaime), abogado y político ecuatoriano (Guayaquil 1940-Guachanama 1981), fue uno de los redactores de la constitución de 1978. Elegido presidente de la república (1979), murió en un accidente antes de finalizar su mandato.
ROLLAND (Romain), escritor francés (Clamecy 1866-Vézelay 1944), autor de obras dramáticas, filosóficas y novelísticas donde exalta a los héroes y personajes excepcionales. (Premio Nobel de literatura 1915.)
ROLLIZO, A adj. Redondo, en forma cilíndrica o de rollo. **2.** *Fig.* Robusto, grueso o gordo. ♦ n. m. **3.** Madero redondo descortezado. **SIN.:** *'ollo*.
ROLLO n. m. Cilindro usado al rodar o doblarse dando vueltas sobre sí misma una hoja u otra de papel, tela o cualquier otra materia. **2.** Rollizo. **3.** *Fig.* Masa de carne o grasa superflua alrededor del cuerpo o de algún miembro. **4.** *Fig.* Monserga, pesadez. **5.** Longitud tipo de la película fotográfica suministrada en bobinas. **6.** *Fam.*

ROL Actividad, asunto o ambiente en el que alguien anda metido. **7.** *Fam.* Tema, materia o asunto del que se trata.

ROLÓN (José), compositor mexicano (Ciudad Guzmán 1883-México 1945). En su obra utilizó elementos folklóricos autóctonos (*Sinfonía en mi menor*, 1923; *Cuauhtémoc*, poema sinfónico, 1929).

ROM adj. y n. f. (abrev. del ingl. *read only memory*). INFORMÁT. Dícese de la memoria cuya información no puede ser modificada una vez introducida, es decir, que, a diferencia del RAM, sólo es accesible para su lectura.

ROMA, uno de los principales estados de la antigüedad, que surgió de la ciudad homónima.

HISTORIA

La Roma de los orígenes y de la realeza (753-509 a. J.C.). Ss. VIII-VII: primeros establecimientos en el Palatinado (753, fecha legendaria de la fundación de Roma por Rómulo), que se extendieron en el s. VII por las siete colinas. Reino de reyes latinos y sabinos. S. VI: los reyes etruscos organizaron la ciudad y erigieron sus primeros monumentos. La República (509-27 a. J.C.). S. V-III: Roma conquistó la Italia peninsular. 264-146: las guerras púnicas le permitieron derrotar a su gran enemiga, Cartago. Ss. II-I: convirtió a Grecia en una provincia romana, después conquistó Asia Menor, Judea, Siria, Hispania y Galia. Las luchas internas no tardaron en debilitar a la República. 107-86: Mario y posteriormente Sila (82-79) impusieron ilegalmente su autoridad con la ayuda del ejército. 60: Pompeyo, Craso y César concertaron un pacto privado para repartirse el poder (primer triunvirato) y renovaron el acuerdo en 55. 49-48: guerra civil. César venció a Pompeyo en Farsalia (48). 48-44: César, dictador, fue asesinado por Bruto y Casio (44). 43: segundo triunvirato: Marco Antonio, Octavio y Lépido. 31: Después de vencer a Marco Antonio en Actium, Octavio, sobrino e hijo adoptivo de César, se convirtió en único dueño del mundo romano.

El imperio romano (27 a. J.C.-476 d. J.C.). Ss. I y II: *el alto imperio.* El emperador gobernó con el apoyo de una administración fuerte y se reservó todos los poderes de las magistraturas republicanas *(principado).* Se sucedieron cuatro grandes dinastías: 27 a. J.C.-68 d. J.C.: los Julio Claudios, de Augusto a Nerón; fue un período fundamental para la organización del imperio. 69-96: los Flavios, de Vespasiano a Domiciano; la burguesía de las provincias accedió al poder. 96-192: los Antoninos, de Nerva a Cómodo; fue el siglo de oro del imperio romano gracias a Trajano, Adriano, Antonio y Marco Aurelio. 193-235: los Severos, de Septimio Severo a Severo Alejandro. 212: el edicto de Caracalla otorgó el derecho de ciudadanía a todos los hombres libres del imperio. Ss. III-IV: *el bajo imperio.* 235-284: atacado por los germanos y los persas, el imperio estuvo a punto de dividirse. Durante este período de anarquía militar, los emperadores Galieno (260-268) y Aureliano (270-275) salvaron la situación. 284-305: Diocleciano consiguió una recuperación duradera y estableció la *tetrarquía* (293), sistema colegiado de gobierno compartido por dos augustos y dos césares. Los cristianos fueron objeto de persecuciones. 306-337: Constantino, nombrado emperador, concedió a los cristianos el derecho de practicar su religión (313). 324-330: creó una nueva capital, Constantinopla, rival de Roma. 395: a la muerte de Teodosio el imperio romano fue definitivamente dividido entre el imperio de occidente (cap. Roma) y el imperio de oriente (cap. Constantinopla). S. V: las invasiones bárbaras afectaron gravemente al imperio de occidente; saqueo de Roma por parte de Alarico (410). 476: el rey bárbaro Odoacro depuso al último emperador, Rómulo Augústulo; fin del imperio de occidente. En oriente, el imperio bizantino resistió hasta 1453.

ARQUEOLOGÍA Y ARTE

Los etruscos hasta el s. III a. J.C., y más tarde el mundo helenístico son la base del arte romano marcado ante todo por los designios políticos del estado.

Del s. II a. J.C. a los primeros siglos del imperio. Templos construidos según dos fórmulas: el templo circular (Roma, templo de Vesta) y el templo seudoperíptero con columnas adosadas en la cella (Roma, templo de la Fortuna viril); respecto de los órdenes dórico romano, toscano y compuesto. El realismo presidió las artes plásticas que, en la época de Augusto, evolucionaron hacia un clasicismo frío y oficial (Ara pacis). Elementos decorativos murales pintados (imitación de revestimientos de mármol, más tarde se introdujeron los escenarios imaginarios), adornan las *domus* con atrio de Pompeya y de Herculano o la villa rural.

El arte imperial. Auge de la arquitectura sujeta al urbanismo: ciudades construidas según un plano ortogonal (Timgad), engalanadas con arcos de triunfo y teatros, templos, vastas termas, y anfiteatros. La utilización de bloques de piedras unidas por cemento permitió la construcción de arcos, bóvedas y cúpulas de grandes dimensiones (Coliseo). En Roma, junto al foro, construcción de otros foros como el de Trajano con la columna Trajana. Los dos últimos siglos del imperio estuvieron marcados por la afición a lo colosal (termas de Caracalla, palacio del Diocleciano en Split, basílica de Majencio en Roma). Para resistir a las invasiones de los bárbaros se construyeron murallas con puertas fortificadas (Tréveris, Porta Nigra). Desapareció el arte pictórico sobrio, dando paso, con Nerón, a una yuxtaposición de arquitecturas barrocas y de paisajes imaginarios: abundantes elementos decorativos de mosaicos (Roma, Ostia, Piazza Armerina); brillante escuela en el N de África. El arte plástico estuvo dominado por la eficacia sicológica, moderada por el helenismo o exaltada por la tendencia hacia un realismo plebeyo, antes de predominar una tendencia hacia lo patético, llevada a su apogeo en épocas de Antonino y Marco Aurelio para, finalmente, volver a un clasicismo precursor de un renacimiento en la época de Constantino, orientado con el arte paleocristiano hacia un nuevo ideal espiritual.

ROMA, c. y cap. de Italia y de la región del Lacio, a orillas del Tíber; 2 693 383 hab. *(Romanos.)* Residencia papal y ciudad importante por la abundancia de monumentos antiguos y obras de arte. Capital de Italia desde 1870, es un centro político, intelectual, artístico, religioso y turístico, y cuenta con algunas industrias.

HISTORIA

Roma nació en el s. VIII a. J.C. con la unión de varios pueblos latinos y sabinos establecidos en las colinas, según la tradición. Los etruscos contribuyeron en gran medida a hacer de Roma una ciudad bien organizada, provista de murallas y monumentos (ss. VII-VI s. J.C.). La ciudad se convirtió pronto en la capital de un inmenso imperio, contaba con un millón de habitantes. La invasión de los bárbaros la obligó a organizar su defensa (s. III) y a replegarse tras la muralla fortificada de Aureliano. Constantino le asestó un golpe mortal al convertir Constantinopla en la segunda capital (330). Roma, privada de la presencia imperial, entró en declive antes de ser saqueada por los bárbaros (410, 455 y 472). La ciudad, centro del cristianismo, capital de los Estados Pontificios y sede del papado (salvo en la época del papado de Aviñón y del gran cisma, 1309-1420), volvió a tener un gran prestigio. Roma se convirtió en el punto de encuentro de los grandes artistas del renacimiento a partir del s. XV, época en que los papas le dieron un nuevo impulso. A partir de 1848 se planteó la Cuestión romana; esta última, aparentemente bloqueada por la entrada de las tropas italianas —que convirtieron a Roma en la capital del reino de Italia (1870)—, fue regulada por los acuerdos de Letrán (1929), que crearon el estado independiente del Vaticano.

BELLAS ARTES

De la Roma republicana quedan pocos restos, a excepción de los templos de Vesta y de la Fortuna, al pie del Capitolio. La Roma imperial se expandió alrededor de los foros, con sus diversas basílicas (Emilia, Julia y de Majencio), los arcos de triunfo de Septimio Severo, Tito y Constantino, el inmenso Coliseo, no muy lejos, el teatro de Marcelo. También son destacables el Panteón, las termas de Diocleciano (iglesia de Santa María de los Ángeles y museo nacional), las de Caracalla, con hermosos mosaicos y la *Domus aurea* de Nerón, cuyas pinturas murales están emparentadas con las de principios del arte paleocristiano en las catacumbas (de San Calixto, San Sebastián, Santa Priscila, etc.). Las primeras basílicas cristianas (posteriormente muy reconstruidas en general) se impregnaron de la grandeza imperial: San Juan de Letrán, Santa María la Mayor (mosaicos de los ss. IV, V y XIII), San Pablo Extramuros, San Lorenzo Extramuros (decoración cosmatesque, claustro románico), San Clemente (mosaicos y frescos). Muchas pequeñas iglesias asocian las tradiciones paleocristiana y bizantina: Santa Sabina (s. V), Santa María in Cosmedin (campanario del s. XII), Santa María la Antigua (frescos de los ss. VI-VIII), Santa Práxedes (s. IX), Santa María in Trastevere (mosaicos, algunos debidos a P. Cavallini), etc. La primera manifestación del renacimiento fue la construcción del palacio Venecia (c. 1455), seguida por la primera decoración de la capilla Sixtina. Las iniciativas del papa Julio II, confiadas a Bramante, Rafael y Miguel Ángel, convirtieron a Roma en la cuna del Renacimiento: obras del Vaticano, inicio de la reconstrucción de la basílica de San Pedro, esbozo de un nuevo urbanismo en el que se incluyen iglesias y edificios nobles (palacio Farnesio). Iniciada en 1568 por Vignola, la iglesia del Gesù se convirtió en el monumento típico de la Contrarreforma. El estilo barroco nació en Roma con las obras de Maderno, y se desarrolló con las de Bernini, Borromini y P. de Cortona (palacio Barberini, 1625-1639, con intervención de estos cuatro artistas). Uno de los conjuntos característicos del estilo barroco es la plaza Navona (ant. circo de Domiciano), con las fuentes de Bernini y la iglesia de Santa Inés. En el s. XVIII y a principios del XIX se multiplicaron, en la línea de las creaciones anteriores, las fuentes, perspectivas, fachadas, y escaleras monumentales: fuente de Trevi, 1732; plaza del Popolo, al pie de los jardines del Pincio, 1816. Principales museos de Roma (además de los del Vaticano): museos del conjunto del Capitolio, concebido por Miguel Ángel (antigüedad); museo nacional de las Termas de Diocleciano (antigüedad); museo de la villa Giulia (arte etrusco); galería y museo Borghese (pintura y escultura); galería nacional de arte antiguo, en los palacios Barberini y Corsini; galería Doria-Pamphili.

ROMADIZO n. m. Coriza.

ROMAINS (Jules), escritor francés (Saint-Julien-Chapteuil 1885-París 1972). Escribió novelas de humor paródico (*Danogoo*

Tonka, 1920), poemas, ensayos y teatro (*Knock*, 1923).

ROMANA n. f. y adj. Tipo de balanza de brazos desiguales, en la que se desliza un peso a través del brazo más largo, que está graduado, para equilibrar el objeto suspendido en el brazo corto.

ROMANA (*provincia de* **La**), prov. de la República Dominicana; 658 km²; 169 223 hab. Cap. *La Romana.*

ROMANA (La), c. de la República Dominicana, cap. de la prov. homónima, junto a la costa del Caribe; 136 000 hab. Puerto exportador de azúcar. Pesca.

ROMANCE adj. Románico. ♦ n. m. **2.** Nombre con que se designaba la lengua vulgar hablada en los países de la Romania. **3.** Combinación métrica que consiste en repetir al final de todos los versos pares una misma asonancia y en los de los impares rima de ninguna especie. **4.** *Anglic.* Aventura amorosa pasajera. ♦ **romances** n. m. pl. **5.** *Fig.* Excusas, monsergas.

ROMANCERO, A n. Persona que canta o recita romances. ♦ n. m. **2.** Colección de romances.

ROMANCHE n. m. y adj. Lengua retorrománica hablada en los Grisones y que, en 1938, se convirtió en la cuarta lengua nacional de la Confederación Helvética.

ROMANIA, conjunto de países de lengua latina y de cultura romana resultante del desmembramiento del imperio romano.

ROMÁNICO, A adj. Dícese de las lenguas derivadas del latín, como el español, el catalán, el francés, etc. ♦ adj. y n. m. **2.** Dícese del arte que se desarrolló en Europa desde fines del s. X hasta principios del s. XIII.

ROMANISTA adj. y n. m. y f. Especialista en lenguas o literaturas románicas. **2.** Dícese de los pintores que, en el s. XVI, siguieron el estilo de la pintura romana de la época. **3.** *DER.* Especialista en derecho romano.

ROMANIZACIÓN n. f. Acción y efecto de romanizar o romanizarse; se aplica especialmente al proceso de asimilación de la civilización romana por los pobladores de Iberia, tras la conquista de ésta por Roma.

ROMANIZAR v. tr. y pron. **[1g].** Difundir o adoptar la civilización romana.

ROMANO, A adj. y n. De Roma o del Imperio romano. ♦ adj. **2.** Relativo a la Iglesia católica: *Iglesia romana.* • **Cifras,** o **números, romanos,** letras I, V, X, L, C, D y M, que valen respectivamente 1, 5, 10, 50, 100, 500 y 1000 y que, combinadas de formas diversas, eran utilizadas por los romanos para formar todos los números.

ROMANTICISMO n. m. Conjunto de movimientos intelectuales y artísticos que, desde fines del s. XVIII, hicieron prevalecer los principios de libertad y de subjetividad contra las reglas clásicas y el racionalismo filosófico. **2.** Calidad de romántico. En Hispanoamérica la pintura y la escultura fueron fomentadas desde las Academias, como las de San Carlos de México, y la de Chile, sobresaliendo pintores como J. Ramírez (México), J. M. Rugendas (Chile), B. Franklin Rawson (Argentina), I. Merino (Perú) y escultores como F. Sojo, M. Soriano (México), N. Plaza (Chile).

ROMÁNTICO, A adj. y n. Relativo al romanticismo; partidario de este movimiento. **2.** Que manifiesta un predominio de idealismo y sentimiento; que afecta a la sensibilidad y a la imaginación predisponiendo a la emoción.

ROMANZA n. f. (voz italiana). Aria, generalmente de carácter sencillo y tierno. **2.** Composición musical del mismo carácter y meramente instrumental.

RÓMBICO, A adj. Que tiene forma de rombo.

ROMBO n. m. Cuadrilátero cuyos cuatro lados son iguales, y dos de sus ángulos mayores que los otros dos.

ROMBOEDRO n. m. Paralelepípedo cuyas seis caras son rombos iguales.

ROMBOIDAL adj. De figura de romboide.

ROMBOIDE n. m. Paralelogramo cuyos lados, iguales dos a dos, no son perpendiculares.

ROMBOIDES n. m. ANAT. Músculo ancho y delgado de la región dorsal.

ROMERAL n. m. Terreno poblado de romeros.

ROMERÍA n. f. Viaje o peregrinación que se hace, generalmente por devoción, a un santuario. **2.** Fiesta popular que se celebra en las inmediaciones de una ermita o santuario. **3.** *Fig.* Gran número de personas que afluyen a un lugar.

ROMERITO n. m. *Méx.* Planta herbácea con la que se prepara un platillo del mismo nombre con papas, ajonjolí, tortas de camarones y salsa de chile rojo, muy popular en épocas de abstinencia.

ROMERO n. m. Arbusto aromático, de flores liliáceas o blanquecinas, empleado en perfumería.

ROMERO, A adj. y n. Peregrino.

ROMERO (Carlos Humberto), militar y político salvadoreño (Chalatenango 1924). Presidente de la república (1977), fue derrocado en 1979.

ROMERO (José Rubén), escritor mexicano (Cotija de la Paz 1890-México 1952). Cultivó una narrativa de tema regional y autobiográfico (*Apuntes de un lugareño*, 1932) y la novela de humorismo picaresco (*La vida inútil de Pito Pérez*, 1938).

ROMERO (Óscar Arnulfo), prelado salvadoreño (Ciudad Barrios 1917-San Salvador 1980). Arzobispo de San Salvador desde 1977, se caracterizó por su defensa de los derechos humanos en un clima de guerra civil. Fue asesinado.

ROMERO BARCELÓ (Carlos Antonio), abogado y político puertorriqueño (San Juan 1932), partidario de la anexión de la isla por E.U.A., fue gobernador de Puerto Rico en 1977-1984.

ROMMEL (Erwin), mariscal de campo alemán (Heidenheim, Württemberg, 1891-Ulm 1944). Dirigió el cuartel general de Hitler en 1939, y se distinguió en Francia (1942), Libia y Egipto. En 1944 dirigió el frente de Normandía. Se suicidó.

ROMO, A adj. Obtuso y sin punta. **2.** *Fig.* Torpe, tonto. **3.** De nariz pequeña y poco puntiaguda.

ROMPECABEZAS n. m. (pl. *rompecabezas*). Juego que consiste en componer determinada figura combinando cierto número de pedacitos, en cada uno de los cuales hay una parte de la figura. **2.** *Fig.* y *fam.* Cualquier cosa que entraña dificultad en su entendimiento o resolución.

ROMPEHIELOS n. m. (pl. *rompehielos*). Buque construido especialmente para romper los hielos y mantener un paso libre.

ROMPEHUELGAS n. m. y f. (pl. *rompehuelgas*). Persona que no se suma a una huelga y ocupa el puesto de trabajo de un huelguista.

ROMPEOLAS n. m. (pl. *rompeolas*). Obra levantada a la entrada de una rada o de un puerto, para protegerlos contra el mar abierto.

ROMPER v. tr. y pron. **[2p].** Hacer trozos o fragmentos algo. **2.** Hacer en una cosa, especialmente en una prenda de vestir, un agujero o abertura. ♦ v. tr. **3.** *Fig.* Dividir o separar la unión o continuidad de un cuerpo: *el buque rompe las olas.* **4.** *Fig.* Interrumpir cierto estado, proceso, desarrollo, etc. **5.** *Fig.* Quebrantar la observancia de la ley, precepto, contrato u otra obligación. • **De rompe y rasga,** dícese de la persona resuelta y de gran desembarazo. ♦ v. intr. **6.** Deshacerse las olas en espuma por influencia del viento o en las proximidades de la costa. **7.** *Fig.* Empezar y tener principio aquello que se expresa: *romper el día.* **8.** *Fig.* Abrirse paso por algún sitio o entre alguna cosa: *la policía* rompió entre la multitud. **9.** *Fig.* Abrirse las flores. **10.** *Fig.* Interrumpir una amistad, relación, noviazgo, etc.

ROMPIENTE n. m. Escollo que constituye un obstáculo para la ola, y sobre el que ésta rompe.

ROMPOPE n. m. *Amér. Central, Ecuad.* y *Méx.* Bebida hecha con aguardiente, huevos, leche, azúcar y canela.

RÓMULO, fundador legendario de Roma (753 a. J.C.), de la que fue primer rey.

RON n. m. (ingl. *rum*). Aguardiente obtenido por fermentación y destilación del jugo de caña de azúcar, o de las melazas y subproductos de la fabricación del azúcar de caña.

RONCAR v. intr. **[1a].** Producir un sonido ronco al respirar, mientras se duerme. **2.** Llamar el gamo a la hembra cuando está en celo.

RONCEAR v. tr. **[1].** *Argent., Chile* y *Méx.* Mover una cosa de un lado a otro, ladeándola con las manos o por medio de palancas.

RONCHA n. f. Pequeña prominencia roja que aparece en la piel. **2.** Cardenal, equimosis.

RONCO, A adj. Que tiene o padece ronquera. **2.** Dícese de la voz o sonido áspero y bronco.

RONCÓN, NA adj. *Colomb.* y *Venez.* Fanfarrón.

RONDA n. f. Recorrido efectuado para vigilar. **2.** Acción de ir los jóvenes tocando y cantando por las calles. **3.** Cada uno de los paseos o calles cuyo conjunto rodea totalmente o en gran parte a una población. **4.** *Fam.* Cada serie de consumiciones que toman distintas personas reunidas en grupo: *esta ronda la pago yo.* **5.** En varios juegos de naipes, vuelta que se da a todos los jugadores. **6.** COREOGR. Baile colectivo cuyos participantes se cogen de la mano formando un círculo.

RONDA, c. de España (Málaga), cab. de p. j.; 35 788 hab. (*Arundenses* o *rondeños.*) Se extiende ambos lados de la garganta del río Guadalevín («Tajo» de Ronda). Cría de caballos. Turismo. Restos romanos y árabes. Palacios renacentistas.

RONDADOR, RA adj. y n. Que ronda o va de ronda. ♦ n. m. **2.** Instrumento musical popular ecuatoriano a modo de flauta de pan o siringa.

RONDALLA n. f. *Rond,* conjunto de hombres que van tocando y cantando por la calle.

RONDAR v. intr. y tr. **[1].** Hacer una ronda de vigilancia. **2.** Salir los jóvenes de ronda. **3.** Andar de noche paseando por las calles. ♦ v. tr. **4.** Dar vueltas alrededor de una cosa. **5.** *Fig.* y *fam.* Ir detrás de uno importunándole para conseguir algo de él. **6.** *Fig.* y *fam.* Cortejar a una moza. **7.** *Fig.* y *fam.* Estar el sueño, una enfermedad, etc., a punto de apoderarse de alguien.

RONDEAU (José), patriota y militar uruguayo de origen argentino (Buenos Aires 1773-Montevideo 1844). Fue presidente del directorio de las Provincias Unidas (1815 y 1819-1320) y presidente de Uruguay (1828-1830).

RONDEÑO, A adj. y n. De Ronda o de la serranía de Ronda.

RONDÍN n. m. *Bol.* y *Chile.* Individuo que vigila o ronda de noche.

RONDÓ n. m. MÚS. Forma instrumental o vocal caracterizada por la alternancia de un estribillo y de estrofas en número variable.

RONDÓN. De rondón (*Fam.*), sin llamar, sin pedir permiso.

RONDÓN n. m. *Amér. Central, Colomb.* y *Venez.* Planta maderable de propiedades medicinales. (Familia anacardiáceas.)

RONQUEAR v. intr. **[1].** Estar ronco.

RONQUEDAD n. f. Calidad de ronco.

RONQUERA n. f. Afección de la laringe que provoca alteración del timbre de la voz.

RON

RONQUIDO n. m. Ruido que se hace al roncar. **2.** *Fig.* Ruido o sonido bronco.
RONRONEAR v. intr. [1]. Emitir el gato cierto sonido ronco y continuado en señal de satisfacción. **2.** Producir un ruido similar un motor. **3.** *Fig.* y *fam.* Causar inquietud un pensamiento o idea persistentes.
RONRONEO n. m. Acción y efecto de ronronear.
RONSARD (Pierre de), poeta francés (en el castillo de Possonnière 1524-Saint-Cosme-en-l'Isle 1585). Junto con el grupo de la Pléyade, se propuso renovar la inspiración y la forma de la poesía francesa. Fue poeta de la corte y se mantuvo hostil a la Reforma.
RÖNTGEN n. m. Roentgen.
RONZAL n. m. Ramal o cabestro de una caballería.
RONZAR v. tr. [1g]. Comer una cosa dura haciendo ruido al masticarla.
ROÑA n. f. Sarna. **2.** Porquería, suciedad que se pega fuertemente. **3.** *Fig.* y *fam.* Roñería, mezquindad. **4.** *Fig.* y *fam.* Farsa, astucia, sagacidad. **5.** Moho de los metales. **6.** Enfermedad que afecta a diversas plantas, producida por hongos. **7.** *Colomb.* Aspereza, rugosidad. ♦ n. m. y f. **8.** *Fam.* Persona roñosa, tacaña.
ROÑERÍA n. f. *Fam.* Tacañería.
ROÑOSO, A adj. Que tiene o produce roña. **2.** Sucio, puerco. **3.** Oxidado. **4.** *Fig.* y *fam.* Tacaño. SIN.: *roñica.* **5.** *Ecuad.* y *Méx.* Sin pulimento, áspero.
ROOSEVELT (Franklin Delano), político norteamericano (Hyde Park, Nueva York, 1882-Warm Springs 1945), primo y sobrino por matrimonio de Theodore Roosevelt. Demócrata, fue elegido presidente de E.U.A. en 1933 y reelegido en 1936, 1940 y 1944. Intentó recuperar la economía norteamericana (*New Deal*) tras la crisis de 1929-1932 y fue uno de los principales artífices de la victoria aliada.
ROOSEVELT (Theodore), estadista norteamericano (Nueva York 1858-Oyster Bay, Nueva York, 1919). Republicano, participó en la guerra hispano-norteamericana (1898). Gobernador del estado de Nueva York (1898), fue nombrado presidente (1901, reelegido 1904). En el exterior, practicó una política intervencionista (Panamá, Filipinas y Santo Domingo). [Premio Nobel de la paz 1906.]
ROPA n. f. Denominación dada a cualquier prenda de tela. **2.** Prenda de vestir.
ROPAJE n. m. Vestido o adorno exterior del cuerpo y especialmente vestido suntuoso usado en ceremonias solemnes. **2.** Conjunto de ropas.
ROPAVEJERO, A n. Persona que tiene por oficio vender ropas, baratijas y otras cosas usadas.
ROPERO n. m. y adj. Armario o cuarto donde se guarda la ropa. ♦ n. m. **2.** Asociación benéfica que reparte ropa entre los necesitados. **3.** *Amér.* Persona muy corpulenta, mastodonte.
ROQUE n. m. (ár. *ruj*, carro). Torre del ajedrez.
ROQUE adj. *Estar,* o *quedarse roque* (*Fam.*), estar o quedarse dormido.
ROQUEFORT n. m. Queso fabricado en Francia con leche de oveja.
ROQUES (archipiélago de Los), archipiélago venezolano del Caribe (dependencia federal), formado por cayos y 45 islas. Centro de investigaciones de la plataforma continental.
RORAIMA, macizo de América del Sur, en el límite entre Brasil, Guyana y Venezuela. 2 810 m en el monte Roraima, punto culminante de Guyana.
RORAIMA, estado federal del N de Brasil; 225 017 km²; 215 790 hab. Cap. *Bôa Vista*.
RORCUAL n. f. Mamífero marino semejante a la ballena pero con la cara ventral estriada y con aleta dorsal.
RORRO n. m. *Fam.* Niño de pecho.

ROSA n. f. Flor del rosal. **2.** Cualquier cosa que por su forma se asemeja a ella. **3.** *Amér.* Rosal, planta. • **Rosa de Jericó,** crucífera de Asia Menor. ‖ **Rosa de los vientos, o de la aguja,** o **náutica,** figura circular adaptada al cuadrante de la aguja náutica dividida en treinta y dos secciones que marcan los rumbos en que se divide el horizonte. ♦ adj. y n. m. **4.** Dícese del color rojo claro parecido al de la rosa común.
♦ adj. **5. Novela rosa,** género novelesco, donde el amor triunfa siempre sobre la adversidad. ♦ **rosas** n. f. pl. **6.** Rosetas de maíz.
ROSA de Lima (*santa*), mística limeña (Lima 1586-*íd.* 1617). Primera santa canonizada de América (1671), es patrona del continente y de Lima.
ROSÁCEO, A adj. De color algo rosado. ♦ adj. y n. f. **2.** Relativo a una familia de plantas dialipétalas como el rosal, el ciruelo, el cerezo y el peral.
ROSADA n. f. Escarcha.
ROSADO, A adj. Dícese del color rosa.
♦ adj. y n. **2.** *Argent., Colomb.* y *Chile.* Dícese del caballo cuya capa presenta manchas rosadas y blancas. ♦ adj. y n. m. Dícese del vino jóven de color rosa procedente de uvas negras o de mezcla de uvas negras y blancas.
ROSAL n. m. Arbusto espinoso de la familia rosáceas del que se conocen numerosas variedades.
ROSALEDA o ROSALERA n. f. Sitio plantado de rosales.
ROSALES (Luis), poeta español (Granada 1910-Madrid 1992). Junto con Panero y Vivanco pertenece a la promoción poética de 1936, de orientación católica e intimista. Entre sus obras destacan *La casa encendida* (1949), los poemas en prosa de *El contenido del corazón* (1969), y *Un rostro en cada ola* (1982). Premio Cervantes 1982. (Real academia 1962.)
ROSARIO n. m. Rezo de la Iglesia católica en que se conmemoran los quince misterios de la vida de la Virgen. **2.** Sarta de cuentas que se pasan entre los dedos para hacer este rezo. **3.** *Fig.* Serie o sucesión de cosas. **4.** *Fig.* y *fam.* Espinazo, espina dorsal. • **Como el rosario de la aurora** (*Fam.*), mal.
ROSARIO, c. de Argentina (Santa Fe), a orillas del Paraná; 1 078 374 hab. (*Rosarinos.*) Centro comercial y puerto cerealista. Industrias localizadas en su periferia N. Centro financiero y cultural. Ciudad ligada a la lucha por la independencia y a la construcción de la nación (1812, creación de la bandera argentina; 1852, juramento de la Segunda constitución santafecina, etc.). Su desarrollo se inició al ser proclamada por Urquiza (1854) puerto de las once provincias del interior, y al ser establecida la ley de derechos diferenciales en perjuicio de Buenos Aires (1857).
ROSARIO DE LA FRONTERA, dep. de Argentina (Salta); 25 860 hab. Aserraderos. Aguas termales.
ROSARIO DE LERMA, dep. de Argentina (Salta); 26 242 hab. Central hidroeléctrica en el río Rosario.
ROSAS (Juan Manuel de), militar y político argentino (Buenos Aires 1793-Swathling, Hampshire, 1877). Se levantó en 1828 contra los unitarios y se apoderó del Litoral. Gobernador de Buenos Aires (1829-1832 y 1835), en 1842 implantó su poder dictatorial en Argentina, apoyándose en las masas federales. Urquiza, gobernador de Entre Ríos, lo derrotó en Caseros (1852). Rosas se exilió a Gran Bretaña.
ROSCA n. f. Porción de cualquier materia de forma más o menos cilíndrica y doblada formando un aro. **2.** Bollo o torta que tiene esta forma. **3.** Cada vuelta de una espiral o del conjunto de ellas. **4.** Carnosidad que sobresale en alguna parte del cuerpo. **5.** *Chile.* Rodete para llevar pesos

en la cabeza. **6.** TECNOL. Filete en espiral de un tornillo. • **Hacer la rosca** a uno (*Fam.*), adularle, halagarle para obtener algún provecho. ‖ **Pasarse de rosca** (*Fam.*), excederse.
ROSCIO (Juan Germán), abogado y patriota venezolano (Caracas 1769-Rosario de Cúcuta 1821). Fue vicepresidente de Venezuela (1819) y de la Gran Colombia (1820).
ROSCÓN n. m. Bollo en forma de rosca grande.
ROSEDAL n. m. *Argent.* y *Urug.* Sitio plantado de rosales, rosaleda.
ROSELLÓ (Pedro), médico y político puertorriqueño (San Juan 1944). Presidente del Partido nuevo progresista, es gobernador de Puerto Rico desde 1993.
ROSENBLUETH (Emilio), ingeniero mexicano (nacido en 1925), especialista en arquitectura antisísmica.
RÓSEO, A adj. De color de rosa.
ROSÉOLA n. f. MED. Erupción de manchas rosáceas características de determinadas enfermedades.
ROSETA n. f. Mancha que aparece en las mejillas. **2.** ARQ. Motivo ornamental en forma de rosa abierta. **3.** EQUIT. Parte móvil de la espuela, en forma de rueda estrellada. ♦ **rosetas** n. f. pl. **4.** Granos de maíz que al tostarse se abren en forma de flor.
ROSETÓN n. m. Cualquier adorno parecido a una flor, de forma redondeada. **2.** ARQ. Gran ventana circular, cerrada por vidrieras, características de las iglesias góticas.
ROSI (Francesco), director de cine italiano (Nápoles 1922), especialista en un cine de análisis político y social: *Salvatore Giuliano* (1961), *Las manos sobre la ciudad* (1963), *El caso Mattei* (1972), *Excelentísimos cadáveres* (1976), *Carmen* (1984), *Crónica de una muerte anunciada* (1987), *Olvidar Palermo* (1990), *La tregua* (1996).
ROSQUILLA n. f. Golosina en forma de rosca pequeña.
ROSS (sir Ronald), médico británico (Almora, India, 1857-Putney Heath, Londres, 1932). Sus investigaciones sobre la transmisión del paludismo por un mosquito permitieron perfeccionar la profilaxis de la enfermedad. (Premio Nobel de fisiología y medicina 1902.)
ROSSELLINI (Roberto), director de cine italiano (Roma 1906-*íd.* 1977). Tras darse a conocer dentro del neorrealismo con *Roma, ciudad abierta* (1945) o *Paisà* (1946), se impuso como uno de los grandes maestros del cine italiano.
ROSTAND (Edmond), poeta y dramaturgo francés (Marsella 1868-París 1918). Autor de comedias y dramas poéticos llenos de reminiscencias románticas (*Cyrano de Bergerac,* 1897; *L'Aiglon,* 1900). — Su hijo **Jean** (París 1894-Saint-Cloud 1977), biólogo, realizó importantes trabajos sobre la partenogénesis experimental.
ROSTICERÍA n. f. *Chile, Méx.* y *Nicar.* Establecimiento donde se asan y se venden pollos.
ROSTRO n. m. (lat. *rostrum*, pico, hocico). Cara, semblante humano. **2.** Pico del ave. **3.** ZOOL. Aparato bucal alargado y picador de determinados insectos, como los chinches y los pulgones.
ROTA n. f. Planta de tallo delgado, sarmentoso y fuerte. (Familia palmáceas.)
ROTA, v. de España (Cádiz), cab. de p. j.; 27 139 hab. (*Roteños.*) Base aeronaval. Cabecera de oleoducto. Restos romanos y musulmanes.
ROTACIÓN n. f. Acción y efecto de rodar o girar. **2.** Movimiento de un cuerpo alrededor de un eje fijo. **3.** Alternancia de una serie de personas o cosas en el cargo, actividad, función, etc. **4.** AGRIC. Orden de sucesión de cultivos en un terreno.
ROTARIO, A n. Miembro de una sociedad filantrópica internacional llamada Rotary club.

ROTATIVO, A adj. Que da vueltas. **2.** Que procede por rotación. ♦ adj. y n. f. **3.** IMPR. Dícese de una máquina de imprimir con formas cilíndricas, cuyo movimiento rotatorio continuo permite una gran velocidad de impresión. ♦ adj. y n. m. **4.** Dícese del periódico impreso con estas máquinas.
ROTATORIO, A adj. Que tiene movimiento circular.
ROTERÍA n. f. Chile. Acción desagradable y desleal. **2.** Chile. Dicho que denota falta de cortesía o de educación.
ROTERÍO n. m. Chile. Fam. Clase de los rotos, plebe.
ROTICERÍA n. f. Argent. y Chile. Fiambrería.
ROTO, A adj. v. n. Andrajoso. **2.** Chile. Dícese del individuo de la clase más baja del pueblo. **3.** Chile. Incivil, mal educado. **4.** Méx. Dícese del petimetre del pueblo. **5.** Perú. Fam. Apodo dado a los chilenos. ♦ adj. **6.** Dícese del color que presenta reflejos de otro color. ♦ n. m. **7.** Desgarrón en la ropa.
ROTOGRABADO n. m. Procedimiento de heliografía.
ROTONDA n. f. (voz italiana). Edificio, sala o cenador de planta circular o semicircular. **2.** Plaza circular.
ROTOR n. m. (voz inglesa). Conjunto de las aspas y planos rotativos que aseguran la sustentación de los giravones, su árbol de giro y los dispositivos que regulan su posición. **2.** Conjunto de partes giratorias, en determinadas construcciones mecánicas y electromecánicas.
ROTOSO, A adj. Amér. Merid. Desharrapado, harapiento. ♦ n. **2.** Chile. Fig. Persona de baja condición cultural o social.
ROTTERDAM, c. y puerto de Países Bajos (Holanda Meridional), a orillas del Nuevo Mosa (Nieuwe Maas), brazo del delta común al Rin y al Mosa; 582 266 hab. (1 040 000 hab. en la aglomeración). Primer puerto del mundo y centro industrial, comercial y financiero.
RÓTULA n. f. Hueso aplanado y móvil, situado en la cara anterior de la rodilla. **2.** MEC. Unión entre dos piezas o barras articuladas que permite el movimiento giratorio de las mismas.
ROTULACIÓN n. f. Acción y efecto de rotular. SIN.: rotulado.
ROTULADOR, RA adj. y n. Que rotula o sirve para rotular. ♦ n. m. **2.** Instrumento para escribir o dibujar, cuyo cuerpo encierra un depósito poroso impregnado de tinta unido a una punta de material sintético.
ROTULAR v. tr. [1]. Poner un rótulo. **2.** Poner títulos o inscripciones en un mapa o en un plano.
ROTULAR o **ROTULIANO, A** adj. Relativo a la rótula.
RÓTULO n. m. Cartel anunciador o indicador. **2.** Título de un escrito o de una parte del mismo.
ROTUNDIDAD n. f. Calidad de rotundo.
ROTUNDO, A adj. (lat. rotundum). Redondo. **2.** Dícese del lenguaje terso, expresivo. **3.** Fig. Completo, terminante, categórico.
ROTURA n. f. Acción y efecto de romper o romperse algo. **2.** Fig. Acción de interrumpirse alguna cosa: rotura de relaciones diplomáticas.
ROTURACIÓN n. f. Acción y efecto de roturar.
ROTURAR v. tr. [1]. Arar por primera vez las tierras incultas.
ROUEN → **Ruán**.
ROUGE n. m. (voz francesa). Lápiz de labios. **2.** Chile. Colorete.
ROULOTTE n. f. (voz francesa). Caravana, remolque.
ROUND n. m. (voz inglesa). DEP. En boxeo, asalto.
ROUSSEAU (Henri, llamado **el Aduanero**), pintor francés (Laval 1844-París 1910). Uno de los principales representantes de las tendencias neoprimitivas y del arte naïf.
ROUSSEAU (Jean-Jacques), escritor, pedagogo y filósofo suizo en lengua francesa (Ginebra 1712-Ermenonville 1778). Su celebridad llegó con el *Discurso sobre las ciencias y las artes* (1750) en el que, junto con el *Discurso sobre el origen de la desigualdad* (1755), criticó los fundamentos de una sociedad corruptora. Expuso, por otra parte, los principios éticos de la vida pública y privada en sus obras filosóficas (*El contrato social*, 1762; *Emilio o de la educación*, 1762), narrativas (*Julia o la nueva Eloísa*, 1761) o autobiográficas (*Meditaciones de un paseante solitario*, 1782).
ROUX (Guillermo), pintor argentino (Buenos Aires 1929), surrealista con un extremo cuidado del dibujo.
ROYA n. f. BOT. Enfermedad criptógama provocada por ciertos hongos, que afecta sobre todo a los cereales.
ROYALTY n. m. (voz inglesa). Compensación monetaria por el uso de una patente, marca, derechos de autor, etc., que el usuario está obligado a entregar al titular de la propiedad.
ROYO (Aristides), abogado y político panameño (La Chorrera 1940), fue presidente de la república (1978-1982).
ROZADURA n. f. **1.** Acción y efecto de rozar una cosa con otra, y señal que deja. **2.** Herida superficial de la piel.
ROZAGANTE adj. Vistoso, de mucha apariencia. **2.** Fig. Satisfecho, ufano.
ROZAMIENTO n. m. Roce, acción de rozar o rozarse. **2.** Fig. Disensión o enfado leve entre dos personas. **3.** Fig. Resistencia que se opone a la rotación o al deslizamiento de un cuerpo sobre otro.
ROZAR v. intr., tr. y pron. [1g]. Pasar una cosa tocando ligeramente la superficie de otra. **2.** Fig. Tener una cosa relación o conexión con otra: no roces la pared con la silla. ♦ v. tr. y pron. **3.** Raspar una cosa a otra: no roces la pared con la silla. ♦ v. tr. y pron. **4.** Ajar o manchar alguna cosa con el uso al tocarla ligeramente con otra. ♦ **rozarse** v. pron. **5.** Sufrir una rozadura. **6.** Herirse o tropezarse un pie con otro. **7.** Fig. Tener trato o relación con alguien.
Ru, símbolo químico del rutenio.
RÚA n. f. Calle.
RUÁN, en fr. Rouen, c. de Francia, cap. de la Alta Normandía y del dep. de Seine-Maritime, a orillas del Sena; 105 470 hab. Universidad. Centro industrial. Puerto. Catedral gótica (ss. XII-XVI), iglesias de Saint-Ouen, Saint-Maclou (flamígera), y el Gros-Horloge (ss. XIV y XVI), pabellón renacentista.
RUANA n. f. Amér. Merid. Especie de poncho.
RUANDA o **RWANDA**, estado de África central; 26 338 km²; 7 500 000 hab. (Ruandeses.) CAP. Kigali. LENGUAS OFICIALES: francés y inglés. MONEDA: franco ruandés. El 90 % de la población, muy densa y en rápido crecimiento, es rural y está compuesta por dos etnias principales: los tutsi (pastores) y los hutu (agricultores). El café y el té proporcionan la parte más importante de las exportaciones de este país de altiplanicies.
HISTORIA
Ss. XIV-XIX: Ruanda entró en la historia con la dinastía de los reyes Nyiginya procedentes de la etnia guerrera de los tutsi. 1894: los alemanes enviaron una primera expedición militar. Luego intentaron integrar la región en el África oriental alemana, pero no consiguieron controlarla totalmente. 1916: enfrentamientos entre alemanes y belgas obligaron a Alemania a replegarse hacia Urundi (act. Burundi). 1923: la región estuvo bajo mandato belga y adoptó el nombre de Ruanda-Urundi. 1960: Ruanda-Urundi fue separada del Congo belga. 1962: Ruanda accedió a la independencia al mismo tiempo que Burundi.
RUBBIA (Carlo), físico italiano (Gorizia 1934). En 1983, en el Cern, descubrió los bosones intermediarios W y Z. (Premio Nobel de física 1984.)
RUBEFACCIÓN n. f. Enrojecimiento de la superficie de la piel producido por un proceso inflamatorio o irritativo.
RUBENS (Petrus Paulus), pintor flamenco (Siegen, Westfalia, 1577-Amberes 1640). Su obra, ejemplo de la corriente barroca, realiza una síntesis del realismo flamenco y del estilo de los grandes maestros italianos: *Bautismo de Cristo* (1604, Amberes), *El descendimiento de la Cruz* (1612, catedral de Amberes), *Entierro de Cristo* (1616, iglesia de St-Géry, Cambrai), *Combate de amazonas* (1617, Múnich), *Jardines del amor* (1635, Prado), *La Kermesse* (1636, Louvre).
RUBÉOLA o **RUBEOLA** n. f. Enfermedad viral eruptiva, contagiosa y epidémica.
RUBÍ n. m. Piedra preciosa, variedad del corindón, transparente y de color rojo vivo. **2.** Piedra dura que soporta el eje de una rueda en un reloj.
RUBÍ, v. de España (Barcelona), cab. de p. j.; 50 384 hab. (Rubinenses.) Centro industrial.
RUBIALES n. m. y f. y adj. (pl. rubiales). Fam. Persona rubia.
RUBICÓN, r. que separaba Italia de la Galia Cisalpina. César lo atravesó con su ejército (49 a. J.C.), sin autorización del senado, lo cual provocó el inicio de la guerra civil. La expresión *pasar el Rubicón* significa tomar una decisión grave y de consecuencias.
RUBICUNDO, A adj. (lat. rubicundum). Rubio rojizo. **2.** Dícese de la persona de buen color y aspecto saludable. **3.** Dícese del pelo que tira a rojo.
RUBIDIO n. m. Metal alcalino (Rb) número atómico 37, ce masa atómica 85,46 y densidad 1,52, que funde a 39 °C, análogo al potasio.
RUBIO, A adj. (lat. *rubeum*, rojizo). Del color del oro o del trigo maduro. Dícese del cabello de este color o algo más oscuro o rojizo. ♦ adj. y n. **3.** Dícese de la persona que tiene el pelo de este color. ♦ adj. y n. m. **4.** Dícese de cierto tipo de tabaco. ♦ n. m. **5.** Pez marino que vive en los fondos cenagosos de la plataforma continental. (Grupo teleósteos, género Trigla).
RUBIO, c. de Venezuela (Táchira); 41 784 hab. Centro agrícola, minero (carbón) e industrial.
RUBOR n. m. (lat. *ruborem*). Color rojo muy vivo. **2.** Color que sube al rostro causado por un sentimiento de vergüenza. **3.** Fig. Vergüenza.
RUBORIZAR v. tr. y pron. [1g]. Causar rubor.
RUBOROSO, A adj. Que tiene rubor o es propenso a ruborizarse.
RÚBRICA n. f. (lat. *rubricam*, tierra roja). Rasgo o rasgos de figura generalmente invariable que, como parte de la firma, se suele añadir al nombre. **2.** Epígrafe, título, frase, sentencia que precede a un escrito. **3.** Fig. Final, conclusión.
RUBRICAR v. tr. [1a]. Poner uno su rúbrica en un documento, o escrito con o sin la firma. **2.** Firmar un despacho o papel y ponerle el sello o escudo de armas. **3.** Fig. Dar testimonio de una cosa.
RUBRO n. m. Amér. Título o rótulo. **2.** Amér. Merid. Conjunto de artículos de consumo en un mismo tipo o relacionados con determinada actividad; asiento, partida.
RUCA n. f. Argent. y Chile. Choza, cabaña.
RUCIO, A adj. Dícese de los animales de color pardo claro, blanqueciño o canoso. **2.** Chile. Rubio. ♦ n. m. **3.** Asno, pollino.
RUCO, A adj. Amér. Central. Viejo, inútil. (Se aplica especialmente a las caballerías.) ♦ n. **2.** Méx. Fam. Viejo, anciano.
RUDA n. f. (lat. *rutam*). Planta herbácea de flores amarillas verdosas, de cuyas hojas

se extrae un producto utilizado en perfumería y medicina. (Familia rutáceas.)
RUDEZA n. f. Calidad de rudo.
RUDIMENTARIO, A adj. Relativo a los rudimentos. **2.** Elemental, poco desarrollado.
RUDIMENTOS n. m. pl. Primeros conocimientos de una ciencia o profesión.
RUDO, A adj. (lat. *rudem*). Tosco, áspero, sin pulimento. **2.** Descortés, grosero, sin educación ni delicadeza natural. **3.** Torpe, que comprende o aprende con dificultad. **4.** Riguroso, violento.
RUDOMÍN (Pablo), neurofisiólogo mexicano (nacido en 1943), especialista en los mecanismos de trasmisión de información en el sistema nervioso central.
RUECA n. f. Utensilio con una rueda movida mediante pedal que sirve para hilar.
RUEDA n. f. (lat. *rotam*). Pieza de forma circular que gira alrededor de un eje. **2.** Corro, círculo. **3.** Rodaja de algunas frutas, carnes o pescados. • **Comulgar con ruedas de molino** (*Fam.*), creer las cosas más inverosímiles. ‖ **Rueda de la fortuna**, alegoría de la incertidumbre del destino humano. ‖ **Rueda de molino**, muela. ‖ **Rueda de prensa**, entrevista periodística que sostienen varios informadores con una persona. ‖ **Rueda de recambio**, o **de repuesto**, rueda destinada a sustituir una rueda cuyo neumático se ha pinchado. ‖ **Rueda hidráulica**, o **de agua**, máquina que transforma en energía mecánica la energía disponible de un pequeño salto de agua. ‖ **Rueda libre**, dispositivo que permite a un motor impulsar un mecanismo sin estar arrastrado por él. ‖ **Rueda motriz** (AUTOM.), rueda movida por el motor y que asegura la tracción del vehículo.
RUEDA (Lope de), dramaturgo español (Sevilla *c.* 1500-Córdoba 1565). Sus obras se dividen entre italianizantes (*Armelina*), pastoriles (*Prendas de amor*), y los llamados *pasos*, (*El rufián cobarde*).
RUEDO n. m. Contorno o borde de una cosa redonda. **2.** Cualquier cosa colocada alrededor de otra adornando su borde. **3.** Estera de esparto, generalmente redonda. **4.** *Fig.* Corro, cerco de personas. **5.** TAUROM. Espacio destinado a la lidia en las plazas de toros. SIN.: *redondel*.
RUEGO n. m. Súplica, petición. **2.** Práctica parlamentaria para formular peticiones o preguntas a la mesa del congreso o del senado.
RUELAS (Julio), pintor y grabador mexicano (Zacatecas 1870-París 1907). Realizó sus mejores obras al aguafuerte (*Cabeza de medusa*, *La esfinge*). Destacan también sus retratos (*Francisco de Alba*).
RUFIÁN n. m. El que trafica con prostitutas. **2.** Hombre vil y despreciable, que engaña y estafa.
RUFIANESCA n. f. Conjunto de los rufianes y su mundo.
RUFIANESCO, A adj. Relativo a los rufianes.
RUGBY n. m. (voz inglesa). Deporte que se practica con un balón ovoide impulsado por manos y pies, y en el que se enfrentan dos equipos de 15 jugadores, que intentan colocar el balón detrás de la línea de portería contraria (ensayo), o hacerlo pasar por encima de la barra transversal situada entre los postes de la portería.
RUGELES (Manuel Felipe), poeta venezolano (San Cristóbal 1904-Caracas 1959), de temática intimista y nativista (*Aldea en la niebla*, 1944).
RUGENDAS (Johann Moritz), pintor y grabador alemán activo en América del Sur (Augsburgo 1802-Weilheim 1858), pintó escenas costumbristas, paisajes y retratos, sobre todo en Chile y Perú.
RUGIDO n. m. Acción de rugir. **2.** Bramido que se emite al rugir.
RUGIR v. intr. [**3b**]. Producir un sonido ronco y fuerte el león, el tigre u otros animales. **2.** Emitir alguien grandes gritos y voces. **3.** Bramar el viento, el mar, etc., con ruido fuerte y gran estruendo.
RUGOSO, A adj. Que tiene arrugas o asperezas.
RUHR, r. de Alemania, afl. del Rin (or. der.), al que se une en Duisburg; 218 km.
RUIBARBO n. m. Planta herbácea de flores amarillas o verdes, en espigas, que se usa como purgante. (Familia poligonáceas.)
RUIDO n. m. (lat. *rugitum*). Sonido o fenómeno acústico más o menos irregular, confuso y no armonioso. **2.** *Fig.* Importancia exagerada que se da a ciertas cosas; gran interés, comentarios, discusiones que suscita algo.
RUIDOSO, A adj. Que causa mucho ruido. **2.** *Fig.* Dícese del asunto, suceso, acción, etc., de que se habla mucho.
RUIN adj. Vil, despreciable. **2.** Avaro, tacaño. **3.** Pequeño, poco desarrollado.
RUINA n. f. (lat. *ruinam*). Acción de caer o hundirse una construcción. **2.** Acción de destruirse una cosa material o inmaterial. **3.** *Fig.* Hecho de quedarse alguien sin sus bienes. **4.** *Fig.* Persona que se encuentra en estado de completa decadencia. • **ruinas** n. f. pl. **5.** Restos de una construcción hundida.
RUINDAD n. f. Calidad de ruin. **2.** Acción ruin.
RUINOSO, A adj. Que amenaza ruina. **2.** Que causa o produce ruina o pérdida: *negocio ruinoso*.
RUISEÑOR n. m. Ave paseriforme, de 15 cm de long., de plumaje marrón claro, cuyo macho es un cantor notable. (Familia túrdidos.)
RUIZ (*nevado del*), cumbre de Colombia (Tolima y Caldas), en la cordillera Central; 5400 m. Nieves perpetuas. Parque nacional. Volcán activo.
RUIZ (Juan) → *Hita* (Arcipreste de).
RUIZ CORTINES (Adolfo), político mexicano (Veracruz 1890-México 1973). Presidente de la república (1952-1958), realizó una política agrarista y social.
RUIZ DE ALARCÓN (Juan), dramaturgo español (México 1581-Madrid 1639). Su obra destaca por su finura sicológica y su carácter moral y crítico. *La verdad sospechosa* (1630), contra la mentira, y *Las paredes oyen* (1628), contra la maledicencia, son sus obras más famosas.
RUIZ DE APODACA (Juan), *conde de Venadito*, marino y administrador español (Cádiz 1754-Madrid 1835). Capitán general de Cuba (1812-1815), fue virrey de Nueva España (1815-1821).
RUIZ DE MONTOYA (Antonio), religioso español (1584-1651) autor de una *Gramática de la lengua guaraní*.
RUIZ PICASSO (Pablo) → *Picasso*.
RULEMÁN n. m. Argent. y Urug. Pieza que funciona como cojinete, rodamiento.
RULENCO, A adj. *Chile*. Dícese de la persona o animal enclenque y raquítico.
RULERO n. m. *Amér. Merid*. Rulo, cilindro para rizar el cabello.
RULETA n. f. (fr. *roulette*). Juego de azar en el que el ganador es designado por la detención de una bola en determinado número de un plato giratorio. • **Ruleta rusa**, juego de azar que consiste en poner una sola bala en el tambor de un revólver y disparar apuntándose a la sien.
RULETEAR v. intr. [**1**]. *Amér. Central* y *Méx. Fam.* Conducir un taxi.
RULETERO n. m. *Amér. Central* y *Méx. Fam.* Taxista.
RULFO (Juan), escritor mexicano (Sayula, Jalisco, 1918-México 1986). En un volumen de cuentos, *El llano en llamas* (1953), y una novela breve, *Pedro Páramo* (1955), bastaron para convertirle en figura esencial de la literatura contemporánea latinoamericana. Ambos títulos se funden, centrados en un miserable mundo rural; el mundo cruel y vertiginoso de los cuentos coexiste con el caos inmutable de la novela. Realizó, asimismo, guiones cinematográficos (*El gallo de oro*, 1980).
RULO n. m. Bola gruesa u otra cosa redonda que rueda fácilmente. **2.** Rodillo para allanar la tierra. **3.** Rizo de pelo. **4.** *Fam.* Objeto de forma cilíndrica que sirve para ondular el cabello. **5.** *Argent.* y *Chile.* Rizo del cabello. **6.** *Chile.* Tierra de secano.
RUMA n. f. *Amér. Merid.* Montón de cosas.
RUMANIA o **RUMANÍA**, en rumano **România**, estado de Europa oriental; 237 500 km²; 23 440 000 hab. (*Rumanos.*) CAP. *Bucarest.* LENGUA OFICIAL: *rumano.* MONEDA: *leu.*
GEOGRAFÍA
La parte oriental de los Cárpatos forma un arco que encierra la cuenca de Transilvania de la que emerge el macizo de los Apuseni. Mesetas y llanuras (Moldavia, Muntenia, Dobrudja y Valaquia) rodean el conjunto. El clima es continental. El sector agrícola proporciona trigo, maíz y caña de azúcar. Los recursos energéticos (gas, petróleo, lignito y energía hidroeléctrica) alimentan una industria, cuyas ramas dominantes son la metalurgia, la petroquímica y la mecánica. Turismo en el mar Negro. La economía del país sigue sin despegar.
HISTORIA
Los principados de Moldavia, Valaquia y Transilvania. Los dacios fueron los primeros habitantes conocidos de la actual Rumania. S. I a. J.C.: Trajano conquistó Dacia. 271: ésta fue evacuada por los romanos. Ss. VI: los eslavos se establecieron en la región. S. XI: el cristianismo se expandió; la Iglesia adoptó la liturgia eslavona. Ss. XII-XIII: las invasiones turcomongoles afectaron a la región, mientras que los húngaros conquistaron Transilvania (s. XI). S. XIV: se fundaron los principados de Valaquia y Moldavia y se emanciparon de la soberanía húngara; el primero c. 1330, con Basarab I, y el segundo, c. 1359, con Bogdán I. 1386-1418: con Mircea el Grande, Valaquia tuvo que aceptar el pago de un tributo a los otomanos. 1455: Moldavia corrió la misma suerte. 1457-1504: Esteban III el Grande consiguió una liberación temporal de este dominio. 1526: Después de la victoria de Mohács, Transilvania se convirtió en un principado vasallo de los turcos. 1599-1600: Miguel el Bravo (1593- 1601) venció a los otomanos y se adueñó de las coronas de Valaquia, Transilvania y Moldavia. 1691: Transilvania fue anexionada por los Habsburgo. 1711: tras la derrota de D. Cantemir, aliado de Rusia contra los otomanos, éstos impusieron un régimen más duro sobre Moldavia y Valaquia, gobernadas a partir de entonces por los fanariotas. 1775: Austria se anexionó Bucovina. 1812: Besarabia fue cedida a Rusia. 1829-1856: Moldavia y Valaquia se sometieron a un doble protectorado otomano y ruso. 1859: los principados unidos nombraron príncipe reinante a Alejandro Juan I Cuza (1859-1866), y Napoleón III apoyó su unión.
Rumania contemporánea. 1866: el país estableció su unidad constitucional y administrativa. El poder fue confiado al príncipe Carlos de Hohenzollern-Sigmaringen (Carlos I). 1878: se reconoció la independencia del país. 1881: Carlos I fue elegido rey de Rumania. 1914: Fernando I (1914-1927) le sucedió en el trono. 1916: Rumania participó en la primera guerra mundial junto a los aliados. Fue ocupada por Alemania. 1918: las tropas rumanas penetraron en Transilvania. 1919-1920: los tratados de Neuilly, Saint-Germain y Trianón concedieron a Rumania Dobrudja, Bucovina, Transilvania y Banat. 1921: Rumania se adhirió a la Pequeña entente, dirigida por Francia. 1930-1940: con Carlos II se desarrolló un movimiento fascista dirigido por la

Guardia de Hierro. 1940: Antonescu instauró una dictadura. Rumania, a pesar de ser aliada de Alemania, perdió Besarabia y Bucovina del Norte (anexionadas por la U.R.S.S.), una parte de Transilvania (recuperada por Hungría), y de Dobrudja meridional (cedida a Bulgaria). 1941: Rumania entró en guerra contra la U.R.S.S. 1944: Antonescu fue derrocado. Se firmó un armisticio con la U.R.S.S. 1947: el tratado de París aprobó la anexión de Besarabia y de Bucovina del Norte por la U.R.S.S. El rey Miguel (1927-1930; 1940-1947) abdicó y se proclamó una república popular. 1965: Ceauşescu fue elegido secretario general del Partido comunista rumano. 1967: accedió a la presidencia del Consejo de estado. 1968: se negó a participar en la invasión de Checoslovaquia. 1974: Ceauşescu fue elegido presidente de la república. El país pasó por dificultades económicas que provocaron un clima muy enrarecido, sobre todo porque el régimen seguía siendo centralista y represivo. 1985: Ceauşescu relanzó el «programa de sistematización del territorio» (destrucción de miles de pueblos). 1987: se desarrolló una oposición (motines obreros de Braşov). 1989: una insurrección (dic.) derrocó el régimen; Ceauşescu y su esposa fueron detenidos y ejecutados. Un consejo del Frente de salvación nacional, presidido por Ion Iliescu, garantizó la dirección del país, que adoptó oficialmente el nombre de República de Rumania. 1990: el Frente de salvación nacional venció en las primeras elecciones libres; Iliescu fue nombrado presidente de la república (reelegido en 1992). 1996: Emil Constantinescu, líder de Convención democráta, investido presidente. 2000: Ion Iliescu llegó a la presidencia. 2004: Train Basescu, del Partido Liberal, nuevo presidente.

RUMANO, A adj. De Rumania. ♦ n. m. **2.** Lengua románica hablada en Rumania.
RUMBA n. f. Baile popular cubano de origen africano, de compás binario. **2.** Música de dicho baile.
RUMBEAR v. tr. [1]. Bailar la rumba.
RUMBEAR v. intr. (de *rumbo*) [1]. *Amér*. Orientarse. **2.** *Amér*. Tomar un rumbo determinado. **3.** *Nicar*. Hacer remiendos.
RUMBO n. m. En la representación del horizonte por un círculo, cada una de las 32 direcciones y vientos en que se divide. **2.** Dirección de la proa de una embarcación o de una aeronave. **3.** Dirección, camino, derrotero. **4.** Comportamiento o actitud que uno sigue o se propone seguir. **5.** *Fig. y fam*. Generosidad, esplendidez. **6.** *Fig. y fam*. Mucho gasto o lujo en una cosa.
RUMBOSO, A adj. *Fam*. Que gasta con esplendidez; que se hace con esplendidez.
RUMIA o **RUMIACIÓN** n. f. Tipo de digestión particular de los rumiantes, que almacenan en la panza la hierba no masticada, la regurgitan a continuación a la boca para que sufra una trituración antes de descender de nuevo al libro y al cuajar, donde tiene lugar la digestión gástrica.
RUMIANTE adj. y n. m. Relativo a un suborden de mamíferos ungulados provistos de un estómago dividido en tres o cuatro cavidades y que practican la rumia.
RUMIAR v. tr. (lat. *rumigare*) [1]. Efectuar la rumia. **2.** *Fig. y fam*. Cavilar mucho sobre una cosa.
RUMIÑAHUI, cumbre de Ecuador (Pichincha), en la cordillera Occidental; 4722 m.
RUMIÑAHUI, caudillo inca (†1534). Luchó contra Pizarro y se proclamó inca a la muerte de Atahualpa (1533). Fue apresado y muerto por los españoles.
RUMOR n. m. Noticia vaga u oficiosa. **2.** Ruido confuso, sordo e insistente.
RUMOREARSE v. impers. [1]. Circular un rumor.
RUMOROSO, A adj. Que causa rumor.

RUNA n. f. Cada uno de los caracteres de la escritura rúnica.
RUNA n. f. *Argent. y Bol.* Papa pequeña de cocción lenta.
RUNCHO n. m. Marsupial que vive en América Meridional. (Familia didélfidos.)
RUNDÚN n. m. *Arg*. Pájaro mosca. **2.** *Arg*. Juguete parecido a la bramadera.
RÚNICO, A adj. Dícese de una antigua escritura germánica del norte de Europa formada con signos especiales llamados runas.
RUNRÚN n. m. *Fam*. Rumor, ruido confuso. **2.** *Argent., Chile y Perú.* Juguete que se hace girar para producir un zumbido. **3.** *Chile*. Ave de plumaje negro, con remeras blancas, que vive a orillas de los ríos y se alimenta de insectos.
RUNRUNEAR v. intr. [1]. Rumorear.
RUNRUNEO n. m. Acción de runrunear. **2.** Runrún.
RUPANCO, lago de Chile (Los Lagos); 30 km de long. y 7 km de anch. En sus orillas se asientan las ciudades de Rupanco y Puerto Rico. Turismo.
RUPESTRE adj. (lat. *rupestrem*). Relativo a las rocas. • **Arte rupestre** (B. ART.), pinturas, grabados y relieves realizados sobre las rocas.
RUPTOR n. m. Dispositivo de un automóvil, destinado a interrumpir la corriente en el sistema de encendido eléctrico para producir la chispa en la bujía.
RUPTURA n. f. Rompimiento, acción y efecto de romper o romperse.
RURAL adj. Relativo al campo.
RURALES n. m. pl. Nombre que recibía en México la policía del campo durante el mandato de Porfirio Díaz.
RUSHDIE (Salman), escritor indio (Bombay 1947) nacionalizado británico. Mago de la lengua (*Hijos de la medianoche*, 1980; *Harún y el mar de las historias*, 1990), su novela *Los versos satánicos* (1988), considerada como una blasfemia contra el islam, significó que se condena a muerte dictada por el ayatollah Jomeini.
RUSHMORE (monte), monte de Estados Unidos, al SO de Rapid City (Dakota del Sur), en el que se esculpieron los rostros de los presidentes Washington, Jefferson, Lincoln y Th. Roosevelt.
RUSIA o **FEDERACIÓN RUSA**, estado que se extiende por Europa oriental (Rusia europea) y Asia septentrional (Siberia); 17 075 000 km²; 150 000 000 hab. (*Rusos*.) CAP. Moscú. LENGUA OFICIAL: ruso. MONEDA: rublo.

GEOGRAFÍA
Rusia es el país más grande del mundo, se extiende a lo largo de 10 000 km aprox. del O al E, del Báltico al Pacífico con franjas horarias). Aunque está formado fundamentalmente por mesetas y llanuras, existen montañas en el S (Cáucaso, montañas fronterizas entre Mongolia y China) y en el E (en la costa del Pacífico). Los Urales constituyen una barrera tradicional entre Rusia y Europa al O y entre Rusia y Asia (Siberia) al E. La latitud, la distancia hasta el océano y la disposición del relieve explican la continentalidad del clima, acentuada hacia el este, con inviernos muy rigurosos, así como la distribución por zonas de las formaciones vegetales: de norte a sur se suceden la tundra, la taigá, el bosque mixto y las estepas boscosas. La dureza de las condiciones climáticas explica que la media de población sea relativamente baja (menos de 10 hab. por km²), localizada preferentemente al O de los Urales y, a menudo, en las latitudes meridionales. El 80 % de la población está formada por rusos de origen, no obstante la suma de todas las minorías totaliza 30 millones de individuos, que en ocasiones se benefician, al menos en teoría, de un cierto grado de autonomía. Un número casi igual de rusos vive en los territorios periféricos (fundamentalmente en Kazajstán y en Ucrania). En la actualidad, la mayor parte de la población está urbanizada. Moscú y San Petersburgo predominan en la red urbana; y existen alrededor de una docena de ciudades que cuentan con más de un millón de habitantes. Los recursos naturales están en proporción a la extensión del territorio. Rusia está situada entre los primeros productores mundiales de petróleo, gas natural y minerales de hierro (también de acero). La situación es menos brillante en el sector industrial más elaborado (electrónica, química, plásticos o automóviles) y en la agricultura, en la que el volumen de la producción (principalmente trigo y patata) y el de su riqueza ganadera (bovina y porcina) no pueden paliar el bajo rendimiento. Rusia está pagando un alto precio por una planificación excesivamente centralizada y dirigida (ligada al desarrollo de la burocracia), así como por la ausencia de estímulos, de innovación y de responsabilidad derivadas de la apropiación colectiva de los medios de producción y su gestión, que ignora las leyes del mercado en un espacio que durante mucho tiempo ha estado aislado comercialmente. Sufre las consecuencias de la reducción de los intercambios con los territorios limítrofes, en la antigua Europa del este, a la vez clientes y proveedores obligados. También se ve afectada por causas más naturales: los factores climáticos y las grandes distancias (causa de una frecuente disposición espacial entre los recursos, sobre todo mineros y energéticos, y sus necesidades). Tras la disolución de la U.R.S.S., Rusia emprendió un proceso de tránsito rápido a la economía de mercado.

HISTORIA
Los orígenes y los principados medievales. S. V d. J.C.: los eslavos del Este descendieron hacia el SE, en donde asimilaron los restos de las civilizaciones escita y sármata. Ss. VIII-IX: los varegos, normandos de Escandinavia, dominaron las dos vías del comercio entre el Báltico y el mar Negro, el Dniéper y el Volga. S. 862: Riúrik se estableció en Nóvgorod. 882: Oleg, príncipe de la dinastía Riúrikovichi, fundó el estado de Kíev. 989: Vladimir I (c. 980-1015) impuso a sus súbditos el «bautismo de Rusia». 1019-1054: con Yaroslav el Sabio, la Rusia de Kíev conoció una brillante civilización, inspirada en la de Bizancio. S. XI: las incursiones de los nómadas (pechenegos y cumanos) provocaron la huida de una parte de la población hacia Galitzia, Volinia y el NE. 1169: Vladimir fue elegida capital del segundo estado ruso, el principado de Vladimir-Súzdal. 1238-1240: los mongoles conquistaron el país, a excepción de los principados de Pskov y Nóvgorod. Rusia central estuvo bajo dominio de la Horda de Oro durante más de dos siglos. 1242: Alejandro Nevski logró detener a los caballeros teutones. S. XIV: comenzó a concretarse la diferencia entre bielorrusos, pequeños rusos (o ucranianos) y grandes rusos.
El estado moscovita. S. XIV: el principado de Moscú cobró supremacía sobre los otros principados rusos. 1326: el metropolitano se estableció en Moscú. 1380: Dimitri Donskói (1362-1389) venció a los mongoles en Kulikovo. 1448-1466: durante el reinado de Vasili II, la Iglesia rusa rechazó la unión con Roma. 1462-1505: Iván III, que tomó el título de autócrata, organizó un estado poderoso y centralizado y puso fin a la soberanía mongol (1480). 1547: Iván IV (1533-1584) fue proclamado zar. 1552-1556: reconquistó los kanatos de Kazán y de Astraján. 1582: Yermak esbozó la expansión de Siberia. 1598: a la muerte de Fiódor I desapareció la dinastía Riúrikovichi. 1605-1613: tras el reinado de Boris Godunov

RUS

(1598-1605), Rusia conoció un período de inestabilidad política y social, y fue invadida por suecos y polacos. 1613: Miguel Fiódorovich (1613-1645) fundó la dinastía de los Románov. 1645-1676: durante el reinado de Alejo Mijáilovich la anexión de Ucrania oriental desencadenó una guerra con Polonia (1654-1667). 1649: el código institucionalizó la servidumbre. 1666-1667: la condena de los viejos creyentes por la Iglesia ortodoxa rusa provocó el cisma, o *raskol*.

El imperio ruso.

1682-1725: Pedro el Grande, tras haber apartado del poder a la regente Sofía (1689), emprendió la occidentalización del país, al que dotó de un acceso al Báltico y una nueva capital, San Petersburgo. Creó el imperio ruso en 1721. 1725-1741: sus sucesores, Catalina I (1725-1727), Pedro II (1727-1730) y Ana Ivánovna (1730-1740), continuaron su obra. 1741-1762: durante el reinado de Isabel Petrovna predominó la influencia francesa. 1762: Pedro III restituyó a Federico II los territorios conquistados en Prusia por el ejército; fue asesinado. 1762-1796: Catalina II emprendió una política de expansión y de prestigio. Por el tratado de Kuchuk-Kainazrhi (1774) Rusia obtuvo un acceso al mar Negro; como resultado de la división en tres partes de Polonia, adquirió Bielorrusia, Ucrania occidental y Lituania. El empeoramiento de la situación de los siervos provocó la revuelta de Pugachev (1773-1774). 1796-1801: reinado de Pablo I y adhesión de Rusia a las dos primeras coaliciones contra Francia. 1807: Alejandro I (1801-1825) concluyó con Napoleón el tratado de Tilsit. 1809: anexionó Finlandia. 1812: comenzó la llamada «guerra patriótica» contra el invasor francés. 1815: Alejandro I participó en el congreso de Viena y se adhirió a la Santa alianza. 1825: el complot decembrista fracasó. 1825-1855: Nicolás I llevó a cabo la expansión por el Cáucaso (1828), reprimió la revolución polaca de 1831 y la insurrección húngara de 1849. La intelligentsia se dividió en eslavófilos y occidentalistas. 1854-1856: Rusia fue derrotada por Francia y Gran Bretaña, aliadas del imperio otomano durante la guerra de Crimea.

La modernización y el mantenimiento de la autocracia.

1860: Rusia se adueñó de la región comprendida entre el Amur, el Ussuri y el Pacífico, y luego conquistó Asia central (1865-1897). 1861-1864: Alejandro II (1855-1881) liberó a los siervos, que todavía representaban una tercio de la población campesina e instituyó los *zemstvos*. Estas reformas no contentaron a la intelligentsia revolucionaria que adoptó el nihilismo y, más tarde, en los años setenta, el populismo. 1878: el congreso de Berlín limitó la influencia que Rusia había adquirido en los Balcanes gracias a sus victorias sobre los otomanos. 1881: Alejandro II fue asesinado. 1881-1894: Alejandro III limitó la aplicación de las reformas del reinado anterior y llevó a cabo una política de rusificación y de proselitismo ortodoxo respecto a las minorías. El país conoció una rápida industrialización a fines de los años ochenta. Se concluyó la alianza franco-rusa. 1894: Nicolás II accedió al poder. 1898: se fundó el Partido obrero socialdemócrata de Rusia (P.O.S.D.R.). 1901: se creó el Partido socialrevolucionario (P.S.R.). 1904-1905: la guerra ruso-japonesa resultó desastrosa para Rusia. 1905: la agitación social en demanda de una constitución y las huelgas obligaron al zar a prometer la reunión de una duma de estado. 1907: la modificación de la ley electoral permitió la elección de la tercera duma, llamada «duma de los señores». Rusia se alió con Gran Bretaña para formar con ella y Francia la Triple entente. 1915: Rusia, implicada en la primera guerra mundial, sufrió grandes pérdidas durante las ofensivas austroalemanas en Polonia, Galitzia y Lituania. 1917: la revolución de octubre dio el poder a los bolcheviques.

La Rusia soviética.

1918-1920: el nuevo régimen se defendió de los ejércitos blancos dirigidos por Denikin, Kolchak, Yudénich y Wrangel. Reconoció la independencia de Finlandia, Polonia y los países Bálticos. La República Socialista Federativa Soviética de Rusia (R.S.F.S.R.), creada en 1918, organizó en su territorio repúblicas o regiones autónomas en Crimea, Cáucaso del Norte, en los Urales y en Asia central. 1922: la R.S.F.S.R. se adhirió a la U.R.S.S. Rusia, que constituyó desde entonces el centro de la Unión Soviética, desempeñó un papel federativo respecto de las repúblicas periféricas (14 después de la segunda guerra mundial), en las que el empleo de la lengua rusa y el establecimiento de rusos se consideraban como los vectores de la consolidación de los valores soviéticos. (→ U.R.S.S.). Sin embargo, desde 1985, las aspiraciones a la democracia aumentaron rápidamente, provocando la ruptura con el sistema soviético.

La presidencia de Yeltsin.

1990: el soviet supremo, surgido de las primeras elecciones republicanas libres, eligió a Boris Yeltsin como presidente. 1991: Yeltsin, elegido presidente de la República de Rusia, se opuso al intento de golpe de estado contra Gorbachov. Tras la disolución de la U.R.S.S., Rusia se adhirió a la C.E.I., en cuyo seno intentó desempeñar un papel preponderante, y adoptó el nombre oficial de Federación de Rusia. 1992: Rusia sucedió a la U.R.S.S. como potencia nuclear y como miembro permanente del Consejo de seguridad de la O.N.U. El tránsito a la economía de mercado implicó fuertes alzas de precios, aumento de la pobreza y la corrupción. Un nuevo tratado federal se firmó entre el centro y dieciocho repúblicas de la Federación. El Tatarstán y las repúblicas de Chechenia e Ingush se negaron a firmarlo. Rusia se enfrentó al afán de independencia de diversos pueblos de la región del Volga y del Cáucaso del Norte. Los conflictos de intereses la enfrentaron con Ucrania (estatuto de Crimea, división de la flota del mar Negro) y con Moldavia (problema de Transdniéster). 1993: el tratado S.T.A.R.T. II fue firmado por G. Bush y B. Yeltsin. Enfrentado al congreso de los diputados del pueblo y al soviet supremo por el control del poder ejecutivo, Yeltsin asumió poderes especiales (referéndum, abril), disolvió el parlamento, cuya rebelión fue aplastada por el ejército (oct.) y convocó elecciones legislativas (dic.), que dieron como resultado la aprobación de una nueva constitución y el triunfo de los ultranacionalistas. 1994: estalla la guerra en la república secesionista de Chechenia. 1995: las elecciones legislativas dan mayoría en la Duma a los comunistas. 1996: firma del acuerdo con Bielorrusia de constitución de la C.R.S. Elecciones presidenciales (jul.). Yeltsin inicia un segundo mandato (set.). 1997: acuerdo entre la O.T.A.N. y Rusia para la ampliación de la Alianza atlántica hacia el este. 1999: nuevo conflicto en Chechenia. Yeltsin renunció y V. Putin asumió la presidencia. 2000: Rusia y Bielorrusia constituyeron una entidad confederal. Se reanudaron relaciones con la OTAN, congeladas a raíz de la guerra en Kosovo. 2001: fue destruida la estación orbital Mir. Rusia y Corea del Norte firmaron ratificación de la moratoria de lanzamiento de misiles hasta 2003 y el plan para el tren euroasiático.

RUSIA BLANCA → *Bielorrusia.*
RUSIFICACIÓN, n. f. Acción de rusificar.
RUSIFICAR v. tr. y pron. [1a]. Hacer adoptar las instituciones o la lengua rusas.
RUSO, A adj. y n. De Rusia. ♦ adj. • **Bistec ruso,** hamburguesa. • **Ensalada rusa,** ensaladilla. ♦ n. m. **2.** Lengua eslava que se habla en Rusia. **3.** Gabán de paño grueso.
RUSSELL (Bertrand, 3.er *conde*), filósofo británico (Trelleck, País de Gales, 1872-Penrhyndeudraeth, País de Gales, 1970). Fundó el logicismo y la teoría de los tipos. Escribió *Principia mathematica,* en colaboración con Whitehead (1910-1913). [Premio Nobel de literatura 1950.]
RUSTICIDAD, n. f. Calidad de rústico.
RÚSTICO, A adj. (lat. *rusticum*). Relativo al campo, o propio de las gentes del campo. **2.** Fig. Tosco, inculto, grosero. • **A la,** o **en, rústica,** tratándose de encuadernaciones de libros, con cubierta de papel o cartulina. **3.** Persona del campo.
RUT o **RUTH,** mujer moabita, que por su casamiento con Booz, y los hijos que tuvo de éste, se convirtió en antepasada de Jesús.
RUTA n. f. (fr. *route*). Camino por donde se pasa para ir de un lugar a otro. **2.** Camino establecido para un viaje, expedición, etc. **3.** Fig. Conducta, comportamiento.
RUTENIO n. m. Metal (Ru), número atómico 44, perteneciente al grupo de platino, de masa atómica 101,07 y densidad 12,3, que funde hacia 2500 °C.
RUTHERFORD n. m. fís. Unidad de radiactividad (símbolo Rd).
RUTHERFORD OF NELSON (Ernest, *lord*), físico británico (Nelson, Nueva Zelanda, 1871-Cambridge 1937). Diferenció los rayos beta y alfa, utilizando estos últimos, en 1919, para realizar la primera transmutación provocada, la del nitrógeno en oxígeno. Propuso un modelo de átomo compuesto de un núcleo central y electrones satélites. [Premio Nobel de química 1908.]
RUTIDO n. m. *Més.* Ruido lejano de agua.
RUTILANTE, adj. Que rutila.
RUTILAR v. intr. (lat. *rutilare*) [1]. *Poét.* Brillar mucho, resplandecer.
RUTILO, n. m. Óxido natural de titanio, de fórmula TiO_2.
RUTINA, n. f. Costumbre, o manera de hacer algo de forma mecánica y usual. **2.** INFORMÁT. Parte de un programa que realiza una determinada función típica, reutilizable en otros programas distintos.
RUTINARIO, A adj. Que se hace o practica de rutina. ♦ adj. y n. **2.** Que obra por rutina.
RWANDA → *Ruanda.*

Sss

S n. f. Vigésima letra del alfabeto español y decimosexta de las consonantes. (Es una consonante sibilante sorda, aunque se puede sonorizar por la vecindad de una consonante sonora.) **2.** Abreviatura de *sur*. **3.** Símbolo químico del *azufre*. **4.** Símbolo del *segundo*, unidad de tiempo. **5.** Abreviatura de *siglo*. **6.** Abreviatura de *san*, o *santo*. **7.** ELECTR. Símbolo del *siemens*.
S.A., siglas de *sociedad anónima*.
SAAVEDRA, partido de Argentina (Buenos Aires); 19 354 hab. Cab. Pigüé. Ganado vacuno y ovino.
SAAVEDRA (Ángel de) → **Rivas** (duque de).
SAAVEDRA (Cornelio de), político y general argentino (Potosí 1761-Buenos Aires 1829). Participó en la revolución de mayo (1810) y presidió los dos primeros juntas gubernativas.
SAAVEDRA (Juan Bautista), político boliviano (La Paz 1870-†1939), presidente de la república (1920-1925).
SABA, en ár. **Saba',** ant. reino del SO de la península arábiga (Yemen) [cap. *Ma'rib*]. Conoció una gran prosperidad entre los ss. VIII-II a. J.C.
SABADELL, c. de España (Barcelona), cab. de p. j.; 189 184 hab. (*Sabadellenses* o *sabadelleses*.) Centro tradicional de la industria textil lanera.
SÁBADO n. m. (lat. *sabbatum*, del hebreo *sabath*, descansar). Séptimo y último día de la semana. • **Hacer sábado,** hacer la limpieza extraordinaria de la casa. ‖ **Sábado santo,** último día de la semana santa, vigilia de Pascua.
SABALETA n. f. *Bol.* y *Colomb.* Diversos peces similares al sábalo, pero de menor tamaño.
SÁBALO n. m. Pez teleósteo de la familia clupeidos.
SABANA n. f. Formación herbácea característica de las regiones tropicales con prolongada estación seca, en la que pueden aparecer algunos árboles aislados.
SÁBANA n. f. (lat. *sabanam*). Cada una de las dos piezas de lienzo que se usan como ropa de cama: *sábana bajera, encimera.* • **Sábana santa,** santo sudario.
SABANA-CAMAGÜEY (archipiélago de) o **JARDINES DEL REY,** archipiélago de Cuba, en la costa N, constituido por unos 400 cayos.
SABANDIJA n. f. Cualquier reptil pequeño o insecto. **2.** *Fig.* Persona despreciable.
SABANEAR v. intr. *Amér. Central, Colomb.* y *Venez.* Recorrer la sabana para vigilar el ganado.
SABANERA n. f. Culebra de vientre amarillo, propia de la sabana.
SABANETA, c. de la República Dominicana, cap. de la prov. de Santiago Rodríguez; 42 088 hab. Centro comercial.
SABAÑÓN n. m. Lesión inflamatoria producida por el frío.
SÁBAT ERCASTY (Carlos), poeta uruguayo (Montevideo 1887-*id.* 1982). Dejó el modernismo (1912) para reflejar una visión exuberante de la vida (*Pantheos,* 1917; *Los adioses,* 1929).
SABÁTICO, A adj. **Año sabático,** en la ley mosaica, cada uno de siete, durante el cual las tierras debían permanecer en barbecho; dícese del año en que los profesores están exentos de la docencia para dedicarse a investigación u otros estudios.
SABATINO, A adj. Relativo al sábado.
SÁBATO (Ernesto), escritor argentino (Rojas 1911). Tras su primer libro de ensayos: *Uno y el universo* (1945), orientó su obra hacia una crítica humanística (*Heterodoxia,* 1953; *La cultura en la encrucijada nacional,* 1976). Escribió, asimismo, novelas intelectualistas y experimentales (*El túnel,* 1948; *Sobre héroes y tumbas,* 1961; *Abaddón el exterminador,* 1974). [Premio Cervantes 1984.]
SABBAT n. m. Reunión nocturna de brujos y brujas el sábado a medianoche bajo la presidencia de Satán.
SÁBBAT n. m. En la ley mosaica, día de descanso semanal, desde el viernes noche al sábado noche, consagrado a Dios.
SABELOTODO n. m. y f. (pl. *sabelotodo*). *Fam.* Sabiondo.
SABER n. m. Sabiduría, conocimientos.
SABER v. tr. (lat. *sapere*) [12]. Conocer una ciencia, arte, etc. **2.** Tener conocimiento o habilidad para hacer algo: *saber inglés.* ♦ v. tr. e intr. **3.** Tener noticias de alguien o algo: *saber un secreto; supe de él hace unos días.* ♦ v. intr. **4.** Tener determinado sabor. **5.** Tener una cosa semejanza o apariencia de otra, parecerse a ella. **6.** Ser capaz de adaptarse a algo o de comportarse de la manera que se expresa: *saber callar.* **7.** Con los verbos *ir, andar, venir,* etc., conocer el camino, conocer por dónde hay que ir. **8.** Ser sagaz y astuto. **9.** *Argent., Ecuad., Guat.* y *Perú.* Soler, acostumbrar. ‖ **A saber,** anuncia la explicación de lo que precede. ‖ **Hacer saber,** comunicar, avisar.
SABICHOSO, A adj. *Cuba* y *P. Rico.* Sabidillo.
SABICÚ n. m. *Cuba.* Planta arbórea de flores blancas y amarillas. (Familia papilionáceas.)
SABIDILLO, A adj. y n. *Desp.* Sabiondo.
SABIDURÍA n. f. Posesión de profundos conocimientos sobre determinadas materias. **2.** Capacidad de pensar o juzgar con prudencia y equidad.
SABIENDAS. A sabiendas, con conocimiento e intencionadamente: *lo hizo mal a sabiendas.*
SABIHONDO, A adj. y n. *Fam.* Sabiondo.
SABINES (Jaime), poeta mexicano (Tuxtla Gutiérrez 1926-México 1999). Su poesía, recopilada en *Nuevo recuento de poemas* (1977), destaca por el humor y prosaísmo y por el poder evocador.
SABINO, A adj. y n. Relativo a un ant. pueblo de Italia central; individuo de este pueblo.
SABIO, A adj. y n. (lat. *sapidum*). Que domina alguna ciencia o posee grandes conocimientos. **2.** Equilibrado, sensato. ♦ adj. **3.** Que instruye o que contiene sabiduría: *un sabio consejo.* **4.** Dícese de los animales que tienen muchas habilidades.
SABIONDO, A adj. y n. *Fam.* Dícese de la persona que presume de saber mucho y que asume tono de persona culta. SIN.: *sabihondo.*
SABLAZO n. m. Golpe dado con el sable; herida hecha con él. **2.** *Fig.* y *fam.* Acción de obtener dinero de alguien con habilidad o descaro.
SABLE n. m. (alem. *Säbel*). Arma blanca, algo curva, comúnmente de un solo corte. **2.** *Cuba.* Pez plateado brillante, de cuerpo delgado y aplastado.
SABLEAR v. intr. [1]. *Fam.* Sacar dinero a alguien.
SABLERO, A adj. y n. *Chile. Fam.* Sablista.
SABLISTA adj. y n. m. y f. Persona que sablea.
SABOGAL (José), pintor y grabador peruano (Cajabamba 1888-Lima 1956). Fue una destacada figura de la tendencia indigenista.
SABOR n. m. (lat. *saporem*). Sensación que ciertas cosas producen en el sentido del gusto. **2.** Cualidad que tienen muchas cosas de producir dicha sensación: *sabor dulce; sabor a fresa.* **3.** *Fig.* Placer o deleite que producen las cosas que gustan: *un espectáculo que deja un agradable sabor.* **4.** *Fig.* Semejanza que una cosa presenta respecto a otra, a la que recuerda de algún modo.
SABOREAR v. tr. y pron. [1]. Paladear detenidamente y con deleite lo que se come o se bebe: *saborear un manjar.* **2.** *Fig.* Deleitarse o recrearse en algo: *saborear la belleza de un paisaje.*
SABOTAJE n. m. (fr. *sabotage*). Deterioro voluntario de utillajes industriales o comerciales de un negocio, de una instalación militar, etc., como método de lucha contra los patronos, el estado, las fuerzas de ocupación, etc. **2.** *Fig.* Oposición u obstrucción disimulada contra proyectos, órdenes, ideas, etc.
SABOTEAR v. tr. (fr. *saboter*) [1]. Hacer sabotajes.
SABROSO, A adj. Agradable al sentido del gusto. **2.** *Fig.* Sustancioso. **3.** *Fig.* Malicioso, picante.
SABUESO, A adj. y n. m. Dícese de una variedad de perro podenco, algo mayor que el común y de olfato muy fino. ♦ n. m. **2.** *Fig.* Policía, detective.
SACA n. f. Costal muy grande, de tela fuerte, más largo que ancho.
SACABOCADO o **SACABOCADOS** n. m. (pl. *sacabocados*). Punzón de boca hueca y contorno cortante, para taladrar.
SACACORCHOS n. m. (pl. *sacacorchos*). Instrumento para retirar el tapón de una botella.
SACADURA n. f. *Chile.* Acción y efecto de sacar.
SACAMANCHAS n. m. (pl. *sacamanchas*). Quitamanchas.
SACAMUELAS n. m. y f. (pl. *sacamuelas*). Persona que tenía por oficio sacar muelas. **2.** *Fig.* y *fam.* Charlatán.
SACAPUNTAS n. m. (pl. *sacapuntas*). Utensilio para afinar la punta de los lapiceros.
SACAR v. tr. [1a]. Hacer salir a alguien fuera del lugar donde estaba encerrado, retenido o puesto. **2.** Hacer salir a

SAC

alguien de la condición o situación en que se encuentra: *sacar de una dificultad*. **3.** Conseguir, obtener: *sacar beneficios*. **4.** Desenvainar un arma. **5.** Sonsacar. **6.** Ganar algo por suerte: *sacar un premio de la lotería*. **7.** Hacer sobresalir una parte del cuerpo. **8.** Alargar el dobladillo o ensanchar las costuras de una prenda de vestir. **9.** Separar, extraer de una cosa alguna de sus partes o componentes: *sacar aceite de la soja*. **10.** Producir, fabricar: *sacar mil coches al día*. **11.** Inventar o divulgar un producto, moda, canción, etc. **12.** Aplicar o atribuir a alguien apodos, defectos, etc. **13.** Exteriorizar, manifestar: *sacar el genio*. **14.** Resolver un problema, cuenta, etc.: *sacar una suma*. **15.** Deducir, hallar, descubrir: *sacar un misterio*. **16.** Elegir por sorteo o votación: *sacar alcalde*. **17.** Citar, nombrar: *sacar todo cuanto se sabe*. **18.** Extraer citas, notas, etc., de un libro o texto. **19.** Comprar entradas, billetes, etc. **20.** *Fam.* Hacer una fotografía. **21.** En juegos de pelota, iniciar una jugada al principio del juego o después de una interrupción, de una falta, etc. **22.** Aventajar una persona, animal o cosa a otro u otra en lo que se expresa. • **Sacar a bailar**, invitar una persona a otra a bailar con ella. ∥ **Sacar de la nada**, elevar de posición o promocionar a alguien económicamente débil. ∥ **Sacar de sí**, enfurecer, indignar. ∥ **Sacar en claro, en limpio**, etc., lograr aclarar algo. ∥ **Sacarle a** algo (*Méx. Fam.*), tener miedo de ello: *le sacó a lo sola*.
SACARÍFERO, A adj. Que produce o contiene azúcar.
SACARIFICAR v. tr. [**1a**]. Convertir en azúcar.
SACARINA n. f. Sustancia blanca que da un sabor azucarado y se utiliza como sucedáneo del azúcar.
SACAROSA n. f. Glúcido que, por hidrólisis, se desdobla en glucosa y en fructosa.
SACASA (Juan Bautista), político nicaragüense (León 1874-Los Angeles 1946), presidente de la república (1932-1936). Fue derrocado por A. Somoza.
SACATEPÉQUEZ (*departamento de*), dep. del centro de Guatemala; 465 km²; 190 950 hab. Cap. *Antigua Guatemala.*
SACATINTA n. f. Planta arbustiva de América Central de cuyas hojas se extrae un tinte azul violeta. (Familia acantáceas.)
SACAVUELTAS n. m. y f. (pl. *sacavueltas*). *Chile.* Persona que rehúye una obligación.
SACERDOCIO n. m. (lat. *sacerdotium*). Función y estado del sacerdote. **2.** *Fig.* Toda función que presenta un carácter particularmente respetable por razón de la abnegación que exige.
SACERDOTE n. m. (lat. *sacerdotem*). Ministro de una religión. **2.** En la Iglesia católica, el que ha sido ordenado de presbítero o de obispo.
SACERDOTISA n. f. Mujer consagrada al culto de una divinidad.
SACHACABRA n. m. *Argent.* Mamífero rumiante similar al corzo.
SACHÉ o **SACHET** n. m. *Argent.* Envase sellado de plástico o celofán para contener líquidos.
SACHO n. m. *Chile.* Instrumento que se utiliza como ancla.
SACHS (Leonie, llamada **Nelly**), escritora sueca de origen alemán (Berlin 1891-Estocolmo 1970), autora de poemas y dramas inspirados en la tradición bíblica y judía. (Premio Nobel de literatura 1966.)
SACIAR v. tr. y pron. (lat. *satiare*) [**1**]. Satisfacer el hambre o la sed. **2.** *Fig.* Satisfacer plenamente.
SACIEDAD n. f. Estado de satisfecho o de harto. • **Hasta la saciedad**, plenamente, hasta el máximo.
SACO n. m. (lat. *saccum*). Receptáculo de tela, cuero u otra materia flexible, generalmente de forma rectangular, abierto por arriba; lo contenido en él. **2.** *Fig. y fam.* Persona que tiene, en alto grado, la cualidad o defecto que se expresa: *ser*

un saco de malicia, de bondad. **3.** Abrigo no ajustado. **4.** *Amér.* Chaqueta. **5.** *Amér.* Chaqueta de hombre, americana. **6.** ANAT. Estructura del organismo, cubierta por una membrana. • **No echar en saco roto** (*Fam.*), no olvidar algo, tenerlo en cuenta para poder sacar algún provecho. ∥ **Saco de dormir**, especie de saco almohadillado o forrado, que los excursionistas emplean para dormir.
SACO n. m. (ital. *sacco*). Saqueo: *el saco de Roma*. • **Entrar, o meter, a saco**, saquear.
SACO Y LÓPEZ (José Antonio), escritor y político cubano (Bayamo 1797-Barcelona 1879). Desterrado a Trinidad por su oposición a la esclavitud (1834), es autor de *Historia de la esclavitud* (4 vols., 1875-1879).
SACÓN, NA adj. *Méx. Fam.* Miedoso, cobarde: *no seas sacón, no te va a morder el perro*.
SACRALIZACIÓN n. f. Acción de sacralizar.
SACRALIZAR v. tr. [**1g**]. Conferir carácter sagrado.
SACRAMENTAL adj. Relativo a los sacramentos.
SACRAMENTAR v. tr. y pron. [**1**]. Administrar a un enfermo el viático o la extremaunción.
SACRAMENTO n. m. (lat. *sacramentum*; de *sacrare*, consagrar). Acto religioso destinado a la santificación de aquel que lo recibe. (La Iglesia católica y las Iglesias orientales reconocen siete sacramentos: bautismo, confirmación, eucaristía, penitencia, extremaunción, orden y matrimonio.) • **El santísimo**, *o* **santo, sacramento,** la eucaristía. ∥ **Los últimos sacramentos,** penitencia, eucaristía y, eventualmente, extremaunción.
SACRAMENTO (*Colonia del*), factoría y hinterland establecidos por los portugueses (1679-1680) en la Banda Oriental del Plata (gobernación española del Río de la Plata), alrededor de la actual Colonia (Uruguay). Cedida en calidad de colonia a Portugal por el tratado de Alfonza (1701), en el s. XVIII se la disputaron españoles y portugueses (recuperada por España en el tratado de San Ildefonso, 1777). Cayó en poder de portugueses y brasileños (1817-1828), hasta que pasó a Uruguay.
SACRIFICAR v. tr. (lat. *sacrificare*) [**1a**]. Hacer sacrificios, ofrecer algo a una divinidad en señal de reconocimiento. **2.** Matar reses para el consumo. **3.** *Fig.* Exponer a un riesgo o trabajo para obtener algún beneficio. ◆ **sacrificarse** v. pron. **4.** Dedicarse, ofrecerse a Dios. **5.** *Fig.* Renunciar a algo o imponerse privaciones: *sacrificarse por los hijos.*
SACRIFICIO n. m. (lat. *sacrificium*). Ofrenda hecha a una divinidad en señal de adoración, expiación, etc. **2.** *Fig.* Renuncia voluntaria a algo o privación que uno mismo se impone o acepta. • **Sacrificio de la cruz,** muerte voluntaria de Jesús en la cruz, en expiación de los pecados de los hombres. ∥ **Sacrificio del altar** *o* **santo sacrificio, la** misa.
SACRILEGIO n. m. (lat. *sacrilegium*). Profanación de una cosa, persona o lugar sagrados.
SACRÍLEGO, A adj. Que contiene o implica sacrilegio. ◆ adj. y n. **2.** Que comete sacrilegio.
SACRISTÁN n. m. El que en las iglesias ayuda al sacerdote en el servicio del altar y cuida de los ornamentos y del aseo de la iglesia y sacristía.
SACRISTÍA n. f. En las iglesias, lugar donde se guardan los ornamentos y se revisten los sacerdotes.
SACRO, A adj. (lat. *sacrum*). Sagrado: *arte sacro*. **2.** ANAT. Relativo al hueso sacro. ◆ adj. y n. m. **3.** Dícese del hueso formado por la soldadura de cinco vértebras, situado entre los dos ilíacos o coxales con los que forma la pelvis.
SACRO IMPERIO ROMANO GERMÁNICO, nombre oficial del imperio fundado por Otón I

el Grande (962), que comprendía los reinos de Germania, Italia, y a partir de 1032, el de Borgoña. Los tratados de Westfalia (1648) significaron el desmembramiento territorial del imperio, que fue disuelto en 1806.
SACROSANTO, A adj. Que reúne las cualidades de sagrado y santo.
SACUDIDA n. f. Acción y efecto de sacudir.
SACUDIDOR, RA adj. y n. Que sacude. ◆ n. m. **2.** Instrumento con que se sacude y limpia.
SACUDIR v. tr. (lat. *succutere*) [**3**]. Agitar violentamente. **2.** Golpear una cosa o agitarla en el aire con violencia para quitarle el polvo, ahuecarla, etc.: *sacudir las alfombras*. **3.** *Fam.* Golpear, pegar a alguien. ◆ v. tr. y pron. **4.** Arrojar una cosa o quitársela de encima con movimientos del cuerpo o con las manos. ◆ **sacudirse** v. pron. **5.** *Fig. y fam.* Desembarazarse de alguien o de algo: *sacudirse una responsabilidad.*
SACUDÓN n. m. *Amér.* Sacudida rápida y violenta.
SADAT (Anwar **al-**), político egipcio (en Mīnūfīyya, 1918-El Cairo 1981). Tras haber participado en el golpe de estado de 1952, fue presidente de la asamblea nacional (1960-1969) y en 1970 sucedió a Nasser al frente del estado. Fue asesinado. (Premio Nobel de la paz 1978.)
SADE (Donatien Alphonse François, marqués **de**), escritor francés (París 1740-Charenton 1814). Su obra, que es a la vez la teoría y la ilustración del *sadismo*, estuvo y fue valorada como símbolo de una rebelión del hombre contra la sociedad y el Creador: *Los ciento veinte días de Sodoma* (1782-1785), *Justine o las desventuras de la virtud* (1791) y *La filosofía en el tocador* (1795).
SÁDICO, A adj. y n. Que siente placer viendo sufrir a los otros. **2.** Que tiene el carácter del sadismo.
SADISMO n. m. (del marqués de *Sade*). Placer en ver sufrir a los demás; crueldad.
SADOMASOQUISMO n. m. SICOANÁL. Asociación o alternancia de tendencias sádicas y masoquistas.
SADUCEO, A adj. y n. Relativo a una secta judía opuesta la de los fariseos; miembro de la misma.
SÁENZ DE THORNE (Manuela), llamada **Doña Manolita,** patriota ecuatoriana (Quito 1793-Paita, Perú, 1859). Amante de Bolívar (1822), le salvó la vida y fue nombrada «Libertadora del Libertador».
SÁENZ PEÑA (Luis), abogado y político argentino (Buenos Aires 1822-id. 1907). Miembro del Partido nacional, presidió el país (1892-1895). — Su hijo **Roque** (Buenos Aires 1851-id. 1914), miembro del Partido nacional y presidente de la república (1910-1913), estableció el sufragio universal (1912).
SAETA n. f. (lat. *sagittam*). Arma arrojadiza disparada con arco. **2.** Modalidad de cante flamenco, de motivo religioso. **3.** Manecilla de reloj.
SAETERA n. f. Especie de aspillera, en forma de ranura alta y estrecha, que disparar saetas a cubierto. **2.** Ventanilla estrecha de una escalera, desván, etc.
SAFARI n. m. (voz inglesa). Expedición de caza mayor a África; excursión similar efectuada en otros territorios. **2.** Parque zoológico en el que habitan animales salvajes libremente.
SAFENA n. f. y adj. (ár. *sāfīn*). ANAT. Denominación dada a dos venas de las extremidades inferiores.
SAFISMO n. m. (de *Safo*, poetisa griega). Homosexualidad femenina.
SAFO, poeta griega (Lesbos fines del s. VII-id. s. VI a. J.C.). De sus nueve libros de poemas sólo se conservan algunos fragmentos.
SAGA n. f. Denominación dada a las narraciones épico-legendarias propias de la

antigua literatura nórdica. **2.** Especie de epopeya familiar.
SAGACIDAD n. f. Calidad de sagaz.
SAGAZ adj. (lat. *sagacem*, de *sagire*, oler la pista). Agudo, astuto, sutil para descubrir lo oculto de las cosas: *detective sagaz*. **2.** Dícese de los animales, especialmente del perro hábil para la caza.
SAGITA n. f. (lat. *sagittam*, flecha). Porción de recta comprendida entre el punto medio de un arco de círculo y su cuerda.
SAGITAL adj. De figura de saeta. **2.** Que está dispuesto siguiendo el plano de simetría: *corte sagital*.
SAGITARIA n. f. Planta herbácea acuática o de zonas pantanosas con hojas aéreas en forma de punta de flechas. (Familia alismáceas.)
SAGITARIO, constelación zodiacal cuya dirección corresponde al del centro de la Galaxia. — Noveno signo zodiacal, que el Sol abandona en el solsticio de invierno.
SAGRADO, A adj. (lat. *sacratum*, de *sacrare*, consagrar). Dícese de las cosas que reciben culto religioso y de las dedicadas al culto divino. **2.** Venerable por estar relacionado con lo divino. **3.** *Fig.* Que debe inspirar un respeto absoluto, inviolable. • **Libros sagrados**, la Biblia. ♦ n. m **4.** Lugar en que los que habían cometido un delito podían refugiarse y en el que no podían ser apresados.
SAGRARIO n. m. Parte interior del templo, en que se reservan o guardan las cosas sagradas. **2.** Lugar donde se guarda a Cristo sacramentado.
SAGUAIPÉ n. m. *Argent.* Sanguijuela. **2.** *Argent., Par.* y *Urug.* Duela, gusano.
SAHAGÚN (fray Bernardino **de**), eclesiástico e historiador español (Sahagún 1500-México 1590). En Nueva España desde 1529, su *Historia general de las cosas de Nueva España*, recoge la explicación indígena de su cultura en lengua náhuatl.
SAHARA, el desierto más extenso del mundo, en África. Ocupa más de 8 millones de km^2 entre el África mediterránea y el África negra, el Atlántico y el mar Rojo. A ambos lados del trópico de Cáncer, se extiende por Marruecos, Argelia, Tunicia, Libia, Egipto, Sudán, Chad, Níger, Malí, Mauritania y Sahara Occidental. Su unidad se basa en la extrema aridez del clima, que imposibilita el cultivo, salvo en los oasis. Industria extractiva.
HISTORIA
A fines del s. XIX la mayor parte del Sahara fue conquistado por Francia, que tomó Tombouctou (1894). España organizó su colonia del Sahara Occidental a partir de 1884 e Italia, en Cirenaica y Tripolitania, en 1911-1912. Fue descolonizado entre 1951 y 1976.
SAHARA OCCIDENTAL o **Sahara Español**, territorio del NO de África administrado por Marruecos; 266 000 km^2; 200 000 hab. (*Saharauis*.)
GEOGRAFÍA
El territorio constituye una vasta planicie desértica desde el desierto hasta el Atlántico. La población es araboberéber. De agricultura prácticamente inexistente, sus principales recursos son la pesca y la explotación de los fosfatos de Bu-craa, uno de los yacimientos más importantes del mundo.
HISTORIA
Portugal cedió a España el derecho de establecerse en la franja costera (1509), no ocupada hasta 1884, en torno a las factorías de Villa Cisneros y de la Bahía del Oeste. Establecidos sus límites (1920), se denominó protectorado de Río de Oro, y en 1934, junto con Ifni, constituyó el África Occidental Española, que en 1957 pasó a ser una provincia española con Sahara como capital. España aplazó la descolonización planteada por la O.N.U. (1966), y cedió la administración del territorio a Marruecos y Mauritania

(1975). El Frente polisario proclamó (1976) la República Árabe Saharaui Democrática (R.A.S.D.) y declaró la guerra a ambos países. Mauritania firmó la paz y abandonó el territorio (1979), pero Marruecos radicalizó la lucha y fomentó el asentamiento de marroquíes. La O.N.U. estableció la necesidad de un referéndum para la autodeterminación (1985), pospuesto por Marruecos hasta que en 1997, Marruecos y el Polisario, presionados por la O.N.U., aceptaron que ésta organizase el referéndum a fines de 1998.
SAHARAUI adj. y n. m. y f. Del Sahara Occidental. **2.** Sahariano.
SAHARIANA n. f. Chaqueta de tela delgada y ligera con bolsillos sobrepuestos y cinturón.
SAHARIANO, A adj. y n. Del Sahara.
SAHUÍ n. m. Pequeño mono platirrino que vive en la selva virgen de Brasil y Venezuela.
SAHUMAR v. tr. y pron. [1w]. Dar humo aromático a una cosa.
SAHUMERIO n. m. Acción y efecto de sahumar. **2.** Humo que despide la sustancia aromática con que se sahúma. **3.** Esta misma sustancia.
SAIGÓN → *Ciudad Hô Chi Minh*.
SAINETE n. m. Pieza dramática jocosa popular. **2.** *Fig.* y *fam.* Acontecimiento grotesco o ridículo.
SAINETESCO, A adj. Relativo al sainete o propio de él.
SAÍNO n. m. Mamífero artiodáctilo americano de unos 50 cm de alt. y aspecto de jabalí, desprovisto de cola. (Familia suidos.)
SAINT HELENA → *Santa Elena*.
SAINT JOHN'S, c. y cap. de Antigua y Barbuda, en el NO de Antigua; 30 000 hab.
SAINT KITTS-NEVIS, oficialmente **Saint-Christopher and Nevis**, estado insular de las Antillas; 261 km^2; 50 000 hab. Cap. *Basseterre*. LENGUA OFICIAL: inglés. MONEDA: dólar del Caribe oriental. Está formado por las islas de Saint Christopher (168 km^2), o Saint Kitts, y la de Nevis. Caña de azúcar. Estado independiente en el marco de la Commonwealth desde 1983.
SAINT LOUIS, c. de Estados Unidos (Missouri), cerca de la confluencia del Mississippi y el Missouri; 396 685 hab. (2 444 099 hab. en la aglomeración). Puerto fluvial, nudo ferroviario y centro comercial e industrial. Museos.
SAINT LUCIA → *Santa Lucía*.
SAINTE-BEUVE (Charles Augustin), escritor francés (Boulogne-sur-Mer 1804-París 1869). De inspiración romántica, escribió poesía, una novela y obras de crítica literaria (*Port-Royal*, 6 vols., 1840-1859).
SAINT-EXUPÉRY (Antoine **de**), aviador y escritor francés (Lyon 1900-desaparecido en una misión aérea en 1944). Sus novelas (*Vuelo nocturno*, 1931) y sus narraciones simbólicas (*El principito*, 1943) evocan los valores del humanismo.
SAINT-JOHN PERSE (Alexis Léger, conocido primero como **Alexis Saint-Léger Léger**, y posteriormente llamado), diplomático y poeta francés (Pointe-à-Pitre 1887-Giens 1975). Su obra constituye una meditación sobre el destino del hombre y su relación con la naturaleza (*Elogios*, 1911; *Anábasis*, 1924; *Destierro*, 1942; *Amargos*, 1957; *Pájaros*, 1963). [Premio Nobel de literatura 1960.]
SAINT-JUST (Louis Antoine), político francés (Decize 1767-París 1794). Diputado de la Convención, intentó conseguir la democracia social a través del Terror. Con Robespierre, fue derrotado y guillotinado.
SAINT-SAËNS (Camille), compositor francés (París 1835-Argel 1921), autor de una ópera-oratorio (*Sansón y Dalila*, 1877), conciertos y poemas sinfónicos.
SAINT-SIMON (Claude Henri **de Rouvroy**, *conde* **de**), filósofo y economista francés (París 1760-*id*. 1825). Propugnó un socia-

lismo planificado y tecnocrático. Su doctrina (sansimonismo) se incluye en la corriente del socialismo utópico.
SAINT-SIMON (Louis **de Rouvroy**, *duque* **de**), historiador y político francés (París 1675-*id*. 1755). En sus *Memorias*, que van de 1694 a 1723, relata en un estilo elíptico la vida en la Corte de Luis XIV.
SAJA o **YAKUTIA** (República **de**), república de la Federación de Rusia, en Siberia oriental, constituida por la antigua república de *Yakutia*; 3 103 200 km^2; 1 099 000 hab. Cap. *Yakutsk* (180 000 hab.). Su población está integrada por rusos y *yakutos*.
SAJADURA n. f. Corte hecho en la carne.
SAJAMA (*nevado*), cumbre volcánica de Bolivia (Oruro), en la cordillera Occidental de los Andes; 6542 m de alt. Es el pico más alto del país.
SAJAR v. tr. [1]. Hacer sajaduras.
SAJÁROV (Andréi Dmítrievich), físico soviético (Moscú 1921-*id*. 1989). Colaboró en la construcción de la bomba H soviética. Defensor de los derechos humanos en la U.R.S.S., fue confinado en Gorki (1980-1986). [Premio Nobel de la paz 1975.]
SAJÓN, NA adj. y n. Relativo a un pueblo germánico que habitaba la desembocadura del Elba; individuo de este pueblo. **2.** *Por ext.* Por oposición al latín, relativo a los países en que se hablan lenguas derivadas del germánico occidental. **3.** De Sajonia. ♦ n. m. **4.** Conjunto de dialectos germánicos.
SAJÚ n. m. Sapajú.
SAJURIANA n. f. Danza antigua de Argentina y Chile, en que la pareja traza un ocho en el suelo.
SAKE o **SAKI** n. m. Bebida alcohólica japonesa, fabricada por la fermentación artificial del arroz.
SAKI n. m. **Sakí de cabeza blanca**, mono de pelambre espesa, que vive en América Meridional.
ŚAKYAMUNI → *Buda*.
SAL n. f. (lat. *sal*). Sustancia incolora, cristalizada, desmenuzable, soluble y de gusto acre, empleada como condimento. **2.** *Fig.* Gracia, agudeza, ingenio, garbo, viveza, desenvoltura en gestos y ademanes. **3.** QUÍM. Compuesto formado por la sustitución del hidrógeno de un ácido por un metal. • **Echarle la sal** a algo o a alguien (*Méx. Fam.*), comunicarle la mala suerte. || **Sal gema**, mineral que tiene la composición del cloruro sódico; roca sedimentaria constituida por este mineral. || **Sal marina**, cloruro sódico extraído del agua del mar. ♦ **sales** n. f. pl. **4.** Sustancia que se da a respirar para reanimar. || **Sales de baño**, sustancia cristalizable, perfumada, que se mezcla con el agua del baño.
SALA n. f. (germ. *sal*). Pieza principal de la casa, donde se reciben las visitas. **2.** Mobiliario de dicha pieza. **3.** Aposento de amplias dimensiones, destinado a ciertas finalidades: *sala de conferencias*. **4.** Público que llena una sala. **5.** Pieza donde se reúne un tribunal de justicia para celebrar audiencias. **6.** Conjunto de magistrados que integran cada una de las divisiones de los tribunales colegiados. • **Sala de fiestas**, salón de baile o cabaret. || **Sala de operaciones**, quirófano.
SALACIDAD n. f. Calidad de salaz.
SALACOT n. m. (voz filipina) (pl. *salacots*). Sombrero ligero, que se usa en países cálidos.
SALADAS, dep. de Argentina (Corrientes); 19 652 hab. En la or. izq. del Paraná. Cereales y arroz.
SALADERO n. m. Lugar destinado para salar carnes o pescados.
SALADILLO, partido de Argentina (Buenos Aires), avenado por el arroyo *Saladillo*; 26 048 hab.
SALADINO I, en ár. **Ṣalāḥ al-Dīn Yūsuf** (Takrit 1138-Damasco 1193), primer sultán

SAL

ayubí [1171-1193]. Reunió bajo su autoridad Egipto, Hiŷaz, Siria y Mesopotamia. Reconquistó Jerusalén a los cruzados (1187).

SALADO, A adj. Que contiene sal o sales en disolución: *el agua del mar es salada*. **2.** Que tiene exceso de sal: *la comida está salada*. **3.** *Fig.* Gracioso, agudo: *una persona muy salada*. **4.** *Argent., Chile* y *Urug. Fig.* y *fam.* Caro, costoso. **5.** *C. Rica, Cuba, Ecuad., Guat., Méx, Perú* y *P. Rico.* Dícese del que tiene mala suerte, desgraciado.

SALADO, r. de Argentina. → *Desaguadero*.

SALADO o **SALADO DEL NORTE,** r. de Argentina, afl. del Paraná (or. der.); 2000 km. En su curso alto se denomina Pasaje o Juramento.

SALADO, r. de Argentina (Buenos Aires), tributario del Río de la Plata; 700 km. Nace en una serie de lagunas (Chañar y Mar Chiquita) y desemboca en la bahía de Samborombón.

SALADO (*Gran Lago*), en ingl. **Great Salt Lake,** pantano salado de Estados Unidos (Utah), cerca de *Salt Lake City;* 4000 km² (con fuertes variaciones).

SALAMÁ, c. de Guatemala, cap. del dep. de Baja Verapaz, avenado por el *río Salamá;* 23 559 hab.

SALAMANCA n. f. *Argent.* Salamandra de cabeza chata. **2.** *Argent., Chile* y *Urug.* Cueva natural.

SALAMANCA (*isla de*), isla de Colombia (Magdalena), entre la ciénaga de Santa Marta y el Caribe; 250 km². Parque nacional.

SALAMANCA (*provincia de*), prov. de España, en Castilla y León; 12 336 km²; 371 410 hab. Cap. *Salamanca.* En la parte occidental de la Meseta, en una vasta llanura limitada al S por las estribaciones del sistema Central.

SALAMANCA, c. de España, cap. de la prov. homónima y cab. de p. j.; 186 322 hab. (*Salmantinos.*) Junto al Tormes, es un centro administrativo, comercial y cultural (universidad fundada por Alfonso IX en 1200). Destacan entre sus riquezas monumentales el puente romano, iglesias románicas, la catedral vieja (románica, s. XII) y la catedral nueva (gótica, s. XVI), el rico museo diocesano, las iglesias platerescas de San Benito, Santa Isabel, de las Úrsulas, y San Esteban, la universidad con fachada plateresca (1533) y diversos colegios relacionados con ella (del Arzobispo y de Huérfanos, s. XVI; de Calatrava y de San Bartolomé, s. XVIII), la Clerecía barroca, diversos palacios (casa de las Conchas, s. XVI; plateresca de Monterrey, Orellana, Fonseca) y la plaza mayor porticada, barroca (s. XVIII), con el ayuntamiento. Museo provincial en edificio gótico. Es la ant. *Elmántica* y *Salmántica*.

SALAMANCA, c. de México (Guanajuato); 204 311 hab. Refino de petróleo, petroquímica y metalurgia. Oleoducto desde Poza Rica. Iglesia parroquial (s. XVIII), con bella fachada barroca.

SALAMANCA, com. de Chile (Coquimbo); 22 589 hab. Cereales y frutales. Ganado lanar. Cobre.

SALAMANCA (Daniel), político boliviano (Cochabamba 1863-La Paz 1935), fue presidente de la república (1931-1934).

SALAMANDRA n. f. (lat. *salamandram,* del gr. *salamandra*). Anfibio urodelo de piel lisa, de color negro con manchas amarillas. **2.** Estufa de carbón, de combustión lenta.

SALAMANQUESA n. f. Saurio mediterráneo de hasta 16 cm de long., la mitad de los cuales pertenecen a la cola. (Familia gecónidos.)

SALAME n. m. (voz italiana). Embutido de carne vacuna y de cerdo, que se come crudo. ♦ adj. y n. m. y f. **2.** *Argent., Par.* y *Urug.* Tonto, ingenuo.

SALAMI n. m. (voz italiana, pl. de *salame*). Salame, embutido.

SALAMÍN, NA adj. y n. m. y f. *Argent. Fig.* y *fam.* Salame, tonto, ingenuo. ♦ n. m. **2.** *Argent., Par.* y *Urug.* Variedad de salame en forma de chorizo.

SALAMINA, isla de Grecia, en la costa O de Ática, frente a Atenas. En 480 a. J.C., Temístocles consiguió en ella una victoria decisiva sobre la flota persa de Jerjes I (segunda guerra médica).

SALAR v. tr. [1]. Poner en sal carnes, pescados y otras sustancias, para que se conserven. **2.** Sazonar con sal. **3.** Echar más sal de la necesaria. ♦ v. tr. y pron. **4.** *Argent.,* y *C. Rica, Guat., Nicar., Perú* y *P. Rico.* Desgraciar, echar a perder. **6.** *Cuba, Hond.* y *Perú.* Manchar, deshonrar. **7.** *Méx.* Comunicar mala suerte.

SALAR n. m. Salina, mina de sal.

SALARIO n. m. (lat. *salarium*). Remuneración del trabajo efectuado por una persona por cuenta de otra, en virtud de un contrato de trabajo. • **Hoja de salario,** documento justificativo del pago del salario. ‖ **Salario base,** suma mensual utilizada para el cálculo de las prestaciones familiares. ‖ **Salario bruto,** sueldo de un asalariado antes de hacer las retenciones, por oposición a *salario neto.* ‖ **Salario mínimo interprofesional,** salario mínimo, por debajo del cual está prohibido remunerar a un trabajador.

SALARRUÉ (escritor **Salazar Arrué,** llamado), escritor salvadoreño (San Salvador 1899-*id.* 1976), autor de colecciones de relatos sobre la vida y costumbres de los indios (*Cuentos de cipotes,* 1958).

SALAS (Antonio), pintor ecuatoriano (Quito 1795-*id.* 1860). Pintó retratos de próceres (Simón Bolívar).

SALAS (Tito), pintor venezolano (Antímano 1889-Caracas 1974). Pintor colorista de temas históricos.

SALAVARRIETA (Policarpa), llamada **la Pola,** patriota colombiana (Guaduas 1795-Santa Fe 1817). Maestra, colaboró con las guerrillas independentistas, por lo que fue apresada y fusilada.

SALAVERRY (Felipe Santiago **de**), general peruano (Lima 1805-Arequipa 1836). Destituyó al presidente Orbegoso (1835) y le sucedió. Fue fusilado.

SALAZ adj. Lujurioso.

SALAZAR ARRUÉ (Salvador) → *Salarrué.*

SALAZAR BONDY (Sebastián), escritor peruano (Lima 1924-*id.* 1965). Preocupado por la condición social del hombre americano, escribió ensayos, novelas, poesía y, en especial, teatro (*Amor, gran laberinto,* 1948; *Flora Tristán,* 1964).

SALAZÓN n. f. Acción y efecto de salar o curar con sal ciertos alimentos para su conservación. **2.** Productos alimenticios así conservados. **3.** Industria y tráfico derivados de estas conservas. **4.** *Amér. Central, Cuba* y *Méx.* Desgracia, mala suerte.

SALCANTAY (*nevado de*), pico de Perú (Cuzco), en la cordillera de Vilcabamba; 6271 m de alt.

SALCE n. m. Sauce.

SALCEDO (*provincia de*), prov. del N de la República Dominicana; 494 km²; 99 200 hab. Cap. *Salcedo* (40 026 hab.).

SALCHICHA n. f. (ital. *salciccia*). Embutido de carne de cerdo en tripa delgada, que se consume generalmente fresca.

SALCHICHERÍA n. f. Tienda donde se venden salchichas y embutidos en general.

SALCHICHÓN n. m. Embutido en tripa gruesa, hecho a base de jamón y tocino mezclado con pimienta en grano, que se come crudo.

SALCOCHAR v. tr. [1]. Cocer carnes u otros alimentos sólo con agua y sal.

SALCOCHO n. m. *Amér.* Cocción de un alimento en agua y sal para después condimentarlo. **2.** *Cuba.* Restos de las comidas que se destinan al engorde de los cerdos.

SALDAR v. tr. (ital. *saldare*) [1]. Pagar una deuda, liquidar una cuenta. **2.** Vender mercancías a bajo precio. **3.** *Fig.* Poner fin: *saldar diferencias.*

SALDO n. m. (ital. *saldo,* entero). Diferencia entre el debe y el haber de una cuenta. **2.** Pago o liquidación de una deuda u obligación. **3.** Resultado final en favor o en contra de algo o alguien. **4.** Mercancía vendida a bajo precio. **5.** *Fig.* Cosa de poco valor.

SALEDIZO, A adj. Saliente, que sobresale. ♦ n. m. **2.** ARQ. y CONSTR. Parte del edificio que sobresale de la pared maestra de la fábrica.

SALERNO, c. de Italia (Campania), cap. de prov., al SE de Nápoles, junto al *golfo de Salerno;* 153 436 hab. Catedral de fines del s. XI. Museos.

SALERO n. m. Recipiente donde se tiene la sal para su uso en la cocina o en la mesa. **2.** *Fig.* y *fam.* Gracia, donaire: *andar con salero.*

SALEROSO, A adj. *Fam.* Que tiene salero, gracia.

SALESIANO, A adj. y n. Dícese de los miembros de la congregación de religiosos (sociedad de padres de san Francisco de Sales) y de la congregación de religiosas (hijas de María Auxiliadora) fundada en 1859 y 1872 por san Juan Bosco, en Turín.

SALGADO (Luis H.), compositor ecuatoriano (Cayambe 1903), autor de óperas (*Cumandá,* 1940-1954), sinfonías, ballets, piezas para piano y la obra musicológica *Música vernácula ecuatoriana* (1952).

SALGAR (Eustorgio), político colombiano (Bogotá 1831-*id.* 1885). Presidente de la república (1870-1872).

SÁLIBA → *sáliva.*

SALICÁCEO, A adj. y n. f. Relativo a una familia de plantas arbóreas con flores sin pétalos, como el sauce y el álamo.

SALICILATO n. m. Sal o éster del ácido salicílico.

SÁLICO, A adj. Relativo a los francos salios. **2.** HIST. **Ley sálica,** disposición que excluía del trono de Francia a las mujeres y sus descendientes, y fue introducida en España por Felipe V (1712).

SALIDA n. f. Acción y efecto de salir. **2.** Viaje, excursión o paseo. **3.** Parte por donde se sale de un lugar. **4.** Mayor o menor posibilidad de venta de los géneros: *remesa con poca salida.* **5.** Partida de cada uno de descargo en una cuenta. **6.** *Fig.* Medio o recurso con que se vence un argumento, dificultad o peligro, o se puede solucionar una situación apurada. **7.** *Fig.* Pretexto, escapatoria con que se elude algo. **8.** *Fig.* y *fam.* Ocurrencia, cosa graciosa, oportuna o sorprendente. **9.** En numerosos juegos, acción de salir o derecho de un jugador a iniciar el juego o la partida. **10.** Momento de comenzar una carrera o competición de velocidad. **11.** Lugar donde se sitúan los participantes para comenzar una carrera. **12.** INFORMÁT. Operación de transferencia de información tratada y de resultados desde la unidad de tratamiento del ordenador a soportes de información externos. • **Salida de emergencia,** medio para permitir el acceso al exterior de un local, edificio, vehículo, etc., en caso de siniestro. ‖ **Salida de tono,** o **de pie de banco** (*Fig.*), despropósito, disparate.

SALIDO, A adj. Saliente. **2.** Dícese de las hembras de los mamíferos cuando están en celo.

SALIDOR, RA adj. *Amér.* Andariego, callejero.

SALIENTE adj. y n. m. Que sobresale materialmente o en importancia. ♦ n. m. **2.** Oriente, levante.

SALIFICAR v. tr. [1a]. QUÍM. Transformar en sal.

SALINA n. f. Mina de sal. **2.** Yacimiento de sal gema. **3.** Establecimiento industrial donde se obtiene sal a partir de la sal gema o de una salmuera, mediante calor artificial. **4.** Explotación donde se beneficia la sal obtenida por evaporación de las aguas del mar o de los lagos salinos.

SALINA CRUZ, c. de México (Oaxaca), junto al golfo de Tehuantepec; 65 707 hab. Refino de petróleo, petroquímica. Puerto pesquero y exportador de petróleo.

SALINAS o CHIXOY, r. de Guatemala y México, que junto con el r. de la Pasión forma el Usumacinta.

SALINAS (Pedro), poeta español (Madrid 1891-Boston 1951). Perteneciente a la generación del 27, su poesía, intelectual y emotiva y adicta a la «poesía pura», aborda la metafísica amorosa: *Presagios* (1923) y *La voz a ti debida* (1934). Cultivó también la narración, el teatro y los estudios literarios.

SALINIDAD n. f. Contenido cuantitativo de sal que el agua lleva en disolución.

SALINO, A adj. Relativo a la sal: *sabor salino*. **2.** Que contiene sal. **3.** QUÍM. Que tiene las características de una sal.

SALIO, A adj. y n. Relativo a una de las facciones de los pueblos francos; individuo de estas facciones.

SALIR v. intr. y pron. (lat. *salire*) [28]. Ir fuera de un lugar: *salir de casa*. **2.** Cesar en un oficio o cargo o dejar de pertenecer a una asociación, partido, etc.: *salirse de un club*. **3.** Con la prep. *con* y algunos nombres, conseguir, lograr algún propósito, pretensión, etc.: *salirse con la suya*. **4.** Apartarse de lo regular o debido: *salirse de las normas*. ♦ v. intr. **5.** Partir, marcharse de un sitio: *el avión sale a las tres*. **6.** Mantener un trato frecuente con otra persona: *sale con él desde hace un año*. **7.** Librarse, desembarazarse de algún peligro o situación difícil o molesta: *salir de un percance*. **8.** Aparecer, mostrarse, manifestarse: *su foto salió en el periódico*. **9.** Nacer, brotar: *empieza a salir el trigo*. **10.** Aparecer, encontrar lo que se había perdido: *ya salieron las llaves*. **11.** Desaparecer las manchas al limpiarlas, salir. **12.** Sobresalir, estar algo más alto o más afuera que otra cosa. **13.** Tener algo su causa, origen o procedencia en otra cosa: *de la leche sale el queso*. **14.** Resultar de una determinada manera: *salir muy listo*. **15.** Dar una operación, problema, etc., el resultado debido. **16.** Resultar algo a un determinado precio: *el kilo de peras sale a cien pesetas*. **17.** Resultar una cantidad para cada uno en un reparto. **18.** Parecerse a otra persona: *el hijo sale a su padre*. **19.** Presentarse una ocasión, oportunidad, etc.: *le ha salido un empleo*. **20.** Resultar elegido por sorteo o votación: *salió presidente por mayoría*. **21.** Ir a parar, desembocar. **22.** Responder de algo por alguien: *salir por un amigo*. **23.** Decir o hacer algo intempestivo e inesperado: *salir con una inconveniencia*. **24.** En ciertos juegos, ser uno el primero que interviene. ♦ **salirse** v. pron. **25.** Rebosar o derramarse un líquido del recipiente que lo contiene.

SALISBURY, c. de Gran Bretaña (Wiltshire), a orillas del Avon; 36 000 hab. Catedral de estilo gótico primitivo (s. XIII). Mansiones antiguas.

SALISBURY → **Harare**.

SALITRE n. m. (cat. *sálnitre*). Nombre usual del nitrato de potasio. **2.** Cualquier sustancia salina. **3.** *Chile*. Nitrato de Chile, abono nitrogenado natural del caliche.

SALITRERA n. f. Sitio donde existe salitre. **2.** *Chile*. Centro de explotación del salitre.

SALITROSO, A adj. Relativo al salitre. **2.** *Chile*. Relativo al nitrato de Chile.

SALIVA n. f. (lat. *salivam*). Líquido claro que vierte en la boca, producido por la secreción de las glándulas de la mucosa bucal. ♦ **Gastar saliva** (*Fam.*), hablar inútilmente.

SALIVA o SÁLIBA, familia lingüística amerindia que incluye los pueblos *sáliva*, *piaroa* y *macú*, que viven junto a los ríos Vichada, Guaviare y Meta, afl. del Orinoco.

SALIVADERA n. f. *Amér. Merid.* Escupidera, recipiente para echar la saliva.

SALIVAL adj. Relativo a la saliva. ● **Glándulas salivales** (ANAT.), glándulas que segregan la saliva.

SALIVAR v. intr. [1]. Segregar saliva.

SALIVAZO n. m. Porción de saliva que se escupe de una vez.

SALMANTINO, A adj. y n. De Salamanca.

SALMI adj.: *salmantícense*.

SALMO n. m. Canto litúrgico de la religión de Israel, presente en la liturgia cristiana.

SALMODIA n. f. (gr. *psalmoidía*). Manera de cantar o de recitar los salmos. **2.** *Fig.* y *fam.* Canturreo, canto monótono, sin inflexiones de voz.

SALMODIAR v. intr. [1]. Rezar o cantar salmos. ♦ v. tr. **2.** Cantar algo con cadencia monótona.

SALMÓN n. m. Pez parecido a la trucha, de carne muy apreciada, que alcanza los 2 m de long. (Familia salmónidos). **2.** Color rosa algo mezclado con ocre.

SALMONADO, A adj. Dícese del pescado de carne de color rosa anaranjado, como la del salmón: *trucha salmonada*. **2.** De color salmón: *tonos salmonados*.

SALMONELLA n. f. Género bacteriano en forma de bacilos negativos, que se multiplica en el organismo tras su ingestión, y que produce salmonelosis.

SALMONELOSIS o SALMONELLOSIS n. f. MED. Nombre genérico de las enfermedades causadas por especies del género Salmonella.

SALMONETE n. m. Denominación dada a dos especies de peces marinos, muy apreciados por su carne: el *salmonete de roca*, o *rayado*, y el *salmonete de fango*, o común. (Familia múlidos).

SALMUERA n. f. Preparación líquida muy salada, en la que se conservan carnes, pescados, legumbres, aceitunas, etc. **2.** Agua salada concentrada que se evapora para extraer la sal.

SALOBRE adj. Que por su naturaleza tiene sabor de sal, o que la contiene.

SALOBRIDAD n. f. Calidad de salobre.

SALOMÉ, princesa judía († en 72 a. J.C.), hija de Herodías.

SALOMÓN (islas), en ingl. **Solomon Islands**, archipiélago de Melanesia, dividido, en 1899, entre Gran Bretaña (parte oriental) y Alemania (Bougainville y Buka). Actualmente, la antigua parte alemana, bajo tutela australiana desde 1921, depende de Papúa y Nueva Guinea. La parte británica accedió a la independencia en 1978; 30 000 km²; 300 000 hab. CAP. *Honiara*. LENGUA OFICIAL: *inglés*. MONEDA: *dólar de las Salomón*.

SALOMÓN, tercer rey de los hebreos (c. 970-931 a. J.C.), hijo y sucesor de David. Fortificó y organizó el reino, garantizó su prosperidad económica y mandó construir el Templo de Jerusalén.

SALOMÓNICO, A adj. Relativo a Salomón.

SALÓN n. m. Sala, pieza principal de la casa. **2.** Pieza de grandes dimensiones destinada a la recepción o a la celebración de fiestas, juntas o actos. **3.** Conjunto de muebles de estas piezas. **4.** Exposición periódica de obras de artistas. **5.** Exposición anual de distintas industrias: *el salón del automóvil*. **6.** Denominación de determinados establecimientos públicos: *salón de té*. **7.** *Méx.* Aula: *los niños entraron en el salón de la maestra*.

SALÓNICA → **Tesalónica**.

SALPICADA n. f. *Méx.* Salpicadura.

SALPICADERA n. f. *Méx.* Guardabarros.

SALPICADERO n. m. Tablero de los automóviles, que se halla situado frente a los dos y que está situado delante del asiento del conductor.

SALPICADURA n. f. Acción y efecto de salpicar. ♦ **salpicaduras** n. f. pl. **2.** Conjunto de manchas con que está salpicado algo. **3.** *Fig.* Consecuencias indirectas de algún suceso: *las salpicaduras de un complot*.

SALPICAR v. tr. e intr. [1a]. Rociar, esparcir en gotas pequeñas o partículas un líquido o una sustancia pastosa. ♦ v. tr. y pron. **2.** Mojar o ensuciar las gotas que se desprenden de algún líquido o sustancia pastosa. ♦ v. tr. **3.** *Fig.* Diseminar, poner una cosa esparcida en otra: *salpicar de anécdotas una disertación*.

SALPICÓN n. m. Salpicadura, acción y efecto de salpicar. **2.** Picadillo de diversas clases de carne o pescado, champiñones, etc., cocido y aderezado con sal, aceite, vinagre, pimienta y cebolla. **3.** *Ecuad.* Bebida refrescante hecha con zumo de frutas. ● **Salpicón de frutas** (*Colomb.*), ensalada de frutas.

SALPIMENTAR v. tr. [1j]. Adobar con sal y pimienta. **2.** *Fig.* Amenizar una conversación, discurso, actividad, etc., con gracias o agudezas.

SALPIMIENTA n. f. Mezcla de sal y pimienta.

SALPULLIDO n. m. Urticaria.

SALSA n. f. (lat. *salsam*, salada). Mezcla de varias sustancias, de consistencia líquida o pastosa, base de algunos guisos. **2.** *Fig.* Cualidad o circunstancia que da gracia o amenidad a quien o a aquello que la posee: *la salsa de una novela, de una película*. **3.** Género musical que resulta de la fusión de varios tipos de ritmos caribeños y africanos. ● **Dar la salsa** (*Argent. Fam.*), dar una paliza; (*Argent.*), vencer.

SALSAMENTERÍA n. f. *Colomb.* Tienda donde se venden embutidos y carnes asadas.

SALSERA n. f. Recipiente con que se sirve la salsa.

SALSIFÍ n. m. Planta de la familia compuestas, de raíces comestibles. ● **Salsifí negro**, escorzonera.

SALTA (*provincia de*), prov. del NO de Argentina; 155 488 km²; 863 688 hab. Cap. *Salta*.

SALTA, c. de Argentina, cap. de la prov. homónima, en el valle del Lerma; 373 857 hab. (*Salteños*.) Centro comercial, industrial, financiero, cultural y de comunicaciones. Fue fundada por Hernando de Lerma en 1582. Victoria de Belgrano en la guerra de la independencia (20 febr. 1813).

SALTADO, A adj. *Amér. Merid.* Dícese del alimento ligeramente frito.

SALTADOR, RA adj. y n. Que salta: *animal saltador*. ♦ adj. **2.** Dícese del ortóptero que tiene las patas posteriores apropiadas para el salto. ♦ n. m. **3.** Comba, cuerda para jugar a saltar.

SALTAGATOS n. m. (pl. *saltagatos*). *Colomb.* Saltamontes, insecto ortóptero.

SALTAMONTES n. m. (pl. *saltamontes*). Insecto de coloración verde o amarillenta, con patas posteriores saltadoras.

SALTANEJOSO, A adj. *Cuba* y *Méx.* Dícese del terreno ligeramente ondulado.

SALTAPERICO n. m. *Cuba.* Planta herbácea silvestre. (Familia acantáceas.) **2.** *Perú.* Planta de la familia de las proteáceas.

SALTAR v. intr. (lat. *saltare*) [1]. Levantar alguien o algo del suelo o del sitio donde está con impulso, quedando suspendido por un momento, para volver a caer en el mismo sitio o en otro. **2.** Arrojarse desde una altura o caer de repente: *saltar de la ventana al suelo*. **3.** Salir un líquido hacia arriba con fuerza. **4.** Romperse o resquebrajarse algo por excesiva tirantez, dilatación u otras causas; estallar: *el vaso saltó por el calor*. **5.** *Fig.* Ofrecerse repentinamente algo a la imaginación o a la memoria. **6.** *Fig.* Manifestar bruscamente enfado o irritación; decir algo intempestiva o inesperadamente. **7.** *Fig.* Ser destituido: *ha saltado del ministerio*. **8.** *Fig.* Hacerse

641

SAL

notar o sobresalir algo. ♦ v. tr. **9.** Atravesar, pasar por encima de algo con un salto: *saltar una zanja*. **10.** Pasar bruscamente de una cosa a otra. **11.** En ciertos cuadrúpedos, cubrir el macho a la hembra. ♦ v. intr. y pron. **12.** Soltarse o desprenderse una cosa de otra: *saltar un botón de la camisa*. ♦ v. tr. y pron. **13.** Omitir parte de algo, especialmente de un escrito: *saltarse una línea*. **14.** Ascender a un puesto superior sin haber pasado por los intermedios.

SALTARÍN, NA adj. y n. Inquieto, que salta y se mueve mucho. **2.** *Fig.* Inestable, aturdido y de poco juicio. ♦ n. m. **3.** Pez teleósteo perciforme que vive en las áreas fangosas de las zonas tropicales. (Familia góbidos.)

SALTEADOR, RA n. Ladrón que roba en los despoblados o caminos.

SALTEAR v. tr. [1]. Asaltar a los viajeros para robarles. **2.** Hacer una cosa sin continuidad. **3.** Cocer a fuego vivo, con mantequilla, aceite o grasa.

SALTEÑO, A adj. y n. De Salta o Salto.

SALTERIO n. m. (lat. *psalterium*, del gr. *psalterion*). Antiguo instrumento musical de forma trapezoidal. **2.** Reunión de 150 salmos llamados «de David», de los libros del canon de la Biblia. **3.** Libro del coro que contiene los salmos.

SALTILLO, c. de México, cap. del est. de Coahuila; 440 920 hab. Centro agropecuario, industrial, minero y comercial. Fundada a mediados del s. XVI.

SALTIMBANQUI n. m. y f. (ital. *saltimbanco*). *Fam.* Titiritero.

SALTO n. m. Acción de saltar; movimiento hecho saltando. **2.** Distancia que se salta. **3.** Despeñadero muy profundo. **4.** *Fam.* Palpitación violenta del corazón. **5.** *Fig.* Cambio brusco y rápido, variación imprevista: *un salto económico*. **6.** *Fig.* Diferencia notable en cantidad, intensidad, etc., entre dos cosas. **7.** *Fig.* Omisión de una parte de un escrito, leyéndolo o copiándolo: *hay un salto de dos líneas*. **8.** Acción de arrojarse o lanzarse en paracaídas de un avión en vuelo. **9.** Prueba atlética que consiste en saltar determinada altura o longitud. **10.** En natación, acción de lanzarse al agua desde de determinada altura. **11.** Cascada de agua. **12.** Masa de agua que cae de cierta altura, en una instalación industrial. SIN.: *salto de agua*. • **A salto de mata**, huyendo de un peligro; sin previsión u orden. || **Salto con pértiga**, salto de altura en que el atleta se ayuda con una pértiga. || **Salto de altura**, prueba de atletismo que consiste en saltar por encima de una barra sin derribarla. || **Salto de longitud**, prueba de atletismo que consiste en saltar la mayor longitud posible. || **Salto mortal**, salto de acrobacia que se efectúa lanzándose de cabeza y dando una o varias vueltas completas en el aire.

SALTO *(departamento de)*, dep. del NO de Uruguay; 14 163 km²; 108 487 hab. Cap. *Salto*.

SALTO, c. de Uruguay, cap. del dep. homónimo; 80 787 hab. Puerto fluvial en el río Uruguay. Frutas.

SALTO, partido de Argentina (Buenos Aires); 28 077 hab. Cereales y alfalfa. Ganado vacuno.

SALTÓN, NA adj. Prominente: *ojos saltones*. **2.** *Colomb.* y *Chile.* Dícese de los alimentos ligeramente fritos. **3.** *Chile.* Suspicaz, receloso. ♦ n. m. **4.** Saltamontes.

SALUBRE adj. (lat. *saluberrimus*). Saludable, sano.

SALUBRIDAD n. f. Calidad de salubre.

SALUD n. f. (lat. *salutem*). Estado de un ser orgánico exento de enfermedades: *rebosar salud*. **2.** Condiciones físicas de un organismo en un determinado momento: *salud delicada*. **3.** Estado de una colectividad o ente abstracto: *la salud económica*. • **Curarse en salud**, prevenirse por anticipado contra algo. || **¡Salud!**, expresión con que se saluda a alguien o se le desea un bien; fórmula para brindar.

SALUDABLE adj. Que conserva, aumenta o restablece la salud. **2.** De aspecto sano o de buena salud. **3.** *Fig.* Provechoso: *medidas económicas saludables*.

SALUDAR v. tr. (lat. *salutare*) [1]. Dirigir palabras de cortesía, gestos o cualquier acto de atención a otra persona. **2.** Recibir, acoger de una determinada manera: *saludar con esperanza una nueva ley*. **3.** MIL. Honrar con el signo de subordinación y de atención ordenado por los reglamentos. ♦ v. tr. y pron. **4.** Con negación, estar enemistado con alguien: *hace años que no se saludan*.

SALUDO n. m. Acción de saludar.

SALUTACIÓN n. f. Saludo: *fórmulas de salutación*.

SALVA n. f. Conjunto de disparos de cañón que se hacen en las celebraciones. • **Salva de aplausos**, aplausos nutridos de aprobación.

SALVACIÓN n. f. Acción y efecto de salvar o salvarse. **2.** TEOL. Consecución de la gloria y bienaventuranza eternas. SIN.: *salvación eterna*.

SALVADO n. m. Cáscara del grano de los cereales desmenuzada por la molienda.

SALVADOR, RA adj. y n. Que salva: *una acción salvadora*. ♦ n. m. **2. El Salvador**, Jesucristo. (Suele escribirse con mayúscula.)

SALVADOR (EL) → *El Salvador*.

SALVADOR, ant. *São Salvador* o **Bahía**, c. y puerto de Brasil, cap. del estado de Bahía; 2 056 013 hab. (2 472 131 hab. en la aglomeración). Centro industrial, comercial y turístico.

SALVADOREÑO, A adj. y n. De El Salvador. ♦ n. m. **2.** Modalidad adoptada por el español en El Salvador.

SALVAGUARDAR v. tr. [1]. Servir de salvaguardia.

SALVAGUARDIA o **SALVAGUARDA** n. f. Acción de asegurar o garantizar. **2.** Documento u otra cosa que sirve para ello. **3.** INFORMÁT. Procedimiento de protección de todas las informaciones contenidas en un sistema informático, por copia periódica de las informaciones en soportes permanentes de memoria.

SALVAJADA n. f. Dicho o hecho propio de un salvaje. **2.** Acción cruel, atrocidad.

SALVAJE adj. (provenz. *salvatge*). Que crece de forma natural, sin cultivar: *plantas salvajes*. **2.** Que no está domesticado: *animales salvajes*. **3.** Terreno no cultivado, generalmente abrupto y escabroso. **4.** *Fig.* Encendido, violento, irrefrenable: *ira salvaje*. ♦ adj. y n. m. y f. **5.** Que vive en estado primitivo, sin civilización. **6.** Necio, inculto. **7.** *Fig.* Cruel, bárbaro, inhumano.

SALVAJISMO n. m. Modo de ser o de obrar propio de los salvajes. **2.** Calidad de salvaje.

SALVAMENTO n. m. Acción y efecto de salvar o salvarse, especialmente la organizada para salvar de un siniestro.

SALVAR v. tr. y pron. (bajo lat. *salvare*) [1]. Librar de un peligro, riesgo o daño. ♦ v. tr. **2.** Soslayar, evitar un inconveniente, dificultad, etc. **3.** Exceptuar, excluir. **4.** Vencer un obstáculo pasando por encima o a través de él: *salvar un desnivel*. **5.** Recorrer una distancia en un tiempo menor que el normal. ♦ **salvarse** v. pron. **6.** REL. Alcanzar la gloria eterna.

SALVAVIDAS n. m. (pl. *salvavidas*). Objeto que sirve para aprender a nadar o como medio de salvamento.

SALVEDAD n. f. Razonamiento que limita o excusa, excepción: *incluir a todos sin salvedad*.

SALVIA n. f. Planta herbácea o arbustiva, de flores violáceas, blancas o amarillas. (Familia labiadas.) **2.** *Argent.* Planta olorosa cuyas hojas se utilizan para infusiones estomacales. (Familia verbenáceas.)

SALVILLA n. f. *Chile*. Vinagreras.

SALVO adv. m. Excepto: *nadie lo sabe, salvo tú*.

SALVO, A adj. Ileso, librado de un peligro o sin haber sufrido daño: *salir sano y salvo de un accidente*. • **A salvo**, fuera de peligro.

SALVOCONDUCTO n. m. Documento expedido por una autoridad para poder transitar libremente por determinada zona o territorio.

SALZBURGO, en alem. *Salzburg,* c. de Austria, cap. de la prov. de *Salzburgo*, al pie de los *Prealpes de Salzburgo*, a orillas del *Salzach*; 139 000 hab. Universidad. Monumentos medievales y barrocos. Museos. Casa natal de Mozart.

SAMAIPATA, c. de Bolivia (Santa Cruz), cap. de la prov. de Florida; 7533 hab. Restos arqueológicos preincaicos del *Fuerte de Samaipata*, probable centro ceremonial (canales y esculturas de pumas).

SAMALÁ, r. de Guatemala, en la vertiente del Pacífico; 150 km.

SAMÁN n. m. Planta arbórea, muy robusta, que crece en América tropical. (Familia mimosáceas.)

SAMANÁ *(península de),* península de la República Dominicana, en la costa NE (Samaná). El extremo E forma el *cabo de Samaná*.

SAMANÁ *(provincia de),* prov. del NE de la República Dominicana; 989 km²; 65 700 hab. Cap. *Santa Bárbara de Samaná* o *Samaná*.

SAMANIEGO (Félix María), fabulista español (Laguardia 1745-id. 1801). Escribió una colección de 137 *Fábulas morales* (1781-1784), entre las que figuran *La cigarra y la hormiga* y *La lechera*.

SAMANIEGO Y JARAMILLO (Manuel), pintor ecuatoriano (Quito 1767-id. 1824), autor de lienzos de tema religioso (catedral de Quito).

SAMARIO n. m. Metal del grupo de las tierras raras, cuyo símbolo químico es Sm, su número atómico, 62 y su masa atómica, 150,43.

SAMARITANO, NA adj. y n. De Samaria.

SAMARKANDO o **SAMARCANDA,** c. de Uzbekistán, en el gran oasis de Zeravshán, en Asia central; 370 500 hab. Industria agroalimentaria. Turismo.

SAMBA n. f. (voz brasileña). Baile popular y ritmo de origen brasileño.

SAMBENITO n. m. *Fig.* Mala nota, descrédito que pesa sobre alguien. • **Colgar,** o **poner, el sambenito,** difamar o desacreditar.

SAMBOROMBÓN *(bahía de),* bahía de Argentina (Buenos Aires), en el Río de la Plata.

SAMBUMBIA n. f. *Cuba.* Bebida hecha con miel de caña, azúcar y ají. **2.** *Méx.* Bebida hecha con piña, agua y azúcar.

SAMOA, archipiélago de Oceanía, dividido entre el estado de *Samoa* (o *Samoa occidental*) [2842 km²; 170 000 hab. CAP. *Apia.* LENGUAS OFICIALES: *samoano* e inglés. MONEDA: *tala* (dólar de Samoa)] y *Samoa oriental* o las *Samoa Norteamericanas,* que pertenece a Estados Unidos (197 km²; 32 000 hab.). CAP. *Fagatogo*.

En 1920, Samoa occidental quedó bajo tutela neocelandesa; en 1962 obtuvo su independencia y en 1970 entró en la Commonwealth. Desde 1976 forma parte de la O.N.U. Samoa oriental está administrada desde 1951 por un gobernador dependiente de Washington.

SAMOTANA n. f. *C. Rica, Hond.* y *Nicar.* Algarabía, jaleo, bulla.

SAMOTRACIA, isla griega del N del mar Egeo, cerca de las costas de Tracia; 178 km²; 3000 hab. En 1863 se descubrió allí la famosa estatua de la *Victoria de Samotracia* (Louvre), escultura griega en mármol, obra maestra de la época helenística (s. II a. J.C.) que representa a una mujer alada (Niké).

SAMOVAR n. m. (voz rusa). Aparato que sirve para obtener y conservar el agua hirviendo, especialmente para la preparación del té.

SAMPA n. f. Planta arbustiva que crece en lugares salitrosos de América Meridional.

SAMPER (Ernesto), político colombiano (Bogotá 1951). Liberal, fue elegido presidente de la república en 1994.

SAMPER (José María), escritor y político colombiano (Honda 1831-Anapoima 1888). Estudió la historia política colombiana y escribió poesía, teatro y novela (*Martín Flores*, 1866).

SAMUEL, profeta y último de los jueces de Israel (s. XI a. JC.).

SAMUELSON (Paul Anthony), economista norteamericano (Gary, Indiana, 1915), autor de trabajos en donde utiliza la formulación matemática para analizar los fenómenos económicos. (Premio Nobel de economía 1970.)

SAMURAI n. m. (voz japonesa). Miembro de la clase de los guerreros, en el antiguo sistema feudal del Japón, antes de 1868.

SAMURO n. m. *Colomb.* y *Venez.* Ave rapaz diurna.

SAN adj. Apócope de *santo*.

SAN ALBERTO, dep. de Argentina (Córdoba); 24 588 hab. Yacimientos de mica y cuarzo.

SAN ANDRÉS *(falla de)*, fractura de la corteza terrestre que se extiende desde el golfo de California hasta el N de San Francisco.

SAN ANDRÉS, c. de Colombia, cap. del dep. de San Andrés y Providencia, en el NE de la *isla de San Andrés*, en el Caribe; 32 282 hab. Pesca.

SAN ANDRÉS DE GILES, partido de Argentina (Buenos Aires); 18 260 hab. En la Pampa húmeda.

SAN ANDRÉS TUXTLA, c. de México (Veracruz); 124 634 hab. Centro comercial de una región agrícola y ganadera (industrias derivadas). Artesanía.

SAN ANDRÉS Y PROVIDENCIA *(departamento de)*, dep. insular de Colombia, en el Caribe, 44 km²; 35 936 hab. Cap. *San Andrés*. Está integrado por un archipiélago de las islas San Andrés, Providencia, Santa Catalina e islotes.

SAN ANTONIO, cabo de Argentina, en el Atlántico (Buenos Aires), extremo S de la boca del Río de la Plata (bahía de Samborombón).

SAN ANTONIO, cabo de Cuba, en el extremo O de la isla (Pinar del Río).

SAN ANTONIO, c. de Chile (Valparaíso), junto al Pacífico; 77 719 hab. Industria. Puerto exportador de cobre. Central térmica. Planta hidroeléctrica.

SAN ANTONIO, c. de Estados Unidos (Texas), 933 000 hab. Centro turístico e industrial.

SAN ANTONIO, dep. de Argentina (Río Negro); 24 297 hab. Hierro y petróleo. Gasoducto.

SAN ANTONIO DE ARECO, partido de Argentina (Buenos Aires); 18 872 hab. Cereales. Ganado.

SAN ANTONIO DEL TÁCHIRA, c. de Venezuela (Táchira), en la frontera con Colombia; 32 787 hab. Núcleo industrial y comercial. Aeropuerto.

SAN BARTOLOMÉ DE TIRAJANA, v. de España (Las Palmas), cab. de p. j.; en Gran Canaria; 60 316 hab. Agricultura y pesca. Industria alimentaria.

SAN BAUDILIO DE LLOBREGAT o **SANT BOI DE LLOBREGAT**, v. de España (Barcelona), cab. de p. j.; 77 894 hab. *(Samboyanos.)* Industria.

SAN BERNARDO, c. de Chile (Santiago); 188 580 hab. Incluida en el área metropolitana de Santiago.

SAN BLAS y MANDINGA *(golfo de)*, golfo de Panamá en el Caribe (Comarca de San Blas), en cuya boca se sitúa el archipiélago de San Blas.

SAN BLAS *(Comarca de)*, intendencia de Panamá, en la costa del Caribe; 3206 km²; 34 134 hab. Cap. *El Porvenir*.

SAN CARLOS, c. de Nicaragua, cap. del dep. de Río San Juan, junto al lago Nicaragua; 10 383 hab.

SAN CARLOS, c. de Uruguay (Maldonado); 19 854 hab. Centro agropecuario e industrias.

SAN CARLOS, c. de Venezuela, cap. del est. Cojedes; 50 708 hab. Centro agropecuario.

SAN CARLOS, com. de Chile (Biobío), entre los ríos Ñuble y Changaral; 48 796 hab. Industria alimentaria. Curtidos. Central hidroeléctrica.

SAN CARLOS, dep. de Argentina (Mendoza); 24 151 hab. Vid. Ganadería vacuna. Minería.

SAN CARLOS DE BARILOCHE, c. de Argentina (Río Negro), cab. del dep. de Bariloche, junto al lago Nahuel Huapi; 77 750 hab. Centro turístico.

SAN CARLOS DEL ZULIA, c. de Venezuela (Zulia), junto al lago de Maracaibo; 35 231 hab.

SAN CLEMENTE, com. de Chile (Maule); 36 358 hab. En el valle Central. Cereales, vid y legumbres.

SAN CRISTÓBAL o **CHATHAM**, isla volcánica de Ecuador, en el archipiélago de Galápagos; 430 km²; 2321 hab. Cap. *Puerto Baquerizo Moreno*.

SAN CRISTÓBAL *(provincia de)*, prov. de la República Dominicana; 3743 km²; 446 100 hab. Cap. *San Cristóbal* (34 929 hab.).

SAN CRISTÓBAL, c. de Venezuela, cap. del est. Táchira; 220 675 hab. Centro de comunicaciones, comercial, industrial, universitario y turístico. Fue fundada en 1561. — Mun. de Venezuela (Anzoátegui), en el área urbana de Barcelona; 43 432 hab.

SAN CRISTÓBAL, dep. de Argentina (Santa Fe); 63 407 hab. Agricultura y ganadería.

SAN CRISTÓBAL DE LAS CASAS, c. de México (Chiapas); 89 335 hab. Centro comercial y agropecuario. Artesanía. Elaboración de licores. Turismo. Conventos de Santo Domingo (s. XVI, reconstruido en el s. XVII) y de la Encarnación (s. XVII); catedral con decoración barroca; casona construida por Luis de Mazariegos (s. XVI) con portada plateresca.

SAN DIEGO, cabo de Argentina, en el Atlántico, extremo S de la isla Grande de Tierra de Fuego.

SAN DIEGO, c. y puerto de Estados Unidos (California), junto al Pacífico *(bahía de San Diego)*; 1 110 549 hab. (2 498 016 hab. en la aglomeración). Base naval y puerto pesquero (atún). Construcciones aeronáuticas. Instituto oceanográfico. Museo.

SAN ESTANISLAO, distr. de Paraguay (San Pedro); 45 303 hab. Tabaco y yerba mate. Canteras.

SAN FELIPE, c. de Chile (Valparaíso); 54 550 hab. En el valle del *río San Felipe*. Centro agrícola.

SAN FELIPE, c. de Venezuela, cap. del est. Yaracuy; 65 680 hab. Centro comercial e industrial. Parque nacional de Yurubí en sus cercanías.

SAN FERNANDO, c. de Chile (Libertador General Bernardo O'Higgins); 56 322 hab. Oleoducto.

SAN FERNANDO, c. de España (Cádiz), cab. de p. j.; 91 696 hab. En la Isla de León, que le dio nombre en 1769. Salinas. Construcciones navales.

SAN FERNANDO o **SAN FERNANDO DE APURE**, c. de Venezuela, cap. del est. Apure; 72 716 hab. Centro comercial y de comunicaciones.

SAN FERNANDO, dep. de Argentina (Chaco) → *Resistencia*.

SAN FERNANDO, partido de Argentina (Buenos Aires), comprendido en el Gran Buenos Aires; 144 761 hab. Zona residencial. Aeródromo.

SAN FERNANDO DE HENARES, v. de España (Madrid); 25 477 hab. En el área metropolitana de Madrid.

SAN FERNANDO DE MONTE CRISTI o **MONTE CRISTI**, c. de la República Dominicana, cap. de la prov. de Monte Cristi; 15 104 hab. Puerto.

SAN FERNANDO DEL VALLE DE CATAMARCA → *Catamarca*.

SAN FRANCISCO *(nevado)*, cumbre volcánica andina de Argentina (Catamarca) y Chile (Atacama); 6005 m de alt.

SAN FRANCISCO, c. de Estados Unidos (California), junto al Pacífico, en la *bahía de San Francisco* (abierta al Pacífico por el Golden Gate); 723 959 hab. (1 603 678 hab. en la aglomeración). Puerto importante, situado en la desembocadura del único paso entre el Pacífico y el O norteamericano. Centro comercial. Museos de arte. — La ciudad, fundada en 1776 por el misionero español J. B. de Anza, pasó de México a E.U.A. por el tratado de Guadalupe Hidalgo (1846) y tomó el nombre de San Francisco (1847).

SAN FRANCISCO, mun. de Venezuela (Zulia); 100 525 hab. Industrias derivadas del petróleo.

SAN FRANCISCO DE MACORÍS, c. de la República Dominicana, cap. de la prov. de Duarte; 64 906 hab. Centro comercial de un área agrícola.

SAN FRANCISCO DEL RINCÓN, c. de México (Guanajuato); 83 601 hab. Explotación maderera.

SAN IGNACIO, dep. de Argentina (Misiones); 46 344 hab. Ganado vacuno. Ruinas de una misión.

SAN IGNACIO, distr. de Paraguay (Misiones); 17 255 hab. Antigua reducción jesuítica (museo).

SAN ISIDRO, c. de Argentina (Buenos Aires), que forma parte del Gran Buenos Aires; 299 022 hab.

SAN JAVIER, dep. de Argentina (Córdoba), avenado por el Conlara; 42 244 hab. Agricultura y ganadería. — Dep. de Argentina (Santa Fe); 26 284 hab. Ganadería vacuna y ovina. — Dep. de Argentina (Misiones); 17 650 hab. Maíz, arroz; vacunos.

SAN JAVIER DE LONCOMILLA, com. de Chile (Maule) 35 620 hab. Cereales, vid. Industria alimentaria.

SAN JERÓNIMO, dep. de Argentina (Santa Fe), avenado por el Paraná; 69 731 hab. Cab. *Coronda*.

SAN JOAQUÍN, com. de Chile (Santiago); 112 353 hab. En el Gran Santiago.

SAN JORGE, golfo de Argentina, en el Atlántico (Chubut y Santa Cruz). Cuenca petrolífera. Gasoducto a Buenos Aires (1600 km de long.).

SAN JORGE, l. de Colombia, afl. del Magdalena (or. izq., brazo de Loba); 400 km aprox.

SAN JOSÉ, volcán andino de Argentina (Mendoza) y Chile (Metropolitana de Santiago); 6070 m de alt.

SAN JOSÉ *(departamento de)*, dep. del S de Uruguay; 4994 km²; 89 893 hab. Cap. *San José* o *San José de Mayo*.

SAN JOSÉ *(provincia de)*, prov. de Costa Rica; 4960 km²; 1 055 611 hab. Cap. *San José*.

SAN JOSÉ, c. de Costa Rica, cap. del país y de la prov. homónima; 284 550 hab. *(Josefinos.)* Centro político-administrativo, comercial e industrial. Universidad. Aeropuerto. Parques (nacional y de Morazán). Catedral, iglesia de la Merced, palacio de gobierno, biblioteca nacional, teatro nacional, etc. Fue fundada en 1738.

SAN JOSÉ o **SAN JOSÉ DE MAYO**, c. de Uruguay, cap. del dep. de San José; 31 732 hab. Centro comercial y de comunicaciones. Alimentación.

SAN JOSÉ DE CÚCUTA → *Cúcuta*.

SAN

San Juan, bahía de la costa N de Puerto Rico, entre la isla de Cabras y la *isla San Juan*.

San Juan o **La Cuca**, pico de Cuba, altura máxima de las sierras de Trinidad (Cienfuegos); 1156 metros.

San Juan, r. de América Central, que nace en el lago Nicaragua, forma frontera con Costa Rica y desemboca en el Caribe en un amplio delta; 198 km.

San Juan, r. de Argentina, afl. del Desaguadero o Salado (or. der.); 250 km aprox. (unos 500 km si se consideran otros cursos). Hidroelectricidad.

San Juan, r. de Colombia que nace en la cordillera Occidental y desemboca en el Pacífico formando un delta (Chocó); 380 km aprox. Placeres de oro y platino.

San Juan *(provincia de)*, prov. de Argentina; 89 651 km²; 526 263 hab. Cap. *San Juan*.

San Juan *(provincia de)*, prov. de la República Dominicana; 3561 km²; 240 000 hab. Cap. *San Juan de la Maguana* (49 764 hab.).

San Juan, c. de Argentina, cap. de la prov. y del dep. homónimos; 119 399 hab. Centro administrativo y comercial.

San Juan, c. de Costa Rica (San José), cab. del cantón de Tibás; 26 292 hab.

San Juan, c. de Puerto Rico, cap. del estado libre asociado; 437 745 hab. *(Sanjuaneros.)* Es uno de los principales núcleos comerciales e industriales del Caribe. Puerto y aeropuerto internacional. Universidad de Río Piedras. Bellos edificios coloniales: catedral (s. XVI, reconstruida), convento e iglesia de San José (s. XVI); cabildo, ant. diputación provincial, Casa de Beneficencia, hospital de la Concepción, teatro Tapia, s. XIX. Sobresale el conjunto de fortificaciones que forma parte El Morro y que abrazada el casco histórico de San Juan. La ciudad fue fundada en 1508 y trasladada a su actual emplazamiento en 1587.

San Juan Bautista de las Misiones, c. de Paraguay, cap. del dep. de Misiones; 12 572 hab. Agricultura y ganadería (pastos).

San Juan Bautista Tuxtepec, c. de México (Oaxaca); 110 136 hab. Minería (cobre y hierro). Fábrica de papel. En sus proximidades, presa Miguel Alemán y planta hidroeléctrica El Temazcal.

San Juan de Colón o **Colón**, c. de Venezuela (Táchira); 22 577 hab.

San Juan de los Lagos, c. de México (Jalisco); 46 409 hab. Economía agropecuaria.

San Juan de los Morros, c. de Venezuela, cap. del est. Guárico, al pie de los *Morros de San Juan*; 67 791 hab. Centro comercial.

San Juan de Sabinas, c. de México (Coahuila); 40 231 hab. Carbón y cinc. Centro industrial.

San Juan del Río, c. de México (Querétaro); 126 555 hab. Región agrícola y ganadera (lácteos). Muebles y artesanía. Comercio. — Mun. de México (Durango); 14 401 hab. Cereales. Ganadería.

San Juan Nepomuceno, distr. de Paraguay (Caazapá); 20 283 hab. Maderas. Fábricas.

San Justo, dep. de Argentina (Córdoba); 176 723 hab. Centro agrícola y ganadero. Industria. — Dep. de Argentina (Santa Fe); 36 866 hab.

San Lorenzo, en ingl. *Saint-Lawrence*, en fr. *Saint-Laurent*, r. de América del Norte, emisario del lago Ontario, tributario del Atlántico, en el que desemboca por un largo estuario en el *golfo de San Lorenzo*; 1140 km.

San Lorenzo, c. de Paraguay (Central); 133 311 hab. Agroindustria, industria maderera.

San Lorenzo, c. y puerto de Ecuador (Esmeraldas); 21 667 hab. Madera y del papel.

San Lorenzo, dep. de Argentina (Santa Fe), en la aglomeración de Rosario; 130 242 hab. Siderurgia. Terminal del oleoducto de Campo Durán (Salta). Refinería de petróleo.

San Lucas, cabo de México en el Pacífico, extremo S de la península de Baja California.

San Lucas, isla de Costa Rica (Puntarenas), en el golfo de Nicoya. Establecimiento penal.

San Lucas, serranía de Colombia (Bolívar), que constituye la parte N de la cordillera Central de los Andes; 2350 m en el Alto de Tamar.

San Luis *(sierra de)*, sierra de Argentina (San Luis), que forma parte de las sierras Pampeanas.

San Luis *(provincia de)*, prov. de Argentina, en la región centro-occidental; 76 748 km²; 286 379 hab. Cap. *San Luis*.

San Luis, c. de Argentina, cap. de la prov. homónima; 121 146 hab. Centro administrativo, comercial y de comunicaciones.

San Luis Potosí *(estado de)*, est. del N de México; 62 848 km²; 2 003 187 hab. Cap. *San Luis Potosí*.

San Luis Potosí, c. de México, cap. del est. homónimo; 525 733 hab. Importante centro minero en la época colonial, predominan ahora las actividades industriales y comerciales. Nudo de comunicaciones. Fundada en 1576, en ella organizó Juárez su gobierno al ocupar México las tropas francesas (1863), y en ella se fechó (15 oct. 1910) el *plan de San Luis Potosí*, proclama de F. Madero que inició la revolución mexicana. Bellos edificios barrocos de los ss. XVII-XVIII: catedral, convento de San Francisco, iglesias de San Sebastián, del Carmen, Loreto y santuario de Guadalupe; ant. Casa de Moneda. Edificios neoclásicos, obra de Tresguerras; palacio de gobierno.

San Luis Río Colorado, c. de México (Sonora); 110 530 hab. Puesto fronterizo con E.U.A. Comercio. Área de regadío.

San Marcos *(departamento de)*, dep. del O de Guatemala; 3791 km²; 702 646 hab. Cap. *San Marcos* (16 962 hab.).

San Marino, estado independiente de Europa enclavado en territorio italiano, al E de Florencia; 61 km²; 21 000 hab. Cap. *San Marino* (5000 hab.). LENGUA OFICIAL: italiano. MONEDA: lira. La ciudad accedió a la autonomía en el s. IX. Su territorio se convirtió en *república* en el s. XIII. En 1992, la república de San Marino fue admitida en la O.N.U.

San Martín, nombre que recibe la parte argentina (Santa Cruz) del lago andino de América del Sur, cuya parte chilena (Aisén del General Carlos Ibáñez del Campo) se denomina *lago O'Higgins*; 1013 km² en total.

San Martín, región administrativa del N de Perú, que constituye el dep. homónimo; 51 253 km²; 486 000 hab. Cap. *Moyobamba*.

San Martín, dep. de Argentina (Mendoza); 98 378 hab. Olivo y vid; caprinos. — Dep. de Argentina (Santa Fe); 57 140 hab. Agricultura y ganadería.

San Martín (José Francisco **de**), llamado **el Libertador** y, en Perú, **el Protector**, héroe argentino de la independencia americana (Yapeyú, Corrientes, 1778-Boulogne-sur-Mer, Francia, 1850). Sustituyó a Belgrano al frente del ejército del Norte (1813), fue gobernador de Cuyo (1814) y formó el ejército de los Andes. Pueyrredón le nombró general en jefe tras la declaración de independencia (9 julio 1816). Venció a los realistas en Chacabuco y entró en Santiago de Chile (1817). Tras la batalla de Maipú (1818) conquistó Perú, donde intentó crear una monarquía; no lo consiguió, declaró la independencia (28 julio 1821) y adoptó el título de *Protector del Perú*. Ante las dificultades internas y el desacuerdo con Bolívar, se estableció en Europa (1822).

San Martín Texmelucan, c. de México (Puebla); 94 471 hab. Industria textil. Israpes. Vinos. Convento del s. XVII. Iglesia parroquial de fachada y retablo churriguerescos.

San Miguel o **Chaparrastique**, volcán de El Salvador (San Miguel), en el Eje volcánico guatemalteco-salvadoreño; 2132 m de alt.

San Miguel *(departamento de)*, dep. de El Salvador; 2077 km²; 380 442 hab. Cap. *San Miguel*.

San Miguel, c. de El Salvador, cap. del dep. homónimo; 182 817 hab. Industria y comercio.

San Miguel, com. de Chile (Santiago); 82 461 hab. En la aglomeración de Santiago.

San Miguel de Allende, c. de México (Guanajuato), cab. del mun. de Allende.

San Miguel de Tucumán, c. de Argentina, cap. de la prov. de Tucumán; 473 014 hab. Centro industrial, administrativo, comercial y cultural.

San Miguel el Alto, c. de México (Jalisco); 23 598 hab. Cereales, legumbres y frutas.

San Miguelito, distr. de Panamá (Panamá), en el área urbana de la ciudad de Panamá; 242 529 hab.

San Nicolás, c. de Argentina (Buenos Aires); 133 503 hab. Puerto exportador de cereales. Centro industrial (siderurgia, química). Central térmica.

San Nicolás de los Garza, c. de México (Nuevo León); 436 603 hab. Centro de una región agrícola (cítricos). Industrias alimentarias.

San Pablo, volcán andino de Chile (Antofagasta); 6118 m de alt.

San Pedro o **Mezquital**, r. de México, en la vertiente del Pacífico; 700 km aprox. Nace por la unión del Canatlán y del Sauceda y desemboca en la laguna Grande de Mexcaltitlán, en el Pacífico.

San Pedro, volcán andino de Chile (Antofagasta); 6159 m.

San Pedro, volcán de Guatemala (Sololá), en el Eje volcánico guatemalteco-salvadoreño; 3020 m de alt.

San Pedro *(departamento de)*, dep. del SE de Paraguay; 20 002 km²; 277 110 hab. Cap. *San Pedro* (26 593 hab.).

San Pedro, c. de México (Coahuila); 99 165 hab. Centro agrícola (algodón, vid) e industrial.

San Pedro, dep. de Argentina (Jujuy), en el valle del San Francisco; 66 138 hab. Hierro. Serrerías. — Partido de Argentina (Buenos Aires); 48 650 hab. Cereales. Vacunos. Gasoducto. — Dep. de Argentina (Misiones); 18 065 hab. Ganado vacuno. Bosques.

San Pedro de Macorís *(provincia de)*, prov. de la República Dominicana; 1166 km²; 152 900 hab. Cap. *San Pedro de Macorís*.

San Pedro de Macorís, c. de la República Dominicana, cap. de la prov. homónima; 78 560 hab. Centro comercial e industrial. Pesca. Puerto.

San Pedro del Paraná, distr. de Paraguay (Itapúa); 31 700 hab. Cereales. Ganadería.

San Pedro Pochutla, c. de México (Oaxaca); 25 701 hab. Café, plátano. Hierro y cobre.

San Pedro Sula, c. de Honduras, cap. del dep. de Cortés; 372 800 hab. Activo centro industrial.

San Petersburgo, de 1914 a 1924 **Petrogrado** y de 1924 a 1991 **Leningrado**, c., puerto y ant. cap. de Rusia, en la desembocadura del Neva; 5 020 000 hab. Centro industrial: construcciones mecánicas, industrias textiles y químicas, etc. Las principales construcciones del s. XVIII y de principios del s. XIX son obras de los italianos Rastrelli y Quarenghi, de los franceses Vallin de La Mothe y Thomas de Thomon, de los rusos Adrian Zajárov y Karl Rossi, etc. Museo del Ermitage y Museo ruso.

SAN RAFAEL, c. de Argentina (Mendoza); 158 410 hab. Minas de cinc, plomo, cobre y plata. Yacimiento de uranio. Salinas. Aeropuerto.

SAN RAMÓN, com. de Chile (Santiago); 101 119 hab. En el Gran Santiago.

SAN ROMÁN, cabo de Venezuela, en el Caribe (Falcón); extremo N de la península de Paraguaná.

SAN ROMÁN (Miguel **de**), militar y político peruano (Puno 1802-Chorillos 1863), fue presidente de la república (1862-1863).

SAN ROQUE, c. de España (Cádiz), cab. de p. j.; 23 092 hab. Pesca de bajura. Refinería. Salinas.

SAN ROQUE, dep. de Argentina (Corrientes); 16 053 hab. Cereales (maíz, arroz), forrajes, tabaco.

SAN SALVADOR (*departamento de*), dep. de El Salvador; 886 km²; 1 477 766 hab. Cap. *San Salvador*.

SAN SALVADOR, c. de El Salvador, cap. de la república y del dep. homónimo; 422 570 hab. Dominada por los volcanes de San Salvador y San Jacinto, en un área de intensa actividad sísmica; fue fundada por Pedro de Alvarado en 1525. Principal centro industrial, administrativo y cultural del país. Universidad. Templos coloniales. Palacio nacional neoclásico (1905), otros edificios notables: la catedral, el palacio arzobispal, el teatro nacional y el palacio municipal.

SAN SALVADOR DE JUJUY, c. de Argentina, cap. de la prov. de Jujuy; 182 663 hab. Centro financiero, industrial y de comunicaciones con Bolivia y Perú. Turismo. Catedral (s. XVII).

SAN SEBASTIÁN o **DONOSTIA**, c. de España, cap. de la prov. de Guipúzcoa y cab. de p. j.; 176 019 hab. (*Donostiarras.*) En la bahía de San Sebastián, junto a la desembocadura del Urumea. Centro administrativo, comercial y turístico. Universidad. Iglesia barroca de Santa María (s. XVIII); ayuntamiento neoclásico; convento de San Telmo (s. XVI). Conocida por los antiguos como *Oiarso*, *Olarso*, *Ocaso* o *Easo*, durante los ss. XIII-XIV fue el principal puerto cantábrico.

SAN VALENTÍN o **SAN CLEMENTE**, cerro de Chile (Aisén del General Carlos Ibáñez del Campo); 4058 m de alt. Importante nudo orográfico.

SAN VICENTE (*departamento de*), dep. de El Salvador; 1184 km²; 135 471 hab. Cap. *San Vicente*.

SAN VICENTE, c. de El Salvador, cap. del dep. homónimo; 39 921 hab. Centro comercial e industrial. Ferias anuales. Edificios barrocos.

SAN VICENTE, com. de Chile (Libertador General Bernardo O'Higgins); 35 117 hab. Agricultura.

SAN VICENTE, partido de Argentina (Buenos Aires); 74 890 hab. Cereales, forrajes y oleaginosas.

SAN VICENTE DEL RASPEIG, v. de España (Alicante), cab. de p. j.; 30 119 hab. Alimentación, cemento, muebles, calzados. Campus universitario.

SAN VICENTE Y LAS GRANADINAS, estado de las Pequeñas Antillas, formado por la isla de San Vicente y una parte de las Granadinas; 388 km²; 100 000 hab. CAP. *Kingstown*. LENGUA OFICIAL: inglés. MONEDA: *dólar del Caribe oriental*. — Las islas, descubiertas por Cristóbal Colón (1498), pertenecieron a Francia a lo largo del s. XVII; desde 1783 constituyeron la colonia británica de San Vicente. En 1979 se convirtieron en un estado independiente en el seno de la Commonwealth.

SAN'A o **SANAA**, c. y cap. de Yemen, en la meseta interior; 500 000 hab.

SANAR v. intr. (lat. *sanare*) [1]. Recobrar la salud. ♦ v. tr. 2. Hacer que alguien recobre la salud.

SANATORIO n. m. (lat. *sanatorium*, que cura). Establecimiento destinado a la cura o convalecencia de un tipo determinado de enfermos.

SANCHÉ (*cerro*), pico de Guatemala (Quiché), punto culminante de la sierra de Chuacús; 2500 metros.

SÁNCHEZ (Florencio), dramaturgo uruguayo (Montevideo 1875-Milán 1910). Sus obras, influidas por Ibsen, abordan desde una perspectiva naturalista los problemas de su tierra natal.

SÁNCHEZ (Ideal), artista argentino (Buenos Aires 1916). Miembro fundador del grupo Orión (1939), practicó un surrealismo de matices personales.

SÁNCHEZ (Luis Alberto), político y escritor peruano (Lima 1900-*id.* 1994). Dirigente del A.P.R.A., dirigió la comisión que redactó la constitución de 1979. Ensayista notable sobre la historia general y literaria de América latina, especialmente del Perú.

SÁNCHEZ CERRO (Luis M.), político peruano (Piura 1894-Lima 1933). Derrocó a Leguía (1930) y ocupó la presidencia, que abandonó a causa de la presión popular en 1931, aunque ese mismo año ganó las elecciones y recuperó el poder. Murió en un atentado.

SÁNCHEZ DE LOZADA (Gonzalo), político boliviano (Cochabamba 1930), fue electo presidente de la república en 1993 y en 2002.

SÁNCHEZ FERLOSIO (Rafael), escritor español (Roma 1927). Su fama proviene de la novela *El Jarama* (1956).

SÁNCHEZ HERNÁNDEZ (Fidel), militar y político salvadoreño (El Divisadero, Morazán, 1917), presidente de la república (1967-1972).

SÁNCHEZ RAMÍREZ (*provincia de*), prov. de la República Dominicana; 1174 km²; 126 600 hab. Cap. *Cotui*.

SÁNCHEZ VÁZQUEZ (Adolfo), filósofo español (Algeciras 1915). Profesor de estética en la universidad nacional autónoma de México, ha profundizado en la teoría marxista desde una perspectiva no dogmática.

SÁNCHEZ VIAMONTE (Carlos), jurista argentino (La Plata 1892-*id.* 1972). Miembro fundador de la Unión latinoamericana y representante del liberalismo argentino.

SANCIÓN n. f. (lat. *sanctionem*). Aprobación o legitimación dada a cualquier acto, uso o costumbre. **2.** Castigo que emana o procede de una acción mala hecha.

SANCIONAR v. tr. [1]. Aprobar cualquier acto, uso o costumbre. **2.** Aplicar una sanción. **3.** DER. Conceder fuerza de ley a una disposición.

SANCLEMENTE (Manuel Antonio), político colombiano (Buga 1814-Villeta 1902), presidente de la república (1898-1990), año en que fue depuesto.

SANCO n. m. *Argent*. Guiso a base de harina. **2.** *Chile*. Barro espeso. **3.** *Chile*. Gachas preparadas con harina tostada de maíz o trigo.

SANCOCHO n. m. *Amér*. Cocido a base de carne, yuca, plátano y otros ingredientes.

SANCTASANCTÓRUM n. m. Parte interior y más sagrada del tabernáculo de los hebreos. **2.** *Fig*. Lugar muy reservado y respetado. **3.** *Fig*. Aquello que una persona es de más valor.

SANCTI SPÍRITUS (*provincia de*), prov. de Cuba; 6575 km²; 399 700 hab. Cap. *Sancti Spíritus*.

SANCTI SPÍRITUS, c. de Cuba, cap. de la prov. homónima; 100 174 hab. Centro agropecuario e industrial. Turismo. Fundada por Diego de Velázquez (1514).

SAND (Aurore **Dupin**, baronesa **Dudevant**, llamada **George**), escritora francesa (París 1804-Nohant 1876). Autora de novelas sentimentales, sociales y rústicas. Mantuvo relaciones, entre otros, con Musset (*Ella y él*, 1859) y Chopin (*Un invierno en Mallorca*, 1842).

SANDALIA n. f. (lat. *sandalia*, del gr. *sandalon*). Calzado compuesto de una suela que se sujeta al pie mediante tiras, cintas o cordones.

SÁNDALO n. m. (gr. *sandalon*). Planta arbórea de Asia, se utiliza en ebanistería, perfumería, etc. **2.** Madera de este árbol y esencia que se extrae de ella.

SANDBURG (Carl), poeta estadounidense (Galesburg, Illinois, 1878-Flat Rock, Carolina del Sur, 1967). Su obra se inspiró en la civilización urbana de la Norteamérica moderna (*Humo y acero*, 1920).

SANDEZ n. f. Necedad, tontería, simpleza.

SANDÍA n. f. Planta herbácea que se cultiva por su fruto de pulpa roja y refrescante. (Familia cucurbitáceas.) **2.** Fruto de esta planta.

SANDIEGO n. m. Planta herbácea de jardín, que crece en Cuba. (Familia amarantáceas.)

SANDINO (Augusto César), patriota nicaragüense (Niquinohomo 1893-Managua 1934). Se alzó contra el gobierno y desde 1926 luchó incansablemente contra el ejército, apoyado por los marines de E.U.A. Tras la elección del presidente liberal J. B. Sacasa (1933) y la repatriación de los marines, pactó con el gobierno, pero fue asesinado.

SANDOVAL (Gonzalo **de**), conquistador español (Medellín 1497-Palos 1527). Participó en la conquista de México y dirigió la retirada de la Noche triste (1520). Fundó Medellín (1521).

SANDUNGA n. f. Danza y canción popular mexicana originaria de Chiapas y típica de la región de Tehuantepec y de Oaxaca. **2.** *Fam*. Salero, gracia natural. **3.** *Colomb., Chile, Méx., Perú* y *P. Rico*. Jolgorio, parranda.

SANDUNGUERO, A adj. *Fam*. Que tiene sandunga, gracia.

SANDWICH n. m. (voz inglesa). Bocadillo.

SANDWICH (*islas*) → *Hawai.*

SANDWICH DEL SUR, islas antárticas de Argentina (Tierra del Fuego, Antártida e Islas del Atlántico Sur); 307 km². De origen volcánico, en su lado E están bordeadas por la fosa de las Sandwich del Sur o fosa del Meteor, de 8262 m de prof. máxima.

SANEADO, A adj. Libre de cargas o descuentos, boyante: *bienes saneados*.

SANEAMIENTO n. m. Acción y efecto de sanear.

SANEAR v. tr. [1]. Dar condiciones de salubridad. **2.** Remediar, reparar, equilibrar: *sanear la crisis económica*.

SANEDRÍN n. m. arameo *sanhedrin*, del gr. *synedrion*, reunión, tribunal). Antiguo consejo supremo del judaísmo, con sede en Jerusalén.

SANFUENTES (Juan Luis), político chileno (Santiago 1858-*id.* 1930), fue presidente de la república (1915-1919).

SANGAY, volcán de Ecuador, en la cordillera Oriental andina, al SE de Riobamba; 5410 m. El *parque nacional Sangay* (270 000 ha) incluye ecosistemas andinos y amazónicos.

SANGRADO n. m. IMPR. Sangría.

SANGRANTE adj. Que sangra.

SANGRAR v. intr. [1]. Perder sangre por un orificio natural o por una herida. **2.** *Fig*. Sufrir los efectos de un desengaño, disgusto, etc.: *sangrar de dolor*. ♦ v. tr. **3.** Extraer sangre con fines terapéuticos. **4.** *Fig*. y *fam*. Hurtar, sisar: *sangrar a los contribuyentes*. **5.** IMPR. Comenzar una línea más adentro que las otras de la plana. **6.** SILVIC. Hacer incisiones en el tronco de los árboles, para extraer látex o resina. **7.** TECNOL. Dar salida al líquido contenido en algún sitio: *sangrar una tubería*.

SAN

SANGRE n. f. (lat. *sanguinem*). Líquido rojo que circula por las venas, las arterias, el corazón y los capilares, y transporta los elementos nutritivos y los residuos de todas las células del organismo. **2.** Linaje, familia: *ser de sangre ilustre*. ♦ **A sangre fría,** con premeditación, sin estar alterado por la cólera o un arrebato momentáneo. ‖ **A sangre y fuego,** sin consideración para el enemigo; con violencia, sin ceder en nada. ‖ **Bullirle la sangre** a alguien (*Fam.*), tener el vigor y entusiasmo de la juventud. ‖ **Chupar la sangre** a alguien (*Fam.*), explotarlo o arruinarlo poco a poco. ‖ **De sangre,** animal: *tiro de sangre.* ‖ **Lavar con sangre,** derramar la del enemigo en venganza de algún agravio. ‖ **Llevar** algo **en la sangre,** ser innato o hereditario. ‖ **Mala sangre** (*Fig. y fam.*), carácter perverso. ‖ **Sangre fría,** serenidad, entereza de ánimo; capacidad para cometer una crueldad. ‖ **Sudar sangre,** pasar muchos trabajos o penalidades.

SANGRÍA n. f. Acción y efecto de sangrar, con fines terapéuticos. **2.** Parte de la articulación del brazo opuesta al codo. **3.** Bebida refrescante compuesta de vino tinto, agua carbónica, azúcar, limón y, a veces, otras frutas y especias. **4.** Salida que se da a las aguas de un río, canal, etc. **5.** Incisión o corte que se hace en un árbol para que fluya la resina. **6.** En metalurgia, chorro de metal en fusión que sale del horno. **7.** *Fig.* Gasto o pérdida que se produce en una cosa por extracciones sucesivas. **8.** IMPR. Acción y efecto de sangrar. SIN.: *sangrado.*

SANGRIENTO, A adj. Que causa derramamiento de sangre. **2.** Sanguinario. **3.** *Fig.* Cruel, que ofende gravemente: *crítica sangrienta.*

SANGRILIGERO, A adj. *Amér. Central.* Simpático.

SANGRIPESADO, A adj. *Amér. Central.* Antipático.

SANGRÓN, NA adj. *Méx. Fam.* Antipático, odioso.

SANGUARAÑA n. f. *Ecuad. y Perú.* Circunloquio, rodeo para decir una cosa. (Suele usarse en plural.) **2.** *Perú.* Baile popular.

SANGUIJUELA n. f. (lat. *sanguisgiolam*). Gusano que vive en las aguas dulces y se alimenta de la sangre de los vertebrados. **2.** *Fig. y fam.* Persona que poco a poco va apoderándose de los bienes de otro.

SANGUINA n. f. Hematites roja. **2.** Lápiz rojo oscuro, fabricado con hematites. **3.** Dibujo realizado con este tipo de lápiz.

SANGUINARIA n. f. Piedra semejante al ágata, de color de sangre.

SANGUINARIO, A adj. (lat. *sanguinarium*). Cruel, feroz, que tiene tendencia a matar o herir.

SANGUÍNEO, A adj. Relativo a la sangre. **2.** Que tiene sangre. **3.** De color de sangre: *rojo sanguíneo.* **4.** Fácilmente irritable. ♦ **Vasos sanguíneos,** conductos que sirven para la circulación de la sangre.

SANGUINETTI (Julio María), político y periodista uruguayo (Montevideo 1936). Miembro del Partido Colorado, ocupó la presidencia de la república (1985-1989 y desde 1995).

SANGUINO, A adj. Sanguíneo. ♦ adj. y n. f. **2.** Dícese de una variedad de naranja cuya pulpa es de color rojizo. ♦ n. m. **3.** Aladierno. **4.** Cornejo.

SANGUINOLENTO, A adj. Que echa sangre; manchado o inyectado de sangre.

SANIDAD n. f. Calidad de sano. **2.** Salubridad. **3.** Conjunto de servicios administrativos que se refieren a la salud pública.

SANIN CANO (Baldomero), escritor y diplomático colombiano (Rionegro 1861-Bogotá 1957). Destacó como ensayista (*Indagaciones e imágenes,* 1926).

SANITARIO, A adj. Relativo a la conservación de la salud y la higiene. ♦ n. **2.** Empleado de los servicios de sanidad. ♦ **sanitarios** n. m. pl. y adj. **3.** Retrete. **4.** Conjunto de aparatos instalados en retretes, cuartos de baño, etc.

SANLÚCAR DE BARRAMEDA, c. de España (Cádiz), cab. de p. j.; 57 044 hab. (*Sanluqueños.*) En Las Marismas, junto a la desembocadura del Guadalquivir. Vinicultura. Fue punto de partida de las flotas de Indias.

SANO, A adj. y n. (lat. *sanum*). Que goza de buena salud, exento de daño o de enfermedad: *persona sana.* ♦ adj. **2.** Saludable, bueno para la salud: *clima sano.* **3.** Que está en buen estado, que no está gastado, roto o alterado: *alimentación sana; dientes sanos.* **4.** *Fig.* Que tiene buenos principios, exento de vicios, malicia, etc.: *diversión sana.* ♦ **Cortar por lo sano,** acabar con lo que preocupa o molesta por el procedimiento más expeditivo. ‖ **Sano y salvo,** sin daño.

SÁNSCRITO, A adj. y n. m. Dícese de la lengua sagrada y literaria de la civilización brahmánica, y de los libros escritos en esta lengua.

SANSEACABÓ. Y sanseacabó, expresión con que se da por acabado un asunto o discusión.

SANSÓN n. m. (de *Sansón,* juez de Israel). Hombre muy forzudo.

SANSÓN, juez de Israel (s. XII a. J.C.) cuya vida se narra en el libro de los Jueces. Se supone que Dalila le cortó el pelo, fuente de su fuerza hercúlea.

SANT CUGAT DEL VALLÈS, v. de España (Barcelona); 38 834 hab. Monasterio benedictino con iglesia (ss. XII-XIV) y claustro románico (s. XII).

SANT FELIU DE LLOBREGAT, c. de España (Barcelona), cab. de p. j.; 36 330 hab. Industria.

SANTA, r. de Perú; 328 km. Discurre por el callejón de Huaylas, cerca de Yuracmarca forma el Cañón del Pato (central hidroeléctrica de 50 MW), y desemboca en el Pacífico, junto a Chimbote.

SANTA ANA o **ILAMATEPEC,** volcán de El Salvador (Santa Ana); 2365 m de alt. En el Eje volcánico guatemalteco-salvadoreño.

SANTA ANA (*departamento de*), dep. de El Salvador; 2023 km²; 451 620 hab. Cap. *Santa Ana.*

SANTA ANA, c. de El Salvador, cap. del dep. homónimo; 202 337 hab. Centro agropecuario (café y caña de azúcar), industrial y comercial.

SANTA ANA, c. de Estados Unidos (California), al SE de Los Ángeles, al pie de la sierra de Santa Ana y en el valle de Santa Ana; 293 742 hab.

SANTA ANA DE CORO, c. de Venezuela (Falcón); 124 506 hab. Forma parte del área urbana de Coro.

SANTA ANNA (Antonio **López de**), militar y político mexicano (Jalapa, Veracruz, 1791-México 1876). Se rebeló contra Iturbide (1822), proclamó la república y declaró la guerra a España (1824). Fue presidente de la república de 1833 a 1834. Desde 1841 impuso su poder personal, hasta que fue desterrado (1845). Volvió al poder (1846-1847) y luchó contra E.U.A. Dimitió y marchó a Colombia, pero fue reclamado por conservadores y liberales (1853) y asumió el título de alteza serenísima y la posibilidad de elegir sucesor; pero el auge de la guerrilla y el plan liberal de Ayutla (1854) acabaron con su gobierno (1855). Fue desterrado hasta 1874.

SANTA BÁRBARA (*departamento de*), dep. del NO de Honduras; 5115 km²; 305 000 hab. Cap. *Santa Bárbara* (10 511 hab.).

SANTA BÁRBARA, dep. de Argentina (Jujuy); 15 665 hab. Minas de hierro.

SANTA BÁRBARA DE SAMANÁ o **SAMANÁ,** c. de la República Dominicana, cap. de la prov. de Samaná; 30 901 hab. Canteras de mármol. Centro agrícola y pesquero.

SANTA CLARA, c. de Cuba, cap. de la prov. de Villa Clara; 194 354 hab. Centro industrial, turístico y cultural (universidad). Catedral.

SANTA COLOMA DE GRAMENET, c. de España (Barcelona), cab. de p. j.; 129 722 hab. Industrias.

SANTA CRUZ (*departamento de*), dep. del SE de Bolivia; 370 621 km²; 1 351 191 hab. Cap. *Santa Cruz de la Sierra.*

SANTA CRUZ (*provincia de*), prov. de Argentina, en la Patagonia; 243 943 km²; 159 726 hab. Cap. *Río Gallegos.*

SANTA CRUZ, com. de Chile (Libertador General Bernardo O'Higgins); 28 754 hab. Viticultura.

SANTA CRUZ (Andrés), mariscal y político boliviano (a orillas del Titicaca 1792-Saint-Nazaire, Francia, 1865). Tras la invasión peruana fue nombrado presidente de Bolivia (1829), e impulsó la unión con Perú (confederación Perú-boliviana). Entró en Perú como Protector (1836), lo que provocó la guerra de Restauración contra Chile y Argentina. Fue vencido (1839) y desterrado.

SANTA CRUZ DE EL SEIBO, c. de la República Dominicana, cab. de la prov. de El Seibo; 12 219 hab.

SANTA CRUZ DE JUVENTINO ROSAS, c. de México (Guanajuato); 56 166 hab. Textiles. Minería.

SANTA CRUZ DE LA SIERRA, c. de Bolivia, cap. del dep. de Santa Cruz; 694 616 hab. Centro industrial, comercial y de servicios de una región agrícola y petrolera. Universidad.

SANTA CRUZ DE TENERIFE (*provincia de*), prov. insular de España, en Canarias; 3208 km²; 784 013 hab. Comprende las islas de Tenerife, La Palma, Gomera y Hierro. Cap. *Santa Cruz de Tenerife.*

SANTA CRUZ DE TENERIFE, c. de España, cap. de Canarias (alternativamente con Las Palmas de Gran Canaria), de la prov. de Santa Cruz de Tenerife y de la isla de Tenerife, y cab. de p. j.; 202 674 hab. (*Tinerfeños* o *santacruceños.*) Centro administrativo y comercial. Activo puerto. Turismo.

SANTA CRUZ DEL QUICHÉ, c. de Guatemala, cap. del dep. de Quiché; 38 080 hab. Industria.

SANTA CRUZ DEL ZULIA, c. de Venezuela (Zulia); 23 793 hab. Caña de azúcar y cacao. Ganadería.

SANTA CRUZ Y ESPEJO (Francisco Javier Eugenio de), escritor ecuatoriano (c. 1747-1795). Ilustrado, revisó críticamente las bases del colonialismo español en escritos político-literarios, de pedagogía y de medicina. Murió en prisión.

SANTA ELENA, en ingl. **Saint Helena,** isla británica del Atlántico sur, a 1850 km de las costas de África; 122 km²; 5300 hab. Cap. *Jamestown.* A ella fue deportado Napoleón (1815-1821).

SANTA ELENA (*cabo de*), cabo de Costa Rica (Guanacaste), en la costa del Pacífico, extremo NE del país.

SANTA FE (*provincia de*), prov. de Argentina, entre el Chaco y La Pampa; 133 007 km²; 2 782 809 hab. Cap. *Santa Fe.*

SANTA FE, c. de Argentina, cap. de la prov. homónima; 442 214 hab. (*Santafesinos* o *santafecinos.*) En la confluencia del río Salado del Norte y el Paraná. Centro administrativo y de servicios, unido a Paraná por el túnel subfluvial Hernandarias. Fue fundada por Juan de Garay (1573). Catedral (s. XIX), iglesias de la Compañía (ss. XVIII, fachada barroca) y de San Francisco.

SANTA FE, c. de España (Granada), cab. de p. j.; 11 645 hab. (*Santafesinos.*) Fundada en 1491 por los Reyes Católicos, en ella se firmó la rendición de Granada y las Capitulaciones de Colón (1492).

SANTA FE, c. de Estados Unidos, cap. del estado de Nuevo México, al O de Las Vegas; 55 859 hab. Museos, como el de Nuevo México. — Pedro de Peralta fundó en 1609 la Ciudad Real de Santa Fe de San Francisco. Después del proceso independentista de Nueva España, la ciudad quedó incorporada a México (1821) y, en 1846, pasó a formar parte del territorio de E.U.A.

SANTA FE DE BOGOTÁ → *Bogotá.*

SANTA ISABEL, nevado de Colombia, en la cordillera Central de los Andes; 5100 m de alt.

SANTA LUCÍA, en ingl. *Saint Lucia*, isla de las Pequeñas Antillas (islas de Barlovento), que constituye un estado; 616 km²; 145 000 hab. CAP. *Castries.* LENGUA OFICIAL: *inglés.* MONEDA: *dólar del Caribe oriental.* — Descubierta por Colón (1502), los ingleses se establecieron en ella (1639) y se convirtió en colonia británica en 1803. Desde 1979 es un estado independiente en el seno de la Commonwealth.

SANTA LUCÍA, r. de Uruguay, que nace en la Cuchilla Grande y desemboca en el Río de la Plata; 230 km.

SANTA LUCÍA, c. de Uruguay (Canelones); 12 647 hab. Ciudad dormitorio de Montevideo.

SANTA LUCÍA, dep. de Argentina (San Juan), en la aglomeración de San Juan; 38 429 hab.

SANTA MARGARITA, isla de México, en la costa O de la península de Baja California. Su principal núcleo es Puerto Cortés.

SANTA MARÍA, volcán de Guatemala (Quezaltenango), en el Eje volcánico guatemalteco-salvadoreño; 3772 m de alt.

SANTA MARÍA, dep. de Argentina (Córdoba); 69 418 hab. Cab. *Alta Gracia.* Minería. Industria mecánica. Turismo. — Dep. de Argentina (Catamarca); 16 978 hab. Olivos, algodón. Minería del cobre.

SANTA MARÍA (Andrés de), pintor colombiano (Bogotá 1860-Bruselas 1945). Discípulo de Zuloaga, introdujo el impresionismo en Colombia.

SANTA MARÍA (Domingo), abogado y político chileno (Santiago 1825-*id.* 1889), presidente de la república (1881-1886).

SANTA MARÍA DEL BUEN AIRE, ant. nombre de Buenos Aires.

SANTA MARÍA DEL ORO, c. de México → *Oro* (El).

SANTA MARÍA LA ANTIGUA DEL DARIÉN, loc. de Colombia (mun. de Acandí, Chocó), junto al río Urabá. Centro de las expediciones de Balboa.

SANTA MARTA, c. de Colombia, cap. del dep. del Magdalena; 218 205 hab. *(Samarios.)* Centro comercial y turístico. Puerto. Universidad tecnológica. En la quinta de San Pedro Alejandrino murió Bolívar (act. museo Bolivariano).

SANTA ROSA (*departamento de*), dep. de Guatemala; 2955 km²; 279 417 hab. Cap. *Cuilapa.*

SANTA ROSA, c. de Argentina, cap. de la prov. La Pampa; 78 057 hab. Centro comercial, administrativo y cultural (universidad).

SANTA ROSA O **SANTA ROSA DE COPÁN**, c. de Honduras, cap. del departamento de Copán; 19 680 hab.

SANTA VERA CRUZ O **VERA CRUZ** (*cordillera de*), sistema orográfico de Bolivia, en la cordillera Real; 5550 m en el *pico Santa Vera Cruz.* Estaño.

SANTACRUCEÑO, A adj. y n. De Santa Cruz y de Santa Cruz de Tenerife.

SANTAFEREÑO, A adj. y n. De Santa Fe de Bogotá.

SANTAFESINO, A O **SANTAFECINO, A** adj. y n. De Santa Fe.

SANTALUCIENSE n. m. y adj. Piso del mioceno de Uruguay, a orillas del río Santa Lucía.

SANTANA (Pedro), político dominicano (Hincha 1801-† 1864). Presidente de la república (1843-1848, 1853-1856 y 1858-1861), al final de su mandato quiso unir la isla a España.

SANTANDER (*departamento de*), dep. del N de Colombia; 30 537 km²; 1 438 226 hab. Cap. *Bucaramanga.*

SANTANDER, c. de España, cap. de Cantabria y cab. de p. j.; 196 218 hab. *(Santanderinos.)* Sede de la universidad internacional Menéndez y Pelayo (en el palacio de la Magdalena). Catedral gótica. Museos.

SANTANDER (Francisco de Paula), político y militar colombiano (Rosario de Cúcuta 1792-Bogotá 1840). Fue uno de los líderes de los *llaneros,* que atravesó los Andes y derrotó a los realistas en Boyacá (1819). Bolívar le nombró vicepresidente de Nueva Granada. Partidario de un gobierno federalista, se enfrentó al centralismo de Bolívar, quien le desterró (1828). Tras la muerte de éste fue presidente de Nueva Granada (1832-1837), y gobernó dictatorialmente.

SANTANDERINO, A adj. y n. De Santander.

SANTATERESA n. f. Insecto de unos 5 cm de long., con patas anteriores prensoras, que le permiten atrapar las presas. (Orden ortópteros.)

SANTAYANA (Jorge *Ruiz de*), filósofo y escritor norteamericano de origen español (Madrid 1863-Roma 1952). Su filosofía se centra en la explicación del mundo material como un lenguaje acerca de lo real. Escribió también la novela *El último puritano* (1935).

SANTERÍA n. f. Argent. Tienda de objetos religiosos. **2.** *Cuba.* Brujería.

SANTERO, A adj. Que rinde culto supersticioso o exagerado a los santos. ♦ n. **2.** Persona que cuida de un santuario o ermita.

SANTIAGO, r. de México → *Lerma-Santiago.*

SANTIAGO (*provincia de*), prov. del N de la República Dominicana; 3112 km²; 5 170 293 hab. Cap. *Santiago.*

SANTIAGO (*región metropolitana de*), región de Chile central; 15 348 km²; 5 170 293 hab. Cap. *Santiago.*

SANTIAGO, c. de Chile, cap. del país y de la región metropolitana de Santiago 4 385 481 hab. *(Santiaguinos.)* Situada en el valle longitudinal, junto al río Mapocho, es el centro de la vida económica chilena y concentra el 50 % del P.I.B. del país. Tres universidades. Fundada por P. de Valdivia en 1540, tuvo un papel destacado en la independencia chilena (junta gubernativa de 1811).

SANTIAGO O **SANTIAGO DE COMPOSTELA**, c. de España (La Coruña), cap. de Galicia y cab. de p. j.; 105 851 hab. *(Santiagueses.)* Centro administrativo, universitario y turístico. Su origen se remonta al s. IX. La primitiva basílica (910) fue saqueada por Almanzor en 997. La catedral (s. XII), joya del arte románico, fue centro de peregrinación al sepulcro del apóstol Santiago; destaca la puerta de las Platerías (1104) y el Pórtico de la Gloria (1188), obra del maestro Mateo; de épocas posteriores, tras diversas reformas, sobresalen la fachada barroca del Obradoiro (ss. XVII-XVIII), la torre del reloj (1676-1680) y el claustro renacentista plateresco (museo catedralicio).

SANTIAGO, ant. **Santiago de los Caballeros**, c. de la República Dominicana, cap. de la prov. homónima; 467 000 hab. Centro comercial.

SANTIAGO O **SANTIAGO DE VERAGUAS**, c. de Panamá, cap. de la prov. de Veraguas; 49 074 hab. Industria maderera. Centro comercial.

SANTIAGO el Mayor, apóstol de Jesús, hijo de Zebedeo y hermano de san Juan Evangelista, martirizado en el año 44 (*Hechos de los apóstoles*).

SANTIAGO el Menor o **el Justo**, discípulo de Jesús, uno de los doce apóstoles, jefe de la comunidad judeocristiana de Jerusalén.

SANTIAGO (Miguel *de*), pintor quiteño (Quito 1626-*id.* 1706). Su vasta obra refleja la influencia del barroco sevillano, sobre todo de Murillo. Destacan sus lienzos del convento de San Agustín de Quito.

SANTIAGO DE CHUCO, c. de Perú (La Libertad); 31 064 hab. Ganadería. Cuna de César Vallejo.

SANTIAGO DE CUBA (*provincia de*), prov. de Cuba, en el extremo E de la isla; 6187 km²; 909 506 hab. Cap. *Santiago de Cuba.*

SANTIAGO DE CUBA, c. de Cuba, cap. de la prov. homónima; 354 011 hab. *(Santiagueros.)* Activo centro industrial, comercial y cultural. Central térmica. Turismo. Fundada en 1514, fue la primera capital de Cuba.

SANTIAGO DEL ESTERO (*provincia de*), prov. del N de Argentina; 136 351 km²; 670 388 hab. Cap. *Santiago del Estero.*

SANTIAGO DEL ESTERO, c. de Argentina, cap. de la prov. homónima; 201 709 hab. Centro industrial (textiles), turístico, comercial, político-administrativo y cultural. Fue fundada en 1553.

SANTIAGO IXCUINTLA, c. de México (Nayarit); 99 106 hab. Industrias agropecuarias. Comercio.

SANTIAGO JAMILTEPEC, c. de México (Oaxaca); 16 451 hab. Café, algodón. Ganadería. Salinas. Pesca.

SANTIAGO JUXTLAHUACA, c. de México (Oaxaca); 27 918 hab. Elaboración de licores. Hilados.

SANTIAGO RODRÍGUEZ (*provincia de*), prov. de la República Dominicana; 1020 km²; 55 400 hab. Cap. *Sabaneta.*

SANTIAGUEÑO, A adj. y n. De Santiago del Estero.

SANTIAGUERO, A adj. y n. De Santiago de Cuba.

SANTIAGUÉS, SA adj. y n. De Santiago de Compostela.

SANTIAGUINO, A adj. y n. De Santiago de Chile.

SANTIAMÉN. En un santiamén (*Fam.*), en un instante, rápidamente.

SANTIDAD n. f. Calidad de santo. • **Su santidad**, tratamiento dado al papa.

SANTIFICACIÓN n. f. Acción y efecto de santificar.

SANTIFICAR v. tr. [**1a**]. Hacer santo a alguien. **2.** Convertir una cosa en santa, purificarla: *santificar su lugar.* **3.** Rendir culto a los santos o a las cosas santas. **4.** Consagrar a Dios una cosa. **5.** Abstenerse de trabajar y asistir a misa en las fiestas religiosas.

SANTIGUAR v. tr. y pron. [**1c**]. Hacer sobre sí o sobre otra persona la señal de la cruz. ♦ **santiguarse** v. pron. **2.** *Fig.* y *fam.* Demostrar asombro haciendo generalmente la señal de la cruz.

SANTILLANA (Íñigo *López de Mendoza, marqués de*), escritor español (Carrión de los Condes 1398-Guadalajara 1458). Se distinguió como poeta de tradición medieval: serranillas y canciones que publicó prologadas por una *Carta proemio,* primer ensayo de historia literaria en castellano (1449). Escribió también poemas didáctico-morales (*Diálogo de Bías contra Fortuna*) y alegóricos (*Comedieta de Ponza,* 1436), así como unos *Sonetos fechos al itálico modo.*

SANTO, A adj. (at. *sanctum*). Absolutamente perfecto. **2.** Sagrado, inviolable. **3.** Que produce un efecto bueno y saludable: *un santo consejo.* **4.** Con ciertos nombres da un énfasis especial a su significado: *hacer su santa voluntad.* **5.** Relativo a la religión: *templo santo.* **6.** Conforme a la ley moral: *vida santa.* **7.** Dícese de cada uno de los días de la semana que precede al domingo de Pascua de Resurrección y de esa semana: *lunes santo.* • **A santo de qué**, expresión con que se comenta la inoportunidad o inconveniencia de algo. ‖ **Año santo**, año jubilar de la iglesia católica, celebrado ordinariamente cada veinticinco años. ‖ **Írsele a alguien el santo al cielo** (*Fam.*), olvidársele lo que iba a decir

SAN

o a hacer. ‖ **No ser santo de la devoción** de alguien, no tener simpatía a alguien, inspirarle desconfianza. ‖ **Santa iglesia**, Iglesia cristiana. ◆ adj. y n. **8.** Virtuoso, muy religioso: *es una santa mujer*. **9.** REL. CATÓL. Dícese de la persona cuya vida ejemplar ha sido juzgada digna de recibir, previa la canonización, culto universal. ◆ n. **10.** Imagen de un santo. ◆ n. **11.** Viñeta, grabado, estampa que ilustran una publicación. **12.** Respecto de una persona, festividad o celebración del santo cuyo nombre lleva: *hoy es su santo*. ‖ **Santo de los santos**, sanctasanctórum. ‖ **Santo y seña**, contraseña que sirve a los centinelas para identificar a las personas.
SANTO DOMINGO, sierra de Venezuela, en la cordillera de Mérida; 4672 m en el pico Mucuñuque.
SANTO DOMINGO o **SANTO DOMINGO DE GUZMÁN**, c. de la República Dominicana, cap. del país y del distrito nacional; 1 318 172 hab. (*Dominicanos*.) Junto al Caribe, en la desembocadura del Ozama; centro industrial y comercial. Universidad de Santo Tomás de Aquino (la más antigua de América, 1530). La ciudad fue fundada en 1496 por Bartolomé Colón, y albergó la primera audiencia de América (1511). Fue llamada *Ciudad Trujillo* entre 1936 y 1961. Monumentos coloniales del s. XVI.
SANTO DOMINGO DE SILOS, v. de España (Burgos); 328 hab. Monasterio benedictino románico, fundado en 919 por Fernán González.
SANTO DOMINGO TEHUANTEPEC, c. de México (Oaxaca); 47 147 hab. Comercio y turismo. Edificios coloniales. Catedral. Centro zapoteca.
SANTO TOMÁS, volcán de Guatemala, en el Eje volcánico guatemalteco-salvadoreño; 3505 m.
SANTO TOMÉ, c. de Argentina (Santa Fe), en el área urbana de Santa Fe; 43 678 hab. — Dep. de Argentina (Corrientes); 43 329 hab. Maíz, forrajes.
SANTO TOMÉ Y PRÍNCIPE, en port. *São Tomé e Príncipe*, estado insular del golfo de Guinea, cerca del Ecuador, formado por las islas de *Santo Tomé* (836 km²) y de *Príncipe* (128 km²); 120 000 hab. CAP. *Santo Tomé*. LENGUA OFICIAL: portugués. MONEDA: dobra. Cacao, café, aceite de palma y copra. Antigua colonia portuguesa, es independiente desde 1975.
SANTÓN n. m. Anacoreta de alguna religión no cristiana. **2.** *Fig.* y *fam.* Persona muy autorizada e influyente en una colectividad determinada.
SANTORAL n. m. Libro que contiene vidas de santos. **2.** Lista de los santos cuya festividad se conmemora un día tal. **3.** Parte de los libros litúrgicos que contiene los oficios de los santos.
SANTOS (*provincia de Los*), prov. de Panamá; 3867 km²; 70 261 hab. Cap. *Las Tablas*.
SANTOS (Eduardo), abogado, político y periodista colombiano (Bogotá 1888-id 1974), presidente de la república (1938-1942), firmó un concordato con la Santa Sede.
SANTOS (Máximo), político y militar uruguayo (Canelones 1847-Buenos Aires 1889), presidente de la república (1882-1886).
SANTOS CHOCANO (José) → *Chocano*.
SANTUARIO n. m. En el cristianismo, templo en que se venera una imagen o las reliquias de un santo. **2.** Sanctasanctórum del templo de Jerusalén. **3.** *Fig.* Lugar íntimo o reservado. **4.** Territorio donde una organización política o guerrillera goza de impunidad y refugio.
SANTURRÓN, NA adj. y n. Beato exagerado.
SANTURRONERÍA n. f. Calidad de santurrón.
SAÑA n. f. Insistencia cruel: *criticar con saña*. **2.** Furor, rabia con que se ataca: *golpear con saña*.

SAO n. m. *Cuba*. Pradera con partes de arbolado.
SÃO PAULO, c. de Brasil, cap. del *estado de São Paulo*; 9 480 427 hab. (15 199 423 hab. en la aglomeración). Universidad. Primera metrópoli económica de Brasil. Museos. Bienal de arte moderno. — El *estado de São Paulo*, en el litoral atlántico, es el más poblado de Brasil y un gran productor de café; 248 000 km²; 31 192 818 habitantes.
SAPAJÚ o **SAJÚ** m. Mono de América tropical, que posee una larga cola.
SAPANECO, A adj., *Hond*. Bajo, rechoncho.
SÁPIDO, A adj. Que tiene sabor.
SAPIENCIA n. f. (lat. *sapientiam*). Sabiduría.
SAPIENCIAL adj. Relativo a la sabiduría. • **Libros sapienciales**, grupo de cinco libros bíblicos (*Proverbios, Job, Eclesiastés, Eclesiástico* y *Sabiduría*).
SAPIENTE adj. y n. m. y f. Sabio.
SAPINO n. m. Abeto.
SAPO n. m. Batracio insectívoro de la subclase anuros, de forma rechoncha, piel verrugosa y ojos saltones. **2.** *Fam*. Cualquier animal semejante, cuyo nombre se ignora. **3.** *Argent., Bol., Chile, Par., Perú* y *Urug*. Juego de la rana. **4.** *Chile*. Mancha o tara en el interior de las piedras preciosas. **5.** *Chile*. Acto casual, chiripa. • **Echar**, o **soltar, por la boca sapos y culebras** (*Fam*.), decir maldiciones y reniegos. ‖ **Ser sapo de otro pozo** (*Argent. Fam*.), indica que alguien pertenece a otro ámbito, medio social o esfera laboral. ‖ **Tragarse un sapo** (*Argent., Fam*.), aceptar una situación desagradable.
SAPO, A adj. *Chile*. *Fig*. Disimulado, astuto.
SAPONÁCEO, A adj. Jabonoso, de la naturaleza del jabón.
SAPONIFICACIÓN n. f. Transformación de las materias grasas en jabón. **2.** QUÍM. Acción de saponificar.
SAPONIFICAR v. tr. [**1a**]. Transformar en jabón: *saponificar aceites*. **2.** QUÍM. Descomponer un éster por la acción de una base.
SAPONINA n. f. Glucósido contenido en la jabonera y en otras plantas, que forma espuma con el agua.
SAPOTÁCEO, A adj. y n. f. Relativo a una familia de plantas dicotiledóneas gamopétalas, tropicales.
SAPPORO, c. de Japón, cap. de la prefectura insular de Hokkaido; 1 671 742 hab. Industria.
SAPRÓFITO, A adj. y n. m. Dícese del vegetal que extrae su alimento de sustancias orgánicas en descomposición.
SAQUE n. m. DEP. Acción de poner en juego la pelota o balón, al empezar el juego, o cuando la pelota o el balón salen fuera. • **Tener buen saque** (*Fam*.), ser capaz de comer mucho.
SAQUEAR v. tr. (ital. *sacchegiare*) [**1**]. Apoderarse los soldados al entrar en un lugar, ciudad, etc., de todo lo que encuentran. **2.** Apoderarse de cuanto se encuentra en un lugar.
SAQUEO o **SAQUEAMIENTO** n. m. Acción y efecto de saquear.
SARA, personaje bíblico, esposa de Abraham y madre de Isaac.
SARAJEVO, c. y cap. de Bosnia-Herzegovina; 448 000 hab. Mezquitas turcas. Museos. De 1992 a 1996 la ciudad fue escenario de numerosos enfrentamientos entre croatas, musulmanes y serbios.
SARAMAGO (José), escritor portugués (Azinhaga, Santarém 1922). En sus novelas (*Memorial del convento*, 1982) conjuga la realidad narrativa con cierta visión interior y mágica de la realidad. (Premio Nobel 1998.)
SARAMPIÓN n. m. Enfermedad infecciosa y contagiosa, caracterizada por una erupción de manchas rojas en la piel, que afecta especialmente a la infancia.
SARANDÍ n. m. *Argent*. Planta arbustiva que crece en las márgenes de arroyos y ríos.

SARAO n. m. (gall. *serao*, anochecer). Reunión o fiesta de sociedad nocturna con baile o música.
SARAPE n. m. *Guat*. y *Méx*. Especie de manta de lana o algodón, generalmente con franjas de colores vivos y a veces con una abertura en el centro para la cabeza, y que cae a lo largo del cuerpo.
SARAPIA n. f. Planta arbórea cuya madera se utiliza en carpintería y su semilla en perfumería. (Familia papilionáceas.) **2.** Fruto de este árbol.
SARASA n. m. *Fam*. Hombre homosexual.
SARAVIA (Aparicio), político uruguayo (1855-1904). Dirigente del Partido blanco, promovió las revueltas del 1897 y 1903.
SARAZO, A adj. *Colomb., Cuba, Méx*. y *Venez*. Dícese del fruto que empieza a madurar, especialmente del maíz. **2.** *P. Rico*. Relativo al coco maduro.
SARCASMO n. m. (lat. *sarcasmum*). Ironía hiriente y mordaz con que se insulta, humilla u ofende.
SARCÁSTICO, A adj. Que denota o implica sarcasmo o concerniente a él: *palabra, risa sarcástica*.
SARCÓFAGO n. m. (lat. *sarcophagum*; del gr. *sarkophagos*). ARQUEOL. Tumba en la que los antiguos colocaban los cuerpos que no iban a ser quemados; sepulcro. **2.** ARQUEOL. Féretro o representación de un féretro.
SARCOMA n. m. Tumor maligno originado a partir de tejido conjuntivo.
SARDANÁPALO, según la tradición griega, legendario rey asirio identificado como *Assurbanipal*.
SARDANYOLA o **CERDANYOLA DEL VALLÈS**, v. de España (Barcelona), cab. de p. j.; 47 612 hab.
SARDINA n. f. (lat. *sardinam*). Pez parecido al arenque, de unos 20 cm de long., dorso azulverdoso y vientre plateado. (Familia clupeidos.)
SARDINEL n. m. Obra de ladrillos sentados de canto y de modo que se toquen sus caras. **2.** *Colomb*. y *Perú*. Escalón que forma el borde de la acera.
SARDINERO, A adj. Relativo a las sardinas. ◆ n. **2.** Persona que vende sardinas.
SARDO n. m. *Méx*. *Vulg*. Soldado.
SARDO, A adj. y n. De Cerdeña. ◆ n. m. **2.** Conjunto de dialectos hablados en Cerdeña.
SARDÓNICO, A adj. (gr. *sardonikos*). Afectado, maligno, irónico: *risa sardónica*.
SARDUY (Severo), escritor cubano (Camagüey 1937-París 1993). Es autor de ensayos, poemas y novelas (*Colibrí*, 1984; *Cocuyo*, 1990), mezcla de erotismo y parodia lúdica y vanguardista.
SARGA n. f. Tela cuyo tejido forma una líneas diagonales.
SARGA n. f. Planta arbórea de la península Ibérica, de hojas verdosas. (Familia salicáceas.)
SARGAZO n. m. Alga de color pardo que flota en el agua.
SARGAZOS (*mar de los*), vasta región del Atlántico, al NE de las Antillas, cubierta de algas.
SARGENTO n. m. (fr. *sergent*; del lat. *serviens*). Suboficial que ejerce el mando de un pelotón. **2.** *Fig*. y *fam*. Persona autoritaria y brusca.
SARGO n. m. (lat. *sargum*). Pez de carne apreciada, que suele vivir a escasa profundidad y preferentemente en zonas rocosas. (Familia espáridos.)
SARI n. m. En la India, vestido femenino constituido por una pieza de tela de algodón o de seda, drapeada y ajustada sin costuras ni alfileres.
SARIAMA n. f. *Argent*. Ave zancuda de color rojo que posee un pequeño copete.
SARIGA n. f. *Bol*. y *Perú*. Zarigüeya.
SARMENTOSO, A adj. Que tiene características del sarmiento.

SARMIENTO n. m. (lat. *sarmentum*). Tallo joven de la vid. **2.** Tallo o rama leñosa trepadora.

SARMIENTO, dep. de Argentina (San Juan); 16 081 hab. Horticultura.

SARMIENTO (Domingo Faustino), escritor y político argentino (San Juan 1811-Asunción, Paraguay, 1888). Debido a su enfrentamiento con Rosas primero y con Urquiza después, tuvo que exiliarse. Su regreso a Argentina lo hizo como presidente de la república (1868-1874). Durante su mandato potenció la educación y luchó contra el caudillismo. Su obra literaria fue una constante lucha contra la ignorancia y la intolerancia. «Civilización y barbarie» es el elocuente subtítulo de su obra maestra: *Facundo* (1845), biografía del jefe gaucho Juan Facundo Quiroga. Ensayista notable (*Las cientos y una*, 1853), cultivó la narración de evocación autobiográfica (*Mi defensa*, 1850).

SARMIENTO DE GAMBOA (Pedro), navegante español (en Galicia 1532-en el Atlántico 1592). Dirigió expediciones a las regiones del S del Pacífico. Escribió una *Historia de los incas*.

SARMIENTO Y VALLADARES (José), *conde de Moctezuma y de Tula,* administrador español de los ss. XVII y XVIII y virrey de Nueva España (1697-1701).

SARNA n. f. Enfermedad contagiosa de la piel, ocasionada por la hembra de un ácaro que provoca una erupción de vesículas acompañada de un vivo escozor.

SARNEY (José), político brasileño (São Luís 1930), presidente de la república (1985-1990).

SARNOSO, A adj. y n. Que tiene sarna.

SARPULLIDO n. m. Urticaria.

SARRACENO, A adj. y n. Perteneciente o relativo a una tribu del N de Arabia; individuo de esta tribu. (El término se utilizó posteriormente para designar en general a *árabes, musulmanes y moros.*)

SARRO n. m. Sedimento que dejan en los recipientes algunos líquidos. **2.** Capa blanquecina que cubre la lengua. **3.** Sustancia que se deposita en el esmalte de las piezas dentarias.

SARTA n. f. (lat. *sertam*). Serie de cosas pasadas o sujetas una tras otra en un hilo, cuerda, etc. **2.** *Fig.* Serie de sucesos o cosas no materiales que van o suceden una tras otra: *sarta de mentiras.*

SARTÉN n. f. (lat. *sartaginem*). Utensilio de cocina poco profundo, de base ancha y mango largo, que sirve para freír y saltear. • **Tener la sartén por el mango** (*Fam.*), estar en situación de poder decidir.

SARTENEJA n. f. *Ecuad.* y *Méx.* Grieta formada por la sequía en un terreno. **2.** *Ecuad.* y *Méx.* Huella del ganado en terrenos lodosos.

SARTORIO n. m. Músculo de la parte anterior del muslo.

SARTRE (Jean-Paul), filósofo y escritor francés (París 1905-*id.* 1980). En un principio existencialista (*El ser y la nada*, 1943), se inspiró después en el materialismo dialéctico y preconizó el compromiso como único comportamiento auténtico (*Crítica de la razón dialéctica*, 1960). Desarrolló sus ideas en novelas y relatos (*La náusea*, 1938; *El muro*, 1939) y dramas (*A puerta cerrada*, 1944; *Las manos sucias*, 1948). En 1964 rechazó el premio Nobel de literatura.

SAS (Andrés), compositor y folklorista peruano (París 1900-Lima 1967), autor de un *Curso de gramática musical* (1935).

SASAFRÁS n. m. Planta arbórea, cuyas hojas se usan como condimento. (Familia lauráceas.)

SASTRE, A n. (lat. *sartorem*). Artesano que confecciona trajes. • **Traje sastre,** traje de mujer compuesto de chaqueta y falda.

SASTRERÍA n. f. Oficio y taller de sastre.

SATANÁS o **SATÁN,** el príncipe de los demonios según la Biblia.

SATÁNICO, A adj. Relativo a Satanás. **2.** *Fig.* Extremadamente perverso: *sonrisa, intención satánica.*

SATANISMO n. m. Carácter de lo que es satánico. **2.** Culto dedicado a Satanás y al mal.

SATÉLITE n. m. (lat. *satellitem*, guardia de corps). ASTRON. Cuerpo que gravita alrededor de un planeta. **2.** ASTRON. Astro que gravita alrededor de otro principal. • **Satélite artificial,** ingenio lanzado por un cohete, que pasa a describir una órbita alrededor de la Tierra o de otro astro. • adj. y n. **3.** Que depende de otro en el plano político, militar o económico: *país satélite.*

SATELIZAR v. tr. [1g]. Poner un móvil sobre una órbita. **2.** Poner un país bajo la estrecha dependencia de otro.

SATÉN n. m. (fr. *satin*). Tejido parecido al raso.

SATIE (Alfred Erik **Leslie-Satie,** llamado **Erik**), compositor francés (Honfleur 1886-París 1925). Precursor del dadaísmo y del surrealismo, propuso un nuevo ideal basado en concisión y humor.

SATÍN o **SATINÉ** n. m. Planta arbórea de América tropical, cuya madera se utiliza en palacje, tornería y ebanistería. (Familia moráceas.)

SATINADO, A adj. Semejante al satén. **2.** Que presenta un brillo notable. • n. m. **3.** Acción y efecto de satinar.

SATINAR v. tr. (fr. *satiner*) [1]. Dar a una tela, papel, metal, etc., aspecto satinado.

SÁTIRA n. f. (lat. *satiram*). Panfleto, discurso, escrito, dibujo, etc., que censura las costumbres públicas o privadas, o que ridiculiza a alguien o algo. **2.** LIT. Obra en verso en la que el autor censura y ridiculiza los vicios de su tiempo.

SATÍRICO, A adj. y n. Inclinado a la maledicencia, a la burla, que usa de la sátira: *espíritu satírico; canción satírica; dibujo satírico.* **2.** Dícese del escritor que cultiva la sátira. • adj. **3.** LIT. Relativo a la sátira.

SATIRIZAR v. tr. [1g]. Escribir sátiras. • v. tr. **2.** Hacer objeto de sátiras.

SÁTIRO n. m. (lat. *satyrum*; del gr. *satyros*). En la mitología griega, semidiós rústico que solía representarse con cuernecillos, patas y rabo de macho cabrío. **2.** *Fig.* Hombre lascivo.

SATISFACCIÓN n. f. Acción de satisfacer una necesidad, un deseo, un apetito, etc. **2.** Aquello que satisface. **3.** Estado del que está satisfecho. **4.** Razón por el cual se repara o desagravia un daño, ofensa o injusticia: *exigir una satisfacción.* **5.** Pago lo que se debe: *satisfacer una deuda.* **3.** Agradar, gustar: *su comportamiento me satisface.* **4.** Solucionar, resolver: *satisfacer una duda.* **5.** Premiar o recompensar los méritos realizados. **6.** Desagraviar, reparar un agravio o perjuicio. • **satisfacerse** v. pron. **7.** Vengarse de un agravio o perjuicio. **8.** Contentarse o conformarse.

SATISFACTORIO, A adj. Que satisface: *respuesta satisfactoria.* **2.** Grato, bueno, próspero.

SATISFECHO, A adj. Complacido, contento.

SATLEDJ → **Sutlej.**

SATO n. m. *Cuba* y *P. Rico.* Perro pequeño, ladrador y vagabundo.

SÁTRAPA n. m. (gr. *satrapês*). En el Imperio persa, gobernador de una provincia. • n. m. adj. **2.** Personaje que lleva una vida fastuosa o que ejerce una autoridad despótica.

SATRAPÍA n. f. Dignidad de sátrapa. **2.** Provincia gobernada por un sátrapa.

SATURABLE adj. QUÍM. Que puede ser saturado.

SATURACIÓN n. f. Acción de saturar. **2.** Estado de un líquido saturado. **3.** Saciedad, acumulación.

SATURADO, A adj. Completamente saciado. **2.** Dícese de la solución que no puede disolver una cantidad suplementaria de la sustancia disuelta.

SATURAR v. tr. y pron. (lat. *saturare*) [1]. Llenar completamente: *el mercado está saturado de productos.* • v. tr. **2.** Hacer que una solución contenga la mayor cantidad posible de cuerpos disueltos.

SATURNAL adj. Relativo a Saturno. • n. f. **2.** Orgía, bacanal. • **saturnales** n. f. pl. **3.** Fiestas de la antigua Roma en honor de Saturno.

SATURNINO, A adj. Relativo al plomo. **2.** Producido por el plomo.

SATURNISMO n. m. Intoxicación crónica por las sales de plomo.

SATURNO n. m. Nombre dado al plomo por los alquimistas.

SATURNO, planeta del sistema solar situado a continuación de Júpiter (9,4 veces el diámetro ecuatorial de la Tierra; 95,2 veces su masa). Está constituido principalmente de hidrógeno y helio y rodeado de un gran sistema de anillos y más de veinte satélites.

SATURNO, antigua divinidad itálica, identificada con el *Cronos* griego.

SAUCE n. m. (lat. *salicem*). Árbol o arbusto de hojas lanceoladas, que crece junto al agua. (Familia salicáceas.) SIN.: *salce.* • **Sauce blanco** o **cabruno,** sauce de hojas elípticas. ǁ **Sauce común,** sauce con ramas flexibles y largas y hojas dentadas. ǁ **Sauce llorón,** sauce con ramas muy largas, flexibles y colgantes.

SAÚCO n. m. (lat. *sabucum*). Planta arbórea de flores blancas y frutos ácidos. (Familia caprifoliáceas.) SIN.: *sabuco, sabugo.*

SAUDADE n. f. (voz gallegoportuguesa). Añoranza, nostalgia.

SAUDÍ o **SAUDITA** adj. y n. m. y f. Relativo al estado de Arabia fundado por Ibn Sa'ud en 1932.

SAÚL, primer rey de los hebreos (c. 1030-1010 a. J.C.).

SAUNA n. f. (voz finlandesa). Tipo especial de baño de vapor. **2.** Establecimiento donde se toman estos baños.

SAURA (Antonio), pintor español (Huesca 1930). Del surrealismo pasó a un informalismo gestual ligado a una figuración austera y dramática.

SAURA (Carlos), director de cine español (Huesca 1932). Realizó un cine poblado de símbolos, para burlar la censura franquista (*La caza*, 1965; *La madriguera*, 1969). Otras obras: *El Dorado* (1987), *Ay, Carmela* (1990), *Pajarico* (1997).

SAURIO, A adj. y n. m. Lacertilio.

SAUSSURE (Ferdinand **de**), lingüista suizo (Ginebra 1857-Vufflens, Vand, 1913), cuyo *Curso de lingüística general* (1916) fue el punto de partida del estructuralismo.

SAVIA n. f. (lat. *sapam*, mosto). Líquido que circula por las diversas partes de los vegetales. **2.** *Fig.* Aquello que da vida o infunde energía.

SAVIGNY (Friedrich Karl **von**), jurista alemán (Frankfurt del Main 1779-Berlín 1861). Creó la escuela histórica alemana (*Tratado de derecho romano*, 1840-1849).

SAVONAROLA (Girolamo), dominico italiano (Ferrara 1452-Florencia 1498). Estableció en Florencia una nueva constitución, mitad teocrática, mitad democrática (1494-1497). Excomulgado, fue colgado y quemado.

SAXÍFRAGA n. f. Planta herbácea que crece entre las piedras, utilizada como ornamental.

SAXIFRAGÁCEO, A adj. y n. f. Relativo a una familia de plantas herbáceas o leñosas, con flores cíclicas y hermafroditas, como las hortensias.

SAXO n. m. Apócope de *saxófono* o de *saxofón sta.*

SAXOFÓN n. m. Saxófono.

SAXOFONISTA n. m. y f. Músico que toca el saxófono. (Apócope: *saxo.*)

SAX

SAXÓFONO n. m. (de *Sax*, nombre del inventor, y gr. *phōnē*, sonido). Familia de instrumentos musicales de viento, provista de una boquilla de clarinete y de un mecanismo de llaves.

SAYA n. f. Falda, refajo o enagua. **2.** Vestidura talar.

SAYA n. f. En la organización administrativa de los incas, parte de una provincia.

SAYAL n. m. Tela de lana muy basta.

SAYDA' o **SAÏDA**, ant. **Sidón**, c. y puerto del Líbano, junto al Mediterráneo; 70 000 hab. Ruinas de un castillo de los cruzados (s. XIII).

SAYO n. m. (lat. *sagum*). Casaca de guerra que usaron los galos, los romanos y los nobles de la edad media. **2.** *Fam.* Cualquier vestido amplio y de hechura simple.

SAYÓN n. m. Verdugo. **2.** Persona que maltrata a alguien por orden de otro. **3.** *Fig. y fam.* Hombre de aspecto feroz.

SAYRI TUPAC, soberano inca del s. XVI [1554-1558]. Hijo legítimo y sucesor de Manco Cápac II, fue convencido por el virrey Cañete para que abandonara sus derechos al trono. Le sucedió su hermano Titu Cusi Yupanqui, que continuó la lucha con los españoles.

SAYULA, c. de México (Jalisco); 27 940 hab. Jabón y productos lácteos. Yacimientos de carbón.

SAZÓN n. f. (lat. *sationem*, tiempo de siembra). Estado de madurez o perfección de una cosa. **2.** Sabor que se da a los alimentos. • **A la sazón**, entonces, en el momento de que se trata.

SAZONAR v. tr. [1]. Dar sazón.

Sb, símbolo químico del *antimonio* (en lat. *stibium*).

Sc, símbolo químico del *escandio*.

SCANNER n. m. (voz inglesa). Aparato de teledetección capaz de captar, gracias a un dispositivo que opera por exploración, las radiaciones electromagnéticas emitidas por superficies extensas. **2.** ART. GRÁF. Aparato que sirve para realizar, por exploración electrónica de un documento original en colores, las selecciones necesarias para su reproducción. **3.** MED. Aparato de radiodiagnóstico compuesto por un sistema de tomografía y un ordenador que analiza los datos para reconstruir imágenes de las diversas partes del organismo en finas capas.

SCARLATTI (Alessandro), compositor italiano (Palermo 1660-Nápoles 1725). Uno de los fundadores de la escuela napolitana, fue autor de óperas destacables. — Su hijo **Domenico** (Nápoles 1685-Madrid 1757) fue clavecinista y compositor. Además de óperas, escribió cerca de 600 *Ejercicios* o sonatas para clave de gran virtuosismo.

SCHAERER (Eduardo), político uruguayo (Caazapá 1873-† 1941). Presidente de la república (1912-1916).

SCHIDLOWSKI (León), compositor chileno (Santiago 1931). Entre sus obras destacan: *Soliloquios* para dos solistas (1961), *Llaqui*, elegía para orquesta (1965), *Golem* para violín solista y cinta magnetofónica (1975).

SCHILLER (Friedrich von), escritor alemán (Marbach 1759-Weimar 1805). Fue autor de dramas históricos (*Los bandidos*, 1782; *Don Carlos*, 1787; *Guillermo Tell*, 1804), de una *Historia de la guerra de los Treinta años* (1791-1793) y de poesías líricas (*Himno a la alegría*, 1785; *Baladas*, 1798). Sus teorías dramáticas influyeron en gran medida en los escritores románticos.

SCHÖNBERG (Arnold), compositor austríaco (Viena 1874-Los Angeles 1951). Teórico de la atonalidad, basada en el dodecafonismo serial, compuso *Gurrelieder* (1900-1911), *Pierrot lunaire* (1912), música de cámara y óperas.

SCHOPENHAUER (Arthur), filósofo alemán (Danzig 1788-Franckfurt del Main 1860). Su estética marcó a Nietzsche e influyó en el s. XX. (*El mundo como voluntad y como representación*, 1818).

SCHRÖDINGER (Erwin), físico austríaco (Viena 1887-íd. 1961). Dio una formalización nueva de la teoría cuántica, introduciendo la ecuación fundamental que lleva su nombre y en la que se basan todos los cálculos de la espectroscopia. (Premio Nobel de física 1933.)

SCHUBERT (Franz), compositor austríaco (Lichtental [act. en Viena] 1797-íd. 1828). Debe su celebridad a más de 600 lieder, de inspiración espontánea y profunda (*La bella molinera*, 1823; *Viajes de invierno*, 1827). También es autor de diez sinfonías, obras para piano y música de cámara.

SCHUMANN (Robert), compositor alemán (Zwickau 1810-Endenich, cerca de Bonn, 1856). Al principio escribió obras para piano de carácter espontáneo, poético y lírico: *Carnaval* (1835), *Escenas de niños*, *Fantasía Kreisleriana* (1838). A partir de 1841 amplió su horizonte y escribió música para orquesta y música de cámara (conciertos para piano y para violín).

SCHWEITZER (Albert), médico, teólogo protestante y musicólogo francés (Kaysersberg 1875-Lambaréné 1965). Fundó el hospital de Lambaréné (Gabón) y publicó numerosas obras de musicología y de teología, influido por el liberalismo protestante. (Premio Nobel de la paz 1952.)

SCIASCIA (Leonardo), escritor italiano (Racalmuto 1921-Palermo 1989). Su obra constituye, en los registros históricos, novelescos (*Todo modo*, 1974) o dramáticos, una sátira de las opresiones sociales y políticas.

SCOLA (Ettore), director de cine italiano (Treviso, Campania, 1931), autor de obras llenas de delicadeza y austeridad (*Una jornada particular*, 1977; *La sala de baile*, 1983; *Splendor*, 1989).

SCORE n. m. (voz inglesa). DEP. Tanteo.

SCORSESE (Martin), director de cine norteamericano (Nueva York 1942). Sitúa la mayor parte de la acción de sus películas en la Norteamérica urbana y nocturna de los marginados (*Taxi Driver*, 1976; *Uno de los nuestros*, 1990; *La edad de la inocencia*, 1993; *Casino*, 1995).

SCORZA (Manuel), escritor peruano (Lima 1928-Madrid 1983), autor de un ciclo novelístico sobre temas tradicionales andinos: *Balada* (*Redoble por Rancas*), 1970; *Historia de Garabombo el invisible*, 1972.

SCOTCH n. m. (voz inglesa, *escocés*). Whisky escocés.

SCOTLAND, nombre inglés de Escocia.

SCOTT (Robert Falcon), explorador británico (Devonport 1868-en la Antártida 1912). Dirigió dos expediciones a la Antártida (1901-1904 y 1910-1912).

SCOTT (*sir* Walter), escritor británico (Edimburgo 1771-Abbotsford 1832). Se hizo famoso por sus novelas históricas (*Ivanhoe*; *Quintín Durward*).

SCRIPT n. m. y f. (voz inglesa). Colaborador del realizador de una película o de una emisión de televisión, que anota los detalles relativos a la toma de vistas y que es responsable de la continuidad de la realización.

SE pron. pers. reflexivo de tercera persona. Puede funcionar como complemento directo: *los dos se aman*. **2.** Puede funcionar como complemento indirecto: *el niño se lava las manos*. **3.** Indica intransitividad: *el barco se hundió*. **4.** Marca la voz pasiva: *el periódico se agotó en seguida*. **5.** Marca impersonalidad o indeterminación: *se ruega no fumar*.

SE pron. pers. Forma variante de dativo del pronombre personal de tercera persona. (Se usa siempre precediendo a las formas pronominales *lo, la, los, las*: *se las dio*.)

SE, abrev. de *sureste*.

Se, símbolo químico del *selenio*.

S.E. abrev. de *su excelencia*.

SEABORG (Glenn), químico norteamericano (Ishpeming, Michigan, 1912). Descubrió, en colaboración con McMillan, el plutonio y elementos transuránicos. (Premio Nobel de química 1951.)

SEATTLE, c. y puerto de Estados Unidos (Washington), junto al Puget Sound; 516 259 hab. (1 972 961 hab. en la aglomeración). Construcciones navales y aeronáuticas; industrias electrónicas.

SEBÁCEO, A adj. Relativo al sebo. • **Glándula sebácea**, glándula cutánea anexa a los folículos pilosos, que segrega una grasa que lubrifica el pelo.

SEBASTOPOL, c. y puerto de Ucrania, en Crimea; 341 000 hab. Construcciones navales.

SEBO n. m. (lat. *sebum*). Grasa sólida y dura, que se obtiene de los animales herbívoros. **2.** Producto de la secreción de las glándulas sebáceas de los animales superiores. **3.** *Fam.* Gordura o exceso de grasa en las personas. **4.** *Fam.* Mugre, suciedad grasienta. • *Hacer sebo* (*Argent. Fam.*), vaguear, simular que se trabaja.

SEBORREA o **SEBORRAGIA** n. f. Aumento patológico de la secreción de las glándulas sebáceas.

SEBOSO, A adj. Que tiene sebo. **2.** Untado de sebo. **3.** *Fam.* Mugriento, sucio de grasa.

SEBUCÁN n. m. *Colomb., Cuba y Venez.* Talega de tela basta utilizada para exprimir la yuca rallada.

SECADERO n. m. Recinto o local dispuesto para secar natural o artificialmente ciertos productos.

SECADO n. m. Acción y efecto de secar.

SECADOR, RA adj. Que seca. ♦ n. m. **2.** Aparato que se utiliza para secar. **3.** *Nicar. y Salv.* Paño de cocina para secar platos, vasos, etc. **4.** *Perú y Urug.* Enjuagador de ropa.

SECADORA n. f. Máquina que se emplea para secar la ropa por medio de circulación de aire caliente.

SECANO n. m. Tierra de labor que carece de riego y se beneficia del agua de lluvia.

SECANTE adj. (lat. *secantem*). Que seca. **2.** MAT. Dícese de las líneas o superficies que cortan a otras líneas o superficies. ♦ adj. y n. m. **3.** Dícese de un papel poroso, que posee la propiedad de secar la tinta fresca. ♦ n. f. **4.** En geometría, recta que corta a una figura dada. **5.** En trigonometría, una de las seis líneas trigonométricas de un ángulo.

SECAR v. tr. y pron. (lat. *siccare*) [1a]. Eliminar la humedad de un cuerpo, dejar o quedar seca una cosa. **2.** Limpiar las lágrimas, el sudor, la sangre, etc. ◆ **secarse** v. pron. **3.** Quedarse sin agua: *secarse un río*. **4.** Perder una planta su verdor o lozanía, morirse. **5.** *Fig. y fam.* Enflaquecer, adelgazar mucho. **6.** *Fig. y fam.* Embotarse, perder agudeza o eficacia: *secarse el entendimiento, la sensibilidad*.

SECCIÓN n. f. (lat. *sectionem*). Corte o hendidura hecha en un cuerpo con un instrumento cortante. **2.** Cada una de las partes en que se divide un todo continuo o un conjunto de cosas. **3.** Parte de una empresa, en que se realiza un tipo de actividad homogénea, dentro del proceso productivo total. **4.** MAT. Conjunto de puntos comunes a dos superficies. **5.** MAT. Superficie que resulta de la intersección de un sólido y un plano, o de dos sólidos. **6.** MIL. Pequeña unidad en que se divide una compañía, escuadrón o batería, y que está al mando de un oficial. **7.** TECNOL. Dibujo del perfil o figura que resultaría del supuesto corte de un terreno, edificio, máquina, etc., por un plano.

SECCIONAMIENTO n. m. Acción y efecto de seccionar. **2.** F.C. Dispositivo de señalización destinado a evitar colisiones entre trenes que circulan o maniobran por la misma vía.

SECCIONAR v. tr. [1]. Fraccionar, cortar, dividir en secciones.

SECESIÓN n. f. (lat. *secessionem*; de *secedere*, separarse). Acción de separarse de un grupo al que se pertenecía, especialmente población que se separa de una colectividad nacional.

SECESIONISMO n. m. Tendencia u opinión favorable a la secesión política.

SECESIONISTA adj. y n. m. y f. Relativo a la secesión; partidario de ésta.

SECO, A adj. (lat. *siccum*). Que carece de humedad, no mojado: *ropa seca*. **2.** Que tiene muy poca agua o que carece de ella: *río seco*. **3.** Dícese de las plantas sin vida: *flores secas*. **4.** Dícese de las frutas de cáscara dura, como avellanas, nueces, etc., y de aquellas a las que se extrae la humedad para que se conserven, como higos, pasas, etc. **5.** Dícese del país o del clima cuya característica principal es la falta de lluvia o humedad. **6.** Flaco, de pocas carnes. **7.** *Fig.* Tajante, desabrido en el trato, falto de amabilidad en su actividad: *respuesta seca*. **8.** Riguroso, estricto: *una justicia seca*. **9.** *Fig.* Dícese de la bebida pura o sin restos de azúcar: *vino seco; jerez seco; champán seco*. **10.** *Fig.* Ronco, áspero y sin resonancia: *golpe seco*. **11.** *Fig.* Árido, inexpresivo, falto de amenidad: *carácter seco*. **12.** *Fig.* Escueto, sin adornos. • **A secas**, solamente, sin otra cosa alguna. ‖ **Dejar, o quedar, seco** *(Fam.)*, dejar o quedar muerto en el acto; dejar o quedar sorprendido, confuso. ‖ **En seco**, de repente, bruscamente; sin causa ni motivo. ♦ n. m. **13.** *Chile*. Puñetazo, coscorrón.

SECOYA n. f. Secuoya.

SECRECIÓN n. f. (lat. *secretionem*). Acción de segregar. **2.** Producto o sustancia segregada: *la secreción de la orina*.

SECRETAR v. tr. [1]. Producir las glándulas, membranas y células su secreción.

SECRETARÍA n. f. En un organismo, empresa, etc., oficina donde los secretarios llevan los asuntos de administración. **2.** Conjunto de los funcionarios o empleados de esta oficina. **3.** Cargo de secretario. **4.** Nombre que en algunos países reciben los diversos departamentos ministeriales.

SECRETARIADO n. m. Cargo o empleo de secretario. **2.** Carrera o profesión de secretario. **3.** Secretaría, oficina donde trabaja el secretario. **4.** Cuerpo de secretarios. **5.** Organismo central de un movimiento artístico, cultural, social, etc.

SECRETARIO, A n. Persona encargada de la administración en un organismo, empresa, etc., y cuyas funciones principales son tramitar los asuntos de la entidad, correspondencia, archivo de documentos, etc. **2.** Persona al servicio de otra y que se ocupa de los asuntos de administración y correspondencia de la misma. • **Secretario de estado**, jefe de un departamento ministerial, que tiene o no categoría de ministro; título del ministro de Asuntos Exteriores de E.U.A. ‖ **Secretario general**, persona que ocupa, de hecho, la jefatura en determinados partidos políticos.

SECRETEAR v. intr. [1]. *Fam.* Hablar en voz baja o secretamente una persona a otra.

SECRÉTER n. m. (fr. *secrétaire*). Mueble para escribir con cajones y departamentos.

SECRETO, A adj. (lat. *secretum*). Oculto, escondido: *puerta secreta*. **2.** Reservado, confidencial. **3.** Que se realiza o actúa sin ser conocido por los demás: *matrimonio secreto*. ♦ n. m. **4.** Aquello que debe esconderse, que no debe decirse: *guardar un secreto*. **5.** Método, sistema o medio desconocido por la mayoría que sirve para alcanzar un resultado: *secreto de fabricación*. **6.** Reserva, sigilo. **7.** Misterio, cosa arcana. • **En secreto**, de manera secreta. ‖ **Secreto de estado**, el que

obliga bajo delito a los funcionarios públicos.

SECTA n. f. (lat. *sectam*; de *sequi*, seguir). Conjunto de seguidores de una ideología doctrinaria. **2.** Sociedad secreta, especialmente política. **3.** Doctrina, confesión religiosa. **4.** REL. Grupo disidente minoritario en las religiones o Iglesias constituidas.

SECTARIO, A adj. y n. Partidario de una doctrina o secta. **2.** Intolerante, fanático: *espíritu sectario*.

SECTARISMO n. m. Calidad o actitud de sectario.

SECTOR n. m. Parte, zona de un todo delimitada de algún modo. **2.** *Fig.* Ramo, campo, ámbito en el que se desarrolla una determinada actividad: *el sector de la construcción, de las finanzas*. **3.** MAT. Superficie plana limitada por dos segmentos rectilíneos y un arco de curva. **4.** MIL. Territorio confiado a una división. • **Sector circular**, porción de círculo limitada por dos radios y el arco de circunferencia interceptado por ellos. ‖ **Sector esférico**, sólido engendrado por un sector circular al girar alrededor de un diámetro que no lo atraviese.

SECTORIAL adj. Relativo a un sector o sección de una colectividad con caracteres peculiares.

SECUAZ adj. y n. m. y f. (lat. *sequacem*). *Desp.* Con respecto a alguien, persona que sigue su partido, opinión, etc.

SECUELA n. f. (lat. *sequellam*). Consecuencia o resultado de una cosa: *las secuelas de una guerra*. **2.** *Chile*. Curso que sigue un pleito, juicio o causa.

SECUENCIA n. f. (lat. *sequentiam*). Serie ordenada de cosas que guardan entre sí cierta relación. **2.** CIN. Sucesión no interrumpida de imágenes o escenas que forman un conjunto.

SECUENCIAR v. tr. [1]. Establecer una serie o sucesión ordenada de cosas que guardan entre sí cierta relación.

SECUESTRADOR, RA adj. y n. Que secuestra.

SECUESTRAR v. tr. (lat. *sequestrare*) [1]. Raptar a una persona, exigiendo dinero por su rescate. **2.** Apoderarse por la violencia del mando de una nave, avión, etc. **3.** DER. Depositar de forma provisional una cosa litigiosa en poder de un tercero, o un impreso en poder de la administración. **4.** DER. Embargar judicialmente algún bien.

SECUESTRO n. m. (lat. *sequestrum*). Acción y efecto de secuestrar.

SECULAR adj. Seglar. **2.** Que sucede o se repite cada siglo. **3.** Que dura un siglo o que existe desde hace siglos. ♦ adj. y n. m. y f. **4.** Dícese del clero o sacerdote que no vive sujeto a votos religiosos o monásticos.

SECULARIZACIÓN n. f. Acción y efecto de secularizar.

SECULARIZAR v. tr. y pron. [1g]. Autorizar a un clérigo, o pasar éste, al estado de laico o al clero secular. **2.** Transferir bienes o funciones eclesiásticas a particulares o al estado.

SECUNDAR v. tr. [1]. Apoyar, ayudar a alguien.

SECUNDARIO, A adj. (lat. *secundarium*). Que ocupa el segundo lugar en un orden establecido. **2.** No principal, no primordial: *un motivo secundario*. **3.** De menor importancia que otra cosa: *un cargo secundario*. ♦ adj. y n. m. **4.** Dícese de la era geológica comprendida entre el pérmico (último período de la era primaria) y el paleoceno (primer período de la era terciaria).

SECUOYA o **SECOYA** n. f. Conífera que alcanza 140 m de alt. y puede vivir más de 2000 años. (Familia taxodiáceas.) **2.** Madera de este árbol.

SED n. f. (lat. *sitim*). Sensación subjetiva que produce la carencia de agua en el organismo. **2.** *Fig.* Anhelo, ansia o deseo vehemente: *sed de venganza*.

SEDA n. f. Sustancia en forma de filamento brillante, segregada por las arañas y las larvas de ciertos lepidópteros, particularmente el llamado *gusano de seda*. **2.** Hilo formado por varias de estas fibras convenientemente preparadas. **3.** Tejido fabricado con seda. • **Como una seda** *(Fam.)*, muy dócil y sumiso; con mucha facilidad y sin obstáculo alguno. ‖ **Papel de seda**, papel muy fino y traslúcido.

SEDACIÓN n. f. Acción y efecto de sedar.

SEDAL n. m. Hilo de la caña de pescar.

SEDÁN n. m. Automóvil de carrocería cerrada.

SEDANTE adj. y n. m. Que calma el dolor o disminuye los estados de excitación nerviosa.

SEDAR v. tr. (lat. *sedare*) [1]. Apaciguar, sosegar.

SEDATIVO, A adj. Sedante.

SEDE n. f. (lat. *sedem*). Residencia una entidad política, económica, literaria, deportiva, etc. **2.** Asiento o trono de un prelado que ejerce jurisdicción. **3.** Capital de una diócesis. **4.** Diócesis.

SEDENTARIO, A adj. Dícese del oficio o vida de poco movimiento y de la persona que lo ejerce o practica. **2.** ZOOL. Dícese del animal que tiene un hábitat fijo o que permanece fijo sobre un sustrato. ♦ adj. y n. **3.** ANTROP. Dícese de las poblaciones que permanecen en su país de origen. CONTR.: *nómada*.

SEDENTARISMO n. m. Modo de vida sedentaria.

SEDENTARIZACIÓN n. f. ANTROP. Proceso por el cual pueblos nómadas adoptan formas de vida sedentarias.

SEDENTARIZAR v. tr. [1g]. Volver sedentario.

SEDICIÓN n. f. (lat. *seditionem*). Levantamiento contra la autoridad legal, de carácter menos grave que la rebelión.

SEDICIOSO, A adj. y n. Que promueve una sedición o interviene en ella. ♦ adj. **2.** Dícese de los actos o palabras de la persona sediciosa.

SEDIENTO, A adj. y n. Que tiene sed. ♦ adj. **2.** *Fig.* Dícese de las plantas o tierras que necesitan riego. **3.** *Fig.* Sediento, ávido.

SEDIMENTACIÓN n. f. Acción y efecto de sedimentar.

SEDIMENTAR v. tr. [1]. Depositar sedimento un líquido. ♦ v. tr. y pron. **2.** *Fig.* Tranquilizar, sosegar el ánimo. ♦ **sedimentarse** v. pron. **3.** Depositarse, formando sedimento, las materias suspendidas en un líquido. **4.** *Fig.* Afianzarse cosas no materiales.

SEDIMENTARIO, A adj. Relativo al sedimento. **2.** De la naturaleza del sedimento. • **Rocas sedimentarias**, rocas formadas en la superficie de la Tierra por diagénesis de sedimentos.

SEDIMENTO n. m. Depósito que se forma en un líquido en el que existen sustancias en suspensión. **2.** Depósito móvil dejado por las aguas, el viento y otros agentes de erosión. **3.** *Fig.* Huella o señal que queda en el ánimo: *sedimento de amargura*.

SEDOSO, A adj. Parecido a la seda o suave como la seda: *cabello sedoso*.

SEDUCCIÓN n. f. Acción o efecto de seducir.

SEDUCIR v. tr. (lat. *seducere*) [20]. Persuadir, incitar con promesas o engaños a que se haga algo, particularmente inducir a alguien a tener relaciones sexuales. **2.** Atraer, fascinar, ejercer gran influencia: *la idea me seduce*.

SEDUCTOR, RA adj. y n. Que seduce.

SEFARAD, nombre bíblico (libro de Abdías) relacionado tradicionalmente con la península Ibérica, aunque parece tratarse de Asia Menor.

SEFARDÍ o **SEFARDITA** adj. y n. m. y f. Relativo a los judíos que habitaron la península Ibérica y, en especial, a sus descendientes, desde la expulsión de 1492 hasta la actualidad individuo de esta comunidad judía.

SEFERIS (Georgios **Seferiadis**, llamado **Georgios**), diplomático y poeta griego (Esmirna 1900-Atenas 1971). Conjugó los mitos antiguos con los problemas del mundo moderno (*Estrofa*, 1931; *Diario de a bordo*, 1940-1955). [Premio Nobel de literatura 1963.]

SEGADORA n. f. Máquina de segar.

SEGAR v. tr. (lat. *secare*) [**1d**]. Cortar la mies o la hierba con la hoz, la guadaña o con una segadora. **2.** *Fig.* Cortar la parte más alta de algo. **3.** *Fig.* Cortar o impedir bruscamente el desarrollo de algo: *segar la vida, las esperanzas*.

SEGLAR adj. y n. m. y f. Laico, que no es eclesiástico ni religioso.

SEGMENTACIÓN n. f. División en segmentos. **2.** BIOL. Conjunto de las primeras divisiones del huevo tras la fecundación.

SEGMENTAR v. tr. y pron. [1]. Cortar, dividir en segmentos.

SEGMENTO n. m. (lat. *segmentum*). Porción o parte cortada o separada de una cosa o de un todo. **2.** ZOOL. Artejo. • **Segmento circular, elíptico**, etc., superficie limitada por un arco de curva y la cuerda que le subtiende. || **Segmento dirigido**, segmento de recta dotado de un sentido. || **Segmento lineal**, o **rectilíneo**, porción de recta limitada por dos puntos.

SEGOVIA, nombre que se da en algunos lugares de su recorrido al río Coco (Honduras y Nicaragua).

SEGOVIA (*provincia de*), prov. de España, en Castilla y León; 6949 km²; 146 554 hab. Cap. *Segovia*. Está situada en la Submeseta N, al SE de la cuenca del Duero, accidentada al S por las alineaciones del sistema Central (Guadarrama, Ayllón).

SEGOVIA, c. de España, cap. de la prov. homónima y cab. de de p. j.; 57 617 hab. (*Segovianos*.) Asentada sobre una colina, el alcázar domina un espolón que excavan los ríos Eresma y Clamores. Antigua ciudad vaccea, conserva el acueducto romano de épocas de Augusto, con dos hileras de arcos superpuestos. Del recinto amurallado sobresale el alcázar (ss. XI-XVI, reconstruido en el XIX). Bellas iglesias románicas y mozárabes. Catedral del gótico tardío. Palacios de los ss. XV-XVI. En las afueras, monasterio del Parral (s. XV).

SEGOVIA (Andrés), guitarrista español (Linares 1894-Madrid 1987). A partir de los recitales que dio en París y Bruselas (1924) consolidó su reputación internacional.

SEGOVIA (Tomás), escritor mexicano de origen español (Valencia 1927). Su labor literaria se centra en la poesía, de temática acentuadamente amorosa (*Luz de aquí*, 1958), aunque ha cultivado también la novela, el teatro y el ensayo.

SEGOVIANO, A adj. y n. De Segovia.

SEGRE (Emilio), físico norteamericano de origen italiano (Tívoli 1905-Lafayette, California, 1989). Descubrió el tecnecio (primer elemento artificial) y el astato, y en 1955 realizó la producción de antiprotón en Berkeley. (Premio Nobel de física 1959.)

SEGREGACIÓN n. f. Acción de segregar. || *Segregación racial*, forma de racismo consistente en la separación, en el interior de una comunidad, de las personas de una o más etnias.

SEGREGACIONISMO n. m. Política de segregación racial.

SEGREGACIONISTA adj. y n. m. y f. Relativo a la segregación racial; partidario de la misma.

SEGREGAR v. tr. (lat. *segregare*) [**1b**]. Separar o apartar una cosa de otra o a alguien de algo. **2.** Secretar.

SEGUÍ (Antonio), pintor argentino (Córdoba 1934). Inscrito en la nueva figuración, su obra combina factura expresionista con elementos de signo conceptual.

SEGUIDA n. f. Marcha normal de una actividad. • **En seguida**, seguido.

SEGUIDILLA n. f. Estrofa formada generalmente por dos pentasílabos y dos heptasílabos, con rima asonante en los pares. **2.** Antigua canción y danza española. **3.** *Argent.* Sucesión rápida de hechos.

SEGUIDO adv. m. A continuación, inmediatamente después.

SEGUIDO, A adj. Sin intervalos de tiempo o lugar: *un año seguido*. **2.** Recto, sin desviarse de dirección.

SEGUIDOR, RA adj. y n. Que sigue a una persona o cosa o es partidario de ella. ♦ n. **2.** Discípulo.

SEGUIMIENTO n. m. Acción y efecto de seguir.

SEGUIR v. tr. e intr. (lat. *sequi*) [**30a**]. Ir después o detrás de alguien o algo. **2.** Acompañar, ir con alguien: *le sigue a todas partes*. **3.** Dirigir la vista hacia alguien o algo que se mueve y mantener la visión en él: *seguir con la mirada*. **4.** Ir en una determinada dirección o estar a continuación de algo. **5.** *Fig.* Tener como modelo, imitar: *seguir un estilo*. **6.** *Fig.* Ser del dictamen o partidario de alguien o algo. **7.** *Fig.* Actuar según un criterio, sentimiento, opinión, etc.: *seguir los propios instintos*. **8.** Estudiar o cursar una carrera o estudios. **9.** Ir en busca de alguien o algo: *seguir una pista*. **10.** Perseguir, acosar, importunar. **11.** Tratar o manejar un negocio o pleito, haciendo las diligencias necesarias. ♦ v. tr. y pron. **12.** Ir después de una sucesión o ser efecto o consecuencia de otra cosa: *a la explosión siguió un grito*. ♦ v. intr. **13.** Continuar haciendo lo que se expresa o proseguir un estado o actitud: *sigue enfermo*.

SEGUIRIYA n. f. Siguiriya.

SEGÚN prep. (lat. *secundum*). Conforme o con arreglo a: *actuó según la ley*. **2.** Precediendo inmediatamente a nombres o pronombres personales, significa con arreglo o conforme a lo que opinan o dicen las personas de que se trate. ♦ adv. **3.** Como, tal como: *ocurrió según estaba previsto*. **4.** A juzgar de la manera como. **5.** Así como. **6.** Progresión simultánea de dos acciones: *según hablaba, iba emocionándose*. **7.** Denota eventualidad respecto a cierto acontecimiento: *según el trabajo que tenga, iré o no.* • **Según cómo** o **según y cómo**, expresa eventualidad.

SEGUNDERO n. m. Manecilla del reloj que señala los segundos.

SEGUNDO adv. y n. m. (lat. *secundum*). Que corresponde en orden al número dos. **2.** Que se añade a otro: *una segunda juventud*. **3.** Que viene después en orden de valor, de rango, etc.: *viajar en segunda clase*. •**Con segundas**, con intención doble o solapada. ♦ n. **4.** Persona que en un empleo, institución, etc., sigue en importancia al principal: *el segundo a bordo en un barco*. ♦ n. m. **5.** Cada una de las 60 partes iguales en que se divide el minuto de tiempo o de la circunferencia. **6.** Período de tiempo muy corto, momento: *espera un segundo*.

SEGUNDOGÉNITO, A adj. y n. Dícese del hijo que nace después del primogénito.

SEGUNDÓN n. m. Hijo segundo en las familias en que hay mayorazgo. **2.** Cualquier hijo no primogénito.

SEGURIDAD n. f. Calidad de seguro: *contestó con seguridad*. **2.** Fianza o garantía de indemnización a favor de alguien. • **De seguridad**, dícese de ciertos mecanismos que garantizan el buen funcionamiento de una cosa. || **Seguridad social**, conjunto de leyes y organismos que las aplican que tienen por objeto proteger a los individuos y a las familias contra ciertos riesgos sociales.

SEGURO adv. Con seguridad.

SEGURO, A adj. (lat. *securum*). Libre y exento de todo daño, peligro o riesgo. **2.** Infalible, cierto, que no admite duda o error. **3.** Firme, estable. **4.** Que ofrece confianza, incapaz de engañar o fallar. **5.** Confiado, convencido, persuadido de algo: *seguro de su amistad*. **6.** Que tiene fe en sí mismo, que tiene conciencia de su valor o de sus posibilidades. ♦ n. m. **7.** Contrato por el que, mediante el pago de una prima, los aseguradores se comprometen a indemnizar de un eventual peligro o accidente. **8.** Pieza o dispositivo destinado a impedir, a voluntad, el funcionamiento de una máquina, mecanismo, etc., a fin de precaver un accidente, robo, etc. **9.** *Méx.* Imperdible, alfiler de seguridad. • **A buen seguro** o **al seguro**, probablemente. || **De seguro**, con seguridad.

SEIBO (*provincia de El*), prov. de la República Dominicana; 2989 km²; 157 900 hab. Cap. *Santa Cruz de El Seibo*.

SEIFERT (Jaroslav), poeta checo (Praga 1901-*id.* 1986). Evolucionó desde una poesía revolucionaria y proletaria a un lirismo melancólico. (Premio Nobel de literatura 1984.)

SEIS adj. num. cardin. y n. m. (lat. *sex*). Cinco y uno. ♦ adj. num. ordin. **2.** Sexto. ♦ n. m. **3.** Naipe, dado o ficha del dominó que representa seis puntos. **4.** MÚS. Danza popular puertorriqueña que se presenta en numerosas versiones.

SEISAVO, A adj. y n. m. Dícese de cada una de las seis partes iguales en que se divide un todo.

SEISCIENTOS, AS adj. num. cardin. y n. m. Seis veces ciento. ♦ n. m. **2.** Denominación que se aplica al arte, la historia y la cultura del s. XVII.

SEÍSMO n. m. Sismo.

SELACEO, A adj. y n. m. Relativo a una subclase de peces marinos de esqueleto cartilaginoso y piel áspera sin escamas, como el tiburón o la raya.

SELECCIÓN n. f. Acción de seleccionar. **2.** Conjunto de personas o cosas seleccionadas. **3.** Elección, natural o artificial, de animales o plantas en vistas a la reproducción.

SELECCIONADOR, RA n. Persona encargada de seleccionar a los jugadores que han de formar parte de un equipo deportivo.

SELECCIONAR v. tr. [1]. Escoger o elegir entre varias personas o cosas las que se consideran mejores o más adecuadas para un fin.

SELECTIVIDAD n. f. Calidad de selectivo. **2.** Conjunto de condiciones y pruebas a que se someten los alumnos para acceder a ciertos niveles del sistema educativo.

SELECTIVO, A adj. Que sirve para efectuar una selección. **2.** Que implica una selección.

SELECTO, A adj. (lat. *selectum*). Dícese de lo mejor entre otros de su especie o clase.

SELENIO n. m. Elemento químico metálico de símbolo Se, número atómico 34 y masa atómica 78,96, sólido, de densidad 4,8, fusible a 217 °C, análogo al azufre, y cuya conductividad eléctrica aumenta con la luz que recibe.

SELENITA n. m. y f. Supuesto habitante de la Luna.

SELLAR v. tr. (lat. *sigillare*) [1]. Imprimir el sello en una cosa: *sellar una carta*. **2.** *Fig.* Estampar, imprimir o dejar la huella o señal de una cosa en otra. **3.** *Fig.* Corroborar la conclusión de una cosa: *sellar un pacto*. **4.** Cerrar, cubrir, tapar: *sellar los labios*. **5.** TECNOL. Cerrar herméticamente.

SELLO n. m. (lat. *sigillum*). Utensilio que sirve para estampar sobre una carta, documento, etc., la estampilla de una empresa, entidad, organismo oficial, etc. **2.** Lo que queda estampado. **3.** *Fig.* Carácter distintivo y peculiar de una persona o cosa: *un sello de distinción*. **4.** Viñeta o estampita de un valor convencional para franquear los envíos confiados al servicio de correos. SIN.: *sello de correos*. **5.** Matriz en que están grabadas en hueco la figura, las armas o la marca simbólica de un estado, de un soberano, de una comunidad o de un particular. **6.** Disco de metal o de cera que se ponía pendiente en documentos de importancia para garantizar su destino a una persona determinada. **7.** Conjunto de dos obleas entre las que se encierra un medicamento. SIN.: *oblea.* **8.** Sortija con las iniciales o el escudo de un apellido. **9.** Colomb., Chile y Perú. Reverso de las monedas, cruz.

SELVA n. f. (lat. *silvam*). Bosque extenso, inculto y muy poblado de árboles. **2.** *Fig.* Abundancia extraordinaria, confusa y desordenada de una cosa. • **Selva virgen**, bosque no alterado por la manipulación del hombre.

SELVA NEGRA, en alem. *Schwarzwald*, macizo montañoso de Alemania (Baden-Württemberg), frente a los Vosgos, de los que lo separa la llanura del Rin; 1493 m en el *Feldberg.*

SELVÁTICO, A adj. Relativo a la selva. **2.** *Fig.* Rústico, inculto, tosco.

ŠEM ṬOB, llamado también **Santos de Carrión**, escritor hebraicoespañol del s. XIV. Debe su fama a *Proverbios morales.*

SEMA n. m. LING. Unidad mínima de significación no susceptible de realización independiente.

SEMÁFORO n. m. Dispositivo de señalización luminosa para la regulación del tráfico urbano. **2.** F.C. Señal óptica para la seguridad del tráfico.

SEMANA n. f. (lat. *septimanam*). Serie de siete días naturales consecutivos. **2.** Salario ganado en una semana. • **Entre semana**, en cualquier día de ella, menos el primero y el último. ‖ **Semana inglesa**, régimen de trabajo que se inicia el lunes por la mañana y finaliza el sábado a mediodía. ‖ **Semana santa**, la última de la cuaresma, desde el domingo de Ramos hasta el de Resurrección.

SEMANAL adj. Que dura una semana, o sucede, se hace o se repite cada semana.

SEMANARIO n. m. Publicación periódica semanal. **2.** Juego de algunas cosas, formado por siete unidades: *un semanario de pulseras.*

SEMANTEMA n. m. LING. Unidad léxica provista de significación, por oposición a morfema y fonema.

SEMÁNTICA n. f. LING. Estudio de los significados de las palabras y de sus variaciones, y de los problemas relacionados con el significado.

SEMÁNTICO, A adj. Relativo al sentido, al significado: *el contenido semántico de una palabra.*

SEMBLANTE n. m. (cat. *semblant*). Cara, rostro. **2.** *Fig.* Apariencia o aspecto favorable o desfavorable de una cosa.

SEMBLANTEAR v. tr. e intr. [**1**]. *Argent., Chile, Méx., Nicar., Par., Salv.* y *Urug.* Mirar a alguien a la cara para adivinar sus intenciones.

SEMBLANZA n. f. (cat. *semblança*, parecido). Descripción física o moral de una persona.

SEMBRADERO n. m. *Colomb.* Porción de tierra labrantía o de sembradura.

SEMBRADÍO, A adj. Dícese del terreno destinado a sembrar.

SEMBRADO, A adj. Cubierto de cosas esparcidas. ♦ n. m. **2.** Tierra sembrada, hayan o no germinado y crecido las semillas.

SEMBRAR v. tr. (lat. *seminare*) [**1j**]. Esparcir las semillas en la tierra preparada para que germinen. **2.** *Fig.* Esparcir, desparramar algo sobre una superficie: *sembrar una calle de flores.* **3.** *Fig.* Dar motivo u origen a algo: *sembrar el pánico.* **4.** *Fig.* Hacer algo o prepararlo para que produzca provecho.

SEMEJANTE adj. Que tiene aspectos o características iguales o similares a otra persona o cosa. **2.** Tal, de esta especie: *valerse de semejantes medios.* **3.** MAT. Dícese de dos figuras que pueden ser transformadas la una en la otra por una semejanza. ♦ n. m. **4.** Prójimo, cualquier persona con respecto a otra. (Suele usarse en plural.)

SEMEJANZA n. f. Calidad de semejante. **2.** GEOMETR. Transformación geométrica que conserva la alineación y los ángulos alterando la distancia según un factor de proporcionalidad. **3.** LIT. Símil.

SEMEJAR v. intr. y pron. [**1**]. Parecer o tener semejanza o parecido con una persona o cosa.

SEMEN n. m. (lat. *semen*, semilla). BIOL. Esperma.

SEMENTAL adj. y n. m. Dícese del animal macho que se destina a la reproducción.

SEMENTERA n. f. Acción y efecto de sembrar. **2.** Tierra sembrada. **3.** Cosa sembrada. **4.** Tiempo a propósito para sembrar. **5.** *Fig.* Cosa de la que se originan y propagan otras desagradables.

SEMESTRAL adj. Que sucede o se repite cada semestre. **2.** Que dura un semestre.

SEMESTRE n. m. Período de seis meses. **2.** Renta o sueldo que se cobra o paga cada semestre.

SEMIÁRIDO, A adj. Dícese de las regiones y del clima de las zonas próximas a los desiertos.

SEMIAUTOMÁTICO, A adj. Dícese de un conjunto mecánico cuyo funcionamiento automático implica una ayuda manual.

SEMICÍRCULO n. m. Cada una de las dos mitades del círculo separadas por un diámetro.

SEMICONDUCTOR, RA adj. y n. m. ELECTR. Dícese del cuerpo cuya resistividad eléctrica, superior a la de los metales e inferior a la de los aislantes, varía dentro de amplios límites, bajo la influencia de determinados factores, como la temperatura.

SEMICONSERVA n. f. Conserva alimentaria cuya duración es limitada y que debe guardarse en frío.

SEMICONSONANTE n. f. y adj. Fonema que se forma por la articulación explosiva agrupada con la consonante anterior. (En español la *i* de *pie* y la *u* de *bueno* son semiconsonantes.)

SEMICORCHEA n. m. Nota musical cuyo valor representa la dieciseisava parte de la redonda.

SEMIDIÓS, SA n. MIT. GR. y ROM. Hijo de un dios y de una mortal o de un mortal y de una diosa. **2.** Divinidad secundaria, como el fauno o la ninfa. **3.** Persona excepcional.

SEMIEJE n. m. Cada una de las dos partes de un eje separadas por un punto.

SEMIESFERA n. f. Hemisferio.

SEMIFINAL n. f. Prueba deportiva que precede a la final.

SEMIFINALISTA adj. y n. m. y f. Que contiende o participa en una semifinal.

SEMIFUSA n. f. Figura de nota musical que representa la dieciseisava parte de una negra y la sesenta y cuatroava parte de una redonda.

SEMILLA n. f. (lat. *seminia*). Embrión en estado latente encerrado en un fruto y que da una nueva planta. **2.** *Fig.* Aquello que es causa u origen de una cosa. ♦ **semillas** n. f. pl. **3.** Granos que se siembran, exceptuando el trigo y la cebada.

SEMILLERO n. m. **1.** Lugar donde se siembran las plantas que después se han de trasplantar. **2.** Lugar donde se conservan para estudio colecciones de diversas semillas. **3.** *Fig.* Aquello que es causa u origen de: *un semillero de discordias.*

SEMINARIO n. m. Establecimiento religioso donde se forma a los que aspiran al sacerdocio. **2.** Serie de conferencias sobre un tema determinado. **3.** Grupo de trabajo.

SEMINARISTA n. m. Alumno de un seminario.

SEMINOLA, pueblo amerindio del grupo muscogi que vivía en Florida, act. en reservas en Oklahoma.

SEMINOMADISMO n. m. Género de vida que combina la agricultura ocasional y la ganadería nómada.

SEMIOLOGÍA n. f. Semiótica. **2.** Sintomatología.

SEMIÓTICA n. f. Ciencia de los modos de producción de funcionamiento y recepción de los diferentes sistemas de signos de comunicación en los individuos o colectividades. SIN.: *semiología.*

SEMIÓTICO, A adj. Relativo a la semiótica.

SEMIPESADO, A adj. y n. m. DEP. Categoría de pesos intermedia entre los pesos medios y los pesos pesados.

SEMIPLANO n. m. MAT. Porción de plano limitado por una recta trazada en este plano.

SEMIPOLAR adj. Dícese del enlace químico entre dos átomos, uno de los cuales proporciona al otro los electrones de valencia.

SEMIPRODUCTO n. m. Materia prima que ha sufrido una primera transformación.

SEMÍRAMIS, reina legendaria de Asiria, esposa de Ninos, a quien la tradición griega atribuye la fundación de Babilonia y sus jardines colgantes.

SEMIRRECTA n. f. MAT. Cada una de las dos partes en que queda dividida una recta por cualquiera de sus puntos.

SEMITA adj. y n. m. y f. Relativo a una importante familia de pueblos asiáticos; individuo de estos pueblos. ♦ adj. **2.** Semítico. ♦ n. f. **3.** *Argent., Bol.* y *Ecuad.* Especie de bollo o galleta, cemita.

SEMÍTICO, A adj. Relativo a los semitas. • **Lenguas semíticas**, grupo de lenguas habladas en un vasto dominio desde Asia suroccidental hasta el N de África.

SEMITISMO n. m. Carácter semítico.

SEMITONO n. m. MÚS. Dícese de cada una de las dos partes desiguales en que se divide el intervalo de un tono.

SEMITRANSPARENTE adj. Casi transparente.

SEMIVOCAL n. f. y adj. Fonema que se inicia con una abertura vocálica y termina con la estrechez de una fricativa. (En español, son semivocales la *i* y la *u* de *aire, peine, aula, causa*, etc.)

SÉMOLA n. f. (lat. *similam*, flor de harina). Pasta hecha de harina de trigo, arroz u otro cereal, reducida a granos muy menudos.

SEMOVIENTE adj. Dícese de los bienes que pueden trasladarse por sí mismos de un lugar a otro.

SEMPITERNO, A adj. (lat. *sempiternum*). Eterno.

SEN n. m. Planta arbustiva semejante a la casia, con cuyas hojas se prepara una infusión purgante.

SENA, en fr. *Seine*, r. de Francia, que riega la mayor parte de la Cuenca de París; 776 km. Nace en la meseta de Langres, a 471 m de alt., y desemboca, formando un estuario, en el canal de la Mancha, al S de El Havre.

SENADO n. m. (lat. *senatum*). En la antigua Roma, asamblea política que, durante la república, fue la más alta autoridad del estado. **2.** En algunos países, una de las asambleas parlamentarias. **3.** Edificio donde se reúne esta asamblea.

SENADOR, RA n. Miembro de un senado.

SENADURÍA n. f. Dignidad o cargo de senador.

SENATORIAL adj. Relativo al senado o al senador.

SENCILLEZ n. f. Calidad de sencillo.

SENCILLO, A adj. Simple, sin composición. **2.** Sin lujo, ostentación o afectación. **3.** Sin complicación, fácil. **4.** Exento de artificio o afectación: *estilo sencillo.* **5.** *Fig.* De carácter natural y espontáneo. **6.** Que tiene menos cuerpo o volumen que otras cosas de su especie: *tafetán sencillo.*

SENDA n. f. (lat. *semitam*). Camino más estrecho que la vereda. **2.** *Fig.* Camino, medio, método. SIN.: *sendero.*

SEN

SENDOS, AS adj. pl. (lat. *singulos*). Dícese de aquellas cosas de las que corresponde una para cada una de otras dos o más personas o cosas.

SÉNECA, llamado **Séneca el Viejo** o **el Retórico** (Córdoba c. 60 a. J.C.-Roma c. 39 d. J.C.), autor de *Controversias,* valiosos documentos sobre la educación oratoria en el s. I.

SÉNECA (Lucio Anneo), escritor, filósofo y político latino (Córdoba c. 2 a. J.C.-65 d. J.C.), hijo de Séneca el Viejo, fue preceptor de Nerón. Estuvo implicado en la conjura de Pisón y se cortó las venas por orden del emperador. De su obra conservada destacan sus tratados filosóficos (*Diálogos; La clemencia*), obras de tono moral y sus nueve tragedias. Su ideario estoico ejerció una considerable influencia en el pensamiento posterior.

SENECTUD n. f. Ancianidad.

SENEGAL, estado de África occidental, al S del río Senegal; 197 000 km²; 7 500 000 hab. (*Senegaleses*.) CAP. *Dakar.* LENGUA OFICIAL: *francés.* MONEDA: *franco C.F.A.*

GEOGRAFÍA

Senegal es un país llano, de clima tropical, y cuya población está concentrada en el O del país. Los dos tercios de la población activa se dedican a la agricultura (cacahuetes, arroz, mijo y ganadería). Industria, en la península de Cabo Verde. Fosfatos. El turismo no consigue paliar el déficit comercial.

HISTORIA

S. XIV: el país estaba englobado dentro del imperio de Malí. S. XV: los portugueses llegaron a Cabo Verde, e instalaron factorías en sus costas (Rufisque). S. XVI: los holandeses fundaron la factoría de Gorea. S. XVII: los franceses fundaron Saint-Louis (1659) y ocuparon Gorea (1677). 1857: creación de Dakar. 1879-1890: Francia conquistó todo el país. 1895: Senegal ocupó un lugar privilegiado en el seno del imperio colonial francés. ***El Senegal independiente.*** 1958: después de un referéndum, Senegal se convirtió en una república autónoma en el seno de la Comunidad francesa. 1960: accedió a la independencia.

SENEGALÉS, SA adj. y n. De Senegal.

SENGUERR, r. de Argentina, en la Patagonia (Chubut), emisario de los lagos La Plata y Fontana; en su último tramo forma dos brazos que desembocan en los lagos Musters y Colhué-Huapi; 338 km.

SENIL adj. Relativo a los viejos o a la vejez.

SENILIDAD n. f. Vejez.

SENIOR adj. y n. m. (lat. *senior*, más viejo). Dícese de la persona de más edad respecto a otra que lleva el mismo nombre. **2.** DEP. Dícese de los participantes que han pasado de la edad límite para los juniors y que todavía no son veteranos.

SENNETT (Michael *Sinnott,* llamado **Mack**), director de cine norteamericano (Richmond, Quebec, 1880-Hollywood 1960). Fue el gran creador del cine cómico.

SENO n. m. (lat. *sinum*). Concavidad o hueco. **2.** Concavidad que forma una cosa curva. **3.** Espacio hueco que queda entre el vestido y el pecho. **4.** Mama, en la mujer. **5.** Útero. SIN.: *seno materno.* **6.** *Fig.* Regazo, amparo, refugio. **7.** *Fig.* Parte interna de algo material o inmaterial: *el seno de una familia.* **8.** ANAT. Cavidad existente en el espesor de un hueso: *seno frontal.* **9.** Conducto venoso dentro de la cavidad craneal. **10.** MAT. Relación entre la perpendicular MP trazada desde uno de los extremos M de un arco de círculo AM sobre el diámetro que pasa por el otro extremo de arco, y el radio OA.

SENSACIÓN n. f. Información recibida por el sistema nervioso central, cuando uno de los órganos de los sentidos reacciona ante un estímulo externo. **2.** Impresión de estupor, sorpresa o admiración de un hecho, noticia, suceso, etc.: *su llegada causó sensación.* **3.** Acción o circunstancia de sentir algo o de sentirse de una determinada manera: *tengo la sensación de que no vendrá.*

SENSACIONAL adj. Que causa gran sensación, impresión, interés, etc. **2.** Que gusta extraordinariamente.

SENSACIONALISMO n. m. Tendencia a causar sensación, a difundir noticias sensacionales.

SENSACIONALISTA adj. n. m. y f. Que implica o denota sensacionalismo: *prensa sensacionalista.*

SENSATEZ n. f. Calidad de sensato.

SENSATO, A adj. (lat. *sensatum*). Que piensa y actúa con buen juicio y moderación, o lo denota.

SENSIBILIDAD n. f. Facultad de los seres animados de percibir o experimentar, por medio de los sentidos. **2.** Capacidad para sentir afectos y emociones. **3.** Capacidad de sentir determinadas manifestaciones: *sensibilidad para la música.* **4.** Calidad de las cosas sensibles. **5.** Rapidez con que una emulsión fotográfica puede proporcionar una imagen latente o una imagen visible. **6.** Cualidad de un instrumento de medida, por la que basta una pequeña variación de la magnitud a medir para modificar la posición del dispositivo indicador.

SENSIBILIZACIÓN n. f. Acción de sensibilizar.

SENSIBILIZAR v. tr. |**1g**|. Hacer sensible o aumentar la sensibilidad: *la música sensibiliza el oído.* **2.** FOT. Hacer sensible a la acción de la luz.

SENSIBLE adj. (lat. *sensibilem*). Que goza de sensibilidad: *los animales son seres sensibles.* **2.** Que recibe o capta una impresión externa: *ser muy sensible al frío.* **3.** Que siente o se impresiona ante los placeres estéticos. **4.** Dícese de la persona que se deja llevar fácilmente por el sentimiento. **5.** Perceptible por los sentidos: *el mundo sensible.* **6.** Muy perceptible y manifiesto: *experimentar una sensible mejoría.* **7.** Lamentable, que causa disgusto, contrariedad o pena: *una sensible pérdida.* **8.** *Fig.* Que indica las más ligeras variaciones: *un termómetro muy sensible.* **9.** FOT. Dícese de la cualidad de una capa impresionada bajo la acción de la luz.

SENSIBLERÍA n. f. Sentimentalismo exagerado o afectado.

SENSIBLERO, A adj. Que denota sensiblería.

SENSITIVA n. f. Planta arbustiva o herbácea de las regiones cálidas, cuyas hojas se repliegan al menor contacto. (Familia mimosáceas.)

SENSITIVO, A adj. Relativo a los sentidos corporales. **2.** Que conduce el influjo nervioso de un órgano sensorial a un centro: *nervio sensitivo.* ◆ adj. y n. **3.** De una sensibilidad excesiva.

SENSOR n. m. Término genérico que designa cualquier equipo que permite adquirir una información.

SENSORIAL adj. Relativo a las sensaciones en tanto que son fenómenos sicofísicos.

SENSUAL adj. Que proporciona satisfacción o placer a los sentidos. **2.** Inclinado a estos placeres. **3.** Relativo al deseo sexual: *apetitos sensuales.* **4.** Sensitivo, relativo a los sentidos corporales.

SENSUALIDAD n. f. Calidad de sensual. **2.** Propensión o tendencia exagerada a los placeres de los sentidos.

SENSUALISMO n. m. Filosofía según la cual todas las ideas proceden de las sensaciones.

SENSUNTEPEQUE, c. de El Salvador, cap. del dep. de Cabañas; 31 739 hab. Agricultura y ganadería. Cobre. Industria.

SENTADA n. f. Tiempo durante el cual alguien permanece sentado. **2.** Manifestación no violenta que consiste en sentarse en un lugar público.

SENTADO, A adj. Sensato, juicioso. • **Dar por sentado,** considerar algo como fuera de duda.

SENTADOR, RA adj. *Argent.* y *Chile.* Dícese de la prenda de vestir que sienta bien.

SENTAR v. tr. y pron. |**1j**|. Colocar o colocarse en algún sitio de manera que uno quede apoyado y descansando sobre las nalgas. ◆ v. tr. **2.** Asentar, poner o colocar una cosa de modo que permanezca firme. **3.** Aplanar, alisar. **4.** *Fig.* Fundamentar algo en un razonamiento, exposición, etc.: *sentar las bases.* **5.** *Argent., Chile, Ecuad., Perú* y *Urug.* Sofrenar bruscamente el caballo haciendo que levante las manos y se apoye sobre los cuartos traseros. ◆ v. intr. **6.** *Fig.* y *fam.* Digerir bien o mal un alimento, ser algo provechoso o perjudicial para el organismo. **7.** *Fig.* Ir, caer bien o mal una cosa a alguien: *el color moreno te sienta bien.* **8.** *Fig.* y *fam.* Agradar, gustar, producir buena o mala impresión en el ánimo: *le sentó mal que no vinieras.* || **Sentar como un tiro** (*Fam.*), molestar algo. ◆ **sentarse** v. pron. **9.** Posarse un líquido.

SENTENCIA n. f. (lat. *sententiam*). Dicho o frase corta que encierra o contiene un principio moral o un consejo de sabiduría popular. **2.** Dictamen, parecer. **3.** Resolución judicial. **4.** Proposición, enunciado.

SENTENCIAR v. tr. |**1**|. Dar o pronunciar una sentencia. **2.** Condenar, dictar sentencia. **3.** *Fig.* y *fam.* Destinar para un fin: *sentenciar un libro a la hoguera.*

SENTENCIOSO, A adj. Que contiene una sentencia. **2.** Con afectada gravedad.

SENTIDO, A adj. Que contiene o expresa sentimiento: *una frase muy sentida.* **2.** Muy sensible o fácil de ofender. ◆ n. m. **3.** Órgano especializado capaz de recibir y transmitir las impresiones externas. **4.** Función sicofisiológica por la que un organismo recibe información sobre ciertos elementos del medio exterior. **5.** Facultad para entender o para actuar: *el sentido del deber.* **6.** Razón de ser, finalidad: *su reacción carece de sentido.* **7.** Significación, manera como se ha de entender algo: *no entiendo el sentido de estos versos.* **8.** *Fig.* Expresión, entonación: *recitar con mucho sentido.* **9.** *Fam.* Dirección: *ir en sentido contrario.* **10.** *Amér.* Sien. **11.** LING. y LOG. Conjunto de representaciones que sugiere una palabra, un enunciado. • **Doble sentido,** equívoco. || **Los cinco sentidos,** la vista, el oído, el olfato, el gusto y el tacto. || **Perder el sentido,** desmayarse. || **Sentido común,** capacidad de distinguir lo verdadero de lo falso, de actuar razonablemente. || **Sentido del humor,** capacidad para expresar o admitir lo humorístico. || **Sexto sentido,** intuición. || **Sin sentido,** insensato; sin justificación, ilógico.

SENTIMENTAL adj. Relativo al sentimiento. ◆ adj. y n. m. y f. **2.** Que tiene o denota una sensibilidad algo romántica o exagerada.

SENTIMENTALISMO n. m. Calidad de sentimental.

SENTIMIENTO n. m. Acción de sentir. **2.** Estado afectivo del ánimo: *sentimiento de alegría.* **3.** Parte afectiva del ser humano: *persona sin sentimientos.* **4.** Afecto, amor: *declarar sus sentimientos.* **5.** Aflicción, dolor: *acompañar en el sentimiento.*

SENTINA n. f. Parte baja de la bodega de un buque donde se acumulan las aguas. **2.** Albañal, cloaca. **3.** *Fig.* Lugar de gran vicio o corrupción.

SENTIR v. tr. (lat. *sentire*) |**22**|. Percibir alguna sensación por medio de los sentidos. **2.** Experimentar determinada sensación física o moral: *sentir hambre, pena.* **3.** Lamentar, sentirse mal. **4.** Tener la impresión, creer, opinar: *no siente lo que dice.* **5.** Tener determinada disposición o capacidad de experimentar ciertas sensaciones o emociones: *sentir el arte.* **6.** Presentir, barruntar. ◆ v. tr. y

SER

pron. **7.** Darse cuenta. ♦ **sentirse** v. pron. **8.** Encontrarse en determinada situación o estado físico o moral: *sentirse contento*. **9.** Considerarse: *sentirse importante*. **10.** Tener un dolor o molestia en alguna parte del cuerpo. **11.** *Méx.* Ofenderse, sentirse herido o triste por lo dicho o hecho por alguien: *se sintió cuando le pedí que me pagara*.

SENTIR n. m. Sentimiento. **2.** Opinión, parecer.

SENTÓN n. m. *Méx.* Golpe en las nalgas al caer.

SEÑA n. f. (lat. *signa*). Detalle o particularidad de una cosa, por la que se la reconoce o diferencia. **2.** Gesto o ademán que sirve para atraer la atención o comunicarse con alguien. **3.** Aquello que se acuerda o conviene de antemano para entenderse entre sí dos o más personas. ♦ **señas** n. f. pl. **4.** Indicación del paradero y domicilio de una persona. **5.** Rasgos característicos de una persona, que permiten distinguirla o identificarla.

SEÑAL n. f. Lo que muestra o indica la existencia de algo. **2.** Signo conocido para advertir, anunciar, dar una orden, etc. **3.** Detalle o particularidad que distingue una cosa de las demás. **4.** Mojón que se pone para marcar un límite o lindero. **5.** Imagen o representación de algo: *la bandera a media asta es señal de duelo*. **6.** Huella, vestigio: *señales de pisadas*. **7.** Cantidad de dinero que se entrega como garantía de lo que se ha encargado o comprado. **8.** Cicatriz. **9.** En teoría de la comunicación, variación de una magnitud de cualquier naturaleza portadora de información. **10.** Marca del ganado que consiste en hacerle algunas cisuras en las orejas. **11.** Sonido que un aparato telefónico: *señal de comunicar*. • **En señal,** en prueba o como muestra de algo. ‖ **Ni señal,** nada; nadie no se encuentra o ha desaparecido. ‖ **Señal de tráfico,** indicaciones que se ponen en las carreteras, calles, etc., para regular el tráfico.

SEÑALADA n. f. *Argent.* Acción de señalar el ganado. **2.** *Argent.* Ceremonia campesina que consiste en señalar el ganado.

SEÑALADO, A adj. Insigne, famoso: *un autor señalado*. **2.** Notable, extraordinario, especialmente referido a fechas o días: *un día señalado*.

SEÑALAMIENTO n. m. Acción de señalar. **2.** Designación de día para un juicio oral o una vista.

SEÑALAR v. tr. [1]. Ser la señal de algo que se manifiesta o va a ocurrir: *El humo señala fuego*. **2.** Hacer o poner señales. **3.** Indicar, referir algo: *señalar la importancia del hecho*. **4.** Llamar la atención, hacia alguien o algo, con la mano, con un gesto o de otro modo. **5.** Determinar el tiempo, el lugar, el precio, etc., para cierto fin: *señalar una fecha*. **6.** Hacer la señal convenida para dar a conocer la existencia de algo. **7.** Producir heridas o cicatrices en el cuerpo. ♦ **señalarse** v. pron. **8.** Distinguirse o sobresalir.

SEÑALERO n. m. *Argent.* Ferroviario responsable de una cabina de señalización.

SEÑALIZACIÓN n. f. Acción y efecto de señalizar. **2.** Utilización o instalación de señales para dar a distancia informaciones. **3.** Conjunto de señales.

SEÑALIZAR v. tr. [1g]. Instalar o utilizar señales en una carretera, calle, vía férrea, puerto, etc.

SEÑERO, A adj. Único, notorio, importante.

SEÑOR, RA adj. y n. (lat. *seniorem*, más viejo). Dueño de una cosa que tiene dominio sobre alguien o algo. **2.** Amo respecto a los criados. **3.** Tratamiento generalmente de respeto, que se antepone a un apellido, a un título profesional, etc. **4.** Dotado de importancia, autoridad y distinción natural: *ser todo un señor*. ♦ adj. **5.** Que denota nobleza o distinción. **6.** Antepuesto a un nombre, encarece el significado del mismo: *dar un señor disgusto*. ♦ n. m. **7.** Dios, y especialmente Jesucristo en la eucaristía. (Con este significado suele escribirse con mayúscula.) **8.** Hombre en contraposición a mujer. **9.** HIST. Título nobiliario.

señor presidente (El), novela de M. Á. Asturias (1946), inspirada en el dictador Estrada Cabrera.

SEÑORA n. f. y adj. Femenino de señor. **2.** Mujer casada, en oposición a soltera. ♦ n. f. **3.** Mujer, esposa. **4.** Mujer en contraposición a hombre. • **Nuestra Señora,** la Virgen María.

SEÑOREAR v. tr. [1]. Dominar o mandar en algo, especialmente como señor. **2.** Dominar, ser algo más alto que lo que lo rodea: *el campanario señorea el pueblo*.

SEÑORÍA n. f. Tratamiento dado a personas con determinada dignidad. **2.** Persona que recibe este tratamiento.

SEÑORIAL adj. Relativo al señorío. **2.** Majestuoso.

SEÑORÍO n. m. Dominio o mando sobre algo. **2.** *Fig.* Distinción, elegancia. **3.** FEUD. Derecho, poder, autoridad de un señor. **4.** FEUD. Territorio sobre el que se extendía esta autoridad.

SEÑORITA n. f. y adj. Tratamiento dado a las mujeres solteras. **2.** Tratamiento dado a las maestras. ♦ n. f. **3.** Cigarro puro corto y delgado.

SEÑORITO, A adj. n. m. *Fam.* Tratamiento que dan a las personas jóvenes de una casa los criados. ♦ n. **2.** Persona joven, de familia acomodada, que hace ostentación de su riqueza.

SEÑORÓN, NA adj. y n. Señor rico o importante, o que afecta serlo.

SEÑUELO n. m. Figura de ave que se pone como cebo para atraer al halcón remontado. **2.** Cualquier cosa que sirve para atraer a otras aves. **3.** *Fig.* Lo que sirve para atraer o indicar con engaño. **4.** *Argent.* y *Bol.* Grupo de cabestros utilizados para atraer al resto del ganado.

SÉPALO n. m. BOT. Pieza floral, generalmente verde, que envuelve el botón floral antes de abrirse. (El conjunto de los sépalos forma el *cáliz*.)

SEPARACIÓN n. f. Acción de separar o separarse. **2.** Espacio medible entre dos cosas separadas. **3.** Objeto que separa (muro, tabique, etc.). • **Separación conyugal,** suspensión de la vida conyugal sin rotura del vínculo. ‖ **Separación patrimonial,** régimen matrimonial en que cada cónyuge conserva la propiedad y la administración de sus bienes.

SEPARAR v. tr. y pron. (lat. *separare*) [1]. Poner fuera de contacto o proximidad a personas, animales o cosas. ♦ v. tr. **2.** Sujetar a dos o más personas que se pelean o interponerse entre ellas. **3.** Coger parte de una cosa o ponerla en otro sitio: *separar un trozo del pastel*. **4.** Distinguir unas cosas de otras: *separar los distintos aspectos de un asunto*. **5.** Destituir, deponer: *separar de un empleo a alguien*. ♦ **separarse** v. pron. **6.** Romper profesional o ideológicamente con alguien. **7.** Realizar la separación conyugal.

SEPARATA n. f. Ejemplar o conjunto de ejemplares impresos por separado de algún libro o revista.

SEPARATISMO n. m. Tendencia de los habitantes de un territorio a separarlo del estado del que forma parte.

SEPARATISTA adj. n. m. y n. f. Relativo al separatismo; partidario del separatismo.

SEPARO n. m. *Méx.* Lugar donde se encierra temporalmente a los presuntos responsables de un delito en las delegaciones de policía.

SEPE n. m. *Bol.* Termes.

SEPELIO n. m. Acción de enterrar los cadáveres con la ceremonia religiosa correspondiente.

SEPIA n. f. (lat. *sepiam*). Molusco de diez tentáculos con ventosas, que al ser ataca-

do proyecta un líquido negro. (Clase cefalópodos.) **2.** Materia colorante de color pardo rojizo oscuro obtenida de este molusco. **3.** Color parecido a esta materia.

SEPTENAL adj. Que dura siete años o que se repite cada siete años.

SEPTENARIO, A adj. Que consta de siete elementos, unidades o guarismos. ♦ n. m. **2.** Tiempo de siete días.

SEPTENIO n. m. (lat. *septennium*). Período de siete años.

SEPTENTRIÓN n. m. Norte.

SEPTENTRIONAL adj. y n. m. y f. De la parte del norte.

SEPTENTRIONAL (*altiplanicie*), región de México (Chihuahua, Durango y parte de Coahuila, Zacatecas y San Luis Potosí), entre las sierras Madre oriental y occidental, y el río Bravo al N. Constituye la porción N del altiplano mexicano.

SEPTETO n. m. MÚS. Composición vocal o instrumental para siete ejecutantes.

SEPTICEMIA o **SEPSIS** n. f. Enfermedad causada por la proliferación en la sangre de bacterias.

SÉPTICO, A adj. (gr *séptikos*; de *sēpeyō,* corromper). Que causa una infección: *microbios sépticos*. **2.** Causado por microbios. **3.** Contaminado por microbios. • **Fosa séptica,** fosa destinada a la recepción de materias fecales.

SEPTIEMBRE n. m. Setiembre.

SÉPTIMO, A adj. num. ordin. (lat. *septimum*). Que corresponde en orden al número siete. ♦ adj. y n. m. **2.** Dícese de cada una de las siete partes iguales en que se divide un todo. • **Séptimo arte,** el cine.

SEPTUAGENARIO, A adj. y n. De edad comprendida entre los setenta y ochenta años.

SEPTUAGÉSIMO, A adj. num. ordin. Que corresponde en orden al número setenta. ♦ adj. y n. m. **2.** Setentavo.

SEPTUPLICAR v. tr. y pron. [1a]. Ser o hacer algo siete veces mayor.

SÉPTUPLO, A adj. y n. m. (lat. *septuplum*). Que contiene un número siete veces exactamente.

SEPULCRAL adj. Relativo al sepulcro o que tiene sus características.

SEPULCRO n. m. (lat. *sepulcrum*). Obra que se construye generalmente levantada sobre el suelo, y donde quedan encerrados los restos de una o varias personas. • **Santo sepulcro,** aquel en que estuvo Jesucristo.

SEPULTAR v. tr. [1]. Poner en la sepultura a un muerto. **2.** *Fig.* Ocultar, cubrir: *las aguas sepultaron los campos*. **3.** *Fig.* Esconder u ocultar algo inmaterial: *sepultar un recuerdo*.

SEPULTURA n. f. (lat. *sepulturam*). Acción y efecto de sepultar. **2.** Hoyo hecho en la tierra, o cualquier otro lugar donde se entierra uno o más cadáveres. • **Dar sepultura,** enterrar.

SEPULTURERO, A n. Persona que sepulta a los muertos en los cementerios.

SEQUEDAD n. f. Calidad de seco. **2.** *Fig.* Trato áspero y brusco.

SEQUEDAL o **SEQUERAL** n. m. Terreno muy seco.

SEQUÍA n. f. Falta de lluvias durante un largo período de tiempo.

SÉQUITO n. m. (ital. *seguito*). Grupo de gente que acompaña a una persona ilustre o célebre. **2.** *Fig.* Efecto o consecuencia de un hecho precedente: *séquito de desgracias*.

SER v. (lat. *esse*) [15]. Verbo auxiliar que sirve para la conjugación de todos los verbos en la voz pasiva. **2.** Verbo sustantivo que afirma del sujeto lo que significa el atributo. ♦ v. intr. **3.** Haber o existir: *eso no es de este mundo*. **4.** Servir para una cosa: *¹uan no es para esto; este cuchillo es para el pan*. **5.** Suceder, ocurrir: *el eclipse fue ayer*. **6.** Valer, costar: *¿cómo es el pescado?*. **7.** Pertenecer a uno: *esta casa es mía*. **8.** Constituir: *el robo es*

SER

delito. 9. Expresa causa: *esto fue mi ruina.* **10.** Consistir en, depender de: *la cuestión es decidirse.* **11.** Se usa para afirmar o negar lo que se dice o pretende: *eso es.* **12.** Junto con sustantivos, adjetivos o participios, tener los empleos, propiedades, condiciones, etc., que se expresan: *es médico.* **13.** Seguido de una oración precedida de *que,* expresa causa o excusa: *es que se me hace tarde.* **14.** Introduce expresiones adverbiales de tiempo: *es muy tarde.* **15.** Seguido de la prep. *de* más infinitivo, expresa conveniencia, posibilidad, previsión: *es de desear que no te suceda nada malo.* **16.** Con el imperfecto se expresa la ficción en los juegos: *juguemos a que tú eras el rey y yo la princesa.* • **A no ser que,** expresión con que se introduce una salvedad: *iremos de excursión a no ser que llueva.* ‖ **Es más,** expresión con la que se añade una razón que refuerza o confirma lo dicho. ‖ **Lo que sea de cada quién** (Méx.), hablando con franqueza, para ser sincero: *no es muy inteligente pero, lo que sea de cada quién, hace bien su trabajo.* ‖ **No ser para menos,** expresión enfática con que se encarece el valor de algo. ‖ **Ser de lo que no hay,** expresa lo extraordinario de cierta cosa o persona, tanto en sentido peyorativo como admirativo.
SER n. m. Principio activo y radical constitutivo de las cosas. **2.** Ente. **3.** FILOS. Existencia. **4.** FILOS. Esencia. **5.** FILOS. Lo que no se identifica con la nada y es apto para existir. • **El Ser supremo,** Dios.
SERÁFICO, A adj. Relativo a los serafines. **2.** *Fig.* Plácido, bondadoso: *un semblante seráfico.*
SERAFÍN n. m. REL. Nombre dado a una categoría de ángeles. **2.** *Fig.* Persona, especialmente niño, de extraordinaria hermosura.
SERBIA o **SERVIA,** república federada de Yugoslavia; 55 968 km²; 5 744 000 hab. (*Serbios* o *servios.*) [88 361 km² y 9 464 000 hab. englobando las regiones de Vojvodina y Kosovo]. Cap. *Belgrado.*
GEOGRAFÍA
Situada en la or. der. del Danubio, constituye un país de colinas y de montañas medias, todavía muy rural. Su población está compuesta en más de un 60 % de serbios, no obstante también engloba a una importante minoría húngara en Vojvodina y sobre todo una amplia mayoría de origen albanés en Kosovo.
HISTORIA
La Serbia medieval y otomana. La región, poblada por ilirios, tracios y posteriormente celtas, se integró en el s. II a. J.C. en el Imperio romano. Ss. VI-VII: fue sometida por los eslavos. Segunda mitad del s. IX: los serbios fueron cristianizados bajo la influencia de Bizancio. C. 1170-c. 1196: Esteban Nemanja emancipó sus tierras serbias de la tutela bizantina. 1217: su hijo Esteban I Nemanjič (c. 1196-1227) se convirtió en rey y creó la Iglesia serbia independiente. 1321-1331: Esteban VIII Uroš III Dečanski aseguró la hegemonía serbia en los Balcanes. 1331-1355: Esteban IX Uroš IV Dušan dominó Macedonia y Tesalia, y tomó el título de zar (1346). 1389: los serbios fueron derrotados por los turcos en Kosovo. 1389-1459: un principado de Serbia, vasallo de los otomanos, subsistió gracias al apoyo de los húngaros. 1459: Serbia se integró en el Imperio otomano. Ss. XV-XIX: para protestar contra el yugo otomano, algunos serbios se unieron a los «fuera de la ley» (*haiduks*), y otros huyeron hacia el N, hacia Hungría o el Adriático. La Iglesia serbia mantuvo la cultura nacional. 1690: los serbios abandonaron Kosovo para establecerse en Vojvodina.
La liberación y la independencia. 1804-1813: los serbios se rebelaron conducidos por Karagjorgje. 1815: Miloš Obrenović (1815-1839; 1858-1860) fue reconocido como príncipe de Serbia por los otomanos. 1830: obtuvo la autonomía total. 1842-1889: sangrientas luchas enfrentaron a los Karagjorgjević y a los Obrenović, que se alternaron en el poder (Alejandro Karagjorgjević, 1842-1858; Miguel Obrenović, 1860-1868; Milan Obrenović, 1868-1889). 1867: las últimas tropas turcas evacuaron el país. 1878: Serbia obtuvo la independencia en el congreso de Berlín. 1882: Milan Obrenović fue proclamado rey. 1889: abdicó en favor de su hijo Alejandro (1889-1903). 1903: asesinato de Alejandro Obrenović; le sucedió Pedro Karagjorgjević (1903-1921), que inició un acercamiento a Rusia. 1908: tuvo que aceptar la anexión de Bosnia-Herzegovina por Austria. 1912-1913: Serbia participó en las dos guerras balcánicas y obtuvo la mayor parte de Macedonia. 1914: a consecuencia del atentado de Sarajevo, Serbia rechazó el ultimátum austríaco, desencadenando así la primera guerra mundial. 1915-1918: fue ocupada por las fuerzas de las potencias centrales y de Bulgaria.
Serbia en el seno de Yugoslavia. 1918: se creó el reino de los serbios, croatas y eslovenos. 1921: Alejandro Karagjorgjević, que había asumido la regencia, ciñó la corona. 1929: el reino adoptó el nombre de Yugoslavia. 1945: Serbia constituyó una de las repúblicas federadas de Yugoslavia. Numerosos serbios vivían fuera de la república de Serbia, particularmente en Croacia y en Bosnia-Herzegovina. 1986: Slobodan Milosevic fue presidente de la Liga comunista serbia. 1989: una revisión de la constitución redujo la autonomía de Kosovo. 1990: el partido socialista serbio, ex comunista, ganó las primeras elecciones libres. Milosevic, presidente. 1991-1992: Serbia se opuso a la independencia de Eslovenia, Croacia (hizo intervenir al ejército federal contra las milicias serbias de Croacia), Bosnia-Herzegovina (apoyó a los secesionistas serbios) y Macedonia. Finalmente, formó, junto a Montenegro, la República Federal de Yugoslavia (1992). Milosevic fue reelegido presidente y el país sufrió un embargo internacional, como consecuencia de su implicación en la guerra bosnia, levantado en 1995. 1996: la oposición denunció un fraude masivo en las elecciones municipales y organizó multitudinarias manifestaciones en demanda de reformas democráticas. 1997: elecciones presidenciales (set.-dic.), el socialista Milan Milutinovic fue nombrado presidente de la república a la tercera votación por superar en las anteriores la abstención del 50 %. 1998: sangrienta represión contra los albaneses en Kosovo. 1999: ataque militar de la O.T.A.N.; S. Milosevic hubo de retirar las tropas serbias de Kosovo y aceptar un régimen de autonomía bajo control internacional. [→ *Yugoslavia* (*República Federal*).]
SERBIA Y MONTENEGRO → *Yugoslavia.*
SERBIO, A o **SERVIO, A** adj. y n. De Serbia.
SERBOCROATA o **SERVIOCROATA** n. m. Lengua eslava meridional que se habla en Serbia, Croacia, Bosnia-Herzegovina y Montenegro.
SERENA n. f. *Fam.* Sereno, humedad de la atmósfera durante la noche.
SERENA (La), c. de Chile, cap. de la región de Coquimbo; 120 336 hab. Puerto exportador; astilleros. Fundición de cobre. Central térmica. Turismo (balneario Peñuelas). Museo arqueológico.
SERENAR v. tr., intr. y pron. [1]. Poner tranquilo o quieto: *serenar los ánimos.*
SERENATA n. f. Concierto que se da por la noche debajo de las ventanas de alguien, para festejarlo.
SERENIDAD n. f. Calidad o estado de sereno.
SERENO, A adj. (lat. *serenum*). Claro, sin nubes o niebla: *día sereno.* **2.** *Fig.* Tranquilo, ecuánime: *mar serena; ojos serenos.* ◆ n. m. **3.** Humedad de la atmósfera durante la noche. **4.** Vigilante nocturno encargado de rondar las calles para seguridad del vecindario. ‖ **Al sereno,** a la intemperie, durante la noche.
SERIAL n. m. Emisión dramática radiofónica o televisiva que se difunde en forma de episodios sucesivos. **2.** Artículos periodísticos que forman una serie. **3.** Película de aventuras en varios episodios. ◆ adj. **4.** Relativo a una serie. • **Música serial,** dodecafonismo.
SERIAR v. tr. [1]. Formar una serie.
SERICICULTURA o **SERICULTURA** n. f. Industria agrícola que tiene por objeto la cría de los gusanos de seda y la obtención de la misma.
SERIE n. f. (lat. *seriem*). Conjunto de cosas relacionadas entre sí y que se suceden unas a otras. **2.** *Fam.* Gran número de ciertas cosas: *tiene una serie de libros para leer.* **3.** Disposición biológica según el orden natural de sus afinidades: *serie zoológica.* **4.** Serial televisivo. **5.** DEP. Prueba preliminar. **6.** MAT. Suma infinita cuyos términos son los de una sucesión (u_n) de términos reales o complejos. • **En serie,** dícese de los objetos que se fabrican todos iguales; (ELECTR.), dícese de varios conductores, generadores o receptores eléctricos acoplados de manera que el polo positivo del primero está unido al polo negativo del segundo, y así sucesivamente. ‖ **Fuera de serie,** que no es de fabricación corriente; que no es habitual, notable.
SERIEDAD n. f. Calidad de serio. **2.** Actitud o comportamiento serios.
SERIGRAFÍA n. f. Procedimiento de impresión mediante una pantalla o tamiz.
SERINGA n. f. *Amér.* Goma elástica. **2.** *Perú.* Planta de la familia de las euforbiáceas.
SERINGAL n. m. En la cuenca del Amazonas, asociación de plantas caucheras.
SERIO, A adj. (lat. *serium*). Responsable, sensato, que obra con reflexión. **2.** Que expresa preocupación, disgusto, contrariedad, etc. **3.** Que no es alegre. **4.** Importante, grave: *motivo serio.* **5.** Austero, no llamativo, no jocoso. **6.** Que se hace dignamente. • **En serio,** con seriedad, sin engaño ni burla.
SERMÓN n. m. (lat. *sermonem*). Discurso religioso pronunciado en público por un sacerdote. **2.** *Fam.* Amonestación, reprensión.
SERMONEAR v. tr. [1]. *Fam.* Reprender repetida e insistentemente.
SEROLOGÍA n. f. Estudio de los sueros, de sus propiedades y de sus aplicaciones.
SERONEGATIVO, A adj. y n. Que no es seropositivo.
SEROPOSITIVO, A adj. y n. Dícese de la persona que presenta en su suero anticuerpos dirigidos contra un agente infeccioso.
SEROSIDAD n. f. Líquido análogo a la linfa, contenido en las serosas y secretado por ellas.
SEROSO, A adj. MED. Que tiene las características de la serosidad. ◆ adj. y n. f. **2.** Dícese de la membrana que tapiza ciertos órganos móviles, formada por dos hojas que delimitan una cavidad virtual, que puede llenarse de líquido.
SERPENTEAR o **SERPEAR** v. intr. [1]. Moverse o extenderse formando vueltas y ondulaciones: *un río que serpentea.*
SERPENTEO n. m. Acción y efecto de serpentear.
SERPENTÍN n. m. Tubo en línea espiral, helicoidal o acodado cierto número de veces, que cabe en un recipiente o recinto de dimensiones limitadas.
SERPENTINA n. f. Tira de papel, larga y estrecha, enrollada, que se desenrolla al lanzarla reteniéndola por uno de sus extremos. **2.** Mineral constituido por silicato de magnesio hidratado. **3.** Roca de color oscuro, resultante del meta-

morfismo de rocas ultrabásicas y constituida principalmente por serpentina.
SERPIENTE n. f. (lat. *serpentem*; de *serpere*, arrastrarse). Reptil que carece de extremidades y se desplaza por reptación. (Voz: la serpiente *silba*.) [Existen serpientes venenosas: *cobra, serpiente de cascabel, víbora*, y no venenosas: *culebra, boa, anaconda*.] **2.** ECON. Figura en forma de serpiente que indica los límites superior e inferior que no deben rebasar los valores de diversas monedas vinculadas por un acuerdo que limita sus fluctuaciones. SIN.: *serpiente monetaria*.
SERRA (*beato* Junípero), llamado **fray Junípero Serra**, religioso y colonizador español (Petra 1713-San Carlos de Monterrey, California, 1784), nacido **Miguel Serra y Ferrer**. Fundó las misiones de San Diego (1769), San Carlos de Monterrey (1770), San Francisco (1776) y San Gabriel (act. Los Ángeles). Fue beatificado en 1988.
SERRADURAS n. f. pl. *Serrín*.
SERRALLO n. m. (ital. *serraglio*). Palacio real, especialmente el del sultán otomano. **2.** Harén de este palacio.
SERRANA n. f. Composición poética parecida a la serranilla. **2.** Modalidad de cante flamenco.
SERRANÍA n. f. Conjunto de montañas o sierras.
SERRANILLA n. f. Composición lírica de tema rústico, en versos cortos.
SERRANO n. m. Pez de las costas rocosas, afín al mero. (Familia serránidos.)
SERRANO, A adj. y n. De la sierra.
SERRANO (Jorge), político guatemalteco (Guatemala 1945). Presidente de la república en 1991, en 1993, tras disolver el parlamento, fue obligado a dimitir.
SERRANO (José Mariano), político boliviano (Chuquisaca 1788-† 1851). Firmó el acta de independencia argentina (1817) y presidió la asamblea en la que se proclamó la independencia de Bolivia (1825).
SERRAR v. tr. [**1j**]. Cortar madera u otras materias con la sierra.
SERRATO (José), político, ingeniero y economista uruguayo (Montevideo 1868-*id.* 1960). Fue presidente de la república (1923-1927).
SERRERÍA n. f. *Aserradero*.
SERRÍN n. m. Conjunto de partículas de madera, corcho, etc., que se desprenden de éstos al serrarlos.
SERRUCHAR v. tr. [**1**]. *Argent., Chile* y *P. Rico*. Aserrar con el serrucho. ◆ **Serruchar el piso** (*Argent. Fam.*), hacer peligrar intencional y solapadamente la situación laboral de otro.
SERRUCHO n. m. Sierra de mano, de hoja ancha y prolongada por una manija. **2.** *Chile*. Persona que tiene el hábito de aserruchar el piso. **3.** *Chile. Fig.* Inspector de locomoción colectiva que revisa y corta los billetes.
SERTÃO n. m. (voz brasileña). En Brasil, región poco poblada, en la que la ganadería extensiva predomina sobre una agricultura de subsistencia.
SERVAL n. m. Carnívoro africano de pelaje amarillento con manchas negras. (Familia félidos.)
SERVET (Miguel), médico y teólogo español (Tudela o Villanueva de Sigena 1511-Ginebra 1553). En *De Trinitatis erroribus* (1531) expuso la doctrina unitaria de la Trinidad, condenada tanto por los católicos como por los protestantes, y en un tratado teológico, *Christianismi restitutio* (1553), señaló la existencia de la circulación pulmonar o menor. Denunciado a la Inquisición, fue condenado a la hoguera.
SERVIA → *Serbia*.
SERVICIAL adj. Que sirve con cuidado y diligencia. **2.** Pronto a prestar ayuda o a hacer favores. ◆ n. m. **3.** BOL. Sirviente, criado.
SERVICIO n. m. (lat. *servitium*). Acción de servir. **2.** Actividad que consiste en servir: *trabajar al servicio del estado*. **3.** Persona o personas empleadas en los trabajos domésticos de una casa privada. SIN.: *servicio doméstico*. **4.** Estado de alguien o algo que está sirviendo en aquello a que está destinado u obligado: *hoy está de servicio*. **5.** Conjunto de objetos o utensilios que se utilizan para aquello que se expresa: *servicio de té*. **6.** Acción desinteresada, cortés o útil: *prestar un gran servicio*. **7.** Retrete. **8.** Orinal. **9.** Conjunto de enseres que se ponen en la mesa para cada comensal. **10.** En algunos deportes, saque. **11.** Conjunto de las comunicaciones y enlaces ferroviarios garantizados de acuerdo con un horario establecido. **12.** Organización y personal destinados a cuidar intereses o satisfacer necesidades del público o de alguna entidad oficial o privada: *servicio de mensajería, servicio de correos*. **13.** Función o prestación desempeñada por dicha organización: *se suspende el servicio de transporte*. **14.** ECON. Producto de la actividad del hombre destinado a la satisfacción de sus necesidades, que no se presenta bajo la forma de un bien material. ◆ **Servicio militar**, conjunto de obligaciones militares legales impuestas a los ciudadanos, para contribuir en la defensa de su país por medio de las armas. || **Servicio público**, actividad de interés general realizada por los poderes públicos. || **Servicio secreto**, cuerpo de agentes que a las órdenes de un gobierno se dedica al espionaje con fines políticos o militares; actividades de este cuerpo. ◆ **servicios** n. m. pl. **15.** Cocina y demás dependencias del trabajo doméstico y habitaciones de la servidumbre. **16.** Habitaciones donde se encuentran los aparatos higiénicos sanitarios.
SERVIDOR, RA n. Con respecto a una persona, otra que le sirve. **2.** Persona al servicio del estado o de una entidad. **3.** La persona que habla o escribe refiriéndose a sí misma con humildad.
SERVIDUMBRE n. f. Conjunto de criados que sirve en una casa. **2.** *Fig.* Sujeción rigurosa a las pasiones, vicios, afectos, etc. **3.** *Fig.* Sujeción excesiva o dependencia a un trabajo u obligación. **4.** Estado o condición de siervo.
SERVIL adj. (lat. *servilem*). Perteneciente a los siervos y criados. **2.** Que muestra excesiva sumisión, que sirve o adula por interés, ambición, etcétera.
SERVILLETA n. f. (fr. *serviette*). Pieza de tela o papel que usa cada comensal para limpiarse la boca, manos, etc., y para protegerse el vestido.
SERVILLETERO n. m. Aro en que se pone la servilleta enrollada.
SERVIO, A adj. y n. *Serbio*.
SERVIOCROATA n. m. *Serbocroata*.
SERVIR v. tr. e intr. (lat. *servire*) [30]. Trabajar para alguien, especialmente en tareas domésticas. **2.** Prestar ayuda o hacer un favor. **3.** Asistir a la mesa trayendo los manjares o las bebidas. ◆ v. intr. **4.** Valer, ser útil para determinado fin o para realizar determinada función. **5.** DEP. Sacar, poner la pelota en juego. **6.** MIL. Hacer el servicio militar: *servir en infantería*. ◆ v. tr. **7.** Suministrar determinada mercancía a un cliente. **8.** Atender a los clientes en un establecimiento comercial. ◆ v. tr. y pron. **9.** Poner comida o bebida en el plato o vaso de alguien. **10.** En el juego, dar cartas a cada jugador. ◆ **servirse** v. pron. **11.** Seguido de la prep. de, emplear, utilizar para determinado fin: *servirse de un bastón*. **12.** Tener a bien hacer algo, o hacerlo por amabilidad, cortesía o condescendencia: *sírvase cerrar la puerta*.
SERVOCONTROL n. m. Mecanismo para reforzar o sustituir con el esfuerzo del piloto en el manejo de los mandos de un avión.
SERVODIRECCIÓN n. f. Servomando para facilitar el funcionamiento de la dirección de un automóvil.
SERVOFRENO n. m. Servomando para mejorar el funcionamiento de los frenos.
SERVOMANDO n. m. Mecanismo auxiliar para suplir la fuerza muscular del hombre, asegurando automáticamente, por amplificación, la fuerza necesaria para el funcionamiento de un conjunto.
SERVOMECANISMO n. m. Mecanismo concebido para realizar por sí mismo cierto programa.
SERVOMOTOR n. m. Mecanismo de mando para reducir los esfuerzos que deben realizarse o facilitar el mando a distancia.
SERVOSISTEMA n. m. TECNOLOG. Sistema de mando a distancia y control automático de aparatos y vehículos: *los servomecanismos son servosistemas*.
SÉSAMO n. m. *Ajonjolí*.
SESEAR v. intr. [**1**]. Pronunciar la *z* o la *c* con seseo.
SESENTA adj. num. cardin. y n. m. (lat. *sexa-ginta*). Seis veces diez. ◆ adj. num. ordin. y n. m. **2.** *Sexagésimo*. **3.** Dícese de la década que empieza en el año sesenta y termina en el ochenta.
SESENTAVO, A adj. y m. m. Dícese de cada una de las sesenta partes iguales en que se divide un todo.
SESENTENA n. f. Conjunto de sesenta unidades, o su aproximación.
SESENTÓN, NA adj. y n. *Fam*. Que ha cumplido sesenta años y no llega a los setenta.
SESEO n. m. Acción y efecto de sesear. (Se produce en una franja irregular y discontinua de Andalucía, en Canarias y en casi la totalidad de América latina.)
SESERA n. f. Parte de la cabeza del animal en que están los sesos. **2.** *Fig.* y *fam.* Inteligencia.
SESGADURA n. f. Acción y efecto de sesgar.
SESGAR v. tr. [**1b**]. Cortar o colocar una tela al bies. **2.** Torcer a un lado o atravesar una cosa hacia un lado.
SESGO, A adj. Oblicuo. **2.** *Fig.* Grave, serio en el semblante. ◆ n. m. **3.** Oblicuidad o torcimiento en la dirección o posición de una cosa. **4.** *Fig.* Curso o rumbo que toma un asunto. ◆ **Al sesgo**, oblicuamente.
SESI n. m. *Cuba* y *P. Rico*. Pez similar al pargo. (Familia hitánidos.)
SESIÓN n. f. (lat. *sessionem*). Reunión de una asamblea, junta, tribunal, etc. **2.** Duración de esta reunión. **3.** Acto, representación, proyección, etc.: *sesión de cine*. **4.** Espacio de tiempo que se emplea en una ocupación ininterrumpida, en un trabajo con otras personas: *sesión de trabajo*. ◆ **Abrir la sesión**, comenzar a tratar los asuntos para los cuales se celebra. || **Levantar la sesión**, concluirla.
SESO n. m. (lat. *sensum*). Masa encefálica. **2.** *Fig.* Sensatez, buen juicio. ◆ **Beber**, o **beberse, el seso**, o **los sesos**, volverse loco, trastornarse. || **Calentarse**, o **devanarse, los sesos**, meditar, estudiar o cavilar mucho.
SESSÉ (Martín de), botánico español (Baraguás 1751-Madrid 1808). Fue director de la expedición botánica a Nueva España y del Jardín botánico de México (1787) [*Flora Mexicana*, 1894].
SESTEAR v. intr. [**1**]. Dormir la siesta. **2.** Recogerse el ganado a la sombra.
SESUDO, A adj. Sensato. **2.** Inteligente.
SET n. m. (voz inglesa). En tenis, tenis de mesa y balonvolea, cada una de las partes en que se divide un partido. **2.** Plató de cine.
SET, personaje bíblico, tercer hijo de Adán y Eva.
SETA n. f. Cualquier especie de hongo con sombrero.
SETA o **ZETA** n. :. Sexta letra del alfabeto griego (ξ).
SETECIENTOS, AS adj. num. cardin. y n. m. Siete veces ciento. ◆ n. m. **2.** Denominación que se aplica al arte, la literatura y, en general, la historia y la cultura del s. XVIII.
SETENTA adj. num. cardin. y n. m. (lat. *septuaginta*). Siete veces diez. ◆ adj. num.

SET

ordin. y n. m. **2.** Septuagésimo. **3.** Dícese de la década que empieza en el año setenta y termina en el ochenta.
SETENTAVO, A adj. y n. m. Dícese de cada una de las setenta partes iguales en que se divide un todo.
SETENTÓN, NA adj. y n. *Fam.* Que ha cumplido setenta años y no llega a los ochenta.
SETIEMBRE o **SEPTIEMBRE** n. m. Noveno mes del año, que tiene treinta días.
SETO n. m. Cercado. **2.** División formada con plantas de adorno podadas de modo que simulen una pared.
SEUDÓNIMO n. m. Nombre ficticio que toma una persona que quiere disimular su identidad.
SEUDÓPODO n. m. Prolongación del protoplasma que sirve de aparato locomotor o prensor a ciertos protozoos y a los leucocitos.
SEÚL, SÔUL o **KYÔNGSON,** c. y cap. de Corea del Sur, junto al Han; 10 612 277 hab. Centro administrativo e industrial. Museo nacional.
SEURAT (Georges), pintor y dibujante francés (París 1859-íd. 1891). Neoimpresionista, utilizó los colores sin mezclar, yuxtaponiendo diversos toques aislados (puntillismo o divisionismo). *Las modelos* (1888).
SEVERIDAD n. f. Calidad de severo. **2.** Actitud severa.
SEVERO, A adj. (lat. *severum*). Falto de indulgencia, muy exigente. **2.** Muy estricto. **3.** Sobrio, austero: *un decorado severo*. **4.** Serio, grave: *semblante severo*. **5.** Aplicado al tiempo, expresa que el frío, calor, etc., son muy extremados.
SEVICHE n. m. *Amér. Merid.* Cebiche.
SEVICIA n. f. (lat. *saevitiam*). Crueldad excesiva.
SÉVIGNÉ (Marie de Rabutin-Chantal, marquesa de), escritora francesa (París 1626-Grignan 1696). Sus *Cartas*, describen las costumbres de la época.
SEVILLA (*provincia de*), prov. de España, en Andalucía; 14 001 km²; 1 638 218 hab. Cap. *Sevilla*. En el valle del Guadalquivir, jalonado por marismas en su tramo final.
SEVILLA, c. de España, Andalucía, cap. de la prov. homónima y cab. de p. j.; 704 857 hab. (*Sevillanos.*) Primer centro industrial, político-administrativo y de servicios de Andalucía. Puerto fluvial en el Guadalquivir. Fundada por los turdetanos, *Hispalis* adquirió un gran auge en época romana y visigoda. Formó una taifa musulmana (reino de Sevilla, 1035-1248). Fue punto de partida y llegada de las expediciones de América hasta 1717. De la época musulmana conserva restos de las murallas, la Giralda, la torre del Oro, y una parte del alcázar, reformado por los reyes cristianos (Reales Alcázares). En la arquitectura religiosa sobresalen la grandiosa catedral gótica (s. XV). Entre los edificios civiles, el ayuntamiento plateresco, el archivo de Indias (ant. Lonja), la casa de Pilatos (s. XVI), la casa de las Dueñas (s. XV), el hospital de los Venerables, el hospital de las Cinco Ilagas (parlamento andaluz) y el palacio de San Telmo (s. XVII), la antigua fábrica de tabacos (s. XVIII) y los edificios y realizaciones urbanísticas de la exposición iberoamericana de 1929 y de la universal de 1992 (Isla de la Cartuja, puentes). Numerosos e importantes museos.
SEVILLANA n. f. pl. Femenino de sevillano. ♦ **sevillanas** n. f. pl. **2.** Forma andaluza de la seguidilla.
SEVILLANO, A adj. y n. De Sevilla.
SÈVRES, c. de Francia (Hauts-de-Seine); 22 057 hab. Oficina internacional de pesos y medidas. Manufactura de porcelana fundada en 1756. Museo nacional de cerámica.

SEXAGENARIO, A adj. y n. (lat. *sexagenarium*). De edad comprendida entre los sesenta y los setenta años.
SEXAGESIMAL adj. Que tiene por base el número sesenta.
SEXAGÉSIMO, A adj. num. ordin. y n. m. Que corresponde en orden al número sesenta. ♦ adj. y n. m. **2.** Dícese de cada una de las sesenta partes iguales en que se divide un todo.
SEXENIO n. m. Período de seis años.
SEXISMO n. m. Actitud discriminatoria y despreciativa a causa del sexo.
SEXISTA adj. y n. m. y f. Relativo al sexismo; partidario del sexismo.
SEXO n. m. (lat. *sexum*). Condición orgánica que distingue el macho de la hembra en los organismos heterogaméticos. **2.** Conjunto de individuos que tienen el mismo sexo. **3.** Conjunto de los órganos sexuales externos masculinos y femeninos. **4.** Sexualidad.
SEXTANTE n. m. (lat. *sextantem*, seisavo). Instrumento de reflexión en el que el limbo graduado abarca 60°, y que permite medir la altura de los astros desde una embarcación o una aeronave.
SEXTETO n. m. MÚS. Conjunto vocal o instrumental compuesto de seis ejecutantes. **2.** Composición para seis voces o seis instrumentos.
SEXTILLA n. f. Combinación métrica de seis versos de arte menor.
SEXTINA n. f. LIT. Composición poética formada por tres estrofas de seis versos y por una de tres, todos endecasílabos. **2.** Estrofa de seis versos endecasílabos.
SEXTO, A adj. num. ordin. y n. m. (lat. *sextum*). Que corresponde en orden al número seis. ♦ adj. y n. m. **2.** Dícese de cada una de las seis partes iguales en que se divide un todo.
SEXTUPLICAR v. tr. y pron. [1a.] Hacer veces mayor algo; multiplicar por seis una cantidad.
SÉXTUPLO, A adj. y n. m. (lat. *sextuplum*). Que incluye en sí seis veces una cantidad.
SEXUAL adj. Relativo al sexo. **2.** Relativo a la sexualidad: *educación sexual*. • **Acto sexual,** coito. ‖ **Caracteres sexuales,** conjunto de manifestaciones anatómicas y fisiológicas determinadas por el sexo. ‖ **Órganos sexuales,** órganos que intervienen en la generación o reproducción.
SEXUALIDAD n. f. Conjunto de caracteres especiales, externos o internos, que presentan los individuos, y que son determinados por su sexo. **2.** Conjunto de fenómenos relativos al instinto sexual y a su satisfacción.
SEXY adj. (voz inglesa). Dícese de la persona dotada de atractivo físico y de las cosas que ponen de relieve este atractivo. ♦ n. m. **2.** Sex-appeal.
SEYCHELLES, estado insular del océano Indico, al NE de Madagascar, constituido por un archipiélago granítico; 410 km²; 100 000 hab. CAP. *Victoria* (en la isla Mahé). LENGUAS OFICIALES: *criollo, francés* e *inglés*. MONEDA: *rupia de las Seychelles*. El archipiélago, ocupado por los franceses en 1756, pasó bajo control británico en 1814. Desde 1976 forma un estado independiente, miembro de la Commonwealth.
SHA n. m. (voz persa, *rey*). Título ostentado por los soberanos de Irán.
SHAKESPEARE (William), poeta dramático inglés (Stratford-on-Avon 1564-íd. 1616). Su obra, que comprende poemas (*Venus y Adonis*) y una recopilación de sonetos, es esencialmente dramática. En su teatro se pueden distinguir tres épocas: la juventud (1590-1600), que es la época de la composición de los frescos históricos (*Enrique VI; Ricardo III; La fierecilla domada; Romeo y Julieta; El sueño de una noche de verano; El mercader de Venecia; Mucho ruido por nada; Julio César; Las alegres comadres de Windsor;*

Como gustéis; Noche de Reyes); una segunda época (1600-1608) en la que se alternan las grandes tragedias con algunas comedias (*Hamlet; Otelo; Macbeth; El rey Lear; Antonio y Cleopatra; Coriolano; Timón de Atenas;*) a partir de 1608, retornó al sosiego con las obras *Cimbelino; El cuento de invierno; La tempestad*. Su teatro sorprende por la variedad y el vigor del estilo, por la abundancia de los personajes y su diversidad social y sicológica, y por el dominio de la construcción dramática.
SHANGHAI, c. y primer puerto de China, junto al río Huangpu, en la desembocadura del Yangzi Jiang. Constituye una municipalidad (6000 km²; 11 860 000 hab.). Primer centro industrial de China.
SHANTUNG n. m. Tela de seda que presenta un grano muy pronunciado.
SHAW (George Bernard), escritor irlandés (Dublín 1856-Ayot Saint Lawrence, Hertfordshire, 1950). Autor de novelas y ensayos, destacó por sus obras de teatro (*Héroes,* 1894; *Pygmalión,* 1913), donde combate con cáustica ironía los tabúes de la sociedad. (Premio Nobel de literatura 1925.)
SHEFFIELD, c. de Gran Bretaña (Yorkshire), a orillas del Don; 536 000 hab. Centro metalúrgico.
SHEIK n. m. Jeque.
SHELLEY (Percy Bysshe), poeta británico (Field Place, Sussex, 1792-en el golfo de La Spezia 1822), autor de ensayos, poemas (*Prometeo liberado*) y dramas (*Los Cenci*), en los que la inspiración romántica, se combina con la influencia de Platón. — Su mujer, **Mary Wollstonecraft** (Londres 1797-íd. 1851), es autora de la novela gótica *Frankenstein o el Prometeo moderno* (1818).
SHERIF n. m. (ingl. *sheriff*). En E.U.A., oficial administrativo electo, con un poder judicial limitado.
SHERPA, pueblo montañés de Nepal.
SHERRINGTON (*sir* Charles Scott), fisiólogo británico (Londres 1875-Eastbourne 1952), premio Nobel de fisiología y medicina por sus investigaciones sobre el sistema nervioso (1932).
SHETLAND o **ZETLAND,** archipiélago británico al N de Escocia; 1425 km²; 23 000 hab. Cap. *Lerwick*. Terminal petrolera (Sullom Voe).
SHETLAND DEL SUR (*islas*), archipiélago antártico argentino (Tierra del Fuego, Antártida e Islas del Antártico Sur), al N de la península Antártica. Base de operaciones para flotas pesqueras. Base científica española Juan Carlos I (isla Livingston).
SHOCK n. m. (voz inglesa). Conmoción, impresión violenta e imprevista que trastorna o perturba. SIN.: *choque*. **2.** Estado de abatimiento físico consecutivo a un traumatismo, a una operación quirúrgica, a la anestesia o a la presencia en el organismo de proteínas extrañas.
SHÔGUN n. m. Nombre dado a los dictadores militares de Japón de 1192 a 1867.
SHÓLOJOV (Mijaíl Alexándrovich), escritor soviético (Vechénskaia, Ucrania, 1905-íd. 1984), autor de *El Don apacible* (1928-1940) y de *Campos roturados* (1932-1960). (Premio Nobel de literatura 1965.)
SHORTS n. m. pl. (voz inglesa). Pantalón corto.
SHOSTAKÓVICH (Dimitri), compositor soviético (San Petersburgo 1906-Moscú 1975). Escribió obras de circunstancia y de inspiración nacional, quince sinfonías y música para piano y de cámara.
SHOW n. m. (voz inglesa). Espectáculo centrado en un actor, un cantante o un animador. **2.** Exhibición, ostentación de determinada cualidad o capacidad. • **Show business** o **show biz,** conjunto de actividades comerciales implicadas en la producción de espectáculos públicos. (Equivale a *industria del espectáculo.*)

SI conj. condicional (lat. *si*). Expresa condición que puede ser real o irreal: *si llueve, no iré; si necesitas algo, dímelo*. **2.** Introduce oraciones interrogativas indirectas: *no sé si es cierto*. **3.** Adquiere valor concesivo en determinados usos, equivalendo a *aunque*. **4.** Puede tener valor concesivo-distributivo: *si no ganamos, por lo menos hicimos buen papel*. **5.** Adquiere un matiz causal: *si ayer lo asegurarte, ¿cómo lo niegas hoy?* **6.** Se emplea en expresiones de protesta, sorpresa, negación o ponderación: *si yo no quería; mira si es amable que me invitó*.
SI n. m. Séptima nota musical de la escala de do. **2.** Signo que representa esta nota.
Si, símbolo químico del *silicio*.
S.I., siglas de *sistema internacional de unidades*.
SÍ pron. pers. (lat. *sibi*). Forma tónica del pronombre reflexivo de 3.ª persona. (Se usa siempre precedido de preposición; si la preposición es *con*, el conjunto adopta la forma *consigo*.) • **Por si solo**, espontáneamente; sin ayuda ajena.
SÍ adv. afirm. (lat. *sic*, así). Se usa, generalmente, para responder afirmativamente a una pregunta. **2.** Se usa enfáticamente en enunciados afirmativos e imperativos: *me voy, sí, y no trates de impedirlo*. ♦ n. m. **3.** Consentimiento o permiso: *contestó con un sí*. • **Dar el sí**, aceptar una proposición.
SIAL n. m. Nombre dado a la zona externa del globo terrestre, compuesta principalmente de silicatos de aluminio, y que corresponde a la corteza.
SIAM *(golfo de)*, ant. nombre del golfo de Tailandia.
SIAM → *Tailandia*.
SIAMÉS, SA adj. y n. Del antiguo reino de Siam. **2.** Dícese de una raza de gatos. • **Hermanos siameses** y **hermanas siamesas**, gemelos unidos el uno por dos partes homólogas de sus cuerpos.
SIAN → *Xi'an*.
SIAN-KA'AN, región costera de la península de Yucatán (México), declarada reserva de la biosfera por la Unesco; 5000 km[2] aprox. Bosque tropical, manglar y arrecifes de coral. Fauna (felinos, mono araña). Yacimientos mayas.
SIBARITA adj. y n. m. y f. **3.** Aficionado a los placeres refinados.
SIBARITISMO n. m. Género de vida del sibarita.
SIBELIUS (Johan Julius Christian, llamado **Jan**), compositor finlandés (Hämeenlinna 1865-Järvenpää 1957). De rica inspiración, compuso un concierto para violín, siete sinfonías, poemas sinfónicos y música de escena.
SIBERIA, en ruso **Sibir**, parte septentrional de Asia.
GEOGRAFÍA
Situada entre los Urales y el Pacífico, el océano Ártico y las cordilleras de Asia central, Siberia, que se extiende sobre 12,5 millones de km[2], es casi exclusivamente rusa (entra en Kazajstán). Las mesetas entre el Yeniséi y el Liena separan una región occidental, baja y pantanosa, de otra oriental, montañosa. El rigor del clima, con inviernos muy fríos y largos y la disposición del relieve, explican la sucesión zonal de la vegetación (tundra, taigá y estepa) y han dificultado el poblamiento. Éste (25 millones de hab. aprox.), iniciado con la construcción del transiberiano, se ha desarrollado con rapidez, pero localmente, con la explotación de importantes recursos mineros (especialmente el carbón de Kuzbass) y con la construcción de grandes centrales hidráulicas (Bratsk, Krasnoiarsk) y la extracción de hidrocarburos, que han favorecido la implantación de la industria pesada.
HISTORIA
1428: nacimiento del kanato mongol de Siberia, a consecuencia del desmembramiento de la Horda de Oro. C. 1582: comienzo de la colonización rusa (expedición de Yermak). 1598: los cosacos destruyeron el kanato de Siberia. 1639: los rusos llegaron al mar de Ojotsk. 1860: China reconoció el dominio ruso sobre los territorios de Amur y del Ussuri. 1891-1916: construcción del transiberiano.
SIBERIANO, A adj. y n. De Siberia.
SIBILA n. f. (gr. *sibylla*). Mujer que transmitía los oráculos de los dioses. **2.** Adivinadora.
SIBILANTE adj. MED. Que tiene el carácter de un silbido: *respiración sibilante*. ♦ adj. y n. f. **2.** Dícese de una consonante caracterizada por la producción de una especie de silbido (*s* y *z* son sibilantes).
SIBILINO, A adj. Relativo a las sibilas: *oráculo sibilino*. **2.** *Fig.* Oscuro, incomprensible, ambiguo.
SIBONEY → *ciboney*.
SIC adv. m. (voz latina, *así*). Colocado entre paréntesis detrás de una palabra o una expresión, indica que es una cita textual.
SICALIPSIS n. f. Escabrosidad, malicia sexual.
SICALÍPTICO, A adj. Escabroso, sexualmente malicioso.
SICARIO n. m. (lat. *sicarium*). Asesino asalariado.
SICILIA, isla de Italia, en el Mediterráneo, que constituye una región formada por nueve provincias: Agrigento, Caltanissetta, Catania, Enna, Mesina, Palermo, Ragusa, Siracusa y Trapani; 25 708 km[2]; 4 961 383 hab. (*Sicilianos*.) Cap. *Palermo*. En 1282 la isla, tras levantarse contra la dominación francesa durante las Vísperas sicilianas, fue conquistada por Pedro III de Aragón. Alfonso el Magnánimo, rey de la corona de Aragón y Sicilia, constituyó oficialmente contra la corona de Nápoles y Sicilia, el reino de las Dos Sicilias en 1442. A la muerte de Alfonso, su hermano Juan heredó Sicilia y Nápoles pasó a un hijo bastardo. En 1504, Fernando el Católico, heredero de Sicilia a la muerte de su padre, recuperó Nápoles, expulsó a los franceses y unió los dos reinos que estuvieron bajo el dominio de España hasta los tratados de Utrecht y Rastadt (1713-1714), que adjudicó la isla a la casa de Austria. En 1734 se reconstituyó el reino de las Dos Sicilias con los Borbones de España. En 1860 Sicilia se incorporó mediante plebiscito al reino de Italia.
SICILIANO, A adj. y n. De Sicilia. ♦ n. **2.** Dialecto de la Italia meridional, hablado en Sicilia.
SICOANÁLISIS n. m. Método de investigación sicológica que tiene por objeto dilucidar el significado inconsciente de la conducta y cuyo fundamento se encuentra en la teoría de la vida síquica formulada por Freud. **2.** Técnica sicoterápica basada en esta investigación. SIN.: *sicología profunda*.
SICOANALISTA n. m. y f. Facultativo que practica el sicoanálisis.
SICOANALIZAR v. tr. y pron. [**1g**]. Someter a sicoanálisis.
SICODÉLICO, A adj. Relativo al sicodelismo. **2.** Causante de esta manifestación o estimulación: *drogas sicodélicas*. **3.** Que recuerda el efecto de los alucinógenos: *música sicodélica, pintura sicodélica*.
SICODELISMO n. m. Estado de soñar despierto, provocado por ciertos alucinógenos.
SICOFARMACOLOGÍA n. f. Estudio de las repercusiones de los sicótropos en el sistema nervioso y en las funciones síquicas.
SICOFISIOLOGÍA n. f. Estudio científico de las relaciones entre los hechos síquicos y los hechos fisiológicos.
SICOFISIOLÓGICO, A adj. Relativo a la sicofisiología.
SICOLOGÍA n. f. Ciencia que estudia la actividad síquica. **2.** Carácter: *el refrán expresa la sicología popular*. **3.** Capacidad, perspicacia: *carecer de sicología*.
SICÓLOGO, A n. Especialista en sicología. **2.** Persona dotada de especial penetración para el conocimiento de las personas.
SICÓMORO n. m. Planta arbórea de hojas similares a las del moral, fruto pequeño blanquecino, y madera incorruptible. (Familia moráceas.)
SICOMOTOR, RA adj. Dícese del comportamiento del niño en relación con la adquisición de reflejos (maduración).
SICOMOTRICIDAD n. f. Integración de las funciones motoras y mentales por efecto de la maduración del sistema nervioso.
SICOMOTRIZ adj. f. Sicomotora.
SICÓPATA n. m. y f. SIQUIATR. Enfermo afecto de sicopatía.
SICOPATÍA n. f. SIQUIATR. Trastorno de la personalidad que se manifiesta principalmente por comportamientos antisociales.
SICOSIS n. f. Enfermedad mental caracterizada por una alteración global de la personalidad que subvierte las relaciones del sujeto con la realidad. **2.** Obsesión colectiva provocada por un traumatismo de origen social o político.
SICOSOMÁTICO, A adj. Relativo a la vez al cuerpo y a la mente.
SICOTE n. m. *Ecuad., Par.* y *Perú*. Suciedad entremezclada con sudor que se acumula en el cuerpo.
SICOTECNIA n. f. Conjunto de tests para apreciar las reacciones sicológicas y fisiológicas de los individuos.
SICOTERAPIA n. f. Conjunto de medios terapéuticos basados en la relación interpersonal que posibilitan al paciente un proceso de análisis, comprensión y superación del conflicto síquico.
SICÓTICO, A adj. y n. Relativo a la sicosis; afecto de sicosis.
SICÓTROPO, A adj. y n. m. Dícese de las sustancias medicamentosas que actúan sobre el siquismo.
SICU n. m. *Argent*. Instrumento de viento, siringa.
SICUANI, c. de Perú (Cuzco); 32 541 hab. Centro agropecuario. Industria alimentaria. Textiles.
SICURI n. m. *Argent*. Tañedor de sicu. **2.** *Argent*. Sicu.
SIDA n. m. (abrev. de *síndrome de inmunodeficiencia adquirida*). Afección grave de origen vírico, transmitida por vía sexual o sanguínea, que provoca una profunda alteración del estado vital debido a la ausencia de reacciones inmunitarias.
SIDERAL o **SIDÉREO, A** adj. (lat. *sideralem*). Relativo a los astros.
SIDERURGIA n. f. (gr. *síderos*, hierro, y *ergon*, obra). Metalurgia del hierro.
SIDERÚRGICO, A adj. Relativo a la siderurgia. ♦ n. **2.** Obrero o industrial de la siderurgia.
SIDÓN, act. **Ṣaydā**, ant. c. de Fenicia, mencionada como capital de un reino cananeo (s. XV a. J.C.), rival de Tiro. Fue destruida por los persas (343). Necrópolis.
SIDRA n. f. Bebida alcohólica que se obtiene por fermentación del zumo de manzanas.
SIEGA n. f. Acción de segar, de cortar mieses, plantas o hierbas. **2.** Tiempo en que se siegan las mieses. **3.** Mieses segadas.
SIEGBAHN (Manne), físico sueco (Örebro 1886-Estocolmo 1978). Estudió los espectros de los rayos X y descubrió su refracción. (Premio Nobel de física 1924.)
SIEMBRA n. f. Acción y efecto de sembrar. **2.** Época en que se siembra. **3.** Sembrado.
SIEMENS n. m. Unidad de medida de la conductancia eléctrica (símbolo S).
SIEMPRE adv. t. (lat. *semper*). En todo tiempo. **2.** Que se produce cada vez que concurre una situación determinada: *antes de entrar siempre llama*. **3.** Por lo menos, cuando menos: *siempre podrá decir que lo intentó*. **4.** Se usa para enfatizar una afirmación: *siempre será más divertido*. **5.** *Méx*. A

SIE

fin de cuentas, definitiva o finalmente: *Siempre no te voy a acompañar.* • **Siempre que** o **siempre y cuando,** con tal que.

SIEMPREVIVA n. f. Planta herbácea indígena de Australia, de flores ornamentales. (Familia compuestas.)

SIEN n. f. Región alta y lateral de la cabeza, por encima del arco cigomático, delante de la región temporal.

SIENA, c. de Italia (Toscana), cap. de prov.; 56 969 hab. *(Sieneses.)* Catedral de los ss. XIII-XIV y palacio comunal (s. XIV) con un alto campanile. Iglesias y palacios. Museo de la obra de la catedral. Pinacoteca.

SIENKIEWICZ (Henryk), novelista polaco (Wola Okrzejska 1846-Vevey, Suiza, 1916), famoso por su obra *Quo Vadis?* (1896). [Premio Nobel de literatura 1905.]

SIERPE n. f. Serpiente.

SIERRA n. f. (lat. *serram*). Hoja de acero con el borde dentado que, animada de un movimiento de vaivén, sirve para cortar madera, piedra, metal, etc. **2.** Herramienta que contiene esta hoja. **3.** GEOGR. Unidad de relieve, en general de forma más alargada que ancha, que destaca por su altura sobre los relieves circundantes. **4.** GEOGR. Terreno montañoso, por contraposición al llano o campiña.

SIERRA (Terencio), general y político hondureño (Comayagua 1849-Tegucigalpa 1907), presidente de la república entre 1899 y 1903.

SIERRA LEONA, estado de África occidental; 72 000 km²; 4 300 000 hab. CAP. *Freetown.* LENGUA OFICIAL: *inglés.* MONEDA: *león.* En este país próximo al ecuador, de clima tropical húmedo, predominan las industrias extractivas (hierro, bauxita y diamantes) sobre los cultivos comerciales (café y cacao).

HISTORIA
1462: el portugués Pedro de Sintra descubrió la península, entonces ocupada por el reino Sapes, y le dio su nombre actual (Serra Leôa). S. XVI: guerreros de origen mandé, procedentes del traspaís, invadieron la región y abastecieron de esclavos a los negreros europeos. S. XVII: los comerciantes británicos desplazaron a los portugueses. 1787: como consecuencia de las campañas antiesclavistas, el gobierno británico creó Freetown para los primeros esclavos libertos de Nueva Inglaterra y las Antillas. 1808: Sierra Leona se convirtió en colonia de la corona. S. XIX: el interior del país constituyó un protectorado, entidad distinta de la colonia, mientras se fijaba la frontera con Liberia y Guinea. 1924: Sierra Leona fue dotada de constitución. 1947: segunda constitución que entró en vigor en 1951. 1961: Sierra Leona accedió a la independencia dentro del marco de la Commonwealth.

SIERRA O'REILLY (Justo), escritor, abogado y político mexicano (Tixcacaltuyú, Yucatán, 1814-Mérida 1861). Organizó la alianza de los estados sureños contra el centralismo (1841). Fundó periódicos y escribió novelas, crónicas de viajes y obras históricas. – Su hijo **Justo Sierra Méndez** (Campeche 1848-Madrid 1912) fue autor de ensayos históricos *(Evolución política del pueblo mexicano,* 1900-1902), poemas y narraciones. Fundó la universidad nacional de México (1910).

SIERVO, n. m. (lat. *servum*). Esclavo. **2.** FEUD. Persona ligada a la gleba y dependiente de un señor. **3.** REL. Denominación dada a los miembros de algunas órdenes o congregaciones religiosas.

SIESTA n. f. Tiempo después del mediodía en que el calor es más fuerte. **2.** Sueño que se echa después de comer.

SIETE adj. num. cardin. y n. m. (lat. *septem*). Seis y uno. ♦ adj. num. ordin. y n. m. **2.** Séptimo. ♦ n. m. **3.** *Fam.* Rasgón o rotura en forma de ángulo que se hace en trajes, telas, etc. **4.** *Argent., Colomb.* y *Nicar. Vulg.* Ano.

SIETECOLORES n. m. (pl. *sietecolores*). *Argent., Chile, Ecuad.* y *Perú.* Pájaro pequeño de patas, pico, cola y alas negras, que construye su nido sobre las plantas de las lagunas, donde vive.

SIETECUEROS n. m. (pl. *sietecueros*). *Chile, Colomb., Ecuad.* y *Hond.* Callo que se forma en el talón del pie. **2.** *C. Rica, Ecuad., Nicar.* y *Venez.* Panadizo de los dedos.

SIETEMESINO, A adj. y n. Dícese de la criatura que nace a los siete meses de engendrada. **2.** *Fig.* y *fam.* Raquítico, enclenque.

SÍFILIS n. f. Enfermedad venérea infectocontagiosa, que se manifiesta por un chancro y por lesiones viscerales y encefálicas a largo plazo. SIN.: *luetismo.*

SIFÓN n. m. (lat. *síphonem*). Tubo en forma de U invertida, para trasvasar líquidos de un nivel a otro más bajo, elevándolos primero a un nivel situado por encima del nivel más alto. **2.** Tubo de doble curvatura, que sirve para evacuar las aguas residuales a la vez que impide la salida de malos olores. **3.** Recipiente de vidrio grueso, cerrado con un casquete accionado por una palanca, que permite la salida de un líquido a presión.

SIFONERO n. m. *Argent.* Sodero, persona que reparte soda.

SIFOSIS n. f. Joroba.

SIGA • **A la siga de** *(Chile.),* en pos de, tras de.

SIGILAR v. tr. (lat. *sigillare*) **[1].** Sellar, estampar el sello a una cosa. **2.** Mantener en secreto u ocultar algo.

SIGILO n. m. (lat. *sigillum*). Secreto. **2.** Silencio o disimulo para pasar inadvertido.

SIGILOSO, A adj. Que guarda sigilo.

SIGLA n. f. Cada una de las letras iniciales de un grupo de palabras, que se usan convencionalmente para abreviar.

SIGLO n. m. (lat. *saeculum*). Espacio de tiempo de cien años. **2.** Cada uno de los períodos de cien años de una era, especialmente la cristiana. **3.** Época que se ha hecho célebre por un personaje, un descubrimiento, acontecimiento, etc.: *el siglo de Pericles, del átomo.* **4.** Mucho tiempo: *hace un siglo que no lo veo.* **5.** REL. Vida o actividades profanas, por oposición a las actividades espirituales. • **En, o por, los siglos de los siglos,** por la eternidad. ‖ **Siglo de las luces,** denominación dada al s. XVIII en relación con el movimiento de la Ilustración que se produjo a lo largo de todo su transcurso. ‖ **Siglo de oro, o dorado** *(Fig.),* época de paz, felicidad, prosperidad y de gran esplendor cultural; en la literatura española, los ss. XVI y XVII.

SIGMA n. f. Letra del alfabeto griego (σ, ξ, Σ), que corresponde a la *s.*

SIGNAR v. tr. **[1].** Poner o imprimir el signo. **2.** Firmar. ♦ v. tr. y pron. **3.** Hacer la señal de la cruz.

SIGNATARIO, A adj. y n. Firmante.

SIGNATURA n. f. Acción de signar. **2.** Señal puesta a un libro o documento para indicar su colocación dentro de una biblioteca o archivo. **3.** IMPR. Cifra o marca particular que se pone al pie de la primera plana de cada pliego, para indicar un emplazamiento; pliego.

SIGNIFICACIÓN n. f. Acción y efecto de significar. **2.** Trascendencia, importancia, influencia. **3.** En lógica, contenido del juicio.

SIGNIFICADO, A adj. Conocido, importante, reputado. ♦ n. m. **2.** LING. Sentido, contenido semántico. **3.** LING. Sentido de una palabra.

SIGNIFICANTE n. m. LING. Imagen acústica o manifestación fonética del signo lingüístico.

SIGNIFICAR v. tr. (lat. *significare*) **[1a].** Ser una cosa signo o representación de otra. **2.** Ser una palabra o frase expresión de una idea o de una cosa material. **3.** Equivaler. ♦ v. intr. **4.** Representar, valer: *el dinero no significa nada para él.* • **significarse** v. pron. **5.** Hacerse notar, distinguirse.

SIGNIFICATIVO, A adj. Que expresa un significado particular, o que tiene un especial valor expresivo: *un gesto significativo.*

SIGNO n. m. (lat. *signum*). Cualquier cosa que evoca o representa la idea de otra. **2.** Cualquiera de los caracteres usados en la escritura o imprenta. **3.** Dibujo que es símbolo, señal o representación convencional de algo. **4.** Destino de la persona: *tener un signo trágico.* **5.** Asociación arbitraria de un significado, o contenido semántico, y de un significante, o expresión. **6.** MAT. Símbolo que representa una operación o característica a una magnitud. **7.** MED. Manifestación elemental de una enfermedad. • **Signo del Zodíaco,** cada una de las 12 secciones iguales en que está dividido el Zodíaco.

SIGÜENZA Y GÓNGORA (Carlos **de**), científico y escritor mexicano (México 1645-id. 1700), sobrino de Luis de Góngora. Escribió poemas, relatos y obras sobre astronomía e historia, y levantó el mapa de Nueva España.

SIGUIENTE adj. Que sigue. **2.** Ulterior, posterior.

SIGUIRIYA o **SEGUIRIYA** n. f. Una de las tres formas fundamentales – junto a la *toná* y la *soleá* – del cante flamenco.

SIKH adj. y n. m. y f. (sánscr. *sisya,* discípulo). Relativo a una secta de la India, fundada por Nanak Dev (1469-1538); miembro de esta secta.

SIKU n. m. Instrumento musical de viento, típico del Altiplano andino.

SÍLABA n. f. (lat. *syllabam*). Fonema o conjunto de fonemas que se pronuncian con una sola emisión de voz: *«Madrid» tiene dos sílabas.*

SILABARIO n. m. Libro elemental para enseñanza de los niños.

SILABEAR v. intr. **[1].** Pronunciar separando las sílabas.

SILÁBICO, A adj. Relativo a las sílabas o que se compone de sílabas. • **Escritura silábica,** escritura en la que cada sílaba es representada por un solo carácter.

SILAO, c. de México (Guanajuato); 115 130 hab. Centro agrícola (cereales y leguminosas) y comercial. Textiles, calzado. Iglesia del s. XVIII.

SILBA n. f. Acción de silbar en señal de protesta.

SILBAR v. intr. y tr. (lat. *sibilare*) **[1].** Dar o producir silbidos. **2.** *Fig.* Manifestar agrado o desagrado el público con silbidos. ♦ v. intr. **3.** Producir el aire un sonido muy agudo, similar al silbido. **4.** Producir este sonido un objeto al rozar con el aire.

SILBATINA n. f. *Argent., Chile, Ecuad.* y *Perú.* Silba, rechifla prolongada.

SILBATO n. m. Instrumento pequeño y hueco, que produce un silbido al soplar en él. **2.** Aparato de señalización sonora accionado por vapor o aire comprimido.

SILBIDO o **SILBO** n. m. Sonido agudo que produce el aire. **2.** Sonido agudo que se produce al hacer pasar aire con fuerza por la boca, con los labios o con los dedos colocados en ella de cierta forma.

SILENCIADOR n. m. Dispositivo que se utiliza para amortiguar el ruido de un motor, de un arma de fuego, etc.

SILENCIAR v. tr. **[1].** Guardar silencio sobre algo.

SILENCIO n. m. (lat. *silentium*). Ausencia de todo ruido o sonido: *el silencio de la noche.* **2.** Hecho de abstenerse de hablar. **3.** Circunstancia de no hablar de cierta cosa: *obligar al silencio a los periodistas.* **4.** Interrupción de la correspondencia, falta de noticias. **5.** MÚS. Interrupción del sonido. **6.** MÚS. Signo que indica esta interrupción.

SILENCIOSO, A adj. Que calla o tiene costumbre de callar. **2.** Dícese del lugar o tiempo en que no hay o se guarda silencio: *un local silencioso.* **3.** Que no hace ruido o que es poco ruidoso: *risa silenciosa.*

SILEPSIS n. f. (gr. *syllēpsis*). LING. Concordancia de las palabras en la frase según el sentido y no según las reglas gramaticales. (Ej.: *la multitud de jóvenes lo aclamaban con entusiasmo*.)

SILES (Hernando), político boliviano (Sucre 1882-Lima 1942), presidente de la república (1926-1930).

SILES SALINAS (Luis Adolfo), político boliviano (La Paz 1925). Presidente de la república en 1969 (abril-set.), fue derrocado y se exilió hasta 1978.

SILES ZUAZO (Hernán), político boliviano (La Paz 1914-Montevideo 1996). Fundador, junto con Paz Estenssoro, del movimiento nacionalista revolucionario (M.N.R.). Fue presidente de la república (1956-1960 y 1982-1985).

SILESIA, en polaco **Šlask**, en checo **Slezko**, en alem. **Schlesien**, región de Europa, atravesada por el Odra, dividida entre Polonia (la mayor parte) y la República Checa (alrededor de Ostrava). En Polonia, la *Alta Silesia*, al E, es una gran región hullera e industrial (metalurgia y química), en torno a Katowice. La *Baja Silesia*, al O, alrededor de Wrocław, sigue siendo más rural.

SILESIO, A adj. y n. De Silesia.

SÍLEX n. m. Roca silícea muy dura, compuesta de calcedonia y ópalo y de color variable. **2.** Útil prehistórico hecho con esta roca.

SÍLFIDE n. f. Ninfa del aire. **2.** *Fig.* Mujer bella y esbelta.

SILFO n. m. Genio del aire en las mitologías celta y germánica.

SILGADO, A adj. *Ecuad.* Enjuto, delgado.

SILICATO n. m. Mineral constituido por un agrupamiento de tetraedros casi regulares, cuyos centros se encuentran ocupados por iones calcio o aluminio y los vértices por iones oxígeno.

SÍLICE n. f. (lat. *silicem*). Dióxido de silicio, SiO_2. (Existen diversas variedades naturales de sílice: el cuarzo cristalizado, la calcedonia, de estructura fibrosa, y el ópalo, amorfo.)

SILÍCEO, A adj. De sílice, o semejante a ella.

SILICIO n. m. Elemento químico no metálico, cuyo símbolo químico es Si, su número atómico, 14, su masa atómica, 28,086 y su densidad 2,35, que en estado amorfo presenta color pardo y en estado cristalizado, gris plomizo.

SILICONA n. f. Nombre genérico de unas sustancias análogas a los compuestos orgánicos, en las cuales el silicio sustituye al carbono.

SILICOSIS n. f. Enfermedad, por lo general profesional, debida a la inhalación de polvo de sílice.

SILLA n. f. (lat. *sellam*). Asiento individual con respaldo y patas. **2.** Sede del papa o de otros prelados. • **Silla de la reina**, asiento hecho entre dos personas cogiéndose cada una con una de sus manos una muñeca y con la otra una muñeca del otro. ‖ **Silla de manos**, vehículo con asiento para una persona, transportado por medio de dos largas varas. ‖ **Silla de montar**, guarnición que se coloca encima del caballo y que sirve de asiento al jinete. ‖ **Silla eléctrica**, silla en que se coloca a los condenados a muerte para ejecutarlos por electrocución. ‖ **Silla gestatoria**, silla portátil usada por los papas en actos de gran ceremonia.

SILLAMPÄÄ (Frans Emil), escritor finlandés (Hämeenkyrö 1888-Helsinki 1964), autor de relatos y novelas que describen la vida y la naturaleza finlandesas (*Santa miseria*; *Silja o un destino breve*). [Premio Nobel de literatura 1939.]

SILLAR n. m. Piedra labrada que se emplea en construcción.

SILLERÍA n. f. Juego de sillas, sillones y sofá, con que se amuebla una habitación. **2.** Conjunto de asientos en el coro de las iglesias. SIN.: *sillería de coro*.

SILLÍN n. m. Asiento de bicicleta y motocicleta.

SILLITA n. f. **Sillita de oro** *(Argent.)*, silla de la reina.

SILLÓN n. m. Asiento de brazos amplio.

SILO n. m. Fosa o cavidad subterránea para guardar grano, tubérculos, forrajes, etc. **2.** Depósito cilíndrico o prismático, de altura considerable, que se carga por arriba y se vacía por abajo, para almacenar productos agrícolas. • **Silo lanzamisiles** (ARM.), cavidad revestida de hormigón, para almacenar un misil y dispararlo.

SILOGISMO n. m. (gr. *syllogismos*). Razonamiento que contiene tres proposiciones (mayor, menor y conclusión), y tal que la conclusión es deducida de la mayor por medio de la menor. (Ej.: *todos los hombres son mortales* [mayor]; *todos los griegos son hombres* [menor]; *luego todos los griegos son mortales* [conclusión].) **2.** Todo razonamiento inductivo riguroso.

SILUETA n. f. (fr. *silhouette*). Dibujo, representación de sólo los trazos del contorno de un rostro, figura u objeto. **2.** Contorno de un objeto al proyectarse sobre un fondo más claro. **3.** Línea del contorno del cuerpo humano.

SILÚRICO, A adj. y n. m. Dícese del tercer período de la era primaria, situado entre el ordovícico y el devónico.

SILURO n. m. Pez de agua dulce que presenta largas barbillas alrededor de la boca, como el pez gato.

SILVA n. f. (lat. *silvam*, bosque). LIT. Serie de versos endecasílabos, o endecasílabos y heptasílabos, dispuestos sin orden ni número fijo.

SILVA (José Asunción), poeta colombiano (Bogotá 1865-*id.* 1896). Su obra es, para su brevedad, fundamental en la primera etapa del modernismo latinoamericano.

SILVA (Medardo Ángel), escritor ecuatoriano (Guayaquil 1898-*id.* 1919). Figura modernista, escribió poesía (*El árbol del bien y del mal*, 1918) y novela (*María Jesús*, 1919).

SILVA HERZOG (Jesús), economista mexicano (San Luis Potosí 1892-México 1983). Fue autor de *El pensamiento económico en México* (1947) y *El agrarismo mexicano y la reforma agraria* (1959). – Su hijo **Jesús** (México 1935), economista y político, ha desarrollado una importante labor académica, al tiempo que diseñaba las grandes líneas de la política económica mexicana de los años ochenta.

SILVESTRE adj. Que crece o se cría, sin cultivo, en bosques o campos. **2.** Inculto, rústico.

SILVICULTURA n. f. Cultivo y explotación racional de los bosques.

SIMA n. f. Hendidura natural profunda en una región calcárea.

SIMA n. m. (abreviatura de *si[licio]* y *ma[gnesio]*). GEOL. Capa hipotética y semiprofunda de la corteza terrestre, y de la que dominarían la sílice y la magnesia, así como los óxidos de hierro.

SIMANCAS, v. de España (Valladolid); 2031 h. *(Simanquinos.)* Castillo medieval, sede actual del archivo general histórico de España. Iglesia gótica del Salvador (s. XVI).

SIMARUBA o **SIMARRUBA** n. f. Árbol de América tropical, cuya corteza tiene propiedades tónicas.

SIMBIONTE adj. y n. m. BIOL. Dícese de cada uno de los seres asociados en simbiosis.

SIMBIOSIS n. f. BIOL. Asociación de dos organismos de distinta especie, que les permite obtener ciertos beneficios. **2.** *Fig.* Asociación entre personas o entidades que se ayudan mutuamente.

SIMBIÓTICO, A adj. Relativo a la simbiosis.

SIMBOL n. m. *Argent.* Planta graminea de tallos largos y flexibles, que sirve de pasto natural.

SIMBÓLICO, A adj. Relativo al símbolo, o expresado por medio de él. **2.** Que no tiene valor o eficacia por sí mismo: *un gesto simbólico*.

SIMBOLISMO n. m. Calidad de simbólico. **2.** Sistema de símbolos que expresan unas creencias. **3.** Movimiento literario y artístico aparecido en la segunda mitad del s. XIX como reacción contra el naturalismo y el formalismo parnasiano.

SIMBOLISTA adj. y n. m. y f. Relativo al simbolismo; adepto del simbolismo.

SIMBOLIZAR v. tr. [**1g**]. Representar algo mediante un símbolo: *la paloma simboliza la paz*.

SÍMBOLO n. m. (lat. *symbolum*). Signo figurativo, que representa algo abstracto, que es la imagen de una cosa. **2.** Todo signo convencional que indica una abreviatura. **3.** Signo figurativo de una magnitud, de un número, de una operación o de entidad matemática o lógica. **4.** QUÍM. Letra o grupo de letras adoptadas para designar un elemento. **5.** REL. Formulario de los principales artículos de fe.

SIMBOLOGÍA n. f. Simbolismo.

SIMENON (Georges), escritor belga en lengua francesa (Lieja 1903-Lausana 1989), autor de novelas policíacas con el célebre protagonista comisario Maigret, que le dio fama internacional.

SIMETRÍA n. f. (lat. *symmetriam*). Armonía resultante de ciertas posiciones de los elementos que constituyen un conjunto. **2.** *Fig.* Propiedad de las ecuaciones que describen un sistema físico de permanecer invariantes por un grupo de transformaciones. **3.** MAT. Transformación que, a un punto M, hace corresponder un punto M' tal que el segmento MM' posee un punto fijo como centro (simetría con respecto a un punto), una recta o un eje fijos como mediatriz (simetría con respecto a una recta o un eje), o también un plano fijo como plano mediano (simetría con respecto a un plano). **5.** MAT. Propiedad de una figura que permanece invariante para esta transformación.

SIMÉTRICO, A adj. Relativo a la simetría. **2.** Que tiene simetría. **3.** Dícese de cosas semejantes y opuestas. **4.** Dícese de una de estas respecto a la otra. • **Función simétrica**, función de diversas variables que no se modifica si éstas se permutan.

SIMIENTE n. f. Semilla. **2.** Semen.

SÍMIL n. m. Comparación. **2.** Figura retórica que consiste en comparar dos términos de diferente categoría y naturaleza que guardan entre sí una semejanza metafórica.

SIMILAR adj. Semejante, análogo, parecido.

SIMILITUD n. f. lat. *similitudinem*). Semejanza, parecido.

SIMIO, A n. y m. (lat. *simium*). Relativo a un suborden de primates, casi todos de vida arborícola, de manos y pies prensiles.

SIMOCA, dep. de Argentina (Tucumán), junto al río Sal; 30 565 hab. Centro agropecuario.

SIMON (Claude), escritor francés (Tananarive [act. Antananaribo], Madagascar, 1913), uno de los principales representantes del *nouveau roman* (*La ruta de Flandes*, 1960; *Las geórgicas*, 1981; *La invitación*, 1988). [Premio Nobel de literatura 1985.]

SIMON (Herbert), economista norteamericano (Milwaukee 1916). Sus trabajos versan, fundamentalmente, sobre los procesos de la toma de decisión económica. (Premio Nobel de economía 1978.)

SIMONÍA n. f. (de *Simón* el Mago, personaje bíblico). REL. Acción de negociar con objetos sagrados, bienes espirituales o cargos eclesiásticos.

SIMPA n. f. *Argent.* y *Perú*. Trenza.

SIMPATÍA n. f. (gr. *synpatheia*). Inclinación afectiva motivada muchas veces por sentimientos análogos. **2.** Carácter de una persona que la hace atractiva y agradable. **3.** Participación en la alegría o dolor de otro. • **Explosión por simpatía,** en determinados explosivos, la que puede producirse cuando tiene lugar otra a poca distancia.

SIMPÁTICO, A adj. Que inspira simpatía. ♦ n. m. y adj. **2.** ANAT. Una de las dos partes del sistema nervioso, regulador de la vida vegetativa (el otro es el *parasimpático*).

SIMPATIZANTE adj. y n. m. y f. Que se siente atraído por un partido, doctrina, opinión, etc.

SIMPATIZAR v. intr. [**1g**]. Sentir simpatía.

SIMPLE adj. Dícese de un cuerpo formado por átomos idénticos: *el oro y el oxígeno son cuerpos simples.* **2.** Sencillo, poco complicado. **3.** Dícese de la palabra que no se compone de otras de la misma lengua. **4.** QUÍM. Dícese del enlace entre dos átomos formado por un par de electrones. (Se representa por el signo – situado entre los símbolos de los átomos.) • **Tiempos simples,** tiempos del verbo que se conjugan sin verbo auxiliar. ♦ adj. y n. m. y f. **5.** *Fig.* Cándido, apacible, incauto. **6.** *Fig.* Falto de listeza, tonto.

SIMPLEMENTE adv. m. Solamente.

SIMPLEZA n. f. Cualidad de simple, ingenuo o tonto. **2.** Tontería, necedad. **3.** *Fam.* Insignificancia, nimiedad: *pelearse por una simpleza.*

SIMPLICIDAD n. f. Calidad de simple. **2.** Sencillez.

SIMPLIFICAR v. tr. [**1a**]. Hacer más sencillo. **2.** MAT. Convertir una expresión, ecuación, etc., en otra equivalente pero más breve y menos compleja.

SIMPLISMO n. m. Tendencia a simplificar.

SIMPLISTA adj. y n. m. y f. Que ve las cosas con pocas complicaciones y las resuelve sin considerar aspectos importantes de las mismas.

SIMPLÓN, NA adj. y n. m. Tonto; sencillo, ingenuo.

SIMPOSIO o **SIMPOSIUM** n. m. Reunión, congreso científico.

SIMULACIÓN n. f. Acción de simular. **2.** Representación del comportamiento de un proceso por medio de un modelo material cuyos parámetros y cuyas variables son la reproducción de los del proceso estudiado.

SIMULACRO n. m. (lat. *simulacrum*). Acción por la que se finge realizar una cosa; apariencia.

SIMULADOR, RA adj. y n. Que simula. ♦ n. m. **2.** Aparato capaz de reproducir el comportamiento de otro cuyo funcionamiento se quiere estudiar o cuya utilización se quiere enseñar, o bien de un cuerpo cuya evolución se desea seguir. **3.** INFORMÁT. Programa realizado para representar el funcionamiento de una máquina, de un sistema o de un fenómeno antes de su construcción o utilización.

SIMULAR v. tr. (lat. *simulare*) [**1**]. Hacer aparecer como real algo que no lo es.

SIMULTANEAR v. tr. [**1**]. Realizar dos o más cosas al mismo tiempo.

SIMULTANEIDAD n. f. Calidad de simultáneo.

SIMULTÁNEO, A adj. Que se hace u ocurre al mismo tiempo que otra cosa.

SIMÚN n. m. (ár. *samūm*). Viento cálido, seco y brusco del desierto.

SIN prep. (lat. *sine*). Denota privación o carencia: *estar sin trabajo.* **2.** Con un infinitivo, expresa la negación de un hecho simultáneo o anterior al del verbo principal: *me fui sin comer.* **3.** Además de: *llevo ciento en dinero, sin las alhajas.*

SINAGOGA n. f. (gr. *synagōgē*). Asamblea de los fieles bajo la antigua ley judía. **2.** Casa de reunión y de oración de las comunidades judías.

SINAÍ, península montañosa y desértica de Egipto, junto al mar Rojo, entre los golfos de Suez y de 'Aqaba; 2641 m. Yacimientos de petróleo. Escenario de violentos combates durante las guerras árabe-

israelíes de 1967 y de 1973, fue ocupada por Israel y más tarde restituida a Egipto (1982).

SINALEFA. n. f. (lat. *synaleopham*). Fusión de la vocal o vocales finales de una palabra con la vocal o vocales iniciales de la palabra siguiente.

SINALOA, r. de México, que nace en la sierra Madre occidental y desemboca en el golfo de California, junto a Boca del Río; 500 km. Obras de regadío.

SINALOA (*estado de*), est. de México, en la fachada del Pacífico; 58 092 km^2; 2 204 054 hab. Cap. *Culiacán*.

SINÁN (Bernardo **Domínguez Alba**, llamado **Rogelio**), escritor panameño (en la isla de Taboga 1904). Exponente de la poesía de vanguardia o intimista destaca como narrador introspectivo.

SINAPISMO n. m. (lat. *sinapismum*). Medicamento a base de polvo de mostaza.

SINAPSIS n. f. (gr. *synapsis*, unión). NEUROL. Región de contacto entre las neuronas.

SINCELEJO, c. de Colombia, cap. del dep. de Sucre; 135 857 hab. Centro comercial de la región.

SINCERARSE v. pron. [**1**]. Explicar alguna cosa de la que uno se cree culpable, o supone que otros lo creen. • **Sincerarse con** alguien, contarle con sinceridad algo íntimo.

SINCERIDAD n. f. Cualidad de sincero, franqueza.

SINCERO, A adj. (lat. *sincerum*). Que se expresa o actúa tal como piensa o siente.

SINCHI ROCA, emperador inca del Perú (s. XI), hijo y sucesor de Manco Cápac. Formó una confederación de los incas con los cana y los conchi, y dividió en cuatro partes el imperio inca (Tahuantinsuyu). Murió en la campaña de conquista de Chile.

SINCIPUCIO n. m. ANAT. Parte superior y anterior de la cabeza. CONTR.: *occipucio*.

SINCLAIR (Upton), escritor norteamericano (Baltimore 1878-Bound Brook, Nueva Jersey, 1968), autor de novelas sociales (*La jungla,* 1906; *Petróleo,* 1927; *El fin del mundo,* 1940).

SINCLINAL adj. y n. m. GEOL. Dícese de la parte deprimida de un pliegue simple. CONTR.: *anticlinal*.

SÍNCOPA n. f. (lat. *syncopam*). Supresión de un fonema o grupo de fonemas en el interior de una palabra. **2.** MÚS. Elemento rítmico que consiste en un sonido articulado sobre un tiempo débil y prolongado sobre el tiempo fuerte siguiente.

SINCOPADO, A adj. Dícese de la nota musical que forma síncopa, o del ritmo o canto que tiene notas sincopadas.

SINCOPAR v. tr. [**1**]. *Fig.* Abreviar. **2.** MÚS. Unir por medio de una síncopa.

SÍNCOPE n. m. Pérdida momentánea de la sensibilidad y del movimiento, debida a un paro momentáneo de la actividad del corazón o a un paro respiratorio.

SINCRETISMO n. m. ANTROP. Fusión de diversos sistemas religiosos o de prácticas religiosas pertenecientes a diversas culturas. **2.** LING. Fenómeno por el que una forma desempeña distintas funciones gramaticales.

SINCROCICLOTRÓN n. m. Acelerador de partículas, análogo al ciclotrón, pero en el cual se encuentra restablecido el sincronismo entre la frecuencia del campo acelerador y la frecuencia de rotación de las partículas.

SINCRONÍA n. f. Circunstancia de coincidir hechos o fenómenos en el tiempo. **2.** LING. Carácter de los fenómenos lingüísticos observados en un estadio de lengua dado, independientemente de su evolución en el tiempo. CONTR.: *diacronía*.

SINCRÓNICO, A adj. Dícese de lo que ocurre o se verifica al mismo tiempo. **2.** Dícese de los movimientos que se realizan al mismo tiempo. **3.** Dícese de una máquina eléctrica cuya velocidad angular es

siempre igual a la pulsación de la corriente alterna que recibe o que genera, o bien es un submúltiplo o un múltiplo entero de esta pulsación. **4.** LING. Relativo a la sincronía.

SINCRONISMO n. m. Circunstancia de ocurrir o suceder dos o más cosas al mismo tiempo.

SINCRONIZACIÓN n. f. Acción y efecto de sincronizar. **2.** Operación de hacer solidarios y simultáneos los movimientos de dos aparatos. **3.** CIN. Coincidencia de la imagen con el sonido.

SINCRONIZADA n. f. *Méx.* Guiso consistente en dos tortillas de maíz o de trigo con una rebanada de jamón y otra de queso entre ambas.

SINCRONIZADOR n. m. TECNOL. Dispositivo o aparato que permite sincronizar.

SINCRONIZAR v. tr. [**1g**]. Hacer que dos o más cosas o fenómenos sean sincrónicos.

SINCROTRÓN n. m. Acelerador de partículas de gran potencia, que puede ser considerado como una síntesis del ciclotrón y el betatrón.

SINDÉRESIS n. f. (gr. *synterēsis*). Buen juicio, aptitud para juzgar rectamente y con acierto.

SINDICACIÓN n. f. Acción y efecto de sindicar o sindicarse.

SINDICAL adj. Relativo al síndico. **2.** Relativo al sindicato.

SINDICALISMO n. m. Movimiento organizado en sindicatos que tiene por objeto definir, defender y hacer triunfar las reivindicaciones económicas, políticas y sociales de sus miembros. **2.** Doctrina según la cual los problemas sociales deben resolverse a través de la acción de los sindicatos.

SINDICALISTA adj. y n. m. y f. Relativo al sindicalismo; que milita en un sindicato.

SINDICAR v. tr. y pron. [**1a**]. Agrupar en un sindicato. ♦ **sindicarse** v. pron. **2.** Afiliarse a un sindicato.

SINDICATO n. m. Agrupación formada para la defensa de intereses profesionales comunes: *sindicato obrero; sindicato patronal*.

SÍNDICO n. m. Persona encargada, en un concurso de acreedores o en una quiebra, de liquidar el activo y pasivo del concursado o quebrado, para satisfacer en lo posible los créditos contra él.

SÍNDROME n. m. (gr. *syndromē*, concurso). Conjunto de síntomas que caracterizan una enfermedad o una afección.

SINE QUA NON loc. (voces lat., *sin lo cual no*). Dícese de una condición indispensable, necesaria.

SINÉCDOQUE n. f. Tropo de dicción que consiste en designar un objeto por alguna de sus partes, una pluralidad por algo singular, el género por la especie, etc., y viceversa.

SINECURA n. f. Cargo o empleo retribuido que ocasiona poco o ningún trabajo.

SINÉRESIS n. f. Licencia poética que consiste en la fusión de dos vocales continuas en una sola sílaba.

SINERGIA n. f. Acción combinada de diversas acciones tendentes a lograr un efecto único con economía de medios: *aprovechar las sinergias entre dos empresas.*

SINESTESIA n. f. FISIOL. Sensación secundaria que se produce en una parte del cuerpo a consecuencia de un estímulo aplicado en otra.

SINFÍN n. m. Infinidad, sinnúmero.

SINFONÍA n. f. (gr. *symphonia*). Composición musical para orquesta, de tres a cuatro movimientos de notable extensión, de los cuales el primero por lo menos toma la forma de sonata. **2.** *Fig.* Conjunto armonioso de cosas que conjugan a la perfección, armonía: *una sinfonía de colores.*

SINFÓNICO, A adj. Relativo a la sinfonía. ♦ adj. y n. f. **2.** Dícese de algunas sociedades musicales y de determinadas sociedades de conciertos.

SINGAPUR, en ingl. **Singapore**, isla del Sureste asiático, que forma un estado, en el extremo S de la península de Malasia; 618 km²; 2 700 000 hab. CAP. *Singapur.* LENGUAS OFICIALES: *inglés, chino, malayo* y *tamil.* MONEDA: *dólar de Singapur.* Base naval, importante puerto de tránsito de mercancías (caucho y estaño), centro financiero e industrial. La isla, posesión británica desde 1819, fue ocupada por los japoneses de 1942 a 1945. En 1963 se convirtió en uno de los cuatro estados de la Federación de Malasia.1965: se transformó en república independiente. Bajo el gobierno de Lee Kuan Yew, primer ministro desde 1959, hubo un gran desarrollo. 1990: Goh Chok Tong, primer ministro.

SINGER (Isaac Bashevis), escritor norteamericano en lengua yiddish (Radzymin, cerca de Varsovia, 1904-Miami 1991). En sus novelas y relatos revive la Polonia de su infancia, con el ritmo de los cuentistas judíos tradicionales (*La familia Moskat*, 1950; *El mago de Lublin*, 1960). [Premio Nobel de literatura 1978.]

SINGLADURA n. f. Distancia recorrida por una nave en veinticuatro horas. **2.** *Fig.* Rumbo, dirección.

SINGULAR adj. (lat. *singularem*). Único, solo. **2.** Extraordinario, raro o excelente. **• En singular,** en particular o especialmente. ♦ adj. y n. m. **3.** LING. Dícese de la categoría gramatical del número que señala una sola persona, una sola cosa o un solo conjunto de personas o de cosas. CONTR.: *plural*.

SINGULARIDAD n. f. Calidad de singular. **2.** Particularidad, distintivo.

SINGULARIZAR v. tr. [**1g**]. Hacer que una cosa se distinga entre otras. **2.** Referirse a alguien o algo en particular. ♦ **singularizarse** v. pron. **3.** Distinguirse por alguna particularidad o apartarse de lo común.

SINIESTRA n. f. Mano izquierda.

SINIESTRADO, A adj. Que ha sufrido un siniestro.

SINIESTRALIDAD n. f. Frecuencia o índice de siniestros.

SINIESTRO, A adj. (lat. *sinistrum*). Izquierdo. **2.** *Fig.* Malintencionado, perverso. **3.** *Fig.* Infausto, funesto, desgraciado: *año siniestro.* ♦ n. m. **4.** Suceso catastrófico que lleva aparejadas pérdidas materiales y humanas. **5.** Hecho que causa daños a uno mismo o a terceros y que origina la intervención de un asegurador.

SINNÚMERO n. m. Número incalculable.

SINO n. m. Destino, hado.

SINO conj. advers. Contrapone a un concepto afirmativo otro negativo: *no lo hizo Juan sino Pedro.* **2.** Denota idea de excepción: *nadie lo sabe sino tú.* **3.** Precedido de negación equivale a *solamente* o *tan sólo*: *no te pido sino que me oigas.* **4.** Precedido del adv. *no sólo*, denota adición de otro u otros miembros de la cláusula: *no sólo por entendido sino por afable merece ser estimado.*

SINÓDICO, A adj. (gr. *synodikós*). Relativo al sínodo. **• Revolución sinódica,** tiempo que tarda un planeta en volver a estar en conjunción con el Sol.

SÍNODO n. m. (gr. *synodos*). En la Iglesia católica, asamblea de eclesiásticos convocada para tratar de asuntos de una diócesis o de la Iglesia universal. **2.** En la Iglesia reformada, asamblea de delegados de los consistorios parroquiales.

SINOLOGÍA n. f. Ciencia de la historia, de la lengua y de la civilización de China.

SINONIMIA n. f. Circunstancia de ser sinónimos dos o más palabras. **2.** Circunstancia de existir sinónimos.

SINÓNIMO, A adj. y n. m. (lat. *synonymum*). Dícese de las palabras de una misma categoría que tienen un significado muy próximo.

SINOPSIS n. f. (gr. *synopsis*). Compendio o resumen sinóptico de una ciencia o tratado.

SINÓPTICO, A adj. Que puede ser abarcado de una vez con la vista u ofrece una visión general.

SINOVIA n. f. Líquido transparente y viscoso que lubrica las articulaciones.

SINOVIAL adj. Relativo a la sinovia.

SINRAZÓN n. f. Acción injusta cometida con abuso de poder.

SINSABOR n. m. Disgusto, pesar.

SINSONTE n. m. Ave paseriforme, parecida al mirlo, que vive en América.

SÍNSORAS n. f. pl. *P. Rico.* Lugar lejano.

SINSUSTANCIA n. m. y f. *Fam.* Persona insustancial, necia.

SINTÁCTICO, A adj. (gr. *syntaktikos*). Relativo a la sintaxis.

SINTAGMA n. m. LING. Unidad sintáctica elemental de una frase.

SINTAXIS n. f. (gr. *syntaxis*). Parte de la gramática que estudia la estructura de la oración. **2.** Modo de ordenarse o enlazarse las palabras en una oración.

SÍNTESIS n. f. (gr. *synthesis*). Método de demostración que procede de los principios a las consecuencias, de las causas a los efectos: *la síntesis es la operación inversa del análisis.* **2.** Exposición de conjunto, apreciación global. **3.** Reunión de elementos en un todo. **4.** Resumen, compendio. **5.** QUÍM. Formación artificial de un cuerpo compuesto a partir de sus elementos.

SINTÉTICO, A adj. Relativo a la síntesis. **2.** Que resume o sintetiza. **3.** Obtenido por síntesis.

SINTETIZADOR, RA adj. Que sintetiza. ♦ n. m. **2.** Órgano electrónico utilizado en estudios de composición musical, capaz de producir un sonido a partir de sus constituyentes.

SINTETIZAR v. tr. [**1g**]. Reducir a síntesis; realizar una síntesis. **2.** QUÍM. Fabricar o preparar por síntesis.

SINTOÍSMO o **SINTO** n. m. Religión nacional de Japón, anterior (s. VI) a la introducción del budismo, que rinde culto a los antepasados.

SINTOÍSTA adj. y n. m. y f. Relativo al sintoísmo; adepto de esta religión.

SÍNTOMA n. m. (gr. *symptôma*). Fenómeno que revela una enfermedad. **2.** Señal, indicio.

SINTOMÁTICO, A adj. Relativo a los síntomas de una enfermedad. **2.** *Fig.* Revelador de algo, que constituye un síntoma: *incidente sintomático.*

SINTOMATOLOGÍA n. f. Estudio de los síntomas de las enfermedades. SIN.: *semiología*.

SINTONÍA n. f. Fragmento musical que, en lenguaje radiofónico, sirve para distinguir el comienzo o el fin de un programa. **2.** FÍS. Concordancia en resonancia de circuitos eléctricos que oscilan en una misma frecuencia.

SINTONIZACIÓN n. f. Acción y efecto de sintonizar.

SINTONIZADOR, RA adj. Que sintoniza. ♦ n. m. **2.** Amplificador sintonizado de alta frecuencia en un receptor de radio o de televisión. **3.** Parte del radiorreceptor que posee los elementos resonantes de sintonía.

SINTONIZAR v. tr. [**1g**]. Regular el circuito oscilante de un radiorreceptor, para que su frecuencia propia coincida con la de la emisora que se desea captar. **2.** *Fig.* Adaptarse a las características de una persona, de un medio, etc.

SINUOSIDAD n. f. Calidad de sinuoso. **2.** Concavidad, parte sinuosa de algo.

SINUOSO, A adj. Que tiene ondulaciones o recodos. **2.** *Fig.* Que oculta o disimula un propósito o una intención: *actuar de forma sinuosa.*

SINUSITIS n. f. Inflamación de los senos óseos de la cara.

SINUSOIDE n. f. MAT. Curva plana que representa las variaciones del seno cuando el arco varía.

SINVERGÜENZA adj. y n. m. y f. Que comete actos reprochables o ilegales en provecho propio. **2.** Desvergonzado, granuja, tunante.

SIÓN, una de las colinas de Jerusalén. Este término es a menudo sinónimo de *Jerusalén*.

SIONISMO n. m. (de *sión*, colina de Jerusalén). Doctrina y movimiento que tuvo por objeto el establecimiento de judíos en una comunidad nacional autónoma o independiente en Palestina.

SIONISTA adj. y n. m. y f. Relativo al sionismo; partidario de este movimiento.

SIOUX → **siux**.

SIQUE n. f. (gr. *psykhē*, alma). Conjunto de las funciones sensitivas, afectivas y mentales de un individuo.

SIQUEIROS (David **Alfaro**), pintor mexicano (Chihuahua 1896-Cuernavaca 1974). Profundamente comprometido con las ideologías igualitaristas y la identidad de la cultura hispanoamericana afincada en el indigenismo, encontró en el muralismo una nueva creatividad para la pintura y su papel social. Su estilo sintetiza las aportaciones vanguardistas, combinando intensidad expresiva y habilidad narrativa (*Cuauhtémoc contra el Mito*, Centro de arte moderno, México, fundado por él en 1944; *Historia de la humanidad*, 1966, México).

SIQUIATRA n. m. y f. Médico especializado en enfermedades mentales. SIN.: *alienista*.

SIQUIATRÍA n. f. Disciplina médica cuyo objeto es el estudio y tratamiento de las enfermedades mentales. SIN.: *frenopatía*.

SÍQUICO, A adj. (gr. *psykhikos*). Relativo a la sique o al siquismo.

SIQUIERA conj. Equivale a *bien que, aunque; ayúdame, siquiera por última vez.* **2.** Equivale a *o*, *u* y otra semejante: *siquiera venga, siquiera no venga.* ♦ adv. **3.** Por lo menos, tan sólo: *déme usted media paga siquiera.*

SIQUISMO n. m. Conjunto de caracteres síquicos de un individuo determinado.

SIRACUSA, c. y puerto de Italia (Sicilia), cap. de prov.; 126 136 hab. Restos griegos y romanos (templos, teatro, anfiteatro, latomías, etc.), y monumentos de la edad media y de la época barroca. Museos. — Colonia corintia fundada c. 734 a. J.C., su influencia se extendió a las ciudades griegas de Italia meridional. Fue conquistada por Roma durante la segunda guerra púnica (213-212 a. J.C.).

SIRENA n. f. Divinidad del mar, medio mujer y medio pájaro, temible por el canto de su voz. (La iconografía medieval la representó con busto de mujer y cola de pez.)

SIRGA n. f. Maroma que sirve para tirar las redes, para llevar las embarcaciones desde tierra, principalmente en la navegación fluvial, y para otros usos.

SIRGAR v. tr. [**1b**]. Remolcar un barco desde tierra, con la ayuda de una sirga.

SIRIA, región histórica de Asia occidental, que engloba los estados actuales de Siria, Líbano, Israel y Jordania.

HISTORIA

La Siria antigua. Il milenio: los cananeos (de los que los fenicios son una rama), los amorritas, los hurritas, los arameos (a los que pertenecen los hebreos) y los pueblos del mar se infiltraron en oleadas sucesivas. 539 a. J.C.: la toma de Babilonia por Ciro II puso fin al dominio asiriobabilónico y convirtió Siria en una satrapía. 332: el país fue conquistado por Alejandro; Siria pasó a poder de los Seleúcidas. 301: se fundó su capital, Antioquía. 64-63 a. J.C.: tras la conquista romana, se creó la provincia de Siria. 395 d. J.C.: fue unida al imperio de oriente. 636: los

SIR

árabes, vencedores de los bizantinos en el río Yamük, conquistaron el país.

La Siria musulmana. 661-750: los Omeyas convirtieron Siria y Damasco en el centro del imperio musulmán. S. VIII: con los Abasíes, Bagdad fue la capital del imperio en detrimento de Damasco. S. X: los Hamdaníes de Alepo no pudieron contener los ataques de la reconquista bizantina. 1076-1077: los turcos selyúcidas tomaron Damasco y Jerusalén. Ss. XI-XIII: los cruzados fundaron allí el principado de Antioquía (1098-1268), el reino de Jerusalén (1099-1291) y el condado de Trípoli (1109-1289). Saladino (1171-1193) y sus sucesores Ayyubies mantuvieron relaciones pacíficas con los francos. 1260-1291: los mamelucos detuvieron a los mongoles en 'Ayn Djalüt y reconquistaron las últimas posesiones francas de Palestina y Siria. Gobernaron la región hasta la conquista otomana (1516). 1400-1401: Timür Lang (Tamerlán) arrasó el país. 1516: los otomanos conquistaron Siria, que conservaron hasta 1918. 1831-1840: fueron temporalmente expulsados del país por Mehmet 'Ali e Ibrahim bajá. 1860: Francia intervino en el Líbano en favor de los maronitas. 1916: los acuerdos Sykes-Picot delimitaron las zonas de influencia de Francia y de Gran Bretaña en Oriente medio. Los sirios se unieron a las fuerzas anglofrancesas y hachemíes. 1920: Faysal I, elegido rey de Siria, fue expulsado por los franceses. 1920-1943: Francia ejerció el mandato que le había confiado la S.D.N. sobre el país en el que, a partir de 1928, estableció una república siria (con Damasco y Alepo), una república de los Alawies y el ýabal Druso.

SIRIA, en ár. **Süriya,** estado de Asia occidental, junto al Mediterráneo; 185 000 km²; 12 800 000 hab. *Siria.* CAP. *Damasco.* LENGUA OFICIAL: *árabe.* MONEDA: *libra siria.*

GEOGRAFÍA

Una barrera montañosa (el ýabal Anşariyya, que se prolonga hacia el S por las estribaciones del Antilíbano y el Hermón) separa una estrecha llanura litoral, de clima mediterráneo, de las mesetas del E, desérticas. Los principales cultivos (trigo y cebada principalmente, algodón, tabaco, viña y olivo) dependen de la irrigación y provienen del Gäb (depresión avenada por el Orontes), de los pie de monte montañosos, emplazamientos de las principales ciudades (Damasco, Alepo, Oms, Hamå, aparte del puerto de Latakia) y del valle del Éufrates (con presa en Tabqa). La ganadería ovina, practicada por los nómadas, es (con los hidrocarburos) el recurso fundamental de Siria oriental. Las tensiones internacionales y regionales (especialmente los gastos militares) aumentan las dificultades económicas, ligadas también al fuerte crecimiento de la población.

HISTORIA

1941: el general Catroux, en nombre de Francia, proclamó la independencia del país. 1943-1944: el mandato francés sobre Siria llegó a su fin. 1946: las últimas tropas francesas y británicas abandonaron el país. 1948: participó en la primera guerra árabe-israelí. 1949-1956: varios golpes de estado llevaron al poder a jefes de estado favorables u hostiles a los Hachemíes. 1958-1961: Egipto y Siria formaron la república árabe unida. 1963: el partido Ba'at tomó el poder. 1967: la guerra de los seis días provocó la ocupación del Golán por Israel. 1973: participó en la cuarta guerra árabe-israelí. 1976: intervino en el Líbano; en 1985 reforzó su tutela sobre éste, ratificada (1991) por un tratado de fraternidad sirio-libanés. 1991: durante la guerra del Golfo, Siria participó con las fuerzas multinacionales y asistió a la conferencia de paz sobre el Próximo Oriente.

2000: a la muerte de Hafiz al-Assad, subió al poder su hijo Bashar al-Assad. 2001: se integró como miembro no permanente al Consejo de Seguridad de la O.N.U.

SIRINGA n. f. Flauta de Pan.

SIRIO, A adj. y n. De Siria. ♦ n. m. **2.** Dialecto árabe hablado en Siria.

SIRIO, estrella de la constelación del Can Mayor y la más brillante del cielo.

SIRIONÓ, pueblo amerindio del E de Bolivia, del grupo tupí-guaraní.

SIRIPITA n. f. *Bol.* Grillo. **2.** *Bol. Fig.* Persona entrometida y pequeña.

SIRIRÍ n. m. *Argent.* Yaguasa, nombre de diversos patos. **2.** *Argent.* Nombre vulgar de diversos pájaros como por ej. el benteveo.

SIRKA n. f. Semilla del ají, empleada como condimento en diversos países de América del Sur.

SIROCO n. m. Viento muy seco y cálido que sopla desde el Sahara hacia el litoral en el Mediterráneo.

SIRTE n. f. Bajo de arena, en el fondo del mar.

SIRVIENTE, A n. Persona del servicio doméstico, criado.

SISA n. f. (fr. *assise*). Parte que se hurta de lo que se maneja por cuenta de otro, especialmente en cosas menudas. **2.** Corte hecho en la tela de las prendas de vestir para que ajusten al cuerpo.

SISAL n. m. Planta amarilidácea, de cuyas hojas se extraen unas fibras utilizadas en la fabricación de sacos y cuerdas. **2.** Dicha fibra.

SISAR v. tr. [**1**]. Hurtar o sustraer en pequeñas cantidades. **2.** Hacer sisas en las prendas de vestir. **3.** *Ecuad.* Pegar pedazos de loza y cristal.

SISEAR v. intr. y tr. [**1**]. Emitir repetidamente el sonido inarticulado de s y ch, para llamar a alguien o para mostrar desagrado.

SISEO n. m. Acción y efecto de sisear.

SÍSIFO, rey legendario de Corinto, célebre por sus crímenes. Fue condenado a permanecer en los Infiernos y a empujar una roca hasta la cima de una montaña, que siempre volvía a caer antes de llegar arriba.

SISMICIDAD n. f. Frecuencia de los sismos, que está en relación con las grandes líneas de fractura de la corteza terrestre.

SÍSMICO, A adj. Relativo a los sismos.

SISMO o **SEÍSMO** n. m. (gr. *seismos*). Sacudida más o menos violenta de la corteza terrestre, que se produce siempre a una cierta profundidad partiendo de un epicentro. SIN.: *terremoto.*

SISMÓGRAFO n. m. Aparato para registrar la hora, duración y amplitud de los sismos.

SISMOGRAMA n. m. Gráfico confeccionado por un sismógrafo.

SISMOLOGÍA n. f. Ciencia y tratado de los sismos.

SISTEMA n. m. (gr. *systēma*). Conjunto ordenado de ideas científicas o filosóficas. **2.** Conjunto ordenado de normas y procedimientos acerca de determinada materia: *sistema de ventas; sistema educativo.* **3.** Conjunto de elementos interrelacionados, entre los que existe una cierta cohesión y unidad de propósito. **4.** Conjunto de diversos órganos de idéntica naturaleza. **5.** Medio, método o procedimiento empleado para realizar algo. **6.** Procedimiento ordenado para hacer algo. **7.** Conjunto de aparatos, conductores, instalaciones, etc., que intervienen en el transporte y distribución de energía eléctrica. **8.** Conjunto de términos definidos por las relaciones que existen entre ellos: *sistema lingüístico.* **9.** Modo de gobierno, de administración o de organización social: *sistema feudal.* **10.** HIST. NAT. Método de clasificación basado en el empleo de un solo carácter o de un pequeño número de ellos. • **Sistema de ecuaciones,** conjunto de dos o más ecuaciones que relacionan simultáneamente diversas incógnitas. ∥ **Sistema de referencia,** conjunto de cuerpos en relación a los cuales se define el movimiento de otro cuerpo. ∥ **Sistema informático,** conjunto del hardware y el software que controlan y gestionan un proceso informático. ∥ **Sistema internacional de unidades (SI),** sistema métrico decimal de medidas de siete unidades básicas (metro, kilogramo, segundo, amperio, grado Kelvin, mol y candela). ∥ **Sistema métrico decimal** → *métrico.* ∥ **Sistema monetario,** conjunto de unidades monetarias, con sus múltiplos y divisores, que circulan en un país; conjunto de instituciones que llevan a cabo la circulación de activos financieros desde las unidades que los generan hacia su incorporación en el proceso productivo. ∥ **Sistema monetario europeo,** sistema adoptado por los países de la C.E., destinado a armonizar la política monetaria de dichos países. ∥ **Sistema monetario internacional,** conjunto de normas e instituciones que regulan la forma de pagar las transacciones económicas entre países como consecuencia de su comercio de mercancías, servicios u operaciones financieras. ∥ **Sistema operativo** (INFORMÁT.), programa o conjunto de programas que efectúan la gestión de los procesos básicos de un sistema informático, y permiten la normal ejecución del resto de los trabajos. ∥ **Sistema planetario,** o **solar,** conjunto formado por el Sol y todos los astros que gravitan alrededor de él.

SISTEMÁTICA n. f. Clasificación de los seres vivos según un sistema.

SISTEMÁTICO, A adj. Relativo a un sistema. **2.** Que sigue o se ajusta a un sistema: *estudio sistemático.* **3.** Que procede con sistema o método.

SISTEMATIZACIÓN n. f. Acción y efecto de sistematizar.

SISTEMATIZAR v. tr. [**1g**]. Estructurar, organizar con un sistema.

SÍSTOLE n. f. (gr. *systolē*). Movimiento de contracción del corazón y las arterias. CONTR.: *diástole.*

SISTRO n. m. (gr. *seistron*). Antiguo instrumento musical de percusión.

SITAR n. m. Instrumento musical indio, de cuerdas pulsadas.

SITIADO, A adj. y n. Que sufre un sitio o asedio.

SITIAL n. m. Asiento de ceremonia.

SITIAR v. tr. [**1**]. Cercar una plaza o fortaleza para atacarla o apoderarse de ella: *sitiar la ciudad.* **2.** *Fig.* Acorralar, intimidar.

SITIO n. m. Porción determinada del espacio que es o puede ser ocupada. **2.** Paraje o lugar a propósito para alguna cosa. **3.** *Cuba* y *Méx.* Finca, menor que la hacienda, dedicada al cultivo o a la cría de animales domésticos. **4.** *Chile* y *Ecuad.* Terreno apto para la edificación. **5.** *Méx.* Lugar en la vía pública autorizado como base para coches de alquiler.

SITIO n. m. Acción y efecto de sitiar. **2.** Operación contra una plaza fuerte para apoderarse de ella. • **Estado de sitio,** situación excepcional y grave del ordenamiento político y jurídico de la nación, con la suspensión de determinados derechos y libertades constitucionales.

SITO, A adj. Situado: *finca sita en las afueras.*

SITUACIÓN n. f. Acción y efecto de situar. **2.** Estado o condición de una persona o de una cosa: *tener una elevada situación.* **3.** Estado de los asuntos políticos, financieros, etc., de una nación. **4.** Disposición geográfica de una cosa en relación al lugar que ocupa, principalmente una casa, una ciudad, etc.

SITUADO, A adj. Que tiene una situación estable.

SITUAR v. tr. y pron. [**1s**]. Poner en determinado lugar o situación. ♦ **situarse** v. pron. **2.** Conseguir una buena posición económica o social.

SIÚTICO, A adj. *Chile.* Cursi. **2.** *Chile.* Se aplica, también, a cierta apariencia de vestidos.

SIUX o **SIOUX**, conjunto de pueblos amerindios de América del Norte que habitaban en las llanuras entre Arkansas y las Rocosas.

SIVA, tercera gran divinidad de la Trinidad hindú, dios de la Destrucción.

SIVORI (Eduardo), pintor y grabador argentino (Buenos Aires 1847-id. 1918), cultivó temáticas rurales con un naturalismo de raíz francesa.

SIXAOLA, r. de Costa Rica (Limón), que nace en la cordillera de Talamanca, forma frontera con Panamá y desemboca en el Caribe; 140 km. En su curso alto se denomina *Tarire*.

SJÖSTRÖM (Victor), director de cine y actor sueco (Silbodal 1879-Estocolmo 1960), uno de los grandes pioneros del arte cinematográfico.

SKÁRMETA (Antonio), escritor chileno (Antofagasta 1940). Sus novelas (*Soñé que la nieve ardía*, 1975; *Ardiente paciencia*, 1986) y relatos (*El entusiasmo*, 1967; *Tiro libre*, 1973) recrean experiencias personales en un lenguaje vivo y colorista.

SKETCH n. m. (voz inglesa, *apunte*). Obra dialogada breve, generalmente cómica.

SKINHEAD o **SKIN** n. m. y f. y adj. (voces inglesas). Joven marginal, de cabeza rapada, que adopta un comportamiento de grupo agresivo, xenófobo y racista.

SKOPJE o **SKOPLJE**, c. y cap. de la República de Macedonia, junto al Vardar; 406 000 hab. Universidad. Siderurgia. Museos. — En los alrededores, monasterios bizantinos (el de Sveti Panteleimon, s. XII, frescos).

SKRIABIN o **SCRIABIN** (Alexandr Nikoláievich), pianista y compositor ruso (Moscú 1872-*id.* 1915). Sus obras para piano y orquesta presentan interesantes investigaciones de orden armónico.

S. L., siglas de *sociedad limitada*.

SLALOM n. m. En esquí, descenso por un recorrido sinuoso jalonado de obstáculos a franquear.

SLIP n. m. (voz inglesa) [pl. *slips*]. Calzón corto o ajustado y sin pernera que sirve de ropa interior masculina, de bañador o para practicar deporte.

SLOGAN n. m. Eslogan.

S.M., abrev. de *su majestad*.

Sm, símbolo químico del *samario*.

SMETANA (Bedřich), compositor y pianista checo (Litomyšl 1824-Praga 1884), es el principal representante de la música romántica de Bohemia.

SMITH (Adam), economista británico (Kirkcaldy, Escocia, 1723-Edimburgo 1790). Señaló que la búsqueda por los hombres de su interés personal les lleva a la realización del interés general, por lo que está a favor de la libertad; profundizó en la noción de valor, distinguiendo entre valor de uso y valor de cambio.

SMOG n. m. (voz inglesa). Mezcla de humo y niebla que se acumula a veces encima de concentraciones urbanas y, sobre todo, industriales.

SMOKING n. m. Esmoquin.

Sn, símbolo químico del *estaño*.

SNOB adj. n. m. y f. (voz inglesa). Esnob.

SNORRI STURLUSON, poeta islandés (Hvamm *c.* 1179-Reykjaholt 1241), autor de *Edda prosaica* y de una vasta colección de sagas de reyes de Noruega.

SO prep. Bajo, debajo de: *so pena de...*

¡SO! interj. Se usa para que se paren las caballerías.

SO, voz que se antepone a algunos insultos para reforzar la significación de los mismos: *so tonto*.

SO, abrev. de *suroeste*.

SOASAR v. tr. [1]. Asar ligeramente.

SOBA n. f. Sobadura. **2.** *Fig.* Paliza, zurra.

SOBACO n. m. Concavidad que forma el arranque del brazo con el cuerpo.

SOBADO, A adj. Manido, ajado, muy usado. ♦ n. m. **2.** Sobadura.

SOBADURA n. f. Acción y efecto de sobar.

SOBAJAR v. tr. [1]. *Méx.* Humillar, rebajar.

SOBAJEAR v. tr. [1]. Sobar, manosear.

SOBANDERO n. m. *Colomb.* Curandero que se dedica a arreglar los huesos dislocados.

SOBAQUERA n. f. Abertura que se deja en algunos vestidos por la parte del sobaco. **2.** Pieza con que se refuerza un vestido por la parte del sobaco.

SOBAQUINA n. f. Sudor de los sobacos.

SOBAR v. tr. [1]. Tocar y oprimir una cosa repetidamente para que se ablande o para amasarla. **2.** Manosear mucho una cosa ajándola o estropeándola. **3.** *Fig.* Tocar o manosear a alguien. **4.** *Fig.* Golpear, pegar. **5.** *Amér.* Curar una dislocación ósea. **6.** *Argent.* Fatigar al caballo. **7.** *Argent.* y *Méx.* Masajear alguna parte del cuerpo para aliviar una tensión o dolor. • *Sobar el lomo* (*Argent. Fam.*), adular.

SOBERADO n. m. *Chile* y *Colomb.* Desván.

SOBERANÍA n. f. Calidad de soberano. **2.** Dignidad o autoridad suprema. **3.** Poder de que dispone el estado de mandar. **4.** Calidad del poder político de un estado o de un organismo que no está sometido al control de otro estado o de otro organismo.

SOBERANO, A adj. y n. Que ejerce o posee la autoridad suprema y es independiente. ♦ adj. **2.** Supremo y no superado: *una soberana belleza*. **3.** *Fig.* Grande, enorme: *una soberana paliza*. • **Estado soberano**, estado cuyo gobierno no está sometido al control o a la tutela de otro gobierno. ♦ n. **4.** Rey, reina o príncipe gobernante de un país.

SOBERBIA n. f. (lat. *superbiam*). Estimación excesiva de sí mismo en menosprecio de los demás. **2.** Exceso de magnificencia o suntuosidad. **3.** Cólera o ira expresadas de manera descompuesta.

SOBERBIO, A adj. (lat. *superbum*). Que tiene soberbia. **2.** Que muestra altivez y arrogancia. **3.** *Fig.* Grandioso, magnífico: *un palacio soberbio*. **4.** De grandes proporciones: *un soberbio puñetazo*. **5.** *Fig.* Fogoso, orgulloso, violento.

SOBÓN, NA adj. y n. *Fam.* Que soba. **2.** *Fam.* Que por sus caricias y halagos se hace fastidioso.

SOBORDO n. m. Acción de confrontar la carga de un buque con la documentación. **2.** Libro o documento en que el capitán anota el cargamento.

SOBORNAR v. tr. (lat. *subornare*) [1]. Corromper con dádivas o conseguir por algún medio que una persona haga algo en favor de uno.

SOBORNO n. m. Acción y efecto de sobornar. **2.** Cosa con que se soborna.

SOBRA n. f. Exceso de cualquier cosa sobre su justo ser, peso o valor. • *De sobra*, sobrante, en abundancia. ♦ **sobras** n. m. pl. **2.** Restos, parte que queda de una cosa. **3.** Desperdicios, desechos.

SOBRADO, A adj. Abundante, en mucha cantidad o en cantidad o calidad mayor a lo necesario. **2.** *Chile.* Enorme, colosal. **3.** *Chile. Desp.* Dícese de la persona arrogante que se muestra convencida de su propia valía. **4.** *Chile. Fig.* y *Fam.* Que excede de cierto límite. ♦ adv. m. **5.** De manera abundante.

SOBRADOR, RA adj. y n. *Argent.* Dícese de la persona que acostumbra a sobrar a los otros.

SOBRANTE adj. y n. m. Que sobra. ♦ adj. **2.** Excesivo, demasiado, sobrado: *tener dinero sobrante*.

SOBRAR v. intr. (lat. *superare*) [1]. Haber más de lo necesario o conveniente de algo. **2.** Estorbar, estar de más: *aquí hay alguien que sobra*. **3.** Restar, quedar algo: *aún sobra un poco de tela*. ♦ v. tr. **4.** *Argent.* Tratar a los demás con superioridad.

SOBRE n. m. Bolsa de papel que sirve para contener cartas u otros escritos.

SOBRE prep. (lat. *super*). Encima, por encima de: *volar sobre Madrid*. **2.** Acerca de: *un tema sobre arte*. **3.** Además de. **4.** Base o garantía de un préstamo: *prestar sobre joyas*. **5.** Con dominio y superioridad: *mandar sobre los demás*. **6.** Expresa aproximación en una cantidad o número: *vendré sobre las tres*. **7.** Orientación: *la casa da sobre el mar*. **8.** Se utiliza como elemento compositivo que aumenta la significación de la palabra con que se junta: *sobrepagar, sobrealimentación*.

SOBREABUNDANCIA n. f. Acción y efecto de sobreabundar.

SOBREALIMENTACIÓN n. f. Aumento de la cantidad y calidad del alimento ingerido por un individuo o un animal. **3.** Alimentación de un motor de combustión interna con aire a una presión superior a la atmosférica.

SOBREBOTA n. f. *Amér. Central.* Polaina de cuero curtido.

SOBRECALENTAMIENTO n. m. Acción de sobrecalentar.

SOBRECALENTAR v. tr. [1]. Calentar una sustancia a una temperatura por encima de su punto de cambio de estado, sin que éste se produzca.

SOBRECAMA n. f. *Ecuad.* Especie de boa.

SOBRECARGA n. f. Exceso de carga. **2.** *Fig.* Nuevo motivo de preocupación, sufrimiento, etc. • **Sobrecarga ponderal** (MED.), exceso de peso corporal.

SOBRECARGO n. m. Miembro superior de la tripulación que, en los buques mercantes, tiene a su cuidado la carga y las funciones administrativas. **2.** Ayudante de vuelo.

SOBRECOGER v. tr. [2b]. Coger desprevenido, sorprender. ♦ v. tr. y pron. **2.** Asustar, espantar, causar mucho miedo.

SOBRECONGELADO, A adj. y n. m. Dícese de una sustancia alimenticia conservada por sobrecongelación.

SOBRECONGELAR v. tr. [1]. Congelar rápidamente a temperatura muy baja.

SOBRECUBIERTA n. f. Cubierta que se pone sobre otra como protección. **2.** Cubierta que se coloca sobre la encuadernación de un libro. **3.** Cubierta de un barco situada encima de la principal.

SOBREDICHO, A adj. Mencionado anteriormente en el mismo escrito o discurso.

SOBREDORAR v. tr. [1]. Dorar los metales, especialmente la plata.

SOBREDOSIS n. f. Administración de una dosis excesiva de medicamento, en especial de estupefacientes.

SOBREEXCITAR v. tr. y pron. [1]. Aumentar en exceso o excitar mucho la energía vital o actividad de un órgano o de todo el organismo.

SOBREEXPOSICIÓN n. f. Sobrexposición.

SOBREGIRAR v. tr. [1]. *Méx.* Sobrepasar el límite de crédito autorizado o los fondos de una cuenta bancaria.

SOBREHILADO n. m. Basta o hilván de puntadas flojas y largas, que se hace en el borde u orilla de una tela para que no se deshilache. SIN.: *sobrehilo*.

SOBREHUMANO, A adj. Superior a lo humano, que excede las posibilidades humanas: *esfuerzo sobrehumano*.

SOBREIMPRESIÓN n. f. FOT. Impresión de dos o más imágenes sobre una misma emulsión fotoquímica.

SOBRELLEVAR v. tr. [1]. Aguantar, soportar.

SOBREMANERA adv. m. Muy o mucho más de lo normal.

SOBREMESA n. f. Tiempo durante el cual, después de haber comido, los comensales siguen reunidos. • **De sobremesa**, pensado a propósito para colocar sobre una mesa u otro mueble.

SOBRENADAR v. intr. [1]. Mantenerse encima de un líquido sin hundirse o sin mezclarse con él. **2.** *Fig.* Superar una dificultad, salir airoso de ella.

SOBRENATURAL adj. Que excede a las leyes y fuerzas de la naturaleza: *poder sobrenatural.*

SOBRENOMBRE n. m. Nombre que se añade o que sustituye al nombre de alguien, y que suele aludir a un rasgo característico de su persona o de su vida. **2.** Apodo.

SOBRENTENDER v. tr. y pron. [2d]. Entender algo que no está expreso en un discurso o escrito pero que está implícito en ellos.

SOBRENTENDIDO n. m. Lo que no está expresado y se da por supuesto en una conversación, discurso, etc.

SOBREPAGA n. f. Cantidad añadida a la paga ordinaria.

SOBREPASAR v. tr. [1]. Rebasar o exceder de cierta cosa, cantidad o límite. **2.** Superar, aventajar a otro en una actitud, evolución o progreso: *sobrepasar a alguien en estudios.*

SOBREPONER v. tr. [5]. Añadir o aplicar algo encima de otra cosa. **2.** Poner por encima de otras personas o cosas, en consideración, rango o autoridad: *sobreponer el deber a la diversión.* ◆ **sobreponerse** v. pron. **3.** *Fig.* Dominar los impulsos del ánimo o no dejarse abatir por las adversidades.

SOBREPRECIO n. m. Recargo en el precio ordinario.

SOBREPRIMA n. f. Prima que se paga en los seguros, además de la normal, para garantizar algunos riesgos excepcionales.

SOBREPRODUCCIÓN n. f. Producción excesiva de un producto o de una serie de productos, que rebasa la demanda o las necesidades de los consumidores. SIN.: *superproducción.*

SOBREPUJAR v. tr. [1]. Exceder, superar.

SOBRESALIENTE adj. y n. m. y f. Que sobresale: *ángulo sobresaliente.* ◆ n. m. **2.** Nota superior a la de notable en la calificación de exámenes.

SOBRESALIR v. intr. [28]. Exceder en figura, tamaño, etc. **2.** *Fig.* Ser más importante o tener en mayor grado una cualidad o característica.

SOBRESALTAR v. tr. y pron. [1]. Asustar, provocar un temor.

SOBRESALTO n. m. Sorpresa, alteración del ánimo por un suceso repentino. **2.** Temor o susto repentino. **3.** Movimiento brusco, involuntario, consecutivo a un estímulo síquico intenso.

SOBRESATURADO, A adj. GEOL. Dícese de una roca magmática que contiene cuarzo.

SOBRESATURAR v. tr. [1]. Obtener una solución más concentrada que la solución saturada.

SOBRESDRÚJULO, A adj. LING. Dícese de la palabra acentuada en la sílaba anterior a la antepenúltima.

SOBRESEER v. tr. e intr. [2i]. DER. Suspender la tramitación de una causa por entender el tribunal que no hay motivo para proseguirla o por no existir suficientes pruebas.

SOBRESEIMIENTO n. m. DER. Acción y efecto de sobreseer.

SOBRESTANTE n. m. Persona que dirigiendo a un cierto número de obreros ejecuta determinadas obras bajo la dirección de un técnico.

SOBRESTIMAR v. tr. [1]. Estimar algo o a alguien por encima de su valor o merecimiento.

SOBRESUELDO n. m. Salario o consignación que se añade al sueldo fijo.

SOBRETASA n. f. Tasa suplementaria.

SOBRETENSIÓN n. f. Tensión eléctrica superior al valor más elevado que puede existir, en régimen normal, en una línea o circuito eléctrico.

SOBRETODO n. m. Prenda de vestir que se pone encima del traje completo.

SOBREVENIR v. intr. [21]. Suceder un accidente o cualquier cosa improvisada o repentinamente. **2.** Suceder una cosa además o después de otra. **3.** Venir al tiempo, a la sazón.

SOBREVIVIENTE adj. y n. m. y f. Superviviente.

SOBREVIVIR v. intr. [3]. Seguir viviendo después de la muerte de alguna persona, o después de determinada fecha o suceso ocurrido.

SOBREVOLAR v. tr. [1r]. Volar sobre un lugar.

SOBREXPONER v. tr. [5]. FOT. Someter a un tiempo de exposición excesivo.

SOBREXPOSICIÓN n. f. FOT. Exposición demasiado prolongada de una superficie sensible a la luz.

SOBRIEDAD n. f. Calidad de sobrio.

SOBRINO, A n. (lat. *sobrinum*). Con respecto a una persona, hijo o hija de un hermano o hermana y también hijo de un primo o prima.

SOBRIO, A adj. (lat. *sobrium*). Moderado, especialmente en el beber. **2.** Que denota la moderación, no exagerado: *una cena sobria.* **3.** Sin adornos superfluos: *un traje sobrio.* ◆ adj. y n. **4.** Que no está borracho.

SOCA n. f. *Amér.* Último retoño de la caña de azúcar, que sirve para trasplantarla. **2.** *Bol.* Brote de la cosecha de arroz.

SOCAIRE n. m. Abrigo que ofrece una cosa por sotavento, o lado opuesto a aquel donde sopla el viento. • **Al socaire**, al abrigo o al amparo de algo.

SOCAR v. tr. y pron. [1a]. *Amér. Central.* Embriagar, emborrachar.

SOCARRÓN, NA adj. y n. Que con palabras aparentemente serias o ingenuas se burla disimuladamente.

SOCARRONERÍA n. f. Cualidad de socarrón.

SOCAVAR v. tr. [1]. Excavar por debajo de algo, dejándolo sin apoyo y con riesgo de hundirse. **2.** *Fig.* Debilitar algo física o moralmente.

SOCAVÓN n. m. Cueva excavada en la ladera de un cerro o monte. **2.** Hundimiento que se produce en el suelo, principalmente por una corriente de agua subterránea.

SOCCER n. m. (voz inglesa). Variedad del juego del fútbol que se practica en E.U.A.

SOCHE n. m. *Colomb.* y *Ecuad.* Mamífero similar al ciervo.

SOCIABILIDAD n. f. Calidad de una persona sociable. **2.** Manera de agruparse las especies en el seno de una asociación.

SOCIABLE adj. Que busca la compañía de sus semejantes. **2.** Que resulta fácil de tratar o de convivir con alguien: *carácter sociable y generoso.*

SOCIAL adj. (lat. *socialem*). Que concierne a la sociedad, a una colectividad humana: *clases sociales.* **2.** Que vive en sociedad: *animal social.* **3.** Que concierne a una sociedad comercial: *razón social.* **4.** Que concierne al mejoramiento de la condición de los trabajadores: *una política social.* **5.** Que concierne a las relaciones entre grupos, entre clases de la sociedad: *clima social.*

SOCIALDEMOCRACIA n. f. Denominación del partido socialista en ciertos países, especialmente en Alemania, Austria y los países escandinavos. **2.** Conjunto de las organizaciones y los políticos vinculados al socialismo parlamentario y reformista.

SOCIALDEMÓCRATA adj. y n. m. y f. Relativo a la socialdemocracia; partidario de la socialdemocracia.

SOCIALISMO n. m. Sistema de organización económica, social y política, que propugna la propiedad pública de los medios de producción e intercambio. **2.** Movimiento político que intenta establecer este sistema. • **Socialismo real**, denominación dada a la práctica económica, política y social de los regímenes llamados comunistas.

SOCIALISTA adj. y n. m. y f. Relativo al socialismo; adepto de esta doctrina; miembro de un partido socialista.

SOCIALIZACIÓN n. f. Acción y efecto de socializar.

SOCIALIZAR v. tr. [1g]. Transferir al estado las propiedades particulares. **2.** Adaptar a un individuo a las exigencias de la vida social.

SOCIEDAD n. f. (lat. *societatem*). Reunión permanente de personas, o grupos o naciones, que conviven y se relacionan bajo unas leyes comunes. **2.** Agrupación de individuos con el fin de cumplir, mediante la mutua cooperación, todos o alguno de los fines de la vida: *las abejas viven en sociedad.* **3.** Reunión de personas con fines recreativos, culturales, deportivos o benéficos: *sociedad de amigos de los libros.* **4.** Trato o relación de unos seres con otros. **5.** Conjunto de personas que viven según unas determinadas formas de comportamiento: *la sociedad a que pertenece tiene sus exigencias.* **6.** DER. Agrupamiento de diversas personas que han puesto algo en común para compartir el beneficio que pueda resultar de ello, y al que la ley reconoce una personalidad moral, o jurídica, considerada como propietaria del patrimonio social. **7.** DER. Contrato que da origen a este agrupamiento. • **Alta**, o **buena**, **sociedad**, conjunto de personas que destacan por su condición social, por su fortuna, etc. ‖ **Sociedad civil**, el cuerpo social, por oposición a la clase política.

SOCIEDAD (*islas de la*), principal archipiélago de la Polinesia Francesa; 1647 km²; 162 573 hab. Cap. *Papeete.* Descubierto por Wallis y Cook, pasó a Francia entre 1843 y 1887.

SOCIO, A n. (lat. *socium*, compañero). Persona asociada con otra u otras para algún fin. **2.** Persona miembro de una asociación.

SOCIOCULTURAL adj. Relativo a las estructuras sociales y a la cultura que contribuye a caracterizarlas.

SOCIOECONÓMICO, A adj. Que interesa a la sociedad definida en términos económicos.

SOCIOLINGÜÍSTICA n. f. Ciencia que estudia las relaciones entre el lenguaje, la cultura y la sociedad.

SOCIOLOGÍA n. f. Estudio de los fenómenos socioculturales que surgen de la interacción entre los individuos y entre individuos y medio. **2.** Estudio de los fenómenos religiosos, económicos, artísticos, etc., desde el punto de vista de las implantaciones sociales.

SOCIOLÓGICO, A adj. Relativo a la sociología.

SOCIOPROFESIONAL adj. Que caracteriza a un grupo humano por el sector económico y el nivel en la jerarquía social en el que se sitúa.

SOCOLAR v. tr. [1r]. *Colomb., Ecuad., Hond.* y *Nicar.* Rozar, limpiar de maleza un terreno.

SOCOLLÓN n. m. *Amér. Central* y *Cuba.* Sacudón, sacudida violenta.

SOCOMPA, volcán de Argentina (Salta) y Chile (Antofagasta); 6031 m de alt. El *paso de Socompa* (3858 m), entre el volcán y el *cerro Socompa Caipis* (4878 m), es aprovechado por el ferrocarril y la carretera Salta-Antofagasta.

SOCONUSCO, región de México (Chiapas), entre la sierra Madre de Chiapas, la costa del Pacífico y la frontera guatemalteca. Cultivos de café y cacao.

SOCORRER v. tr. [2]. Ayudar en una necesidad o salvar de un peligro apremiante.

SOCORRIDO, A adj. Que con frecuencia sirve para resolver una dificultad: *tema socorrido.* **2.** Provisto de lo necesario para resolver o solucionar un problema o dificultad.

SOCORRISMO n. m. Conjunto de primeros auxilios, de índole práctica y terapéutica, para la ayuda inmediata de quienes se hallan en peligro.

SOCORRISTA n. m. y f. Persona adiestrada para prestar socorro en caso de accidente.

SOCORRO n. m. Ayuda o asistencia que se presta a alguien que se encuentra en un peligro o necesidad, generalmente grave o apremiante. **2.** Aquello con que se socorre. • **¡Socorro!**, exclamación que sirve para pedir ayuda en algún peligro.

SOCOYOTE n. m. *Méx.* Hijo menor de una familia, benjamín. SIN.: *xocoyote*.

SÓCRATES, filósofo griego (Alópekē, Ática, 470-Atenas 399 a. J.C.). No dejó nada escrito y se le conoce por su discípulo Platón, que lo convirtió en el personaje central de sus *Diálogos*. La imagen que se perfila es la de un hombre que interroga, a la vez que enseña, que hace descubrir a su interlocutor lo que creía ignorar (se trata de la *mayéutica*, o *arte de alumbrar los espíritus*) y lo hace avanzar en el camino de la verdad (*dialéctica*). Fue considerado como un enemigo de la ciudad: le condenaron a beber la cicuta por impiedad hacia los dioses y por corromper a la juventud.

SOCRÁTICO, A adj. Relativo a Sócrates y su filosofía.

SOCUCHO n. m. *Amér.* Cuchitril, sucucho.

SODA n. f. (voz inglesa). Agua efervescente, obtenida por la adición de bicarbonato sódico y ácido tartárico.

SODADO, A adj. Que contiene sodio o sosa.

SODDY (sir Frederick), químico británico (Eastbourne 1877-Brighton 1956). Explicó el mecanismo de desintegración de los átomos radiactivos (1902) y descubrió la isotopía. (Premio Nobel de química 1921.)

SODERO n. m. *Argent.* Persona que reparte soda.

SÓDICO, A adj. Que contiene sodio.

SODIO n. m. (de *sosa*). Metal de símbolo Na, número atómico 11, masa atómica 22,98 y densidad 0,97, blanco y blando, muy extendido en la naturaleza en estado de cloruro o de nitrato.

SODOMA, ant. c. cananea (act. *Sedom*), que fue destruida, junto con Gomorra y otras ciudades del S del mar Muerto, por un cataclismo en el s. XIX a. J.C. La Biblia narra la historia legendaria de esta catástrofe como un castigo de Dios.

SODOMÍA n. f. (de *Sodoma*). Práctica del coito anal.

SODOMITA adj. y n. m. Que practica la sodomía.

SODOMIZAR v. tr. [**1g**]. Poseer sexualmente a alguien con sodomía.

SOEZ adj. Grosero, ofensivo, de mal gusto.

SOFÁ n. m. (fr. *sofa*) (pl. *sofás*). Asiento mullido, con respaldo y brazos, para dos o más personas.

SOFÁ-CAMA n. m. Sofá transformable en cama.

SOFÍA, c. y cap. de Bulgaria, en una llanura fértil, al pie del monte de Vitoša; 1 183 000 hab. Centro administrativo e industrial. Museos.

SOFISMA n. m. Razonamiento que sólo es lógicamente correcto en apariencia, y que es concebido con la intención de inducir a error.

SOFISTA n. m. y f. (gr. *sophistés*). Entre los antiguos filósofos, filósofo retórico. **2.** Persona que usa sofismas o se vale de ellos.

SOFÍSTICA n. f. Movimiento intelectual desarrollado en Grecia, especialmente en Atenas, en la segunda mitad del s. V a. J.C., representado por los sofistas.

SOFISTICACIÓN n. f. Acción y efecto de sofisticar.

SOFISTICADO, A adj. Que carece de naturalidad por exceso de rebuscamiento. **2.** Dícese de un aparato o de una técnica muy perfeccionados, de una gran complejidad.

SOFISTICAR v. tr. [**1a**]. Falsear con sofismas un razonamiento. **2.** Falsificar, adulterar. **3.** *Fig.* Dar exceso de artificio o de refinamiento, quitando naturalidad. **4.** *Fig.* Perfeccionar al máximo.

SOFÍSTICO, A adj. Relativo al sofisma, o que incluye sofismas. **2.** Aparente, fingido con sutileza.

SOFLAMA n. f. Llama tenue o reverberación del fuego. **2.** *Fig.* Expresión artificiosa con la que se intenta engañar. **3.** *Fig.* Arenga, discurso ardoroso con que se intenta arrastrar a una acción: *soflamas revolucionarias*.

SOFOCAR v. tr. (lat. *suffocare*) [**1a**]. Producir sensación de ahogo, impedir la respiración: *el humo me ha sofocado*. **2.** Dominar, extinguir, impedir que siga desarrollándose una cosa: *sofocar la revolución*. ♦ v. tr. y pron. **3.** *Fig.* Abochornar, sonrojar. ♦ **sofocarse** v. pron. **4.** Sufrir una congestión. **5.** Padecer sensación de ahogo. **6.** *Fig.* y *fam.* Irritarse, disgustarse o excitarse por algo.

SÓFOCLES, poeta trágico griego (Colona c. 495-Atenas 406 a. J.C.). Se le conservan siete de sus obras (*Antígona*; *Áyax*; *Edipo en Colona*; *Edipo rey*; *Electra*; *Filoctetes*; *Las traquinias*) y un fragmento de *Los sabuesos*. Dio a la tragedia su forma definitiva. Modificó el sentido trágico haciendo de la evolución del protagonista y de su carácter una parte esencial de la manifestación del destino y de la voluntad de los dioses.

SOFOCO n. m. Acción y efecto de sofocar o sofocarse. **2.** MED. Oleada de calor, de naturaleza congestiva, que aparece por lo general en la cara, especialmente durante la menopausia.

SOFOCÓN n. m. *Fam.* Desazón, disgusto o enfado muy grande.

SOFOQUINA n. f. *Fam.* Bochorno, calor sofocante. **2.** *Fig.* Disgusto o enfado grande.

SOFREÍR v. tr. [**25a**]. Rehogar o freír ligeramente.

SOFRENAR v. tr. [**1**]. Reprimir el jinete a la caballería tirando violentamente de las riendas. **2.** *Fig.* Refrenar una pasión del ánimo.

SOFRITO n. m. Preparación culinaria, generalmente a base de tomate o cebolla fritos.

SOFROLOGÍA n. f. Método destinado a dominar las sensaciones dolorosas y el malestar síquico con técnicas de relajación parecidas al hipnotismo.

SOFTWARE n. m. (voz inglesa). INFORMÁT. Conjunto de programas, procesados y reglados, y eventualmente documentación, relativos al funcionamiento de un conjunto de tratamiento de información.

SOGA n. f. Cuerda gruesa de esparto, trenzada o retorcida. **2.** Parte de la teja o ladrillo que queda descubierta en el paramento del muro. • **Con la soga al cuello**, amenazado de un grave riesgo o en situación muy apurada.

SOGUEARSE v. pron. [**1**]. *Colomb.* Burlarse de alguien.

SOGÚN n. m. Shōgun.

SOJA o **SOYA** n. f. (jap. *soy*). Planta oleaginosa trepadora, de características parecidas a la judía, de cuya semilla se obtiene aceite y harina.

SOJO (Vicente Emilio), compositor venezolano (Guatire 1887-Caracas 1974), antólogo de composiciones tradicionales venezolanas y autor de música religiosa (*Requiem in memoriam patriae*).

SOJUZGAR v. tr. (lat. *subiugare*) [**1b**]. Someter, dominar o mandar con violencia.

SOL n. m. (lat. *solem*). Estrella luminosa alrededor de la cual gravitan la Tierra y los demás planetas del sistema solar. **2.** Luz, radiación o influjo solar. **3.** Astro considerado como el centro de un sistema planetario. **4.** Unidad monetaria principal de Perú. **5.** Porción de la plaza de toros en que da el sol al comenzar las corridas de tarde. **6.** *Fig.* Alabanza informal o apelativo cariñoso. **7.** BOT. Otro nombre del girasol. • **De sol a sol**, desde que sale el Sol hasta que se pone. || **No dejar ni a sol ni a sombra** (*fam.*), seguir a todas horas y en todo lugar, generalmente con importunidad. || **Sol de justicia**, el muy fuerte y abrasador. || **Tomar el sol**, ponerse en el lugar adecuado para gozar de él recibiendo sus radiaciones.

SOL n. m. MÚS. Quinto grado de la escala musical. Mayor. **2.** MÚS. Signo que representa esta nota.

SOL n. m. Dispersión coloidal de partículas en un gas (aerosol) o en un líquido.

SOLADO, A adj. Acción y efecto de solar.

SOLANA n. f. Lugar donde da el sol de lleno. **2.** En una casa, galería donde da el sol. **3.** GEOGR. Vertiente de un valle expuesta al sol.

SOLANA (José Gutiérrez) → **Gutiérrez Solana**.

SOLANAR n. m. Solana.

SOLANAS (Fernando Ezequiel), director de cine argentino (Olivos, Buenos Aires, 1936). Realizador de acentuado matiz político (*La hora de los hornos*, 1968; *Los hijos de Fierro*, 1982), en 1976 se instaló en Francia (*Tangos/El exilio de Gardel* (1984). De nuevo en Argentina, rodó *Sur* (1988) y *El viaje* (1992).

SOLANO n. m. Viento del este.

SOLAPA n. f. Cualquier cosa o parte de una cosa montada sobre otra, a la que cubre parcialmente. **2.** Extremo del reverso del sobre que sirve para cerrarlo. **3.** *Fig.* Ficción o apariencia para disimular una cosa. **4.** En la abertura delantera de una prenda de vestir, parte del borde que se dobla hacia afuera sobre el mismo delantero. **5.** Tapa de tela que cierra el bolsillo de algunas prendas de vestir. **6.** ENCUAD. Doblez de una sobrecubierta.

SOLAPAR v. tr. [**1**]. Poner dos o más cosas de modo que cada una cubra parcialmente a la otra. **2.** Hacer solapas, o montar una parte de una prenda de vestir sobre otra. **3.** *Fig.* Disimular, ocultar algo por malicia o por cautela. ♦ v. intr. **4.** Estar dos o más cosas de modo que cada una de ellas cubra parcialmente a la otra.

SOLAR adj. y n. m. Dícese de la casa más antigua y noble de una familia. ♦ n. m. **2.** Suelo. **3.** Terreno para edificar sobre él. **4.** Linaje noble.

SOLAR adj. Relativo al Sol: *año solar*. **2.** Que protege de los rayos del Sol: *crema solar*. **3.** Relativo a la energía proporcionada por el Sol: *horno solar*. • **Célula solar**, célula fotovoltaica constituida por una unión de monocristales de semiconductor. || **Central solar**, central de producción de energía eléctrica a partir de la energía solar. || **Panel solar**, panel utilizado en los sistemas de calefacción por energía solar. || **Sistema solar**, conjunto del Sol y de los astros que gravitan alrededor de él.

SOLAR v. tr. [**1r**]. Revestir el suelo con ladrillos, losas u otro material. **2.** Echar suelas al calzado.

SOLAR (Alberto **del**), escritor chileno (Santiago 1860-Buenos Aires 1920), autor de poesía (*El flameamiento*, 1908), novela (*Huincahual*, 1888), teatro (*Chabuco*, 1907) y ensayo.

SOLARIEGO, A adj. y n. De solar o linaje antiguo y noble. ♦ adj. **2.** Antiguo o noble: *casa solariega*.

SOLÁRIUM o **SOLARIO** n. m. Terraza o lugar análogo cuya orientación permite un máximo de insolación.

SOLAZ n. m. (provenz. *solatz*). Esparcimiento, descanso y recreo del cuerpo o del espíritu.

SOLAZAR v. tr. y pron. [**1g**]. Proporcionar solaz.

SOLDADA n. f. Sueldo, salario o estipendio de un soldado o marinero.

SOLDADERA n. f. *Guat.* Mujer del soldado.

SOL

SOLDADESCA n. f. Ejercicio y profesión de soldado. **2.** Conjunto de soldados. **3.** Tropa indisciplinada.
SOLDADESCO, A adj. Relativo o propio de los soldados: *lenguaje soldadesco.*
SOLDADO n. m. El que sirve en la milicia. **2.** Militar sin graduación. **3.** *Fig.* Defensor, partidario de algo. **4.** En las sociedades de hormigas y de termites, individuo asexuado, destinado a la defensa de la comunidad.
SOLDADOR, RA n. Persona que tiene por oficio soldar. ♦ n. m. **2.** Instrumento con que se suelda.
SOLDADURA n. f. Acción y efecto de soldar. **2.** Proceso de unión de dos piezas metálicas mediante la acción del calor. **3.** Lugar de unión de dos cosas soldadas. **4.** Material que sirve y está preparado para soldar.
SOLDAR v. tr. (lat. *solidare*) [**1r**]. Unir entre sí dos cosas o dos partes de una cosa. **2.** Efectuar una soldadura.
SOLDI (Raúl), pintor argentino (Buenos Aires 1905-*id.* 1994). Su estilización lineal y sutil tratamiento de la gama pastel apoyan el onirismo de su temática fantástica (cúpula del teatro Colón de Buenos Aires, óleo).
SOLEÁ n. f. (pl. *soleares*). Modalidad de cante flamenco. **2.** Danza que se baila con esta música.
SOLEAR v. tr. y pron. [**1**]. Tener o poner al sol.
SOLECISMO n. m. Vicio de dicción consistente en emplear incorrectamente una expresión o en alterar la sintaxis normal de un idioma.
SOLEDAD n. f. Carencia de compañía, estado o circunstancia de estar solo. **2.** Lugar solitario, desierto o tierra no habitada. (Suele usarse en plural.)
SOLEMNE adj. (lat. *sollemnem*). Que se celebra con mucho ceremonial, esplendor y pompa. **2.** Pomposo, majestuoso, enfático: *promesa solemne.* **3.** Aplicado a algunos nombres despectivos, intensifica su significado: *una solemne tontería.*
SOLEMNIDAD n. f. Calidad de solemne. **2.** Acto o ceremonia solemne. **3.** Festividad solemne. **4.** Cada una de las formalidades de un acto solemne.
SOLEMNIZAR v. tr. [**1g**]. Celebrar, festejar de manera solemne. **2.** Engrandecer, encarecer una cosa.
SOLENTINAME (islas), archipiélago de Nicaragua (Río San Juan), en el lago Nicaragua. Está constituido por cuatro islas y numerosos islotes.
SÓLEO n. m. ANAT. Grueso músculo situado en la parte posterior de la pierna.
SOLER v. intr. (lat. *solere*) [**2e**]. Acostumbrar, hacer ordinariamente u ocurrir con frecuencia.
SOLER (Antonio), eclesiástico y compositor español (Olot 1729-San Lorenzo de El Escorial 1783). Su tratado teórico *Llave de la modulación* (1762) tuvo una importancia decisiva en la renovación musical de su época.
SOLER (Miguel Estanislao), militar argentino (Buenos Aires 1783-† 1849). Activo en la revolución de mayo (1810) y en la campaña de la Banda Oriental, fue gobernador de Montevideo (1814) y Buenos Aires (1820).
SOLERA n. f. Madero puesto horizontalmente para que en él se ensamblen o se apoyen otros verticales, inclinados, etc. **2.** Muela del molino que está fija debajo de la volandera. **3.** *Fig.* Cualidad o conjunto de cualidades, que imprime un carácter especial: *vino de solera.* **4.** *Argent.* y *Chile.* Prenda de vestir ligera, con breteles, que usan las mujeres durante el verano. **5.** *Chile.* Encintado de las aceras. **6.** *Méx.* Baldosa, ladrillo.
SOLETA n. f. *Dom.* Sandalia rústica de cuero. **2.** *Méx.* Especie de galleta alargada, dulce y crujiente.

SOLFA n. f. Arte que enseña a leer y entonar las diversas voces de la música. **2.** Conjunto de signos con que se escribe la música. **3.** *Fig.* y *fam.* Música. **4.** *Fig.* y *fam.* Paliza, zurra.
SOLFATARA n. f. (ital. *solfatara*, azufral). Emanación volcánica en forma de vapor de agua, bióxido de carbono y anhídrido sulfhídrico, por cuya oxidación se forma azufre. **2.** Terreno donde se desprenden estas emanaciones.
SOLFEAR v. tr. [**1**]. Cantar un fragmento musical, pronunciando el nombre de las notas. **2.** *Fig.* y *fam.* Dar una paliza, golpear. **3.** *Fig.* y *fam.* Censurar.
SOLFEO n. m. (ital. *solfeggio*). Disciplina básica en la enseñanza musical tradicional.
SOLICITACIÓN n. f. Acción de solicitar.
SOLICITAR v. tr. (lat. *sollicitare*) [**1**]. Pedir o procurar obtener alguna cosa que se pretende, haciendo las diligencias necesarias. **2.** Requerir, tratar de conseguir la amistad, el amor, la compañía o la atención de alguien.
SOLÍCITO, A adj. Diligente, afanoso por servir, atender o ser agradable.
SOLICITUD n. f. Calidad de solícito. **2.** Acción de pedir algo cuidadosa y diligentemente. **3.** Instancia, documento formal con que se solicita algo.
SOLIDARIDAD n. f. Entera comunidad de intereses y responsabilidades: *solidaridad entre los pueblos.* **2.** Actitud de adhesión circunstancial a la causa o empresa de otros: *muestra de solidaridad.*
SOLIDARIO, A adj. Que muestra o implica solidaridad.
SOLIDARIZAR v. tr. y pron. [**1g**]. Hacer que una persona se adhiera a la actitud o empresa de otra u otras y se una dispuesta a sufrir las consecuencias.
SOLIDEZ n. f. Calidad de sólido.
SOLIDIFICACIÓN n. f. Paso de un cuerpo del estado líquido al estado sólido.
SOLIDIFICAR v. tr. [**1a**]. Hacer pasar al estado sólido. ♦ **solidificarse** v. pron. **2.** Producirse una solidificación.
SÓLIDO, A adj. (lat. *solidum*). Que tiene una forma propia, una consistencia, por oposición a *fluido.* **2.** Firme, fuerte, capaz de durar, de resistir. **3.** Que tiene un fundamento real, efectivo, durable: *razones sólidas.* **4.** Firme en sus opiniones o sentimientos: *carácter sólido.* **5.** FÍS. Dícese de un estado de la materia en el cual los átomos oscilan alrededor de posiciones fijas, con una distribución arbitraria (sólidos amorfos) u ordenada (cristales). ♦ n. m. **6.** Cuerpo en el que sus diferentes puntos se encuentran situados a distancias invariables, de manera que tienen una forma y un volumen determinados. **7.** MAT. Porción de espacio bien delimitada y considerada como un todo indeformable.
SOLILOQUIO n. m. (lat. *soliloquium*). Monólogo, habla o recitado de una persona consigo misma.
SOLIMÁN I el Magnífico, en turco **Süleyman I Qânuni** (*el legislador*) [Trebisonda 1494-Szigetvár, Hungría, 1566], sultán otomano [1520-1566]. Se alió con Francisco I contra su enemigo común, Carlos Quinto, a quien combatieron en el Mediterráneo (Niza, 1543). Fue también un gran legislador.
SOLIMANA, pico de Perú (Arequipa), en la cordillera Occidental de los Andes; 6117 m de alt.
SOLIO n. m. (lat. *solium*). Trono, silla real con dosel. ♦ **Solio pontificio**, papado.
SOLÍPEDO, A adj. y n. m. ZOOL. Dícese de los animales cuyo pie tiene un solo dedo terminado en una pezuña. ♦ Équido.
SOLISTA adj. y n. m. y f. Dícese del artista o instrumento que interpreta un solo o varios solos.
SOLITARIA n. f. Femenino de solitario. **2.** Tenia, gusano intestinal.

SOLITARIO, A adj. (lat. *solitarium*). Que está solo, sin compañía. **2.** No habitado o no concurrido. ♦ adj. y n. **3.** Dícese de la persona afecta a la soledad: *carácter solitario.* ♦ n. m. **4.** Diamante grueso que se engasta solo en una joya. **5.** Juego de naipes que ejecuta una persona sola. **6.** Ave paseriforme de tamaño medio, que vive en América Meridional. (Familia Cotíngidos.)
SOLIVIANTAR v. tr. y pron. [**1**]. Inducir a que alguien tome una actitud rebelde: *soliviantar al pueblo.* **2.** Indignar, irritar o alterar.
SOLLO n. m. Esturión.
SOLLOZAR v. intr. [**1g**]. Llorar entrecortadamente con movimientos convulsivos.
SOLLOZO n. m. Acción y efecto de sollozar.
SOLO, A adj. (lat. *solum*). Que es único en su especie, que no hay otro en determinada circunstancia, lugar o ocasión. **2.** Que no está con otros, que está sin compañía. **3.** Sin añadir otra cosa: *come pan solo.* **4.** Sin familia, o sin nadie que le pueda ayudar. ♦ **A solas**, sin compañía o con otra persona. ∥ **Quedarse solo**, no tener competidores; en una conversación, hablar mucho, sin dejar intervenir a los demás. ♦ n. m. **5.** MÚS. Aire tocado o cantado por un único ejecutante.
SÓLO o **SOLO** adv. m. Solamente.
SOLOGUREN (Javier), poeta peruano (Lima 1921), en una línea postsurrealista, caracterizada por el hermetismo (*Estancias*, 1960; *Poeisis*, 1981).
SOLOLÁ (departamento del), dep. del E de Guatemala; 1061 km²; 242 100 hab. Cap. *Sololá* (26 755 hab.).
SOLOMILLO n. m. CARN. Capa muscular que se extiende por entre las costillas y el lomo.
SOLÓN, estadista ateniense (c. 640-c. 558 a. J.C.). Estableció las bases de la democracia ateniense. Es uno de los siete sabios de Grecia.
SOLÓRZANO (Carlos), escritor guatemalteco (nacido en 1922), establecido en México desde 1939. Destacado dramaturgo (*Las manos de Dios*, 1956; *El sueño del ángel*, 1960), cultiva también la novela (*Las celdas*, 1971) y el ensayo.
SOLOW (Robert Merton), economista norteamericano (Nueva York 1924). Estudió la relación entre el crecimiento y el progreso técnico. (Premio Nobel de economía 1987.)
SOLSTICIO n. m. (lat. *solstitium*). ASTRON. Cada uno de los dos puntos de la eclíptica más alejados del ecuador celeste. **2.** ASTRON. Época del año en la cual el Sol alcanza uno de estos puntos.
SOLTAR v. tr. y pron. [**1r**]. Desasir, desprender, hacer que lo que estaba sujeto o asido deje de estarlo: *soltar los cabellos.* **2.** Dejar ir, dar salida o libertad: *soltar a un preso.* ♦ v. tr. **3.** Dar una paliza, patada, golpe, reprimenda, etc. **4.** Desprenderse de algo: *nunca suelta un duro.* **5.** Dejar salir de sí una manifestación fisiológica, una expresión o la demostración de un estado de ánimo: *soltar una carcajada.* **6.** *Fam.* Decir con violencia o franqueza algo que se tenía contenido o que debía callarse: *soltar una blasfemia.* **7.** MAR. Desasir aquello que mantiene sujetas determinadas piezas de a bordo: *soltar amarras.* ♦ **soltarse** v. pron. **8.** Perder la contención en el comportamiento o en el lenguaje. **9.** *Fig.* Adquirir habilidad y desenvoltura: *ya se suelta en el inglés.*
SOLTERÍA n. f. Estado de soltero.
SOLTERO, A adj. y n. Que no ha contraído matrimonio.
SOLTERÓN, NA adj. y n. Soltero ya entrado en años.
SOLTURA n. f. Agilidad, desenvoltura o facilidad con que se hace una cosa: *hablar con soltura.*

SOLUBLE adj. Que se puede disolver o deshacer. **2.** Que se puede resolver: *problema soluble*.
SOLUCIÓN n. f. (lat. *solutionem*). Acción y efecto de disolver. **2.** Manera de resolver una dificultad, negocio o proceso: *la solución a un problema*. **3.** Desenlace de un asunto, especialmente de una obra dramática. **4.** Mezcla homogénea, que tiene una sola fase, de dos o más cuerpos y, en particular, líquido que contiene un cuerpo disuelto: *una solución azucarada*. **5.** MAT. Sistema de valores de las incógnitas que satisfacen una ecuación o un sistema de ecuaciones. • **Solución de continuidad**, interrupción o falta de continuidad.
SOLUCIONAR v. tr. [**1**]. Resolver un asunto o hallar solución o término a un proceso.
SOLUTO n. m. QUÍM. Sustancia en disolución.
SOLVENCIA n. f. Acción y efecto de solventar. **2.** Calidad de solvente. **3.** Capacidad de las personas para hacer frente a sus obligaciones económicas.
SOLVENTAR v. tr. [**1**]. Resolver, dar solución a una dificultad o asunto difícil: *solventar conflictos*. **2.** Pagar una deuda o cuenta.
SOLVENTE adj. Libre de deudas. **2.** Que está en una situación económica capaz de satisfacer las deudas o compromisos adquiridos. **3.** Capaz de cumplir debidamente un cargo u obligación. ♦ n. m. **4.** Disolvente químico.
SOLZHENITSIN (Alexander Issáievich), escritor ruso (Kislovodsk 1918), denuncia el régimen de Stalin y el sistema de pensamiento en el que se basa (*Un día en la vida de Iván Denísovich*, 1962; *Pabellón del cáncer*, 1968; *Archipiélago Gulag*, 1973-1976). [Premio Nobel de literatura 1970.]
SOMA n. m. (gr. *sôma*, cuerpo). BIOL. Conjunto de células no reproductoras de los seres vivos.
SOMALÍ adj. y n. m. y f. De Somalia.
SOMALIA, estado del NE de África que forma el Cuerno de África; 638 000 km²; 7 700 000 hab. (*Somalíes*.) CAP. *Mogadishu*. LENGUA OFICIAL: *somalí*. MONEDA: *shilling*.
GEOGRAFÍA
El país es semiárido, salvo en el S (cultivos irrigados [caña de azúcar, algodón y plátano]). La ganadería nómada (ovina), en retroceso, aún permite alguna exportación. El sector industrial es muy modesto; el país, fuertemente endeudado (hambrunas), depende en gran medida de la ayuda internacional.
HISTORIA
La región fue ocupada por pueblos nómadas y ganaderos, autores de pinturas rupestres. Fines del II milenio-II milenio: estos pueblos se vieron obligados a emigrar hacia el S por la desecación de la región. Ss. IX-XII d. J.C.: mercaderes musulmanes, y más tarde pastores, los somalíes, repoblaron el país desde la costa. Ss. XV-XVI: desarrollo de las ciudades musulmanas. El reino de Ifāt venció a la Abisinia cristiana. S. XIX: Egipto, Gran Bretaña e Italia se disputaron el país. Finalmente, se constituyó una Somalia británica (Somaliland, cap. Hargeisa, 1887) y una Somalia italiana (Somalia, 1905). 1900-1920: Gran Bretaña enfrentó la revuelta de los derviches. 1925: la Somalia italiana se anexionó el Trans-Yuba y Kismaayo. 1936: Somalia fue incluida en el África oriental italiana, junto a Etiopía y Eritrea. 1940: Gran Bretaña evacuó Somaliland y la reconquistó (1941); ocupó la Somalia italiana y Ogadén. 1950: tras nueve años de administración británica, Italia recibió de la O.N.U. la tutela sobre el conjunto del país durante diez años. 1960: proclamación de la república independiente.

SOMÁTICO, A adj. Que concierne al cuerpo. **2.** BIOL. Relativo al soma.
SOMATIZAR v. tr. [**1g**]. SICOL. Dar origen un conflicto síquico a una afección somática.
SOMBRA n. f. Oscuridad debida a la intercepción de los rayos de luz por un cuerpo opaco. **2.** Zona donde se produce dicha oscuridad. **3.** Parte no iluminada de un espacio que reproduce la silueta del cuerpo interpuesto entre el foco de luz y dicho espacio. **4.** Falta de luz, oscuridad: *las sombras de la noche*. (Suele usarse en plural.) **5.** Fig. Recuerdo vago. **6.** Espectro o aparición de una imagen. **7.** Fig. Protección, amparo. **8.** Fig. Cantidad muy pequeña. **9.** Fig. Ignorancia, falta de claridad en la comprensión. **10.** Fig. Causas de inquietud o pesimismo, preocupaciones. (Suele usarse en plural.) **11.** Fig. Clandestinidad, desconocimiento público. **12.** Fig. Mácula, defecto. **13.** Fig. y fam. Suerte: *la buena sombra le acompaña*. **14.** Fig. y fam. Gracia, donosura para agradar: *tener muy mala sombra*. **15.** Fig. y fam. Persona que sigue a otra por todas partes: *se ha convertido en mi sombra*. **16.** Pigmento de color entre gris y pardo, que se utiliza en pintura artística y decorativa. **17.** B. ART. Parte sombreada de un dibujo o de una pintura. (Suele usarse en plural.) **18.** TAUROM. Porción de la plaza que está a la sombra al comenzar la corrida. • **A la sombra** (*Fam.*), en la cárcel. ǁ **Hacer sombra**, impedir la luz; impedir que alguien o algo sobresalga o se distinga; favorecer, amparar. ǁ **Sombra de ojos**, producto cosmético que se aplica sobre el párpado. ǁ **Sombras chinescas** o **teatro de sombras**, espectáculo en el que los personajes son siluetas negras, fuertemente iluminadas por detrás, y que aparecen en una pantalla transparente.
SOMBREADO n. m. Acción y efecto de sombrear un dibujo, pintura, croquis, etc. **2.** Gradación de color.
SOMBREAR v. tr. [**1**]. Dar o producir sombra. **2.** Poner sombra en una pintura o dibujo. ♦ v. tr. y pron. **3.** Maquillar con sombra de ojos los párpados.
SOMBRERAZO n. m. *Fam.* Saludo ampuloso hecho quitándose el sombrero.
SOMBRERERA n. f. Caja para guardar o transportar sombreros.
SOMBRERERÍA n. f. Oficio de hacer sombreros. **2.** Taller o tienda de sombreros.
SOMBRERETE n. m. Caperuza de una chimenea.
SOMBRERO n. m. Prenda de vestir que sirve para cubrir la cabeza y consta de copa y ala. **2.** Tapaboca de los cañones, obuses y morteros. **3.** Porción de un hongo basidiomicete, que soporta los sacos esporíferos. ǁ **Sombrero cordobés**, el de fieltro, de ala ancha y plana, con copa baja cilíndrica. ǁ **Sombrero de copa**, o **de copa alta**, el de ala estrecha y copa cilíndrica y plana por encima. ǁ **Sombrero hongo**, el de fieltro duro y copa aovada.
SOMBRILLA n. f. Utensilio semejante a un paraguas, que sirve para resguardarse del sol.
SOMBRÍO, A adj. Muy oscuro o casi siempre con sombra. **2.** Fig. Triste, tétrico, melancólico.
SOMERO, A adj. Muy inmediato a la superficie. **2.** Fig. Superficial, poco detallado: *explicación somera*.
SOMETER v. tr. y pron. [**2**]. Poner, generalmente por la fuerza o por la violencia, bajo la autoridad o dominio de otro. **2.** Subordinar el juicio, decisión o afectos propios a los de otra u otras personas. **3.** Hacer que una persona o cosa reciba o experimente una acción sobre ella: *someter a un interrogatorio*. ♦ v. tr. **4.** Exponer un proyecto, idea, plan, etc., para su aprobación o no.
SOMETIMIENTO n. m. Acción y efecto de someter.

SOMIER o **SOMMIER** n. m. (fr. *sommier*). Bastidor rectangular de las camas, de madera o metálico, que constituye un soporte elástico para el colchón.
SOMNÍFERO, A adj. v n. m. Que favorece el sueño. **2.** Dícese del fármaco o droga que produce sueño.
SOMNOLENCIA n. f. Adormecimiento, pesadez física que causa el sueño; sopor, ganas de dormir.
SOMNOLIENTO, A ad . Que tiene somnolencia.
SOMORMUJO n. m. Ave palmípeda que se alimenta de peces e insectos y construye nidos flotantes. (Familia podicipítidos.)
SOMOTO, c. de Nicaragua, cap. del dep. de Madriz; 19 962 hab. Cacao, tabaco y caña de azúcar.
SOMOZA (Anastasio), llamado **Tacho**), político nicaragüense (San Marcos 1896-Panamá 1956). En 1937, tras el golpe de estado contra Sacasa, accedió a la presidencia. Gobernó dictatorialmente (1937-1947 y 1951-1956e. — Su hijo **Luis Somoza Debayle** (Lede 1922-Managua 1968), fue presidente del congreso (1951-1956) y de la república (1957-1963). Durante su mandato se realizaron obras de infraestructura y se firmó la ley de reforma agraria. — **Anastasio Somoza Debayle**, llamado **Tachito** (León 1925-Asunción 1980), hermano del anterior, fue presidente de la república (1967-1972 y 1974-1979). Su política provocó una guerra civil que terminó con su caída y huida del país (1979).
SOMPOPO n. m. Hond. y Nicar. Variedad de hormiga amarilla. **2.** Hond. Guiso consistente en carne rehogada en manteca.
SON n. m. Sonido agradable, especialmente el musical. **2.** Fig. Estilo, modo de hacer una cosa. • **Al son de** un instrumento, con acompañamiento de dicho instrumento. ǁ **En son de**, en actitud de, con ánimo de; del modo o manera que se expresa. ǁ **Sin ton ni son** (*Fam.*), sin razón o sin fundamento.
SONÁ, distr. de Panamá (Veraguas); 23 567 hab. Economía agropecuaria. Serrerías.
SONADO, A adj. Que es muy nombrado, conocido o famoso. **2.** Dícese del boxeador que ha perdido facultades mentales como consecuencia de los golpes recibidos. • **Estar sorado** (*Fam.*), estar loco. ǁ **Hacer una sonaca**, o **que sea sonada**, promover un escándalo, dar mucho que hablar.
SONAJA n. f. En algunos juguetes o instrumentos musicales, par o pares de chapas de metal atravesadas por el centro de manera que se muevan al agitar el soporte en que están colocadas.
SONAJERA n. f. Chile. Sonajero.
SONAJERO n. m. Juguete consistente en un mango con sonajas o cascabeles, que sirve para entretener a los niños muy pequeños.
SONAMBULISMO n. m. Comportamiento motor automático más o menos adaptado que se produce durante el sueño.
SONÁMBULO, A adj. y n. Que ejecuta actos de sonambulismo.
SONAR v. intr. (lat. *sonare*) [**1r**]. Producir o emitir un sonido. **2.** Mencionarse, nombrarse: *sonar en el mundo de las finanzas*. **3.** Parecer, tener el aspecto o apariencia de aquello que se expresa: *sonar a paradoja*. **4.** Suscitarse en la memoria el recuerdo vago de algo. **5.** Tener una letra valor fónico: *en español, la letra «hache» no suena*. **5.** Argent., Chile y Urug. Fracasar, perder, tener mal fin algo o alguien. **6.** Chile. Sufrir las consecuencias de algún hecho o cambio. *Méx.* Vulg. Golpear a alguien o matarlo. • **Sonarse por mentiroso**. • **Hacer sonar** (*Chile*), castigar frecuentemente; ganar en una pelea, dejando al adversario fuera de combate. ♦ v. tr. **9.** Hacer que una cosa produzca o emita

SON

un sonido. ♦ v. tr. y pron. **10.** Limpiar las narices de mocos.

SONAR n. m. (de la expresión inglesa *sound navigation ranging*). Aparato de detección submarina por medio de ondas ultrasonoras, que permite la localización e identificación de los objetos sumergidos.

SONATA n. f. (voz italiana). Composición de música instrumental en tres o cuatro movimientos ejecutada por uno o dos instrumentos.

SONATINA n. f. Pequeña sonata, por lo general bastante fácil.

SONDA n. f. (fr. *sonde*). Acción y efecto de sondar. **2.** Instrumento mecánico o eléctrico, para la exploración de zonas inaccesibles. **3.** Cuerda con un peso de plomo que sirve para medir la profundidad de las aguas y explorar el fondo del mar. **4.** MED. Instrumento alargado y fino, que se introduce en un conducto o cavidad con fines terapéuticos o diagnósticos. **5.** MIN. Aparato de perforación que permite alcanzar profundidades medias y grandes, así como extraer muestras del terreno. • **Sonda espacial,** vehículo de exploración espacial, no tripulado, lanzado desde la Tierra y destinado a estudiar el medio interplanetario o ciertos astros del sistema solar.

SONDA (archipiélago de la), islas de Indonesia que prolongan la península de Malaca hasta las Molucas. Las principales son Sumatra y Java, separadas de las *pequeñas islas de la Sonda* (Bali, Timor, etc.) por el *estrecho de la Sonda*.

SONDAR v. tr. (fr. *sonder*) [1]. Examinar con una sonda la naturaleza del subsuelo, la profundidad y calidad del agua, etc. **2.** Introducir la sonda en una parte del cuerpo. **3.** Practicar un agujero de sonda.

SONDEAR v. tr. [1]. Sondar, examinar la naturaleza del subsuelo. **2.** Fig. Tantear o procurar averiguar con cautela la intención o manera de pensar de alguien o el estado de alguna cosa.

SONDEO n. m. Acción y efecto de sondar o sondear. **2.** ESTADÍST. Procedimiento de encuesta sobre ciertas características de una población, a partir de observaciones sobre una muestra limitada, considerada representativa de esta población.

SONETO n. m. (ital. *sonetto*). Composición poética de catorce versos, distribuidos en dos cuartetos y dos tercetos, y sometida a reglas fijas en cuanto a la disposición de la rima.

SÓNICO, A adj. Relativo a la velocidad del sonido. **2.** Que posee velocidad igual a la del sonido.

SONIDO n. m. Efecto de las vibraciones rápidas de los cuerpos, que se propagan en los medios materiales y excitan el órgano de la audición: *sonido agudo; sonido grave.* **2.** Toda emisión de voz, simple o articulada.

SONORA, r. de México (Sonora), de la vertiente del Pacífico; 425 km aprox. Tras formar, en la región de Hermosillo, un embalse de 290 Mm³, sus aguas desaparecen en el desierto, y sólo desaguan en el mar en ocasión de grandes avenidas.

SONORA (estado de), est. del NO de México; 184 934 km²; 1 823 606 hab. Cap. *Hermosillo.*

SONORIDAD n. f. Calidad de sonoro.

SONORIZACIÓN n. f. Incorporación del sonido a una cinta cinematográfica. **2.** Paso de una consonante de sorda a sonora. **3.** Aumento de la potencia sonora de un manantial o foco emisor, mediante el empleo de amplificadores electrónicos y de altavoces.

SONORIZAR v. tr. [1g]. Efectuar o producir una sonorización.

SONORO, A adj. (lat. *sonorum*). Que suena o puede sonar. **2.** Que tiene un sonido armonioso, agradable o vibrante: *un instrumento sonoro; voz sonora.* **3.** Que refleja o emite bien el sonido: *bóveda sonora.*

4. Relativo al sonido: *ondas sonoras.* **5.** Dícese del cine, película, etc., que tiene el sonido incorporado. ♦ adj. y n. f. **6.** FONÉT. Dícese del fonema para cuya articulación entran en vibración las cuerdas vocales. (En español son sonoras todas las vocales y las consonantes *b, d, g.*)

SONREÍR v. intr. y pron. [25]. Reír levemente, sin emitir ningún sonido, con un simple movimiento de labios. ♦ v. intr. **2.** *Fig.* Reír, tener una cosa inanimada una expresión alegre: *ojos que sonríen.* **3.** *Fig.* Ser favorable a alguien la fortuna, la vida, etc.

SONRISA n. f. Gesto de sonreír.

SONROJAR v. tr. y pron. [1]. Ruborizar, causar rubor o vergüenza.

SONROJO n. m. Acción y efecto de sonrojar.

SONROSAR v. tr. y pron. [1]. Dar color rosado.

SONSACAR v. tr. [1a]. Sacar furtivamente una cosa por debajo del sitio en que está. **2.** Conseguir o lograr cierta cosa con insistencia y astucia. **3.** Averiguar, procurar con habilidad que alguien diga lo que sepa sobre algo que interesa.

SONSERA n. f. *Argent.* Zoncera.

SONSONATE (*departamento de*), dep. de El Salvador; 1226 km²; 354 641 hab. Cap. *Sonsonate* (42 500 hab.).

SONSONETE n. m. Sonido repetido y monótono. **2.** *Fig.* Entonación monótona y desagradable al hablar, leer o recitar.

SOÑACIÓN n. f. Ensueño.

SOÑADOR, RA adj. Que sueña mucho. ♦ adj. y n. **2.** Que explica cosas que no existen o no han ocurrido como si fuesen verdaderas, o las cree fácilmente. **3.** *Fig.* Idealista, romántico.

SOÑAR v. tr. e intr. [1r]. Representarse en la imaginación escenas o sucesos durante el sueño. **2.** *Fig.* Fantasear, imaginar como verdaderas y reales cosas que no lo son. • **Soñar despierto,** discurrir fantásticamente y por cierto lo que no es. ♦ v. intr. **3.** *Fig.* Desear mucho algo.

SOÑOLENCIA n. f. Somnolencia.

SOPA n. f. (germ. *suppa*). Pedazo de pan, empapado en cualquier líquido alimenticio. **2.** Plato consistente en rebanadas de pan bañadas o cocidas en cualquier líquido alimenticio. **3.** Plato hecho cociendo arroz, fécula, verduras, etc., en caldo. **4.** Cualquier sustancia, como pasta, fécula o verduras, preparada para hacer sopa. • **Hasta en la sopa** (*Fam.*), en todas partes. || **Hecho, o como, una sopa** (*Fam.*), muy mojado. ♦ **sopas** n. f. pl. **5.** Rebanadas de pan que se cortan para echarlas en el caldo. || **Dar sopas con honda** (*Fam.*), tener o demostrar una gran superioridad sobre una persona o cosa.

SOPAPILLA n. f. *Argent.* y *Chile.* Masa frita que se hace con harina, manteca, grasa o aceite y zapallo. • **Sopaipilla pasada** (*Chile*), la que se sirve empapada en chancaca, almíbar o miel.

SOPAPEAR v. tr. [1]. *Fam.* Pegar sopapos.

SOPAPO n. m. Golpe dado con los dedos o con el dorso de la mano, particularmente debajo de la barbilla. **2.** *Fam.* Bofetada, cachete.

SOPE n. m. *Méx.* Tortilla de maíz, gruesa y pequeña, con frijoles, salsa, queso.

SOPERA n. f. Recipiente hondo o ancho y con tapa en que se sirve la sopa.

SOPERO, A adj. y n. m. Dícese del plato hondo en que se suele comer la sopa. ♦ adj. **2.** Dícese de la cuchara grande que sirve para tomar la sopa. **3.** Dícese de la persona aficionada a la sopa.

SOPESAR v. tr. [1]. Levantar una cosa para tantear el peso que tiene. **2.** Calcular o considerar por anticipado las ventajas o inconvenientes de una cosa.

SOPETÓN n. m. Golpe fuerte y brusco dado con la mano. • **De sopetón,** brusca, improvisada o repentinamente.

SOPLADO n. m. Procedimiento para despellejar las reses en los mataderos. **2.** Procedimiento de moldeo para la fabricación de objetos huecos. **3.** Procedimiento de elaboración de los objetos de vidrio hueco, de boca estrecha.

SOPLADOR, RA adj. y n. Que sopla. ♦ n. m. **2.** Oficial vidriero que sopla la masa en fusión.

SOPLADURA n. f. Acción y efecto de soplar.

SOPLAMOCOS n. m. (pl. *soplamocos*). *Fam.* Sopapo, cachete.

SOPLAR v. intr. y tr. (lat. *sufflare*) [1]. Despedir aire con violencia por la boca, formando con los labios una abertura redondeada. ♦ v. intr. **2.** Hacer que los fuelles u otros instrumentos adecuados expulsen el aire que han recibido. **3.** Moverse el viento con cierta intensidad. **4.** *Fam.* Beber con exceso. ♦ v. tr. **5.** Apartar con un soplo una cosa: *soplar el polvo de la mesa.* **6.** Hurtar, quitar con habilidad y astucia: *soplar dinero.* **7.** *Fig.* Inspirar, sugerir: *la musa sopla sus versos.* **8.** *Fig.* Apuntar, decir a alguien con disimulo algo que no sabe y sobre lo que ha de hacer una explicación: *me sopló todo el examen.* **9.** *Fig.* Acusar, delatar, denunciar. **10.** Pegar un golpe, bofetada, etc.: *soplar un puñetazo.* **11.** En el juego de las damas y otros, quitar al contrario la pieza con que debió matar y no lo hizo. ♦ v. tr. y pron. **12.** Hinchar algo con aire. ♦ **soplarse** v. pron. **13.** Beber o comer en exceso algo: *se sopló dos litros de cerveza.* **14.** Fig. y *fam.* Engreírse, envanecerse.

SOPLETE n. m. Aparato que sirve para producir y proyectar una llama, utilizado en la industria y en los laboratorios.

SOPLIDO n. m. Soplo brusco y fuerte.

SOPLO n. m. Acción y efecto de soplar. **2.** *Fig.* Instante o espacio brevísimo de tiempo: *llegar en un soplo.* **3.** MED. Sonido percibido por auscultación de un órgano.

SOPLÓN, NA adj. y n. *Fam.* Que acusa o denuncia en secreto o cautelosamente. ♦ n. m. **2.** *Amér. Central.* Apuntador de teatro.

SOPONCIO n. m. *Fam.* Desmayo, síncope.

SOPOR n. m. (lat. *soporem*). Estado de sueño profundo patológico. **2.** Adormecimiento, somnolencia.

SOPORÍFERO, A adj. y n. Que produce sueño. ♦ adj. **2.** *Fig.* Que aburre mucho: *libro soporífero.*

SOPORTAL n. m. Espacio cubierto que precede a la entrada principal. **2.** Pórtico con arcadas o columnas que hay alrededor de algunas plazas, a lo largo de las fachadas de algunos edificios o delante de las puertas y tiendas.

SOPORTAR v. tr. (lat. *supportare*) [1]. Sostener o resistir una carga o peso. **2.** *Fig.* Aguantar, tolerar, sufrir.

SOPORTE n. m. Apoyo, sostén, lo que sirve para sostener algo. **2.** INFORMÁT. Medio material, tarjeta perforada, disco, cinta magnética, etc., capaz de recibir una información, transmitirla o conservarla y, después, restituirla a petición. **3.** MEC. En los aparatos o conjuntos mecánicos, pieza o dispositivo destinado a mantener un órgano en su posición de trabajo. • **Soporte publicitario,** cualquier medio de comunicación, como la prensa, la televisión o la radio, considerado en su utilización para la publicidad.

SOPRANO n. m. (ital. *soprano*). La voz más aguda, propia de mujer o de niño. ♦ n. m. y f. **2.** Persona que tiene voz de soprano.

SOQUETE n. m. (fr. *socquette*). *Argent., Chile, Par.* y *Urug.* Calcetín corto.

SOR n. f. Tratamiento que se da a algunas religiosas.

SORATA (*macizo de*), extremo N de la cordillera Real (Bolivia). Sus principales cumbres son el Illampu (6650 m) y el Ancohuma (6550 m).

SORBER v. tr. (lat. *sorbere*) [2]. Beber aspirando. **2.** Atraer hacia sí o absorber una cosa. **3.** Empapar, absorber una cosa hueca o esponjosa, un líquido en su masa, en su concavidad. **4.** Escuchar

algo muy atentamente: *sorbía las palabras del maestro.*
SORBETE n. m. (ital. *sorbetto*). Refresco helado y de consistencia pastosa, a base de zumo de frutas, agua o leche, yemas de huevo azucaradas, etc. **2.** *Amér.* Paja, tubo pequeño y delgado para sorber líquidos.
SORBO. n. m. Acción de sorber. **2.** Cantidad de líquido que se sorbe de una vez. **3.** *Fig.* Cantidad pequeña de un líquido. • **A sorbos,** bebiendo poco a poco.
SORDERA n. f. Pérdida o disminución considerable del sentido del oído.
SORDIDEZ n. f. Calidad de sórdido.
SÓRDIDO, A adj. (lat. *sordidum*). Sucio, pobre y miserable. **2.** *Fig.* Indecente, deshonesto. **3.** Avaro, mezquino.
SORDINA n. f. (voz italiana). Pieza especial que se coloca en los instrumentos musicales, para modificar y disminuir su sonoridad.
SORDO, A adj. y n. (lat. *sordum*). Privado del sentido del oído, o que no oye bien. • **Hacerse el sordo,** no hacer caso o no prestar atención. ♦ adj. **2.** Silencioso, que no hace ruido: *pasos sordos.* **3.** Que suena poco o con un sonido apagado o poco vibrante: *un golpe sordo.* **4.** *Fig.* Que no hace caso de lo que se le dice, insensible: *sordo a las súplicas.* **5.** Que no se manifiesta, que se contiene: *dolor sordo.* ♦ adj. y n. f. **6.** FONÉT. Dícese de un fonema cuya emisión se realiza sin vibración de las cuerdas vocales. (En español, las consonantes *p, t, c* son sordas.)
SORDOMUDO, A adj. y n. Que es sordo y mudo.
SORGO. n. m. (ital. *sorgo*). Planta gramínea tropical, alimenticia y forrajera.
SORIA *(provincia de),* prov. de España, en Castilla y León; 10 287 km²; 94 130 hab. Cap. *Soria.* En el SE de la Meseta norte, territorio montañoso (sistemas Ibérico y Central), atravesado por el valle del Duero.
SORIA, c. de España, cap. de la prov. homónima y cab. de p. j.; 35 540 hab. *(Sorianos.)* Junto al Duero. En la edad media pasaba por la c. una de las principales cañadas de la Mesta. Notables iglesias románicas. Restos del convento de San Juan de Duero. Catedral gótica. Palacios e iglesias renacentistas. Museo Numantino.
SORIANO, A adj. y n. De Soria.
SORIANO *(departamento de),* dep. del O de Uruguay; 9008 km²; 79 439 hab. Cap. *Mercedes.*
SORIANO (Juan), artista mexicano (Guadalajara 1920). Su pintura, de tonos sombríos y austeros, no puede deslindarse en su figurativismo de los grandes maestros muralistas *(Las calaveras,* 1980). Ha practicado asimismo el grabado y la cerámica.
SORIANO (Osvaldo), escritor argentino (Mar de Plata 1944-Buenos Aires 1997). Periodista, es autor de novelas caracterizadas por el humor y el esperpento *(Triste, solitario y final,* 1973; *Una sombra ya pronto serás,* 1991).
SORNA n. f. (provenz. *sorn*). Lentitud o calma con que se hace una cosa, generalmente con burla o deliberadamente. **2.** *Fig.* Ironía o tono burlón con que se dice una cosa.
SOROCHE n. m. (quechua *suruchi*). *Amér. Merid.* Dificultad de respirar que, a causa de la rarefacción del aire, se siente en ciertos lugares elevados. **2.** *Bol.* y *Chile.* Galena argentífera.
SOROLLA (Joaquín), pintor español (Valencia 1863-Cercedilla 1923). Partió del realismo historicista, pero formuló pronto un estilo concentrado en los efectos lumínicos *(Niños en la playa).*
SORPRENDENTE adj. Que causa sorpresa. **2.** Extraordinario, raro, infrecuente.
SORPRENDER v. tr. y pron. (fr. *surprendre*) [**2**]. Causar impresión, extrañeza o admiración algo que no se esperaba que sucediera o que se manifestara de esta manera. ♦ v. tr. **2.** Encontrar o coger desprevenido a alguien haciendo cierta cosa o en determinada forma o situación. **3.** Descubrir lo que alguien ocultaba o no quería revelar.
SORPRESA n. f. Acción y efecto de sorprender. **2.** Aquello que da motivo para que alguien se sorprenda: *en este paquete hay una sorpresa.*
SORPRESIVO, A adj. *Amér.* Que sorprende o produce sorpresa.
SORRENTO, c. de Italia (Campania), en el S del golfo de Nápoles; 17 015 hab. Turismo. Catedral.
SORS o **SOR** (Fernando), guitarrista y compositor español (Barcelona 1778-París 1839). Escribió un *Método para guitarra* (1830) y numerosas piezas y estudios para este instrumento.
SORTEAR v. tr. [**1**]. Someter a la decisión de la suerte la adjudicación de alguna cosa. **2.** *Fig.* Esquivar, evitar con habilidad.
SORTEO n. m. Acción y efecto de sortear. **2.** Operación de sortear los premios de la lotería. **3.** Operación de sortear los mozos en las quintas.
SORTIJA n. f. Anillo, generalmente de metal, que se pone como adorno en los dedos de la mano. **2.** Rizo de cabello en forma de anillo.
SORTILEGIO n. m. Adivinación que se hace por suertes supersticiosas. **2.** Cualquier acción realizada por arte de magia. **3.** *Fig.* Atractivo irresistible que una persona o cosa ejerce sobre alguien.
SOS n. m. Señal radiotelegráfica de socorro.
SOSA n. f. Planta crasa, que crece en suelos salinos del litoral. (Familia quenopodiáceas.) **2.** Carbonato sódico Na₂CO₃, que se prepara a partir del cloruro sódico. SIN.: *natrón.* • **Sosa cáustica,** hidróxido de sodio NaOH, sólido blanco, que funde a 320 °C, y constituye una base fuerte.
SOSEGADO, A adj. Quieto, tranquilo, reposado.
SOSEGAR v. tr. y pron. [**1d**]. Apaciguar, tranquilizar: *sosegarse el mar.* **2.** *Fig.* Aplacar las pasiones o alteraciones del ánimo: *sosegar el espíritu.* ♦ v. intr. y pron. **3.** Descansar o reposar después de algún esfuerzo.
SOSEGATE n. m. **Dar,** o **pegar un sosegate** (Argent. y Urug.), dar una reprimenda de palabra u obra para corregir la conducta de alguien.
SOSERA o **SOSERÍA** n. f. Calidad de soso. **2.** Dicho o hecho insulso, falto de gracia.
SOSERAS adj. y n. m. y f. (pl. *soseras*). Soso, sin gracia.
SOSIA n. m. Persona que se parece tanto a otra que puede confundirse con ella.
SOSIEGO n. m. Tranquilidad, reposo, serenidad.
SOSLAYAR v. tr. [**1**]. Poner una cosa ladeada para que pueda pasar por un sitio estrecho. **2.** *Fig.* Eludir o esquivar alguna dificultad, obstáculo, compromiso, etc., esp.: *soslayar una pregunta difícil.*
SOSLAYO, A adj. Oblicuo, ladeado. • **Al soslayo** o **de soslayo,** oblicuamente; poniendo la cosa que se expresa ladeada o de costado; *(Fig.),* eludiendo o dejando de lado alguna dificultad.
SOSO, A adj. (lat. *insulsum*). Falto o escaso de sal. **2.** Falto o escaso del sabor que debe tener. ♦ adj. y n. **3.** *Fig.* Que carece de gracia o de viveza.
SOSPECHA n. f. Acción y efecto de sospechar.
SOSPECHAR v. tr. (lat. *suspectare*) [**1**]. Creer o imaginar que existe o ha ocurrido cierta cosa por algún indicio o apariencia. ♦ v. intr. **2.** Desconfiar o recelar de alguien de quien se cree que ha cometido un delito o una mala acción.
SOSPECHOSO, A adj. Que da motivo para sospechar. **2.** Que sospecha. ♦ n. **3.** Persona de conducta o antecedentes que inspiran sospechas.

SOSTÉN n. m. Acción de sostener. **2.** Persona o cosa que sostiene: *él es el sostén de la familia.* **3.** *Fig.* Protección o apoyo moral. **4.** Alimento, sustento: *ganarse el sostén.* **5.** Prenda interior femenina que sirve para sujetar los senos. SIN. *sujetador.*
SOSTENER v. tr. y pron. (lat. *sustinere*) [**8**]. Sujetar a alguien o algo para impedir que se caiga, se manche o se mueva. **2.** *Fig.* Mantener o defender con seguridad y firmeza: *sostener una idea.* **3.** Sustentar, costear las necesidades económicas. ♦ v. tr. **4.** *Fig.* Proteger, prestar ayuda o apoyo: *las influencias lo sostienen en el cargo.* **5.** Estar realizando cierta acción o seguir en determinada forma o actitud: *sostener una larga conversación.* ♦ **sostenerse** v. pron. **6.** Mantenerse un cuerpo en un medio, sin caer o haciéndolo muy lentamente.
SOSTENIDO, A adj. Dícese de la nota musical cuya entonación es un semitono más alta que la de su sonido natural. ♦ n. m. **2.** Signo musical de alteración que indica que la nota a la que precede queda elevada un semitono cromático durante todo el compás en que se encuentra dicha nota. • **Doble sostenido,** signo musical que equivale al doble del sostenido simple, es decir, que aumenta en un tono la nota a la que afecta.
SOSTENIMIENTO n. m. Acción y efecto de sostener o sostenerse. **2.** Mantenimiento o sustento.
SOTA n. f. Décima carta de cada palo de la baraja española.
SOTABANCO n. m. Ático, piso habitable colocado encima de la cornisa general de un edificio.
SOTABARBA n. f. Papada, abultamiento carnoso debajo de la barba. **2.** Barba que se deja crecer por debajo de la barbilla.
SOTANA n. f. (lat. *subtanam*). Vestidura talar, larga, en forma de hábito, que llevan los eclesiásticos.
SÓTANO n. m. En un edificio, pieza subterránea o piso situado bajo la rasante de la calle.
SOTAVENTO n. m. Costado de la nave opuesto al barlovento. **2.** Parte que cae hacia aquel lado.
SOTAVENTO *(islas de),* conjunto de islas de las Antillas, extendidas frente a la costa de Venezuela, formado por Aruba, Curaçao, Bonaire (Antillas Neerlandesas) y las islas venezolanas de Margarita y otras pequeñas. — Los británicos llaman islas de Sotavento *(Leeward Islands),* al conjunto que se extiende de Puerto Rico a la Martinica, que en la denominación española pertenece al conjunto de las islas de Barlovento.
SOTAVENTO *(planicie costera de),* región fisiográfica del S de México (Veracruz y Oaxaca), entre la sierra Madre de Oaxaca, el golfo de México, la Huasteca y la cordillera Neovolcánica.
SOTE n. m. *Colomb.* Insecto similar a la pulga.
SOTECHADO n. m. Cobertizo techado.
SOTERRAR v. tr. [**1j**]. Enterrar, poner una cosa debajo de tierra. **2.** *Fig.* Esconder u ocultar una cosa de modo que no aparezca: *soterrar un recuerdo.*
SOTO n. m. (lat. *saltum*). Bosque ribereño o de vega.
SOTO (Hernando **de**), conquistador español (Villanueva de Barcarrota, Badajoz, c. 1500-a orillas del Mississippi 1542). Participó en el descubrimiento de Nicaragua y en 1532 intervino en la conquista del Perú con Pizarro. Posteriormente fue gobernador de Cuba y descubridor del Mississippi; murió durante la expedición.
SOTO (Jesús Rafael), artista venezolano (Ciudad Bolívar 1923-París 2005). Tras su intento de «dinamizar el neoplasticismo», investigó en sus *Metamorfosis* (1954) los valores armónicos de la repetición de signos plásticos.

SOTO (Marco Aurelio), político hondureño (Tegucigalpa 1846-París 1908). Fue presidente de la república (1876-1883).

SOTO Y ALFARO (Bernardo), político costarricense (Alajuela 1854-San José 1931). Presidente de la república (1885-1889).

SOTOBOSQUE n. m. Vegetación que crece bajo los árboles de un bosque.

SOTOL n. m. *Méx.* Planta herbácea, de la familia liliáceas, de tallo corto y una púa terminal. **2.** *Méx.* Bebida alcohólica que se obtiene por fermentación del tallo de esta planta.

SOUBLETTE (Carlos), patriota venezolano (La Guaira 1789-Caracas 1870). Tras luchar por la independencia junto a Miranda (1812) y Bolívar (1819), fue presidente del país (1843-1847).

SOUFFLÉ n. m. (voz francesa). Preparación gastronómica a base de claras de huevo batidas a punto de nieve.

SOUFRIÈRE (La), nombre de dos volcanes de las Antillas, puntos culminantes de las islas de Guadalupe (1467 m) y de San Vicente (1219 m).

SOUTHAMPTON, c. y puerto de Gran Bretaña (Hampshire), junto al canal de la Mancha; 194 400 hab. Puerto comercial y de viajeros, industria.

SOUVENIR n. m. (voz francesa). Objeto de recuerdo de un lugar determinado.

SOWETO, área suburbana de Johannesburgo (Rep. de Sudáfrica), con 2 millones de hab. aprox., de raza negra.

SOYA n. f. Soja, planta.

SOYAPANGO, c. de El Salvador (San Salvador), en el área suburbana de San Salvador; 104 470 hab.

SOYINKA (Wole), escritor nigeriano en lengua inglesa (Abeokuta 1934). En su obra (teatro, poesía, narrativa, autobiografía) presenta un cuadro satírico del África descolonizada y evoca la desaparición de la cultura ancestral. (Premio Nobel de literatura 1986.)

SPEMANN (Hans), biólogo alemán (Stuttgart 1869-Friburgo de Brisgovia 1941), premio Nobel de fisiología y medicina en 1935 por sus investigaciones sobre los mecanismos de la evolución de los seres vivos.

SPENCER (Herbert), filósofo y sociólogo británico (Derby 1820-Brighton 1903), autor de una filosofía que considera el paso de lo homogéneo a lo heterogéneo como el principal factor de la evolución.

SPENGLER (Oswald), filósofo e historiador alemán (Blanckenburg, Harz, 1880-Munich 1936), autor de *La decadencia de Occidente* (1918-1922), donde compara a las civilizaciones con los seres vivos.

SPIELBERG (Steven), director de cine norteamericano (Cincinnati 1947), especialista en películas de aventuras, terror o ciencia ficción (*Tiburón*, 1975; *E.T.*, 1982; *Parque jurásico*, 1993; *La lista de Schindler*, 1994, Oscar; *El mundo perdido*, 1997; *Amistad*, 1998).

SPIN n. m. (voz inglesa). FÍS. Momento cinético propio de una partícula.

SPINOZA (Baruch), filósofo neerlandés (Amsterdam 1623-La Haya 1677). En su vida sólo publicó *Principios de la filosofía de Descartes* (1663) y *Tractatus theologico-politicus* (1670). Sus obras póstumas son: *Ética*; *De la reforma del entendimiento*, y *Tratado político*. Su objetivo fundamental fue transmitir un mensaje liberador frente a todas las servidumbres y portador del placer que proporciona el conocimiento (bienaventuranza). Para llegar al conocimiento de la naturaleza, es decir, de Dios, es necesario acceder al de la casualidad, que da a cada ser, también al hombre, su especificidad.

SPITTELER (Carl), poeta suizo en lengua alemana (Liestal 1845-Lucerna 1924), autor de poemas épicos y alegóricos (*Primavera olímpica*, 1900-1905). [Premio Nobel de literatura 1919.]

SPORT n. m. (voz inglesa) [pl. *sports*]. Deporte. • **De sport**, denominación dada a un tipo de indumentaria que se parece a la deportiva.

SPOT n. m. (voz inglesa). Pequeño proyector con un haz luminoso bastante estrecho. **2.** Película publicitaria de corta duración.

SPOTA (Luis), escritor mexicano (México 1925-íd. 1985). Periodista, sus novelas, realistas, se centran en el examen crítico de los problemas sociales (*Las horas violentas*, 1958).

SPRAY n. m. (voz inglesa, *niebla*). Aerosol obtenido con una bomba de líquido a presión (medicamento, laca, producto cosmético, etc.).

SPRINT n. m. (voz inglesa). Esfuerzo máximo de un corredor, particularmente al aproximarse a la meta. **2.** Carrera disputada en una distancia corta.

SQUASH n. m. (voz inglesa). Juego parecido al frontón, practicado en un espacio cerrado.

Sr., abrev. de *señor*.

sr, símbolo de *señor*.

sr, símbolo del *estereorradián*.

Sr, símbolo químico del *estroncio*.

SRA., abrev. de *señora*.

Sri LANKA, hasta 1972 **Ceilán**, estado insular de Asia meridional, al SE de la India; 66 000 km²; 17 400 000 hab. (*Cingaleses*.) CAP. *Colombo.* LENGUA OFICIAL: cingalés y tamil. MONEDA: *rupia de SriLanka.*

GEOGRAFÍA
La isla está formada por llanuras y colinas alrededor de un macizo montañoso central y goza de un clima tropical, cálido y húmedo en el que el régimen de lluvias varía según la exposición al monzón. La agricultura, recurso casi exclusivo, asocia cultivos de subsistencia (arroz) y de exportación (caucho y sobre todo té). La región está inmersa en los enfrentamientos entre la mayoría cingalesa y la minoría tamil (20 % de la población, concentrados el N).

HISTORIA
S. III a. J.C.: el budismo se introdujo en la isla. Fines del s. X d J.C.: la monarquía de Anuradhapura fue derrocada por un rey chola. 1070: la isla fue reconquistada por un príncipe cingalés. Ss. XIV-XVI: reino tamil independiente ocupó la península de Jaffna. S. XVI: Portugal ocupó la costa, mientras el rey de Kandy dominaba el centro. 1658: los neerlandeses sustituyeron a los portugueses. 1796: Gran Bretaña anexionó la isla. 1815: se apoderó del reino de Kandy. 1931: Ceilán fue dotado de un estatuto de autonomía interna. 1948: accedió a la independencia. 1948-1956: los conservadores ocuparon el poder con D. S. Senanayake (1948-1952), posteriormente con su hijo, Dudely Senanayake (1952-1953), y J. Kotelawala (1953-1956). 1956-1965: la izquierda, dirigida por Salomon Bandaranaike y tras su asesinato (1959), por su viuda Sirimavo Bandaranaike, gobernó el país. 1965-1970: D. Senanayake volvió al poder. 1970-1977: S. Bandaranaike le sucedió. 1977: el conservador J. R. Jayawardene se convirtió en primer ministro e instauró un régimen presidencialista. 1978: fue elegido presidente de la república. Ranasinghe Premadasa fue primer ministro. Desde 1983: enfrentamientos entre tamiles y cingaleses amenazaron la unidad del país. 1989: R. Premadasa, presidente. La intervención de las tropas indias (1987-1990) no consiguió resolver el conflicto interior vinculado al separatismo tamil. 1993: R. Premadasa murió en un atentado y le sucedió el primer ministro, D. Banda Wijetunga. 1994: tras las elecciones (ag.), Chandrika B. Kumaratunga accedió a la presidencia y nombró primera ministra a su madre Sirimavo Bandaranaike. 1995: nueva ofensiva tamil; el ejército la reprimió. 2000: la coalición gubernamental encabezada por la presidenta Kumaratunga venció en las elecciones. 2004: debido a un terremoto de nueve grados con epicentro en Sumatra (Indonesia), grandes olas golpearon las costas del país y provocaron más de 30 000 víctimas.

SRTA., abrev. de *señorita*.

st, símbolo del *estéreo*.

St, símbolo de *stokes*.

STAËL (Germaine **Necker**, *baronesa de* Staël-Holstein, llamada **Madame de**), escritora francesa (París 1766-íd. 1817). Su salón parisino fue, en 1789, un centro de reunión política. Su obra tuvo una gran influencia sobre el romanticismo.

STAFF n. m. (voz inglesa). Grupo formado por la dirección y los cuadros superiores de una empresa o los dirigentes de una organización.

STALIN (Iósiv Vissariónovich **Dzhugachvili**, llamado), político soviético (Gori, Georgia, 1879-Moscú 1953). Secretario general del partido desde 1922, fue eliminando, de 1924 a 1929, a los demás candidatos a la sucesión de Lenin. En 1929-1930 emprendió una política de colectivización total de las tierras y de eliminación de los kulaks. Recurrió a los trabajos forzados, realizados en los campos del Gulag, y procedió a purgas masivas a través de procesos falseados (fines 1934-1938). Extendió la influencia soviética a los países europeos liberados por su ejército, creó el Kominform (1947) e inició la etapa de la guerra fría con occidente. Antes de morir, en marzo 1953, procedió a nuevas purgas. El XX congreso del partido comunista (1956) esbozó la desestalinización.

STALINGRADO o **STALINGRAD** → *Tsaritsin*.

STANDARD adj. y n. m. Estándar.

STANISLAVSKI (Konstantín Serguéievich **Alexéiev**, llamado), actor y director teatral ruso (Moscú 1863-íd. 1938). Fundador y promotor del Teatro de arte de Moscú, pedagogo y teórico, emprendió una renovación sistemática del arte teatral.

STANLEY (John Rowlands, *sir* Henry **Morton**), explorador británico (Denbigh, Gales, 1841-Londres 1904). Fue enviado a África en busca de Livingstone, al que encontró (1871). En un segundo viaje (1874-1877) descubrió el Congo. Al servicio del rey de los belgas Leopoldo II, creó para él el Estado independiente del Congo (1885).

STANLEY (Wendell Meredith), bioquímico norteamericano (Ridgeville 1904-Salamanca 1971), descubridor del virus del mosaico del tabaco en estado cristalizado. (Premio Nobel de química 1946.)

STARK (Johannes), físico alemán (Schickenhof 1874-Traunstein 1957). Descubrió el desdoblamiento de las rayas espectrales bajo la influencia de un campo eléctrico. (Premio Nobel de física 1919.)

STATU QUO o **STATUS QUO** n. m. (voces lat., *en el mismo estado que* [antes]). Estado actual de las cosas.

STATUS n. m. (voz latina). Estatus.

STAUDINGER (Hermann), químico alemán (Worms 1881-Friburgo de Brisgovia 1965), premio Nobel de química (1953) por sus investigaciones sobre las macromoléculas.

STEINBECK (John), escritor norteamericano (Salinas, California, 1902-Nueva York 1968). Sus novelas describen los ambientes populares californianos (*Las uvas de la ira*, 1939; *La perla*, 1948; *Al este del Edén*, 1952). [Premio Nobel de literatura 1962.]

STENDHAL (Henri **Beyle**, llamado), escritor francés (Grenoble 1783-París 1842). Autor de un ensayo sobre el romanticismo y un tratado *Sobre el amor* (1822), en 1830 publicó la novela *Rojo y negro*, una de sus obras capitales, junto con *La cartuja de Parma* (1839). Su obra póstuma le consagró definitivamente (*Vida de Henry Brulard*, 1890; *Lucien Leuwen*, 1894).

STEPHENSON (George), ingeniero británico (Wylam, cerca de Newcastle, 1781-Tap-

ton House, Chesterfield, 1848), inventor de la tracción a vapor sobre vía férrea.
STERN (Otto), físico norteamericano de origen alemán (Sohnau [act. Zory] 1888-Berkeley 1969). Descubrió, junto con W. Gerlach, las propiedades magnéticas de los átomos y confirmó el concepto, introducido por De Broglie, de onda asociada a una partícula. (Premio Nobel de física 1943.)
STERNBERG (Josef **von**), director de cine norteamericano de origen austríaco (Viena 1894-Los Ángeles 1969). Fue un mago de la imagen y la luz. Convirtió a Marlene Dietrich en el prototipo de mujer fatal: *El ángel azul* (1930), *El expreso de Shanghai* (1932), *Capricho imperial* (1934).
STERNE (Laurence), escritor británico (Clonmel, Irlanda, 1713-Londres 1768), autor de *Vida y opiniones del caballero Tristram Shandy* (1759-1767) y de *Viaje sentimental por Francia e Italia* (1768), en su obra mezcla humor y fantasía con un estilo ágil y vivaz.
STEVENSON (Robert Louis **Balfour**), escritor británico (Edimburgo, Escocia, 1850-Vailima, islas Samoa, 1894) que alcanzó gran éxito con novelas de aventuras (*La isla del tesoro*, 1883) y relatos fantásticos (*El extraño caso del doctor Jekyll y Mr. Hyde*, 1886).
STIGLER (George Joseph), economista norteamericano (Renton, Washington, 1911-Chicago 1991). Defendió la libre competencia y profundizó en las teorías de la producción y los costes, de los oligopolios, de la información y de las estructuras industriales. (Premio Nobel de economía 1982.)
STOCK n. m. (voz inglesa). Conjunto de las mercancías disponibles en un mercado, un almacén, etc. **2.** Conjunto de utillajes, materias primas, productos semiacabados y acabados, etc., que son propiedad de una empresa. **3.** Conjunto de cosas que se poseen y se guardan como reserva: *tener un stock de novelas para leer.*
STOKES n. m. (de G. G. *Stokes*, matemático y físico irlandés). Unidad de medida de viscosidad cinemática (símbolo St), que equivale a 10^{-4} metros cuadrados por segundo.
STONE (*sir* John Richard Nicholas), economista británico (Londres 1913-Cambridge 1991), analista de los mecanismos del crecimiento y de los diferentes sistemas de contabilidad nacional. (Premio Nobel de economía 1984.)
STOP n. m. (voz inglesa). Término que sirve, en los telegramas, para separar perfectamente las frases. **2.** Señal de circulación que ordena una detención. **3.** Señal luminosa situada en la parte trasera de un vehículo, que se enciende al accionar el freno.
STORNI (Alfonsina), poeta argentina (Sala Capriasca, Suiza, 1892-Mar del Plata 1938). Su poesía, tras sus inicios románticos, ofrece rasgos posmodernistas. El tema amoroso persiste en su poesía posterior, caracterizada por cierto hermetismo verbal. También cultivó el teatro infantil.
STRADIVARIUS n. m. Violín fabricado por Stradivarius, violero italiano que nació a mediados del s. XVII y murió el año 1737.
STRASBOURG → *Estrasburgo*.
STRATFORD-UPON-AVON o **STRATFORD-ON-AVON**, c. de Gran Bretaña (Inglaterra), al SE de Birmingham; 20 000 hab. Casas antiguas, entre ellas la casa natal de Shakespeare (museo). Shakespeare Memorial (teatro, biblioteca, pinacoteca).
STRAUSS, familia de músicos austríacos. **Johann I** (Viena 1804-id. 1849), director de orquesta y de los bailes de la corte, compuso valses, polcas, galops y la célebre *Marcha de Radetzky*. — Su hijo, **Johann II** (Viena 1825-id. 1899), continuó la tradición paterna componiendo más de 200 valses (*El Danubio azul*, 1867; *Sangre vie-*

nesa, 1873; *Vals del emperador*, 1889) y operetas (*El murciélago*, 1874; *El barón gitano*, 1885).
STRAUSS (Richard), director de orquesta y compositor alemán (Munich 1864-Garmisch-Partenkirchen 1949). Es autor de óperas (*Salomé*, 1905; *El caballero de la rosa*, 1911; *Ariana en Naxos*, 1912) y poemas sinfónicos (*Don Juan*, 1889; *Till Eulenspiegel*, 1894) de una orquestación muy colorista. Del romanticismo pasó a un clasicismo de gran estilo en las *Metamorfosis* (1945).
STRAVINSKI (Ígor), compositor ruso (Oranienbaum, cerca de San Petersburgo, 1882-Nueva York 1971), nacionalizado francés, y posteriormente norteamericano. Fue un gran creador en el campo del ritmo y de la orquestación. Su música está esencialmente destinada a la danza. Es autor de *El pájaro de fuego* (1910), *Petrushka* (1911), *La consagración de la primavera* (1913), de la *Sinfonía de los salmos* (1930), de la ópera *The rake's progress*, sonatas y conciertos.
STRESEMANN (Gustav), político alemán (Berlín 1878-id. 1929). Ministro de Asuntos Exteriores (1923-1929), hizo que Poincaré aceptara el plan Dawes (1924) y la evacuación del Ruhr (1925). Como consecuencia de las negociaciones de Locarno (1925), logró el ingreso de Alemania en la S.D.N. En 1928, firmó el pacto Briand-Kellog. (Premio Nobel de la paz 1926.)
STRESS n. m. (voz inglesa). Estrés.
STRINDBERG (August), escritor sueco (Estocolmo 1849-id. 1912). Publicó la primera novela naturalista sueca (*La sala roja*, 1879). Autor de teatro (*El padre*, 1887; *La señorita Julia*, 1888) y obras históricas y naturalistas (*La danza de muerte*, 1900), introdujo el simbolismo en Suecia (*Sueño*) y evolucionó hacia el misticismo. Su obra influyó notablemente en el teatro moderno.
STRIP-TEASE n. m. (voz inglesa, de *to strip*, desnudar, y *to tease*, irritar). Espectáculo de variedades durante el cual uno o varios artistas se desnudan de una manera lenta y sugestiva.
STROESSNER (Alfredo), político y militar paraguayo (Encarnación 1912). Comandante en jefe del ejército (1951), en 1954 se proclamó presidente del país y dirigente del Partido colorado. Fue reelegido sistemáticamente en el cargo, hasta que en 1989 fue derrocado por su consuegro, el general Andrés Rodríguez.
STROHEIM (Erich Oswald **Stroheim**, llamado **Erich von**), director de cine y actor norteamericano de origen austríaco (Viena 1885-Maurepas, Francia, 1957). El fasto y la osadía de sus películas (*Avaricia*, 1923-1925; *La viuda alegre*, 1925), y su realismo implacable lo enfrentaron a la industria de Hollywood. Más tarde se consagró a su carrera de actor (*La gran ilusión*, de J. Renoir, 1937; *El crepúsculo de los dioses*, de B. Wilder, 1950).
STROMBOLI, isla de Italia, en el mar Tirreno, la más septentrional de las islas Eolias, formada por un volcán activo (926 m).
STÚPA n. m. Monumento funerario de origen indio.
STUTTGART, c. de Alemania, cap. de Baden-Württemberg, junto al Neckar; 570 609 hab. Centro industrial (automóvil y electrónica), de servicios y cultural.
SU adj. Apócope de *suyo*, que se utiliza cuando va antepuesto al nombre: *su perro; su libro; su casa.*
SUÁREZ (Joaquín), político uruguayo (Villa Canelones 1781-Montevideo 1868). Dirigió el país en ausencia del presidente Rivera (1839) y defendió Montevideo del asedio de Manuel Oribe (1843-1851).
SUÁREZ (Marco Fidel), escritor y político colombiano (Bello 1856-Bogotá 1927). Dirigente conservador, ocupó la presidencia de la república (1918-1921), cargo

que dejó para dedicarse a la literatura (*Sueños de Luciano Pulgar*, artículos periodísticos).
SUAVE adj. (lat. *suavem*). Liso y blando al tacto: *tez suave.* **2.** Libre de brusquedad, violencia o estridencia. **3.** Fig. Dócil, apacible.
SUAVIDAD n. f. Calidad de suave.
SUAVIZANTE n. m. y adj. Producto que, utilizado al final del lavado de la ropa, mejora las características de suavidad de las materias.
SUAVIZAR v. tr. y pron. **[1g]**. Hacer suave.
SUAZO CÓRDOVA (Roberto), político hondureño (La Paz 1923). Afiliado al Partido liberal, fue presidente de la república (1981-1985).
SUBA n. f. *Argent.* y *Urug.* Alza, subida de precios.
SUBACUÁTICO, A adj. Que se realiza debajo del agua.
SUBAFLUENTE n. m. Curso de agua tributario de un afluente.
SUBALIMENTACIÓN n. f. Alimentación insuficiente en cantidad o en calidad.
SUBALTERNO, A adj. Inferior, o que está supeditado a otra persona: *personal subalterno.* ♦ n. m. **2.** Empleado u oficial de categoría inferior.
SUBÁLVEO, A adj. y n. m. Que está debajo del álveo de un río o arroyo.
SUBANDINAS (*sierras*), sistema fisiográfico de América del Sur, que se extiende desde el SE de Perú hasta el NO de Argentina. Alcanzan sus mayores alturas (3164 m en la sierra de Santa Bárbara, en Jujuy, Argentina) hacia el O, por donde entran en contacto con la cordillera andina, y las menores hacia el E, en dirección al Chaco.
SUBARRENDAR v. tr. **[1j]**. Dar o tomar en arrendamiento una cosa de la que ya la tiene arrendada.
SUBARRIENDO n. m. Acción y efecto de subarrendar. **2.** Precio en que se subarrienda.
SUBASTA n. f. Sistema de venta que consiste en vender alguna cosa al que ofrece más por ella. **2.** Sistema de que se vale la administración para adjudicar los contratos económicos a los particulares que ofrecen condiciones económicas más ventajosas. **3.** Venta pública de los bienes embargados de un deudor, adjudicados al mejor postor.
SUBASTAR v. tr. (lat. *subhastare*) **[1]**. Vender bienes o contratar servicios, arriendos, etc., en pública subasta.
SUBATÓMICO, A adj. Dícese de toda partícula constitutiva del átomo.
SUBCAMPEÓN, NA n. y adj. Persona, equipo o club que se clasifica en segundo lugar en un campeonato.
SUBCOMISIÓN n. f. Grupo de personas de una comisión que tienen un cometido determinado.
SUBCONJUNTO n. m. MAT. Para un conjunto C, conjunto S formado exclusivamente de elementos pertenecientes a C.
SUBCONSCIENTE adj. Dícese del estado síquico del que el sujeto no tiene conciencia pero que influye en su comportamiento. **2.** Que no llega a ser consciente. ♦ n. m. **3.** Estado síquico subconsciente.
SUBCONSUMO n. m. Consumo en cantidad inferior a la ofrecida.
SUBCONTRATACIÓN n. f. Operación mediante la cual un empresario, bajo su responsabilidad y control, encarga a otra persona la ejecución total o parcial de trabajos que se encuentran a su cargo.
SUBCUTÁNEO, A adj. Que está situado por debajo de la piel: *tumor subcutáneo.* **2.** Que se realiza debajo de la piel: *inyección subcutánea.*
SUBDELEGACIÓN n. f. Acción y efecto de subdelegar. **2.** Distrito, oficina y empleo de subdelegado.
SUBDELEGADO, A adj. y n. Dícese de la persona a la que un delegado transmite sus funciones o atribuciones.

SUB

SUBDELEGAR v. tr. [**1b**]. Transmitir un delegado sus funciones o atribuciones.

SUBDESARROLLADO, A adj. Que no llega al nivel normal de desarrollo. **2.** Dícese del país o región cuyos habitantes tienen un nivel de vida bajo, generalmente a causa de una insuficiencia de producción agrícola y del débil desarrollo de la industria.

SUBDESARROLLO n. m. Conjunto de los caracteres y situaciones de un país subdesarrollado.

SUBDESÉRTICO, A adj. Semiárido.

SUBDIRECTOR, RA n. Persona que sustituye o ayuda al director en sus funciones.

SÚBDITO, A adj. y n. (lat. *subditum*). Sujeto a la autoridad de un superior con obligación de obedecerle. ♦ n. **2.** Ciudadano del estado que gobierna un soberano. **3.** Natural o ciudadano de un país.

SUBDIVIDIR v. tr. y pron. [**3**]. Dividir las partes de un todo que ya ha sido dividido anteriormente.

SUBDIVISIÓN n. f. Acción y efecto de subdividir.

SUBECUATORIAL adj. Próximo al ecuador.

SUBEMPLEO n. m. ECON. Empleo de una parte solamente de la mano de obra disponible. **2.** Empleo de sólo una parte del tiempo o de la capacidad productiva de un trabajador o grupo. **3.** Empleo con una remuneración anormalmente baja.

SUBESPECIE n. f. BIOL. Subdivisión de la especie.

SUBESTACIÓN n. f. ELECTR. Conjunto de transformadores, convertidores, interruptores, etc., destinados a la alimentación de una red de distribución de energía eléctrica.

SUBESTIMAR v. tr. [**1**]. Atribuir a alguien o algo menos importancia de la que realmente tiene.

SUBGLACIAR adj. GEOGR. Relativo a la región donde el glaciar está en contacto con el lecho rocoso.

SUBIDA n. f. Acción y efecto de subir: *la subida de precios*. **2.** Pendiente o camino por donde se sube.

SUBIDO, A adj. Dícese del color o del olor muy intenso. **2.** Muy elevado, caro: *precio subido*.

SUBÍNDICE n. m. MAT. Índice que se coloca a la derecha de una letra para diferenciarla.

SUBIR v. intr. y pron. (lat. *subire*) [**3**]. Ir desde un lugar a otro que está más alto. **2.** Entrar en un vehículo o montarse. ♦ v. intr. **3.** Aumentar en número, cantidad, intensidad o altura: *subir la fiebre*. **4.** *Fig.* Mejorar en un empleo o cargo o alcanzar mejor posición económica o social: *subir de categoría*. **5.** Importar, llevar una cuenta, deuda, etc., a determinada cantidad. **6.** Ponerse la claras de huevo a punto de nieve al batirlas. ♦ v. tr. e intr. **7.** Aumentar el precio o el valor de algo: *subir la gasolina*. **8.** Hacer más alto algo o irlo aumentando hacia arriba: *subir una pared*. ♦ v. tr. **9.** Recorrer hacia arriba algo que está en pendiente: *subir las escaleras*. **10.** Poner o llevar a un sitio más alto: *subir trastos al desván*. **11.** Enderezar o poner vertical algo que estaba inclinado hacia abajo: *subir la cabeza*. • **Subírsele** a uno (Méx. Fam.), sentir los efectos de una bebida alcohólica, emborracharse: *a la primera copa se le subió el tequila*.

SÚBITO adv. De forma súbita.

SÚBITO, A adj. (lat. *subitum*). Repentino, inesperado: *cambio súbito*. **2.** *Fam.* Impulsivo: *un carácter súbito*. (Úsase también *de súbito*.)

SUBJETIVIDAD n. f. Estado o carácter de subjetivo. **2.** Dominio subjetivo.

SUBJETIVISMO n. m. FILOS. Doctrina o actitud que sólo admite la realidad subjetiva.

SUBJETIVO, A adj. Que varía con el juicio, los sentimientos, las costumbres, etc., de cada uno: *crítica subjetiva*. **2.** FILOS. Que se refiere al sujeto pensante, a una consciencia individual.

SUBJUNTIVO, A adj. y n. m. Dícese del modo del verbo que indica que una acción es concebida como subordinada a otra, o que la acción se considera simplemente en la mente.

SUBLEVACIÓN n. f. Acción y efecto de sublevar.

SUBLEVAR v. tr. y pron. (lat. *sublevare*) [**1**]. Alzar en rebeldía o motín: *sublevarse las tropas*. ♦ v. tr. **2.** *Fig.* Excitar, promover sentimientos de ira o protesta: *las injusticias sublevan*.

SUBLIMACIÓN n. f. Acción y efecto de sublimar.

SUBLIMADO, A adj. y n. m. QUÍM. Dícese del cuerpo volatilizado y recogido en estado sólido.

SUBLIMAR v. tr. y pron. [**1**]. Engrandecer, exaltar, enaltecer. ♦ v. tr. **2.** QUÍM. Hacer pasar directamente del estado sólido al gaseoso.

SUBLIME adj. (lat. *sublimem*, muy alto). Excelso, eminente, de gran valor moral, etc.

SUBLIMINAL adj. Dícese de la percepción de un estímulo por parte de un sujeto sin que éste tenga conciencia de él, cuando el estímulo está muy lejos, es de poca intensidad o es demasiado breve.

SUBMARINISMO n. m. Conjunto de técnicas de inmersión y exploración subacuática, que se utilizan con fines científicos, deportivos o militares.

SUBMARINISTA adj. y n. m. y f. Relativo al submarinismo; que practica el submarinismo.

SUBMARINO, A adj. Que está bajo la superficie del mar: *relieve submarino*. **2.** Que se efectúa bajo la superficie del mar: *navegación submarina*. ♦ n. m. **3.** Buque de guerra concebido para navegar de manera prolongada y autónoma bajo el agua, y para combatir sumergido mediante el lanzamiento de torpedos. **4.** Toda embarcación capaz de sumergirse para llevar a cabo una misión de investigación o de salvamento.

SUBMÚLTIPLO, A adj. y n. m. MAT. Dícese de un número o una magnitud contenidos un número entero de veces en otro número u otra magnitud.

SUBNORMAL adj. y n. m. y f. Que es inferior a lo normal, dícese especialmente de las personas cuya edad mental no alcanza la que les corresponde por su edad biológica.

SUBOFICIAL n. m. Categoría militar que se incluye entre los grados comprendidos entre los de oficial y los de tropa.

SUBORBITAL adj. ASTRONÁUT. Dícese de las características del movimiento de un ingenio espacial antes de ser puesto en una órbita circunterrestre.

SUBORDEN n. m. BIOL. Subdivisión del orden.

SUBORDINACIÓN n. f. Dependencia, sumisión a la orden, mando o dominio de uno. **2.** LING. Relación de dependencia entre dos o más oraciones en el seno de una oración compuesta.

SUBORDINADO, A adj. y n. Que está sujeto a otro o bajo su dependencia. ♦ adj. y n. f. **2.** LING. Dícese de la oración que depende lógica y gramaticalmente de otra oración del mismo período, a la cual complementa.

SUBORDINANTE adj. Que expresa una subordinación o que introduce una oración subordinada.

SUBORDINAR v. tr. y pron. [**1**]. Poner bajo la dependencia de otro: *subordinarse a una autoridad*. **2.** Establecer un orden de dependencia, considerar o clasificar como inferior o accesorio.

SUBPRODUCTO n. m. Producto obtenido de manera accesoria en los procesos de elaboración y fabricación de otro producto, o como residuo de una extracción.

SUBPROGRAMA n. m. INFORMÁT. Secuencia de instrucciones que realiza una función particular, para ser utilizada en diferentes programas.

SUBRAYAR v. tr. [**1**]. Señalar por debajo con una raya alguna letra, palabra o frase escrita. **2.** *Fig.* Recalcar, hacer hincapié en algo.

SUBREINO n. m. Cada uno de los dos grupos en que se dividen los reinos animal y vegetal.

SUBREPTICIO, A adj. Que se hace o toma ocultamente y a escondidas.

SUBROGACIÓN n. f. DER. En una relación jurídica, sustitución de una persona o de una cosa.

SUBROGAR v. tr. y pron. [**1m**]. DER. Sustituir a una persona o cosa en una relación jurídica.

SUBSANAR v. tr. [**1**]. Disculpar, disimular. **2.** Reparar, remediar: *subsanar un defecto*.

SUBSCRIBIR v. tr. [**3n**]. Suscribir.

SUBSCRIPCIÓN n. f. Suscripción.

SUBSCRIPTOR, RA o **SUBSCRITOR, RA** n. Suscriptor.

SUBSECRETARÍA n. f. Empleo u oficina del subsecretario. **2.** Conjunto de servicios y funciones de un ministerio dirigidos por un subsecretario.

SUBSECRETARIO, A n. Persona que suple o ayuda al secretario. **2.** En España, jefe superior de un departamento ministerial, después del ministro.

SUBSECUENTE adj. DER. Que sigue, que viene después.

SUBSIDIAR v. tr. [**1**]. Conceder subsidio.

SUBSIDIARIEDAD n. f. Tendencia favorable a la participación subsidiaria del estado en apoyo de las actividades privadas o comunitarias. • **Principio de subsidiariedad** (DER.), principio de delegación vertical de los poderes, especialmente en las federaciones.

SUBSIDIARIO, A adj. Que se da como subsidio.

SUBSIDIO n. m. (lat. *subsidium*). Ayuda de carácter oficial que se concede a una persona o entidad: *subsidio de desempleo, familiar*.

SUBSIGUIENTE adj. Que sigue inmediatamente. **2.** Después del siguiente.

SUBSISTENCIA n. f. Vida, acción de vivir. **2.** Conjunto de medios necesarios para el sustento de la vida humana. **3.** Permanencia, estabilidad y conservación de las cosas.

SUBSISTIR v. intr. (lat. *subsistere*) [**3**]. Permanecer, perdurar, conservarse: *subsistir restos de una civilización*. **2.** Vivir: *subsistir en cautiverio*.

SUBSÓNICO, A adj. Relativo a la velocidad inferior a la del sonido. CONTR.: *supersónico*.

SUBSUELO n. m. Terreno que está debajo de la capa laborable. **2.** Parte profunda del terreno a la que no llegan los aprovechamientos superficiales de los predios.

SUBTANGENTE n. f. MAT. Proyección sobre un eje, y especialmente sobre un eje de coordenadas, del segmento de la tangente, en un punto de una curva comprendido entre el punto de contacto y el punto donde la tangente corta el eje considerado.

SUBTE n. m. *Argent.* Apócope de *subterráneo, ferrocarril*.

SUBTENDER v. tr. [**2d**]. MAT. Unir una línea recta los extremos de un arco de curva o de una línea quebrada.

SUBTERFUGIO n. m. Evasiva, pretexto.

SUBTERRÁNEO, A adj. Que está debajo de tierra: *cables subterráneos*. ♦ n. m. **2.** Espacio o recinto que está debajo de tierra. **3.** *Argent.* Ferrocarril metropolitano o metro.

SUBTITULADO, A adj. Dícese de una película en la versión original a la que se han puesto subtítulos.

SUBTITULAR v. tr. [**1**]. Poner subtítulo a una cosa.

SUBTÍTULO n. m. Título secundario que se añade a otro principal. **2.** CIN. Traducción del texto de una película en versión original, situada en la parte inferior de la imagen. (Suele usarse en plural.)

SUBTROPICAL adj. Situado cerca de los trópicos, pero a una latitud más elevada. • **Clima subtropical,** clima cálido con una larga estación seca.
SUBURBANO, A adj. Que está muy próximo a la ciudad. **2.** Relativo al suburbio. • **Área, o zona suburbana,** territorio que rodea el casco urbano de una ciudad, con la que se encuentra en estrecha dependencia y diaria relación. ♦ adj. y n. m. **3.** Dícese del ferrocarril que comunica la ciudad con las zonas suburbanas.
SUBURBIO n. m. (lat. *suburbium*). Barrio periférico de una ciudad.
SUBVALORAR v. tr. [**1**]. Dar o atribuir a alguien o a algo menor valor o importancia, de la que tiene.
SUBVENCIÓN n. f. Acción y efecto de subvenir. **2.** Cantidad con que se subviene. **3.** DER. Auxilio económico otorgado por la administración.
SUBVENCIONAR v. tr. [**1**]. Asignar una subvención.
SUBVENIR v. tr. [**21**]. Costear, sufragar el pago de cierta cosa. **2.** Venir en auxilio de alguien.
SUBVERSIÓN n. f. Acción y efecto de subvertir.
SUBVERSIVO, A adj. Capaz de subvertir o que tiende a ello. ♦ adj. y n. **2.** Que pretende subvertir el orden establecido: *política subversiva*.
SUBVERTIR v. tr. [**22**]. Trastornar, perturbar, hacer que algo deje de estar o de marchar con normalidad: *subvertir el orden*.
SUBYACENTE adj. Que yace o está debajo de otra cosa.
SUBYACER v. intr. [**2g**]. Existir debajo de otra cosa o como trasfondo de ella.
SUBYUGACIÓN n. f. Acción y efecto de subyugar.
SUBYUGAR v. tr. y pron. [**1b**]. Someter a alguien violenta o intensamente.
SUCCIÓN n. f. (lat. *suctionem*). Acción de absorber o chupar.
SUCCIONAR v. tr. [**1**]. Realizar una succión.
SUCEDÁNEO, A adj. y n. m. (lat. *succedaneum*, que remplaza). Dícese de la sustancia que puede remplazar o sustituir a otra de mejor calidad.
SUCEDER v. intr. (lat. *succedere*) [**2**]. Producirse espontáneamente un hecho o suceso. **2.** Ocupar el lugar de alguien o algo, sustituir a alguien en un cargo, dirección, etc. **3.** Venir después, seguir en un sentido espacial o temporal: *el otoño sucede al verano.* **4.** Descender, proceder, provenir.
SUCEDIDO n. m. Suceso, hecho. **2.** *Argent.* Relato comúnmente aleccionador de un hecho más o menos extraordinario.
SUCESIÓN n. f. (lat. *successionem*). Transmisión legal a personas vivas de bienes y obligaciones de personas difuntas. **2.** Circunstancia de estar una cosa detrás de otra en el tiempo o en el espacio. **3.** Conjunto de cosas que se siguen unas a otras: *una sucesión de ideas.* **4.** Descendencia de una persona. **5.** MAT. Conjunto de elementos clasificados en un orden determinado.
SUCESIVO, A adj. Que sucede o sigue a otra cosa. • **En lo sucesivo,** en el tiempo que ha de seguir al momento en que se está.
SUCESO n. m. (lat. *successum*, secuencia, sucesión). Cosa de algún interés que sucede. **2.** Éxito, resultado bueno de un asunto. **3.** Hecho delictivo o accidente que ocurre.
SUCESOR, RA adj. y n. Que sucede a otro, especialmente en un cargo o herencia. **2.** Dícese del que ha de heredar a otro.
SUCESORIO, A adj. Relativo a la sucesión o herencia.
SUCHE adj. *Chile.* Subalterno, empleado de última categoría. **2.** *Venez.* Agrio. ♦ n. m. **3.** *Ecuad.* y *Perú.* Árbol pequeño cuya madera se usa en construcción. (Familia apocináceas.)

SUCHITEPÉQUEZ (*departamento de*), dep. del S de Guatemala; 2510 km²; 361 760 hab. Cap. *Mazatenango.*
SUCIEDAD n. f. Calidad de sucio. **2.** Inmundicia, porquería. **3.** *Fig.* Dicho o hecho deshonesto, innoble.
SUCINTO, A adj. (lat. *succinctum*). Breve, resumido, conciso: *una sucinta explicación.*
SUCIO, A adj. (lat. *succidum*, húmedo). Manchado, impuro, con polvo: *manos sucias.* **2.** Que se ensucia fácilmente: *el blanco es un color sucio.* **3.** *Fig.* Dícese del color no puro, confuso, turbio. **4.** *Fig.* Sin escrúpulos, inmoral. **5.** *Fig.* Contrario a la justicia, a la moral, al honor y *negocio sucio.* **6.** *Fig.* Que ofende al pudor, indecente: *una acción sucia.* **7.** *Fig.* Tramposo: *juego sucio.*
SUCRE (*departamento de*), dep. del N de Colombia; 10 523 km²; 529 059 hab. Cap. *Sincelejo.*
SUCRE (*estado*), dep. del NE de Venezuela; 11 800 km²; 720 240 hab. Cap. *Cumaná.*
SUCRE, c. de Bolivia, cap. constitucional del país, sede de la Corte suprema de justicia y cap. del dep. de Chuquisaca; 130 952 hab. (*Sucreños.*) Fundada en 1538, llevó los nombres de La Plata, Charcas y Chuquisaca antes del actual. Primera ciudad americana en levantarse contra los españoles (1809), en ella se proclamó la independencia del Alto Perú (1825). Rico conjunto de arte colonial: la catedral (s. XVI-XVII), el colegio de María (s. XVII, act. universidad), iglesias, conventos y edificios civiles de los ss. XVII-XVIII.
SUCRE (Antonio José de), héroe de la independencia americana (Cumaná, Venezuela, 1795-Berruecos, Colombia, 1830). Hijo del patriota venezolano Vicente de Sucre y Urbaneja (Cumaná 1761-íd. 1824), en 1810 era oficial del ejército independentista y acompañó a Miranda; luego se unió a Mariño, Bermúdez y Piar, para emprender la campaña de Venezuela (1813) y Caracas (1814). Participó en la defensa de Cartagena de Indias (ag.-dic. 1815), y en Angostura se unió a Bolívar (1818) convirtiéndose en un gran amigo suyo y en jefe del ejército bolivariano. En Pichincha venció al realista Aymerich (mayo 1822) liberando las provincias de Ecuador. Participó junto al Libertador en la batalla de Junín (ag. 1824) y derrotó al virrey La Serna en Ayacucho (dic. 1824), que representó la culminación de la independencia de Sudamérica. El congreso peruano le otorgó, por ello, el título de gran mariscal de Ayacucho y fue ascendido a general en jefe. Al entrar en La Paz (Alto Perú), Sucre promulgó un decreto de independencia (febr. 1825) y convocó a una asamblea en Chuquisaca (actual Sucre) que proclamó (6 ag.) la independencia de las provincias del Alto Perú. Bolívar acabó por reconocer la independencia de Bolivia (1826) y Sucre fue elegido presidente vitalicio, pero un levantamiento militar le hizo renunciar al cargo (1828) y exiliarse en Ecuador. Cuando se dirigía a Quito para impedir la culminación de la independencia de Ecuador, fue asesinado al parecer por instigación de José María Obando.
SUCUCHO n. m. *Amér.* Habitación pequeña y precaria que sirve de vivienda, socucho. **2.** *Argent.* Lugar pequeño.
SUCULENTO, A adj. (lat. *suculentum*, de *sucum*, jugo). Sabroso, nutritivo. **2.** BOT. Dícese de la planta con tejidos parenquimatosos y ricos en agua.
SUCUMBÍOS (*provincia de*), prov. del NE de Ecuador; 18 327 km²; 76 952 hab. Cap. *Nueva Loja.*
SUCUMBIR v. tr. (lat. *succumbere*; de *cubare*, yacer) [**3**]. Ceder, rendirse, someterse: *sucumbir a la tentación.* **2.** Morir, perecer.
SUCURSAL adj. y n. f. (fr. *sucursale*). Dícese del establecimiento mercantil o industrial que depende de otro, cuyo nombre reproduce.

SUDACIÓN n. f. Exudación. **2.** Exhalación de sudor.
SUDADERA n. f. Acción de sudar mucho: *darse una sudadera.* **2.** Manta pequeña que se pone a las cabalgaduras debajo de la silla. **3.** *Méx.* Camiseta de manga larga que se usa principalmente para hacer ejercicio o deporte.
SUDÁFRICA (*República de*), en afrikaans **Republiek van Suid-Afrika,** en ingl. **Republic of South Africa,** estado de África austral; 1 221 000 km²; 40 786 000 hab. (*Sudafricanos.*) CAP. *Pretoria* (cap. administrativa), *El Cabo* (cap. legislativa) y *Bloemfontein* (cap. judicial) LENGUAS OFICIALES: afrikaans e inglés. MONEDA: rand.
GEOGRAFÍA
El país es la primera potencia económica del continente africano, pero su relativa prosperidad ha estado siempre amenazada por las tensiones raciales, relacionadas con el predominio político y económico de la minoría blanca, mientras que la evolución demográfica, no ha dejado de incrementar el predominio numérico de los negros (75 % de la población total). La política de segregación racial (*apartheid*), combatida durante mucho tiempo por los negros, los mestizos y los indios, así como por la mayor parte de la comunidad internacional, ha sido oficialmente abolida. La evolución política de este país tiene una gran carga simbólica en el conjunto del continente. La República de Sudáfrica ocupa también una situación geoestratégica esencial (control de la llamada ruta de El Cabo) y, sobre todo, posee importantes yacimientos de minerales preciosos o raros (oro y diamantes, titanio, vanadio, cromo, manganeso). La industria de transformación trabaja sobre todo para el mercado nacional y se localiza principalmente en las proximidades de Johannesburgo y en los puertos. La agricultura, que cerca de El Cabo se beneficia de un clima mediterráneo (el resto del país es de dominante tropical, pero templada por la altitud) y localmente de la irrigación, satisface la mayor parte de las necesidades (trigo y maíz, vid, caña de azúcar, importante ganadería bovina y ovina).
HISTORIA
Los períodos africano y neerlandés. Sudáfrica, habitada muy pronto en la prehistoria, fue ocupada por los bosquimanos, los nama u hotentotes (s. XII) y más tarde por los bantúes (s. XVI). S. XVI: los portugueses arribaron a las costas del país, pero no establecieron factorías. 1652: los neerlandeses fundaron El Cabo, escala de la Compañía de las Indias orientales. 1685: la revocación del edicto de Nantes provocó la emigración masiva de hugonotes franceses, que se unieron a los colonos neerlandeses (bóers). Se desarrolló la esclavitud. 1779-1780: la emigración de los bantúes hacia el S provocó la guerra cafre (por el nombre de una etnia) entre éstos y los blancos.
La dominación británica. 1814: por el tratado de París, el país pasó bajo administración británica. 1834: la abolición de la esclavitud (1833) disgustó a los bóers, quienes emigraron hacia el N (*Grand Trek*). Nacieron tres repúblicas: Natal, Transvaal y Orange, cuya autonomía se reconoció provisionalmente tras un primer conflicto (1877-1881). 1884: el descubrimiento de las minas de oro provocó la afluencia de extranjeros. 1890: Cecil Rhodes, gobernador de El Cabo, cercó a las repúblicas bóers, cortando el acceso del Transvaal al mar. 1899-1902: la guerra del Transvaal, entre los británicos, terminó con la derrota de los bóers. 1910: los bóers resurgieron con vida cultural y política propia mediante la creación de la Unión Sudafricana (estados de El Cabo, Natal, Orange y Transvaal), integrada en la Commonwealth. 1913: las primeras leyes de segregación afectaron a

SUD

los negros, muy mayoritarios. 1948: el gobierno nacionalista del Dr. Malan endureció las leyes de apartheid (prohibición de los matrimonios mixtos, etc.). 1949: se anexionó el territorio alemán de África del Sudoeste (Namibia).
La independencia. 1961: tras un referéndum, la Unión Sudafricana se transformó en república independiente y se retiró de la Commonwealth. A partir de 1966, como primeros ministros y luego como presidentes, Vorster y Botha continuaron con la política de apartheid, a costa de un creciente aislamiento del país. 1985-1986: los disturbios antiapartheid causaron numerosas víctimas. La instauración del estado de emergencia y la violencia de la represión, fueron condenadas por varios países occidentales que adoptaron sanciones económicas contra Sudáfrica. 1988: Sudáfrica firmó un acuerdo con Angola y Cuba que supuso un alto el fuego en Namibia. 1989: Frederik De Klerk sucedió al frente del estado a P. Botha, tras la dimisión de éste. 1990: De Klerk puso en marcha una política de apertura hacia la mayoría negra (legalización de las organizaciones antiapartheid, liberación de N. Mandela, negociaciones directas con el A.N.C., abolición de la segregación racial en los lugares públicos). Se levantó el estado de emergencia. Namibia accedió a la independencia. 1991: se abolieron las tres últimas leyes que regían el apartheid. Se iniciaron negociaciones para la elaboración de una nueva constitución. 1992: las sanciones económicas impuestas por la comunidad internacional fueron levantadas en gran parte. Un referéndum (marzo), restringido al electorado blanco, aprobó masivamente la continuación de la política de reformas que debía abrir el camino para el reparto del poder entre los blancos y los negros. 1993: el parlamento votó una constitución provisional. 1994: primeras elecciones multirraciales libres. El A.N.C. logró la mayoría absoluta y Nelson Mandela fue nombrado presidente. 1996: Mandela firmó una nueva constitución. 1999: T. Mbeki asumió la presidencia.

SUDAFRICANA (Unión) → **Sudáfrica** (República de).
SUDAFRICANO, A adj. y n. De África del Sur. **2.** De la República de Sudáfrica.
SUDAMÉRICA → **América del Sur.**
SUDAMERICANO, A adj. y n. Suramericano.
SUDÁN, zona bioclimática de África tropical, intermedia entre el Sahel y la zona ecuatorial, caracterizada por el paso, de N a S, de la estepa a la sabana, como consecuencia de la diferencia de duración de la estación de lluvias (verano).
SUDÁN, en ár. **as-Sūdān**, estado de África oriental que ocupa la región del alto Nilo; 2 506 000 km²; 24 900 000 hab. (*Sudaneses.*) CAP. *Jartum.* LENGUA OFICIAL: *árabe.* MONEDA: *libra sudanesa.*
GEOGRAFÍA
El país es el más extenso de África, cuenta con más de 500 etnias repartidas entre la población blanca, islamizada y de lengua árabe, en el N, y la población negra, animista o cristiana, sin unidad lingüística, en el S. Esta diversidad explica las graves tensiones internas. El regadío (a partir del Nilo y el Nilo Azul) ha permitido el desarrollo de la agricultura (fundamentalmente algodón) en el centro, mientras que el N, desértico, se dedica a la ganadería nómada.
HISTORIA
La antigüedad: la historia de Sudán se confunde con la de Nubia, que ocupa la parte septentrional. Ss. VI d. J.C.-fines del s. XIV: en Meroe se sucedieron varios reinos cristianos, que fueron progresivamente invadidos y destruidos por los árabes. Ss. XV-XIX: se constituyeron sultanatos (Fung); por la trata de esclavos grandes zonas quedaron despobladas. 1820-

1840: Mehmet-'Ali, virrey de Egipto, conquistó la región. 1883-1898: Gran Bretaña, que había ocupado Egipto en 1882, tuvo que hacer frente a la insurrección de Mahdi, a quien Kitchener derrotó finalmente en Omdurman, antes de obligar a los franceses a retirarse de Fachoda. 1899: Sudán se convirtió en condominio anglo-egípcio. 1951: Egipto denunció el condominio. 1953: los acuerdos entre los representantes de Sudán, de Egipto y de Gran Bretaña establecían la autodeterminación de los sudaneses. 1956: proclamación de la república independiente de Sudán. 2005: luego de 20 años de enfrentamientos armados, el gobierno del país y los rebeldes del sur firmaron la paz.
SUDANÉS, SA adj. y n. De Sudán.
SUDAR v. intr. y tr. (lat. *sudare*) [1]. Expeler sudor por los poros de la piel. **2.** Destilar las plantas algún líquido. ♦ v. intr. **3.** *Fig.* Destilar líquido a través de los poros un recipiente, una pared, etc. **4.** *Fig.* y *fam.* Trabajar mucho. ♦ v. tr. **5.** Mojar con el sudor: *sudar la camisa.* **6.** *Fig.* y *fam.* Obtener algo con gran esfuerzo: *sudó la victoria.*
SUDARIO n. m. Lienzo que se pone sobre el rostro de los difuntos o en que se envuelve el cadáver. • **Santo sudario**, lienzo que sirvió para amortajar el cuerpo de Jesucristo.
SUDESTADA n. f. *Argent.* Viento fuerte, acompañado de temporal, que impulsa desde el SE el Río de la Plata.
SUDESTE n. m. Sureste.
SUDOESTE n. m. Suroeste.
SUDOR n. m. (lat. *sudorem*). Secreción acuosa, que contiene sales minerales y urea, segregada por las glándulas sudoríparas a través de los poros de la piel. **2.** *Fig.* Gotas que aparecen en la superficie de que despide humedad. **3.** *Fig.* Jugo o goma que segregan las plantas. **4.** *Fig.* Gran esfuerzo que es necesario para hacer o conseguir algo.
SUDORÍFICO, A o **SUDORÍFERO, A** adj. y n. m. Que provoca sudor.
SUDORÍPARO, A adj. Que produce o segrega sudor.
SUDOROSO, A o **SUDORIENTO, A** adj. Que está sudando mucho. **2.** Muy propenso a sudar.
SUE (Marie-Joseph, llamado **Eugène**), escritor francés (París 1804-Annecy 1857), autor de novelas folletinescas (*Los misterios de París*, 1842-1843; *El judío errante*, 1844-1845).
SUECIA, en sueco **Sverige**, estado del N de Europa que ocupa la parte E de la península escandinava; 450 000 km²; 8 600 000 hab. (*Suecos.*) CAP. *Estocolmo.* LENGUA OFICIAL: *sueco.* MONEDA: *corona sueca.*
GEOGRAFÍA
El país es muy extenso y poco poblado. La población, estancada, se concentra en el S, muy urbanizado y de clima más templado. La industria se beneficia de la extensión del bosque (industrias madereras), que cubre alrededor de la mitad del territorio, de la presencia de hierro y del potencial hidráulico. Predominan las construcciones mecánicas y eléctricas. El sector agropecuario (cereales, patatas, ganadería bovina y porcina) satisface la mayor parte de las necesidades nacionales. La importancia del comercio exterior (se exporta un 30 % de la producción), equilibrado y realizado principalmente con los países europeos, se debe al reducido mercado interior y a la tradicional vocación marítima, al tiempo que liga la prosperidad del país a las fluctuaciones de la economía mundial.
HISTORIA
Los orígenes. C. 1800 a J.C.: Suecia, poblada desde el neolítico, estableció relaciones con los países mediterráneos. Ss. IX-XI: mientras daneses y noruegos saqueaban el O europeo, los suecos, conocidos con el nombre de varegos, comerciaban

sobre todo con Rusia. El cristianismo, predicado c. 830 por Anscario, no se extendió realmente hasta el bautismo del rey Olof Skötkonung (1008).
La formación de la nación sueca. Ss. XI-XII: tras la desaparición de la familia de Stenkil, los Sverker y los Erik se disputaron el trono de Suecia. 1157: Erik IX el Santo (1156-1160) emprendió una cruzada contra los fineses paganos. 1164: se creó el arzobispado de Uppsala, que se convirtió en la capital religiosa de Suecia. 1250-1266: Birger Jarl, fundador de la dinastía de los Folkung, estableció su capital en Estocolmo y unificó la legislación. 1319-1363: los Folkung unieron Suecia y Noruega. 1397: Margarita de Dinamarca hizo coronar rey de Suecia, Dinamarca y Noruega (Unión de Kalmar) a su sobrino nieto y corregente, Erik de Pomerania. El país se convirtió en un importante foco del comercio hanseático. 1440-1520: la oposición sueca se reagrupó en torno a los Sture. 1520-1523: Gustavo Vasa expulsó a los daneses de Suecia.
La época de la Reforma. 1523-1560: Gustavo I Vasa, elegido rey, suprimió los privilegios comerciales de la Hansa y declaró la corona hereditaria (1544); el luteranismo se convirtió en la religión oficial del estado. 1568-1592: Juan III Vasa emprendió la construcción de un imperio sueco en el Báltico. 1607-1611: esta política de expansión fue continuada por Carlos IX.
El período de esplendor. 1611-1632: Gustavo II Adolfo dotó a Suecia de un régimen parlamentario y forjó un poderoso ejército, que le permitió intervenir victoriosamente en la guerra de los Treinta años. 1632-1654: Cristina de Suecia le sucedió con la regencia de Oxenstierna. 1648: los tratados de Westfalia ratificaron la anexión por Suecia de Pomerania y de las islas danesas. 1654-1660: Carlos X Gustavo aplastó a los daneses, que tuvieron que firmar el tratado de Roskilde (1658); Suecia se convirtió en la dueña del Báltico. 1660-1697: Carlos XI estableció una monarquía absoluta. 1697-1718: Carlos XII emprendió la guerra del N (1700-1721) y agotó al país en costosas campañas. Los tratados de Frederiksborg (1720) y Nystad (1721), marcaron el comienzo del retroceso sueco en Alemania y en el Báltico.
La era de la libertad y la epopeya gustaviana. S. XVIII: la economía y la cultura suecas se desarrollaron influidas por las nuevas ideas. Los reinados de Federico I de Hesse (1720-1751) y de Adolfo Federico (1751-1771) estuvieron marcados por el enfrentamiento entre el partido pacifista de los Gorros y el partido de los Sombreros, militar y profrancés. 1771-1792: Gustavo III puso en práctica el despotismo ilustrado y restableció el absolutismo (1789); murió asesinado. 1792-1809: Gustavo IV Adolfo tuvo que ceder Finlandia a Rusia (1808), lo que provocó su abdicación. 1809-1818: su tío Carlos XIII continuó su política antifrancesa y nombró (1810) como sucesor al mariscal francés Bernadotte (Carlos XIV). 1812: este último se alió con Gran Bretaña y Rusia contra Napoleón.
La unión con Noruega. 1814: Noruega se unió a Suecia por el tratado de Kiel. 1818-1844: Carlos XIV puso en práctica una política pacifista. 1844-1859: Oscar I aceleró la modernización del país. 1859-1872: Carlos XV continuó esta política y dotó a Suecia de una constitución liberal (1865). 1872-1907: con Oscar II la transformación económica y social resultó favorecida por la adopción del librecambismo (1888). 1905: Noruega se separó de Suecia.
La democracia moderna. 1907-1950: con Gustavo V Suecia conoció un período de prosperidad social sin precedentes. Se creó una legislación política y social muy avanzada, gracias al predomi-

nio casi constante del partido socialdemócrata, fundado en 1889 (socialismo «a la sueca»). Suecia conservó su neutralidad durante las dos guerras mundiales. 1950-1973: el reinado de Gustavo VI Adolfo estuvo marcado por el desgaste de la socialdemocracia y la subida al poder de los partidos burgueses. 1973: Carlos XVI Gustavo se convirtió en rey de Suecia. 1975: la nueva constitución sólo reservó al rey una función honorífica. 1969-1976: la socialdemocracia de Olof Palme, primer ministro, se enfrentó a una grave crisis social y económica. 1976-1982: los partidos conservadores (liberales y centristas) accedieron al poder. 1982: O. Palme volvió a ser primer ministro. 1986: tras el asesinato de O. Palme, Ingvar Carlsson se convirtió en jefe de gobierno, confirmado en las elecciones de 1988. 1991: Carl Bildt, líder de los conservadores, formó un gobierno de coalición de centro derecha. 1992: el gobierno, de acuerdo con la oposición socialdemócrata, adoptó un severo plan de austeridad. 1994: las elecciones legislativas dan la victoria de los socialdemócratas de I. Carlsson. 1995: ingresó en la U.E. 1996: el socialdemócrata G. Persson sustituye a Carlsson al frente del gobierno.

SUECO, A adj. y n. De Suecia. • **Hacerse el sueco,** desentenderse de una cosa: fingir que no se entiende. ♦ n. m. **2.** Lengua nórdica hablada principalmente en Suecia.

SUEGRO, A n. Con respecto a un cónyuge, padre o madre del otro.

SUELA n. f. Parte del calzado que queda debajo del pie y es la que toca el suelo. **2.** Cuero vacuno curtido que se emplea para fabricar esta parte del calzado. **3.** Pedazo de cuero o de goma que se coloca en el extremo inferior del taco de billar.

SUELAZO n. m. *Colomb., Chile, Ecuad.* y *Venez.* Batacazo, golpe fuerte que se da uno al caer.

SUELDO n. m. Remuneración asignada por un determinado cargo o empleo profesional.

SUELO n. m. (lat. *solum*). Superficie por la que se anda. **2.** Piso o pavimento: *suelo de terrazo*. **3.** Tierra, terreno: *la explotación del suelo*. **4.** Fig. Base, superficie inferior de algunas cosas. **5.** EDAFOL. Parte superficial de la corteza terrestre, en contacto con la atmósfera y sometida a la acción de la erosión de los animales y de las plantas, lo que produce la alteración y disgregación de las rocas. • **Arrastrar, poner,** o **tirar, por el suelo,** o **los suelos,** desacreditar.

SUELTA n. f. Acción y efecto de soltar.

SUELTO, A adj. Que no está sujeto: *llevar el pelo suelto.* **2.** Ligero, veloz. **3.** Poco compacto, disgregado, disperso. **4.** Expedito, hábil: *tener la mano suelta para dibujar.* **5.** No frenado, fácil, ágil: *ser suelto de lengua.* **6.** Separado, aislado, que no hace juego o colección con otras cosas: *un calcetín suelto.* **7.** Flojo, holgado: *un vestido suelto.* **8.** Que padece diarrea. ♦ adj. y n. m. **9.** Dícese del dinero en moneda fraccionaria. ♦ n. m. **10.** Escrito de poca extensión y sin firma, impreso en un periódico.

SUEÑO n. m. (lat. *somnum*). Estado funcional periódico del organismo, y especialmente del sistema nervioso, durante el cual el estado de vigilia se encuentra suspendido de una forma inmediatamente reversible. **2.** Acción de imaginar escenas o sucesos mientras se duerme. **3.** Serie de escenas, imágenes o sucesos, más o menos incoherentes, que se presentan en la mente mientras se duerme: *tener sueños fantásticos.* **4.** Ganas, necesidad de dormir: *tener sueño.* **5.** Fig. Lo que carece de realidad o fundamento, proyecto, deseo, esperanza sin probabilidad de realizarse: *vivir de sueños; sueños de fama.* • **Caerse uno de sueño,** tener muchas ganas de dormir. ‖ **Conciliar el sueño,** conseguir dormir. ‖ **En sueños,** estando durmiendo. ‖ **Ni en sueños,** expresión con la que se niega que algo haya podido o pueda suceder. ‖ **Quitar el sueño,** preocupar mucho alguna cosa. ‖ **Sueño eterno,** la muerte.

SUERO n. m. (lat. *serum*). Parte líquida de un órgano orgánico después de su coagulación, como la sangre, la leche (lactoserum) o la linfa. • **Suero fisiológico,** solución salina de composición determinada e isotónica con el plasma sanguíneo.

SUERTE n. f. (lat. *sortem*). Fuerza, poder que determina ciertos acontecimientos independientemente de la voluntad del individuo. **2.** Circunstancia casual favorable o adversa, fortuna en general. **3.** Casualidad a que se fía la resolución de una cosa: *decidalo la suerte.* **4.** Situación, condición, estado en que alguien se encuentra: *estoy contento con mi suerte.* **5.** Lo que reserva el futuro. **6.** Clase, género, especie: *había toda suerte de personas.* **7.** Manera de hacer algo: *tratar de tal suerte que...* **8.** *Argent.* En el juego de la taba, parte cóncava de ésta. **9.** TAUROM. Cada una de las figuras que el torero compone con el toro, ayudándose con la capa, banderillas, muleta, etc. • **Caer** o **tocar, en suerte,** corresponder algo por sorteo; suceder algo a alguien por azar. ‖ **De suerte que,** expresa una consecuencia o resultado de lo que se ha dicho antes. ‖ **Echar,** o **tirar, a suerte,** o **a suertes,** decidir la suerte por medio de un sorteo o por otro procedimiento en el resultado imprevisible.

SUERTERO, A adj. *Ecuad.* y *Hond.* Dichoso, feliz. ♦ n. m. **2.** *Perú.* Vendedor de billetes de lotería.

SUERTUDO, A adj. *Amér. Merid.* Afortunado.

SUÉTER n. m. (ingl. *sweater*). Jersey.

SUETONIO, historiador latino (fines del s. I, II d. J.C.). Autor de las *Vidas de los doce Césares* y *De viris illustribus.*

SUEVO, A adj. Relativo a un conjunto de pueblos germánicos expulsados de Italia por César; individuo de este conjunto de pueblos.

SUEZ (*istmo de*), istmo entre el mar Rojo y el Mediterráneo, que separa Asia y África.

SUEZ, c. y puerto de Egipto, junto al mar Rojo, en el *golfo de Suez,* a la entrada del *canal de Suez;* 264 000 hab.

SUFÍ adj. y n. m. y f. Relativo al sufismo; partidario del sufismo.

SUFICIENCIA n. f. Calidad de suficiente, bastante. **2.** Capacidad, aptitud, competencia. **3.** Actitud de la persona envanecida con su propia sabiduría.

SUFICIENTE adj. (lat. *sufficientem*). Bastante para lo que se necesita: *tener lo suficiente para vivir.* **2.** Apto, idóneo. **3.** Pedante, presumido. ♦ n. m. **4.** Calificación que indica la suficiencia del alumno.

SUFIJO n. m. LING. Elemento que se coloca al final de ciertas palabras, modificando su significado primario.

SUFISMO n. m. Doctrina mística del islam, que tuvo su origen en el s. VIII.

SUFRAGAR v. tr. (lat. *suffragari*) [**1b**]. Costear, satisfacer. **2.** Ayudar, favorecer: *sufragar un proyecto.* ♦ v. intr. **3.** *Amér.* Votar a cierto candidato.

SUFRAGÁNEO, A adj. Que depende de otro.

SUFRAGIO n. m. (lat. *suffragium*). Acto de carácter expreso, por el que una persona emite un voto, a fin de decidir en una cuestión de interés público, generalmente de carácter político. **2.** Obra buena, oración que se aplica por los difuntos. • **Sufragio directo,** sistema en el que el elector vota directamente por el candidato a elegir. ‖ **Sufragio universal,** sistema en el que el cuerpo electoral está constituido por todos los ciudadanos que no hayan sido privados de sus derechos políticos a consecuencia de una condena de derecho común.

SUFRAGISMO n. m. Movimiento sufragista.

SUFRAGISTA adj. y n. m. y f. Partidario del voto femenino. ♦ n. f. **2.** Nombre con el que se designaba, en el s. XIX y primeros decenios del XX, a las militantes que reclamaban el derecho de votar para la mujer.

SUFRIDO, A adj. Que sufre con resignación, sin queja. **2.** Muy resistente a la suciedad y al uso. ♦ adj. s. m. **3.** Dícese del marido consentido.

SUFRIMIENTO n. m. Capacidad de sufrir o estado del que sufre.

SUFRIR v. tr. e intr. (lat. *suferre*) [**3**]. Tener o padecer un daño o dolor físico o moral. **2.** Padecer habitualmente de una enfermedad o de un trastorno físico. ♦ v. tr. **3.** Experimentar algo desagradable, soportar condiciones no favorables, etc.: *sufrir hambre.* **4.** Sostener, resistir. **5.** Aguantar, tolerar: *sufrir las cosquillas.* **6.** Permitir, consentir: *sufrir humillaciones.*

SUGERENCIA n. f. Acción de sugerir. **2.** Idea que se sugiere, inspiración, insinuación.

SUGERIR v. tr. (lat. *suggerere*) [**22**]. Provocar en alguien alguna idea. **2.** Insinuar lo que se debe decir o hacer: *le sugirió que se fuera.* **3.** Evocar, traer a la memoria.

SUGESTIÓN n. f. Acción de sugestionar: *poder de sugestión.* **2.** Sugerencia: *aceptar una sugestión.*

SUGESTIONAR v. tr. [**1**]. Influir sobre alguien por medio de la sugestión. **2.** Fig. Fascinar, ejercer un dominio irresistible. ♦ **sugestionarse** v. pron. **3.** Dejarse llevar por la sugestión.

SUGESTIVO, A adj. Que sugiere. **2.** Fig. Que suscita una emoción, un encanto, una impresión.

SUI GENERIS loc. (voces latinas, *de su género*). Singular, único, especial: *un olor sui generis.*

SUICIDA n. m. y f. Persona que comete suicidio. ♦ adj. **2.** Que daña o destruye al propio agente: *un acto suicida.*

SUICIDARSE v. pron. [**1**]. Cometer suicidio.

SUICIDIO n. m. Acción de quitarse voluntariamente la vida.

SUITE n. f. (voz francesa). Serie de habitaciones en un hotel, comunicadas entre sí, que constituyen una unidad de alojamiento.

SUITE n. f. MÚS. Forma instrumental en varios tiempos constituida por una yuxtaposición de movimientos. **2.** MÚS. Selección de fragmentos generalmente sinfónicos, extraídos de una obra de larga duración.

SUIZA, en alem. *Schweiz,* en fr. *Suisse,* en ital. *Svizzera,* en romanche *Svizra,* estado de Europa; 41 293 km²; 6 800 000 hab. *(Suizos.)* CAP. Berna. LENGUAS OFICIALES: alemán, francés, italiano y romanche. MONEDA: franco suizo. Suiza es una confederación *(Confederación Helvética),* formada por 23 cantones.

GEOGRAFÍA

Suiza se encuentra en medio de Europa, y testimonio de ello son la diversidad lingüística de su población (65 % de lengua alemana, 20 % de lengua francesa, 10 % de lengua italiana y 1 % de lengua romanche) y el porcentaje, a partes iguales, de católicos y protestantes. Es un país densamente poblado, pero es en la llanura central donde se concentran los núcleos de población más importantes. Su prosperidad se basa en la tradición comercial y financiera y en la neutralidad política. La industria se concentra en la metalurgia de transformación, instrumentos de precisión, la química y farmacéutica y la agroalimentación (productos lácteos). Completan las actividades un dinámico sector turístico, principal fuente de riqueza de las zonas de montaña, la ganadería y la producción eléctrica. Suiza, sede de organizaciones internacionales, es un país neutral, que

SUI

no pertenece a la O.N.U., ni a la Unión europea, ni se adhirió con los demás países de la E.F.T.A. al Espacio económico europeo.

HISTORIA

Los orígenes de la Confederación. Durante la edad del hierro se desarrollaron las civilizaciones de Hallstatt y de La Tène. Fue ocupada por Roma (58-15 a. J.C.), por burgundios y alamanes (s. V), y cristianizada (ss. VII-IX). Formó parte del reino de Borgoña (888) y del Imperio (1032). Ss. XI-XIII: la casa de Habsburgo adquirió grandes posesiones en la región. Fin del s. XIII: en circunstancias legendarias (Guillermo Tell), los cantones defendieron sus libertades ante los representantes de los Habsburgo. 1291: tres cantones forestales *(Walds-tätte)*, Uri, Schwyz y Unterwalden, pactaron una alianza perpetua: fue el acta de nacimiento de la Confederación Helvética. A mediados del s. XIV los cantones confederados eran ya ocho, y varias victorias ante los austríacos reforzaron su independencia. 1499: Maximiliano I firmó la paz de Basilea con los confederados; la soberanía del Imperio pasó a ser sólo nominal. Con la entrada del cantón de Appenzell (1513), ya eran trece los cantones aliados. La introducción de la Reforma desencadenó enfrentamientos entre cantones católicos y protestantes, aunque finalmente se llegó a un equilibrio. A pesar de estas tensiones, la Confederación se mantuvo neutral durante los ss. XVI y XVII. El tratado de Westfalia (1648) reconoció jurídicamente la independencia de la Confederación.

La época contemporánea. 1798: el Directorio francés impuso una República Helvética, pronto ingobernable. 1815: veintidós cantones firmaron un pacto federal. El congreso de Viena reconoció la neutralidad suiza. 1845-1847: una liga de los cantones católicos *(Sonderbund)* fue reprimida militarmente. 1848: constitución federal; formación de un gobierno central en Berna. Durante la primera y la segunda guerra mundial la neutralidad y la vocación humanitaria de Suiza fueron respetadas. 1979: creación de un nuevo cantón, el Jura. 1992: los electores ratificaron, a través de referéndum, la entrada de Suiza en el F.M.I. y el Banco mundial, pero votaron contra la integración en el Espacio económico europeo. 2002: Suiza se convierte en el miembro 190 de la O.N.U.

SUIZO, A adj. y n. De Suiza.

SUJECIÓN n. f. Acción de sujetar o estado de sujeto. **2.** Cualquier cosa con que se sujeta.

SUJETADOR, RA adj. y n. m. Dícese de cualquier cosa que sirve para sujetar. ♦ n. m. **2.** Sostén, prenda interior. **3.** Pieza del biquini que sujeta el pecho.

SUJETAPAPELES n. m. (pl. *sujetapapeles*). Instrumento a modo de pinza o de cualquier otra forma que sirve para sujetar papeles.

SUJETAR v. tr. y pron. (lat. *subiectare*) [**1**]. Dominar o someter a alguien. ♦ v. tr. **2.** Agarrar, coger a alguien o algo con fuerza. **3.** Aplicar a alguna cosa un elemento que evita que caiga o se mueva.

SUJETO, A adj. Que ha sido bien sujetado. **2.** Expuesto o propenso a cierta cosa que se expresa: *el plan está sujeto a cambios.* ♦ n. m. **3.** Asunto o materia sobre que se habla o escribe. **4.** Individuo, persona innominada. **5.** Ser del cual se predica o anuncia alguna cosa. **6.** GRAM. Función gramatical propia del término de la relación predicativa, al que se atribuye el predicado en un enunciado.

SULFAMIDA n. f. Nombre genérico de una serie de compuestos orgánicos que son la base de diversos grupos de medicamentos antiinfecciosos, antidiabéticos y diuréticos.

SULFATADO n. m. Aplicación sobre los vegetales de una solución de sulfato de cobre o de sulfato de hierro, para combatir las enfermedades criptogámicas. SIN.: *sulfatación.*

SULFATAR v. tr. [**1**]. Efectuar el sulfatado.

SULFATO n. m. Sal o éster del ácido sulfúrico.

SULFHÍDRICO, A adj. Dícese de un ácido H_2S, formado por azufre e hidrógeno, que se presenta en estado gaseoso, incoloro, muy tóxico, con olor a huevos podridos, producido por la descomposición de materias orgánicas. SIN.: *hidrógeno sulfurado.*

SULFITO n. m. Sal del ácido sulfuroso.

SULFURADO, A adj. En estado de sulfuro. **2.** Combinado con el azufre.

SULFURAR v. tr. [**1**]. Combinar con azufre. **2.** AGRIC. Introducir sulfuro de carbono en el suelo, para destruir los insectos. ♦ v. tr. y pron. **3.** *Fig.* Irritar o encolerizar a alguien.

SULFÚRICO, A adj. *Ecuad.* Se dice de la persona irascible. • **Ácido sulfúrico** (QUÍM.), ácido oxigenado (H_2SO_4) derivado del azufre, fuertemente corrosivo y que se utiliza en la fabricación de numerosos ácidos, sulfatos y alumbres, superfosfatos, glucosa, explosivos y colorantes, etc.

SULFURO n. m. QUÍM. Combinación de azufre y un elemento. **2.** QUÍM. Sal del ácido sulfhídrico.

SULFUROSO, A adj. QUÍM. De la naturaleza del azufre. **2.** Que contiene una combinación de azufre: *vapores sulfurosos; agua sulfurosa.* • **Anhídrido sulfuroso,** compuesto oxigenado (SO_2) derivado del azufre, que es un gas incoloro, sofocante, empleado como decolorante y desinfectante.

SULLANA, c. de Perú (Piura), junto al río Chira; 87 000 hab. Centro algodonero. Industria textil.

SULLY PRUDHOMME (René François Armand **Prudhomme,** llamado), poeta francés (París 1839-Châtenay-Malabry 1907), de inspiración intimista (*Los Soledades,* 1869) y luego didáctica (*Los vanos afectos,* 1875; *La justicia,* 1878). [Premio Nobel de literatura 1901.]

SULTÁN n. m. En los países musulmanes, representante impersonal de la autoridad.

SULTANA n. f. Mujer del sultán, o que goza consideración de tal.

SUMA n. f. (lat. *summa,* lo más alto, el total). Acción y efecto de sumar. **2.** Conjunto o reunión de varias cosas, especialmente cantidad de dinero. **3.** Resumen o recopilación de todas las partes de una ciencia o saber: *suma teológica.* **4.** MAT. Resultado de la adición. • **En suma,** resumiendo.

SUMACA n. f. Embarcación pequeña de dos palos, usada en América del Sur.

SUMACIÓN n. f. Operación mediante la cual se realiza la adición de varias cantidades. (El signo de la sumación es Σ.)

SUMADORA n. f. Máquina de calcular mecánica.

SUMANDO n. m. Cada una de las cantidades que han de añadirse unas a otras para formar la suma.

SUMAPAZ *(macizo de),* región de Colombia (Cundinamarca, Huila y Tolima), constituida por serranías (3820 m en el *páramo de Sumapaz;* 4180 m en el alto de Torquita), cuyas aguas alimentan las cabeceras del Magdalena, Meta y Guaviare.

SUMAR v. tr. [**1**]. Reunir en una sola varias cantidades homogéneas. **2.** Componer varias cantidades un total: *tres y cinco suman ocho.* • **Suma y sigue** (*Fam.*), expresa la repetición o continuación de una cosa. ♦ **sumarse** v. pron. **3.** *Fig.* Agregarse a un grupo, adherirse a una opinión, doctrina, etcétera.

SUMARIAL adj. Relativo al sumario.

SUMARIO, A adj. Breve, reducido a poca extensión: *una exposición sumaria.* **2.** DER. Dícese de determinados juicios que se tramitan con mayor rapidez que los ordinarios. ♦ n. m. **3.** Resumen, compendio. **4.** DER. Fase del proceso destinada a fijar todos los materiales que pueden influir en la calificación legal del delito.

SUMARÍSIMO, A adj. DER. Dícese de un proceso o procedimiento, propio de la jurisdicción militar, en que los trámites se abrevian de tal manera que su sustanciación puede durar unas horas.

SUMATORIO, A adj. MAT. Que representa una suma.

SUMATRA, isla de Indonesia, la mayor de las islas de la Sonda; 473 600 km²; 28 016 000 hab. C. pral. Medan, Palembang. Cultivos de subsistencia y para la exportación. Petróleo y gas natural. En diciembre de 2004 un terremoto de 9 grados Richter provocó maremotos que destruyeron la costa norte de la isla y provocaron más de 228 000 muertos.

SUMER, ant. región de la baja Mesopotamia.

SUMERGIBLE adj. Que se puede sumergir. ♦ adj. y n. m. **2.** Dícese de las embarcaciones capaces de navegar bajo el agua.

SUMERGIR v. tr. y pron. (lat. *submergere*) [**3b**]. Poner algo dentro del agua o de otro líquido de manera que quede cubierto por él. **2.** *Fig.* Abstraerse concentrar la atención en algo.

SUMERIO, A adj. y n. Relativo a un pueblo que se estableció en el IV milenio en la baja Mesopotamia; individuo de este pueblo. ♦ n. m. **2.** Lengua antigua, hablada desde el S de Babilonia hasta el golfo Pérsico.

SUMERSIÓN n. f. Acción y efecto de sumergir.

SUMIDERO n. m. Agujero abierto en el suelo por el que evacuan las aguas de lluvia o residuales. **2.** Conducto por donde se sumen las mismas.

SUMIDERO (*Cañón del),* cañón de México (Chiapas), atravesado por el río Grande de Chiapas (curso alto del Grijalva), depresión profunda a varios niveles; 15 km de long.

SUMILLER n. m. En los hoteles y restaurantes, profesional encargado del servicio de vinos y licores.

SUMINISTRAR v. tr. [**1**]. Proporcionar a alguien algo, vendiéndoselo o dándoselo.

SUMINISTRO n. m. Acción de suministrar. **2.** Provisión de algo que se suministra.

SUMIR v. tr. y pron. (lat. *sumere*) [**3**]. Hundir, meter una cosa bajo el agua o la tierra o en cualquier sitio que quede escondida. **2.** *Fig.* Abismar, hundir, hacer caer en cierto estado de reflexión, de desgracia, de inferioridad, etc.: *sumir en la miseria.* ♦ v. tr. **3.** Consumir el sacerdote el pan y el vino de la Eucaristía. **4.** *Méx.* Abollar alguna cosa: *se sumieron la puerta al coche de un golpe.*

SUMISIÓN n. f. Acción y efecto de someter. **2.** Comportamiento amable y servicial.

SUMISO, A adj. Obediente, fácil de dirigir.

SÚMMUM n. m. (lat. *summum*). El máximo grado.

SUMO, A adj. (lat. *summum*). Supremo, superior a todos: *la suma felicidad.* **2.** *Fig.* Muy grande, enorme: *con suma diligencia.* • **A lo sumo,** expresión con que se fija el límite máximo a que llega o se considera que puede llegar una cosa.

SUMO o **SUMU,** pueblo amerindio de las selvas del E de Nicaragua y S de Honduras.

SUNCO, A adj. y n. *Chile.* Manco.

SUNDANÉS n. m. Lengua indonesia, hablada en la parte occidental de Java.

SUNNA n. f. (voz árabe, *tradición*). Conjunto de tradiciones (*hadiz*) sobre las palabras y acciones de Mahoma.

SUNNÍ n. m. y adj. (ár. *sunnī,* el que sigue los principios de la *sunna*). Denominación aplicada en el islamismo a los ortodoxos, por oposición a los chiítas.

SUNTUOSO, A adj. (lat. *sumptuosum*). Magnífico, con riqueza ostentosa. **2.** Elegante y majestuoso en su actitud o en su porte.

SUOMI → *Finlandia.*

SUPEDITACIÓN n. f. Acción y efecto de supeditar.

SUPEDITAR v. tr. (lat. *suppeditare*, proporcionar) [1]. Subordinar una cosa a otra o a alguna condición: *supeditar los deseos a las obligaciones.* ◆ **supeditarse** v. pron. **2.** *Fig.* Someter alguien su opinión, parecer o decisión a alguien o algo: *no supeditarse a moral ninguna.*

SÚPER adj. *Fam.* Apócope de *superior*, muy bueno. ◆ n. m. **2.** Apócope de *supermercado.* ◆ adj. y n. f. **3.** Gasolina de calidad superior.

SUPERABUNDAR v. intr. [1]. Abundar mucho o rebosar.

SUPERACIÓN n. f. Acción y efecto de superar o superarse.

SUPERAR v. tr. (lat. *superare*) [1]. Ser superior a alguien o algo. **2.** Vencer, dejar atrás, pasar. ◆ **superarse** v. pron. **3.** Hacer una cosa mejor que otras veces.

SUPERÁVIT n. m. (pl. *superávit* o *superávits*). CONTAB. Exceso de los ingresos sobre los gastos.

SUPERCARBURANTE n. m. Gasolina de calidad superior, con un índice de octano que se aproxima a y veces es superior a 100.

SUPERCHERÍA n. f. Engaño realizado con algún fin.

SUPERCILIAR adj. Relativo a la región de las cejas y la inmediatamente superior: *arco superciliar.*

SUPERCONDUCTIVIDAD n. f. Fenómeno que presentan ciertos metales cuya resistividad eléctrica es prácticamente nula por debajo de cierta temperatura.

SUPERCONDUCTOR, RA adj. y n. m. Que presenta el fenómeno de la superconductividad.

SUPERDOTADO, A adj. y n. Dícese de la persona que posee cualidades, especialmente intelectuales, que exceden de lo normal.

SUPERESTRUCTURA n. f. Todo lo que se sobrepone a algo que le sirve de base. **2.** Parte superior de una construcción, que sobresale del nivel del terreno o de la línea de apoyos. **3.** Conjunto del aparato estatal y de las formas jurídicas, políticas, ideológicas y culturales de una sociedad (por oposición a *infraestructura*).

SUPERFICIAL adj. Relativo a la superficie. **2.** Que existe, se da o permanece en la superficie: *herida superficial.* **3.** *Fig.* Falto de profundidad, sin fondo, frívolo. **4.** FÍS. Relativo a la superficie de un sólido o un líquido: *densidad superficial.*

SUPERFICIE n. f. (lat. *superficiem*). Parte externa de un cuerpo, contorno que delimita el espacio ocupado por un cuerpo y lo separa del espacio circundante. **2.** *Fig.* Apariencia, aspecto exterior de las cosas. **3.** MAT. Figura geométrica definida por el conjunto de puntos del espacio cuyas coordenadas verifican una ecuación o se dan como funciones continuas de dos parámetros. (Aunque en el lenguaje corriente los términos *área* o *superficie* se identifican, en sentido estricto el área designa la medida de una superficie.)

SUPERFLUO, A adj. (lat. *superfluum*). No necesario, inútil, sobrante: *gastos superfluos.*

SUPERFOSFATO n. m. Producto obtenido por tratamiento del fosfato tricálcico mediante ácido sulfúrico, y utilizado como abono.

SUPERHETERODINO n. m. y adj. Receptor radioeléctrico en el cual las oscilaciones eléctricas generadas en la antena se superponen a las de un oscilador local para dar lugar a oscilaciones de una frecuencia constante, que pueden amplificarse y filtrarse con facilidad.

SUPERHOMBRE n. m. Hombre superiormente dotado. **2.** Hipótesis de un nuevo tipo de hombre, formulada por Nietzsche.

SUPERINTENDENCIA n. f. Empleo, cargo y jurisdicción del superintendente. **2.** Oficina del superintendente.

SUPERINTENDENTE n. m. y f. Persona a cuyo cargo está la dirección superior de algo y que ejerce autoridad sobre los demás que trabajan en lo mismo.

SUPERIOR adj. (lat. *superiorem*, más alto). Situado más alto con respecto a otra cosa: *los pisos superiores de un edificio.* **2.** *Fig.* Que es más que otra persona o cosa en calidad, cantidad, rango, importancia, etc. **3.** *Fig.* Excelente, muy bueno: *paño de calidad superior.* **4.** *Fig.* Excepcional y digno de aprecio: *lo considero un ser superior.* **5.** Dícese de la parte de un río más cercana a su nacimiento. **6.** HIST. NAT. Más avanzado en su evolución: *animales superiores.*

SUPERIOR, RA n. Persona que está al frente de una comunidad religiosa. **2.** Persona que dirige o manda en un sitio.

SUPERIOR *(lago),* el más extenso y occidental de los grandes lagos de América del Norte, entre Estados Unidos y Canadá, que se comunica con el lago Hurón por el río Sainte Marie; 82 700 km².

SUPERIORIDAD n. f. Calidad de superior. **2.** Ventaja que tiene una persona en una circunstancia o situación respecto de otra para hacer alguna cosa. **3.** Persona o conjunto de personas con superior autoridad: *recibir órdenes de la superioridad.*

SUPERLATIVO, A adj. (lat. *superlativum*). Muy grande o excelente en su línea. ◆ adj. y n. m. **2.** LING. Dícese del grado de significación que expresa una cualidad llevada a un grado muy alto *(superlativo absoluto)* o a un grado más alto o menos alto *(superlativo relativo)* en comparación a un determinado grupo: *muy guapa; la más guapa; la menos guapa.*

SUPERMERCADO n. m. Establecimiento para la venta al por menor de artículos alimenticios y de uso doméstico, en el que el cliente se sirve por sí mismo y paga a la salida.

SUPERNOVA n. f. ASTRON. Estrella cuya luminosidad experimenta súbitamente una enorme elevación para después debilitarse gradualmente.

SUPERNUMERARIO, A adj. Que excede o está además del número ya existente o establecido dentro de una categoría. **2.** Dícese del funcionario que, a petición propia, deja temporalmente el servicio activo, aunque se le reserva la plaza. ◆ n. **3.** Empleado que trabaja en una oficina pública sin figurar en la plantilla.

SUPERPOBLACIÓN n. f. Estado de una región geográfica o ciudad cuya población es excesiva con respecto a su nivel de desarrollo o de equipamiento.

SUPERPONER v. tr. y pron. [5]. Sobreponer, añadir una cosa o ponerla encima de otra. **2.** Anteponer, dar más importancia a cierta cosa que a otra.

SUPERPOSICIÓN n. f. Acción y efecto de superponer. **2.** Situación de una cosa superpuesta.

SUPERPRODUCCIÓN n. f. Sobreproducción. **2.** CIN. Película cinematográfica de gran espectacularidad y elevado presupuesto.

SUPERSÓNICO, A adj. Dícese de las velocidades mayores que la de propagación del sonido, y de lo que tiene relación con ellas. CONTR.: *subsónico.*

SUPERSTICIÓN n. f. (lat. *superstitionem*). Tendencia, derivada del temor o de la ignorancia, a atribuir carácter sobrenatural a determinados acontecimientos. **2.** Creencia en vanos presagios producidos por acontecimientos puramente fortuitos.

SUPERSTICIOSO, A adj. Relativo a la superstición. **2.** Que tiene superstición.

SUPERVISAR v. tr. [1]. Ejercer la vigilancia o inspección general o superior de una cosa.

SUPERVISIÓN n. f. Acción y efecto de supervisar.

SUPERVISOR, RA adj. y n. Dícese de la persona encargada de la supervisión de algo.

SUPERVIVENCIA n. f. Acción y efecto de sobrevivir.

SUPERVIVIENTE adj. y n. m. y f. Que sobrevive a algo, generalmente a una catástrofe.

SUPINACIÓN n. f. Movimiento del antebrazo que coloca la mano en la palma hacia arriba y el pulgar hacia fuera.

SUPINO, A adj. (lat. *supinum*). Que está tendido sobre el dorso. **2.** Relativo a la supinación. **3.** Necio, tonto. **4.** LING. Una de las formas nominales del verbo latino.

SUPLANTACIÓN n. f. Acción y efecto de suplantar.

SUPLANTAR v. tr. (lat. *supplantare*) [1]. Sustituir ilegalmente a otro, usurpar su personalidad o los derechos inherentes a ella. **2.** Falsear o falsificar un escrito con palabras o cláusulas que alteren el sentido que antes tenía.

SUPLEMENTARIO, A adj. Que sirve para suplir, complementar, aumentar o reforzar una cosa. **2.** Supletorio. ◆ **Ángulo suplementario** (MAT.), ángulo que, añadido a otro, forma con él una suma igual a dos ángulos rectos.

SUPLEMENTERO adj. y n. m. *Chile.* Vendedor ambulante de periódicos.

SUPLEMENTO n. m. Acción y efecto de suplir. **2.** Aquello que se añade a una cosa para perfeccionarla o completarla. **3.** Hoja o cuaderno que publica un periódico o revista y cuyo texto es independiente del número ordinario: *suplemento dominical.* ◆ **Suplemento de un ángulo** (MAT.), lo que le falta para valer 180°.

SUPLENCIA n. f. Actuación de suplente o sustituto y tiempo que dura esta actividad.

SUPLENTE adj. y n. m. y f. Que suple.

SUPLETORIO, A adj. Que sirve para suplir algo que falta. **2.** Que está destinado para complementar algo. ◆ adj. y n. m. **3.** Dícese del aparato telefónico conectado en derivación con un teléfono principal.

SÚPLICA n. f. Acción y efecto de suplicar. **2.** Escrito o palabras con que se suplica. **3.** DER. Cláusula final de un escrito dirigido a la autoridad administrativa o judicial en solicitud de una resolución.

SUPLICAR v. tr. (lat. *supplicare*) [1a]. Pedir algo de modo humilde e insistente: *suplicar perdón.*

SUPLICATORIA n. f. DER. Carta, comunicación u oficio que pasa de un juez o tribunal a otro superior.

SUPLICATORIO, A adj. Que contiene súplica. ◆ n. m. **2.** DER. Instancia que un juez o tribunal dirige a las cortes, o al parlamento, pidiendo autorización para proceder contra alguno de sus miembros. **3.** Escrito que dirige un juez o tribunal inferior a otro superior jerárquicamente para que realice ciertas diligencias necesarias, que aquél no pude efectuar por caer fuera de su competencia territorial.

SUPLICIO n. m. (lat. *supplicium*, sacrificio). Padecimiento corporal ejecutado como castigo y que puede llegar a ocasionar la muerte. **2.** *Fig.* Lugar donde el reo padece este castigo. **3.** *Fig.* Padecimiento físico o moral. **4.** Cosa insoportable o enojosa.

SUPLIR v. tr. (lat. *suplere*, suplementar) [3]. Añadir, completar lo que falta en una cosa, o remediar la carencia de ella. **2.** Reemplazar, sustituir provisionalmente a alguien.

SUPONER v. tr. (lat. *supponere*, poner debajo) [5]. Dar por cierta o existente una cosa que se toma como base o punto de partida en una argumentación o en la consideración de algo. **2.** Implicar, traer consigo, significar: *los derechos suponen los deberes.* **3.** Conjeturar, calcular algo por señales o indicios: *le supongo cincuenta años largos.* ◆ v. intr. **4.** Tener más o menos importancia o significación en un sitio: *su padre supone mucho para él.*

SUPOSICIÓN n. f. Acción y efecto de suponer. **2.** Lo que se supone: *confirmar suposiciones.*

SUPOSITORIO n. m. Medicamento sólido que se administra por vía rectal o vaginal.

SUP

SUPRANACIONAL adj. Que está por encima de la nación: *acuerdos supranacionales.*

SUPRARRENAL adj. y n. f. Dícese de cada una de las dos glándulas endocrinas situadas por encima de los riñones. SIN.: *cápsula suprarrenal.*

SUPRAYACENTE adj. GEOL. Que se extiende justo por encima: *arenas suprayacentes.*

SUPREMA n. f. Rodaja de la parte más ancha de la merluza o del rape.

SUPREMACÍA n. f. (ingl. *supremacy*). Preeminencia, grado supremo que se alcanza en cualquier línea o jerarquía.

SUPREMO, A adj. (lat. *supremum*). Situado en la posición más alta o por encima de todos y de todo, que no tiene superior en su línea. **2.** Que tiene el grado máximo de algo, o que posee en el sentido más elevado una cualidad. **3.** Último, que llega a su fin: *hora suprema.*

SUPRESIÓN n. f. Acción y efecto de suprimir.

SUPRIMIR v. tr. (lat. *supprimere*) [**3**]. Hacer que desaparezca, cese, deje de hacerse o de existir algo. **2.** Omitir, pasar por alto.

SUPUESTO, A adj. Admitido por hipótesis, presunto, pretendido. ♦ n. m. **2.** Suposición sobre la que se basa lo que se dice. • **Por supuesto,** expresión de asentimiento.

SUPURACIÓN n. f. Acción y efecto de supurar.

SUPURAR v. intr. [**1**]. Formar o liberar pus una lesión orgánica.

SUR n. m. Punto cardinal del horizonte diametralmente opuesto al norte. **2.** Lugar de la Tierra o de la esfera celeste que, respecto de otro, se halla situado en dirección a este punto cardinal. **3.** Parte de un todo que se encuentra en esta dirección. ♦ adj. y n. m. **4.** Dícese del viento que sopla del sur.

SUR (isla del), la más extensa (154 000 km^2 con las dependencias), pero la menos poblada (900 000 hab.) de las dos grandes islas que constituyen Nueva Zelanda.

SUR (mar del), nombre que dio Balboa al océano Pacífico y que se ha mantenido aplicado a la porción meridional de ese océano (mares del Sur).

SURÁ o **SURAH** n. m. Tela de seda con ligamento de sarga, originaria de la India.

SURAMÉRICA → *América del Sur.*

SURAMERICANO, A adj. y n. De América del Sur.

SURCALIFORNIANA (cordillera), conjunto de sierras, eje orográfico de la península de Baja California (México), orientadas de NO a SE.

SURCAR v. tr. [**1a**]. Ir por el espacio volando, navegar por el mar: *surca la nave el mar.*

SURCO n. m. (lat. *sulcum*). Hendidura que se hace en la tierra con el arado. **2.** Señal o hendidura que deja una cosa al pasar sobre otra. **3.** Arruga en el rostro u otra parte del cuerpo. **4.** Ranura que presenta la superficie de un disco fonográfico.

SURECUATORIAL adj. Que está al S del Ecuador. • **Corriente surecuatorial** (OCEANOGR.), deriva tropical lenta que fluye hacia el O, en las cercanías del ecuador, bajo la influencia del alisio del SE.

SUREÑO, A adj. Meridional. Relativo al sur.

SURESTE n. m. Punto del horizonte entre el sur y el este, a igual distancia de ambos (abrev. SE). **2.** Región o lugar situados en esta dirección. ♦ adj. y n. m. **3.** Dícese del viento que sopla de esta parte.

SURESTE (planicie costera del), región fisiográfica de México (Veracruz, Tabasco, Oaxaca, Chiapas y Campeche). Constituye una amplia llanura situada junto al golfo de México. Yacimientos de petróleo.

SURESTE ASIÁTICO, región del extremo SE de Asia, que comprende una parte continental (Vietnam, Laos, Camboya, Tailandia, Birmania, Malasia occidental y Singapur) y otra insular (Indonesia, Malasia oriental, Brunei y Filipinas), correspondientes a la Indochina y a la Insulindia tradicionales.

SURF n. m. (voz inglesa). Deporte que consiste en mantenerse en equilibrio sobre una plancha y dejarse llevar sobre la cresta de las olas.

SURFISTA n. m. y f. Persona que practica el surf.

SURGIDERO n. m. Sitio o paraje donde fondean las embarcaciones.

SURGIR v. intr. (lat. *surgere*) [**3b**]. Brotar agua u otro líquido. **2.** Alcanzar algo cierta altura destacando entre lo que le rodea: *los rascacielos surgen entre las chozas.* **3.** *Fig.* Salir, aparecer, manifestarse algo o alguien: *surgir un problema.*

SURINAM, ant. **Guayana neerlandesa**, estado del N de América del Sur; 163 265 km^2; 400 000 hab. CAP. Paramaribo. LENGUA OFICIAL: *neerlandés.* MONEDA: *guinea de Surinam.* El territorio, de clima ecuatorial, ocupa el extremo oriental de la meseta de las Guayanas, bordeada en el N por una llanura cenagosa. Importantes yacimientos de bauxita.

HISTORIA

1667: la región, ocupada por los ingleses, fue cedida a los neerlandeses a cambio de Nueva Amsterdam. S. XVIII: se desarrolló gracias a las plantaciones de caña de azúcar. 1796-1816: ocupación británica. 1863: se abolió la esclavitud; el país fue poblado por indios e indonesios. 1954: una constitución le confirió una amplia autonomía. 1975: Surinam accedió a la independencia.

SURIPANTA n. f. Corista de teatro. **2.** Prostituta.

SURMENAGE n. m. (voz francesa). Estado físico e intelectual resultante de una fatiga excesiva.

SUROCCIDENTAL (planicie costera), región fisiográfica de México (Jalisco, Colima, Michoacán, Guerrero y Oaxaca). Es una faja litoral que se extiende al pie de la sierra Madre del sur, junto al océano Pacífico.

SUROESTE n. m. Punto del horizonte entre el sur y el oeste, a igual distancia de ambos (abrev. SO). **2.** Región o lugar situados en esta dirección. ♦ adj. y n. m. **3.** Dícese del viento que sopla de esta dirección.

SURREALISMO n. m. Movimiento literario y artístico, surgido después de la primera guerra mundial, que se alzó contra toda forma de orden y de convención lógica, moral y social, frente a las que opuso los valores del sueño, del instinto, del deseo y de la rebelión. El surrealismo hizo sentir su influencia sobre todas las formas artísticas. En el ámbito hispánico influyó sobre algunos poetas de la generación del 27 (Larrea, Cernuda, Aleixandre) y, más tarde, sobre escritores latinoamericanos como César Moro y Octavio Paz y en arte dio origen a unas obras plásticas que se cuentan entre las más importantes del s. XX. En Hispanoamérica sobresalen el cubano Wilfredo Lam, el chileno Roberto Matta, los argentinos Leonor Fini y Miguel Caride, el mexicano Alberto Gironella y los cubanos Agustín Cárdenas y Jorge Camacho.

SURREALISTA adj. y n. m. y f. Relativo al surrealismo; partidario de este movimiento.

SURRECCIÓN n. f. GEOL. Levantamiento de una porción de la corteza terrestre.

SURTIDO, A adj. Dícese de las cosas de uso y consumo que se ofrecen variadas dentro de su misma especie: *galletas surtidas.* ♦ n. m. **2.** Acción y efecto de surtir. **3.** Conjunto de cosas variadas dentro de la misma especie: *surtido de caramelos.*

SURTIDOR n. m. Chorro de agua que brota del suelo o de una fuente, en dirección hacia arriba. **2.** Bomba que extrae gasolina para repostar a los vehículos automóviles. **3.** Chiclé.

SURTIR v. tr. y pron. [**3**]. Proveer de alguna cosa. • **Surtir efecto**, resultar como se esperaba. ♦ v. intr. **3.** Salir agua de algún sitio.

SURUBÍ o **SURUVÍ** n. m. *Argent.* Nombre genérico de diversas especies de peces grandes, de carne amarilla y compacta, que habitan la Cuenca del Plata.

SURUCUÁ n. m. Ave de cola larga y blanca, que vive en las selvas subtropicales de América Meridional. (Familia trogónidos.)

SURUCUCÚ n. m. Ofidio de cabeza muy grande, que vive en América Central y Meridional. (Familia crotálidos.)

SURUMBO, A adj. *Guat.* y *Hond.* Tonto, lelo, aturdido.

SURUMPE n. m. *Perú.* Oftalmía producida por la reverberación del sol en la nieve. **¡SUS!** interj. Se usa para infundir ánimo. **2.** Se usa para ahuyentar a los animales.

SUSANA, heroína del libro bíblico de Daniel, prototipo de la inocencia calumniada y reconocida gracias a la intervención divina.

SUSCEPTIBILIDAD n. f. Calidad de susceptible.

SUSCEPTIBLE adj. Capaz de recibir cierta modificación o impresión que se expresa: *documento susceptible de varias interpretaciones.* **2.** Que se ofende con facilidad, que tiene tendencia exagerada a sentirse ofendido.

SUSCITAR v. tr. (lat. *suscitare*, hacer levantar) [**1**]. Promover o provocar un sentimiento, una reacción, una actitud, etc.: *suscitar entusiasmo.*

SUSCRIBIR v. tr. (lat. *subscribere*) [**3n**]. Firmar al pie o al fin de un escrito. **2.** *Fig.* Adherirse al dictamen de uno, acceder a él. ♦ v. tr. y pron. **3.** Abonarse a una publicación periódica, a una asociación: *me he suscrito a esta revista.*

SUSCRIPCIÓN n. f. Acción y efecto de suscribir.

SUSCRIPTOR, RA n. Persona que suscribe o que se ha suscrito a algo.

SUSODICHO, A adj. y n. Citado, mencionado anteriormente.

SUSPENDER v. tr. (lat. *suspendere*) [**2**]. Levantar o sostener una cosa en alto, tenerla en el aire de manera que cuelgue. **2.** *Fig.* Privar a alguien por algún tiempo de su cargo, empleo, funciones, etc., generalmente como castigo. **3.** *Fig.* Declarar a alguien no apto en un examen o ejercicio. ♦ v. tr. y pron. **4.** Diferir una acción o suprimir temporal o provisionalmente una cosa. **5.** Embelesar, enajenar.

SUSPENSIÓN n. f. Acción y efecto de suspender. **2.** Conjunto de órganos que transmiten a los ejes el peso de un vehículo y sirven para amortiguar las sacudidas ocasionadas por las desigualdades del terreno. **3.** DER. Pena privativa de derechos públicos, que tiene normalmente carácter accesorio. **4.** FÍS. Estado de un sólido finamente dividido, mezclado en la masa de un líquido sin ser disuelto por éste. • **Suspensión de empleo y sueldo,** sanción laboral disciplinaria que implica la paralización temporal de las prestaciones básicas de la relación laboral. || **Suspensión de pagos,** estado del comerciante que sobresee transitoriamente en el pago de sus obligaciones.

SUSPENSIVO, A adj. Que tiene virtud o fuerza de suspender.

SUSPENSO, A adj. Perplejo, desconcertado: *el estruendo nos dejó suspensos.* **2.** Admirado, embelesado. **3.** Suspendido, calificado no apto en un examen u oposición. ♦ n. m. **4.** Calificación que, en un examen, indica la insuficiencia del candidato. **5.** *Amér.* Expectación impaciente o ansiosa por el desarrollo de un suceso, especialmente de un relato. • **En suspenso**, dícese de algo que se halla aplazado o interrumpido.

SUSPENSORES n. m. pl. *Chile*, *Perú* y *P. Rico.* Tirantes para sujetar los pantalones.

SUSPENSORIO, A adj. ANAT. Que sostiene. ♦ n. m. **2.** Cualquier dispositivo con que se mantiene suspendida una cosa. **3.** Vendaje.

daje para sostener el escroto u otro miembro lesionado.

SUSPICACIA n. f. Calidad de suspicaz. **2.** Sospecha, desconfianza.

SUSPICAZ adj. (lat. *suspicacem*). Propenso a desconfiar o ver mala intención.

SUSPIRAR v. intr. (lat. *suspirare*) [1]. Dar suspiros. • **Suspirar** alguien **por** algo, desearlo mucho. ‖ **Suspirar** alguien **por** una persona, estar enamorado de ella, gustarle o amarla mucho.

SUSPIRO n. m. Aspiración fuerte y prolongada seguida de una espiración, audible, que generalmente es expresión de pena, anhelo, fatiga, alivio, etc. **2.** *Fig.* Cosa imperceptible. **3.** *Argent.* y *Chile.* Nombre de distintas especies de enredaderas que tienen hojas alternas y flores de distintos colores. **4.** *Chile.* Trinitaria.

SUSSEX, región de Gran Bretaña, al S de Londres, junto al canal de la Mancha, dividida en dos condados: *Sussex Occidental* (1989 km²; 692 800 hab. Cap. *Chichester*) y *Sussex Oriental* (1795 km²; 690 600 hab. Cap. *Lewes*).

SUSTANCIA n. f. (lat. *substanciam*). Aquello que en cualquier cosa es lo esencial, que constituye la parte más importante. **2.** Materia en general: *sustancia pastosa*. **3.** Elemento que hace nutritivo un producto alimenticio. **4.** FILOS. Ente que existe en sí o por sí. **5.** FILOS. Lo que hay de permanente en las cosas que cambian.

SUSTANCIAL adj. Relativo a la sustancia. **2.** Dícese de lo fundamental y más importante de una cosa.

SUSTANCIAR v. tr. [1]. Compendiar, extractar, resumir.

SUSTANCIOSO, A adj. Que tiene sustancia o que la tiene en abundancia.

SUSTANTIVACIÓN n. f. LING. Acción de sustantivar.

SUSTANTIVAR v. tr. y pron. [1]. LING. Dar a una palabra o a una locución el valor y la función de sustantivo.

SUSTANTIVO, A adj. Que existe por sí, independiente, individual. ♦ n. m. y adj. **2.** LING. Nombre.

SUSTENTACIÓN n. f. Acción y efecto de sustentar, sostener. **2.** AERON. Fuerza que mantiene en el aire un avión o un helicóptero. • **Plano de sustentación**, ala de un avión.

SUSTENTÁCULO n. m. Cosa que apoya o sostiene a otra.

SUSTENTAR v. tr. y pron. (lat. *sustentare*) [1]. Sostener, estar debajo de algo para que no se caiga: *los pilares sustentan la bóveda*. **2.** Costear las necesidades económicas, especialmente la de alimentación: *sustentar a los padres*. **3.** Mantener, defender: *sustentar una idea*. **4.** Servir para que algo no decaiga: *sustentar las esperanzas*.

SUSTENTO n. m. Mantenimiento, alimento, conjunto de cosas necesarias para vivir. **2.** Lo que sirve para sustentar, sostener o apoyar.

SUSTITUCIÓN n. f. Acción y efecto de sustituir. **2.** MAT. Permutación efectuada sobre *n* elementos distintos. **3.** MAT. Cambio de variables en una función de diversas variables. **4.** MAT. Aplicación biunívoca de un conjunto finito sobre sí mismo. **5.** QUÍM. Reacción química en la que un átomo de un compuesto es remplazado por otro átomo o un grupo de átomos.

SUSTITUIR v. tr. (lat. *substituere*) [29]. Poner o ponerse una persona o cosa en lugar de otra.

SUSTITUTIVO, A adj. y n. m. Que puede sustituir a otra cosa; sucedáneo.

SUSTITUTO, A n. Persona que hace las veces de otra en el desempeño de un empleo, cargo, etc.

SUSTO n. m. Impresión repentina causada en el ánimo por temor, sorpresa, etc.

SUSTRACCIÓN n. f. Acción y efecto de sustraer o sustraerse. **2.** DER. Delito de posesión de alguien o algo en contra de la voluntad del dueño legítimo. **3.** MAT. Para dos números *a* y *b*, operación indicada por el signo − (menos), inversa de la adición, que consiste en encontrar un número *c*, llamado diferencia, tal que $a = b + c$.

SUSTRAENDO n. m. Cantidad que hay que restar de otra.

SUSTRAER v. tr. (lat. *substrahere*) [10]. Extraer o separar una parte de un todo o una cosa de un conjunto. **2.** Robar fraudulentamente. **3.** Efectuar una sustracción. ♦ **sustraerse** v. pron. **4.** Eludir el cumplimiento de una obligación, promesa, etc., o evitar algo que molesta o perjudica.

SUSTRATO n. m. BIOL. Lugar que sirve de asiento a una planta o un animal fijo. **2.** GEOL. Terreno situado debajo del que se considera. **3.** LING. Lengua indígena que cede su lugar a una lengua que se expande, dejando en ésta ciertas peculiaridades fonéticas, sintácticas o léxicas. **4.** TECNOL. Material en el que se realizan los elementos de un circuito integrado.

SUSUNGA n. f. *Colomb.* y *Ecuad.* Espumadera.

SUSURRAR v. intr. (lat. *susurrare*) [1]. Musitar, hablar en voz muy baja: *susurrar al oído*. **2.** *Fig.* Hacer un ruido suave y confuso el aire, el arroyo, etc.

SUSURRO n. m. Acción y efecto de susurrar.

SUTE adj. *Colomb.* y *Venez.* Se dice de la persona enteca, débil. ♦ n. m. **2.** *Colomb.* Gorrino, lechón. **3.** *Hond.* Especie de aguacate.

SUTIL adj. (lat. *subtilem*). Muy delicado, delgado, tenue. **2.** *Fig.* Suave, poco intenso pero penetrante. **3.** Ingenioso, agudo.

SUTILEZA n. f. Calidad de sutil. **2.** *Fig.* Dicho o concepto muy penetrante, agudo y falto de exactitud y profundidad.

SUTILIZAR v. tr. [1]. Atenuar, adelgazar algo. **2.** *Fig.* Limar, perfeccionar algo no material. **3.** *Fig.* Discurrir, hablar o escribir con sutileza.

SŪTRA n. m. (voz sánscrita, *hilo conductor*). En el brahmanismo y el budismo, cada uno de los textos que reúnen las reglas del ritual y de la moral y las prescripciones relativas a la vida cotidiana.

SUTURA n. f. (lat. *suturam*, acción de coser). ANAT. Articulación dentada de dos huesos. **2.** BOT. Línea de unión entre los carpelos de un pistilo. **3.** CIR. Operación que consiste en coser una herida.

SUTURAR v. tr. [1]. Realizar una sutura en una herida.

SUYO, A adj. y pron. poses. de 3.ª pers. (lat. *suum*). Establece una relación de posesión o pertenencia: *el libro es suyo; el suyo es el mejor*. • **De suyo**, por sí mismo. ‖ **Hacer** uno **de las suyas**, obrar de manera propia y personal. ‖ **Hacer suyo**, adherirse, adoptar como propio. ‖ **Hacerse** alguien **suyo** a otro, ganarse su voluntad. ‖ **Ir** uno **a lo suyo**, actuar sin tener en cuenta otros intereses que los propios. ‖ **Los suyos**, con respecto a alguien determinado, sus allegados a él.

SVÁSTICA, SVASTIKA o **ESVÁSTICA** n. f. (voz sánscrita, *vida feliz*). Cruz gamada.

SWANSEA, c. y puerto de Gran Bretaña (País de Gales), junto al canal de Bristol; 168 000 hab.

SWAZILANDIA o **SUAZILANDIA**, estado de África austral, entre la República de Sudáfrica y Mozambique; 17 363 km²; 800 000 hab. CAP. *Mbabane*. LENGUAS OFICIALES: swazi, inglés. MONEDA: *lilangeni*. Reino bantú fundado en 1815, habitado mayoritariamente por los swazi, pero controlado por los zulúes desde 1820, pasó a ser protectorado británico en 1902. Accedió a la independencia en 1968. Desde 1921 gobernó Sobhuza II. Al morir (1982) le sucedió la reina Ntombi (1983-1986), y a ella Mswati.

SWIFT (Jonathan), escritor irlandés (Dublín 1667-id. 1745). Ingresó en el clero anglicano y tomó parte en las luchas literarias (*La batalla de los libros*), religiosas (*El cuento del tonel*) y políticas (*Las cartas del pañero*). Sus ambiciones frustradas le inspiraron una violenta sátira de la sociedad inglesa y de la civilización de su época, *Los viajes de Gulliver* (1726).

SYDNEY, c. y puerto de Australia, cap. de Nueva Gales del Sur, junto a una bahía formada por el océano Pacífico; 3 596 000 hab. Gran centro industrial y comercial. Universidad.

SZYMBORSKA (Wislawa), poeta polaca (Poznań 1923). Su obra se caracteriza por un tono escéptico e irónico y la conjunción de la conciencia histórica y los interrogantes existencialistas: *Sal* (1962), *Los cien consuelos* (1967), *Gente en el puente* (1986) y *Fin y principio* (1993). [Premio Nobel de literatura 1996.]

SZYSZLO (Fernando **de**), pintor y crítico de arte peruano (Lima 1925). Su pintura ha evolucionado desde el informalismo, la abstracción y el expresionismo hacia una plástica de raíces latinoamericanas.

T t

T n. f. Vigésima primera letra del alfabeto español y decimoséptima de las consonantes. (Es una oclusiva dental sorda.) **2.** Símbolo de *tera*. **3.** Símbolo de *tesla*. **4.** Símbolo de la *tonelada métrica*. • **En T,** que tiene la forma de la letra T.
Ta, símbolo químico del *tántalo*.
TABA n. f. Astrágalo, hueso del tarso. **2.** Juego que consiste en lanzar al aire una pieza mientras se hacen con otras ciertas combinaciones.
TABACAL n. m. Terreno sembrado de tabaco.
TABACALERO, A adj. Relativo al cultivo, fabricación y venta del tabaco. ♦ adj. y n. **2.** Que cultiva tabaco.
TABACHÍN n. m. Planta arbórea o arbustiva de tronco ramificado y flores muy vistosas, que crece en México. (Familia leguminosas.)
TABACO n. m. Planta herbácea anual, o perenne, originaria de la isla de Tobago, cuyas hojas, preparadas convenientemente, se fuman, se aspiran o se mascan. **2.** Hojas de tabaco preparadas: *tabaco de pipa*. **3.** Rapé. **4.** Cigarro, cigarrillo. • **Tabaco de España,** insecto lepidóptero, cuyas larvas atacan a diversas plantas. (Familia ninfálidos.) || **Tabaco indio,** planta de América del Norte, cultivada por su acción contra la disnea. (Familia campanuláceas.)
TÁBANO n. m. (lat. *tabanum*). Díptero de cuerpo grueso, que pica a los bóvidos y al hombre.
TABAQUERA n. f. Petaca de bolsillo.
TABAQUERÍA n. f. Tienda donde se vende tabaco. **2.** *Cuba* y *Méx.* Taller donde se elaboran los cigarros puros.
TABAQUERO, A adj. Relativo al tabaco. ♦ adj. y n. **2.** Que trabaja en la elaboración del tabaco. **3.** Que vende o comercia con tabaco.
TABAQUISMO n. m. Intoxicación crónica producida por el abuso del tabaco.
TABARDILLO n. m. Insolación. ♦ n. m. y f. **2.** *Fig.* y *fam.* Persona alocada y bulliciosa.
TABARDO n. m. Cierta prenda de abrigo de paño o piel.
TABASARÁ (*serranía de*), sistema montañoso de Panamá, en la cordillera Central; 2826 m en el cerro Santiago.
TABASCO (*estado de*), est. del SE de México, junto al Caribe; 24 661 km²; 1 501 744 hab. Cap. Villahermosa.
TABERNA n. f. (lat. *tabernam*). Local público en que se vende y consume vino y algunas veces también comidas.
TABERNÁCULO n. m. (lat. *tabernaculum*). REL. Sagrario donde se guarda el Santísimo Sacramento. **2.** REL. Santuario portátil donde se guardaba el arca de la alianza hasta la construcción del templo de Salomón (s. x a. J.C.).
TABERNARIO, A adj. Propio de taberna o de las personas que la frecuentan: *lenguaje tabernario*.
TABERNERO, A n. Persona que vende vino o trabaja en una taberna.
TABICADO n. m. Acción y efecto de tabicar. **2.** Conjunto de tabiques.

TABICAR v. tr. [1a]. Cerrar con tabiques. ♦ v. tr. y pron. **2.** Obstruir algo que debía estar abierto.
TABIQUE n. m. (ár. *tašbīk*). Pared delgada que generalmente separa las habitaciones de una casa. **2.** *Méx.* Ladrillo de caras cuadrangulares. **3.** ANAT. Parte del tejido que rodea o separa dos cavidades.
TABLA n. f. (lat. *tabulam*). Pieza de madera, plana, de caras paralelas, poco gruesa y mucho más larga que ancha, usada en construcción y en carpintería. **2.** Pieza plana y poco gruesa de ciertas materias rígidas, como metal, piedra, mármol, etc. **3.** Pintura sobre un soporte de madera. **4.** Índice que se pone en los libros, regularmente por orden alfabético. SIN.: *tabla de materias*. **5.** Cuadro, lista o catálogo en el que están dispuestas metódicamente ciertas materias: *tablas de logaritmos*. **6.** En los vestidos, falda o ciertas prendas de vestir; doble pliegue liso. **7.** Terreno elevado y llano, frecuente entre los picos de los Andes. **8.** Nombre de diversos utensilios domésticos: *tabla de planchar.* **9.** Conjunto ordenado de elementos de información colocados en memoria uno detrás de otro. **10.** Tambor indio compuesto de pequeños timbales que se percuten con los dedos. • **A raja tabla,** dícese de la manera de poner en práctica algo o de ejecutar una orden sin concesiones ni alteraciones. || **Hacer tabla rasa,** prescindir de algo o desentenderse de ello. || **Tabla a vela,** deporte náutico introducido como clase olímpica en los Juegos de 1984. || **Tabla de salvación** (*Fig.*), último recurso, medio de salir con bien en una situación apurada o angustiosa. ♦ **tablas** n. f. pl. **11.** En los juegos de ajedrez y de damas, situación en que nadie puede ganar la partida. **12.** Escenario de un teatro. **13.** *Fig.* Empate, estado de un asunto que queda indeciso. • **Tener tablas,** desenvolverse con soltura en un escenario o en cualquier actuación ante el público.
TABLADA (José Juan), escritor mexicano (México 1871-Nueva York 1945). Tras una primera etapa modernista, se anticipó al ultraísmo y participó del vanguardismo. Escribió prosa pero sobre todo poesía (*El florilegio*, 1899, 1904 y 1918; *Li-Po y otros poemas*, 1920; *La feria*, 1928).
TABLADO n. m. Suelo de tablas construido en alto sobre un armazón, para desfiles, fiestas, etc. **2.** Tarima o escenario que se utiliza para la actuación de un espectáculo flamenco. SIN.: *tablao.*
TABLAJERÍA n. f. Carnicería, puesto de venta de carne.
TABLAZO (*bahía del*), bahía de Venezuela (Zulia), entre el lago Maracaibo y el golfo de Venezuela. En sus orillas, complejo petroquímico de El Tablazo.
TABLERO n. m. Plancha de material rígido. **2.** Tabla o conjunto de tablas unidas por el canto y barrotes atravesados por la cara opuesta. **3.** Pizarra, encerado. **4.** Tabla cuadrada con cuadritos de dos colores, para jugar al ajedrez o a las damas, o, con otras figuras, para jugar a diversos juegos de mesa. • **Tablero de dibujo,** superficie de madera perfectamente plana, sobre la que el dibujante dispone el papel.
TABLETA n. f. Placa de chocolate dividida en porciones. **2.** Comprimido, pastilla. **3.** *Argent.* Alfajor cuadrado o rectangular que se recubre con un baño de azúcar. **4.** *Argent.* Confitura aplanada y más larga que ancha.
TABLETEAR v. intr. [1]. Producir ruido con tabletas o tablas, o un ruido semejante con cualquier otra cosa: *se oía tabletear una ametralladora*.
TABLETEO n. m. Acción y efecto de tabletear.
TABLILLA n. f. Tabla pequeña. ♦ **tablillas** n. f. pl. **2.** En la antigüedad, placas de arcilla, madera o marfil, sobre las que se escribía con un punzón.
TABLOIDE n. m. y adj. Tipo de periódico cuyo formato es la mitad del habitual en estas publicaciones.
TABLÓN n. m. Tabla gruesa. **2.** *Fam.* Borrachera. **3.** *Amér.* Faja de tierra preparada para la siembra. • **Tablón de anuncios,** tablero donde se fijan y exponen noticias, avisos, listas, etc.
TABOGA, isla de Panamá (Panamá), en la bahía de Panamá; 3 km de long. Turismo.
TABÚ n. m. (voz polinésica). Interdicción convencional basada en ciertos prejuicios, convenciones o actitudes sociales: *para muchas personas el sexo es un tema tabú*.
TABULACIÓN n. f. Acción y efecto de tabular.
TABULADOR n. m. Dispositivo de la máquina de escribir, que fija los topes de inicio y final de las líneas.
TABULADORA n. f. Máquina que efectúa cálculos valiéndose de tarjetas perforadas.
TABULAR v. tr. [1]. Expresar valores, magnitudes, conceptos, etc., por medio de tablas. ♦ v. intr. **2.** Accionar el tabulador de una máquina de escribir.
TABURETE n. m. Banqueta, mueble sin brazos ni respaldo, destinado a sentarse o a apoyar los pies.
TACADA n. f. **1.** Golpe dado con el taco a la bola de billar. **2.** Serie de carambolas seguidas sin soltar el taco.
TACANA, grupo de pueblos amerindios de la familia lingüística arawak, establecidos principalmente en el O de Bolivia, Perú y la Amazonia.
TACANÁ o **SOCONUSCO,** volcán de América Central, en la sierra Madre centroamericana, en la frontera entre México y Guatemala; 4092 m. Solfataras.
TACAÑERÍA n. f. Calidad de tacaño. **2.** Acción propia de tacaño.
TACAÑO, A adj. y n. Mezquino, avaro.
TACARIGUA (*laguna de*), albufera de la costa caribe de Venezuela (Miranda), con una isla interior.
TACAY n. m. *Colomb.* Planta euforbiácea.
TACAZO n. m. Golpe dado con el taco.

TACHA n. f. (fr. *tache*). Falta o defecto. **2.** Clavo mayor que la tachuela. **3.** *Amér.* Vasija, tacho.

TACHADURA n. f. Acción y efecto de tachar.

TACHAR v. tr. [1]. Atribuir a alguien o algo una falta o tacha: *le tachó de inepto*. **2.** Borrar o suprimir lo escrito haciendo rayas o un borrón.

TACHE n. m. *Méx.* Tachadura, falta.

TACHERO, A n. *Argent. Fam.* Taxista.

TÁCHIRA *(estado)*, est. del SO de Venezuela; 11 100 km²; 855 780 hab. Cap. *San Cristóbal*.

TACHO n. m. *Amér.* Paila grande en que se acaba de cocer el melado y se le da el punto de azúcar. **2.** *Amér. Merid.* Recipiente para calentar agua y otros usos culinarios. **3.** *Amér. Merid.* Cubo de la basura. **4.** *Argent. y Chile.* Vasija de metal, de fondo redondeado, con asas, parecida a la paila. **5.** *Argent. y Chile. Por ext.* Cualquier recipiente de latón, hojalata, plástico, etc. **6.** *Urug.* Cubo para fregar los suelos. • **Ir al tacho** *(Argent. y Chile. Fig. y fam.)*, derrumbarse, fracasar una persona o negocio; *(Argent. y Chile. Fig. y fam.)*, morirse.

TACHO n. m. *Argent. Fam.* Taxi.

TACHÓN n. m. Tachuela grande, de cabeza dorada o plateada.

TACHÓN n. m. Raya con que se tacha lo escrito.

TACHONAR v. tr. [1]. Adornar o clavetear una cosa con tachones.

TACHUELA n. f. Clavo corto y de cabeza grande, cuya espiga va adelgazándose hacia la punta.

TACHUELA n. f. *Colomb.* Especie de escudilla de metal que se usa para calentar algunas cosas. **2.** *Colomb. y Venez.* Taza de metal, que se tiene en el tinajero para beber agua.

TÁCITO, A adj. (lat. *tacitum*). Callado, silencioso. **2.** Que no se expresa formalmente porque se sobreentiende o se infiere: *acuerdo tácito*.

TÁCITO, historiador latino (c. 55-c. 120). Escribió *Anales, Historias, Vida de Agrícola, Germania* y *Diálogo de los oradores*. Su estilo expresivo, denso y conciso lo convirtió en un maestro de la prosa latina.

TACITURNO, A adj. (lat. *taciturnum*). Callado, silencioso.

TACLLA n. f. (voz quechua). Instrumento agrícola de los pueblos precolombinos del imperio incaico.

TACNA *(departamento de)*, dep. del S de Perú (José C. Mariátegui); 16 063 km²; 222 000 hab. Cap. *Tacna*.

TACNA, c. de Perú, cap. del dep. homónimo; 97 200 hab. Centro agrícola, en un oasis del valle del Caplina. Tras la guerra del Pacífico (1879-1883), fue cedida a Chile junto con Arica. En 1929, pasó a Perú, y Arica quedó en poder de Chile.

TACO n. m. Pedazo de madera, metal u otra materia que se encaja en algún hueco, para sostener o equilibrar algo o para introducir un clavo. **2.** Bloc de calendario. **3.** Bloc de billetes de vehículos, entradas, etc. **4.** *Fig. y fam.* Lío, confusión. **5.** *Fig. y fam.* Palabrota, juramento: *soltar un taco*. **6.** Cada uno de los pedazos en que se cortan el jamón, el queso, etc., para los aperitivos. **7.** En el juego de billar, palo con uno de sus extremos revestido con un pedazo de cuero, con el que se impulsan las bolas. **8.** *Amér. Merid. y P. Rico.* Pieza que sobresale de la suela de un zapato para reforzar la parte del talón; tacón. **9.** *Argent.* En el juego de polo, maza de marfil con que se impulsa la bocha. **10.** *Méx.* Tortilla de maíz arrollada con algún ingrediente.

TACÓMETRO n. m. Instrumento que indica la velocidad de la máquina a que va acoplado. SIN.: *taquímetro*.

TACÓN n. m. Pieza semicircular unida exteriormente a la suela del calzado en la parte correspondiente al talón.

TACONAZO n. m. Golpe dado con el tacón.

TACONEAR v. intr. [1]. Pisar causando ruido, haciendo fuerza con el tacón. **2.** Bailar taconeando.

TACONEO n. m. Acción y efecto de taconear.

TACOPATLE O **TACOPLASTLE** n. m. *Méx.* Planta que se utiliza para curar mordeduras de víbora. (Familia aristoloquiáceas.)

TACORA, volcán andino de América del Sur localizado en Chile; 5988 m de alt.

TÁCTICA n. f. (gr. *taktike*). Conjunto de medios que se emplean para conseguir un resultado. **2.** MIL. Ciencia que estudia el modo de conducir un combate terrestre, naval o aéreo. (La táctica es, junto con la logística, la parte ejecutiva de la estrategia.)

TÁCTICO, A adj. Relativo a la táctica. ♦ adj. y n. **2.** Experto o especialista en táctica.

TÁCTIL adj. Relativo al tacto. • **Pantalla táctil** (INFORMÁT.), pantalla de visualización que reacciona al simple contacto del dedo.

TACTO n. m. (lat. *tactum*). Sentido corporal, con el que se percibe la presión de los objetos y las cualidades de éstos. **2.** Acción de tocar, ejercitar este sentido. **3.** Manera que tiene un objeto de impresionar el sentido del tacto: *una tela de tacto suave.* **4.** *Fig.* Sentimiento delicado de las conveniencias, de la medida, delicadeza: *falta de tacto.*

TACUACHE n. m. *Amér.* Zarigüeya.

TACUACÍN n. m. *Chile.* Zarigüeya.

TACUACO, A adj. *Chile.* Retaco, rechoncho.

TACUARA n. f. *Argent., Par. y Urug.* Planta gramínea, especie de bambú de cañas muy resistentes.

TACUAREMBÓ O **TACUAREMBÓ GRANDE**, r. de Uruguay, que nace en la frontera con Brasil y desemboca en el río Negro (or. der.); 230 km. Navegable por pequeñas embarcaciones.

TACUAREMBÓ *(departamento de)*, dep. del N de Uruguay; 15 969 km²; 83 498 hab. Cap. *Tacuarembó*.

TACUAREMBÓ, ant. **San Fructuoso**, c. de Uruguay, cap. del dep. homónimo; 40 470 hab. Centro comercial. Industrias agropecuarias. Aeropuerto.

TACURÚ n. m. *Argent. y Par.* Hormiga.

TADZHIKISTÁN (República del) o **TADZHIKIA**, estado de Asia central, en la frontera con China y Afganistán; 143 000 km²; 5 100 000 hab. *(Tadzhik.)* CAP. *Dushanbe.* LENGUA OFICIAL: *Tadzhik.* MONEDA: *rublo.*

GEOGRAFÍA

Tadzhikistán es un país montañoso, donde se asocia la ganadería (fundamentalmente ovina) y la agricultura (algodón). La población está constituida por casi dos terceras partes de origen tadzhik y una importante minoría de uzbekos.

HISTORIA

La frontera entre las regiones del SE de Asia central conquistadas por los rusos (a partir de 1865) y el kanato de Bujará por una parte, y Afganistán, por otra, fue fijada entre 1886 y 1895 por una comisión anglorrusa. 1924: la república autónoma del Tadzhikistán fue creada en el seno del Uzbekistán. 1925: anexión del Pamir septentrional. 1929: Tadzhikistán se convirtió en una república federada de la U.R.S.S. 1990: los comunistas ganaron las primeras elecciones republicanas libres. 1991: el soviet supremo proclamó la independencia de la república (set.), que se adhirió a la C.E.I. 1992: una guerra civil enfrentó a los islamistas y demócratas contra los procomunistas. 1997: acuerdo de paz entre las partes beligerantes.

TAEKWONDO n. m. Una de las artes marciales, que es una modalidad de lucha coreana.

TAFETÁN n. m. (persa *tāftah*). En la industria textil, uno de los tres ligamentos fundamentales. **2.** Tela, por lo común de seda, tejida con dicho ligamento.

TAFÍ VIEJO, dep. de Argentina (Tucumán); 79 193 hab. Ganadería. Talleres ferroviarios.

TAFIA n. f. Aguardiente del azúcar de caña.

TAFILETE n. m. Cuero elaborado con pieles de cabra tratadas con curtiente vegetal.

TAFILETERÍA n. f. Arte de fabricar o adobar el tafilete. **2.** Conjunto de artículos u objetos hechos de tafilete. SIN.: *marroquinería.*

TAFILETERO, A n. Persona que elabora o vende artículos de tafilete. SIN.: *marroquinero.*

TAGALO, A adj. y n. Relativo a un pueblo de Filipinas, principal grupo de la isla de Luzón, que habla el tagalo; individuo de este pueblo. ♦ adj. **2.** Lengua nacional de la República de Filipinas.

TAGARNINA n. f. Cardillo. **2.** *Fig. y fam.* Cigarro puro de mala calidad.

TAGLE Y **PORTOCARRERO** (José Bernardo de), político peruano (Lima 1779-El Callao 1825), marqués **de Torre Tagle.** Gobernador de Trujillo (1819), proclamó la independencia (1820) y fue presidente (1823-1824) antes de que Bolívar fuera nombrado dictador.

TAGORE (Rabindranāth Thakur, llamado **Rabindranāth**), escritor indio (Calcuta 1861-Santiniketan 1941), autor de poemas de inspiración mística o patriótica (*La ofrenda lírica*, 1913), de novelas y obras de teatro. [Premio Nobel de literatura 1913.]

TAHITÍ, isla principal del archipiélago de la Sociedad (Polinesia Francesa); 1042 km²; 131 308 hab. Cap. *Papeete.* Fue anexionada a Francia en 1880.

TAHONA n. f. (ár. *tahūna*). Panadería.

TAHUANTINSUYU, conjunto del imperio inca o Incario, que se dividía en cuatro provincias o regiones, siguiendo los cuatro puntos cardinales: Antisuyu, Collasuyu, Contisuyu ▼ Chinchasuyu, en el centro de las cuales estaba Cuzco.

TAHÚR, RA adj. y n. *Desp.* Que se dedica al juego como profesión o hace trampas en él.

TAIBEI O **T'AI-PEI**, c. y cap. de Taiwan; 2 445 000 hab. (5 millones aprox. en la aglomeración). Centro comercial e industrial. Museo nacional (rica colección de pintura china antigua).

TAIGA O **TAÏGA** n. f. (voz rusa). Formación vegetal del N de Eurasia y de América, constituida por bosques de coníferas, característica de las regiones frías de veranos cortos.

TAILANDÉS, SA adj. y n. De Tailandia.

TAILANDIA O **THAILANDIA**, en thai **Muang Thai**, ant. **Siam**, estado del Sureste asiático; 514 000 km²; 58 800 000 hab. *(Tailandeses.)* CAP. *Bangkok.* LENGUA OFICIAL: *thai.* MONEDA: *baht* (o *tical*).

GEOGRAFÍA

Los thai (80 % de la población total) viven en la llanura central (avenada por el Chao Phraya), zona vital del país, en la que se practica el cultivo intensivo de arroz y se encuentran ubicadas las grandes ciudades (Bangkok). El N y el O, montañosos, proporcionan madera de teca, mientras que las plantaciones de hevea y las minas de estaño se sitúan en el S del istmo de Kra. La pesca es activa. El sector industrial sigue siendo limitado (complementario, textil, montaje automovilístico). A pesar del desarrollo del turismo, la situación económica sigue siendo difícil (déficit comercial, deuda exterior, gastos militares).

HISTORIA

De los reinos thai a la monarquía Shakri. S. VI: se desarrolló el reino de Dvā-

TAI ravatī, de población môn y de cultura budista. Ss. XI-XII: los khmers conquistaron la región. S. XIII: los thai, conocidos con el nombre de syām (siameses), fundaron los reinos de Sukhotai y de Lan Na (cap. Chiangmai). C. 1350: crearon el reino de Ayuthia. C. 1438: este último se anexionó a Sukhothai. 1592: el reino, que había sido ocupado por los birmanos, fue liberado. Ss. XVI-XVII: mantuvo relaciones con occidente. 1767: los birmanos saquearon Ayu-thia. 1782: Rāma I fue coronado en Bangkok, la nueva capital, y fundó la dinastía Shakri. 1782-1851: Rāma I, II y III dominaron en parte Camboya, Laos y Malasia. 1893-1909: Tailandia tuvo que reducir sus fronteras en favor de la Indochina Francesa y de Malasia.
La Tailandia contemporánea. 1932: un golpe de estado desembocó en la creación de un sistema dominado por los autores del golpe. 1938: el mariscal Pibul Songgram tomó el poder. 1941-1944: se alió con Japón. 1948: volvió al poder. 1950: Bhumipol Adulyadet fue coronado rey con el nombre de Rāma IX. 1957-1973: el poder continuó en manos de los militares, S. Thanarat (1957-1963) y T. Kittikachorn (1963-1973). A partir de 1962 se desarrolló la guerrilla comunista. 1976: el ejército volvió a tomar el poder. 1979: tras la invasión de Camboya por Vietnam, hubo una gran afluencia de refugiados. 1980: el general P. Tinsulanod, primer ministro. 1988: C. Choonhavan le sucedió. 1991: fue derrocado por un golpe de estado militar. 1992: se institucionalizó el papel del parlamento y de los partidos políticos. Chuan Leekpai, primer ministro. 1995: le sucedió el derechista B. Silpa Archa. 1997: Lekpai reelegido. 2001: T. Shinawatra, primer ministro. Un terremoto con epicentro en Sumatra (Indonesia) provocó tsunamis que llegaron a las costas y provocaron más de 5 300 muertos y cerca de 3 500 desaparecidos.
TAIMADO, A adj. v. n. (port. *taimado*). Astuto y maligno. **2.** *Chile.* Obstinado, emperrado.
TAIMARSE v. pron. [1]. *Chile.* Emperrarse.
TAINE (Hippolyte), filósofo, crítico e historiador francés (Vouziers 1828-París 1893). Su obra, *De la inteligencia* (1870), le convirtió en un representante del determinismo geográfico.
TAINO o **TAÍNO** adj. y n. m. y f. Relativo a un pueblo amerindio, que en la época de la conquista vivía en La Española, Cuba, Puerto Rico y Jamaica; individuo de este pueblo.
T'AI-PEI → *Taibei.*
TAIRONA, pueblo amerindio de lengua independiente de la costa N de Colombia, act. extinguido, que en época precolombina desarrolló una importante cultura.
TAITA n. m. *Argent., Chile, C. Rica* y *Ecuad. Fam.* En el lenguaje infantil, padre u otras personas mayores que merecen respeto.
TAITAO *(península de),* península de Chile (Aisén del General Carlos Ibáñez del Campo), unida al continente por el istmo de Ofqui.
TAIWAN, ant. **Formosa,** estado insular de Asia oriental, separado de China continental por el *estrecho de Taiwán*; 36 000 km^2; 20 500 000 hab. *(Chinos.)* CAP. Taibei. LENGUA OFICIAL: chino. MONEDA: dólar de Taiwán.
GEOGRAFÍA
La isla recibe intensas precipitaciones debido al monzón de verano. Está formada por elevadas montañas en el E, y en el O por colinas y llanuras muy explotadas (caña de azúcar, arroz, hortalizas y frutas). El sector industrial (textil, material eléctrico y electrónico, plásticos, juguetes) se dedica principalmente a la exportación y se ha convertido en el motor de la economía.
HISTORIA
Desde el s. XII: mercaderes y piratas chinos frecuentaron la isla. S. XVII: emigrantes chinos poblaron la isla; los holandeses se establecieron en el S (1624), y los españoles en el N (1626-1642). 1683: la isla pasó a manos de los emperadores Qing. 1895: el tratado de Shimonoseki cedió Formosa a Japón. 1945: la isla fue devuelta a China. 1949: sirvió de refugio al gobierno Guomindang, presidido por Chang Kai-shek. 1950-1971: dicho gobierno representó a China en el Consejo de seguridad de la O.N.U. 1975: Chang Ching-kuo sucedió a su padre, Chang Kai-shek. 1979: E.U.A. reconoció la República Popular de China y rompió sus relaciones diplomáticas con Taiwan. La isla rechazó la integración pacífica que le propuso la China popular. 1987: se inició un proceso de democratización. 1988: muerte de Chang Ching-kuo. Lee Teng-hui le sucedió. 1991: cese del estado de guerra con China. 1996: elecciones presidenciales democráticas que confirmaron a L. Tenghui en la presidencia. 2000: Chen Shui-bian, independentista, presidente.
TAJADA n. f. Porción cortada de una cosa: *una tajada de sandía.* **2.** *Fam.* Borrachera. • **Sacar tajada** *(Fam.),* obtener ventaja o provecho de un asunto.
TAJADURA n. f. Acción y efecto de tajar.
TAJAMAR n. m. Espolón. **2.** *Argent.* y *Ecuad.* Represa o dique pequeño. **3.** *Argent.* y *Perú.* Zanja en la ribera de los ríos para amenguar el efecto de las crecidas. **4.** *Chile, Ecuad.* y *Perú.* Malecón, dique.
TAJANTE adj. Dícese de lo que taja o corta. **2.** *Fig.* Dícese de las palabras, entonación o gestos de alguien, que interrumpen cualquier réplica o insistencia por parte del que dice o suplica una cosa: *negativa tajante.*
TAJAR v. tr. [1]. Cortar, dividir algo en dos o más partes con un instrumento cortante.
TAJES (Máximo), militar y político uruguayo (Canelones 1859-Montevideo 1912), fue presidente de la república (1886-1890).
TAJO n. m. Corte hecho con un instrumento cortante. **2.** Tarea, trabajo. **3.** Filo o arista de un instrumento cortante. **4.** Pedazo o tronco de madera grueso, que sirve para partir y picar la carne.
TAJO, en port. **Tejo,** r. de la península Ibérica, de la vertiente atlántica; 1120 km (910 km en suelo español). Nace en los montes Universales, discurre por la Mancha y después de formar frontera penetra en Portugal para desembocar en un amplio estuario (mar de la Paja) en Lisboa. Afluentes: Jarama, Guadarrama, Alberche, Tiétar, Alagón, Zézere (or. der.), y Algodor, Almonte, Salor, Muge (or. izq.).
TAJUMULCO, volcán de Guatemala (San Marcos), en la sierra Madre centroamericana, la cumbre más alta de América Central; 4220 m.
TAL adj. y pron. dem. (lat. *talem*). Denota indeterminación del término al que se aplica: *un tal Juan.* **2.** Expresa un matiz ponderativo o despectivo: *no me trato con tales personas.* **3.** Puede usarse en los dos términos de una comparación: *de tal palo, tal astilla.* **4.** Igual, semejante: *nunca se ha visto tal cosa.* • **Con tal de, o que,** con la precisa condición de. || **Tal como, o tal cual,** como. || **Tal para cual** *(Fam.),* úsase para expresar despectivamente la semejanza o igualdad de la manera de ser de dos personas. ♦ adv. m. **5.** Así, de esta manera: *tal estaba de distraído que no me saludó.*
TALA n. f. Acción y efecto de talar. **2.** Abatida. **3.** *Argent., Bol., Par.* y *Urug.* Planta ulmácea cuya raíz se usa para teñir. **4.** *Chile.* Acción de comer los animales la hierba que no puede ser cortada por la hoz.

TALA n. m. En Hispanoamérica, esclavo negro que se dedicaba a los trabajos del campo.
TALA, dep. de Argentina (Entre Ríos), avenado por el Gualeguay; 24 244 hab. Cab. *Rosario del Tala.*
TALABARTERÍA n. f. Taller de artesanía donde se fabrican y reparan guarniciones para caballerías.
TALACHA n. f. *Méx.* Instrumento para labrar la tierra, parecido a la azada. **2.** *Méx.* Reparación, principalmente las que se realizan en las carrocerías de los automóviles: *llevar el coche para que le hagan talacha.* **3.** *Méx. Fam.* Trabajo o tarea pequeños: *estuve haciendo talacha todo el día en casa.*
TALADOR, RA adj. Que tala. ♦ n. m. **2.** Obrero que corta los árboles en los montes o bosques.
TALADRADORA n. f. Máquina-herramienta que sirve para taladrar y para mandrilar agujeros previamente taladrados.
TALADRAR v. tr. [1]. Horadar, agujerear una cosa con un taladro u otra herramienta. **2.** *Fig.* Herir los oídos un sonido fuerte y agudo.
TALADRO n. m. Herramienta giratoria, de filo cortante, que sirve para agujerear una materia dura. **2.** Agujero hecho con el taladro. **3.** Taladradora.
TALAGANTE, com. de Chile (Santiago), junto al Mapocho; 43 755 hab. • Centro de veraneo.
TALAJE n. m. *Chile.* Acción de pacer los ganados. **2.** *Chile.* Precio que se paga por esto.
TALAMANCA, grupo de pueblos de América Central, de lengua chibcha, muchos de ellos extinguidos.
TALAMANCA *(cordillera de),* sistema montañoso de Costa Rica, en la sierra Madre centroamericana (cerro Chirripó, 3819 m de alt., punto culminante del país). Divisoria de aguas entre las cuencas del Caribe y del Pacífico. Hacia el Caribe se extiende La Amistad, el *valle de Talamanca.* El conjunto de parques nacionales *(parque nacional de la cordillera de Talamanca, parque nacional Chirripó),* reservas biológicas, reservas indígenas (restos arqueológicos) y la zona de protección forestal de Las Tablas fue declarado bien cultural-natural del patrimonio mundial por la Unesco (1983) con el nombre de *cordillera de Talamanca-La Amistad.*
TÁLAMO n. m. (lat. *thalamum*). Lecho conyugal. **2.** ANAT. Parte del encéfalo situada en la base del cerebro. SIN.: *tálamo óptico.* **3.** BOT. Receptáculo.
TALAMOCO, A adj. *Ecuad.* Falto de pigmentación.
TALANTE n. m. Estado o disposición de ánimo, generalmente reflejado en el semblante, en que se encuentra una persona. **2.** Voluntad, deseo.
TALAR adj. (lat. *talarem*). Dícese de la vestidura, generalmente eclesiástica, que llega hasta los talones.
TALAR v. tr. [1]. Cortar por el pie los árboles. **2.** Destruir, arrasar campos, casas, poblaciones, etc.
TALARA, c. y puerto de Perú (Piura), en la costa del Pacífico; 33 900 hab. Complejo petroquímico. Aeródromo.
TALASOCRACIA n. f. Estado cuya potencia residía principalmente en el dominio de los mares.
TALAVERA (Alfonso **Martínez de Toledo,** llamado **Arcipreste de**), escritor español (Toledo 1398-† c. 1470). Escribió obras piadosas e históricas, aunque su obra fundamental es el *Corbacho* o *Reprobación del amor mundano.*
TALAVERA DE LA REINA, c. de España (Toledo), cab. de p. j.; 69 136 hab. *(Talaveranos.)* Centro agrícola y comercial. Es célebre su cerámica, del tipo de loza vidriada, conocida desde el s. XII. Colegiata gótica (ss. XIV-XV), iglesia gótica de

Santiago (azulejos, s. XVIII) y ermita de la Virgen de Prado (azulejos, s. XVII).

TALAYOT o **TALAYOTE** n. m. Tipo de monumento megalítico de Baleares.

TALCA, c. de Chile, cap. de la región de Maule, junto al río Claro; 171 467 hab. Centro industrial. Turismo (Altos de Vilches). Aeródromo. Central hidroeléctrica.

TALCAHUANO, c. de Chile (Biobío); 246 566 hab. Forma parte de la aglomeración de Concepción. Puerto de cabotaje, pesquero y militar.

TALCO n. m. (ár. *talq*). Silicato natural de magnesio, que se encuentra en los esquistos cristalinos. **2.** Polvo obtenido con esta materia.

TALEGA n. f. Bolsa ancha y corta, generalmente de tela. **2.** *Fam.* Caudal o dinero de alguien.

TALEGADA n. f. Lo que cabe en una talega. **2.** Costalada, golpe dado al caer de espaldas.

TALEGO n. m. Bolsa larga y estrecha, de tela fuerte y basta. **2.** *Fig.* y *fam.* Persona gorda y ancha de cintura. **3.** *Vulg.* Cárcel. **4.** *Vulg.* Mil pesetas.

TALENTO n. m. (lat. *talentum*). Antigua unidad ponderal del oriente mediterráneo. **2.** *Fig.* Inteligencia, capacidad intelectual de una persona. **3.** *Fig.* Aptitud para el ejercicio de una ocupación.

TALENTOSO, A adj. Que tiene talento.

TALERO n. m. *Argent.*, *Chile* y *Urug.* Látigo para azotar a las caballerías.

TALES de Mileto, matemático y filósofo griego de la escuela jónica (Mileto c. 625 a. J.C.-c. 547 a. J.C.). Se le atribuye la primera medida exacta del tiempo con el *nomon* y algunos conocimientos sobre las relaciones de los ángulos con los triángulos a los que pertenecen.

TALGÜEN n. m. *Chile.* Planta arbustiva cuya madera es muy estimada en carpintería. (Familia romnáceas.)

TALIO n. m. Metal blanco (Tl), de número atómico 81, y de masa atómica 204,37, presente en determinadas piritas.

TALIÓN n. m. **Ley del talión**, castigo de la ofensa recibida con una pena del mismo tipo.

TALISMÁN n. m. (gr. bizantino *telesma*, ceremonia religiosa). Objeto al que se supone dotado de un poder sobrenatural.

TALLA n. f. Acción de tallar. **2.** Estatura de una persona. **3.** *Fig.* Grado o capacidad moral o intelectual de una persona. **4.** Medida convencional usada en la fabricación y venta de prendas de vestir. **5.** Obra de escultura, especialmente en madera. **6.** Procedimiento de grabado a buril sobre plancha de cobre o de acero. **7.** Manera de labrar el vidrio, el cristal, las piedras preciosas, etc. **8.** *Chile.* Dicho oportuno, espontáneo.

TALLADO n. m. Acción y efecto de tallar.

TALLADOR, RA n. *Argent.*, *Chile*, *Guat.*, *Méx.* y *Perú.* Persona que reparte las cartas o lleva las cuentas en una mesa de juego.

TALLAR v. tr. (ital. *tagliare*). [1]. Cortar una piedra, madera, cristal, etc., para darle una determinada forma. **2.** Labrar una escultura. **3.** Grabar en hueco, dibujar con cortes en el metal. **4.** Medir la estatura de alguien. ◆ v. intr. **5.** Llevar la parte importante de una conversación o discusión. **6.** *Chile.* Hablar de amores un hombre y una mujer.

TALLARÍN n. m. Tira estrecha de pasta para preparar diversos platos. (Suele usarse en plural.)

TALLE n. m. (fr. *taille*). Cintura, parte del cuerpo entre el tórax y las caderas. **2.** Figura, planta del cuerpo. **3.** Parte del vestido que corresponde a la cintura. **4.** Medida desde los hombros a la cintura.

TALLER n. m. (fr. *atelier*). Lugar donde se realiza un trabajo manual. **2.** B. ART. Conjunto de alumnos o colaboradores que trabajan o han trabajado bajo la dirección de un mismo maestro. **3.** B. ART. Local dispuesto para la ejecución de trabajos artísticos.

TALLET (José Zacarías), escritor cubano (Matanzas 1893), autor del poemario *La semilla estéril* (1951), exponente del prosaísmo irónico y sentimental de la lírica cubana.

TALLINN, en ruso **Tallin**, ant. **Reval** o **Revel**, c. y cap. de Estonia, junto al golfo de Finlandia; 482 000 hab. Centro industrial. Universidad. Ciudadela medieval y otros monumentos.

TALLISTA n. m. y f. Persona que talla en madera.

TALLO n. m. (lat. *thallum*). Eje de una planta, que sostiene las hojas y finaliza en una yema. **2.** Cualquier parte análoga de los vegetales inferiores.

TALLUDO, A adj. Que tiene tallo grande o muchos tallos. **2.** Que ha dejado de ser joven.

TALMUDISTA n. m. Sabio judío versado en el estudio del Talmud.

TALO n. m. BOT. Cuerpo vegetativo, en el que no se diferencian raíz, tallo y hojas.

TALOFITO, A adj. y n. f. Relativo a un grupo de vegetales pluricelulares cuyo aparato vegetativo está constituido por un talo.

TALÓN n. m. **1.** Parte posterior del pie. **2.** Parte del zapato, calcetín o media que corresponde a esta parte. **3.** Documento que, acompañado de su matriz, está unido con otros iguales formando un cuadernillo, y que se separa de aquélla para darlo al interesado: *talón bancario.* **4.** MAR. Extremidad de popa en la quilla de un buque.

TALONARIO n. m. Libro o cuadernillo de talones.

TALONEAR v. tr. [1]. En rugby, dar al balón con los talones para sacarlo de la melée. **2.** *Argent.* Incitar el caballo con los talones a la cabalgadura. **3.** *Méx. Vulg.* Pedir prestado o regalado algo, especialmente dinero. ◆ v. intr. **4.** *Méx.* Prostituirse una persona.

TALONERA n. f. Remiendo que se pone en el talón de las medias o calcetines o en los pantalones para evitar el desgaste.

TALPETATE n. m. *Amér. Merid.* Capa de barro amarillo y arena fina para pavimentar carreteras.

TALTUZA n. f. *C. Rica.* Roedor similar a la rata.

TALUD n. m. (fr. *talus*). Inclinación o pendiente de un terreno o del paramento de un muro. ◆ **Talud continental**, pendiente que une la plataforma continental con las profundidades marinas.

TALUDÍN n. m. *Guat.* Reptil similar al caimán.

TAMAL n. m. *Amér.* Masa de maíz con manteca cocida y envuelta en una hoja de plátano o maíz, que suele rellenarse de carne, pollo, chile u otros ingredientes. **2.** *Amér. Fig.* Lío, embrollo, intriga.

TAMALEAR v. tr. [1]. *Méx.* Comer tamales.

TAMANDUÁ n. m. *Amér.* Animal parecido al oso hormiguero, pero de menor tamaño.

TAMANGO n. m. *Amér. Merid.* Calzado rústico de cuero.

TAMAÑO, A adj. (lat. *tam magnus*). Semejante, tal. **2.** Tan grande o pequeño como lo que se compara. ◆ n. m. **3.** Magnitud o volumen.

TAMARINDO n. m. (ár. vulg. *tamar hindi*, dátil de la India). Planta arbórea de las regiones tropicales. (Familia cesalpiniáceas.) **2.** Fruto de este árbol.

TAMARUGAL (*pampa del*), pampa de Chile (Tarapacá y Antofagasta). Se extiende entre las cordilleras de los Andes y de la Costa, desde el extremo N del país hasta el Loa. Recursos mineros (nitratos).

TAMARUGO n. m. *Chile.* Planta mimosácea, especie de algarrobo.

TAMAULIPAS (*estado de*), est. del NE de México, junto al golfo de México; 79 829 km²; 2 249 581 hab. Cap. *Ciudad Victoria.*

TAMAULIPECA (*planicie*), región fisiográfica de México, entre la sierra Madre oriental y el golfo de México, y desde el río Bravo, al N, hasta la cordillera Neovolcánica, al S. Está accidentada por la *sierra de Tamaulipas* y la de San Carlos.

TAMAULIPECO, A adj. y n. De Tamaulipas.

TAMAYO (Franz), escritor y político boliviano (La Paz 1880-íd. 1956). Considerado el mayor poeta modernista boliviano (*Odas*, 1898; *Proverbios*, 1905; *Scherzos*, 1932). Es también autor de tragedias y de ensayos socioculturales.

TAMAYO (José Luis), político ecuatoriano (Guayas 1859-† 1947). Ministro de Estado, fue presidente de la república (1920-1924).

TAMAYO (Rufino). pintor mexicano (Oaxaca 1899-México 1991). Su profunda admiración por el arte precolombino y los motivos inspirados en el folklore mexicano, marcaron su aproximación a las vanguardias, especialmente al cubismo. Expresó su estilo enérgico y colorista en excepcionales murales y óleos (frescos del conservatorio nacional de México, 1933; *Animales*, 1943; mural del palacio de Bellas artes de México, 1953). Sus mixografías son grabados en altorrelieve y papel.

TAMBA n. f. *Ecuad.* Especie de manta usada de abrigo, chiripá.

TAMBACHE n. m. *Méx. Fam.* Bulto o envoltorio grande, pila o montón de cosas.

TAMBALEARSE v. pron. [1]. Moverse de un lado a otro por falta de equilibrio. **2.** *Fig.* Perder firmeza.

TAMBARRIA n. f. *Colomb.*, *Ecuad.*, *Hond.* y *Nicar.* Jolgorio, parranda.

TAMBERO, A adj. y n. f. *Argent.* Dícese del ganado manso especialmente de las vacas lecheras. ◆ adj. **2.** *Amér. Merid.* Relativo al tambo. ◆ n. **3.** *Amér. Merid.* Persona que tiene un tambo.

TAMBIÉN adv. m. Afirma la semejanza, comparación, conformidad o relación de una cosa con otra ya expresada.

TAMBO n. m. (voz quechua). Tipo de edificios del imperio incaico, a lo largo de los caminos, para lugar de descanso en los desplazamientos largos. **2.** *Argent.* Establecimiento ganadero destinado al ordeño de vacas y a la venta. **3.** *Argent.* Corral donde se ordeña. **4.** *Méx. Vulg.* Cárcel: *lo metieron al tambo.* **5.** *Perú.* Tienda rural pequeña.

TAMBOCHA n. f. *Colomb.* Hormiga muy venenosa que tiene la cabeza roja.

TAMBOR n. m. (persa *tabir*). Instrumento músico de percusión, formado por una caja cilíndrica cerrada por sus dos bases por una membrana cuya tensión puede regularse. **2.** Músico que toca el tambor. **3.** *Fam.* Recipiente cilíndrico que se emplea como envase: *un tambor de detergente.* **4.** Tímpano del oído. **5.** Cimborrio. **6.** Pequeño bastidor redondo en el que se tensa la tela que se ha de bordar. ◆ **Tambor de freno** (TECNOL.), pieza circular, unida al buje de la rueda o al árbol que se ha de frenar, sobre la que actúa, por fricción, el segmento de freno.

TAMBORIL n. m. Tambor cuya caja es más estrecha y alargada que la del tambor ordinario.

TAMBORILEAR v. intr. [1]. Tocar el tambor o el tamboril. **2.** Dar golpes repetidos y rítmicos.

TAMBORILERO, A n. Músico que toca el tambor o el tamboril.

TAMBORITO n. m. Baile nacional de Panamá, de origen africano.

TAMERLÁN *v. Timūr Lang.*

TAMESÍ, r. de México, en la vertiente del golfo de México (Tamaulipas); 430 km. Desemboca, junto con el Pánuco, cerca de Tampico.

TÁMESIS, en ingl. **Thames**, r. de Gran Bretaña que atraviesa Londres y desemboca

TAM

en el mar del Norte a través de un amplio estuario; 338 km.

TAMIZ n. m. (fr. *tamis*). Cedazo de chapas perforadas, que sirve para pasar sustancias pulverulentas o líquidos turbios.

TAMIZAR v. tr. [**1g**]. Pasar por el tamiz: *tamizar harina*. **2.** *Fig.* Seleccionar o depurar.

TAMPICO n. m. Variedad de agave de México. **2.** Fibra obtenida de esta planta.

TAMPICO, c. y puerto de México (Tamaulipas), cerca de la desembocadura del Pánuco; 272 690 hab. Centro industrial, financiero y comercial de una región petrolera. Pesca. Forma una conurbación con Ciudad Madero.

TAMPOCO adv. neg. Incluye en una negación ya expresada otro elemento también afectado por dicha negación: *ayer no vino ni hoy tampoco*.

TAMPÓN n. m. Almohadilla para entintar sellos, estampillas, etc. **2.** Cilindro de material absorbente utilizado por las mujeres, con fines higiénicos, durante la menstruación.

TAM-TAM n. m. (voz onomatopéyica). Instrumento de percusión parecido al tambor, de origen africano, que se toca con las manos. **2.** Redoble prolongado de dicho instrumento, con el que en África se comunican ciertos acontecimientos.

TAMUGA n. f. *Amér. Central.* Talego, fardo.

TAN n. f. Onomatopeya del tañido de la campana, del tambor o de otro instrumento.

TAN adv. c. Apócope de *tanto*, cuando se antepone a un adjetivo o a otro adverbio: *es tan caro...; está tan lejos...* **2.** Denota idea de equivalencia o igualdad: *tan duro como el hierro*. • **Tan siquiera,** siquiera, aunque.

TANATE n. m. *Amér. Central* y *Méx.* Cesto cilíndrico de palma o tule. **2.** *Amér. Central.* Lío, fardo. **3.** *Méx. Vulg.* Testículo. ◆ **tanates** n. m. pl. **4.** *Amér. Central.* Trastos, cachivaches.

TANATORIO n. m. (del gr. *thanatos*, muerte). Edificio destinado a velatorios.

TANCÍTARO, volcán de México (Michoacán), en la cordillera Neovolcánica; 3845 m de alt. En su base se encuentra el Paricutín.

TANDA n. f. Cada grupo en que se divide la totalidad de un conjunto. **2.** Número indeterminado de cosas distintas de un mismo género. **3.** *Amér.* Sección o parte de una representación teatral. **3.** *Argent.* En televisión, sucesión de avisos publicitarios que se intercalan en un programa.

TÁNDEM n. m. (voz inglesa). Bicicleta acondicionada para ser accionada por dos personas situadas una detrás de la otra. **2.** *Fig.* Asociación de dos personas o de dos grupos que trabajan en una obra común.

TANDERO, A n. *Chile.* Chancero.

TANDIL, partido de Argentina (Buenos Aires); 101 231 hab. Metalurgia. Canteras de granito. Turismo.

TANDILIA (*sistema de*), sistema orográfico de Argentina (Buenos Aires), sucesión de cerros (sierras La Juanita, de la Tinta, de Tandil) que se extienden al S de la región Pampeana hasta el cabo Corrientes, en Mar del Plata. Zona turística.

TANGA n. m. Bikini de dimensiones muy reducidas.

TANGALEAR v. intr. [**1**]. *Colomb.* y *Hond.* Demorar el cumplimiento de una obligación intencionadamente.

TANGÁN n. m. *Ecuad.* Tablero colgado del techo, que se usa a modo de despensa.

TANGANYIKA (*lago*), gran lago de África oriental, entre la República Democrática del Congo, Burundi, Tanzania y Zambia, que desagua en el Zaire (or. der.) a través del Lukuga; 31 900 km².

TANGARA n. f. Ave paseriforme de América, de vivos colores.

TANGEDOR n. m. *Amér.* Serpiente de cascabel.

TANGENCIA n. f. MAT. Estado de tangente.

TANGENCIAL adj. Que es tangente, relativo o relacionado con la tangente. **2.** Lateral, no importante.

TANGENTE adj. (del lat. *tangere*, tocar). Que está en contacto por un solo punto: *recta tangente a un círculo*. ◆ n. f. **2.** Recta que toca en un solo punto a una curva o a una superficie sin cortarla. • **Salirse, irse, o, por la tangente** (*Fam.*), utilizar una evasiva para eludir una respuesta comprometida. ǁ **Tangente de un ángulo, o de un arco,** cociente del seno por el coseno de dicho ángulo o de dicho arco (símbolo tg).

TÁNGER, en ár. **Tanya,** c. y puerto de Marruecos, cap. de prov., junto al estrecho de Gibraltar; 312 000 hab. Turismo. Fue ciudad internacional de 1923 a 1956, excepto durante la ocupación española (1940-1945). Desde 1962 es un puerto franco.

TANGERINA n. f. Variedad de mandarina.

TANGIBLE adj. Que es susceptible de ser percibido por el tacto. **2.** *Fig.* Real, comprobable.

TANGO n. m. Baile argentino, danzado por una pareja enlazada. **2.** Música y letra de este baile.

TANGUEAR v. intr. [**1**]. *Argent.* y *Urug.* Tocar o cantar tangos.

TANGUISTA n. m. y f. Bailarín o bailarina profesional, contratados para que bailen con los clientes de un local de esparcimiento.

TANINO n. m. (fr. *tanin*). Sustancia vegetal, que se usa para curtir las pieles y para la fabricación de tintas.

TANO, A n. *Argent.* y *Urug. Desp.* Persona de origen italiano.

TANO, grupo de pueblos de la familia lingüística azteca-tanoica de Nuevo México (E.U.A.).

TANQUE n. m. Vehículo cisterna en que se transporta agua u otro líquido. **2.** Recipiente para productos petrolíferos. **3.** AERON. Avión cisterna. **4.** MIL. Carro de combate.

TANQUETA n. f. Carro de combate ligero.

TÁNTALO n. m. Metal (Ta) de número atómico 73, de masa atómica 180,947, muy duro, denso (densidad 16,6) y poco fusible.

TÁNTALO n. m. Ave parecida a la cigüeña que habita en América, África y Asia.

TÁNTALO, rey legendario de Frigia o de Lidia que, por haber ofendido a los dioses, fue arrojado a los infiernos y condenado a sufrir un hambre y una sed devoradoras.

TANTÁN n. m. Gong, batintín.

TANTEADOR n. m. DEP. Tablero o panel en el que se marcan los tantos.

TANTEAR v. tr. [**1**]. Calcular aproximadamente el valor, peso, tamaño, cantidad, etc., de una cosa o magnitud. **2.** Ensayar una operación antes de realizarla definitivamente. **3.** *Fig.* Explorar el ánimo de alguien antes de aventurarse a pedir, proponer, etc. **4.** *Hond.* Acechar a alguien para asaltarle. **5.** *Méx. Fam.* Tomar el pelo a alguien, burlarse de él. ◆ v. tr. e intr. **6.** Señalar los tantos en el juego.

TANTEO n. m. Acción y efecto de tantear. **2.** En un juego o competición deportiva, proporción de tantos entre los distintos jugadores o competidores. **3.** DER. Derecho que por ley, costumbre o convenio se concede a una persona para adquirir algo con preferencia a otro y por el mismo precio. • **A, o por, tanteo,** aproximadamente.

TANTO adv. m. Así, de tal manera, en tal grado: *tanto hace quien tanto quiere*. ◆ adv. c. **2.** Hasta tal punto, tal cantidad: *llovió tanto que el terreno se anegó*. **3.** Seguido de *mejor, peor, mayor, menor, más* y *menos*, refuerza la comparación de desigualdad.

TANTO, A adj. (lat. *tantum*). En correlación con *como,* establece comparaciones de igualdad de cantidad: *tener tanta suerte como otro*. **2.** En correlación con *que,* tal cantidad, en tal cantidad: *tiene tantos libros que no los lleva a leer*. **3.** Tan grande, muy grande: *¿a qué viene tanta risa?* **4.** Tiene un valor indeterminado cuando se refiere a un número o cantidad que no interesa o no se puede precisar: *a tantos de octubre*. ◆ pron. dem. **5.** Equivale a *eso,* incluyendo idea de calificación o ponderación: *no podré llegar a tanto.* ◆ n. m. **6.** Cantidad o número determinado de una cosa: *asignar un tanto por comida*. **7.** Unidad de cuenta en muchos juegos o competiciones deportivas: *ganó por tres tantos a cero.* • **Al tanto de,** enterado de la cosa que se expresa. ǁ **En tanto, en tanto que** o **entre tanto,** mientras. ǁ **Ni tanto ni tan calvo** (*Fam.*), censura la exageración por exceso o por defecto. ǁ **Otro tanto,** se usa en forma comparativa para encarecer una cosa; lo mismo. ǁ **Por lo tanto** o **por tanto,** como consecuencia. ǁ **Tanto por ciento,** rédito.

TANTRISMO n. m. Conjunto de creencias y ritos que provienen del hinduismo, del budismo tardío y de otros textos sagrados llamados *tantra.*

TANZANIA, estado de África oriental; 940 000 km²; 26 900 000 hab. (*Tanzanos.*) CAP. *Dar es Salam.* CAP. DESIGNADA: *Dodoma.* LENGUA OFICIAL: *swahili.* MONEDA: *shilling.*

GEOGRAFÍA
La parte continental del estado (ant. Tanganyika) está formada por una llanura costera limitada por una vasta meseta recortada por fosas tectónicas y dominada por altos macizos volcánicos (Kilimanjaro). La ganadería y la agricultura de subsistencia se complementan con los cultivos comerciales (café, algodón, sisal, té, anacardo, y clavo de especia de Zanzíbar y Pemba). La balanza comercial es deficitaria y el país, con un fuerte crecimiento demográfico, está muy endeudado.

HISTORIA
Los orígenes y la época colonial. S. XII: la costa, poblada por bantúes e integrada por el comercio árabe, estaba jalonada por prósperos puertos, Kilwa y Zanzíbar. Fines del s. XIII: el poder estaba en manos de la dinastía Mahdali. 1498: tras el descubrimiento del país por Vasco de Gama, Portugal estableció guarniciones en los puertos. 1652-fines del s. XVIII: la dominación árabe sustituyó a la de Portugal. S. XIX: el sultanato de Omán se estableció en Zanzíbar y en la costa; los árabes dominaron las rutas comerciales del interior, cuyos pueblos intercambiaban marfil y esclavos por armas, y en las que se aventuraron los exploradores británicos (Speke, Burton, Livingstone y Stanley). 1890-1891: el protectorado británico se estableció en la costa y el de Alemania en el interior (África oriental alemana).
El s. XX. 1920-1946: el África oriental alemana, que se había convertido, tras la primera guerra mundial, en el territorio de Tanganyika, y había sido separada de la región NO (Ruanda-Urundi) y confiada a Bélgica, fue otorgada en mandato a Gran Bretaña por la S.D.N. 1946: Tanganyika quedó bajo tutela de la O.N.U. 1958: el partido nacionalista de Julius Nyerere, la Unión nacional africana de Tanganyika (T.A.N.U.), obtuvo su primer gran éxito electoral. 1961: se proclamó la independencia, de la que se excluyó el sultanato de Zanzíbar (permaneció bajo protectorado británico hasta 1963). 1962: Nyerere, presidente de la nueva república. 1964: se creó Tanzania por la unión de Zanzíbar y Tanganyika. 1965-1967: Nyerere instauró un régimen socialista de partido único. 1977: nueva constitu-

ción, más liberal. 1985: Nyerere se retiró. Le sucedió A. H. Mwiny, que introdujo (1992) el multipartidismo y el liberalismo económico. 1995: B. Mkapa, presidente.
TANZANO, A adj. y n. De Tanzania.
TAÑER v. tr. (lat. *tangere*) [**2k**]. Tocar un instrumento musical de percusión o de cuerda. ♦ v. intr. **2.** Tamborilear con los dedos sobre algo.
TAÑIDO n. m. Sonido del instrumento que se tañe, particularmente de las campanas.
TAO n. m. (voz china, *vía*). En la antigua filosofía china, principio supremo e impersonal de orden y de unidad del universo.
TAOÍSMO n. m. Sistema filosófico y religioso chino, amalgama de creencias diversas.
TAOÍSTA adj. y n. m. y f. Relativo al taoísmo; adepto del taoísmo.
TAPA n. f. Pieza que cierra por la parte superior una caja, baúl, vasija, etc. **2.** Cada una de las dos partes de la cubierta de un libro. **3.** Pequeña cantidad de comida que se sirve para acompañar a la bebida, generalmente en aperitivos. **4.** Carne del medio de la pata trasera. **5.** Capa de suela que lleva el tacón del calzado.
TAPABOCA n. m. Bufanda o manta pequeña. **2.** *Fig.* y *fam.* Razón, hecho o dicho con que se hace callar a alguien.
TAPABOCAS n. m. (pl. *tapabocas*). Tapaboca, bufanda.
TAPACHULA, c. de México (Chiapas), en la planicie costera de Tehuantepec; 222 405 hab. Industrias derivadas de la agricultura. Centro comercial.
TAPACUBOS n. m. (pl. *tapacubos*). Tapa metálica que se cubre el buje de las ruedas de un automóvil.
TAPACULO n. m. Escaramujo.
TAPADA n. f. *Colomb.* Acción y efecto de tapar.
TAPADERA n. f. Pieza que sirve para cubrir una vasija. **2.** *Fig.* Persona o cosa para encubrir algo.
TAPADILLO. De tapadillo (*Fam.*), oculta o clandestinamente.
TAPADO, A adj. y n. *Amér.* Dícese del personaje o candidato político cuyo nombre se mantiene en secreto hasta el momento propicio. **2.** *Argent.* Dícese de la persona o animal cuya valía se mantiene oculta. **3.** *Argent.* y *Chile.* Dícese de la caballería sin mancha ni señal alguna en su capa. ♦ n. m. **4.** *Amér. Merid.* Abrigo o capa de señora o de niño. **5.** *Argent., Bol.* y *Perú.* Tesoro enterrado. **6.** *Colomb.* y *Hond.* Comida que preparan los indígenas con plátanos y carne, que se asan en un hoyo hecho en la tierra.
TAPADURA n. f. Acción y efecto de tapar.
TAPAR v. tr. [**1**]. Cubrir o cerrar lo que está descubierto o abierto. **2.** Estar delante o encima de algo ocultándolo o protegiéndolo. **3.** *Fig.* Encubrir, ocultar: *tapar una mala acción.* ♦ v. tr. y pron. **4.** Abrigar o cubrir con ropa, especialmente la de cama.
TÁPARA n. f. Fruto del taparo.
TÁPARA n. f. Alcaparra.
TAPARO n. m. Planta arbórea, que crece en América Meridional. (Familia bignoniáceas.)
TAPARRABO o **TAPARRABOS** n. m. Trozo de tela o prenda para cubrirse los órganos sexuales.
TAPAYAGUA n. f. *Hond.* Llovizna.
TAPE n. m. *Argent.* y *Urug.* Persona aindiada.
TAPETE n. m. (lat. *tapetem*). Pieza o cubierta de tela, hule, plástico, etc., con que se cubren las mesas u otros muebles. • **Poner sobre el tapete**, poner un asunto a discusión, sacarlo a relucir. || **Tapete verde**, mesa de juego de azar.
TAPETÍ n. m. Tapití.
TAPIA n. f. Trozo de pared de tierra amasada y apisonada en una horma. **2.** Pared formada de tapias. **3.** Muro de cerca.
TAPIALAR v. tr. [**1**]. *Ecuad.* Tapiar.

TAPIAR v. tr. [**1**]. Cerrar o tapar un espacio o abertura con una tapia o tabique: *tapiar un solar.*
TAPICERÍA n. f. Arte de hacer tapices. **2.** Técnica del tapicero. **3.** Establecimiento del tapicero. **4.** Conjunto de tapices. **5.** Tela para cortinas y tapizado y, en general, todo el tejido que se emplea para decoración.
TAPICERO, A n. m. Persona que teje tapices. **2.** Persona que tiene por oficio guarnecer muebles, sillerías, sofás, etc.
TAPIOCA n. f. Fécula blanca y granulada, comestible, obtenida de la raíz de la mandioca.
TAPIR n. m. Mamífero paquidermo, con cabeza grande, trompa pequeña y orejas redondeadas, que vive en Asia tropical y en América. (Orden ungulados.)
TAPISCA n. f. *Amér. Central* y *Méx.* Recolección del maíz.
TAPITÍ o **TAPETÍ** n. m. Mamífero roedor de América Central y del Sur, de talla mediana, que habita en bosques y selvas.
TAPIZ n. m. Tejido grueso ornamental, que sirve para cubrir el suelo pero que generalmente se cuelga de las paredes. **2.** Revestimiento en forma de tapiz.
TAPIZAR v. tr. [**1g**]. Cubrir las paredes o el suelo con tapices o algo similar. **2.** Mullir y forrar con tela sillas, butacas, divanes, etc. **3.** *Fig.* Cubrir una superficie con algo que se adapte a ella.
TAPÓN n. m. Pieza de corcho, metal, madera, etc., que tapa la boca de una vasija u otro orificio semejante. **2.** *Fig.* y *fam.* Persona baja y rechoncha. **3.** *Fig.* y *fam.* Entorpecimiento que retarda o dificulta el desarrollo normal de una actividad. **4.** En baloncesto, acción y efecto de interceptar la trayectoria del balón lanzado al cesto por el contrario. **5.** Masa de hilas o de algodón en rama con que se obstruye una herida o una cavidad del cuerpo. **6.** Acumulación de cerumen en el oído.
TAPONAMIENTO n. m. Acción y efecto de taponar.
TAPONAR v. tr. y pron. [**1**]. Cerrar un orificio con un tapón u otra cosa. **2.** En baloncesto, interceptar el balón por medio de un tapón.
TAPONAZO n. m. Ruido que se produce al destapar una botella de líquido espumoso. **2.** Golpe que da el tapón al salir despedido.
TAPUJO n. m. Disimulo, engaño o rodeo con que se oculta o habla: *hablar sin tapujos.*
TAQUEAR v. tr. [**1**]. *Argent.* y *Chile.* Taconear. ♦ v. intr. **2.** *Argent.* En el billar y el polo, golpear la bocha con el taco. **3.** *Argent.* Ejercitarse en el uso del taco.
TAQUERÍA n. f. *Méx.* Restaurante o casa de comidas donde se venden tacos.
TAQUICARDIA n. f. Ritmo cardíaco acelerado.
TAQUIGRAFÍA n. f. Sistema de escritura a base de abreviaturas y signos convencionales. SIN.: *estenografía.*
TAQUIGRAFIAR v. tr. [**1t**]. Escribir por medio de taquigrafía. SIN.: *estenografiar.*
TAQUÍGRAFO, A n. m. Persona que se dedica a la taquigrafía. ♦ n. m. **2.** Aparato registrador de velocidad.
TAQUILLA n. f. Armario con casillas para clasificar papeles o documentos, y en especial para guardar los billetes de ferrocarril, entradas de espectáculos, etc. **2.** Despacho en que se expenden billetes, entradas de espectáculos, etc. **3.** Dinero que en dicho despacho se recauda. **4.** Armario pequeño o casilla. **5.** *Amér. Central.* Taberna.
TAQUILLERO, A adj. Que por su popularidad produce o garantiza beneficios considerables de taquilla: *película taquillera.* ♦ n. **2.** Persona encargada de un despacho de billetes.
TAQUIMECANOGRAFÍA n. f. Arte de escribir a máquina y a taquigrafía. SIN.: *estenodactilografía.*

TAQUÍMETRO n. m. Instrumento para medir al mismo tiempo distancias y ángulos horizontales y verticales. **2.** Tacómetro.
TARA n. f. (ár. *ṭarah*). Parte del peso que se rebaja en los géneros por razón de la vasija, saco o envase en que están contenidos. **2.** Peso de un vehículo destinado a transporte, vacío. **3.** Defecto que disminuye el valor de alguien o de algo.
TARA n. f. *Chile* y *Perú.* Planta arbustiva de cuya madera se extrae un tinte. (Familia cesalpiniáceas.) **2.** *Colomb.* Serpiente venenosa. **3.** *Venez.* Langosta de tierra de mayor tamaño que la común.
TARABILLA n. f. Manera de hablar de prisa y atropelladamente. **2.** Listón de madera dura que mantiene tirante, por torsión, la cuerda del bastidor de una sierra de carpintero. **3.** Ave paseriforme que vive en los matorrales y frondas de Europa. (Familia muscicápidos.) ♦ n. m. y f. **4.** *Fam.* Persona que habla mucho y de manera atropellada.
TARABITA n. f. *Amér. Merid.* Maroma por la cual corre la cesta del andarivel. **2.** *Ecuad.* y *Perú.* Andarivel para pasar los ríos y hondonadas.
TARACEA n. f. (ár. *tarsic*). Labor de incrustación hecha con madera, concha, nácar, etc., o con maderas de diversos colores formando un mosaico.
TARACEAR v. tr. [**1**]. Adornar con taracea.
TARADO, A adj. n. Que tiene alguna tara física o síquica. **2.** *Fam.* Tonto, estúpido.
TARAHUMARA, pueblo amerindio de México (sierra Madre, est. de Chihuahua), de la familia utoazteca, uno de los menos grupos étnicos del país.
TARAMBANA o **TARAMBANAS** n. m. y f. y adj. *Fam.* Persona alocada, de poco juicio.
TARANTA n. f. *C. Rica* y *Ecuad.* Arrebato pasajero. **2.** *Hond.* Desvanecimiento, aturdimiento.
TARANTELA n. f. Baile popular del S de Italia. **2.** Música de esta danza.
TARANTÍN n. m. *Amér. Central, Cuba* y *P. Rico.* Cachivache, trasto. (Suele usarse en plural.) **2.** *Venez.* Tienda muy pobre, tenducha.
TARÁNTULA n. f. (ital. *tarantola*). Araña de tórax velloso y patas fuertes, cuya picadura es peligrosa.
TARAPACÁ (*región de*), región del N de Chile; 58 698 km²; 341 112 hab. Cap. Iquique.
TARAR v. tr. [**1**]. Determinar qué parte del peso ha de rebajarse en los géneros transportados, por razón de la vasija, saco, embalaje, etc., en que están contenidos.
TARAREAR v. tr. [**1**]. Cantar una canción en voz baja y sin repetir las palabras.
TARARIRA n. f. *Fam.* Juerga, bullicio. **2.** *Argent.* y *Urug.* Pez ictiófago, que vive en las grandes cuencas de América del Sur. ♦ n. m. y f. **3.** *Fam.* Persona bulliciosa y de poca formalidad. ♦ interj. **4.** *Fam.* Denota incredulidad.
TARASCA n. f. Figura monstruosa que se sacaba en algunas procesiones. **2.** *Fig.* y *fam.* Persona o cosa que destruye, gasta o derrocha algo. **3.** *Fig.* y *fam.* Mujer fea y desenvuelta. **4.** *C. Rica* y *Chile.* Boca grande.
TARASCADA n. f. Herida hecha con los dientes. **2.** *Fig.* y *fam.* Respuesta áspera o dicho descortés o injurioso.
TARASCO n. m. Lengua amerindia sin parentesco conocido hablada por los tarasco.
TARASCO o **PUREPECHA**, pueblo amerindio de México, de lengua independiente, que en el s. XIV impuso su hegemonía en la región de Michoacán. En 1400-1450 establecieron una de las principales ciudades (Tzintzuntzan, Pátzcuaro e Ihuatzio), y en 1450-1530 el imperio tarasco se extendió y presentó fuerte resistencia ante la expansión azteca. En 1532 Nuño de Guzmán ejecutó a su último

TAR

rey, Tangaxoan II. Los tarasco ofrecían sacrificios humanos a Curicaheri, dios solar y el fuego. Dejaron un arte de influencia tolteca, con figuras de arcilla, cerámica y metalurgia (cobre).

TARASCÓN n. m. *Argent., Bol., Chile, Ecuad.* y *Perú.* Mordedura.

TARAY n. m. Planta arbustiva de ramas delgadas con corteza rojiza. (Familia tamaricáceas.) **2.** Fruto de esta planta.

TARCO n. m. Planta arbórea de América Meridional, de entre 8 y 10 m de alt., cuya madera se utiliza para la fabricación de muebles. (Familia saxifragáceas.) **2.** *Argent.* Jacarandá.

TARDANZA n. f. Acción y efecto de tardar.
TARDAR v. intr. (lat. *tardare*) [1]. Invertir un tiempo determinado en hacer algo. ♦ v. intr. y pron. **2.** Dejar pasar más tiempo del previsto, conveniente o necesario antes de hacer algo: *tarda demasiado en regresar.* • **A más tardar**, indica el plazo máximo en que sucederá una cosa.

TARDE adv. f. (lat. *tarde*). A hora avanzada del día o de la noche: *acostarse tarde.* **2.** Después del momento acostumbrado, debido, conveniente o necesario: *llegó tarde al concierto.* • **De tarde en tarde**, algunas veces; con interrupción de tiempo. ‖ **Más tarde o más temprano**, expresa el convencimiento de que lo que se expresa ha de ocurrir forzosa o inevitablemente. ♦ n. f. **3.** Tiempo que transcurre desde el mediodía hasta el anochecer. **4.** Atardecer, últimas horas del día.

TARDECER v. intr. [2m]. Empezar a caer la tarde.

TARDÍO, A adj. Dícese de los frutos que tardan más en madurar. **2.** Que llega tarde o aparece más tarde de lo acostumbrado, debido, oportuno, etc.

TARDO, A adj. Pausado o calmoso en el movimiento o en la acción. **2.** Que habla, entiende o percibe con lentitud o dificultad: *mente tarda.*

TARDÓN, NA adj. y n. Que tarda mucho en hacer algo o que se retrasa a menudo. **2.** *Fam.* Tardo, que entiende con dificultad.

TAREA n. f. Obra, trabajo: *las tareas del hogar.* **2.** Trabajo que ha de hacerse en un tiempo limitado: *ya he acabado la tarea.*

TARECO n. m. *Cuba, Ecuad.* y *Venez.* Cachivache.

TARIFA n. f. (ár. *ta'rīfa*). Tabla de precios, derechos o impuestos.

TARIFAR v. tr. [1]. Fijar o aplicar una tarifa.

TARIJA (*departamento de*), dep. del S de Bolivia; 37 623 km²; 290 851 hab. Cap. *Tarija.*

TARIJA, c. de Bolivia, cap. del dep. homónimo, junto al *río Tarija;* 68 493 hab. Centro comercial.

TARIMA n. f. (ár. *tārima*). Plataforma de madera destinada a diversos usos, particularmente en los centros de enseñanza como estrado del profesor.

TARJA n. f. (fr. ant. *targe*). Chapa que sirve de contraseña. **2.** *Amér.* Tarjeta de visita. **3.** *Méx.* Parte cóncava del fregadero donde se ponen a lavar los platos y utensilios de cocina.

TARJAR v. tr. [1]. *Chile.* Tachar o marcar parte de un escrito.

TARJETA n. f. (fr. ant. *targette*). Cartulina en que va impreso el nombre, y a menudo también la dirección y la actividad de una persona o empresa. **2.** Cartulina que contiene una invitación, participación, etc. **3.** INFORMÁT. Soporte con los elementos electrónicos necesarios para la realización de una determinada función por el ordenador, como representaciones gráficas, reproducción de sonido o aceleración de la velocidad de ejecución, etc. • **Tarjeta de crédito**, o **de pago**, instrumento crediticio nominativo, que constituye un medio de pago. ‖ **Tarjeta madre** (INFORMÁT.), la que contiene el procesador principal del ordenador. SIN.: placa base. ‖ **Tarjeta postal**, postal.

TARJETERO n. m. Cartera para tarjetas de visita. SIN.: *tarjetera.*

TARJETÓN n. m. Cartulina grande en que va impresa una participación, invitación, etc.

TARKOVSKI (Andréi), director de cine soviético (Moscú 1932-París 1986). Su obra está impregnada de una profunda espiritualidad: *El espejo* (1974), *Nostalghia* (1983), *Sacrificio* (1986).

TARLATANA n. f. (fr. *tarlatane*). Muselina de algodón transparente y con mucho apresto.

TARO n. m. Planta que se cultiva en las regiones tropicales por sus tubérculos comestibles. (Familia aráceas.)

TAROT o **TAROCO** n. m. Conjunto de 78 cartas, especialmente dedicadas a juegos de adivinación o cartomancia. **2.** Juego en el que se usan estas cartas.

TARRACONENSE adj. y n. m. y f. De Tarragona.

TARRAGONA (*provincia de*), prov. del NE de España, en Cataluña; 6283 km²; 544 457 hab. Cap. *Tarragona.* La cordillera Prelitoral y, al SO, el sistema Ibérico enmarcan la llanura costera y el valle bajo del Ebro, con la región del delta.

TARRAGONA, c. de España, cap. de la prov. homónima y cab. de p. j.; 112 801 hab. (*Tarraconenses.*) Centro de servicios y de comunicaciones. Puerto comercial y pesquero. Industrias (refino de petróleo, química y petroquímica). Universidad. La antigua *Tarraco*, de origen ibérico, fue capital de la prov. Tarraconense y conserva numerosos restos romanos: murallas, foro, anfiteatro, circo, teatro y, fuera de la ciudad, torre de los Escipiones, acueducto de las Farreras y arco de Bará. De la época medieval destaca la catedral románico-gótica (ss. XII-XIV). Museos diocesano, arqueológico, paleocristiano y de historia.

TARRASA o **TERRASSA**, c. de España (Barcelona), cab. de p. j.; 157 442 hab. (*Tarrasenses* o *egarenses.*) Centro industrial (textil, metalurgia, química). Fue municipio romano (*Égara*). Iglesias paleocristianas. Castillo cartuja de Vallparadís (s. XIV).

TARRASENSE adj. y n. m. y f. De Tarrasa. SIN.: *egarense.*

TARREGA (Francisco), guitarrista y compositor español (Villarreal, Castellón, 1859-Barcelona 1909). Compuso piezas para guitarra (*Recuerdos de la Alhambra, Sueño,* etc.).

TARRO n. m. Vasija cilíndrica, generalmente más alta que ancha. **2.** *Vulg.* Cabeza.

TARSANA n. f. *C. Rica, Ecuad.* y *Perú.* Corteza de un árbol sapindáceo, que se utiliza para lavar.

TARSO n. m. (gr. *tarsos,* entramado, conjunto de varias piezas). Región posterior del esqueleto del pie, formada en el hombre por siete huesos. **2.** Última parte de las patas de los insectos, que comprende de dos a cinco artejos.

TARTA n. f. (fr. *tarte*). Pastel de masa de harina y relleno de dulce, frutas, crema, etc.

TARTAJA adj. y. n. m. y f. Tartajoso.

TARTAJEAR v. intr. [1]. Hablar con torpeza o defectuosamente, alterando el orden de las palabras o pronunciándolas mal.

TARTAJOSO, A adj. y n. Que tartajea.

TARTALETA n. f. Pastelillo de hojaldre relleno con diversos ingredientes.

TARTAMUDEAR v. intr. [1]. Hablar con pronunciación entrecortada y repitiendo las sílabas.

TARTAMUDEZ n. f. Trastorno de la fonación que se manifiesta por la repetición de ciertas sílabas o por bloqueos durante la emisión de la palabra.

TARTAMUDO, A adj. y n. Que tartamudea.

TARTÁN n. m. Tela de lana, con una especie de muestra a cuadros o a listas cruzadas, originaria de Escocia.

TARTANA n. f. (provenz. *tartana, cernícalo*). Carruaje de dos ruedas, con cubierta abovedada y asientos laterales.

TARTÁRICO, A adj. Dícese de un ácido alcohol de fórmula $CO_2H-CHOH-CHOH-CO_2H$, descubierto en las heces del vino.

TÁRTARO n. m. Sarro de los dientes. **2.** Mezcla de tartrato ácido de potasio y cálcico, que forma costra en las vasijas donde fermenta el mosto.

TÁRTARO, A adj. y n. Relativo a un conjunto de pueblos de origen mongol o turco que invadieron el occidente europeo en el s. XII; individuo de cualquiera de estos pueblos. ♦ adj. • **Bistec tártaro**, carne servida cruda, triturada y aderezada con varios condimentos, especias, salsas y zumo de limón. ‖ **Salsa tártara**, mahonesa a la que se le añaden alcaparras, pepinillos, cebolla y huevo duro trinchados.

TÁRTARO, en la mitología griega y romana región de los Infiernos, lugar de castigo de los grandes culpables.

TARTERA n. f. Especie de cazuela casi plana. **2.** Fiambrera, recipiente provisto de tapa.

TARTRATO n. m. Sal de ácido tartárico.

TARUGA n. f. Mamífero rumiante parecido al ciervo, que vive en los Andes de Perú, Bolivia y Ecuador. (Familia cérvidos.)

TARUGO n. m. Zoquete, trozo de madera o pan. **2.** *Fig.* Persona inculta o torpe.

TARUMBA. **Volver tarumba** a alguien, confundirle, embarullarle, atolondrarle.

TAS n. m. (fr. *tas*). Yunque pequeño usado por plateros, hojalateros, plomeros y caldereros.

TASA n. f. Acción y efecto de tasar. **2.** Precio fijado oficialmente para un determinado artículo. **3.** *Fig.* Medida, regla: *comer sin tasa.* **4.** DER. Contraprestación económica que la administración exige de los particulares por el uso que éstos hacen de un servicio público. **5.** ECON. Relación en que varía una magnitud económica respecto a otra con que está relacionada: *tasa de plusvalía; tasa de beneficio.*

TASACIÓN n. f. Acción y efecto de tasar.

TASAJO n. m. Cecina. **2.** Trozo de carne.

TASAR v. tr. (lat. *taxare*) [1]. Fijar la autoridad competente el precio o el límite máximo o mínimo de éste en las mercancías. **2.** Valorar, evaluar: *tasar un cuadro.* **3.** *Fig.* Poner límite para evitar excesos, por prudencia o por tacañería.

TASCA n. f. Taberna. **2.** *Perú.* Corrientes encontradas y oleaje fuerte, que dificultan un desembarco.

TASHKENT, c. y cap. de Uzbekistán, en Asia central; 2 073 000 hab. Nudo ferroviario, centro administrativo, cultural e industrial.

TASI n. m. *Argent.* Enredadera silvestre.

TASMANIA, ant. **Tierra de Van Diemen**, isla separada del continente australiano por el estrecho de Bass, que constituye el estado más suroriental de Australia; 68 000 km²; 452 847 hab. (*Tasmanos.*) Cap. *Hobart.*

TASSO (Torquato), escritor italiano (Sorrento 1544-Roma 1595), autor de la fábula pastoril *Aminta* (1573) y del poema épico *Jerusalén libertada* (1581), en la que se mezclan episodios heroicos y novelescos.

TATA n. f. *Fam.* Nombre que se da a la niñera y, por extensión, a las muchachas de servicio. ♦ n. **2.** *Amér.* Padre, papá y ocasionalmente abuelo. **3.** *Méx.* En el lenguaje infantil, abuelo.

TATABRO n. m. *Colomb.* Pecarí.

TATAGUA n. f. *Cuba.* Mariposa nocturna, oscura y de gran tamaño. (Familia noctuidas.)

TATARABUELO, A n. Referido siempre a una persona, el padre o la madre de su bisabuelo o su bisabuela.

TATARANIETO, A n. Respecto a una persona, hijo o hija de su biznieto o de su biznieta.

TATARÉ n. m. *Argent.* y *Par.* Árbol cuya madera se usa en ebanistería. (Familia leguminosas.)

TATAREAR v. tr. [1]. Tararear.

TATARSTÁN (*República de*), república de la Federación de Rusia, junto al Volga medio; 68 000 km²; 3 640 000 hab. Cap. Kazán. Petróleo.

¡TATE! interj. Se usa para detener a alguien. **2.** Demuestra extrañeza, asombro, etc.

TATEMAR v. tr. [1] *Méx.* Quemar alguna cosa: *tatemar la mano con la parrilla.* **2.** *Méx.* Asar alimentos en el horno o en un hoyo de barbacoa.

TATETÍ n. m. *Argent.* Juego del tres en raya.

TATI (Jacques Tatischeff, llamado **Jacques**), director de cine francés (Le Pecq 1907-París 1982). Renovó el cine cómico francés (*Las vacaciones de Mr. Hulot*, 1953; *Mi tío*, 1958).

TATO n. m. Forma de llamar cariñosamente al padre, que se usa también como tratamiento de respeto hacia algunas personas.

TATÚ n. m. Mamífero desdentado provisto de un caparazón dorsal formado por placas yuxtapuestas. SIN.: armadillo, mulita.

TATUAJE n. m. (fr. *tatouage*). Inserción de sustancias colorantes bajo la piel, de manera que forman un dibujo. **2.** Resultado de esta operación.

TATUAR v. tr. y pron. (fr. *tatouer*) [1s]. Hacer un tatuaje.

TAU n. f. Letra del alfabeto griego (τ) correspondiente a la *t* española.

TAUCA n. f. *Bol.* y *Ecuad.* Montón, gran cantidad de cosas. **2.** *Chile.* Talega grande de para el dinero.

TAUMATURGIA n. f. Facultad de realizar prodigios o milagros.

TAUMATURGO n. m. Persona que obra prodigios o milagros.

TAURINO, A adj. Relativo a los toros o a las corridas de toros: *peña taurina.*

TAURO o **TORO**, constelación zodiacal, cuya estrella más brillante es Aldebarán. – Segundo signo del zodiaco, que el Sol atraviesa del 20 abril al 20 mayo.

TAURÓMACO, A adj. v. n. Dícese de la persona que entiende en corridas de toros.

TAUROMAQUIA n. f. Técnica y arte de torear.

TAUTOLOGÍA n. f. Repetición de un mismo pensamiento expresado de distintas maneras, especialmente repetición inútil o viciosa.

TAXÁCEO, A adj. y n. f. Relativo a una familia de plantas gimnospermas, como el tejo.

TAXATIVO, A adj. (lat. *taxativum*). Limitado y reducido al sentido estricto de la palabra o a determinadas circunstancias: *ley taxativa.*

TAXI n. m. (apócope de *taxímetro*). Automóvil de alquiler con chófer, provisto de taxímetro.

TAXIDERMIA n. f. Arte de disecar los animales muertos.

TAXIDERMISTA n. y f. Persona que practica la taxidermia.

TAXÍMETRO n. m. Contador que llevan ciertos coches de alquiler, y que indica el precio de la carrera en función del tiempo invertido y de la distancia recorrida.

TAXIS o **TAXIA** n. f. Movimiento de un ser vivo orientado por un factor externo, independientemente del crecimiento. SIN.: tactismo.

TAXISTA n. m. y f. Conductor de taxi.

TAXONOMÍA n. f. Ciencia de la clasificación en historia natural.

TAXONÓMICO, A adj. Relativo a la taxonomía.

TAYA n. f. *Colomb.* Serpiente venenosa.

TAYLOR (Frederick Winslow), ingeniero y economista norteamericano (Filadelfia 1856-*id.* 1915). Promotor de la organización científica del trabajo (*taylorismo*), llevó a cabo la primera medida práctica del tiempo de ejecución de un trabajo.

TAZA n. f. (ár. *tassa*). Vasija profunda con asa, en que se toman líquidos. **2.** El contenido de dicha vasija: *una taza de chocolate.* **3.** Pilón o receptáculo de las fuentes. **4.** Receptáculo del retrete.

TAZAR v. tr. [1g]. Rozar o romperse una cosa, generalmente la ropa, por el uso.

TAZÓN n. m. Vasija algo mayor que la taza y, generalmente, sin asa. **2.** El contenido de dicha vasija.

Tb, símbolo químico del *terbio*.

TBILISI, ant. **Tiflis**, c. y cap. de la República de Georgia; 1 260 000 hab. Centro administrativo, cultural e industrial. Catedral y basílica (s. VI). Museos.

Tc, símbolo químico del *tecnecio*.

TE n. f. Nombre de la letra *t*.

TE pron. pers. m. y f. sing. átono de 2.ª pers. Funciona como complemento directo e indirecto: *te vi en el cine; no te lo diré.* (Se usa siempre sin preposición y se antepone al verbo.)

Te, símbolo químico del *telurio*.

TÉ n. m. Planta arbórea originaria de China meridional, que se cultiva por sus hojas, con las que se prepara una infusión. **2.** Hojas de esta planta. **3.** Infusión que se hace con estas hojas. **4.** Refrigerio tomado por la tarde, en el que se sirven té y pastas. • **Té de Paraguay, de los jesuitas** o **de las misiones**, yerba mate.

TEA n. f. (lat. *tedam*). Astilla o raja de madera muy resinosa, que, encendida, sirve para alumbrar.

TEATRAL adj. Relativo al teatro. **2.** Efectista, exagerado se que aparenta llamar la atención.

TEATRALIZAR v. tr. e intr. [1g]. Dar carácter teatral.

TEATRO n. m. (lat. *theatrum*). Edificio donde se representan obras dramáticas, musicales o de variedades. **2.** Público que asiste a una representación. **3.** Literatura dramática: *el teatro de Brecht.* **4.** Arte de componer obras dramáticas o de representarlas. **5.** Conjunto de actividades relativas al mundo teatral: *la crisis del teatro.* **6.** *Fig.* Lugar en que ocurren o se desarrollan los sucesos o acontecimientos que se expresan. • **Hacer**, o **tener**, alguien **teatro**, actuar u obrar de manera efectista o exagerada. || **Teatro de cámara**, teatro de carácter experimental, dedicado especialmente a un público minoritario. || **Teatro de operaciones**, sector dotado de unidad geográfica o estratégica, en el que pueden desarrollarse operaciones militares.

TEBAICO, A adj. v. n. De Tebas, antigua ciudad de Egipto.

TEBAÍNA n. f. Alcaloide tóxico que se extrae del opio.

TEBANO, A adj. y n. De Tebas, ciudad de Grecia.

TEBAS, ant. c. del Alto Egipto, junto al Nilo. Su esplendor data del Imperio medio con la subida al trono de los príncipes tebanos (s. XXII a. J.C.); en el Imperio nuevo se convirtió en capital política y religiosa de los faraones; en 663 a. J.C. fue invadida por los asirios. En la orilla oriental se conservan los santuarios de Luxor y Karnak. En el lado occidental del Nilo se encuentra la inmensa necrópolis (templos funerarios de Dayr al-Baḥarī, hipogeos del Valle de los Reyes, de las Reinas, de los Nobles, etc.).

TEBAS, ant. **Thêbai** o **Thiva**, c. de Grecia, en Beocia; 18 191 hab. La leyenda la convirtió en el escenario del ciclo de Edipo.

TEBEO n. m. En España, denominación de los cómics infantiles.

TEBICUARY, r. de Paraguay, afl. del Paraguay (or. izq.), que atraviesa de E a O la región meridional; 235 km. Es navegable en su último tramo.

TECA n. f. Árbol de Asia tropical, de madera dura e imputrescible. **2.** Madera de este árbol.

TECHADO n. m. Techo.

TECHAR v. tr. [1]. Poner el techo a un edificio.

TECHNICOLOR n. m. (marca registrada). Procedimiento de cine en color.

TECHO n. m. (lat. *tectum*). Parte interior de la cubierta de una habitación, edificio, etc. **2.** Tejado, cubierta de un edificio. **3.** Capacidad máxima de que las reivindicaciones sobrepasan el techo previsto.

TECHOTLALA, TECHOLLALA o **TECHOTLA-LATZIN**, rey de los chichimecas de Texcoco (1357-1409), hijo y sucesor de Quinatzin. En su época el reino se dividió en principados soberanos. Adoptó los patrones culturales de los antiguos toltecas y fomentó la agricultura.

TECHUMBRE n. f. Techo, cubierta de un edificio.

TECLA n. f. Cada una de las piezas de un instrumento musical o de cualquier mecanismo que, pulsadas con la presión de los dedos, hacen sonar el instrumento o funcionar el mecanismo: *tecla de piano; tecla de máquina de escribir.*

TECLADO n. m. Conjunto ordenado de teclas de un instrumento o mecanismo.

TECLEAR v. intr. [1]. Pulsar o tocar las teclas. **2.** Tamborilear, golpear ligeramente con los dedos.

TECNECIO n. m. (gr. *tekhnetos*, artificial). Elemento químico (Tc), de número atómico 43 y de masa atómica 98,90, obtenido artificialmente.

TÉCNICA n. f. Conjunto de procedimientos y métodos de una ciencia, arte, oficio, industria; cada uno de dichos procedimientos. **2.** Habilidad en la utilización de dichos procedimientos: *futbolista con técnica.* **3.** Conjunto de medios tendentes a perfeccionar los sistemas de obtención o elaboración de productos: *los progresos de la técnica.* **4.** Conjunto de las aplicaciones prácticas de las ciencias. **5.** *Fig.* Medio, sistema para conseguir algo: *técnicas para ligar.*

TECNICISMO n. m. Calidad de técnico. **2.** Voz propia de cierta técnica.

TÉCNICO, A adj. (lat. *technicum*). Relativo a la aplicación de las ciencias y de las artes para la obtención de unos resultados prácticos: *una carrera técnica; procedimiento técnico.* **2.** Dícese de los términos o de las expresiones propias del lenguaje de un arte, una ciencia o un oficio. ♦ n. **3.** Persona que posee los conocimientos técnicos.

TECNO adj. Dícese de la música que surgió a partir de 1980, derivada de la música pop, caracterizada por el empleo de sofisticados aparatos electrónicos aunque manteniendo la melodía pop.

TECNOCRACIA n. f. Gobierno de los tecnócratas.

TECNÓCRATA n. m. y f. Político o alto funcionario que hace prevalecer las consideraciones técnicas y económicas por encima de los factores humanos.

TECNOLOGÍA n. f. Estudio de los medios, de las técnicas y de los procesos empleados en las diferentes ramas de la industria. **2.** Técnica, conjunto de los instrumentos y procedimientos industriales de un determinado sector o producto.

TECOL n. m. *Méx.* Gusano que ataca el tallo del maguey, reduciéndolo a una sustancia pétrea.

TECOLOTE n. m. *Amér. Central* y *Méx.* Búho.

TECOMATE n. m. *Guat.* y *Méx.* Planta bignoniácea, de fruto comestible. **2.** *Méx.* Vasija similar a la jícara.

TECTÓNICA n. f. Parte de la geología que estudia las deformaciones de la corteza terrestre, por efecto de fuerzas internas, posteriores a su formación; conjunto de estas deformaciones: *tectónica de placas.*

TEDÉUM n. m. Himno de alabanza y de acción de gracias de la Iglesia católica que empieza con las palabras *Te deum laudamus*.

TEDIO n. m. (lat. *taedium*). Aburrimiento, fastidio.

TEDIOSO, A adj. Que produce tedio.

TEFE n. m. *Colomb.* y *Ecuad.* Jirón de tela o piel. **2.** *Ecuad.* Cicatriz facial.

TEFLÓN n. m. (marca registrada). Materia plástica fluorada, resistente al calor y a la corrosión.

TEGUCIGALPA, c. de Honduras, cap. del país y del dep. de Francisco Morazán y cab. del Distrito Central; 608 100 hab. *(Tegucigalpenses.)* Centro industrial, comercial y cultural (universidad). Edificios coloniales: catedral (s. XVII), iglesia del Calvario de San Francisco y Virgen de los Dolores (s. XVIII). Palacio presidencial (1919); universidad (1847). Museo nacional (arqueología y arte colonial).

TEGUMENTARIO, A adj. Relativo al tegumento.

TEGUMENTO n. m. (lat. *tegumentum*, lo que cubre o envuelve). ANAT. Piel. **2.** BOT. Tejido que cubre algunas partes de las plantas.

TEGUY n. m. Ave paseriforme de plumaje pardo oliváceo, que vive en las selvas tropicales de América del Sur. (Familia formicáridos.)

TEHERÁN, en persa **Tehrān**, c. y cap. de Irán (desde 1788); 5 734 000 hab. Centro administrativo, comercial e industrial. Palacio y jardín del Golestān (ss. XVIII-XIX); museos.

TEHUACÁN *(valle de)*, valle de México (Puebla y Oaxaca), que constituye una región fisiográfica, avenado por el *río Tehuacán*; es de clima árido y vegetación escasa. Importante centro del poblamiento primitivo de Mesoamérica, se han descubierto numerosos yacimientos que ilustran el proceso del neolítico americano desde c. 10 000 a. J.C. En el valle se encuentran los primeros indicios de una agricultura incipiente, domesticación de vegetales (calabaza; cruce del Teocintle con el maíz) y del perro, aparición de la cerámica, primeras aldeas y una compleja organización social, que culmina entre 700 y 1500 d. J.C. con el desarrollo urbano (calzadas, centros ceremoniales) y el comercio exterior.

TEHUACÁN, c. de México (Puebla); 155 563 hab. Aguas minerales. Vinos y licores. Metalurgia. Artesanía de tecalli (alabastro). Turismo. Fue fundada en 1540.

TEHUANTEPEC, r. de México (Oaxaca), en la vertiente del Pacífico; 335 km. La presa Presidente Suárez (942 Mm^3) riega 65 000 ha.

TEHUANTEPEC *(istmo de)*, istmo del SE de México (Oaxaca, Veracruz, Tabasco y Chiapas), entre el *golfo de Tehuantepec*, en el Pacífico, y la *bahía de Campeche*. En la parte SE (Oaxaca y Chiapas) se extiende la *planicie costera de Tehuantepec*, entre la costa y la sierra Madre de Chiapas.

TEHUELCHE, pueblo amerindio pampeano de Argentina, que con los ona constituye el grupo patagón; act. están prácticamente extinguidos.

TEIDE *(macizo del)*, macizo de España, en la isla de Tenerife (Canarias); 3718 m en el *pico del Teide*, máx. elevación de España. Se halla en el interior de una gran caldera (las Cañadas), con puntos de vulcanismo latente. *Parque nacional de las Cañadas del Teide* (13 571 ha). Observatorio del Instituto de astrofísica de Canarias.

TEÍNA n. f. Base púrica que se encuentra en el té, idéntica a la cafeína del café.

TEJA n. f. (lat. *tegulam*). Pieza de barro cocido, generalmente de forma de canal, que se emplea para cubrir los tejados. • **A toca teja** *(Fam.)*, en cuestiones de pago, al contado o inmediatamente.

TEJADA SORZANO (José Luis), político boliviano (La Paz 1881-† 1938). Vicepresidente (1931- 1934) y presidente de la república (1934-1936), fue derrocado por el ejército.

TEJADILLO n. m. Tejado de una sola vertiente, adosado a un edificio.

TEJADO n. m. Parte superior y exterior de un edificio, que suele estar recubierta por tejas o pizarras. **2.** Material colocado encima de la armazón de una cubierta y que forma la superficie de la misma.

TEJAMANÍ, TEJAMANIL O **TAJAMANIL** n. m. *Cuba, Méx.* y *P. Rico.* Tabla delgada que se coloca como teja en los techos de las casas.

TEJANO, A adj. y n. De Texas. ♦ adj. y n. m. **2.** Dícese del pantalón de tela muy resistente, generalmente de color azul, con costuras vistas.

TEJAR v. tr. |**1**|. Cubrir de tejas, poner las tejas en un edificio.

TEJAS → **Texas**.

TEJAVÁN n. m. *Méx.* Construcción rústica y pobre, generalmente de techo de teja. SIN.: *tejavana.*

TEJEDA (Luis **de**), poeta argentino (Córdoba 1604-id. 1680), autor del libro de poemas testimoniales, recopilados por Ricardo Rojas, *El peregrino en Babilonia.*

TEJEDOR, RA adj. Que teje: *máquina tejedora.* ♦ adj. y n. **2.** *Chile* y *Perú. Fig.* y *fam.* Intrigante, enredador. ♦ n. **3.** Persona que tiene por oficio tejer. ♦ n. m. **4.** Insecto que corre con mucha agilidad por la superficie del agua. **5.** Ave paseriforme de las regiones cálidas, que recibe ese nombre por su habilidad para tejer su nido.

TEJEDURÍA n. f. Arte de tejer. **2.** Taller en que están los telares. **3.** Textura de una tela.

TEJEMANEJE n. m. *Fam.* Acción de desarrollar mucha actividad o movimiento al realizar algo. **2.** *Fig.* Intriga, actividad y manejos poco honestos o poco claros para conseguir algo.

TEJER v. tr. (lat. *texere*) |**2**|. Formar en el telar la tela con la trama y la urdimbre. **2.** Entrelazar hilos, esparto, etc., para formar trencillas, esteras, etc. **3.** Hacer labor, o una labor de punto, ganchillo, etc. **4.** Formar ciertos animales articulados sus telas, formaciones filamentosas y de seda. **5.** *Fig.* Preparar, elaborar una cosa, con cierto orden y poco a poco, a través de diversos razonamientos o actos. **6.** *Fig.* Maquinar, tramar, urdir. **7.** *Chile* y *Perú.* Intrigar.

TEJERA (Enrique), médico venezolano (Valencia 1890-Caracas 1981), descubridor de la cloromicetina o cloramfenicol, antibiótico de amplio espectro.

TEJERATEPEC, r. de México (Oaxaca), en la vertiente del Pacífico; 335 km. La presa Presidente Suárez (942 Mm^3) riega 65 000 ha.

TEJIDO n. m. Manufacturado textil, de estructura laminar flexible, obtenido por entrecruzamiento ordenado de hilos. **2.** Textura de una tela. **3.** *Fig.* Cosa formada al entrelazar varios elementos: *un tejido de historias entrelazadas.* **4.** HISTOL. Conjunto organizado de células que tienen la misma estructura y la misma función: *tejido óseo; tejido nervioso.*

TEJO n. m. Plancha metálica gruesa, de figura circular. **2.** Disco hecho de teja, metal, etc., que se usa para lanzarlo en ciertos juegos.

TEJO n. m. Árbol gimnospermo de hasta 15 m de alt., con follaje persistente y bayas rojas.

TEJOCOTE n. m. Planta arbustiva mexicana, cuyo fruto, es parecido a la ciruela y cuyas raíces se usan como diurético. (Familia rosáceas.) **2.** Fruto de esta planta.

TEJÓN n. m. Mamífero plantígrado, omnívoro, común en los bosques de Europa occidental. (Familia mustélidos.)

TEJÚ n. m. Nombre de diversos saurios americanos, de diferente tamaño.

TEJUELO n. m. Cuadrito de piel fina, o marbete de papel, que se pega al lomo o en la tapa de un volumen encuadernado. **2.** El rótulo del mismo.

TELA n. f. (lat. *telam*). Tejido fabricado en un telar. **2.** Cualquier estructura delgada y flexible, especialmente la que se forma en la superficie de los líquidos: *la tela de la leche.* **3.** Lienzo o cuadro pintado. **4.** *Fig.* y *fam.* Materia, asunto por tratar, discutir o estudiar: *tenemos tela para rato.* • **Haber tela que cortar** *(Fam.)*, haber mucha materia por tratar. || **Tela de araña**, telaraña; (ELECTR.), tipo de bobina arrollada sobre un molde con radios. || **Tela metálica**, malla o red hecha de alambre.

TELAR n. m. Máquina para tejer. **2.** Parte del espesor del vano de una puerta o de una ventana, más próxima al paramento exterior del muro. **3.** Parte superior del escenario de un teatro, desde donde se hacen bajar los telones y bambalinas.

TELARAÑA n. f. Tela que forma la araña con el hilo que segrega, para cazar pequeños insectos. **2.** Nube muy ligera. **3.** *Fig.* Defecto en la vista que produce la sensación de tener una nubosidad delante del ojo. • **Tener las telarañas** *(Fam.)*, estar distraído y no atender; || **Tener telarañas en los ojos** *(Fam.)*, ser incapaz de juzgar ecuánimemente un asunto.

TEL-AVIV-JAFFA, principal ciudad de Israel, junto al Mediterráneo; 400 000 hab. (1 200 000 hab. la aglomeración). Centro administrativo, cultural e industrial, desarrollado a partir de 1909.

TELDE, c. de España (Las Palmas), cab. de p. j., en Gran Canaria; 77 640 hab. *(Teldenses.)* Centro agrícola e industrial. Turismo. Aeropuerto.

TELE n. f. Abrev. de *televisión*.

TELEARRASTRE n. m. Telesquí.

TELECABINA n. f. Teleférico monocable acondicionado para el transporte de personas que se desplaza a intervalos regulares.

TELECOMUNICACIÓN n. f. Transmisión a distancia de mensajes hablados, sonidos, imágenes o señales convencionales. • **telecomunicaciones** n. f. pl. **2.** Conjunto de medios de comunicación a distancia.

TELECONDUCCIÓN n. f. Conducción a distancia de una instalación, a partir de una base central.

TELECOPIA n. f. Forma de telecomunicación que tiene por objeto la reproducción a distancia de un documento gráfico con la forma de un documento gráfico geométricamente similar al original. SIN.: *correo electrónico, telégrafo facsímil.*

TELECOPIADORA n. f. Aparato que permite transmitir un documento gráfico por medio del teléfono.

TELEDIARIO n. m. Diario de información general transmitido a través de la televisión.

TELEDIFUSIÓN n. f. Telecomunicación unilateral destinada a un gran número de receptores.

TELEDIRECCIÓN n. f. Mando a distancia de los movimientos de un ingenio dotado de autonomía cinética.

TELEDIRIGIDO, A adj. Gobernado o accionado por mando a distancia.

TELEDIRIGIR v. tr. |**3b**|. Conducir o mandar a distancia.

TELEFACSÍMIL n. m. Procedimiento de transmisión a distancia, mediante ondas de radio, de material escrito o ilustrado.

TELEFAX n. m. Servicio de telecopia entre abonados que emplea telecopiadoras. **2.** Documento recibido por este servicio.

TELEFÉRICO n. m. Medio de transporte formado por uno o varios cables portantes, sobre los que se desplaza un carril de que van suspendidas cabinas de pasajeros o vagonetas de carga.

TELEFILM O **TELEFILME** n. m. Película realizada para la televisión.

TELEFONAZO n. m. *Fam.* Llamada telefónica.

TELEFONEAR v. intr. [1]. Llamar por teléfono; hablar por teléfono.
TELEFONÍA n. f. Sistema de telecomunicaciones establecido para transmitir la palabra. • **Telefonía celular**, o **móvil**, sistema de radiocomunicación que funciona en una zona dividida en células adyacentes, cada una de las cuales contiene una estación de transmisión-recepción radioeléctrica. ‖ **Telefonía sin hilos**, radiotelefonía.
TELEFÓNICO, A adj. Relativo al teléfono o a la telefonía.
TELEFONISTA n. m. y f. Persona que se ocupa de las comunicaciones telefónicas.
TELÉFONO n. m. Instalación que permite sostener una conversación entre personas situadas en lugares distantes entre sí. 2. Aparato que permite establecer comunicación telefónica con otro aparato igual.
TELEGRAFÍA n. f. Sistema de telecomunicación que asegura la transmisión de mensajes escritos o de documentos, mediante la utilización de un código de señales o por otros medios apropiados. • **Telegrafía sin hilos**, transmisión de mensajes utilizando las propiedades de las ondas electromagnéticas. SIN.: radiotelegrafía.
TELEGRAFIAR v. tr. [1t]. Comunicar mediante el telégrafo.
TELEGRÁFICO, A adj. Relativo al telégrafo.
TELÉGRAFO n. m. Dispositivo que permite transmitir escritos con rapidez y a larga distancia. ♦ **telégrafos** n. m. pl. 2. Administración de la que depende dicho sistema de comunicación. 3. Edificio o local destinado a este servicio.
TELEGRAMA n. m. Comunicación, mensaje transmitido por telégrafo. 2. Papel en que va escrito el comunicado telegráfico.
TELEIMPRESOR n. m. y adj. Aparato telegráfico que permite la impresión a distancia mediante un procedimiento cualquiera. SIN.: teletipiadora, teletipo.
TELEINFORMÁTICA n. f. Informática que hace uso de los medios de telecomunicación.
TELELE n. m. Fam. Patatús, soponcio.
TELÉMACO, héroe del ciclo troyano, hijo de Ulises y Penélope, educado por Mentor.
TELEMANDO n. m. Gobierno de un aparato o mecanismo a distancia. 2. Sistema que permite dirigir a distancia una maniobra. 3. Aparato o mecanismo para el mando automático a distancia.
TELEMÁTICA n. f. Conjunto de técnicas y servicios que asocian la telecomunicación y la informática.
TELEMETRÍA n. f. Medición de distancias por procedimientos acústicos, ópticos o radioeléctricos, por reflexión de un rayo láser.
TELENOVELA n. f. Novela filmada y grabada en videotape para ser retransmitida por televisión.
TELENQUE adj. Chile. Enteco y enfermizo.
TELEOBJETIVO n. m. Objetivo fotográfico de distancia focal larga, capaz de dar una imagen grande de un objeto lejano.
TELEOLOGÍA n. f. FILOS. Conjunto de especulaciones relacionadas con la idea de la finalidad del mundo, del hombre, etc.
TELEÓSTEO, A adj. y n. m. Relativo a un superorden de peces óseos con escamas lisas y aleta caudal con dos lóbulos iguales o sin lóbulos, como la mayoría de peces óseos actuales.
TELEPATÍA n. f. Transmisión extrasensorial de sensaciones y pensamientos a gran distancia entre dos o más sujetos.
TELEPROCESO n. m. INFORMÁT. Modo de explotación de funcionamiento de un ordenador en el que los datos le son suministrados desde puntos alejados por vía telefónica, telegráfica, etc.
TELEPROMPTER n. m. Aparato que permite leer un texto frente a la cámara de televisión.
TELEQUINESIA o **TELEKINESIA** n. f. En parasicología, movimiento espontáneo de objetos sin intervención alguna de una fuerza o energía observables.

TELERA n. f. Cuba. Galleta cuadrilonga y delgada. 2. Méx. Pan blanco, grande, de forma más o menos ovalada, con dos hendiduras paralelas.
TELERRADAR n. m. Empleo combinado del radar y de la televisión.
TELESCÓPICO, A adj. Relativo al telescopio. 2. Que sólo es visible en el telescopio. 3. Hecho con auxilio del telescopio. 4. Dícese de un sistema formado por dos tubos de diámetro distinto, de manera que el de diámetro menor puede introducirse en el interior del otro.
TELESCOPIO n. m. Instrumento óptico astronómico, que permite la observación de cuerpos muy alejados. • **Telescopio electrónico**, cámara electrónica. ‖ **Telescopio espacial**, telescopio que opera en el espacio orbitando en torno a la Tierra.
TELESILLA o **TELESILLAS** n. m. (pl. telesillas). Teleférico provisto de unas sillas de metal ligero.
TELESPECTADOR, RA n. Persona que mira la televisión. SIN.: televidente.
TELESQUÍ n. m. Teleférico que permite a los esquiadores subir hasta las pistas sobre sus esquís mediante un sistema de arrastre. SIN.: telearrastre.
TELETEXTO n. m. Servicio telemático para la transmisión de textos, que ofrece posibilidades suplementarias en relación al servicio télex, en particular las posibilidades del tratamiento de textos a distancia.
TELETEXTO n. m. Sistema de videografía en el que las informaciones se difunden empleando los medios de difusión propios de la televisión.
TELETIPO n. m. (fr. Télétype, marca registrada). Teleimpresor.
TELEVENTA n. f. Venta, por pedido telefónico, de artículos presentados en televisión.
TELEVISAR v. tr. [1]. Transmitir por televisión.
TELEVISIÓN n. f. Sistema de transmisión y reproducción simultánea de sonido e imágenes en movimiento a distancia, a través de ondas electromagnéticas transmitidas por cable. 2. Conjunto de los servicios que aseguran la transmisión por televisión. 3. Televisor.
TELEVISOR n. m. Aparato receptor de televisión.
TELEVISUAL adj. Televisivo, relativo a la televisión.
TÉLEX n. m. (pl. télex). Servicio telegráfico con conexión directa entre los usuarios por medio de teleimpresores.
TÉLLEZ (Gabriel) → **Tirso de Molina**.
TELÓN n. m. Lienzo grande que se pone en el escenario de un teatro, de modo que pueda bajarse y subirse, para que forme parte principal de la decoración (telón de fondo o foro) o para ocultar al público la escena (telón de boca).
TELONERO, A adj. y n. En espectáculos, actos públicos, etc., dícese del que interviene en primer lugar, como menos importante.
TELPOCHCALLI n. m. (voz náhuatl). Entre los aztecas del México prehispánico, local en que se reunía a los niños para ser instruirlos acerca de los dioses y sus genealogías y para recibir instrucción militar y cultural.
TELÚRICO, A adj. Relativo a la Tierra: sacudida telúrica. • **Planeta telúrico**, planeta denso y de pequeño tamaño, del que la Tierra es el prototipo.
TELURIO o **TELURO** n. m. (del lat. tellurem, tierra). Cuerpo simple no metal (Te), de número atómico 52 y de masa atómica 127,60, sólido, de color blanco azulado, laminar y frágil, de densidad 6,2 y punto de fusión a 452 °C.
TEMA n. m. (gr. thema). Asunto, materia o desarrollo. 2. Motivo argumental de una obra o de un conjunto de obras. 3. Manía, idea en que alguien se obstina: cada loco con su tema. 4. LING. Forma funda-

mental que sirve de base a una declinación o a una conjugación, constituida por la raíz y uno o varios determinativos. 5. MÚS. Idea musical, formada por una melodía o fragmento melódico, que sirve de base a una composición musical.
TEMARIO n. m. Conjunto de temas propuestos para su estudio o discusión.
TEMÁTICA n. f. Conjunto de temas que se dan en una obra, movimiento literario, autor, etc.
TEMÁTICO, A adj. (gr. thematikos). Relativo a un tema literario, artístico, musical, etc. 2. LING. Relativo al tema de las palabras.
TEMAZCAL n. m. (del náhuatl temazcalli). En el México prehispánico, construcción de piedra y argamasa en la que se tomaban baños de vapor.
TEMBLADERA n. f. Acción de temblar. 2. Tembleque, temblor intenso. 3. Planta herbácea de hojas lampiñas y estrechas. (Familia gramíneas.)
TEMBLAR v. intr. [1j]. Agitarse, moverse con sacudidas cortas, rápidas y repetidas. 2. Fig. Tener mucho miedo o estar asustado. 3. Méx. Ocurrir un terremoto.
TEMBLEQUE n. m. Temblor.
TEMBLEQUEAR v. intr. [1]. Fam. Temblar.
TEMBLOR n. m. Acción de temblar. 2. Agitación motora involuntaria, continuada y repetida: temblor de manos. • **Temblor de tierra**, sismo.
TEMBLOROSO, A adj. Que tiembla. 2. Entrecortado: voz temblorosa.
TEMER v. intr. (lat. timere) [2]. Sentir temor. ♦ v. tr. Recelar, sospechar: temo que va a llover.
TEMERARIO, A adj. (lat. temerarius). Atrevido, imprudente, expuesto a peligros. 2. Dícese de lo que piensa sin fundamento: juicio temerario.
TEMERIDAD n. f. Cualidad o actitud de temerario. 2. Acción temeraria.
TEMEROSO, A adj. Que se intimida fácilmente, medroso. 2. Que recela algún daño o siente temor.
TEMIBLE adj. Capaz de causar temor.
TEMIN (Howard), bioquímico norteamericano (Filadelfia 1934-Madison 1994). Descubrió la transcriptasa inversa, enzima que explica la cancerización de las células por virus de A.R.N., y los efectos de los retrovirus en el sida. (Premio Nobel de fisiología y medicina 1975.)
TEMOR n. m. (lat. timorem). Miedo, sentimiento de inquietud, de incertidumbre. 2. Recelo, sospecha, aprensión hacia algo.
TÉMPANO n. m. (lat. tympanum). Plancha flotante de hielo. • **Quedarse alguien como un témpano** (Fam.), quedarse aterido de frío.
TEMPATE n. m. C. Rica y Hond. Piñón.
TEMPERADO, A adj. Templado.
TEMPERAMENTAL adj. Relativo al temperamento. 2. Que tiene reacciones intensas y de frecuentes cambios de estado de ánimo o humor.
TEMPERAMENTO n. m. Conjunto de disposiciones físicas innatas en el individuo que determinan su carácter. 2. Fig. Vitalidad, vivacidad: juventud llena de temperamento. 3. Capacidad expresiva vigorosa de un artista, autor, etc.
TEMPERANCIA n. f. Templanza.
TEMPERANTE adj. Que posee la virtud de la templanza. 2. Amér. Merid. Abstemio.
TEMPERAR v. tr. y pron. [1]. Atemperar, templar. 2. Amér. Central, Colomb., P. Rico y Venez. Cambiar de clima.
TEMPERATURA n. f. Magnitud física que caracteriza de manera objetiva la sensación subjetiva de calor o frío producida

TEM

por el contacto de un cuerpo. **2.** Estado atmosférico del aire, desde el punto de vista de su acción sobre el organismo, grado de frío o de calor. **3.** Fiebre: *tener temperatura.* ♦ **Temperatura absoluta,** la temperatura centesimal aumentada en 273,15 grados.

TEMPESTAD n. f. (lat. *tempestatem*). Fuerte perturbación de la atmósfera, acompañada de viento, lluvia, relámpagos y truenos. **2.** Agitación violenta del agua del mar, causada por el ímpetu y fuerza del viento. **3.** *Fig.* Acción impetuosa, agitación súbita y violenta del ánimo.

TEMPESTUOSO, A adj. Dícese del tiempo que amenaza tempestad o en el que ya se producen tempestades. **2.** *Fig.* Tenso, que amenaza una situación violenta; agitado, violento.

TEMPISQUE, r. de Costa Rica, en la vertiente del Pacífico, que desemboca en el golfo de Nicoya; 130 km aprox. Navegable desde Bolsón.

TEMPLADO, A adj. Moderado, que actúa con moderación. **2.** Sin extremos de frío ni de calor, que no está ni frío ni caliente: *clima templado*. **3.** *Fig.* y *fam.* Valiente, sereno o que tiene mucha entereza.

TEMPLANZA n. f. Moderación, sobriedad y continencia. **2.** Benignidad del clima o la temperatura. **3.** Armonía de los colores. **4.** REL. Virtud cardinal que consiste en moderar los apetitos y los placeres de los sentidos.

TEMPLAR v. tr. (lat. *temperare*) [**1**]. Moderar o suavizar la fuerza o violencia de algo. **2.** Enfriar bruscamente en un líquido un material calentado por encima de determinada temperatura: *templar el hierro fundido*. **3.** Apretar, atirantar: *templar un muelle*. **4.** *Fig.* Mezclar una cosa con otra para atenuar su fortaleza. **5.** Moderar, aplacar: *templar los ánimos*. **6.** MÚS. Afinar un instrumento. ♦ v. tr. y pron. **7.** Quitar el frío, calentar ligeramente. ♦ v. intr. **8.** Perder el frío algo, empezar a calentarse. ♦ **templarse** v. pron. **9.** *Fig.* Contenerse, moderarse en la comida, en un apetito, etc. **10.** *Amér. Merid.* Enamorarse.

TEMPLARIO n. m. Caballero de la orden militar del Temple.

TEMPLE n. m. Temperatura o estado de la atmósfera. **2.** Acción y efecto de templar los metales, el vidrio, etc. **3.** *Fig.* Humor, estado circunstancial o calidad del alguien: *estar de buen o mal temple*. **4.** *Fig.* Fortaleza, valentía, serenidad para afrontar dificultades y riesgos: *persona de temple*. **5.** Pintura, preparada mezclando el pigmento con cola u otra materia glutinosa caliente y agua. **6.** Obra pictórica realizada con este medio.

TEMPLETE n. m. Construcción formada por un techo sostenido por columnas para cobijar una estatua.

TEMPLO n. m. (lat. *templum*). Edificio construido en honor de una divinidad para rendirle culto: *los templos griegos*. **2.** Iglesia. **3.** *Fig.* Lugar donde se rinde culto a algo espiritual: *templo de sabiduría*.

TEMPO n. m. (voz italiana). MÚS. Velocidad con que se ejecuta una composición.

TEMPORADA n. f. Espacio de tiempo de varios días o meses que forman un conjunto. **2.** Período durante el que se realiza una actividad: *temporada de ópera*.

TEMPORAL adj. Que no es duradero ni permanente, que dura sólo cierto tiempo. **2.** Secular, profano, no religioso: *intereses, bienes temporales*. ♦ n. m. **3.** Mal tiempo persistente, tempestad de tierra, mar o aire; viento violento. ♦ **Capear el temporal,** pasar de la mejor forma posible una situación crítica o difícil.

TEMPORAL adj. (lat. *temporalem*). Relativo a las sienes. ♦ **Lóbulo temporal del cerebro** (ANAT.), parte media e inferior de cada uno de los dos hemisferios cerebrales. ♦ adj. y n. m. **2.** Dícese del hueso del cráneo situado en la región de la sien.

TEMPORALIDAD n. f. Calidad de temporal. **2.** Carácter de lo que es en el tiempo.

TEMPORALIZAR v. tr. [**1g**]. Convertir lo eterno o espiritual en temporal, o tratarlo como tal.

TEMPORERO, A adj. y n. Que ejerce un trabajo temporalmente.

TEMPORIZADOR n. m. Aparato que permite hacer mediar un intervalo de tiempo entre el principio y el fin del funcionamiento de un dispositivo eléctrico.

TEMPORIZAR v. intr. [**1g**]. Contemporizar. **2.** Ocuparse en algo por mero pasatiempo.

TEMPRANERO, A adj. Que se produce antes del tiempo normal para ello: *fruto tempranero*. **2.** Que se levanta más pronto de lo acostumbrado.

TEMPRANO, A adj. Que ocurre, aparece o se da pronto, o es el primero en aparecer: *fruta temprana*. ♦ adv. t. **2.** En las primeras horas del día o de la noche. **3.** Pronto, antes de lo acostumbrado.

TEMU n. m. *Chile.* Planta mirtácea.

TEMUCO, c. de Chile, cap. de la región de La Araucanía; 240 880 hab. Centro comercial de una región agrícola. Industrias alimentarias y de la madera.

TENA, c. de Ecuador, cap. de la prov. de Napo, junto al río Napo; 26 061 hab. Frutales. Madera.

TENACIDAD n. f. Calidad de tenaz. **2.** Resistencia a la tracción. **3.** Resistencia en cuerpo, y principalmente de los metales, al alargamiento.

TENACILLAS n. f. pl. Nombre de diversos utensilios en forma de tenaza.

TENAZ adj. (gr. *thenar*). Dícese de la región de la base del pulgar de la mano.

TENAZ adj. (lat. *tenacem*). Persistente: *dolor tenaz*. **2.** *Fig.* Firme, perseverante: *hombre tenaz*. **3.** TECNOL. Que opone resistencia a romperse o deformarse.

TENAZA n. f. Instrumento compuesto de dos piezas cruzadas, móviles y articuladas, para coger o sujetar objetos. (Suele usarse en plural.) ♦ **No poder sacarle ni con tenazas** algo a alguien, no conseguir que dé o diga algo. || **No poderse coger ni con tenazas,** estar algo muy sucio o maltrecho.

TENCA n. f. Cipriníndo de agua dulce, que vive en los fondos cenagosos. **2.** *Argent.* y *Chile.* Ave similar a la alondra. **3.** *Chile.* Mentira, engaño.

TENDAJÓN n. m. *Méx.* Tienda pequeña.

TENDAL n. m. *Amér.* Lugar soleado donde se coloca el café y otros granos para secarlos. **2.** *Argent., Chile* y *Urug.* Cuerpos o cosas en cantidad que, por causa violenta, han quedado tendidos. **3.** *Chile.* Tiendecilla ambulante, puesto. **4.** *Ecuad.* Barbacoa para asolear el cacao.

TENDALADA n. f. *Amér.* Conjunto de cosas extendidas en desorden.

TENDEDERO o **TENDEDOR** n. m. Lugar o conjunto de cuerdas o alambres donde se tiende algo.

TENDENCIA n. f. Acción y efecto, fuerza por la que un cuerpo se mueve hacia otro o hacia algo. **2.** Inclinación de alguien hacia ciertos fines: *tendencia a la misantropía*. **3.** Idea política, filosófica, religiosa o artística orientada en una dirección o finalidad. **4.** Fracción de características distintivas en un partido político, o ideología común a un grupo. **5.** Orientación que se deduce del examen de una serie de hechos: *tendencia al pesimismo*.

TENDENCIOSO, A adj. No imparcial u objetivo, que presenta o manifiesta algo parcialmente.

TENDENTE adj. Que tiende a algún fin o a lo que se expresa.

TENDER v. tr. (lat. *tendere*) [**2d**]. Desdoblar, desplegar lo que estaba doblado, arrugado, etc. **2.** Colgar o extender la ropa mojada para que se seque. **3.** Echar, suspender algo, como una cuerda, un cable, etc., sobre algo desde un lugar a otro: *tender un puente*. **4.** Alargar algo aproximándolo hacia alguien o algo: *tender la mano*. **5.** *Fig.* Tener una inclinación, tendencia física o espiritual hacia algo, una persona o un fin: *la fiebre tiende a remitir*. **6.** Tener una cualidad o característica no bien definida pero sí aproximada a otra de la misma naturaleza: *color que tiende a rojo*. ♦ **Tender la cama** (*Méx.*), arreglarla, poner las sábanas y las mantas. || **Tender la mesa** (*Amér.*), poner las cosas necesarias en la mesa para comer, poner la mesa. || **Tender un cable** (*Fam.*), ayudar a alguien. ♦ v. tr. y pron. **7.** Colocar a alguien o ponerse extendido horizontalmente: *se tendió en la cama*.

TENDERETE n. m. Puesto de venta callejero.

TENDERO, A n. Dueño o dependiente de una tienda, especialmente de comestibles.

TENDIDO n. m. Acción y efecto de tender un cable, alambre, etc. **2.** Conjunto de cables, etc., que constituye una conducción eléctrica. **3.** Conjunto de ropa lavada que se tiende de una vez. **4.** TAUROM. Graderío descubierto de la plazas de toros.

TENDÓN n. m. Estructura fibrosa que realiza la inserción de una masa muscular en un hueso o en un músculo a otra estructura. ♦ **Tendón de Aquiles,** tendón de inserción del músculo de la pantorrilla en el calcáneo, que permite la extensión del pie en la pierna; (*Fig.*), punto débil o vulnerable de alguien o algo.

TENEBRISMO n. m. Tendencia pictórica que acentúa el contraste entre las zonas iluminadas y las oscuras.

TENEBROSO, A adj. Oscuro, cubierto de tinieblas o de sombras. **2.** *Fig.* Turbio, misterioso, difícil de conocer o comprender.

TENEDOR, RA n. Persona que tiene o posee algo. **2.** Persona que posee legítimamente una letra de cambio u otro valor endosable. ♦ **Tenedor de libros,** persona encargada de llevar los libros de contabilidad. ♦ n. m. **3.** Instrumento de mesa en forma de horca con dos o más púas, especialmente para comer alimentos sólidos.

TENEDURÍA n. f. Cargo y oficina del tenedor de libros. ♦ **Teneduría de libros,** acción de llevar la contabilidad de una empresa.

TENENCIA n. f. Acción de tener. **2.** Cargo, oficio y oficina de teniente.

TENER v. tr. (lat. *tenere*) [**8**]. Asir, sostener, sujetar, coger: *ten el paquete con cuidado*. **2.** Poseer, disfrutar: *tener mucho dinero*. **3.** Dominar: *la bebida lo tiene*. **4.** Guardar, contener: *este bote tiene azúcar*. **5.** Mantener, cumplir: *tener la palabra*. **6.** Expresa una relación de contigüidad física, sicológica, intelectual, etc., entre el sujeto y el complemento: *tener arrugas; tener prisa*. **7.** Atribuye una cualidad, estado o circunstancia al complemento: *tiene los ojos azules*. **8.** Expresa relación de similitud: *tiene algo de canallesco*. **9.** Expresa la participación o interés del sujeto en una acción o acto: *el sábado tendremos baile*. ♦ **Tener a bien,** fórmula de cortesía con que se invita a aceptar o hacer algo. || **Tener a mal,** desaprobar, recriminar. ♦ v. tr. y pron. **10.** Estimar, considerar, juzgar: *tener en poco*. **11.** Como verbo auxiliar, se une a un participio que concuerda en género y número con el complemento directo: *tiene ganadas las voluntades de todos*. **12.** Con *que* y un infinitivo, expresa obligación, necesidad o propósito: *tienes que venir; tiene que ser así*. ♦ **tenerse** v. pron. **13.** Sostenerse, mantenerse en determinada posición: *tenerse en pie*. **14.** Dominarse, contenerse: *téngase*.

TENERÍA n. f. Curtiduría.

TENERIFE, isla de España, en las Canarias (Santa Cruz de Tenerife); 1 928 km^2; 685 583 hab. Cap. *Santa Cruz de Tenerife*. Constituida por materiales eruptivos, culmina con el pico del Teide (3718 m).

Al N se abren los valles de La Orotava, Icod y La Guancha; y hacia el E, el de Güímar. Agricultura. Industrias manufactureras (tabaco) y refino de petróleo. Poblada por guanches desde el neolítico, y conocida por los musulmanes desde el s. XI, la isla fue atribuida a Castilla en el tratado de Alcaçobas-Toledo (1479). Isabel la Católica encomendó su conquista a Alonso Fernández de Lugo (1491), que venció en 1496 al jefe Bencomo. Fue anexionada a la corona por Carlos III, y en 1797 rechazó a la escuadra de Nelson.

TENIA n. f. (lat. *taeniam*). Gusano plano y segmentado, parásito del intestino delgado de los mamíferos. (Orden cestodos.) SIN.: *solitaria*.

TENIDA n. f. *Chile*. Traje.

TENIENTE n. m. Grado militar de oficial inmediato inferior al de capitán. • **Teniente coronel**, grado de jefe inmediato inferior al de coronel. ‖ **Teniente de alcalde**, concejal encargado de ciertas funciones de la alcaldía. ‖ **Teniente general**, grado de oficial general inmediato superior al de general de división.

TENIS n. m. Deporte que se practica entre dos o cuatro jugadores provistos de raquetas, consistente en enviar una pelota, por encima de una red, dentro de los límites de un terreno de juego rectangular. SIN.: *lawn-tennis*. **2.** Zapato de lona para hacer ejercicio o practicar algún deporte. • **Tenis de mesa**, juego similar al tenis que se practica sobre una mesa de medidas reglamentarias. SIN.: *ping-pong*.

TENISTA n. m. y f. Jugador de tenis.

TENNESSEE, estado del centro este de Estados Unidos avenado por el *Tennessee*; 109 152 km²; 4 877 185 hab. Cap. *Nashville-Davidson*. S. pral. *Memphis*.

TENNYSON (Alfred, *lord*), poeta británico (Somersby 1809-Aldworth 1892). Autor de *Enoch Arden* (1864), fue el poeta aristocrático de la época victoriana.

TENO, com. de Chile (Maule); 24 059 hab. Cereales, legumbres, vid, frutas. Industria alimentaria.

TENOCH, caudillo azteca del s. XIV al que la leyenda atribuye la fundación de Tenochtitlan.

TENOCHCA adj. y n. m. y f. Azteca.

TENOCHTITLAN, ant. c. de México, capital de los aztecas, situada en una de las islas del lago de Texcoco. Los aztecas llegaron allí c. 1325. Con el soberano Acamapichtli (1376) se inició el desarrollo de la ciudad; se alió con Texcoco y Tlacopan, y se impuso a numerosas ciudades, de las que recibía tributos, lo que contribuyó a enriquecerla; se engrandeció mediante chinampas y con la anexión de Tlatelolco. Era una de las ciudades más grandes y bellas del mundo antes de ser destruida por los españoles (1521). Sobre sus cimientos se levantó el México colonial.

TENOR n. m. Contenido de un escrito. • **A este tenor**, de este modo, por el mismo estilo.

TENOR n. m. (ital. *tenore*). La más aguda de las voces masculinas. **2.** Cantante que posee esta voz.

TENORIO n. m. (de *Don Juan Tenorio*). Hombre con facilidad para conquistar mujeres.

TENSAR v. tr. y pron. [1]. Poner tenso. **2.** MAR. Tesar.

TENSIÓN n. f. (lat. *tensionem*). Acción de las fuerzas que, actuando sobre un cuerpo y manteniéndolo tirante, impiden que sus partes se separen unas de otras. **2.** Estado de un cuerpo sometido a la acción de estas fuerzas. **3.** *Fig.* Actitud y estado del que espera, vigila o tiende a algo con angustia, temor o en un fuerte estado emocional. **4.** *Fig.* Situación o estado conflictivo en las relaciones entre personas o comunidades que alcanza una ruptura violenta. **5.** ELECTR. Diferencia de potencial eléctrico. • **Tensión arterial**, presión ejercida por la sangre sobre las paredes de las arterias.

TENSO, A adj. (lat. *tensum*). Estirado, sometido a tensión: *cable tenso*. **2.** *Fig.* En estado de tensión moral o espiritual.

TENSOR, RA adj. y n. Que tensa o sirve para tensar. ♦ n. m. **2.** Muelle, resorte o cualquier otro mecanismo que sirva para tensar.

TENTACIÓN n. f. (lat. *tentationem*). Impulso espontáneo o provocado exteriormente, que induce a hacer algo generalmente reprobable. **2.** Cosa, situación o persona que tienta. **3.** *Méx. Fam.* Curiosidad, inquietud: *tengo la tentación de saber cómo está*. • **Caer alguien en la tentación**, dejarse vencer.

TENTÁCULO n. m. Apéndice móvil de que están provistos numerosos animales, como los moluscos y anémonas de mar, utilizado como órgano sensorial y aprehensor.

TENTADERO n. m. TAUROM. Corral o cercado en que se hace la tienta de becerros.

TENTAR v. tr. y pron. (lat. *temptare*) [1j]. Palpar, tocar una cosa por medio del tacto. **2.** Inducir a la tentación. **3.** Seducir, atraer, excitar a alguien a hacer algo. **4.** TAUROM. Efectuar la tienta.

TENTATIVA n. f. Intento, acción de intentar, experimentar o tantear algo.

TENTEMPIÉ n. m. *Fam.* Refrigerio, comida ligera.

TENTENELAIRE n. m. Mestizo, hijo de cuarterón y mulata o de jíbaro y albarazada, o a la inversa. **2.** *Argent.* y *Perú*. Colibrí.

TENTETIESO n. m. Dominguillo.

TENUE adj. (lat. *tenuem*). Delgado, fino, de poco grosor. **2.** Delicado, sutil, débil.

TENZIN GYATSO, decimocuarto dalai-lama del Tibet (Taktser, Qinghai, 1935). Se exilió a la India en 1959. (Premio Nobel de la paz 1989.)

TEÑIDO n. m. Operación que consiste en impregnar de materia tintórea una sustancia, para cambiar su color o para colorearla. SIN.: *teñidura*.

TEÑIR v. tr. y pron. (lat. *tingere*) [24]. Efectuar un teñido. **2.** *Fig.* Matizar, comunicar a algo un aspecto, tono o carácter determinado.

TEOBROMINA n. f. Alcaloide que se extrae del cacao y de las hojas del té.

TEOCALI o **TEOCALLI** n. m. (voz náhuatl, *casa de dios*). Entre los aztecas del México prehispánico, templo.

TEOCOMITE n. m. *Amér.* Biznaga. (Los aztecas usaban las grandes espinas de esta planta en sus sacrificios rituales.)

TEOCRACIA n. f. (gr. *theokratia*). Régimen político en el que el poder es ejercido por los que están investidos de autoridad religiosa.

TEOCRÁTICO, A adj. Relativo a la teocracia.

TEÓCRITO, poeta griego (Siracusa c. 310-c. 250 a. J.C.). Creador de la poesía bucólica (*Los idilios*).

TEODICEA n. f. Metafísica del conocimiento de Dios y de sus atributos únicamente a través de la razón. SIN.: *teología natural*.

TEODOLITO n. m. Instrumento utilizado en geodesia y topografía, que sirve para medir ángulos horizontales y verticales.

TEOGONÍA n. f. (gr. *theogonia*). Conjunto de divinidades de una determinada mitología. **2.** Doctrina referente al origen de los dioses, en una mitología determinada.

TEOLOGAL adj. Relativo a la teología. • **Virtudes teologales**, fe, esperanza y caridad.

TEOLOGÍA n. f. Ciencia que trata de Dios y de sus atributos y perfecciones.

TEOREMA n. m. (gr. *theôrêma*). Proposición científica que *puede* demostrarse. **2.** MAT. y LÓG. Expresión de un sistema formal, demostrable en el interior de dicho sistema.

TEORÉTICA n. f. Estudio del conocimiento.

TEORÍA n. f. (gr. *theôria*). Conocimiento especulativo, ideal, independiente de toda aplicación. **2.** Conjunto de teoremas y de leyes organizadas sistemáticamente, sometidas a la verificación experimental, y que están encaminadas a establecer la veracidad de un sistema científico. **3.** Conjunto sistematizado de opiniones o ideas sobre un tema determinado: *teoría política*. • **En teoría**, teóricamente, no comprobado prácticamente. ‖ **Teoría del conocimiento** (FILOS.), sistema de explicación de las relaciones entre el pensamiento y los objetos.

TEÓRICA n. f. Teoría, conocimiento especulativo.

TEÓRICO, A adj. Relativo a la teoría. **2.** Que conoce las cosas sólo especulativamente, sin aplicación práctica. **3.** Que cultiva la parte teórica de una ciencia.

TEORIZAR v. tr. [1g]. Considerar de modo sistemático una actividad, o un conjunto de fenómenos, etc., formulando o estableciendo sus principios. ♦ v. intr. **2.** Formular una teoría o teorías.

TEOSOFÍA n. f. Doctrina religiosa que tiene por objeto el conocimiento de Dios, revelado por la naturaleza, la elevación del espíritu hasta la unión con la divinidad.

TEPACHE n. m. *Méx.* Bebida fermentada que se prepara con el jugo y la cáscara de diversas frutas, principalmente piña, y azúcar.

TEPALCATE n. m. *Méx.* Pez de la familia de los pleuronéctidos. **2.** *Méx.* Trasto inútil, cacharro. ♦ n. m. pl. **3.** *Méx.* Fragmentos de una vasija de barro quebrada.

TEPANECA adj. y n. m. y f. Relativo a un pueblo amerindio de México, del grupo nahua, de lengua uto-azteca, que desde el s. XIII dominó la cuenca del lago Texcoco, donde se encontraba su capital, Azcapotzalco; individuo de este pueblo. (En el s. XV conocieron su máxima expansión, y derrotaron a los toltecas de Culhuacán con la ayuda de los aztecas. En 1428 fueron vencidos por los toltecas en Maxtla.)

TEPEHUA, pueblo amerindio de México de lengua mayra.

TEPEHUANO, pueblo amerindio del grupo pima-nahua de la familia lingüística uto-azteca, que vive en México (est. de Durango, Nayarit y Chihuahua).

TEPEILHUITL, n. m. (voz náhuatl, *fiesta de los montes*). Decimotercer mes del calendario azteca de 365 días.

TEPEPUL II, soberano quiché de los ss. XV-XVI. Fue ejecutado por los cakchiqueles de Guatemala.

TEPETATE n. m. *Méx.* Piedra amarillenta blanquecina, porosa, que se utiliza en construcción.

TEPETOMATE n. m. *Méx.* Especie de madroño con raíces medicinales y fruto comestible, cuya madera se utiliza en ebanistería.

TEPEXPAN, localidad de México (mun. de Acolman, México), situada en la orilla N del art. lago (desecado) de Texcoco, en cuyas cercanías fueron hallados, en unas excavaciones efectuadas en 1947, los restos humanos más antiguos de México (*hombre de Tepexpan*), mezclados con huesos de mamut. Junto a éstos apareció una industria prehistórica norteamericana de Cochise (10 000 a. J.C.).

TEPEZCUINTE o **TEPEZCUINTLE** n. m. *C. Rica* y *Méx.* Mamífero roedor, del tamaño de un conejo, con el cuerpo grueso y la piel de color amarillo rojizo.

TEPIC, c. de México, cap. del est. de Nayarit; 241 463 hab. Centro comercial y de servicios de un área agrícola y ganadera. Aeropuerto. Catedral (1750), iglesia de Santa Cruz (s. XVIII). Conquistada por Nuño de Guzmán (1531), fue capital de Nueva Galicia y de Compostela.

TEPOROCHO, A n. *Méx.* Indigente que vaga por las calles, especialmente el que padece algún trastorno mental y suele estar

TEP

bajo los efectos del alcohol o alguna droga.

TEPOTZO n. m. *Méx.* Nayuaca.

TEPÚ n. m. *Chile.* Planta arbórea maderable que se emplea para leña. (Familia mirtáceas.)

TEPUAL n. m. *Chile.* Bosque de tepúes, en la desembocadura de los ríos.

TEQUENDAMA (salto del), catarata de Colombia (Cundinamarca), en el río Bogotá; 147 m de alt. Central hidroeléctrica. Turismo.

TEQUES (LOS), c. de Venezuela, cap. del est. Miranda, en la cordillera del Norte; 140 617 hab. Centro comercial y residencial.

TEQUESQUITE n. m. *Méx.* Sal natural que queda al desecarse los lagos salobres y que se emplea en la saponificación de las grasas.

TEQUIAR v. tr. [1]. *Amér. Central.* Dañar, perjudicar.

TEQUILA n. m. Bebida alcohólica que se extrae de una especie de agave (maguey tequilero) que se cultiva especialmente en el altiplano mexicano.

TEQUIO n. m. (azteca *tequitl*, trabajo). Faena colectiva, de carácter temporal, en la que se unen los indios de un mismo linaje, clan o comunidad americana. **2.** *Amér. Central.* Fig. Molestia, daño.

TEQUIOSO, A adj. *Amér. Central.* Travieso, molesto.

TERA, prefijo (símbolo T) que, colocado delante de una unidad de medida, la multiplica por 10^{12}.

TERAPEUTA n. m. y f. Médico especializado en los problemas de la terapéutica.

TERAPÉUTICA n. f. Parte de la medicina que se ocupa del modo de tratar las enfermedades.

TERAPIA n. f. Tratamiento o curación. (Puede usarse como sufijo.)

TERBIO n. m. Metal (Tb), de número atómico 65 y de masa atómica 158,92, del grupo de las tierras raras.

TERCENA n. f. *Ecuad.* Carnicería, tienda.

TERCER adj. Apócope de *tercero.* • **Tercer mundo,** conjunto de países poco desarrollados económicamente.

TERCERÍA n. f. Oficio o actividad de tercero, de mediador, de alcahuete.

TERCERO, A adj. num. ordin. (lat. *tertiarium*). Que sigue inmediatamente en orden al segundo. ♦ adj. Dícese de cada una de las partes de una cantidad o cosa dividida en tres partes. ♦ adj. y n. **3.** Dícese de la persona o cosa que interviene o aparece en un asunto además de los dos que, en posiciones opuestas, figuran en él. ♦ n. **4.** Alcahuete, persona que ayuda a una pareja en sus amores ilícitos.

TERCERO ARRIBA, dep. de Argentina (Córdoba), avenado por el *río Tercero*; 103 671 hab. Cab. *Oliva.*

TERCERÓN, NA adj. y n. Nacido de blanco y mulata, o de mulato y blanca.

TERCETO n. m. Forma estrófica que consta de tres versos, normalmente endecasílabos. **2.** Conjunto de tres. **3.** MÚS. Composición breve para tres voces o tres instrumentos.

TERCIADO, A adj. Atravesado o cruzado. **2.** Con un tercio ya gastado. **3.** Dícese del azúcar de segunda producción y de color amarillo o pardo.

TERCIANA n. f. Fiebre intermitente cuyos accesos se repiten cada tres días.

TERCIAR v. tr. [1]. **1.** Dividir una cosa en tres partes. **2.** Equilibrar la carga repartiéndola por igual a los dos lados de la acémila. **3.** Dar la tercera reja o labor a la tierra. ♦ v. tr. y pron. **4.** Poner una cosa diagonalmente o al sesgo, ladearla. ♦ v. intr. **5.** Mediar entre dos personas o grupos de ellas para ponerlas de acuerdo, o intercederen favor de una frente a la otra. **6.** Intervenir en una acción, tomar parte en algo que están haciendo otros, particularmente en una conversación. **7.** Llegar algo a la tercera parte o al tercer punto de algo. ♦ **terciarse** v. pron. **8.** Presentarse casualmente una cosa o la oportunidad de hacer algo.

TERCIARIO, A adj. Tercero en orden o en grado. • **Sector terciario,** parte de la población activa empleada en los servicios, como la administración, comercio, banca, enseñanza, ejército, etc. ♦ adj. y n. m. **2.** Dícese de la era geológica que precede a la era cuaternaria que se caracteriza por el plegamiento alpino y la diversificación de los mamíferos.

TERCIO, A adj. (lat. *tertium*). Tercero, que sigue al segundo. ♦ n. m. **2.** Cada una de las tres partes iguales en que se divide un todo. **3.** TAUROM. Cada una de las tres etapas en que se divide la lidia: *tercio de varas, de banderillas, de muerte.*

TERCIOPELO n. m. Tejido de superficie velluda, empleado para vestidos y tapicería.

TERCO, A adj. Obstinado, tenaz, que mantiene su actitud a pesar de las dificultades y obstáculos. **2.** *Ecuad.* Desabrido, despegado.

TEREBECO, A adj. *C. Rica.* Trémulo, tembloroso.

TEREBEQUEAR v. intr. [1]. *C. Rica.* Temblar.

TEREBINTO n. m. Árbol de cuya corteza se obtiene la trementina de Chío. (Familia terebintáceas.)

TEREQUE n. m. *Ecuad., Nicar., P. Rico* y *Venez.* Trasto, cacharro.

TERESA DE CALCUTA (Inés Gonxha **Bojaxhiu**, llamada **madre**), religiosa india de origen albanés (Skopje 1910-Calcuta 1997). Su trabajo en favor de los pobres le valió el premio Nobel de la paz (1979).

TERESA DE JESÚS (*santa*), religiosa y escritora española (Gotarrendura, Ávila, 1515-Alba de Tormes 1582), también llamada **Teresa de Ávila,** cuyo nombre de nacimiento era **Teresa de Cepeda y Ahumada.** De su época de juventud escribió en *El libro de mi vida* (1588) y en *El libro de las fundaciones* (1610). En 1562 fundó su primer convento de carmelitas descalzas e inició una fase contemplativa a la que reformadora de la orden (*Constituciones,* 1563; aprobadas en 1565), para lo que contó con la colaboración de san Juan de la Cruz. Entre tanto escribió el *Camino de perfección.* En un contexto de erasmismo e iluminismo, Teresa escribió la que sería su obra maestra: *Las moradas* o *El castillo interior,* la más ambiciosa y elaborada obra de inspiración mística que escribiera, de gran riqueza metafórica a la vez que de expresión llana y directa de su doctrina. Fue beatificada en 1614, canonizada en 1622, y proclamada doctora de la Iglesia en 1970.

TERESIANO, A adj. Relativo a santa Teresa de Jesús. ♦ adj. y n. f. **2.** Dícese de la hermana perteneciente a un instituto religioso que tiene por patrona a santa Teresa.

TERGAL n. m. (marca registrada). Hilo o fibra sintética de poliéster, de patente francesa.

TERGIVERSACIÓN n. f. Acción y efecto de tergiversar.

TERGIVERSAR v. tr. (lat. *tergiversari*) [1]. Alterar, desfigurar los hechos, dando una interpretación errónea a palabras, acontecimientos, etc.

TERMAL adj. Dícese de las aguas de manantial calientes y de toda agua de fuente utilizada como tratamiento, así como de las instalaciones que permiten su empleo: *estación termal.*

TERMAS n. f. pl. (lat. *termas*). Baños públicos de los antiguos romanos. **2.** Caldas, baños de agua mineral caliente.

TERMES n. m. Insecto de costumbres sociales, que forma colonias compuestas por una hembra dotada de un enorme abdomen, un macho, numerosas obreras y soldados. (Construyen enormes termiteros y causan grandes estragos en los edificios. [Orden isópteros.]) SIN.: *termita, térmite.*

TERMIA n. f. Unidad de medida de la cantidad de calor (símbolo th), que equivale a 10^6 calorías.

TÉRMICO, A adj. Relativo al calor y a la temperatura: *indicaciones térmicas.* **2.** Fig. Dícese de los neutrones que poseen una energía cinética del orden de la de la agitación térmica y son capaces de provocar la fisión del uranio 235. • **Central térmica,** factoría de producción de energía eléctrica a partir de la energía térmica de combustión.

TERMINACIÓN n. f. Acción y efecto de terminar. **2.** Conclusión, extremo, parte final de una cosa. **3.** Final de una palabra, sufijo o desinencia variable según las personas, números, tiempos, etc.

TERMINAL adj. Final, que pone término a una cosa. **2.** Dícese del último período y de las manifestaciones finales de las enfermedades que conducen a la muerte. ♦ adj. y n. f. **3.** Dícese del lugar de origen o final de una línea aérea, de ferrocarril, de autobús, etc. ♦ n. m. **4.** Conjunto de tanques de almacenamiento y bombas, o depósito, situado al final de un oleoducto: *terminal marítimo.* **5.** ELECTR. Borne. **6.** INFORMÁT. Órgano periférico de un ordenador, generalmente situado lejos de la máquina, al que pueden enviarse datos y preguntas y que proporciona resultados y respuestas.

TERMINANTE adj. Categórico, concluyente, preciso, contundente, rotundo: *pruebas terminantes.*

TERMINAR v. tr. (lat. *terminare*) [1]. Llevar a fin o dar término de una cosa: *terminar los estudios.* ♦ v. intr. y pron. **2.** Tener fin una cosa, llegar a su fin.

TÉRMINO n. m. (lat. *terminum*). Extremo, límite o último punto hasta donde llega algo. **2.** Porción de territorio sometido a la autoridad de un ayuntamiento. **3.** Fin último, momento o período de la existencia o duración de algo: *el término de la vida.* **4.** Límite de tiempo, plazo fijo: *debes pagar en el término de dos días.* **5.** Elemento de un conjunto; cada uno de los componentes que constituyen un todo: *conjunto de un asunto por término.* **6.** Palabra, vocablo. **7.** LÓG. Sujeto o predicado en una premisa de un silogismo. **8.** MAT. Cada una de las cantidades que componen una suma, una expresión algebraica, una serie, una sucesión, una progresión, etc. • **Dar término** a algo, terminarlo. || **En último término,** si no queda otro medio o remedio. || **Llevar a término** algo, ejecutarlo completamente. ♦ **términos** m. pl. **9.** Locución, expresión verbal: *términos precisos.* **10.** Condición o carácter de una situación.

TERMINOLOGÍA n. f. Conjunto de términos o vocablos propios de determinada profesión, ciencia o materia: *terminología literaria.*

TÉRMINOS (laguna de), laguna de México (Campeche), en el golfo de México; 80 km de long. y 40 km de anch. aprox. Pesca.

TERMITA o **TÉRMITE** n. f. Termes.

TERMITERO n. m. Nido que los termes construyen, en los países tropicales, con los escombros de sus trabajos de excavación.

TERMO o **TERMOS** n. m. (pl. *termos*). Botella o vasija aislante, de doble pared, con vacío intermedio, provista de cierre hermético.

TERMODINÁMICA n. f. Parte de la física que trata de las relaciones entre los fenómenos mecánicos y caloríficos.

TERMOELECTRICIDAD n. f. Conjunto de fenómenos reversibles de transformación directa de la energía térmica en energía eléctrica y viceversa. **2.** Electricidad producida por la combustión del carbón, del gas o del fuel pesado (*termoelectricidad*

clásica) o del uranio o plutonio (termoelectricidad nuclear).
TERMÓGENO, A adj. Que produce calor.
TERMOIÓNICO, A adj. Dícese de la emisión de electrones por un conductor eléctrico calentado a temperatura elevada.
TERMOLUMINISCENCIA n. f. Emisión de luz por ciertos cuerpos, provocada por un calentamiento notablemente inferior al que produciría la incandescencia.
TERMOMETRÍA n. f. Medida de la temperatura.
TERMOMÉTRICO, A adj. Relativo al termómetro o a la termometría.
TERMÓMETRO n. m. Instrumento que sirve para medir la temperatura. • **Termómetro centesimal**, termómetro que comprende 100 divisiones entre la división 0, correspondiente a la temperatura de fusión del hielo, y la división 100, que corresponde a la temperatura del vapor de agua en esta de ebullición a una presión atmosférica normal. || **Termómetro Fahrenheit**, termómetro que comprende 180 divisiones entre la división 32, correspondiente a la temperatura de fusión del hielo, y la división 212, que corresponde a la temperatura del agua en estado de ebullición.
TERMONUCLEAR adj. Dícese de las reacciones de fusión nuclear entre elementos ligeros, y de la energía que producen, logradas por el empleo de temperaturas muy elevadas. • **Bomba termonuclear, de hidrógeno, o H**, proyectil que produce, por la obtención de muy altas temperaturas, la fusión de núcleos de átomos ligeros con un desprendimiento considerable de energía. (Su potencia se expresa en megatones.)
TERMÓPILAS, desfiladero de Grecia central, donde el rey de Esparta Leónidas intentó detener a las tropas de Jerjes I en 480 a. J.C.
TERMOPLÁSTICO, A adj. y n. m. Que se ablanda por la acción del calor y se endurece al enfriarse.
TERMOPROPULSIÓN n. f. Principio de propulsión basado en la reacción de la energía térmica.
TERMORREGULACIÓN n. f. Regulación automática de la temperatura. **2.** Mecanismo fisiológico que mantiene constante la temperatura interna en el hombre, los mamíferos y las aves.
TERMOSFERA n. f. Capa atmosférica superior a la mesosfera.
TERMOSIFÓN n. m. Dispositivo en el que se genera una circulación de agua por variación de temperatura.
TERMOSTATO n. m. Dispositivo que sirve para mantener la temperatura constante.
TERNA n. f. (lat. ternam). Conjunto de tres personas propuestas para cierto cargo o empleo.
TERNADA n. f. Chile y Perú. Terno, traje.
TERNARIO, A adj. Compuesto de tres elementos: número ternario.
TERNEJO, A adj. Ecuad. y Perú. Se dice de la persona fuerte, vigorosa y valiente.
TERNERA n. f. Femenino de ternero. **2.** Carne de este animal.
TERNERO, A n. Ejemplar de ganado vacuno con dentición de leche.
TERNEZA n. f. Ternura. **2.** Requiebro, dicho cariñoso. (Suele usarse en plural.)
TERNILLA n. f. Cartílago.
TERNO n. m. (lat. ternum). Conjunto de tres elementos o cosas de la misma especie. **2.** Traje de hombre compuesto de pantalón, chaleco y chaqueta. **3.** Juramento, blasfemia. **4.** Cuba y P. Rico. Adorno de joyas formado por pendiente, collar y alfiler.
TERNURA n. f. Actitud cariñosa y afable. **2.** Expresión de cariño, afecto y amistad. **3.** Calidad de tierno.
TERO n. m. Argent. Teruteru.
TERPENO n. m. Nombre genérico de los hidrocarburos de origen vegetal, de fórmula general $(C_5H_8)_n$.

TERQUEDAD n. f. Calidad de terco o actitud terca.
TERRA (Gabriel), político uruguayo (Montevideo 1873-id. 1942). Presidente de la república en 1931-1934 y 1934-1938. Buscó la confianza popular con una avanzada legislación social.
TÉRRABA, GRANDE DE TÉRRABA o TIQUIS, r. de Costa Rica, en la vertiente del Pacífico; 160 km aprox. Formado por la unión del río General con el Coto Brus.
TERRACERÍA n. f. Méx. Tierra que se acumula en terraplenes o camellones en los caminos o carreteras en obra o construcción. • **Camino o carretera de terracería** (Méx.), el que no está asfaltado.
TERRACOTA n. f. (ital. terra cotta). Arcilla modelada y endurecida al horno. **2.** Objeto obtenido de este horno.
TERRADO n. m. Cubierta plana de un edificio.
TERRAJA n. f. Herramienta para tallar roscas exteriores en pernos, varillas, etc.
TERRAL adj. y n. m. Dícese de la brisa de tierra.
TERRAPLÉN n. m. Masa de tierra o de material excavado para elevar un terreno o rellenar un hueco. **2.** Cualquier desnivel en el terreno.
TERRAPLENAR v. tr. [1]. Llenar de tierra. **2.** Acumular tierra para levantar un terraplén.
TERRÁQUEO, A adj. Que está compuesto de tierra y agua: globo terráqueo.
TERRARIO n. m. o **TERRARIUM** n. m. Instalación para la cría y cuidado de reptiles, anfibios, etc.
TERRATENIENTE n. m. y f. Propietario de tierras o fincas rurales.
TERRAZA n. f. **1.** Terrado, cubierta de un edificio. **2.** En un edificio, espacio descubierto o parcialmente cubierto, de nivel superior al del terreno. **3.** Espacio de terreno llano dispuesto en forma de escalón en la ladera de un terreno elevado. **4.** Terreno acotado delante de un café, restaurante, etc., para sentarse al aire libre. **5.** GEOGR. Resto de una capa aluvial recortada por la erosión. • **Cultivos en terrazas**, dícese de los cultivos sobre pendientes dispuestas a propósito en niveles superpuestos o bancales.
TERRAZAS (Francisco de), poeta mexicano (c. 1549-¿1604?). Uno de los primeros poetas criollos. De su obra se conservan fragmentos de un poema épico en octavas, Nuevo Mundo y conquista, y un Canto de Caliope, inserto en La Galatea de Cervantes.
TERRAZO n. m. Pavimento de revestimiento con aspecto de granito, de mosaico o de mármol.
TERREGAL n. m. Méx. Tierra suelta, polvareda.
TERREMOTO n. m. Sismo.
TERRENAL adj. Relativo a la tierra.
TERRENO, A adj. (lat. terrenum). Terrestre. ◆ **2.** Terrenal. ◆ n. m. **3.** Espacio de tierra más o menos extenso, destinado a un uso concreto: terreno edificable. **4.** Fig. Campo o esfera de acción en que se ejerce un poder o influencia. **5.** Fig. Conjunto de actividades, ideas o conocimientos de cierta clase: el terreno de la ciencia. **6.** Porción más o menos considerable de la corteza terrestre de determinada edad, naturaleza u origen: terreno devónico; terreno arcilloso. **7.** DEP. Campo de juego. • **Todo terreno**, dícese del vehículo capaz de rodar sobre cualquier clase de terreno.
TERRERO, A adj. De tierra o parecido a ella.
TERRERO, A adj. Relativo a la casa de un solo piso. ◆ n. m. **3.** Hond. y P. Rico. Lugar en que abunda el salitre. ◆ adj. y n. m. **4.** Méx. Polvareda.
TERRESTRE adj. Relativo a la Tierra: la esfera terrestre. **2.** Que vive, se desarrolla o se da en la tierra: plantas terrestres. ◆ n. m. y f. **3.** Habitante de la Tierra.
TERRIBLE adj. (lat. terribilem). Que inspira o puede inspirar terror: monstruo terrible. **2.** Atroz, desmesurado, difícil de tolerar: genio terrible.
TERRÍCOLA adj. y n. m. y f. Que vive y se desarrolla en la tierra, en oposición al que lo hace en el agua o en el aire: animales, plantas terrícolas.
TERRIER n. m. y adj. Tipo de perro propio para la caza de animales de madriguera (fox-terrier, bull-terrier, irish-terrier).
TERRINA n. f. (fr. terrine). Tarro pequeño.
TERRITORIAL adj. Perteneciente al territorio.
TERRITORIALIDAD n. f. Característica peculiar que adquieren en el derecho las cosas y hechos jurídicos en cuanto se encuentran en el territorio de un estado.
TERRITORIO n. m. (lat. territorium). Porción de tierra perteneciente a una nación, región, provincia, etc.; término que comprende una jurisdicción. **2.** En países de régimen federal como Argentina, Australia, Canadá, Venezuela, etc., entidad política que no goza de completa autonomía interior o que es administrada por el gobierno central. **3.** ETOL. Espacio delimitado elegido por un animal o grupo de animales para desarrollar sus actividades, y al que defienden frente a otros individuos.
TERRÓN n. m. Masa pequeña y compacta de tierra: destripar terrones. **2.** Masa pequeña y apretada de una sustancia: terrón de azúcar. **3.** METAL. Mota.
TERROR n. m. (lat. terrorem). Miedo muy grande e intenso. **2.** Persona o cosa que provocan este sentimiento.
TERRORÍFICO, A adj. Que aterroriza o amedrenta: amenaza, mirada terrorífica.
TERRORISMO n. m. Dominación por el terror. **2.** Medio de lucha violenta practicada por una organización o grupo político frente al poder del estado o para la consecución de sus fines.
TERRORISTA adj. y n. m. y f. Relativo al terrorismo; partidario del terrorismo. ◆ n. m. y f. **2.** Persona que pertenece a una organización que practica el terrorismo.
TERROSO, A adj. Que participa de la naturaleza y propiedades de la tierra. **2.** Con mezcla de tierra. **3.** Del color de la tierra.
TERRUÑO n. m. Comarca o tierra, especialmente el país natal. **2.** Tierra que se trabaja y en la que se vive.
TERSAR v. tr. [1]. Poner terso.
TERSO, A adj. (lat. tersum). Limpio, transparente: agua tersa. **2.** Liso, tirante, sin arrugas: piel tersa. **3.** Fig. Puro, limado, fluido: lenguaje, estilo terso.
TERSURA n. f. Calidad de terso.
TERTULIA n. f. Reunión habitual de personas que se juntan para conversar sobre cualquier tema. **2.** Argent. Plateas altas en un local de espectáculos.
TERTULIANO, A adj. y n. Dícese del que concurre a una tertulia.
TERTULIAR v. intr. [1]. Amér. Estar de tertulia.
TERUEL (provincia de), prov. de España, en Aragón; 14 803 km²; 141 320 hab. Cap. Teruel. En el límite NE de la Meseta, accidentada por el sistema Ibérico; el sector NE corresponde a la depresión del Ebro.
TERUEL, c. de España, cap. de la prov. homónima y cab. de p. j.; 31 068 hab. (Turolenses.) Situada en la confluencia de Turia y el Alfambra, es sobre todo un centro administrativo y comercial. Conserva varias torres mudéjares de iglesias de los ss. XIII-XIV) y de la catedral gótico-mudéjar: este conjunto mudéjar fue declarado bien cultural del patrimonio mundial por la Unesco (1986). Acueducto (s. XVI). Museo arqueológico.
TERUTERU n. m. Ave caradriforme, que vive en América Meridional.

TES

TESALIA, en gr. *Thessalia*, región de Grecia continental, al S del Olimpo, junto al mar Egeo; 14 037 km²; 731 230 hab. C. pral. *Larisa* y *Volo* y, ant., *Farsalia* y *Feres*.

TESALÓNICA o **SALÓNICA,** en gr. **Tessaloníki,** c. y puerto de Grecia (Macedonia), junto al *golfo de Tesalónica*, formado por el mar Egeo; 377 951 hab. (739 998 hab. en la aglomeración). Centro industrial. Bellas iglesias bizantinas, como la de Santa Sofía (s. VIII). De 1204 a 1224 fue la capital de un reino latino. Durante la dominación otomana (1430-1913) se llamó *Salónica*.

TESAURO n. m. Diccionario, catálogo, antología.

TESEO, rey legendario de Atenas, héroe del Ática. Aparece en numerosas leyendas: expedición de los argonautas, lucha contra las amazonas y contra los centauros, Minotauro, etc.

TESINA n. f. Tesis de menor extensión e importancia que la doctoral.

TESIS n. f. (gr. *thesis*). Proposición que se enuncia y se mantiene con argumentos. **2.** Trabajo de investigación que se presenta para la obtención del grado de doctor universitario. **3.** FILOS. En la lógica de Aristóteles, proposición no demostrada que se usa como premisa de un silogismo. **4.** FILOS. En las antinomias kantianas, proposición a la que se opone la *antítesis*. **5.** FILOS. En la filosofía dialéctica, primera fase del proceso dialéctico.

TESITURA n. f. (ital. *tessitura*). Actitud o disposición del ánimo. **2.** MÚS. Término que indica la extensión o registro de una voz o de un instrumento.

TESLA n. m. (de *Tesla*, ingeniero yugoslavo). Unidad de medida de inducción magnética en el sistema SI (símbolo T), equivalente a la inducción magnética uniforme que, repartida normalmente sobre una superficie de un metro cuadrado, produce sobre dicha superficie un flujo magnético total de 1 weber.

TESLA (Nikola), ingeniero electrónico yugoslavo (Smiljan, Croacia, 1856-Nueva York 1943). Ideó las corrientes polifásicas y el acoplamiento de dos circuitos oscilantes por inducción mutua.

TESÓN n. m. Firmeza, constancia, perseverancia.

TESORERÍA n. f. Cargo u oficio de tesorero. **2.** Oficina o despacho del tesorero. **3.** Parte del activo de una empresa disponible para efectuar sus pagos. **4.** Finanzas del estado.

TESORERO, A n. Persona encargada de guardar y contabilizar los fondos de una dependencia pública o particular.

TESORITO n. m. Ave paseriforme que vive en América Meridional. (Familia cotíngidos.)

TESORO n. m. (lat. *thesaurus*). Cantidad de dinero, joyas, u objetos preciosos, reunida y guardada. **2.** Abundancia de caudal guardado. **3.** Erario de un estado. SIN.: *tesoro público*. **4.** Depósito oculto e ignorado de dinero u objetos preciosos, cuya legítima pertenencia a un propietario no consta. **5.** *Fig.* Persona o cosa digna de estimación, de mucho valor. **6.** *Fig.* Nombre dado a ciertas obras científicas o literarias: *tesoro de la lengua castellana*. • **Tesoro público,** servicio del estado que efectúa las operaciones de caja y banca que comporta la gestión de la hacienda pública.

TEST n. m. (voz inglesa) [pl. *tests*]. Prueba que permite estudiar y valorar las aptitudes y los conocimientos de un sujeto, o explorar su personalidad. **2.** Prueba que permite juzgar algo en general.

TESTA n. f. (lat. *testam*). Cabeza del hombre y de los animales. • **Testa coronada,** monarca o soberano de un estado.

TESTADO, A adj. Que muere habiendo hecho testamento.

TESTAFERRO n. m. (ital. *testa ferro*). Persona que presta su nombre en un contrato, pretensión o negocio que en realidad corresponde a otra persona.

TESTAMENTARÍA n. f. Conjunto de documentos, bienes o acciones relacionados con la ejecución de un testamento.

TESTAMENTARIO, A adj. Relativo al testamento. ♦ n. **2.** Persona encargada por el testador de cumplir su última voluntad.

TESTAMENTO n. m. Declaración de voluntad por la que una persona ordena el destino de sus intereses para después de su fallecimiento. **2.** Documento en que consta esta declaración. **3.** Alianza de Dios con su pueblo y la Iglesia. • **Antiguo Testamento,** nombre con el que se designan los libros bíblicos de la historia judía anteriores a la venida de Jesucristo. • **Nuevo Testamento,** colección de escritos de la Biblia concernientes a la vida y mensaje de Jesucristo: los Evangelios, los Hechos de los Apóstoles, las Epístolas y el Apocalipsis.

TESTAR v. intr. [**1**]. Hacer testamento.

TESTARADA n. f. Cabezazo, golpe dado con la cabeza.

TESTARAZO n. m. Testarada. **2.** Golpe, porrazo, encuentro violento.

TESTARUDO, A adj. y n. Que se mantiene en una actitud a pesar de razones convincentes para desistir.

TESTE n. m. *Argent.* Verruga pequeña que sale en los dedos de la mano.

TESTERA n. f. Parte frontal o delantera de un mueble o cosa semejante. **2.** Parte anterior y superior de la cabeza de un animal.

TESTERO n. m. Testera. **2.** Cualquiera de las paredes de una habitación.

TESTÍCULO n. m. (lat. *testiculum*). Glándula genital masculina que, con la colaboración de los demás órganos, elabora los espermatozoides y segrega la hormona masculina.

TESTIFICACIÓN n. f. Acción y efecto de testificar.

TESTIFICAR v. tr. (lat. *testificare*) [**1a**]. Atestiguar, firmar o declarar como testigo. **2.** Probar algo con testigos o documentos auténticos. **3.** *Fig.* Indicar, ser muestra o señal de algo.

TESTIFICATIVO, A adj. Que declara con certeza y testimonio verdadero una cosa.

TESTIGO n. m. y f. Persona que emite declaraciones sobre datos procesales ante el juez. **2.** Persona que da testimonio de algo, o lo atestigua. **3.** Persona que presencia algo. ♦ n. m. **4.** Lo que sirve para demostrar la verdad de un hecho, o para indicar o recordar algo: *el tiempo será testigo de su error*. **5.** Plaquita de yeso, puesta en la superficie de una fisura producida en una obra de mampostería o de fábrica, a fin de vigilar la evolución de su movimiento. **6.** Pequeño bastón que un corredor entrega a otro en una carrera de relevos.

TESTIGOS (Los), archipiélago de Venezuela (Dependencias Federales); 10 km²; 58 hab. Situado al NE de la isla Margarita.

TESTIMONIAR v. tr. [**1**]. Atestiguar, testificar. **2.** Dar muestras de algo: *testimoniar su admiración*.

TESTIMONIO n. m. (lat. *testimonium*). Acción o efecto de testimoniar. **2.** Declaración y examen del testigo para provocar la convicción del órgano jurisdiccional.

TESTOSTERONA n. f. Hormona producida por los testículos, que actúa sobre el desarrollo de los órganos genitales y de los caracteres sexuales secundarios masculinos.

TESTUZ n. m. o f. En algunos animales, frente, y en otros, nuca.

TETA n. f. Mama. **2.** Pezón. **3.** Queso gallego, de forma redonda y acabado en punta.

TÉTANOS o **TÉTANO** n. m. (gr. *tetanos*). PATOL. Enfermedad infecciosa grave, cuyo agente es un bacilo anaerobio que se desarrolla en las heridas sucias y que actúa por una toxina que ataca los centros nerviosos.

TETERA n. f. Vasija para la infusión y el servicio del té. **2.** *Amér. Central, Méx. y P. Rico.* Tetilla de biberón.

TETERO n. m. *Colomb.* Biberón.

TETILLA n. f. Teta de los animales mamíferos machos. **2.** Especie de pezón de goma que se pone al biberón para que el niño chupe por él.

TETINA n. f. Tetilla de biberón.

TETÓN n. m. Trozo o pie de una rama principal podada que queda unido al tronco.

TETRACLORURO n. m. Combinación que contiene cuatro átomos de cloro.

TETRAEDRO n. m. MAT. Poliedro de cuatro caras. **2.** MAT. Pirámide de base triangular. • **Tetraedro regular** (MAT.), tetraedro cuyas caras son cuatro triángulos equiláteros iguales.

TETRÁGONO, A adj. y n. m. Dícese del polígono de cuatro lados y cuatro ángulos. ♦ n. m. **2.** MAT. Cuadrilátero.

TETRALOGÍA n. f. Conjunto de cuatro obras literarias o musicales, unidas por una misma inspiración.

TETRAPLEJÍA n. f. Parálisis de cuatro miembros. SIN.: *cuatriplejía*.

TETRAPLÉJICO, A adj. y n. Relativo a la tetraplejía; afecto de tetraplejía.

TETRASÍLABO, A adj. y n. Cuatrisílabo.

TETRÁSTROFO, A adj. Que consta de cuatro estrofas. • **Tetrástrofo monorrimo,** cuaderna vía.

TETRAVALENTE adj. Cuadrivalente.

TÉTRICO, A adj. (lat. *taetricum*). Triste, deprimente, lúgubre.

TETUÁN, en bereber **Tiţțāwin,** c. de Marruecos, cerca del Mediterráneo; 365 000 hab. De 1913 a 1956 fue capital del Protectorado español de Marruecos.

TETUANÍ adj. y n. m. y f. De Tetuán. SIN.: *tetuán*.

TETUDO, A adj. Que tiene muy grandes las tetas.

TEUTÓN, NA adj. y n. Relativo a un pueblo de Germania que invadió la Galia con los cimbrios y fue derrotado por Mario cerca de Aix-en-Provence (102 a. J.C.); individuo de este pueblo. ♦ n. m. **2.** Alemán. ♦ n. m. **3.** Miembro de la orden Teutónica. **4.** En la alta edad media, lengua germánica.

TEUTÓNICO, A adj. Relativo a los teutones. ♦ adj. y n. **2.** Relativo a la orden Teutónica; miembro de dicha orden. ♦ n. m. **3.** Lengua de los teutones.

TEXAS, estado del S de Estados Unidos; 690 000 km²; 16 986 510 hab. Cap. *Austin*. C. pral. *Houston* y *Dallas*. Es el mayor de los estados norteamericanos (excluida Alaska). Grandes yacimientos de petróleo y gas natural.

HISTORIA

1519: descubrimiento de la costa por Álvarez de Pineda. 1685: Cavelier de La Salle fundó un establecimiento francés. 1821: concesión a los Austin para la implantación de colonos norteamericanos. 1835-1836: sublevación de los esclavos tejanos contra el gobierno mexicano, y consolidación de la independencia del territorio (El Álamo, 26 abril 1836). 1845: incorporación a E.U.A., reconocida por México en 1848 (tratado de Guadalupe Hidalgo). 1861: adhesión de Texas a la Confederación sudista. 1870: reincorporación a la Unión.

TEXCOCO, lago de México, en la cuenca de México, al E de la ciudad de México, actualmente desecado y del que sólo quedan unas ciénagas de desagüe.

TEXCOCO (*reino de*), entidad política precolombina gobernada por los chichimecas. Sobrevivió a la conquista de México por Hernán Cortés (1520).

TEXCOCO o **TEXCOCO DE MORA,** c. de México (México), próxima al lago homónimo; 140 368 hab. En época precolombina fue capital de un señorío chichimeca (reino de Texcoco, 1327) que con Netzahualcóyotl se integró en la confederación azteca (1431). Cortés la conquistó en 1520. Convento franciscano (s. XVI). Catedral (s. XVII). Restos arqueológicos en sus cercanías.

TEXTIL adj. (lat. *textilem*). Relativo a los tejidos: *industria textil*. ♦ adj. y n. m. 2. Dícese de la materia que puede tejerse.

TEXTO n. m. (lat. *textum*). Conjunto de palabras que componen un documento, un escrito en general. 2. Conjunto de palabras que componen la parte original de una obra en contraposición a las notas, comentarios, traducción, etc., adjuntos. 3. Página impresa escrita (por oposición a *ilustración*). 4. Obra escrita, libro. 5. Pasaje citado de una obra literaria. 6. Libro que se utiliza como guía y auxiliar en un centro de enseñanza para la preparación de una asignatura. SIN.: *libro de texto*. 7. Contenido exacto de una ley, acta, etcétera.

TEXTUAL adj. Relativo al texto. 2. Exacto: *palabras textuales*.

TEXTURA n. f. (lat. *texturam*). Entrelazamiento, disposición y orden de los hilos en un tejido. 2. Estado de una cosa tejida. 3. *Fig.* Estructura, disposición de las partes de un cuerpo, de una obra, etcétera.

TEZ n. f. Cutis, superficie de la piel del rostro.

TEZCATLIPOCA, divinidad astral de los mixtecas y de los aztecas. Era el dios de la noche, las tinieblas, el invierno y el norte. Su símbolo era el jaguar, y su color el negro.

TEZONTLE n. m. Piedra volcánica porosa, de color rojizo, muy usada por los aztecas en sus construcciones.

TEZOZÓMOC († 1426), soberano tepaneca de Azcapotzalco. Conquistó los estados del Valle de México y las ciudades de Chalco (1932), Cuautitlán (1408) y Colhuacan (1413), y atacó Texcoco (1418).

th, abreviatura de la *termia*.

Th, símbolo químico del *torio*.

THACKERAY (William Makepeace), escritor británico (Calcuta 1811-Londres 1863), periodista y caricaturista, autor de ensayos y de novelas que satirizan la hipocresía y la ridiculez de la sociedad británica (*La feria de las vanidades*, 1847-1848).

THAMES → *Támesis*.

THESAURUS n. m. (voz latina, *tesoro*). Diccionario léxico de filología o arqueología, especialmente el exhaustivo.

THETA o **ZETA** n. f. Octava letra del alfabeto griego (θ), que corresponde a la *th* inglesa.

THIMBU o **THIMPHU**, c. y cap. de Bhután; 60 000 habitantes.

THOMAS (Dylan Marlais), poeta británico (Swansea 1914-Nueva York 1953). Además de libros de poemas, escribió un drama radiofónico (*Bajo el bosque lácteo*, 1953) y una novela inacabada.

THOMSON (sir Joseph John), físico británico (Cheet-ham Hill, cerca de Manchester, 1856-Cambridge 1940). Midió el cociente *e/m* de la carga y la masa del electrón (1897), e inventó el espectrógrafo de masas, que serviría para descubrir los isótopos. (Premio Nobel de física 1906.) — Su hijo, sir **George Paget Thomson**, físico (Cambridge 1892-*id.* 1975), descubrió la difracción de los electrones rápidos en los cristales, confirmando así el principio fundamental de la mecánica ondulatoria. (Premio Nobel de física 1937.)

THOMSON (sir William), *lord* **Kelvin**, físico británico (Belfast 1824-Netherhall, Strathclyde, 1907). En 1852 descubrió el enfriamiento de los gases por expansión y contribuyó a establecer una escala teórica de las temperaturas (temperatura absoluta). Estudió las mareas terrestres, ideó el galvanómetro de imán móvil y fabricó un dispositivo mecánico de integración de las ecuaciones diferenciales.

THON BURI, ant. c. y cap. de Tailandia, act. en el área suburbana de Bangkok (695 000 hab.). Templos (ss. XVII-XIX).

THOR o **TOR,** dios guerrero escandinavo, señor del trueno.

THOREAU (Henry David), escritor norteamericano (Concord, Massachusetts, 1817-*id.* 1862). Discípulo de Emerson, puso en práctica sus doctrinas de retorno a la naturaleza (*Walden* o *la vida en los bosques*, 1854).

TI, forma tónica del pron. pers. de la 2.ª pers. sing. (lat. *tibi*). Funciona como complemento preposicional con preposición: *te lo digo a ti.*

Ti, símbolo químico del *titanio*.

TIANGUIS n. m. Méx. Mercado pequeño que se instala de manera periódica en la calle.

TIARA n. f. (lat. *tiaram*). Mitra alta ceñida por tres coronas, que lleva el papa en las ceremonias no litúrgicas. 2. Dignidad papal.

TIBER, en lat. **Tiberis,** en ital. **Tevere,** r. de Italia, tributario del mar Tirreno; 396 km. Pasa por Roma.

TIBERIO (Roma c. 42 a. J.C.-Misena 37 d. J.C.), emperador romano [14-37 d. J.C.]. Ejerció una rigurosa administración financiera. En política exterior, extendió la frontera del Imperio hasta el Rin (17). La actuación de Tiberio se caracterizó por un régimen de terror y persecución a familiares y senadores.

TIBET, en chino **Xizang** o **Si-tsang,** región autónoma del O de China, al N del Himalaya, formada por altas mesetas desérticas dominadas por elevadas cordilleras OE (Kunlun y Transhimalaya); 1 221 000 km²; 1 892 000 hab. (*Tibetanos.*) Cap. *Lhassa.* La ganadería es el recurso esencial (ovejas, cabras y yaks).

HISTORIA

1042: el budista indio Atiśa llegó a Lhassa; fue el creador de las sectas lamaístas del Tíbet. 1207: el país se sometió a los mongoles. 1447: se fundó el monasterio de Tashilhunpo (centro del lamaísmo rojo, y luego sede del panchen-lama). 1543-1583: el príncipe mongol Altan Kan organizó la iglesia tibetana bajo la autoridad del dalai-lama. 1642: el dalai-lama acaparó también el poder temporal e instauró un régimen teocrático. 1950: China ocupó el Tíbet. 1959: el dalai-lama partió al exilio. 1965: el Tíbet fue dotado de un estatuto de región autónoma. La resistencia tibetana permanece viva (levantamiento de 1970, revueltas desde 1987).

TIBETANO, A adj. y n. Del Tíbet. ♦ n. m. 2. Lengua hablada en el Tíbet.

TIBIA n. f. (lat. *tibiam*). Hueso largo que forma la parte interna de la pierna. 2. Hueso y división de las extremidades de ciertos animales.

TIBIEZA n. f. Calidad de tibio.

TIBIO, A adj. (lat. *tepidum*). Templado, ni muy frío, ni muy caliente: *agua tibia*. 2. *Fig.* Indiferente, poco vehemente o afectuoso: *tibio entusiasmo*.

TIBURÓN n. m. Pez marino de gran tamaño, aletas pectorales grandes y morro puntiagudo, con la boca provista de varias filas de dientes afilados. 2. *Fig.* Hombre de negocios implacable y sin escrúpulos.

TIBURÓN, cabo de América del Sur, en el Caribe, entre Colombia y Panamá.

TIBURÓN, *isla del*), isla de México (Sonora), en el golfo de California; 1208 km². Clima desértico.

TIC n. m. (pl. *tics*). Contracción brusca, rápida por lo general involuntaria de ciertos músculos, especialmente de la cara.

TICHOLO n. m. *Argent.* Dulce de caña de azúcar o de guayaba, que se presenta en panes pequeños.

TICKET n. m. (voz inglesa). Billete, bono, boleto.

TICO, A adj. y n. *Amér. Central* y *Méx.* Denominación dada a los costarriqueños.

TICTAC n. m. Voz onomatopéyica con que se designa o imita el sonido del reloj.

TIEMPO n. m. (lat. *tempus*). El devenir como sucesión continuada de momentos: *el tiempo transcurría lentamente*. 2. El existir del mundo subordinado a un principio y en fin, en contraposición a la idea de eternidad: *están fuera del espacio y del tiempo*. 3. Parte determinada del ser en relación al devenir continuo y sucesivo del mundo: *el tiempo presente*. 4. Parte de la vida de un individuo comprendida entre límites más o menos indeterminados: *en mis tiempos las costumbres eran distintas*. 5. Duración de una acción: *el tiempo de una carrera*. 6. Período o espacio más o menos largo: *trabajo que requiere mucho tiempo*. 7. Parte del día establecida o disponible para una determinada acción: *tiempo libre*. 8. Momento oportuno, ocasión: *llegó antes de tiempo*. 9. Período época caracterizada por registrarse alguna cosa por determinadas condiciones: *tiempo de paz*. 10. Edad, refiriéndose a niños: *¿qué tiempo tiene su hijo?* ¶ 1. Parte de la historia importante por determinados acontecimientos; época histórica en general: *el tiempo de Augusto*. 12. Cada una de las partes o cada uno de los movimientos que componen una acción más o menos compleja. 13. Ciclo de funcionamiento de un mecanismo: *motor de cuatro tiempos*. 14. Cada una de las partes en que se dividen algunas competiciones deportivas por equipos. 15. Modificación de la forma del verbo, que sirve para expresar una relación de tiempo, presente, pretérito, futuro. 16. Estado de la atmósfera en un momento dado: *hacer buen tiempo*. 17. MÚS. Cada una de las partes de igual duración en que se divide el compás. ● **A su tiempo,** en ocasión oportuna, cuando se requiere. ‖ **A tiempo,** en oportuna, ocasión y oportunidad. ‖ **Al tiempo** (*Méx.*), dícese del refresco que está templado, ni frío ni caliente. ‖ **Ganar tiempo** (*Fam.*), hacer algo de modo que el tiempo que transcurra aproveche al ntento de acelerar o retardar algún suceso o la ejecución de una cosa. ‖ **Tiempo de efemérides (TE)** (ASTRON.), tiempo definido por el movimiento de traslación de la Tierra alrededor del Sol. ‖ **Tiempo parcial,** dícese del trabajo que se efectúa con un horario inferior al normal.

TIEMPO (Israel **Zeitlin,** llamado **César**), escritor argentino de origen ucraniano (Ekaterinoslav 1906-Buenos Aires 1980). En su poesía reflejó la vida de la comunidad judía en Argentina (*Sabatión argentino*, 1933 *Sadomingo*, 1938; *Sábado pleno*, 1955). También cultivó el teatro, el ensayo y fue un prolífico guionista cinematográfico.

TIENDA n. f. Establecimiento comercial donde se venden artículos, generalmente al por menor. 2. Pabellón portátil, desmontable, de lona, tela o piel, que se monta al aire libre. SIN.: *tienda de campaña*.

TIENTA n. f. Prueba que se hace con las reses para comprobar su bravura. ● **A tientas,** guiándose por el tacto, por no poder utilizar la vista.

TIENTO n. m. Acción y efecto de tocar, ejercitar el sentido del tacto. 2. *Fig.* Tacto, habilidad para hablar u obrar con acierto. 3. Palo en que los ciegos para guiarse. 4. *Argent., Chile* y *Urug.* Tira delgada de cuero sin curtir, empleada para hacer látigos, sogas, etc.

TIERNO, A adj. (lat. *tenerum*). Que cede fácilmente a la presión, delicado, fácil de romper o partir. 2. *Fig.* Reciente, de poco tiempo: *brotes tiernos*. 3. *Fig.* Afectuoso, cariñoso.

TIERRA n. f. (lat. *terram*). Parte sólida del planeta Tierra, en contraposición al mar.

TIE

2. Materia inorgánica desmenuzable, de que principalmente se compone el suelo natural. **3.** Parte considerable del globo terrestre, región, país: *las tierras australes*. **4.** Conjunto de los países habitados, conjunto de sus habitantes. **5.** Patria. **6.** Superficie externa del planeta Tierra, suelo o piso. **7.** Terreno cultivado o cultivable: *ha vendido sus tierras*. **8.** *Fig.* La vida terrena, contingente, en oposición a la vida eterna o espiritual: *las vanidades de la tierra*. **9.** ELECTR. El suelo considerado como un conductor de poca impedancia. • **Echar por tierra** algo o a alguien, destruirlo, difamarlo, malograrlo. ‖ **Echar tierra** a alguien (*Méx. Fam.*), decir cosas de él para perjudicarlo: *dice que es su amigo, pero siempre que puede le echa tierra*. ‖ **Tierra de labor**, tierra susceptible de laboreo y cultivo. ‖ **Tierra de promisión**, la que Dios prometió al pueblo de Israel. ‖ **Tierra virgen**, tierra que no ha sido nunca cultivada. ‖ **Tierras raras**, grupo de óxidos metálicos, y de los metales correspondientes, de los elementos de número atómico comprendido entre 57 y 71. ♦ **tierras** n. f. pl. **10.** Pigmentos naturales minerales, obtenidos por simples tratamientos físicos de tierras o minerales.

TIERRA n. f. Planeta del sistema solar habitado por el hombre.
■ La Tierra tiene forma de un elipsoide de revolución achatado. Su diámetro ecuatorial mide aproximadamente unos 12 756 km, y su diámetro polar, 12 713 km. Su superficie es de 510 101 10³ km², su volumen, de 1 083 320 10⁶ km³, y su masa, de 6 10²¹ toneladas. Su densidad media es de 5,52. Su edad se estima en 4600 millones de años.

TIERRA DEL FUEGO (*archipiélago de*), archipiélago de América del Sur, al S del estrecho de Magallanes; 70 470 km². Lo integran la *isla Grande de Tierra del Fuego* y una serie de islotes que la rodean por el S y el O. Descubierto por Magallanes en 1520, está repartido entre Argentina y Chile.

TIERRA DEL FUEGO, ANTÁRTIDA E ISLAS DEL ATLÁNTICO SUR (*provincia de*), provincia del S de Argentina; 1 002 445 km²; 69 450 hab. *Cap.* Ushuaia.

TIERRA FIRME, territorio continental situado al S de las Antillas, entre la isla Margarita (Venezuela) y el río Atrato (Colombia), descubierto por Rodrigo de Bastidas (1501). Jurídicamente, el nombre se aplicó a la gobernación de Castilla del Oro (1514) y a la audiencia de Panamá (1563), territorios englobados después en el virreinato de Nueva Granada (1739).

TIESO, A adj. Erguido, firme: *andar muy tieso*. **2.** Poco flexible, rígido, que se dobla o rompe con dificultad. **3.** Engreído, soberbio. **4.** *Fig.* Que tiene un comportamiento grave, frío, circunspecto. • **Dejar tieso** a alguien (*Fam.*), matarle.

TIESTO n. m. (lat. *testum*). Maceta, vaso de barro para cultivar plantas. **2.** *Chile*. Cualquier clase de vasija.

TIFOIDEO, A adj. n. f. *Dícese de una enfermedad infectocontagiosa provocada por alimentos que contienen el bacilo de Eberth, que se multiplican en el intestino y actúan por toxinas.

TIFÓN n. m. (chino *tafang*). Tipo de ciclón propio del mar de China.

TIFUS n. m. (gr. *typhos*). Denominación dada a diversas enfermedades contagiosas que cursan con un cuadro febril grave y estupor.

TIGRE, ESA n. (lat. *tigrem*). Mamífero carnicero, de 2 m de long. y 200 kg de peso, que tiene la piel rayada. (Familia félidos.) **2.** *Amér.* Jaguar. ♦ n. m. **3.** *Ecuad.* Pájaro con el plumaje pardo manchado que se asemeja en gran manera a la piel del tigre.

TIGRE, r. de América del Sur (Ecuador y Perú), afl. del Marañón (or. izq.); 550 km aprox. Navegable.

TIGRE, partido de Argentina (Buenos Aires); en el Gran Buenos Aires; 256 005 hab. Zona recreativa.

TIGRE (EL), c. de Venezuela (Anzoátegui), en Los Llanos orientales; 93 229 hab. Petróleo.

TIGRILLO n. m. Carnívoro de pelaje amarillo con manchas oceladas, que vive desde el S de Colombia hasta el N de Argentina. (Familia félidos.)

TIGRIS, en ár. **Diyla**, en turco **Dicle**, r. de Turquía y de Iraq, que pasa por Bagdad y forma con el Éufrates, el Šaṭṭ al-'Arāb; 1950 km.

TIHUÉN n. m. *Chile*. Planta lauräcea.

TIJERA n. f. Instrumento de acero con dos brazos móviles que cortan por el interior. (Suele usarse en plural.) • **De tijera**, denominación dada a algunas cosas formadas por dos piezas cruzadas y articuladas: *silla de tijera*.

TIJERAL n. m. *Chile*. Armazón que sostiene el techo de una edificación.

TIJERETA n. f. Insecto, provisto de dos apéndices en forma de pinza al final de su abdomen. **2.** *Amér.* Ave migratoria con una cola que se parece a las hojas de una tijera.

TIJERETAZO n. m. Corte hecho de un golpe con las tijeras. SIN.: *tijereteada*.

TIJERETEAR v. tr. [1]. Dar varios cortes con las tijeras, generalmente estropeando en algo.

TILBERILLAS n. f. pl. (*tijerillas*). Planta herbácea de flores de tono amarillento, agrupadas en espigas. (Familia fumariáceas.)

TIJUANA, c. de México (Baja California), junto a la frontera con E.U.A.; 747 381 hab. Industrias alimentarias, textiles y mecánicas (maquiladoras). Centro turístico y comercial.

TILA n. f. Flor del tilo. **2.** Bebida o infusión de flores de tilo.

TILDAR v. tr. [1]. Aplicar a alguien la falta o defecto que se expresa: *tildar de tacaño, de moderno*.

TILDE n. m. o f. Signo gráfico (por ejemplo, el acento o la raya sobre la *n* para formar la *ñ*) colocado sobre una letra. **2.** *Fig.* Tacha, falta o defecto. ♦ n. f. **3.** Cosa insignificante.

TILICHE n. m. *Amér. Central* y *Méx.* Baratija, cachivache.

TILICHERO, A n. *Amér. Central*. Vendedor de tiliches. ♦ adj. **2.** *Méx.* Dícese de la persona muy afecta a guardar tiliches o cachivaches. ♦ n. m. **3.** *Méx.* Lugar donde se guardan los cachivaches, o conjunto de éstos.

TILICO, A adj. *Bol.* Débil, apocado, cobarde. **2.** *Bol.* y *Méx.* Persona enclenque y flacucha.

TILÍN n. m. Voz onomatopéyica del sonido de la campanilla. • **Hacer tilín** (*Fam.*), gustar mucho una persona o cosa.

TILINGO, A adj. *Argent., Perú* y *Urug.* Lelo, bobo, atolondrado.

TILMA n. f. (mexic. *tumatli*, capa). *Méx.* Manta de algodón que llevan los hombres del campo, a modo de capa, anudada sobre el hombro.

TILO n. m. Árbol cultivado como ornamental de flores, de color blanco amarillento, con las que se prepara una infusión de efectos tranquilizantes. (Familia tiliáceas.)

TIMADOR, RA n. Persona que tima.

TIMAR v. tr. [1]. Estafar, quitar o robar algo con engaño. **2.** *Fig.* y *fam.* Engañar a otro con promesas que luego no se cumplen. ♦ **timarse** v. pron. **3.** *Fam.* Intercambiar miradas o señas galanteadoras dos personas.

TIMBA n. f. *Fam.* Partida de un juego de azar. **2.** *Amér. Central* y *Méx.* Barriga.

TIMBAL n. m. Instrumento musical de percusión que se golpea con una masas.

2. Atabal, tamboril que suele tocarse en fiestas públicas. **3.** Empanada rellena de carne, pescado u otros alimentos.

TIMBALERO, A n. Persona que toca los timbales.

TIMBERO, A n. *Argent.* y *Urug.* Jugador empedernido.

TIMBÓ n. m. *Argent.* y *Par.* Planta arbórea cuya madera, muy resistente al agua, se utiliza para la construcción de canoas. (Familia mimosáceas.)

TIMBÓN, NA adj. *Amér. Central* y *Méx.* Dícese de la persona barrigona.

TIMBRADO, A adj. Dícese de la voz que tiene buen timbre: *voz bien timbrada*.

TIMBRADOR n. m. Instrumento para timbrar.

TIMBRAR v. tr. [1]. Estampar un timbre, sello o membrete en un papel, documento, etc.

TIMBRAZO n. m. Toque fuerte de un timbre.

TIMBRE n. m. (fr. *timbre*). Cualidad que distingue un sonido de otro, aunque tengan igual altura e intensidad, cuando son emitidos por dos instrumentos diferentes. **2.** Aparato para llamar o avisar, que suena movido por un resorte, electricidad, etc. **3.** Sonido característico de una voz: *timbre grave*. **4.** *Fig.* Acción, circunstancia o cualidad personal que ennoblece o da honor: *timbre de gloria*. **5.** Sello con el que se justifica haber pagado el impuesto correspondiente. **6.** Sello que se estampa en un papel o documento. **7.** Renta del tesoro, constituida por el importe de los sellos, papel sellado y otras imposiciones que gravan ciertos documentos. **8.** *Méx.* Estampilla, sello postal.

TIMBUKTU → *Tombouctou*.

TIMIDEZ n. f. Calidad de tímido.

TÍMIDO, A adj. y n. (lat. *timidum*). Falto de seguridad, de confianza en uno mismo. ♦ adj. **2.** Dícese de la actitud, gesto, etc., que demuestra inseguridad, que no se manifiesta abiertamente.

TIMO n. m. Acción y efecto de timar.

TIMO n. m. (gr. *thymos*, lobanillo). Glándula situada delante de la tráquea, que sólo está desarrollada en los niños y en los animales jóvenes.

TIMÓN n. m. (lat. *temonem*). Aparato instalado en la parte de popa de las embarcaciones y que sirve para dirigirlas. SIN.: *gobernalle*. **2.** *Fig.* Dirección o gobierno de un negocio o asunto. **3.** Dispositivo que regula la progresión de una aeronave en dirección (*timón de dirección*) o en profundidad (*timón de profundidad*). **4.** *Colomb.* Volante del automóvil.

TIMONEL n. m. Marinero que maneja el timón.

TIMONERO, A adj. y n. f. Dícese de las plumas de la cola de las aves que están insertas en las últimas vértebras caudales. ♦ n. m. **2.** Timonel.

TIMOR, isla de Indonesia, al N del *mar de Timor*; 30 000 km²; 1 600 000 hab. Desde el s. XVII estuvo dividida entre los portugueses y los holandeses y en 1946 la parte neerlandesa fue integrada en Indonesia, a la que también se incorporó en 1976, la parte portuguesa. 1999: (set.) declara su independencia, lo cual desata una ola de disturbios por parte de los proindonesios. 2001: al convertirse el movimiento guerrillero Falintil en las fuerzas armadas del país, terminan oficialmente los 24 años de combate por la independencia. Triunfa en las primeras elecciones democráticas del Frente Revolucionario (Fretilin). 2002: Nace la República Democrática de Timor Leste como nueva nación. Su primer presidente es J. A. Xanana Gusmao.

TIMOR LESTE → *Timor*.

TIMORATO, A adj. Tímido, indeciso. **2.** Mojigato, o que se escandaliza fácilmente.

TIMPÁNICO, A adj. Relativo al tímpano.

TÍMPANO n. m. (lat. *tympanum*). Atabal, tamboril que suele tocarse en fiestas públicas. **2.** ARQ. Espacio liso u ornamentado con esculturas, comprendido entre el dintel y las cornisas de un frontón o de un gablete. • **Caja del tímpano** o **tímpano** (ANAT.), cavidad del hueso temporal donde está alojado el oído medio. || **Membrana del tímpano** o **tímpano** (ANAT.), membrana situada en el fondo del conducto auditivo, que transmite las vibraciones del aire a los huesecillos del oído medio.

TIMÜR LANG *(el cojo)*, llamado también **Tamerlán**, emir de Transoxiana [1370-1405] y conquistador turco (Kesh, cerca de Samarkand, 1336-Otrār 1405). Se declaró heredero y continuador de Gengis Kan, y conquistó Ĵwārizm (1379-1388), Irán y Afganistán (1381-1387). Derrotó a la Horda de Oro (1391-1395), al sultanato de Delhi (1398-1399) y a los otomanos (1402). Su imperio, repartido entre sus numerosos descendientes, se desmembró con rapidez.

TINA n. f. (lat. *tinam*). Vasija de madera de forma de media cuba. **2.** Recipiente de gran capacidad, en forma de caldera, que sirve para diversos usos industriales. **3.** Tinaja de barro. **4.** Bañera. **5.** *Chile*. Maceta para plantas de adorno.

TINACO n. m. *Amér. Central* y *Méx.* Depósito de agua situado en la azotea de la casa. **2.** *Ecuad.* Tinaja grande para depositar la chicha.

TINAJA n. f. Gran vasija de cerámica, de forma ventruda y boca muy ancha, para guardar aceite, vino, pescado o carne en salazón, etc.

TINAJERO, A n. m. Persona que hace o vende tinajas. ♦ n. m. **2.** Lugar donde se ponen las tinajas.

TINAMÚ n. m. Ave de tamaño comprendido entre una perdiz y una gallina, que vive en América del Sur, donde es objeto de activa caza.

TINAQUILLO, c. de Venezuela (Cojedes); 45 600 hab. Yacimientos de asbesto.

TINBERGEN (Nikolaas), etólogo británico de origen neerlandés (La Haya 1907-Oxford 1988). Sus investigaciones sobre el comportamiento instintivo de los animales en su medio natural lo convierten en uno de los fundadores de la etología moderna. (Premio Nobel de fisiología y medicina 1973.)

TINCANQUE n. m. *Chile.* Capirotazo, golpe dado en la cabeza.

TINCAR v. tr. [1]. *Argent.* y *Chile.* Dar un golpe a algo para lanzarlo con fuerza. ♦ v. intr. **2.** *Chile.* Tener un presentimiento, intuir algo.

TINCAZO n. m. *Argent.* y *Ecuad.* Capitonazo.

TINCIÓN n. f. Acción y efecto de teñir.

TINCUNACO n. m. *Argent.* Topamiento.

TINDIO n. m. *Perú.* Ave acuática muy similar a la gaviota.

TINERFEÑO, A adj. y n. De Tenerife.

TINGA n. f. *Méx.* Guiso a base de carne deshebrada de pollo o cerdo, chile, cebolla y especias.

TINGI, TINGE o **TINGIS**, antigua c. del N de África, capital de la Mauritania Tingitana (act. Tánger).

TINGLADO n. m. Cobertizo. **2.** Tablado, armazón formada por un suelo de tablas construido a bastante altura. **3.** *Fam.* Enredo, intriga, maquinación.

TINGO, **Del tingo al tango** *(Méx.)*, de aquí para allá.

TINIEBLA n. f. (lat. *tenebram*). Oscuridad, falta o insuficiencia de luz en un lugar. ♦ **tinieblas** n. f. pl. **2.** *Fig.* Ignorancia suma que se tiene de algo. **3.** *Fig.* Oscuridad, ofuscamiento del entendimiento. • **Príncipe**, o **Ángel, de las tinieblas**, el demonio.

TINO n. m. Acierto y destreza para dar en el blanco al disparar. **2.** *Fig.* Habilidad, destreza. **3.** *Fig.* Juicio, cordura. • **Sacar de tino** a alguien, enfadarle, irritarle, exasperarle.

TINOGASTA, dep. de Argentina (Catamarca); 18 768 hab. Minas de cobre (Filo de la Cortadera).

TINOSO, A adj. *Colomb.* y *Venez.* Dícese de la persona hábil, diestra y segura.

TINTA n. f. Preparación coloreada, líquida o pastosa que se usa para escribir, dibujar o imprimir. **2.** Secreción de los cefalópodos, que éstos usan con fines defensivos. • **Cargar,** o **recargar,** alguien **las tintas,** exagerar el alcance o significación en lo que dice o hace. || **Medias tintas** *(Fig.* y *fam.)*, dichos, hechos, respuestas, etc., vagos, que revelan desprecio y recelo. || **Saber de buena tinta** algo *(Fam.)*, estar informado de ello con fundamento digno de crédito. || **Sudar tinta** *(Fam.)*, costar a alguien mucho esfuerzo algo. || **Tinta china,** líquido que se obtiene al desleír un polvo negro, generalmente negro de humo, en agua. || **Tinta simpática,** composición líquida que tiene la propiedad de que no se conozca lo escrito con ella hasta que se le aplique el reactivo conveniente. ♦ **tintas** n. f. pl. **3.** Matices del color: *las tintas de la aurora.*

TINTAR v. tr. y pron. [1]. Teñir.

TINTE n. m. Acción y efecto de teñir. **2.** Color o sustancia con que se tiñe. **3.** Color dado a una tela al teñirla. **4.** *Fam.* Tintorería, establecimiento. **5.** *Fig.* Matiz, rasgo o aspecto que da a una cosa un carácter determinado: *el libro tiene cierto tinte político.* **6.** *Fig.* Barniz, cualidad o conocimiento que alguien tiene muy superficialmente.

TINTERILLO n. m. *Amér.* Picapleitos.

TINTERO n. m. Recipiente en que se pone la tinta de escribir.

TINTÍN n. m. Sonido de la campanilla o de un timbre, o el que hacen al chocar los vasos, copas, etc.

TINTINEAR v. intr. [1]. Producir el sonido del tintín.

TINTO, A adj. Que está teñido. **2.** *Amér.* Rojo oscuro. • **Uva tinta,** uva que tiene negro el zumo y la que sirve para dar color a ciertos mostos. ♦ adj. y n. m. **3.** Dícese del vino de color oscuro tirando a negro.

TINTÓREO, A adj. (lat. *tinctorium*). Que sirve para teñir: *maderas tintóreas.*

TINTORERA n. f. Pez selácido de cuerpo fuerte y esbelto, con hocico alargado y subcónico, que vive en los mares tropicales y templados. (Familia carcarínidos.)

TINTORERÍA n. f. Oficio de tintorero. **2.** Establecimiento del tintorero.

TINTORERO, A n. Persona que tiene por oficio teñir o limpiar las telas, vestidos, etc.

TINTORETTO (Jacopo **Robusti**, llamado **il**), pintor italiano (Venecia 1518-íd. 1594). Sus numerosas obras religiosas destacan por la fogosidad inventiva, el virtuosismo manierista de los escorzos y los efectos de la luz.

TINTURA n. f. Tinte, acción y efecto de teñir y sustancia con que se tiñe. **2.** Líquido en que se ha disuelto una sustancia que le comunica color. **3.** FARM. Alcohol o éter que contiene en disolución los principios activos de una sustancia vegetal, animal o mineral.

TIÑA n. f. (lat. *tineam*). Dermatosis parasitaria de tipo pustuloso, que afecta principalmente la epidermis y sus anexos.

TIÑOSO, A adj. Que padece tiña. **2.** *Fig.* y *fam.* Miserable, tacaño.

TÍO, A n. Con respecto a una persona, hermano *(tío carnal)* o primo *(tío segundo, tercero,* etc.) de su padre o madre. **2.** En algunos lugares, tratamiento que se da a la persona casada, o de cierta edad, anteponiéndolo al nombre. **3.** *Fam.* Expresión con que se designa despectivamente a alguien, o por el contrario, se usa con expresión de admiración: *¡el tío ese; ¡vaya tío!* **4.** *Fam.* Persona cuyo nombre y condición se ignoran o no se quieren decir.

TIOVIVO n. m. Artefacto de feria consistente en una plataforma giratoria sobre la que hay caballitos de madera, cochecitos, barquillas, etc.

TIP n. m. *Méx.* Dato, pista que sirve para aclarar algún asunto, resolver un problema, etc.

TIPA n. f. Planta arbórea, que crece en América meridional, cuya madera, es muy empleada en ebanistería. (Familia leguminosas.) **2.** Madera de este árbol. **3.** *Argent.* Cesto de varillas o de mimbre sin tapa.

TIPAZO n. m. Buen tipo. **2.** Persona alta y apuesta.

TIPEAR v. intr. [1]. *Amér.* Mecanografiar, escribir a máquina.

TIPEJO, A n. *Desp.* Persona ridícula o despreciable.

TÍPICO, A adj. Peculiar o característico de la persona, cosa, país, situación, profesión, etc., de que se trata: *traje típico.*

TIPIFICAR v. tr. [1a]. Adaptar algo a un tipo standard. **2.** Representar una persona o cosa, el tipo o modelo del género, especie, etc., a que pertenece.

TIPISMO n. m. Calidad de típico. **2.** Conjunto de características o rasgos peculiares de una región época, etc.

TIPLE n. m. La más aguda de las voces humanas. ♦ n. f. **2.** Persona que tiene esta voz.

TIPO n. m. (gr. *typos*). Modelo, ejemplar ideal que reúne en un alto grado los rasgos y los caracteres esenciales o peculiares de un género, especie, etc. **2.** Clase, categoría, modalidad: *no respondo a este tipo de preguntas.* **3.** Conjunto de los caracteres distintivos o características de una raza. **4.** Figura, silueta, configuración del cuerpo de una persona. **5.** Representación artística de una persona que pone en relieve caracteres muy relevantes o que pueden pertenecer a otros muchos individuos: *el tipo de la Trotaconventos procede de la tradición árabe.* **6.** *Fam.* Persona, individuo: *un tipo preguntaba por ti.* **7.** Cada una de las grandes agrupaciones de clases en que se dividen los reinos animal y vegetal. **8.** IMPR. Pieza de metal, fundida, que lleva en la parte superior una letra u otro signo en relieve para que pueda estamparse. **9.** IMPR. Cada una de las diversas variedades de letra de imprenta.

TIPOGRAFÍA n. f. Procedimiento de impresión con formas o moldes en relieve. **2.** Imprenta, lugar donde se imprime.

TIPOGRÁFICO, A adj. Relativo a la impresión.

TIPÓGRAFO, A n. Operario que compone o corrige textos destinados a la impresión.

TIPOI o **TIPOY** n. m. Especie de túnica larga, sin mangas, que visten las indias y campesinas guaraníes.

TIPOLOGÍA n. f. Estudio y clasificación de tipos que se practica en diversas ciencias. **2.** Estudio de los caracteres morfológicos del hombre, comunes a las diferentes razas. **3.** Biotipología.

TIQUE n. m. (ingl. *ticket*). Vale, bono, cédula.

TIQUISMIQUIS o **TIQUIS MIQUIS** n. m. y f. (pl. *tiquismicuis* o *tiquis miquis*). *Fam.* Persona maniática o muy aprensiva. ♦ **tiquismiquis** o **tiquis miquis** n. m. pl. **2.** Escrúpulos o reparos nimios y sin importancia. **3.** Enfacos o discusiones frecuentes y sin motivo. **4.** Expresiones ridículas y afectadas.

TIRA n. f. (cat. *tira*). Pedazo largo, delgado y estrecho de tela, papel u otra materia. **2.** Serie de dibujos que aparece en periódicos y revistas y en los cuales se cuenta una historia o parte de ella. **3.** *Méx. Vulg.* Policía: *llegó la tira y los detuvieron.* • **La tira** *(Vulg.),* gran cantidad de una cosa.

TIRABUZÓN n. m. (fr. *tirebouchon*). Sacacorchos. **2.** *Fig.* Rizo de pelo largo y en forma de espiral.

TIRACHINOS o **TIRACHINAS** n. m. (pl. *tirachinos* o *tirachinas*). Horquilla con mango, provista de dos gomas unidas por una badana, que se usa para disparar piedras.

TIRADA n. f. **1.** Acción y efecto de tirar. **2.** Distancia grande

TIR

que media entre dos lugares. **4.** Serie ininterrumpida de cosas que se dicen, suceden o se hacen. **5.** Número de ejemplares de que consta una edición. **6.** *Méx. Fam.* Objetivo, propósito.

TIRADERA n. f. Flecha de bejuco, con punta de asta de ciervo, usada por algunos indios americanos.

TIRADERO n. m. Puesto donde el cazador se coloca para disparar a la caza. **2.** *Méx.* Desorden, conjunto de cosas fuera de sitio: *tiene un tiradero en su cuarto.*

TIRADO, A adj. Que se vende muy barato por abundar en el mercado. **2.** *Fam.* Que es muy fácil de hacer: *examen tirado*. **3.** *Fam.* Dícese de la persona despreciable o que ha perdido la vergüenza.

TIRADOR, RA n. Persona que tira, lanza o dispara. ♦ n. m. **2.** Instrumento con que se estira. **3.** Cordón o cadenilla del que se tira para hacer sonar una campanilla, un timbre, etc. **4.** Asidero del cual se tira para abrir o cerrar un cajón, una puerta, etc. **5.** Tirachinos. **6.** *Argent.* Cinturón de cuero curtido propio de la vestimenta del gaucho. **7.** *Argent. y Urug.* Tirante, cada una de las dos vigas que sostienen un pantalón. (Suele usarse en plural.).

TIRAGOMAS n. m. (pl. *tiragomas*). Tirachinos.

TIRAJE n. m. Acción y efecto de tirar, imprimir. **2.** *Amér.* Tiro de la chimenea.

TIRALÍNEAS n. m. (pl. *tiralíneas*). Instrumento de dibujo que sirve para trazar líneas.

TIRANA, en albanés **Tiranë**, c. y cap. de Albania; 206 000 hab. Museo de arqueología y etnografía.

TIRANÍA n. f. Gobierno despótico, injusto, cruel. **2.** *Fig.* Abuso excesivo de autoridad, fuerza o superioridad.

TIRANIZAR v. tr. [**1g**]. Gobernar un tirano un estado. **2.** *Fig.* Dominar o tratar con tiranía a alguien.

TIRANO, A adj. y n. (lat. *tyrannum*). Dícese del soberano despótico, injusto, cruel. **2.** *Fig.* Que abusa de su poder, fuerza o superioridad. ♦ adj. **3.** *Fig.* Dícese del afecto o pasión que ejerce un dominio excesivo sobre la voluntad de alguien.

TIRANTE adj. Tenso, estirado. **2.** *Fig.* Dícese de las relaciones de amistad frías y próximas a romperse o de las situaciones o actitudes embarazosas y violentas. ♦ n. m. **3.** Cada una de las dos tiras de tela o piel, generalmente elásticas, que sostienen desde los hombros un pantalón, delantal u otra prenda de vestir.

TIRAR v. tr. (lat. *tirare*) [**1**]. Lanzar, despedir una cosa de la mano. **2.** Arrojar, lanzar en dirección determinada: *tirar piedras al río.* **3.** Derribar, volcar, derramar una cosa: *tirar un jarrón.* **4.** Desechar algo, deshacerse de ello: *tirar los zapatos a la basura.* **5.** *Fig.* Derrochar, malgastar. **6.** Trazar, dibujar líneas, rayas, etc. **7.** Con voces expresivas de daño corporal, ejecutar la acción significada por estas palabras: *tirar una coz.* **8.** Imprimir, dejar en el papel u otra materia análoga, por medio de presión mecánica, la huella de un dibujo o texto. **9.** Publicar, editar, generalmente un periódico o una publicación periódica, el número de ejemplares de que expresa. **10.** Jugar las cartas, lanzar los dados, etc.: *te toca tirar a ti.* ♦ v. tr. e intr. **11.** Disparar la carga de un arma de fuego, o un artificio de pólvora: *tirar un cañonazo; tirar al blanco.* ♦ v. intr. **12.** *Fig.* Atraer, gustar: *no le tira el estudio.* **13.** Hacer fuerza para traer hacia sí o para llevar tras sí: *tirar de una cuerda.* **14.** Seguido de la prep. *de* y de un nombre de arma, instrumento, objeto, etc., sacar o tomar éstos en la mano para emplearlos: *tirar de navaja.* **15.** Producir el tiro o corriente de aire de un hogar, o de otra cosa que arde: *la chimenea tira mucho.* **16.** *Fig. y fam.* Torcer, marchar en cierta dirección: *en la segunda bocacalle, tire a la derecha.* **17.** *Fig.* Tender, propender: *ojos azules tirando a verdes.* **18.** *Fig. y fam.* Parecerse, asemejarse: *la hija tira a su madre.* **19.** *Fig.* Estar en camino de ser cierta cosa: *tira para cura.* **20.** Apretar, ser demasiado estrecho o corto: *la chaqueta me tira de las mangas.* **21.** Durar o mantenerse con dificultad una persona o cosa: *va tirando tras la operación.* **22.** Tener un motor, o algo semejante, cierta capacidad o potencia de tracción: *este coche no tira.* ♦ **Tirarle a algo** (Méx. *Fam.*), tener el propósito de alcanzarlo o de conseguirlo: *le tira a ser director de escuela.* ♦ **tirarse** v. pron. **23.** Abalanzarse, arrojarse, dejarse caer: *tirarse a la piscina.* **24.** Echarse, tumbarse en el suelo o encima de algo. **25.** *Fam.* Pasar, transcurrir de cierta manera un tiempo que se expresa: *se ha tirado el día lloviendo.* **26.** *Vulg.* Tener trato sexual con alguien que se expresa.

TIRAS n. f. pl. *Chile.* Trapos, ropas de vestir.

TIRIO, A adj. y n. De Tiro. ♦ **Tirios y troyanos** (*Fam.*), partidos o partidarios de opiniones o intereses opuestos.

TIRITA n. f. (marca registrada). Tira de adhesivo con un preparado medicinal con que se protegen las heridas.

TIRITAR v. intr. [**1**]. Temblar y estremecerse de frío o por efecto de la fiebre.

TIRO n. m. Acción y efecto de tirar: *ejercicios de tiro.* **2.** Disparo de un arma de fuego. **3.** Estampido que éste produce: *oírse un tiro.* **4.** Señal, impresión o herida que hace lo que se tira: *fue curado de un tiro en la pierna.* **5.** Carga de un arma de fuego: *revólver de cinco tiros.* **6.** Lugar donde se tira al blanco. **7.** Conjunto de caballerías que tiran de un carruaje. **8.** *Fig.* Seguido de la prep. *de* y el nombre del arma disparada o del objeto arrojado, se usa como medida de distancia: *a un tiro de bala.* **9.** Dirección que se da al disparo de las armas de fuego: *tiro rasante.* **10.** En un pantalón, distancia desde la unión de las dos perneras por entre las piernas hasta la cintura. **11.** Corriente de aire que produce el fuego de un hogar. **12.** Chut. **13.** *Hond.* Senda por la que se arrastra la madera. ♦ **A tiro**, dícese de lo que se halla al alcance o dentro de las posibilidades de alguien. ║ **Al tiro** (*Chile, Colomb., C. Rica y Ecuad.*), en seguida, prontamente. ║ **Ángulo de tiro**, el que forma la línea de tiro con el plano horizontal. ║ **De tiros largos** (*Fig. y fam.*), vestido de gala. ║ **Ni a tiros**, dícese refiriéndose a la imposibilidad de que alguien haga o diga algo. ║ **Tiro al blanco**, denominación genérica del tiro de cierta arma de fuego sobre un blanco. ║ **Tiro al plato**, modalidad del tiro olímpico en que las aves se sustituyen por discos que son lanzados por una máquina automática. ║ **Tiro de gracia**, el que remata al que está gravemente herido.

TIRO, act. **Sūr**, c. del Líbano, al S de Beirut. Arzobispados católicos (ritos maronita y griego). Ruinas fenicias, helenísticas y romanas. Puerto de la antigua Fenicia, fundó (a partir del s. XI a. J.C.), numerosos establecimientos en las orillas del Mediterráneo, como el de Cartago.

TIROIDEO, A adj. Relativo a la glándula tiroides o al cartílago del mismo nombre.

TIROIDES n. m. (gr. *thyroeides*, en forma de puerta). Glándula endocrina situada delante de la tráquea, que produce la tiroxina y la calcitonina. ♦ **Cartílago tiroides**, el más voluminoso de los cartílagos laríngeos, que forma en el hombre el relieve llamado *nuez o bocado de Adán.*

TIROL, n. m. *Méx.* Recubrimiento de apariencia rugosa que se pone en los techos cono adorno.

TIROL, ant. prov. alpina del imperio austríaco que correspondía a la cuenca superior del Inn, del Drave y del Adigio. Act. el nombre tiende a designar sólo una provincia de Austria (12 649 km²; 594 000 hab.; cap. *Innsbruck*) que se extiende por el valle superior del Inn, cuya principal actividad es el turismo de invierno.

TIROLÉS, SA adj. y n. Del Tirol.

TIRÓN n. m. Estirón, acción y efecto de tirar brusca y violentamente de algo. **2.** *Fam.* Robo consistente en apoderarse del ladrón de un bolso, u otro objeto, tirando violentamente de él y dándose a la fuga. ♦ **De un tirón**, seguido, de una vez, en una sola acción.

TIROTEAR v. tr. y pron. [**1**]. Disparar repetidamente armas de fuego portátiles.

TIROXINA n. f. Hormona secretada por el tiroides.

TIRRENO (*mar*), parte del Mediterráneo occidental comprendida entre la península italiana y las islas de Córcega, Cerdeña y Sicilia.

TIRRIA n. f. *Fam.* Ojeriza, antipatía injustificada o irracional hacia algo o alguien.

TIRSO DE MOLINA (Gabriel **Téllez**, llamado), dramaturgo español (Madrid c. 1571-Almazán 1648). Entre 1627 y 1636 se imprimieron las cinco partes de sus comedias, unos 300 títulos en total. *El condenado por desconfiado*, *El burlador de Sevilla* (sobre el tema de Don Juan), *La prudencia en la mujer*, *El vergonzoso en palacio* o *Don Gil de las calzas verdes*, son algunos de sus títulos, donde aparecen muchas veces entremezclados el drama, la sátira y los temas teológicos.

TISANA n. f. Infusión de hierbas medicinales.

TÍSICO, A adj. y n. Relativo a la tisis; afecto de esta enfermedad.

TISIS n. f. (gr. *phthisis*). Tuberculosis.

TISTE n. m. *Amér. Central.* Bebida a base de harina de maíz tostado, cacao, achiote y azúcar.

TISÚ n. m. (fr. *tissu*). Tela de seda, entretejida con hilos de oro y plata. **2.** Pañuelo de papel suave.

TISULAR adj. HISTOL. Relativo a los tejidos.

TITÁN n. m. Persona que descuella por ser excepcional en algún aspecto.

TITÁNICO, A adj. Relativo a los Titanes. **2.** *Fig.* Desmesurado, excesivo: *un esfuerzo titánico.*

TITANIO n. m. (gr. *titanos*, cal, yeso). Metal (Ti), de número atómico 22, de masa atómica 47,9 y densidad 4,5, blanco, duro, que funde a 1800 °C.

TÍTERE n. m. Marioneta, figurilla que se mueve por medio de hilos o con las manos. ♦ n. m. t. **2.** *Fig. y fam.* Persona que cambia con facilidad de opinión o que actúa influida por los demás.

TITÍ n. m. Simio arborícola de América del Sur, cuyo cuerpo se prolonga en una larga cola tupida. (Familia hapálidos.)

TITICACA, lago de América del Sur (Bolivia y Perú), en el Altiplano andino; 8340 km². Recibe el aporte de numerosos ríos (Coata, Ilave, Ramis, Suches), y su emisario es el Desaguadero. Rica fauna piscícola y de aves acuáticas.

TITILAR v. intr. [**1**]. Agitarse con temblor alguna parte del cuerpo: *los párpados titilan.* **2.** Centellear u oscilar una luz o un cuerpo luminoso.

TITIPUCHAL n. m. *Méx. Fam.* Multitud, muchedumbre, desorden.

TITIRITAR v. intr. [**1**]. Tiritar.

TITIRITERO, A n. Persona que maneja los títeres. **2.** Acróbata o artista circense.

TITO (Roma 39 d. J.C.-Aquae Cutiliae, Sabina, 81), emperador romano [79-81]. Hijo de Vespasiano, tomó Jerusalén (70). Su reinado, muy liberal, destacó por las grandes construcciones.

TITO (Josip Broz, llamado), mariscal y político yugoslavo (Kumrovec, Croacia, 1892-Ljubljana 1980). Como jefe de gobierno (1945), rompió con Stalin (1948) y se erigió en líder de la política neutralista y de los países no alineados. Presidente de la república (1953), fue nombrado presidente vitalicio en 1974.

TITO LIVIO, historiador latino (Padua 64 o 59 a. J.C.-Roma 17 d. J.C.), su principal obra es *Ab urbe condita libri...* (conocida por el nombre de *Décadas*), historia de Roma (desde los orígenes hasta 9 a. J. C., en 142 libros, de los que sólo se conservan 35.

TITU CUSI YUPANQUI, inca de Vilcabamba [1563-1569], sucesor de su hermano Sayri Tupac e hijo de Manco Cápac II. Aunque bautizado por misioneros españoles, se mantuvo independiente y luchó contra tropas del virrey Francisco de Toledo.

TITUBEAR v. intr. (lat. *titubare*) [1]. Oscilar, tambalearse una cosa, perder la estabilidad. **2.** Balbucir, hablar articulando las palabras de una manera vacilante y confusa. **3.** *Fig.* Estar en duda, mostrarse indeciso en algún asunto, materia, acción, etc.

TITULACIÓN n. f. Acción y efecto de titular o titularse.

TITULADO, A adj. y n. Dícese de la persona que tiene un título académico o nobiliario.

TITULAR adj. y n. m. y f. Dícese del que ocupa un cargo teniendo el título o nombramiento correspondiente. ♦ n. m. **2.** Encabezamiento de una información en cualquiera de los géneros periodísticos.

TITULAR v. tr. [1]. Poner título o nombre a algo. ♦ **titularse** v. pron. **2.** Llamarse, tener por título, por nombre. **3.** Obtener un título académico.

TÍTULO n. m. (lat. *titulum*). Nombre, frase que contiene una referencia más o menos explicativa de la materia o argumento de un texto, libro, etc. **2.** Dignidad adquirida o heredada, que confiere un derecho u honor. **3.** Persona que goza de dicha dignidad. **4.** Lo que demuestra o acredita un derecho, especialmente la posesión de una hacienda, bienes, etc.: *título de propiedad.* **5.** Certificado representativo de un valor mobiliario (acción, obligación, etc.), que puede ser nominativo, al portador o a la orden. **6.** Apelativo que se da a alguien por un cargo, oficio o grado de estudios. **7.** Documento en que se acredita ese derecho. **8.** Cualidad, mérito que da derecho a alguna cosa. **9.** Cada una de las partes en que se dividen las leyes, reglamentos, etc. • **A título de,** con el pretexto, motivo o causa de lo que se expresa; con el carácter de.

TIUQUE n. m. *Chile.* Ave rapaz de plumaje oscuro. **2.** *Chile. Fig.* Persona malintencionada y astuta.

TÍVOLI, ant. *Tíbur,* c. de Italia (prov. de Roma); 50 559 hab. Templos romanos. Jardines de la villa de Este.

TIZA n. f. (azteca *ticatl*). Barrita de arcilla blanca que se usa para escribir en los encerados. **2.** Compuesto de yeso y greda que se usa en el juego del billar para untar la suela de los tacos.

TIZATE n. m. *Guat., Hond.* y *Nicar.* Yeso, tiza.

TIZIANO o **TICIANO** (Tiziano *Vecellio*), pintor italiano (Pieve di Cadore, Venecia, 1487/1490-Venecia 1576). Influyó profundamente en el arte europeo. Entre sus pinturas, destacan: *Amor sagrado y amor profano* (1515, galería Borghese, Roma), *Entierro de Cristo* (1523-1525, Louvre), *La Venus de Urbino* (1538, Uffizi).

TIZNA n. f. Materia que puede tiznar.

TIZNADO, A adj. *Amér. Central.* Borracho, ebrio.

TIZNADURA n. f. Acción y efecto de tiznar o tiznarse.

TIZNAR v. tr. y pron. [1]. Manchar con tizne, hollín u otra sustancia semejante.

TIZNE n. m. o f. Hollín, humo que se pega a las sartenes que han sido puestas al fuego.

TIZOC († 1486), soberano azteca [1481-1486]. Sucesor de su hermano Axayácatl, encargó la reconstrucción del templo de Tenochtitlan (1483) e hizo grabar sus gestas en la llamada *Piedra de Tizoc* (1487).

TIZÓN n. m. (lat. *titionem*). Palo o leño a medio quemar, que arde produciendo gran cantidad de humo.

TI, símbolo químico del *talio.*

TLACATECUHTLI, n. m. (voz náhuatl). Entre los aztecas, título que se daba al soberano. **2.** Juez supremo en dicho pueblo.

TLACHIQUE n. m. *Méx.* Aguamiel.

TLACONETE n. m. *Méx.* Babosa, molusco gasterópodo.

TLACUACHE n. m. *Méx.* Zarigüeya.

TLACUILO n. m. Entre los aztecas, individuo que se dedicaba a dibujar los signos de su escritura.

TLALAYOTE o **TALAYOTE** n. m. *Méx.* Nombre que se da a diversas plantas asclepiadáceas. **2.** *Méx.* Talantuyo.

TLALCOYOTE n. m. *Méx.* Mamífero mustélido dañino que ataca los sembrados de maíz y los gallineros parecido al coyote, pero más pequeño.

TLÁLOC, dios de la lluvia entre los pueblos nahua de la meseta de México, adorado ya en Teotihuacán como símbolo de la fertilidad agrícola. Los aztecas mantuvieron su culto junto al de Huitzilopochtli en el templo mayor de Tenochtitlan.

TLAPALERÍA n. f. *Méx.* Tienda donde se venden pinturas, artículos de ferretería, albañilería y material eléctrico.

TLATELOLCO o **TLALTELOLCO,** antigua colonia mexicana situada en una isla del lago Texcoco. Formada a fines del s. XIII, en 1473 fue sometida por los aztecas e incorporada a la ciudad de Tenochtitlan-Tlatelolco. Sobre el templo mayor, construido por los chichimecas, los franciscanos levantaron la iglesia de Santiago Tlatelolco (1609). En su emplazamiento se halla el barrio de Nonoalco-Tlatelolco, con la plaza de las Tres culturas.

TLAXCALA (*estado de*), est. del centro de México; 3914 km²; 761 277 hab. Cap. *Tlaxcala* o *Tlaxcala de Xicoténcatl.*

TLAXCALA o **TLAXCALA DE XICOTÉNCATL,** c. de México, cap. del est. de Tlaxcala; 103 324 hab. Centro agrícola, ganadero e industrial. Fue capital de los tlaxcaltecas y aliada de los españoles en la conquista. Convento de San Francisco (1537), palacio municipal (1550), catedral (s. XVIII). Santuario de Ocotlán. El lienzo de Tlaxcala en un códice del s. XVI que narra en lengua náhuatl la historia de la ciudad y de la conquista española (museo nacional de antropología de México).

TLAXCALTECA adj. y n. m. y f. Relativo a un pueblo amerindio de México, del grupo nahua, de lengua uto-azteca, actualmente extinguido; individuo de este pueblo.

• Los tlaxcaltecas formaron en la meseta de Tlaxcala los señoríos federados de Ocotelulco, Tepeticpac, Quiahuiztlan y Tizatlan, enfrentados a los aztecas. Tras ser derrotados por Hernán Cortés en Cholula (1519), se aliaron con los españoles y participaron en el sometimiento de los aztecas (Otumba, 1520).

Tm, símbolo químico del *tulio.*

T.N.T., siglas del *trinitrotolueno.*

TOALLA n. f. (germ. *thwahljo*). Pieza rectangular para secarse después de lavarse. **2.** Cubierta que se pone sobre las almohadas. **3.** Tejido de rizo del que suelen ser las toallas. • **Arrojar, lanzar, o tirar, la toalla,** en boxeo, lanzar la toalla en señal de abandono; abandonar una empresa ante una dificultad.

TOALLERO n. m. Utensilio para colgar las toallas.

TOBA n. f. Piedra blanda, porosa y ligera que da un sonido apagado y sordo bajo el choque del metal. **2.** Ladrillo poroso.

TOBA adj. y n. m. y f. Relativo a un pueblo amerindio guaicurú del Chaco (Argentina, Bolivia y Paraguay), muy aculturado; individuo de este pueblo.

TOBAGO, una de las Pequeñas Antillas; 301 km²; 40 000 hab. (→ **Trinidad y Tobago.**)

TOBAR (Carlos R.), político y diplomático ecuatoriano (Quito 1854-Barcelona, España, 1920). Se le debe la *doctrina Tobar,* que subordinaba el reconocimiento internacional de un gobierno surgido de una insurrección o de un golpe de estado a su legitimación constitucional.

TOBAR (Martín), patriota venezolano (Caracas 1772-id. 1843). Tomó parte en la proclamación de independencia (1810) y fue miembro de los congresos de Angostura (1819) y Cúcuta (1821). Participó en el movimiento revolucionario contra Páez (1835).

TOBERA n. f. Abertura tubular practicada en la parte inferior y lateral de un horno, para la entrada del aire que alimenta la combustión. **2.** Revestimiento metálico de esta abertura. **3** Conducto perfilado adecuadamente para que el fluido que circula por él aumente su velocidad (con pérdida de presión) o su presión (con pérdida de velocidad).

TOBIANO, A adj. *Argent.* Dícese del caballo overo con manchas blancas en la parte superior del cuerpo.

TOBILLERA n. f. Venda, generalmente elástica, con que se sujeta el tobillo en algunas lesiones o luxaciones. **2.** *Méx.* Calcetín corto.

TOBILLO n. m. Parte inferior de la pierna, junto a la garganta del pie, con dos eminencias óseas, que se corresponden con los maléolos.

TOBIN (James), economista norteamericano (Champaign, Illinois, 1918), autor de una teoría general del equilibrio entre los activos financieros y reales. (Premio Nobel de economía 1981.)

TOBOGÁN n. m. Pista deslizante por la que las personas sentadas o tendidas se dejan resbalar. **2.** Especie de trineo bajo montado sobre dos patines largos. **3.** Pista hecha en la nieve por la que se deslizan estos trineos. **4.** Rampa que sirve para el transporte por gravedad de materias a granel, maderos, sacos, etc.

TOCA n. f. Prenda de tela con que se cubría la cabeza. **2.** Prenda de tela blanca que usan las monjas para cubrirse la cabeza.

TOCADISCOS n. m. (pl. *tocadiscos*). Aparato que reproduce los sonidos grabados en un disco.

TOCADO n. m. Cualquier prenda con que se cubre o adorna la cabeza. **2.** Arreglo personal.

TOCADO, A adj. Que empieza a pudrirse: *fruta tocada.* **2.** Algo perturbado, medio loco. **3.** Afectado de lo que se expresa: *tocado de fervor, de herejía.*

TOCADOR n. m. Mueble con espejo para el arreglo personal de las mujeres. **2.** Habitación destinada a este fin.

TOCAMIENTO n. m. Acción y efecto de tocar.

TOCANTE adj. Que toca. • **Tocante a,** referente a.

TOCAR v. tr. [1a]. Entrar en contacto una parte del cuerpo, especialmente la mano, con otra cosa. **2.** Estar en contacto, mediante un objeto, con algo o con alguien. **3.** *Fam.* Manejar, revolver: *no toques mis papeles.* **4.** Aportar a algo una modificación, variación, etc. **5.** Hacer sonar un instrumento musical. **6.** Interpretar una pieza musical. **7.** *Fig.* Rayar, llegar algo a ser casi lo que se expresa. **8.** *Fig.* Sufrir las consecuencias o resultados de algo. **9.** *Fig.* Aludir, hacer mención: *tocó el tema de la crisis.* ♦ v. tr. e intr. **10.** Estar una cosa en contacto otra con otra. **11.** Hacer sonar la campana, sirena, etc., para avisar, llamar la atención, etc. **12.** *Fig.* Con opinión, corazón, dignidad, etc., conmover, provocar un sentimiento o reacción espiritual. **13.** Llegar el tiempo o el momento oportuno de hacer lo que se

expresa: *te toca jugar a ti.* ♦ v. intr. **14.** Corresponder, ser de la obligación o cargo de uno: *a ti te toca decidir.* **15.** Concernir, tener relación, referirse. **16.** *Fam.* Importar, ser de interés, conveniencia o provecho: *este asunto me toca muy de cerca.* **17.** *Fam.* Corresponder algo a alguien en un reparto. **18.** Caer en suerte.

TOCARSE v. pron. (de *toca*) [**1a**]. Cubrirse la cabeza con un sombrero, mantilla, pañuelo, etc.

TOCATEJA. A tocateja, al contado.

TOCAYO, A n. Respecto de una persona, otra que tiene su mismo nombre.

TOCCATA o **TOCATA** n. f. (ital. *toccata*). Forma de música instrumental, para instrumentos de teclado, libre.

TOCINERÍA n. f. Tienda donde se vende carne y otros productos del cerdo.

TOCINETA n. f. *Colomb.* y *P. Rico.* Tocino, panceta.

TOCINO n. m. Carne grasa del cerdo y especialmente la salada.

TOCO n. m. *Perú.* Hornacina rectangular muy usada en la arquitectura incaica.

TOCOLOGÍA n. f. (gr. *tokos,* parto, y *logía*). Obstetricia.

TOCÓN n. m. Parte del tronco de un árbol que queda unida a la raíz al cortarlo.

TOCÓN, NA adj. *Colomb.* Rabón.

TOCOPILLA, com. de Chile (Antofagasta); 24 767 hab. Puerto pesquero (conservas, harinas de pescado) y exportador de salitre. Industria química y metalúrgica. Planta termoeléctrica. Aeródromo.

TOCORPURI *(cerro de),* cerro andino de Chile (Antofagasta) y Bolivia (Potosí); 6755 m de alt.

TOCOTOCO n. m. *Venez.* Pelícano.

TOCQUEVILLE (Charles Alexis **Clérel de**), escritor y político francés (París 1805-Cannes 1859). Escribió *De la democracia en América* (1835-1840) y *El Antiguo régimen y la revolución* (1856), obras que le convirtieron en un teórico del liberalismo.

TOCUYO n. m. *Amér. Merid.* Tela burda de algodón.

TOCUYO (EL), c. de Venezuela (Lara); 28 471 hab. En el valle del *río Tocuyo* (350 km). Iglesias del s. XVIII; la del convento de San Francisco con interesante claustro. Fundada por Juan de Carvajal (1545), fue sede del gobernador de Venezuela.

TODABUENA o **TODASANA** n. f. Planta sufrutescente, de cuyas hojas y flores se hace una infusión. (Familia hipericáceas.)

TODAVÍA adv. t. Expresa la duración de una acción, de un estado, hasta un momento determinado: *todavía estoy aquí.* ♦ adv. m. **2.** A pesar de ello, no obstante, sin embargo. **3.** Con más, menos, mejor, etc., expresa encarecimiento o ponderación: *ahora todavía llueve más.*

TODO adv. m. Enteramente, exclusivamente compuesto de: *vino todo mojado.* **TODO, A** adj. y pron. indef. (lat. *totum*). Dícese de lo que está considerado en su integridad o en el conjunto de todas sus partes. • **Ante, por encima** o **sobre, todo,** primera o principalmente. ‖ **Del todo,** completamente. ‖ **Por todo lo alto,** con mucho lujo o de mucho valor. ♦ n. m. **2.** Cosa íntegra, que consta de la suma y conjunto de sus partes integrantes: *tomar la parte por el todo.* ♦ **todos** n. m. pl. **3.** Conjunto de personas o cosas consideradas sin excluir ninguna.

TODOPODEROSO, A adj. y n. Que todo lo puede. ‖ **El Todopoderoso,** Dios.

TODOTERRENO adj. y n. Dícese del vehículo automóvil concebido para circular por terrenos accidentados.

TOFO n. m. *Chile.* Arcilla blanca refractaria.

TOGA n. f. (lat. *togam*). Manto ancho y largo del vestido de los ciudadanos romanos. **2.** Especie de traje talar de los magistrados, abogados, y profesores universitarios para ciertas ceremonias.

TOGADO, A adj. y n. Que viste toga. **2.** Dícese de los magistrados adscritos a la administración de justicia.

TOGO, estado de África occidental, junto al golfo de Guinea; 56 600 km²; 3 800 000 hab. [Togoleses.] CAP. *Lomé.* LENGUA OFICIAL: *francés.* MONEDA: *franco C.F.A.* Es un país de sabanas y esencialmente rural. Las exportaciones de productos agrícolas (aceite de palma, café, cacao, algodón) tiene en importancia a la de fosfatos del *lago Togo.*

HISTORIA

Antes del s. XV: numerosos pueblos, ninguno de ellos creador de un gran reino. S. XV: los portugueses y después los daneses llegaron a las costas. S. XVI: llegaron los misioneros portugueses, para Dinamarca ejerció un protectorado de hecho. El comercio de esclavos prosperó. Segunda mitad del s. XIX: se desarrolló el comercio de aceite de palma. C. 1870: se crearon establecimientos franceses, alemanes y británicos. 1884: el explorador Nachtigall estableció el protectorado alemán en el país, al que dio su nombre actual. 1897: se estableció la capital en Lomé. 1914: los aliados conquistaron fácilmente el protectorado. 1919: el país fue dividido entre Francia (que obtuvo la costa de Lomé) y Gran Bretaña (que consiguió las tierras del O). 1922: el reparto fue confirmado por la concesión de mandatos de la S.D.N. 1946: Togo quedó bajo la tutela de la O.N.U. 1956-1957: el N del Togo británico fue anexionado a la Costa de Oro, que se convirtió en el estado independiente de Ghana. El resto del país formó una república autónoma. 1960: dicha república proclamó su independencia.

TOGOLÉS, SA adj. y n. De Togo.

TOILETTE n. f. (voz francesa). Peinado, atavío, arreglo personal. **2.** Tocador, mueble. **3.** Lavabo.

TOISÓN n. m. (fr. *toison*). Vellocino.

TOJO n. m. Planta arbustiva de hojas espinosas y flores amarillas. (Familia papiliónaceas.)

TOJOLABAL, pueblo amerindio de México (SE de Chiapas) y Guatemala, de la familia lingüística maya.

TOJOSA n. f. Ave columbiforme, que vive en América Central. (Familia colúmbidos.)

TŌKYŌ o **TOKIŌ,** ant. **Edo** o **Yedo,** c. y cap. de Japón (Honshu), puerto al fondo de la bahía de Tōkyō, formada por el Pacífico; 11 855 563 hab. Gran centro administrativo, cultural, comercial e industrial. Bellos jardines paisajísticos. Museos, entre ellos el museo nacional. Centro olímpico y otras edificaciones realizadas por Tange Kenzō. La ciudad, dotada de un castillo en 1457, se convirtió en la capital de Japón en 1868. Fue destruida por un sismo (1923), reconstruida y bombardeada en 1945 por la aviación norteamericana.

TOLA n. f. *Amér. Merid.* Nombre de diferentes especies de arbustos de la familia de las compuestas, que crecen en las laderas de la cordillera.

TOLA n. f. (voz quechua). *Ecuad.* Tumba en forma de montículo, de diversas culturas precolombinas.

TOLAR n. m. Unidad monetaria principal de Eslovenia.

TOLDA n. f. *Amér.* Tela para hacer toldos. **2.** *Colomb.* Toldo de las embarcaciones menores. **3.** *P. Rico.* Saca para llevar granos. **4.** *P. Rico* y *Urug.* Cubierta de lona que se coloca en las carretas.

TOLDERÍA n. f. Campamento de algunos pueblos amerindios de Argentina, Bolivia y Chile, formado por toldos, chozas hechas de pieles y ramas.

TOLDILLO n. m. *Colomb.* Mosquitero.

TOLDO n. m. Cubierta que se extiende para dar sombra o resguardar de la intemperie. **2.** *Argent.* y *Chile.* Tienda de algunos pueblos amerindios hecha con pieles y ramas.

TOLÉ, distr. de Panamá (Chiriquí); 23 066 hab. Industria maderera.

TOLEDANO, A adj. y n. De Toledo.

TOLEDO (*provincia de*), prov. de España, en el NO de Castilla-La Mancha; 15 368 km²; 491 117 hab. Cap. *Toledo.* En la Meseta S, entre la sierra de Gredos, al N, y los montes de Toledo, al S, y avenada por el Tajo.

TOLEDO, c. de España, cap. de Castilla-La Mancha, cap. de la prov. homónima y cab. de p. j.; 63 561 hab. *(Toledanos.)* Situada en una elevación, junto al Tajo. Industrias tradicionales (tejidos, armas, damasquinados). Turismo. La *Toletum* romana fue capital del reino hispanovisigodo y de un reino de taifa en el s. XI. Carlos Quinto la convirtió en centro de su imperio y construyó el Alcázar (act. reconstruido). Destacan de su recinto amurallado las puertas del Sol (s. XIV), de Bisagra y del Cambrón (s. XVI), y el puente de Alcántara (de origen romano). La iglesia del Cristo de la Luz, ant. mezquita (s. X), las iglesias mozárabes de Santa Justa y Santa Eulalia, las sinagogas del Tránsito (museo Sefardí) y Santa María la Blanca, y las iglesias de Santiago del Arrabal, Santo Tomé (*El entierro del conde de Orgaz,* de El Greco) y la ermita del Cristo de la Vega, todas con elementos mudéjares, además de la catedral (ss. XIII-XIV), obra maestra de la arquitectura gótica (que alberga el Transparente barroco, rico tesoro artístico en la sacristía), recuerdan la época en que Toledo fue la ciudad de las tres religiones»; San Juan de los Reyes (1490-1495), en estilo Isabel; el hospital de Santa Cruz (1504-1514, actual museo arqueológico y de bellas artes); el hospital Tavera (museo); la casa de El Greco (s. XVI, museo) y el ayuntamiento (ss. XVI-XVII), son otras muestras del riquísimo conjunto monumental de la ciudad, declarado bien cultural del patrimonio mundial por la Unesco (1986). Museo de artesanía mudéjar en el Taller del Moro; museo de los Concilios y de la cultura visigoda (ant. templo de San Román); museo de arte contemporáneo (Casa de las Cadenas, s. XVII).

TOLEDO, c. y puerto de Estados Unidos (Ohio), junto al Maumee; 332 943 hab. Centro industrial, universidad. Museo de arte.

TOLEDO (Francisco), artista mexicano (Juchitán 1940). Sus figuraciones se inspiran en la naturaleza, expresada con un simbolismo personal.

TOLEDO (Francisco **de**), *conde* **de Oropesa,** administrador español (Oropesa 1516-Escalona 1582). Virrey del Perú (1569-1581). Reactivó la economía del virreinato aumentando la producción de plata del Potosí. Sus reformas chocaron con el consejo de Indias y con insurrecciones indígenas (Túpac Amaru, 1571).

TOLERANCIA n. f. Acción y efecto de tolerar. **2.** Respeto a la libertad de los demás, a sus formas de pensar, de actuar, o a sus opiniones políticas o religiosas.

TOLERAR v. tr. (lat. *tolerare*) [**1**]. Soportar, sufrir. **2.** Aceptar, soportar a alguien cuya presencia es molesta o desagradable. **3.** Permitir: *no tolero los malos modales.* **4.** Aguantar, admitir, resistir, sin recibir daño. **5.** *Fig.* Aceptar, admitir ideas u opiniones distintas de las propias.

TOLETE n. m. (fr. *tolet*). *Amér. Central, Colomb., Cuba* y *Venez.* Garrote corto. ♦ adj. y n. *Cuba.* Torpe, lerdo, tardo en entendimiento.

TOLIMA (*nevado del*), pico de Colombia (Tolima), en la cordillera Central; 5215 m. Parque nacional.

TOLIMA (*departamento de*), dep. central de Colombia; 23 562 km²; 1 051 852 hab. CAP. *Ibagué.*

TOLIMÁN, volcán de Guatemala (Sololá), al S del lago Atitlán. Se distinguen dos picos, de 3158 m y 3134 m de alt.

TOLITA n. f. Explosivo obtenido por nitración del tolueno.

TOLKIEN (John Ronald Reuel), escritor británico (Bloemfontein, Sudáfrica, 1892-Bournemouth 1973). Es autor de una epopeya fantástica que constituye una desmitificación del género (*El señor de los anillos*, 1954-1955).

TOLLA n. f. *Cuba* y *Chile*. Artesa para beber el ganado.

TOLOACHE n. m. *Méx.* Planta herbácea de propiedades narcóticas, que en dosis altas puede provocar graves alteraciones.

TOLOLOCHE n. m. *Méx.* Contrabajo.

TOLOMEO (Claudio), astrónomo, geógrafo y matemático griego (Tolemaida de Tebaida c. 100-Cánope c. 170), autor de la *Composición matemática* o *Gran sintaxis* (conocida como *Almagesto*), vasta compilación de los conocimientos astronómicos de los Antiguos, y de una *Geografía* que fue autoridad hasta el final de la edad media y el renacimiento.

TOLÓN, forma españolizada de Toulon.

TOLONGUEAR v. tr. [1]. *C. Rica.* Acariciar, mimar.

TOLOSA, forma languedociana de Toulouse, utilizada también en castellano.

TOLOSA, v. de España (Guipúzcoa), cab. de p. j.; 18 085 hab. *(Tolosanos.)* Centro industrial.

TOLSÁ (Manuel), escultor y arquitecto español (Énguera 1757-México 1816). Introductor en México del neoclasicismo, que matizó con rasgos del barroco italiano. Su escultura más célebre es la estatua ecuestre de Carlos IV *(el Caballito).*

TOLSTÓI (Liev Nikoláievich), escritor ruso (Yásnaia Poliana, Tula, 1828-Astápovo, Riazán, 1910). Su obra, en la que retrata la sociedad y el alma rusas mediante una descripción de sorprendente diversidad, es, en el fondo, un intento de análisis personal y de ascesis (*Guerra y paz*, 1865-1869; *Ana Karénina*, 1875-1877; *Sonata a Kreutzer*, 1890; *Resurrección*, 1899).

TOLTECA adj. y n. m. y f. Relativo a un pueblo amerindio precolombino, del grupo nahua de la meseta de México; individuo de este pueblo.

■ En el s. VIII los toltecas fundaron un reino, convertido en imperio por Mixcoatl (935-947). La cap. era Tollan Xicocotitlán (Tula). Su soberano, se instaló en la costa del golfo de México y Yucatán, donde dio nuevo impulso a la cultura maya. Tras la derrota ante los chichimecas, en 1168, los que se refugiaron en Culhuacán influyeron en la cultura azteca. Los toltecas crearon una estatuaria muy original, cuyos mejores ejemplos se hallan en Tula y Chichén Itzá.

TOLUCA (nevado de) o **XINANTECATL**, cumbre volcánica de México (México), en la cordillera Neovolcánica; 4392 m de alt.

TOLUCA (valle de), región fisiográfica de México, en la cordillera Neovolcánica, al O del Valle de México; 2620 m de alt. media. Cultivos comerciales en regadío. Núcleos principales: Toluca de Lerdo, Lerma y Metepec. — Habitado desde el s. VII por los matlatzincas, sufrió en el s. XII la invasión de los chichimecas, y en 1475 se incorporó al imperio azteca. Hernán Cortés envió contra ellos a Sandoval, que los redujo a sangre y fuego.

TOLUCA DE LERDO o **TOLUCA**, c. de México, cap. del est. de México; 487 612 hab. Centro agropecuario, comercial e industrial; mercado de artesanía. Universidad. Museos de artes populares, arqueología y bellas artes. Iglesia del Carmen (s. XVIII). Fue fundada en 1520.

TOLUENO n. m. Hidrocarburo aromático líquido C_7H_8 empleado como disolvente y secante, en la preparación de colorantes y medicamentos, y en la construcción de ciertos termómetros. SIN.: *metilbenceno.*

TOLVA n. f. Especie de artesón o depósito en forma de pirámide cuadrangular, truncada e invertida. **2.** Embudo grande para hormigonar, descargar grava de las clasificadoras, etc.

TOMA n. f. Acción de tomar. **2.** Porción de una cosa tomada de una vez. **3.** Acción de obtener una muestra de material orgánico para su análisis. **4.** Conquista u ocupación por las armas de una posición o punto fuerte del enemigo. **5.** Bifurcación, abertura por la que se desvía parte de la masa de un fluido: *toma de agua.* **6.** Acción de administrar una dosis de medicamento por vía oral. **7.** *Chile.* Muro para desviar el agua de su cauce, presa. **8.** *Colomb.* Cauce, acequia. **9.** CIN. Acción y efecto de fotografiar o filmar. • **Toma de corriente**, dispositivo eléctrico conectado a la línea de alimentación, propio para enchufar en él aparatos de utilización móviles. ‖ **Toma de posesión**, acto por el que se hace efectivo el nombramiento o designación de una persona para el ejercicio de un cargo, destino, etc. ‖ **Toma de sonido**, conjunto de las operaciones que permiten registrar un sonido. ‖ **Toma de tierra**, derivación, conexión conductora entre una instalación eléctrica o radioeléctrica y el suelo. ‖ **Toma de vistas**, registro de la imagen en una película cinematográfica.

TOMACORRIENTE n. m. *Argent.* y *Perú.* Enchufe eléctrico.

TOMADO, A adj. Dícese de la voz baja, sin sonoridad, por padecer afección en la garganta.

TOMADOR, RA adj. y n. Que toma. **2.** *Amér.* Aficionado a la bebida. ♦ n. **3.** Persona a cuya orden se gira una letra de cambio.

TOMADURA n. f. Toma, acción de tomar. • **Tomadura de pelo** (*Fig.* y *fam.*), burla, broma, abuso.

TOMAR v. tr. [1]. Coger, asir. **2.** Recibir, aceptar, admitir. **3.** Servirse de un medio de transporte. **4.** Percibir, recibir lo que se le da como pago, renta, servicio, etc. **5.** Conquistar, ocupar o adquirir por la fuerza. **6.** Adoptar una decisión, empezar a poner por obra: *tomar serias medidas.* **7.** Adquirir mediante pago. **8.** Contratar a alguien para que preste un servicio. **12.** Alquilar. **13.** Entender, juzgar, interpretar en determinado sentido: *se lo tomó a risa.* **14.** Recibir los efectos de algo: *tomar el sol.* **15.** Aceptar o encargarse de una dependencia o negocio. **16.** Elegir entre varias cosas. **17.** Construido con un nombre de instrumento, ponerse a ejecutar la acción o el trabajo para el cual sirve el instrumento: *tomar la pluma.* **18.** Junto a ciertos nombres, recibir o adquirir lo que estos significan: *tomar aliento.* **19.** Seguido de *y* y un infinitivo, realizar súbitamente la acción que se expresa: *tomó y salió corriendo.* • **¡Toma!**, expresa asombro o sorpresa, o la poca novedad o importancia de algo. ‖ **Toma y daca**, expresa que hay un trueque simultáneo de cosas y servicios o se espera la reciprocidad de un favor. ‖ **Tomar a bien**, o **a mal**, interpretar en buen, o en mal, sentido algo. ‖ **Tomar por**, creer equivocadamente que alguien o algo es de tal o cual clase. ‖ **Tomar sobre sí**, asumir. ‖ **Tomarla con alguien**, contradecirle y culparle en cuanto dice o hace. ♦ v. tr., intr. y pron. **20.** Comer, beber o ingerir: *tomar café.* ♦ v. intr. **21.** Encaminarse, empezar a seguir una dirección determinada: *tomar por un atajo.* **22.** Prender, arraigar las plantas en la tierra.

TOMÁS (santo), apodado Dídimo, uno de los doce apóstoles (s. I). Una interpretación del Evangelio según san Juan lo ha convertido en el prototipo del escéptico, que sólo cree lo que ve.

TOMÁS BECKET o **BECKETT** (santo), prelado inglés (Londres 1118-Canterbury 1170). Amigo de Enrique II Plantagenet, que lo nombró canciller de Inglaterra (1155), y luego arzobispo de Canterbury (1162). Defensor del clero contra el rey, rompió con este último, que lo mandó asesinar.

TOMÁS DE AQUINO (santo), teólogo italiano (Roccasecca, cerca de Aquino, 1225-en la abadía de Fossanuova 1274), llamado **el Doctor Angélico**. Dominico y maestro en teología (1256), profesó sobre todo en París, donde había recibido la enseñanza de san Alberto Magno. Lo fundamental de su doctrina (tomismo) se encuentra en su obra principal *Suma teológica* (1236-1273), organizada en torno al tema central de la conciliación entre la fe y la razón. Doctor de la Iglesia.

TOMÁS MORE o **MORO** (santo), político y humanista inglés (Londres 1478-*id.* 1535). Fue jurisconsulto y tomó parte en el movimiento humanista. Enrique VIII lo nombró canciller del reino (1529). Permaneció fiel al catolicismo durante los disturbios que marcaron el comienzo de la Reforma, desaprobó el divorcio de Enrique VIII y fue encarcelado y ejecutado. Escribió una obra fundamental en la historia de las ideas políticas, *Utopía* (1516).

TOMASELLO (Luis), pintor argentino (La Plata 1915). Miembro fundador del Salón de arte nuevo en París, su cinetismo se basa en la sugerencia de los reflejos y la variedad de las sombras.

TOMATE n. m. (azteca *tomatl*). Fruto de la tomatera. **2.** Tomatera. **3.** *Fig.* y *fam.* Agujero hecho en una prenda. • **Haber tomate**, o **mucho tomate** (*Fam.*), haber mucho lío, estar poco claro algo.

TOMATERA n. f. Planta herbácea de origen americano, cultivada por su fruto comestible, rojo y carnoso, de forma casi esférica y piel lisa y brillante. (Familia solanáceas.)

TOMATICÁN n. m. *Argent.* y *Chile.* Guiso a base de patatas, cebollas, tomates y otras verduras.

TOMAVISTAS n. m. (pl. *tomavistas*). Cámara cinematográfica para uso no profesional.

TÓMBOLA n. f. (voz italiana). Especie de lotería pública de objetos con fines benéficos.

TOMBUCTOU, llamada también **Timbuktu, Tombuktu** o **Tumbuctu**, c. de Malí; 20 000 hab. Centro comercial cerca del r. Níger. Mezquita del s. XIV. Fue fundada probablemente c. 1100 y en los ss. XV-XVI se convirtió en un importante centro religioso e intelectual.

TOMÉ, com. de Chile (Biobío); 49 140 hab. Centro minero (carbón) e industrial. Puerto pesquero.

TOMELLOSO, c. de España (Ciudad Real), cab. de p. j.; 27 936 hab. *(Tomelloseros.)* Centro vinícola.

TOMILLO n. m. Planta arbustiva, de flores blancas o rosadas, muy olorosa, utilizada en perfumería, cocina y farmacología. (Familia labiadas.)

TOMISMO n. m. Sistema de doctrinas teológicas y filosóficas de santo Tomás de Aquino. **2.** Corriente ideológica inspirada en él.

TOMO n. m. División de una obra que generalmente corresponde a un volumen completo. **2.** Libro, volumen. • **De tomo y lomo** (*Fam.*), de mucha consideración o importancia.

TOMOGRAFÍA n. f. Procedimiento de exploración radiológica, que permite obtener la imagen radiográfica de un plano interno del organismo de una forma nítida, mientras que los otros planos quedan borrados. • **Tomografía axial computarizada (T.A.C.)**, técnica de exploración radiológica basada en la reconstrucción informática de la imagen de un plano interno del organismo.

TON

TON n. m. Apócope de tono. • **Sin ton ni son** (*Fam.*), sin motivo o causa.

TONADA n. f. Composición poética para ser cantada. **2.** Música de la misma. **3.** Canción; melodía de una canción. **4.** *Amér.* Tonillo, entonación, dejo. **5.** *Argent.* Nombre genérico de diversas manifestaciones del cancionero folklórico con la bagualá y el estilo.

TONADILLA n. f. Tonada o canción ligera. **2.** Canción o pieza ligera cantada que se ejecuta en el teatro.

TONADILLERO, A n. Autor o cantor de tonadillas.

TONAL adj. Relativo al tono o a la tonalidad.

TONALIDAD n. f. Conjunto de fenómenos musicales estructurales derivados de una nota privilegiada, o *tónica*, como punto de referencia de los sonidos empleados. **2.** Sistema de tonos. **3.** Matiz.

TONANTE adj. *Poét.* Que truena.

TONANTZINTLA, localidad de México, en el mun. de San Andrés Cholula (Puebla). Observatorio astronómico. Santuario de Santa María (s. XVIII), muestra del barroco popular poblano, decorado con azulejos y yeserías.

TONATIUH, divinidad solar del panteón azteca.

TONCO, A adj. **Haba tonca**, semilla de un árbol de América del Sur, de la que se extrae cumarina.

TONEL n. m. (fr. ant. *tonel*). Recipiente de madera formado de duelas unidas y aseguradas con aros de hierro que las ciñen, provisto de dos tapas planas. **2.** Capacidad de este recipiente. **3.** *Fig.* y *fam.* Persona muy gorda.

TONELADA n. f. Unidad de medida de masa (símbolo t) que vale 10^3 kilogramos. **2.** Cantidad enorme.

TONELAJE n. m. Cabida o capacidad total de un buque mercante o de un vehículo de transporte. **2.** Peso expresado en toneladas.

TONELERÍA n. f. Arte, oficio, local o taller del tonelero. **2.** Conjunto de toneles.

TONGA n. f. *Cuba.* Pila de cosas alargadas, colocadas, unas sobre otras. **Tonga**, ant. **Islas de los Amigos**, estado insular de Polinesia; 700 km²; 110 000 hab. CAP. Nuku'Alofa. LENGUAS OFICIALES: inglés y tongano. MONEDA: pa'anga. Descubiertas en 1616, tuvieron un régimen de monarquía polinesia, bajo protectorado británico desde 1900 y, en 1970, obtuvieron la independencia en el seno de la Commonwealth.

TONGO n. m. Trampa realizada en competiciones deportivas, en que uno de los contendientes se deja ganar.

TÓNICA n. f. Tendencia general, tono, estilo: *marcar* la tónica *en el vestir*. **2.** Bebida refrescante, gaseosa, que contiene esencias de naranjas amargas y extractos de quinquina. **3.** MÚS. Primer grado de la escala. **4.** MÚS. Nota que da su nombre a la tonalidad sobre la que se basa esta escala.

TÓNICO, A adj. Que recibe el tono o acento: *sílaba* tónica. **2.** Que tiene un efecto estimulante en la moral. **3.** MED. Relativo al tono. • **Acento tónico**, acento de intensidad que recae sobre una de las sílabas de una palabra. ♦ n. m. **4.** Loción ligeramente astringente para el cuidado de la piel del rostro. **5.** Sustancia que sirve para mejorar una determinada función o el tono total del organismo. SIN.: *reforzante.* ‖ **Tónico cardíaco**, sustancia que refuerza y regulariza las contracciones del corazón.

TONIFICANTE o **TONIFICADOR, RA** adj. Que tonifica.

TONIFICAR v. tr. **[1a]**. Entonar, dar fuerza y vigor al organismo o al sistema nervioso.

TONILLO n. m. Entonación monótona y desagradable al hablar, leer o recitar. **2.** Retintín, entonación despectiva e irónica.

TONKÍN, región del N de Vietnam, que corresponde al delta del Sông Koi (río Rojo) y a las montañas que lo rodean.

TONO n. m. (gr. *tonos*). Intensidad, grado de elevación de un sonido o de la voz humana. **2.** Inflexión, modulación, expresión particular de la voz. **3.** Manera particular de expresarse por escrito, estilo. **4.** Forma de conducta: *cambiar el tono de comportamiento*. **5.** Contracción parcial y permanente de ciertos músculos, que regula las actitudes del cuerpo en las diferentes posiciones. **6.** Energía, dinamismo. **7.** MÚS. Gama en la que está compuesto un aire. **8.** MÚS. Intervalo de dos semitonos. **9.** PINT. Color considerado bajo el punto de vista de su valor y de su intensidad. • **A tono**, que no desentona. ‖ **Darse tono**, jactarse, engreírse. ‖ **De buen o mal tono**, propio de gente culta o elegante o, por el contrario, de gente vulgar. ‖ **Fuera de tono**, con importunidad, desacertadamente. ‖ **Salida de tono**, despropósito, cosa importuna.

TONSURA n. f. (lat. *tonsuram*). REL. Coronilla que se rasuraba en la cabeza de los clérigos.

TONTADA n. f. Tontería, simpleza.

TONTAINA adj. y n. m. y f. Tonto.

TONTEAR v. intr. **[1]**. Decir o hacer tonterías. **2.** Bromear o galantear.

TONTERA n. f. Tontería, calidad de tonto.

TONTERÍA n. f. Dicho o hecho que revela falta de inteligencia, sentido o discreción. **2.** *Fig.* Dicho o hecho de poco valor o importancia. **3.** Calidad de tonto. **4.** Melindre, zalamería.

TONTO, A adj. y n. De poca inteligencia o escaso entendimiento. **2.** Que obra con ingenuidad o sin malicia y que no se aprovecha de las ocasiones. **3.** *Fam.* Muy sentimental y fácilmente conmovible. **4.** *Fam.* Fastidioso por falta de discreción o de oportunidad, o por insistencia obsesiva en algún asunto: *ponerse tonto*. **5.** *Fam.* Engreído, muy presumido o vanidoso. • **A lo tonto** (*Fam.*), inconscientemente, como quien no quiere la cosa. ‖ **A tontas y a locas** (*Fam.*), sin discernimiento ni reflexión. ‖ **Hacer el tonto** (*Fam.*), hacer o decir tonterías. ‖ **Hacerse el tonto** (*Fam.*), aparentar ignorancia o distracción por conveniencia. ♦ adj. **6.** Falto de sentido, finalidad o sensatez: *un temor tonto*.

TOP n. m. (voz inglesa). Prenda femenina, generalmente corta, que se utiliza como ropa interior.

TOPACIO n. m. (gr. *topazion*). Silicato fluorado de aluminio, cristalizado, en forma de piedra fina, amarilla y transparente.

TOPAMIENTO n. m. *Argent.* Ceremonia del carnaval durante la cual varios hombres y mujeres se declaran compadres.

TOPAR v. tr. **[1]**. Chocar una cosa con otra. **2.** *Amér.* Echar a pelear los gallos para probarlos. ♦ v. tr., intr. y pron. **3.** Encontrar, hallar casualmente, hallar lo que se buscaba. ♦ v. intr. **4.** Topetar.

TOPE n. m. (del provenz. *top*). Límite, extremo o punto máximo a que se puede llegar o que se puede alcanzar o conseguir: *velocidad tope*. • **A tope, al tope o hasta los topes**, muy lleno, excesivamente cargado.

TOPE n. m. Parte por donde una cosa puede topar o ponerse en contacto con otra. **2.** *Fig.* Obstáculo, limitación, impedimento. **3.** Reborde que limita el movimiento de una pieza mecánica. **4.** F.C. Especie de platillo metálico que sirve para amortiguar los choques violentos entre los vagones o coches de los trenes.

TOPERA n. f. Conjunto de galerías que constituyen la madriguera del topo. **2.** Montículo de tierra formado por el topo al excavar su madriguera.

TOPETAR v. tr. e intr. **[1]**. Golpear con la cabeza, especialmente los carneros y otros animales cornudos. ♦ v. tr. **2.** Chocar una cosa con otra.

TOPETAZO o **TOPETÓN** n. m. Golpe que dan con la cabeza los animales cornudos. **2.** *Fig.* y *fam.* Golpe dado al chocar dos cuerpos.

TÓPICO, A adj. (gr. *topikos*). Relativo a un lugar determinado o a un lugar común: *una observación tópica*. ♦ adj. y n. m. **2.** Dícese del medicamento de uso externo. ♦ n. m. **3.** Principio general que se aplica a todos los casos análogos y del que se saca la prueba para el argumento del discurso. **4.** Lugar común, asunto o tema de conversación muy utilizado. **5.** *Amér.* Tema de conversación.

TOPILTZIN (Ce Acatl) [947-999], soberano de los toltecas [977-999]. Sumo sacerdote del dios Quetzalcóatl, reinó en Tula en su período de máximo esplendor. Se trasladó a Chichén Itzá por razones desconocidas, pero regresó a Tula. Identificado en la mitología azteca con el dios Quetzalcóatl, Moctezuma le creyó reencarnado en Cortés, y algunos españoles le consideraron un apóstol cristiano precolombino. — **Topiltzin**, último soberano tolteca de Tula [1111-1116], que sucumbió al ataque de los chichimecas.

TOPINABIR n. m. *Argent.* y *Bol.* Planta forrajera alimenticia, de tubérculos similares a la batata.

TOPO n. m. (lat. *talpam*). Mamífero de patas anteriores anchas y robustas, que le permiten excavar galerías en el suelo, donde caza insectos y larvas. (Orden insectívoros.) **2.** Espía doble. **3.** Máquina perforadora rotatoria concebida para excavar en plena sección circular un túnel, una galería o un pozo. **4.** *Fig.* y *fam.* Persona con muy poca vista.

TOPO n. m. (voz caribe, *piedra redonda*). Lunar de una tela. **2.** Carácter de imprenta, empleado generalmente como ornamentación. **3.** *Argent.*, *Chile* y *Perú.* Alfiler grande con grabados regionales.

TOPO n. m. (voz quechua). Tupo.

TOPOCHO, A adj. *Venez.* Dícese de la persona rechoncha.

TOPOGRAFÍA n. f. Técnica de representación sobre un plano de las formas del terreno, con los detalles naturales o artificiales que tiene. **2.** Disposición, relieve de un terreno.

TOPOGRÁFICO, A adj. Relativo a la topografía.

TOPOLOGÍA n. f. Rama de las matemáticas basada en el estudio de las deformaciones continuas en geometría y en las relaciones inherentes a la teoría de las superficies y el análisis matemático.

TOPOLÓGICO, A adj. Relativo a la topología.

TOPOMETRÍA n. f. Conjunto de operaciones efectuadas sobre el terreno para la determinación métrica de los elementos de un mapa.

TOPÓN n. m. *Chile*, *Colomb.* y *Hond.* Topetazo. **2.** *Colomb.* Puñetazo.

TOPONIMIA n. f. Estudio lingüístico del origen y etimología de los nombres de lugar. **2.** Conjunto de los nombres de lugar de un país, época, etc.

TOPÓNIMO n. m. Nombre propio de lugar.

TOQUE n. m. Acción de tocar momentánea o levemente. **2.** Pequeña aplicación medicinal. **3.** *Fig.* Determinado matiz de detalle: *un toque de distinción*. **4.** Sonido de las campanas u otro instrumento musical, para avisar o anunciar algo. **5.** *Fig.* Llamamiento, indicación, advertencia: *dar un toque de atención*. **6.** *Fig.* Quid, punto delicado, difícil o importante. **7.** Ensayo del oro o de la plata mediante la piedra de toque. **8.** En pintura, pincelada ligera. **9.** *Méx.* Calambre que se produce en el cuerpo al entrar en contacto con una corriente eléctrica. **10.** *Méx. Vulg.* Cigarrillo de marihuana. **11.** MIL. Conjunto de notas musicales emitidas por cornetas, trompetas, etc., con objeto de dar una orden. • **A toque de campana**, con mucha disciplina y puntualidad. ‖ **Darse un toque** (*Méx. Vulg.*), aspirar el humo de un cigarrillo de marihuana. || **Piedra de toque,** variedad de jaspe negro empleado por los orfebres para ensayar el metal; cosa o situación que sirve para probar o confirmar algo de alguien.

TOQUETEAR v. tr. [1]. Manosear, tocar reiteradamente.

TOQUI n. m. Chile. Caudillo, cacique araucano.

TOQUILLA n. f. Pañuelo, que las mujeres se ponen en la cabeza, anudado bajo el mentón, o en el cuello. **2.** Prenda de abrigo de punto de lana, en forma de capa, usada por las mujeres y las lactantes.

TORÁCICO, A adj. Relativo al tórax: *cavidad torácica.* • **Caja torácica,** armazón óseo constituido principalmente por las costillas, unidas por detrás a la columna vertebral y por delante al esternón.

TORAL adj. De más fuerza o importancia. • **Arco toral,** gran arco que forma la embocadura del ábside central del templo; arco que limita el espacio del crucero; arco de la nave mayor perpendicular al eje de la misma.

TORAX n. m. (lat. *torax*). Cavidad del cuerpo de los vertebrados, limitada por las costillas, el esternón y el diafragma, que contiene los pulmones y el corazón. **2.** Segunda parte del cuerpo de los insectos, formada por tres anillos, en los que se insertan las patas y las alas.

TORBELLINO n. m. Remolino de viento o de polvo. **2.** Movimiento circular o helicoidal de las moléculas de agua en un curso fluvial. **3.** Movimiento de rotación del aire. **4.** Desplazamiento por movimiento de rotación de las partículas fluidas alrededor de un eje. SIN.: *remolino.* **5.** *Fig.* Concurrencia o coincidencia de muchas cosas a la vez: *torbellino de ideas, de papeles.* **6.** *Fig.* Persona vivaz, inquieta y muy activa.

TORCAZ adj. y n. f. Dícese de una variedad de paloma de cuello verdoso, cortado por un color incompleto muy blanco.

TORCAZA n. f. *Amér.* Paloma torcaz.

TORCEDURA n. f. Acción y efecto de torcer. SIN.: *torcimiento.*

TORCER v. tr. y pron. (lat. *torquere*) [2f]. Encorvar o doblar una cosa recta. **2.** Inclinar una cosa o ponerla sesgada: *ese cuadro se ha torcido.* **3.** Retorcer, dar vueltas a una cosa. **4.** Obligar a un miembro a un movimiento violento; sufrir la dislocación de un miembro: *torcer un brazo; torcerse el pie.* **5.** Mudar, cambiar, desviar: *torcer un propósito.* **6.** *Fig.* Pervertir, apartar del recto proceder: *las malas compañías le han torcido.* ◆ v. tr. **7.** Desviar algo de su posición o dirección habitual. **8.** Con palabras como *gesto, semblante, rostro,* etc., expresar desagrado. **9.** *Fig.* Tergiversar, interpretar mal. ◆ v. intr. **10.** Girar, volver, cambiar de dirección: *torcer a la izquierda.* ◆ **torcerse** v. pron. **11.** Malograrse, frustrarse algo. **12.** *Fig.* Desviarse del camino recto de la virtud y de la razón.

TORCIDO, A adj. Que no es o no está recto: *piernas torcidas.* **2.** Que no obra con rectitud. **3.** *Amér.* Se dice de la persona desafortunada. ◆ n. m. **4.** Acción de torcer.

TORDESILLAS, v. de España (Valladolid); 7637 hab. Convento mudéjar de Santa Clara (s. XIV), que tuvo palacio de Alfonso XI; iglesia de San Antolín (s. XVI), con retablo de Juan de Juni. En el tratado de Tordesillas, acuerdo firmado por Portugal y España (junio 1494), se fijó la línea de demarcación entre la colonización portuguesa y la española a 370 leguas al O de las islas de Cabo Verde.

TORDO n. m. Zorzal. **2.** Pez de vivos colores, de unos 15 cm de long., que vive en el Mediterráneo. **3.** Nombre de diversos pájaros de América del Sur.

TORDO, A o **TORDILLO, A** adj. y n. (lat. *turdum*). Dícese de la caballería que tiene el pelo mezclado de negro y blanco.

TOREAR v. tr. e intr. [1]. Incitar a un toro para que acometa y sortearlo cuando lo hace. **2.** Lidiar al toro en una plaza y matarlo siguiendo las reglas del toreo. ◆ v. tr. **3.** *Fig.* y *fam.* Evitar. **4.** *Fig.* y *fam.* Saber llevar bien a alguien, conducir hábilmente un asunto difícil. **5.** *Argent.* y *Chile.* Provocar, dirigir insistentemente a alguien palabras que pueden molestarle o irritarle. ◆ v. intr. **6.** *Argent., Bol.* y *Par.* Ladrar un perro y amenazar con morder.

TOREO n. m. Acción de torear. **2.** Arte y técnica de torear. **3.** Estilo personal de un torero.

TORERA n. f. Chaquetilla corta y ceñida al cuerpo.

TORERO, A adj. Relativo al toro, al torero o al toreo: *tener sangre torera.* ◆ n. **2.** Persona que se dedica a la lidia de los toros.

TORIL n. m. En las plazas de toros, lugar donde están encerradas las reses antes de ser lidiadas.

TORILLO n. m. Pez de carne insípida, que vive en el Mediterráneo y en el Atlántico. (Familia blénidos.) **2.** Ave de pequeñas dimensiones y buena corredora, de las familias turnícidos y pedionómidos.

TORIO n. m. Metal (Th), de número atómico 90, de masa atómica 232,03, blanco, cristalino, de densidad 12,1 y punto de fusión hacia 1700 °C, que se extrae de la torita.

TORITO n. m. Ave de pequeño tamaño, de América Meridional, con un gran copete de plumas erizadas. (Familia tiránidos.) **2.** *Argent.* y *Perú.* Nombre de diversas especies de coleópteros, cuyo macho suele tener un cuerno encorvado en la frente. **3.** *Cuba.* Pez cofre con dos espinas a manera de cuernos. **4.** *Ecuad.* y *Nicar.* Especie de orquídea.

TORMENTA n. f. (lat. *tormenta*). Perturbación atmosférica violenta, acompañada de aparato eléctrico, ráfagas de aire y lluvia, nieve o pedrisco. **2.** *Fig.* Manifestación violenta e impetuosa del estado de ánimo: *una tormenta de celos.*

TORMENTO n. m. (lat. *tormentum*). Aflicción, congoja, preocupación. **2.** *Fig.* Persona o cosa que atormenta. **3.** HIST. Práctica judicial que consistía en violentar físicamente al acusado para obtener de él la confesión.

TORMENTOSO, A adj. Que ocasiona o que implica tormenta. **2.** *Fig.* Borrascoso, agitado, violento: *sueño tormentoso.*

TORMES, r. de España, afl. del Duero (or. izq.); 284 km. Nace en la sierra de Gredos (Ávila), y pasa por la c. de Salamanca.

TORNABODA n. f. Día siguiente al de la boda.

TORNADIZO, A adj. y n. Veleidoso, inconstante.

TORNADO n. m. Torbellino de aire o huracán impetuoso y violento.

TORNAR v. intr. (lat. *tornare*) [1]. Regresar, volver. ◆ v. tr. **2.** Devolver, restituir. ◆ v. tr. y pron. **3.** Cambiar, transformar: *el cielo se tornó negro.*

TORNASOL n. m. Reflejo o viso que hace la luz en algunas telas o en otras materias muy tersas, haciéndolas cambiar de color. **2.** Planta de la península Ibérica, que se emplea para preparar una tintura azul, llamada también *tornasol.* (Familia euforbiáceas.)

TORNASOLADO, A adj. Que tiene o hace visos y tornasoles: *aguas tornasoladas.*

TORNAVOZ n. m. Dispositivo o aparato para recoger, dirigir y amplificar el sonido, o hacer que se oiga mejor.

TORNEADO, A adj. Hecho a torno. **2.** *Fig.* De curvas suaves: *brazos torneados.* ◆ n. m. **3.** MEC. Operación que consiste en trabajar una pieza en el torno. **2.** MEC. Resultado de dicha operación.

TORNEAR v. tr. [1]. Labrar o dar forma a una cosa con el torno.

TORNEO n. m. Competición deportiva. **2.** HIST. Entretenimiento y espectáculo caballeresco (ss. XI-XVI).

TORNERO, A n. Obrero que trabaja en el torno o que maneja un torno.

TORNILLERÍA n. f. Conjunto de tornillos y piezas como tuercas, pernos, etc. **2.** Fábrica de tornillos.

TORNILLO n. m. Pieza cilíndrica o cónica, por lo general metálica, con fileteado o resalto helicoidal. • **Apretarle los tornillos** a alguien (*Fam.*), apremiarle u obligarle a hacer algo. || **Faltarle un tornillo** a alguien o **tener flojos los tornillos** (*Fam.*), tener poca sensatez y cordura.

TORNIQUETE n. m. (fr. *tourniquet*). Aparato que consta de dos brazos iguales en cruz, giratorios alrededor de un eje vertical, para regular o impedir la entrada en un local, recinto, etc. **2.** CIR. Instrumento para contener las hemorragias de las extremidades.

TORNO n. m. (lat. *tornum*). Aparato para la tracción o elevación de cargas por medio de una soga, cable o cadena que se enrolla en un cilindro horizontal. **2.** En conventos y monasterios, armario cilíndrico empotrado en el muro, que gira sobre su eje y permite introducir o extraer objetos sin ver el interior. **3.** MEC. Máquina-herramienta que sirve para trabajar, por arranque de viruta mediante un útil que realiza el movimiento de avance, una pieza que se mantiene en rotación alrededor de un eje. **4.** TECNOL. Dispositivo instrumento que, a modo de prensa o tenaza, se usa en diversos oficios para sujetar e inmovilizar las piezas que se van a trabajar. SIN.: *torno de sujeción.* || **En torno,** alrededor. || **Torno de alfarero,** disco que gira horizontalmente y que lleva en su eje una pequeña mesa horizontal, sobre la que se coloca la pieza de arcilla que se ha de tornear.

TORO n. m. (lat. *taurum*). Artiodáctilo rumiante, macho adulto del ganado vacuno o bovino, que presenta cabeza gruesa provista de cornamenta, piel dura y pelo corto. (Familia bóvidos.) **2.** *Fig.* Hombre muy fuerte y robusto. **3.** *Cuba.* Pez similar al cofre. • **Agarrar, coger,** o **tomar el toro por los cuernos** (*Fam.*), afrontar un asunto difícil con valor y decisión. || **Toro almizclado,** mamífero rumiante de las regiones boreales, con particularidades propias de los bovinos y de los ovinos. ◆ **toros** pl. **4.** Fiesta o corrida de toros.

TORO n. m. (lat. *torum*, cordón). Amplia moldura saliente, de figura semicilíndrica. **2.** MAT. Sólido engendrado por un círculo que gira alrededor de una recta situada en su plano, pero que no pasa por su centro.

TORO (cerro El), cerro de la cordillera de los Andes, en la frontera entre Argentina (San Juan) y Chile (Coquimbo); 6380 m de alt.

TORO (David), militar y político boliviano (Sucre 1898). Jefe del estado mayor general durante la guerra del Chaco, encabezó el golpe contra Tejada Sorzano y presidió la junta de gobierno (1936-1937).

TORO (Fermín), político y escritor venezolano (Caracas 1807-id. 1865). Participó en la revolución que derrocó a los Monagas (1858) y fue presidente de la convención de Valencia. Su obra literaria, que incluye poemas (*Oda a la zona tórrida*) y novelas históricas (*Sibila de los Andes,* 1849) se sitúa entre el neoclasicismo y el romanticismo.

TORONJA n. f. (ár. *turunỹa*). Variedad esférica del fruto del cidro. **2.** Fruto del pomelo.

TORONJIL n. m. Melisa. • **Toronjil silvestre,** planta herbácea de olor fuerte. (Familia labiadas.)

TORONJO n. m. Variedad de cidro que produce las toronjas.

TOR

TORONTO, c. de Canadá, cap. de la prov. de Ontario, junto al lago Ontario, y principal aglomeración de Canadá; 635 395 hab. (3 550 733 hab. en la aglomeración). Universidades. Centro financiero, comercial e industrial.

TORPE adj. (lat. *turpem*). Difícil de mover o de moverse, lento en el movimiento. **2.** Falto de agilidad y destreza física y mental. **3.** Tardo en comprender o aprender.

TORPEDEAR v. tr. [**1**]. Lanzar torpedos contra un objetivo enemigo.

TORPEDERO, A adj. Dícese de la embarcación o del avión cuya arma principal es el torpedo: *lancha torpedera*. ◆ n. m. **2.** Embarcación rápida y de pequeño tonelaje, armada de torpedos.

TORPEDO n. m. Pez marino que posee a cada lado de la cabeza un órgano capaz de producir descargas eléctricas. **2.** Proyectil explosivo submarino, autodirigido y automóvil.

TORPEZA n. f. Calidad de torpe. **2.** Acción o dicho torpe, desacertado.

TORQUEMADA (fray Tomás de), inquisidor español (Valladolid 1420-Ávila 1498). Dominico, fue confesor honorífico de los Reyes Católicos e inquisidor general de Castilla y Aragón (1483). Durante su mandato fueron condenadas a muerte 3000 personas por motivos religiosos, y se expulsó a los judíos. Redactó las *Instrucciones inquisitoriales* (1484).

TORQUEMADA (Juan **de**), eclesiástico español (1557-en Nueva España 1624). Fue provincial de la orden franciscana en México. Su *Monarquía indiana* (1615) es una defensa de los indios y una fuente para el conocimiento de la cultura totonaca.

TORR n. m. (de *Torricelli*). Unidad de presión equivalente a la presión ejercida por una columna de mercurio de una altura de 1 mm.

TORRE n. f. (lat. *turrem*). Construcción o cuerpo de edificio más alto que ancho, de planta cuadrada, circular o poligonal. **2.** Pieza del juego de ajedrez. **3.** Estructura metálica o de hormigón armado, que sirve de soporte a una construcción. **4.** En algunas zonas, chalet, casa con jardín. **5.** *Cuba* y *P. Rico.* Chimenea del ingenio de azúcar. ◆ **Torre de control,** en los aeropuertos, construcción elevada en la que se hallan las instalaciones para el control local del tránsito aéreo y el personal encargado de dicho servicio. ‖ **Torre de iglesia**, campanario. ‖ **Torre de marfil** (*Fig.*), expresión con que se alude al aislamiento intelectual en el que alguien vive voluntariamente. ‖ **Torre de sondeo,** o **de perforación,** derrick. ‖ **Torre del homenaje,** o **maestra,** la dominante más fuerte de una fortaleza, donde habitaba el castellano o alcaide.

TORRE (Lisandro **de la**), político y periodista argentino (Rosario 1868-Buenos Aires 1939). Director de *El argentino* de Buenos Aires y *La república* de Rosario, fundó la Liga del sur (1908) y el Partido demócrata progresista (1914).

TORREFACTAR v. tr. (lat. *torrefacere*) [**1**]. Tostar, someter a un fuego vivo que produce una carbonización incompleta, especialmente el café y el cacao.

TORREFACTO, A adj. Tostado: *café torrefacto*.

TORREJA n. f. *Amér.* Torrija. **2.** *Chile*. Rodaja de fruta.

TORREJÓN DE ARDOZ, v. de España (Madrid), cab. de p. j.; 82 807 hab. (*Torrejoneros.*) Centro industrial. Base aérea militar.

TORRELAVEGA, c. de España (Cantabria), cab. de p. j.; 59 520 hab. (*Torrelaveganos* o *torrelavegüenses.*) Centro comercial, industrial y ferias de ganado.

TORRENCIAL adj. Relativo a los torrentes. **2.** Que cae en abundancia: *lluvias torrenciales*.

TORRE-NILSSON (Leopoldo), director de cine argentino (Buenos Aires 1928-*id.* 1978), el más internacional del país: *La casa del ángel* (1957), *Martín Fierro* (1968), *Boquitas pintadas* (1974), *La guerra del cerdo* (1975).

TORRENTE n. m. (lat. *torrentem*). Curso de agua de montaña, rápido e irregular, de escasa longitud, más o menos seco entre las violentas y bruscas crecidas. **2.** *Fig.* Abundancia, gran concurrencia: *torrente de lágrimas; torrente de gente.*

TORRENTE o **TORRENT,** c. de España (Valencia), cab. de p. j.; 56 191 hab. (*Torrentinos.*)

TORRENTE BALLESTER (Gonzalo), escritor español (Ferrol 1910-Salamanca 1999). La publicación entre 1957 y 1962 de la trilogía novelesca *Los gozos y las sombras,* de estética realista, marca un punto de inflexión en su carrera: *Off-side* (1969) y *La saga/fuga de J. B.* (1972) le consagraron. Otros títulos: *Filomeno, a mi pesar* (1988, premio Planeta), *La muerte del decano* (1992), *Los años indecisos* (1997). (Premio Miguel de Cervantes 1985.)

TORRENTERA n. f. Cauce de un torrente.

TORRENTOSO, A adj. *Amér.* Dícese de los ríos y arroyos de corriente impetuosa.

TORREÓN n. m. Torre fortificada para la defensa de una plaza o castillo.

TORREÓN, c. de México (Coahuila); 464 825 hab. Forma una conurbación con Gómez Palacio y Lerdo. Centro minero, comercial e industrial (alimentaria, textil, química). En la revolución mexicana, victorias de Pancho Villa sobre los federales (30 set. 1913 y marzo-abril 1914).

TORRERO, **A** n. Persona que cuida de una atalaya o faro.

TORRES (Camilo), patriota y político colombiano (Popayán 1766-Bogotá 1816). Presidente del congreso de las Provincias Unidas de Nueva Granada (1812-1814), asumió el poder a la caída de Nariño (1815), pero dimitió ante el avance de los realistas (1816). Fue capturado y ejecutado.

TORRES (Juan José), militar y político boliviano (Cochabamba 1919-Buenos Aires 1976). Presidente provisional (1970), populista y antiimperialista, fue derrocado por un golpe militar (1971).

TORRES (Pedro León), patriota venezolano (Carora 1788-Yaguanparo 1822). En 1814 se unió a Bolívar, participó en la campaña de Nueva Granada (1819) y mandó la división S en Popayán (1820-1822).

TORRES BODET (Jaime), escritor mexicano (México 1902-*id.* 1974). Perteneció al grupo literario surgido de la revista *Contemporáneos* (1928-1931). Cultivó la poesía (*Cripta,* 1937), la narración (*Proserpina rescatada,* 1931), la crítica y el ensayo (*Tres inventores de la realidad,* 1955) y las memorias.

TORRES GARCÍA (Joaquín), pintor uruguayo (Montevideo 1874-*id.* 1949). Pionero de la abstracción, en 1934 alcanzó la madurez creativa en su personal estilo, síntesis de geometría y naturaleza, teorizado en su libro *El universalismo constructivo*.

TORRES MÉNDEZ (Ramón), pintor colombiano (Bogotá 1809-*id.* 1885). Destacó como dibujante y pintor de retratos. Sus *Cuadros de costumbres granadinas* plasman fielmente lo popular.

TORRES Y VILLARROEL (Diego **de**), escritor español (Salamanca 1693-*id.* 1770). Escribió poesía satírica, teatro, narración y ensayo. Su *Vida, ascendencia, nacimiento, crianza y aventuras de don Diego Torres de Villarroel* (1743-1751) se inscribe en la mejor tradición de la picaresca.

TORRETA n. f. Cabina acristalada en la que, principalmente en los aviones de bombardeo, van instalados cañones y ametralladoras. **2.** Cúpula giratoria y blindada que en los carros de combate sirve de soporte al cañón y de cámara de combate en la que se alojan el jefe del carro y el tirador; modernamente, apéndice superior por el que puede asomarse al exterior del jefe del carro. **3.** En los submarinos, estructura central que se eleva sobre la cubierta.

TORREVIEJA, c. de España (Alicante); 25 891 hab. (*Torreviejenses* o *torreviejanos.*) Pesca. Turismo. Salinas de Torrevieja (30 km²).

TORREZNO n. m. Pedazo de tocino frito.

TORRI (Julio), escritor mexicano (Saltillo, Coahuila, 1889-México 1970), autor de ensayos y cuentos que destacan por el cuidado del estilo y el lirismo de su prosa (*Diálogo de los libros,* 1980).

TORRICELLI (Evangelista), matemático y físico italiano (Faenza 1608-Florencia 1647). Discípulo de Galileo, enunció implícitamente el principio de conservación de energía, descubrió los efectos de la presión atmosférica y calculó el área de la cicloide (1644).

TÓRRIDO, A adj. (lat. *torridum*). Muy caliente, ardiente.

TORRIJA n. f. Rebanada de pan frito, empapada en leche o vino y endulzada con miel o azúcar.

TORRIJOS (Omar), militar y político panameño (Santiago 1929-Panamá 1981). Se puso al frente del régimen militar tras derrocar al presidente Arias (1968). Impulsó medidas nacionalistas, y firmó con E.U.A. los acuerdos de devolución de la soberanía del canal de Panamá (1977-1978, acuerdos Carter-Torrijos). Cedió el poder en 1978.

TORSIÓN n. f. (lat. *torsionem*). Acción y efecto de torcer o torcerse. **2.** MEC. Deformación que experimenta un cuerpo por la acción de dos pares de fuerzas opuestos que actúan en planos paralelos.

TORSO n. m. (ital. *torso*). Tronco del cuerpo humano.

TORTA n. f. Masa de harina, de forma redonda o alargada, que se cuece a fuego lento. **2.** *Fig.* y *fam.* Bofetada. **3.** *Fig.* y *fam.* Golpe, caída, accidente. **4.** *Argent., Chile* y *Urug.* Pastel grande de forma circular, tarta. **5.** *Méx.* Emparedado hecho con pan de corteza dura: *torta de jamón, de queso*.

TORTAZO n. m. Bofetada. **2.** Golpe violento que recibe o se da alguien al chocar con algo o caerse.

TORTÍCOLIS n. m. o f. Afección del cuello caracterizada por dolor, limitación de movimiento e inclinación del cuello y de la cabeza.

TORTILLA n. f. Fritada de huevos batidos, a la que se da una forma determinada y a veces se le añade algún otro manjar. **2.** *Amér. Central, Antillas* y *Méx.* Pieza circular y delgada de masa de maíz cocida. **3.** *Argent.* y *Chile.* Panecillo en forma de disco, chato hecho con harina de trigo o maíz y cocido al rescoldo. ◆ **Cambiar,** o **volverse, la tortilla** (*Fam.*), trocarse la suerte favorable que alguien tenía. ‖ **Tortilla de harina** (*Méx.*), la que está hecha con harina de trigo.

TORTILLERA n. f. *Vulg.* Lesbiana.

TORTILLERÍA n. f. Establecimiento donde se hacen o venden tortillas.

TÓRTOLA n. f. Ave columbiforme con una cola larga en forma de abanico.

Tórtola, isla de Venezuela (Delta Amacuro), en el delta del Orinoco, entre el río Grande y el caño Tórtola y el Tapioca; 35 km de long. y 10 de anchura.

TÓRTOLAS (*cerro de las*), pico andino de Argentina (San Juan) y Chile (Coquimbo); 6 323 m. Al N se abre el *paso de las Tórtolas* (4810 m de alt.).

TÓRTOLO n. m. Macho de la tórtola. **2.** *Fig.* y *fam.* Hombre muy enamorado y arrebatado. ◆ **tórtolos** n. m. pl. **3.** *Fig.* y *fam.* Pareja de enamorados.

TORTOSA, c. de España (Tarragona), cab. de p. j.; 29 717 hab. (*Tortosinos.*) Centro agrícola e industrial, junto al Ebro. De origen ibérico (*Ilerca*), fue la *Dertosa* romana. Castillo de San Juan o de la Zuda. Edificios góticos.

TORTUGA n. f. Denominación común a cualquier reptil quelonio de cuerpo corto, encerrado en un caparazón óseo y escamoso. (Existen tortugas de mar, de agua dulce y de tierra.) • **A paso de tortuga,** lentamente. ‖ **Tortuga laúd,** tortuga de los mares cálidos, notable por no presentar caparazón, sino osículos en una piel oscura.

TORTUGA *(isla de la),* isla de Haití, separada de su litoral N por el *canal de la Tortuga;* 13 700 hab. Fue base de los bucaneros franceses en las Antillas.

TORTUGA (La), isla de Venezuela (Dependencias Federales), en el Caribe; 171 km².

TORTUGUERO, laguna de la costa N de Puerto Rico. Junto a ella, base militar de E.U.A.

TORTUOSIDAD n. f. Calidad de tortuoso.

TORTUOSO, A adj. Que da muchas vueltas y rodeos, sinuoso. **2.** *Fig.* Complicado, solapado.

TORTURA n. f. (lat. *torturam*). Suplicio físico o moral que se hace sufrir a alguien. **2.** *Fig.* Sufrimiento físico o moral, intenso y continuado. **3.** *Fig.* Cosa que lo produce.

TORTURAR v. tr. y pron. [**1**]. Someter a tortura.

TORUÑO (Juan Felipe), escritor nicaragüense (León 1898). Escribió poesía simbolista *(Senderos espirituales,* 1922) y una novela *(El silencio,* 1933).

TORVO, A adj. (lat. *torvum*). De aspecto malvado.

TORZAL n. m. Cordoncillo de seda para coser o bordar.

TOS n. f. (lat. *tussem*). Espiración brusca y enérgica, producida por un fenómeno irritativo en la faringe, laringe, tráquea o bronquios. • **Tos ferina,** enfermedad infectocontagiosa, frecuente en la infancia, caracterizada por accesos paroxísticos de tos.

TOSAR (Héctor), compositor uruguayo (Montevideo 1923). Su producción comprende obras sinfónicas *(Toccata,* 1940; *Concertino* para piano y orquesta, 1941), música de cámara *(Cuarteto de cuerda,* 1944), piezas para piano y obras vocales.

TOSCANA, región de Italia central (que comprende las provincias de Arezzo, Florencia, Grosseto, Livorno, Lucca, Massa y Carrara, Pisa, Pistoia y Siena); 23 000 km²; 3 510 114 hab. Cap. *Florencia.*

TOSCANO, A adj. y n. De Toscana. ♦ adj. **2.** Dícese del orden de la arquitectura romana inspirado en el dórico griego. ♦ n. m. **3.** Dialecto italiano hablado en Toscana.

TOSCO, A adj. Sin pulimento, hecho con poca habilidad y cuidado o con materiales de poco valor: *mueble tosco.* **2.** *Fig.* Rústico, carente de cultura y educación: *persona tosca.*

TOSEDERA n. f. *Amér.* Tos persistente.

TOSER v. intr. [**2**]. Tener un acceso de tos.

TÓSIGO n. m. (lat. *toxicum*). Ponzoña, veneno. **2.** *Fig.* Angustia, pena intensa.

TOSQUEDAD n. f. Calidad de tosco.

TOSTADA n. f. Rebanada de pan tostada.

TOSTADERO, A adj. Que tuesta. ♦ n. m. **2.** Instalación industrial para la torrefacción del café en grano. **3.** *Fig.* Lugar donde hace excesivo calor.

TOSTADO, A adj. Que tiene color subido y oscuro. ♦ n. m. **2.** Torrefacción.

TOSTADOR, RA adj. Que tuesta. ♦ n. m. **2.** Aparato para tostar café en grano.

TOSTADORA n. f. Aparato para hacer tostadas.

TOSTAR v. tr. y pron. [**1r**]. Exponer algo a la acción directa del fuego hasta que tome color dorado, sin llegar a quemarse. **2.** *Fig.* Calentar demasiado. **3.** *Fig.* Curtir el sol o el aire la piel del cuerpo. **4.** *Chile.* Vapulear, azotar, zurrar. **5.** TECNOL. Someter a tostación.

TOSTÓN n. m. Trozo de pan frito que suele añadirse a sopas, purés, etc. **2.** Cochinillo asado. **3.** *Fam.* Fastidio, pesadez.

4. *Fam.* Persona o cosa molesta, pesada por insistente o falta de interés.

TOT o **THOT,** divinidad egipcia de la sabiduría, representada con cabeza de ibis. En la época grecorromana fue identificada con *Hermes Trimegisto.*

TOTAL adj. Completo, que comprende todo, entero, absoluto. ♦ n. m. **2.** Suma, resultado de una adición. **3.** Totalidad. ♦ adv. m. **4.** En suma, en conclusión.

TOTALIDAD n. f. Todo el total, el conjunto de todos los componentes.

TOTALITARIO, A adj. Que incluye o abarca la totalidad de las partes o atributos de algo sin merma ninguna. **2.** Dícese de los regímenes políticos no democráticos en los que los poderes ejecutivo, legislativo y judicial están concentrados en un reducido número de dirigentes, que subordinan los derechos de la persona a la razón de estado.

TOTALITARISMO n. m. Calidad de totalitario. **2.** Sistema de los regímenes totalitarios.

TOTALIZAR v. tr. [**1g**]. Sumar, hacer o determinar el total de varias cantidades o sumas. **2.** Hacer el total de algo.

TÓTEM n. m. (pl. *tótems*). Entidad natural, animal, vegetal, etc., que es objeto de culto por ciertos pueblos. **2.** Emblema que lo representa.

TOTEMISMO n. m. Conjunto de creencias y prácticas culturales que, en ciertas sociedades, implican una relación entre un individuo, o un grupo de individuos, por una parte, y un animal, un objeto, o un conjunto de seres vivos o de ciertos fenómenos, por otra.

TOTONACA, TOTONACO o **TOTONECA** adj. y n. y f. Relativo a un pueblo amerindio precolombino de México, de lengua maya-zoque, que habitaba en Veracruz (así también en Puebla); individuo de dicho pueblo.

• Los totonacas formaban una confederación de ciudades en el S, y en el N crearon un esado. Su economía era agrícola y comercial, y tuvieron dos grandes centros: de 300 a 1200 d. J.C. El Tajín, máximo exponente del esplendor de la cultura totonaca, con una gran pirámide, y de 900 a 1519, Cempoala. La cultura totonaca destaca por la cerámica, muy variada, la escultura en piedra, la arquitectura monumental y la avanzada concepción de las ciudades.

TOTONICAPÁN *(departamento de),* dep. del O de Guatemala; 1061 km²; 297 531 hab. Cap. *Totonicapán* (53 788 hab.).

TOTOPO n. m. *Méx.* Trozo de tortilla de maíz tostado o frito.

TOTOPOSTE n. m. *Amér. Central.* Torta de harina de maíz, muy tostada.

TOTORA n. f. (quechua *totóra*). *Amér. Merid.* Especie de junco que crece a orillas de los lagos.

TOTORAL n. m. *Amér. Merid.* Paraje poblado de totoras.

TOTUMA n. f. *Amér.* Fruto del totumo. **2.** *Amér.* Vasija hecha con este fruto.

TOTUMO n. m. *Amér.* Güira.

TOULOUSE, c. de Francia, cap. de la región Midi-Pyrénées y del dep. de Haute-Garonne, a orillas del Garona; 365 933 hab. Universidad. Construcciones aeronáuticas. Basílica románica de Saint-Sernin (s. XI); catedral e iglesias góticas. Capitolio (1750, ayuntamiento y teatro). Museos.

TOULOUSE-LAUTREC (Henri de), pintor francés (Albi 1864-castillo de Malromé 1901). Pintó escenas de los cabarés y burdeles de París (*En el Moulin Rouge,* 1892), así como del circo o las carreras. Renovador del arte de la litografía, fue pionero del cartelismo moderno.

TOUR n. m. (voz francesa). Vuelta. **2.** Vuelta ciclista a Francia. **3.** Excursión, viaje turístico.

TOURNÉE n. f. (voz francesa). Viaje de placer por distintos lugares. **2.** Gira artística

de una compañía de teatro, de una orquesta, de un cantante. etc.

TOURS, c. de Francia, cap. del dep. de Indre-et-Loire, a orillas del Loira; 133 403 hab. Centro industrial. Universidad. Catedral (ss. XIII-XVI). Museos.

TOUSSAINT LOUVERTURE, político y general haitiano (Santo Domingo 1743-en el fuerte de Joux, cerca de Fontarlier, 1803). En 1794 proclamó su intención de crear una república negra. Gobernó la isla desde 1801 y murió en prisión en Francia.

TOVAR (Manuel Felipe de), político venezolano (Caracas 1803-París 1866). Conservador, fue presidente de la república (1859-1861). Dimitió como resultado de la agitación federalista.

TOWNES (Charles Hard), físico norteamericano (Greenville, Carolina del Sur, 1915). En 1954 realizó la primera emisión máser. (Premio Nobel de física 1964.)

TÓXICO, A adj. y n. m. Dícese de las sustancias nocivas para los organismos vivos.

TOXICODEPENDENCIA n. f. Condición sicofísica de dependencia del individuo respecto de la droga.

TOXICOLOGÍA n. f. Ciencia que trata de la capacidad tóxica de diversos productos.

TOXICOMANÍA n. f. Tendencia patológica a ingerir sustancias tóxicas que engendran un estado de dependencia síquica o física.

TOXICÓMANO, A adj. y n. Afecto de toxicomanía, drogadicto.

TOXINA n. f. Sustancia tóxica de naturaleza proteica, elaborada por un organismo vivo (bacteria, seta venenosa, insecto o serpiente venenosa), que tiene poder patógeno para el hombre o los animales infectados.

TOZUDEZ n. f. Calidad de tozudo.

TOZUDO, A adj. (cat. *tossut*). Obstinado, que sostiene una actitud u opinión, sin dejarse persuadir.

TRABA n. f. Cosa que une o sujeta a otras entre sí dándoles seguridad o impidiendo su movimiento. **2.** *Fig.* Lo que dificulta u obstaculiza. **3.** Ligadura con que se atan las manos o pies de un animal para impedir que salte o su marcha.

TRABAJADO, A adj. Cansado a causa del trabajo. **2.** Elaborado con minuciosidad y gran cuidado.

TRABAJADOR, RA adj. Que trabaja. **2.** Que gusta del trabajo. ♦ n. **3.** Persona que trabaja por cuenta y bajo dependencia ajena. ♦ n. m. **4.** Pez reofiforme de pequeño tamaño de Argentina. (Familia furnáridos.)

TRABAJAR v. intr. [**1**]. Realizar un esfuerzo en una actividad. **2.** Tener una ocupación estable, ejercer un oficio o profesión. **3.** Resistir una máquina, un buque, un edificio. etc., la acción de los esfuerzos a que se hallan sometidos: *esta viga trabaja a flexión.* **4.** Ejercer la propia actividad en un determinado comercio o industria. **5.** Actuar en el teatro, cine o televisión. ♦ v. tr. **6.** Ejecutar, realizar o disponer algo con método y orden. **7.** Estudiar algo y ejercitarse en ello: *trabajar mucho el latín.* **8.** Cultivar la tierra. **9.** Gestionar. **10.** *Fig.* Intentar conseguir algo de alguien. ¶ **1.** Manipular sobre una materia, sustancie, etc., dándole la forma que se desea o amalgamando sus elementos.

TRABAJO n. m. Acción y efecto de trabajar. **2.** Ocupación retribuida: *vivir de su trabajo.* **3.** Obra, producto resultante de una actividad física o intelectual: *es un trabajo de artesanía.* **4.** *Fig.* Dificultad, molestia. **5.** ECON. Esfuerzo humano aplicado a la producción de riqueza; actividad del hombre encaminada a un fin. **6.** MEC. Producto de la intensidad de una fuerza por la proyección, en la dirección de esta fuerza, del desplazamiento de su punto de aplicación. • **trabajos** n. m. pl. **7.** Estrechez, miseria, dificultad, apuros: *pasar muchos trabajos.* • **Trabajos forzados,** o **forzosos,** los que se obliga a hacer a los presos como parte de la pena impuesta por su delito.

TRABAJOSO, A adj. Que da o causa mucho trabajo o penalidades. **2.** *Colomb.* Se dice de la persona poco complaciente y muy exigente.

TRABALENGUAS n. m. (pl. *trabalenguas*). Palabra o frase difícil de pronunciar.

TRABAR v. tr. [1]. Juntar o unir una cosa con otra para afianzarlas o estabilizarlas. **2.** Poner trabas a un animal. **3.** *Fig.* Comenzar o iniciar algo: *trabar conversación*. **4.** *Fig.* Impedir el desarrollo de algo o el desenvolvimiento de alguien: *trabar la marcha de una investigación*. **5.** Espesar o dar mayor consistencia a un líquido o a una masa: *trabar una salsa*. ♦ **trabarse** v. pron. **6.** Entorpecérsele a uno la lengua al hablar.

TRABAZÓN n. f. Enlace o relación conveniente de dos o más cosas. **2.** *Fig.* Conexión, coherencia formando un conjunto: *trabazón social*.

TRABILLA n. f. Tira de tela o de cuero que pasa por debajo del pie para sujetar los bordes inferiores del pantalón, de la polaina, etc.

TRABUCAR v. tr. y pron. (cat. *trabucar*) [1a]. Trastornar, desordenar: *trabucar los papeles*. **2.** *Fig.* Trastocar, tergiversar: *trabucar ideas*.

TRABUCAZO n. m. Disparo de trabuco. **2.** *Fig.* Impresión desfavorable que causa una noticia o suceso inesperado y desagradable.

TRABUCO n. m. Arma de fuego de corto alcance, con el cañón ensanchado hacia la boca.

TRACA n. f. Serie de petardos enlazados por una cuerda y que van estallando sucesivamente.

TRÁCALA n. f. y n. m. y f. *Méx.* Tracalero. ♦ n. m. **2.** *Méx.* y *P. Rico. Fam.* Trampa, engaño.

TRACALADA n. f. *Amér.* Gran cantidad de personas o cosas, multitud. **2.** *Méx.* Trácala, trampa.

TRACALERO, A adj. y n. *Méx.* y *P. Rico.* Tramposo.

TRACCIÓN n. f. (lat. *tractionem*). Acción de tirar de algo, de mover cuando la fuerza está colocada delante de la resistencia: *tracción animal*. **2.** Acción de arrastrar un vehículo o de hacerle andar por cualquier procedimiento mecánico. **3.** MEC. Modo de trabajo de un cuerpo sometido a la acción de una fuerza que tiende a alargarlo. • **Vehículo de tracción delantera**, vehículo cuyas ruedas delanteras son motrices.

TRACIA, en gr. **Thrakē** o **Thráki**, en turco **Trakya**, región del E de Europa, repartida entre Bulgaria, Grecia (donde constituye una región de 8678 km² y de cerca de 221 690 hab.) y Turquía (que corresponde a su parte europea).

TRACTOR, RA adj. y n. Que efectúa la tracción o arrastre. ♦ n. m. **2.** Vehículo automotor para trabajos agrícolas, cuyas ruedas están provistas de dispositivos de adherencia para terrenos blandos.

TRACTORISTA n. m. y f. Conductor de un tractor.

TRADICIÓN n. f. (lat. *traditionem*). Transmisión hecha de generación en generación, de hechos históricos, doctrinas, leyes, costumbres, etc. **2.** Costumbre o norma transmitida de esta manera. **3.** Costumbre, hábito establecido. **4.** REL. Fuente de la doctrina revelada, junto con la Sagrada Escritura.

TRADICIONAL adj. Relativo a la tradición. **2.** Que es de uso común, usual, acostumbrado.

TRADICIONALISMO n. m. Apego a las cosas tradicionales. **2.** Doctrina que se basa en las tradiciones institucionales, en especial de la monarquía absoluta y de la religión.

TRADICIONALISTA adj. y n. m. y f. Relativo al tradicionalismo; partidario del tradicionalismo.

TRADUCCIÓN n. f. Acción y efecto de traducir. **2.** El texto traducido: *recopilar las traducciones de un autor*. **3.** Interpretación: *traducción del pensamiento de alguien*. • **Traducción automática**, traducción de un texto por medio de máquinas electrónicas. ‖ **Traducción simultánea**, la que traduce el discurso de forma simultánea a su emisión.

TRADUCIR v. tr. (lat. *traducere*) [20]. Trasponer un texto de una lengua a otra: *traducir del inglés al español*. ♦ v. tr. y pron. **2.** Convertir, transformar: *el bullicio se tradujo en calma*. **3.** Expresar, representar de una forma determinada ideas, pensamientos, estados de ánimo, etc.

TRADUCTOR, RA adj. y n. Que traduce. ♦ n. **2.** Autor de una traducción. ♦ n. m. **3.** INFORMÁT. Programa que sirve para traducir un programa de un lenguaje de programación a otro lenguaje más asequible el de la máquina.

TRAER v. tr. (lat. *trahere*, arrastrar) [10]. Trasladar, llevar algo desde un lugar a otro más próximo al que habla. **2.** Causar, ocasionar: *el ocio trae otros vicios*. **3.** Tener o ser causa de que alguien padezca cierta alteración de ánimo: *este asunto le trae preocupado*. **4.** Llevar, tener puesto, usar. **5.** *Fig.* Alegar o aducir razones, hechos, etc., en apoyo de algo que se dice. **6.** *Fig.* Aportar algo nuevo. **7.** Referido a escritos, en especial a periódicos, contener lo que se expresa. • **Traer consigo**, causar, determinar, ir algo acompañado de lo que se expresa. ♦ v. tr. y pron. **8.** *Fig.* Estar planeando o llevando a cabo algo solapadamente.

TRAFAGAR v. intr. (cat. *trafegar*) [1b]. Traficar, comerciar. **2.** Trajinar, ajetrearse.

TRÁFAGO n. m. (cat. *tràfec*). Trajín, ajetreo.

TRAFALGAR, (cabo de), cabo de España, en el Atlántico, entre Cádiz y Tarifa. Estas costas fueron escenario de una célebre batalla naval (1805).

TRAFICANTE adj. y n. m. y f. Que trafica o comercia, especialmente de forma ilegal.

TRAFICAR v. intr. (ital. *trafficare*) [1a]. Comerciar, negociar, especialmente de forma ilegal. **2.** Hacer indebidamente negocio de algo: *traficar con la influencia de alguien*.

TRÁFICO n. m. Acción y efecto de traficar: *tráfico de drogas*. **2.** Circulación, concurrencia y movimiento de vehículos por calles, carreteras, estaciones, aeropuertos, etc.: *tráfico aéreo, ferroviario*.

TRAGACANTO n. m. Planta arbustiva que exuda una goma blanquecina, de uso farmacológico e industrial. (Familia papilionáceas.) **2.** Goma exudada por dicha planta.

TRAGADERO n. m. Agujero u orificio que traga o absorbe algo. **2.** Sumidero o canal de desagüe en las tierras de labor, en un estanque, embalse, etc.

TRAGALDABAS n. m. y f. (pl. *tragaldabas*). *Fam.* Persona muy tragona. **2.** *Fam.* Persona muy crédula.

TRAGALEGUAS n. m. y f. (pl. *tragaleguas*). *Fam.* Persona muy andarina.

TRAGALUZ n. m. Claraboya.

TRAGAPERRAS n. f. (pl. *tragaperras*). Máquina que funciona automáticamente mediante la introducción de una o varias monedas.

TRAGAR v. tr. y pron. [1b]. Hacer que algo pase de la boca al aparato digestivo. **2.** *Fig.* Comer mucho y con voracidad. **3.** *Fig.* Absorber un cuerpo a otro: *el mar se lo tragó*. **4.** *Fig.* Dar crédito a algo, generalmente engañoso: *se tragó la mentira*. **5.** Soportar o tolerar algo desagradable u ofensivo. **6.** Disimular, fingir: *tragarse una pena*. **7.** *Fig. y fam.* Consumir mucho: *este coche traga mucha gasolina*.

TRAGEDIA n. f. (lat. *tragoediam*). Acontecimiento funesto y terrible. **2.** LIT. Obra dramática, que pone en escena personajes ilustres enfrentados a conflictos provocados por las pasiones humanas que desembocan en un desenlace fatal. **3.** LIT. Género trágico.

TRÁGICO, A adj. Relativo a la tragedia: *representación trágica*. **2.** *Fig.* Infausto, funesto, muy desgraciado: *una situación trágica*. ♦ adj. y n. **3.** Dícese del autor de tragedias. **4.** Dícese del actor que se dedica a la tragedia.

TRAGICOMEDIA n. f. Suceso que entremezcla lo trágico y lo cómico. **2.** LIT. Género dramático en el que se alternan elementos trágicos con elementos cómicos. **3.** LIT. Obra de este género.

TRAGICÓMICO, A adj. Relativo a la tragicomedia.

TRAGO n. m. Porción de líquido que se bebe de una vez. **2.** Bebida alcohólica. **3.** *Fig. y fam.* Adversidad, disgusto, pena: *pasar un mal trago*.

TRAGÓN, NA adj. y n. *Fam.* Que come voraz y con exceso.

TRAICIÓN n. f. (lat. *traditionem*). Violación de la lealtad y fidelidad debidas. **2.** Delito cometido por un civil o militar que atente contra la seguridad de la patria. • **A traición**, manera de hacer daño a alguien con engaño o de forma oculta y solapada. ‖ **Alta traición**, la cometida contra un estado.

TRAICIONAR v. tr. [1]. Hacer traición. **2.** Ser algo causa de que se fracase en un intento: *los nervios le traicionaron*. **3.** *Fig.* Ser infiel en amor, cometer adulterio. ♦ v. tr. **4.** Delatar algo, o uno mismo involuntariamente, algo que se quiere ocultar.

TRAICIONERO, A adj. y n. Traidor.

TRAÍDA n. f. Acción y efecto de traer.

TRAÍDO, A adj. Muy usado o gastado. • **Traído y llevado** (*Fam.*), manido, sobado.

TRAIDOR, RA adj. y n. Que traiciona. ♦ adj. **2.** *Fig. y fam.* Que delata algo que se quería mantener secreto.

TRAIGUÉN, com. de Chile (Araucanía); 20 610 hab. Centro maderero. Industria alimentaria.

TRAILER n. m. (voz inglesa). Camión sin caja, con apoyo sobre plataforma giratoria, a la que se engancha una caja o remolque de dimensiones mayores que las normales. **2.** Avance de una película cinematográfica.

TRAILLAR v. tr. [1u]. Allanar o igualar la tierra con la trailla.

TRAÍNA n. f. Red de pesca en forma de una gran bolsa o embudo, cuya boca se mantiene abierta, que se remolca por el fondo o entre dos aguas. SIN.: *traiña*.

TRAINERA n. f. Especie de chalupa de muy poco calado, que remolca la traína para la pesca de sardinas, anchoas, arenques, merluza, etc. **2.** Embarcación a remo que se emplea en regatas, especialmente en el N de España.

TRAJANO (Itálica 53-Selinonte, Cilicia, 117), emperador romano (98-117), sucesor de Nerva. Extendió el imperio hasta la Arabia nabatea, Armenia y Mesopotamia. Fue un excelente administrador y un gran constructor.

TRAJE n. m. (port. *traje*). Vestido exterior completo. **2.** Vestido de hombre compuesto de chaqueta, pantalón y, generalmente, chaleco. **3.** Vestido de mujer de una sola pieza. **4.** Vestido distintivo o peculiar de un grupo de personas, de una época determinada o de los naturales de un país: *traje típico andaluz; traje romano; traje regional; traje de torero*. • **Traje corto**, el compuesto por unos pantalones muy altos y una chaqueta muy corta y ajustada, que llega sólo hasta la cintura, usado por los bailadores de flamenco y toreros. • **Traje de baño**, bañador. ‖ **Traje de chaqueta**, vestido femenino compuesto de chaqueta y falda. ‖ **Traje de luces**, el de seda, con bordados de oro, plata y lentejuelas, muy ceñido, que usan los toreros.

Traje de noche, vestido femenino de ceremonia. ‖ **Traje pantalón,** vestido femenino compuesto de pantalón y chaqueta.

TRAJEADO, A adj. Arreglado en cuanto a su vestido: *bien, mal, muy trajeado.*

TRAJEAR v. tr. y pron. [1]. Proveer o proveerse de trajes.

TRAJÍN n. m. (cat. *tragí*). Acción de trajinar. 2. Mucho movimiento en algún sitio o gran actividad de alguien.

TRAJINAR v. tr. (cat. *traginar*) [1]. Llevar, transportar de un lugar a otro. ♦ v. intr. 2. Moverse de un sitio a otro trabajando haciendo gestiones.

TRAJINERA n. f. *Méx.* Embarcación pequeña, por lo general adornada con flores, que se usa en los canales de Xochimilco.

TRALLA n. f. Trencilla de cuero que se coloca al extremo del látigo para que restalle. 2. Látigo provisto de esta trencilla.

TRALLAZO n. m. Golpe dado con la tralla, latigazo. 2. *Fig.* Represión áspera. 3. En fútbol, chut muy fuerte.

TRAMA n. f. (lat. *tramam*). Intriga, confabulación para perjudicar a alguien. 2. Disposición interna, trabazón entre las partes de un asunto: *la trama de una novela*. 3. TEXT. Conjunto de hilos cruzados con los de la urdimbre y colocados a lo ancho de un tejido.

TRAMADO, n. m. Retícula de puntos, líneas o sombreados que se da a las fotografías y dibujos para darles variedad de tono.

TRAMAR v. tr. [1]. Preparar con sigilo, maquinar: *tramar una conspiración.*

TRAMITACIÓN n. f. Acción y efecto de tramitar. 2. Serie de trámites para la resolución de un asunto.

TRAMITAR v. tr. y pron. [1]. Hacer pasar un asunto por los trámites prescritos para su resolución.

TRÁMITE n. m. Diligencia que hay que realizar para la resolución de un asunto.

TRAMO n. m. Parte que está dividida una cosa que se desarrolla linealmente, como un camino, calle, etc. 2. Cada parte de una escalera comprendida entre rellanos.

TRAMONTANA n. f. Maestral, viento del norte.

TRAMOYA n. f. Maquinaria para los cambios de decorado y los efectos especiales en los escenarios de teatro. 2. *Fig.* Intriga, trama, engaño.

TRAMOYISTA n. m. y f. Persona que idea, construye o maneja las tramoyas en el teatro.

TRAMPA n. f. Cualquier artificio de forma y funcionamiento diverso para capturar o matar animales. 2. Puerta en el suelo, para comunicar una parte de un edificio con otra inferior. 3. Tablero horizontal movible, colocado en los mostradores de las tiendas, para poder entrar y salir. 4. *Fig.* Estratagema o ardid para engañar a alguien. 5. *Fig.* Deuda cuyo pago se demora. 6. *Fig.* Engaño para conseguir beneficios en el juego. 7. GEOL. En un yacimiento petrolífero, disposición geológica que permite la concentración del petróleo, lo mantiene en las condiciones hidrodinámicas propicias e impide que escape a la superficie.

TRAMPANTOJO n. m. *Fam.* Ilusión con que se engaña a alguien haciéndole ver lo que no es.

TRAMPEAR v. intr. [1]. *Fam.* Pedir prestado o fiado con ardides y engaños: *vive trampeando*. 2. *Fam.* Ir viviendo soportando achaques y adversidades.

TRAMPERO, A n. Persona que caza con trampas. ♦ n. m. 2. *Amér.* Armadijo para cazar pájaros.

TRAMPILLA n. f. Abertura en el suelo de un piso y que comunica con el que está debajo.

TRAMPOLÍN n. m. (ital. *trampolino*). Tabla inclinada y elástica o plancha muy flexible que permite a los nadadores, esquiadores o gimnastas aumentar la altura o la longitud de su salto. 2. En esquí, y en esquí acuático, plataforma usada en competiciones de salto 3. *Fig.* Aquello que ayuda a conseguir un cierto propósito o a ascender de posición.

TRAMPOSO, A adj. y n. Que hace trampas.

TRANCA n. f. Palo grueso y fuerte que se emplea como bastón o como arma de ataque y defensa, o que se coloca atravesado detrás de una puerta o ventana cerrada, para mayor seguridad. 2. *Fam.* Borrachera. 3. *Méx.* Puerta tranquera. • **A trancas y barrancas** (*Fam.*), con tropiezos, dificultades o interrupciones.

TRANCARSE v. pron. [1]. *Chile.* Estreñirse, astringirse.

TRANCE n. m. Ocasión o momento crítico, decisivo y difícil por el que pasa una persona. 2. Entre los espiritistas, estado en que un médium manifiesta fenómenos paranormales. 3. Estado del alma en unión mística. • **A todo trance,** firme en la resolución o necesidad de hacer algo sin reparar en riesgos. ‖ **Postrer, o último, trance** (*Fig.*), último estado o tiempo de la vida próximo a la muerte.

TRANCO n. m. Paso largo o salto que se da abriendo mucho las piernas. • **A trancos** (*Fam.*), con precipitación. ‖ **Al tranco** (*Argent., Chile* y *Urug.*), hablando de caballerías y, por extensión, de personas, a paso largo.

TRANQUERA n. f. *Amér. Merid.* Puerta rústica de un alambrado hecha con maderos.

TRANQUILIDAD n. f. Calidad de tranquilo.

TRANQUILIZANTE adj. Que tranquiliza. ♦ adj. y n. m. 2. Dícese de los medicamentos de acción sedante.

TRANQUILIZAR v. tr. y pron. [1g]. Poner tranquilo, calmar, sosegar.

TRANQUILO, A adj. (lat. *tranquillum*). Que está en calma o privado de movimientos más o menos violentos: *mar tranquilo*. 2. Privado de agitación, disturbios, ruidos molestos, etc.: *una calle tranquila*. 3. Dícese de la conciencia libre de remordimientos. 4. Pacífico, sosegado, que no se altera con facilidad. 5. Libre de inquietudes y preocupaciones. ♦ adj. y n. 6. Dícese de la persona despreocupada, a quien no importa quedar bien.

TRANS o **TRAS,** elemento procedente de la prep. lat. *trans*, que significa *más allá, a través de,* que aparece como prefijo en voces compuestas.

TRANSA n. f. *Argent.* Asunto, negocio sucio. 2. *Méx.* Engaño, principalmente el que se hace para despojar a alguien de sus bienes.

TRANSACCIÓN n. f. Acción y efecto de transigir. 2. DER. Contrato mediante el cual las partes, haciéndose mutuas concesiones, evitan la provocación de un litigio o ponen fin al ya comenzado.

TRANSALPINO, A adj. Trasalpino.

TRANSANDINO adj. Trasandino.

TRANSAR v. intr. y pron. [1]. *Amér.* Transigir, ceder. 2. *Méx.* Despojar tramposamente a alguien de algo: *me transaron en la tienda, pues me cobraron dos veces.*

TRANSBORDADOR, RA adj. Que transborda. • **Puente transbordador,** plataforma móvil para cruzar un río o una bahía. ♦ n. m. 2. Barco grande y plano para el transporte de viajeros, mercancías, automóviles, etc., entre las dos orillas de un estrecho o canal. • **Transbordador espacial,** lanzadera.

TRANSBORDAR v. tr. y pron. [1]. Trasladar cosas o personas de un barco a otro o de un vehículo a otro, especialmente de un tren a otro.

TRANSBORDO n. m. Acción y efecto de transbordar.

TRANSCONTINENTAL adj. Que atraviesa un continente: *ferrocarril transcontinental*.

TRANSCRIBIR v. tr. (lat. *transcribere*) [3n]. Copiar un escrito con el mismo o distinto sistema de escritura. 2. Poner por escrito una cosa que se oye. 3. *Fig.* Expresar por escrito un sentimiento o impresión.

TRANSCRIPCIÓN n. f. Acción y efecto de transcribir.

TRANSCULTURACIÓN n. f. Proceso de transición por el que una cultura va adoptando rasgos culturales de otra.

TRANSCURRIR v. intr. (lat. *transcurrere*) [3]. Pasar, correr el tiempo en un determinado sucesivo y continuo. 2. Pasar, emplear un período de tiempo.

TRANSCURSO n. m. Acción de transcurrir cierto espacio de tiempo. 2. Cierto espacio de tiempo que se especifica: *en el transcurso de un mes.*

TRANSEÚNTE adj. y n. m. y f. (lat. *transeuntem*). Que transita o pasa por algún lugar. 2. Que está de paso en un lugar, fijando su residencia allí sólo transitoriamente.

TRANSEXUAL adj. y n. m. y f. Dícese de la persona que mediante tratamiento hormonal o quirúrgico adquiere los caracteres sexuales del sexo opuesto.

TRANSFERENCIA n. f. Acción y efecto de transferir. 2. INFORMÁT. Desplazamiento de una información de una posición de memoria central a una unidad periférica de un ordenador o viceversa. • **Transferencia bancaria,** operación por medio de la cual se realiza un traspaso de fondos entre las cuentas corrientes correspondientes a dos titulares distintos o al mismo titular, pero abiertas en distintos establecimientos bancarios.

TRANSFERIR v. tr. (lat. *transferre*) [22]. Ceder, traspasar a otro el derecho que se tiene sobre alguna cosa. 2. Llevar, trasladar de un lugar a otro.

TRANSFIGURACIÓN n. f. Acción y efecto de transfigurar. • **Transfiguración de Jesucristo,** estado glorioso en que Jesús se manifestó ante sus discípulos Pedro, Santiago y Juan.

TRANSFIGURAR v. tr. y pron. (lat. *transfigurare*) [1]. Hacer cambiar de figura o aspecto.

TRANSFINITO, A adj. MAT. Dícese del cardinal de un conjunto infinito.

TRANSFORMACIÓN n. f. Acción y efecto de transformar. 2. En rugby, conversión de un ensayo en gol.

TRANSFORMADOR, RA adj. Que transforma: *industria transformadora*. ♦ n. m. 2. Aparato estático que funciona por inducción electromagnética y se transforma en uno o varios sistemas de corrientes variables de la misma frecuencia, pero de intensidad y tensión diferentes.

TRANSFORMAR v. tr. y pron. (lat. *transformare*) [1]. Hacer cambiar de forma, cualidad, etc. 2. *Fig.* Cambiar de manera de ser, de hábitos o de costumbres a una persona. 3. *Fig.* Cambiar en mejor, mejorar. 4. Transmutar, convertir una cosa en otra.

TRANSFORMISMO n. m. Teoría explicativa, basada en la transformación progresiva de las poblaciones, sea bajo la influencia del medio ambiente (Lamark), sea por mutación seguida de selección natural (Darwin, De Vries). [En este último sentido se habla también de *evolucionismo*.] 2. Género de variedades que un artista exhibe una serie de imitaciones y caracterizaciones, cambiando rápidamente de trajes.

TRANSFORMISTA adj. y n. m. y f. Relativo al transformismo; partidario de esta teoría biológica. ♦ n. m. y f. 2. Artista que practica el transformismo.

TRÁNSFUGA n. m. y f. Persona que abandona un partido o ideología y pasa a otro.

TRANSFUNDIR v. tr. (lat. *transfundere*) [3]. Hacer pasar un líquido de un recipiente a otro.

TRANSFUSIÓN n. f. Acción y efecto de transfundir. 2. Inyección, en una vena de un enfermo, de sangre extraída de un donante.

TRA

TRANSGÉNICO, A adj. Modificado genéticamente: *semillas transgénicas de soja.*

TRANSGREDIR v. tr. (lat. *transgredi*) [3ñ]. Infringir, violar, desobedecer un precepto, una orden o una ley.

TRANSGRESIÓN n. f. Acción y efecto de transgredir.

TRANSHIMALAYA → **Himalaya**.

TRANSICIÓN n. f. (lat. *transitionem*). Acción y efecto de pasar gradualmente de un estado a otro, de un asunto, idea, etc., a otro: *periodo de transición.*

TRANSIDO, A adj. Afectado por un dolor físico o moral muy intenso.

TRANSIGENCIA n. f. Acción y efecto de transigir. **2.** Calidad y actitud de transigente.

TRANSIGIR v. tr. e intr. (lat. *transigere*) [3b]. Ceder a los deseos u opiniones de otra persona, en contra de los propios. **2.** Tolerar cierta cosa. ♦ v. intr. **3.** Llegar a un acuerdo en un litigio.

TRANSILVANIA, en rumano **Transilvania** o **Ardeal**, en húngaro **Erdély**, región de Rumania situada en el interior del arco formado por los Cárpatos. C. pral. *Braşov, Cluj.*

TRANSISTOR n. m. Dispositivo semiconductor que, al igual que un tubo electrónico, puede amplificar corrientes eléctricas, generar oscilaciones eléctricas y ejercer funciones de modulación y de detección. **2.** Receptor radiofónico portátil.

TRANSITABLE adj. Dícese del lugar por donde se puede transitar.

TRANSITAR v. intr. [1]. Ir por una vía pública.

TRANSITIVO, A adj. Dícese de los verbos que llevan complemento directo. • **Oración transitiva**, oración construida con un verbo transitivo o usado con este valor.

TRÁNSITO n. m. (lat. *transitum*). Acción de transitar. **2.** Circulación de gente y vehículos por calles, carreteras, etc. **3.** Paso de un estado o empleo a otro. **4.** *Fig.* Muerte, paso de esta vida a la otra.

TRANSITORIEDAD n. f. Calidad de transitorio.

TRANSITORIO, A adj. Que pasa, que no es definitivo, destinado a no perdurar mucho tiempo.

TRANSMIGRACIÓN n. f. Acción y efecto de transmigrar. • **Transmigración de las almas**, metempsicosis.

TRANSMIGRAR v. intr. [1]. Emigrar, pasar a vivir a otro país, todo un pueblo o la mayor parte de él. **2.** FILOS. Pasar un alma de un cuerpo a otro.

TRANSMISIÓN n. f. Acción y efecto de transmitir. **2.** Conjunto de los mecanismos interpuestos entre el motor y las ruedas motrices de un automóvil. **3.** Comunicación del movimiento de un órgano a otro por medio de engranajes, cables, correas, cadenas, etc. **4.** *Operación consistente en transmitir un mensaje telegráfico o telefónico.* ♦ **transmisiones** n. f. pl. **5.** Servicio que, dentro de los ejércitos, tiene a su cargo el mantenimiento del enlace entre los diversos escalones del mando a través de los distintos medios de comunicación.

TRANSMISOR, RA adj. Que transmite o puede transmitir. ♦ n. m. **2.** Aparato emisor telegráfico o radiofónico.

TRANSMITIR v. tr. y pron. (lat. *transmittere*) [3]. Traspasar, transferir, de una persona a otra. **2.** Contagiar, inocular una enfermedad infecciosa, comunicar un estado de ánimo, sentimiento, etc. **3.** Propagar, el sonido, la luz, la electricidad, etc. ♦ v. tr. **4.** Imprimir un movimiento aplicando una fuerza. **5.** Hacer llegar una noticia, mensaje, etc., por encargo de otro. **6.** Comunicar, difundir por medio de la radio, telégrafo, etc.

TRANSMUTACIÓN n. f. Acción y efecto de transmutar.

TRANSMUTAR v. tr. y pron. [1]. Convertir en otra cosa.

TRANSNACIONAL adj. y n. f. Multinacional.

TRANSÓNICO, A adj. Dícese de las velocidades próximas a la del sonido (de Mach 0,8 a Mach 1,2).

TRANSPARENCIA n. f. Cualidad de transparente. **2.** Diapositiva. **3.** *Fig.* Perfecta accesibilidad de la información en las áreas que competen a la opinión pública.

TRANSPARENTAR v. intr. y pron. [1]. Permitir un cuerpo que se deje ver la luz o cualquier otra cosa a través de él. **2.** Ser transparente un cuerpo. **3.** *Fig.* Insinuar, manifestar sentimientos, pensamientos, etc., más o menos claramente. ♦ **transparentarse** v. pron. **4.** *Fig.* y *fam.* Clarearse una prenda de vestir.

TRANSPARENTE adj. Dícese del cuerpo que deja atravesar la luz y a través del cual pueden verse de forma clara los objetos. **2.** *Fig.* Comprensible, que se deja adivinar o vislumbrar. ♦ n. m. **3.** Tela, papel, etc., que, colocado a modo de cortina delante de las ventanas, atenúa la luz. ǁ **4.** ARQ. Luz que se abre en el paramento de una iglesia para iluminar el fondo de un altar, una girola, etc.

TRANSPIRACIÓN n. f. Salida del sudor por los poros de la piel. **2.** BOT. Emisión de vapor de agua, que se realiza principalmente por las hojas.

TRANSPIRAR v. intr. [1]. Segregar un cuerpo a través de sus poros un líquido, humor, etc., en forma de vapor o de pequeñísimas gotas. **2.** Sudar.

TRANSPORTADOR, RA adj. y n. m. Que transporta. ♦ n. m. **2.** Semicírculo graduado, de metal, plástico, etc, que sirve para medir y trazar los ángulos de un dibujo geométrico, plano, etc.

TRANSPORTAR v. tr. (lat. *transportare*) [1]. Llevar de un lugar a otro, generalmente referido a vehículos, cosas, mercancías o personas. **2.** *Fig.* Hacer volver, dirigir la imaginación, la mente, etc., hacia lugares, sentimientos, etc., determinados. ♦ **transportarse** v. pron. **3.** *Fig.* Extasiarse, embelesarse.

TRANSPORTE n. m. Acción y efecto de transportar. **2.** Conjunto de medios y formas que se utilizan para trasladar personas o cosas de un lugar a otro. **3.** GEOL. Conjunto de materiales sólidos que un curso de agua puede arrastrar.

TRANSPORTISTA n. m. y f. Persona que tiene por oficio hacer transportes. **2.** Dueño de una empresa de transportes.

TRANSURÁNICO, A adj. y n. m. Dícese de los elementos químicos de número atómico superior al del uranio (92). [Los elementos transuránicos son inestables y no existen en estado libre.]

TRANSUSTANCIACIÓN o **TRANSUBSTANCIACIÓN** n. f. TEOL. Transformación de la sustancia del pan y del vino en la del cuerpo y la sangre de Jesucristo, en la eucaristía.

TRANSVAAL, región del NE de la República de Sudáfrica, minera y agrícola, administrativamente dividida en las provincias de *Norte* (123 280 km²; 4 432 000 hab.) y *Mpumalanga* (78 370 km²; 2 449 000 hab.). Las zonas en torno a Pretoria y Johannesburgo, que históricamente formaban parte del Transvaal, forman la provincia de Gauteng.

HISTORIA

1852: Gran Bretaña reconoció la independencia del Transvaal, la región situada más allá del Vaal, donde se establecieron definitivamente los bóers. 1857-1877: se instauró una primera república sudafricana. 1877: la fragilidad de dicha república permitió que Gran Bretaña se anexionara el Transvaal. 1880-1881: los bóers emprendieron una lucha victoriosa contra Gran Bretaña. 1899-1902 (mayo): la guerra de los bóers finalizó con la victoria británica. La paz de Vereeniging convirtió el Transvaal en una colonia de la Corona, dotada, a partir de 1906, de instituciones propias. 1910: el general Botha, que ocupaba el poder en el Transvaal desde 1907, fue uno de los artífices de la Unión Sudafricana.

TRANSVASAR v. tr. [1]. Pasar un líquido de un recipiente a otro.

TRANSVASE n. m. Acción y efecto de transvasar. **2.** Paso artificial de toda o parte del agua de la cuenca de un río a otra cuenca próxima.

TRANSVERSAL adj. Que está colocado a través, que atraviesa alguna cosa, línea, calle, etc., tomada como punto de referencia. **2.** GEOL. Perpendicular a la alineación de una cordillera o de un pliegue: *falla transversal.* **3.** MAT. Recta que corta a un polígono o a una curva.

TRANVÍA n. m. (ingl. *tramway*). Vehículo público, urbano, de superficie que circula sobre raíles dentro de una población o de sus cercanías.

TRAPACEAR v. intr. [1]. Usar de trapacerías.

TRAPACERÍA n. f. Fraude, engaño.

TRAPACERO, A adj. y n. Que usa o promueve trapacerías.

TRAPAJOSO, A adj. Dícese de la persona muy descuidada y en su aspecto. **2.** Dícese del que pronuncia las palabras de manera confusa o indistinta.

TRAPEADOR n. m. *Chile* y *Méx.* Trapo, bayeta para limpiar el suelo.

TRAPEAR v. tr. [1]. *Amér.* Fregar el suelo con un trapo o bayeta.

TRAPECIO n. m. (gr. *trapezion*). Cuadrilátero en el cual dos lados, llamados *bases*, son paralelos y desiguales. **2.** Aparato gimnástico o circense formado por dos cuerdas verticales, unidas en su base por una barra cilíndrica. **3.** ANAT. Músculo de la espalda, que une el omóplato con la columna vertebral.

TRAPECISTA n. m. y f. Acróbata o equilibrista que hace ejercicios en el trapecio.

TRAPERO, A n. Persona que se dedica al comercio de trapos, papeles viejos y otros objetos usados.

TRAPEZOEDRO n. m. Sólido formado por veinticuatro caras trapezoidales.

TRAPEZOIDE n. m. Cuadrilátero irregular que no tiene ningún lado paralelo a otro.

TRAPICHE n. m. Molino para extraer el jugo de algunos frutos o productos de la tierra, particularmente la caña de azúcar. **2.** *Argent., Chile* y *Méx.* Molino para reducir a polvo los minerales.

TRAPICHEAR v. intr. [1]. *Fam.* Buscar trazas, medios, no siempre lícitos, para lograr o alcanzar algo. **2.** *Amér.* Tener amoríos ocultos.

TRAPICHEO n. m. *Fam.* Acción y efecto de trapichear.

TRAPISONDA n. f. Discusión o riña violenta en que hay griterío y agitación. **2.** *Fam.* Embrollo, enredo.

TRAPISONDEAR v. intr. [1]. *Fam.* Armar trapisondas o intervenir en ellas.

TRAPISONDISTA n. m. y f. Persona que arma trapisondas, o que le gusta intervenir en ellas.

TRAPO n. m. (lat. *drappus*). Trozo de tela vieja. **2.** Paño, bayeta para limpiar, secar, etc. **3.** *Chile.* Tejido, tela. **4.** MAR. Velamen. **5.** TAUROM. Capa, muleta. • **A todo trapo**, con todas las velas largas. ♦ **trapos** n. m. pl. **6.** *Fam.* Prendas de vestir, especialmente femeninas.

TRÁQUEA n. f. ANAT. En el hombre y los vertebrados de respiración aérea, tubo formado por anillos cartilaginosos, que comienza en la laringe y conduce el aire hasta los bronquios y los pulmones. **2.** ZOOL. En los insectos y los arácnidos, tubo ramificado que conduce el aire de los estigmas a los órganos.

TRAQUEAL adj. Relativo a la tráquea.

TRAQUEO n. m. Traqueteo. **2.** Serie de detonaciones o traquidos. **3.** AUTOM. Ruido anormal de un motor, semejante a una detonación seca.

TRAQUEOTOMÍA n. f. Operación quirúrgica que consiste en abrir la tráquea y ponerla en comunicación con el exterior por

medio de una cánula, cuando hay riesgo de asfixia.
TRAQUETEAR v. intr. [1]. Moverse repetidamente una cosa produciendo ruido o estrépito.
TRAQUETEO n. m. Acción y efecto de traquetear.
TRAQUIDO n. m. Ruido seco y fuerte ocasionado por el disparo de un arma de fuego. **2.** Chasquido.
TRARO n. m. *Argent.* y *Chile.* Carancho, ave rapaz.
TRAS prep. (lat. *trans*). Expresa posterioridad en el espacio o en el tiempo: *la casa está tras los árboles; tras un descanso, reanudó el trabajo.* **2.** Además de, encima de: *tras de comudo, apaleado.* **3.** *Fig.* Con verbos como *ir, andar, estar, perseguir,* pretender: *anda tras un buen empleo.*
TRAS → *trans.*
TRASALPINO, A adj. Que está más allá de los Alpes.
TRASANDINO, A adj. y n. Relativo a las regiones situadas al otro lado de la cordillera de los Andes.
TRASATLÁNTICO, A adj. Dícese de las regiones situadas al otro lado del Atlántico. **2.** Que atraviesa el océano Atlántico. ◆ n. m. **3.** Embarcación de grandes dimensiones que hace el servicio entre Europa y América, o que efectúa la travesía de cualquier otro gran mar.
TRASBOCAR v. tr. [1a]. *Amér.* Vomitar.
TRASCENDENCIA n. f. Acción de trascender. **2.** Cualidad de trascendente.
TRASCENDENTAL adj. De gran importancia por sus probables consecuencias.
TRASCENDENTE adj. Que trasciende. **2.** Trascendental. **3.** FILOS. Fuera del alcance de la acción o del conocimiento.
TRASCENDER v. intr. (lat. *trascendere*) [2d]. Exhalar un olor tan penetrante que se percibe a distancia. **2.** Empezar a conocerse un hecho o noticia que estaba oculto. **3.** Extenderse los efectos de algo a otras cosas o a un medio distinto o más amplio. **4.** Superar un determinado límite.
TRASEGAR v. tr. [1d]. Revolver, desordenar cosas. **2.** Mudar las cosas de un lugar a otro, especialmente cambiar de recipiente un líquido. **3.** *Fam.* Beber mucho alcohol.
TRASERA n. f. Parte posterior de una casa, un coche, etc.
TRASERO, A adj. Situado detrás: *puerta trasera.* ◆ n. m. **2.** *Fam.* Nalgas.
TRASFONDO n. m. Aquello que está o parece estar más allá del fondo. **2.** *Fig.* Lo que está o parece estar detrás de una intención o apariencia.
TRASGO n. m. Duende.
TRASHUMANCIA n. f. Migración estacional del ganado.
TRASHUMANTE adj. Que trashuma. **2.** Relativo a la trashumancia.
TRASHUMAR v. intr. [1]. Realizar la trashumancia.
TRASIEGO n. m. Acción y efecto de trasegar. **2.** Acción de trasegar el vino.
TRASLACIÓN n. f. Acción y efecto de trasladar. **2.** Movimiento de la Tierra alrededor del Sol. **3.** FÍS. Movimiento de un cuerpo sólido cuyos puntos conservan una dirección constante.
TRASLADAR v. tr. y pron. [1]. Cambiar de lugar. **2.** Hacer pasar a alguien de un puesto de empleo a otro de la misma categoría. **3.** Variar la fecha en que debe verificarse un acto, junta, etc. **4.** Traducir de una lengua a otra.
TRASLADO n. m. Acción y efecto de trasladar.
TRASLÚCIDO, A adj. Dícese del cuerpo a través del cual pasa la luz, y que permite ver confusamente lo que hay tras él.
TRASLUCIR v. tr. y pron. [3g]. Permitir algo que a través de ello se conozca cierta cosa.
TRASLUZ n. m. Luz que pasa a través de un cuerpo traslúcido o que se reflejada lateralmente en un cuerpo. **• Al trasluz,**

dícese de la manera de ver o mirar una cosa, de modo que se trasluzca o transparente.
TRASMANO. A trasmano, fuera del alcance o del manejo habitual o cómodo de la mano; apartado, en lugar poco frecuentado. SIN.: a *desmano.*
TRASMUNDO n. m. La otra vida. **2.** *Fig.* Mundo ilusorio de ensueños y fantasías.
TRASNOCHADO, A adj. Falto de actualidad, novedad u oportunidad.
TRASNOCHAR v. intr. [1]. Retirarse alguien tarde a dormir o pasar la noche sin dormir.
TRASPACÍFICO, A adj. Relativo a las regiones situadas al otro lado del Pacífico.
TRASPAÍS n. m. El interior de una región, por oposición al litoral y a un puerto.
TRASPAPELAR v. tr. y pron. [1]. Perder, extraviar un papel por colocarlo, entre otros, en lugar distinto del que le corresponde.
TRASPASAR v. tr. [1]. Atravesar, pasar de una parte a otra, pasar por o a través de. **2.** Volver a pasar por un sitio. **3.** Exceder de lo debido, contravenir a lo razonable. **4.** *Fig.* Afectar profundamente, afligir, producir gran impresión. **5.** Ceder a otro el alquiler de una cosa, vender a otro un negocio en marcha. ◆ v. tr. y pron. **6.** Atravesar con un arma o un instrumento penetrante o punzante.
TRASPASO n. m. Acción y efecto de traspasar. **2.** Cesión de un local o establecimiento mercantil. **3.** Precio por el que se traspasa.
TRASPATIO n. m. *Amér.* Patio interior de la casa.
TRASPIÉ n. m. Resbalón o tropezón. **2.** *Fig.* Error o indiscreción.
TRASPLANTAR v. tr. [1]. Trasladar una planta del lugar donde está plantada a otro. **2.** MED. Realizar un trasplante.
TRASPLANTE n. m. Acción y efecto de trasplantar. **2.** MED. Inserción de un órgano o fragmento de éste en una región del cuerpo distinta a la normal, o también en otro individuo, sea o no de la misma especie.
TRASPONER v. tr. y pron. [5]. Trasladar, cambiar, poner a una persona o cosa más allá o en lugar diferente del que ocupaba. **2.** Pasar una persona o cosa al otro lado de algo, generalmente un obstáculo. ◆ **trasponerse** v. pron. **3.** Quedarse una persona algo dormida.
TRASPOSICIÓN n. f. Acción y efecto de trasponer o trasponerse. **2.** LING. Metátesis. **3.** MAT. Inversión del orden de dos elementos en un determinado sistema ordenado. **4.** MÚS. Cambio de un fragmento de una obra musical de una tonalidad a otra. **5.** QUÍM. Reacción en la que no se conserva el esqueleto fundamental del compuesto de partida. **6.** RET. Figura que consiste en alterar el orden normal de las voces en la oración.
TRASPUNTE n. m. y f. Persona que avisa a los actores cuando tienen que salir a escena.
TRASPUNTÍN o **TRASPONTÍN** n. m. (ital. *strapuntino*). Asiento fijo plegable.
TRASQUILADO, A adj. Malparado.
TRASQUILAR v. tr. y pron. [1]. Cortar mal el pelo a alguien, sin arte. ◆ v. tr. **2.** Esquilar.
TRASQUILÓN n. m. Desigualdad en el corte del pelo.
TRASTABILLAR v. intr. [1]. Trastabillar.
TRASTABILLÓN n. m. *Amér.* Tropezón, traspié.
TRASTADA n. f. *Fam.* Jugada, acción mala e inesperada contra alguien. **2.** *Fam.* Travesura.
TRASTAZO n. m. Porrazo.
TRASTE n. m. *Amér.* Trasto. (Suele usarse en plural.) **2.** MÚS. Cada una de las pequeñas barras incrustadas en el mástil de la guitarra y otros instrumentos de cuerda, que indican el lugar donde debe apoyarse el dedo para obtener una determinada

nota. **• Dar** alguien **al traste con** una cosa, destruirla, terminar con ella.
TRASTEAR v. tr. [1]. Poner los trastes a la guitarra u otro instrumento. **2.** TAUROM. Dar series de pases de muleta. ◆ v. intr. **3.** Revolver o mover cosas de un sitio para otro.
TRASTERO, A adj. y n. m. Dícese de la habitación destinada a guardar los trastos que no se usan o inútiles. ◆ n. m. **2.** *Méx.* Mueble de cocina para guardar platos y vajillas.
TRASTIENDA n. f. Habitación o cuarto que está detrás de una tienda. **2.** *Fig.* y *fam.* Cautela, astucia o disimulo en el modo de proceder o de hacer.
TRASTO n. m. (cat. *trast*). Cualquiera de los muebles y utensilios de una casa. **2.** Mueble, objeto o utensilio roto o que se tiene arrinconado. **3.** *Fig.* y *fam.* Persona inútil o informal. ◆ **trastos** n. m. pl. **4.** *Fam.* Utensilios o herramientas propios de cualquier actividad.
TRASTOCAR v. tr. y pron. [1a]. Alterar, hacer que algo cambie o deje de marchar con el orden establecido o con normalidad. ◆ v. tr. **2.** Revolver o desordenar cosas. ◆ **trastocarse** v. pron. **3.** Trastornarse, sufrir un trastorno mental.
TRASTORNAR v. tr. [1]. Desordenar o revolver cosas. **2.** Alterar el orden regular de una cosa, producir un cambio perjudicial. **3.** *Fig.* Inquietar, intranquilizar, perturbar. ◆ v. tr. y pron. **4.** Alterar el estado mental de una persona, volverla loca. **5.** *Fig.* y *fam.* Gustar mucho a alguien una cosa. **6.** *Fig.* y *fam.* Enamorar profundamente a alguien.
TRASTORNO n. m. Acción y efecto de trastornar o trastornarse. **2.** MED. Cualquier alteración no grave de la salud.
TRASTRABILLAR v. intr. [1]. Dar traspiés o tropezones. **2.** Titubear, vacilar. **3.** Tartamudear.
TRASTROCAMIENTO o **TRASTRUEQUE** n. m. Acción y efecto de trastrocar.
TRASTROCAR v. tr. y pron. [1f]. Cambiar el estado, orden, sentido de alguna cosa.
TRASUDAR v. tr. [1]. Exhalar trasudor.
TRASUDOR n. m. Humectación discreta de la piel, por secreción sudoral mínima.
TRASUNTAR v. tr. [1]. Sacar una copia de un escrito. **2.** Compendiar, resumir o epilogar una cosa.
TRASUNTO n. m. (lat. *trassumptum*). Copia escrita de un original. **2.** Imitación exacta, imagen o representación de algo.
TRASVASIJO n. m. *Chile.* Trasiego de líquidos.
TRATA n. f. Tráfico o comercio con seres humanos.
TRATADO n. m. (lat. *tractatum*). Acuerdo, convenio, conclusión en un asunto o negocio. **2.** Escrito firmado por las partes contendientes en el que constan los acuerdos tomados. **3.** Obra que desarrolla completamente un argumento científico, histórico o literario: *tratado de química.*
TRATAMIENTO n. m. Modo de tratar o de ser tratado, manera de comportarse con una persona. **2.** Título honorífico de cortesía que se da a las personas por su autoridad, dignidad o cargo ostentado. **3.** Procedimiento empleado en una experiencia o en la elaboración de algún producto. **4.** MED. Conjunto de prescripciones que el médico ordena que siga el enfermo para su mejoría y curación. **• Apear el tratamiento,** no admitirlo el que lo recibe, o no dárselo al dirigirse a él. ‖ **Tratamiento de la información** (INFORMÁT.), aplicación sistemática de un conjunto de operaciones sobre datos alfabéticos o numéricos, con objeto de explotar la información por ellos representada. ‖ **Tratamiento de textos,** conjunto de procesos informáticos relativos a la creación y manipulación de textos con el ordenador.

TRA

TRATANTE n. m. y f. Persona que se dedica a la compra y venta de géneros: *tratante de ganado.*

TRATAR v. tr. (lat. *tractare*) [1]. Proceder o comportarse con una persona de una determinada manera: *tratar con cariño.* **2.** Aplicar, dar a una persona un calificativo injurioso o despectivo: *tratar de ignorante.* **3.** Dar a una persona el tratamiento que se expresa: *tratar de usted.* **4.** Manejar una cosa, usar de ella materialmente. **5.** Someter a determinados tratamientos o reactivos. **6.** Curar, someter a determinados cuidados médicos, de cosmética, etc. ♦ v. tr. e intr. **7.** Tener conversaciones para llegar a una solución, acuerdo, etc.: *tratar sobre la paz.* **8.** Hablar, escribir o versar sobre cierta materia. ♦ v. tr., intr. y pron. **9.** Relacionarse, tener amistad o relaciones con alguien. ♦ v. intr. **10.** Con la prep. *de,* intentar o pretender algo: *trató de alcanzarle.* **11.** Comerciar con determinada mercancía: *tratar en antigüedades.* ♦ **tratarse** v. pron. **12.** Ser cierta cosa lo que constituye el objeto de lo que se habla, de lo que se intenta o de lo que se hace: *se trata de hallar una solución.*

TRATATIVA n. f. *Argent.* y *Perú.* Etapa preliminar de una negociación. (Suele usarse en plural.)

TRATO n. m. Acción y efecto de tratar o tratarse. **2.** Tratamiento, título de cortesía o manera de dirigirse a una persona. **3.** Tratado, acuerdo, convenio. ♦ **Trato de gentes,** experiencia y habilidad en la vida social para saber atraerse a las personas.

TRAUMA n. m. (gr. *trauma*). Traumatismo. **2.** *Fig.* Trastorno, perturbación emocional.

TRAUMATISMO n. m. MED. Conjunto de lesiones del revestimiento cutáneo que interesan un tejido, un órgano o un segmento de miembro, provocadas accidentalmente por un agente exterior. **2.** MED. Conjunto de trastornos resultantes de dichas lesiones.

TRAUMATIZAR v. tr. [1g]. Causar un trauma.

TRAUMATOLOGÍA n. f. Parte de la medicina que se ocupa de los traumatismos.

TRAVÉS n. m. (lat. *transversum*). Inclinación o desviación de una cosa hacia algún lado. ♦ **A través** o **al través,** pasando de un lado a otro, o colocado al lado opuesto de que se expresa. ∥ **De través,** en dirección transversal.

TRAVESAÑO n. m. Pieza de madera, hierro u otro material que une dos partes opuestas de una cosa.

TRAVESERO, A adj. Que se coloca de través.

TRAVESÍA n. f. **1.** Vía transversal entre otras dos más importantes. **2.** Parte de una carretera que atraviesa el casco de una población. **3.** Viaje por mar. **4.** *Argent.* Región vasta y desértica. **5.** *Chile.* Viento oeste que sopla desde el mar.

TRAVESTÍ adj. y n. m. y f. Persona que utiliza vestiduras del sexo contrario.

TRAVESTIDO, A adj. Disfrazado o encubierto. ♦ n. **2.** Travestí.

TRAVESTIR v. tr. y pron. [30]. Vestir a una persona con ropas propias del otro sexo.

TRAVESURA n. f. Acción realizada particularmente por los niños, con afán de divertirse o de burlarse de alguien, sin que haya malicia en el hecho, aunque sí puede ocasionar algún peligro.

TRAVIESA n. f. Madero horizontal ensamblado en los montantes de un bastidor. **2.** Cualquiera de los cuchillos de armadura que sirven para sostener un tejado. **3.** F.C. Cada una de las piezas de madera, metal u hormigón armado sobre las que se afierran los carriles.

TRAVIESO, A adj. Inquieto o revoltoso.

TRAYECTO n. m. (lat. *traiectum*). Espacio que dista de un punto a otro. **2.** Trecho, parte de un camino, de una línea de ferrocarril, etc. **3.** Ruta, camino que se recorre a pie o por un medio de transporte cualquiera.

TRAYECTORIA n. f. Línea descrita por un punto material en movimiento y especialmente por el centro de gravedad de un proyectil. **2.** *Fig.* Conducta u orientación en el hacer u obrar.

TRAZA n. f. Diseño, plano o proyecto de un edificio o cualquier obra de construcción. **2.** *Fig.* Aspecto, apariencia. **3.** *Fig.* Habilidad para hacer algo: *tener traza para coser.* **4.** Eje o línea media de una carretera o de un ferrocarril. ♦ **Darse traza,** o trazas (*Fam.*), mostrar habilidad para hacer algo.

TRAZADO, A adj. De buena o mala conformación o traza. ♦ n. m. **2.** Acción y efecto de trazar: *trazado de líneas.* **3.** Traza, diseño de una obra. **4.** Recorrido o dirección de un camino, carretera, canal, etc., sobre un terreno.

TRAZADOR, RA adj. y n. Que traza o idea una obra. ♦ adj. **2.** Dícese de un proyectil cuya trayectoria es visible y que se utiliza principalmente para poder corregir la puntería. ♦ n. m. **3.** Utensilio que sirve para trazar.

TRAZAR v. tr. [1g]. Hacer trazos. **2.** Representar a grandes líneas, aproximadamente: *trazar un retrato.* **3.** *Fig.* Describir sumariamente, representar en líneas esenciales. **4.** *Fig.* Discurrir y disponer los medios oportunos para conseguir algo: *trazar un plan.* **5.** Delinear o diseñar la traza, plano, proyecto, etc., de una obra.

TRAZO n. m. (lat. *tractum*). Signo, línea trazada sobre una superficie. **2.** Líneas del rostro: *cara de trazos bien marcados.* **3.** En la escritura, cada una de las partes en que se considera dividida la letra.

TREBEJO n. m. Utensilio. (Suele usarse en plural.)

TRÉBOL n. m. (cat. *trévol*). Planta herbácea de hojas trifolioladas, de la que varias especies cultivadas constituyen excelentes forrajes. (Familia papilionáceas.) **2.** Uno de los cuatro palos de la baraja francesa, que representa un trébol.

TREBOLAR n. m. *Amér. Merid.* Terreno poblado de trébol.

TRECE adj. num. cardin. y n. m. (lat. *tredecim*). Diez y tres. ♦ adj. num. ordin. y n. m. **2.** Decimotercero.

TRECEAVO, A adj. y n. m. Dícese de cada una de las trece partes iguales en que se divide un todo.

TRECHO n. m. (lat. *tractum*). Espacio o distancia indeterminada de tiempo o lugar. ♦ **A trechos,** con discontinuidad o intermisión. ∥ **De trecho a trecho** o **de trecho en trecho,** con intervalos de lugar o tiempo.

TREFILADO n. m. Acción de trefilar.

TREFILAR v. tr. (fr. *tréfiler*) [1]. Convertir un metal en hilos de diverso grosor por estirado en frío.

TREGUA n. f. (gót. *triggwa*). Cesación de hostilidades, por determinado tiempo, entre enemigos que están en guerra. **2.** *Fig.* Intermisión, descanso temporal en un trabajo o actividad.

TREINTA adj. num. cardin. y n. m. (lat. *triginta*). Tres veces diez. ♦ adj. num. ordin. y n. m. **2.** Trigésimo. ♦ adj. **3.** Dícese de la década que empieza en el año treinta y termina en el cuarenta.

TREINTA Y TRES (*departamento de*), dep. del E de Uruguay; 9676 km²; 46 869 hab. Cap. *Treinta y Tres* (30 956 hab.).

TREINTAVO, A adj. Dícese de cada una de las treinta partes iguales en que se divide un todo.

TREINTENA n. f. Conjunto de treinta unidades.

TREJO (Mario), escritor argentino (La Plata 1926). Perteneciente a la generación del cuarenta, su obra poética es surrealista e invencionista (*Celdas de sangre,* 1946; *El uso de la palabra,* 1964).

TRELEW, c. de Argentina (Chubut), en el dep. de Rawson; 78 089 hab. Centro industrial y comercial.

TREMATODO, A adj. y n. m. Relativo a una clase de gusanos planos no anillados, del tipo platelmintos, parásitos de los vertebrados.

TREMEBUNDO, A adj. Terrible, que causa terror.

TREMENDISMO n. m. Corriente estética desarrollada en España durante el s. XX en la que se exagera la expresión de los aspectos más crudos de la vida real. **2.** Calidad de tremendista, aficionado a contar noticias alarmantes.

TREMENDISTA adj. y n. m. y f. Dícese de la persona que practica el tremendismo, o de la obra en que se manifiesta esta estética. **2.** Dícese de la persona aficionada a contar o explicar noticias alarmantes.

TREMENDO, A adj. (lat. *tremendum*). Terrible y formidable, digno de ser temido. **2.** *Fig.* y *fam.* Muy grande o extraordinario. **3.** *Fig.* y *fam.* Que hace o dice cosas sorprendentes. **4.** *Fig.* y *fam.* Dícese del niño travieso.

TREMENTINA n. f. (lat. *terebinthinam*). Resina semilíquida extraída del lentisco, del alerce, del abeto o del pino mediterráneo. ♦ **Esencia de trementina,** la obtenida por destilación de las trementinas, que se utiliza para disolver cuerpos grasos, fabricar barnices, diluir colores, etc.

TREMOLAR v. tr. [1]. Enarbolar y agitar en el aire los pendones, banderas, estandartes, etc.

TREMOLINA n. f. *Fam.* Bulla, confusión de voces o de gente que discute o riñe.

TRÉMOLO n. m. (ital. *tremolo*). Repetición rápida de un mismo sonido. **2.** Temblor de la voz.

TRÉMULO, A adj. Tembloroso, que tiembla. **2.** Que tiene un movimiento semejante al temblor.

TREN n. m. (fr. *train*). Conjunto de una locomotora y de los vagones arrastrados por ella. **2.** *Fig.* Marcha, velocidad en una carrera o pie: *todos marchaban al mismo tren.* **3.** Lujo, comodidades, etc., con que se vive: *llevar un buen tren de vida.* **4.** TECNOL. Conjunto de instrumentos necesarios en una industria para realizar una operación o servicio determinado: *tren de montaje.* ♦ **A todo tren,** sin reparar en gastos, con lujo. ∥ **Tren de alta velocidad,** línea férrea de trazado especial, por la que circulan trenes proyectados para alcanzar velocidades comerciales del orden de 200 km/h. (Entre las principales realizaciones en este campo figuran el Shinkansen japonés, el T.G.V. francés y el A.V.E. español.) ∥ **Tren de aterrizaje,** dispositivo que permite a un avión despegar y aterrizar. ∥ **Tren rápido,** el que lleva mayor velocidad que el tren expreso. ∥ **Tren tranvía,** el de viajeros que realiza un trayecto corto y para en todas las estaciones.

TRENA n. f. *Fam.* Cárcel.

TRENCA n. f. Abrigo, impermeable o no, corto y con capucha.

TRENQUE LAUQUEN, partido de Argentina (Buenos Aires); 35 272 hab. Vacunos (lácteos).

TRENTO, c. de Italia, cap. del Trentino-Alto Adigio y cap. de prov.; junto al Adigio; 101 430 hab. Catedral románico-gótica de los ss. XIII-XVI. Castillo del Buon Consiglio (misma época); museo nacional (del Trentino).

TRENZA n. f. Conjunto de tres o más ramales, de cualquier materia, entretejidos cruzándose. **2.** Peinado que se hace con los cabellos largos entretejidos y cruzados.

TRENZADO n. m. Acción y efecto de trenzar. **2.** COREOGR. Salto ligero cruzando los pies.

TRENZAR v. tr. [1g]. Hacer trenzas. **2.** Retorcer y entrelazar los mimbres para hacer el esparto o la paja para cestas, esteras, etc. ♦ v. intr. **3.** Hacer trenzados danzando.

TREPA n. f. Acción y efecto de trepar. **2.** Acción y efecto de agujerear o taladrar una superficie. ♦ n. m. y f. **3.** Persona que intenta conseguir una mejor posición social y laboral valiéndose de procedimientos poco ortodoxos: *el trepa le quitó el puesto.*

TREPADOR, RA adj. Que trepa o es capaz de trepar. **2.** Dícese de las plantas que crecen sujetándose a un soporte, como la enredadera, la judía, los zarcillos del guisante, etc. ♦ n. m. **3.** Ave paseriforme, que trepa ágilmente por los troncos.

TREPANACIÓN n. f. Operación quirúrgica que consiste en horadar la cavidad craneal con la ayuda de un trépano.

TREPANAR v. tr. [1]. Realizar una trepanación.

TRÉPANO n. m. (gr. *trypanon*). CIR. Instrumento para realizar una trepanación.

TREPAR v. tr. e intr. [1]. Subir a un lugar alto o poco accesible, ayudándose de los pies y las manos. **2.** Subir o asirse ciertos animales a los árboles, rocas o paredes, mediante los órganos prensiles. ♦ v. intr. **3.** Crecer una planta adhiriéndose a otra, a una pared, etc. **4.** *Fig.* y *fam.* Elevarse en la escala social sin escrúpulos.

TREPIDACIÓN n. f. Acción de trepidar.

TREPIDAR v. intr. (lat. *trepidare*) [1]. Temblar, agitarse algo con movimientos rápidos y pequeños. **2.** Funcionar a sacudidas un acoplamiento o embrague. **3.** *Amér.* Titubear, dudar.

TRES adj. num. cardin. y n. m. (lat. *tres*). Dos y uno. ♦ adj. num. ordin. y n. m. **2.** Tercero. • **Como tres y dos son cinco** (*Fam.*), expresa que se afirma es cierto e indiscutible. || **Ni a la de tres** (*Fam.*), negativa radical o imposibilidad de hacer o admitir algo. || **Tres cuartos**, prenda de vestir más larga que un chaquetón y más corta que un abrigo.

TRES ARROYOS, partido de Argentina (Buenos Aires); 62 179 hab. Pesca. Cerámica, muebles.

TRES CRUCES, pico andino de Argentina (Catamarca) y Chile (Atacama); 6749 m de alt.

TRES CRUCES (*cordillera de*), cordillera de Bolivia (La Paz), que forma parte de cordillera Oriental de los Andes; 5900 m en el cerro Jachacunocollo.

TRES DE FEBRERO, partido de Argentina (Buenos Aires), en el Gran Buenos Aires; 349 221 hab. Cab. Caseros. Automóviles, industria química, muebles.

TRES MARÍAS o **MARÍAS** (*islas*), archipiélago de México (Nayarit), en el Pacífico, a 100 km aprox. de la costa, constituido por las islas *María Madre*, *María Magdalena*, *María Cleofás* y *San Juanito*.

TRES MONTES, golfo de Chile (Aisén del General Carlos Ibáñez del Campo), en la costa S de la península de Taitao.

TRESCIENTOS, AS adj. num. cardin. y n. m. Tres veces ciento. ♦ adj. num. ordin. **2.** Tricentésimo. ♦ n. m. **3.** Denominación que se aplica al arte, la literatura, la historia y la cultura del s. XIV.

TRESILLO n. m. Juego de naipes entre tres personas, que gana el que hace mayor número de bazas. **2.** Conjunto de un sofá y dos butacas que hacen juego en diseño y tapizado.

TRESQUILAR v. tr. [1]. *Chile, C. Rica* y *Ecuad.* Trasquilar.

TRETA n. f. (fr. *traite*). Engaño hábil, sagaz y sutil para conseguir algo.

TREZAVO, A adj. num. part. Treceavo.

TRÍA n. f. Acción y efecto de triar.

TRIÁCIDO, A adj. n. m. Que posee tres funciones ácidas.

TRIADA n. f. Grupo de tres unidades. **2.** REL. Grupo de tres divinidades asociadas a un mismo culto.

TRIANA (José), dramaturgo cubano (Bayamo 1931). La mayor parte de su obra se inscribe en el teatro del absurdo (*La casa ardiendo*, 1962).

TRIANA (José Jerónimo), naturalista colombiano (Zipaquirá 1826-París 1890). Miembro de la comisión encargada de preparar un mapa geográfico de Colombia, elaboró un herbario que presentó en 1855.

TRIANA (Juan **Rodríguez Bermejo**, llamado **Rodrigo de**), marino español de los ss. XV-XVI, el primero que vio tierra en el primer viaje de Colón.

TRIANGULACIÓN n. f. División de una superficie de terreno en una red de triángulos, para medir una línea geodésica o para levantar el mapa de una región.

TRIANGULAR adj. Que tiene la forma de un triángulo o que tiene tres ángulos. **2.** Que tiene como base un triángulo.

TRIANGULAR v. tr. [1]. Hacer una triangulación.

TRIÁNGULO n. m. (lat. *triangulum*). Polígono de tres vértices, y por tanto, de tres lados. **2.** *Fig.* Coexistencia de marido, mujer y amante de uno de los cónyuges. **3.** MÚS. Instrumento de percusión. • **Elemento de un triángulo**, toda magnitud que se puede definir en un triángulo. (Los tres ángulos y los tres lados de un triángulo son los seis elementos principales; las tres alturas y las tres medianas son elementos secundarios.)

TRIAR v. tr. [1t]. Escoger, separar, entresacar.

TRIÁSICO o **TRÍAS** m. y adj. Primer período de la era secundaria, de una duración aproximada de 35 millones de años.

TRIATÓMICO, A adj. Dícese del cuerpo cuyas moléculas están formadas por tres átomos.

TRIBAL o **TRIBUAL** adj. Relativo a la tribu.

TRIBALISMO n. m. Organización de tipo tribal.

TRIBU n. f. (lat. *tribum*). Agrupación homogénea de familias en los aspectos lingüístico, político, social y cultural **2.** ANT. Entre los judíos, posteridad de cada uno de los doce hijos de Jacob.

TRIBULACIÓN n. f. Disgusto, pena.

TRIBUNA n. f. (bajo lat. *tribuna*). Plataforma o lugar elevado desde donde se habla al público. **2.** Plataforma elevada destinada a los asistentes a un acto o espectáculo, por lo general al aire libre. **3.** Oratoria, especialmente la política. **4.** Galería de fachada en voladizo, cerrada con cristales, y que puede abarcar de uno a varios pisos. **5.** En las pistas deportivas, estadios, etc., espacio, generalmente cubierto y distribuido en graderíos, que ocupan los espectadores. • **Tribuna libre**, sección de un periódico o emisión de radio o de televisión en la que una personalidad expone su opinión bajo su propia responsabilidad.

TRIBUNAL n. m. Órgano del estado formado por uno o varios magistrados que juzgan conjuntamente. **2.** Conjunto de magistrados que lo componen. **3.** Lugar donde actúan. **4.** Conjunto de personas ante el cual se realizan exámenes, oposiciones, concursos u otros certámenes, para que juzguen la calidad o valía de los presentados.

TRIBUNO n. m. (lat. *tribunum*). Orador popular. **2.** ANT. Magistrado romano que ejercía funciones políticas o militares.

TRIBUTACIÓN n. f. Acción de tributar. **2.** Tributo. **3.** Régimen o sistema tributario.

TRIBUTAR v. tr. [1]. Pagar un tributo o cierta cantidad como tributo. **2.** *Fig.* Ofrecer un obsequio o manifestar respeto y veneración como demostración de admiración o gratitud.

TRIBUTARIO, A adj. Relativo al tributo. **2.** GEOGR. Afluente. ♦ adj. y n. **3.** Que paga tributo.

TRIBUTO n. m. (lat. *tributum*). Contribución que una nación paga a otra en reconocimiento de sumisión. **2.** Impuesto, contribución u otra obligación fiscal. **3.** *Fig.* Carga u obligación que se impone a alguien por el disfrute de algo.

TRICENTENARIO, A adj. Que tiene trescientos años o que dura desde hace trescientos años. ♦ n. m. **2.** Espacio de tiempo de trescientos años.

TRICENTÉSIMO, A adj. num. ordin. y n. m. Que ocupa el último lugar en una serie ordenada de trescientos. ♦ adj. **2.** Dícese de cada una de las trescientas partes iguales en que se divide un todo.

TRÍCEPS adj. y n. m. Dícese de los músculos con tres cabezas o tendones en uno de sus extremos.

TRICICLO n. m. Velocípedo de tres ruedas. **2.** Motocarro.

TRICLOROETILENO n. m. Líquido inflamable que se emplea como disolvente.

TRICOLOR adj. De tres colores.

TRICORNIO adj. y n. m. Dícese del sombrero con el ala dura y doblada formando de tres picos, especialmente el de la Guardia civil española.

TRICOT n. m. *Galic.* Labor de punto ejecutada a mano. **2.** *Galic.* Género de punto.

TRICOTA n. f. *Argent.* Suéter, prenda de punto.

TRICOTAR v. tr. [1]. Tejer, hacer labores de punto.

TRICROMÍA n. f. Conjunto de procedimientos fotográficos y fotomecánicos en color, en los que todos los matices se obtienen con los tres colores primarios o los tres colores complementarios.

TRIDENTE n. m. Arma con tres puntas. **2.** Cetro con tres dientes, atributo de numerosas divinidades griegas y romanas marinas.

TRIDIMENSIONAL adj. Que tiene tres dimensiones.

TRIEDRO, A adj. (de *tri*, tres, y gr. *hedra*, base). MAT. Que tiene tres caras. ♦ n. m. **2.** Figura geométrica formada por tres semirrectas que parten del mismo origen SA, SB y SC, pero que no están situadas en un mismo plano, y limitada por los tres ángulos que tienen dichas semirrectas por lados.

TRIENAL adj. Que se repite cada tres años. **2.** Que cura o vive tres años.

TRIENIO n. m. (lat. *triennium*). Período de tres años. **2.** Complemento que incrementa un sueldo al cumplirse tres años de antigüedad.

TRIESTE, c. y puerto de Italia, cap. de Friul-Venecia Julia y cap. de prov., junto al Adriático, en el *golfo de Trieste*; 229 216 hab. Restos romanos; castillo de los ss. XI y XIV; castillo de los ss. XV-XVII. Museos.

TRIFÁSICO, A adj. ELECTR. Dícese del sistema de tres corrientes alternas monofásicas y desplazadas mutuamente de fase en 1/3 de período.

TRIFOLIADO, A adj. De tres hojas.

TRIFULCA n. f. *Fam.* Disputa, pelea, riña con mucho alboroto.

TRIGAL n. m. Terreno sembrado de trigo.

TRIGÉMINO n. m. ANAT. Quinto par nervioso craneal, que se divide en tres ramas: oftálmica, maxilar superior y maxilar inferior

TRIGÉSIMO, A adj. num. ordin. y n. m. Que ocupa el último lugar en una serie ordenada de treinta. ♦ adj. **2.** Dícese de cada una de las treinta partes iguales en que se divide un todo.

TRIGLICÉRIDO n. m. Lípido formado por la esterificación del glicerol por tres ácidos grasos.

TRIGO n. m. (lat. *triticum*). Planta herbácea anual, de la familia gramináceas, que produce el grano (cariópside) que da origen a la harina. **2.** Grano de esta planta. **3.** Conjunto de granos de esta planta.

TRIGONO n. m. Área o espacio triangular.

TRIGONOMETRÍA n. f. (del gr. *trigônos*, triángulo). MAT. Estudio de las propiedades de las funciones circulares de los ángulos y de los arcos (senos, cosenos y tangentes).

TRI

TRIGONOMÉTRICO, A adj. Relativo a la trigonometría. • **Relaciones trigonométricas**, seno, coseno, tangente.

TRIGUEÑO, A adj. Que tiene el color del trigo, moreno dorado tirando a rubio: *cabello trigueño.*

TRIGUERO, A adj. Relativo al trigo: *producción triguera.* **2.** Bueno para el cultivo de trigo.

TRILÁTERO, A o **TRILATERAL** adj. Que tiene tres lados.

TRILINGÜE adj. Escrito en tres lenguas. **2.** Que habla tres lenguas.

TRILITA n. f. Trinitrotolueno.

TRILLA n. f. Acción de trillar. **2.** Época o temporada en que se trilla.

TRILLADO, A adj. Muy conocido, sabido o falto de originalidad: *tema, asunto muy trillado.*

TRILLAR v. tr. (lat. *tribulare*) [1]. Triturar la mies y separar el grano de la paja.

TRILLIZO, A adj. y s. Dícese de cada uno de los tres hermanos nacidos en un parto triple.

TRILLO n. m. (lat. *tribulum*). Instrumento para trillar. **2.** *Amér. Central y Antillas.* Senda, camino angosto, abierto por el continuo tránsito de peatones.

TRILLÓN n. m. Un millón de billones, es decir 10^{18}.

TRILOBITES adj. y n. m. Relativo a una clase de artrópodos marinos fósiles de la era primaria, cuyo cuerpo estaba dividido en tres partes.

TRILOBULADO, A adj. Que tiene tres lóbulos o está dividido en tres lóbulos.

TRILOGÍA n. f. (gr. *trilogia*). Conjunto de tres obras literarias de un autor que forman una unidad.

TRIMESTRAL adj. Relativo a un trimestre o que se repite cada trimestre. **2.** Que dura tres meses.

TRIMESTRE n. m. (lat. *trimestrem*). Período de tres meses. **2.** Cantidad que se cobra o se paga cada tres meses. **3.** Conjunto de cosas que corresponden a tres meses, como una publicación, etc.

TRIMOTOR, RA adj. Que tiene tres motores. ♦ n. m. **2.** Avión provisto de tres motores.

TRINAR v. intr. (voz onomatopéyica) [1]. Cantar las aves. **2.** *Fig.* y *fam.* Rabiar, estar muy enfadado: *está que trina.* **3.** Hacer trinos musicales.

TRINCA n. f. Conjunto de tres cosas de una misma clase. **2.** Conjunto de tres naipes de la baraja. **3.** Grupo o conjunto de tres personas. **4.** MAR. Cabo que sirve para trincar una cosa.

TRINCAR v. tr. **1.** Atar fuertemente. **2.** *Fam.* Detener, encarcelar. **3.** *Fam.* Matar. **4.** *Amér.* Apretar, oprimir. **5.** MAR. Asegurar o sujetar fuertemente con trincas los efectos de a bordo.

TRINCAR v. tr. (alem. *trinken*) [1a]. Beber bebidas alcohólicas.

TRINCHA n. f. Ajustador que ciñe el chaleco, el pantalón u otras prendas.

TRINCHANTE adj. Que trincha. ♦ n. m. **2.** Cuchillo para trinchar o tenedor con que se sujeta lo que se ha de trinchar. **3.** Trinchero.

TRINCHAR v. tr. (provenz. *trenchier*) [1]. Cortar, partir en trozos la comida, especialmente la carne.

TRINCHE n. m. *Colomb., Ecuad.* y *Méx.* Trinchante, tenedor. ♦ adj. **2.** *Chile* y *Ecuad.* Trinchero.

TRINCHERA n. f. Gabardina, prenda de abrigo. **2.** MIL. Zanja que permite moverse y disparar a cubierto del enemigo y que constituye una posición defensiva.

TRINCHERO n. m. Mueble de comedor en donde se trinchan las comidas.

TRINEO n. m. (fr. *traineau*). Vehículo provisto de patines o esquís, que se desliza sobre la nieve y el hielo.

TRINIDAD n. f. (lat. *trinitatem*). *Desp.* Trío, unión de tres personas. **2.** REL. Unión de tres personas distintas que forman un solo Dios. (Con este significado se escribe con mayúscula). SINS.: *Santísima Trinidad.* **3.** REL. Fiesta en honor de este misterio.

TRINIDAD, golfo de Chile (Magallanes y Antártica Chilena), en el Pacífico.

TRINIDAD, c. de Bolivia, cap. del dep. de Beni; 27 487 hab. Centro comercial. Puerto fluvial.

TRINIDAD, c. de Cuba (Sancti Spíritus); 65 901 hab. Ingenio azucarero. Tabacalera e industria del cuero. Puerto. Turismo (playa Ancón).

TRINIDAD, c. de Uruguay, cap. del dep. de Flores; 18 271 hab. Centro comercial y residencial.

TRINIDAD Y TOBAGO, en ingl. *Trinidad and Tobago*, estado insular de América, en las Antillas, frente a la costa de Venezuela; 5128 km²; 1 300 000 hab. CAP. *Port of Spain.* LENGUA OFICIAL: inglés. MONEDA: *dólar de la Trinidad.* La isla de la Trinidad abarca 4827 km² en los que se concentra el 96 % de la población; la de Tobago (301 km²) se encuentra a 35 km al NE. Petróleo y gas natural. Turismo. Las islas de la Trinidad y Tobago fueron descubiertas en el tercer viaje de Colón (1498). La conquista de la primera fue completada por Jiménez Quesada, y fue dominio español hasta 1802. Pasaron a manos de los británicos en 1814. Forman un estado independiente en el seno de la Commonwealth desde 1962.

TRINITARIA n. f. BOT. Pensamiento. **2.** BOT. *Colomb., P. Rico* y *Venez.* Planta espinosa trepadora de flores moradas y rojas. (Familia nictagináceas.)

TRINITARIO, A adj. y s. Relativo a la orden religiosa de la Santísima Trinidad, fundada en 1198.

TRINITROTOLUENO n. m. Sólido cristalizado producido por nitración del tolueno, que constituye un explosivo especialmente potente llamado *tolita.* (Siglas T.N.T.) SIN.: *trilita.*

TRINO n. m. Gorjeo emitido por los pájaros.

TRINO, A adj. (lat. *trinum*). Que contiene en sí tres cosas distintas o participa de ellas.

TRINOMIO n. m. y adj. MAT. Polinomio compuesto de tres términos.

TRINQUETE n. m. *Méx.* Trampa, engaño para detener alguna cosa de forma ilícita.

TRINQUETE n. m. (fr. *triquet*). MAR. Palo de proa, en las embarcaciones de dos o más palos.

TRÍO n. m. (ital. *trio*). Conjunto de tres personas o cosas. **2.** En ciertos juegos de naipes, conjunto de tres cartas iguales. **3.** MÚS. Obra o fragmento musical escrito para tres ejecutantes. **4.** MÚS. Conjunto de tres voces o tres instrumentos.

TRIPA n. f. Intestino o vísceras completas. **2.** Vientre, parte donde se encuentran los intestinos. **3.** *Fam.* Embarazo, vientre abultado por el embarazo. **4.** *Fig.* Parte abultada de algún objeto: *la tripa de una vasija.* **5.** Parte interior de un cigarro puro. **6.** *Colomb.* y *Venez.* Cámara de las ruedas del automóvil. • **Echar tripa** *(Fam.)*, hacérsele a alguien el vientre voluminoso.

TRIPANOSOMA n. m. Protozoo flagelado, parásito de la sangre causante de enfermedades como la del sueño.

TRIPARTIR v. tr. [3]. Dividir en tres partes.

TRIPARTITO, A adj. (lat. *tripartitum*). Dividido en tres partes, órdenes o clases. **2.** Dícese del pacto o alianza de tres naciones.

TRIPERO, A n. Persona que vende tripas o mondongo.

TRIPITAS n. f. pl. *Méx.* Comida a base de desperdicios o tripas.

TRIPLAZA n. m. Avión de tres plazas.

TRIPLE adj. y n. m. (lat. *triplicem*). Que contiene tres veces una cosa. ♦ adj. **2.** Que consta de tres elementos, que se compone de tres.

TRIPLICAR v. tr. y pron. [1a]. Multiplicar por tres. ♦ v. tr. **2.** Hacer tres veces una misma cosa.

TRÍPODE n. m. o f. Mesa o banquillo de tres pies. **2.** Armazón de tres pies, para sostener ciertos instrumentos.

TRÍPOLI n. m. Roca silícea sedimentaria de origen orgánico (diatomeas), utilizada especialmente como abrasivo y como absorbente. SIN.: *diatomita, kieselguhr, kieselgur.*

TRÍPOLI, c. y cap. de Libia, junto al Mediterráneo; 980 000 hab. Puerto comercial. — Cartaginesa y después romana, se convirtió en la ciudad más floreciente de la Tripolitania tras la conquista árabe. En 1510 fue ocupada por los españoles que la cedieron a la orden de Malta en 1530.

TRIPSINA n. f. Enzima del jugo pancreático.

TRÍPTICO n. m. (gr. *triptykhos*). Composición pictórica o escultórica de tres cuerpos, en la que los dos exteriores se cierran sobre el central. **2.** Tratado o composición literaria que consta de tres partes.

TRIPTONGAR v. tr. [1b]. Pronunciar tres vocales formando triptongo.

TRIPTONGO n. m. Sílaba compuesta por tres sonidos, que se pronuncia en una sola emisión de voz.

TRIPUDO, A adj. y n. Que tiene el vientre muy abultado. SIN.: *tripón.*

TRIPULACIÓN n. f. Conjunto de personas al servicio de una embarcación o una aeronave.

TRIPULANTE n. m. y f. Miembro de una tripulación.

TRIPULAR v. tr. (lat. *interpolare*) [1]. Conducir o prestar servicio en una embarcación o aeronave.

TRIPULINA n. f. *Chile.* Confusión, barullo.

TRIQUINA n. f. (gr. *trikhinē*). Gusano parásito que en estado adulto vive en el intestino del hombre, del cerdo y de otros mamíferos, y en estado larvario en sus músculos. (Clase nematodos.)

TRIQUINOSIS n. f. Enfermedad parasitaria causada por la triquina.

TRIQUIÑUELA n. f. Ardid, artimaña.

TRIQUITRAQUE n. m. *Fam.* Ruido como de golpes repetidos y desordenados. **2.** Estos golpes.

TRIS n. m. (voz onomatopéyica). Leve sonido que hace una cosa delicada al quebrarse. • **Estar en un tris** *(Fam.)*, ser inminente que ocurra algo que se expresa. || **Por un tris** *(Fam.)*, por poco.

TRISCAR v. intr. [1a]. Saltar de un lugar a otro, como hacen las cabras. **2.** *Fig.* Mezclar, enredar.

TRISECCIÓN n. f. MAT. División en tres partes iguales.

TRISECTOR, TRISECTRIZ adj. Que da la trisección.

TRISÍLABO, A adj. y n. m. (gr. *trisyllabos*). Que tiene tres sílabas.

TRISOMÍA n. f. BIOL. Anomalía caracterizada por la aparición de un cromosoma superfluo en un par. (El mongolismo se debe a una trisomía.)

TRISTE adj. (lat. *tristem*). Afligido, deprimido, apesadumbrado. **2.** Que muestra o expresa tristeza. **3.** Que causa dolor. **4.** Que provoca un estado de ánimo de melancolía. **5.** *Fig.* Insignificante, ineficaz: *una triste explicación.* **6.** *Fig.* y *fam.* Descolorido, pálido: *las flores estaban tristes.*

TRISTE n. m. *Amér. Merid.* Composición popular de tema amoroso cantada al son de la guitarra.

TRISTEZA n. f. Estado de ánimo afligido. **2.** Calidad de triste. **3.** Motivo, hecho, suceso que provoca pena o sentimientos melancólicos.

TRISTÓN, NA adj. Algo triste o inclinado a estarlo.

TRITIO n. m. Isótopo radiactivo del hidrógeno, cuyo núcleo está formado por un protón y dos neutrones.

TRITÓN n. m. Anfibio de cola comprimida lateralmente, que vive en las charcas y estanques, y que mide de 10 a 20 cm, según las especies. (Subclase urodelos.) **2.** En la mitología griega, nombre de

divinidades marinas descendientes del dios Tritón.
TRITURACIÓN n. f. Acción y efecto de triturar.
TRITURADOR, RA adj. y n. Que tritura. ♦ n. m. **2.** Máquina para triturar. • **Triturador de basuras,** aparato eléctrico que reduce las basuras a polvo.
TRITURADORA n. f. Máquina para desmenuzar y triturar a fibras los materiales.
TRITURAR v. tr. (lat. *triturare*) [1]. Moler, reducir una materia sólida a trozos muy menudos. **2.** Mascar, desmenuzar la comida con los dientes. **3.** *Fig.* Maltratar física o moralmente a alguien. **4.** *Fig.* Rebatir, criticar con minuciosidad algo.
TRIUNFALISMO n. m. Actitud de los que dan muestra de confianza excesiva en ellos mismos.
TRIUNFALISTA adj. y n. m. y f. Relativo al triunfalismo; que lo practica.
TRIUNFAR v. intr. (lat. *triumphare*) [1]. Quedar victorioso. **2.** *Fig.* Tener éxito.
TRIUNFO n. m. Victoria, acción de triunfar. **2.** *Fig.* Trofeo. **3.** *Fig.* Éxito en cualquier empeño. **4.** En ciertos juegos de naipes, palo de más valor; carta de dicho palo. **5.** *Argent.* y *Perú.* Baile popular.
TRIUNVIRATO n. m. (lat. *triumviratum*). Magistratura, funciones de los triunviros; duración de éstas. **2.** Asociación de tres estadistas, con la finalidad de acaparar el poder. **3.** Grupo de tres personas que ejercen funciones directivas.
TRIUNVIRO n. m. (lat. *triumvirum*). ANT. ROM. Miembro de un colectivo de tres magistrados, especialmente los que compartían el gobierno.
TRIVALENTE adj. QUÍM. Que tiene tres valencias.
TRIVIAL adj. Que carece de toda importancia, trascendencia o interés: *hablar de temas triviales.*
TRIVIALIDAD n. f. Calidad de trivial. **2.** Dicho o cosa trivial.
TRIVIALIZAR v. tr. y pron. [1g]. Minimizar, quitar o no dar importancia a algo.
TRIZA n. f. Trozo pequeño de algo roto, partícula dividida de un cuerpo. • **Hacer, o hacerse trizas** (*Fam.*), destrozar o destrozarse algo completamente.
TROCAR v. tr. [1f]. Cambiar una cosa por otra. **2.** Mudar, variar una cosa en otra distinta. ♦ **trocarse** v. pron. **3.** Mudar de vida, sentimientos o modo de actuar. **4.** Mudarse completamente.
TROCEAR v. tr. [1]. Dividir algo en trozos.
TROCEO n. m. Acción y efecto de trocear.
TROCHA n. f. Camino abierto en la maleza. **2.** Atajo. **3.** *Argent.* Ancho de la vía ferroviaria.
TROCHE. A troche y moche, sin orden ni medida.
TROFEO n. m. (lat. *trophaeum*). Objeto, recuerdo de un éxito o de una victoria: *trofeo de caza.* **2.** Premio que se entrega en una competición.
TRÓFICO, A adj. Relativo a la nutrición de un tejido vivo.
TROGLODITA adj. y n. m. y f. (gr. *troglodýtes*). Cavernícola. **2.** *Fig.* Bárbaro, rudo, grosero.
TROJA n. f. *Amér.* Troje.
TROJE o **TROJ** n. f. Especie de granero donde se almacenan frutos o cereales.
TROLA n. f. *Fam.* Mentira, engaño.
TROLE n. m. (ingl. *trolley*). Trolebús. **2.** ELECTR. Dispositivo de toma de corriente que, en los vehículos de tracción eléctrica, transmite la corriente de la red aérea al electromotor del coche.
TROLEBÚS n. m. Vehículo eléctrico para el transporte público, que toma la corriente mediante un trole y cuyas ruedas van provistas de neumáticos.
TROLERO, A adj. y n. *Fam.* Mentiroso.
TROMBA n. f. (ital. *tromba*). Columna nubosa o líquida, animada de un rápido movimiento de rotación. • **Tromba de agua,** lluvia abundante y brusca.

TROMBINA n. f. Enzima que interviene en la coagulación de la sangre.
TROMBO n. m. (gr. *thrombos*). Coágulo sanguíneo que se forma dentro del aparato vascular, y que provoca la *trombosis.*
TROMBOCITO n. m. Plaqueta.
TROMBOCITO n. m. (ital. *trombone*). Instrumento musical de viento, de la familia del metal. **2.** Músico que toca este instrumento.
TROMBOSIS n. f. Formación o desarrollo de un trombo en un vaso sanguíneo, en los seres vivos.
TROMPA n. f. Instrumento musical de viento, de la familia del metal. **2.** Peonza. **3.** Probóscide. **4.** Aparato chupador de algunos insectos. **5.** *Fig.* y *fam.* Borrachera. • **Trompa de Eustaquio,** conducto que comunica la rinofaringe con el oído medio. ‖ **Trompa de Falopio,** parte de la estructura del aparato genital femenino, que permite el paso del óvulo desde el ovario al útero. ♦ n. m. y f. **6.** Persona que toca la trompa.
TROMPADA n. f. Golpe recio y violento que da o recibe una persona o cosa al chocar o al caerse. **2.** Puñetazo, golpe.
TROMPEAR v. tr. [1]. *Amér.* Dar trompadas.
TROMPE-L'OEIL n. m. (voz francesa). Pintura que a distancia crea la ilusión de realidad, particularmente de relieve.
TROMPETA n. f. (ital. *tromba*). Instrumento musical de viento, de la familia del metal, ligeramente cónico en su extremo y terminado en un pabellón. • **Trompeta de los muertos,** hongo basidiomicete en forma de trompeta que crece en la península Ibérica. ♦ n. m. y f. **2.** Persona que toca la trompeta.
TROMPETAZO n. m. Sonido destemplado, estridente o excesivamente fuerte producido por la trompeta u otro instrumento de viento.
TROMPETERO n. m. Pez teleósteo, cuyo nombre procede de que tiene el hocico largo en forma de tubo.
TROMPETILLA n. f. Instrumento en forma de trompeta, empleado por los sordos para oír. **2.** *Méx.* Gesto de burla que consiste en hacer ruido expulsando con fuerza el aire por la boca.
TROMPETISTA n. m. y f. Músico que toca la trompeta.
TROMPICAR v. intr. [1a]. Tropezar repetidamente.
TROMPICÓN n. m. Tropezón. • **A trompicones,** sin continuidad; con dificultades.
TROMPIZA n. f. *Amér. Merid.* Riña, pelea a puñetazos.
TROMPO n. m. Peón, juguete de madera de forma cónica, al que se arrolla una cuerda para lanzarlo y hacerlo bailar. **2.** Peonza. **3.** Gasterópodo que posee concha cónica, que vive en las costas ibéricas.
TROMPUDO, A adj. *Amér.* Dícese de la persona de labios prominentes.
TRONADO, A adj. Viejo y deteriorado por el uso. **2.** *Fam.* Arruinado, venido a menos.
TRONADOR, pico de los Andes patagónicos, situado en la frontera entre Argentina (Río Negro) y Chile (Los Lagos); 3554 m de alt.
TRONAR v. intr. (lat. *tonare*) [1r]. Producirse o sonar truenos. **2.** Producir, causar algo un ruido parecido al trueno. **3.** *Fig.* Resonar con fuerza la voz o algo semejante. **4.** *Fig.* y *fam.* Hablar, escribir con vehemencia contra alguien o algo. **5.** *Méx.* Suspender el curso a un estudiante. **6.** *Méx. Fam.* Romper relaciones una pareja, separarse. • **Tronárselas** (*Méx. Vulg.*), fumar marihuana.
TRONCHANTE adj. *Fam.* Que hace reír.
TRONCHAR v. tr. y pron. [1]. Partir, sin herramienta, el tronco, tallo o ramas de una planta, u otra cosa semejante. **2.** *Fig.* Truncar, impedir que llegue a realizarse algo: *tronchar las ilusiones.* ♦ **troncharse** v. pron.

3. *Fam.* Reírse mucho, sin poder contenerse. **4.** *Colomb.* Dislocarse, luxarse.
TRONCHO n. m. Tallo de las hortalizas.
2. *Colomb.* y *Nicar.* Porción, trozo, pedazo.
TRONCO n. m. (lat. *truncum*). Tallo principal de una planta arbórea, desde el tocón hasta el nacimiento de las ramas. **2.** *Fig.* Ascendiente o línea de ascendientes común de dos ramas o familias. **3.** Conducto o canal principal del que salen o al que concurren otros menores. **4.** Par de caballerías de tiro, enganchadas al juego delantero del carruaje. **5.** ANAT. Parte central del cuerpo. • **Estar, o dormir, como un tronco** (*Fam.*), estar profundamente dormido. ‖ **Tronco de cono,** sólido comprendido entre la base de un cono y una sección que corta todas las generatrices de este cono. ‖ **Tronco de pirámide,** sólido comprendido entre la base de una pirámide y una sección plana que corta todas las aristas laterales de esta pirámide. ‖ **Tronco de prisma,** sólido limitado en una superficie de prisma por dos secciones planas no paralelas.
TRONCOCÓNICO, A adj. En forma de tronco de cono.
TRONERA n. f. Ventana muy pequeña y angosta por donde entra escasamente la luz. **2.** Abertura en el costado de un buque o parapeto de una muralla por la que se dispara[r]. **3.** Agujero abierto en los cuatro rincones de la mesa y en medio de las bandas de un billar. ♦ n. m. y f. **4.** Persona viciosa y con poco juicio que lleva una vida disipada o libertina.
TRONO n. m. (lat. *thronum*). Asiento con gradas y dosel en el que se sientan los monarcas y otras personas de alta dignidad. **2.** *Fig.* Dignidad de rey o soberano. ♦ **tronos** n. m. pl. **3.** REL. Tercer coro de la suprema jerarquía de los ángeles.
TRONZAR v. tr. [1g]. Dividir en trozos. **2.** Aserrar o cortar una barra o pieza metálica, tronco, rollo de madera, etc.
TROPA n. f. (fr. *troupe*). En la jerarquía militar, categoría formada por soldados, marinos y aviadores y sus graduaciones. **2.** Conjunto de todos los militares que no son oficiales ni suboficiales. **3.** Multitud o reunión de gran número de personas. **4.** *Amér. Merid.* Recua de ganado. **5.** *Fig.* Gente despreciable y de poca monta. **6.** *Amér.* y *Urug.* Manada de ganado que se lleva de un lugar a otro. ♦ **tropas** n. f. pl. **7.** Conjunto de cuerpos que componen un ejército, división, guarnición, etc.
TROPEAR v. intr. [1]. *Argent.* Conducir manadas de ganado.
TROPEL n. m. Muchedumbre de gente que se mueve con desorden y gran ruido. **2.** Manada de ganado en movimiento. **3.** Conjunto revuelto y desordenado de cosas. • **De,** o **en, tropel,** de forma acelerada, atropellada, yendo muchos juntos, sin orden y confusión.
TROPELÍA n. f. Atropello, acto violento o ilegal cometido con abuso de autoridad o poder.
TROPERO n. m. *Argent.* y *Urug.* Conductor de tropas o de carretas o de ganado.
TROPEZAR v. intr. [1e]. Topar en algún obstáculo al caminar, perdiendo el equilibrio. **2.** Encontrar un obstáculo o dificultad que impide avanzar o detiene en un intento. ♦ v. intr. y pron. **3.** *Fig.* y *fam.* Encontrar casualmente una persona a otra.
TROPEZÓN n. m. Acción y efecto de tropezar. **2.** Tropiezo, falta, yerro o equivocación. **3.** *Fig.* y *fam.* Pedazo pequeño de jamón, carne, etc., que se mezcla con la sopa o las legumbres. (Suele usarse en plural.)
TROPICAL adj. Relativo a los trópicos. **2.** Típico de la zona comprendida entre los trópicos: *fruto tropical.* • **Clima tropical,** clima típico de ciertas regiones tropicales, marcado por el claro contraste entre una larga estación seca, el invierno, y una estación de lluvias, el verano. ‖ **Países tro-**

picales, o **intertropicales,** regiones situadas aproximadamente entre los dos trópicos.

TRÓPICO, A adj. (gr. *tropikos*). Que se refiere a la posición exacta del equinoccio, y como consecuencia al instante de los solsticios, donde el Sol, en su movimiento propio, atraviesa a uno u otro de los trópicos. ♦ n. m. **2.** Cada uno de los círculos menores de la esfera terrestre de latitudes + y −23° 27′ que delimitan la zona en la que el Sol pasa dos veces por año por el cenit de cada lugar. (El del hemisferio norte es el *trópico de Cáncer* y el del hemisferio sur el *trópico de Capricornio*.) ♦ **trópicos** n. m. pl. **3.** Región intertropical.

TROPIEZO n. m. Estorbo o impedimento. **2.** Fig. Falta, equivocación. **3.** Fig. Desliz, falta cometida en materia de honestidad. **4.** Contratiempo.

TROPILLA n. f. *Argent*. Conjunto de yeguarizos guiados por una madrina.

TROPISMO n. m. BIOL. Orientación de crecimiento de plantas y animales sésiles, bajo la influencia de un estímulo exterior, como el fototropismo, el geotropismo, etc.

TROPO n. m. (gr. *tropos*, traslado). RET. Figura que consiste en usar una palabra con un significado no habitual, como la metáfora, la metonimia y la sinécdoque.

TROPOSFERA n. f. Capa atmosférica que se extiende desde la superficie del globo hasta la base de la estratosfera.

TROQUEL n. m. Matriz o molde metálico empleado en las operaciones de acuñación o de estampado. **2.** Cuchilla para cortar, en una prensa, cuero, cartón, chapa, etc.

TROQUELADO n. m. Acción y efecto de troquelar.

TROQUELAR v. tr. [1]. Dar forma con el troquel.

TROTACALLES n. m. y f. (pl. *trotacalles*). *Fam*. Persona ociosa y callejera.

TROTACONVENTOS n. f. (pl. *trotaconventos*). *Fam*. Alcahueta.

TROTAMUNDOS adj. y n. m. y f. (pl. *trotamundos*). Aficionado a viajar y recorrer países.

TROTAR v. intr. [1]. Ir las caballerías al trote. **2.** Cabalgar sobre un caballo que va al trote. **3.** *Fig. y fam*. Andar mucho o con mucha prisa.

TROTE n. m. Aire saltado, entre el paso y el galope, del caballo y otros cuadrúpedos. **2.** *Fig*. Ocupación, trabajo o actividad muy intensa. • **Al, o a, trote** (*Fam*.), muy de prisa, de manera acelerada y sin descanso. ‖ **De mucho trote** (*Fam*.), muy fuerte, que resiste mucho.

TROTÓN, NA adj. Dícese de las caballerías cuyo paso ordinario es el trote. ♦ n. m. adj. **2.** Caballo media sangre, seleccionado por su velocidad al trote.

TROUPE n. f. (voz francesa). Compañía ambulante de teatro o de circo.

TROVA n. f. Verso. **2.** Composición métrica formada a imitación de otra. **3.** Composición métrica escrita generalmente para canto. **4.** Canción amorosa compuesta o cantada por los trovadores.

TROVADOR n. m. Poeta lírico en lengua de oc (ss. XII y XIII). **2.** En lenguaje literario, poeta.

TROVADORESCO, A adj. Relativo a los trovadores.

TROVAR v. intr. (provenz. *trobar*) [1]. Hacer versos. **2.** Componer trovas.

TROVERO n. m. Poeta lírico en lengua de oíl.

TROYA o **ILIÓN,** en gr. *Troia* o *Ilion*, ant. c. de Asia Menor, situada en el emplazamiento de la actual Hissarlik.

TROYANO, A adj. y n. De Troya.

TROYES (Chrétien de), escritor francés (c. 1135-c. 1183), autor de novelas de caballerías y literatura cortés (*Perceval* o *El cuento del Graal*), obras pertenecientes a la materia de Bretaña.

TROZO n. m. Parte o porción de una cosa separada del todo: *un trozo de papel*.

TRUCAJE n. m. Artificio cinematográfico que por medios técnicos, permite obtener un resultado distinto de las apariencias reales en el momento del rodaje. **2.** Acción y efecto de trucar.

TRUCAR v. tr. [**1a**]. Disponer, marcar las cartas para hacer trampas en los juegos de naipes. **2.** Falsificar, modificar por fraude. **3.** Retocar el motor de un automóvil o una motocicleta para aumentar su potencia.

TRUCHA n. f. Pez predominantemente dulceacuícola, con dos aletas dorsales, de carne muy apreciada. (Destacan la *trucha común* y la *trucha arco iris*.)

TRUCHA n. f. *Amér*. Central. Puesto o pequeña tienda, generalmente portátil, de mercería.

TRUCO n. m. Engaño o trampa hecha con gran habilidad. **2.** Ilusión, apariencia engañosa hecha con arte: *trucos de prestidigitación*. **3.** Lance del juego del billar que consiste en pegar con la bola propia la del contrario y lanzarla por una tronera o por encima de la barandilla. **4.** *Argent*. Juego de naipes, variedad del truque.

TRUCULENCIA n. f. Calidad de truculento.

TRUCULENTO, A adj. (lat. *truculentum*). Que exagera la crueldad o el dramatismo.

TRUEBA (Fernando), director de cine español (Madrid 1955), autor, entre otras obras, de: *Ópera prima* (1980), *Belle époque* (1992, Oscar a la mejor película de habla no inglesa 1993) y *Two much* (1995).

TRUENO n. m. Ruido del rayo, es decir de la descarga eléctrica de la que el relámpago es la manifestación luminosa. **2.** Ruido semejante al del rayo, pero producido por otra cosa: *el trueno de los cañones*. **3.** Petardo, cohete ruidoso.

TRUEQUE n. m. Cambio, acción y efecto de trocar. **2.** Intercambio directo de bienes y servicios sin mediar el dinero. • **A,** o **en, trueque,** a cambio de algo que se da o se hace.

TRUFA n. f. Hongo comestible y muy apreciado, que crece bajo tierra en los bosques de encinas y robles. (Clase ascomicetes; orden tuberales.) **2.** Golosina hecha con mantequilla y chocolate y espolvoreada con polvo de cacao, con forma de pequeña bola.

TRUFAR v. tr. [1]. Rellenar de trufas.

TRUFFAUT (François), director de cine francés (París 1932-Neuilly-sur-Seine 1984). Con *Los cuatrocientos golpes* (1959) se impuso como una de las figuras destacadas de la nouvelle vague (*Jules y Jim*, 1961; *La noche americana*, 1973; *El último metro*, 1980).

TRUHÁN, NA adj. y n. (fr. *truand*). Granuja, que vive de engaños y estafas. **2.** Que con bufonadas, bromas, gestos o cuentos divierte a otros.

TRUHANEAR v. intr. [1]. Engañar. **2.** Decir algo propio de truhán.

TRUHANERÍA o **TRUHANADA** n. f. Acción propia del truhán.

TRUJILLO (*cordillera de*), cordillera de Venezuela, prolongación E de la sierra de Santo Domingo. Culmina en la Teta de Niquitao, a 4000 m de alt.

TRUJILLO (*estado*), est. del O de Venezuela; 7400 km²; 518 762 hab. Cap. *Trujillo*.

TRUJILLO, c. de Perú, cap. del dep. de La Libertad, en la costa; 532 000 hab. Antigua ciudad colonial, destacó como centro religioso y cultural (universidad). Catedral (s. XVII), iglesias barrocas de estilo limeño y casas nobles (s. XVIII).

TRUJILLO, c. de Venezuela, cap. del est. homónimo; 40 103 hab. Centro agrícola y administrativo. Fundada en el s. XVI. Tras la batalla de Boyacá, se firmó en ella (nov. 1820) el armisticio entre realistas e independentistas.

TRUJILLO (Diego), conquistador e historiador español (Trujillo, Cáceres, 1505-en el Cuzco 1574 o 1575). Estuvo en Perú en 1529-1535 y desde 1547, y escribió *Relaciones del descubrimiento del Reyno del Perú* (1571).

TRUJILLO (Julián), militar y político colombiano (Popayán 1828-Bogotá 1883). Presidente del Cauca (1867-1869 y 1873-1875), fue general en jefe del ejército y presidente de la república (1878-1880).

TRUJILLO (Rafael Leónidas), militar y político dominicano (San Cristóbal 1891-Santo Domingo 1961). Autoproclamado presidente de la república, implantó una dictadura personal anticomunista y pronorteamericana de apariencia parlamentaria (1930-1938 y 1942-1952). Condenado por la O.E.A., rompió relaciones con E.U.A. (1960). Fue derrocado y ejecutado por los militares. – Su hermano **Héctor Bienvenido** (San Cristóbal 1908) fue presidente de la república en 1952-1957.

TRUMAO n. m. *Chile*. Tierra arenisca muy fina procedente de rocas volcánicas.

TRUNCADO, A adj. Dícese del poliedro al que se ha sustituido una arista o un vértice por un plano. • **Cono truncado,** tronco de cono. ‖ **Pirámide truncada,** tronco de pirámide.

TRUNCAR v. tr. (lat. *truncare*) [**1a**]. Cortar una parte de una cosa. **2.** *Fig*. Dejar incompleto el sentido de lo que se escribe o lee, u omitir frases o pasajes de un texto. **3.** *Fig*. Impedir que llegue a desarrollarse o realizarse completamente algo.

TRUPIAL n. m. Ave de América Central, América del Norte y las Antillas, de formas ágiles y plumaje de vivos colores. (Familia ictéridos.)

TRUSA n. f. *Méx. y Perú*. Calzoncillos. (Se usa también en plural.) **2.** *Méx. y Perú*. Bragas. (Se usa también en plural.)

TRUST n. m. (ingl. *trustee*). (pl. *trusts* o *trusties*). Combinación económica o financiera que reúne bajo un mismo control un grupo de empresas.

TSARITSIN, de 1925 a 1961 **Stalingrado** y de 1961 a 1992 **Volgogrado,** c. de Rusia, a orillas del Volga (or. der.); 999 000 hab. Centro industrial. Instalaciones hidroeléctricas junto al Volga.

TSE-TSE n. f. Nombre indígena de las moscas africanas del género *Glossina*, que intervienen como transmisoras de la enfermedad del sueño.

TSH, abrev. de *telegrafía sin hilos*.

TSUTUHIL, ZUTUHIL o **ATITECA,** pueblo amerindio maya de Guatemala.

TU adj. (lat. *tus*). Apócope de *tuyo*, cuando va antepuesto al nombre: *tu casa; tu libro*.

Tu, símbolo químico del *tungsteno* o *volframio*.

TÚ pron. pers. de 2.ª pers. del sing. m. y f. (lat. *tu*). (pl. *vosotros, vosotras*). Funciona como sujeto o como predicado nominal: *tú lo has dicho; él es más alto que tú; ¡oye, tú!* • **Hablar,** o **tratar, de tú,** tutear a alguien.

TUARA, lago de Nicaragua (Zelaya), en la zona costera del Caribe; 15 km de long. y 4 de anch.

TUAREG, adj. y n. m. y f. Relativo a un pueblo nómada, de lengua beréber y de religión musulmana; individuo de este pueblo. ♦ n. m. **2.** Lengua beréber hablada por los tuareg.

TUÁTARA n. m. Reptil oceánico, único representante vivo de los rincocéfalos.

TUATUA n. f. *Cuba y P. Rico*. Planta ornamental de propiedades medicinales. (Familia euforbiáceas.)

TUBA n. f. (voz latina). Instrumento musical de viento.

TUBERAL adj. y n. m. Relativo a un orden de hongos ascomicetes, como la trufa.

TUBERCULINA n. f. Líquido obtenido a partir de cultivos del bacilo de Koch, y destinado al diagnóstico de la tuberculosis.

TUBÉRCULO n. m. (lat. *tuberculum*). Porción engrosada de una parte cualquiera de una

planta, especialmente de un tallo subterráneo, como la patata, la chufa, etc.
TUBERCULOSIS n. f. Enfermedad infectocontagiosa, producida por el bacilo de Koch y caracterizada por la formación de tubérculos en diversos órganos.
TUBERCULOSO, A adj. Relativo al tubérculo o a la tuberculosis. **2.** De forma o aspecto de tubérculo: *raíz tuberculosa.* ♦ adj. y n. **3.** Que padece tuberculosis.
TUBERÍA n. f. Serie o conjunto de tubos o canalizaciones para conducir un fluido o un producto pulverulento en una instalación.
TUBEROSIDAD n. f. ANAT. Protuberancia de un hueso para inserciones musculares o ligamentosas. **2.** ANAT. Cada una de las partes abultadas de los dos extremidades del estómago.
TUBINGA, en alem. **Tübingen**, c. de Alemania (Baden-Württemberg), junto al Neckar; 78 643 hab. Universidad. Monumentos medievales.
TUBO n. m. (lat. *tubum*). Elemento de sección constante en una conducción, utilizado para la circulación de un fluido o de un producto pulverulento. **2.** Tallo hueco del trigo y de ciertas plantas. **3.** Recipiente alargado de forma cilíndrica hecho de una materia maleable: *tubo de pasta dentífrica.* **4.** Cañón de una boca de fuego. **5.** ANAT. Conducto natural: *tubo digestivo.* **6.** BOT. Parte inferior y unida de los cálices o las corolas gamopétalas. • **Mandar a alguien por un tubo** (Méx. Fam.), despedirlo de mala manera, apartase de él definitivamente con enojo: *¡mándalo por un tubo! Es un grosero*. || **Pegar con tubo** (Méx. Fam.), tener mucho éxito: *pagó con tubo la obra de teatro.* || **Tubo catódico**, o **de rayos catódicos**, tubo electrónico en forma de ampolla cerrada, una de cuyas caras es una pantalla fluorescente sobre la que incide un haz de electrones. || **Tubo criboso** (BOT.), vaso por donde circula la savia elaborada. || **Tubo de ensayo**, tubo de cristal que sirve para efectuar reacciones químicas en pequeñas cantidades. || **Tubo de escape**, tubo que sirve para evacuar los gases quemados y en el que va montado el silenciador.
TUBULADO, A adj. Provisto de uno o varios tubos. **2.** Tubular.
TUBULAR adj. Relativo al tubo; en forma de tubo. ♦ adj. y n. m. **2.** Dícese de un neumático especial de bicicleta de carreras.
TUCÁN n. m. (voz brasileña). Ave trepadora de América tropical, con el plumaje vivamente coloreado y pico voluminoso.
TUCANO, pueblo amerindio de la Amazonia, en la zona fronteriza entre Colombia, Perú y Brasil.
TUCÍDIDES, historiador griego (Atenas c. 465-† 395 a. J.C.). En *Historia de la guerra del Peloponeso* relató los hechos con rigor e intentó explicar sus causas.
TUCO n. m. *Argent., Chile* y *Urug.* Salsa de tomate cocida con cebolla, orégano, perejil, ají, etc., con la que se acompañan diversos platos.
TUCO, A adj. *Bol., Ecuad.* y *P. Rico.* Manco. ♦ n. m. **2.** *Amér. Central, Ecuad.* y *P. Rico.* Muñón. **3.** *Argent.* Insecto parecido al cocuyo, con fosforescencia en el abdomen. **4.** *Perú.* Especie de búho.
TUCUMÁ n. m. Planta arbórea del Orinoco y del Amazonas, de la que se obtiene una fibra textil, y de cuyo fruto se extrae un aceite. (Familia palmáceas.)
TUCUMÁN (*provincia de*), prov. del N de Argentina; 22 524 km²; 1 142 247 hab. Cap. *San Miguel de Tucumán.*
TUCUMANO, A adj. y n. De Tucumán.
TUCUPIDO, c. de Venezuela (Guárico); 23 629 hab. Yacimientos petrolíferos. Maderas.
TUCUPITA, c. de Venezuela, cap. del est. Delta Amacuro, situada junto al caño Tucupita o Cocuina; 68 845 hab. Refino

de petróleo. Puerto y aeropuerto. Varias veces destruida por inundaciones.
TUCÚQUERE n. m. *Chile.* Pájaro estrígido similar al búho.
TUCUSO n. m. *Venez.* Chupaflor, especie de colibrí.
TUCUTUCO n. m. Mamífero roedor, de costumbres nocturnas, que vive en América del Sur desde Brasil al Cabo de Hornos.
TUDELA, c. de España (Navarra), cab. de p. j.; 26 163 hab. (*Tudelanos.*) Centro agrícola e industrial. De origen romano, fue una plaza fuerte musulmana independiente de Córdoba desde 873, tomada por Alfonso el Batallador (1119). Colegiata-catedral (ss. XII-XIII).
TUDESCO, A adj. y n. Alemán.
TUERCA n. f. Pieza de metal, madera, etc., perforada con un agujero cilíndrico cuya superficie interna está labrada por un surco helicoidal para recibir el vástago fileteado de un perno o de un tornillo.
TUERTO, A adj. y n. Falto de un ojo o de la vista de un ojo. ♦ n. m. **2.** Agravio, injusticia, atropello.
TUESTE n. m. Torrefacción.
TUÉTANO n. m. Médula, sustancia blanda que ocupa los conductos medulares de los huesos. **2.** Fig. Meollo, fondo de algo: *llegar al tuétano de un asunto.*
TUFARADA n. f. Racha de olor fuerte que se percibe.
TUFO n. m. (lat. *typhum*). Emanación gaseosa que se desprende de las fermentaciones y de las combustiones imperfectas. **2.** Fam. Olor desagradable que despide el cuerpo de alguien o algo. **3.** Fig. y fam. Vanidad, orgullo. (Suele usarse en plural.)
TUFO n. m. (fr. *touffe*). Mechón de pelo que cae por delante de las orejas o de la frente.
TUFO n. m. (fr. *tuf*). Toba, piedra caliza.
TUGURIO n. m. (lat. *tugurium*). Vivienda, habitación o establecimiento miserables.
TUIRA, r. de Panamá; 182 km. Nace en la cordillera de Darién y desemboca en el Pacífico formando un estuario de 40 km de longitud.
TUL n. m. (fr. *tulle*). Tela delgada tejida con hilos muy finos de seda, algodón o lino.
TULANCINGO, c. de México (Hidalgo); 92 570 hab. Centro comercial. Centro de telecomunicaciones. Catedral (s. XVIII). Fue c. de origen tolteca. En los alrededores, yacimiento arqueológico de Huapalcalco.
TULCÁN, c. de Ecuador, cap. de la prov. de Carchi; 59 513 hab. Ganadería vacuna (lácteos). Comercio.
TULE n. m. *Méx.* Nombre de diversas plantas herbáceas de la familia de las ciperáceas, con las tifáceas, de tallos largos y erectos, cuyas hojas se emplean para hacer petates.
TULENCO, A adj. *Amér. Central.* Cojo, lisiado.
TULIO n. m. Metal del grupo de las tierras raras, cuyo símbolo químico es Tm o Tu, su número atómico 69 y su masa atómica 168,93.
TULIPA n. f. (fr. *tulipe*). Tulipán pequeño. **2.** Pantalla de forma parecida a la de un tulipán, que se pone en algunas lámparas.
TULIPÁN n. m. (turco *tulipant*). Planta liliácea bulbosa, de bellas flores ornamentales. **2.** Flor de esta planta.
TULLIDO, A adj. y n. Paralítico o imposibilitado de mover algún miembro.
TULLIR v. tr. [**3h**]. Dejar tullido a alguien. **2.** Fig. Baldar, rendir de cansancio a alguien. ♦ **tullirse** v. pron. **3.** Perder el movimiento del cuerpo o de uno de sus miembros.
TULPA n. f. *Colomb., Ecuad.* y *Perú.* Cada una de las piedras que forman el fogón de las cocinas campesinas.
TULUÁ, c. de Colombia (Valle del Cauca); 121 490 hab. Centro agrícola (cultivos tropicales).

TUMA, r. de Nicaragua, afl. del Grande de Matagalpa; 193 km. Embalse de Mancotal (central eléctrica).
TUMBA n. f. (lat. *tumba*). Sepulcro, sepultura. **2.** Fig. Persona muy reservada.
TUMBA n. f. Tumbo, sacudida violenta. **2.** Voltereta, vuelta dada en el aire. **3.** Danza típica de Colombia. **4.** *Antillas* y *Colomb.* Operación de cortar o talar un monte o bosque.
TUMBADO n. m. *Colomb.* y *Ecuad.* En las habitaciones, cielo raso.
TUMBAR v. tr. [**1**]. Derribar, hacer caer a alguien o algo que estaba en pie de manera que quede tendido o en posición horizontal. **2.** Fig. y fam. Suspender a uno en un examen, prueba, ejercicio, etc. **3.** Fig. y fam. Perturbar o quitar el sentido algo que ha producido una impresión muy fuerte. ♦ v. intr. **4.** Caer al suelo, desplomarse. ♦ **tumbarse** v. pron. **5.** Fam. Acostarse, tenderse.
TUMBES, c. de América del Sur, de la vertiente del Pacífico; 250 km. Nace en los Andes ecuatorianos, forma frontera con Perú y penetra en este país, donde desemboca en la bahía de Tumbes.
TUMBES (*departamento de*), dep. del N de Perú (Grau); 4669 km²; 150 500 hab. Cap. *Tumbes.*
TUMBES o **TÚMBEZ**, c. de Perú, cap. del dep. homónimo; 45 300 hab. Centro comercial y turístico. Disputada por Ecuador, en 1942, por el protocolo de Río de Janeiro, pasó definitivamente a Perú.
TUMBILLO n. m. *Colomb.* Vasija hecha de calabaza.
TUMBO n. m. Sacudida o vaivén violento. • **Dando tumbos**, dando traspiés o tropezones; con obstáculos o dificultades.
TUMBONA n. f. Silla extensible y articulada, que puede disponerse en forma de canapé.
TUMBUCTÚ → **Tombouctou**.
TUMEFACCIÓN n. f. MED. Aumento del tamaño de una estructura, sea cual sea su naturaleza.
TUMEFACTO, A adj. Hinchado.
TUMESCENCIA n. f. Estado de un órgano que se hincha en el transcurso de ciertas funciones fisiológicas. SIN.: tumefacción.
TUMESCENTE adj. Dícese de un órgano en estado de tumescencia.
TÚMIDO, A adj. (lat. *tumidum*). Hinchado.
TUMOR n. m. (lat. *tumorem*). Aumento patológico del volumen de los tejidos o de un órgano, debido a una proliferación celular que forma un nuevo tejido (neoplasia).
TUMORACIÓN n. f. Tumor.
TÚMULO n. m. (lat. *tumulum*, colina). Sepulcro o sepultura levantados sobre el suelo. **2.** Acumulación artificial de tierra o de piedras, que se levanta sobre una tumba, típica de las edades del bronce y del hierro. **3.** Armazón recubierta de paños fúnebres, sobre la que se coloca el ataúd.
TUMULTO n. m. (lat. *tumultum*). Alboroto, disturbio o desorden de una multitud o grupo de personas. **2.** Agitación ruidosa y desordenada.
TUMULTUOSO, A o **TUMULTUARIO, A** adj. Que causa o promueve tumultos. **2.** Desordenado, confuso, alborotado.
TUNA n. f. (voz taíno). Nopal, y su fruto.
TUNA n. f. Vida holgazana, libre y vagabunda. **2.** Estudiantina.
TUNANTADA n. f. Acción propia de tunante, granujada.
TUNANTE, A adj. y n. Granuja, pícaro, astuto.
TUNAR v. intr. [**1**]. Llevar una vida vagabunda, libre y holgazana.
TUNAS (*provincia de Las*), prov. del S de Cuba; 6584 km²; 436 341 hab. Cap. *Las Tunas.*
TUNAS (Las), ant. *Victoria de Las Tunas*, c. de Cuba, cap. de la prov. de homónima; 107 555 hab. Centro administrativo y turístico. Tabaco, ingenios azucareros.

TUN

TUNCO, A adj. *Guat., Hond.* y *Méx.* Dícese de la persona manca o lisiada. ♦ n. m. **2.** *Hond.* y *Méx.* Cerdo, puerco.

TUNDA n. f. *Fam.* Paliza, serie de golpes, azotes, etc. **2.** *Fig.* Esfuerzo que produce agotamiento.

TUNDEAR v. tr. [1]. Dar una tunda o paliza.

TUNDIR v. tr. [3]. Cortar o igualar el pelo de los paños y pieles.

TUNDIR v. tr. (lat. *tundere*) [3]. *Fam.* Dar golpes, azotes, etc.

TUNDRA n. f. En las regiones de clima frío, formación vegetal discontinua, que comprende gramíneas, líquenes y algunos árboles enanos (abedules).

TUNEAR v. intr. [1]. Hacer cosas de tuno o pícaro o proceder como tal.

TUNECÍ adj. y n. f. Tunecino.

TUNECINO, NA adj. y n. m. De Tunicia o de Túnez. ♦ n. m. **2.** Dialecto árabe mogrebí hablado en Túnez.

TÚNEL n. m. (ingl. *tunnel*). Galería subterránea que se abre para dar paso a una vía de comunicación. • **Efecto túnel,** en mecánica cuántica, probabilidad no nula que tiene un cuerpo de sobrepasar una barrera de potencial aunque su energía cinética sea inferior a la altura máxima de la misma. ‖ **Túnel aerodinámico,** dispositivo experimental que permite hacer circular el aire a gran velocidad alrededor de una maqueta, para estudiar su comportamiento.

TÚNEZ (República de), en ár. *al-Tūnisiyya,* antes Tunicia, estado del N de África, junto al Mediterráneo; 164 000 km²; 8 400 000 hab. (*Tunecinos.*) CAP. TÚNEZ. LENGUA OFICIAL: árabe. MONEDA: dinar de Túnez.

GEOGRAFÍA
La zona N está relativamente irrigada y es en general montañosa; el centro y el S están formados por mesetas y llanuras de estepas y desiertos. Las precipitaciones abundantes explican la concentración de la agricultura (cereales, vid y olivo) y de la ganadería bovina en el N y en el litoral, donde se concentra la mayoría de la población. En el S predomina la ganadería ovina caprina, excepto en los oasis, que proporcionan dátiles. La pesca está en vías de desarrollo, pero aún es de importancia secundaria, al igual que la industria, salvo la actividad extractiva (fosfatos y petróleo) y textiles. El turismo y las remesas de los emigrantes sólo palían parcialmente el déficit comercial y el país, con un desempleo considerable, está endeudado. Excepto Kairuán, las principales ciudades son puertos (Túnez, Sfax, Susa, Bizerta).

HISTORIA
La Túnez antigua. C. 814 a. J.C.: los fenicios fundaron Útica y Cartago. 146 a. J.C.: Cartago fue destruida y se organizó la provincia romana de África. 193-235 d. J.C.: ésta conoció una gran prosperidad en época de los Severos. Ss. III-IV: se desarrolló el cristianismo. 429-533: los vándalos ocuparon el país. 533: los bizantinos restablecieron su dominio en la región de Cartago.
La Túnez musulmana. 669-705: los árabes conquistaron el país y fundaron Kairuán (670), donde residieron los gobernadores omeyas de Igriqiyya. 800-909: los Aglabíes gobernaron el país. 909: fueron eliminados por los Fatimíes. Ss. XI: éstos conquistaron Egipto y cedieron Ifriqiyya a sus vasallos ziríes. Segunda mitad del s. XI: las invasiones de los Banū Hilāl arruinaron el país, gobernado por los Ziríes, que habían conseguido la independencia (1051). 1160-1229: los almohades reinaron en Túnez. 1229-1574: con los Hafsíes, la capital, Túnez, se estableció gracias al comercio y a los establecimientos que fundaron diversas naciones cristianas. En 1535 fue conquistada por Carlos Quinto, y en 1556-1558, por los corsarios turcos. 1574: Túnez constituyó un bajalato del imperio otomano, la regencia de Túnez, gobernada primero por un bey, y a partir del s. XVIII, por un bey. 1869: el endeudamiento lo provocó la bancarrota, y se creó una comisión financiera anglo-franco-italiana.
El protectorado francés. 1881: el bey Muhammad al-Ṣadūq (1859-1882) firmó el tratado del Bardo, que establecía el protectorado francés en Túnez. 1920: el Destur de Habib Burguiba se separó de él. Nov. 1942-mayo 1943: el país fue ocupado por los alemanes.
La Túnez independiente. 1956: acceso a la independencia. 1957: Burguiba proclamó la república y se convirtió en su presidente, elegido sucesivamente. 1964: las tierras de los colonos fueron nacionalizadas. 1970-1978: creció la oposición en el régimen de Burguiba, presidente vitalicio desde 1975; estallaron huelgas y disturbios. 1983: el gobierno tuvo que hacer frente al desarrollo del islamismo. Burguiba fue sustituido por su primer ministro, Ben Ali (reelegido en 1994, 1999 y 2004), quien lo sustituyó al frente del estado e inició una política de democratización.

TÚNEZ, en ár. **Tūnis,** c. y cap. de Túnez, junto al golfo de Túnez, formado por el Mediterráneo; 774 000 hab. Centro administrativo, comercial, cultural e industrial. Monumentos antiguos, entre ellos la Gran mezquita al-Zaytūna (ss. IX-XVII). Museo del Bardo.

TUNGSTENO n. m. Volframio.

TUNGURAHUA, volcán de Ecuador (Tungurahua y Chimborazo), en los Andes; 5033 m de alt.

TUNGURAHUA (provincia de), prov. del centro de Ecuador; 3212 km²; 361 980 hab. Cap. Ambato.

TUNGUSKA, nombre de tres ríos de Siberia, afl. del Yeniséi (or. der.): el *Tunguska inferior* (2989 km), el *Tunguska medio* o *Pedregoso* (1865 km) y el *Tunguska superior* o *Angará.*

TÚNICA n. f. (lat. *tunicam*). Vestidura en forma de camisa, larga y sin mangas, de numerosos pueblos de la antigüedad. **2.** Vestidura de lana que usan los religiosos bajo el hábito. **3.** Vestido más o menos holgado y largo en general. **4.** ANAT. Nombre de diversas membranas que envuelven algunas partes del cuerpo. **5.** BOT. Envoltura adherente de un bulbo.

TUNICADO, A adj. y n. m. Relativo a un subtipo de animales marinos que tienen el cuerpo en forma de saco.

TUNJA, c. de Colombia, cap. de Boyacá; 93 792 hab. Fue sede del Congreso de las Provincias Unidas de Nueva Granada (1812) y escenario de la batalla de Boyacá (1819) y de la victoria de los federalistas sobre los unionistas (7 abril 1861). Catedral (s. XVI) y conventos de Santa Clara, San Francisco, San Agustín y Santo Domingo. Mansiones renacentistas.

TUNO, A adj. y n. Tunante, pícaro, bribón. ♦ n. m. **2.** Estudiante que forma parte de una tuna.

Al tuntún o **al buen tuntún** (*Fam.*), sin cálculo ni reflexión; sin conocimiento del asunto.

TUNTUNITA n. f. *Colomb.* Repetición molesta y fastidiosa.

TUNUYÁN, dep. de Argentina (Mendoza); 35 788 hab. Agricultura, ganadería. Industria vinícola.

TUPA n. f. Planta arbustiva o herbácea de América tropical, que segrega un jugo lechoso y tóxico. (Familia campanuláceas.)

TÚPAC AMARU († 1572), en el Cuzco (1572), soberano inca de Vilcabamba [1571-1572], hermano y sucesor de Titu Cusi Yupanqui. Tras diversos levantamientos, Martín de Hurtado de Arbieto, enviado por el virrey Toledo, lo ejecutó y con ello puso fin a su dinastía.

TÚPAC HUALLPA († 1533), soberano inca [1533], hijo de Huayna Cápac. Fue designado soberano por Pizarro tras la muerte de sus hermanos Huáscar (1532) y Atahualpa (1533). Se trasladó al Cuzco junto a Pizarro y el general quechua Calcuchima. Muerto al poco tiempo, le sucedió su hermano Manco Inca.

TÚPAC INCA YUPANQUI (*rey memorable y resplandeciente*) [† 1493], soberano inca [1471-1493], tercer hijo de Pachacuti. Realizó la primera gran expansión inca (1462-1471) hacia el N y el O y, una vez inca, sobre las tribus aymaras del S y la Araucania. Implantó en su gran imperio el sistema de los *curacas* (gobernadores de un *ayllu*).

TUPÉ n. m. (fr. *toupet*). Copete, mechón o rizo de cabello sobre la frente. **2.** *Fig.* y *fam.* Atrevimiento, desfachatez.

TUPÍ adj. y n. m. y f. Tupí-guaraní.

TUPICIÓN n. f. *Amér.* Confusión, turbación. **2.** *Bol.* Espesura, vegetación densa. **3.** *Chile.* Abundancia.

TUPIDO, A adj. Dícese del conjunto de cosas, elementos, etc., muy próximos unos a otros: *follaje tupido.* **2.** Obtuso, torpe: *mente tupida.* **3.** *Argent., Méx.* y *Urug.* Abundante, copioso.

TUPÍ-GUARANÍ adj. y n. m. y f. Relativo a una familia lingüística y cultural amerindia, que comprende diversos grupos extendidos por Paraguay y Brasil, a lo largo de la costa atlántica y de la cuenca del Amazonas; individuo de esta familia.
■ En la familia tupí-guaraní se distinguen diversos grupos: a) *tupi* de las Guayanas; b) *tupi del alto Amazonas*; c) *grupo del Madeira al Tocantins*; d) *grupo del Tocantins*; e) *pueblos costeros* (tupinamba); f) *pueblos del Paraguay y del Chaco* (guaraní). Los tupí emigraron desde el Paraguay y el Paraná hasta el Amazonas, y luego llegaron hasta las Guayanas, al parecer huyendo de los colonos europeos. Eran pueblos muy belicosos, y practicaban la antropofagia. Mantienen sus creencias animistas y sus ritos chamánicos, y viven de una agricultura muy primitiva, de la recolección, la caza y la pesca.

TUPINAMBA, grupo amerindio del litoral atlántico del bajo Amazonas (Brasil), act. extinguido.

TUPIR v. tr. y pron. [3]. Hacer más tupido o espeso.

TUPO n. m. (voz quechua). Especie de alfiler de gran tamaño usado por los pueblos amerindios andinos para sujetar los mantos y ponchos.

TUPUNGATO, pico andino de Argentina (Mendoza) y Chile (Santiago); 6800 m de alt. En la ladera N se abre el *portezuelo del Tupungato* (4800 m de alt.).

TUPUNGATO, dep. de Argentina (Mendoza); 22 416 hab. Centro agrícola.

TURBA n. f. (fr. *tourbe*). Roca orgánica, especie de carbón fósil que se forma en las turberas por descomposición parcial de materias vegetales, que contiene un 60 % de carbono y resulta un combustible muy mediocre.

TURBA n. f. (lat. *turbam*). Muchedumbre de gente que se manifiesta tumultuamente.

TURBACIÓN n. f. Acción y efecto de turbar o turbarse.

TURBAMULTA n. f. *Fam.* Multitud confusa y desordenada de personas o cosas.

TURBANTE n. m. (ital. *turbante*). Tocado oriental que consiste en una larga tira de tela que se arrolla a la cabeza. **2.** Tocado femenino, ceñido a la cabeza.

TURBAR v. tr. y pron. (lat. *turbare*) [1]. Alterar, perturbar el orden o estado natural de algo, impedir el desarrollo regular de un hecho, situación, etc.: *el viento turbaba las aguas.* **2.** *Fig.* Poner en un estado de agitada emoción, alterar el ánimo causando el rubor. **3.** *Fig.* Interrumpir de manera molesta o violenta: *su llegada turbó mi tranquilidad.*

TURBAY AYALA (Julio César), político colombiano (Bogotá 1916). Del Partido liberal, fue presidente de la república (1978-1982).

TURBERA n. f. Yacimiento de turba. **2.** Lugar donde se deposita la turba extraída de los pantanos. **3.** Denominación dada a los tipos de vegetación que sólo tienen en común el crecer en lugares encharcados.

TURBIDEZ n. f. Calidad de turbio. ♦ **turbideces** n. f. pl. **2.** HIDROGR. Conjunto de partículas finas arrastradas por un curso de agua.

TÚRBIDO, A adj. (lat. *turbidum*). Turbio.

TURBIEDAD o **TURBIEZA** n. f. Calidad de turbio.

TURBINA n. f. (lat. *turbinem*, torbellino). Máquina motriz compuesta de una rueda móvil sobre la que se aplica la energía de un fluido propulsor (agua, vapor, gas, etc.).

TURBINTO n. m. Planta arbórea de América meridional que suministra trementina y con cuyas bayas se elabora una agradable bebida. (Familia terebintáceas.)

TURBIO, A adj. (lat. *turbidum*). Sucio o revuelto con algo que quita la transparencia natural: *aguas turbias*. **2.** *Fig.* Revuelto, turbulento. **3.** *Fig.* Confuso, poco claro, deshonesto: *un negocio turbio*.

TURBIÓN n. m. Aguacero impetuoso, con viento y de poca duración. **2.** *Fig.* Aluvión de cosas o de acontecimientos.

TURBO n. m. Abrev. de *turbocompresor*. ♦ adj. y n. m. **2.** Dícese de un motor sobrealimentado por un turbocompresor. **3.** Dícese de un vehículo provisto de tal motor.

TURBOALTERNADOR n. m. Grupo generador de electricidad, compuesto de una turbina y un alternador montados sobre un mismo eje.

TURBOBOMBA n. f. Bomba centrífuga acoplada directamente a una turbina de vapor.

TURBOCOMPRESOR n. m. Compresor accionado por una turbina. • **Turbocompresor de sobrealimentación**, órgano anexo de un motor térmico de gasolina o diésel, que fuerza la mezcla o el aire en el colector de admisión y en la válvula de admisión. (Abrev. turbo.)

TURBOMÁQUINA n. f. Nombre genérico de los aparatos generadores o receptores, que actúan dinámicamente sobre un fluido mediante una rueda provista de compartimientos, móvil alrededor de un eje fijo (turborreactores, turbomotores).

TURBOMOTOR n. m. Órgano de propulsión cuyo elemento esencial es una turbina de gas.

TURBOPROPULSOR n. m. Propulsor aeronáutico compuesto de una turbina de gas, que acciona una o varias hélices por medio de un reductor. SIN.: *turbohélice*.

TURBORREACTOR n. m. Turbina de gas utilizada en aeronáutica y que funciona por reacción directa en la atmósfera.

TURBOTRÉN n. m. Tren automotor de tracción autónoma, propulsado por turbinas de gas aeronáuticas.

TURBOVENTILADOR n. m. Dispositivo formado por el acoplamiento de una turbina con un ventilador.

TURBULENCIA n. f. Calidad de turbio o turbulento. **2.** *Fig.* Confusión, alboroto. **3.** Agitación desordenada de un fluido en movimiento turbulento.

TURBULENTO, A adj. (lat. *turbulentum*). Turbio, mezclado. **2.** *Fig.* Agitado, alborotado: *aguas turbulentas*. **3.** *Fig.* Agitador, revoltoso, que promueve alborotos, disturbios, etc.: *persona turbulenta*.

TURCIOS (Froilán), escritor hondureño (Juticalpa 1875-San José, Costa Rica, 1943). Modernista, cultivó la poesía descriptiva (*Floresta sonora*, 1915) y la narración de tema regional (*Annabel Lee*, 1906).

TURCO, A adj. y n. Relativo a un conjunto de pueblos de Asia central y oriental y de los confines orientales de Europa que hablan lenguas de la misma familia y en su mayoría islamizados; individuo de dichos pueblos. **2.** De Turquía. **3.** *Amér.* Dícese de la persona de origen árabe, sirio o turco que reside en un país de América. ♦ n. m. **4.** Lengua hablada en Turquía.

TURCOMANO o **TURKMENO** adj. y n. Relativo a un pueblo turco de lengua turcomana, que vive en Turkmenistán, Afganistán e Irán; individuo de este pueblo.

TURGENCIA n. f. Calidad de turgente. **2.** BOT. Estado normal de rigidez de los tejidos vegetales vivos. **3.** MED. Tumescencia.

TURGENTE adj. (lat. *turgentem*). Hinchado, en estado de turgencia.

TURGUÉNIEV o **TURGUENEV** (Iván Sergueievich), escritor ruso (Oriol 1818-Bougival 1883). Autor de novelas y relatos (*Apuntes de un cazador*, 1852; *Padres e hijos*, 1862) y de obras de teatro (*Un mes en el campo*, 1879), es el escritor ruso más influido por el pensamiento occidental.

TURIMIQUIRE o **TURIMAQUIRE**, cerro de Venezuela (Sucre y Monagas), punto culminante del macizo de Cumaná; 2596 m de alt.

TURÍN, en ital. **Torino**, c. de Italia, cap. del Piamonte y cap. de prov., a orillas del Po; 961 916 hab. (1,5 millones aprox. en la aglomeración.) Universidad. Centro administrativo, cultural, turístico e industrial (automóviles). Catedral renacentista; palacio ducal, después real, del s. XVII; monumentos barrocos de Guarini (capilla del Santo sudario en la catedral) y Juvara. Ricos museos.

TURINGIA, en alem. **Thüringen**, Land de Alemania; 15 200 km²; 2 683 877 hab. Cap. **Erfurt**. Se extiende por el *Thüringer Wald* (bosque de Turingia) y la *cuenca del Turingia*.

TURISMO n. m. (ingl. *tourism*). Acción de viajar por placer, deporte o instrucción. **2.** Industria que tiene por objeto satisfacer las necesidades del turista. **3.** Automóvil utilitario de uso particular.

TURISTA n. m. y f. (ingl. *tourist*). Persona que viaja por turismo. ♦ adj. **2. Clase turista**, tarifa reducida aplicada a ciertos servicios de transporte.

TURKANA (lago), ant. **lago Rodolfo**, lago del N de Kenya; 8500 km².

TURKESTÁN, denominación histórica de la región de Asia central habitada por pueblos turcos, que se extiende entre el mar Caspio y el desierto de Gobi. En la actualidad comprende la región septentrional de Afganistán y el conjunto de territorios formados por el S de Kazajstán, Kirguizistán, Uzbekistán, Tadzhikistán y Turkmenistán. El Turkestán chino corresponde al actual Xinjiang.

TURKMENISTÁN (República de), estado de Asia central, junto al Caspio; 488 000 km²; 3 500 000 hab. (*Turcomanos*.) CAP. *Ashjabad*. LENGUA OFICIAL: *turcomano*. MONEDA: *manat*.

GEOGRAFÍA
La mayor parte del país es desértica y su población es en un 75 % de origen turcomano. Asocia la ganadería ovina, cultivos de regadío (algodón principalmente) e industria extractiva (hidrocarburos).

HISTORIA
La región Transcaspiana, conquistada por los rusos (1863-1885), fue integrada en el Turkestán en 1897. 1924: se creó la República Socialista Soviética de Turkmenistán. 1990: los comunistas ganaron las primeras elecciones republicanas libres. 1991: el soviet supremo proclamó la independencia de la república (oct.), que se adhirió a la C.E.I.

TURKMENO, N. y. Turcomano.

TURMA n. f. (lat. *turmam*). Testículo. **2.** Hongo ascomicete comestible, que crece en la península Ibérica. (Familia tuberáceas.) **3.** *Colomb.* Planta apocinácea de aplicaciones medicinales.

TURMALINA n. f. (fr. *tourmaline*). Borosilicato natural de aluminio, de coloración variada, que forma prismas alargados. **2.** Piedra fina de color rojo, azul, verde, pardo, etc.

TURMERO, c. de Venezuela (Aragua); 174 280 hab. Industrias.

TURNAR v. intr. y pron. (fr. *tourner*) [**1**]. Alternar o establecer un turno con otras personas en la realización de algo. ♦ v. tr. **2.** *Méx.* Remitir un asunto, expediente, etc., un funcionario a otro.

TURNER (William), pintor británico (Londres 1775-*id.* 1851). Paisajista, tendió cada vez más, a disolver las formas en la atmósfera con una paleta luminosa (*El incendio del Parlamento*, 1835; *Lluvia, niebla, velocidad*, 1844).

TURNO n. m. Orden por el que se sucen las personas en una actividad o para recibir o ser atendidos. **2.** *Vez*, momento, espacio de tiempo en el que corresponde actuar a cada uno: *esperar el turno de hablar*. **3.** Duración de la jornada de trabajo de veinticuatro horas en períodos de trabajo. **4.** Conjunto de los obreros o empleados que trabajan al mismo tiempo en una empresa.

TUROLENSE adj. y n. m. y f. De Teruel.

TURÓN n. m. Mamífero carnívoro que, al ser atacado, segrega un líquido hediondo. (Familia mustélidos.)

TURQUESA n. f. Fosfato aluminico básico de cobre hidratado que constituye una piedra preciosa de color azul cielo o azul verde, opaca o transparente. ♦ adj. y n. m. **2.** Relativo al color azul verdoso.

TURQUÍ adj. y n. m. Relativo al color azul añil.

TURQUÍA, en turco **Türkiye**, estado de Asia occidental (que engloba el extremo SE de la península balcánica en Europa; 780 000 km²; 53 500 000 hab. (*Turcos*.) CAP. *Ankara*. C. PRAL. *Estambul*. LENGUA OFICIAL: *turco*. MONEDA: *libraturca*.

GEOGRAFÍA
Exceptuando la parte europea, que representa menos de una trigésima parte de la superficie total, Turquía es un país de tierras altas. La cadena Póntica al N y el Taurus al S rodean la meseta anatolia que se eleva escalonadamente por encima del mar Egeo y da paso, hacia el E, al macizo armenio, zócalo dominado por formaciones volcánicas (monte Ararat). Salvo el litoral de clima mediterráneo, el país se caracteriza por inviernos rigurosos. El verano es cálido y en general seco. Estas características repercuten en la hidrografía (lagos salados, frecuente endorreísmo), la vegetación (estepas), la población (concentrada fundamentalmente en el litoral, principalmente junto al mar de Mármara) y la economía. El país, en su mayoría rural, produce cereales, fruta y algodón, que constituyen la parte esencial de las exportaciones, junto a los productos de la ganadería bovina y, en especial, ovina, muy desarrollados (alfombras). Los recursos del subsuelo son diversificados, aunque escasos (excepto el cromo), o poco explotados, lo cual dificulta la industrialización. Se han realizado avances, sin embargo, se han visto frenados por la falta de técnicos, de capital y por la frágil infraestructura económica (transporte). El déficit de la balanza comercial sólo se atenúa parcialmente gracias al turismo y a las remesas de los trabajadores (principalmente Alemania).

HISTORIA
1918: desmembramiento del imperio otomano, el país fue ocupado por los alemanes. 1919: Mustafá Kemal inició la construcción de un estado nacional turco a partir de Anatolia. 1920: la gran asamblea nacional de Ankara lo eligió presidente (abril). Los griegos, apoyados por Gran Bretaña, desembarcaron en Asia Menor (junio), el tratado de Sèvres (ag.). 1922: los griegos, derrotados, firmaron el armisticio de Mudanya. Mustafá Kemal abolió el sulta-

TUR

nato. 1923: el tratado de Lausana fijó las fronteras de Turquía. Los armenios y los kurdos fueron abandonados por los aliados, que los apoyaban. Se instauró la república; Mustafá Kemal se convirtió en presidente y gobernó con el Partido republicano del pueblo, recién fundado. Inició una revolución nacional con el fin de convertir Turquía en un estado laico, moderno y occidentalizado. 1924: el califato fue abolido. 1938: a la muerte de Mustafá Kemal, llamado Atatürk, Ismet Inönü fue presidente de la república. 1947: Turquía, que se había declarado neutral durante la segunda guerra mundial, se benefició del plan Marshall. 1950: Menderes, al frente del partido democrático, accedió al poder. Rompió con el dirigismo del estado y permitió la vuelta a las tradiciones islámicas. 1952: Turquía entró en la O.T.A.N. 1960: el general Gürsel tomó el poder y fue presidente de la república (1961-1966). 1961-1971: I. Inönü (1961-1965) y S. Demirel (1965-1971) formaron gobiernos de coalición. 1970-1972: estallaron graves disturbios; el ejército restauró el orden. 1974: B. Ecevit, primer ministro, ordenó a las tropas turcas desembarcar en Chipre. 1975-1980: Demirel y Ecevit se alternaron en el poder. 1980: el agravamiento de los disturbios, causados por una doble agitación de marxistas y de integristas musulmanes, así como de separatistas kurdos, provocaron un golpe de estado militar, dirigido por Kenan Evren. 1983: los partidarios políticos fueron autorizados de nuevo y Turgut Özal formó un gobierno civil. 1989: Turgut Özal fue elegido presidente. 1991: la rebelión kurda se intensificó. 1993: T. Demirel fue elegido presidente. 1996: entrada en vigor de la unión aduanera con la Unión europea. Tras las elecciones, el islamista N. Erbakan formó gobierno con el apoyo de la derecha. 1998: N. Erbakan dimitió; M. Yilmaz formó un gobierno de coalición con socialdemócratas y centristas. Se dificultó el partido islamista. 1999: a la caída de Yilmaz, B. Ecevit formó un nuevo gobierno de coalición.

TURQUINO (sierra de), sierra del S de Cuba (Granma y Santiago de Cuba), en sierra Maestra; máx. alt. en el *pico real de Turquino* (1974 m), punto culminante de la isla.

TURRIALBA, volcán de Costa Rica (Cartago), en la cordillera Central; 3328 m de alt.

TURRO, A adj. y n. (voz lunfarda). Dícese de la persona desvergonzada y de malas intenciones.

TURRÓN n. m. Dulce a base de almendras, piñones, avellanas o nueces, tostado y mezclado con miel o azúcar.

TURULATO, A adj. *Fam.* Pasmado, estupefacto, alelado.

TUSA n. f. *Amér.* Gente insignificante o despreciable. **2.** *Argent.* Acción y efecto de tusar. **3.** *Argent.* y *Chile.* Crines del caballo. **4.** *Bol., Colomb.* y *Venez.* Mazorca de maíz desgranada. **5.** *Chile.* Barbas de la mazorca de maíz. **6.** *Colomb.* Marca de viruela. **7.** *Cuba.* Cigarrillo que se lía con hojas de maíz.

TUSAR v. tr. [1]. *Amér.* Trasquilar. **2.** *Argent.* Cortar las crines del caballo.

TUSÍGENO, A adj. Que provoca la aparición de tos.

TUSO, A adj. *Colomb.* y *P. Rico.* Se dice de la persona con el pelo cortado al ras, pelón. **2.** *Colomb.* y *Venez.* Dícese de la persona que está picada de viruelas. **3.** *P. Rico.* Dícese del animal que carece de rabo o que lo tiene corto.

TUT ANJ AMÓN, TUTANKAMÓN o **TUTANKAMEN**, faraón de la XVIII dinastía [c. 1354-1346 a. J.C.]. Muerto a los 18 años, debe su fama al descubrimiento (1922) de su tumba, en el valle de los Reyes.

TUTE n. m. (ital. *tutti*, todos). Juego de naipes que se juega con baraja española y cuyo objetivo es llegar a reunir los cuatro reyes o los cuatro caballos de la baraja. **2.** *Fam.* Reunión de cuatro personas de la misma clase. • **Dar un tute** *(Fam.)*, usar mucho algo, hasta el extremo de consumirlo, estropearlo, etc. ∥ **Darse un tute** *(Fam.)*, hacer un esfuerzo extraordinario, trabajando intensamente.

TUTEAR v. tr. y pron. [1]. Tratar a una persona, al dirigirse a ella, empleando el pronombre *tú* en vez de *usted.*

TUTELA n. f. (lat. *tutelam*). Institución ordenada por la ley, que tiene por objeto la protección y asistencia de una persona que, por razón de edad o de incapacidad, no puede gobernarse por ella misma. **2.** Autoridad protectora. **3.** Cargo de tutor. **4.** *Fig.* Amparo, protección. • **Territorio bajo tutela**, país sometido a la tutela de la O.N.U., quien delega su administración a una potencia.

TUTELAR adj. Que guía, ampara o protege.

TUTELAR v. tr. [1]. Ejercer una tutela sobre alguien.

TUTEO n. m. Acción y efecto de tutear.

TUTMÉS o **TUTMOSIS**, nombre de cuatro faraones de la XVIII dinastía, el más importante de los cuales fue **Tutmés III** (1505/1484-1450 a. J.C.). Conquistó Palestina y Siria hasta el Éufrates y sometió definitivamente Nubia.

TUTOR, RA n. Persona que representa al menor o incapacitado. **2.** *Fig.* Defensor, guía, protector. **3.** Profesor privado que tiene a su cargo la educación general de un alumno. **4.** Persona encargada de orientar y aconsejar a los alumnos en un curso o una asignatura. ◆ n. m. **5.** Rodrigón, estaca. **6.** Armadura que se coloca alrededor de un árbol joven para protegerlo.

TUTORÍA n. f. Cargo de tutor.

TUTSI o **BATUTSI**, pueblo de Ruanda y Burundi.

TUTTIFRUTTI o **TUTTI FRUTTI** n. m. (voz italiana). Helado de frutas variadas.

TUTÚ n. m. (fr. *tutu*). Vestido típico de bailarina de danza clásica.

TUTU (Desmond), obispo sudafricano (Klerksdorp, Transvaal, 1931), de raza negra, jefe de la Iglesia anglicana de África austral y arzobispo de El Cabo (1986-1996), se caracterizó por su lucha activa pero pacífica contra el apartheid. (Premio Nobel de la paz 1984.)

TUTUMA n. f. *Chile.* Chichón, bulto.

TUTUPACA, volcán de Perú (Tacna y Moquegua), en la cordillera Occidental; 5806 m de alt.

TUVA *(República de)*, república de la Federación de Rusia, en la cuenca superior del Yeniséi (170 500 km^2; 309 000 hab. Cap. *Kizil*).

TUVALU *(islas)*, ant. **Ellice**, archipiélago de Micronesia, al N de las Fidji, que constituye un estado independiente desde 1976 (24 km^2; 8000 hab.). CAP. *Funafuti*. LENGUAS OFICIALES: *inglés* y *tuvaluan*. MONEDA: *dólar australiano*.

TUXPAN DE RODRÍGUEZ CANO, c. de México (Veracruz); 118 520 hab. Centro comercial. Petróleo. Astilleros.

TUXTLA o **SAN MARTÍN TUXTLA**, volcán de México (Veracruz), en la llanura costera; 1 764 m de altura.

TUXTLA GUTIÉRREZ, c. de México, cap. del est. de Chiapas; 295 608 hab. Centro industrial (harineras, tabaco, textiles y calzado) y comercial.

TUY, r. de Venezuela, que nace en la serranía del Interior y desemboca en el Caribe; 200 km. El *valle del Tuy* es una rica región agrícola.

TUYA n. f. Planta arbustiva o arbórea originaria de Asia o América, cultivada en parques por su follaje ornamental. (Familia cupresáceas.)

TUYO, A adj. y pron. poses. de 2.ª pers. (lat. *tuum*). Establece relación de posesión o pertenencia: *esto es tuyo*. • **Lo tuyo**, lo propio de la persona a quien se habla; lo que hace bien o lo que es adecuado para ella. ◆ **tuyos** n. m. pl. **2. Los tuyos**, tus parientes, tus amigos.

TUZA n. f. *Méx.* Pequeño roedor, parecido al topo, que construye galerías subterráneas.

TV, abrev. de *televisión*.

TWAIN (Samuel Langhorne **Clemens**, llamado **Mark**), escritor norteamericano (Florida, Missouri, 1835-Redding, Connecticut, 1910). Primer gran escritor del oeste norteamericano (*Las aventuras de Tom Sawyer*, 1876; *Las aventuras de Huckleberry Finn*, 1884).

TWEED n. m. (voz inglesa). Tejido de lana, generalmente en dos colores, que se utiliza para la confección de prendas de sport.

TZARA (Tristan), escritor francés de origen rumano (Moineşti 1896-París 1963), uno de los animadores del movimiento dadá (*Siete manifiestos dadá*, 1924).

TZELTAL o **TZENDAL**, pueblo amerindio maya de México (Chiapas), en la frontera con Guatemala.

TZITZI PANDÁCUARE, soberano tarasco (s. XV), hijo y sucesor de Tangaxoan I. Reunificó el reino.

TZOMPANTLI n. m. (voz náhuatl, *empalizada de calaveras*). Tipo de construcción realizado por los toltecas y los aztecas del México prehispánico, que consistía en un zócalo de piedra, generalmente decorado con calaveras en relieve, sobre el que se levantaba un armazón de madera en el que se exponían las calaveras de las víctimas sacrificadas a los dioses en los templos de las principales ciudades.

TZOTZIL o **CHAMULA**, pueblo amerindio maya de México (est. de Chiapas). Su cultura destaca por la artesanía, la literatura oral y la música.

Uu

U n. f. Vigésima segunda letra del alfabeto español y la quinta de las vocales. **2.** Símbolo químico del *uranio*. **3.** Símbolo de la *unidad de masa atómica*.
U conj. disyunt. Se emplea en vez de *o* ante palabras que empiezan por o o por ho: *uno u otro*.
UAPITÍ n. m. Ciervo de gran tamaño que vive en Alaska y Siberia.
UBAJAY n. m. Planta arbórea de fruto comestible, que crece en Argentina. (Familia mirtáceas.) **2.** Fruto de esta planta.
UBERABA, lago de Bolivia y Brasil, en el curso alto del río Paraguay; 15 km de long. y 8 de anch.
UBÉRRIMO, A adj. superl. Muy abundante y fértil.
UBICAR v. intr. y pron. [1a]. Estar encontrarse en determinado lugar o espacio. ♦ v. tr. **2.** *Amér.* Situar o instalar en determinado espacio o lugar.
UBICO (Jorge), militar y político guatemalteco (Guatemala 1878-Nueva Orleans 1946), presidente de la república (1931-1944), estableció una dictadura y favoreció los intereses de E.U.A. Fue derrocado.
UBICUIDAD n. f. Calidad de ubicuo.
UBICUO, A adj. Que está o puede estar en todas partes. **2.** *Fig.* Dícese de la persona muy activa.
UBINAS, volcán de Perú (Moquegua y Arequipa), en la cordillera Occidental de los Andes; 5672 metros.
UCAYALI o **APU-PARU**, r. de Perú (Ucayali y Loreto); 1500 km aprox. Se forma tras la unión del Urubamba con el Apurímac, y al unirse al Marañón, forma el Amazonas. Importante vía de comunicación y transporte.
UCAYALI, región administrativa del E de Perú que comprende el departamento homónimo; 102 411 km²; 284 900 hab. Cap. Pucallpa.
UCCELLO o **UCELLO** (Paolo **di Dono**, llamado **Paolo**), pintor italiano (¿Florencia? 1397-*id.* 1475). Su tratamiento de las figuras y de la perspectiva revela un agudo y complejo juego intelectual.
U.C.I., siglas de *unidad de cuidados intensivos*.
UCRANIA, estado de Europa oriental, a orillas del mar Negro; 604 000 km²; 51 700 000 hab. (*Ucranianos.*) CAP. Kíev. LENGUA OFICIAL: ucraniano. MONEDA: grivna.
GEOGRAFÍA
Ucrania es una región de relieve accidentado, que abarca la zona de las fértiles tierras negras. Engloba la mayor parte de la cuenca hullera del Donbass y posee importantes yacimientos de hierro en Krivói-Rog y grandes instalaciones hidroeléctricas. Es una importante región agrícola e industrial, productora de trigo, carbón y acero. La población está formada por un 75 % de origen ucraniano, aunque cuenta con una notable minoría rusa.
HISTORIA
Ss. IX-XII: desarrollo del estado de Kíev. S. XII: el principado de Galitzia-Volinia recogió la tradición de Kíev. 1238-1240: la conquista mongol arrasó la región de Kíev. Ss. XIII-XIV: Lituania y Polonia se anexionaron todas las regiones donde se desarrolló la civilización ucraniana, excepto Rutenia Subcarpática que se encontraba bajo dominio húngaro desde el s. XI. Ss. XV-XVI: las comunidades cosacas se organizaron en el Don y en el Dniéper. 1654: el atamán Jmelnitski consiguió la protección de Moscú. 1667: Ucrania fue dividida entre Polonia y Rusia. 1709: Pedro el Grande derrotó en Poltava al atamán Mazepa, que había intentado crear una Ucrania reunificada e independiente. 1764: el atamán fue abolido por Catalina II. 1793-1795: a raíz de los repartos de Polonia, Ucrania quedó bajo dominio de los imperios ruso y austríaco. Fines de 1917-inicios de 1918: los bolcheviques crearon una república soviética en Járkov, y los nacionalistas, una república independiente en Kíev. 1919-1920: los ejércitos rusos blancos y luego los polacos intervinieron en Ucrania. 1922: la república soviética de Ucrania se adhirió a la Unión Soviética. 1939-1940: la U.R.S.S. se anexionó los territorios polacos poblados por ucranianos, así como el N de Bucovina y Besarabia. 1941-1944: los nazis impusieron un régimen de ocupación muy rigurosa. 1945: Ucrania se anexionó Rutenia Subcarpática. 1954: anexión de Crimea. 1990: los comunistas ganaron las primeras elecciones republicanas libres. 1991: el soviet supremo proclamó la independencia del país (ag.), que se adhirió a la C.E.I. El comunista Leonid Kravchuk fue elegido presidente de la república. 1994: Leonid Kuchma accedió a la presidencia tras las elecciones de julio. El parlamento ratificó el tratado de no proliferación nuclear. 1996: el parlamento aprobó una nueva constitución. 1997: firma de un tratado de amistad con Rusia. 2004: se llevaron a cabo elecciones presidenciales que fueron cuestionadas y anuladas. 2005: se realizó una segunda vuelta en la que resultó vencedor Viktor Yushchenko, el candidato opositor.
UCRANIANO, A o **UCRANIO, A** adj. y n. De Ucrania. ♦ n. m. **2.** Lengua eslava hablada en Ucrania.
UD., UDS., abrev. de *usted, ustedes*.
UDMURTIA (*República de*), república de la Federación de Rusia, en la cuenca superior del Kama; 42 100 km²; 1 609 000 hab. (*Udmurtos.*) CAP. *Izhevsk*.
¡UF! interj. Expresa cansancio, fastidio, sofocación, repugnancia, etc.: *¡uf! ¡qué calor!*
UFANARSE v. pron. [1]. Engreírse, jactarse.
UFANO, O adj. Engreído. **2.** Satisfecho, alegre. **3.** Lozano.
UGANDA, estado de África oriental; 237 000 km²; 18 700 000 hab. (*Ugandeses.*) CAP. Kampala. LENGUA OFICIAL: inglés. MONEDA: chelín ugandés. Situado al N del lago Victoria, es un país de mesetas, cubiertas de sabanas, cuyos principales recursos son la ganadería, el algodón, el té y sobre todo el café.
HISTORIA
La población de la actual Uganda es el resultado del mestizaje de bantúes y pueblos nilóticos. Ss. XVI-XIX: estos pueblos constituían pequeños estados muy poco estructurados. 1856-1884: Mutesa, rey, o *kabaka*, de Buganda, acogió favorablemente a los europeos. 1894: a pesar de la actitud más reticente de su hijo Mwanga, que luchó contra las influencias religiosas extranjeras, musulmanas y cristianas, Gran Bretaña estableció su protectorado en Uganda. 1953-1955: el *kabaka* Mutesa II, que reclamó la independencia para Buganda, fue deportado a Gran Bretaña. 1962: Uganda, que agrupaba Buganda, Bunyoro, Ankola, Toro y Busoga, se convirtió en un estado federal independiente, con Mutesa al frente (1963). 1966: Milton Obote sucedió a Mutesa mediante un golpe de estado y puso fin a la federación de los reinos. 1967: se proclamó la república.
UGARTE (Manuel), escritor argentino (Buenos Aires 1878-Niza 1951). Encuadrado dentro del modernismo, escribió poesía (*Poesías completas*, 1921), relato (*Cuentos argentinos*, 1910) y ensayo cultural y sociopolítico.
UGROFINÉS, SA adj. y n. m. Dícese de una familia de lenguas vinculadas al conjunto uraloaltaico, y que comprende el grupo fínico (finés, lapón, etc.) y el grupo ugrio (húngaro, vogul, ostiako). SIN.: *finougro*.
U.H.F., siglas de la expresión inglesa *ultra high frequency* (frecuencia ultra elevada) con que se designan las ondas radioeléctricas de frecuencias comprendidas entre 300 y 3000 MHz.
UJIER n. m. Fortero de un palacio o de un tribunal. **2.** Empleado subalterno de algunos tribunales y cuerpos del estado.
¡ÚJULE! interj. *Méx. Fam.* ¡Vaya! **2.** *Méx.* ¡Huy!
UKELELE n. m. Instrumento musical de cuerdas pulsadas, parecido a una guitarra.
ULAN BATOR, ant. **Urga**, c. y cap. de Mongolia, junto al Tola; 600 900 hab.
ULATE BLANCO (Otilio), político costarricense (Alajuela 1895-San José 1973). Elegido presidente de la república en 1948, tras una breve guerra civil, ocupó la presidencia (1949-1953).
ÚLCERA n. f. (lat. *ulcera*). Pérdida de sustancia de un revestimiento epitelial, cutáneo o mucoso, que se acompaña de lesiones más o menos profundas. **2.** AGRIC. Descortezadura de los árboles.
ULCERAR v. tr. y pron. [1]. Causar úlcera.
ULCEROSO, A adj. y n. Relativo a una úlcera; afecto de esta enfermedad.
ULISES, en gr. **Odysseus**, héroe antiguo y legendario de Ítaca, hijo de Laertes, esposo de Penélope, padre de Telémaco y uno de los principales personajes de la *Ilíada* (1949-1953).
ULMO n. m. *Chile.* Planta arbórea cuya corteza se emplea para curtir. (Familia eucrifiáceas.) **2.** *Chile.* Madera de esta planta.
ULPO n. m. *Chile y Perú.* Especie de mazamorra hecha con harina tostada y agua.
ULSTER, región histórico-geográfica del N de Irlanda. Desde 1921, la parte NE del Ulster constituye Irlanda del Norte, unida

a Gran Bretaña. Tres condados, *Cavan, Donegal* y *Monaghan,* se unieron a la República del Ulster en 1921, formando así la *provincia del Ulster* (8 011 km²; 232 012 hab.). → *Irlanda del Norte.*

ULTERIOR adj. (lat. *ulteriorem*). Que se dice, sucede o se ejecuta después de otra cosa.

ÚLTIMA ESPERANZA *(seno),* fiordo de Chile (Magallanes y Antártica chilena); 65 km de long. y 5 km de anch. En su orilla E se halla Puerto Natales.

ULTIMADAMENTE adv. m. *Méx. Fam.* Finalmente, a todo esto, a fin de cuentas.

ULTIMAR v. tr. [1]. Terminar, concluir algo, finalizar una obra. **2.** Elaborar un acuerdo después de unas negociaciones. **3.** *Amér.* Matar, rematar.

ULTIMÁTUM n. m. (pl. *ultimátum* o *ultimátums*). Condiciones definitivas impuestas por uno a otro y cuya no aceptación implica la guerra. **2.** Resolución o determinación definitiva.

ÚLTIMO, A adj. (lat. *ultimum*). Que en una serie viene después de todos los demás: *último día de la semana.* **2.** Que en orden al tiempo está después de los que preceden, el más reciente: *según el último parte meteorológico.* **3.** Postrero: *fueron sus últimas palabras.* **4.** Que constituye la parte más remota, lejana o escondida de algo: *últimas estribaciones de una montaña.* **5.** Decisivo, definitivo, exclusivo: *es la última oferta.* **6.** Dícese de lo extremado en su línea. • **A la última** *(Fam.),* a la última moda. || **Por último,** finalmente, después o detrás de todo.

ULTRA adj. Relativo a la política de extrema derecha y a la radicalización de las opiniones: *ideología ultra.* ♦ n. m. y f. **2.** Persona que tiene ideas políticas de extrema derecha.

ULTRACORRECCIÓN n. f. LING. Fenómeno por el que una forma correcta es considerada incorrecta, restituyéndose, por error, algo que se cree normal.

ULTRACORTO, A adj. FÍS. Dícese de ondas electromagnéticas cuya longitud es del orden de algunos centímetros.

ULTRAÍSMO n. m. Movimiento poético español de la segunda década del s. XX, que se esforzó por incorporar las corrientes europeas de vanguardia.

ULTRAÍSTA adj. n. m. y f. Relativo al ultraísmo; partidario de este movimiento poético.

ULTRAJANTE o **ULTRAJOSO, A** adj. Que ultraja moralmente: *proposición ultrajante.*

ULTRAJAR v. tr. [1]. Cometer ultraje.

ULTRAJE n. m. Injuria, ofensa o desprecio de palabra o de obra.

ULTRALIGERO, A adj. Sumamente ligero. ♦ n. m. **2.** Pequeño avión de concepción simplificada, monoplaza o biplaza, equipado con un pequeño motor. **3.** Modalidad de vuelo que se practica con este avión.

ULTRAMAR n. m. Con respecto a un país o conjunto de países, otro u otros que están situados al otro lado del mar. • **Azul de ultramar,** lapislázuli; color de este mineral.

ULTRAMARINO, A adj. Que está del otro lado del mar: *territorios ultramarinos.* ♦ **ultramarinos** n. m. pl. **2.** Víveres que se venden en tiendas de comestibles. **3.** Dichas tiendas.

ULTRANZA. A ultranza, sin detenerse ante las dificultades, con resolución; sin concesiones ni paliativos.

ULTRARROJO, A adj. Infrarrojo.

ULTRASONIDO n. m. Vibración de la misma naturaleza que el sonido, pero de frecuencia muy elevada, no audible por el oído humano.

ULTRASONORO, A o **ULTRASÓNICO, A** adj. Relativo a los ultrasonidos.

ULTRATUMBA. De ultratumba, que está más allá de la tumba y de la muerte.

ULTRAVIOLETA adj. y n. m. FÍS. Dícese de las radiaciones invisibles para el ojo humano situadas en el espectro luminoso más allá del violeta, de longitud de onda menor que la de este color y mayor que la de los rayos X.

ULÚA, pueblo amerindio de Nicaragua, del grupo sumo.

ULÚA, r. de Honduras; 257 km. Nace en la cuenca del lago Yojoa y desemboca en el golfo de Honduras.

ULULAR v. intr. [1]. Dar aullidos los animales.

ULULATO n. m. Aullido, alarido.

UMANGO *(sierra de),* sierra de Argentina (La Rioja), en la Precordillera; 4500 m de alt.

UMBELA n. f. (lat. *umbellam,* sombrilla). BOT. Inflorescencia cuyos pedicelos parten todos de un mismo punto para elevarse al mismo nivel, como los radios de un parasol.

UMBELÍFERO, A adj. y n. f. Relativo a una familia de plantas con flores dispuestas en umbelas, como la zanahoria.

UMBILICAL adj. Relativo al ombligo.

UMBRAL n. m. Pieza o escalón que forma la parte inferior de una puerta. **2.** *Fig.* Comienzo, principio en cualquier proceso o actividad. **3.** *Fig.* Límite. **4.** ARQ. Viga que se atraviesa en lo alto de un vano, para sostener el muro que hay encima. **5.** FISIOL. Límite a partir del cual se percibe una sensación o estímulo.

UMBRÍO, A adj. Lugar que, por su orientación, está siempre en sombra.

UMBRÍO, A adj. Dícese del lugar donde da poco el sol: *calle umbría.*

UMBROSO, A adj. Que tiene o causa sombra.

UN, UNA art. indet. sing. Sirve para indicar una persona o cosa de un modo indeterminado: *conducía un coche deportivo.* **2.** Sirve para introducir una expresión temporal indeterminada: *llegará un día en que me darás la razón.* ♦ adj. **3.** Apócope de *uno,* número: *dale un caramelo.*

UNAMUNO (Miguel de), escritor y filósofo español (Bilbao 1864-Salamanca 1936). Los títulos más representativos de su pensamiento, profundamente influido por Kierkegaard, son *Del sentimiento trágico de la vida* (1913) y *La agonía del cristianismo* (1931). La misma actitud vital se refleja en su poesía (*El Cristo de Velázquez,* 1920) y en su narrativa (*Amor y pedagogía,* 1902; *Niebla,* 1914; *La tía Tula,* 1921; *San Manuel Bueno, mártir,* 1933).

UNÁNIME adj. (lat. *unanimen*). Que tiene o expresa un mismo parecer, opinión, sentimiento.

UNANIMIDAD n. f. Calidad de unánime. • **Por unanimidad,** por acuerdo de todas las personas que forman un grupo, sin faltar ninguna.

UNANUE (José Hipólito), científico y político peruano (Arica 1755-Lima 1833). Fue editor del *Mercurio peruano* (1791-1794), que contribuyó grandemente a la difusión de las ideas científicas en Perú. Desempeñó un importante papel en la lucha de su país por la independencia. Apoyó a Bolívar y ocupó la presidencia del consejo de ministros (1826-1827). Autor de *Guía política, eclesiástica y militar del virreinato del Perú* (1793-1797) y de *Observaciones sobre el clima de Lima* (1806).

UNARE *(laguna de),* albufera de Venezuela, en el Caribe (Anzoátegui), de 22 km de long. y 5 km de anch., al O de la desembocadura del *río Unare* (250 km).

UNAU n. m. Mamífero de América tropical, arborícola, de movimientos lentos. (Orden desdentados, familia bradipódidos.)

UNCIÓN n. f. (lat. *unctionem*). Acción y efecto de ungir. **2.** Devoción y recogimiento. **3.** Extremaunción.

UNCIR v. tr. [3a]. Atar o sujetar al yugo bueyes, mulas u otras bestias.

UNDÉCIMO, A adj. num. ordin. Que corresponde en orden al número once. ♦ adj. **2.** Dícese de cada una de las once partes iguales de un todo.

UNDSET (Sigrid), escritora noruega (Kalundborg, Dinamarca, 1882-Lillehammer 1949), autora de novelas históricas (*Kristin Lavransdatter,* 1920-1922) y de relatos inspirados en sus convicciones religiosas (*El matoral en llamas,* 1930). [Premio Nobel de literatura 1928.]

UNGARETTI (Giuseppe), poeta italiano (Alejandría, Egipto, 1888-Milán 1970), figura principal del hermetismo (*Sentimiento del tiempo,* 1933).

UNGIDO n. m. Persona que ha sido signada con el óleo sagrado, como un sacerdote, un rey, etc.

UNGIR v. tr. [3b]. Extender superficialmente, sobre una cosa, grasa, aceite o cualquier otra materia pingüe. **2.** LITURG. Signar con óleo sagrado.

UNGÜENTO n. m. Sustancia para ungir o untar, especialmente con fines curativos. **2.** *Fig.* Remedio con que se pretende arreglar una situación.

UNGULADO, A adj. y n. m. Dícese de los mamíferos cuyos dedos terminan en cascos o pezuñas. ♦ adj. n. m. **2.** Relativo a un vasto y heterogéneo grupo de mamíferos ungulígrados, herbívoros u omnívoros.

UNGULAR adj. Relativo a la uña.

UNICELULAR adj. BIOL. Formado por una sola célula, como los protistas.

ÚNICO, A adj. (lat. *unicum*). Solo y sin otro de su especie: *hijo único.* **2.** *Fig.* Singular, excepcional, fuera de lo común o corriente: *es único en su profesión.*

UNICORNIO n. m. Animal fabuloso, con cuerpo de caballo y un cuerno recto en mitad de la frente. **2.** Rinoceronte. • **Unicornio de mar,** narval.

UNIDAD n. f. (lat. *unitatem*). Cada cosa completa y diferenciada de otras que se encuentra en un conjunto contable: *sardinas envasadas en latas de seis unidades.* **2.** Conjunto de varias partes homogéneas o estrictamente unidas que forman un todo indivisible: *la unidad de la Iglesia.* **3.** Cualidad de una obra artística que tiene armónica correspondencia entre sus partes, unidas por una misma intención, inspiración, etc. **4.** Cada una de las partes, secciones, grupos que forman un determinado organismo: *la factoría consta de varias unidades especializadas.* **5.** *Fig.* Concordia, convergencia de pensamientos y sentimientos entre dos o más personas: *la unidad del partido es un tema económico era total.* **6.** FARM. Cantidad de una sustancia determinada, que corresponde a una cierta actividad farmacológica fija, que suele evaluarse por un método experimental, químico o biológico. **7.** MIL. Fracción del ejército, que puede obrar independientemente, bajo las órdenes de uno solo. **8.** MAT. El primer número de la serie ordinal, que se representa por la cifra 1. **9.** METROL. Magnitud tomada como término de comparación al medir otra magnitud de la misma especie. • **Unidad astronómica,** unidad de longitud (símbolo UA) cuyo valor es 149 597 870 km. || **Unidad central de proceso** (INFORMÁT.), parte de un ordenador que ejecuta el programa. || **Unidad de cuidados intensivos (U.C.I.),** o de **vigilancia intensiva (U.V.I.),** servicio de un centro hospitalario especialmente equipado para ocuparse de los enfermos graves que exigen atención y control ininterrumpidos.

UNIDIMENSIONAL adj. Que tiene una sola dimensión.

UNIDIRECCIONAL adj. Que sólo tiene un sentido de desplazamiento: *corriente unidireccional.* **2.** Dícese de la antena que transmite o recibe en una dirección perfectamente determinada.

UNIDO, A adj. Dícese de las personas que se avienen bien y se tienen mucho cariño: *familia muy unida.*

UNIFAMILIAR adj. Que corresponde a una sola familia: *vivienda unifamiliar.*

UNIFICAR v. tr. y pron. [1a]. Reunir, poner juntas varias cosas o las distintas partes

de una cosa creando un todo homogéneo. **2.** Reducir a un mismo tipo: *unificar los planes de estudios*.
UNIFORMAR v. tr. y pron. [**1**]. Hacer uniforme una cosa o varias entre sí. ♦ v. tr. **2.** Poner uniforme a alguien o hacer que lleve uniforme.
UNIFORME adj. Dícese de lo que tiene un aspecto constantemente igual, que tiene siempre la misma forma. **2.** *Fig.* Privado de cambios, que procede de un modo constantemente igual. ♦ n. m. **3.** Traje o vestido distintivo e igual para todos los que pertenecen a una determinada categoría, institución, etc.
UNIGÉNITO, A adj. Dícese del hijo único. Se dice por antonomasia del Hijo de Dios.
UNILATERAL adj. Relativo a una sola parte, a un solo lado: *decisión unilateral*. **2.** Que considera la cosa desde un solo punto de vista. **3.** Que considera una sola parte de una cuestión: *visión unilateral de un problema*.
UNIÓN n. f. (lat. *unionem*). Acción y efecto de unir. **2.** Asociación de personas que tienen intereses, problemas o fines comunes. **3.** Relación entre dos personas, particularmente, matrimonio. **4.** DER. INTERN. Acto que une bajo un solo estado diversas provincias o estados. **5.** Provincias o estados así unidos: *la Unión norteamericana*. (Con este significado se escribe con mayúscula.)
UNIÓN (*departamento de La*), dep. del SE de El Salvador; 2074 km²; 251 143 hab. Cap. *La Unión*.
UNIÓN, dep. de Argentina (Córdoba); 96 139 hab. Cab. *Bell Ville.* Centro agrícola y ganadero.
UNIÓN (La), c. de Chile (Los Lagos); 38 778 hab. Vacunos. Pesca deportiva. Carbón.
UNIÓN (La) o **SAN CARLOS DE LA UNIÓN,** c. de El Salvador, cap. del dep. homónimo; 26 580 hab. Centro comercial y de servicios. Puerto principal del país.
UNIÓN DE EMIRATOS ÁRABES → *Emiratos Árabes* (Unión de).
UNIÓN DE REPÚBLICAS SOCIALISTAS SOVIÉTICAS → *U.R.S.S.*
UNIÓN SOVIÉTICA → *U.R.S.S.*
UNIONISMO n. m. Doctrina que favorece y defiende la unión de partidos o naciones.
UNIONISTA adj. y n. m. y f. Relativo al unionismo; partidario de esta doctrina. **2.** Referido a E.U.A., nordista. ♦ adj. **3.** Dícese de la persona, partido, doctrina, etc., que mantiene y propaga cualquier idea de unión.
UNIPERSONAL adj. Que consta de una sola persona. **2.** Que corresponde o pertenece a una sola persona. **3.** LING. Dícese de los verbos impersonales.
UNIR v. tr. [**3**]. Juntar estrechamente dos o más cosas de modo que formen una sola o que queden sujetas unas con otras. **2.** Mezclar cosas líquidas o pastosas de modo que formen una sola sustancia. **3.** Trabar, hacer que un líquido o pasta se espese y forme liga. **4.** Hacer que dos cosas que estaban más o menos lejanas entren en relación o comunicación: *el puente unirá las dos orillas del río.* **5.** *Fig.* Hacer que ciertas cosas o situaciones abstractas vayan o actúen juntas: *unir esfuerzos.* **6.** *Fig.* Concordar las voluntades, sentimientos, ánimos o pareceres: *los une el amor.* ♦ *unirse* v. pron. **7.** Confederarse o convenirse varios para el logro de algún intento, entrar a formar parte de un grupo. **8.** Estar unido o cercano: *el árbol se une al tirano.* **8.** Juntarse, agregarse uno a la compañía de otro: *se unió al grupo.* **9.** Estar muy cerca o inmediata una cosa de otra. ‖ *Unirse en matrimonio,* casarse.
UNISEX adj. Que es apropiado o idóneo tanto para hombres como para mujeres: *moda unisex.*
UNISEXUAL adj. Dícese de las especies en las que cada individuo presenta un solo sexo.
UNÍSONO, A adj. Que tiene el mismo sonido o tono que otra cosa. **2.** Que suena en la misma altura. • *Al unísono,* sin discrepancia, de común acuerdo y con unanimidad; a la vez y al mismo tiempo.
UNITARIO, A adj. Relativo a la unidad. **2.** Que tiende a la unidad, que la defiende o desea lograrla: *política unitaria.* **3.** Compuesto por una sola unidad: *escuela unitaria.*
UNITED STATES OF AMERICA, nombre ingl. de Estados Unidos de América.
UNIVALENTE adj. Monovalente.
UNIVALVO, A adj. De una sola valva.
UNIVERSAL adj. Relativo al universo o espacio celeste. **2.** General, que se extiende a todo el mundo, que se refiere a todos los hombres. **3.** Que se refiere a un conjunto de cosas o personas en su totalidad, general: *opinión universal.* **4.** Que se extiende a todos los casos posibles: *validez universal.* **5.** LÓG. Que designa a todos los individuos de una clase. ♦ adj. y n. m. pl. **6.** FILOS. Nombre bajo el cual los escolásticos designaban las ideas o términos generales que servían para clasificar los seres y las ideas: *la cuestión de los universales.*
UNIVERSALIDAD n. f. Calidad de universal.
UNIVERSALISMO n. m. Tendencia política favorable a la unificación de los diversos estados.
UNIVERSALIZAR v. tr. [**1g**]. Generalizar, hacer universal.
UNIVERSIDAD n. f. Institución formada por un grupo de centros de enseñanza, donde se imparte la enseñanza superior. **2.** Edificio donde se imparte este tipo de enseñanza.
UNIVERSITARIO, A adj. Relativo a la universidad. ♦ adj. y n. **2.** Que profesa, o que realiza o ha realizado estudios en la universidad.
UNIVERSO n. m. Mundo, conjunto de todo lo que existe. **2.** Conjunto de individuos o elementos que se someten a estudio estadístico. **3.** Conjunto unitario que forman ciertas cosas inmateriales: *el universo poético.*
UNIVITELINO, A adj. BIOL. Dícese de los gemelos originados a partir de un mismo óvulo.
UNÍVOCO, A adj. (lat. *univocum*). Que sólo puede interpretarse en un sentido: *respuesta unívoca.* **2.** Dícese de lo que tiene igual naturaleza o valor que otra cosa: *pareceres unívocos.* **3.** MAT. Dícese de la correspondencia entre un elemento del primer conjunto y un sólo elemento del segundo.
UNO, A adj. (lat. *unum*). Indica el número que da inicio a la serie natural de los números. **2.** Único, sin ningún otro: *sólo tengo una copia.* **3.** Antepuesto a un número cardinal, poco más o menos: *vinieron unos veinte.* ♦ adj. núm. ordin. y n. m. **4.** Primero, que precede a todos los demás componentes de una serie: *página uno.* ♦ pron. indef. **5.** Indica una persona indeterminada: *llamó uno preguntando por ti.* **6.** En correlación con *otro,* indica contraposición: *uno estudia y otro trabaja.* • **A cada uno,** en lo que se relaciona con un reparto. ‖ **A una,** a un tiempo, unidamente o juntamente. ‖ **De una,** de una vez. ‖ **Más de uno,** expresión enfática equivalente a algunos o muchos. ‖ **Una de dos,** contrapone en disyuntiva dos cosas o ideas. ‖ **Uno de tantos** (*Fam.*), una persona o cosa cualquiera, sin ninguna cualidad especial que la distinga. ‖ **Unos cuantos,** pocos, en número reducido.
UNTADA n. f. *Méx.* Acción y efecto de untar.
UNTADO, A adj. *Argent. y Chile.* Ebrio.
UNTADURA o **UNTURA** n. f. Acción y efecto de untar. **2.** Materia o sustancia grasa que sirve para untar.
UNTAR v. tr. [**1**]. Cubrir con materia grasa una superficie: *untar una tostada con mantequilla.* **2.** Empapar o mojar algo con una sustancia grasa o pastosa: *untar pan en una salsa.* **3.** *Fig. y fam.* Sobornar, corromper con dinero y regalos: *untar a un funcionario.* **4.** TECNOL. Lubricar. ♦ v. tr. y pron. **5.** Manchar con una materia untuosa o sucia: *untarse las manos.* ♦ *untarse* v. pron. **6.** *Fig. y fam.* Quedarse fraudulentamente con parte de lo que se maneja o administra, en especial con el dinero.
UNTO n. m. (lat. *unctum*). Materia grasa que se emplea para untar o engrasar. **2.** Ungüento.
UNTUOSIDAD n. f. Calidad de untuoso. **2.** Poder lubricante o deslizante de una sustancia grasa.
UNTUOSO, A adj. Craso, pingüe, pegajoso. **2.** *Fig.* Excesivamente suave, meloso o empalagoso.
UÑA n. f. (lat. *unguam*). Lámina córnea situada en el extremo distal del dorso de los dedos. **2.** Especie de costra dura que se forma sobre las mataduras de las caballerías. **3.** Punta triangular que rematan los brazos del ancla. **4.** Diente o pestaña que permite el acoplamiento y embrague de dos piezas mecánicas. **5.** Punta corva de ciertos instrumentos metálicos. **6.** Casco o pezuña de los animales que no tienen dedos separados. • **De uñas,** con enemistad y enfado, en actitud hostil. ‖ **Enseñar,** o **mostrar, las uñas** (*Fam.*), amenazar o dejar ver un carácter agresivo. ‖ **No tener uñas para guitarrero** (*Argent., Par. y Urug. Fam.*), carecer de cualidades para llevar a cabo una tarea. ‖ **Rascarse con sus propias uñas** (*Méx.*), valerse por sí mismo.
UÑERO n. m. Inflamación de los tejidos que rodean la uña con formación de pus. **2.** Daño producido por una uña cuando, al crecer indebidamente, se introduce en la carne.
UÑETA n. f. Especie de plectro o dedal de carey que usan los tocadores de instrumentos de cuerda. **2.** Cincel pequeño que utilizan los canteros, marmolistas y escultores. **3.** Herramienta de que se sirven los guanteros para cortar las pieles.
¡UPA! interj. Se emplea para animar o estimular a hacer un esfuerzo. • **A upa,** en brazos.
UPDIKE (John), escritor norteamericano (Shillington, Pennsylvania, 1932). Sus relatos y novelas describen los fantasmas y mitos de la sociedad norteamericana (*Corre, Conejo,* 1960).
¡UPE! interj. *C. Rica.* Se utiliza habitualmente para llamar a los moradores de una casa, cuando se entra en ella.
UPERIZACIÓN o **UPERISACIÓN** n. f. Procedimiento de esterilización de la leche consistente en mantenerla unos segundos a alta temperatura.
UPERIZAR v. tr. [**1g**] Someter a uperización.
UPPSALA, c. de Suecia, al N del lago Mälar; 167 508 hab. Universidad (1477). Una de las ant. capitales de Escandinavia. Catedral gótica iniciada a fines del s. XIII.
UR, ant. c. de la baja Mesopotamia y, según la Biblia, patria de Abraham. El período histórico empieza en el III milenio, con las primeras dinastías de Ur, que sucumbieron ante el imperio de Acad (c. 2325-c. 2200). La III dinastía de Ur (2111-c. 2003) extendió su imperio por toda Mesopotamia.
URA n. f. *Argent.* Larva de un díptero que excava bajo la piel ocasionando fuertes molestias.
URABÁ (*golfo de*), profundo golfo de Colombia (Antioquia y Chocó), en la costa del Caribe, en la parte más interna del golfo de Darién. La boca alcanza unos 55 km de anch. En la orilla O desemboca el río Atrato.
URAL, r. de Rusia y de Kazajstán, que nace en los montes Urales y desemboca en el mar Caspio; 2428 km (cuenca de 231 000 km²).
URALES (*montes*), cadena montañosa de Rusia, que se extiende del N al S sobre 2000 km y constituye un límite tradicional entre Europa y Asia; 1894 m. La riqueza del subsuelo de la montaña y de sus inmediaciones (hierro, carbón, petróleo,

URA

etc.) hace de la región uno de los grandes centros industriales de Rusia (siderurgia y metalurgia, industrias químicas) con grandes ciudades (Yekaterinburg, Cheliábinsk, Magnitogorsk, Ufá, Perm, etc.).

URANIO n. m. Metal radiactivo, de símbolo químico U, número atómico 92, masa atómica 238,02 y densidad 18,7, que funde hacia los 1 800 °C.

URANITA n. f. Fosfato hidratado natural de uranio.

URANO, planeta del sistema solar, descubierto por Herschel en 1781, entre Saturno y Neptuno (diámetro ecuatorial: 51 200 km). Posee una densa atmósfera de hidrógeno, helio y metano, y está rodeado por delgados anillos de materia oscura. Se han descubierto 15 satélites a su alrededor.

URANO, personificación del Cielo en la mitología griega.

URAPE n. m. Planta arbustiva de América Meridional, con flores blancas. (Familia cesalpiniáceas.)

URBANEJA ACHELPOHL (Luis Manuel), escritor venezolano (Caracas 1875-*id.* 1937). Impulsor del modernismo en su país, es autor de novelas (*En este país*, 1910) y cuentos.

URBANIDAD n. f. (lat. *urbanitatem*). Actitud, comportamiento en el trato social con el que se demuestra buena educación.

URBANISMO n. m. Ciencia que se refiere a la construcción y ordenación de aglomeraciones, ciudades y pueblos.

URBANISTA n. m. y f. Especialista en urbanismo.

URBANIZABLE adj. Dícese de una zona que se puede urbanizar, en la que se puede construir.

URBANIZACIÓN n. f. Acción y efecto de urbanizar. **2.** Terreno delimitado para establecer en él un núcleo residencial urbanizado. **3.** Este mismo terreno una vez edificado.

URBANIZAR v. tr. [**1g**]. Acondicionar un terreno para desarrollar o crear una aglomeración urbana.

URBANO, A adj. Relativo a la ciudad: *centro urbano*. ● **Aglomeración urbana**, conjunto formado por el casco urbano de una ciudad y los núcleos próximos del área suburbana, unidos a él por un espacio con una elevada densidad de población. ♦ adj. y n. m. **2.** Dícese del guardia que se ocupa de regular el tráfico en el interior del casco urbano.

URBE n. f. (lat. *urbem*). Ciudad grande.

URBINA (José María), político ecuatoriano (Quito 1808-Guayaquil 1891). Jefe supremo de la república (1851-1856), y exiliado en 1859-1875, dirigió la revolución que dio el poder a Veintemilla (1876).

URBINA (Luis Gonzaga), escritor mexicano (México 1864-*id.* 1934). Su obra poética, con ecos románticos, se sitúa dentro del modernismo y tiene un carácter melancólico y crepuscular (*Puesta de sol*, 1910; *Los últimos pájaros*, 1924).

URBINO, c. de Italia, en las Marcas (prov. de Pesaro y Urbino); 15 125 hab. Palacio ducal del s. XV, obra maestra del Renacimiento.

URDANETA (Alberto), dibujante y pintor colombiano (Bogotá 1845-*id.* 1887). Notable dibujante, realizó numerosos retratos a lápiz de personajes de su época. Inició el género de historia en su país (*Balboa descubriendo el mar del Sur*).

URDANETA (Rafael), patriota y político venezolano (Maracaibo 1789-París 1845). Ocupó diversos cargos militares en la Gran Colombia, pero se opuso a la reelección de Bolívar (1830). Tras el pronunciamiento del batallón venezolano en Nueva Granada, fue nombrado presidente provisional (set. 1830-abril 1831); convocó un congreso constitucional en Villa de Leyva.

URDANETA ARBELÁEZ (Roberto), político colombiano (Bogotá 1890-*id.* 1972), presidente de la república (1951-1953), fue derrocado por el golpe de estado que llevó al poder a Rojas Pinilla.

URDIMBRE n. f. Conjunto de los hilos paralelos, regularmente espaciados, que van dispuestos en sentido longitudinal en las piezas de tela.

URDIR v. tr. [**3**]. Preparar los hilos para pasarlos al telar. **2.** *Fig.* Maquinar, preparar de modo cauteloso algo contra alguien: *urdir una intriga*.

UREA n. f. Sustancia de fórmula CO(NH$_2$)$_2$, residuo de las materias nitrogenadas del organismo que el riñón extrae de la sangre y concentra en la orina.

UREICO, A adj. Relativo a la urea.

UREMIA n. f. Aumento patológico de la tasa de urea en la sangre.

URENTE adj. Que quema, ardiente.

UREO n. m. Representación simbólica de la serpiente naja, que se reproducía en el tocado de los faraones y de algunas divinidades egipcias.

URÉTER n. m. Cada uno de los dos conductos que transportan la orina desde los riñones hasta la vejiga.

URETRA n. f. Conducto que transporta la orina desde el cuello de la vejiga hasta el meato urinario.

UREY (Harold Clayton), químico norteamericano (Walkerton, Indiana, 1893-La Jolla, California, 1981). Descubrió el agua pesada y el deuterio. (Premio Nobel de química 1934.)

URGENCIA n. f. Calidad de urgente. **2.** Falta, necesidad apremiante de algo. ● **Procedimiento de urgencia**, procedimiento parlamentario excepcional, puesto en práctica con el fin de acelerar el estudio y votación de un proyecto de ley. ‖ **Servicio de urgencia**, aquel en que se atiende con carácter urgente a los enfermos accidentados.

URGENTE adj. Que urge. **2.** Que cursa con más rapidez que de ordinario: *carta urgente*.

URGIR v. intr. [**3b**]. Apremiar, exigir una rápida ejecución o remedio, ser necesario.

URIBANTE, r. de Venezuela, que al confluir con el Sarare forma el Apure viejo; 280 km. Complejo hidroeléctrico Uribante-Caparo (1210 MW).

URIBE HOLGUÍN (Guillermo), compositor colombiano (Bogotá 1880-*id.* 1971). Es autor, en la línea de un modernismo postimpresionista, de estética nacionalista, de obras sinfónicas, música de cámara, ballets (*Tres ballets criollos*) y la ópera *Furatena*. Entre su producción pianística sobresale *Trazos en el sentimiento popular*.

URIBE PIEDRAHÍTA (César), escritor colombiano (Medellín 1897-*id.* 1953). Médico, escribió dos novelas sociales: *Toá* (1933) y *Mancha de aceite* (1935).

URIBURU (José Evaristo), político argentino (Salta 1831-Buenos Aires 1914). Vicepresidente (1892), se hizo cargo de la presidencia tras la dimisión de Sáenz Peña (1895-1898).

URIBURU (José Félix), militar y político argentino (Salta 1868-París 1932). Derrocó a Yrigoyen (1930) y quiso implantar un régimen fascista. En 1932 convocó elecciones, en las que se impuso su candidato, el general Justo.

ÚRICO, A adj. Urinario, relativo a la orina. ● **Ácido úrico**, ácido orgánico nitrogenado, presente en la sangre en pequeñas dosis, y en dosis más elevadas en la orina.

URINARIO, A adj. Relativo a la orina. ● **Aparato urinario**, conjunto de los riñones y las vías urinarias (uréteres, vejiga y uretra). ♦ n. m. **2.** Lugar para orinar, particularmente en lugares públicos.

URINÍFERO, A adj. Que conduce la orina: *conducto urinífero*.

URNA n. f. (lat. *urnam*). Vasija utilizada especialmente para guardar las cenizas de los muertos. **2.** Caja de cristales planos para guardar objetos delicados, de modo que queden visibles pero protegidos. **3.** Caja que sirve para depositar las papeletas en las votaciones secretas.

URO n. m. Especie de buey salvaje de gran tamaño, casi extinguido en la actualidad.

UROGALLO n. m. Ave gallinácea que vive en los bosques de Europa, y es objeto de caza.

UROLOGÍA n. f. Estudio de las enfermedades de las vías urinarias de los dos sexos, y del aparato genital del hombre.

URONDO (Francisco), escritor argentino (Santa Fe 1930-† 1976). Además de poesía coloquial (*Adolecer*, 1968), cultivó la narrativa y el teatro.

URPILA n. f. *Argent., Bol.* y *Ecuad.* Especie de paloma pequeña. (Familia colúmbidos.)

URQUE n. m. *Chile.* Patata de mala calidad.

URQUIZA (Justo José de), militar y político argentino (Concepción del Uruguay, Entre Ríos, 1801-San José 1870). Derrotó a Rosas en Monte Caseros (1852) y pasó a ser presidente provisional de la Confederación (1852-1854). De acuerdo con la constitución de 1853, el congreso constituyente le eligió presidente de la Confederación (1854) con el rechazo de la provincia de Buenos Aires, por lo que prosiguió la guerra civil; abandonó el poder en 1860. Fue de nuevo gobernador de Entre Ríos (1861-1864 y 1868-1870). Murió asesinado.

URRACA n. f. Ave paseriforme con el plumaje negro y blanco y larga cola. SIN.: *cotorra*, *picaraza*, *picaza*. **2.** *Fig.* y *fam.* Persona aficionada a recoger y guardar cosas. **3.** *Amér.* Ave con el dorso de color pardo, que vive en el campo y frecuentemente en parques y jardines. (Familia cucúlidos.)

URRACA, cacique centroamericano (s. XVI), de Burica (Costa Rica). Se enfrentó a los españoles (1520-1529).

URRIOLAGOITIA (Mamerto), político boliviano (Sucre 1895). Vicepresidente (1947-1949) y presidente de la república (1949-1951).

URRUTIA (Francisco José), escritor y político colombiano (Popayán 1870-† 1950). Como ministro de Relaciones exteriores firmó el tratado *Urrutia-Thompson* (1914), que restablecía las relaciones con E.U.A.

URRUTIA (Manuel), político cubano (Yaguajay 1901-Nueva York 1981). Fue elegido presidente de Cuba al triunfar la revolución (en. 1959), pero dimitió por desacuerdo con Castro (julio). En 1963 se exilió.

URSO, A adj. (voz lunfarda). Corpulento.

U.R.S.S. (Unión de Repúblicas Socialistas Soviéticas), en ruso **S.S.S.R.** (*Soiouz Sovietskij Sotsialisticheskij Respublik*), antiguo estado federal del bloque euroasiático. Compuesto por 15 repúblicas a partir de la segunda guerra mundial (Armenia, Azerbaiján, Bielorrusia, Estonia, Georgia, Kazajstán, Kirguizistán, Letonia, Lituania, Moldavia, Uzbekistán, Rusia, Tadzhikistán, Turkmenistán y Ucrania), se extendía por 22 400 000 km^2 y contaba, en 1990, con 292 millones de hab. (*Soviéticos*.) CAP. Moscú.

HISTORIA

Los inicios del régimen soviético. 1917: tras la revolución de Octubre, se formó el consejo de los comisarios del pueblo, compuesto exclusivamente por bolcheviques y presidido por Lenin. 1918: se proclamó la República Socialista Federativa Soviética de Rusia. En la guerra civil se enfrentaron el Ejército rojo y los ejércitos blancos. Se instauró el llamado comunismo de guerra y se generalizaron las nacionalizaciones. 1919: se fundó en Moscú la Internacional comunista. 1920: la Rusia soviética reconoció la independencia de los estados bálticos. El último ejército blanco evacuó Crimea. 1921: el Ejército rojo ocupó Armenia y Georgia; se firmó la paz con Polonia. Se adoptó la nueva política

URU

económica (N.E.P.). 1922: Stalin se convirtió en secretario general del partido comunista. Rusia, Transcaucasia (formada por Azerbaiján, Armenia y Georgia), Ucrania y Bielorrusia se integraron en la U.R.S.S. 1924: muerte de Lenin. 1925-1927: Stalin eliminó de la dirección del partido a Zinóviev, Kámenev y Trotski.

El período de Stalin. 1929: la N.E.P. fue abandonada. El primer plan quinquenal dio prioridad a la industria pesada y se emprendió la colectivización masiva de las tierras. 1930: liquidación de los kulaks como clase. 1934: la U.R.S.S. fue admitida en la S.D.N. 1936: una nueva constitución estableció la organización de la U.R.S.S. en 11 repúblicas federadas. 1936-1938: la G.P.U. envió a los campos del Gulag a numerosos deportados e hizo desaparecer a la vieja guardia del partido. 1939: se concluyó el pacto germano-soviético. 1939-1940: la U.R.S.S. anexionó Polonia oriental, los estados bálticos, Carelia, Besarabia y el N de Bucovina. 1941: fue atacada por Alemania. 1943: venció en la batalla de Stalingrado. 1944-1945: las fuerzas soviéticas progresaron en Europa central y, conforme a los acuerdos de Yalta (febr. 1945), ocuparon la parte oriental de Alemania. 1947-1949: se creó el Kominform y en el conjunto de la Europa del este se constituyeron regímenes calcados del de la U.R.S.S. Los soviéticos bloquearon Berlín Oeste (1948-1949). Se desarrolló la guerra fría. 1950: se firmó un tratado de amistad con la China popular. 1953: muerte de Stalin.

Los límites de la desestalinización y la distensión. 1953: Jruschov fue elegido primer secretario del partido. 1955: la U.R.S.S. firmó el pacto de Varsovia con siete democracias populares. Las relaciones con China comenzaron a deteriorarse. 1956: se disolvió el Kominform. El ejército soviético aplastó en octubre la liberalización de Hungría. 1957: se lanzó el primer satélite artificial de la Tierra (Spútnik I). 1962: la instalación en Cuba de misiles soviéticos provocó una grave crisis con EE.UU. 1964: Jruschov fue destituido; Brézhnev lo sustituyó al frente del partido. 1968: la U.R.S.S. intervino militarmente en Checoslovaquia. 1969: aumentó la tensión con China. 1972-1979: la U.R.S.S. firmó los acuerdos S.A.L.T. I y S.A.L.T. II que pretendían limitar la carrera armamentista. 1979: las tropas soviéticas ocuparon Afganistán. 1982: a la muerte de Bréznhev, Andrópov se convirtió en secretario general del partido. 1984: le sucedió Chernenko.

La perestroika. 1985-1987: Gorbachov asumió la dirección del país y emprendió la renovación de sus dirigentes. Puso en marcha la reestructuración (*perestroika*), promovió reformas con el fin de conseguir una mayor eficacia económica y una democratización de las instituciones, y reanudó la desestalinización. Volvió a entablar el diálogo con E.U.A. y firmó un acuerdo sobre la eliminación en Europa de misiles de medio alcance (1987). Después de 1988: la U.R.S.S. finalizó la retirada de sus tropas de Afganistán (febr. 1989) y continuó su acercamiento a China. Se desarrollaron las reivindicaciones nacionalistas, principalmente en los países bálticos y en el Cáucaso. Se agravaron las tensiones entre las nacionalidades y se exacerbaron en Armenia y Azerbaiján. 1990: se abolió el papel dirigente del partido y se instauró un régimen presidencial. Gorbachov fue elegido presidente de la U.R.S.S. La U.R.S.S. aceptó la unificación de Alemania, al firmar el tratado de Moscú. La desorganización económica y las tensiones entre el gobierno central y las repúblicas federadas hicieron peligrar la supervivencia de la federación soviética.

La disolución de la Unión Soviética. 1991: fracasó el intento de golpe de estado de los conservadores contra Gorbachov, gracias a la resistencia llevada a cabo por Yeltsin (ag.). La restauración de la independencia de los países bálticos (Estonia, Letonia y Lituania), reconocida por la comunidad internacional (set.), fue seguida de la disolución de la U.R.S.S. y la dimisión de Gorbachov (dic.). Rusia, Ucrania, Bielorrusia, Moldavia, las repúblicas de Asia central y las del Cáucaso (excepto Georgia, que firmó en 1993), que habían proclamado su independencia, crearon la Comunidad de Estados Independientes (C.E.I.).

URTICANTE adj. Que produce un picor semejante al que causan las ortigas.

URTICARIA n. f. Erupción cutánea caracterizada por la aparición de edemas, y que generalmente se debe a una reacción alérgica.

URÚ n. m. *Argent.* Nombre de diversas aves propias de las zonas selváticas, de coloración pardusca y hábitos terrestres. (Familia fasiánidos.)

URU o **URO**, pueblo amerindio de lengua independiente (*puquina*) que habitaba en la región del lago Titicaca, de origen e historia desconocidos. Su forma de vida ha sido adoptada por los aymaras actuales.

URUAPAN DEL PROGRESO o **URUAPAN**, c. de México (Michoacán), al S de la sierra de Uruapan; 187 623 hab. Centro comercial de área maderera. Aeropuerto. Fundada en 1532. Antiguo hospital (s. XVI) con portada plateresca y bello patio (museo).

URUBAMBA, r. de Perú, una de las ramas del Uyacali; 725 km. Nace en la cordillera de Vilcanota, pasa por la c. minera de *Urubamba* (Cuzco) y se une al Apurímac. Aprovechamiento hidroeléctrico (central Machu Picchu).

URUBÚ n. m. Zopilote.

URUCÚ n. m. *Argent.* Árbol de poca altura, flores rojas y fruto oval. (Familia bixáceas.)

URUGUAY, r. de América del Sur, de la vertiente atlántica; 1900 km. Nace en Brasil con el nombre de Pelotas y, marca, sucesivamente, la frontera entre este país y Argentina, y entre Argentina y Uruguay, hasta su desembocadura en el Río de la Plata. Aprovechamiento hidroeléctrico (Salto Grande).

URUGUAY, estado de América del Sur, junto a la costa atlántica, en la región del Río de la Plata; 176 215 km^2; 3 149 000 hab. (*Uruguayos.*) CAP. *Montevideo.* LENGUA OFICIAL: *español.* MONEDA: *peso uruguayo.*

GEOGRAFÍA

Situado en el extremo S del macizo brasileño, el país comprende terrenos llanos, en parte anegadizos, y algunas sierras y cerros poco elevados (513 m en el cerro Catedral, máx. alt. del país). La red fluvial es densa y ramificada; destacan el río Negro y el Uruguay. La población, mayoritariamente urbana, se concentra en el litoral del Río de la Plata y en particular en la capital, Montevideo. La economía se orienta tradicionalmente al sector agropecuario, en especial ganadero (exportación de carnes, cueros y lana). Entre los cultivos, cabe mencionar el trigo, maíz, arroz, caña de azúcar y vid. El país es pobre en recursos mineros: extracción de dolomita, cuarzo, mármoles y piedras finas. Destaca la producción hidroeléctrica, cuyos excedentes se exportan a los países vecinos. La industria se limita a las ramas ligeras (alimentación, textil, construcciones mecánicas), con excepción de la petroquímica (refinería de Montevideo) y el cemento. Turismo en el litoral platense y Punta del Este. Uruguay es miembro de Mercosur (1991).

HISTORIA

El poblamiento precolombino. El territorio uruguayo estaba ocupado por diversos pueblos, de filiación lingüística incierta, dedicados a la caza y la recolección, que disponían de una cultura material rudimentaria: los charrúas, los más característicos; los chaná, los arachán, etc.

Conquista y colonización. 1516: expedición de Díaz de Solís al Río de la Plata. 1520: descubrimiento de la bahía de Montevideo por Magallanes. S. Caboto fundó el primer establecimiento (1527-1529). La hostilidad de los indios, en particular los charrúas, y la falta de riquezas, retrasó la colonización, que tuvo sus primeros impulsores en los franciscanos; el ganado bovino, introducido en el s. XVII, y el contrabando constituyeron las bases iniciales de la economía colonial. La región fue objeto de la competencia entre españoles y portugueses, que en 1680 fundaron la Colonia del Sacramento, cedida a la corona española por el tratado de San Ildefonso (1777). 1778: el reglamento de libre comercio impulsó el desarrollo de Montevideo y la Banda Oriental, integrada en el virreinato del Río de La Plata.

La independencia. 1807: ocupación británica de Montevideo. 1808-1811: Montevideo se constituyó en centro de defensa de los intereses realistas. 1811-1816: Artigas (grito de Asencio, 1811), inició el movimiento de independencia en la Banda Oriental, que consiguió la capitulación de Montevideo (1814); la oposición entre el federalismo reformista de Artigas y el centralismo de Buenos Aires abrió una nueva disidencia. 1816-1827: el ejército portugués ocupó la Banda Oriental y la anexionó como provincia Cisplatina (1821), pasando luego al imperio brasileño; el levantamiento antibrasileño de los Treinta y tres orientales (1825), y la posterior guerra argentino-brasileña, acabó con la intervención de Gran Bretaña y la constitución de Uruguay como estado nterpuesto entre Argentina y Brasil (1828).

Blancos y colorados. 1830-1876: el nuevo estado se dividió en dos grandes facciones, la de los blancos y la de los colorados, que reflejaron la preeminencia del caudillismo y la contraposición de intereses entre los sectores campesinos del interior y los grupos comerciales de Montevideo; las guerras civiles fueron constantes (guerra Grande, 1843-1851, marcada por el sitio de Montevideo) hasta que la caída de Rosas en Argentina y la derrota del Paraguay en la guerra de la Triple alianza dejaron a los blancos sin sus apoyos exteriores y facilitaron el predominio colorado (V. Flores). 1876-1904: los regímenes militares de Latorre y Santos (1876-1886) reforzaron la hegemonía estatal; la estabilización política facilitó el desarrollo de la economía exportadora, basada en los recursos ganaderos, y la inmigración europea. La marginación del Partido blanco suscitó las infructuosas rebeliones de Saravia (1897, 1904).

Del batllismo al retorno de los blancos al poder. 1904-1933: las reformas del colorado Batlle y Ordóñez (1903-1907 y 1911-1915) y las de Williman (1907-1911) y Viera (1915-1919) iniciaron una nueva etapa caracterizada por un programa económico modernizador, la introducción de una legislación social reformista y la constitución de 1918, que estableció el ejecutivo colegiado (presidencias de Brum, 1919-1923; Serrato, 1923-1927; Campisteguy, 1927-1931). 1933-1952: el golpe incruento del general Terra sustituyó el sistema colegiado por un régimen presidencialista (constitución de 1934), que mantuvo la hegemonía colorada. 1952-1966: restableció el sistema colegiado por la constitución de 1952, los blancos volvieron al poder en las elecciones de 1958, con un programa de defensa de las zonas medias rurales, que no pudieron desarrollar en un país que se había terciarizado; en 1966 se volvió a una constitución presidencialista.

URU

La radicalización política y el militarismo. 1967-1984: la agitación social y la eclosión de la guerrilla de los Tupamaros marcaron el final de los años sesenta. El ejército, favorecido por el colorado Bordaberry, se hizo con el poder frente a un fuerte conglomerado de izquierdas (el Frente amplio, de L. Seregni), e instauró una dictadura militar (1976-1984). 1985-1995: el retorno a la democracia restableció la alternancia en el poder de colorados (J. M. Sanguinetti, 1985-1990 y desde 1995 a 1999) y blancos (A. Lacalle, 1990-1995). Julio M. A. Sanguinetti asume el poder en 1995. En 1999 (dic.), el colorado Jorge Luis Batlle Ibáñez presidente. 2001: huelgas en protesta por el plan económico de Batlle. 2004: Tabaré Vázquez, del Frente Amplio, gana las elecciones presidenciales.

URUGUAY, dep. de Uruguay (Entre Ríos); 86 457 hab. Cab. *Concepción del Uruguay.*

URUGUAYISMO n. m. Vocablo o giro peculiar de Uruguay.

URUGUAYO, A adj. y n. De Uruguay. ♦ n. m. **2.** LING. Modalidad adoptada por el español en Uruguay.

URUNDAY o **URUNDEY** n. m. Planta arbórea de América Meridional, cuya madera se emplea en construcción de casas, embarcaciones y muebles. (Familia terebintáceas.)

URUNDI n. m. → *Burundi.*

URUTAÚ n. m. *Argent., Par.* y *Urug.* Ave nocturna de plumaje pardo oscuro, similar a la lechuza.

URZUELA n. f. *Méx.* Condición del cabello que se abre en las puntas.

USADO, A adj. Deslucido o desgastado por el uso.

USANZA n. f. Uso, costumbre, moda. • **A usanza,** según costumbre, gustos o tendencias, personas, etc., que se expresa.

USAPUCA n. f. *Argent.* Garrapata.

USAR v. tr. [**1**]. Utilizar, hacer servir una cosa para algo. **2.** Llevar una prenda de vestir o adorno personal o tener costumbre de emplear algo. ♦ v. intr. **3.** Utilizar, valerse de una cosa, sacar provecho de ella. ♦ v. intr. y pron. **4.** Llevarse, estar de moda.

USHUAIA, c. de Argentina, cap. de la prov. de Tierra del Fuego, Antártida e Islas del Atlántico Sur; 29 696 hab. Es la ciudad más austral del mundo. Pesca. Refinería de petróleo. Base naval.

USÍA n. f. Vuestra señoría.

USIGLI (Rodolfo), escritor mexicano (México 1905-*id.* 1979). En su obra dramática, de notable rigor técnico, abordó con realismo situaciones históricas (*Corona de sombra,* 1943; *Corona de fuego,* 1960; *Corona de luz,* 1964) y sociales (*¡Buenos días, señor presidente!,* 1972); escribió comedias y cultivó también la poesía, el ensayo y la novela policíaca (*Ensayo de un crimen,* 1944).

USINA n. f. *Argent., Bol., Chile, Colomb., Nicar., Par.* y *Urug.* Instalación industrial, particularmente la destinada a producir gas, energía eléctrica, etc. • **Usina de rumores** (*Argent.*), medio que genera informaciones no confirmadas y tendenciosas.

USLAR PIETRI (Arturo), escritor, ensayista y político venezolano (Caracas 1906-ídem 2001). Su obra narrativa incluye cuentos descriptivos de la vida campesina (*Pasos y pasajeros,* 1966) y novelas históricas (*Oficio de difuntos,* 1976). Con *La visita en el tiempo,* obtuvo el premio Rómulo Gallegos de novela (1991). Ha destacado también en el ensayo sobre temática americanista y nacional.

USLERO n. m. *Chile.* Palo cilíndrico de madera que se utiliza en la cocina para extender la masa.

USO n. m. (lat. *usum*). Acción y efecto de usar. **2.** Posibilidad, capacidad para usar algo. **3.** Modo de emplear, de utilizar algo: *instrucciones para el uso de una máquina.* **4.** Empleo continuado y habitual de una cosa: *se deterioró con el uso.* **5.** Costumbre, manera de obrar característica de una persona, grupo, país, época, etc.: *los usos funerarios.* • **Al uso,** según es costumbre en el momento actual o en el que se trata. ǁ **De uso externo,** dícese de los medicamentos que se aplican exteriormente o que no se ingieren. ǁ **De uso personal,** destinado a ser usado por una persona en ella o para ella misma. ǁ **En uso,** utilizado corrientemente y no reservado. ǁ **Uso de razón,** discernimiento natural que se adquiere pasada la primera niñez.

USTED pron. pers. de 2.ª pers. m. y f. Se emplea como tratamiento de respeto y se usa con el verbo y formas pronominales en 3.ª persona: *¿quiere usted sentarse?* ♦ **ustedes** pl. **2.** En zonas de Andalucía, Canarias y América, equivale a vosotros.

USUAL adj. De uso frecuente, común o fácil.

USUARIO, A adj. y n. Que usa normal u ordinariamente alguna cosa: *usuario de los transportes públicos.* ♦ n. **2. Usuario final** (INFORMÁT.), persona que utiliza un ordenador o un sistema informático, pero que no es especialista en informática ni dispone de instrucciones específicas para su utilización.

USUFRUCTO n. m. (lat. *usum fructus,* uso del fruto). Derecho de uso de un bien perteneciente a otro, comprendiendo el derecho de percibir los beneficios o intereses. **2.** Utilidades, frutos o provechos que se sacan de cualquier cosa.

USUFRUCTUAR v. tr. [**1s**]. Tener o gozar el usufructo de algo.

USUFRUCTUARIO, A adj. y n. Que posee y disfruta de alguna cosa, especialmente de un usufructo.

USULUTÁN (departamento de), dep. del SE de El Salvador; 2130 km²; 317 079 hab. Cap. *Usulután.*

USULUTÁN, c. de El Salvador, cap. del dep. homónimo; 27 200 hab. Ciudad colonial, fundada en el s. XVI. Yacimientos mayas en los alrededores.

USUMACINTA, r. de América Central, de la vertiente del golfo de México; 800 km aprox. Nace en Guatemala con el nombre de río Negro, Salinas o Chixoy, y penetra en territorio mexicano; tras recibir al r. de la Pasión (or. der.) se denomina Usumacinta en su curso bajo, navegable. El valle ha sido un eje de poblamiento de Mesoamérica desde la época maya.

USUPUCA n. f. *Argent.* Garrapata.

USURA n. f. (lat. *usuram*). Infracción que se comete al prestar dinero a un interés excesivo o en condiciones leoninas, o al suponer recibida mayor cantidad de la realmente prestada.

USURARIO, A adj. Relativo a la usura. **2.** Dícese de los negocios o tratos en que hay usura.

USURERO, A n. Persona que presta con usura.

USURPACIÓN n. f. Acción y efecto de usurpar.

USURPAR v. tr. [**1**]. Apoderarse, por la violencia o la astucia, de un derecho, de lo que pertenece a otro, de un poder, etc.

USUTA n. f. *Argent., Bol.* y *Perú.* Sandalia de cuero o fibra vegetal usada por los campesinos.

UTA n. f. *Perú.* Enfermedad de úlceras faciales.

UTAH, estado del O de Estados Unidos, en las montañas Rocosas; 220 000 km²; 1 722 850 hab. Cap. *Salt Lake City.* Recursos mineros (cobre).

UTAMARO KITAGAWA, grabador y pintor japonés (1753-Edo 1806), uno de los maestros de la estampa japonesa.

UTCUS n. m. *Perú.* Planta de fruto comestible. (Familia verbenáceas.)

UTENSILIO n. m. Objeto usado para trabajos manuales o labores domésticas. **2.** Herramienta o instrumento manual.

UTERINO, A adj. ANAT. Relativo al útero. **2.** DER. Nacido de la misma madre, pero de distinto padre: *hermanos uterinos.*

ÚTERO n. m. (lat. *uterum*). Órgano de la gestación en la mujer y en las hembras de los mamíferos. SIN.: *matriz.*

ÚTIL adj. (lat. *utilem*). Que produce provecho, beneficio, comodidad o interés, tanto en sentido material como inmaterial: *consejos útiles.* **2.** Que puede servir o aprovechar en alguna forma. **3.** DER. Dícese del tiempo o días hábiles de un término señalado por la ley o la costumbre. ♦ n. m. **4.** Utensilio o herramienta. (Suele usarse en plural.) ♦ **útiles** n. m. pl. **5.** *Méx.* Conjunto de libros, lápices y demás objetos que usan los escolares.

UTILIDAD n. f. Calidad de útil. Provecho o interés que se saca de una cosa.

UTILITARIO, A adj. Que antepone la utilidad a todo: *tener algo un carácter utilitario.* ♦ adj. y n. m. **2.** Dícese del vehículo automóvil pequeño, en comparación con los de lujo o deportivos.

UTILITARISMO n. m. Sistema moral que hace de la utilidad el principio y norma de toda acción.

UTILITARISTA adj. y n. m. y f. Relativo al utilitarismo; partidario de esta doctrina.

UTILIZAR v. tr. y pron. [**1g**]. Valerse de alguien o algo para un fin determinado.

UTILLAJE n. m. (fr. *outillage*). Conjunto de útiles, instrumentos, etc., necesarios para un trabajo.

UTO-AZTECA n. m. Familia de lenguas amerindias, algunas ya desaparecidas, de América del Norte y América Central.

■ Sapir estableció una gran clasificación, *azteca-tano,* formada por el grupo *uto-azteca* (nahua, pima, shoshón) y el grupo *tano-kiowa* (tano, kiowa, zuñi). Otros autores distinguen siete grupos de lenguas: *shoshón* de las Praderas (bannock, snake, shoshón, comanche, ute); *shoshón del río Kern; shoshón de California meridional; hopi; pima; opata-cahita-tarahumara* (14 lenguas) y el grupo *aztecoide* (huichol, zacateca, nahua).

UTOPÍA n. f. (de *Utopía,* obra de Tomás Moro). Sistema o proyecto irrealizable. **2.** Concepción imaginaria. **3.** FILOS. Concepción de una sociedad ideal en la que las relaciones humanas se regulen mecánica o armoniosamente.

UTÓPICO, A adj. Relativo a la utopía. • **Socialismo utópico,** doctrina socialista sistemática y abstracta (por oposición a *socialismo científico,* denominación de K. Marx y F. Engels dieron a su propia doctrina).

UTOPISTA adj. y n. m. y f. Que forja utopías o es aficionado a ellas.

UTRECHT, c. de Países Bajos, cap. de la prov. de *Utrecht* al S del Zuiderzee; 231 231 hab. (500 000 hab. la aglomeración). Universidad. Centro administrativo, comercial (feria) e industrial. Catedral gótica. Museos.

UTRILLO (Maurice), pintor francés (París 1883-Dax 1955). Pintó paisajes urbanos, principalmente de París, de estilo a la vez naïf y refinado.

UTURUNCO, cerro de Bolivia (Potosí), en la cordillera de Lípez; 6010 m de alt.

UVA n. f. (lat. *uvam*). Fruto de la vid, baya comestible, más o menos redonda y jugosa, que nace apiñada con otras formando racimos. **2.** Cada uno de los granos que produce el agráceo. • **De uvas a peras,** raramente, muy de tarde en tarde. ǁ **Estar de mala uva** (*Fam.*), estar de mal humor. ǁ **Tener mala uva** (*Fam.*), tener mal carácter o mala intención. ǁ **Uva de playa,** fruto del uvero, del tamaño de una cereza grande, muy jugoso y dulce. ǁ **Uva pasa,** la desecada, natural o artificialmente. ǁ **Uva tinta,** o **negra,** uva cuyo zumo es negro y sirve para dar color a ciertos mostos.

UVAL adj. Parecido o semejante a la uva.

UVE n. f. Nombre de la letra v. • **Uve doble,** nombre de la letra w.
ÚVEA n. f. (lat. *uvam,* uva). ANAT. Capa pigmentada del iris.
UVERAL n. m. *Amér. Central.* Lugar en que abundan los uveros.
UVERO n. m. *Amér. Central y Antillas.* Árbol cuyo fruto es la uva de playa. (Familia poligonáceas.)
ÚVULA n. f. ANAT. Pequeña masa carnosa prominente, situada en la mitad del borde posterior del paladar blando. SIN.: *campanilla.*
UVULAR adj. ANAT. Relativo a la úvula. **2.** FONÉT. Dícese de un fonema cuya emisión consiste en una vibración de la úvula: *sonido uvular.*
UXORICIDA adj. y n. m. Que mata o ha matado a su mujer.

UXORICIDIO n. m. Delito que comete el que mata a su mujer.
UYAMA n. f. *Pan.* Planta cucurbitácea, auyama.
UYUNI *(salar de),* salar del SO de Bolivia (Potosí), cerca de la frontera con Chile, a 3656 m de alt.; 10 582 m².
UZBEKISTÁN, estado de Asia central, entre Turkmenistán y Kazajstán; 447 000 km²; 19 800 000 hab. *(Uzbekos.)* CAP. *Tashkent.* C. PRAL. *Samarcanda, Bujará.* LENGUA OFICIAL: *uzbeko.* MONEDA: *rublo.*
GEOGRAFÍA
El país, situado entre el mar de Aral y las montañas del T'ien-shan y del Pamir, está habitado en más del 75 % por uzbekos. El clima es a menudo árido, aunque el regadío permite la producción de algodón, fruta y vinos, junto a la ganadería (bovina y sobre todo ovina). El subsuelo produce cobre, carbón, petróleo y principalmente gas natural.
HISTORIA
1918: una república autónoma del Turkestán, dependiente de la república de Rusia, se creó en la parte occidental de Asia central conquistada por los rusos a partir de 1860. 1924: la república socialista soviética de Uzbekistán se instauró en el territorio de la república del Turkestán y de la mayor parte de los antiguos kanatos de Bujará y de Jiva (Jarezm). 1929: Tadzhikistán se separó de ella para formar una república federada de la U.R.S.S. 1936: la república autónoma de Karakalpak se anexionó a Uzbekistán. 1990: los comunistas ganaron las primeras elecciones republicanas libres. 1991: el soviet supremo proclamó la independencia de Uzbekistán (ag.), que se adhirió a la C.E.I.

V v v

V n. f. Vigésima tercera letra del alfabeto español y decimoctava de las consonantes. (Es una bilabial oclusiva o fricativa sonora.) **2.** Cifra romana que vale cinco. **3.** Símbolo químico del vanadio. **4.** ELECTR. Símbolo del voltio.
V. E., abrev. de *vuestra excelencia* o *vuecencia*.
VA, símbolo del *voltamperio*.
VACA n. f. (lat. *vaccam*). Hembra adulta del toro. **2.** *Ecuad*. Pulpa del coco. **3.** *Méx*. Dinero que queda de una apuesta en la que no hay ganador y se juega en una nueva apuesta. • **Enfermedad de las vacas locas**, (MED.), encefalopatía espongiforme bovina, causada por determinadas partículas proteicas infecciosas y transmisible por la ingestión de carne contaminada. ‖ **Vaca lechera**, la destinada a la producción de leche. ‖ **Vaca marina**, manatí; dugón.
VACA DE CASTRO (Cristóbal), administrador español (Izagre, León, ¿1492?-Valladolid 1566). Enviado a Perú (1540) para mediar en las luchas civiles, reformó la audiencia de Panamá, medió entre Belalcázar y Andagoya en Colombia, venció a Almagro el Mozo (set. 1542) y mandó ejecutarlo.
VACABUEY n. m. Planta arbórea medicinal de zonas pantanosas de América Central. (Familia dileniáceas.)
VACACIÓN n. f. (lat. *vacationem*). Suspensión temporal del trabajo o estudios por descanso. **2.** Tiempo que dura esta suspensión. (Suele usarse en plural).
VACADA n. f. Hato de ganado vacuno.
VACANTE adj. y n. m. y f. Dícese del espacio o sitio desocupado, vacío: *asiento vacante*. ♦ adj. y n. f. **2.** Dícese del cargo, empleo, dignidad o plaza que está sin proveer: *cargo vacante*.
VACAR v. intr. **1.** Cesar temporalmente en el negocio, trabajo o estudios habituales. **2.** Quedar vacante un empleo, cargo o plaza por cesar la persona que lo desempeñaba o poseía.
VACARAÍ n. m. *Argent*. y *Par*. Ternero nonato, extraído de su madre al tiempo de matarla.
VACIADERO n. m. Sitio o conducto por donde se vacía una cosa. **2.** Lugar en que se vacía una cosa.
VACIADO, A adj. *Méx. Fig.* y *fam.* Gracioso, simpático, chistoso. ♦ n. m. **2.** Acción de vaciar. **3.** Escotadura o hueco. **4.** Operación que consiste en eliminar o quitar parte de la materia de diversas piezas, para aligerarlas o facilitar el funcionamiento en un mecanismo. **5.** Operación para reproducir una obra plástica u otro objeto partiendo de un molde hueco, en el que se vierte la materia que ha de ser moldeada, para obtener el objeto.
VACIAR v. tr. y pron. **1.** Dejar vacío un espacio determinado, sacar o quitar el contenido de un recipiente o de otra cosa. ♦ v. tr. **2.** Formar un hueco en alguna cosa. **3.** *Fig.* Sacar, extraer de un libro o escrito, etc., los datos, pasajes, noticias, etc., que se necesitan. **4.** Sacar filo a un instrumento cortante. **5.** TECNOL. Reproducir una obra mediante el vaciado. **6.** Practicar una escotadura, hueco o cavidad en una pieza de metal o de madera; afinarla o rebajarla dándole forma adecuada. ♦ v. intr. **7.** Bajar o menguar la marea. **8.** Menguar el agua en los ríos. **9.** Desaguar en alguna parte los ríos o corrientes. ♦ **vaciarse** v. pron. **10.** *Fig.* y *fam.* Hablar una persona en exceso o decir lo que debería mantener secreto o callado.
VACIEDAD n. f. Necedad, sandez, tontería.
VACILACIÓN n. f. Acción y efecto de vacilar. **2.** *Fig.* Duda, titubeo, indecisión.
VACILADA n. f. *Méx. Fam*. Acción y efecto de vacilar, hablar en broma.
VACILAR v. intr. (lat. *vacillare*) **1.** Oscilar, moverse una cosa alternativamente a un lado y a otro de su posición de equilibrio por falta de estabilidad. **2.** Estar poco firme o estable una cosa en su estado: *vacilar la cima de un árbol*. **3.** *Fig.* Estar uno indeciso de su manera de pensar, sentir, obrar: *vacilar antes de decidirse*. **4.** *Fig.* Oscilar o variar de intensidad, tamaño, valor, etc., una cosa dentro de determinados límites o formas: *vacilar la luz*. **5.** *Amér. Central* y *Méx*. Divertirse, hablar en broma. ♦ v. tr. e intr. **6.** *Vulg*. Tomar el pelo: *no me vaciles*.
VACILE n. m. *Vulg*. Guasa, tomadura de pelo.
VACILÓN, NA adj. y n. *Vulg*. Burlón, guasón. **2.** *Amér. Central*, *Méx*. y *Venez*. Juerguista. ♦ n. m. **3.** *Amér. Central* y *Méx*. Juerga, fiesta, diversión.
VACÍO, A adj. Que no contiene nada: *botella vacía*. **2.** Que no está ocupado por nadie: *silla vacía*. **3.** Vano, sin fruto, falto de lo que habitualmente lo llena: *almendra vacía*. **4.** Falto de la solidez correspondiente o de la perfección o de la calidad debida en su línea: *cultura vacía*. **5.** *Fig.* Vacuo, superficial: *frases vacías*. **6.** *Fig.* Frívolo, presumido: *hombre vacío*. **7.** MAT. Dícese del conjunto que no posee ningún elemento. (Su notación es ø.) • **Palabra vacía** (LING.), conjunción, adverbio, preposición o término desprovisto por sí solo de contenido semántico. ♦ n. m. **8.** Espacio en blanco o laguna en alguna materia. **9.** Abismo, precipicio: *se precipitó en el vacío*. **10.** Hueco o cavidad de cualquier cosa. **11.** Ijada, cada uno de los espacios huecos que quedan en el cuerpo, debajo de las costillas. **12.** Vacante de algún empleo, cargo, etc. **13.** *Fig.* Falta sensible y perceptible de una persona o cosa. **14.** FÍS. Espacio donde las partículas materiales están fuertemente enrarecidas. **15.** FÍS. Atmósfera correspondiente a un estado cuya presión es inferior a la atmosférica. • **De vacío**, sin carga, con sin la cosa que se ha de llevar, sin haber conseguido lo que se pretendía. ‖ **Hacer el vacío** a alguien (*Fam*.), aislarle, rehuirle o dificultarle el trato.
VACUIDAD n. f. Calidad de vacuo.
VACUNA n. f. Cultivo microbiano o toxina de virulencia atenuada que se inocula a un individuo o animal para inmunizarlo contra una enfermedad microbiana.
VACUNACIÓN n. f. Acción y efecto de vacunar o vacunarse.
VACUNADA n. f. *Méx*. Vacunación.
VACUNAR v. tr. y pron. **[1].** Inocular una vacuna a una persona o animal. **2.** *Fig.* Hacer pasar a una persona desagradable experiencia para que quede prevenida contra una desgracia o dificultad.
VACUNO, A adj. Bovino: *ganado vacuno*. **2.** De cuero de vaca. ♦ n. m. **3.** Animal bovino.
VACUO, A adj. (lat. *vacuum*). Vacío, falto de contenido: *discurso vacuo*. **2.** *Fig.* Frívolo, ligero, insustancial: *persona vacua*.
VACUOLA n. f. BIOL. Vacúolo.
VACÚOLO n. m. BIOL. Cavidad del citoplasma de las células, que encierra diversas sustancias en solución acuosa. SIN.: *vacuola*.
VACUOMA n. m. BIOL. Conjunto de vacúolos de una célula.
VADEAR v. tr. **[1].** Atravesar un río u otra corriente de agua por un sitio de fondo firme y poco profundo. **2.** *Fig.* Vencer o superar una dificultad.
VADEMÉCUM n. m. Tratado breve que contiene las nociones elementales de una ciencia o arte. **2.** Cartapacio, cartera para llevar libros y papeles.
VADO n. m. Lugar o paraje de un río por donde se puede pasar. **2.** En la vía pública, espacio modificado en la acera y bordillo para el libre acceso de vehículos a locales o fincas.
VAGA n. f. Hilo que queda flojo formando una lazada en un tejido.
VAGABUNDEAJE n. m. *Chile*. Vagancia, holgazanería.
VAGABUNDEAR v. intr. **[1].** Llevar vida de vagabundo. **2.** Viajar de un lugar a otro sin un itinerario.
VAGABUNDEO n. m. Acción y efecto de vagabundear.
VAGABUNDO, A adj. (lat. *vagabundum*). Que anda o ve errante: *perro vagabundo*. ♦ adj. y n. **2.** Dícese de la persona errante, sin ocupación o destino fijo.
VAGANCIA n. f. Acción de vagar o de estar sin oficio u ocupación. **2.** Calidad de vago, poco trabajador. **3.** *Fam*. Pereza, falta de ganas de hacer algo.
VAGAR n. m. Tiempo desocupado o libre para hacer una cosa. **2.** Lentitud, calma.
VAGAR v. intr. **[1b].** Andar de una parte a otra sin detenerse en ninguna y sin un destino fijo: *vagar por la ciudad*. **2.** Andar por varios sitios sin encontrar lo que se busca.
VAGIDO n. m. (lat. *vagitum*). Llanto o gemido de un recién nacido.
VAGINA n. f. (lat. *vaginam*). Órgano genital interno de la mujer, que comunica el útero con la vulva.
VAGINAL adj. Relativo a la vagina.
VAGO, A adj. y n. (lat. *vacuum*). Poco o nada trabajador. ♦ adj. y n. m. **2.** **Nervio vago** (ANAT.), décimo par de nervios craneales.
VAGO, A adj. Vagabundo. Errante, que anda de una parte a otra sin detenerse en ninguna. **2.** Indefinido, indeterminado, falto de precisión: *idea vaga*.
VAGÓN n. m. F.C. Denominación genérica de los vehículos de ferrocarril.

VAL

VAGONETA n. f. Vagón pequeño y descubierto, para transporte de mercancías.
VAGUADA n. f. Parte baja entre montañas donde se reúnen y circulan las aguas de escorrentía.
VAGUEAR v. intr. [1]. Holgazanear, estar ocioso.
VAGUEDAD n. f. Calidad de vago, imprecisión. **2.** Expresión vaga o frase imprecisa.
VAHÍDO n. m. Desvanecimiento, desmayo, pérdida momentánea del conocimiento.
VAHO n. m. Vapor que despiden los cuerpos en determinadas condiciones. **2.** Aliento, aire espirado por la boca.
VAILAHUÉN n. m. *Chile.* Nombre de diversas plantas aromáticas compuestas.
VAINA n. f. (lat. *vaginam*). Funda en que se guardan armas, herramientas y otros instrumentos de metal. **2.** *Amér.* Contrariedad, molestia. **3.** ANAT. Envoltura de un órgano. **4.** BOT. Base de la hoja, más o menos ensanchada, que abraza parcial o totalmente a la ramita en que se inserta. **5.** BOT. Fruto con dos valvas de las plantas leguminosas. (Cada valva lleva consigo una hilera de semillas.) ♦ adj. y n. m. y f. **6.** *Fam.* Dícese de la persona despreciable, molesta, presumida, fatua.
VAINILLA n. f. Planta orquidácea trepadora de las regiones tropicales, se cultiva por su fruto, utilizado en confitería, fabricación de chocolate y elaboración del coñac y del ron. **2.** Fruto de esta planta.
VAIVÉN n. m. Movimiento alternativo de un cuerpo en una y otra dirección. **2.** Sacudida, movimiento brusco. **3.** *Fig.* Variedad, inconstancia o inestabilidad de las cosas: *un vaivén del destino.*
VAJEAR v. tr. [1]. *C. Rica, Cuba* y *Guat.* Adormecer ciertos reptiles a sus víctimas, arrojándoles el olor o el aliento. **2.** *C. Rica, Cuba* y *Guat.* Perturbar o aturdir a alguien para conseguir algo de él.
VAJILLA n. f. (cat. *vaixella*). Conjunto de platos, fuentes, tazas, etc., para el servicio de la mesa.
VALDÉS (Edmundo), escritor y periodista mexicano (Guaymas, Sonora, 1915-México 1994), dedicado básicamente a la narrativa breve (*La muerte tiene permiso,* 1956).
VALDELOMAR (Abraham), escritor peruano (Ica 1888-Ayacucho 1919), conocido por el seudónimo de **Conde de Lemos**. Escribió cuentos de asunto rural y alegorías de tema quechua.
VALDEPEÑAS, c. de España (Ciudad Real), cab. de p. j.; 25 067 hab. (*Valdepeñeros.*) Industria vinícola y de licores. Elaboración de quesos.
VALDÉS (península de), península de Argentina (Chubut), entre los golfos de San Matías y Nuevo.
VALDÉS (Gabriel de la Concepción), poeta cubano (La Habana 1809-Matanzas 1844). Con el seudónimo de **Plácido** atacó la injusticia (*El hijo de maldición,* 1843). Fue fusilado.
VALDÉS LEAL (Juan de), pintor español (Sevilla 1622-id. 1690). Destacado representante del barroco andaluz.
VALDIVIA, r. de Chile (Los Lagos), formado por el Cruces y el Callecalle y que desemboca en el Pacífico, junto a la ciudad de Valdivia.
VALDIVIA, c. de Chile (Los Lagos), junto a la ría de Valdivia; 120 706 hab. Centro agropecuario e industrial. Universidad. Fue fundada en 1552 por Pedro de Valdivia, destruida posteriormente, y reconstruida a mediados del s. XVII.
VALDIVIA (Pedro de), conquistador y colonizador español (La Serena 1497-Tucapel 1553). Maestre de campo de Pizarro (1537), combatió contra Almagro. En 1539 preparó una expedición a Chile, donde fundó la primera ciudad, Santiago de la Nueva Extremadura (1541), La Concepción (1550) y Valdivia (1552). Fue derrotado y muerto por los araucanos.

VALDIVIANO n. m. *Chile.* Guiso a base de *charqui,* cebollas, pimientos y ajos.
VALE n. m. Papel canjeable por cualquier cosa. **2.** Nota firmada, a modo de recibo, que se da en una entrega para acreditarla. **3.** Entrada gratuita para un espectáculo público. **4.** *Amér. Fam.* Valedor, camarada.
VALEDERO, A adj. Que vale o es subsistente, o que es canjeable por algo.
VALEDOR, RA n. Protector, persona que favorece o protege a otra. **2.** *Méx. Fam.* Camarada, compañero.
VALEDURA n. f. *Colomb.* y *Cuba.* En un juego, regalo que hace el ganador al que pierde o al que está mirando. **2.** *Méx.* Favor, ayuda.
VALENCIA n. f. Máximo número de átomos de hidrógeno que pueden combinarse con un átomo de otro elemento, o los que pueden sustituir a un átomo de dicho elemento. • **Valencia gramo de un elemento,** átomo-gramo de este elemento dividido por su valencia.
VALENCIA (*lago de*) o **LAGO DE TACARIGUA**, lago de Venezuela (Carabobo y Aragua); 378 km² aprox. Su principal tributario es el Aragua. La *Cuenca del lago de Valencia* es una región fisiográfica comprendida entre la cordillera de la Costa y la serranía del Interior.
VALENCIA (*provincia de*), prov. del E de España, en la Comunidad Valenciana; 10 763 km²; 2 141 114 hab. Cap. *Valencia.* Comprende la costa, baja y arenosa, y un sector montañoso (sistema Ibérico).
VALENCIA o **VALÈNCIA**, c. de España, cap. de la Comunidad Valenciana, cap. de la prov. homónima y cab. de p. j.; 777 427 hab. (*Valencianos.*) En la llanura costera del Mediterráneo, es centro administrativo, comercial y financiero de la región. Universidades. De origen romano (*Valentia,* 137 a. J.C.), tuvo un gran desarrollo en época musulmana, y fue sede de una taifa desde el s. XI. Conquistada por Jaime I de Aragón (1238), fue capital del reino de Valencia y en el s. XV se convirtió en capital financiera de la Corona de Aragón. Durante la guerra civil fue capital de facto de la segunda república (1937-1939). Entre la arquitectura religiosa destacan: la catedral, esencialmente gótica, con elementos del románico (1262) al neoclásico (1774), con el Miguelete, museo catedralicio; numerosas iglesias góticas, remodeladas en el barroco: monasterio de San Miguel de los Reyes y basílica de los Desamparados, s. XVII; iglesias neoclásicas. Entre los edificios civiles: puerta de Serranos (1396) y torres de Quart (1460); de los ss. XV-XVI son la Lonja (declarada patrimonio de la humanidad por la Unesco en 1996), el Consulado de Mar, el palacio de la Generalidad y el Almudín; del ant. Colegio del Patriarca, el ant. Colegio de San Pío V; el rococó palacio del marqués de Dos Aguas (museo nacional de cerámica); el barroco palacio de justicia (s. XVIII) y diversos edificios del modernismo y eclecticismo (ayuntamiento, 1929). Instituto valenciano de arte moderno (I.V.A.M.), museo de arte del s. XX.
VALENCIA, c. de Venezuela, cap. del est. Carabobo; 903 621 hab. Centro comercial de una rica región agropecuaria y activo centro industrial. Universidad. Fue fundada por Alonso Díaz Moreno en 1555. Capital federal (1812-1830), en sus inmediaciones se libró la batalla de Carabobo (24 junio 1821).
VALENCIA (Guillermo), escritor y político colombiano (Popayán 1873-id. 1943). Su poesía se sitúa en la vertiente más parnasiana del modernismo. Fue ministro y plenipotenciario de su país. – Su hijo **Guillermo León** (Popayán 1908-Rochester, E.U.A., 1971), fue presidente de la república (1962-1966).

VALENCIANA n. f. Femenino de valenciano. **2.** *Méx.* Dobladillo del pantalón hacia afuera.
VALENCIANA (*Comunidad*) o **COMUNITAT VALENCIANA**, región del E de España que constituye una comunidad autónoma, integrada por las prov. de Castellón, Valencia y Alicante; 23 646 km²; 3 923 841 hab. (*Valencianos.*) Cap. *Valencia.*

GEOGRAFÍA

El territorio se divide en dos sectores diferenciados: la costa y la montaña, correspondiente al sistema Ibérico en el N y centro (Maestrazgo, puertos de Morella, sierra de Espadán) y a estribaciones de los sistemas Béticos en el S (Carrasqueta y Aitana). En la llanura costera predominan los tramos aluviales, con albuferas y playas arenosas. La economía se basa en la agricultura para la exportación (cítricos y hortalizas en las huertas litorales) y la gran industria (construcción naval, petroquímica, automóvil), que ha venido a sumarse a las más tradicionales (calzado, cerámica, textil, mueble, juguetes, turrones). No obstante, el sector más pujante de la economía es el terciario, y en particular el turismo en la costa alicantina.

HISTORIA

Ss. VII-V a. J.C.: contactos con fenicios, griegos y cartagineses. S. III a. J.C.: destrucción de Sagunto por Aníbal (219 a. J.C.) y conquista romana (209 a. J.C.). Ss. V-VIII: invasión visigoda; dominio bizantino en el S del Júcar (c. 554-630). Conquista musulmana (714). S. X: reinos de taifa (Denia, Alpuente, Valencia). S. XII: dominación almorávide (1102) y almohade (1171). 1232-1245: conquista de Jaime I de Aragón (reino de Valencia, 1240, integrado en la Corona de Aragón). 1519-1523: sublevación de la Germania. 1707: derrota de Almansa y decreto de Nueva planta. 1808: junta revolucionaria. Suchet formó en Valencia un gobierno en colaboración con la aristocracia local (1812). S. XIX: núcleos carlistas en el Maestrazgo y Ports (Cabrera, Cucala) y liberales en Valencia y Alcoy (levantamientos en 1836, 1854, 1856, 1867, 1869, 1873). S. XX: hegemonía política del blasquismo. Durante la guerra civil española Valencia fue la capital y sede del gobierno republicano (nov. 1936-marzo 1939). 1982: estatuto de autonomía.

VALENCIANISMO n. m. Vocablo o giro propio del habla valenciana.
VALENCIANO, A adj. y n. De Valencia. ♦ n. m. **2.** Dialecto del catalán, hablado en la mayor parte de la Comunidad Valenciana.
VALENTÍA n. f. Calidad de valiente. **2.** Hecho o hazaña valiente o heroica. **3.** Valor para arrostrar peligros.
VALENTÓN, NA adj. y n. *Desp.* Fanfarrón, bravucón, que presume de valiente.
VALENTONADA n. f. Jactancia o exageración del propio valor.
VALER v. tr. e intr. (lat. *valere*) [9]. Amparar, ayudar. **2.** Servir, ser útil, ser apto: *este traje aún vale.* **3.** Servir algo para conseguir otra cosa o eludir un mal: *más vale tarde que nunca.* **4.** Ser válido, estar permitido: *esta norma vale para todos.* **5.** Tener eficacia: *un carnet caducado no vale.* **6.** Tener valor económico, ser el precio de algo cierta cantidad de dinero. **7.** Tener ciertas cualidades: *la película no vale nada.* **8.** Referido a números, cuentas, etc., sumar, importar: *el total vale cinco mil pesetas.* **9.** Equivaler (en música, una blanca vale dos negras). **10.** Producir, dar ganancias o interés: *su esfuerzo le valió un premio.* **11.** Tener poder, autoridad o fuerza: *tú vales más que yo con él.* **12.** Con la prep. *por,* incluir en sí equivalentemente las cantidades de otra cosa: *esta razón vale por muchas.* • **Hacer valer,** imponer, hacer prevalecer. || **¡Vale!,** expresa aprobación o asentimiento; dícese también de que cesa algo. || **Valer lo que pesa** (*Fam.*), ser muy estimable, valer mucho. ♦ **valer-**

729

VAL

se v. pron. **13.** Servirse de alguien o de algo: *valerse de influencias*. **14.** *Fam.* No estar alguien del todo imposibilitado o achacoso, de modo que pueda andar o hacerse sus propias cosas: *aún se vale por sí mismo*.

VALER n. m. Valor, valía.

VALERA, c. de Venezuela (Trujillo); 97 012 hab. Centro comercial, industrial y de comunicaciones.

VALERA (Juan), escritor y diplomático español (Cabra, Córdoba, 1824-Madrid 1905). Su producción narrativa, intelectualista y fluida, se inició con *Pepita Jiménez* (1874). Con *Juanita la larga* (1895), encabezó un ciclo novelístico más costumbrista. Escribió también cuentos y un extenso epistolario.

VALERIANA n. f. Planta herbácea de flores rosas o blancas, que crece preferentemente en lugares húmedos, usada en medicina como antiespasmódica.

VALEROSO, A adj. Valiente, animoso.

VALÉRY (Paul), escritor francés (Sète 1871-París 1945). Discípulo de Mallarmé, es autor de poesía de inspiración simbolista (*La joven Parca*, 1917; *Cármenes*, 1922, que contiene el célebre poema *El cementerio marino*, considerado un modelo de «poesía pura»). Escribió también numerosos ensayos sobre arte, música, ciencia y filosofía.

VALET n. m. (voz francesa, *criado*). Cada una de la baraja francesa que es el equivalente de la sota de la baraja española.

VALETUDINARIO, A adj. y n. Enfermizo, delicado de salud.

VALÍA n. f. Valor, calidad de la persona o cosa que vale. • **Mayor valía** (ECON.), aumento del valor de una cosa por circunstancias extrañas.

VALIDACIÓN n. f. Acción y efecto de validar. **2.** Firmeza, consistencia o validez de un acto.

VALIDAR v. tr. (lat. *validare*) [**1**]. Dar validez.

VALIDEZ n. f. Calidad de válido.

VALIDO n. m. Persona que goza de la amistad del soberano o del gobernante, y en virtud de ella tiene acceso al ejercicio del poder.

VÁLIDO, A adj. (lat. *validum*). Que tiene valor y fuerza legal o eficacia para producir su efecto: *contrato válido; opinión válida*.

VALIENTE adj. y n. m. y f. Esforzado y animoso: *un valiente guerrero*. **2.** Valentón, bravucón: *dárselas de valiente*. ♦ adj. **3.** Fuerte y robusto en su línea. **4.** Grande, intenso, excesivo: *valiente granuja*.

VALIENTE Y CUEVAS (Porfirio), patriota y jurista cubano (Santiago de Cuba 1807-en Jamaica 1870 u 1871). En 1848 apoyó a B. Cisneros en sus proyectos de anexionar Cuba a E.U.A. Desde 1868 fue delegado de la República en armas en Europa. Autor de *Las reformas en las islas de Cuba y Puerto Rico* (1868).

VALIJA n. f. (ital. *valigia*). Maleta. **2.** Saco de cuero donde se lleva la correspondencia. **3.** Este mismo correo. • **Valija diplomática,** cartera cerrada y precintada, que contiene la correspondencia oficial entre un gobierno y sus agentes diplomáticos en el extranjero.

VALIMIENTO n. m. Privanza, primer lugar en la gracia y confianza de un monarca o alto personaje.

VALIOSO, A adj. Que vale mucho o tiene mucho valor: *una joya valiosa*.

VALLA n. f. (lat. *valla*). Estacada o vallado para defensa. **2.** Cerca para delimitar un lugar o para cercarlo. **3.** *Fig.* Obstáculo, impedimento. **4.** DEP. Obstáculo artificial empleado en ciertas competiciones hípicas o atléticas. • **Valla publicitaria,** cartelera colocada en calles, carreteras, etc., con fines publicitarios.

VALLADAR n. m. Valla, cerca. **3.** *Fig.* Obstáculo, impedimento.

VALLADO n. m. Valla, cerca.

VALLADOLID (*provincia de*), prov. de España, en Castilla y León; 8 201 km²; 506 093 hab. Cap. *Valladolid*. Constituye una extensa llanura en el centro de la Meseta norte regada por el Duero y sus afluentes.

VALLADOLID, c. de España, cap. de Castilla y León, cap. de la prov. homónima y cab. de p. j.; 345 891 hab. (*Vallisoletanos*.) En la confluencia del Pisuerga y el Esgueva. Centro industrial, administrativo y cultural (universidad). Centro cultural de Castilla y sede del consejo real, perdió sus privilegios tras apoyar a las Comunidades. Felipe II trasladó la capital a Madrid con lo que se inició la decadencia de Valladolid. Rico conjunto monumental: iglesia de Santa María La Antigua (ss. XIII-XV), la gótica de Santiago, y el convento de Santa Clara (ss. XIII-XV); del gótico final son el convento de San Pablo (ss. XIII-XV) y el colegio de San Gregorio (s. XV, museo nacional de escultura); del s. XVI son la iglesia de la Magdalena, la catedral, inacabada, e iniciada en 1585, el convento de las Huelgas (1579-1600), la iglesia de la Cruz (1595); iglesias barrocas. En arquitectura civil destacan también el colegio mayor de Santa Cruz, que combina elementos góticos, renacentistas y barrocos (museo arqueológico) y numerosos palacios renacentistas; la universidad, con portada barroca (1715). Museo Cervantino.

VALLAR v. tr. [**1**]. Cercar o delimitar con vallas.

VALLE n. m. (lat. *vallem*). Depresión de terreno alargada, más o menos ancha, cruzada por un curso de agua o por un glaciar. **2.** Conjunto de lugares, caseríos o pueblos situados en esta depresión.

VALLE (*departamento de*), dep. del S de Honduras; 1565 km²; 119 889 hab. Cap. *Nacaome*.

VALLE (Rafael Heliodoro), escritor hondureño (Tegucigalpa 1891-México 1959). Escribió poesía posmodernista (*Ánfora sedienta,* 1917) y ensayos históricos y literarios de tema latinoamericano.

VALLE DE LA PASCUA, c. de Venezuela (Guárico); 67 100 hab. Centro agropecuario y petrolero.

VALLE DE SANTIAGO, c. de México (Guanajuato); 132 023 hab. Industria agropecuaria. Mercado.

VALLE DEL CAUCA o **VALLE** (*departamento del*), dep. del O de Colombia; 22 140 km²; 2 847 087 hab. Cap. *Cali*.

VALLE DEL CIBAO → *Vega Real* (La).

VALLE VIEJO, dep. de Argentina (Catamarca); 17 284 hab. Cab. *San Isidro*. Olivo, vid y frutales.

VALLE Y CAVIEDES (Juan **del**), poeta peruano (Porcuna, España, c. 1652-Lima c. 1698), influido por los barrocos españoles y sor Juana Inés de la Cruz (*Carta en verso*).

VALLE-ARIZPE (Artemio **del**), escritor mexicano (Saltillo 1888-México 1961). Cronista oficial de la ciudad de México (1942), sus ensayos y narraciones sobre el tema colonial (*Cuando había virreyes,* 1956).

VALLEDUPAR, c. de Colombia, cap. del dep. del Cesar; 192 049 hab. Centro agrícola e industrial. Yacimientos de petróleo en su proximidad.

VALLE-INCLÁN (Ramón **del Valle y Peña,** llamado **Ramón María del**), escritor español (Villanueva de Arosa 1866-Santiago de Compostela 1936). La estética modernista y decadentista preside su primera producción: *La lámpara maravillosa* (1916), *Sonatas* (1902-1905). Otra vertiente de una Galicia intemporal, folklórica y mágica, se refleja en la serie narrativa *La guerra carlista* (1908-1909) y la serie de las *Comedias bárbaras* (1907-1922). Posteriormente su estilo pasó de la estilización del expresionismo, donde se inscribe el esperpento, que deforma la realidad y que encuentra su medio de expresión especialmente en el teatro (*Divinas palabras,* 1920; *Luces de bohemia,* 1924). De su novelística posterior cabe destacar el ciclo *El ruedo ibérico,* iniciado en 1927, y la novela de tema latinoamericano *Tirano Banderas* (1926).

VALLEJO (César), escritor peruano (Santiago de Chuco 1892-París 1938). Su primera selección poética, *Los heraldos negros* (1918), tiene influencias del modernismo, con el que rompe en *Trilce* (1922), donde ofrece un tono personal de intimismo y solidaridad que no abandonará en sus colecciones de cuentos (*Escalas melografiadas,* 1923), su novela *Tungsteno* (1931) o sus crónicas. Póstumamente se editaron algunos libros de poemas abiertos a planteamientos más directos y orales (*España, aparta de mí este cáliz,* 1940).

VALLEJO (José Joaquín), escritor chileno (Copiapó 1811-Santiago 1858), más conocido por el seudónimo **Jotabeche,** autor de artículos satíricos y de costumbres en la línea de Larra.

VALLENAR, com. de Chile (Atacama); 47 094 hab. Yacimientos de cobre, molibdeno, plata, oro y manganeso; minas de hierro. Industria metalúrgica, química y vinícola. Central térmica.

VALLISOLETANO, A adj. y n. De Valladolid.

VALLISTO adj. y n. *Argent.* De los valles calchaquíes de Argentina.

VĀLMĪKI, sabio de la antigua India que vivió probablemente en el s. IV a. J.C. y al que se atribuye el *Rāmāyaṇa*.

VALÓN, NA adj. y n. De Valonia. ♦ n. m. **2.** Dialecto hablado en parte de Bélgica y en el norte de Francia.

VALONA n. f. **Hacer** a uno **la valona** (*Méx. Fam.*), echarle una mano, cubrirle, hacerse cómplice con su silencio.

VALOR n. m. Cualidad física, intelectual o moral de alguien: *persona de gran valor.* **2.** Calidad de algo digno de interés y estima, precio: *libro de gran valor.* **3.** Cada una de las supuestas cualidades positivas, consideradas en abstracto: *valores de una sociedad.* **4.** Alcance, significación, eficacia o importancia de algo: *una afirmación sin valor.* **5.** Calidad de valiente: *le faltó valor para afrontarlo.* **6.** Descaro, desvergüenza: *tuvo el valor de negarlo.* **7.** Precio de una cosa. **8.** *Fig.* Persona que posee, o a la que se atribuyen, cualidades positivas para aquello que se expresa: *un joven valor de la canción.* **9.** Propiedad que caracteriza a los bienes económicos y constituye el fundamento de su intercambio. **10.** FILOS. Lo que una determinada moral establece como ideal o norma. **11.** LING. Participación de un elemento lingüístico en un sistema de relaciones entre significante y significado. **12.** MAT. Cada una de las posibles determinaciones de una magnitud o de una cantidad variables, o de una función. • **Armarse de valor,** prepararse para afrontar algo temible. ‖ **Valor numérico de una magnitud,** medida de esta magnitud. ♦ **valores** n. m. pl. **17.** Títulos representativos de participación de haberes de sociedades, de cantidades prestadas, de mercancías, de fondos pecuniarios o de servicios que son materias de operaciones mercantiles: *los valores están en alza.* ‖ **Escala de valores,** jerarquía establecida entre los principios morales.

VALORACIÓN n. f. Acción y efecto de valorar o de evaluar.

VALORAR v. tr. [**1**]. Establecer o señalar el valor económico o el precio de algo. **2.** Hacer que aumente el valor de algo. **3.** Apreciar el mérito del valor, cualidades y méritos de alguien o algo. **4.** Tener en cuenta, calcular, prever: *valorar las consecuencias de algo.*

VALORIZACIÓN n. f. Acción y efecto de valorizar.

VALORIZAR v. tr. [**1g**]. Valorar, evaluar. **2.** Aumentar el valor de algo.

VALPARAÍSO (*región de*), región de Chile; 16 396 km²; 1 373 967 hab. Cap. *Valparaíso.* Las islas de Juan Fernández, de Pascua y de Sala y Gómez dependen administrativamente de la región.

VALPARAÍSO, c. de Chile, cap. de la región homónima; 276 736 hab. Forma con Viña del Mar una conurbación de más de 600 000 hab. Segundo centro económico del país. Puerto en el Pacífico. Base naval. Refino de petróleo, metalurgia del cobre, astilleros, cemento. Turismo. Fue fundada por Juan de Saavedra en 1536.

VALQUIRIA n. f. Cada una de ciertas divinidades de la mitología escandinava que en los combates designaba los héroes que habían de morir.

VALS n. m. (del alem. *walzen*, girar). Baile de origen alemán, que en su origen tenía un movimiento lento, pero que en la forma más moderna, el vals vienés, se ha convertido en una danza de ritmo vivo y rápido. **2.** Música de este baile.

VALSAR v. intr. [1]. Bailar el vals.

VALUACIÓN n. f. Valoración, evaluación.

VALUAR v. tr. [1s]. Valorar, evaluar.

VALVA n. f. Cada una de las dos partes de la concha de los moluscos y otros animales. **2.** BOT. Cada una de las partes de un fruto seco que se abre para dejar salir las semillas.

VALVERDE (*provincia de*), prov. del NO de la República Dominicana; 580 km²; 111 470 hab. Cap. Mao (ant. *Valverde*).

VÁLVULA n. f. (lat. *valvulam*). Obturador sometido a la presión de un resorte y cuyo movimiento sirve para regular el paso de un fluido. **2.** Placa metálica que sirve de obturador móvil, en el interior del tubo de una arma, en el fondo de un depósito de agua, etc. **3.** Aparato que regula el movimiento de un fluido en una canalización. **4.** ANAT. Pequeño repliegue que se forma en la luz de algunos vasos para impedir el reflujo de sangre en sentido opuesto al de la corriente. **5.** ELECTR. Dispositivo que, intercalado en un circuito, sólo deja pasar la corriente en un sentido. • **Válvula de escape**, obturador que da salida a los gases de una combustión; *(fig.)*, ocasión, motivo o cosa a la que se recurre para desahogarse de una tensión. ‖ **Válvula de seguridad**, válvula que, montada en una conducción, una caldera, etc., bajo presión, se abre automáticamente cuando la presión interior rebasa cierto límite.

VAMPIRESA o **VAMP** n. f. (del ingl. *vamp*). Actriz que interpreta personajes de mujer coqueta y fatal. **2.** Mujer de gran atractivo, coqueta y casquivana.

VAMPIRISMO n. m. Creencia en los vampiros. **2.** *Fig.* Codicia excesiva.

VAMPIRO n. m. (húngaro *vampir*). Cadáver que, según la superstición popular, sale de su tumba para chupar la sangre de los vivos. **2.** Persona que se enriquece del trabajo ajeno. **3.** Murciélago de América tropical, generalmente insectívoro, pero que puede morder a los animales domésticos e incluso al hombre y succionar su sangre.

VAN DER WAALS (Johannes Diderik), físico neerlandés (Leiden 1837-Amsterdam 1923). Estudió las fuerzas de atracción entre moléculas y dio una ecuación del estado de los fluidos. (Premio Nobel de física 1910.)

VAN DYCK o **VAN DIJCK** (Antonio), pintor flamenco (Amberes 1599-Londres 1641), se convirtió en pintor de Carlos I y de la corte de Inglaterra (1632), para la que realizó retratos llenos de virtuosismo y distinción.

VAN EYCK (Jan), pintor flamenco (c. 1390-Brujas 1441). Mezcló varias técnicas (entre ellas el óleo) durante la materia pictórica una fuerza de sugestión inédita. Junto con el maestro de Flémalle (R. Campin), es el fundador de la gran escuela flamenca, tanto por sus cuadros religiosos (*La Virgen del canciller Rolin*, Louvre) como por sus retratos (*Los esposos Arnolfini*).

VAN GOGH (Vincent), pintor neerlandés (Goot-Zundert, Brabante, 1853-Auvers-sur-Oise 1890). Intentó obtener la máxima intensidad y vibración cromática en sus naturalezas muertas y ramos de flores (*Girasoles*), retratos y paisajes (*El campo de trigo y ciprés*, *El olivar*); fue asimismo el precursor de los fauvistas y expresionistas.

VANADIO n. m. Metal blanco de símbolo químico V, número atómico 23, masa atómica 50,94 y densidad 5,7, que se obtiene en forma de polvo gris y se usa para aumentar la resistencia del acero.

VANAGLORIA n. f. Presunción o jactancia de una cualidad que uno tiene o se atribuye.

VANAGLORIARSE v. pron. [1]. Jactarse, presumir, mostrarse orgulloso de algo.

VANCOUVER, c. y puerto de Canadá (Columbia Británica), junto al estrecho de Georgia y cerca de la desembocadura del Fraser, frente a la isla homónima; 471 844 hab. (1 409 361 hab. en la aglomeración, la tercera del país). Universidad.

VANDALAJE n. m. *Amér*. Vandalismo.

VANDÁLICO, A adj. Relativo a los vándalos o al vandalismo: *pueblo vandálico*; *acción vandálica*.

VANDALISMO n. m. (fr. *vandalisme*). Devastación o destrucción propia de los antiguos vándalos. **2.** *Fig.* Inclinación a destruir y devastar todo o a promover escándalos sin respeto ni consideración.

VÁNDALO, A adj. y n. Relativo a un pueblo bárbaro, de origen germánico oriental, procedente de Escandinavia; se estableció al S de este pueblo. **2.** *Fig.* Salvaje, bárbaro.

VANGUARDIA n. f. Parte de un ejército que va delante del cuerpo principal, como medida de seguridad. **2.** Aquello que se anticipa a su propio tiempo por su audacia. • **De vanguardia**, dícese de los movimientos, grupos, personas, etc., partidarios de la renovación, avance y exploración en el campo literario, artístico, político, ideológico, etcétera.

VANGUARDISMO n. m. Posición o tendencia de vanguardia.

VANGUARDISTA adj. y n. m. y f. Relativo al vanguardismo; partidario de esta posición o tendencia.

VANIDAD n. f. (lat. *vanitatem*). Calidad de vano. **2.** Orgullo, deseo excesivo de ser bien considerado y alabado. **3.** Cosa muy ostentosa y fastuosa.

VANIDOSO, A adj. y n. Que tiene y muestra vanidad.

VANO, A adj. (lat. *vanum*). Falto de realidad, sustancia o entidad. **2.** Que presenta un hueco en su interior. **3.** Presuntuoso, frívolo, insustancial. **4.** Inútil, ineficaz, infructuoso: *esfuerzos vanos*. **5.** Sin fundamento, razón o prueba: *confianza vana*. • **En vano**, inútilmente; sin necesidad, razón o justicia. ◆ n. m. **6.** Hueco de puerta, de ventana o de otra abertura en un muro o pared.

VAN'T HOFF (Jacobus Henricus), químico neerlandés (Rotterdam 1852-Berlín 1911). Estableció las bases de la cinética química y enunció una teoría de la presión osmótica. (Premio Nobel de química 1901.)

VANUATU, ant. **Nuevas Hébridas**, archipiélago de Melanesia, al NE de Nueva Caledonia, que constituye un estado; 14 760 km²; 200 000 hab. Cap. Port-Vila. LENGUAS OFICIALES: *bislamar* (pidgin), *inglés* y *francés*. MONEDA: *vatu*. Pesca. Copra. El archipiélago, descubierto en 1606 por los portugueses, fue colonizado tardíamente. La independencia del archipiélago, que adoptó el nombre de *Vanuatu*, tuvo lugar en 1980.

VAPOR n. m. (lat. *vaporem*). Gas que resulta de la vaporización de un líquido o de la sublimación de un sólido. **2.** Vapor de agua empleado como fuerza motriz. **3.** MAR. Barco o buque movidos por una máquina de vapor. • **Máquina de vapor**, máquina movida por la fuerza del vapor de agua. ‖ **Vapor saturado**, vapor cuya presión alcanza el máximo valor posible a una temperatura dada.

VAPORIZACIÓN n. f. Acción y efecto de vaporizar.

VAPORIZADOR n. m. Recipiente en que se realiza la vaporización. **2.** Aparato que sirve para proyectar un líquido reducido a finísimas gotas.

VAPORIZAR v. tr. y pron. [1g]. Convertir un líquido en vapor por la acción del calor. **2.** Dispersar, proyectar en gotas finísimas.

VAPOROSO, A adj. Tenue, ligero, muy fino o transparente: *tejido vaporoso*. **2.** Vago, desvaído.

VAPULEAR v. tr. y pron. [1]. Azotar, golpear repetida y violentamente. **2.** *Fig.* Reprender, reñir o reprobar duramente.

VAPULEO n. m. Acción y efecto de vapulear.

VAQUEAR v. intr. [1]. *Argent*. Cazar ganado salvaje, en los primeros tiempos de la ganadería argentina.

VAQUERÍA n. f. Lugar donde se ordeñan las vacas o se vende su leche. **2.** *Amér*. Trabajos propios de la recolección de ganado.

VAQUERIZA n. f. Corral o establo donde se recoge el ganado vacuno.

VAQUERO, A adj. Propio de los pastores del ganado vacuno. **2.** Dícese del pantalón tejano. ◆ n. **3.** Pastor de ganado vacuno. ◆ n. m. **4.** Cow-boy.

VAQUETA n. f. Piel de ternera adobada y curtida.

VAQUETÓN, NA adj. y n. *Méx. Fam*. Flojo, vago.

VAQUILLA n. f. Res joven que se corre y es toreada por los aficionados en festejos populares. **2.** *Chile* y *Nicar*. Ternera entre el año y medio y los dos años.

VAQUILLONA n. f. *Argent., Chile, Nicar.* y *Perú*. Ternera de dos a tres años.

VÁQUIRA n. f. *Colomb.* y *Venez*. Pecarí.

VARA n. f. (lat. *varam*, travesaño). Rama delgada y larga de un árbol o arbusto, limpia de hojas. **2.** Palo largo y delgado. **3.** Bastón que, como insignia de autoridad y mando, llevan los alcaldes. **4.** Representación de esta autoridad o dignidad. **5.** Tallo con flores de algunas plantas. **6.** Cualquiera de las dos barras que arrancan de la parte delantera de un carro o un coche, a las que se engancha la caballería. **7.** TAUROM. Pica: *suerte de varas*. • **Vara de Aarón**, o **de Jesé**: nardo. ‖ **Vara de oro**, o **de san José**, planta de flores amarillas, que se cultiva a menudo como ornamental. (Familia compuestas.)

VARADA n. f. *Amér*. Varadura.

VARADERO n. m. Lugar para poner en seco embarcaciones, para limpiarlas, pintarlas o carenarlas.

VARAL n. m. *Argent*. En los saladeros, armazón de cañas para tender al aire libre la carne del casajo.

VARANO n. m. Reptil lacertilio, carnívoro, que vive en África, Asia y Australia y mide de 2 a 3 m de long.

VARAR v. intr. [1]. Quedar detenida una embarcación en un banco de arena, en la playa, o entre piedras o rocas. ◆ v. tr. **2.** Sacar a la playa y poner en seco una embarcación.

VARAYOC n. m. Warayoc.

VARAZÓN n. f. *Chile*. Cardumen de peces.

VAREADOR, RA n. Persona que varea los árboles. ◆ n. m. **2.** *Argent*. Peón encargado de varear los caballos de competición.

VAREAR v. tr. [1]. Golpear, dar golpes con una vara o palo: *varear la lana*. **2.** Golpear las ramas de ciertos árboles con una vara para recolectar el fruto: *varear los olivos*. **3.** *Argent*. Ejercitar un caballo de competición para conservar su buen estado físico.

VAREJÓN n. m. *Amér. Merid.* y *Nicar*. Verdasca. **2.** *Colomb*. Variedad de yuca.

VARELA (*familia*), familia de políticos, escritores y periodistas argentinos. Destacan: **Juan Cruz** (Buenos Aires 1794-Montevi-

VAR

deo 1839), fundó diarios liberales y escribió obras líricas y dramáticas de corte neoclásico. — Su hermano **Florencio** (Buenos Aires 1807-Montevideo 1848), combatió a Rosas, a manos de cuyos agentes murió; autor de ensayos (*Escritos políticos y literarios*, 1859). — **Mariano** (Montevideo 1834-Buenos Aires 1902), hijo del anterior, fundó en Buenos Aires el periódico *La tribuna*.

VARELA (Pedro José), político uruguayo (La Florida 1837-Montevideo 1906), presidente de la república (1875-1876).

VAREO n. m. Acción y efecto de varear ciertos árboles.

VARGAS (Getúlio), político brasileño (São Borja, Rio Grande do Sul, 1883-Río de Janeiro 1954). Presidente de la república (1934-1945 y 1950-1954).

VARGAS LLOSA (Mario), escritor peruano (Arequipa 1936), nacionalizado español (1993). Se inició con el relato *Los jefes* (1958) alcanzando su madurez novelística con *La ciudad y los perros* (1962). Con creciente dominio de la técnica narrativa (*Conversaciones en la Catedral*, 1969), se inspiró en materiales reales (*Pantaleón y las visitadoras*, 1973; *La tía Julia y el escribidor*, 1977; *Lituma en los Andes*, 1993; *Los cuadernos de don Rigoberto*, 1997), para abordar proyectos más ambiciosos en *La guerra del fin del mundo*, 1981. (Premio Cervantes 1994.)

VARÍ n. m. *Chile* y *Perú*. Ave rapaz diurna de plumaje grisáceo. (Familia falcónidas.)

VARIABILIDAD n. f. Calidad de variable.

VARIABLE adj. Que varía o es capaz de variar: *tiempo variable*. **2.** Inestable, inconstante: *carácter variable*. ♦ **Palabra variable** (LING.), palabra susceptible de variación según el número, el género, la función, etc. ♦ n. f. **3.** MAT. y LÓG. Término indeterminado que, en una relación o una función, puede ser remplazado por diversos términos determinados que son sus valores.

VARIACIÓN n. f. Acción y efecto de variar. **2.** Estado de lo que varía, cambio del valor de una cantidad o una magnitud, cambio de grado. **3.** MÚS. Procedimiento de composición que consiste en utilizar un mismo tema transformándolo, adornándolo y dejándolo más o menos reconocible. ♦ **variaciones** n. f. pl. **4.** Forma musical que usa del procedimiento de variación. ♦ **Cálculo de variaciones**, rama del análisis matemático cuya finalidad es determinar los máximos y los mínimos de una integral en determinadas condiciones.

VARIANCIA n. f. Número máximo de los factores del equilibrio cuyo valor puede fijarse simultáneamente en un sistema en equilibrio físico-químico. **2.** ESTADÍST. Cuadrado de la desviación tipo.

VARIANTE n. f. Variedad o diferencia entre diversas clases o formas de una misma cosa. **2.** Desviación de un trecho de una carretera o camino. **3.** En quinielas de fútbol, signo distinto de uno. **4.** Texto o fragmento de un texto que difiere del que comúnmente es admitido, sea por las correcciones voluntarias de un autor, o de alteraciones debidas a la copia o a la edición de una obra.

VARIAR v. tr. [**1t**]. Hacer diferente, cambiar en parte el modo de ser, la forma, etc.: *variar la decoración*. **2.** Dar variedad: *variar la alimentación*. ♦ v. intr. **3.** Cambiar, transformarse, modificarse: *los precios varían*. **4.** Ser diferente, distinto: *estas dos opiniones varían*. **5.** MAT. Cambiar de valor.

VARICELA n. f. Enfermedad infecciosa, contagiosa y epidémica no grave, debida a un virus herpes, que afecta especialmente a los niños, caracterizada por una erupción vesicular que dura unos diez días.

VARIEDAD n. f. Calidad de vario. **2.** Cada una de las distintas clases de algo: *las variedades de un mismo modelo*. **3.** Inconstancia, inestabilidad. **4.** HIST. NAT. Subdivisión de la especie. ♦ **De variedad** (*Méx. Fam.*), divertido, jocoso: *que Juan apareciera en la cena cayó de variedad nos quitó lo aburrido*. ♦ **variedades** n. f. pl. **5.** Espectáculo compuesto por diversos números de atracciones, sin relación entre sí (canto, baile, etc.).

VARILLA n. f. Barra, generalmente de metal, larga y delgada. **2.** Cada una de las tiras que forman la armazón de un abanico, paraguas, etc. **3.** *Méx.* Barra larga y delgada de hierro que constituye el armazón de los cimientos y del edificio, una vez se cubre con hormigón.

VARIO, A adj. (lat. *varium*, policromo). Diverso, diferente, variado, distinto: *historias varias; tela de varios colores*. **2.** Inconstante, inestable: *carácter vario*. ♦ **varios** adj. pl. **3.** Dícese de una cantidad imprecisa de lo que se expresa: *varios libros*.

VARIOPINTO, A adj. (voz italiana). Multiforme, mezclado, diverso, abigarrado: *multitud variopinta*.

VARIZ, VARICE o **VÁRICE** n. f. (lat. *varicem*) [pl. *varices*]. PATOL. Dilatación permanente de una vena, particularmente frecuente en las piernas.

VARO (Remedios), pintora española (Anglès 1913-México 1963). Instalada en México (1942), su obra aportó una singular y onírica combinación de poesía e ironía.

VARÓN n. m. Persona del sexo masculino. ♦ **Santo varón** (*Fig.*), hombre de gran bondad.

VARONA (Enrique José), escritor y político cubano (Puerto Príncipe, Camagüey, 1849-La Habana 1933). Independentista, fue vicepresidente de la república (1913-1917). Escribió ensayo filosófico influido por el empirismo y político (*Los cubanos en Cuba*, 1889), así como poesía y narrativa.

VARONÍA n. f. Descendencia por línea de varón.

VARONIL adj. Relativo al varón. **2.** Propio del hombre: *fuerza varonil*.

VARSOVIA, en polaco *Warszawa*, c. cap. de Polonia, a orillas del Vístula; 1 653 300 hab. Metrópoli política, cultural, comercial e industrial, fue reconstruida casi en su totalidad tras la segunda guerra mundial. Museos. Capital de la república polaca (1918), en 1939 fue ocupada por los alemanes. La ciudad fue liberada por las fuerzas polaco-soviéticas en 1945 (en.).

VARSOVIANO, A adj. y n. De Varsovia.

VASALLAJE n. m. Estado o condición del vasallo. **2.** *Fig.* Sumisión servil, obediencia incondicional.

VASALLO, A n. Persona libre que se ponía al servicio un rey o señor, que le protegía a cambio de prestarle determinados servicios. **2.** Súbdito. **3.** En relación a un estado o país, otro sobre el que aquél tenía soberanía. **4.** *Fig.* Persona que está sujeta a la voluntad de otros.

VASAR n. m. Estante que se pone las despensas y cocinas sirve para poner la vajilla u otras cosas.

VASCO, A adj. y n. Del País Vasco. ♦ n. m. **2.** LING. Lengua hablada en el País Vasco. SIN.: *euskera, euskara, vascuence*. (El vasco es una de las lenguas prerromanas habladas en la península Ibérica y la única superviviente.)

VASCO (*País*), en vasc. **Euskal Herria** o **Euskadi**, región geográfica-histórica del extremo O de los Pirineos. Comprende el País Vasco español (→ art. siguiente) y el País Vasco francés (Euskadi Norte) que se extiende al E del pico de Anie y por el antepaís pirenaico hasta el valle del Adour y que comprende Soule, Labourd (unidas a Francia en 1541) y Baja Navarra (en 1620).

VASCO (*País*) o **EUSKADI**, comunidad autónoma del NE de España, que abarca las prov. de Álava, Guipúzcoa y Vizcaya; 7254 km²; 2 109 009 hab. (*Vascos.*) Cap. *Vitoria.*

GEOGRAFÍA

Abarca el macizo de las montañas Vascas, con cuencas y llanos en el interior (Llanada de Vitoria) y estrechos valles en los cursos de los ríos (Bidasoa, Urumea, Deva, Oria, Nervión). Clima templado oceánico, con abundantes precipitaciones. Gran implantación industrial (siderurgia, construcción naval y bienes de equipo en Vizcaya; máquinas-herramienta, papel y química en Guipúzcoa). Cultivos de hortalizas y frutales en regadío, y vid, cereales y patata en secano; ganadería bovina y porcina. Pesca. Centrales térmicas.

HISTORIA

Los vascones habitaban el Pirineo Oriental, la cordillera cantábrica y el N del Ebro. Las conquistas romanas, bárbaras y musulmanas no sometieron a los vascones de las tierras altas. S. VIII: ducado de Vasconia, vasallo de los francos, origen del reino de Navarra (s. IX). S. XII: apertura del camino de Santiago y expansión castellana hacia la costa (1180, fundación de San Sebastián). S. XIV: firma de alianzas jurídicas con Castilla (fueros). S. XV: victoria de las hermandades de campesinos sobre la nobleza. S. XIX: comerciantes e industriales defendieron el liberalismo; nobleza y campesinado fueron el principal apoyo social del carlismo (Zumalacárregui). 1872: abolición de los fueros. S. XIX: formación de una poderosa burguesía industrial (siderurgia, construcción naval) y financiera. 1894: Sabino Arana fundó el Partido nacionalista vasco. 1936: aprobación de un estatuto de autonomía que prácticamente no entró en vigor. 1979: estatuto de autonomía.

VASCONCELOS (José), político, escritor y filósofo mexicano (Oaxaca 1882-México 1959). Participó activamente en la revolución mexicana. En *La raza cósmica* (1925) expresa su mesianismo panamericano. Cultivó el ensayo estético, la crítica histórica y literaria, el teatro y las memorias, iniciadas con *Ulises criollo* (1936), su producción más importante.

VASCONGADAS (*Provincias*), denominación del conjunto de provincias españolas de Álava, Guipúzcoa y Vizcaya, que desde 1979 forman la comunidad autónoma del País Vasco o Euskadi.

VASCONGADO, A adj. y n. Vasco.

VASCUENCE n. m. LING. Vasco.

VASCULAR adj. Relativo a los vasos: *sistema vascular*. **2.** Dícese de las enfermedades que se derivan de un defecto de irrigación de los tejidos. ♦ **Planta vascular** (BOT.), la que tiene vasos.

VASCULARIZACIÓN n. f. Disposición o producción de los vasos de una región del organismo, una estructura o un tejido.

VASCULARIZADO, A adj. Dícese de un órgano provisto de vasos.

VASECTOMÍA n. f. Escisión quirúrgica de los conductos deferentes, que vuelve estéril al hombre sin modificar su comportamiento sexual.

VASELINA n. f. (ingl. *vaseline*). Grasa mineral, traslúcida, extraída de residuos de la destilación de los petróleos y utilizada en farmacia y en perfumería.

VASIJA n. f. Recipiente destinado a contener algo o usado como adorno.

VASO n. m. Vasija o recipiente cóncavo. **2.** Recipiente de forma cilíndrica o de cono truncado, que sirve para beber. **3.** Cantidad de líquido que cabe en él. **4.** ANAT. Conducto por donde circula la sangre o la linfa. (Se distinguen tres clases de vasos: las *arterias*, los *capilares* y las *venas*.) **5.** BOT. Tubo que sirve para la conducción de la savia bruta. ♦ **Vasos comunicantes**, vasos que se comunican por un tubo y en los que un mismo líquido se eleva al mismo nivel, cualquiera que sea la forma de cada uno de ellos.

VASOCONSTRICCIÓN n. f. Disminución del diámetro de la luz de los vasos sanguíneos.

VASODILATACIÓN n. f. Aumento de la luz de los vasos sanguíneos.

VASOMOTOR, RA adj. MED. Relativo al movimiento regulador de los vasos sanguíneos.

VÁSQUEZ BRITO (Ramón), pintor venezolano (Porlamar 1927). Su pintura de rígida abstracción geométrica evolucionó hacia una abstracción más lírica.

VÁSTAGO n. m. Brote que surge de un vegetal muy cerca del pie, del tallo o del cuello de la raíz. **2.** Con respecto a una persona o una familia, hijo o descendiente. **3.** Varilla metálica que sirve para articular o sostener otras piezas.

VASTO, A adj. (lat. *vastum*). Muy amplio, dilatado o extenso.

VATE n. m. (lat. *vatem*). Adivino. **2.** Poeta.

VATICANO, A adj. Relativo al Vaticano.

VATICANO *(Ciudad del)*, estado cuya soberanía temporal fue reconocida al papa por los acuerdos de Letrán entre la Santa Sede y Mussolini (11 febr. 1929); 700 hab. aprox. Su extensión (44 ha), dentro de la ciudad de Roma, en la or. der. del Tíber, comprende la plaza y la basílica de San Pedro, el palacio del Vaticano y sus anexos, y los jardines del Vaticano. A ello hay que añadir la propiedad de doce edificios en Roma y Castelgandolfo (derechos extraterritoriales). El papa ejerce sus poderes, a la vez legislativos y ejecutivos, a través de una comisión de cardenales. En 2001 fue modificada la constitución que regía desde de 1929.

VATICINAR v. tr. [1]. Adivinar, predecir.

VATICINIO n. m. Acción y efecto de vaticinar.

VATÍMETRO n. m. ELECTR. Instrumento de medida de la potencia desarrollada en un circuito eléctrico.

VATIO n. m. Unidad de medida de potencia, de flujo energético y de flujo térmico (símbolo W), equivalente a la potencia de un sistema energético que transfiere uniformemente una energía de 1 julio cada segundo.

VATIO-HORA n. m. Unidad de medida de trabajo, de energía y de cantidad de calor (símbolo Wh), equivalente a la energía producida en 1 hora por una potencia de 1 vatio y que vale 3600 julios.

VAUPÉS, en port. **Uaupés**, r. de Colombia y Brasil; 1126 km. Nace en Colombia al E de la cordillera Oriental, cruza el dep. del Vaupés, penetra en Brasil y desemboca en el río Negro.

VAUPÉS *(departamento del)*, dep. del SE de Colombia; 65 268 km^2; 18 935 hab. Cap. *Mitú*.

VAZ FERREIRA (Carlos), filósofo uruguayo (Montevideo 1872-*id*. 1958). Su pensamiento evolucionó desde posiciones positivistas al vitalismo.

VÁZQUEZ (Horacio), militar y político dominicano (Ciudad Moca 1860-en Puerto Rico 1936). Asumió el poder con un golpe militar (1902-1903) y fue presidente de la república (1924-1930).

VÁZQUEZ DE ARCE Y CEBALLOS (Gregorio), pintor colombiano (Santa Fe de Bogotá 1638-*id*. 1711). En sus composiciones marianas se aprecia el influjo de Murillo y por el uso del claroscuro está ligado a Zurbarán.

VÁZQUEZ DE CORONADO (Francisco), explorador español (Salamanca 1510-México ¿1554?). Gobernador de Nueva Galicia (1538), realizó una expedición por el N de Nuevo México. Descubrió el Gran Cañón del Colorado y exploró el valle del río Grande y los territorios entre el O del Mississipí y las Rocosas. — Su hermano **Juan** (Salamanca 1532-en alta mar 1565), alcalde mayor de Nicaragua (1561), conquistó Costa Rica.

VD., VDS., abrev. de *usted, ustedes*.

VE n. f. Nombre de la letra *v*.

VECELLIO (Tiziano) → *Tiziano*.

VECINAL adj. Relativo al vecindario o a los vecinos de una población. **2.** Dícese del camino construido y conservado por el municipio.

VECINDAD n. f. Calidad de vecino. **2.** Conjunto de personas que viven en un mismo edificio. **3.** Vecindario. **4.** Alrededores, cercanías de un sitio. **5.** Méx. Conjunto de viviendas populares con patio común, generalmente una antigua casa grande adaptada para tal efecto.

VECINDARIO n. m. Conjunto de los vecinos de una población o barrio.

VECINO, A adj. y n. (lat. *vicinum*). Con respecto a una persona, el que vive cerca, en la misma casa, en el mismo barrio, etc. **2.** Que tiene casa en una población y contribuye a las cargas o impuestos de ésta. ♦ adj. **3.** *Fig.* Cercano, próximo, inmediato: *países vecinos*. **4.** *Fig.* Que se asemeja, afín, parecido.

VECTOR n. m. (voz lat., *el que conduce*). En la terminología técnica, agente que transporta algo de un lugar a otro. **2.** MAT. Segmento de recta orientado en el que se distingue un origen y un extremo. **3.** MIL. Vehículo (bombardero, submarino, misil, etc.) portador de una carga explosiva, especialmente nuclear.

VECTORIAL adj. Relativo a los vectores. • **Análisis**, o **cálculo, vectorial**, estudio de las funciones de una variable vectorial. ‖ **Magnitud vectorial**, magnitud física cuya definición exige un valor numérico, una dirección y un sentido.

VEDA n. f. Acción y efecto de vedar. **2.** Espacio de tiempo en que está prohibido cazar o pescar.

VEDADO, A adj. y n. m. Acotado y cerrado por ley u ordenanza: *terreno vedado*.

VEDAR v. tr. (lat. *vetare*) [1]. Prohibir por ley, estatuto o mandato. **2.** Impedir, dificultar.

VEDETTE n. f. (voz francesa). Artista principal de un espectáculo de variedades, teatro, cine, etc.

VEGA n. f. Terreno bajo, llano y fértil. **2.** Huerta, área de regadío que produce una sola cosecha.

VEGA *(provincia de La)*, prov. del centro de la República Dominicana; 2373 km^2; 303 000 hab. Cap. *Concepción de la Vega*.

VEGA (Garcilaso **de la**) → *Garcilaso*.

VEGA (Jorge **de la**), pintor argentino (Buenos Aires 1930-*id*. 1971). Fue uno de los integrantes del grupo Nueva figuración y su obra posee elementos tomados del pop-art.

VEGA (Ventura **de la**), escritor español (Buenos Aires 1807-Madrid 1865). Escribió, en la línea de Moratín, comedia costumbrista (*El hombre de mundo*, 1845) y de género histórico (*La muerte de César*, 1865). — Su hijo **Ricardo** (Madrid 1839-*id*. 1910) fue libretista de sainetes y zarzuelas (*La verbena de la Paloma*, 1894).

VEGA REAL (La) o **VALLE DEL CIBAO**, depresión de la República Dominicana, entre la cordillera Septentrional y el macizo de Cibao. Región agrícola.

VEGA Y CARPIO (Félix Lope **de**), escritor español (Madrid 1562-*id*. 1635). De vida muy agitada, su prolífica producción conjuga la tradición popular con la vertiente cultural del renacimiento. Parte de su poesía es grande: épica (*Jerusalén conquistada*, 1609), mitología (*La hermosura de Angélica*), parodia (*La gatomaquia*, 1634), y todo tipo de poema breve. Como prosista su primera obra fue la novela pastoril *La Arcadia* (1598). Otra de sus obras capitales se acomoda a la tradición que impulsó *La Celestina* (*La Dorotea*). Su extensísima obra dramática crea las bases de la llamada comedia española, principios que se definieron en su *Arte nuevo de hacer comedias* (1609). Temáticamente se pueden agrupar en comedias de capa y espada (*La dama boba*, 1613), amorosas (*El perro del hortelano*, *La moza del cántaro*), mitológicas, pastoriles o bíblicas. Capítulo aparte merecen las obras que hacen referencia al caos político de la España del s. XV, cuyo argumento principal son los

sos de abusos por parte de los nobles del código del honor (*Fuente Ovejuna, El mejor alcalde, el rey, Peribáñez y el comendador de Ocaña, El caballero de Olmedo*).

VEGETACIÓN n. f. Conjunto de plantas o de vegetales de un área determinada: *vegetación tropical, de la región polar*. • **Vegetaciones adenoideas**, folículos linfoides excesivamente desarrollados que se encuentran en los segmentos altos del aparato respiratorio, en particular la rinofaringe, y que pueden dificultar la respiración.

VEGETAL adj. Relativo a las plantas: *mundo vegetal*. ♦ n. m. **2.** Ser vivo caracterizado por la ausencia de boca, de sistema nervioso y de órganos locomotores, y por la presencia de redes celulósicas, generalmente de clorofila y de almidón, y la reproducción por esporas. (Bacterias, árboles, plantas y hongos son vegetales.)

VEGETAR v. intr. y pron. [1]. Germinar, crecer, desarrollarse y multiplicarse las plantas. ♦ v. intr. **2.** *Fig.* Vivir alguien sin ningún interés o inquietud de tipo moral o intelectual. **3.** *Fig.* Disfrutar voluntariamente de una vida tranquila y reposada, exenta de trabajo o preocupaciones.

VEGETARIANISMO o **VEGETARISMO** n. m. Régimen de alimentación que se basa en la ingestión casi exclusiva de productos de origen vegetal.

VEGETARIANO, A adj. y n. Relativo al vegetarianismo; partidario de este régimen alimenticio.

VEGETATIVO, A adj. Dícese del órgano u organismo que realiza funciones vitales cualesquiera, excepto las reproductoras propiamente dichas: *tejido vegetativo*. • **Aparato vegetativo**, raíces, tallo y hojas de las plantas superiores, y talo de las plantas inferiores, que aseguran la nutrición. ‖ **Crecimiento vegetativo**, diferencia entre el número de nacimientos y el número de defunciones en una población, en un período determinado. ‖ **Sistema nervioso vegetativo**, conjunto de los sistemas nerviosos simpático y parasimpático, que regulan el funcionamiento de las vísceras. ‖ **Vida vegetativa**, la puramente orgánica.

VEGUERO, A adj. Relativo a la vega. ♦ n. m. **2.** Cultivador de una vega para la explotación del tabaco. ♦ n. m. **3.** Cigarro puro hecho de una sola hoja de tabaco enrollada.

VEHEMENCIA n. f. Calidad de vehemente.

VEHEMENTE adj. (lat. *vehementem*). Que tiene una fuerza impetuosa: *discurso vehemente*. **2.** Que obra de forma irreflexiva, llevado de sus impulsos. **3.** Ardiente y lleno de pasión.

VEHICULAR v. t. [1]. Conducir, difundir, transmitir, comunicar.

VEHÍCULO n. m. (lat. *vehiculum*). Medio de transporte terrestre, aéreo o acuático: *vehículo espacial*. **2.** Lo que sirve de transmisor o conductor de algo: *el aire es el vehículo del sonido*. **3.** Excipiente farmacéutico.

VEINTE adj. num. cardin. y n. m. Dos veces diez: *tiene veinte años*. ♦ adj. num. ordin. y n. m. **2.** Vigésimo, que corresponde en orden al número veinte: *página veinte*. ♦ adj. **3.** Dícese de la década que empieza en el año veinte y termina en el treinta.

VEINTEAVO, A o **VEINTAVO, A** adj. y n. Dícese de cada una de las veinte partes iguales en que se divide un todo.

VEINTEMILLA (José Ignacio **de**), militar y político ecuatoriano (Quito 1830-en Perú 1909), presidente de la república (1876-1883).

VEINTENA n. f. Conjunto o grupo de veinte unidades: *una veintena de libros*. **2.** Sucesión de veinte años o veinte días consecutivos: *la primera veintena de la vida*. **3.** Aproximadamente veinte: *habría una veintena de personas*.

VEINTICINCO adj. num. cardin. y n. m. Veinte y cinco. ♦ adj. num. ordin. y n. m. **2.** Vigésimo quinto.

VEI

VEINTICINCO DE MAYO, partido de Argentina (Buenos Aires); 33 649 hab. Ganadería e industrias derivadas (lácteos, conservas de carne). — Dep. de Argentina (Misiones); 24 537 hab. Cab. *Alba Posse.* Ganado vacuno. Apicultura. Bosques. — Dep. de Argentina (Chaco); 24 251 hab. Cab. *Machagai.* Agricultura y ganadería vacuna.

VEINTICUATRO adj. num. cardin. y n. m. Veinte y cuatro. ♦ adj. num. ordin. y n. m. **2.** Vigésimo cuarto.

VEINTIDÓS adj. num. cardin. y n. m. Veinte y dos. ♦ adj. num. ordin. y n. m. **2.** Vigésimo segundo.

VEINTINUEVE adj. num. cardin. y n. m. Veinte y nueve. ♦ adj. num. ordin. y n. m. **2.** Vigésimo nono.

VEINTIOCHO adj. num. cardin. y n. m. Veinte y ocho. ♦ adj. num. ordin. y n. m. **2.** Vigésimo octavo.

VEINTISÉIS adj. num. cardin. y n. m. Veinte y seis. ♦ adj. num. ordin. y n. m. **2.** Vigésimo sexto.

VEINTISIETE adj. num. cardin. y n. m. Veinte y siete. ♦ adj. num. ordin. y n. m. **2.** Vigésimo séptimo.

VEINTITRÉS adj. num. cardin. y n. m. Veinte y tres. ♦ adj. num. ordin. y n. m. **2.** Vigésimo tercio o tercero.

VEINTIÚN adj. Apócope de *veintiuno.*

VEINTIUNO, A adj. num. cardin. y n. m. Veinte y uno. ♦ adj. num. ordin. y n. m. **2.** Vigésimo primero.

VEJACIÓN n. f. Acción y efecto de vejar.

VEJAMEN n. m. Vejación.

VEJAR v. tr. (lat. *vexare*) [**1**]. Maltratar, molestar a alguien haciendo que se sienta humillado.

VEJATORIO, A adj. Que veja o es capaz de vejar.

VEJESTORIO n. m. *Desp.* Persona muy vieja.

VEJETE adj. y n. m. *Fam.* Viejo.

VEJEZ n. f. Calidad de viejo. **2.** Último período de la vida del hombre. **3.** Manías, actitudes o dichos propios de la vejez.

VEJIGA n. f. (lat. *vesicam*). Receptáculo abdominal en el que se acumula la orina que llega de los riñones a través de los uréteres, y que comunica con el exterior por el canal de la uretra.

VELA n. f. Acción de velar, permanecer despierto sin dormir. **2.** Cilindro de cera u otra materia grasa, con pabilo para que pueda encenderse y dar luz. ♦ **En vela,** sin dormir, o con falta de sueño. ♦ **velas** n. f. pl. **3.** *Fig.* y *fam.* Mocos que cuelgan de la nariz. ♦ **A dos velas** (*Fam.*), con carencia o escasez de dinero.

VELA n. f. (lat. *vela*). Conjunto de piezas de lona u otro tejido, formando una superficie capaz de recibir el viento, y que sirve para propulsar una embarcación. **2.** Práctica deportiva de la navegación de vela: *club de vela.* **3.** Velamen, conjunto de velas: *llevar mucha vela.* **4.** Barco de vela. ♦ **A toda vela,** con todas las velas desplegadas; dedicándose uno completamente a la ejecución o consecución de algo. ‖ **Arriar,** o **recoger, velas,** reprimirse, contenerse, y desistiendo de un propósito.

VELA (cabo de la), cabo de Colombia, en el Caribe, en el NO de la península de La Guajira. Faro.

VELADA n. f. Reunión o tertulia nocturna para entretenimiento y diversión. **2.** Sesión musical, literaria o deportiva que se celebra por la noche.

VELADOR, RA adj y n. Que vela o está sin dormir. ♦ n. m. **2.** *Méx.* Vigilante nocturno de oficinas o edificios en construcción. ♦ n. m. **3.** Mesa pequeña o redonda con un solo pie, que en su base se ramifica en tres. **4.** Lamparilla eléctrica de sobremesa. **5.** *Amér. Merid.* Mesa de noche. **6.** *Argent., Méx.* y *Urug.* Lámpara o luz portátil que suele colocarse en la mesita de noche. **7.** *Méx.* Veladora.

VELADORA. n. f. *Méx.* Vela gruesa y corta, en forma de cono truncado o invertido que se prende por devoción ante la imagen de un santo.

VELAMEN o **VELAJE** n. m. Conjunto de las velas de un barco o de uno de sus palos. **2.** Conjunto de las velas que lleva desplegadas la embarcación.

VELAR v. intr. [**1**]. Permanecer despierto voluntariamente el tiempo destinado a dormir. **2.** *Fig.* Cuidar solícitamente algo: *velar por su salud.* ♦ v. tr. **3.** Hacer el centinela guardia durante las horas nocturnas. **4.** Asistir de noche a un enfermo o pasarla con un difunto en señal de duelo o respeto.

VELAR v. tr. y pron. [**1**]. Cubrir algo con un velo. ♦ v. tr. **2.** *Fig.* Ocultar, atenuar o disimular algo. ♦ **velarse** v. pron. **3.** FOT. Borrarse la imagen en la placa o en el papel por la acción indebida de la luz.

VELAR adj. Relativo al velo del paladar: *región velar.* ♦ adj. y n. f. **2.** FONÉT. Dícese de un fonema cuyo punto de articulación está cerca del velo del paladar, como la *k* y la *g.* SIN.: *gutural.*

VELARIZAR v. tr. y pron. [**1g**]. Dar sonido velar a una letra.

VELAS o **MORRO HERMOSO** (cabo), cabo de Costa Rica (Guanacaste), en el Pacífico.

VELASCO (José María), compositor boliviano (La Paz 1900). Fundador de la orquesta nacional de La Paz, su obra recoge elementos indígenas.

VELASCO (José María), pintor mexicano (Temascalcingo 1840-Guadalupe 1912). Uno de los mejores paisajistas de su país (*El ferrocarril mexicano*) y el *pico de Orizaba*).

VELASCO (José Miguel), patriota y político boliviano (Santa Cruz 1795-*id.* 1859). Fue presidente de la república en 1828-1829, 1837-1839 (dentro de la Confederación Perú-boliviana) y en 1848.

VELASCO ALVARADO (Juan), militar y político peruano (Piura 1910-Lima 1977). Derrocó a Belaúnde Terry e implantó un régimen militar populista (1968). Fue destituido por un golpe militar derechista (1975).

VELASCO IBARRA (José María), político ecuatoriano (Quito 1893-*id.* 1979). Presidente de la república en cinco ocasiones (1934-1935, 1944-1947, 1952-1956, 1960-1961 y 1968-1972), autoritario y demagogo, con gran carisma popular, fue derrocado varias veces por el ejército.

VELÁSQUEZ (Antonio), pintor hondureño (Valle 1900-Tegucigalpa 1983). Su temática de paisaje y campesinado le consolidó internacionalmente como gran pintor naïf.

VELATORIO n. m. Acto de velar a un difunto. **2.** Grupo de personas que realizan este acto.

VELÁZQUEZ (Diego de), conquistador español (Cuéllar 1465-Santiago de Cuba 1524). Adelantado para la conquista de Cuba (1509), llegó a la isla en 1511 y fundó La Habana (1514).

VELÁZQUEZ (Diego **Rodríguez de Silva y Velázquez,** llamado **Diego**), pintor español (Sevilla 1599-Madrid 1660). Pintor de cámara de Felipe IV desde 1623, realizó numerosos retratos según el modelo tradicional y *El triunfo de Baco* o *Los borrachos* (1628), de temática ambivalente. Sus dos viajes a Italia (1629-1631 y 1649-1651) le sirvieron para aclarar su paleta y dar gran soltura a la pincelada (*La fragua de Vulcano; vistas de la villa Médicis*). Allí pintó retratos, como el de *Inocencio X* (1650), de aguda penetración sicológica. Fue dando entonces a su retratística (bufones, familia real, personajes como *La dama del abanico*) una mayor perfección en naturalidad y frescura. En *La rendición de Breda* llenó de vida un solemne episodio histórico. Al final de su vida trabajó la perspectiva aérea: *Las hilanderas* (c. 1657) y *Las meninas* (c. 1656), donde culmina la plasmación compleja del espacio, la luz y el retrato de grupo, así como su dominio de la técnica de la pincelada.

VELEIDAD n. f. Calidad de veleidoso. **2.** Capricho, mudanza de ánimo carente de fundamento.

VELEIDOSO, A adj. Dícese de la persona inconstante y mudable, y de sus actos.

VELERO, A adj. Dícese de la embarcación muy ligera o que navega mucho. ♦ n. m. **2.** Buque de vela.

VELETA n. f. Placa móvil alrededor de un eje vertical, que se coloca en lo alto de un edificio para indicar la dirección del viento. ♦ n. m. y f. **2.** Persona que cambia a menudo de opinión.

VELETA, pico de España (Granada), en sierra Nevada; 3327 m de alt. Deportes de invierno. *Puerto de Veleta* (3300 m de alt.), en la carretera de Granada a Órgiva, el más elevado de la Península.

VÉLEZ DE GUEVARA (Luis), escritor español (Écija 1579-Madrid 1644). Su obra más famosa, *El diablo cojuelo* (1641), es una novela costumbrista entroncada con el género picaresco. Fue además prolífico dramaturgo: drama histórico (*Reinar después de morir*), comedias religiosas y entremeses.

VÉLEZ SÁRSFIELD (Dalmacio), jurista y político argentino (Amboy de Calamuchita, Córdoba, 1800-Buenos Aires 1875). Fue diputado en el congreso de 1825 y en las constituyentes (1826). Exiliado durante el gobierno de Rosas, fue coautor del código de comercio y autor del código civil de 1869.

VELIZ o **VELIS** n. m. *Méx.* Maleta de mano que puede ser de cuero o de metal.

VELLO n. m. (lat. *villum*). Conjunto de pelos más cortos y finos que los de la barba, que cubren algunas partes del cuerpo humano. **2.** Pelusilla que cubre algunas frutas y plantas.

VELLOCINO n. m. Vellón que resulta de esquilar las ovejas.

VELLÓN n. m. Toda la lana de un carnero u oveja, que sale junta al esquilarla. **2.** Piel curtida de oveja o carnero, con su lana.

VELLÓN n. m. (fr. *billon*, lingote). Aleación de lata y de cobre, con que se labró moneda. **2.** Moneda de cobre.

VELLOSIDAD n. f. Existencia de vello.

VELLOSO, A adj. Provisto o cubierto de vello.

VELLUDO, A adj. Que tiene mucho vello.

VELO n. m. (lat. *velum*). Tejido muy fino y transparente que se emplea para cubrir ligeramente algo. **2.** Prenda de tul, encaje, gasa, etc., usada por las mujeres para cubrirse el rostro en determinadas circunstancias. **3.** Manto con que cubren la cabeza y parte superior del cuerpo las religiosas. **4.** *Fig.* Cosa delgada, ligera o flotante que encubre más o menos la vista de otra. **5.** *Fig.* Lo que encubre o disimula la verdad o la falta de claridad en algo: *palabras con un velo de indulgencia.* ♦ **Velo del paladar** (ANAT.), conjunto que forma el techo de la cavidad bucal.

VELOCIDAD n. f. (lat. *velocitatem*). Magnitud física que representa el espacio recorrido en una unidad de tiempo. **2.** Gran rapidez en el movimiento. **3.** AUTOM. Cada una de las combinaciones o relaciones de engranaje de un motor de automóvil. ♦ **Caja de velocidades,** caja de cambios. ‖ **Carrera de velocidad,** en atletismo y en ciclismo, carrera en pista, generalmente de corta distancia. ‖ **Velocidad angular,** derivada respecto al tiempo del ángulo descrito por el radio vector del móvil. ‖ **Velocidad de crucero,** media horaria que un vehículo es capaz de mantener durante un largo recorrido. ‖ **Velocidad media,** relación entre el camino recorrido y el tiempo empleado en recorrerlo.

VELOCÍMETRO n. m. Cuentakilómetros.

VELOCÍPEDO n. m. Vehículo que constituyó el origen de la bicicleta. **2.** Bicicleta.

VELOCISTA n. m. y f. y adj. Atleta especializado en las carreras de velocidad.

VELÓDROMO n. m. Pista para determinadas carreras ciclistas.

VELOMOTOR n. m. Motocicleta ligera o bicicleta, provista de un motor auxiliar, cuya cilindrada no excede a 50 cm^3.

VELÓN n. m. Lámpara metálica de aceite, compuesta de un depósito con uno o varios picos por los que pasa la mecha, y provista de una pantalla de hojalata. **2.** *Chile y Perú.* Vela de sebo muy gruesa que suele ser corta.

VELORIO n. m. Fiesta nocturna que se celebra en las casas de algunos sitios con motivo de haber acabado alguna faena doméstica, como la matanza del cerdo. **2.** Acción de velar un cadáver, velatorio.

VELOZ adj. (lat. *velocem*). Que se mueve muy de prisa, con rapidez, que puede ir a mucha velocidad. **2.** Hecho o ejecutado a gran velocidad.

VENA n. f. (lat. *venam*). Vaso que conduce la sangre o la linfa al corazón. **2.** Cada una de las listas onduladas, ramificadas y de distintos colores que presentan en su superficie algunas piedras y maderas. **3.** Conducto natural por donde circula el agua en las entrañas de la tierra. **4.** *Fig.* Inspiración poética, facilidad para componer versos. **5.** *Fig.* Disposición natural para alguna actividad determinada: *tener vena de músico.* **6.** BOT. Nervadura muy saliente de ciertas hojas. **7.** BOT. Fibra de la vaina de ciertas legumbres. **8.** MIN. Filón de roca o de una masa mineral encajado en una roca de distinta naturaleza. • **Estar en vena** (Fam.), estar inspirado para llevar a cabo una actividad, ocurrírsele con fecundidad ideas.

VENABLO n. m. (lat. *venabulum*). Dardo o lanza corta arrojadiza.

VENADEAR v. tr. [1]. *Méx.* Fig. Asesinar a alguien en el campo o a mansalva.

VENADO n. m. Ciervo.

VENADO TUERTO, c. de Argentina (Santa Fe), en el dep. General López; 58 678 hab. Químicas.

VENAL adj. Relativo a las venas.

VENAL adj. (lat. *venalem*). Vendible, destinado a ser vendido o expuesto a la venta: *objetos venales.* **2.** *Fig.* Que se deja corromper o sobornar.

VENCEDERO, A adj. Sujeto a vencimiento: *factura vencedera el próximo mes.*

VENCEJO n. m. ZOOL. Ave parecida a la golondrina, que caza insectos durante su rápido vuelo. (Orden apodiformes.)

VENCER v. tr. (lat. *vincere*) [2a]. Obligar a un enemigo a rendirse, derrotarle en combate. **2.** Resultar el primero en un concurso, competición, etc., ganar, resultar superior a otros. **3.** Ser superior, aventajar en general: *lo vence en virtudes.* **4.** Prevalecer una cosa sobre otra: *la razón venció a la locura.* **5.** Afrontar y resolver con éxito una dificultad, problema, etc.: *vencer un obstáculo.* **6.** Inducir a alguien a que siga determinado parecer, hacerle cambiar de opinión: *venció mi resistencia.* **7.** Subir o superar la altura o aspereza de un lugar: *vencer una cumbre.* ◆ v. tr. y pron. **8.** Rendir a alguien las cosas físicas o morales que actúan sobre ella: *le venció el sueño.* **9.** Ladear, torcer, inclinar, hundir algo o a alguien el peso de algo: *el paquete le vencía.* ◆ v. intr. **10.** Terminar cierto plazo. **11.** Terminar o perder su fuerza obligatoria un contrato por cumplirse la condición o el plazo en él fijado. **12.** Hacerse exigible una deuda u otra obligación: *el recibo vence el día veinte.* ◆ v. tr., intr. y pron. **13.** Dominar, refrenar las pasiones, afectos, etc.: *vencer el miedo.*

VENCIDO, A adj. y n. Que ha sido derrotado. • **A la tercera va la vencida**, expresa que a la tercera tentativa se suele conseguir el fin deseado.

VENCIMIENTO n. m. Acción y efecto de vencer. **2.** *Fig.* Inclinación o torcimiento de algo material. **3.** Momento en que se ha de cumplir una obligación o fecha en que se debe pagar una deuda.

VENDA n. f. Franja de tela o gasa para cubrir heridas o para sujetar la cura aplicada en ellas. • **Caérsele a alguien la venda de los ojos**, salir del estado de ofuscación en que estaba.

VENDAJE n. m. Acción de cubrir con vendas una parte del organismo. **2.** Conjunto de vendas.

VENDAR v. tr. [1]. Aplicar una venda o atar o cubrir con ella.

VENDAVAL n. m. Viento fuerte del sur, con tendencia a rolar al oeste. **2.** Viento duro, sin llegar a temporal. **3.** MAR. En las costas orientales de América Central, viento del oeste que sopla en otoño. • **vendavales** n. m. pl. **4.** Vientos utilizados para la travesía de regreso de las Indias occidentales a España.

VENDEDOR, RA adj. y n. Que vende o tiene por oficio vender.

VENDER v. tr. (lat. *vendere*) [2]. Ceder a otro algo a un determinado precio: *vender una casa.* **2.** Ejercer esta actividad comercial: *vender fruta en el mercado.* **3.** Exponer u ofrecer al público géneros o mercaderías. **4.** Sacrificar al interés algo que no tiene valor material: *vender la honra.* **5.** *Fig.* Faltar a la fe, confianza o amistad que se debe a otro. • **Estar**, o **ir**, **vendido**, no poder fiarse de las personas que tiene alrededor o de alguien o algo que se tiene que utilizar. ◆ **venderse** v. pron. **6.** *Fig.* Dejarse sobornar o corromper: *venderse al mejor postor.* **7.** *Fig.* Decir o hacer inadvertidamente algo que descubre lo que se quiere tener oculto.

VENDETTA n. f. (voz italiana, *venganza*). Estado de enemistad producido por una muerte o una ofensa y que se transmite a toda la familia de la víctima.

VENDIMIA n. f. (lat. *vindemiam*). Recolección de la uva. **2.** Tiempo o época en que se efectúa esta recolección. **3.** Uva que se recoge en la vendimia.

VENDIMIADOR, RA n. Persona que trabaja en una vendimia.

VENDIMIAR v. tr. [1]. Recoger la uva de las viñas.

VENECIA, en ital. *Venezia*, c. de Italia, cap. del Véneto y cap. de prov., construida sobre un grupo de islotes, en medio de la *laguna de Venecia* (dependencia del golfo de Venecia, formado por el Adriático); 308 717 hab. *(Venecianos.)* Centro administrativo, cultural, turístico e industrial. Conserva numerosos monumentos y magníficos conjuntos arquitectónicos: la basílica de San Marcos (reconstruida según una concepción bizantina desde el s. XI; mosaicos, obras de arte) y la plaza homónima, el campanario, el palacio de los dux (ss. XIV-XV; ricas decoraciones pintadas), 90 iglesias (entre ellas el Redentore, de Palladio, y la Salute, de Longhena), los palacios del Gran canal (principalmente de la época que va del gótico al barroco), el puente del Rialto, etc. Posee ricos museos (como el de la Academia), en los que destaca la escuela veneciana de pintura (los Bellini y Carpaccio, Giorgione, Tiziano, Veronese, y Tintoretto; Canaletto y F. Guardi, Piazzetta, los Tiepolo y los Ricci). Famoso teatro de la Fenice, destruido por un incendio en 1996. Bienal de arte. Festival anual de cine.

VENECIANO, A adj. y n. De Venecia.

VENENO n. m. (lat. *venenum*). Sustancia que ocasiona la muerte o graves trastornos en el organismo. **2.** *Fig.* Cualquier cosa nociva para la salud. **3.** *Fig.* Lo que puede pervertir o causar un daño moral. **4.** Malevolencia en lo que se dice.

VENENOSIDAD n. f. Calidad de venenoso.

VENENOSO, A adj. Que contiene veneno, capaz de envenenar. **2.** *Fig.* Mal intencionado, que desacredita o deshonra.

VENERA n. f. (lat. *veneriam*). Concha semicircular de dos valvas de la vieira.

VENERABLE adj. Digno de veneración.

VENERAR v. tr. (lat. *venerari*) [1]. Sentir o mostrar respeto en grado sumo a alguien.

2. REL. Dar o rendir culto a Dios, a los santos y a las cosas sagradas.

VENÉREO, A adj. Relativo al placer o al trato sexual. • **Enfermedades venéreas**, enfermedades infecciosas contraídas por contacto sexual.

VENERO n. m. Manantial de agua. **2.** *Fig.* Aquello que origina o contiene en gran cantidad una cosa: *un venero de información.* **3.** Criadero de un mineral.

VENEZOLANISMO n. Vocablo o giro privativo de Venezuela.

VENEZOLANO, A adj. y n. De Venezuela. ◆ n. m. **2.** Modalidad lingüística adoptada por el español en Venezuela.

VENEZUELA *(golfo de)*, golfo del Caribe, entre las puntas Espada (Colombia) y Macolla (Venezuela). Comunica con el lago Maracaibo por la bahía del Tablazo, al S.

VENEZUELA, estado de América del Sur, bañado por el Caribe; 912 050 km^2; 19 325 222 hab. *(Venezolanos.)* CAP.: Caracas. LENGUA OFICIAL: español. MONEDA: *bolívar.*

GEOGRAFÍA
En el N del país, dos ramales de la cordillera andina enmarcan la cuenca del lago de Maracaibo: al O la sierra de Perijá, y al E la cordillera de Mérida (5 007 m en el pico Bolívar), que luego de una zona de transición enlaza con la cordillera Caribe, paralela al litoral hasta la isla de Trinidad, y compuesta por dos cadenas, la cordillera de la Costa y la serranía del Interior, separadas por la depresión del lago de Valencia y el valle del Tuy. En el centro del país se extiende la región de Los Llanos, avenada por el Orinoco y sus afluentes, y en el SE, el macizo de la Guayana, con sierras y relieves tabulares (tepuí). La población, urbana en un 85 %, se concentra en las regiones del centro-N y el O, especialmente en las áreas urbanas de Caracas, Maracaibo y Valencia. La agricultura tiene una importancia secundaria y no alcanza a cubrir las necesidades alimentarias de la población; destacan el arroz, maíz, patata, yuca; y entre los cultivos para la exportación, cacao, café, tabaco, algodón y caña de azúcar. Ganadería extensiva de vacunos en Los Llanos. El petróleo domina la economía venezolana (más de la mitad del valor de las exportaciones); los principales yacimientos se encuentran en las cuencas del lago Maracaibo, Orinoco oriental, Apure-Barinas y Falcón. Las mayores reservas se localizan en la faja del Orinoco. Otros recursos energéticos son gas natural, carbón, hierro, aluminio y la hidroelectricidad (centrales del Guri y Uribante-Caparo). También se extrae aluminio y hierro. La industria, bastante diversificada, y en la que destaca la petroquímica, se localiza en la región del centro N (área metropolitana de Caracas, eje Valencia-Maracuy, Zulia) y en Ciudad Guayana, en el Oriente.

HISTORIA
La población precolombina. La población aborigen fue el resultado de diversas oleadas migratorias (arawak, caribes), que se sumaron a un sustrato primitivo mal conocido. Antes de la conquista existía una gran diversidad de tribus: los guayqueríes, en el litoral oriental; los cumanagotos, en el interior; los caracas, en el valle del Guaire, con una desarrollada agricultura y elevada densidad; los tacarigüas, en la región del lago Valencia; los timote-cuicas en los Andes, otra zona de elevada densidad.
Conquista y colonización. 1498: Colón descubrió la isla Trinidad y la península de Paria. 1499: expediciones de Alonso de Ojeda y P. A. Niño a las costas venezolanas. 1500-1550: primera etapa de la conquista, marcada por una débil colonización y la concesión del gobierno y explotación de la colonia a los Welser (1528-1546). 1550-

VEN

1600: intensificación de la colonización, fundación de Caracas (1567), e inicio de la explotación del cacao, base de la economía colonial. Adscrita en los ss. XVI-XVII a la audiencia de Santo Domingo, en 1718 fue incorporada al virreinato de Nueva Granada. 1777: constitución de la capitanía general de Venezuela. 1786: audiencia de Caracas. El comercio del cacao estuvo controlado, de 1728 a 1781, por la Real compañía guipuzcoana de Caracas. La rebelión en Santo Domingo (1791) y la ocupación británica de Trinidad (1797) estimularon la expansión de nuevos cultivos en Venezuela (café, algodón, añil y azúcar), para abastecer estos mercados.
La independencia. 1797: conspiración frustrada de Gual y España. 1806: fracaso del intento insurreccional de Miranda. 1810-1812: constitución de la Junta suprema de Caracas, que proclamó la independencia (1811), y reacción realista que restableció el dominio español. 1813-1814: segunda república y nueva derrota del movimiento emancipador. 1817-1823: las campañas de Bolívar liberaron Nueva Granada y Venezuela (batallas de Boyacá, 1819, y Carabobo, 1821), que se incorporó a la república de la Gran Colombia. 1830: separación de Venezuela de la Gran Colombia.
De la era de Páez a la revolución federal. 1830-1846: el general Páez, promotor de la ruptura con Bolívar, dominó la política venezolana en beneficio de la oligarquía conservadora, integrada por terratenientes y comerciantes; el café se convirtió en el producto de exportación básico, desplazando al cacao, perjudicado por la pérdida del mercado español. 1847-1858: J. T. Monagas, tras derrotar la reacción conservadora encabezada por Páez (1848), abrió la primera experiencia de gobierno de la oligarquía liberal, en la que se abolió la esclavitud y se impulsó la privatización de las tierras baldías, lo que incrementó la propiedad terrateniente. 1859-1870: con el retorno al poder del conservadurismo, los liberales se organizaron en el Partido federal, impulsor de una nueva rebelión (Revolución federal, 1859-1863); el triunfo del federalista Falcón abrió un período de inestabilidad, que facilitó la restauración conservadora (1868).
El triunfo del liberalismo. 1870-1888: el liberalismo se impuso con Guzmán Blanco. Acabó con el caudillismo militar, reforzado desde la época de la Revolución federal, pactó con los caciques regionales la centralización del poder e impulsó un programa de obras públicas, gracias a la expansión de las exportaciones de café. 1888-1908: el derrocamiento de Guzmán Blanco abrió otro período de inestabilidad, que los conservadores no pudieron aprovechar para recuperar el poder, y el liberalismo adoptó a su vez una característica autoritaria con el gobierno del general Castro (1899-1908).
La era de las dictaduras. 1908-1935: J. V. Gómez estableció un régimen dictatorial, apoyado en el ejército y los terratenientes; el petróleo pasó a sustituir al café como exportación fundamental, en términos tales además que generó un caudal de ingresos fiscales crecientes que permitió a Gómez potenciar el ejército y articular la red de carreteras del país. El desarrollo del sector petrolero y la crisis de la agricultura de exportación potenciaron la terciarización y la masiva migración a las ciudades. 1935-1948: tras la muerte de Gómez, las fuerzas que le apoyaron retuvieron el poder (E. López Contreras, 1935-1941; I. Medina Angarita, 1941-1945) hasta que el golpe militar de 1945 entregó a Acción democrática (A.D.), fundada por R. Betancourt, con un masivo apoyo popular, que impulsó el intervencionismo económico del estado, basado en un mayor control sobre los beneficios petroleros. 1948-1958: un nuevo golpe, derechista, que derrocó a Rómulo Gallegos (1948) e inició un período de dictadura militar que culminó en el gobierno de Pérez Jiménez (1952-1958).
De la expansión a la crisis de la sociedad petrolera. 1958-1978: un levantamiento popular, con apoyos militares, acabó con la dictadura de Pérez Jiménez y devolvió la hegemonía a Acción democrática. Rómulo Betancourt (1959-1964) y R. Leoni (1964-1969) prosiguieron la política de crecimiento económico apoyado en los beneficios del petróleo, dependiente por tanto de la evolución del sector exterior; la nacionalización del petróleo durante el mandato de C. A. Pérez (1974-1979) fue el momento culminante de ese modelo. De 1968 a 1974, ocupó la presidencia R. Caldera, del democristiano COPEI. 1977-1994: el COPEI se consolidó como partido alternativo a A.D. y la caída de los beneficios del petróleo indujo la crisis económica (presidencia de L. Herrera Campins, 1979-1984, de COPEI; presidencia de J. Lusinchi, 1984-1989, de A.D.); la adopción de un duro programa de ajuste por parte de C. A. Pérez en su segunda presidencia (1988-1993) y la proliferación de escándalos determinaron la crisis de A.D. y del turno tradicional con el COPEI, y el inicio de una nueva etapa política. 1993: destitución de C.A. Pérez por el congreso. Se convocaron elecciones presidenciales en las que venció R. Caldera, quien concurrió como independiente tras ser expulsado del COPEI.1998: Hugo Chávez, ex teniente coronel golpista, elegido presidente. 1999: por referéndum se aprobó una nueva constitución. El estado tomó el nombre de República Bolivariana de Venezuela. 2001: se dictaminó alzar el período presidencial de Chávez cinco meses, hasta enero de 2007. En 2002, tras rebeliones y disturbios, renunció Chávez. Después de dos días de presidencia provisional de Pedro Carmona, Chávez reasumió el cargo. 2004: Chávez triunfa en una consulta pública para su permanencia en el poder.

VENGADOR, RA adj. y n. Que venga o se venga.

VENGANZA n. f. Daño infligido a alguien como respuesta a otro recibido de él.

VENGAR v. tr. y pron. (lat. *vindicare*) [**1b**]. Tomar satisfacción de la respuesta a un agravio o daño por medio de otro: *vengar una ofensa.*

VENGATIVO, A adj. Inclinado a la venganza.

VENIA n. f. (lat. *veniam*). Permiso, licencia para obrar.

VENIAL adj. (lat. *venialem*). Que de manera leve es contrario a la ley o precepto y que por tanto es de fácil perdón: *falta venial.* • **Pecado venial,** pecado leve (por oposición a *pecado mortal*).

VENIALIDAD n. f. Calidad de venial.

VENIDA n. f. Acción y efecto de venir. **2.** Creciente ímpetuosa de un río, avenida.

VENIDERO, A adj. Que está por venir o suceder, futuro.

VENIR v. intr. (lat. *venire*) [**21**]. Moverse, trasladarse de allá para acá. **2.** Moverse hacia acá del modo que se expresa: *venir a pie.* **3.** Presentarse una persona ante otra: *hacer venir ante sí.* **4.** Acercarse o estar próximo en el tiempo: *el año que viene.* **5.** Seguir inmediatamente una cosa a otra que se expresa. **6.** Suceder, acaecer: *vinieron grandes calamidades.* **7.** Proceder, tener su origen una cosa de otra: *ese carácter le viene de familia.* **8.** Ajustarse, acomodarse bien o mal o conformarse una cosa a otra o con otra: *el pantalón le viene estrecho.* **9.** Estar, hallarse: *la foto viene en la portada.* **10.** Acometer, aparecer en alguien cierta expresión, sentimiento, idea, etc.: *venir risa.* **11.** Volver a tratar del asunto después de una digresión: *pero vengamos al caso.* **12.** Pasar el dominio o uso de una cosa a unos a otros. **13.** Seguido de la prep. *en* y un sustantivo, toma la significación del verbo correspondiente a dicho sustantivo: *venir en conocimiento de algo.* **14.** Con la prep. *a.* Con la prep. *a* y otros nombres, estar pronto a hacer lo que estos nombres significan. **15.** Con la prep. *a* y verbos como *ser, tener, decir,* etc., expresa equivalencia aproximada: *viene a tener la misma anchura.* **16.** Con la prep. *sobre* significa caer. **17.** Seguido de la prep. *con,* aducir, traer a colación *no me vengas con discursos.* ♦ v. auxiliar. **18.** Con gerundio intensifica la significación durativa de éste: *venían haciendo lo mismo.* **19.** Con la prep. *a* y un infinitivo, equivale a un verbo según: *viene a decir lo mismo.* ♦ v. intr. y pron. **20.** Llegar al sitio donde está el que habla: *vinieron a verme.* **21.** Llegar alguien a transigir o avenirse: *se vino a mis razonamientos.* • **Venir a menos,** caer del estado que se gozaba, descender de posición económica o social. || **Venir a parar** una cosa en algo, terminar, finalizar en ella. || **Venir al pelo** *(Fam.),* ser provechoso o útil. || **Venir bien,** corresponder una cosa a otra, ser, resultar adecuada o conveniente. || **Venir rodado** algo *(Fam.),* suceder casualmente en favor de lo que se intentaba o deseaba. || **Venirse abajo, a tierra** o **al suelo,** algo, caer, arruinarse, destruirse.

VENOSO, A adj. Relativo a las venas. • **Sangre venosa,** sangre pobre en oxígeno y rica en gas carbónico, que circula por las venas y las arterias pulmonares.

VENTA n. f. Acción y efecto de vender. **2.** Cantidad de cosas que se venden. **3.** Parador o posada en los caminos o despoblados para hospedaje de viajeros. • **Venta a crédito,** la de una cosa cuya entrega precede al pago. || **Venta a plazos,** venta a crédito, en que el pago se efectúa en inversiones periódicas en un espacio de tiempo. || **Venta al contado,** aquella en la cual la entrega de la cosa y el pago se producen al mismo tiempo.

VENTAJA n. f. Circunstancia o situación favorable o de superioridad. **2.** Hecho, circunstancia de ir o estar delante de otro u otros en una actividad, competición, juego, etc.

VENTAJEAR v. tr. [**1**]. *Argent., Colomb., Guat.* y *Urug.* Sacar ventaja mediante procedimientos reprobables.

VENTAJERO, A adj. y n. *Dom., P. Rico* y *Urug.* Ventajista.

VENTAJISTA adj. y n. m. y f. Dícese de la persona que por cualquier medio, lícito o no, procura obtener ventaja en sus asuntos o tratos.

VENTAJOSO, A adj. Que reporta, ofrece o tiene ventajas.

VENTANA n. f. Abertura, generalmente rectangular, a una cierta distancia del suelo, en la pared de una construcción, para dar luz y ventilación. **2.** Cualquier abertura semejante. **3.** Hoja u hojas de madera, o de madera y cristales, con que se cierra una ventana. **4.** Cada uno de los orificios de la nariz.

VENTANA (sierra de la), sierra de Argentina (Buenos Aires); 1427 m en el *cerro de la Ventana.*

VENTANAL n. m. Ventana grande en los muros exteriores de un edificio.

VENTANILLA n. f. Abertura pequeña que hay en la pared o tabique de los despachos de billetes, por la cual los empleados se comunican con el público. **2.** Abertura en un sobre, tapada por un papel transparente, que permite ver la dirección del destinatario escrita en la misma carta. **3.** Ventana de los coches, vagones de tren y otros vehículos. **4.** Ventana de la nariz.

VENTANILLO n. m. Postiguillo de puerta o ventana. **2.** Pequeña abertura en la puerta exterior de las casas que permite ver a la persona que llama.

VENTARRÓN n. m. Viento muy fuerte.

VENTEAR v. intr. [**1**]. Soplar viento o hacer fuerte aire. ♦ v. tr. **2.** Olfatear el aire los

animales sirviéndoles de orientación. **3.** Sacar o arrojar una cosa al viento para enjugarla o limpiarla.
VENTERO, A n. Persona que es propietaria o tiene a su cuidado una venta.
VENTILLA n. f. *Méx.* Ventanilla pequeña de un automóvil. **2.** *Méx.* Serie de ventanillas que abren y cierran horizontalmente para regular la entrada de aire en una habitación.
VENTILACIÓN n. f. Acción y efecto de ventilar. **2.** Corriente de aire que se establece al ventilar una habitación.
VENTILADOR n. m. Aparato para renovar el aire de un lugar cerrado, o para poner en movimiento el aire de un sitio produciendo frescor.
VENTILAR v. tr. y pron. (lat. *ventilare*) [1]. Renovar el aire de un lugar. ♦ v. tr. **2.** Poner, sacar una cosa al aire y agitarla para que se le vaya la humedad o el polvo. **3.** *Fig.* Tratar, dilucidar, intentar resolver algo: *ventilar un asunto*. **4.** *Fig.* Hacer que trascienda al público en general un asunto privado o íntimo: *ventilar asuntos personales*. ♦ v. intr. **5.** Efectuarse completa y satisfactoriamente el proceso de llenado y vaciado del aire en el pulmón. ♦ **ventilarse** v. pron. **6.** *Fig.* Renovar alguien su aspecto, ideas o pensamientos que ha mantenido inalterables durante más tiempo del debido.
VENTISCA n. f. Borrasca de viento y nieve.
VENTISQUERO n. m. Parte del monte más alta y más expuesta a las ventiscas. **2.** En lo alto de los montes, lugar donde se conserva tiempo la nieve y el hielo. **3.** Masa de nieve o hielo que hay en este lugar.
VENTOLERA n. f. Golpe o racha de viento fuerte pero poco duradero. ♦ **Dar a alguien la ventolera de** algo *(Fam.)*, metérsele en la cabeza una idea repentina que no tiene explicación lógica.
VENTOLINA n. f. *MAR.* Viento leve y variable.
VENTOSA n. f. Objeto consistente en una concavidad que, al hacerse el vacío, queda adherida por presión a una superficie. **2.** *ZOOL.* Órgano de fijación de la sanguijuela, el pulpo y algunos otros animales.
VENTOSEAR v. intr. [1]. Expeler ventosidades.
VENTOSIDAD n. f. Calidad de ventoso o flatulento. **2.** Acúmulo de gases en el interior de la luz intestinal.
VENTOSO, A adj. Dícese del día, del tiempo o del lugar en que hace un viento fuerte.
VENTRAL adj. Relativo al vientre.
VENTRICULAR adj. Relativo al ventrículo.
VENTRÍCULO n. m. (lat. *ventriculum*). Cavidad del corazón, de paredes musculadas, cuyas contracciones envían la sangre a las arterias. **2.** Una de las cuatro cavidades del encéfalo, que contiene el líquido cefalorraquídeo.
VENTRÍLOCUO, A adj. y n. Dícese de la persona que puede hablar emitiendo sonidos sin mover los labios y los músculos faciales.
VENTRILOQUIA n. f. Arte del ventrílocuo.
VENTRUDO, A adj. Que tiene vientre abultado.
VENTUARI, r. de Venezuela, afl. del Orinoco (or. der.); 520 km. Nace en las vertientes del cerro Vemachu y desemboca junto a Santa Bárbara.
VENTURA n. f. Felicidad, buena suerte, fortuna. **2.** Contingencia, casualidad. ♦ **Por ventura,** por suerte o casualidad; quizá.
VENTUROSO, A adj. Afortunado, dichoso, que causa felicidad o ventura.
VÉNULA n. f. *ANAT.* Vena pequeña.
VENUS n. f. (de *Venus*, diosa). Mujer de gran belleza.
VENUS, planeta del sistema solar situado entre Mercurio y la Tierra (diámetro: 12 104 km). Visible tanto a la salida como a la puesta de sol, a menudo recibe el nombre de *Lucero del alba*. Está envuelto por una densa atmósfera de gas carbónico. En su superficie se alcanzan temperaturas cercanas a los 500 °C y presiones de 90 bar.
VENUS, divinidad itálica del amor y la belleza, asimilada a la *Afrodita* de los griegos.
VER v. tr. (lat. *videre*) [2j]. Percibir con los ojos, percibir mediante el sentido de la vista. **2.** *Fig.* Observar, examinar, considerar alguna cosa. **3.** Someterse a examen, a visita, a control de parte de un técnico, especialista, experto, etc.: *que le vea el médico*. **4.** *Fig.* Comprender, entender, darse cuenta de una realidad, de un hecho, de una situación. **5.** *Fig.* Conocer, llegar a saber, estar enterado de alguna cosa por medio de una carta, libro o algo semejante. **6.** *Fig.* Adquirir conocimientos por experiencia directa. **7.** *Fig.* Conocer, ser testigo ocular de un acontecimiento. **8.** *Fig.* Prever, presentir, prevenir: *lo veo venir*. **9.** *Fig.* Juzgar, considerar algo, idóneo, posible: *cada cual ve las cosas a su manera*. **10.** *Fig.* Tener en cuenta: *sólo ve sus intereses*. **11.** *Fig.* Probar: *veremos si funciona*. **12.** *Fig.* Ser un lugar el escenario de algún acontecimiento, suceso, etc.: *es una llanura que ha visto muchas batallas*. **13.** *Fig.* Imaginar, fantasear: *ver fantasmas*. ♦ **A más ver** o **hasta más ver** *(Fam.)*, se usa como saludo de despedida. ‖ **A ver,** expresión con que se muestra interés por algo o curiosidad, expectación; se usa para llamar la atención de alguien antes de darle una orden o de decirle algo. ‖ **No poder ver** a una persona o **no poderse ver** dos o más personas *(Fam.)*, tenerle o tenerse antipatía. ‖ **Tener que ver,** tener alguna relación o algún interés común. ‖ **Verlas,** o **ver venir,** esperar para la resolución de algo la determinación o intención de otro, o el suceso futuro; ser muy astuto y percatarse con rapidez de lo que ocurre o se trama. ‖ **Vérselas con** alguien *(Fam.)*, disputar, pelearse con él. ♦ v. tr. y pron. **14.** Frecuentar, visitar, encontrar a alguien: *iré a verle mañana*. ♦ v. intr. **15.** En el póquer, igualar la apuesta propuesta por el adversario, a fin de obligarle a mostrar el juego. ♦ **verse** v. pron. **16.** Estar en un sitio de manera visible: *sobre la mesa se ve un montón de libros*.
VER n. m. Sentido de la vista. **2.** Aspecto, apariencia: *estar de buen ver*.
VERA n. f. Orilla de un mar, río, etc. **2.** Lugar que está más cercano de la persona o cosa que se expresa: *siéntate a mi vera*.
VERA, dep. de Argentina (Santa Fe); 46 997 hab. En el término, lagos del Palmar, del Oso y Gallardo. Ganadería vacuna extensiva. Centro comercial.
VERA (Pedro Jorge), escritor ecuatoriano (Guayaquil 1914). Escritor social, ha cultivado sobre todo la novela (*Los animales puros*, 1946; *El pueblo soy yo*, 1976) y el relato corto.
VERACIDAD n. f. Calidad de veraz.
VERACRUZ *(estado de)*, est. del E de México; 72 815 km²; 6 228 239 hab. Cap. *Jalapa*.
VERACRUZ, oficialmente **Veracruz Llave**, c. de México (Veracruz); 328 607 hab. Puerto en el golfo de México. Centro industrial y comercial. Pesca. Fundada por Hernán Cortés en 1519, fue un próspero centro de comercio marítimo en época colonial. Durante la guerra de Reforma, Juárez instaló en ella su capital. Sus principales monumentos son el fuerte de San Juan de Ulúa, la ant. casa de la Inquisición, la iglesia de la Asunción (s. XVIII) y el ayuntamiento.
VERAGUA, nombre que dio Colón a la zona occidental del istmo de Panamá, descubierta en su cuarto viaje (1502). J. Vázquez de Coronado sometió a los indígenas. Fue la provincia más oriental de Tierra Firme y en 1718 el territorio se incorporó al virreinato de Nueva Granada.
VERAGUAS *(provincia de)*, prov. de Panamá central; 11 086 km²; 218 870 hab. Cap. *Santiago*.
VERANDA n. f. Galería ligera que rodea una casa. **2.** Mirador o balcón acristalado.
VERANEANTE adj. y n. m. y f. Que veranea.
VERANEAR v. intr. [1]. Pasar el verano en algún lugar distinto del que habitualmente se reside.
VERANEO n. m. Acción y efecto de veranear.
VERANIEGO, A adj. Relativo al verano.
VERANO n. m. Estación del año, comprendida entre la primavera y el otoño. **2.** En los trópicos, temporada de sequía, que dura unos seis meses.
VERAPAZ *(departamento de Alta)*, dep. del N de Guatemala; 8686 km²; 591 975 hab. Cap. *Cobán*.
VERAPAZ *(departamento de Baja)*, dep. de Guatemala central; 3124 km²; 184 491 hab. Cap. *Salamá*.
VERAS n. f. pl. Realidad, verdad en aquello que se dice o hace. ♦ **De veras** *(Méx.)*, de verdad, no falso. ‖ **De veras,** realmente, sinceramente, sin simulación; seriamente, no en broma.
VERAZ adj. Que dice o usa siempre la verdad. **2.** Que corresponde enteramente a la verdad o realidad.
VERBAL adj. Que se hace o estipula de palabra y no por escrito: *comunicación verbal*. **2.** Dícese de lo que se refiere a la palabra: *expresión verbal*. **3.** LING. Relativo al verbo: *forma verbal*.
VERBALISMO n. m. Propensión a fundar el razonamiento más en las palabras que en los conceptos.
VERBENA n. f. Fiesta popular que se celebra en las vísperas de ciertas festividades. **2.** Baile al aire libre.
VERBENA n. f. Planta arbustiva, subarbustiva o herbácea, una de cuyas especies, amarga y astringente, se usó como resolutiva, febrífuga y vulneraria. (Familia verbenáceas.)
VERBENÁCEO, A adj. y n. f. Relativo a una familia de plantas herbáceas o leñosas que crecen en los países cálidos, como la verbena o la hierba luisa.
VERBENERO, A adj. Relativo a las verbenas, fiestas populares: *traje verbenero*.
VERBIGRACIA adv. m. Por ejemplo.
VERBO n. m. (lat. *verbum*). Lenguaje. **2.** Palabra, representación oral de una idea. **3.** LING. Categoría gramatical que agrupa el conjunto de formas compuestas por una base léxica y un determinado número de afijos que constituyen las marcas de número, persona y tiempo, cuya función sintáctica es estructurar los términos del enunciado y cuyo papel semántico es expresar la acción que realiza o padece el sujeto, su existencia o estado, e incluso las modificaciones aportadas a éste por elementos incluidos en el predicado. **4.** TEOL. Segunda persona de la Santísima Trinidad, encarnada en Jesucristo. (Con este significado se escribe con mayúscula.)
VERBORREA o **VERBORRAGIA** n. f. *Fam.* Verbosidad o locuacidad excesiva.
VERBOSIDAD n. f. (lat. *verbositatem*). Tendencia o inclinación a emplear más palabras de las necesarias para expresarse.
VERDAD n. f. (lat. *veritatem*). Conformidad de las cosas consigo mismas o de lo que se dice con lo que se siente o piensa. **2.** Principio o juicio dado o aceptado como cierto: *verdad científica*. **3.** Conjunto de principios que son la base de la vida espiritual y de la vida universal: *el místico busca la verdad*. **4.** Realidad, existencia real de una cosa. **5.** Expresión o cosa que se le dice a una persona con crudeza y en general de manera impertinente, expresando un juicio desfavorable o una queja sobre ella: *decir las verdades a alguien*. (Suele usarse en plural.)
VERDADERO, A adj. Que es conforme a la verdad o a la realidad. **2.** Que tiene la cuali-

VER

dad propia a su naturaleza, que es realmente o plenamente lo que indica su nombre: *amor verdadero*. **3.** Real, efectivo, en contraposición a nominal, presunto: *el verdadero padre de la criatura*. **4.** Sincero, veraz, que dice siempre la verdad.

VERDE adj. y n. m. (lat. *viridem*). Dícese del cuarto color del espectro solar comprendido entre el amarillo y el azul. • **Poner verde** a una persona *(Fam.)*, censurarle o reprenderle con acritud; *(Fam.)*, criticarle. ♦ adj **2.** De color verde. **3.** Dícese de la leña recién cortada que todavía conserva la humedad propia del árbol vivo. **4.** Dícese de las legumbres o verduras que se consumen frescas: *judías verdes*. **5.** Dícese de las frutas que todavía no están en sazón, en contraposición a maduro. **6.** *Fig.* Que está en sus principios y que le falta mucho para perfeccionarse: *el proyecto todavía está verde*. **7.** *Fig.* Dícese de los primeros años de la vida y de la juventud. **8.** *Fig.* Dícese de las personas mayores que tienen inclinaciones amorosas consideradas impropias de su edad: *viejo verde*. **9.** *Fig.* Dícese de los chistes, cuentos, imágenes, etc., obscenos: *chistes verdes*. **10.** Dícese de los movimientos ecologistas y de sus partidarios: *partido verde*. • **Zona verde**, espacios libres plantados de vegetación, emplazados dentro de la ciudad. ♦ n. m. **11.** Diversas hierbas que se siegan en verde y las consume el ganado sin dejarlas secar.

VERDE *(cerro)*, volcán de El Salvador (Ahuachapán y Sonsonate), en la cadena Meridional; 2030 m.

VERDEAR v. intr. y pron. [**1**]. Mostrar algo su color verde. **2.** Empezar a brotar plantas en los campos, o cubrirse de tallos y hojas los árboles.

VERDECER v. intr. [**2m**]. Cubrirse de verdor la tierra o los árboles.

VERDECILLO n. m. Ave paseriforme de forma rechoncha y color amarillento listado. (Familia fringílidos.)

VERDEMAR adj. y n. m. Dícese del color semejante al del mar.

VERDEO n. m. Recolección de las aceitunas antes de que maduren.

VERDI *(Giuseppe)*, compositor italiano (Roncole 1813-Milán 1901). Escribió numerosas óperas *(Rigoletto*, 1851; *La Traviata*, 1853; *Il trovatore*, 1853; *Aida*, 1871; *Otelo*, 1887; *Falstaff*, 1893) y un famoso *Réquiem* (1874). Dio cada vez mayor protagonismo a la orquesta y a la hizo evolucionar, en una línea melódica continua, entre el recitativo y el arioso.

VERDÍN n. m. Cardenillo. **2.** Mohos que se encuentran en las aguas dulces, paredes, lugares húmedos y en la corteza de los frutos.

VERDINEGRO, A adj. De color verde oscuro.

VERDOLAGA n. f. Planta herbácea de hojas carnosas comestibles. (Familia portulacáceas.)

VERDOR n. m. Color verde vivo de las plantas. **2.** *Fig.* Vigor, lozanía de las plantas.

VERDOSO, A adj. De color que tira a verde o que tiene algo de verde.

VERDUGO n. m. Tallo verde o brote de un árbol. **2.** Estoque muy delgado. **3.** Funcionario de justicia que ejecuta las penas de muerte. **4.** *Fig.* Persona muy cruel. **5.** Prenda de lana que se ciñe a la cabeza y cuello, dejando sólo al descubierto los ojos, la nariz y la boca. **6.** CONSTR. Hilada de ladrillo que se pone horizontalmente en una fábrica de otro material.

VERDUGÓN n. m. Verdugo, vástago nuevo de árbol. **2.** Roncha o señal que dejan en el cuerpo los azotes.

VERDULERÍA n. f. Tienda o puesto donde se venden verduras, hortalizas, frutas, etc.

VERDULERO, A n. Persona que tiene por oficio vender verduras, hortalizas, etc. ♦ n. m. **2.** Mueble de cocina donde se guardan las verduras.

VERDURA n. f. Legumbres u hortalizas que se comen frescas, conservando aún su color verde.

VERDUZCO, A o **VERDUSCO, A** adj. De color verde oscuro.

VERECUNDIA n. f. Vergüenza.

VEREDA n. f. Vía, senda o camino angosto. **2.** *Amér. Merid.* y *Cuba.* Lugar de una calle reservado para la circulación de peatones, acera. • **Hacer entrar,** o **meter, por,** o **en, vereda** a alguien, obligarle al cumplimiento de sus deberes.

VEREDICTO n. m. (ingl. *veredict*). Fallo pronunciado por un jurado sobre un hecho sometido a su juicio. **2.** Parecer, dictamen o juicio emitido de forma reflexiva por alguien autorizado.

VERGA n. f. Miembro genital de los mamíferos. **2.** MAR. Percha giratoria que, colocada por la parte de proa de un palo o mástil, sirve para asegurar la vela.

VERGARA Y VERGARA *(José María)*, escritor colombiano (Bogotá 1831-*id.* 1872). Organizó y dirigió la Academia colombiana de la lengua y fue editor de *El Parnaso colombiano* (1866-1867).

VERGEL n. m. (provenz. *vergier*). Huerto con gran cantidad de flores y árboles frutales.

VERGONZANTE adj. Que tiene vergüenza o que se encubre por vergüenza: *pobre vergonzante*.

VERGONZOSO, A adj. Que causa vergüenza. ♦ adj. y n. **2.** Propenso a avergonzarse.

VERGÜENZA n. f. Sentimiento penoso por alguna falta cometida o por una acción o estado deshonroso o humillante. **2.** Timidez, embarazo, turbación del ánimo. **3.** Pundonor, pundonor, estimación de la propia honra y dignidad. **4.** Deshonor, infamia, indignidad, escándalo. **5.** Cosa o persona que causa deshonor, infamia. • **Perder** alguien **la vergüenza,** descararse, insolentarse. ♦ **vergüenzas** n. f. pl. **6.** Los genitales.

VERICUETO n. m. Lugar o paraje áspero, alto y escarpado, por donde sólo se puede pasar con dificultad. (Suele usarse en plural.)

VERÍDICO, A adj. Que dice o incluye verdad. **2.** Verosímil, creíble, que parece verdadero.

VERIFICACIÓN n. f. Acción y efecto de verificar o verificarse.

VERIFICADOR, RA adj. y n. Que verifica. ♦ n. m. **2.** Instrumento que sirve para controlar.

VERIFICAR v. tr. [**1a**]. Probar que es verdadero algo de lo que se dudaba. **2.** Comprobar la exactitud o la verdad de algo que se sabía, o un resultado que ya se había obtenido. **3.** Realizar, efectuar la cosa expresada por el complemento: *se ha verificado el inventario*. ♦ **verificarse** v. pron. **4.** Resultar cierto lo que se pronosticó o se había previsto o anunciado: *se verificaron todos los pronósticos*.

VERIJA n. f. Pubis. **2.** *Amér.* Ijar, ijada.

VERJA n. f. (fr. *verge*). Enrejado o estructura de barras de hierro, de diversos tamaños y figuras, que se emplea como puerta, ventana o cerca.

VERLAINE *(Paul)*, poeta francés (Metz 1844-París 1896). Tras publicar sus primeras obras *(Poemas saturnianos,* 1866; *Fiestas galantes,* 1869), inició una tempestuosa relación con Rimbaud, que acabó dramáticamente. Posteriormente se refugió en la fe católica *(Romanzas sin palabras,* 1874) y recuperó su genio creador *(Los poetas malditos,* 1884; *Invectivas,* 1896).

VERME n. m. Gusano, en especial lombriz intestinal.

VERMEER *(Johannes)*, llamado **Vermeer de Delft**, pintor neerlandés (Delft 1632-*id.* 1675). Se le considera como uno de los más grandes pintores del s. XVII. Su obra, escasa, comprende interiores, algunos retratos y dos paisajes urbanos que ponen de relieve una sensibilidad contenida *(Vista de Delft,* La Haya; *La encajera,* Louvre; *La carta de amor,* Amsterdam).

VERMICIDA adj. y n. m. Dícese del medicamento utilizado para combatir los parásitos intestinales.

VERMICULAR adj. Que se parece a los gusanos o participa de sus cualidades.

VERMIFORME adj. De forma de gusano.

VERMUT o **VERMÚ** n. m. Licor aperitivo, compuesto de vino blanco, ajenjo y otras sustancias amargas y tónicas. **2.** Aperitivo, conjunto de bebidas y tapas que se toman antes de las comidas. ♦ n. m. *Argent., Colomb.* y *Chile.* Función de cine o teatro que se da por la tarde.

VERNACIÓN n. f. Disposición de las hojas en la yema. SIN.: *prefoliación*.

VERNÁCULO, A adj. Propio del país de que se trata: *lengua vernácula*.

VERNAL adj. Relativo a la primavera. • **Punto vernal,** punto de intersección de la eclíptica y el ecuador celeste, en el que el Sol franquea el equinoccio de primavera.

VERNE *(Jules)*, escritor francés (Nantes 1828-Amiens 1905), creador de la literatura de ciencia ficción: *Cinco semanas en globo* (1863); *Viaje al centro de la Tierra* (1864); *De la Tierra a la Luna* (1865); *Veinte mil leguas de viaje submarino* (1870); *La vuelta al mundo en ochenta días* (1873); *Miguel Strogoff* (1876), etc.

VERONA, c. de Italia (Véneto), cap. de prov., junto al Adigio; 252 689 hab. Anfiteatro romano, iglesia románica de San Zenón, catedral, monumentos góticos y renacentistas como las plazas Bra delle Erbe y dei Signori. Museo de Castelvecchio (pinturas de las escuelas veronesa y veneciana).

VERONAL n. m. Barbitúrico empleado como analgésico.

VERONÉS, SA adj. y n. m. y f. De Verona.

VERÓNICA *(santa)*, mujer judía que, según la leyenda, limpió el rostro de Jesús cuando subía al Calvario con un paño en el que quedó marcada la imagen del Salvador.

VEROSÍMIL adj. Que tiene apariencia de verdadero, que puede ser verdadero, creíble.

VEROSIMILITUD n. f. Calidad de verosímil.

VERRUGA n. f. (lat. *verrucam*). Pequeña excrecencia cutánea, dura y rugosa.

VERSADO, A adj. Práctico, entendido, competente: *versado en lenguas.*

VERSAL adj. y n. f. IMPR. Dícese de las letras mayúsculas.

VERSALITA o **VERSALILLA** adj. y n. f. IMPR. Dícese de las letras mayúsculas de igual altura de ojo que las minúsculas del mismo cuerpo.

VERSALLES, en fr. **Versailles,** c. de Francia, cap. del dep. de Yvelines, a 14 km al SO de París; 91 029 hab. Residencia real desde 1662. El palacio real, hecho construir por Luis XIV, obra de Le Vau, D'Orbay, J. H. Mansart y J. A. Gabriel, y decorado inicialmente bajo la dirección de Le Brun, fue uno de los centros del clasicismo francés. En el parque se hallan el gran y el pequeño Trianón.

VERSALLESCO, A adj. Relativo a Versalles. **2.** Muy cortés o galante: *modales versallescos.*

VERSAR v. intr. [**1**]. Tener como asunto o tema la materia que se expresa.

VERSÁTIL adj. Voluble e inconstante. **2.** *Méx.* Dícese de la persona que presenta muchas facetas.

VERSATILIDAD n. f. Calidad de versátil.

VERSÍCULO n. m. (lat. *versiculum*). Cada una de las divisiones numeradas de un capítulo de la Biblia, del Corán y de otros libros sagrados. **2.** En el oficio y en la misa, breve frase salmódica.

VERSIFICACIÓN n. f. Acción y efecto de versificar.

VERSIFICAR v. intr. [**1a**]. Hacer, escribir, componer versos. ♦ v. tr. **2.** Poner en verso.

VERSIÓN n. f. Traducción de un texto. **2.** Aspecto particular, diverso, de una cosa, especialmente el que puede tomar un mismo texto: *la versión definitiva de su* obra poética. **3.** Interpretación particular de un hecho basándose en la propia manera de verlo: *nos falta oír tu versión de lo sucedido.* ♦ **En versión original,** dícese de la película que lleva incorporada la banda sonora original. (Abrev. v. o.)

VERSO n. m. Conjunto de palabras medidas según ciertas reglas (pausa, rima, etc.), provistas de un determinado ritmo, bien sea atendiendo a la cantidad de sílabas, como en latín y griego *(versos métricos),* a su acentuación, como en alemán o inglés *(versos rítmicos),* o a su número, como en las lenguas románicas *(versos silábicos).* **2.** Género literario de las obras compuestas en verso, en contraposición a las compuestas en prosa. **3.** *Fam.* Poesía o composición en verso. ♦ **Verso libre,** el que tiene una longitud desigual y rima variada, o bien el que no sigue ninguna regla prosódica.

VERSUS prep. (voz latina). Por oposición a, frente a.

VÉRTEBRA n. f. Cada uno de los huesos que constituyen la columna vertebral. En el hombre, el número de vértebras es 24: 7 cervicales, 12 dorsales y 5 lumbares. (Cada vértebra está formada por un cuerpo, los pedículos, las apófisis articulares y las láminas que limitan el agujero vertebral, por donde pasa la médula espinal; las vértebras tienen apófisis laterales, llamadas transversales, y una apófisis posterior espinosa.) SIN.: *espóndilo.*

VERTEBRADO, A adj. y n. m. Relativo a un tipo de animales provistos de columna vertebral y, en general, de dos pares de extremidades. (Comprende cinco clases: mamíferos, aves, reptiles, peces y anfibios.)

VERTEBRAL adj. Relativo a las vértebras.

VERTEBRAR v. tr. [1]. Articular una cosa con otras, generalmente en un todo.

VERTEDERO n. m. Sitio a donde o por donde se vierte algo: *vertedero de basuras.* **2.** Sitio por donde se da salida a los excesos de agua en presas, redes de alcantarillado, cisternas, etc.

VERTEDOR, RA adj. y n. Que vierte. ♦ n. m. **2.** Conducto que da salida a un líquido.

VERTER v. tr. y pron. (lat. *vertere,* girar) [2d]. Derramar, dejar caer o vaciar un líquido o cosas pequeñas o en polvo fuera del recipiente en que están contenidas. **2.** Inclinar una vasija o volverla boca abajo para vaciar su contenido. ♦ v. tr. **3.** Traducir, trasladar un texto a distinto idioma, escritura, etc. **4.** Decir o emitir máximas, conceptos, etc., con determinado propósito: *verter infundios sobre alguien.* ♦ v. intr. **5.** Desembocar una corriente de agua en otra o en el mar.

VERTICAL adj. (lat. *verticalem*). Perpendicular al horizonte. **2.** *Por ext.* Perpendicular a una línea que representa convencionalmente al horizonte. ♦ adj. y n. f. **3.** Dícese de la línea perpendicular al horizonte. ♦ **Vertical de un lugar,** dirección del hilo de la plomada en dicho lugar. ♦ n. m. **4.** ASTRON. Círculo mayor de la esfera celeste, cuyo plano contiene la vertical del punto de observación.

VERTICALIDAD n. f. Calidad de vertical.

VÉRTICE n. m. (lat. *verticem*). Punto en que concurren los dos lados de un ángulo. **2.** Punto donde concurren tres o más planos. **3.** Parte más elevada de un monte, especialmente cuando termina en punta. **4.** Coronilla, parte más elevada de la cabeza humana.

VERTIDO n. m. Acción y efecto de verter.

VERTIENTE n. f. Pendiente por donde corre o puede correr el agua. ♦ n. f. **2.** Aspecto, manera de aparecer o presentarse una persona o cosa a la vista. **3.** GEOMORFOL. En un valle, pendiente que va desde la vaguada a la línea de interfluvio.

VERTIGINOSO, A adj. Relativo al vértigo: *altura vertiginosa.* **2.** Dícese del movimiento muy rápido o violento.

VÉRTIGO n. m. (lat. *vertiginem*). Sensación de falta de equilibrio en el espacio. **2.** *Fig.* Asombro, estupor: *cifras de vértigo.* **3.** *Fig.* Arrebato, pérdida momentánea del juicio. **4.** *Fig.* Apresuramiento, actividad intensísima: *el vértigo de la gran ciudad.*

VÉRTIZ o **BÉRTIZ** (Juan José), administrador español (Mérida de Yucatán 1718-Madrid 1798). Fue gobernador de Buenos Aires (1759) y de Montevideo (1777), y virrey del Río de la Plata (1777-1784).

VESANIA n. f. (lat. *vesaniam*). Demencia, locura.

VESÁNICO, A adj. y n. Relativo a la vesania; afecto de dicha enfermedad.

VESICAL adj. ANAT. Relativo a la vejiga.

VESÍCULA n. f. ANAT. Denominación dada a diversos órganos vacíos y en forma de saco. **2.** PATOL. Pequeña prominencia de la epidermis que contiene un líquido seroso.

VESICULAR adj. En forma de vesícula. **2.** Relativo a las vesículas, en especial la biliar.

VESPASIANA n. f. *Chile.* Urinario público.

VESPASIANO (cerca de Reate [act. Rieti] 9-Aquae Cutiliae, Sabina, 79), emperador romano [69-79]. Su reinado puso fin a la guerra civil que había estallado a la muerte de Nerón.

VESPERTINO, A adj. Relativo a la tarde.

VESPUCCI (Amerigo), conocido en España como **Américo Vespucio,** navegante italiano (Florencia 1451-Sevilla 1512). Agente de los Médicis en Sevilla (c. 1487), se dedicó a la navegación y realizó dos viajes (1499-1500 y 1501-1502), en los que exploró la costa de América del Sur, recorrió Brasil y llegó hasta el sur de la Patagonia. Así comprobó que esas tierras no pertenecían a Asia, sino que formaban un continente distinto. En su honor, M. Waldseemüller dio su nombre al Nuevo continente en su *Cosmographiæ introductio* (1507). Hacia 1505 le fue concedida la ciudadanía castellana.

VESRE n. m. *Argent.* Creación de palabras por inversión de sílabas que se usa irregularmente o con fines humorísticos (*vesre* por *revés*).

VESTÍBULO n. m. (lat. *vestibulum*). Pieza de un edificio o vivienda que comunica con los restantes aposentos o con el exterior. **2.** ANAT. Cavidad del oído interno, que comunica con el oído medio a través de las ventanas redonda y oval, se prolonga por el caracol.

VESTIDO n. m. Prenda de vestir que se pone sobre el cuerpo para cubrirlo. **2.** Conjunto de piezas que sirven para este uso. **3.** Prenda de vestir exterior completa de una persona: *se exige vestido de etiqueta.* **4.** Prenda de vestir exterior femenina de una sola pieza.

VESTIDURA n. f. Vestido. ♦ **vestiduras** n. pl. **2.** REL. Vestidos que usan los sacerdotes para el culto divino. ♦ **Rasgarse las vestiduras,** escandalizarse excesiva o hipócritamente por algo.

VESTIGIO n. m. (lat. *vestigium*). Huella, señal. **2.** Restos, noticia o evidencia que queda de algo antiguo, pasado o destruido.

VESTIMENTA n. f. Conjunto de prendas de vestir de una persona.

VESTIR v. tr. y pron. (lat. *vestire*) [30]. Cubrir con un vestido, llevar puesto un vestido. ♦ v. tr. **2.** Proveer a alguien de vestido. **3.** Referido a un hábito que indica un particular estado o condición, entrar o estar en tal estado o condición: *vestir la toca monjil.* **4.** *Fig.* Encubrir, guarnecer, disimular una cosa con otra: *vistió las paredes con cuadros.* **5.** Tener un sastre o modista a alguien como cliente habitual: *viste a las damas más distinguidas.* **6.** *Fig.* Afectar una persona un estado de ánimo demostrándolo exteriormente, en especial en el rostro: *vistió su cara de alegría.* ♦ v. intr. **7.** Estar vestido de un determinado modo, llevar vestidos de cierto tipo. **8.** Ser ciertos vestidos, telas, materiales, etc., a propósito para fiestas o ciertas ocasiones importantes. ♦ v. intr. y pron. **9.** *Fig.* Cubrirse, revestirse: *los árboles se vistieron de verde.* ♦ **vestirse** v. pron. **10.** Cambiarse de vestido, poniéndose uno apropiado para determinada circunstancia: *se vistió para asistir a la cena.* **11.** Ser cliente de un determinado sastre o modista.

VESTÓN n. m. *Chile.* Americana, chaqueta.

VESTUARIO n. m. Conjunto de los vestidos de alguna persona. **2.** En ciertos establecimientos públicos y en los teatros, lugar para cambiarse de ropa.

VESUBIO, volcán activo de Italia, a 8 km al SE de Nápoles; 1277 m. La erupción del año 79 d. J.C. sepultó Herculano, Pompeya y Stabias.

VETA n. f. (lat. *vittam,* cinta). Vena, faja o lista que se observa en ciertas maderas y piedras. **2.** Vena, filón metalífero. **3.** *Fig.* Propensión a alguna cosa que se menciona: *tiene una veta de loco.*

VETAR v. tr. [1]. Poner el veto.

VETARRO, A adj. y n. *Méx. Fam.* Viejo, envejecido.

VETAZO n. m. *Ecuad.* Latigazo.

VETEAR v. tr. [1]. Señalar o pintar vetas en algo, imitando las naturales de la madera o del mármol.

VETERANÍA n. f. Calidad de veterano.

VETERANO, A adj. y n. (lat. *veteranum*). Dícese de los soldados que han cumplido un largo servicio en activo. **2.** *Fig.* Dícese de cualquier persona experimentada en cualquier actividad. **3.** DEP. Deportista que ha pasado el límite de edad para ser senior.

VETERINARIA n. f. Ciencia y arte de curar las enfermedades de los animales.

VETERINARIO, A adj. Relativo a la veterinaria. ♦ n. **2.** Persona que por profesión o estudio se dedica a la veterinaria.

VETIVER n. m. Raíz olorosa que se emplea para perfumar la ropa y preservarla de la polilla.

VETO n. m. (lat. *veto,* yo prohíbo). Facultad que tiene una persona o corporación para vedar o impedir una cosa. **2.** Institución por la que una autoridad puede oponerse a la entrada en vigor de una ley o de una resolución.

VETUSTEZ n. f. Calidad de vetusto.

VETUSTO, A adj. Muy viejo, muy antiguo o de mucha edad: *edificio vetusto.*

VEZ n. f. (lat. *vicem*). Cada uno de los actos o sucesos repetidos, realizados en momentos y circunstancias distintos: *repetir un ejercicio muchas veces.* **2.** Tiempo u ocasión en que ocurre algo o se ejecuta una acción. **3.** Alternación, turno: *ceder la vez.* **4.** Tiempo u ocasión de hacer una cosa por turno u orden: *le llegó la vez de entrar.* ♦ **A la vez,** a un tiempo, simultáneamente. ∥ **A mi, tu,** etc., **vez,** expresa una correspondencia de acciones. ∥ **En vez de,** en sustitución de; al contrario, lejos de: *en vez de subir, bajo.* ∥ **Hacer las veces de** algo o alguien, sustituir. ∥ **Tal vez,** posiblemente, quizá. ∥ **Una vez** o **una vez que,** después que.

V.H.F., siglas de la expresión inglesa *very high frequency,* frecuencia muy elevada con que se designan las ondas radioeléctricas de frecuencias comprendidas entre 30 y 300 MHz.

VÍA n. f. (lat. *viam*). Camino, recorrido que conduce de un punto a otro. **2.** Calle de un centro habitado o carretera de grandes comunicaciones. **3.** Recorrido, itinerario que conduce a un lugar determinado. **4.** En complementos sin preposición, punto o lugar de paso de un itinerario, o un medio o de transmisión: *retransmisión vía satélite.* **5.** Modo, medio con el que se viaje, se transporta algo, se transmite una noticia, etc.: *vía aérea.* **6.** *Fig.* Procedimiento particular que se sigue para un determinado fin: *vía judicial.* **7.** Espacio que queda entre las dos roderas señaladas por los carros en los caminos. **8.** ANAT. Dícese de los numerosos conductos que forman un sistema: *vías urinarias.* **9.** F.C. Parte del suelo explanada de un ferrocarril, en el cual se asientan los carriles. **10.** F.C.

VIA

Raíl del ferrocarril. **11.** REL. Entre los ascéticos, modo y orden de vida espiritual encaminada a la perfección de la virtud: *vía purgativa*. • **Ancho de la vía**, distancia entre las dos ruedas de un mismo eje de un automóvil. ‖ **Dar vía libre**, dejar libre el paso; dejar libertad de acción, no poner límites. ‖ **De vía estrecha** *(Desp.)*, dícese de la persona o cosa mediocre dentro de su clase, especie o categoría. ‖ **En vías de**, que está pasando los trámites y cambios necesarios para llegar a su fin u objetivo. ‖ **Por vía de**, de forma, o manera y modo. ‖ **Por vía oral** (MED.), por la boca. ‖ **Vía de agua**, abertura, grieta, por la que el agua invade el interior de una embarcación. ‖ **Vía de apremio**, en el derecho español, fase del proceso ejecutivo en el que el acreedor insta el cumplimiento de los actos necesarios para la satisfacción de su crédito. ‖ **Vía de comunicación**, camino terrestre o ruta marítima o aérea establecida. ‖ **Vía férrea**, ferrocarril, línea férrea. ‖ **Vía gubernativa**, cauce legal para recurrir ante los actos de la administración considerados no legales o lesivos. ‖ **Vía muerta** (F.C.), vía que no tiene salida y sirve para apartar de la circulación vagones y locomotoras. ‖ **Vía ordinaria**, modo, o forma regular y común de hacer algo. ‖ **Vía pública**, calle, plaza, camino, etc., por donde puede transitarse.

VÍA LÁCTEA o **CAMINO DE SANTIAGO**, vasta nebulosidad en forma de banda discontinua, formada por millones de estrellas, que da la vuelta completa a la esfera celeste.

VIABILIDAD n. f. Calidad de viable. **2.** Buen estado de una carretera, que permite la circulación.

VIABLE adj. Que es susceptible de llevarse a cabo, de realizarse. **2.** MED. Capaz de vivir: *feto viable*.

VIADUCTO n. m. (ingl. *viaduct*). Puente de gran longitud, que consta generalmente de varios arcos.

VIAJANTE adj. Que viaja. ♦ n. m. y f. **2.** Representante de una casa comercial que hace viajes para negociar ventas o compras.

VIAJAR v. intr. [1]. Ir, desplazarse de un lugar a otro, generalmente con un medio de transporte. **2.** Trasladarse de un lugar a otro con cierta frecuencia, especialmente para conocer diversos lugares. **3.** Recorrer un viajante su ruta para promocionar o vender mercancías: *viaja por el norte*. **4.** Efectuar un pedido de transporte el trayecto establecido: *el autocar viaja todos los días*. **5.** *Fam.* Experimentar el efecto de una droga alucinógena.

VIAJE n. m. Acción y efecto de viajar. **2.** Recorrido que se hace andando y volviendo de un lugar a otro. **3.** Cantidad de alguna cosa transportada de una sola vez de un lugar a otro. **4.** *Fig.* Paso de la vida a la muerte: *emprender el último viaje*. **5.** *Fam.* Estado alucinatorio provocado por el consumo de drogas. • **Agarrar viaje** (*Argent., Perú y Urug. Fam.*), aceptar una propuesta.

VIAJERO, A adj. Que viaja. ♦ n. **2.** Persona que realiza un viaje. **3.** Persona que viaja en un medio de transporte público.

VIAL adj. Relativo a la vía: *seguridad vial*. ♦ n. m. **2.** Calle bordeada por dos filas de árboles.

VIAL n. m. Frasquito destinado a contener un medicamento inyectable o bebible, del cual se extraen las dosis convenientes.

VIALIDAD n. f. Conjunto de servicios pertenecientes a las vías públicas.

VIANA (Javier de), escritor uruguayo (Canelones 1868-Montevideo 1926). Autor de novelas (*Gaucho*, 1899), cuentos, teatro (*Puro campo*) y poesía, se le considera el iniciador del realismo en Uruguay.

VIANDA n. f. (fr. *viande*). Alimento que sirve de sustento al hombre.

VIANDANTE n. m. y f. Persona que marcha a pie.

VIARAZA n. f. *Argent., Colomb., Guat.* y *Urug.* Acción inconsiderada y repentina.

VIARIO, A adj. Relativo a los caminos y carreteras: *red viaria*.

VIÁTICO n. m. (lat. *viaticum*). Dinero o provisiones para hacer un viaje. **2.** LITURG. Sacramento de la eucaristía que se administra a un enfermo en peligro de muerte.

VÍBORA n. f. (lat. *viperam*). Serpiente venenosa, de 50 a 60 cm de long., con cabeza triangular, vivípara. **2.** *Fig.* Persona murmuradora y maldiciente.

VIBOREAR v. intr. [1]. *Argent.* y *Urug.* Serpentear, moverse ondulándose como las serpientes. **2.** *Méx.* Hablar mal de alguien a sus espaldas.

VIBRACIÓN n. f. Acción y efecto de vibrar. **2.** FÍS. Movimiento periódico de un sistema material alrededor de su posición de equilibrio.

VIBRÁFONO n. m. Instrumento musical formado por láminas de acero de tubos de resonancia, que se golpean con macillas.

VIBRAR v. tr. (lat. *vibrare*, blandir) [1]. Hacer moverse cualquier cosa larga y elástica con un movimiento trémulo. **2.** Temblar la voz u oscilar un sonido. ♦ v. intr. **3.** Agitarse, estremecerse: *el público vibró de entusiasmo*.

VIBRÁTIL adj. Susceptible de vibrar. • **Cilio vibrátil**, órgano filamentoso, que permite el desplazamiento de ciertos protozoos (paramecio).

VICARÍA n. f. Oficio o dignidad de vicario y territorio de su jurisdicción. **2.** Despacho o residencia del vicario. • **Pasar por la vicaría** (*Fam.*), casarse.

VICARIATO n. m. Vicaría. **2.** Tiempo que dura el cargo de vicario.

VICARIO, A adj. y n. (lat. *vicarium*). Dícese del que hace las veces de otro, sustituyéndola. ♦ n. m. **2.** Sacerdote que ejerce su ministerio en una parroquia bajo la autoridad de un párroco. • **Vicario apostólico**, obispo encargado de la administración de un país de misión que todavía no ha sido erigido en diócesis. ‖ **Vicario de Jesucristo**, el papa.

VICEALMIRANTE n. m. Oficial de la armada, cuya graduación es inmediatamente inferior a la del almirante.

VICENTE (Gil), poeta y comediógrafo portugués en lenguas portuguesa y castellana (c. 1465-c. 1536). Su teatro representa la secularización del drama religioso medieval. En *Auto de la sibila Casandra* (1513) supera el arte de sus predecesores. Cultivó además la alegría, la sátira anticlerical y el tema sentimental (*Amadís de Gaula*).

VICENTE LÓPEZ, partido de Argentina (Buenos Aires), en el Gran Buenos Aires; 289 505 hab.

VICEPRESIDENTE, A n. Persona que supla o esté capacitada para suplir al presidente en ciertos casos, o en quien éste delega.

VICEVERSA adv. m. Invirtiendo el orden de los términos de una afirmación: *viaje Madrid-Londres y viceversa*.

VICHADA, r. de Colombia, afl. del Orinoco (or. izq.); 720 km. Formado por la unión de los ríos Planas y Tigre, desemboca en la frontera con Venezuela, junto a Puerto Nariño. Pesca.

VICHADA (*departamento del*), dep. de Colombia; 100 242 km²; 13 770 hab. Cap. *Puerto Carreño*.

VICHAR o **VICHEAR** v. tr. [1]. *Argent.* y *Urug.* Espiar, atisbar.

VICIAR v. tr. y pron. [1]. Hacer tomar a alguien malos hábitos, dañándole o corrompiéndole física o moralmente. **2.** Hacer tomar a un animal un defecto de comportamiento. • **viciarse** v. pron. **3.** Aficionarse con exceso a algo. **4.** Deformarse una cosa.

VICIO n. m. (lat. *vitium*). Disposición habitual al mal. **2.** Conducto o apetito moroboso, pero que produce placer. **3.** Mala costumbre o hábito contrario a las normas de la buena educación. **4.** Torcedura o desviación que presenta una cosa por haber estado sometida a una postura indebida. **5.** Mala costumbre o hábito adquirido por un animal. **6.** Mimo, por exceso de condescendencia en la educación del niño. **7.** Lozanía y frondosidad excesiva para el rendimiento vegetal. • **De vicio** (*Fam.*), sin motivo o causa justificada. ‖ **Vicio de dicción**, incorrección, defecto o falta en el uso del idioma ya sea de pronunciación, de morfología, de léxico o de sintaxis.

VICIOSO, A adj. Que está lleno de vicios o dominado por ellos.

VICISITUD n. f. (lat. *vicissitudinem*). Alternancia de sucesos opuestos. **2.** Suceso, accidente que suele traer consigo un cambio brusco y repentino.

VICO (Giambattista), historiador y filósofo italiano (Nápoles 1668-*id.* 1744). En *Principios de una ciencia nueva relativa a la naturaleza común de las naciones* (1725) distinguió en la historia cíclica de cada pueblo tres edades: la edad divina, la edad heroica y la edad humana.

VÍCTIMA n. f. (lat. *victimam*). Persona o animal destinado al sacrificio para satisfacer a los dioses. **2.** *Fig.* Persona que sufre las consecuencias de una acción propia o de otros. **3.** *Fig.* Persona que muere o sufre un grave daño en un accidente, desastre, etc.

VICTIMARIO, A n. Persona que por sus acciones o modo de actuar produce daño o perjuicio a otra, convirtiéndola en su víctima.

VICTORIA n. f. (lat. *victoriam*). Triunfo, superioridad o ventaja que se consigue sobre el contrario en disputa o lid. ♦ interj. **2.** Exclamación de júbilo por el triunfo conseguido.

VICTORIA (cataratas), cataratas del Zambeze (108 m de alt.), en la frontera entre Zimbabwe y Zambia.

VICTORIA (*lago*), ant. **Victoria Nyanza**, gran lago de África ecuatorial, donde nace el Nilo, entre Uganda, Tanzania y Kenia; 68 100 km².

VICTORIA, com. de Chile (Araucanía); 32 966 hab. Yacimientos de petróleo. Destilerías.

VICTORIA, dep. de Argentina (Entre Ríos); 31 323 hab. Agricultura. Ganado vacuno y ovino. Pesca.

VICTORIA (La), c. de Venezuela (Aragua); 77 326 hab. Centro industrial (montaje de automóviles).

VICTORIA (Miguel **Fernández Félix**), llamado **Guadalupe**), patriota y político mexicano (Tamazula 1786-Perote 1843). Presidente de la república (1824-1829), decretó la expulsión de los españoles y abolió la esclavitud.

VICTORICA (Miguel Carlos), pintor argentino (Buenos Aires 1884-*id.* 1955). Tras su contacto con el postimpresionismo en París, desarrolló un estilo lírico, intimista y colorista (*Flores, Balcón gris*).

VICTORIOSO, A adj. Que ha conseguido una victoria, éxito. **2.** Dícese de las acciones con las cuales se consigue un triunfo o éxito: *batalla victoriosa*.

VICUÑA n. f. (quechua *nikúña*). Camélido andino parecido al guanaco, que habita en pequeños grupos en los páramos andinos **2.** Pelo lanoso de este animal. **3.** Tejido fabricado con dicho pelo.

VICUÑA, com. de Chile (Coquimbo); 21 596 hab. Yacimientos de cobre y hierro. Licores.

VICUÑA (Pedro Félix), periodista y político chileno (Santiago 1806-*id.* 1874), fundador del diario más antiguo de la América hispana, *El Mercurio* (1827).

VICUÑA MACKENNA (Benjamín), político chileno (Santiago 1831-Santa Rosa de Colmo, Valparaíso, 1886), diputado y organizador del Partido liberal democrático (1875), es autor de obras históricas.

VID n. f. (lat. *vitim*). Planta arbustiva, con frecuencia trepadora, cultivada por sus

bayas azucaradas, o uva, cuyo jugo fermentado produce el vino.
VIDA n. f. (lat. *vitam*). Conjunto de las propiedades características de los animales y de los vegetales transmisible a la descendencia. **2.** El existir, el llegar a ser un individuo. **3.** Tiempo en que un organismo está en actividad. **4.** Período de tiempo entre el nacimiento y la muerte. **5.** Duración de las cosas: *construir con materiales resistentes y de vida larga*. **6.** Conjunto de todo lo que es necesario para vivir, particularmente el alimento, el sustento. **7.** Modo de vivir, en relación con una determinada actividad: *la vida de soltero*. **8.** Modo de conducir la propia existencia, modo de ser, de comportarse: *lleva una vida ociosa*. **9.** Lo que da valor, interés a la existencia: *la música es su vida*. **10.** Actividad, fuerza activa en un determinado campo: *la crisis ensombrece la vida nacional*. **11.** El existir de una cosa o de un conjunto de cosas. **12.** Conjunto de las manifestaciones, del desarrollo de algo: *el director ha dejado de interesarse por la vida del periódico*. **13.** Aquello que permite la subsistencia, el desarrollo de alguna cosa. **14.** Energía, capacidad de obrar, de hacer con vigor y entusiasmo: *una persona llena de vida*. **15.** Animación, vivacidad en general: *unos ojos llenos de vida*. **16.** Conjunto de los hechos, de los acontecimientos más importantes sucedidos a una persona en el curso de su existencia: *me contó su vida*. **17.** Biografía: *vidas de santos*. **18.** Persona o ser humano: *se pidieron muchas vidas*. • **A vida o muerte,** aplícase a la decisión tomada o acto con pocas esperanzas de que el resultado sea bueno. ‖ **Buscar,** o **buscarse, la vida,** usar medios conducentes para ganarse el sustento. ‖ **Calidad de vida,** conjunto de factores o condiciones que caracterizan el bien general en una sociedad. ‖ **De por vida,** perpetuamente, por todo el tiempo de la vida. ‖ **De toda la vida,** desde hace mucho tiempo. ‖ **En la vida,** o **en mi, tu, su vida,** nunca o en ningún tiempo. ‖ **Vida eterna,** o **perdurable** (REL.), felicidad eterna de los elegidos. ‖ **Vida futura o otra vida** (REL.), existencia del alma después de la muerte. ‖ **Vida latente** (BIOL.), estado caracterizado por una intensa disminución de la actividad metabólica de un organismo vivo. ‖ **Vida privada,** la de la familia de alguien, ajena a su actividad profesional o pública.
VIDAL (Francisco Antonio), político uruguayo (San Carlos, Maldonado, 1827-† 1889). Fue presidente de la república en dos ocasiones (1881-1882 y 1886).
VIDALES (Luis), poeta colombiano (Calcá, Caldas, 1904-Bogotá 1990). En la línea irónica y experimental, su libro *Suenan timbres* (1926) representó una posición de ruptura.
VIDALITA o **VIDALA** n. f. Canción criolla del N de Argentina de carácter tierno y triste, muy popular desde comienzos del s. XIX. **2.** Baguala.
VIDAURRE (Manuel), político peruano (Lima 1773-† 1841). Presidente de la suprema corte del Perú (1825), escribió una crítica de la administración virreinal (*Plan del Perú,* 1810, ed. en 1823).
VIDELA (Jorge Rafael), militar argentino (Mercedes 1925). Fue presidente de la república hasta derrocar a María Estela Martínez (1976-1981). Procesado en 1983, fue condenado a cadena perpetua (1986) e indultado (1991).
VIDENTE adj. y n. m. y f. (lat. *videntem*). Dícese de la persona capaz de adivinar el porvenir o cosas ocultas, o de prever lo que va a ocurrir.
VÍDEO n. m. (lat. *video,* veo). Técnica que permite registrar magnéticamente la imagen y el sonido en un soporte, y reproducirlos en una pantalla. **2.** Sucesión de imágenes obtenidas con esta técnica grabadas en una cinta magnética. **3.** Magnetoscopio de uso doméstico. • **Señal vídeo,** señal que contiene los elementos necesarios para la transmisión de una imagen. ‖ **Sistema vídeo,** sistema que permite la transmisión de imágenes y sonido a distancia.
VIDEOCÁMARA n. f. Cámara de registro de imagen sobre soporte no fotográfico, generalmente magnética. SIN.: *cámara de vídeo*.
VIDEOCASSETTE n. f. Cassette que contiene una cinta magnética que permite el registro y la reproducción, a voluntad, de un programa televisivo o de una película vídeo. (Úsase también VIDEOCINTA.)
VIDEOCLIP n. m. Pequeño cortometraje en vídeo, que presenta una canción o un tema musical ilustrado con imágenes. (Úsase también *clip*.)
VIDEOCLUB n. m. Comercio dedicado a la venta, alquiler o intercambio de videocassettes grabadas.
VIDEODISCO n. m. Disco donde se graban imágenes y sonidos para su posterior reproducción en televisión.
VIDEOFRECUENCIA n. f. Frecuencia de la señal suministrada por el tubo captador de imagen en la cadena de aparatos que constituyen un emisor de televisión.
VIDEOJUEGO n. m. Juego que se desarrolla en una pantalla catódica entre uno o varios jugadores y las imágenes, previamente programadas.
VIDEOPORTERO n. m. Portero automático provisto de cámara y pantalla televisiva.
VIDEOTECA n. f. Colección de videocassettes. **2.** Mueble o lugar donde se guardan.
VIDEOTELEFONÍA n. f. Asociación de la telefonía y la televisión que permite que los usuarios se vean durante una conversación telefónica.
VIDEOTELÉFONO n. m. Aparato que combina el teléfono y la televisión.
VIDEOTEX n. m. Sistema de videografía en el que la transmisión de las demandas de información de los usuarios o de los mensajes obtenidos como respuesta se realiza por medio de una red de telecomunicaciones.
VIDOR (King), director de cine norteamericano (Galveston 1894-Pablo Robles, California, 1982). Su abundante obra refleja un lirismo y un vigor épico: *Y el mundo marcha* (1928); *Aleluya* (1929); *Duelo al sol* (1947).
VIDORRIA n. f. *Colomb.* y *Venez.* Vida cargada de penalidades.
VIDRIADO, A adj. Dícese de una superficie barnizada o esmaltada. ♦ n. m. **2.** Barro o loza con barniz vítreo. **3.** Sustancia vítrea adherente que sirve de esmalte para metal.
VIDRIAR v. tr. [1]. Dar a las piezas de barro o loza un barniz que, fundido al horno, toma la transparencia y el lustre del vidrio. ♦ **vidriarse** v. pron. **2.** *Fig.* Ponerse vidrioso algo: *vidriarse los ojos*.
VIDRIERA n. f. Bastidor con vidrios con que se cierran puertas y ventanas. **2.** Decoración transparente de las ventanas, formada por un conjunto de vidrios de color o con dibujos coloreados, sujetos generalmente con tiras de plomo. **3.** Escaparate de una tienda.
VIDRIO n. m. (lat. *vitreum*). Cuerpo sólido, mineral, no cristalino, generalmente frágil, que resulta de la solidificación progresiva de ciertas sustancias tras su fusión. **2.** Pieza u objeto de este material. **3.** Placa de vidrio que se coloca en las ventanas, puertas, etc. • **Papel de vidrio,** papel que se recubre con cola y se espolvorea con partículas muy finas de vidrio. ‖ **Vidrio laminado,** vidrio de seguridad constituido por varias hojas de vidrio separadas por una lámina de plástico.
VIDRIOSO, A adj. Que tiene el aspecto del vidrio: *material vidrioso*. **2.** Dícese del suelo resbaladizo por haber helado. **3.** *Fig.* Dícese del asunto que debe manejarse o tratarse con mucho cuidado o tiento: *un asunto vidrioso*. **4.** *Fig.* Susceptible, que fácilmente se enoja: *carácter vidrioso*. **5.** *Fig.* Dícese de la mirada o de los ojos que parecen no mirar a ningún punto.
VIEDMA (*lago*), lago de Argentina (Santa Cruz), en los Andes patagónicos, a 250 m de alt. Tiene su origen en el *glaciar de Viedma*.
VIEDMA, c. de Argentina, cap. de la prov. de Río Negro y cab. del dep. de Adolfo Alsina, a orillas del río Negro; 40 457 hab.
VIEIRA n. f. Molusco bivalvo comestible, de hasta 13 cm de long. (Familia pectínidos.)
VIEJA n. f. Femenino de viejo. **2.** Pez gregario de carne muy apreciada, que vive en bancos. (Familia escáridos.)
VIEJERA n. f. *P. Rico.* Vejez. **2.** *P. Rico. Fig.* Cosa inservible y vieja.
VIEJO, A adj. y n. De mucha edad: *persona vieja; animal viejo.* ♦ n. **2.** *Amér.* Apelativo cariñoso que se aplica a los padres y también entre cónyuges y amigos. • **De viejo,** dícese del establecimiento donde se venden géneros de segunda mano, y de dicho género. ‖ **Viejo verde** (*Vulg.*), viejo libidinoso. ♦ adj. **3.** Envejecido: *estar muy viejo*. **4.** Antiguo, no reciente: *viejas costumbres*. **5.** No nuevo, desusado, estropeado: *vestido viejo*. **6.** Dícese del vino añejo.
VIEJO, r. de Nicaragua (Jinotega, Matagalpa y León), que nace al E de Estelí y desemboca en la vida del lago de Managua; 168 km.
VIEJÓN, ONA n. m. *Méx.* Mujer muy guapa.
VIENA, en alem. *Wien,* c. y cap. de Austria, junto al Danubio; 1 512 000 hab. (*Vieneses.*) Universidad. Centro administrativo, cultural y comercial. Catedral reconstruida en los ss. XIV-XVI. Numerosos edificios barrocos, construidos por J. B. Fischer, von Erlach y Hildebrandt. Obras de O. Wagner y de sus discípulos. Museos, como el Kunsthistorisches Museum, la colección Albertina y, en los dos palacios del Belvedere, el museo del barroco y la galería de arte austríaco de los ss. XIX-XX.
VIENÉS, SA adj. y n. De Viena.
VIENTIANE, c. y cap. de Laos, junto al Mekong; 377 000 hab. Centro comercial. Aeropuerto.
VIENTO n. m. (lat. *ventum*). Movimiento del aire que se desplaza de una zona de altas presiones a una zona de bajas presiones. **2.** Cuerda o alambre con que se sujeta algo para mantenerlo en posición vertical. **3.** *Fig.* Vanidad, jactancia: *sus palabras están llenas de viento.* **4.** *Fam.* Ventosidad. • **A los cuatro vientos,** sin ninguna reserva, enterándose todo el mundo. ‖ **Contra viento y marea,** arrostrando inconvenientes y dificultades. ‖ **Correr malos vientos,** ser las circunstancias adversas. ‖ **Instrumento de viento** (MÚS.), instrumento musical en el que el sonido se origina porque el aire que en él se insufla hace vibrar sus paredes. ‖ **Viento blanco** (*Argent.*), borrasca de viento y nieve. ‖ **Viento en popa** (*Fam.*), con buena suerte, dicha o prosperidad.
VIENTOS (*paso de los*), canal que comunica el mar Caribe con el océano Atlántico, entre Cuba y Haití; 85 km de anch.
VIENTRE n. m. (lat. *ventrem*). Parte inferior y anterior del tronco humano que contiene principalmente los intestinos. SIN.: *abdomen*. **2.** Parte abultada de un objeto: *el vientre de una botella.* • **Bajo vientre,** órganos genitales.
VIERA (Feliciano), político uruguayo (Salto 1872-† 1927). Dirigente del Partido colorado, fue presidente de la república (1915-1919).
VIERNES n. m. (del lat. *Veneris dies,* día de Venus). Sexto día de la semana. • **Viernes santo,** día en que la Iglesia católica conmemora la muerte de Jesucristo.
VIETNAM, estado del Sureste asiático; 335 000 km²; 67 600 000 hab. (*Vietna-*

VIE

mitas.) CAP. Hanoi. LENGUA OFICIAL: *vietnamita*. MONEDA: *dông*.

GEOGRAFÍA
En este país que se extiende al S del trópico a lo largo de 1400 km, la población propiamente vietnamita se concentra en las llanuras: delta del Tonkín, creado por el río Rojo, y el delta del Mekong, que corresponde esencialmente a la Cochinchina. Entre los dos, las mesetas del Annam aislan algunas llanuras litorales. Algunas minorías étnicas ocupan las regiones montañosas. La agricultura es la actividad dominante, con el arroz como base de la alimentación, y existen algunas plantaciones (té y caucho). La industria dispone de pocos recursos mineros y está subdesarrollada. La urbanización ha progresado con el rápido crecimiento demográfico. Pero el país está arruinado por la guerra y la productividad es baja.

HISTORIA
De los orígenes al imperio de Vietnam. En el neolítico, la mezcla de muongs, thais y chinos en la cuenca del río Rojo dio origen al pueblo vietnamita. 208 a. J.C.: se creó el reino de Nam-Viêt. 111 a. J.C.: se integró al imperio chino. 939 d. J.C.: Ngo Quyên fundó la primera dinastía nacional. 968-980: la dinastía de los Dinh reinó en el país, llamado Dai-Cô-Viêt, todavía vasallo de China. 980-1225: con las dinastías imperiales de los Lê (980-1009) y los Li (1010-1225) el país, convertido en el Dai-Viêt (1054), se organizó y adoptó las estructuras feudales y del mandarinato. Se extendió hacia el S a costa de los shampa. 1225-1413: con la dinastía de los Trân; los mongoles fueron expulsados (1257, 1287), pero China restableció su dominio (1406). 1428: Lê Loi reconquistó la independencia y fundó la dinastía de los Lê posteriores (1428-1789). 1471: el Dai-Viêt consiguió una victoria decisiva contra los shampa. Ss. XVI-XVII: los clanes señoriales rivales, Mac, Nguyên (que gobernaban en el S) y Trinh (que dominaban al N), se enfrentaron. El catolicismo se extendió gracias a la obra de los jesuitas. 1773-1792: los tres hermanos Tây Son dirigieron la revuelta contra los Nguyên y los Trinh. 1802-1820: Gia-long fundó la dinastía de los Nguyên (1802-1945) y unificó el país, que se convirtió en el imperio de Vietnam.
La dominación francesa. 1859-1883: Francia ocupó Cochinchina, que erigió en colonia, y estableció su protectorado en Annam y en Tonkín. 1885: China reconoció estas conquistas en el tratado de Tianjin. 1885-1896: un levantamiento nacionalista sacudió al país, que fue integrado en la Unión Indochina, formada por Francia en 1887. 1930: Hô Chi Minh creó el partido comunista indochino. 1932: Bao Dai se convirtió en emperador. 1941: se fundó la Liga por la independencia del Vietnam (Vietminh). 1945: el golpe de mano japonés puso fin a la autoridad francesa; Bao Dai abdicó y se proclamó una república independiente. Francia reconoció el nuevo estado pero se negó a incluir en ella a Cochinchina. 1946-1954: la guerra de Indochina enfrentó al Vietminh y a Francia, que impuso de nuevo a Bao Dai y reconoció la independencia y unidad de Vietnam en el seno de la Unión francesa. 1954: la derrota de Diên Biên Phu condujo a los acuerdos de Ginebra, que dividieron el país en dos partes por el paralelo 17.
Vietnam del Norte y Vietnam del Sur. 1955: en el S, el emperador Bao Dai fue depuesto por Ngô Dinh Diem, y se instauró en Saigón la República de Vietnam. Se benefició de la ayuda norteamericana. En el N, la República Democrática de Vietnam (cap. Hanoi) fue dirigida por Hô Chi Minh. 1956: los comunistas se unieron a los oponentes del régimen de Ngô Dinh Diem en el seno del Vietcong. 1960: se creó el Frente nacional de liberación de Vietnam del Sur. 1963: el asesinato de Ngô Dinh Diem abrió un período de anarquía política y de conflictos entre budistas y católicos. 1964: E.U.A. decidió intervenir directamente en la guerra de Vietnam junto a los survietnamitas. 1969: tras la muerte de Hô Chi Minh, Pham Van Dông se convirtió en primer ministro y Lê Duan en primer secretario del partido de los trabajadores (comunista). 1973-1975: a pesar de los acuerdos de París y de la retirada norteamericana, la guerra continuó. 1975: las tropas del Norte tomaron Saigón.
El Vietnam reunificado. 1976: Vietnam se convirtió en una república socialista. Miles de emigrantes intentan huir (*boat people*), mientras se multiplican los «campos de reeducación». 1978: Vietnam firmó un tratado de amistad con la U.R.S.S. e invadió Camboya. 1979: estalló un conflicto armado con China. 1986: Nguyên Van Linh sustituyó a Lê Duan al frente del partido. 1987: Pham Hung sucedió al primer ministro Pham Van Dông. 1988: tras la muerte de Pham Hung, Do Muoi se convirtió en primer ministro. 1989: las tropas vietnamitas se retiraron totalmente de Camboya. 1991: Do Muoi fue nombrado secretario general del partido mientras que Vo Van Kiet se convirtió en jefe de gobierno. A la firma del acuerdo de paz sobre Camboya siguió la normalización de las relaciones con China. 1992: se adoptó una nueva constitución (abril); la Asamblea nacional, surgida de las elecciones de julio, eligió al general Lê Duc Anh para la jefatura del estado, y a Vo Van Kiet, para el del gobierno. 1995: restablecimiento de relaciones con E.U.A.; Vietnam ingresa en la A.S.E.A.N. 1997: Tran Duc Luong sucede a Lê Duc Anh en la jefatura del estado y Phan Van Khai a Vo Van Kiet al frente del gobierno. 2001: Non Duc Manh, elegido como secretario general del Partido Comunista Vietnamita.

VIETNAMITA adj. y n. m. y f. De Vietnam.
♦ n. m. **2.** Lengua monosilábica hablada en Vietnam.

VIEYTES (José Hipólito), patriota argentino (San Antonio de Areco 1762-Buenos Aires 1815), secretario de la junta de gobierno (1810).

VIGA n. f. (lat. *bigam*). Pieza horizontal de una construcción, destinada a soportar una carga.

VIGENCIA n. f. Calidad o estado de vigente.

VIGENTE adj. Que está en vigor y observancia.

VIGESIMAL adj. Que tiene por base el número veinte.

VIGÉSIMO, A adj. num. ordin. y n. Que ocupa el último lugar en una serie ordenada de veinte. ♦ adj. **2.** Dícese de cada una de las veinte partes iguales en que se divide un todo.

VIGÍA n. f. Atalaya, torre. ♦ n. m. **2.** MAR. Marinero que está de centinela en la arboladura de un barco. ♦ n. m. y f. **3.** Persona que tiene a su cargo vigilar la posible presencia de enemigos o de un peligro.

VIGIL (Diego), político centroamericano (en Honduras 1799-†1845), jefe de estado de Honduras (1829-1832) y de El Salvador (1835-1839).

VIGILANCIA n. f. Acción y efecto de vigilar. **2.** Servicio montado y dispuesto para vigilar.

VIGILANTE adj. Que está en vela, que vigila. ♦ n. m. y f. **2.** Persona encargada de vigilar, especialmente la que vigila por las noches las calles, puertas, obras en construcción, etc.

VIGILAR v. tr. e intr. (lat. *vigilare*) [1]. Estar atento, observar, velar sobre alguien o algo.

VIGILIA n. f. (lat. *vigiliam*). Acción de estar despierto o en vela. **2.** Falta de sueño o dificultad en dormirse. **3.** REL. Víspera de una festividad religiosa. **4.** Abstinencia y ayuno por precepto eclesiástico. **5.** Oficio litúrgico en la noche.

VIGNY (Alfred, **conde de**), escritor francés (Loches 1797-París 1863), autor de narraciones líricas (*Poemas antiguos y modernos*, 1826), una novela histórica (*Cinq-Mars*, 1826), dramas románticos y poesía (*El monte de los Olivos*, 1844).

VIGO n. m. *Hond.* Parche, emplasto.

VIGO, c. de España (Pontevedra), cab. de p. j.; 278 050 hab. (*Vigueses.*) Puerto pesquero y de escala en la travesía del Atlántico. Industria conservera, metalurgia, fabricación de automóviles, construcciones mecánicas. Iglesia gótica de Santiago. Colegiata de Santa María, neoclásica (1816).

VIGOR n. m. (lat. *vigorem*). Fuerza física: *el vigor de la juventud*. **2.** Energía física o moral con la que se lleva a cabo algo: *discutir con vigor*. **3.** Plena eficacia, validez legal de leyes, decretos, etc. **4.** Vitalidad, capacidad para crecer, desarrollarse y dar frutos o flores las plantas.

VIGORIZAR v. tr. y pron. [**1g**]. Dar vigor. **2.** *Fig.* Animar, infundir ánimo o valor.

VIGOROSO, A adj. Que tiene vigor físico o moral. **2.** Que denota o muestra resolución y firmeza.

VIGUÉS, SA adj. y n. De Vigo.

V.I.H. n. m. (siglas de *virus de inmunodeficiencia humana*). Denominación del virus causante del sida.

VIHUELA n. f. Nombre genérico de diferentes instrumentos hispánicos de cuerda.

VIKINGO, A adj. y n. Relativo a un pueblo escandinavo de guerreros, navegantes y comerciantes, que emprendieron expediciones marítimas y fluviales de Rusia al Atlántico desde el s. XI; individuo de este pueblo.

VIL adj. (lat. *vilem*). Innoble y digno de desprecio; infame: *persona vil; acción vil*.

VILA o **PORT-VILA**, c. y cap. del archipiélago de Vanuatu; 15 000 hab.

VILARIÑO (Idea), poeta uruguaya (Montevideo 1920), de poesía desolada y premonitoria de la muerte (*La suplicante*, 1945; *Poemas de amor*, 1972).

VILCABAMBA (*cordillera de*), cordillera de Perú (Cuzco), que forma parte de la cordillera Oriental de los Andes; 6271 m de alt. en el Salcantay.

VILCANOTA → *Urubamba*.

VILCÚN, com. de Chile (Araucanía), en el valle Longitudinal; 20 666 hab. Cebada, trigo, legumbres.

VILELA, grupo de pueblos amerindios del N de Argentina, de lengua lule-vilela, act. extinguidos.

VILEZA n. f. Calidad de vil. **2.** Acción o expresión vil, infame.

VILIPENDIAR v. tr. [1]. Despreciar, insultar o tratar con desdén.

VILIPENDIO n. m. Humillación, deshonra o desprecio de que es objeto una persona o cosa.

VILIPENDIOSO, A adj. Que causa o implica vilipendio.

VILLA n. f. (lat. *villam*). Originariamente, edificio o conjunto de edificios aislados en el campo con características aptas para satisfacer, además de la exigencia de habitación, la de intendencia para la explotación agrícola. **2.** Denominación dada por motivos históricos a algunas poblaciones, ya sean grandes o pequeñas. **3.** Casa aislada de las demás, con jardín o huerta, generalmente unifamiliar y extraurbana. • **Villa miseria** (*Argent.* y *Urug.*), barrio marginal de chabolas.

VILLA (Doroteo **Arango**, llamado **Pancho**), revolucionario mexicano (San Juan del Río, Durango, 1878-Parral, Chihuahua, 1923). Bandolero, en 1910 se incorporó al ejército de Madero. Conquistó Chihuahua y Ciudad Juárez (1913) y se proclamó gobernador militar del estado. Unido a Carranza, derrotó a los federales en Paredón, pero poco después se enemistó con Carranza y se unió a los zapatistas en la con-

VIÑ

vención de Aguascalientes (1914). Derrotado en El Bajío por los carrancistas (1915), se retiró al N. Reducida su actividad a la de guerrillero, depuso las armas en 1920. Murió en un atentado.

VILLA ALEMANA, com. de Chile (Valparaíso); 70 664 hab. Ciudad dormitorio de Valparaíso. Aeródromo.

VILLA CARLOS PAZ, c. de Argentina (Córdoba), en el dep. de Punilla; 40 826 hab. Construcción de maquinaria. Turismo.

VILLA CLARA (provincia de), prov. de Cuba; 8782 km²; 764 743 hab. Cap. Santa Clara.

VILLA CONSTITUCIÓN, c. y puerto de Argentina (Santa Fe), cap. del dep. de Constitución; 40 742 hab. Centro siderúrgico.

VILLA DE CURA, c. de Venezuela (Aragua); 51 096 hab. Centro agrícola, ganadero y comercial.

VILLA GESEL, c. de Argentina (Buenos Aires), en la costa del Atlántico; 15 844 hab. Centro turístico.

VILLA MARÍA, c. de Argentina, cap. del dep. de General San Martín (Córdoba); 64 763 hab. Centro agropecuario e industrial.

VILLA MERCEDES, c. de Argentina, cap. del dep. de General Pedernera (San Luis); 77 137 hab. Centro de una región ganadera.

VILLACORTA (Juan Vicente), político salvadoreño del s. XIX (nacido en Zacatecoluca), prócer de la independencia de su país. Fue jefe supremo del poder ejecutivo del estado federado de El Salvador (1825-1826).

VILLADIEGO. Coger, o tomar, las de Villadiego (Fam.), ausentarse repentina e impensadamente.

VILLAGARCÍA DE AROSA o **VILAGARCÍA DE AROUSA**, v. de España (Pontevedra), cab. de p. j.; 31 760 hab. (Villagarcianos.) Puerto pesquero y comercial. Industrias.

VILLAGUAY, dep. de Argentina (Entre Ríos); 44 128 hab. Cereales. Ganadería y apicultura.

VILLAHERMOSA, c. de México, cap. del est. de Tabasco; 261 231 hab. Centro industrial y comercial. Museo arqueológico de Tabasco y parque arqueológico de La Venta. La fundación de la ciudad data de 1596-1598, al haberse abandonado el emplazamiento de la fundada por Cortés en 1519.

VILLA-LOBOS (Héitor), compositor brasileño (Río de Janeiro 1887-íd. 1959). Su música sinfónica y de cámara y sus óperas pretenden evocar el alma brasileña (Bachianas brasileñas, 1930-1945).

VILLALPANDO (Cristóbal de), pintor mexicano (México, entre 1639 y 1645-íd. 1714). Trabajó para conventos e iglesias de México y Puebla en un estilo de ampulosidad barroca, pero con influencia manierista.

VILLAMEDIANA (Juan de Tassis y Peralta, conde de), escritor español (Lisboa 1582-Madrid 1622). De su obra poética sobresale la parte lírica, de tema preferentemente amoroso. Su estilo conjuga conceptismo y culteranismo (Fábula de Apolo y Dafne).

VILLAMELÓN n. m. Arg. Fam. Profano que habla con aire de suficiencia de lo que no entiende. (Dícese sobre todo del aficionado a los toros.)

VILLANCICO n. m. Canción popular de Navidad.

VILLANÍA n. f. Condición de villano, no noble. **2.** Fig. Acción vil o ruin, o expresión indecorosa.

VILLANO, A adj. y n. Dícese de los vecinos de una villa o aldea, pertenecientes al estado llano. **2.** Fig. Ruin, indigno. ♦ adj. **3.** Rústico, no refinado.

VILLANUEVA (Carlos Raúl), arquitecto y urbanista venezolano (Croydon, Gran Bretaña, 1900-Caracas 1975). Participó en la renovación urbanística de Caracas (Ciudad universitaria y estadio olímpico).

VILLARINO, partido de Argentina (Buenos Aires); 24 533 hab. Cab. Médanos. Minas de sal (Salina Chica). Gasoducto. Oleoducto.

VILLARREAL o **VILA-REAL**, c. de España (Castellón), cab. de p. j.; 37 660 hab. (Villarrealenses.) Centro agrícola e industrial. Iglesia barroca de San Jaime (s. XVIII). Ermita de s. XVI.

VILLARRICA, c. de Paraguay, cap. del dep. de Guairá; 28 300 hab. Centro agrícola y comercial.

VILLARRICA, com. de Chile (Araucanía); 35 956 hab. Pesca. Centro turístico a orillas del lago Villarrica. Estación de deportes de nieve (1800 m de alt.). Central hidroeléctrica.

VILLARROEL (Gualberto), militar y político boliviano (Cochabamba 1910-La Paz 1946). Elegido presidente de la república (1944), sus medidas sociales le enfrentaron con la oligarquía. Fue derrocado y ahorcado por los militares.

VILLAURRUTIA (Xavier), escritor mexicano (México 1903-íd. 1950). Integrante del grupo Contemporáneos (1928-1931), tras escribir poesía y relatos, aparecieron sus "nocturnos", recopilados en Nostalgia de la muerte (1938). Su labor de crítico está recogida en Textos y pretextos (1940).

VILLAVERDE (Cirilo), patriota y escritor cubano (San Diego de Núñez 1812-Nueva York 1894). Como escritor su estilo se concentra en la novela romántica antiesclavista (El guajiro, 1890).

VILLAVICENCIO, c. de Colombia, cap. del dep. del Meta; 178 685 hab. Yacimientos de carbón.

VILLAVICENCIO (Antonio), patriota ecuatoriano (Quito 1775-Bogotá 1816). Fue gobernador de Tunja (1815) y Honda (1816), y miembro del triunvirato de Bogotá (1815). Fue fusilado por los realistas.

VILLAZÓN (Eliodoro), político boliviano (Cochabamba 1849-† 1939), presidente de la república (1909-1913).

VILLEDA Y MORALES (Ramón), político hondureño (Ocotepeque 1909-Nueva York 1971). Liberal, fue presidente de la república (1957-1963).

VILLEGAS (Antonio de), escritor español (¿Medina del Campo? c. 1522-† c. 1551). Encarna la reacción contra la corriente italianizante en poesía. Su obra más famosa (atribuida) es la novela morisca Historia del Abencerraje y de la hermosa Jarifa (1551).

VILLENA, c. de España (Alicante), cab. de p. j.; 31 141 hab. (Villenenses o vigerrenses.) Minas de sal. Industrias. Castillo de origen musulmán, iglesia gótica y casas señoriales.

VILLIERS DE L'ISLE-ADAM (Auguste, conde de), escritor francés (Saint-Brieuc 1838-París 1889), autor de versos románticos, novelas, dramas y, sobre todo, relatos (Historias insólitas, 1888).

VILLON (François de Montcorbier, llamado François), poeta francés (París 1431-† d. 1463). Llevó una vida aventurera, y póstumamente fueron publicados sus poemas (Les lais, llamado impropiamente El pequeño testamento, 1456; Testamento, 1461-1462; Epitafio o La balada de los ahorcados, 1463). Por la sinceridad de su acento se le considera un precursor de la sensibilidad moderna.

VILLORRIO n. m. Desp. Población falta de comodidades y de lo necesario para vivir en ella agradablemente.

VILNIUS o **VILNA**, en polaco **Wilno**, en lituano **Vilnius**, c. y cap. de Lituania; 582 000 hab. Núcleo monumental antiguo. Arrebatada a Lituania en 1920, formó parte de Polonia hasta 1939.

VILO. En vilo, suspendido, sin apoyo. **2.** Con indecisión y zozobra por conocer o temer algo.

VILOTE adj. Argent. Dícese de la persona débil y cobarde.

VINAGRE n. m. Solución resultante de la fermentación vínica, utilizada como condimento. **2.** Fig. Persona de genio áspero e irritable.

VINAGRERA n. f. Vasija destinada a contener vinagre para el uso diario. **2.** Amer. Merid. Acidez de estómago. ♦ **vinagreras** n. f. pl. **3.** Utensilio compuesto de una vasija para el aceite y otra para el vinagre.

VINAGRETA n. f. Salsa fría compuesta de vinagre, aceite y sal, y algún otro ingrediente.

VINAJERA n. f. Cada una de las dos jarritas que contienen el vino y el agua que se emplean en la misa. ♦ **vinajeras** n. f. pl. **2.** Conjunto de ambas jarritas y la bandeja o recipiente que las contiene.

VINATERO, A adj. Relativo al vino. ♦ n. **2.** Persona que comercia con vino.

VINCENNES, c. de Francia (Val-de-Marne), al E de París; 42 651 hab. Castillo (s. XIV), ant. residencia real, prisión y sede de una manufactura de porcelanas (1738-1756), trasladada posteriormente a Sèvres.

VINCHA n. f. Amer. Merid. Cinta o pañuelo que se ciñe a la cabeza para sujetar el pelo.

VINCI (Leonardo da). → **Leonardo da Vinci**.

VINCULACIÓN n. f. Acción y efecto de vincular.

VINCULAR v. tr. y pron. (lat. vinculare) [1]. Unir con vínculos una cosa a otra, hacer depender una cosa de otra determinada. ♦ v. tr. **2.** Sujetar ciertos bienes o propiedades por disposición de su dueño, generalmente en testamento, a determinada sucesión, uso o empleo.

VINCULAR adj. Relativo al vínculo.

VÍNCULO n. m. (lat. vinculum). Unión, ligazón o atadura: el vínculo del matrimonio. **2.** Der. Unión o relación que existe entre una persona y otra. **3.** Unión y sujeción de una propiedad, renta, derecho, cargo, etc., al perpetuo dominio de un linaje o familia.

VINDICACIÓN n. f. Acción y efecto de vindicar.

VINDICAR v. tr. y pron. [1a]. Vengar. **2.** Defender, especialmente por escrito, a quien ha sido calumniado. **3.** DER. Reivindicar.

VINDICATIVO, A adj. Vengativo. **2.** Empleado para vindicar, para defender la buena fama.

VINDICTA n. f. (lat. vindictum). Venganza. • **Vindicta pública** (DER.), satisfacción de los delitos, por la sola razón de la justicia.

VINÍCOLA adj. Relativo a la elaboración del vino.

VINICULTOR, RA n. Persona que se dedica a la vinicultura.

VINICULTURA n. f. Elaboración y crianza de los vinos.

VINIFICACIÓN n. f. Conjunto de procedimientos utilizados para transformar la uva en vino.

VINÍLICO, A adj. Dícese de los compuestos que contienen el radical vinilo y de las resinas obtenidas por su condensación.

VINILO n. m. Radical etilénico monovalente $CH_2=CH-$.

VINO n. m. (lat. vinum). Bebida alcohólica que se hace del zumo de las uvas fermentado. • **Vino de agujas**, vino picante. ‖ **Vino de mesa**, o **de pasto**, el más común y ligero, que se suele beber en las comidas. ‖ **Vino de postre**, o **generoso**, el obtenido a partir del mosto de uvas frescas, mediante adición de alcohol. ‖ **Vino espumoso**, aquel cuya efervescencia resulta de una segunda fermentación alcohólica en recipiente cerrado, ya espontánea, ya obtenida por el método champañés. ‖ **Vino pardillo**, vino entre blanco y clarete, de baja calidad, más bien dulce que seco. ‖ **Vino peleón** (Fam.), el más ordinario. ‖ **Vino verde**, mosto ordinario, áspero y seco. ‖ **Vino virgen**, el que fermenta sin casca.

VIÑA n. f. (lat. vinean). Terreno plantado de vides. • **Viña del Señor** (Fig.), conjunto de los fieles cristianos: de todo hay en la viña del Señor.

VIÑA DEL MAR, c. de Chile (Valparaíso); 302 765 hab. Unida a Valparaíso, es el

VIÑ

principal centro turístico del país (playas). Industria textil, química y alimentaria. Central hidroeléctrica.

VIÑADOR, RA n. Persona que trabaja en el cultivo de las viñas.

VIÑAMARINO, A adj. y n. De Viña del Mar.

VIÑATERO, A n. Propietario de viñas. **2.** *Argent.* y *Perú.* Viticultor.

VIÑEDO n. m. Terreno plantado de vides.

VIÑETA n. f. (fr. *vignette*). Dibujo que se pone como adorno al principio o al final de los libros o de sus capítulos. **2.** Dibujo, figura, escena estampada en un libro, publicación, etcétera, generalmente humorística y con texto o comentarios. **3.** Pequeño dibujo recortado en forma de etiqueta y colocado sobre cajas de cigarros, botellas, etcétera.

VIOLA n. f. (voz italiana). MÚS. Término genérico que, de los ss. XV al XVIII, indicaba una familia de instrumentos de arco de distintos tamaños y que se tocaban en diferentes posiciones. **2.** MÚS. Instrumento musical de arco, de forma y construcción parecidas a las del violín. **3.** MÚS. Instrumento de cuerda típico de Brasil. **4.** n. m. y f. **4.** Persona que toca la viola en una orquesta.

VIOLA (Roberto Eduardo), militar argentino (Buenos Aires 1924-*id.* 1994), sucesor de Videla al frente de la junta militar (marzo-dic. 1981). Procesado y condenado en 1985, fue indultado en 1991.

VIOLÁCEO, A adj. y n. Violado: *azul violáceo*. ♦ adj. y n. f. **2.** Relativo a una familia de plantas de flores dialipétalas cigomorfas, como la violeta.

VIOLACIÓN n. f. Acción y efecto de violar. **2.** Relación sexual impuesta por coacción y que constituye un delito.

VIOLADO, A adj. y n. m. De color violeta.

VIOLADOR, RA adj. y n. Dícese del que viola, particularmente el que viola a una mujer.

VIOLAR v. tr. (lat. *violare*) [1]. Infringir, obrar en contra de una ley, precepto, etc. **2.** Cometer violación sexual. **3.** Profanar un lugar sagrado.

VIOLENCIA n. f. (lat. *violentiam*). Calidad de violento. **2.** Acción y efecto de violentarse. **3.** Manera de actuar haciendo uso excesivo de la fuerza. **4.** Acción injusta con que se ofende o perjudica a alguien. **5.** DER. Coacción física ejercida sobre una persona para viciar su voluntad y obligarla a ejecutar un acto determinado. • **No violencia**, forma de actuación política que se caracteriza por el empleo de tácticas no violentas.

VIOLENTAR v. tr. [1]. Hacer que algo ceda, mediante la fuerza o la violencia: *violentar la cerradura*. **2.** *Fig.* Entrar en una casa o en otra parte por la fuerza, contra la voluntad de su dueño. **3.** Obligar a alguien a que haga una cosa contra su voluntad. **4.** Dar una interpretación forzada o falsa a un texto. ♦ **violentarse** v. pron. **5.** *Fig.* Vencer alguien su resistencia o repugnancia a hacer algo.

VIOLENTO, A adj. (lat. *violentum*). Que se hace o sucede con fuerza o intensidad excesiva: *sacudida violenta*. **2.** Dícese de la manera o medio para ejecutar algo que se sirve de la fuerza contra la razón y la justicia. **3.** Que está fuera de su natural estado, situación o modo: *una postura violenta del cuerpo*. **4.** Iracundo, irascible, irritable. **5.** Que se encuentra en una situación embarazosa o incómoda: *sentirse violento*. **6.** Dícese de lo que hace uno contra su gusto, por ciertos respetos o consideraciones. **7.** Dícese de la interpretación falsa o torcida que se da a un dicho, escrito, etc.

VIOLETA adj. y n. m. (fr. *violette*). Dícese del color simple correspondiente a la radiación de menor longitud de onda del espectro solar. ♦ adj. **2.** De color morado claro. ♦ n. f. **3.** Planta herbácea muy apreciada en jardinería por sus flores. (Familia violáceas.) **4.** Flor de esta planta.

VIOLÍN n. m. (ital. *violino*). Instrumento musical de cuatro cuerdas afinadas por quintas (sol, re, la, mi) que se frotan con un arco. • **Violín en bolsa** (*Argent. Fam.*), expresión con que se indica la intención de eliminar a alguien de un asunto o de no opinar al respecto. ♦ n. m. y f. **2.** Violinista.

VIOLINISTA n. m. y f. Persona que toca el violín.

VIOLÓN n. m. (ital. *violone*). Instrumento musical de cuerda que se toca con arco y que representa el registro bajo dentro de la familia del violín. ♦ n. m. y f. **2.** Persona que toca este instrumento en un conjunto instrumental.

VIOLONCHELISTA o **VIOLONCELISTA** n. m. y f. Persona que toca el violonchelo.

VIOLONCHELO o **VIOLONCELO** n. m. (ital. *violoncello*). Instrumento musical, de cuatro cuerdas afinadas por quintas (do, sol, re, la), que se frotan con un arco. **2.** Violonchelista.

V.I.P. n. m. y f. (siglas de las voces inglesas *very important person*). Persona muy importante.

VÍPERA n. f. adj. **1.** Relativo a la víbora. **2.** *Fig.* Que tiene sus características.

VIRA VIRA n. f. *Argent., Chile, Perú* y *Venez.* Planta herbácea, cubierta de una pelusa blanca. (Familia compuestas.)

VIRACOCHA n. m. Nombre que los incas daban a los conquistadores españoles.

VIRACOCHA, principal divinidad del panteón incaico, probablemente deidad del culto muy anterior en el Perú. Creador de todas las cosas, se le representaba en los templos con apariencia humana y tuvo características de héroe civilizador similares a las del mexicano Quetzalcóatl.

VIRACOCHA, soberano inca († 1438). Hijo de Yahuar Huacac, su nombre era Hatun Túpac, que cambió al acceder al trono (fines s. XIV). Aliado a lupaca y quechuas, amplió los límites del reino en detrimento de los colla y los chanca. Le sucedió su hijo Pachacuti.

VIRADA n. f. MAR. Acción y efecto de virar.

VIRAJE n. m. Acción y efecto de virar.

VÍRICO, A adj. Vírico.

VIRAPITÁ n. m. *Argent.* Árbol que alcanza hasta 30 m de alt. (Familia leguminosas.)

VIRAR v. tr. [1]. ♦ v. tr. e intr. Cambiar de bordada o de rumbo una embarcación. **2.** *Por ext.* Volverse cambiando de dirección o de orientación: *virar hacia la izquierda*. **3.** *Fig.* Evolucionar, cambiar de ideas, de orientación, de procedimientos, etc., en la manera de actuar.

VIRARÓ n. m. *Argent.* y *Urug.* Árbol de hojas lustrosas, que alcanza hasta los 20 m de alt. (Familia leguminosas.)

VIRGEN adj. y n. f. (lat. *virginem*). Dícese de la persona que no ha tenido unión sexual. ♦ adj. **2.** *Fig.* Que tiene intacta la pureza, que no ha sufrido contaminación, corrupción, etc. **3.** No tocado por el hombre, inculto: *selva virgen*. **4.** No cultivado. **5.** Genuino, privado de sustancias extrañas: *lana virgen*. • **Aceite virgen**, aceite puro extraído de una sola especie vegetal por medios mecánicos. || **Retícula virgen** (FOT.) la que no está impresionada. ♦ n. f. **6.** REL. María, que fue madre de Jesús, sin perder su virginidad. (En esta acepción se escribe con mayúscula.) **7.** Santa que habiendo guardado la castidad, es venerada por la Iglesia.

VÍRGENES (*cabo*), cabo de Argentina, en la costa atlántica (Santa Cruz), situado al N del estrecho de Magallanes. Zona pesquera.

VÍRGENES (*islas*), en ingl. **Virgin Islands**, archipiélago de las Pequeñas Antillas, al E de Puerto Rico, dividido en **Islas Vírgenes británicas** (Tórtola, Anegada, Virgen Gorda, etc.); 153 km²; 11 000 hab.; cap. Road Town, en Tórtola, e **Islas Vírgenes norteamericanas** (Santo Tomás, Santa Cruz y San Juan); 352 km²; 112 000 hab.; cap. *Charlotte Amalie*, en Santo Tomás. Fueron descubiertas por Colón en su segundo viaje (4 oct. 1493).

VIRGILIO, poeta latino (Andes [act. Pietole], cerca de Mantua, c. 80 a. J.C.-Brindisi 19 a. J.C.). Compuso las *Bucólicas* (42-39 a. J.C.). Amigo de Octavio, conoció a Mecenas y a Horacio y se estableció en Roma, donde publicó las *Geórgicas* (39-29 a. J.C.). Después comenzó una gran epopeya nacional, la *Eneida*, que no pudo terminar. Su influencia en las literaturas latina y occidental ha sido inmensa, y su gran fama dio origen a un ciclo de leyendas.

VIRGINAL adj. Relativo a la persona que es virgen. **2.** Relativo a la Virgen. **3.** *Fig.* Puro, inmaculado.

VIRGINIDAD n. f. Estado de virgen.

VIRGO adj. y n. m. y f. Virgen. ♦ n. m. **2.** Virginidad, estado de virgen. **3.** Himen.

VIRGO, constelación zodiacal situada de una y otra parte del ecuador celeste. — Sexto signo del zodíaco que el sol abandona en el equinoccio de otoño.

VÍRGULA n. f. Vara delgada. **2.** Trazo o línea pequeña y delgada empleada en la escritura, como el acento, la coma, la cedilla, etc.

VÍRICO, A adj. Relativo a los virus.

VIRIL adj. (lat. *virilem*). Varonil, propio de hombre. **2.** *Fig.* Fuerte, valiente, seguro. • **Edad viril**, edad adulta del hombre. || **Miembro viril**, pene.

VIRILIDAD n. f. Calidad de viril. **2.** Madurez sexual del varón. **3.** Potencia sexual del varón.

VIRREINA n. f. Esposa del virrey. **2.** Mujer que gobierna como virrey.

VIRREINATO n. m. Cargo o dignidad de virrey. **2.** Territorio gobernado por un virrey. (El virreinato se extendió a las Indias, donde se crearon los de Nueva España [1535] y Perú [1542], y de éste surgieron los de Nueva Granada [1719] y del Río de la Plata [1776].)

VIRREY n. m. El que con este título gobierna en nombre y con autoridad del rey.

VIRTUAL adj. Que tiene la posibilidad de ser, que es en potencia pero no en la realidad: *virtual campeón*. • **Objeto, imagen virtual** (FÍS.), objeto o imagen cuyos puntos se encuentran en la prolongación de los rayos luminosos. || **Realidad virtual**, simulación audiovisual de un entorno real por medio de imágenes de síntesis tridimensionales.

VIRTUD n. f. (lat. *virtutem*). Disposición constante a hacer el bien. **2.** Perfecta adhesión de la voluntad a las leyes de la moral vigente. **3.** Disposición particular a observar determinados deberes, a cumplir determinadas obligaciones; cualidad. **4.** Facultad, capacidad de hacer algo. **5.** Eficacia para curar alguna enfermedad o desarreglo fisiológico: *hierbas con virtudes curativas*. **6.** TEOL. Cualidad permanente del espíritu que inclina a practicar el bien. • **En virtud de** o **por virtud de**, gracias a, por medio de.

VIRTUOSISMO n. m. Habilidad excepcional en un arte, en un ejercicio, etc., particularmente referida a la técnica de una ejecución musical.

VIRTUOSO, A adj. y n. Dotado de virtudes. ♦ n. **2.** Artista dotado de virtuosismo. **3.** Persona de gran talento en algo: *virtuoso de la palabra*.

VIRUELA n. f. (provenz. *variola*). Enfermedad infecciosa, inmunizante, muy contagiosa y epidémica, debida a un virus y caracterizada por una erupción de manchas rojas.

VIRULENCIA n. f. Calidad de virulento.

VIRULENTO, A adj. (lat. *virulentum*). Atacante, mordaz. **2.** MED. Ocasionado por un virus.

VIRUS n. m. (voz lat., *ponzoña*). Microorganismo, invisible al microscopio óptico, que sólo contiene un ácido nucleico y que sólo puede desarrollarse en el interior de una célula viva. • **Virus informático,** secuencia de instrucciones que se introduce en la memoria de un ordenador con objeto de que, al ser procesada, produzca un funcionamiento anómalo de la máquina.

VIRUTA n. f. Porción de madera, metal, etc., desprendida por la acción de una herramienta o útil. **2.** *C. Rica. Fig.* Mentira, embuste.

VIS A VIS loc. (loc. fr., *frente a frente*). En presencia uno del otro.

VISA n. f. *Amér.* Visado.

VISADO n. m. Acción de visar. **2.** Certificación firmada que da autenticidad y validez.

VISAJE n. m. (fr. *visage*, rostro). Mueca, movimiento exagerado o cómico del rostro.

VISAR v. tr. [1]. Reconocer o examinar un documento, certificación, etc., poniéndole el visto bueno. **2.** Dar la autoridad competente validez a un pasaporte u otro documento.

VISCACHA n. f. *Amér.* Vizcacha.

VISCARDO o **VIZCARDO** (Juan Pablo), independentista hispanoamericano (Pampacolca, Perú, 1748-Londres 1798). Jesuita, vivió en Italia y en Londres, donde solicitó ayuda para los independentistas de Hispanoamérica y publicó el manifiesto *Carta dirigida a los españoles americanos* (1791).

VÍSCERA n. f. (lat. *viscera*). Denominación genérica de los órganos situados en el interior de las grandes cavidades del organismo, como el corazón, el estómago y el útero.

VISCERAL adj. Relativo a las vísceras. **2.** Que proviene de lo más profundo del ser, inconsciente: *reacción visceral.*

VISCONTI (Luchino), director de teatro y cine italiano (Milán 1906-Roma 1976). Supo conjugar la fastuosidad de un arte refinado y lírico y el rigor de la denuncia social: *Senso* (1954), *El gatopardo* (1963), *Muerte en Venecia* (1971).

VISCOSIDAD n. f. Calidad de viscoso. **2.** Materia viscosa. **3.** Fís. Resistencia de un fluido a su derrame uniforme y sin turbulencia.

VISCOSO, A adj. Glutinoso, pegajoso: *saliva viscosa.* **2.** Fís. Que posee una viscosidad elevada.

VISERA n. f. Pieza del casco que protegía el rostro o parte de él. **2.** Ala pequeña de las gorras y otras prendas semejantes, para dar sombra en los ojos. **3.** Pieza suelta de cartón o de plástico que se coloca en la frente para resguardar la vista. **4.** En los automóviles, pieza movible que se puede abatir sobre el cristal delantero para proteger al chófer del sol.

VISIBILIDAD n. f. Calidad de visible. **2.** Mayor o menor distancia a que pueden verse los objetos con claridad, según las condiciones atmosféricas.

VISIBILIZAR v. tr. [1g]. Hacer visible.

VISIBLE adj. (lat. *visibilem*). Que se puede ver. **2.** Que se manifiesta de manera evidente y fácilmente perceptible: *un visible descontento.*

VISIGODO, A adj. y n. Relativo a un pueblo germánico que constituyó uno de los dos grandes grupos de los godos; individuo de este pueblo.

VISIGÓTICO, A adj. Visigodo.

VISILLO n. m. Cortina transparente que se coloca detrás de los cristales de una ventana.

VISIÓN n. f. (lat. *visionem*). Percepción por el órgano de la vista: *trastornos de la visión.* **2.** Hecho de ver o de representarse algo. **3.** Lo que se ve o aparece: *una visión insólita.* **4.** Percepción imaginaria de objetos irreales, alucinación: *tener visiones.* **5.** Aparición sobrenatural. **6.** *Fig.* Punto de vista particular sobre un asunto. • **Visión beatífica** (TEOL.), acto de ver a Dios, en el cual consiste la bienaventuranza.

VISIONAR v. tr. [1]. Ver una película cinematográfica o televisiva fuera de los cauces de distribución.

VISIONARIO, A adj. y n. Que tiene visiones, revelaciones sobrenaturales, o ideas extravagantes.

VISIR n. m. (ár. *wazir*). En los países islámicos, jefe supremo de la administración. • **Gran visir,** primer ministro en el imperio otomano.

VISITA n. f. Acción de visitar: *ir de visita.* **2.** Acción de ir a ver algo con atención: *la visita a un museo.* **3.** Persona que visita: *charlar con las visitas.* **4.** Acción en que el médico reconoce a un enfermo. • **Pasar visita,** visitar el médico a sus enfermos.

VISITACIÓN n. f. Visita que hizo la Virgen María a su prima santa Isabel y que conmemora la Iglesia. **2.** Representación de este encuentro.

VISITADOR, RA adj. y n. Que gusta es aficionado a hacer visitas. ♦ n. **2.** Persona encargada de hacer visitas de inspección. **3.** Religioso, encargado de inspeccionar algunas casas de su orden. **4.** Persona al servicio de un laboratorio farmacéutico que presenta a los médicos las novedades terapéuticas.

VISITADORA n. f. Femenino de visitador. **2.** *Dom., Hond., P. Rico* y *Venez.* Lavativa.

VISITAR v. tr. (lat. *visitare*) [1]. Ir a ver a alguien al lugar donde se encuentra: *visitar a los amigos, a un enfermo.* **2.** Ir a un lugar, país, población, etc., para conocerlo o con fines turísticos. **3.** Inspeccionar. **4.** Ir el médico a casa de un enfermo para examinarle. **5.** Examinar un médico a los enfermos. **6.** Ir a un templo o santuario por devoción.

VISLUMBRAR v. tr. (del lat. *vix*, apenas, y *luminare*, iluminar) [1]. Ver algo de una manera confusa o imprecisa, debido a la distancia o falta de luz. **2.** *Fig.* Tener indicios, conjeturas.

VISLUMBRE n. f. Reflejo o débil resplandor de una luz. **2.** *Fig.* Apariencia, indicio de algo: *se aprecia vislumbre de mejoría en el tiempo.* **3.** *Fig.* Noticia, visión o percepción muy corta y leve de algo.

VISNÚ, divinidad hinduista que es el principio de conservación del mundo. A veces adopta formas humanas (*avatara* o encarnaciones).

VISNUISMO n. m. Conjunto de las doctrinas y prácticas religiosas relativas a Visnú.

VISO n. m. (lat. *visum*, acción de ver). Reflejo o brillo de algo que lo hace parecer de color distinto al suyo propio. **2.** Destello luminoso que despide algo al darle directamente una luz potente. (Suele usarse en plural.) **3.** *Fig.* Aspecto de algo. (Suele usarse en plural.) **4.** Forro o prenda que usan las mujeres debajo de un vestido transparente.

VISÓN n. m. (fr. *vison*). Mamífero carnívoro del tamaño del turón, muy apreciado por su piel, que vive en Europa, Asia y América. **2.** Piel de este animal. **3.** Prenda hecha con esta piel.

VISOR n. m. Instrumento óptico con lentes de aumento, que permite examinar una película en curso de montaje, o diapositivas. **2.** Dispositivo montado en una cámara fotográfica o cinematográfica, que sirve para delimitar la imagen que se capta sobre la superficie sensible.

VÍSPERA n. f. (lat. *vesperam*). Día anterior a otro determinado. ♦ **vísperas** n. f. pl. **2.** En la liturgia católica, hora del oficio divino que se reza al atardecer. • **En vísperas,** en tiempo inmediatamente anterior.

VISTA n. f. **1.** Sentido corporal localizado en los ojos, mediante el cual es posible ver, percibir la luz, los colores, los objetos. **2.** Acción de ver, de mirar, de examinar. **3.** Mirada: *ir con la vista baja.* **4.** Aspecto, aire. **5.** *Fig.* Acierto o sagacidad: *tener vista para los negocios.* **6.** Espacio, paisaje, panorama visible desde un punto determinado: *esta casa tiene una bella vista.* **7.** Representación de un paisaje, lugar, edificio, etc.: *una vista de Roma.* **8.** Parte visible de una prenda interior, como los puños, cuello y pechera de una camisa. (Suele usarse en plural.) **9.** Abertura, ventana o hueco por donde se da luz a un edificio, o por donde se ve el exterior. (Suele usarse en plural.) **10.** DER. Acto procesal, realizado en la sede del tribunal, en el que las partes exponen ante el juez o tribunal, directamente o por medio de otras personas, sus pretensiones fundadas o razonadas. • **A la vista,** al parecer, por lo que se puede apreciar viendo de lo que se trata; visible; evidente; en perspectiva previsible; dícese de la cláusula que se inserta en ciertos documentos de crédito y por la cual se entiende de deber pagarse su importe a la presentación de los mismos. ‖ **A la vista de,** al parecer; estar o quedarse vigilando o cuidando lo que se expresa; en consideración o atención de algo. ‖ **A vista de pájaro,** desde lo alto, desde el aire; (*Fam.*), con un mirada superficial. ‖ **Con vistas a,** con el propósito o la intención de. ‖ **Corto de vista,** que padece miopía; (*Fig.*), poco perspicaz. ‖ **En vista de,** en consideración o atención a algo. ‖ **Saltar a la vista,** ser evidente, notarse. ‖ **Vista cansada,** presbicia. ‖ **Vista de águila** (*Fig.*), la que alcanza a mucha distancia. ‖ **Vista de lince,** la muy aguda y penetrante. ♦ n. m. **11.** Empleado de aduanas a cuyo cargo está el registro de géneros.

VISTAZO n. m. Ojeada, mirada rápida y superficial. **2.** Lectura hecha de una misma manera.

VISTO, A adj. Usado ya, llevado por mucha gente, anticuado. **2.** Con *bien* o *mal,* considerado: *una acción mal vista.* • **Ni visto ni oído,** muy rápidamente. ‖ **Por lo visto,** al parecer. ‖ **Visto que,** dado que. ‖ **Visto y no visto,** con gran rapidez. ♦ n. m. • **Dar,** o **conceder, el visto bueno,** aprobar, dar la conformidad.

VISTOSO, A adj. Que atrae la vista de la atención.

VISUAL adj. Relativo a la visión. • **Memoria visual,** buena memoria de lo que se ha visto. ♦ n. f. **2.** Línea recta imaginaria que va desde el ojo del espectador al objeto observado. ‖ **Línea de visual,** línea imaginaria que va del ojo del tirador al objetivo.

VISUALIZACIÓN n. f. Acción y efecto de visualizar. **2.** Operación que consiste en hacer materialmente perceptible la acción y los efectos de un fenómeno.

VISUALIZAR v. tr. [1g]. Visibilizar. **2.** Representar mediante imágenes ópticas fenómenos de otro carácter. **3.** Formar en la mente una imagen visual de un concepto abstracto.

VITACURA, com. de Chile (Santiago); 78 010 hab. En el Gran Santiago.

VITAL adj. Relativo a la vida, esencial para la vida: *las funciones vitales.* **2.** De tal importancia o trascendencia que no se puede prescindir de ello sin gran quebranto: *una cuestión vital.* **3.** Dotado de gran aptitud o impulso para vivir, desarrollarse o actuar: *persona vital.* • **Principio vital,** entidad o material postulada por ciertos biólogos para explicar la vida.

VITALE (Ida), poeta uruguaya (Montevideo 1924). En su poesía se aúnan lucidez e intensa emoción (*La ley de esta memoria,* 1949; *Odoro andante,* 1972; *Jardin de Sílice,* 1931).

VITALICIO, A adj. Que dura desde que se obtiene hasta el fin de la vida: *renta vitalicia.* **2.** Que disfruta de algún cargo de esta índole: *senador vitalicio.* ♦ n. m. **3.** Pensión que dura hasta el fin de la vida del beneficiario de ella. **4.** DER. Póliza de seguro sobre la vida.

VITALIDAD n. f. Calidad de vital. **2.** Energía, vivacidad: *la vitalidad propia de la juventud.*

VIT

VITALIZAR v. tr. [**1g**]. Dar o infundir fuerza o vigor.
VITAMINA n. f. (del lat. *vita*, vida, y de *amina*). Sustancia orgánica indispensable en ínfima cantidad para el crecimiento y buen funcionamiento del organismo, que por sí mismo no puede efectuar su síntesis.
VITAMÍNICO, A adj. Relativo a las vitaminas. **2.** Que contiene vitaminas.
VITELINO, A adj. Relativo al vitelo.
VITELO n. m. BIOL. Conjunto de sustancias de reserva contenidas en el óvulo de los animales.
VITICULTOR, RA n. Persona que se dedica a la viticultura. **2.** Persona entendida o perita en viticultura.
VITICULTURA n. f. Cultivo de la vid.
VITIER (Cintio), escritor cubano (La Habana 1921). Su poesía es de tono reflexivo (*Testimonios*, 1969, recopilación; *Poemas de mayo y junio*, 1990). Ha cultivado también la crítica y el ensayo.
VITIVINICULTURA n. f. Arte de cultivar la vid y elaborar el vino.
VITOLA n. f. Marca con que se distinguen, según su tamaño, los cigarros puros. **2.** Faja en forma de anillo que llevan como distintivo de fábrica los cigarros puros.
VÍTOR n. m. Aclamación, voces dadas en honor a una persona o una acción. (Suele usarse en plural.)
VITOREAR v. tr. [**1**]. Aplaudir con vítores.
VITORIA o **GASTEIZ**, c. de España, cap. del País Vasco y de la prov. de Álava y cab. de p. j.; 209 704 hab. (*Vitorianos*.) Desarrollada en torno al núcleo medieval fundado por Sancho el Sabio de Navarra (1181) sobre la aldea de Gasteiz, emplazada en un cerro, la c. moderna se extiende en barrios industriales hacia el río Zadorra. Catedral vieja, gótica (ss. XIV-XV); iglesias y mansiones góticas y renacentistas. Plaza de España, neoclásica (s. XVIII); palacio de Ajuria-Enea (1920), sede de la presidencia del gobierno autónomo vasco. Museos.
VITRAL n. m. Vidriera de colores.
VÍTREO, A adj. De vidrio o que tiene sus propiedades. **2.** Que es semejante o parecido al vidrio. **• Cuerpo, o humor, vítreo,** sustancia transparente y gelatinosa que llena el globo ocular, entre el cristalino y la retina.
VITRIFICACIÓN n. f. Acción de vitrificar.
VITRIFICAR v. tr. y pron. [**1a**]. Convertir en vidrio por fusión. **2.** Revestir con una materia plástica un entarimado o parquet para protegerlo. **3.** Hacer que una cosa adquiera un aspecto vítreo.
VITRINA n. f. (fr. *vitrine*).Armario con puertas de cristal para exponer objetos de valor.
VITRIÓLICO, A adj. Que es de la naturaleza del vitriolo.
VITRIOLO n. m. (lat. *vitrolum*). Nombre dado por los químicos antiguos a los sulfatos. **2.** Ácido sulfúrico concentrado. SIN.: *aceite de vitriolo*.
VITROCERÁMICA n. f. Materia parecida a los productos cerámicos, formada por microcristales dispersos en una fase vítrea residual.
VITROLA n. f. *Amér.* Gramófono.
VITUALLA n. f. Víveres. (Suele usarse en plural.)
VITUPERAR v. tr. (lat. *vituperare*) [**1**]. Criticar, censurar o reprender duramente.
VITUPERIO n. m. (lat. *vituperium*). Baldón u oprobio que se dice a uno. **2.** Acción que causa afrenta o deshonra.
VIUDA n. f. Femenino de viudo. **2.** Planta herbácea, con flores de color purpúreo oscuro. (Familia dipsacáceas.) **3.** Flor de esta planta. **• Viuda paradisíaca,** ave paseriforme africana, de colores blanco y negro con rojo o dorado. (Familia ploceidos.)
VIUDEDAD n. f. Viudez. **2.** DER. Pensión que cobra el cónyuge sobreviviente por viudez.
VIUDEZ n. f. Estado de viudo.
VIUDITA n. f. Ave paseriforme suramericana de pequeño tamaño, insectívora. (Familia tiránidos.)
VIUDO, A adj. y n. (lat. *viduum*). Dícese de la persona a quien se le ha muerto su cónyuge y no ha vuelto a casarse.
VIVA n. m. Aclamación, voces dadas por entusiasmo, alegría, etc. ♦ interj. **2.** Úsase para aclamar a alguien, aprobar algo con entusiasmo o recibir algo que produce alegría.
VIVAC o **VIVAQUE** n. m. Campamento provisional de las tropas al raso. **2.** Campamento ligero que los montañeros instalan para pasar la noche. **3.** Abrigo de alta montaña.
VIVACIDAD n. f. Calidad de vivaz. **2.** Viveza, esplendor, intensidad: *vivacidad de colores*.
VIVALDI (Antonio), llamado **Il Prete rosso,** violinista y compositor italiano (Venecia 1678-Viena 1741). Célebre virtuoso, su personalidad queda reflejada en las piezas para violín. También fijó definitivamente la estructura del concierto en tres partes. Escribió óperas y música religiosa, pero su reputación proviene especialmente de la música instrumental (sonatas, conciertos para uno o varios solistas, algunos de ellos agrupados en colecciones [*La fantasía armónica; El fundamento de la armonía y de la invención,* c. 1725, que contiene «Las cuatro estaciones»]).
VIVALES n. m. y f. (pl. *vivales*). *Fam.* Persona lista en provecho propio.
VIVANCO (Manuel Ignacio de), militar y político peruano (Valparaíso 1806-*id.* 1873). Jefe de la Legión peruana en el exilio (1837), asumió el poder en 1843, pero fue derrotado por Castilla y Nieto (1844). Sublevado contra el liberalismo, fue vencido en 1857-1858. Ministro de la Guerra, gestionó el *tratado Vivanco-Pareja* (1865), por el que los españoles abandonaban las islas Chincha a cambio de una indemnización.
VIVAR v. tr. [**1**]. *Amér.* Vitorear, aclamar.
VIVARACHO, A adj. *Fam.* Dícese de la persona, generalmente joven, de carácter vivo y alegre.
VIVAZ adj. (lat. *vivacem*). Que vive mucho tiempo. **2.** Vigoroso, eficaz: *una fe vivaz*. **3.** Perspicaz, agudo, que muestra vivacidad: *ojos vivaces*. **• Plantas vivaces,** las que viven varios años y dan fruto varias veces durante su existencia.
VIVENCIA n. f. Hecho o experiencia propios de cada persona. **2.** SICOL. Intensidad con que una imagen síquica aparece en la conciencia.
VÍVERES n. m. pl. (fr. *vivres*). Alimentos, todo lo que sirve para alimentar: *aprovisionar de víveres*.
VIVERO n. m. (lat. *vivarium*). Terreno donde se transplantan desde la almáciga arbolillos u otras plantas, para trasponerlos, después de recriados, a su lugar definitivo. **2.** Lugar donde se crían o guardan vivos dentro del agua, generalmente en el mismo mar, río o lago, los peces, moluscos, etc. **3.** *Fig.* Semillero, causa u origen de algo.
VIVES (Juan Luis), humanista y filósofo español (Valencia 1492-Brujas 1540). Su filosofía es crítica respecto a la escolástica, y de orientación ecléctica. Destacan entre sus obras *De anima et vita* (1538) y *De tradendis disciplinis* (1531), su principal aportación a la pedagogía.
VIVEZA n. f. Calidad de vivo, de estar lleno de vivacidad, de vigor: *viveza de ingenio*. **2.** Rapidez expresiva: *la viveza de una descripción*. **3.** Intensidad luminosa: *la viveza de ciertos colores*.
VÍVIDO, A adj. *Poét.* Vivaz, que vivifica. **2.** *Fig.* Intenso, floreciente, vigoroso, lleno de vida.
VIVIDOR, RA adj. y n. Que vive. ♦ n. **2.** Persona que vive a expensas de los demás.

VIVIENDA n. f. Refugio natural, o construido por la mano del hombre, en el que éste habita. **2.** Género de vida o modo de vivir.
VIVIFICAR v. tr. (lat. *vivificare*) [**1a**]. Dar nueva vida, hacer vital. **2.** Reanimar, fortalecer, dar fuerza y vigor.
VIVIPARISMO n. m. Modo de reproducción de los animales vivíparos.
VIVÍPARO, A adj. y n. Dícese del animal cuyas crías nacen ya desarrolladas y sin envoltura. CONTR.: *oviparo*.
VIVIR n. m. Vida. **2.** Medios de vida y subsistencia. **• De mal vivir,** de dudosa moralidad.
VIVIR v. intr. (lat. *vivere*) [**3**]. Tener vida, estar vivo. **2.** Durar: *hacer vivir una ilusión*. **3.** *Fig.* Gozar de todas las posibilidades, ventajas, experiencias y realidades de la existencia. **4.** *Fig.* Conducir la propia existencia de una determinada manera: *vivir solo*. **5.** *Fig.* Sobrevivir en el recuerdo después de la muerte: *su memoria aún vive*. **6.** *Fig.* Permanecer en alguien cierto recuerdo: *la guerra vivirá siempre en él*. **7.** *Fig.* Hacer de algo el fin, el valor principal de la existencia: *sólo vive para la música*. **8.** Estar, ser en sentido genérico: *vivir en paz y armonía*. **9.** Mantenerse, obtener de algo los medios de subsistencia: *vive de su trabajo*. **10.** Basar la propia alimentación en algo: *vivir de la caza*. **11.** Habitar: *vivir en el campo.* **12.** Habitar junto con otra persona, cohabitar. **13.** Continuar siendo, existiendo, trabajando: *vivir entre grandes crisis económicas*. ♦ v. tr. **14.** Tener experiencia directa de algo: *vivir momentos de angustia*.
VIVISECCIÓN n. f. Disección practicada, a título de experimentación, en un animal vivo.
VIVO, A adj. (lat. *vivum*). Que vive, que tiene vida: *los seres vivos*. **2.** Que continúa existiendo, que dura todavía: *antiguas costumbres aún vivas*. **3.** Intenso: *fuego vivo*. **4.** *Fig.* Que sobrevive o persevera en la memoria después de la muerte, la destrucción o la desaparición. **5.** *Fig.* Que muestra vivacidad: *ojos vivos*. **6.** Que revela una vida cultural muy intensa: *un centro cultural muy vivo*. **7.** *Fig.* Vivaz, inquieto: *un niño muy vivo*. **8.** *Fig.* Lleno de energía, de interés: *ejercer un vivo influjo*. **9.** *Fig.* Que se manifiesta con fuerza, con intensidad: *dolor vivo*. **10.** *Fig.* Que se altera con facilidad: *carácter vivo*. **11.** Eficaz, persuasivo: *un relato vivo*. **12.** Agudo y bien determinado: *cantos vivos de una mesa*. ♦ adj. y n. **13.** *Fig.* Avispado, listo: *ser más vivo que el hambre*. ♦ n. **14.** Persona que vive, que todavía no ha muerto: *el mundo de los vivos*. ♦ n. m. **15.** Raíz o parte central de una cosa. **16.** Borde, canto u orilla de algo. **17.** Filete, cordoncillo o trencilla que se pone como remate en los bordes o en las costuras de las prendas de vestir.
VIZCACHA n. f. Roedor de costumbres nocturnas y que habita en grandes madrigueras en América Meridional. (Familia chinchillidos.)
VIZCACHERA n. f. *Amér. Merid.* Madriguera de la vizcacha.
VIZCAÍNO, A adj. y n. De Vizcaya.
VIZCAÍNO (*desierto*), desierto de México, en la fachada del Pacífico de la península de Baja California. Está accidentado por la *sierra de Vizcaíno* (1 854 m de alt.), y ocupado por lagunas saladas.
VIZCAÍNO (Sebastián), marino español († d. 1616). Desde Nueva España, realizó expediciones a California (1596-1597 y 1602) y viajó a Extremo oriente (1604) y a Japón (1611).
VIZCAYA (*golfo de*) o **GOLFO DE GASCUÑA,** en fr. *golfe de Gascogne* o *Biscaye,* amplio entrante del océano Atlántico en las costas de España y Francia. En las costas españolas del País Vasco, la profundidad aumenta bruscamente. Caladeros de pesca. Petróleo.

VIZCAYA [en vasc. **Bizkaia**] *(provincia de)*, prov. del N de España, en el País Vasco; 2210 km²; 1 156 245 hab. Cap. Bilbao. Presenta un sector montañoso al S (Gorbea, 1 475 m); en el centro, la depresión del Nervión, y al N la costa, separada de la anterior por un cordón de colinas prelitorales.

VIZCONDE n. m. (lat. *vicecomem*). Título nobiliario inmediatamente inferior al de conde.

VIZCONDESA n. f. Mujer que tiene el título de vizconde. **2.** Mujer del vizconde.

VLADIVOSTOK, c. y puerto de Rusia, junto al mar de Japón, en la terminal del ferrocarril transiberiano; 648 000 hab. Centro industrial.

VLTAVA, en alem. **Moldau**, en esp. **Moldava**, r. de la República Checa (Bohemia), afl. del Elba; 434 km. Pasa por Praga.

VOCABLO n. m. (lat. *vocabulum*). Palabra aislada en su individualidad léxica.

VOCABULARIO n. m. Conjunto de palabras que hace referencia a una lengua, a una ciencia, a una técnica, a un arte, etc.: *vocabulario jurídico*. **2.** Diccionario abreviado que se limita a lo esencial.

VOCACIÓN n. f. (lat. *vocationem*). Inclinación natural de una persona por un arte, una profesión o un determinado género de vida. **2.** TEOL. Llamada al sacerdocio o a la vida religiosa.

VOCAL adj. Relativo a la voz. **2.** Que se expresa con la voz, verbalmente. • **Música vocal**, música escrita para ser cantada (por oposición a *música instrumental*). ♦ n. m. y f. **3.** Persona que en una junta, corporación o asociación tiene derecho de voz, y a veces de voto. ♦ n. f. **4.** Sonido del lenguaje producido por las vibraciones de la laringe y que varía según la forma de la boca, la separación de las mandíbulas y la posición de la lengua. **5.** Letra que representa este sonido: *en español, las vocales son cinco: a, e, i, o, u*.

VOCÁLICO, A adj. Relativo a las vocales.

VOCALISMO n. m. Sistema de vocales de una lengua determinada.

VOCALISTA n. m. y f. Cantante que forma parte de un conjunto musical, generalmente orquestal.

VOCALIZACIÓN n. f. Acción y efecto de vocalizar. **2.** Manera o acción de vocalizar.

VOCALIZAR v. intr. y tr. [1g]. Realizar ejercicios de canto, sin nombrar las notas ni pronunciar palabras, sobre una o varias sílabas. **2.** Articular con la debida distinción las vocales, consonantes y sílabas de una palabra. ♦ v. intr. y pron. **3.** FONÉT. Transformarse una vocal en una consonante.

VOCATIVO n. m. LING. Uno de los casos de la declinación de nombres, pronombres y adjetivos, usado para expresar una invocación, mandato, llamamiento o súplica.

VOCEADOR, RA adj. y n. Que vocea. ♦ n. **2.** *Méx.* Persona que vende periódicos en la calle voceándolos.

VOCEAR v. intr. [1]. Dar voces o gritos. ♦ v. tr. **2.** Pregonar algún producto o mercancía para venderlos. **3.** Llamar a alguien dándole voces. **4.** Publicar o difundir algo que debía callarse o permanecer oculto. **5.** Aplaudir o aclamar con voces. **6.** *Fig.* Pregonar, ser cierta cosa inanimada una muestra clara de algo: *la sangre de Abel voceaba el crimen de Caín*.

VOCERÍO n. m. Criterio, confusión de voces altas y desentonadas: *el vocerío del mercado*.

VOCERO, A n. Portavoz, persona que habla en nombre de otro u otros. **2.** *Amér.* Portavoz.

VOCIFERAR v. intr. (lat. *vociferari*) [1]. Hablar a grandes voces o dando gritos.

VOCINGLERÍA n. f. Calidad de vocinglero. **2.** Ruido o confusión producidos por muchas voces.

VOCINGLERO, A adj. y n. Que grita o habla muy alto. **2.** Que habla mucho y vanamente.

VODEVIL n. m. (fr. *vaudeville*). LIT. Comedieta ligera de intriga viva y divertida.

VODKA o **VODCA** n. m. o f. (voz rusa). Aguardiente de cereales (centeno, maíz, cebada) que se consume principalmente en Rusia.

VOLADA n. f. Vuelo hecho de una vez.

VOLADIZO, A adj. Que sobresale de un plano vertical: *viga voladiza*. ♦ n. m. **2.** Parte de un edificio que no reposa directamente sobre su apoyo: *construcción en voladizo*.

VOLADO, A adj. Dícese del tipo de imprenta de menor tamaño que se coloca en la parte superior del renglón. • **Salir uno volado** (*Méx. Fam.*), salir a escape. ♦ n. m. **2.** *Argent.* En prendas de vestir, volante. **3.** *Méx.* Moneda lanzada al aire para decidir la suerte.

VOLADOR, RA adj. Que vuela. • **Pez volador**, pez marino cuyas aletas pectorales están tan desarrolladas que le permiten dar saltos fuera del agua como si volase. ♦ n. m. **2.** Planta arbórea americana, maderable, de copa ancha. **3.** Molusco cefalópodo comestible, semejante al calamar pero menos delicado. **4.** *Méx.* Práctica prehispánica que consistía en girar en el aire en un trapecio suspendido de una rueda giratoria asegurada a cierta altura, en el tope de un árbol cortado a cercén. (En la actualidad todavía se practica como espectáculo.) **5.** *P. Rico.* Molinete, juguete infantil.

VOLADURA n. f. Acción y efecto de volar algo con un explosivo.

VOLANDAS. En volandas, por el aire, levantado del suelo; rápidamente, en un vuelo.

VOLANTE adj. Que vuela. **2.** Que va o se lleva de un sitio a otro: *escuadrón volante*. ♦ n. m. **3.** Rueda que transmite su movimiento a un mecanismo. **4.** Rueda de mano que sirve para accionar el mecanismo de dirección de un automóvil, y para guiarlo a voluntad. **5.** Deporte automovilístico: *un as del volante*. **6.** Hoja de papel para anotaciones sucintas o en que se manda una comunicación o aviso. **7.** Adorno de vestir, o en visillos, cortinas, etc.

VOLAR v. intr. (lat. *volare*) [1r]. Ir, moverse o mantenerse en el aire por medio de alas de otro modo. **2.** Llevar a cabo, realizar un vuelo con un aparato aéreo o similar. **3.** *Fig.* Ir por el aire una cosa lanzada con violencia. **4.** *Fig.* Correr, andar, moverse muy de prisa. **5.** *Fig.* Transcurrir rápidamente el tiempo. **6.** *Fig.* Hacer algo con mucha rapidez o muy pronto: *comer volando*. **7.** *Fig.* y *fam.* Huir de un sitio. **8.** *Fig.* y *fam.* Desaparecer inesperadamente una cosa o gastarse rápidamente: *el dinero voló en pocos días.* **9.** *Fig.* Propagarse, difundirse rápidamente: *las noticias vuelan.* **10.** *Fam.* Sentir los efectos de una droga. ♦ v. intr. y pron. **11.** Elevarse algo en el aire, ser transportado por el viento: *todos los papeles volaron.* ♦ v. tr. **12.** *Fig.* Hacer saltar con violencia o estallar en pedazos algo con una sustancia explosiva. **13.** *Fig.* Irritar, enfadar a alguien: *aquellos insultos le volaron*.

VOLÁTIL adj. y n. m. y f. Que vuela o puede volar. ♦ adj. **2.** Que se mueve ligeramente y por el aire. **3.** *Fig.* Voluble, inconstante, mudable. **4.** QUÍM. Que tiene la propiedad de volatilizarse. ♦ n. m. **5.** Animal organizado para el vuelo, especialmente las aves.

VOLATILIDAD n. f. Calidad de volátil. **2.** Aptitud de una gasolina para vaporizarse.

VOLATILIZAR v. tr. y pron. [1g]. Transformar un cuerpo sólido o líquido en gaseoso o en vapor. ♦ **volatilizarse** v. pron. **2.** *Fig.* y *fam.* Desaparecer repentina o rápidamente una cosa: *el dinero se volatizó en seguida.*

VOLATÍN n. m. Volatinero. **2.** Acrobacia.

VOLATINERO, A n. Acróbata.

VOLCADO n. m. Acción y efecto de volcar. **2.** INFORMÁT. Operación consistente en traspasar la información o soporte a otro.

VOLCÁN n. m. (port. *voicão*, del lat. *Vulcanus*, dios del fuego). Relieve resultante de la emisión a la superficie de productos a alta temperatura que salen del interior de la tierra, después de una fisura de la corteza *(chimenea)* y salen por una abertura de forma generalmente circular *(cráter)*. **2.** *Fig.* Pasión ardiente o agitada. **3.** *Colomb.* Precipicio. **4.** *Fig. P. Rico.* Conjunto desordenado de cosas puestas unas sobre otras.

VOLCÁNICA *(cordillera)*, sistema montañoso de Costa Rica, que se extiende desde la frontera con Nicaragua, al N, hasta el centro del país. Abarca las cordilleras de Guanacaste y Central; 3432 m de alt. en el volcán Irazú.

VOLCÁNICO, A adj. Relativo a los volcanes. **2.** *Fig.* Ardiente, apasionado. • **Rocas volcánicas** (GEOL.), rocas eruptivas que se forman en la superficie por enfriamiento brusco del magma de un volcán al contacto con el aire o el agua.

VOLCANISMO n. m. Vulcanismo.

VOLCAR v. tr. y pron. [1f]. Tumbar o inclinar un recipiente u otra cosa de manera que pierda su posición normal, se caiga o vierta su contenido. ♦ v. tr., intr. y pron. **2.** Tumbarse, inclinarse o dar vuelta un vehículo o carruaje. ♦ **volcarse** v. pron. **3.** *Fig.* y *fam.* Poner el máximo interés y esfuerzo en alguien o algo: *volcarse en el trabajo.* **4.** *Fig.* y *fam.* Ser muy amable con alguien.

VOLEA n. f. Voleo, golpe dado en el aire a algo. **2.** En el juego de pelota, acción de darle a ésta con el brazo levantado antes de que bote.

VOLEAR v. tr. [1]. Darle o golpear algo en el aire para impulsarlo.

VOLEIBOL n. m. Deporte que se disputa entre dos equipos de seis jugadores, lanzándose un balón, que se golpea con la mano, por encima de una red. SIN.: *balonvolea.*

VOLEO n. m. Golpe dado en el aire a algo antes de que caiga al suelo. • **A,** o **al, voleo**, dícese de la manera de sembrar, esparciendo la semilla en el aire a puñados; *(fam.)*, arbitrariamente.

VOLFRAMIO o **WOLFRAMIO** n. m. (alem. *Wolfram*). QUÍM. Metal de símbolo químico W o T, número atómico 74, masa atómica 183,85 y densidad 19,2, que funde a 3 410 °C, tiene un color gris casi negro y se utiliza para fabricar los filamentos de las lámparas incandescentes. SIN.: *tungsteno.*

VOLGA, r. de Rusia, el más largo de Europa; 3690 km (cuenca de 1 360 000 km²). Nace en la meseta del Valdái y desemboca en el mar Caspio por un amplio delta. Es una importante arteria navegable que se comunica con el mar Blanco y el Báltico (canal Volga-Báltico), con el mar de Azov y el mar Negro (canal Volga-Don).

VOLICIÓN n. f. Acto de la voluntad que se manifiesta en la acción.

VOLITIVO, A adj. Relativo a la voluntad: *acto volitivo.*

VOLQUETE n. m. Vehículo cuya caja se puede hacer bascular o girar sobre el eje, para volcarla y vaciar su contenido.

VOLT n. m. En la nomenclatura internacional, voltio.

VOLTA (Alessandro, *conde*), físico italiano (Como 1745-*id.* 1827), inventor del eudiómetro (1776) y de la pila eléctrica (1800).

VOLTAICO, A adj. ELECTR. Dícese de la pila eléctrica de Volta. ♦ ELECTR. Dícese de la electricidad producida por las pilas.

VOLTAIRE (François Marie Arouet, llamado), escritor francés (París 1694-*id.* 1778). Exiliado en Gran Bretaña, elogió su sistema político en *Cartas filosóficas sobre Inglaterra* (1734). Admirador de los clásicos del s.

VOL

XVII, escribió la epopeya *Henriade* (1728) y la tragedia *Zaïre* (1732). Expresó sus ideas liberales, racionalistas y anticlericales a través de poemas, cuentos y novelas cortas (*Zadig*, 1747; *Cándido*, 1759), ensayos históricos y su *Diccionario filosófico* (1764).

VOLTAJE n. m. Tensión eléctrica.

VOLTÁMETRO n. m. ELECTR. Aparato en el que se produce una electrólisis.

VOLTAMPERIO n. m. Nombre especial del vatio utilizado para medir la potencia aparente de corriente eléctrica alterna. (Símbolo VA.)

VOLTARIO, A adj. Chile. Dadivoso, gastador. **2.** Chile. Obstinado, caprichoso.

VOLTEADA n. f. **Caer en la volteada** (*Argent. Fam.*), verse alguien casualmente comprometido en una situación desagradable y ajena.

VOLTEADO n. m. *Méx. Fam.* Homosexual.

VOLTEAR v. tr. y pron. [1]. Dar vueltas a algo hasta ponerlo al revés de como estaba colocado. **2.** Hacer dar vueltas a las campanas para que suenen. **3.** Hacer dar vueltas en el aire a alguien. **4.** *Amer.* Derribar con violencia. **5.** *Amer.* Volver, cambiar la dirección o posición de algo. ◆ v. intr. Dar vueltas cayendo o rodando, o dar volteretas.

VOLTEO n. m. Acción y efecto de voltear.

VOLTERETA n. f. Vuelta dada en el aire.

VOLTERIANISMO n. m. Filosofía de Voltaire. **2.** Incredulidad y hostilidad a la influencia de la Iglesia.

VOLTÍMETRO n. m. ELECTR. Aparato que sirve para medir una diferencia de potencial en voltios.

VOLTIO n. m. (de A. Volta, físico italiano). ELECTR. Unidad de medida de fuerza electromotriz y de diferencia de potencial o tensión (símbolo V), equivalente a la diferencia de potencial existente entre dos puntos de un hilo conductor, recorrido por una corriente constante de 1 amperio, cuando la potencia perdida entre estos puntos es igual a 1 vatio. ● **Voltio por metro**, unidad de medida de intensidad de campo eléctrico (símbolo V/m) equivalente a la intensidad de un campo eléctrico que ejerce una fuerza de 1 newton sobre un cuerpo cargado de una cantidad de electricidad de 1 culombio.

VOLUBILIDAD n. f. Calidad de voluble.

VOLUBLE adj. (lat. *volubilem*). Inconstante, ligero, que cambia frecuentemente de actitud.

VOLUMEN n. m. (lat. *voluminem*). Libro, cada una de las partes separadas de una misma obra. **2.** Grosor de un objeto. **3.** Este mismo objeto en cuanto ocupa una porción de espacio. **4.** Medida del espacio en tres dimensiones ocupado por un cuerpo. **5.** Fuerza, intensidad de los sonidos o de la voz. **6.** *Fig.* Magnitud o importancia de un hecho, de un negocio o empresa.

VOLUMETRÍA n. f. Medida de volúmenes.

VOLÚMICO, A adj. Dícese del cociente de una magnitud y del volumen correspondiente.

VOLUMINOSO, A adj. Grande, de mucho tamaño.

VOLUNTAD n. f. (lat. *voluntatem*). Facultad, capacidad de determinarse a hacer o no hacer algo. **2.** Energía, firmeza con la que se ejerce esta facultad: *tener voluntad*. **3.** Deseo: *respetar la voluntad de alguien*. **4.** Consentimiento: *contar con la voluntad de los padres*. **5.** Mandato de una persona. ● **A voluntad**, según el libre albedrío, a su placer; en la cantidad que se quiera. ‖ **Ganar**, o **ganarse, la voluntad de** alguien, lograr su afecto o convencerle de lo que se desea, influirle en la manera de pensar. ‖ **Última voluntad**, disposición testamentaria o la expresada en el momento de la muerte.

VOLUNTARIADO n. m. Servicio militar que se cumple mediante compromiso voluntario.

VOLUNTARIO, A adj. Que nace de la propia voluntad: *acto voluntario*. **2.** Hecho por propia voluntad y no por obligación o deber: *ofrecimiento voluntario*. ◆ n. **3.** Persona que se presta a hacer o realizar algo por su propia voluntad. ◆ n. m. **4.** Soldado que ingresa en filas por propia voluntad.

VOLUNTARIOSO, A adj. Que pone o tiene voluntad, resolución o constancia. **2.** Obstinado, que quiere hacer siempre su propia voluntad.

VOLUNTARISMO n. m. Actitud del que cree poder modificar el futuro por la sola voluntad.

VOLUPTUOSIDAD n. f. Placer de los sentidos, placer sexual. **2.** Placer, satisfacción intensa de orden moral o intelectual.

VOLUPTUOSO, A adj. y n. Inclinado a la voluptuosidad. ◆ adj. **2.** Que inspira o expresa placer.

VOLUTA n. f. (lat. *volutam*). Lo que tiene forma de espiral. **2.** ARQ. Adorno en figura de espiral de los dos ángulos de los capiteles jónicos y compuestos.

VOLVER v. tr. (lat. *volvere*) [2n]. Invertir la posición de algo, dándole la vuelta, o cambiarlo de posición haciéndolo girar en cualquier sentido o en una dirección determinada: *volver la cabeza*. **2.** Hacer girar una puerta, ventana, etc., para cerrarla o entornarla. **3.** Pasar las hojas de un libro de un lado a otro. **4.** Poner una prenda de modo que quede por fuera la parte interior o revés. **5.** Devolver. ● **Volver atrás**, retroceder. ‖ **Volver en sí**, recobrar el conocimiento después de un desmayo. ◆ v. tr. y pron. **6.** Cambiar o hacer que alguien o algo cambie su estado en otro o deje de ser como era y sea de la manera que se expresa: *el perro se ha vuelto rabioso*. **7.** Hacer que alguien cambie de opinión o de parecer. ◆ v. intr. **8.** Torcer, dejar el camino o línea recta, dirigiéndose en otro sentido. **9.** Reanudar o continuar el relato o discurso que se había interrumpido. ◆ v. intr. y pron. **10.** Regresar, retornar, ir de nuevo a un lugar en el que se ha estado o de donde uno se ha marchado. **11.** Con la prep. *a* y un verbo en infinitivo, hacer otra vez lo que este verbo expresa: *volver a guisarocarse*. ◆ **volverse** v. pron. **12.** Girar la cabeza o la mirada.

VÓMER n. m. (lat. *vomer*, reja de arado). ANAT. Hueso que forma la parte superior del tabique de las fosas nasales.

VÓMICO, A adj. Que causa o provoca vómito. ● **Nuez vómica**, semilla de un árbol de Asia tropical que contiene estricnina.

VOMITAR v. tr. (lat. *vomitare*) [1]. Arrojar por la boca lo contenido en el estómago. **2.** *Fig.* Arrojar o lanzar violentamente de sí: *el volcán vomita lava*. **3.** *Fig.* Proferir maldiciones, insultos, etc.: *vomitar injurias*. **4.** *Fig.* y *fam.* Declarar o revelar lo que se mantenía en secreto y se resistía a descubrir.

VOMITIVO, A adj. y n. m. Dícese de la sustancia que provoca el vómito.

VÓMITO n. m. Acción y efecto de vomitar. **2.** Cosa vomitada.

VORACIDAD n. f. Calidad de voraz.

VORÁGINE n. f. (lat. *voraginem*). Remolino muy fuerte e impetuoso que forman las aguas del mar, de un río, etc. **2.** *Fig.* Pasión desenfrenada.

VORAZ adj. (lat. *voracem*). Que come mucho y con avidez. **2.** Dícese del hambre muy intensa y de la manera ávida de comer. **3.** *Fig.* Que destruye o consume rápidamente: *incendio voraz*.

VÓRTICE n. m. Torbellino hueco que puede originarse en un fluido en movimiento. **2.** Centro de un ciclón.

VOS pron. pers. de 2.ª pers. m. y f. sing. Tratamiento de respeto usado en vez de usted. **2.** Tú.

VOSEAR v. tr. [1]. Dar a una persona tratamiento de vos.

VOSEO n. m. Uso del pronombre *vos* en lugar de *tú*.

■ El voseo es un fenómeno característico del español de Argentina, Paraguay, Uruguay y la mayor parte de América Central. Se manifiesta también, aunque con menor firmeza o sólo en parte del país, en Colombia, Venezuela, Ecuador, Bolivia, Chile y zonas adyacentes a su frontera septentrional. El uso de *vos* va acompañado con frecuencia (aunque con distribución geográfica irregular) de formas verbales peculiares, como los presentes de indicativo en plural y sin diptongo (*vos cantás* o *tenés*, por *cantáis* o *tenéis*).

VOSOTROS, AS pron. pers. de 2.ª pers. del plural. Funciona como sujeto o como complemento cuando va precedido de preposición.

VOTACIÓN n. f. Acción y efecto de votar. **2.** Sistema de emisión de votos: *votación secreta*.

VOTANTE adj. y n. m. y f. Que vota. **2.** Que tiene el derecho de votar.

VOTAR v. intr. y tr. (lat. *votare*) [1]. Dar su voto o decir su dictamen en una elección o deliberación.

VOTIVO, A adj. Ofrecido por voto o relativo a él: *lámparas votivas*. ● **Misa votiva**, misa que se celebra por alguna causa particular.

VOTO n. m. (lat. *votum*). Promesa de carácter religioso, que envuelve un sacrificio, hecha a Dios, a los dioses, a la Virgen o a un santo. **2.** Cada una de las promesas de renunciamiento que se hacen al adoptar el estado religioso, y que son: pobreza, castidad y obediencia. **3.** Opinión o parecer de cada una de las personas llamadas a hacerlo en orden a una elección o a la decisión de algo sobre un asunto o materia. **4.** Persona que vota o tiene derecho a votar. **5.** Derecho a votar: *no tener ni voz ni voto*. **6.** Juramento, blasfemia o expresión irreverente. **7.** Deseo de aquello que se expresa: *desear votos de felicidad*. **8.** Acción y efecto por el que una persona ejerce su derecho de sufragio. **9.** Papeleta, bola, etc., con que se practica dicho derecho. ● **Voto de censura**, acuerdo que toma una junta para censurar o desautorizar la opinión o actuación de uno de sus miembros. ‖ **Voto de confianza**, voto que emiten las cámaras o asambleas en aprobación de la actuación del gobierno o prestándole su apoyo en el futuro. ‖ **Voto directo**, voto en que el elector designa a una persona determinada para ejercer el cargo a cubrir. ‖ **Voto indirecto**, aquel en el que el elector designa a un delegado, quien a su vez designa a la persona que debe ocupar el puesto a cubrir. ‖ **Voto particular**, dictamen que uno o varios individuos de una corporación presentan contra la opinión o decisión de la mayoría.

VOYEUR adj. y n. m. y f. Dícese de la persona afecta de voyeurismo.

VOYEURISMO n. m. (fr. *voyeurisme*). SIQUIATR. Desviación sexual en la que el placer se obtiene por la contemplación de escenas eróticas.

¡VÓYTELAS! interj. *Méx. Fam.* Exclamación de sorpresa.

VOZ n. f. (lat. *vocem*). Sonido emitido por el ser humano al hablar, cantar, etc. **2.** Calidad, timbre o intensidad de este sonido. **3.** Sonido emitido por un animal. **4.** Sonido producido por algo: *la voz del viento*. **5.** *Fig.* Cualquier manera de expresarse una colectividad o algo que no le hable: *la voz de la conciencia*. **6.** Grito que se da en señal de enfado, o para pedir algo: *dar voces de auxilio*. **7.** *Fig.* Acción de expresar alguien su opinión en una asamblea o reunión, aunque no tenga voto en ella o derecho a hacerlo. **8.** Palabra, vocablo: *voces españolas de origen árabe*. **9.** *Fig.* Rumor, noticia vaga, indeterminada y genérica: *corre la voz de que está arruinado*. **10.** LING. Forma que toma el verbo según que la acción sea realizada o sufrida por el sujeto: *voz activa; voz pasiva*. ● **A me-**

día voz, con voz baja o más baja de lo regular. ‖ **A voces,** dando gritos o en voz alta. ‖ **A voz en grito,** dando gritos. ‖ **De viva voz,** hablando, en oposición a escribiendo; oyendo, en vez de leyendo.

VOZARRÓN n. m. Voz muy potente y gruesa.

VUDÚ n. m. Culto muy difundido entre los negros de las Antillas y de los estados del S de E.U.A. **2.** Divinidad venerada en dicho culto.

VUECENCIA, contracción de *vuestra excelencia.*

VUELA PLUMA. A vuela pluma, o **a vuelapluma,** manera de escribir sin pensar mucho y con rapidez.

VUELCO n. m. Acción y efecto de volcar. **2.** *Fig.* y *fam.* Alteración total, ruina, trastorno.

VUELO n. m. Acción de volar. **2.** Desplazamiento activo en el aire de diversos animales por medio de alas. **3.** Espacio que de una vez se recorre volando. **4.** Amplitud de un vestido, desde la parte que no se ajusta al cuerpo, o de cualquier tejido fruncido. **5.** Desplazamiento en el aire de una aeronave o en el espacio de un ingenio espacial. **6.** Parte de una fábrica que sale fuera del paramento de la pared que la sostiene. • **Al,** o **a, vuelo,** dícese del modo de cazar o coger las aves o cualquier animal con alas mientras vuelan; entender algo o percatarse de ello por una indicación o señal. ‖ **De altos vuelos,** de mucha importancia o magnitud. ‖ **Vuelo a vela,** vuelo sin motor en el que el planeador se desplaza aprovechando las corrientes aéreas. ‖ **Vuelo libre,** deporte de vuelo sin motor en que se utiliza un planeador triangular metálico recubierto de tela. ‖ **Vuelo planeado,** vuelo sin motor, o con todos los motores parados, y que consiste en descender imprimiendo al aparato suficiente velocidad de sustentación.

VUELTA n. f. Movimiento circular completo de un cuerpo alrededor de un punto o sobre sí mismo. **2.** Acción de recorrer la periferia de un terreno, plaza, etc. **3.** Paseo: *salir a dar una vuelta.* **4.** Acción de volver o regresar: *la vuelta a casa.* **5.** Acción de girar o hacer girar la llave de una cerradura para abrir o cerrar. **6.** Curvatura de una línea, camino, cauce, etc.: *las vueltas de una carretera.* **7.** Movimiento o figura circular que se da o se hace dar a algo que se enrolla o está enrollado alrededor de otra cosa. **8.** Cada una de las veces que se repite una acción en la que hay una sucesión o turno. **9.** Repaso que se da a una materia o texto: *dar una vuelta al inglés.* **10.** *Fig.* Trastorno o cambio repentino de un estado a otro: *su situación dio una gran vuelta.* **11.** Cambio total en la manera de pensar, de sentir, de actuar, etc.: *vuelta del carácter.* **12.** Dinero sobrante que se devuelve a quien al hacer un pago entrega una cantidad superior al importe de éste. **13.** Devolución de algo a quien lo tenía antes: *la vuelta de un préstamo.* **14.** En ciclismo y otros deportes, carrera en etapas en torno a una región, país, etc.: *vuelta ciclista a España.* **15.** Tela sobrepuesta en las solapas o en las mangas de ciertas prendas de vestir. • **A la vuelta,** al volver, al regreso. ‖ **A vuelta de correo,** por el correo inmediato, sin perder día. ‖ **Dar media vuelta** *(Fam.),* marcharse de un sitio. ‖ **Dar vueltas,** buscar algo en varios sitios sin encontrarlo; pensar o reflexionar mucho sobre algo. ‖ **Estar de vuelta** *(Fam.),* estar alguien enterado de antemano de algo de que se le cree ignorante; conocer bien la cosa de que se trata y tener experiencia sobre ella. ‖ **Vuelta al ruedo** (TAUROM.), acción de dar un torero la vuelta a la arena para recoger los aplausos del público en recompensa por una buena faena. ‖ **Vuelta de campana,** la que se da con el cuerpo en el aire, volviendo a caer de pie; vuelta completa en un objeto.

VUELTO, A adj. Colocado con la cara o el frente en la dirección que se expresa: *vuelto hacia la pared.* **2.** Con la cara hacia un lado. **3.** Cambiado, en posición contraria a la normal: *llevar un guante vuelto.* **4.** Invertido: *poner los vasos vueltos sobre la mesa.* ♦ n. m. **5.** *Amér.* Cambio, vuelta, dinero sobrante de un pago.

VUESTRO, A adj. y pron. poses. de 2.ª pers. Expresa la posesión o pertenencia atribuida a dos o más personas, incluida la que escucha: *vuestros padres; estos libros son vuestros.* • **Los vuestros,** los parientes o los del mismo partido o grupo. ♦ adj. f. **2.** Tratamiento especial de segunda persona: *vuestra majestad.*

VUL

VULCANIANO, A adj. (de *Vulcano,* volcán de las islas Eolias). GEOL. Dícese de un tipo de erupción volcánica caracterizado por el gran predominio de explosiones sobre las emisiones de lava.

VULCANISMO o **VOLCANISMO** n. m. Conjunto de manifestaciones volcánicas.

VULCANIZACIÓN n. f. Operación que consiste en mejorar el caucho, tratándolo con azufre.

VULCANIZADORA n. f *Méx.* Establecimiento donde se reparar llantas de coche.

VULCANIZAR v. tr. [1g]. Someter a vulcanización.

VULCANO, dios romano del fuego y de la metalurgia, asimilado al griego *Hefesto.*

VULCANOLOGÍA o **VOLCANOLOGÍA** n. f. Estudio de los volcanes y de los fenómenos volcánicos.

VULGAR adj. Perteneciente al vulgo. **2.** Común o general, por contraposición a científico o técnico: *el nombre vulgar de una planta.* **3.** Ordinario, que carece de distinción o novedad: *modales vulgares.* • **Latín vulgar,** latín hablado en el Imperio romano en la época de su decadencia y que dio origen a las diversas lenguas románicas.

VULGARIDAD n. f. Calidad de vulgar, falto de finura. **2.** Hecho, expresión, cosa, etc. que carece de distinción o refinamiento. **3.** Aquello que carece de novedad e importancia por ser ya sabido y conocido por la mayoría de la gente.

VULGARISMO n. m. Palabra o expresión propia de la lengua popular.

VULGARIZAR v. tr. y pron. [1g]. Hacer vulgar o común algo: *vulgarizar una costumbre.* ♦ v. tr. **2.** Hacer asequible al vulgo una ciencia o una técnica.

VULGO n. m. (lat. *vulgum*). Estrato inferior de la población considerado como menos culto y más ordinario o tosco.

VULNERABLE adj. Que puede recibir un daño o perjuicio física o moralmente.

VULNERAR v. tr. (lat. *vulnerare*) [1]. Causar daño o perjuicio a alguien física o moralmente. **2.** *Fig.* Quebrantar una ley, precepto, disposición, etc.

VULPEJA o **VULPÉCULA** n. f. Zorra.

VULVA n. f. (lat. *vulvam*). Conjunto de las partes genitales externas de la mujer y de las hembras de los animales superiores.

Www

W n. f. Vigésima cuarta letra del alfabeto español y decimonona de sus consonantes. (Su nombre es uve doble. Suele usarse en nombres propios extranjeros y sus derivados.) **2.** Símbolo internacional de *oeste*. **3.** Símbolo del *vatio* o *wat*. **4.** Símbolo químico del *wolframio*.

WAGNER (Richard), compositor alemán (Leipzig 1813-Venecia 1883). Contó con la ayuda de F. Liszt y de Luis II de Baviera para llevar a cabo su obra: *El holandés errante* (1841), *Tannhäuser* (1845), *Lohengrin* (1850), *El anillo del nibelungo*, llamado *Tetralogía* (1852-1876), *Tristán e Isolda* (1865), *Los maestros cantores de Nuremberg* (1868) y *Parsifal* (1876-1882). Se distanció de la ópera italiana, renunció a las florituras vocales y al virtuosismo e intensificó la participación orquestal. Partidario de un teatro mítico (tomó sus libretos de las leyendas germánicas), incluso místico y simbólico, consiguió una íntima unión entre texto y música, una afortunada armonía entre la voz y los instrumentos y una profunda unidad temática.

WAGNER-JAUREGG (Julius), siquiatra austríaco (Wels, Alta Austria, 1857-Viena 1940), premio Nobel de fisiología y medicina en 1927 por sus investigaciones sobre la malarioterapia: tratamiento de la parálisis general progresiva por inoculación del paludismo.

WAHRĀN → Orán.

WAICA, GUAICA, SHIRIANA o **YANOMANO**, grupo amerindio de Venezuela (S y frontera con Brasil).

WAJDA (Andrzej), director de cine polaco (Suwalki 1926). Su obra, dominada por el tema nacional, amalgama una gran lucidez crítica y una forma barroca y romántica: *Cenizas y diamantes* (1958); *El bosque de los abedules* (1970); *Crónica* (1986); *Los endemoniados* (1988); *Korczak* (1990).

WAKSMAN (Selman Abraham), microbiólogo norteamericano (Priluki, cerca de Kiev, 1888-Hyannis, Massachusetts, 1973), premio Nobel de fisiología y medicina en 1952 por su descubrimiento, junto con Albert Schatz, de la estreptomicina.

WALCOTT (Derek), poeta y dramaturgo antillano (Castries, Santa Lucía, 1930). La riqueza verbal y de imágenes, la rigurosa realización de sus poemas y su vasto poema *Omeros* (1991) le confirman como el representante actual del Caribe anglófono. (Premio Nobel de literatura 1992.)

WALES, nombre inglés del País de Gales.

WALESA (Lech), político polaco (Popowo 1943). Líder del sindicato Solidarność (que presidió de 1981 a 1990), fue presidente de la república (1990-1995). [Premio Nobel de la paz 1983.]

WALKER (William), aventurero norteamericano (Nashville, Tennessee, 1824-Tegucigalpa 1860). Organizó un ejército mercenario que invadió la Baja California (oct. 1853), pero fue derrotado por los mexicanos (1854). Se proclamó presidente de Nicaragua (1856), donde implantó la esclavitud, pero una coalición de los países centroamericanos le obligó a huir (1857).

WALKIE-TALKIE n. m. (voz ingl., de *walk*, paseo, y *talk*, conversación). Aparato emisor-receptor portátil, para comunicaciones a corta distancia.

WALKMAN n. m. (marca registrada). Casco con audífonos unido a un lector de cassettes o a un receptor de radio portátiles, que permite oír música y desplazarse al mismo tiempo.

WALLACE (Alfred Russell), naturalista británico (Usk, Monmouthshire, 1823-Broadstone, Dorsetshire, 1913), fundador de la geografía zoológica y de la doctrina de la selección natural, que enunció al mismo tiempo que Darwin.

WALSH (Rodolfo), escritor argentino (Choele-Choel 1927-desaparecido en 1977). Periodista de temas sociopolíticos, es autor de cuentos policíacos de tendencia realista (*Un kilo de oro*, 1967) y de obras de teatro.

WALTARI (Mika), escritor finlandés (Helsinki 1908-*id*. 1979), célebre por sus novelas históricas (*Sinuhé el egipcio*, 1945).

WARAYOC o **VARAYOC** n. m. (voz quechua). En ciertas comunidades quechuas andinas, autoridad de origen inca, que tiene a su cargo la administración de justicia de las comunidades locales.

WARBURG (Otto), fisiólogo alemán (Friburgo de Brisgovia 1883-Berlín 1970). Investigó los enzimas de las oxidaciones celulares, especialmente en las cadenas respiratorias. (Premio Nobel de fisiología y medicina 1931.)

WARHOL (Andy), pintor y director de cine norteamericano (Pittsburgh 1929-Nueva York 1987). Como artista plástico, representante del pop-art, procedió por multiplicación de una misma imagen con base fotográfica (lata de sopa, retrato de Marilyn Monroe, etc.). Fue uno de los líderes de la contracultura.

WARSZAWA → Varsovia.

WASHINGTON, c. y cap. federal de Estados Unidos, en el distrito federal de Columbia, a orillas del Potomac; 606 900 hab. (3 923 574 hab. en la aglomeración). Ciudad administrativa, edificada de 1800 a 1871, y residencia del presidente de E.U.A. desde 1800 (Casa blanca). Museos de arte.

WASHINGTON (George), político norteamericano (condado de Westmoreland, Virginia, 1732-Mount Vernon 1799). Comandante en jefe (1775), ayudado por Francia, derrotó a los británicos y se convirtió en el héroe de la independencia norteamericana (1781). Primer presidente de la Unión (1789), reelegido en 1792, se mostró partidario de un federalismo fuerte.

WASMOSY (Juan Carlos), político y hombre de negocios paraguayo (Asunción 1938). Miembro del Partido colorado, accedió a la presidencia de la república en 1993.

WAST (Gustavo **Martínez Zuviría**, llamado Hugo), escritor argentino (Córdoba 1883-Buenos Aires 1962), autor de obras costumbristas e históricas de exótico sabor criollo (*Valle negro*, 1918; *Oro*, 1935).

WAT o **WATT** n. m. Nombre del *vatio* en la nomenclatura internacional.

WATER, WATER-CLOSET o **W.C.** n. m. (voz inglesa) [pl. *waters* o *wáteres*]. Retrete, excusado.

WATER-POLO n. m. (voz inglesa). Deporte acuático que se practica entre dos equipos de siete jugadores y que consiste en introducir un balón en la portería contraria. SIN.: *polo acuático*.

WATSON (James Dewey), biólogo norteamericano (Chicago 1928). Premio Nobel de fisiología y medicina junto con Crick y Wilkins por sus trabajos sobre la estructura del A.D.N.

WATSON (John Broadus), sicólogo norteamericano (Greenville, Carolina del Sur, 1878-Nueva York 1958), fundador de la sicología del comportamiento, *conductivismo* o *behaviorismo* (*Conducta*, 1914).

WATT (James), ingeniero británico (Greenock, Escocia, 1736-Heathfield, cerca de Birmingham, 1819). Aportó múltiples mejoras a la máquina de vapor, como el condensador (1769), la acción alternativa del vapor en las dos caras del pistón (1780), el volante, el regulador de bolas, etc.

Wb, símbolo del *weber*.

WEB (abreviatura de *world wide web*), sistema lógico de acceso y búsqueda de la información disponible en Internet, cuyas unidades informativas son las *páginas web*, documentos interconectados creados por un usuario de Internet y accesible a todos los demás.

WEBER n. m. (de W. E. *Weber*, físico alemán). METROL. Unidad de medida de flujo de inducción magnética (símbolo Wb), equivalente al flujo de inducción magnética que, al atravesar un circuito de una sola espira, produce una fuerza electromotriz de 1 voltio, si se reduce a cero en 1 segundo por disminución uniforme.

WEBER (Max), economista y sociólogo alemán (Erfurt 1864-Munich 1920), promotor de una sociología «comprensiva», que utilizaba «tipos ideales» (*Economía y sociedad*, 1922).

WEEK-END n. m. (voz inglesa). Fin de semana.

WEGENER (Alfred), geofísico y meteorólogo alemán (Berlín 1880-en Groenlandia 1930), teórico de la deriva de los continentes.

WEILL (Kurt), compositor alemán (Dessau 1900-Nueva York 1950), nacionalizado norteamericano, autor de la música de algunas obras de B. Brecht (*La ópera de cuatro cuartos*, 1928).

WEIMAR, c. de Alemania (Turingia); 61 583 hab. Centro universitario, turístico e industrial.

WEINBERG (Steven), físico norteamericano (Nueva York 1933), autor de una teoría unificada de las interacciones débiles y electromagnéticas. (Premio Nobel de física 1979.)

WEIZMANN (Chaim [Hayyim]), político israelí (Motil, Bielorrusia, 1874-Rehovot 1952), primer presidente del Estado de Israel (1949-1952).

WELLES (Orson), director de cine y actor norteamericano (Kenosha, Wisconsin, 1915-Los Ángeles 1985). Debutó en el teatro y en la radio antes de revolucionar la realización cinematográfica con *Ciudadano Kane* (1941). Genio múltiple y singular, también dirigió *El cuarto mandamiento* (1942), *El proceso* (1962), *Fraude* (1975), etc.

WELLINGTON, c., cap. y puerto de Nueva Zelanda, en la isla del Norte, en el estrecho de Cook; 343 000 hab. Centro industrial.

WELLS (Herbert George, conocido por **H. G.**), escritor británico (Bromley 1866-Londres 1946), autor de novelas satíricas y de relatos de ciencia ficción (*El hombre invisible*, 1897; *La guerra de los mundos*, 1898; *La mente al borde del abismo*, 1945).

WELTER n. m. **Peso welter**, categoría de boxeadores que pesan de 67 kg hasta menos de 71 kg para los amateurs y de 66,678 kg hasta menos de 69,853 kg para los profesionales.

WENDERS (Wim), director de cine alemán (Düsseldorf 1945). Su temática es la de la sociedad, la marginalidad y la vida errante: *Alicia en las ciudades* (1973), *Paris, Texas* (1984), *Hasta el fin del mundo* (1991), *Tan lejos, tan cerca* (1993) y *Lisboa story* (1996).

WESTERN n. m. (voz ingl., *del oeste*) [pl. *westerns*]. Película cinematográfica de acción, que narra las aventuras de los colonizadores y cow-boys en el Oeste americano del s. XIX. **2.** Este género cinematográfico.

WESTPHALEN (Emilio Adolfo), poeta peruano (Lima 1911). Junto a César Moro, es el máximo exponente de la poesía surrealista peruana (*Las ínsulas extrañas*, 1933).

Wh, símbolo del *vatio-hora*.

WHARTON (Edith **Newbold Jones**, Mrs.), novelista norteamericana (Nueva York 1862-Saint-Brice, Seine-et-Marne, 1937), cuyas novelas describen las costumbres de la alta sociedad de su país (*La edad de la inocencia*, 1920).

WHIPPLE (George Hoyt), médico norteamericano (Ashland, New Hampshire, 1878-Rochester 1976), autor de trabajos sobre las anemias y su tratamiento. (Premio Nobel de fisiología y medicina 1934.)

WHISKY O **WHISKEY** n. m. (voz escocesa) [pl. *whiskies* o *whiskis*]. Aguardiente de cereales que se fabrica especialmente en Escocia y en E.U.A.

WHITE (Patrick), escritor australiano (Londres 1912-Sydney 1990), autor de novelas y de dramas sociales y políticos (*Las esferas del Mandala*, 1966; *Netherwood*, 1983). [Premio Nobel de literatura 1973.]

WHITMAN (Walt), poeta norteamericano (West Hills 1819-Camden 1892). Autor de *Hojas de hierba* (1855-1892), donde exalta, en los términos más directos de la lengua popular, la sensualidad y la libertad.

WIEN (Wilhelm), físico alemán (Gaffken 1864-Munich 1928). Formuló la ley relativa al máximo de emisión del cuerpo negro a una temperatura determinada. (Premio Nobel de física 1911.)

WIENE (Robert), director de cine alemán de origen checo (en Sajonia 1881-París 1938), autor de *El gabinete del doctor Caligari* (1919), película manifiesto de la corriente expresionista.

WIENER (Norbert), científico norteamericano (Columbia, Missouri, 1894-Estocolmo 1964), fundador de la cibernética.

WIESBADEN, c. de Alemania, cap. de Hesse, ant. cap. del ducado de Nassau, junto al Rin, al pie del Taunus; 256 885 hab. Estación termal. Ciudad de congresos, centro administrativo e industrial.

WIESEL (Élie), escritor norteamericano en lengua francesa (Sighet, Rumania, 1928). Superviviente de los campos de Auschwitz y de Buchenwald, ha hecho de su obra un monumento conmemorativo del holocausto judío (*El mendigo de Jerusalén*, 1968, y *Todos los torrentes van al mar*, autobiografía, 1995). [Premio Nobel de la paz 1986.]

WILDE (Eduardo), escritor y político argentino (Tupiza, Bolivia, 1844-Bruselas 1913). Junto a obras científicas y políticas, escribió una novela autobiográfica (*Aguas abajo*, 1914) y novelas de tono satírico (*Prometeo y Cía.*, 1899).

WILDE (Oscar **Fingal O'Flahertie Wills**, llamado **Oscar**), escritor irlandés (Dublín 1854-París 1900). Partidario del *esteticismo*, célebre tanto por su personalidad como por su obra: cuentos (*El crimen de lord Arthur Saville*), teatro (*El abanico de la-dy Windermere*, 1892; *La importancia de llamarse Ernesto*, 1895), novela (*El retrato de Dorian Gray*, 1891), fue condenado a dos años de prisión por ultraje a la moral y homosexualidad (*Balada de la cárcel de Reading*, 1898).

WILDER (Samuel, llamado **Billy**), director de cine norteamericano de origen austriaco (Viena 1906- Beverly Hills, 2002). Heredero de Lubitsch destacó en películas dramáticas (*Perdición*, 1944) y *El crepúsculo de los dioses*, 1950) y en la comedia (*Con faldas y a lo loco*, 1959).

WILDER (Thornton Niven), escritor norteamericano (Madison, Wisconsin, 1897-Hamden, Connecticut, 1975), autor de novelas y de obras de teatro (*Nuestra ciudad*, 1938) que analizan la naturaleza y el destino de los valores espirituales.

WILKINS (Maurice Hugh Frederick), biofísico británico (Pongaroa, Nueva Zelanda, 1916-Londres 2004). Descubrió junto con Crick y Watson la estructura del A.D.N. (Premio Nobel de fisiología y medicina 1962.)

WILLEMSTAD, c. y cap. de las Antillas Neerlandesas, en la costa SO de la isla de Curaçao; 50 000 hab. Refinería de petróleo.

WILLIAMS (Alberto), compositor, pianista y director de orquesta argentino (Buenos Aires 1862-*id.* 1952). De su vastísima producción destacan las piezas inspiradas en la música popular (como las *Milongas*). Fue el fundador del conservatorio de Buenos Aires y maestro e iniciador de la corriente nacionalista de la música argentina.

WILLIAMS (Thomas Lanier, llamado **Tennessee**), escritor norteamericano (Columbus 1914-Nueva York 1983), poeta, novelista y autor de obras dramáticas de inspiración pesimista y de un cinismo cruel (*El zoo de cristal*, 1944; *Un tranvía llamado Deseo*, 1947; *La rosa tatuada*, 1950; *La gata sobre el tejado de zinc*, 1955; *Dulce pájaro de juventud*, 1959).

WILLIMAN (Claudio), político uruguayo (Montevideo 1863-*id.* 1934). Miembro del Partido colorado, fue presidente de la república (1907-1911).

WILSON (Charles Thomson Rees), físico británico (Glencorse, Escocia, 1869-Carlops, Borders, 1959). En 1912 inventó la cámara de condensación para la detección de las partículas cargadas. (Premio Nobel de física 1927.)

WINDHOEK, c. y cap. de Namibia, en el centro del país; 96 000 hab.

WINDSURF O **WINDSURFING** n. m. (voz inglesa). Modalidad de surf en la que la plancha es propulsada por el viento mediante una vela que maneja el deportista.

WINNIPEG, c. de Canadá, cap. de Manitoba, en el extremo E de las Praderas; 610 773 hab. Nudo ferroviario y centro industrial y comercial.

WITTGENSTEIN (Ludwig), filósofo austríaco (Viena 1889-Cambridge 1951), nacionalizado británico. Su primera teoría plantea que existe una relación biunívoca entre las palabras y las cosas, y que las proposiciones que encadenan las palabras constituyen «imágenes» de la realidad (*Tractatus logico-philosophicus*, 1921). Esta teoría fue abandonada por el propio Wittgenstein en beneficio de una concepción más restringida y concreta (*Investigaciones filosóficas*, escrito en 1936-1949 y publicado en 1953).

WOLF (Hugo), compositor austríaco (Windischgrätz [act. Slovenj Gradec] Eslovenia, 1860-Viena 1903), uno de los maestros del lied (*Italienisches Liederbuch*; *Spanisches Liederbuch*).

WOLFE (Thomas Clayton), escritor norteamericano (Asheville 1900-Baltimore 1938). Autor de obras teatrales, intentó describir el conjunto de la vida norteamericana en cuatro novelas líricas, que constituyen una de las más vastas autobiografías de la literatura de E.U.A.

WOLFRAMIO n. m. Volframio.

WOOLF (Virginia), novelista británica (Londres 1882-Lewes 1941). En sus novelas, prácticamente desprovistas de intriga, intenta hacer sensible la vida cambiante e inasible de la conciencia (*La señora Dalloway*, 1925; *Las olas*, 1931).

WORDSWORTH (William), poeta británico (Cockermouth 1770-Rydal Mount 1850). Autor, junto con su amigo Coleridge, de *Baladas líricas* (1798), verdadero manifiesto del romanticismo. Rechazó la fraseología de los poetas del s. XVIII en beneficio de lo pintoresco de la lengua cotidiana (*La excursión*, *Peter Bell*).

WRIGHT (Frank Lloyd), arquitecto norteamericano (Richland Center, Wisconsin, 1867-Taliesin West, cerca de Phoenix, Arizona, 1959. De gran fuerza imaginativa tanto en grandes edificios (museo Guggenheim, Nueva York, 1943) como en casas particulares, ejerció una gran influencia en la arquitectura moderna.

WRIGHT (hermanos), precursores de la aviación norteamericanos: **Wilbur** (Millville, Indiana, 1867-Dayton, Ohio, 1912) y **Orville** (Dayton 1871-*id.* 1948). En 1903 Orville realizó, a bordo de un avión de dos hélices, en Kitty Hawk (Carolina del Sur), el primer vuelo propulsado y sostenido de un aparato más pesado que el aire. En 1904, Wilbur efectuó el primer viraje en vuelo, y más tarde el primer vuelo en circuito cerrado.

WURZBURGO, en alem. **Würzburg**, c. de Alemania (Baviera), a orillas del Main; 125 953 hab. Centro comercial, universitario e industrial. Iglesias de los ss. XII-XIV. Magnífica residencia de los príncipes-obispos, construida a partir de 1719 por J. B. Neumann (frescos de Tiepolo). Museo.

Xxx

X n. f. Vigésima quinta letra del alfabeto español y vigésima de las consonantes, que corresponde a [ks] o a [gs]. **2.** Cifra romana que equivale a diez. **3.** En álgebra, representa la incógnita o una de las incógnitas. **4.** Sirve para designar a una persona o una cosa que no se quiere o no se puede mencionar expresamente: *señor X*. **5.** Cromosoma sexual (gonosoma), que se presenta en número de un ejemplar en el hombre y en número de dos en la mujer. **6.** Clasificación que se otorga a las películas pornográficas y a las salas donde se proyectan. • **Rayos X,** radiaciones electromagnéticas de corta longitud de onda (comprendidas entre el ultravioleta y los rayos γ) que atraviesan con mayor o menor facilidad los cuerpos materiales.

XANTOFILA n. f. Pigmento amarillo de las células vegetales, que se encuentra en la clorofila formando parte de su estructura.

XANTOMA n. m. Tumor benigno, cutáneo o subcutáneo, que contiene esencialmente colesterol.

Xe, símbolo químico del xenón.

XÉMAL *(altos de),* relieve montañoso de Guatemala (Huehuetenango), máxima altitud de la cordillera de los Altos Cuchumatanes; 3800 m de altura.

XENAKIS (Iannis), compositor francés de origen griego (Brăila, Rumania, 1922). Aplica a sus composiciones, en las que utiliza el ordenador, los conocimientos y las técnicas científicos: *Metástasis* (1954), *Persépolis* (1971), *Akea* (1986), *Waarg* (1988).

XENOFILIA n. f. Simpatía hacia los extranjeros.

XENOFOBIA n. f. Hostilidad hacia los extranjeros.

XENÓN n. m. Gas inerte que se encuentra en el aire en proporciones ínfimas, cuyo símbolo químico es Xe, su número atómico 54 y su masa atómica 131,30.

XEROCOPIA n. f. Copia obtenida por xerografía.

XEROCOPIAR v. tr. [**1**]. Reproducir en copia xerográfica.

XERÓFILO, A adj. BIOL. Dícese de las plantas o animales que viven en medios secos.

XERÓFITO, A adj. y n. m. Dícese de los vegetales adaptados a residencias ecológicas fisiológicamente secas o a climas secos.

XEROGRAFÍA n. f. Procedimiento de impresión sin contacto.

XEROGRAFIAR v. tr. [**1t**]. Reproducir textos o imágenes por xerografía.

XETO, A adj. Méx. Se dice de la persona que tiene labio *leporino*.

XI n. f. Decimocuarta letra del alfabeto griego (ξ), correspondiente al grupo *ks*.

XI JIANG o **SI-KIANG**, r. de China meridional; 2000 km. En uno de los brazos de su delta se encuentra Cantón.

XI'AN, SI-NGAN o **SIAN**, c. de China, cap. de Shaanxi; 2 180 000 hab. Centro industrial. Capital de China, durante la dinastía Zhou, y, con el nombre de *Changan*, durante las dinastías Han y Tang, conserva de esta época su configuración urbana. Rico museo. Monumentos antiguos, entre ellos la gran pagoda de las ocas salvajes *(Dayanta),* de época Tang. En las proximidades, numerosas y ricas necrópolis (túmulos imperiales, entre ellos el de Shi Huangdi).

XICOTÉNCATL el Joven, caudillo tlaxcalteca († 1521), hijo de **Xicoténcatl el Viejo** († 1522). Derrotado por Cortés (1519), se opuso a negociar con los españoles, y Cortés lo mandó ahorcar.

XIFO n. m. Pez de coloración variada, originario de México, muy apreciado como pez de acuario.

XIFOIDES adj. y n. m. ANAT. Dícese de la apófisis que constituye la parte inferior del esternón.

XILENO n. m. Hidrocarburo bencénico $C_6H_4(CH_3)_2$, que se extrae del alquitrán de hulla y se obtiene especialmente a partir del petróleo.

XILÓFAGO, A adj. y n. m. Dícese de los insectos que se nutren de madera.

XILÓFONO o **XILOFÓN** n. m. Instrumento musical de percusión, compuesto de un número variable de láminas de madera o metal, que se golpean con dos baquetas.

XILOGRAFÍA n. f. Impresión o grabado obtenidos con ayuda de una plancha de madera grabada. **2.** Arte de grabar en madera.

XINGU, r. de Brasil, afl. del Amazonas (or. der.); 1980 km.

XIXABANGMA, SHISHA PANGMA o **GOSAINTHAN,** cumbre del Himalaya (Tíbet); 8046 m.

XOCOYOTE o **SOCOYOTE** n. m. Méx. Benjamín, último de los hijos de una familia.

XOLA n. f. Méx. Hembra del pavo.

XOLOTLÁN → *Managua,* lago de Nicaragua.

XOXALERO, A n. Méx. Hechicero, brujo.

XTABENTÚN n. m. Méx. Enredadera de hermosas flores blancas, cuya semilla posee un fuerte narcótico que enloquece y emborracha. **2.** Bebida embriagante, muy aromática, con sabor parecido al anís, que se elabora con esta planta.

XUMIL n. m. Méx. Insecto comestible que se adereza con sal y limón y al parecer es afrodisíaco.

Y y

Y n. f. Vigésima sexta letra del alfabeto español y la vigésima primera de las consonantes. (Se lee *i griega* y es una consonante palatal fricativa [o africada] sonora.) **2.** Símbolo químico del *itrio*. **3.** Cromosoma sexual (gonosoma) presente únicamente en el hombre, que posee un par celular.

Y conj. cop. (antes *e*; del lat. *et*). Indica la unión (adición, oposición, repetición, consecuencia) entre dos palabras u oraciones de la misma función. **2.** A principio de una frase, sirve para dar énfasis: *¡y, cállate ya!* **3.** Tiene valor de adverbio interrogativo al comienzo de frases interrogativas: *¿y tu trabajo?* (Delante de palabras que empiezan por *i*, se transforma en *e*: *mamíferos e insectos*.)

YA adv. t. (lat. *iam*). Expresa el tiempo pasado: *ya se ha hablado de esto*. **2.** Indica el tiempo presente pero con relación al pasado: *era rico, pero ya es pobre*. **3.** En tiempo u ocasión futura: *ya nos veremos*. **4.** Finalmente o últimamente: *ya es preciso decidirse*. **5.** Luego, inmediatamente: *ya voy*. ♦ adv. afirm. **6.** Expresa asentimiento: *¿sabes que te han despedido?* — *Ya*. ♦ conj. distributiva. **7.** Indica que cada una de varias alternativas conducen a la misma consecuencia: *ya con gozo, ya con dolor*. (Suele usarse repetida.) • **Ya que**, expresión causal o consecutiva.

YABUNA n. f. *Cuba*. Hierba gramínea muy abundante en las sabanas.

YACARÉ n. m. Reptil similar al cocodrilo pero de tamaño algo más pequeño, cuya piel se utiliza en la industria de curtidos. (Vive en América del Sur. Familia aligatóridos.)

YACENTE adj. Que yace. ♦ n. m. **2.** Escultura funeraria que representa un personaje echado, en oposición a *orante*, que representa una figura de rodillas.

YACER v. intr. (lat. *iacere*) [2g]. Estar echado o tendido: *yacer en la cama*. **2.** Estar algo extendido y fijo sobre el suelo: *un pueblo que yace a orillas de un río*. **3.** Estar enterrado en cierto sitio. **4.** Existir o encontrarse real o figuradamente en algún lugar: *una rosa yacía en sus manos*. **5.** Acostarse, cohabitar con alguien.

YACIFATE n. m. *Venez*. Planta burserácea.

YACIMIENTO n. m. Acumulación natural o local de una sustancia mineral, sólida, líquida o gaseosa, susceptible de ser explotada. **2.** ARQUEOL. Sitio en el que existen restos de valor arqueológico, generalmente bajo tierra, y para cuyo estudio es necesario realizar excavaciones.

YACUIBA, c. de Bolivia (Tarija), en la frontera argentina; 14 854 hab. Forma una conurbación con Pocitos. Centro petrolero. Oleoducto.

YACUMA, r. de Bolivia (Beni), afl. del Mamoré (or. izq.) aguas abajo de Santa Ana; 321 km.

YACYRETÁ, isla de Paraguay (Itapúa y Misiones), en el Paraná, aguas arriba de San Cosme; 485 km². — *Complejo hidroeléctrico de Yacyretá-Apipé*, proyecto paraguayo-argentino.

YAFO → *Jaffa*.

YAGUA n. f. *Colomb*. y *Venez*. Planta palmácea. **2.** *Cuba* y *P. Rico*. Tejido fibroso que envuelve la parte más tierna de la palma real.

YAGUAL n. m. *Amér. Central* y *Méx*. Rodete que se pone sobre la cabeza para llevar pesos.

YAGUANÉ adj. y n. m. *Amér*. Mofeta, zorrino. **2.** *Argent., Par.* y *Urug*. Dícese del ganado vacuno o caballar con el pescuezo y los costillares de distinto color al del resto.

YAGUAR o **JAGUAR** n. m. (tupí-guaraní *yaguará*). Mamífero carnívoro americano, parecido al leopardo color leonado con manchas negras.

YAGUARETÉ n. m. *Argent., Par.* y *Urug*. Yaguar.

YAGUARÓN, en port. **Jaguarão**, r. de América del Sur; 217 km. Forma frontera entre Brasil y Uruguay hasta su desembocadura en la laguna Merín.

YAGUARÓN, distr. de Paraguay (Paraguarí); 21 287 hab. Centro agrícola.

YAGUASA n. f. *Cuba* y *Hond*. Ave acuática similar al pato salvaje.

YAGURÉ n. m. *Amér*. Mofeta.

YAHGÁN o **YÁMANA**, pueblo paleoamerindio del grupo fueguino que vivía en la isla Grande de Tierra del Fuego.

YAHUAR HUACAC, séptimo soberano inca, llamado también **Tuti Cusi Hualpa** (segunda mitad del s. XIV), hijo y sucesor de Inca Roca.

YAHVÉ (*el que es*), nombre del Dios de Israel, citado en la Biblia (Génesis II, 4) tras el relato de la creación.

YAITÍ n. m. *Cuba*. Planta cuya madera, que es muy dura, se emplea para hacer vigas y horcones.

YAK o **YAC** n. m. Rumiante de largo pelaje, que vive en el Tibet, utilizado como animal de labor, montura y carga. (Familia bóvidos.)

YAKARTA, JAKARTA o **DJAKARTA**, ant. **Batavia**, c. y cap. de Indonesia, en la costa NO de Java; 7 636 000 hab. Es la mayor ciudad del Sureste asiático.

YAL n. m. *Chile*. Pajarillo cornirrostro que tiene el pico amarillo y el plumaje gris.

YÁMBICO, A adj. Relativo al yambo. **2.** Compuesto de yambos.

YAMBO n. m. (lat. *iambum*). MÉTRIC. Pie de verso compuesto de una sílaba breve y otra larga acentuada. **2.** MÉTRIC. En la métrica española, verso formado por sílabas átonas y tónicas alternas.

YAMOUSSOUKRO, c. y cap. de Costa de Marfil (desde 1983), en el interior del país, al NO de Abidján; 85 000 hab. Universidad.

YANACONA n. m. y f. (del quechua *yanaquna*). Denominación de los servidores del inca y otras personalidades, y después a los indígenas que fueron entregados como servidores de los conquistadores españoles.

YANACONAJE n. m. Sistema de prestación de servicios propio de los yanaconas. **2.** En Perú, sistema de prestaciones laborales a cambio del usufructo de una parcela agrícola.

YANAURCU o **YANA URCU**, pico del N de Ecuador, en la cordillera Occidental de los Andes; 4538 m de alt.

YANGZI JIANG, YANG TSÉ-KIANG o **YANGTSÉ**, también llamado **río Azul**, el río más largo de China; 5980 km (cuenca de 1 830 000 km²) donde viven más de 200 millones de chinos). Nace en el Tibet, discurre entre gargantas, se regulariza parcialmente aguas abajo de Yichang y se convierte en la principal vía navegable de China; pasa por Wuhan y Nankín. Desemboca en el mar de la China oriental formando un estuario, al S del cual se ha desarrollado Shanghai. — *Embalse de Yangzi Jiang*, o *de las Tres Gargantas*, el mayor proyecto hidrológico del mundo, iniciado en 1993, en la zona de Yichang; la presa será aprovechada por una central hidroeléctrica con una potencia prevista de 13 000 MW.

YANKEE o **YANQUI** n. m. y f. y adj. Apodo dado por los irgleses a los colonos rebeldes de Nueva Inglaterra, posteriormente por los sudistas a los nordistas, y actualmente aplicado a los habitantes anglosajones de E.U.A.

YANTAR v. tr. [1]. *Poét*. Comer.

YANTAR n. m. Comida, vianda.

YÁÑEZ (Agustín), escritor mexicano (Guadalajara 1904-México 1980). Cultivó el cuento y el ensayo, pero es conocido principalmente como novelista de tipo social y colectivo con un estilo subjetivo y lírico (*Al filo del agua*, 1947; *Las tierras flacas*, 1964). Presidente de la Academia mexicana de la lengua (1973-1980).

YÁÑEZ PINZÓN → *Pinzón*.

YAOUNDÉ, c. cap. de Camerún, a 700 m de alt.; 649 300 hab.

YAPA n. f. (voz quechua). *Amér*. Propina, añadidura.

YAPAR v. tr. [1]. *Amér*. Añadir el vendedor algo a lo comprado. **2.** *Argent*. Agregar un objeto a otro de la misma materia.

YAPEYÚ, c. de Argentina (Corrientes), en el dep. de San Martín, junto a la frontera brasileña; 5 187 hab. Cuna de San Martín.

YAPÓ n. m. Marsupial de escasas dimensiones, que vive en lugares con agua, ríos y arroyos de Venezuela, Paraguay y Brasil. (Familia didélfidos.)

YAPÚ n. m. (voz guaraní). *Argent*. Pájaro de las zonas boscosas y selváticas, de color negro mezclado con amarillo, que alcanza unos 40 cm de long. (Familia ictéridos.)

YAQUE DEL NORTE, r. de la República Dominicana, en la vertiente atlántica; 308 km.

YAQUE DEL SUR, r. de la República Dominicana, en la vertiente del Caribe; 200 km.

YAQUI adj. y n. m. y f. Relativo a un pueblo amerindio del grupo pima-nahua de la familia lingüística uto-azteca, que vive a orillas del río Yaqui (Sonora, México); individuo de este pueblo. (Se alzaron repetidamente contra los españoles para preservar su autonomía, hasta su derrota

YAQ

definitiva en 1832. Tras luchar en la guerra de intervención (1861-1867) en el bando imperial, se rebelaron contra el porfiriato desde 1875.)

YAQUI, r. del NO de México, que desemboca en el golfo de California, al S de la *bahía de Guaymas*. 700 km aprox. Afl. principales: Basúchil y Bavispe. Regadíos en el área de Ciudad Obregón.

YARACUY *(estado),* est. del N de Venezuela; 7100 km²; 410 114 hab. Cap. *San Felipe.*

YARARÁ n. f. *Amér. Merid.* Ofidio venenoso, de unos 150 cm de long. y sección casi triangular, de color pardo claro con dibujos más oscuros, en forma de semicírculos, y cuya mordedura puede ser mortal. (Familia vipéridos.)

YARAVÍ m. m. (voz quechua). Canto tradicional incaico, de carácter melancólico, de Ecuador, N de Argentina, Perú y Bolivia.

YARDA n. f. (ingl. *yard*). Unidad de medida de longitud anglosajona equivalente a 0,914 m.

YARE n. m. *Venez.* Jugo venenoso que se extrae de la yuca amarga. **2.** *Venez.* Masa de yuca dulce con la que se hace el *cazabe.*

YARETA n. f. *Amér. Merid.* Pequeña planta umbelífera que crece en los páramos andinos.

YAREY n. f. *Cuba.* Planta palmácea con cuyas fibras se hacen sombreros. (Familia palmáceas.)

YARI, r. de Colombia, afl. del Caquetá (or. der.); 610 km. Atraviesa de NO a SE el dep. del Caquetá.

YARO, pueblo amerindio originario de Brasil que en el s. XVI se estableció en Uruguay.

YATAÍ o **YATAY** n. m. *Argent., Par.* y *Urug.* Planta cuyos frutos se elabora aguardiente y cuyas yemas terminales se utilizan como alimento para el ganado. (Familia palmáceas.)

YATE n. m. (ingl. *yacht*). MAR. Embarcación deportiva o de recreo, de vela o a motor.

YAUTÍA n. f. Planta herbácea de América tropical, de tubérculos comestibles. (Familia aráceas.)

YAVARÍ, en port. **Javari,** r. de Perú y Brasil; 1050 km. Desemboca en el Amazonas (or. izq.), en Ramón Castilla, donde se unen las fronteras de Perú, Colombia y Brasil.

YAVÍ, dep. de Argentina (Jujuy); 16 614 hab. Cap. *La Quiaca.* Minas de oro, plata, cinc, níquel y cobalto.

YAYA n. f. *Cuba.* Planta mirtácea. **2.** *Perú.* Especie de ácaro.

Yb, símbolo químico del *iterbio.*

YBYCUÍ, distr. de Paraguay (Paraguarí); 22 886 hab. Agricultura. Ganadería. Bosques.

YDÍGORAS FUENTES (Miguel), político guatemalteco (Guatemala 1895-*id.* 1982). Accedió a la presidencia de la república en 1958, apoyado por un sector del ejército. Reprimió a sus oponentes y fue derrocado en 1963.

YE n. f. Nombre de la letra *y.*

YEATS (William Butler), escritor irlandés (Sandymount 1865-Roquebrune-Cap-Martin 1939), cofundador del Abbey Theatre de Dublín, autor de ensayos, de poemas y de dramas (*La condesa Kathleen,* 1892; *Deirdre,* 1907) inspirados en el espíritu nacional. (Premio Nobel de literatura 1923.)

YECLA, c. de España (Murcia), de obis. j.; 27 487 hab. (*Yeclanos.*) Ganadería. Industrias alimentarias.

YEDRA n. f. Hiedra.

YEGROS (Fulgencio), político paraguayo († Asunción 1821). Compartió el consulado de Paraguay con Rodríguez de Francia hasta que éste fue nombrado dictador supremo (1813-1814). Fue fusilado tras intentar un golpe de estado.

YEGUA n. f. (lat. *equam*). Hembra del caballo. **2.** *Amér. Central.* Colilla de cigarro. ♦ adj. **3.** *Amér. Central* y *P. Rico.* Estúpido, tonto.

YEGUADA n. f. Recua, rebaño de ganado caballar. **2.** *Amér. Central* y *P. Rico.* Tontería, disparate.

YEGUARIZO, A adj. y n. *Argent.* Caballar.

YEGUAS (*punta*), punta de Uruguay, al O de la bahía de Montevideo.

YEÍSMO n. m. Defecto de dicción que consiste en pronunciar la *ll* como *y.*
• El *yeísmo,* se distribuye de forma irregular en el español de América. Son yeístas, en general, los hablantes de México y América Central, buena parte de los de Venezuela y Colombia y una pequeña parte de los de Ecuador y Perú; en el sur, son yeístas la inmensa mayoría de los argentinos y los habitantes del tercio central de Chile.

YELA GUNTHER (Rafael), escultor guatemalteco (1888-1942), iniciador de la escultura moderna en Guatemala (monumentos a Isabel la Católica y a Tecún Umán, ciudad de Guatemala; a Benito Juárez, Quezaltenango).

YELLOWSTONE, r. del NO de Estados Unidos, afl. del Missouri (or. der.); 1080 km (cuenca de 181 300 km²). Atraviesa el *parque nacional de Yellowstone* (Wyoming), célebre por sus géiseres, declarado bien natural del Patrimonio mundial por la Unesco (1979).

YELMO n. m. (germánico occ. *helm*). Gran casco de los caballeros y hombres de armas de la edad media.

YEMA n. f. Brote o renuevo en forma de botón escamoso, que aparece en el tallo de las plantas cuando las hojas todavía se hallan imbricadas y envueltas unas sobre otras. **2.** Parte central, de color amarillo, del huevo de los animales. **3.** Dulce compuesto de azúcar y yema de huevo.
• **Yema del dedo,** parte del extremo del dedo, opuesto a la uña.

YEMEN (*República del*), en ár. **al-Yaman,** estado del S de Arabia, junto al mar Rojo y el golfo de Adén; 485 000 km²; 10 100 000 hab. (*Yemeníes.*) CAP. *San'a'.* LENGUA OFICIAL: árabe. MONEDAS: rial (N) y dinar (S).

GEOGRAFÍA

Yemen es en gran parte desértico. La población, islamizada, se concentra en las zonas altas del O (que dominan el mar Rojo), más irrigadas, y en algunos puntos costeros, emplazamientos de las dos grandes ciudades, la capital y el principal puerto, Adén. La emigración ha paliado tradicionalmente la escasez de recursos (aunque la extracción de petróleo se ha desarrollado a partir de 1985).

HISTORIA

La antigüedad. I milenio a. J.C.: varios reinos se desarrollaron en el S de Arabia, entre ellos los de Saba y Hadramwat. S. VI d. J.C.: la región fue ocupada por los etíopes y posteriormente por los persas Sasánidas.
Dentro del mundo musulmán. A partir de 628: el Yemen se convirtió en una provincia del imperio musulmán. 893: los imanes zaydíes, que profesaban un chiismo moderado, se adueñaron de la región, donde su dinastía se mantendría hasta 1962. 1517-1538: los otomanos se apoderaron de las llanuras costeras y de Adén. 1839: los británicos conquistaron Adén y establecieron su protectorado en el S del Yemen. 1871: los otomanos organizaron el vilayato del Yemen tras la conquista de San'a'. 1920: fue reconocida la independencia del reino gobernado por los imanes zaydíes. 1959-1963: Adén y la mayoría de sultanatos del protectorado británico de Adén formaron la Federación de Arabia del Sur. 1967: ésta accedió a la independencia.

Las dos repúblicas. La República Árabe del Yemen, o Yemen del Norte. 1962: un golpe de estado instauró la república. 1962-1970: la guerra civil enfrentó a los realistas, ayudados por Arabia Saudí, y los republicanos, ayudados por Egipto. A partir de 1972: estallaron enfrentamientos esporádicos en la frontera de los dos Yemen. 1974: el coronel Ibrāhīm al-Hamadī llegó al poder y estableció la autoridad del gobierno central en todo el Yemen septentrional. 1977: fue asesinado. 1978: 'Alī 'Abd Allāh al-Saleh se convirtió en presidente de la república. 1979: se inició un proceso de unificación. — La República Democrática Popular del Yemen, o Yemen del Sur. 1970: 'Alī Rubayyī', en el poder desde 1969, instauró una república democrática y popular con una constitución marxista-leninista. 1978: fue asesinado. 1978-1986: 'Alī Naṣir Muḥammad, primer ministro, acumuló a partir de 1980 la presidencia del partido y la del estado. 1986: Abū Bakr al-'Aṭṭās le derrocó y se hizo con el poder.
La unificación. Tras acuerdos firmados en 1988 y en 1989 entre los dos Yemen, la unificación se proclamó en mayo de 1990. La República de Yemen nombró como presidente a 'Alī al-Saleh y como primer ministro a Abū Bakr al-'Aṭṭās. 1994: enfrentamientos armados entre los dos Yemen y segregación del Yemen del Sur, secesión que fue sofocada por las tropas de Yemen del Norte. 1997: unificación tras la guerra civil.

YEMENÍ adj. y n. m. y f. Del Yemen.

YEMITA n. f. *Méx.* Dulce a base de yema de huevo, azúcar y otros ingredientes.

YEPES (Narciso), guitarrista español (Lorca 1927-Murcia 1997). Dio numerosos conciertos propugnando una nueva técnica basada en una guitarra a la que añadió cuatro cuerdas de resonancia.

YERBA n. f. Hierba. • **Yerba mate,** planta arbórea americana de flores axilares blancas, con cuyas hojas se prepara una infusión (familia aquifoliáceas); producto industrializado de esta planta y que se emplea para hacer la infusión.

YERBA BUENA, dep. de Argentina (Tucumán); 43 616 hab. Integrado en parte en el Gran Tucumán.

YERBAL n. m. *Argent.* y *Par.* Plantación de yerba mate. **2.** *Colomb.* Matorral.

YERBATAL n. m. *Argent.* Yerbal.

YERBATERO, A adj. y n. *Chile, Colomb., Ecuad., Méx., P. Rico* y *Venez.* Dícese del médico o curandero que cura con hierbas. ♦ adj. **2.** *R. de la Plata.* Relativo a la yerba mate o a su industria. ♦ n. **3.** *Chile, Colomb., Ecuad., Méx., P. Rico* y *Venez.* Vendedor de hierbas o de forraje. **4.** *R. de la Plata.* Persona que se dedica al cultivo, industrialización o venta de la yerba mate.

YERBERA n. f. *Argent.* y *Par.* Conjunto de dos recipientes, por lo común de madera, para la yerba y el azúcar con que se prepara el mate.

YERBERO, A n. *Méx.* Curandero.

YERBILLA n. f. *Guat.* Tela de algodón con cuadros de colores diferentes.

YERMO, A adj. Inhabitado, despoblado. ♦ adj. y n. m. **2.** Dícese del terreno o campo erial o no cultivado.

YERNO n. m. (lat. *gener*). Respecto de una persona, marido de su hija.

YERRA n. f. *R. de la Plata.* Acción y efecto de marcar con el hierro al ganado.

YERRO n. m. Falta o equivocación cometida por descuido, inadvertencia o ignorancia.

YÉRSEY o **YERSI** n. m. *Amér.* Jersey. **2.** *Amér.* Tejido fino de punto.

YERTO, A adj. Tieso, rígido, inerte por el frío, la muerte, el miedo o algún otro sentimiento.

YESCA n. f. (lat. *escam,* alimento). Materia esponjosa en la que prende fácilmente cualquier chispa. **2.** *Fig.* Materia que por estar muy seca está expuesta a encenderse o arder.

YESERÍA n. f. Fábrica o tienda de yeso. **2.** Elemento decorativo en yeso tallado, muy utilizado en la arquitectura hispanoárabe. **3.** Obra hecha de yeso.

YESO n. m. (lat. *gypsum*). Roca sedimentaria formada por sulfato cálcico hidratado y cristalizado. **2.** Material que resulta de la deshidratación parcial del yeso natural o piedra de yeso, por calentamiento a temperaturas del orden de 150 ºC, y de una molturación, y que, mezclado con agua, fragua formando una masa a la vez sólida y blanda que se utiliza para la reproducción de esculturas, la inmovilización de miembros fracturados, la construcción, etc. **3.** Obra vaciada en yeso. **4.** Vaciado de una estatua.

YESQUERO n. m. Encendedor que utiliza la yesca como materia combustible. **2.** *P. Rico.* Mechero.

YETA n. f. *Argent.* y *Urug.* Mala suerte.

YETI n. m. Animal legendario del Himalaya.

YEYUNO n. m. Parte del intestino delgado que está a continuación del duodeno.

YHÚ, distr. de Paraguay (Caaguazú); 42 655 hab. Junto al arroyo Yhú. Extensos pastos.

YIDDISH n. m. Lengua germánica hablada por las comunidades judías de Europa central y oriental.

YIRO n. m. *Argent.* y *Urug.* Vulg. Prostituta.

YO pron. pers. de la primera persona del sing. de los dos géneros. Funciona como sujeto o predicado nominal. ♦ n. m. **2.** Lo que constituye la individualidad, la personalidad. **3.** FILOS. Sujeto pensante: *oposición entre el yo y el «no yo»*. **4.** SICOANÁL. Entidad de la estructura síquica constituida por la parte del ello que se ha modificado al tomar contacto con el mundo exterior. SIN.: ego. ♦ **No yo** (FILOS.), conjunto de todo lo que es distinto del yo.

YOCASTA, heroína legendaria griega, esposa de Layo, rey de Tebas, y madre de Edipo. Casó con este último sin saber que era su hijo; al descubrirlo se suicidó.

YOD n. f. Nombre dado en lingüística a la *i* semiconsonante o semivocal.

YODACIÓN o **IODACIÓN** n. f. Esterilización de las aguas de consumo por yodo.

YODADO, A o **IODADO, A** adj. Que contiene yodo.

YODAR o **IODAR** v. tr. [1]. Tratar con yodo.

YODATO o **IODATO** n. m. Sal del *ácido yódico*.

YODHÍDRICO, A o **IODHÍDRICO, A** adj. Dícese del ácido (HI) formado por combinación de yodo e hidrógeno.

YÓDICO, A o **IÓDICO, A** adj. Dícese del ácido (HIO$_3$) resultante de la oxidación del yodo.

YODO o **IODO** n. m. (gr. *iōdēs*, violeta). Cuerpo simple no metal, de símbolo químico I, número atómico 53, masa atómica 126,90 y densidad 4,93, color gris negruzco con brillo metálico, que funde a 114 ºC y desprende vapores de color violeta cuando se calienta.

YODOFORMO o **IODOFORMO** n. m. Denominación corriente del triyodometano, de fórmula CH$_3$I, que se emplea especialmente como antiséptico.

YODURADO, A o **IODURADO, A** adj. Que contiene yoduro. **2.** Cubierto de una capa de yoduro.

YODURO o **IODURO** n. m. Sal del ácido yodhídrico.

YOGA n. m. Disciplina espiritual y corporal, nacida de un sistema filosófico brahmánico, y destinada a liberar el espíritu de las tensiones del cuerpo por el dominio de su movimiento, de su ritmo y de su respiración.

YOGUI n. m. y f. (hindú *yogī*). Persona que practica yoga.

YOGUR, YOGHOURT o **YOGHURT** n. m. Leche cuajada preparada con la ayuda de fermentos lácticos acidificantes.

YOJOA (*lago*), lago de Honduras, en el límite de los departamentos de Cortés, Comayagua y Santa Bárbara; 40 km de long. y 10 km de anchur. Turismo. En la cuenca, restos arqueológicos precolombinos de *Yojoa-Ulúa*.

YOKOHAMA, c. y puerto de Japón (Honshū), en la costa E de la bahía de Tōkyō; 3 220 331 hab. Centro industrial (petroquímica, siderurgia, astilleros, industria del automóvil). Parque Sankei.

YOPAL, c. de Colombia, cap. del dep. del Casanare; 23 169 hab. Centro comercial de la región.

YORK, c. de Canadá (Ontario), en la zona suburbana de Toronto; 140 525 hab.

YORK, c. de Gran Bretaña (Yorkshire Septentrional), junto al Ouse; 100 600 hab. Importante catedral gótica de los ss. XIII-XV (vidrieras) y otros monumentos. Mansiones museos. Museos.

YORK, rama de la familia de los Plantagenet, que disputó el trono a los Lancaster (guerra de las *Dos rosas*); dio tres reyes a Inglaterra (Eduardo IV, Eduardo V y Ricardo III) y fue suplantada por los Tudor en 1485.

YORKSHIRE, ant. condado del NE de Gran Bretaña, en el mar del Norte, actualmente dividido en *Yorkshire Septentrional* (8309 km^2; 698 700 hab. Cap. *Northallerton*), *Yorkshire Meridional* (1560 km^2; 1 248 500 hab. Cap. *Barnsley*) y *Yorkshire Occidental* (2039 km^2; 1 984 700 hab. Cap. *Wakefield*).

YORO (*departamento de*), dep. del N de Honduras; 7939 km^2; 329 845 hab. Cap. *Yoro* (19 674 hab.).

YOURCENAR (Marguerite **de Crayencour**, llamada **Marguerite**), escritora de nacionalidades francesa y norteamericana (Bruselas 1903-Mount Desert, Maine, E.U.A., 1987). Autora de poemas, ensayos, obras teatrales y novelas históricas (*Memorias de Adriano*, 1951; *Opus nigrum*, 1968) o autobiográficas (*Recuerdos piadosos*, 1973), en los que los problemas modernos se analizan a través de los mitos antiguos.

YPACARAI, ant. **Tahaienā**, lago de Paraguay (Cordillera y Central); 22 km de long. y 5 km de anchur., y 3 m aprox. de prof. media. Centro turístico.

YPACARAI, c. de Paraguay, cap. del dep. Central; 12 049 hab. Centro administrativo.

YPANÉ, r. de Paraguay, afl. del Paraguay (or. izq.); 275 km. Vía de comunicación y transporte. Es navegable entre Belén y Kararó. Saltos.

YRIGOYEN (Bernardo **de**), político y abogado argentino (Buenos Aires 1822-*id.* 1906), organizó la Unión cívica nacional (1890) y fue gobernador de la provincia de Buenos Aires (1898-1902).

YRIGOYEN (Hipólito), político argentino (Buenos Aires 1852-*id.* 1933). Con su tío, L. Alem y B. de Yrigoyen fue fundador de la Unión cívica radical, participó en diversas intentonas revolucionarias en la década de 1890. Presidente de la República (1916-1922 y 1928-1930), fue confinado a la isla de Martín García tras el golpe de estado de Uriburu (1930).

YRURTIA (Rogelio), escultor argentino (Buenos Aires 1879-*id.* 1950), autor de monumentos (mausoleo de Rivadavia) con influencia de Rodin.

YUBARTA n. f. Mamífero cetáceo de 15 m de long., de largas aletas, que vive en todos los mares.

YUCA n. f. Liliácea americana parecida al áloe, con cuya raíz se elabora una harina alimenticia.

YUCAMANI, volcán de Perú (Tacna y Puno), en la cordillera Occidental de los Andes; 5497 m de altura.

YUCATÁN (*canal o estrecho de*), canal marítimo que comunica el mar Caribe con el golfo de México y separa la península de Yucatán de la isla de Cuba (230 km).

YUCATÁN (*península de*), península de América Central (México, Guatemala y Belice), entre el golfo de México y el Caribe. Constituye una gran plataforma caliza, y sus únicos recursos hídricos son subterráneos. Vegetación de manglares en la costa, baja y arenosa, y bosques en el S y E. La población se concentra en el NE (estado de Yucatán, México). Yacimientos arqueológicos mayas.

HISTORIA
Centro de la civilización maya, fue conquistada por los españoles en el s. XVI. 1508: expedición de Pinzón y Solís. 1528-1548: F. de Montejo fundó Mérida (1542) e incorporó Yucatán al virreinato de Nueva España. Ss. XVI-XVIII: rebeliones indígenas contra los españoles. 1697: Martín de Ursúa conquistó El Petén. 1823-1824: estado independiente, confederado con México. 1840-1847: intentos independentistas de criollos y blancos. 1847-1855: guerra de castas y división entre el estado federado de Campeche, al O (1857-1858), y el territorio maya al E (estado de Yucatán, con una vida política autónoma hacia el E en Chan Santa Cruz). 1895-1901: sometimiento de los mayas y toma de Chan Santa Cruz por Porfirio Díaz. 1902: creación del territorio federal de Quintana Roo, convertido en 1974 en estado federado.

YUCATÁN (*estado de*), est. del SE de México, en la península homónima; 39 340 km^2; 1 362 940 hab. Cap. *Mérida*.

YUCATECA n. m. LING. Maya.

YUCATECO, A adj. y n. De Yucatán.

YUDO n. m. Judo.

YUGO n. m. (lat. *iugum*). Instrumento de madera que se fija a la cabeza o a la cruz de las mulas o bueyes, y al que va sujeta la lanza del carro, el timón del arado, etc. **2.** Armazón de madera de la que cuelga la campana. **3.** *Fig.* Ley o dominio despótico que somete y obliga a obedecer. **4.** ANT. Lanza colocada horizontalmente sobre otras dos hincadas en tierra, y bajo la cual los romanos hacían pasar a los enemigos vencidos.

YUGOSLAVIA, en serbio **Jugoslavija**, antiguo estado de Europa meridional, compuesto a partir de la segunda guerra mundial de seis repúblicas: Bosnia-Herzegovina, Croacia, Macedonia, Montenegro, Serbia y Eslovenia. CAP. *Belgrado*.

HISTORIA
1918: se creó el reino de los serbios, croatas y eslovenos en beneficio de Pedro I Karagjorgjević. 1919-1920: los tratados de Neuilly-sur-Seine, de Saint-Germain-en-Laye, de Trianón y de Rapallo fijaron sus fronteras. 1921: se adoptó una constitución centralista y parlamentaria. 1929: Alejandro I (1921-1934) estableció un régimen autoritario. El país tomó el nombre de Yugoslavia. 1934: Alejandro I fue asesinado por un extremista croata. Su primo Pablo asumió la regencia en nombre de Pedro II. 1941: Pablo firmó el pacto tripartito y fue derrocado por una revolución en Belgrado. Yugoslavia fue ocupada por Alemania. Se organizaron dos movimientos de resistencia: el de D. Mihailović, de tendencia realista y nacionalista, y el encabezado por el comunista J. Broz Tito. Pedro II se refugió en Londres. 1943: Tito creó el Comité nacional de liberación. 1945-1946: se creó la República Popular Federativa; agrupaba seis repúblicas: Bosnia-Herzegovina, Croacia, Macedonia, Montenegro, Serbia y Eslovenia. Tito dirigió el gobierno. 1948-1949: Stalin excluyó a Yugoslavia del mundo socialista y el Kominform. 1950: se instauró la autogestión. 1955: Jruschov reanudó las relaciones con Yugoslavia. 1961: una conferencia de países no alineados se reunió en Belgrado. 1963: se proclamó la República Socialista Federativa de Yugoslavia (R.S.F.Y.). 1971: el desarrollo del nacionalismo ocasionó la destitución de los dirigentes croatas. 1974: una nueva

constitución reforzó los derechos de las repúblicas. 1980: tras la muerte de Tito, las funciones presidenciales fueron ejercidas colegialmente. A partir de 1988: se desarrollaron las tensiones interétnicas (en particular en Kosovo) y se deterioró la situación económica, política y social. 1990: la Liga comunista yugoslava renunció al monopolio político. Croacia y Eslovenia, en adelante dirigidas por la oposición democrática, se opusieron a Serbia y trataron de volver a definir su estatuto en la federación yugoslava. 1991: proclamaron su independencia (junio). Tras algunos enfrentamientos, el ejército federal se retiró de Eslovenia; sangrientos combates enfrentaron a los croatas con el ejército federal y los serbios de Croacia. Macedonia proclamó su independencia (set.). 1992: la comunidad internacional reconoció la independencia de Croacia y de Eslovenia (en.), y de Bosnia-Herzegovina (abr.), donde estalló una sangrienta guerra. Serbia y Montenegro proclamaron la República Federal de Yugoslavia (abril). 1993: la comunidad internacional reconoció la independencia de Macedonia.

YUGOSLAVIA *(República Federal de)*, en serbio **Jugoslavija**, estado de la Europa balcánica formado por Serbia (con sus dependencias, Kosovo y Vojvodina) y Montenegro; 102 200 km²; 10 400 000 hab. *(Yugoslavos.)* CAP. *Belgrado.* LENGUA OFICIAL: serbio. MONEDA: dinar.

GEOGRAFÍA
Del Danubio al Adriático, Yugoslavia yuxtapone una parte septentrional baja, intensamente cultivada (cereales), y una parte meridional más extensa, perteneciente a los Alpes dináricos, de relieve accidentado, muy forestal y pastoril. La actividad extractiva (lignito, cobre y plomo) está presente de forma local; las industrias de transformación (construcciones mecánicas, química e industria agroalimentaria) están desarrolladas sobre todo en la región de Belgrado. La población es mayoritariamente serbia, pero algunas minorías resultan mayoritarias regionalmente, al N (húngaros en el extremo septentrional de Vojvodina) y sobre todo al S (los albaneses constituyen la mayor parte de la población de Kosovo).

HISTORIA
En 1992 Serbia y Montenegro proclamaron la República Federal de Yugoslavia, expulsada de la O.N.U., debido a su beligerancia. Numerosos serbios que vivían en Croacia y en Bosnia-Herzegovina reivindicaron su anexión al nuevo estado, que les apoyó. En 1995 Yugoslavia firmó el plan de paz de Dayton para Bosnia-Herzegovina, y en 1996 reconoció a Macedonia. En 1997 Slobodan Milosevic, ex presidente de Serbia, fue elegido presidente de la república. 1999: la O.T.A.N. bombardeó Serbia; Kosovo obtuvo un régimen de autonomía. 2000: V. Kostunica, primer presidente elegido por el voto popular en las primeras elecciones oficiales en este país. Admisión en la ONU, organismo del que le habían suspendido en 1992. Zoran Zizic, primer ministro. E.U.A. y Eslovenia restablecieron relaciones diplomáticas con Yugoslavia. 2001: Milosevic se entregó a las autoridades para responder a cargos por abuso de poder y malversación de fondos. También tenía cargos por crímenes contra la humanidad y de guerra, por lo que fue entregado al Tribunal de La Haya. Renuncia Z. Zizic. 2002: el país cambia su nombre a Serbia y Montenegro. La nueva nación se compondrá por dos estados semiindependientes.

YUGOSLAVO, A o **YUGOESLAVO, A** adj. y n. De Yugoslavia.

YUGULAR adj. ANAT. Relativo al cuello. ♦ n. f. y adj. **2.** Una de las grandes venas del cuello.

YUGULAR v. tr. [1]. Degollar, cortar la garganta o el cuello. **2.** *Fig.* Cortar brusca o repentinamente el desarrollo de algo.

YUKAWA HIDEKI, físico japonés (Tōkyō 1907-Kyōto 1981). Para explicar las fuerzas nucleares, formuló la hipótesis del mesón, partícula que fue descubierta poco después. (Premio Nobel de física 1949.)

YUKÓN, r. de América del Norte (Canadá y Alaska), tributario del mar de Bering; 2554 km. Da su nombre a una división administrativa de Alaska y a un territorio de Canadá.

YUMBEL, com. de Chile (Biobío); 20 632 hab. Agricultura. Ganado vacuno.

YUNA, r. de la República Dominicana, que desemboca en el Atlántico, en la bahía de Samaná; 220 km.

YUNGA o **YUNCA**, adj. y n. m. y f. Relativo a un pueblo amerindio ya extinguido que vivía en la región costera de Perú; individuo de este pueblo.

YUNGAY, c. de Perú (Ancash); 15 210 hab. Aeropuerto. La ciudad fue gravemente afectada por una avalancha en 1962, y por un sismo en 1970. Centro turístico (deportes de alta montaña).

YUNGAY, com. de Chile; 15 670 hab. Centro agropecuario; explotación forestal.

YUNQUE n. m. Bloque de hierro acerado sobre el que se forjan los metales. **2.** ANAT. Segundo huesecillo del oído medio.

YUNQUE *(cerro)*, pico de Bolivia (La Paz), en la cordillera de Tres Cruces; 5600 m de alt.

YUNQUE (El), pico de Puerto Rico, en la sierra de Luquillo; 3404 m de alt.

YUNTA n. f. (lat. *iunctam*). Par de bueyes, mulas u otros animales que se uncen juntos y sirven en las labores del campo o en los acarreos.

YUNTAS n. f. pl. *Venez.* Gemelos.

YUPANQUI (Cápac), soberano inca de la primera mitad del s. XIV, hijo de Mayta Cápac. Extendió sus dominios más allá del Cuzco. Le sucedió Inca Roca.

YUPANQUI (Francisco Tito), escultor indígena altoperuano del s. XVI (nacido en Copacabana c. 1560). Formado con Diego Ortiz, es autor de la imagen de la Virgen del santuario de Copacabana (Bolivia).

YUPANQUI (Héctor Roberto **Chavero**, llamado **Atahualpa**), cantautor argentino (Pergamino 1908-Nimes 1992), destacado representante del canto testimonial de raíz folklórica *(Camino del indio; Los ejes de mi carreta).*

YUPATÍ n. m. Marsupial, que vive en los bosques de América, desde Costa Rica hasta el centro de Paraguay. (Familia didélfidos.)

YUQUERI n. m. *Argent.* Planta de fruto similar a la zarzamora. (Familia mimosáceas.)

YUQUILLA n. f. *Cuba.* Sagú.

YURÉ n. m. *C. Rica.* Especie de paloma pequeña.

YURRO n. m. *C. Rica.* Manantial, arroyuelo.

YURUMA n. f. *Venez.* Médula de una planta palmácea con la que se elabora una harina panificable.

YURUMÍ n. m. *Amér. Merid.* Tipo de oso hormiguero.

YUTE n. m. (ingl. *jute*). Tejido basto para hacer tela de saco, que se obtiene de los tallos de una planta de la familia tiliáceas. **2.** Planta que suministra dicho tejido.

YUTY, distr. de Paraguay (Caazapá); 26 937 hab. Exportación de maderas. Centro comercial.

YUXTAPONER v. tr. y pron. [5]. Poner una cosa junto a otra o poner dos cosas juntas.

YUXTAPOSICIÓN n. f. Acción y efecto de yuxtaponer.

YUXTAPUESTO, A adj. LING. Dícese de las palabras u oraciones que están en relación sin estar ligadas por ninguna preposición o conjunción.

YUYAL n. m. *Amér. Merid.* Paraje poblado de yuyos.

YUYERO, A adj. y n. *Argent.* Dícese de la persona aficionada a las hierbas medicinales. **2.** *Argent.* Dícese del curandero que receta principalmente hierbas. **3.** *Argent.* Dícese de la persona que vende hierbas.

YUYO n. m. *Amér. Merid.* Hierbajo. • **Yuyo colorado** *(Argent.)*, carurú. ♦ **yuyos** n. m. pl. **2.** *Argent.* y *Perú.* Hierbas tiernas comestibles. **3.** *Colomb.* y *Ecuad.* Hierbas que sirven de condimento.

Zzz

Z n. f. Vigésima séptima letra del alfabeto español y la vigésima segunda de las consonantes. (Es una fricativa interdental sorda [θ].) **2.** Conjunto de los números enteros relativos, es decir de los números positivos y negativos, y del cero (Z). **3.** Conjunto de los números enteros relativos excepto el cero (Z*).
ZACAPA *(departamento de),* dep. del E de Guatemala; 2690 km²; 161 701 hab. Cap. *Zacapa* (40 366 hab.).
ZACAPU, c. de México (Michoacán); 63 085 hab. Industrias alimentaria, de la madera y celulosa.
ZACATAL n. f. *Amér. Central* y *Méx.* Pastizal.
ZACATE n. m. (voz nahua). *Amér. Central* y *Méx.* Hierba, pasto, forraje. **2.** *Méx.* Estropajo.
ZACATECA n. m. y n. m. y f. Relativo a un pueblo amerindio de México (Zacatecas, Durango), act. extinguido, nómada y de cultura bastante primitiva; individuo de este pueblo.
ZACATECA n. m. *Cuba.* Empleado de pompas fúnebres.
ZACATECAS *(estado de),* est. del centro de México; 75 040 km²; 1 276 323 hab. Cap. *Zacatecas.*
ZACATECAS, c. de México, cap. del est. homónimo; 108 556 hab. Centro minero (oro, plata, plomo, cinc y hierro), con plantas siderúrgicas y de transformación. Fue fundada en el s. XVI. Catedral barroca (1730-1760), convento franciscano de Guadalupe (1721) con numerosas obras de arte colonial; palacios e iglesias de los XVIII. Victoria decisiva de Pancho Villa sobre las tropas de Huerta (22 junio 1914).
ZACATÓN n. m. C. *Rica.* y *Méx.* Hierba alta para pasto.
ZACATÓN, NA n. *Méx. Fam.* Persona miedosa, huidiza, cobarde.
ZACUA n. f. *Méx.* Pájaro dañino para los cultivos, cuyas plumas eran utilizadas por los aztecas como adorno.
ZAFACOCA n. f. *Amér. Riña.*
ZAFACÓN n. m. *Dom.* y *P. Rico.* Cubo de basura.
ZAFADO, A adj. y n. *Argent.* Atrevido, descarado, insolente. **2.** *Méx.* Loco chiflado.
ZAFADURA n. f. *Amér.* Dislocación, luxación.
ZAFADURÍA n. f. *Argent* y *Urug.* Conducto o lenguaje atrevidos.
ZAFAR v. tr. [1]. Adornar, embellecer, cubrir algo.
ZAFARRANCHO n. m. Acción y efecto de desembarazar una parte de la embarcación, para dejarla dispuesta a determinada faena. **2.** *Fig.* y *fam.* Destrozo, estrago, trastorno. **3.** *Fig.* y *fam.* Riña o pendencia con gran alboroto y ruido. **4.** En un cuartel militar, limpieza general de los dormitorios y anexos. • **Zafarrancho de combate,** preparación de las armas y útiles de combate, de un barco, para desarrollar una inesperada acción de guerra.
ZAFARSE v. pron. [1]. Escaparse. **2.** *Fig.* Excusarse de hacer algo. **3.** *Fig.* Librarse de una molestia. **4.** *Amér.* Dislocarse, descoyuntarse un hueso.
ZAFIEDAD n. f. Calidad de zafio.

ZAFIO, A adj. Tosco, inculto o grosero.
ZAFIRO n. m. (ár. *safir*). Piedra preciosa de color azul, variedad transparente de corindón. **2.** HERÁLD. En las armas reales, azur.
ZAFRA n. f. Vasija de metal, grande, con tapadera, y generalmente con un grifo en su parte inferior, donde se coloca el aceite.
ZAFRA n. f. (port. *safra,* cosecha). Cosecha o recolección de la caña de azúcar. **2.** Fabricación del azúcar de caña y del de remolacha, y tiempo que dura esta fabricación. **3.** *Can.* Cosecha.
ZAGA n. f. Parte de atrás o posterior de una cosa. • **A, a la, o en, zaga,** detrás o en la parte posterior. || **No ir, no irse, o no quedarse, en zaga** alguien o algo, no ser inferior en el asunto de que se trata.
ZAGAL, LA n. Muchacho que ha llegado a la adolescencia. **2.** Pastor joven que está a las órdenes del rabadán o mayoral.
ZAGREB, en alem. **Agram,** c. y cap. de Croacia, junto al Sava; 1 175 000 hab. Centro administrativo, comercial (feria internacional), cultural e industrial. Catedral gótica y otros monumentos. Museos.
ZAGUÁN n. m. Pieza o habitación cubierta inmediata a la entrada de un edificio y que sirve de vestíbulo.
ZAGUERO, A adj. y n. Que va, está situado o se coloca detrás. ♦ n. **2.** En diversos deportes de equipo, jugador que se coloca detrás.
ZAHERIR v. tr. [22]. Reprender, censurar con humillación o malos tratos.
ZAHÓN n. m. Prenda que llevan los cazadores para resguardar el traje. (Suele usarse en plural.)
ZAHORÍ n. m. y f. (ár. *zuharī,* geomántico). Persona a quien se atribuye la facultad de descubrir manantiales subterráneos, valiéndose de una varilla o de un péndulo. **2.** *Fig.* Persona perspicaz y escudriñadora.
ZAHÚRDA n. f. Pocilga. **2.** *Fig.* Vivienda sucia y miserable.
ZAINO, A adj. Traidor, falso. **2.** Dícese de la caballería falsa o con resabios. **3.** Dícese del caballo o de la yegua de pelaje castaño oscuro. **4.** Dícese de la res vacuna de color negro sin ningún pelo blanco.
ZAIRE o **CONGO,** r. de África central; 4700 km (cuenca de 3 800 000 km²). Nace en las montañas de Shaba y lleva el nombre de Lualaba hasta Kisangani. Recibe al Ubangui y al Kasai antes de desembocar en el Pool Malebo (ant. Stanley Pool), emplazamiento de Kinshasa y Brazzaville, para continuar su curso hasta el Atlántico. Aguas abajo, Matadi es accesible a los navíos de alta mar. El Zaire, navegable por tramos, posee un régimen bastante regular. La pesca es activa.
ZAIRE *(República de)* → **Congo (República Democrática del).**
ZALAMERÍA n. f. Caricia, halago o demostración de cariño, afectada y empalagosa.
ZALAMERO, A adj. y n. Que hace o tiende a hacer zalamerías. **2.** Que denota zalamería.
ZALCE (Alfredo), pintor y grabador mexicano (Pátzcuaro 1908-Morelia 2003). Su obra se encuadra dentro de un realismo expresionista de compromiso social. (Premio Nacional de Ciencias y Artes 2001.)
ZALDÍVAR (Rafael), político salvadoreño (San Alejo 1834-París 1903). Presidente de la república (1876-1885), fue depuesto por F. Menéndez.
ZALDÚA (Francisco Javier), político colombiano (Bogotá 1811-*id.* 1882). Presidente de la república (1882), murió en el cargo.
ZALDUMBIDE (Gonzalo), escritor y diplomático ecuatoriano (Quito 1885-*id.* 1965). Su única novela *Égloga trágica* (1956) le consagró como maestro de la prosa rítmica y morosa. Escribió valiosos ensayos (*Significado de España en América,* 1933).
ZAMACUCO, A n. Persona que, haciéndose la torpe o callando, hace siempre su voluntad.
ZAMACUECA n. f. Danza cantada típica de Chile. **2.** Música y canto de este baile.
ZAMARRA n. f. Prenda de vestir, en forma de chaleco, hecha de piel con su pelo. **2.** Chaqueta de mucho abrigo, hecha de piel u otro material.
ZAMARREAR v. tr. [1]. Sacudir el perro, el lobo u otra fiera la res o pieza que tiene asida por los dientes, para despedazarla o rematarla. **2.** *Fig.* y *fam.* Maltratar a uno zarandeándolo, golpeándolo. **3.** *Fig.* y *fam.* Acosar o apretar a alguien en una pendencia o disputa colocándole en situaciones apuradas.
ZAMARRO n. m. Zamarra, prenda de vestir. ♦ **zamarros** n. m. pl. **2.** *Colomb., Ecuad.* y *Venez.* Especie de zahones para montar.
ZAMARRONEAR v. tr. [1]. *Argent., Chile* y *Ecuad.* Zamarrear.
ZAMBA n. f. *Amér. Merid.* Danza en compás de 6/8, que se baila en pareja suelta y con revoleo de pañuelos.
ZAMBEZE o **ZAMBEZI,** r. de África austral que desemboca en el océano Índico tras un curso sembrado de rápidos y cataratas; 2660 km. Presas (Kariba y Cabora Bassa).
ZAMBIA, ant. **Rhodesia del Norte,** estado de África austral; 746 000 km²; 8 400 000 hab. (*Zambianos.*) CAP. *Lusaka.* LENGUA OFICIAL: *inglés* MONEDA: *kwacha.* El país, de clima tropical templado por la altitud, está formado sobre todo por colinas y mesetas. La mayoría de la población vive de la agricultura, pero la economía del país se basa en las minas (cobre principalmente, cobalto, oro, plata, etc.) del Copperbelt.
HISTORIA
El país, habitado probablemente primero por pigmeos y luego por bantúes, estuvo dividido en jeferías hasta la llegada de los europeos. 1853-1873: la penetración británica comenzó con tres viajes de Livingstone. 1890: la British South Africa company, de Cecil Rhodes, obtuvo del rey de los Iozi el monopolio de la economía del país. 1890-1899: a la influencia económica le sucedió la ocupación británica. El conjunto de las regiones sobre las que se extendió tomó en 1895 el nombre de Rhodesia. 1911: esta zona fue dividida en dos regiones, Rhodesia del Norte y Zambia, y Rhodesia del Sur, actual Zim-

ZAM

babee. 1924: un año después de que Rhodesia del Sur accediese a la autonomía, Rhodesia del Norte obtuvo el estatuto de colonia de la corona, dotada de un consejo legislativo. El mismo año se descubrieron importantes yacimientos de cobre. 1948: se formó un movimiento nacionalista, que tuvo como jefe a Kenneth Kaunda. 1953: no obstante, se instauró una Federación de África Central, que agrupaba a las dos Rhodesias y Nyasalandia. 1963: los progresos de la reivindicación nacionalista llevaron a la disolución de la Federación. 1964: se produjo la independencia de Rhodesia del Norte con el nombre de Zambia en el marco de la Commonwealth. K. Kamda jefe de estado, instauró (1972) un régimen de partido único. 1990: una fuerte oposición le obligó a volver al multipartidismo. 1991: venció la oposición en las elecciones legislativas y presidenciales. F. Chiluba, presidente (reelegido en 1996).

ZAMBO, A adj. y n. Que tiene torcidas las piernas hacia afuera, desde las rodillas. **2.** *Amér.* Dícese del hijo de negro e india o viceversa. ♦ n. m. **3.** Mono de América, que tiene la cola prensil y casi tan larga como el cuerpo. (Familia cébidos.)

ZAMBOMBA n. f. Instrumento musical rústico, formado por un cilindro hueco, cerrado por un extremo con una piel muy tirante, que tiene en el centro una varilla que al ser frotada produce sonidos fuertes y ásperos. ♦ interj. **2.** *Fam.* Denota sorpresa o asombro.

ZAMBOMBAZO n. m. *Fam.* Estampido o explosión con mucho ruido y fuerza.

ZAMBRANO (María), filósofa y ensayista española (Vélez-Málaga 1907-Madrid 1991). Discípula de Ortega, su pensamiento filosófico, de raíz vitalista, es inseparable de la palabra poética, que refleja en su obra donde se funde filosofía y literatura (*El hombre y lo divino*, 1955; *España, sueño y verdad*, 1965; *El sueño creador*, 1965; *Dos escritos sobre el amor*, 1991). [Premio Miguel de Cervantes 1989.]

ZAMBULLIDA n. f. Acción y efecto de zambullir o zambullirse.

ZAMBULLIR v. tr. y pron. [**3h**] Sumergir o sumergirse en el agua o cualquier otro líquido, de forma impetuosa y rápida. ♦ **zambullirse** v. pron. **2.** *Fig.* y *fam.* Meterse de lleno en alguna actividad o asunto: *zambullirse en el estudio*.

ZAMBULLÓN n. m. *Amér.* Zambullida.

ZAMBUTIR v. tr. [**3**]. *Méx. Fam.* Introducir, llenar, meter alguna cosa a la fuerza en un lugar estrecho.

ZAMORA (Hoya del), región fisiográfica de Ecuador (Loja). Es una hoya abierta al E, cerrada por serranías y avenada por el *río Zamora* (305 km). Vegetación tropical. Loja es el núcleo urbano principal.

ZAMORA (provincia de), prov. del O de España, en Castilla y León; 10 559 km²; 211 213 hab. Cap. *Zamora*. En la Meseta septentrional, ofrece un relieve con suaves ondulaciones y páramos, salvo en el sector NO (sierra Segundera, peña Trevinca). Avenada por el Duero y su afl. el Esla.

ZAMORA, c. de Ecuador, cap. de la prov. de Zamora-Chinchipe, al NE de la *cordillera de Zamora*; 21 602 hab. Frutos tropicales.

ZAMORA, c. de España, cap. de la prov. homónima y cab. de p. j.; 68 202 hab. (*Zamoranos.*) A orillas del Duero, es un centro administrativo y comercial. Industrias alimentaria y textil (mantas). Murallas y castillo medieval; casa del Cid (s. XII); catedral (ss. XII-XIII) y varias iglesias románicas; iglesias y palacios góticos y renacentistas; palacio de Aliste de los duques de Alba, plateresco (parador de turismo); ayuntamiento (1607). Museos. Reconstruida y repoblada por Alfonso III de Asturias (883), sufrió un famoso sitio de siete meses en 1072, en la contienda por la sucesión dinástica castellana.

ZAMORA DE HIDALGO, c. de México (Michoacán); 144 889 hab. Centro industrial y comercial. Fundada en 1540 por el virrey Antonio de Mendoza.

ZAMORA-CHINCHIPE (provincia de), prov. del SE de Ecuador; 23 111 km²; 66 167 hab. Cap. *Zamora*.

ZAMORANO, A adj. y n. De Zamora.

ZAMPAR v. tr. [**1**]. Meter bruscamente una cosa en un líquido o en un sitio. **2.** Estampar, arrojar algo contra un sitio o dejarlo caer de modo que choque violentamente. ♦ v. intr. y pron. **3.** Comer de prisa, con avidez y con exageración. ♦ **zamparse** v. pron. **4.** *Fam.* Dejarse caer o meterse en algún sitio de golpe y sin mirar nada.

ZAMUCO o **SAMUCO,** pueblo amerindio del N del Chaco (Chile y Argentina) y cultura de los pueblos del Chaco.

ZAMURO n. m. *Colomb.* y *Venez.* Zopilote.

ZANAHORIA n. f. Planta bianual que cultivan por su raíz fusiforme, rica en azúcar y comestible. (Familia umbelíferas.) **2.** Raíz de esta planta.

ZANATE n. m. *C. Rica, Guat., Méx.* y *Nicar.* Pájaro de plumaje negro que se alimenta de semillas.

ZANCA n. f. Pierna de las aves desde el tarso hasta la junta del muslo. **2.** *Fig.* y *fam.* Pierna del hombre o de cualquier animal cuando es larga y delgada. **3.** CONSTR. Viga o pieza de apoyo en pendiente, que limita la base o parte inferior de una escalera.

ZANCADA n. f. Paso más largo del normal.

ZANCADILLA n. f. Acción de cruzar uno su pierna por entre las de otro para hacerle perder el equilibrio y caer. **2.** *Fig.* Ardid, estratagema o engaño para perjudicar a alguien.

ZANCADILLEAR v. tr. [**1**]. Poner o hacer la zancadilla a alguien.

ZANCO n. m. Cada uno de los dos palos altos, con soportes donde se apoyan los pies, sobre los que se anda, por juego o como ejercicio de destreza. (Suele usarse en plural.) **2.** CONSTR. Cualquiera de los maderos o puntales verticales que forman la base o parte principal de un andamio.

ZANCÓN, NA adj. *Fam.* Que tiene las zancas largas. **2.** *Colomb., Guat., Méx.* y *Venez.* Dícese del traje demasiado corto.

ZANCUDO, A adj. Que tiene las zancas largas. ♦ adj. y n. f. **2.** Relativo a un grupo de aves de largas patas que buscan su alimento en las aguas dulces poco profundas. ♦ n. m. **3.** *Amér.* Mosquito.

ZANGANEAR v. intr. [**1**]. *Fam.* Holgazanear.

ZÁNGANO n. m. Abeja macho.

ZÁNGANO, A n. *Fam.* Persona holgazana que no trabaja ni hace nada de provecho.

ZANGOLOTEAR v. tr., intr. y pron. [**1**]. *Fam.* Mover o moverse continua y violentamente.

ZANJA n. f. Excavación larga y estrecha que se hace en la tierra. **2.** *Amér.* Surco que abre en la tierra la corriente de un arroyo.

ZANJAR v. tr. [**1**]. Abrir o excavar zanjas. **2.** *Fig.* Resolver las dificultades o inconvenientes, de modo expeditivo, para poner fin a un asunto.

ZANJÓN n. m. *Chile.* Precipicio, despeñadero.

ZANZÍBAR, isla del océano Índico, cerca de las costas de África; 1658 km²; 310 000 hab. Cap. *Zanzíbar* (125 000 hab.). Zanzíbar y la isla cercana de Pemba forman la Tanzania insular.

HISTORIA

1503: los portugueses se instalaron en la isla. S. XVII: fueron sustituidos por los sultanes de Omán, que dieron a Zanzíbar una gran prosperidad. 1873: se inició la decadencia con la supresión del mercado de esclavos. 1890: las islas de Zanzíbar y de Pemba se convirtieron en protectorado británico. 1963: el sultanato accedió a la independencia. 1964: se proclamó la república y Zanzíbar se unió a Tanganyka en el seno de la República Unida de Tanzania.

ZAPA n. f. (lat. *sappam*). Especie de pala que usan los zapadores. **2.** Zanja abierta al pie de un muro, para destruir sus cimientos. **3.** Excavación de galería subterránea, o de trinchera al descubierto. • **Trabajo,** o **labor, de zapa** (*Fig.*), actividad o labor clandestina de destrucción progresiva.

ZAPADOR n. m. Militar encuadrado en unidades básicas del arma de ingenieros.

ZAPALA, dep. de Argentina (Neuquén); 31 303 hab. Yacimientos de gas y petróleo.

ZAPALERI (cerro de), pico de Argentina (Jujuy), en la cordillera de los Andes, en la frontera con Chile y Bolivia, en la Puna; 5653 m de alt.

ZAPALLO n. m. *Amér. Merid.* Calabacera. **2.** *Amér. Merid.* Fruto de esta planta.

ZAPALOTE n. m. *Amér. Central.* Maíz que tiene granos de varios colores en la mazorca.

ZAPANDO, A adj. *Cuba* y *P. Rico.* Dícese del alimento que está correoso por falta de cocción.

ZAPAPICO n. m. Herramienta con mango de madera y dos bocas opuestas terminada la una en punta y la otra en corte angosto.

ZAPAR v. tr. e intr. [**1**]. Hacer excavaciones.

ZAPARA, pueblo amerindio amazónico de Ecuador y lengua propia, el záparo.

ZAPATA n. f. Calzado que llega a media pierna, parecido al coturno antiguo. **2.** Madero que calza un puntal. • **Zapata de freno** (TECNOL.), pieza metálica revestida periféricamente de un material especial y que, por rozamiento, retarda o detiene un movimiento.

ZAPATA (ciénaga de), ciénaga de Cuba, en el S de Matanzas. La *ciénaga Oriental de Zapata* y la *ciénaga Occidental de Zapata* están separadas por la *llanura de Zapata*. Parque nacional.

ZAPATA (Emiliano), revolucionario y jefe agrarista mexicano (Anenecuilco, Morelos, 1883-hacienda de Chinameca, Cuautla, Morelos, 1919). Incorporado a las fuerzas maderistas, líder del movimiento revolucionario del Sur (1911), abandonó las armas ante la firma de los acuerdos de Ciudad Juárez. En noviembre de 1911 organizó un movimiento popular armado exigiendo el reparto de tierras, y elaboró el plan agrarista de Ayala. La represión gubernamental le obligó a dejar Morelos y pasar a Guerrero, pero tras el asesinato de Madero (1913) reorganizó sus fuerzas. Aliado a Villa y Carranza, forzó la caída de Huerta (ag. 1914). La ruptura con Carranza (set.) y, tras el fracaso de la convención de Aguascalientes (oct.), también con Villa (dic.), condujo al aislamiento de Zapata en Morelos. En 1916 emprendió una contraofensiva acompañada de medidas políticas revolucionarias (manifiesto *A los revolucionarios de la República y a los trabajadores de la República*, 1918). Fue asesinado por el carrancista coronel Guajardo, pero el movimiento zapatista se prolongó hasta 1952. Su irredentismo agrario y su lema *Tierra y libertad* ha inspirado a movimientos campesinos.

ZAPATA (Marcos), pintor cuzqueño del s. XVIII. Pintó series de cuadros sobre vidas de santos (*Vida de san Ignacio de Loyola*, para la iglesia de la Compañía en Cuzco).

ZAPATAZO n. m. Golpe dado con un zapato.

ZAPATEADO n. m. Modalidad de baile flamenco caracterizada por el rítmico golpear de los pies. **2.** Música de este baile.

ZAPATEAR v. tr. [**1**]. Dar golpes en el suelo con los pies calzados. **2.** En el baile, dar golpes con los pies llevando un ritmo muy vivo. ♦ v. intr. **3.** EQUIT. Moverse el caballo aceleradamente sin cambiar de sitio.

ZAPATEO n. m. Acción y efecto de zapatear.

ZAPATERA, isla de Nicaragua (Granada), en el lago Nicaragua; 52 km². Coronada por el *volcán Zapatera* (740 m de alt.).

ZAPATERÍA n. f. Taller donde se hacen zapatos. **2.** Tienda de zapatos. **3.** Oficio, actividad o arte de hacer zapatos.
ZAPATERO, A n. Persona que tiene por oficio hacer, componer o vender zapatos. • **Zapatero de viejo,** o **remendón,** el que tiene por oficio recomponer zapatos. ♦ adj. **2.** Dícese de los alimentos cuando, por cocción defectuosa u otra causa, resultan duros y correosos. ♦ n. m. **3.** Teleósteo acantopterigio que vive en los mares de América tropical. **4.** Mueble para guardar zapatos. **5.** Tejedor, insecto.
ZAPATILLA n. f. Zapato ligero que se emplea para estar en casa. **2.** Zapato plano usado en ballet con la suela de cuero muy ligero. **3.** Nombre que se da a diferentes tipos de zapatos especiales para practicar determinados deportes: *zapatilla de tenis, de atletismo.* **4.** Suela del taco de billar.
ZAPATO n. m. Calzado que cubre el pie hasta el tobillo, con la planta de suela, goma, etc., y el resto de piel, fieltro, paño, etc.
ZAPATOSA (laguna de), laguna de Colombia (Magdalena), formada por el río Cesar cerca de su confluencia con el Magdalena.
ZAPATUDO, A adj. *Cuba* y *P. Rico.* Dícese del alimento que está correoso por falta de cocción.
¡ZAPE! interj. Denota asombro o extrañeza.
ZAPOTAZO n. m. *Méx. Fam.* Golpe que al caer se da uno contra el suelo.
ZAPOTE o **ZAPOTERO** n. m. (náhuatl *zapotl*). Planta arbórea, de distintas especies, fruto comestible de forma esférica y sabor muy dulce. (Crece en América. Familia sapotáceas.) **2.** Fruto de este árbol.
ZAPOTECA adj. y n. m. y f. Relativo a un pueblo amerindio de México, del grupo olmeca, de lengua otomangue, que vive esencialmente en Oaxaca, pero también en Veracruz, Chiapas y Guerrero; individuo de dicho pueblo.
• En los s. IX a. J.C. los zapotecas ocuparon Etla, la laguna Zope, Huamelulpan y Monte Albán. En 100-800 d. J.C. tuvieron un período de esplendor (Monte Albán). Hacia 1100 d. J.C., desplazados por los mixtecas, se establecieron en Zaachila y Mitla, y lograron subsistir pese a los ataques del azteca Ahuitzotl a principios de s. XVI. En 1551 fueron sometidos por los españoles. Realizaron complejas construcciones funerarias, pirámides y estelas, y practicaron la metalurgia (oro) y la cerámica.
ZAPOYOLITO n. m. *Amér.* Ave trepadora similar al perico.
ZAR o **CZAR** n. m. (eslavo *tsar;* del lat. *caesar*). Título que se daba al emperador de Rusia y a los soberanos de Bulgaria y Serbia.
ZARABANDA n. f. Danza popular española, de compás ternario. **2.** Música de esta danza. **3.** Copla que se cantaba con esta música. **4.** *Fig.* Jaleo, ruido, agitación, desorden.
ZARAGATE n. m. *Amér. Central* y *Venez.* Pícaro, persona despreciable.
ZARAGOZA (provincia de), prov. de España, en Aragón; 17 194 km²; 861 329 hab. Cap. *Zaragoza*. Se extiende por el valle del Ebro, que la cruza de NO a SE, y se adentra al SO en el sistema Ibérico (Moncayo).
ZARAGOZA, c. de España, cap. de Aragón, cap. de la prov. homónima y cab. de p. j.; 622 371 hab. (*Zaragozanos.*) Centro administrativo, comercial y cultural (universidad, academia general militar). Industria diversificada. Base aérea. Conserva parte de las murallas de época romana (*Caesaraugusta*) y el palacio musulmán de la Aljafería, de la época de los reinos de taifas (s. XI). Tomada por Alfonso el Batallador (1118), fue capital del reino de Aragón a partir de 1136. En la guerra de Sucesión, derrota al ejército borbónico ante las tropas del archiduque Carlos (20 ag. 1710). Los sitios de 1808 y 1809 en la guerra de la Independencia la convirtieron en símbolo de la resistencia española. Destacan entre sus monumentos la Seo gótico-mudéjar (ss. XIV-XV), la basílica barroca del Pilar, la Lonja renacentista (1541-1551), la Real Maestranza y un grupo de iglesias mudéjares y de ricos palacios renacentistas. Museos de bellas artes, catedralicio de la Seo (tapices), Pablo Gargallo y Pablo Serrano (escultura) y Camón Aznar (bellas artes).
ZARAGOZANO, A adj. y n. De Zaragoza.
ZARAGUTEAR v. intr. [1]. *Venez.* Holgazanear.
ZARAMULLO n. m. *Perú* y *Venez.* Bellaco, persona despreciable.
ZARANDAJAS n. f. pl. Insignificancia, cosas sin importancia de las que no vale la pena ocuparse.
ZARANDEAR v. tr. y pron. [1]. Mover o moverse de un lado a otro con ligereza, rapidez y energía. **2.** Mover, sacudir a alguien bruscamente, empujándolo de un lado para otro. ♦ **zarandearse** v. pron. **3.** *Perú, P. Rico* y *Venez.* Contonearse.
ZARANDEO n. m. Acción y efecto de zarandear. **2.** Acción y efecto de zarandar.
ZARAPITO n. m. Ave migratoria de pico largo y arqueado hacia abajo. (Familia carádridos.)
ZÁRATE, c. de Argentina (Buenos Aires); 91 820 hab. Centro industrial; nudo de comunicaciones.
ZÁRATE (Agustín de), cronista e historiador español (¿Valladolid? 1514 o 1515-† 1560). Secretario del consejo de Castilla, vivió en Perú (1544-1545) y escribió *Historia del descubrimiento y conquista del Perú* (1555).
ZARATUSTRA o **ZOROASTRO,** reformador del mazdeísmo y fundador del zoroastrismo (Rages, Irán, 628 a. J.C.-† 551 a. J.C.).
ZARCILLO n. m. (lat. *circellum*). Pendiente en forma de aro. **2.** Órgano filamentoso de ciertas plantas (vid, guisante, etc.) que se enrolla alrededor de un soporte.
ZARCO, A adj. De color azul claro.
ZAREVICH o **ZAREVITZ** n. m. Primogénito del zar.
ZARIGÜEYA n. f. (voz tupí-guaraní). Mamífero americano de la subclase marsupiales, provisto de una larga cola prensil que sirve a la hembra para mantener a las crías sobre el dorso.
ZARINA o **CZARINA** n. f. Título que se daba a la emperatriz de Rusia y a las soberanas de Bulgaria y Serbia. **2.** Esposa del zar.
ZARPA n. f. Mano con dedos y uñas de ciertos animales, como el león, el tigre, etc. **2.** *Fig.* y *vulg.* Mano humana.
ZARPAR v. intr. [1]. Marcharse un barco del lugar en que está anclado. **2.** Partir, salir en barco. ♦ v. tr. **3.** Levar las anclas.
ZARPAZO n. m. Acción y efecto de clavar las zarpas o arañar con las uñas un animal.
ZARRAPASTROSO, A adj. y n. *Fam.* De aspecto sucio, roto y descuidado.
ZARZA n. f. Planta arbustiva espinosa, cuyos frutos están compuestos de pequeñas drupas. (Familia rosáceas.)
ZARZAL n. m. Matorral de zarzas o terreno cubierto de zarzas.
ZARZAMORA n. f. Fruto de la zarza. **2.** Zarza.
ZARZAPARRILLA n. f. Planta arbustiva de la que se obtiene la bebida refrescante homónima. (Familia liliáceas.)
ZARZUELA n. f. Composición dramática española, en la que alternan los fragmentos hablados y los cantados. **2.** Plato que consiste en varias clases de pescado condimentado con una salsa especial.
¡ZAS! interj. Expresa el sonido que produce un golpe, o la brusquedad con que se hace.
ZAVALA (Silvio), historiador mexicano (Mérida 1907). Investigador de la presencia española en América, es autor de *La encomienda indiana* (1935) y *Ensayos sobre la colonización española en América* (1944).

ZIG

ZAYAS (Alfredo), político y escritor cubano (La Habana 1861-id. 1934). Fue presidente de la república (1921-1925), y fundador del Partido popular. Es autor de *Lexicografía antillana* (1914) y *Un capítulo de la historia general de Cuba (1867-1868)* (1916), entre otras obras.
ZAZA, r. de Cuba (Villa Clara y Sancti Spíritus), que desemboca en el Caribe; 150 km. Al pasar por la ciudad de Sancti Spíritus forma un gran embalse (1020 Mm³), cuyas aguas sirven para el regadío.
ZEA (Francisco Antonio), científico y patriota colombiano (Medellín 1776-Bath, Gran Bretaña, 1822). Participó en las investigaciones de Mutis (1789-1794). Se unió a Bolívar (1816) y presidió el congreso de Angostura (1819).
ZEDA, ZETA, CEDA o **CETA** n. f. Nombre de la letra z.
ZEEMAN (Pieter), físico neerlandés (Zonnemaire, Zelanda, 1865-Amsterdam 1943). Descubrió la acción de los campos magnéticos en la emisión de la luz (*efecto Zeeman*) y confirmó experimentalmente las teorías relativistas. (Premio Nobel de física 1902.)
ZEITLIN (Israel) → *Tiempo* (César).
ZEJEL n. m. Estrofa de numerosas cantigas galaicoportuguesas y villancicos.
ZELAYA (departamento de), dep. del E de Nicaragua; 60 035 km²; 298 900 hab. Cap. *Bluefields.*
ZELAYA (José Santos), político nicaragüense (Managua 1853-Nueva York 1919), fue presidente de la república (1893-1909).
ZEMPOALA (lagunas de), lagunas de México (México y Morelos), en la sierra de Ajusco, que ocupan antiguos cráteres volcánicos.
ZEN adj. n. y n. m. voz japonesa). Dícese de una secta budista, originaria de China y extendida en Japón desde fines del s. XII.
ZENEA (Juan Clemente), poeta cubano (Bayamo 1832-La Habana 1871), es el mejor exponente del intimismo romántico en Cuba (*Cantos de la tarde,* 1860; *Diario de un mártir*). Murió fusilado.
ZENO GANDÍA (Manuel), escritor puertorriqueño (Arecibo 1855-San Juan 1930), autor de novelas (*Aquella noche,* 1910; *El negocio,* 1922).
ZENÓN de Elea, filósofo griego (nacido entre 490 y 485-† c. 430 a. J.C.). Sus argumentos (paradojas), plantean la cuestión de la divisibilidad del espacio y del movimiento.
ZEPELÍN n. m. (de F. von *Zeppelin,* oficial alemán). Globo dirigible alemán, de estructura metálica rígida.
ZEPPELIN (Ferdinand, conde von), oficial e industrial alemán (Constanza 1838-Berlín 1917). Construyó, a partir de 1890, los grandes dirigibles rígidos a los que ha quedado vinculado su nombre.
ZERNIKE (Frederik), físico neerlandés (Amsterdam 1888-Naarden 1966). Ideó el microscopio de contraste de fases. (Premio Nobel de física 1953.)
ZETA n. f. LING. Theta. ♦ n. m. **2.** *Fam.* Coche patrulla de la policía.
ZEUGMA o **ZEUMA** n. m. (gr. *zéugma,* enlace). LING. Figura que consiste en no repetir en dos o más enunciados un término expresado en uno de ellos: *era guapa y (era) delgada.*
ZEUS, divinidad suprema del panteón griego. Dios del Cielo y señor de los dioses, hacía reinar en la Tierra el orden y la justicia. Su atributo era el rayo. Los romanos lo asimilaron a *Júpiter.*
ZIGOTO n. m. Cigoto.
ZIGURAT n. m. (pl. *zigurats*). Torre escalonada, uno de los elementos del complejo sagrado en Mesopotamia, aparecido con los sumerios, que sostenía un templo.
ZIGZAG n. m. (pl. *zigzags* o *zigzagues*). Línea quebrada formada por segmentos lineales que forman alternativamente ángulos entrantes y salientes.

ZIG

ZIGZAGUEAR v. intr. [1]. Moverse o extenderse formando una línea en zigzag.

ZIMAPÁN, c. de México (Hidalgo); 35 067 hab. Plomo, plata y cinc. Iglesia barroca e interior neoclásico (ss. XVIII-XIX).

ZIMBABUE, ant. **Rhodesia del Sur**, estado de África austral; 390 000 km²; 10 000 000 hab. CAP. *Harare*. LENGUA OFICIAL: *inglés*. MONEDA: *dólar de Zimbabue*.

GEOGRAFÍA

Es una región de mesetas, dominio del bosque claro y de la sabana. Como herencia de la colonización el país yuxtapone cultivos de subsistencia (maíz) y de exportación (algodón y tabaco), junto a la ganadería. El subsuelo proporciona cromo y amianto. El éxodo de la mayor parte de la minoría blanca desorganizó la economía del país. Éste, enclavado, presa de luchas internas, con un rápido crecimiento demográfico, depende en parte de su poderosa vecina, la República de Sudáfrica.

HISTORIA

S. III-XVI: el actual Zimbabue, habitado por bosquimanos y luego por bantúes, proporcionó en el s. XV el marco del imperio del Mononomotapa (capital Zimbabue), que obtenía su riqueza de la explotación del oro. S. XVI: los portugueses desplazaron progresivamente a los musulmanes en el comercio de minerales. 1885-1896: Cecil Rhodes, en nombre de Gran Bretaña, ocupó varias regiones, que adoptaron en 1895 el nombre de Rhodesia y entre las cuales figuraba el actual Zimbabue. 1911: Rhodesia fue fragmentada; la unificación de las regiones del N formó Rhodesia del Norte (actual Zambia), la de las regiones del S constituyó Rhodesia del Sur (el futuro Zimbabue). 1923: Rhodesia del Sur se convirtió en colonia de la corona, dotada de autonomía interna. 1940-1953: la segunda guerra mundial provocó una rápida expansión económica y la llegada de numerosos inmigrantes blancos. 1953-1963: una federación unió Nyasalandia y las dos Rhodesias. 1965-1978: el primer ministro Ian Smith, jefe de la minoría blanca, proclamó unilateralmente (1965) la independencia de Rhodesia del Sur, y proclamó (1970) la República de Rhodesia, que siguió el modelo de la República de Sudáfrica (Apartheid). 1972: surge una guerrilla apoyada por Mozambique. 1979: se constituyó un gobierno multirracial. 1980: en elecciones reconocidas por la comunidad internacional asciende al poder R. Mugabe, jefe del ala radical del movimiento nacionalista. Aunque la independencia de Zimbabue provocó un éxodo de los blancos, éstos siguieron controlando la riqueza del país. 1987: se establecieron un régimen presidencial y Mugabe se reelige sucesivamente hasta 1996. 2001: Mugabe prohibió a las ONG's el reparto de ayuda alimentaria, pese a la hambruna que azotaba al país. Anunció el retorno al socialismo a finales de la década de 1980 para paliar la difícil situación económica y se reeligió en 2002.

ZINC n. m. Cinc.

ZÍNGARO, A adj. y n. Cíngaro.

ZÍPER n. m. (ingl. *zipper*). *Méx.* Cremallera.

ZIPIZAPE n. m. *Fam.* Riña, discusión, jaleo de poca trascendencia.

ZIRCÓN n. m. Circón.

ZIRCONIO n. m. Circonio.

ZITÁCUARO, c. de México (Michoacán), en la sierra de Zitácuaro, cerca del río Zitácuaro (afl. del Cutzamala); 107 475 hab. Industria alimentaria, curtidos, aserraderos. Mercado regional. Artesanía. Turismo. La ciudad se sumó a la insurrección de Hidalgo (1810), y en ella se creó una junta nacional (ag. 1811) hasta la *toma de Zitácuaro* (2 en. 1812).

ZITARROSA (Alfredo), cantautor uruguayo (Montevideo 1936-*id.* 1989), autor de canciones de raíz folklórica o testimoniales.

Zn, símbolo químico del *cinc*.

ZOC n. m. *Méx.* Murciélago.

ZÓCALO n. m. (ital. *zoccolo*, zueco, basa). Cuerpo inferior del exterior de un edificio, que sirve para elevar los basamentos a un mismo nivel. **2.** Parte inferior del muro de una habitación, que se pinta de distinto color que el resto o que está protegida por un revestimiento. **3.** Friso. **4.** Parte inferior de un pedestal. **5.** *Méx.* Plaza mayor. **6.** GEOL. Conjunto de terrenos antiguos, a menudo metamórficos o cristalinos, que constituyen plataformas rígidas parcialmente recubiertas de depósitos sedimentarios más recientes.

ZOCO n. m. (ár. *suq*). En los países árabes, mercado generalmente cubierto.

ZODIACAL adj. Relativo al zodíaco.

ZODÍACO n. m. (gr. *zódiakos*). ASTRON. Zona de la esfera celeste que se extiende 8,5º a uno y otro lado de la eclíptica y en la que se desplaza el Sol, la Luna y los principales planetas del sistema solar excepto Plutón. • **Signo del zodíaco**, cada una de las doce partes que se distribuyen en 30º de longitud y en las que el zodíaco está dividido a partir del punto vernal. (Reciben los nombres de las constelaciones con las que coincidían hace unos 2000 años; a partir del punto vernal y siguiendo el movimiento anual son: Aries, Tauro, Géminis, Cáncer, Leo, Virgo, Libra, Escorpión, Sagitario, Capricornio, Acuario y Piscis.)

ZOLA (Emile), escritor francés (París 1840-*id.* 1902). Figura principal del naturalismo, quiso aplicar el rigor científico a los hechos humanos y sociales (*Thérèse Raquin*, 1867; *Los Rougon-Macquart*, 1871-1893; *La taberna*, 1877; *Germinal*, 1885). Atraído por las teorías socialistas, evolucionó hacia una visión mesiánica del futuro humano (*Los cuatro evangelios*, 1899-1903). Escribió también un célebre manifiesto favorable a Dreyfus (*Yo acuso*, 1893) y obras de crítica literaria y artística.

ZOLCUATE n. m. *Méx.* Serpiente venenosa que en su canto imita a la codorniz. (Familia crotálidos.)

ZOMBI o **ZOMBIE** n. m. (voz africana). Término que, en el culto vudú, designa al dios serpiente y a su fuerza sobrenatural, que puede llegar a devolver la vida a un cadáver. **2.** Cadáver dotado de vida aparente.

ZOMPOPO n. m. *Amér. Central.* Hormiga de cabeza grande, que se alimenta de hojas. (Familia formícidos.)

ZONA n. f. (lat. *zonam*; del gr. *zônê*, cinturón). Superficie cualquiera, porción de territorio, región: *zona fronteriza*. **2.** Espacio delimitado más o menos extenso. **3.** Cada una de las divisiones, subáreas o sectores con una función específica, en las que se subdivide una ciudad o área territorial mayor: *zona residencial*. **4.** Medio de acción de la actividad o de la influencia de alguien, o de una colectividad: *zona de influencia*. **5.** *Fig.* Parte de un todo. **6.** GEOGR. Espacio que se alarga sensiblemente en el sentido de los paralelos. **7.** GEOGR. Cada una de las divisiones de la Tierra determinadas por los polos, los círculos polares y los trópicos, que corresponden a los grandes tipos de clima: *zonas polar*. **8.** MAT. Parte de la superficie de una esfera limitada por dos planos paralelos que la cortan. • **Zona azul**, sector de una ciudad, donde el aparcamiento de vehículos está limitado a un tiempo determinado durante el día. | **Zona de influencia**, conjunto de estados o territorios reservados a la influencia política exclusiva de un estado determinado. | **Zona franca**, zona en la que, además de ser depósito franco, se permite la instalación de algunas industrias que están eximidas del pago de derechos de aduanas de los productos recibidos y expedidos. | **Zona húmeda** (ECOL.), zona recubierta permanente o regularmente por el agua con una profundidad relativamente escasa.

ZONAL adj. Relativo a las diferentes zonas de la Tierra. **2.** HIST. NAT. Que posee bandas transversales coloreadas.

ZONCERA n. f. *Amér.* Comportamiento tonto. **2.** *Argent.* Dicho, hecho de poco o ningún valor.

ZONDA n. m. *Argent.* Viento cálido y seco proveniente del O, que alcanza particular intensidad en la región de Cuyo.

ZONIFICACIÓN n. f. División de una ciudad o área territorial en subáreas o zonas caracterizadas por una función determinada. SIN.: *zonación*.

ZONOTE n. m. *Méx.* Manantial profundo, depósito natural de agua.

ZONTO, A adj. *Amér. Central.* Dícese del animal desorejado.

ZONZO, A adj. y n. Soso, insulso: *persona zonza*. ◆ adj. **2.** *Amér.* Tonto.

ZOO n. m. Apócope de *parque zoológico*.

ZOÓFAGO, A adj. y n. Que se alimenta de materias animales.

ZOÓFITO, A adj. y n. m. Relativo a un grupo que forma parte de una de las cuatro divisiones en que se dividía el reino animal. SIN.: *fitozoo*.

ZOOLOGÍA n. f. Rama de las ciencias naturales que estudia los animales.

ZOOLÓGICO, A adj. Relativo a la zoología. ◆ adj. y n. m. **Parque zoológico**, establecimiento destinado a conservar vivos y a aclimatar a nuevas condiciones las animales salvajes a fin de exponerlos al público. (Suele apocoparse *zoo*.)

ZOÓLOGO, A n. Especialista en zoología.

ZOOM n. m. (voz inglesa). Objetivo de una cámara fotográfica, de cine o de televisión, cuya distancia focal puede variarse de una forma continua. **2.** Movimiento que se hace con este objetivo.

ZOOMORFO, A adj. Que tiene forma de animal.

ZOOTECNIA n. f. Ciencia de la producción y de la explotación de los animales domésticos.

ZOOTERAPIA n. f. Terapéutica de los animales.

ZOPENCO, A adj. y n. *Fam.* Muy torpe, tonto, tosco, bruto.

ZOPILOTE n. m. (náhuatl *tzopilotl*). Especie de buitre del tamaño de un pavo, que vive en toda la América cálida. (Familia catártidos.) SIN.: *urubú*.

ZOPILOTEAR v. tr. [1]. *Méx.* Comer con voracidad.

ZOQUE, pueblo amerindio del S de México (est. de Chiapas y Tabasco) y de lengua propia, el zoque.

ZOQUETE adj. y n. m. y f. *Fam.* Torpe, tardo para entender. ◆ n. m. **2.** Trozo o pedazo de madera que sobra al labrar un madero.

ZOROASTRO → *Zaratustra*.

ZORRA n. f. Mamífero carnívoro de la familia cánidos, de cola larga y tupida y hocico puntiagudo. SIN.: *raposa*. **2.** *Fig.* y *fam.* Ramera, prostituta. **3.** *Fig.* y *fam.* Borrachera, embriaguez. **4.** *Argent.* Carro de cuatro ruedas que se desliza sobre rieles movido por medio de una palanca, vagoneta. **5.** *Chile.* *Fig.* y *vulg.* Vulva. • **Zorra ártica**, zorra de las regiones árticas, cuyo pelaje de color gris azulado se vuelve blanco en invierno. | **Zorra del mar**, especie de tiburón.

ZORRERÍA n. f. Acción realizada con astucia y disimulo.

ZORRILLA (José), escritor español (Valladolid 1817-Madrid 1893). Autor prolífico, su poesía está dominada por elementos goticistas y fantásticos que abarcan todos los temas: religioso, amoroso, histórico, etc. (*Poesía*, 1837). Escribió numerosas leyendas (*Cantos del trovador*, 1840-1841; destacan *A buen juez, mejor testigo* y *Margarita la Tornera*); y obras teatrales en verso, de las que sobresalen *El zapatero y el rey* (1840) y, especialmente *Don Juan Tenorio* (1844), mito romántico por excelencia. Fue coronado poeta nacional en 1889.

ZORRILLA DE SAN MARTÍN (Juan), escritor uruguayo (Montevideo 1855-*id.* 1931). Publicó poemas bajo la influencia de los románticos españoles, el drama épico de tema indígena *Tabaré* (1886) y ensayos. Es autor de la pieza oratoria *El mensaje a América*. — Su hijo **José Luis** (Legación del Uruguay en Madrid 1891-† 1975) fue pintor y escultor (*Monumento al gaucho*).

ZORRILLO o **ZORRINO** n. m. Mamífero carnívoro de América del Sur, de pelaje negro y blanco muy apreciado. (Familia mustélidos.)

ZORRO, A adj. y n. *Fam.* Astuto, taimado. ♦ n. m. **2.** Macho de la zorra. **3.** Zorra. **4.** Piel de la zorra. ♦ **zorros** n. m. pl. **5.** Utensilio para sacudir el polvo, formado de tiras de orillo, piel, colas de cordero, etc. • **Hecho unos zorros** (*Fam.*), cansado y maltrecho.

ZORRUNO, A adj. Relativo al zorro.

ZORZAL n. m. Ave paseriforme de color grisáceo o marrón, de formas esbeltas y canto melodioso. (Familia túrdidos.) SIN.: *tordo*. • **Zorzal marino**, pez acantopterigio de los mares de la península Ibérica. (Familia lábridos.) || **Zorzal real**, ave paseriforme de cabeza y cuerpo gris. SIN.: *tordo*.

ZORZALEAR v. tr. [1]. *Chile.* Sacar dinero a una persona, sablear. **2.** *Chile.* Abusar de alguien con buena fe.

ZOZOBRA n. f. Acción y efecto de zozobrar. **2.** *Fig.* Inquietud, temor.

ZOZOBRAR v. intr. (cat. *sotsobrar*) [1]. Naufragar o irse a pique una embarcación. **2.** *Fig.* Fracasar o frustrarse un proyecto o empresa.

Zr, símbolo químico del *circonio*.

ZSIGMONDY (Richard), químico austríaco (Viena 1865-Gotinga 1929), premio Nobel de química en 1925 por su invención del ultramicroscopio.

ZUAVO n. m. (de *zwawa*, nombre beréber). Soldado de un cuerpo de infantería francesa, creado en Argelia en 1831.

ZUDÁÑEZ (Jaime de), prócer de la independencia americana (nacido en Chuquisaca-Montevideo 1832). Autor de un *Catecismo político* (1812 o 1813), fue vicepresidente del congreso de Tucumán (1817-1819) y diputado al congreso constituyente de Uruguay (1828-1830).

ZUECA n. f. *Chile.* Zueco.

ZUECO n. m. (lat. *soccum*). Zapato de madera de una sola pieza. **2.** Zapato de cuero con suela de madera o de corcho.

ZULETA ÁNGEL (Eduardo), político colombiano (Barcelona, España, 1899-Miami 1973). Conservador, fue ministro (1948-1949), embajador en E.U.A. y presidente de la O.E.A. (1955-1962).

ZULIA (estado), est. del NO de Venezuela; 63 100 km²; 2 380 720 hab. Cap. *Maracaibo*.

ZULOAGA (Félix María), militar y político mexicano (Álamos, Sonora, 1813-México 1898). Conservador, combatió la revolución de Ayutla (1854) y fue presidente de la república (en.-dic. 1858 y en.-febr. 1859).

ZULÚ adj. y n. m. y f. Relativo a un pueblo de África austral, que habla una lengua bantú; individuo de este pueblo. **2.** *Fig.* Bárbaro, bruto. ♦ n. m. **3.** Lengua hablada por este pueblo.

ZUMÁRRAGA (*fray* Juan **de**), eclesiástico español (Durango 1476-México 1548). Franciscano, fue prelado sin consagrar del obispado de México (1527-1528) y protector de los indios; se enfrentó al presidente de la audiencia N. Beltrán de Guzmán, a quien acusó de tirano. Consagrado obispo en Valladolid (1533), arribó a Nueva España (1534) dispuesto a hacer cumplir la cédula de 1530, que prohibía la esclavitud de los indios, y creó el colegio de Santa Cruz de Tlatelolco. Fue nombrado inquisidor (1535) y arzobispo (1546), introdujo la imprenta para facilitar la evangelización. Escribió *Doctrina breve* (1543-1544) y *Regla cristiana* (1547).

ZUMAYA o **SUMAYA** (Manuel **de**), compositor mexicano (México 1678-Oaxaca 1756). Fue organista de la catedral de México y maestro de capilla (1745) en Oaxaca. De su producción destacan las óperas *El Rodrigo* (1708) y *La Parténope* (1711).

ZUMBA n. f. *Fig.* Chanza, burla. **2.** *Amér.* Zurra, paliza. **3.** *Méx.* Borrachera.

ZUMBADO, A adj. y n. *Fam.* Loco, que ha perdido la razón.

ZUMBADOR, RA adj. Que zumba. ♦ n. m. **2.** Timbre que al sonar produce un zumbido.

ZUMBAR v. intr. (voz onomatopéyica) [1]. Producir un sonido continuado y bronco: *las abejas zumban*. **2.** *Guat.* Hablar mal de alguien. • **Salir zumbando** (*Fam.*), irse muy de prisa. ♦ v. tr. **3.** *Fam.* Dar golpes o una paliza a alguien. ♦ v. intr. y pron. **4.** *Fig.* y *fam.* Burlarse de alguien.

ZUMBIDO n. m. Acción y efecto de zumbar. **2.** Sonido producido por algo que zumba. **3.** Sensación sonora que percibe el oído, caracterizada por un sonido silbante.

ZUMBÓN, NA adj. y n. *Fam.* Burlón.

ZUMO n. m. (gr. *zōmos*). Líquido que se extrae exprimiendo o majando legumbres, frutas, etc. **2.** *Fig.* Utilidad o provecho que se saca de algo.

ZUNIL (*volcán*), volcán de Guatemala, en la sierra Madre; 3533 m de alt.

ZUNTECO n. m. *Hond.* Avispa de color negro.

ZUNZÚN n. m. *Cuba.* Colibrí.

ZURBARÁN (Francisco **de**), pintor español (Fuente de Cantos, Badajoz, 1598-Madrid 1664). Su pintura es una de las cumbres del realismo barroco español, al que insufló una profunda espiritualidad. Un tenebrismo casi abstracto, el realismo textural y un peculiar geometrismo, ligado tanto a rasgos arcaizantes como a una rigurosa austeridad, son las claves de su estilo, particularmente adaptado a la temática religiosa (*Santa Casilda*, Prado; series para la sacristía del monasterio de Guadalupe y para la cartuja de Jerez [1637-1639]; *Apoteosis de santo Tomás de Aquino*, Sevilla; *Bodegón* [1633], fundación Norton Simon, Los Ángeles) El influjo de Zurbarán se extendió a la América española (adonde exportó cuadros) y a Portugal.

ZURCIDO n. m. Acción de zurcir. **2.** Cosido hecho en un roto de una tela al zurcir.

ZURCIR v. tr. (del lat. *sarcire*) [3a]. Coser la rotura o desgaste de una tela, recomponiendo la urdimbre y la trama del tejido o reforzándolo con pequeñas puntadas.

ZURDAZO n. m. En fútbol, disparo con la pierna izquierda.

ZURDEAR v. tr. [1]. *Méx.* Acometer con la mano izquierda.

ZURDO, A adj. y n. Que usa la mano o el pie izquierdos para hacer lo que en general se hace con la derecha o el derecho. ♦ adj. **2.** Izquierdo: *el lado zurdo*. ♦ adj. y n. f. **3.** Dícese de la mano izquierda.

ZUREAR v. intr. [1]. Hacer arrullos la paloma.

ZUREO n. m. Acción y efecto de zurear.

ZÚRICH, en alem. **Zürich**, c. de Suiza, cap. del cantón homónimo, a orillas del Limmat, subafl. del Rin, a la salida del *lago de Zurich* (90 km²); 365 043 hab. (más de 800 000 en la aglomeración). Universidad. Es la mayor ciudad de Suiza y el principal centro industrial y financiero. Catedral románica (ss. XII-XIII) e importantes monumentos y museos. — El *cantón de Zurich* tiene 1729 km² y 1 179 044 hab.

ZURITO, A o **ZURO, A** adj. Dícese de la paloma silvestre.

ZURO n. m. Corazón o raspa de la mazorca del maíz, después de desgranada.

ZURRA n. f. *Fam.* Paliza, serie de golpes.

ZURRAR v. tr. [1]. Dar una zurra. **2.** TECNOL. Curtir y trabajar las pieles. • **Zurrar la badana** a alguien (*Fam.*), pegarle.

ZURRIAGO n. m. Látigo, tira de cuero o cuerda, que se emplea para golpear. SIN.: *zurriaga*.

ZURRIAGO, A adj. *Méx.* Se dice de la persona rematadamente tonta.

ZURRÓN n. m. Morral, talego para llevar la caza o provisiones.

ZURRUMBANCO, A adj. *C. Rica* y *Méx.* Se dice de la persona que está atolondrada por el alcohol.

ZUTANO, A n. *Fam.* Una persona cualquiera: *estaban fulano, mengano y zutano*.

ZWEIG (Stefan), escritor austríaco (Viena 1881-Petrópolis, Brasil, 1942), autor de dramas (*La casa junto al mar*, 1911), poesías, novelas (*Impaciencia del corazón*, 1938), y ensayos históricos y literarios (*Verlaine*, 1905; *La curación por el espíritu*, 1931).

Esta obra se terminó de imprimir en agosto del 2005 en
Litográfica Ingramex, S.A. de C.V.
Centeno 162-1, Col. Granjas Esmeralda
México, D. F.

Certificado No. 02-2082